PREPARAÇÃO • CONHECIMENTO • APROVAÇÃO

CÓDIGO *interativo* ALFACON

CARREIRAS TRIBUNAIS E ADMINISTRATIVAS

TRT - TRF - TJ - TRE - INSS - ATA - PF/ADM

Diretor Presidente
Evandro Guedes

Diretor da Editora/Operações e Gestão
Javert Falco

Diretor de Marketing/TI
Jadson Siqueira

Coordenador Editorial
Wilza Castro

Supervisora de Editoração
Mariana Castro

Analista de Conteúdo
Mateus Ruhmke Vazzoller

Assistente Editorial
Tatiane Zmorzenski

Supervisor de Editoração
Alexandre Rossa

Capa
Alexandre Rossa

Projeto Gráfico e Diagramação
Alexandre Rossa
Natália Pires

R611ctra

RODRIGUES, Vinícius (Org.) - **Código Interativo AlfaCon - Tribunais e Administrativas - 2020.** Cascavel: Editora AlfaCon, 2020.

1284 p 20,5 x 27,5

ISBN: 978-65-8719-132-4

Código Interativo. Vade Mecum. Carreiras Tribunais. Carreiras Administrativas. Direito Constitucional. Constituição Federal. Direito Administrativo. Código Penal. Código de Processo Penal. Código Civil. Código de Processo Civil. Direito da Pessoa com Deficiência. Administração Financeira e Orçamentária. Sustentabilidade. Direito Previdenciário. Direito Eleitoral. Leis Especiais. Pacote Anticrime. Concurso Público. AlfaCon.

CDU: 34

Impressão: Renovagraf

Dúvidas?
Acesse: www.alfaconcursos.com.br/atendimento
Núcleo Editorial:
Rua: Paraná, nº 3193, Centro - Cascavel/PR
CEP: 85.810-010
Núcleo Comercial/Centro de Distribuição:
Rua: Dias Leme, nº 489, Mooca - São Paulo/SP
CEP: 03118-040

SAC: (45) 3037-8888

Data de fechamento 1ª impressão: 12/06/2020

www.alfaconcursos.com.br/apostilas

Proteção de direitos
Todos os direitos autorais desta obra são reservados e protegidos pela Lei nº 9.610/98. É proibida a reprodução de qualquer parte deste material didático, sem autorização prévia expressa por escrito do autor e da editora, por quaisquer meios empregados, sejam eletrônicos, mecânicos, videográficos, fonográficos, reprográficos, microfílmicos, fotográficos, gráficos ou quaisquer outros que possam vir a ser criados. Essas proibições também se aplicam à editoração da obra, bem como às suas características gráficas.

Atualizações e erratas
Esta obra é vendida como se apresenta. Atualizações - definidas a critério exclusivo da Editora AlfaCon, mediante análise pedagógica - e erratas serão disponibilizadas no site www.alfaconcursos.com.br/codigo, por meio do código disponível no final do material didático Ressaltamos que há a preocupação de oferecer ao leitor uma obra com a melhor qualidade possível, sem a incidência de erros técnicos e/ou de conteúdo. Caso ocorra alguma incorreção, solicitamos que o leitor, atenciosamente, colabore com sugestões, por meio do setor de atendimento do AlfaCon Concursos Públicos.

APRESENTAÇÃO

A Nova Versão do Código Interativo AlfaCon Carreiras Tribunais e Administrativas traduz a necessidade de possibilitar ao aluno um contato direto com a legislação, de forma interativa, organizada e separada por disciplinas, no sentido de direcionar e aumentar a produtividade de quem se doa na busca pela mudança de vida em forma de estudo.

O AlfaCon reconhece a importância de proporcionar o conhecimento das alterações relacionadas ao tão conhecido "Pacote Anticrime", o qual causou uma enorme transformação no Direito Penal e no Processo Penal. Frisa-se ainda a pertinência de estudar e analisar as atualizações relacionadas à Reforma da Previdência, que gerou importantes reflexos no Direito Administrativo, Constitucional, Previdenciário, Trabalhista, Tributário e Financeiro, impactando servidores, particulares, empresas e o mundo dos concursos.

O sucesso das versões anteriores certamente criou uma grande expectativa em relação à presente obra, que, com muito esforço, experiência no mundo nos concursos de todos os envolvidos, capacidade técnica e dedicação, resultou no código mais completo para consulta em relação a todos os concursos da carreira.

Coordenar as Carreiras Administrativas e de Tribunais em uma das maiores empresas de educação do país e, certamente, a maior do ramo dos concursos públicos, é o maior desafio profissional de um cara simples, de origem humilde, ex-morador do complexo de favelas da Penha/Alemão, no subúrbio do Rio de Janeiro, filho de dois seres humanos iluminados, a dona de casa, Dona Amélia, carioca, filha de imigrantes portugueses, e do Agente de Endemias, o Sr. Francisco, piauiense, que, junto de seus familiares, veio para o Rio de Janeiro em um caminhão "pau de arara" em busca de trabalho e acabou encontrando a minha mãe (graças a Deus! Risos!).

Porém, minha amiga e meu amigo, não confundam a minha simplicidade ou a minha humildade com fraqueza, de forma alguma cometa esse erro. O filho, pai, irmão, tio, professor conquistou com muita dedicação, estudo, esforço cada oportunidade que a vida lhe apresentou. Foi aprovado em um concurso público federal aos 17 anos e exerceu as funções aos 18. Possui mais de 16 anos de exercício em cargo público federal, é graduado e pós-graduado em Ciências Jurídicas. Em eleição de nível nacional, promovida pelo Jornal Folha, no ano de 2017, foi mencionado como professor favorito. Além disso, ao longo da carreira, desenvolveu centenas de artigos, os quais se encontram publicados em revistas e blogs jurídicos.

O novo Código AlfaCon Tribunais é a mais completa e interativa obra que vai aproximar o aluno da regra jurídica, possibilitando uma visão prática de toda a teoria abordada nas videoaulas e nos materiais de apoio.

Cansou? Descanse, não desista! #Guardanocoração

Vinícius Rodrigues

A obra Código Interativo AlfaCon - Carreiras Tribunais e Administrativas 2020, traz diferenciais para facilitar seu estudo e aprimorar ainda mais o seu conhecimento.

Texto de Lei selecionado e direcionado exclusivamente para o seu estudo.

Além do número da lei, há também o nome da lei para facilitar a pesquisa.

Destaque nas principais atualizações publicadas no último ano.

As páginas das leis apresentam duas colunas, espaço para anotações.

Passo 01:

 Instale o **Aplicativo AlfaCon Notes** em seu smartphone.

Passo 02:

 Faça o cadastro na plataforma **AlfaCon** ou entre com seu Facebook.

Passo 03:

 Você terá acesso ao seu Feed de estudos, no qual poderá encontrar todas as suas anotações.

App AlfaCon Notes
Para criar uma nova anotação, clique no ícone localizado no canto inferior direito da tela.

Passo 04:

 Cada tópico de seu livro contém **um Código QR** ao lado.

App AlfaCon Notes
Escolha o tópico e faça a leitura do Código QR utilizando o aplicativo AlfaCon Notes para registrar sua anotação.

Passo 05:

 Pronto! Agora você poderá escolher o formato de suas anotações:

Texto:
Basta clicar no campo **"Escreva sua anotação"** e digitar seu comentário, **relacionado ao conteúdo** escolhido.

Áudio:
Clique no ícone **"microfone"**, na lateral inferior direita, mantenha o ícone pressionado enquanto grava suas considerações de voz sobre o tópico que está lendo.

Foto:

1) Clique no ícone, na lateral **inferior esquerda**.

2) **Fotografe** as anotações realizadas durante sua leitura.

3) Envie no ícone na lateral **inferior direita**.

» Agora você tem suas **anotações organizadas** e sempre à mão. Elas ficarão **disponíveis** em seu smartphone.

» Pronto para essa **nova experiência?** Então, baixe o app **AlfaCon Notes** e crie suas anotações.

Mais que um livro. É uma experiência!

SUMÁRIO GERAL

1. DIREITO CONSTITUCIONAL 12
1. CONSTITUIÇÃO FEDERAL .. 12
2. ATO DAS DISPOSIÇÕES CONSTITUCIONAIS TRANSITÓRIAS... 68

2. DIREITO ADMINISTRATIVO 89
1. LEI Nº 8.112, DE 11 DE DEZEMBRO DE 1990 92
2. LEI Nº 8.112, DE 11 DE DEZEMBRO DE 1990 112
3. LEI Nº 8.429, DE 2 DE JUNHO DE 1992 113
4. LEI Nº 8.666, DE 21 DE JUNHO DE 1993 116
5. LEI Nº 8.987, DE 13 DE FEVEREIRO DE 1995 138
6. LEI Nº 9.637, DE 15 DE MAIO DE 1998 144
7. LEI Nº 9.784, DE 29 DE JANEIRO DE 1999 147
8. LEI Nº 9.790, DE 23 DE MARÇO DE 1999 151
9. LEI Nº 10.520, DE 17 DE JULHO DE 2002 154
10. LEI Nº 11.079, DE 30 DE DEZEMBRO DE 2004 155
11. LEI Nº 11.107, DE 6 DE ABRIL DE 2005 161
12. LEI Nº 12.462, DE 4 DE AGOSTO DE 2011 163
13. LEI Nº 13.019, DE 31 DE JULHO DE 2014 174
14. DECRETO Nº 1.171, DE 22 DE JUNHO DE 1994 187
15. DECRETO Nº 6.017, DE 17 DE JANEIRO DE 2007 189
16. DECRETO Nº 7.892, DE 23 DE JANEIRO DE 2013 194

3. DIREITO DO TRABALHO 199
1. CLT - DECRETO-LEI Nº 5.452, DE 1º DE MAIO DE 1943 202
2. RESOLUÇÃO Nº 221, DE 21 DE JUNHO DE 2018 291

4. SÚMULAS DO TST 293
1. SÚMULAS DO TRIBUNAL SUPERIOR DO TRABALHO 296

5. LEGISLAÇÃO DO TRABALHO 429
1. LEI Nº 4.090, DE 13 DE JULHO DE 1962 432
2. LEI Nº 4.749, DE 12 DE AGOSTO DE 1965 432
3. LEI Nº 6.019, DE 3 DE JANEIRO DE 1974 432
4. LEI Nº 7.783, DE 28 DE JUNHO DE 1989 435
5. LEI Nº 7.998, DE 11 DE JANEIRO DE 1990 436
6. LEI Nº 8.036, DE 11 DE MAIO DE 1990 440
7. LEI Nº 9.719, DE 27 DE NOVEMBRO DE 1998 450
8. LEI Nº 12.023, DE 27 DE AGOSTO DE 2009 451
9. LEI COMPLEMENTAR Nº 150, DE 1º DE JUNHO DE 2015 452
10. C087 - LIBERDADE SINDICAL E PROTEÇÃO AO DIREITO DE SINDICALIZAÇÃO 457
11. DECRETO Nº 3.197, DE 5 DE OUTUBRO DE 1999 459
12. CONVENÇÃO 132 DA O.I.T. CONVENÇÃO SOBRE FÉRIAS ANUAIS REMUNERADAS (REVISTA EM 1970) 459

6. CÓDIGO CIVIL 463
1. LEI Nº 10.406, DE 10 DE JANEIRO DE 2002 467

7. CÓDIGO DE PROCESSO CIVIL 559
1. CÓDIGO DE PROCESSO CIVIL - LEI Nº 13.105, DE 16 DE MARÇO DE 2015 562

8. CÓDIGO PENAL 647
1. DECRETO-LEI Nº 3.914, DE 9 DE DEZEMBRO DE 1941 650
2. DECRETO-LEI NO 2.848, DE 7 DE DEZEMBRO DE 1940 651
3. LEI Nº 8.078, DE 11 DE SETEMBRO DE 1990 688
4. LEI Nº 8.137, DE 27 DE DEZEMBRO DE 1990 698
5. LEI Nº 9.296, DE 24 DE JULHO DE 1996 699
6. LEI Nº 9.455, DE 7 DE ABRIL DE 1997 700
7. LEI Nº 9.605, DE 12 DE FEVEREIRO DE 1998 701
8. LEI Nº 9.613, DE 3 DE MARÇO DE 1998 707
9. LEI Nº 8.072, DE 25 DE JULHO DE 1990 711
10. LEI NO 10.826, DE 22 DE DEZEMBRO DE 2003 713
11. DECRETO Nº 9.847, DE 25 DE JUNHO DE 2019 717
12. LEI Nº 11.340, DE 7 DE AGOSTO DE 2006 727
13. LEI Nº 11.343, DE 23 DE AGOSTO DE 2006 732
14. LEI Nº 12.037, DE 1º DE OUTUBRO DE 2009 743
15. LEI Nº 12.830, DE 20 DE JUNHO DE 2013 744
16. LEI Nº 12.846, DE 1º DE AGOSTO DE 2013. 745
17. LEI Nº 12.850, DE 2 DE AGOSTO DE 2013 748
18. LEI Nº 13.260, DE 16 DE MARÇO DE 2016. 752
19. LEI Nº 13.344, DE 6 DE OUTUBRO DE 2016. 753
20. DECRETO-LEI Nº 3.688, DE 3 DE OUTUBRO DE 1941. 755

8. CÓDIGO DE PROCESSO PENAL 761
1. DECRETO-LEI Nº 3.689, DE 3 DE OUTUBRO DE 1941 764
2. DECRETO-LEI Nº 3.689, DE 3 DE OUTUBRO DE 1941. 816
3. LEI Nº 7.210, DE 11 DE JULHO DE 1984 867
4. LEI Nº 9.296, DE 24 DE JULHO DE 1996 882
5. LEI Nº 13.491, DE 13 DE OUTUBRO DE 2017 883
6. LEI Nº 7.960, DE 21 DE DEZEMBRO DE 1989 883
7. LEI Nº 12.830, DE 20 DE JUNHO DE 2013 884

8. ESTATUDO DA PESSOA COM DEFICIÊNCIA 885
1. LEI Nº 7.853, DE 24 DE OUTUBRO DE 1989 888
2. LEI Nº 8.160, DE 8 DE JANEIRO DE 1991 890
3. LEI Nº 8.899, DE 29 DE JUNHO DE 1994 890
4. LEI Nº 10.048, DE 8 DE NOVEMBRO DE 2000 890
5. LEI Nº 10.098, DE 19 DE DEZEMBRO DE 2000 891
6. LEI Nº 11.126, DE 27 DE JUNHO DE 2005 893
7. LEI Nº 13.146, DE 6 DE JULHO DE 2015 893
8. DECRETO Nº 3.298, DE 20 DE DEZEMBRO DE 1999 909
9. DECRETO Nº 3.691, DE 19 DE DEZEMBRO DE 2000 914
10. DECRETO Nº 5.296 DE 2 DE DEZEMBRO DE 2004 914

11. DECRETO LEGISLATIVO Nº 186, DE 2008 .. 924
12. CONVENÇÃO SOBRE OS DIREITOS DAS PESSOAS COM DEFICIÊNCIA ... 924
13. DECRETO Nº 6.949, DE 25 DE AGOSTO DE 2009 ... 936

AFO .. 937

1. LEI Nº 4.320, DE 17 DE MARÇO DE 1964 .. 940
2. LEI N. 4.320, DE 17 DE MARÇO DE 1964 ... 947
3. LEI COMPLEMENTAR Nº 101, DE 4 DE MAIO DE 2000 .. 947

ADMINISTRAÇÃO PÚBLICA .. 961

1. LEI COMPLEMENTAR Nº 131, DE 27 DE MAIO DE 2009 .. 964
2. LEI Nº 12.527, DE 18 DE NOVEMBRO DE 2011 ... 964
3. DECRETO Nº 9.094, DE 17 DE JULHO DE 2017 .. 970

SUSTENTABILIDADE .. 975

1. LEI Nº 12.305, DE 2 DE AGOSTO DE 2010 ... 978
2. DECRETO Nº 7.746, DE 5 DE JUNHO DE 2012 ... 986

DIREITO PREVIDENCIÁRIO ... 989

1. LEI Nº 8.212, DE 24 DE JULHO DE 1991 ... 992
2. DECRETO NO 3.048, DE 6 DE MAIO DE 1999 .. 1011
3. REGULAMENTO DA PREVIDÊNCIA SOCIAL ... 1011
4. LEI COMPLEMENTAR Nº 108, DE 29 DE MAIO DE 2001 .. 1106
5. LEI COMPLEMENTAR Nº 109, DE 29 DE MAIO DE 2001 .. 1108
6. LEI Nº 8.213, DE 24 DE JULHO DE 1991 ... 1115

DIREITO ELEITORAL ... 1117

1. LEI Nº 4.737, DE 15 DE JULHO DE 1965 ... 1140
2. LEI Nº 6.091, DE 15 DE AGOSTO DE 1974 .. 1172
3. LEI Nº 6.996, DE 7 DE JUNHO DE 1982 .. 1173
4. LEI Nº 6.996, DE 7 DE JUNHO DE 1982 .. 1174
5. LEI Nº 9.096, DE 19 DE SETEMBRO DE 1995 .. 1176
6. LEI Nº 9.504, DE 30 DE SETEMBRO DE 1997 .. 1184
7. LEI COMPLEMENTAR Nº 64, DE 18 DE MAIO DE 1990 .. 1207
8. RESOLUÇÃO Nº 21.538, DE 14 DE OUTUBRO DE 2003 – BRASÍLIA/DF ... 1212
9. SÚMULAS DO TSE ... 1224

LEIS ESPECIAIS ... 1207

1. LEI Nº 8.009, DE 29 DE MARÇO DE 1990 .. 1230
2. LEI Nº 8.069, DE 13 DE JULHO DE 1990 .. 1230
3. LEI Nº 9.099, DE 26 DE SETEMBRO DE 1995 ... 1261
4. LEI Nº 10.259, DE 12 DE JULHO DE 2001 .. 1267
5. LEI Nº 10.741, DE 1º DE OUTUBRO DE 2003 ... 1268
6. LEI Nº 11.416, DE 15 DE DEZEMBRO DE 2006 ... 1277
7. LEI Nº 11.419, DE 19 DE DEZEMBRO DE 2006 ... 1279
8. LEI Nº 12.153, DE 22 DE DEZEMBRO DE 2009 ... 1282

PREPARAÇÃO • CONHECIMENTO • APROVAÇÃO

DIREITO CONSTITUCIONAL

SUMÁRIO

1. CONSTITUIÇÃO FEDERAL .. 12
 TÍTULO I - DOS PRINCÍPIOS FUNDAMENTAIS ... 12
 TÍTULO II - DOS DIREITOS E GARANTIAS FUNDAMENTAIS ... 12
 TÍTULO III - DA ORGANIZAÇÃO DO ESTADO .. 17
 TÍTULO IV - DA ORGANIZAÇÃO DOS PODERES ... 27
 TÍTULO V - DA DEFESA DO ESTADO E DAS INSTITUIÇÕES DEMOCRÁTICAS 45
 TÍTULO VI - DA TRIBUTAÇÃO E DO ORÇAMENTO .. 47
 TÍTULO VII - DA ORDEM ECONÔMICA E FINANCEIRA .. 56
 TÍTULO VIII - DA ORDEM SOCIAL ... 58
 TÍTULO IX - DAS DISPOSIÇÕES CONSTITUCIONAIS GERAIS 67
2. ATO DAS DISPOSIÇÕES CONSTITUCIONAIS TRANSITÓRIAS 68

1. CONSTITUIÇÃO FEDERAL

Nós, representantes do povo brasileiro, reunidos em Assembléia Nacional Constituinte para instituir um Estado Democrático, destinado a assegurar o exercício dos direitos sociais e individuais, a liberdade, a segurança, o bem-estar, o desenvolvimento, a igualdade e a justiça como valores supremos de uma sociedade fraterna, pluralista e sem preconceitos, fundada na harmonia social e comprometida, na ordem interna e internacional, com a solução pacífica das controvérsias, promulgamos, sob a proteção de Deus, a seguinte CONSTITUIÇÃO DA REPÚBLICA FEDERATIVA DO BRASIL.

TÍTULO I - DOS PRINCÍPIOS FUNDAMENTAIS

Art. 1º A República Federativa do Brasil, formada pela união indissolúvel dos Estados e Municípios e do Distrito Federal, constitui-se em Estado Democrático de Direito e tem como fundamentos:

I - a soberania;
II - a cidadania
III - a dignidade da pessoa humana;
IV - os valores sociais do trabalho e da livre iniciativa; (Vide Lei nº 13.874, de 2019)
V - o pluralismo político.

Parágrafo único. Todo o poder emana do povo, que o exerce por meio de representantes eleitos ou diretamente, nos termos desta Constituição.

Art. 2º São Poderes da União, independentes e harmônicos entre si, o Legislativo, o Executivo e o Judiciário.

Art. 3º Constituem objetivos fundamentais da República Federativa do Brasil:

I - construir uma sociedade livre, justa e solidária;
II - garantir o desenvolvimento nacional;
III - erradicar a pobreza e a marginalização e reduzir as desigualdades sociais e regionais;
IV - promover o bem de todos, sem preconceitos de origem, raça, sexo, cor, idade e quaisquer outras formas de discriminação.

Art. 4º A República Federativa do Brasil rege-se nas suas relações internacionais pelos seguintes princípios:

I - independência nacional;
II - prevalência dos direitos humanos;
III - autodeterminação dos povos;
IV - não-intervenção;
V - igualdade entre os Estados;
VI - defesa da paz;
VII - solução pacífica dos conflitos;
VIII - repúdio ao terrorismo e ao racismo;
IX - cooperação entre os povos para o progresso da humanidade;
X - concessão de asilo político.

Parágrafo único. A República Federativa do Brasil buscará a integração econômica, política, social e cultural dos povos da América Latina, visando à formação de uma comunidade latino-americana de nações.

TÍTULO II - DOS DIREITOS E GARANTIAS FUNDAMENTAIS

CAPÍTULO I - DOS DIREITOS E DEVERES INDIVIDUAIS E COLETIVOS

Art. 5º Todos são iguais perante a lei, sem distinção de qualquer natureza, garantindo-se aos brasileiros e aos estrangeiros residentes no País a inviolabilidade do direito à vida, à liberdade, à igualdade, à segurança e à propriedade, nos termos seguintes:

I - homens e mulheres são iguais em direitos e obrigações, nos termos desta Constituição;
II - ninguém será obrigado a fazer ou deixar de fazer alguma coisa senão em virtude de lei;
III - ninguém será submetido a tortura nem a tratamento desumano ou degradante;
IV - é livre a manifestação do pensamento, sendo vedado o anonimato;
V - é assegurado o direito de resposta, proporcional ao agravo, além da indenização por dano material, moral ou à imagem;
VI - é inviolável a liberdade de consciência e de crença, sendo assegurado o livre exercício dos cultos religiosos e garantida, na forma da lei, a proteção aos locais de culto e a suas liturgias;
VII - é assegurada, nos termos da lei, a prestação de assistência religiosa nas entidades civis e militares de internação coletiva;
VIII - ninguém será privado de direitos por motivo de crença religiosa ou de convicção filosófica ou política, salvo se as invocar para eximir-se de obrigação legal a todos imposta e recusar-se a cumprir prestação alternativa, fixada em lei;
IX - é livre a expressão da atividade intelectual, artística, científica e de comunicação, independentemente de censura ou licença;
X - são invioláveis a intimidade, a vida privada, a honra e a imagem das pessoas, assegurado o direito a indenização pelo dano material ou moral decorrente de sua violação;
XI - a casa é asilo inviolável do indivíduo, ninguém nela podendo penetrar sem consentimento do morador, salvo em caso de flagrante delito ou desastre, ou para prestar socorro, ou, durante o dia, por determinação judicial; (Vide Lei nº 13.105, de 2015)
XII - é inviolável o sigilo da correspondência e das comunicações telegráficas, de dados e das comunicações telefônicas, salvo, no último caso, por ordem judicial, nas hipóteses e na forma que a lei estabelecer para fins de investigação criminal ou instrução processual penal; (Vide Lei nº 9.296, de 1996)
XIII - é livre o exercício de qualquer trabalho, ofício ou profissão, atendidas as qualificações profissionais que a lei estabelecer;
XIV - é assegurado a todos o acesso à informação e resguardado o sigilo da fonte, quando necessário ao exercício profissional;
XV - é livre a locomoção no território nacional em tempo de paz, podendo qualquer pessoa, nos termos da lei, nele entrar, permanecer ou dele sair com seus bens;
XVI - todos podem reunir-se pacificamente, sem armas, em locais abertos ao público, independentemente de autorização, desde que não frustrem outra reunião anteriormente convocada para o mesmo local, sendo apenas exigido prévio aviso à autoridade competente;
XVII - é plena a liberdade de associação para fins lícitos, vedada a de caráter paramilitar;
XVIII - a criação de associações e, na forma da lei, a de cooperativas independem de autorização, sendo vedada a interferência estatal em seu funcionamento;
XIX - as associações só poderão ser compulsoriamente dissolvidas ou ter suas atividades suspensas por decisão judicial, exigindo-se, no primeiro caso, o trânsito em julgado;
XX - ninguém poderá ser compelido a associar-se ou a permanecer associado;
XXI - as entidades associativas, quando expressamente autorizadas, têm legitimidade para representar seus filiados judicial ou extrajudicialmente;
XXII - é garantido o direito de propriedade;
XXIII - a propriedade atenderá a sua função social;
XXIV - a lei estabelecerá o procedimento para desapropriação por necessidade ou utilidade pública, ou por interesse social, mediante justa e prévia indenização em dinheiro, ressalvados os casos previstos nesta Constituição;

XXV - no caso de iminente perigo público, a autoridade competente poderá usar de propriedade particular, assegurada ao proprietário indenização ulterior, se houver dano;

XXVI - a pequena propriedade rural, assim definida em lei, desde que trabalhada pela família, não será objeto de penhora para pagamento de débitos decorrentes de sua atividade produtiva, dispondo a lei sobre os meios de financiar o seu desenvolvimento;

XXVII - aos autores pertence o direito exclusivo de utilização, publicação ou reprodução de suas obras, transmissível aos herdeiros pelo tempo que a lei fixar;

XXVIII - são assegurados, nos termos da lei:
a) a proteção às participações individuais em obras coletivas e à reprodução da imagem e voz humanas, inclusive nas atividades desportivas;
b) o direito de fiscalização do aproveitamento econômico das obras que criarem ou de que participarem aos criadores, aos intérpretes e às respectivas representações sindicais e associativas;

XXIX - a lei assegurará aos autores de inventos industriais privilégio temporário para sua utilização, bem como proteção às criações industriais, à propriedade das marcas, aos nomes de empresas e a outros signos distintivos, tendo em vista o interesse social e o desenvolvimento tecnológico e econômico do País;

XXX - é garantido o direito de herança;

XXXI - a sucessão de bens de estrangeiros situados no País será regulada pela lei brasileira em benefício do cônjuge ou dos filhos brasileiros, sempre que não lhes seja mais favorável a lei pessoal do "de cujus";

XXXII - o Estado promoverá, na forma da lei, a defesa do consumidor;

XXXIII - todos têm direito a receber dos órgãos públicos informações de seu interesse particular, ou de interesse coletivo ou geral, que serão prestadas no prazo da lei, sob pena de responsabilidade, ressalvadas aquelas cujo sigilo seja imprescindível à segurança da sociedade e do Estado; (Regulamento) (Vide Lei nº 12.527, de 2011)

XXXIV - são a todos assegurados, independentemente do pagamento de taxas:
a) o direito de petição aos Poderes Públicos em defesa de direitos ou contra ilegalidade ou abuso de poder;
b) a obtenção de certidões em repartições públicas, para defesa de direitos e esclarecimento de situações de interesse pessoal;

XXXV - a lei não excluirá da apreciação do Poder Judiciário lesão ou ameaça a direito;

XXXVI - a lei não prejudicará o direito adquirido, o ato jurídico perfeito e a coisa julgada;

XXXVII - não haverá juízo ou tribunal de exceção;

XXXVIII - é reconhecida a instituição do júri, com a organização que lhe der a lei, assegurados:
a) a plenitude de defesa;
b) o sigilo das votações;
c) a soberania dos veredictos;
d) a competência para o julgamento dos crimes dolosos contra a vida;

XXXIX - não há crime sem lei anterior que o defina, nem pena sem prévia cominação legal;

XL - a lei penal não retroagirá, salvo para beneficiar o réu;

XLI - a lei punirá qualquer discriminação atentatória dos direitos e liberdades fundamentais;

XLII - a prática do racismo constitui crime inafiançável e imprescritível, sujeito à pena de reclusão, nos termos da lei;

XLIII - a lei considerará crimes inafiançáveis e insuscetíveis de graça ou anistia a prática da tortura, o tráfico ilícito de entorpecentes e drogas afins, o terrorismo e os definidos como crimes hediondos, por eles respondendo os mandantes, os executores e os que, podendo evitá-los, se omitirem; (Regulamento)

XLIV - constitui crime inafiançável e imprescritível a ação de grupos armados, civis ou militares, contra a ordem constitucional e o Estado Democrático;

XLV - nenhuma pena passará da pessoa do condenado, podendo a obrigação de reparar o dano e a decretação do perdimento de bens ser, nos termos da lei, estendidas aos sucessores e contra eles executadas, até o limite do valor do patrimônio transferido;

XLVI - a lei regulará a individualização da pena e adotará, entre outras, as seguintes:
a) privação ou restrição da liberdade;
b) perda de bens;
c) multa;
d) prestação social alternativa;
e) suspensão ou interdição de direitos;

XLVII - não haverá penas:
a) de morte, salvo em caso de guerra declarada, nos termos do art. 84, XIX;
b) de caráter perpétuo;
c) de trabalhos forçados;
d) de banimento;
e) cruéis;

XLVIII - a pena será cumprida em estabelecimentos distintos, de acordo com a natureza do delito, a idade e o sexo do apenado;

XLIX - é assegurado aos presos o respeito à integridade física e moral;

L - às presidiárias serão asseguradas condições para que possam permanecer com seus filhos durante o período de amamentação;

LI - nenhum brasileiro será extraditado, salvo o naturalizado, em caso de crime comum, praticado antes da naturalização, ou de comprovado envolvimento em tráfico ilícito de entorpecentes e drogas afins, na forma da lei;

LII - não será concedida extradição de estrangeiro por crime político ou de opinião;

LIII - ninguém será processado nem sentenciado senão pela autoridade competente;

LIV - ninguém será privado da liberdade ou de seus bens sem o devido processo legal;

LV - aos litigantes, em processo judicial ou administrativo, e aos acusados em geral são assegurados o contraditório e ampla defesa, com os meios e recursos a ela inerentes;

LVI - são inadmissíveis, no processo, as provas obtidas por meios ilícitos;

LVII - ninguém será considerado culpado até o trânsito em julgado de sentença penal condenatória;

LVIII - o civilmente identificado não será submetido a identificação criminal, salvo nas hipóteses previstas em lei; (Regulamento)

LIX - será admitida ação privada nos crimes de ação pública, se esta não for intentada no prazo legal;

LX - a lei só poderá restringir a publicidade dos atos processuais quando a defesa da intimidade ou o interesse social o exigirem;

LXI - ninguém será preso senão em flagrante delito ou por ordem escrita e fundamentada de autoridade judiciária competente, salvo nos casos de transgressão militar ou crime propriamente militar, definidos em lei;

LXII - a prisão de qualquer pessoa e o local onde se encontre serão comunicados imediatamente ao juiz competente e à família do preso ou à pessoa por ele indicada;

LXIII - o preso será informado de seus direitos, entre os quais o de permanecer calado, sendo-lhe assegurada a assistência da família e de advogado;

LXIV - o preso tem direito à identificação dos responsáveis por sua prisão ou por seu interrogatório policial;

LXV - a prisão ilegal será imediatamente relaxada pela autoridade judiciária;

LXVI - ninguém será levado à prisão ou nela mantido, quando a lei admitir a liberdade provisória, com ou sem fiança;
LXVII - não haverá prisão civil por dívida, salvo a do responsável pelo inadimplemento voluntário e inescusável de obrigação alimentícia e a do depositário infiel;
LXVIII - conceder-se-á habeas corpus sempre que alguém sofrer ou se achar ameaçado de sofrer violência ou coação em sua liberdade de locomoção, por ilegalidade ou abuso de poder;
LXIX - conceder-se-á mandado de segurança para proteger direito líquido e certo, não amparado por habeas corpus ou habeas data, quando o responsável pela ilegalidade ou abuso de poder for autoridade pública ou agente de pessoa jurídica no exercício de atribuições do Poder Público;
LXX - o mandado de segurança coletivo pode ser impetrado por:
a) partido político com representação no Congresso Nacional;
b) organização sindical, entidade de classe ou associação legalmente constituída e em funcionamento há pelo menos um ano, em defesa dos interesses de seus membros ou associados;
LXXI - conceder-se-á mandado de injunção sempre que a falta de norma regulamentadora torne inviável o exercício dos direitos e liberdades constitucionais e das prerrogativas inerentes à nacionalidade, à soberania e à cidadania;
LXXII - conceder-se-á habeas data:
a) para assegurar o conhecimento de informações relativas à pessoa do impetrante, constantes de registros ou bancos de dados de entidades governamentais ou de caráter público;
b) para a retificação de dados, quando não se prefira fazê-lo por processo sigiloso, judicial ou administrativo;
LXXIII - qualquer cidadão é parte legítima para propor ação popular que vise a anular ato lesivo ao patrimônio público ou de entidade de que o Estado participe, à moralidade administrativa, ao meio ambiente e ao patrimônio histórico e cultural, ficando o autor, salvo comprovada má-fé, isento de custas judiciais e do ônus da sucumbência;
LXXIV - o Estado prestará assistência jurídica integral e gratuita aos que comprovarem insuficiência de recursos;
LXXV - o Estado indenizará o condenado por erro judiciário, assim como o que ficar preso além do tempo fixado na sentença;
LXXVI - são gratuitos para os reconhecidamente pobres, na forma da lei: (Vide Lei nº 7.844, de 1989)
a) o registro civil de nascimento;
b) a certidão de óbito;
LXXVII - são gratuitas as ações de habeas corpus e habeas data, e, na forma da lei, os atos necessários ao exercício da cidadania. (Regulamento)
LXXVIII - a todos, no âmbito judicial e administrativo, são assegurados a razoável duração do processo e os meios que garantam a celeridade de sua tramitação. (Incluído pela Emenda Constitucional nº 45, de 2004)
§ 1º As normas definidoras dos direitos e garantias fundamentais têm aplicação imediata.
§ 2º Os direitos e garantias expressos nesta Constituição não excluem outros decorrentes do regime e dos princípios por ela adotados, ou dos tratados internacionais em que a República Federativa do Brasil seja parte.
§ 3º Os tratados e convenções internacionais sobre direitos humanos que forem aprovados, em cada Casa do Congresso Nacional, em dois turnos, por três quintos dos votos dos respectivos membros, serão equivalentes às emendas constitucionais. (Incluído pela Emenda Constitucional nº 45, de 2004) (Atos aprovados na forma deste parágrafo: DLG nº 186, de 2008, DEC 6.949, de 2009, DLG 261, de 2015, DEC 9.522, de 2018)

§ 4º O Brasil se submete à jurisdição de Tribunal Penal Internacional a cuja criação tenha manifestado adesão. (Incluído pela Emenda Constitucional nº 45, de 2004)

CAPÍTULO II - DOS DIREITOS SOCIAIS

Art. 6º São direitos sociais a educação, a saúde, a alimentação, o trabalho, a moradia, o transporte, o lazer, a segurança, a previdência social, a proteção à maternidade e à infância, a assistência aos desamparados, na forma desta Constituição. (Redação dada pela Emenda Constitucional nº 90, de 2015)

Art. 7º São direitos dos trabalhadores urbanos e rurais, além de outros que visem à melhoria de sua condição social:
I - relação de emprego protegida contra despedida arbitrária ou sem justa causa, nos termos de lei complementar, que preverá indenização compensatória, dentre outros direitos;
II - seguro-desemprego, em caso de desemprego involuntário;
III - fundo de garantia do tempo de serviço;
IV - salário mínimo, fixado em lei, nacionalmente unificado, capaz de atender a suas necessidades vitais básicas e às de sua família com moradia, alimentação, educação, saúde, lazer, vestuário, higiene, transporte e previdência social, com reajustes periódicos que lhe preservem o poder aquisitivo, sendo vedada sua vinculação para qualquer fim;
V - piso salarial proporcional à extensão e à complexidade do trabalho;
VI - irredutibilidade do salário, salvo o disposto em convenção ou acordo coletivo;
VII - garantia de salário, nunca inferior ao mínimo, para os que percebem remuneração variável;
VIII - décimo terceiro salário com base na remuneração integral ou no valor da aposentadoria;
IX - remuneração do trabalho noturno superior à do diurno;
X - proteção do salário na forma da lei, constituindo crime sua retenção dolosa;
XI – participação nos lucros, ou resultados, desvinculada da remuneração, e, excepcionalmente, participação na gestão da empresa, conforme definido em lei;
XII - salário-família pago em razão do dependente do trabalhador de baixa renda nos termos da lei; (Redação dada pela Emenda Constitucional nº 20, de 1998)
XIII - duração do trabalho normal não superior a oito horas diárias e quarenta e quatro semanais, facultada a compensação de horários e a redução da jornada, mediante acordo ou convenção coletiva de trabalho; (vide Decreto-Lei nº 5.452, de 1943)
XIV - jornada de seis horas para o trabalho realizado em turnos ininterruptos de revezamento, salvo negociação coletiva;
XV - repouso semanal remunerado, preferencialmente aos domingos;
XVI - remuneração do serviço extraordinário superior, no mínimo, em cinqüenta por cento à do normal; (Vide Del 5.452, art. 59 § 1º)
XVII - gozo de férias anuais remuneradas com, pelo menos, um terço a mais do que o salário normal;
XVIII - licença à gestante, sem prejuízo do emprego e do salário, com a duração de cento e vinte dias;
XIX - licença-paternidade, nos termos fixados em lei;
XX - proteção do mercado de trabalho da mulher, mediante incentivos específicos, nos termos da lei;
XXI - aviso prévio proporcional ao tempo de serviço, sendo no mínimo de trinta dias, nos termos da lei;
XXII - redução dos riscos inerentes ao trabalho, por meio de normas de saúde, higiene e segurança;
XXIII - adicional de remuneração para as atividades penosas, insalubres ou perigosas, na forma da lei;
XXIV - aposentadoria;
XXV - assistência gratuita aos filhos e dependentes desde o nascimento até 5 (cinco) anos de idade em creches e pré-escolas; (Redação dada pela Emenda Constitucional nº 53, de 2006)

XXVI - reconhecimento das convenções e acordos coletivos de trabalho;

XXVII - proteção em face da automação, na forma da lei;

XXVIII - seguro contra acidentes de trabalho, a cargo do empregador, sem excluir a indenização a que este está obrigado, quando incorrer em dolo ou culpa;

XXIX - ação, quanto aos créditos resultantes das relações de trabalho, com prazo prescricional de cinco anos para os trabalhadores urbanos e rurais, até o limite de dois anos após a extinção do contrato de trabalho; (Redação dada pela Emenda Constitucional nº 28, de 2000)

a) (Revogada). (Redação dada pela Emenda Constitucional nº 28, de 2000)

b) (Revogada). (Redação dada pela Emenda Constitucional nº 28, de 2000)

XXX - proibição de diferença de salários, de exercício de funções e de critério de admissão por motivo de sexo, idade, cor ou estado civil;

XXXI - proibição de qualquer discriminação no tocante a salário e critérios de admissão do trabalhador portador de deficiência;

XXXII - proibição de distinção entre trabalho manual, técnico e intelectual ou entre os profissionais respectivos;

XXXIII - proibição de trabalho noturno, perigoso ou insalubre a menores de dezoito e de qualquer trabalho a menores de dezesseis anos, salvo na condição de aprendiz, a partir de quatorze anos; (Redação dada pela Emenda Constitucional nº 20, de 1998)

XXXIV - igualdade de direitos entre o trabalhador com vínculo empregatício permanente e o trabalhador avulso.

Parágrafo único. São assegurados à categoria dos trabalhadores domésticos os direitos previstos nos incisos IV, VI, VII, VIII, X, XIII, XV, XVI, XVII, XVIII, XIX, XXI, XXII, XXIV, XXVI, XXX, XXXI e XXXIII e, atendidas as condições estabelecidas em lei e observada a simplificação do cumprimento das obrigações tributárias, principais e acessórias, decorrentes da relação de trabalho e suas peculiaridades, os previstos nos incisos I, II, III, IX, XII, XXV e XXVIII, bem como a sua integração à previdência social. (Redação dada pela Emenda Constitucional nº 72, de 2013)

Art. 8º É livre a associação profissional ou sindical, observado o seguinte:

I - a lei não poderá exigir autorização do Estado para a fundação de sindicato, ressalvado o registro no órgão competente, vedadas ao Poder Público a interferência e a intervenção na organização sindical;

II - é vedada a criação de mais de uma organização sindical, em qualquer grau, representativa de categoria profissional ou econômica, na mesma base territorial, que será definida pelos trabalhadores ou empregadores interessados, não podendo ser inferior à área de um Município;

III - ao sindicato cabe a defesa dos direitos e interesses coletivos ou individuais da categoria, inclusive em questões judiciais ou administrativas;

IV - a assembléia geral fixará a contribuição que, em se tratando de categoria profissional, será descontada em folha, para custeio do sistema confederativo da representação sindical respectiva, independentemente da contribuição prevista em lei;

V - ninguém será obrigado a filiar-se ou a manter-se filiado a sindicato;

VI - é obrigatória a participação dos sindicatos nas negociações coletivas de trabalho;

VII - o aposentado filiado tem direito a votar e ser votado nas organizações sindicais;

VIII - é vedada a dispensa do empregado sindicalizado a partir do registro da candidatura a cargo de direção ou representação sindical e, se eleito, ainda que suplente, até um ano após o final do mandato, salvo se cometer falta grave nos termos da lei.

Parágrafo único. As disposições deste artigo aplicam-se à organização de sindicatos rurais e de colônias de pescadores, atendidas as condições que a lei estabelecer.

Art. 9º É assegurado o direito de greve, competindo aos trabalhadores decidir sobre a oportunidade de exercê-lo e sobre os interesses que devam por meio dele defender.

§ 1º A lei definirá os serviços ou atividades essenciais e disporá sobre o atendimento das necessidades inadiáveis da comunidade.

§ 2º Os abusos cometidos sujeitam os responsáveis às penas da lei.

Art. 10. É assegurada a participação dos trabalhadores e empregadores nos colegiados dos órgãos públicos em que seus interesses profissionais ou previdenciários sejam objeto de discussão e deliberação.

Art. 11. Nas empresas de mais de duzentos empregados, é assegurada a eleição de um representante destes com a finalidade exclusiva de promover-lhes o entendimento direto com os empregadores.

CAPÍTULO III - DA NACIONALIDADE

Art. 12. São brasileiros:

I - natos:

a) os nascidos na República Federativa do Brasil, ainda que de pais estrangeiros, desde que estes não estejam a serviço de seu país;

b) os nascidos no estrangeiro, de pai brasileiro ou mãe brasileira, desde que qualquer deles esteja a serviço da República Federativa do Brasil;

c) os nascidos no estrangeiro de pai brasileiro ou de mãe brasileira, desde que sejam registrados em repartição brasileira competente ou venham a residir na República Federativa do Brasil e optem, em qualquer tempo, depois de atingida a maioridade, pela nacionalidade brasileira; (Redação dada pela Emenda Constitucional nº 54, de 2007)

II - naturalizados:

a) os que, na forma da lei, adquiram a nacionalidade brasileira, exigidas aos originários de países de língua portuguesa apenas residência por um ano ininterrupto e idoneidade moral;

b) os estrangeiros de qualquer nacionalidade, residentes na República Federativa do Brasil há mais de quinze anos ininterruptos e sem condenação penal, desde que requeiram a nacionalidade brasileira. (Redação dada pela Emenda Constitucional de Revisão nº 3, de 1994)

§ 1º Aos portugueses com residência permanente no País, se houver reciprocidade em favor de brasileiros, serão atribuídos os direitos inerentes ao brasileiro, salvo os casos previstos nesta Constituição. (Redação dada pela Emenda Constitucional de Revisão nº 3, de 1994)

§ 2º A lei não poderá estabelecer distinção entre brasileiros natos e naturalizados, salvo nos casos previstos nesta Constituição.

§ 3º São privativos de brasileiro nato os cargos:

I - de Presidente e Vice-Presidente da República;

II - de Presidente da Câmara dos Deputados;

III - de Presidente do Senado Federal;

IV - de Ministro do Supremo Tribunal Federal;

V - da carreira diplomática;

VI - de oficial das Forças Armadas.

VII - de Ministro de Estado da Defesa (Incluído pela Emenda Constitucional nº 23, de 1999)

§ 4º - Será declarada a perda da nacionalidade do brasileiro que:

I - tiver cancelada sua naturalização, por sentença judicial, em virtude de atividade nociva ao interesse nacional;

II - adquirir outra nacionalidade, salvo nos casos: (Redação dada pela Emenda Constitucional de Revisão nº 3, de 1994)

a) de reconhecimento de nacionalidade originária pela lei estrangeira; (Incluído pela Emenda Constitucional de Revisão nº 3, de 1994)

b) de imposição de naturalização, pela norma estrangeira, ao brasileiro residente em estado estrangeiro, como condição para permanência em seu território ou para o exercício de direitos civis; (Incluído pela Emenda Constitucional de Revisão nº 3, de 1994)

Art. 13. A língua portuguesa é o idioma oficial da República Federativa do Brasil.

§ 1º São símbolos da República Federativa do Brasil a bandeira, o hino, as armas e o selo nacionais.

§ 2º Os Estados, o Distrito Federal e os Municípios poderão ter símbolos próprios.

CAPÍTULO IV - DOS DIREITOS POLÍTICOS

Art. 14. A soberania popular será exercida pelo sufrágio universal e pelo voto direto e secreto, com valor igual para todos, e, nos termos da lei, mediante:

I - plebiscito;
II - referendo;
III - iniciativa popular.

§ 1º O alistamento eleitoral e o voto são:

I - obrigatórios para os maiores de dezoito anos;
II - facultativos para:
a) os analfabetos;
b) os maiores de setenta anos;
c) os maiores de dezesseis e menores de dezoito anos.

§ 2º Não podem alistar-se como eleitores os estrangeiros e, durante o período do serviço militar obrigatório, os conscritos.

§ 3º São condições de elegibilidade, na forma da lei:

I - a nacionalidade brasileira;
II - o pleno exercício dos direitos políticos;
III - o alistamento eleitoral;
IV - o domicílio eleitoral na circunscrição;
V - a filiação partidária; Regulamento
VI - a idade mínima de:
a) trinta e cinco anos para Presidente e Vice-Presidente da República e Senador;
b) trinta anos para Governador e Vice-Governador de Estado e do Distrito Federal;
c) vinte e um anos para Deputado Federal, Deputado Estadual ou Distrital, Prefeito, Vice-Prefeito e juiz de paz;
d) dezoito anos para Vereador.

§ 4º São inelegíveis os inalistáveis e os analfabetos.

§ 5º O Presidente da República, os Governadores de Estado e do Distrito Federal, os Prefeitos e quem os houver sucedido, ou substituído no curso dos mandatos poderão ser reeleitos para um único período subseqüente. (Redação dada pela Emenda Constitucional nº 16, de 1997)

§ 6º Para concorrerem a outros cargos, o Presidente da República, os Governadores de Estado e do Distrito Federal e os Prefeitos devem renunciar aos respectivos mandatos até seis meses antes do pleito.

§ 7º São inelegíveis, no território de jurisdição do titular, o cônjuge e os parentes consangüíneos ou afins, até o segundo grau ou por adoção, do Presidente da República, de Governador de Estado ou Território, do Distrito Federal, de Prefeito ou de quem os haja substituído dentro dos seis meses anteriores ao pleito, salvo se já titular de mandato eletivo e candidato à reeleição.

§ 8º O militar alistável é elegível, atendidas as seguintes condições:

I - se contar menos de dez anos de serviço, deverá afastar-se da atividade;
II - se contar mais de dez anos de serviço, será agregado pela autoridade superior e, se eleito, passará automaticamente, no ato da diplomação, para a inatividade.

§ 9º Lei complementar estabelecerá outros casos de inelegibilidade e os prazos de sua cessação, a fim de proteger a probidade administrativa, a moralidade para exercício de mandato considerada vida pregressa do candidato, e a normalidade e legitimidade das eleições contra a influência do poder econômico ou o abuso do exercício de função, cargo ou emprego na administração direta ou indireta. (Redação dada pela Emenda Constitucional de Revisão nº 4, de 1994)

§ 10. O mandato eletivo poderá ser impugnado ante a Justiça Eleitoral no prazo de quinze dias contados da diplomação, instruída a ação com provas de abuso do poder econômico, corrupção ou fraude.

§ 11. A ação de impugnação de mandato tramitará em segredo de justiça, respondendo o autor, na forma da lei, se temerária ou de manifesta má-fé.

Art. 15. É vedada a cassação de direitos políticos, cuja perda ou suspensão só se dará nos casos de:

I - cancelamento da naturalização por sentença transitada em julgado;
II - incapacidade civil absoluta;
III - condenação criminal transitada em julgado, enquanto durarem seus efeitos;
IV - recusa de cumprir obrigação a todos imposta ou prestação alternativa, nos termos do art. 5º, VIII;
V - improbidade administrativa, nos termos do art. 37, § 4º.

Art. 16. A lei que alterar o processo eleitoral entrará em vigor na data de sua publicação, não se aplicando à eleição que ocorra até um ano da data de sua vigência. (Redação dada pela Emenda Constitucional nº 4, de 1993)

CAPÍTULO V - DOS PARTIDOS POLÍTICOS

Art. 17. É livre a criação, fusão, incorporação e extinção de partidos políticos, resguardados a soberania nacional, o regime democrático, o pluripartidarismo, os direitos fundamentais da pessoa humana e observados os seguintes preceitos: Regulamento

I - caráter nacional;
II - proibição de recebimento de recursos financeiros de entidade ou governo estrangeiros ou de subordinação a estes;
III - prestação de contas à Justiça Eleitoral;
IV - funcionamento parlamentar de acordo com a lei.

§ 1º É assegurada aos partidos políticos autonomia para definir sua estrutura interna e estabelecer regras sobre escolha, formação e duração de seus órgãos permanentes e provisórios e sobre sua organização e funcionamento e para adotar os critérios de escolha e o regime de suas coligações nas eleições majoritárias, vedada a sua celebração nas eleições proporcionais, sem obrigatoriedade de vinculação entre as candidaturas em âmbito nacional, estadual, distrital ou municipal, devendo seus estatutos estabelecer normas de disciplina e fidelidade partidária. (Redação dada pela Emenda Constitucional nº 97, de 2017)

§ 2º Os partidos políticos, após adquirirem personalidade jurídica, na forma da lei civil, registrarão seus estatutos no Tribunal Superior Eleitoral.

§ 3º Somente terão direito a recursos do fundo partidário e acesso gratuito ao rádio e à televisão, na forma da lei, os partidos políticos que alternativamente: (Redação dada pela Emenda Constitucional nº 97, de 2017)

I - obtiverem, nas eleições para a Câmara dos Deputados, no mínimo, 3% (três por cento) dos votos válidos, distribuídos em pelo menos um terço das unidades da Federação, com um mínimo de 2% (dois por cento) dos votos válidos em cada uma delas; ou (Incluído pela Emenda Constitucional nº 97, de 2017)

II - tiverem elegido pelo menos quinze Deputados Federais distribuídos em pelo menos um terço das unidades da Federação. (Incluído pela Emenda Constitucional nº 97, de 2017)

§ 4º É vedada a utilização pelos partidos políticos de organização paramilitar.

§ 5º Ao eleito por partido que não preencher os requisitos previstos no § 3º deste artigo é assegurado o mandato e facultada a filiação, sem perda do mandato, a outro partido que os tenha atingido, não sendo essa filiação considerada para fins de distribuição dos recursos do fundo partidário e de acesso gratuito ao tempo de rádio e de televisão. (Incluído pela Emenda Constitucional nº 97, de 2017)

TÍTULO III - DA ORGANIZAÇÃO DO ESTADO
CAPÍTULO I - DA ORGANIZAÇÃO POLÍTICO-ADMINISTRATIVA

Art. 18. A organização político-administrativa da República Federativa do Brasil compreende a União, os Estados, o Distrito Federal e os Municípios, todos autônomos, nos termos desta Constituição.

§ 1º Brasília é a Capital Federal.

§ 2º Os Territórios Federais integram a União, e sua criação, transformação em Estado ou reintegração ao Estado de origem serão reguladas em lei complementar.

§ 3º Os Estados podem incorporar-se entre si, subdividir-se ou desmembrar-se para se anexarem a outros, ou formarem novos Estados ou Territórios Federais, mediante aprovação da população diretamente interessada, através de plebiscito, e do Congresso Nacional, por lei complementar.

§ 4º A criação, a incorporação, a fusão e o desmembramento de Municípios, far-se-ão por lei estadual, dentro do período determinado por Lei Complementar Federal, e dependerão de consulta prévia, mediante plebiscito, às populações dos Municípios envolvidos, após divulgação dos Estudos de Viabilidade Municipal, apresentados e publicados na forma da lei. (Redação dada pela Emenda Constitucional nº 15, de 1996)

Art. 19. É vedado à União, aos Estados, ao Distrito Federal e aos Municípios:

I - estabelecer cultos religiosos ou igrejas, subvencioná-los, embaraçar-lhes o funcionamento ou manter com eles ou seus representantes relações de dependência ou aliança, ressalvada, na forma da lei, a colaboração de interesse público;

II - recusar fé aos documentos públicos;

III - criar distinções entre brasileiros ou preferências entre si.

CAPÍTULO II - DA UNIÃO

Art. 20. São bens da União:

I - os que atualmente lhe pertencem e os que lhe vierem a ser atribuídos;

II - as terras devolutas indispensáveis à defesa das fronteiras, das fortificações e construções militares, das vias federais de comunicação e à preservação ambiental, definidas em lei;

III - os lagos, rios e quaisquer correntes de água em terrenos de seu domínio, ou que banhem mais de um Estado, sirvam de limites com outros países, ou se estendam a território estrangeiro ou dele provenham, bem como os terrenos marginais e as praias fluviais;

IV - as ilhas fluviais e lacustres nas zonas limítrofes com outros países; as praias marítimas; as ilhas oceânicas e as costeiras, excluídas, destas, as que contenham a sede de Municípios, exceto aquelas áreas afetadas ao serviço público e a unidade ambiental federal, e as referidas no art. 26, II; (Redação dada pela Emenda Constitucional nº 46, de 2005)

V - os recursos naturais da plataforma continental e da zona econômica exclusiva;

VI - o mar territorial;

VII - os terrenos de marinha e seus acrescidos;

VIII - os potenciais de energia hidráulica;

IX - os recursos minerais, inclusive os do subsolo;

X - as cavidades naturais subterrâneas e os sítios arqueológicos e pré-históricos;

XI - as terras tradicionalmente ocupadas pelos índios.

§ 1º É assegurada, nos termos da lei, à União, aos Estados, ao Distrito Federal e aos Municípios a participação no resultado da exploração de petróleo ou gás natural, de recursos hídricos para fins de geração de energia elétrica e de outros recursos minerais no respectivo território, plataforma continental, mar territorial ou zona econômica exclusiva, ou compensação financeira por essa exploração. (Redação dada pela Emenda Constitucional nº 102, de 2019) (Produção de efeito)

§ 2º A faixa de até cento e cinquenta quilômetros de largura, ao longo das fronteiras terrestres, designada como faixa de fronteira, é considerada fundamental para defesa do território nacional, e sua ocupação e utilização serão reguladas em lei.

Art. 21. Compete à União:

I - manter relações com Estados estrangeiros e participar de organizações internacionais;

II - declarar a guerra e celebrar a paz;

III - assegurar a defesa nacional;

IV - permitir, nos casos previstos em lei complementar, que forças estrangeiras transitem pelo território nacional ou nele permaneçam temporariamente;

V - decretar o estado de sítio, o estado de defesa e a intervenção federal;

VI - autorizar e fiscalizar a produção e o comércio de material bélico;

VII - emitir moeda;

VIII - administrar as reservas cambiais do País e fiscalizar as operações de natureza financeira, especialmente as de crédito, câmbio e capitalização, bem como as de seguros e de previdência privada;

IX - elaborar e executar planos nacionais e regionais de ordenação do território e de desenvolvimento econômico e social;

X - manter o serviço postal e o correio aéreo nacional;

XI - explorar, diretamente ou mediante autorização, concessão ou permissão, os serviços de telecomunicações, nos termos da lei, que disporá sobre a organização dos serviços, a criação de um órgão regulador e outros aspectos institucionais; (Redação dada pela Emenda Constitucional nº 8, de 15/08/95:)

XII - explorar, diretamente ou mediante autorização, concessão ou permissão:

a) os serviços de radiodifusão sonora, e de sons e imagens; (Redação dada pela Emenda Constitucional nº 8, de 15/08/95:)

b) os serviços e instalações de energia elétrica e o aproveitamento energético dos cursos de água, em articulação com os Estados onde se situam os potenciais hidroenergéticos;

c) a navegação aérea, aeroespacial e a infra-estrutura aeroportuária;

d) os serviços de transporte ferroviário e aquaviário entre portos brasileiros e fronteiras nacionais, ou que transponham os limites de Estado ou Território;

e) os serviços de transporte rodoviário interestadual e internacional de passageiros;

f) os portos marítimos, fluviais e lacustres;

XIII - organizar e manter o Poder Judiciário, o Ministério Público do Distrito Federal e dos Territórios e a Defensoria Pública dos Territórios; (Redação dada pela Emenda Constitucional nº 69, de 2012) (Produção de efeito)

XIV - organizar e manter a polícia civil, a polícia penal, a polícia militar e o corpo de bombeiros militar do Distrito Federal, bem como prestar assistência financeira ao Distrito Federal para a execução de serviços públicos, por meio de fundo próprio; (Redação dada pela Emenda Constitucional nº 104, de 2019)
XV - organizar e manter os serviços oficiais de estatística, geografia, geologia e cartografia de âmbito nacional;
XVI - exercer a classificação, para efeito indicativo, de diversões públicas e de programas de rádio e televisão;
XVII - conceder anistia;
XVIII - planejar e promover a defesa permanente contra as calamidades públicas, especialmente as secas e as inundações;
XIX - instituir sistema nacional de gerenciamento de recursos hídricos e definir critérios de outorga de direitos de seu uso; (Regulamento)
XX - instituir diretrizes para o desenvolvimento urbano, inclusive habitação, saneamento básico e transportes urbanos;
XXI - estabelecer princípios e diretrizes para o sistema nacional de viação;
XXII - executar os serviços de polícia marítima, aeroportuária e de fronteiras; (Redação dada pela Emenda Constitucional nº 19, de 1998)
XXIII - explorar os serviços e instalações nucleares de qualquer natureza e exercer monopólio estatal sobre a pesquisa, a lavra, o enriquecimento e reprocessamento, a industrialização e o comércio de minérios nucleares e seus derivados, atendidos os seguintes princípios e condições:
a) toda atividade nuclear em território nacional somente será admitida para fins pacíficos e mediante aprovação do Congresso Nacional;
b) sob regime de permissão, são autorizadas a comercialização e a utilização de radioisótopos para a pesquisa e usos médicos, agrícolas e industriais; (Redação dada pela Emenda Constitucional nº 49, de 2006)
c) sob regime de permissão, são autorizadas a produção, comercialização e utilização de radioisótopos de meia-vida igual ou inferior a duas horas; (Redação dada pela Emenda Constitucional nº 49, de 2006)
d) a responsabilidade civil por danos nucleares independe da existência de culpa; (Redação dada pela Emenda Constitucional nº 49, de 2006)
XXIV - organizar, manter e executar a inspeção do trabalho;
XXV - estabelecer as áreas e as condições para o exercício da atividade de garimpagem, em forma associativa.
Art. 22. Compete privativamente à União legislar sobre:
I - direito civil, comercial, penal, processual, eleitoral, agrário, marítimo, aeronáutico, espacial e do trabalho;
II - desapropriação;
III - requisições civis e militares, em caso de iminente perigo e em tempo de guerra;
IV - águas, energia, informática, telecomunicações e radiodifusão;
V - serviço postal;
VI - sistema monetário e de medidas, títulos e garantias dos metais;
VII - política de crédito, câmbio, seguros e transferência de valores;
VIII - comércio exterior e interestadual;
IX - diretrizes da política nacional de transportes;
X - regime dos portos, navegação lacustre, fluvial, marítima, aérea e aeroespacial;
XI - trânsito e transporte;
XII - jazidas, minas, outros recursos minerais e metalurgia;
XIII - nacionalidade, cidadania e naturalização;
XIV - populações indígenas;
XV - emigração e imigração, entrada, extradição e expulsão de estrangeiros;
XVI - organização do sistema nacional de emprego e condições para o exercício de profissões;
XVII - organização judiciária, do Ministério Público do Distrito Federal e dos Territórios e da Defensoria Pública dos Territórios, bem como organização administrativa destes; (Redação dada pela Emenda Constitucional nº 69, de 2012) (Produção de efeito)
XVIII - sistema estatístico, sistema cartográfico e de geologia nacionais;
XIX - sistemas de poupança, captação e garantia da poupança popular;
XX - sistemas de consórcios e sorteios;
XXI - normas gerais de organização, efetivos, material bélico, garantias, convocação, mobilização, inatividades e pensões das polícias militares e dos corpos de bombeiros militares; (Redação dada pela Emenda Constitucional nº 103, de 2019)
XXII - competência da polícia federal e das polícias rodoviária e ferroviária federais;
XXIII - seguridade social;
XXIV - diretrizes e bases da educação nacional;
XXV - registros públicos;
XXVI - atividades nucleares de qualquer natureza;
XXVII – normas gerais de licitação e contratação, em todas as modalidades, para as administrações públicas diretas, autárquicas e fundacionais da União, Estados, Distrito Federal e Municípios, obedecido o disposto no art. 37, XXI, e para as empresas públicas e sociedades de economia mista, nos termos do art. 173, § 1º, III; (Redação dada pela Emenda Constitucional nº 19, de 1998)
XXVIII - defesa territorial, defesa aeroespacial, defesa marítima, defesa civil e mobilização nacional;
XXIX - propaganda comercial.
Parágrafo único. Lei complementar poderá autorizar os Estados a legislar sobre questões específicas das matérias relacionadas neste artigo.
Art. 23. É competência comum da União, dos Estados, do Distrito Federal e dos Municípios:
I - zelar pela guarda da Constituição, das leis e das instituições democráticas e conservar o patrimônio público;
II - cuidar da saúde e assistência pública, da proteção e garantia das pessoas portadoras de deficiência;
III - proteger os documentos, as obras e outros bens de valor histórico, artístico e cultural, os monumentos, as paisagens naturais notáveis e os sítios arqueológicos;
IV - impedir a evasão, a destruição e a descaracterização de obras de arte e de outros bens de valor histórico, artístico ou cultural;
V - proporcionar os meios de acesso à cultura, à educação, à ciência, à tecnologia, à pesquisa e à inovação; (Redação dada pela Emenda Constitucional nº 85, de 2015)
VI - proteger o meio ambiente e combater a poluição em qualquer de suas formas;
VII - preservar as florestas, a fauna e a flora;
VIII - fomentar a produção agropecuária e organizar o abastecimento alimentar;
IX - promover programas de construção de moradias e a melhoria das condições habitacionais e de saneamento básico;
X - combater as causas da pobreza e os fatores de marginalização, promovendo a integração social dos setores desfavorecidos;
XI - registrar, acompanhar e fiscalizar as concessões de direitos de pesquisa e exploração de recursos hídricos e minerais em seus territórios;
XII - estabelecer e implantar política de educação para a segurança do trânsito.

Parágrafo único. Leis complementares fixarão normas para a cooperação entre a União e os Estados, o Distrito Federal e os Municípios, tendo em vista o equilíbrio do desenvolvimento e do bem-estar em âmbito nacional. (Redação dada pela Emenda Constitucional nº 53, de 2006)

Art. 24. Compete à União, aos Estados e ao Distrito Federal legislar concorrentemente sobre:

I - direito tributário, financeiro, penitenciário, econômico e urbanístico; (Vide Lei nº 13.874, de 2019)

II - orçamento;

III - juntas comerciais;

IV - custas dos serviços forenses;

V - produção e consumo;

VI - florestas, caça, pesca, fauna, conservação da natureza, defesa do solo e dos recursos naturais, proteção do meio ambiente e controle da poluição;

VII - proteção ao patrimônio histórico, cultural, artístico, turístico e paisagístico;

VIII - responsabilidade por dano ao meio ambiente, ao consumidor, a bens e direitos de valor artístico, estético, histórico, turístico e paisagístico;

IX - educação, cultura, ensino, desporto, ciência, tecnologia, pesquisa, desenvolvimento e inovação; (Redação dada pela Emenda Constitucional nº 85, de 2015)

X - criação, funcionamento e processo do juizado de pequenas causas;

XI - procedimentos em matéria processual;

XII - previdência social, proteção e defesa da saúde;

XIII - assistência jurídica e Defensoria pública;

XIV - proteção e integração social das pessoas portadoras de deficiência;

XV - proteção à infância e à juventude;

XVI - organização, garantias, direitos e deveres das polícias civis.

§ 1º No âmbito da legislação concorrente, a competência da União limitar-se-á a estabelecer normas gerais. (Vide Lei nº 13.874, de 2019)

§ 2º A competência da União para legislar sobre normas gerais não exclui a competência suplementar dos Estados. (Vide Lei nº 13.874, de 2019)

§ 3º Inexistindo lei federal sobre normas gerais, os Estados exercerão a competência legislativa plena, para atender a suas peculiaridades. (Vide Lei nº 13.874, de 2019)

§ 4º A superveniência de lei federal sobre normas gerais suspende a eficácia da lei estadual, no que lhe for contrário. (Vide Lei nº 13.874, de 2019)

CAPÍTULO III - DOS ESTADOS FEDERADOS

Art. 25. Os Estados organizam-se e regem-se pelas Constituições e leis que adotarem, observados os princípios desta Constituição.

§ 1º São reservadas aos Estados as competências que não lhes sejam vedadas por esta Constituição.

§ 2º Cabe aos Estados explorar diretamente, ou mediante concessão, os serviços locais de gás canalizado, na forma da lei, vedada a edição de medida provisória para a sua regulamentação. (Redação dada pela Emenda Constitucional nº 5, de 1995)

§ 3º Os Estados poderão, mediante lei complementar, instituir regiões metropolitanas, aglomerações urbanas e microrregiões, constituídas por agrupamentos de municípios limítrofes, para integrar a organização, o planejamento e a execução de funções públicas de interesse comum.

Art. 26. Incluem-se entre os bens dos Estados:

I - as águas superficiais ou subterrâneas, fluentes, emergentes e em depósito, ressalvadas, neste caso, na forma da lei, as decorrentes de obras da União;

II - as áreas, nas ilhas oceânicas e costeiras, que estiverem no seu domínio, excluídas aquelas sob domínio da União, Municípios ou terceiros;

III - as ilhas fluviais e lacustres não pertencentes à União;

IV - as terras devolutas não compreendidas entre as da União.

Art. 27. O número de Deputados à Assembléia Legislativa corresponderá ao triplo da representação do Estado na Câmara dos Deputados e, atingido o número de trinta e seis, será acrescido de tantos quantos forem os Deputados Federais acima de doze.

§ 1º Será de quatro anos o mandato dos Deputados Estaduais, aplicando-sê-lhes as regras desta Constituição sobre sistema eleitoral, inviolabilidade, imunidades, remuneração, perda de mandato, licença, impedimentos e incorporação às Forças Armadas.

§ 2º O subsídio dos Deputados Estaduais será fixado por lei de iniciativa da Assembléia Legislativa, na razão de, no máximo, setenta e cinco por cento daquele estabelecido, em espécie, para os Deputados Federais, observado o que dispõem os arts. 39, § 4º, 57, § 7º, 150, II, 153, III, e 153, § 2º, I. (Redação dada pela Emenda Constitucional nº 19, de 1998)

§ 3º Compete às Assembléias Legislativas dispor sobre seu regimento interno, polícia e serviços administrativos de sua secretaria, e prover os respectivos cargos.

§ 4º A lei disporá sobre a iniciativa popular no processo legislativo estadual.

Art. 28. A eleição do Governador e do Vice-Governador de Estado, para mandato de quatro anos, realizar-se-á no primeiro domingo de outubro, em primeiro turno, e no último domingo de outubro, em segundo turno, se houver, do ano anterior ao do término do mandato de seus antecessores, e a posse ocorrerá em primeiro de janeiro do ano subseqüente, observado, quanto ao mais, o disposto no art. 77. (Redação dada pela Emenda Constitucional nº 16, de1997)

§ 1º Perderá o mandato o Governador que assumir outro cargo ou função na administração pública direta ou indireta, ressalvada a posse em virtude de concurso público e observado o disposto no art. 38, I, IV e V. (Renumerado do parágrafo único, pela Emenda Constitucional nº 19, de 1998)

§ 2º Os subsídios do Governador, do Vice-Governador e dos Secretários de Estado serão fixados por lei de iniciativa da Assembléia Legislativa, observado o que dispõem os arts. 37, XI, 39, § 4º, 150, II, 153, III, e 153, § 2º, I. (Incluído pela Emenda Constitucional nº 19, de 1998)

CAPÍTULO IV - DOS MUNICÍPIOS

Art. 29. O Município reger-se-á por lei orgânica, votada em dois turnos, com o interstício mínimo de dez dias, e aprovada por dois terços dos membros da Câmara Municipal, que a promulgará, atendidos os princípios estabelecidos nesta Constituição, na Constituição do respectivo Estado e os seguintes preceitos:

I - eleição do Prefeito, do Vice-Prefeito e dos Vereadores, para mandato de quatro anos, mediante pleito direto e simultâneo realizado em todo o País;

II - eleição do Prefeito e do Vice-Prefeito realizada no primeiro domingo de outubro do ano anterior ao término do mandato dos que devam suceder, aplicadas as regras do art. 77, no caso de Municípios com mais de duzentos mil eleitores; (Redação dada pela Emenda Constitucional nº 16, de1997)

III - posse do Prefeito e do Vice-Prefeito no dia 1º de janeiro do ano subseqüente ao da eleição;

IV - para a composição das Câmaras Municipais, será observado o limite máximo de: (Redação dada pela Emenda Constitucional nº 58, de 2009) (Produção de efeito) (Vide ADIN 4307)

a) 9 (nove) Vereadores, nos Municípios de até 15.000 (quinze mil) habitantes; (Redação dada pela Emenda Constitucional nº 58, de 2009)

b) 11 (onze) Vereadores, nos Municípios de mais de 15.000 (quinze mil) habitantes e de até 30.000 (trinta mil) ha-

bitantes; (Redação dada pela Emenda Constitucional nº 58, de 2009)

c) 13 (treze) Vereadores, nos Municípios com mais de 30.000 (trinta mil) habitantes e de até 50.000 (cinquenta mil) habitantes; (Redação dada pela Emenda Constitucional nº 58, de 2009)

d) 15 (quinze) Vereadores, nos Municípios de mais de 50.000 (cinquenta mil) habitantes e de até 80.000 (oitenta mil) habitantes; (Incluída pela Emenda Constitucional nº 58, de 2009)

e) 17 (dezessete) Vereadores, nos Municípios de mais de 80.000 (oitenta mil) habitantes e de até 120.000 (cento e vinte mil) habitantes; (Incluída pela Emenda Constitucional nº 58, de 2009)

f) 19 (dezenove) Vereadores, nos Municípios de mais de 120.000 (cento e vinte mil) habitantes e de até 160.000 (cento sessenta mil) habitantes; (Incluída pela Emenda Constitucional nº 58, de 2009)

g) 21 (vinte e um) Vereadores, nos Municípios de mais de 160.000 (cento e sessenta mil) habitantes e de até 300.000 (trezentos mil) habitantes; (Incluída pela Emenda Constitucional nº 58, de 2009)

h) 23 (vinte e três) Vereadores, nos Municípios de mais de 300.000 (trezentos mil) habitantes e de até 450.000 (quatrocentos e cinquenta mil) habitantes; (Incluída pela Emenda Constitucional nº 58, de 2009)

i) 25 (vinte e cinco) Vereadores, nos Municípios de mais de 450.000 (quatrocentos e cinquenta mil) habitantes e de até 600.000 (seiscentos mil) habitantes; (Incluída pela Emenda Constitucional nº 58, de 2009)

j) 27 (vinte e sete) Vereadores, nos Municípios de mais de 600.000 (seiscentos mil) habitantes e de até 750.000 (setecentos cinquenta mil) habitantes; (Incluída pela Emenda Constitucional nº 58, de 2009)

k) 29 (vinte e nove) Vereadores, nos Municípios de mais de 750.000 (setecentos e cinquenta mil) habitantes e de até 900.000 (novecentos mil) habitantes; (Incluída pela Emenda Constitucional nº 58, de 2009)

l) 31 (trinta e um) Vereadores, nos Municípios de mais de 900.000 (novecentos mil) habitantes e de até 1.050.000 (um milhão e cinquenta mil) habitantes; (Incluída pela Emenda Constitucional nº 58, de 2009)

m) 33 (trinta e três) Vereadores, nos Municípios de mais de 1.050.000 (um milhão e cinquenta mil) habitantes e de até 1.200.000 (um milhão e duzentos mil) habitantes; (Incluída pela Emenda Constitucional nº 58, de 2009)

n) 35 (trinta e cinco) Vereadores, nos Municípios de mais de 1.200.000 (um milhão e duzentos mil) habitantes e de até 1.350.000 (um milhão e trezentos e cinquenta mil) habitantes; (Incluída pela Emenda Constitucional nº 58, de 2009)

o) 37 (trinta e sete) Vereadores, nos Municípios de 1.350.000 (um milhão e trezentos e cinquenta mil) habitantes e de até 1.500.000 (um milhão e quinhentos mil) habitantes; (Incluída pela Emenda Constitucional nº 58, de 2009)

p) 39 (trinta e nove) Vereadores, nos Municípios de mais de 1.500.000 (um milhão e quinhentos mil) habitantes e de até 1.800.000 (um milhão e oitocentos mil) habitantes; (Incluída pela Emenda Constitucional nº 58, de 2009)

q) 41 (quarenta e um) Vereadores, nos Municípios de mais de 1.800.000 (um milhão e oitocentos mil) habitantes e de até 2.400.000 (dois milhões e quatrocentos mil) habitantes; (Incluída pela Emenda Constitucional nº 58, de 2009)

r) 43 (quarenta e três) Vereadores, nos Municípios de mais de 2.400.000 (dois milhões e quatrocentos mil) habitantes e de até 3.000.000 (três milhões) de habitantes; (Incluída pela Emenda Constitucional nº 58, de 2009)

s) 45 (quarenta e cinco) Vereadores, nos Municípios de mais de 3.000.000 (três milhões) de habitantes e de até 4.000.000 (quatro milhões) de habitantes; (Incluída pela Emenda Constitucional nº 58, de 2009)

t) 47 (quarenta e sete) Vereadores, nos Municípios de mais de 4.000.000 (quatro milhões) de habitantes e de até 5.000.000 (cinco milhões) de habitantes; (Incluída pela Emenda Constitucional nº 58, de 2009)

u) 49 (quarenta e nove) Vereadores, nos Municípios de mais de 5.000.000 (cinco milhões) de habitantes e de até 6.000.000 (seis milhões) de habitantes; (Incluída pela Emenda Constitucional nº 58, de 2009)

v) 51 (cinquenta e um) Vereadores, nos Municípios de mais de 6.000.000 (seis milhões) de habitantes e de até 7.000.000 (sete milhões) de habitantes; (Incluída pela Emenda Constitucional nº 58, de 2009)

w) 53 (cinquenta e três) Vereadores, nos Municípios de mais de 7.000.000 (sete milhões) de habitantes e de até 8.000.000 (oito milhões) de habitantes; e (Incluída pela Emenda Constitucional nº 58, de 2009)

x) 55 (cinquenta e cinco) Vereadores, nos Municípios de mais de 8.000.000 (oito milhões) de habitantes; (Incluída pela Emenda Constitucional nº 58, de 2009)

V - subsídios do Prefeito, do Vice-Prefeito e dos Secretários Municipais fixados por lei de iniciativa da Câmara Municipal, observado o que dispõem os arts. 37, XI, 39, § 4º, 150, II, 153, III, e 153, § 2º, I; (Redação dada pela Emenda constitucional nº 19, de 1998)

VI - o subsídio dos Vereadores será fixado pelas respectivas Câmaras Municipais em cada legislatura para a subseqüente, observado o que dispõe esta Constituição, observados os critérios estabelecidos na respectiva Lei Orgânica e os seguintes limites máximos: (Redação dada pela Emenda Constitucional nº 25, de 2000)

a) em Municípios de até dez mil habitantes, o subsídio máximo dos Vereadores corresponderá a vinte por cento do subsídio dos Deputados Estaduais; (Incluído pela Emenda Constitucional nº 25, de 2000)

b) em Municípios de dez mil e um a cinqüenta mil habitantes, o subsídio máximo dos Vereadores corresponderá a trinta por cento do subsídio dos Deputados Estaduais; (Incluído pela Emenda Constitucional nº 25, de 2000)

c) em Municípios de cinqüenta mil e um a cem mil habitantes, o subsídio máximo dos Vereadores corresponderá a quarenta por cento do subsídio dos Deputados Estaduais; (Incluído pela Emenda Constitucional nº 25, de 2000)

d) em Municípios de cem mil e um a trezentos mil habitantes, o subsídio máximo dos Vereadores corresponderá a cinqüenta por cento do subsídio dos Deputados Estaduais; (Incluído pela Emenda Constitucional nº 25, de 2000)

e) em Municípios de trezentos mil e um a quinhentos mil habitantes, o subsídio máximo dos Vereadores corresponderá a sessenta por cento do subsídio dos Deputados Estaduais; (Incluído pela Emenda Constitucional nº 25, de 2000)

f) em Municípios de mais de quinhentos mil habitantes, o subsídio máximo dos Vereadores corresponderá a setenta e cinco por cento do subsídio dos Deputados Estaduais; (Incluído pela Emenda Constitucional nº 25, de 2000)

VII - o total da despesa com a remuneração dos Vereadores não poderá ultrapassar o montante de cinco por cento da receita do Município; (Incluído pela Emenda Constitucional nº 1, de 1992)

VIII - inviolabilidade dos Vereadores por suas opiniões, palavras e votos no exercício do mandato e na circunscrição do Município; (Renumerado do inciso VI, pela Emenda Constitucional nº 1, de 1992)

IX - proibições e incompatibilidades, no exercício da vereança, similares, no que couber, ao disposto nesta Constituição para os membros do Congresso Nacional e na Constituição do respectivo Estado para os membros da Assembléia Legislativa; (Renumerado do inciso VII, pela Emenda Constitucional nº 1, de 1992)

X - julgamento do Prefeito perante o Tribunal de Justiça; (Renumerado do inciso VIII, pela Emenda Constitucional nº 1, de 1992)

XI - organização das funções legislativas e fiscalizadoras da Câmara Municipal; (Renumerado do inciso IX, pela Emenda Constitucional nº 1, de 1992)

XII - cooperação das associações representativas no planejamento municipal; (Renumerado do inciso X, pela Emenda Constitucional nº 1, de 1992)

XIII - iniciativa popular de projetos de lei de interesse específico do Município, da cidade ou de bairros, através de manifestação de, pelo menos, cinco por cento do eleitorado; (Renumerado do inciso XI, pela Emenda Constitucional nº 1, de 1992)

XIV - perda do mandato do Prefeito, nos termos do art. 28, parágrafo único. (Renumerado do inciso XII, pela Emenda Constitucional nº 1, de 1992)

Art. 29-A. O total da despesa do Poder Legislativo Municipal, incluídos os subsídios dos Vereadores e excluídos os gastos com inativos, não poderá ultrapassar os seguintes percentuais, relativos ao somatório da receita tributária e das transferências previstas no § 5º do art. 153 e nos arts. 158 e 159, efetivamente realizado no exercício anterior: (Incluído pela Emenda Constitucional nº 25, de 2000)

I - 7% (sete por cento) para Municípios com população de até 100.000 (cem mil) habitantes; (Redação dada pela Emenda Constituição Constitucional nº 58, de 2009) (Produção de efeito)

II - 6% (seis por cento) para Municípios com população entre 100.000 (cem mil) e 300.000 (trezentos mil) habitantes; (Redação dada pela Emenda Constituição Constitucional nº 58, de 2009)

III - 5% (cinco por cento) para Municípios com população entre 300.001 (trezentos mil e um) e 500.000 (quinhentos mil) habitantes; (Redação dada pela Emenda Constituição Constitucional nº 58, de 2009)

IV - 4,5% (quatro inteiros e cinco décimos por cento) para Municípios com população entre 500.001 (quinhentos mil e um) e 3.000.000 (três milhões) de habitantes; (Redação dada pela Emenda Constituição Constitucional nº 58, de 2009)

V - 4% (quatro por cento) para Municípios com população entre 3.000.001 (três milhões e um) e 8.000.000 (oito milhões) de habitantes; (Incluído pela Emenda Constituição Constitucional nº 58, de 2009)

VI - 3,5% (três inteiros e cinco décimos por cento) para Municípios com população acima de 8.000.001 (oito milhões e um) habitantes. (Incluído pela Emenda Constituição Constitucional nº 58, de 2009)

§ 1º A Câmara Municipal não gastará mais de setenta por cento de sua receita com folha de pagamento, incluído o gasto com o subsídio de seus Vereadores. (Incluído pela Emenda Constitucional nº 25, de 2000)

§ 2º Constitui crime de responsabilidade do Prefeito Municipal: (Incluído pela Emenda Constitucional nº 25, de 2000)

I - efetuar repasse que supere os limites definidos neste artigo; (Incluído pela Emenda Constitucional nº 25, de 2000)

II - não enviar o repasse até o dia vinte de cada mês; ou (Incluído pela Emenda Constitucional nº 25, de 2000)

III - enviá-lo a menor em relação à proporção fixada na Lei Orçamentária. (Incluído pela Emenda Constitucional nº 25, de 2000)

§ 3º Constitui crime de responsabilidade do Presidente da Câmara Municipal o desrespeito ao § 1º deste artigo. (Incluído pela Emenda Constitucional nº 25, de 2000)

Art. 30. Compete aos Municípios:

I - legislar sobre assuntos de interesse local;

II - suplementar a legislação federal e a estadual no que couber;

III - instituir e arrecadar os tributos de sua competência, bem como aplicar suas rendas, sem prejuízo da obrigatoriedade de prestar contas e publicar balancetes nos prazos fixados em lei;

IV - criar, organizar e suprimir distritos, observada a legislação estadual;

V - organizar e prestar, diretamente ou sob regime de concessão ou permissão, os serviços públicos de interesse local, incluído o de transporte coletivo, que tem caráter essencial;

VI - manter, com a cooperação técnica e financeira da União e do Estado, programas de educação infantil e de ensino fundamental; (Redação dada pela Emenda Constitucional nº 53, de 2006)

VII - prestar, com a cooperação técnica e financeira da União e do Estado, serviços de atendimento à saúde da população;

VIII - promover, no que couber, adequado ordenamento territorial, mediante planejamento e controle do uso, do parcelamento e da ocupação do solo urbano;

IX - promover a proteção do patrimônio histórico-cultural local, observada a legislação e a ação fiscalizadora federal e estadual.

Art. 31. A fiscalização do Município será exercida pelo Poder Legislativo Municipal, mediante controle externo, e pelos sistemas de controle interno do Poder Executivo Municipal, na forma da lei.

§ 1º O controle externo da Câmara Municipal será exercido com o auxílio dos Tribunais de Contas dos Estados ou do Município ou dos Conselhos ou Tribunais de Contas dos Municípios, onde houver.

§ 2º O parecer prévio, emitido pelo órgão competente sobre as contas que o Prefeito deve anualmente prestar, só deixará de prevalecer por decisão de dois terços dos membros da Câmara Municipal.

§ 3º As contas dos Municípios ficarão, durante sessenta dias, anualmente, à disposição de qualquer contribuinte, para exame e apreciação, o qual poderá questionar-lhes a legitimidade, nos termos da lei.

§ 4º É vedada a criação de Tribunais, Conselhos ou órgãos de Contas Municipais.

CAPÍTULO V - DO DISTRITO FEDERAL E DOS TERRITÓRIOS

SEÇÃO I - DO DISTRITO FEDERAL

Art. 32. O Distrito Federal, vedada sua divisão em Municípios, reger-se-á por lei orgânica, votada em dois turnos com interstício mínimo de dez dias, e aprovada por dois terços da Câmara Legislativa, que a promulgará, atendidos os princípios estabelecidos nesta Constituição.

§ 1º Ao Distrito Federal são atribuídas as competências legislativas reservadas aos Estados e Municípios.

§ 2º A eleição do Governador e do Vice-Governador, observadas as regras do art. 77, e dos Deputados Distritais coincidirá com a dos Governadores e Deputados Estaduais, para mandato de igual duração.

§ 3º Aos Deputados Distritais e à Câmara Legislativa aplica-se o disposto no art. 27.

§ 4º Lei federal disporá sobre a utilização, pelo Governo do Distrito Federal, da polícia civil, da polícia penal, da polícia militar e do corpo de bombeiros militar. (Redação dada pela Emenda Constitucional nº 104, de 2019)

SEÇÃO II - DOS TERRITÓRIOS

Art. 33. A lei disporá sobre a organização administrativa e judiciária dos Territórios.

§ 1º Os Territórios poderão ser divididos em Municípios, aos quais se aplicará, no que couber, o disposto no Capítulo IV deste Título.

§ 2º As contas do Governo do Território serão submetidas ao Congresso Nacional, com parecer prévio do Tribunal de Contas da União.

§ 3º Nos Territórios Federais com mais de cem mil habitantes, além do Governador nomeado na forma desta Constituição,

haverá órgãos judiciários de primeira e segunda instância, membros do Ministério Público e defensores públicos federais; a lei disporá sobre as eleições para a Câmara Territorial e sua competência deliberativa.

CAPÍTULO VI - DA INTERVENÇÃO

Art. 34. A União não intervirá nos Estados nem no Distrito Federal, exceto para:

I - manter a integridade nacional;

II - repelir invasão estrangeira ou de uma unidade da Federação em outra;

III - pôr termo a grave comprometimento da ordem pública;

IV - garantir o livre exercício de qualquer dos Poderes nas unidades da Federação;

V - reorganizar as finanças da unidade da Federação que:
a) suspender o pagamento da dívida fundada por mais de dois anos consecutivos, salvo motivo de força maior;
b) deixar de entregar aos Municípios receitas tributárias fixadas nesta Constituição, dentro dos prazos estabelecidos em lei;

VI - prover a execução de lei federal, ordem ou decisão judicial;

VII - assegurar a observância dos seguintes princípios constitucionais:
a) forma republicana, sistema representativo e regime democrático;
b) direitos da pessoa humana;
c) autonomia municipal;
d) prestação de contas da administração pública, direta e indireta.
e) aplicação do mínimo exigido da receita resultante de impostos estaduais, compreendida a proveniente de transferências, na manutenção e desenvolvimento do ensino e nas ações e serviços públicos de saúde. (Redação dada pela Emenda Constitucional nº 29, de 2000)

Art. 35. O Estado não intervirá em seus Municípios, nem a União nos Municípios localizados em Território Federal, exceto quando:

I - deixar de ser paga, sem motivo de força maior, por dois anos consecutivos, a dívida fundada;

II - não forem prestadas contas devidas, na forma da lei;

III – não tiver sido aplicado o mínimo exigido da receita municipal na manutenção e desenvolvimento do ensino e nas ações e serviços públicos de saúde; (Redação dada pela Emenda Constitucional nº 29, de 2000)

IV - o Tribunal de Justiça der provimento a representação para assegurar a observância de princípios indicados na Constituição Estadual, ou para prover a execução de lei, de ordem ou de decisão judicial.

Art. 36. A decretação da intervenção dependerá:

I - no caso do art. 34, IV, de solicitação do Poder Legislativo ou do Poder Executivo coacto ou impedido, ou de requisição do Supremo Tribunal Federal, se a coação for exercida contra o Poder Judiciário;

II - no caso de desobediência a ordem ou decisão judiciária, de requisição do Supremo Tribunal Federal, do Superior Tribunal de Justiça ou do Tribunal Superior Eleitoral;

III - de provimento, pelo Supremo Tribunal Federal, de representação do Procurador-Geral da República, na hipótese do art. 34, VII, e no caso de recusa à execução de lei federal. (Redação dada pela Emenda Constitucional nº 45, de 2004)

IV - (Revogado pela Emenda Constitucional nº 45, de 2004)

§ 1º O decreto de intervenção, que especificará a amplitude, o prazo e as condições de execução e que, se couber, nomeará o interventor, será submetido à apreciação do Congresso Nacional ou da Assembléia Legislativa do Estado, no prazo de vinte e quatro horas.

§ 2º Se não estiver funcionando o Congresso Nacional ou a Assembléia Legislativa, far-se-á convocação extraordinária, no mesmo prazo de vinte e quatro horas.

§ 3º Nos casos do art. 34, VI e VII, ou do art. 35, IV, dispensada a apreciação pelo Congresso Nacional ou pela Assembléia Legislativa, o decreto limitar-se-á a suspender a execução do ato impugnado, se essa medida bastar ao restabelecimento da normalidade.

§ 4º Cessados os motivos da intervenção, as autoridades afastadas de seus cargos a estes voltarão, salvo impedimento legal.

CAPÍTULO VII - DA ADMINISTRAÇÃO PÚBLICA

SEÇÃO I - DISPOSIÇÕES GERAIS

Art. 37. A administração pública direta e indireta de qualquer dos Poderes da União, dos Estados, do Distrito Federal e dos Municípios obedecerá aos princípios de legalidade, impessoalidade, moralidade, publicidade e eficiência e, também, ao seguinte: (Redação dada pela Emenda Constitucional nº 19, de 1998)

I - os cargos, empregos e funções públicas são acessíveis aos brasileiros que preencham os requisitos estabelecidos em lei, assim como aos estrangeiros, na forma da lei; (Redação dada pela Emenda Constitucional nº 19, de 1998)

II - a investidura em cargo ou emprego público depende de aprovação prévia em concurso público de provas ou de provas e títulos, de acordo com a natureza e a complexidade do cargo ou emprego, na forma prevista em lei, ressalvadas as nomeações para cargo em comissão declarado em lei de livre nomeação e exoneração; (Redação dada pela Emenda Constitucional nº 19, de 1998)

III - o prazo de validade do concurso público será de até dois anos, prorrogável uma vez, por igual período;

IV - durante o prazo improrrogável previsto no edital de convocação, aquele aprovado em concurso público de provas ou de provas e títulos será convocado com prioridade sobre novos concursados para assumir cargo ou emprego, na carreira;

V - as funções de confiança, exercidas exclusivamente por servidores ocupantes de cargo efetivo, e os cargos em comissão, a serem preenchidos por servidores de carreira nos casos, condições e percentuais mínimos previstos em lei, destinam-se apenas às atribuições de direção, chefia e assessoramento; (Redação dada pela Emenda Constitucional nº 19, de 1998)

VI - é garantido ao servidor público civil o direito à livre associação sindical;

VII - o direito de greve será exercido nos termos e nos limites definidos em lei específica; (Redação dada pela Emenda Constitucional nº 19, de 1998)

VIII - a lei reservará percentual dos cargos e empregos públicos para as pessoas portadoras de deficiência e definirá os critérios de sua admissão;

IX - a lei estabelecerá os casos de contratação por tempo determinado para atender a necessidade temporária de excepcional interesse público;

X - a remuneração dos servidores públicos e o subsídio de que trata o § 4º do art. 39 somente poderão ser fixados ou alterados por lei específica, observada a iniciativa privativa em cada caso, assegurada revisão geral anual, sempre na mesma data e sem distinção de índices; (Redação dada pela Emenda Constitucional nº 19, de 1998) (Regulamento)

XI - a remuneração e o subsídio dos ocupantes de cargos, funções e empregos públicos da administração direta, autárquica e fundacional, dos membros de qualquer dos Poderes da União, dos Estados, do Distrito Federal e dos Municípios, dos detentores de mandato eletivo e dos demais agentes políticos e os proventos, pensões ou outra espécie remuneratória, percebidos cumulativamente ou não, incluídas as vantagens pessoais ou de qualquer outra natureza, não poderão exceder o subsídio mensal, em espécie, dos

Ministros do Supremo Tribunal Federal, aplicando-se como limite, nos Municípios, o subsídio do Prefeito, e nos Estados e no Distrito Federal, o subsídio mensal do Governador no âmbito do Poder Executivo, o subsídio dos Deputados Estaduais e Distritais no âmbito do Poder Legislativo e o subsídio dos Desembargadores do Tribunal de Justiça, limitado a noventa inteiros e vinte e cinco centésimos por cento do subsídio mensal, em espécie, dos Ministros do Supremo Tribunal Federal, no âmbito do Poder Judiciário, aplicável este limite aos membros do Ministério Público, aos Procuradores e aos Defensores Públicos; (Redação dada pela Emenda Constitucional nº 41, 19.12.2003)

XII - os vencimentos dos cargos do Poder Legislativo e do Poder Judiciário não poderão ser superiores aos pagos pelo Poder Executivo;

XIII - é vedada a vinculação ou equiparação de quaisquer espécies remuneratórias para o efeito de remuneração de pessoal do serviço público; (Redação dada pela Emenda Constitucional nº 19, de 1998)

XIV - os acréscimos pecuniários percebidos por servidor público não serão computados nem acumulados para fins de concessão de acréscimos ulteriores; (Redação dada pela Emenda Constitucional nº 19, de 1998)

XV - o subsídio e os vencimentos dos ocupantes de cargos e empregos públicos são irredutíveis, ressalvado o disposto nos incisos XI e XIV deste artigo e nos arts. 39, § 4º, 150, II, 153, III, e 153, § 2º, I; (Redação dada pela Emenda Constitucional nº 19, de 1998)

XVI - é vedada a acumulação remunerada de cargos públicos, exceto, quando houver compatibilidade de horários, observado em qualquer caso o disposto no inciso XI: (Redação dada pela Emenda Constitucional nº 19, de 1998)

a) a de dois cargos de professor; (Redação dada pela Emenda Constitucional nº 19, de 1998)

b) a de um cargo de professor com outro técnico ou científico; (Redação dada pela Emenda Constitucional nº 19, de 1998)

c) a de dois cargos ou empregos privativos de profissionais de saúde, com profissões regulamentadas; (Redação dada pela Emenda Constitucional nº 34, de 2001)

XVII - a proibição de acumular estende-se a empregos e funções e abrange autarquias, fundações, empresas públicas, sociedades de economia mista, suas subsidiárias, e sociedades controladas, direta ou indiretamente, pelo poder público; (Redação dada pela Emenda Constitucional nº 19, de 1998)

XVIII - a administração fazendária e seus servidores fiscais terão, dentro de suas áreas de competência e jurisdição, precedência sobre os demais setores administrativos, na forma da lei;

XIX – somente por lei específica poderá ser criada autarquia e autorizada a instituição de empresa pública, de sociedade de economia mista e de fundação, cabendo à lei complementar, neste último caso, definir as áreas de sua atuação; (Redação dada pela Emenda Constitucional nº 19, de 1998)

XX - depende de autorização legislativa, em cada caso, a criação de subsidiárias das entidades mencionadas no inciso anterior, assim como a participação de qualquer delas em empresa privada;

XXI - ressalvados os casos especificados na legislação, as obras, serviços, compras e alienações serão contratados mediante processo de licitação pública que assegure igualdade de condições a todos os concorrentes, com cláusulas que estabeleçam obrigações de pagamento, mantidas as condições efetivas da proposta, nos termos da lei, o qual somente permitirá as exigências de qualificação técnica e econômica indispensáveis à garantia do cumprimento das obrigações. (Regulamento)

XXII - as administrações tributárias da União, dos Estados, do Distrito Federal e dos Municípios, atividades essenciais ao funcionamento do Estado, exercidas por servidores de carreiras específicas, terão recursos prioritários para a realização de suas atividades e atuarão de forma integrada, inclusive com o compartilhamento de cadastros e de informações fiscais, na forma da lei ou convênio. (Incluído pela Emenda Constitucional nº 42, de 19.12.2003)

§ 1º A publicidade dos atos, programas, obras, serviços e campanhas dos órgãos públicos deverá ter caráter educativo, informativo ou de orientação social, dela não podendo constar nomes, símbolos ou imagens que caracterizem promoção pessoal de autoridades ou servidores públicos.

§ 2º A não observância do disposto nos incisos II e III implicará a nulidade do ato e a punição da autoridade responsável, nos termos da lei.

§ 3º A lei disciplinará as formas de participação do usuário na administração pública direta e indireta, regulando especialmente: (Redação dada pela Emenda Constitucional nº 19, de 1998)

I - as reclamações relativas à prestação dos serviços públicos em geral, asseguradas a manutenção de serviços de atendimento ao usuário e a avaliação periódica, externa e interna, da qualidade dos serviços; (Incluído pela Emenda Constitucional nº 19, de 1998)

II - o acesso dos usuários a registros administrativos e a informações sobre atos de governo, observado o disposto no art. 5º, X e XXXIII; (Incluído pela Emenda Constitucional nº 19, de 1998)

III - a disciplina da representação contra o exercício negligente ou abusivo de cargo, emprego ou função na administração pública. (Incluído pela Emenda Constitucional nº 19, de 1998)

§ 4º - Os atos de improbidade administrativa importarão a suspensão dos direitos políticos, a perda da função pública, a indisponibilidade dos bens e o ressarcimento ao erário, na forma e gradação previstas em lei, sem prejuízo da ação penal cabível.

§ 5º A lei estabelecerá os prazos de prescrição para ilícitos praticados por qualquer agente, servidor ou não, que causem prejuízos ao erário, ressalvadas as respectivas ações de ressarcimento.

§ 6º As pessoas jurídicas de direito público e as de direito privado prestadoras de serviços públicos responderão pelos danos que seus agentes, nessa qualidade, causarem a terceiros, assegurado o direito de regresso contra o responsável nos casos de dolo ou culpa.

§ 7º A lei disporá sobre os requisitos e as restrições ao ocupante de cargo ou emprego da administração direta e indireta que possibilite o acesso a informações privilegiadas. (Incluído pela Emenda Constitucional nº 19, de 1998)

§ 8º A autonomia gerencial, orçamentária e financeira dos órgãos e entidades da administração direta e indireta poderá ser ampliada mediante contrato, a ser firmado entre seus administradores e o poder público, que tenha por objeto a fixação de metas de desempenho para o órgão ou entidade, cabendo à lei dispor sobre: (Incluído pela Emenda Constitucional nº 19, de 1998)

I - o prazo de duração do contrato;

II - os controles e critérios de avaliação de desempenho, direitos, obrigações e responsabilidade dos dirigentes;

III - a remuneração do pessoal."

§ 9º O disposto no inciso XI aplica-se às empresas públicas e às sociedades de economia mista, e suas subsidiárias, que receberem recursos da União, dos Estados, do Distrito Federal ou dos Municípios para pagamento de despesas de pessoal ou de custeio em geral. (Incluído pela Emenda Constitucional nº 19, de 1998)

§ 10. É vedada a percepção simultânea de proventos de aposentadoria decorrentes do art. 40 ou dos arts. 42 e 142 com a remuneração de cargo, emprego ou função pública, ressalvados os cargos acumuláveis na forma desta Constituição, os cargos eletivos e os cargos em comissão declarados em

lei de livre nomeação e exoneração. (Incluído pela Emenda Constitucional nº 20, de 1998)

§ 11. Não serão computadas, para efeito dos limites remuneratórios de que trata o inciso XI do caput deste artigo, as parcelas de caráter indenizatório previstas em lei. (Incluído pela Emenda Constitucional nº 47, de 2005)

§ 12. Para os fins do disposto no inciso XI do caput deste artigo, fica facultado aos Estados e ao Distrito Federal fixar, em seu âmbito, mediante emenda às respectivas Constituições e Lei Orgânica, como limite único, o subsídio mensal dos Desembargadores do respectivo Tribunal de Justiça, limitado a noventa inteiros e vinte e cinco centésimos por cento do subsídio mensal dos Ministros do Supremo Tribunal Federal, não se aplicando o disposto neste parágrafo aos subsídios dos Deputados Estaduais e Distritais e dos Vereadores. (Incluído pela Emenda Constitucional nº 47, de 2005)

§ 13. O servidor público titular de cargo efetivo poderá ser readaptado para exercício de cargo cujas atribuições e responsabilidades sejam compatíveis com a limitação que tenha sofrido em sua capacidade física ou mental, enquanto permanecer nesta condição, desde que possua a habilitação e o nível de escolaridade exigidos para o cargo de destino, mantida a remuneração do cargo de origem. (Incluído pela Emenda Constitucional nº 103, de 2019)

§ 14. A aposentadoria concedida com a utilização de tempo de contribuição decorrente de cargo, emprego ou função pública, inclusive do Regime Geral de Previdência Social, acarretará o rompimento do vínculo que gerou o referido tempo de contribuição. (Incluído pela Emenda Constitucional nº 103, de 2019)

§ 15. É vedada a complementação de aposentadorias de servidores públicos e de pensões por morte a seus dependentes que não seja decorrente do disposto nos §§ 14 a 16 do art. 40 ou que não seja prevista em lei que extinga regime próprio de previdência social. (Incluído pela Emenda Constitucional nº 103, de 2019)

Art. 38. Ao servidor público da administração direta, autárquica e fundacional, no exercício de mandato eletivo, aplicam-se as seguintes disposições: (Redação dada pela Emenda Constitucional nº 19, de 1998)

I - tratando-se de mandato eletivo federal, estadual ou distrital, ficará afastado de seu cargo, emprego ou função;

II - investido no mandato de Prefeito, será afastado do cargo, emprego ou função, sendo-lhe facultado optar pela sua remuneração;

III - investido no mandato de Vereador, havendo compatibilidade de horários, perceberá as vantagens de seu cargo, emprego ou função, sem prejuízo da remuneração do cargo eletivo, e, não havendo compatibilidade, será aplicada a norma do inciso anterior;

IV - em qualquer caso que exija o afastamento para o exercício de mandato eletivo, seu tempo de serviço será contado para todos os efeitos legais, exceto para promoção por merecimento;

V - na hipótese de ser segurado de regime próprio de previdência social, permanecerá filiado a esse regime, no ente federativo de origem. (Redação dada pela Emenda Constitucional nº 103, de 2019)

SEÇÃO II - DOS SERVIDORES PÚBLICOS

(Redação dada pela Emenda Constitucional nº 18, de 1998)

Art. 39. A União, os Estados, o Distrito Federal e os Municípios instituirão, no âmbito de sua competência, regime jurídico único e planos de carreira para os servidores da administração pública direta, das autarquias e das fundações públicas. (Vide ADIN nº 2.135-4)

Art. 39. A União, os Estados, o Distrito Federal e os Municípios instituirão conselho de política de administração e remuneração de pessoal, integrado por servidores designados pelos respectivos Poderes (Redação dada pela Emenda Constitucional nº 19, de 1998) (Vide ADIN nº 2.135-4)

§ 1º A fixação dos padrões de vencimento e dos demais componentes do sistema remuneratório observará: (Redação dada pela Emenda Constitucional nº 19, de 1998)

I - a natureza, o grau de responsabilidade e a complexidade dos cargos componentes de cada carreira; (Incluído pela Emenda Constitucional nº 19, de 1998)

II - os requisitos para a investidura; (Incluído pela Emenda Constitucional nº 19, de 1998)

III - as peculiaridades dos cargos. (Incluído pela Emenda Constitucional nº 19, de 1998)

§ 2º A União, os Estados e o Distrito Federal manterão escolas de governo para a formação e o aperfeiçoamento dos servidores públicos, constituindo-se a participação nos cursos um dos requisitos para a promoção na carreira, facultada, para isso, a celebração de convênios ou contratos entre os entes federados. (Redação dada pela Emenda Constitucional nº 19, de 1998)

§ 3º Aplica-se aos servidores ocupantes de cargo público o disposto no art. 7º, IV, VII, VIII, IX, XII, XIII, XV, XVI, XVII, XVIII, XIX, XX, XXII e XXX, podendo a lei estabelecer requisitos diferenciados de admissão quando a natureza do cargo o exigir. (Incluído pela Emenda Constitucional nº 19, de 1998)

§ 4º O membro de Poder, o detentor de mandato eletivo, os Ministros de Estado e os Secretários Estaduais e Municipais serão remunerados exclusivamente por subsídio fixado em parcela única, vedado o acréscimo de qualquer gratificação, adicional, abono, prêmio, verba de representação ou outra espécie remuneratória, obedecido, em qualquer caso, o disposto no art. 37, X e XI. (Incluído pela Emenda Constitucional nº 19, de 1998)

§ 5º Lei da União, dos Estados, do Distrito Federal e dos Municípios poderá estabelecer a relação entre a maior e a menor remuneração dos servidores públicos, obedecido, em qualquer caso, o disposto no art. 37, XI. (Incluído pela Emenda Constitucional nº 19, de 1998)

§ 6º Os Poderes Executivo, Legislativo e Judiciário publicarão anualmente os valores do subsídio e da remuneração dos cargos e empregos públicos. (Incluído pela Emenda Constitucional nº 19, de 1998)

§ 7º Lei da União, dos Estados, do Distrito Federal e dos Municípios disciplinará a aplicação de recursos orçamentários provenientes da economia com despesas correntes em cada órgão, autarquia e fundação, para aplicação no desenvolvimento de programas de qualidade e produtividade, treinamento e desenvolvimento, modernização, reaparelhamento e racionalização do serviço público, inclusive sob a forma de adicional ou prêmio de produtividade. (Incluído pela Emenda Constitucional nº 19, de 1998)

§ 8º A remuneração dos servidores públicos organizados em carreira poderá ser fixada nos termos do § 4º. (Incluído pela Emenda Constitucional nº 19, de 1998)

§ 9º É vedada a incorporação de vantagens de caráter temporário ou vinculadas ao exercício de função de confiança ou de cargo em comissão à remuneração do cargo efetivo. (Incluído pela Emenda Constitucional nº 103, de 2019)

Art. 40. O regime próprio de previdência social dos servidores titulares de cargos efetivos terá caráter contributivo e solidário, mediante contribuição do respectivo ente federativo, de servidores ativos, de aposentados e de pensionistas, observados critérios que preservem o equilíbrio financeiro e atuarial. (Redação dada pela Emenda Constitucional nº 103, de 2019)

§ 1º O servidor abrangido por regime próprio de previdência social será aposentado: (Redação dada pela Emenda Constitucional nº 103, de 2019)

I - por incapacidade permanente para o trabalho, no cargo em que estiver investido, quando insuscetível de readaptação, hipótese em que será obrigatória a realização de avaliações periódicas para verificação da continuidade das condições que ensejaram a concessão da aposentadoria, na forma de lei do respectivo ente federativo; (Redação dada pela Emenda Constitucional nº 103, de 2019)

II - compulsoriamente, com proventos proporcionais ao tempo de contribuição, aos 70 (setenta) anos de idade, ou aos 75 (setenta e cinco) anos de idade, na forma de lei complementar; (Redação dada pela Emenda Constitucional nº 88, de 2015) (Vide Lei Complementar nº 152, de 2015)

III - no âmbito da União, aos 62 (sessenta e dois) anos de idade, se mulher, e aos 65 (sessenta e cinco) anos de idade, se homem, e, no âmbito dos Estados, do Distrito Federal e dos Municípios, na idade mínima estabelecida mediante emenda às respectivas Constituições e Leis Orgânicas, observados o tempo de contribuição e os demais requisitos estabelecidos em lei complementar do respectivo ente federativo. (Redação dada pela Emenda Constitucional nº 103, de 2019)

§ 2º Os proventos de aposentadoria não poderão ser inferiores ao valor mínimo a que se refere o § 2º do art. 201 ou superiores ao limite máximo estabelecido para o Regime Geral de Previdência Social, observado o disposto nos §§ 14 a 16. (Redação dada pela Emenda Constitucional nº 103, de 2019)

§ 3º As regras para cálculo de proventos de aposentadoria serão disciplinadas em lei do respectivo ente federativo. (Redação dada pela Emenda Constitucional nº 103, de 2019)

§ 4º É vedada a adoção de requisitos ou critérios diferenciados para concessão de benefícios em regime próprio de previdência social, ressalvado o disposto nos §§ 4º-A, 4º-B, 4º-C e 5º. (Redação dada pela Emenda Constitucional nº 103, de 2019)

§ 4º-A. Poderão ser estabelecidos por lei complementar do respectivo ente federativo idade e tempo de contribuição diferenciados para aposentadoria de servidores com deficiência, previamente submetidos a avaliação biopsicossocial realizada por equipe multiprofissional e interdisciplinar. (Incluído pela Emenda Constitucional nº 103, de 2019)

§ 4º-B. Poderão ser estabelecidos por lei complementar do respectivo ente federativo idade e tempo de contribuição diferenciados para aposentadoria de ocupantes do cargo de agente penitenciário, de agente socioeducativo ou de policial dos órgãos de que tratam o inciso IV do caput do art. 51, o inciso XIII do caput do art. 52 e os incisos I a IV do caput do art. 144. (Incluído pela Emenda Constitucional nº 103, de 2019)

§ 4º-C. Poderão ser estabelecidos por lei complementar do respectivo ente federativo idade e tempo de contribuição diferenciados para aposentadoria de servidores cujas atividades sejam exercidas com efetiva exposição a agentes químicos, físicos e biológicos prejudiciais à saúde, ou associação desses agentes, vedada a caracterização por categoria profissional ou ocupação. (Incluído pela Emenda Constitucional nº 103, de 2019)

§ 5º Os ocupantes do cargo de professor terão idade mínima reduzida em 5 (cinco) anos em relação às idades decorrentes da aplicação do disposto no inciso III do § 1º, desde que comprovem tempo de efetivo exercício das funções de magistério na educação infantil e no ensino fundamental e médio fixado em lei complementar do respectivo ente federativo. (Redação dada pela Emenda Constitucional nº 103, de 2019)

§ 6º Ressalvadas as aposentadorias decorrentes dos cargos acumuláveis na forma desta Constituição, é vedada a percepção de mais de uma aposentadoria à conta de regime próprio de previdência social, aplicando-se outras vedações, regras e condições para a acumulação de benefícios previdenciários estabelecidas no Regime Geral de Previdência Social. (Redação dada pela Emenda Constitucional nº 103, de 2019)

§ 7º Observado o disposto no § 2º do art. 201, quando se tratar da única fonte de renda formal auferida pelo dependente, o benefício de pensão por morte será concedido nos termos de lei do respectivo ente federativo, a qual tratará de forma diferenciada a hipótese de morte dos servidores de que trata o § 4º-B decorrente de agressão sofrida no exercício ou em razão da função. (Redação dada pela Emenda Constitucional nº 103, de 2019)

§ 8º É assegurado o reajustamento dos benefícios para preservar-lhes, em caráter permanente, o valor real, conforme critérios estabelecidos em lei. (Redação dada pela Emenda Constitucional nº 41, 19.12.2003)

§ 9º O tempo de contribuição federal, estadual, distrital ou municipal será contado para fins de aposentadoria, observado o disposto nos §§ 9º e 9º-A do art. 201, e o tempo de serviço correspondente será contado para fins de disponibilidade. (Redação dada pela Emenda Constitucional nº 103, de 2019)

§ 10 - A lei não poderá estabelecer qualquer forma de contagem de tempo de contribuição fictício. (Incluído pela Emenda Constitucional nº 20, de 15/12/98)

§ 11 - Aplica-se o limite fixado no art. 37, XI, à soma total dos proventos de inatividade, inclusive quando decorrentes da acumulação de cargos ou empregos públicos, bem como de outras atividades sujeitas a contribuição para o regime geral de previdência social, e ao montante resultante da adição de proventos de inatividade com remuneração de cargo acumulável na forma desta Constituição, cargo em comissão declarado em lei de livre nomeação e exoneração, e de cargo eletivo. (Incluído pela Emenda Constitucional nº 20, de 15/12/98)

§ 12. Além do disposto neste artigo, serão observados, em regime próprio de previdência social, no que couber, os requisitos e critérios fixados para o Regime Geral de Previdência Social. (Redação dada pela Emenda Constitucional nº 103, de 2019)

§ 13. Aplica-se ao agente público ocupante, exclusivamente, de cargo em comissão declarado em lei de livre nomeação e exoneração, de outro cargo temporário, inclusive mandato eletivo, ou de emprego público, o Regime Geral de Previdência Social. (Redação dada pela Emenda Constitucional nº 103, de 2019)

§ 14. A União, os Estados, o Distrito Federal e os Municípios instituirão, por lei de iniciativa do respectivo Poder Executivo, regime de previdência complementar para servidores públicos ocupantes de cargo efetivo, observado o limite máximo dos benefícios do Regime Geral de Previdência Social para o valor das aposentadorias e das pensões em regime próprio de previdência social, ressalvado o disposto no § 16. (Redação dada pela Emenda Constitucional nº 103, de 2019)

§ 15. O regime de previdência complementar de que trata o § 14 oferecerá plano de benefícios somente na modalidade contribuição definida, observará o disposto no art. 202, e será efetivado por intermédio de entidade fechada de previdência complementar ou de entidade aberta de previdência complementar. (Redação dada pela Emenda Constitucional nº 103, de 2019)

§ 16 - Somente mediante sua prévia e expressa opção, o disposto nos §§ 14 e 15 poderá ser aplicado ao servidor que tiver ingressado no serviço público até a data da publicação do ato de instituição do correspondente regime de previdência complementar. (Incluído pela Emenda Constitucional nº 20, de 15/12/98)

§ 17. Todos os valores de remuneração considerados para o cálculo do benefício previsto no § 3º serão devidamente atualizados, na forma da lei. (Incluído pela Emenda Constitucional nº 41, 19.12.2003)

§ 18. Incidirá contribuição sobre os proventos de aposentadorias e pensões concedidas pelo regime de que trata este artigo que superem o limite máximo estabelecido para os benefícios

do regime geral de previdência social de que trata o art. 201, com percentual igual ao estabelecido para os servidores titulares de cargos efetivos. (Incluído pela Emenda Constitucional nº 41, 19.12.2003)

§ 19. Observados critérios a serem estabelecidos em lei do respectivo ente federativo, o servidor titular de cargo efetivo que tenha completado as exigências para a aposentadoria voluntária e que opte por permanecer em atividade poderá fazer jus a um abono de permanência equivalente, no máximo, ao valor da sua contribuição previdenciária, até completar a idade para aposentadoria compulsória. (Redação dada pela Emenda Constitucional nº 103, de 2019)

§ 20. É vedada a existência de mais de um regime próprio de previdência social e de mais de um órgão ou entidade gestora desse regime em cada ente federativo, abrangidos todos os poderes, órgãos e entidades autárquicas e fundacionais, que serão responsáveis pelo seu financiamento, observados os critérios, os parâmetros e a natureza jurídica definidos na lei complementar de que trata o § 22. (Redação dada pela Emenda Constitucional nº 103, de 2019)

§ 21. (Revogado). (Redação dada pela Emenda Constitucional nº 103, de 2019)

§ 22. Vedada a instituição de novos regimes próprios de previdência social, lei complementar federal estabelecerá, para os que já existam, normas gerais de organização, de funcionamento e de responsabilidade em sua gestão, dispondo, entre outros aspectos, sobre: (Incluído pela Emenda Constitucional nº 103, de 2019)

I - requisitos para sua extinção e consequente migração para o Regime Geral de Previdência Social; (Incluído pela Emenda Constitucional nº 103, de 2019)

II - modelo de arrecadação, de aplicação e de utilização dos recursos; (Incluído pela Emenda Constitucional nº 103, de 2019)

III - fiscalização pela União e controle externo e social; (Incluído pela Emenda Constitucional nº 103, de 2019)

IV - definição de equilíbrio financeiro e atuarial; (Incluído pela Emenda Constitucional nº 103, de 2019)

V - condições para instituição do fundo com finalidade previdenciária de que trata o art. 249 e para vinculação a ele dos recursos provenientes de contribuições e dos bens, direitos e ativos de qualquer natureza; (Incluído pela Emenda Constitucional nº 103, de 2019)

VI - mecanismos de equacionamento do deficit atuarial; (Incluído pela Emenda Constitucional nº 103, de 2019)

VII - estruturação do órgão ou entidade gestora do regime, observados os princípios relacionados com governança, controle interno e transparência; (Incluído pela Emenda Constitucional nº 103, de 2019)

VIII - condições e hipóteses para responsabilização daqueles que desempenhem atribuições relacionadas, direta ou indiretamente, com a gestão do regime; (Incluído pela Emenda Constitucional nº 103, de 2019)

IX - condições para adesão a consórcio público; (Incluído pela Emenda Constitucional nº 103, de 2019)

X - parâmetros para apuração da base de cálculo e definição de alíquota de contribuições ordinárias e extraordinárias. (Incluído pela Emenda Constitucional nº 103, de 2019)

Art. 41. São estáveis após três anos de efetivo exercício os servidores nomeados para cargo de provimento efetivo em virtude de concurso público. (Redação dada pela Emenda Constitucional nº 19, de 1998)

§ 1º O servidor público estável só perderá o cargo: (Redação dada pela Emenda Constitucional nº 19, de 1998)

I - em virtude de sentença judicial transitada em julgado; (Incluído pela Emenda Constitucional nº 19, de 1998)

II - mediante processo administrativo em que lhe seja assegurada ampla defesa; (Incluído pela Emenda Constitucional nº 19, de 1998)

III - mediante procedimento de avaliação periódica de desempenho, na forma de lei complementar, assegurada ampla defesa. (Incluído pela Emenda Constitucional nº 19, de 1998)

§ 2º Invalidada por sentença judicial a demissão do servidor estável, será ele reintegrado, e o eventual ocupante da vaga, se estável, reconduzido ao cargo de origem, sem direito a indenização, aproveitado em outro cargo ou posto em disponibilidade com remuneração proporcional ao tempo de serviço. (Redação dada pela Emenda Constitucional nº 19, de 1998)

§ 3º Extinto o cargo ou declarada a sua desnecessidade, o servidor estável ficará em disponibilidade, com remuneração proporcional ao tempo de serviço, até seu adequado aproveitamento em outro cargo. (Redação dada pela Emenda Constitucional nº 19, de 1998)

§ 4º Como condição para a aquisição da estabilidade, é obrigatória a avaliação especial de desempenho por comissão instituída para essa finalidade. (Incluído pela Emenda Constitucional nº 19, de 1998)

SEÇÃO III - DOS MILITARES DOS ESTADOS, DO DISTRITO FEDERAL E DOS TERRITÓRIOS

(Redação dada pela Emenda Constitucional nº 18, de 1998)

Art. 42 Os membros das Polícias Militares e Corpos de Bombeiros Militares, instituições organizadas com base na hierarquia e disciplina, são militares dos Estados, do Distrito Federal e dos Territórios. (Redação dada pela Emenda Constitucional nº 18, de 1998)

§ 1º Aplicam-se aos militares dos Estados, do Distrito Federal e dos Territórios, além do que vier a ser fixado em lei, as disposições do art. 14, § 8º; do art. 40, § 9º; e do art. 142, §§ 2º e 3º, cabendo a lei estadual específica dispor sobre as matérias do art. 142, § 3º, inciso X, sendo as patentes dos oficiais conferidas pelos respectivos governadores. (Redação dada pela Emenda Constitucional nº 20, de 15/12/98)

§ 2º Aos pensionistas dos militares dos Estados, do Distrito Federal e dos Territórios aplica-se o que for fixado em lei específica do respectivo ente estatal. (Redação dada pela Emenda Constitucional nº 41, 19.12.2003)

§ 3º Aplica-se aos militares dos Estados, do Distrito Federal e dos Territórios o disposto no art. 37, inciso XVI, com prevalência da atividade militar. (Incluído pela Emenda Constitucional nº 101, de 2019)

SEÇÃO IV - DAS REGIÕES

Art. 43. Para efeitos administrativos, a União poderá articular sua ação em um mesmo complexo geoeconômico e social, visando a seu desenvolvimento e à redução das desigualdades regionais.

§ 1º - Lei complementar disporá sobre:

I - as condições para integração de regiões em desenvolvimento;

II - a composição dos organismos regionais que executarão, na forma da lei, os planos regionais, integrantes dos planos nacionais de desenvolvimento econômico e social, aprovados juntamente com estes.

§ 2º - Os incentivos regionais compreenderão, além de outros, na forma da lei:

I - igualdade de tarifas, fretes, seguros e outros itens de custos e preços de responsabilidade do Poder Público;

II - juros favorecidos para financiamento de atividades prioritárias;

III - isenções, reduções ou diferimento temporário de tributos federais devidos por pessoas físicas ou jurídicas;

IV - prioridade para o aproveitamento econômico e social dos rios e das massas de água represadas ou represáveis nas regiões de baixa renda, sujeitas a secas periódicas.

§ 3º - Nas áreas a que se refere o § 2º, IV, a União incentivará a recuperação de terras áridas e cooperará com os pequenos e médios proprietários rurais para o estabelecimento, em suas glebas, de fontes de água e de pequena irrigação.

TÍTULO IV - DA ORGANIZAÇÃO DOS PODERES
(Redação dada pela Emenda Constitucional nº 80, de 2014)

CAPÍTULO I - DO PODER LEGISLATIVO

SEÇÃO I - DO CONGRESSO NACIONAL

Art. 44. O Poder Legislativo é exercido pelo Congresso Nacional, que se compõe da Câmara dos Deputados e do Senado Federal.

Parágrafo único. Cada legislatura terá a duração de quatro anos.

Art. 45. A Câmara dos Deputados compõe-se de representantes do povo, eleitos, pelo sistema proporcional, em cada Estado, em cada Território e no Distrito Federal.

§ 1º O número total de Deputados, bem como a representação por Estado e pelo Distrito Federal, será estabelecido por lei complementar, proporcionalmente à população, procedendo-se aos ajustes necessários, no ano anterior às eleições, para que nenhuma daquelas unidades da Federação tenha menos de oito ou mais de setenta Deputados.

§ 2º Cada Território elegerá quatro Deputados.

Art. 46. O Senado Federal compõe-se de representantes dos Estados e do Distrito Federal, eleitos segundo o princípio majoritário.

§ 1º Cada Estado e o Distrito Federal elegerão três Senadores, com mandato de oito anos.

§ 2º A representação de cada Estado e do Distrito Federal será renovada de quatro em quatro anos, alternadamente, por um e dois terços.

§ 3º Cada Senador será eleito com dois suplentes.

Art. 47. Salvo disposição constitucional em contrário, as deliberações de cada Casa e de suas Comissões serão tomadas por maioria dos votos, presente a maioria absoluta de seus membros.

SEÇÃO II - DAS ATRIBUIÇÕES DO CONGRESSO NACIONAL

Art. 48. Cabe ao Congresso Nacional, com a sanção do Presidente da República, não exigida esta para o especificado nos arts. 49, 51 e 52, dispor sobre todas as matérias de competência da União, especialmente sobre:

I - sistema tributário, arrecadação e distribuição de rendas;
II - plano plurianual, diretrizes orçamentárias, orçamento anual, operações de crédito, dívida pública e emissões de curso forçado;
III - fixação e modificação do efetivo das Forças Armadas;
IV - planos e programas nacionais, regionais e setoriais de desenvolvimento;
V - limites do território nacional, espaço aéreo e marítimo e bens do domínio da União;
VI - incorporação, subdivisão ou desmembramento de áreas de Territórios ou Estados, ouvidas as respectivas Assembléias Legislativas;
VII - transferência temporária da sede do Governo Federal;
VIII - concessão de anistia;
IX - organização administrativa, judiciária, do Ministério Público e da Defensoria Pública da União e dos Territórios e organização judiciária e do Ministério Público do Distrito Federal; (Redação dada pela Emenda Constitucional nº 69, de 2012) (Produção de efeito)
X – criação, transformação e extinção de cargos, empregos e funções públicas, observado o que estabelece o art. 84, VI, b; (Redação dada pela Emenda Constitucional nº 32, de 2001)
XI – criação e extinção de Ministérios e órgãos da administração pública; (Redação dada pela Emenda Constitucional nº 32, de 2001)
XII - telecomunicações e radiodifusão;
XIII - matéria financeira, cambial e monetária, instituições financeiras e suas operações;
XIV - moeda, seus limites de emissão, e montante da dívida mobiliária federal.
XV - fixação do subsídio dos Ministros do Supremo Tribunal Federal, observado o que dispõem os arts. 39, § 4º; 150, II; 153, III; e 153, § 2º, I. (Redação dada pela Emenda Constitucional nº 41, 19.12.2003)

Art. 49. É da competência exclusiva do Congresso Nacional:

I - resolver definitivamente sobre tratados, acordos ou atos internacionais que acarretem encargos ou compromissos gravosos ao patrimônio nacional;
II - autorizar o Presidente da República a declarar guerra, a celebrar a paz, a permitir que forças estrangeiras transitem pelo território nacional ou nele permaneçam temporariamente, ressalvados os casos previstos em lei complementar;
III - autorizar o Presidente e o Vice-Presidente da República a se ausentarem do País, quando a ausência exceder a quinze dias;
IV - aprovar o estado de defesa e a intervenção federal, autorizar o estado de sítio, ou suspender qualquer uma dessas medidas;
V - sustar os atos normativos do Poder Executivo que exorbitem do poder regulamentar ou dos limites de delegação legislativa;
VI - mudar temporariamente sua sede;
VII - fixar idêntico subsídio para os Deputados Federais e os Senadores, observado o que dispõem os arts. 37, XI, 39, § 4º, 150, II, 153, III, e 153, § 2º, I; (Redação dada pela Emenda Constitucional nº 19, de 1998)
VIII - fixar os subsídios do Presidente e do Vice-Presidente da República e dos Ministros de Estado, observado o que dispõem os arts. 37, XI, 39, § 4º, 150, II, 153, III, e 153, § 2º, I; (Redação dada pela Emenda Constitucional nº 19, de 1998)
IX - julgar anualmente as contas prestadas pelo Presidente da República e apreciar os relatórios sobre a execução dos planos de governo;
X - fiscalizar e controlar, diretamente, ou por qualquer de suas Casas, os atos do Poder Executivo, incluídos os da administração indireta;
XI - zelar pela preservação de sua competência legislativa em face da atribuição normativa dos outros Poderes;
XII - apreciar os atos de concessão e renovação de concessão de emissoras de rádio e televisão;
XIII - escolher dois terços dos membros do Tribunal de Contas da União;
XIV - aprovar iniciativas do Poder Executivo referentes a atividades nucleares;
XV - autorizar referendo e convocar plebiscito;
XVI - autorizar, em terras indígenas, a exploração e o aproveitamento de recursos hídricos e a pesquisa e lavra de riquezas minerais;
XVII - aprovar, previamente, a alienação ou concessão de terras públicas com área superior a dois mil e quinhentos hectares.

Art. 50. A Câmara dos Deputados e o Senado Federal, ou qualquer de suas Comissões, poderão convocar Ministro de Estado ou quaisquer titulares de órgãos diretamente subordinados à Presidência da República para prestarem, pessoalmente, informações sobre assunto previamente determinado, importando crime de responsabilidade a ausência sem justificação adequada. (Redação dada pela Emenda Constitucional de Revisão nº 2, de 1994)

§ 1º Os Ministros de Estado poderão comparecer ao Senado Federal, à Câmara dos Deputados, ou a qualquer de suas Comissões, por sua iniciativa e mediante entendimentos com

a Mesa respectiva, para expor assunto de relevância de seu Ministério.

§ 2º As Mesas da Câmara dos Deputados e do Senado Federal poderão encaminhar pedidos escritos de informações a Ministros de Estado ou a qualquer das pessoas referidas no caput deste artigo, importando em crime de responsabilidade a recusa, ou o não - atendimento, no prazo de trinta dias, bem como a prestação de informações falsas. (Redação dada pela Emenda Constitucional de Revisão nº 2, de 1994)

SEÇÃO III - DA CÂMARA DOS DEPUTADOS

Art. 51. Compete privativamente à Câmara dos Deputados:

I - autorizar, por dois terços de seus membros, a instauração de processo contra o Presidente e o Vice-Presidente da República e os Ministros de Estado;

II - proceder à tomada de contas do Presidente da República, quando não apresentadas ao Congresso Nacional dentro de sessenta dias após a abertura da sessão legislativa;

III - elaborar seu regimento interno;

IV – dispor sobre sua organização, funcionamento, polícia, criação, transformação ou extinção dos cargos, empregos e funções de seus serviços, e a iniciativa de lei para fixação da respectiva remuneração, observados os parâmetros estabelecidos na lei de diretrizes orçamentárias; (Redação dada pela Emenda Constitucional nº 19, de 1998)

V - eleger membros do Conselho da República, nos termos do art. 89, VII.

SEÇÃO IV - DO SENADO FEDERAL

Art. 52. Compete privativamente ao Senado Federal:

I - processar e julgar o Presidente e o Vice-Presidente da República nos crimes de responsabilidade, bem como os Ministros de Estado e os Comandantes da Marinha, do Exército e da Aeronáutica nos crimes da mesma natureza conexos com aqueles; (Redação dada pela Emenda Constitucional nº 23, de 02/09/99)

II - processar e julgar os Ministros do Supremo Tribunal Federal, os membros do Conselho Nacional de Justiça e do Conselho Nacional do Ministério Público, o Procurador-Geral da República e o Advogado-Geral da União nos crimes de responsabilidade; (Redação dada pela Emenda Constitucional nº 45, de 2004)

III - aprovar previamente, por voto secreto, após argüição pública, a escolha de:
a) Magistrados, nos casos estabelecidos nesta Constituição;
b) Ministros do Tribunal de Contas da União indicados pelo Presidente da República;
c) Governador de Território;
d) Presidente e diretores do banco central;
e) Procurador-Geral da República;
f) titulares de outros cargos que a lei determinar;

IV - aprovar previamente, por voto secreto, após argüição em sessão secreta, a escolha dos chefes de missão diplomática de caráter permanente;

V - autorizar operações externas de natureza financeira, de interesse da União, dos Estados, do Distrito Federal, dos Territórios e dos Municípios;

VI - fixar, por proposta do Presidente da República, limites globais para o montante da dívida consolidada da União, dos Estados, do Distrito Federal e dos Municípios;

VII - dispor sobre limites globais e condições para as operações de crédito externo e interno da União, dos Estados, do Distrito Federal e dos Municípios, de suas autarquias e demais entidades controladas pelo Poder Público federal;

VIII - dispor sobre limites e condições para a concessão de garantia da União em operações de crédito externo e interno;

IX - estabelecer limites globais e condições para o montante da dívida mobiliária dos Estados, do Distrito Federal e dos Municípios;

X - suspender a execução, no todo ou em parte, de lei declarada inconstitucional por decisão definitiva do Supremo Tribunal Federal;

XI - aprovar, por maioria absoluta e por voto secreto, a exoneração, de ofício, do Procurador-Geral da República antes do término de seu mandato;

XII - elaborar seu regimento interno;

XIII - dispor sobre sua organização, funcionamento, polícia, criação, transformação ou extinção dos cargos, empregos e funções de seus serviços, e a iniciativa de lei para fixação da respectiva remuneração, observados os parâmetros estabelecidos na lei de diretrizes orçamentárias; (Redação dada pela Emenda Constitucional nº 19, de 1998)

XIV - eleger membros do Conselho da República, nos termos do art. 89, VII.

XV - avaliar periodicamente a funcionalidade do Sistema Tributário Nacional, em sua estrutura e seus componentes, e o desempenho das administrações tributárias da União, dos Estados e do Distrito Federal e dos Municípios. (Incluído pela Emenda Constitucional nº 42, de 19.12.2003)

Parágrafo único. Nos casos previstos nos incisos I e II, funcionará como Presidente o do Supremo Tribunal Federal, limitando-se a condenação, que somente será proferida por dois terços dos votos do Senado Federal, à perda do cargo, com inabilitação, por oito anos, para o exercício de função pública, sem prejuízo das demais sanções judiciais cabíveis.

SEÇÃO V - DOS DEPUTADOS E DOS SENADORES

Art. 53. Os Deputados e Senadores são invioláveis, civil e penalmente, por quaisquer de suas opiniões, palavras e votos. (Redação dada pela Emenda Constitucional nº 35, de 2001)

§ 1º Os Deputados e Senadores, desde a expedição do diploma, serão submetidos a julgamento perante o Supremo Tribunal Federal. (Redação dada pela Emenda Constitucional nº 35, de 2001)

§ 2º Desde a expedição do diploma, os membros do Congresso Nacional não poderão ser presos, salvo em flagrante de crime inafiançável. Nesse caso, os autos serão remetidos dentro de vinte e quatro horas à Casa respectiva, para que, pelo voto da maioria de seus membros, resolva sobre a prisão. (Redação dada pela Emenda Constitucional nº 35, de 2001)

§ 3º Recebida a denúncia contra o Senador ou Deputado, por crime ocorrido após a diplomação, o Supremo Tribunal Federal dará ciência à Casa respectiva, que, por iniciativa de partido político nela representado e pelo voto da maioria de seus membros, poderá, até a decisão final, sustar o andamento da ação. (Redação dada pela Emenda Constitucional nº 35, de 2001)

§ 4º O pedido de sustação será apreciado pela Casa respectiva no prazo improrrogável de quarenta e cinco dias do seu recebimento pela Mesa Diretora. (Redação dada pela Emenda Constitucional nº 35, de 2001)

§ 5º A sustação do processo suspende a prescrição, enquanto durar o mandato. (Redação dada pela Emenda Constitucional nº 35, de 2001)

§ 6º Os Deputados e Senadores não serão obrigados a testemunhar sobre informações recebidas ou prestadas em razão do exercício do mandato, nem sobre as pessoas que lhes confiaram ou deles receberam informações. (Redação dada pela Emenda Constitucional nº 35, de 2001)

§ 7º A incorporação às Forças Armadas de Deputados e Senadores, embora militares e ainda que em tempo de guerra, dependerá de prévia licença da Casa respectiva. (Redação dada pela Emenda Constitucional nº 35, de 2001)

§ 8º As imunidades de Deputados ou Senadores subsistirão durante o estado de sítio, só podendo ser suspensas mediante o voto de dois terços dos membros da Casa respectiva, nos casos de atos praticados fora do recinto do Congresso Nacional, que sejam incompatíveis com a execução da medida. (Incluído pela Emenda Constitucional nº 35, de 2001)

Art. 54. Os Deputados e Senadores não poderão:

I - desde a expedição do diploma:

a) firmar ou manter contrato com pessoa jurídica de direito público, autarquia, empresa pública, sociedade de economia mista ou empresa concessionária de serviço público, salvo quando o contrato obedecer a cláusulas uniformes;

b) aceitar ou exercer cargo, função ou emprego remunerado, inclusive os de que sejam demissíveis "ad nutum", nas entidades constantes da alínea anterior;

II - desde a posse:

a) ser proprietários, controladores ou diretores de empresa que goze de favor decorrente de contrato com pessoa jurídica de direito público, ou nela exercer função remunerada;

b) ocupar cargo ou função de que sejam demissíveis "ad nutum", nas entidades referidas no inciso I, "a";

c) patrocinar causa em que seja interessada qualquer das entidades a que se refere o inciso I, "a";

d) ser titulares de mais de um cargo ou mandato público eletivo.

Art. 55. Perderá o mandato o Deputado ou Senador:

I - que infringir qualquer das proibições estabelecidas no artigo anterior;

II - cujo procedimento for declarado incompatível com o decoro parlamentar;

III - que deixar de comparecer, em cada sessão legislativa, à terça parte das sessões ordinárias da Casa a que pertencer, salvo licença ou missão por esta autorizada;

IV - que perder ou tiver suspensos os direitos políticos;

V - quando o decretar a Justiça Eleitoral, nos casos previstos nesta Constituição;

VI - que sofrer condenação criminal em sentença transitada em julgado.

§ 1º - É incompatível com o decoro parlamentar, além dos casos definidos no regimento interno, o abuso das prerrogativas asseguradas a membro do Congresso Nacional ou a percepção de vantagens indevidas.

§ 2º Nos casos dos incisos I, II e VI, a perda do mandato será decidida pela Câmara dos Deputados ou pelo Senado Federal, por maioria absoluta, mediante provocação da respectiva Mesa ou de partido político representado no Congresso Nacional, assegurada ampla defesa. (Redação dada pela Emenda Constitucional nº 76, de 2013)

§ 3º - Nos casos previstos nos incisos III a V, a perda será declarada pela Mesa da Casa respectiva, de ofício ou mediante provocação de qualquer de seus membros, ou de partido político representado no Congresso Nacional, assegurada ampla defesa.

§ 4º A renúncia de parlamentar submetido a processo que vise ou possa levar à perda do mandato, nos termos deste artigo, terá seus efeitos suspensos até as deliberações finais de que tratam os §§ 2º e 3º. (Incluído pela Emenda Constitucional de Revisão nº 6, de 1994)

Art. 56. Não perderá o mandato o Deputado ou Senador:

I - investido no cargo de Ministro de Estado, Governador de Território, Secretário de Estado, do Distrito Federal, de Território, de Prefeitura de Capital ou chefe de missão diplomática temporária;

II - licenciado pela respectiva Casa por motivo de doença, ou para tratar, sem remuneração, de interesse particular, desde que, neste caso, o afastamento não ultrapasse cento e vinte dias por sessão legislativa.

§ 1º O suplente será convocado nos casos de vaga, de investidura em funções previstas neste artigo ou de licença superior a cento e vinte dias.

§ 2º Ocorrendo vaga e não havendo suplente, far-se-á eleição para preenchê-la se faltarem mais de quinze meses para o término do mandato.

§ 3º Na hipótese do inciso I, o Deputado ou Senador poderá optar pela remuneração do mandato.

SEÇÃO VI - DAS REUNIÕES

Art. 57. O Congresso Nacional reunir-se-á, anualmente, na Capital Federal, de 2 de fevereiro a 17 de julho e de 1º de agosto a 22 de dezembro. (Redação dada pela Emenda Constitucional nº 50, de 2006)

§ 1º As reuniões marcadas para essas datas serão transferidas para o primeiro dia útil subseqüente, quando recaírem em sábados, domingos ou feriados.

§ 2º A sessão legislativa não será interrompida sem a aprovação do projeto de lei de diretrizes orçamentárias.

§ 3º Além de outros casos previstos nesta Constituição, a Câmara dos Deputados e o Senado Federal reunir-se-ão em sessão conjunta para:

I - inaugurar a sessão legislativa;

II - elaborar o regimento comum e regular a criação de serviços comuns às duas Casas;

III - receber o compromisso do Presidente e do Vice-Presidente da República;

IV - conhecer do veto e sobre ele deliberar.

§ 4º Cada uma das Casas reunir-se-á em sessões preparatórias, a partir de 1º de fevereiro, no primeiro ano da legislatura, para a posse de seus membros e eleição das respectivas Mesas, para mandato de 2 (dois) anos, vedada a recondução para o mesmo cargo na eleição imediatamente subseqüente. (Redação dada pela Emenda Constitucional nº 50, de 2006)

§ 5º A Mesa do Congresso Nacional será presidida pelo Presidente do Senado Federal, e os demais cargos serão exercidos, alternadamente, pelos ocupantes de cargos equivalentes na Câmara dos Deputados e no Senado Federal.

§ 6º A convocação extraordinária do Congresso Nacional far-se-á: (Redação dada pela Emenda Constitucional nº 50, de 2006)

I - pelo Presidente do Senado Federal, em caso de decretação de estado de defesa ou de intervenção federal, de pedido de autorização para a decretação de estado de sítio e para o compromisso e a posse do Presidente e do Vice-Presidente da República;

II - pelo Presidente da República, pelos Presidentes da Câmara dos Deputados e do Senado Federal ou a requerimento da maioria dos membros de ambas as Casas, em caso de urgência ou interesse público relevante, em todas as hipóteses deste inciso com a aprovação da maioria absoluta de cada uma das Casas do Congresso Nacional. (Redação dada pela Emenda Constitucional nº 50, de 2006)

§ 7º Na sessão legislativa extraordinária, o Congresso Nacional somente deliberará sobre a matéria para a qual foi convocado, ressalvada a hipótese do § 8º deste artigo, vedado o pagamento de parcela indenizatória, em razão da convocação. (Redação dada pela Emenda Constitucional nº 50, de 2006)

§ 8º Havendo medidas provisórias em vigor na data de convocação extraordinária do Congresso Nacional, serão elas automaticamente incluídas na pauta da convocação. (Incluído pela Emenda Constitucional nº 32, de 2001)

SEÇÃO VII - DAS COMISSÕES

Art. 58. O Congresso Nacional e suas Casas terão comissões permanentes e temporárias, constituídas na forma e com as atribuições previstas no respectivo regimento ou no ato de que resultar sua criação.

§ 1º Na constituição das Mesas e de cada Comissão, é assegurada, tanto quanto possível, a representação proporcional dos partidos ou dos blocos parlamentares que participam da respectiva Casa.

§ 2º Às comissões, em razão da matéria de sua competência, cabe:

I - discutir e votar projeto de lei que dispensar, na forma do regimento, a competência do Plenário, salvo se houver recurso de um décimo dos membros da Casa;

II - realizar audiências públicas com entidades da sociedade civil;

III - convocar Ministros de Estado para prestar informações sobre assuntos inerentes a suas atribuições;

IV - receber petições, reclamações, representações ou queixas de qualquer pessoa contra atos ou omissões das autoridades ou entidades públicas;

V - solicitar depoimento de qualquer autoridade ou cidadão;

VI - apreciar programas de obras, planos nacionais, regionais e setoriais de desenvolvimento e sobre eles emitir parecer.

§ 3º As comissões parlamentares de inquérito, que terão poderes de investigação próprios das autoridades judiciais, além de outros previstos nos regimentos das respectivas Casas, serão criadas pela Câmara dos Deputados e pelo Senado Federal, em conjunto ou separadamente, mediante requerimento de um terço de seus membros, para a apuração de fato determinado e por prazo certo, sendo suas conclusões, se for o caso, encaminhadas ao Ministério Público, para que promova a responsabilidade civil ou criminal dos infratores.

§ 4º Durante o recesso, haverá uma Comissão representativa do Congresso Nacional, eleita por suas Casas na última sessão ordinária do período legislativo, com atribuições definidas no regimento comum, cuja composição reproduzirá, quanto possível, a proporcionalidade da representação partidária.

SEÇÃO VIII - DO PROCESSO LEGISLATIVO

Subseção I - Disposição Geral

Art. 59. O processo legislativo compreende a elaboração de:

I - emendas à Constituição;
II - leis complementares;
III - leis ordinárias;
IV - leis delegadas;
V - medidas provisórias;
VI - decretos legislativos;
VII - resoluções.

Parágrafo único. Lei complementar disporá sobre a elaboração, redação, alteração e consolidação das leis.

Subseção II - Da Emenda à Constituição

Art. 60. A Constituição poderá ser emendada mediante proposta:

I - de um terço, no mínimo, dos membros da Câmara dos Deputados ou do Senado Federal;

II - do Presidente da República;

III - de mais da metade das Assembléias Legislativas das unidades da Federação, manifestando-se, cada uma delas, pela maioria relativa de seus membros.

§ 1º A Constituição não poderá ser emendada na vigência de intervenção federal, de estado de defesa ou de estado de sítio.

§ 2º A proposta será discutida e votada em cada Casa do Congresso Nacional, em dois turnos, considerando-se aprovada se obtiver, em ambos, três quintos dos votos dos respectivos membros.

§ 3º A emenda à Constituição será promulgada pelas Mesas da Câmara dos Deputados e do Senado Federal, com o respectivo número de ordem.

§ 4º Não será objeto de deliberação a proposta de emenda tendente a abolir:

I - a forma federativa de Estado;
II - o voto direto, secreto, universal e periódico;
III - a separação dos Poderes;
IV - os direitos e garantias individuais.

§ 5º A matéria constante de proposta de emenda rejeitada ou havida por prejudicada não pode ser objeto de nova proposta na mesma sessão legislativa.

Subseção III - Das Leis

Art. 61. A iniciativa das leis complementares e ordinárias cabe a qualquer membro ou Comissão da Câmara dos Deputados, do Senado Federal ou do Congresso Nacional, ao Presidente da República, ao Supremo Tribunal Federal, aos Tribunais Superiores, ao Procurador-Geral da República e aos cidadãos, na forma e nos casos previstos nesta Constituição.

§ 1º São de iniciativa privativa do Presidente da República as leis que:

I - fixem ou modifiquem os efetivos das Forças Armadas;

II - disponham sobre:

a) criação de cargos, funções ou empregos públicos na administração direta e autárquica ou aumento de sua remuneração;

b) organização administrativa e judiciária, matéria tributária e orçamentária, serviços públicos e pessoal da administração dos Territórios;

c) servidores públicos da União e Territórios, seu regime jurídico, provimento de cargos, estabilidade e aposentadoria; (Redação dada pela Emenda Constitucional nº 18, de 1998)

d) organização do Ministério Público e da Defensoria Pública da União, bem como normas gerais para a organização do Ministério Público e da Defensoria Pública dos Estados, do Distrito Federal e dos Territórios;

e) criação e extinção de Ministérios e órgãos da administração pública, observado o disposto no art. 84, VI; (Redação dada pela Emenda Constitucional nº 32, de 2001)

f) militares das Forças Armadas, seu regime jurídico, provimento de cargos, promoções, estabilidade, remuneração, reforma e transferência para a reserva. (Incluída pela Emenda Constitucional nº 18, de 1998)

§ 2º A iniciativa popular pode ser exercida pela apresentação à Câmara dos Deputados de projeto de lei subscrito por, no mínimo, um por cento do eleitorado nacional, distribuído pelo menos por cinco Estados, com não menos de três décimos por cento dos eleitores de cada um deles.

Art. 62. Em caso de relevância e urgência, o Presidente da República poderá adotar medidas provisórias, com força de lei, devendo submetê-las de imediato ao Congresso Nacional. (Redação dada pela Emenda Constitucional nº 32, de 2001)

§ 1º É vedada a edição de medidas provisórias sobre matéria: (Incluído pela Emenda Constitucional nº 32, de 2001)

I – relativa a: (Incluído pela Emenda Constitucional nº 32, de 2001)

a) nacionalidade, cidadania, direitos políticos, partidos políticos e direito eleitoral; (Incluído pela Emenda Constitucional nº 32, de 2001)

b) direito penal, processual penal e processual civil; (Incluído pela Emenda Constitucional nº 32, de 2001)

c) organização do Poder Judiciário e do Ministério Público, a carreira e a garantia de seus membros; (Incluído pela Emenda Constitucional nº 32, de 2001)

d) planos plurianuais, diretrizes orçamentárias, orçamento e créditos adicionais e suplementares, ressalvado o previsto no art. 167, § 3º; (Incluído pela Emenda Constitucional nº 32, de 2001)

II – que vise a detenção ou seqüestro de bens, de poupança popular ou qualquer outro ativo financeiro; (Incluído pela Emenda Constitucional nº 32, de 2001)

III – reservada a lei complementar; (Incluído pela Emenda Constitucional nº 32, de 2001)

IV – já disciplinada em projeto de lei aprovado pelo Congresso Nacional e pendente de sanção ou veto do Presidente da República. (Incluído pela Emenda Constitucional nº 32, de 2001)

§ 2º Medida provisória que implique instituição ou majoração de impostos, exceto os previstos nos arts. 153, I, II, IV, V, e 154, II, só produzirá efeitos no exercício financeiro seguinte

se houver sido convertida em lei até o último dia daquele em que foi editada. (Incluído pela Emenda Constitucional nº 32, de 2001)

§ 3º As medidas provisórias, ressalvado o disposto nos §§ 11 e 12 perderão eficácia, desde a edição, se não forem convertidas em lei no prazo de sessenta dias, prorrogável, nos termos do § 7º, uma vez por igual período, devendo o Congresso Nacional disciplinar, por decreto legislativo, as relações jurídicas delas decorrentes. (Incluído pela Emenda Constitucional nº 32, de 2001)

§ 4º O prazo a que se refere o § 3º contar-se-á da publicação da medida provisória, suspendendo-se durante os períodos de recesso do Congresso Nacional. (Incluído pela Emenda Constitucional nº 32, de 2001)

§ 5º A deliberação de cada uma das Casas do Congresso Nacional sobre o mérito das medidas provisórias dependerá de juízo prévio sobre o atendimento de seus pressupostos constitucionais. (Incluído pela Emenda Constitucional nº 32, de 2001)

§ 6º Se a medida provisória não for apreciada em até quarenta e cinco dias contados de sua publicação, entrará em regime de urgência, subseqüentemente, em cada uma das Casas do Congresso Nacional, ficando sobrestadas, até que se ultime a votação, todas as demais deliberações legislativas da Casa em que estiver tramitando. (Incluído pela Emenda Constitucional nº 32, de 2001)

§ 7º Prorrogar-se-á uma única vez por igual período a vigência de medida provisória que, no prazo de sessenta dias, contado de sua publicação, não tiver a sua votação encerrada nas duas Casas do Congresso Nacional. (Incluído pela Emenda Constitucional nº 32, de 2001)

§ 8º As medidas provisórias terão sua votação iniciada na Câmara dos Deputados. (Incluído pela Emenda Constitucional nº 32, de 2001)

§ 9º Caberá à comissão mista de Deputados e Senadores examinar as medidas provisórias e sobre elas emitir parecer, antes de serem apreciadas, em sessão separada, pelo plenário de cada uma das Casas do Congresso Nacional. (Incluída pela Emenda Constitucional nº 32, de 2001)

§ 10. É vedada a reedição, na mesma sessão legislativa, de medida provisória que tenha sido rejeitada ou que tenha perdido sua eficácia por decurso de prazo. (Incluído pela Emenda Constitucional nº 32, de 2001)

§ 11. Não editado o decreto legislativo a que se refere o § 3º até sessenta dias após a rejeição ou perda de eficácia de medida provisória, as relações jurídicas constituídas e decorrentes de atos praticados durante sua vigência conservar-se-ão por ela regidas. (Incluído pela Emenda Constitucional nº 32, de 2001)

§ 12. Aprovado projeto de lei de conversão alterando o texto original da medida provisória, esta manter-se-á integralmente em vigor até que seja sancionado ou vetado o projeto. (Incluído pela Emenda Constitucional nº 32, de 2001)

Art. 63. Não será admitido aumento da despesa prevista:

I - nos projetos de iniciativa exclusiva do Presidente da República, ressalvado o disposto no art. 166, § 3º e § 4º;

II - nos projetos sobre organização dos serviços administrativos da Câmara dos Deputados, do Senado Federal, dos Tribunais Federais e do Ministério Público.

Art. 64. A discussão e votação dos projetos de lei de iniciativa do Presidente da República, do Supremo Tribunal Federal e dos Tribunais Superiores terão início na Câmara dos Deputados.

§ 1º O Presidente da República poderá solicitar urgência para apreciação de projetos de sua iniciativa.

§ 2º Se, no caso do § 1º, a Câmara dos Deputados e o Senado Federal não se manifestarem sobre a proposição, cada qual sucessivamente, em até quarenta e cinco dias, sobrestar-se-ão todas as demais deliberações legislativas da respectiva Casa, com exceção das que tenham prazo constitucional determinado, até que se ultime a votação. (Redação dada pela Emenda Constitucional nº 32, de 2001)

§ 3º A apreciação das emendas do Senado Federal pela Câmara dos Deputados far-se-á no prazo de dez dias, observado quanto ao mais o disposto no parágrafo anterior.

§ 4º Os prazos do § 2º não correm nos períodos de recesso do Congresso Nacional, nem se aplicam aos projetos de código.

Art. 65. O projeto de lei aprovado por uma Casa será revisto pela outra, em um só turno de discussão e votação, e enviado à sanção ou promulgação, se a Casa revisora o aprovar, ou arquivado, se o rejeitar.

Parágrafo único. Sendo o projeto emendado, voltará à Casa iniciadora.

Art. 66. A Casa na qual tenha sido concluída a votação enviará o projeto de lei ao Presidente da República, que, aquiescendo, o sancionará.

§ 1º - Se o Presidente da República considerar o projeto, no todo ou em parte, inconstitucional ou contrário ao interesse público, vetá-lo-á total ou parcialmente, no prazo de quinze dias úteis, contados da data do recebimento, e comunicará, dentro de quarenta e oito horas, ao Presidente do Senado Federal os motivos do veto.

§ 2º O veto parcial somente abrangerá texto integral de artigo, de parágrafo, de inciso ou de alínea.

§ 3º Decorrido o prazo de quinze dias, o silêncio do Presidente da República importará sanção.

§ 4º O veto será apreciado em sessão conjunta, dentro de trinta dias a contar de seu recebimento, só podendo ser rejeitado pelo voto da maioria absoluta dos Deputados e Senadores. (Redação dada pela Emenda Constitucional nº 76, de 2013)

§ 5º Se o veto não for mantido, será o projeto enviado, para promulgação, ao Presidente da República.

§ 6º Esgotado sem deliberação o prazo estabelecido no § 4º, o veto será colocado na ordem do dia da sessão imediata, sobrestadas as demais proposições, até sua votação final. (Redação dada pela Emenda Constitucional nº 32, de 2001)

§ 7º Se a lei não for promulgada dentro de quarenta e oito horas pelo Presidente da República, nos casos dos § 3º e § 5º, o Presidente do Senado a promulgará, e, se este não o fizer em igual prazo, caberá ao Vice-Presidente do Senado fazê-lo.

Art. 67. A matéria constante de projeto de lei rejeitado somente poderá constituir objeto de novo projeto, na mesma sessão legislativa, mediante proposta da maioria absoluta dos membros de qualquer das Casas do Congresso Nacional.

Art. 68. As leis delegadas serão elaboradas pelo Presidente da República, que deverá solicitar a delegação ao Congresso Nacional.

§ 1º Não serão objeto de delegação os atos de competência exclusiva do Congresso Nacional, os de competência privativa da Câmara dos Deputados ou do Senado Federal, a matéria reservada à lei complementar, nem a legislação sobre:

I - organização do Poder Judiciário e do Ministério Público, a carreira e a garantia de seus membros;

II - nacionalidade, cidadania, direitos individuais, políticos e eleitorais;

III - planos plurianuais, diretrizes orçamentárias e orçamentos.

§ 2º A delegação ao Presidente da República terá a forma de resolução do Congresso Nacional, que especificará seu conteúdo e os termos de seu exercício.

§ 3º Se a resolução determinar a apreciação do projeto pelo Congresso Nacional, este a fará em votação única, vedada qualquer emenda.

Art. 69. As leis complementares serão aprovadas por maioria absoluta.

SEÇÃO IX - DA FISCALIZAÇÃO CONTÁBIL, FINANCEIRA E ORÇAMENTÁRIA

Art. 70. A fiscalização contábil, financeira, orçamentária, operacional e patrimonial da União e das entidades da administração direta e indireta, quanto à legalidade, legitimidade,

economicidade, aplicação das subvenções e renúncia de receitas, será exercida pelo Congresso Nacional, mediante controle externo, e pelo sistema de controle interno de cada Poder.

Parágrafo único. Prestará contas qualquer pessoa física ou jurídica, pública ou privada, que utilize, arrecade, guarde, gerencie ou administre dinheiros, bens e valores públicos ou pelos quais a União responda, ou que, em nome desta, assuma obrigações de natureza pecuniária. (Redação dada pela Emenda Constitucional nº 19, de 1998)

Art. 71. O controle externo, a cargo do Congresso Nacional, será exercido com o auxílio do Tribunal de Contas da União, ao qual compete:

I - apreciar as contas prestadas anualmente pelo Presidente da República, mediante parecer prévio que deverá ser elaborado em sessenta dias a contar de seu recebimento;

II - julgar as contas dos administradores e demais responsáveis por dinheiros, bens e valores públicos da administração direta e indireta, incluídas as fundações e sociedades instituídas e mantidas pelo Poder Público federal, e as contas daqueles que derem causa a perda, extravio ou outra irregularidade de que resulte prejuízo ao erário público;

III - apreciar, para fins de registro, a legalidade dos atos de admissão de pessoal, a qualquer título, na administração direta e indireta, incluídas as fundações instituídas e mantidas pelo Poder Público, excetuadas as nomeações para cargo de provimento em comissão, bem como a das concessões de aposentadorias, reformas e pensões, ressalvadas as melhorias posteriores que não alterem o fundamento legal do ato concessório;

IV - realizar, por iniciativa própria, da Câmara dos Deputados, do Senado Federal, de Comissão técnica ou de inquérito, inspeções e auditorias de natureza contábil, financeira, orçamentária, operacional e patrimonial, nas unidades administrativas dos Poderes Legislativo, Executivo e Judiciário, e demais entidades referidas no inciso II;

V - fiscalizar as contas nacionais das empresas supranacionais de cujo capital social a União participe, de forma direta ou indireta, nos termos do tratado constitutivo;

VI - fiscalizar a aplicação de quaisquer recursos repassados pela União mediante convênio, acordo, ajuste ou outros instrumentos congêneres, a Estado, ao Distrito Federal ou a Município;

VII - prestar as informações solicitadas pelo Congresso Nacional, por qualquer de suas Casas, ou por qualquer das respectivas Comissões, sobre a fiscalização contábil, financeira, orçamentária, operacional e patrimonial e sobre resultados de auditorias e inspeções realizadas;

VIII - aplicar aos responsáveis, em caso de ilegalidade de despesa ou irregularidade de contas, as sanções previstas em lei, que estabelecerá, entre outras cominações, multa proporcional ao dano causado ao erário;

IX - assinar prazo para que o órgão ou entidade adote as providências necessárias ao exato cumprimento da lei, se verificada ilegalidade;

X - sustar, se não atendido, a execução do ato impugnado, comunicando a decisão à Câmara dos Deputados e ao Senado Federal;

XI - representar ao Poder competente sobre irregularidades ou abusos apurados.

§ 1º No caso de contrato, o ato de sustação será adotado diretamente pelo Congresso Nacional, que solicitará, de imediato, ao Poder Executivo as medidas cabíveis.

§ 2º Se o Congresso Nacional ou o Poder Executivo, no prazo de noventa dias, não efetivar as medidas previstas no parágrafo anterior, o Tribunal decidirá a respeito.

§ 3º As decisões do Tribunal de que resulte imputação de débito ou multa terão eficácia de título executivo.

§ 4º O Tribunal encaminhará ao Congresso Nacional, trimestral e anualmente, relatório de suas atividades.

Art. 72. A Comissão mista permanente a que se refere o art. 166, §1º, diante de indícios de despesas não autorizadas, ainda que sob a forma de investimentos não programados ou de subsídios não aprovados, poderá solicitar à autoridade governamental responsável que, no prazo de cinco dias, preste os esclarecimentos necessários.

§ 1º Não prestados os esclarecimentos, ou considerados estes insuficientes, a Comissão solicitará ao Tribunal pronunciamento conclusivo sobre a matéria, no prazo de trinta dias.

§ 2º Entendendo o Tribunal irregular a despesa, a Comissão, se julgar que o gasto possa causar dano irreparável ou grave lesão à economia pública, proporá ao Congresso Nacional sua sustação.

Art. 73. O Tribunal de Contas da União, integrado por nove Ministros, tem sede no Distrito Federal, quadro próprio de pessoal e jurisdição em todo o território nacional, exercendo, no que couber, as atribuições previstas no art. 96. .

§ 1º Os Ministros do Tribunal de Contas da União serão nomeados dentre brasileiros que satisfaçam os seguintes requisitos:

I - mais de trinta e cinco e menos de sessenta e cinco anos de idade;

II - idoneidade moral e reputação ilibada;

III - notórios conhecimentos jurídicos, contábeis, econômicos e financeiros ou de administração pública;

IV - mais de dez anos de exercício de função ou de efetiva atividade profissional que exija os conhecimentos mencionados no inciso anterior.

§ 2º Os Ministros do Tribunal de Contas da União serão escolhidos:

I - um terço pelo Presidente da República, com aprovação do Senado Federal, sendo dois alternadamente dentre auditores e membros do Ministério Público junto ao Tribunal, indicados em lista tríplice pelo Tribunal, segundo os critérios de antiguidade e merecimento;

II - dois terços pelo Congresso Nacional.

§ 3º Os Ministros do Tribunal de Contas da União terão as mesmas garantias, prerrogativas, impedimentos, vencimentos e vantagens dos Ministros do Superior Tribunal de Justiça, aplicando-se-lhes, quanto à aposentadoria e pensão, as normas constantes do art. 40. (Redação dada pela Emenda Constitucional nº 20, de 1998)

§ 4º O auditor, quando em substituição a Ministro, terá as mesmas garantias e impedimentos do titular e, quando no exercício das demais atribuições da judicatura, as de juiz de Tribunal Regional Federal.

Art. 74. Os Poderes Legislativo, Executivo e Judiciário manterão, de forma integrada, sistema de controle interno com a finalidade de:

I - avaliar o cumprimento das metas previstas no plano plurianual, a execução dos programas de governo e dos orçamentos da União;

II - comprovar a legalidade e avaliar os resultados, quanto à eficácia e eficiência, da gestão orçamentária, financeira e patrimonial nos órgãos e entidades da administração federal, bem como da aplicação de recursos públicos por entidades de direito privado;

III - exercer o controle das operações de crédito, avais e garantias, bem como dos direitos e haveres da União;

IV - apoiar o controle externo no exercício de sua missão institucional.

§ 1º Os responsáveis pelo controle interno, ao tomarem conhecimento de qualquer irregularidade ou ilegalidade, dela darão ciência ao Tribunal de Contas da União, sob pena de responsabilidade solidária.

§ 2º Qualquer cidadão, partido político, associação ou sindicato é parte legítima para, na forma da lei, denunciar irregularidades ou ilegalidades perante o Tribunal de Contas da União.

Art. 75. As normas estabelecidas nesta seção aplicam-se, no que couber, à organização, composição e fiscalização dos

Tribunais de Contas dos Estados e do Distrito Federal, bem como dos Tribunais e Conselhos de Contas dos Municípios.

Parágrafo único. As Constituições estaduais disporão sobre os Tribunais de Contas respectivos, que serão integrados por sete Conselheiros.

CAPÍTULO II - DO PODER EXECUTIVO

SEÇÃO I - DO PRESIDENTE E DO VICE-PRESIDENTE DA REPÚBLICA

Art. 76. O Poder Executivo é exercido pelo Presidente da República, auxiliado pelos Ministros de Estado.

Art. 77. A eleição do Presidente e do Vice-Presidente da República realizar-se-á, simultaneamente, no primeiro domingo de outubro, em primeiro turno, e no último domingo de outubro, em segundo turno, se houver, do ano anterior ao do término do mandato presidencial vigente. (Redação dada pela Emenda Constitucional nº 16, de 1997)

§ 1º A eleição do Presidente da República importará a do Vice-Presidente com ele registrado.

§ 2º Será considerado eleito Presidente o candidato que, registrado por partido político, obtiver a maioria absoluta de votos, não computados os em branco e os nulos.

§ 3º Se nenhum candidato alcançar maioria absoluta na primeira votação, far-se-á nova eleição em até vinte dias após a proclamação do resultado, concorrendo os dois candidatos mais votados e considerando-se eleito aquele que obtiver a maioria dos votos válidos.

§ 4º Se, antes de realizado o segundo turno, ocorrer morte, desistência ou impedimento legal de candidato, convocar-se-á, dentre os remanescentes, o de maior votação.

§ 5º Se, na hipótese dos parágrafos anteriores, remanescer, em segundo lugar, mais de um candidato com a mesma votação, qualificar-se-á o mais idoso.

Art. 78. O Presidente e o Vice-Presidente da República tomarão posse em sessão do Congresso Nacional, prestando o compromisso de manter, defender e cumprir a Constituição, observar as leis, promover o bem geral do povo brasileiro, sustentar a união, a integridade e a independência do Brasil.

Parágrafo único. Se, decorridos dez dias da data fixada para a posse, o Presidente ou o Vice-Presidente, salvo motivo de força maior, não tiver assumido o cargo, este será declarado vago.

Art. 79. Substituirá o Presidente, no caso de impedimento, e suceder-lhe-á, no de vaga, o Vice-Presidente.

Parágrafo único. O Vice-Presidente da República, além de outras atribuições que lhe forem conferidas por lei complementar, auxiliará o Presidente, sempre que por ele convocado para missões especiais.

Art. 80. Em caso de impedimento do Presidente e do Vice-Presidente, ou vacância dos respectivos cargos, serão sucessivamente chamados ao exercício da Presidência o Presidente da Câmara dos Deputados, o do Senado Federal e o do Supremo Tribunal Federal.

Art. 81. Vagando os cargos de Presidente e Vice-Presidente da República, far-se-á eleição noventa dias depois de aberta a última vaga.

§ 1º - Ocorrendo a vacância nos últimos dois anos do período presidencial, a eleição para ambos os cargos será feita trinta dias depois da última vaga, pelo Congresso Nacional, na forma da lei.

§ 2º - Em qualquer dos casos, os eleitos deverão completar o período de seus antecessores.

Art. 82. O mandato do Presidente da República é de quatro anos e terá início em primeiro de janeiro do ano seguinte ao da sua eleição. (Redação dada pela Emenda Constitucional nº 16, de 1997)

Art. 83. O Presidente e o Vice-Presidente da República não poderão, sem licença do Congresso Nacional, ausentar-se do País por período superior a quinze dias, sob pena de perda do cargo.

SEÇÃO II - DAS ATRIBUIÇÕES DO PRESIDENTE DA REPÚBLICA

Art. 84. Compete privativamente ao Presidente da República:

I - nomear e exonerar os Ministros de Estado;

II - exercer, com o auxílio dos Ministros de Estado, a direção superior da administração federal;

III - iniciar o processo legislativo, na forma e nos casos previstos nesta Constituição;

IV - sancionar, promulgar e fazer publicar as leis, bem como expedir decretos e regulamentos para sua fiel execução;

V - vetar projetos de lei, total ou parcialmente;

VI - dispor, mediante decreto, sobre: (Redação dada pela Emenda Constitucional nº 32, de 2001)

a) organização e funcionamento da administração federal, quando não implicar aumento de despesa nem criação ou extinção de órgãos públicos; (Incluída pela Emenda Constitucional nº 32, de 2001)

b) extinção de funções ou cargos públicos, quando vagos; (Incluída pela Emenda Constitucional nº 32, de 2001)

VII - manter relações com Estados estrangeiros e acreditar seus representantes diplomáticos;

VIII - celebrar tratados, convenções e atos internacionais, sujeitos a referendo do Congresso Nacional;

IX - decretar o estado de defesa e o estado de sítio;

X - decretar e executar a intervenção federal;

XI - remeter mensagem e plano de governo ao Congresso Nacional por ocasião da abertura da sessão legislativa, expondo a situação do País e solicitando as providências que julgar necessárias;

XII - conceder indulto e comutar penas, com audiência, se necessário, dos órgãos instituídos em lei;

XIII - exercer o comando supremo das Forças Armadas, nomear os Comandantes da Marinha, do Exército e da Aeronáutica, promover seus oficiais-generais e nomeá-los para os cargos que lhes são privativos; (Redação dada pela Emenda Constitucional nº 23, de 02/09/99)

XIV - nomear, após aprovação pelo Senado Federal, os Ministros do Supremo Tribunal Federal e dos Tribunais Superiores, os Governadores de Territórios, o Procurador-Geral da República, o presidente e os diretores do banco central e outros servidores, quando determinado em lei;

XV - nomear, observado o disposto no art. 73, os Ministros do Tribunal de Contas da União;

XVI - nomear os magistrados, nos casos previstos nesta Constituição, e o Advogado-Geral da União;

XVII - nomear membros do Conselho da República, nos termos do art. 89, VII;

XVIII - convocar e presidir o Conselho da República e o Conselho de Defesa Nacional;

XIX - declarar guerra, no caso de agressão estrangeira, autorizado pelo Congresso Nacional ou referendado por ele, quando ocorrida no intervalo das sessões legislativas, e, nas mesmas condições, decretar, total ou parcialmente, a mobilização nacional;

XX - celebrar a paz, autorizado ou com o referendo do Congresso Nacional;

XXI - conferir condecorações e distinções honoríficas;

XXII - permitir, nos casos previstos em lei complementar, que forças estrangeiras transitem pelo território nacional ou nele permaneçam temporariamente;

XXIII - enviar ao Congresso Nacional o plano plurianual, o projeto de lei de diretrizes orçamentárias e as propostas de orçamento previstos nesta Constituição;

XXIV - prestar, anualmente, ao Congresso Nacional, dentro de sessenta dias após a abertura da sessão legislativa, as contas referentes ao exercício anterior;

XXV - prover e extinguir os cargos públicos federais, na forma da lei;
XXVI - editar medidas provisórias com força de lei, nos termos do art. 62;
XXVII - exercer outras atribuições previstas nesta Constituição.

Parágrafo único. O Presidente da República poderá delegar as atribuições mencionadas nos incisos VI, XII e XXV, primeira parte, aos Ministros de Estado, ao Procurador-Geral da República ou ao Advogado-Geral da União, que observarão os limites traçados nas respectivas delegações.

SEÇÃO III - DA RESPONSABILIDADE DO PRESIDENTE DA REPÚBLICA

Art. 85. São crimes de responsabilidade os atos do Presidente da República que atentem contra a Constituição Federal e, especialmente, contra:

I - a existência da União;
II - o livre exercício do Poder Legislativo, do Poder Judiciário, do Ministério Público e dos Poderes constitucionais das unidades da Federação;
III - o exercício dos direitos políticos, individuais e sociais;
IV - a segurança interna do País;
V - a probidade na administração;
VI - a lei orçamentária;
VII - o cumprimento das leis e das decisões judiciais.

Parágrafo único. Esses crimes serão definidos em lei especial, que estabelecerá as normas de processo e julgamento.

Art. 86. Admitida a acusação contra o Presidente da República, por dois terços da Câmara dos Deputados, será ele submetido a julgamento perante o Supremo Tribunal Federal, nas infrações penais comuns, ou perante o Senado Federal, nos crimes de responsabilidade.

§ 1º O Presidente ficará suspenso de suas funções:
I - nas infrações penais comuns, se recebida a denúncia ou queixa-crime pelo Supremo Tribunal Federal;
II - nos crimes de responsabilidade, após a instauração do processo pelo Senado Federal.

§ 2º Se, decorrido o prazo de cento e oitenta dias, o julgamento não estiver concluído, cessará o afastamento do Presidente, sem prejuízo do regular prosseguimento do processo.

§ 3º Enquanto não sobrevier sentença condenatória, nas infrações comuns, o Presidente da República não estará sujeito a prisão.

§ 4º O Presidente da República, na vigência de seu mandato, não pode ser responsabilizado por atos estranhos ao exercício de suas funções.

SEÇÃO IV - DOS MINISTROS DE ESTADO

Art. 87. Os Ministros de Estado serão escolhidos dentre brasileiros maiores de vinte e um anos e no exercício dos direitos políticos.

Parágrafo único. Compete ao Ministro de Estado, além de outras atribuições estabelecidas nesta Constituição e na lei:
I - exercer a orientação, coordenação e supervisão dos órgãos e entidades da administração federal na área de sua competência e referendar os atos e decretos assinados pelo Presidente da República;
II - expedir instruções para a execução das leis, decretos e regulamentos;
III - apresentar ao Presidente da República relatório anual de sua gestão no Ministério;
IV - praticar os atos pertinentes às atribuições que lhe forem outorgadas ou delegadas pelo Presidente da República.

Art. 88. A lei disporá sobre a criação e extinção de Ministérios e órgãos da administração pública. (Redação dada pela Emenda Constitucional nº 32, de 2001)

SEÇÃO V - DO CONSELHO DA REPÚBLICA E DO CONSELHO DE DEFESA NACIONAL

Subseção I - Do Conselho da República

Art. 89. O Conselho da República é órgão superior de consulta do Presidente da República, e dele participam:
I - o Vice-Presidente da República;
II - o Presidente da Câmara dos Deputados;
III - o Presidente do Senado Federal;
IV - os líderes da maioria e da minoria na Câmara dos Deputados;
V - os líderes da maioria e da minoria no Senado Federal;
VI - o Ministro da Justiça;
VII - seis cidadãos brasileiros natos, com mais de trinta e cinco anos de idade, sendo dois nomeados pelo Presidente da República, dois eleitos pelo Senado Federal e dois eleitos pela Câmara dos Deputados, todos com mandato de três anos, vedada a recondução.

Art. 90. Compete ao Conselho da República pronunciar-se sobre:
I - intervenção federal, estado de defesa e estado de sítio;
II - as questões relevantes para a estabilidade das instituições democráticas.

§ 1º O Presidente da República poderá convocar Ministro de Estado para participar da reunião do Conselho, quando constar da pauta questão relacionada com o respectivo Ministério.

§ 2º A lei regulará a organização e o funcionamento do Conselho da República. (Vide Lei nº 8.041, de 1990)

Subseção II - Do Conselho de Defesa Nacional

Art. 91. O Conselho de Defesa Nacional é órgão de consulta do Presidente da República nos assuntos relacionados com a soberania nacional e a defesa do Estado democrático, e dele participam como membros natos:
I - o Vice-Presidente da República;
II - o Presidente da Câmara dos Deputados;
III - o Presidente do Senado Federal;
IV - o Ministro da Justiça;
V - o Ministro de Estado da Defesa; (Redação dada pela Emenda Constitucional nº 23, de 1999)
VI - o Ministro das Relações Exteriores;
VII - o Ministro do Planejamento;
VIII - os Comandantes da Marinha, do Exército e da Aeronáutica. (Incluído pela Emenda Constitucional nº 23, de 1999)

§ 1º Compete ao Conselho de Defesa Nacional:
I - opinar nas hipóteses de declaração de guerra e de celebração da paz, nos termos desta Constituição;
II - opinar sobre a decretação do estado de defesa, do estado de sítio e da intervenção federal;
III - propor os critérios e condições de utilização de áreas indispensáveis à segurança do território nacional e opinar sobre seu efetivo uso, especialmente na faixa de fronteira e nas relacionadas com a preservação e a exploração dos recursos naturais de qualquer tipo;
IV - estudar, propor e acompanhar o desenvolvimento de iniciativas necessárias a garantir a independência nacional e a defesa do Estado democrático.

§ 2º A lei regulará a organização e o funcionamento do Conselho de Defesa Nacional. (Vide Lei nº 8.183, de 1991)

CAPÍTULO III - DO PODER JUDICIÁRIO

SEÇÃO I - DISPOSIÇÕES GERAIS

Art. 92. São órgãos do Poder Judiciário:
I - o Supremo Tribunal Federal;
I-A o Conselho Nacional de Justiça; (Incluído pela Emenda Constitucional nº 45, de 2004)
II - o Superior Tribunal de Justiça;

II-A - o Tribunal Superior do Trabalho; (Incluído pela Emenda Constitucional nº 92, de 2016)

III - os Tribunais Regionais Federais e Juízes Federais;

IV - os Tribunais e Juízes do Trabalho;

V - os Tribunais e Juízes Eleitorais;

VI - os Tribunais e Juízes Militares;

VII - os Tribunais e Juízes dos Estados e do Distrito Federal e Territórios.

§ 1º O Supremo Tribunal Federal, o Conselho Nacional de Justiça e os Tribunais Superiores têm sede na Capital Federal. (Incluído pela Emenda Constitucional nº 45, de 2004)

§ 2º O Supremo Tribunal Federal e os Tribunais Superiores têm jurisdição em todo o território nacional. (Incluído pela Emenda Constitucional nº 45, de 2004)

Art. 93. Lei complementar, de iniciativa do Supremo Tribunal Federal, disporá sobre o Estatuto da Magistratura, observados os seguintes princípios:

I - ingresso na carreira, cujo cargo inicial será o de juiz substituto, mediante concurso público de provas e títulos, com a participação da Ordem dos Advogados do Brasil em todas as fases, exigindo-se do bacharel em direito, no mínimo, três anos de atividade jurídica e obedecendo-se, nas nomeações, à ordem de classificação; (Redação dada pela Emenda Constitucional nº 45, de 2004)

II - promoção de entrância para entrância, alternadamente, por antigüidade e merecimento, atendidas as seguintes normas:

a) é obrigatória a promoção do juiz que figure por três vezes consecutivas ou cinco alternadas em lista de merecimento;

b) a promoção por merecimento pressupõe dois anos de exercício na respectiva entrância e integrar o juiz a primeira quinta parte da lista de antigüidade desta, salvo se não houver com tais requisitos quem aceite o lugar vago;

c) aferição do merecimento conforme o desempenho e pelos critérios objetivos de produtividade e presteza no exercício da jurisdição e pela freqüência e aproveitamento em cursos oficiais ou reconhecidos de aperfeiçoamento; (Redação dada pela Emenda Constitucional nº 45, de 2004)

d) na apuração de antigüidade, o tribunal somente poderá recusar o juiz mais antigo pelo voto fundamentado de dois terços de seus membros, conforme procedimento próprio, e assegurada ampla defesa, repetindo-se a votação até fixar-se a indicação; (Redação dada pela Emenda Constitucional nº 45, de 2004)

e) não será promovido o juiz que, injustificadamente, retiver autos em seu poder além do prazo legal, não podendo devolvê-los ao cartório sem o devido despacho ou decisão; (Incluída pela Emenda Constitucional nº 45, de 2004)

III o acesso aos tribunais de segundo grau far-se-á por antigüidade e merecimento, alternadamente, apurados na última ou única entrância; (Redação dada pela Emenda Constitucional nº 45, de 2004)

IV previsão de cursos oficiais de preparação, aperfeiçoamento e promoção de magistrados, constituindo etapa obrigatória do processo de vitaliciamento a participação em curso oficial ou reconhecido por escola nacional de formação e aperfeiçoamento de magistrados; (Redação dada pela Emenda Constitucional nº 45, de 2004)

V - o subsídio dos Ministros dos Tribunais Superiores corresponderá a noventa e cinco por cento do subsídio mensal fixado para os Ministros do Supremo Tribunal Federal e os subsídios dos demais magistrados serão fixados em lei e escalonados, em nível federal e estadual, conforme as respectivas categorias da estrutura judiciária nacional, não podendo a diferença entre uma e outra ser superior a dez por cento ou inferior a cinco por cento, nem exceder a noventa e cinco por cento do subsídio mensal dos Ministros dos Tribunais Superiores, obedecido, em qualquer caso, o disposto nos arts. 37, XI, e 39, § 4º; (Redação dada pela Emenda Constitucional nº 19, de 1998)

VI - a aposentadoria dos magistrados e a pensão de seus dependentes observarão o disposto no art. 40; (Redação dada pela Emenda Constitucional nº 20, de 1998)

VII o juiz titular residirá na respectiva comarca, salvo autorização do tribunal; (Redação dada pela Emenda Constitucional nº 45, de 2004)

VIII - o ato de remoção ou de disponibilidade do magistrado, por interesse público, fundar-se-á em decisão por voto da maioria absoluta do respectivo tribunal ou do Conselho Nacional de Justiça, assegurada ampla defesa; (Redação dada pela Emenda Constitucional nº 103, de 2019)

VIII-A a remoção a pedido ou a permuta de magistrados de comarca de igual entrância atenderá, no que couber, ao disposto nas alíneas a , b , c e e do inciso II; (Incluído pela Emenda Constitucional nº 45, de 2004)

IX todos os julgamentos dos órgãos do Poder Judiciário serão públicos, e fundamentadas todas as decisões, sob pena de nulidade, podendo a lei limitar a presença, em determinados atos, às próprias partes e a seus advogados, ou somente a estes, em casos nos quais a preservação do direito à intimidade do interessado no sigilo não prejudique o interesse público à informação; (Redação dada pela Emenda Constitucional nº 45, de 2004)

X as decisões administrativas dos tribunais serão motivadas e em sessão pública, sendo as disciplinares tomadas pelo voto da maioria absoluta de seus membros; (Redação dada pela Emenda Constitucional nº 45, de 2004)

XI nos tribunais com número superior a vinte e cinco julgadores, poderá ser constituído órgão especial, com o mínimo de onze e o máximo de vinte e cinco membros, para o exercício das atribuições administrativas e jurisdicionais delegadas da competência do tribunal pleno, provendo-se metade das vagas por antigüidade e a outra metade por eleição pelo tribunal pleno; (Redação dada pela Emenda Constitucional nº 45, de 2004)

XII a atividade jurisdicional será ininterrupta, sendo vedado férias coletivas nos juízos e tribunais de segundo grau, funcionando, nos dias em que não houver expediente forense normal, juízes em plantão permanente; (Incluído pela Emenda Constitucional nº 45, de 2004)

XIII o número de juízes na unidade jurisdicional será proporcional à efetiva demanda judicial e à respectiva população; (Incluído pela Emenda Constitucional nº 45, de 2004)

XIV os servidores receberão delegação para a prática de atos de administração e atos de mero expediente sem caráter decisório; (Incluído pela Emenda Constitucional nº 45, de 2004)

XV a distribuição de processos será imediata, em todos os graus de jurisdição. (Incluído pela Emenda Constitucional nº 45, de 2004)

Art. 94. Um quinto dos lugares dos Tribunais Regionais Federais, dos Tribunais dos Estados, e do Distrito Federal e Territórios será composto de membros, do Ministério Público, com mais de dez anos de carreira, e de advogados de notório saber jurídico e de reputação ilibada, com mais de dez anos de efetiva atividade profissional, indicados em lista sêxtupla pelos órgãos de representação das respectivas classes.

Parágrafo único. Recebidas as indicações, o tribunal formará lista tríplice, enviando-a ao Poder Executivo, que, nos vinte dias subseqüentes, escolherá um de seus integrantes para nomeação.

Art. 95. Os juízes gozam das seguintes garantias:

I - vitaliciedade, que, no primeiro grau, só será adquirida após dois anos de exercício, dependendo a perda do cargo, nesse período, de deliberação do tribunal a que o juiz estiver vinculado, e, nos demais casos, de sentença judicial transitada em julgado;

II - inamovibilidade, salvo por motivo de interesse público, na forma do art. 93, VIII;

III - irredutibilidade de subsídio, ressalvado o disposto nos arts. 37, X e XI, 39, § 4º, 150, II, 153, III, e 153, § 2º, I. (Redação dada pela Emenda Constitucional nº 19, de 1998)

Parágrafo único. Aos juízes é vedado:

I - exercer, ainda que em disponibilidade, outro cargo ou função, salvo uma de magistério;

II - receber, a qualquer título ou pretexto, custas ou participação em processo;

III - dedicar-se à atividade político-partidária.

IV receber, a qualquer título ou pretexto, auxílios ou contribuições de pessoas físicas, entidades públicas ou privadas, ressalvadas as exceções previstas em lei; (Incluído pela Emenda Constitucional nº 45, de 2004)

V exercer a advocacia no juízo ou tribunal do qual se afastou, antes de decorridos três anos do afastamento do cargo por aposentadoria ou exoneração. (Incluído pela Emenda Constitucional nº 45, de 2004)

Art. 96. Compete privativamente:

I - aos tribunais:

a) eleger seus órgãos diretivos e elaborar seus regimentos internos, com observância das normas de processo e das garantias processuais das partes, dispondo sobre a competência e o funcionamento dos respectivos órgãos jurisdicionais e administrativos;

b) organizar suas secretarias e serviços auxiliares e os dos juízos que lhes forem vinculados, velando pelo exercício da atividade correicional respectiva;

c) prover, na forma prevista nesta Constituição, os cargos de juiz de carreira da respectiva jurisdição;

d) propor a criação de novas varas judiciárias;

e) prover, por concurso público de provas, ou de provas e títulos, obedecido o disposto no art. 169, parágrafo único, os cargos necessários à administração da Justiça, exceto os de confiança assim definidos em lei;

f) conceder licença, férias e outros afastamentos a seus membros e aos juízes e servidores que lhes forem imediatamente vinculados;

II - ao Supremo Tribunal Federal, aos Tribunais Superiores e aos Tribunais de Justiça propor ao Poder Legislativo respectivo, observado o disposto no art. 169:

a) a alteração do número de membros dos tribunais inferiores;

b) a criação e a extinção de cargos e a remuneração dos seus serviços auxiliares e dos juízos que lhes forem vinculados, bem como a fixação do subsídio de seus membros e dos juízes, inclusive dos tribunais inferiores, onde houver; (Redação dada pela Emenda Constitucional nº 41, 19.12.2003)

c) a criação ou extinção dos tribunais inferiores;

d) a alteração da organização e da divisão judiciárias;

III - aos Tribunais de Justiça julgar os juízes estaduais e do Distrito Federal e Territórios, bem como os membros do Ministério Público, nos crimes comuns e de responsabilidade, ressalvada a competência da Justiça Eleitoral.

Art. 97. Somente pelo voto da maioria absoluta de seus membros ou dos membros do respectivo órgão especial poderão os tribunais declarar a inconstitucionalidade de lei ou ato normativo do Poder Público.

Art. 98. A União, no Distrito Federal e nos Territórios, e os Estados criarão:

I - juizados especiais, providos por juízes togados, ou togados e leigos, competentes para a conciliação, o julgamento e a execução de causas cíveis de menor complexidade e infrações penais de menor potencial ofensivo, mediante os procedimentos oral e sumaríssimo, permitidos, nas hipóteses previstas em lei, a transação e o julgamento de recursos por turmas de juízes de primeiro grau;

II - justiça de paz, remunerada, composta de cidadãos eleitos pelo voto direto, universal e secreto, com mandato de quatro anos e competência para, na forma da lei, celebrar casamentos, verificar, de ofício ou em face de impugnação apresentada, o processo de habilitação e exercer atribuições conciliatórias, sem caráter jurisdicional, além de outras previstas na legislação.

§ 1º Lei federal disporá sobre a criação de juizados especiais no âmbito da Justiça Federal. (Renumerado pela Emenda Constitucional nº 45, de 2004)

§ 2º As custas e emolumentos serão destinados exclusivamente ao custeio dos serviços afetos às atividades específicas da Justiça. (Incluído pela Emenda Constitucional nº 45, de 2004)

Art. 99. Ao Poder Judiciário é assegurada autonomia administrativa e financeira.

§ 1º Os tribunais elaborarão suas propostas orçamentárias dentro dos limites estipulados conjuntamente com os demais Poderes na lei de diretrizes orçamentárias.

§ 2º O encaminhamento da proposta, ouvidos os outros tribunais interessados, compete:

I - no âmbito da União, aos Presidentes do Supremo Tribunal Federal e dos Tribunais Superiores, com a aprovação dos respectivos tribunais;

II - no âmbito dos Estados e no do Distrito Federal e Territórios, aos Presidentes dos Tribunais de Justiça, com a aprovação dos respectivos tribunais.

§ 3º Se os órgãos referidos no § 2º não encaminharem as respectivas propostas orçamentárias dentro do prazo estabelecido na lei de diretrizes orçamentárias, o Poder Executivo considerará, para fins de consolidação da proposta orçamentária anual, os valores aprovados na lei orçamentária vigente, ajustados de acordo com os limites estipulados na forma do § 1º deste artigo. (Incluído pela Emenda Constitucional nº 45, de 2004)

§ 4º Se as propostas orçamentárias de que trata este artigo forem encaminhadas em desacordo com os limites estipulados na forma do § 1º, o Poder Executivo procederá aos ajustes necessários para fins de consolidação da proposta orçamentária anual. (Incluído pela Emenda Constitucional nº 45, de 2004)

§ 5º Durante a execução orçamentária do exercício, não poderá haver a realização de despesas ou a assunção de obrigações que extrapolem os limites estabelecidos na lei de diretrizes orçamentárias, exceto se previamente autorizadas, mediante a abertura de créditos suplementares ou especiais. (Incluído pela Emenda Constitucional nº 45, de 2004)

Art. 100. Os pagamentos devidos pelas Fazendas Públicas Federal, Estaduais, Distrital e Municipais, em virtude de sentença judiciária, far-se-ão exclusivamente na ordem cronológica de apresentação dos precatórios e à conta dos créditos respectivos, proibida a designação de casos ou de pessoas nas dotações orçamentárias e nos créditos adicionais abertos para este fim. (Redação dada pela Emenda Constitucional nº 62, de 2009). (Vide Emenda Constitucional nº 62, de 2009)

§ 1º Os débitos de natureza alimentícia compreendem aqueles decorrentes de salários, vencimentos, proventos, pensões e suas complementações, benefícios previdenciários e indenizações por morte ou por invalidez, fundadas em responsabilidade civil, em virtude de sentença judicial transitada em julgado, e serão pagos com preferência sobre todos os demais débitos, exceto sobre aqueles referidos no § 2º deste artigo. (Redação dada pela Emenda Constitucional nº 62, de 2009).

§ 2º Os débitos de natureza alimentícia cujos titulares, originários ou por sucessão hereditária, tenham 60 (sessenta) anos de idade, ou sejam portadores de doença grave, ou pessoas com deficiência, assim definidos na forma da lei, serão pagos com preferência sobre todos os demais débitos, até o valor equivalente ao triplo fixado em lei para os fins do disposto no § 3º deste artigo, admitido o fracionamento para essa finalidade, sendo que o restante será pago na ordem cronológica

de apresentação do precatório. (Redação dada pela Emenda Constitucional nº 94, de 2016)

§ 3º O disposto no caput deste artigo relativamente à expedição de precatórios não se aplica aos pagamentos de obrigações definidas em leis como de pequeno valor que as Fazendas referidas devam fazer em virtude de sentença judicial transitada em julgado. (Redação dada pela Emenda Constitucional nº 62, de 2009).

§ 4º Para os fins do disposto no § 3º, poderão ser fixados, por leis próprias, valores distintos às entidades de direito público, segundo as diferentes capacidades econômicas, sendo o mínimo igual ao valor do maior benefício do regime geral de previdência social. (Redação dada pela Emenda Constitucional nº 62, de 2009).

§ 5º É obrigatória a inclusão, no orçamento das entidades de direito público, de verba necessária ao pagamento de seus débitos, oriundos de sentenças transitadas em julgado, constantes de precatórios judiciários apresentados até 1º de julho, fazendo-se o pagamento até o final do exercício seguinte, quando terão seus valores atualizados monetariamente. (Redação dada pela Emenda Constitucional nº 62, de 2009).

§ 6º As dotações orçamentárias e os créditos abertos serão consignados diretamente ao Poder Judiciário, cabendo ao Presidente do Tribunal que proferir a decisão exequenda determinar o pagamento integral e autorizar, a requerimento do credor e exclusivamente para os casos de preterimento de seu direito de precedência ou de não alocação orçamentária do valor necessário à satisfação do seu débito, o sequestro da quantia respectiva. (Redação dada pela Emenda Constitucional nº 62, de 2009).

§ 7º O Presidente do Tribunal competente que, por ato comissivo ou omissivo, retardar ou tentar frustrar a liquidação regular de precatórios incorrerá em crime de responsabilidade e responderá, também, perante o Conselho Nacional de Justiça. (Incluído pela Emenda Constitucional nº 62, de 2009).

§ 8º É vedada a expedição de precatórios complementares ou suplementares de valor pago, bem como o fracionamento, repartição ou quebra do valor da execução para fins de enquadramento de parcela do total ao que dispõe o § 3º deste artigo. (Incluído pela Emenda Constitucional nº 62, de 2009).

§ 9º No momento da expedição dos precatórios, independentemente de regulamentação, deles deverá ser abatido, a título de compensação, valor correspondente aos débitos líquidos e certos, inscritos ou não em dívida ativa e constituídos contra o credor original pela Fazenda Pública devedora, incluídas parcelas vincendas de parcelamentos, ressalvados aqueles cuja execução esteja suspensa em virtude de contestação administrativa ou judicial. (Incluído pela Emenda Constitucional nº 62, de 2009).

§ 10. Antes da expedição dos precatórios, o Tribunal solicitará à Fazenda Pública devedora, para resposta em até 30 (trinta) dias, sob pena de perda do direito de abatimento, informação sobre os débitos que preencham as condições estabelecidas no § 9º, para os fins nele previstos. (Incluído pela Emenda Constitucional nº 62, de 2009).

§ 11. É facultada ao credor, conforme estabelecido em lei da entidade federativa devedora, a entrega de créditos em precatórios para compra de imóveis públicos do respectivo ente federado. (Incluído pela Emenda Constitucional nº 62, de 2009).

§ 12. A partir da promulgação desta Emenda Constitucional, a atualização de valores de requisitórios, após sua expedição, até o efetivo pagamento, independentemente de sua natureza, será feita pelo índice oficial de remuneração básica da caderneta de poupança, e, para fins de compensação da mora, incidirão juros simples no mesmo percentual de juros incidentes sobre a caderneta de poupança, ficando excluída a incidência de juros compensatórios. (Incluído pela Emenda Constitucional nº 62, de 2009).

§ 13. O credor poderá ceder, total ou parcialmente, seus créditos em precatórios a terceiros, independentemente da concordância do devedor, não se aplicando ao cessionário o disposto nos §§ 2º e 3º. (Incluído pela Emenda Constitucional nº 62, de 2009).

§ 14. A cessão de precatórios somente produzirá efeitos após comunicação, por meio de petição protocolizada, ao tribunal de origem e à entidade devedora. (Incluído pela Emenda Constitucional nº 62, de 2009).

§ 15. Sem prejuízo do disposto neste artigo, lei complementar a esta Constituição Federal poderá estabelecer regime especial para pagamento de crédito de precatórios de Estados, Distrito Federal e Municípios, dispondo sobre vinculações à receita corrente líquida e forma e prazo de liquidação. (Incluído pela Emenda Constitucional nº 62, de 2009).

§ 16. A seu critério exclusivo e na forma de lei, a União poderá assumir débitos, oriundos de precatórios, de Estados, Distrito Federal e Municípios, refinanciando-os diretamente. (Incluído pela Emenda Constitucional nº 62, de 2009)

§ 17. A União, os Estados, o Distrito Federal e os Municípios aferirão mensalmente, em base anual, o comprometimento de suas respectivas receitas correntes líquidas com o pagamento de precatórios e obrigações de pequeno valor. (Incluído pela Emenda Constitucional nº 94, de 2016)

§ 18. Entende-se como receita corrente líquida, para os fins de que trata o § 17, o somatório das receitas tributárias, patrimoniais, industriais, agropecuárias, de contribuições e de serviços, de transferências correntes e outras receitas correntes, incluindo as oriundas do § 1º do art. 20 da Constituição Federal, verificado no período compreendido pelo segundo mês imediatamente anterior ao de referência e os 11 (onze) meses precedentes, excluídas as duplicidades, e deduzidas: (Incluído pela Emenda Constitucional nº 94, de 2016)

I - na União, as parcelas entregues aos Estados, ao Distrito Federal e aos Municípios por determinação constitucional; (Incluído pela Emenda Constitucional nº 94, de 2016)

II - nos Estados, as parcelas entregues aos Municípios por determinação constitucional; (Incluído pela Emenda Constitucional nº 94, de 2016)

III - na União, nos Estados, no Distrito Federal e nos Municípios, a contribuição dos servidores para custeio de seu sistema de previdência e assistência social e as receitas provenientes da compensação financeira referida no § 9º do art. 201 da Constituição Federal. (Incluído pela Emenda Constitucional nº 94, de 2016)

§ 19. Caso o montante total de débitos decorrentes de condenações judiciais em precatórios e obrigações de pequeno valor, em período de 12 (doze) meses, ultrapasse a média do comprometimento percentual da receita corrente líquida nos 5 (cinco) anos imediatamente anteriores, a parcela que exceder esse percentual poderá ser financiada, excetuada dos limites de endividamento de que tratam os incisos VI e VII do art. 52 da Constituição Federal e de quaisquer outros limites de endividamento previstos, não se aplicando a esse financiamento a vedação de vinculação de receita prevista no inciso IV do art. 167 da Constituição Federal. (Incluído pela Emenda Constitucional nº 94, de 2016)

§ 20. Caso haja precatório com valor superior a 15% (quinze por cento) do montante dos precatórios apresentados nos termos do § 5º deste artigo, 15% (quinze por cento) do valor deste precatório serão pagos até o final do exercício seguinte e o restante em parcelas iguais nos cinco exercícios subsequentes, acrescidas de juros de mora e correção monetária, ou mediante acordos diretos, perante Juízos Auxiliares de Conciliação de Precatórios, com redução máxima de 40% (quarenta por cento) do valor do crédito atualizado, desde que em relação ao crédito não penda recurso ou defesa judicial e que sejam observados os requisitos definidos na regulamentação editada pelo ente federado. (Incluído pela Emenda Constitucional nº 94, de 2016)

SEÇÃO II - DO SUPREMO TRIBUNAL FEDERAL

Art. 101. O Supremo Tribunal Federal compõe-se de onze Ministros, escolhidos dentre cidadãos com mais de trinta e cinco e menos de sessenta e cinco anos de idade, de notável saber jurídico e reputação ilibada.

Parágrafo único. Os Ministros do Supremo Tribunal Federal serão nomeados pelo Presidente da República, depois de aprovada a escolha pela maioria absoluta do Senado Federal.

Art. 102. Compete ao Supremo Tribunal Federal, precipuamente, a guarda da Constituição, cabendo-lhe:

I - processar e julgar, originariamente:

a) a ação direta de inconstitucionalidade de lei ou ato normativo federal ou estadual e a ação declaratória de constitucionalidade de lei ou ato normativo federal; (Redação dada pela Emenda Constitucional nº 3, de 1993)

b) nas infrações penais comuns, o Presidente da República, o Vice-Presidente, os membros do Congresso Nacional, seus próprios Ministros e o Procurador-Geral da República;

c) nas infrações penais comuns e nos crimes de responsabilidade, os Ministros de Estado e os Comandantes da Marinha, do Exército e da Aeronáutica, ressalvado o disposto no art. 52, I, os membros dos Tribunais Superiores, os do Tribunal de Contas da União e os chefes de missão diplomática de caráter permanente; (Redação dada pela Emenda Constitucional nº 23, de 1999)

d) o habeas corpus, sendo paciente qualquer das pessoas referidas nas alíneas anteriores; o mandado de segurança e o habeas data contra atos do Presidente da República, das Mesas da Câmara dos Deputados e do Senado Federal, do Tribunal de Contas da União, do Procurador-Geral da República e do próprio Supremo Tribunal Federal;

e) o litígio entre Estado estrangeiro ou organismo internacional e a União, o Estado, o Distrito Federal ou o Território;

f) as causas e os conflitos entre a União e os Estados, a União e o Distrito Federal, ou entre uns e outros, inclusive as respectivas entidades da administração indireta;

g) a extradição solicitada por Estado estrangeiro;

h) (Revogado pela Emenda Constitucional nº 45, de 2004)

i) o habeas corpus, quando o coator for Tribunal Superior ou quando o coator ou o paciente for autoridade ou funcionário cujos atos estejam sujeitos diretamente à jurisdição do Supremo Tribunal Federal, ou se trate de crime sujeito à mesma jurisdição em uma única instância; (Redação dada pela Emenda Constitucional nº 22, de 1999)

j) a revisão criminal e a ação rescisória de seus julgados;

l) a reclamação para a preservação de sua competência e garantia da autoridade de suas decisões;

m) a execução de sentença nas causas de sua competência originária, facultada a delegação de atribuições para a prática de atos processuais;

n) a ação em que todos os membros da magistratura sejam direta ou indiretamente interessados, e aquela em que mais da metade dos membros do tribunal de origem estejam impedidos ou sejam direta ou indiretamente interessados;

o) os conflitos de competência entre o Superior Tribunal de Justiça e quaisquer tribunais, entre Tribunais Superiores, ou entre estes e qualquer outro tribunal;

p) o pedido de medida cautelar das ações diretas de inconstitucionalidade;

q) o mandado de injunção, quando a elaboração da norma regulamentadora for atribuição do Presidente da República, do Congresso Nacional, da Câmara dos Deputados, do Senado Federal, das Mesas de uma dessas Casas Legislativas, do Tribunal de Contas da União, de um dos Tribunais Superiores, ou do próprio Supremo Tribunal Federal;

r) as ações contra o Conselho Nacional de Justiça e contra o Conselho Nacional do Ministério Público; (Incluída pela Emenda Constitucional nº 45, de 2004)

II - julgar, em recurso ordinário:

a) o habeas corpus, o mandado de segurança, o habeas data e o mandado de injunção decididos em única instância pelos Tribunais Superiores, se denegatória a decisão;

b) o crime político;

III - julgar, mediante recurso extraordinário, as causas decididas em única ou última instância, quando a decisão recorrida:

a) contrariar dispositivo desta Constituição;

b) declarar a inconstitucionalidade de tratado ou lei federal;

c) julgar válida lei ou ato de governo local contestado em face desta Constituição.

d) julgar válida lei local contestada em face de lei federal. (Incluída pela Emenda Constitucional nº 45, de 2004)

§ 1.º A argüição de descumprimento de preceito fundamental, decorrente desta Constituição, será apreciada pelo Supremo Tribunal Federal, na forma da lei. (Transformado do parágrafo único em § 1º pela Emenda Constitucional nº 3, de 17/03/93)

§ 2º As decisões definitivas de mérito, proferidas pelo Supremo Tribunal Federal, nas ações diretas de inconstitucionalidade e nas ações declaratórias de constitucionalidade produzirão eficácia contra todos e efeito vinculante, relativamente aos demais órgãos do Poder Judiciário e à administração pública direta e indireta, nas esferas federal, estadual e municipal. (Redação dada pela Emenda Constitucional nº 45, de 2004)

§ 3º No recurso extraordinário o recorrente deverá demonstrar a repercussão geral das questões constitucionais discutidas no caso, nos termos da lei, a fim de que o Tribunal examine a admissão do recurso, somente podendo recusá-lo pela manifestação de dois terços de seus membros. (Incluída pela Emenda Constitucional nº 45, de 2004)

Art. 103. Podem propor a ação direta de inconstitucionalidade e a ação declaratória de constitucionalidade: (Redação dada pela Emenda Constitucional nº 45, de 2004)

I - o Presidente da República;

II - a Mesa do Senado Federal;

III - a Mesa da Câmara dos Deputados;

IV a Mesa de Assembléia Legislativa ou da Câmara Legislativa do Distrito Federal; (Redação dada pela Emenda Constitucional nº 45, de 2004)

V o Governador de Estado ou do Distrito Federal; (Redação dada pela Emenda Constitucional nº 45, de 2004)

VI - o Procurador-Geral da República;

VII - o Conselho Federal da Ordem dos Advogados do Brasil;

VIII - partido político com representação no Congresso Nacional;

IX - confederação sindical ou entidade de classe de âmbito nacional.

§ 1º O Procurador-Geral da República deverá ser previamente ouvido nas ações de inconstitucionalidade e em todos os processos de competência do Supremo Tribunal Federal.

§ 2º Declarada a inconstitucionalidade por omissão de medida para tornar efetiva norma constitucional, será dada ciência ao Poder competente para a adoção das providências necessárias e, em se tratando de órgão administrativo, para fazê-lo em trinta dias.

§ 3º Quando o Supremo Tribunal Federal apreciar a inconstitucionalidade, em tese, de norma legal ou ato normativo, citará, previamente, o Advogado-Geral da União, que defenderá o ato ou texto impugnado.

§ 4.º (Revogado pela Emenda Constitucional nº 45, de 2004)

Art. 103-A. O Supremo Tribunal Federal poderá, de ofício ou por provocação, mediante decisão de dois terços dos seus membros, após reiteradas decisões sobre matéria constitucional, aprovar súmula que, a partir de sua publicação na imprensa oficial, terá efeito vinculante em relação aos demais órgãos

do Poder Judiciário e à administração pública direta e indireta, nas esferas federal, estadual e municipal, bem como proceder à sua revisão ou cancelamento, na forma estabelecida em lei. (Incluído pela Emenda Constitucional nº 45, de 2004)

§ 1º A súmula terá por objetivo a validade, a interpretação e a eficácia de normas determinadas, acerca das quais haja controvérsia atual entre órgãos judiciários ou entre esses e a administração pública que acarrete grave insegurança jurídica e relevante multiplicação de processos sobre questão idêntica. (Incluído pela Emenda Constitucional nº 45, de 2004)

§ 2º Sem prejuízo do que vier a ser estabelecido em lei, a aprovação, revisão ou cancelamento de súmula poderá ser provocada por aqueles que podem propor a ação direta de inconstitucionalidade. (Incluído pela Emenda Constitucional nº 45, de 2004)

§ 3º Do ato administrativo ou decisão judicial que contrariar a súmula aplicável ou que indevidamente a aplicar, caberá reclamação ao Supremo Tribunal Federal que, julgando-a procedente, anulará o ato administrativo ou cassará a decisão judicial reclamada, e determinará que outra seja proferida com ou sem a aplicação da súmula, conforme o caso. (Incluído pela Emenda Constitucional nº 45, de 2004)

Art. 103-B. O Conselho Nacional de Justiça compõe-se de 15 (quinze) membros com mandato de 2 (dois) anos, admitida 1 (uma) recondução, sendo: (Redação dada pela Emenda Constitucional nº 61, de 2009)

I - o Presidente do Supremo Tribunal Federal; (Redação dada pela Emenda Constitucional nº 61, de 2009)

II um Ministro do Superior Tribunal de Justiça, indicado pelo respectivo tribunal; (Incluído pela Emenda Constitucional nº 45, de 2004)

III um Ministro do Tribunal Superior do Trabalho, indicado pelo respectivo tribunal; (Incluído pela Emenda Constitucional nº 45, de 2004)

IV um desembargador de Tribunal de Justiça, indicado pelo Supremo Tribunal Federal; (Incluído pela Emenda Constitucional nº 45, de 2004)

V um juiz estadual, indicado pelo Supremo Tribunal Federal; (Incluído pela Emenda Constitucional nº 45, de 2004)

VI um juiz de Tribunal Regional Federal, indicado pelo Superior Tribunal de Justiça; (Incluído pela Emenda Constitucional nº 45, de 2004)

VII um juiz federal, indicado pelo Superior Tribunal de Justiça; (Incluído pela Emenda Constitucional nº 45, de 2004)

VIII um juiz de Tribunal Regional do Trabalho, indicado pelo Tribunal Superior do Trabalho; (Incluído pela Emenda Constitucional nº 45, de 2004)

IX um juiz do trabalho, indicado pelo Tribunal Superior do Trabalho; (Incluído pela Emenda Constitucional nº 45, de 2004)

X um membro do Ministério Público da União, indicado pelo Procurador-Geral da República; (Incluído pela Emenda Constitucional nº 45, de 2004)

XI um membro do Ministério Público estadual, escolhido pelo Procurador-Geral da República dentre os nomes indicados pelo órgão competente de cada instituição estadual; (Incluído pela Emenda Constitucional nº 45, de 2004)

XII dois advogados, indicados pelo Conselho Federal da Ordem dos Advogados do Brasil; (Incluído pela Emenda Constitucional nº 45, de 2004)

XIII dois cidadãos, de notável saber jurídico e reputação ilibada, indicados um pela Câmara dos Deputados e outro pelo Senado Federal. (Incluído pela Emenda Constitucional nº 45, de 2004)

§ 1º O Conselho será presidido pelo Presidente do Supremo Tribunal Federal e, nas suas ausências e impedimentos, pelo Vice-Presidente do Supremo Tribunal Federal. (Redação dada pela Emenda Constitucional nº 61, de 2009)

§ 2º Os demais membros do Conselho serão nomeados pelo Presidente da República, depois de aprovada a escolha pela maioria absoluta do Senado Federal. (Redação dada pela Emenda Constitucional nº 61, de 2009)

§ 3º Não efetuadas, no prazo legal, as indicações previstas neste artigo, caberá a escolha ao Supremo Tribunal Federal. (Incluído pela Emenda Constitucional nº 45, de 2004)

§ 4º Compete ao Conselho o controle da atuação administrativa e financeira do Poder Judiciário e do cumprimento dos deveres funcionais dos juízes, cabendo-lhe, além de outras atribuições que lhe forem conferidas pelo Estatuto da Magistratura: (Incluído pela Emenda Constitucional nº 45, de 2004)

I - zelar pela autonomia do Poder Judiciário e pelo cumprimento do Estatuto da Magistratura, podendo expedir atos regulamentares, no âmbito de sua competência, ou recomendar providências; (Incluído pela Emenda Constitucional nº 45, de 2004)

II - zelar pela observância do art. 37 e apreciar, de ofício ou mediante provocação, a legalidade dos atos administrativos praticados por membros ou órgãos do Poder Judiciário, podendo desconstituí-los, revê-los ou fixar prazo para que se adotem as providências necessárias ao exato cumprimento da lei, sem prejuízo da competência do Tribunal de Contas da União; (Incluído pela Emenda Constitucional nº 45, de 2004)

III - receber e conhecer das reclamações contra membros ou órgãos do Poder Judiciário, inclusive contra seus serviços auxiliares, serventias e órgãos prestadores de serviços notariais e de registro que atuem por delegação do poder público ou oficializados, sem prejuízo da competência disciplinar e correicional dos tribunais, podendo avocar processos disciplinares em curso, determinar a remoção ou a disponibilidade e aplicar outras sanções administrativas, assegurada ampla defesa; (Redação dada pela Emenda Constitucional nº 103, de 2019)

IV representar ao Ministério Público, no caso de crime contra a administração pública ou de abuso de autoridade; (Incluído pela Emenda Constitucional nº 45, de 2004)

V rever, de ofício ou mediante provocação, os processos disciplinares de juízes e membros de tribunais julgados há menos de um ano; (Incluído pela Emenda Constitucional nº 45, de 2004)

VI elaborar semestralmente relatório estatístico sobre processos e sentenças prolatadas, por unidade da Federação, nos diferentes órgãos do Poder Judiciário; (Incluído pela Emenda Constitucional nº 45, de 2004)

VII elaborar relatório anual, propondo as providências que julgar necessárias, sobre a situação do Poder Judiciário no País e as atividades do Conselho, o qual deve integrar mensagem do Presidente do Supremo Tribunal Federal a ser remetida ao Congresso Nacional, por ocasião da abertura da sessão legislativa. (Incluído pela Emenda Constitucional nº 45, de 2004)

§ 5º O Ministro do Superior Tribunal de Justiça exercerá a função de Ministro-Corregedor e ficará excluído da distribuição de processos no Tribunal, competindo-lhe, além das atribuições que lhe forem conferidas pelo Estatuto da Magistratura, as seguintes: (Incluído pela Emenda Constitucional nº 45, de 2004)

I receber as reclamações e denúncias, de qualquer interessado, relativas aos magistrados e aos serviços judiciários; (Incluído pela Emenda Constitucional nº 45, de 2004)

II exercer funções executivas do Conselho, de inspeção e de correição geral; (Incluído pela Emenda Constitucional nº 45, de 2004)

III requisitar e designar magistrados, delegando-lhes atribuições, e requisitar servidores de juízos ou tribunais, inclusive nos Estados, Distrito Federal e Territórios. (Incluído pela Emenda Constitucional nº 45, de 2004)

§ 6º Junto ao Conselho oficiarão o Procurador-Geral da República e o Presidente do Conselho Federal da Ordem dos Advogados do Brasil. (Incluído pela Emenda Constitucional nº 45, de 2004)

§ 7º A União, inclusive no Distrito Federal e nos Territórios, criará ouvidorias de justiça, competentes para receber reclamações e denúncias de qualquer interessado contra membros ou órgãos do Poder Judiciário, ou contra seus serviços auxiliares, representando diretamente ao Conselho Nacional de Justiça. (Incluído pela Emenda Constitucional nº 45, de 2004)

SEÇÃO III - DO SUPERIOR TRIBUNAL DE JUSTIÇA

Art. 104. O Superior Tribunal de Justiça compõe-se de, no mínimo, trinta e três Ministros.

Parágrafo único. Os Ministros do Superior Tribunal de Justiça serão nomeados pelo Presidente da República, dentre brasileiros com mais de trinta e cinco e menos de sessenta e cinco anos, de notável saber jurídico e reputação ilibada, depois de aprovada a escolha pela maioria absoluta do Senado Federal, sendo: (Redação dada pela Emenda Constitucional nº 45, de 2004)

I - um terço dentre juízes dos Tribunais Regionais Federais e um terço dentre desembargadores dos Tribunais de Justiça, indicados em lista tríplice elaborada pelo próprio Tribunal;

II - um terço, em partes iguais, dentre advogados e membros do Ministério Público Federal, Estadual, do Distrito Federal e Territórios, alternadamente, indicados na forma do art. 94.

Art. 105. Compete ao Superior Tribunal de Justiça:

I - processar e julgar, originariamente:

a) nos crimes comuns, os Governadores dos Estados e do Distrito Federal, e, nestes e nos de responsabilidade, os desembargadores dos Tribunais de Justiça dos Estados e do Distrito Federal, os membros dos Tribunais de Contas dos Estados e do Distrito Federal, os dos Tribunais Regionais Federais, dos Tribunais Regionais Eleitorais e do Trabalho, os membros dos Conselhos ou Tribunais de Contas dos Municípios e os do Ministério Público da União que oficiem perante tribunais;

b) os mandados de segurança e os habeas data contra ato de Ministro de Estado, dos Comandantes da Marinha, do Exército e da Aeronáutica ou do próprio Tribunal; (Redação dada pela Emenda Constitucional nº 23, de 1999)

c) os habeas corpus, quando o coator ou paciente for qualquer das pessoas mencionadas na alínea "a", ou quando o coator for tribunal sujeito à sua jurisdição, Ministro de Estado ou Comandante da Marinha, do Exército ou da Aeronáutica, ressalvada a competência da Justiça Eleitoral; (Redação dada pela Emenda Constitucional nº 23, de 1999)

d) os conflitos de competência entre quaisquer tribunais, ressalvado o disposto no art. 102, I, "o", bem como entre tribunal e juízes a ele não vinculados e entre juízes vinculados a tribunais diversos;

e) as revisões criminais e as ações rescisórias de seus julgados;

f) a reclamação para a preservação de sua competência e garantia da autoridade de suas decisões;

g) os conflitos de atribuições entre autoridades administrativas e judiciárias da União, ou entre autoridades judiciárias de um Estado e administrativas de outro ou do Distrito Federal, ou entre as deste e da União;

h) o mandado de injunção, quando a elaboração da norma regulamentadora for atribuição de órgão, entidade ou autoridade federal, da administração direta ou indireta, excetuados os casos de competência do Supremo Tribunal Federal e dos órgãos da Justiça Militar, da Justiça Eleitoral, da Justiça do Trabalho e da Justiça Federal;

i) a homologação de sentenças estrangeiras e a concessão de exequatur às cartas rogatórias; (Incluída pela Emenda Constitucional nº 45, de 2004)

II - julgar, em recurso ordinário:

a) os habeas corpus decididos em única ou última instância pelos Tribunais Regionais Federais ou pelos tribunais dos Estados, do Distrito Federal e Territórios, quando a decisão for denegatória;

b) os mandados de segurança decididos em única instância pelos Tribunais Regionais Federais ou pelos tribunais dos Estados, do Distrito Federal e Territórios, quando denegatória a decisão;

c) as causas em que forem partes Estado estrangeiro ou organismo internacional, de um lado, e, do outro, Município ou pessoa residente ou domiciliada no País;

III - julgar, em recurso especial, as causas decididas, em única ou última instância, pelos Tribunais Regionais Federais ou pelos tribunais dos Estados, do Distrito Federal e Territórios, quando a decisão recorrida:

a) contrariar tratado ou lei federal, ou negar-lhes vigência;

b) julgar válido ato de governo local contestado em face de lei federal; (Redação dada pela Emenda Constitucional nº 45, de 2004)

c) der a lei federal interpretação divergente da que lhe haja atribuído outro tribunal.

Parágrafo único. Funcionarão junto ao Superior Tribunal de Justiça: (Redação dada pela Emenda Constitucional nº 45, de 2004)

I - a Escola Nacional de Formação e Aperfeiçoamento de Magistrados, cabendo-lhe, dentre outras funções, regulamentar os cursos oficiais para o ingresso e promoção na carreira; (Incluído pela Emenda Constitucional nº 45, de 2004)

II - o Conselho da Justiça Federal, cabendo-lhe exercer, na forma da lei, a supervisão administrativa e orçamentária da Justiça Federal de primeiro e segundo graus, como órgão central do sistema e com poderes correicionais, cujas decisões terão caráter vinculante. (Incluído pela Emenda Constitucional nº 45, de 2004)

SEÇÃO IV - DOS TRIBUNAIS REGIONAIS FEDERAIS E DOS JUÍZES FEDERAIS

Art. 106. São órgãos da Justiça Federal:

I - os Tribunais Regionais Federais;

II - os Juízes Federais.

Art. 107. Os Tribunais Regionais Federais compõem-se de, no mínimo, sete juízes, recrutados, quando possível, na respectiva região e nomeados pelo Presidente da República dentre brasileiros com mais de trinta e menos de sessenta e cinco anos, sendo:

I - um quinto dentre advogados com mais de dez anos de efetiva atividade profissional e membros do Ministério Público Federal com mais de dez anos de carreira;

II - os demais, mediante promoção de juízes federais com mais de cinco anos de exercício, por antiguidade e merecimento, alternadamente.

§ 1º A lei disciplinará a remoção ou a permuta de juízes dos Tribunais Regionais Federais e determinará sua jurisdição e sede. (Renumerado do parágrafo único, pela Emenda Constitucional nº 45, de 2004)

§ 2º Os Tribunais Regionais Federais instalarão a justiça itinerante, com a realização de audiências e demais funções da atividade jurisdicional, nos limites territoriais da respectiva jurisdição, servindo-se de equipamentos públicos e comunitários. (Incluído pela Emenda Constitucional nº 45, de 2004)

§ 3º Os Tribunais Regionais Federais poderão funcionar descentralizadamente, constituindo Câmaras regionais, a fim de assegurar o pleno acesso do jurisdicionado à justiça em todas as fases do processo. (Incluído pela Emenda Constitucional nº 45, de 2004)

Art. 108. Compete aos Tribunais Regionais Federais:

I - processar e julgar, originariamente:

a) os juízes federais da área de sua jurisdição, incluídos os da Justiça Militar e da Justiça do Trabalho, nos crimes comuns e de responsabilidade, e os membros do Ministério Público da União, ressalvada a competência da Justiça Eleitoral;

b) as revisões criminais e as ações rescisórias de julgados seus ou dos juízes federais da região;

c) os mandados de segurança e os habeas data contra ato do próprio Tribunal ou de juiz federal;

d) os habeas corpus, quando a autoridade coatora for juiz federal;

e) os conflitos de competência entre juízes federais vinculados ao Tribunal;

II - julgar, em grau de recurso, as causas decididas pelos juízes federais e pelos juízes estaduais no exercício da competência federal da área de sua jurisdição.

Art. 109. Aos juízes federais compete processar e julgar:

I - as causas em que a União, entidade autárquica ou empresa pública federal forem interessadas na condição de autoras, rés, assistentes ou oponentes, exceto as de falência, as de acidentes de trabalho e as sujeitas à Justiça Eleitoral e à Justiça do Trabalho;

II - as causas entre Estado estrangeiro ou organismo internacional e Município ou pessoa domiciliada ou residente no País;

III - as causas fundadas em tratado ou contrato da União com Estado estrangeiro ou organismo internacional;

IV - os crimes políticos e as infrações penais praticadas em detrimento de bens, serviços ou interesse da União ou de suas entidades autárquicas ou empresas públicas, excluídas as contravenções e ressalvada a competência da Justiça Militar e da Justiça Eleitoral;

V - os crimes previstos em tratado ou convenção internacional, quando, iniciada a execução no País, o resultado tenha ou devesse ter ocorrido no estrangeiro, ou reciprocamente;

V-A as causas relativas a direitos humanos a que se refere o § 5º deste artigo; (Incluído pela Emenda Constitucional nº 45, de 2004)

VI - os crimes contra a organização do trabalho e, nos casos determinados por lei, contra o sistema financeiro e a ordem econômico-financeira;

VII - os habeas corpus, em matéria criminal de sua competência ou quando o constrangimento provier de autoridade cujos atos não estejam diretamente sujeitos a outra jurisdição;

VIII - os mandados de segurança e os habeas data contra ato de autoridade federal, excetuados os casos de competência dos tribunais federais;

IX - os crimes cometidos a bordo de navios ou aeronaves, ressalvada a competência da Justiça Militar;

X - os crimes de ingresso ou permanência irregular de estrangeiro, a execução de carta rogatória, após o "exequatur", e de sentença estrangeira, após a homologação, as causas referentes à nacionalidade, inclusive a respectiva opção, e à naturalização;

XI - a disputa sobre direitos indígenas.

§ 1º As causas em que a União for autora serão aforadas na seção judiciária onde tiver domicílio a outra parte.

§ 2º As causas intentadas contra a União poderão ser aforadas na seção judiciária em que for domiciliado o autor, naquela onde houver ocorrido o ato ou fato que deu origem à demanda ou onde esteja situada a coisa, ou, ainda, no Distrito Federal.

§ 3º Lei poderá autorizar que as causas de competência da Justiça Federal em que forem parte instituição de previdência social e segurado possam ser processadas e julgadas na justiça estadual quando a comarca do domicílio do segurado não for sede de vara federal. (Redação dada pela Emenda Constitucional nº 103, de 2019)

§ 4º Na hipótese do parágrafo anterior, o recurso cabível será sempre para o Tribunal Regional Federal na área de jurisdição do juiz de primeiro grau.

§ 5º Nas hipóteses de grave violação de direitos humanos, o Procurador-Geral da República, com a finalidade de assegurar o cumprimento de obrigações decorrentes de tratados internacionais de direitos humanos dos quais o Brasil seja parte, poderá suscitar, perante o Superior Tribunal de Justiça, em qualquer fase do inquérito ou processo, incidente de deslocamento de competência para a Justiça Federal. (Incluído pela Emenda Constitucional nº 45, de 2004)

Art. 110. Cada Estado, bem como o Distrito Federal, constituirá uma seção judiciária que terá por sede a respectiva Capital, e varas localizadas segundo o estabelecido em lei.

Parágrafo único. Nos Territórios Federais, a jurisdição e as atribuições cometidas aos juízes federais caberão aos juízes da justiça local, na forma da lei.

SEÇÃO V - (REDAÇÃO DADA PELA EMENDA CONSTITUCIONAL Nº 92, DE 2016) DO TRIBUNAL SUPERIOR DO TRABALHO, DOS TRIBUNAIS REGIONAIS DO TRABALHO E DOS JUÍZES DO TRABALHO

Art. 111. São órgãos da Justiça do Trabalho:

I - o Tribunal Superior do Trabalho;

II - os Tribunais Regionais do Trabalho;

III - Juizes do Trabalho. (Redação dada pela Emenda Constitucional nº 24, de 1999)

§§ 1º a 3º (Revogados pela Emenda Constitucional nº 45, de 2004)

Art. 111-A. O Tribunal Superior do Trabalho compor-se-á de vinte e sete Ministros, escolhidos dentre brasileiros com mais de trinta e cinco anos e menos de sessenta e cinco anos, de notável saber jurídico e reputação ilibada, nomeados pelo Presidente da República após aprovação pela maioria absoluta do Senado Federal, sendo: (Redação dada pela Emenda Constitucional nº 92, de 2016)

I um quinto dentre advogados com mais de dez anos de efetiva atividade profissional e membros do Ministério Público do Trabalho com mais de dez anos de efetivo exercício, observado o disposto no art. 94; (Incluído pela Emenda Constitucional nº 45, de 2004)

II os demais dentre juízes dos Tribunais Regionais do Trabalho, oriundos da magistratura da carreira, indicados pelo próprio Tribunal Superior. (Incluído pela Emenda Constitucional nº 45, de 2004)

§ 1º A lei disporá sobre a competência do Tribunal Superior do Trabalho. (Incluído pela Emenda Constitucional nº 45, de 2004)

§ 2º Funcionarão junto ao Tribunal Superior do Trabalho: (Incluído pela Emenda Constitucional nº 45, de 2004)

I a Escola Nacional de Formação e Aperfeiçoamento de Magistrados do Trabalho, cabendo-lhe, dentre outras funções, regulamentar os cursos oficiais para o ingresso e promoção na carreira; (Incluído pela Emenda Constitucional nº 45, de 2004)

II o Conselho Superior da Justiça do Trabalho, cabendo-lhe exercer, na forma da lei, a supervisão administrativa, orçamentária, financeira e patrimonial da Justiça do Trabalho de primeiro e segundo graus, como órgão central do sistema, cujas decisões terão efeito vinculante. (Incluído pela Emenda Constitucional nº 45, de 2004)

§ 3º Compete ao Tribunal Superior do Trabalho processar e julgar, originariamente, a reclamação para a preservação de sua competência e garantia da autoridade de suas decisões. (Incluído pela Emenda Constitucional nº 92, de 2016)

Art. 112. A lei criará varas da Justiça do Trabalho, podendo, nas comarcas não abrangidas por sua jurisdição, atribuí-la aos juízes de direito, com recurso para o respectivo Tribunal Regional do Trabalho. (Redação dada pela Emenda Constitucional nº 45, de 2004)

Art. 113. A lei disporá sobre a constituição, investidura, jurisdição, competência, garantias e condições de exercício dos órgãos da Justiça do Trabalho. (Redação dada pela Emenda Constitucional nº 24, de 1999)

Art. 114. Compete à Justiça do Trabalho processar e julgar: (Redação dada pela Emenda Constitucional nº 45, de 2004)

I as ações oriundas da relação de trabalho, abrangidos os entes de direito público externo e da administração pública direta e indireta da União, dos Estados, do Distrito Federal e dos Municípios; (Incluído pela Emenda Constitucional nº 45, de 2004)

II as ações que envolvam exercício do direito de greve; (Incluído pela Emenda Constitucional nº 45, de 2004)

III as ações sobre representação sindical, entre sindicatos, entre sindicatos e trabalhadores, e entre sindicatos e empregadores; (Incluído pela Emenda Constitucional nº 45, de 2004)

IV os mandados de segurança, habeas corpus e habeas data, quando o ato questionado envolver matéria sujeita à sua jurisdição; (Incluído pela Emenda Constitucional nº 45, de 2004)

V os conflitos de competência entre órgãos com jurisdição trabalhista, ressalvado o disposto no art. 102, I, o; (Incluído pela Emenda Constitucional nº 45, de 2004)

VI as ações de indenização por dano moral ou patrimonial, decorrentes da relação de trabalho; (Incluído pela Emenda Constitucional nº 45, de 2004)

VII as ações relativas às penalidades administrativas impostas aos empregadores pelos órgãos de fiscalização das relações de trabalho; (Incluído pela Emenda Constitucional nº 45, de 2004)

VIII a execução, de ofício, das contribuições sociais previstas no art. 195, I, a, e II, e seus acréscimos legais, decorrentes das sentenças que proferir; (Incluído pela Emenda Constitucional nº 45, de 2004)

IX outras controvérsias decorrentes da relação de trabalho, na forma da lei. (Incluído pela Emenda Constitucional nº 45, de 2004)

§ 1º Frustrada a negociação coletiva, as partes poderão eleger árbitros.

§ 2º Recusando-se qualquer das partes à negociação coletiva ou à arbitragem, é facultado às mesmas, de comum acordo, ajuizar dissídio coletivo de natureza econômica, podendo a Justiça do Trabalho decidir o conflito, respeitadas as disposições mínimas legais de proteção ao trabalho, bem como as convencionadas anteriormente. (Redação dada pela Emenda Constitucional nº 45, de 2004)

§ 3º Em caso de greve em atividade essencial, com possibilidade de lesão do interesse público, o Ministério Público do Trabalho poderá ajuizar dissídio coletivo, competindo à Justiça do Trabalho decidir o conflito. (Redação dada pela Emenda Constitucional nº 45, de 2004)

Art. 115. Os Tribunais Regionais do Trabalho compõem-se de, no mínimo, sete juízes, recrutados, quando possível, na respectiva região, e nomeados pelo Presidente da República dentre brasileiros com mais de trinta e menos de sessenta e cinco anos, sendo: (Redação dada pela Emenda Constitucional nº 45, de 2004)

I um quinto dentre advogados com mais de dez anos de efetiva atividade profissional e membros do Ministério Público do Trabalho com mais de dez anos de efetivo exercício, observado o disposto no art. 94; (Redação dada pela Emenda Constitucional nº 45, de 2004)

II os demais, mediante promoção de juízes do trabalho por antiguidade e merecimento, alternadamente. (Redação dada pela Emenda Constitucional nº 45, de 2004)

§ 1º Os Tribunais Regionais do Trabalho instalarão a justiça itinerante, com a realização de audiências e demais funções de atividade jurisdicional, nos limites territoriais da respectiva jurisdição, servindo-se de equipamentos públicos e comunitários. (Incluído pela Emenda Constitucional nº 45, de 2004)

§ 2º Os Tribunais Regionais do Trabalho poderão funcionar descentralizadamente, constituindo Câmaras regionais, a fim de assegurar o pleno acesso do jurisdicionado à justiça em todas as fases do processo. (Incluído pela Emenda Constitucional nº 45, de 2004)

Art. 116. Nas Varas do Trabalho, a jurisdição será exercida por um juiz singular. (Redação dada pela Emenda Constitucional nº 24, de 1999)

Parágrafo único. (Revogado pela Emenda Constitucional nº 24, de 1999)

Art. 117. e Parágrafo único. (Revogados pela Emenda Constitucional nº 24, de 1999)

SEÇÃO VI - DOS TRIBUNAIS E JUÍZES ELEITORAIS

Art. 118. São órgãos da Justiça Eleitoral:

I - o Tribunal Superior Eleitoral;

II - os Tribunais Regionais Eleitorais;

III - os Juízes Eleitorais;

IV - as Juntas Eleitorais.

Art. 119. O Tribunal Superior Eleitoral compor-se-á, no mínimo, de sete membros, escolhidos:

I - mediante eleição, pelo voto secreto:

a) três juízes dentre os Ministros do Supremo Tribunal Federal;

b) dois juízes dentre os Ministros do Superior Tribunal de Justiça;

II - por nomeação do Presidente da República, dois juízes dentre seis advogados de notável saber jurídico e idoneidade moral, indicados pelo Supremo Tribunal Federal.

Parágrafo único. O Tribunal Superior Eleitoral elegerá seu Presidente e o Vice-Presidente dentre os Ministros do Supremo Tribunal Federal, e o Corregedor Eleitoral dentre os Ministros do Superior Tribunal de Justiça.

Art. 120. Haverá um Tribunal Regional Eleitoral na Capital de cada Estado e no Distrito Federal.

§ 1º - Os Tribunais Regionais Eleitorais compor-se-ão:

I - mediante eleição, pelo voto secreto:

a) de dois juízes dentre os desembargadores do Tribunal de Justiça;

b) de dois juízes, dentre juízes de direito, escolhidos pelo Tribunal de Justiça;

II - de um juiz do Tribunal Regional Federal com sede na Capital do Estado ou no Distrito Federal, ou, não havendo, de juiz federal, escolhido, em qualquer caso, pelo Tribunal Regional Federal respectivo;

III - por nomeação, pelo Presidente da República, de dois juízes dentre seis advogados de notável saber jurídico e idoneidade moral, indicados pelo Tribunal de Justiça.

§ 2º - O Tribunal Regional Eleitoral elegerá seu Presidente e o Vice-Presidente- dentre os desembargadores.

Art. 121. Lei complementar disporá sobre a organização e competência dos tribunais, dos juízes de direito e das juntas eleitorais.

§ 1º Os membros dos tribunais, os juízes de direito e os integrantes das juntas eleitorais, no exercício de suas funções, e no que lhes for aplicável, gozarão de plenas garantias e serão inamovíveis.

§ 2º Os juízes dos tribunais eleitorais, salvo motivo justificado, servirão por dois anos, no mínimo, e nunca por mais de dois biênios consecutivos, sendo os substitutos escolhidos na mesma ocasião e pelo mesmo processo, em número igual para cada categoria.

§ 3º São irrecorríveis as decisões do Tribunal Superior Eleitoral, salvo as que contrariarem esta Constituição e as denegatórias de habeas corpus ou mandado de segurança.

§ 4º Das decisões dos Tribunais Regionais Eleitorais somente caberá recurso quando:

I - forem proferidas contra disposição expressa desta Constituição ou de lei;

II - ocorrer divergência na interpretação de lei entre dois ou mais tribunais eleitorais;

III - versarem sobre inelegibilidade ou expedição de diplomas nas eleições federais ou estaduais;

IV - anularem diplomas ou decretarem a perda de mandatos eletivos federais ou estaduais;

V - denegarem habeas corpus, mandado de segurança, habeas data ou mandado de injunção.

SEÇÃO VII - DOS TRIBUNAIS E JUÍZES MILITARES

Art. 122. São órgãos da Justiça Militar:

I - o Superior Tribunal Militar;

II - os Tribunais e Juízes Militares instituídos por lei.

Art. 123. O Superior Tribunal Militar compor-se-á de quinze Ministros vitalícios, nomeados pelo Presidente da República, depois de aprovada a indicação pelo Senado Federal, sendo três dentre oficiais-generais da Marinha, quatro dentre oficiais-generais do Exército, três dentre oficiais-generais da Aeronáutica, todos da ativa e do posto mais elevado da carreira, e cinco dentre civis.

Parágrafo único. Os Ministros civis serão escolhidos pelo Presidente da República dentre brasileiros maiores de trinta e cinco anos, sendo:

I - três dentre advogados de notório saber jurídico e conduta ilibada, com mais de dez anos de efetiva atividade profissional;

II - dois, por escolha paritária, dentre juízes auditores e membros do Ministério Público da Justiça Militar.

Art. 124. à Justiça Militar compete processar e julgar os crimes militares definidos em lei.

Parágrafo único. A lei disporá sobre a organização, o funcionamento e a competência da Justiça Militar.

SEÇÃO VIII - DOS TRIBUNAIS E JUÍZES DOS ESTADOS

Art. 125. Os Estados organizarão sua Justiça, observados os princípios estabelecidos nesta Constituição.

§ 1º A competência dos tribunais será definida na Constituição do Estado, sendo a lei de organização judiciária de iniciativa do Tribunal de Justiça.

§ 2º Cabe aos Estados a instituição de representação de inconstitucionalidade de leis ou atos normativos estaduais ou municipais em face da Constituição Estadual, vedada a atribuição da legitimação para agir a um único órgão.

§ 3º A lei estadual poderá criar, mediante proposta do Tribunal de Justiça, a Justiça Militar estadual, constituída, em primeiro grau, pelos juízes de direito e pelos Conselhos de Justiça e, em segundo grau, pelo próprio Tribunal de Justiça, ou por Tribunal de Justiça Militar nos Estados em que o efetivo militar seja superior a vinte mil integrantes. (Redação dada pela Emenda Constitucional nº 45, de 2004)

§ 4º Compete à Justiça Militar estadual processar e julgar os militares dos Estados, nos crimes militares definidos em lei e as ações judiciais contra atos disciplinares militares, ressalvada a competência do júri quando a vítima for civil, cabendo ao tribunal competente decidir sobre a perda do posto e da patente dos oficiais e da graduação das praças. (Redação dada pela Emenda Constitucional nº 45, de 2004)

§ 5º Compete aos juízes de direito do juízo militar processar e julgar, singularmente, os crimes militares cometidos contra civis e as ações judiciais contra atos disciplinares militares, cabendo ao Conselho de Justiça, sob a presidência de juiz de direito, processar e julgar os demais crimes militares. (Incluído pela Emenda Constitucional nº 45, de 2004)

§ 6º O Tribunal de Justiça poderá funcionar descentralizadamente, constituindo Câmaras regionais, a fim de assegurar o pleno acesso do jurisdicionado à justiça em todas as fases do processo. (Incluído pela Emenda Constitucional nº 45, de 2004)

§ 7º O Tribunal de Justiça instalará a justiça itinerante, com a realização de audiências e demais funções da atividade jurisdicional, nos limites territoriais da respectiva jurisdição, servindo-se de equipamentos públicos e comunitários. (Incluído pela Emenda Constitucional nº 45, de 2004)

Art. 126. Para dirimir conflitos fundiários, o Tribunal de Justiça proporá a criação de varas especializadas, com competência exclusiva para questões agrárias. (Redação dada pela Emenda Constitucional nº 45, de 2004)

Parágrafo único. Sempre que necessário à eficiente prestação jurisdicional, o juiz far-se-á presente no local do litígio.

CAPÍTULO IV - DAS FUNÇÕES ESSENCIAIS À JUSTIÇA

(Redação dada pela Emenda Constitucional nº 80, de 2014)

SEÇÃO I - DO MINISTÉRIO PÚBLICO

Art. 127. O Ministério Público é instituição permanente, essencial à função jurisdicional do Estado, incumbindo-lhe a defesa da ordem jurídica, do regime democrático e dos interesses sociais e individuais indisponíveis.

§ 1º São princípios institucionais do Ministério Público a unidade, a indivisibilidade e a independência funcional.

§ 2º Ao Ministério Público é assegurada autonomia funcional e administrativa, podendo, observado o disposto no art. 169, propor ao Poder Legislativo a criação e extinção de seus cargos e serviços auxiliares, provendo-os por concurso público de provas ou de provas e títulos, a política remuneratória e os planos de carreira; a lei disporá sobre sua organização e funcionamento. (Redação dada pela Emenda Constitucional nº 19, de 1998)

§ 3º O Ministério Público elaborará sua proposta orçamentária dentro dos limites estabelecidos na lei de diretrizes orçamentárias.

§ 4º Se o Ministério Público não encaminhar a respectiva proposta orçamentária dentro do prazo estabelecido na lei de diretrizes orçamentárias, o Poder Executivo considerará, para fins de consolidação da proposta orçamentária anual, os valores aprovados na lei orçamentária vigente, ajustados de acordo com os limites estipulados na forma do § 3º. (Incluído pela Emenda Constitucional nº 45, de 2004)

§ 5º Se a proposta orçamentária de que trata este artigo for encaminhada em desacordo com os limites estipulados na forma do § 3º, o Poder Executivo procederá aos ajustes necessários para fins de consolidação da proposta orçamentária anual. (Incluído pela Emenda Constitucional nº 45, de 2004)

§ 6º Durante a execução orçamentária do exercício, não poderá haver a realização de despesas ou a assunção de obrigações que extrapolem os limites estabelecidos na lei de diretrizes orçamentárias, exceto se previamente autorizadas, mediante a abertura de créditos suplementares ou especiais. (Incluído pela Emenda Constitucional nº 45, de 2004)

Art. 128. O Ministério Público abrange:

I - o Ministério Público da União, que compreende:
 a) o Ministério Público Federal;
 b) o Ministério Público do Trabalho;
 c) o Ministério Público Militar;
 d) o Ministério Público do Distrito Federal e Territórios;

II - os Ministérios Públicos dos Estados.

§ 1º O Ministério Público da União tem por chefe o Procurador-Geral da República, nomeado pelo Presidente da República dentre integrantes da carreira, maiores de trinta e cinco anos, após a aprovação de seu nome pela maioria absoluta dos membros do Senado Federal, para mandato de dois anos, permitida a recondução.

§ 2º A destituição do Procurador-Geral da República, por iniciativa do Presidente da República, deverá ser precedida de autorização da maioria absoluta do Senado Federal.

§ 3º Os Ministérios Públicos dos Estados e o do Distrito Federal e Territórios formarão lista tríplice dentre integrantes da carreira, na forma da lei respectiva, para escolha de seu Procurador-Geral, que será nomeado pelo Chefe do Poder Executivo, para mandato de dois anos, permitida uma recondução.

§ 4º Os Procuradores-Gerais nos Estados e no Distrito Federal e Territórios poderão ser destituídos por deliberação da maioria

absoluta do Poder Legislativo, na forma da lei complementar respectiva.

§ 5º Leis complementares da União e dos Estados, cuja iniciativa é facultada aos respectivos Procuradores-Gerais, estabelecerão a organização, as atribuições e o estatuto de cada Ministério Público, observadas, relativamente a seus membros:

I - as seguintes garantias:

a) vitaliciedade, após dois anos de exercício, não podendo perder o cargo senão por sentença judicial transitada em julgado;

b) inamovibilidade, salvo por motivo de interesse público, mediante decisão do órgão colegiado competente do Ministério Público, pelo voto da maioria absoluta de seus membros, assegurada ampla defesa; (Redação dada pela Emenda Constitucional nº 45, de 2004)

c) irredutibilidade de subsídio, fixado na forma do art. 39, § 4º, e ressalvado o disposto nos arts. 37, X e XI, 150, II, 153, III, 153, § 2º, I; (Redação dada pela Emenda Constitucional nº 19, de 1998)

II - as seguintes vedações:

a) receber, a qualquer título e sob qualquer pretexto, honorários, percentagens ou custas processuais;

b) exercer a advocacia;

c) participar de sociedade comercial, na forma da lei;

d) exercer, ainda que em disponibilidade, qualquer outra função pública, salvo uma de magistério;

e) exercer atividade político-partidária; (Redação dada pela Emenda Constitucional nº 45, de 2004)

f) receber, a qualquer título ou pretexto, auxílios ou contribuições de pessoas físicas, entidades públicas ou privadas, ressalvadas as exceções previstas em lei. (Incluída pela Emenda Constitucional nº 45, de 2004)

§ 6º Aplica-se aos membros do Ministério Público o disposto no art. 95, parágrafo único, V. (Incluído pela Emenda Constitucional nº 45, de 2004)

Art. 129. São funções institucionais do Ministério Público:

I - promover, privativamente, a ação penal pública, na forma da lei;

II - zelar pelo efetivo respeito dos Poderes Públicos e dos serviços de relevância pública aos direitos assegurados nesta Constituição, promovendo as medidas necessárias a sua garantia;

III - promover o inquérito civil e a ação civil pública, para a proteção do patrimônio público e social, do meio ambiente e de outros interesses difusos e coletivos;

IV - promover a ação de inconstitucionalidade ou representação para fins de intervenção da União e dos Estados, nos casos previstos nesta Constituição;

V - defender judicialmente os direitos e interesses das populações indígenas;

VI - expedir notificações nos procedimentos administrativos de sua competência, requisitando informações e documentos para instruí-los, na forma da lei complementar respectiva;

VII - exercer o controle externo da atividade policial, na forma da lei complementar mencionada no artigo anterior;

VIII - requisitar diligências investigatórias e a instauração de inquérito policial, indicados os fundamentos jurídicos de suas manifestações processuais;

IX - exercer outras funções que lhe forem conferidas, desde que compatíveis com sua finalidade, sendo-lhe vedada a representação judicial e a consultoria jurídica de entidades públicas.

§ 1º A legitimação do Ministério Público para as ações civis previstas neste artigo não impede a de terceiros, nas mesmas hipóteses, segundo o disposto nesta Constituição e na lei.

§ 2º As funções do Ministério Público só podem ser exercidas por integrantes da carreira, que deverão residir na comarca da respectiva lotação, salvo autorização do chefe da instituição. (Redação dada pela Emenda Constitucional nº 45, de 2004)

§ 3º O ingresso na carreira do Ministério Público far-se-á mediante concurso público de provas e títulos, assegurada a participação da Ordem dos Advogados do Brasil em sua realização, exigindo-se do bacharel em direito, no mínimo, três anos de atividade jurídica e observando-se, nas nomeações, a ordem de classificação. (Redação dada pela Emenda Constitucional nº 45, de 2004)

§ 4º Aplica-se ao Ministério Público, no que couber, o disposto no art. 93. (Redação dada pela Emenda Constitucional nº 45, de 2004)

§ 5º A distribuição de processos no Ministério Público será imediata. (Incluído pela Emenda Constitucional nº 45, de 2004)

Art. 130. Aos membros do Ministério Público junto aos Tribunais de Contas aplicam-se as disposições desta seção pertinentes a direitos, vedações e forma de investidura.

Art. 130-A. O Conselho Nacional do Ministério Público compõe-se de quatorze membros nomeados pelo Presidente da República, depois de aprovada a escolha pela maioria absoluta do Senado Federal, para um mandato de dois anos, admitida uma recondução, sendo: (Incluído pela Emenda Constitucional nº 45, de 2004)

I o Procurador-Geral da República, que o preside;

II - quatro membros do Ministério Público da União, assegurada a representação de cada uma de suas carreiras;

III - três membros do Ministério Público dos Estados;

IV - dois juízes, indicados um pelo Supremo Tribunal Federal e outro pelo Superior Tribunal de Justiça;

V - dois advogados, indicados pelo Conselho Federal da Ordem dos Advogados do Brasil;

VI - dois cidadãos de notável saber jurídico e reputação ilibada, indicados um pela Câmara dos Deputados e outro pelo Senado Federal.

§ 1º Os membros do Conselho oriundos do Ministério Público serão indicados pelos respectivos Ministérios Públicos, na forma da lei.

§ 2º Compete ao Conselho Nacional do Ministério Público o controle da atuação administrativa e financeira do Ministério Público e do cumprimento dos deveres funcionais de seus membros, cabendo lhe:

I - zelar pela autonomia funcional e administrativa do Ministério Público, podendo expedir atos regulamentares, no âmbito de sua competência, ou recomendar providências;

II - zelar pela observância do art. 37 e apreciar, de ofício ou mediante provocação, a legalidade dos atos administrativos praticados por membros ou órgãos do Ministério Público da União e dos Estados, podendo desconstituí-los, revê-los ou fixar prazo para que se adotem as providências necessárias ao exato cumprimento da lei, sem prejuízo da competência dos Tribunais de Contas;

III - receber e conhecer das reclamações contra membros ou órgãos do Ministério Público da União ou dos Estados, inclusive contra seus serviços auxiliares, sem prejuízo da competência disciplinar e correicional da instituição, podendo avocar processos disciplinares em curso, determinar a remoção ou a disponibilidade e aplicar outras sanções administrativas, assegurada ampla defesa; (Redação dada pela Emenda Constitucional nº 103, de 2019)

IV - rever, de ofício ou mediante provocação, os processos disciplinares de membros do Ministério Público da União ou dos Estados julgados há menos de um ano;

V - elaborar relatório anual, propondo as providências que julgar necessárias sobre a situação do Ministério Público no País e as atividades do Conselho, o qual deve integrar a mensagem prevista no art. 84, XI.

§ 3º O Conselho escolherá, em votação secreta, um Corregedor nacional, dentre os membros do Ministério Público que o integram, vedada a recondução, competindo-lhe, além das atribuições que lhe forem conferidas pela lei, as seguintes:

I - receber reclamações e denúncias, de qualquer interessado, relativas aos membros do Ministério Público e dos seus serviços auxiliares;

II - exercer funções executivas do Conselho, de inspeção e correição geral;

III - requisitar e designar membros do Ministério Público, delegando-lhes atribuições, e requisitar servidores de órgãos do Ministério Público.

§ 4º O Presidente do Conselho Federal da Ordem dos Advogados do Brasil oficiará junto ao Conselho.

§ 5º Leis da União e dos Estados criarão ouvidorias do Ministério Público, competentes para receber reclamações e denúncias de qualquer interessado contra membros ou órgãos do Ministério Público, inclusive contra seus serviços auxiliares, representando diretamente ao Conselho Nacional do Ministério Público.

SEÇÃO II - DA ADVOCACIA PÚBLICA

(Redação dada pela Emenda Constitucional nº 19, de 1998)

Art. 131. A Advocacia-Geral da União é a instituição que, diretamente ou através de órgão vinculado, representa a União, judicial e extrajudicialmente, cabendo-lhe, nos termos da lei complementar que dispuser sobre sua organização e funcionamento, as atividades de consultoria e assessoramento jurídico do Poder Executivo.

§ 1º A Advocacia-Geral da União tem por chefe o Advogado-Geral da União, de livre nomeação pelo Presidente da República dentre cidadãos maiores de trinta e cinco anos, de notável saber jurídico e reputação ilibada.

§ 2º O ingresso nas classes iniciais das carreiras da instituição de que trata este artigo far-se-á mediante concurso público de provas e títulos.

§ 3º Na execução da dívida ativa de natureza tributária, a representação da União cabe à Procuradoria-Geral da Fazenda Nacional, observado o disposto em lei.

Art. 132. Os Procuradores dos Estados e do Distrito Federal, organizados em carreira, na qual o ingresso dependerá de concurso público de provas e títulos, com a participação da Ordem dos Advogados do Brasil em todas as suas fases, exercerão a representação judicial e a consultoria jurídica das respectivas unidades federadas. (Redação dada pela Emenda Constitucional nº 19, de 1998)

Parágrafo único. Aos procuradores referidos neste artigo é assegurada estabilidade após três anos de efetivo exercício, mediante avaliação de desempenho perante os órgãos próprios, após relatório circunstanciado das corregedorias. (Redação dada pela Emenda Constitucional nº 19, de 1998)

SEÇÃO III - DA ADVOCACIA

(Redação dada pela Emenda Constitucional nº 80, de 2014)

Art. 133. O advogado é indispensável à administração da justiça, sendo inviolável por seus atos e manifestações no exercício da profissão, nos limites da lei.

SEÇÃO IV - DA DEFENSORIA PÚBLICA

(Redação dada pela Emenda Constitucional nº 80, de 2014)

Art. 134. A Defensoria Pública é instituição permanente, essencial à função jurisdicional do Estado, incumbindo-lhe, como expressão e instrumento do regime democrático, fundamentalmente, a orientação jurídica, a promoção dos direitos humanos e a defesa, em todos os graus, judicial e extrajudicial, dos direitos individuais e coletivos, de forma integral e gratuita, aos necessitados, na forma do inciso LXXIV do art. 5º desta Constituição Federal. (Redação dada pela Emenda Constitucional nº 80, de 2014)

§ 1º Lei complementar organizará a Defensoria Pública da União e do Distrito Federal e dos Territórios e prescreverá normas gerais para sua organização nos Estados, em cargos de carreira, providos, na classe inicial, mediante concurso público de provas e títulos, assegurada a seus integrantes a garantia da inamovibilidade e vedado o exercício da advocacia fora das atribuições institucionais. (Renumerado do parágrafo único pela Emenda Constitucional nº 45, de 2004)

§ 2º Às Defensorias Públicas Estaduais são asseguradas autonomia funcional e administrativa e a iniciativa de sua proposta orçamentária dentro dos limites estabelecidos na lei de diretrizes orçamentárias e subordinação ao disposto no art. 99, § 2º. (Incluído pela Emenda Constitucional nº 45, de 2004)

§ 3º Aplica-se o disposto no § 2º às Defensorias Públicas da União e do Distrito Federal. (Incluído pela Emenda Constitucional nº 74, de 2013)

§ 4º São princípios institucionais da Defensoria Pública a unidade, a indivisibilidade e a independência funcional, aplicando-se também, no que couber, o disposto no art. 93 e no inciso II do art. 96 desta Constituição Federal. (Incluído pela Emenda Constitucional nº 80, de 2014)

Art. 135. Os servidores integrantes das carreiras disciplinadas nas Seções II e III deste Capítulo serão remunerados na forma do art. 39, § 4º. (Redação dada pela Emenda Constitucional nº 19, de 1998)

TÍTULO V - DA DEFESA DO ESTADO E DAS INSTITUIÇÕES DEMOCRÁTICAS

CAPÍTULO I - DO ESTADO DE DEFESA E DO ESTADO DE SÍTIO

SEÇÃO I - DO ESTADO DE DEFESA

Art. 136. O Presidente da República pode, ouvidos o Conselho da República e o Conselho de Defesa Nacional, decretar estado de defesa para preservar ou prontamente restabelecer, em locais restritos e determinados, a ordem pública ou a paz social ameaçadas por grave e iminente instabilidade institucional ou atingidas por calamidades de grandes proporções na natureza.

§ 1º O decreto que instituir o estado de defesa determinará o tempo de sua duração, especificará as áreas a serem abrangidas e indicará, nos termos e limites da lei, as medidas coercitivas a vigorarem, dentre as seguintes:

I - restrições aos direitos de:

a) reunião, ainda que exercida no seio das associações;
b) sigilo de correspondência;
c) sigilo de comunicação telegráfica e telefônica;

II - ocupação e uso temporário de bens e serviços públicos, na hipótese de calamidade pública, respondendo a União pelos danos e custos decorrentes.

§ 2º O tempo de duração do estado de defesa não será superior a trinta dias, podendo ser prorrogado uma vez, por igual período, se persistirem as razões que justificaram a sua decretação.

§ 3º Na vigência do estado de defesa:

I - a prisão por crime contra o Estado, determinada pelo executor da medida, será por este comunicada imediatamente ao juiz competente, que a relaxará, se não for legal, facultado ao preso requerer exame de corpo de delito à autoridade policial;

II - a comunicação será acompanhada de declaração, pela autoridade, do estado físico e mental do detido no momento de sua autuação;

III - a prisão ou detenção de qualquer pessoa não poderá ser superior a dez dias, salvo quando autorizada pelo Poder Judiciário;

IV - é vedada a incomunicabilidade do preso.

§ 4º Decretado o estado de defesa ou sua prorrogação, o Presidente da República, dentro de vinte e quatro horas, submeterá o ato com a respectiva justificação ao Congresso Nacional, que decidirá por maioria absoluta.

§ 5º Se o Congresso Nacional estiver em recesso, será convocado, extraordinariamente, no prazo de cinco dias.

§ 6º O Congresso Nacional apreciará o decreto dentro de dez dias contados de seu recebimento, devendo continuar funcionando enquanto vigorar o estado de defesa.

§ 7º Rejeitado o decreto, cessa imediatamente o estado de defesa.

SEÇÃO II - DO ESTADO DE SÍTIO

Art. 137. O Presidente da República pode, ouvidos o Conselho da República e o Conselho de Defesa Nacional, solicitar ao Congresso Nacional autorização para decretar o estado de sítio nos casos de:

I - comoção grave de repercussão nacional ou ocorrência de fatos que comprovem a ineficácia de medida tomada durante o estado de defesa;

II - declaração de estado de guerra ou resposta a agressão armada estrangeira.

Parágrafo único. O Presidente da República, ao solicitar autorização para decretar o estado de sítio ou sua prorrogação, relatará os motivos determinantes do pedido, devendo o Congresso Nacional decidir por maioria absoluta.

Art. 138. O decreto do estado de sítio indicará sua duração, as normas necessárias a sua execução e as garantias constitucionais que ficarão suspensas, e, depois de publicado, o Presidente da República designará o executor das medidas específicas e as áreas abrangidas.

§ 1º - O estado de sítio, no caso do art. 137, I, não poderá ser decretado por mais de trinta dias, nem prorrogado, de cada vez, por prazo superior; no do inciso II, poderá ser decretado por todo o tempo que perdurar a guerra ou a agressão armada estrangeira.

§ 2º - Solicitada autorização para decretar o estado de sítio durante o recesso parlamentar, o Presidente do Senado Federal, de imediato, convocará extraordinariamente o Congresso Nacional para se reunir dentro de cinco dias, a fim de apreciar o ato.

§ 3º - O Congresso Nacional permanecerá em funcionamento até o término das medidas coercitivas.

Art. 139. Na vigência do estado de sítio decretado com fundamento no art. 137, I, só poderão ser tomadas contra as pessoas as seguintes medidas:

I - obrigação de permanência em localidade determinada;
II - detenção em edifício não destinado a acusados ou condenados por crimes comuns;
III - restrições relativas à inviolabilidade da correspondência, ao sigilo das comunicações, à prestação de informações e à liberdade de imprensa, radiodifusão e televisão, na forma da lei;
IV - suspensão da liberdade de reunião;
V - busca e apreensão em domicílio;
VI - intervenção nas empresas de serviços públicos;
VII - requisição de bens.

Parágrafo único. Não se inclui nas restrições do inciso III a difusão de pronunciamentos de parlamentares efetuados em suas Casas Legislativas, desde que liberada pela respectiva Mesa.

SEÇÃO III - DISPOSIÇÕES GERAIS

Art. 140. A Mesa do Congresso Nacional, ouvidos os líderes partidários, designará Comissão composta de cinco de seus membros para acompanhar e fiscalizar a execução das medidas referentes ao estado de defesa e ao estado de sítio.

Art. 141. Cessado o estado de defesa ou o estado de sítio, cessarão também seus efeitos, sem prejuízo da responsabilidade pelos ilícitos cometidos por seus executores ou agentes.

Parágrafo único. Logo que cesse o estado de defesa ou o estado de sítio, as medidas aplicadas em sua vigência serão relatadas pelo Presidente da República, em mensagem ao Congresso Nacional, com especificação e justificação das providências adotadas, com relação nominal dos atingidos e indicação das restrições aplicadas.

CAPÍTULO II - DAS FORÇAS ARMADAS

Art. 142. As Forças Armadas, constituídas pela Marinha, pelo Exército e pela Aeronáutica, são instituições nacionais permanentes e regulares, organizadas com base na hierarquia e na disciplina, sob a autoridade suprema do Presidente da República, e destinam-se à defesa da Pátria, à garantia dos poderes constitucionais e, por iniciativa de qualquer destes, da lei e da ordem.

§ 1º Lei complementar estabelecerá as normas gerais a serem adotadas na organização, no preparo e no emprego das Forças Armadas.

§ 2º Não caberá habeas corpus em relação a punições disciplinares militares.

§ 3º Os membros das Forças Armadas são denominados militares, aplicando-se-lhes, além das que vierem a ser fixadas em lei, as seguintes disposições: (Incluído pela Emenda Constitucional nº 18, de 1998)

I - as patentes, com prerrogativas, direitos e deveres a elas inerentes, são conferidas pelo Presidente da República e asseguradas em plenitude aos oficiais da ativa, da reserva ou reformados, sendo-lhes privativos os títulos e postos militares e, juntamente com os demais membros, o uso dos uniformes das Forças Armadas; (Incluído pela Emenda Constitucional nº 18, de 1998)

II - o militar em atividade que tomar posse em cargo ou emprego público civil permanente, ressalvada a hipótese prevista no art. 37, inciso XVI, alínea "c", será transferido para a reserva, nos termos da lei; (Redação dada pela Emenda Constitucional nº 77, de 2014)

III - o militar da ativa que, de acordo com a lei, tomar posse em cargo, emprego ou função pública civil temporária, não eletiva, ainda que da administração indireta, ressalvada a hipótese prevista no art. 37, inciso XVI, alínea "c", ficará agregado ao respectivo quadro e somente poderá, enquanto permanecer nessa situação, ser promovido por antiguidade, contando-se-lhe o tempo de serviço apenas para aquela promoção e transferência para a reserva, sendo depois de dois anos de afastamento, contínuos ou não, transferido para a reserva, nos termos da lei; (Redação dada pela Emenda Constitucional nº 77, de 2014)

IV - ao militar são proibidas a sindicalização e a greve; (Incluído pela Emenda Constitucional nº 18, de 1998)

V - o militar, enquanto em serviço ativo, não pode estar filiado a partidos políticos; (Incluído pela Emenda Constitucional nº 18, de 1998)

VI - o oficial só perderá o posto e a patente se for julgado indigno do oficialato ou com ele incompatível, por decisão de tribunal militar de caráter permanente, em tempo de paz, ou de tribunal especial, em tempo de guerra; (Incluído pela Emenda Constitucional nº 18, de 1998)

VII - o oficial condenado na justiça comum ou militar a pena privativa de liberdade superior a dois anos, por sentença transitada em julgado, será submetido ao julgamento previsto no inciso anterior; (Incluído pela Emenda Constitucional nº 18, de 1998)

VIII - aplica-se aos militares o disposto no art. 7º, incisos VIII, XII, XVII, XVIII, XIX e XXV, e no art. 37, incisos XI, XIII, XIV e XV, bem como, na forma da lei e com prevalência da atividade militar, no art. 37, inciso XVI, alínea "c"; (Redação dada pela Emenda Constitucional nº 77, de 2014)

IX - (Revogado pela Emenda Constitucional nº 41, de 19.12.2003)

X - a lei disporá sobre o ingresso nas Forças Armadas, os limites de idade, a estabilidade e outras condições de transferência do militar para a inatividade, os direitos, os deveres, a remuneração, as prerrogativas e outras situações especiais dos militares, consideradas as peculiaridades de suas atividades, inclusive aquelas cumpridas por força de compromissos internacionais e de guerra. (Incluído pela Emenda Constitucional nº 18, de 1998)

Art. 143. O serviço militar é obrigatório nos termos da lei.

§ 1º Às Forças Armadas compete, na forma da lei, atribuir serviço alternativo aos que, em tempo de paz, após alistados, alegarem imperativo de consciência, entendendo-se como tal o decorrente de crença religiosa e de convicção filosófica ou política, para se eximirem de atividades de caráter essencialmente militar. (Regulamento)

§ 2º As mulheres e os eclesiásticos ficam isentos do serviço militar obrigatório em tempo de paz, sujeitos, porém, a outros encargos que a lei lhes atribuir. (Regulamento)

CAPÍTULO III - DA SEGURANÇA PÚBLICA

Art. 144. A segurança pública, dever do Estado, direito e responsabilidade de todos, é exercida para a preservação da ordem pública e da incolumidade das pessoas e do patrimônio, através dos seguintes órgãos:

I - polícia federal;

II - polícia rodoviária federal;

III - polícia ferroviária federal;

IV - polícias civis;

V - polícias militares e corpos de bombeiros militares.

VI - polícias penais federal, estaduais e distrital. (Redação dada pela Emenda Constitucional nº 104, de 2019)

§ 1º A polícia federal, instituída por lei como órgão permanente, organizado e mantido pela União e estruturado em carreira, destina-se a:" (Redação dada pela Emenda Constitucional nº 19, de 1998)

I - apurar infrações penais contra a ordem política e social ou em detrimento de bens, serviços e interesses da União ou de suas entidades autárquicas e empresas públicas, assim como outras infrações cuja prática tenha repercussão interestadual ou internacional e exija repressão uniforme, segundo se dispuser em lei;

II - prevenir e reprimir o tráfico ilícito de entorpecentes e drogas afins, o contrabando e o descaminho, sem prejuízo da ação fazendária e de outros órgãos públicos nas respectivas áreas de competência;

III - exercer as funções de polícia marítima, aeroportuária e de fronteiras; (Redação dada pela Emenda Constitucional nº 19, de 1998)

IV - exercer, com exclusividade, as funções de polícia judiciária da União.

§ 2º A polícia rodoviária federal, órgão permanente, organizado e mantido pela União e estruturado em carreira, destina-se, na forma da lei, ao patrulhamento ostensivo das rodovias federais. (Redação dada pela Emenda Constitucional nº 19, de 1998)

§ 3º A polícia ferroviária federal, órgão permanente, organizado e mantido pela União e estruturado em carreira, destina-se, na forma da lei, ao patrulhamento ostensivo das ferrovias federais. (Redação dada pela Emenda Constitucional nº 19, de 1998)

§ 4º Às polícias civis, dirigidas por delegados de polícia de carreira, incumbem, ressalvada a competência da União, as funções de polícia judiciária e a apuração de infrações penais, exceto as militares.

§ 5º Às polícias militares cabem a polícia ostensiva e a preservação da ordem pública; aos corpos de bombeiros militares, além das atribuições definidas em lei, incumbe a execução de atividades de defesa civil.

§ 5º-A. Às polícias penais, vinculadas ao órgão administrador do sistema penal da unidade federativa a que pertencem, cabe a segurança dos estabelecimentos penais. (Redação dada pela Emenda Constitucional nº 104, de 2019)

§ 6º As polícias militares e os corpos de bombeiros militares, forças auxiliares e reserva do Exército subordinam-se, juntamente com as polícias civis e as polícias penais estaduais e distrital, aos Governadores dos Estados, do Distrito Federal e dos Territórios. (Redação dada pela Emenda Constitucional nº 104, de 2019)

§ 7º A lei disciplinará a organização e o funcionamento dos órgãos responsáveis pela segurança pública, de maneira a garantir a eficiência de suas atividades.

§ 8º Os Municípios poderão constituir guardas municipais destinadas à proteção de seus bens, serviços e instalações, conforme dispuser a lei.

§ 9º A remuneração dos servidores policiais integrantes dos órgãos relacionados neste artigo será fixada na forma do § 4º do art. 39. (Incluído pela Emenda Constitucional nº 19, de 1998)

§ 10. A segurança viária, exercida para a preservação da ordem pública e da incolumidade das pessoas e do seu patrimônio nas vias públicas: (Incluído pela Emenda Constitucional nº 82, de 2014)

I - compreende a educação, engenharia e fiscalização de trânsito, além de outras atividades previstas em lei, que assegurem ao cidadão o direito à mobilidade urbana eficiente; e (Incluído pela Emenda Constitucional nº 82, de 2014)

II - compete, no âmbito dos Estados, do Distrito Federal e dos Municípios, aos respectivos órgãos ou entidades executivos e seus agentes de trânsito, estruturados em Carreira, na forma da lei. (Incluído pela Emenda Constitucional nº 82, de 2014)

TÍTULO VI - DA TRIBUTAÇÃO E DO ORÇAMENTO

CAPÍTULO I - DO SISTEMA TRIBUTÁRIO NACIONAL

SEÇÃO I - DOS PRINCÍPIOS GERAIS

Art. 145. A União, os Estados, o Distrito Federal e os Municípios poderão instituir os seguintes tributos:

I - impostos;

II - taxas, em razão do exercício do poder de polícia ou pela utilização, efetiva ou potencial, de serviços públicos específicos e divisíveis, prestados ao contribuinte ou postos a sua disposição;

III - contribuição de melhoria, decorrente de obras públicas.

§ 1º Sempre que possível, os impostos terão caráter pessoal e serão graduados segundo a capacidade econômica do contribuinte, facultado à administração tributária, especialmente para conferir efetividade a esses objetivos, identificar, respeitados os direitos individuais e nos termos da lei, o patrimônio, os rendimentos e as atividades econômicas do contribuinte.

§ 2º As taxas não poderão ter base de cálculo própria de impostos.

Art. 146. Cabe à lei complementar:

I - dispor sobre conflitos de competência, em matéria tributária, entre a União, os Estados, o Distrito Federal e os Municípios;

II - regular as limitações constitucionais ao poder de tributar;

III - estabelecer normas gerais em matéria de legislação tributária, especialmente sobre:

a) definição de tributos e de suas espécies, bem como, em relação aos impostos discriminados nesta Constituição, a dos respectivos fatos geradores, bases de cálculo e contribuintes;

b) obrigação, lançamento, crédito, prescrição e decadência tributários;

c) adequado tratamento tributário ao ato cooperativo praticado pelas sociedades cooperativas.

d) definição de tratamento diferenciado e favorecido para as microempresas e para as empresas de pequeno porte, inclusive regimes especiais ou simplificados no caso do imposto previsto no art. 155, II, das contribuições previstas no art. 195, I e §§ 12 e 13, e da contribuição a que se refere o art. 239. (Incluído pela Emenda Constitucional nº 42, de 19.12.2003)

Parágrafo único. A lei complementar de que trata o inciso III, d, também poderá instituir um regime único de arrecadação dos impostos e contribuições da União, dos Estados, do Distrito Federal e dos Municípios, observado que: (Incluído pela Emenda Constitucional nº 42, de 19.12.2003)

I - será opcional para o contribuinte; (Incluído pela Emenda Constitucional nº 42, de 19.12.2003)

II - poderão ser estabelecidas condições de enquadramento diferenciadas por Estado; (Incluído pela Emenda Constitucional nº 42, de 19.12.2003)

III - o recolhimento será unificado e centralizado e a distribuição da parcela de recursos pertencentes aos respectivos entes federados será imediata, vedada qualquer retenção ou condicionamento; (Incluído pela Emenda Constitucional nº 42, de 19.12.2003)

IV - a arrecadação, a fiscalização e a cobrança poderão ser compartilhadas pelos entes federados, adotado cadastro nacional único de contribuintes. (Incluído pela Emenda Constitucional nº 42, de 19.12.2003)

Art. 146-A. Lei complementar poderá estabelecer critérios especiais de tributação, com o objetivo de prevenir desequilíbrios da concorrência, sem prejuízo da competência de a União, por lei, estabelecer normas de igual objetivo. (Incluído pela Emenda Constitucional nº 42, de 19.12.2003)

Art. 147. Competem à União, em Território Federal, os impostos estaduais e, se o Território não for dividido em Municípios, cumulativamente, os impostos municipais; ao Distrito Federal cabem os impostos municipais.

Art. 148. A União, mediante lei complementar, poderá instituir empréstimos compulsórios:

I - para atender a despesas extraordinárias, decorrentes de calamidade pública, de guerra externa ou sua iminência;

II - no caso de investimento público de caráter urgente e de relevante interesse nacional, observado o disposto no art. 150, III, "b".

Parágrafo único. A aplicação dos recursos provenientes de empréstimo compulsório será vinculada à despesa que fundamentou sua instituição.

Art. 149. Compete exclusivamente à União instituir contribuições sociais, de intervenção no domínio econômico e de interesse das categorias profissionais ou econômicas, como instrumento de sua atuação nas respectivas áreas, observado o disposto nos arts. 146, III, e 150, I e III, e sem prejuízo do previsto no art. 195, § 6º, relativamente às contribuições a que alude o dispositivo.

§ 1º Os Estados, o Distrito Federal e os Municípios instituirão contribuição, cobrada de seus servidores, para o custeio, em benefício destes, do regime previdenciário de que trata o art. 40, cuja alíquota não será inferior à da contribuição dos servidores titulares de cargos efetivos da União. (Redação dada pela Emenda Constitucional nº 41, 19.12.2003)

§ 1º-A. Quando houver deficit atuarial, a contribuição ordinária dos aposentados e pensionistas poderá incidir sobre o valor dos proventos de aposentadoria e de pensões que supere o salário-mínimo. (Incluído pela Emenda Constitucional nº 103, de 2019)

§ 1º-B. Demonstrada a insuficiência da medida prevista no § 1º-A para equacionar o deficit atuarial, é facultada a instituição de contribuição extraordinária, no âmbito da União, dos servidores públicos ativos, dos aposentados e dos pensionistas. (Incluído pela Emenda Constitucional nº 103, de 2019)

§ 1º-C. A contribuição extraordinária de que trata o § 1º-B deverá ser instituída simultaneamente com outras medidas para equacionamento do deficit e vigorará por período determinado, contado da data de sua instituição. (Incluído pela Emenda Constitucional nº 103, de 2019)

§ 2º As contribuições sociais e de intervenção no domínio econômico de que trata o caput deste artigo: (Incluído pela Emenda Constitucional nº 33, de 2001)

I - não incidirão sobre as receitas decorrentes de exportação; (Incluído pela Emenda Constitucional nº 33, de 2001)

II - incidirão também sobre a importação de produtos estrangeiros ou serviços; (Redação dada pela Emenda Constitucional nº 42, de 19.12.2003)

III - poderão ter alíquotas: (Incluído pela Emenda Constitucional nº 33, de 2001)

a) ad valorem, tendo por base o faturamento, a receita bruta ou o valor da operação e, no caso de importação, o valor aduaneiro; (Incluído pela Emenda Constitucional nº 33, de 2001)

b) específica, tendo por base a unidade de medida adotada. (Incluído pela Emenda Constitucional nº 33, de 2001)

§ 3º A pessoa natural destinatária das operações de importação poderá ser equiparada a pessoa jurídica, na forma da lei. (Incluído pela Emenda Constitucional nº 33, de 2001)

§ 4º A lei definirá as hipóteses em que as contribuições incidirão uma única vez. (Incluído pela Emenda Constitucional nº 33, de 2001)

Art. 149-A Os Municípios e o Distrito Federal poderão instituir contribuição, na forma das respectivas leis, para o custeio do serviço de iluminação pública, observado o disposto no art. 150, I e III. (Incluído pela Emenda Constitucional nº 39, de 2002)

Parágrafo único. É facultada a cobrança da contribuição a que se refere o caput, na fatura de consumo de energia elétrica. (Incluído pela Emenda Constitucional nº 39, de 2002)

SEÇÃO II - DAS LIMITAÇÕES DO PODER DE TRIBUTAR

Art. 150. Sem prejuízo de outras garantias asseguradas ao contribuinte, é vedado à União, aos Estados, ao Distrito Federal e aos Municípios:

I - exigir ou aumentar tributo sem lei que o estabeleça;

II - instituir tratamento desigual entre contribuintes que se encontrem em situação equivalente, proibida qualquer distinção em razão de ocupação profissional ou função por eles exercida, independentemente da denominação jurídica dos rendimentos, títulos ou direitos;

III - cobrar tributos:

a) em relação a fatos geradores ocorridos antes do início da vigência da lei que os houver instituído ou aumentado;

b) no mesmo exercício financeiro em que haja sido publicada a lei que os instituiu ou aumentou;

c) antes de decorridos noventa dias da data em que haja sido publicada a lei que os instituiu ou aumentou, observado o disposto na alínea b; (Incluído pela Emenda Constitucional nº 42, de 19.12.2003)

IV - utilizar tributo com efeito de confisco;

V - estabelecer limitações ao tráfego de pessoas ou bens, por meio de tributos interestaduais ou intermunicipais, ressalvada a cobrança de pedágio pela utilização de vias conservadas pelo Poder Público;

VI - instituir impostos sobre:

a) patrimônio, renda ou serviços, uns dos outros;

b) templos de qualquer culto;

c) patrimônio, renda ou serviços dos partidos políticos, inclusive suas fundações, das entidades sindicais dos trabalhadores, das instituições de educação e de assistência social, sem fins lucrativos, atendidos os requisitos da lei;

d) livros, jornais, periódicos e o papel destinado a sua impressão.

e) fonogramas e videofonogramas musicais produzidos no Brasil contendo obras musicais ou literomusicais de autores brasileiros e/ou obras em geral interpretadas por artistas brasileiros bem como os suportes materiais ou arquivos digitais que os contenham, salvo na etapa de replicação industrial de mídias ópticas de leitura a laser. (Incluída pela Emenda Constitucional nº 75, de 15.10.2013)

§ 1º A vedação do inciso III, b, não se aplica aos tributos previstos nos arts. 148, I, 153, I, II, IV e V; e 154, II; e a vedação do inciso III, c, não se aplica aos tributos previstos nos arts. 148, I, 153, I, II, III e V; e 154, II, nem à fixação da base de cálculo dos impostos previstos nos arts. 155, III, e 156, I. (Redação dada pela Emenda Constitucional nº 42, de 19.12.2003)

§ 2º A vedação do inciso VI, «a», é extensiva às autarquias e às fundações instituídas e mantidas pelo Poder Público, no que se refere ao patrimônio, à renda e aos serviços, vinculados a suas finalidades essenciais ou às delas decorrentes.

§ 3º As vedações do inciso VI, «a», e do parágrafo anterior não se aplicam ao patrimônio, à renda e aos serviços, relacionados com exploração de atividades econômicas regidas pelas normas aplicáveis a empreendimentos privados, ou em que haja contraprestação ou pagamento de preços ou tarifas pelo usuário, nem exonera o promitente comprador da obrigação de pagar imposto relativamente ao bem imóvel.

§ 4º As vedações expressas no inciso VI, alíneas «b» e «c», compreendem somente o patrimônio, a renda e os serviços, relacionados com as finalidades essenciais das entidades nelas mencionadas.

§ 5º A lei determinará medidas para que os consumidores sejam esclarecidos acerca dos impostos que incidam sobre mercadorias e serviços.

§ 6º Qualquer subsídio ou isenção, redução de base de cálculo, concessão de crédito presumido, anistia ou remissão, relativos a impostos, taxas ou contribuições, só poderá ser concedido mediante lei específica, federal, estadual ou municipal, que regule exclusivamente as matérias acima enumeradas ou o correspondente tributo ou contribuição, sem prejuízo do disposto no art. 155, § 2.º, XII, g. (Redação dada pela Emenda Constitucional nº 3, de 1993)

§ 7º A lei poderá atribuir a sujeito passivo de obrigação tributária a condição de responsável pelo pagamento de imposto ou contribuição, cujo fato gerador deva ocorrer posteriormente, assegurada a imediata e preferencial restituição da quantia paga, caso não se realize o fato gerador presumido. (Incluído pela Emenda Constitucional nº 3, de 1993)

Art. 151. É vedado à União:

I - instituir tributo que não seja uniforme em todo o território nacional ou que implique distinção ou preferência em relação a Estado, ao Distrito Federal ou a Município, em detrimento de outro, admitida a concessão de incentivos fiscais destinados a promover o equilíbrio do desenvolvimento sócio-econômico entre as diferentes regiões do País;

II - tributar a renda das obrigações da dívida pública dos Estados, do Distrito Federal e dos Municípios, bem como a remuneração e os proventos dos respectivos agentes públicos, em níveis superiores aos que fixar para suas obrigações e para seus agentes;

III - instituir isenções de tributos da competência dos Estados, do Distrito Federal ou dos Municípios.

Art. 152. É vedado aos Estados, ao Distrito Federal e aos Municípios estabelecer diferença tributária entre bens e serviços, de qualquer natureza, em razão de sua procedência ou destino.

SEÇÃO III - DOS IMPOSTOS DA UNIÃO

Art. 153. Compete à União instituir impostos sobre:

I - importação de produtos estrangeiros;

II - exportação, para o exterior, de produtos nacionais ou nacionalizados;

III - renda e proventos de qualquer natureza;

IV - produtos industrializados;

V - operações de crédito, câmbio e seguro, ou relativas a títulos ou valores mobiliários;

VI - propriedade territorial rural;

VII - grandes fortunas, nos termos de lei complementar.

§ 1º É facultado ao Poder Executivo, atendidas as condições e os limites estabelecidos em lei, alterar as alíquotas dos impostos enumerados nos incisos I, II, IV e V.

§ 2º O imposto previsto no inciso III:

I - será informado pelos critérios da generalidade, da universalidade e da progressividade, na forma da lei;

II - (Revogado pela Emenda Constitucional nº 20, de 1998)

§ 3º O imposto previsto no inciso IV:

I - será seletivo, em função da essencialidade do produto;

II - será não-cumulativo, compensando-se o que for devido em cada operação com o montante cobrado nas anteriores;

III - não incidirá sobre produtos industrializados destinados ao exterior.

IV - terá reduzido seu impacto sobre a aquisição de bens de capital pelo contribuinte do imposto, na forma da lei. (Incluído pela Emenda Constitucional nº 42, de 19.12.2003)

§ 4º O imposto previsto no inciso VI do caput: (Redação dada pela Emenda Constitucional nº 42, de 19.12.2003)

I - será progressivo e terá suas alíquotas fixadas de forma a desestimular a manutenção de propriedades improdutivas; (Incluído pela Emenda Constitucional nº 42, de 19.12.2003)

II - não incidirá sobre pequenas glebas rurais, definidas em lei, quando as explore o proprietário que não possua outro imóvel; (Incluído pela Emenda Constitucional nº 42, de 19.12.2003)

III - será fiscalizado e cobrado pelos Municípios que assim optarem, na forma da lei, desde que não implique redução do imposto ou qualquer outra forma de renúncia fiscal. (Incluído pela Emenda Constitucional nº 42, de 19.12.2003) (Regulamento)

§ 5º O ouro, quando definido em lei como ativo financeiro ou instrumento cambial, sujeita-se exclusivamente à incidência do imposto de que trata o inciso V do «caput» deste artigo, devido na operação de origem; a alíquota mínima será de um por cento, assegurada a transferência do montante da arrecadação nos seguintes termos: (Vide Emenda Constitucional nº 3, de 1993)

I - trinta por cento para o Estado, o Distrito Federal ou o Território, conforme a origem;

II - setenta por cento para o Município de origem.

Art. 154. A União poderá instituir:

I - mediante lei complementar, impostos não previstos no artigo anterior, desde que sejam não-cumulativos e não tenham fato gerador ou base de cálculo próprios dos discriminados nesta Constituição;

II - na iminência ou no caso de guerra externa, impostos extraordinários, compreendidos ou não em sua competência tributária, os quais serão suprimidos, gradativamente, cessadas as causas de sua criação.

SEÇÃO IV - DOS IMPOSTOS DOS ESTADOS E DO DISTRITO FEDERAL

Art. 155. Compete aos Estados e ao Distrito Federal instituir impostos sobre: (Redação dada pela Emenda Constitucional nº 3, de 1993)

I - transmissão causa mortis e doação, de quaisquer bens ou direitos; (Redação dada pela Emenda Constitucional nº 3, de 1993)

II - operações relativas à circulação de mercadorias e sobre prestações de serviços de transporte interestadual e intermunicipal e de comunicação, ainda que as operações e as prestações se iniciem no exterior; (Redação dada pela Emenda Constitucional nº 3, de 1993)

III - propriedade de veículos automotores. (Redação dada pela Emenda Constitucional nº 3, de 1993)

§ 1º O imposto previsto no inciso I: (Redação dada pela Emenda Constitucional nº 3, de 1993)

I - relativamente a bens imóveis e respectivos direitos, compete ao Estado da situação do bem, ou ao Distrito Federal

II - relativamente a bens móveis, títulos e créditos, compete ao Estado onde se processar o inventário ou arrolamento, ou tiver domicílio o doador, ou ao Distrito Federal;

III - terá competência para sua instituição regulada por lei complementar:
a) se o doador tiver domicilio ou residência no exterior;
b) se o de cujus possuía bens, era residente ou domiciliado ou teve o seu inventário processado no exterior;
IV - terá suas alíquotas máximas fixadas pelo Senado Federal;
§ 2º O imposto previsto no inciso II atenderá ao seguinte: (Redação dada pela Emenda Constitucional nº 3, de 1993)
I - será não-cumulativo, compensando-se o que for devido em cada operação relativa à circulação de mercadorias ou prestação de serviços com o montante cobrado nas anteriores pelo mesmo ou outro Estado ou pelo Distrito Federal;
II - a isenção ou não-incidência, salvo determinação em contrário da legislação:
a) não implicará crédito para compensação com o montante devido nas operações ou prestações seguintes;
b) acarretará a anulação do crédito relativo às operações anteriores;
III - poderá ser seletivo, em função da essencialidade das mercadorias e dos serviços;
IV - resolução do Senado Federal, de iniciativa do Presidente da República ou de um terço dos Senadores, aprovada pela maioria absoluta de seus membros, estabelecerá as alíquotas aplicáveis às operações e prestações, interestaduais e de exportação;
V - é facultado ao Senado Federal:
a) estabelecer alíquotas mínimas nas operações internas, mediante resolução de iniciativa de um terço e aprovada pela maioria absoluta de seus membros;
b) fixar alíquotas máximas nas mesmas operações para resolver conflito específico que envolva interesse de Estados, mediante resolução de iniciativa da maioria absoluta e aprovada por dois terços de seus membros;
VI - salvo deliberação em contrário dos Estados e do Distrito Federal, nos termos do disposto no inciso XII, "g", as alíquotas internas, nas operações relativas à circulação de mercadorias e nas prestações de serviços, não poderão ser inferiores às previstas para as operações interestaduais;
VII - nas operações e prestações que destinem bens e serviços a consumidor final, contribuinte ou não do imposto, localizado em outro Estado, adotar-se-á a alíquota interestadual e caberá ao Estado de localização do destinatário o imposto correspondente à diferença entre a alíquota interna do Estado destinatário e a alíquota interestadual; (Redação dada pela Emenda Constitucional nº 87, de 2015) (Produção de efeito)
a) (revogada); (Redação dada pela Emenda Constitucional nº 87, de 2015)
b) (revogada); (Redação dada pela Emenda Constitucional nº 87, de 2015)
VIII - a responsabilidade pelo recolhimento do imposto correspondente à diferença entre a alíquota interna e a interestadual de que trata o inciso VII será atribuída: (Redação dada pela Emenda Constitucional nº 87, de 2015) (Produção de efeito)
a) ao destinatário, quando este for contribuinte do imposto; (Incluído pela Emenda Constitucional nº 87, de 2015)
b) ao remetente, quando o destinatário não for contribuinte do imposto; (Incluído pela Emenda Constitucional nº 87, de 2015)
IX - incidirá também:
a)sobre a entrada de bem ou mercadoria importados do exterior por pessoa física ou jurídica, ainda que não seja contribuinte habitual do imposto, qualquer que seja a sua finalidade, assim como sobre o serviço prestado no exterior, cabendo o imposto ao Estado onde estiver situado o domicílio ou o estabelecimento do destinatário da mercadoria, bem ou serviço; (Redação dada pela Emenda Constitucional nº 33, de 2001)

b) sobre o valor total da operação, quando mercadorias forem fornecidas com serviços não compreendidos na competência tributária dos Municípios;
X - não incidirá:
a) sobre operações que destinem mercadorias para o exterior, nem sobre serviços prestados a destinatários no exterior, assegurada a manutenção e o aproveitamento do montante do imposto cobrado nas operações e prestações anteriores; (Redação dada pela Emenda Constitucional nº 42, de 19.12.2003)
b) sobre operações que destinem a outros Estados petróleo, inclusive lubrificantes, combustíveis líquidos e gasosos dele derivados, e energia elétrica;
c) sobre o ouro, nas hipóteses definidas no art. 153, § 5º;
d) nas prestações de serviço de comunicação nas modalidades de radiodifusão sonora e de sons e imagens de recepção livre e gratuita; (Incluído pela Emenda Constitucional nº 42, de 19.12.2003)
XI - não compreenderá, em sua base de cálculo, o montante do imposto sobre produtos industrializados, quando a operação, realizada entre contribuintes e relativa a produto destinado à industrialização ou à comercialização, configure fato gerador dos dois impostos;
XII - cabe à lei complementar:
a) definir seus contribuintes;
b) dispor sobre substituição tributária;
c) disciplinar o regime de compensação do imposto;
d) fixar, para efeito de sua cobrança e definição do estabelecimento responsável, o local das operações relativas à circulação de mercadorias e das prestações de serviços;
e) excluir da incidência do imposto, nas exportações para o exterior, serviços e outros produtos além dos mencionados no inciso X, "a";
f) prever casos de manutenção de crédito, relativamente à remessa para outro Estado e exportação para o exterior, de serviços e de mercadorias;
g) regular a forma como, mediante deliberação dos Estados e do Distrito Federal, isenções, incentivos e benefícios fiscais serão concedidos e revogados.
h) definir os combustíveis e lubrificantes sobre os quais o imposto incidirá uma única vez, qualquer que seja a sua finalidade, hipótese em que não se aplicará o disposto no inciso X, b; (Incluída pela Emenda Constitucional nº 33, de 2001) (Vide Emenda Constitucional nº 33, de 2001)
i) fixar a base de cálculo, de modo que o montante do imposto a integre, também na importação do exterior de bem, mercadoria ou serviço. (Incluída pela Emenda Constitucional nº 33, de 2001)
§ 3º À exceção dos impostos de que tratam o inciso II do caput deste artigo e o art. 153, I e II, nenhum outro imposto poderá incidir sobre operações relativas a energia elétrica, serviços de telecomunicações, derivados de petróleo, combustíveis e minerais do País. (Redação dada pela Emenda Constitucional nº 33, de 2001)
§ 4º Na hipótese do inciso XII, h, observar-se-á o seguinte: (Incluído pela Emenda Constitucional nº 33, de 2001)
I - nas operações com os lubrificantes e combustíveis derivados de petróleo, o imposto caberá ao Estado onde ocorrer o consumo; (Incluído pela Emenda Constitucional nº 33, de 2001)
II - nas operações interestaduais, entre contribuintes, com gás natural e seus derivados, e lubrificantes e combustíveis não incluídos no inciso I deste parágrafo, o imposto será repartido entre os Estados de origem e de destino, mantendo-se a mesma proporcionalidade que ocorre nas operações com as demais mercadorias; (Incluído pela Emenda Constitucional nº 33, de 2001)
III - nas operações interestaduais com gás natural e seus derivados, e lubrificantes e combustíveis não incluídos no inciso I deste parágrafo, destinadas a não contribuinte, o

imposto caberá ao Estado de origem; (Incluído pela Emenda Constitucional nº 33, de 2001)

IV - as alíquotas do imposto serão definidas mediante deliberação dos Estados e Distrito Federal, nos termos do § 2º, XII, g, observando-se o seguinte: (Incluído pela Emenda Constitucional nº 33, de 2001)

a) serão uniformes em todo o território nacional, podendo ser diferenciadas por produto; (Incluído pela Emenda Constitucional nº 33, de 2001)

b) poderão ser específicas, por unidade de medida adotada, ou ad valorem, incidindo sobre o valor da operação ou sobre o preço que o produto ou seu similar alcançaria em uma venda em condições de livre concorrência; (Incluído pela Emenda Constitucional nº 33, de 2001)

c) poderão ser reduzidas e restabelecidas, não se lhes aplicando o disposto no art. 150, III, b. (Incluído pela Emenda Constitucional nº 33, de 2001)

§ 5º As regras necessárias à aplicação do disposto no § 4º, inclusive as relativas à apuração e à destinação do imposto, serão estabelecidas mediante deliberação dos Estados e do Distrito Federal, nos termos do § 2º, XII, g. (Incluído pela Emenda Constitucional nº 33, de 2001)

§ 6º O imposto previsto no inciso III: (Incluído pela Emenda Constitucional nº 42, de 19.12.2003)

I - terá alíquotas mínimas fixadas pelo Senado Federal; (Incluído pela Emenda Constitucional nº 42, de 19.12.2003)

II - poderá ter alíquotas diferenciadas em função do tipo e utilização. (Incluído pela Emenda Constitucional nº 42, de 19.12.2003)

SEÇÃO V - DOS IMPOSTOS DOS MUNICÍPIOS

Art. 156. Compete aos Municípios instituir impostos sobre:

I - propriedade predial e territorial urbana;

II - transmissão "inter vivos", a qualquer título, por ato oneroso, de bens imóveis, por natureza ou acessão física, e de direitos reais sobre imóveis, exceto os de garantia, bem como cessão de direitos a sua aquisição;

III - serviços de qualquer natureza, não compreendidos no art. 155, II, definidos em lei complementar. (Redação dada pela Emenda Constitucional nº 3, de 1993)

IV - (Revogado pela Emenda Constitucional nº 3, de 1993)

§ 1º Sem prejuízo da progressividade no tempo a que se refere o art. 182, § 4º, inciso II, o imposto previsto no inciso I poderá: (Redação dada pela Emenda Constitucional nº 29, de 2000)

I - ser progressivo em razão do valor do imóvel; e (Incluído pela Emenda Constitucional nº 29, de 2000)

II - ter alíquotas diferentes de acordo com a localização e o uso do imóvel. (Incluído pela Emenda Constitucional nº 29, de 2000)

§ 2º O imposto previsto no inciso II:

I - não incide sobre a transmissão de bens ou direitos incorporados ao patrimônio de pessoa jurídica em realização de capital, nem sobre a transmissão de bens ou direitos decorrente de fusão, incorporação, cisão ou extinção de pessoa jurídica, salvo se, nesses casos, a atividade preponderante do adquirente for a compra e venda desses bens ou direitos, locação de bens imóveis ou arrendamento mercantil;

II - compete ao Município da situação do bem.

§ 3º Em relação ao imposto previsto no inciso III do caput deste artigo, cabe à lei complementar: (Redação dada pela Emenda Constitucional nº 37, de 2002)

I - fixar as suas alíquotas máximas e mínimas; (Redação dada pela Emenda Constitucional nº 37, de 2002)

II - excluir da sua incidência exportações de serviços para o exterior. (Incluído pela Emenda Constitucional nº 3, de 1993)

III – regular a forma e as condições como isenções, incentivos e benefícios fiscais serão concedidos e revogados. (Incluído pela Emenda Constitucional nº 3, de 1993)

§ 4º (Revogado pela Emenda Constitucional nº 3, de 1993)

SEÇÃO VI - DA REPARTIÇÃO DAS RECEITAS TRIBUTÁRIAS

Art. 157. Pertencem aos Estados e ao Distrito Federal:

I - o produto da arrecadação do imposto da União sobre renda e proventos de qualquer natureza, incidente na fonte, sobre rendimentos pagos, a qualquer título, por eles, suas autarquias e pelas fundações que instituírem e mantiverem;

II - vinte por cento do produto da arrecadação do imposto que a União instituir no exercício da competência que lhe é atribuída pelo art. 154, I.

Art. 158. Pertencem aos Municípios:

I - o produto da arrecadação do imposto da União sobre renda e proventos de qualquer natureza, incidente na fonte, sobre rendimentos pagos, a qualquer título, por eles, suas autarquias e pelas fundações que instituírem e mantiverem;

II - cinqüenta por cento do produto da arrecadação do imposto da União sobre a propriedade territorial rural, relativamente aos imóveis neles situados, cabendo a totalidade na hipótese da opção a que se refere o art. 153, § 4º, III; (Redação dada pela Emenda Constitucional nº 42, de 19.12.2003)

III - cinqüenta por cento do produto da arrecadação do imposto do Estado sobre a propriedade de veículos automotores licenciados em seus territórios;

IV - vinte e cinco por cento do produto da arrecadação do imposto do Estado sobre operações relativas à circulação de mercadorias e sobre prestações de serviços de transporte interestadual e intermunicipal e de comunicação.

Parágrafo único. As parcelas de receita pertencentes aos Municípios, mencionadas no inciso IV, serão creditadas conforme os seguintes critérios:

I - três quartos, no mínimo, na proporção do valor adicionado nas operações relativas à circulação de mercadorias e nas prestações de serviços, realizadas em seus territórios;

II - até um quarto, de acordo com o que dispuser lei estadual ou, no caso dos Territórios, lei federal.

Art. 159. A União entregará: (Vide Emenda Constitucional nº 55, de 2007)

I - do produto da arrecadação dos impostos sobre renda e proventos de qualquer natureza e sobre produtos industrializados, 49% (quarenta e nove por cento), na seguinte forma: (Redação dada pela Emenda Constitucional nº 84, de 2014)

a) vinte e um inteiros e cinco décimos por cento ao Fundo de Participação dos Estados e do Distrito Federal;

b) vinte e dois inteiros e cinco décimos por cento ao Fundo de Participação dos Municípios;

c) três por cento, para aplicação em programas de financiamento ao setor produtivo das Regiões Norte, Nordeste e Centro-Oeste, através de suas instituições financeiras de caráter regional, de acordo com os planos regionais de desenvolvimento, ficando assegurada ao semi-árido do Nordeste a metade dos recursos destinados à Região, na forma que a lei estabelecer;

d) um por cento ao Fundo de Participação dos Municípios, que será entregue no primeiro decêndio do mês de dezembro de cada ano; (Incluído pela Emenda Constitucional nº 55, de 2007)

e) 1% (um por cento) ao Fundo de Participação dos Municípios, que será entregue no primeiro decêndio do mês de julho de cada ano; (Incluída pela Emenda Constitucional nº 84, de 2014)

II - do produto da arrecadação do imposto sobre produtos industrializados, dez por cento aos Estados e ao Distrito Federal, proporcionalmente ao valor das respectivas exportações de produtos industrializados.

III - do produto da arrecadação da contribuição de intervenção no domínio econômico prevista no art. 177, § 4º, 29% (vinte e nove por cento) para os Estados e o Distrito Federal, distribuídos na forma da lei, observada a destinação a que se refere o inciso II, c, do referido parágrafo. (Redação dada pela Emenda Constitucional nº 44, de 2004)

§ 1º Para efeito de cálculo da entrega a ser efetuada de acordo com o previsto no inciso I, excluir-se-á a parcela da arrecadação do imposto de renda e proventos de qualquer natureza pertencente aos Estados, ao Distrito Federal e aos Municípios, nos termos do disposto nos arts. 157, I, e 158, I.

§ 2º A nenhuma unidade federada poderá ser destinada parcela superior a vinte por cento do montante a que se refere o inciso II, devendo o eventual excedente ser distribuído entre os demais participantes, mantido, em relação a esses, o critério de partilha nele estabelecido.

§ 3º Os Estados entregarão aos respectivos Municípios vinte e cinco por cento dos recursos que receberem nos termos do inciso II, observados os critérios estabelecidos no art. 158, parágrafo único, I e II.

§ 4º Do montante de recursos de que trata o inciso III que cabe a cada Estado, vinte e cinco por cento serão destinados aos seus Municípios, na forma da lei a que se refere o mencionado inciso. (Incluído pela Emenda Constitucional nº 42, de 19.12.2003)

Art. 160. É vedada a retenção ou qualquer restrição à entrega e ao emprego dos recursos atribuídos, nesta seção, aos Estados, ao Distrito Federal e aos Municípios, neles compreendidos adicionais e acréscimos relativos a impostos.

Parágrafo único. A vedação prevista neste artigo não impede a União e os Estados de condicionarem a entrega de recursos: (Redação dada pela Emenda Constitucional nº 29, de 2000)

I – ao pagamento de seus créditos, inclusive de suas autarquias; (Incluído pela Emenda Constitucional nº 29, de 2000)

II – ao cumprimento do disposto no art. 198, § 2º, incisos II e III. (Incluído pela Emenda Constitucional nº 29, de 2000)

Art. 161. Cabe à lei complementar:

I – definir valor adicionado para fins do disposto no art. 158, parágrafo único, I;

II – estabelecer normas sobre a entrega dos recursos de que trata o art. 159, especialmente sobre os critérios de rateio dos fundos previstos em seu inciso I, objetivando promover o equilíbrio sócio-econômico entre Estados e entre Municípios;

III – dispor sobre o acompanhamento, pelos beneficiários, do cálculo das quotas e da liberação das participações previstas nos arts. 157, 158 e 159.

Parágrafo único. O Tribunal de Contas da União efetuará o cálculo das quotas referentes aos fundos de participação a que alude o inciso II.

Art. 162. A União, os Estados, o Distrito Federal e os Municípios divulgarão, até o último dia do mês subseqüente ao da arrecadação, os montantes de cada um dos tributos arrecadados, os recursos recebidos, os valores de origem tributária entregues e a entregar e a expressão numérica dos critérios de rateio.

Parágrafo único. Os dados divulgados pela União serão discriminados por Estado e por Município; os dos Estados, por Município.

CAPÍTULO II - DAS FINANÇAS PÚBLICAS

SEÇÃO I - NORMAS GERAIS

Art. 163. Lei complementar disporá sobre:

I - finanças públicas;

II - dívida pública externa e interna, incluída a das autarquias, fundações e demais entidades controladas pelo Poder Público;

III - concessão de garantias pelas entidades públicas;

IV - emissão e resgate de títulos da dívida pública;

V - fiscalização financeira da administração pública direta e indireta; (Redação dada pela Emenda Constitucional nº 40, de 2003)

VI - operações de câmbio realizadas por órgãos e entidades da União, dos Estados, do Distrito Federal e dos Municípios;

VII - compatibilização das funções das instituições oficiais de crédito da União, resguardadas as características e condições operacionais plenas das voltadas ao desenvolvimento regional.

Art. 164. A competência da União para emitir moeda será exercida exclusivamente pelo banco central.

§ 1º É vedado ao banco central conceder, direta ou indiretamente, empréstimos ao Tesouro Nacional e a qualquer órgão ou entidade que não seja instituição financeira.

§ 2º O banco central poderá comprar e vender títulos de emissão do Tesouro Nacional, com o objetivo de regular a oferta de moeda ou a taxa de juros.

§ 3º As disponibilidades de caixa da União serão depositadas no banco central; as dos Estados, do Distrito Federal, dos Municípios e dos órgãos ou entidades do Poder Público e das empresas por ele controladas, em instituições financeiras oficiais, ressalvados os casos previstos em lei.

SEÇÃO II - DOS ORÇAMENTOS

Art. 165. Leis de iniciativa do Poder Executivo estabelecerão:

I - o plano plurianual;

II - as diretrizes orçamentárias;

III - os orçamentos anuais.

§ 1º A lei que instituir o plano plurianual estabelecerá, de forma regionalizada, as diretrizes, objetivos e metas da administração pública federal para as despesas de capital e outras delas decorrentes e para as relativas aos programas de duração continuada.

§ 2º A lei de diretrizes orçamentárias compreenderá as metas e prioridades da administração pública federal, incluindo as despesas de capital para o exercício financeiro subseqüente, orientará a elaboração da lei orçamentária anual, disporá sobre as alterações na legislação tributária e estabelecerá a política de aplicação das agências financeiras oficiais de fomento.

§ 3º O Poder Executivo publicará, até trinta dias após o encerramento de cada bimestre, relatório resumido da execução orçamentária.

§ 4º Os planos e programas nacionais, regionais e setoriais previstos nesta Constituição serão elaborados em consonância com o plano plurianual e apreciados pelo Congresso Nacional.

§ 5º A lei orçamentária anual compreenderá:

I - o orçamento fiscal referente aos Poderes da União, seus fundos, órgãos e entidades da administração direta e indireta, inclusive fundações instituídas e mantidas pelo Poder Público;

II - o orçamento de investimento das empresas em que a União, direta ou indiretamente, detenha a maioria do capital social com direito a voto;

III - o orçamento da seguridade social, abrangendo todas as entidades e órgãos a ela vinculados, da administração direta ou indireta, bem como os fundos e fundações instituídos e mantidos pelo Poder Público.

§ 6º O projeto de lei orçamentária será acompanhado de demonstrativo regionalizado do efeito, sobre as receitas e despesas, decorrente de isenções, anistias, remissões, subsídios e benefícios de natureza financeira, tributária e creditícia.

§ 7º Os orçamentos previstos no § 5º, I e II, deste artigo, compatibilizados com o plano plurianual, terão entre suas funções a de reduzir desigualdades inter-regionais, segundo critério populacional.

§ 8º A lei orçamentária anual não conterá dispositivo estranho à previsão da receita e à fixação da despesa, não se incluindo na proibição a autorização para abertura de créditos suplementares e contratação de operações de crédito, ainda que por antecipação de receita, nos termos da lei.

§ 9º Cabe à lei complementar:

I - dispor sobre o exercício financeiro, a vigência, os prazos, a elaboração e a organização do plano plurianual, da lei de diretrizes orçamentárias e da lei orçamentária anual;

II - estabelecer normas de gestão financeira e patrimonial da administração direta e indireta bem como condições para a instituição e funcionamento de fundos.

III - dispor sobre critérios para a execução equitativa, além de procedimentos que serão adotados quando houver impedimentos legais e técnicos, cumprimento de restos a pagar e limitação das programações de caráter obrigatório, para a realização do disposto nos §§ 11 e 12 do art. 166. (Redação dada pela Emenda Constitucional nº 100, de 2019) (Produção de efeito)

§ 10. A administração tem o dever de executar as programações orçamentárias, adotando os meios e as medidas necessários, com o propósito de garantir a efetiva entrega de bens e serviços à sociedade. (Incluído pela Emenda Constitucional nº 100, de 2019) (Produção de efeito)

§ 11. O disposto no § 10 deste artigo, nos termos da lei de diretrizes orçamentárias: (Incluído pela Emenda Constitucional nº 102, de 2019) (Produção de efeito)

I - subordina-se ao cumprimento de dispositivos constitucionais e legais que estabeleçam metas fiscais ou limites de despesas e não impede o cancelamento necessário à abertura de créditos adicionais;

II - não se aplica nos casos de impedimentos de ordem técnica devidamente justificados;

III - aplica-se exclusivamente às despesas primárias discricionárias.

§ 12. Integrará a lei de diretrizes orçamentárias, para o exercício a que se refere e, pelo menos, para os 2 (dois) exercícios subsequentes, anexo com previsão de agregados fiscais e a proporção dos recursos para investimentos que serão alocados na lei orçamentária anual para a continuidade daqueles em andamento. (Incluído pela Emenda Constitucional nº 102, de 2019) (Produção de efeito)

§ 13. O disposto no inciso III do § 9º e nos §§ 10, 11 e 12 deste artigo aplica-se exclusivamente aos orçamentos fiscal e da seguridade social da União. (Incluído pela Emenda Constitucional nº 102, de 2019) (Produção de efeito)

§ 14. A lei orçamentária anual poderá conter previsões de despesas para exercícios seguintes, com a especificação dos investimentos plurianuais e daqueles em andamento. (Incluído pela Emenda Constitucional nº 102, de 2019) (Produção de efeito)

§ 15. A União organizará e manterá registro centralizado de projetos de investimento contendo, por Estado ou Distrito Federal, pelo menos, análises de viabilidade, estimativas de custos e informações sobre a execução física e financeira. (Incluído pela Emenda Constitucional nº 102, de 2019) (Produção de efeito)

Art. 166. Os projetos de lei relativos ao plano plurianual, às diretrizes orçamentárias, ao orçamento anual e aos créditos adicionais serão apreciados pelas duas Casas do Congresso Nacional, na forma do regimento comum.

§ 1º Caberá a uma Comissão mista permanente de Senadores e Deputados:

I - examinar e emitir parecer sobre os projetos referidos neste artigo e sobre as contas apresentadas anualmente pelo Presidente da República;

II - examinar e emitir parecer sobre os planos e programas nacionais, regionais e setoriais previstos nesta Constituição e exercer o acompanhamento e a fiscalização orçamentária, sem prejuízo da atuação das demais comissões do Congresso Nacional e de suas Casas, criadas de acordo com o art. 58.

§ 2º As emendas serão apresentadas na Comissão mista, que sobre elas emitirá parecer, e apreciadas, na forma regimental, pelo Plenário das duas Casas do Congresso Nacional.

§ 3º As emendas ao projeto de lei do orçamento anual ou aos projetos que o modifiquem somente podem ser aprovadas caso:

I - sejam compatíveis com o plano plurianual e com a lei de diretrizes orçamentárias;

II - indiquem os recursos necessários, admitidos apenas os provenientes de anulação de despesa, excluídas as que incidam sobre:

a) dotações para pessoal e seus encargos;
b) serviço da dívida;
c) transferências tributárias constitucionais para Estados, Municípios e Distrito Federal; ou

III - sejam relacionadas:

a) com a correção de erros ou omissões; ou
b) com os dispositivos do texto do projeto de lei.

§ 4º As emendas ao projeto de lei de diretrizes orçamentárias não poderão ser aprovadas quando incompatíveis com o plano plurianual.

§ 5º O Presidente da República poderá enviar mensagem ao Congresso Nacional para propor modificação nos projetos a que se refere este artigo enquanto não iniciada a votação, na Comissão mista, da parte cuja alteração é proposta.

§ 6º Os projetos de lei do plano plurianual, das diretrizes orçamentárias e do orçamento anual serão enviados pelo Presidente da República ao Congresso Nacional, nos termos da lei complementar a que se refere o art. 165, § 9º.

§ 7º Aplicam-se aos projetos mencionados neste artigo, no que não contrariar o disposto nesta seção, as demais normas relativas ao processo legislativo.

§ 8º Os recursos que, em decorrência de veto, emenda ou rejeição do projeto de lei orçamentária anual, ficarem sem despesas correspondentes poderão ser utilizados, conforme o caso, mediante créditos especiais ou suplementares, com prévia e específica autorização legislativa.

§ 9º As emendas individuais ao projeto de lei orçamentária serão aprovadas no limite de 1,2% (um inteiro e dois décimos por cento) da receita corrente líquida prevista no projeto encaminhado pelo Poder Executivo, sendo que a metade deste percentual será destinada a ações e serviços públicos de saúde. (Incluído pela Emenda Constitucional nº 86, de 2015)

§ 10. A execução do montante destinado a ações e serviços públicos de saúde previsto no § 9º, inclusive custeio, será computada para fins do cumprimento do inciso I do § 2º do art. 198, vedada a destinação para pagamento de pessoal ou encargos sociais. (Incluído pela Emenda Constitucional nº 86, de 2015)

§ 11. É obrigatória a execução orçamentária e financeira das programações a que se refere o § 9º deste artigo, em montante correspondente a 1,2% (um inteiro e dois décimos por cento) da receita corrente líquida realizada no exercício anterior, conforme os critérios para a execução equitativa da programação definidos na lei complementar prevista no § 9º do art. 165. (Incluído pela Emenda Constitucional nº 86, de 2015)

§ 12. A garantia de execução de que trata o § 11 deste artigo aplica-se também às programações incluídas por todas as emendas de iniciativa de bancada de parlamentares de Estado ou do Distrito Federal, no montante de até 1% (um por cento) da receita corrente líquida realizada no exercício anterior. (Redação dada pela Emenda Constitucional nº 100, de 2019) (Produção de efeito) (Vide) (Vide)

§ 13. As programações orçamentárias previstas nos §§ 11 e 12 deste artigo não serão de execução obrigatória nos casos dos impedimentos de ordem técnica. (Redação dada pela Emenda Constitucional nº 100, de 2019) (Produção de efeito)

§ 14. Para fins de cumprimento do disposto nos §§ 11 e 12 deste artigo, os órgãos de execução deverão observar, nos termos da lei de diretrizes orçamentárias, cronograma para análise e verificação de eventuais impedimentos das programações e demais procedimentos necessários à viabilização da execução dos respectivos montantes. (Redação dada pela Emenda Constitucional nº 100, de 2019) (Produção de efeito)

I - (revogado); (Redação dada pela Emenda Constitucional nº 100, de 2019) (Produção de efeito)

II - (revogado); (Redação dada pela Emenda Constitucional nº 100, de 2019) (Produção de efeito)

III - (revogado); (Redação dada pela Emenda Constitucional nº 100, de 2019) (Produção de efeito)

IV - (revogado). (Redação dada pela Emenda Constitucional nº 100, de 2019) (Produção de efeito)

§ 15. (Revogado) (Redação dada pela Emenda Constitucional nº 100, de 2019) (Produção de efeito)

§ 16. Quando a transferência obrigatória da União para a execução da programação prevista nos §§ 11 e 12 deste artigo for destinada a Estados, ao Distrito Federal e a Municípios, independerá da adimplência do ente federativo destinatário e não integrará a base de cálculo da receita corrente líquida para fins de aplicação dos limites de despesa de pessoal de que trata o caput do art. 169. (Redação dada pela Emenda Constitucional nº 100, de 2019) (Produção de efeito)

§ 17. Os restos a pagar provenientes das programações orçamentárias previstas nos §§ 11 e 12 poderão ser considerados para fins de cumprimento da execução financeira até o limite de 0,6% (seis décimos por cento) da receita corrente líquida realizada no exercício anterior, para as programações das emendas individuais, e até o limite de 0,5% (cinco décimos por cento), para as programações das emendas de iniciativa de bancada de parlamentares de Estado ou do Distrito Federal. (Redação dada pela Emenda Constitucional nº 100, de 2019) (Produção de efeito)

§ 18. Se for verificado que a reestimativa da receita e da despesa poderá resultar no não cumprimento da meta de resultado fiscal estabelecida na lei de diretrizes orçamentárias, os montantes previstos nos §§ 11 e 12 deste artigo poderão ser reduzidos em até a mesma proporção da limitação incidente sobre o conjunto das demais despesas discricionárias. (Redação dada pela Emenda Constitucional nº 100, de 2019) (Produção de efeito)

§ 19. Considera-se equitativa a execução das programações de caráter obrigatório que observe critérios objetivos e imparciais e que atenda de forma igualitária e impessoal às emendas apresentadas, independentemente da autoria. (Incluído pela Emenda Constitucional nº 100, de 2019) (Produção de efeito)

§ 20. As programações de que trata o § 12 deste artigo, quando versarem sobre o início de investimentos com duração de mais de 1 (um) exercício financeiro ou cuja execução já tenha sido iniciada, deverão ser objeto de emenda pela mesma bancada estadual, a cada exercício, até a conclusão da obra ou do empreendimento. (Incluído pela Emenda Constitucional nº 100, de 2019) (Produção de efeito)

Art. 166-A. As emendas individuais impositivas apresentadas ao projeto de lei orçamentária anual poderão alocar recursos a Estados, ao Distrito Federal e a Municípios por meio de: (Incluído pela Emenda Constitucional nº 105, de 2019)

I - transferência especial; ou (Incluído pela Emenda Constitucional nº 105, de 2019)

II - transferência com finalidade definida. (Incluído pela Emenda Constitucional nº 105, de 2019)

§ 1º Os recursos transferidos na forma do caput deste artigo não integrarão a receita do Estado, do Distrito Federal e dos Municípios para fins de repartição e para o cálculo dos limites da despesa com pessoal ativo e inativo, nos termos do § 16 do art. 166, e de endividamento do ente federado, vedada, em qualquer caso, a aplicação dos recursos a que se refere o caput deste artigo no pagamento de: (Incluído pela Emenda Constitucional nº 105, de 2019)

I - despesas com pessoal e encargos sociais relativas a ativos e inativos, e com pensionistas; e (Incluído pela Emenda Constitucional nº 105, de 2019)

II - encargos referentes ao serviço da dívida. (Incluído pela Emenda Constitucional nº 105, de 2019)

§ 2º Na transferência especial a que se refere o inciso I do caput deste artigo, os recursos: (Incluído pela Emenda Constitucional nº 105, de 2019)

I - serão repassados diretamente ao ente federado beneficiado, independentemente de celebração de convênio ou de instrumento congênere; (Incluído pela Emenda Constitucional nº 105, de 2019)

II - pertencerão ao ente federado no ato da efetiva transferência financeira; e (Incluído pela Emenda Constitucional nº 105, de 2019)

III - serão aplicadas em programações finalísticas das áreas de competência do Poder Executivo do ente federado beneficiado, observado o disposto no § 5º deste artigo. (Incluído pela Emenda Constitucional nº 105, de 2019)

§ 3º O ente federado beneficiado da transferência especial a que se refere o inciso I do caput deste artigo poderá firmar contratos de cooperação técnica para fins de subsidiar o acompanhamento da execução orçamentária na aplicação dos recursos. (Incluído pela Emenda Constitucional nº 105, de 2019)

§ 4º Na transferência com finalidade definida a que se refere o inciso II do caput deste artigo, os recursos serão: (Incluído pela Emenda Constitucional nº 105, de 2019)

I - vinculados à programação estabelecida na emenda parlamentar; e (Incluído pela Emenda Constitucional nº 105, de 2019)

II - aplicados nas áreas de competência constitucional da União. (Incluído pela Emenda Constitucional nº 105, de 2019)

§ 5º Pelo menos 70% (setenta por cento) das transferências especiais de que trata o inciso I do caput deste artigo deverão ser aplicadas em despesas de capital, observada a restrição a que se refere o inciso II do § 1º deste artigo. (Incluído pela Emenda Constitucional nº 105, de 2019)

Art. 167. São vedados:

I - o início de programas ou projetos não incluídos na lei orçamentária anual;

II - a realização de despesas ou a assunção de obrigações diretas que excedam os créditos orçamentários ou adicionais;

III - a realização de operações de créditos que excedam o montante das despesas de capital, ressalvadas as autorizadas mediante créditos suplementares ou especiais com finalidade precisa, aprovados pelo Poder Legislativo por maioria absoluta;

IV - a vinculação de receita de impostos a órgão, fundo ou despesa, ressalvadas a repartição do produto da arrecadação dos impostos a que se referem os arts. 158 e 159, a des-

tinação de recursos para as ações e serviços públicos de saúde, para manutenção e desenvolvimento do ensino e para realização de atividades da administração tributária, como determinado, respectivamente, pelos arts. 198, § 2º, 212 e 37, XXII, e a prestação de garantias às operações de crédito por antecipação de receita, previstas no art. 165, § 8º, bem como o disposto no § 4º deste artigo; (Redação dada pela Emenda Constitucional nº 42, de 19.12.2003)

V - a abertura de crédito suplementar ou especial sem prévia autorização legislativa e sem indicação dos recursos correspondentes;

VI - a transposição, o remanejamento ou a transferência de recursos de uma categoria de programação para outra ou de um órgão para outro, sem prévia autorização legislativa;

VII - a concessão ou utilização de créditos ilimitados;

VIII - a utilização, sem autorização legislativa específica, de recursos dos orçamentos fiscal e da seguridade social para suprir necessidade ou cobrir déficit de empresas, fundações e fundos, inclusive dos mencionados no art. 165, § 5º;

IX - a instituição de fundos de qualquer natureza, sem prévia autorização legislativa.

X - a transferência voluntária de recursos e a concessão de empréstimos, inclusive por antecipação de receita, pelos Governos Federal e Estaduais e suas instituições financeiras, para pagamento de despesas com pessoal ativo, inativo e pensionista, dos Estados, do Distrito Federal e dos Municípios. (Incluído pela Emenda Constitucional nº 19, de 1998)

XI - a utilização dos recursos provenientes das contribuições sociais de que trata o art. 195, I, a, e II, para a realização de despesas distintas do pagamento de benefícios do regime geral de previdência social de que trata o art. 201. (Incluído pela Emenda Constitucional nº 20, de 1998)

XII - na forma estabelecida na lei complementar de que trata o § 22 do art. 40, a utilização de recursos de regime próprio de previdência social, incluídos os valores integrantes dos fundos previstos no art. 249, para a realização de despesas distintas do pagamento dos benefícios previdenciários do respectivo fundo vinculado àquele regime e das despesas necessárias à sua organização e ao seu funcionamento; (Incluído pela Emenda Constitucional nº 103, de 2019)

XIII - a transferência voluntária de recursos, a concessão de avais, as garantias e as subvenções pela União e a concessão de empréstimos e de financiamentos por instituições financeiras federais aos Estados, ao Distrito Federal e aos Municípios na hipótese de descumprimento das regras gerais de organização e de funcionamento de regime próprio de previdência social. (Incluído pela Emenda Constitucional nº 103, de 2019)

§ 1º Nenhum investimento cuja execução ultrapasse um exercício financeiro poderá ser iniciado sem prévia inclusão no plano plurianual, ou sem lei que autorize a inclusão, sob pena de crime de responsabilidade.

§ 2º Os créditos especiais e extraordinários terão vigência no exercício financeiro em que forem autorizados, salvo se o ato de autorização for promulgado nos últimos quatro meses daquele exercício, caso em que, reabertos nos limites de seus saldos, serão incorporados ao orçamento do exercício financeiro subseqüente.

§ 3º A abertura de crédito extraordinário somente será admitida para atender a despesas imprevisíveis e urgentes, como as decorrentes de guerra, comoção interna ou calamidade pública, observado o disposto no art. 62.

§ 4º É permitida a vinculação de receitas próprias geradas pelos impostos a que se referem os arts. 155 e 156, e dos recursos de que tratam os arts. 157, 158 e 159, I, a e b, e II, para a prestação de garantia ou contragarantia à União e para pagamento de débitos para com esta. (Incluído pela Emenda Constitucional nº 3, de 1993)

§ 5º A transposição, o remanejamento ou a transferência de recursos de uma categoria de programação para outra poderão ser admitidos, no âmbito das atividades de ciência, tecnologia e inovação, com o objetivo de viabilizar os resultados de projetos restritos a essas funções, mediante ato do Poder Executivo, sem necessidade da prévia autorização legislativa prevista no inciso VI deste artigo. (Incluído pela Emenda Constitucional nº 85, de 2015)

Art. 168. Os recursos correspondentes às dotações orçamentárias, compreendidos os créditos suplementares e especiais, destinados aos órgãos dos Poderes Legislativo e Judiciário, do Ministério Público e da Defensoria Pública, ser-lhes-ão entregues até o dia 20 de cada mês, em duodécimos, na forma da lei complementar a que se refere o art. 165, § 9º. (Redação dada pela Emenda Constitucional nº 45, de 2004)

Art. 169. A despesa com pessoal ativo e inativo da União, dos Estados, do Distrito Federal e dos Municípios não poderá exceder os limites estabelecidos em lei complementar.

§ 1º A concessão de qualquer vantagem ou aumento de remuneração, a criação de cargos, empregos e funções ou alteração de estrutura de carreiras, bem como a admissão ou contratação de pessoal, a qualquer título, pelos órgãos e entidades da administração direta ou indireta, inclusive fundações instituídas e mantidas pelo poder público, só poderão ser feitas: (Renumerado do parágrafo único, pela Emenda Constitucional nº 19, de 1998)

I - se houver prévia dotação orçamentária suficiente para atender às projeções de despesa de pessoal e aos acréscimos dela decorrentes; (Incluído pela Emenda Constitucional nº 19, de 1998)

II - se houver autorização específica na lei de diretrizes orçamentárias, ressalvadas as empresas públicas e as sociedades de economia mista. (Incluído pela Emenda Constitucional nº 19, de 1998)

§ 2º Decorrido o prazo estabelecido na lei complementar referida neste artigo para a adaptação aos parâmetros ali previstos, serão imediatamente suspensos todos os repasses de verbas federais ou estaduais aos Estados, ao Distrito Federal e aos Municípios que não observarem os referidos limites. (Incluído pela Emenda Constitucional nº 19, de 1998)

§ 3º Para o cumprimento dos limites estabelecidos com base neste artigo, durante o prazo fixado na lei complementar referida no caput, a União, os Estados, o Distrito Federal e os Municípios adotarão as seguintes providências: (Incluído pela Emenda Constitucional nº 19, de 1998)

I - redução em pelo menos vinte por cento das despesas com cargos em comissão e funções de confiança; (Incluído pela Emenda Constitucional nº 19, de 1998)

II - exoneração dos servidores não estáveis. (Incluído pela Emenda Constitucional nº 19, de 1998) (Vide Emenda Constitucional nº 19, de 1998)

§ 4º Se as medidas adotadas com base no parágrafo anterior não forem suficientes para assegurar o cumprimento da determinação da lei complementar referida neste artigo, o servidor estável poderá perder o cargo, desde que ato normativo motivado de cada um dos Poderes especifique a atividade funcional, o órgão ou unidade administrativa objeto da redução de pessoal. (Incluído pela Emenda Constitucional nº 19, de 1998)

§ 5º O servidor que perder o cargo na forma do parágrafo anterior fará jus a indenização correspondente a um mês de remuneração por ano de serviço. (Incluído pela Emenda Constitucional nº 19, de 1998)

§ 6º O cargo objeto da redução prevista nos parágrafos anteriores será considerado extinto, vedada a criação de cargo, emprego ou função com atribuições iguais ou assemelhadas pelo prazo de quatro anos. (Incluído pela Emenda Constitucional nº 19, de 1998)

§ 7º Lei federal disporá sobre as normas gerais a serem obedecidas na efetivação do disposto no § 4º. (Incluído pela Emenda Constitucional nº 19, de 1998)

TÍTULO VII - DA ORDEM ECONÔMICA E FINANCEIRA

CAPÍTULO I - DOS PRINCÍPIOS GERAIS DA ATIVIDADE ECONÔMICA

Art. 170. A ordem econômica, fundada na valorização do trabalho humano e na livre iniciativa, tem por fim assegurar a todos existência digna, conforme os ditames da justiça social, observados os seguintes princípios:

I - soberania nacional;
II - propriedade privada;
III - função social da propriedade;
IV - livre concorrência;
V - defesa do consumidor;
VI - defesa do meio ambiente, inclusive mediante tratamento diferenciado conforme o impacto ambiental dos produtos e serviços e de seus processos de elaboração e prestação; (Redação dada pela Emenda Constitucional nº 42, de 19.12.2003)
VII - redução das desigualdades regionais e sociais;
VIII - busca do pleno emprego;
IX - tratamento favorecido para as empresas de pequeno porte constituídas sob as leis brasileiras e que tenham sua sede e administração no País. (Redação dada pela Emenda Constitucional nº 6, de 1995)

Parágrafo único. É assegurado a todos o livre exercício de qualquer atividade econômica, independentemente de autorização de órgãos públicos, salvo nos casos previstos em lei. (Vide Lei nº 13.874, de 2019)

Art. 171. (Revogado pela Emenda Constitucional nº 6, de 1995)

Art. 172. A lei disciplinará, com base no interesse nacional, os investimentos de capital estrangeiro, incentivará os reinvestimentos e regulará a remessa de lucros.

Art. 173. Ressalvados os casos previstos nesta Constituição, a exploração direta de atividade econômica pelo Estado só será permitida quando necessária aos imperativos da segurança nacional ou a relevante interesse coletivo, conforme definidos em lei.

§ 1º A lei estabelecerá o estatuto jurídico da empresa pública, da sociedade de economia mista e de suas subsidiárias que explorem atividade econômica de produção ou comercialização de bens ou de prestação de serviços, dispondo sobre: (Redação dada pela Emenda Constitucional nº 19, de 1998)

I - sua função social e formas de fiscalização pelo Estado e pela sociedade; (Incluído pela Emenda Constitucional nº 19, de 1998)
II - a sujeição ao regime jurídico próprio das empresas privadas, inclusive quanto aos direitos e obrigações civis, comerciais, trabalhistas e tributários; (Incluído pela Emenda Constitucional nº 19, de 1998)
III - licitação e contratação de obras, serviços, compras e alienações, observados os princípios da administração pública; (Incluído pela Emenda Constitucional nº 19, de 1998)
IV - a constituição e o funcionamento dos conselhos de administração e fiscal, com a participação de acionistas minoritários; (Incluído pela Emenda Constitucional nº 19, de 1998)
V - os mandatos, a avaliação de desempenho e a responsabilidade dos administradores. (Incluído pela Emenda Constitucional nº 19, de 1998)

§ 2º As empresas públicas e as sociedades de economia mista não poderão gozar de privilégios fiscais não extensivos às do setor privado.

§ 3º A lei regulamentará as relações da empresa pública com o Estado e a sociedade.

§ 4º - lei reprimirá o abuso do poder econômico que vise à dominação dos mercados, à eliminação da concorrência e ao aumento arbitrário dos lucros.

§ 5º A lei, sem prejuízo da responsabilidade individual dos dirigentes da pessoa jurídica, estabelecerá a responsabilidade desta, sujeitando-a às punições compatíveis com sua natureza, nos atos praticados contra a ordem econômica e financeira e contra a economia popular.

Art. 174. Como agente normativo e regulador da atividade econômica, o Estado exercerá, na forma da lei, as funções de fiscalização, incentivo e planejamento, sendo este determinante para o setor público e indicativo para o setor privado. (Vide Lei nº 13.874, de 2019)

§ 1º A lei estabelecerá as diretrizes e bases do planejamento do desenvolvimento nacional equilibrado, o qual incorporará e compatibilizará os planos nacionais e regionais de desenvolvimento.

§ 2º A lei apoiará e estimulará o cooperativismo e outras formas de associativismo.

§ 3º O Estado favorecerá a organização da atividade garimpeira em cooperativas, levando em conta a proteção do meio ambiente e a promoção econômico-social dos garimpeiros.

§ 4º As cooperativas a que se refere o parágrafo anterior terão prioridade na autorização ou concessão para pesquisa e lavra dos recursos e jazidas de minerais garimpáveis, nas áreas onde estejam atuando, e naquelas fixadas de acordo com o art. 21, XXV, na forma da lei.

Art. 175. Incumbe ao Poder Público, na forma da lei, diretamente ou sob regime de concessão ou permissão, sempre através de licitação, a prestação de serviços públicos.

Parágrafo único. A lei disporá sobre:

I - o regime das empresas concessionárias e permissionárias de serviços públicos, o caráter especial de seu contrato e de sua prorrogação, bem como as condições de caducidade, fiscalização e rescisão da concessão ou permissão;
II - os direitos dos usuários;
III - política tarifária;
IV - a obrigação de manter serviço adequado.

Art. 176. As jazidas, em lavra ou não, e demais recursos minerais e os potenciais de energia hidráulica constituem propriedade distinta da do solo, para efeito de exploração ou aproveitamento, e pertencem à União, garantida ao concessionário a propriedade do produto da lavra.

§ 1º A pesquisa e a lavra de recursos minerais e o aproveitamento dos potenciais a que se refere o «caput» deste artigo somente poderão ser efetuados mediante autorização ou concessão da União, no interesse nacional, por brasileiros ou empresa constituída sob as leis brasileiras e que tenha sua sede e administração no País, na forma da lei, que estabelecerá as condições específicas quando essas atividades se desenvolverem em faixa de fronteira ou terras indígenas. (Redação dada pela Emenda Constitucional nº 6, de 1995)

§ 2º - É assegurada participação ao proprietário do solo nos resultados da lavra, na forma e no valor que dispuser a lei.

§ 3º A autorização de pesquisa será sempre por prazo determinado, e as autorizações e concessões previstas neste artigo não poderão ser cedidas ou transferidas, total ou parcialmente, sem prévia anuência do poder concedente.

§ 4º Não dependerá de autorização ou concessão o aproveitamento do potencial de energia renovável de capacidade reduzida.

Art. 177. Constituem monopólio da União:

I - a pesquisa e a lavra das jazidas de petróleo e gás natural e outros hidrocarbonetos fluidos;
II - a refinação do petróleo nacional ou estrangeiro;
III - a importação e exportação dos produtos e derivados básicos resultantes das atividades previstas nos incisos anteriores;
IV - o transporte marítimo do petróleo bruto de origem nacional ou de derivados básicos de petróleo produzidos no País, bem assim o transporte, por meio de conduto, de

petróleo bruto, seus derivados e gás natural de qualquer origem;

V - a pesquisa, a lavra, o enriquecimento, o reprocessamento, a industrialização e o comércio de minérios e minerais nucleares e seus derivados, com exceção dos radioisótopos cuja produção, comercialização e utilização poderão ser autorizadas sob regime de permissão, conforme as alíneas b e c do inciso XXIII do caput do art. 21 desta Constituição Federal. (Redação dada pela Emenda Constitucional nº 49, de 2006)

§ 1º A União poderá contratar com empresas estatais ou privadas a realização das atividades previstas nos incisos I a IV deste artigo observadas as condições estabelecidas em lei. (Redação dada pela Emenda Constitucional nº 9, de 1995)

§ 2º A lei a que se refere o § 1º disporá sobre: (Incluído pela Emenda Constitucional nº 9, de 1995)

I - a garantia do fornecimento dos derivados de petróleo em todo o território nacional; (Incluído pela Emenda Constitucional nº 9, de 1995)

II - as condições de contratação; (Incluído pela Emenda Constitucional nº 9, de 1995)

III - a estrutura e atribuições do órgão regulador do monopólio da União; (Incluído pela Emenda Constitucional nº 9, de 1995)

§ 3º A lei disporá sobre o transporte e a utilização de materiais radioativos no território nacional. (Renumerado de § 2º para 3º pela Emenda Constitucional nº 9, de 1995)

§ 4º A lei que instituir contribuição de intervenção no domínio econômico relativa às atividades de importação ou comercialização de petróleo e seus derivados, gás natural e seus derivados e álcool combustível deverá atender aos seguintes requisitos: (Incluído pela Emenda Constitucional nº 33, de 2001)

I - a alíquota da contribuição poderá ser: (Incluído pela Emenda Constitucional nº 33, de 2001)

a) diferenciada por produto ou uso; (Incluído pela Emenda Constitucional nº 33, de 2001)

b) reduzida e restabelecida por ato do Poder Executivo, não se lhe aplicando o disposto no art. 150,III, b; (Incluído pela Emenda Constitucional nº 33, de 2001)

II - os recursos arrecadados serão destinados: (Incluído pela Emenda Constitucional nº 33, de 2001)

a) ao pagamento de subsídios a preços ou transporte de álcool combustível, gás natural e seus derivados e derivados de petróleo; (Incluído pela Emenda Constitucional nº 33, de 2001)

b) ao financiamento de projetos ambientais relacionados com a indústria do petróleo e do gás; (Incluído pela Emenda Constitucional nº 33, de 2001)

c) ao financiamento de programas de infra-estrutura de transportes. (Incluído pela Emenda Constitucional nº 33, de 2001)

Art. 178. A lei disporá sobre a ordenação dos transportes aéreo, aquático e terrestre, devendo, quanto à ordenação do transporte internacional, observar os acordos firmados pela União, atendido o princípio da reciprocidade. (Redação dada pela Emenda Constitucional nº 7, de 1995)

Parágrafo único. Na ordenação do transporte aquático, a lei estabelecerá as condições em que o transporte de mercadorias na cabotagem e a navegação interior poderão ser feitos por embarcações estrangeiras. (Incluído pela Emenda Constitucional nº 7, de 1995)

Art. 179. A União, os Estados, o Distrito Federal e os Municípios dispensarão às microempresas e às empresas de pequeno porte, assim definidas em lei, tratamento jurídico diferenciado, visando a incentivá-las pela simplificação de suas obrigações administrativas, tributárias, previdenciárias e creditícias, ou pela eliminação ou redução destas por meio de lei.

Art. 180. A União, os Estados, o Distrito Federal e os Municípios promoverão e incentivarão o turismo como fator de desenvolvimento social e econômico.

Art. 181. O atendimento de requisição de documento ou informação de natureza comercial, feita por autoridade administrativa ou judiciária estrangeira, a pessoa física ou jurídica residente ou domiciliada no País dependerá de autorização do Poder competente.

CAPÍTULO II - DA POLÍTICA URBANA

Art. 182. A política de desenvolvimento urbano, executada pelo Poder Público municipal, conforme diretrizes gerais fixadas em lei, tem por objetivo ordenar o pleno desenvolvimento das funções sociais da cidade e garantir o bem-estar de seus habitantes.

§ 1º O plano diretor, aprovado pela Câmara Municipal, obrigatório para cidades com mais de vinte mil habitantes, é o instrumento básico da política de desenvolvimento e de expansão urbana.

§ 2º A propriedade urbana cumpre sua função social quando atende às exigências fundamentais de ordenação da cidade expressas no plano diretor.

§ 3º As desapropriações de imóveis urbanos serão feitas com prévia e justa indenização em dinheiro.

§ 4º É facultado ao Poder Público municipal, mediante lei específica para área incluída no plano diretor, exigir, nos termos da lei federal, do proprietário do solo urbano não edificado, subutilizado ou não utilizado, que promova seu adequado aproveitamento, sob pena, sucessivamente, de:

I - parcelamento ou edificação compulsórios;

II - imposto sobre a propriedade predial e territorial urbana progressivo no tempo;

III - desapropriação com pagamento mediante títulos da dívida pública de emissão previamente aprovada pelo Senado Federal, com prazo de resgate de até dez anos, em parcelas anuais, iguais e sucessivas, assegurados o valor real da indenização e os juros legais.

Art. 183. Aquele que possuir como sua área urbana de até duzentos e cinqüenta metros quadrados, por cinco anos, ininterruptamente e sem oposição, utilizando-a para sua moradia ou de sua família, adquirir-lhe-á o domínio, desde que não seja proprietário de outro imóvel urbano ou rural.

§ 1º O título de domínio e a concessão de uso serão conferidos ao homem ou à mulher, ou a ambos, independentemente do estado civil.

§ 2º Esse direito não será reconhecido ao mesmo possuidor mais de uma vez.

§ 3º Os imóveis públicos não serão adquiridos por usucapião.

CAPÍTULO III - DA POLÍTICA AGRÍCOLA E FUNDIÁRIA E DA REFORMA AGRÁRIA

Art. 184. Compete à União desapropriar por interesse social, para fins de reforma agrária, o imóvel rural que não esteja cumprindo sua função social, mediante prévia e justa indenização em títulos da dívida agrária, com cláusula de preservação do valor real, resgatáveis no prazo de até vinte anos, a partir do segundo ano de sua emissão, e cuja utilização será definida em lei.

§ 1º As benfeitorias úteis e necessárias serão indenizadas em dinheiro.

§ 2º O decreto que declarar o imóvel como de interesse social, para fins de reforma agrária, autoriza a União a propor a ação de desapropriação.

§ 3º Cabe à lei complementar estabelecer procedimento contraditório especial, de rito sumário, para o processo judicial de desapropriação.

§ 4º O orçamento fixará anualmente o volume total de títulos da dívida agrária, assim como o montante de recursos para atender ao programa de reforma agrária no exercício.

§ 5º São isentas de impostos federais, estaduais e municipais as operações de transferência de imóveis desapropriados para fins de reforma agrária.

Art. 185. São insuscetíveis de desapropriação para fins de reforma agrária:

I - a pequena e média propriedade rural, assim definida em lei, desde que seu proprietário não possua outra;

II - a propriedade produtiva.

Parágrafo único. A lei garantirá tratamento especial à propriedade produtiva e fixará normas para o cumprimento dos requisitos relativos a sua função social.

Art. 186. A função social é cumprida quando a propriedade rural atende, simultaneamente, segundo critérios e graus de exigência estabelecidos em lei, aos seguintes requisitos:

I - aproveitamento racional e adequado;

II - utilização adequada dos recursos naturais disponíveis e preservação do meio ambiente;

III - observância das disposições que regulam as relações de trabalho;

IV - exploração que favoreça o bem-estar dos proprietários e dos trabalhadores.

Art. 187. A política agrícola será planejada e executada na forma da lei, com a participação efetiva do setor de produção, envolvendo produtores e trabalhadores rurais, bem como dos setores de comercialização, de armazenamento e de transportes, levando em conta, especialmente:

I - os instrumentos creditícios e fiscais;

II - os preços compatíveis com os custos de produção e a garantia de comercialização;

III - o incentivo à pesquisa e à tecnologia;

IV - a assistência técnica e extensão rural;

V - o seguro agrícola;

VI - o cooperativismo;

VII - a eletrificação rural e irrigação;

VIII - a habitação para o trabalhador rural.

§ 1º Incluem-se no planejamento agrícola as atividades agro-industriais, agropecuárias, pesqueiras e florestais.

§ 2º Serão compatibilizadas as ações de política agrícola e de reforma agrária.

Art. 188. A destinação de terras públicas e devolutas será compatibilizada com a política agrícola e com o plano nacional de reforma agrária.

§ 1º A alienação ou a concessão, a qualquer título, de terras públicas com área superior a dois mil e quinhentos hectares a pessoa física ou jurídica, ainda que por interposta pessoa, dependerá de prévia aprovação do Congresso Nacional.

§ 2º Excetuam-se do disposto no parágrafo anterior as alienações ou as concessões de terras públicas para fins de reforma agrária.

Art. 189. Os beneficiários da distribuição de imóveis rurais pela reforma agrária receberão títulos de domínio ou de concessão de uso, inegociáveis pelo prazo de dez anos.

Parágrafo único. O título de domínio e a concessão de uso serão conferidos ao homem ou à mulher, ou a ambos, independentemente do estado civil, nos termos e condições previstos em lei.

Art. 190. A lei regulará e limitará a aquisição ou o arrendamento de propriedade rural por pessoa física ou jurídica estrangeira e estabelecerá os casos que dependerão de autorização do Congresso Nacional.

Art. 191. Aquele que, não sendo proprietário de imóvel rural ou urbano, possua como seu, por cinco anos ininterruptos, sem oposição, área de terra, em zona rural, não superior a cinqüenta hectares, tornando-a produtiva por seu trabalho ou de sua família, tendo nela sua moradia, adquirir-lhe-á a propriedade.

Parágrafo único. Os imóveis públicos não serão adquiridos por usucapião.

CAPÍTULO IV - DO SISTEMA FINANCEIRO NACIONAL

Art. 192. O sistema financeiro nacional, estruturado de forma a promover o desenvolvimento equilibrado do País e a servir aos interesses da coletividade, em todas as partes que o compõem, abrangendo as cooperativas de crédito, será regulado por leis complementares que disporão, inclusive, sobre a participação do capital estrangeiro nas instituições que o integram. (Redação dada pela Emenda Constitucional nº 40, de 2003)

I - (Revogado). (Redação dada pela Emenda Constitucional nº 40, de 2003)

II - (Revogado). (Redação dada pela Emenda Constitucional nº 40, de 2003)

III - (Revogado) (Redação dada pela Emenda Constitucional nº 40, de 2003)

a) (Revogado) (Redação dada pela Emenda Constitucional nº 40, de 2003)

b) (Revogado) (Redação dada pela Emenda Constitucional nº 40, de 2003)

IV - (Revogado) (Redação dada pela Emenda Constitucional nº 40, de 2003)

V -(Revogado) (Redação dada pela Emenda Constitucional nº 40, de 2003)

VI - (Revogado) (Redação dada pela Emenda Constitucional nº 40, de 2003)

VII - (Revogado) (Redação dada pela Emenda Constitucional nº 40, de 2003)

VIII - (Revogado) (Redação dada pela Emenda Constitucional nº 40, de 2003)

§ 1º- (Revogado) (Redação dada pela Emenda Constitucional nº 40, de 2003)

§ 2º- (Revogado) (Redação dada pela Emenda Constitucional nº 40, de 2003)

§ 3º- (Revogado) (Redação dada pela Emenda Constitucional nº 40, de 2003)

TÍTULO VIII - DA ORDEM SOCIAL

CAPÍTULO I - DISPOSIÇÃO GERAL

Art. 193. A ordem social tem como base o primado do trabalho, e como objetivo o bem-estar e a justiça sociais.

CAPÍTULO II - DA SEGURIDADE SOCIAL

SEÇÃO I - DISPOSIÇÕES GERAIS

Art. 194. A seguridade social compreende um conjunto integrado de ações de iniciativa dos Poderes Públicos e da sociedade, destinadas a assegurar os direitos relativos à saúde, à previdência e à assistência social.

Parágrafo único. Compete ao Poder Público, nos termos da lei, organizar a seguridade social, com base nos seguintes objetivos:

I - universalidade da cobertura e do atendimento;

II - uniformidade e equivalência dos benefícios e serviços às populações urbanas e rurais;

III - seletividade e distributividade na prestação dos benefícios e serviços;

IV - irredutibilidade do valor dos benefícios;

V - eqüidade na forma de participação no custeio;

VI - diversidade da base de financiamento, identificando--se, em rubricas contábeis específicas para cada área, as receitas e as despesas vinculadas a ações de saúde, previdência e assistência social, preservado o caráter contributivo da previdência social; (Redação dada pela Emenda Constitucional nº 103, de 2019)

VII - caráter democrático e descentralizado da administração, mediante gestão quadripartite, com participação dos trabalhadores, dos empregadores, dos aposentados e do Governo nos órgãos colegiados. (Redação dada pela Emenda Constitucional nº 20, de 1998)

Art. 195. A seguridade social será financiada por toda a sociedade, de forma direta e indireta, nos termos da lei, mediante recursos provenientes dos orçamentos da União, dos Estados,

do Distrito Federal e dos Municípios, e das seguintes contribuições sociais:

I - do empregador, da empresa e da entidade a ela equiparada na forma da lei, incidentes sobre: (Redação dada pela Emenda Constitucional nº 20, de 1998)

a) a folha de salários e demais rendimentos do trabalho pagos ou creditados, a qualquer título, à pessoa física que lhe preste serviço, mesmo sem vínculo empregatício; (Incluído pela Emenda Constitucional nº 20, de 1998)

b) a receita ou o faturamento; (Incluído pela Emenda Constitucional nº 20, de 1998)

c) o lucro; (Incluído pela Emenda Constitucional nº 20, de 1998)

II - do trabalhador e dos demais segurados da previdência social, podendo ser adotadas alíquotas progressivas de acordo com o valor do salário de contribuição, não incidindo contribuição sobre aposentadoria e pensão concedidas pelo Regime Geral de Previdência Social; (Redação dada pela Emenda Constitucional nº 103, de 2019)

III - sobre a receita de concursos de prognósticos.

IV - do importador de bens ou serviços do exterior, ou de quem a lei a ele equiparar. (Incluído pela Emenda Constitucional nº 42, de 19.12.2003)

§ 1º - As receitas dos Estados, do Distrito Federal e dos Municípios destinadas à seguridade social constarão dos respectivos orçamentos, não integrando o orçamento da União.

§ 2º A proposta de orçamento da seguridade social será elaborada de forma integrada pelos órgãos responsáveis pela saúde, previdência social e assistência social, tendo em vista as metas e prioridades estabelecidas na lei de diretrizes orçamentárias, assegurada a cada área a gestão de seus recursos.

§ 3º A pessoa jurídica em débito com o sistema da seguridade social, como estabelecido em lei, não poderá contratar com o Poder Público nem dele receber benefícios ou incentivos fiscais ou creditícios.

§ 4º A lei poderá instituir outras fontes destinadas a garantir a manutenção ou expansão da seguridade social, obedecido o disposto no art. 154, I.

§ 5º Nenhum benefício ou serviço da seguridade social poderá ser criado, majorado ou estendido sem a correspondente fonte de custeio total.

§ 6º As contribuições sociais de que trata este artigo só poderão ser exigidas após decorridos noventa dias da data da publicação da lei que as houver instituído ou modificado, não se lhes aplicando o disposto no art. 150, III, «b».

§ 7º São isentas de contribuição para a seguridade social as entidades beneficentes de assistência social que atendam às exigências estabelecidas em lei.

§ 8º O produtor, o parceiro, o meeiro e o arrendatário rurais e o pescador artesanal, bem como os respectivos cônjuges, que exerçam suas atividades em regime de economia familiar, sem empregados permanentes, contribuirão para a seguridade social mediante a aplicação de uma alíquota sobre o resultado da comercialização da produção e farão jus aos benefícios nos termos da lei. (Redação dada pela Emenda Constitucional nº 20, de 1998)

§ 9º As contribuições sociais previstas no inciso I do caput deste artigo poderão ter alíquotas diferenciadas em razão da atividade econômica, da utilização intensiva de mão de obra, do porte da empresa ou da condição estrutural do mercado de trabalho, sendo também autorizada a adoção de bases de cálculo diferenciadas apenas no caso das alíneas "b" e "c" do inciso I do caput. (Redação dada pela Emenda Constitucional nº 103, de 2019)

§ 10. A lei definirá os critérios de transferência de recursos para o sistema único de saúde e ações de assistência social da União para os Estados, o Distrito Federal e os Municípios, e dos Estados para os Municípios, observada a respectiva contrapartida de recursos. (Incluído pela Emenda Constitucional nº 20, de 1998)

§ 11. São vedados a moratória e o parcelamento em prazo superior a 60 (sessenta) meses e, na forma de lei complementar, a remissão e a anistia das contribuições sociais de que tratam a alínea «a» do inciso I e o inciso II do caput. (Redação dada pela Emenda Constitucional nº 103, de 2019)

§ 12. A lei definirá os setores de atividade econômica para os quais as contribuições incidentes na forma dos incisos I, b; e IV do caput, serão não-cumulativas. (Incluído pela Emenda Constitucional nº 42, de 19.12.2003)

§ 13. (Revogado). (Redação dada pela Emenda Constitucional nº 103, de 2019) (Revogado pela Emenda Constitucional nº 103, de 2019)

§ 14. O segurado somente terá reconhecida como tempo de contribuição ao Regime Geral de Previdência Social a competência cuja contribuição seja igual ou superior à contribuição mínima mensal exigida para sua categoria, assegurado o agrupamento de contribuições. (Incluído pela Emenda Constitucional nº 103, de 2019)

SEÇÃO II - DA SAÚDE

Art. 196. A saúde é direito de todos e dever do Estado, garantido mediante políticas sociais e econômicas que visem à redução do risco de doença e de outros agravos e ao acesso universal e igualitário às ações e serviços para sua promoção, proteção e recuperação.

Art. 197. São de relevância pública as ações e serviços de saúde, cabendo ao Poder Público dispor, nos termos da lei, sobre sua regulamentação, fiscalização e controle, devendo sua execução ser feita diretamente ou através de terceiros e, também, por pessoa física ou jurídica de direito privado.

Art. 198. As ações e serviços públicos de saúde integram uma rede regionalizada e hierarquizada e constituem um sistema único, organizado de acordo com as seguintes diretrizes:

I - descentralização, com direção única em cada esfera de governo;

II - atendimento integral, com prioridade para as atividades preventivas, sem prejuízo dos serviços assistenciais;

III - participação da comunidade.

§ 1º O sistema único de saúde será financiado, nos termos do art. 195, com recursos do orçamento da seguridade social, da União, dos Estados, do Distrito Federal e dos Municípios, além de outras fontes. (Parágrafo único renumerado para § 1º pela Emenda Constitucional nº 29, de 2000)

§ 2º A União, os Estados, o Distrito Federal e os Municípios aplicarão, anualmente, em ações e serviços públicos de saúde recursos mínimos derivados da aplicação de percentuais calculados sobre: (Incluído pela Emenda Constitucional nº 29, de 2000)

I - no caso da União, a receita corrente líquida do respectivo exercício financeiro, não podendo ser inferior a 15% (quinze por cento); (Redação dada pela Emenda Constitucional nº 86, de 2015)

II – no caso dos Estados e do Distrito Federal, o produto da arrecadação dos impostos a que se refere o art. 155 e dos recursos de que tratam os arts. 157 e 159, inciso I, alínea a, e inciso II, deduzidas as parcelas que forem transferidas aos respectivos Municípios; (Incluído pela Emenda Constitucional nº 29, de 2000)

III – no caso dos Municípios e do Distrito Federal, o produto da arrecadação dos impostos a que se refere o art. 156 e dos recursos de que tratam os arts. 158 e 159, inciso I, alínea b e § 3º. (Incluído pela Emenda Constitucional nº 29, de 2000)

§ 3º Lei complementar, que será reavaliada pelo menos a cada cinco anos, estabelecerá: (Incluído pela Emenda Constitucional nº 29, de 2000)

I - os percentuais de que tratam os incisos II e III do § 2º; (Redação dada pela Emenda Constitucional nº 86, de 2015)

II – os critérios de rateio dos recursos da União vinculados à saúde destinados aos Estados, ao Distrito Federal e aos Municípios, e dos Estados destinados a seus respectivos Municípios, objetivando a progressiva redução das disparidades regionais; (Incluído pela Emenda Constitucional nº 29, de 2000)

III – as normas de fiscalização, avaliação e controle das despesas com saúde nas esferas federal, estadual, distrital e municipal; (Incluído pela Emenda Constitucional nº 29, de 2000)

IV - (revogado). (Redação dada pela Emenda Constitucional nº 86, de 2015)

§ 4º Os gestores locais do sistema único de saúde poderão admitir agentes comunitários de saúde e agentes de combate às endemias por meio de processo seletivo público, de acordo com a natureza e complexidade de suas atribuições e requisitos específicos para sua atuação. (Incluído pela Emenda Constitucional nº 51, de 2006)

§ 5º Lei federal disporá sobre o regime jurídico, o piso salarial profissional nacional, as diretrizes para os Planos de Carreira e a regulamentação das atividades de agente comunitário de saúde e agente de combate às endemias, competindo à União, nos termos da lei, prestar assistência financeira complementar aos Estados, ao Distrito Federal e aos Municípios, para o cumprimento do referido piso salarial. (Redação dada pela Emenda Constitucional nº 63, de 2010) Regulamento

§ 6º Além das hipóteses previstas no § 1º do art. 41 e no § 4º do art. 169 da Constituição Federal, o servidor que exerça funções equivalentes às de agente comunitário de saúde ou de agente de combate às endemias poderá perder o cargo em caso de descumprimento dos requisitos específicos, fixados em lei, para o seu exercício. (Incluído pela Emenda Constitucional nº 51, de 2006)

Art. 199. A assistência à saúde é livre à iniciativa privada.

§ 1º As instituições privadas poderão participar de forma complementar do sistema único de saúde, segundo diretrizes deste, mediante contrato de direito público ou convênio, tendo preferência as entidades filantrópicas e as sem fins lucrativos.

§ 2º É vedada a destinação de recursos públicos para auxílios ou subvenções às instituições privadas com fins lucrativos.

§ 3º - É vedada a participação direta ou indireta de empresas ou capitais estrangeiros na assistência à saúde no País, salvo nos casos previstos em lei.

§ 4º A lei disporá sobre as condições e os requisitos que facilitem a remoção de órgãos, tecidos e substâncias humanas para fins de transplante, pesquisa e tratamento, bem como a coleta, processamento e transfusão de sangue e seus derivados, sendo vedado todo tipo de comercialização.

Art. 200. Ao sistema único de saúde compete, além de outras atribuições, nos termos da lei:

I - controlar e fiscalizar procedimentos, produtos e substâncias de interesse para a saúde e participar da produção de medicamentos, equipamentos, imunobiológicos, hemoderivados e outros insumos;

II - executar as ações de vigilância sanitária e epidemiológica, bem como as de saúde do trabalhador;

III - ordenar a formação de recursos humanos na área de saúde;

IV - participar da formulação da política e da execução das ações de saneamento básico;

V - incrementar, em sua área de atuação, o desenvolvimento científico e tecnológico e a inovação; (Redação dada pela Emenda Constitucional nº 85, de 2015)

VI - fiscalizar e inspecionar alimentos, compreendido o controle de seu teor nutricional, bem como bebidas e águas para consumo humano;

VII - participar do controle e fiscalização da produção, transporte, guarda e utilização de substâncias e produtos psicoativos, tóxicos e radioativos;

VIII - colaborar na proteção do meio ambiente, nele compreendido o do trabalho.

SEÇÃO III - DA PREVIDÊNCIA SOCIAL

Art. 201. A previdência social será organizada sob a forma do Regime Geral de Previdência Social, de caráter contributivo e de filiação obrigatória, observados critérios que preservem o equilíbrio financeiro e atuarial, e atenderá, na forma da lei, a: (Redação dada pela Emenda Constitucional nº 103, de 2019)

I - cobertura dos eventos de incapacidade temporária ou permanente para o trabalho e idade avançada; (Redação dada pela Emenda Constitucional nº 103, de 2019)

II - proteção à maternidade, especialmente à gestante; (Redação dada pela Emenda Constitucional nº 20, de 1998)

III - proteção ao trabalhador em situação de desemprego involuntário; (Redação dada pela Emenda Constitucional nº 20, de 1998)

IV - salário-família e auxílio-reclusão para os dependentes dos segurados de baixa renda; (Redação dada pela Emenda Constitucional nº 20, de 1998)

V - pensão por morte do segurado, homem ou mulher, ao cônjuge ou companheiro e dependentes, observado o disposto no § 2º. (Redação dada pela Emenda Constitucional nº 20, de 1998)

§ 1º É vedada a adoção de requisitos ou critérios diferenciados para concessão de benefícios, ressalvada, nos termos de lei complementar, a possibilidade de previsão de idade e tempo de contribuição distintos da regra geral para concessão de aposentadoria exclusivamente em favor dos segurados: (Redação dada pela Emenda Constitucional nº 103, de 2019)

I - com deficiência, previamente submetidos a avaliação biopsicossocial realizada por equipe multiprofissional e interdisciplinar; (Incluído pela Emenda Constitucional nº 103, de 2019)

II - cujas atividades sejam exercidas com efetiva exposição a agentes químicos, físicos e biológicos prejudiciais à saúde, ou associação desses agentes, vedada a caracterização por categoria profissional ou ocupação. (Incluído pela Emenda Constitucional nº 103, de 2019)

§ 2º Nenhum benefício que substitua o salário de contribuição ou o rendimento do trabalho do segurado terá valor mensal inferior ao salário mínimo. (Redação dada pela Emenda Constitucional nº 20, de 1998)

§ 3º Todos os salários de contribuição considerados para o cálculo de benefício serão devidamente atualizados, na forma da lei. (Redação dada pela Emenda Constitucional nº 20, de 1998)

§ 4º É assegurado o reajustamento dos benefícios para preservar-lhes, em caráter permanente, o valor real, conforme critérios definidos em lei. (Redação dada pela Emenda Constitucional nº 20, de 1998)

§ 5º É vedada a filiação ao regime geral de previdência social, na qualidade de segurado facultativo, de pessoa participante de regime próprio de previdência. (Redação dada pela Emenda Constitucional nº 20, de 1998)

§ 6º A gratificação natalina dos aposentados e pensionistas terá por base o valor dos proventos do mês de dezembro de cada ano. (Redação dada pela Emenda Constitucional nº 20, de 1998)

§ 7º É assegurada aposentadoria no regime geral de previdência social, nos termos da lei, obedecidas as seguintes condições: (Redação dada pela Emenda Constitucional nº 20, de 1998)

I - 65 (sessenta e cinco) anos de idade, se homem, e 62 (sessenta e dois) anos de idade, se mulher, observado tempo mínimo de contribuição; (Redação dada pela Emenda Constitucional nº 103, de 2019)

II - 60 (sessenta) anos de idade, se homem, e 55 (cinquenta e cinco) anos de idade, se mulher, para os trabalhadores rurais e para os que exerçam suas atividades em regime de economia familiar, nestes incluídos o produtor rural, o garimpeiro e o pescador artesanal. (Redação dada pela Emenda Constitucional nº 103, de 2019)

§ 8º O requisito de idade a que se refere o inciso I do § 7º será reduzido em 5 (cinco) anos, para o professor que comprove tempo de efetivo exercício das funções de magistério na educação infantil e no ensino fundamental e médio fixado em lei complementar. (Redação dada pela Emenda Constitucional nº 103, de 2019)

§ 9º Para fins de aposentadoria, será assegurada a contagem recíproca do tempo de contribuição entre o Regime Geral de Previdência Social e os regimes próprios de previdência social, e destes entre si, observada a compensação financeira, de acordo com os critérios estabelecidos em lei. (Redação dada pela Emenda Constitucional nº 103, de 2019)

§ 9º-A. O tempo de serviço militar exercido nas atividades de que tratam os arts. 42, 142 e 143 e o tempo de contribuição ao Regime Geral de Previdência Social ou a regime próprio de previdência social terão contagem recíproca para fins de inativação militar ou aposentadoria, e a compensação financeira será devida entre as receitas de contribuição referentes aos militares e as receitas de contribuição aos demais regimes. (Incluído pela Emenda Constitucional nº 103, de 2019)

§ 10. Lei complementar poderá disciplinar a cobertura de benefícios não programados, inclusive os decorrentes de acidente do trabalho, a ser atendida concorrentemente pelo Regime Geral de Previdência Social e pelo setor privado. (Redação dada pela Emenda Constitucional nº 103, de 2019)

§ 11. Os ganhos habituais do empregado, a qualquer título, serão incorporados ao salário para efeito de contribuição previdenciária e conseqüente repercussão em benefícios, nos casos e na forma da lei. (Incluído dada pela Emenda Constitucional nº 20, de 1998)

§ 12. Lei instituirá sistema especial de inclusão previdenciária, com alíquotas diferenciadas, para atender aos trabalhadores de baixa renda, inclusive os que se encontram em situação de informalidade, e àqueles sem renda própria que se dediquem exclusivamente ao trabalho doméstico no âmbito de sua residência, desde que pertencentes a famílias de baixa renda. (Redação dada pela Emenda Constitucional nº 103, de 2019)

§ 13. A aposentadoria concedida ao segurado de que trata o § 12 terá valor de 1 (um) salário-mínimo. (Redação dada pela Emenda Constitucional nº 103, de 2019)

§ 14. É vedada a contagem de tempo de contribuição fictício para efeito de concessão dos benefícios previdenciários e de contagem recíproca. (Incluído pela Emenda Constitucional nº 103, de 2019)

§ 15. Lei complementar estabelecerá vedações, regras e condições para a acumulação de benefícios previdenciários. (Incluído pela Emenda Constitucional nº 103, de 2019)

§ 16. Os empregados dos consórcios públicos, das empresas públicas, das sociedades de economia mista e das suas subsidiárias serão aposentados compulsoriamente, observado o cumprimento do tempo mínimo de contribuição, ao atingir a idade máxima de que trata o inciso II do § 1º do art. 40, na forma estabelecida em lei. (Incluído pela Emenda Constitucional nº 103, de 2019)

Art. 202. O regime de previdência privada, de caráter complementar e organizado de forma autônoma em relação ao regime geral de previdência social, será facultativo, baseado na constituição de reservas que garantam o benefício contratado, e regulado por lei complementar. (Redação dada pela Emenda Constitucional nº 20, de 1998)

§ 1º A lei complementar de que trata este artigo assegurará ao participante de planos de benefícios de entidades de previdência privada o pleno acesso às informações relativas à gestão de seus respectivos planos. (Redação dada pela Emenda Constitucional nº 20, de 1998)

§ 2º As contribuições do empregador, os benefícios e as condições contratuais previstas nos estatutos, regulamentos e planos de benefícios das entidades de previdência privada não integram o contrato de trabalho dos participantes, assim como, à exceção dos benefícios concedidos, não integram a remuneração dos participantes, nos termos da lei. (Redação dada pela Emenda Constitucional nº 20, de 1998)

§ 3º É vedado o aporte de recursos a entidade de previdência privada pela União, Estados, Distrito Federal e Municípios, suas autarquias, fundações, empresas públicas, sociedades de economia mista e outras entidades públicas, salvo na qualidade de patrocinador, situação na qual, em hipótese alguma, sua contribuição normal poderá exceder a do segurado. (Incluído pela Emenda Constitucional nº 20, de 1998)

§ 4º Lei complementar disciplinará a relação entre a União, Estados, Distrito Federal ou Municípios, inclusive suas autarquias, fundações, sociedades de economia mista e empresas controladas direta ou indiretamente, enquanto patrocinadores de planos de benefícios previdenciários, e as entidades de previdência complementar. (Redação dada pela Emenda Constitucional nº 103, de 2019)

§ 5º A lei complementar de que trata o § 4º aplicar-se-á, no que couber, às empresas privadas permissionárias ou concessionárias de prestação de serviços públicos, quando patrocinadoras de planos de benefícios em entidades de previdência complementar. (Redação dada pela Emenda Constitucional nº 103, de 2019)

§ 6º Lei complementar estabelecerá os requisitos para a designação dos membros das diretorias das entidades fechadas de previdência complementar instituídas pelos patrocinadores de que trata o § 4º e disciplinará a inserção dos participantes nos colegiados e instâncias de decisão em que seus interesses sejam objeto de discussão e deliberação. (Redação dada pela Emenda Constitucional nº 103, de 2019)

SEÇÃO IV - DA ASSISTÊNCIA SOCIAL

Art. 203. A assistência social será prestada a quem dela necessitar, independentemente de contribuição à seguridade social, e tem por objetivos:

I - a proteção à família, à maternidade, à infância, à adolescência e à velhice;

II - o amparo às crianças e adolescentes carentes;

III - a promoção da integração ao mercado de trabalho;

IV - a habilitação e reabilitação das pessoas portadoras de deficiência e a promoção de sua integração à vida comunitária;

V - a garantia de um salário mínimo de benefício mensal à pessoa portadora de deficiência e ao idoso que comprovem não possuir meios de prover à própria manutenção ou de tê-la provida por sua família, conforme dispuser a lei.

Art. 204. As ações governamentais na área da assistência social serão realizadas com recursos do orçamento da seguridade social, previstos no art. 195, além de outras fontes, e organizadas com base nas seguintes diretrizes:

I - descentralização político-administrativa, cabendo a coordenação e as normas gerais à esfera federal e a coordenação e a execução dos respectivos programas às esferas

estadual e municipal, bem como a entidades beneficentes e de assistência social;

II - participação da população, por meio de organizações representativas, na formulação das políticas e no controle das ações em todos os níveis.

Parágrafo único. É facultado aos Estados e ao Distrito Federal vincular a programa de apoio à inclusão e promoção social até cinco décimos por cento de sua receita tributária líquida, vedada a aplicação desses recursos no pagamento de: (Incluído pela Emenda Constitucional nº 42, de 19.12.2003)

I - despesas com pessoal e encargos sociais; (Incluído pela Emenda Constitucional nº 42, de 19.12.2003)

II - serviço da dívida; (Incluído pela Emenda Constitucional nº 42, de 19.12.2003)

III - qualquer outra despesa corrente não vinculada diretamente aos investimentos ou ações apoiados. (Incluído pela Emenda Constitucional nº 42, de 19.12.2003)

CAPÍTULO III - DA EDUCAÇÃO, DA CULTURA E DO DESPORTO

SEÇÃO I - DA EDUCAÇÃO

Art. 205. A educação, direito de todos e dever do Estado e da família, será promovida e incentivada com a colaboração da sociedade, visando ao pleno desenvolvimento da pessoa, seu preparo para o exercício da cidadania e sua qualificação para o trabalho.

Art. 206. O ensino será ministrado com base nos seguintes princípios:

I - igualdade de condições para o acesso e permanência na escola;

II - liberdade de aprender, ensinar, pesquisar e divulgar o pensamento, a arte e o saber;

III - pluralismo de idéias e de concepções pedagógicas, e coexistência de instituições públicas e privadas de ensino;

IV - gratuidade do ensino público em estabelecimentos oficiais;

V - valorização dos profissionais da educação escolar, garantidos, na forma da lei, planos de carreira, com ingresso exclusivamente por concurso público de provas e títulos, aos das redes públicas; (Redação dada pela Emenda Constitucional nº 53, de 2006)

VI - gestão democrática do ensino público, na forma da lei;

VII - garantia de padrão de qualidade.

VIII - piso salarial profissional nacional para os profissionais da educação escolar pública, nos termos de lei federal. (Incluído pela Emenda Constitucional nº 53, de 2006)

Parágrafo único. A lei disporá sobre as categorias de trabalhadores considerados profissionais da educação básica e sobre a fixação de prazo para a elaboração ou adequação de seus planos de carreira, no âmbito da União, dos Estados, do Distrito Federal e dos Municípios. (Incluído pela Emenda Constitucional nº 53, de 2006)

Art. 207. As universidades gozam de autonomia didático-científica, administrativa e de gestão financeira e patrimonial, e obedecerão ao princípio de indissociabilidade entre ensino, pesquisa e extensão.

§ 1º É facultado às universidades admitir professores, técnicos e cientistas estrangeiros, na forma da lei. (Incluído pela Emenda Constitucional nº 11, de 1996)

§ 2º O disposto neste artigo aplica-se às instituições de pesquisa científica e tecnológica. (Incluído pela Emenda Constitucional nº 11, de 1996)

Art. 208. O dever do Estado com a educação será efetivado mediante a garantia de:

I - educação básica obrigatória e gratuita dos 4 (quatro) aos 17 (dezessete) anos de idade, assegurada inclusive sua oferta gratuita para todos os que a ela não tiveram acesso na idade própria; (Redação dada pela Emenda Constitucional nº 59, de 2009) (Vide Emenda Constitucional nº 59, de 2009)

II - progressiva universalização do ensino médio gratuito; (Redação dada pela Emenda Constitucional nº 14, de 1996)

III - atendimento educacional especializado aos portadores de deficiência, preferencialmente na rede regular de ensino;

IV - educação infantil, em creche e pré-escola, às crianças até 5 (cinco) anos de idade; (Redação dada pela Emenda Constitucional nº 53, de 2006)

V - acesso aos níveis mais elevados do ensino, da pesquisa e da criação artística, segundo a capacidade de cada um;

VI - oferta de ensino noturno regular, adequado às condições do educando;

VII - atendimento ao educando, em todas as etapas da educação básica, por meio de programas suplementares de material didáticoescolar, transporte, alimentação e assistência à saúde. (Redação dada pela Emenda Constitucional nº 59, de 2009)

§ 1º O acesso ao ensino obrigatório e gratuito é direito público subjetivo.

§ 2º O não-oferecimento do ensino obrigatório pelo Poder Público, ou sua oferta irregular, importa responsabilidade da autoridade competente.

§ 3º Compete ao Poder Público recensear os educandos no ensino fundamental, fazer-lhes a chamada e zelar, junto aos pais ou responsáveis, pela freqüência à escola.

Art. 209. O ensino é livre à iniciativa privada, atendidas as seguintes condições:

I - cumprimento das normas gerais da educação nacional;

II - autorização e avaliação de qualidade pelo Poder Público.

Art. 210. Serão fixados conteúdos mínimos para o ensino fundamental, de maneira a assegurar formação básica comum e respeito aos valores culturais e artísticos, nacionais e regionais.

§ 1º O ensino religioso, de matrícula facultativa, constituirá disciplina dos horários normais das escolas públicas de ensino fundamental.

§ 2º O ensino fundamental regular será ministrado em língua portuguesa, assegurada às comunidades indígenas também a utilização de suas línguas maternas e processos próprios de aprendizagem.

Art. 211. A União, os Estados, o Distrito Federal e os Municípios organizarão em regime de colaboração seus sistemas de ensino.

§ 1º A União organizará o sistema federal de ensino e o dos Territórios, financiará as instituições de ensino públicas federais e exercerá, em matéria educacional, função redistributiva e supletiva, de forma a garantir equalização de oportunidades educacionais e padrão mínimo de qualidade do ensino mediante assistência técnica e financeira aos Estados, ao Distrito Federal e aos Municípios; (Redação dada pela Emenda Constitucional nº 14, de 1996)

§ 2º Os Municípios atuarão prioritariamente no ensino fundamental e na educação infantil. (Redação dada pela Emenda Constitucional nº 14, de 1996)

§ 3º Os Estados e o Distrito Federal atuarão prioritariamente no ensino fundamental e médio. (Incluído pela Emenda Constitucional nº 14, de 1996)

§ 4º Na organização de seus sistemas de ensino, a União, os Estados, o Distrito Federal e os Municípios definirão formas de colaboração, de modo a assegurar a universalização do ensino obrigatório. (Redação dada pela Emenda Constitucional nº 59, de 2009)

§ 5º A educação básica pública atenderá prioritariamente ao ensino regular. (Incluído pela Emenda Constitucional nº 53, de 2006)

Art. 212. A União aplicará, anualmente, nunca menos de dezoito, e os Estados, o Distrito Federal e os Municípios vinte e cinco por cento, no mínimo, da receita resultante de impostos, compreendida a proveniente de transferências, na manutenção e desenvolvimento do ensino.

§ 1º A parcela da arrecadação de impostos transferida pela União aos Estados, ao Distrito Federal e aos Municípios, ou pelos Estados aos respectivos Municípios, não é considerada, para efeito do cálculo previsto neste artigo, receita do governo que a transferir.

§ 2º Para efeito do cumprimento do disposto no «caput» deste artigo, serão considerados os sistemas de ensino federal, estadual e municipal e os recursos aplicados na forma do art. 213.

§ 3º A distribuição dos recursos públicos assegurará prioridade ao atendimento das necessidades do ensino obrigatório, no que se refere a universalização, garantia de padrão de qualidade e equidade, nos termos do plano nacional de educação. (Redação dada pela Emenda Constitucional nº 59, de 2009)

§ 4º Os programas suplementares de alimentação e assistência à saúde previstos no art. 208, VII, serão financiados com recursos provenientes de contribuições sociais e outros recursos orçamentários.

§ 5º A educação básica pública terá como fonte adicional de financiamento a contribuição social do salário-educação, recolhida pelas empresas na forma da lei. (Redação dada pela Emenda Constitucional nº 53, de 2006)

§ 6º As cotas estaduais e municipais da arrecadação da contribuição social do salário-educação serão distribuídas proporcionalmente ao número de alunos matriculados na educação básica nas respectivas redes públicas de ensino. (Incluído pela Emenda Constitucional nº 53, de 2006)

Art. 213. Os recursos públicos serão destinados às escolas públicas, podendo ser dirigidos a escolas comunitárias, confessionais ou filantrópicas, definidas em lei, que:

I - comprovem finalidade não-lucrativa e apliquem seus excedentes financeiros em educação;

II - assegurem a destinação de seu patrimônio a outra escola comunitária, filantrópica ou confessional, ou ao Poder Público, no caso de encerramento de suas atividades.

§ 1º - Os recursos de que trata este artigo poderão ser destinados a bolsas de estudo para o ensino fundamental e médio, na forma da lei, para os que demonstrarem insuficiência de recursos, quando houver falta de vagas e cursos regulares da rede pública na localidade da residência do educando, ficando o Poder Público obrigado a investir prioritariamente na expansão de sua rede na localidade.

§ 2º As atividades de pesquisa, de extensão e de estímulo e fomento à inovação realizadas por universidades e/ou por instituições de educação profissional e tecnológica poderão receber apoio financeiro do Poder Público. (Redação dada pela Emenda Constitucional nº 85, de 2015)

Art. 214. A lei estabelecerá o plano nacional de educação, de duração decenal, com o objetivo de articular o sistema nacional de educação em regime de colaboração e definir diretrizes, objetivos, metas e estratégias de implementação para assegurar a manutenção e desenvolvimento do ensino em seus diversos níveis, etapas e modalidades por meio de ações integradas dos poderes públicos das diferentes esferas federativas que conduzam a: (Redação dada pela Emenda Constitucional nº 59, de 2009)

I - erradicação do analfabetismo;

II - universalização do atendimento escolar;

III - melhoria da qualidade do ensino;

IV - formação para o trabalho;

V - promoção humanística, científica e tecnológica do País.

VI - estabelecimento de meta de aplicação de recursos públicos em educação como proporção do produto interno bruto. (Incluído pela Emenda Constitucional nº 59, de 2009)

SEÇÃO II - DA CULTURA

Art. 215. O Estado garantirá a todos o pleno exercício dos direitos culturais e acesso às fontes da cultura nacional, e apoiará e incentivará a valorização e a difusão das manifestações culturais.

§ 1º O Estado protegerá as manifestações das culturas populares, indígenas e afro-brasileiras, e das de outros grupos participantes do processo civilizatório nacional.

2º A lei disporá sobre a fixação de datas comemorativas de alta significação para os diferentes segmentos étnicos nacionais.

3º A lei estabelecerá o Plano Nacional de Cultura, de duração plurianual, visando ao desenvolvimento cultural do País e à integração das ações do poder público que conduzem à: (Incluído pela Emenda Constitucional nº 48, de 2005)

I defesa e valorização do patrimônio cultural brasileiro; (Incluído pela Emenda Constitucional nº 48, de 2005)

II produção, promoção e difusão de bens culturais; (Incluído pela Emenda Constitucional nº 48, de 2005)

III formação de pessoal qualificado para a gestão da cultura em suas múltiplas dimensões; (Incluído pela Emenda Constitucional nº 48, de 2005)

IV democratização do acesso aos bens de cultura; (Incluído pela Emenda Constitucional nº 48, de 2005)

V valorização da diversidade étnica e regional. (Incluído pela Emenda Constitucional nº 48, de 2005)

Art. 216. Constituem patrimônio cultural brasileiro os bens de natureza material e imaterial, tomados individualmente ou em conjunto, portadores de referência à identidade, à ação, à memória dos diferentes grupos formadores da sociedade brasileira, nos quais se incluem:

I - as formas de expressão;

II - os modos de criar, fazer e viver;

III - as criações científicas, artísticas e tecnológicas;

IV - as obras, objetos, documentos, edificações e demais espaços destinados às manifestações artístico-culturais;

V - os conjuntos urbanos e sítios de valor histórico, paisagístico, artístico, arqueológico, paleontológico, ecológico e científico.

§ 1º O Poder Público, com a colaboração da comunidade, promoverá e protegerá o patrimônio cultural brasileiro, por meio de inventários, registros, vigilância, tombamento e desapropriação, e de outras formas de acautelamento e preservação.

§ 2º Cabem à administração pública, na forma da lei, a gestão da documentação governamental e as providências para franquear sua consulta a quantos dela necessitem.

§ 3º A lei estabelecerá incentivos para a produção e o conhecimento de bens e valores culturais.

§ 4º Os danos e ameaças ao patrimônio cultural serão punidos, na forma da lei.

§ 5º Ficam tombados todos os documentos e os sítios detentores de reminiscências históricas dos antigos quilombos.

§ 6º É facultado aos Estados e ao Distrito Federal vincular a fundo estadual de fomento à cultura até cinco décimos por cento de sua receita tributária líquida, para o financiamento de programas e projetos culturais, vedada a aplicação desses recursos no pagamento de: (Incluído pela Emenda Constitucional nº 42, de 19.12.2003)

I - despesas com pessoal e encargos sociais; (Incluído pela Emenda Constitucional nº 42, de 19.12.2003)

II - serviço da dívida; (Incluído pela Emenda Constitucional nº 42, de 19.12.2003)

III - qualquer outra despesa corrente não vinculada diretamente aos investimentos ou ações apoiados. (Incluído pela Emenda Constitucional nº 42, de 19.12.2003)

Art. 216-A. O Sistema Nacional de Cultura, organizado em regime de colaboração, de forma descentralizada e participativa, institui um processo de gestão e promoção conjunta de políticas públicas de cultura, democráticas e permanentes, pactuadas entre os entes da Federação e a sociedade, tendo por objetivo promover o desenvolvimento humano, social e econômico com pleno exercício dos direitos culturais. (Incluído pela Emenda Constitucional nº 71, de 2012)

§ 1º O Sistema Nacional de Cultura fundamenta-se na política nacional de cultura e nas suas diretrizes, estabelecidas no

Plano Nacional de Cultura, e rege-se pelos seguintes princípios: Incluído pela Emenda Constitucional nº 71, de 2012

I - diversidade das expressões culturais; Incluído pela Emenda Constitucional nº 71, de 2012

II - universalização do acesso aos bens e serviços culturais; Incluído pela Emenda Constitucional nº 71, de 2012

III - fomento à produção, difusão e circulação de conhecimento e bens culturais; Incluído pela Emenda Constitucional nº 71, de 2012

IV - cooperação entre os entes federados, os agentes públicos e privados atuantes na área cultural; Incluído pela Emenda Constitucional nº 71, de 2012

V - integração e interação na execução das políticas, programas, projetos e ações desenvolvidas; Incluído pela Emenda Constitucional nº 71, de 2012

VI - complementaridade nos papéis dos agentes culturais; Incluído pela Emenda Constitucional nº 71, de 2012

VII - transversalidade das políticas culturais; Incluído pela Emenda Constitucional nº 71, de 2012

VIII - autonomia dos entes federados e das instituições da sociedade civil; Incluído pela Emenda Constitucional nº 71, de 2012

IX - transparência e compartilhamento das informações; Incluído pela Emenda Constitucional nº 71, de 2012

X - democratização dos processos decisórios com participação e controle social; Incluído pela Emenda Constitucional nº 71, de 2012

XI - descentralização articulada e pactuada da gestão, dos recursos e das ações; Incluído pela Emenda Constitucional nº 71, de 2012

XII - ampliação progressiva dos recursos contidos nos orçamentos públicos para a cultura. Incluído pela Emenda Constitucional nº 71, de 2012

§ 2º Constitui a estrutura do Sistema Nacional de Cultura, nas respectivas esferas da Federação: Incluído pela Emenda Constitucional nº 71, de 2012

I - órgãos gestores da cultura; Incluído pela Emenda Constitucional nº 71, de 2012

II - conselhos de política cultural; Incluído pela Emenda Constitucional nº 71, de 2012

III - conferências de cultura; Incluído pela Emenda Constitucional nº 71, de 2012

IV - comissões intergestores; Incluído pela Emenda Constitucional nº 71, de 2012

V - planos de cultura; Incluído pela Emenda Constitucional nº 71, de 2012

VI - sistemas de financiamento à cultura; Incluído pela Emenda Constitucional nº 71, de 2012

VII - sistemas de informações e indicadores culturais; Incluído pela Emenda Constitucional nº 71, de 2012

VIII - programas de formação na área da cultura; e Incluído pela Emenda Constitucional nº 71, de 2012

IX - sistemas setoriais de cultura. Incluído pela Emenda Constitucional nº 71, de 2012

§ 3º Lei federal disporá sobre a regulamentação do Sistema Nacional de Cultura, bem como de sua articulação com os demais sistemas nacionais ou políticas setoriais de governo. Incluído pela Emenda Constitucional nº 71, de 2012

§ 4º Os Estados, o Distrito Federal e os Municípios organizarão seus respectivos sistemas de cultura em leis próprias. Incluído pela Emenda Constitucional nº 71, de 2012

SEÇÃO III - DO DESPORTO

Art. 217. É dever do Estado fomentar práticas desportivas formais e não-formais, como direito de cada um, observados:

I - a autonomia das entidades desportivas dirigentes e associações, quanto a sua organização e funcionamento;

II - a destinação de recursos públicos para a promoção prioritária do desporto educacional e, em casos específicos, para a do desporto de alto rendimento;

III - o tratamento diferenciado para o desporto profissional e o não- profissional;

IV - a proteção e o incentivo às manifestações desportivas de criação nacional.

§ 1º O Poder Judiciário só admitirá ações relativas à disciplina e às competições desportivas após esgotarem-se as instâncias da justiça desportiva, regulada em lei.

§ 2º A justiça desportiva terá o prazo máximo de sessenta dias, contados da instauração do processo, para proferir decisão final.

§ 3º O Poder Público incentivará o lazer, como forma de promoção social.

CAPÍTULO IV - DA CIÊNCIA, TECNOLOGIA E INOVAÇÃO

(Redação dada pela Emenda Constitucional nº 85, de 2015)

Art. 218. O Estado promoverá e incentivará o desenvolvimento científico, a pesquisa, a capacitação científica e tecnológica e a inovação. (Redação dada pela Emenda Constitucional nº 85, de 2015)

§ 1º A pesquisa científica básica e tecnológica receberá tratamento prioritário do Estado, tendo em vista o bem público e o progresso da ciência, tecnologia e inovação. (Redação dada pela Emenda Constitucional nº 85, de 2015)

§ 2º A pesquisa tecnológica voltar-se-á preponderantemente para a solução dos problemas brasileiros e para o desenvolvimento do sistema produtivo nacional e regional.

§ 3º O Estado apoiará a formação de recursos humanos nas áreas de ciência, pesquisa, tecnologia e inovação, inclusive por meio do apoio às atividades de extensão tecnológica, e concederá aos que delas se ocupem meios e condições especiais de trabalho. (Redação dada pela Emenda Constitucional nº 85, de 2015)

§ 4º A lei apoiará e estimulará as empresas que invistam em pesquisa, criação de tecnologia adequada ao País, formação e aperfeiçoamento de seus recursos humanos e que pratiquem sistemas de remuneração que assegurem ao empregado, desvinculada do salário, participação nos ganhos econômicos resultantes da produtividade de seu trabalho.

§ 5º É facultado aos Estados e ao Distrito Federal vincular parcela de sua receita orçamentária a entidades públicas de fomento ao ensino e à pesquisa científica e tecnológica.

§ 6º O Estado, na execução das atividades previstas no caput , estimulará a articulação entre entes, tanto públicos quanto privados, nas diversas esferas de governo. (Incluído pela Emenda Constitucional nº 85, de 2015)

§ 7º O Estado promoverá e incentivará a atuação no exterior das instituições públicas de ciência, tecnologia e inovação, com vistas à execução das atividades previstas no caput. (Incluído pela Emenda Constitucional nº 85, de 2015)

Art. 219. O mercado interno integra o patrimônio nacional e será incentivado de modo a viabilizar o desenvolvimento cultural e sócio-econômico, o bem-estar da população e a autonomia tecnológica do País, nos termos de lei federal.

Parágrafo único. O Estado estimulará a formação e o fortalecimento da inovação nas empresas, bem como nos demais entes, públicos ou privados, a constituição e a manutenção de parques e polos tecnológicos e de demais ambientes promotores da inovação, a atuação dos inventores independentes e a criação, absorção, difusão e transferência de tecnologia. (Incluído pela Emenda Constitucional nº 85, de 2015)

Art. 219-A. A União, os Estados, o Distrito Federal e os Municípios poderão firmar instrumentos de cooperação com órgãos e entidades públicos e com entidades privadas, inclusive para o compartilhamento de recursos humanos especializados e capacidade instalada, para a execução de projetos de pesquisa, de desenvolvimento científico e tecnológico e de inovação, mediante contrapartida financeira ou não financeira assumida pelo ente beneficiário, na forma da lei. (Incluído pela Emenda Constitucional nº 85, de 2015)

Art. 219-B. O Sistema Nacional de Ciência, Tecnologia e Inovação (SNCTI) será organizado em regime de colaboração entre entes, tanto públicos quanto privados, com vistas a promover o desenvolvimento científico e tecnológico e a inovação. (Incluído pela Emenda Constitucional nº 85, de 2015)

§ 1º Lei federal disporá sobre as normas gerais do SNCTI. (Incluído pela Emenda Constitucional nº 85, de 2015)

§ 2º Os Estados, o Distrito Federal e os Municípios legislarão concorrentemente sobre suas peculiaridades. (Incluído pela Emenda Constitucional nº 85, de 2015)

CAPÍTULO V - DA COMUNICAÇÃO SOCIAL

Art. 220. A manifestação do pensamento, a criação, a expressão e a informação, sob qualquer forma, processo ou veículo não sofrerão qualquer restrição, observado o disposto nesta Constituição.

§ 1º Nenhuma lei conterá dispositivo que possa constituir embaraço à plena liberdade de informação jornalística em qualquer veículo de comunicação social, observado o disposto no art. 5º, IV, V, X, XIII e XIV.

§ 2º É vedada toda e qualquer censura de natureza política, ideológica e artística.

§ 3º Compete à lei federal:

I - regular as diversões e espetáculos públicos, cabendo ao Poder Público informar sobre a natureza deles, as faixas etárias a que não se recomendem, locais e horários em que sua apresentação se mostre inadequada;

II - estabelecer os meios legais que garantam à pessoa e à família a possibilidade de se defenderem de programas ou programações de rádio e televisão que contrariem o disposto no art. 221, bem como da propaganda de produtos, práticas e serviços que possam ser nocivos à saúde e ao meio ambiente.

§ 4º A propaganda comercial de tabaco, bebidas alcoólicas, agrotóxicos, medicamentos e terapias estará sujeita a restrições legais, nos termos do inciso II do parágrafo anterior, e conterá, sempre que necessário, advertência sobre os malefícios decorrentes de seu uso.

§ 5º Os meios de comunicação social não podem, direta ou indiretamente, ser objeto de monopólio ou oligopólio.

§ 6º A publicação de veículo impresso de comunicação independe de licença de autoridade.

Art. 221. A produção e a programação das emissoras de rádio e televisão atenderão aos seguintes princípios:

I - preferência a finalidades educativas, artísticas, culturais e informativas;

II - promoção da cultura nacional e regional e estímulo à produção independente que objetive sua divulgação;

III - regionalização da produção cultural, artística e jornalística, conforme percentuais estabelecidos em lei;

IV - respeito aos valores éticos e sociais da pessoa e da família.

Art. 222. A propriedade de empresa jornalística e de radiodifusão sonora e de sons e imagens é privativa de brasileiros natos ou naturalizados há mais de dez anos, ou de pessoas jurídicas constituídas sob as leis brasileiras e que tenham sede no País. (Redação dada pela Emenda Constitucional nº 36, de 2002)

§ 1º Em qualquer caso, pelo menos setenta por cento do capital total e do capital votante das empresas jornalísticas e de radiodifusão sonora e de sons e imagens deverá pertencer, direta ou indiretamente, a brasileiros natos ou naturalizados há mais de dez anos, que exercerão obrigatoriamente a gestão das atividades e estabelecerão o conteúdo da programação. (Redação dada pela Emenda Constitucional nº 36, de 2002)

§ 2º A responsabilidade editorial e as atividades de seleção e direção da programação veiculada são privativas de brasileiros natos ou naturalizados há mais de dez anos, em qualquer meio de comunicação social. (Redação dada pela Emenda Constitucional nº 36, de 2002)

§ 3º Os meios de comunicação social eletrônica, independentemente da tecnologia utilizada para a prestação do serviço, deverão observar os princípios enunciados no art. 221, na forma de lei específica, que também garantirá a prioridade de profissionais brasileiros na execução de produções nacionais. (Incluído pela Emenda Constitucional nº 36, de 2002)

§ 4º Lei disciplinará a participação de capital estrangeiro nas empresas de que trata o § 1º. (Incluído pela Emenda Constitucional nº 36, de 2002)

§ 5º As alterações de controle societário das empresas de que trata o § 1º serão comunicadas ao Congresso Nacional. (Incluído pela Emenda Constitucional nº 36, de 2002)

Art. 223. Compete ao Poder Executivo outorgar e renovar concessão, permissão e autorização para o serviço de radiodifusão sonora e de sons e imagens, observado o princípio da complementaridade dos sistemas privado, público e estatal.

§ 1º O Congresso Nacional apreciará o ato no prazo do art. 64, § 2º e § 4º, a contar do recebimento da mensagem.

§ 2º A não renovação da concessão ou permissão dependerá de aprovação de, no mínimo, dois quintos do Congresso Nacional, em votação nominal.

§ 3º O ato de outorga ou renovação somente produzirá efeitos legais após deliberação do Congresso Nacional, na forma dos parágrafos anteriores.

§ 4º O cancelamento da concessão ou permissão, antes de vencido o prazo, depende de decisão judicial.

§ 5º O prazo da concessão ou permissão será de dez anos para as emissoras de rádio e de quinze para as de televisão.

Art. 224. Para os efeitos do disposto neste capítulo, o Congresso Nacional instituirá, como seu órgão auxiliar, o Conselho de Comunicação Social, na forma da lei.

CAPÍTULO VI - DO MEIO AMBIENTE

Art. 225. Todos têm direito ao meio ambiente ecologicamente equilibrado, bem de uso comum do povo e essencial à sadia qualidade de vida, impondo-se ao Poder Público e à coletividade o dever de defendê-lo e preservá-lo para as presentes e futuras gerações.

§ 1º Para assegurar a efetividade desse direito, incumbe ao Poder Público:

I - preservar e restaurar os processos ecológicos essenciais e prover o manejo ecológico das espécies e ecossistemas; (Regulamento)

II - preservar a diversidade e a integridade do patrimônio genético do País e fiscalizar as entidades dedicadas à pesquisa e manipulação de material genético; (Regulamento) (Regulamento)

III - definir, em todas as unidades da Federação, espaços territoriais e seus componentes a serem especialmente protegidos, sendo a alteração e a supressão permitidas somente através de lei, vedada qualquer utilização que comprometa a integridade dos atributos que justifiquem sua proteção; (Regulamento)

IV - exigir, na forma da lei, para instalação de obra ou atividade potencialmente causadora de significativa degradação do meio ambiente, estudo prévio de impacto ambiental, a que se dará publicidade; (Regulamento)

V - controlar a produção, a comercialização e o emprego de técnicas, métodos e substâncias que comportem risco para a vida, a qualidade de vida e o meio ambiente; (Regulamento)

VI - promover a educação ambiental em todos os níveis de ensino e a conscientização pública para a preservação do meio ambiente;

VII - proteger a fauna e a flora, vedadas, na forma da lei, as práticas que coloquem em risco sua função ecológica, provoquem a extinção de espécies ou submetam os animais a crueldade. (Regulamento)

§ 2º Aquele que explorar recursos minerais fica obrigado a recuperar o meio ambiente degradado, de acordo com solução técnica exigida pelo órgão público competente, na forma da lei.

§ 3º As condutas e atividades consideradas lesivas ao meio ambiente sujeitarão os infratores, pessoas físicas ou jurídicas, a sanções penais e administrativas, independentemente da obrigação de reparar os danos causados.

§ 4º A Floresta Amazônica brasileira, a Mata Atlântica, a Serra do Mar, o Pantanal Mato-Grossense e a Zona Costeira são patrimônio nacional, e sua utilização far-se-á, na forma da lei, dentro de condições que assegurem a preservação do meio ambiente, inclusive quanto ao uso dos recursos naturais.

§ 5º São indisponíveis as terras devolutas ou arrecadadas pelos Estados, por ações discriminatórias, necessárias à proteção dos ecossistemas naturais.

§ 6º As usinas que operem com reator nuclear deverão ter sua localização definida em lei federal, sem o que não poderão ser instaladas.

§ 7º Para fins do disposto na parte final do inciso VII do § 1º deste artigo, não se consideram cruéis as práticas desportivas que utilizem animais, desde que sejam manifestações culturais, conforme o § 1º do art. 215 desta Constituição Federal, registradas como bem de natureza imaterial integrante do patrimônio cultural brasileiro, devendo ser regulamentadas por lei específica que assegure o bem-estar dos animais envolvidos. (Incluído pela Emenda Constitucional nº 96, de 2017)

CAPÍTULO VII - DA FAMÍLIA, DA CRIANÇA, DO ADOLESCENTE, DO JOVEM E DO IDOSO

(Redação dada Pela Emenda Constitucional nº 65, de 2010)

Art. 226. A família, base da sociedade, tem especial proteção do Estado.

§ 1º O casamento é civil e gratuita a celebração.

§ 2º O casamento religioso tem efeito civil, nos termos da lei.

§ 3º Para efeito da proteção do Estado, é reconhecida a união estável entre o homem e a mulher como entidade familiar, devendo a lei facilitar sua conversão em casamento.

§ 4º Entende-se, também, como entidade familiar a comunidade formada por qualquer dos pais e seus descendentes.

§ 5º Os direitos e deveres referentes à sociedade conjugal são exercidos igualmente pelo homem e pela mulher.

§ 6º O casamento civil pode ser dissolvido pelo divórcio. (Redação dada Pela Emenda Constitucional nº 66, de 2010)

§ 7º Fundado nos princípios da dignidade da pessoa humana e da paternidade responsável, o planejamento familiar é livre decisão do casal, competindo ao Estado propiciar recursos educacionais e científicos para o exercício desse direito, vedada qualquer forma coercitiva por parte de instituições oficiais ou privadas.

§ 8º O Estado assegurará a assistência à família na pessoa de cada um dos que a integram, criando mecanismos para coibir a violência no âmbito de suas relações.

Art. 227. É dever da família, da sociedade e do Estado assegurar à criança, ao adolescente e ao jovem, com absoluta prioridade, o direito à vida, à saúde, à alimentação, à educação, ao lazer, à profissionalização, à cultura, à dignidade, ao respeito, à liberdade e à convivência familiar e comunitária, além de colocá-los a salvo de toda forma de negligência, discriminação, exploração, violência, crueldade e opressão. (Redação dada Pela Emenda Constitucional nº 65, de 2010)

§ 1º O Estado promoverá programas de assistência integral à saúde da criança, do adolescente e do jovem, admitida a participação de entidades não governamentais, mediante políticas específicas e obedecendo aos seguintes preceitos: (Redação dada Pela Emenda Constitucional nº 65, de 2010)

I - aplicação de percentual dos recursos públicos destinados à saúde na assistência materno-infantil;

II - criação de programas de prevenção e atendimento especializado para as pessoas portadoras de deficiência física, sensorial ou mental, bem como de integração social do adolescente e do jovem portador de deficiência, mediante o treinamento para o trabalho e a convivência, e a facilitação do acesso aos bens e serviços coletivos, com a eliminação de obstáculos arquitetônicos e de todas as formas de discriminação. (Redação dada Pela Emenda Constitucional nº 65, de 2010)

§ 2º A lei disporá sobre normas de construção dos logradouros e dos edifícios de uso público e de fabricação de veículos de transporte coletivo, a fim de garantir acesso adequado às pessoas portadoras de deficiência.

§ 3º O direito a proteção especial abrangerá os seguintes aspectos:

I - idade mínima de quatorze anos para admissão ao trabalho, observado o disposto no art. 7º, XXXIII;

II - garantia de direitos previdenciários e trabalhistas;

III - garantia de acesso do trabalhador adolescente e jovem à escola; (Redação dada Pela Emenda Constitucional nº 65, de 2010)

IV - garantia de pleno e formal conhecimento da atribuição de ato infracional, igualdade na relação processual e defesa técnica por profissional habilitado, segundo dispuser a legislação tutelar específica;

V - obediência aos princípios de brevidade, excepcionalidade e respeito à condição peculiar de pessoa em desenvolvimento, quando da aplicação de qualquer medida privativa da liberdade;

VI - estímulo do Poder Público, através de assistência jurídica, incentivos fiscais e subsídios, nos termos da lei, ao acolhimento, sob a forma de guarda, de criança ou adolescente órfão ou abandonado;

VII - programas de prevenção e atendimento especializado à criança, ao adolescente e ao jovem dependente de entorpecentes e drogas afins. (Redação dada Pela Emenda Constitucional nº 65, de 2010)

§ 4º A lei punirá severamente o abuso, a violência e a exploração sexual da criança e do adolescente.

§ 5º A adoção será assistida pelo Poder Público, na forma da lei, que estabelecerá casos e condições de sua efetivação por parte de estrangeiros.

§ 6º Os filhos, havidos ou não da relação do casamento, ou por adoção, terão os mesmos direitos e qualificações, proibidas quaisquer designações discriminatórias relativas à filiação.

§ 7º No atendimento dos direitos da criança e do adolescente levar-se- á em consideração o disposto no art. 204.

§ 8º A lei estabelecerá: (Incluído Pela Emenda Constitucional nº 65, de 2010)

I - o estatuto da juventude, destinado a regular os direitos dos jovens; (Incluído Pela Emenda Constitucional nº 65, de 2010)

II - o plano nacional de juventude, de duração decenal, visando à articulação das várias esferas do poder público para a execução de políticas públicas. (Incluído Pela Emenda Constitucional nº 65, de 2010)

Art. 228. São penalmente inimputáveis os menores de dezoito anos, sujeitos às normas da legislação especial.

Art. 229. Os pais têm o dever de assistir, criar e educar os filhos menores, e os filhos maiores têm o dever de ajudar e amparar os pais na velhice, carência ou enfermidade.

Art. 230. A família, a sociedade e o Estado têm o dever de amparar as pessoas idosas, assegurando sua participação na comunidade, defendendo sua dignidade e bem-estar e garantindo-lhes o direito à vida.

§ 1º Os programas de amparo aos idosos serão executados preferencialmente em seus lares.

§ 2º Aos maiores de sessenta e cinco anos é garantida a gratuidade dos transportes coletivos urbanos.

CAPÍTULO VIII - DOS ÍNDIOS

Art. 231. São reconhecidos aos índios sua organização social, costumes, línguas, crenças e tradições, e os direitos originários sobre as terras que tradicionalmente ocupam, competindo à União demarcá-las, proteger e fazer respeitar todos os seus bens.

§ 1º São terras tradicionalmente ocupadas pelos índios as por eles habitadas em caráter permanente, as utilizadas para suas atividades produtivas, as imprescindíveis à preservação dos recursos ambientais necessários a seu bem-estar e as necessárias a sua reprodução física e cultural, segundo seus usos, costumes e tradições.

§ 2º As terras tradicionalmente ocupadas pelos índios destinam-se a sua posse permanente, cabendo-lhes o usufruto exclusivo das riquezas do solo, dos rios e dos lagos nelas existentes.

§ 3º O aproveitamento dos recursos hídricos, incluídos os potenciais energéticos, a pesquisa e a lavra das riquezas minerais em terras indígenas só podem ser efetivados com autorização do Congresso Nacional, ouvidas as comunidades afetadas, ficando-lhes assegurada participação nos resultados da lavra, na forma da lei.

§ 4º As terras de que trata este artigo são inalienáveis e indisponíveis, e os direitos sobre elas, imprescritíveis.

§ 5º É vedada a remoção dos grupos indígenas de suas terras, salvo, «ad referendum» do Congresso Nacional, em caso de catástrofe ou epidemia que ponha em risco sua população, ou no interesse da soberania do País, após deliberação do Congresso Nacional, garantido, em qualquer hipótese, o retorno imediato logo que cesse o risco.

§ 6º São nulos e extintos, não produzindo efeitos jurídicos, os atos que tenham por objeto a ocupação, o domínio e a posse das terras a que se refere este artigo, ou a exploração das riquezas naturais do solo, dos rios e dos lagos nelas existentes, ressalvado relevante interesse público da União, segundo o que dispuser lei complementar, não gerando a nulidade e a extinção direito a indenização ou a ações contra a União, salvo, na forma da lei, quanto às benfeitorias derivadas da ocupação de boa fé.

§ 7º Não se aplica às terras indígenas o disposto no art. 174, § 3º e § 4º.

Art. 232. Os índios, suas comunidades e organizações são partes legítimas para ingressar em juízo em defesa de seus direitos e interesses, intervindo o Ministério Público em todos os atos do processo.

TÍTULO IX - DAS DISPOSIÇÕES CONSTITUCIONAIS GERAIS

Art. 233. (Revogado pela Emenda Constitucional nº 28, de 25/05/2000)

Art. 234. É vedado à União, direta ou indiretamente, assumir, em decorrência da criação de Estado, encargos referentes a despesas com pessoal inativo e com encargos e amortizações da dívida interna ou externa da administração pública, inclusive da indireta.

Art. 235. Nos dez primeiros anos da criação de Estado, serão observadas as seguintes normas básicas:

I - a Assembléia Legislativa será composta de dezessete Deputados se a população do Estado for inferior a seiscentos mil habitantes, e de vinte e quatro, se igual ou superior a esse número, até um milhão e quinhentos mil;

II - o Governo terá no máximo dez Secretarias;

III - o Tribunal de Contas terá três membros, nomeados, pelo Governador eleito, dentre brasileiros de comprovada idoneidade e notório saber;

IV - o Tribunal de Justiça terá sete Desembargadores;

V - os primeiros Desembargadores serão nomeados pelo Governador eleito, escolhidos da seguinte forma:

a) cinco dentre os magistrados com mais de trinta e cinco anos de idade, em exercício na área do novo Estado ou do Estado originário;

b) dois dentre promotores, nas mesmas condições, e advogados de comprovada idoneidade e saber jurídico, com dez anos, no mínimo, de exercício profissional, obedecido o procedimento fixado na Constituição;

VI - no caso de Estado proveniente de Território Federal, os cinco primeiros Desembargadores poderão ser escolhidos dentre juízes de direito de qualquer parte do País;

VII - em cada Comarca, o primeiro Juiz de Direito, o primeiro Promotor de Justiça e o primeiro Defensor Público serão nomeados pelo Governador eleito após concurso público de provas e títulos;

VIII - até a promulgação da Constituição Estadual, responderão pela Procuradoria-Geral, pela Advocacia-Geral e pela Defensoria-Geral do Estado advogados de notório saber, com trinta e cinco anos de idade, no mínimo, nomeados pelo Governador eleito e demissíveis "ad nutum";

IX - se o novo Estado for resultado de transformação de Território Federal, a transferência de encargos financeiros da União para pagamento dos servidores optantes que pertenciam à Administração Federal ocorrerá da seguinte forma:

a) no sexto ano de instalação, o Estado assumirá vinte por cento dos encargos financeiros para fazer face ao pagamento dos servidores públicos, ficando ainda o restante sob a responsabilidade da União;

b) no sétimo ano, os encargos do Estado serão acrescidos de trinta por cento e, no oitavo, dos restantes cinqüenta por cento;

X - as nomeações que se seguirem às primeiras, para os cargos mencionados neste artigo, serão disciplinadas na Constituição Estadual;

XI - as despesas orçamentárias com pessoal não poderão ultrapassar cinqüenta por cento da receita do Estado.

Art. 236. Os serviços notariais e de registro são exercidos em caráter privado, por delegação do Poder Público. (Regulamento)

§ 1º Lei regulará as atividades, disciplinará a responsabilidade civil e criminal dos notários, dos oficiais de registro e de seus prepostos, e definirá a fiscalização de seus atos pelo Poder Judiciário.

§ 2º Lei federal estabelecerá normas gerais para fixação de emolumentos relativos aos atos praticados pelos serviços notariais e de registro. (Regulamento)

§ 3º O ingresso na atividade notarial e de registro depende de concurso público de provas e títulos, não se permitindo que qualquer serventia fique vaga, sem abertura de concurso de provimento ou de remoção, por mais de seis meses.

Art. 237. A fiscalização e o controle sobre o comércio exterior, essenciais à defesa dos interesses fazendários nacionais, serão exercidos pelo Ministério da Fazenda.

Art. 238. A lei ordenará a venda e revenda de combustíveis de petróleo, álcool carburante e outros combustíveis derivados de matérias-primas renováveis, respeitados os princípios desta Constituição.

Art. 239. A arrecadação decorrente das contribuições para o Programa de Integração Social, criado pela Lei Complementar nº 7, de 7 de setembro de 1970, e para o Programa de Formação do Patrimônio do Servidor Público, criado pela Lei Complementar nº 8, de 3 de dezembro de 1970, passa, a partir da promulgação desta Constituição, a financiar, nos termos que a lei dispuser, o programa do seguro-desemprego, outras ações da previdência social e o abono de que trata o § 3º deste artigo. (Redação dada pela Emenda Constitucional nº 103, de 2019)

§ 1º Dos recursos mencionados no caput, no mínimo 28% (vinte e oito por cento) serão destinados para o financiamento de programas de desenvolvimento econômico, por meio do Banco Nacional de Desenvolvimento Econômico e Social, com critérios de remuneração que preservem o seu valor. (Redação dada pela Emenda Constitucional nº 103, de 2019)

§ 2º Os patrimônios acumulados do Programa de Integração Social e do Programa de Formação do Patrimônio do Servidor Público são preservados, mantendo-se os critérios de saque nas situações previstas nas leis específicas, com exceção da retirada por motivo de casamento, ficando vedada a distribuição da arrecadação de que trata o «caput» deste artigo, para depósito nas contas individuais dos participantes.

§ 3º Aos empregados que percebam de empregadores que contribuem para o Programa de Integração Social ou para o Programa de Formação do Patrimônio do Servidor Público, até dois salários mínimos de remuneração mensal, é assegurado o pagamento de um salário mínimo anual, computado neste valor o rendimento das contas individuais, no caso daqueles que já participavam dos referidos programas, até a data da promulgação desta Constituição.

§ 4º O financiamento do seguro-desemprego receberá uma contribuição adicional da empresa cujo índice de rotatividade da força de trabalho superar o índice médio da rotatividade do setor, na forma estabelecida por lei.

§ 5º Os programas de desenvolvimento econômico financiados na forma do § 1º e seus resultados serão anualmente avaliados e divulgados em meio de comunicação social eletrônico e apresentados em reunião da comissão mista permanente de que trata o § 1º do art. 166. (Incluído pela Emenda Constitucional nº 103, de 2019)

Art. 240. Ficam ressalvadas do disposto no art. 195 as atuais contribuições compulsórias dos empregadores sobre a folha de salários, destinadas às entidades privadas de serviço social e de formação profissional vinculadas ao sistema sindical.

Art. 241. A União, os Estados, o Distrito Federal e os Municípios disciplinarão por meio de lei os consórcios públicos e os convênios de cooperação entre os entes federados, autorizando a gestão associada de serviços públicos, bem como a transferência total ou parcial de encargos, serviços, pessoal e bens essenciais à continuidade dos serviços transferidos. (Redação dada pela Emenda Constitucional nº 19, de 1998)

Art. 242. O princípio do art. 206, IV, não se aplica às instituições educacionais oficiais criadas por lei estadual ou municipal e existentes na data da promulgação desta Constituição, que não sejam total ou preponderantemente mantidas com recursos públicos.

§ 1º O ensino da História do Brasil levará em conta as contribuições das diferentes culturas e etnias para a formação do povo brasileiro.

§ 2º O Colégio Pedro II, localizado na cidade do Rio de Janeiro, será mantido na órbita federal.

Art. 243. As propriedades rurais e urbanas de qualquer região do País onde forem localizadas culturas ilegais de plantas psicotrópicas ou a exploração de trabalho escravo na forma da lei serão expropriadas e destinadas à reforma agrária e a programas de habitação popular, sem qualquer indenização ao proprietário e sem prejuízo de outras sanções previstas em lei, observado, no que couber, o disposto no art. 5º. (Redação dada pela Emenda Constitucional nº 81, de 2014)

Parágrafo único. Todo e qualquer bem de valor econômico apreendido em decorrência do tráfico ilícito de entorpecentes e drogas afins e da exploração de trabalho escravo será confiscado e reverterá a fundo especial com destinação específica, na forma da lei. (Redação dada pela Emenda Constitucional nº 81, de 2014)

Art. 244. A lei disporá sobre a adaptação dos logradouros, dos edifícios de uso público e dos veículos de transporte coletivo atualmente existentes a fim de garantir acesso adequado às pessoas portadoras de deficiência, conforme o disposto no art. 227, § 2º.

Art. 245. A lei disporá sobre as hipóteses e condições em que o Poder Público dará assistência aos herdeiros e dependentes carentes de pessoas vitimadas por crime doloso, sem prejuízo da responsabilidade civil do autor do ilícito.

Art. 246. É vedada a adoção de medida provisória na regulamentação de artigo da Constituição cuja redação tenha sido alterada por meio de emenda promulgada entre 1º de janeiro de 1995 até a promulgação desta emenda, inclusive. (Redação dada pela Emenda Constitucional nº 32, de 2001)

Art. 247. As leis previstas no inciso III do § 1º do art. 41 e no § 7º do art. 169 estabelecerão critérios e garantias especiais para a perda do cargo pelo servidor público estável que, em decorrência das atribuições de seu cargo efetivo, desenvolva atividades exclusivas de Estado. (Incluído pela Emenda Constitucional nº 19, de 1998)

Parágrafo único. Na hipótese de insuficiência de desempenho, a perda do cargo somente ocorrerá mediante processo administrativo em que lhe sejam assegurados o contraditório e a ampla defesa. (Incluído pela Emenda Constitucional nº 19, de 1998)

Art. 248. Os benefícios pagos, a qualquer título, pelo órgão responsável pelo regime geral de previdência social, ainda que à conta do Tesouro Nacional, e os não sujeitos ao limite máximo de valor fixado para os benefícios concedidos por esse regime observarão os limites fixados no art. 37, XI. (Incluído pela Emenda Constitucional nº 20, de 1998)

Art. 249. Com o objetivo de assegurar recursos para o pagamento de proventos de aposentadoria e pensões concedidas aos respectivos servidores e seus dependentes, em adição aos recursos dos respectivos tesouros, a União, os Estados, o Distrito Federal e os Municípios poderão constituir fundos integrados pelos recursos provenientes de contribuições e por bens, direitos e ativos de qualquer natureza, mediante lei que disporá sobre a natureza e administração desses fundos. (Incluído pela Emenda Constitucional nº 20, de 1998)

Art. 250. Com o objetivo de assegurar recursos para o pagamento dos benefícios concedidos pelo regime geral de previdência social, em adição aos recursos de sua arrecadação, a União poderá constituir fundo integrado por bens, direitos e ativos de qualquer natureza, mediante lei que disporá sobre a natureza e administração desse fundo. (Incluído pela Emenda Constitucional nº 20, de 1998)

2. ATO DAS DISPOSIÇÕES CONSTITUCIONAIS TRANSITÓRIAS

Art. 1º. O Presidente da República, o Presidente do Supremo Tribunal Federal e os membros do Congresso Nacional prestarão o compromisso de manter, defender e cumprir a Constituição, no ato e na data de sua promulgação.

Art. 2º. No dia 7 de setembro de 1993 o eleitorado definirá, através de plebiscito, a forma (república ou monarquia constitucional) e o sistema de governo (parlamentarismo ou presidencialismo) que devem vigorar no País. (Vide emenda Constitucional nº 2, de 1992)

§ 1º - Será assegurada gratuidade na livre divulgação dessas formas e sistemas, através dos meios de comunicação de massa cessionários de serviço público.

§ 2º - O Tribunal Superior Eleitoral, promulgada a Constituição, expedirá as normas regulamentadoras deste artigo.

Art. 3º. A revisão constitucional será realizada após cinco anos, contados da promulgação da Constituição, pelo voto da maioria absoluta dos membros do Congresso Nacional, em sessão unicameral.

Art. 4º. O mandato do atual Presidente da República terminará em 15 de março de 1990.

§ 1º A primeira eleição para Presidente da República após a promulgação da Constituição será realizada no dia 15 de novembro de 1989, não se lhe aplicando o disposto no art. 16 da Constituição.

§ 2º É assegurada a irredutibilidade da atual representação dos Estados e do Distrito Federal na Câmara dos Deputados.

§ 3º - Os mandatos dos Governadores e dos Vice-Governadores eleitos em 15 de novembro de 1986 terminarão em 15 de março de 1991.

§ 4º - Os mandatos dos atuais Prefeitos, Vice-Prefeitos e Vereadores terminarão no dia 1º de janeiro de 1989, com a posse dos eleitos.

Art. 5º. Não se aplicam às eleições previstas para 15 de novembro de 1988 o disposto no art. 16 e as regras do art. 77 da Constituição.

§ 1º Para as eleições de 15 de novembro de 1988 será exigido domicílio eleitoral na circunscrição pelo menos durante os quatro meses anteriores ao pleito, podendo os candidatos que preencham este requisito, atendidas as demais exigências da lei, ter seu registro efetivado pela Justiça Eleitoral após a promulgação da Constituição.

§ 2º Na ausência de norma legal específica, caberá ao Tribunal Superior Eleitoral editar as normas necessárias à realização das eleições de 1988, respeitada a legislação vigente.

§ 3º Os atuais parlamentares federais e estaduais eleitos Vice-Prefeitos, se convocados a exercer a função de Prefeito, não perderão o mandato parlamentar.

§ 4º O número de vereadores por município será fixado, para a representação a ser eleita em 1988, pelo respectivo Tribunal Regional Eleitoral, respeitados os limites estipulados no art. 29, IV, da Constituição.

§ 5º Para as eleições de 15 de novembro de 1988, ressalvados os que já exercem mandato eletivo, são inelegíveis para qualquer cargo, no território de jurisdição do titular, o cônjuge e os parentes por consangüinidade ou afinidade, até o segundo grau, ou por adoção, do Presidente da República, do Governador de Estado, do Governador do Distrito Federal e do Prefeito que tenham exercido mais da metade do mandato.

Art. 6º. Nos seis meses posteriores à promulgação da Constituição, parlamentares federais, reunidos em número não inferior a trinta, poderão requerer ao Tribunal Superior Eleitoral o registro de novo partido político, juntando ao requerimento o manifesto, o estatuto e o programa devidamente assinados pelos requerentes.

§ 1º O registro provisório, que será concedido de plano pelo Tribunal Superior Eleitoral, nos termos deste artigo, defere ao novo partido todos os direitos, deveres e prerrogativas dos atuais, entre eles o de participar, sob legenda própria, das eleições que vierem a ser realizadas nos doze meses seguintes a sua formação.

§ 2º O novo partido perderá automaticamente seu registro provisório se, no prazo de vinte e quatro meses, contados de sua formação, não obtiver registro definitivo no Tribunal Superior Eleitoral, na forma que a lei dispuser.

Art. 7º. O Brasil propugnará pela formação de um tribunal internacional dos direitos humanos.

Art. 8º. É concedida anistia aos que, no período de 18 de setembro de 1946 até a data da promulgação da Constituição, foram atingidos, em decorrência de motivação exclusivamente política, por atos de exceção, institucionais ou complementares, aos que foram abrangidos pelo Decreto Legislativo nº 18, de 15 de dezembro de 1961, e aos atingidos pelo Decreto-Lei nº 864, de 12 de setembro de 1969, asseguradas as promoções, na inatividade, ao cargo, emprego, posto ou graduação a que teriam direito se estivessem em serviço ativo, obedecidos os prazos de permanência em atividade previstos nas leis e regulamentos vigentes, respeitadas as características e peculiaridades das carreiras dos servidores públicos civis e militares e observados os respectivos regimes jurídicos. (Regulamento)

§ 1º O disposto neste artigo somente gerará efeitos financeiros a partir da promulgação da Constituição, vedada a remuneração de qualquer espécie em caráter retroativo.

§ 2º Ficam assegurados os benefícios estabelecidos neste artigo aos trabalhadores do setor privado, dirigentes e representantes sindicais que, por motivos exclusivamente políticos, tenham sido punidos, demitidos ou compelidos ao afastamento das atividades remuneradas que exercem, bem como aos que foram impedidos de exercer atividades profissionais em virtude de pressões ostensivas ou expedientes oficiais sigilosos.

§ 3º Aos cidadãos que foram impedidos de exercer, na vida civil, atividade profissional específica, em decorrência das Portarias Reservadas do Ministério da Aeronáutica nº S-50-GM5, de 19 de junho de 1964, e nº S-285-GM5 será concedida reparação de natureza econômica, na forma que dispuser lei de iniciativa do Congresso Nacional e a entrar em vigor no prazo de doze meses a contar da promulgação da Constituição.

§ 4º Aos que, por força de atos institucionais, tenham exercido gratuitamente mandato eletivo de vereador serão computados, para efeito de aposentadoria no serviço público e previdência social, os respectivos períodos.

§ 5º A anistia concedida nos termos deste artigo aplica-se aos servidores públicos civis e aos empregados em todos os níveis de governo ou em suas fundações, empresas públicas ou empresas mistas sob controle estatal, exceto nos Ministérios militares, que tenham sido punidos ou demitidos por atividades profissionais interrompidas em virtude de decisão de seus trabalhadores, bem como em decorrência do Decreto-Lei nº 1.632, de 4 de agosto de 1978, ou por motivos exclusivamente políticos, assegurada a readmissão dos que foram atingidos a partir de 1979, observado o disposto no § 1º.

Art. 9º. Os que, por motivos exclusivamente políticos, foram cassados ou tiveram seus direitos políticos suspensos no período de 15 de julho a 31 de dezembro de 1969, por ato do então Presidente da República, poderão requerer ao Supremo Tribunal Federal o reconhecimento dos direitos e vantagens interrompidos pelos atos punitivos, desde que comprovem terem sido estes eivados de vício grave.

Parágrafo único. O Supremo Tribunal Federal proferirá a decisão no prazo de cento e vinte dias, a contar do pedido do interessado.

Art. 10. Até que seja promulgada a lei complementar a que se refere o art. 7º, I, da Constituição:

I - fica limitada a proteção nele referida ao aumento, para quatro vezes, da porcentagem prevista no art. 6º, "caput" e § 1º, da Lei nº 5.107, de 13 de setembro de 1966;

II - fica vedada a dispensa arbitrária ou sem justa causa:
 a) do empregado eleito para cargo de direção de comissões internas de prevenção de acidentes, desde o registro de sua candidatura até um ano após o final de seu mandato;
 b) da empregada gestante, desde a confirmação da gravidez até cinco meses após o parto. (Vide Lei Complementar nº 146, de 2014)

§ 1º Até que a lei venha a disciplinar o disposto no art. 7º, XIX, da Constituição, o prazo da licença-paternidade a que se refere o inciso é de cinco dias.

§ 2º Até ulterior disposição legal, a cobrança das contribuições para o custeio das atividades dos sindicatos rurais será feita juntamente com a do imposto territorial rural, pelo mesmo órgão arrecadador.

§ 3º Na primeira comprovação do cumprimento das obrigações trabalhistas pelo empregador rural, na forma do art. 233, após a promulgação da Constituição, será certificada perante a Justiça do Trabalho a regularidade do contrato e das atualizações das obrigações trabalhistas de todo o período.

Art. 11. Cada Assembléia Legislativa, com poderes constituintes, elaborará a Constituição do Estado, no prazo de um ano, contado da promulgação da Constituição Federal, obedecidos os princípios desta.

Parágrafo único. Promulgada a Constituição do Estado, caberá à Câmara Municipal, no prazo de seis meses, votar a Lei Orgânica respectiva, em dois turnos de discussão e votação, respeitado o disposto na Constituição Federal e na Constituição Estadual.

Art. 12. Será criada, dentro de noventa dias da promulgação da Constituição, Comissão de Estudos Territoriais, com dez membros indicados pelo Congresso Nacional e cinco pelo Poder Executivo, com a finalidade de apresentar estudos sobre o território nacional e anteprojetos relativos a novas unidades territoriais, notadamente na Amazônia Legal e em áreas pendentes de solução.

§ 1º No prazo de um ano, a Comissão submeterá ao Congresso Nacional os resultados de seus estudos para, nos termos da Constituição, serem apreciados nos doze meses subseqüentes, extinguindo-se logo após.

§ 2º Os Estados e os Municípios deverão, no prazo de três anos, a contar da promulgação da Constituição, promover, mediante acordo ou arbitramento, a demarcação de suas linhas divisórias atualmente litigiosas, podendo para isso fazer alterações e compensações de área que atendam aos acidentes naturais, critérios históricos, conveniências administrativas e comodidade das populações limítrofes.

§ 3º Havendo solicitação dos Estados e Municípios interessados, a União poderá encarregar-se dos trabalhos demarcatórios.

§ 4º Se, decorrido o prazo de três anos, a contar da promulgação da Constituição, os trabalhos demarcatórios não tiverem sido concluídos, caberá à União determinar os limites das áreas litigiosas.

§ 5º Ficam reconhecidos e homologados os atuais limites do Estado do Acre com os Estados do Amazonas e de Rondônia, conforme levantamentos cartográficos e geodésicos realizados pela Comissão Tripartite integrada por representantes dos Estados e dos serviços técnico-especializados do Instituto Brasileiro de Geografia e Estatística.

Art. 13. É criado o Estado do Tocantins, pelo desmembramento da área descrita neste artigo, dando-se sua instalação no quadragésimo sexto dia após a eleição prevista no § 3º, mas não antes de 1º de janeiro de 1989.

§ 1º - O Estado do Tocantins integra a Região Norte e limita-se com o Estado de Goiás pelas divisas norte dos Municípios de São Miguel do Araguaia, Porangatu, Formoso, Minaçu, Cavalcante, Monte Alegre de Goiás e Campos Belos, conservando a leste, norte e oeste as divisas atuais de Goiás com os Estados da Bahia, Piauí, Maranhão, Pará e Mato Grosso.

§ 2º O Poder Executivo designará uma das cidades do Estado para sua Capital provisória até a aprovação da sede definitiva do governo pela Assembléia Constituinte.

§ 3º O Governador, o Vice-Governador, os Senadores, os Deputados Federais e os Deputados Estaduais serão eleitos, em um único turno, até setenta e cinco dias após a promulgação da Constituição, mas não antes de 15 de novembro de 1988, a critério do Tribunal Superior Eleitoral, obedecidas, entre outras, as seguintes normas:

I - o prazo de filiação partidária dos candidatos será encerrado setenta e cinco dias antes da data das eleições;

II - as datas das convenções regionais partidárias destinadas a deliberar sobre coligações e escolha de candidatos, de apresentação de requerimento de registro dos candidatos escolhidos e dos demais procedimentos legais serão fixadas, em calendário especial, pela Justiça Eleitoral;

III - são inelegíveis os ocupantes de cargos estaduais ou municipais que não se tenham deles afastado, em caráter definitivo, setenta e cinco dias antes da data das eleições previstas neste parágrafo;

IV - ficam mantidos os atuais diretórios regionais dos partidos políticos do Estado de Goiás, cabendo às comissões executivas nacionais designar comissões provisórias no Estado do Tocantins, nos termos e para os fins previstos na lei.

§ 4º Os mandatos do Governador, do Vice-Governador, dos Deputados Federais e Estaduais eleitos na forma do parágrafo anterior extinguir-se-ão concomitantemente aos das demais unidades da Federação; o mandato do Senador eleito menos votado extinguir-se-á nessa mesma oportunidade, e os dos outros dois, juntamente com os dos Senadores eleitos em 1986 nos demais Estados.

§ 5º A Assembléia Estadual Constituinte será instalada no quadragésimo sexto dia da eleição de seus integrantes, mas não antes de 1º de janeiro de 1989, sob a presidência do Presidente do Tribunal Regional Eleitoral do Estado de Goiás, e dará posse, na mesma data, ao Governador e ao Vice-Governador eleitos.

§ 6º Aplicam-se à criação e instalação do Estado do Tocantins, no que couber, as normas legais disciplinadoras da divisão do Estado de Mato Grosso, observado o disposto no art. 234 da Constituição.

§ 7º Fica o Estado de Goiás liberado dos débitos e encargos decorrentes de empreendimentos no território do novo Estado, e autorizada a União, a seu critério, a assumir os referidos débitos.

Art. 14. Os Territórios Federais de Roraima e do Amapá são transformados em Estados Federados, mantidos seus atuais limites geográficos.

§ 1º A instalação dos Estados dar-se-á com a posse dos governadores eleitos em 1990.

§ 2º Aplicam-se à transformação e instalação dos Estados de Roraima e Amapá as normas e critérios seguidos na criação do Estado de Rondônia, respeitado o disposto na Constituição e neste Ato.

§ 3º O Presidente da República, até quarenta e cinco dias após a promulgação da Constituição, encaminhará à apreciação do Senado Federal os nomes dos governadores dos Estados de Roraima e do Amapá que exercerão o Poder Executivo até a instalação dos novos Estados com a posse dos governadores eleitos.

§ 4º Enquanto não concretizada a transformação em Estados, nos termos deste artigo, os Territórios Federais de Roraima e do Amapá serão beneficiados pela transferência de recursos prevista nos arts. 159, I, «a», da Constituição, e 34, § 2º, II, deste Ato.

Art. 15. Fica extinto o Território Federal de Fernando de Noronha, sendo sua área reincorporada ao Estado de Pernambuco.

Art. 16. Até que se efetive o disposto no art. 32, § 2º, da Constituição, caberá ao Presidente da República, com a aprovação do Senado Federal, indicar o Governador e o Vice-Governador do Distrito Federal.

§ 1º A competência da Câmara Legislativa do Distrito Federal, até que se instale, será exercida pelo Senado Federal.

§ 2º A fiscalização contábil, financeira, orçamentária, operacional e patrimonial do Distrito Federal, enquanto não for instalada a Câmara Legislativa, será exercida pelo Senado Federal, mediante controle externo, com o auxílio do Tribunal de Contas do Distrito Federal, observado o disposto no art. 72 da Constituição.

§ 3º Incluem-se entre os bens do Distrito Federal aqueles que lhe vierem a ser atribuídos pela União na forma da lei.

Art. 17. Os vencimentos, a remuneração, as vantagens e os adicionais, bem como os proventos de aposentadoria que estejam sendo percebidos em desacordo com a Constituição serão imediatamente reduzidos aos limites dela decorrentes, não se admitindo, neste caso, invocação de direito adquirido ou percepção de excesso a qualquer título. (Vide Emenda Constitucional nº 41, 19.12.2003)

§ 1º É assegurado o exercício cumulativo de dois cargos ou empregos privativos de médico que estejam sendo exercidos por médico militar na administração pública direta ou indireta.

§ 2º É assegurado o exercício cumulativo de dois cargos ou empregos privativos de profissionais de saúde que estejam sendo exercidos na administração pública direta ou indireta.

Art. 18. Ficam extintos os efeitos jurídicos de qualquer ato legislativo ou administrativo, lavrado a partir da instalação da Assembléia Nacional Constituinte, que tenha por objeto a concessão de estabilidade a servidor admitido sem concurso público, da administração direta ou indireta, inclusive das fundações instituídas e mantidas pelo Poder Público.

Art. 19. Os servidores públicos civis da União, dos Estados, do Distrito Federal e dos Municípios, da administração direta, autárquica e das fundações públicas, em exercício na data da promulgação da Constituição, há pelo menos cinco anos continuados, e que não tenham sido admitidos na forma regulada no art. 37, da Constituição, são considerados estáveis no serviço público.

§ 1º O tempo de serviço dos servidores referidos neste artigo será contado como título quando se submeterem a concurso para fins de efetivação, na forma da lei.

§ 2º O disposto neste artigo não se aplica aos ocupantes de cargos, funções e empregos de confiança ou em comissão, nem aos que a lei declare de livre exoneração, cujo tempo de serviço não será computado para os fins do «caput» deste artigo, exceto se se tratar de servidor.

§ 3º O disposto neste artigo não se aplica aos professores de nível superior, nos termos da lei.

Art. 20. Dentro de cento e oitenta dias, proceder-se-á à revisão dos direitos dos servidores públicos inativos e pensionistas e à atualização dos proventos e pensões a eles devidos, a fim de ajustá-los ao disposto na Constituição.

Art. 21. Os juízes togados de investidura limitada no tempo, admitidos mediante concurso público de provas e títulos e que estejam em exercício na data da promulgação da Constituição, adquirem estabilidade, observado o estágio probatório, e passam a compor quadro em extinção, mantidas as competências, prerrogativas e restrições da legislação a que se achavam submetidos, salvo as inerentes à transitoriedade da investidura.

Parágrafo único. A aposentadoria dos juízes de que trata este artigo regular-se-á pelas normas fixadas para os demais juízes estaduais.

Art. 22. É assegurado aos defensores públicos investidos na função até a data de instalação da Assembléia Nacional Constituinte o direito de opção pela carreira, com a observância das garantias e vedações previstas no art. 134, parágrafo único, da Constituição.

Art. 23. Até que se edite a regulamentação do art. 21, XVI, da Constituição, os atuais ocupantes do cargo de censor federal continuarão exercendo funções com este compatíveis, no Departamento de Polícia Federal, observadas as disposições constitucionais.

Parágrafo único. A lei referida disporá sobre o aproveitamento dos Censores Federais, nos termos deste artigo.

Art. 24. A União, os Estados, o Distrito Federal e os Municípios editarão leis que estabeleçam critérios para a compatibilização de seus quadros de pessoal ao disposto no art. 39 da Constituição e à reforma administrativa dela decorrente, no prazo de dezoito meses, contados da sua promulgação.

Art. 25. Ficam revogados, a partir de cento e oitenta dias da promulgação da Constituição, sujeito este prazo a prorrogação por lei, todos os dispositivos legais que atribuam ou deleguem a órgão do Poder Executivo competência assinalada pela Constituição ao Congresso Nacional, especialmente no que tange a:

I - ação normativa;

II - alocação ou transferência de recursos de qualquer espécie.

§ 1º Os decretos-lei em tramitação no Congresso Nacional e por este não apreciados até a promulgação da Constituição terão seus efeitos regulados da seguinte forma:

I - se editados até 2 de setembro de 1988, serão apreciados pelo Congresso Nacional no prazo de até cento e oitenta dias a contar da promulgação da Constituição, não computado o recesso parlamentar;

II - decorrido o prazo definido no inciso anterior, e não havendo apreciação, os decretos-lei alí mencionados serão considerados rejeitados;

III - nas hipóteses definidas nos incisos I e II, terão plena validade os atos praticados na vigência dos respectivos decretos-lei, podendo o Congresso Nacional, se necessário, legislar sobre os efeitos deles remanescentes.

§ 2º Os decretos-lei editados entre 3 de setembro de 1988 e a promulgação da Constituição serão convertidos, nesta data, em medidas provisórias, aplicando-se-lhes as regras estabelecidas no art. 62, parágrafo único.

Art. 26. No prazo de um ano a contar da promulgação da Constituição, o Congresso Nacional promoverá, através de Comissão mista, exame analítico e pericial dos atos e fatos geradores do endividamento externo brasileiro.

§ 1º A Comissão terá a força legal de Comissão parlamentar de inquérito para os fins de requisição e convocação, e atuará com o auxílio do Tribunal de Contas da União.

§ 2º Apurada irregularidade, o Congresso Nacional proporá ao Poder Executivo a declaração de nulidade do ato e encaminhará o processo ao Ministério Público Federal, que formalizará, no prazo de sessenta dias, a ação cabível.

Art. 27. O Superior Tribunal de Justiça será instalado sob a Presidência do Supremo Tribunal Federal.

§ 1º Até que se instale o Superior Tribunal de Justiça, o Supremo Tribunal Federal exercerá as atribuições e competências definidas na ordem constitucional precedente.

§ 2º A composição inicial do Superior Tribunal de Justiça far-se-á:

I - pelo aproveitamento dos Ministros do Tribunal Federal de Recursos;

II - pela nomeação dos Ministros que sejam necessários para completar o número estabelecido na Constituição.

§ 3º Para os efeitos do disposto na Constituição, os atuais Ministros do Tribunal Federal de Recursos serão considerados pertencentes à classe de que provieram, quando de sua nomeação.

§ 4º Instalado o Tribunal, os Ministros aposentados do Tribunal Federal de Recursos tornar-se-ão, automaticamente, Ministros aposentados do Superior Tribunal de Justiça.

§ 5º Os Ministros a que se refere o § 2º, II, serão indicados em lista tríplice pelo Tribunal Federal de Recursos, observado o disposto no art. 104, parágrafo único, da Constituição.

§ 6º Ficam criados cinco Tribunais Regionais Federais, a serem instalados no prazo de seis meses a contar da promulgação da Constituição, com a jurisdição e sede que lhes fixar o Tribunal Federal de Recursos, tendo em conta o número de processos e sua localização geográfica.

§ 7º Até que se instalem os Tribunais Regionais Federais, o Tribunal Federal de Recursos exercerá a competência a eles atribuída em todo o território nacional, cabendo-lhe promover sua instalação e indicar os candidatos a todos os cargos da composição inicial, mediante lista tríplice, podendo desta constar juízes federais de qualquer região, observado o disposto no § 9º.

§ 8º É vedado, a partir da promulgação da Constituição, o provimento de vagas de Ministros do Tribunal Federal de Recursos.

§ 9º Quando não houver juiz federal que conte o tempo mínimo previsto no art. 107, II, da Constituição, a promoção poderá contemplar juiz com menos de cinco anos no exercício do cargo.

§ 10. Compete à Justiça Federal julgar as ações nela propostas até a data da promulgação da Constituição, e aos Tribunais Regionais Federais bem como ao Superior Tribunal de Justiça julgar as ações rescisórias das decisões até então proferidas pela Justiça Federal, inclusive daquelas cuja matéria tenha passado à competência de outro ramo do Judiciário.

§ 11. São criados, ainda, os seguintes Tribunais Regionais Federais: o da 6ª Região, com sede em Curitiba, Estado do Paraná, e jurisdição nos Estados do Paraná, Santa Catarina e Mato Grosso do Sul; o da 7ª Região, com sede em Belo Horizonte, Estado de Minas Gerais, e jurisdição no Estado de Minas Gerais; o da 8ª Região, com sede em Salvador, Estado da Bahia, e jurisdição nos Estados da Bahia e Sergipe; e o da 9ª Região, com sede em Manaus, Estado do Amazonas, e jurisdição nos Estados do Amazonas, Acre, Rondônia e Roraima. (Incluído pela Emenda Constitucional nº 73, de 2013) (Vide ADIN nº 5017, de 2013)

Art. 28. Os juízes federais de que trata o art. 123, § 2º, da Constituição de 1967, com a redação dada pela Emenda Constitucional nº 7, de 1977, ficam investidos na titularidade de varas na Seção Judiciária para a qual tenham sido nomeados ou designados; na inexistência de vagas, proceder-se-á ao desdobramento das varas existentes.

Parágrafo único. Para efeito de promoção por antigüidade, o tempo de serviço desses juízes será computado a partir do dia de sua posse.

Art. 29. Enquanto não aprovadas as leis complementares relativas ao Ministério Público e à Advocacia-Geral da União, o Ministério Público Federal, a Procuradoria-Geral da Fazenda Nacional, as Consultorias Jurídicas dos Ministérios, as Procuradorias e Departamentos Jurídicos de autarquias federais com representação própria e os membros das Procuradorias das Universidades fundacionais públicas continuarão a exercer suas atividades na área das respectivas atribuições.

§ 1º O Presidente da República, no prazo de cento e vinte dias, encaminhará ao Congresso Nacional projeto de lei complementar dispondo sobre a organização e o funcionamento da Advocacia-Geral da União.

§ 2º Aos atuais Procuradores da República, nos termos da lei complementar, será facultada a opção, de forma irretratável, entre as carreiras do Ministério Público Federal e da Advocacia-Geral da União.

§ 3º Poderá optar pelo regime anterior, no que respeita às garantias e vantagens, o membro do Ministério Público admitido antes da promulgação da Constituição, observando-se, quanto às vedações, a situação jurídica na data desta.

§ 4º Os atuais integrantes do quadro suplementar dos Ministérios Públicos do Trabalho e Militar que tenham adquirido estabilidade nessas funções passam a integrar o quadro da respectiva carreira.

§ 5º Cabe à atual Procuradoria-Geral da Fazenda Nacional, diretamente ou por delegação, que pode ser ao Ministério Público Estadual, representar judicialmente a União nas causas de natureza fiscal, na área da respectiva competência, até a promulgação das leis complementares previstas neste artigo.

Art. 30. A legislação que criar a justiça de paz manterá os atuais juízes de paz até a posse dos novos titulares, assegurando-lhes os direitos e atribuições conferidos a estes, e designará o dia para a eleição prevista no art. 98, II, da Constituição.

Art. 31. Serão estatizadas as serventias do foro judicial, assim definidas em lei, respeitados os direitos dos atuais titulares.

Art. 32. O disposto no art. 236 não se aplica aos serviços notariais e de registro que já tenham sido oficializados pelo Poder Público, respeitando-se o direito de seus servidores.

Art. 33. Ressalvados os créditos de natureza alimentar, o valor dos precatórios judiciais pendentes de pagamento na data da promulgação da Constituição, incluído o remanescente de juros e correção monetária, poderá ser pago em moeda corrente, com atualização, em prestações anuais, iguais e sucessivas, no prazo máximo de oito anos, a partir de 1º de julho de 1989, por decisão editada pelo Poder Executivo até cento e oitenta dias da promulgação da Constituição.

Parágrafo único. Poderão as entidades devedoras, para o cumprimento do disposto neste artigo, emitir, em cada ano, no exato montante do dispêndio, títulos de dívida pública não computáveis para efeito do limite global de endividamento.

Art. 34. O sistema tributário nacional entrará em vigor a partir do primeiro dia do quinto mês seguinte ao da promulgação da Constituição, mantido, até então, o da Constituição de 1967, com a redação dada pela Emenda nº 1, de 1969, e pelas posteriores.

§ 1º Entrarão em vigor com a promulgação da Constituição os arts. 148, 149, 150, 154, I, 156, III, e 159, I, «c», revogadas as disposições em contrário da Constituição de 1967 e das Emendas que a modificaram, especialmente de seu art. 25, III.

§ 2º O Fundo de Participação dos Estados e do Distrito Federal e o Fundo de Participação dos Municípios obedecerão às seguintes determinações:

I - a partir da promulgação da Constituição, os percentuais serão, respectivamente, de dezoito por cento e de vinte por cento, calculados sobre o produto da arrecadação dos impostos referidos no art. 153, III e IV, mantidos os atuais critérios de rateio até a entrada em vigor da lei complementar a que se refere o art. 161, II;

II - o percentual relativo ao Fundo de Participação dos Estados e do Distrito Federal será acrescido de um ponto percentual no exercício financeiro de 1989 e, a partir de 1990, inclusive, à razão de meio ponto por exercício, até 1992, inclusive, atingindo em 1993 o percentual estabelecido no art. 159, I, "a";

III - o percentual relativo ao Fundo de Participação dos Municípios, a partir de 1989, inclusive, será elevado à razão de meio ponto percentual por exercício financeiro, até atingir o estabelecido no art. 159, I, "b".

§ 3º Promulgada a Constituição, a União, os Estados, o Distrito Federal e os Municípios poderão editar as leis necessárias à aplicação do sistema tributário nacional nela previsto.

§ 4º As leis editadas nos termos do parágrafo anterior produzirão efeitos a partir da entrada em vigor do sistema tributário nacional previsto na Constituição.

§ 5º Vigente o novo sistema tributário nacional, fica assegurada a aplicação da legislação anterior, no que não seja incompatível com ele e com a legislação referida nos §3º e § 4º.

§ 6º Até 31 de dezembro de 1989, o disposto no art. 150, III, «b», não se aplica aos impostos de que tratam os arts. 155, I, «a» e «b», e 156, II e III, que podem ser cobrados trinta dias após a publicação da lei que os tenha instituído ou aumentado.

§ 7º Até que sejam fixadas em lei complementar, as alíquotas máximas do imposto municipal sobre vendas a varejo de combustíveis líquidos e gasosos não excederão a três por cento.

§ 8º Se, no prazo de sessenta dias contados da promulgação da Constituição, não for editada a lei complementar necessária à instituição do imposto de que trata o art. 155, I, «b», os Estados e o Distrito Federal, mediante convênio celebrado nos termos da Lei Complementar nº 24, de 7 de janeiro de 1975, fixarão normas para regular provisoriamente a matéria.

§ 9º Até que lei complementar disponha sobre a matéria, as empresas distribuidoras de energia elétrica, na condição de contribuintes ou de substitutos tributários, serão as responsáveis, por ocasião da saída do produto de seus estabelecimentos, ainda que destinado a outra unidade da Federação, pelo pagamento do imposto sobre operações relativas à circulação de mercadorias incidente sobre energia elétrica, desde a produção ou importação até a última operação, calculado o imposto sobre o preço então praticado na operação final e assegurado seu recolhimento ao Estado ou ao Distrito Federal, conforme o local onde deva ocorrer essa operação.

§ 10. Enquanto não entrar em vigor a lei prevista no art. 159, I, «c», cuja promulgação se fará até 31 de dezembro de 1989, é assegurada a aplicação dos recursos previstos naquele dispositivo da seguinte maneira:

I - seis décimos por cento na Região Norte, através do Banco da Amazônia S.A.;

II - um inteiro e oito décimos por cento na Região Nordeste, através do Banco do Nordeste do Brasil S.A.;

III - seis décimos por cento na Região Centro-Oeste, através do Banco do Brasil S.A.

§ 11. Fica criado, nos termos da lei, o Banco de Desenvolvimento do Centro-Oeste, para dar cumprimento, na referida região, ao que determinam os arts. 159, I, «c», e 192, § 2º, da Constituição.

§ 12. A urgência prevista no art. 148, II, não prejudica a cobrança do empréstimo compulsório instituído, em benefício das Centrais Elétricas Brasileiras S.A. (Eletrobrás), pela Lei nº 4.156, de 28 de novembro de 1962, com as alterações posteriores.

Art. 35. O disposto no art. 165, § 7º, será cumprido de forma progressiva, no prazo de até dez anos, distribuindo-se os recursos entre as regiões macroeconômicas em razão proporcional à população, a partir da situação verificada no biênio 1986-87.

§ 1º Para aplicação dos critérios de que trata este artigo, excluem-se das despesas totais as relativas:

I - aos projetos considerados prioritários no plano plurianual;
II - à segurança e defesa nacional;
III - à manutenção dos órgãos federais no Distrito Federal;
IV - ao Congresso Nacional, ao Tribunal de Contas da União e ao Poder Judiciário;
V - ao serviço da dívida da administração direta e indireta da União, inclusive fundações instituídas e mantidas pelo Poder Público federal.

§ 2º Até a entrada em vigor da lei complementar a que se refere o art. 165, § 9º, I e II, serão obedecidas as seguintes normas:

I - o projeto do plano plurianual, para vigência até o final do primeiro exercício financeiro do mandato presidencial subseqüente, será encaminhado até quatro meses antes do encerramento do primeiro exercício financeiro e devolvido para sanção até o encerramento da sessão legislativa;

II - o projeto de lei de diretrizes orçamentárias será encaminhado até oito meses e meio antes do encerramento do exercício financeiro e devolvido para sanção até o encerramento do primeiro período da sessão legislativa;

III - o projeto de lei orçamentária da União será encaminhado até quatro meses antes do encerramento do exercício financeiro e devolvido para sanção até o encerramento da sessão legislativa.

Art. 36. Os fundos existentes na data da promulgação da Constituição, excetuados os resultantes de isenções fiscais que passem a integrar patrimônio privado e os que interessem à defesa nacional, extinguir-se-ão, se não forem ratificados pelo Congresso Nacional no prazo de dois anos.

Art. 37. A adaptação ao que estabelece o art. 167, III, deverá processar-se no prazo de cinco anos, reduzindo-se o excesso à base de, pelo menos, um quinto por ano.

Art. 38. Até a promulgação da lei complementar referida no art. 169, a União, os Estados, o Distrito Federal e os Municípios não poderão despender com pessoal mais do que sessenta e cinco por cento do valor das respectivas receitas correntes.

Parágrafo único. A União, os Estados, o Distrito Federal e os Municípios, quando a respectiva despesa de pessoal exceder o limite previsto neste artigo, deverão retornar àquele limite, reduzindo o percentual excedente à razão de um quinto por ano.

Art. 39. Para efeito do cumprimento das disposições constitucionais que impliquem variações de despesas e receitas da União, após a promulgação da Constituição, o Poder Executivo deverá elaborar e o Poder Legislativo apreciar projeto de revisão da lei orçamentária referente ao exercício financeiro de 1989.

Parágrafo único. O Congresso Nacional deverá votar no prazo de doze meses a lei complementar prevista no art. 161, II.

Art. 40. É mantida a Zona Franca de Manaus, com suas características de área livre de comércio, de exportação e importação, e de incentivos fiscais, pelo prazo de vinte e cinco anos, a partir da promulgação da Constituição.

Parágrafo único. Somente por lei federal podem ser modificados os critérios que disciplinaram ou venham a disciplinar a aprovação dos projetos na Zona Franca de Manaus.

Art. 41. Os Poderes Executivos da União, dos Estados, do Distrito Federal e dos Municípios reavaliarão todos os incentivos fiscais de natureza setorial ora em vigor, propondo aos Poderes Legislativos respectivos as medidas cabíveis.

§ 1º Considerar-se-ão revogados após dois anos, a partir da data da promulgação da Constituição, os incentivos que não forem confirmados por lei.

§ 2º A revogação não prejudicará os direitos que já tiverem sido adquiridos, àquela data, em relação a incentivos concedidos sob condição e com prazo certo.

§ 3º Os incentivos concedidos por convênio entre Estados, celebrados nos termos do art. 23, § 6º, da Constituição de 1967, com a redação da Emenda Constitucional nº 1, de 17 de outubro de 1969, também deverão ser reavaliados e reconfirmados nos prazos deste artigo.

Art. 42. Durante 40 (quarenta) anos, a União aplicará dos recursos destinados à irrigação: (Redação dada pela Emenda Constitucional nº 89, de 2015)

I - 20% (vinte por cento) na Região Centro-Oeste; (Redação dada pela Emenda Constitucional nº 89, de 2015)

II - 50% (cinquenta por cento) na Região Nordeste, preferencialmente no Semiárido. (Redação dada pela Emenda Constitucional nº 89, de 2015)

Parágrafo único. Dos percentuais previstos nos incisos I e II do caput, no mínimo 50% (cinquenta por cento) serão destinados a projetos de irrigação que beneficiem agricultores familiares que atendam aos requisitos previstos em legislação específica. (Incluído pela Emenda Constitucional nº 89, de 2015)

Art. 43. Na data da promulgação da lei que disciplinar a pesquisa e a lavra de recursos e jazidas minerais, ou no prazo de um ano, a contar da promulgação da Constituição, tornar-se-ão sem efeito as autorizações, concessões e demais títulos atributivos de direitos minerários, caso os trabalhos de pesquisa ou de lavra não hajam sido comprovadamente iniciados nos prazos legais ou estejam inativos. (Regulamento)

Art. 44. As atuais empresas brasileiras titulares de autorização de pesquisa, concessão de lavra de recursos minerais e de aproveitamento dos potenciais de energia hidráulica em vigor terão quatro anos, a partir da promulgação da Constituição, para cumprir os requisitos do art. 176, § 1º.

§ 1º Ressalvadas as disposições de interesse nacional previstas no texto constitucional, as empresas brasileiras ficarão dispensadas do cumprimento do disposto no art. 176, § 1º, desde que, no prazo de até quatro anos da data da promulgação da Constituição, tenham o produto de sua lavra e beneficiamento destinado a industrialização no território nacional, em seus próprios estabelecimentos ou em empresa industrial controladora ou controlada.

§ 2º Ficarão também dispensadas do cumprimento do disposto no art. 176, § 1º, as empresas brasileiras titulares de concessão de energia hidráulica para uso em seu processo de industrialização.

§ 3º As empresas brasileiras referidas no § 1º somente poderão ter autorizações de pesquisa e concessões de lavra ou potenciais de energia hidráulica, desde que a energia e o produto da lavra sejam utilizados nos respectivos processos industriais.

Art. 45. Ficam excluídas do monopólio estabelecido pelo art. 177, II, da Constituição as refinarias em funcionamento no País amparadas pelo art. 43 e nas condições do art. 45 da Lei nº 2.004, de 3 de outubro de 1953.

Parágrafo único. Ficam ressalvados da vedação do art. 177, § 1º, os contratos de risco feitos com a Petróleo Brasileiro S.A. (Petrobrás), para pesquisa de petróleo, que estejam em vigor na data da promulgação da Constituição.

Art. 46. São sujeitos à correção monetária desde o vencimento, até seu efetivo pagamento, sem interrupção ou suspensão, os créditos junto a entidades submetidas aos regimes de

intervenção ou liquidação extrajudicial, mesmo quando esses regimes sejam convertidos em falência.

Parágrafo único. O disposto neste artigo aplica-se também:

I - às operações realizadas posteriormente à decretação dos regimes referidos no "caput" deste artigo;

II - às operações de empréstimo, financiamento, refinanciamento, assistência financeira de liquidez, cessão ou sub-rogação de créditos ou cédulas hipotecárias, efetivação de garantia de depósitos do público ou de compra de obrigações passivas, inclusive as realizadas com recursos de fundos que tenham essas destinações;

III - aos créditos anteriores à promulgação da Constituição;

IV - aos créditos das entidades da administração pública anteriores à promulgação da Constituição, não liquidados até 1 de janeiro de 1988.

Art. 47. Na liquidação dos débitos, inclusive suas renegociações e composições posteriores, ainda que ajuizados, decorrentes de quaisquer empréstimos concedidos por bancos e por instituições financeiras, não existirá correção monetária desde que o empréstimo tenha sido concedido:

I - aos micro e pequenos empresários ou seus estabelecimentos no período de 28 de fevereiro de 1986 a 28 de fevereiro de 1987;

II - ao mini, pequenos e médios produtores rurais no período de 28 de fevereiro de 1986 a 31 de dezembro de 1987, desde que relativos a crédito rural.

§ 1º Consideram-se, para efeito deste artigo, microempresas as pessoas jurídicas e as firmas individuais com receitas anuais de até dez mil Obrigações do Tesouro Nacional, e pequenas empresas as pessoas jurídicas e as firmas individuais com receita anual de até vinte e cinco mil Obrigações do Tesouro Nacional.

§ 2º A classificação de mini, pequeno e médio produtor rural será feita obedecendo-se às normas de crédito rural vigentes à época do contrato.

§ 3º A isenção da correção monetária a que se refere este artigo só será concedida nos seguintes casos:

I - se a liquidação do débito inicial, acrescido de juros legais e taxas judiciais, vier a ser efetivada no prazo de noventa dias, a contar da data da promulgação da Constituição;

II - se a aplicação dos recursos não contrariar a finalidade do financiamento, cabendo o ônus da prova à instituição credora;

III - se não for demonstrado pela instituição credora que o mutuário dispõe de meios para o pagamento de seu débito, excluído desta demonstração seu estabelecimento, a casa de moradia e os instrumentos de trabalho e produção;

IV - se o financiamento inicial não ultrapassar o limite de cinco mil Obrigações do Tesouro Nacional;

V - se o beneficiário não for proprietário de mais de cinco módulos rurais.

§ 4º Os benefícios de que trata este artigo não se estendem aos débitos já quitados e aos devedores que sejam constituintes.

§ 5º No caso de operações com prazos de vencimento posteriores à data- limite de liquidação da dívida, havendo interesse do mutuário, os bancos e as instituições financeiras promoverão, por instrumento próprio, alteração nas condições contratuais originais de forma a ajustá-las ao presente benefício.

§ 6º A concessão do presente benefício por bancos comerciais privados em nenhuma hipótese acarretará ônus para o Poder Público, ainda que através de refinanciamento e repasse de recursos pelo banco central.

§ 7º No caso de repasse a agentes financeiros oficiais ou cooperativas de crédito, o ônus recairá sobre a fonte de recursos originária.

Art. 48. O Congresso Nacional, dentro de cento e vinte dias da promulgação da Constituição, elaborará código de defesa do consumidor.

Art. 49. A lei disporá sobre o instituto da enfiteuse em imóveis urbanos, sendo facultada aos foreiros, no caso de sua extinção, a remição dos aforamentos mediante aquisição do domínio direto, na conformidade do que dispuserem os respectivos contratos.

§ 1º Quando não existir cláusula contratual, serão adotados os critérios e bases hoje vigentes na legislação especial dos imóveis da União.

§ 2º Os direitos dos atuais ocupantes inscritos ficam assegurados pela aplicação de outra modalidade de contrato.

§ 3º A enfiteuse continuará sendo aplicada aos terrenos de marinha e seus acrescidos, situados na faixa de segurança, a partir da orla marítima.

§ 4º Remido o foro, o antigo titular do domínio direto deverá, no prazo de noventa dias, sob pena de responsabilidade, confiar à guarda do registro de imóveis competente toda a documentação a ele relativa.

Art. 50. Lei agrícola a ser promulgada no prazo de um ano disporá, nos termos da Constituição, sobre os objetivos e instrumentos de política agrícola, prioridades, planejamento de safras, comercialização, abastecimento interno, mercado externo e instituição de crédito fundiário.

Art. 51. Serão revistos pelo Congresso Nacional, através de Comissão mista, nos três anos a contar da data da promulgação da Constituição, todas as doações, vendas e concessões de terras públicas com área superior a três mil hectares, realizadas no período de 1º de janeiro de 1962 a 31 de dezembro de 1987.

§ 1º No tocante às vendas, a revisão será feita com base exclusivamente no critério de legalidade da operação.

§ 2º No caso de concessões e doações, a revisão obedecerá aos critérios de legalidade e de conveniência do interesse público.

§ 3º Nas hipóteses previstas nos parágrafos anteriores, comprovada a ilegalidade, ou havendo interesse público, as terras reverterão ao patrimônio da União, dos Estados, do Distrito Federal ou dos Municípios.

Art. 52. Até que sejam fixadas as condições do art. 192, são vedados: (Redação dada pela Emenda Constitucional nº 40, de 2003)

I - a instalação, no País, de novas agências de instituições financeiras domiciliadas no exterior;

II - o aumento do percentual de participação, no capital de instituições financeiras com sede no País, de pessoas físicas ou jurídicas residentes ou domiciliadas no exterior.

Parágrafo único. A vedação a que se refere este artigo não se aplica às autorizações resultantes de acordos internacionais, de reciprocidade, ou de interesse do Governo brasileiro.

Art. 53. Ao ex-combatente que tenha efetivamente participado de operações bélicas durante a Segunda Guerra Mundial, nos termos da Lei nº 5.315, de 12 de setembro de 1967, serão assegurados os seguintes direitos:

I - aproveitamento no serviço público, sem a exigência de concurso, com estabilidade;

II - pensão especial correspondente à deixada por segundo-tenente das Forças Armadas, que poderá ser requerida a qualquer tempo, sendo inacumulável com quaisquer rendimentos recebidos dos cofres públicos, exceto os benefícios previdenciários, ressalvado o direito de opção;

III - em caso de morte, pensão à viúva ou companheira ou dependente, de forma proporcional, de valor igual à do inciso anterior;

IV - assistência médica, hospitalar e educacional gratuita, extensiva aos dependentes;

V - aposentadoria com proventos integrais aos vinte e cinco anos de serviço efetivo, em qualquer regime jurídico;

VI - prioridade na aquisição da casa própria, para os que não a possuam ou para suas viúvas ou companheiras.

Parágrafo único. A concessão da pensão especial do inciso II substitui, para todos os efeitos legais, qualquer outra pensão já concedida ao ex-combatente.

Art. 54. Os seringueiros recrutados nos termos do Decreto-Lei nº 5.813, de 14 de setembro de 1943, e amparados pelo

Decreto-Lei nº 9.882, de 16 de setembro de 1946, receberão, quando carentes, pensão mensal vitalícia no valor de dois salários mínimos.

§ 1º - O benefício é estendido aos seringueiros que, atendendo a apelo do Governo brasileiro, contribuíram para o esforço de guerra, trabalhando na produção de borracha, na Região Amazônica, durante a Segunda Guerra Mundial.

§ 2º Os benefícios estabelecidos neste artigo são transferíveis aos dependentes reconhecidamente carentes.

§ 3º A concessão do benefício far-se-á conforme lei a ser proposta pelo Poder Executivo dentro de cento e cinqüenta dias da promulgação da Constituição.

Art. 54-A. Os seringueiros de que trata o art. 54 deste Ato das Disposições Constitucionais Transitórias receberão indenização, em parcela única, no valor de R$ 25.000,00 (vinte e cinco mil reais). (Incluído pela Emenda Constitucional nº 78, de 2014) (Vide Emenda Constitucional nº 78, de 2014)

Art. 55. Até que seja aprovada a lei de diretrizes orçamentárias, trinta por cento, no mínimo, do orçamento da seguridade social, excluído o seguro-desemprego, serão destinados ao setor de saúde.

Art. 56. Até que a lei disponha sobre o art. 195, I, a arrecadação decorrente de, no mínimo, cinco dos seis décimos percentuais correspondentes à alíquota da contribuição de que trata o Decreto-Lei nº 1.940, de 25 de maio de 1982, alterada pelo Decreto-Lei nº 2.049, de 1º de agosto de 1983, pelo Decreto nº 91.236, de 8 de maio de 1985, e pela Lei nº 7.611, de 8 de julho de 1987, passa a integrar a receita da seguridade social, ressalvados, exclusivamente no exercício de 1988, os compromissos assumidos com programas e projetos em andamento.

Art. 57. Os débitos dos Estados e dos Municípios relativos às contribuições previdenciárias até 30 de junho de 1988 serão liquidados, com correção monetária, em cento e vinte parcelas mensais, dispensados os juros e multas sobre eles incidentes, desde que os devedores requeiram o parcelamento e iniciem seu pagamento no prazo de cento e oitenta dias a contar da promulgação da Constituição.

§ 1º O montante a ser pago em cada um dos dois primeiros anos não será inferior a cinco por cento do total do débito consolidado e atualizado, sendo o restante dividido em parcelas mensais de igual valor.

§ 2º A liquidação poderá incluir pagamentos na forma de cessão de bens e prestação de serviços, nos termos da Lei nº 7.578, de 23 de dezembro de 1986.

§ 3º Em garantia do cumprimento do parcelamento, os Estados e os Municípios consignarão, anualmente, nos respectivos orçamentos as dotações necessárias ao pagamento de seus débitos.

§ 4º Descumprida qualquer das condições estabelecidas para concessão do parcelamento, o débito será considerado vencido em sua totalidade, sobre ele incidindo juros de mora; nesta hipótese, parcela dos recursos correspondentes aos Fundos de Participação, destinada aos Estados e Municípios devedores, será bloqueada e repassada à previdência social para pagamento de seus débitos.

Art. 58. Os benefícios de prestação continuada, mantidos pela previdência social na data da promulgação da Constituição, terão seus valores revistos, a fim de que seja restabelecido o poder aquisitivo, expresso em número de salários mínimos, que tinham na data de sua concessão, obedecendo-se a esse critério de atualização até a implantação do plano de custeio e benefícios referidos no artigo seguinte.

Parágrafo único. As prestações mensais dos benefícios atualizadas de acordo com este artigo serão devidas e pagas a partir do sétimo mês a contar da promulgação da Constituição.

Art. 59. Os projetos de lei relativos à organização da seguridade social e aos planos de custeio e de benefício serão apresentados no prazo máximo de seis meses da promulgação da Constituição ao Congresso Nacional, que terá seis meses para apreciá-los.

Parágrafo único. Aprovados pelo Congresso Nacional, os planos serão implantados progressivamente nos dezoito meses seguintes.

Art. 60. Até o 14º (décimo quarto) ano a partir da promulgação desta Emenda Constitucional, os Estados, o Distrito Federal e os Municípios destinarão parte dos recursos a que se refere o caput do art. 212 da Constituição Federal à manutenção e desenvolvimento da educação básica e à remuneração condigna dos trabalhadores da educação, respeitadas as seguintes disposições: (Redação dada pela Emenda Constitucional nº 53, de 2006). (Vide Emenda Constitucional nº 53, de 2006) (Vide Emenda Constitucional nº 53, de 2006)

I - a distribuição dos recursos e de responsabilidades entre o Distrito Federal, os Estados e seus Municípios é assegurada mediante a criação, no âmbito de cada Estado e do Distrito Federal, de um Fundo de Manutenção e Desenvolvimento da Educação Básica e de Valorização dos Profissionais da Educação - FUNDEB, de natureza contábil; (Incluído pela Emenda Constitucional nº 53, de 2006).

II - os Fundos referidos no inciso I do caput deste artigo serão constituídos por 20% (vinte por cento) dos recursos a que se referem os incisos I, II e III do art. 155; o inciso II do caput do art. 157; os incisos II, III e IV do caput do art. 158; e as alíneas a e b do inciso I e o inciso II do caput do art. 159, todos da Constituição Federal, e distribuídos entre cada Estado e seus Municípios, proporcionalmente ao número de alunos das diversas etapas e modalidades da educação básica presencial, matriculados nas respectivas redes, nos respectivos âmbitos de atuação prioritária estabelecidos nos §§ 2º e 3º do art. 211 da Constituição Federal; (Incluído pela Emenda Constitucional nº 53, de 2006).

III - observadas as garantias estabelecidas nos incisos I, II, III e IV do caput do art. 208 da Constituição Federal e as metas de universalização da educação básica estabelecidas no Plano Nacional de Educação, a lei disporá sobre: (Incluído pela Emenda Constitucional nº 53, de 2006).

a) a organização dos Fundos, a distribuição proporcional de seus recursos, as diferenças e as ponderações quanto ao valor anual por aluno entre etapas e modalidades da educação básica e tipos de estabelecimento de ensino; (Incluído pela Emenda Constitucional nº 53, de 2006).

b) a forma de cálculo do valor anual mínimo por aluno; (Incluído pela Emenda Constitucional nº 53, de 2006).

c) os percentuais máximos de apropriação dos recursos dos Fundos pelas diversas etapas e modalidades da educação básica, observados os arts. 208 e 214 da Constituição Federal, bem como as metas do Plano Nacional de Educação; (Incluído pela Emenda Constitucional nº 53, de 2006).

d) a fiscalização e o controle dos Fundos; (Incluído pela Emenda Constitucional nº 53, de 2006).

e) prazo para fixar, em lei específica, piso salarial profissional nacional para os profissionais do magistério público da educação básica; (Incluído pela Emenda Constitucional nº 53, de 2006).

IV - os recursos recebidos à conta dos Fundos instituídos nos termos do inciso I do caput deste artigo serão aplicados pelos Estados e Municípios exclusivamente nos respectivos âmbitos de atuação prioritária, conforme estabelecido nos §§ 2º e 3º do art. 211 da Constituição Federal; (Incluído pela Emenda Constitucional nº 53, de 2006).

V - a União complementará os recursos dos Fundos a que se refere o inciso II do caput deste artigo sempre que, no Distrito Federal e em cada Estado, o valor por aluno não alcançar o mínimo definido nacionalmente, fixado em observância ao disposto no inciso VII do caput deste artigo, vedada a utilização dos recursos a que se refere o § 5º do art. 212 da Constituição Federal; (Incluído pela Emenda Constitucional nº 53, de 2006).

VI - até 10% (dez por cento) da complementação da União prevista no inciso V do caput deste artigo poderá ser distri-

buída para os Fundos por meio de programas direcionados para a melhoria da qualidade da educação, na forma da lei a que se refere o inciso III do caput deste artigo; (Incluído pela Emenda Constitucional nº 53, de 2006).

VII - a complementação da União de que trata o inciso V do caput deste artigo será de, no mínimo: (Incluído pela Emenda Constitucional nº 53, de 2006).

 a) R$ 2.000.000.000,00 (dois bilhões de reais), no primeiro ano de vigência dos Fundos; (Incluído pela Emenda Constitucional nº 53, de 2006).

 b) R$ 3.000.000.000,00 (três bilhões de reais), no segundo ano de vigência dos Fundos; (Incluído pela Emenda Constitucional nº 53, de 2006).

 c) R$ 4.500.000.000,00 (quatro bilhões e quinhentos milhões de reais), no terceiro ano de vigência dos Fundos; (Incluído pela Emenda Constitucional nº 53, de 2006).

 d) 10% (dez por cento) do total dos recursos a que se refere o inciso II do caput deste artigo, a partir do quarto ano de vigência dos Fundos; (Incluído pela Emenda Constitucional nº 53, de 2006).

VIII - a vinculação de recursos à manutenção e desenvolvimento do ensino estabelecida no art. 212 da Constituição Federal suportará, no máximo, 30% (trinta por cento) da complementação da União, considerando-se para os fins deste inciso os valores previstos no inciso VII do caput deste artigo; (Incluído pela Emenda Constitucional nº 53, de 2006).

IX - os valores a que se referem as alíneas a, b, e c do inciso VII do caput deste artigo serão atualizados, anualmente, a partir da promulgação desta Emenda Constitucional, de forma a preservar, em caráter permanente, o valor real da complementação da União; (Incluído pela Emenda Constitucional nº 53, de 2006).

X - aplica-se à complementação da União o disposto no art. 160 da Constituição Federal; (Incluído pela Emenda Constitucional nº 53, de 2006).

XI - o não-cumprimento do disposto nos incisos V e VII do caput deste artigo importará crime de responsabilidade da autoridade competente; (Incluído pela Emenda Constitucional nº 53, de 2006).

XII - proporção não inferior a 60% (sessenta por cento) de cada Fundo referido no inciso I do caput deste artigo será destinada ao pagamento dos profissionais do magistério da educação básica em efetivo exercício. (Incluído pela Emenda Constitucional nº 53, de 2006).

§ 1º A União, os Estados, o Distrito Federal e os Municípios deverão assegurar, no financiamento da educação básica, a melhoria da qualidade de ensino, de forma a garantir padrão mínimo definido nacionalmente. (Redação dada pela Emenda Constitucional nº 53, de 2006).

§ 2º O valor por aluno do ensino fundamental, no Fundo de cada Estado e do Distrito Federal, não poderá ser inferior ao praticado no âmbito do Fundo de Manutenção e Desenvolvimento do Ensino Fundamental e de Valorização do Magistério - FUNDEF, no ano anterior à vigência desta Emenda Constitucional. (Redação dada pela Emenda Constitucional nº 53, de 2006).

§ 3º O valor anual mínimo por aluno do ensino fundamental, no âmbito do Fundo de Manutenção e Desenvolvimento da Educação Básica e de Valorização dos Profissionais da Educação - FUNDEB, não poderá ser inferior ao valor mínimo fixado nacionalmente no ano anterior ao da vigência desta Emenda Constitucional. (Redação dada pela Emenda Constitucional nº 53, de 2006).

§ 4º Para efeito de distribuição de recursos dos Fundos a que se refere o inciso I do caput deste artigo, levar-se-á em conta a totalidade das matrículas no ensino fundamental e considerar-se-á para a educação infantil, para o ensino médio e para a educação de jovens e adultos 1/3 (um terço) das matrículas no primeiro ano, 2/3 (dois terços) no segundo ano e sua totalidade a partir do terceiro ano. (Redação dada pela Emenda Constitucional nº 53, de 2006).

§ 5º A porcentagem dos recursos de constituição dos Fundos, conforme o inciso II do caput deste artigo, será alcançada gradativamente nos primeiros 3 (três) anos de vigência dos Fundos, da seguinte forma: (Redação dada pela Emenda Constitucional nº 53, de 2006).

I - no caso dos impostos e transferências constantes do inciso II do caput do art. 155; do inciso IV do caput do art. 158; e das alíneas a e b do inciso I e do inciso II do caput do art. 159 da Constituição Federal: (Incluído pela Emenda Constitucional nº 53, de 2006).

 a) 16,66% (dezesseis inteiros e sessenta e seis centésimos por cento), no primeiro ano; (Incluído pela Emenda Constitucional nº 53, de 2006).

 b) 18,33% (dezoito inteiros e trinta e três centésimos por cento), no segundo ano; (Incluído pela Emenda Constitucional nº 53, de 2006).

 c) 20% (vinte por cento), a partir do terceiro ano; (Incluído pela Emenda Constitucional nº 53, de 2006).

II - no caso dos impostos e transferências constantes dos incisos I e III do caput do art. 155; do inciso II do caput do art. 157; e dos incisos II e III do caput do art. 158 da Constituição Federal: (Incluído pela Emenda Constitucional nº 53, de 2006).

 a) 6,66% (seis inteiros e sessenta e seis centésimos por cento), no primeiro ano; (Incluído pela Emenda Constitucional nº 53, de 2006).

 b) 13,33% (treze inteiros e trinta e três centésimos por cento), no segundo ano; (Incluído pela Emenda Constitucional nº 53, de 2006).

 c) 20% (vinte por cento), a partir do terceiro ano. (Incluído pela Emenda Constitucional nº 53, de 2006).

§ 6º (Revogado). (Redação dada pela Emenda Constitucional nº 53, de 2006).

§ 7º (Revogado). (Redação dada pela Emenda Constitucional nº 53, de 2006).

Art. 61. As entidades educacionais a que se refere o art. 213, bem como as fundações de ensino e pesquisa cuja criação tenha sido autorizada por lei, que preencham os requisitos dos incisos I e II do referido artigo e que, nos últimos três anos, tenham recebido recursos públicos, poderão continuar a recebê-los, salvo disposição legal em contrário.

Art. 62. A lei criará o Serviço Nacional de Aprendizagem Rural (SENAR) nos moldes da legislação relativa ao Serviço Nacional de Aprendizagem Industrial (SENAI) e ao Serviço Nacional de Aprendizagem do Comércio (SENAC), sem prejuízo das atribuições dos órgãos públicos que atuam na área.

Art. 63. É criada uma Comissão composta de nove membros, sendo três do Poder Legislativo, três do Poder Judiciário e três do Poder Executivo, para promover as comemorações do centenário da proclamação da República e da promulgação da primeira Constituição republicana do País, podendo, a seu critério, desdobrar-se em tantas subcomissões quantas forem necessárias.

Parágrafo único. No desenvolvimento de suas atribuições, a Comissão promoverá estudos, debates e avaliações sobre a evolução política, social, econômica e cultural do País, podendo articular-se com os governos estaduais e municipais e com instituições públicas e privadas que desejem participar dos eventos.

Art. 64. A Imprensa Nacional e demais gráficas da União, dos Estados, do Distrito Federal e dos Municípios, da administração direta ou indireta, inclusive fundações instituídas e mantidas pelo Poder Público, promoverão edição popular do texto integral da Constituição, que será posta à disposição das escolas e dos cartórios, dos sindicatos, dos quartéis, das igrejas e de outras instituições representativas da comunidade, gratuitamente, de modo que cada cidadão brasileiro possa receber do Estado um exemplar da Constituição do Brasil.

Art. 65. O Poder Legislativo regulamentará, no prazo de doze meses, o art. 220, § 4º.

Art. 66. São mantidas as concessões de serviços públicos de telecomunicações atualmente em vigor, nos termos da lei.

Art. 67. A União concluirá a demarcação das terras indígenas no prazo de cinco anos a partir da promulgação da Constituição.

Art. 68. Aos remanescentes das comunidades dos quilombos que estejam ocupando suas terras é reconhecida a propriedade definitiva, devendo o Estado emitir-lhes os títulos respectivos.

Art. 69. Será permitido aos Estados manter consultorias jurídicas separadas de suas Procuradorias-Gerais ou Advocacias-Gerais, desde que, na data da promulgação da Constituição, tenham órgãos distintos para as respectivas funções.

Art. 70. Fica mantida atual competência dos tribunais estaduais até a mesma seja definida na Constituição do Estado, nos termos do art. 125, § 1º, da Constituição.

Art. 71. É instituído, nos exercícios financeiros de 1994 e 1995, bem assim nos períodos de 01/01/1996 a 30/06/97 e 01/07/97 a 31/12/1999, o Fundo Social de Emergência, com o objetivo de saneamento financeiro da Fazenda Pública Federal e de estabilização econômica, cujos recursos serão aplicados prioritariamente no custeio das ações dos sistemas de saúde e educação, incluindo a complementação de recursos de que trata o § 3º do art. 60 do Ato das Disposições Constitucionais Transitórias, benefícios previdenciários e auxílios assistenciais de prestação continuada, inclusive liquidação de passivo previdenciário, e despesas orçamentárias associadas a programas de relevante interesse econômico e social. (Redação dada pela Emenda Constitucional nº 17, de 1997) (Vide Emenda Constitucional nº 17, de 1997)

§ 1º Ao Fundo criado por este artigo não se aplica o disposto na parte final do inciso II do § 9º do art. 165 da Constituição. (Renumerado do parágrafo único, pela Emenda Constitucional nº 10, de 1996)

§ 2º O Fundo criado por este artigo passa a ser denominado Fundo de Estabilização Fiscal a partir do início do exercício financeiro de 1996. (Incluído pela Emenda Constitucional nº 10, de 1996)

§ 3º O Poder Executivo publicará demonstrativo da execução orçamentária, de periodicidade bimestral, no qual se discriminarão as fontes e usos do Fundo criado por este artigo. (Incluído pela Emenda Constitucional nº 10, de 1996)

Art. 72. Integram o Fundo Social de Emergência: (Incluído pela Emenda Constitucional de Revisão nº 1, de 1994)

I - o produto da arrecadação do imposto sobre renda e proventos de qualquer natureza incidente na fonte sobre pagamentos efetuados, a qualquer título, pela União, inclusive suas autarquias e fundações; (Incluído pela Emenda Constitucional de Revisão nº 1, de 1994) (Vide Emenda Constitucional nº 17, de 1997)

II - a parcela do produto da arrecadação do imposto sobre renda e proventos de qualquer natureza e do imposto sobre operações de crédito, câmbio e seguro, ou relativas a títulos e valores mobiliários, decorrente das alterações produzidas pela Lei nº 8.894, de 21 de junho de 1994, e pelas Leis nºs 8.849 e 8.848, ambas de 28 de janeiro de 1994, e modificações posteriores; (Redação dada pela Emenda Constitucional nº 10, de 1996)

III - a parcela do produto da arrecadação resultante da elevação da alíquota da contribuição social sobre o lucro dos contribuintes a que se refere o § 1º do Art. 22 da Lei nº 8.212, de 24 de julho de 1991, a qual, nos exercícios financeiros de 1994 e 1995, bem assim no período de 1º de janeiro de 1996 a 30 de junho de 1997, passa a ser de trinta por cento, sujeita a alteração por lei ordinária, mantidas as demais normas da Lei nº 7.689, de 15 de dezembro de 1988; (Redação dada pela Emenda Constitucional nº 10, de 1996)

IV - vinte por cento do produto da arrecadação de todos os impostos e contribuições da União, já instituídos ou a serem criados, excetuado o previsto nos incisos I, II e III, observado o disposto nos §§ 3º e 4º; (Redação dada pela Emenda Constitucional nº 10, de 1996)

V - a parcela do produto da arrecadação da contribuição de que trata a Lei Complementar nº 7, de 7 de setembro de 1970, devida pelas pessoas jurídicas a que se refere o inciso III deste artigo, a qual será calculada, nos exercícios financeiros de 1994 a 1995, bem assim nos períodos de 1º de janeiro de 1996 a 30 de junho de 1997 e de 1º de julho de 1997 a 31 de dezembro de 1999, mediante a aplicação da alíquota de setenta e cinco centésimos por cento, sujeita a alteração por lei ordinária posterior, sobre a receita bruta operacional, como definida na legislação do imposto sobre renda e proventos de qualquer natureza. (Redação dada pela Emenda Constitucional nº 17, de 1997) (Vide Emenda Constitucional nº 17, de 1997)

VI - outras receitas previstas em lei específica. (Incluído pela Emenda Constitucional de Revisão nº 1, de 1994)

§ 1º As alíquotas e a base de cálculo previstas nos incisos III e V aplicar-se-ão a partir do primeiro dia do mês seguinte aos noventa dias posteriores à promulgação desta Emenda. (Incluído pela Emenda Constitucional de Revisão nº 1, de 1994)

§ 2º As parcelas de que tratam os incisos I, II, III e V serão previamente deduzidas da base de cálculo de qualquer vinculação ou participação constitucional ou legal, não se lhes aplicando o disposto nos artigos, 159, 212 e 239 da Constituição. (Redação dada pela Emenda Constitucional nº 10, de 1996)

§ 3º A parcela de que trata o inciso IV será previamente deduzida da base de cálculo das vinculações ou participações constitucionais previstas nos artigos 153, § 5º, 157, II, 212 e 239 da Constituição. (Redação dada pela Emenda Constitucional nº 10, de 1996)

§ 4º O disposto no parágrafo anterior não se aplica aos recursos previstos nos Artigos 158, II e 159 da Constituição. (Redação dada pela Emenda Constitucional nº 10, de 1996)

§ 5º A parcela dos recursos provenientes do imposto sobre renda e proventos de qualquer natureza, destinada ao Fundo Social de Emergência, nos termos do inciso II deste artigo, não poderá exceder a cinco inteiros e seis décimos por cento do total do produto da sua arrecadação. (Redação dada pela Emenda Constitucional nº 10, de 1996)

Art. 73. Na regulação do Fundo Social de Emergência não poderá ser utilizado o instrumento previsto no inciso V do art. 59 da Constituição. (Incluído pela Emenda Constitucional de Revisão nº 1, de 1994)

Art. 74. A União poderá instituir contribuição provisória sobre movimentação ou transmissão de valores e de créditos e direitos de natureza financeira. (Incluído pela Emenda Constitucional nº 12, de 1996)

§ 1º A alíquota da contribuição de que trata este artigo não excederá a vinte e cinco centésimos por cento, facultado ao Poder Executivo reduzí-la ou restabelecê-la, total ou parcialmente, nas condições e limites fixados em lei. (Incluído pela Emenda Constitucional nº 12, de 1996)

§ 2º A contribuição de que trata este artigo não se aplica o disposto nos arts. 153, § 5º, e 154, I, da Constituição. (Incluído pela Emenda Constitucional nº 12, de 1996)

§ 3º O produto da arrecadação da contribuição de que trata este artigo será destinado integralmente ao Fundo Nacional de Saúde, para financiamento das ações e serviços de saúde. (Incluído pela Emenda Constitucional nº 12, de 1996)

§ 4º A contribuição de que trata este artigo terá sua exigibilidade subordinada ao disposto no art. 195, § 6º, da Constituição, e não poderá ser cobrada por prazo superior a dois anos. (Incluído pela Emenda Constitucional nº 12, de 1996)

Art. 75. É prorrogada, por trinta e seis meses, a cobrança da contribuição provisória sobre movimentação ou transmissão de valores e de créditos e direitos de natureza financeira de que trata o art. 74, instituída pela Lei nº 9.311, de 24 de outubro de 1996, modificada pela Lei nº 9.539, de 12 de dezembro de

1997, cuja vigência é também prorrogada por idêntico prazo. (Incluído pela Emenda Constitucional nº 21, de 1999)

§ 1º Observado o disposto no § 6º do art. 195 da Constituição Federal, a alíquota da contribuição será de trinta e oito centésimos por cento, nos primeiros doze meses, e de trinta centésimos, nos meses subsequentes, facultado ao Poder Executivo reduzi-la total ou parcialmente, nos limites aqui definidos. (Incluído pela Emenda Constitucional nº 21, de 1999)

§ 2º O resultado do aumento da arrecadação, decorrente da alteração da alíquota, nos exercícios financeiros de 1999, 2000 e 2001, será destinado ao custeio da previdência social. (Incluído pela Emenda Constitucional nº 21, de 1999)

§ 3º É a União autorizada a emitir títulos da dívida pública interna, cujos recursos serão destinados ao custeio da saúde e da previdência social, em montante equivalente ao produto da arrecadação da contribuição, prevista e não realizada em 1999. (Incluído pela Emenda Constitucional nº 21, de 1999) (Vide ADIN nº 2.031-5)

Art. 76. São desvinculados de órgão, fundo ou despesa, até 31 de dezembro de 2023, 30% (trinta por cento) da arrecadação da União relativa às contribuições sociais, sem prejuízo do pagamento das despesas do Regime Geral da Previdência Social, às contribuições de intervenção no domínio econômico e às taxas, já instituídas ou que vierem a ser criadas até a referida data. (Redação dada pela Emenda constitucional nº 93, de 2016)

§ 1º (Revogado). (Redação dada pela Emenda constitucional nº 93, de 2016) Produção de efeitos

§ 2º Excetua-se da desvinculação de que trata o caput a arrecadação da contribuição social do salário-educação a que se refere o § 5º do art. 212 da Constituição Federal. (Redação dada pela Emenda Constitucional nº 68, de 2011).

§ 3º (Revogado). (Redação dada pela Emenda constitucional nº 93, de 2016) Produção de efeitos

§ 4º A desvinculação de que trata o caput não se aplica às receitas das contribuições sociais destinadas ao custeio da seguridade social. (Incluído pela Emenda Constitucional nº 103, de 2019)

Art. 76-A. São desvinculados de órgão, fundo ou despesa, até 31 de dezembro de 2023, 30% (trinta por cento) das receitas dos Estados e do Distrito Federal relativas a impostos, taxas e multas, já instituídos ou que vierem a ser criados até a referida data, seus adicionais e respectivos acréscimos legais, e outras receitas correntes. (Incluído dada pela Emenda constitucional nº 93, de 2016) Produção de efeitos

Parágrafo único. Excetuam-se da desvinculação de que trata o caput: (Incluído dada pela Emenda constitucional nº 93, de 2016) Produção de efeitos

I - recursos destinados ao financiamento das ações e serviços públicos de saúde e à manutenção e desenvolvimento do ensino de que tratam, respectivamente, os incisos II e III do § 2º do art. 198 e o art. 212 da Constituição Federal; (Incluído dada pela Emenda constitucional nº 93, de 2016) Produção de efeitos

II - receitas que pertencem aos Municípios decorrentes de transferências previstas na Constituição Federal; (Incluído dada pela Emenda constitucional nº 93, de 2016) Produção de efeitos

III - receitas de contribuições previdenciárias e de assistência à saúde dos servidores; (Incluído dada pela Emenda constitucional nº 93, de 2016) Produção de efeitos

IV - demais transferências obrigatórias e voluntárias entre entes da Federação com destinação especificada em lei; (Incluído dada pela Emenda constitucional nº 93, de 2016) Produção de efeitos

V - fundos instituídos pelo Poder Judiciário, pelos Tribunais de Contas, pelo Ministério Público, pelas Defensorias Públicas e pelas Procuradorias-Gerais dos Estados e do Distrito Federal. (Incluído dada pela Emenda constitucional nº 93, de 2016) Produção de efeitos

Art. 76-B. São desvinculados de órgão, fundo ou despesa, até 31 de dezembro de 2023, 30% (trinta por cento) das receitas dos Municípios relativas a impostos, taxas e multas, já instituídos ou que vierem a ser criados até a referida data, seus adicionais e respectivos acréscimos legais, e outras receitas correntes. (Incluído dada pela Emenda constitucional nº 93, de 2016) Produção de efeitos

Parágrafo único. Excetuam-se da desvinculação de que trata o caput: (Incluído dada pela Emenda constitucional nº 93, de 2016) Produção de efeitos

I - recursos destinados ao financiamento das ações e serviços públicos de saúde e à manutenção e desenvolvimento do ensino de que tratam, respectivamente, os incisos II e III do § 2º do art. 198 e o art. 212 da Constituição Federal; (Incluído dada pela Emenda constitucional nº 93, de 2016) Produção de efeitos

II - receitas de contribuições previdenciárias e de assistência à saúde dos servidores; (Incluído dada pela Emenda constitucional nº 93, de 2016) Produção de efeitos

III - transferências obrigatórias e voluntárias entre entes da Federação com destinação especificada em lei; (Incluído dada pela Emenda constitucional nº 93, de 2016) Produção de efeitos

IV - fundos instituídos pelo Tribunal de Contas do Município. (Incluído dada pela Emenda constitucional nº 93, de 2016) Produção de efeitos

Art. 77. Até o exercício financeiro de 2004, os recursos mínimos aplicados nas ações e serviços públicos de saúde serão equivalentes: (Incluído pela Emenda Constitucional nº 29, de 2000)

I – no caso da União: (Incluído pela Emenda Constitucional nº 29, de 2000)

a) no ano 2000, o montante empenhado em ações e serviços públicos de saúde no exercício financeiro de 1999 acrescido de, no mínimo, cinco por cento; (Incluído pela Emenda Constitucional nº 29, de 2000)

b) do ano 2001 ao ano 2004, o valor apurado no ano anterior, corrigido pela variação nominal do Produto Interno Bruto – PIB; (Incluído pela Emenda Constitucional nº 29, de 2000)

II – no caso dos Estados e do Distrito Federal, doze por cento do produto da arrecadação dos impostos a que se refere o art. 155 e dos recursos de que tratam os arts. 157 e 159, inciso I, alínea a, e inciso II, deduzidas as parcelas que forem transferidas aos respectivos Municípios; e (Incluído pela Emenda Constitucional nº 29, de 2000)

III – no caso dos Municípios e do Distrito Federal, quinze por cento do produto da arrecadação dos impostos a que se refere o art. 156 e dos recursos de que tratam os arts. 158 e 159, inciso I, alínea b e § 3º. (Incluído pela Emenda Constitucional nº 29, de 2000)

§ 1º Os Estados, o Distrito Federal e os Municípios que apliquem percentuais inferiores aos fixados nos incisos II e III deverão elevá-los gradualmente, até o exercício financeiro de 2004, reduzida a diferença à razão de, pelo menos, um quinto por ano, sendo que, a partir de 2000, a aplicação será de pelo menos sete por cento. (Incluído pela Emenda Constitucional nº 29, de 2000)

§ 2º Dos recursos da União apurados nos termos deste artigo, quinze por cento, no mínimo, serão aplicados nos Municípios, segundo o critério populacional, em ações e serviços básicos de saúde, na forma da lei. (Incluído pela Emenda Constitucional nº 29, de 2000)

§ 3º Os recursos dos Estados, do Distrito Federal e dos Municípios destinados às ações e serviços públicos de saúde e os transferidos pela União para a mesma finalidade serão aplicados por meio de Fundo de Saúde que será acompanhado e fiscalizado por Conselho de Saúde, sem prejuízo do disposto

no art. 74 da Constituição Federal. (Incluído pela Emenda Constitucional nº 29, de 2000)

§ 4º Na ausência da lei complementar a que se refere o art. 198, § 3º, a partir do exercício financeiro de 2005, aplicar-se-á à União, aos Estados, ao Distrito Federal e aos Municípios o disposto neste artigo. (Incluído pela Emenda Constitucional nº 29, de 2000)

Art. 78. Ressalvados os créditos definidos em lei como de pequeno valor, os de natureza alimentícia, os de que trata o art. 33 deste Ato das Disposições Constitucionais Transitórias e suas complementações e os que já tiverem os seus respectivos recursos liberados ou depositados em juízo, os precatórios pendentes na data de promulgação desta Emenda e os que decorram de ações iniciais ajuizadas até 31 de dezembro de 1999 serão liquidados pelo seu valor real, em moeda corrente, acrescido de juros legais, em prestações anuais, iguais e sucessivas, no prazo máximo de dez anos, permitida a cessão dos créditos. (Incluído pela Emenda Constitucional nº 30, de 2000)

§ 1º É permitida a decomposição de parcelas, a critério do credor. (Incluído pela Emenda Constitucional nº 30, de 2000)

§ 2º As prestações anuais a que se refere o caput deste artigo terão, se não liquidadas até o final do exercício a que se referem, poder liberatório do pagamento de tributos da entidade devedora. (Incluído pela Emenda Constitucional nº 30, de 2000) (Vide Emenda Constitucional nº 62, de 2009)

§ 3º O prazo referido no caput deste artigo fica reduzido para dois anos, nos casos de precatórios judiciais originários de desapropriação de imóvel residencial do credor, desde que comprovadamente único à época da imissão na posse. (Incluído pela Emenda Constitucional nº 30, de 2000)

§ 4º O Presidente do Tribunal competente deverá, vencido o prazo ou em caso de omissão no orçamento, ou preterição ao direito de precedência, a requerimento do credor, requisitar ou determinar o seqüestro de recursos financeiros da entidade executada, suficientes à satisfação da prestação. (Incluído pela Emenda Constitucional nº 30, de 2000)

Art. 79. É instituído, para vigorar até o ano de 2010, no âmbito do Poder Executivo Federal, o Fundo de Combate e Erradicação da Pobreza, a ser regulado por lei complementar com o objetivo de viabilizar a todos os brasileiros acesso a níveis dignos de subsistência, cujos recursos serão aplicados em ações suplementares de nutrição, habitação, educação, saúde, reforço de renda familiar e outros programas de relevante interesse social voltados para melhoria da qualidade de vida. (Incluído pela Emenda Constitucional nº 31, de 2000) (Vide Emenda Constitucional nº 42, de 19.12.2003) (Vide Emenda Constitucional nº 67, de 2010)

Parágrafo único. O Fundo previsto neste artigo terá Conselho Consultivo e de Acompanhamento que conte com a participação de representantes da sociedade civil, nos termos da lei. (Incluído pela Emenda Constitucional nº 31, de 2000)

Art. 80. Compõem o Fundo de Combate e Erradicação da Pobreza: (Incluído pela Emenda Constitucional nº 31, de 2000) (Vide Emenda Constitucional nº 67, de 2010)

I – a parcela do produto da arrecadação correspondente a um adicional de oito centésimos por cento, aplicável de 18 de junho de 2000 a 17 de junho de 2002, na alíquota da contribuição social de que trata o art. 75 do Ato das Disposições Constitucionais Transitórias; (Incluído pela Emenda Constitucional nº 31, de 2000)

II – a parcela do produto da arrecadação correspondente a um adicional de cinco pontos percentuais na alíquota do Imposto sobre Produtos Industrializados – IPI, ou do imposto que vier a substituí-lo, incidente sobre produtos supérfluos e aplicável até a extinção do Fundo; (Incluído pela Emenda Constitucional nº 31, de 2000)

III – o produto da arrecadação do imposto de que trata o art. 153, inciso VII, da Constituição; (Incluído pela Emenda Constitucional nº 31, de 2000)

IV – dotações orçamentárias; (Incluído pela Emenda Constitucional nº 31, de 2000)

V – doações, de qualquer natureza, de pessoas físicas ou jurídicas do País ou do exterior; (Incluído pela Emenda Constitucional nº 31, de 2000)

VI – outras receitas, a serem definidas na regulamentação do referido Fundo. (Incluído pela Emenda Constitucional nº 31, de 2000)

§ 1º Aos recursos integrantes do Fundo de que trata este artigo não se aplica o disposto nos arts. 159 e 167, inciso IV, da Constituição, assim como qualquer desvinculação de recursos orçamentários. (Incluído pela Emenda Constitucional nº 31, de 2000)

§ 2º A arrecadação decorrente do disposto no inciso I deste artigo, no período compreendido entre 18 de junho de 2000 e o início da vigência da lei complementar a que se refere a art. 79, será integralmente repassada ao Fundo, preservado o seu valor real, em títulos públicos federais, progressivamente resgatáveis após 18 de junho de 2002, na forma da lei. (Incluído pela Emenda Constitucional nº 31, de 2000)

Art. 81. É instituído Fundo constituído pelos recursos recebidos pela União em decorrência da desestatização de sociedades de economia mista ou empresas públicas por ela controladas, direta ou indiretamente, quando a operação envolver a alienação do respectivo controle acionário a pessoa ou entidade não integrante da Administração Pública, ou de participação societária remanescente após a alienação, cujos rendimentos, gerados a partir de 18 de junho de 2002, reverterão ao Fundo de Combate e Erradicação de Pobreza. (Incluído pela Emenda Constitucional nº 31, de 2000) (Vide Emenda Constitucional nº 67, de 2010)

§ 1º Caso o montante anual previsto nos rendimentos transferidos ao Fundo de Combate e Erradicação da Pobreza, na forma deste artigo, não alcance o valor de quatro bilhões de reais, far-se-á complementação na forma do art. 80, inciso IV, do Ato das disposições Constitucionais Transitórias. (Incluído pela Emenda Constitucional nº 31, de 2000)

§ 2º Sem prejuízo do disposto no § 1º, o Poder Executivo poderá destinar ao Fundo a que se refere este artigo outras receitas decorrentes da alienação de bens da União. (Incluído pela Emenda Constitucional nº 31, de 2000)

§ 3º A constituição do Fundo a que se refere o caput, a transferência de recursos ao Fundo de Combate e Erradicação da Pobreza e as demais disposições referentes ao § 1º deste artigo serão disciplinadas em lei, não se aplicando o disposto no art. 165, § 9º, inciso II, da Constituição. (Incluído pela Emenda Constitucional nº 31, de 2000)

Art. 82. Os Estados, o Distrito Federal e os Municípios devem instituir Fundos de Combate á Pobreza, com os recursos de que trata este artigo e outros que vierem a destinar, devendo os referidos Fundos ser geridos por entidades que contem com a participação da sociedade civil. (Incluído pela Emenda Constitucional nº 31, de 2000)

§ 1º Para o financiamento dos Fundos Estaduais e Distrital, poderá ser criado adicional de até dois pontos percentuais na alíquota do Imposto sobre Circulação de Mercadorias e Serviços - ICMS, sobre os produtos e serviços supérfluos e nas condições definidas na lei complementar de que trata o art. 155, § 2º, XII, da Constituição, não se aplicando, sobre este percentual, o disposto no art. 158, IV, da Constituição. (Redação dada pela Emenda Constitucional nº 42, de 19.12.2003)

§ 2º Para o financiamento dos Fundos Municipais, poderá ser criado adicional de até meio ponto percentual na alíquota do Imposto sobre serviços ou do imposto que vier a substituí-lo, sobre serviços supérfluos. (Incluído pela Emenda Constitucional nº 31, de 2000)

Art. 83. Lei federal definirá os produtos e serviços supérfluos a que se referem os arts. 80, II, e 82, § 2º. (Redação dada pela Emenda Constitucional nº 42, de 19.12.2003)

Art. 84. A contribuição provisória sobre movimentação ou transmissão de valores e de créditos e direitos de natureza financeira, prevista nos arts. 74, 75 e 80, I, deste Ato das Disposições Constitucionais Transitórias, será cobrada até 31 de dezembro de 2004. (Incluído pela Emenda Constitucional nº 37, de 2002)

§ 1º Fica prorrogada, até a data referida no caput deste artigo, a vigência da Lei nº 9.311, de 24 de outubro de 1996, e suas alterações. (Incluído pela Emenda Constitucional nº 37, de 2002)

§ 2º Do produto da arrecadação da contribuição social de que trata este artigo será destinada a parcela correspondente à alíquota de: (Incluído pela Emenda Constitucional nº 37, de 2002)

I - vinte centésimos por cento ao Fundo Nacional de Saúde, para financiamento das ações e serviços de saúde; (Incluído pela Emenda Constitucional nº 37, de 2002)

II - dez centésimos por cento ao custeio da previdência social; (Incluído pela Emenda Constitucional nº 37, de 2002)

III - oito centésimos por cento ao Fundo de Combate e Erradicação da Pobreza, de que tratam os arts. 80 e 81 deste Ato das Disposições Constitucionais Transitórias. (Incluído pela Emenda Constitucional nº 37, de 2002)

§ 3º A alíquota da contribuição de que trata este artigo será de: (Incluído pela Emenda Constitucional nº 37, de 2002)

I - trinta e oito centésimos por cento, nos exercícios financeiros de 2002 e 2003; (Incluído pela Emenda Constitucional nº 37, de 2002)

II - (Revogado pela Emenda Constitucional nº 42, de 19.12.2003)

Art. 85. A contribuição a que se refere o art. 84 deste Ato das Disposições Constitucionais Transitórias não incidirá, a partir do trigésimo dia da data de publicação desta Emenda Constitucional, nos lançamentos: (Incluído pela Emenda Constitucional nº 37, de 2002)

I - em contas correntes de depósito especialmente abertas e exclusivamente utilizadas para operações de: (Incluído pela Emenda Constitucional nº 37, de 2002) (Vide Lei nº 10.982, de 2004)

a) câmaras e prestadoras de serviços de compensação e de liquidação de que trata o parágrafo único do art. 2º da Lei nº 10.214, de 27 de março de 2001; (Incluído pela Emenda Constitucional nº 37, de 2002)

b) companhias securitizadoras de que trata a Lei nº 9.514, de 20 de novembro de 1997; (Incluído pela Emenda Constitucional nº 37, de 2002)

c) sociedades anônimas que tenham por objeto exclusivo a aquisição de créditos oriundos de operações praticadas no mercado financeiro; (Incluído pela Emenda Constitucional nº 37, de 2002)

II - em contas correntes de depósito, relativos a: (Incluído pela Emenda Constitucional nº 37, de 2002)

a) operações de compra e venda de ações, realizadas em recintos ou sistemas de negociação de bolsas de valores e no mercado de balcão organizado; (Incluído pela Emenda Constitucional nº 37, de 2002)

b) contratos referenciados em ações ou índices de ações, em suas diversas modalidades, negociados em bolsas de valores, de mercadorias e de futuros; (Incluído pela Emenda Constitucional nº 37, de 2002)

III - em contas de investidores estrangeiros, relativos a entradas no País e a remessas para o exterior de recursos financeiros empregados, exclusivamente, em operações e contratos referidos no inciso II deste artigo. (Incluído pela Emenda Constitucional nº 37, de 2002)

§ 1º O Poder Executivo disciplinará o disposto neste artigo no prazo de trinta dias da data de publicação desta Emenda Constitucional. (Incluído pela Emenda Constitucional nº 37, de 2002)

§ 2º O disposto no inciso I deste artigo aplica-se somente às operações relacionadas em ato do Poder Executivo, dentre aquelas que constituam o objeto social das referidas entidades. (Incluído pela Emenda Constitucional nº 37, de 2002)

§ 3º O disposto no inciso II deste artigo aplica-se somente a operações e contratos efetuados por intermédio de instituições financeiras, sociedades corretoras de títulos e valores mobiliários, sociedades distribuidoras de títulos e valores mobiliários e sociedades corretoras de mercadorias. (Incluído pela Emenda Constitucional nº 37, de 2002)

Art. 86. Serão pagos conforme disposto no art. 100 da Constituição Federal, não se lhes aplicando a regra de parcelamento estabelecida no caput do art. 78 deste Ato das Disposições Constitucionais Transitórias, os débitos da Fazenda Federal, Estadual, Distrital ou Municipal oriundos de sentenças transitadas em julgado, que preencham, cumulativamente, as seguintes condições: (Incluído pela Emenda Constitucional nº 37, de 2002)

I - ter sido objeto de emissão de precatórios judiciários; (Incluído pela Emenda Constitucional nº 37, de 2002)

II - ter sido definidos como de pequeno valor pela lei de que trata o § 3º do art. 100 da Constituição Federal ou pelo art. 87 deste Ato das Disposições Constitucionais Transitórias; (Incluído pela Emenda Constitucional nº 37, de 2002)

III - estar, total ou parcialmente, pendentes de pagamento na data da publicação desta Emenda Constitucional . (Incluído pela Emenda Constitucional nº 37, de 2002)

§ 1º Os débitos a que se refere o caput deste artigo, ou os respectivos saldos, serão pagos na ordem cronológica de apresentação dos respectivos precatórios, com precedência sobre os de maior valor. (Incluído pela Emenda Constitucional nº 37, de 2002)

§ 2º Os débitos a que se refere o caput deste artigo, se ainda não tiverem sido objeto de pagamento parcial, nos termos do art. 78 deste Ato das Disposições Constitucionais Transitórias, poderão ser pagos em duas parcelas anuais, se assim dispuser a lei. (Incluído pela Emenda Constitucional nº 37, de 2002)

§ 3º Observada a ordem cronológica de sua apresentação, os débitos de natureza alimentícia previstos neste artigo terão precedência para pagamento sobre todos os demais. (Incluído pela Emenda Constitucional nº 37, de 2002)

Art. 87. Para efeito do que dispõem o § 3º do art. 100 da Constituição Federal e o art. 78 deste Ato das Disposições Constitucionais Transitórias serão considerados de pequeno valor, até que se dê a publicação oficial das respectivas leis definidoras pelos entes da Federação, observado o disposto no § 4º do art. 100 da Constituição Federal, os débitos ou obrigações consignados em precatório judiciário, que tenham valor igual ou inferior a: (Incluído pela Emenda Constitucional nº 37, de 2002)

I - quarenta salários-mínimos, perante a Fazenda dos Estados e do Distrito Federal; (Incluído pela Emenda Constitucional nº 37, de 2002)

II - trinta salários-mínimos, perante a Fazenda dos Municípios. (Incluído pela Emenda Constitucional nº 37, de 2002)

Parágrafo único. Se o valor da execução ultrapassar o estabelecido neste artigo, o pagamento far-se-á, sempre, por meio de precatório, sendo facultada à parte exeqüente a renúncia ao crédito do valor excedente, para que possa optar pelo pagamento do saldo sem o precatório, da forma prevista no § 3º do art. 100. (Incluído pela Emenda Constitucional nº 37, de 2002)

Art. 88. Enquanto lei complementar não disciplinar o disposto nos incisos I e III do § 3º do art. 156 da Constituição Federal, o imposto a que se refere o inciso III do caput do mesmo artigo: (Incluído pela Emenda Constitucional nº 37, de 2002)

I – terá alíquota mínima de dois por cento, exceto para os serviços a que se referem os itens 32, 33 e 34 da Lista de Serviços anexa ao Decreto-Lei nº 406, de 31 de dezembro de 1968; (Incluído pela Emenda Constitucional nº 37, de 2002)

II – não será objeto de concessão de isenções, incentivos e benefícios fiscais, que resulte, direta ou indiretamente, na

redução da alíquota mínima estabelecida no inciso I. (Incluído pela Emenda Constitucional nº 37, de 2002)

Art. 89. Os integrantes da carreira policial militar e os servidores municipais do ex-Território Federal de Rondônia que, comprovadamente, se encontravam no exercício regular de suas funções prestando serviço àquele ex-Território na data em que foi transformado em Estado, bem como os servidores e os policiais militares alcançados pelo disposto no art. 36 da Lei Complementar nº 41, de 22 de dezembro de 1981, e aqueles admitidos regularmente nos quadros do Estado de Rondônia até a data de posse do primeiro Governador eleito, em 15 de março de 1987, constituirão, mediante opção, quadro em extinção da administração federal, assegurados os direitos e as vantagens a eles inerentes, vedado o pagamento, a qualquer título, de diferenças remuneratórias. (Redação dada pela Emenda Constitucional nº 60, de 2009) (Vide Lei nº 13.681, de 2018)

§ 1º Os membros da Polícia Militar continuarão prestando serviços ao Estado de Rondônia, na condição de cedidos, submetidos às corporações da Polícia Militar, observadas as atribuições de função compatíveis com o grau hierárquico. (Incluído pela Emenda Constitucional nº 60, de 2009)

§ 2º Os servidores a que se refere o caput continuarão prestando serviços ao Estado de Rondônia na condição de cedidos, até seu aproveitamento em órgão ou entidade da administração federal direta, autárquica ou fundacional. (Incluído pela Emenda Constitucional nº 60, de 2009)

Art. 90. O prazo previsto no caput do art. 84 deste Ato das Disposições Constitucionais Transitórias fica prorrogado até 31 de dezembro de 2007. (Incluído pela Emenda Constitucional nº 42, de 19.12.2003)

§ 1º Fica prorrogada, até a data referida no caput deste artigo, a vigência da Lei nº 9.311, de 24 de outubro de 1996, e suas alterações. (Incluído pela Emenda Constitucional nº 42, de 19.12.2003)

§ 2º Até a data referida no caput deste artigo, a alíquota da contribuição de que trata o art. 84 deste Ato das Disposições Constitucionais Transitórias será de trinta e oito centésimos por cento. (Incluído pela Emenda Constitucional nº 42, de 19.12.2003)

Art. 91. A União entregará aos Estados e ao Distrito Federal o montante definido em lei complementar, de acordo com critérios, prazos e condições nela determinados, podendo considerar as exportações para o exterior de produtos primários e semi-elaborados, a relação entre as exportações e as importações, os créditos decorrentes de aquisições destinadas ao ativo permanente e a efetiva manutenção e aproveitamento do crédito do imposto a que se refere o art. 155, § 2º, X, a. (Incluído pela Emenda Constitucional nº 42, de 19.12.2003)

§ 1º Do montante de recursos que cabe a cada Es-tado, setenta e cinco por cento pertencem ao próprio Estado, e vinte e cinco por cento, aos seus Municípios, distribuídos segundo os critérios a que se refere o art. 158, parágrafo único, da Constituição. (Incluído pela Emenda Constitucional nº 42, de 19.12.2003)

§ 2º A entrega de recursos prevista neste artigo perdurará, conforme definido em lei complementar, até que o imposto a que se refere o art. 155, II, tenha o produto de sua arrecadação destinado predominantemente, em proporção não inferior a oitenta por cento, ao Estado onde ocorrer o consumo das mercadorias, bens ou serviços. (Incluído pela Emenda Constitucional nº 42, de 19.12.2003)

§ 3º Enquanto não for editada a lei complementar de que trata o caput, em substituição ao sistema de entrega de recursos nele previsto, permanecerá vigente o sistema de entrega de recursos previsto no art. 31 e Anexo da Lei Complementar nº 87, de 13 de setembro de 1996, com a redação dada pela Lei Complementar nº 115, de 26 de de-zembro de 2002. (Incluído pela Emenda Constitucional nº 42, de 19.12.2003)

§ 4º Os Estados e o Distrito Federal deverão apresentar à União, nos termos das instruções baixadas pelo Ministério da Fazenda, as informações relativas ao imposto de que trata o art. 155, II, declaradas pelos contribuintes que realizarem operações ou prestações com destino ao exterior. (Incluído pela Emenda Constitucional nº 42, de 19.12.2003)

Art. 92. São acrescidos dez anos ao prazo fixado no art. 40 deste Ato das Disposições Constitucionais Transitórias. (Incluído pela Emenda Constitucional nº 42, de 19.12.2003)

Art. 92-A. São acrescidos 50 (cinquenta) anos ao prazo fixado pelo art. 92 deste Ato das Disposições Constitucionais Transitórias. (Incluído pela Emenda Constitucional nº 83, de 2014)

Art. 93. A vigência do disposto no art. 159, III, e § 4º, iniciará somente após a edição da lei de que trata o referido inciso III. (Incluído pela Emenda Constitucional nº 42, de 19.12.2003)

Art. 94. Os regimes especiais de tributação para microempresas e empresas de pequeno porte próprios da União, dos Estados, do Distrito Federal e dos Municípios cessarão a partir da entrada em vigor do regime previsto no art. 146, III, d, da Constituição. (Incluído pela Emenda Constitucional nº 42, de 19.12.2003)

Art. 95. Os nascidos no estrangeiro entre 7 de junho de 1994 e a data da promulgação desta Emenda Constitucional, filhos de pai brasileiro ou mãe brasileira, poderão ser registrados em repartição diplomática ou consular brasileira competente ou em ofício de registro, se vierem a residir na República Federativa do Brasil. (Incluído pela Emenda Constitucional nº 54, de 2007)

Art. 96. Ficam convalidados os atos de criação, fusão, incorporação e desmembramento de Municípios, cuja lei tenha sido publicada até 31 de dezembro de 2006, atendidos os requisitos estabelecidos na legislação do respectivo Estado à época de sua criação. (Incluído pela Emenda Constitucional nº 57, de 2008).

Art. 97. Até que seja editada a lei complementar de que trata o § 15 do art. 100 da Constituição Federal, os Estados, o Distrito Federal e os Municípios que, na data de publicação desta Emenda Constitucional, estejam em mora na quitação de precatórios vencidos, relativos às suas administrações direta e indireta, inclusive os emitidos durante o período de vigência do regime especial instituído por este artigo, farão esses pagamentos de acordo com as normas a seguir estabelecidas, sendo inaplicável o disposto no art. 100 desta Constituição Federal, exceto em seus §§ 2º, 3º, 9º, 10, 11, 12, 13 e 14, e sem prejuízo dos acordos de juízos conciliatórios já formalizados na data de promulgação desta Emenda Constitucional. (Incluído pela Emenda Constitucional nº 62, de 2009) (Vide Emenda Constitucional nº 62, de 2009)

§ 1º Os Estados, o Distrito Federal e os Municípios sujeitos ao regime especial de que trata este artigo optarão, por meio de ato do Poder Executivo: (Incluído pela Emenda Constitucional nº 62, de 2009)

I - pelo depósito em conta especial do valor referido pelo § 2º deste artigo; ou (Incluído pela Emenda Constitucional nº 62, de 2009)

II - pela adoção do regime especial pelo prazo de até 15 (quinze) anos, caso em que o percentual a ser depositado na conta especial a que se refere o § 2º deste artigo corresponderá, anualmente, ao saldo total dos precatórios devidos, acrescido do índice oficial de remuneração básica da caderneta de poupança e de juros simples no mesmo percentual de juros incidentes sobre a caderneta de poupança para fins de compensação da mora, excluída a incidência de juros compensatórios, diminuído das amortizações e dividido pelo número de anos restantes no regime especial de pagamento. (Incluído pela Emenda Constitucional nº 62, de 2009)

§ 2º Para saldar os precatórios, vencidos e a vencer, pelo regime especial, os Estados, o Distrito Federal e os Municípios devedores depositarão mensalmente, em conta especial criada para tal fim, 1/12 (um doze avos) do valor calculado percentualmente sobre as respectivas receitas correntes líquidas, apuradas no segundo mês anterior ao mês de pagamento, sendo que esse percentual, calculado no momento de opção

pelo regime e mantido fixo até o final do prazo a que se refere o § 14 deste artigo, será: (Incluído pela Emenda Constitucional nº 62, de 2009)

I - para os Estados e para o Distrito Federal: (Incluído pela Emenda Constitucional nº 62, de 2009)

a) de, no mínimo, 1,5% (um inteiro e cinco décimos por cento), para os Estados das regiões Norte, Nordeste e Centro-Oeste, além do Distrito Federal, ou cujo estoque de precatórios pendentes das suas administrações direta e indireta corresponder a até 35% (trinta e cinco por cento) do total da receita corrente líquida; (Incluído pela Emenda Constitucional nº 62, de 2009)

b) de, no mínimo, 2% (dois por cento), para os Estados das regiões Sul e Sudeste, cujo estoque de precatórios pendentes das suas administrações direta e indireta corresponder a mais de 35% (trinta e cinco por cento) da receita corrente líquida; (Incluído pela Emenda Constitucional nº 62, de 2009)

II - para Municípios: (Incluído pela Emenda Constitucional nº 62, de 2009)

a) de, no mínimo, 1% (um por cento), para Municípios das regiões Norte, Nordeste e Centro-Oeste, ou cujo estoque de precatórios pendentes das suas administrações direta e indireta corresponder a até 35% (trinta e cinco por cento) da receita corrente líquida; (Incluído pela Emenda Constitucional nº 62, de 2009)

b) de, no mínimo, 1,5% (um inteiro e cinco décimos por cento), para Municípios das regiões Sul e Sudeste, cujo estoque de precatórios pendentes das suas administrações direta e indireta corresponder a mais de 35 % (trinta e cinco por cento) da receita corrente líquida. (Incluído pela Emenda Constitucional nº 62, de 2009)

§ 3º Entende-se como receita corrente líquida, para os fins de que trata este artigo, o somatório das receitas tributárias, patrimoniais, industriais, agropecuárias, de contribuições e de serviços, transferências correntes e outras receitas correntes, incluindo as oriundas do § 1º do art. 20 da Constituição Federal, verificado no período compreendido pelo mês de referência e os 11 (onze) meses anteriores, excluídas as duplicidades, e deduzidas: (Incluído pela Emenda Constitucional nº 62, de 2009)

I - nos Estados, as parcelas entregues aos Municípios por determinação constitucional; (Incluído pela Emenda Constitucional nº 62, de 2009)

II - nos Estados, no Distrito Federal e nos Municípios, a contribuição dos servidores para custeio do seu sistema de previdência e assistência social e as receitas provenientes da compensação financeira referida no § 9º do art. 201 da Constituição Federal. (Incluído pela Emenda Constitucional nº 62, de 2009)

§ 4º As contas especiais de que tratam os §§ 1º e 2º serão administradas pelo Tribunal de Justiça local, para pagamento de precatórios expedidos pelos tribunais. (Incluído pela Emenda Constitucional nº 62, de 2009)

§ 5º Os recursos depositados nas contas especiais de que tratam os §§ 1º e 2º deste artigo não poderão retornar para Estados, Distrito Federal e Municípios devedores. (Incluído pela Emenda Constitucional nº 62, de 2009)

§ 6º Pelo menos 50% (cinquenta por cento) dos recursos de que tratam os §§ 1º e 2º deste artigo serão utilizados para pagamento de precatórios em ordem cronológica de apresentação, respeitadas as preferências definidas no § 1º, para os requisitórios do mesmo ano e no § 2º do art. 100, para requisitórios de todos os anos. (Incluído pela Emenda Constitucional nº 62, de 2009)

§ 7º Nos casos em que não se possa estabelecer a precedência cronológica entre 2 (dois) precatórios, pagar-se-á primeiramente o precatório de menor valor. (Incluído pela Emenda Constitucional nº 62, de 2009)

§ 8º A aplicação dos recursos restantes dependerá de opção a ser exercida por Estados, Distrito Federal e Municípios devedores, por ato do Poder Executivo, obedecendo à seguinte forma, que poderá ser aplicada isoladamente ou simultaneamente: (Incluído pela Emenda Constitucional nº 62, de 2009)

I - destinados ao pagamento dos precatórios por meio do leilão; (Incluído pela Emenda Constitucional nº 62, de 2009)

II - destinados a pagamento a vista de precatórios não quitados na forma do § 6º e do inciso I, em ordem única e crescente de valor por precatório; (Incluído pela Emenda Constitucional nº 62, de 2009)

III - destinados a pagamento por acordo direto com os credores, na forma estabelecida por lei própria da entidade devedora, que poderá prever criação e forma de funcionamento de câmara de conciliação. (Incluído pela Emenda Constitucional nº 62, de 2009)

§ 9º Os leilões de que trata o inciso I do § 8º deste artigo: (Incluído pela Emenda Constitucional nº 62, de 2009)

I - serão realizados por meio de sistema eletrônico administrado por entidade autorizada pela Comissão de Valores Mobiliários ou pelo Banco Central do Brasil; (Incluído pela Emenda Constitucional nº 62, de 2009)

II - admitirão a habilitação de precatórios, ou parcela de cada precatório indicada pelo seu detentor, em relação aos quais não esteja pendente, no âmbito do Poder Judiciário, recurso ou impugnação de qualquer natureza, permitida por iniciativa do Poder Executivo a compensação com débitos líquidos e certos, inscritos ou não em dívida ativa e constituídos contra devedor originário pela Fazenda Pública devedora até a data da expedição do precatório, ressalvados aqueles cuja exigibilidade esteja suspensa nos termos da legislação, ou que já tenham sido objeto de abatimento nos termos do § 9º do art. 100 da Constituição Federal; (Incluído pela Emenda Constitucional nº 62, de 2009)

III - ocorrerão por meio de oferta pública a todos os credores habilitados pelo respectivo ente federativo devedor; (Incluído pela Emenda Constitucional nº 62, de 2009)

IV - considerarão automaticamente habilitado o credor que satisfaça o que consta no inciso II; (Incluído pela Emenda Constitucional nº 62, de 2009)

V - serão realizados tantas vezes quanto necessário em função do valor disponível; (Incluído pela Emenda Constitucional nº 62, de 2009)

VI - a competição por parcela do valor total ocorrerá a critério do credor, com deságio sobre o valor desta; (Incluído pela Emenda Constitucional nº 62, de 2009)

VII - ocorrerão na modalidade deságio, associado ao maior volume ofertado cumulado ou não com o maior percentual de deságio, pelo maior percentual de deságio, podendo ser fixado valor máximo por credor, ou por outro critério a ser definido em edital; (Incluído pela Emenda Constitucional nº 62, de 2009)

VIII - o mecanismo de formação de preço constará nos editais publicados para cada leilão; (Incluído pela Emenda Constitucional nº 62, de 2009)

IX - a quitação parcial dos precatórios será homologada pelo respectivo Tribunal que o expediu. (Incluído pela Emenda Constitucional nº 62, de 2009)

§ 10. No caso de não liberação tempestiva dos recursos de que tratam o inciso II do § 1º e os §§ 2º e 6º deste artigo: (Incluído pela Emenda Constitucional nº 62, de 2009)

I - haverá o sequestro de quantia nas contas de Estados, Distrito Federal e Municípios devedores, por ordem do Presidente do Tribunal referido no § 4º, até o limite do valor não liberado; (Incluído pela Emenda Constitucional nº 62, de 2009)

II - constituir-se-á, alternativamente, por ordem do Presidente do Tribunal requerido, em favor dos credores de precatórios, contra Estados, Distrito Federal e Municípios devedores, direito líquido e certo, autoaplicável e independentemente de regulamentação, à compensação automática com débitos líquidos lançados por esta contra aqueles, e, havendo saldo em favor do credor, o valor terá automa-

ticamente poder liberatório do pagamento de tributos de Estados, Distrito Federal e Municípios devedores, até onde se compensarem; (Incluído pela Emenda Constitucional nº 62, de 2009)

III - o chefe do Poder Executivo responderá na forma da legislação de responsabilidade fiscal e de improbidade administrativa; (Incluído pela Emenda Constitucional nº 62, de 2009)

IV - enquanto perdurar a omissão, a entidade devedora: (Incluído pela Emenda Constitucional nº 62, de 2009)
 a) não poderá contrair empréstimo externo ou interno; (Incluído pela Emenda Constitucional nº 62, de 2009)
 b) ficará impedida de receber transferências voluntárias; (Incluído pela Emenda Constitucional nº 62, de 2009)

V - a União reterá os repasses relativos ao Fundo de Participação dos Estados e do Distrito Federal e ao Fundo de Participação dos Municípios, e os depositará nas contas especiais referidas no § 1º, devendo sua utilização obedecer ao que prescreve o § 5º, ambos deste artigo. (Incluído pela Emenda Constitucional nº 62, de 2009)

§ 11. No caso de precatórios relativos a diversos credores, em litisconsórcio, admite-se o desmembramento do valor, realizado pelo Tribunal de origem do precatório, por credor, e, por este, a habilitação do valor total a que tem direito, não se aplicando, neste caso, a regra do § 3º do art. 100 da Constituição Federal. (Incluído pela Emenda Constitucional nº 62, de 2009)

§ 12. Se a lei a que se refere o § 4º do art. 100 não estiver publicada em até 180 (cento e oitenta) dias, contados da data de publicação desta Emenda Constitucional, será considerado, para os fins referidos, em relação a Estados, Distrito Federal e Municípios devedores, omissos na regulamentação, o valor de: (Incluído pela Emenda Constitucional nº 62, de 2009)

 I - 40 (quarenta) salários mínimos para Estados e para o Distrito Federal; (Incluído pela Emenda Constitucional nº 62, de 2009)
 II - 30 (trinta) salários mínimos para Municípios. (Incluído pela Emenda Constitucional nº 62, de 2009)

§ 13. Enquanto Estados, Distrito Federal e Municípios devedores estiverem realizando pagamentos de precatórios pelo regime especial, não poderão sofrer sequestro de valores, exceto no caso de não liberação tempestiva dos recursos de que tratam o inciso II do § 1º e o § 2º deste artigo. (Incluído pela Emenda Constitucional nº 62, de 2009)

§ 14. O regime especial de pagamento de precatório previsto no inciso I do § 1º vigorará enquanto o valor dos precatórios devidos for superior ao valor dos recursos vinculados, nos termos do § 2º, ambos deste artigo, ou pelo prazo fixo de até 15 (quinze) anos, no caso da opção prevista no inciso II do § 1º. (Incluído pela Emenda Constitucional nº 62, de 2009)

§ 15. Os precatórios parcelados na forma do art. 33 ou do art. 78 deste Ato das Disposições Constitucionais Transitórias e ainda pendentes de pagamento ingressarão no regime especial com o valor atualizado das parcelas não pagas relativas a cada precatório, bem como o saldo dos acordos judiciais e extrajudiciais. (Incluído pela Emenda Constitucional nº 62, de 2009)

§ 16. A partir da promulgação desta Emenda Constitucional, a atualização de valores de requisitórios, até o efetivo pagamento, independentemente de sua natureza, será feita pelo índice oficial de remuneração básica da caderneta de poupança, e, para fins de compensação da mora, incidirão juros simples no mesmo percentual de juros incidentes sobre a caderneta de poupança, ficando excluída a incidência de juros compensatórios. (Incluído pela Emenda Constitucional nº 62, de 2009)

§ 17. O valor que exceder o limite previsto no § 2º do art. 100 da Constituição Federal será pago, durante a vigência do regime especial, na forma prevista nos §§ 6º e 7º ou nos incisos I, II e III do § 8º deste artigo, devendo os valores dispendidos para o atendimento do disposto no § 2º do art. 100 da Constituição Federal serem computados para efeito do § 6º deste artigo. (Incluído pela Emenda Constitucional nº 62, de 2009)

§ 18. Durante a vigência do regime especial a que se refere este artigo, gozarão também da preferência a que se refere o § 6º os titulares originais de precatórios que tenham completado 60 (sessenta) anos de idade até a data da promulgação desta Emenda Constitucional. (Incluído pela Emenda Constitucional nº 62, de 2009)

Art. 98. O número de defensores públicos na unidade jurisdicional será proporcional à efetiva demanda pelo serviço da Defensoria Pública e à respectiva população. (Incluído pela Emenda Constitucional nº 80, de 2014)

§ 1º No prazo de 8 (oito) anos, a União, os Estados e o Distrito Federal deverão contar com defensores públicos em todas as unidades jurisdicionais, observado o disposto no caput deste artigo. (Incluído pela Emenda Constitucional nº 80, de 2014)

§ 2º Durante o decurso do prazo previsto no § 1º deste artigo, a lotação dos defensores públicos ocorrerá, prioritariamente, atendendo as regiões com maiores índices de exclusão social e adensamento populacional. (Incluído pela Emenda Constitucional nº 80, de 2014)

Art. 99. Para efeito do disposto no inciso VII do § 2º do art. 155, no caso de operações e prestações que destinem bens e serviços a consumidor final não contribuinte localizado em outro Estado, o imposto correspondente à diferença entre a alíquota interna e a interestadual será partilhado entre os Estados de origem e de destino, na seguinte proporção: (Incluído pela Emenda Constitucional nº 87, de 2015)

 I - para o ano de 2015: 20% (vinte por cento) para o Estado de destino e 80% (oitenta por cento) para o Estado de origem;
 II - para o ano de 2016: 40% (quarenta por cento) para o Estado de destino e 60% (sessenta por cento) para o Estado de origem;
 III - para o ano de 2017: 60% (sessenta por cento) para o Estado de destino e 40% (quarenta por cento) para o Estado de origem;
 IV - para o ano de 2018: 80% (oitenta por cento) para o Estado de destino e 20% (vinte por cento) para o Estado de origem;
 V - a partir do ano de 2019: 100% (cem por cento) para o Estado de destino.

Art. 100. Até que entre em vigor a lei complementar de que trata o inciso II do § 1º do art. 40 da Constituição Federal, os Ministros do Supremo Tribunal Federal, dos Tribunais Superiores e do Tribunal de Contas da União aposentar-se-ão, compulsoriamente, aos 75 (setenta e cinco) anos de idade, nas condições do art. 52 da Constituição Federal. (Incluído pela Emenda Constitucional nº 88, de 2015)

Art. 101. Os Estados, o Distrito Federal e os Municípios que, em 25 de março de 2015, se encontravam em mora no pagamento de seus precatórios quitarão, até 31 de dezembro de 2024, seus débitos vencidos e os que vencerão dentro desse período, atualizados pelo Índice Nacional de Preços ao Consumidor Amplo Especial (IPCA-E), ou por outro índice que venha a substituí-lo, depositando mensalmente em conta especial do Tribunal de Justiça local, sob única e exclusiva administração deste, 1/12 (um doze avos) do valor calculado percentualmente sobre suas receitas correntes líquidas apuradas no segundo mês anterior ao mês de pagamento, em percentual suficiente para a quitação de seus débitos e, ainda que variável, nunca inferior, em cada exercício, ao percentual praticado na data da entrada em vigor do regime especial a que se refere este artigo, em conformidade com plano de pagamento a ser anualmente apresentado ao Tribunal de Justiça local. (Redação dada pela Emenda constitucional nº 99, de 2017)

§ 1º Entende-se como receita corrente líquida, para os fins de que trata este artigo, o somatório das receitas tributárias, patrimoniais, industriais, agropecuárias, de contribuições e de serviços, de transferências correntes e outras receitas correntes, incluindo as oriundas do § 1º do art. 20 da Constituição Federal, verificado no período compreendido pelo segundo

mês imediatamente anterior ao de referência e os 11 (onze) meses precedentes, excluídas as duplicidades, e deduzidas: (Incluído pela Emenda Constitucional nº 94, de 2016)

I - nos Estados, as parcelas entregues aos Municípios por determinação constitucional; (Incluído pela Emenda Constitucional nº 94, de 2016)

II - nos Estados, no Distrito Federal e nos Municípios, a contribuição dos servidores para custeio de seu sistema de previdência e assistência social e as receitas provenientes da compensação financeira referida no § 9º do art. 201 da Constituição Federal. (Incluído pela Emenda Constitucional nº 94, de 2016)

§ 2º O débito de precatórios será pago com recursos orçamentários próprios provenientes das fontes de receita corrente líquida referidas no § 1º deste artigo e, adicionalmente, poderão ser utilizados recursos dos seguintes instrumentos: (Redação dada pela Emenda constitucional nº 99, de 2017)

I - até 75% (setenta e cinco por cento) dos depósitos judiciais e dos depósitos administrativos em dinheiro referentes a processos judiciais ou administrativos, tributários ou não tributários, nos quais sejam parte os Estados, o Distrito Federal ou os Municípios, e as respectivas autarquias, fundações e empresas estatais dependentes, mediante a instituição de fundo garantidor em montante equivalente a 1/3 (um terço) dos recursos levantados, constituído pela parcela restante dos depósitos judiciais e remunerado pela taxa referencial do Sistema Especial de Liquidação e de Custódia (Selic) para títulos federais, nunca inferior aos índices e critérios aplicados aos depósitos levantados; (Redação dada pela Emenda constitucional nº 99, de 2017)

II - até 30% (trinta por cento) dos demais depósitos judiciais da localidade sob jurisdição do respectivo Tribunal de Justiça, mediante a instituição de fundo garantidor em montante equivalente aos recursos levantados, constituído pela parcela restante dos depósitos judiciais e remunerado pela taxa referencial do Sistema Especial de Liquidação e de Custódia (Selic) para títulos federais, nunca inferior aos índices e critérios aplicados aos depósitos levantados, destinando-se: (Redação dada pela Emenda constitucional nº 99, de 2017)

a) no caso do Distrito Federal, 100% (cem por cento) desses recursos ao próprio Distrito Federal; (Incluído pela Emenda Constitucional nº 94, de 2016)

b) no caso dos Estados, 50% (cinquenta por cento) desses recursos ao próprio Estado e 50% (cinquenta por cento) aos respectivos Municípios, conforme a circunscrição judiciária onde estão depositados os recursos, e, se houver mais de um Município na mesma circunscrição judiciária, os recursos serão rateados entre os Municípios concorrentes, proporcionalmente às respectivas populações, utilizado como referência o último levantamento censitário ou a mais recente estimativa populacional da Fundação Instituto Brasileiro de Geografia e Estatística (IBGE); (Redação dada pela Emenda constitucional nº 99, de 2017)

III - empréstimos, excetuados para esse fim os limites de endividamento de que tratam os incisos VI e VII do caput do art. 52 da Constituição Federal e quaisquer outros limites de endividamento previstos em lei, não se aplicando a esses empréstimos a vedação de vinculação de receita prevista no inciso IV do caput do art. 167 da Constituição Federal; (Redação dada pela Emenda constitucional nº 99, de 2017)

IV - a totalidade dos depósitos em precatórios e requisições diretas de pagamento de obrigações de pequeno valor efetuados até 31 de dezembro de 2009 e ainda não levantados, com o cancelamento dos respectivos requisitórios e a baixa das obrigações, assegurada a revalidação dos requisitórios pelos juízos dos processos perante os Tribunais, a requerimento dos credores e após a oitiva da entidade devedora, mantidas a posição de ordem cronológica original e a remuneração de todo o período. (Incluído pela Emenda constitucional nº 99, de 2017)

§ 3º Os recursos adicionais previstos nos incisos I, II e IV do § 2º deste artigo serão transferidos diretamente pela instituição financeira depositária para a conta especial referida no caput deste artigo, sob única e exclusiva administração do Tribunal de Justiça local, e essa transferência deverá ser realizada em até sessenta dias contados a partir da entrada em vigor deste parágrafo, sob pena de responsabilização pessoal do dirigente da instituição financeira por improbidade. (Incluído pela Emenda constitucional nº 99, de 2017)

§ 4º No prazo de até seis meses contados da entrada em vigor do regime especial a que se refere este artigo, a União, diretamente, ou por intermédio das instituições financeiras oficiais sob seu controle, disponibilizará aos Estados, ao Distrito Federal e aos Municípios, bem como às respectivas autarquias, fundações e empresas estatais dependentes, linha de crédito especial para pagamento dos precatórios submetidos ao regime especial de pagamento de que trata este artigo, observadas as seguintes condições: (Incluído pela Emenda constitucional nº 99, de 2017)

I - no financiamento dos saldos remanescentes de precatórios a pagar a que se refere este parágrafo serão adotados os índices e critérios de atualização que incidem sobre o pagamento de precatórios, nos termos do § 12 do art. 100 da Constituição Federal; (Incluído pela Emenda constitucional nº 99, de 2017)

II - o financiamento dos saldos remanescentes de precatórios a pagar a que se refere este parágrafo será feito em parcelas mensais suficientes à satisfação da dívida assim constituída; (Incluído pela Emenda constitucional nº 99, de 2017)

III - o valor de cada parcela a que se refere o inciso II deste parágrafo será calculado percentualmente sobre a receita corrente líquida, respectivamente, do Estado, do Distrito Federal e do Município, no segundo mês anterior ao pagamento, em percentual equivalente à média do comprometimento percentual mensal de 2012 até o final do período referido no caput deste artigo, considerados para esse fim somente os recursos próprios de cada ente da Federação aplicados no pagamento de precatórios; (Incluído pela Emenda constitucional nº 99, de 2017)

IV - nos empréstimos a que se refere este parágrafo não se aplicam os limites de endividamento de que tratam os incisos VI e VII do caput do art. 52 da Constituição Federal e quaisquer outros limites de endividamento previstos em lei. (Incluído pela Emenda constitucional nº 99, de 2017)

Art. 102. Enquanto viger o regime especial previsto nesta Emenda Constitucional, pelo menos 50% (cinquenta por cento) dos recursos que, nos termos do art. 101 deste Ato das Disposições Constitucionais Transitórias, forem destinados ao pagamento dos precatórios em mora serão utilizados no pagamento segundo a ordem cronológica de apresentação, respeitadas as preferências dos créditos alimentares, e, nessas, as relativas à idade, ao estado de saúde e à deficiência, nos termos do § 2º do art. 100 da Constituição Federal, sobre todos os demais créditos de todos os anos. (Incluído pela Emenda Constitucional nº 94, de 2016)

§ 1º A aplicação dos recursos remanescentes, por opção a ser exercida por Estados, Distrito Federal e Municípios, por ato do respectivo Poder Executivo, observada a ordem de preferência dos credores, poderá ser destinada ao pagamento mediante acordos diretos, perante Juízos Auxiliares de Conciliação de Precatórios, com redução máxima de 40% (quarenta por cento) do valor do crédito atualizado, desde que em relação ao crédito não penda recurso ou defesa judicial e que sejam observados os requisitos definidos na regulamentação editada pelo ente federado. (Numerado do parágrafo único pela Emenda constitucional nº 99, de 2017)

§ 2º Na vigência do regime especial previsto no art. 101 deste Ato das Disposições Constitucionais Transitórias, as preferências relativas à idade, ao estado de saúde e à deficiência serão atendidas até o valor equivalente ao quíntuplo fixado em lei para os fins do disposto no § 3º do art. 100 da Constituição

Federal, admitido o fracionamento para essa finalidade, e o restante será pago em ordem cronológica de apresentação do precatório. (Incluído pela Emenda constitucional nº 99, de 2017)

Art. 103. Enquanto os Estados, o Distrito Federal e os Municípios estiverem efetuando o pagamento da parcela mensal devida como previsto no caput do art. 101 deste Ato das Disposições Constitucionais Transitórias, nem eles, nem as respectivas autarquias, fundações e empresas estatais dependentes poderão sofrer sequestro de valores, exceto no caso de não liberação tempestiva dos recursos. (Incluído pela Emenda Constitucional nº 94, de 2016)

Parágrafo único. Na vigência do regime especial previsto no art. 101 deste Ato das Disposições Constitucionais Transitórias, ficam vedadas desapropriações pelos Estados, pelo Distrito Federal e pelos Municípios, cujos estoques de precatórios ainda pendentes de pagamento, incluídos os precatórios a pagar de suas entidades da administração indireta, sejam superiores a 70% (setenta por cento) das respectivas receitas correntes líquidas, excetuadas as desapropriações para fins de necessidade pública nas áreas de saúde, educação, segurança pública, transporte público, saneamento básico e habitação de interesse social. (Incluído pela Emenda constitucional nº 99, de 2017)

Art. 104. Se os recursos referidos no art. 101 deste Ato das Disposições Constitucionais Transitórias para o pagamento de precatórios não forem tempestivamente liberados, no todo ou em parte: (Incluído pela Emenda Constitucional nº 94, de 2016)

I - o Presidente do Tribunal de Justiça local determinará o sequestro, até o limite do valor não liberado, das contas do ente federado inadimplente; (Incluído pela Emenda Constitucional nº 94, de 2016)

II - o chefe do Poder Executivo do ente federado inadimplente responderá, na forma da legislação de responsabilidade fiscal e de improbidade administrativa; (Incluída pela Emenda Constitucional nº 94, de 2016)

III - a União reterá os recursos referentes aos repasses ao Fundo de Participação dos Estados e do Distrito Federal e ao Fundo de Participação dos Municípios e os depositará na conta especial referida no art. 101 deste Ato das Disposições Constitucionais Transitórias, para utilização como nele previsto; (Incluído pela Emenda Constitucional nº 94, de 2016)

IV - os Estados reterão os repasses previstos no parágrafo único do art. 158 da Constituição Federal e os depositarão na conta especial referida no art. 101 deste Ato das Disposições Constitucionais Transitórias, para utilização como nele previsto. (Incluído pela Emenda Constitucional nº 94, de 2016)

Parágrafo único. Enquanto perdurar a omissão, o ente federado não poderá contrair empréstimo externo ou interno, exceto para os fins previstos no § 2º do art. 101 deste Ato das Disposições Constitucionais Transitórias, e ficará impedido de receber transferências voluntárias. (Incluído pela Emenda Constitucional nº 94, de 2016)

Art. 105. Enquanto viger o regime de pagamento de precatórios previsto no art. 101 deste Ato das Disposições Constitucionais Transitórias, é facultada aos credores de precatórios, próprios ou de terceiros, a compensação com débitos de natureza tributária ou de outra natureza que até 25 de março de 2015 tenham sido inscritos na dívida ativa dos Estados, do Distrito Federal ou dos Municípios, observados os requisitos definidos em lei própria do ente federado. (Incluído pela Emenda Constitucional nº 94, de 2016)

§ 1º Não se aplica às compensações referidas no caput deste artigo qualquer tipo de vinculação, como as transferências a outros entes e as destinadas à educação, à saúde e a outras finalidades. (Numerado do parágrafo único pela Emenda constitucional nº 99, de 2017)

§ 2º Os Estados, o Distrito Federal e os Municípios regulamentarão nas respectivas leis o disposto no caput deste artigo em até cento e vinte dias a partir de 1º de janeiro de 2018. (Incluído pela Emenda constitucional nº 99, de 2017)

§ 3º Decorrido o prazo estabelecido no § 2º deste artigo sem a regulamentação nele prevista, ficam os credores de precatórios autorizados a exercer a faculdade a que se refere o caput deste artigo. (Incluído pela Emenda constitucional nº 99, de 2017)

Art. 106. Fica instituído o Novo Regime Fiscal no âmbito dos Orçamentos Fiscal e da Seguridade Social da União, que vigorará por vinte exercícios financeiros, nos termos dos arts. 107 a 114 deste Ato das Disposições Constitucionais Transitórias. (Incluído pela Emenda Constitucional nº 95, de 2016)

Art. 107. Ficam estabelecidos, para cada exercício, limites individualizados para as despesas primárias: (Incluído pela Emenda Constitucional nº 95, de 2016)

I - do Poder Executivo; (Incluído pela Emenda Constitucional nº 95, de 2016)

II - do Supremo Tribunal Federal, do Superior Tribunal de Justiça, do Conselho Nacional de Justiça, da Justiça do Trabalho, da Justiça Federal, da Justiça Militar da União, da Justiça Eleitoral e da Justiça do Distrito Federal e Territórios, no âmbito do Poder Judiciário; (Incluído pela Emenda Constitucional nº 95, de 2016)

III - do Senado Federal, da Câmara dos Deputados e do Tribunal de Contas da União, no âmbito do Poder Legislativo; (Incluído pela Emenda Constitucional nº 95, de 2016)

IV - do Ministério Público da União e do Conselho Nacional do Ministério Público; e (Incluído pela Emenda Constitucional nº 95, de 2016)

V - da Defensoria Pública da União. (Incluído pela Emenda Constitucional nº 95, de 2016)

§ 1º Cada um dos limites a que se refere o caput deste artigo equivalerá: (Incluído pela Emenda Constitucional nº 95, de 2016)

I - para o exercício de 2017, à despesa primária paga no exercício de 2016, incluídos os restos a pagar pagos e demais operações que afetam o resultado primário, corrigida em 7,2% (sete inteiros e dois décimos por cento); e

II - para os exercícios posteriores, ao valor do limite referente ao exercício imediatamente anterior, corrigido pela variação do Índice Nacional de Preços ao Consumidor Amplo - IPCA, publicado pelo Instituto Brasileiro de Geografia e Estatística, ou de outro índice que vier a substituí-lo, para o período de doze meses encerrado em junho do exercício anterior a que se refere a lei orçamentária. (Incluído pela Emenda Constitucional nº 95, de 2016)

§ 2º Os limites estabelecidos na forma do inciso IV do caput do art. 51, do inciso XIII do caput do art. 52, do § 1º do art. 99, do § 3º do art. 127 e do § 3º do art. 134 da Constituição Federal não poderão ser superiores aos estabelecidos nos termos deste artigo. (Incluído pela Emenda Constitucional nº 95, de 2016)

§ 3º A mensagem que encaminhar o projeto de lei orçamentária demonstrará os valores máximos de programação compatíveis com os limites individualizados calculados na forma do § 1º deste artigo, observados os §§ 7º a 9º deste artigo. (Incluído pela Emenda Constitucional nº 95, de 2016)

§ 4º As despesas primárias autorizadas na lei orçamentária anual sujeitas aos limites de que trata este artigo não poderão exceder os valores máximos demonstrados nos termos do § 3º deste artigo. (Incluído pela Emenda Constitucional nº 95, de 2016)

§ 5º É vedada a abertura de crédito suplementar ou especial que amplie o montante total autorizado de despesa primária sujeita aos limites de que trata este artigo. (Incluído pela Emenda Constitucional nº 95, de 2016)

§ 6º Não se incluem na base de cálculo e nos limites estabelecidos neste artigo: (Incluído pela Emenda Constitucional nº 95, de 2016)

I - transferências constitucionais estabelecidas no § 1º do art. 20, no inciso III do parágrafo único do art. 146, no § 5º do art. 153, no art. 157, nos incisos I e II do art. 158, no art. 159 e no § 6º do art. 212, as despesas referentes ao inciso XIV do caput do art. 21, todos da Constituição Federal, e as com-

plementações de que tratam os incisos V e VII do caput do art. 60, deste Ato das Disposições Constitucionais Transitórias; (Incluído pela Emenda Constitucional nº 95, de 2016)

II - créditos extraordinários a que se refere o § 3º do art. 167 da Constituição Federal; (Incluído pela Emenda Constitucional nº 95, de 2016)

III - despesas não recorrentes da Justiça Eleitoral com a realização de eleições; e (Incluído pela Emenda Constitucional nº 95, de 2016)

IV - despesas com aumento de capital de empresas estatais não dependentes. (Incluído pela Emenda Constitucional nº 95, de 2016)

> V - transferências a Estados, Distrito Federal e Municípios de parte dos valores arrecadados com os leilões dos volumes excedentes ao limite a que se refere o § 2º do art. 1º da Lei nº 12.276, de 30 de junho de 2010, e a despesa decorrente da revisão do contrato de cessão onerosa de que trata a mesma Lei. (Incluído pela Emenda Constitucional nº 102, de 2019) (Produção de efeito)

§ 7º Nos três primeiros exercícios financeiros da vigência do Novo Regime Fiscal, o Poder Executivo poderá compensar com redução equivalente na sua despesa primária, consoante os valores estabelecidos no projeto de lei orçamentária encaminhado pelo Poder Executivo no respectivo exercício, o excesso de despesas primárias em relação aos limites de que tratam os incisos II a V do caput deste artigo. (Incluído pela Emenda Constitucional nº 95, de 2016)

§ 8º A compensação de que trata o § 7º deste artigo não excederá a 0,25% (vinte e cinco centésimos por cento) do limite do Poder Executivo. (Incluído pela Emenda Constitucional nº 95, de 2016)

§ 9º Respeitado o somatório em cada um dos incisos de II a IV do caput deste artigo, a lei de diretrizes orçamentárias poderá dispor sobre a compensação entre os limites individualizados dos órgãos elencados em cada inciso. (Incluído pela Emenda Constitucional nº 95, de 2016)

§ 10. Para fins de verificação do cumprimento dos limites de que trata este artigo, serão consideradas as despesas primárias pagas, incluídos os restos a pagar pagos e demais operações que afetam o resultado primário no exercício. (Incluído pela Emenda Constitucional nº 95, de 2016)

§ 11. O pagamento de restos a pagar inscritos até 31 de dezembro de 2015 poderá ser excluído da verificação do cumprimento dos limites de que trata este artigo, até o excesso de resultado primário dos Orçamentos Fiscal e da Seguridade Social do exercício em relação à meta fixada na lei de diretrizes orçamentárias. (Incluído pela Emenda Constitucional nº 95, de 2016)

Art. 108. O Presidente da República poderá propor, a partir do décimo exercício da vigência do Novo Regime Fiscal, projeto de lei complementar para alteração do método de correção dos limites a que se refere o inciso II do § 1º do art. 107 deste Ato das Disposições Constitucionais Transitórias. (Incluído pela Emenda Constitucional nº 95, de 2016)

Parágrafo único. Será admitida apenas uma alteração do método de correção dos limites por mandato presidencial. (Incluído pela Emenda Constitucional nº 95, de 2016)

Art. 109. No caso de descumprimento de limite individualizado, aplicam-se, até o final do exercício de retorno das despesas aos respectivos limites, ao Poder Executivo ou a órgão elencado nos incisos II a V do caput do art. 107 deste Ato das Disposições Constitucionais Transitórias que o descumpriu, sem prejuízo de outras medidas, as seguintes vedações: (Incluído pela Emenda Constitucional nº 95, de 2016)

I - concessão, a qualquer título, de vantagem, aumento, reajuste ou adequação de remuneração de membros de Poder ou de órgão, de servidores e empregados públicos e militares, exceto dos derivados de sentença judicial transitada em julgado ou de determinação legal decorrente de atos anteriores à entrada em vigor desta Emenda Constitucional; (Incluído pela Emenda Constitucional nº 95, de 2016)

II - criação de cargo, emprego ou função que implique aumento de despesa; (Incluído pela Emenda Constitucional nº 95, de 2016)

III - alteração de estrutura de carreira que implique aumento de despesa; (Incluído pela Emenda Constitucional nº 95, de 2016)

IV - admissão ou contratação de pessoal, a qualquer título, ressalvadas as reposições de cargos de chefia e de direção que não acarretem aumento de despesa e aquelas decorrentes de vacâncias de cargos efetivos ou vitalícios; (Incluído pela Emenda Constitucional nº 95, de 2016)

V - realização de concurso público, exceto para as reposições de vacâncias previstas no inciso IV; (Incluído pela Emenda Constitucional nº 95, de 2016)

VI - criação ou majoração de auxílios, vantagens, bônus, abonos, verbas de representação ou benefícios de qualquer natureza em favor de membros de Poder, do Ministério Público ou da Defensoria Pública e de servidores e empregados públicos e militares; (Incluído pela Emenda Constitucional nº 95, de 2016)

VII - criação de despesa obrigatória; e (Incluído pela Emenda Constitucional nº 95, de 2016)

VIII - adoção de medida que implique reajuste de despesa obrigatória acima da variação da inflação, observada a preservação do poder aquisitivo referida no inciso IV do caput do art. 7º da Constituição Federal. (Incluído pela Emenda Constitucional nº 95, de 2016)

§ 1º As vedações previstas nos incisos I, III e VI do caput, quando descumprido qualquer dos limites individualizados dos órgãos elencados nos incisos II, III e IV do caput do art. 107 deste Ato das Disposições Constitucionais Transitórias, aplicam-se ao conjunto dos órgãos referidos em cada inciso. (Incluído pela Emenda Constitucional nº 95, de 2016)

§ 2º Adicionalmente ao disposto no caput, no caso de descumprimento do limite de que trata o inciso I do caput do art. 107 deste Ato das Disposições Constitucionais Transitórias, ficam vedadas: (Incluído pela Emenda Constitucional nº 95, de 2016)

I - a criação ou expansão de programas e linhas de financiamento, bem como a remissão, renegociação ou refinanciamento de dívidas que impliquem ampliação das despesas com subsídios e subvenções; e (Incluído pela Emenda Constitucional nº 95, de 2016)

II - a concessão ou a ampliação de incentivo ou benefício de natureza tributária. (Incluído pela Emenda Constitucional nº 95, de 2016)

§ 3º No caso de descumprimento de qualquer dos limites individualizados de que trata o caput do art. 107 deste Ato das Disposições Constitucionais Transitórias, fica vedada a concessão da revisão geral prevista no inciso X do caput do art. 37 da Constituição Federal. (Incluído pela Emenda Constitucional nº 95, de 2016)

§ 4º As vedações previstas neste artigo aplicam-se também a proposições legislativas. (Incluído pela Emenda Constitucional nº 95, de 2016)

Art. 110. Na vigência do Novo Regime Fiscal, as aplicações mínimas em ações e serviços públicos de saúde e em manutenção e desenvolvimento do ensino equivalerão: (Incluído pela Emenda Constitucional nº 95, de 2016)

I - no exercício de 2017, às aplicações mínimas calculadas nos termos do inciso I do § 2º do art. 198 e do caput do art. 212, da Constituição Federal; e (Incluído pela Emenda Constitucional nº 95, de 2016)

II - nos exercícios posteriores, aos valores calculados para as aplicações mínimas do exercício imediatamente anterior, corrigidos na forma estabelecida pelo inciso II do § 1º do art. 107 deste Ato das Disposições Constitucionais Transitórias. (Incluído pela Emenda Constitucional nº 95, de 2016)

Art. 111. A partir do exercício financeiro de 2018, até o último exercício de vigência do Novo Regime Fiscal, a aprovação e a execução previstas nos §§ 9º e 11 do art. 166 da Constituição Federal corresponderão ao montante de execução obrigatória para o exercício de 2017, corrigido na forma estabelecida pelo inciso II do § 1º do art. 107 deste Ato das Disposições Constitucionais Transitórias. (Incluído pela Emenda Constitucional nº 95, de 2016)

Art. 112. As disposições introduzidas pelo Novo Regime Fiscal: (Incluído pela Emenda Constitucional nº 95, de 2016)

I - não constituirão obrigação de pagamento futuro pela União ou direitos de outrem sobre o erário; e (Incluído pela Emenda Constitucional nº 95, de 2016)

II - não revogam, dispensam ou suspendem o cumprimento de dispositivos constitucionais e legais que disponham sobre metas fiscais ou limites máximos de despesas. (Incluído pela Emenda Constitucional nº 95, de 2016)

Art. 113. A proposição legislativa que crie ou altere despesa obrigatória ou renúncia de receita deverá ser acompanhada da estimativa do seu impacto orçamentário e financeiro. (Incluído pela Emenda Constitucional nº 95, de 2016)

Art. 114. A tramitação de proposição elencada no caput do art. 59 da Constituição Federal, ressalvada a referida no seu inciso V, quando acarretar aumento de despesa ou renúncia de receita, será suspensa por até vinte dias, a requerimento de um quinto dos membros da Casa, nos termos regimentais, para análise de sua compatibilidade com o Novo Regime Fiscal. (Incluído pela Emenda Constitucional nº 95, de 2016)

Brasília, 5 de outubro de 1988.

PREPARAÇÃO • CONHECIMENTO • APROVAÇÃO

DIREITO ADMINISTRATIVO

SUMÁRIO

1. LEI Nº 8.112, DE 11 DE DEZEMBRO DE 1990 .. 92
2. LEI Nº 8.112, DE 11 DE DEZEMBRO DE 1990 .. 112
3. LEI Nº 8.429, DE 2 DE JUNHO DE 1992 .. 113
4. LEI Nº 8.666, DE 21 DE JUNHO DE 1993 .. 116
5. LEI Nº 8.987, DE 13 DE FEVEREIRO DE 1995 ... 138
6. LEI Nº 9.637, DE 15 DE MAIO DE 1998 ... 144
7. LEI Nº 9.784, DE 29 DE JANEIRO DE 1999 .. 147
8. LEI Nº 9.790, DE 23 DE MARÇO DE 1999 .. 151
9. LEI Nº 10.520, DE 17 DE JULHO DE 2002 .. 154
10. LEI Nº 11.079, DE 30 DE DEZEMBRO DE 2004 ... 155
11. LEI Nº 11.107, DE 6 DE ABRIL DE 2005 .. 161
12. LEI Nº 12.462, DE 4 DE AGOSTO DE 2011 ... 163
13. LEI Nº 13.019, DE 31 DE JULHO DE 2014 .. 174
14. DECRETO Nº 1.171, DE 22 DE JUNHO DE 1994 ... 187
15. DECRETO Nº 6.017, DE 17 DE JANEIRO DE 2007 .. 189
16. DECRETO Nº 7.892, DE 23 DE JANEIRO DE 2013 .. 194

1. LEI Nº 8.112, DE 11 DE DEZEMBRO DE 1990

Dispõe sobre o regime jurídico dos servidores públicos civis da União, das autarquias e das fundações públicas federais.

PUBLICAÇÃO CONSOLIDADA DA LEI Nº 8.112, DE 11 DE DEZEMBRO DE 1990, DETERMINADA PELO ART. 13 DA LEI Nº 9.527, DE 10 DE DEZEMBRO DE 1997.

O PRESIDENTE DA REPÚBLICA Faço saber que o Congresso Nacional decreta e eu sanciono a seguinte Lei:

TÍTULO I
CAPÍTULO ÚNICO - DAS DISPOSIÇÕES PRELIMINARES

Art. 1º Esta Lei institui o Regime Jurídico dos Servidores Públicos Civis da União, das autarquias, inclusive as em regime especial, e das fundações públicas federais.

Art. 2º Para os efeitos desta Lei, servidor é a pessoa legalmente investida em cargo público.

Art. 3º Cargo público é o conjunto de atribuições e responsabilidades previstas na estrutura organizacional que devem ser cometidas a um servidor.

Parágrafo único. Os cargos públicos, acessíveis a todos os brasileiros, são criados por lei, com denominação própria e vencimento pago pelos cofres públicos, para provimento em caráter efetivo ou em comissão.

Art. 4º É proibida a prestação de serviços gratuitos, salvo os casos previstos em lei.

TÍTULO II - DO PROVIMENTO, VACÂNCIA, REMOÇÃO, REDISTRIBUIÇÃO E SUBSTITUIÇÃO
CAPÍTULO I - DO PROVIMENTO
SEÇÃO I - DISPOSIÇÕES GERAIS

Art. 5º São requisitos básicos para investidura em cargo público:

I - a nacionalidade brasileira;
II - o gozo dos direitos políticos;
III - a quitação com as obrigações militares e eleitorais;
IV - o nível de escolaridade exigido para o exercício do cargo;
V - a idade mínima de dezoito anos;
VI - aptidão física e mental.

§ 1º As atribuições do cargo podem justificar a exigência de outros requisitos estabelecidos em lei.

§ 2º Às pessoas portadoras de deficiência é assegurado o direito de se inscrever em concurso público para provimento de cargo cujas atribuições sejam compatíveis com a deficiência de que são portadoras; para tais pessoas serão reservadas até 20% (vinte por cento) das vagas oferecidas no concurso.

§ 3º As universidades e instituições de pesquisa científica e tecnológica federais poderão prover seus cargos com professores, técnicos e cientistas estrangeiros, de acordo com as normas e os procedimentos desta Lei. (Incluído pela Lei nº 9.515, de 20.11.97)

Art. 6º O provimento dos cargos públicos far-se-á mediante ato da autoridade competente de cada Poder.

Art. 7º A investidura em cargo público ocorrerá com a posse.

Art. 8º São formas de provimento de cargo público:

I - nomeação;
II - promoção;
III - (Revogado pela Lei nº 9.527, de 10.12.97)
IV - (Revogado pela Lei nº 9.527, de 10.12.97)
V - readaptação;
VI - reversão;
VII - aproveitamento;
VIII - reintegração;
IX - recondução.

SEÇÃO II - DA NOMEAÇÃO

Art. 9º A nomeação far-se-á:

I - em caráter efetivo, quando se tratar de cargo isolado de provimento efetivo ou de carreira;
II - em comissão, inclusive na condição de interino, para cargos de confiança vagos. (Redação dada pela Lei nº 9.527, de 10.12.97)

Parágrafo único. O servidor ocupante de cargo em comissão ou de natureza especial poderá ser nomeado para ter exercício, interinamente, em outro cargo de confiança, sem prejuízo das atribuições do que atualmente ocupa, hipótese em que deverá optar pela remuneração de um deles durante o período da interinidade. (Redação dada pela Lei nº 9.527, de 10.12.97)

Art. 10. A nomeação para cargo de carreira ou cargo isolado de provimento efetivo depende de prévia habilitação em concurso público de provas ou de provas e títulos, obedecidos a ordem de classificação e o prazo de sua validade.

Parágrafo único. Os demais requisitos para o ingresso e o desenvolvimento do servidor na carreira, mediante promoção, serão estabelecidos pela lei que fixar as diretrizes do sistema de carreira na Administração Pública Federal e seus regulamentos. (Redação dada pela Lei nº 9.527, de 10.12.97)

SEÇÃO III - DO CONCURSO PÚBLICO

Art. 11. O concurso será de provas ou de provas e títulos, podendo ser realizado em duas etapas, conforme dispuserem a lei e o regulamento do respectivo plano de carreira, condicionada a inscrição do candidato ao pagamento do valor fixado no edital, quando indispensável ao seu custeio, e ressalvadas as hipóteses de isenção nele expressamente previstas. (Redação dada pela Lei nº 9.527, de 10.12.97) (Regulamento)

Art. 12. O concurso público terá validade de até 2 (dois) anos, podendo ser prorrogado uma única vez, por igual período.

§ 1º O prazo de validade do concurso e as condições de sua realização serão fixados em edital, que será publicado no Diário Oficial da União e em jornal diário de grande circulação.

§ 2º Não se abrirá novo concurso enquanto houver candidato aprovado em concurso anterior com prazo de validade não expirado.

SEÇÃO IV - DA POSSE E DO EXERCÍCIO

Art. 13. A posse dar-se-á pela assinatura do respectivo termo, no qual deverão constar as atribuições, os deveres, as responsabilidades e os direitos inerentes ao cargo ocupado, que não poderão ser alterados unilateralmente, por qualquer das partes, ressalvados os atos de ofício previstos em lei.

§ 1º A posse ocorrerá no prazo de trinta dias contados da publicação do ato de provimento. (Redação dada pela Lei nº 9.527, de 10.12.97)

§ 2º Em se tratando de servidor, que esteja na data de publicação do ato de provimento, em licença prevista nos incisos I, III e V do art. 81, ou afastado nas hipóteses dos incisos I, IV, VI, VIII, alíneas «a», «b», «d», «e» e «f», IX e X do art. 102, o prazo será contado do término do impedimento. (Redação dada pela Lei nº 9.527, de 10.12.97)

§ 3º A posse poderá dar-se mediante procuração específica.

§ 4º Só haverá posse nos casos de provimento de cargo por nomeação. (Redação dada pela Lei nº 9.527, de 10.12.97)

§ 5º No ato da posse, o servidor apresentará declaração de bens e valores que constituem seu patrimônio e declaração quanto ao exercício ou não de outro cargo, emprego ou função pública.

§ 6º Será tornado sem efeito o ato de provimento se a posse não ocorrer no prazo previsto no § 1º deste artigo.

Art. 14. A posse em cargo público dependerá de prévia inspeção médica oficial.

Parágrafo único. Só poderá ser empossado aquele que for julgado apto física e mentalmente para o exercício do cargo.

Art. 15. Exercício é o efetivo desempenho das atribuições do cargo público ou da função de confiança. (Redação dada pela Lei nº 9.527, de 10.12.97)

§ 1º É de quinze dias o prazo para o servidor empossado em cargo público entrar em exercício, contados da data da posse. (Redação dada pela Lei nº 9.527, de 10.12.97)

§ 2º O servidor será exonerado do cargo ou será tornado sem efeito o ato de sua designação para função de confiança, se não entrar em exercício nos prazos previstos neste artigo, observado o disposto no art. 18. (Redação dada pela Lei nº 9.527, de 10.12.97)

§ 3º À autoridade competente do órgão ou entidade para onde for nomeado ou designado o servidor compete dar-lhe exercício. (Redação dada pela Lei nº 9.527, de 10.12.97)

§ 4º O início do exercício de função de confiança coincidirá com a data de publicação do ato de designação, salvo quando o servidor estiver em licença ou afastado por qualquer outro motivo legal, hipótese em que recairá no primeiro dia útil após o término do impedimento, que não poderá exceder a trinta dias da publicação. (Incluído pela Lei nº 9.527, de 10.12.97)

Art. 16. O início, a suspensão, a interrupção e o reinício do exercício serão registrados no assentamento individual do servidor.

Parágrafo único. Ao entrar em exercício, o servidor apresentará ao órgão competente os elementos necessários ao seu assentamento individual.

Art. 17. A promoção não interrompe o tempo de exercício, que é contado no novo posicionamento na carreira a partir da data de publicação do ato que promover o servidor. (Redação dada pela Lei nº 9.527, de 10.12.97)

Art. 18. O servidor que deva ter exercício em outro município em razão de ter sido removido, redistribuído, requisitado, cedido ou posto em exercício provisório terá, no mínimo, dez e, no máximo, trinta dias de prazo, contados da publicação do ato, para a retomada do efetivo desempenho das atribuições do cargo, incluído nesse prazo o tempo necessário para o deslocamento para a nova sede. (Redação dada pela Lei nº 9.527, de 10.12.97)

§ 1º Na hipótese de o servidor encontrar-se em licença ou afastado legalmente, o prazo a que se refere este artigo será contado a partir do término do impedimento. (Parágrafo renumerado e alterado pela Lei nº 9.527, de 10.12.97)

§ 2º É facultado ao servidor declinar dos prazos estabelecidos no caput. (Incluído pela Lei nº 9.527, de 10.12.97)

Art. 19. Os servidores cumprirão jornada de trabalho fixada em razão das atribuições pertinentes aos respectivos cargos, respeitada a duração máxima do trabalho semanal de quarenta horas e observados os limites mínimo e máximo de seis horas e oito horas diárias, respectivamente. (Redação dada pela Lei nº 8.270, de 17.12.91)

§ 1º O ocupante de cargo em comissão ou função de confiança submete-se a regime de integral dedicação ao serviço, observado o disposto no art. 120, podendo ser convocado sempre que houver interesse da Administração. (Redação dada pela Lei nº 9.527, de 10.12.97)

§ 2º O disposto neste artigo não se aplica a duração de trabalho estabelecida em leis especiais. (Incluído pela Lei nº 8.270, de 17.12.91)

Art. 20. Ao entrar em exercício, o servidor nomeado para cargo de provimento efetivo ficará sujeito a estágio probatório por período de 24 (vinte e quatro) meses, durante o qual a sua aptidão e capacidade serão objeto de avaliação para o desempenho do cargo, observados os seguinte fatores: (vide EMC nº 19)

I - assiduidade;
II - disciplina;
III - capacidade de iniciativa;
IV - produtividade;
V - responsabilidade.

§ 1º 4 (quatro) meses antes de findo o período do estágio probatório, será submetida à homologação da autoridade competente a avaliação do desempenho do servidor, realizada por comissão constituída para essa finalidade, de acordo com o que dispuser a lei ou o regulamento da respectiva carreira ou cargo, sem prejuízo da continuidade de apuração dos fatores enumerados nos incisos I a V do caput deste artigo. (Redação dada pela Lei nº 11.784, de 2008

§ 2º O servidor não aprovado no estágio probatório será exonerado ou, se estável, reconduzido ao cargo anteriormente ocupado, observado o disposto no parágrafo único do art. 29.

§ 3º O servidor em estágio probatório poderá exercer quaisquer cargos de provimento em comissão ou funções de direção, chefia ou assessoramento no órgão ou entidade de lotação, e somente poderá ser cedido a outro órgão ou entidade para ocupar cargos de Natureza Especial, cargos de provimento em comissão do Grupo-Direção e Assessoramento Superiores - DAS, de níveis 6, 5 e 4, ou equivalentes. (Incluído pela Lei nº 9.527, de 10.12.97)

§ 4º Ao servidor em estágio probatório somente poderão ser concedidas as licenças e os afastamentos previstos nos arts. 81, incisos I a IV, 94, 95 e 96, bem assim afastamento para participar de curso de formação decorrente de aprovação em concurso para outro cargo na Administração Pública Federal. (Incluído pela Lei nº 9.527, de 10.12.97)

§ 5º O estágio probatório ficará suspenso durante as licenças e os afastamentos previstos nos arts. 83, 84, § 1º, 86 e 96, bem assim na hipótese de participação em curso de formação, e será retomado a partir do término do impedimento. (Incluído pela Lei nº 9.527, de 10.12.97)

SEÇÃO V - DA ESTABILIDADE

Art. 21. O servidor habilitado em concurso público e empossado em cargo de provimento efetivo adquirirá estabilidade no serviço público ao completar 2 (dois) anos de efetivo exercício. (prazo 3 anos - vide EMC nº 19)

Art. 22. O servidor estável só perderá o cargo em virtude de sentença judicial transitada em julgado ou de processo administrativo disciplinar no qual lhe seja assegurada ampla defesa.

SEÇÃO VI - DA TRANSFERÊNCIA

Art. 23. (Revogado pela Lei nº 9.527, de 10.12.97)

SEÇÃO VII - DA READAPTAÇÃO

Art. 24. Readaptação é a investidura do servidor em cargo de atribuições e responsabilidades compatíveis com a limitação que tenha sofrido em sua capacidade física ou mental verificada em inspeção médica.

§ 1º Se julgado incapaz para o serviço público, o readaptando será aposentado.

§ 2º A readaptação será efetivada em cargo de atribuições afins, respeitada a habilitação exigida, nível de escolaridade e equivalência de vencimentos e, na hipótese de inexistência de cargo vago, o servidor exercerá suas atribuições como excedente, até a ocorrência de vaga. (Redação dada pela Lei nº 9.527, de 10.12.97)

SEÇÃO VIII - DA REVERSÃO

(Regulamento Dec. nº 3.644, de 30.11.2000)

Art. 25. Reversão é o retorno à atividade de servidor aposentado: (Redação dada pela Medida Provisória nº 2.225-45, de 4.9.2001)

I - por invalidez, quando junta médica oficial declarar insubsistentes os motivos da aposentadoria; ou (Incluído pela Medida Provisória nº 2.225-45, de 4.9.2001)

II - no interesse da administração, desde que: (Incluído pela Medida Provisória nº 2.225-45, de 4.9.2001)

a) tenha solicitado a reversão; (Incluído pela Medida Provisória nº 2.225-45, de 4.9.2001)

b) a aposentadoria tenha sido voluntária; (Incluído pela Medida Provisória nº 2.225-45, de 4.9.2001)

c) estável quando na atividade; (Incluído pela Medida Provisória nº 2.225-45, de 4.9.2001)

d) a aposentadoria tenha ocorrido nos cinco anos anteriores à solicitação; (Incluído pela Medida Provisória nº 2.225-45, de 4.9.2001)

e) haja cargo vago. (Incluído pela Medida Provisória nº 2.225-45, de 4.9.2001)

§ 1º A reversão far-se-á no mesmo cargo ou no cargo resultante de sua transformação. (Incluído pela Medida Provisória nº 2.225-45, de 4.9.2001)

§ 2º O tempo em que o servidor estiver em exercício será considerado para concessão da aposentadoria. (Incluído pela Medida Provisória nº 2.225-45, de 4.9.2001)

§ 3º No caso do inciso I, encontrando-se provido o cargo, o servidor exercerá suas atribuições como excedente, até a ocorrência de vaga. (Incluído pela Medida Provisória nº 2.225-45, de 4.9.2001)

§ 4º O servidor que retornar à atividade por interesse da administração perceberá, em substituição aos proventos da aposentadoria, a remuneração do cargo que voltar a exercer, inclusive com as vantagens de natureza pessoal que percebia anteriormente à aposentadoria. (Incluído pela Medida Provisória nº 2.225-45, de 4.9.2001)

§ 5º O servidor de que trata o inciso II somente terá os proventos calculados com base nas regras atuais se permanecer pelo menos cinco anos no cargo. (Incluído pela Medida Provisória nº 2.225-45, de 4.9.2001)

§ 6º O Poder Executivo regulamentará o disposto neste artigo. (Incluído pela Medida Provisória nº 2.225-45, de 4.9.2001)

Art. 26. (Revogado pela Medida Provisória nº 2.225-45, de 4.9.2001)

Art. 27. Não poderá reverter o aposentado que já tiver completado 70 (setenta) anos de idade.

SEÇÃO IX - DA REINTEGRAÇÃO

Art. 28. A reintegração é a reinvestidura do servidor estável no cargo anteriormente ocupado, ou no cargo resultante de sua transformação, quando invalidada a sua demissão por decisão administrativa ou judicial, com ressarcimento de todas as vantagens.

§ 1º Na hipótese de o cargo ter sido extinto, o servidor ficará em disponibilidade, observado o disposto nos arts. 30 e 31.

§ 2º Encontrando-se provido o cargo, o seu eventual ocupante será reconduzido ao cargo de origem, sem direito à indenização ou aproveitado em outro cargo, ou, ainda, posto em disponibilidade.

SEÇÃO X - DA RECONDUÇÃO

Art. 29. Recondução é o retorno do servidor estável ao cargo anteriormente ocupado e decorrerá de:

I - inabilitação em estágio probatório relativo a outro cargo;

II - reintegração do anterior ocupante.

Parágrafo único. Encontrando-se provido o cargo de origem, o servidor será aproveitado em outro, observado o disposto no art. 30.

SEÇÃO XI - DA DISPONIBILIDADE E DO APROVEITAMENTO

Art. 30. O retorno à atividade de servidor em disponibilidade far-se-á mediante aproveitamento obrigatório em cargo de atribuições e vencimentos compatíveis com o anteriormente ocupado.

Art. 31. O órgão Central do Sistema de Pessoal Civil determinará o imediato aproveitamento de servidor em disponibilidade em vaga que vier a ocorrer nos órgãos ou entidades da Administração Pública Federal.

Parágrafo único. Na hipótese prevista no § 3º do art. 37, o servidor posto em disponibilidade poderá ser mantido sob responsabilidade do órgão central do Sistema de Pessoal Civil da Administração Federal - SIPEC, até o seu adequado aproveitamento em outro órgão ou entidade. (Parágrafo incluído pela Lei nº 9.527, de 10.12.97)

Art. 32. Será tornado sem efeito o aproveitamento e cassada a disponibilidade se o servidor não entrar em exercício no prazo legal, salvo doença comprovada por junta médica oficial.

CAPÍTULO II - DA VACÂNCIA

Art. 33. A vacância do cargo público decorrerá de:

I - exoneração;

II - demissão;

III - promoção;

IV - (Revogado pela Lei nº 9.527, de 10.12.97)

V - (Revogado pela Lei nº 9.527, de 10.12.97)

VI - readaptação;

VII - aposentadoria;

VIII - posse em outro cargo inacumulável;

IX - falecimento.

Art. 34. A exoneração de cargo efetivo dar-se-á a pedido do servidor, ou de ofício.

Parágrafo único. A exoneração de ofício dar-se-á:

I - quando não satisfeitas as condições do estágio probatório;

II - quando, tendo tomado posse, o servidor não entrar em exercício no prazo estabelecido.

Art. 35. A exoneração de cargo em comissão e a dispensa de função de confiança dar-se-á: (Redação dada pela Lei nº 9.527, de 10.12.97)

I - a juízo da autoridade competente;

II - a pedido do próprio servidor.

Parágrafo único. (Revogado pela Lei nº 9.527, de 10.12.97)

CAPÍTULO III - DA REMOÇÃO E DA REDISTRIBUIÇÃO

SEÇÃO I - DA REMOÇÃO

Art. 36. Remoção é o deslocamento do servidor, a pedido ou de ofício, no âmbito do mesmo quadro, com ou sem mudança de sede.

Parágrafo único. Para fins do disposto neste artigo, entende-se por modalidades de remoção: (Redação dada pela Lei nº 9.527, de 10.12.97)

I - de ofício, no interesse da Administração; (Incluído pela Lei nº 9.527, de 10.12.97)

II - a pedido, a critério da Administração; (Incluído pela Lei nº 9.527, de 10.12.97)

III - a pedido, para outra localidade, independentemente do interesse da Administração: (Incluído pela Lei nº 9.527, de 10.12.97)

a) para acompanhar cônjuge ou companheiro, também servidor público civil ou militar, de qualquer dos Poderes da União, dos Estados, do Distrito Federal e dos Municípios, que foi deslocado no interesse da Administração; (Incluído pela Lei nº 9.527, de 10.12.97)

b) por motivo de saúde do servidor, cônjuge, companheiro ou dependente que viva às suas expensas e conste do seu assentamento funcional, condicionada à comprovação por junta médica oficial; (Incluído pela Lei nº 9.527, de 10.12.97)

c) em virtude de processo seletivo promovido, na hipótese em que o número de interessados for superior ao número de vagas, de acordo com normas preestabelecidas pelo órgão ou entidade em que aqueles estejam lotados. (Incluído pela Lei nº 9.527, de 10.12.97)

SEÇÃO II - DA REDISTRIBUIÇÃO

Art. 37. Redistribuição é o deslocamento de cargo de provimento efetivo, ocupado ou vago no âmbito do quadro geral de pessoal, para outro órgão ou entidade do mesmo Poder,

com prévia apreciação do órgão central do SIPEC, observados os seguintes preceitos: (Redação dada pela Lei nº 9.527, de 10.12.97)

I - interesse da administração; (Incluído pela Lei nº 9.527, de 10.12.97)

II - equivalência de vencimentos; (Incluído pela Lei nº 9.527, de 10.12.97)

III - manutenção da essência das atribuições do cargo; (Incluído pela Lei nº 9.527, de 10.12.97)

IV - vinculação entre os graus de responsabilidade e complexidade das atividades; (Incluído pela Lei nº 9.527, de 10.12.97)

V - mesmo nível de escolaridade, especialidade ou habilitação profissional; (Incluído pela Lei nº 9.527, de 10.12.97)

VI - compatibilidade entre as atribuições do cargo e as finalidades institucionais do órgão ou entidade. (Incluído pela Lei nº 9.527, de 10.12.97)

§ 1º A redistribuição ocorrerá ex officio para ajustamento de lotação e da força de trabalho às necessidades dos serviços, inclusive nos casos de reorganização, extinção ou criação de órgão ou entidade. (Incluído pela Lei nº 9.527, de 10.12.97)

§ 2º A redistribuição de cargos efetivos vagos se dará mediante ato conjunto entre o órgão central do SIPEC e os órgãos e entidades da Administração Pública Federal envolvidos. (Incluído pela Lei nº 9.527, de 10.12.97)

§ 3º Nos casos de reorganização ou extinção de órgão ou entidade, extinto o cargo ou declarada sua desnecessidade no órgão ou entidade, o servidor estável que não for redistribuído será colocado em disponibilidade, até seu aproveitamento na forma dos arts. 30 e 31. (Parágrafo renumerado e alterado pela Lei nº 9.527, de 10.12.97)

§ 4º O servidor que não for redistribuído ou colocado em disponibilidade poderá ser mantido sob responsabilidade do órgão central do SIPEC, e ter exercício provisório, em outro órgão ou entidade, até seu adequado aproveitamento. (Incluído pela Lei nº 9.527, de 10.12.97)

CAPÍTULO IV - DA SUBSTITUIÇÃO

Art. 38. Os servidores investidos em cargo ou função de direção ou chefia e os ocupantes de cargo de Natureza Especial terão substitutos indicados no regimento interno ou, no caso de omissão, previamente designados pelo dirigente máximo do órgão ou entidade. (Redação dada pela Lei nº 9.527, de 10.12.97)

§ 1º O substituto assumirá automática e cumulativamente, sem prejuízo do cargo que ocupa, o exercício do cargo ou função de direção ou chefia e os de Natureza Especial, nos afastamentos, impedimentos legais ou regulamentares do titular e na vacância do cargo, hipóteses em que deverá optar pela remuneração de um deles durante o respectivo período. (Redação dada pela Lei nº 9.527, de 10.12.97)

§ 2º O substituto fará jus à retribuição pelo exercício do cargo ou função de direção ou chefia ou de cargo de Natureza Especial, nos casos dos afastamentos ou impedimentos legais do titular, superiores a trinta dias consecutivos, paga na proporção dos dias de efetiva substituição, que excederem o referido período. (Redação dada pela Lei nº 9.527, de 10.12.97)

Art. 39. O disposto no artigo anterior aplica-se aos titulares de unidades administrativas organizadas em nível de assessoria.

TÍTULO III - DOS DIREITOS E VANTAGENS

CAPÍTULO I - DO VENCIMENTO E DA REMUNERAÇÃO

Art. 40. Vencimento é a retribuição pecuniária pelo exercício de cargo público, com valor fixado em lei.

Parágrafo único. (Revogado pela Medida Provisória nº 431, de 2008). (Revogado pela Lei nº 11.784, de 2008)

Art. 41. Remuneração é o vencimento do cargo efetivo, acrescido das vantagens pecuniárias permanentes estabelecidas em lei.

§ 1º A remuneração do servidor investido em função ou cargo em comissão será paga na forma prevista no art. 62.

§ 2º O servidor investido em cargo em comissão de órgão ou entidade diversa da de sua lotação receberá a remuneração de acordo com o estabelecido no § 1º do art. 93.

§ 3º O vencimento do cargo efetivo, acrescido das vantagens de caráter permanente, é irredutível.

§ 4º É assegurada a isonomia de vencimentos para cargos de atribuições iguais ou assemelhadas do mesmo Poder, ou entre servidores dos três Poderes, ressalvadas as vantagens de caráter individual e as relativas à natureza ou ao local de trabalho.

§ 5º Nenhum servidor receberá remuneração inferior ao salário mínimo. (Incluído pela Lei nº 11.784, de 2008

Art. 42. Nenhum servidor poderá perceber, mensalmente, a título de remuneração, importância superior à soma dos valores percebidos como remuneração, em espécie, a qualquer título, no âmbito dos respectivos Poderes, pelos Ministros de Estado, por membros do Congresso Nacional e Ministros do Supremo Tribunal Federal.

Parágrafo único. Excluem-se do teto de remuneração as vantagens previstas nos incisos II a VII do art. 61.

Art. 43. (Revogado pela Lei nº 9.624, de 2.4.98) (Vide Lei nº 9.624, de 2.4.98)

Art. 44. O servidor perderá:

I - a remuneração do dia em que faltar ao serviço, sem motivo justificado; (Redação dada pela Lei nº 9.527, de 10.12.97)

II - a parcela de remuneração diária, proporcional aos atrasos, ausências justificadas, ressalvadas as concessões de que trata o art. 97, e saídas antecipadas, salvo na hipótese de compensação de horário, até o mês subseqüente ao da ocorrência, a ser estabelecida pela chefia imediata. (Redação dada pela Lei nº 9.527, de 10.12.97)

Parágrafo único. As faltas justificadas decorrentes de caso fortuito ou de força maior poderão ser compensadas a critério da chefia imediata, sendo assim consideradas como efetivo exercício. (Incluído pela Lei nº 9.527, de 10.12.97)

Art. 45. Salvo por imposição legal, ou mandado judicial, nenhum desconto incidirá sobre a remuneração ou provento. (Vide Decreto nº 1.502, de 1995) (Vide Decreto nº 1.903, de 1996) (Vide Decreto nº 2.065, de 1996) (Regulamento) (Regulamento)

§ 1º Mediante autorização do servidor, poderá haver consignação em folha de pagamento em favor de terceiros, a critério da administração e com reposição de custos, na forma definida em regulamento. (Redação dada pela Lei nº 13.172, de 2015)

§ 2º O total de consignações facultativas de que trata o § 1º não excederá a 35% (trinta e cinco por cento) da remuneração mensal, sendo 5% (cinco por cento) reservados exclusivamente para: (Redação dada pela Lei nº 13.172, de 2015)

I - a amortização de despesas contraídas por meio de cartão de crédito; ou (Incluído pela Lei nº 13.172, de 2015)

II - a utilização com a finalidade de saque por meio do cartão de crédito. (Incluído pela Lei nº 13.172, de 2015)

Art. 46. As reposições e indenizações ao erário, atualizadas até 30 de junho de 1994, serão previamente comunicadas ao servidor ativo, aposentado ou ao pensionista, para pagamento, no prazo máximo de trinta dias, podendo ser parceladas, a pedido do interessado. (Redação dada pela Medida Provisória nº 2.225-45, de 4.9.2001)

§ 1º O valor de cada parcela não poderá ser inferior ao correspondente a dez por cento da remuneração, provento ou pensão. (Redação dada pela Medida Provisória nº 2.225-45, de 4.9.2001)

§ 2º Quando o pagamento indevido houver ocorrido no mês anterior ao do processamento da folha, a reposição será feita

imediatamente, em uma única parcela. (Redação dada pela Medida Provisória nº 2.225-45, de 4.9.2001)

§ 3º Na hipótese de valores recebidos em decorrência de cumprimento a decisão liminar, a tutela antecipada ou a sentença que venha a ser revogada ou rescindida, serão eles atualizados até a data da reposição. (Redação dada pela Medida Provisória nº 2.225-45, de 4.9.2001)

Art. 47. O servidor em débito com o erário, que for demitido, exonerado ou que tiver sua aposentadoria ou disponibilidade cassada, terá o prazo de sessenta dias para quitar o débito. (Redação dada pela Medida Provisória nº 2.225-45, de 4.9.2001)

Parágrafo único. A não quitação do débito no prazo previsto implicará sua inscrição em dívida ativa. (Redação dada pela Medida Provisória nº 2.225-45, de 4.9.2001)

Art. 48. O vencimento, a remuneração e o provento não serão objeto de arresto, seqüestro ou penhora, exceto nos casos de prestação de alimentos resultante de decisão judicial.

CAPÍTULO II - DAS VANTAGENS

Art. 49. Além do vencimento, poderão ser pagas ao servidor as seguintes vantagens:

I - indenizações;
II - gratificações;
III - adicionais.

§ 1º As indenizações não se incorporam ao vencimento ou provento para qualquer efeito.

§ 2º As gratificações e os adicionais incorporam-se ao vencimento ou provento, nos casos e condições indicados em lei.

Art. 50. As vantagens pecuniárias não serão computadas, nem acumuladas, para efeito de concessão de quaisquer outros acréscimos pecuniários ulteriores, sob o mesmo título ou idêntico fundamento.

SEÇÃO I - DAS INDENIZAÇÕES

Art. 51. Constituem indenizações ao servidor:

I - ajuda de custo;
II - diárias;
III - transporte.
IV - auxílio-moradia. (Incluído pela Lei nº 11.355, de 2006)

Art. 52. Os valores das indenizações estabelecidas nos incisos I a III do art. 51, assim como as condições para a sua concessão, serão estabelecidos em regulamento. (Redação dada pela Lei nº 11.355, de 2006)

Subseção I - Da Ajuda de Custo

Art. 53. A ajuda de custo destina-se a compensar as despesas de instalação do servidor que, no interesse do serviço, passar a ter exercício em nova sede, com mudança de domicílio em caráter permanente, vedado o duplo pagamento de indenização, a qualquer tempo, no caso de o cônjuge ou companheiro que detenha também a condição de servidor, vier a ter exercício na mesma sede. (Redação dada pela Lei nº 9.527, de 10.12.97)

§ 1º Correm por conta da administração as despesas de transporte do servidor e de sua família, compreendendo passagem, bagagem e bens pessoais.

§ 2º À família do servidor que falecer na nova sede são assegurados ajuda de custo e transporte para a localidade de origem, dentro do prazo de 1 (um) ano, contado do óbito.

§ 3º Não será concedida ajuda de custo nas hipóteses de remoção previstas nos incisos II e III do parágrafo único do art. 36. (Incluído pela Lei nº 12.998, de 2014)

Art. 54. A ajuda de custo é calculada sobre a remuneração do servidor, conforme se dispuser em regulamento, não podendo exceder a importância correspondente a 3 (três) meses.

Art. 55. Não será concedida ajuda de custo ao servidor que se afastar do cargo, ou reassumi-lo, em virtude de mandato eletivo.

Art. 56. Será concedida ajuda de custo àquele que, não sendo servidor da União, for nomeado para cargo em comissão, com mudança de domicílio.

Parágrafo único. No afastamento previsto no inciso I do art. 93, a ajuda de custo será paga pelo órgão cessionário, quando cabível.

Art. 57. O servidor ficará obrigado a restituir a ajuda de custo quando, injustificadamente, não se apresentar na nova sede no prazo de 30 (trinta) dias.

Subseção II - Das Diárias

Art. 58. O servidor que, a serviço, afastar-se da sede em caráter eventual ou transitório para outro ponto do território nacional ou para o exterior, fará jus a passagens e diárias destinadas a indenizar as parcelas de despesas extraordinária com pousada, alimentação e locomoção urbana, conforme dispuser em regulamento. (Redação dada pela Lei nº 9.527, de 10.12.97)

§ 1º A diária será concedida por dia de afastamento, sendo devida pela metade quando o deslocamento não exigir pernoite fora da sede, ou quando a União custear, por meio diverso, as despesas extraordinárias cobertas por diárias. (Redação dada pela Lei nº 9.527, de 10.12.97)

§ 2º Nos casos em que o deslocamento da sede constituir exigência permanente do cargo, o servidor não fará jus a diárias.

§ 3º Também não fará jus a diárias o servidor que se deslocar dentro da mesma região metropolitana, aglomeração urbana ou microrregião, constituídas por municípios limítrofes e regularmente instituídas, ou em áreas de controle integrado mantidas com países limítrofes, cuja jurisdição e competência dos órgãos, entidades e servidores brasileiros considera-se estendida, salvo se houver pernoite fora da sede, hipóteses em que as diárias pagas serão sempre as fixadas para os afastamentos dentro do território nacional. (Incluído pela Lei nº 9.527, de 10.12.97)

Art. 59. O servidor que receber diárias e não se afastar da sede, por qualquer motivo, fica obrigado a restituí-las integralmente, no prazo de 5 (cinco) dias.

Parágrafo único. Na hipótese de o servidor retornar à sede em prazo menor do que o previsto para o seu afastamento, restituirá as diárias recebidas em excesso, no prazo previsto no caput.

Subseção III - Da Indenização de Transporte

Art. 60. Conceder-se-á indenização de transporte ao servidor que realizar despesas com a utilização de meio próprio de locomoção para a execução de serviços externos, por força das atribuições próprias do cargo, conforme se dispuser em regulamento.

Subseção IV - Do Auxílio-Moradia

(Incluído pela Lei nº 11.355, de 2006)

Art. 60-A. O auxílio-moradia consiste no ressarcimento das despesas comprovadamente realizadas pelo servidor com aluguel de moradia ou com meio de hospedagem administrado por empresa hoteleira, no prazo de um mês após a comprovação da despesa pelo servidor. (Incluído pela Lei nº 11.355, de 2006)

Art. 60-B. Conceder-se-á auxílio-moradia ao servidor se atendidos os seguintes requisitos: (Incluído pela Lei nº 11.355, de 2006)

I - não exista imóvel funcional disponível para uso pelo servidor; (Incluído pela Lei nº 11.355, de 2006)

II - o cônjuge ou companheiro do servidor não ocupe imóvel funcional; (Incluído pela Lei nº 11.355, de 2006)

III - o servidor ou seu cônjuge ou companheiro não seja ou tenha sido proprietário, promitente comprador, cessionário ou promitente cessionário de imóvel no Município aonde for exercer o cargo, incluída a hipótese de lote edificado sem averbação de construção, nos doze meses que antecederem a sua nomeação; (Incluído pela Lei nº 11.355, de 2006)

IV - nenhuma outra pessoa que resida com o servidor receba auxílio-moradia; (Incluído pela Lei nº 11.355, de 2006)

V - o servidor tenha se mudado do local de residência para ocupar cargo em comissão ou função de confiança do Grupo-Direção e Assessoramento Superiores - DAS, níveis 4, 5 e 6, de Natureza Especial, de Ministro de Estado ou equivalentes (Incluído pela Lei nº 11.355, de 2006)

VI - o Município no qual assuma o cargo em comissão ou função de confiança não se enquadre nas hipóteses do art. 58, § 3º, em relação ao local de residência ou domicílio do servidor; (Incluído pela Lei nº 11.355, de 2006)

VII - o servidor não tenha sido domiciliado ou tenha residido no Município, nos últimos doze meses, aonde for exercer o cargo em comissão ou função de confiança, desconsiderando-se prazo inferior a sessenta dias dentro desse período; e (Incluído pela Lei nº 11.355, de 2006)

VIII - o deslocamento não tenha sido por força de alteração de lotação ou nomeação para cargo efetivo. (Incluído pela Lei nº 11.355, de 2006)

IX - o deslocamento tenha ocorrido após 30 de junho de 2006. (Incluído pela Lei nº 11.490, de 2007)

Parágrafo único. Para fins do inciso VII, não será considerado o prazo no qual o servidor estava ocupando outro cargo em comissão relacionado no inciso V. (Incluído pela Lei nº 11.355, de 2006)

Art. 60-C. (Revogado pela Lei nº 12.998, de 2014)

Art. 60-D. O valor mensal do auxílio-moradia é limitado a 25% (vinte e cinco por cento) do valor do cargo em comissão, função comissionada ou cargo de Ministro de Estado ocupado. (Incluído pela Lei nº 11.784, de 2008

§ 1º O valor do auxílio-moradia não poderá superar 25% (vinte e cinco por cento) da remuneração de Ministro de Estado. (Incluído pela Lei nº 11.784, de 2008

§ 2º Independentemente do valor do cargo em comissão ou função comissionada, fica garantido a todos os que preencherem os requisitos o ressarcimento até o valor de R$ 1.800,00 (mil e oitocentos reais). (Incluído pela Lei nº 11.784, de 2008

§ 3º (Incluído pela Medida Provisória nº 805, de 2017) (Vigência encerrada)

§ 4º (Incluído pela Medida Provisória nº 805, de 2017) (Vigência encerrada)

Art. 60-E. No caso de falecimento, exoneração, colocação de imóvel funcional à disposição do servidor ou aquisição de imóvel, o auxílio-moradia continuará sendo pago por um mês. (Incluído pela Lei nº 11.355, de 2006)

SEÇÃO II - DAS GRATIFICAÇÕES E ADICIONAIS

Art. 61. Além do vencimento e das vantagens previstas nesta Lei, serão deferidos aos servidores as seguintes retribuições, gratificações e adicionais: (Redação dada pela Lei nº 9.527, de 10.12.97)

I - retribuição pelo exercício de função de direção, chefia e assessoramento; (Redação dada pela Lei nº 9.527, de 10.12.97)

II - gratificação natalina;

III - (Revogado pela Medida Provisória nº 2.225-45, de 4.9.2001)

IV - adicional pelo exercício de atividades insalubres, perigosas ou penosas;

V - adicional pela prestação de serviço extraordinário;

VI - adicional noturno;

VII - adicional de férias;

VIII - outros, relativos ao local ou à natureza do trabalho.

IX - gratificação por encargo de curso ou concurso. (Incluído pela Lei nº 11.314 de 2006)

Subseção I - Da Retribuição pelo Exercício de Função de Direção, Chefia e Assessoramento

(Redação dada pela Lei nº 9.527, de 10.12.97)

Art. 62. Ao servidor ocupante de cargo efetivo investido em função de direção, chefia ou assessoramento, cargo de provimento em comissão ou de Natureza Especial é devida retribuição pelo seu exercício. (Redação dada pela Lei nº 9.527, de 10.12.97)

Parágrafo único. Lei específica estabelecerá a remuneração dos cargos em comissão de que trata o inciso II do art. 9º. (Redação dada pela Lei nº 9.527, de 10.12.97)

Art. 62-A. Fica transformada em Vantagem Pessoal Nominalmente Identificada - VPNI a incorporação da retribuição pelo exercício de função de direção, chefia ou assessoramento, cargo de provimento em comissão ou de Natureza Especial a que se referem os arts. 3º e 10 da Lei no 8.911, de 11 de julho de 1994, e o art. 3º da Lei no 9.624, de 2 de abril de 1998. (Incluído pela Medida Provisória nº 2.225-45, de 4.9.2001)

Parágrafo único. A VPNI de que trata o caput deste artigo somente estará sujeita às revisões gerais de remuneração dos servidores públicos federais. (Incluído pela Medida Provisória nº 2.225-45, de 4.9.2001)

Subseção II - Da Gratificação Natalina

Art. 63. A gratificação natalina corresponde a 1/12 (um doze avos) da remuneração a que o servidor fizer jus no mês de dezembro, por mês de exercício no respectivo ano.

Parágrafo único. A fração igual ou superior a 15 (quinze) dias será considerada como mês integral.

Art. 64. A gratificação será paga até o dia 20 (vinte) do mês de dezembro de cada ano.

Parágrafo único. (VETADO).

Art. 65. O servidor exonerado perceberá sua gratificação natalina, proporcionalmente aos meses de exercício, calculada sobre a remuneração do mês da exoneração.

Art. 66. A gratificação natalina não será considerada para cálculo de qualquer vantagem pecuniária.

Subseção III - Do Adicional por Tempo de Serviço

Art. 67. (Revogado pela Medida Provisória nº 2.225-45, de 2001, respeitadas as situações constituídas até 8.3.1999)

Subseção IV - Dos Adicionais de Insalubridade, Periculosidade ou Atividades Penosas

Art. 68. Os servidores que trabalhem com habitualidade em locais insalubres ou em contato permanente com substâncias tóxicas, radioativas ou com risco de vida, fazem jus a um adicional sobre o vencimento do cargo efetivo.

§ 1º O servidor que fizer jus aos adicionais de insalubridade e de periculosidade deverá optar por um deles.

§ 2º O direito ao adicional de insalubridade ou periculosidade cessa com a eliminação das condições ou dos riscos que deram causa a sua concessão.

Art. 69. Haverá permanente controle da atividade de servidores em operações ou locais considerados penosos, insalubres ou perigosos.

Parágrafo único. A servidora gestante ou lactante será afastada, enquanto durar a gestação e a lactação, das operações e locais previstos neste artigo, exercendo suas atividades em local salubre e em serviço não penoso e não perigoso.

Art. 70. Na concessão dos adicionais de atividades penosas, de insalubridade e de periculosidade, serão observadas as situações estabelecidas em legislação específica.

Art. 71. O adicional de atividade penosa será devido aos servidores em exercício em zonas de fronteira ou em localidades cujas condições de vida o justifiquem, nos termos, condições e limites fixados em regulamento.

Art. 72. Os locais de trabalho e os servidores que operam com Raios X ou substâncias radioativas serão mantidos sob controle permanente, de modo que as doses de radiação ionizante não ultrapassem o nível máximo previsto na legislação própria.

Parágrafo único. Os servidores a que se refere este artigo serão submetidos a exames médicos a cada 6 (seis) meses.

Subseção V - Do Adicional por Serviço Extraordinário

Art. 73. O serviço extraordinário será remunerado com acréscimo de 50% (cinqüenta por cento) em relação à hora normal de trabalho.

Art. 74. Somente será permitido serviço extraordinário para atender a situações excepcionais e temporárias, respeitado o limite máximo de 2 (duas) horas por jornada.

Subseção VI - Do Adicional Noturno

Art. 75. O serviço noturno, prestado em horário compreendido entre 22 (vinte e duas) horas de um dia e 5 (cinco) horas do dia seguinte, terá o valor-hora acrescido de 25% (vinte e cinco por cento), computando-se cada hora como cinqüenta e dois minutos e trinta segundos.

Parágrafo único. Em se tratando de serviço extraordinário, o acréscimo de que trata este artigo incidirá sobre a remuneração prevista no art. 73.

Subseção VII - Do Adicional de Férias

Art. 76. Independentemente de solicitação, será pago ao servidor, por ocasião das férias, um adicional correspondente a 1/3 (um terço) da remuneração do período das férias.

Parágrafo único. No caso de o servidor exercer função de direção, chefia ou assessoramento, ou ocupar cargo em comissão, a respectiva vantagem será considerada no cálculo do adicional de que trata este artigo.

Subseção VIII - Da Gratificação por Encargo de Curso ou Concurso

(Incluído pela Lei nº 11.314 de 2006)

Art. 76-A. A Gratificação por Encargo de Curso ou Concurso é devida ao servidor que, em caráter eventual: (Incluído pela Lei nº 11.314 de 2006) (Regulamento)

I - atuar como instrutor em curso de formação, de desenvolvimento ou de treinamento regularmente instituído no âmbito da administração pública federal; (Incluído pela Lei nº 11.314 de 2006)

II - participar de banca examinadora ou de comissão para exames orais, para análise curricular, para correção de provas discursivas, para elaboração de questões de provas ou para julgamento de recursos intentados por candidatos; (Incluído pela Lei nº 11.314 de 2006)

III - participar da logística de preparação e de realização de concurso público envolvendo atividades de planejamento, coordenação, supervisão, execução e avaliação de resultado, quando tais atividades não estiverem incluídas entre as suas atribuições permanentes; (Incluído pela Lei nº 11.314 de 2006)

IV - participar da aplicação, fiscalizar ou avaliar provas de exame vestibular ou de concurso público ou supervisionar essas atividades. (Incluído pela Lei nº 11.314 de 2006)

§ 1º Os critérios de concessão e os limites da gratificação de que trata este artigo serão fixados em regulamento, observados os seguintes parâmetros: (Incluído pela Lei nº 11.314 de 2006)

I - o valor da gratificação será calculado em horas, observadas a natureza e a complexidade da atividade exercida; (Incluído pela Lei nº 11.314 de 2006)

II - a retribuição não poderá ser superior ao equivalente a 120 (cento e vinte) horas de trabalho anuais, ressalvada situação de excepcionalidade, devidamente justificada e previamente aprovada pela autoridade máxima do órgão ou entidade, que poderá autorizar o acréscimo de até 120 (cento e vinte) horas de trabalho anuais; (Incluído pela Lei nº 11.314 de 2006)

III - o valor máximo da hora trabalhada corresponderá aos seguintes percentuais, incidentes sobre o maior vencimento básico da administração pública federal: (Incluído pela Lei nº 11.314 de 2006)

a) 2,2% (dois inteiros e dois décimos por cento), em se tratando de atividades previstas nos incisos I e II do caput deste artigo; (Redação dada pela Lei nº 11.501, de 2007)
b) 1,2% (um inteiro e dois décimos por cento), em se tratando de atividade prevista nos incisos III e IV do caput deste artigo. (Redação dada pela Lei nº 11.501, de 2007)

§ 2º A Gratificação por Encargo de Curso ou Concurso somente será paga se as atividades referidas nos incisos do caput deste artigo forem exercidas sem prejuízo das atribuições do cargo de que o servidor for titular, devendo ser objeto de compensação de carga horária quando desempenhadas durante a jornada de trabalho, na forma do § 4º do art. 98 desta Lei. (Incluído pela Lei nº 11.314 de 2006)

§ 3º A Gratificação por Encargo de Curso ou Concurso não se incorpora ao vencimento ou salário do servidor para qualquer efeito e não poderá ser utilizada como base de cálculo para quaisquer outras vantagens, inclusive para fins de cálculo dos proventos da aposentadoria e das pensões. (Incluído pela Lei nº 11.314 de 2006)

CAPÍTULO III - DAS FÉRIAS

Art. 77. O servidor fará jus a trinta dias de férias, que podem ser acumuladas, até o máximo de dois períodos, no caso de necessidade do serviço, ressalvadas as hipóteses em que haja legislação específica. (Redação dada pela Lei nº 9.525, de 10.12.97) (Vide Lei nº 9.525, de 1997)

§ 1º Para o primeiro período aquisitivo de férias serão exigidos 12 (doze) meses de exercício.

§ 2º É vedado levar à conta de férias qualquer falta ao serviço.

§ 3º As férias poderão ser parceladas em até três etapas, desde que assim requeridas pelo servidor, e no interesse da administração pública. (Incluído pela Lei nº 9.525, de 10.12.97)

Art. 78. O pagamento da remuneração das férias será efetuado até 2 (dois) dias antes do início do respectivo período, observando-se o disposto no § 1º deste artigo. (Vide Lei nº 9.525, de 1997)

§ 1º e § 2º (Revogado pela Lei nº 9.527, de 10.12.97)

§ 3º O servidor exonerado do cargo efetivo, ou em comissão, perceberá indenização relativa ao período das férias a que tiver direito e ao incompleto, na proporção de um doze avos por mês de efetivo exercício, ou fração superior a quatorze dias. (Incluído pela Lei nº 8.216, de 13.8.91)

§ 4º A indenização será calculada com base na remuneração do mês em que for publicado o ato exoneratório. (Incluído pela Lei nº 8.216, de 13.8.91)

§ 5º Em caso de parcelamento, o servidor receberá o valor adicional previsto no inciso XVII do art. 7º da Constituição Federal quando da utilização do primeiro período. (Incluído pela Lei nº 9.525, de 10.12.97)

Art. 79. O servidor que opera direta e permanentemente com Raios X ou substâncias radioativas gozará 20 (vinte) dias consecutivos de férias, por semestre de atividade profissional, proibida em qualquer hipótese a acumulação.

Parágrafo único. (Revogado pela Lei nº 9.527, de 10.12.97)

Art. 80. As férias somente poderão ser interrompidas por motivo de calamidade pública, comoção interna, convocação para júri, serviço militar ou eleitoral, ou por necessidade do serviço declarada pela autoridade máxima do órgão ou entidade. (Redação dada pela Lei nº 9.527, de 10.12.97) (Vide Lei nº 9.525, de 1997)

Parágrafo único. O restante do período interrompido será gozado de uma só vez, observado o disposto no art. 77. (Incluído pela Lei nº 9.527, de 10.12.97)

CAPÍTULO IV - DAS LICENÇAS

SEÇÃO I - DISPOSIÇÕES GERAIS

Art. 81. Conceder-se-á ao servidor licença:

I - por motivo de doença em pessoa da família;
II - por motivo de afastamento do cônjuge ou companheiro;

III - para o serviço militar;
IV - para atividade política;
V - para capacitação; (Redação dada pela Lei nº 9.527, de 10.12.97)
VI - para tratar de interesses particulares;
VII - para desempenho de mandato classista.

§ 1º A licença prevista no inciso I do caput deste artigo bem como cada uma de suas prorrogações serão precedidas de exame por perícia médica oficial, observado o disposto no art. 204 desta Lei. (Redação dada pela Lei nº 11.907, de 2009)

§ 2º (Revogado pela Lei nº 9.527, de 10.12.97)

§ 3º É vedado o exercício de atividade remunerada durante o período da licença prevista no inciso I deste artigo.

Art. 82. A licença concedida dentro de 60 (sessenta) dias do término de outra da mesma espécie será considerada como prorrogação.

SEÇÃO II - DA LICENÇA POR MOTIVO DE DOENÇA EM PESSOA DA FAMÍLIA

Art. 83. Poderá ser concedida licença ao servidor por motivo de doença do cônjuge ou companheiro, dos pais, dos filhos, do padrasto ou madrasta e enteado, ou dependente que viva a suas expensas e conste do seu assentamento funcional, mediante comprovação por perícia médica oficial. (Redação dada pela Lei nº 11.907, de 2009)

§ 1º A licença somente será deferida se a assistência direta do servidor for indispensável e não puder ser prestada simultaneamente com o exercício do cargo ou mediante compensação de horário, na forma do disposto no inciso II do art. 44. (Redação dada pela Lei nº 9.527, de 10.12.97)

§ 2º A licença de que trata o caput, incluídas as prorrogações, poderá ser concedida a cada período de doze meses nas seguintes condições: (Redação dada pela Lei nº 12.269, de 2010)

I - por até 60 (sessenta) dias, consecutivos ou não, mantida a remuneração do servidor; e (Incluído pela Lei nº 12.269, de 2010)

II - por até 90 (noventa) dias, consecutivos ou não, sem remuneração. (Incluído pela Lei nº 12.269, de 2010)

§ 3º O início do interstício de 12 (doze) meses será contado a partir da data do deferimento da primeira licença concedida. (Incluído pela Lei nº 12.269, de 2010)

§ 4º A soma das licenças remuneradas e das licenças não remuneradas, incluídas as respectivas prorrogações, concedidas em um mesmo período de 12 (doze) meses, observado o disposto no § 3º, não poderá ultrapassar os limites estabelecidos nos incisos I e II do § 2º. (Incluído pela Lei nº 12.269, de 2010)

SEÇÃO III - DA LICENÇA POR MOTIVO DE AFASTAMENTO DO CÔNJUGE

Art. 84. Poderá ser concedida licença ao servidor para acompanhar cônjuge ou companheiro que foi deslocado para outro ponto do território nacional, para o exterior ou para o exercício de mandato eletivo dos Poderes Executivo e Legislativo.

§ 1º A licença será por prazo indeterminado e sem remuneração.

§ 2º No deslocamento de servidor cujo cônjuge ou companheiro também seja servidor público, civil ou militar, de qualquer dos Poderes da União, dos Estados, do Distrito Federal e dos Municípios, poderá haver exercício provisório em órgão ou entidade da Administração Federal direta, autárquica ou fundacional, desde que para o exercício de atividade compatível com o seu cargo. (Redação dada pela Lei nº 9.527, de 10.12.97)

SEÇÃO IV - DA LICENÇA PARA O SERVIÇO MILITAR

Art. 85. Ao servidor convocado para o serviço militar será concedida licença, na forma e condições previstas na legislação específica.

Parágrafo único. Concluído o serviço militar, o servidor terá até 30 (trinta) dias sem remuneração para reassumir o exercício do cargo.

SEÇÃO V - DA LICENÇA PARA ATIVIDADE POLÍTICA

Art. 86. O servidor terá direito a licença, sem remuneração, durante o período que mediar entre a sua escolha em convenção partidária, como candidato a cargo eletivo, e a véspera do registro de sua candidatura perante a Justiça Eleitoral.

§ 1º O servidor candidato a cargo eletivo na localidade onde desempenha suas funções e que exerça cargo de direção, chefia, assessoramento, arrecadação ou fiscalização, dele será afastado, a partir do dia imediato ao do registro de sua candidatura perante a Justiça Eleitoral, até o décimo dia seguinte ao do pleito. (Redação dada pela Lei nº 9.527, de 10.12.97)

§ 2º A partir do registro da candidatura e até o décimo dia seguinte ao da eleição, o servidor fará jus à licença, assegurados os vencimentos do cargo efetivo, somente pelo período de três meses. (Redação dada pela Lei nº 9.527, de 10.12.97)

SEÇÃO VI - DA LICENÇA PARA CAPACITAÇÃO

(Redação dada pela Lei nº 9.527, de 10.12.97)

Art. 87. Após cada qüinqüênio de efetivo exercício, o servidor poderá, no interesse da Administração, afastar-se do exercício do cargo efetivo, com a respectiva remuneração, por até três meses, para participar de curso de capacitação profissional. (Redação dada pela Lei nº 9.527, de 10.12.97) (Vide Decreto nº 5.707, de 2006)

Parágrafo único. Os períodos de licença de que trata o caput não são acumuláveis. (Redação dada pela Lei nº 9.527, de 10.12.97)

Art. 88. (Revogado pela Lei nº 9.527, de 10.12.97)

Art. 89. (Revogado pela Lei nº 9.527, de 10.12.97)

Art. 90. (VETADO).

SEÇÃO VII - DA LICENÇA PARA TRATAR DE INTERESSES PARTICULARES

Art. 91. A critério da Administração, poderão ser concedidas ao servidor ocupante de cargo efetivo, desde que não esteja em estágio probatório, licenças para o trato de assuntos particulares pelo prazo de até três anos consecutivos, sem remuneração. (Redação dada pela Medida Provisória nº 2.225-45, de 4.9.2001)

Parágrafo único. A licença poderá ser interrompida, a qualquer tempo, a pedido do servidor ou no interesse do serviço. (Redação dada pela Medida Provisória nº 2.225-45, de 4.9.2001)

SEÇÃO VIII - DA LICENÇA PARA O DESEMPENHO DE MANDATO CLASSISTA

Art. 92. É assegurado ao servidor o direito à licença sem remuneração para o desempenho de mandato em confederação, federação, associação de classe de âmbito nacional, sindicato representativo da categoria ou entidade fiscalizadora da profissão ou, ainda, para participar de gerência ou administração em sociedade cooperativa constituída por servidores públicos para prestar serviços a seus membros, observado o disposto na alínea c do inciso VIII do art. 102 desta Lei, conforme disposto em regulamento e observados os seguintes limites: (Redação dada pela Lei nº 11.094, de 2005) (Regulamento)

I - para entidades com até 5.000 (cinco mil) associados, 2 (dois) servidores; (Redação dada pela Lei nº 12.998, de 2014)

II - para entidades com 5.001 (cinco mil e um) a 30.000 (trinta mil) associados, 4 (quatro) servidores; (Redação dada pela Lei nº 12.998, de 2014)

III - para entidades com mais de 30.000 (trinta mil) associados, 8 (oito) servidores. (Redação dada pela Lei nº 12.998, de 2014)

§ 1º Somente poderão ser licenciados os servidores eleitos para cargos de direção ou de representação nas referidas entidades,

desde que cadastradas no órgão competente. (Redação dada pela Lei nº 12.998, de 2014)

§ 2º A licença terá duração igual à do mandato, podendo ser renovada, no caso de reeleição. (Redação dada pela Lei nº 12.998, de 2014)

CAPÍTULO V - DOS AFASTAMENTOS
SEÇÃO I - DO AFASTAMENTO PARA SERVIR A OUTRO ÓRGÃO OU ENTIDADE

Art. 93. O servidor poderá ser cedido para ter exercício em outro órgão ou entidade dos Poderes da União, dos Estados, ou do Distrito Federal e dos Municípios, nas seguintes hipóteses: (Redação dada pela Lei nº 8.270, de 17.12.91) (Regulamento) (Vide Decreto nº 4.493, de 3.12.2002) (Vide Decreto nº 5.213, de 2004) (Vide Decreto nº 9.144, de 2017)

I - para exercício de cargo em comissão ou função de confiança; (Redação dada pela Lei nº 8.270, de 17.12.91)

II - em casos previstos em leis específicas. (Redação dada pela Lei nº 8.270, de 17.12.91)

§ 1º Na hipótese do inciso I, sendo a cessão para órgãos ou entidades dos Estados, do Distrito Federal ou dos Municípios, o ônus da remuneração será do órgão ou entidade cessionária, mantido o ônus para o cedente nos demais casos. (Redação dada pela Lei nº 8.270, de 17.12.91)

§ 2º Na hipótese de o servidor cedido a empresa pública ou sociedade de economia mista, nos termos das respectivas normas, optar pela remuneração do cargo efetivo ou pela remuneração do cargo efetivo acrescida de percentual da retribuição do cargo em comissão, a entidade cessionária efetuará o reembolso das despesas realizadas pelo órgão ou entidade de origem. (Redação dada pela Lei nº 11.355, de 2006)

§ 3º A cessão far-se-á mediante Portaria publicada no Diário Oficial da União. (Redação dada pela Lei nº 8.270, de 17.12.91)

§ 4º Mediante autorização expressa do Presidente da República, o servidor do Poder Executivo poderá ter exercício em outro órgão da Administração Federal direta que não tenha quadro próprio de pessoal, para fim determinado e a prazo certo. (Incluído pela Lei nº 8.270, de 17.12.91)

§ 5º Aplica-se à União, em se tratando de empregado ou servidor por ela requisitado, as disposições dos §§ 1º e 2º deste artigo. (Redação dada pela Lei nº 10.470, de 25.6.2002)

§ 6º As cessões de empregados de empresa pública ou de sociedade de economia mista, que receba recursos de Tesouro Nacional para o custeio total ou parcial da sua folha de pagamento de pessoal, independem das disposições contidas nos incisos I e II e §§ 1º e 2º deste artigo, ficando o exercício do empregado cedido condicionado a autorização específica do Ministério do Planejamento, Orçamento e Gestão, exceto nos casos de ocupação de cargo em comissão ou função gratificada. (Incluído pela Lei nº 10.470, de 25.6.2002)

§ 7º O Ministério do Planejamento, Orçamento e Gestão, com a finalidade de promover a composição da força de trabalho dos órgãos e entidades da Administração Pública Federal, poderá determinar a lotação ou o exercício de empregado ou servidor, independentemente da observância do constante no inciso I e nos §§ 1º e 2º deste artigo. (Incluído pela Lei nº 10.470, de 25.6.2002) (Vide Decreto nº 5.375, de 2005)

SEÇÃO II - DO AFASTAMENTO PARA EXERCÍCIO DE MANDATO ELETIVO

Art. 94. Ao servidor investido em mandato eletivo aplicam-se as seguintes disposições:

I - tratando-se de mandato federal, estadual ou distrital, ficará afastado do cargo;

II - investido no mandato de Prefeito, será afastado do cargo, sendo-lhe facultado optar pela sua remuneração;

III - investido no mandato de vereador:

a) havendo compatibilidade de horário, perceberá as vantagens de seu cargo, sem prejuízo da remuneração do cargo eletivo;

b) não havendo compatibilidade de horário, será afastado do cargo, sendo-lhe facultado optar pela sua remuneração.

§ 1º No caso de afastamento do cargo, o servidor contribuirá para a seguridade social como se em exercício estivesse.

§ 2º O servidor investido em mandato eletivo ou classista não poderá ser removido ou redistribuído de ofício para localidade diversa daquela onde exerce o mandato.

SEÇÃO III - DO AFASTAMENTO PARA ESTUDO OU MISSÃO NO EXTERIOR

Art. 95. O servidor não poderá ausentar-se do País para estudo ou missão oficial, sem autorização do Presidente da República, Presidente dos Órgãos do Poder Legislativo e Presidente do Supremo Tribunal Federal. (Vide Decreto nº 1.387, de 1995)

§ 1º A ausência não excederá a 4 (quatro) anos, e finda a missão ou estudo, somente decorrido igual período, será permitida nova ausência.

§ 2º Ao servidor beneficiado pelo disposto neste artigo não será concedida exoneração ou licença para tratar de interesse particular antes de decorrido período igual ao do afastamento, ressalvada a hipótese de ressarcimento da despesa havida com seu afastamento.

§ 3º O disposto neste artigo não se aplica aos servidores da carreira diplomática.

§ 4º As hipóteses, condições e formas para a autorização de que trata este artigo, inclusive no que se refere à remuneração do servidor, serão disciplinadas em regulamento. (Incluído pela Lei nº 9.527, de 10.12.97)

Art. 96. O afastamento de servidor para servir em organismo internacional de que o Brasil participe ou com o qual coopere dar-se-á com perda total da remuneração. (Vide Decreto nº 3.456, de 2000)

SEÇÃO IV - (INCLUÍDO PELA LEI Nº 11.907, DE 2009) - DO AFASTAMENTO PARA PARTICIPAÇÃO EM PROGRAMA DE PÓS-GRADUAÇÃO STRICTO SENSU NO PAÍS

Art. 96-A. O servidor poderá, no interesse da Administração, e desde que a participação não possa ocorrer simultaneamente com o exercício do cargo ou mediante compensação de horário, afastar-se do exercício do cargo efetivo, com a respectiva remuneração, para participar em programa de pós-graduação stricto sensu em instituição de ensino superior no País. (Incluído pela Lei nº 11.907, de 2009)

§ 1º Ato do dirigente máximo do órgão ou entidade definirá, em conformidade com a legislação vigente, os programas de capacitação e os critérios para participação em programas de pós-graduação no País, com ou sem afastamento do servidor, que serão avaliados por um comitê constituído para este fim. (Incluído pela Lei nº 11.907, de 2009)

§ 2º Os afastamentos para realização de programas de mestrado e doutorado somente serão concedidos aos servidores titulares de cargos efetivos no respectivo órgão ou entidade há pelo menos 3 (três) anos para mestrado e 4 (quatro) anos para doutorado, incluído o período de estágio probatório, que não tenham se afastado por licença para tratar de assuntos particulares para gozo de licença capacitação ou com fundamento neste artigo nos 2 (dois) anos anteriores à data da solicitação de afastamento. (Incluído pela Lei nº 11.907, de 2009)

§ 3º Os afastamentos para realização de programas de pós-doutorado somente serão concedidos aos servidores titulares de cargos efetivo no respectivo órgão ou entidade há pelo menos quatro anos, incluído o período de estágio probatório, e que não tenham se afastado por licença para tratar de assuntos particulares ou com fundamento neste artigo, nos

quatro anos anteriores à data da solicitação de afastamento. (Redação dada pela Lei nº 12.269, de 2010)

§ 4º Os servidores beneficiados pelos afastamentos previstos nos §§ 1º, 2º e 3º deste artigo terão que permanecer no exercício de suas funções após o seu retorno por um período igual ao do afastamento concedido. (Incluído pela Lei nº 11.907, de 2009)

§ 5º Caso o servidor venha a solicitar exoneração do cargo ou aposentadoria, antes de cumprido o período de permanência previsto no § 4º deste artigo, deverá ressarcir o órgão ou entidade, na forma do art. 47 da Lei no 8.112, de 11 de dezembro de 1990, dos gastos com seu aperfeiçoamento. (Incluído pela Lei nº 11.907, de 2009)

§ 6º Caso o servidor não obtenha o título ou grau que justificou seu afastamento no período previsto, aplica-se o disposto no § 5º deste artigo, salvo na hipótese comprovada de força maior ou de caso fortuito, a critério do dirigente máximo do órgão ou entidade. (Incluído pela Lei nº 11.907, de 2009)

§ 7º Aplica-se à participação em programa de pós-graduação no Exterior, autorizado nos termos do art. 95 desta Lei, o disposto nos §§ 1º a 6º deste artigo. (Incluído pela Lei nº 11.907, de 2009)

CAPÍTULO VI - DAS CONCESSÕES

Art. 97. Sem qualquer prejuízo, poderá o servidor ausentar-se do serviço:

I - por 1 (um) dia, para doação de sangue;

II - pelo período comprovadamente necessário para alistamento ou recadastramento eleitoral, limitado, em qualquer caso, a 2 (dois) dias; (Redação dada pela Lei nº 12.998, de 2014)

III - por 8 (oito) dias consecutivos em razão de :
a) casamento;
b) falecimento do cônjuge, companheiro, pais, madrasta ou padrasto, filhos, enteados, menor sob guarda ou tutela e irmãos.

Art. 98. Será concedido horário especial ao servidor estudante, quando comprovada a incompatibilidade entre o horário escolar e o da repartição, sem prejuízo do exercício do cargo.

§ 1º Para efeito do disposto neste artigo, será exigida a compensação de horário no órgão ou entidade que tiver exercício, respeitada a duração semanal do trabalho. (Parágrafo renumerado e alterado pela Lei nº 9.527, de 10.12.97)

§ 2º Também será concedido horário especial ao servidor portador de deficiência, quando comprovada a necessidade por junta médica oficial, independentemente de compensação de horário. (Incluído pela Lei nº 9.527, de 10.12.97)

§ 3º As disposições constantes do § 2º são extensivas ao servidor que tenha cônjuge, filho ou dependente com deficiência. (Redação dada pela Lei nº 13.370, de 2016)

§ 4º Será igualmente concedido horário especial, vinculado à compensação de horário a ser efetivada no prazo de até 1 (um) ano, ao servidor que desempenhe atividade prevista nos incisos I e II do caput do art. 76-A desta Lei. (Redação dada pela Lei nº 11.501, de 2007)

Art. 99. Ao servidor estudante que mudar de sede no interesse da administração é assegurada, na localidade da nova residência ou na mais próxima, matrícula em instituição de ensino congênere, em qualquer época, independentemente de vaga.

Parágrafo único. O disposto neste artigo estende-se ao cônjuge ou companheiro, aos filhos, ou enteados do servidor que vivam na sua companhia, bem como aos menores sob sua guarda, com autorização judicial.

CAPÍTULO VII - DO TEMPO DE SERVIÇO

Art. 100. É contado para todos os efeitos o tempo de serviço público federal, inclusive o prestado às Forças Armadas.

Art. 101. A apuração do tempo de serviço será feita em dias, que serão convertidos em anos, considerado o ano como de trezentos e sessenta e cinco dias.

Parágrafo único. (Revogado pela Lei nº 9.527, de 10.12.97)

Art. 102. Além das ausências ao serviço previstas no art. 97, são considerados como de efetivo exercício os afastamentos em virtude de: (Vide Decreto nº 5.707, de 2006)

I - férias;

II - exercício de cargo em comissão ou equivalente, em órgão ou entidade dos Poderes da União, dos Estados, Municípios e Distrito Federal;

III - exercício de cargo ou função de governo ou administração, em qualquer parte do território nacional, por nomeação do Presidente da República;

IV - participação em programa de treinamento regularmente instituído ou em programa de pós-graduação stricto sensu no País, conforme dispuser o regulamento; (Redação dada pela Lei nº 11.907, de 2009) (Vide Decreto nº 5.707, de 2006)

V - desempenho de mandato eletivo federal, estadual, municipal ou do Distrito Federal, exceto para promoção por merecimento;

VI - júri e outros serviços obrigatórios por lei;

VII - missão ou estudo no exterior, quando autorizado o afastamento, conforme dispuser o regulamento; (Redação dada pela Lei nº 9.527, de 10.12.97) (Vide Decreto nº 5.707, de 2006)

VIII - licença:
a) à gestante, à adotante e à paternidade;
b) para tratamento da própria saúde, até o limite de vinte e quatro meses, cumulativo ao longo do tempo de serviço público prestado à União, em cargo de provimento efetivo; (Redação dada pela Lei nº 9.527, de 10.12.97)
c) para o desempenho de mandato classista ou participação de gerência ou administração em sociedade cooperativa constituída por servidores para prestar serviços a seus membros, exceto para efeito de promoção por merecimento; (Redação dada pela Lei nº 11.094, de 2005)
d) por motivo de acidente em serviço ou doença profissional;
e) para capacitação, conforme dispuser o regulamento; (Redação dada pela Lei nº 9.527, de 10.12.97)
f) por convocação para o serviço militar;

IX - deslocamento para a nova sede de que trata o art. 18;

X - participação em competição desportiva nacional ou convocação para integrar representação desportiva nacional, no País ou no exterior, conforme disposto em lei específica;

XI - afastamento para servir em organismo internacional de que o Brasil participe ou com o qual coopere. (Incluído pela Lei nº 9.527, de 10.12.97)

Art. 103. Contar-se-á apenas para efeito de aposentadoria e disponibilidade:

I - o tempo de serviço público prestado aos Estados, Municípios e Distrito Federal;

II - a licença para tratamento de saúde de pessoal da família do servidor, com remuneração, que exceder a 30 (trinta) dias em período de 12 (doze) meses. (Redação dada pela Lei nº 12.269, de 2010)

III - a licença para atividade política, no caso do art. 86, § 2º;

IV - o tempo correspondente ao desempenho de mandato eletivo federal, estadual, municipal ou distrital, anterior ao ingresso no serviço público federal;

V - o tempo de serviço em atividade privada, vinculada à Previdência Social;

VI - o tempo de serviço relativo a tiro de guerra;

VII - o tempo de licença para tratamento da própria saúde que exceder o prazo a que se refere a alínea "b" do inciso VIII do art. 102. (Incluído pela Lei nº 9.527, de 10.12.97)

§ 1º O tempo em que o servidor esteve aposentado será contado apenas para nova aposentadoria.

§ 2º Será contado em dobro o tempo de serviço prestado às Forças Armadas em operações de guerra.

§ 3º É vedada a contagem cumulativa de tempo de serviço prestado concomitantemente em mais de um cargo ou função

de órgão ou entidades dos Poderes da União, Estado, Distrito Federal e Município, autarquia, fundação pública, sociedade de economia mista e empresa pública.

CAPÍTULO VIII - DO DIREITO DE PETIÇÃO

Art. 104. É assegurado ao servidor o direito de requerer aos Poderes Públicos, em defesa de direito ou interesse legítimo.

Art. 105. O requerimento será dirigido à autoridade competente para decidi-lo e encaminhado por intermédio daquela a que estiver imediatamente subordinado o requerente.

Art. 106. Cabe pedido de reconsideração à autoridade que houver expedido o ato ou proferido a primeira decisão, não podendo ser renovado. (Vide Lei nº 12.300, de 2010)

Parágrafo único. O requerimento e o pedido de reconsideração de que tratam os artigos anteriores deverão ser despachados no prazo de 5 (cinco) dias e decididos dentro de 30 (trinta) dias.

Art. 107. Caberá recurso: (Vide Lei nº 12.300, de 2010)
I - do indeferimento do pedido de reconsideração;
II - das decisões sobre os recursos sucessivamente interpostos.

§ 1º O recurso será dirigido à autoridade imediatamente superior à que tiver expedido o ato ou proferido a decisão, e, sucessivamente, em escala ascendente, às demais autoridades.

§ 2º O recurso será encaminhado por intermédio da autoridade a que estiver imediatamente subordinado o requerente.

Art. 108. O prazo para interposição de pedido de reconsideração ou de recurso é de 30 (trinta) dias, a contar da publicação ou da ciência, pelo interessado, da decisão recorrida. (Vide Lei nº 12.300, de 2010)

Art. 109. O recurso poderá ser recebido com efeito suspensivo, a juízo da autoridade competente.

Parágrafo único. Em caso de provimento do pedido de reconsideração ou do recurso, os efeitos da decisão retroagirão à data do ato impugnado.

Art. 110. O direito de requerer prescreve:
I - em 5 (cinco) anos, quanto aos atos de demissão e de cassação de aposentadoria ou disponibilidade, ou que afetem interesse patrimonial e créditos resultantes das relações de trabalho;
II - em 120 (cento e vinte) dias, nos demais casos, salvo quando outro prazo for fixado em lei.

Parágrafo único. O prazo de prescrição será contado da data da publicação do ato impugnado ou da data da ciência pelo interessado, quando o ato não for publicado.

Art. 111. O pedido de reconsideração e o recurso, quando cabíveis, interrompem a prescrição.

Art. 112. A prescrição é de ordem pública, não podendo ser relevada pela administração.

Art. 113. Para o exercício do direito de petição, é assegurada vista do processo ou documento, na repartição, ao servidor ou a procurador por ele constituído.

Art. 114. A administração deverá rever seus atos, a qualquer tempo, quando eivados de ilegalidade.

Art. 115. São fatais e improrrogáveis os prazos estabelecidos neste Capítulo, salvo motivo de força maior.

TÍTULO IV - DO REGIME DISCIPLINAR

CAPÍTULO I - DOS DEVERES

Art. 116. São deveres do servidor:
I - exercer com zelo e dedicação as atribuições do cargo;
II - ser leal às instituições a que servir;
III - observar as normas legais e regulamentares;
IV - cumprir as ordens superiores, exceto quando manifestamente ilegais;
V - atender com presteza:
a) ao público em geral, prestando as informações requeridas, ressalvadas as protegidas por sigilo;
b) à expedição de certidões requeridas para defesa de direito ou esclarecimento de situações de interesse pessoal;
c) às requisições para a defesa da Fazenda Pública.
VI - levar as irregularidades de que tiver ciência em razão do cargo ao conhecimento da autoridade superior ou, quando houver suspeita de envolvimento desta, ao conhecimento de outra autoridade competente para apuração; (Redação dada pela Lei nº 12.527, de 2011)
VII - zelar pela economia do material e a conservação do patrimônio público;
VIII - guardar sigilo sobre assunto da repartição;
IX - manter conduta compatível com a moralidade administrativa;
X - ser assíduo e pontual ao serviço;
XI - tratar com urbanidade as pessoas;
XII - representar contra ilegalidade, omissão ou abuso de poder.

Parágrafo único. A representação de que trata o inciso XII será encaminhada pela via hierárquica e apreciada pela autoridade superior àquela contra a qual é formulada, assegurando-se ao representando ampla defesa.

CAPÍTULO II - DAS PROIBIÇÕES

Art. 117. Ao servidor é proibido: (Vide Medida Provisória nº 2.225-45, de 4.9.2001)
I - ausentar-se do serviço durante o expediente, sem prévia autorização do chefe imediato;
II - retirar, sem prévia anuência da autoridade competente, qualquer documento ou objeto da repartição;
III - recusar fé a documentos públicos;
IV - opor resistência injustificada ao andamento de documento e processo ou execução de serviço;
V - promover manifestação de apreço ou desapreço no recinto da repartição;
VI - cometer a pessoa estranha à repartição, fora dos casos previstos em lei, o desempenho de atribuição que seja de sua responsabilidade ou de seu subordinado;
VII - coagir ou aliciar subordinados no sentido de filiarem-se a associação profissional ou sindical, ou a partido político;
VIII - manter sob sua chefia imediata, em cargo ou função de confiança, cônjuge, companheiro ou parente até o segundo grau civil;
IX - valer-se do cargo para lograr proveito pessoal ou de outrem, em detrimento da dignidade da função pública;
X - participar de gerência ou administração de sociedade privada, personificada ou não personificada, exercer o comércio, exceto na qualidade de acionista, cotista ou comanditário; (Redação dada pela Lei nº 11.784, de 2008
XI - atuar, como procurador ou intermediário, junto a repartições públicas, salvo quando se tratar de benefícios previdenciários ou assistenciais de parentes até o segundo grau, e de cônjuge ou companheiro;
XII - receber propina, comissão, presente ou vantagem de qualquer espécie, em razão de suas atribuições;
XIII - aceitar comissão, emprego ou pensão de estado estrangeiro;
XIV - praticar usura sob qualquer de suas formas;
XV - proceder de forma desidiosa;
XVI - utilizar pessoal ou recursos materiais da repartição em serviços ou atividades particulares;
XVII - cometer a outro servidor atribuições estranhas ao cargo que ocupa, exceto em situações de emergência e transitórias;
XVIII - exercer quaisquer atividades que sejam incompatíveis com o exercício do cargo ou função e com o horário de trabalho;
XIX - recusar-se a atualizar seus dados cadastrais quando solicitado. (Incluído pela Lei nº 9.527, de 10.12.97)

Parágrafo único. A vedação de que trata o inciso X do caput deste artigo não se aplica nos seguintes casos: (Incluído pela Lei nº 11.784, de 2008

I - participação nos conselhos de administração e fiscal de empresas ou entidades em que a União detenha, direta ou indiretamente, participação no capital social ou em sociedade cooperativa constituída para prestar serviços a seus membros; e (Incluído pela Lei nº 11.784, de 2008

II - gozo de licença para o trato de interesses particulares, na forma do art. 91 desta Lei, observada a legislação sobre conflito de interesses. (Incluído pela Lei nº 11.784, de 2008

CAPÍTULO III - DA ACUMULAÇÃO

Art. 118. Ressalvados os casos previstos na Constituição, é vedada a acumulação remunerada de cargos públicos.

§ 1º A proibição de acumular estende-se a cargos, empregos e funções em autarquias, fundações públicas, empresas públicas, sociedades de economia mista da União, do Distrito Federal, dos Estados, dos Territórios e dos Municípios.

§ 2º A acumulação de cargos, ainda que lícita, fica condicionada à comprovação da compatibilidade de horários.

§ 3º Considera-se acumulação proibida a percepção de vencimento de cargo ou emprego público efetivo com proventos da inatividade, salvo quando os cargos de que decorram essas remunerações forem acumuláveis na atividade. (Incluído pela Lei nº 9.527, de 10.12.97)

Art. 119. O servidor não poderá exercer mais de um cargo em comissão, exceto no caso previsto no parágrafo único do art. 9º, nem ser remunerado pela participação em órgão de deliberação coletiva. (Redação dada pela Lei nº 9.527, de 10.12.97)

Parágrafo único. O disposto neste artigo não se aplica à remuneração devida pela participação em conselhos de administração e fiscal das empresas públicas e sociedades de economia mista, suas subsidiárias e controladas, bem como quaisquer empresas ou entidades em que a União, direta ou indiretamente, detenha participação no capital social, observado o que, a respeito, dispuser legislação específica. (Redação dada pela Medida Provisória nº 2.225-45, de 4.9.2001)

Art. 120. O servidor vinculado ao regime desta Lei, que acumular licitamente dois cargos efetivos, quando investido em cargo de provimento em comissão, ficará afastado de ambos os cargos efetivos, salvo na hipótese em que houver compatibilidade de horário e local com o exercício de um deles, declarada pelas autoridades máximas dos órgãos ou entidades envolvidos. (Redação dada pela Lei nº 9.527, de 10.12.97)

CAPÍTULO IV - DAS RESPONSABILIDADES

Art. 121. O servidor responde civil, penal e administrativamente pelo exercício irregular de suas atribuições.

Art. 122. A responsabilidade civil decorre de ato omissivo ou comissivo, doloso ou culposo, que resulte em prejuízo ao erário ou a terceiros.

§ 1º A indenização de prejuízo dolosamente causado ao erário somente será liquidada na forma prevista no art. 46, na falta de outros bens que assegurem a execução do débito pela via judicial.

§ 2º Tratando-se de dano causado a terceiros, responderá o servidor perante a Fazenda Pública, em ação regressiva.

§ 3º A obrigação de reparar o dano estende-se aos sucessores e contra eles será executada, até o limite do valor da herança recebida.

Art. 123. A responsabilidade penal abrange os crimes e contravenções imputadas ao servidor, nessa qualidade.

Art. 124. A responsabilidade civil-administrativa resulta de ato omissivo ou comissivo praticado no desempenho do cargo ou função.

Art. 125. As sanções civis, penais e administrativas poderão cumular-se, sendo independentes entre si.

Art. 126. A responsabilidade administrativa do servidor será afastada no caso de absolvição criminal que negue a existência do fato ou sua autoria.

Art. 126-A. Nenhum servidor poderá ser responsabilizado civil, penal ou administrativamente por dar ciência à autoridade superior ou, quando houver suspeita de envolvimento desta, a outra autoridade competente para apuração de informação concernente à prática de crimes ou improbidade de que tenha conhecimento, ainda que em decorrência do exercício de cargo, emprego ou função pública. (Incluído pela Lei nº 12.527, de 2011)

CAPÍTULO V - DAS PENALIDADES

Art. 127. São penalidades disciplinares:

I - advertência;
II - suspensão;
III - demissão;
IV - cassação de aposentadoria ou disponibilidade;
V - destituição de cargo em comissão;
VI - destituição de função comissionada.

Art. 128. Na aplicação das penalidades serão consideradas a natureza e a gravidade da infração cometida, os danos que dela provierem para o serviço público, as circunstâncias agravantes ou atenuantes e os antecedentes funcionais.

Parágrafo único. O ato de imposição da penalidade mencionará sempre o fundamento legal e a causa da sanção disciplinar. (Incluído pela Lei nº 9.527, de 10.12.97)

Art. 129. A advertência será aplicada por escrito, nos casos de violação de proibição constante do art. 117, incisos I a VIII e XIX, e de inobservância de dever funcional previsto em lei, regulamentação ou norma interna, que não justifique imposição de penalidade mais grave. (Redação dada pela Lei nº 9.527, de 10.12.97)

Art. 130. A suspensão será aplicada em caso de reincidência das faltas punidas com advertência e de violação das demais proibições que não tipifiquem infração sujeita a penalidade de demissão, não podendo exceder de 90 (noventa) dias.

§ 1º Será punido com suspensão de até 15 (quinze) dias o servidor que, injustificadamente, recusar-se a ser submetido a inspeção médica determinada pela autoridade competente, cessando os efeitos da penalidade uma vez cumprida a determinação.

§ 2º Quando houver conveniência para o serviço, a penalidade de suspensão poderá ser convertida em multa, na base de 50% (cinqüenta por cento) por dia de vencimento ou remuneração, ficando o servidor obrigado a permanecer em serviço.

Art. 131. As penalidades de advertência e de suspensão terão seus registros cancelados, após o decurso de 3 (três) e 5 (cinco) anos de efetivo exercício, respectivamente, se o servidor não houver, nesse período, praticado nova infração disciplinar.

Parágrafo único. O cancelamento da penalidade não surtirá efeitos retroativos.

Art. 132. A demissão será aplicada nos seguintes casos:

I - crime contra a administração pública;
II - abandono de cargo;
III - inassiduidade habitual;
IV - improbidade administrativa;
V - incontinência pública e conduta escandalosa, na repartição;
VI - insubordinação grave em serviço;
VII - ofensa física, em serviço, a servidor ou a particular, salvo em legítima defesa própria ou de outrem;
VIII - aplicação irregular de dinheiros públicos;
IX - revelação de segredo do qual se apropriou em razão do cargo;
X - lesão aos cofres públicos e dilapidação do patrimônio nacional;
XI - corrupção;

XII - acumulação ilegal de cargos, empregos ou funções públicas;

XIII - transgressão dos incisos IX a XVI do art. 117.

Art. 133. Detectada a qualquer tempo a acumulação ilegal de cargos, empregos ou funções públicas, a autoridade a que se refere o art. 143 notificará o servidor, por intermédio de sua chefia imediata, para apresentar opção no prazo improrrogável de dez dias, contados da data da ciência e, na hipótese de omissão, adotará procedimento sumário para a sua apuração e regularização imediata, cujo processo administrativo disciplinar se desenvolverá nas seguintes fases: (Redação dada pela Lei nº 9.527, de 10.12.97)

I - instauração, com a publicação do ato que constituir a comissão, a ser composta por dois servidores estáveis, e simultaneamente indicar a autoria e a materialidade da transgressão objeto da apuração; (Incluído pela Lei nº 9.527, de 10.12.97)

II - instrução sumária, que compreende indiciação, defesa e relatório; (Incluído pela Lei nº 9.527, de 10.12.97)

III - julgamento. (Incluído pela Lei nº 9.527, de 10.12.97)

§ 1º A indicação da autoria de que trata o inciso I dar-se-á pelo nome e matrícula do servidor, e a materialidade pela descrição dos cargos, empregos ou funções públicas em situação de acumulação ilegal, dos órgãos ou entidades de vinculação, das datas de ingresso, do horário de trabalho e do correspondente regime jurídico. (Redação dada pela Lei nº 9.527, de 10.12.97)

§ 2º A comissão lavrará, até três dias após a publicação do ato que a constituiu, termo de indiciação em que serão transcritas as informações de que trata o parágrafo anterior, bem como promoverá a citação pessoal do servidor indiciado, ou por intermédio de sua chefia imediata, para, no prazo de cinco dias, apresentar defesa escrita, assegurando-se-lhe vista do processo na repartição, observado o disposto nos arts. 163 e 164. (Redação dada pela Lei nº 9.527, de 10.12.97)

§ 3º Apresentada a defesa, a comissão elaborará relatório conclusivo quanto à inocência ou à responsabilidade do servidor, em que resumirá as peças principais dos autos, opinará sobre a licitude da acumulação em exame, indicará o respectivo dispositivo legal e remeterá o processo à autoridade instauradora, para julgamento. (Incluído pela Lei nº 9.527, de 10.12.97)

§ 4º No prazo de cinco dias, contados do recebimento do processo, a autoridade julgadora proferirá a sua decisão, aplicando-se, quando for o caso, o disposto no § 3º do art. 167. (Incluído pela Lei nº 9.527, de 10.12.97)

§ 5º A opção pelo servidor até o último dia de prazo para defesa configurará sua boa-fé, hipótese em que se converterá automaticamente em pedido de exoneração do outro cargo. (Incluído pela Lei nº 9.527, de 10.12.97)

§ 6º Caracterizada a acumulação ilegal e provada a má-fé, aplicar-se-á a pena de demissão, destituição ou cassação de aposentadoria ou disponibilidade em relação aos cargos, empregos ou funções públicas em regime de acumulação ilegal, hipótese em que os órgãos ou entidades de vinculação serão comunicados. (Incluído pela Lei nº 9.527, de 10.12.97)

§ 7º O prazo para a conclusão do processo administrativo disciplinar submetido ao rito sumário não excederá trinta dias, contados da data de publicação do ato que constituir a comissão, admitida a sua prorrogação por até quinze dias, quando as circunstâncias o exigirem. (Incluído pela Lei nº 9.527, de 10.12.97)

§ 8º O procedimento sumário rege-se pelas disposições deste artigo, observando-se, no que lhe for aplicável, subsidiariamente, as disposições dos Títulos IV e V desta Lei. (Incluído pela Lei nº 9.527, de 10.12.97)

Art. 134. Será cassada a aposentadoria ou a disponibilidade do inativo que houver praticado, na atividade, falta punível com a demissão.

Art. 135. A destituição de cargo em comissão exercido por não ocupante de cargo efetivo será aplicada nos casos de infração sujeita às penalidades de suspensão e de demissão.

Parágrafo único. Constatada a hipótese de que trata este artigo, a exoneração efetuada nos termos do art. 35 será convertida em destituição de cargo em comissão.

Art. 136. A demissão ou a destituição de cargo em comissão, nos casos dos incisos IV, VIII, X e XI do art. 132, implica a indisponibilidade dos bens e o ressarcimento ao erário, sem prejuízo da ação penal cabível.

Art. 137. A demissão ou a destituição de cargo em comissão, por infringência do art. 117, incisos IX e XI, incompatibiliza o ex-servidor para nova investidura em cargo público federal, pelo prazo de 5 (cinco) anos.

Parágrafo único. Não poderá retornar ao serviço público federal o servidor que for demitido ou destituído do cargo em comissão por infringência do art. 132, incisos I, IV, VIII, X e XI.

Art. 138. Configura abandono de cargo a ausência intencional do servidor ao serviço por mais de trinta dias consecutivos.

Art. 139. Entende-se por inassiduidade habitual a falta ao serviço, sem causa justificada, por sessenta dias, interpoladamente, durante o período de doze meses.

Art. 140. Na apuração de abandono de cargo ou inassiduidade habitual, também será adotado o procedimento sumário a que se refere o art. 133, observando-se especialmente que: (Redação dada pela Lei nº 9.527, de 10.12.97)

I - a indicação da materialidade dar-se-á: (Incluído pela Lei nº 9.527, de 10.12.97)

a) na hipótese de abandono de cargo, pela indicação precisa do período de ausência intencional do servidor ao serviço superior a trinta dias; (Incluído pela Lei nº 9.527, de 10.12.97)

b) no caso de inassiduidade habitual, pela indicação dos dias de falta ao serviço sem causa justificada, por período igual ou superior a sessenta dias interpoladamente, durante o período de doze meses; (Incluído pela Lei nº 9.527, de 10.12.97)

II - após a apresentação da defesa a comissão elaborará relatório conclusivo quanto à inocência ou à responsabilidade do servidor, em que resumirá as peças principais dos autos, indicará o respectivo dispositivo legal, opinará, na hipótese de abandono de cargo, sobre a intencionalidade da ausência ao serviço superior a trinta dias e remeterá o processo à autoridade instauradora para julgamento. (Incluído pela Lei nº 9.527, de 10.12.97)

Art. 141. As penalidades disciplinares serão aplicadas:

I - pelo Presidente da República, pelos Presidentes das Casas do Poder Legislativo e dos Tribunais Federais e pelo Procurador-Geral da República, quando se tratar de demissão e cassação de aposentadoria ou disponibilidade de servidor vinculado ao respectivo Poder, órgão, ou entidade;

II - pelas autoridades administrativas de hierarquia imediatamente inferior àquelas mencionadas no inciso anterior quando se tratar de suspensão superior a 30 (trinta) dias;

III - pelo chefe da repartição e outras autoridades na forma dos respectivos regimentos ou regulamentos, nos casos de advertência ou de suspensão de até 30 (trinta) dias;

IV - pela autoridade que houver feito a nomeação, quando se tratar de destituição de cargo em comissão.

Art. 142. A ação disciplinar prescreverá:

I - em 5 (cinco) anos, quanto às infrações puníveis com demissão, cassação de aposentadoria ou disponibilidade e destituição de cargo em comissão;

II - em 2 (dois) anos, quanto à suspensão;

III - em 180 (cento e oitenta) dias, quanto à advertência.

§ 1º O prazo de prescrição começa a correr da data em que o fato se tornou conhecido.

§ 2º Os prazos de prescrição previstos na lei penal aplicam-se às infrações disciplinares capituladas também como crime.

§ 3º A abertura de sindicância ou a instauração de processo disciplinar interrompe a prescrição, até a decisão final proferida por autoridade competente.

§ 4º Interrompido o curso da prescrição, o prazo começará a correr a partir do dia em que cessar a interrupção.

TÍTULO V - DO PROCESSO ADMINISTRATIVO DISCIPLINAR

CAPÍTULO I - DISPOSIÇÕES GERAIS

Art. 143. A autoridade que tiver ciência de irregularidade no serviço público é obrigada a promover a sua apuração imediata, mediante sindicância ou processo administrativo disciplinar, assegurada ao acusado ampla defesa.

§ 1º (Revogado pela Lei nº 11.204, de 2005)

§ 2º (Revogado pela Lei nº 11.204, de 2005)

§ 3º A apuração de que trata o caput, por solicitação da autoridade a que se refere, poderá ser promovida por autoridade de órgão ou entidade diverso daquele em que tenha ocorrido a irregularidade, mediante competência específica para tal finalidade, delegada em caráter permanente ou temporário pelo Presidente da República, pelos presidentes das Casas do Poder Legislativo e dos Tribunais Federais e pelo Procurador-Geral da República, no âmbito do respectivo Poder, órgão ou entidade, preservadas as competências para o julgamento que se seguir à apuração. (Incluído pela Lei nº 9.527, de 10.12.97)

Art. 144. As denúncias sobre irregularidades serão objeto de apuração, desde que contenham a identificação e o endereço do denunciante e sejam formuladas por escrito, confirmada a autenticidade.

Parágrafo único. Quando o fato narrado não configurar evidente infração disciplinar ou ilícito penal, a denúncia será arquivada, por falta de objeto.

Art. 145. Da sindicância poderá resultar:

I - arquivamento do processo;

II - aplicação de penalidade de advertência ou suspensão de até 30 (trinta) dias;

III - instauração de processo disciplinar.

Parágrafo único. O prazo para conclusão da sindicância não excederá 30 (trinta) dias, podendo ser prorrogado por igual período, a critério da autoridade superior.

Art. 146. Sempre que o ilícito praticado pelo servidor ensejar a imposição de penalidade de suspensão por mais de 30 (trinta) dias, de demissão, cassação de aposentadoria ou disponibilidade, ou destituição de cargo em comissão, será obrigatória a instauração de processo disciplinar.

CAPÍTULO II - DO AFASTAMENTO PREVENTIVO

Art. 147. Como medida cautelar e a fim de que o servidor não venha a influir na apuração da irregularidade, a autoridade instauradora do processo disciplinar poderá determinar o seu afastamento do exercício do cargo, pelo prazo de até 60 (sessenta) dias, sem prejuízo da remuneração.

Parágrafo único. O afastamento poderá ser prorrogado por igual prazo, findo o qual cessarão os seus efeitos, ainda que não concluído o processo.

CAPÍTULO III - DO PROCESSO DISCIPLINAR

Art. 148. O processo disciplinar é o instrumento destinado a apurar responsabilidade de servidor por infração praticada no exercício de suas atribuições, ou que tenha relação com as atribuições do cargo em que se encontre investido.

Art. 149. O processo disciplinar será conduzido por comissão composta de três servidores estáveis designados pela autoridade competente, observado o disposto no § 3º do art. 143, que indicará, dentre eles, o seu presidente, que deverá ser ocupante de cargo efetivo superior ou de mesmo nível, ou ter nível de escolaridade igual ou superior ao do indiciado. (Redação dada pela Lei nº 9.527, de 10.12.97)

§ 1º A Comissão terá como secretário servidor designado pelo seu presidente, podendo a indicação recair em um de seus membros.

§ 2º Não poderá participar de comissão de sindicância ou de inquérito, cônjuge, companheiro ou parente do acusado, consangüíneo ou afim, em linha reta ou colateral, até o terceiro grau.

Art. 150. A Comissão exercerá suas atividades com independência e imparcialidade, assegurado o sigilo necessário à elucidação do fato ou exigido pelo interesse da administração.

Parágrafo único. As reuniões e as audiências das comissões terão caráter reservado.

Art. 151. O processo disciplinar se desenvolve nas seguintes fases:

I - instauração, com a publicação do ato que constituir a comissão;

II - inquérito administrativo, que compreende instrução, defesa e relatório;

III - julgamento.

Art. 152. O prazo para a conclusão do processo disciplinar não excederá 60 (sessenta) dias, contados da data de publicação do ato que constituir a comissão, admitida a sua prorrogação por igual prazo, quando as circunstâncias o exigirem.

§ 1º Sempre que necessário, a comissão dedicará tempo integral aos seus trabalhos, ficando seus membros dispensados do ponto, até a entrega do relatório final.

§ 2º As reuniões da comissão serão registradas em atas que deverão detalhar as deliberações adotadas.

SEÇÃO I - DO INQUÉRITO

Art. 153. O inquérito administrativo obedecerá ao princípio do contraditório, assegurada ao acusado ampla defesa, com a utilização dos meios e recursos admitidos em direito.

Art. 154. Os autos da sindicância integrarão o processo disciplinar, como peça informativa da instrução.

Parágrafo único. Na hipótese de o relatório da sindicância concluir que a infração está capitulada como ilícito penal, a autoridade competente encaminhará cópia dos autos ao Ministério Público, independentemente da imediata instauração do processo disciplinar.

Art. 155. Na fase do inquérito, a comissão promoverá a tomada de depoimentos, acareações, investigações e diligências cabíveis, objetivando a coleta de prova, recorrendo, quando necessário, a técnicos e peritos, de modo a permitir a completa elucidação dos fatos.

Art. 156. É assegurado ao servidor o direito de acompanhar o processo pessoalmente ou por intermédio de procurador, arrolar e reinquirir testemunhas, produzir provas e contraprovas e formular quesitos, quando se tratar de prova pericial.

§ 1º O presidente da comissão poderá denegar pedidos considerados impertinentes, meramente protelatórios, ou de nenhum interesse para o esclarecimento dos fatos.

§ 2º Será indeferido o pedido de prova pericial, quando a comprovação do fato independer de conhecimento especial de perito.

Art. 157. As testemunhas serão intimadas a depor mediante mandado expedido pelo presidente da comissão, devendo a segunda via, com o ciente do interessado, ser anexado aos autos.

Parágrafo único. Se a testemunha for servidor público, a expedição do mandado será imediatamente comunicada ao chefe da repartição onde serve, com a indicação do dia e hora marcados para inquirição.

Art. 158. O depoimento será prestado oralmente e reduzido a termo, não sendo lícito à testemunha trazê-lo por escrito.

§ 1º As testemunhas serão inquiridas separadamente.

§ 2º Na hipótese de depoimentos contraditórios ou que se infirmem, proceder-se-á à acareação entre os depoentes.

Art. 159. Concluída a inquirição das testemunhas, a comissão promoverá o interrogatório do acusado, observados os procedimentos previstos nos arts. 157 e 158.

§ 1º No caso de mais de um acusado, cada um deles será ouvido separadamente, e sempre que divergirem em suas declarações sobre fatos ou circunstâncias, será promovida a acareação entre eles.

§ 2º O procurador do acusado poderá assistir ao interrogatório, bem como à inquirição das testemunhas, sendo-lhe vedado interferir nas perguntas e respostas, facultando-se-lhe, porém, reinquiri-las, por intermédio do presidente da comissão.

Art. 160. Quando houver dúvida sobre a sanidade mental do acusado, a comissão proporá à autoridade competente que ele seja submetido a exame por junta médica oficial, da qual participe pelo menos um médico psiquiatra.

Parágrafo único. O incidente de sanidade mental será processado em auto apartado e apenso ao processo principal, após a expedição do laudo pericial.

Art. 161. Tipificada a infração disciplinar, será formulada a indiciação do servidor, com a especificação dos fatos a ele imputados e das respectivas provas.

§ 1º O indiciado será citado por mandado expedido pelo presidente da comissão para apresentar defesa escrita, no prazo de 10 (dez) dias, assegurando-se-lhe vista do processo na repartição.

§ 2º Havendo dois ou mais indiciados, o prazo será comum e de 20 (vinte) dias.

§ 3º O prazo de defesa poderá ser prorrogado pelo dobro, para diligências reputadas indispensáveis.

§ 4º No caso de recusa do indiciado em apor o ciente na cópia da citação, o prazo para defesa contar-se-á da data declarada, em termo próprio, pelo membro da comissão que fez a citação, com a assinatura de (2) duas testemunhas.

Art. 162. O indiciado que mudar de residência fica obrigado a comunicar à comissão o lugar onde poderá ser encontrado.

Art. 163. Achando-se o indiciado em lugar incerto e não sabido, será citado por edital, publicado no Diário Oficial da União e em jornal de grande circulação na localidade do último domicílio conhecido, para apresentar defesa.

Parágrafo único. Na hipótese deste artigo, o prazo para defesa será de 15 (quinze) dias a partir da última publicação do edital.

Art. 164. Considerar-se-á revel o indiciado que, regularmente citado, não apresentar defesa no prazo legal.

§ 1º A revelia será declarada, por termo, nos autos do processo e devolverá o prazo para a defesa.

§ 2º Para defender o indiciado revel, a autoridade instauradora do processo designará um servidor como defensor dativo, que deverá ser ocupante de cargo efetivo superior ou de mesmo nível, ou ter nível de escolaridade igual ou superior ao do indiciado. (Redação dada pela Lei nº 9.527, de 10.12.97)

Art. 165. Apreciada a defesa, a comissão elaborará relatório minucioso, onde resumirá as peças principais dos autos e mencionará as provas em que se baseou para formar a sua convicção.

§ 1º O relatório será sempre conclusivo quanto à inocência ou à responsabilidade do servidor.

§ 2º Reconhecida a responsabilidade do servidor, a comissão indicará o dispositivo legal ou regulamentar transgredido, bem como as circunstâncias agravantes ou atenuantes.

Art. 166. O processo disciplinar, com o relatório da comissão, será remetido à autoridade que determinou a sua instauração, para julgamento.

SEÇÃO II - DO JULGAMENTO

Art. 167. No prazo de 20 (vinte) dias, contados do recebimento do processo, a autoridade julgadora proferirá a sua decisão.

§ 1º Se a penalidade a ser aplicada exceder a alçada da autoridade instauradora do processo, este será encaminhado à autoridade competente, que decidirá em igual prazo.

§ 2º Havendo mais de um indiciado e diversidade de sanções, o julgamento caberá à autoridade competente para a imposição da pena mais grave.

§ 3º Se a penalidade prevista for a demissão ou cassação de aposentadoria ou disponibilidade, o julgamento caberá às autoridades de que trata o inciso I do art. 141.

§ 4º Reconhecida pela comissão a inocência do servidor, a autoridade instauradora do processo determinará o seu arquivamento, salvo se flagrantemente contrária à prova dos autos. (Incluído pela Lei nº 9.527, de 10.12.97)

Art. 168. O julgamento acatará o relatório da comissão, salvo quando contrário às provas dos autos.

Parágrafo único. Quando o relatório da comissão contrariar as provas dos autos, a autoridade julgadora poderá, motivadamente, agravar a penalidade proposta, abrandá-la ou isentar o servidor de responsabilidade.

Art. 169. Verificada a ocorrência de vício insanável, a autoridade que determinou a instauração do processo ou outra de hierarquia superior declarará a sua nulidade, total ou parcial, e ordenará, no mesmo ato, a constituição de outra comissão para instauração de novo processo. (Redação dada pela Lei nº 9.527, de 10.12.97)

§ 1º O julgamento fora do prazo legal não implica nulidade do processo.

§ 2º A autoridade julgadora que der causa à prescrição de que trata o art. 142, § 2º, será responsabilizada na forma do Capítulo IV do Título IV.

Art. 170. Extinta a punibilidade pela prescrição, a autoridade julgadora determinará o registro do fato nos assentamentos individuais do servidor.

Art. 171. Quando a infração estiver capitulada como crime, o processo disciplinar será remetido ao Ministério Público para instauração da ação penal, ficando trasladado na repartição.

Art. 172. O servidor que responder a processo disciplinar só poderá ser exonerado a pedido, ou aposentado voluntariamente, após a conclusão do processo e o cumprimento da penalidade, acaso aplicada.

Parágrafo único. Ocorrida a exoneração de que trata o parágrafo único, inciso I do art. 34, o ato será convertido em demissão, se for o caso.

Art. 173. Serão assegurados transporte e diárias:

I - ao servidor convocado para prestar depoimento fora da sede de sua repartição, na condição de testemunha, denunciado ou indiciado;

II - aos membros da comissão e ao secretário, quando obrigados a se deslocarem da sede dos trabalhos para a realização de missão essencial ao esclarecimento dos fatos.

SEÇÃO III - DA REVISÃO DO PROCESSO

Art. 174. O processo disciplinar poderá ser revisto, a qualquer tempo, a pedido ou de ofício, quando se aduzirem fatos novos ou circunstâncias suscetíveis de justificar a inocência do punido ou a inadequação da penalidade aplicada.

§ 1º Em caso de falecimento, ausência ou desaparecimento do servidor, qualquer pessoa da família poderá requerer a revisão do processo.

§ 2º No caso de incapacidade mental do servidor, a revisão será requerida pelo respectivo curador.

Art. 175. No processo revisional, o ônus da prova cabe ao requerente.

Art. 176. A simples alegação de injustiça da penalidade não constitui fundamento para a revisão, que requer elementos novos, ainda não apreciados no processo originário.

Art. 177. O requerimento de revisão do processo será dirigido ao Ministro de Estado ou autoridade equivalente, que, se autorizar a revisão, encaminhará o pedido ao dirigente do órgão ou entidade onde se originou o processo disciplinar.

Parágrafo único. Deferida a petição, a autoridade competente providenciará a constituição de comissão, na forma do art. 149.

Art. 178. A revisão correrá em apenso ao processo originário.

Parágrafo único. Na petição inicial, o requerente pedirá dia e hora para a produção de provas e inquirição das testemunhas que arrolar.

Art. 179. A comissão revisora terá 60 (sessenta) dias para a conclusão dos trabalhos.

Art. 180. Aplicam-se aos trabalhos da comissão revisora, no que couber, as normas e procedimentos próprios da comissão do processo disciplinar.

Art. 181. O julgamento caberá à autoridade que aplicou a penalidade, nos termos do art. 141.

Parágrafo único. O prazo para julgamento será de 20 (vinte) dias, contados do recebimento do processo, no curso do qual a autoridade julgadora poderá determinar diligências.

Art. 182. Julgada procedente a revisão, será declarada sem efeito a penalidade aplicada, restabelecendo-se todos os direitos do servidor, exceto em relação à destituição do cargo em comissão, que será convertida em exoneração.

Parágrafo único. Da revisão do processo não poderá resultar agravamento de penalidade.

TÍTULO VI - DA SEGURIDADE SOCIAL DO SERVIDOR

CAPÍTULO I - DISPOSIÇÕES GERAIS

Art. 183. A União manterá Plano de Seguridade Social para o servidor e sua família.

§ 1º O servidor ocupante de cargo em comissão que não seja, simultaneamente, ocupante de cargo ou emprego efetivo na administração pública direta, autárquica e fundacional não terá direito aos benefícios do Plano de Seguridade Social, com exceção da assistência à saúde. (Redação dada pela Lei nº 10.667, de 14.5.2003)

§ 2º O servidor afastado ou licenciado do cargo efetivo, sem direito à remuneração, inclusive para servir em organismo oficial internacional do qual o Brasil seja membro efetivo ou com o qual coopere, ainda que contribua para regime de previdência social no exterior, terá suspenso o seu vínculo com o regime do Plano de Seguridade Social do Servidor Público enquanto durar o afastamento ou a licença, não lhes assistindo, neste período, os benefícios do mencionado regime de previdência. (Incluído pela Lei nº 10.667, de 14.5.2003)

§ 3º Será assegurada ao servidor licenciado ou afastado sem remuneração a manutenção da vinculação ao regime do Plano de Seguridade Social do Servidor Público, mediante o recolhimento mensal da respectiva contribuição, no mesmo percentual devido pelos servidores em atividade, incidente sobre a remuneração total do cargo a que faz jus no exercício de suas atribuições, computando-se, para esse efeito, inclusive, as vantagens pessoais. (Incluído pela Lei nº 10.667, de 14.5.2003)

§ 4º O recolhimento de que trata o § 3º deve ser efetuado até o segundo dia útil após a data do pagamento das remunerações dos servidores públicos, aplicando-se os procedimentos de cobrança e execução dos tributos federais quando não recolhidas na data de vencimento. (Incluído pela Lei nº 10.667, de 14.5.2003)

Art. 184. O Plano de Seguridade Social visa a dar cobertura aos riscos a que estão sujeitos o servidor e sua família, e compreende um conjunto de benefícios e ações que atendam às seguintes finalidades:

I - garantir meios de subsistência nos eventos de doença, invalidez, velhice, acidente em serviço, inatividade, falecimento e reclusão;
II - proteção à maternidade, à adoção e à paternidade;
III - assistência à saúde.

Parágrafo único. Os benefícios serão concedidos nos termos e condições definidos em regulamento, observadas as disposições desta Lei.

Art. 185. Os benefícios do Plano de Seguridade Social do servidor compreendem:

I - quanto ao servidor:
a) aposentadoria;
b) auxílio-natalidade;
c) salário-família;
d) licença para tratamento de saúde;
e) licença à gestante, à adotante e licença-paternidade;
f) licença por acidente em serviço;
g) assistência à saúde;
h) garantia de condições individuais e ambientais de trabalho satisfatórias;

II - quanto ao dependente:
a) pensão vitalícia e temporária;
b) auxílio-funeral;
c) auxílio-reclusão;
d) assistência à saúde.

§ 1º As aposentadorias e pensões serão concedidas e mantidas pelos órgãos ou entidades aos quais se encontram vinculados os servidores, observado o disposto nos arts. 189 e 224.

§ 2º O recebimento indevido de benefícios havidos por fraude, dolo ou má-fé, implicará devolução ao erário do total auferido, sem prejuízo da ação penal cabível.

CAPÍTULO II - DOS BENEFÍCIOS

SEÇÃO I - DA APOSENTADORIA

Art. 186. O servidor será aposentado: (Vide art. 40 da Constituição)

I - por invalidez permanente, sendo os proventos integrais quando decorrente de acidente em serviço, moléstia profissional ou doença grave, contagiosa ou incurável, especificada em lei, e proporcionais nos demais casos;

II - compulsoriamente, aos setenta anos de idade, com proventos proporcionais ao tempo de serviço;

III - voluntariamente:
a) aos 35 (trinta e cinco) anos de serviço, se homem, e aos 30 (trinta) se mulher, com proventos integrais;
b) aos 30 (trinta) anos de efetivo exercício em funções de magistério se professor, e 25 (vinte e cinco) se professora, com proventos integrais;
c) aos 30 (trinta) anos de serviço, se homem, e aos 25 (vinte e cinco) se mulher, com proventos proporcionais a esse tempo;
d) aos 65 (sessenta e cinco) anos de idade, se homem, e aos 60 (sessenta) se mulher, com proventos proporcionais ao tempo de serviço.

§ 1º Consideram-se doenças graves, contagiosas ou incuráveis, a que se refere o inciso I deste artigo, tuberculose ativa, alienação mental, esclerose múltipla, neoplasia maligna, cegueira posterior ao ingresso no serviço público, hanseníase, cardiopatia grave, doença de Parkinson, paralisia irreversível e incapacitante, espondiloartrose anquilosante, nefropatia grave, estados avançados do mal de Paget (osteíte deformante), Síndrome de Imunodeficiência Adquirida - AIDS, e outras que a lei indicar, com base na medicina especializada.

§ 2º Nos casos de exercício de atividades consideradas insalubres ou perigosas, bem como nas hipóteses previstas no art. 71, a aposentadoria de que trata o inciso III, «a» e «c», observará o disposto em lei específica.

§ 3º Na hipótese do inciso I o servidor será submetido à junta médica oficial, que atestará a invalidez quando caracterizada a incapacidade para o desempenho das atribuições do cargo ou a impossibilidade de se aplicar o disposto no art. 24. (Incluído pela Lei nº 9.527, de 10.12.97)

Art. 187. A aposentadoria compulsória será automática, e declarada por ato, com vigência a partir do dia imediato àquele em que o servidor atingir a idade-limite de permanência no serviço ativo.

Art. 188. A aposentadoria voluntária ou por invalidez vigorará a partir da data da publicação do respectivo ato.

§ 1º A aposentadoria por invalidez será precedida de licença para tratamento de saúde, por período não excedente a 24 (vinte e quatro) meses.

§ 2º Expirado o período de licença e não estando em condições de reassumir o cargo ou de ser readaptado, o servidor será aposentado.

§ 3º O lapso de tempo compreendido entre o término da licença e a publicação do ato da aposentadoria será considerado como de prorrogação da licença.

§ 4º Para os fins do disposto no § 1º deste artigo, serão consideradas apenas as licenças motivadas pela enfermidade ensejadora da invalidez ou doenças correlacionadas. (Incluído pela Lei nº 11.907, de 2009)

§ 5º A critério da Administração, o servidor em licença para tratamento de saúde ou aposentado por invalidez poderá ser convocado a qualquer momento, para avaliação das condições que ensejaram o afastamento ou a aposentadoria. (Incluído pela Lei nº 11.907, de 2009)

Art. 189. O provento da aposentadoria será calculado com observância do disposto no § 3º do art. 41, e revisto na mesma data e proporção, sempre que se modificar a remuneração dos servidores em atividade.

Parágrafo único. São estendidos aos inativos quaisquer benefícios ou vantagens posteriormente concedidas aos servidores em atividade, inclusive quando decorrentes de transformação ou reclassificação do cargo ou função em que se deu a aposentadoria.

Art. 190. O servidor aposentado com provento proporcional ao tempo de serviço se acometido de qualquer das moléstias especificadas no § 1º do art. 186 desta Lei e, por esse motivo, for considerado inválido por junta médica oficial passará a perceber provento integral, calculado com base no fundamento legal de concessão da aposentadoria. (Redação dada pela Lei nº 11.907, de 2009)

Art. 191. Quando proporcional ao tempo de serviço, o provento não será inferior a 1/3 (um terço) da remuneração da atividade.

Art. 192. (Revogado pela Lei nº 9.527, de 10.12.97)

Art. 193. (Revogado pela Lei nº 9.527, de 10.12.97)

Art. 194. Ao servidor aposentado será paga a gratificação natalina, até o dia vinte do mês de dezembro, em valor equivalente ao respectivo provento, deduzido o adiantamento recebido.

Art. 195. Ao ex-combatente que tenha efetivamente participado de operações bélicas, durante a Segunda Guerra Mundial, nos termos da Lei nº 5.315, de 12 de setembro de 1967, será concedida aposentadoria com provento integral, aos 25 (vinte e cinco) anos de serviço efetivo.

SEÇÃO II - DO AUXÍLIO-NATALIDADE

Art. 196. O auxílio-natalidade é devido à servidora por motivo de nascimento de filho, em quantia equivalente ao menor vencimento do serviço público, inclusive no caso de natimorto.

§ 1º Na hipótese de parto múltiplo, o valor será acrescido de 50% (cinquenta por cento), por nascituro.

§ 2º O auxílio será pago ao cônjuge ou companheiro servidor público, quando a parturiente não for servidora.

SEÇÃO III - DO SALÁRIO-FAMÍLIA

Art. 197. O salário-família é devido ao servidor ativo ou ao inativo, por dependente econômico.

Parágrafo único. Consideram-se dependentes econômicos para efeito de percepção do salário-família:

 I - o cônjuge ou companheiro e os filhos, inclusive os enteados até 21 (vinte e um) anos de idade ou, se estudante, até 24 (vinte e quatro) anos ou, se inválido, de qualquer idade;

 II - o menor de 21 (vinte e um) anos que, mediante autorização judicial, viver na companhia e às expensas do servidor, ou do inativo;

 III - a mãe e o pai sem economia própria.

Art. 198. Não se configura a dependência econômica quando o beneficiário do salário-família perceber rendimento do trabalho ou de qualquer outra fonte, inclusive pensão ou provento da aposentadoria, em valor igual ou superior ao salário-mínimo.

Art. 199. Quando o pai e mãe forem servidores públicos e viverem em comum, o salário-família será pago a um deles; quando separados, será pago a um e outro, de acordo com a distribuição dos dependentes.

Parágrafo único. Ao pai e à mãe equiparam-se o padrasto, a madrasta e, na falta destes, os representantes legais dos incapazes.

Art. 200. O salário-família não está sujeito a qualquer tributo, nem servirá de base para qualquer contribuição, inclusive para a Previdência Social.

Art. 201. O afastamento do cargo efetivo, sem remuneração, não acarreta a suspensão do pagamento do salário-família.

SEÇÃO IV - DA LICENÇA PARA TRATAMENTO DE SAÚDE

Art. 202. Será concedida ao servidor licença para tratamento de saúde, a pedido ou de ofício, com base em perícia médica, sem prejuízo da remuneração a que fizer jus.

Art. 203. A licença de que trata o art. 202 desta Lei será concedida com base em perícia oficial. (Redação dada pela Lei nº 11.907, de 2009)

§ 1º Sempre que necessário, a inspeção médica será realizada na residência do servidor ou no estabelecimento hospitalar onde se encontrar internado.

§ 2º Inexistindo médico no órgão ou entidade no local onde se encontra ou tenha exercício em caráter permanente o servidor, e não se configurando as hipóteses previstas nos parágrafos do art. 230, será aceito atestado passado por médico particular. (Redação dada pela Lei nº 9.527, de 10.12.97)

§ 3º No caso do § 2º deste artigo, o atestado somente produzirá efeitos depois de recepcionado pela unidade de recursos humanos do órgão ou entidade. (Redação dada pela Lei nº 11.907, de 2009)

§ 4º A licença que exceder o prazo de 120 (cento e vinte) dias no período de 12 (doze) meses a contar do primeiro dia de afastamento será concedida mediante avaliação por junta médica oficial. (Redação dada pela Lei nº 11.907, de 2009)

§ 5º A perícia oficial para concessão da licença de que trata o caput deste artigo, bem como nos demais casos de perícia oficial previstos nesta Lei, será efetuada por cirurgiões-dentistas, nas hipóteses em que abranger o campo de atuação da odontologia. (Incluído pela Lei nº 11.907, de 2009)

Art. 204. A licença para tratamento de saúde inferior a 15 (quinze) dias, dentro de 1 (um) ano, poderá ser dispensada de perícia oficial, na forma definida em regulamento. (Redação dada pela Lei nº 11.907, de 2009)

Art. 205. O atestado e o laudo da junta médica não se referirão ao nome ou natureza da doença, salvo quando se tratar de lesões produzidas por acidente em serviço, doença profissional ou qualquer das doenças especificadas no art. 186, § 1º.

Art. 206. O servidor que apresentar indícios de lesões orgânicas ou funcionais será submetido a inspeção médica.

Art. 206-A. O servidor será submetido a exames médicos periódicos, nos termos e condições definidos em regulamento. (Incluído pela Lei nº 11.907, de 2009) (Regulamento).

Parágrafo único. Para os fins do disposto no caput, a União e suas entidades autárquicas e fundacionais poderão: (Incluído pela Lei nº 12.998, de 2014)

 I - prestar os exames médicos periódicos diretamente pelo órgão ou entidade à qual se encontra vinculado o servidor; (Incluído pela Lei nº 12.998, de 2014)

 II - celebrar convênio ou instrumento de cooperação ou parceria com os órgãos e entidades da administração direta,

suas autarquias e fundações; (Incluído pela Lei nº 12.998, de 2014)

III - celebrar convênios com operadoras de plano de assistência à saúde, organizadas na modalidade de autogestão, que possuam autorização de funcionamento do órgão regulador, na forma do art. 230; ou (Incluído pela Lei nº 12.998, de 2014)

IV - prestar os exames médicos periódicos mediante contrato administrativo, observado o disposto na Lei no 8.666, de 21 de junho de 1993, e demais normas pertinentes. (Incluído pela Lei nº 12.998, de 2014)

SEÇÃO V - DA LICENÇA À GESTANTE, À ADOTANTE E DA LICENÇA-PATERNIDADE

Art. 207. Será concedida licença à servidora gestante por 120 (cento e vinte) dias consecutivos, sem prejuízo da remuneração. (Vide Decreto nº 6.690, de 2008)

§ 1º A licença poderá ter início no primeiro dia do nono mês de gestação, salvo antecipação por prescrição médica.

§ 2º No caso de nascimento prematuro, a licença terá início a partir do parto.

§ 3º No caso de natimorto, decorridos 30 (trinta) dias do evento, a servidora será submetida a exame médico, e se julgada apta, reassumirá o exercício.

§ 4º No caso de aborto atestado por médico oficial, a servidora terá direito a 30 (trinta) dias de repouso remunerado.

Art. 208. Pelo nascimento ou adoção de filhos, o servidor terá direito à licença-paternidade de 5 (cinco) dias consecutivos.

Art. 209. Para amamentar o próprio filho, até a idade de seis meses, a servidora lactante terá direito, durante a jornada de trabalho, a uma hora de descanso, que poderá ser parcelada em dois períodos de meia hora.

Art. 210. À servidora que adotar ou obtiver guarda judicial de criança até 1 (um) ano de idade, serão concedidos 90 (noventa) dias de licença remunerada. (Vide Decreto nº 6.691, de 2008)

Parágrafo único. No caso de adoção ou guarda judicial de criança com mais de 1 (um) ano de idade, o prazo de que trata este artigo será de 30 (trinta) dias.

SEÇÃO VI - DA LICENÇA POR ACIDENTE EM SERVIÇO

Art. 211. Será licenciado, com remuneração integral, o servidor acidentado em serviço.

Art. 212. Configura acidente em serviço o dano físico ou mental sofrido pelo servidor, que se relacione, mediata ou imediatamente, com as atribuições do cargo exercido.

Parágrafo único. Equipara-se ao acidente em serviço o dano:

I - decorrente de agressão sofrida e não provocada pelo servidor no exercício do cargo;

II - sofrido no percurso da residência para o trabalho e vice-versa.

Art. 213. O servidor acidentado em serviço que necessite de tratamento especializado poderá ser tratado em instituição privada, à conta de recursos públicos.

Parágrafo único. O tratamento recomendado por junta médica oficial constitui medida de exceção e somente será admissível quando inexistirem meios e recursos adequados em instituição pública.

Art. 214. A prova do acidente será feita no prazo de 10 (dez) dias, prorrogável quando as circunstâncias o exigirem.

SEÇÃO VII - DA PENSÃO

Art. 215. Por morte do servidor, os seus dependentes, nas hipóteses legais, fazem jus à pensão por morte, observados os limites estabelecidos no inciso XI do caput do art. 37 da Constituição Federal e no art. 2º da Lei nº 10.887, de 18 de junho de 2004. (Redação dada pela Lei nº 13.846, de 2019)

Art. 216. (Revogado pela Medida Provisória nº 664, de 2014) (Revogado pela Lei nº 13.135, de 2015)

Art. 217. São beneficiários das pensões:

I - o cônjuge; (Redação dada pela Lei nº 13.135, de 2015)
a) (Revogada); (Redação dada pela Lei nº 13.135, de 2015)
b) (Revogada); (Redação dada pela Lei nº 13.135, de 2015)
c) (Revogada); (Redação dada pela Lei nº 13.135, de 2015)
d) (Revogada); (Redação dada pela Lei nº 13.135, de 2015)
e) (Revogada); (Redação dada pela Lei nº 13.135, de 2015)

II - o cônjuge divorciado ou separado judicialmente ou de fato, com percepção de pensão alimentícia estabelecida judicialmente; (Redação dada pela Lei nº 13.135, de 2015)
a) (Revogada); (Redação dada pela Lei nº 13.135, de 2015)
b) (Revogada); (Redação dada pela Lei nº 13.135, de 2015)
c) Revogada); (Redação dada pela Lei nº 13.135, de 2015)
d) (Revogada); (Redação dada pela Lei nº 13.135, de 2015)

III - o companheiro ou companheira que comprove união estável como entidade familiar; (Incluído pela Lei nº 13.135, de 2015)

IV - o filho de qualquer condição que atenda a um dos seguintes requisitos: (Incluído pela Lei nº 13.135, de 2015)
a) seja menor de 21 (vinte e um) anos; (Incluído pela Lei nº 13.135, de 2015)
b) seja inválido; (Incluído pela Lei nº 13.135, de 2015)
c) (Vide Lei nº 13.135, de 2015)
d) tenha deficiência intelectual ou mental; (Redação dada pela Lei nº 13.846, de 2019)

V - a mãe e o pai que comprovem dependência econômica do servidor; e (Incluído pela Lei nº 13.135, de 2015)

VI - o irmão de qualquer condição que comprove dependência econômica do servidor e atenda a um dos requisitos previstos no inciso IV. (Incluído pela Lei nº 13.135, de 2015)

§ 1º A concessão de pensão aos beneficiários de que tratam os incisos I a IV do caput exclui os beneficiários referidos nos incisos V e VI. (Redação dada pela Lei nº 13.135, de 2015)

§ 2º A concessão de pensão aos beneficiários de que trata o inciso V do caput exclui o beneficiário referido no inciso VI. (Redação dada pela Lei nº 13.135, de 2015)

§ 3º O enteado e o menor tutelado equiparam-se a filho mediante declaração do servidor e desde que comprovada dependência econômica, na forma estabelecida em regulamento. (Incluído pela Lei nº 13.135, de 2015)

§ 4º (VETADO). (Incluído pela Lei nº 13.846, de 2019)

Art. 218. Ocorrendo habilitação de vários titulares à pensão, o seu valor será distribuído em partes iguais entre os beneficiários habilitados. (Redação dada pela Lei nº 13.135, de 2015)

§ 1º (Revogado). (Redação dada pela Lei nº 13.135, de 2015)
§ 2º (Revogado). (Redação dada pela Lei nº 13.135, de 2015)
§ 3º (Revogado). (Redação dada pela Lei nº 13.135, de 2015)

Art. 219. A pensão por morte será devida ao conjunto dos dependentes do segurado que falecer, aposentado ou não, a contar da data: (Redação dada pela Lei nº 13.846, de 2019)

I - do óbito, quando requerida em até 180 (cento e oitenta dias) após o óbito, para os filhos menores de 16 (dezesseis) anos, ou em até 90 (noventa) dias após o óbito, para os demais dependentes; (Redação dada pela Lei nº 13.846, de 2019)

II - do requerimento, quando requerida após o prazo previsto no inciso I do caput deste artigo; ou (Redação dada pela Lei nº 13.846, de 2019)

III - da decisão judicial, na hipótese de morte presumida. (Redação dada pela Lei nº 13.846, de 2019)

§ 1º A concessão da pensão por morte não será protelada pela falta de habilitação de outro possível dependente e a habilitação posterior que importe em exclusão ou inclusão de dependente só produzirá efeito a partir da data da publicação da portaria de concessão da pensão ao dependente habilitado. (Redação dada pela Lei nº 13.846, de 2019)

§ 2º Ajuizada a ação judicial para reconhecimento da condição de dependente, este poderá requerer a sua habilitação provisória ao benefício de pensão por morte, exclusivamente para fins de rateio dos valores com outros dependentes, vedado o pagamento da respectiva cota até o trânsito em julgado da respectiva ação, ressalvada a existência de decisão judicial em contrário. (Redação dada pela Lei nº 13.846, de 2019)

§ 3º Nas ações em que for parte o ente público responsável pela concessão da pensão por morte, este poderá proceder de ofício à habilitação excepcional da referida pensão, apenas para efeitos de rateio, descontando-se os valores referentes a esta habilitação das demais cotas, vedado o pagamento da respectiva cota até o trânsito em julgado da respectiva ação, ressalvada a existência de decisão judicial em contrário. (Redação dada pela Lei nº 13.846, de 2019)

§ 4º Julgada improcedente a ação prevista no § 2º ou § 3º deste artigo, o valor retido será corrigido pelos índices legais de reajustamento e será pago de forma proporcional aos demais dependentes, de acordo com as suas cotas e o tempo de duração de seus benefícios. (Incluído pela Lei nº 13.846, de 2019)

§ 5º Em qualquer hipótese, fica assegurada ao órgão concessor da pensão por morte a cobrança dos valores indevidamente pagos em função de nova habilitação. (Incluído pela Lei nº 13.846, de 2019)

Art. 220. Perde o direito à pensão por morte: (Redação dada pela Lei nº 13.135, de 2015)

I - após o trânsito em julgado, o beneficiário condenado pela prática de crime de que tenha dolosamente resultado a morte do servidor; (Incluído pela Lei nº 13.135, de 2015)

II - o cônjuge, o companheiro ou a companheira se comprovada, a qualquer tempo, simulação ou fraude no casamento ou na união estável, ou a formalização desses com o fim exclusivo de constituir benefício previdenciário, apuradas em processo judicial no qual será assegurado o direito ao contraditório e à ampla defesa. (Incluído pela Lei nº 13.135, de 2015)

Art. 221. Será concedida pensão provisória por morte presumida do servidor, nos seguintes casos:

I - declaração de ausência, pela autoridade judiciária competente;

II - desaparecimento em desabamento, inundação, incêndio ou acidente não caracterizado como em serviço;

III - desaparecimento no desempenho das atribuições do cargo ou em missão de segurança.

Parágrafo único. A pensão provisória será transformada em vitalícia ou temporária, conforme o caso, decorridos 5 (cinco) anos de sua vigência, ressalvado o eventual reaparecimento do servidor, hipótese em que o benefício será automaticamente cancelado.

Art. 222. Acarreta perda da qualidade de beneficiário:

I - o seu falecimento;

II - a anulação do casamento, quando a decisão ocorrer após a concessão da pensão ao cônjuge;

III - a cessação da invalidez, em se tratando de beneficiário inválido, ou o afastamento da deficiência, em se tratando de beneficiário com deficiência, respeitados os períodos mínimos decorrentes da aplicação das alíneas a e b do inciso VII do caput deste artigo; (Redação dada pela Lei nº 13.846, de 2019)

IV - o implemento da idade de 21 (vinte e um) anos, pelo filho ou irmão; (Redação dada pela Lei nº 13.135, de 2015)

V - a acumulação de pensão na forma do art. 225;

VI - a renúncia expressa; e (Redação dada pela Lei nº 13.135, de 2015)

VII - em relação aos beneficiários de que tratam os incisos I a III do caput do art. 217: (Incluído pela Lei nº 13.135, de 2015)

a) o decurso de 4 (quatro) meses, se o óbito ocorrer sem que o servidor tenha vertido 18 (dezoito) contribuições mensais ou se o casamento ou a união estável tiverem sido iniciados em menos de 2 (dois) anos antes do óbito do servidor; (Incluído pela Lei nº 13.135, de 2015)

b) o decurso dos seguintes períodos, estabelecidos de acordo com a idade do pensionista na data de óbito do servidor, depois de vertidas 18 (dezoito) contribuições mensais e pelo menos 2 (dois) anos após o início do casamento ou da união estável: (Incluído pela Lei nº 13.135, de 2015)

1) 3 (três) anos, com menos de 21 (vinte e um) anos de idade; (Incluído pela Lei nº 13.135, de 2015)

2) 6 (seis) anos, entre 21 (vinte e um) e 26 (vinte e seis) anos de idade; (Incluído pela Lei nº 13.135, de 2015)

3) 10 (dez) anos, entre 27 (vinte e sete) e 29 (vinte e nove) anos de idade; (Incluído pela Lei nº 13.135, de 2015)

4) 15 (quinze) anos, entre 30 (trinta) e 40 (quarenta) anos de idade; (Incluído pela Lei nº 13.135, de 2015)

5) 20 (vinte) anos, entre 41 (quarenta e um) e 43 (quarenta e três) anos de idade; (Incluído pela Lei nº 13.135, de 2015)

6) vitalícia, com 44 (quarenta e quatro) ou mais anos de idade. (Incluído pela Lei nº 13.135, de 2015)

§ 1º A critério da administração, o beneficiário de pensão cuja preservação seja motivada por invalidez, por incapacidade ou por deficiência poderá ser convocado a qualquer momento para avaliação das referidas condições. (Incluído pela Lei nº 13.135, de 2015)

§ 2º Serão aplicados, conforme o caso, a regra contida no inciso III ou os prazos previstos na alínea "b" do inciso VII, ambos do caput, se o óbito do servidor decorrer de acidente de qualquer natureza ou de doença profissional ou do trabalho, independentemente do recolhimento de 18 (dezoito) contribuições mensais ou da comprovação de 2 (dois) anos de casamento ou de união estável. (Incluído pela Lei nº 13.135, de 2015)

§ 3º Após o transcurso de pelo menos 3 (três) anos e desde que nesse período se verifique o incremento mínimo de um ano inteiro na média nacional única, para ambos os sexos, correspondente à expectativa de sobrevida da população brasileira ao nascer, poderão ser fixadas, em números inteiros, novas idades para os fins previstos na alínea "b" do inciso VII do caput, em ato do Ministro de Estado do Planejamento, Orçamento e Gestão, limitado o acréscimo na comparação com as idades anteriores ao referido incremento. (Incluído pela Lei nº 13.135, de 2015)

§ 4º O tempo de contribuição a Regime Próprio de Previdência Social (RPPS) ou ao Regime Geral de Previdência Social (RGPS) será considerado na contagem das 18 (dezoito) contribuições mensais referidas nas alíneas "a" e "b" do inciso VII do caput. (Incluído pela Lei nº 13.135, de 2015)

§ 5º Na hipótese de o servidor falecido estar, na data de seu falecimento, obrigado por determinação judicial a pagar alimentos temporários a ex-cônjuge, ex-companheiro ou ex-companheira, a pensão por morte será devida pelo prazo remanescente na data do óbito, caso não incida outra hipótese de cancelamento anterior do benefício. (Redação dada pela Lei nº 13.846, de 2019)

§ 6º O beneficiário que não atender à convocação de que trata o § 1º deste artigo terá o benefício suspenso, observado o disposto nos incisos I e II do caput do art. 95 da Lei nº 13.146, de 6 de julho de 2015. (Redação dada pela Lei nº 13.846, de 2019)

§ 7º O exercício de atividade remunerada, inclusive na condição de microempreendedor individual, não impede a concessão ou manutenção da cota da pensão de dependente com deficiência intelectual ou mental ou com deficiência grave. (Incluído pela Lei nº 13.846, de 2019)

§ 8º No ato de requerimento de benefícios previdenciários, não será exigida apresentação de termo de curatela de titular ou de beneficiário com deficiência, observados os procedimentos a serem estabelecidos em regulamento. (Incluído pela Lei nº 13.846, de 2019)

Art. 223. Por morte ou perda da qualidade de beneficiário, a respectiva cota reverterá para os cobeneficiários. (Redação dada pela Lei nº 13.135, de 2015)

I - (Revogado); (Redação dada pela Lei nº 13.135, de 2015)

II - (Revogado). (Redação dada pela Lei nº 13.135, de 2015)

Art. 224. As pensões serão automaticamente atualizadas na mesma data e na mesma proporção dos reajustes dos vencimentos dos servidores, aplicando-se o disposto no parágrafo único do art. 189.

Art. 225. Ressalvado o direito de opção, é vedada a percepção cumulativa de pensão deixada por mais de um cônjuge ou companheiro ou companheira e de mais de 2 (duas) pensões. (Redação dada pela Lei nº 13.135, de 2015)

SEÇÃO VIII - DO AUXÍLIO-FUNERAL

Art. 226. O auxílio-funeral é devido à família do servidor falecido na atividade ou aposentado, em valor equivalente a um mês da remuneração ou provento.

§ 1º No caso de acumulação legal de cargos, o auxílio será pago somente em razão do cargo de maior remuneração.

§ 2º (VETADO).

§ 3º O auxílio será pago no prazo de 48 (quarenta e oito) horas, por meio de procedimento sumaríssimo, à pessoa da família que houver custeado o funeral.

Art. 227. Se o funeral for custeado por terceiro, este será indenizado, observado o disposto no artigo anterior.

Art. 228. Em caso de falecimento de servidor em serviço fora do local de trabalho, inclusive no exterior, as despesas de transporte do corpo correrão à conta de recursos da União, autarquia ou fundação pública.

SEÇÃO IX - DO AUXÍLIO-RECLUSÃO

Art. 229. À família do servidor ativo é devido o auxílio-reclusão, nos seguintes valores:

I - dois terços da remuneração, quando afastado por motivo de prisão, em flagrante ou preventiva, determinada pela autoridade competente, enquanto perdurar a prisão;

II - metade da remuneração, durante o afastamento, em virtude de condenação, por sentença definitiva, a pena que não determine a perda de cargo.

§ 1º Nos casos previstos no inciso I deste artigo, o servidor terá direito à integralização da remuneração, desde que absolvido.

§ 2º O pagamento do auxílio-reclusão cessará a partir do dia imediato àquele em que o servidor for posto em liberdade, ainda que condicional.

§ 3º Ressalvado o disposto neste artigo, o auxílio-reclusão será devido, nas mesmas condições da pensão por morte, aos dependentes do segurado recolhido à prisão. (Incluído pela Lei nº 13.135, de 2015)

CAPÍTULO III - DA ASSISTÊNCIA À SAÚDE

Art. 230. A assistência à saúde do servidor, ativo ou inativo, e de sua família compreende assistência médica, hospitalar, odontológica, psicológica e farmacêutica, terá como diretriz básica o implemento de ações preventivas voltadas para a promoção da saúde e será prestada pelo Sistema Único de Saúde - SUS, diretamente pelo órgão ou entidade ao qual estiver vinculado o servidor, ou mediante convênio ou contrato, ou ainda na forma de auxílio, mediante ressarcimento parcial do valor despendido pelo servidor, ativo ou inativo, e seus dependentes ou pensionistas com planos ou seguros privados de assistência à saúde, na forma estabelecida em regulamento. (Redação dada pela Lei nº 11.302 de 2006)

§ 1º Nas hipóteses previstas nesta Lei em que seja exigida perícia, avaliação ou inspeção médica, na ausência de médico ou junta médica oficial, para a sua realização o órgão ou entidade celebrará, preferencialmente, convênio com unidades de atendimento do sistema público de saúde, entidades sem fins lucrativos declaradas de utilidade pública, ou com o Instituto Nacional do Seguro Social - INSS. (Incluído pela Lei nº 9.527, de 10.12.97)

§ 2º Na impossibilidade, devidamente justificada, da aplicação do disposto no parágrafo anterior, o órgão ou entidade promoverá a contratação da prestação de serviços por pessoa jurídica, que constituirá junta médica especificamente para esses fins, indicando os nomes e especialidades dos seus integrantes, com a comprovação de suas habilitações e de que não estejam respondendo a processo disciplinar junto à entidade fiscalizadora da profissão. (Incluído pela Lei nº 9.527, de 10.12.97)

§ 3º Para os fins do disposto no caput deste artigo, ficam a União e suas entidades autárquicas e fundacionais autorizadas a: (Incluído pela Lei nº 11.302 de 2006)

I - celebrar convênios exclusivamente para a prestação de serviços de assistência à saúde para os seus servidores ou empregados ativos, aposentados, pensionistas, bem como para seus respectivos grupos familiares definidos, com entidades de autogestão por elas patrocinadas por meio de instrumentos jurídicos efetivamente celebrados e publicados até 12 de fevereiro de 2006 e que possuam autorização de funcionamento do órgão regulador, sendo certo que os convênios celebrados depois dessa data somente poderão sê-lo na forma da regulamentação específica sobre patrocínio de autogestões, a ser publicada pelo mesmo órgão regulador, no prazo de 180 (cento e oitenta) dias da vigência desta Lei, normas essas também aplicáveis aos convênios existentes até 12 de fevereiro de 2006; (Incluído pela Lei nº 11.302 de 2006)

II - contratar, mediante licitação, na forma da Lei no 8.666, de 21 de junho de 1993, operadoras de planos e seguros privados de assistência à saúde que possuam autorização de funcionamento do órgão regulador; (Incluído pela Lei nº 11.302 de 2006)

III - (VETADO) (Incluído pela Lei nº 11.302 de 2006)

§ 4º (VETADO) (Incluído pela Lei nº 11.302 de 2006)

§ 5º O valor do ressarcimento fica limitado ao total despendido pelo servidor ou pensionista civil com plano ou seguro privado de assistência à saúde. (Incluído pela Lei nº 11.302 de 2006)

CAPÍTULO IV - DO CUSTEIO

Art. 231. (Revogado pela Lei nº 9.783, de 28.01.99)

TÍTULO VII

CAPÍTULO ÚNICO - DA CONTRATAÇÃO TEMPORÁRIA DE EXCEPCIONAL INTERESSE PÚBLICO

Art. 232. (Revogado pela Lei nº 8.745, de 9.12.93)

Art. 233. (Revogado pela Lei nº 8.745, de 9.12.93)

Art. 234. (Revogado pela Lei nº 8.745, de 9.12.93)

Art. 235. (Revogado pela Lei nº 8.745, de 9.12.93)

TÍTULO VIII - CAPÍTULO ÚNICO

DAS DISPOSIÇÕES GERAIS

Art. 236. O Dia do Servidor Público será comemorado a vinte e oito de outubro.

Art. 237. Poderão ser instituídos, no âmbito dos Poderes Executivo, Legislativo e Judiciário, os seguintes incentivos funcionais, além daqueles já previstos nos respectivos planos de carreira:

I - prêmios pela apresentação de idéias, inventos ou trabalhos que favoreçam o aumento de produtividade e a redução dos custos operacionais;

II - concessão de medalhas, diplomas de honra ao mérito, condecoração e elogio.

Art. 238. Os prazos previstos nesta Lei serão contados em dias corridos, excluindo-se o dia do começo e incluindo-se o do vencimento, ficando prorrogado, para o primeiro dia útil seguinte, o prazo vencido em dia em que não haja expediente.

Art. 239. Por motivo de crença religiosa ou de convicção filosófica ou política, o servidor não poderá ser privado de quaisquer dos seus direitos, sofrer discriminação em sua vida funcional, nem eximir-se do cumprimento de seus deveres.

Art. 240. Ao servidor público civil é assegurado, nos termos da Constituição Federal, o direito à livre associação sindical e os seguintes direitos, entre outros, dela decorrentes:

a) de ser representado pelo sindicato, inclusive como substituto processual;
b) de inamovibilidade do dirigente sindical, até um ano após o final do mandato, exceto se a pedido;
c) de descontar em folha, sem ônus para a entidade sindical a que for filiado, o valor das mensalidades e contribuições definidas em assembléia geral da categoria.
d) (Revogado pela Lei nº 9.527, de 10.12.97)
e) (Revogado pela Lei nº 9.527, de 10.12.97)

Art. 241. Consideram-se da família do servidor, além do cônjuge e filhos, quaisquer pessoas que vivam às suas expensas e constem do seu assentamento individual.

Parágrafo único. Equipara-se ao cônjuge a companheira ou companheiro, que comprove união estável como entidade familiar.

Art. 242. Para os fins desta Lei, considera-se sede o município onde a repartição estiver instalada e onde o servidor tiver exercício, em caráter permanente.

TÍTULO IX - CAPÍTULO ÚNICO
DAS DISPOSIÇÕES TRANSITÓRIAS E FINAIS

Art. 243. Ficam submetidos ao regime jurídico instituído por esta Lei, na qualidade de servidores públicos, os servidores dos Poderes da União, dos ex-Territórios, das autarquias, inclusive as em regime especial, e das fundações públicas, regidos pela Lei nº 1.711, de 28 de outubro de 1952 - Estatuto dos Funcionários Públicos Civis da União, ou pela Consolidação das Leis do Trabalho, aprovada pelo Decreto-Lei nº 5.452, de 1º de maio de 1943, exceto os contratados por prazo determinado, cujos contratos não poderão ser prorrogados após o vencimento do prazo de prorrogação.

§ 1º Os empregos ocupados pelos servidores incluídos no regime instituído por esta Lei ficam transformados em cargos, na data de sua publicação.

§ 2º As funções de confiança exercidas por pessoas não integrantes de tabela permanente do órgão ou entidade onde têm exercício ficam transformadas em cargos em comissão, e mantidas enquanto não for implantado o plano de cargos dos órgãos ou entidades na forma da lei.

§ 3º As Funções de Assessoramento Superior - FAS, exercidas por servidor integrante de quadro ou tabela de pessoal, ficam extintas na data da vigência desta Lei.

§ 4º (VETADO).

§ 5º O regime jurídico desta Lei é extensivo aos serventuários da Justiça, remunerados com recursos da União, no que couber.

§ 6º Os empregos dos servidores estrangeiros com estabilidade no serviço público, enquanto não adquirirem a nacionalidade brasileira, passarão a integrar tabela em extinção, do respectivo órgão ou entidade, sem prejuízo dos direitos inerentes aos planos de carreira aos quais se encontrem vinculados os empregos.

§ 7º Os servidores públicos de que trata o caput deste artigo, não amparados pelo art. 19 do Ato das Disposições Constitucionais Transitórias, poderão, no interesse da Administração e conforme critérios estabelecidos em regulamento, ser exonerados mediante indenização de um mês de remuneração por ano de efetivo exercício no serviço público federal. (Incluído pela Lei nº 9.527, de 10.12.97)

§ 8º Para fins de incidência do imposto de renda na fonte e na declaração de rendimentos, serão considerados como indenizações isentas os pagamentos efetuados a título de indenização prevista no parágrafo anterior. (Incluído pela Lei nº 9.527, de 10.12.97)

§ 9º Os cargos vagos em decorrência da aplicação do disposto no § 7º poderão ser extintos pelo Poder Executivo quando considerados desnecessários. (Incluído pela Lei nº 9.527, de 10.12.97)

Art. 244. Os adicionais por tempo de serviço, já concedidos aos servidores abrangidos por esta Lei, ficam transformados em anuênio.

Art. 245. A licença especial disciplinada pelo art. 116 da Lei nº 1.711, de 1952, ou por outro diploma legal, fica transformada em licença-prêmio por assiduidade, na forma prevista nos arts. 87 a 90.

Art. 246. (VETADO).

Art. 247. Para efeito do disposto no Título VI desta Lei, haverá ajuste de contas com a Previdência Social, correspondente ao período de contribuição por parte dos servidores celetistas abrangidos pelo art. 243. (Redação dada pela Lei nº 8.162, de 8.1.91)

Art. 248. As pensões estatutárias, concedidas até a vigência desta Lei, passam a ser mantidas pelo órgão ou entidade de origem do servidor.

Art. 249. Até a edição da lei prevista no § 1º do art. 231, os servidores abrangidos por esta Lei contribuirão na forma e nos percentuais atualmente estabelecidos para o servidor civil da União conforme regulamento próprio.

Art. 250. O servidor que já tiver satisfeito ou vier a satisfazer, dentro de 1 (um) ano, as condições necessárias para a aposentadoria nos termos do inciso II do art. 184 do antigo Estatuto dos Funcionários Públicos Civis da União, Lei nº 1.711, de 28 de outubro de 1952, aposentar-se-á com a vantagem prevista naquele dispositivo. (Mantido pelo Congresso Nacional)

Art. 251. (Revogado pela Lei nº 9.527, de 10.12.97)

Art. 252. Esta Lei entra em vigor na data de sua publicação, com efeitos financeiros a partir do primeiro dia do mês subseqüente.

Art. 253. Ficam revogadas a Lei nº 1.711, de 28 de outubro de 1952, e respectiva legislação complementar, bem como as demais disposições em contrário.

2. LEI Nº 8.112, DE 11 DE DEZEMBRO DE 1990

Partes vetadas pelo Presidente da República e mantidas pelo Congresso Nacional, do Projeto que se transformou na Lei n.º 8.112, de 11 de dezembro de 1990, que "dispõe sobre o Regime Jurídico dos Servidores Públicos Civis da União, das autarquias e das fundações públicas federais".

O PRESIDENTE DO SENADO FEDERAL:

Faço saber que o CONGRESSO NACIONAL manteve, e eu, MAURO BENEVIDES, Presidente do Senado Federal, nos termos do § 7º do art. 66 da Constituição, promulgo as seguintes partes da Lei nº 8.112, de 11 de dezembro de 1990:

"Art. 87 ..
....................................

§ 1º ...
............................

§ 2º Os períodos de licença-prêmio já adquiridos e não gozados pelo servidor que vier a falecer serão convertidos em pecúnia, em favor de seus beneficiários da pensão.

Art. 192. O servidor que contar tempo de serviço para aposentadoria com provento integral será aposentado:

I - com a remuneração do padrão de classe imediatamente superior àquela em que se encontra posicionado;

II - quando ocupante da última classe da carreira, com a remuneração do padrão correspondente, acrescida da diferença entre esse e o padrão da classe imediatamente anterior.

Art. 193. O servidor que tiver exercido função de direção, chefia, assessoramento, assistência ou cargo em comissão, por período de 5 (cinco) anos consecutivos, ou 10 (dez) anos interpolados, poderá aposentar-se com a gratificação da função ou remuneração do cargo em comissão, de maior valor, desde que exercido por um período mínimo de 2 (dois) anos.

§ 1º Quando o exercício da função ou cargo em comissão de maior valor não corresponder ao período de 2 (dois) anos, será incorporada a gratificação ou remuneração da função ou cargo em comissão imediatamente inferior dentre os exercidos.

§ 2º A aplicação do disposto neste artigo exclui as vantagens previstas no art. 192, bem como a incorporação de que trata o art. 62, ressalvado o direito de opção.

Art. 231. ...
................................
§ 1º ...
.......................

§ 2º O custeio da aposentadoria é de responsabilidade integral do Tesouro Nacional.

Art. 240. ...
................................
 a) ...

 b) ...

 c) ...

 d) de negociação coletiva;
 e) de ajuizamento, individual e coletivamente, frente à Justiça do Trabalho, nos termos da Constituição Federal.

Art. 250. O servidor que já tiver satisfeito ou vier a satisfazer, dentro de 1 (um) ano, as condições necessárias para a aposentadoria nos termos do inciso II do art. 184 do antigo Estatuto dos Funcionários Públicos Civis da União, Lei nº 1.711, de 28 de outubro de 1952, aposentar-se-á com a vantagem prevista naquele dispositivo."

3. LEI Nº 8.429, DE 2 DE JUNHO DE 1992

(Vide Lei nº 13.964, de 2019)

Dispõe sobre as sanções aplicáveis aos agentes públicos nos casos de enriquecimento ilícito no exercício de mandato, cargo, emprego ou função na administração pública direta, indireta ou fundacional e dá outras providências. O PRESIDENTE DA REPÚBLICA, Faço saber que o Congresso Nacional decreta e eu sanciono a seguinte lei:

CAPÍTULO I - DAS DISPOSIÇÕES GERAIS

Art. 1º Os atos de improbidade praticados por qualquer agente público, servidor ou não, contra a administração direta, indireta ou fundacional de qualquer dos Poderes da União, dos Estados, do Distrito Federal, dos Municípios, de Território, de empresa incorporada ao patrimônio público ou de entidade para cuja criação ou custeio o erário haja concorrido ou concorra com mais de cinquenta por cento do patrimônio ou da receita anual, serão punidos na forma desta lei.

Parágrafo único. Estão também sujeitos às penalidades desta lei os atos de improbidade praticados contra o patrimônio de entidade que receba subvenção, benefício ou incentivo, fiscal ou creditício, de órgão público bem como daquelas para cuja criação ou custeio o erário haja concorrido ou concorra com menos de cinquenta por cento do patrimônio ou da receita anual, limitando-se, nestes casos, a sanção patrimonial à repercussão do ilícito sobre a contribuição dos cofres públicos.

Art. 2º Reputa-se agente público, para os efeitos desta lei, todo aquele que exerce, ainda que transitoriamente ou sem remuneração, por eleição, nomeação, designação, contratação ou qualquer outra forma de investidura ou vínculo, mandato, cargo, emprego ou função nas entidades mencionadas no artigo anterior.

Art. 3º As disposições desta lei são aplicáveis, no que couber, àquele que, mesmo não sendo agente público, induza ou concorra para a prática do ato de improbidade ou dele se beneficie sob qualquer forma direta ou indireta.

Art. 4º Os agentes públicos de qualquer nível ou hierarquia são obrigados a velar pela estrita observância dos princípios de legalidade, impessoalidade, moralidade e publicidade no trato dos assuntos que lhe são afetos.

Art. 5º Ocorrendo lesão ao patrimônio público por ação ou omissão, dolosa ou culposa, do agente ou de terceiro, dar-se-á o integral ressarcimento do dano.

Art. 6º No caso de enriquecimento ilícito, perderá o agente público ou terceiro beneficiário os bens ou valores acrescidos ao seu patrimônio.

Art. 7º Quando o ato de improbidade causar lesão ao patrimônio público ou ensejar enriquecimento ilícito, caberá a autoridade administrativa responsável pelo inquérito representar ao Ministério Público, para a indisponibilidade dos bens do indiciado.

Parágrafo único. A indisponibilidade a que se refere o caput deste artigo recairá sobre bens que assegurem o integral ressarcimento do dano, ou sobre o acréscimo patrimonial resultante do enriquecimento ilícito.

Art. 8º O sucessor daquele que causar lesão ao patrimônio público ou se enriquecer ilicitamente está sujeito às cominações desta lei até o limite do valor da herança.

CAPÍTULO II - DOS ATOS DE IMPROBIDADE ADMINISTRATIVA

SEÇÃO I - DOS ATOS DE IMPROBIDADE ADMINISTRATIVA QUE IMPORTAM ENRIQUECIMENTO ILÍCITO

Art. 9º Constitui ato de improbidade administrativa importando enriquecimento ilícito auferir qualquer tipo de vantagem patrimonial indevida em razão do exercício de cargo, mandato, função, emprego ou atividade nas entidades mencionadas no art. 1º desta lei, e notadamente:

I - receber, para si ou para outrem, dinheiro, bem móvel ou imóvel, ou qualquer outra vantagem econômica, direta ou indireta, a título de comissão, percentagem, gratificação ou presente de quem tenha interesse, direto ou indireto, que possa ser atingido ou amparado por ação ou omissão decorrente das atribuições do agente público;

II - perceber vantagem econômica, direta ou indireta, para facilitar a aquisição, permuta ou locação de bem móvel ou imóvel, ou a contratação de serviços pelas entidades referidas no art. 1º por preço superior ao valor de mercado;

III - perceber vantagem econômica, direta ou indireta, para facilitar a alienação, permuta ou locação de bem público ou o fornecimento de serviço por ente estatal por preço inferior ao valor de mercado;

IV - utilizar, em obra ou serviço particular, veículos, máquinas, equipamentos ou material de qualquer natureza, de propriedade ou à disposição de qualquer das entidades mencionadas no art. 1º desta lei, bem como o trabalho de servidores públicos, empregados ou terceiros contratados por essas entidades;

V - receber vantagem econômica de qualquer natureza, direta ou indireta, para tolerar a exploração ou a prática de jogos de azar, de lenocínio, de narcotráfico, de contra-

bando, de usura ou de qualquer outra atividade ilícita, ou aceitar promessa de tal vantagem;

VI - receber vantagem econômica de qualquer natureza, direta ou indireta, para fazer declaração falsa sobre medição ou avaliação em obras públicas ou qualquer outro serviço, ou sobre quantidade, peso, medida, qualidade ou característica de mercadorias ou bens fornecidos a qualquer das entidades mencionadas no art. 1º desta lei;

VII - adquirir, para si ou para outrem, no exercício de mandato, cargo, emprego ou função pública, bens de qualquer natureza cujo valor seja desproporcional à evolução do patrimônio ou à renda do agente público;

VIII - aceitar emprego, comissão ou exercer atividade de consultoria ou assessoramento para pessoa física ou jurídica que tenha interesse suscetível de ser atingido ou amparado por ação ou omissão decorrente das atribuições do agente público, durante a atividade;

IX - perceber vantagem econômica para intermediar a liberação ou aplicação de verba pública de qualquer natureza;

X - receber vantagem econômica de qualquer natureza, direta ou indiretamente, para omitir ato de ofício, providência ou declaração a que esteja obrigado;

XI - incorporar, por qualquer forma, ao seu patrimônio bens, rendas, verbas ou valores integrantes do acervo patrimonial das entidades mencionadas no art. 1º desta lei;

XII - usar, em proveito próprio, bens, rendas, verbas ou valores integrantes do acervo patrimonial das entidades mencionadas no art. 1º desta lei.

SEÇÃO II - DOS ATOS DE IMPROBIDADE ADMINISTRATIVA QUE CAUSAM PREJUÍZO AO ERÁRIO

Art. 10. Constitui ato de improbidade administrativa que causa lesão ao erário qualquer ação ou omissão, dolosa ou culposa, que enseje perda patrimonial, desvio, apropriação, malbaratamento ou dilapidação dos bens ou haveres das entidades referidas no art. 1º desta lei, e notadamente:

I - facilitar ou concorrer por qualquer forma para a incorporação ao patrimônio particular, de pessoa física ou jurídica, de bens, rendas, verbas ou valores integrantes do acervo patrimonial das entidades mencionadas no art. 1º desta lei;

II - permitir ou concorrer para que pessoa física ou jurídica privada utilize bens, rendas, verbas ou valores integrantes do acervo patrimonial das entidades mencionadas no art. 1º desta lei, sem a observância das formalidades legais ou regulamentares aplicáveis à espécie;

III - doar à pessoa física ou jurídica bem como ao ente despersonalizado, ainda que de fins educativos ou assistências, bens, rendas, verbas ou valores do patrimônio de qualquer das entidades mencionadas no art. 1º desta lei, sem observância das formalidades legais e regulamentares aplicáveis à espécie;

IV - permitir ou facilitar a alienação, permuta ou locação de bem integrante do patrimônio de qualquer das entidades referidas no art. 1º desta lei, ou ainda a prestação de serviço por parte delas, por preço inferior ao de mercado;

V - permitir ou facilitar a aquisição, permuta ou locação de bem ou serviço por preço superior ao de mercado;

VI - realizar operação financeira sem observância das normas legais e regulamentares ou aceitar garantia insuficiente ou inidônea;

VII - conceder benefício administrativo ou fiscal sem a observância das formalidades legais ou regulamentares aplicáveis à espécie;

VIII - frustrar a licitude de processo licitatório ou de processo seletivo para celebração de parcerias com entidades sem fins lucrativos, ou dispensá-los indevidamente; (Redação dada pela Lei nº 13.019, de 2014)

IX - ordenar ou permitir a realização de despesas não autorizadas em lei ou regulamento;

X - agir negligentemente na arrecadação de tributo ou renda, bem como no que diz respeito à conservação do patrimônio público;

XI - liberar verba pública sem a estrita observância das normas pertinentes ou influir de qualquer forma para a sua aplicação irregular;

XII - permitir, facilitar ou concorrer para que terceiro se enriqueça ilicitamente;

XIII - permitir que se utilize, em obra ou serviço particular, veículos, máquinas, equipamentos ou material de qualquer natureza, de propriedade ou à disposição de qualquer das entidades mencionadas no art. 1º desta lei, bem como o trabalho de servidor público, empregados ou terceiros contratados por essas entidades.

XIV - celebrar contrato ou outro instrumento que tenha por objeto a prestação de serviços públicos por meio da gestão associada sem observar as formalidades previstas na lei; (Incluído pela Lei nº 11.107, de 2005)

XV - celebrar contrato de rateio de consórcio público sem suficiente e prévia dotação orçamentária, ou sem observar as formalidades previstas na lei. (Incluído pela Lei nº 11.107, de 2005)

XVI - facilitar ou concorrer, por qualquer forma, para a incorporação, ao patrimônio particular de pessoa física ou jurídica, de bens, rendas, verbas ou valores públicos transferidos pela administração pública a entidades privadas mediante celebração de parcerias, sem a observância das formalidades legais ou regulamentares aplicáveis à espécie; (Incluído pela Lei nº 13.019, de 2014)

XVII - permitir ou concorrer para que pessoa física ou jurídica privada utilize bens, rendas, verbas ou valores públicos transferidos pela administração pública a entidade privada mediante celebração de parcerias, sem a observância das formalidades legais ou regulamentares aplicáveis à espécie; (Incluído pela Lei nº 13.019, de 2014)

XVIII - celebrar parcerias da administração pública com entidades privadas sem a observância das formalidades legais ou regulamentares aplicáveis à espécie; (Incluído pela Lei nº 13.019, de 2014)

XIX - agir negligentemente na celebração, fiscalização e análise das prestações de contas de parcerias firmadas pela administração pública com entidades privadas; (Incluído pela Lei nº 13.019, de 2014, com a redação dada pela Lei nº 13.204, de 2015)

XX - liberar recursos de parcerias firmadas pela administração pública com entidades privadas sem a estrita observância das normas pertinentes ou influir de qualquer forma para a sua aplicação irregular. (Incluído pela Lei nº 13.019, de 2014, com a redação dada pela Lei nº 13.204, de 2015)

XXI - liberar recursos de parcerias firmadas pela administração pública com entidades privadas sem a estrita observância das normas pertinentes ou influir de qualquer forma para a sua aplicação irregular. (Incluído pela Lei nº 13.019, de 2014)

SEÇÃO II-A - (INCLUÍDO PELA LEI COMPLEMENTAR Nº 157, DE 2016) (PRODUÇÃO DE EFEITO) - DOS ATOS DE IMPROBIDADE ADMINISTRATIVA DECORRENTES DE CONCESSÃO OU APLICAÇÃO INDEVIDA DE BENEFÍCIO FINANCEIRO OU TRIBUTÁRIO

Art. 10-A. Constitui ato de improbidade administrativa qualquer ação ou omissão para conceder, aplicar ou manter benefício financeiro ou tributário contrário ao que dispõem o caput e o § 1º do art. 8º-A da Lei Complementar nº 116, de 31 de julho de 2003. (Incluído pela Lei Complementar nº 157, de 2016) (Produção de efeito)

SEÇÃO III - DOS ATOS DE IMPROBIDADE ADMINISTRATIVA QUE ATENTAM CONTRA OS PRINCÍPIOS DA ADMINISTRAÇÃO PÚBLICA

Art. 11. Constitui ato de improbidade administrativa que atenta contra os princípios da administração pública qualquer ação ou

omissão que viole os deveres de honestidade, imparcialidade, legalidade, e lealdade às instituições, e notadamente:

I - praticar ato visando fim proibido em lei ou regulamento ou diverso daquele previsto, na regra de competência;

II - retardar ou deixar de praticar, indevidamente, ato de ofício;

III - revelar fato ou circunstância de que tem ciência em razão das atribuições e que deva permanecer em segredo;

IV - negar publicidade aos atos oficiais;

V - frustrar a licitude de concurso público;

VI - deixar de prestar contas quando esteja obrigado a fazê-lo;

VII - revelar ou permitir que chegue ao conhecimento de terceiro, antes da respectiva divulgação oficial, teor de medida política ou econômica capaz de afetar o preço de mercadoria, bem ou serviço.

VIII - descumprir as normas relativas à celebração, fiscalização e aprovação de contas de parcerias firmadas pela administração pública com entidades privadas. (Vide Medida Provisória nº 2.088-35, de 2000) (Redação dada pela Lei nº 13.019, de 2014)

IX - deixar de cumprir a exigência de requisitos de acessibilidade previstos na legislação. (Incluído pela Lei nº 13.146, de 2015)

X - transferir recurso a entidade privada, em razão da prestação de serviços na área de saúde sem a prévia celebração de contrato, convênio ou instrumento congênere, nos termos do parágrafo único do art. 24 da Lei nº 8.080, de 19 de setembro de 1990. (Incluído pela Lei nº 13.650, de 2018)

CAPÍTULO III - DAS PENAS

Art. 12. Independentemente das sanções penais, civis e administrativas previstas na legislação específica, está o responsável pelo ato de improbidade sujeito às seguintes cominações, que podem ser aplicadas isolada ou cumulativamente, de acordo com a gravidade do fato: (Redação dada pela Lei nº 12.120, de 2009).

I - na hipótese do art. 9º, perda dos bens ou valores acrescidos ilicitamente ao patrimônio, ressarcimento integral do dano, quando houver, perda da função pública, suspensão dos direitos políticos de oito a dez anos, pagamento de multa civil de até três vezes o valor do acréscimo patrimonial e proibição de contratar com o Poder Público ou receber benefícios ou incentivos fiscais ou creditícios, direta ou indiretamente, ainda que por intermédio de pessoa jurídica da qual seja sócio majoritário, pelo prazo de dez anos;

II - na hipótese do art. 10, ressarcimento integral do dano, perda dos bens ou valores acrescidos ilicitamente ao patrimônio, se concorrer esta circunstância, perda da função pública, suspensão dos direitos políticos de cinco a oito anos, pagamento de multa civil de até duas vezes o valor do dano e proibição de contratar com o Poder Público ou receber benefícios ou incentivos fiscais ou creditícios, direta ou indiretamente, ainda que por intermédio de pessoa jurídica da qual seja sócio majoritário, pelo prazo de cinco anos;

III - na hipótese do art. 11, ressarcimento integral do dano, se houver, perda da função pública, suspensão dos direitos políticos de três a cinco anos, pagamento de multa civil de até cem vezes o valor da remuneração percebida pelo agente e proibição de contratar com o Poder Público ou receber benefícios ou incentivos fiscais ou creditícios, direta ou indiretamente, ainda que por intermédio de pessoa jurídica da qual seja sócio majoritário, pelo prazo de três anos.

IV - na hipótese prevista no art. 10-A, perda da função pública, suspensão dos direitos políticos de 5 (cinco) a 8 (oito) anos e multa civil de até 3 (três) vezes o valor do benefício financeiro ou tributário concedido. (Incluído pela Lei Complementar nº 157, de 2016)

Parágrafo único. Na fixação das penas previstas nesta lei o juiz levará em conta a extensão do dano causado, assim como o proveito patrimonial obtido pelo agente.

CAPÍTULO IV - DA DECLARAÇÃO DE BENS

Art. 13. A posse e o exercício de agente público ficam condicionados à apresentação de declaração dos bens e valores que compõem o seu patrimônio privado, a fim de ser arquivada no serviço de pessoal competente. (Regulamento) (Regulamento)

§ 1º A declaração compreenderá imóveis, móveis, semoventes, dinheiro, títulos, ações, e qualquer outra espécie de bens e valores patrimoniais, localizado no País ou no exterior, e, quando for o caso, abrangerá os bens e valores patrimoniais do cônjuge ou companheiro, dos filhos e de outras pessoas que vivam sob a dependência econômica do declarante, excluídos apenas os objetos e utensílios de uso doméstico.

§ 2º A declaração de bens será anualmente atualizada e na data em que o agente público deixar o exercício do mandato, cargo, emprego ou função.

§ 3º Será punido com a pena de demissão, a bem do serviço público, sem prejuízo de outras sanções cabíveis, o agente público que se recusar a prestar declaração dos bens, dentro do prazo determinado, ou que a prestar falsa.

§ 4º O declarante, a seu critério, poderá entregar cópia da declaração anual de bens apresentada à Delegacia da Receita Federal na conformidade da legislação do Imposto sobre a Renda e proventos de qualquer natureza, com as necessárias atualizações, para suprir a exigência contida no caput e no § 2º deste artigo.

CAPÍTULO V - DO PROCEDIMENTO ADMINISTRATIVO E DO PROCESSO JUDICIAL

Art. 14. Qualquer pessoa poderá representar à autoridade administrativa competente para que seja instaurada investigação destinada a apurar a prática de ato de improbidade.

§ 1º A representação, que será escrita ou reduzida a termo e assinada, conterá a qualificação do representante, as informações sobre o fato e sua autoria e a indicação das provas de que tenha conhecimento.

§ 2º A autoridade administrativa rejeitará a representação, em despacho fundamentado, se esta não contiver as formalidades estabelecidas no § 1º deste artigo. A rejeição não impede a representação ao Ministério Público, nos termos do art. 22 desta lei.

§ 3º Atendidos os requisitos da representação, a autoridade determinará a imediata apuração dos fatos que, em se tratando de servidores federais, será processada na forma prevista nos arts. 148 a 182 da Lei nº 8.112, de 11 de dezembro de 1990 e, em se tratando de servidor militar, de acordo com os respectivos regulamentos disciplinares.

Art. 15. A comissão processante dará conhecimento ao Ministério Público e ao Tribunal ou Conselho de Contas da existência de procedimento administrativo para apurar a prática de ato de improbidade.

Parágrafo único. O Ministério Público ou Tribunal ou Conselho de Contas poderá, a requerimento, designar representante para acompanhar o procedimento administrativo.

Art. 16. Havendo fundados indícios de responsabilidade, a comissão representará ao Ministério Público ou à procuradoria do órgão para que requeira ao juízo competente a decretação do seqüestro dos bens do agente ou terceiro que tenha enriquecido ilicitamente ou causado dano ao patrimônio público.

§ 1º O pedido de seqüestro será processado de acordo com o disposto nos arts. 822 e 825 do Código de Processo Civil.

§ 2º Quando for o caso, o pedido incluirá a investigação, o exame e o bloqueio de bens, contas bancárias e aplicações financeiras mantidas pelo indiciado no exterior, nos termos da lei e dos tratados internacionais.

Art. 17. A ação principal, que terá o rito ordinário, será proposta pelo Ministério Público ou pela pessoa jurídica interessada, dentro de trinta dias da efetivação da medida cautelar.

§ 1º As ações de que trata este artigo admitem a celebração de acordo de não persecução cível, nos termos desta Lei. (Redação dada pela Lei nº 13.964, de 2019)

§ 2º A Fazenda Pública, quando for o caso, promoverá as ações necessárias à complementação do ressarcimento do patrimônio público.

§ 3º No caso de a ação principal ter sido proposta pelo Ministério Público, aplica-se, no que couber, o disposto no § 3º do art. 6º da Lei no 4.717, de 29 de junho de 1965. (Redação dada pela Lei nº 9.366, de 1996)

§ 4º O Ministério Público, se não intervir no processo como parte, atuará obrigatoriamente, como fiscal da lei, sob pena de nulidade.

§ 5º A propositura da ação prevenirá a jurisdição do juízo para todas as ações posteriormente intentadas que possuam a mesma causa de pedir ou o mesmo objeto. (Incluído pela Medida provisória nº 1.984-16, de 2000) (Incluído pela Medida provisória nº 2.180-35, de 2001)

§ 6º A ação será instruída com documentos ou justificação que contenham indícios suficientes da existência do ato de improbidade ou com razões fundamentadas da impossibilidade de apresentação de qualquer dessas provas, observada a legislação vigente, inclusive as disposições inscritas nos arts. 16 a 18 do Código de Processo Civil. (Vide Medida Provisória nº 2.088-35, de 2000) (Incluído pela Medida Provisória nº 2.225-45, de 2001)

§ 7º Estando a inicial em devida forma, o juiz mandará autuá-la e ordenará a notificação do requerido, para oferecer manifestação por escrito, que poderá ser instruída com documentos e justificações, dentro do prazo de quinze dias. (Vide Medida Provisória nº 2.088-35, de 2000) (Incluído pela Medida Provisória nº 2.225-45, de 2001)

§ 8º Recebida a manifestação, o juiz, no prazo de trinta dias, em decisão fundamentada, rejeitará a ação, se convencido da inexistência do ato de improbidade, da improcedência da ação ou da inadequação da via eleita. (Vide Medida Provisória nº 2.088-35, de 2000) (Incluído pela Medida Provisória nº 2.225-45, de 2001)

§ 9º Recebida a petição inicial, será o réu citado para apresentar contestação. (Vide Medida Provisória nº 2.088-35, de 2000) (Incluído pela Medida Provisória nº 2.225-45, de 2001)

§ 10. Da decisão que receber a petição inicial, caberá agravo de instrumento. (Vide Medida Provisória nº 2.088-35, de 2000) (Incluído pela Medida Provisória nº 2.225-45, de 2001)

§ 10-A. Havendo a possibilidade de solução consensual, poderão as partes requerer ao juiz a interrupção do prazo para a contestação, por prazo não superior a 90 (noventa) dias. (Incluído pela Lei nº 13.964, de 2019)

§ 11. Em qualquer fase do processo, reconhecida a inadequação da ação de improbidade, o juiz extinguirá o processo sem julgamento do mérito. (Vide Medida Provisória nº 2.088-35, de 2000) (Incluído pela Medida Provisória nº 2.225-45, de 2001)

§ 12. Aplica-se aos depoimentos ou inquirições realizadas nos processos regidos por esta Lei o disposto no art. 221, caput e § 1º, do Código de Processo Penal. (Vide Medida Provisória nº 2.088-35, de 2000) (Incluído pela Medida Provisória nº 2.225-45, de 2001)

§ 13. Para os efeitos deste artigo, também se considera pessoa jurídica interessada o ente tributante que figurar no polo ativo da obrigação tributária de que tratam o § 4º do art. 3º e o art. 8º-A da Lei Complementar nº 116, de 31 de julho de 2003. (Incluído pela Lei Complementar nº 157, de 2016)

Art. 17-A. (VETADO): (Incluído pela Lei nº 13.964, de 2019)

I - (VETADO); (Incluído pela Lei nº 13.964, de 2019)

II - (VETADO); (Incluído pela Lei nº 13.964, de 2019)

III - (VETADO). (Incluído pela Lei nº 13.964, de 2019)

§ 1º (VETADO). (Incluído pela Lei nº 13.964, de 2019)

§ 2º (VETADO). (Incluído pela Lei nº 13.964, de 2019)

§ 3º (VETADO). (Incluído pela Lei nº 13.964, de 2019)

§ 4º (VETADO). (Incluído pela Lei nº 13.964, de 2019)

§ 5º (VETADO). (Incluído pela Lei nº 13.964, de 2019)

Art. 18. A sentença que julgar procedente ação civil de reparação de dano ou decretar a perda dos bens havidos ilicitamente determinará o pagamento ou a reversão dos bens, conforme o caso, em favor da pessoa jurídica prejudicada pelo ilícito.

CAPÍTULO VI - DAS DISPOSIÇÕES PENAIS

Art. 19. Constitui crime a representação por ato de improbidade contra agente público ou terceiro beneficiário, quando o autor da denúncia o sabe inocente.

Pena: detenção de seis a dez meses e multa.

Parágrafo único. Além da sanção penal, o denunciante está sujeito a indenizar o denunciado pelos danos materiais, morais ou à imagem que houver provocado.

Art. 20. A perda da função pública e a suspensão dos direitos políticos só se efetivam com o trânsito em julgado da sentença condenatória.

Parágrafo único. A autoridade judicial ou administrativa competente poderá determinar o afastamento do agente público do exercício do cargo, emprego ou função, sem prejuízo da remuneração, quando a medida se fizer necessária à instrução processual.

Art. 21. A aplicação das sanções previstas nesta lei independe:

I - da efetiva ocorrência de dano ao patrimônio público, salvo quanto à pena de ressarcimento; (Redação dada pela Lei nº 12.120, de 2009).

II - da aprovação ou rejeição das contas pelo órgão de controle interno ou pelo Tribunal ou Conselho de Contas.

Art. 22. Para apurar qualquer ilícito previsto nesta lei, o Ministério Público, de ofício, a requerimento de autoridade administrativa ou mediante representação formulada de acordo com o disposto no art. 14, poderá requisitar a instauração de inquérito policial ou procedimento administrativo.

CAPÍTULO VII - DA PRESCRIÇÃO

Art. 23. As ações destinadas a levar a efeitos as sanções previstas nesta lei podem ser propostas:

I - até cinco anos após o término do exercício de mandato, de cargo em comissão ou de função de confiança;

II - dentro do prazo prescricional previsto em lei específica para faltas disciplinares puníveis com demissão a bem do serviço público, nos casos de exercício de cargo efetivo ou emprego.

III - até cinco anos da data da apresentação à administração pública da prestação de contas final pelas entidades referidas no parágrafo único do art. 1º desta Lei. (Incluído pela Lei nº 13.019, de 2014)

CAPÍTULO VIII - DAS DISPOSIÇÕES FINAIS

Art. 24. Esta lei entra em vigor na data de sua publicação.

Art. 25. Ficam revogadas as Leis nºs 3.164, de 1º de junho de 1957, e 3.502, de 21 de dezembro de 1958 e demais disposições em contrário.

4. LEI Nº 8.666, DE 21 DE JUNHO DE 1993

Regulamenta o art. 37, inciso XXI, da Constituição Federal, institui normas para licitações e contratos da Administração Pública e dá outras providências.

O PRESIDENTE DA REPÚBLICA Faço saber que o Congresso Nacional decreta e eu sanciono a seguinte Lei:

CAPÍTULO I - DAS DISPOSIÇÕES GERAIS

SEÇÃO I - DOS PRINCÍPIOS

Art. 1º Esta Lei estabelece normas gerais sobre licitações e contratos administrativos pertinentes a obras, serviços,

inclusive de publicidade, compras, alienações e locações no âmbito dos Poderes da União, dos Estados, do Distrito Federal e dos Municípios.

Parágrafo único. Subordinam-se ao regime desta Lei, além dos órgãos da administração direta, os fundos especiais, as autarquias, as fundações públicas, as empresas públicas, as sociedades de economia mista e demais entidades controladas direta ou indiretamente pela União, Estados, Distrito Federal e Municípios.

Art. 2º As obras, serviços, inclusive de publicidade, compras, alienações, concessões, permissões e locações da Administração Pública, quando contratadas com terceiros, serão necessariamente precedidas de licitação, ressalvadas as hipóteses previstas nesta Lei.

Parágrafo único. Para os fins desta Lei, considera-se contrato todo e qualquer ajuste entre órgãos ou entidades da Administração Pública e particulares, em que haja um acordo de vontades para a formação de vínculo e a estipulação de obrigações recíprocas, seja qual for a denominação utilizada.

Art. 3º A licitação destina-se a garantir a observância do princípio constitucional da isonomia, a seleção da proposta mais vantajosa para a administração e a promoção do desenvolvimento nacional sustentável e será processada e julgada em estrita conformidade com os princípios básicos da legalidade, da impessoalidade, da moralidade, da igualdade, da publicidade, da probidade administrativa, da vinculação ao instrumento convocatório, do julgamento objetivo e dos que lhes são correlatos. (Redação dada pela Lei nº 12.349, de 2010) (Regulamento) (Regulamento) (Regulamento)

§ 1º É vedado aos agentes públicos:

I - admitir, prever, incluir ou tolerar, nos atos de convocação, cláusulas ou condições que comprometam, restrinjam ou frustrem o seu caráter competitivo, inclusive nos casos de sociedades cooperativas, e estabeleçam preferências ou distinções em razão da naturalidade, da sede ou domicílio dos licitantes ou de qualquer outra circunstância impertinente ou irrelevante para o específico objeto do contrato, ressalvado o disposto nos §§ 5º a 12 deste artigo e no art. 3º da Lei no 8.248, de 23 de outubro de 1991; (Redação dada pela Lei nº 12.349, de 2010)

II - estabelecer tratamento diferenciado de natureza comercial, legal, trabalhista, previdenciária ou qualquer outra, entre empresas brasileiras e estrangeiras, inclusive no que se refere a moeda, modalidade e local de pagamentos, mesmo quando envolvidos financiamentos de agências internacionais, ressalvado o disposto no parágrafo seguinte e no art. 3º da Lei no 8.248, de 23 de outubro de 1991.

§ 2º Em igualdade de condições, como critério de desempate, será assegurada preferência, sucessivamente, aos bens e serviços:

I - (Revogado pela Lei nº 12.349, de 2010)

II - produzidos no País;

III - produzidos ou prestados por empresas brasileiras.

IV - produzidos ou prestados por empresas que invistam em pesquisa e no desenvolvimento de tecnologia no País. (Incluído pela Lei nº 11.196, de 2005)

V - produzidos ou prestados por empresas que comprovem cumprimento de reserva de cargos prevista em lei para pessoa com deficiência ou para reabilitado da Previdência Social e que atendam às regras de acessibilidade previstas na legislação. (Incluído pela Lei nº 13.146, de 2015)

§ 3º A licitação não será sigilosa, sendo públicos e acessíveis ao público os atos de seu procedimento, salvo quanto ao conteúdo das propostas, até a respectiva abertura.

§ 4º (Vetado). (Incluído pela Lei nº 8.883, de 1994)

§ 5º Nos processos de licitação, poderá ser estabelecida margem de preferência para: (Redação dada pela Lei nº 13.146, de 2015)

I - produtos manufaturados e para serviços nacionais que atendam a normas técnicas brasileiras; e (Incluído pela Lei nº 13.146, de 2015)

II - bens e serviços produzidos ou prestados por empresas que comprovem cumprimento de reserva de cargos prevista em lei para pessoa com deficiência ou para reabilitado da Previdência Social e que atendam às regras de acessibilidade previstas na legislação. (Incluído pela Lei nº 13.146, de 2015)

§ 6º A margem de preferência de que trata o § 5º será estabelecida com base em estudos revistos periodicamente, em prazo não superior a 5 (cinco) anos, que levem em consideração: (Incluído pela Lei nº 12.349, de 2010) (Vide Decreto nº 7.546, de 2011) (Vide Decreto nº 7.709, de 2012) (Vide Decreto nº 7.713, de 2012) (Vide Decreto nº 7.756, de 2012)

I - geração de emprego e renda; (Incluído pela Lei nº 12.349, de 2010)

II - efeito na arrecadação de tributos federais, estaduais e municipais; (Incluído pela Lei nº 12.349, de 2010)

III - desenvolvimento e inovação tecnológica realizados no País; (Incluído pela Lei nº 12.349, de 2010)

IV - custo adicional dos produtos e serviços; e (Incluído pela Lei nº 12.349, de 2010)

V - em suas revisões, análise retrospectiva de resultados. (Incluído pela Lei nº 12.349, de 2010)

§ 7º Para os produtos manufaturados e serviços nacionais resultantes de desenvolvimento e inovação tecnológica realizados no País, poderá ser estabelecido margem de preferência adicional àquela prevista no § 5º. (Incluído pela Lei nº 12.349, de 2010) (Vide Decreto nº 7.546, de 2011)

§ 8º As margens de preferência por produto, serviço, grupo de produtos ou grupo de serviços, a que se referem os §§ 5º e 7º, serão definidas pelo Poder Executivo federal, não podendo a soma delas ultrapassar o montante de 25% (vinte e cinco por cento) sobre o preço dos produtos manufaturados e serviços estrangeiros. (Incluído pela Lei nº 12.349, de 2010) (Vide Decreto nº 7.546, de 2011)

§ 9º As disposições contidas nos §§ 5º e 7º deste artigo não se aplicam aos bens e aos serviços cuja capacidade de produção ou prestação no País seja inferior: (Incluído pela Lei nº 12.349, de 2010) (Vide Decreto nº 7.546, de 2011)

I - à quantidade a ser adquirida ou contratada; ou (Incluído pela Lei nº 12.349, de 2010)

II - ao quantitativo fixado com fundamento no § 7º do art. 23 desta Lei, quando for o caso. (Incluído pela Lei nº 12.349, de 2010)

§ 10. A margem de preferência a que se refere o § 5º poderá ser estendida, total ou parcialmente, aos bens e serviços originários dos Estados Partes do Mercado Comum do Sul - Mercosul. (Incluído pela Lei nº 12.349, de 2010) (Vide Decreto nº 7.546, de 2011)

§ 11. Os editais de licitação para a contratação de bens, serviços e obras poderão, mediante prévia justificativa da autoridade competente, exigir que o contratado promova, em favor de órgão ou entidade integrante da administração pública ou daqueles por ela indicados a partir de processo isonômico, medidas de compensação comercial, industrial, tecnológica ou acesso a condições vantajosas de financiamento, cumulativamente ou não, na forma estabelecida pelo Poder Executivo federal. (Incluído pela Lei nº 12.349, de 2010) (Vide Decreto nº 7.546, de 2011)

§ 12. Nas contratações destinadas à implantação, manutenção e ao aperfeiçoamento dos sistemas de tecnologia de informação e comunicação, considerados estratégicos em ato do Poder Executivo federal, a licitação poderá ser restrita a bens e serviços com tecnologia desenvolvida no País e produzidos de acordo com o processo produtivo básico de que trata a Lei no 10.176, de 11 de janeiro de 2001. (Incluído pela Lei nº 12.349, de 2010) (Vide Decreto nº 7.546, de 2011)

§ 13. Será divulgada na internet, a cada exercício financeiro, a relação de empresas favorecidas em decorrência do disposto

nos §§ 5º, 7º, 10, 11 e 12 deste artigo, com indicação do volume de recursos destinados a cada uma delas. (Incluído pela Lei nº 12.349, de 2010)

§ 14. As preferências definidas neste artigo e nas demais normas de licitação e contratos devem privilegiar o tratamento diferenciado e favorecido às microempresas e empresas de pequeno porte na forma da lei. (Incluído pela Lei Complementar nº 147, de 2014)

§ 15. As preferências dispostas neste artigo prevalecem sobre as demais preferências previstas na legislação quando estas forem aplicadas sobre produtos ou serviços estrangeiros. (Incluído pela Lei Complementar nº 147, de 2014)

Art. 4º Todos quantos participem de licitação promovida pelos órgãos ou entidades a que se refere o art. 1º têm direito público subjetivo à fiel observância do pertinente procedimento estabelecido nesta lei, podendo qualquer cidadão acompanhar o seu desenvolvimento, desde que não interfira de modo a perturbar ou impedir a realização dos trabalhos.

Parágrafo único. O procedimento licitatório previsto nesta lei caracteriza ato administrativo formal, seja ele praticado em qualquer esfera da Administração Pública.

Art. 5º Todos os valores, preços e custos utilizados nas licitações terão como expressão monetária a moeda corrente nacional, ressalvado o disposto no art. 42 desta Lei, devendo cada unidade da Administração, no pagamento das obrigações relativas ao fornecimento de bens, locações, realização de obras e prestação de serviços, obedecer, para cada fonte diferenciada de recursos, a estrita ordem cronológica das datas de suas exigibilidades, salvo quando presentes relevantes razões de interesse público e mediante prévia justificativa da autoridade competente, devidamente publicada.

§ 1º Os créditos a que se refere este artigo terão seus valores corrigidos por critérios previstos no ato convocatório e que lhes preservem o valor.

§ 2º A correção de que trata o parágrafo anterior cujo pagamento será feito junto com o principal, correrá à conta das mesmas dotações orçamentárias que atenderam aos créditos a que se referem. (Redação dada pela Lei nº 8.883, de 1994)

§ 3º Observados o disposto no caput, os pagamentos decorrentes de despesas cujos valores não ultrapassem o limite de que trata o inciso II do art. 24, sem prejuízo do que dispõe seu parágrafo único, deverão ser efetuados no prazo de até 5 (cinco) dias úteis, contados da apresentação da fatura. (Incluído pela Lei nº 9.648, de 1998)

Art. 5º-A. As normas de licitações e contratos devem privilegiar o tratamento diferenciado e favorecido às microempresas e empresas de pequeno porte na forma da lei. (Incluído pela Lei Complementar nº 147, de 2014)

SEÇÃO II - DAS DEFINIÇÕES

Art. 6º Para os fins desta Lei, considera-se:

I - Obra - toda construção, reforma, fabricação, recuperação ou ampliação, realizada por execução direta ou indireta;

II - Serviço - toda atividade destinada a obter determinada utilidade de interesse para a Administração, tais como: demolição, conserto, instalação, montagem, operação, conservação, reparação, adaptação, manutenção, transporte, locação de bens, publicidade, seguro ou trabalhos técnico-profissionais;

III - Compra - toda aquisição remunerada de bens para fornecimento de uma só vez ou parceladamente;

IV - Alienação - toda transferência de domínio de bens a terceiros;

V - Obras, serviços e compras de grande vulto - aquelas cujo valor estimado seja superior a 25 (vinte e cinco) vezes o limite estabelecido na alínea "c" do inciso I do art. 23 desta Lei;

VI - Seguro-Garantia - o seguro que garante o fiel cumprimento das obrigações assumidas por empresas em licitações e contratos;

VII - Execução direta - a que é feita pelos órgãos e entidades da Administração, pelos próprios meios;

VIII - Execução indireta - a que o órgão ou entidade contrata com terceiros sob qualquer dos seguintes regimes: (Redação dada pela Lei nº 8.883, de 1994)

a) empreitada por preço global - quando se contrata a execução da obra ou do serviço por preço certo e total;

b) empreitada por preço unitário - quando se contrata a execução da obra ou do serviço por preço certo de unidades determinadas;

c) (Vetado). (Redação dada pela Lei nº 8.883, de 1994)

d) tarefa - quando se ajusta mão-de-obra para pequenos trabalhos por preço certo, com ou sem fornecimento de materiais;

e) empreitada integral - quando se contrata um empreendimento em sua integralidade, compreendendo todas as etapas das obras, serviços e instalações necessárias, sob inteira responsabilidade da contratada até a sua entrega ao contratante em condições de entrada em operação, atendidos os requisitos técnicos e legais para sua utilização em condições de segurança estrutural e operacional e com as características adequadas às finalidades para que foi contratada;

IX - Projeto Básico - conjunto de elementos necessários e suficientes, com nível de precisão adequado, para caracterizar a obra ou serviço, ou complexo de obras ou serviços objeto da licitação, elaborado com base nas indicações dos estudos técnicos preliminares, que assegurem a viabilidade técnica e o adequado tratamento do impacto ambiental do empreendimento, e que possibilite a avaliação do custo da obra e a definição dos métodos e do prazo de execução, devendo conter os seguintes elementos:

a) desenvolvimento da solução escolhida de forma a fornecer visão global da obra e identificar todos os seus elementos constitutivos com clareza;

b) soluções técnicas globais e localizadas, suficientemente detalhadas, de forma a minimizar a necessidade de reformulação ou de variantes durante as fases de elaboração do projeto executivo e de realização das obras e montagem;

c) identificação dos tipos de serviços a executar e de materiais e equipamentos a incorporar à obra, bem como suas especificações que assegurem os melhores resultados para o empreendimento, sem frustrar o caráter competitivo para a sua execução;

d) informações que possibilitem o estudo e a dedução de métodos construtivos, instalações provisórias e condições organizacionais para a obra, sem frustrar o caráter competitivo para a sua execução;

e) subsídios para montagem do plano de licitação e gestão da obra, compreendendo a sua programação, a estratégia de suprimentos, as normas de fiscalização e outros dados necessários em cada caso;

f) orçamento detalhado do custo global da obra, fundamentado em quantitativos de serviços e fornecimentos propriamente avaliados;

X - Projeto Executivo - o conjunto dos elementos necessários e suficientes à execução completa da obra, de acordo com as normas pertinentes da Associação Brasileira de Normas Técnicas - ABNT;

XI - Administração Pública - a administração direta e indireta da União, dos Estados, do Distrito Federal e dos Municípios, abrangendo inclusive as entidades com personalidade jurídica de direito privado sob controle do poder público e das fundações por ele instituídas ou mantidas;

XII - Administração - órgão, entidade ou unidade administrativa pela qual a Administração Pública opera e atua concretamente;

XIII - Imprensa Oficial - veículo oficial de divulgação da Administração Pública, sendo para a União o Diário Oficial da União, e, para os Estados, o Distrito Federal e os Municí-

pios, o que for definido nas respectivas leis; (Redação dada pela Lei nº 8.883, de 1994)

XIV - Contratante - é o órgão ou entidade signatária do instrumento contratual;

XV - Contratado - a pessoa física ou jurídica signatária de contrato com a Administração Pública;

XVI - Comissão - comissão, permanente ou especial, criada pela Administração com a função de receber, examinar e julgar todos os documentos e procedimentos relativos às licitações e ao cadastramento de licitantes.

XVII - produtos manufaturados nacionais - produtos manufaturados, produzidos no território nacional de acordo com o processo produtivo básico ou com as regras de origem estabelecidas pelo Poder Executivo federal; (Incluído pela Lei nº 12.349, de 2010)

XVIII - serviços nacionais - serviços prestados no País, nas condições estabelecidas pelo Poder Executivo federal; (Incluído pela Lei nº 12.349, de 2010)

XIX - sistemas de tecnologia de informação e comunicação estratégicos - bens e serviços de tecnologia da informação e comunicação cuja descontinuidade provoque dano significativo à administração pública e que envolvam pelo menos um dos seguintes requisitos relacionados às informações críticas: disponibilidade, confiabilidade, segurança e confidencialidade. (Incluído pela Lei nº 12.349, de 2010)

XX - produtos para pesquisa e desenvolvimento - bens, insumos, serviços e obras necessários para atividade de pesquisa científica e tecnológica, desenvolvimento de tecnologia ou inovação tecnológica, discriminados em projeto de pesquisa aprovado pela instituição contratante. (Incluído pela Lei nº 13.243, de 2016)

SEÇÃO III - DAS OBRAS E SERVIÇOS

Art. 7º As licitações para a execução de obras e para a prestação de serviços obedecerão ao disposto neste artigo e, em particular, à seguinte seqüência:

I - projeto básico;
II - projeto executivo;
III - execução das obras e serviços.

§ 1º A execução de cada etapa será obrigatoriamente precedida da conclusão e aprovação, pela autoridade competente, dos trabalhos relativos às etapas anteriores, à exceção do projeto executivo, o qual poderá ser desenvolvido concomitantemente com a execução das obras e serviços, desde que também autorizado pela Administração.

§ 2º As obras e os serviços somente poderão ser licitados quando:

I - houver projeto básico aprovado pela autoridade competente e disponível para exame dos interessados em participar do processo licitatório;

II - existir orçamento detalhado em planilhas que expressem a composição de todos os seus custos unitários;

III - houver previsão de recursos orçamentários que assegurem o pagamento das obrigações decorrentes de obras ou serviços a serem executadas no exercício financeiro em curso, de acordo com o respectivo cronograma;

IV - o produto dela esperado estiver contemplado nas metas estabelecidas no Plano Plurianual de que trata o art. 165 da Constituição Federal, quando for o caso.

§ 3º É vedado incluir no objeto da licitação a obtenção de recursos financeiros para sua execução, qualquer que seja a sua origem, exceto nos casos de empreendimentos executados e explorados sob o regime de concessão, nos termos da legislação específica.

§ 4º É vedada, ainda, a inclusão, no objeto da licitação, de fornecimento de materiais e serviços sem previsão de quantidades ou cujos quantitativos não correspondam às previsões reais do projeto básico ou executivo.

§ 5º É vedada a realização de licitação cujo objeto inclua bens e serviços sem similaridade ou de marcas, características e especificações exclusivas, salvo nos casos em que for tecnicamente justificável, ou ainda quando o fornecimento de tais materiais e serviços for feito sob o regime de administração contratada, previsto e discriminado no ato convocatório.

§ 6º A infringência do disposto neste artigo implica a nulidade dos atos ou contratos realizados e a responsabilidade de quem lhes tenha dado causa.

§ 7º Não será ainda computado como valor da obra ou serviço, para fins de julgamento das propostas de preços, a atualização monetária das obrigações de pagamento, desde a data final de cada período de aferição até a do respectivo pagamento, que será calculada pelos mesmos critérios estabelecidos obrigatoriamente no ato convocatório.

§ 8º Qualquer cidadão poderá requerer à Administração Pública os quantitativos das obras e preços unitários de determinada obra executada.

§ 9º O disposto neste artigo aplica-se também, no que couber, aos casos de dispensa e de inexigibilidade de licitação.

Art. 8º A execução das obras e dos serviços deve programar-se, sempre, em sua totalidade, previstos seus custos atual e final e considerados os prazos de sua execução.

Parágrafo único. É proibido o retardamento imotivado da execução de obra ou serviço, ou de suas parcelas, se existente previsão orçamentária para sua execução total, salvo insuficiência financeira ou comprovado motivo de ordem técnica, justificados em despacho circunstanciado da autoridade a que se refere o art. 26 desta Lei. (Redação dada pela Lei nº 8.883, de 1994)

Art. 9º Não poderá participar, direta ou indiretamente, da licitação ou da execução de obra ou serviço e do fornecimento de bens a eles necessários:

I - o autor do projeto, básico ou executivo, pessoa física ou jurídica;

II - empresa, isoladamente ou em consórcio, responsável pela elaboração do projeto básico ou executivo ou da qual o autor do projeto seja dirigente, gerente, acionista ou detentor de mais de 5% (cinco por cento) do capital com direito a voto ou controlador, responsável técnico ou subcontratado;

III - servidor ou dirigente de órgão ou entidade contratante ou responsável pela licitação.

§ 1º É permitida a participação do autor do projeto ou da empresa a que se refere o inciso II deste artigo, na licitação de obra ou serviço, ou na execução, como consultor ou técnico, nas funções de fiscalização, supervisão ou gerenciamento, exclusivamente a serviço da Administração interessada.

§ 2º O disposto neste artigo não impede a licitação ou contratação de obra ou serviço que inclua a elaboração de projeto executivo como encargo do contratado ou pelo preço previamente fixado pela Administração.

§ 3º Considera-se participação indireta, para fins do disposto neste artigo, a existência de qualquer vínculo de natureza técnica, comercial, econômica, financeira ou trabalhista entre o autor do projeto, pessoa física ou jurídica, e o licitante ou responsável pelos serviços, fornecimentos e obras, incluindo-se os fornecimentos de bens e serviços a estes necessários.

§ 4º O disposto no parágrafo anterior aplica-se aos membros da comissão de licitação.

Art. 10. As obras e serviços poderão ser executados nas seguintes formas: (Redação dada pela Lei nº 8.883, de 1994)

I - execução direta;
II - execução indireta, nos seguintes regimes: (Redação dada pela Lei nº 8.883, de 1994)
 a) empreitada por preço global;
 b) empreitada por preço unitário;
 c) (Vetado). (Redação dada pela Lei nº 8.883, de 1994)
 d) tarefa;
 e) empreitada integral.

Parágrafo único. (Vetado). (Redação dada pela Lei nº 8.883, de 1994)

Art. 11. As obras e serviços destinados aos mesmos fins terão projetos padronizados por tipos, categorias ou classes, exceto quando o projeto-padrão não atender às condições peculiares do local ou às exigências específicas do empreendimento.

Art. 12. Nos projetos básicos e projetos executivos de obras e serviços serão considerados principalmente os seguintes requisitos: (Redação dada pela Lei nº 8.883, de 1994)

I - segurança;
II - funcionalidade e adequação ao interesse público;
III - economia na execução, conservação e operação;
IV - possibilidade de emprego de mão-de-obra, materiais, tecnologia e matérias-primas existentes no local para execução, conservação e operação;
V - facilidade na execução, conservação e operação, sem prejuízo da durabilidade da obra ou do serviço;
VI - adoção das normas técnicas, de saúde e de segurança do trabalho adequadas; (Redação dada pela Lei nº 8.883, de 1994)
VII - impacto ambiental.

SEÇÃO IV - DOS SERVIÇOS TÉCNICOS PROFISSIONAIS ESPECIALIZADOS

Art. 13. Para os fins desta Lei, consideram-se serviços técnicos profissionais especializados os trabalhos relativos a:

I - estudos técnicos, planejamentos e projetos básicos ou executivos;
II - pareceres, perícias e avaliações em geral;
III - assessorias ou consultorias técnicas e auditorias financeiras ou tributárias; (Redação dada pela Lei nº 8.883, de 1994)
IV - fiscalização, supervisão ou gerenciamento de obras ou serviços;
V - patrocínio ou defesa de causas judiciais ou administrativas;
VI - treinamento e aperfeiçoamento de pessoal;
VII - restauração de obras de arte e bens de valor histórico.
VIII - (Vetado). (Incluído pela Lei nº 8.883, de 1994)

§ 1º Ressalvados os casos de inexigibilidade de licitação, os contratos para a prestação de serviços técnicos profissionais especializados deverão, preferencialmente, ser celebrados mediante a realização de concurso, com estipulação prévia de prêmio ou remuneração.

§ 2º Aos serviços técnicos previstos neste artigo aplica-se, no que couber, o disposto no art. 111 desta Lei.

§ 3º A empresa de prestação de serviços técnicos especializados que apresente relação de integrantes de seu corpo técnico em procedimento licitatório ou como elemento de justificação de dispensa ou inexigibilidade de licitação, ficará obrigada a garantir que os referidos integrantes realizem pessoal e diretamente os serviços objeto do contrato.

SEÇÃO V - DAS COMPRAS

Art. 14. Nenhuma compra será feita sem a adequada caracterização de seu objeto e indicação dos recursos orçamentários para seu pagamento, sob pena de nulidade do ato e responsabilidade de quem lhe tiver dado causa.

Art. 15. As compras, sempre que possível, deverão: (Regulamento) (Regulamento) (Regulamento)

I - atender ao princípio da padronização, que imponha compatibilidade de especificações técnicas e de desempenho, observadas, quando for o caso, as condições de manutenção, assistência técnica e garantia oferecidas;
II - ser processadas através de sistema de registro de preços;
III - submeter-se às condições de aquisição e pagamento semelhantes às do setor privado;
IV - ser subdivididas em tantas parcelas quantas necessárias para aproveitar as peculiaridades do mercado, visando economicidade;
V - balizar-se pelos preços praticados no âmbito dos órgãos e entidades da Administração Pública.

§ 1º O registro de preços será precedido de ampla pesquisa de mercado.

§ 2º Os preços registrados serão publicados trimestralmente para orientação da Administração, na imprensa oficial.

§ 3º O sistema de registro de preços será regulamentado por decreto, atendidas as peculiaridades regionais, observadas as seguintes condições:

I - seleção feita mediante concorrência;
II - estipulação prévia do sistema de controle e atualização dos preços registrados;
III - validade do registro não superior a um ano.

§ 4º A existência de preços registrados não obriga a Administração a firmar as contratações que deles poderão advir, ficando-lhe facultada a utilização de outros meios, respeitada a legislação relativa às licitações, sendo assegurado ao beneficiário do registro preferência em igualdade de condições.

§ 5º O sistema de controle originado no quadro geral de preços, quando possível, deverá ser informatizado.

§ 6º Qualquer cidadão é parte legítima para impugnar preço constante do quadro geral em razão de incompatibilidade desse com o preço vigente no mercado.

§ 7º Nas compras deverão ser observadas, ainda:

I - a especificação completa do bem a ser adquirido sem indicação de marca;
II - a definição das unidades e das quantidades a serem adquiridas em função do consumo e utilização prováveis, cuja estimativa será obtida, sempre que possível, mediante adequadas técnicas quantitativas de estimação;
III - as condições de guarda e armazenamento que não permitam a deterioração do material.

§ 8º O recebimento de material de valor superior ao limite estabelecido no art. 23 desta Lei, para a modalidade de convite, deverá ser confiado a uma comissão de, no mínimo, 3 (três) membros.

Art. 16. Será dada publicidade, mensalmente, em órgão de divulgação oficial ou em quadro de avisos de amplo acesso público, à relação de todas as compras feitas pela Administração Direta ou Indireta, de maneira a clarificar a identificação do bem comprado, seu preço unitário, a quantidade adquirida, o nome do vendedor e o valor total da operação, podendo ser aglutinadas por itens as compras feitas com dispensa e inexigibilidade de licitação. (Redação dada pela Lei nº 8.883, de 1994)

Parágrafo único. O disposto neste artigo não se aplica aos casos de dispensa de licitação previstos no inciso IX do art. 24. (Incluído pela Lei nº 8.883, de 1994)

SEÇÃO VI - DAS ALIENAÇÕES

Art. 17. A alienação de bens da Administração Pública, subordinada à existência de interesse público devidamente justificado, será precedida de avaliação e obedecerá às seguintes normas:

I - quando imóveis, dependerá de autorização legislativa para órgãos da administração direta e entidades autárquicas e fundacionais, e, para todos, inclusive as entidades paraestatais, dependerá de avaliação prévia e de licitação na modalidade de concorrência, dispensada esta nos seguintes casos:

a) dação em pagamento;
b) doação, permitida exclusivamente para outro órgão ou entidade da administração pública, de qualquer esfera de governo, ressalvado o disposto nas alíneas f, h e i; (Redação dada pela Lei nº 11.952, de 2009)
c) permuta, por outro imóvel que atenda aos requisitos constantes do inciso X do art. 24 desta Lei;
d) investidura;
e) venda a outro órgão ou entidade da administração pública, de qualquer esfera de governo; (Incluída pela Lei nº 8.883, de 1994)
f) alienação gratuita ou onerosa, aforamento, concessão de direito real de uso, locação ou permissão de uso de bens imóveis residenciais construídos, destinados ou

efetivamente utilizados no âmbito de programas habitacionais ou de regularização fundiária de interesse social desenvolvidos por órgãos ou entidades da administração pública; (Redação dada pela Lei nº 11.481, de 2007)

g) procedimentos de legitimação de posse de que trata o art. 29 da Lei no 6.383, de 7 de dezembro de 1976, mediante iniciativa e deliberação dos órgãos da Administração Pública em cuja competência legal inclua-se tal atribuição; (Incluído pela Lei nº 11.196, de 2005)

h) alienação gratuita ou onerosa, aforamento, concessão de direito real de uso, locação ou permissão de uso de bens imóveis de uso comercial de âmbito local com área de até 250 m² (duzentos e cinquenta metros quadrados) e inseridos no âmbito de programas de regularização fundiária de interesse social desenvolvidos por órgãos ou entidades da administração pública; (Incluído pela Lei nº 11.481, de 2007)

i) alienação e concessão de direito real de uso, gratuita ou onerosa, de terras públicas rurais da União e do Incra, onde incidam ocupações até o limite de que trata o § 1º do art. 6º da Lei no 11.952, de 25 de junho de 2009, para fins de regularização fundiária, atendidos os requisitos legais; e (Redação dada pela Lei nº 13.465, de 2017)

II - quando móveis, dependerá de avaliação prévia e de licitação, dispensada esta nos seguintes casos:

a) doação, permitida exclusivamente para fins e uso de interesse social, após avaliação de sua oportunidade e conveniência sócio-econômica, relativamente à escolha de outra forma de alienação;

b) permuta, permitida exclusivamente entre órgãos ou entidades da Administração Pública;

c) venda de ações, que poderão ser negociadas em bolsa, observada a legislação específica;

d) venda de títulos, na forma da legislação pertinente;

e) venda de bens produzidos ou comercializados por órgãos ou entidades da Administração Pública, em virtude de suas finalidades;

f) venda de materiais e equipamentos para outros órgãos ou entidades da Administração Pública, sem utilização previsível por quem deles dispõe.

§ 1º Os imóveis doados com base na alínea «b» do inciso I deste artigo, cessadas as razões que justificaram a sua doação, reverterão ao patrimônio da pessoa jurídica doadora, vedada a sua alienação pelo beneficiário.

§ 2º A Administração também poderá conceder título de propriedade ou de direito real de uso de imóveis, dispensada licitação, quando o uso destinar-se: (Redação dada pela Lei nº 11.196, de 2005)

I - a outro órgão ou entidade da Administração Pública, qualquer que seja a localização do imóvel; (Incluído pela Lei nº 11.196, de 2005)

II - a pessoa natural que, nos termos de lei, regulamento ou ato normativo do órgão competente, haja implementado os requisitos mínimos de cultura, ocupação mansa e pacífica e exploração direta sobre área rural, observado o limite de que trata o § 1º do art. 6º da Lei no 11.952, de 25 de junho de 2009; (Redação dada pela Lei nº 13.465, de 2017)

§ 2º-A. As hipóteses do inciso II do § 2º ficam dispensadas de autorização legislativa, porém submetem-se aos seguintes condicionamentos: (Redação dada pela Lei nº 11.952, de 2009)

I - aplicação exclusivamente às áreas em que a detenção por particular seja comprovadamente anterior a 5 de maio de 2014; (Redação dada pela Medida Provisória nº 910, de 2019)

II - submissão aos demais requisitos e impedimentos do regime legal e administrativo da destinação e da regularização fundiária de terras públicas; (Incluído pela Lei nº 11.196, de 2005)

III - vedação de concessões para hipóteses de exploração não-contempladas na lei agrária, nas leis de destinação de terras públicas, ou nas normas legais ou administrativas de zoneamento ecológico-econômico; e (Incluído pela Lei nº 11.196, de 2005)

IV - previsão de rescisão automática da concessão, dispensada notificação, em caso de declaração de utilidade, ou necessidade pública ou interesse social. (Incluído pela Lei nº 11.196, de 2005)

§ 2º-B. A hipótese do inciso II do § 2º deste artigo: (Incluído pela Lei nº 11.196, de 2005)

I - só se aplica a imóvel situado em zona rural, não sujeito a vedação, impedimento ou inconveniente a sua exploração mediante atividades agropecuárias; (Incluído pela Lei nº 11.196, de 2005)

II - fica limitada às áreas de até dois mil e quinhentos hectares, vedada a dispensa de licitação para áreas superiores a esse limite; (Redação dada pela Medida Provisória nº 910, de 2019)

III - pode ser cumulada com o quantitativo de área decorrente da figura prevista na alínea g do inciso I do caput deste artigo, até o limite previsto no inciso II deste parágrafo. (Incluído pela Lei nº 11.196, de 2005)

IV - (VETADO) (Incluído pela Lei nº 11.763, de 2008)

§ 3º Entende-se por investidura, para os fins desta lei: (Redação dada pela Lei nº 9.648, de 1998)

I - a alienação aos proprietários de imóveis lindeiros de área remanescente ou resultante de obra pública, área esta que se tornar inaproveitável isoladamente, por preço nunca inferior ao da avaliação e desde que esse não ultrapasse a 50% (cinquenta por cento) do valor constante da alínea "a" do inciso II do art. 23 desta lei; (Incluído pela Lei nº 9.648, de 1998)

II - a alienação, aos legítimos possuidores diretos ou, na falta destes, ao Poder Público, de imóveis para fins residenciais construídos em núcleos urbanos anexos a usinas hidrelétricas, desde que considerados dispensáveis na fase de operação dessas unidades e não integrem a categoria de bens reversíveis ao final da concessão. (Incluído pela Lei nº 9.648, de 1998)

§ 4º A doação com encargo será licitada e de seu instrumento constarão, obrigatoriamente os encargos, o prazo de seu cumprimento e cláusula de reversão, sob pena de nulidade do ato, sendo dispensada a licitação no caso de interesse público devidamente justificado; (Redação dada pela Lei nº 8.883, de 1994)

§ 5º Na hipótese do parágrafo anterior, caso o donatário necessite oferecer o imóvel em garantia de financiamento, a cláusula de reversão e demais obrigações serão garantidas por hipoteca em segundo grau em favor do doador. (Incluído pela Lei nº 8.883, de 1994)

§ 6º Para a venda de bens móveis avaliados, isolada ou globalmente, em quantia não superior ao limite previsto no art. 23, inciso II, alínea «b» desta Lei, a Administração poderá permitir o leilão. (Incluído pela Lei nº 8.883, de 1994)

§ 7º (VETADO). (Incluído pela Lei nº 11.481, de 2007)

Art. 18. Na concorrência para a venda de bens imóveis, a fase de habilitação limitar-se-á à comprovação do recolhimento de quantia correspondente a 5% (cinco por cento) da avaliação.

Parágrafo único. (Revogado pela Lei nº 8.883, de 1994)

Art. 19. Os bens imóveis da Administração Pública, cuja aquisição haja derivado de procedimentos judiciais ou de dação em pagamento, poderão ser alienados por ato da autoridade competente, observadas as seguintes regras:

I - avaliação dos bens alienáveis;

II - comprovação da necessidade ou utilidade da alienação;

III - adoção do procedimento licitatório, sob a modalidade de concorrência ou leilão. (Redação dada pela Lei nº 8.883, de 1994)

CAPÍTULO II - DA LICITAÇÃO

SEÇÃO I - DAS MODALIDADES, LIMITES E DISPENSA

Art. 20. As licitações serão efetuadas no local onde se situar a repartição interessada, salvo por motivo de interesse público, devidamente justificado.

Parágrafo único. O disposto neste artigo não impedirá a habilitação de interessados residentes ou sediados em outros locais.

Art. 21. Os avisos contendo os resumos dos editais das concorrências, das tomadas de preços, dos concursos e dos leilões, embora realizados no local da repartição interessada, deverão ser publicados com antecedência, no mínimo, por uma vez: (Redação dada pela Lei nº 8.883, de 1994)

I - no Diário Oficial da União, quando se tratar de licitação feita por órgão ou entidade da Administração Pública Federal e, ainda, quando se tratar de obras financiadas parcial ou totalmente com recursos federais ou garantidas por instituições federais; (Redação dada pela Lei nº 8.883, de 1994)

II - no Diário Oficial do Estado, ou do Distrito Federal quando se tratar, respectivamente, de licitação feita por órgão ou entidade da Administração Pública Estadual ou Municipal, ou do Distrito Federal; (Redação dada pela Lei nº 8.883, de 1994)

III - em jornal diário de grande circulação no Estado e também, se houver, em jornal de circulação no Município ou na região onde será realizada a obra, prestado o serviço, fornecido, alienado ou alugado o bem, podendo ainda a Administração, conforme o vulto da licitação, utilizar-se de outros meios de divulgação para ampliar a área de competição. (Redação dada pela Lei nº 8.883, de 1994)

§ 1º O aviso publicado conterá a indicação do local em que os interessados poderão ler e obter o texto integral do edital e todas as informações sobre a licitação.

§ 2º O prazo mínimo até o recebimento das propostas ou da realização do evento será:

I - quarenta e cinco dias para: (Redação dada pela Lei nº 8.883, de 1994)
a) concurso; (Incluída pela Lei nº 8.883, de 1994)
b) concorrência, quando o contrato a ser celebrado contemplar o regime de empreitada integral ou quando a licitação for do tipo "melhor técnica" ou "técnica e preço"; (Incluída pela Lei nº 8.883, de 1994)

II - trinta dias para: (Redação dada pela Lei nº 8.883, de 1994)
a) concorrência, nos casos não especificados na alínea "b" do inciso anterior; (Incluída pela Lei nº 8.883, de 1994)
b) tomada de preços, quando a licitação for do tipo "melhor técnica" ou "técnica e preço"; (Incluída pela Lei nº 8.883, de 1994)

III - quinze dias para a tomada de preços, nos casos não especificados na alínea "b" do inciso anterior, ou leilão; (Redação dada pela Lei nº 8.883, de 1994)

IV - cinco dias úteis para convite. (Redação dada pela Lei nº 8.883, de 1994)

§ 3º Os prazos estabelecidos no parágrafo anterior serão contados a partir da última publicação do edital resumido ou da expedição do convite, ou ainda da efetiva disponibilidade do edital ou do convite e respectivos anexos, prevalecendo a data que ocorrer mais tarde. (Redação dada pela Lei nº 8.883, de 1994)

§ 4º Qualquer modificação no edital exige divulgação pela mesma forma que se deu o texto original, reabrindo-se o prazo inicialmente estabelecido, exceto quando, inquestionavelmente, a alteração não afetar a formulação das propostas.

Art. 22. São modalidades de licitação:
I - concorrência;
II - tomada de preços;
III - convite;
IV - concurso;
V - leilão.

§ 1º Concorrência é a modalidade de licitação entre quaisquer interessados que, na fase inicial de habilitação preliminar, comprovem possuir os requisitos mínimos de qualificação exigidos no edital para execução de seu objeto.

§ 2º Tomada de preços é a modalidade de licitação entre interessados devidamente cadastrados ou que atenderem a todas as condições exigidas para cadastramento até o terceiro dia anterior à data do recebimento das propostas, observada a necessária qualificação.

§ 3º Convite é a modalidade de licitação entre interessados do ramo pertinente ao seu objeto, cadastrados ou não, escolhidos e convidados em número mínimo de 3 (três) pela unidade administrativa, a qual afixará, em local apropriado, cópia do instrumento convocatório e o estenderá aos demais cadastrados na correspondente especialidade que manifestarem seu interesse com antecedência de até 24 (vinte e quatro) horas da apresentação das propostas.

§ 4º Concurso é a modalidade de licitação entre quaisquer interessados para escolha de trabalho técnico, científico ou artístico, mediante a instituição de prêmios ou remuneração aos vencedores, conforme critérios constantes de edital publicado na imprensa oficial com antecedência mínima de 45 (quarenta e cinco) dias.

§ 5º Leilão é a modalidade de licitação entre quaisquer interessados para a venda de bens móveis inservíveis para a administração ou de produtos legalmente apreendidos ou penhorados, ou para a alienação de bens imóveis prevista no art. 19, a quem oferecer o maior lance, igual ou superior ao valor da avaliação. (Redação dada pela Lei nº 8.883, de 1994)

§ 6º Na hipótese do § 3º deste artigo, existindo na praça mais de 3 (três) possíveis interessados, a cada novo convite, realizado para objeto idêntico ou assemelhado, é obrigatório o convite a, no mínimo, mais um interessado, enquanto existirem cadastrados não convidados nas últimas licitações. (Redação dada pela Lei nº 8.883, de 1994)

§ 7º Quando, por limitações do mercado ou manifesto desinteresse dos convidados, for impossível a obtenção do número mínimo de licitantes exigidos no § 3º deste artigo, essas circunstâncias deverão ser devidamente justificadas no processo, sob pena de repetição do convite.

§ 8º É vedada a criação de outras modalidades de licitação ou a combinação das referidas neste artigo.

§ 9º Na hipótese do parágrafo 2º deste artigo, a administração somente poderá exigir do licitante não cadastrado os documentos previstos nos arts. 27 a 31, que comprovem habilitação compatível com o objeto da licitação, nos termos do edital. (Incluído pela Lei nº 8.883, de 1994)

Art. 23. As modalidades de licitação a que se referem os incisos I a III do artigo anterior serão determinadas em função dos seguintes limites, tendo em vista o valor estimado da contratação:

I - para obras e serviços de engenharia: (Redação dada pela Lei nº 9.648, de 1998) (Vide Decreto nº 9.412, de 2018)
a) convite - até R$ 150.000,00 (cento e cinquenta mil reais); (Redação dada pela Lei nº 9.648, de 1998) (Vide Decreto nº 9.412, de 2018)
b) tomada de preços - até R$ 1.500.000,00 (um milhão e quinhentos mil reais); (Redação dada pela Lei nº 9.648, de 1998) (Vide Decreto nº 9.412, de 2018)
c) concorrência: acima de R$ 1.500.000,00 (um milhão e quinhentos mil reais); (Redação dada pela Lei nº 9.648, de 1998) (Vide Decreto nº 9.412, de 2018)

II - para compras e serviços não referidos no inciso anterior: (Redação dada pela Lei nº 9.648, de 1998) (Vide Decreto nº 9.412, de 2018)
a) convite - até R$ 80.000,00 (oitenta mil reais); (Redação dada pela Lei nº 9.648, de 1998) (Vide Decreto nº 9.412, de 2018)

b) tomada de preços - até R$ 650.000,00 (seiscentos e cinqüenta mil reais); (Redação dada pela Lei nº 9.648, de 1998) (Vide Decreto nº 9.412, de 2018)

c) concorrência - acima de R$ 650.000,00 (seiscentos e cinqüenta mil reais). (Redação dada pela Lei nº 9.648, de 1998) (Vide Decreto nº 9.412, de 2018)

§ 1º As obras, serviços e compras efetuadas pela Administração serão divididas em tantas parcelas quantas se comprovarem técnica e economicamente viáveis, procedendo-se à licitação com vistas ao melhor aproveitamento dos recursos disponíveis no mercado e à ampliação da competitividade sem perda da economia de escala. (Redação dada pela Lei nº 8.883, de 1994)

§ 2º Na execução de obras e serviços e nas compras de bens, parceladas nos termos do parágrafo anterior, a cada etapa ou conjunto de etapas da obra, serviço ou compra, há de corresponder licitação distinta, preservada a modalidade pertinente para a execução do objeto em licitação. (Redação dada pela Lei nº 8.883, de 1994)

§ 3º A concorrência é a modalidade de licitação cabível, qualquer que seja o valor de seu objeto, tanto na compra ou alienação de bens imóveis, ressalvado o disposto no art. 19, como nas concessões de direito real de uso e nas licitações internacionais, admitindo-se neste último caso, observados os limites deste artigo, a tomada de preços, quando o órgão ou entidade dispuser de cadastro internacional de fornecedores ou o convite, quando não houver fornecedor do bem ou serviço no País. (Redação dada pela Lei nº 8.883, de 1994)

§ 4º Nos casos em que couber convite, a Administração poderá utilizar a tomada de preços e, em qualquer caso, a concorrência.

§ 5º É vedada a utilização da modalidade «convite» ou «tomada de preços», conforme o caso, para parcelas de uma mesma obra ou serviço, ou ainda para obras e serviços da mesma natureza e no mesmo local que possam ser realizadas conjunta e concomitantemente, sempre que o somatório de seus valores caracterizar o caso de «tomada de preços» ou «concorrência», respectivamente, nos termos deste artigo, exceto para as parcelas de natureza específica que possam ser executadas por pessoas ou empresas de especialidade diversa daquela do executor da obra ou serviço. (Redação dada pela Lei nº 8.883, de 1994)

§ 6º As organizações industriais da Administração Federal direta, em face de suas peculiaridades, obedecerão aos limites estabelecidos no inciso I deste artigo também para suas compras e serviços em geral, desde que para a aquisição de materiais aplicados exclusivamente na manutenção, reparo ou fabricação de meios operacionais bélicos pertencentes à União. (Incluído pela Lei nº 8.883, de 1994)

§ 7º Na compra de bens de natureza divisível e desde que não haja prejuízo para o conjunto ou complexo, é permitida a cotação de quantidade inferior à demandada na licitação, com vistas a ampliação da competitividade, podendo o edital fixar quantitativo mínimo para preservar a economia de escala. (Incluído pela Lei nº 9.648, de 1998)

§ 8º No caso de consórcios públicos, aplicar-se-á o dobro dos valores mencionados no caput deste artigo quando formado por até 3 (três) entes da Federação, e o triplo, quando formado por maior número. (Incluído pela Lei nº 11.107, de 2005)

Art. 24. É dispensável a licitação: (Vide Lei nº 12.188, de 2.010) Vigência

I - para obras e serviços de engenharia de valor até 10% (dez por cento) do limite previsto na alínea "a", do inciso I do artigo anterior, desde que não se refiram a parcelas de uma mesma obra ou serviço ou ainda para obras e serviços da mesma natureza e no mesmo local que possam ser realizadas conjunta e concomitantemente; (Redação dada pela Lei nº 9.648, de 1998)

II - para outros serviços e compras de valor até 10% (dez por cento) do limite previsto na alínea "a", do inciso II do artigo anterior e para alienações, nos casos previstos nesta Lei, desde que não se refiram a parcelas de um mesmo serviço, compra ou alienação de maior vulto que possa ser realizada de uma só vez; (Redação dada pela Lei nº 9.648, de 1998)

III - nos casos de guerra ou grave perturbação da ordem;

IV - nos casos de emergência ou de calamidade pública, quando caracterizada urgência de atendimento de situação que possa ocasionar prejuízo ou comprometer a segurança de pessoas, obras, serviços, equipamentos e outros bens, públicos ou particulares, e somente para os bens necessários ao atendimento da situação emergencial ou calamitosa e para as parcelas de obras e serviços que possam ser concluídas no prazo máximo de 180 (cento e oitenta) dias consecutivos e ininterruptos, contados da ocorrência da emergência ou calamidade, vedada a prorrogação dos respectivos contratos;

V - quando não acudirem interessados à licitação anterior e esta, justificadamente, não puder ser repetida sem prejuízo para a Administração, mantidas, neste caso, todas as condições preestabelecidas;

VI - quando a União tiver que intervir no domínio econômico para regular preços ou normalizar o abastecimento;

VII - quando as propostas apresentadas consignarem preços manifestamente superiores aos praticados no mercado nacional, ou forem incompatíveis com os fixados pelos órgãos oficiais competentes, casos em que, observado o parágrafo único do art. 48 desta Lei e, persistindo a situação, será admitida a adjudicação direta dos bens ou serviços, por valor não superior ao constante do registro de preços, ou dos serviços; (Vide § 3º do art. 48)

VIII - para a aquisição, por pessoa jurídica de direito público interno, de bens produzidos ou serviços prestados por órgão ou entidade que integre a Administração Pública e que tenha sido criado para esse fim específico em data anterior à vigência desta Lei, desde que o preço contratado seja compatível com o praticado no mercado; (Redação dada pela Lei nº 8.883, de 1994)

IX - quando houver possibilidade de comprometimento da segurança nacional, nos casos estabelecidos em decreto do Presidente da República, ouvido o Conselho de Defesa Nacional; (Regulamento)

X - para a compra ou locação de imóvel destinado ao atendimento das finalidades precípuas da administração, cujas necessidades de instalação e localização condicionem a sua escolha, desde que o preço seja compatível com o valor de mercado, segundo avaliação prévia; (Redação dada pela Lei nº 8.883, de 1994)

XI - na contratação de remanescente de obra, serviço ou fornecimento, em consequência de rescisão contratual, desde que atendida a ordem de classificação da licitação anterior e aceitas as mesmas condições oferecidas pelo licitante vencedor, inclusive quanto ao preço, devidamente corrigido;

XII - nas compras de hortifrutigranjeiros, pão e outros gêneros perecíveis, no tempo necessário para a realização dos processos licitatórios correspondentes, realizadas diretamente com base no preço do dia; (Redação dada pela Lei nº 8.883, de 1994)

XIII - na contratação de instituição brasileira incumbida regimental ou estatutariamente da pesquisa, do ensino ou do desenvolvimento institucional, ou de instituição dedicada à recuperação social do preso, desde que a contratada detenha inquestionável reputação ético-profissional e não tenha fins lucrativos; (Redação dada pela Lei nº 8.883, de 1994)

XIV - para a aquisição de bens ou serviços nos termos de acordo internacional específico aprovado pelo Congresso Nacional, quando as condições ofertadas forem manifestamente vantajosas para o Poder Público; (Redação dada pela Lei nº 8.883, de 1994)

XV - para a aquisição ou restauração de obras de arte e objetos históricos, de autenticidade certificada, desde que compatíveis ou inerentes às finalidades do órgão ou entidade.

XVI - para a impressão dos diários oficiais, de formulários padronizados de uso da administração, e de edições técnicas oficiais, bem como para prestação de serviços de informática a pessoa jurídica de direito público interno, por órgãos ou entidades que integrem a Administração Pública, criados para esse fim específico; (Incluído pela Lei nº 8.883, de 1994)

XVII - para a aquisição de componentes ou peças de origem nacional ou estrangeira, necessários à manutenção de equipamentos durante o período de garantia técnica, junto ao fornecedor original desses equipamentos, quando tal condição de exclusividade for indispensável para a vigência da garantia; (Incluído pela Lei nº 8.883, de 1994)

XVIII - nas compras ou contratações de serviços para o abastecimento de navios, embarcações, unidades aéreas ou tropas e seus meios de deslocamento quando em estada eventual de curta duração em portos, aeroportos ou localidades diferentes de suas sedes, por motivo de movimentação operacional ou de adestramento, quando a exiguidade dos prazos legais puder comprometer a normalidade e os propósitos das operações e desde que seu valor não exceda ao limite previsto na alínea "a" do inciso II do art. 23 desta Lei; (Incluído pela Lei nº 8.883, de 1994)

XIX - para as compras de material de uso pelas Forças Armadas, com exceção de materiais de uso pessoal e administrativo, quando houver necessidade de manter a padronização requerida pela estrutura de apoio logístico dos meios navais, aéreos e terrestres, mediante parecer de comissão instituída por decreto; (Incluído pela Lei nº 8.883, de 1994)

XX - na contratação de associação de portadores de deficiência física, sem fins lucrativos e de comprovada idoneidade, por órgãos ou entidades da Admininstração Pública, para a prestação de serviços ou fornecimento de mão-de-obra, desde que o preço contratado seja compatível com o praticado no mercado. (Incluído pela Lei nº 8.883, de 1994)

XXI - para a aquisição ou contratação de produto para pesquisa e desenvolvimento, limitada, no caso de obras e serviços de engenharia, a 20% (vinte por cento) do valor de que trata a alínea "b" do inciso I do caput do art. 23; (Incluído pela Lei nº 13.243, de 2016)

XXII - na contratação de fornecimento ou suprimento de energia elétrica e gás natural com concessionário, permissionário ou autorizado, segundo as normas da legislação específica; (Incluído pela Lei nº 9.648, de 1998)

XXIII - na contratação realizada por empresa pública ou sociedade de economia mista com suas subsidiárias e controladas, para a aquisição ou alienação de bens, prestação ou obtenção de serviços, desde que o preço contratado seja compatível com o praticado no mercado. (Incluído pela Lei nº 9.648, de 1998)

XXIV - para a celebração de contratos de prestação de serviços com as organizações sociais, qualificadas no âmbito das respectivas esferas de governo, para atividades contempladas no contrato de gestão. (Incluído pela Lei nº 9.648, de 1998)

XXV - na contratação realizada por Instituição Científica e Tecnológica - ICT ou por agência de fomento para a transferência de tecnologia e para o licenciamento de direito de uso ou de exploração de criação protegida. (Incluído pela Lei nº 10.973, de 2004)

XXVI - na celebração de contrato de programa com ente da Federação ou com entidade de sua administração indireta, para a prestação de serviços públicos de forma associada nos termos do autorizado em contrato de consórcio público ou em convênio de cooperação. (Incluído pela Lei nº 11.107, de 2005)

XXVII - na contratação da coleta, processamento e comercialização de resíduos sólidos urbanos recicláveis ou reutilizáveis, em áreas com sistema de coleta seletiva de lixo, efetuados por associações ou cooperativas formadas exclusivamente por pessoas físicas de baixa renda reconhecidas pelo poder público como catadores de materiais recicláveis, com o uso de equipamentos compatíveis com as normas técnicas, ambientais e de saúde pública. (Redação dada pela Lei nº 11.445, de 2007).

XXVIII - para o fornecimento de bens e serviços, produzidos ou prestados no País, que envolvam, cumulativamente, alta complexidade tecnológica e defesa nacional, mediante parecer de comissão especialmente designada pela autoridade máxima do órgão. (Incluído pela Lei nº 11.484, de 2007).

XXIX - na aquisição de bens e contratação de serviços para atender aos contingentes militares das Forças Singulares brasileiras empregadas em operações de paz no exterior, necessariamente justificados quanto ao preço e à escolha do fornecedor ou executante e ratificadas pelo Comandante da Força. (Incluído pela Lei nº 11.783, de 2008).

XXX - na contratação de instituição ou organização, pública ou privada, com ou sem fins lucrativos, para a prestação de serviços de assistência técnica e extensão rural no âmbito do Programa Nacional de Assistência Técnica e Extensão Rural na Agricultura Familiar e na Reforma Agrária, instituído por lei federal. (Incluído pela Lei nº 12.188, de 2.010) Vigência

XXXI - nas contratações visando ao cumprimento do disposto nos arts. 3º, 4º, 5º e 20 da Lei no 10.973, de 2 de dezembro de 2004, observados os princípios gerais de contratação dela constantes. (Incluído pela Lei nº 12.349, de 2010)

XXXII - na contratação em que houver transferência de tecnologia de produtos estratégicos para o Sistema Único de Saúde - SUS, no âmbito da Lei no 8.080, de 19 de setembro de 1990, conforme elencados em ato da direção nacional do SUS, inclusive por ocasião da aquisição destes produtos durante as etapas de absorção tecnológica. (Incluído pela Lei nº 12.715, de 2012)

XXXIII - na contratação de entidades privadas sem fins lucrativos, para a implementação de cisternas ou outras tecnologias sociais de acesso à água para consumo humano e produção de alimentos, para beneficiar as famílias rurais de baixa renda atingidas pela seca ou falta regular de água. (Incluído pela Lei nº 12.873, de 2013)

XXXIV - para a aquisição por pessoa jurídica de direito público interno de insumos estratégicos para a saúde produzidos ou distribuídos por fundação que, regimental ou estatutariamente, tenha por finalidade apoiar órgão da administração pública direta, sua autarquia ou fundação em projetos de ensino, pesquisa, extensão, desenvolvimento institucional, científico e tecnológico e estímulo à inovação, inclusive na gestão administrativa e financeira necessária à execução desses projetos, ou em parcerias que envolvam transferência de tecnologia de produtos estratégicos para o Sistema Único de Saúde - SUS, nos termos do inciso XXXII deste artigo, e que tenha sido criada para esse fim específico em data anterior à vigência desta Lei, desde que o preço contratado seja compatível com o praticado no mercado. (Incluído pela Lei nº 13.204, de 2015)

XXXV - para a construção, a ampliação, a reforma e o aprimoramento de estabelecimentos penais, desde que configurada situação de grave e iminente risco à segurança pública. (Incluído pela Lei nº 13.500, de 2017)

§ 1º Os percentuais referidos nos incisos I e II do caput deste artigo serão 20% (vinte por cento) para compras, obras e serviços contratados por consórcios públicos, sociedade de economia mista, empresa pública e por autarquia ou fundação qualificadas, na forma da lei, como Agências Executivas. (Incluído pela Lei nº 12.715, de 2012)

§ 2º O limite temporal de criação do órgão ou entidade que integre a administração pública estabelecido no inciso VIII do caput deste artigo não se aplica aos órgãos ou entidades que produzem produtos estratégicos para o SUS, no âmbito da Lei no 8.080, de 19 de setembro de 1990, conforme elencados em ato da direção nacional do SUS. (Incluído pela Lei nº 12.715, de 2012)

§ 3º A hipótese de dispensa prevista no inciso XXI do caput, quando aplicada a obras e serviços de engenharia, seguirá procedimentos especiais instituídos em regulamentação específica. (Incluído pela Lei nº 13.243, de 2016)

§ 4º Não se aplica a vedação prevista no inciso I do caput do art. 9º à hipótese prevista no inciso XXI do caput. (Incluído pela Lei nº 13.243, de 2016)

Art. 25. É inexigível a licitação quando houver inviabilidade de competição, em especial:

I - para aquisição de materiais, equipamentos, ou gêneros que só possam ser fornecidos por produtor, empresa ou representante comercial exclusivo, vedada a preferência de marca, devendo a comprovação de exclusividade ser feita através de atestado fornecido pelo órgão de registro do comércio do local em que se realizaria a licitação ou a obra ou o serviço, pelo Sindicato, Federação ou Confederação Patronal, ou, ainda, pelas entidades equivalentes;

II - para a contratação de serviços técnicos enumerados no art. 13 desta Lei, de natureza singular, com profissionais ou empresas de notória especialização, vedada a inexigibilidade para serviços de publicidade e divulgação;

III - para contratação de profissional de qualquer setor artístico, diretamente ou através de empresário exclusivo, desde que consagrado pela crítica especializada ou pela opinião pública.

§ 1º Considera-se de notória especialização o profissional ou empresa cujo conceito no campo de sua especialidade, decorrente de desempenho anterior, estudos, experiências, publicações, organização, aparelhamento, equipe técnica, ou de outros requisitos relacionados com suas atividades, permita inferir que o seu trabalho é essencial e indiscutivelmente o mais adequado à plena satisfação do objeto do contrato.

§ 2º Na hipótese deste artigo e em qualquer dos casos de dispensa, se comprovado superfaturamento, respondem solidariamente pelo dano causado à Fazenda Pública o fornecedor ou o prestador de serviços e o agente público responsável, sem prejuízo de outras sanções legais cabíveis.

Art. 26. As dispensas previstas nos §§ 2º e 4º do art. 17 e no inciso III e seguintes do art. 24, as situações de inexigibilidade referidas no art. 25, necessariamente justificadas, e o retardamento previsto no final do parágrafo único do art. 8º desta Lei deverão ser comunicados, dentro de 3 (três) dias, à autoridade superior, para ratificação e publicação na imprensa oficial, no prazo de 5 (cinco) dias, como condição para a eficácia dos atos. (Redação dada pela Lei nº 11.107, de 2005)

Parágrafo único. O processo de dispensa, de inexigibilidade ou de retardamento, previsto neste artigo, será instruído, no que couber, com os seguintes elementos:

I - caracterização da situação emergencial, calamitosa ou de grave e iminente risco à segurança pública que justifique a dispensa, quando for o caso; (Redação dada pela Lei nº 13.500, de 2017)

II - razão da escolha do fornecedor ou executante;

III - justificativa do preço.

IV - documento de aprovação dos projetos de pesquisa aos quais os bens serão alocados. (Incluído pela Lei nº 9.648, de 1998)

SEÇÃO II - DA HABILITAÇÃO

Art. 27. Para a habilitação nas licitações exigir-se-á dos interessados, exclusivamente, documentação relativa a:

I - habilitação jurídica;
II - qualificação técnica;
III - qualificação econômico-financeira;
IV - regularidade fiscal e trabalhista; (Redação dada pela Lei nº 12.440, de 2011)
V - cumprimento do disposto no inciso XXXIII do art. 7º da Constituição Federal. (Incluído pela Lei nº 9.854, de 1999)

Art. 28. A documentação relativa à habilitação jurídica, conforme o caso, consistirá em:

I - cédula de identidade;
II - registro comercial, no caso de empresa individual;
III - ato constitutivo, estatuto ou contrato social em vigor, devidamente registrado, em se tratando de sociedades comerciais, e, no caso de sociedades por ações, acompanhado de documentos de eleição de seus administradores;
IV - inscrição do ato constitutivo, no caso de sociedades civis, acompanhada de prova de diretoria em exercício;
V - decreto de autorização, em se tratando de empresa ou sociedade estrangeira em funcionamento no País, e ato de registro ou autorização para funcionamento expedido pelo órgão competente, quando a atividade assim o exigir.

Art. 29. A documentação relativa à regularidade fiscal e trabalhista, conforme o caso, consistirá em: (Redação dada pela Lei nº 12.440, de 2011)

I - prova de inscrição no Cadastro de Pessoas Físicas (CPF) ou no Cadastro Geral de Contribuintes (CGC);

II - prova de inscrição no cadastro de contribuintes estadual ou municipal, se houver, relativo ao domicílio ou sede do licitante, pertinente ao seu ramo de atividade e compatível com o objeto contratual;

III - prova de regularidade para com a Fazenda Federal, Estadual e Municipal do domicílio ou sede do licitante, ou outra equivalente, na forma da lei;

IV - prova de regularidade relativa à Seguridade Social e ao Fundo de Garantia por Tempo de Serviço (FGTS), demonstrando situação regular no cumprimento dos encargos sociais instituídos por lei. (Redação dada pela Lei nº 8.883, de 1994)

V - prova de inexistência de débitos inadimplidos perante a Justiça do Trabalho, mediante a apresentação de certidão negativa, nos termos do Título VII-A da Consolidação das Leis do Trabalho, aprovada pelo Decreto-Lei no 5.452, de 1º de maio de 1943. (Incluído pela Lei nº 12.440, de 2011)

Art. 30. A documentação relativa à qualificação técnica limitar-se-á a:

I - registro ou inscrição na entidade profissional competente;

II - comprovação de aptidão para desempenho de atividade pertinente e compatível em características, quantidades e prazos com o objeto da licitação, e indicação das instalações e do aparelhamento e do pessoal técnico adequados e disponíveis para a realização do objeto da licitação, bem como da qualificação de cada um dos membros da equipe técnica que se responsabilizará pelos trabalhos;

III - comprovação, fornecida pelo órgão licitante, de que recebeu os documentos, e, quando exigido, de que tomou conhecimento de todas as informações e das condições locais para o cumprimento das obrigações objeto da licitação;

IV - prova de atendimento de requisitos previstos em lei especial, quando for o caso.

§ 1º A comprovação de aptidão referida no inciso II do «caput» deste artigo, no caso das licitações pertinentes a obras e serviços, será feita por atestados fornecidos por pessoas jurídicas de direito público ou privado, devidamente registrados nas entidades profissionais competentes, limitadas as exigências a: (Redação dada pela Lei nº 8.883, de 1994)

I - capacitação técnico-profissional: comprovação do licitante de possuir em seu quadro permanente, na data prevista para entrega da proposta, profissional de nível superior ou outro devidamente reconhecido pela entidade competente, detentor de atestado de responsabilidade técnica por execução de obra ou serviço de características semelhantes, limitadas estas exclusivamente às parcelas de maior relevância e valor significativo do objeto da licitação, vedadas as exigências de quantidades mínimas ou prazos máximos; (Incluído pela Lei nº 8.883, de 1994)

II - (Vetado). (Incluído pela Lei nº 8.883, de 1994)

a) (Vetado). (Incluído pela Lei nº 8.883, de 1994)

b) (Vetado). (Incluído pela Lei nº 8.883, de 1994)

§ 2º As parcelas de maior relevância técnica e de valor significativo, mencionadas no parágrafo anterior, serão definidas no instrumento convocatório. (Redação dada pela Lei nº 8.883, de 1994)

§ 3º Será sempre admitida a comprovação de aptidão através de certidões ou atestados de obras ou serviços similares de complexidade tecnológica e operacional equivalente ou superior.

§ 4º Nas licitações para fornecimento de bens, a comprovação de aptidão, quando for o caso, será feita através de atestados fornecidos por pessoa jurídica de direito público ou privado.

§ 5º É vedada a exigência de comprovação de atividade ou de aptidão com limitações de tempo ou de época ou ainda em locais específicos, ou quaisquer outras não previstas nesta Lei, que inibam a participação na licitação.

§ 6º As exigências mínimas relativas a instalações de canteiros, máquinas, equipamentos e pessoal técnico especializado, considerados essenciais para o cumprimento do objeto da licitação, serão atendidas mediante a apresentação de relação explícita e da declaração formal da sua disponibilidade, sob as penas cabíveis, vedada as exigências de propriedade e de localização prévia.

§ 7º (Vetado). (Redação dada pela Lei nº 8.883, de 1994)

I - (Vetado). (Incluído pela Lei nº 8.883, de 1994)

II - (Vetado). (Incluído pela Lei nº 8.883, de 1994)

§ 8º No caso de obras, serviços e compras de grande vulto, de alta complexidade técnica, poderá a Administração exigir dos licitantes a metodologia de execução, cuja avaliação, para efeito de sua aceitação ou não, antecederá sempre à análise dos preços e será efetuada exclusivamente por critérios objetivos.

§ 9º Entende-se por licitação de alta complexidade técnica aquela que envolva alta especialização, como fator de extrema relevância para garantir a execução do objeto a ser contratado, ou que possa comprometer a continuidade da prestação de serviços públicos essenciais.

§ 10. Os profissionais indicados pelo licitante para fins de comprovação da capacitação técnico-operacional de que trata o inciso I do § 1º deste artigo deverão participar da obra ou serviço objeto da licitação, admitindo-se a substituição por profissionais de experiência equivalente ou superior, desde que aprovada pela administração. (Incluído pela Lei nº 8.883, de 1994)

§ 11. (Vetado). (Incluído pela Lei nº 8.883, de 1994)

§ 12. (Vetado). (Incluído pela Lei nº 8.883, de 1994)

Art. 31. A documentação relativa à qualificação econômico-financeira limitar-se-á a:

I - balanço patrimonial e demonstrações contábeis do último exercício social, já exigíveis e apresentados na forma da lei, que comprovem a boa situação financeira da empresa, vedada a sua substituição por balancetes ou balanços provisórios, podendo ser atualizados por índices oficiais quando encerrado há mais de 3 (três) meses da data de apresentação da proposta;

II - certidão negativa de falência ou concordata expedida pelo distribuidor da sede da pessoa jurídica, ou de execução patrimonial, expedida no domicílio da pessoa física;

III - garantia, nas mesmas modalidades e critérios previstos no "caput" e § 1º do art. 56 desta Lei, limitada a 1% (um por cento) do valor estimado do objeto da contratação.

§ 1º A exigência de índices limitar-se-á à demonstração da capacidade financeira do licitante com vistas aos compromissos que terá que assumir caso lhe seja adjudicado o contrato, vedada a exigência de valores mínimos de faturamento anterior, índices de rentabilidade ou lucratividade. (Redação dada pela Lei nº 8.883, de 1994)

§ 2º A Administração, nas compras para entrega futura e na execução de obras e serviços, poderá estabelecer, no instrumento convocatório da licitação, a exigência de capital mínimo ou de patrimônio líquido mínimo, ou ainda as garantias previstas no § 1º do art. 56 desta Lei, como dado objetivo de comprovação da qualificação econômico-financeira dos licitantes e para efeito de garantia ao adimplemento do contrato a ser ulteriormente celebrado.

§ 3º O capital mínimo ou o valor do patrimônio líquido a que se refere o parágrafo anterior não poderá exceder a 10% (dez por cento) do valor estimado da contratação, devendo a comprovação ser feita relativamente à data da apresentação da proposta, na forma da lei, admitida a atualização para esta data através de índices oficiais.

§ 4º Poderá ser exigida, ainda, a relação dos compromissos assumidos pelo licitante que importem diminuição da capacidade operativa ou absorção de disponibilidade financeira, calculada esta em função do patrimônio líquido atualizado e sua capacidade de rotação.

§ 5º A comprovação de boa situação financeira da empresa será feita de forma objetiva, através do cálculo de índices contábeis previstos no edital e devidamente justificados no processo administrativo da licitação que tenha dado início ao certame licitatório, vedada a exigência de índices e valores não usualmente adotados para correta avaliação de situação financeira suficiente ao cumprimento das obrigações decorrentes da licitação. (Redação dada pela Lei nº 8.883, de 1994)

§ 6º (Vetado). (Redação dada pela Lei nº 8.883, de 1994)

Art. 32. Os documentos necessários à habilitação poderão ser apresentados em original, por qualquer processo de cópia autenticada por cartório competente ou por servidor da administração ou publicação em órgão da imprensa oficial. (Redação dada pela Lei nº 8.883, de 1994)

§ 1º A documentação de que tratam os arts. 28 a 31 desta Lei poderá ser dispensada, no todo ou em parte, nos casos de convite, concurso, fornecimento de bens para pronta entrega e leilão.

§ 2º O certificado de registro cadastral a que se refere o § 1º do art. 36 substitui os documentos enumerados nos arts. 28 a 31, quanto às informações disponibilizadas em sistema informatizado de consulta direta indicado no edital, obrigando-se a parte a declarar, sob as penalidades legais, a superveniência de fato impeditivo da habilitação. (Redação dada pela Lei nº 9.648, de 1998)

§ 3º A documentação referida neste artigo poderá ser substituída por registro cadastral emitido por órgão ou entidade pública, desde que previsto no edital e o registro tenha sido feito em obediência ao disposto nesta Lei.

§ 4º As empresas estrangeiras que não funcionem no País, tanto quanto possível, atenderão, nas licitações internacionais, às exigências dos parágrafos anteriores mediante documentos equivalentes, autenticados pelos respectivos consulados e traduzidos por tradutor juramentado, devendo ter representação legal no Brasil com poderes expressos para receber citação e responder administrativa ou judicialmente.

§ 5º Não se exigirá, para a habilitação de que trata este artigo, prévio recolhimento de taxas ou emolumentos, salvo os referentes a fornecimento do edital, quando solicitado, com os seus elementos constitutivos, limitados ao valor do custo efetivo de reprodução gráfica da documentação fornecida.

§ 6º O disposto no § 4º deste artigo, no § 1º do art. 33 e no § 2º do art. 55, não se aplica às licitações internacionais para a aquisição de bens e serviços cujo pagamento seja feito com o produto de financiamento concedido por organismo financeiro internacional de que o Brasil faça parte, ou por agência estrangeira de cooperação, nem nos casos de contratação com empresa estrangeira, para a compra de equipamentos fabricados e entregues no exterior, desde que para este caso tenha havido prévia autorização do Chefe do Poder Executivo, nem nos casos de aquisição de bens e serviços realizada por unidades administrativas com sede no exterior.

§ 7º A documentação de que tratam os arts. 28 a 31 e este artigo poderá ser dispensada, nos termos de regulamento, no

todo ou em parte, para a contratação de produto para pesquisa e desenvolvimento, desde que para pronta entrega ou até o valor previsto na alínea "a" do inciso II do caput do art. 23. (Incluído pela Lei nº 13.243, de 2016)

Art. 33. Quando permitida na licitação a participação de empresas em consórcio, observar-se-ão as seguintes normas:

I - comprovação do compromisso público ou particular de constituição de consórcio, subscrito pelos consorciados;

II - indicação da empresa responsável pelo consórcio que deverá atender às condições de liderança, obrigatoriamente fixadas no edital;

III - apresentação dos documentos exigidos nos arts. 28 a 31 desta Lei por parte de cada consorciado, admitindo-se, para efeito de qualificação técnica, o somatório dos quantitativos de cada consorciado, e, para efeito de qualificação econômico-financeira, o somatório dos valores de cada consorciado, na proporção de sua respectiva participação, podendo a Administração estabelecer, para o consórcio, um acréscimo de até 30% (trinta por cento) dos valores exigidos para licitante individual, inexigível este acréscimo para os consórcios compostos, em sua totalidade, por micro e pequenas empresas assim definidas em lei;

IV - impedimento de participação de empresa consorciada, na mesma licitação, através de mais de um consórcio ou isoladamente;

V - responsabilidade solidária dos integrantes pelos atos praticados em consórcio, tanto na fase de licitação quanto na de execução do contrato.

§ 1º No consórcio de empresas brasileiras e estrangeiras a liderança caberá, obrigatoriamente, à empresa brasileira, observado o disposto no inciso II deste artigo.

§ 2º O licitante vencedor fica obrigado a promover, antes da celebração do contrato, a constituição e o registro do consórcio, nos termos do compromisso referido no inciso I deste artigo.

SEÇÃO III - DOS REGISTROS CADASTRAIS

Art. 34. Para os fins desta Lei, os órgãos e entidades da Administração Pública que realizem freqüentemente licitações manterão registros cadastrais para efeito de habilitação, na forma regulamentar, válidos por, no máximo, um ano. (Regulamento)

§ 1º O registro cadastral deverá ser amplamente divulgado e deverá estar permanentemente aberto aos interessados, obrigando-se a unidade por ele responsável a proceder, no mínimo anualmente, através da imprensa oficial e de jornal diário, a chamamento público para a atualização dos registros existentes e para o ingresso de novos interessados.

§ 2º É facultado às unidades administrativas utilizarem-se de registros cadastrais de outros órgãos ou entidades da Administração Pública.

Art. 35. Ao requerer inscrição no cadastro, ou atualização deste, a qualquer tempo, o interessado fornecerá os elementos necessários à satisfação das exigências do art. 27 desta Lei.

Art. 36. Os inscritos serão classificados por categorias, tendo-se em vista sua especialização, subdivididas em grupos, segundo a qualificação técnica e econômica avaliada pelos elementos constantes da documentação relacionada nos arts. 30 e 31 desta Lei.

§ 1º Aos inscritos será fornecido certificado, renovável sempre que atualizarem o registro.

§ 2º A atuação do licitante no cumprimento de obrigações assumidas será anotada no respectivo registro cadastral.

Art. 37. A qualquer tempo poderá ser alterado, suspenso ou cancelado o registro do inscrito que deixar de satisfazer as exigências do art. 27 desta Lei, ou as estabelecidas para classificação cadastral.

SEÇÃO IV - DO PROCEDIMENTO E JULGAMENTO

Art. 38. O procedimento da licitação será iniciado com a abertura de processo administrativo, devidamente autuado, protocolado e numerado, contendo a autorização respectiva, a indicação sucinta de seu objeto e do recurso próprio para a despesa, e ao qual serão juntados oportunamente:

I - edital ou convite e respectivos anexos, quando for o caso;

II - comprovante das publicações do edital resumido, na forma do art. 21 desta Lei, ou da entrega do convite;

III - ato de designação da comissão de licitação, do leiloeiro administrativo ou oficial, ou do responsável pelo convite;

IV - original das propostas e dos documentos que as instruírem;

V - atas, relatórios e deliberações da Comissão Julgadora;

VI - pareceres técnicos ou jurídicos emitidos sobre a licitação, dispensa ou inexigibilidade;

VII - atos de adjudicação do objeto da licitação e da sua homologação;

VIII - recursos eventualmente apresentados pelos licitantes e respectivas manifestações e decisões;

IX - despacho de anulação ou de revogação da licitação, quando for o caso, fundamentado circunstanciadamente;

X - termo de contrato ou instrumento equivalente, conforme o caso;

XI - outros comprovantes de publicações;

XII - demais documentos relativos à licitação.

Parágrafo único. As minutas de editais de licitação, bem como as dos contratos, acordos, convênios ou ajustes devem ser previamente examinadas e aprovadas por assessoria jurídica da Administração. (Redação dada pela Lei nº 8.883, de 1994)

Art. 39. Sempre que o valor estimado para uma licitação ou para um conjunto de licitações simultâneas ou sucessivas for superior a 100 (cem) vezes o limite previsto no art. 23, inciso I, alínea "c" desta Lei, o processo licitatório será iniciado, obrigatoriamente, com uma audiência pública concedida pela autoridade responsável com antecedência mínima de 15 (quinze) dias úteis da data prevista para a publicação do edital, e divulgada, com a antecedência mínima de 10 (dez) dias úteis de sua realização, pelos mesmos meios previstos para a publicidade da licitação, à qual terão acesso e direito a todas as informações pertinentes e a se manifestar todos os interessados.

Parágrafo único. Para os fins deste artigo, consideram-se licitações simultâneas aquelas com objetos similares e com realização prevista para intervalos não superiores a trinta dias e licitações sucessivas aquelas em que, também com objetos similares, o edital subseqüente tenha uma data anterior a cento e vinte dias após o término do contrato resultante da licitação antecedente. (Redação dada pela Lei nº 8.883, de 1994)

Art. 40. O edital conterá no preâmbulo o número de ordem em série anual, o nome da repartição interessada e de seu setor, a modalidade, o regime de execução e o tipo da licitação, a menção de que será regida por esta Lei, o local, dia e hora para recebimento da documentação e proposta, bem como para início da abertura dos envelopes, e indicará, obrigatoriamente, o seguinte:

I - objeto da licitação, em descrição sucinta e clara;

II - prazo e condições para assinatura do contrato ou retirada dos instrumentos, como previsto no art. 64 desta Lei, para execução do contrato e para entrega do objeto da licitação;

III - sanções para o caso de inadimplemento;

IV - local onde poderá ser examinado e adquirido o projeto básico;

V - se há projeto executivo disponível na data da publicação do edital de licitação e o local onde possa ser examinado e adquirido;

VI - condições para participação na licitação, em conformidade com os arts. 27 a 31 desta Lei, e forma de apresentação das propostas;

VII - critério para julgamento, com disposições claras e parâmetros objetivos;

VIII - locais, horários e códigos de acesso dos meios de comunicação à distância em que serão fornecidos elemen-

tos, informações e esclarecimentos relativos à licitação e às condições para atendimento das obrigações necessárias ao cumprimento de seu objeto;

IX - condições equivalentes de pagamento entre empresas brasileiras e estrangeiras, no caso de licitações internacionais;

X - o critério de aceitabilidade dos preços unitário e global, conforme o caso, permitida a fixação de preços máximos e vedados a fixação de preços mínimos, critérios estatísticos ou faixas de variação em relação a preços de referência, ressalvado o disposto nos parágrafos 1º e 2º do art. 48; (Redação dada pela Lei nº 9.648, de 1998)

XI - critério de reajuste, que deverá retratar a variação efetiva do custo de produção, admitida a adoção de índices específicos ou setoriais, desde a data prevista para apresentação da proposta, ou do orçamento a que essa proposta se referir, até a data do adimplemento de cada parcela; (Redação dada pela Lei nº 8.883, de 1994)

XII - (Vetado). (Redação dada pela Lei nº 8.883, de 1994)

XIII - limites para pagamento de instalação e mobilização para execução de obras ou serviços que serão obrigatoriamente previstos em separado das demais parcelas, etapas ou tarefas;

XIV - condições de pagamento, prevendo:

a) prazo de pagamento não superior a trinta dias, contado a partir da data final do período de adimplemento de cada parcela; (Redação dada pela Lei nº 8.883, de 1994)

b) cronograma de desembolso máximo por período, em conformidade com a disponibilidade de recursos financeiros;

c) critério de atualização financeira dos valores a serem pagos, desde a data final do período de adimplemento de cada parcela até a data do efetivo pagamento; (Redação dada pela Lei nº 8.883, de 1994)

d) compensações financeiras e penalizações, por eventuais atrasos, e descontos, por eventuais antecipações de pagamentos;

e) exigência de seguros, quando for o caso;

XV - instruções e normas para os recursos previstos nesta Lei;

XVI - condições de recebimento do objeto da licitação;

XVII - outras indicações específicas ou peculiares da licitação.

§ 1º O original do edital deverá ser datado, rubricado em todas as folhas e assinado pela autoridade que o expedir, permanecendo no processo de licitação, e dele extraindo-se cópias integrais ou resumidas, para sua divulgação e fornecimento aos interessados.

§ 2º Constituem anexos do edital, dele fazendo parte integrante:

I - o projeto básico e/ou executivo, com todas as suas partes, desenhos, especificações e outros complementos;

II - orçamento estimado em planilhas de quantitativos e preços unitários; (Redação dada pela Lei nº 8.883, de 1994)

III - a minuta do contrato a ser firmado entre a Administração e o licitante vencedor;

IV - as especificações complementares e as normas de execução pertinentes à licitação.

§ 3º Para efeito do disposto nesta Lei, considera-se como adimplemento da obrigação contratual a prestação do serviço, a realização da obra, a entrega do bem ou de parcela destes, bem como qualquer outro evento contratual a cuja ocorrência esteja vinculada a emissão de documento de cobrança.

§ 4º Nas compras para entrega imediata, assim entendidas aquelas com prazo de entrega até trinta dias da data prevista para apresentação da proposta, poderão ser dispensadas: (Incluído pela Lei nº 8.883, de 1994)

I - o disposto no inciso XI deste artigo; (Incluído pela Lei nº 8.883, de 1994)

II - a atualização financeira a que se refere a alínea "c" do inciso XIV deste artigo, correspondente ao período compreendido entre as datas do adimplemento e a prevista para o pagamento, desde que não superior a quinze dias. (Incluído pela Lei nº 8.883, de 1994)

§ 5º A Administração Pública poderá, nos editais de licitação para a contratação de serviços, exigir da contratada que um percentual mínimo de sua mão de obra seja oriundo ou egresso do sistema prisional, com a finalidade de ressocialização do reeducando, na forma estabelecida em regulamento. (Incluído pela Lei nº 13.500, de 2017)

Art. 41. A Administração não pode descumprir as normas e condições do edital, ao qual se acha estritamente vinculada.

§ 1º Qualquer cidadão é parte legítima para impugnar edital de licitação por irregularidade na aplicação desta Lei, devendo protocolar o pedido até 5 (cinco) dias úteis antes da data fixada para a abertura dos envelopes de habilitação, devendo a Administração julgar e responder à impugnação em até 3 (três) dias úteis, sem prejuízo da faculdade prevista no § 1º do art. 113.

§ 2º Decairá do direito de impugnar os termos do edital de licitação perante a administração o licitante que não o fizer até o segundo dia útil que anteceder a abertura dos envelopes de habilitação em concorrência, a abertura dos envelopes com as propostas em convite, tomada de preços ou concurso, ou a realização de leilão, as falhas ou irregularidades que viciariam esse edital, hipótese em que tal comunicação não terá efeito de recurso. (Redação dada pela Lei nº 8.883, de 1994)

§ 3º A impugnação feita tempestivamente pelo licitante não o impedirá de participar do processo licitatório até o trânsito em julgado da decisão a ela pertinente.

§ 4º A inabilitação do licitante importa preclusão do seu direito de participar das fases subseqüentes.

Art. 42. Nas concorrências de âmbito internacional, o edital deverá ajustar-se às diretrizes da política monetária e do comércio exterior e atender às exigências dos órgãos competentes.

§ 1º Quando for permitido ao licitante estrangeiro cotar preço em moeda estrangeira, igualmente o poderá fazer o licitante brasileiro.

§ 2º O pagamento feito ao licitante brasileiro eventualmente contratado em virtude da licitação de que trata o parágrafo anterior será efetuado em moeda brasileira, à taxa de câmbio vigente no dia útil imediatamente anterior à data do efetivo pagamento. (Redação dada pela Lei nº 8.883, de 1994)

§ 3º As garantias de pagamento ao licitante brasileiro serão equivalentes àquelas oferecidas ao licitante estrangeiro.

§ 4º Para fins de julgamento da licitação, as propostas apresentadas por licitantes estrangeiros serão acrescidas dos gravames conseqüentes dos mesmos tributos que oneram exclusivamente os licitantes brasileiros quanto à operação final de venda.

§ 5º Para a realização de obras, prestação de serviços ou aquisição de bens com recursos provenientes de financiamento ou doação oriundos de agência oficial de cooperação estrangeira ou organismo financeiro multilateral de que o Brasil seja parte, poderão ser admitidas, na respectiva licitação, as condições decorrentes de acordos, protocolos, convenções ou tratados internacionais aprovados pelo Congresso Nacional, bem como as normas e procedimentos daquelas entidades, inclusive quanto ao critério de seleção da proposta mais vantajosa para a administração, o qual poderá contemplar, além do preço, outros fatores de avaliação, desde que por elas exigidos para a obtenção do financiamento ou da doação, e que também não conflitem com o princípio do julgamento objetivo e sejam objeto de despacho motivado do órgão executor do contrato, despacho esse ratificado pela autoridade imediatamente superior. (Redação dada pela Lei nº 8.883, de 1994)

§ 6º As cotações de todos os licitantes serão para entrega no mesmo local de destino.

Art. 43. A licitação será processada e julgada com observância dos seguintes procedimentos:

I - abertura dos envelopes contendo a documentação relativa à habilitação dos concorrentes, e sua apreciação;

II - devolução dos envelopes fechados aos concorrentes inabilitados, contendo as respectivas propostas, desde que não tenha havido recurso ou após sua denegação;

III - abertura dos envelopes contendo as propostas dos concorrentes habilitados, desde que transcorrido o prazo sem interposição de recurso, ou tenha havido desistência expressa, ou após o julgamento dos recursos interpostos;

IV - verificação da conformidade de cada proposta com os requisitos do edital e, conforme o caso, com os preços correntes no mercado ou fixados por órgão oficial competente, ou ainda com os constantes do sistema de registro de preços, os quais deverão ser devidamente registrados na ata de julgamento, promovendo-se a desclassificação das propostas desconformes ou incompatíveis;

V - julgamento e classificação das propostas de acordo com os critérios de avaliação constantes do edital;

VI - deliberação da autoridade competente quanto à homologação e adjudicação do objeto da licitação.

§ 1º A abertura dos envelopes contendo a documentação para habilitação e as propostas será realizada sempre em ato público previamente designado, do qual se lavrará ata circunstanciada, assinada pelos licitantes presentes e pela Comissão.

§ 2º Todos os documentos e propostas serão rubricados pelos licitantes presentes e pela Comissão.

§ 3º É facultada à Comissão ou autoridade superior, em qualquer fase da licitação, a promoção de diligência destinada a esclarecer ou a complementar a instrução do processo, vedada a inclusão posterior de documento ou informação que deveria constar originariamente da proposta.

§ 4º O disposto neste artigo aplica-se à concorrência e, no que couber, ao concurso, ao leilão, à tomada de preços e ao convite. (Redação dada pela Lei nº 8.883, de 1994)

§ 5º Ultrapassada a fase de habilitação dos concorrentes (incisos I e II) e abertas as propostas (inciso III), não cabe desclassificá-los por motivo relacionado com a habilitação, salvo em razão de fatos supervenientes ou só conhecidos após o julgamento.

§ 6º Após a fase de habilitação, não cabe desistência de proposta, salvo por motivo justo decorrente de fato superveniente e aceito pela Comissão.

Art. 44. No julgamento das propostas, a Comissão levará em consideração os critérios objetivos definidos no edital ou convite, os quais não devem contrariar as normas e princípios estabelecidos por esta Lei.

§ 1º É vedada a utilização de qualquer elemento, critério ou fator sigiloso, secreto, subjetivo ou reservado que possa ainda que indiretamente elidir o princípio da igualdade entre os licitantes.

§ 2º Não se considerará qualquer oferta de vantagem não prevista no edital ou no convite, inclusive financiamentos subsidiados ou a fundo perdido, nem preço ou vantagem baseada nas ofertas dos demais licitantes.

§ 3º Não se admitirá proposta que apresente preços global ou unitários simbólicos, irrisórios ou de valor zero, incompatíveis com os preços dos insumos e salários de mercado, acrescidos dos respectivos encargos, ainda que o ato convocatório da licitação não tenha estabelecido limites mínimos, exceto quando se referirem a materiais e instalações de propriedade do próprio licitante, para os quais ele renuncie a parcela ou à totalidade da remuneração. (Redação dada pela Lei nº 8.883, de 1994)

§ 4º O disposto no parágrafo anterior aplica-se também às propostas que incluam mão-de-obra estrangeira ou importações de qualquer natureza. (Redação dada pela Lei nº 8.883, de 1994)

Art. 45. O julgamento das propostas será objetivo, devendo a Comissão de licitação ou o responsável pelo convite realizá-lo em conformidade com os tipos de licitação, os critérios previamente estabelecidos no ato convocatório e de acordo com os fatores exclusivamente nele referidos, de maneira a possibilitar sua aferição pelos licitantes e pelos órgãos de controle.

§ 1º Para os efeitos deste artigo, constituem tipos de licitação, exceto na modalidade concurso: (Redação dada pela Lei nº 8.883, de 1994)

I - a de menor preço - quando o critério de seleção da proposta mais vantajosa para a Administração determinar que será vencedor o licitante que apresentar a proposta de acordo com as especificações do edital ou convite e ofertar o menor preço;

II - a de melhor técnica;

III - a de técnica e preço.

IV - a de maior lance ou oferta - nos casos de alienação de bens ou concessão de direito real de uso. (Incluído pela Lei nº 8.883, de 1994)

§ 2º No caso de empate entre duas ou mais propostas, e após obedecido o disposto no § 2º do art. 3º desta Lei, a classificação se fará, obrigatoriamente, por sorteio, em ato público, para o qual todos os licitantes serão convocados, vedado qualquer outro processo.

§ 3º No caso da licitação do tipo «menor preço», entre os licitantes considerados qualificados a classificação se dará pela ordem crescente dos preços propostos, prevalecendo, no caso de empate, exclusivamente o critério previsto no parágrafo anterior. (Redação dada pela Lei nº 8.883, de 1994)

§ 4º Para contratação de bens e serviços de informática, a administração observará o disposto no art. 3º da Lei no 8.248, de 23 de outubro de 1991, levando em conta os fatores especificados em seu parágrafo 2º e adotando obrigatoriamente o tipo de licitação «técnica e preço», permitido o emprego de outro tipo de licitação nos casos indicados em decreto do Poder Executivo. (Redação dada pela Lei nº 8.883, de 1994)

§ 5º É vedada a utilização de outros tipos de licitação não previstos neste artigo.

§ 6º Na hipótese prevista no art. 23, § 7º, serão selecionadas tantas propostas quantas necessárias até que se atinja a quantidade demandada na licitação. (Incluído pela Lei nº 9.648, de 1998)

Art. 46. Os tipos de licitação "melhor técnica" ou "técnica e preço" serão utilizados exclusivamente para serviços de natureza predominantemente intelectual, em especial na elaboração de projetos, cálculos, fiscalização, supervisão e gerenciamento e de engenharia consultiva em geral e, em particular, para a elaboração de estudos técnicos preliminares e projetos básicos e executivos, ressalvado o disposto no § 4º do artigo anterior. (Redação dada pela Lei nº 8.883, de 1994)

§ 1º Nas licitações do tipo «melhor técnica» será adotado o seguinte procedimento claramente explicitado no instrumento convocatório, o qual fixará o preço máximo que a Administração se propõe a pagar:

I - serão abertos os envelopes contendo as propostas técnicas exclusivamente dos licitantes previamente qualificados e feita então a avaliação e classificação destas propostas de acordo com os critérios pertinentes e adequados ao objeto licitado, definidos com clareza e objetividade no instrumento convocatório e que considerem a capacitação e a experiência do proponente, a qualidade técnica da proposta, compreendendo metodologia, organização, tecnologias e recursos materiais a serem utilizados nos trabalhos, e a qualificação das equipes técnicas a serem mobilizadas para a sua execução;

II - uma vez classificadas as propostas técnicas, proceder-se-á à abertura das propostas de preço dos licitantes que tenham atingido a valorização mínima estabelecida no instrumento convocatório e à negociação das condições propostas, com a proponente melhor classificada, com base nos

orçamentos detalhados apresentados e respectivos preços unitários e tendo como referência o limite representado pela proposta de menor preço entre os licitantes que obtiveram a valorização mínima;

III - no caso de impasse na negociação anterior, procedimento idêntico será adotado, sucessivamente, com os demais proponentes, pela ordem de classificação, até a consecução de acordo para a contratação;

IV - as propostas de preços serão devolvidas intactas aos licitantes que não forem preliminarmente habilitados ou que não obtiverem a valorização mínima estabelecida para a proposta técnica.

§ 2º Nas licitações do tipo «técnica e preço» será adotado, adicionalmente ao inciso I do parágrafo anterior, o seguinte procedimento claramente explicitado no instrumento convocatório:

I - será feita a avaliação e a valorização das propostas de preços, de acordo com critérios objetivos preestabelecidos no instrumento convocatório;

II - a classificação dos proponentes far-se-á de acordo com a média ponderada das valorizações das propostas técnicas e de preço, de acordo com os pesos preestabelecidos no instrumento convocatório.

§ 3º Excepcionalmente, os tipos de licitação previstos neste artigo poderão ser adotados, por autorização expressa e mediante justificativa circunstanciada da maior autoridade da Administração promotora constante do ato convocatório, para fornecimento de bens e execução de obras ou prestação de serviços de grande vulto majoritariamente dependentes de tecnologia nitidamente sofisticada e de domínio restrito, atestado por autoridades técnicas de reconhecida qualificação, nos casos em que o objeto pretendido admitir soluções alternativas e variações de execução, com repercussões significativas sobre sua qualidade, produtividade, rendimento e durabilidade concretamente mensuráveis, e estas puderem ser adotadas à livre escolha dos licitantes, na conformidade dos critérios objetivamente fixados no ato convocatório.

§ 4º (Vetado). (Incluído pela Lei nº 8.883, de 1994)

Art. 47. Nas licitações para a execução de obras e serviços, quando for adotada a modalidade de execução de empreitada por preço global, a Administração deverá fornecer obrigatoriamente, junto com o edital, todos os elementos e informações necessários para que os licitantes possam elaborar suas propostas de preços com total e completo conhecimento do objeto da licitação.

Art. 48. Serão desclassificadas:

I - as propostas que não atendam às exigências do ato convocatório da licitação;

II - propostas com valor global superior ao limite estabelecido ou com preços manifestamente inexeqüíveis, assim considerados aqueles que não venham a ter demonstrada sua viabilidade através de documentação que comprove que os custos dos insumos são coerentes com os de mercado e que os coeficientes de produtividade são compatíveis com a execução do objeto do contrato, condições estas necessariamente especificadas no ato convocatório da licitação. (Redação dada pela Lei nº 8.883, de 1994)

§ 1º Para os efeitos do disposto no inciso II deste artigo consideram-se manifestamente inexeqüíveis, no caso de licitações de menor preço para obras e serviços de engenharia, as propostas cujos valores sejam inferiores a 70% (setenta por cento) do menor dos seguintes valores: (Incluído pela Lei nº 9.648, de 1998)

a) média aritmética dos valores das propostas superiores a 50% (cinqüenta por cento) do valor orçado pela administração, ou (Incluído pela Lei nº 9.648, de 1998)

b) valor orçado pela administração. (Incluído pela Lei nº 9.648, de 1998)

§ 2º Dos licitantes classificados na forma do parágrafo anterior cujo valor global da proposta for inferior a 80% (oitenta por cento) do menor valor a que se referem as alíneas «a» e «b», será exigida, para a assinatura do contrato, prestação de garantia adicional, dentre as modalidades previstas no § 1º do art. 56, igual a diferença entre o valor resultante do parágrafo anterior e o valor da correspondente proposta. (Incluído pela Lei nº 9.648, de 1998)

§ 3º Quando todos os licitantes forem inabilitados ou todas as propostas forem desclassificadas, a administração poderá fixar aos licitantes o prazo de oito dias úteis para a apresentação de nova documentação ou de outras propostas escoimadas das causas referidas neste artigo, facultada, no caso de convite, a redução deste prazo para três dias úteis. (Incluído pela Lei nº 9.648, de 1998)

Art. 49. A autoridade competente para a aprovação do procedimento somente poderá revogar a licitação por razões de interesse público decorrente de fato superveniente devidamente comprovado, pertinente e suficiente para justificar tal conduta, devendo anulá-la por ilegalidade, de ofício ou por provocação de terceiros, mediante parecer escrito e devidamente fundamentado.

§ 1º A anulação do procedimento licitatório por motivo de ilegalidade não gera obrigação de indenizar, ressalvado o disposto no parágrafo único do art. 59 desta Lei.

§ 2º A nulidade do procedimento licitatório induz à do contrato, ressalvado o disposto no parágrafo único do art. 59 desta Lei.

§ 3º No caso de desfazimento do processo licitatório, fica assegurado o contraditório e a ampla defesa.

§ 4º O disposto neste artigo e seus parágrafos aplica-se aos atos do procedimento de dispensa e de inexigibilidade de licitação.

Art. 50. A Administração não poderá celebrar o contrato com preterição da ordem de classificação das propostas ou com terceiros estranhos ao procedimento licitatório, sob pena de nulidade.

Art. 51. A habilitação preliminar, a inscrição em registro cadastral, a sua alteração ou cancelamento, e as propostas serão processadas e julgadas por comissão permanente ou especial de, no mínimo, 3 (três) membros, sendo pelo menos 2 (dois) deles servidores qualificados pertencentes aos quadros permanentes dos órgãos da Administração responsáveis pela licitação.

§ 1º No caso de convite, a Comissão de licitação, excepcionalmente, nas pequenas unidades administrativas e em face da exigüidade de pessoal disponível, poderá ser substituída por servidor formalmente designado pela autoridade competente.

§ 2º A Comissão para julgamento dos pedidos de inscrição em registro cadastral, sua alteração ou cancelamento, será integrada por profissionais legalmente habilitados no caso de obras, serviços ou aquisição de equipamentos.

§ 3º Os membros das Comissões de licitação responderão solidariamente por todos os atos praticados pela Comissão, salvo se posição individual divergente estiver devidamente fundamentada e registrada em ata lavrada na reunião em que tiver sido tomada a decisão.

§ 4º A investidura dos membros das Comissões permanentes não excederá a 1 (um) ano, vedada a recondução da totalidade de seus membros para a mesma comissão no período subseqüente.

§ 5º No caso de concurso, o julgamento será feito por uma comissão especial integrada por pessoas de reputação ilibada e reconhecido conhecimento da matéria em exame, servidores públicos ou não.

Art. 52. O concurso a que se refere o § 4º do art. 22 desta Lei deve ser precedido de regulamento próprio, a ser obtido pelos interessados no local indicado no edital.

§ 1º O regulamento deverá indicar:

I - a qualificação exigida dos participantes;

II - as diretrizes e a forma de apresentação do trabalho;

III - as condições de realização do concurso e os prêmios a serem concedidos.

§ 2º Em se tratando de projeto, o vencedor deverá autorizar a Administração a executá-lo quando julgar conveniente.

Art. 53. O leilão pode ser cometido a leiloeiro oficial ou a servidor designado pela Administração, procedendo-se na forma da legislação pertinente.

§ 1º Todo bem a ser leiloado será previamente avaliado pela Administração para fixação do preço mínimo de arrematação.

§ 2º Os bens arrematados serão pagos à vista ou no percentual estabelecido no edital, não inferior a 5% (cinco por cento) e, após a assinatura da respectiva ata lavrada no local do leilão, imediatamente entregues ao arrematante, o qual se obrigará ao pagamento do restante no prazo estipulado no edital de convocação, sob pena de perder em favor da Administração o valor já recolhido.

§ 3º Nos leilões internacionais, o pagamento da parcela à vista poderá ser feito em até vinte e quatro horas. (Redação dada pela Lei nº 8.883, de 1994)

§ 4º O edital de leilão deve ser amplamente divulgado, principalmente no município em que se realizará. (Incluído pela Lei nº 8.883, de 1994)

CAPÍTULO III - DOS CONTRATOS

SEÇÃO I - DISPOSIÇÕES PRELIMINARES

Art. 54. Os contratos administrativos de que trata esta Lei regulam-se pelas suas cláusulas e pelos preceitos de direito público, aplicando-se-lhes, supletivamente, os princípios da teoria geral dos contratos e as disposições de direito privado.

§ 1º Os contratos devem estabelecer com clareza e precisão as condições para sua execução, expressas em cláusulas que definam os direitos, obrigações e responsabilidades das partes, em conformidade com os termos da licitação e da proposta a que se vinculam.

§ 2º Os contratos decorrentes de dispensa ou de inexigibilidade de licitação devem atender aos termos do ato que os autorizou e da respectiva proposta.

Art. 55. São cláusulas necessárias em todo contrato as que estabeleçam:

I - o objeto e seus elementos característicos;

II - o regime de execução ou a forma de fornecimento;

III - o preço e as condições de pagamento, os critérios, data-base e periodicidade do reajustamento de preços, os critérios de atualização monetária entre a data do adimplemento das obrigações e a do efetivo pagamento;

IV - os prazos de início de etapas de execução, de conclusão, de entrega, de observação e de recebimento definitivo, conforme o caso;

V - o crédito pelo qual correrá a despesa, com a indicação da classificação funcional programática e da categoria econômica;

VI - as garantias oferecidas para assegurar sua plena execução, quando exigidas;

VII - os direitos e as responsabilidades das partes, as penalidades cabíveis e os valores das multas;

VIII - os casos de rescisão;

IX - o reconhecimento dos direitos da Administração, em caso de rescisão administrativa prevista no art. 77 desta Lei;

X - as condições de importação, a data e a taxa de câmbio para conversão, quando for o caso;

XI - a vinculação ao edital de licitação ou ao termo que a dispensou ou a inexigiu, ao convite e à proposta do licitante vencedor;

XII - a legislação aplicável à execução do contrato e especialmente aos casos omissos;

XIII - a obrigação do contratado de manter, durante toda a execução do contrato, em compatibilidade com as obrigações por ele assumidas, todas as condições de habilitação e qualificação exigidas na licitação.

§ 1º (Vetado). (Redação dada pela Lei nº 8.883, de 1994)

§ 2º Nos contratos celebrados pela Administração Pública com pessoas físicas ou jurídicas, inclusive aquelas domiciliadas no estrangeiro, deverá constar necessariamente cláusula que declare competente o foro da sede da Administração para dirimir qualquer questão contratual, salvo o disposto no § 6º do art. 32 desta Lei.

§ 3º No ato da liquidação da despesa, os serviços de contabilidade comunicarão, aos órgãos incumbidos da arrecadação e fiscalização de tributos da União, Estado ou Município, as características e os valores pagos, segundo o disposto no art. 63 da Lei no 4.320, de 17 de março de 1964.

Art. 56. A critério da autoridade competente, em cada caso, e desde que prevista no instrumento convocatório, poderá ser exigida prestação de garantia nas contratações de obras, serviços e compras.

§ 1º Caberá ao contratado optar por uma das seguintes modalidades de garantia: (Redação dada pela Lei nº 8.883, de 1994)

I - caução em dinheiro ou em títulos da dívida pública, devendo estes ter sido emitidos sob a forma escritural, mediante registro em sistema centralizado de liquidação e de custódia autorizado pelo Banco Central do Brasil e avaliados pelos seus valores econômicos, conforme definido pelo Ministério da Fazenda; (Redação dada pela Lei nº 11.079, de 2004)

II - seguro-garantia; (Redação dada pela Lei nº 8.883, de 1994)

III - fiança bancária. (Redação dada pela Lei nº 8.883, de 8.6.94)

§ 2º A garantia a que se refere o caput deste artigo não excederá a cinco por cento do valor do contrato e terá seu valor atualizado nas mesmas condições daquele, ressalvado o previsto no parágrafo 3º deste artigo. (Redação dada pela Lei nº 8.883, de 1994)

§ 3º Para obras, serviços e fornecimentos de grande vulto envolvendo alta complexidade técnica e riscos financeiros consideráveis, demonstrados através de parecer tecnicamente aprovado pela autoridade competente, o limite de garantia previsto no parágrafo anterior poderá ser elevado para até dez por cento do valor do contrato. (Redação dada pela Lei nº 8.883, de 1994)

§ 4º A garantia prestada pelo contratado será liberada ou restituída após a execução do contrato e, quando em dinheiro, atualizada monetariamente.

§ 5º Nos casos de contratos que importem na entrega de bens pela Administração, dos quais o contratado ficará depositário, ao valor da garantia deverá ser acrescido o valor desses bens.

Art. 57. A duração dos contratos regidos por esta Lei ficará adstrita à vigência dos respectivos créditos orçamentários, exceto quanto aos relativos:

I - aos projetos cujos produtos estejam contemplados nas metas estabelecidas no Plano Plurianual, os quais poderão ser prorrogados se houver interesse da Administração e desde que isso tenha sido previsto no ato convocatório;

II - à prestação de serviços a serem executados de forma contínua, que poderão ter a sua duração prorrogada por iguais e sucessivos períodos com vistas à obtenção de preços e condições mais vantajosas para a administração, limitada a sessenta meses; (Redação dada pela Lei nº 9.648, de 1998)

III - (Vetado). (Redação dada pela Lei nº 8.883, de 1994)

IV - ao aluguel de equipamentos e à utilização de programas de informática, podendo a duração estender-se pelo prazo de até 48 (quarenta e oito) meses após o início da vigência do contrato.

V - às hipóteses previstas nos incisos IX, XIX, XXVIII e XXXI do art. 24, cujos contratos poderão ter vigência por até 120 (cento e vinte) meses, caso haja interesse da administração. (Incluído pela Lei nº 12.349, de 2010)

§ 1º Os prazos de início de etapas de execução, de conclusão e de entrega admitem prorrogação, mantidas as demais cláusulas do contrato e assegurada a manutenção de seu equilíbrio econômico-financeiro, desde que ocorra algum dos seguintes motivos, devidamente autuados em processo:

I - alteração do projeto ou especificações, pela Administração;

II - superveniência de fato excepcional ou imprevisível, estranho à vontade das partes, que altere fundamentalmente as condições de execução do contrato;

III - interrupção da execução do contrato ou diminuição do ritmo de trabalho por ordem e no interesse da Administração;

IV - aumento das quantidades inicialmente previstas no contrato, nos limites permitidos por esta Lei;

V - impedimento de execução do contrato por fato ou ato de terceiro reconhecido pela Administração em documento contemporâneo à sua ocorrência;

VI - omissão ou atraso de providências a cargo da Administração, inclusive quanto aos pagamentos previstos de que resulte, diretamente, impedimento ou retardamento na execução do contrato, sem prejuízo das sanções legais aplicáveis aos responsáveis.

§ 2º Toda prorrogação de prazo deverá ser justificada por escrito e previamente autorizada pela autoridade competente para celebrar o contrato.

§ 3º É vedado o contrato com prazo de vigência indeterminado.

§ 4º Em caráter excepcional, devidamente justificado e mediante autorização da autoridade superior, o prazo de que trata o inciso II do caput deste artigo poderá ser prorrogado por até doze meses. (Incluído pela Lei nº 9.648, de 1998)

Art. 58. O regime jurídico dos contratos administrativos instituído por esta Lei confere à Administração, em relação a eles, a prerrogativa de:

I - modificá-los, unilateralmente, para melhor adequação às finalidades de interesse público, respeitados os direitos do contratado;

II - rescindi-los, unilateralmente, nos casos especificados no inciso I do art. 79 desta Lei;

III - fiscalizar-lhes a execução;

IV - aplicar sanções motivadas pela inexecução total ou parcial do ajuste;

V - nos casos de serviços essenciais, ocupar provisoriamente bens móveis, imóveis, pessoal e serviços vinculados ao objeto do contrato, na hipótese da necessidade de acautelar apuração administrativa de faltas contratuais pelo contratado, bem como na hipótese de rescisão do contrato administrativo.

§ 1º As cláusulas econômico-financeiras e monetárias dos contratos administrativos não poderão ser alteradas sem prévia concordância do contratado.

§ 2º Na hipótese do inciso I deste artigo, as cláusulas econômico-financeiras do contrato deverão ser revistas para que se mantenha o equilíbrio contratual.

Art. 59. A declaração de nulidade do contrato administrativo opera retroativamente impedindo os efeitos jurídicos que ele, ordinariamente, deveria produzir, além de desconstituir os já produzidos.

Parágrafo único. A nulidade não exonera a Administração do dever de indenizar o contratado pelo que este houver executado até a data em que ela for declarada e por outros prejuízos regularmente comprovados, contanto que não lhe seja imputável, promovendo-se a responsabilidade de quem lhe deu causa.

SEÇÃO II - DA FORMALIZAÇÃO DOS CONTRATOS

Art. 60. Os contratos e seus aditamentos serão lavrados nas repartições interessadas, as quais manterão arquivo cronológico dos seus autógrafos e registro sistemático do seu extrato, salvo os relativos a direitos reais sobre imóveis, que se formalizam por instrumento lavrado em cartório de notas, de tudo juntando-se cópia no processo que lhe deu origem.

Parágrafo único. É nulo e de nenhum efeito o contrato verbal com a Administração, salvo o de pequenas compras de pronto pagamento, assim entendidas aquelas de valor não superior a 5% (cinco por cento) do limite estabelecido no art. 23, inciso II, alínea "a" desta Lei, feitas em regime de adiantamento.

Art. 61. Todo contrato deve mencionar os nomes das partes e os de seus representantes, a finalidade, o ato que autorizou a sua lavratura, o número do processo da licitação, da dispensa ou da inexigibilidade, a sujeição dos contratantes às normas desta Lei e às cláusulas contratuais.

Parágrafo único. A publicação resumida do instrumento de contrato ou de seus aditamentos na imprensa oficial, que é condição indispensável para sua eficácia, será providenciada pela Administração até o quinto dia útil do mês seguinte ao de sua assinatura, para ocorrer no prazo de vinte dias daquela data, qualquer que seja o seu valor, ainda que sem ônus, ressalvado o disposto no art. 26 desta Lei. (Redação dada pela Lei nº 8.883, de 1994)

Art. 62. O instrumento de contrato é obrigatório nos casos de concorrência e de tomada de preços, bem como nas dispensas e inexigibilidades cujos preços estejam compreendidos nos limites destas duas modalidades de licitação, e facultativo nos demais em que a Administração puder substituí-lo por outros instrumentos hábeis, tais como carta-contrato, nota de empenho de despesa, autorização de compra ou ordem de execução de serviço.

§ 1º A minuta do futuro contrato integrará sempre o edital ou ato convocatório da licitação.

§ 2º Em «carta contrato», «nota de empenho de despesa», «autorização de compra», «ordem de execução de serviço» ou outros instrumentos hábeis aplica-se, no que couber, o disposto no art. 55 desta Lei. (Redação dada pela Lei nº 8.883, de 1994)

§ 3º Aplica-se o disposto nos arts. 55 e 58 a 61 desta Lei e demais normas gerais, no que couber:

I - aos contratos de seguro, de financiamento, de locação em que o Poder Público seja locatário, e aos demais cujo conteúdo seja regido, predominantemente, por norma de direito privado;

II - aos contratos em que a Administração for parte como usuária de serviço público.

§ 4º É dispensável o «termo de contrato» e facultada a substituição prevista neste artigo, a critério da Administração e independentemente de seu valor, nos casos de compra com entrega imediata e integral dos bens adquiridos, dos quais não resultem obrigações futuras, inclusive assistência técnica.

Art. 63. É permitido a qualquer licitante o conhecimento dos termos do contrato e do respectivo processo licitatório e, a qualquer interessado, a obtenção de cópia autenticada, mediante o pagamento dos emolumentos devidos.

Art. 64. A Administração convocará regularmente o interessado para assinar o termo de contrato, aceitar ou retirar o instrumento equivalente, dentro do prazo e condições estabelecidos, sob pena de decair o direito à contratação, sem prejuízo das sanções previstas no art. 81 desta Lei.

§ 1º O prazo de convocação poderá ser prorrogado uma vez, por igual período, quando solicitado pela parte durante o seu transcurso e desde que ocorra motivo justificado aceito pela Administração.

§ 2º É facultado à Administração, quando o convocado não assinar o termo de contrato ou não aceitar ou retirar o instrumento equivalente no prazo e condições estabelecidos, convocar os licitantes remanescentes, na ordem de classificação, para fazê-lo em igual prazo e nas mesmas condições propostas pelo primeiro classificado, inclusive quanto aos preços atualizados de conformidade com o ato convocatório, ou revogar a licitação independentemente da cominação prevista no art. 81 desta Lei.

§ 3º Decorridos 60 (sessenta) dias da data da entrega das propostas, sem convocação para a contratação, ficam os licitantes liberados dos compromissos assumidos.

SEÇÃO III - DA ALTERAÇÃO DOS CONTRATOS

Art. 65. Os contratos regidos por esta Lei poderão ser alterados, com as devidas justificativas, nos seguintes casos:

I - unilateralmente pela Administração:

a) quando houver modificação do projeto ou das especificações, para melhor adequação técnica aos seus objetivos;

b) quando necessária a modificação do valor contratual em decorrência de acréscimo ou diminuição quantitativa de seu objeto, nos limites permitidos por esta Lei;

II - por acordo das partes:

a) quando conveniente a substituição da garantia de execução;

b) quando necessária a modificação do regime de execução da obra ou serviço, bem como do modo de fornecimento, em face de verificação técnica da inaplicabilidade dos termos contratuais originários;

c) quando necessária a modificação da forma de pagamento, por imposição de circunstâncias supervenientes, mantido o valor inicial atualizado, vedada a antecipação do pagamento, com relação ao cronograma financeiro fixado, sem a correspondente contraprestação de fornecimento de bens ou execução de obra ou serviço;

d) para restabelecer a relação que as partes pactuaram inicialmente entre os encargos do contratado e a retribuição da administração para a justa remuneração da obra, serviço ou fornecimento, objetivando a manutenção do equilíbrio econômico-financeiro inicial do contrato, na hipótese de sobrevirem fatos imprevisíveis, ou previsíveis porém de conseqüências incalculáveis, retardadores ou impeditivos da execução do ajustado, ou, ainda, em caso de força maior, caso fortuito ou fato do príncipe, configurando álea econômica extraordinária e extracontratual. (Redação dada pela Lei nº 8.883, de 1994)

§ 1º O contratado fica obrigado a aceitar, nas mesmas condições contratuais, os acréscimos ou supressões que se fizerem nas obras, serviços ou compras, até 25% (vinte e cinco por cento) do valor inicial atualizado do contrato, e, no caso particular de reforma de edifício ou de equipamento, até o limite de 50% (cinqüenta por cento) para os seus acréscimos.

§ 2º Nenhum acréscimo ou supressão poderá exceder os limites estabelecidos no parágrafo anterior, salvo: (Redação dada pela Lei nº 9.648, de 1998)

I - (VETADO) (Incluído pela Lei nº 9.648, de 1998)

II - as supressões resultantes de acordo celebrado entre os contratantes. (Incluído pela Lei nº 9.648, de 1998)

§ 3º Se no contrato não houverem sido contemplados preços unitários para obras ou serviços, esses serão fixados mediante acordo entre as partes, respeitados os limites estabelecidos no § 1º deste artigo.

§ 4º No caso de supressão de obras, bens ou serviços, se o contratado já houver adquirido os materiais e posto no local dos trabalhos, estes deverão ser pagos pela Administração pelos custos de aquisição regularmente comprovados e monetariamente corrigidos, podendo caber indenização por outros danos eventualmente decorrentes da supressão, desde que regularmente comprovados.

§ 5º Quaisquer tributos ou encargos legais criados, alterados ou extintos, bem como a superveniência de disposições legais, quando ocorridas após a data da apresentação da proposta, de comprovada repercussão nos preços contratados, implicarão a revisão destes para mais ou para menos, conforme o caso.

§ 6º Em havendo alteração unilateral do contrato que aumente os encargos do contratado, a Administração deverá restabelecer, por aditamento, o equilíbrio econômico-financeiro inicial.

§ 7º (VETADO)

§ 8º A variação do valor contratual para fazer face ao reajuste de preços previsto no próprio contrato, as atualizações, compensações ou penalizações financeiras decorrentes das condições de pagamento nele previstas, bem como o empenho de dotações orçamentárias suplementares até o limite do seu valor corrigido, não caracterizam alteração do mesmo, podendo ser registrados por simples apostila, dispensando a celebração de aditamento.

SEÇÃO IV - DA EXECUÇÃO DOS CONTRATOS

Art. 66. O contrato deverá ser executado fielmente pelas partes, de acordo com as cláusulas avençadas e as normas desta Lei, respondendo cada uma pelas conseqüências de sua inexecução total ou parcial.

Art. 66-A. As empresas enquadradas no inciso V do § 2º e no inciso II do § 5º do art. 3º desta Lei deverão cumprir, durante todo o período de execução do contrato, a reserva de cargos prevista em lei para pessoa com deficiência ou para reabilitado da Previdência Social, bem como as regras de acessibilidade previstas na legislação. (Incluído pela Lei nº 13.146, de 2015)

Parágrafo único. Cabe à administração fiscalizar o cumprimento dos requisitos de acessibilidade nos serviços e nos ambientes de trabalho. (Incluído pela Lei nº 13.146, de 2015)

Art. 67. A execução do contrato deverá ser acompanhada e fiscalizada por um representante da Administração especialmente designado, permitida a contratação de terceiros para assisti-lo e subsidiá-lo de informações pertinentes a essa atribuição.

§ 1º O representante da Administração anotará em registro próprio todas as ocorrências relacionadas com a execução do contrato, determinando o que for necessário à regularização das faltas ou defeitos observados.

§ 2º As decisões e providências que ultrapassarem a competência do representante deverão ser solicitadas a seus superiores em tempo hábil para a adoção das medidas convenientes.

Art. 68. O contratado deverá manter preposto, aceito pela Administração, no local da obra ou serviço, para representá-lo na execução do contrato.

Art. 69. O contratado é obrigado a reparar, corrigir, remover, reconstruir ou substituir, às suas expensas, no total ou em parte, o objeto do contrato em que se verificarem vícios, defeitos ou incorreções resultantes da execução ou de materiais empregados.

Art. 70. O contratado é responsável pelos danos causados diretamente à Administração ou a terceiros, decorrentes de sua culpa ou dolo na execução do contrato, não excluindo ou reduzindo essa responsabilidade a fiscalização ou o acompanhamento pelo órgão interessado.

Art. 71. O contratado é responsável pelos encargos trabalhistas, previdenciários, fiscais e comerciais resultantes da execução do contrato.

§ 1º A inadimplência do contratado, com referência aos encargos trabalhistas, fiscais e comerciais não transfere à Administração Pública a responsabilidade por seu pagamento, nem poderá onerar o objeto do contrato ou restringir a regularização e o uso das obras e edificações, inclusive perante o Registro de Imóveis. (Redação dada pela Lei nº 9.032, de 1995)

§ 2º A Administração Pública responde solidariamente com o contratado pelos encargos previdenciários resultantes da execução do contrato, nos termos do art. 31 da Lei nº 8.212, de 24 de julho de 1991. (Redação dada pela Lei nº 9.032, de 1995)

§ 3º (Vetado). (Incluído pela Lei nº 8.883, de 1994)

Art. 72. O contratado, na execução do contrato, sem prejuízo das responsabilidades contratuais e legais, poderá subcontratar partes da obra, serviço ou fornecimento, até o limite admitido, em cada caso, pela Administração.

Art. 73. Executado o contrato, o seu objeto será recebido:

I - em se tratando de obras e serviços:

a) provisoriamente, pelo responsável por seu acompanhamento e fiscalização, mediante termo circunstanciado,

assinado pelas partes em até 15 (quinze) dias da comunicação escrita do contratado;
b) definitivamente, por servidor ou comissão designada pela autoridade competente, mediante termo circunstanciado, assinado pelas partes, após o decurso do prazo de observação, ou vistoria que comprove a adequação do objeto aos termos contratuais, observado o disposto no art. 69 desta Lei;
II - em se tratando de compras ou de locação de equipamentos:
a) provisoriamente, para efeito de posterior verificação da conformidade do material com a especificação;
b) definitivamente, após a verificação da qualidade e quantidade do material e conseqüente aceitação.
§ 1º Nos casos de aquisição de equipamentos de grande vulto, o recebimento far-se-á mediante termo circunstanciado e, nos demais, mediante recibo.
§ 2º O recebimento provisório ou definitivo não exclui a responsabilidade civil pela solidez e segurança da obra ou do serviço, nem ético-profissional pela perfeita execução do contrato, dentro dos limites estabelecidos pela lei ou pelo contrato.
§ 3º O prazo a que se refere a alínea «b» do inciso I deste artigo não poderá ser superior a 90 (noventa) dias, salvo em casos excepcionais, devidamente justificados e previstos no edital.
§ 4º Na hipótese de o termo circunstanciado ou a verificação a que se refere este artigo não serem, respectivamente, lavrado ou procedida dentro dos prazos fixados, reputar-se-ão como realizados, desde que comunicados à Administração nos 15 (quinze) dias anteriores à exaustão dos mesmos.
Art. 74. Poderá ser dispensado o recebimento provisório nos seguintes casos:
I - gêneros perecíveis e alimentação preparada;
II - serviços profissionais;
III - obras e serviços de valor até o previsto no art. 23, inciso II, alínea "a", desta Lei, desde que não se componham de aparelhos, equipamentos e instalações sujeitos à verificação de funcionamento e produtividade.
Parágrafo único. Nos casos deste artigo, o recebimento será feito mediante recibo.
Art. 75. Salvo disposições em contrário constantes do edital, do convite ou de ato normativo, os ensaios, testes e demais provas exigidos por normas técnicas oficiais para a boa execução do objeto do contrato correm por conta do contratado.
Art. 76. A Administração rejeitará, no todo ou em parte, obra, serviço ou fornecimento executado em desacordo com o contrato.

SEÇÃO V - DA INEXECUÇÃO E DA RESCISÃO DOS CONTRATOS

Art. 77. A inexecução total ou parcial do contrato enseja a sua rescisão, com as conseqüências contratuais e as previstas em lei ou regulamento.
Art. 78. Constituem motivo para rescisão do contrato:
I - o não cumprimento de cláusulas contratuais, especificações, projetos ou prazos;
II - o cumprimento irregular de cláusulas contratuais, especificações, projetos e prazos;
III - a lentidão do seu cumprimento, levando a Administração a comprovar a impossibilidade da conclusão da obra, do serviço ou do fornecimento, nos prazos estipulados;
IV - o atraso injustificado no início da obra, serviço ou fornecimento;
V - a paralisação da obra, do serviço ou do fornecimento, sem justa causa e prévia comunicação à Administração;
VI - a subcontratação total ou parcial do seu objeto, a associação do contratado com outrem, a cessão ou transferência, total ou parcial, bem como a fusão, cisão ou incorporação, não admitidas no edital e no contrato;
VII - o desatendimento das determinações regulares da autoridade designada para acompanhar e fiscalizar a sua execução, assim como as de seus superiores;
VIII - o cometimento reiterado de faltas na sua execução, anotadas na forma do § 1º do art. 67 desta Lei;
IX - a decretação de falência ou a instauração de insolvência civil;
X - a dissolução da sociedade ou o falecimento do contratado;
XI - a alteração social ou a modificação da finalidade ou da estrutura da empresa, que prejudique a execução do contrato;
XII - razões de interesse público, de alta relevância e amplo conhecimento, justificadas e determinadas pela máxima autoridade da esfera administrativa a que está subordinado o contratante e exaradas no processo administrativo a que se refere o contrato;
XIII - a supressão, por parte da Administração, de obras, serviços ou compras, acarretando modificação do valor inicial do contrato além do limite permitido no § 1º do art. 65 desta Lei;
XIV - a suspensão de sua execução, por ordem escrita da Administração, por prazo superior a 120 (cento e vinte) dias, salvo em caso de calamidade pública, grave perturbação da ordem interna ou guerra, ou ainda por repetidas suspensões que totalizem o mesmo prazo, independentemente do pagamento obrigatório de indenizações pelas sucessivas e contratualmente imprevistas desmobilizações e mobilizações e outras previstas, assegurado ao contratado, nesses casos, o direito de optar pela suspensão do cumprimento das obrigações assumidas até que seja normalizada a situação;
XV - o atraso superior a 90 (noventa) dias dos pagamentos devidos pela Administração decorrentes de obras, serviços ou fornecimento, ou parcelas destes, já recebidos ou executados, salvo em caso de calamidade pública, grave perturbação da ordem interna ou guerra, assegurado ao contratado o direito de optar pela suspensão do cumprimento de suas obrigações até que seja normalizada a situação;
XVI - a não liberação, por parte da Administração, de área, local ou objeto para execução de obra, serviço ou fornecimento, nos prazos contratuais, bem como das fontes de materiais naturais especificadas no projeto;
XVII - a ocorrência de caso fortuito ou de força maior, regularmente comprovada, impeditiva da execução do contrato.
XVIII - descumprimento do disposto no inciso V do art. 27, sem prejuízo das sanções penais cabíveis. (Incluído pela Lei nº 9.854, de 1999)
Parágrafo único. Os casos de rescisão contratual serão formalmente motivados nos autos do processo, assegurado o contraditório e a ampla defesa.
Art. 79. A rescisão do contrato poderá ser:
I - determinada por ato unilateral e escrito da Administração, nos casos enumerados nos incisos I a XII e XVII do artigo anterior;
II - amigável, por acordo entre as partes, reduzida a termo no processo da licitação, desde que haja conveniência para a Administração;
III - judicial, nos termos da legislação;
IV - (Vetado). (Redação dada pela Lei nº 8.883, de 1994)
§ 1º A rescisão administrativa ou amigável deverá ser precedida de autorização escrita e fundamentada da autoridade competente.
§ 2º Quando a rescisão ocorrer com base nos incisos XII a XVII do artigo anterior, sem que haja culpa do contratado, será este ressarcido dos prejuízos regularmente comprovados que houver sofrido, tendo ainda direito a:
I - devolução de garantia;
II - pagamentos devidos pela execução do contrato até a data da rescisão;
III - pagamento do custo da desmobilização.

§ 3º (Vetado). (Redação dada pela Lei nº 8.883, de 1994)

§ 4º (Vetado). (Redação dada pela Lei nº 8.883, de 1994)

§ 5º Ocorrendo impedimento, paralisação ou sustação do contrato, o cronograma de execução será prorrogado automaticamente por igual tempo.

Art. 80. A rescisão de que trata o inciso I do artigo anterior acarreta as seguintes conseqüências, sem prejuízo das sanções previstas nesta Lei:

I - assunção imediata do objeto do contrato, no estado e local em que se encontrar, por ato próprio da Administração;

II - ocupação e utilização do local, instalações, equipamentos, material e pessoal empregados na execução do contrato, necessários à sua continuidade, na forma do inciso V do art. 58 desta Lei;

III - execução da garantia contratual, para ressarcimento da Administração, e dos valores das multas e indenizações a ela devidos;

IV - retenção dos créditos decorrentes do contrato até o limite dos prejuízos causados à Administração.

§ 1º A aplicação das medidas previstas nos incisos I e II deste artigo fica a critério da Administração, que poderá dar continuidade à obra ou ao serviço por execução direta ou indireta.

§ 2º É permitido à Administração, no caso de concordata do contratado, manter o contrato, podendo assumir o controle de determinadas atividades de serviços essenciais.

§ 3º Na hipótese do inciso II deste artigo, o ato deverá ser precedido de autorização expressa do Ministro de Estado competente, ou Secretário Estadual ou Municipal, conforme o caso.

§ 4º A rescisão de que trata o inciso IV do artigo anterior permite à Administração, a seu critério, aplicar a medida prevista no inciso I deste artigo.

CAPÍTULO IV - DAS SANÇÕES ADMINISTRATIVAS E DA TUTELA JUDICIAL

SEÇÃO I - DISPOSIÇÕES GERAIS

Art. 81. A recusa injustificada do adjudicatário em assinar o contrato, aceitar ou retirar o instrumento equivalente, dentro do prazo estabelecido pela Administração, caracteriza o descumprimento total da obrigação assumida, sujeitando-o às penalidades legalmente estabelecidas.

Parágrafo único. O disposto neste artigo não se aplica aos licitantes convocados nos termos do art. 64, § 2º desta Lei, que não aceitarem a contratação, nas mesmas condições propostas pelo primeiro adjudicatário, inclusive quanto ao prazo e preço.

Art. 82. Os agentes administrativos que praticarem atos em desacordo com os preceitos desta Lei ou visando a frustrar os objetivos da licitação sujeitam-se às sanções previstas nesta Lei e nos regulamentos próprios, sem prejuízo das responsabilidades civil e criminal que seu ato ensejar.

Art. 83. Os crimes definidos nesta Lei, ainda que simplesmente tentados, sujeitam os seus autores, quando servidores públicos, além das sanções penais, à perda do cargo, emprego, função ou mandato eletivo.

Art. 84. Considera-se servidor público, para os fins desta Lei, aquele que exerce, mesmo que transitoriamente ou sem remuneração, cargo, função ou emprego público.

§ 1º Equipara-se a servidor público, para os fins desta Lei, quem exerce cargo, emprego ou função em entidade paraestatal, assim consideradas, além das fundações, empresas públicas e sociedades de economia mista, as demais entidades sob controle, direto ou indireto, do Poder Público.

§ 2º A pena imposta será acrescida da terça parte, quando os autores dos crimes previstos nesta Lei forem ocupantes de cargo em comissão ou de função de confiança em órgão da Administração direta, autarquia, empresa pública, sociedade de economia mista, fundação pública, ou outra entidade controlada direta ou indiretamente pelo Poder Público.

Art. 85. As infrações penais previstas nesta Lei pertinem às licitações e aos contratos celebrados pela União, Estados, Distrito Federal, Municípios, e respectivas autarquias, empresas públicas, sociedades de economia mista, fundações públicas, e quaisquer outras entidades sob seu controle direto ou indireto.

SEÇÃO II - DAS SANÇÕES ADMINISTRATIVAS

Art. 86. O atraso injustificado na execução do contrato sujeitará o contratado à multa de mora, na forma prevista no instrumento convocatório ou no contrato.

§ 1º A multa a que alude este artigo não impede que a Administração rescinda unilateralmente o contrato e aplique as outras sanções previstas nesta Lei.

§ 2º A multa, aplicada após regular processo administrativo, será descontada da garantia do respectivo contratado.

§ 3º Se a multa for de valor superior ao valor da garantia prestada, além da perda desta, responderá o contratado pela sua diferença, a qual será descontada dos pagamentos eventualmente devidos pela Administração ou ainda, quando for o caso, cobrada judicialmente.

Art. 87. Pela inexecução total ou parcial do contrato a Administração poderá, garantida a prévia defesa, aplicar ao contratado as seguintes sanções:

I - advertência;

II - multa, na forma prevista no instrumento convocatório ou no contrato;

III - suspensão temporária de participação em licitação e impedimento de contratar com a Administração, por prazo não superior a 2 (dois) anos;

IV - declaração de inidoneidade para licitar ou contratar com a Administração Pública enquanto perdurarem os motivos determinantes da punição ou até que seja promovida a reabilitação perante a própria autoridade que aplicou a penalidade, que será concedida sempre que o contratado ressarcir a Administração pelos prejuízos resultantes e após decorrido o prazo da sanção aplicada com base no inciso anterior.

§ 1º Se a multa aplicada for superior ao valor da garantia prestada, além da perda desta, responderá o contratado pela sua diferença, que será descontada dos pagamentos eventualmente devidos pela Administração ou cobrada judicialmente.

§ 2º As sanções previstas nos incisos I, III e IV deste artigo poderão ser aplicadas juntamente com a do inciso II, facultada a defesa prévia do interessado, no respectivo processo, no prazo de 5 (cinco) dias úteis.

§ 3º A sanção estabelecida no inciso IV deste artigo é de competência exclusiva do Ministro de Estado, do Secretário Estadual ou Municipal, conforme o caso, facultada a defesa do interessado no respectivo processo, no prazo de 10 (dez) dias da abertura de vista, podendo a reabilitação ser requerida após 2 (dois) anos de sua aplicação. (Vide art 109 inciso III)

Art. 88. As sanções previstas nos incisos III e IV do artigo anterior poderão também ser aplicadas às empresas ou aos profissionais que, em razão dos contratos regidos por esta Lei:

I - tenham sofrido condenação definitiva por praticarem, por meios dolosos, fraude fiscal no recolhimento de quaisquer tributos;

II - tenham praticado atos ilícitos visando a frustrar os objetivos da licitação;

III - demonstrem não possuir idoneidade para contratar com a Administração em virtude de atos ilícitos praticados.

SEÇÃO III - DOS CRIMES E DAS PENAS

Art. 89. Dispensar ou inexigir licitação fora das hipóteses previstas em lei, ou deixar de observar as formalidades pertinentes à dispensa ou à inexigibilidade:

Pena - detenção, de 3 (três) a 5 (cinco) anos, e multa.

Parágrafo único. Na mesma pena incorre aquele que, tendo comprovadamente concorrido para a consumação da ilegalidade, beneficiou-se da dispensa ou inexigibilidade ilegal, para celebrar contrato com o Poder Público.

Art. 90. Frustrar ou fraudar, mediante ajuste, combinação ou qualquer outro expediente, o caráter competitivo do

procedimento licitatório, com o intuito de obter, para si ou para outrem, vantagem decorrente da adjudicação do objeto da licitação:

Pena - detenção, de 2 (dois) a 4 (quatro) anos, e multa.

Art. 91. Patrocinar, direta ou indiretamente, interesse privado perante a Administração, dando causa à instauração de licitação ou à celebração de contrato, cuja invalidação vier a ser decretada pelo Poder Judiciário:

Pena - detenção, de 6 (seis) meses a 2 (dois) anos, e multa.

Art. 92. Admitir, possibilitar ou dar causa a qualquer modificação ou vantagem, inclusive prorrogação contratual, em favor do adjudicatário, durante a execução dos contratos celebrados com o Poder Público, sem autorização em lei, no ato convocatório da licitação ou nos respectivos instrumentos contratuais, ou, ainda, pagar fatura com preterição da ordem cronológica de sua exigibilidade, observado o disposto no art. 121 desta Lei: (Redação dada pela Lei nº 8.883, de 1994)

Pena - detenção, de dois a quatro anos, e multa. (Redação dada pela Lei nº 8.883, de 1994)

Parágrafo único. Incide na mesma pena o contratado que, tendo comprovadamente concorrido para a consumação da ilegalidade, obtém vantagem indevida ou se beneficia, injustamente, das modificações ou prorrogações contratuais.

Art. 93. Impedir, perturbar ou fraudar a realização de qualquer ato de procedimento licitatório:

Pena - detenção, de 6 (seis) meses a 2 (dois) anos, e multa.

Art. 94. Devassar o sigilo de proposta apresentada em procedimento licitatório, ou proporcionar a terceiro o ensejo de devassá-lo:

Pena - detenção, de 2 (dois) a 3 (três) anos, e multa.

Art. 95. Afastar ou procura afastar licitante, por meio de violência, grave ameaça, fraude ou oferecimento de vantagem de qualquer tipo:

Pena - detenção, de 2 (dois) a 4 (quatro) anos, e multa, além da pena correspondente à violência.

Parágrafo único. Incorre na mesma pena quem se abstém ou desiste de licitar, em razão da vantagem oferecida.

Art. 96. Fraudar, em prejuízo da Fazenda Pública, licitação instaurada para aquisição ou venda de bens ou mercadorias, ou contrato dela decorrente:

I - elevando arbitrariamente os preços;
II - vendendo, como verdadeira ou perfeita, mercadoria falsificada ou deteriorada;
III - entregando uma mercadoria por outra;
IV - alterando substância, qualidade ou quantidade da mercadoria fornecida;
V - tornando, por qualquer modo, injustamente, mais onerosa a proposta ou a execução do contrato:

Pena - detenção, de 3 (três) a 6 (seis) anos, e multa.

Art. 97. Admitir à licitação ou celebrar contrato com empresa ou profissional declarado inidôneo:

Pena - detenção, de 6 (seis) meses a 2 (dois) anos, e multa.

Parágrafo único. Incide na mesma pena aquele que, declarado inidôneo, venha a licitar ou a contratar com a Administração.

Art. 98. Obstar, impedir ou dificultar, injustamente, a inscrição de qualquer interessado nos registros cadastrais ou promover indevidamente a alteração, suspensão ou cancelamento de registro do inscrito:

Pena - detenção, de 6 (seis) meses a 2 (dois) anos, e multa.

Art. 99. A pena de multa cominada nos arts. 89 a 98 desta Lei consiste no pagamento de quantia fixada na sentença e calculada em índices percentuais, cuja base corresponderá ao valor da vantagem efetivamente obtida ou potencialmente auferível pelo agente.

§ 1º Os índices a que se refere este artigo não poderão ser inferiores a 2% (dois por cento), nem superiores a 5% (cinco por cento) do valor do contrato licitado ou celebrado com dispensa ou inexigibilidade de licitação.

§ 2º O produto da arrecadação da multa reverterá, conforme o caso, à Fazenda Federal, Distrital, Estadual ou Municipal.

SEÇÃO IV - DO PROCESSO E DO PROCEDIMENTO JUDICIAL

Art. 100. Os crimes definidos nesta Lei são de ação penal pública incondicionada, cabendo ao Ministério Público promovê-la.

Art. 101. Qualquer pessoa poderá provocar, para os efeitos desta Lei, a iniciativa do Ministério Público, fornecendo-lhe, por escrito, informações sobre o fato e sua autoria, bem como as circunstâncias em que se deu a ocorrência.

Parágrafo único. Quando a comunicação for verbal, mandará a autoridade reduzi-la a termo, assinado pelo apresentante e por duas testemunhas.

Art. 102. Quando em autos ou documentos de que conhecerem, os magistrados, os membros dos Tribunais ou Conselhos de Contas ou os titulares dos órgãos integrantes do sistema de controle interno de qualquer dos Poderes verificarem a existência dos crimes definidos nesta Lei, remeterão ao Ministério Público as cópias e os documentos necessários ao oferecimento da denúncia.

Art. 103. Será admitida ação penal privada subsidiária da pública, se esta não for ajuizada no prazo legal, aplicando-se, no que couber, o disposto nos arts. 29 e 30 do Código de Processo Penal.

Art. 104. Recebida a denúncia e citado o réu, terá este o prazo de 10 (dez) dias para apresentação de defesa escrita, contado da data do seu interrogatório, podendo juntar documentos, arrolar as testemunhas que tiver, em número não superior a 5 (cinco), e indicar as demais provas que pretenda produzir.

Art. 105. Ouvidas as testemunhas da acusação e da defesa e praticadas as diligências instrutórias deferidas ou ordenadas pelo juiz, abrir-se-á, sucessivamente, o prazo de 5 (cinco) dias a cada parte para alegações finais.

Art. 106. Decorrido esse prazo, e conclusos os autos dentro de 24 (vinte e quatro) horas, terá o juiz 10 (dez) dias para proferir a sentença.

Art. 107. Da sentença cabe apelação, interponível no prazo de 5 (cinco) dias.

Art. 108. No processamento e julgamento das infrações penais definidas nesta Lei, assim como nos recursos e nas execuções que lhes digam respeito, aplicar-se-ão, subsidiariamente, o Código de Processo Penal e a Lei de Execução Penal.

CAPÍTULO V - DOS RECURSOS ADMINISTRATIVOS

Art. 109. Dos atos da Administração decorrentes da aplicação desta Lei cabem:

I - recurso, no prazo de 5 (cinco) dias úteis a contar da intimação do ato ou da lavratura da ata, nos casos de:
a) habilitação ou inabilitação do licitante;
b) julgamento das propostas;
c) anulação ou revogação da licitação;
d) indeferimento do pedido de inscrição em registro cadastral, sua alteração ou cancelamento;
e) rescisão do contrato, a que se refere o inciso I do art. 79 desta Lei; (Redação dada pela Lei nº 8.883, de 1994)
f) aplicação das penas de advertência, suspensão temporária ou de multa;

II - representação, no prazo de 5 (cinco) dias úteis da intimação da decisão relacionada com o objeto da licitação ou do contrato, de que não caiba recurso hierárquico;

III - pedido de reconsideração, de decisão de Ministro de Estado, ou Secretário Estadual ou Municipal, conforme o caso, na hipótese do § 4º do art. 87 desta Lei, no prazo de 10 (dez) dias úteis da intimação do ato.

§ 1º A intimação dos atos referidos no inciso I, alíneas «a», «b», «c» e «e», deste artigo, excluídos os relativos a advertência e multa de mora, e no inciso III, será feita mediante publicação

na imprensa oficial, salvo para os casos previstos nas alíneas «a» e «b», se presentes os prepostos dos licitantes no ato em que foi adotada a decisão, quando poderá ser feita por comunicação direta aos interessados e lavrada em ata.

§ 2º O recurso previsto nas alíneas «a» e «b» do inciso I deste artigo terá efeito suspensivo, podendo a autoridade competente, motivadamente e presentes razões de interesse público, atribuir ao recurso interposto eficácia suspensiva aos demais recursos.

§ 3º Interposto, o recurso será comunicado aos demais licitantes, que poderão impugná-lo no prazo de 5 (cinco) dias úteis.

§ 4º O recurso será dirigido à autoridade superior, por intermédio da que praticou o ato recorrido, a qual poderá reconsiderar sua decisão, no prazo de 5 (cinco) dias úteis, ou, nesse mesmo prazo, fazê-lo subir, devidamente informado, devendo, neste caso, a decisão ser proferida dentro do prazo de 5 (cinco) dias úteis, contado do recebimento do recurso, sob pena de responsabilidade.

§ 5º Nenhum prazo de recurso, representação ou pedido de reconsideração se inicia ou corre sem que os autos do processo estejam com vista franqueada ao interessado.

§ 6º Em se tratando de licitações efetuadas na modalidade de «carta convite» os prazos estabelecidos nos incisos I e II e no parágrafo 3º deste artigo serão de dois dias úteis. (Incluído pela Lei nº 8.883, de 1994)

CAPÍTULO VI - DISPOSIÇÕES FINAIS E TRANSITÓRIAS

Art. 110. Na contagem dos prazos estabelecidos nesta Lei, excluir-se-á o dia do início e incluir-se-á o do vencimento, e considerar-se-ão os dias consecutivos, exceto quando for explicitamente disposto em contrário.

Parágrafo único. Só se iniciam e vencem os prazos referidos neste artigo em dia de expediente no órgão ou na entidade.

Art. 111. A Administração só poderá contratar, pagar, premiar ou receber projeto ou serviço técnico especializado desde que o autor ceda os direitos patrimoniais a ele relativos e a Administração possa utilizá-lo de acordo com o previsto no regulamento de concurso ou no ajuste para sua elaboração.

Parágrafo único. Quando o projeto referir-se a obra imaterial de caráter tecnológico, insuscetível de privilégio, a cessão dos direitos incluirá o fornecimento de todos os dados, documentos e elementos de informação pertinentes à tecnologia de concepção, desenvolvimento, fixação em suporte físico de qualquer natureza e aplicação da obra.

Art. 112. Quando o objeto do contrato interessar a mais de uma entidade pública, caberá ao órgão contratante, perante a entidade interessada, responder pela sua boa execução, fiscalização e pagamento.

§ 1º Os consórcios públicos poderão realizar licitação da qual, nos termos do edital, decorram contratos administrativos celebrados por órgãos ou entidades dos entes da Federação consorciados. (Incluído pela Lei nº 11.107, de 2005)

§ 2º É facultado à entidade interessada o acompanhamento da licitação e da execução do contrato. (Incluído pela Lei nº 11.107, de 2005)

Art. 113. O controle das despesas decorrentes dos contratos e demais instrumentos regidos por esta Lei será feito pelo Tribunal de Contas competente, na forma da legislação pertinente, ficando os órgãos interessados da Administração responsáveis pela demonstração da legalidade e regularidade da despesa e execução, nos termos da Constituição e sem prejuízo do sistema de controle interno nela previsto.

§ 1º Qualquer licitante, contratado ou pessoa física ou jurídica poderá representar ao Tribunal de Contas ou aos órgãos integrantes do sistema de controle interno contra irregularidades na aplicação desta Lei, para os fins do disposto neste artigo.

§ 2º Os Tribunais de Contas e os órgãos integrantes do sistema de controle interno poderão solicitar para exame, até o dia útil imediatamente anterior à data de recebimento das propostas, cópia de edital de licitação já publicado, obrigando-se os órgãos ou entidades da Administração interessada à adoção de medidas corretivas pertinentes que, em função desse exame, lhes forem determinadas. (Redação dada pela Lei nº 8.883, de 1994)

Art. 114. O sistema instituído nesta Lei não impede a pré-qualificação de licitantes nas concorrências, a ser procedida sempre que o objeto da licitação recomende análise mais detida da qualificação técnica dos interessados.

§ 1º A adoção do procedimento de pré-qualificação será feita mediante proposta da autoridade competente, aprovada pela imediatamente superior.

§ 2º Na pré-qualificação serão observadas as exigências desta Lei relativas à concorrência, à convocação dos interessados, ao procedimento e à análise da documentação.

Art. 115. Os órgãos da Administração poderão expedir normas relativas aos procedimentos operacionais a serem observados na execução das licitações, no âmbito de sua competência, observadas as disposições desta Lei.

Parágrafo único. As normas a que se refere este artigo, após aprovação da autoridade competente, deverão ser publicadas na imprensa oficial.

Art. 116. Aplicam-se as disposições desta Lei, no que couber, aos convênios, acordos, ajustes e outros instrumentos congêneres celebrados por órgãos e entidades da Administração.

§ 1º A celebração de convênio, acordo ou ajuste pelos órgãos ou entidades da Administração Pública depende de prévia aprovação de competente plano de trabalho proposto pela organização interessada, o qual deverá conter, no mínimo, as seguintes informações:

I - identificação do objeto a ser executado;

II - metas a serem atingidas;

III - etapas ou fases de execução;

IV - plano de aplicação dos recursos financeiros;

V - cronograma de desembolso;

VI - previsão de início e fim da execução do objeto, bem assim da conclusão das etapas ou fases programadas;

VII - se o ajuste compreender obra ou serviço de engenharia, comprovação de que os recursos próprios para complementar a execução do objeto estão devidamente assegurados, salvo se o custo total do empreendimento recair sobre a entidade ou órgão descentralizador.

§ 2º Assinado o convênio, a entidade ou órgão repassador dará ciência do mesmo à Assembléia Legislativa ou à Câmara Municipal respectiva.

§ 3º As parcelas do convênio serão liberadas em estrita conformidade com o plano de aplicação aprovado, exceto nos casos a seguir, em que as mesmas ficarão retidas até o saneamento das impropriedades ocorrentes:

I - quando não tiver havido comprovação da boa e regular aplicação da parcela anteriormente recebida, na forma da legislação aplicável, inclusive mediante procedimentos de fiscalização local, realizados periodicamente pela entidade ou órgão descentralizador dos recursos ou pelo órgão competente do sistema de controle interno da Administração Pública;

II - quando verificado desvio de finalidade na aplicação dos recursos, atrasos não justificados no cumprimento das etapas ou fases programadas, práticas atentatórias aos princípios fundamentais de Administração Pública nas contratações e demais atos praticados na execução do convênio, ou o inadimplemento do executor com relação a outras cláusulas conveniais básicas;

III - quando o executor deixar de adotar as medidas saneadoras apontadas pelo partícipe repassador dos recursos ou por integrantes do respectivo sistema de controle interno.

§ 4º Os saldos de convênio, enquanto não utilizados, serão obrigatoriamente aplicados em cadernetas de poupança de instituição financeira oficial se a previsão de seu uso for igual ou superior a um mês, ou em fundo de aplicação financeira

de curto prazo ou operação de mercado aberto lastreada em títulos da dívida pública, quando a utilização dos mesmos verificar-se em prazos menores que um mês.

§ 5º As receitas financeiras auferidas na forma do parágrafo anterior serão obrigatoriamente computadas a crédito do convênio e aplicadas, exclusivamente, no objeto de sua finalidade, devendo constar de demonstrativo específico que integrará as prestações de contas do ajuste.

§ 6º Quando da conclusão, denúncia, rescisão ou extinção do convênio, acordo ou ajuste, os saldos financeiros remanescentes, inclusive os provenientes das receitas obtidas das aplicações financeiras realizadas, serão devolvidos à entidade ou órgão repassador dos recursos, no prazo improrrogável de 30 (trinta) dias do evento, sob pena da imediata instauração de tomada de contas especial do responsável, providenciada pela autoridade competente do órgão ou entidade titular dos recursos.

Art. 117. As obras, serviços, compras e alienações realizados pelos órgãos dos Poderes Legislativo e Judiciário e do Tribunal de Contas regem-se pelas normas desta Lei, no que couber, nas três esferas administrativas.

Art. 118. Os Estados, o Distrito Federal, os Municípios e as entidades da administração indireta deverão adaptar suas normas sobre licitações e contratos ao disposto nesta Lei.

Art. 119. As sociedades de economia mista, empresas e fundações públicas e demais entidades controladas direta ou indiretamente pela União e pelas entidades referidas no artigo anterior editarão regulamentos próprios devidamente publicados, ficando sujeitas às disposições desta Lei.

Parágrafo único. Os regulamentos a que se refere este artigo, no âmbito da Administração Pública, após aprovados pela autoridade de nível superior a que estiverem vinculados os respectivos órgãos, sociedades e entidades, deverão ser publicados na imprensa oficial.

Art. 120. Os valores fixados por esta Lei poderão ser anualmente revistos pelo Poder Executivo Federal, que os fará publicar no Diário Oficial da União, observando como limite superior a variação geral dos preços do mercado, no período. (Redação dada pela Lei nº 9.648, de 1998)

Art. 121. O disposto nesta Lei não se aplica às licitações instauradas e aos contratos assinados anteriormente à sua vigência, ressalvado o disposto no art. 57, nos parágrafos 1º, 2º e 8º do art. 65, no inciso XV do art. 78, bem assim o disposto no «caput» do art. 5º, com relação ao pagamento das obrigações na ordem cronológica, podendo esta ser observada, no prazo de noventa dias contados da vigência desta Lei, separadamente para as obrigações relativas aos contratos regidos por legislação anterior à Lei no 8.666, de 21 de junho de 1993. (Redação dada pela Lei nº 8.883, de 1994)

Parágrafo único. Os contratos relativos a imóveis do patrimônio da União continuam a reger-se pelas disposições do Decreto-lei no 9.760, de 5 de setembro de 1946, com suas alterações, e os relativos a operações de crédito interno ou externo celebrados pela União ou a concessão de garantia do Tesouro Nacional continuam regidos pela legislação pertinente, aplicando-se esta Lei, no que couber.

Art. 122. Nas concessões de linhas aéreas, observar-se-á procedimento licitatório específico, a ser estabelecido no Código Brasileiro de Aeronáutica.

Art. 123. Em suas licitações e contratações administrativas, as repartições sediadas no exterior observarão as peculiaridades locais e os princípios básicos desta Lei, na forma de regulamentação específica.

Art. 124. Aplicam-se às licitações e aos contratos para permissão ou concessão de serviços públicos os dispositivos desta Lei que não conflitem com a legislação específica sobre o assunto. (Redação dada pela Lei nº 8.883, de 1994)

Parágrafo único. As exigências contidas nos incisos II a IV do § 2º do art. 7º serão dispensadas nas licitações para concessão de serviços com execução prévia de obras em que não foram previstos desembolso por parte da Administração Pública concedente. (Incluído pela Lei nº 8.883, de 1994)

Art. 125. Esta Lei entra em vigor na data de sua publicação. (Renumerado por força do disposto no art. 3º da Lei nº 8.883, de 1994)

Art. 126. Revogam-se as disposições em contrário, especialmente os Decretos-leis nos 2.300, de 21 de novembro de 1986, 2.348, de 24 de julho de 1987, 2.360, de 16 de setembro de 1987, a Lei no 8.220, de 4 de setembro de 1991, e o art. 83 da Lei no 5.194, de 24 de dezembro de 1966.(Renumerado por força do disposto no art. 3º da Lei nº 8.883, de 1994)

5. LEI Nº 8.987, DE 13 DE FEVEREIRO DE 1995

Dispõe sobre o regime de concessão e permissão da prestação de serviços públicos previsto no art. 175 da Constituição Federal, e dá outras providências.

O PRESIDENTE DA REPÚBLICA Faço saber que o Congresso Nacional decreta e eu sanciono a seguinte Lei:

CAPÍTULO I - DAS DISPOSIÇÕES PRELIMINARES

Art. 1º As concessões de serviços públicos e de obras públicas e as permissões de serviços públicos reger-se-ão pelos termos do art. 175 da Constituição Federal, por esta Lei, pelas normas legais pertinentes e pelas cláusulas dos indispensáveis contratos.

Parágrafo único. A União, os Estados, o Distrito Federal e os Municípios promoverão a revisão e as adaptações necessárias de sua legislação às prescrições desta Lei, buscando atender as peculiaridades das diversas modalidades dos seus serviços.

Art. 2º Para os fins do disposto nesta Lei, considera-se:

I - poder concedente: a União, o Estado, o Distrito Federal ou o Município, em cuja competência se encontre o serviço público, precedido ou não da execução de obra pública, objeto de concessão ou permissão;

II - concessão de serviço público: a delegação de sua prestação, feita pelo poder concedente, mediante licitação, na modalidade de concorrência, à pessoa jurídica ou consórcio de empresas que demonstre capacidade para seu desempenho, por sua conta e risco e por prazo determinado;

III - concessão de serviço público precedida da execução de obra pública: a construção, total ou parcial, conservação, reforma, ampliação ou melhoramento de quaisquer obras de interesse público, delegada pelo poder concedente, mediante licitação, na modalidade de concorrência, à pessoa jurídica ou consórcio de empresas que demonstre capacidade para sua realização, por sua conta e risco, de forma que o investimento da concessionária seja remunerado e amortizado mediante a exploração do serviço ou da obra por prazo determinado;

IV - permissão de serviço público: a delegação, a título precário, mediante licitação, da prestação de serviços públicos, feita pelo poder concedente à pessoa física ou jurídica que demonstre capacidade para seu desempenho, por sua conta e risco.

Art. 3º As concessões e permissões sujeitar-se-ão à fiscalização pelo poder concedente responsável pela delegação, com a cooperação dos usuários.

Art. 4º A concessão de serviço público, precedida ou não da execução de obra pública, será formalizada mediante contrato, que deverá observar os termos desta Lei, das normas pertinentes e do edital de licitação.

Art. 5º O poder concedente publicará, previamente ao edital de licitação, ato justificando a conveniência da outorga de concessão ou permissão, caracterizando seu objeto, área e prazo.

CAPÍTULO II - DO SERVIÇO ADEQUADO

Art. 6º Toda concessão ou permissão pressupõe a prestação de serviço adequado ao pleno atendimento dos usuários,

conforme estabelecido nesta Lei, nas normas pertinentes e no respectivo contrato.

§ 1º Serviço adequado é o que satisfaz as condições de regularidade, continuidade, eficiência, segurança, atualidade, generalidade, cortesia na sua prestação e modicidade das tarifas.

§ 2º A atualidade compreende a modernidade das técnicas, do equipamento e das instalações e a sua conservação, bem como a melhoria e expansão do serviço.

§ 3º Não se caracteriza como descontinuidade do serviço a sua interrupção em situação de emergência ou após prévio aviso, quando:

I - motivada por razões de ordem técnica ou de segurança das instalações; e,

II - por inadimplemento do usuário, considerado o interesse da coletividade.

CAPÍTULO III - DOS DIREITOS E OBRIGAÇÕES DOS USUÁRIOS

Art. 7º. Sem prejuízo do disposto na Lei no 8.078, de 11 de setembro de 1990, são direitos e obrigações dos usuários:

I - receber serviço adequado;

II - receber do poder concedente e da concessionária informações para a defesa de interesses individuais ou coletivos;

III - obter e utilizar o serviço, com liberdade de escolha entre vários prestadores de serviços, quando for o caso, observadas as normas do poder concedente. (Redação dada pela Lei nº 9.648, de 1998)

IV - levar ao conhecimento do poder público e da concessionária as irregularidades de que tenham conhecimento, referentes ao serviço prestado;

V - comunicar às autoridades competentes os atos ilícitos praticados pela concessionária na prestação do serviço;

VI - contribuir para a permanência das boas condições dos bens públicos através dos quais lhes são prestados os serviços.

Art. 7º-A. As concessionárias de serviços públicos, de direito público e privado, nos Estados e no Distrito Federal, são obrigadas a oferecer ao consumidor e ao usuário, dentro do mês de vencimento, o mínimo de seis datas opcionais para escolherem os dias de vencimento de seus débitos. (Incluído pela Lei nº 9.791, de 1999)

Parágrafo único. (VETADO) (Incluído pela Lei nº 9.791, de 1999)

CAPÍTULO IV - DA POLÍTICA TARIFÁRIA

Art. 8º (VETADO)

Art. 9º A tarifa do serviço público concedido será fixada pelo preço da proposta vencedora da licitação e preservada pelas regras de revisão previstas nesta Lei, no edital e no contrato.

§ 1º A tarifa não será subordinada à legislação específica anterior e somente nos casos expressamente previstos em lei, sua cobrança poderá ser condicionada à existência de serviço público alternativo e gratuito para o usuário. (Redação dada pela Lei nº 9.648, de 1998)

§ 2º Os contratos poderão prever mecanismos de revisão das tarifas, a fim de manter-se o equilíbrio econômico-financeiro.

§ 3º Ressalvados os impostos sobre a renda, a criação, alteração ou extinção de quaisquer tributos ou encargos legais, após a apresentação da proposta, quando comprovado seu impacto, implicará a revisão da tarifa, para mais ou para menos, conforme o caso.

§ 4º Em havendo alteração unilateral do contrato que afete o seu inicial equilíbrio econômico-financeiro, o poder concedente deverá restabelecê-lo, concomitantemente à alteração.

§ 5º A concessionária deverá divulgar em seu sítio eletrônico, de forma clara e de fácil compreensão pelos usuários, tabela com o valor das tarifas praticadas e a evolução das revisões ou reajustes realizados nos últimos cinco anos. (Incluído pela Lei nº 13.673, de 2018)

Art. 10. Sempre que forem atendidas as condições do contrato, considera-se mantido seu equilíbrio econômico-financeiro.

Art. 11. No atendimento às peculiaridades de cada serviço público, poderá o poder concedente prever, em favor da concessionária, no edital de licitação, a possibilidade de outras fontes provenientes de receitas alternativas, complementares, acessórias ou de projetos associados, com ou sem exclusividade, com vistas a favorecer a modicidade das tarifas, observado o disposto no art. 17 desta Lei.

Parágrafo único. As fontes de receita previstas neste artigo serão obrigatoriamente consideradas para a aferição do inicial equilíbrio econômico-financeiro do contrato.

Art. 12. (VETADO)

Art. 13. As tarifas poderão ser diferenciadas em função das características técnicas e dos custos específicos provenientes do atendimento aos distintos segmentos de usuários.

CAPÍTULO V - DA LICITAÇÃO

Art. 14. Toda concessão de serviço público, precedida ou não da execução de obra pública, será objeto de prévia licitação, nos termos da legislação própria e com observância dos princípios da legalidade, moralidade, publicidade, igualdade, do julgamento por critérios objetivos e da vinculação ao instrumento convocatório.

Art. 15. No julgamento da licitação será considerado um dos seguintes critérios: (Redação dada pela Lei nº 9.648, de 1998)

I - o menor valor da tarifa do serviço público a ser prestado; (Redação dada pela Lei nº 9.648, de 1998)

II - a maior oferta, nos casos de pagamento ao poder concedente pela outorga da concessão; (Redação dada pela Lei nº 9.648, de 1998)

III - a combinação, dois a dois, dos critérios referidos nos incisos I, II e VII; (Redação dada pela Lei nº 9.648, de 1998)

IV - melhor proposta técnica, com preço fixado no edital; (Incluído pela Lei nº 9.648, de 1998)

V - melhor proposta em razão da combinação dos critérios de menor valor da tarifa do serviço público a ser prestado com o de melhor técnica; (Incluído pela Lei nº 9.648, de 1998)

VI - melhor proposta em razão da combinação dos critérios de maior oferta pela outorga da concessão com o de melhor técnica; ou (Incluído pela Lei nº 9.648, de 1998)

VII - melhor oferta de pagamento pela outorga após qualificação de propostas técnicas. (Incluído pela Lei nº 9.648, de 1998)

§ 1º A aplicação do critério previsto no inciso III só será admitida quando previamente estabelecida no edital de licitação, inclusive com regras e fórmulas precisas para avaliação econômico-financeira. (Redação dada pela Lei nº 9.648, de 1998)

§ 2º Para fins de aplicação do disposto nos incisos IV, V, VI e VII, o edital de licitação conterá parâmetros e exigências para formulação de propostas técnicas. (Redação dada pela Lei nº 9.648, de 1998)

§ 3º O poder concedente recusará propostas manifestamente inexequíveis ou financeiramente incompatíveis com os objetivos da licitação. (Redação dada pela Lei nº 9.648, de 1998)

§ 4º Em igualdade de condições, será dada preferência à proposta apresentada por empresa brasileira. (Redação dada pela Lei nº 9.648, de 1998)

Art. 16. A outorga de concessão ou permissão não terá caráter de exclusividade, salvo no caso de inviabilidade técnica ou econômica justificada no ato a que se refere o art. 5º desta Lei.

Art. 17. Considerar-se-á desclassificada a proposta que, para sua viabilização, necessite de vantagens ou subsídios que não estejam previamente autorizados em lei e à disposição de todos os concorrentes.

§ 1º Considerar-se-á, também, desclassificada a proposta de entidade estatal alheia à esfera político-administrativa do poder concedente que, para sua viabilização, necessite de vantagens ou subsídios do poder público controlador da

referida entidade. (Renumerado do parágrafo único pela Lei nº 9.648, de 1998)

§ 2º Inclui-se nas vantagens ou subsídios de que trata este artigo, qualquer tipo de tratamento tributário diferenciado, ainda que em conseqüência da natureza jurídica do licitante, que comprometa a isonomia fiscal que deve prevalecer entre todos os concorrentes. (Incluído pela Lei nº 9.648, de 1998)

Art. 18. O edital de licitação será elaborado pelo poder concedente, observados, no que couber, os critérios e as normas gerais da legislação própria sobre licitações e contratos e conterá, especialmente:

I - o objeto, metas e prazo da concessão;

II - a descrição das condições necessárias à prestação adequada do serviço;

III - os prazos para recebimento das propostas, julgamento da licitação e assinatura do contrato;

IV - prazo, local e horário em que serão fornecidos, aos interessados, os dados, estudos e projetos necessários à elaboração dos orçamentos e apresentação das propostas;

V - os critérios e a relação dos documentos exigidos para a aferição da capacidade técnica, da idoneidade financeira e da regularidade jurídica e fiscal;

VI - as possíveis fontes de receitas alternativas, complementares ou acessórias, bem como as provenientes de projetos associados;

VII - os direitos e obrigações do poder concedente e da concessionária em relação a alterações e expansões a serem realizadas no futuro, para garantir a continuidade da prestação do serviço;

VIII - os critérios de reajuste e revisão da tarifa;

IX - os critérios, indicadores, fórmulas e parâmetros a serem utilizados no julgamento técnico e econômico-financeiro da proposta;

X - a indicação dos bens reversíveis;

XI - as características dos bens reversíveis e as condições em que estes serão postos à disposição, nos casos em que houver sido extinta a concessão anterior;

XII - a expressa indicação do responsável pelo ônus das desapropriações necessárias à execução do serviço ou da obra pública, ou para a instituição de servidão administrativa;

XIII - as condições de liderança da empresa responsável, na hipótese em que for permitida a participação de empresas em consórcio;

XIV - nos casos de concessão, a minuta do respectivo contrato, que conterá as cláusulas essenciais referidas no art. 23 desta Lei, quando aplicáveis;

XV - nos casos de concessão de serviços públicos precedida da execução de obra pública, os dados relativos à obra, dentre os quais os elementos do projeto básico que permitam sua plena caracterização, bem assim as garantias exigidas para essa parte específica do contrato, adequadas a cada caso e limitadas ao valor da obra; (Redação dada pela Lei nº 9.648, de 1998)

XVI - nos casos de permissão, os termos do contrato de adesão a ser firmado.

Art. 18-A. O edital poderá prever a inversão da ordem das fases de habilitação e julgamento, hipótese em que: (Incluído pela Lei nº 11.196, de 2005)

I - encerrada a fase de classificação das propostas ou o oferecimento de lances, será aberto o invólucro com os documentos de habilitação do licitante mais bem classificado, para verificação do atendimento das condições fixadas no edital; (Incluído pela Lei nº 11.196, de 2005)

II - verificado o atendimento das exigências do edital, o licitante será declarado vencedor; (Incluído pela Lei nº 11.196, de 2005)

III - inabilitado o licitante melhor classificado, serão analisados os documentos habilitatórios do licitante com a proposta classificada em segundo lugar, e assim sucessivamente, até que um licitante classificado atenda às condições fixadas no edital; (Incluído pela Lei nº 11.196, de 2005)

IV - proclamado o resultado final do certame, o objeto será adjudicado ao vencedor nas condições técnicas e econômicas por ele ofertadas. (Incluído pela Lei nº 11.196, de 2005)

Art. 19. Quando permitida, na licitação, a participação de empresas em consórcio, observar-se-ão as seguintes normas:

I - comprovação de compromisso, público ou particular, de constituição de consórcio, subscrito pelas consorciadas;

II - indicação da empresa responsável pelo consórcio;

III - apresentação dos documentos exigidos nos incisos V e XIII do artigo anterior, por parte de cada consorciada;

IV - impedimento de participação de empresas consorciadas na mesma licitação, por intermédio de mais de um consórcio ou isoladamente.

§ 1º O licitante vencedor fica obrigado a promover, antes da celebração do contrato, a constituição e registro do consórcio, nos termos do compromisso referido no inciso I deste artigo.

§ 2º A empresa líder do consórcio é a responsável perante o poder concedente pelo cumprimento do contrato de concessão, sem prejuízo da responsabilidade solidária das demais consorciadas.

Art. 20. É facultado ao poder concedente, desde que previsto no edital, no interesse do serviço a ser concedido, determinar que o licitante vencedor, no caso de consórcio, se constitua em empresa antes da celebração do contrato.

Art. 21. Os estudos, investigações, levantamentos, projetos, obras e despesas ou investimentos já efetuados, vinculados à concessão, de utilidade para a licitação, realizados pelo poder concedente ou com a sua autorização, estarão à disposição dos interessados, devendo o vencedor da licitação ressarcir os dispêndios correspondentes, especificados no edital.

Art. 22. É assegurada a qualquer pessoa a obtenção de certidão sobre atos, contratos, decisões ou pareceres relativos à licitação ou às próprias concessões.

CAPÍTULO VI - DO CONTRATO DE CONCESSÃO

Art. 23. São cláusulas essenciais do contrato de concessão as relativas:

I - ao objeto, à área e ao prazo da concessão;

II - ao modo, forma e condições de prestação do serviço;

III - aos critérios, indicadores, fórmulas e parâmetros definidores da qualidade do serviço;

IV - ao preço do serviço e aos critérios e procedimentos para o reajuste e a revisão das tarifas;

V - aos direitos, garantias e obrigações do poder concedente e da concessionária, inclusive os relacionados às previsíveis necessidades de futura alteração e expansão do serviço e conseqüente modernização, aperfeiçoamento e ampliação dos equipamentos e das instalações;

VI - aos direitos e deveres dos usuários para obtenção e utilização do serviço;

VII - à forma de fiscalização das instalações, dos equipamentos, dos métodos e práticas de execução do serviço, bem como a indicação dos órgãos competentes para exercê-la;

VIII - às penalidades contratuais e administrativas a que se sujeita a concessionária e sua forma de aplicação;

IX - aos casos de extinção da concessão;

X - aos bens reversíveis;

XI - aos critérios para o cálculo e a forma de pagamento das indenizações devidas à concessionária, quando for o caso;

XII - às condições para prorrogação do contrato;

XIII - à obrigatoriedade, forma e periodicidade da prestação de contas da concessionária ao poder concedente;

XIV - à exigência da publicação de demonstrações financeiras periódicas da concessionária; e

XV - ao foro e ao modo amigável de solução das divergências contratuais.

Parágrafo único. Os contratos relativos à concessão de serviço público precedido da execução de obra pública deverão, adicionalmente:

I - estipular os cronogramas físico-financeiros de execução das obras vinculadas à concessão; e

II - exigir garantia do fiel cumprimento, pela concessionária, das obrigações relativas às obras vinculadas à concessão.

Art. 23-A. O contrato de concessão poderá prever o emprego de mecanismos privados para resolução de disputas decorrentes ou relacionadas ao contrato, inclusive a arbitragem, a ser realizada no Brasil e em língua portuguesa, nos termos da Lei no 9.307, de 23 de setembro de 1996. (Incluído pela Lei nº 11.196, de 2005)

Art. 24. (VETADO)

Art. 25. Incumbe à concessionária a execução do serviço concedido, cabendo-lhe responder por todos os prejuízos causados ao poder concedente, aos usuários ou a terceiros, sem que a fiscalização exercida pelo órgão competente exclua ou atenue essa responsabilidade.

§ 1º Sem prejuízo da responsabilidade a que se refere este artigo, a concessionária poderá contratar com terceiros o desenvolvimento de atividades inerentes, acessórias ou complementares ao serviço concedido, bem como a implementação de projetos associados. (Vide ADC 57)

§ 2º Os contratos celebrados entre a concessionária e os terceiros a que se refere o parágrafo anterior reger-se-ão pelo direito privado, não se estabelecendo qualquer relação jurídica entre os terceiros e o poder concedente.

§ 3º A execução das atividades contratadas com terceiros pressupõe o cumprimento das normas regulamentares da modalidade do serviço concedido.

Art. 26. É admitida a subconcessão, nos termos previstos no contrato de concessão, desde que expressamente autorizada pelo poder concedente.

§ 1º A outorga de subconcessão será sempre precedida de concorrência.

§ 2º O subconcessionário se sub-rogará todos os direitos e obrigações da subconcedente dentro dos limites da subconcessão.

Art. 27. A transferência de concessão ou do controle societário da concessionária sem prévia anuência do poder concedente implicará a caducidade da concessão.

§ 1º Para fins de obtenção da anuência de que trata o caput deste artigo, o pretendente deverá: (Renumerado do parágrafo único pela Lei nº 11.196, de 2005)

I - atender às exigências de capacidade técnica, idoneidade financeira e regularidade jurídica e fiscal necessárias à assunção do serviço; e

II - comprometer-se a cumprir todas as cláusulas do contrato em vigor.

§ 2º (Revogado). (Redação dada pela Lei nº 13.097, de 2015)

§ 3º (Revogado). (Redação dada pela Lei nº 13.097, de 2015)

§ 4º (Revogado). (Redação dada pela Lei nº 13.097, de 2015)

Art. 27-A. Nas condições estabelecidas no contrato de concessão, o poder concedente autorizará a assunção do controle ou da administração temporária da concessionária por seus financiadores e garantidores com quem não mantenha vínculo societário direto, para promover sua reestruturação financeira e assegurar a continuidade da prestação dos serviços. (Incluído pela Lei nº 13.097, de 2015)

§ 1º Na hipótese prevista no caput, o poder concedente exigirá dos financiadores e dos garantidores que atendam às exigências de regularidade jurídica e fiscal, podendo alterar ou dispensar os demais requisitos previstos no inciso I do parágrafo único do art. 27. (Incluído pela Lei nº 13.097, de 2015)

§ 2º A assunção do controle ou da administração temporária autorizadas na forma do caput deste artigo não alterará as obrigações da concessionária e de seus controladores para com terceiros, poder concedente e usuários dos serviços públicos. (Incluído pela Lei nº 13.097, de 2015)

§ 3º Configura-se o controle da concessionária, para os fins dispostos no caput deste artigo, a propriedade resolúvel de ações ou quotas por seus financiadores e garantidores que atendam os requisitos do art. 116 da Lei no 6.404, de 15 de dezembro de 1976. (Incluído pela Lei nº 13.097, de 2015)

§ 4º Configura-se a administração temporária da concessionária por seus financiadores e garantidores quando, sem a transferência da propriedade de ações ou quotas, forem outorgados os seguintes poderes: (Incluído pela Lei nº 13.097, de 2015)

I - indicar os membros do Conselho de Administração, a serem eleitos em Assembleia Geral pelos acionistas, nas sociedades regidas pela Lei 6.404, de 15 de dezembro de 1976; ou administradores, a serem eleitos pelos quotistas, nas demais sociedades; (Incluído pela Lei nº 13.097, de 2015)

II - indicar os membros do Conselho Fiscal, a serem eleitos pelos acionistas ou quotistas controladores em Assembleia Geral; (Incluído pela Lei nº 13.097, de 2015)

III - exercer poder de veto sobre qualquer proposta submetida à votação dos acionistas ou quotistas da concessionária, que representem, ou possam representar, prejuízos aos fins previstos no caput deste artigo; (Incluído pela Lei nº 13.097, de 2015)

IV - outros poderes necessários ao alcance dos fins previstos no caput deste artigo. (Incluído pela Lei nº 13.097, de 2015)

§ 5º A administração temporária autorizada na forma deste artigo não acarretará responsabilidade aos financiadores e garantidores em relação à tributação, encargos, ônus, sanções, obrigações ou compromissos com terceiros, inclusive com o poder concedente ou empregados. (Incluído pela Lei nº 13.097, de 2015)

§ 6º O Poder Concedente disciplinará sobre o prazo da administração temporária. (Incluído pela Lei nº 13.097, de 2015)

Art. 28. Nos contratos de financiamento, as concessionárias poderão oferecer em garantia os direitos emergentes da concessão, até o limite que não comprometa a operacionalização e a continuidade da prestação do serviço.

Parágrafo único. (Revogado pela Lei no 9.074, de 1995)

Art. 28-A. Para garantir contratos de mútuo de longo prazo, destinados a investimentos relacionados a contratos de concessão, em qualquer de suas modalidades, as concessionárias poderão ceder ao mutuante, em caráter fiduciário, parcela de seus créditos operacionais futuros, observadas as seguintes condições: (Incluído pela Lei nº 11.196, de 2005)

I - o contrato de cessão dos créditos deverá ser registrado em Cartório de Títulos e Documentos para ter eficácia perante terceiros;

II - sem prejuízo do disposto no inciso I do caput deste artigo, a cessão do crédito não terá eficácia em relação ao Poder Público concedente senão quando for este formalmente notificado; (Incluído pela Lei nº 11.196, de 2005)

III - os créditos futuros cedidos nos termos deste artigo serão constituídos sob a titularidade do mutuante, independentemente de qualquer formalidade adicional; (Incluído pela Lei nº 11.196, de 2005)

IV - o mutuante poderá indicar instituição financeira para efetuar a cobrança e receber os pagamentos dos créditos cedidos ou permitir que a concessionária o faça, na qualidade de representante e depositária; (Incluído pela Lei nº 11.196, de 2005)

V - na hipótese de ter sido indicada instituição financeira, conforme previsto no inciso IV do caput deste artigo, fica a concessionária obrigada a apresentar a essa os créditos para cobrança; (Incluído pela Lei nº 11.196, de 2005)

VI - os pagamentos dos créditos cedidos deverão ser depositados pela concessionária ou pela instituição encarregada da cobrança em conta corrente bancária vinculada ao contrato de mútuo; (Incluído pela Lei nº 11.196, de 2005)

VII - a instituição financeira depositária deverá transferir os valores recebidos ao mutuante à medida que as obrigações do contrato de mútuo tornarem-se exigíveis; e (Incluído pela Lei nº 11.196, de 2005)

VIII - o contrato de cessão disporá sobre a devolução à concessionária dos recursos excedentes, sendo vedada a retenção do saldo após o adimplemento integral do contrato. (Incluído pela Lei nº 11.196, de 2005)

Parágrafo único. Para os fins deste artigo, serão considerados contratos de longo prazo aqueles cujas obrigações tenham prazo médio de vencimento superior a 5 (cinco) anos. (Incluído pela Lei nº 11.196, de 2005)

CAPÍTULO VII - DOS ENCARGOS DO PODER CONCEDENTE

Art. 29. Incumbe ao poder concedente:

I - regulamentar o serviço concedido e fiscalizar permanentemente a sua prestação;

II - aplicar as penalidades regulamentares e contratuais;

III - intervir na prestação do serviço, nos casos e condições previstos em lei;

IV - extinguir a concessão, nos casos previstos nesta Lei e na forma prevista no contrato;

V - homologar reajustes e proceder à revisão das tarifas na forma desta Lei, das normas pertinentes e do contrato;

VI - cumprir e fazer cumprir as disposições regulamentares do serviço e as cláusulas contratuais da concessão;

VII - zelar pela boa qualidade do serviço, receber, apurar e solucionar queixas e reclamações dos usuários, que serão cientificados, em até trinta dias, das providências tomadas;

VIII - declarar de utilidade pública os bens necessários à execução do serviço ou obra pública, promovendo as desapropriações, diretamente ou mediante outorga de poderes à concessionária, caso em que será desta a responsabilidade pelas indenizações cabíveis;

IX - declarar de necessidade ou utilidade pública, para fins de instituição de servidão administrativa, os bens necessários à execução de serviço ou obra pública, promovendo-a diretamente ou mediante outorga de poderes à concessionária, caso em que será desta a responsabilidade pelas indenizações cabíveis;

X - estimular o aumento da qualidade, produtividade, preservação do meio-ambiente e conservação;

XI - incentivar a competitividade; e

XII - estimular a formação de associações de usuários para defesa de interesses relativos ao serviço.

Art. 30. No exercício da fiscalização, o poder concedente terá acesso aos dados relativos à administração, contabilidade, recursos técnicos, econômicos e financeiros da concessionária.

Parágrafo único. A fiscalização do serviço será feita por intermédio de órgão técnico do poder concedente ou por entidade com ele conveniada, e, periodicamente, conforme previsto em norma regulamentar, por comissão composta de representantes do poder concedente, da concessionária e dos usuários.

CAPÍTULO VIII - DOS ENCARGOS DA CONCESSIONÁRIA

Art. 31. Incumbe à concessionária:

I - prestar serviço adequado, na forma prevista nesta Lei, nas normas técnicas aplicáveis e no contrato;

II - manter em dia o inventário e o registro dos bens vinculados à concessão;

III - prestar contas da gestão do serviço ao poder concedente e aos usuários, nos termos definidos no contrato;

IV - cumprir e fazer cumprir as normas do serviço e as cláusulas contratuais da concessão;

V - permitir aos encarregados da fiscalização livre acesso, em qualquer época, às obras, aos equipamentos e às instalações integrantes do serviço, bem como a seus registros contábeis;

VI - promover as desapropriações e constituir servidões autorizadas pelo poder concedente, conforme previsto no edital e no contrato;

VII - zelar pela integridade dos bens vinculados à prestação do serviço, bem como segurá-los adequadamente; e

VIII - captar, aplicar e gerir os recursos financeiros necessários à prestação do serviço.

Parágrafo único. As contratações, inclusive de mão-de-obra, feitas pela concessionária serão regidas pelas disposições de direito privado e pela legislação trabalhista, não se estabelecendo qualquer relação entre os terceiros contratados pela concessionária e o poder concedente.

CAPÍTULO IX - DA INTERVENÇÃO

Art. 32. O poder concedente poderá intervir na concessão, com o fim de assegurar a adequação na prestação do serviço, bem como o fiel cumprimento das normas contratuais, regulamentares e legais pertinentes.

Parágrafo único. A intervenção far-se-á por decreto do poder concedente, que conterá a designação do interventor, o prazo da intervenção e os objetivos e limites da medida.

Art. 33. Declarada a intervenção, o poder concedente deverá, no prazo de trinta dias, instaurar procedimento administrativo para comprovar as causas determinantes da medida e apurar responsabilidades, assegurado o direito de ampla defesa.

§ 1º Se ficar comprovado que a intervenção não observou os pressupostos legais e regulamentares será declarada sua nulidade, devendo o serviço ser imediatamente devolvido à concessionária, sem prejuízo de seu direito à indenização.

§ 2º O procedimento administrativo a que se refere o caput deste artigo deverá ser concluído no prazo de até cento e oitenta dias, sob pena de considerar-se inválida a intervenção.

Art. 34. Cessada a intervenção, se não for extinta a concessão, a administração do serviço será devolvida à concessionária, precedida de prestação de contas pelo interventor, que responderá pelos atos praticados durante a sua gestão.

CAPÍTULO X - DA EXTINÇÃO DA CONCESSÃO

Art. 35. Extingue-se a concessão por:

I - advento do termo contratual;

II - encampação;

III - caducidade;

IV - rescisão;

V - anulação; e

VI - falência ou extinção da empresa concessionária e falecimento ou incapacidade do titular, no caso de empresa individual.

§ 1º Extinta a concessão, retornam ao poder concedente todos os bens reversíveis, direitos e privilégios transferidos ao concessionário conforme previsto no edital e estabelecido no contrato.

§ 2º Extinta a concessão, haverá a imediata assunção do serviço pelo poder concedente, procedendo-se aos levantamentos, avaliações e liquidações necessários.

§ 3º A assunção do serviço autoriza a ocupação das instalações e a utilização, pelo poder concedente, de todos os bens reversíveis.

§ 4º Nos casos previstos nos incisos I e II deste artigo, o poder concedente, antecipando-se à extinção da concessão, procederá aos levantamentos e avaliações necessários à determinação dos montantes da indenização que será devida à concessionária, na forma dos arts. 36 e 37 desta Lei.

Art. 36. A reversão no advento do termo contratual far-se-á com a indenização das parcelas dos investimentos vinculados a bens reversíveis, ainda não amortizados ou depreciados, que tenham sido realizados com o objetivo de garantir a continuidade e atualidade do serviço concedido.

Art. 37. Considera-se encampação a retomada do serviço pelo poder concedente durante o prazo da concessão, por motivo de interesse público, mediante lei autorizativa específica e

após prévio pagamento da indenização, na forma do artigo anterior.

Art. 38. A inexecução total ou parcial do contrato acarretará, a critério do poder concedente, a declaração de caducidade da concessão ou a aplicação das sanções contratuais, respeitadas as disposições deste artigo, do art. 27, e as normas convencionadas entre as partes.

§ 1º A caducidade da concessão poderá ser declarada pelo poder concedente quando:

I - o serviço estiver sendo prestado de forma inadequada ou deficiente, tendo por base as normas, critérios, indicadores e parâmetros definidores da qualidade do serviço;

II - a concessionária descumprir cláusulas contratuais ou disposições legais ou regulamentares concernentes à concessão;

III - a concessionária paralisar o serviço ou concorrer para tanto, ressalvadas as hipóteses decorrentes de caso fortuito ou força maior;

IV - a concessionária perder as condições econômicas, técnicas ou operacionais para manter a adequada prestação do serviço concedido;

V - a concessionária não cumprir as penalidades impostas por infrações, nos devidos prazos;

VI - a concessionária não atender a intimação do poder concedente no sentido de regularizar a prestação do serviço; e

VII - a concessionária não atender a intimação do poder concedente para, em 180 (cento e oitenta) dias, apresentar a documentação relativa a regularidade fiscal, no curso da concessão, na forma do art. 29 da Lei nº 8.666, de 21 de junho de 1993. (Redação dada pela Lei nº 12.767, de 2012)

§ 2º A declaração da caducidade da concessão deverá ser precedida da verificação da inadimplência da concessionária em processo administrativo, assegurado o direito de ampla defesa.

§ 3º Não será instaurado processo administrativo de inadimplência antes de comunicados à concessionária, detalhadamente, os descumprimentos contratuais referidos no § 1º deste artigo, dando-lhe um prazo para corrigir as falhas e transgressões apontadas e para o enquadramento, nos termos contratuais.

§ 4º Instaurado o processo administrativo e comprovada a inadimplência, a caducidade será declarada por decreto do poder concedente, independentemente de indenização prévia, calculada no decurso do processo.

§ 5º A indenização de que trata o parágrafo anterior, será devida na forma do art. 36 desta Lei e do contrato, descontado o valor das multas contratuais e dos danos causados pela concessionária.

§ 6º Declarada a caducidade, não resultará para o poder concedente qualquer espécie de responsabilidade em relação aos encargos, ônus, obrigações ou compromissos com terceiros ou com empregados da concessionária.

Art. 39. O contrato de concessão poderá ser rescindido por iniciativa da concessionária, no caso de descumprimento das normas contratuais pelo poder concedente, mediante ação judicial especialmente intentada para esse fim.

Parágrafo único. Na hipótese prevista no caput deste artigo, os serviços prestados pela concessionária não poderão ser interrompidos ou paralisados, até a decisão judicial transitada em julgado.

CAPÍTULO XI - DAS PERMISSÕES

Art. 40. A permissão de serviço público será formalizada mediante contrato de adesão, que observará os termos desta Lei, das demais normas pertinentes e do edital de licitação, inclusive quanto à precariedade e à revogabilidade unilateral do contrato pelo poder concedente.

Parágrafo único. Aplica-se às permissões o disposto nesta Lei.

CAPÍTULO XII - DISPOSIÇÕES FINAIS E TRANSITÓRIAS

Art. 41. O disposto nesta Lei não se aplica à concessão, permissão e autorização para o serviço de radiodifusão sonora e de sons e imagens.

Art. 42. As concessões de serviço público outorgadas anteriormente à entrada em vigor desta Lei consideram-se válidas pelo prazo fixado no contrato ou no ato de outorga, observado o disposto no art. 43 desta Lei. (Vide Lei nº 9.074, de 1995)

§ 1º Vencido o prazo mencionado no contrato ou ato de outorga, o serviço poderá ser prestado por órgão ou entidade do poder concedente, ou delegado a terceiros, mediante novo contrato. (Redação dada pela Lei nº 11.445, de 2007). (Vide ADIN 4058)

§ 2º As concessões em caráter precário, as que estiverem com prazo vencido e as que estiverem em vigor por prazo indeterminado, inclusive por força de legislação anterior, permanecerão válidas pelo prazo necessário à realização dos levantamentos e avaliações indispensáveis à organização das licitações que precederão a outorga das concessões que as substituirão, prazo esse que não será inferior a 24 (vinte e quatro) meses.

§ 3º As concessões a que se refere o § 2º deste artigo, inclusive as que não possuam instrumento que as formalize ou que possuam cláusula que preveja prorrogação, terão validade máxima até o dia 31 de dezembro de 2010, desde que, até o dia 30 de junho de 2009, tenham sido cumpridas, cumulativamente, as seguintes condições: (Incluído pela Lei nº 11.445, de 2007).

I - levantamento mais amplo e retroativo possível dos elementos físicos constituintes da infra-estrutura de bens reversíveis e dos dados financeiros, contábeis e comerciais relativos à prestação dos serviços, em dimensão necessária e suficiente para a realização do cálculo de eventual indenização relativa aos investimentos ainda não amortizados pelas receitas emergentes da concessão, observadas as disposições legais e contratuais que regulavam a prestação do serviço ou a ela aplicáveis nos 20 (vinte) anos anteriores ao da publicação desta Lei; (Incluído pela Lei nº 11.445, de 2007).

II - celebração de acordo entre o poder concedente e o concessionário sobre os critérios e a forma de indenização de eventuais créditos remanescentes de investimentos ainda não amortizados ou depreciados, apurados a partir dos levantamentos referidos no inciso I deste parágrafo e auditados por instituição especializada escolhida de comum acordo pelas partes; e (Incluído pela Lei nº 11.445, de 2007).

III - publicação na imprensa oficial de ato formal de autoridade do poder concedente, autorizando a prestação precária dos serviços por prazo de até 6 (seis) meses, renovável até 31 de dezembro de 2008, mediante comprovação do cumprimento do disposto nos incisos I e II deste parágrafo. (Incluído pela Lei nº 11.445, de 2007).

§ 4º Não ocorrendo o acordo previsto no inciso II do § 3º deste artigo, o cálculo da indenização de investimentos será feito com base nos critérios previstos no instrumento de concessão antes celebrado ou, na omissão deste, por avaliação de seu valor econômico ou reavaliação patrimonial, depreciação e amortização de ativos imobilizados definidos pelas legislações fiscal e das sociedades por ações, efetuada por empresa de auditoria independente escolhida de comum acordo pelas partes. (Incluído pela Lei nº 11.445, de 2007).

§ 5º No caso do § 4º deste artigo, o pagamento de eventual indenização será realizado, mediante garantia real, por meio de 4 (quatro) parcelas anuais, iguais e sucessivas, da parte ainda não amortizada de investimentos e de outras indenizações relacionadas à prestação dos serviços, realizados com capital próprio do concessionário ou de seu controlador, ou originários de operações de financiamento, ou obtidos mediante emissão de ações, debêntures e outros títulos mobiliários, com a primeira parcela paga até o último dia útil do exercício

financeiro em que ocorrer a reversão. (Incluído pela Lei nº 11.445, de 2007).

§ 6º Ocorrendo acordo, poderá a indenização de que trata o § 5º deste artigo ser paga mediante receitas de novo contrato que venha a disciplinar a prestação do serviço. (Incluído pela Lei nº 11.445, de 2007).

Art. 43. Ficam extintas todas as concessões de serviços públicos outorgadas sem licitação na vigência da Constituição de 1988. (Vide Lei nº 9.074, de 1995)

Parágrafo único. Ficam também extintas todas as concessões outorgadas sem licitação anteriormente à Constituição de 1988, cujas obras ou serviços não tenham sido iniciados ou que se encontrem paralisados quando da entrada em vigor desta Lei.

Art. 44. As concessionárias que tiverem obras que se encontrem atrasadas, na data da publicação desta Lei, apresentarão ao poder concedente, dentro de cento e oitenta dias, plano efetivo de conclusão das obras. (Vide Lei nº 9.074, de 1995)

Parágrafo único. Caso a concessionária não apresente o plano a que se refere este artigo ou se este plano não oferecer condições efetivas para o término da obra, o poder concedente poderá declarar extinta a concessão, relativa a essa obra.

Art. 45. Nas hipóteses de que tratam os arts. 43 e 44 desta Lei, o poder concedente indenizará as obras e serviços realizados somente no caso e com os recursos da nova licitação.

Parágrafo único. A licitação de que trata o caput deste artigo deverá, obrigatoriamente, levar em conta, para fins de avaliação, o estágio das obras paralisadas ou atrasadas, de modo a permitir a utilização do critério de julgamento estabelecido no inciso III do art. 15 desta Lei.

Art. 46. Esta Lei entra em vigor na data de sua publicação.

Art. 47. Revogam-se as disposições em contrário.

6. LEI Nº 9.637, DE 15 DE MAIO DE 1998

Conversão da MPv nº 1.648-7, de 1998

Dispõe sobre a qualificação de entidades como organizações sociais, a criação do Programa Nacional de Publicização, a extinção dos órgãos e entidades que menciona e a absorção de suas atividades por organizações sociais, e dá outras providências. O PRESIDENTE DA REPÚBLICA Faço saber que o Congresso Nacional decreta e eu sanciono a seguinte Lei:

CAPÍTULO I - DAS ORGANIZAÇÕES SOCIAIS

SEÇÃO I - DA QUALIFICAÇÃO

Art. 1º O Poder Executivo poderá qualificar como organizações sociais pessoas jurídicas de direito privado, sem fins lucrativos, cujas atividades sejam dirigidas ao ensino, à pesquisa científica, ao desenvolvimento tecnológico, à proteção e preservação do meio ambiente, à cultura e à saúde, atendidos aos requisitos previstos nesta Lei.

Art. 2º São requisitos específicos para que as entidades privadas referidas no artigo anterior habilitem-se à qualificação como organização social:

I - comprovar o registro de seu ato constitutivo, dispondo sobre:

a) natureza social de seus objetivos relativos à respectiva área de atuação;

b) finalidade não-lucrativa, com a obrigatoriedade de investimento de seus excedentes financeiros no desenvolvimento das próprias atividades;

c) previsão expressa de a entidade ter, como órgãos de deliberação superior e de direção, um conselho de administração e uma diretoria definidos nos termos do estatuto, asseguradas àquele composição e atribuições normativas e de controle básicas previstas nesta Lei;

d) previsão de participação, no órgão colegiado de deliberação superior, de representantes do Poder Público e de membros da comunidade, de notória capacidade profissional e idoneidade moral;

e) composição e atribuições da diretoria;

f) obrigatoriedade de publicação anual, no Diário Oficial da União, dos relatórios financeiros e do relatório de execução do contrato de gestão;

g) no caso de associação civil, a aceitação de novos associados, na forma do estatuto;

h) proibição de distribuição de bens ou de parcela do patrimônio líquido em qualquer hipótese, inclusive em razão de desligamento, retirada ou falecimento de associado ou membro da entidade;

i) previsão de incorporação integral do patrimônio, dos legados ou das doações que lhe foram destinados, bem como dos excedentes financeiros decorrentes de suas atividades, em caso de extinção ou desqualificação, ao patrimônio de outra organização social qualificada no âmbito da União, da mesma área de atuação, ou ao patrimônio da União, dos Estados, do Distrito Federal ou dos Municípios, na proporção dos recursos e bens por estes alocados;

II - haver aprovação, quanto à conveniência e oportunidade de sua qualificação como organização social, do Ministro ou titular de órgão supervisor ou regulador da área de atividade correspondente ao seu objeto social e do Ministro de Estado da Administração Federal e Reforma do Estado.

SEÇÃO II - DO CONSELHO DE ADMINISTRAÇÃO

Art. 3º O conselho de administração deve estar estruturado nos termos que dispuser o respectivo estatuto, observados, para os fins de atendimento dos requisitos de qualificação, os seguintes critérios básicos:

I - ser composto por:

a) 20 a 40% (vinte a quarenta por cento) de membros natos representantes do Poder Público, definidos pelo estatuto da entidade;

b) 20 a 30% (vinte a trinta por cento) de membros natos representantes de entidades da sociedade civil, definidos pelo estatuto;

c) até 10% (dez por cento), no caso de associação civil, de membros eleitos dentre os membros ou os associados;

d) 10 a 30% (dez a trinta por cento) de membros eleitos pelos demais integrantes do conselho, dentre pessoas de notória capacidade profissional e reconhecida idoneidade moral;

e) até 10% (dez por cento) de membros indicados ou eleitos na forma estabelecida pelo estatuto;

II - os membros eleitos ou indicados para compor o Conselho devem ter mandato de quatro anos, admitida uma recondução;

III - os representantes de entidades previstos nas alíneas "a" e "b" do inciso I devem corresponder a mais de 50% (cinqüenta por cento) do Conselho;

IV - o primeiro mandato de metade dos membros eleitos ou indicados deve ser de dois anos, segundo critérios estabelecidos no estatuto;

V - o dirigente máximo da entidade deve participar das reuniões do conselho, sem direito a voto;

VI - o Conselho deve reunir-se ordinariamente, no mínimo, três vezes a cada ano e, extraordinariamente, a qualquer tempo;

VII - os conselheiros não devem receber remuneração pelos serviços que, nesta condição, prestarem à organização social, ressalvada a ajuda de custo por reunião da qual participem;

VIII - os conselheiros eleitos ou indicados para integrar a diretoria da entidade devem renunciar ao assumirem funções executivas.

Art. 4º Para os fins de atendimento dos requisitos de qualificação, devem ser atribuições privativas do Conselho de Administração, dentre outras:

I - fixar o âmbito de atuação da entidade, para consecução do seu objeto;

II - aprovar a proposta de contrato de gestão da entidade;

III - aprovar a proposta de orçamento da entidade e o programa de investimentos;

IV - designar e dispensar os membros da diretoria;

V - fixar a remuneração dos membros da diretoria;

VI - aprovar e dispor sobre a alteração dos estatutos e a extinção da entidade por maioria, no mínimo, de dois terços de seus membros;

VII - aprovar o regimento interno da entidade, que deve dispor, no mínimo, sobre a estrutura, forma de gerenciamento, os cargos e respectivas competências;

VIII - aprovar por maioria, no mínimo, de dois terços de seus membros, o regulamento próprio contendo os procedimentos que deve adotar para a contratação de obras, serviços, compras e alienações e o plano de cargos, salários e benefícios dos empregados da entidade;

IX - aprovar e encaminhar, ao órgão supervisor da execução do contrato de gestão, os relatórios gerenciais e de atividades da entidade, elaborados pela diretoria;

X - fiscalizar o cumprimento das diretrizes e metas definidas e aprovar os demonstrativos financeiros e contábeis e as contas anuais da entidade, com o auxílio de auditoria externa.

SEÇÃO III - DO CONTRATO DE GESTÃO

Art. 5º Para os efeitos desta Lei, entende-se por contrato de gestão o instrumento firmado entre o Poder Público e a entidade qualificada como organização social, com vistas à formação de parceria entre as partes para fomento e execução de atividades relativas às áreas relacionadas no art. 1º.

Art. 6º O contrato de gestão, elaborado de comum acordo entre o órgão ou entidade supervisora e a organização social, discriminará as atribuições, responsabilidades e obrigações do Poder Público e da organização social.

Parágrafo único. O contrato de gestão deve ser submetido, após aprovação pelo Conselho de Administração da entidade, ao Ministro de Estado ou autoridade supervisora da área correspondente à atividade fomentada.

Art. 7º Na elaboração do contrato de gestão, devem ser observados os princípios da legalidade, impessoalidade, moralidade, publicidade, economicidade e, também, os seguintes preceitos:

I - especificação do programa de trabalho proposto pela organização social, a estipulação das metas a serem atingidas e os respectivos prazos de execução, bem como previsão expressa dos critérios objetivos de avaliação de desempenho a serem utilizados, mediante indicadores de qualidade e produtividade;

II - a estipulação dos limites e critérios para despesa com remuneração e vantagens de qualquer natureza a serem percebidas pelos dirigentes e empregados das organizações sociais, no exercício de suas funções.

Parágrafo único. Os Ministros de Estado ou autoridades supervisoras da área de atuação da entidade devem definir as demais cláusulas dos contratos de gestão de que sejam signatários.

SEÇÃO IV - DA EXECUÇÃO E FISCALIZAÇÃO DO CONTRATO DE GESTÃO

Art. 8º A execução do contrato de gestão celebrado por organização social será fiscalizada pelo órgão ou entidade supervisora da área de atuação correspondente à atividade fomentada.

§ 1º A entidade qualificada apresentará ao órgão ou entidade do Poder Público supervisora signatária do contrato, ao término de cada exercício ou a qualquer momento, conforme recomende o interesse público, relatório pertinente à execução do contrato de gestão, contendo comparativo específico das metas propostas com os resultados alcançados, acompanhado da prestação de contas correspondente ao exercício financeiro.

§ 2º Os resultados atingidos com a execução do contrato de gestão devem ser analisados, periodicamente, por comissão de avaliação, indicada pela autoridade supervisora da área correspondente, composta por especialistas de notória capacidade e adequada qualificação.

§ 3º A comissão deve encaminhar à autoridade supervisora relatório conclusivo sobre a avaliação procedida.

Art. 9º Os responsáveis pela fiscalização da execução do contrato de gestão, ao tomarem conhecimento de qualquer irregularidade ou ilegalidade na utilização de recursos ou bens de origem pública por organização social, dela darão ciência ao Tribunal de Contas da União, sob pena de responsabilidade solidária.

Art. 10. Sem prejuízo da medida a que se refere o artigo anterior, quando assim exigir a gravidade dos fatos ou o interesse público, havendo indícios fundados de malversação de bens ou recursos de origem pública, os responsáveis pela fiscalização representarão ao Ministério Público, à Advocacia-Geral da União ou à Procuradoria da entidade para que requeira ao juízo competente a decretação da indisponibilidade dos bens da entidade e o seqüestro dos bens dos seus dirigentes, bem como de agente público ou terceiro, que possam ter enriquecido ilicitamente ou causado dano ao patrimônio público.

§ 1º O pedido de seqüestro será processado de acordo com o disposto nos arts. 822 e 825 do Código de Processo Civil.

§ 2º Quando for o caso, o pedido incluirá a investigação, o exame e o bloqueio de bens, contas bancárias e aplicações mantidas pelo demandado no País e no exterior, nos termos da lei e dos tratados internacionais.

§ 3º Até o término da ação, o Poder Público permanecerá como depositário e gestor dos bens e valores seqüestrados ou indisponíveis e velará pela continuidade das atividades sociais da entidade.

SEÇÃO V - DO FOMENTO ÀS ATIVIDADES SOCIAIS

Art. 11. As entidades qualificadas como organizações sociais são declaradas como entidades de interesse social e utilidade pública, para todos os efeitos legais.

Art. 12. Às organizações sociais poderão ser destinados recursos orçamentários e bens públicos necessários ao cumprimento do contrato de gestão.

§ 1º São assegurados às organizações sociais os créditos previstos no orçamento e as respectivas liberações financeiras, de acordo com o cronograma de desembolso previsto no contrato de gestão.

§ 2º Poderá ser adicionada aos créditos orçamentários destinados ao custeio do contrato de gestão parcela de recursos para compensar desligamento de servidor cedido, desde que haja justificativa expressa da necessidade pela organização social.

§ 3º Os bens de que trata este artigo serão destinados às organizações sociais, dispensada licitação, mediante permissão de uso, consoante cláusula expressa do contrato de gestão.

Art. 13. Os bens móveis públicos permitidos para uso poderão ser permutados por outros de igual ou maior valor, condicionado a que os novos bens integrem o patrimônio da União.

Parágrafo único. A permuta de que trata este artigo dependerá de prévia avaliação do bem e expressa autorização do Poder Público.

Art. 14. É facultado ao Poder Executivo a cessão especial de servidor para as organizações sociais, com ônus para a origem.

§ 1º Não será incorporada aos vencimentos ou à remuneração de origem do servidor cedido qualquer vantagem pecuniária que vier a ser paga pela organização social.

§ 2º Não será permitido o pagamento de vantagem pecuniária permanente por organização social a servidor cedido com recursos provenientes do contrato de gestão, ressalvada a hipótese de adicional relativo ao exercício de função temporária de direção e assessoria.

§ 3º O servidor cedido perceberá as vantagens do cargo a que fizer juz no órgão de origem, quando ocupante de cargo de primeiro ou de segundo escalão na organização social.

Art. 15. São extensíveis, no âmbito da União, os efeitos dos arts. 11 e 12, § 3º, para as entidades qualificadas como organizações sociais pelos Estados, pelo Distrito Federal e pelos Municípios, quando houver reciprocidade e desde que a legislação local não contrarie os preceitos desta Lei e a legislação específica de âmbito federal.

SEÇÃO VI - DA DESQUALIFICAÇÃO

Art. 16. O Poder Executivo poderá proceder à desqualificação da entidade como organização social, quando constatado o descumprimento das disposições contidas no contrato de gestão.

§ 1º A desqualificação será precedida de processo administrativo, assegurado o direito de ampla defesa, respondendo os dirigentes da organização social, individual e solidariamente, pelos danos ou prejuízos decorrentes de sua ação ou omissão.

§ 2º A desqualificação importará reversão dos bens permitidos e dos valores entregues à utilização da organização social, sem prejuízo de outras sanções cabíveis.

CAPÍTULO II - DAS DISPOSIÇÕES FINAIS E TRANSITÓRIAS

Art. 17. A organização social fará publicar, no prazo máximo de noventa dias contado da assinatura do contrato de gestão, regulamento próprio contendo os procedimentos que adotará para a contratação de obras e serviços, bem como para compras com emprego de recursos provenientes do Poder Público.

Art. 18. A organização social que absorver atividades de entidade federal extinta no âmbito da área de saúde deverá considerar no contrato de gestão, quanto ao atendimento da comunidade, os princípios do Sistema Único de Saúde, expressos no art. 198 da Constituição Federal e no art. 7º da Lei no 8.080, de 19 de setembro de 1990.

Art. 19. As entidades que absorverem atividades de rádio e televisão educativa poderão receber recursos e veicular publicidade institucional de entidades de direito público ou privado, a título de apoio cultural, admitindo-se o patrocínio de programas, eventos e projetos, vedada a veiculação remunerada de anúncios e outras práticas que configurem comercialização de seus intervalos. (Regulamento)

Art. 20. Será criado, mediante decreto do Poder Executivo, o Programa Nacional de Publicização - PNP, com o objetivo de estabelecer diretrizes e critérios para a qualificação de organizações sociais, a fim de assegurar a absorção de atividades desenvolvidas por entidades ou órgãos públicos da União, que atuem nas atividades referidas no art. 1º, por organizações sociais, qualificadas na forma desta Lei, observadas as seguintes diretrizes: (Regulamento)

I - ênfase no atendimento do cidadão-cliente;
II - ênfase nos resultados, qualitativos e quantitativos nos prazos pactuados;
III - controle social das ações de forma transparente.

Art. 21. São extintos o Laboratório Nacional de Luz Síncrotron, integrante da estrutura do Conselho Nacional de Desenvolvimento Científico e Tecnológico - CNPq, e a Fundação Roquette Pinto, entidade vinculada à Presidência da República.

§ 1º Competirá ao Ministério da Administração Federal e Reforma do Estado supervisionar o processo de inventário do Laboratório Nacional de Luz Síncrotron, a cargo do Conselho Nacional de Desenvolvimento Científico e Tecnológico - CNPq, cabendo-lhe realizá-lo para a Fundação Roquette Pinto.

§ 2º No curso do processo de inventário da Fundação Roquette Pinto e até a assinatura do contrato de gestão, a continuidade das atividades sociais ficará sob a supervisão da Secretaria de Comunicação Social da Presidência da República.

§ 3º É o Poder Executivo autorizado a qualificar como organizações sociais, nos termos desta Lei, as pessoas jurídicas de direito privado indicadas no Anexo I, bem assim a permitir a absorção de atividades desempenhadas pelas entidades extintas por este artigo.

§ 4º Os processos judiciais em que a Fundação Roquette Pinto seja parte, ativa ou passivamente, serão transferidos para a União, na qualidade de sucessora, sendo representada pela Advocacia-Geral da União.

Art. 22. As extinções e a absorção de atividades e serviços por organizações sociais de que trata esta Lei observarão os seguintes preceitos:

I - os servidores integrantes dos quadros permanentes dos órgãos e das entidades extintos terão garantidos todos os direitos e vantagens decorrentes do respectivo cargo ou emprego e integrarão quadro em extinção nos órgãos ou nas entidades indicados no Anexo II, sendo facultada aos órgãos e entidades supervisoras, ao seu critério exclusivo, a cessão de servidor, irrecusável para este, com ônus para a origem, à organização social que vier a absorver as correspondentes atividades, observados os §§ 1º e 2º do art. 14;

II - a desativação das unidades extintas será realizada mediante inventário de seus bens imóveis e de seu acervo físico, documental e material, bem como dos contratos e convênios, com a adoção de providências dirigidas à manutenção e ao prosseguimento das atividades sociais a cargo dessas unidades, nos termos da legislação aplicável em cada caso;

III - os recursos e as receitas orçamentárias de qualquer natureza, destinados às unidades extintas, serão utilizados no processo de inventário e para a manutenção e o financiamento das atividades sociais até a assinatura do contrato de gestão;

IV - quando necessário, parcela dos recursos orçamentários poderá ser reprogramada, mediante crédito especial a ser enviado ao Congresso Nacional, para o órgão ou entidade supervisora dos contratos de gestão, para o fomento das atividades sociais, assegurada a liberação periódica do respectivo desembolso financeiro para a organização social;

V - encerrados os processos de inventário, os cargos efetivos vagos e os em comissão serão considerados extintos;

VI - a organização social que tiver absorvido as atribuições das unidades extintas poderá adotar os símbolos designativos destes, seguidos da identificação "OS".

§ 1º A absorção pelas organizações sociais das atividades das unidades extintas efetivar-se-á mediante a celebração de contrato de gestão, na forma dos arts. 6º e 7º.

§ 2º Poderá ser adicionada às dotações orçamentárias referidas no inciso IV parcela dos recursos decorrentes da economia de despesa incorrida pela União com os cargos e funções comissionados existentes nas unidades extintas.

Art. 23. É o Poder Executivo autorizado a ceder os bens e os servidores da Fundação Roquette Pinto no Estado do Maranhão ao Governo daquele Estado.

Art. 23-A. Os servidores oriundos da extinta Fundação Roquette Pinto e do extinto Território Federal de Fernando de Noronha poderão ser redistribuídos ou cedidos para órgãos e entidades da Administração Pública Federal, independentemente do disposto no inciso II do art. 37 e no inciso I do art. 93 da Lei no 8.112, de 11 de dezembro de 1990, assegurados todos os direitos e vantagens, inclusive o pagamento de gratificação de desempenho ou de produtividade, sem alteração de cargo ou de tabela remuneratória. (Incluído pela Lei nº 12.269, de 2010)

Parágrafo único. As disposições do caput aplicam-se aos servidores que se encontram cedidos nos termos do inciso I do art. 22 e do art. 23 desta Lei. (Incluído pela Lei nº 12.269, de 2010)

Art. 24. São convalidados os atos praticados com base na Medida Provisória no 1.648-7, de 23 de abril de 1998.

Art. 25. Esta Lei entra em vigor na data de sua publicação.

ANEXO I

ÓRGÃO E ENTIDADE EXTINTOS	ENTIDADE AUTORIZADA A SER QUALIFICADA	REGISTRO CARTORIAL
Laboratório Nacional de Luz Síncrotron	Associação Brasileira de Tecnologia de Luz Síncrotron - ABTLus	Primeiro Ofício de Registro de Títulos e Documentos da Cidade de Campinas - SP, nº de ordem 169367, averbado na inscrição nº 10.814, Livro A-36, Fls 01.
Fundação Roquette Pinto	Associação de Comunicação Educativa Roquette Pinto - ACERP	Registro Civil das Pessoas Jurídicas, Av. Pres. Roosevelt, 126, Rio de Janeiro - RJ, apontado sob o nº de ordem 624205 do protocolo do Livro A nº 54, registrado sob o nº de ordem 161374 do Livro A nº 39 do Registro Civil das Pessoas Jurídicas.

ANEXO II

ÓRGÃO E ENTIDADE EXTINTOS	QUADRO EM EXTINÇÃO
Laboratório Nacional de Luz Síncrotron	Conselho Nacional de Desenvolvimento Científico e Tecnológico - CNPq
Fundação Roquette Pinto	Ministério da Administração Federal e Reforma do Estado

7. LEI Nº 9.784, DE 29 DE JANEIRO DE 1999

Regula o processo administrativo no âmbito da Administração Pública Federal.

O PRESIDENTE DA REPÚBLICA Faço saber que o Congresso Nacional decreta e eu sanciono a seguinte Lei:

CAPÍTULO I - DAS DISPOSIÇÕES GERAIS

Art. 1º Esta Lei estabelece normas básicas sobre o processo administrativo no âmbito da Administração Federal direta e indireta, visando, em especial, à proteção dos direitos dos administrados e ao melhor cumprimento dos fins da Administração.

§ 1º Os preceitos desta Lei também se aplicam aos órgãos dos Poderes Legislativo e Judiciário da União, quando no desempenho de função administrativa.

§ 2º Para os fins desta Lei, consideram-se:

I - órgão - a unidade de atuação integrante da estrutura da Administração direta e da estrutura da Administração indireta;

II - entidade - a unidade de atuação dotada de personalidade jurídica;

III - autoridade - o servidor ou agente público dotado de poder de decisão.

Art. 2º A Administração Pública obedecerá, dentre outros, aos princípios da legalidade, finalidade, motivação, razoabilidade, proporcionalidade, moralidade, ampla defesa, contraditório, segurança jurídica, interesse público e eficiência.

Parágrafo único. Nos processos administrativos serão observados, entre outros, os critérios de:

I - atuação conforme a lei e o Direito;

II - atendimento a fins de interesse geral, vedada a renúncia total ou parcial de poderes ou competências, salvo autorização em lei;

III - objetividade no atendimento do interesse público, vedada a promoção pessoal de agentes ou autoridades;

IV - atuação segundo padrões éticos de probidade, decoro e boa-fé;

V - divulgação oficial dos atos administrativos, ressalvadas as hipóteses de sigilo previstas na Constituição;

VI - adequação entre meios e fins, vedada a imposição de obrigações, restrições e sanções em medida superior àquelas estritamente necessárias ao atendimento do interesse público;

VII - indicação dos pressupostos de fato e de direito que determinarem a decisão;

VIII - observância das formalidades essenciais à garantia dos direitos dos administrados;

IX - adoção de formas simples, suficientes para propiciar adequado grau de certeza, segurança e respeito aos direitos dos administrados;

X - garantia dos direitos à comunicação, à apresentação de alegações finais, à produção de provas e à interposição de recursos, nos processos de que possam resultar sanções e nas situações de litígio;

XI - proibição de cobrança de despesas processuais, ressalvadas as previstas em lei;

XII - impulsão, de ofício, do processo administrativo, sem prejuízo da atuação dos interessados;

XIII - interpretação da norma administrativa da forma que melhor garanta o atendimento do fim público a que se dirige, vedada aplicação retroativa de nova interpretação.

CAPÍTULO II - DOS DIREITOS DOS ADMINISTRADOS

Art. 3º O administrado tem os seguintes direitos perante a Administração, sem prejuízo de outros que lhe sejam assegurados:

I - ser tratado com respeito pelas autoridades e servidores, que deverão facilitar o exercício de seus direitos e o cumprimento de suas obrigações;

II - ter ciência da tramitação dos processos administrativos em que tenha a condição de interessado, ter vista dos autos, obter cópias de documentos neles contidos e conhecer as decisões proferidas;

III - formular alegações e apresentar documentos antes da decisão, os quais serão objeto de consideração pelo órgão competente;

IV - fazer-se assistir, facultativamente, por advogado, salvo quando obrigatória a representação, por força de lei.

CAPÍTULO III - DOS DEVERES DO ADMINISTRADO

Art. 4º São deveres do administrado perante a Administração, sem prejuízo de outros previstos em ato normativo:

I - expor os fatos conforme a verdade;

II - proceder com lealdade, urbanidade e boa-fé;

III - não agir de modo temerário;

IV - prestar as informações que lhe forem solicitadas e colaborar para o esclarecimento dos fatos.

CAPÍTULO IV - DO INÍCIO DO PROCESSO

Art. 5º O processo administrativo pode iniciar-se de ofício ou a pedido de interessado.

Art. 6º O requerimento inicial do interessado, salvo casos em que for admitida solicitação oral, deve ser formulado por escrito e conter os seguintes dados:

I - órgão ou autoridade administrativa a que se dirige;

II - identificação do interessado ou de quem o represente;

III - domicílio do requerente ou local para recebimento de comunicações;

IV - formulação do pedido, com exposição dos fatos e de seus fundamentos;

V - data e assinatura do requerente ou de seu representante.

Parágrafo único. É vedada à Administração a recusa imotivada de recebimento de documentos, devendo o servidor orientar o interessado quanto ao suprimento de eventuais falhas.

Art. 7º Os órgãos e entidades administrativas deverão elaborar modelos ou formulários padronizados para assuntos que importem pretensões equivalentes.

Art. 8º Quando os pedidos de uma pluralidade de interessados tiverem conteúdo e fundamentos idênticos, poderão ser formulados em um único requerimento, salvo preceito legal em contrário.

CAPÍTULO V - DOS INTERESSADOS

Art. 9º São legitimados como interessados no processo administrativo:

I - pessoas físicas ou jurídicas que o iniciem como titulares de direitos ou interesses individuais ou no exercício do direito de representação;

II - aqueles que, sem terem iniciado o processo, têm direitos ou interesses que possam ser afetados pela decisão a ser adotada;

III - as organizações e associações representativas, no tocante a direitos e interesses coletivos;

IV - as pessoas ou as associações legalmente constituídas quanto a direitos ou interesses difusos.

Art. 10. São capazes, para fins de processo administrativo, os maiores de dezoito anos, ressalvada previsão especial em ato normativo próprio.

CAPÍTULO VI - DA COMPETÊNCIA

Art. 11. A competência é irrenunciável e se exerce pelos órgãos administrativos a que foi atribuída como própria, salvo os casos de delegação e avocação legalmente admitidos.

Art. 12. Um órgão administrativo e seu titular poderão, se não houver impedimento legal, delegar parte da sua competência a outros órgãos ou titulares, ainda que estes não lhe sejam hierarquicamente subordinados, quando for conveniente, em razão de circunstâncias de índole técnica, social, econômica, jurídica ou territorial.

Parágrafo único. O disposto no caput deste artigo aplica-se à delegação de competência dos órgãos colegiados aos respectivos presidentes.

Art. 13. Não podem ser objeto de delegação:

I - a edição de atos de caráter normativo;

II - a decisão de recursos administrativos;

III - as matérias de competência exclusiva do órgão ou autoridade.

Art. 14. O ato de delegação e sua revogação deverão ser publicados no meio oficial.

§ 1º O ato de delegação especificará as matérias e poderes transferidos, os limites da atuação do delegado, a duração e os objetivos da delegação e o recurso cabível, podendo conter ressalva de exercício da atribuição delegada.

§ 2º O ato de delegação é revogável a qualquer tempo pela autoridade delegante.

§ 3º As decisões adotadas por delegação devem mencionar explicitamente esta qualidade e considerar-se-ão editadas pelo delegado.

Art. 15. Será permitida, em caráter excepcional e por motivos relevantes devidamente justificados, a avocação temporária de competência atribuída a órgão hierarquicamente inferior.

Art. 16. Os órgãos e entidades administrativas divulgarão publicamente os locais das respectivas sedes e, quando conveniente, a unidade fundacional competente em matéria de interesse especial.

Art. 17. Inexistindo competência legal específica, o processo administrativo deverá ser iniciado perante a autoridade de menor grau hierárquico para decidir.

CAPÍTULO VII - DOS IMPEDIMENTOS E DA SUSPEIÇÃO

Art. 18. É impedido de atuar em processo administrativo o servidor ou autoridade que:

I - tenha interesse direto ou indireto na matéria;

II - tenha participado ou venha a participar como perito, testemunha ou representante, ou se tais situações ocorrem quanto ao cônjuge, companheiro ou parente e afins até o terceiro grau;

III - esteja litigando judicial ou administrativamente com o interessado ou respectivo cônjuge ou companheiro.

Art. 19. A autoridade ou servidor que incorrer em impedimento deve comunicar o fato à autoridade competente, abstendo-se de atuar.

Parágrafo único. A omissão do dever de comunicar o impedimento constitui falta grave, para efeitos disciplinares.

Art. 20. Pode ser argüida a suspeição de autoridade ou servidor que tenha amizade íntima ou inimizade notória com algum dos interessados ou com os respectivos cônjuges, companheiros, parentes e afins até o terceiro grau.

Art. 21. O indeferimento de alegação de suspeição poderá ser objeto de recurso, sem efeito suspensivo.

CAPÍTULO VIII - DA FORMA, TEMPO E LUGAR DOS ATOS DO PROCESSO

Art. 22. Os atos do processo administrativo não dependem de forma determinada senão quando a lei expressamente a exigir.

§ 1º Os atos do processo devem ser produzidos por escrito, em vernáculo, com a data e o local de sua realização e a assinatura da autoridade responsável.

§ 2º Salvo imposição legal, o reconhecimento de firma somente será exigido quando houver dúvida de autenticidade.

§ 3º A autenticação de documentos exigidos em cópia poderá ser feita pelo órgão administrativo.

§ 4º O processo deverá ter suas páginas numeradas seqüencialmente e rubricadas.

Art. 23. Os atos do processo devem realizar-se em dias úteis, no horário normal de funcionamento da repartição na qual tramitar o processo.

Parágrafo único. Serão concluídos depois do horário normal os atos já iniciados, cujo adiamento prejudique o curso regular do procedimento ou cause dano ao interessado ou à Administração.

Art. 24. Inexistindo disposição específica, os atos do órgão ou autoridade responsável pelo processo e dos administrados que dele participem devem ser praticados no prazo de cinco dias, salvo motivo de força maior.

Parágrafo único. O prazo previsto neste artigo pode ser dilatado até o dobro, mediante comprovada justificação.

Art. 25. Os atos do processo devem realizar-se preferencialmente na sede do órgão, cientificando-se o interessado se outro for o local de realização.

CAPÍTULO IX - DA COMUNICAÇÃO DOS ATOS

Art. 26. O órgão competente perante o qual tramita o processo administrativo determinará a intimação do interessado para ciência de decisão ou a efetivação de diligências.

§ 1º A intimação deverá conter:

I - identificação do intimado e nome do órgão ou entidade administrativa;

II - finalidade da intimação;

III - data, hora e local em que deve comparecer;

IV - se o intimado deve comparecer pessoalmente, ou fazer-se representar;

V - informação da continuidade do processo independentemente do seu comparecimento;

VI - indicação dos fatos e fundamentos legais pertinentes.

§ 2º A intimação observará a antecedência mínima de três dias úteis quanto à data de comparecimento.

§ 3º A intimação pode ser efetuada por ciência no processo, por via postal com aviso de recebimento, por telegrama ou outro meio que assegure a certeza da ciência do interessado.

§ 4º No caso de interessados indeterminados, desconhecidos ou com domicílio indefinido, a intimação deve ser efetuada por meio de publicação oficial.

§ 5º As intimações serão nulas quando feitas sem observância das prescrições legais, mas o comparecimento do administrado supre sua falta ou irregularidade.

Art. 27. O desatendimento da intimação não importa o reconhecimento da verdade dos fatos, nem a renúncia a direito pelo administrado.

Parágrafo único. No prosseguimento do processo, será garantido direito de ampla defesa ao interessado.

Art. 28. Devem ser objeto de intimação os atos do processo que resultem para o interessado em imposição de deveres, ônus, sanções ou restrição ao exercício de direitos e atividades e os atos de outra natureza, de seu interesse.

CAPÍTULO X - DA INSTRUÇÃO

Art. 29. As atividades de instrução destinadas a averiguar e comprovar os dados necessários à tomada de decisão realizam-se de ofício ou mediante impulso do órgão responsável pelo processo, sem prejuízo do direito dos interessados de propor atuações probatórias.

§ 1º O órgão competente para a instrução fará constar dos autos os dados necessários à decisão do processo.

§ 2º Os atos de instrução que exijam a atuação dos interessados devem realizar-se do modo menos oneroso para estes.

Art. 30. São inadmissíveis no processo administrativo as provas obtidas por meios ilícitos.

Art. 31. Quando a matéria do processo envolver assunto de interesse geral, o órgão competente poderá, mediante despacho motivado, abrir período de consulta pública para manifestação de terceiros, antes da decisão do pedido, se não houver prejuízo para a parte interessada.

§ 1º A abertura da consulta pública será objeto de divulgação pelos meios oficiais, a fim de que pessoas físicas ou jurídicas possam examinar os autos, fixando-se prazo para oferecimento de alegações escritas.

§ 2º O comparecimento à consulta pública não confere, por si, a condição de interessado do processo, mas confere o direito de obter da Administração resposta fundamentada, que poderá ser comum a todas as alegações substancialmente iguais.

Art. 32. Antes da tomada de decisão, a juízo da autoridade, diante da relevância da questão, poderá ser realizada audiência pública para debates sobre a matéria do processo.

Art. 33. Os órgãos e entidades administrativas, em matéria relevante, poderão estabelecer outros meios de participação de administrados, diretamente ou por meio de organizações e associações legalmente reconhecidas.

Art. 34. Os resultados da consulta e audiência pública e de outros meios de participação de administrados deverão ser apresentados com a indicação do procedimento adotado.

Art. 35. Quando necessária à instrução do processo, a audiência de outros órgãos ou entidades administrativas poderá ser realizada em reunião conjunta, com a participação de titulares ou representantes dos órgãos competentes, lavrando-se a respectiva ata, a ser juntada aos autos.

Art. 36. Cabe ao interessado a prova dos fatos que tenha alegado, sem prejuízo do dever atribuído ao órgão competente para a instrução e do disposto no art. 37 desta Lei.

Art. 37. Quando o interessado declarar que fatos e dados estão registrados em documentos existentes na própria Administração responsável pelo processo ou em outro órgão administrativo, o órgão competente para a instrução proverá, de ofício, à obtenção dos documentos ou das respectivas cópias.

Art. 38. O interessado poderá, na fase instrutória e antes da tomada da decisão, juntar documentos e pareceres, requerer diligências e perícias, bem como aduzir alegações referentes à matéria objeto do processo.

§ 1º Os elementos probatórios deverão ser considerados na motivação do relatório e da decisão.

§ 2º Somente poderão ser recusadas, mediante decisão fundamentada, as provas propostas pelos interessados quando sejam ilícitas, impertinentes, desnecessárias ou protelatórias.

Art. 39. Quando for necessária a prestação de informações ou a apresentação de provas pelos interessados ou terceiros, serão expedidas intimações para esse fim, mencionando-se data, prazo, forma e condições de atendimento.

Parágrafo único. Não sendo atendida a intimação, poderá o órgão competente, se entender relevante a matéria, suprir de ofício a omissão, não se eximindo de proferir a decisão.

Art. 40. Quando dados, atuações ou documentos solicitados ao interessado forem necessários à apreciação de pedido formulado, o não atendimento no prazo fixado pela Administração para a respectiva apresentação implicará arquivamento do processo.

Art. 41. Os interessados serão intimados de prova ou diligência ordenada, com antecedência mínima de três dias úteis, mencionando-se data, hora e local de realização.

Art. 42. Quando deva ser obrigatoriamente ouvido um órgão consultivo, o parecer deverá ser emitido no prazo máximo de quinze dias, salvo norma especial ou comprovada necessidade de maior prazo.

§ 1º Se um parecer obrigatório e vinculante deixar de ser emitido no prazo fixado, o processo não terá seguimento até a respectiva apresentação, responsabilizando-se quem der causa ao atraso.

§ 2º Se um parecer obrigatório e não vinculante deixar de ser emitido no prazo fixado, o processo poderá ter prosseguimento e ser decidido com sua dispensa, sem prejuízo da responsabilidade de quem se omitiu no atendimento.

Art. 43. Quando por disposição de ato normativo devam ser previamente obtidos laudos técnicos de órgãos administrativos e estes não cumprirem o encargo no prazo assinalado, o órgão responsável pela instrução deverá solicitar laudo técnico de outro órgão dotado de qualificação e capacidade técnica equivalentes.

Art. 44. Encerrada a instrução, o interessado terá o direito de manifestar-se no prazo máximo de dez dias, salvo se outro prazo for legalmente fixado.

Art. 45. Em caso de risco iminente, a Administração Pública poderá motivadamente adotar providências acauteladoras sem a prévia manifestação do interessado.

Art. 46. Os interessados têm direito à vista do processo e a obter certidões ou cópias reprográficas dos dados e documentos que o integram, ressalvados os dados e documentos de terceiros protegidos por sigilo ou pelo direito à privacidade, à honra e à imagem.

Art. 47. O órgão de instrução que não for competente para emitir a decisão final elaborará relatório indicando o pedido inicial, o conteúdo das fases do procedimento e formulará proposta de decisão, objetivamente justificada, encaminhando o processo à autoridade competente.

CAPÍTULO XI - DO DEVER DE DECIDIR

Art. 48. A Administração tem o dever de explicitamente emitir decisão nos processos administrativos e sobre solicitações ou reclamações, em matéria de sua competência.

Art. 49. Concluída a instrução de processo administrativo, a Administração tem o prazo de até trinta dias para decidir, salvo prorrogação por igual período expressamente motivada.

CAPÍTULO XII - DA MOTIVAÇÃO

Art. 50. Os atos administrativos deverão ser motivados, com indicação dos fatos e dos fundamentos jurídicos, quando:

I - neguem, limitem ou afetem direitos ou interesses;
II - imponham ou agravem deveres, encargos ou sanções;
III - decidam processos administrativos de concurso ou seleção pública;
IV - dispensem ou declarem a inexigibilidade de processo licitatório;
V - decidam recursos administrativos;
VI - decorram de reexame de ofício;
VII - deixem de aplicar jurisprudência firmada sobre a questão ou discrepem de pareceres, laudos, propostas e relatórios oficiais;
VIII - importem anulação, revogação, suspensão ou convalidação de ato administrativo.

§ 1º A motivação deve ser explícita, clara e congruente, podendo consistir em declaração de concordância com fundamentos de anteriores pareceres, informações, decisões ou propostas, que, neste caso, serão parte integrante do ato.

§ 2º Na solução de vários assuntos da mesma natureza, pode ser utilizado meio mecânico que reproduza os fundamentos das decisões, desde que não prejudique direito ou garantia dos interessados.

§ 3º A motivação das decisões de órgãos colegiados e comissões ou de decisões orais constará da respectiva ata ou de termo escrito.

CAPÍTULO XIII - DA DESISTÊNCIA E OUTROS CASOS DE EXTINÇÃO DO PROCESSO

Art. 51. O interessado poderá, mediante manifestação escrita, desistir total ou parcialmente do pedido formulado ou, ainda, renunciar a direitos disponíveis.

§ 1º Havendo vários interessados, a desistência ou renúncia atinge somente quem a tenha formulado.

§ 2º A desistência ou renúncia do interessado, conforme o caso, não prejudica o prosseguimento do processo, se a Administração considerar que o interesse público assim o exige.

Art. 52. O órgão competente poderá declarar extinto o processo quando exaurida sua finalidade ou o objeto da decisão se tornar impossível, inútil ou prejudicado por fato superveniente.

CAPÍTULO XIV - DA ANULAÇÃO, REVOGAÇÃO E CONVALIDAÇÃO

Art. 53. A Administração deve anular seus próprios atos, quando eivados de vício de legalidade, e pode revogá-los por motivo de conveniência ou oportunidade, respeitados os direitos adquiridos.

Art. 54. O direito da Administração de anular os atos administrativos de que decorram efeitos favoráveis para os destinatários decai em cinco anos, contados da data em que foram praticados, salvo comprovada má-fé.

§ 1º No caso de efeitos patrimoniais contínuos, o prazo de decadência contar-se-á da percepção do primeiro pagamento.

§ 2º Considera-se exercício do direito de anular qualquer medida de autoridade administrativa que importe impugnação à validade do ato.

Art. 55. Em decisão na qual se evidencie não acarretarem lesão ao interesse público nem prejuízo a terceiros, os atos que apresentarem defeitos sanáveis poderão ser convalidados pela própria Administração.

CAPÍTULO XV - DO RECURSO ADMINISTRATIVO E DA REVISÃO

Art. 56. Das decisões administrativas cabe recurso, em face de razões de legalidade e de mérito.

§ 1º O recurso será dirigido à autoridade que proferiu a decisão, a qual, se não a reconsiderar no prazo de cinco dias, o encaminhará à autoridade superior.

§ 2º Salvo exigência legal, a interposição de recurso administrativo independe de caução.

§ 3º Se o recorrente alegar que a decisão administrativa contraria enunciado da súmula vinculante, caberá à autoridade prolatora da decisão impugnada, se não a reconsiderar, explicitar, antes de encaminhar o recurso à autoridade superior, as razões da aplicabilidade ou inaplicabilidade da súmula, conforme o caso. (Incluído pela Lei nº 11.417, de 2006). Vigência

Art. 57. O recurso administrativo tramitará no máximo por três instâncias administrativas, salvo disposição legal diversa.

Art. 58. Têm legitimidade para interpor recurso administrativo:

I - os titulares de direitos e interesses que forem parte no processo;
II - aqueles cujos direitos ou interesses forem indiretamente afetados pela decisão recorrida;
III - as organizações e associações representativas, no tocante a direitos e interesses coletivos;
IV - os cidadãos ou associações, quanto a direitos ou interesses difusos.

Art. 59. Salvo disposição legal específica, é de dez dias o prazo para interposição de recurso administrativo, contado a partir da ciência ou divulgação oficial da decisão recorrida.

§ 1º Quando a lei não fixar prazo diferente, o recurso administrativo deverá ser decidido no prazo máximo de trinta dias, a partir do recebimento dos autos pelo órgão competente.

§ 2º O prazo mencionado no parágrafo anterior poderá ser prorrogado por igual período, ante justificativa explícita.

Art. 60. O recurso interpõe-se por meio de requerimento no qual o recorrente deverá expor os fundamentos do pedido de reexame, podendo juntar os documentos que julgar convenientes.

Art. 61. Salvo disposição legal em contrário, o recurso não tem efeito suspensivo.

Parágrafo único. Havendo justo receio de prejuízo de difícil ou incerta reparação decorrente da execução, a autoridade recorrida ou a imediatamente superior poderá, de ofício ou a pedido, dar efeito suspensivo ao recurso.

Art. 62. Interposto o recurso, o órgão competente para dele conhecer deverá intimar os demais interessados para que, no prazo de cinco dias úteis, apresentem alegações.

Art. 63. O recurso não será conhecido quando interposto:

I - fora do prazo;
II - perante órgão incompetente;
III - por quem não seja legitimado;
IV - após exaurida a esfera administrativa.

§ 1º Na hipótese do inciso II, será indicada ao recorrente a autoridade competente, sendo-lhe devolvido o prazo para recurso.

§ 2º O não conhecimento do recurso não impede a Administração de rever de ofício o ato ilegal, desde que não ocorrida preclusão administrativa.

Art. 64. O órgão competente para decidir o recurso poderá confirmar, modificar, anular ou revogar, total ou parcialmente, a decisão recorrida, se a matéria for de sua competência.

Parágrafo único. Se da aplicação do disposto neste artigo puder decorrer gravame à situação do recorrente, este deverá ser cientificado para que formule suas alegações antes da decisão.

Art. 64-A. Se o recorrente alegar violação de enunciado da súmula vinculante, o órgão competente para decidir o recurso explicitará as razões da aplicabilidade ou inaplicabilidade da súmula, conforme o caso. (Incluído pela Lei nº 11.417, de 2006). Vigência

Art. 64-B. Acolhida pelo Supremo Tribunal Federal a reclamação fundada em violação de enunciado da súmula vinculante, dar-se-á ciência à autoridade prolatora e ao órgão competente para o julgamento do recurso, que deverão adequar as futuras decisões administrativas em casos semelhantes, sob pena de responsabilização pessoal nas esferas cível, administrativa e penal. (Incluído pela Lei nº 11.417, de 2006). Vigência

Art. 65. Os processos administrativos de que resultem sanções poderão ser revistos, a qualquer tempo, a pedido ou de ofício, quando surgirem fatos novos ou circunstâncias relevantes suscetíveis de justificar a inadequação da sanção aplicada.

Parágrafo único. Da revisão do processo não poderá resultar agravamento da sanção.

CAPÍTULO XVI - DOS PRAZOS

Art. 66. Os prazos começam a correr a partir da data da cientificação oficial, excluindo-se da contagem o dia do começo e incluindo-se o do vencimento.

§ 1º Considera-se prorrogado o prazo até o primeiro dia útil seguinte se o vencimento cair em dia em que não houver expediente ou este for encerrado antes da hora normal.

§ 2º Os prazos expressos em dias contam-se de modo contínuo.

§ 3º Os prazos fixados em meses ou anos contam-se de data a data. Se no mês do vencimento não houver o dia equivalente àquele do início do prazo, tem-se como termo o último dia do mês.

Art. 67. Salvo motivo de força maior devidamente comprovado, os prazos processuais não se suspendem.

CAPÍTULO XVII - DAS SANÇÕES

Art. 68. As sanções, a serem aplicadas por autoridade competente, terão natureza pecuniária ou consistirão em obrigação de fazer ou de não fazer, assegurado sempre o direito de defesa.

CAPÍTULO XVIII - DAS DISPOSIÇÕES FINAIS

Art. 69. Os processos administrativos específicos continuarão a reger-se por lei própria, aplicando-se-lhes apenas subsidiariamente os preceitos desta Lei.

Art. 69-A. Terão prioridade na tramitação, em qualquer órgão ou instância, os procedimentos administrativos em que figure como parte ou interessado: (Incluído pela Lei nº 12.008, de 2009).

I - pessoa com idade igual ou superior a 60 (sessenta) anos; (Incluído pela Lei nº 12.008, de 2009).

II - pessoa portadora de deficiência, física ou mental; (Incluído pela Lei nº 12.008, de 2009).

III - (VETADO) (Incluído pela Lei nº 12.008, de 2009).

IV - pessoa portadora de tuberculose ativa, esclerose múltipla, neoplasia maligna, hanseníase, paralisia irreversível e incapacitante, cardiopatia grave, doença de Parkinson, espondiloartrose anquilosante, nefropatia grave, hepatopatia grave, estados avançados da doença de Paget (osteíte deformante), contaminação por radiação, síndrome de imunodeficiência adquirida, ou outra doença grave, com base em conclusão da medicina especializada, mesmo que a doença tenha sido contraída após o início do processo. (Incluído pela Lei nº 12.008, de 2009).

§ 1º A pessoa interessada na obtenção do benefício, juntando prova de sua condição, deverá requerê-lo à autoridade administrativa competente, que determinará as providências a serem cumpridas. (Incluído pela Lei nº 12.008, de 2009).

§ 2º Deferida a prioridade, os autos receberão identificação própria que evidencie o regime de tramitação prioritária. (Incluído pela Lei nº 12.008, de 2009).

§ 3º (VETADO) (Incluído pela Lei nº 12.008, de 2009).

§ 4º (VETADO) (Incluído pela Lei nº 12.008, de 2009).

Art. 70. Esta Lei entra em vigor na data de sua publicação.

8. LEI Nº 9.790, DE 23 DE MARÇO DE 1999

(Vide Lei nº 13.800, de 2019)

Dispõe sobre a qualificação de pessoas jurídicas de direito privado, sem fins lucrativos, como Organizações da Sociedade Civil de Interesse Público, institui e disciplina o Termo de Parceria, e dá outras providências. O PRESIDENTE DA REPÚBLICA Faço saber que o Congresso Nacional decreta e eu sanciono a seguinte Lei:

CAPÍTULO I - DA QUALIFICAÇÃO COMO ORGANIZAÇÃO DA SOCIEDADE CIVIL DE INTERESSE PÚBLICO

Art. 1º Podem qualificar-se como Organizações da Sociedade Civil de Interesse Público as pessoas jurídicas de direito privado sem fins lucrativos que tenham sido constituídas e se encontrem em funcionamento regular há, no mínimo, 3 (três) anos, desde que os respectivos objetivos sociais e normas estatutárias atendam aos requisitos instituídos por esta Lei. (Redação dada pela Lei nº 13.019, de 2014)

§ 1º Para os efeitos desta Lei, considera-se sem fins lucrativos a pessoa jurídica de direito privado que não distribui, entre os seus sócios ou associados, conselheiros, diretores, empregados ou doadores, eventuais excedentes operacionais, brutos ou líquidos, dividendos, bonificações, participações ou parcelas do seu patrimônio, auferidos mediante o exercício de suas atividades, e que os aplica integralmente na consecução do respectivo objeto social.

§ 2º A outorga da qualificação prevista neste artigo é ato vinculado ao cumprimento dos requisitos instituídos por esta Lei.

Art. 2º Não são passíveis de qualificação como Organizações da Sociedade Civil de Interesse Público, ainda que se dediquem de qualquer forma às atividades descritas no art. 3º desta Lei:

I - as sociedades comerciais;

II - os sindicatos, as associações de classe ou de representação de categoria profissional;

III - as instituições religiosas ou voltadas para a disseminação de credos, cultos, práticas e visões devocionais e confessionais;

IV - as organizações partidárias e assemelhadas, inclusive suas fundações;

V - as entidades de benefício mútuo destinadas a proporcionar bens ou serviços a um círculo restrito de associados ou sócios;

VI - as entidades e empresas que comercializam planos de saúde e assemelhados;

VII - as instituições hospitalares privadas não gratuitas e suas mantenedoras;

VIII - as escolas privadas dedicadas ao ensino formal não gratuito e suas mantenedoras;

IX - as organizações sociais;

X - as cooperativas;

XI - as fundações públicas;

XII - as fundações, sociedades civis ou associações de direito privado criadas por órgão público ou por fundações públicas;

XIII - as organizações creditícias que tenham quaisquer tipo de vinculação com o sistema financeiro nacional a que se refere o art. 192 da Constituição Federal.

Art. 3º A qualificação instituída por esta Lei, observado em qualquer caso, o princípio da universalização dos serviços, no respectivo âmbito de atuação das Organizações, somente será conferida às pessoas jurídicas de direito privado, sem fins lucrativos, cujos objetivos sociais tenham pelo menos uma das seguintes finalidades:

I - promoção da assistência social;

II - promoção da cultura, defesa e conservação do patrimônio histórico e artístico;

III - promoção gratuita da educação, observando-se a forma complementar de participação das organizações de que trata esta Lei;

IV - promoção gratuita da saúde, observando-se a forma complementar de participação das organizações de que trata esta Lei;

V - promoção da segurança alimentar e nutricional;

VI - defesa, preservação e conservação do meio ambiente e promoção do desenvolvimento sustentável;

VII - promoção do voluntariado;

VIII - promoção do desenvolvimento econômico e social e combate à pobreza;

IX - experimentação, não lucrativa, de novos modelos sócio-produtivos e de sistemas alternativos de produção, comércio, emprego e crédito;

X - promoção de direitos estabelecidos, construção de novos direitos e assessoria jurídica gratuita de interesse suplementar;

XI - promoção da ética, da paz, da cidadania, dos direitos humanos, da democracia e de outros valores universais;

XII - estudos e pesquisas, desenvolvimento de tecnologias alternativas, produção e divulgação de informações e conhecimentos técnicos e científicos que digam respeito às atividades mencionadas neste artigo.

XIII - estudos e pesquisas para o desenvolvimento, a disponibilização e a implementação de tecnologias voltadas à mobilidade de pessoas, por qualquer meio de transporte. (Incluído pela Lei nº 13.019, de 2014)

Parágrafo único. Para os fins deste artigo, a dedicação às atividades nele previstas configura-se mediante a execução direta de projetos, programas, planos de ações correlatas, por meio da doação de recursos físicos, humanos e financeiros, ou ainda pela prestação de serviços intermediários de apoio a outras organizações sem fins lucrativos e a órgãos do setor público que atuem em áreas afins.

Art. 4º Atendido o disposto no art. 3º, exige-se ainda, para qualificarem-se como Organizações da Sociedade Civil de Interesse Público, que as pessoas jurídicas interessadas sejam regidas por estatutos cujas normas expressamente disponham sobre:

I - a observância dos princípios da legalidade, impessoalidade, moralidade, publicidade, economicidade e da eficiência;

II - a adoção de práticas de gestão administrativa, necessárias e suficientes a coibir a obtenção, de forma individual ou coletiva, de benefícios ou vantagens pessoais, em decorrência da participação no respectivo processo decisório;

III - a constituição de conselho fiscal ou órgão equivalente, dotado de competência para opinar sobre os relatórios de desempenho financeiro e contábil, e sobre as operações patrimoniais realizadas, emitindo pareceres para os organismos superiores da entidade;

IV - a previsão de que, em caso de dissolução da entidade, o respectivo patrimônio líquido será transferido a outra pessoa jurídica qualificada nos termos desta Lei, preferencialmente que tenha o mesmo objeto social da extinta;

V - a previsão de que, na hipótese de a pessoa jurídica perder a qualificação instituída por esta Lei, o respectivo acervo patrimonial disponível, adquirido com recursos públicos durante o período em que perdurou aquela qualificação, será transferido a outra pessoa jurídica qualificada nos termos desta Lei, preferencialmente que tenha o mesmo objeto social;

VI - a possibilidade de se instituir remuneração para os dirigentes da entidade que atuem efetivamente na gestão executiva e para aqueles que a ela prestam serviços específicos, respeitados, em ambos os casos, os valores praticados pelo mercado, na região correspondente a sua área de atuação;

VII - as normas de prestação de contas a serem observadas pela entidade, que determinarão, no mínimo:

a) a observância dos princípios fundamentais de contabilidade e das Normas Brasileiras de Contabilidade;

b) que se dê publicidade por qualquer meio eficaz, no encerramento do exercício fiscal, ao relatório de atividades e das demonstrações financeiras da entidade, incluindo-se as certidões negativas de débitos junto ao INSS e ao FGTS, colocando-os à disposição para exame de qualquer cidadão;

c) a realização de auditoria, inclusive por auditores externos independentes se for o caso, da aplicação dos eventuais recursos objeto do termo de parceria conforme previsto em regulamento;

d) a prestação de contas de todos os recursos e bens de origem pública recebidos pelas Organizações da Sociedade Civil de Interesse Público será feita conforme determina o parágrafo único do art. 70 da Constituição Federal.

Parágrafo único. É permitida a participação de servidores públicos na composição de conselho ou diretoria de Organização da Sociedade Civil de Interesse Público. (Redação dada pela Lei nº 13.019, de 2014)

Art. 5º Cumpridos os requisitos dos arts. 3º e 4º desta Lei, a pessoa jurídica de direito privado sem fins lucrativos, interessada em obter a qualificação instituída por esta Lei, deverá formular requerimento escrito ao Ministério da Justiça, instruído com cópias autenticadas dos seguintes documentos:

I - estatuto registrado em cartório;

II - ata de eleição de sua atual diretoria;

III - balanço patrimonial e demonstração do resultado do exercício;

IV - declaração de isenção do imposto de renda;

V - inscrição no Cadastro Geral de Contribuintes.

Art. 6º Recebido o requerimento previsto no artigo anterior, o Ministério da Justiça decidirá, no prazo de trinta dias, deferindo ou não o pedido.

§ 1º No caso de deferimento, o Ministério da Justiça emitirá, no prazo de quinze dias da decisão, certificado de qualificação da requerente como Organização da Sociedade Civil de Interesse Público.

§ 2º Indeferido o pedido, o Ministério da Justiça, no prazo do § 1º, dará ciência da decisão, mediante publicação no Diário Oficial.

§ 3º O pedido de qualificação somente será indeferido quando:

I - a requerente enquadrar-se nas hipóteses previstas no art. 2º desta Lei;

II - a requerente não atender aos requisitos descritos nos arts. 3º e 4º desta Lei;

III - a documentação apresentada estiver incompleta.

Art. 7º Perde-se a qualificação de Organização da Sociedade Civil de Interesse Público, a pedido ou mediante decisão proferida em processo administrativo ou judicial, de iniciativa popular ou do Ministério Público, no qual serão assegurados, ampla defesa e o devido contraditório.

Art. 8º Vedado o anonimato, e desde que amparado por fundadas evidências de erro ou fraude, qualquer cidadão, respeitadas as prerrogativas do Ministério Público, é parte legítima para requerer, judicial ou administrativamente, a perda da qualificação instituída por esta Lei.

CAPÍTULO II - DO TERMO DE PARCERIA

Art. 9º Fica instituído o Termo de Parceria, assim considerado o instrumento passível de ser firmado entre o Poder Público e as entidades qualificadas como Organizações da Sociedade Civil de Interesse Público destinado à formação de vínculo de cooperação entre as partes, para o fomento e a execução das atividades de interesse público previstas no art. 3º desta Lei.

Art. 10. O Termo de Parceria firmado de comum acordo entre o Poder Público e as Organizações da Sociedade Civil de Interesse Público discriminará direitos, responsabilidades e obrigações das partes signatárias.

§ 1º A celebração do Termo de Parceria será precedida de consulta aos Conselhos de Políticas Públicas das áreas correspondentes de atuação existentes, nos respectivos níveis de governo.

§ 2º São cláusulas essenciais do Termo de Parceria:

I - a do objeto, que conterá a especificação do programa de trabalho proposto pela Organização da Sociedade Civil de Interesse Público;

II - a de estipulação das metas e dos resultados a serem atingidos e os respectivos prazos de execução ou cronograma;

III - a de previsão expressa dos critérios objetivos de avaliação de desempenho a serem utilizados, mediante indicadores de resultado;

IV - a de previsão de receitas e despesas a serem realizadas em seu cumprimento, estipulando item por item as categorias contábeis usadas pela organização e o detalhamento das remunerações e benefícios de pessoal a serem pagos, com recursos oriundos ou vinculados ao Termo de Parceria, a seus diretores, empregados e consultores;

V - a que estabelece as obrigações da Sociedade Civil de Interesse Público, entre as quais a de apresentar ao Poder Público, ao término de cada exercício, relatório sobre a execução do objeto do Termo de Parceria, contendo comparativo específico das metas propostas com os resultados alcançados, acompanhado de prestação de contas dos gastos e receitas efetivamente realizados, independente das previsões mencionadas no inciso IV;

VI - a de publicação, na imprensa oficial do Município, do Estado ou da União, conforme o alcance das atividades celebradas entre o órgão parceiro e a Organização da Sociedade Civil de Interesse Público, de extrato do Termo de Parceria e de demonstrativo da sua execução física e financeira, conforme modelo simplificado estabelecido no regulamento desta Lei, contendo os dados principais da documentação obrigatória do inciso V, sob pena de não liberação dos recursos previstos no Termo de Parceria.

Art. 11. A execução do objeto do Termo de Parceria será acompanhada e fiscalizada por órgão do Poder Público da área de atuação correspondente à atividade fomentada, e pelos Conselhos de Políticas Públicas das áreas correspondentes de atuação existentes, em cada nível de governo.

§ 1º Os resultados atingidos com a execução do Termo de Parceria devem ser analisados por comissão de avaliação, composta de comum acordo entre o órgão parceiro e a Organização da Sociedade Civil de Interesse Público.

§ 2º A comissão encaminhará à autoridade competente relatório conclusivo sobre a avaliação procedida.

§ 3º Os Termos de Parceria destinados ao fomento de atividades nas áreas de que trata esta Lei estarão sujeitos aos mecanismos de controle social previstos na legislação.

Art. 12. Os responsáveis pela fiscalização do Termo de Parceria, ao tomarem conhecimento de qualquer irregularidade ou ilegalidade na utilização de recursos ou bens de origem pública pela organização parceira, darão imediata ciência ao Tribunal de Contas respectivo e ao Ministério Público, sob pena de responsabilidade solidária.

Art. 13. Sem prejuízo da medida a que se refere o art. 12 desta Lei, havendo indícios fundados de malversação de bens ou recursos de origem pública, os responsáveis pela fiscalização representarão ao Ministério Público, à Advocacia-Geral da União, para que requeiram ao juízo competente a decretação da indisponibilidade dos bens da entidade e o seqüestro dos bens dos seus dirigentes, bem como de agente público ou terceiro, que possam ter enriquecido ilicitamente ou causado dano ao patrimônio público, além de outras medidas consubstanciadas na Lei no 8.429, de 2 de junho de 1992, e na Lei Complementar no 64, de 18 de maio de 1990.

§ 1º O pedido de seqüestro será processado de acordo com o disposto nos arts. 822 e 825 do Código de Processo Civil.

§ 2º Quando for o caso, o pedido incluirá a investigação, o exame e o bloqueio de bens, contas bancárias e aplicações mantidas pelo demandado no País e no exterior, nos termos da lei e dos tratados internacionais.

§ 3º Até o término da ação, o Poder Público permanecerá como depositário e gestor dos bens e valores seqüestrados ou indisponíveis e velará pela continuidade das atividades sociais da organização parceira.

Art. 14. A organização parceira fará publicar, no prazo máximo de trinta dias, contado da assinatura do Termo de Parceria, regulamento próprio contendo os procedimentos que adotará para a contratação de obras e serviços, bem como para compras com emprego de recursos provenientes do Poder Público, observados os princípios estabelecidos no inciso I do art. 4º desta Lei.

Art. 15. Caso a organização adquira bem imóvel com recursos provenientes da celebração do Termo de Parceria, este será gravado com cláusula de inalienabilidade.

Art. 15-A. (VETADO). (Incluído pela Lei nº 13.019, de 2014)

Art. 15-B. A prestação de contas relativa à execução do Termo de Parceria perante o órgão da entidade estatal parceira refere-se à correta aplicação dos recursos públicos recebidos e ao adimplemento do objeto do Termo de Parceria, mediante a apresentação dos seguintes documentos: (Incluído pela Lei nº 13.019, de 2014)

I - relatório anual de execução de atividades, contendo especificamente relatório sobre a execução do objeto do Termo de Parceria, bem como comparativo entre as metas propostas e os resultados alcançados; (Incluído pela Lei nº 13.019, de 2014)

II - demonstrativo integral da receita e despesa realizadas na execução; (Incluído pela Lei nº 13.019, de 2014)

III - extrato da execução física e financeira; (Incluído pela Lei nº 13.019, de 2014)

IV - demonstração de resultados do exercício; (Incluído pela Lei nº 13.019, de 2014)

V - balanço patrimonial; (Incluído pela Lei nº 13.019, de 2014)

VI - demonstração das origens e das aplicações de recursos; (Incluído pela Lei nº 13.019, de 2014)

VII - demonstração das mutações do patrimônio social; (Incluído pela Lei nº 13.019, de 2014)

VIII - notas explicativas das demonstrações contábeis, caso necessário; (Incluído pela Lei nº 13.019, de 2014)

IX - parecer e relatório de auditoria, se for o caso. (Incluído pela Lei nº 13.019, de 2014)

CAPÍTULO III - DAS DISPOSIÇÕES FINAIS E TRANSITÓRIAS

Art. 16. É vedada às entidades qualificadas como Organizações da Sociedade Civil de Interesse Público a participação em campanhas de interesse político-partidário ou eleitorais, sob quaisquer meios ou formas.

Art. 17. O Ministério da Justiça permitirá, mediante requerimento dos interessados, livre acesso público a todas as informações pertinentes às Organizações da Sociedade Civil de Interesse Público.

Art. 18. As pessoas jurídicas de direito privado sem fins lucrativos, qualificadas com base em outros diplomas legais, poderão qualificar-se como Organizações da Sociedade Civil de Interesse Público, desde que atendidos aos requisitos para tanto exigidos, sendo-lhes assegurada a manutenção simultânea dessas qualificações, até cinco anos contados da data de vigência desta Lei. (Vide Medida Provisória nº 2.123-29, de 2001) (Redação dada pela Medida Provisória nº 2.216-37, de 2001)

§ 1º Findo o prazo de cinco anos, a pessoa jurídica interessada em manter a qualificação prevista nesta Lei deverá por ela optar, fato que implicará a renúncia automática de suas qualificações anteriores. (Vide Medida Provisória nº 2.123-29, de 2001) (Redação dada pela Medida Provisória nº 2.216-37, de 2001)

§ 2º Caso não seja feita a opção prevista no parágrafo anterior, a pessoa jurídica perderá automaticamente a qualificação obtida nos termos desta Lei.

Art. 19. O Poder Executivo regulamentará esta Lei no prazo de trinta dias.

Art. 20. Esta Lei entra em vigor na data de sua publicação.

9. LEI Nº 10.520, DE 17 DE JULHO DE 2002

Institui, no âmbito da União, Estados, Distrito Federal e Municípios, nos termos do art. 37, inciso XXI, da Constituição Federal, modalidade de licitação denominada pregão, para aquisição de bens e serviços comuns, e dá outras providências.

O PRESIDENTE DA REPÚBLICA Faço saber que o Congresso Nacional decreta e eu sanciono a seguinte Lei:

Art. 1º Para aquisição de bens e serviços comuns, poderá ser adotada a licitação na modalidade de pregão, que será regida por esta Lei.

Parágrafo único. Consideram-se bens e serviços comuns, para os fins e efeitos deste artigo, aqueles cujos padrões de desempenho e qualidade possam ser objetivamente definidos pelo edital, por meio de especificações usuais no mercado.

Art. 2º (VETADO)

§ 1º Poderá ser realizado o pregão por meio da utilização de recursos de tecnologia da informação, nos termos de regulamentação específica.

§ 2º Será facultado, nos termos de regulamentos próprios da União, Estados, Distrito Federal e Municípios, a participação de bolsas de mercadorias no apoio técnico e operacional aos órgãos e entidades promotores da modalidade de pregão, utilizando-se de recursos de tecnologia da informação.

§ 3º As bolsas a que se referem o § 2º deverão estar organizadas sob a forma de sociedades civis sem fins lucrativos e com a participação plural de corretoras que operem sistemas eletrônicos unificados de pregões.

Art. 3º A fase preparatória do pregão observará o seguinte:

I - a autoridade competente justificará a necessidade de contratação e definirá o objeto do certame, as exigências de habilitação, os critérios de aceitação das propostas, as sanções por inadimplemento e as cláusulas do contrato, inclusive com fixação dos prazos para fornecimento;

II - a definição do objeto deverá ser precisa, suficiente e clara, vedadas especificações que, por excessivas, irrelevantes ou desnecessárias, limitem a competição;

III - dos autos do procedimento constarão a justificativa das definições referidas no inciso I deste artigo e os indispensáveis elementos técnicos sobre os quais estiverem apoiados, bem como o orçamento, elaborado pelo órgão ou entidade promotora da licitação, dos bens ou serviços a serem licitados; e

IV - a autoridade competente designará, dentre os servidores do órgão ou entidade promotora da licitação, o pregoeiro e respectiva equipe de apoio, cuja atribuição inclui, dentre outras, o recebimento das propostas e lances, a análise de sua aceitabilidade e sua classificação, bem como a habilitação e a adjudicação do objeto do certame ao licitante vencedor.

§ 1º A equipe de apoio deverá ser integrada em sua maioria por servidores ocupantes de cargo efetivo ou emprego da administração, preferencialmente pertencentes ao quadro permanente do órgão ou entidade promotora do evento.

§ 2º No âmbito do Ministério da Defesa, as funções de pregoeiro e de membro da equipe de apoio poderão ser desempenhadas por militares

Art. 4º A fase externa do pregão será iniciada com a convocação dos interessados e observará as seguintes regras:

I - a convocação dos interessados será efetuada por meio de publicação de aviso em diário oficial do respectivo ente federado ou, não existindo, em jornal de circulação local, e facultativamente, por meios eletrônicos e conforme o vulto da licitação, em jornal de grande circulação, nos termos do regulamento de que trata o art. 2º;

II - do aviso constarão a definição do objeto da licitação, a indicação do local, dias e horários em que poderá ser lida ou obtida a íntegra do edital;

III - do edital constarão todos os elementos definidos na forma do inciso I do art. 3º, as normas que disciplinarem o procedimento e a minuta do contrato, quando for o caso;

IV - cópias do edital e do respectivo aviso serão colocadas à disposição de qualquer pessoa para consulta e divulgadas na forma da Lei no 9.755, de 16 de dezembro de 1998;

V - o prazo fixado para a apresentação das propostas, contado a partir da publicação do aviso, não será inferior a 8 (oito) dias úteis;

VI - no dia, hora e local designados, será realizada sessão pública para recebimento das propostas, devendo o interessado, ou seu representante, identificar-se e, se for o caso, comprovar a existência dos necessários poderes para formulação de propostas e para a prática de todos os demais atos inerentes ao certame;

VII - aberta a sessão, os interessados ou seus representantes, apresentarão declaração dando ciência de que cumprem plenamente os requisitos de habilitação e entregarão os envelopes contendo a indicação do objeto e do preço oferecidos, procedendo-se à sua imediata abertura e à verificação da conformidade das propostas com os requisitos estabelecidos no instrumento convocatório;

VIII - no curso da sessão, o autor da oferta de valor mais baixo e os das ofertas com preços até 10% (dez por cento) superiores àquela poderão fazer novos lances verbais e sucessivos, até a proclamação do vencedor;

IX - não havendo pelo menos 3 (três) ofertas nas condições definidas no inciso anterior, poderão os autores das melhores propostas, até o máximo de 3 (três), oferecer novos lances verbais e sucessivos, quaisquer que sejam os preços oferecidos;

X - para julgamento e classificação das propostas, será adotado o critério de menor preço, observados os prazos máximos para fornecimento, as especificações técnicas e parâmetros mínimos de desempenho e qualidade definidos no edital;

XI - examinada a proposta classificada em primeiro lugar, quanto ao objeto e valor, caberá ao pregoeiro decidir motivadamente a respeito da sua aceitabilidade;

XII - encerrada a etapa competitiva e ordenadas as ofertas, o pregoeiro procederá à abertura do invólucro contendo os documentos de habilitação do licitante que apresentou a melhor proposta, para verificação do atendimento das condições fixadas no edital;

XIII - a habilitação far-se-á com a verificação de que o licitante está em situação regular perante a Fazenda Nacional, a Seguridade Social e o Fundo de Garantia do Tempo de Serviço - FGTS, e as Fazendas Estaduais e Municipais, quando for o caso, com a comprovação de que atende às exigências do edital quanto à habilitação jurídica e qualificações técnica e econômico-financeira;

XIV - os licitantes poderão deixar de apresentar os documentos de habilitação que já constem do Sistema de Cadastramento Unificado de Fornecedores - Sicaf e sistemas semelhantes mantidos por Estados, Distrito Federal ou Municípios, assegurado aos demais licitantes o direito de acesso aos dados nele constantes;

XV - verificado o atendimento das exigências fixadas no edital, o licitante será declarado vencedor;

XVI - se a oferta não for aceitável ou se o licitante desatender às exigências habilitatórias, o pregoeiro examinará as ofertas subseqüentes e a qualificação dos licitantes, na

ordem de classificação, e assim sucessivamente, até a apuração de uma que atenda ao edital, sendo o respectivo licitante declarado vencedor;

XVII - nas situações previstas nos incisos XI e XVI, o pregoeiro poderá negociar diretamente com o proponente para que seja obtido preço melhor;

XVIII - declarado o vencedor, qualquer licitante poderá manifestar imediata e motivadamente a intenção de recorrer, quando lhe será concedido o prazo de 3 (três) dias para apresentação das razões do recurso, ficando os demais licitantes desde logo intimados para apresentar contra-razões em igual número de dias, que começarão a correr do término do prazo do recorrente, sendo-lhes assegurada vista imediata dos autos;

XIX - o acolhimento de recurso importará a invalidação apenas dos atos insuscetíveis de aproveitamento;

XX - a falta de manifestação imediata e motivada do licitante importará a decadência do direito de recurso e a adjudicação do objeto da licitação pelo pregoeiro ao vencedor;

XXI - decididos os recursos, a autoridade competente fará a adjudicação do objeto da licitação ao licitante vencedor;

XXII - homologada a licitação pela autoridade competente, o adjudicatário será convocado para assinar o contrato no prazo definido em edital; e

XXIII - se o licitante vencedor, convocado dentro do prazo de validade da sua proposta, não celebrar o contrato, aplicar-se-á o disposto no inciso XVI.

Art. 5º É vedada a exigência de:

I - garantia de proposta;

II - aquisição do edital pelos licitantes, como condição para participação no certame; e

III - pagamento de taxas e emolumentos, salvo os referentes a fornecimento do edital, que não serão superiores ao custo de sua reprodução gráfica, e aos custos de utilização de recursos de tecnologia da informação, quando for o caso.

Art. 6º O prazo de validade das propostas será de 60 (sessenta) dias, se outro não estiver fixado no edital.

Art. 7º Quem, convocado dentro do prazo de validade da sua proposta, não celebrar o contrato, deixar de entregar ou apresentar documentação falsa exigida para o certame, ensejar o retardamento da execução de seu objeto, não mantiver a proposta, falhar ou fraudar na execução do contrato, comportar-se de modo inidôneo ou cometer fraude fiscal, ficará impedido de licitar e contratar com a União, Estados, Distrito Federal ou Municípios e, será descredenciado no Sicaf, ou nos sistemas de cadastramento de fornecedores a que se refere o inciso XIV do art. 4º desta Lei, pelo prazo de até 5 (cinco) anos, sem prejuízo das multas previstas em edital e no contrato e das demais cominações legais.

Art. 8º Os atos essenciais do pregão, inclusive os decorrentes de meios eletrônicos, serão documentados no processo respectivo, com vistas à aferição de sua regularidade pelos agentes de controle, nos termos do regulamento previsto no art. 2º.

Art. 9º Aplicam-se subsidiariamente, para a modalidade de pregão, as normas da Lei nº 8.666, de 21 de junho de 1993.

Art. 10. Ficam convalidados os atos praticados com base na Medida Provisória nº 2.182-18, de 23 de agosto de 2001.

Art. 11. As compras e contratações de bens e serviços comuns, no âmbito da União, dos Estados, do Distrito Federal e dos Municípios, quando efetuadas pelo sistema de registro de preços previsto no art. 15 da Lei nº 8.666, de 21 de junho de 1993, poderão adotar a modalidade de pregão, conforme regulamento específico.

Art. 12. A Lei nº 10.191, de 14 de fevereiro de 2001, passa a vigorar acrescida do seguinte artigo:

"Art. 2-A. A União, os Estados, o Distrito Federal e os Municípios poderão adotar, nas licitações de registro de preços destinadas à aquisição de bens e serviços comuns da área da saúde, a modalidade do pregão, inclusive por meio eletrônico, observando-se o seguinte:

I - são considerados bens e serviços comuns da área da saúde, aqueles necessários ao atendimento dos órgãos que integram o Sistema Único de Saúde, cujos padrões de desempenho e qualidade possam ser objetivamente definidos no edital, por meio de especificações usuais do mercado.

II - quando o quantitativo total estimado para a contratação ou fornecimento não puder ser atendido pelo licitante vencedor, admitir-se-á a convocação de tantos licitantes quantos forem necessários para o atingimento da totalidade do quantitativo, respeitada a ordem de classificação, desde que os referidos licitantes aceitem praticar o mesmo preço da proposta vencedora.

III - na impossibilidade do atendimento ao disposto no inciso II, excepcionalmente, poderão ser registrados outros preços diferentes da proposta vencedora, desde que se trate de objetos de qualidade ou desempenho superior, devidamente justificada e comprovada a vantagem, e que as ofertas sejam em valor inferior ao limite máximo admitido."

Art. 13. Esta Lei entra em vigor na data de sua publicação.

10. LEI Nº 11.079, DE 30 DE DEZEMBRO DE 2004

Institui normas gerais para licitação e contratação de parceria público-privada no âmbito da administração pública.
O PRESIDENTE DA REPÚBLICA Faço saber que o Congresso Nacional decreta e eu sanciono a seguinte Lei:

CAPÍTULO I - DISPOSIÇÕES PRELIMINARES

Art. 1º Esta Lei institui normas gerais para licitação e contratação de parceria público-privada no âmbito dos Poderes da União, dos Estados, do Distrito Federal e dos Municípios.

Parágrafo único. Esta Lei aplica-se aos órgãos da administração pública direta dos Poderes Executivo e Legislativo, aos fundos especiais, às autarquias, às fundações públicas, às empresas públicas, às sociedades de economia mista e às demais entidades controladas direta ou indiretamente pela União, Estados, Distrito Federal e Municípios. (Redação dada pela Lei nº 13.137, de 2015)

Art. 2º Parceria público-privada é o contrato administrativo de concessão, na modalidade patrocinada ou administrativa.

§ 1º Concessão patrocinada é a concessão de serviços públicos ou de obras públicas de que trata a Lei nº 8.987, de 13 de fevereiro de 1995, quando envolver, adicionalmente à tarifa cobrada dos usuários contraprestação pecuniária do parceiro público ao parceiro privado.

§ 2º Concessão administrativa é o contrato de prestação de serviços de que a Administração Pública seja a usuária direta ou indireta, ainda que envolva execução de obra ou fornecimento e instalação de bens.

§ 3º Não constitui parceria público-privada a concessão comum, assim entendida a concessão de serviços públicos ou de obras públicas de que trata a Lei nº 8.987, de 13 de fevereiro de 1995, quando não envolver contraprestação pecuniária do parceiro público ao parceiro privado.

§ 4º É vedada a celebração de contrato de parceria público-privada:

I - cujo valor do contrato seja inferior a R$ 10.000.000,00 (dez milhões de reais); (Redação dada pela Lei nº 13.529, de 2017)

II - cujo período de prestação do serviço seja inferior a 5 (cinco) anos; ou

III - que tenha como objeto único o fornecimento de mão-de-obra, o fornecimento e instalação de equipamentos ou a execução de obra pública.

Art. 3º As concessões administrativas regem-se por esta Lei, aplicando-se-lhes adicionalmente o disposto nos arts. 21, 23, 25 e 27 a 39 da Lei nº 8.987, de 13 de fevereiro de 1995, e no art. 31 da Lei nº 9.074, de 7 de julho de 1995. (Regulamento)

§ 1º As concessões patrocinadas regem-se por esta Lei, aplicando-se-lhes subsidiariamente o disposto na Lei nº 8.987, de 13 de fevereiro de 1995, e nas leis que lhe são correlatas. (Regulamento)

§ 2º As concessões comuns continuam regidas pela Lei nº 8.987, de 13 de fevereiro de 1995, e pelas leis que lhe são correlatas, não se lhes aplicando o disposto nesta Lei.

§ 3º Continuam regidos exclusivamente pela Lei nº 8.666, de 21 de junho de 1993, e pelas leis que lhe são correlatas os contratos administrativos que não caracterizem concessão comum, patrocinada ou administrativa.

Art. 4º Na contratação de parceria público-privada serão observadas as seguintes diretrizes:

I - eficiência no cumprimento das missões de Estado e no emprego dos recursos da sociedade;

II - respeito aos interesses e direitos dos destinatários dos serviços e dos entes privados incumbidos da sua execução;

III - indelegabilidade das funções de regulação, jurisdicional, do exercício do poder de polícia e de outras atividades exclusivas do Estado;

IV - responsabilidade fiscal na celebração e execução das parcerias;

V - transparência dos procedimentos e das decisões;

VI - repartição objetiva de riscos entre as partes;

VII - sustentabilidade financeira e vantagens socioeconômicas dos projetos de parceria.

CAPÍTULO II - DOS CONTRATOS DE PARCERIA PÚBLICO-PRIVADA

Art. 5º As cláusulas dos contratos de parceria público-privada atenderão ao disposto no art. 23 da Lei nº 8.987, de 13 de fevereiro de 1995, no que couber, devendo também prever:

I - o prazo de vigência do contrato, compatível com a amortização dos investimentos realizados, não inferior a 5 (cinco), nem superior a 35 (trinta e cinco) anos, incluindo eventual prorrogação;

II - as penalidades aplicáveis à Administração Pública e ao parceiro privado em caso de inadimplemento contratual, fixadas sempre de forma proporcional à gravidade da falta cometida, e às obrigações assumidas;

III - a repartição de riscos entre as partes, inclusive os referentes a caso fortuito, força maior, fato do príncipe e álea econômica extraordinária;

IV - as formas de remuneração e de atualização dos valores contratuais;

V - os mecanismos para a preservação da atualidade da prestação dos serviços;

VI - os fatos que caracterizem a inadimplência pecuniária do parceiro público, os modos e o prazo de regularização e, quando houver, a forma de acionamento da garantia;

VII - os critérios objetivos de avaliação do desempenho do parceiro privado;

VIII - a prestação, pelo parceiro privado, de garantias de execução suficientes e compatíveis com os ônus e riscos envolvidos, observados os limites dos §§ 3º e 5º do art. 56 da Lei nº 8.666, de 21 de junho de 1993, e, no que se refere às concessões patrocinadas, o disposto no inciso XV do art. 18 da Lei nº 8.987, de 13 de fevereiro de 1995 ;

IX - o compartilhamento com a Administração Pública de ganhos econômicos efetivos do parceiro privado decorrentes da redução do risco de crédito dos financiamentos utilizados pelo parceiro privado;

X - a realização de vistoria dos bens reversíveis, podendo o parceiro público reter os pagamentos ao parceiro privado, no valor necessário para reparar as irregularidades eventualmente detectadas.

XI - o cronograma e os marcos para o repasse ao parceiro privado das parcelas do aporte de recursos, na fase de investimentos do projeto e/ou após a disponibilização dos serviços, sempre que verificada a hipótese do § 2º do art. 6º desta Lei. (Incluído pela Lei nº 12.766, de 2012)

§ 1º As cláusulas contratuais de atualização automática de valores baseadas em índices e fórmulas matemáticas, quando houver, serão aplicadas sem necessidade de homologação pela Administração Pública, exceto se esta publicar, na imprensa oficial, onde houver, até o prazo de 15 (quinze) dias após apresentação da fatura, razões fundamentadas nesta Lei ou no contrato para a rejeição da atualização.

§ 2º Os contratos poderão prever adicionalmente:

I - os requisitos e condições em que o parceiro público autorizará a transferência do controle ou a administração temporária da sociedade de propósito específico aos seus financiadores e garantidores com quem não mantenha vínculo societário direto, com o objetivo de promover a sua reestruturação financeira e assegurar a continuidade da prestação dos serviços, não se aplicando para este efeito o previsto no inciso I do parágrafo único do art. 27 da Lei nº 8.987, de 13 de fevereiro de 1995; (Redação dada pela Lei nº 13.097, de 2015)

II - a possibilidade de emissão de empenho em nome dos financiadores do projeto em relação às obrigações pecuniárias da Administração Pública;

III - a legitimidade dos financiadores do projeto para receber indenizações por extinção antecipada do contrato, bem como pagamentos efetuados pelos fundos e empresas estatais garantidores de parcerias público-privadas.

Art. 5º-A. Para fins do inciso I do § 2º do art. 5º , considera-se: (Incluído pela Lei nº 13.097, de 2015)

I - o controle da sociedade de propósito específico a propriedade resolúvel de ações ou quotas por seus financiadores e garantidores que atendam os requisitos do art. 116 da Lei nº 6.404, de 15 de dezembro de 1976; (Incluído pela Lei nº 13.097, de 2015)

II - A administração temporária da sociedade de propósito específico, pelos financiadores e garantidores quando, sem a transferência da propriedade de ações ou quotas, forem outorgados os seguintes poderes: (Incluído pela Lei nº 13.097, de 2015)

a) indicar os membros do Conselho de Administração, a serem eleitos em Assembleia Geral pelos acionistas, nas sociedades regidas pela Lei 6.404, de 15 de dezembro de 1976; ou administradores, a serem eleitos pelos quotistas, nas demais sociedades; (Incluído pela Lei nº 13.097, de 2015)

b) indicar os membros do Conselho Fiscal, a serem eleitos pelos acionistas ou quotistas controladores em Assembleia Geral; (Incluído pela Lei nº 13.097, de 2015)

c) exercer poder de veto sobre qualquer proposta submetida à votação dos acionistas ou quotistas da concessionária, que representem, ou possam representar, prejuízos aos fins previstos no caput deste artigo; (Incluído pela Lei nº 13.097, de 2015)

d) outros poderes necessários ao alcance dos fins previstos no caput deste artigo; (Incluído pela Lei nº 13.097, de 2015)

§ 1º A administração temporária autorizada pelo poder concedente não acarretará responsabilidade aos financiadores e garantidores em relação à tributação, encargos, ônus, sanções, obrigações ou compromissos com terceiros, inclusive com o poder concedente ou empregados. (Incluído pela Lei nº 13.097, de 2015)

§ 2º O Poder Concedente disciplinará sobre o prazo da administração temporária. (Incluído pela Lei nº 13.097, de 2015)

Art. 6º A contraprestação da Administração Pública nos contratos de parceria público-privada poderá ser feita por:

I - ordem bancária;

II - cessão de créditos não tributários;

III - outorga de direitos em face da Administração Pública;

III - (Vide Lei nº 13.043, de 2014) Vigência

IV - outorga de direitos sobre bens públicos dominicais;
V - outros meios admitidos em lei.

§ 1º O contrato poderá prever o pagamento ao parceiro privado de remuneração variável vinculada ao seu desempenho, conforme metas e padrões de qualidade e disponibilidade definidos no contrato. (Incluído pela Lei nº 12.766, de 2012)

§ 2º O contrato poderá prever o aporte de recursos em favor do parceiro privado para a realização de obras e aquisição de bens reversíveis, nos termos dos incisos X e XI do caput do art. 18 da Lei nº 8.987, de 13 de fevereiro de 1995, desde que autorizado no edital de licitação, se contratos novos, ou em lei específica, se contratos celebrados até 8 de agosto de 2012. (Incluído pela Lei nº 12.766, de 2012)

§ 3º O valor do aporte de recursos realizado nos termos do § 2º poderá ser excluído da determinação: (Incluído pela Lei nº 12.766, de 2012)

I - do lucro líquido para fins de apuração do lucro real e da base de cálculo da Contribuição Social sobre o Lucro Líquido - CSLL; e (Incluído pela Lei nº 12.766, de 2012)

II - da base de cálculo da Contribuição para o PIS/Pasep e da Contribuição para o Financiamento da Seguridade Social - COFINS. (Incluído pela Lei nº 12.766, de 2012)

III - da base de cálculo da Contribuição Previdenciária sobre a Receita Bruta - CPRB devida pelas empresas referidas nos arts. 7º e 8º da Lei nº 12.546, de 14 de dezembro de 2011, a partir de 1º de janeiro de 2015. (Redação dada pela Lei nº 13.043, de 2014) Vigência

§ 4º Até 31 de dezembro de 2013, para os optantes conforme o art. 75 da Lei nº 12.973, de 13 de maio de 2014, e até 31 de dezembro de 2014, para os não optantes, a parcela excluída nos termos do § 3º deverá ser computada na determinação do lucro líquido para fins de apuração do lucro real, da base de cálculo da CSLL e da base de cálculo da Contribuição para o PIS/Pasep e da Cofins, na proporção em que o custo para a realização de obras e aquisição de bens a que se refere o § 2º deste artigo for realizado, inclusive mediante depreciação ou extinção da concessão, nos termos do art. 35 da Lei nº 8.987, de 13 de fevereiro de 1995. (Redação dada pela Lei nº 13.043, de 2014) Vigência

§ 5º Por ocasião da extinção do contrato, o parceiro privado não receberá indenização pelas parcelas de investimentos vinculados a bens reversíveis ainda não amortizadas ou depreciadas, quando tais investimentos houverem sido realizados com valores provenientes do aporte de recursos de que trata o § 2º. (Incluído pela Lei nº 12.766, de 2012)

§ 6º A partir de 1º de janeiro de 2014, para os optantes conforme o art. 75 da Lei nº 12.973, de 13 de maio de 2014, e de 1º de janeiro de 2015, para os não optantes, a parcela excluída nos termos do § 3º deverá ser computada na determinação do lucro líquido para fins de apuração do lucro real, da base de cálculo da CSLL e da base de cálculo da Contribuição para o PIS/Pasep e da Cofins em cada período de apuração durante o prazo restante do contrato, considerado a partir do início da prestação dos serviços públicos. (Incluído pela Lei nº 13.043, de 2014) Vigência

§ 7º No caso do § 6º, o valor a ser adicionado em cada período de apuração deve ser o valor da parcela excluída dividida pela quantidade de períodos de apuração contidos no prazo restante do contrato. (Incluído pela Lei nº 13.043, de 2014) Vigência

§ 8º Para os contratos de concessão em que a concessionária já tenha iniciado a prestação dos serviços públicos nas datas referidas no § 6º, as adições subsequentes serão realizadas em cada período de apuração durante o prazo restante do contrato, considerando o saldo remanescente ainda não adicionado. (Incluído pela Lei nº 13.043, de 2014) Vigência

§ 9º A parcela excluída nos termos do inciso III do § 3º deverá ser computada na determinação da base de cálculo da contribuição previdenciária de que trata o inciso III do § 3º em cada período de apuração durante o prazo restante previsto no contrato para construção, recuperação, reforma, ampliação ou melhoramento da infraestrutura que será utilizada na prestação de serviços públicos. (Incluído pela Lei nº 13.043, de 2014) Vigência

§ 10. No caso do § 9º, o valor a ser adicionado em cada período de apuração deve ser o valor da parcela excluída dividida pela quantidade de períodos de apuração contidos no prazo restante previsto no contrato para construção, recuperação, reforma, ampliação ou melhoramento da infraestrutura que será utilizada na prestação de serviços públicos. (Incluído pela Lei nº 13.043, de 2014) Vigência

§ 11. Ocorrendo a extinção da concessão antes do advento do termo contratual, o saldo da parcela excluída nos termos do § 3º, ainda não adicionado, deverá ser computado na determinação do lucro líquido para fins de apuração do lucro real, da base de cálculo da CSLL e da base de cálculo da Contribuição para o PIS/Pasep, da Cofins e da contribuição previdenciária de que trata o inciso III do § 3º no período de apuração da extinção. (Incluído pela Lei nº 13.043, de 2014) Vigência

§ 12. Aplicam-se às receitas auferidas pelo parceiro privado nos termos do § 6º o regime de apuração e as alíquotas da Contribuição para o PIS/Pasep e da Cofins aplicáveis às suas receitas decorrentes da prestação dos serviços públicos. (Incluído pela Lei nº 13.043, de 2014) Vigência

Art. 7º A contraprestação da Administração Pública será obrigatoriamente precedida da disponibilização do serviço objeto do contrato de parceria público-privada.

§ 1º É facultado à administração pública, nos termos do contrato, efetuar o pagamento da contraprestação relativa a parcela fruível do serviço objeto do contrato de parceria público-privada. (Incluído pela Lei nº 12.766, de 2012)

§ 2º O aporte de recursos de que trata o § 2º do art. 6º, quando realizado durante a fase dos investimentos a cargo do parceiro privado, deverá guardar proporcionalidade com as etapas efetivamente executadas. (Incluído pela Lei nº 12.766, de 2012)

CAPÍTULO III - DAS GARANTIAS

Art. 8º As obrigações pecuniárias contraídas pela Administração Pública em contrato de parceria público-privada poderão ser garantidas mediante: (Vide Lei nº 13.043, de 2014) Vigência

I - vinculação de receitas, observado o disposto no inciso IV do art. 167 da Constituição Federal;

II - instituição ou utilização de fundos especiais previstos em lei;

III - contratação de seguro-garantia com as companhias seguradoras que não sejam controladas pelo Poder Público;

IV - garantia prestada por organismos internacionais ou instituições financeiras que não sejam controladas pelo Poder Público;

V - garantias prestadas por fundo garantidor ou empresa estatal criada para essa finalidade;

VI - outros mecanismos admitidos em lei.

Parágrafo único. (VETADO). (Incluído pela Lei nº 13.043, de 2014) Vigência

CAPÍTULO IV - DA SOCIEDADE DE PROPÓSITO ESPECÍFICO

Art. 9º Antes da celebração do contrato, deverá ser constituída sociedade de propósito específico, incumbida de implantar e gerir o objeto da parceria.

§ 1º A transferência do controle da sociedade de propósito específico estará condicionada à autorização expressa da Administração Pública, nos termos do edital e do contrato, observado o disposto no parágrafo único do art. 27 da Lei nº 8.987, de 13 de fevereiro de 1995.

§ 2º A sociedade de propósito específico poderá assumir a forma de companhia aberta, com valores mobiliários admitidos a negociação no mercado.

§ 3º A sociedade de propósito específico deverá obedecer a padrões de governança corporativa e adotar contabilidade

e demonstrações financeiras padronizadas, conforme regulamento.

§ 4º Fica vedado à Administração Pública ser titular da maioria do capital votante das sociedades de que trata este Capítulo.

§ 5º A vedação prevista no § 4º deste artigo não se aplica à eventual aquisição da maioria do capital votante da sociedade de propósito específico por instituição financeira controlada pelo Poder Público em caso de inadimplemento de contratos de financiamento.

CAPÍTULO V - DA LICITAÇÃO

Art. 10. A contratação de parceria público-privada será precedida de licitação na modalidade de concorrência, estando a abertura do processo licitatório condicionada a:

I - autorização da autoridade competente, fundamentada em estudo técnico que demonstre:
a) a conveniência e a oportunidade da contratação, mediante identificação das razões que justifiquem a opção pela forma de parceria público-privada;
b) que as despesas criadas ou aumentadas não afetarão as metas de resultados fiscais previstas no Anexo referido no § 1º do art. 4º da Lei Complementar nº 101, de 4 de maio de 2000, devendo seus efeitos financeiros, nos períodos seguintes, ser compensados pelo aumento permanente de receita ou pela redução permanente de despesa; e
c) quando for o caso, conforme as normas editadas na forma do art. 25 desta Lei, a observância dos limites e condições decorrentes da aplicação dos arts. 29, 30 e 32 da Lei Complementar nº 101, de 4 de maio de 2000, pelas obrigações contraídas pela Administração Pública relativas ao objeto do contrato;

II - elaboração de estimativa do impacto orçamentário-financeiro nos exercícios em que deva vigorar o contrato de parceria público-privada;

III - declaração do ordenador da despesa de que as obrigações contraídas pela Administração Pública no decorrer do contrato são compatíveis com a lei de diretrizes orçamentárias e estão previstas na lei orçamentária anual;

IV - estimativa do fluxo de recursos públicos suficientes para o cumprimento, durante a vigência do contrato e por exercício financeiro, das obrigações contraídas pela Administração Pública;

V - seu objeto estar previsto no plano plurianual em vigor no âmbito onde o contrato será celebrado;

VI - submissão da minuta de edital e de contrato à consulta pública, mediante publicação na imprensa oficial, em jornais de grande circulação e por meio eletrônico, que deverá informar a justificativa para a contratação, a identificação do objeto, o prazo de duração do contrato, seu valor estimado, fixando-se prazo mínimo de 30 (trinta) dias para recebimento de sugestões, cujo termo dar-se-á pelo menos 7 (sete) dias antes da data prevista para a publicação do edital; e VII - licença ambiental prévia ou expedição das diretrizes para o licenciamento ambiental do empreendimento, na forma do regulamento, sempre que o objeto do contrato exigir.

§ 1º A comprovação referida nas alíneas b e c do inciso I do caput deste artigo conterá as premissas e metodologia de cálculo utilizadas, observadas as normas gerais para consolidação das contas públicas, sem prejuízo do exame de compatibilidade das despesas com as demais normas do plano plurianual e da lei de diretrizes orçamentárias.

§ 2º Sempre que a assinatura do contrato ocorrer em exercício diverso daquele em que for publicado o edital, deverá ser precedida da atualização dos estudos e demonstrações a que se referem os incisos I a IV do caput deste artigo.

§ 3º As concessões patrocinadas em que mais de 70% (setenta por cento) da remuneração do parceiro privado for paga pela Administração Pública dependerão de autorização legislativa específica.

§ 4º Os estudos de engenharia para a definição do valor do investimento da PPP deverão ter nível de detalhamento de anteprojeto, e o valor dos investimentos para definição do preço de referência para a licitação será calculado com base em valores de mercado considerando o custo global de obras semelhantes no Brasil ou no exterior ou com base em sistemas de custos que utilizem como insumo valores de mercado do setor específico do projeto, aferidos, em qualquer caso, mediante orçamento sintético, elaborado por meio de metodologia expedita ou paramétrica. (Incluído pela Lei nº 12.766, de 2012)

Art. 11. O instrumento convocatório conterá minuta do contrato, indicará expressamente a submissão da licitação às normas desta Lei e observará, no que couber, os §§ 3º e 4º do art. 15, os arts. 18, 19 e 21 da Lei nº 8.987, de 13 de fevereiro de 1995, podendo ainda prever:

I - exigência de garantia de proposta do licitante, observado o limite do inciso III do art. 31 da Lei nº 8.666, de 21 de junho de 1993 ;

II - (VETADO)

III - o emprego dos mecanismos privados de resolução de disputas, inclusive a arbitragem, a ser realizada no Brasil e em língua portuguesa, nos termos da Lei nº 9.307, de 23 de setembro de 1996, para dirimir conflitos decorrentes ou relacionados ao contrato.

Parágrafo único. O edital deverá especificar, quando houver, as garantias da contraprestação do parceiro público a serem concedidas ao parceiro privado.

Art. 12. O certame para a contratação de parcerias público-privadas obedecerá ao procedimento previsto na legislação vigente sobre licitações e contratos administrativos e também ao seguinte:

I - o julgamento poderá ser precedido de etapa de qualificação de propostas técnicas, desclassificando-se os licitantes que não alcançarem a pontuação mínima, os quais não participarão das etapas seguintes;

II - o julgamento poderá adotar como critérios, além dos previstos nos incisos I e V do art. 15 da Lei nº 8.987, de 13 de fevereiro de 1995, os seguintes:
a) menor valor da contraprestação a ser paga pela Administração Pública;
b) melhor proposta em razão da combinação do critério da alínea a com o de melhor técnica, de acordo com os pesos estabelecidos no edital;

III - o edital definirá a forma de apresentação das propostas econômicas, admitindo-se:
a) propostas escritas em envelopes lacrados; ou
b) propostas escritas, seguidas de lances em viva voz;

IV - o edital poderá prever a possibilidade de saneamento de falhas, de complementação de insuficiências ou ainda de correções de caráter formal no curso do procedimento, desde que o licitante possa satisfazer as exigências dentro do prazo fixado no instrumento convocatório.

§ 1º Na hipótese da alínea b do inciso III do caput deste artigo:

I - os lances em viva voz serão sempre oferecidos na ordem inversa da classificação das propostas escritas, sendo vedado ao edital limitar a quantidade de lances;

II - o edital poderá restringir a apresentação de lances em viva voz aos licitantes cuja proposta escrita for no máximo 20% (vinte por cento) maior que o valor da melhor proposta.

§ 2º O exame de propostas técnicas, para fins de qualificação ou julgamento, será feito por ato motivado, com base em exigências, parâmetros e indicadores de resultado pertinentes ao objeto, definidos com clareza e objetividade no edital.

Art. 13. O edital poderá prever a inversão da ordem das fases de habilitação e julgamento, hipótese em que:

I - encerrada a fase de classificação das propostas ou o oferecimento de lances, será aberto o invólucro com os documentos de habilitação do licitante mais bem classificado,

para verificação do atendimento das condições fixadas no edital;

II - verificado o atendimento das exigências do edital, o licitante será declarado vencedor;

III - inabilitado o licitante melhor classificado, serão analisados os documentos habilitatórios do licitante com a proposta classificada em 2º (segundo) lugar, e assim, sucessivamente, até que um licitante classificado atenda às condições fixadas no edital;

IV - proclamado o resultado final do certame, o objeto será adjudicado ao vencedor nas condições técnicas e econômicas por ele ofertadas.

CAPÍTULO VI - DISPOSIÇÕES APLICÁVEIS À UNIÃO

Art. 14. Será instituído, por decreto, órgão gestor de parcerias público-privadas federais, com competência para: (Vide Decreto nº 5.385, de 2005)

I - definir os serviços prioritários para execução no regime de parceria público-privada;

II - disciplinar os procedimentos para celebração desses contratos;

III - autorizar a abertura da licitação e aprovar seu edital;

IV - apreciar os relatórios de execução dos contratos.

§ 1º O órgão mencionado no caput deste artigo será composto por indicação nominal de um representante titular e respectivo suplente de cada um dos seguintes órgãos:

I - Ministério do Planejamento, Orçamento e Gestão, ao qual cumprirá a tarefa de coordenação das respectivas atividades;

II - Ministério da Fazenda;

III - Casa Civil da Presidência da República.

§ 2º Das reuniões do órgão a que se refere o caput deste artigo para examinar projetos de parceria público-privada participará um representante do órgão da Administração Pública direta cuja área de competência seja pertinente ao objeto do contrato em análise.

§ 3º Para deliberação do órgão gestor sobre a contratação de parceria público-privada, o expediente deverá estar instruído com pronunciamento prévio e fundamentado:

I - do Ministério do Planejamento, Orçamento e Gestão, sobre o mérito do projeto;

II - do Ministério da Fazenda, quanto à viabilidade da concessão da garantia e à sua forma, relativamente aos riscos para o Tesouro Nacional e ao cumprimento do limite de que trata o art. 22 desta Lei.

§ 4º Para o desempenho de suas funções, o órgão citado no caput deste artigo poderá criar estrutura de apoio técnico com a presença de representantes de instituições públicas.

§ 5º O órgão de que trata o caput deste artigo remeterá ao Congresso Nacional e ao Tribunal de Contas da União, com periodicidade anual, relatórios de desempenho dos contratos de parceria público-privada.

§ 6º Para fins do atendimento do disposto no inciso V do art. 4º desta Lei, ressalvadas as informações classificadas como sigilosas, os relatórios de que trata o § 5º deste artigo serão disponibilizados ao público, por meio de rede pública de transmissão de dados.

Art. 14-A. A Câmara dos Deputados e o Senado Federal, por meio de atos das respectivas Mesas, poderão dispor sobre a matéria de que trata o art. 14 no caso de parcerias público-privadas por eles realizadas, mantida a competência do Ministério da Fazenda descrita no inciso II do § 3º do referido artigo. (Incluído pela Lei nº 13.137, de 2015)

Art. 15. Compete aos Ministérios e às Agências Reguladoras, nas suas respectivas áreas de competência, submeter o edital de licitação ao órgão gestor, proceder à licitação, acompanhar e fiscalizar os contratos de parceria público-privada.

Parágrafo único. Os Ministérios e Agências Reguladoras encaminharão ao órgão a que se refere o caput do art. 14 desta Lei, com periodicidade semestral, relatórios circunstanciados acerca da execução dos contratos de parceria público-privada, na forma definida em regulamento.

Art. 16. Ficam a União, seus fundos especiais, suas autarquias, suas fundações públicas e suas empresas estatais dependentes autorizadas a participar, no limite global de R$ 6.000.000.000,00 (seis bilhões de reais), em Fundo Garantidor de Parcerias Público-Privadas - FGP que terá por finalidade prestar garantia de pagamento de obrigações pecuniárias assumidas pelos parceiros públicos federais, distritais, estaduais ou municipais em virtude das parcerias de que trata esta Lei. (Redação dada pela Lei nº 12.766, de 2012)

§ 1º O FGP terá natureza privada e patrimônio próprio separado do patrimônio dos cotistas, e será sujeito a direitos e obrigações próprios.

§ 2º O patrimônio do Fundo será formado pelo aporte de bens e direitos realizado pelos cotistas, por meio da integralização de cotas e pelos rendimentos obtidos com sua administração.

§ 3º Os bens e direitos transferidos ao Fundo serão avaliados por empresa especializada, que deverá apresentar laudo fundamentado, com indicação dos critérios de avaliação adotados e instruído com os documentos relativos aos bens avaliados.

§ 4º A integralização das cotas poderá ser realizada em dinheiro, títulos da dívida pública, bens imóveis dominicais, bens móveis, inclusive ações de sociedade de economia mista federal excedentes ao necessário para manutenção de seu controle pela União, ou outros direitos com valor patrimonial.

§ 5º O FGP responderá por suas obrigações com os bens e direitos integrantes de seu patrimônio, não respondendo os cotistas por qualquer obrigação do Fundo, salvo pela integralização das cotas que subscreverem.

§ 6º A integralização com bens a que se refere o § 4º deste artigo será feita independentemente de licitação, mediante prévia avaliação e autorização específica do Presidente da República, por proposta do Ministro da Fazenda.

§ 7º O aporte de bens de uso especial ou de uso comum no FGP será condicionado a sua desafetação de forma individualizada.

§ 8º A capitalização do FGP, quando realizada por meio de recursos orçamentários, dar-se-á por ação orçamentária específica para esta finalidade, no âmbito de Encargos Financeiros da União. (Redação dada pela Lei nº 12.409, de 2011)

§ 9º (VETADO). (Incluído e vetado pela Lei nº 12.766, de 2012)

Art. 17. O FGP será criado, administrado, gerido e representado judicial e extrajudicialmente por instituição financeira controlada, direta ou indiretamente, pela União, com observância das normas a que se refere o inciso XXII do art. 4º da Lei nº 4.595, de 31 de dezembro de 1964.

§ 1º O estatuto e o regulamento do FGP serão aprovados em assembléia dos cotistas.

§ 2º A representação da União na assembléia dos cotistas dar-se-á na forma do inciso V do art. 10 do Decreto-Lei nº 147, de 3 de fevereiro de 1967.

§ 3º Caberá à instituição financeira deliberar sobre a gestão e alienação dos bens e direitos do FGP, zelando pela manutenção de sua rentabilidade e liquidez.

Art. 18. O estatuto e o regulamento do FGP devem deliberar sobre a política de concessão de garantias, inclusive no que se refere à relação entre ativos e passivos do Fundo. (Redação dada pela Lei nº 12.409, de 2011)

§ 1º A garantia será prestada na forma aprovada pela assembléia dos cotistas, nas seguintes modalidades:

I - fiança, sem benefício de ordem para o fiador;

II - penhor de bens móveis ou de direitos integrantes do patrimônio do FGP, sem transferência da posse da coisa empenhada antes da execução da garantia;

III - hipoteca de bens imóveis do patrimônio do FGP;

IV - alienação fiduciária, permanecendo a posse direta dos bens com o FGP ou com agente fiduciário por ele contratado antes da execução da garantia;

V - outros contratos que produzam efeito de garantia, desde que não transfiram a titularidade ou posse direta dos bens ao parceiro privado antes da execução da garantia;

VI - garantia, real ou pessoal, vinculada a um patrimônio de afetação constituído em decorrência da separação de bens e direitos pertencentes ao FGP.

§ 2º O FGP poderá prestar contra-garantias a seguradoras, instituições financeiras e organismos internacionais que garantirem o cumprimento das obrigações pecuniárias dos cotistas em contratos de parceria público-privadas.

§ 3º A quitação pelo parceiro público de cada parcela de débito garantido pelo FGP importará exoneração proporcional da garantia.

§ 4º O FGP poderá prestar garantia mediante contratação de instrumentos disponíveis em mercado, inclusive para complementação das modalidades previstas no § 1º. (Redação dada pela Lei nº 12.766, de 2012)

§ 5º O parceiro privado poderá acionar o FGP nos casos de: (Redação dada pela Lei nº 12.766, de 2012)

I - crédito líquido e certo, constante de título exigível aceito e não pago pelo parceiro público após 15 (quinze) dias contados da data de vencimento; e (Incluído pela Lei nº 12.766, de 2012)

II - débitos constantes de faturas emitidas e não aceitas pelo parceiro público após 45 (quarenta e cinco) dias contados da data de vencimento, desde que não tenha havido rejeição expressa por ato motivado. (Incluído pela Lei nº 12.766, de 2012)

§ 6º A quitação de débito pelo FGP importará sua subrogação nos direitos do parceiro privado.

§ 7º Em caso de inadimplemento, os bens e direitos do Fundo poderão ser objeto de constrição judicial e alienação para satisfazer as obrigações garantidas.

§ 8º O FGP poderá usar parcela da cota da União para prestar garantia aos seus fundos especiais, às suas autarquias, às suas fundações públicas e às suas empresas estatais dependentes. (Incluído pela Lei nº 12.409, de 2011)

§ 9º O FGP é obrigado a honrar faturas aceitas e não pagas pelo parceiro público. (Incluído pela Lei nº 12.766, de 2012)

§ 10. O FGP é proibido de pagar faturas rejeitadas expressamente por ato motivado. (Incluído pela Lei nº 12.766, de 2012)

§ 11. O parceiro público deverá informar o FGP sobre qualquer fatura rejeitada e sobre os motivos da rejeição no prazo de 40 (quarenta) dias contado da data de vencimento. (Incluído pela Lei nº 12.766, de 2012)

§ 12. A ausência de aceite ou rejeição expressa de fatura por parte do parceiro público no prazo de 40 (quarenta) dias contado da data de vencimento implicará aceitação tácita. (Incluído pela Lei nº 12.766, de 2012)

§ 13. O agente público que contribuir por ação ou omissão para a aceitação tácita de que trata o § 12 ou que rejeitar fatura sem motivação será responsabilizado pelos danos que causar, em conformidade com a legislação civil, administrativa e penal em vigor. (Incluído pela Lei nº 12.766, de 2012)

Art. 19 O FGP não pagará rendimentos a seus cotistas, assegurando-se a qualquer deles o direito de requerer o resgate total ou parcial de suas cotas, correspondente ao patrimônio ainda não utilizado para a concessão de garantias, fazendo-se a liquidação com base na situação patrimonial do Fundo.

Art. 20. A dissolução do FGP, deliberada pela assembléia dos cotistas, ficará condicionada à prévia quitação da totalidade dos débitos garantidos ou liberação das garantias pelos credores.

Parágrafo único. Dissolvido o FGP, o seu patrimônio será rateado entre os cotistas, com base na situação patrimonial à data da dissolução.

Art. 21. É facultada a constituição de patrimônio de afetação que não se comunicará com o restante do patrimônio do FGP, ficando vinculado exclusivamente à garantia em virtude da qual tiver sido constituído, não podendo ser objeto de penhora, arresto, seqüestro, busca e apreensão ou qualquer ato de constrição judicial decorrente de outras obrigações do FGP.

Parágrafo único. A constituição do patrimônio de afetação será feita por registro em Cartório de Registro de Títulos e Documentos ou, no caso de bem imóvel, no Cartório de Registro Imobiliário correspondente.

Art. 22. A União somente poderá contratar parceria público-privada quando a soma das despesas de caráter continuado derivadas do conjunto das parcerias já contratadas não tiver excedido, no ano anterior, a 1% (um por cento) da receita corrente líquida do exercício, e as despesas anuais dos contratos vigentes, nos 10 (dez) anos subseqüentes, não excedam a 1% (um por cento) da receita corrente líquida projetada para os respectivos exercícios.

CAPÍTULO VII - DISPOSIÇÕES FINAIS

Art. 23. Fica a União autorizada a conceder incentivo, nos termos do Programa de Incentivo à Implementação de Projetos de Interesse Social - PIPS, instituído pela Lei nº 10.735, de 11 de setembro de 2003, às aplicações em fundos de investimento, criados por instituições financeiras, em direitos creditórios provenientes dos contratos de parcerias público-privadas.

Art. 24. O Conselho Monetário Nacional estabelecerá, na forma da legislação pertinente, as diretrizes para a concessão de crédito destinado ao financiamento de contratos de parcerias público-privadas, bem como para participação de entidades fechadas de previdência complementar.

Art. 25. A Secretaria do Tesouro Nacional editará, na forma da legislação pertinente, normas gerais relativas à consolidação das contas públicas aplicáveis aos contratos de parceria público-privada.

Art. 26. O inciso I do § 1º do art. 56 da Lei nº 8.666, de 21 de junho de 1993, passa a vigorar com a seguinte redação:

"Art. 56 ...

§ 1º ...

I - caução em dinheiro ou em títulos da dívida pública, devendo estes ter sido emitidos sob a forma escritural, mediante registro em sistema centralizado de liquidação e de custódia autorizado pelo Banco Central do Brasil e avaliados pelos seus valores econômicos, conforme definido pelo Ministério da Fazenda;

..." (NR)

Art. 27. As operações de crédito efetuadas por empresas públicas ou sociedades de economia mista controladas pela União não poderão exceder a 70% (setenta por cento) do total das fontes de recursos financeiros da sociedade de propósito específico, sendo que para as áreas das regiões Norte, Nordeste e Centro-Oeste, onde o Índice de Desenvolvimento Humano - IDH seja inferior à média nacional, essa participação não poderá exceder a 80% (oitenta por cento).

§ 1º Não poderão exceder a 80% (oitenta por cento) do total das fontes de recursos financeiros da sociedade de propósito específico ou 90% (noventa por cento) nas áreas das regiões Norte, Nordeste e Centro-Oeste, onde o Índice de Desenvolvimento Humano - IDH seja inferior à média nacional, as operações de crédito ou contribuições de capital realizadas cumulativamente por:

I - entidades fechadas de previdência complementar;

II - empresas públicas ou sociedades de economia mista controladas pela União.

§ 2º Para fins do disposto neste artigo, entende-se por fonte de recursos financeiros as operações de crédito e contribuições de capital à sociedade de propósito específico.

Art. 28. A União não poderá conceder garantia ou realizar transferência voluntária aos Estados, Distrito Federal e

Municípios se a soma das despesas de caráter continuado derivadas do conjunto das parcerias já contratadas por esses entes tiver excedido, no ano anterior, a 5% (cinco por cento) da receita corrente líquida do exercício ou se as despesas anuais dos contratos vigentes nos 10 (dez) anos subsequentes excederem a 5% (cinco por cento) da receita corrente líquida projetada para os respectivos exercícios. (Redação dada pela Lei nº 12.766, de 2012)

§ 1º Os Estados, o Distrito Federal e os Municípios que contratarem empreendimentos por intermédio de parcerias público-privadas deverão encaminhar ao Senado Federal e à Secretaria do Tesouro Nacional, previamente à contratação, as informações necessárias para cumprimento do previsto no caput deste artigo.

§ 2º Na aplicação do limite previsto no caput deste artigo, serão computadas as despesas derivadas de contratos de parceria celebrados pela administração pública direta, autarquias, fundações públicas, empresas públicas, sociedades de economia mista e demais entidades controladas, direta ou indiretamente, pelo respectivo ente, excluídas as empresas estatais não dependentes. (Redação dada pela Lei nº 12.024, de 2009)

§ 3º (VETADO)

Art. 29. Serão aplicáveis, no que couber, as penalidades previstas no Decreto-Lei nº 2.848, de 7 de dezembro de 1940 - Código Penal, na Lei nº 8.429, de 2 de junho de 1992 - Lei de Improbidade Administrativa, na Lei nº 10.028, de 19 de outubro de 2000 - Lei dos Crimes Fiscais, no Decreto-Lei nº 201, de 27 de fevereiro de 1967, e na Lei nº 1.079, de 10 de abril de 1950, sem prejuízo das penalidades financeiras previstas contratualmente.

Art. 30. Esta Lei entra em vigor na data de sua publicação.

11. LEI Nº 11.107, DE 6 DE ABRIL DE 2005

(Vide Decreto nº 6.017, de 2007)

Dispõe sobre normas gerais de contratação de consórcios públicos e dá outras providências. O PRESIDENTE DA REPÚBLICA Faço saber que o Congresso Nacional decreta e eu sanciono a seguinte Lei:

Art. 1º Esta Lei dispõe sobre normas gerais para a União, os Estados, o Distrito Federal e os Municípios contratarem consórcios públicos para a realização de objetivos de interesse comum e dá outras providências.

§ 1º O consórcio público constituirá associação pública ou pessoa jurídica de direito privado.

§ 2º A União somente participará de consórcios públicos em que também façam parte todos os Estados em cujos territórios estejam situados os Municípios consorciados.

§ 3º Os consórcios públicos, na área de saúde, deverão obedecer aos princípios, diretrizes e normas que regulam o Sistema Único de Saúde - SUS.

Art. 2º Os objetivos dos consórcios públicos serão determinados pelos entes da Federação que se consorciarem, observados os limites constitucionais.

§ 1º Para o cumprimento de seus objetivos, o consórcio público poderá:

I - firmar convênios, contratos, acordos de qualquer natureza, receber auxílios, contribuições e subvenções sociais ou econômicas de outras entidades e órgãos do governo;

II - nos termos do contrato de consórcio de direito público, promover desapropriações e instituir servidões nos termos de declaração de utilidade ou necessidade pública, ou interesse social, realizada pelo Poder Público; e

III - ser contratado pela administração direta ou indireta dos entes da Federação consorciados, dispensada a licitação.

§ 2º Os consórcios públicos poderão emitir documentos de cobrança e exercer atividades de arrecadação de tarifas e outros preços públicos pela prestação de serviços ou pelo uso ou outorga de uso de bens públicos por eles administrados ou, mediante autorização específica, pelo ente da Federação consorciado.

§ 3º Os consórcios públicos poderão outorgar concessão, permissão ou autorização de obras ou serviços públicos mediante autorização prevista no contrato de consórcio público, que deverá indicar de forma específica o objeto da concessão, permissão ou autorização e as condições a que deverá atender, observada a legislação de normas gerais em vigor.

Art. 3º O consórcio público será constituído por contrato cuja celebração dependerá da prévia subscrição de protocolo de intenções.

Art. 4º São cláusulas necessárias do protocolo de intenções as que estabeleçam:

I - a denominação, a finalidade, o prazo de duração e a sede do consórcio;

II - a identificação dos entes da Federação consorciados;

III - a indicação da área de atuação do consórcio;

IV - a previsão de que o consórcio público é associação pública ou pessoa jurídica de direito privado sem fins econômicos;

V - os critérios para, em assuntos de interesse comum, autorizar o consórcio público a representar os entes da Federação consorciados perante outras esferas de governo;

VI - as normas de convocação e funcionamento da assembléia geral, inclusive para a elaboração, aprovação e modificação dos estatutos do consórcio público;

VII - a previsão de que a assembléia geral é a instância máxima do consórcio público e o número de votos para as suas deliberações;

VIII - a forma de eleição e a duração do mandato do representante legal do consórcio público que, obrigatoriamente, deverá ser Chefe do Poder Executivo de ente da Federação consorciado;

IX - o número, as formas de provimento e a remuneração dos empregados públicos, bem como os casos de contratação por tempo determinado para atender a necessidade temporária de excepcional interesse público;

X - as condições para que o consórcio público celebre contrato de gestão ou termo de parceria;

XI - a autorização para a gestão associada de serviços públicos, explicitando:

a) as competências cujo exercício se transferiu ao consórcio público;

b) os serviços públicos objeto da gestão associada e a área em que serão prestados;

c) a autorização para licitar ou outorgar concessão, permissão ou autorização da prestação dos serviços;

d) as condições a que deve obedecer o contrato de programa, no caso de a gestão associada envolver também a prestação de serviços por órgão ou entidade de um dos entes da Federação consorciados;

e) os critérios técnicos para cálculo do valor das tarifas e de outros preços públicos, bem como para seu reajuste ou revisão; e

XII - o direito de qualquer dos contratantes, quando adimplente com suas obrigações, de exigir o pleno cumprimento das cláusulas do contrato de consórcio público.

§ 1º Para os fins do inciso III do caput deste artigo, considera-se como área de atuação do consórcio público, independentemente de figurar a União como consorciada, a que corresponde à soma dos territórios:

I - dos Municípios, quando o consórcio público for constituído somente por Municípios ou por um Estado e Municípios com territórios nele contidos;

II - dos Estados ou dos Estados e do Distrito Federal, quando o consórcio público for, respectivamente, constituído por mais de 1 (um) Estado ou por 1 (um) ou mais Estados e o Distrito Federal;

III - (VETADO)

IV - dos Municípios e do Distrito Federal, quando o consórcio for constituído pelo Distrito Federal e os Municípios; e

V - (VETADO)

§ 2º O protocolo de intenções deve definir o número de votos que cada ente da Federação consorciado possui na assembléia geral, sendo assegurado 1 (um) voto a cada ente consorciado.

§ 3º É nula a cláusula do contrato de consórcio que preveja determinadas contribuições financeiras ou econômicas de ente da Federação ao consórcio público, salvo a doação, destinação ou cessão do uso de bens móveis ou imóveis e as transferências ou cessões de direitos operadas por força de gestão associada de serviços públicos.

§ 4º Os entes da Federação consorciados, ou os com eles conveniados, poderão ceder-lhe servidores, na forma e condições da legislação de cada um.

§ 5º O protocolo de intenções deverá ser publicado na imprensa oficial.

Art. 5º O contrato de consórcio público será celebrado com a ratificação, mediante lei, do protocolo de intenções.

§ 1º O contrato de consórcio público, caso assim preveja cláusula, pode ser celebrado por apenas 1 (uma) parcela dos entes da Federação que subscreveram o protocolo de intenções.

§ 2º A ratificação pode ser realizada com reserva que, aceita pelos demais entes subscritores, implicará consorciamento parcial ou condicional.

§ 3º A ratificação realizada após 2 (dois) anos da subscrição do protocolo de intenções dependerá de homologação da assembléia geral do consórcio público.

§ 4º É dispensado da ratificação prevista no caput deste artigo o ente da Federação que, antes de subscrever o protocolo de intenções, disciplinar por lei a sua participação no consórcio público.

Art. 6º O consórcio público adquirirá personalidade jurídica:

I - de direito público, no caso de constituir associação pública, mediante a vigência das leis de ratificação do protocolo de intenções;

II - de direito privado, mediante o atendimento dos requisitos da legislação civil.

§ 1º O consórcio público com personalidade jurídica de direito público integra a administração indireta de todos os entes da Federação consorciados.

§ 2º No caso de se revestir de personalidade jurídica de direito privado, o consórcio público observará as normas de direito público no que concerne à realização de licitação, celebração de contratos, prestação de contas e admissão de pessoal, que será regido pela Consolidação das Leis do Trabalho - CLT.

> § 2º O consórcio público, com personalidade jurídica de direito público ou privado, observará as normas de direito público no que concerne à realização de licitação, à celebração de contratos, à prestação de contas e à admissão de pessoal, que será regido pela Consolidação das Leis do Trabalho (CLT), aprovada pelo Decreto-Lei nº 5.452, de 1º de maio de 1943. (Redação dada pela Lei nº 13.822, de 2019)

Art. 7º Os estatutos disporão sobre a organização e o funcionamento de cada um dos órgãos constitutivos do consórcio público.

Art. 8º Os entes consorciados somente entregarão recursos ao consórcio público mediante contrato de rateio.

§ 1º O contrato de rateio será formalizado em cada exercício financeiro e seu prazo de vigência não será superior ao das dotações que o suportam, com exceção dos contratos que tenham por objeto exclusivamente projetos consistentes em programas e ações contemplados em plano plurianual ou a gestão associada de serviços públicos custeados por tarifas ou outros preços públicos.

§ 2º É vedada a aplicação dos recursos entregues por meio de contrato de rateio para o atendimento de despesas genéricas, inclusive transferências ou operações de crédito.

§ 3º Os entes consorciados, isolados ou em conjunto, bem como o consórcio público, são partes legítimas para exigir o cumprimento das obrigações previstas no contrato de rateio.

§ 4º Com o objetivo de permitir o atendimento dos dispositivos da Lei Complementar nº 101, de 4 de maio de 2000, o consórcio público deve fornecer as informações necessárias para que sejam consolidadas, nas contas dos entes consorciados, todas as despesas realizadas com os recursos entregues em virtude de contrato de rateio, de forma que possam ser contabilizadas nas contas de cada ente da Federação na conformidade dos elementos econômicos e das atividades ou projetos atendidos.

§ 5º Poderá ser excluído do consórcio público, após prévia suspensão, o ente consorciado que não consignar, em sua lei orçamentária ou em créditos adicionais, as dotações suficientes para suportar as despesas assumidas por meio de contrato de rateio.

Art. 9º A execução das receitas e despesas do consórcio público deverá obedecer às normas de direito financeiro aplicáveis às entidades públicas.

Parágrafo único. O consórcio público está sujeito à fiscalização contábil, operacional e patrimonial pelo Tribunal de Contas competente para apreciar as contas do Chefe do Poder Executivo representante legal do consórcio, inclusive quanto à legalidade, legitimidade e economicidade das despesas, atos, contratos e renúncia de receitas, sem prejuízo do controle externo a ser exercido em razão de cada um dos contratos de rateio.

Art. 10. (VETADO)

Parágrafo único. Os agentes públicos incumbidos da gestão de consórcio não responderão pessoalmente pelas obrigações contraídas pelo consórcio público, mas responderão pelos atos praticados em desconformidade com a lei ou com as disposições dos respectivos estatutos.

Art. 11. A retirada do ente da Federação do consórcio público dependerá de ato formal de seu representante na assembléia geral, na forma previamente disciplinada por lei.

§ 1º Os bens destinados ao consórcio público pelo consorciado que se retira somente serão revertidos ou retrocedidos no caso de expressa previsão no contrato de consórcio público ou no instrumento de transferência ou de alienação.

§ 2º A retirada ou a extinção do consórcio público não prejudicará as obrigações já constituídas, inclusive os contratos de programa, cuja extinção dependerá do prévio pagamento das indenizações eventualmente devidas.

Art. 12. A alteração ou a extinção de contrato de consórcio público dependerá de instrumento aprovado pela assembléia geral, ratificado mediante lei por todos os entes consorciados.

§ 1º Os bens, direitos, encargos e obrigações decorrentes da gestão associada de serviços públicos custeados por tarifas ou outra espécie de preço público serão atribuídos aos titulares dos respectivos serviços.

§ 2º Até que haja decisão que indique os responsáveis por cada obrigação, os entes consorciados responderão solidariamente pelas obrigações remanescentes, garantindo o direito de regresso em face dos entes beneficiados ou dos que deram causa à obrigação.

Art. 13. Deverão ser constituídas e reguladas por contrato de programa, como condição de sua validade, as obrigações que um ente da Federação constituir para com outro ente da Federação ou para com consórcio público no âmbito de gestão associada em que haja a prestação de serviços públicos ou a transferência total ou parcial de encargos, serviços, pessoal ou de bens necessários à continuidade dos serviços transferidos.

§ 1º O contrato de programa deverá:

I - atender à legislação de concessões e permissões de serviços públicos e, especialmente no que se refere ao cálculo

de tarifas e de outros preços públicos, à de regulação dos serviços a serem prestados; e

II - prever procedimentos que garantam a transparência da gestão econômica e financeira de cada serviço em relação a cada um de seus titulares.

§ 2º No caso de a gestão associada originar a transferência total ou parcial de encargos, serviços, pessoal e bens essenciais à continuidade dos serviços transferidos, o contrato de programa, sob pena de nulidade, deverá conter cláusulas que estabeleçam:

I - os encargos transferidos e a responsabilidade subsidiária da entidade que os transferiu;

II - as penalidades no caso de inadimplência em relação aos encargos transferidos;

III - o momento de transferência dos serviços e os deveres relativos a sua continuidade;

IV - a indicação de quem arcará com o ônus e os passivos do pessoal transferido;

V - a identificação dos bens que terão apenas a sua gestão e administração transferidas e o preço dos que sejam efetivamente alienados ao contratado;

VI - o procedimento para o levantamento, cadastro e avaliação dos bens reversíveis que vierem a ser amortizados mediante receitas de tarifas ou outras emergentes da prestação dos serviços.

§ 3º É nula a cláusula de contrato de programa que atribuir ao contratado o exercício dos poderes de planejamento, regulação e fiscalização dos serviços por ele próprio prestados.

§ 4º O contrato de programa continuará vigente mesmo quando extinto o consórcio público ou o convênio de cooperação que autorizou a gestão associada de serviços públicos.

§ 5º Mediante previsão do contrato de consórcio público, ou de convênio de cooperação, o contrato de programa poderá ser celebrado por entidades de direito público ou privado que integrem a administração indireta de qualquer dos entes da Federação consorciados ou conveniados.

§ 6º O contrato celebrado na forma prevista no § 5º deste artigo será automaticamente extinto no caso de o contratado não mais integrar a administração indireta do ente da Federação que autorizou a gestão associada de serviços públicos por meio de consórcio público ou de convênio de cooperação.

§ 7º Excluem-se do previsto no caput deste artigo as obrigações cujo descumprimento não acarrete qualquer ônus, inclusive financeiro, a ente da Federação ou a consórcio público.

Art. 14. A União poderá celebrar convênios com os consórcios públicos, com o objetivo de viabilizar a descentralização e a prestação de políticas públicas em escalas adequadas.

Parágrafo único. Para a celebração dos convênios de que trata o caput deste artigo, as exigências legais de regularidade aplicar-se-ão ao próprio consórcio público envolvido, e não aos entes federativos nele consorciados. (Incluído pela Lei nº 13.821, de 2019)

Art. 15. No que não contrariar esta Lei, a organização e funcionamento dos consórcios públicos serão disciplinados pela legislação que rege as associações civis.

Art. 16. O inciso IV do art. 41 da Lei nº 10.406, de 10 de janeiro de 2002 - Código Civil, passa a vigorar com a seguinte redação:

"Art. 41. ..

..

IV - as autarquias, inclusive as associações públicas;
..." (NR)

Art. 17. Os arts. 23, 24, 26 e 112 da Lei no 8.666, de 21 de junho de 1993, passam a vigorar com a seguinte redação:

"Art. 23. ..

..

§ 8º No caso de consórcios públicos, aplicar-se-á o dobro dos valores mencionados no caput deste artigo quando formado por até 3 (três) entes da Federação, e o triplo, quando formado por maior número." (NR)

"Art. 24. ..

..

XXVI - na celebração de contrato de programa com ente da Federação ou com entidade de sua administração indireta, para a prestação de serviços públicos de forma associada nos termos do autorizado em contrato de consórcio público ou em convênio de cooperação.

Parágrafo único. Os percentuais referidos nos incisos I e II do caput deste artigo serão 20% (vinte por cento) para compras, obras e serviços contratados por consórcios públicos, sociedade de economia mista, empresa pública e por autarquia ou fundação qualificadas, na forma da lei, como Agências Executivas." (NR)

"Art. 26. As dispensas previstas nos §§ 2º e 4º do art. 17 e no inciso III e seguintes do art. 24, as situações de inexigibilidade referidas no art. 25, necessariamente justificadas, e o retardamento previsto no final do parágrafo único do art. 8º desta Lei deverão ser comunicados, dentro de 3 (três) dias, à autoridade superior, para ratificação e publicação na imprensa oficial, no prazo de 5 (cinco) dias, como condição para a eficácia dos atos.

.." (NR)

"Art. 112. ..

§ 1º Os consórcios públicos poderão realizar licitação da qual, nos termos do edital, decorram contratos administrativos celebrados por órgãos ou entidades dos entes da Federação consorciados.

§ 2º É facultado à entidade interessada o acompanhamento da licitação e da execução do contrato.» (NR)

Art. 18. O art. 10 da Lei no 8.429, de 2 de junho de 1992, passa a vigorar acrescido dos seguintes incisos:

"Art. 10. ..

..

XIV - celebrar contrato ou outro instrumento que tenha por objeto a prestação de serviços públicos por meio da gestão associada sem observar as formalidades previstas na lei;

XV - celebrar contrato de rateio de consórcio público sem suficiente e prévia dotação orçamentária, ou sem observar as formalidades previstas na lei." (NR)

Art. 19. O disposto nesta Lei não se aplica aos convênios de cooperação, contratos de programa para gestão associada de serviços públicos ou instrumentos congêneres, que tenham sido celebrados anteriormente a sua vigência.

Art. 20. O Poder Executivo da União regulamentará o disposto nesta Lei, inclusive as normas gerais de contabilidade pública que serão observadas pelos consórcios públicos para que sua gestão financeira e orçamentária se realize na conformidade dos pressupostos da responsabilidade fiscal.

Art. 21. Esta Lei entra em vigor na data de sua publicação.

12. LEI Nº 12.462, DE 4 DE AGOSTO DE 2011

(Vide Decreto nº 8.024, de 2013)

Institui o Regime Diferenciado de Contratações Públicas - RDC; altera a Lei nº 10.683, de 28 de maio de 2003, que dispõe sobre a organização da Presidência da República e dos Ministérios, a legislação da Agência Nacional de Aviação Civil (Anac) e a legislação da Empresa Brasileira de Infraestrutura Aeroportuária (Infraero); cria a Secretaria de Aviação Civil, cargos de Ministro de Estado, cargos em comissão e cargos de Controlador de Tráfego Aéreo; autoriza a contratação de controladores de tráfego aéreo temporários; altera as Leis nºs 11.182, de 27 de setembro de 2005, 5.862, de 12 de dezembro de 1972, 8.399, de 7 de janeiro de 1992, 11.526, de 4 de outubro de 2007, 11.458, de 19 de março de 2007, e 12.350, de 20 de

dezembro de 2010, e a Medida Provisória nº 2.185-35, de 24 de agosto de 2001; e revoga dispositivos da Lei nº 9.649, de 27 de maio de 1998. A PRESIDENTA DA REPÚBLICA Faço saber que o Congresso Nacional decreta e eu sanciono a seguinte Lei:

CAPÍTULO I - DO REGIME DIFERENCIADO DE CONTRATAÇÕES PÚBLICAS - RDC

SEÇÃO I - ASPECTOS GERAIS

Art. 1º É instituído o Regime Diferenciado de Contratações Públicas (RDC), aplicável exclusivamente às licitações e contratos necessários à realização:

I - dos Jogos Olímpicos e Paraolímpicos de 2016, constantes da Carteira de Projetos Olímpicos a ser definida pela Autoridade Pública Olímpica (APO); e

II - da Copa das Confederações da Federação Internacional de Futebol Associação - Fifa 2013 e da Copa do Mundo Fifa 2014, definidos pelo Grupo Executivo - Gecopa 2014 do Comitê Gestor instituído para definir, aprovar e supervisionar as ações previstas no Plano Estratégico das Ações do Governo Brasileiro para a realização da Copa do Mundo Fifa 2014 - CGCOPA 2014, restringindo-se, no caso de obras públicas, às constantes da matriz de responsabilidades celebrada entre a União, Estados, Distrito Federal e Municípios;

III - de obras de infraestrutura e de contratação de serviços para os aeroportos das capitais dos Estados da Federação distantes até 350 km (trezentos e cinquenta quilômetros) das cidades sedes dos mundiais referidos nos incisos I e II.

IV - das ações integrantes do Programa de Aceleração do Crescimento (PAC) (Incluído pela Lei nº 12.688, de 2012)

V - das obras e serviços de engenharia no âmbito do Sistema Único de Saúde - SUS. (Incluído pela Lei nº 12.745, de 2012)

VI - das obras e serviços de engenharia para construção, ampliação e reforma e administração de estabelecimentos penais e de unidades de atendimento socioeducativo; (Incluído pela Lei nº 13.190, de 2015)

VII - das ações no âmbito da segurança pública; (Incluído pela Lei nº 13.190, de 2015)

VIII - das obras e serviços de engenharia, relacionadas a melhorias na mobilidade urbana ou ampliação de infraestrutura logística; e (Incluído pela Lei nº 13.190, de 2015)

IX - dos contratos a que se refere o art. 47-A. (Incluído pela Lei nº 13.190, de 2015)

X - das ações em órgãos e entidades dedicados à ciência, à tecnologia e à inovação. (Incluído pela Lei nº 13.243, de 2016)

§ 1º O RDC tem por objetivos:

I - ampliar a eficiência nas contratações públicas e a competitividade entre os licitantes;

II - promover a troca de experiências e tecnologias em busca da melhor relação entre custos e benefícios para o setor público;

III - incentivar a inovação tecnológica; e

IV - assegurar tratamento isonômico entre os licitantes e a seleção da proposta mais vantajosa para a administração pública.

§ 2º A opção pelo RDC deverá constar de forma expressa do instrumento convocatório e resultará no afastamento das normas contidas na Lei nº 8.666, de 21 de junho de 1993, exceto nos casos expressamente previstos nesta Lei.

§ 3º Além das hipóteses previstas no caput, o RDC também é aplicável às licitações e aos contratos necessários à realização de obras e serviços de engenharia no âmbito dos sistemas públicos de ensino e de pesquisa, ciência e tecnologia. (Redação dada pela Lei nº 13.190, de 2015)

Art. 2º Na aplicação do RDC, deverão ser observadas as seguintes definições:

I - empreitada integral: quando se contrata um empreendimento em sua integralidade, compreendendo a totalidade das etapas de obras, serviços e instalações necessárias, sob inteira responsabilidade da contratada até a sua entrega ao contratante em condições de entrada em operação, atendidos os requisitos técnicos e legais para sua utilização em condições de segurança estrutural e operacional e com as características adequadas às finalidades para a qual foi contratada;

II - empreitada por preço global: quando se contrata a execução da obra ou do serviço por preço certo e total;

III - empreitada por preço unitário: quando se contrata a execução da obra ou do serviço por preço certo de unidades determinadas;

IV - projeto básico: conjunto de elementos necessários e suficientes, com nível de precisão adequado, para, observado o disposto no parágrafo único deste artigo:

a) caracterizar a obra ou serviço de engenharia, ou complexo de obras ou serviços objeto da licitação, com base nas indicações dos estudos técnicos preliminares;

b) assegurar a viabilidade técnica e o adequado tratamento do impacto ambiental do empreendimento; e

c) possibilitar a avaliação do custo da obra ou serviço e a definição dos métodos e do prazo de execução;

V - projeto executivo: conjunto dos elementos necessários e suficientes à execução completa da obra, de acordo com as normas técnicas pertinentes; e

VI - tarefa: quando se ajusta mão de obra para pequenos trabalhos por preço certo, com ou sem fornecimento de materiais.

Parágrafo único. O projeto básico referido no inciso IV do caput deste artigo deverá conter, no mínimo, sem frustrar o caráter competitivo do procedimento licitatório, os seguintes elementos:

I - desenvolvimento da solução escolhida de forma a fornecer visão global da obra e identificar seus elementos constitutivos com clareza;

II - soluções técnicas globais e localizadas, suficientemente detalhadas, de forma a restringir a necessidade de reformulação ou de variantes durante as fases de elaboração do projeto executivo e de realização das obras e montagem a situações devidamente comprovadas em ato motivado da administração pública;

III - identificação dos tipos de serviços a executar e de materiais e equipamentos a incorporar à obra, bem como especificações que assegurem os melhores resultados para o empreendimento;

IV - informações que possibilitem o estudo e a dedução de métodos construtivos, instalações provisórias e condições organizacionais para a obra;

V - subsídios para montagem do plano de licitação e gestão da obra, compreendendo a sua programação, a estratégia de suprimentos, as normas de fiscalização e outros dados necessários em cada caso, exceto, em relação à respectiva licitação, na hipótese de contratação integrada;

VI - orçamento detalhado do custo global da obra, fundamentado em quantitativos de serviços e fornecimentos propriamente avaliados.

Art. 3º As licitações e contratações realizadas em conformidade com o RDC deverão observar os princípios da legalidade, da impessoalidade, da moralidade, da igualdade, da publicidade, da eficiência, da probidade administrativa, da economicidade, do desenvolvimento nacional sustentável, da vinculação ao instrumento convocatório e do julgamento objetivo.

Art. 4º Nas licitações e contratos de que trata esta Lei serão observadas as seguintes diretrizes:

I - padronização do objeto da contratação relativamente às especificações técnicas e de desempenho e, quando for o caso, às condições de manutenção, assistência técnica e de garantia oferecidas;

II - padronização de instrumentos convocatórios e minutas de contratos, previamente aprovados pelo órgão jurídico competente;

III - busca da maior vantagem para a administração pública, considerando custos e benefícios, diretos e indiretos, de natureza econômica, social ou ambiental, inclusive os relativos à manutenção, ao desfazimento de bens e resíduos, ao índice de depreciação econômica e a outros fatores de igual relevância;

IV - condições de aquisição, de seguros, de garantias e de pagamento compatíveis com as condições do setor privado, inclusive mediante pagamento de remuneração variável conforme desempenho, na forma do art. 10; (Redação dada pela Lei nº 12.980, de 2014)

V - utilização, sempre que possível, nas planilhas de custos constantes das propostas oferecidas pelos licitantes, de mão de obra, materiais, tecnologias e matérias-primas existentes no local da execução, conservação e operação do bem, serviço ou obra, desde que não se produzam prejuízos à eficiência na execução do respectivo objeto e que seja respeitado o limite do orçamento estimado para a contratação; e

VI - parcelamento do objeto, visando à ampla participação de licitantes, sem perda de economia de escala.

VII - ampla publicidade, em sítio eletrônico, de todas as fases e procedimentos do processo de licitação, assim como dos contratos, respeitado o art. 6º desta Lei. (Incluído pela Lei nº 13.173, de 2015)

§ 1º As contratações realizadas com base no RDC devem respeitar, especialmente, as normas relativas à:

I - disposição final ambientalmente adequada dos resíduos sólidos gerados pelas obras contratadas;

II - mitigação por condicionantes e compensação ambiental, que serão definidas no procedimento de licenciamento ambiental;

III - utilização de produtos, equipamentos e serviços que, comprovadamente, reduzam o consumo de energia e recursos naturais;

IV - avaliação de impactos de vizinhança, na forma da legislação urbanística;

V - proteção do patrimônio cultural, histórico, arqueológico e imaterial, inclusive por meio da avaliação do impacto direto ou indireto causado pelas obras contratadas; e

VI - acessibilidade para o uso por pessoas com deficiência ou com mobilidade reduzida.

§ 2º O impacto negativo sobre os bens do patrimônio cultural, histórico, arqueológico e imaterial tombados deverá ser compensado por meio de medidas determinadas pela autoridade responsável, na forma da legislação aplicável.

SEÇÃO II - DAS REGRAS APLICÁVEIS ÀS LICITAÇÕES NO ÂMBITO DO RDC

Subseção I - Do Objeto da Licitação

Art. 5º O objeto da licitação deverá ser definido de forma clara e precisa no instrumento convocatório, vedadas especificações excessivas, irrelevantes ou desnecessárias.

Art. 6º Observado o disposto no § 3º, o orçamento previamente estimado para a contratação será tornado público apenas e imediatamente após o encerramento da licitação, sem prejuízo da divulgação do detalhamento dos quantitativos e das demais informações necessárias para a elaboração das propostas.

§ 1º Nas hipóteses em que for adotado o critério de julgamento por maior desconto, a informação de que trata o caput deste artigo constará do instrumento convocatório.

§ 2º No caso de julgamento por melhor técnica, o valor do prêmio ou da remuneração será incluído no instrumento convocatório.

§ 3º Se não constar do instrumento convocatório, a informação referida no caput deste artigo possuirá caráter sigiloso e será disponibilizada estrita e permanentemente aos órgãos de controle externo e interno.

Art. 7º No caso de licitação para aquisição de bens, a administração pública poderá:

I - indicar marca ou modelo, desde que formalmente justificado, nas seguintes hipóteses:

a) em decorrência da necessidade de padronização do objeto;

b) quando determinada marca ou modelo comercializado por mais de um fornecedor for a única capaz de atender às necessidades da entidade contratante; ou

c) quando a descrição do objeto a ser licitado puder ser melhor compreendida pela identificação de determinada marca ou modelo aptos a servir como referência, situação em que será obrigatório o acréscimo da expressão "ou similar ou de melhor qualidade";

II - exigir amostra do bem no procedimento de pré-qualificação, na fase de julgamento das propostas ou de lances, desde que justificada a necessidade da sua apresentação;

III - solicitar a certificação da qualidade do produto ou do processo de fabricação, inclusive sob o aspecto ambiental, por qualquer instituição oficial competente ou por entidade credenciada; e

IV - solicitar, motivadamente, carta de solidariedade emitida pelo fabricante, que assegure a execução do contrato, no caso de licitante revendedor ou distribuidor.

Art. 8º Na execução indireta de obras e serviços de engenharia, são admitidos os seguintes regimes:

I - empreitada por preço unitário;

II - empreitada por preço global;

III - contratação por tarefa;

IV - empreitada integral; ou

V - contratação integrada.

§ 1º Nas licitações e contratações de obras e serviços de engenharia serão adotados, preferencialmente, os regimes discriminados nos incisos II, IV e V do caput deste artigo.

§ 2º No caso de inviabilidade da aplicação do disposto no § 1º deste artigo, poderá ser adotado outro regime previsto no caput deste artigo, hipótese em que serão inseridos nos autos do procedimento os motivos que justificaram a exceção.

§ 3º O custo global de obras e serviços de engenharia deverá ser obtido a partir de custos unitários de insumos ou serviços menores ou iguais à mediana de seus correspondentes ao Sistema Nacional de Pesquisa de Custos e Índices da Construção Civil (Sinapi), no caso de construção civil em geral, ou na tabela do Sistema de Custos de Obras Rodoviárias (Sicro), no caso de obras e serviços rodoviários.

§ 4º No caso de inviabilidade da definição dos custos consoante o disposto no § 3º deste artigo, a estimativa de custo global poderá ser apurada por meio da utilização de dados contidos em tabela de referência formalmente aprovada por órgãos ou entidades da administração pública federal, em publicações técnicas especializadas, em sistema específico instituído para o setor ou em pesquisa de mercado.

§ 5º Nas licitações para a contratação de obras e serviços, com exceção daquelas onde for adotado o regime previsto no inciso V do caput deste artigo, deverá haver projeto básico aprovado pela autoridade competente, disponível para exame dos interessados em participar do processo licitatório.

§ 6º No caso de contratações realizadas pelos governos municipais, estaduais e do Distrito Federal, desde que não envolvam recursos da União, o custo global de obras e serviços de engenharia a que se refere o § 3º deste artigo poderá também ser obtido a partir de outros sistemas de custos já adotados pelos respectivos entes e aceitos pelos respectivos tribunais de contas.

§ 7º É vedada a realização, sem projeto executivo, de obras e serviços de engenharia para cuja concretização tenha sido utilizado o RDC, qualquer que seja o regime adotado.

Art. 9º Nas licitações de obras e serviços de engenharia, no âmbito do RDC, poderá ser utilizada a contratação integrada, desde que técnica e economicamente justificada e cujo objeto envolva, pelo menos, uma das seguintes condições: (Redação dada pela Lei nº 12.980, de 2014)

I - inovação tecnológica ou técnica; (Incluído pela Lei nº 12.980, de 2014)

II - possibilidade de execução com diferentes metodologias; ou (Incluído pela Lei nº 12.980, de 2014)

III - possibilidade de execução com tecnologias de domínio restrito no mercado. (Incluído pela Lei nº 12.980, de 2014)

§ 1º A contratação integrada compreende a elaboração e o desenvolvimento dos projetos básico e executivo, a execução de obras e serviços de engenharia, a montagem, a realização de testes, a pré-operação e todas as demais operações necessárias e suficientes para a entrega final do objeto.

§ 2º No caso de contratação integrada:

I - o instrumento convocatório deverá conter anteprojeto de engenharia que contemple os documentos técnicos destinados a possibilitar a caracterização da obra ou serviço, incluindo:

a) a demonstração e a justificativa do programa de necessidades, a visão global dos investimentos e as definições quanto ao nível de serviço desejado;

b) as condições de solidez, segurança, durabilidade e prazo de entrega, observado o disposto no caput e no § 1º do art. 6º desta Lei;

c) a estética do projeto arquitetônico; e

d) os parâmetros de adequação ao interesse público, à economia na utilização, à facilidade na execução, aos impactos ambientais e à acessibilidade;

II - o valor estimado da contratação será calculado com base nos valores praticados pelo mercado, nos valores pagos pela administração pública em serviços e obras similares ou na avaliação do custo global da obra, aferida mediante orçamento sintético ou metodologia expedita ou paramétrica. (Redação dada pela Lei nº 12.980, de 2014)

III - (Revogado). (Redação dada pela Lei nº 12.980, de 2014)

§ 3º Caso seja permitida no anteprojeto de engenharia a apresentação de projetos com metodologias diferenciadas de execução, o instrumento convocatório estabelecerá critérios objetivos para avaliação e julgamento das propostas.

§ 4º Nas hipóteses em que for adotada a contratação integrada, é vedada a celebração de termos aditivos aos contratos firmados, exceto nos seguintes casos:

I - para recomposição do equilíbrio econômico-financeiro decorrente de caso fortuito ou força maior; e

II - por necessidade de alteração do projeto ou das especificações para melhor adequação técnica aos objetivos da contratação, a pedido da administração pública, desde que não decorrentes de erros ou omissões por parte do contratado, observados os limites previstos no § 1º do art. 65 da Lei nº 8.666, de 21 de junho de 1993.

§ 5º Se o anteprojeto contemplar matriz de alocação de riscos entre a administração pública e o contratado, o valor estimado da contratação poderá considerar taxa de risco compatível com o objeto da licitação e as contingências atribuídas ao contratado, de acordo com metodologia predefinida pela entidade contratante. (Incluído pela Lei nº 13.190, de 2015)

Art. 10. Na contratação das obras e serviços, inclusive de engenharia, poderá ser estabelecida remuneração variável vinculada ao desempenho da contratada, com base em metas, padrões de qualidade, critérios de sustentabilidade ambiental e prazo de entrega definidos no instrumento convocatório e no contrato.

Parágrafo único. A utilização da remuneração variável será motivada e respeitará o limite orçamentário fixado pela administração pública para a contratação.

Art. 11. A administração pública poderá, mediante justificativa expressa, contratar mais de uma empresa ou instituição para executar o mesmo serviço, desde que não implique perda de economia de escala, quando:

I - o objeto da contratação puder ser executado de forma concorrente e simultânea por mais de um contratado; ou

II - a múltipla execução for conveniente para atender à administração pública.

§ 1º Nas hipóteses previstas no caput deste artigo, a administração pública deverá manter o controle individualizado da execução do objeto contratual relativamente a cada uma das contratadas.

§ 2º O disposto no caput deste artigo não se aplica aos serviços de engenharia.

Subseção II - Do Procedimento Licitatório

Art. 12. O procedimento de licitação de que trata esta Lei observará as seguintes fases, nesta ordem:

I - preparatória;

II - publicação do instrumento convocatório;

III - apresentação de propostas ou lances;

IV - julgamento;

V - habilitação;

VI - recursal; e

VII - encerramento.

Parágrafo único. A fase de que trata o inciso V do caput deste artigo poderá, mediante ato motivado, anteceder as referidas nos incisos III e IV do caput deste artigo, desde que expressamente previsto no instrumento convocatório.

Art. 13. As licitações deverão ser realizadas preferencialmente sob a forma eletrônica, admitida a presencial.

Parágrafo único. Nos procedimentos realizados por meio eletrônico, a administração pública poderá determinar, como condição de validade e eficácia, que os licitantes pratiquem seus atos em formato eletrônico.

Art. 14. Na fase de habilitação das licitações realizadas em conformidade com esta Lei, aplicar-se-á, no que couber, o disposto nos arts. 27 a 33 da Lei nº 8.666, de 21 de junho de 1993, observado o seguinte:

I - poderá ser exigida dos licitantes a declaração de que atendem aos requisitos de habilitação;

II - será exigida a apresentação dos documentos de habilitação apenas pelo licitante vencedor, exceto no caso de inversão de fases;

III - no caso de inversão de fases, só serão recebidas as propostas dos licitantes previamente habilitados; e

IV - em qualquer caso, os documentos relativos à regularidade fiscal poderão ser exigidos em momento posterior ao julgamento das propostas, apenas em relação ao licitante mais bem classificado.

Parágrafo único. Nas licitações disciplinadas pelo RDC:

I - será admitida a participação de licitantes sob a forma de consórcio, conforme estabelecido em regulamento; e

II - poderão ser exigidos requisitos de sustentabilidade ambiental, na forma da legislação aplicável.

Art. 15. Será dada ampla publicidade aos procedimentos licitatórios e de pré-qualificação disciplinados por esta Lei, ressalvadas as hipóteses de informações cujo sigilo seja imprescindível à segurança da sociedade e do Estado, devendo ser adotados os seguintes prazos mínimos para apresentação de propostas, contados a partir da data de publicação do instrumento convocatório:

I - para aquisição de bens:

a) 5 (cinco) dias úteis, quando adotados os critérios de julgamento pelo menor preço ou pelo maior desconto; e

b) 10 (dez) dias úteis, nas hipóteses não abrangidas pela alínea a deste inciso;

II - para a contratação de serviços e obras:

a) 15 (quinze) dias úteis, quando adotados os critérios de julgamento pelo menor preço ou pelo maior desconto; e

b) 30 (trinta) dias úteis, nas hipóteses não abrangidas pela alínea a deste inciso;

III - para licitações em que se adote o critério de julgamento pela maior oferta: 10 (dez) dias úteis; e

IV - para licitações em que se adote o critério de julgamento pela melhor combinação de técnica e preço, pela melhor técnica ou em razão do conteúdo artístico: 30 (trinta) dias úteis.

§ 1º A publicidade a que se refere o caput deste artigo, sem prejuízo da faculdade de divulgação direta aos fornecedores, cadastrados ou não, será realizada mediante:

I - publicação de extrato do edital no Diário Oficial da União, do Estado, do Distrito Federal ou do Município, ou, no caso de consórcio público, do ente de maior nível entre eles, sem prejuízo da possibilidade de publicação de extrato em jornal diário de grande circulação; e

II - divulgação em sítio eletrônico oficial centralizado de divulgação de licitações ou mantido pelo ente encarregado do procedimento licitatório na rede mundial de computadores.

§ 2º No caso de licitações cujo valor não ultrapasse R$ 150.000,00 (cento e cinquenta mil reais) para obras ou R$ 80.000,00 (oitenta mil reais) para bens e serviços, inclusive de engenharia, é dispensada a publicação prevista no inciso I do § 1º deste artigo.

§ 3º No caso de parcelamento do objeto, deverá ser considerado, para fins da aplicação do disposto no § 2º deste artigo, o valor total da contratação.

§ 4º As eventuais modificações no instrumento convocatório serão divulgadas nos mesmos prazos dos atos e procedimentos originais, exceto quando a alteração não comprometer a formulação das propostas.

Art. 16. Nas licitações, poderão ser adotados os modos de disputa aberto e fechado, que poderão ser combinados na forma do regulamento.

Art. 17. O regulamento disporá sobre as regras e procedimentos de apresentação de propostas ou lances, observado o seguinte:

I - no modo de disputa aberto, os licitantes apresentarão suas ofertas por meio de lances públicos e sucessivos, crescentes ou decrescentes, conforme o critério de julgamento adotado;

II - no modo de disputa fechado, as propostas apresentadas pelos licitantes serão sigilosas até a data e hora designadas para que sejam divulgadas; e

III - nas licitações de obras ou serviços de engenharia, após o julgamento das propostas, o licitante vencedor deverá reelaborar e apresentar à administração pública, por meio eletrônico, as planilhas com indicação dos quantitativos e dos custos unitários, bem como do detalhamento das Bonificações e Despesas Indiretas (BDI) e dos Encargos Sociais (ES), com os respectivos valores adequados ao lance vencedor.

§ 1º Poderão ser admitidos, nas condições estabelecidas em regulamento:

I - a apresentação de lances intermediários, durante a disputa aberta; e

II - o reinício da disputa aberta, após a definição da melhor proposta e para a definição das demais colocações, sempre que existir uma diferença de pelo menos 10% (dez por cento) entre o melhor lance e o do licitante subsequente.

§ 2º Consideram-se intermediários os lances:

I - iguais ou inferiores ao maior já ofertado, quando adotado o julgamento pelo critério da maior oferta; ou

II - iguais ou superiores ao menor já ofertado, quando adotados os demais critérios de julgamento.

Art. 18. Poderão ser utilizados os seguintes critérios de julgamento:

I - menor preço ou maior desconto;

II - técnica e preço;

III - melhor técnica ou conteúdo artístico;

IV - maior oferta de preço; ou

V - maior retorno econômico.

§ 1º O critério de julgamento será identificado no instrumento convocatório, observado o disposto nesta Lei.

§ 2º O julgamento das propostas será efetivado pelo emprego de parâmetros objetivos definidos no instrumento convocatório.

§ 3º Não serão consideradas vantagens não previstas no instrumento convocatório, inclusive financiamentos subsidiados ou a fundo perdido.

Art. 19. O julgamento pelo menor preço ou maior desconto considerará o menor dispêndio para a administração pública, atendidos os parâmetros mínimos de qualidade definidos no instrumento convocatório.

§ 1º Os custos indiretos, relacionados com as despesas de manutenção, utilização, reposição, depreciação e impacto ambiental, entre outros fatores, poderão ser considerados para a definição do menor dispêndio, sempre que objetivamente mensuráveis, conforme dispuser o regulamento.

§ 2º O julgamento por maior desconto terá como referência o preço global fixado no instrumento convocatório, sendo o desconto estendido aos eventuais termos aditivos.

§ 3º No caso de obras ou serviços de engenharia, o percentual de desconto apresentado pelos licitantes deverá incidir linearmente sobre os preços de todos os itens do orçamento estimado constante do instrumento convocatório.

Art. 20. No julgamento pela melhor combinação de técnica e preço, deverão ser avaliadas e ponderadas as propostas técnicas e de preço apresentadas pelos licitantes, mediante a utilização de parâmetros objetivos obrigatoriamente inseridos no instrumento convocatório.

§ 1º O critério de julgamento a que se refere o caput deste artigo será utilizado quando a avaliação e a ponderação da qualidade técnica das propostas que superarem os requisitos mínimos estabelecidos no instrumento convocatório forem relevantes aos fins pretendidos pela administração pública, e destinar-se-á exclusivamente a objetos:

I - de natureza predominantemente intelectual e de inovação tecnológica ou técnica; ou

II - que possam ser executados com diferentes metodologias ou tecnologias de domínio restrito no mercado, pontuando-se as vantagens e qualidades que eventualmente forem oferecidas para cada produto ou solução.

§ 2º É permitida a atribuição de fatores de ponderação distintos para valorar as propostas técnicas e de preço, sendo o percentual de ponderação mais relevante limitado a 70% (setenta por cento).

Art. 21. O julgamento pela melhor técnica ou pelo melhor conteúdo artístico considerará exclusivamente as propostas técnicas ou artísticas apresentadas pelos licitantes com base em critérios objetivos previamente estabelecidos no instrumento convocatório, no qual será definido o prêmio ou a remuneração que será atribuída aos vencedores.

Parágrafo único. O critério de julgamento referido no caput deste artigo poderá ser utilizado para a contratação de projetos, inclusive arquitetônicos, e trabalhos de natureza técnica, científica ou artística, excluindo-se os projetos de engenharia.

Art. 22. O julgamento pela maior oferta de preço será utilizado no caso de contratos que resultem em receita para a administração pública.

§ 1º Quando utilizado o critério de julgamento pela maior oferta de preço, os requisitos de qualificação técnica e econômico-financeira poderão ser dispensados, conforme dispuser o regulamento.

§ 2º No julgamento pela maior oferta de preço, poderá ser exigida a comprovação do recolhimento de quantia a título de

garantia, como requisito de habilitação, limitada a 5% (cinco por cento) do valor ofertado.

§ 3º Na hipótese do § 2º deste artigo, o licitante vencedor perderá o valor da entrada em favor da administração pública caso não efetive o pagamento devido no prazo estipulado.

Art. 23. No julgamento pelo maior retorno econômico, utilizado exclusivamente para a celebração de contratos de eficiência, as propostas serão consideradas de forma a selecionar a que proporcionará a maior economia para a administração pública decorrente da execução do contrato.

§ 1º O contrato de eficiência terá por objeto a prestação de serviços, que pode incluir a realização de obras e o fornecimento de bens, com o objetivo de proporcionar economia ao contratante, na forma de redução de despesas correntes, sendo o contratado remunerado com base em percentual da economia gerada.

§ 2º Na hipótese prevista no caput deste artigo, os licitantes apresentarão propostas de trabalho e de preço, conforme dispuser o regulamento.

§ 3º Nos casos em que não for gerada a economia prevista no contrato de eficiência:

I - a diferença entre a economia contratada e a efetivamente obtida será descontada da remuneração da contratada;

II - se a diferença entre a economia contratada e a efetivamente obtida for superior à remuneração da contratada, será aplicada multa por inexecução contratual no valor da diferença; e

III - a contratada sujeitar-se-á, ainda, a outras sanções cabíveis caso a diferença entre a economia contratada e a efetivamente obtida seja superior ao limite máximo estabelecido no contrato.

Art. 24. Serão desclassificadas as propostas que:

I - contenham vícios insanáveis;

II - não obedeçam às especificações técnicas pormenorizadas no instrumento convocatório;

III - apresentem preços manifestamente inexequíveis ou permaneçam acima do orçamento estimado para a contratação, inclusive nas hipóteses previstas no art. 6º desta Lei;

IV - não tenham sua exequibilidade demonstrada, quando exigido pela administração pública; ou

V - apresentem desconformidade com quaisquer outras exigências do instrumento convocatório, desde que insanáveis.

§ 1º A verificação da conformidade das propostas poderá ser feita exclusivamente em relação à proposta mais bem classificada.

§ 2º A administração pública poderá realizar diligências para aferir a exequibilidade das propostas ou exigir dos licitantes que ela seja demonstrada, na forma do inciso IV do caput deste artigo.

§ 3º No caso de obras e serviços de engenharia, para efeito de avaliação da exequibilidade e de sobrepreço, serão considerados o preço global, os quantitativos e os preços unitários considerados relevantes, conforme dispuser o regulamento.

Art. 25. Em caso de empate entre 2 (duas) ou mais propostas, serão utilizados os seguintes critérios de desempate, nesta ordem:

I - disputa final, em que os licitantes empatados poderão apresentar nova proposta fechada em ato contínuo à classificação;

II - a avaliação do desempenho contratual prévio dos licitantes, desde que exista sistema objetivo de avaliação instituído;

III - os critérios estabelecidos no art. 3º da Lei nº 8.248, de 23 de outubro de 1991, e no § 2º do art. 3º da Lei nº 8.666, de 21 de junho de 1993; e

IV - sorteio.

Parágrafo único. As regras previstas no caput deste artigo não prejudicam a aplicação do disposto no art. 44 da Lei Complementar nº 123, de 14 de dezembro de 2006.

Art. 26. Definido o resultado do julgamento, a administração pública poderá negociar condições mais vantajosas com o primeiro colocado.

Parágrafo único. A negociação poderá ser feita com os demais licitantes, segundo a ordem de classificação inicialmente estabelecida, quando o preço do primeiro colocado, mesmo após a negociação, for desclassificado por sua proposta permanecer acima do orçamento estimado.

Art. 27. Salvo no caso de inversão de fases, o procedimento licitatório terá uma fase recursal única, que se seguirá à habilitação do vencedor.

Parágrafo único. Na fase recursal, serão analisados os recursos referentes ao julgamento das propostas ou lances e à habilitação do vencedor.

Art. 28. Exauridos os recursos administrativos, o procedimento licitatório será encerrado e encaminhado à autoridade superior, que poderá:

I - determinar o retorno dos autos para saneamento de irregularidades que forem supríveis;

II - anular o procedimento, no todo ou em parte, por vício insanável;

III - revogar o procedimento por motivo de conveniência e oportunidade; ou

IV - adjudicar o objeto e homologar a licitação.

Subseção III - Dos Procedimentos Auxiliares das Licitações no Âmbito do RDC

Art. 29. São procedimentos auxiliares das licitações regidas pelo disposto nesta Lei:

I - pré-qualificação permanente;

II - cadastramento;

III - sistema de registro de preços; e

IV - catálogo eletrônico de padronização.

Parágrafo único. Os procedimentos de que trata o caput deste artigo obedecerão a critérios claros e objetivos definidos em regulamento.

Art. 30. Considera-se pré-qualificação permanente o procedimento anterior à licitação destinado a identificar:

I - fornecedores que reúnam condições de habilitação exigidas para o fornecimento de bem ou a execução de serviço ou obra nos prazos, locais e condições previamente estabelecidos; e

II - bens que atendam às exigências técnicas e de qualidade da administração pública.

§ 1º O procedimento de pré-qualificação ficará permanentemente aberto para a inscrição dos eventuais interessados.

§ 2º A administração pública poderá realizar licitação restrita aos pré-qualificados, nas condições estabelecidas em regulamento.

§ 3º A pré-qualificação poderá ser efetuada nos grupos ou segmentos, segundo as especialidades dos fornecedores.

§ 4º A pré-qualificação poderá ser parcial ou total, contendo alguns ou todos os requisitos de habilitação ou técnicos necessários à contratação, assegurada, em qualquer hipótese, a igualdade de condições entre os concorrentes.

§ 5º A pré-qualificação terá validade de 1 (um) ano, no máximo, podendo ser atualizada a qualquer tempo.

Art. 31. Os registros cadastrais poderão ser mantidos para efeito de habilitação dos inscritos em procedimentos licitatórios e serão válidos por 1 (um) ano, no máximo, podendo ser atualizados a qualquer tempo.

§ 1º Os registros cadastrais serão amplamente divulgados e ficarão permanentemente abertos para a inscrição de interessados.

§ 2º Os inscritos serão admitidos segundo requisitos previstos em regulamento.

§ 3º A atuação do licitante no cumprimento de obrigações assumidas será anotada no respectivo registro cadastral.

§ 4º A qualquer tempo poderá ser alterado, suspenso ou cancelado o registro do inscrito que deixar de satisfazer as exigências de habilitação ou as estabelecidas para admissão cadastral.

Art. 32. O Sistema de Registro de Preços, especificamente destinado às licitações de que trata esta Lei, reger-se-á pelo disposto em regulamento.

§ 1º Poderá aderir ao sistema referido no caput deste artigo qualquer órgão ou entidade responsável pela execução das atividades contempladas no art. 1º desta Lei.

§ 2º O registro de preços observará, entre outras, as seguintes condições:

I - efetivação prévia de ampla pesquisa de mercado;

II - seleção de acordo com os procedimentos previstos em regulamento;

III - desenvolvimento obrigatório de rotina de controle e atualização periódicos dos preços registrados;

IV - definição da validade do registro; e

V - inclusão, na respectiva ata, do registro dos licitantes que aceitarem cotar os bens ou serviços com preços iguais ao do licitante vencedor na sequência da classificação do certame, assim como dos licitantes que mantiverem suas propostas originais.

§ 3º A existência de preços registrados não obriga a administração pública a firmar os contratos que deles poderão advir, sendo facultada a realização de licitação específica, assegurada ao licitante registrado preferência em igualdade de condições.

Art. 33. O catálogo eletrônico de padronização de compras, serviços e obras consiste em sistema informatizado, de gerenciamento centralizado, destinado a permitir a padronização dos itens a serem adquiridos pela administração pública que estarão disponíveis para a realização de licitação.

Parágrafo único. O catálogo referido no caput deste artigo poderá ser utilizado em licitações cujo critério de julgamento seja a oferta de menor preço ou de maior desconto e conterá toda a documentação e procedimentos da fase interna da licitação, assim como as especificações dos respectivos objetos, conforme disposto em regulamento.

Subseção IV - Da Comissão de Licitação

Art. 34. As licitações promovidas consoante o RDC serão processadas e julgadas por comissão permanente ou especial de licitações, composta majoritariamente por servidores ou empregados públicos pertencentes aos quadros permanentes dos órgãos ou entidades da administração pública responsáveis pela licitação.

§ 1º As regras relativas ao funcionamento das comissões de licitação e da comissão de cadastramento de que trata esta Lei serão estabelecidas em regulamento.

§ 2º Os membros da comissão de licitação responderão solidariamente por todos os atos praticados pela comissão, salvo se posição individual divergente estiver registrada na ata da reunião em que houver sido adotada a respectiva decisão.

Subseção V - Da Dispensa e Inexigibilidade de Licitação

Art. 35. As hipóteses de dispensa e inexigibilidade de licitação estabelecidas nos arts. 24 e 25 da Lei nº 8.666, de 21 de junho de 1993, aplicam-se, no que couber, às contratações realizadas com base no RDC.

Parágrafo único. O processo de contratação por dispensa ou inexigibilidade de licitação deverá seguir o procedimento previsto no art. 26 da Lei nº 8.666, de 21 de junho de 1993.

Subseção VI - Das Condições Específicas para a Participação nas Licitações e para a Contratação no RDC

Art. 36. É vedada a participação direta ou indireta nas licitações de que trata esta Lei:

I - da pessoa física ou jurídica que elaborar o projeto básico ou executivo correspondente;

II - da pessoa jurídica que participar de consórcio responsável pela elaboração do projeto básico ou executivo correspondente;

III - da pessoa jurídica da qual o autor do projeto básico ou executivo seja administrador, sócio com mais de 5% (cinco por cento) do capital votante, controlador, gerente, responsável técnico ou subcontratado; ou

IV - do servidor, empregado ou ocupante de cargo em comissão do órgão ou entidade contratante ou responsável pela licitação.

§ 1º Não se aplica o disposto nos incisos I, II e III do caput deste artigo no caso das contratações integradas.

§ 2º O disposto no caput deste artigo não impede, nas licitações para a contratação de obras ou serviços, a previsão de que a elaboração de projeto executivo constitua encargo do contratado, consoante preço previamente fixado pela administração pública.

§ 3º É permitida a participação das pessoas físicas ou jurídicas de que tratam os incisos II e III do caput deste artigo em licitação ou na execução do contrato, como consultor ou técnico, nas funções de fiscalização, supervisão ou gerenciamento, exclusivamente a serviço do órgão ou entidade pública interessados.

§ 4º Para fins do disposto neste artigo, considera-se participação indireta a existência de qualquer vínculo de natureza técnica, comercial, econômica, financeira ou trabalhista entre o autor do projeto, pessoa física ou jurídica, e o licitante ou responsável pelos serviços, fornecimentos e obras, incluindo-se os fornecimentos de bens e serviços a estes necessários.

§ 5º O disposto no § 4º deste artigo aplica-se aos membros da comissão de licitação.

Art. 37. É vedada a contratação direta, sem licitação, de pessoa jurídica na qual haja administrador ou sócio com poder de direção que mantenha relação de parentesco, inclusive por afinidade, até o terceiro grau civil com:

I - detentor de cargo em comissão ou função de confiança que atue na área responsável pela demanda ou contratação; e

II - autoridade hierarquicamente superior no âmbito de cada órgão ou entidade da administração pública.

Art. 38. Nos processos de contratação abrangidos por esta Lei, aplicam-se as preferências para fornecedores ou tipos de bens, serviços e obras previstos na legislação, em especial as referidas:

I - no art. 3º da Lei nº 8.248, de 23 de outubro de 1991;

II - no art. 3º da Lei nº 8.666, de 21 de junho de 1993; e

III - nos arts. 42 a 49 da Lei Complementar nº 123, de 14 de dezembro de 2006.

SEÇÃO III - DAS REGRAS ESPECÍFICAS APLICÁVEIS AOS CONTRATOS CELEBRADOS NO ÂMBITO DO RDC

Art. 39. Os contratos administrativos celebrados com base no RDC reger-se-ão pelas normas da Lei nº 8.666, de 21 de junho de 1993, com exceção das regras específicas previstas nesta Lei.

Art. 40. É facultado à administração pública, quando o convocado não assinar o termo de contrato ou não aceitar ou retirar o instrumento equivalente no prazo e condições estabelecidos:

I - revogar a licitação, sem prejuízo da aplicação das cominações previstas na Lei nº 8.666, de 21 de junho de 1993, e nesta Lei; ou

II - convocar os licitantes remanescentes, na ordem de classificação, para a celebração do contrato nas condições ofertadas pelo licitante vencedor.

Parágrafo único. Na hipótese de nenhum dos licitantes aceitar a contratação nos termos do inciso II do caput deste artigo, a administração pública poderá convocar os licitantes

remanescentes, na ordem de classificação, para a celebração do contrato nas condições ofertadas por estes, desde que o respectivo valor seja igual ou inferior ao orçamento estimado para a contratação, inclusive quanto aos preços atualizados nos termos do instrumento convocatório.

Art. 41. Na hipótese do inciso XI do art. 24 da Lei nº 8.666, de 21 de junho de 1993, a contratação de remanescente de obra, serviço ou fornecimento de bens em consequência de rescisão contratual observará a ordem de classificação dos licitantes remanescentes e as condições por estes ofertadas, desde que não seja ultrapassado o orçamento estimado para a contratação.

Art. 42. Os contratos para a execução das obras previstas no plano plurianual poderão ser firmados pelo período nele compreendido, observado o disposto no caput do art. 57 da Lei nº 8.666, de 21 de junho de 1993.

Art. 43. Na hipótese do inciso II do art. 57 da Lei no 8.666, de 21 de junho de 1993, os contratos celebrados pelos entes públicos responsáveis pelas atividades descritas nos incisos I a III do art. 1º desta Lei poderão ter sua vigência estabelecida até a data da extinção da APO. (Redação dada pela Lei nº 12.688, de 2012)

Art. 44. As normas referentes à anulação e revogação das licitações previstas no art. 49 da Lei nº 8.666, de 21 de junho de 1993, aplicar-se-ão às contratações realizadas com base no disposto nesta Lei.

Art. 44-A. Nos contratos regidos por esta Lei, poderá ser admitido o emprego dos mecanismos privados de resolução de disputas, inclusive a arbitragem, a ser realizada no Brasil e em língua portuguesa, nos termos da Lei nº 9.307, de 23 de setembro de 1996, e a mediação, para dirimir conflitos decorrentes da sua execução ou a ela relacionados. (Incluído pela Lei nº 13.190, de 2015)

SEÇÃO IV - DOS PEDIDOS DE ESCLARECIMENTO, IMPUGNAÇÕES E RECURSOS

Art. 45. Dos atos da administração pública decorrentes da aplicação do RDC caberão:

I - pedidos de esclarecimento e impugnações ao instrumento convocatório no prazo mínimo de:

a) até 2 (dois) dias úteis antes da data de abertura das propostas, no caso de licitação para aquisição ou alienação de bens; ou

b) até 5 (cinco) dias úteis antes da data de abertura das propostas, no caso de licitação para contratação de obras ou serviços;

II - recursos, no prazo de 5 (cinco) dias úteis contados a partir da data da intimação ou da lavratura da ata, em face:

a) do ato que defira ou indefira pedido de pré-qualificação de interessados;

b) do ato de habilitação ou inabilitação de licitante;

c) do julgamento das propostas;

d) da anulação ou revogação da licitação;

e) do indeferimento do pedido de inscrição em registro cadastral, sua alteração ou cancelamento;

f) da rescisão do contrato, nas hipóteses previstas no inciso I do art. 79 da Lei nº 8.666, de 21 de junho de 1993;

g) da aplicação das penas de advertência, multa, declaração de inidoneidade, suspensão temporária de participação em licitação e impedimento de contratar com a administração pública; e

III - representações, no prazo de 5 (cinco) dias úteis contados a partir da data da intimação, relativamente a atos de que não caiba recurso hierárquico.

§ 1º Os licitantes que desejarem apresentar os recursos de que tratam as alíneas a, b e c do inciso II do caput deste artigo deverão manifestar imediatamente a sua intenção de recorrer, sob pena de preclusão.

§ 2º O prazo para apresentação de contrarrazões será o mesmo do recurso e começará imediatamente após o encerramento do prazo recursal.

§ 3º É assegurado aos licitantes vista dos elementos indispensáveis à defesa de seus interesses.

§ 4º Na contagem dos prazos estabelecidos nesta Lei, excluir-se-á o dia do início e incluir-se-á o do vencimento.

§ 5º Os prazos previstos nesta Lei iniciam e expiram exclusivamente em dia de expediente no âmbito do órgão ou entidade.

§ 6º O recurso será dirigido à autoridade superior, por intermédio da autoridade que praticou o ato recorrido, cabendo a esta reconsiderar sua decisão no prazo de 5 (cinco) dias úteis ou, nesse mesmo prazo, fazê-lo subir, devidamente informado, devendo, neste caso, a decisão do recurso ser proferida dentro do prazo de 5 (cinco) dias úteis, contados do seu recebimento, sob pena de apuração de responsabilidade.

Art. 46. Aplica-se ao RDC o disposto no art. 113 da Lei nº 8.666, de 21 de junho de 1993.

SEÇÃO V - DAS SANÇÕES ADMINISTRATIVAS

Art. 47. Ficará impedido de licitar e contratar com a União, Estados, Distrito Federal ou Municípios, pelo prazo de até 5 (cinco) anos, sem prejuízo das multas previstas no instrumento convocatório e no contrato, bem como das demais cominações legais, o licitante que:

I - convocado dentro do prazo de validade da sua proposta não celebrar o contrato, inclusive nas hipóteses previstas no parágrafo único do art. 40 e no art. 41 desta Lei;

II - deixar de entregar a documentação exigida para o certame ou apresentar documento falso;

III - ensejar o retardamento da execução ou da entrega do objeto da licitação sem motivo justificado;

IV - não mantiver a proposta, salvo se em decorrência de fato superveniente, devidamente justificado;

V - fraudar a licitação ou praticar atos fraudulentos na execução do contrato;

VI - comportar-se de modo inidôneo ou cometer fraude fiscal; ou

VII - der causa à inexecução total ou parcial do contrato.

§ 1º A aplicação da sanção de que trata o caput deste artigo implicará ainda o descredenciamento do licitante, pelo prazo estabelecido no caput deste artigo, dos sistemas de cadastramento dos entes federativos que compõem a Autoridade Pública Olímpica.

§ 2º As sanções administrativas, criminais e demais regras previstas no Capítulo IV da Lei nº 8.666, de 21 de junho de 1993, aplicam-se às licitações e aos contratos regidos por esta Lei.

Art. 47-A. A administração pública poderá firmar contratos de locação de bens móveis e imóveis, nos quais o locador realiza prévia aquisição, construção ou reforma substancial, com ou sem aparelhamento de bens, por si mesmo ou por terceiros, do bem especificado pela administração. (Incluído pela Lei nº 13.190, de 2015)

§ 1º A contratação referida no caput sujeita-se à mesma disciplina de dispensa e inexigibilidade de licitação aplicável às locações comuns. (Incluído pela Lei nº 13.190, de 2015)

§ 2º A contratação referida no caput poderá prever a reversão dos bens à administração pública ao final da locação, desde que estabelecida no contrato. (Incluído pela Lei nº 13.190, de 2015)

§ 3º O valor da locação a que se refere o caput não poderá exceder, ao mês, 1% (um por cento) do valor do bem locado. (Incluído pela Lei nº 13.190, de 2015)

CAPÍTULO II - OUTRAS DISPOSIÇÕES

SEÇÃO I - ALTERAÇÕES DA ORGANIZAÇÃO DA PRESIDÊNCIA DA REPÚBLICA E DOS MINISTÉRIOS

Art. 48. A Lei nº 10.683, de 28 de maio de 2003, passa a vigorar com as seguintes alterações:

"Art. 1º A Presidência da República é constituída, essencialmente:

I - pela Casa Civil;

II - pela Secretaria-Geral;
III - pela Secretaria de Relações Institucionais;
IV - pela Secretaria de Comunicação Social;
V - pelo Gabinete Pessoal;
VI - pelo Gabinete de Segurança Institucional;
VII - pela Secretaria de Assuntos Estratégicos;
VIII - pela Secretaria de Políticas para as Mulheres;
IX - pela Secretaria de Direitos Humanos;
X - pela Secretaria de Políticas de Promoção da Igualdade Racial;
XI - pela Secretaria de Portos; e
XII - pela Secretaria de Aviação Civil.
§ 1º ..
..

X - o Conselho de Aviação Civil.
.." (NR)

"Art. 2º À Casa Civil da Presidência da República compete:
I - assistir direta e imediatamente ao Presidente da República no desempenho de suas atribuições, especialmente:
a) na coordenação e na integração das ações do Governo;
b) na verificação prévia da constitucionalidade e legalidade dos atos presidenciais;
c) na análise do mérito, da oportunidade e da compatibilidade das propostas, inclusive das matérias em tramitação no Congresso Nacional, com as diretrizes governamentais;
d) na avaliação e monitoramento da ação governamental e da gestão dos órgãos e entidades da administração pública federal;
II - promover a publicação e a preservação dos atos oficiais.
Parágrafo único. A Casa Civil tem como estrutura básica:
I - o Conselho Deliberativo do Sistema de Proteção da Amazônia;
II - a Imprensa Nacional;
III - o Gabinete;
IV - a Secretaria-Executiva; e
V - até 3 (três) Subchefias." (NR)

"Art. 3º
..

§ 1º À Secretaria-Geral da Presidência da República compete ainda:
I - supervisão e execução das atividades administrativas da Presidência da República e, supletivamente, da Vice-Presidência da República; e
II - avaliação da ação governamental e do resultado da gestão dos administradores, no âmbito dos órgãos integrantes da Presidência da República e Vice-Presidência da República, além de outros determinados em legislação específica, por intermédio da fiscalização contábil, financeira, orçamentária, operacional e patrimonial.
§ 2º A Secretaria-Geral da Presidência da República tem como estrutura básica:
I - o Conselho Nacional de Juventude;
II - o Gabinete;
III - a Secretaria-Executiva;
IV - a Secretaria Nacional de Juventude;
V - até 5 (cinco) Secretarias; e
VI - 1 (um) órgão de Controle Interno.
§ 3º Caberá ao Secretário-Executivo da Secretaria-Geral da Presidência da República exercer, além da supervisão e da coordenação das Secretarias integrantes da estrutura da Secretaria-Geral da Presidência da República subordinadas ao Ministro de Estado, as funções que lhe forem por este atribuídas." (NR)

"Art. 6º Ao Gabinete de Segurança Institucional da Presidência da República compete:
I - assistir direta e imediatamente ao Presidente da República no desempenho de suas atribuições;
II - prevenir a ocorrência e articular o gerenciamento de crises, em caso de grave e iminente ameaça à estabilidade institucional;
III - realizar o assessoramento pessoal em assuntos militares e de segurança;
IV - coordenar as atividades de inteligência federal e de segurança da informação;
V - zelar, assegurado o exercício do poder de polícia, pela segurança pessoal do Chefe de Estado, do Vice-Presidente da República e respectivos familiares, dos titulares dos órgãos essenciais da Presidência da República e de outras autoridades ou personalidades quando determinado pelo Presidente da República, bem como pela segurança dos palácios presidenciais e das residências do Presidente e do Vice-Presidente da República.
§ 1º (Revogado).
§ 2º (Revogado).
..

§ 4º O Gabinete de Segurança Institucional da Presidência da República tem como estrutura básica:
I - a Agência Brasileira de Inteligência (Abin);
II - o Gabinete;
III - a Secretaria-Executiva; e
IV - até 3 (três) Secretarias." (NR)

"Art. 11-A. Ao Conselho de Aviação Civil, presidido pelo Ministro de Estado Chefe da Secretaria de Aviação Civil da Presidência da República, com composição e funcionamento estabelecidos pelo Poder Executivo, compete estabelecer as diretrizes da política relativa ao setor de aviação civil."

"Art. 24-D. À Secretaria de Aviação Civil compete:
I - formular, coordenar e supervisionar as políticas para o desenvolvimento do setor de aviação civil e das infraestruturas aeroportuária e aeronáutica civil, em articulação, no que couber, com o Ministério da Defesa;
II - elaborar estudos e projeções relativos aos assuntos de aviação civil e de infraestruturas aeroportuária e aeronáutica civil e sobre a logística do transporte aéreo e do transporte intermodal e multimodal, ao longo de eixos e fluxos de produção em articulação com os demais órgãos governamentais competentes, com atenção às exigências de mobilidade urbana e acessibilidade;
III - formular e implementar o planejamento estratégico do setor, definindo prioridades dos programas de investimentos;
IV - elaborar e aprovar os planos de outorgas para exploração da infraestrutura aeroportuária, ouvida a Agência Nacional de Aviação Civil (Anac);
V - propor ao Presidente da República a declaração de utilidade pública, para fins de desapropriação ou instituição de servidão administrativa, dos bens necessários à construção, manutenção e expansão da infraestrutura aeronáutica e aeroportuária;
VI - administrar recursos e programas de desenvolvimento da infraestrutura de aviação civil;
VII - coordenar os órgãos e entidades do sistema de aviação civil, em articulação com o Ministério da Defesa, no que couber; e
VIII - transferir para Estados, Distrito Federal e Municípios a implantação, administração, operação, manutenção e exploração de aeródromos públicos, direta ou indiretamente.
Parágrafo único. A Secretaria de Aviação Civil tem como estrutura básica o Gabinete, a Secretaria-Executiva e até 3 (três) Secretarias."

"Art. 25. ..
..

Parágrafo único. São Ministros de Estado:
I - os titulares dos Ministérios;
II - os titulares das Secretarias da Presidência da República;
III - o Advogado-Geral da União;

IV - o Chefe da Casa Civil da Presidência da República;
V - o Chefe do Gabinete de Segurança Institucional da Presidência da República;
VI - o Chefe da Controladoria-Geral da União;
VII - o Presidente do Banco Central do Brasil." (NR)

"Art. 27. ..

...

VII - Ministério da Defesa:

...

y) infraestrutura aeroespacial e aeronáutica;
z) operacionalização do Sistema de Proteção da Amazônia (Sipam);

...

XII - ..

...

i) ..

...

6. (revogado);

...

XIV - ..

...

m) articulação, coordenação, supervisão, integração e proposição das ações do Governo e do Sistema Nacional de Políticas sobre Drogas nos aspectos relacionados com as atividades de prevenção, repressão ao tráfico ilícito e à produção não autorizada de drogas, bem como aquelas relacionadas com o tratamento, a recuperação e a reinserção social de usuários e dependentes e ao Plano Integrado de Enfrentamento ao Crack e outras Drogas;
n) política nacional de arquivos; e
o) assistência ao Presidente da República em matérias não afetas a outro Ministério;
..." (NR)

"Art. 29. ..

...

VI - do Ministério da Cultura: o Conselho Superior do Cinema, o Conselho Nacional de Política Cultural, a Comissão Nacional de Incentivo à Cultura e até 6 (seis) Secretarias;
VII - do Ministério da Defesa: o Conselho Militar de Defesa, o Comando da Marinha, o Comando do Exército, o Comando da Aeronáutica, o Estado-Maior Conjunto das Forças Armadas, a Escola Superior de Guerra, o Centro Gestor e Operacional do Sistema de Proteção da Amazônia (Censipam), o Hospital das Forças Armadas, a Representação Brasileira na Junta Interamericana de Defesa, até 3 (três) Secretarias e um órgão de Controle Interno;

...

XIV - do Ministério da Justiça: o Conselho Nacional de Política Criminal e Penitenciária, o Conselho Nacional de Segurança Pública, o Conselho Federal Gestor do Fundo de Defesa dos Direitos Difusos, o Conselho Nacional de Combate à Pirataria e Delitos contra a Propriedade Intelectual, o Conselho Nacional de Arquivos, o Conselho Nacional de Políticas sobre Drogas, o Departamento de Polícia Federal, o Departamento de Polícia Rodoviária Federal, o Departamento de Polícia Ferroviária Federal, a Defensoria Pública da União, o Arquivo Nacional e até 6 (seis) Secretarias;

...

§ 3º (Revogado).

...

§ 8º Os profissionais da Segurança Pública Ferroviária oriundos do grupo Rede, Rede Ferroviária Federal (RFFSA), da Companhia Brasileira de Trens Urbanos (CBTU) e da Empresa de Trens Urbanos de Porto Alegre (Trensurb) que estavam em exercício em 11 de dezembro de 1990, passam a integrar o Departamento de Polícia Ferroviária Federal do Ministério da Justiça." (NR)

Art. 49. São transferidas as competências referentes à aviação civil do Ministério da Defesa para a Secretaria de Aviação Civil.
Art. 50. O acervo patrimonial dos órgãos transferidos, incorporados ou desmembrados por esta Lei será transferido para os Ministérios, órgãos e entidades que tiverem absorvido as correspondentes competências.
Parágrafo único. O quadro de servidores efetivos dos órgãos de que trata este artigo será transferido para os Ministérios e órgãos que tiverem absorvido as correspondentes competências.
Art. 51. O Ministério da Defesa e o Ministério do Planejamento, Orçamento e Gestão adotarão, até 1º de junho de 2011, as providências necessárias para a efetivação das transferências de que trata esta Lei, inclusive quanto à movimentação das dotações orçamentárias destinadas aos órgãos transferidos.
Parágrafo único. No prazo de que trata o caput, o Ministério da Defesa prestará o apoio administrativo e jurídico necessário para garantir a continuidade das atividades da Secretaria de Aviação Civil.
Art. 52. Os servidores e militares requisitados pela Presidência da República em exercício, em 31 de dezembro de 2010, no Centro Gestor e Operacional do Sistema de Proteção da Amazônia, no Arquivo Nacional e na Secretaria Nacional de Políticas sobre Drogas, poderão permanecer à disposição, respectivamente, do Ministério da Defesa e do Ministério da Justiça, para exercício naquelas unidades, bem como ser novamente requisitados caso tenham retornado aos órgãos ou entidades de origem antes de 18 de março de 2011. (Produção de efeitos)
§ 1º Os servidores e militares de que trata o caput poderão ser designados para o exercício de Gratificações de Representação da Presidência da República ou de Gratificação de Exercício em Cargo de Confiança nos órgãos da Presidência da República devida aos militares enquanto permanecerem nos órgãos para os quais foram requisitados.
§ 2º (Revogado pela Lei nº 12.702, de 2012)
§ 3º Aplica-se o disposto no parágrafo único do art. 2º da Lei nº 9.007, de 17 de março de 1995, aos servidores referidos neste artigo.

SEÇÃO II - DAS ADAPTAÇÕES DA LEGISLAÇÃO DA ANAC

Art. 53. A Lei nº 11.182, de 27 de setembro de 2005, passa a vigorar com as seguintes alterações:
"Art. 3º A Anac, no exercício de suas competências, deverá observar e implementar as orientações, diretrizes e políticas estabelecidas pelo governo federal, especialmente no que se refere a:
..." (NR)
"Art. 8º ..
...
XXII - aprovar os planos diretores dos aeroportos;
XXIII - (revogado);
...
XXVII - (revogado);
XXVIII - fiscalizar a observância dos requisitos técnicos na construção, reforma e ampliação de aeródromos e aprovar sua abertura ao tráfego;
...
XXXIX - apresentar ao Ministro de Estado Chefe da Secretaria de Aviação Civil da Presidência da República proposta de orçamento;
XL - elaborar e enviar o relatório anual de suas atividades à Secretaria de Aviação Civil da Presidência da República e, por intermédio da Presidência da República, ao Congresso Nacional;
...
XLVII - (revogado);
..." (NR)
"Art. 11 ..

I - propor, por intermédio do Ministro de Estado Chefe da Secretaria de Aviação Civil da Presidência da República, ao Presidente da República, alterações do regulamento da Anac;

.." (NR)

"Art. 14. ..

..

§ 2º Cabe ao Ministro de Estado Chefe da Secretaria de Aviação Civil da Presidência da República instaurar o processo administrativo disciplinar, que será conduzido por comissão especial constituída por servidores públicos federais estáveis, competindo ao Presidente da República determinar o afastamento preventivo, quando for o caso, e proferir julgamento." (NR)

SEÇÃO III - DA ADAPTAÇÃO DA LEGISLAÇÃO DA INFRAERO

Art. 54. O art. 2º da Lei nº 5.862, de 12 de dezembro de 1972, passa a vigorar com a seguinte redação:

"Art. 2º A Infraero terá por finalidade implantar, administrar, operar e explorar industrial e comercialmente a infraestrutura aeroportuária que lhe for atribuída pela Secretaria de Aviação Civil da Presidência da República.

.." (NR)

SEÇÃO IV - DA ADAPTAÇÃO DO PROGRAMA FEDERAL DE AUXÍLIO A AEROPORTOS

Art. 55. O art. 1º da Lei nº 8.399, de 7 de janeiro de 1992, passa a vigorar com as seguintes alterações:

"Art. 1º ...

..

§ 2º A parcela de 20% (vinte por cento) especificada neste artigo constituirá o suporte financeiro do Programa Federal de Auxílio a Aeroportos a ser proposto e instituído de acordo com os Planos Aeroviários Estaduais e estabelecido por meio de convênios celebrados entre os Governos Estaduais e a Secretaria de Aviação Civil da Presidência da República.

§ 3º Serão contemplados com os recursos dispostos no § 2º os aeroportos estaduais constantes dos Planos Aeroviários e que sejam objeto de convênio específico firmado entre o Governo Estadual interessado e a Secretaria de Aviação Civil da Presidência da República.

.." (NR)

SEÇÃO V - DOS CARGOS DECORRENTES DA REESTRUTURAÇÃO DA SECRETARIA DE AVIAÇÃO CIVIL

Art. 56. É criado o cargo de Ministro de Estado Chefe da Secretaria de Aviação Civil da Presidência da República.

Art. 57. É criado o cargo em comissão, de Natureza Especial, de Secretário-Executivo da Secretaria de Aviação Civil da Presidência da República.

Art. 58. São criados, no âmbito da administração pública federal, os seguintes cargos em comissão do Grupo-Direção e Assessoramento Superiores destinados à Secretaria de Aviação Civil:

I - 2 (dois) DAS-6;
II - 9 (nove) DAS-5;
III - 23 (vinte e três) DAS-4;
IV - 39 (trinta e nove) DAS-3;
V - 35 (trinta e cinco) DAS-2;
VI - 19 (dezenove) DAS-1.

Art. 59. É transformado o cargo, de Natureza Especial, de Secretário Nacional de Políticas sobre Drogas no cargo, de Natureza Especial, de Assessor Chefe da Assessoria Especial do Presidente da República.

Art. 60. A Tabela a do Anexo I da Lei nº 11.526, de 4 de outubro de 2007, passa a vigorar acrescida da seguinte linha:

| Assessor Chefe da Assessoria Especial do Presidente da República | 11.179,36 |

SEÇÃO VI - DO PESSOAL DESTINADO AO CONTROLE DE TRÁFEGO AÉREO

Art. 61. O art. 2º da Lei nº 11.458, de 19 de março de 2007, passa a vigorar com a seguinte redação:

"Art. 2º A contratação de que trata esta Lei será de, no máximo, 160 (cento e sessenta) pessoas, com validade de até 2 (dois) anos, podendo ser prorrogada por sucessivos períodos até 18 de março de 2013.

§ 1º Prorrogações para períodos posteriores à data prevista no caput deste artigo poderão ser autorizadas, por ato conjunto dos Ministros de Estado da Defesa e do Planejamento, Orçamento e Gestão, mediante justificativa dos motivos que impossibilitaram a total substituição dos servidores temporários por servidores efetivos admitidos nos termos do inciso II do art. 37 da Constituição Federal.

§ 2º Na hipótese do § 1º deste artigo, regulamento estabelecerá critérios de substituição gradativa dos servidores temporários.

§ 3º Nenhum contrato de que trata esta Lei poderá superar a data limite de 1º de dezembro de 2016." (NR)

Art. 62. São criados, no Quadro de Pessoal do Comando da Aeronáutica, 100 (cem) cargos efetivos de Controlador de Tráfego Aéreo, de nível intermediário, integrantes do Grupo-Defesa Aérea e Controle de Tráfego Aéreo, código Dacta-1303.

SEÇÃO VII - DA CRIAÇÃO DO FUNDO NACIONAL DE AVIAÇÃO CIVIL (FNAC)

Art. 63. É instituído o Fundo Nacional de Aviação Civil - FNAC, de natureza contábil e financeira, vinculado à Secretaria de Aviação Civil da Presidência da República, para destinação dos recursos do sistema de aviação civil. (Redação dada pela Lei nº 12.833, de 2013)

§ 1º São recursos do FNAC: (Redação dada pela Lei nº 12.648, de 2012)

I - (Revogado pela Lei nº 13.319, de 2016)

II - os referidos no art. 1º da Lei nº 9.825, de 23 de agosto de 1999 ; (Incluído pela Lei nº 12.648, de 2012)

III - os valores devidos como contrapartida à União em razão das outorgas de infraestrutura aeroportuária; (Incluído pela Lei nº 12.648, de 2012)

IV - os rendimentos de suas aplicações financeiras; (Incluído pela Lei nº 12.833, de 2013)

V - os que lhe forem atribuídos para os fins de que trata o art. 63-A; e (Redação dada pela Lei nº 12.833, de 2013)

VI - outros que lhe forem atribuídos. (Incluído pela Lei nº 12.833, de 2013)

§ 2º Os recursos do FNAC serão aplicados exclusivamente no desenvolvimento e fomento do setor de aviação civil e das infraestruturas aeroportuária e aeronáutica civil. (Redação dada pela Lei nº 12.648, de 2012)

§ 3º As despesas do FNAC correrão à conta de dotações orçamentárias específicas alocadas no orçamento geral da União, observados os limites anuais de movimentação e empenho e de pagamento.

§ 4º Deverão ser disponibilizadas, anualmente, pela Secretaria de Aviação Civil da Presidência da República, em seu sítio eletrônico, informações contábeis e financeiras, além de descrição dos resultados econômicos e sociais obtidos pelo FNAC.

§ 5º Os recursos do FNAC também poderão ser aplicados no desenvolvimento, na ampliação e na reestruturação de aeroportos concedidos, desde que tais ações não constituam obrigação do concessionário, conforme estabelecido no contrato de concessão, nos termos das normas expedidas pela Agência Nacional de Aviação Civil - ANAC e pela Secretaria de Aviação Civil da Presidência da República - SAC, observadas

as respectivas competências. (Incluído pela Lei nº 12.648, de 2012)

§ 6º Os recursos do FNAC, enquanto não destinados às finalidades previstas no art. 63-A, ficarão depositados na Conta Única do Tesouro Nacional. (Incluído pela Lei nº 12.833, de 2013)

Art. 63-A. Os recursos do FNAC serão geridos e administrados pela Secretaria de Aviação Civil da Presidência da República ou, a seu critério, por instituição financeira pública federal, quando destinados à modernização, construção, ampliação ou reforma de aeródromos públicos. (Incluído pela Lei nº 12.833, de 2013)

§ 1º Para a consecução dos objetivos previstos no caput , a Secretaria de Aviação Civil da Presidência da República, diretamente ou, a seu critério, por intermédio de instituição financeira pública federal, realizará procedimento licitatório, podendo, em nome próprio ou de terceiros, adquirir bens, contratar obras e serviços de engenharia e de técnicos especializados e utilizar-se do Regime Diferenciado de Contratações Públicas - RDC. (Incluído pela Lei nº 12.833, de 2013)

§ 2º Ato conjunto dos Ministros da Fazenda e da Secretaria de Aviação Civil da Presidência da República fixará a remuneração de instituição financeira que prestar serviços, na forma deste artigo. (Incluído pela Lei nº 12.833, de 2013)

CAPÍTULO III - DISPOSIÇÕES FINAIS

Art. 64. O Poder Executivo federal regulamentará o disposto no Capítulo I desta Lei.

Art. 65. Até que a Autoridade Pública Olímpica defina a Carteira de Projetos Olímpicos, aplica-se, excepcionalmente, o disposto nesta Lei às contratações decorrentes do inciso I do art. 1º desta Lei, desde que sejam imprescindíveis para o cumprimento das obrigações assumidas perante o Comitê Olímpico Internacional e o Comitê Paraolímpico Internacional, e sua necessidade seja fundamentada pelo contratante da obra ou serviço.

Art. 66. Para os projetos de que tratam os incisos I a III do art. 1º desta Lei, o prazo estabelecido no inciso II do § 1º do art. 8º da Medida Provisória nº 2.185-35, de 24 de agosto de 2001, passa a ser o de 31 de dezembro de 2013.

Art. 67. A Lei nº 12.350, de 20 de dezembro de 2010, passa a vigorar acrescida do seguinte art. 62-A:

"Art. 62-A. Para efeito da análise das operações de crédito destinadas ao financiamento dos projetos para os Jogos Olímpicos e Paraolímpicos, para a Copa das Confederações da Federação Internacional de Futebol Associação - Fifa 2013 e para a Copa do Mundo Fifa 2014, a verificação da adimplência será efetuada pelo número do registro no Cadastro Nacional da Pessoa Jurídica (CNPJ) principal que represente a pessoa jurídica do mutuário ou tomador da operação de crédito."

Art. 68. O inciso II do § 1º do art. 8º da Medida Provisória nº 2.185-35, de 24 de agosto de 2001, passa a vigorar com a seguinte redação:

"Art. 8º ..

..

§ 1º ..

..

II - os empréstimos ou financiamentos tomados perante organismos financeiros multilaterais e instituições de fomento e cooperação ligadas a governos estrangeiros, o Banco Nacional de Desenvolvimento Econômico e Social (BNDES) e a Caixa Econômica Federal, que tenham avaliação positiva da agência financiadora, e desde que contratados no prazo de 2 (dois) anos, contados a partir da publicação da Lei de conversão da Medida Provisória nº 527, de 18 de março de 2011, e destinados exclusivamente à complementação de programas em andamento;

..." (NR)

CAPÍTULO IV - DAS REVOGAÇÕES

Art. 69. Revogam-se:

I - os §§ 1º e 2º do art. 6º , o item 6 da alínea i do inciso XII do art. 27 e o § 3º do art. 29, todos da Lei nº 10.683, de 28 de maio de 2003;

II - os §§ 4º e 5º do art. 16 da Lei nº 9.649, de 27 de maio de 1998 ; e

III - os incisos XXIII, XXVII e XLVII do art. 8º e o § 2º do art. 10 da Lei nº 11.182, de 27 de setembro de 2005.

Art. 70. Esta Lei entra em vigor na data de sua publicação, produzindo efeitos financeiros, no tocante ao art. 52 desta Lei, a contar da transferência dos órgãos ali referidos.

Brasília, 4 de agosto de 2011; 190º da Independência e 123º da República.

13. LEI Nº 13.019, DE 31 DE JULHO DE 2014

(Vide Lei nº 13.800, de 2019)

Estabelece o regime jurídico das parcerias entre a administração pública e as organizações da sociedade civil, em regime de mútua cooperação, para a consecução de finalidades de interesse público e recíproco, mediante a execução de atividades ou de projetos previamente estabelecidos em planos de trabalho inseridos em termos de colaboração, em termos de fomento ou em acordos de cooperação; define diretrizes para a política de fomento, de colaboração e de cooperação com organizações da sociedade civil; e altera as Leis nºs 8.429, de 2 de junho de 1992, e 9.790, de 23 de março de 1999. (Redação dada pela Lei nº 13.204, de 2015) A PRESIDENTA DA REPÚBLICA Faço saber que o Congresso Nacional decreta e eu sanciono a seguinte Lei:

Art. 1º Esta Lei institui normas gerais para as parcerias entre a administração pública e organizações da sociedade civil, em regime de mútua cooperação, para a consecução de finalidades de interesse público e recíproco, mediante a execução de atividades ou de projetos previamente estabelecidos em planos de trabalho inseridos em termos de colaboração, em termos de fomento ou em acordos de cooperação. (Redação dada pela Lei nº 13.204, de 2015)

CAPÍTULO I - DISPOSIÇÕES PRELIMINARES

Art. 2º Para os fins desta Lei, considera-se:

I - organização da sociedade civil: (Redação dada pela Lei nº 13.204, de 2015)

a) entidade privada sem fins lucrativos que não distribua entre os seus sócios ou associados, conselheiros, diretores, empregados, doadores ou terceiros eventuais resultados, sobras, excedentes operacionais, brutos ou líquidos, dividendos, isenções de qualquer natureza, participações ou parcelas do seu patrimônio, auferidos mediante o exercício de suas atividades, e que os aplique integralmente na consecução do respectivo objeto social, de forma imediata ou por meio da constituição de fundo patrimonial ou fundo de reserva; (Incluído pela Lei nº 13.204, de 2015)

b) as sociedades cooperativas previstas na Lei nº 9.867, de 10 de novembro de 1999; as integradas por pessoas em situação de risco ou vulnerabilidade pessoal ou social; as alcançadas por programas e ações de combate à pobreza e de geração de trabalho e renda; as voltadas para fomento, educação e capacitação de trabalhadores rurais ou capacitação de agentes de assistência técnica e extensão rural; e as capacitadas para execução de atividades ou de projetos de interesse público e de cunho social. (Incluído pela Lei nº 13.204, de 2015)

c) as organizações religiosas que se dediquem a atividades ou a projetos de interesse público e de cunho social

distintas das destinadas a fins exclusivamente religiosos; (Incluído pela Lei nº 13.204, de 2015)

II - administração pública: União, Estados, Distrito Federal, Municípios e respectivas autarquias, fundações, empresas públicas e sociedades de economia mista prestadoras de serviço público, e suas subsidiárias, alcançadas pelo disposto no § 9º do art. 37 da Constituição Federal ; (Redação dada pela Lei nº 13.204, de 2015)

III - parceria: conjunto de direitos, responsabilidades e obrigações decorrentes de relação jurídica estabelecida formalmente entre a administração pública e organizações da sociedade civil, em regime de mútua cooperação, para a consecução de finalidades de interesse público e recíproco, mediante a execução de atividade ou de projeto expressos em termos de colaboração, em termos de fomento ou em acordos de cooperação; (Redação dada pela Lei nº 13.204, de 2015)

III-A - atividade: conjunto de operações que se realizam de modo contínuo ou permanente, das quais resulta um produto ou serviço necessário à satisfação de interesses compartilhados pela administração pública e pela organização da sociedade civil; (Incluído pela Lei nº 13.204, de 2015)

III-B - projeto: conjunto de operações, limitadas no tempo, das quais resulta um produto destinado à satisfação de interesses compartilhados pela administração pública e pela organização da sociedade civil; (Incluído pela Lei nº 13.204, de 2015)

IV - dirigente: pessoa que detenha poderes de administração, gestão ou controle da organização da sociedade civil, habilitada a assinar termo de colaboração, termo de fomento ou acordo de cooperação com a administração pública para a consecução de finalidades de interesse público e recíproco, ainda que delegue essa competência a terceiros; (Redação dada pela Lei nº 13.204, de 2015)

V - administrador público: agente público revestido de competência para assinar termo de colaboração, termo de fomento ou acordo de cooperação com organização da sociedade civil para a consecução de finalidades de interesse público e recíproco, ainda que delegue essa competência a terceiros; (Redação dada pela Lei nº 13.204, de 2015)

VI - gestor: agente público responsável pela gestão de parceria celebrada por meio de termo de colaboração ou termo de fomento, designado por ato publicado em meio oficial de comunicação, com poderes de controle e fiscalização; (Redação dada pela Lei nº 13.204, de 2015)

VII - termo de colaboração: instrumento por meio do qual são formalizadas as parcerias estabelecidas pela administração pública com organizações da sociedade civil para a consecução de finalidades de interesse público e recíproco propostas pela administração pública que envolvam a transferência de recursos financeiros; (Redação dada pela Lei nº 13.204, de 2015)

VIII - termo de fomento: instrumento por meio do qual são formalizadas as parcerias estabelecidas pela administração pública com organizações da sociedade civil para a consecução de finalidades de interesse público e recíproco propostas pelas organizações da sociedade civil, que envolvam a transferência de recursos financeiros; (Redação dada pela Lei nº 13.204, de 2015)

VIII-A - acordo de cooperação: instrumento por meio do qual são formalizadas as parcerias estabelecidas pela administração pública com organizações da sociedade civil para a consecução de finalidades de interesse público e recíproco que não envolvam a transferência de recursos financeiros; (Incluído pela Lei nº 13.204, de 2015)

IX - conselho de política pública: órgão criado pelo poder público para atuar como instância consultiva, na respectiva área de atuação, na formulação, implementação, acompanhamento, monitoramento e avaliação de políticas públicas;

X - comissão de seleção: órgão colegiado destinado a processar e julgar chamamentos públicos, constituído por ato publicado em meio oficial de comunicação, assegurada a participação de pelo menos um servidor ocupante de cargo efetivo ou emprego permanente do quadro de pessoal da administração pública; (Redação dada pela Lei nº 13.204, de 2015)

XI - comissão de monitoramento e avaliação: órgão colegiado destinado a monitorar e avaliar as parcerias celebradas com organizações da sociedade civil mediante termo de colaboração ou termo de fomento, constituído por ato publicado em meio oficial de comunicação, assegurada a participação de pelo menos um servidor ocupante de cargo efetivo ou emprego permanente do quadro de pessoal da administração pública; (Redação dada pela Lei nº 13.204, de 2015)

XII - chamamento público: procedimento destinado a selecionar organização da sociedade civil para firmar parceria por meio de termo de colaboração ou de fomento, no qual se garanta a observância dos princípios da isonomia, da legalidade, da impessoalidade, da moralidade, da igualdade, da publicidade, da probidade administrativa, da vinculação ao instrumento convocatório, do julgamento objetivo e dos que lhes são correlatos;

XIII - bens remanescentes: os de natureza permanente adquiridos com recursos financeiros envolvidos na parceria, necessários à consecução do objeto, mas que a ele não se incorporam; (Redação dada pela Lei nº 13.204, de 2015)

XIV - prestação de contas: procedimento em que se analisa e se avalia a execução da parceria, pelo qual seja possível verificar o cumprimento do objeto da parceria e o alcance das metas e dos resultados previstos, compreendendo duas fases: (Redação dada pela Lei nº 13.204, de 2015)

a) apresentação das contas, de responsabilidade da organização da sociedade civil;

b) análise e manifestação conclusiva das contas, de responsabilidade da administração pública, sem prejuízo da atuação dos órgãos de controle;

XV - (revogado) . (Redação dada pela Lei nº 13.204, de 2015)

Art. 2º-A. As parcerias disciplinadas nesta Lei respeitarão, em todos os seus aspectos, as normas específicas das políticas públicas setoriais relativas ao objeto da parceria e as respectivas instâncias de pactuação e deliberação. (Incluído pela Lei nº 13.204, de 2015)

Art. 3º Não se aplicam as exigências desta Lei:

I - às transferências de recursos homologadas pelo Congresso Nacional ou autorizadas pelo Senado Federal naquilo em que as disposições específicas dos tratados, acordos e convenções internacionais conflitarem com esta Lei; (Redação dada pela Lei nº 13.204, de 2015)

II - (revogado) ; (Redação dada pela Lei nº 13.204, de 2015)

III - aos contratos de gestão celebrados com organizações sociais, desde que cumpridos os requisitos previstos na Lei nº 9.637, de 15 de maio de 1998 ; (Redação dada pela Lei nº 13.204, de 2015)

IV - aos convênios e contratos celebrados com entidades filantrópicas e sem fins lucrativos nos termos do § 1º do art. 199 da Constituição Federal; (Incluído pela Lei nº 13.204, de 2015)

V - aos termos de compromisso cultural referidos no § 1º do art. 9º da Lei nº 13.018, de 22 de julho de 2014; (Incluído pela Lei nº 13.204, de 2015)

VI - aos termos de parceria celebrados com organizações da sociedade civil de interesse público, desde que cumpridos os requisitos previstos na Lei nº 9.790, de 23 de março de 1999; (Incluído pela Lei nº 13.204, de 2015)

VII - às transferências referidas no art. 2º da Lei nº 10.845, de 5 de março de 2004, e nos arts. 5º e 22 da Lei nº 11.947, de 16 de junho de 2009; (Incluído pela Lei nº 13.204, de 2015)

VIII - (VETADO); (Incluído pela Lei nº 13.204, de 2015)

IX - aos pagamentos realizados a título de anuidades, contribuições ou taxas associativas em favor de organismos internacionais ou entidades que sejam obrigatoriamente constituídas por: (Incluído pela Lei nº 13.204, de 2015)

a) membros de Poder ou do Ministério Público; (Incluída pela Lei nº 13.204, de 2015)
b) dirigentes de órgão ou de entidade da administração pública; (Incluída pela Lei nº 13.204, de 2015)
c) pessoas jurídicas de direito público interno; (Incluída pela Lei nº 13.204, de 2015)
d) pessoas jurídicas integrantes da administração pública; (Incluída pela Lei nº 13.204, de 2015)
X - às parcerias entre a administração pública e os serviços sociais autônomos. (Incluído pela Lei nº 13.204, de 2015)
Art. 4º (Revogado pela Lei nº 13.204, de 2015)

CAPÍTULO II - DA CELEBRAÇÃO DO TERMO DE COLABORAÇÃO OU DE FOMENTO

SEÇÃO I - NORMAS GERAIS

Art. 5º O regime jurídico de que trata esta Lei tem como fundamentos a gestão pública democrática, a participação social, o fortalecimento da sociedade civil, a transparência na aplicação dos recursos públicos, os princípios da legalidade, da legitimidade, da impessoalidade, da moralidade, da publicidade, da economicidade, da eficiência e da eficácia, destinando-se a assegurar: (Redação dada pela Lei nº 13.204, de 2015)

I - o reconhecimento da participação social como direito do cidadão;
II - a solidariedade, a cooperação e o respeito à diversidade para a construção de valores de cidadania e de inclusão social e produtiva;
III - a promoção do desenvolvimento local, regional e nacional, inclusivo e sustentável;
IV - o direito à informação, à transparência e ao controle social das ações públicas;
V - a integração e a transversalidade dos procedimentos, mecanismos e instâncias de participação social;
VI - a valorização da diversidade cultural e da educação para a cidadania ativa;
VII - a promoção e a defesa dos direitos humanos;
VIII - a preservação, a conservação e a proteção dos recursos hídricos e do meio ambiente;
IX - a valorização dos direitos dos povos indígenas e das comunidades tradicionais;
X - a preservação e a valorização do patrimônio cultural brasileiro, em suas dimensões material e imaterial.

Art. 6º São diretrizes fundamentais do regime jurídico de parceria: (Redação dada pela Lei nº 13.204, de 2015)

I - a promoção, o fortalecimento institucional, a capacitação e o incentivo à organização da sociedade civil para a cooperação com o poder público;
II - a priorização do controle de resultados;
III - o incentivo ao uso de recursos atualizados de tecnologias de informação e comunicação;
IV - o fortalecimento das ações de cooperação institucional entre os entes federados nas relações com as organizações da sociedade civil;
V - o estabelecimento de mecanismos que ampliem a gestão de informação, transparência e publicidade;
VI - a ação integrada, complementar e descentralizada, de recursos e ações, entre os entes da Federação, evitando sobreposição de iniciativas e fragmentação de recursos;
VII - a sensibilização, a capacitação, o aprofundamento e o aperfeiçoamento do trabalho de gestores públicos, na implementação de atividades e projetos de interesse público e relevância social com organizações da sociedade civil;
VIII - a adoção de práticas de gestão administrativa necessárias e suficientes para coibir a obtenção, individual ou coletiva, de benefícios ou vantagens indevidos; (Redação dada pela Lei nº 13.204, de 2015)
IX - a promoção de soluções derivadas da aplicação de conhecimentos, da ciência e tecnologia e da inovação para atender necessidades e demandas de maior qualidade de vida da população em situação de desigualdade social.

SEÇÃO II - DA CAPACITAÇÃO DE GESTORES, CONSELHEIROS E SOCIEDADE CIVIL ORGANIZADA

Art. 7º A União poderá instituir, em coordenação com os Estados, o Distrito Federal, os Municípios e organizações da sociedade civil, programas de capacitação voltados a: (Redação dada pela Lei nº 13.204, de 2015)

I - administradores públicos, dirigentes e gestores; (Incluído pela Lei nº 13.204, de 2015)
II - representantes de organizações da sociedade civil; (Incluído pela Lei nº 13.204, de 2015)
III - membros de conselhos de políticas públicas; (Incluído pela Lei nº 13.204, de 2015)
IV - membros de comissões de seleção; (Incluído pela Lei nº 13.204, de 2015)
V - membros de comissões de monitoramento e avaliação; (Incluído pela Lei nº 13.204, de 2015)
VI - demais agentes públicos e privados envolvidos na celebração e execução das parcerias disciplinadas nesta Lei. (Incluído pela Lei nº 13.204, de 2015)

Parágrafo único. A participação nos programas previstos no caput não constituirá condição para o exercício de função envolvida na materialização das parcerias disciplinadas nesta Lei. (Incluído pela Lei nº 13.204, de 2015)

Art. 8º Ao decidir sobre a celebração de parcerias previstas nesta Lei, o administrador público: (Redação dada pela Lei nº 13.204, de 2015)

I - considerará, obrigatoriamente, a capacidade operacional da administração pública para celebrar a parceria, cumprir as obrigações dela decorrentes e assumir as respectivas responsabilidades; (Incluído pela Lei nº 13.204, de 2015)
II - avaliará as propostas de parceria com o rigor técnico necessário; (Incluído pela Lei nº 13.204, de 2015)
III - designará gestores habilitados a controlar e fiscalizar a execução em tempo hábil e de modo eficaz; (Incluído pela Lei nº 13.204, de 2015)
IV - apreciará as prestações de contas na forma e nos prazos determinados nesta Lei e na legislação específica. (Incluído pela Lei nº 13.204, de 2015)

Parágrafo único. A administração pública adotará as medidas necessárias, tanto na capacitação de pessoal, quanto no provimento dos recursos materiais e tecnológicos necessários, para assegurar a capacidade técnica e operacional de que trata o caput deste artigo.

SEÇÃO III - DA TRANSPARÊNCIA E DO CONTROLE

Art. 9º (Revogado pela Lei nº 13.204, de 2015)

Art. 10. A administração pública deverá manter, em seu sítio oficial na internet, a relação das parcerias celebradas e dos respectivos planos de trabalho, até cento e oitenta dias após o respectivo encerramento. (Redação dada pela Lei nº 13.204, de 2015)

Art. 11. A organização da sociedade civil deverá divulgar na internet e em locais visíveis de suas sedes sociais e dos estabelecimentos em que exerça suas ações todas as parcerias celebradas com a administração pública. (Redação dada pela Lei nº 13.204, de 2015)

Parágrafo único. As informações de que tratam este artigo e o art. 10 deverão incluir, no mínimo:

I - data de assinatura e identificação do instrumento de parceria e do órgão da administração pública responsável;
II - nome da organização da sociedade civil e seu número de inscrição no Cadastro Nacional da Pessoa Jurídica - CNPJ da Secretaria da Receita Federal do Brasil - RFB;
III - descrição do objeto da parceria;
IV - valor total da parceria e valores liberados, quando for o caso; (Redação dada pela Lei nº 13.204, de 2015)

V - situação da prestação de contas da parceria, que deverá informar a data prevista para a sua apresentação, a data em que foi apresentada, o prazo para a sua análise e o resultado conclusivo.

VI - quando vinculados à execução do objeto e pagos com recursos da parceria, o valor total da remuneração da equipe de trabalho, as funções que seus integrantes desempenham e a remuneração prevista para o respectivo exercício. (Incluído pela Lei nº 13.204, de 2015)

Art. 12. A administração pública deverá divulgar pela internet os meios de representação sobre a aplicação irregular dos recursos envolvidos na parceria. (Redação dada pela Lei nº 13.204, de 2015)

SEÇÃO IV - DO FORTALECIMENTO DA PARTICIPAÇÃO SOCIAL E DA DIVULGAÇÃO DAS AÇÕES

Art. 13. (VETADO).

Art. 14. A administração pública divulgará, na forma de regulamento, nos meios públicos de comunicação por radiodifusão de sons e de sons e imagens, campanhas publicitárias e programações desenvolvidas por organizações da sociedade civil, no âmbito das parcerias previstas nesta Lei, mediante o emprego de recursos tecnológicos e de linguagem adequados à garantia de acessibilidade por pessoas com deficiência. (Redação dada pela Lei nº 13.204, de 2015)

Art. 15. Poderá ser criado, no âmbito do Poder Executivo federal, o Conselho Nacional de Fomento e Colaboração, de composição paritária entre representantes governamentais e organizações da sociedade civil, com a finalidade de divulgar boas práticas e de propor e apoiar políticas e ações voltadas ao fortalecimento das relações de fomento e de colaboração previstas nesta Lei.

§ 1º A composição e o funcionamento do Conselho Nacional de Fomento e Colaboração serão disciplinados em regulamento.

§ 2º Os demais entes federados também poderão criar instância participativa, nos termos deste artigo.

§ 3º Os conselhos setoriais de políticas públicas e a administração pública serão consultados quanto às políticas e ações voltadas ao fortalecimento das relações de fomento e de colaboração propostas pelo Conselho de que trata o caput deste artigo. (Incluído pela Lei nº 13.204, de 2015)

SEÇÃO V - DOS TERMOS DE COLABORAÇÃO E DE FOMENTO

Art. 16. O termo de colaboração deve ser adotado pela administração pública para consecução de planos de trabalho de sua iniciativa, para celebração de parcerias com organizações da sociedade civil que envolvam a transferência de recursos financeiros. (Redação dada pela Lei nº 13.204, de 2015)

Parágrafo único. Os conselhos de políticas públicas poderão apresentar propostas à administração pública para celebração de termo de colaboração com organizações da sociedade civil.

Art. 17. O termo de fomento deve ser adotado pela administração pública para consecução de planos de trabalho propostos por organizações da sociedade civil que envolvam a transferência de recursos financeiros. (Redação dada pela Lei nº 13.204, de 2015)

SEÇÃO VI - DO PROCEDIMENTO DE MANIFESTAÇÃO DE INTERESSE SOCIAL

Art. 18. É instituído o Procedimento de Manifestação de Interesse Social como instrumento por meio do qual as organizações da sociedade civil, movimentos sociais e cidadãos poderão apresentar propostas ao poder público para que este avalie a possibilidade de realização de um chamamento público objetivando a celebração de parceria.

Art. 19. A proposta a ser encaminhada à administração pública deverá atender aos seguintes requisitos:

I - identificação do subscritor da proposta;

II - indicação do interesse público envolvido;

III - diagnóstico da realidade que se quer modificar, aprimorar ou desenvolver e, quando possível, indicação da viabilidade, dos custos, dos benefícios e dos prazos de execução da ação pretendida.

Art. 20. Preenchidos os requisitos do art. 19, a administração pública deverá tornar pública a proposta em seu sítio eletrônico e, verificada a conveniência e oportunidade para realização do Procedimento de Manifestação de Interesse Social, o instaurará para oitiva da sociedade sobre o tema.

Parágrafo único. Os prazos e regras do procedimento de que trata esta Seção observarão regulamento próprio de cada ente federado, a ser aprovado após a publicação desta Lei.

Art. 21. A realização do Procedimento de Manifestação de Interesse Social não implicará necessariamente na execução do chamamento público, que acontecerá de acordo com os interesses da administração.

§ 1º A realização do Procedimento de Manifestação de Interesse Social não dispensa a convocação por meio de chamamento público para a celebração de parceria.

§ 2º A proposição ou a participação no Procedimento de Manifestação de Interesse Social não impede a organização da sociedade civil de participar no eventual chamamento público subsequente.

§ 3º É vedado condicionar a realização de chamamento público ou a celebração de parceria à prévia realização de Procedimento de Manifestação de Interesse Social. (Incluído pela Lei nº 13.204, de 2015)

SEÇÃO VII - DO PLANO DE TRABALHO

Art. 22. Deverá constar do plano de trabalho de parcerias celebradas mediante termo de colaboração ou de fomento: (Redação dada pela Lei nº 13.204, de 2015)

I - descrição da realidade que será objeto da parceria, devendo ser demonstrado o nexo entre essa realidade e as atividades ou projetos e metas a serem atingidas; (Redação dada pela Lei nº 13.204, de 2015)

II - descrição de metas a serem atingidas e de atividades ou projetos a serem executados; (Redação dada pela Lei nº 13.204, de 2015)

II-A - previsão de receitas e de despesas a serem realizadas na execução das atividades ou dos projetos abrangidos pela parceria; (Incluído pela Lei nº 13.204, de 2015)

III - forma de execução das atividades ou dos projetos e de cumprimento das metas a eles atreladas; (Redação dada pela Lei nº 13.204, de 2015)

IV - definição dos parâmetros a serem utilizados para a aferição do cumprimento das metas. (Redação dada pela Lei nº 13.204, de 2015)

V - (revogado) ; (Redação dada pela Lei nº 13.204, de 2015)
VI - (revogado) ; (Redação dada pela Lei nº 13.204, de 2015)
VII - (revogado) ; (Redação dada pela Lei nº 13.204, de 2015)
VIII - (revogado) ; (Redação dada pela Lei nº 13.204, de 2015)
IX - (revogado) ; (Redação dada pela Lei nº 13.204, de 2015)
X - (revogado) . (Redação dada pela Lei nº 13.204, de 2015)

Parágrafo único. (Revogado) . (Redação dada pela Lei nº 13.204, de 2015)

SEÇÃO VIII - DO CHAMAMENTO PÚBLICO

Art. 23. A administração pública deverá adotar procedimentos claros, objetivos e simplificados que orientem os interessados e facilitem o acesso direto aos seus órgãos e instâncias decisórias, independentemente da modalidade de parceria prevista nesta Lei. (Redação dada pela Lei nº 13.204, de 2015)

Parágrafo único. Sempre que possível, a administração pública estabelecerá critérios a serem seguidos, especialmente quanto às seguintes características: (Redação dada pela Lei nº 13.204, de 2015)

I - objetos;

II - metas;
III - (revogado) ; (Redação dada pela Lei nº 13.204, de 2015)
IV - custos;
V - (revogado) ; (Redação dada pela Lei nº 13.204, de 2015)
VI - indicadores, quantitativos ou qualitativos, de avaliação de resultados. (Redação dada pela Lei nº 13.204, de 2015)

Art. 24. Exceto nas hipóteses previstas nesta Lei, a celebração de termo de colaboração ou de fomento será precedida de chamamento público voltado a selecionar organizações da sociedade civil que tornem mais eficaz a execução do objeto. (Redação dada pela Lei nº 13.204, de 2015)

§ 1º O edital do chamamento público especificará, no mínimo:
I - a programação orçamentária que autoriza e viabiliza a celebração da parceria; (Redação dada pela Lei nº 13.204, de 2015)
II - (revogado) ; (Redação dada pela Lei nº 13.204, de 2015)
III - o objeto da parceria;
IV - as datas, os prazos, as condições, o local e a forma de apresentação das propostas;
V - as datas e os critérios de seleção e julgamento das propostas, inclusive no que se refere à metodologia de pontuação e ao peso atribuído a cada um dos critérios estabelecidos, se for o caso; (Redação dada pela Lei nº 13.204, de 2015)
VI - o valor previsto para a realização do objeto;
VII - (revogado) ; (Redação dada pela Lei nº 13.204, de 2015)
 a) (revogada) ; (Redação dada pela Lei nº 13.204, de 2015)
 b) (revogada) ; (Redação dada pela Lei nº 13.204, de 2015)
 c) (revogada) ; (Redação dada pela Lei nº 13.204, de 2015)
VIII - as condições para interposição de recurso administrativo; (Incluído pela Lei nº 13.204, de 2015)
IX - a minuta do instrumento por meio do qual será celebrada a parceria; (Redação dada pela Lei nº 13.204, de 2015)
X - de acordo com as características do objeto da parceria, medidas de acessibilidade para pessoas com deficiência ou mobilidade reduzida e idosos. (Redação dada pela Lei nº 13.204, de 2015)

§ 2º É vedado admitir, prever, incluir ou tolerar, nos atos de convocação, cláusulas ou condições que comprometam, restrinjam ou frustrem o seu caráter competitivo em decorrência de qualquer circunstância impertinente ou irrelevante para o específico objeto da parceria, admitidos: (Redação dada pela Lei nº 13.204, de 2015)
I - a seleção de propostas apresentadas exclusivamente por concorrentes sediados ou com representação atuante e reconhecida na unidade da Federação onde será executado o objeto da parceria; (Incluído pela Lei nº 13.204, de 2015)
II - o estabelecimento de cláusula que delimite o território ou a abrangência da prestação de atividades ou da execução de projetos, conforme estabelecido nas políticas setoriais. (Incluído pela Lei nº 13.204, de 2015)

Art. 25. (Revogado pela Lei nº 13.204, de 2015)

Art. 26. O edital deverá ser amplamente divulgado em página do sítio oficial da administração pública na internet, com antecedência mínima de trinta dias. (Redação dada pela Lei nº 13.204, de 2015)
Parágrafo único. (Revogado) . (Redação dada pela Lei nº 13.204, de 2015)

Art. 27. O grau de adequação da proposta aos objetivos específicos do programa ou da ação em que se insere o objeto da parceria e, quando for o caso, ao valor de referência constante do chamamento constitui critério obrigatório de julgamento. (Redação dada pela Lei nº 13.204, de 2015)

§ 1º As propostas serão julgadas por uma comissão de seleção previamente designada, nos termos desta Lei, ou constituída pelo respectivo conselho gestor, se o projeto for financiado com recursos de fundos específicos. (Redação dada pela Lei nº 13.204, de 2015)

§ 2º Será impedida de participar da comissão de seleção pessoa que, nos últimos cinco anos, tenha mantido relação jurídica com, ao menos, uma das entidades participantes do chamamento público. (Redação dada pela Lei nº 13.204, de 2015)

§ 3º Configurado o impedimento previsto no § 2º , deverá ser designado membro substituto que possua qualificação equivalente à do substituído.

§ 4º A administração pública homologará e divulgará o resultado do julgamento em página do sítio previsto no art. 26. (Redação dada pela Lei nº 13.204, de 2015)

§ 5º Será obrigatoriamente justificada a seleção de proposta que não for a mais adequada ao valor de referência constante do chamamento público. (Incluído pela Lei nº 13.204, de 2015)

§ 6º A homologação não gera direito para a organização da sociedade civil à celebração da parceria. (Incluído pela Lei nº 13.204, de 2015)

Art. 28. Somente depois de encerrada a etapa competitiva e ordenadas as propostas, a administração pública procederá à verificação dos documentos que comprovem o atendimento pela organização da sociedade civil selecionada dos requisitos previstos nos arts. 33 e 34. (Redação dada pela Lei nº 13.204, de 2015)

§ 1º Na hipótese de a organização da sociedade civil selecionada não atender aos requisitos exigidos nos arts. 33 e 34, aquela imediatamente mais bem classificada poderá ser convidada a aceitar a celebração de parceria nos termos da proposta por ela apresentada. (Redação dada pela Lei nº 13.204, de 2015)

§ 2º Caso a organização da sociedade civil convidada nos termos do § 1º aceite celebrar a parceria, proceder-se-á à verificação dos documentos que comprovem o atendimento aos requisitos previstos nos arts. 33 e 34. (Redação dada pela Lei nº 13.204, de 2015)

§ 3º (Revogado) . (Redação dada pela Lei nº 13.204, de 2015)

Art. 29. Os termos de colaboração ou de fomento que envolvam recursos decorrentes de emendas parlamentares às leis orçamentárias anuais e os acordos de cooperação serão celebrados sem chamamento público, exceto, em relação aos acordos de cooperação, quando o objeto envolver a celebração de comodato, doação de bens ou outra forma de compartilhamento de recurso patrimonial, hipótese em que o respectivo chamamento público observará o disposto nesta Lei. (Redação dada pela Lei nº 13.204, de 2015)

Art. 30. A administração pública poderá dispensar a realização do chamamento público:
I - no caso de urgência decorrente de paralisação ou iminência de paralisação de atividades de relevante interesse público, pelo prazo de até cento e oitenta dias; (Redação dada pela Lei nº 13.204, de 2015)
II - nos casos de guerra, calamidade pública, grave perturbação da ordem pública ou ameaça à paz social; (Redação dada pela Lei nº 13.204, de 2015)
III - quando se tratar da realização de programa de proteção a pessoas ameaçadas ou em situação que possa comprometer a sua segurança;
IV - (VETADO).
V - (VETADO); (Incluído pela Lei nº 13.204, de 2015)
VI - no caso de atividades voltadas ou vinculadas a serviços de educação, saúde e assistência social, desde que executadas por organizações da sociedade civil previamente credenciadas pelo órgão gestor da respectiva política. (Incluído pela Lei nº 13.204, de 2015)

Art. 31. Será considerado inexigível o chamamento público na hipótese de inviabilidade de competição entre as organizações da sociedade civil, em razão da natureza singular do objeto da parceria ou se as metas somente puderem ser atingidas por uma entidade específica, especialmente quando: (Redação dada pela Lei nº 13.204, de 2015)
I - o objeto da parceria constituir incumbência prevista em acordo, ato ou compromisso internacional, no qual sejam indicadas as instituições que utilizarão os recursos; (Incluído pela Lei nº 13.204, de 2015)

II - a parceria decorrer de transferência para organização da sociedade civil que esteja autorizada em lei na qual seja identificada expressamente a entidade beneficiária, inclusive quando se tratar da subvenção prevista no inciso I do § 3º do art. 12 da Lei nº 4.320, de 17 de março de 1964, observado o disposto no art. 26 da Lei Complementar nº 101, de 4 de maio de 2000. (Incluído pela Lei nº 13.204, de 2015)

Art. 32. Nas hipóteses dos arts. 30 e 31 desta Lei, a ausência de realização de chamamento público será justificada pelo administrador público. (Redação dada pela Lei nº 13.204, de 2015)

§ 1º Sob pena de nulidade do ato de formalização de parceria prevista nesta Lei, o extrato da justificativa previsto no caput deverá ser publicado, na mesma data em que for efetivado, no sítio oficial da administração pública na internet e, eventualmente, a critério do administrador público, também no meio oficial de publicidade da administração pública. (Redação dada pela Lei nº 13.204, de 2015)

§ 2º Admite-se a impugnação à justificativa, apresentada no prazo de cinco dias a contar de sua publicação, cujo teor deve ser analisado pelo administrador público responsável em até cinco dias da data do respectivo protocolo. (Redação dada pela Lei nº 13.204, de 2015)

§ 3º Havendo fundamento na impugnação, será revogado o ato que declarou a dispensa ou considerou inexigível o chamamento público, e será imediatamente iniciado o procedimento para a realização do chamamento público, conforme o caso.

§ 4º A dispensa e a inexigibilidade de chamamento público, bem como o disposto no art. 29, não afastam a aplicação dos demais dispositivos desta Lei. (Incluído pela Lei nº 13.204, de 2015)

SEÇÃO IX - DOS REQUISITOS PARA CELEBRAÇÃO DO TERMO DE COLABORAÇÃO E DO TERMO DE FOMENTO

Art. 33. Para celebrar as parcerias previstas nesta Lei, as organizações da sociedade civil deverão ser regidas por normas de organização interna que prevejam, expressamente: (Redação dada pela Lei nº 13.204, de 2015)

I - objetivos voltados à promoção de atividades e finalidades de relevância pública e social;

II - (Revogado pela Lei nº 13.204, de 2015)

III - que, em caso de dissolução da entidade, o respectivo patrimônio líquido seja transferido a outra pessoa jurídica de igual natureza que preencha os requisitos desta Lei e cujo objeto social seja, preferencialmente, o mesmo da entidade extinta; (Redação dada pela Lei nº 13.204, de 2015)

IV - escrituração de acordo com os princípios fundamentais de contabilidade e com as Normas Brasileiras de Contabilidade; (Redação dada pela Lei nº 13.204, de 2015)

a) (revogada); (Redação dada pela Lei nº 13.204, de 2015)
b) (revogada); (Redação dada pela Lei nº 13.204, de 2015)

V - possuir: (Incluído pela Lei nº 13.204, de 2015)

a) no mínimo, um, dois ou três anos de existência, com cadastro ativo, comprovados por meio de documentação emitida pela Secretaria da Receita Federal do Brasil, com base no Cadastro Nacional da Pessoa Jurídica - CNPJ, conforme, respectivamente, a parceria seja celebrada no âmbito dos Municípios, do Distrito Federal ou dos Estados e da União, admitida a redução desses prazos por ato específico de cada ente na hipótese de nenhuma organização atingi-los; (Incluído pela Lei nº 13.204, de 2015)

b) experiência prévia na realização, com efetividade, do objeto da parceria ou de natureza semelhante; (Incluído pela Lei nº 13.204, de 2015)

c) instalações, condições materiais e capacidade técnica e operacional para o desenvolvimento das atividades ou projetos previstos na parceria e o cumprimento das metas estabelecidas. (Incluído pela Lei nº 13.204, de 2015)

§ 1º Na celebração de acordos de cooperação, somente será exigido o requisito previsto no inciso I. (Incluído pela Lei nº 13.204, de 2015)

§ 2º Serão dispensadas do atendimento ao disposto nos incisos I e III as organizações religiosas. (Incluído pela Lei nº 13.204, de 2015)

§ 3º As sociedades cooperativas deverão atender às exigências previstas na legislação específica e ao disposto no inciso IV, estando dispensadas do atendimento aos requisitos previstos nos incisos I e III. (Incluído pela Lei nº 13.204, de 2015)

§ 4º (VETADO). (Incluído pela Lei nº 13.204, de 2015)

§ 5º Para fins de atendimento do previsto na alínea c do inciso V, não será necessária a demonstração de capacidade instalada prévia. (Incluído pela Lei nº 13.204, de 2015)

Art. 34. Para celebração das parcerias previstas nesta Lei, as organizações da sociedade civil deverão apresentar:

I - (revogado) ; (Redação dada pela Lei nº 13.204, de 2015)

II - certidões de regularidade fiscal, previdenciária, tributária, de contribuições e de dívida ativa, de acordo com a legislação aplicável de cada ente federado;

III - certidão de existência jurídica expedida pelo cartório de registro civil ou cópia do estatuto registrado e de eventuais alterações ou, tratando-se de sociedade cooperativa, certidão simplificada emitida por junta comercial; (Redação dada pela Lei nº 13.204, de 2015)

IV - (revogado) ; (Redação dada pela Lei nº 13.204, de 2015)

V - cópia da ata de eleição do quadro dirigente atual;

VI - relação nominal atualizada dos dirigentes da entidade, com endereço, número e órgão expedidor da carteira de identidade e número de registro no Cadastro de Pessoas Físicas - CPF da Secretaria da Receita Federal do Brasil - RFB de cada um deles;

VII - comprovação de que a organização da sociedade civil funciona no endereço por ela declarado; (Redação dada pela Lei nº 13.204, de 2015)

VIII - (revogado). (Redação dada pela Lei nº 13.204, de 2015)

Parágrafo único. (VETADO):

I - (VETADO);
II - (VETADO);
III - (VETADO).

Art. 35. A celebração e a formalização do termo de colaboração e do termo de fomento dependerão da adoção das seguintes providências pela administração pública:

I - realização de chamamento público, ressalvadas as hipóteses previstas nesta Lei;

II - indicação expressa da existência de prévia dotação orçamentária para execução da parceria;

III - demonstração de que os objetivos e finalidades institucionais e a capacidade técnica e operacional da organização da sociedade civil foram avaliados e são compatíveis com o objeto;

IV - aprovação do plano de trabalho, a ser apresentado nos termos desta Lei;

V - emissão de parecer de órgão técnico da administração pública, que deverá pronunciar-se, de forma expressa, a respeito:

a) do mérito da proposta, em conformidade com a modalidade de parceria adotada;

b) da identidade e da reciprocidade de interesse das partes na realização, em mútua cooperação, da parceria prevista nesta Lei;

c) da viabilidade de sua execução; (Redação dada pela Lei nº 13.204, de 2015)

d) da verificação do cronograma de desembolso; (Redação dada pela Lei nº 13.204, de 2015)

e) da descrição de quais serão os meios disponíveis a serem utilizados para a fiscalização da execução da parceria, assim como dos procedimentos que deverão ser adotados para avaliação da execução física e financeira, no cumprimento das metas e objetivos;

f) (Revogada) ; (Redação dada pela Lei nº 13.204, de 2015)

g) da designação do gestor da parceria;

h) da designação da comissão de monitoramento e avaliação da parceria;

i) (Revogada) ; (Redação dada pela Lei nº 13.204, de 2015)

VI - emissão de parecer jurídico do órgão de assessoria ou consultoria jurídica da administração pública acerca da possibilidade de celebração da parceria. (Redação dada pela Lei nº 13.204, de 2015)

§ 1º Não será exigida contrapartida financeira como requisito para celebração de parceria, facultada a exigência de contrapartida em bens e serviços cuja expressão monetária será obrigatoriamente identificada no termo de colaboração ou de fomento. (Redação dada pela Lei nº 13.204, de 2015)

§ 2º Caso o parecer técnico ou o parecer jurídico de que tratam, respectivamente, os incisos V e VI concluam pela possibilidade de celebração da parceria com ressalvas, deverá o administrador público sanar os aspectos ressalvados ou, mediante ato formal, justificar a preservação desses aspectos ou sua exclusão. (Redação dada pela Lei nº 13.204, de 2015)

§ 3º Na hipótese de o gestor da parceria deixar de ser agente público ou ser lotado em outro órgão ou entidade, o administrador público deverá designar novo gestor, assumindo, enquanto isso não ocorrer, todas as obrigações do gestor, com as respectivas responsabilidades.

§ 4º (Revogado). (Redação dada pela Lei nº 13.204, de 2015)

§ 5º Caso a organização da sociedade civil adquira equipamentos e materiais permanentes com recursos provenientes da celebração da parceria, o bem será gravado com cláusula de inalienabilidade, e ela deverá formalizar promessa de transferência da propriedade à administração pública, na hipótese de sua extinção.

§ 6º Será impedida de participar como gestor da parceria ou como membro da comissão de monitoramento e avaliação pessoa que, nos últimos 5 (cinco) anos, tenha mantido relação jurídica com, ao menos, 1 (uma) das organizações da sociedade civil partícipes.

§ 7º Configurado o impedimento do § 6º , deverá ser designado gestor ou membro substituto que possua qualificação técnica equivalente à do substituído.

Art. 35-A. É permitida a atuação em rede, por duas ou mais organizações da sociedade civil, mantida a integral responsabilidade da organização celebrante do termo de fomento ou de colaboração, desde que a organização da sociedade civil signatária do termo de fomento ou de colaboração possua: (Incluído pela Lei nº 13.204, de 2015)

I - mais de cinco anos de inscrição no CNPJ; (Incluído pela Lei nº 13.204, de 2015)

II - capacidade técnica e operacional para supervisionar e orientar diretamente a atuação da organização que com ela estiver atuando em rede. (Incluído pela Lei nº 13.204, de 2015)

Parágrafo único. A organização da sociedade civil que assinar o termo de colaboração ou de fomento deverá celebrar termo de atuação em rede para repasse de recursos às não celebrantes, ficando obrigada a, no ato da respectiva formalização: (Incluído pela Lei nº 13.204, de 2015)

I - verificar, nos termos do regulamento, a regularidade jurídica e fiscal da organização executante e não celebrante do termo de colaboração ou do termo de fomento, devendo comprovar tal verificação na prestação de contas; (Incluído pela Lei nº 13.204, de 2015)

II - comunicar à administração pública em até sessenta dias a assinatura do termo de atuação em rede. (Incluído pela Lei nº 13.204, de 2015)

Art. 36. Será obrigatória a estipulação do destino a ser dado aos bens remanescentes da parceria.

Parágrafo único. Os bens remanescentes adquiridos com recursos transferidos poderão, a critério do administrador público, ser doados quando, após a consecução do objeto, não forem necessários para assegurar a continuidade do objeto pactuado, observado o disposto no respectivo termo e na legislação vigente.

Art. 37. (Revogado). (Redação dada pela Lei nº 13.204, de 2015)

Art. 38. O termo de fomento, o termo de colaboração e o acordo de cooperação somente produzirão efeitos jurídicos após a publicação dos respectivos extratos no meio oficial de publicidade da administração pública. (Redação dada pela Lei nº 13.204, de 2015)

SEÇÃO X - DAS VEDAÇÕES

Art. 39. Ficará impedida de celebrar qualquer modalidade de parceria prevista nesta Lei a organização da sociedade civil que:

I - não esteja regularmente constituída ou, se estrangeira, não esteja autorizada a funcionar no território nacional;

II - esteja omissa no dever de prestar contas de parceria anteriormente celebrada;

III - tenha como dirigente membro de Poder ou do Ministério Público, ou dirigente de órgão ou entidade da administração pública da mesma esfera governamental na qual será celebrado o termo de colaboração ou de fomento, estendendo-se a vedação aos respectivos cônjuges ou companheiros, bem como parentes em linha reta, colateral ou por afinidade, até o segundo grau; (Redação dada pela Lei nº 13.204, de 2015)

IV - tenha tido as contas rejeitadas pela administração pública nos últimos cinco anos, exceto se: (Redação dada pela Lei nº 13.204, de 2015)

a) for sanada a irregularidade que motivou a rejeição e quitados os débitos eventualmente imputados; (Incluído pela Lei nº 13.204, de 2015)

b) for reconsiderada ou revista a decisão pela rejeição; (Incluído pela Lei nº 13.204, de 2015)

c) a apreciação das contas estiver pendente de decisão sobre recurso com efeito suspensivo; (Incluído pela Lei nº 13.204, de 2015)

V - tenha sido punida com uma das seguintes sanções, pelo período que durar a penalidade:

a) suspensão de participação em licitação e impedimento de contratar com a administração;

b) declaração de inidoneidade para licitar ou contratar com a administração pública;

c) a prevista no inciso II do art. 73 desta Lei;

d) a prevista no inciso III do art. 73 desta Lei;

VI - tenha tido contas de parceria julgadas irregulares ou rejeitadas por Tribunal ou Conselho de Contas de qualquer esfera da Federação, em decisão irrecorrível, nos últimos 8 (oito) anos;

VII - tenha entre seus dirigentes pessoa:

a) cujas contas relativas a parcerias tenham sido julgadas irregulares ou rejeitadas por Tribunal ou Conselho de Contas de qualquer esfera da Federação, em decisão irrecorrível, nos últimos 8 (oito) anos;

b) julgada responsável por falta grave e inabilitada para o exercício de cargo em comissão ou função de confiança, enquanto durar a inabilitação;

c) considerada responsável por ato de improbidade, enquanto durarem os prazos estabelecidos nos incisos I, II e III do art. 12 da Lei nº 8.429, de 2 de junho de 1992.

§ 1º Nas hipóteses deste artigo, é igualmente vedada a transferência de novos recursos no âmbito de parcerias em execução, excetuando-se os casos de serviços essenciais que não podem ser adiados sob pena de prejuízo ao erário ou à população, desde que precedida de expressa e fundamentada autorização do dirigente máximo do órgão ou entidade da administração pública, sob pena de responsabilidade solidária.

§ 2º Em qualquer das hipóteses previstas no caput, persiste o impedimento para celebrar parceria enquanto não houver o ressarcimento do dano ao erário, pelo qual seja responsável a organização da sociedade civil ou seu dirigente.

§ 3º (Revogado). (Redação dada pela Lei nº 13.204, de 2015)

§ 4º Para os fins do disposto na alínea a do inciso IV e no § 2º, não serão considerados débitos que decorram de atrasos na liberação de repasses pela administração pública ou que tenham sido objeto de parcelamento, se a organização da sociedade civil estiver em situação regular no parcelamento. (Incluído pela Lei nº 13.204, de 2015)

§ 5º A vedação prevista no inciso III não se aplica à celebração de parcerias com entidades que, pela sua própria natureza, sejam constituídas pelas autoridades referidas naquele inciso, sendo vedado que a mesma pessoa figure no termo de colaboração, no termo de fomento ou no acordo de cooperação simultaneamente como dirigente e administrador público. (Incluído pela Lei nº 13.204, de 2015)

§ 6º Não são considerados membros de Poder os integrantes de conselhos de direitos e de políticas públicas. (Incluído pela Lei nº 13.204, de 2015)

Art. 40. É vedada a celebração de parcerias previstas nesta Lei que tenham por objeto, envolvam ou incluam, direta ou indiretamente, delegação das funções de regulação, de fiscalização, de exercício do poder de polícia ou de outras atividades exclusivas de Estado. (Redação dada pela Lei nº 13.204, de 2015)

I - (revogado) ; (Redação dada pela Lei nº 13.204, de 2015)

II - (revogado). (Redação dada pela Lei nº 13.204, de 2015)

Parágrafo único. (Revogado) : (Redação dada pela Lei nº 13.204, de 2015)

I - (revogado) ; (Redação dada pela Lei nº 13.204, de 2015)

II - (revogado). (Redação dada pela Lei nº 13.204, de 2015)

Art. 41. Ressalvado o disposto no art. 3º e no parágrafo único do art. 84, serão celebradas nos termos desta Lei as parcerias entre a administração pública e as entidades referidas no inciso I do art. 2º. (Redação dada pela Lei nº 13.204, de 2015)

Parágrafo único. (Revogado). (Redação dada pela Lei nº 13.204, de 2015)

CAPÍTULO III - DA FORMALIZAÇÃO E DA EXECUÇÃO

SEÇÃO I - DISPOSIÇÕES PRELIMINARES

Art. 42. As parcerias serão formalizadas mediante a celebração de termo de colaboração, de termo de fomento ou de acordo de cooperação, conforme o caso, que terá como cláusulas essenciais: (Redação dada pela Lei nº 13.204, de 2015)

I - a descrição do objeto pactuado;

II - as obrigações das partes;

III - quando for o caso, o valor total e o cronograma de desembolso; (Redação dada pela Lei nº 13.204, de 2015)

IV - (revogado) ; (Redação dada pela Lei nº 13.204, de 2015)

V - a contrapartida, quando for o caso, observado o disposto no § 1º do art. 35; (Redação dada pela Lei nº 13.204, de 2015)

VI - a vigência e as hipóteses de prorrogação;

VII - a obrigação de prestar contas com definição de forma, metodologia e prazos; (Redação dada pela Lei nº 13.204, de 2015)

VIII - a forma de monitoramento e avaliação, com a indicação dos recursos humanos e tecnológicos que serão empregados na atividade ou, se for o caso, a indicação da participação de apoio técnico nos termos previstos no § 1º do art. 58 desta Lei;

IX - a obrigatoriedade de restituição de recursos, nos casos previstos nesta Lei;

X - a definição, se for o caso, da titularidade dos bens e direitos remanescentes na data da conclusão ou extinção da parceria e que, em razão de sua execução, tenham sido adquiridos, produzidos ou transformados com recursos repassados pela administração pública; (Redação dada pela Lei nº 13.204, de 2015)

XI - (revogado) ; (Redação dada pela Lei nº 13.204, de 2015)

XII - a prerrogativa atribuída à administração pública para assumir ou transferir a responsabilidade pela execução do objeto, no caso de paralisação, de modo a evitar sua descontinuidade; (Redação dada pela Lei nº 13.204, de 2015)

XIII - (revogado) ; (Redação dada pela Lei nº 13.204, de 2015)

XIV - quando for o caso, a obrigação de a organização da sociedade civil manter e movimentar os recursos em conta bancária específica, observado o disposto no art. 51; (Redação dada pela Lei nº 13.204, de 2015)

XV - o livre acesso dos agentes da administração pública, do controle interno e do Tribunal de Contas correspondente aos processos, aos documentos e às informações relacionadas a termos de colaboração ou a termos de fomento, bem como aos locais de execução do respectivo objeto; (Redação dada pela Lei nº 13.204, de 2015)

XVI - a faculdade dos partícipes rescindirem o instrumento, a qualquer tempo, com as respectivas condições, sanções e delimitações claras de responsabilidades, além da estipulação de prazo mínimo de antecedência para a publicidade dessa intenção, que não poderá ser inferior a 60 (sessenta) dias;

XVII - a indicação do foro para dirimir as dúvidas decorrentes da execução da parceria, estabelecendo a obrigatoriedade da prévia tentativa de solução administrativa, com a participação de órgão encarregado de assessoramento jurídico integrante da estrutura da administração pública; (Redação dada pela Lei nº 13.204, de 2015)

XVIII - (revogado) ; (Redação dada pela Lei nº 13.204, de 2015)

XIX - a responsabilidade exclusiva da organização da sociedade civil pelo gerenciamento administrativo e financeiro dos recursos recebidos, inclusive no que diz respeito às despesas de custeio, de investimento e de pessoal;

XX - a responsabilidade exclusiva da organização da sociedade civil pelo pagamento dos encargos trabalhistas, previdenciários, fiscais e comerciais relacionados à execução do objeto previsto no termo de colaboração ou de fomento, não implicando responsabilidade solidária ou subsidiária da administração pública a inadimplência da organização da sociedade civil em relação ao referido pagamento, os ônus incidentes sobre o objeto da parceria ou os danos decorrentes de restrição à sua execução. (Redação dada pela Lei nº 13.204, de 2015)

Parágrafo único. Constará como anexo do termo de colaboração, do termo de fomento ou do acordo de cooperação o plano de trabalho, que deles será parte integrante e indissociável. (Redação dada pela Lei nº 13.204, de 2015)

I - (revogado); (Redação dada pela Lei nº 13.204, de 2015)

II - (revogado). (Redação dada pela Lei nº 13.204, de 2015)

SEÇÃO II - DAS CONTRATAÇÕES REALIZADAS PELAS ORGANIZAÇÕES DA SOCIEDADE CIVIL

Art. 43. (Revogado pela Lei nº 13.204, de 2015)

Art. 44. (Revogado pela Lei nº 13.204, de 2015)

SEÇÃO III - DAS DESPESAS

Art. 45. As despesas relacionadas à execução da parceria serão executadas nos termos dos incisos XIX e XX do art. 42, sendo vedado: (Redação dada pela Lei nº 13.204, de 2015)

I - utilizar recursos para finalidade alheia ao objeto da parceria; (Redação dada pela Lei nº 13.204, de 2015)

II - pagar, a qualquer título, servidor ou empregado público com recursos vinculados à parceria, salvo nas hipóteses previstas em lei específica e na lei de diretrizes orçamentárias;

III - (revogado) ; (Redação dada pela Lei nº 13.204, de 2015)

IV - (VETADO);

V - (revogado) ; (Redação dada pela Lei nº 13.204, de 2015)

VI - (revogado) ; (Redação dada pela Lei nº 13.204, de 2015)

VII - (revogado) ; (Redação dada pela Lei nº 13.204, de 2015)

VIII - (revogado) ; (Redação dada pela Lei nº 13.204, de 2015)

DIREITO ADMINISTRATIVO

IX - (revogado) : (Redação dada pela Lei nº 13.204, de 2015)
a) (revogada) ; (Redação dada pela Lei nº 13.204, de 2015)
b) (revogada) ; (Redação dada pela Lei nº 13.204, de 2015)
c) (revogada) ; (Redação dada pela Lei nº 13.204, de 2015)
d) (revogada). (Redação dada pela Lei nº 13.204, de 2015)

Art. 46. Poderão ser pagas, entre outras despesas, com recursos vinculados à parceria: (Redação dada pela Lei nº 13.204, de 2015)

I - remuneração da equipe encarregada da execução do plano de trabalho, inclusive de pessoal próprio da organização da sociedade civil, durante a vigência da parceria, compreendendo as despesas com pagamentos de impostos, contribuições sociais, Fundo de Garantia do Tempo de Serviço - FGTS, férias, décimo terceiro salário, salários proporcionais, verbas rescisórias e demais encargos sociais e trabalhistas; (Redação dada pela Lei nº 13.204, de 2015)
a) (revogada); (Redação dada pela Lei nº 13.204, de 2015)
b) (revogada); (Redação dada pela Lei nº 13.204, de 2015)
c) (revogada); (Redação dada pela Lei nº 13.204, de 2015)

II - diárias referentes a deslocamento, hospedagem e alimentação nos casos em que a execução do objeto da parceria assim o exija; (Redação dada pela Lei nº 13.204, de 2015)

III - custos indiretos necessários à execução do objeto, seja qual for a proporção em relação ao valor total da parceria; (Redação dada pela Lei nº 13.204, de 2015)

IV - aquisição de equipamentos e materiais permanentes essenciais à consecução do objeto e serviços de adequação de espaço físico, desde que necessários à instalação dos referidos equipamentos e materiais.

§ 1º A inadimplência da administração pública não transfere à organização da sociedade civil a responsabilidade pelo pagamento de obrigações vinculadas à parceria com recursos próprios. (Redação dada pela Lei nº 13.204, de 2015)

§ 2º A inadimplência da organização da sociedade civil em decorrência de atrasos na liberação de repasses relacionados à parceria não poderá acarretar restrições à liberação de parcelas subsequentes. (Redação dada pela Lei nº 13.204, de 2015)

§ 3º O pagamento de remuneração da equipe contratada pela organização da sociedade civil com recursos da parceria não gera vínculo trabalhista com o poder público. (Redação dada pela Lei nº 13.204, de 2015)

§ 4º (Revogado). (Redação dada pela Lei nº 13.204, de 2015)
§ 5º (VETADO).

Art. 47. (Revogado pela Lei nº 13.204, de 2015)

SEÇÃO IV - DA LIBERAÇÃO DOS RECURSOS

Art. 48. As parcelas dos recursos transferidos no âmbito da parceria serão liberadas em estrita conformidade com o respectivo cronograma de desembolso, exceto nos casos a seguir, nos quais ficarão retidas até o saneamento das impropriedades: (Redação dada pela Lei nº 13.204, de 2015)

I - quando houver evidências de irregularidade na aplicação de parcela anteriormente recebida; (Redação dada pela Lei nº 13.204, de 2015)

II - quando constatado desvio de finalidade na aplicação dos recursos ou o inadimplemento da organização da sociedade civil em relação a obrigações estabelecidas no termo de colaboração ou de fomento; (Redação dada pela Lei nº 13.204, de 2015)

III - quando a organização da sociedade civil deixar de adotar sem justificativa suficiente as medidas saneadoras apontadas pela administração pública ou pelos órgãos de controle interno ou externo. Redação dada pela Lei nº 13.204, de 2015)

Art. 49. Nas parcerias cuja duração exceda um ano, é obrigatória a prestação de contas ao término de cada exercício. (Redação dada pela Lei nº 13.204, de 2015)

I - (revogado); (Redação dada pela Lei nº 13.204, de 2015)
II - (revogado); (Redação dada pela Lei nº 13.204, de 2015)
III - (revogado). (Redação dada pela Lei nº 13.204, de 2015)

Art. 50. A administração pública deverá viabilizar o acompanhamento pela internet dos processos de liberação de recursos referentes às parcerias celebradas nos termos desta Lei.

SEÇÃO V - DA MOVIMENTAÇÃO E APLICAÇÃO FINANCEIRA DOS RECURSOS

Art. 51. Os recursos recebidos em decorrência da parceria serão depositados em conta corrente específica isenta de tarifa bancária na instituição financeira pública determinada pela administração pública. (Redação dada pela Lei nº 13.204, de 2015)

Parágrafo único. Os rendimentos de ativos financeiros serão aplicados no objeto da parceria, estando sujeitos às mesmas condições de prestação de contas exigidas para os recursos transferidos. (Redação dada pela Lei nº 13.204, de 2015)

Art. 52. Por ocasião da conclusão, denúncia, rescisão ou extinção da parceria, os saldos financeiros remanescentes, inclusive os provenientes das receitas obtidas das aplicações financeiras realizadas, serão devolvidos à administração pública no prazo improrrogável de trinta dias, sob pena de imediata instauração de tomada de contas especial do responsável, providenciada pela autoridade competente da administração pública. (Redação dada pela Lei nº 13.204, de 2015)

Art. 53. Toda a movimentação de recursos no âmbito da parceria será realizada mediante transferência eletrônica sujeita à identificação do beneficiário final e à obrigatoriedade de depósito em sua conta bancária.

§ 1º Os pagamentos deverão ser realizados mediante crédito na conta bancária de titularidade dos fornecedores e prestadores de serviços. (Redação dada pela Lei nº 13.204, de 2015)

§ 2º Demonstrada a impossibilidade física de pagamento mediante transferência eletrônica, o termo de colaboração ou de fomento poderá admitir a realização de pagamentos em espécie. (Incluído pela Lei nº 13.204, de 2015)

Art. 54. (Revogado pela Lei nº 13.204, de 2015)

SEÇÃO VI - DAS ALTERAÇÕES

Art. 55. A vigência da parceria poderá ser alterada mediante solicitação da organização da sociedade civil, devidamente formalizada e justificada, a ser apresentada à administração pública em, no mínimo, trinta dias antes do termo inicialmente previsto. (Redação dada pela Lei nº 13.204, de 2015)

Parágrafo único. A prorrogação de ofício da vigência do termo de colaboração ou de fomento deve ser feita pela administração pública quando ela der causa a atraso na liberação de recursos financeiros, limitada ao exato período do atraso verificado. (Redação dada pela Lei nº 13.204, de 2015)

Art. 56. (Revogado pela Lei nº 13.204, de 2015)

Art. 57. O plano de trabalho da parceria poderá ser revisto para alteração de valores ou de metas, mediante termo aditivo ou por apostila ao plano de trabalho original. (Redação dada pela Lei nº 13.204, de 2015)

Parágrafo único. (Revogado). (Redação dada pela Lei nº 13.204, de 2015)

SEÇÃO VII - DO MONITORAMENTO E AVALIAÇÃO

Art. 58. A administração pública promoverá o monitoramento e a avaliação do cumprimento do objeto da parceria. (Redação dada pela Lei nº 13.204, de 2015)

§ 1º Para a implementação do disposto no caput, a administração pública poderá valer-se do apoio técnico de terceiros, delegar competência ou firmar parcerias com órgãos ou entidades que se situem próximos ao local de aplicação dos recursos. (Redação dada pela Lei nº 13.204, de 2015)

§ 2º Nas parcerias com vigência superior a 1 (um) ano, a administração pública realizará, sempre que possível, pesquisa de satisfação com os beneficiários do plano de trabalho e utilizará os resultados como subsídio na avaliação da parceria celebrada e do cumprimento dos objetivos pactuados, bem como na reorientação e no ajuste das metas e atividades definidas.

§ 3º Para a implementação do disposto no § 2º, a administração pública poderá valer-se do apoio técnico de terceiros, delegar competência ou firmar parcerias com órgãos ou entidades que se situem próximos ao local de aplicação dos recursos.

Art. 59. A administração pública emitirá relatório técnico de monitoramento e avaliação de parceria celebrada mediante termo de colaboração ou termo de fomento e o submeterá à comissão de monitoramento e avaliação designada, que o homologará, independentemente da obrigatoriedade de apresentação da prestação de contas devida pela organização da sociedade civil. Redação dada pela Lei nº 13.204, de 2015)

§ 1º O relatório técnico de monitoramento e avaliação da parceria, sem prejuízo de outros elementos, deverá conter: (Redação dada pela Lei nº 13.204, de 2015)

I - descrição sumária das atividades e metas estabelecidas;
II - análise das atividades realizadas, do cumprimento das metas e do impacto do benefício social obtido em razão da execução do objeto até o período, com base nos indicadores estabelecidos e aprovados no plano de trabalho;
III - valores efetivamente transferidos pela administração pública; (Redação dada pela Lei nº 13.204, de 2015)
IV - (revogado); (Redação dada pela Lei nº 13.204, de 2015)
V - análise dos documentos comprobatórios das despesas apresentados pela organização da sociedade civil na prestação de contas, quando não for comprovado o alcance das metas e resultados estabelecidos no respectivo termo de colaboração ou de fomento; (Redação dada pela Lei nº 13.204, de 2015)
VI - análise de eventuais auditorias realizadas pelos controles interno e externo, no âmbito da fiscalização preventiva, bem como de suas conclusões e das medidas que tomaram em decorrência dessas auditorias. (Redação dada pela Lei nº 13.204, de 2015)

§ 2º No caso de parcerias financiadas com recursos de fundos específicos, o monitoramento e a avaliação serão realizados pelos respectivos conselhos gestores, respeitadas as exigências desta Lei. (Incluído pela Lei nº 13.204, de 2015)

Art. 60. Sem prejuízo da fiscalização pela administração pública e pelos órgãos de controle, a execução da parceria será acompanhada e fiscalizada pelos conselhos de políticas públicas das áreas correspondentes de atuação existentes em cada esfera de governo. (Redação dada pela Lei nº 13.204, de 2015)

Parágrafo único. As parcerias de que trata esta Lei estarão também sujeitas aos mecanismos de controle social previstos na legislação.

SEÇÃO VIII - DAS OBRIGAÇÕES DO GESTOR

Art. 61. São obrigações do gestor:

I - acompanhar e fiscalizar a execução da parceria;
II - informar ao seu superior hierárquico a existência de fatos que comprometam ou possam comprometer as atividades ou metas da parceria e de indícios de irregularidades na gestão dos recursos, bem como as providências adotadas ou que serão adotadas para sanar os problemas detectados;
III - (VETADO);
IV - emitir parecer técnico conclusivo de análise da prestação de contas final, levando em consideração o conteúdo do relatório técnico de monitoramento e avaliação de que trata o art. 59; (Redação dada pela Lei nº 13.204, de 2015)
V - disponibilizar materiais e equipamentos tecnológicos necessários às atividades de monitoramento e avaliação.

Art. 62. Na hipótese de inexecução por culpa exclusiva da organização da sociedade civil, a administração pública poderá, exclusivamente para assegurar o atendimento de serviços essenciais à população, por ato próprio e independentemente de autorização judicial, a fim de realizar ou manter a execução das metas ou atividades pactuadas: (Redação dada pela Lei nº 13.204, de 2015)

I - retomar os bens públicos em poder da organização da sociedade civil parceira, qualquer que tenha sido a modalidade ou título que concedeu direitos de uso de tais bens;
II - assumir a responsabilidade pela execução do restante do objeto previsto no plano de trabalho, no caso de paralisação, de modo a evitar sua descontinuidade, devendo ser considerado na prestação de contas o que foi executado pela organização da sociedade civil até o momento em que a administração assumiu essas responsabilidades. (Redação dada pela Lei nº 13.204, de 2015)

Parágrafo único. As situações previstas no caput devem ser comunicadas pelo gestor ao administrador público.

CAPÍTULO IV - DA PRESTAÇÃO DE CONTAS

SEÇÃO I - NORMAS GERAIS

Art. 63. A prestação de contas deverá ser feita observando-se as regras previstas nesta Lei, além de prazos e normas de elaboração constantes do instrumento de parceria e do plano de trabalho.

§ 1º A administração pública fornecerá manuais específicos às organizações da sociedade civil por ocasião da celebração das parcerias, tendo como premissas a simplificação e a racionalização dos procedimentos. (Redação dada pela Lei nº 13.204, de 2015)

§ 2º Eventuais alterações no conteúdo dos manuais referidos no § 1º deste artigo devem ser previamente informadas à organização da sociedade civil e publicadas em meios oficiais de comunicação.

§ 3º O regulamento estabelecerá procedimentos simplificados para prestação de contas. (Redação dada pela Lei nº 13.204, de 2015)

Art. 64. A prestação de contas apresentada pela organização da sociedade civil deverá conter elementos que permitam ao gestor da parceria avaliar o andamento ou concluir que o seu objeto foi executado conforme pactuado, com a descrição pormenorizada das atividades realizadas e a comprovação do alcance das metas e dos resultados esperados, até o período de que trata a prestação de contas.

§ 1º Serão glosados valores relacionados a metas e resultados descumpridos sem justificativa suficiente. (Redação dada pela Lei nº 13.204, de 2015)

§ 2º Os dados financeiros serão analisados com o intuito de estabelecer o nexo de causalidade entre a receita e a despesa realizada, a sua conformidade e o cumprimento das normas pertinentes.

§ 3º A análise da prestação de contas deverá considerar a verdade real e os resultados alcançados.

§ 4º A prestação de contas da parceria observará regras específicas de acordo com o montante de recursos públicos envolvidos, nos termos das disposições e procedimentos estabelecidos conforme previsto no plano de trabalho e no termo de colaboração ou de fomento.

Art. 65. A prestação de contas e todos os atos que dela decorram dar-se-ão em plataforma eletrônica, permitindo a visualização por qualquer interessado. (Redação dada pela Lei nº 13.204, de 2015)

Art. 66. A prestação de contas relativa à execução do termo de colaboração ou de fomento dar-se-á mediante a análise dos documentos previstos no plano de trabalho, nos termos do inciso IX do art. 22, além dos seguintes relatórios:

I - relatório de execução do objeto, elaborado pela organização da sociedade civil, contendo as atividades ou projetos desenvolvidos para o cumprimento do objeto e o comparativo de metas propostas com os resultados alcançados; (Redação dada pela Lei nº 13.204, de 2015)
II - relatório de execução financeira do termo de colaboração ou do termo de fomento, com a descrição das despesas e receitas efetivamente realizadas e sua vinculação com a execução do objeto, na hipótese de descumprimento

de metas e resultados estabelecidos no plano de trabalho. (Redação dada pela Lei nº 13.204, de 2015)

Parágrafo único. A administração pública deverá considerar ainda em sua análise os seguintes relatórios elaborados internamente, quando houver: (Redação dada pela Lei nº 13.204, de 2015)

I - relatório de visita técnica in loco eventualmente realizada durante a execução da parceria; (Redação dada pela Lei nº 13.204, de 2015)

II - relatório técnico de monitoramento e avaliação, homologado pela comissão de monitoramento e avaliação designada, sobre a conformidade do cumprimento do objeto e os resultados alcançados durante a execução do termo de colaboração ou de fomento.

Art. 67. O gestor emitirá parecer técnico de análise de prestação de contas da parceria celebrada.

§ 1º No caso de prestação de contas única, o gestor emitirá parecer técnico conclusivo para fins de avaliação do cumprimento do objeto. (Redação dada pela Lei nº 13.204, de 2015)

§ 2º Se a duração da parceria exceder um ano, a organização da sociedade civil deverá apresentar prestação de contas ao fim de cada exercício, para fins de monitoramento do cumprimento das metas do objeto. (Redação dada pela Lei nº 13.204, de 2015)

§ 3º (Revogado). (Redação dada pela Lei nº 13.204, de 2015)

§ 4º Para fins de avaliação quanto à eficácia e efetividade das ações em execução ou que já foram realizadas, os pareceres técnicos de que trata este artigo deverão, obrigatoriamente, mencionar: (Redação dada pela Lei nº 13.204, de 2015)

I - os resultados já alcançados e seus benefícios;

II - os impactos econômicos ou sociais;

III - o grau de satisfação do público-alvo;

IV - a possibilidade de sustentabilidade das ações após a conclusão do objeto pactuado.

Art. 68. Os documentos incluídos pela entidade na plataforma eletrônica prevista no art. 65, desde que possuam garantia da origem e de seu signatário por certificação digital, serão considerados originais para os efeitos de prestação de contas.

Parágrafo único. Durante o prazo de 10 (dez) anos, contado do dia útil subsequente ao da prestação de contas, a entidade deve manter em seu arquivo os documentos originais que compõem a prestação de contas.

SEÇÃO II - DOS PRAZOS

Art. 69. A organização da sociedade civil prestará contas da boa e regular aplicação dos recursos recebidos no prazo de até noventa dias a partir do término da vigência da parceria ou no final de cada exercício, se a duração da parceria exceder um ano. (Redação dada pela Lei nº 13.204, de 2015)

§ 1º O prazo para a prestação final de contas será estabelecido de acordo com a complexidade do objeto da parceria. (Redação dada pela Lei nº 13.204, de 2015)

§ 2º O disposto no caput não impede que a administração pública promova a instauração de tomada de contas especial antes do término da parceria, ante evidências de irregularidades na execução do objeto. (Redação dada pela Lei nº 13.204, de 2015)

§ 3º Na hipótese do § 2º, o dever de prestar contas surge no momento da liberação de recurso envolvido na parceria. (Redação dada pela Lei nº 13.204, de 2015)

§ 4º O prazo referido no caput poderá ser prorrogado por até 30 (trinta) dias, desde que devidamente justificado.

§ 5º A manifestação conclusiva sobre a prestação de contas pela administração pública observará os prazos previstos nesta Lei, devendo concluir, alternativamente, pela: (Redação dada pela Lei nº 13.204, de 2015)

I - aprovação da prestação de contas;

II - aprovação da prestação de contas com ressalvas; ou (Redação dada pela Lei nº 13.204, de 2015)

III - rejeição da prestação de contas e determinação de imediata instauração de tomada de contas especial. (Redação dada pela Lei nº 13.204, de 2015)

§ 6º As impropriedades que deram causa à rejeição da prestação de contas serão registradas em plataforma eletrônica de acesso público, devendo ser levadas em consideração por ocasião da assinatura de futuras parcerias com a administração pública, conforme definido em regulamento. (Redação dada pela Lei nº 13.204, de 2015)

Art. 70. Constatada irregularidade ou omissão na prestação de contas, será concedido prazo para a organização da sociedade civil sanar a irregularidade ou cumprir a obrigação.

§ 1º O prazo referido no caput é limitado a 45 (quarenta e cinco) dias por notificação, prorrogável, no máximo, por igual período, dentro do prazo que a administração pública possui para analisar e decidir sobre a prestação de contas e comprovação de resultados.

§ 2º Transcorrido o prazo para saneamento da irregularidade ou da omissão, não havendo o saneamento, a autoridade administrativa competente, sob pena de responsabilidade solidária, deve adotar as providências para apuração dos fatos, identificação dos responsáveis, quantificação do dano e obtenção do ressarcimento, nos termos da legislação vigente.

Art. 71. A administração pública apreciará a prestação final de contas apresentada, no prazo de até cento e cinquenta dias, contado da data de seu recebimento ou do cumprimento de diligência por ela determinada, prorrogável justificadamente por igual período. (Redação dada pela Lei nº 13.204, de 2015)

§ 1º (Revogado). (Redação dada pela Lei nº 13.204, de 2015)

§ 2º (Revogado). (Redação dada pela Lei nº 13.204, de 2015)

§ 3º (Revogado). (Redação dada pela Lei nº 13.204, de 2015)

§ 4º O transcurso do prazo definido nos termos do caput sem que as contas tenham sido apreciadas: (Redação dada pela Lei nº 13.204, de 2015)

I - não significa impossibilidade de apreciação em data posterior ou vedação a que se adotem medidas saneadoras, punitivas ou destinadas a ressarcir danos que possam ter sido causados aos cofres públicos;

II - nos casos em que não for constatado dolo da organização da sociedade civil ou de seus prepostos, sem prejuízo da atualização monetária, impede a incidência de juros de mora sobre débitos eventualmente apurados, no período entre o final do prazo referido neste parágrafo e a data em que foi ultimada a apreciação pela administração pública. (Redação dada pela Lei nº 13.204, de 2015)

Art. 72. As prestações de contas serão avaliadas:

I - regulares, quando expressarem, de forma clara e objetiva, o cumprimento dos objetivos e metas estabelecidos no plano de trabalho; (Redação dada pela Lei nº 13.204, de 2015)

II - regulares com ressalva, quando evidenciarem impropriedade ou qualquer outra falta de natureza formal que não resulte em dano ao erário; (Redação dada pela Lei nº 13.204, de 2015)

III - irregulares, quando comprovada qualquer das seguintes circunstâncias: (Redação dada pela Lei nº 13.204, de 2015)

a) omissão no dever de prestar contas;

b) descumprimento injustificado dos objetivos e metas estabelecidos no plano de trabalho; (Redação dada pela Lei nº 13.204, de 2015)

c) dano ao erário decorrente de ato de gestão ilegítimo ou antieconômico;

d) desfalque ou desvio de dinheiro, bens ou valores públicos.

§ 1º O administrador público responde pela decisão sobre a aprovação da prestação de contas ou por omissão em relação à análise de seu conteúdo, levando em consideração, no primeiro caso, os pareceres técnico, financeiro e jurídico, sendo permitida delegação a autoridades diretamente subordinadas, vedada a subdelegação. (Incluído pela Lei nº 13.204, de 2015)

§ 2º Quando a prestação de contas for avaliada como irregular, após exaurida a fase recursal, se mantida a decisão, a organização da sociedade civil poderá solicitar autorização para que o ressarcimento ao erário seja promovido por meio de ações compensatórias de interesse público, mediante a apresentação de novo plano de trabalho, conforme o objeto descrito no termo de colaboração ou de fomento e a área de atuação da organização, cuja mensuração econômica será feita a partir do plano de trabalho original, desde que não tenha havido dolo ou fraude e não seja o caso de restituição integral dos recursos. (Incluído pela Lei nº 13.204, de 2015)

CAPÍTULO V - DA RESPONSABILIDADE E DAS SANÇÕES

SEÇÃO I - DAS SANÇÕES ADMINISTRATIVAS À ENTIDADE

Art. 73. Pela execução da parceria em desacordo com o plano de trabalho e com as normas desta Lei e da legislação específica, a administração pública poderá, garantida a prévia defesa, aplicar à organização da sociedade civil as seguintes sanções: (Redação dada pela Lei nº 13.204, de 2015)

I - advertência;

II - suspensão temporária da participação em chamamento público e impedimento de celebrar parceria ou contrato com órgãos e entidades da esfera de governo da administração pública sancionadora, por prazo não superior a dois anos; (Redação dada pela Lei nº 13.204, de 2015)

III - declaração de inidoneidade para participar de chamamento público ou celebrar parceria ou contrato com órgãos e entidades de todas as esferas de governo, enquanto perdurarem os motivos determinantes da punição ou até que seja promovida a reabilitação perante a própria autoridade que aplicou a penalidade, que será concedida sempre que a organização da sociedade civil ressarcir a administração pública pelos prejuízos resultantes e após decorrido o prazo da sanção aplicada com base no inciso II. (Redação dada pela Lei nº 13.204, de 2015)

§ 1º As sanções estabelecidas nos incisos II e III são de competência exclusiva de Ministro de Estado ou de Secretário Estadual, Distrital ou Municipal, conforme o caso, facultada a defesa do interessado no respectivo processo, no prazo de dez dias da abertura de vista, podendo a reabilitação ser requerida após dois anos de aplicação da penalidade. (Redação dada pela Lei nº 13.204, de 2015)

§ 2º Prescreve em cinco anos, contados a partir da data da apresentação da prestação de contas, a aplicação de penalidade decorrente de infração relacionada à execução da parceria. (Incluído pela Lei nº 13.204, de 2015)

§ 3º A prescrição será interrompida com a edição de ato administrativo voltado à apuração da infração. (Incluído pela Lei nº 13.204, de 2015)

SEÇÃO II - DA RESPONSABILIDADE PELA EXECUÇÃO E PELA EMISSÃO DE PARECERES TÉCNICOS

Art. 74. (VETADO).

Art. 75. (Revogado pela Lei nº 13.204, de 2015)

Art. 76. (Revogado pela Lei nº 13.204, de 2015)

SEÇÃO III - DOS ATOS DE IMPROBIDADE ADMINISTRATIVA

Art. 77. O art. 10 da Lei nº 8.429, de 2 de junho de 1992, passa a vigorar com as seguintes alterações:

"Art. 10...

...

VIII - frustrar a licitude de processo licitatório ou de processo seletivo para celebração de parcerias com entidades sem fins lucrativos, ou dispensá-los indevidamente;

...

XVI - facilitar ou concorrer, por qualquer forma, para a incorporação, ao patrimônio particular de pessoa física ou jurídica, de bens, rendas, verbas ou valores públicos transferidos pela administração pública a entidades privadas mediante celebração de parcerias, sem a observância das formalidades legais ou regulamentares aplicáveis à espécie;

XVII - permitir ou concorrer para que pessoa física ou jurídica privada utilize bens, rendas, verbas ou valores públicos transferidos pela administração pública a entidade privada mediante celebração de parcerias, sem a observância das formalidades legais ou regulamentares aplicáveis à espécie;

XVIII - celebrar parcerias da administração pública com entidades privadas sem a observância das formalidades legais ou regulamentares aplicáveis à espécie;

XIX - agir negligentemente na celebração, fiscalização e análise das prestações de contas de parcerias firmadas pela administração pública com entidades privadas; (Redação dada pela Lei nº 13.204, de 2015)

XX - liberar recursos de parcerias firmadas pela administração pública com entidades privadas sem a estrita observância das normas pertinentes ou influir de qualquer forma para a sua aplicação irregular. (Redação dada pela Lei nº 13.204, de 2015)

XXI - liberar recursos de parcerias firmadas pela administração pública com entidades privadas sem a estrita observância das normas pertinentes ou influir de qualquer forma para a sua aplicação irregular." (NR)

Art. 78. O art. 11 da Lei nº 8.429, de 2 de junho de 1992, passa a vigorar acrescido do seguinte inciso VIII:

"Art. 11...

...

VIII - descumprir as normas relativas à celebração, fiscalização e aprovação de contas de parcerias firmadas pela administração pública com entidades privadas." (NR)

Art. 78-A. O art. 23 da Lei nº 8.429, de 2 de junho de 1992, passa a vigorar acrescido do seguinte inciso III: (Incluído pela Lei nº 13.204, de 2015)

"Art. 23. ...

...

III - até cinco anos da data da apresentação à administração pública da prestação de contas final pelas entidades referidas no parágrafo único do art. 1º desta Lei.' (NR)"

CAPÍTULO VI - DISPOSIÇÕES FINAIS

Art. 79. (VETADO).

Art. 80. O processamento das compras e contratações que envolvam recursos financeiros provenientes de parceria poderá ser efetuado por meio de sistema eletrônico disponibilizado pela administração pública às organizações da sociedade civil, aberto ao público via internet, que permita aos interessados formular propostas. (Redação dada pela Lei nº 13.204, de 2015)

Parágrafo único. O Sistema de Cadastramento Unificado de Fornecedores - SICAF, mantido pela União, fica disponibilizado aos demais entes federados, para fins do disposto no caput, sem prejuízo do uso de seus próprios sistemas. (Incluído pela Lei nº 13.204, de 2015)

Art. 81. Mediante autorização da União, os Estados, os Municípios e o Distrito Federal poderão aderir ao Sistema de Gestão de Convênios e Contratos de Repasse - SICONV para utilizar suas funcionalidades no cumprimento desta Lei.

Art. 81-A. Até que seja viabilizada a adaptação do sistema de que trata o art. 81 ou de seus correspondentes nas demais unidades da federação: (Incluído pela Lei nº 13.204, de 2015)

I - serão utilizadas as rotinas previstas antes da entrada em vigor desta Lei para repasse de recursos a organizações da sociedade civil decorrentes de parcerias celebradas nos termos desta Lei; (Incluído pela Lei nº 13.204, de 2015)

II - os Municípios de até cem mil habitantes serão autorizados a efetivar a prestação de contas e os atos dela decor-

rentes sem utilização da plataforma eletrônica prevista no art. 65. (Incluído pela Lei nº 13.204, de 2015)

Art. 82. (VETADO).

Art. 83. As parcerias existentes no momento da entrada em vigor desta Lei permanecerão regidas pela legislação vigente ao tempo de sua celebração, sem prejuízo da aplicação subsidiária desta Lei, naquilo em que for cabível, desde que em benefício do alcance do objeto da parceria.

§ 1º As parcerias de que trata o caput poderão ser prorrogadas de ofício, no caso de atraso na liberação de recursos por parte da administração pública, por período equivalente ao atraso. (Redação dada pela Lei nº 13.204, de 2015)

§ 2º As parcerias firmadas por prazo indeterminado antes da data de entrada em vigor desta Lei, ou prorrogáveis por período superior ao inicialmente estabelecido, no prazo de até um ano após a data da entrada em vigor desta Lei, serão, alternativamente: (Redação dada pela Lei nº 13.204, de 2015)

I - substituídas pelos instrumentos previstos nos arts. 16 ou 17, conforme o caso; (Incluído pela Lei nº 13.204, de 2015)

II - objeto de rescisão unilateral pela administração pública. (Incluído pela Lei nº 13.204, de 2015)

Art. 83-A. (VETADO). (Incluído pela Lei nº 13.204, de 2015)

Art. 84. Não se aplica às parcerias regidas por esta Lei o disposto na Lei nº 8.666, de 21 de junho de 1993. (Redação dada pela Lei nº 13.204, de 2015)

Parágrafo único. São regidos pelo art. 116 da Lei nº 8.666, de 21 de junho de 1993, convênios: (Redação dada pela Lei nº 13.204, de 2015)

I - entre entes federados ou pessoas jurídicas a eles vinculadas; (Incluído pela Lei nº 13.204, de 2015)

II - decorrentes da aplicação do disposto no inciso IV do art. 3º. (Incluído pela Lei nº 13.204, de 2015)

Art. 84-A. A partir da vigência desta Lei, somente serão celebrados convênios nas hipóteses do parágrafo único do art. 84. (Incluído pela Lei nº 13.204, de 2015)

Art. 84-B. As organizações da sociedade civil farão jus aos seguintes benefícios, independentemente de certificação: (Incluído pela Lei nº 13.204, de 2015)

I - receber doações de empresas, até o limite de 2% (dois por cento) de sua receita bruta; (Incluído pela Lei nº 13.204, de 2015)

II - receber bens móveis considerados irrecuperáveis, apreendidos, abandonados ou disponíveis, administrados pela Secretaria da Receita Federal do Brasil; (Incluído pela Lei nº 13.204, de 2015)

III - distribuir ou prometer distribuir prêmios, mediante sorteios, vale-brindes, concursos ou operações assemelhadas, com o intuito de arrecadar recursos adicionais destinados à sua manutenção ou custeio. (Incluído pela Lei nº 13.204, de 2015)

Art. 84-C. Os benefícios previstos no art. 84-B serão conferidos às organizações da sociedade civil que apresentem entre seus objetivos sociais pelo menos uma das seguintes finalidades: (Incluído pela Lei nº 13.204, de 2015)

I - promoção da assistência social; (Incluído pela Lei nº 13.204, de 2015)

II - promoção da cultura, defesa e conservação do patrimônio histórico e artístico; (Incluído pela Lei nº 13.204, de 2015)

III - promoção da educação; (Incluído pela Lei nº 13.204, de 2015)

IV - promoção da saúde; (Incluído pela Lei nº 13.204, de 2015)

V - promoção da segurança alimentar e nutricional; (Incluído pela Lei nº 13.204, de 2015)

VI - defesa, preservação e conservação do meio ambiente e promoção do desenvolvimento sustentável; (Incluído pela Lei nº 13.204, de 2015)

VII - promoção do voluntariado; (Incluído pela Lei nº 13.204, de 2015)

VIII - promoção do desenvolvimento econômico e social e combate à pobreza; (Incluído pela Lei nº 13.204, de 2015)

IX - experimentação, não lucrativa, de novos modelos socioprodutivos e de sistemas alternativos de produção, comércio, emprego e crédito; (Incluído pela Lei nº 13.204, de 2015)

X - promoção de direitos estabelecidos, construção de novos direitos e assessoria jurídica gratuita de interesse suplementar; (Incluído pela Lei nº 13.204, de 2015)

XI - promoção da ética, da paz, da cidadania, dos direitos humanos, da democracia e de outros valores universais; (Incluído pela Lei nº 13.204, de 2015)

XII - organizações religiosas que se dediquem a atividades de interesse público e de cunho social distintas das destinadas a fins exclusivamente religiosos; (Incluído pela Lei nº 13.204, de 2015)

XIII - estudos e pesquisas, desenvolvimento de tecnologias alternativas, produção e divulgação de informações e conhecimentos técnicos e científicos que digam respeito às atividades mencionadas neste artigo. (Incluído pela Lei nº 13.204, de 2015)

Parágrafo único. É vedada às entidades beneficiadas na forma do art. 84-B a participação em campanhas de interesse político-partidário ou eleitorais, sob quaisquer meios ou formas. (Incluído pela Lei nº 13.204, de 2015)

Art. 85. O art. 1º da Lei nº 9.790, de 23 de março de 1999, passa a vigorar com a seguinte redação:

" Art. 1º Podem qualificar-se como Organizações da Sociedade Civil de Interesse Público as pessoas jurídicas de direito privado sem fins lucrativos que tenham sido constituídas e se encontrem em funcionamento regular há, no mínimo, 3 (três) anos, desde que os respectivos objetivos sociais e normas estatutárias atendam aos requisitos instituídos por esta Lei." (NR)

Art. 85-A. O art. 3º da Lei nº 9.790, de 23 de março de 1999, passa a vigorar acrescido do seguinte inciso XIII: (Incluído pela Lei nº 13.204, de 2015)

"Art. 3º ..

..

XIII - estudos e pesquisas para o desenvolvimento, a disponibilização e a implementação de tecnologias voltadas à mobilidade de pessoas, por qualquer meio de transporte.

...' (NR)"

Art. 85-B. O parágrafo único do art. 4º da Lei nº 9.790, de 23 de março de 1999, passa a vigorar com a seguinte redação: (Incluído pela Lei nº 13.204, de 2015)

'Art. 4º ..

Parágrafo único. É permitida a participação de servidores públicos na composição de conselho ou diretoria de Organização da Sociedade Civil de Interesse Público.' (NR)"

Art. 86. A Lei nº 9.790, de 23 de março de 1999, passa a vigorar acrescida dos seguintes arts. 15-A e 15-B:

" Art. 15-A. (VETADO)."

" Art. 15-B. A prestação de contas relativa à execução do Termo de Parceria perante o órgão da entidade estatal parceira refere-se à correta aplicação dos recursos públicos recebidos e ao adimplemento do objeto do Termo de Parceria, mediante a apresentação dos seguintes documentos:

I - relatório anual de execução de atividades, contendo especificamente relatório sobre a execução do objeto do Termo de Parceria, bem como comparativo entre as metas propostas e os resultados alcançados;

II - demonstrativo integral da receita e despesa realizadas na execução;

III - extrato da execução física e financeira;

IV - demonstração de resultados do exercício;

V - balanço patrimonial;

VI - demonstração das origens e das aplicações de recursos;

VII - demonstração das mutações do patrimônio social;

VIII - notas explicativas das demonstrações contábeis, caso necessário;

IX - parecer e relatório de auditoria, se for o caso."

Art. 87. As exigências de transparência e publicidade previstas em todas as etapas que envolvam a parceria, desde a fase preparatória até o fim da prestação de contas, naquilo que for necessário, serão excepcionadas quando se tratar de programa de proteção a pessoas ameaçadas ou em situação que possa comprometer a sua segurança, na forma do regulamento. (Redação dada pela Lei nº 13.204, de 2015)

Art. 88. Esta Lei entra em vigor após decorridos quinhentos e quarenta dias de sua publicação oficial, observado o disposto nos §§ 1º e 2º deste artigo. (Redação dada pela Lei nº 13.204, de 2015)

§ 1º Para os Municípios, esta Lei entra em vigor a partir de 1º de janeiro de 2017. (Incluído pela Lei nº 13.204, de 2015)

§ 2º Por ato administrativo local, o disposto nesta Lei poderá ser implantado nos Municípios a partir da data decorrente do disposto no caput. (Incluído pela Lei nº 13.204, de 2015)

14. DECRETO Nº 1.171, DE 22 DE JUNHO DE 1994

Aprova o Código de Ética Profissional do Servidor Público Civil do Poder Executivo Federal.

O PRESIDENTE DA REPÚBLICA, no uso das atribuições que lhe confere o art. 84, incisos IV e VI, e ainda tendo em vista o disposto no art. 37 da Constituição, bem como nos arts. 116 e 117 da Lei nº 8.112, de 11 de dezembro de 1990, e nos arts. 10, 11 e 12 da Lei nº 8.429, de 2 de junho de 1992,

Art. 1º Fica aprovado o Código de Ética Profissional do Servidor Público Civil do Poder Executivo Federal, que com este baixa.

Art. 2º Os órgãos e entidades da Administração Pública Federal direta e indireta implementarão, em sessenta dias, as providências necessárias à plena vigência do Código de Ética, inclusive mediante a Constituição da respectiva Comissão de Ética, integrada por três servidores ou empregados titulares de cargo efetivo ou emprego permanente.

Parágrafo único. A constituição da Comissão de Ética será comunicada à Secretaria da Administração Federal da Presidência da República, com a indicação dos respectivos membros titulares e suplentes.

Art. 3º Este decreto entra em vigor na data de sua publicação.

Brasília, 22 de junho de 1994, 173º da Independência e 106º da República.

ANEXO

Código de Ética Profissional do Servidor Público Civil do Poder Executivo Federal

CAPÍTULO I - SEÇÃO I - DAS REGRAS DEONTOLÓGICAS

I - A dignidade, o decoro, o zelo, a eficácia e a consciência dos princípios morais são primados maiores que devem nortear o servidor público, seja no exercício do cargo ou função, ou fora dele, já que refletirá o exercício da vocação do próprio poder estatal. Seus atos, comportamentos e atitudes serão direcionados para a preservação da honra e da tradição dos serviços públicos.

II - O servidor público não poderá jamais desprezar o elemento ético de sua conduta. Assim, não terá que decidir somente entre o legal e o ilegal, o justo e o injusto, o conveniente e o inconveniente, o oportuno e o inoportuno, mas principalmente entre o honesto e o desonesto, consoante as regras contidas no art. 37, caput, e § 4º, da Constituição Federal.

III - A moralidade da Administração Pública não se limita à distinção entre o bem e o mal, devendo ser acrescida da idéia de que o fim é sempre o bem comum. O equilíbrio entre a legalidade e a finalidade, na conduta do servidor público, é que poderá consolidar a moralidade do ato administrativo.

IV - A remuneração do servidor público é custeada pelos tributos pagos direta ou indiretamente por todos, até por ele próprio, e por isso se exige, como contrapartida, que a moralidade administrativa se integre no Direito, como elemento indissociável de sua aplicação e de sua finalidade, erigindo-se, como conseqüência, em fator de legalidade.

V - O trabalho desenvolvido pelo servidor público perante a comunidade deve ser entendido como acréscimo ao seu próprio bem-estar, já que, como cidadão, integrante da sociedade, o êxito desse trabalho pode ser considerado como seu maior patrimônio.

VI - A função pública deve ser tida como exercício profissional e, portanto, se integra na vida particular de cada servidor público. Assim, os fatos e atos verificados na conduta do dia-a-dia em sua vida privada poderão acrescer ou diminuir o seu bom conceito na vida funcional.

VII - Salvo os casos de segurança nacional, investigações policiais ou interesse superior do Estado e da Administração Pública, a serem preservados em processo previamente declarado sigiloso, nos termos da lei, a publicidade de qualquer ato administrativo constitui requisito de eficácia e moralidade, ensejando sua omissão comprometimento ético contra o bem comum, imputável a quem a negar.

VIII - Toda pessoa tem direito à verdade. O servidor não pode omiti-la ou falseá-la, ainda que contrária aos interesses da própria pessoa interessada ou da Administração Pública. Nenhum Estado pode crescer ou estabilizar-se sobre o poder corruptivo do hábito do erro, da opressão ou da mentira, que sempre aniquilam até mesmo a dignidade humana quanto mais a de uma Nação.

IX - A cortesia, a boa vontade, o cuidado e o tempo dedicados ao serviço público caracterizam o esforço pela disciplina. Tratar mal uma pessoa que paga seus tributos direta ou indiretamente significa causar-lhe dano moral. Da mesma forma, causar dano a qualquer bem pertencente ao patrimônio público, deteriorando-o, por descuido ou má vontade, não constitui apenas uma ofensa ao equipamento e às instalações ou ao Estado, mas a todos os homens de boa vontade que dedicaram sua inteligência, seu tempo, suas esperanças e seus esforços para construí-los.

X - Deixar o servidor público qualquer pessoa à espera de solução que compete ao setor em que exerça suas funções, permitindo a formação de longas filas, ou qualquer outra espécie de atraso na prestação do serviço, não caracteriza apenas atitude contra a ética ou ato de desumanidade, mas principalmente grave dano moral aos usuários dos serviços públicos.

XI - O servidor deve prestar toda a sua atenção às ordens legais de seus superiores, velando atentamente por seu cumprimento, e, assim, evitando a conduta negligente. Os repetidos erros, o descaso e o acúmulo de desvios tornam-se, às vezes, difíceis de corrigir e caracterizam até mesmo imprudência no desempenho da função pública.

XII - Toda ausência injustificada do servidor de seu local de trabalho é fator de desmoralização do serviço público, o que quase sempre conduz à desordem nas relações humanas.

XIII - O servidor que trabalha em harmonia com a estrutura organizacional, respeitando seus colegas e cada concidadão, colabora e de todos pode receber colaboração, pois sua atividade pública é a grande oportunidade para o crescimento e o engrandecimento da Nação.

SEÇÃO II - DOS PRINCIPAIS DEVERES DO SERVIDOR PÚBLICO

XIV - São deveres fundamentais do servidor público:
a) desempenhar, a tempo, as atribuições do cargo, função ou emprego público de que seja titular;
b) exercer suas atribuições com rapidez, perfeição e rendimento, pondo fim ou procurando prioritariamen-

te resolver situações procrastinatórias, principalmente diante de filas ou de qualquer outra espécie de atraso na prestação dos serviços pelo setor em que exerça suas atribuições, com o fim de evitar dano moral ao usuário;

c) ser probo, reto, leal e justo, demonstrando toda a integridade do seu caráter, escolhendo sempre, quando estiver diante de duas opções, a melhor e a mais vantajosa para o bem comum;

d) jamais retardar qualquer prestação de contas, condição essencial da gestão dos bens, direitos e serviços da coletividade a seu cargo;

e) tratar cuidadosamente os usuários dos serviços aperfeiçoando o processo de comunicação e contato com o público;

f) ter consciência de que seu trabalho é regido por princípios éticos que se materializam na adequada prestação dos serviços públicos;

g) ser cortês, ter urbanidade, disponibilidade e atenção, respeitando a capacidade e as limitações individuais de todos os usuários do serviço público, sem qualquer espécie de preconceito ou distinção de raça, sexo, nacionalidade, cor, idade, religião, cunho político e posição social, abstendo-se, dessa forma, de causar-lhes dano moral;

h) ter respeito à hierarquia, porém sem nenhum temor de representar contra qualquer comprometimento indevido da estrutura em que se funda o Poder Estatal;

i) resistir a todas as pressões de superiores hierárquicos, de contratantes, interessados e outros que visem obter quaisquer favores, benesses ou vantagens indevidas em decorrência de ações imorais, ilegais ou aéticas e denunciá-las;

j) zelar, no exercício do direito de greve, pelas exigências específicas da defesa da vida e da segurança coletiva;

l) ser assíduo e freqüente ao serviço, na certeza de que sua ausência provoca danos ao trabalho ordenado, refletindo negativamente em todo o sistema;

m) comunicar imediatamente a seus superiores todo e qualquer ato ou fato contrário ao interesse público, exigindo as providências cabíveis;

n) manter limpo e em perfeita ordem o local de trabalho, seguindo os métodos mais adequados à sua organização e distribuição;

o) participar dos movimentos e estudos que se relacionem com a melhoria do exercício de suas funções, tendo por escopo a realização do bem comum;

p) apresentar-se ao trabalho com vestimentas adequadas ao exercício da função;

q) manter-se atualizado com as instruções, as normas de serviço e a legislação pertinentes ao órgão onde exerce suas funções;

r) cumprir, de acordo com as normas do serviço e as instruções superiores, as tarefas de seu cargo ou função, tanto quanto possível, com critério, segurança e rapidez, mantendo tudo sempre em boa ordem.

s) facilitar a fiscalização de todos atos ou serviços por quem de direito;

t) exercer com estrita moderação as prerrogativas funcionais que lhe sejam atribuídas, abstendo-se de fazê-lo contrariamente aos legítimos interesses dos usuários do serviço público e dos jurisdicionados administrativos;

u) abster-se, de forma absoluta, de exercer sua função, poder ou autoridade com finalidade estranha ao interesse público, mesmo que observando as formalidades legais e não cometendo qualquer violação expressa à lei;

v) divulgar e informar a todos os integrantes da sua classe sobre a existência deste Código de Ética, estimulando o seu integral cumprimento.

SEÇÃO III - DAS VEDAÇÕES AO SERVIDOR PÚBLICO

XV - E vedado ao servidor público;

a) o uso do cargo ou função, facilidades, amizades, tempo, posição e influências, para obter qualquer favorecimento, para si ou para outrem;

b) prejudicar deliberadamente a reputação de outros servidores ou de cidadãos que deles dependam;

c) ser, em função de seu espírito de solidariedade, conivente com erro ou infração a este Código de Ética ou ao Código de Ética de sua profissão;

d) usar de artifícios para procrastinar ou dificultar o exercício regular de direito por qualquer pessoa, causando-lhe dano moral ou material;

e) deixar de utilizar os avanços técnicos e científicos ao seu alcance ou do seu conhecimento para atendimento do seu mister;

f) permitir que perseguições, simpatias, antipatias, caprichos, paixões ou interesses de ordem pessoal interfiram no trato com o público, com os jurisdicionados administrativos ou com colegas hierarquicamente superiores ou inferiores;

g) pleitear, solicitar, provocar, sugerir ou receber qualquer tipo de ajuda financeira, gratificação, prêmio, comissão, doação ou vantagem de qualquer espécie, para si, familiares ou qualquer pessoa, para o cumprimento da sua missão ou para influenciar outro servidor para o mesmo fim;

h) alterar ou deturpar o teor de documentos que deva encaminhar para providências;

i) iludir ou tentar iludir qualquer pessoa que necessite do atendimento em serviços públicos;

j) desviar servidor público para atendimento a interesse particular;

l) retirar da repartição pública, sem estar legalmente autorizado, qualquer documento, livro ou bem pertencente ao patrimônio público;

m) fazer uso de informações privilegiadas obtidas no âmbito interno de seu serviço, em benefício próprio, de parentes, de amigos ou de terceiros;

n) apresentar-se embriagado no serviço ou fora dele habitualmente;

o) dar o seu concurso a qualquer instituição que atente contra a moral, a honestidade ou a dignidade da pessoa humana;

p) exercer atividade profissional aética ou ligar o seu nome a empreendimentos de cunho duvidoso.

CAPÍTULO II - DAS COMISSÕES DE ÉTICA

XVI - Em todos os órgãos e entidades da Administração Pública Federal direta, indireta autárquica e fundacional, ou em qualquer órgão ou entidade que exerça atribuições delegadas pelo poder público, deverá ser criada uma Comissão de Ética, encarregada de orientar e aconselhar sobre a ética profissional do servidor, no tratamento com as pessoas e com o patrimônio público, competindo-lhe conhecer concretamente de imputação ou de procedimento susceptível de censura.

XVII -- (Revogado pelo Decreto nº 6.029, de 2007)

XVIII - À Comissão de Ética incumbe fornecer, aos organismos encarregados da execução do quadro de carreira dos servidores, os registros sobre sua conduta ética, para o efeito de instruir e fundamentar promoções e para todos os demais procedimentos próprios da carreira do servidor público.

XIX (Revogado pelo Decreto nº 6.029, de 2007)

XX - (Revogado pelo Decreto nº 6.029, de 2007)

XXI - (Revogado pelo Decreto nº 6.029, de 2007)

XXII - A pena aplicável ao servidor público pela Comissão de Ética é a de censura e sua fundamentação constará do respectivo parecer, assinado por todos os seus integrantes, com ciência do faltoso.

XXIII - (Revogado pelo Decreto nº 6.029, de 2007)

XXIV - Para fins de apuração do comprometimento ético, entende-se por servidor público todo aquele que, por força de lei, contrato ou de qualquer ato jurídico, preste serviços

de natureza permanente, temporária ou excepcional, ainda que sem retribuição financeira, desde que ligado direta ou indiretamente a qualquer órgão do poder estatal, como as autarquias, as fundações públicas, as entidades paraestatais, as empresas públicas e as sociedades de economia mista, ou em qualquer setor onde prevaleça o interesse do Estado.

XXV - (Revogado pelo Decreto nº 6.029, de 2007)

15. DECRETO Nº 6.017, DE 17 DE JANEIRO DE 2007

Regulamenta a Lei no 11.107, de 6 de abril de 2005, que dispõe sobre normas gerais de contratação de consórcios públicos.

O PRESIDENTE DA REPÚBLICA, no uso da atribuição que lhe confere o art. 84, inciso IV, da Constituição, e tendo em vista o disposto no art. 20 da Lei no 11.107, de 6 de abril de 2005,

CAPÍTULO I - DO OBJETO E DAS DEFINIÇÕES

Art. 1º Este Decreto estabelece normas para a execução da Lei no 11.107, de 6 de abril de 2005.

Art. 2º Para os fins deste Decreto, consideram-se:

I - consórcio público: pessoa jurídica formada exclusivamente por entes da Federação, na forma da Lei no 11.107, de 2005, para estabelecer relações de cooperação federativa, inclusive a realização de objetivos de interesse comum, constituída como associação pública, com personalidade jurídica de direito público e natureza autárquica, ou como pessoa jurídica de direito privado sem fins econômicos;

II - área de atuação do consórcio público: área correspondente à soma dos seguintes territórios, independentemente de figurar a União como consorciada:

a) dos Municípios, quando o consórcio público for constituído somente por Municípios ou por um Estado e Municípios com territórios nele contidos;

b) dos Estados ou dos Estados e do Distrito Federal, quando o consórcio público for, respectivamente, constituído por mais de um Estado ou por um ou mais Estados e o Distrito Federal; e

c) dos Municípios e do Distrito Federal, quando o consórcio for constituído pelo Distrito Federal e Municípios.

III - protocolo de intenções: contrato preliminar que, ratificado pelos entes da Federação interessados, converte-se em contrato de consórcio público;

IV - ratificação: aprovação pelo ente da Federação, mediante lei, do protocolo de intenções ou do ato de retirada do consórcio público;

V - reserva: ato pelo qual ente da Federação não ratifica, ou condiciona a ratificação, de determinado dispositivo de protocolo de intenções;

VI - retirada: saída de ente da Federação de consórcio público, por ato formal de sua vontade;

VII - contrato de rateio: contrato por meio do qual os entes consorciados comprometem-se a fornecer recursos financeiros para a realização das despesas do consórcio público;

VIII - convênio de cooperação entre entes federados: pacto firmado exclusivamente por entes da Federação, com o objetivo de autorizar a gestão associada de serviços públicos, desde que ratificado ou previamente disciplinado por lei editada por cada um deles;

IX - gestão associada de serviços públicos: exercício das atividades de planejamento, regulação ou fiscalização de serviços públicos por meio de consórcio público ou de convênio de cooperação entre entes federados, acompanhadas ou não da prestação de serviços públicos ou da transferência total ou parcial de encargos, serviços, pessoal e bens essenciais à continuidade dos serviços transferidos;

X - planejamento: as atividades atinentes à identificação, qualificação, quantificação, organização e orientação de todas as ações, públicas e privadas, por meio das quais um serviço público deve ser prestado ou colocado à disposição de forma adequada;

XI - regulação: todo e qualquer ato, normativo ou não, que discipline ou organize um determinado serviço público, incluindo suas características, padrões de qualidade, impacto sócio-ambiental, direitos e obrigações dos usuários e dos responsáveis por sua oferta ou prestação e fixação e revisão do valor de tarifas e outros preços públicos;

XII - fiscalização: atividades de acompanhamento, monitoramento, controle ou avaliação, no sentido de garantir a utilização, efetiva ou potencial, do serviço público;

XIII - prestação de serviço público em regime de gestão associada: execução, por meio de cooperação federativa, de toda e qualquer atividade ou obra com o objetivo de permitir aos usuários o acesso a um serviço público com características e padrões de qualidade determinados pela regulação ou pelo contrato de programa, inclusive quando operada por transferência total ou parcial de encargos, serviços, pessoal e bens essenciais à continuidade dos serviços transferidos;

XIV - serviço público: atividade ou comodidade material fruível diretamente pelo usuário, que possa ser remunerado por meio de taxa ou preço público, inclusive tarifa;

XV - titular de serviço público: ente da Federação a quem compete prover o serviço público, especialmente por meio de planejamento, regulação, fiscalização e prestação direta ou indireta;

XVI - contrato de programa: instrumento pelo qual devem ser constituídas e reguladas as obrigações que um ente da Federação, inclusive sua administração indireta, tenha para com outro ente da Federação, ou para com consórcio público, no âmbito da prestação de serviços públicos por meio de cooperação federativa;

XVII - termo de parceria: instrumento passível de ser firmado entre consórcio público e entidades qualificadas como Organizações da Sociedade Civil de Interesse Público, destinado à formação de vínculo de cooperação entre as partes para o fomento e a execução de atividades de interesse público previstas no art. 3º da Lei no 9.790, de 23 de março de 1999; e

XVIII - contrato de gestão: instrumento firmado entre a administração pública e autarquia ou fundação qualificada como Agência Executiva, na forma do art. 51 da Lei no 9.649, de 27 de maio de 1998, por meio do qual se estabelecem objetivos, metas e respectivos indicadores de desempenho da entidade, bem como os recursos necessários e os critérios e instrumentos para a avaliação do seu cumprimento.

Parágrafo único. A área de atuação do consórcio público mencionada no inciso II do caput deste artigo refere-se exclusivamente aos territórios dos entes da Federação que tenham ratificado por lei o protocolo de intenções.

CAPÍTULO II - DA CONSTITUIÇÃO DOS CONSÓRCIOS PÚBLICOS

SEÇÃO I - DOS OBJETIVOS

Art. 3º Observados os limites constitucionais e legais, os objetivos dos consórcios públicos serão determinados pelos entes que se consorciarem, admitindo-se, entre outros, os seguintes:

I - a gestão associada de serviços públicos;

II - a prestação de serviços, inclusive de assistência técnica, a execução de obras e o fornecimento de bens à administração direta ou indireta dos entes consorciados;

III - o compartilhamento ou o uso em comum de instrumentos e equipamentos, inclusive de gestão, de manutenção, de informática, de pessoal técnico e de procedimentos de licitação e de admissão de pessoal;

IV - a produção de informações ou de estudos técnicos;

V - a instituição e o funcionamento de escolas de governo ou de estabelecimentos congêneres;

VI - a promoção do uso racional dos recursos naturais e a proteção do meio-ambiente;

VII - o exercício de funções no sistema de gerenciamento de recursos hídricos que lhe tenham sido delegadas ou autorizadas;

VIII - o apoio e o fomento do intercâmbio de experiências e de informações entre os entes consorciados;

IX - a gestão e a proteção de patrimônio urbanístico, paisagístico ou turístico comum;

X - o planejamento, a gestão e a administração dos serviços e recursos da previdência social dos servidores de qualquer dos entes da Federação que integram o consórcio, vedado que os recursos arrecadados em um ente federativo sejam utilizados no pagamento de benefícios de segurados de outro ente, de forma a atender o disposto no art. 1º, inciso V, da Lei no 9.717, de 1998;

XI - o fornecimento de assistência técnica, extensão, treinamento, pesquisa e desenvolvimento urbano, rural e agrário;

XII - as ações e políticas de desenvolvimento urbano, sócio-econômico local e regional; e

XIII - o exercício de competências pertencentes aos entes da Federação nos termos de autorização ou delegação.

§ 1º Os consórcios públicos poderão ter um ou mais objetivos e os entes consorciados poderão se consorciar em relação a todos ou apenas a parcela deles.

§ 2º Os consórcios públicos, ou entidade a ele vinculada, poderão desenvolver as ações e os serviços de saúde, obedecidos os princípios, diretrizes e normas que regulam o Sistema Único de Saúde - SUS.

SEÇÃO II - DO PROTOCOLO DE INTENÇÕES

Art. 4º A constituição de consórcio público dependerá da prévia celebração de protocolo de intenções subscrito pelos representantes legais dos entes da Federação interessados.

Art. 5º O protocolo de intenções, sob pena de nulidade, deverá conter, no mínimo, cláusulas que estabeleçam:

I - a denominação, as finalidades, o prazo de duração e a sede do consórcio público, admitindo-se a fixação de prazo indeterminado e a previsão de alteração da sede mediante decisão da Assembléia Geral;

II - a identificação de cada um dos entes da Federação que podem vir a integrar o consórcio público, podendo indicar prazo para que subscrevam o protocolo de intenções;

III - a indicação da área de atuação do consórcio público;

IV - a previsão de que o consórcio público é associação pública, com personalidade jurídica de direito público e natureza autárquica, ou pessoa jurídica de direito privado;

V - os critérios para, em assuntos de interesse comum, autorizar o consórcio público a representar os entes da Federação consorciados perante outras esferas de governo;

VI - as normas de convocação e funcionamento da assembléia geral, inclusive para a elaboração, aprovação e modificação dos estatutos do consórcio público;

VII - a previsão de que a assembléia geral é a instância máxima do consórcio público e o número de votos para as suas deliberações;

VIII - a forma de eleição e a duração do mandato do representante legal do consórcio público que, obrigatoriamente, deverá ser Chefe do Poder Executivo de ente da Federação consorciado;

IX - o número, as formas de provimento e a remuneração dos empregados do consórcio público;

X - os casos de contratação por tempo determinado para atender a necessidade temporária de excepcional interesse público;

XI - as condições para que o consórcio público celebre contrato de gestão, nos termos da Lei no 9.649, de 1998, ou termo de parceria, na forma da Lei no 9.790, de 1999;

XII - a autorização para a gestão associada de serviço público, explicitando:

a) competências cuja execução será transferida ao consórcio público;

b) os serviços públicos objeto da gestão associada e a área em que serão prestados;

c) a autorização para licitar e contratar concessão, permissão ou autorizar a prestação dos serviços;

d) as condições a que deve obedecer o contrato de programa, no caso de nele figurar como contratante o consórcio público; e

e) os critérios técnicos de cálculo do valor das tarifas e de outros preços públicos, bem como os critérios gerais a serem observados em seu reajuste ou revisão;

XIII - o direito de qualquer dos contratantes, quando adimplentes com as suas obrigações, de exigir o pleno cumprimento das cláusulas do contrato de consórcio público.

§ 1º O protocolo de intenções deve definir o número de votos que cada ente da Federação consorciado possui na assembléia geral, sendo assegurado a cada um ao menos um voto.

§ 2º Admitir-se-á, à exceção da assembléia geral:

I - a participação de representantes da sociedade civil nos órgãos colegiados do consórcio público;

II - que órgãos colegiados do consórcio público sejam compostos por representantes da sociedade civil ou por representantes apenas dos entes consorciados diretamente interessados nas matérias de competência de tais órgãos.

§ 3º Os consórcios públicos deverão obedecer ao princípio da publicidade, tornando públicas as decisões que digam respeito a terceiros e as de natureza orçamentária, financeira ou contratual, inclusive as que digam respeito à admissão de pessoal, bem como permitindo que qualquer do povo tenha acesso a suas reuniões e aos documentos que produzir, salvo, nos termos da lei, os considerados sigilosos por prévia e motivada decisão.

§ 4º O mandato do representante legal do consórcio público será fixado em um ou mais exercícios financeiros e cessará automaticamente no caso de o eleito não mais ocupar a Chefia do Poder Executivo do ente da Federação que representa na assembléia geral, hipótese em que será sucedido por quem preencha essa condição.

§ 5º Salvo previsão em contrário dos estatutos, o representante legal do consórcio público, nos seus impedimentos ou na vacância, será substituído ou sucedido por aquele que, nas mesmas hipóteses, o substituir ou o suceder na Chefia do Poder Executivo.

§ 6º É nula a cláusula do protocolo de intenções que preveja determinadas contribuições financeiras ou econômicas de ente da Federação ao consórcio público, salvo a doação, destinação ou cessão do uso de bens móveis ou imóveis e as transferências ou cessões de direitos operadas por força de gestão associada de serviços públicos.

§ 7º O protocolo de intenções deverá ser publicado na imprensa oficial.

§ 8º A publicação do protocolo de intenções poderá dar-se de forma resumida, desde que a publicação indique o local e o sítio da rede mundial de computadores - internet em que se poderá obter seu texto integral.

SEÇÃO III - DA CONTRATAÇÃO

Art. 6º O contrato de consórcio público será celebrado com a ratificação, mediante lei, do protocolo de intenções.

§ 1º A recusa ou demora na ratificação não poderá ser penalizada.

§ 2º A ratificação pode ser realizada com reserva que deverá ser clara e objetiva, preferencialmente vinculada à vigência de cláusula, parágrafo, inciso ou alínea do protocolo de intenções, ou que imponha condições para a vigência de qualquer desses dispositivos.

§ 3º Caso a lei mencionada no caput deste artigo preveja reservas, a admissão do ente no consórcio público dependerá da aprovação de cada uma das reservas pelos demais subscritores do protocolo de intenções ou, caso já constituído o consórcio público, pela assembléia geral.

§ 4º O contrato de consórcio público, caso assim esteja previsto no protocolo de intenções, poderá ser celebrado por apenas uma parcela dos seus signatários, sem prejuízo de que os demais venham a integrá-lo posteriormente.

§ 5º No caso previsto no § 4º deste artigo, a ratificação realizada após dois anos da primeira subscrição do protocolo de intenções dependerá da homologação dos demais subscritores ou, caso já constituído o consórcio, de decisão da assembléia geral.

§ 6º Dependerá de alteração do contrato de consórcio público o ingresso de ente da Federação não mencionado no protocolo de intenções como possível integrante do consórcio público.

§ 7º É dispensável a ratificação prevista no caput deste artigo para o ente da Federação que, antes de subscrever o protocolo de intenções, disciplinar por lei a sua participação no consórcio público, de forma a poder assumir todas as obrigações previstas no protocolo de intenções.

SEÇÃO IV - DA PERSONALIDADE JURÍDICA

Art. 7º O consórcio público adquirirá personalidade jurídica:

I - de direito público, mediante a vigência das leis de ratificação do protocolo de intenções; e

II - de direito privado, mediante o atendimento do previsto no inciso I e, ainda, dos requisitos previstos na legislação civil.

§ 1º Os consórcios públicos, ainda que revestidos de personalidade jurídica de direito privado, observarão as normas de direito público no que concerne à realização de licitação, celebração de contratos, admissão de pessoal e à prestação de contas.

§ 2º Caso todos os subscritores do protocolo de intenções encontrem-se na situação prevista no § 7º do art. 6º deste Decreto, o aperfeiçoamento do contrato de consórcio público e a aquisição da personalidade jurídica pela associação pública dependerão apenas da publicação do protocolo de intenções.

§ 3º Nas hipóteses de criação, fusão, incorporação ou desmembramento que atinjam entes consorciados ou subscritores de protocolo de intenções, os novos entes da Federação, salvo disposição em contrário do protocolo de intenções, serão automaticamente tidos como consorciados ou subscritores.

SEÇÃO V - DOS ESTATUTOS

Art. 8º O consórcio público será organizado por estatutos cujas disposições, sob pena de nulidade, deverão atender a todas as cláusulas do seu contrato constitutivo.

§ 1º Os estatutos serão aprovados pela assembléia geral.

§ 2º Com relação aos empregados públicos do consórcio público, os estatutos poderão dispor sobre o exercício do poder disciplinar e regulamentar, as atribuições administrativas, hierarquia, avaliação de eficiência, lotação, jornada de trabalho e denominação dos cargos.

§ 3º Os estatutos do consórcio público de direito público produzirão seus efeitos mediante publicação na imprensa oficial no âmbito de cada ente consorciado.

§ 4º A publicação dos estatutos poderá dar-se de forma resumida, desde que a publicação indique o local e o sítio da rede mundial de computadores - internet em que se poderá obter seu texto integral.

CAPÍTULO III - DA GESTÃO DOS CONSÓRCIOS PÚBLICOS

SEÇÃO I - DISPOSIÇÕES GERAIS

Art. 9º Os entes da Federação consorciados respondem subsidiariamente pelas obrigações do consórcio público.

Parágrafo único. Os dirigentes do consórcio público responderão pessoalmente pelas obrigações por ele contraídas caso pratiquem atos em desconformidade com a lei, os estatutos ou decisão da assembléia geral.

Art. 10. Para cumprimento de suas finalidades, o consórcio público poderá:

I - firmar convênios, contratos, acordos de qualquer natureza, receber auxílios, contribuições e subvenções sociais ou econômicas;

II - ser contratado pela administração direta ou indireta dos entes da Federação consorciados, dispensada a licitação; e

III - caso constituído sob a forma de associação pública, ou mediante previsão em contrato de programa, promover desapropriações ou instituir servidões nos termos de declaração de utilidade ou necessidade pública, ou de interesse social.

Parágrafo único. A contratação de operação de crédito por parte do consórcio público se sujeita aos limites e condições próprios estabelecidos pelo Senado Federal, de acordo com o disposto no art. 52, inciso VII, da Constituição.

SEÇÃO II - DO REGIME CONTÁBIL E FINANCEIRO

Art. 11. A execução das receitas e das despesas do consórcio público deverá obedecer às normas de direito financeiro aplicáveis às entidades públicas.

Art. 12. O consórcio público está sujeito à fiscalização contábil, operacional e patrimonial pelo Tribunal de Contas competente para apreciar as contas do seu representante legal, inclusive quanto à legalidade, legitimidade e economicidade das despesas, atos, contratos e renúncia de receitas, sem prejuízo do controle externo a ser exercido em razão de cada um dos contratos que os entes da Federação consorciados vierem a celebrar com o consórcio público.

SEÇÃO III - DO CONTRATO DE RATEIO

Art. 13. Os entes consorciados somente entregarão recursos financeiros ao consórcio público mediante contrato de rateio.

§ 1º O contrato de rateio será formalizado em cada exercício financeiro, com observância da legislação orçamentária e financeira do ente consorciado contratante e depende da previsão de recursos orçamentários que suportem o pagamento das obrigações contratadas.

§ 2º Constitui ato de improbidade administrativa, nos termos do disposto no art. 10, inciso XV, da Lei no 8.429, de 2 de junho de 1992, celebrar contrato de rateio sem suficiente e prévia dotação orçamentária, ou sem observar as formalidades previstas em Lei.

§ 3º As cláusulas do contrato de rateio não poderão conter disposição tendente a afastar, ou dificultar a fiscalização exercida pelos órgãos de controle interno e externo ou pela sociedade civil de qualquer dos entes da Federação consorciados.

§ 4º Os entes consorciados, isolados ou em conjunto, bem como o consórcio público, são partes legítimas para exigir o cumprimento das obrigações previstas no contrato de rateio.

Art. 14. Havendo restrição na realização de despesas, de empenhos ou de movimentação financeira, ou qualquer outra derivada das normas de direito financeiro, o ente consorciado, mediante notificação escrita, deverá informá-la ao consórcio público, apontando as medidas que tomou para regularizar a situação, de modo a garantir a contribuição prevista no contrato de rateio.

Parágrafo único. A eventual impossibilidade de o ente consorciado cumprir obrigação orçamentária e financeira estabelecida em contrato de rateio obriga o consórcio público a adotar medidas para adaptar a execução orçamentária e financeira aos novos limites.

Art. 15. É vedada a aplicação dos recursos entregues por meio de contrato de rateio, inclusive os oriundos de transferências ou operações de crédito, para o atendimento de despesas classificadas como genéricas.

§ 1º Entende-se por despesa genérica aquela em que a execução orçamentária se faz com modalidade de aplicação indefinida.

DECRETO Nº 6.017, DE 17 DE JANEIRO DE 2007

§ 2º Não se considera como genérica as despesas de administração e planejamento, desde que previamente classificadas por meio de aplicação das normas de contabilidade pública.

Art. 16. O prazo de vigência do contrato de rateio não será superior ao de vigência das dotações que o suportam, com exceção dos que tenham por objeto exclusivamente projetos consistentes em programas e ações contemplados em plano plurianual.

Art. 17. Com o objetivo de permitir o atendimento dos dispositivos da Lei Complementar no 101, de 4 de maio de 2000, o consórcio público deve fornecer as informações financeiras necessárias para que sejam consolidadas, nas contas dos entes consorciados, todas as receitas e despesas realizadas, de forma a que possam ser contabilizadas nas contas de cada ente da Federação na conformidade dos elementos econômicos e das atividades ou projetos atendidos.

SEÇÃO IV - DA CONTRATAÇÃO DO CONSÓRCIO POR ENTE CONSORCIADO

Art. 18. O consórcio público poderá ser contratado por ente consorciado, ou por entidade que integra a administração indireta deste último, sendo dispensada a licitação nos termos do art. 2º, inciso III, da Lei no 11.107, de 2005.

Parágrafo único. O contrato previsto no caput, preferencialmente, deverá ser celebrado sempre quando o consórcio fornecer bens ou prestar serviços para um determinado ente consorciado, de forma a impedir que sejam eles custeados pelos demais.

SEÇÃO V - DAS LICITAÇÕES COMPARTILHADAS

Art. 19. Os consórcios públicos, se constituídos para tal fim, podem realizar licitação cujo edital preveja contratos a serem celebrados pela administração direta ou indireta dos entes da Federação consorciados, nos termos do § 1º do art. 112 da Lei no 8.666, de 21 de junho de 1993.

SEÇÃO VI - DA CONCESSÃO, PERMISSÃO OU AUTORIZAÇÃO DE SERVIÇOS PÚBLICOS OU DE USO DE BENS PÚBLICOS

Art. 20. Os consórcios públicos somente poderão outorgar concessão, permissão, autorização e contratar a prestação por meio de gestão associada de obras ou de serviços públicos mediante:

I - obediência à legislação de normas gerais em vigor; e

II - autorização prevista no contrato de consórcio público.

§ 1º A autorização mencionada no inciso II do caput deverá indicar o objeto da concessão, permissão ou autorização e as condições a que deverá atender, inclusive metas de desempenho e os critérios para a fixação de tarifas ou de outros preços públicos.

§ 2º Os consórcios públicos poderão emitir documentos de cobrança e exercer atividades de arrecadação de tarifas e outros preços públicos pela prestação de serviços ou pelo uso ou outorga de uso de bens públicos ou, no caso de específica autorização, serviços ou bens de ente da Federação consorciado.

Art. 21. O consórcio público somente mediante licitação contratará concessão, permissão ou autorizará a prestação de serviços públicos.

§ 1º O disposto neste artigo aplica-se a todos os ajustes de natureza contratual, independentemente de serem denominados como convênios, acordos ou termos de cooperação ou de parceria.

§ 2º O disposto neste artigo não se aplica ao contrato de programa, que poderá ser contratado com dispensa de licitação conforme o art. 24, inciso XXVI, da Lei no. 8.666, de 21 de junho de 1993.

SEÇÃO VII - DOS SERVIDORES

Art. 22. A criação de empregos públicos depende de previsão do contrato de consórcio público que lhe fixe a forma e os requisitos de provimento e a sua respectiva remuneração, inclusive quanto aos adicionais, gratificações, e quaisquer outras parcelas remuneratórias ou de caráter indenizatório.

Art. 23. Os entes da Federação consorciados, ou os com eles conveniados, poderão ceder-lhe servidores, na forma e condições da legislação de cada um.

§ 1º Os servidores cedidos permanecerão no seu regime originário, somente lhe sendo concedidos adicionais ou gratificações nos termos e valores previstos no contrato de consórcio público.

§ 2º O pagamento de adicionais ou gratificações na forma prevista no § 1º deste artigo não configura vínculo novo do servidor cedido, inclusive para a apuração de responsabilidade trabalhista ou previdenciária.

§ 3º Na hipótese de o ente da Federação consorciado assumir o ônus da cessão do servidor, tais pagamentos poderão ser contabilizados como créditos hábeis para operar compensação com obrigações previstas no contrato de rateio.

CAPÍTULO IV - DA RETIRADA E DA EXCLUSÃO DE ENTE CONSORCIADO

SEÇÃO I - DISPOSIÇÃO GERAL

Art. 24. Nenhum ente da Federação poderá ser obrigado a se consorciar ou a permanecer consorciado.

SEÇÃO II - DO RECESSO

Art. 25. A retirada do ente da Federação do consórcio público dependerá de ato formal de seu representante na assembléia geral, na forma previamente disciplinada por lei.

§ 1º Os bens destinados ao consórcio público pelo consorciado que se retira somente serão revertidos ou retrocedidos no caso de expressa previsão do contrato de consórcio público ou do instrumento de transferência ou de alienação.

§ 2º A retirada não prejudicará as obrigações já constituídas entre o consorciado que se retira e o consórcio público.

§ 3º A retirada de um ente da Federação do consórcio público constituído por apenas dois entes implicará a extinção do consórcio.

SEÇÃO III - DA EXCLUSÃO

Art. 26. A exclusão de ente consorciado só é admissível havendo justa causa.

§ 1º Além das que sejam reconhecidas em procedimento específico, é justa causa a não inclusão, pelo ente consorciado, em sua lei orçamentária ou em créditos adicionais, de dotações suficientes para suportar as despesas que, nos termos do orçamento do consórcio público, prevê-se devam ser assumidas por meio de contrato de rateio.

§ 2º A exclusão prevista no § 1º deste artigo somente ocorrerá após prévia suspensão, período em que o ente consorciado poderá se reabilitar.

Art. 27. A exclusão de consorciado exige processo administrativo onde lhe seja assegurado o direito à ampla defesa e ao contraditório.

Art. 28. Mediante previsão do contrato de consórcio público, poderá ser dele excluído o ente que, sem autorização dos demais consorciados, subscrever protocolo de intenções para constituição de outro consórcio com finalidades, a juízo da maioria da assembléia geral, iguais, assemelhadas ou incompatíveis.

CAPÍTULO V - DA ALTERAÇÃO E DA EXTINÇÃO DOS CONTRATOS DE CONSÓRCIO PÚBLICO

Art. 29. A alteração ou a extinção do contrato de consórcio público dependerá de instrumento aprovado pela assembléia geral, ratificado mediante lei por todos os entes consorciados.

§ 1º Em caso de extinção:

I - os bens, direitos, encargos e obrigações decorrentes da gestão associada de serviços públicos custeados por tari-

fas ou outra espécie de preço público serão atribuídos aos titulares dos respectivos serviços;

II - até que haja decisão que indique os responsáveis por cada obrigação, os entes consorciados responderão solidariamente pelas obrigações remanescentes, garantido o direito de regresso em face dos entes beneficiados ou dos que deram causa à obrigação.

§ 2º Com a extinção, o pessoal cedido ao consórcio público retornará aos seus órgãos de origem, e os empregados públicos terão automaticamente rescindidos os seus contratos de trabalho com o consórcio.

CAPÍTULO VI - DO CONTRATO DE PROGRAMA

SEÇÃO I

Das Disposições Preliminares

Art. 30. Deverão ser constituídas e reguladas por contrato de programa, como condição de sua validade, as obrigações contraídas por ente da Federação, inclusive entidades de sua administração indireta, que tenham por objeto a prestação de serviços por meio de gestão associada ou a transferência total ou parcial de encargos, serviços, pessoal ou de bens necessários à continuidade dos serviços transferidos.

§ 1º Para os fins deste artigo, considera-se prestação de serviço público por meio de gestão associada aquela em que um ente da Federação, ou entidade de sua administração indireta, coopere com outro ente da Federação ou com consórcio público, independentemente da denominação que venha a adotar, exceto quando a prestação se der por meio de contrato de concessão de serviços públicos celebrado após regular licitação.

§ 2º Constitui ato de improbidade administrativa, a partir de 7 de abril de 2005, celebrar contrato ou outro instrumento que tenha por objeto a prestação de serviços públicos por meio de cooperação federativa sem a celebração de contrato de programa, ou sem que sejam observadas outras formalidades previstas em lei, nos termos do disposto no art. 10, inciso XIV, da Lei no 8.429, de 1992.

§ 3º Excluem-se do previsto neste artigo as obrigações cujo descumprimento não acarrete qualquer ônus, inclusive financeiro, a ente da Federação ou a consórcio público.

Art. 31. Caso previsto no contrato de consórcio público ou em convênio de cooperação entre entes federados, admitir-se-á a celebração de contrato de programa de ente da Federação ou de consórcio público com autarquia, empresa pública ou sociedade de economia mista.

§ 1º Para fins do caput, a autarquia, empresa pública ou sociedade de economia mista deverá integrar a administração indireta de ente da Federação que, por meio de consórcio público ou de convênio de cooperação, autorizou a gestão associada de serviço público.

§ 2º O contrato celebrado na forma prevista no caput deste artigo será automaticamente extinto no caso de o contratado não mais integrar a administração indireta do ente da Federação que autorizou a gestão associada de serviços públicos por meio de consórcio público ou de convênio de cooperação.

§ 3º É lícito ao contratante, em caso de contrato de programa celebrado com sociedade de economia mista ou com empresa pública, receber participação societária com o poder especial de impedir a alienação da empresa, a fim de evitar que o contrato de programa seja extinto na conformidade do previsto no § 2º deste artigo.

§ 4º O convênio de cooperação não produzirá efeitos entre os entes da Federação cooperantes que não o tenham disciplinado por lei.

SEÇÃO II - DA DISPENSA DE LICITAÇÃO

Art. 32. O contrato de programa poderá ser celebrado por dispensa de licitação nos termos do art. 24, inciso XXVI, da Lei no 8.666, de 1993.

Parágrafo único. O termo de dispensa de licitação e a minuta de contrato de programa deverão ser previamente examinados e aprovados por assessoria jurídica da Administração.

SEÇÃO III - DAS CLÁUSULAS NECESSÁRIAS

Art. 33. Os contratos de programa deverão, no que couber, atender à legislação de concessões e permissões de serviços públicos e conter cláusulas que estabeleçam:

I - o objeto, a área e o prazo da gestão associada de serviços públicos, inclusive a operada por meio de transferência total ou parcial de encargos, serviços, pessoal e bens essenciais à continuidade dos serviços;

II - o modo, forma e condições de prestação dos serviços;

III - os critérios, indicadores, fórmulas e parâmetros definidores da qualidade dos serviços;

IV - o atendimento à legislação de regulação dos serviços objeto da gestão associada, especialmente no que se refere à fixação, revisão e reajuste das tarifas ou de outros preços públicos e, se necessário, as normas complementares a essa regulação;

V - procedimentos que garantam transparência da gestão econômica e financeira de cada serviço em relação a cada um de seus titulares, especialmente de apuração de quanto foi arrecadado e investido nos territórios de cada um deles, em relação a cada serviço sob regime de gestão associada de serviço público;

VI - os direitos, garantias e obrigações do titular e do prestador, inclusive os relacionados às previsíveis necessidades de futura alteração e expansão dos serviços e conseqüente modernização, aperfeiçoamento e ampliação dos equipamentos e instalações;

VII - os direitos e deveres dos usuários para obtenção e utilização dos serviços;

VIII - a forma de fiscalização das instalações, dos equipamentos, dos métodos e práticas de execução dos serviços, bem como a indicação dos órgãos competentes para exercê-las;

IX - as penalidades contratuais e administrativas a que se sujeita o prestador dos serviços, inclusive quando consórcio público, e sua forma de aplicação;

X - os casos de extinção;

XI - os bens reversíveis;

XII - os critérios para o cálculo e a forma de pagamento das indenizações devidas ao prestador dos serviços, inclusive quando consórcio público, especialmente do valor dos bens reversíveis que não foram amortizados por tarifas e outras receitas emergentes da prestação dos serviços;

XIII - a obrigatoriedade, forma e periodicidade da prestação de contas do consórcio público ou outro prestador dos serviços, no que se refere à prestação dos serviços por gestão associada de serviço público;

XIV - a periodicidade em que os serviços serão fiscalizados por comissão composta por representantes do titular do serviço, do contratado e dos usuários, de forma a cumprir o disposto no art. 30, parágrafo único, da Lei no 8.987, de 13 de fevereiro de 1995;

XV - a exigência de publicação periódica das demonstrações financeiras relativas à gestão associada, a qual deverá ser específica e segregada das demais demonstrações do consórcio público ou do prestador de serviços; e

XVI - o foro e o modo amigável de solução das controvérsias contratuais.

§ 1º No caso de transferência total ou parcial de encargos, serviços, pessoal e bens essenciais à continuidade dos serviços transferidos, o contrato de programa deverá conter também cláusulas que prevejam:

I - os encargos transferidos e a responsabilidade subsidiária do ente que os transferiu;

II - as penalidades no caso de inadimplência em relação aos encargos transferidos;

III - o momento de transferência dos serviços e os deveres relativos à sua continuidade;

IV - a indicação de quem arcará com o ônus e os passivos do pessoal transferido;

V - a identificação dos bens que terão apenas a sua gestão e administração transferidas e o preço dos que sejam efetivamente alienados ao prestador dos serviços ou ao consórcio público; e

VI - o procedimento para o levantamento, cadastro e avaliação dos bens reversíveis que vierem a ser amortizados mediante receitas de tarifas ou outras emergentes da prestação dos serviços.

§ 2º O não pagamento da indenização prevista no inciso XII do caput, inclusive quando houver controvérsia de seu valor, não impede o titular de retomar os serviços ou adotar outras medidas para garantir a continuidade da prestação adequada do serviço público.

§ 3º É nula a cláusula de contrato de programa que atribuir ao contratado o exercício dos poderes de planejamento, regulação e fiscalização dos serviços por ele próprio prestados.

SEÇÃO IV - DA VIGÊNCIA E DA EXTINÇÃO

Art. 34. O contrato de programa continuará vigente mesmo quando extinto o contrato de consórcio público ou o convênio de cooperação que autorizou a gestão associada de serviços públicos.

Art. 35. A extinção do contrato de programa não prejudicará as obrigações já constituídas e dependerá do prévio pagamento das indenizações eventualmente devidas.

CAPÍTULO VII - DAS NORMAS APLICÁVEIS À UNIÃO

Art. 36. A União somente participará de consórcio público em que também façam parte todos os Estados em cujos territórios estejam situados os Municípios consorciados.

Art. 37. Os órgãos e entidades federais concedentes darão preferência às transferências voluntárias para Estados, Distrito Federal e Municípios cujas ações sejam desenvolvidas por intermédio de consórcios públicos.

Art. 38. Quando necessário para que sejam obtidas as escalas adequadas, a execução de programas federais de caráter local poderá ser delegada, no todo ou em parte, mediante convênio, aos consórcios públicos.

Parágrafo único. Os Estados e Municípios poderão executar, por meio de consórcio público, ações ou programas a que sejam beneficiados por meio de transferências voluntárias da União.

Art. 39. A partir de 1º de janeiro de 2008 a União somente celebrará convênios com consórcios públicos constituídos sob a forma de associação pública ou que para essa forma tenham se convertido.

§ 1º A celebração dos convênios de que trata o caput está condicionada à comprovação do cumprimento das exigências legais pelo consórcio público, conforme o disposto no parágrafo único do art. 14 da Lei nº 11.107, de 2005. (Redação dada pelo Decreto nº 10.243, de 2020)

§ 2º A comprovação do cumprimento das exigências legais para a celebração de convênios poderá ser feita por meio de extrato emitido no Serviço Auxiliar de Informações para Transferências Voluntárias - CAUC ou por outro meio que venha a ser estabelecido por ato do Secretário do Tesouro Nacional da Secretaria Especial de Fazenda do Ministério da Economia. (Redação dada pelo Decreto nº 10.243, de 2020)

CAPÍTULO VIII - DAS DISPOSIÇÕES FINAIS E TRANSITÓRIAS

Art. 40. Para que a gestão financeira e orçamentária dos consórcios públicos se realize na conformidade dos pressupostos da responsabilidade fiscal, a Secretaria do Tesouro Nacional do Ministério da Fazenda:

I - disciplinará a realização de transferências voluntárias ou a celebração de convênios de natureza financeira ou similar entre a União e os demais Entes da Federação que envolvam ações desenvolvidas por consórcios públicos;

II - editará normas gerais de consolidação das contas dos consórcios públicos, incluindo:

a) critérios para que seu respectivo passivo seja distribuído aos entes consorciados;

b) regras de regularidade fiscal a serem observadas pelos consórcios públicos.

Art. 41. Os consórcios constituídos em desacordo com a Lei no 11.107, de 2005, poderão ser transformados em consórcios públicos de direito público ou de direito privado, desde que atendidos os requisitos de celebração de protocolo de intenções e de sua ratificação por lei de cada ente da Federação consorciado.

Parágrafo único. Caso a transformação seja para consórcio público de direito público, a eficácia da alteração estatutária não dependerá de sua inscrição no registro civil das pessoas jurídicas.

Art. 42. Este Decreto entra em vigor na data de sua publicação.

Brasília, 17 de janeiro de 2007; 6º da Independência e 9º da República.

16. DECRETO Nº 7.892, DE 23 DE JANEIRO DE 2013

Regulamenta o Sistema de Registro de Preços previsto no art. 15 da Lei nº 8.666, de 21 de junho de 1993.

A PRESIDENTA DA REPÚBLICA, no uso da atribuição que lhe confere o art. 84, caput, inciso IV, da Constituição, e tendo em vista o disposto no art. 15 da Lei nº 8.666, de 21 de junho de 1993, e no art. 11 da Lei nº 10.520, de 17 de julho de 2002,

CAPÍTULO I - DISPOSIÇÕES GERAIS

Art. 1º As contratações de serviços e a aquisição de bens, quando efetuadas pelo Sistema de Registro de Preços - SRP, no âmbito da administração pública federal direta, autárquica e fundacional, fundos especiais, empresas públicas, sociedades de economia mista e demais entidades controladas, direta ou indiretamente pela União, obedecerão ao disposto neste Decreto.

Art. 2º Para os efeitos deste Decreto, são adotadas as seguintes definições:

I - Sistema de Registro de Preços - conjunto de procedimentos para registro formal de preços relativos à prestação de serviços e aquisição de bens, para contratações futuras;

II - ata de registro de preços - documento vinculativo, obrigacional, com característica de compromisso para futura contratação, em que se registram os preços, fornecedores, órgãos participantes e condições a serem praticadas, conforme as disposições contidas no instrumento convocatório e propostas apresentadas;

III - órgão gerenciador - órgão ou entidade da administração pública federal responsável pela condução do conjunto de procedimentos para registro de preços e gerenciamento da ata de registro de preços dele decorrente;

IV - órgão participante - órgão ou entidade da administração pública que participa dos procedimentos iniciais do Sistema de Registro de Preços e integra a ata de registro de preços; (Redação dada pelo Decreto nº 8.250, de 2.014)

V - órgão não participante - órgão ou entidade da administração pública que, não tendo participado dos procedimentos iniciais da licitação, atendidos os requisitos desta norma, faz adesão à ata de registro de preços.

VI - compra nacional - compra ou contratação de bens e serviços, em que o órgão gerenciador conduz os procedimentos para registro de preços destinado à execução descentralizada de programa ou projeto federal, mediante prévia

indicação da demanda pelos entes federados beneficiados; e (Incluído pelo Decreto nº 8.250, de 2.014)

VII - órgão participante de compra nacional - órgão ou entidade da administração pública que, em razão de participação em programa ou projeto federal, é contemplado no registro de preços independente de manifestação formal. (Incluído pelo Decreto nº 8.250, de 2.014)

Art. 3º O Sistema de Registro de Preços poderá ser adotado nas seguintes hipóteses:

I - quando, pelas características do bem ou serviço, houver necessidade de contratações frequentes;

II - quando for conveniente a aquisição de bens com previsão de entregas parceladas ou contratação de serviços remunerados por unidade de medida ou em regime de tarefa;

III - quando for conveniente a aquisição de bens ou a contratação de serviços para atendimento a mais de um órgão ou entidade, ou a programas de governo; ou

IV - quando, pela natureza do objeto, não for possível definir previamente o quantitativo a ser demandado pela Administração.

CAPÍTULO II - DA INTENÇÃO PARA REGISTRO DE PREÇOS

Art. 4º Fica instituído o procedimento de Intenção de Registro de Preços - IRP, a ser operacionalizado por módulo do Sistema de Administração e Serviços Gerais - SIASG, que deverá ser utilizado pelos órgãos e entidades integrantes do Sistema de Serviços Gerais - SISG, para registro e divulgação dos itens a serem licitados e para a realização dos atos previstos nos incisos II e V do caput do art. 5º e dos atos previstos no inciso II e caput do art. 6º.

§ 1º A divulgação da intenção de registro de preços poderá ser dispensada, de forma justificada pelo órgão gerenciador. (Redação dada pelo Decreto nº 8.250, de 2.014)

§ 1º-A O prazo para que outros órgãos e entidades manifestem interesse em participar de IRP será de oito dias úteis, no mínimo, contado da data de divulgação da IRP no Portal de Compras do Governo federal. (Incluído pelo Decreto nº 9.488, de 2018)

§ 2º O Ministério do Planejamento, Orçamento e Gestão editará norma complementar para regulamentar o disposto neste artigo.

§ 3º Caberá ao órgão gerenciador da Intenção de Registro de Preços - IRP: (Incluído pelo Decreto nº 8.250, de 2.014)

I - estabelecer, quando for o caso, o número máximo de participantes na IRP em conformidade com sua capacidade de gerenciamento; (Incluído pelo Decreto nº 8.250, de 2.014)

II - aceitar ou recusar, justificadamente, os quantitativos considerados ínfimos ou a inclusão de novos itens; e (Incluído pelo Decreto nº 8.250, de 2.014)

III - deliberar quanto à inclusão posterior de participantes que não manifestaram interesse durante o período de divulgação da IRP. (Incluído pelo Decreto nº 8.250, de 2.014)

§ 4º Os procedimentos constantes dos incisos II e III do § 3º serão efetivados antes da elaboração do edital e de seus anexos. (Incluído pelo Decreto nº 8.250, de 2.014)

§ 5º Para receber informações a respeito das IRPs disponíveis no Portal de Compras do Governo Federal, os órgãos e entidades integrantes do SISG se cadastrarão no módulo IRP e inserirão a linha de fornecimento e de serviços de seu interesse. (Incluído pelo Decreto nº 8.250, de 2.014)

§ 6º É facultado aos órgãos e entidades integrantes do SISG, antes de iniciar um processo licitatório, consultar as IRPs em andamento e deliberar a respeito da conveniência de sua participação. (Incluído pelo Decreto nº 8.250, de 2.014)

CAPÍTULO III - DAS COMPETÊNCIAS DO ÓRGÃO GERENCIADOR

Art. 5º Caberá ao órgão gerenciador a prática de todos os atos de controle e administração do Sistema de Registro de Preços, e ainda o seguinte:

I - registrar sua intenção de registro de preços no Portal de Compras do Governo federal;

II - consolidar informações relativas à estimativa individual e total de consumo, promovendo a adequação dos respectivos termos de referência ou projetos básicos encaminhados para atender aos requisitos de padronização e racionalização;

III - promover atos necessários à instrução processual para a realização do procedimento licitatório;

IV - realizar pesquisa de mercado para identificação do valor estimado da licitação e, consolidar os dados das pesquisas de mercado realizadas pelos órgãos e entidades participantes, inclusive nas hipóteses previstas nos §§ 2º e 3º do art. 6º deste Decreto; (Redação dada pelo Decreto nº 8.250, de 2.014)

V - confirmar junto aos órgãos participantes a sua concordância com o objeto a ser licitado, inclusive quanto aos quantitativos e termo de referência ou projeto básico;

VI - realizar o procedimento licitatório;

VII - gerenciar a ata de registro de preços;

VIII - conduzir eventuais renegociações dos preços registrados;

IX - aplicar, garantida a ampla defesa e o contraditório, as penalidades decorrentes de infrações no procedimento licitatório; e

X - aplicar, garantida a ampla defesa e o contraditório, as penalidades decorrentes do descumprimento do pactuado na ata de registro de preços ou do descumprimento das obrigações contratuais, em relação às suas próprias contratações.

XI - autorizar, excepcional e justificadamente, a prorrogação do prazo previsto no § 6º do art. 22 deste Decreto, respeitado o prazo de vigência da ata, quando solicitada pelo órgão não participante. (Incluído pelo Decreto nº 8.250, de 2.014)

§ 1º A ata de registro de preços, disponibilizada no Portal de Compras do Governo federal, poderá ser assinada por certificação digital.

§ 2º O órgão gerenciador poderá solicitar auxílio técnico aos órgãos participantes para execução das atividades previstas nos incisos III, IV e VI do caput.

CAPÍTULO IV - DAS COMPETÊNCIAS DO ÓRGÃO PARTICIPANTE

Art. 6º O órgão participante será responsável pela manifestação de interesse em participar do registro de preços, providenciando o encaminhamento ao órgão gerenciador de sua estimativa de consumo, local de entrega e, quando couber, cronograma de contratação e respectivas especificações ou termo de referência ou projeto básico, nos termos da Lei nº 8.666, de 21 de junho de 1993, e da Lei nº 10.520, de 17 de julho de 2002, adequado ao registro de preços do qual pretende fazer parte, devendo ainda:

I - garantir que os atos relativos a sua inclusão no registro de preços estejam formalizados e aprovados pela autoridade competente;

II - manifestar, junto ao órgão gerenciador, mediante a utilização da Intenção de Registro de Preços, sua concordância com o objeto a ser licitado, antes da realização do procedimento licitatório; e

III - tomar conhecimento da ata de registros de preços, inclusive de eventuais alterações, para o correto cumprimento de suas disposições.

§ 1º Cabe ao órgão participante aplicar, garantida a ampla defesa e o contraditório, as penalidades decorrentes do descumprimento do pactuado na ata de registro de preços ou

do descumprimento das obrigações contratuais, em relação às suas próprias contratações, informando as ocorrências ao órgão gerenciador. (Incluído pelo Decreto nº 8.250, de 2.014)

§ 2º No caso de compra nacional, o órgão gerenciador promoverá a divulgação da ação, a pesquisa de mercado e a consolidação da demanda dos órgãos e entidades da administração direta e indireta da União, dos Estados, do Distrito Federal e dos Municípios. (Incluído pelo Decreto nº 8.250, de 2.014)

§ 3º Na hipótese prevista no § 2º, comprovada a vantajosidade, fica facultado aos órgãos ou entidades participantes de compra nacional a execução da ata de registro de preços vinculada ao programa ou projeto federal. (Incluído pelo Decreto nº 8.250, de 2.014)

§ 4º Os entes federados participantes de compra nacional poderão utilizar recursos de transferências legais ou voluntárias da União, vinculados aos processos ou projetos objeto de descentralização e de recursos próprios para suas demandas de aquisição no âmbito da ata de registro de preços de compra nacional. (Incluído pelo Decreto nº 8.250, de 2.014)

§ 5º Caso o órgão gerenciador aceite a inclusão de novos itens, o órgão participante demandante elaborará sua especificação ou termo de referência ou projeto básico, conforme o caso, e a pesquisa de mercado, observado o disposto no art. 6º. (Incluído pelo Decreto nº 8.250, de 2.014)

§ 6º Caso o órgão gerenciador aceite a inclusão de novas localidades para entrega do bem ou execução do serviço, o órgão participante responsável pela demanda elaborará, ressalvada a hipótese prevista no § 2º, pesquisa de mercado que contemple a variação de custos locais ou regionais. (Incluído pelo Decreto nº 8.250, de 2.014)

CAPÍTULO V - DA LICITAÇÃO PARA REGISTRO DE PREÇOS

Art. 7º A licitação para registro de preços será realizada na modalidade de concorrência, do tipo menor preço, nos termos da Lei nº 8.666, de 1993, ou na modalidade de pregão, nos termos da Lei nº 10.520, de 2002, e será precedida de ampla pesquisa de mercado.

§ 1º O julgamento por técnica e preço, na modalidade concorrência, poderá ser excepcionalmente adotado, a critério do órgão gerenciador e mediante despacho fundamentado da autoridade máxima do órgão ou entidade. (Redação dada pelo Decreto nº 8.250, de 2.014)

§ 2º Na licitação para registro de preços não é necessário indicar a dotação orçamentária, que somente será exigida para a formalização do contrato ou outro instrumento hábil.

Art. 8º O órgão gerenciador poderá dividir a quantidade total do item em lotes, quando técnica e economicamente viável, para possibilitar maior competitividade, observada a quantidade mínima, o prazo e o local de entrega ou de prestação dos serviços.

§ 1º No caso de serviços, a divisão considerará a unidade de medida adotada para aferição dos produtos e resultados, e será observada a demanda específica de cada órgão ou entidade participante do certame. (Redação dada pelo Decreto nº 8.250, de 2.014)

§ 2º Na situação prevista no § 1º, deverá ser evitada a contratação, em um mesmo órgão ou entidade, de mais de uma empresa para a execução de um mesmo serviço, em uma mesma localidade, para assegurar a responsabilidade contratual e o princípio da padronização.

Art. 9º O edital de licitação para registro de preços observará o disposto nas Leis nº 8.666, de 1993, e nº 10.520, de 2002, e contemplará, no mínimo:

I - a especificação ou descrição do objeto, que explicitará o conjunto de elementos necessários e suficientes, com nível de precisão adequado para a caracterização do bem ou serviço, inclusive definindo as respectivas unidades de medida usualmente adotadas;

II - estimativa de quantidades a serem adquiridas pelo órgão gerenciador e órgãos participantes;

III - estimativa de quantidades a serem adquiridas por órgãos não participantes, observado o disposto no § 4º do art. 22, no caso de o órgão gerenciador admitir adesões;

IV - quantidade mínima de unidades a ser cotada, por item, no caso de bens;

V - condições quanto ao local, prazo de entrega, forma de pagamento, e nos casos de serviços, quando cabível, frequência, periodicidade, características do pessoal, materiais e equipamentos a serem utilizados, procedimentos, cuidados, deveres, disciplina e controles a serem adotados;

VI - prazo de validade do registro de preço, observado o disposto no caput do art. 12;

VII - órgãos e entidades participantes do registro de preço;

VIII - modelos de planilhas de custo e minutas de contratos, quando cabível;

IX - penalidades por descumprimento das condições;

X - minuta da ata de registro de preços como anexo; e

XI - realização periódica de pesquisa de mercado para comprovação da vantajosidade.

§ 1º O edital poderá admitir, como critério de julgamento, o menor preço aferido pela oferta de desconto sobre tabela de preços praticados no mercado, desde que tecnicamente justificado.

§ 2º Quando o edital previr o fornecimento de bens ou prestação de serviços em locais diferentes, é facultada a exigência de apresentação de proposta diferenciada por região, de modo que aos preços sejam acrescidos custos variáveis por região.

§ 3º A estimativa a que se refere o inciso III do caput não será considerada para fins de qualificação técnica e qualificação econômico-financeira na habilitação do licitante.

§ 4º O exame e a aprovação das minutas do instrumento convocatório e do contrato serão efetuados exclusivamente pela assessoria jurídica do órgão gerenciador. (Incluído pelo Decreto nº 8.250, de 2.014)

Art. 10. Após o encerramento da etapa competitiva, os licitantes poderão reduzir seus preços ao valor da proposta do licitante mais bem classificado.

Parágrafo único. A apresentação de novas propostas na forma do caput não prejudicará o resultado do certame em relação ao licitante mais bem classificado.

CAPÍTULO VI - DO REGISTRO DE PREÇOS E DA VALIDADE DA ATA

Art. 11. Após a homologação da licitação, o registro de preços observará, entre outras, as seguintes condições:

I - serão registrados na ata de registro de preços os preços e quantitativos do licitante mais bem classificado durante a fase competitiva; (Redação dada pelo Decreto nº 8.250, de 2.014)

II - será incluído, na respectiva ata na forma de anexo, o registro dos licitantes que aceitarem cotar os bens ou serviços com preços iguais aos do licitante vencedor na sequência da classificação do certame, excluído o percentual referente à margem de preferência, quando o objeto não atender aos requisitos previstos no art. 3º da Lei nº 8.666, de 1993; (Redação dada pelo Decreto nº 8.250, de 2.014)

III - o preço registrado com indicação dos fornecedores será divulgado no Portal de Compras do Governo Federal e ficará disponibilizado durante a vigência da ata de registro de preços; e (Redação dada pelo Decreto nº 8.250, de 2.014)

IV - a ordem de classificação dos licitantes registrados na ata deverá ser respeitada nas contratações. (Redação dada pelo Decreto nº 8.250, de 2.014)

§ 1º O registro a que se refere o inciso II do caput tem por objetivo a formação de cadastro de reserva no caso de impossibilidade de atendimento pelo primeiro colocado da ata, nas hipóteses previstas nos arts. 20 e 21. (Redação dada pelo Decreto nº 8.250, de 2.014)

§ 2º Se houver mais de um licitante na situação de que trata o inciso II do caput, serão classificados segundo a ordem da última proposta apresentada durante a fase competitiva. (Redação dada pelo Decreto nº 8.250, de 2.014)

§ 3º A habilitação dos fornecedores que comporão o cadastro de reserva a que se refere o inciso II do caput será efetuada, na hipótese prevista no parágrafo único do art. 13 e quando houver necessidade de contratação de fornecedor remanescente, nas hipóteses previstas nos arts. 20 e 21. (Redação dada pelo Decreto nº 8.250, de 2.014)

§ 4º O anexo que trata o inciso II do caput consiste na ata de realização da sessão pública do pregão ou da concorrência, que conterá a informação dos licitantes que aceitarem cotar os bens ou serviços com preços iguais ao do licitante vencedor do certame. (Incluído pelo Decreto nº 8.250, de 2.014)

Art. 12. O prazo de validade da ata de registro de preços não será superior a doze meses, incluídas eventuais prorrogações, conforme o inciso III do § 3º do art. 15 da Lei nº 8.666, de 1993.

§ 1º É vedado efetuar acréscimos nos quantitativos fixados pela ata de registro de preços, inclusive o acréscimo de que trata o § 1º do art. 65 da Lei nº 8.666, de 1993.

§ 2º A vigência dos contratos decorrentes do Sistema de Registro de Preços será definida nos instrumentos convocatórios, observado o disposto no art. 57 da Lei nº 8.666, de 1993.

§ 3º Os contratos decorrentes do Sistema de Registro de Preços poderão ser alterados, observado o disposto no art. 65 da Lei nº 8.666, de 1993.

§ 4º O contrato decorrente do Sistema de Registro de Preços deverá ser assinado no prazo de validade da ata de registro de preços.

CAPÍTULO VII - DA ASSINATURA DA ATA E DA CONTRATAÇÃO COM FORNECEDORES REGISTRADOS

Art. 13. Homologado o resultado da licitação, o fornecedor mais bem classificado será convocado para assinar a ata de registro de preços, no prazo e nas condições estabelecidos no instrumento convocatório, podendo o prazo ser prorrogado uma vez, por igual período, quando solicitado pelo fornecedor e desde que ocorra motivo justificado aceito pela administração. (Redação dada pelo Decreto nº 8.250, de 2.014)

Parágrafo único. É facultado à administração, quando o convocado não assinar a ata de registro de preços no prazo e condições estabelecidos, convocar os licitantes remanescentes, na ordem de classificação, para fazê-lo em igual prazo e nas mesmas condições propostas pelo primeiro classificado.

Art. 14. A ata de registro de preços implicará compromisso de fornecimento nas condições estabelecidas, após cumpridos os requisitos de publicidade.

Parágrafo único. A recusa injustificada de fornecedor classificado em assinar a ata, dentro do prazo estabelecido neste artigo, ensejará a aplicação das penalidades legalmente estabelecidas.

Art. 15. A contratação com os fornecedores registrados será formalizada pelo órgão interessado por intermédio de instrumento contratual, emissão de nota de empenho de despesa, autorização de compra ou outro instrumento hábil, conforme o art. 62 da Lei nº 8.666, de 1993.

Art. 16. A existência de preços registrados não obriga a administração a contratar, facultando-se a realização de licitação específica para a aquisição pretendida, assegurada preferência ao fornecedor registrado em igualdade de condições.

CAPÍTULO VIII - DA REVISÃO E DO CANCELAMENTO DOS PREÇOS REGISTRADOS

Art. 17. Os preços registrados poderão ser revistos em decorrência de eventual redução dos preços praticados no mercado ou de fato que eleve o custo dos serviços ou bens registrados, cabendo ao órgão gerenciador promover as negociações junto aos fornecedores, observadas as disposições contidas na alínea "d" do inciso II do caput do art. 65 da Lei nº 8.666, de 1993.

Art. 18. Quando o preço registrado tornar-se superior ao preço praticado no mercado por motivo superveniente, o órgão gerenciador convocará os fornecedores para negociarem a redução dos preços aos valores praticados pelo mercado.

§ 1º Os fornecedores que não aceitarem reduzir seus preços aos valores praticados pelo mercado serão liberados do compromisso assumido, sem aplicação de penalidade.

§ 2º A ordem de classificação dos fornecedores que aceitarem reduzir seus preços aos valores de mercado observará a classificação original.

Art. 19. Quando o preço de mercado tornar-se superior aos preços registrados e o fornecedor não puder cumprir o compromisso, o órgão gerenciador poderá:

I - liberar o fornecedor do compromisso assumido, caso a comunicação ocorra antes do pedido de fornecimento, e sem aplicação da penalidade se confirmada a veracidade dos motivos e comprovantes apresentados; e

II - convocar os demais fornecedores para assegurar igual oportunidade de negociação.

Parágrafo único. Não havendo êxito nas negociações, o órgão gerenciador deverá proceder à revogação da ata de registro de preços, adotando as medidas cabíveis para obtenção da contratação mais vantajosa.

Art. 20. O registro do fornecedor será cancelado quando:

I - descumprir as condições da ata de registro de preços;

II - não retirar a nota de empenho ou instrumento equivalente no prazo estabelecido pela Administração, sem justificativa aceitável;

III - não aceitar reduzir o seu preço registrado, na hipótese deste se tornar superior àqueles praticados no mercado; ou

IV - sofrer sanção prevista nos incisos III ou IV do caput do art. 87 da Lei nº 8.666, de 1993, ou no art. 7º da Lei nº 10.520, de 2002.

Parágrafo único. O cancelamento de registros nas hipóteses previstas nos incisos I, II e IV do caput será formalizado por despacho do órgão gerenciador, assegurado o contraditório e a ampla defesa.

Art. 21. O cancelamento do registro de preços poderá ocorrer por fato superveniente, decorrente de caso fortuito ou força maior, que prejudique o cumprimento da ata, devidamente comprovados e justificados:

I - por razão de interesse público; ou

II - a pedido do fornecedor.

CAPÍTULO IX - DA UTILIZAÇÃO DA ATA DE REGISTRO DE PREÇOS POR ÓRGÃO OU ENTIDADES NÃO PARTICIPANTES

Art. 22. Desde que devidamente justificada a vantagem, a ata de registro de preços, durante sua vigência, poderá ser utilizada por qualquer órgão ou entidade da administração pública federal que não tenha participado do certame licitatório, mediante anuência do órgão gerenciador.

§ 1º Os órgãos e entidades que não participaram do registro de preços, quando desejarem fazer uso da ata de registro de preços, deverão consultar o órgão gerenciador da ata para manifestação sobre a possibilidade de adesão.

§ 1º-A A manifestação do órgão gerenciador de que trata o § 1º fica condicionada à realização de estudo, pelos órgãos e pelas entidades que não participaram do registro de preços, que demonstre o ganho de eficiência, a viabilidade e a economicidade para a administração pública federal da utilização da ata de registro de preços, conforme estabelecido em ato do Secretário de Gestão do Ministério do Planejamento, Desenvolvimento e Gestão. (Incluído pelo Decreto nº 9.488, de 2018)

§ 1º-B O estudo de que trata o § 1º-A, após aprovação pelo órgão gerenciador, será divulgado no Portal de Compras do Governo federal. (Incluído pelo Decreto nº 9.488, de 2018)

§ 2º Caberá ao fornecedor beneficiário da ata de registro de preços, observadas as condições nela estabelecidas, optar pela aceitação ou não do fornecimento decorrente de adesão, desde que não prejudique as obrigações presentes e futuras decorrentes da ata, assumidas com o órgão gerenciador e órgãos participantes.

§ 3º As aquisições ou as contratações adicionais de que trata este artigo não poderão exceder, por órgão ou entidade, a cinquenta por cento dos quantitativos dos itens do instrumento convocatório e registrados na ata de registro de preços para o órgão gerenciador e para os órgãos participantes. (Redação dada pelo Decreto nº 9.488, de 2018)

§ 4º O instrumento convocatório preverá que o quantitativo decorrente das adesões à ata de registro de preços não poderá exceder, na totalidade, ao dobro do quantitativo de cada item registrado na ata de registro de preços para o órgão gerenciador e para os órgãos participantes, independentemente do número de órgãos não participantes que aderirem. (Redação dada pelo Decreto nº 9.488, de 2018)

§ 4º-A Na hipótese de compra nacional: (Incluído pelo Decreto nº 9.488, de 2018)

I - as aquisições ou as contratações adicionais não excederão, por órgão ou entidade, a cem por cento dos quantitativos dos itens do instrumento convocatório e registrados na ata de registro de preços para o órgão gerenciador e para os órgãos participantes; e (Incluído pelo Decreto nº 9.488, de 2018)

II - o instrumento convocatório da compra nacional preverá que o quantitativo decorrente das adesões à ata de registro de preços não excederá, na totalidade, ao quíntuplo do quantitativo de cada item registrado na ata de registro de preços para o órgão gerenciador e para os órgãos participantes, independentemente do número de órgãos não participantes que aderirem. (Incluído pelo Decreto nº 9.488, de 2018)

§ 5º (Revogado pelo Decreto nº 8.250, de 2.014)

§ 6º Após a autorização do órgão gerenciador, o órgão não participante deverá efetivar a aquisição ou contratação solicitada em até noventa dias, observado o prazo de vigência da ata.

§ 7º Compete ao órgão não participante os atos relativos à cobrança do cumprimento pelo fornecedor das obrigações contratualmente assumidas e a aplicação, observada a ampla defesa e o contraditório, de eventuais penalidades decorrentes do descumprimento de cláusulas contratuais, em relação às suas próprias contratações, informando as ocorrências ao órgão gerenciador.

§ 8º É vedada aos órgãos e entidades da administração pública federal a adesão a ata de registro de preços gerenciada por órgão ou entidade municipal, distrital ou estadual.

§ 9º É facultada aos órgãos ou entidades municipais, distritais ou estaduais a adesão a ata de registro de preços da Administração Pública Federal.

§ 9º-A Sem prejuízo da observância ao disposto no § 3º, à hipótese prevista no § 9º não se aplica o disposto nos § 1º-A e § 1º-B no caso de órgãos e entidades de outros entes federativos. (Incluído pelo Decreto nº 9.488, de 2018)

§ 10. É vedada a contratação de serviços de tecnologia da informação e comunicação por meio de adesão a ata de registro de preços que não seja: (Incluído pelo Decreto nº 9.488, de 2018)

I - gerenciada pelo Ministério do Planejamento, Desenvolvimento e Gestão; ou (Incluído pelo Decreto nº 9.488, de 2018)

II - gerenciada por outro órgão ou entidade e previamente aprovada pela Secretaria de Tecnologia da Informação e Comunicação do Ministério do Planejamento, Desenvolvimento e Gestão. (Incluído pelo Decreto nº 9.488, de 2018)

§ 11. O disposto no § 10 não se aplica às hipóteses em que a contratação de serviços esteja vinculada ao fornecimento de bens de tecnologia da informação e comunicação constante da mesma ata de registro de preços. (Incluído pelo Decreto nº 9.488, de 2018)

CAPÍTULO X - DISPOSIÇÕES FINAIS E TRANSITÓRIAS

Art. 23. A Administração poderá utilizar recursos de tecnologia da informação na operacionalização do disposto neste Decreto e automatizar procedimentos de controle e atribuições dos órgãos gerenciadores e participantes.

Art. 24. As atas de registro de preços vigentes, decorrentes de certames realizados sob a vigência do Decreto nº 3.931, de 19 de setembro de 2001, poderão ser utilizadas pelos órgãos gerenciadores e participantes, até o término de sua vigência.

Art. 25. Até a completa adequação do Portal de Compras do Governo federal para atendimento ao disposto no § 1º do art. 5º, o órgão gerenciador deverá:

I - providenciar a assinatura da ata de registro de preços e o encaminhamento de sua cópia aos órgãos ou entidades participantes; e

II - providenciar a indicação dos fornecedores para atendimento às demandas, observada a ordem de classificação e os quantitativos de contratação definidos pelos órgãos e entidades participantes.

Art. 26. Até a completa adequação do Portal de Compras do Governo federal para atendimento ao disposto nos incisos I e II do caput do art. 11 e no inciso II do § 2º do art. 11, a ata registrará os licitantes vencedores, quantitativos e respectivos preços.

Art. 27. O Ministério do Planejamento, Orçamento e Gestão poderá editar normas complementares a este Decreto.

Art. 28. Este Decreto entra em vigor trinta dias após a data de sua publicação.

Art. 29. Ficam revogados:

I - o Decreto nº 3.931, de 19 de setembro de 2001 ; e

II - o Decreto nº 4.342, de 23 de agosto de 2002.

PREPARAÇÃO • CONHECIMENTO • APROVAÇÃO

DIREITO DO TRABALHO

SUMÁRIO

1. CLT - DECRETO-LEI Nº 5.452, DE 1º DE MAIO DE 1943 202
2. RESOLUÇÃO Nº 221, DE 21 DE JUNHO DE 2018 ... 291

1. CLT - DECRETO-LEI Nº 5.452, DE 1º DE MAIO DE 1943

(Vide Decreto-Lei nº 127, de 1967)

Aprova a Consolidação das Leis do Trabalho. O PRESIDENTE DA REPÚBLICA, usando da atribuição que lhe confere o art. 180 da Constituição,

DECRETA:

Art. 1º Fica aprovada a Consolidação das Leis do Trabalho, que a este decreto-lei acompanha, com as alterações por ela introduzidas na legislação vigente.

Parágrafo único. Continuam em vigor as disposições legais transitórias ou de emergência, bem como as que não tenham aplicação em todo o território nacional.

Art. 2º O presente decreto-lei entrará em vigor em 10 de novembro de 1943.

Este texto não substitui o publicado no DOU de 9.8.1943, retificado pelo Decreto-Lei nº 6.353, de 1944) e retificado pelo Decreto-Lei nº 9.797, de 1946)

CONSOLIDAÇÃO DAS LEIS DO TRABALHO

TÍTULO I - INTRODUÇÃO

Art. 1º - Esta Consolidação estatui as normas que regulam as relações individuais e coletivas de trabalho, nela previstas.

Art. 2º - Considera-se empregador a empresa, individual ou coletiva, que, assumindo os riscos da atividade econômica, admite, assalaria e dirige a prestação pessoal de serviço.

§ 1º - Equiparam-se ao empregador, para os efeitos exclusivos da relação de emprego, os profissionais liberais, as instituições de beneficência, as associações recreativas ou outras instituições sem fins lucrativos, que admitirem trabalhadores como empregados.

§ 2º Sempre que uma ou mais empresas, tendo, embora, cada uma delas, personalidade jurídica própria, estiverem sob a direção, controle ou administração de outra, ou ainda quando, mesmo guardando cada uma sua autonomia, integrem grupo econômico, serão responsáveis solidariamente pelas obrigações decorrentes da relação de emprego. (Redação dada pela Lei nº 13.467, de 2017)

§ 3º Não caracteriza grupo econômico a mera identidade de sócios, sendo necessárias, para a configuração do grupo, a demonstração do interesse integrado, a efetiva comunhão de interesses e a atuação conjunta das empresas dele integrantes. (Incluído pela Lei nº 13.467, de 2017)

Art. 3º - Considera-se empregado toda pessoa física que prestar serviços de natureza não eventual a empregador, sob a dependência deste e mediante salário.

Parágrafo único - Não haverá distinções relativas à espécie de emprego e à condição de trabalhador, nem entre o trabalho intelectual, técnico e manual.

Art. 4º - Considera-se como de serviço efetivo o período em que o empregado esteja à disposição do empregador, aguardando ou executando ordens, salvo disposição especial expressamente consignada.

§ 1º Computar-se-ão, na contagem de tempo de serviço, para efeito de indenização e estabilidade, os períodos em que o empregado estiver afastado do trabalho prestando serviço militar e por motivo de acidente do trabalho. (Redação dada pela Lei nº 13.467, de 2017)

§ 2º Por não se considerar tempo à disposição do empregador, não será computado como período extraordinário o que exceder a jornada normal, ainda que ultrapasse o limite de cinco minutos previsto no § 1º do art. 58 desta Consolidação, quando o empregado, por escolha própria, buscar proteção pessoal, em caso de insegurança nas vias públicas ou más condições climáticas, bem como adentrar ou permanecer nas dependências da empresa para exercer atividades particulares, entre outras: (Incluído pela Lei nº 13.467, de 2017)

I - práticas religiosas; (Incluído pela Lei nº 13.467, de 2017)
II - descanso; (Incluído pela Lei nº 13.467, de 2017)
III - lazer; (Incluído pela Lei nº 13.467, de 2017)
IV - estudo; (Incluído pela Lei nº 13.467, de 2017)
V - alimentação; (Incluído pela Lei nº 13.467, de 2017)
VI - atividades de relacionamento social; (Incluído pela Lei nº 13.467, de 2017)
VII - higiene pessoal; (Incluído pela Lei nº 13.467, de 2017)
VIII - troca de roupa ou uniforme, quando não houver obrigatoriedade de realizar a troca na empresa. (Incluído pela Lei nº 13.467, de 2017)

Art. 5º - A todo trabalho de igual valor corresponderá salário igual, sem distinção de sexo.

Art. 6º Não se distingue entre o trabalho realizado no estabelecimento do empregador, o executado no domicílio do empregado e o realizado a distância, desde que estejam caracterizados os pressupostos da relação de emprego. (Redação dada pela Lei nº 12.551, de 2011)

Parágrafo único. Os meios telemáticos e informatizados de comando, controle e supervisão se equiparam, para fins de subordinação jurídica, aos meios pessoais e diretos de comando, controle e supervisão do trabalho alheio. (Incluído pela Lei nº 12.551, de 2011)

Art. 7º Os preceitos constantes da presente Consolidação salvo quando fôr em cada caso, expressamente determinado em contrário, não se aplicam: (Redação dada pelo Decreto-lei nº 8.079, 11.10.1945)

a) aos empregados domésticos, assim considerados, de um modo geral, os que prestam serviços de natureza não-econômica à pessoa ou à família, no âmbito residencial destas;

b) aos trabalhadores rurais, assim considerados aqueles que, exercendo funções diretamente ligadas à agricultura e à pecuária, não sejam empregados em atividades que, pelos métodos de execução dos respectivos trabalhos ou pela finalidade de suas operações, se classifiquem como industriais ou comerciais;

c) aos funcionários públicos da União, dos Estados e dos Municípios e aos respectivos extranumerários em serviço nas próprias repartições; (Redação dada pelo Decreto-lei nº 8.079, 11.10.1945)

d) aos servidores de autarquias paraestatais, desde que sujeitos a regime próprio de proteção ao trabalho que lhes assegure situação análoga à dos funcionários públicos. (Redação dada pelo Decreto-lei nº 8.079, 11.10.1945)

e) aos empregados das empresas de propriedade da União Federal, quando por esta ou pelos Estados administradas, salvo em se tratando daquelas cuja propriedade ou administração resultem de circunstâncias transitórias.

> f) às atividades de direção e assessoramento nos órgãos, institutos e fundações dos partidos, assim definidas em normas internas de organização partidária. (Incluído pela Lei nº 13.877, de 2019)

Parágrafo único (Revogado pelo Decreto-lei nº 8.249, de 1945)

Art. 8º - As autoridades administrativas e a Justiça do Trabalho, na falta de disposições legais ou contratuais, decidirão, conforme o caso, pela jurisprudência, por analogia, por equidade e outros princípios e normas gerais de direito, principalmente do direito do trabalho, e, ainda, de acordo com os usos e costumes, o direito comparado, mas sempre de maneira que nenhum interesse de classe ou particular prevaleça sobre o interesse público.

§ 1º O direito comum será fonte subsidiária do direito do trabalho. (Redação dada pela Lei nº 13.467, de 2017)

§ 2º Súmulas e outros enunciados de jurisprudência editados pelo Tribunal Superior do Trabalho e pelos Tribunais Regionais do Trabalho não poderão restringir direitos legalmente previstos nem criar obrigações que não estejam previstas em lei. (Incluído pela Lei nº 13.467, de 2017)

§ 3º No exame de convenção coletiva ou acordo coletivo de trabalho, a Justiça do Trabalho analisará exclusivamente a conformidade dos elementos essenciais do negócio jurídico, respeitado o disposto no art. 104 da Lei nº 10.406, de 10 de janeiro de 2002 (Código Civil), e balizará sua atuação pelo princípio da intervenção mínima na autonomia da vontade coletiva. (Incluído pela Lei nº 13.467, de 2017)

Art. 9º - Serão nulos de pleno direito os atos praticados com o objetivo de desvirtuar, impedir ou fraudar a aplicação dos preceitos contidos na presente Consolidação.

Art. 10 - Qualquer alteração na estrutura jurídica da empresa não afetará os direitos adquiridos por seus empregados.

Art. 10-A. O sócio retirante responde subsidiariamente pelas obrigações trabalhistas da sociedade relativas ao período em que figurou como sócio, somente em ações ajuizadas até dois anos depois de averbada a modificação do contrato, observada a seguinte ordem de preferência: (Incluído pela Lei nº 13.467, de 2017)

I - a empresa devedora; (Incluído pela Lei nº 13.467, de 2017)

II - os sócios atuais; e (Incluído pela Lei nº 13.467, de 2017)

III - os sócios retirantes. (Incluído pela Lei nº 13.467, de 2017)

Parágrafo único. O sócio retirante responderá solidariamente com os demais quando ficar comprovada fraude na alteração societária decorrente da modificação do contrato. (Incluído pela Lei nº 13.467, de 2017)

Art. 11. A pretensão quanto a créditos resultantes das relações de trabalho prescreve em cinco anos para os trabalhadores urbanos e rurais, até o limite de dois anos após a extinção do contrato de trabalho. (Redação dada pela Lei nº 13.467, de 2017)

I - (revogado); (Redação dada pela Lei nº 13.467, de 2017)

II - (revogado). (Redação dada pela Lei nº 13.467, de 2017)

§ 1º O disposto neste artigo não se aplica às ações que tenham por objeto anotações para fins de prova junto à Previdência Social. (Incluído pela Lei nº 9.658, de 5.6.1998)

§ 2º Tratando-se de pretensão que envolva pedido de prestações sucessivas decorrente de alteração ou descumprimento do pactuado, a prescrição é total, exceto quando o direito à parcela esteja também assegurado por preceito de lei. (Incluído pela Lei nº 13.467, de 2017)

§ 3º A interrupção da prescrição somente ocorrerá pelo ajuizamento de reclamação trabalhista, mesmo que em juízo incompetente, ainda que venha a ser extinta sem resolução do mérito, produzindo efeitos apenas em relação aos pedidos idênticos. (Incluído pela Lei nº 13.467, de 2017)

Art. 11-A. Ocorre a prescrição intercorrente no processo do trabalho no prazo de dois anos. (Incluído pela Lei nº 13.467, de 2017)

§ 1º A fluência do prazo prescricional intercorrente inicia-se quando o exequente deixa de cumprir determinação judicial no curso da execução. (Incluído pela Lei nº 13.467, de 2017)

§ 2º A declaração da prescrição intercorrente pode ser requerida ou declarada de ofício em qualquer grau de jurisdição. (Incluído pela Lei nº 13.467, de 2017)

Art. 12 - Os preceitos concernentes ao regime de seguro social são objeto de lei especial.

TÍTULO II - DAS NORMAS GERAIS DE TUTELA DO TRABALHO

CAPÍTULO I - DA IDENTIFICAÇÃO PROFISSIONAL

SEÇÃO I - DA CARTEIRA DE TRABALHO E PREVIDÊNCIA SOCIAL

(Redação dada pelo Decreto-lei nº 926, de 10.10.1969)

Art. 13 - A Carteira de Trabalho e Previdência Social é obrigatória para o exercício de qualquer emprego, inclusive de natureza rural, ainda que em caráter temporário, e para o exercício por conta própria de atividade profissional remunerada. (Redação dada pelo Decreto-lei nº 926, de 10.10.1969)

§ 1º - O disposto neste artigo aplica-se, igualmente, a quem: (Redação dada pelo Decreto-lei nº 926, de 10.10.1969)

I - proprietário rural ou não, trabalhe individualmente ou em regime de economia familiar, assim entendido o trabalho dos membros da mesma família, indispensável à própria subsistência, e exercido em condições de mútua dependência e colaboração; (Incluído pelo Decreto-lei nº 926, de 10.10.1969)

II - em regime de economia familiar e sem empregado, explore área não excedente do módulo rural ou de outro limite que venha a ser fixado, para cada região, pelo Ministério do Trabalho e Previdência Social. (Incluído pelo Decreto-lei nº 926, de 10.10.1969)

§ 2º A Carteira de Trabalho e Previdência Social (CTPS) obedecerá aos modelos que o Ministério da Economia adotar. (Redação dada pela Lei nº 13.874, de 2019)

§ 3º (Revogado). (Redação dada pela Lei nº 13.874, de 2019)

§ 4º (Revogado). (Redação dada pela Lei nº 13.874, de 2019)

SEÇÃO II - DA EMISSÃO DA CARTEIRA - (REDAÇÃO DADA PELO DECRETO-LEI Nº 926, DE 10.10.1969)

Art. 14. A CTPS será emitida pelo Ministério da Economia preferencialmente em meio eletrônico. (Redação dada pela Lei nº 13.874, de 2019)

Parágrafo único. Excepcionalmente, a CTPS poderá ser emitida em meio físico, desde que: (Redação dada pela Lei nº 13.874, de 2019)

I - nas unidades descentralizadas do Ministério da Economia que forem habilitadas para a emissão; (Incluído pela Lei nº 13.874, de 2019)

II - mediante convênio, por órgãos federais, estaduais e municipais da administração direta ou indireta; (Incluído pela Lei nº 13.874, de 2019)

III - mediante convênio com serviços notariais e de registro, sem custos para a administração, garantidas as condições de segurança das informações. (Incluído pela Lei nº 13.874, de 2019)

Art. 15. Os procedimentos para emissão da CTPS ao interessado serão estabelecidos pelo Ministério da Economia em regulamento próprio, privilegiada a emissão em formato eletrônico. (Redação dada pela Lei nº 13.874, de 2019)

Art. 16. A CTPS terá como identificação única do empregado o número de inscrição no Cadastro de Pessoas Físicas (CPF). (Redação dada pela Lei nº 13.874, de 2019)

I - (revogado); (Redação dada pela Lei nº 13.874, de 2019)

II - (revogado); (Redação dada pela Lei nº 13.874, de 2019)

III - (revogado); (Redação dada pela Lei nº 13.874, de 2019)

IV - (revogado). (Redação dada pela Lei nº 13.874, de 2019)

Parágrafo único. (Revogado). (Redação dada pela Lei nº 13.874, de 2019)
 a) (revogada); (Redação dada pela Lei nº 13.874, de 2019)
 b) (revogada). (Redação dada pela Lei nº 13.874, de 2019)
Art. 17 - (Revogada pela Lei nº 13.874, de 2019)
Art. 18 (Revogado pela Lei nº 7.855, de 1989)
Art. 19 - (Revogado pela Lei nº 7.855, de 24.10.1989)
Art. 20 - (Revogada pela Lei nº 13.874, de 2019)
Art. 21 - (Revogada pela Lei nº 13.874, de 2019)
Art. 22 - (Revogado pelo Decreto-Lei nº 926, de 10.10.1969)
Art. 23 - (Revogado pelo Decreto-Lei nº 926, de 10.10.1969)
Art. 24 - (Revogado pelo Decreto-Lei nº 926, de 10.10.1969)

SEÇÃO III - DA ENTREGA DAS CARTEIRAS DE TRABALHO E PREVIDÊNCIA SOCIAL

Art. 25 - (Revogada pela Lei nº 13.874, de 2019)
Art. 26 - (Revogada pela Lei nº 13.874, de 2019)
Art. 27. (Revogado pela Lei nº 7.855, de 24.10.1989)
Art. 28. (Revogado pela Lei nº 7.855, de 24.10.1989)

SEÇÃO IV - DAS ANOTAÇÕES

Anotações na Carteira de Trabalho e Previdência Social

Art. 29. O empregador terá o prazo de 5 (cinco) dias úteis para anotar na CTPS, em relação aos trabalhadores que admitir, a data de admissão, a remuneração e as condições especiais, se houver, facultada a adoção de sistema manual, mecânico ou eletrônico, conforme instruções a serem expedidas pelo Ministério da Economia. (Redação dada pela Lei nº 13.874, de 2019)

§ 1º As anotações concernentes à remuneração devem especificar o salário, qualquer que seja sua forma de pagamento, seja êle em dinheiro ou em utilidades, bem como a estimativa da gorjeta. (Redação dada pelo Decreto-lei nº 229, de 28.2.1967)

§ 2º - As anotações na Carteira de Trabalho e Previdência Social serão feitas: (Redação dada pela Lei nº 7.855, de 24.10.1989)
 a) na data-base; (Redação dada pela Lei nº 7.855, de 24.10.1989)
 b) a qualquer tempo, por solicitação do trabalhador; (Redação dada pela Lei nº 7.855, de 24.10.1989)
 c) no caso de rescisão contratual; ou (Redação dada pela Lei nº 7.855, de 24.10.1989)
 d) necessidade de comprovação perante a Previdência Social. (Redação dada pela Lei nº 7.855, de 24.10.1989)

§ 3º - A falta de cumprimento pelo empregador do disposto neste artigo acarretará a lavratura do auto de infração, pelo Fiscal do Trabalho, que deverá, de ofício, comunicar a falta de anotação ao órgão competente, para o fim de instaurar o processo de anotação. (Redação dada pela Lei nº 7.855, de 24.10.1989)

§ 4º É vedado ao empregador efetuar anotações desabonadoras à conduta do empregado em sua Carteira de Trabalho e Previdência Social. (Incluído pela Lei nº 10.270, de 29.8.2001)

§ 5º O descumprimento do disposto no § 4º deste artigo submeterá o empregador ao pagamento de multa prevista no art. 52 deste Capítulo. (Incluído pela Lei nº 10.270, de 29.8.2001)

§ 6º A comunicação pelo trabalhador do número de inscrição no CPF ao empregador equivale à apresentação da CTPS em meio digital, dispensado o empregador da emissão de recibo. (Incluído pela Lei nº 13.874, de 2019)

§ 7º Os registros eletrônicos gerados pelo empregador nos sistemas informatizados da CTPS em meio digital equivalem às anotações a que se refere esta Lei. (Incluído pela Lei nº 13.874, de 2019)

§ 8º O trabalhador deverá ter acesso às informações da sua CTPS no prazo de até 48 (quarenta e oito) horas a partir de sua anotação. (Incluído pela Lei nº 13.874, de 2019)

Art. 30 - (Revogada pela Lei nº 13.874, de 2019)
Art. 31 - (Revogada pela Lei nº 13.874, de 2019)
Art. 32 - (Revogada pela Lei nº 13.874, de 2019)
Art. 33 - (Revogada pela Lei nº 13.874, de 2019)
Art. 34 - (Revogada pela Lei nº 13.874, de 2019)
Art. 35 - (Revogado pela Lei nº 6.533, de 24.5.1978)

SEÇÃO V - DAS RECLAMAÇÕES POR FALTA OU RECUSA DE ANOTAÇÃO

Art. 36 - Recusando-se a emprêsa fazer às anotações a que se refere o art. 29 ou a devolver a Carteira de Trabalho e Previdência Social recebida, poderá o empregado comparecer, pessoalmente ou intermédio de seu sindicato perante a Delegacia Regional ou órgão autorizado, para apresentar reclamação. (Redação dada pelo Decreto-lei nº 229, de 28.2.1967)

Art. 37 - No caso do art. 36, lavrado o têrmo de reclamação, determinar-se-á a realizarão de diligência para instrução do feito, observado, se fôr o caso o disposto no § 2º do art. 29, notificando-se posteriormente o reclamado por carta registrada, caso persista a recusa, para que, em dia e hora prèviamente designados, venha prestar esclarecimentos ou efetuar as devidas anotações na Carteira de Trabalho e Previdência Social ou sua entrega. (Redação dada pelo Decreto-lei nº 229, de 28.2.1967)

Parágrafo único. Não comparecendo o reclamado, lavrar-se-á têrmo de ausência, sendo considerado revel e confesso sôbre os têrmos da reclamação feita, devendo as anotações serem efetuadas por despacho da autoridade que tenha processado a reclamação. (Redação dada pelo Decreto-lei nº 229, de 28.2.1967)

Art. 38 - Comparecendo o empregador e recusando-se a fazer as anotações reclamadas, será lavrado um termo de comparecimento, que deverá conter, entre outras indicações, o lugar, o dia e hora de sua lavratura, o nome e a residência do empregador, assegurando-se-lhe o prazo de 48 (quarenta e oito) horas, a contar do termo, para apresentar defesa.

Parágrafo único - Findo o prazo para a defesa, subirá o processo à autoridade administrativa de primeira instância, para se ordenarem diligências, que completem a instrução do feito, ou para julgamento, se o caso estiver suficientemente esclarecido.

Art. 39 - Verificando-se que as alegações feitas pelo reclamado versam sôbre a não existência de relação de emprêgo ou sendo impossível verificar essa condição pelos meios administrativos, será o processo encaminhado a Justiça do Trabalho ficando, nesse caso, sobrestado o julgamento do auto de infração que houver sido lavrado. (Redação dada pelo Decreto-lei nº 229, de 28.2.1967)

§ 1º - Se não houver acôrdo, a Junta de Conciliação e Julgamento, em sua sentença ordenará que a Secretaria efetue as devidas anotações uma vez transitada em julgado, e faça a comunicação à autoridade competente para o fim de aplicar a multa cabível. (Incluído pelo Decreto-lei nº 229, de 28.2.1967)

§ 2º - Igual procedimento observar-se-á no caso de processo trabalhista de qualquer natureza, quando fôr verificada a falta de anotações na Carteira de Trabalho e Previdência Social, devendo o Juiz, nesta hipótese, mandar proceder, desde logo, àquelas sôbre as quais não houver controvérsia (Incluído pelo Decreto-lei nº 229, de 28.2.1967)

SEÇÃO VI - DO VALOR DAS ANOTAÇÕES

Art. 40. A CTPS regularmente emitida e anotada servirá de prova: (Redação dada pela Lei nº 13.874, de 2019)

I - Nos casos de dissídio na Justiça do Trabalho entre a emprêsa e o empregado por motivo de salário, férias ou tempo de serviço; (Redação dada pelo Decreto-lei nº 229, de 28.2.1967)

II - (revogado); (Redação dada pela Lei nº 13.874, de 2019)

III - Para cálculo de indenização por acidente do trabalho ou moléstia profissional. (Redação dada pelo Decreto-lei nº 229, de 28.2.1967)

SEÇÃO VII - DOS LIVROS DE REGISTRO DE EMPREGADOS

Art. 41 - Em todas as atividades será obrigatório para o empregador o registro dos respectivos trabalhadores, podendo ser adotados livros, fichas ou sistema eletrônico, conforme instruções a serem expedidas pelo Ministério do Trabalho. (Redação dada pela Lei nº 7.855, de 24.10.1989)

Parágrafo único - Além da qualificação civil ou profissional de cada trabalhador, deverão ser anotados todos os dados relativos à sua admissão no emprego, duração e efetividade do trabalho, a férias, acidentes e demais circunstâncias que interessem à proteção do trabalhador. (Redação dada pela Lei nº 7.855, de 24.10.1989)

Art. 42 - (Revogada pela Lei nº 10.243, de 19.6.2001)

Art. 43 - (Revogado pela Lei nº 7.855, de 24.10.1989)

Art. 44 - (Revogado pela Lei nº 7.855, de 24.10.1989)

Art. 45 - (Revogado pelo Decreto-Lei nº 229, de 28.2.1967)

Art. 46 - (Revogado pelo Decreto-Lei nº 229, de 28.2.1967)

Art. 47. O empregador que mantiver empregado não registrado nos termos do art. 41 desta Consolidação ficará sujeito a multa no valor de R$ 3.000,00 (três mil reais) por empregado não registrado, acrescido de igual valor em cada reincidência. (Redação dada pela Lei nº 13.467, de 2017)

§ 1º Especificamente quanto à infração a que se refere o caput deste artigo, o valor final da multa aplicada será de R$ 800,00 (oitocentos reais) por empregado não registrado, quando se tratar de microempresa ou empresa de pequeno porte. (Incluído pela Lei nº 13.467, de 2017)

§ 2º A infração de que trata o caput deste artigo constitui exceção ao critério da dupla visita. (Incluído pela Lei nº 13.467, de 2017)

Art. 47-A. Na hipótese de não serem informados os dados a que se refere o parágrafo único do art. 41 desta Consolidação, o empregador ficará sujeito à multa de R$ 600,00 (seiscentos reais) por empregado prejudicado. (Incluído pela Lei nº 13.467, de 2017)

Art. 48 - As multas previstas nesta Seção serão aplicadas pela autoridade de primeira instância no Distrito Federal, e pelas autoridades regionais do Ministério do Trabalho, Industria e Comercio, nos Estados e no Território do Acre.

SEÇÃO VIII - DAS PENALIDADES

Art. 49 - Para os efeitos da emissão, substituição ou anotação de Carteiras de Trabalho e Previdência Social, considerar-se-á, crime de falsidade, com as penalidades previstas no art. 299 do Código Penal: (Redação dada pelo Decreto-lei nº 229, de 28.2.1967)

I - Fazer, no todo ou em parte, qualquer documento falso ou alterar o verdadeiro; (Incluído pelo Decreto-lei nº 229, de 28.2.1967)

II - Afirmar falsamente a sua própria identidade, filiação, lugar de nascimento, residência, profissão ou estado civil e beneficiários, ou atestar os de outra pessoa; (Incluído pelo Decreto-lei nº 229, de 28.2.1967)

III - Servir-se de documentos, por qualquer forma falsificados; (Incluído pelo Decreto-lei nº 229, de 28.2.1967)

IV - falsificar, fabricando ou alterando, ou vender, usar ou possuir Carteira de Trabalho e Previdência Social assim alteradas; (Incluído pelo Decreto-lei nº 229, de 28.2.1967)

V - Anotar dolosamente em Carteira de Trabalho e Previdência Social ou registro de empregado, ou confessar ou declarar em juízo ou fora dêle, data de admissão em emprêgo diversa da verdadeira. (Incluído pelo Decreto-lei nº 229, de 28.2.1967)

Art. 50 - Comprovando-se falsidade, quer nas declarações para emissão de Carteira de Trabalho e Previdência Social, quer nas respectivas anotações, o fato será levado ao conhecimento da autoridade que houver emitido a carteira, para fins de direito.

Falsificação de carteira de trabalho

Art. 51 - Incorrerá em multa de valor igual a 3 (três) vêzes o salário-mínimo regional aquêle que, comerciante ou não, vender ou expuser à venda qualquer tipo de carteira igual ou semelhante ao tipo oficialmente adotado. (Redação dada pelo Decreto-lei nº 229, de 28.2.1967)

Art. 52 - O extravio ou inutilização da Carteira de Trabalho e Previdência Social por culpa da empresa sujeitará esta à multa de valor igual á metade do salário mínimo regional. (Redação dada pelo Decreto-lei nº 926, de 10.10.1969)

Art. 53 - (Revogada pela Lei nº 13.874, de 2019)

Art. 54 - (Revogada pela Lei nº 13.874, de 2019)

Art. 55 - Incorrerá na multa de valor igual a 1 (um) salário-mínimo regional a empresa que infringir o art. 13 e seus parágrafos. (Redação dada pelo Decreto-lei nº 229, de 28.2.1967)

Art. 56 - (Revogada pela Lei nº 13.874, de 2019)

CAPÍTULO II - DA DURAÇÃO DO TRABALHO

SEÇÃO I - DISPOSIÇÃO PRELIMINAR

Art. 57 - Os preceitos deste Capítulo aplicam-se a todas as atividades, salvo as expressamente excluídas, constituindo exceções as disposições especiais, concernentes estritamente a peculiaridades profissionais constantes do Capítulo I do Título III.

SEÇÃO II - DA JORNADA DE TRABALHO

Art. 58 - A duração normal do trabalho, para os empregados em qualquer atividade privada, não excederá de 8 (oito) horas diárias, desde que não seja fixado expressamente outro limite.

§ 1º Não serão descontadas nem computadas como jornada extraordinária as variações de horário no registro de ponto não excedentes de cinco minutos, observado o limite máximo de dez minutos diários. (Parágrafo incluído pela Lei nº 10.243, de 19.6.2001)

§ 2º O tempo despendido pelo empregado desde a sua residência até a efetiva ocupação do posto de trabalho e para o seu retorno, caminhando ou por qualquer meio de transporte, inclusive o fornecido pelo empregador, não será computado na jornada de trabalho, por não ser tempo à disposição do empregador. (Redação dada pela Lei nº 13.467, de 2017)

§ 3º (Revogado pela Lei nº 13.467, de 2017)

Art. 58-A. Considera-se trabalho em regime de tempo parcial aquele cuja duração não exceda a trinta horas semanais, sem a possibilidade de horas suplementares semanais, ou, ainda, aquele cuja duração não exceda a vinte e seis horas semanais, com a possibilidade de acréscimo de até seis horas suplementares semanais. (Redação dada pela Lei nº 13.467, de 2017)

§ 1º O salário a ser pago aos empregados sob o regime de tempo parcial será proporcional à sua jornada, em relação aos empregados que cumprem, nas mesmas funções, tempo integral. (Incluído pela Medida Provisória nº 2.164-41, de 2001)

§ 2º Para os atuais empregados, a adoção do regime de tempo parcial será feita mediante opção manifestada perante a empresa, na forma prevista em instrumento decorrente de negociação coletiva. (Incluído pela Medida Provisória nº 2.164-41, de 2001)

§ 3º As horas suplementares à duração do trabalho semanal normal serão pagas com o acréscimo de 50% (cinquenta por cento) sobre o salário-hora normal. (Incluído pela Lei nº 13.467, de 2017)

§ 4º Na hipótese de o contrato de trabalho em regime de tempo parcial ser estabelecido em número inferior a vinte e seis horas semanais, as horas suplementares a este quantitativo serão consideradas horas extras para fins do pagamento estipulado no § 3º, estando também limitadas a seis horas suplementares semanais. (Incluído pela Lei nº 13.467, de 2017)

§ 5º As horas suplementares da jornada de trabalho normal poderão ser compensadas diretamente até a semana imediatamente posterior à da sua execução, devendo ser feita a sua quitação na folha de pagamento do mês subsequente, caso não sejam compensadas. (Incluído pela Lei nº 13.467, de 2017)

§ 6º É facultado ao empregado contratado sob regime de tempo parcial converter um terço do período de férias a que tiver direito em abono pecuniário. (Incluído pela Lei nº 13.467, de 2017)

§ 7º As férias do regime de tempo parcial são regidas pelo disposto no art. 130 desta Consolidação. (Incluído pela Lei nº 13.467, de 2017)

Art. 59. A duração diária do trabalho poderá ser acrescida de horas extras, em número não excedente de duas, por acordo individual, convenção coletiva ou acordo coletivo de trabalho. (Redação dada pela Lei nº 13.467, de 2017)

§ 1º A remuneração da hora extra será, pelo menos, 50% (cinquenta por cento) superior à da hora normal. (Redação dada pela Lei nº 13.467, de 2017)

§ 2º Poderá ser dispensado o acréscimo de salário se, por força de acordo ou convenção coletiva de trabalho, o excesso de horas em um dia for compensado pela correspondente diminuição em outro dia, de maneira que não exceda, no período máximo de um ano, à soma das jornadas semanais de trabalho previstas, nem seja ultrapassado o limite máximo de dez horas diárias. (Redação dada pela Medida Provisória nº 2.164-41, de 2001)

§ 3º Na hipótese de rescisão do contrato de trabalho sem que tenha havido a compensação integral da jornada extraordinária, na forma dos §§ 2º e 5º deste artigo, o trabalhador terá direito ao pagamento das horas extras não compensadas, calculadas sobre o valor da remuneração na data da rescisão. (Redação dada pela Lei nº 13.467, de 2017)

§ 5º O banco de horas de que trata o § 2º deste artigo poderá ser pactuado por acordo individual escrito, desde que a compensação ocorra no período máximo de seis meses. (Incluído pela Lei nº 13.467, de 2017)

§ 6º É lícito o regime de compensação de jornada estabelecido por acordo individual, tácito ou escrito, para a compensação no mesmo mês. (Incluído pela Lei nº 13.467, de 2017)

Art. 59-A. Em exceção ao disposto no art. 59 desta Consolidação, é facultado às partes, mediante acordo individual escrito, convenção coletiva ou acordo coletivo de trabalho, estabelecer horário de trabalho de doze horas seguidas por trinta e seis horas ininterruptas de descanso, observados ou indenizados os intervalos para repouso e alimentação. (Incluído pela Lei nº 13.467, de 2017)

Parágrafo único. A remuneração mensal pactuada pelo horário previsto no caput deste artigo abrange os pagamentos devidos pelo descanso semanal remunerado e pelo descanso em feriados, e serão considerados compensados os feriados e as prorrogações de trabalho noturno, quando houver, de que tratam o art. 70 e o § 5º do art. 73 desta Consolidação. (Incluído pela Lei nº 13.467, de 2017)

Art. 59-B. O não atendimento das exigências legais para compensação de jornada, inclusive quando estabelecida mediante acordo tácito, não implica a repetição do pagamento das horas excedentes à jornada normal diária se não ultrapassada a duração máxima semanal, sendo devido apenas o respectivo adicional. (Incluído pela Lei nº 13.467, de 2017)

Parágrafo único. A prestação de horas extras habituais não descaracteriza o acordo de compensação de jornada e o banco de horas. (Incluído pela Lei nº 13.467, de 2017)

Art. 60 - Nas atividades insalubres, assim consideradas as constantes dos quadros mencionados no capítulo "Da Segurança e da Medicina do Trabalho", ou que neles venham a ser incluídas por ato do Ministro do Trabalho, Industria e Comercio, quaisquer prorrogações só poderão ser acordadas mediante licença prévia das autoridades competentes em matéria de higiene do trabalho, as quais, para esse efeito, procederão aos necessários exames locais e à verificação dos métodos e processos de trabalho, quer diretamente, quer por intermédio de autoridades sanitárias federais, estaduais e municipais, com quem entrarão em entendimento para tal fim.

Parágrafo único. Excetuam-se da exigência de licença prévia as jornadas de doze horas de trabalho por trinta e seis horas ininterruptas de descanso. (Incluído pela Lei nº 13.467, de 2017)

Art. 61 - Ocorrendo necessidade imperiosa, poderá a duração do trabalho exceder do limite legal ou convencionado, seja para fazer face a motivo de força maior, seja para atender à realização ou conclusão de serviços inadiáveis ou cuja inexecução possa acarretar prejuízo manifesto.

§ 1º O excesso, nos casos deste artigo, pode ser exigido independentemente de convenção coletiva ou acordo coletivo de trabalho. (Redação dada pela Lei nº 13.467, de 2017)

§ 2º - Nos casos de excesso de horário por motivo de força maior, a remuneração da hora excedente não será inferior à da hora normal. Nos demais casos de excesso previstos neste artigo, a remuneração será, pelo menos, 25% (vinte e cinco por cento) superior à da hora normal, e o trabalho não poderá exceder de 12 (doze) horas, desde que a lei não fixe expressamente outro limite.

§ 3º - Sempre que ocorrer interrupção do trabalho, resultante de causas acidentais, ou de força maior, que determinem a impossibilidade de sua realização, a duração do trabalho poderá ser prorrogada pelo tempo necessário até o máximo de 2 (duas) horas, durante o número de dias indispensáveis à recuperação do tempo perdido, desde que não exceda de 10 (dez) horas diárias, em período não superior a 45 (quarenta e cinco) dias por ano, sujeita essa recuperação à prévia autorização da autoridade competente.

Art. 62 - Não são abrangidos pelo regime previsto neste capítulo: (Redação dada pela Lei nº 8.966, de 27.12.1994)

I - os empregados que exercem atividade externa incompatível com a fixação de horário de trabalho, devendo tal condição ser anotada na Carteira de Trabalho e Previdência Social e no registro de empregados; (Incluído pela Lei nº 8.966, de 27.12.1994)

II - os gerentes, assim considerados os exercentes de cargos de gestão, aos quais se equiparam, para efeito do disposto neste artigo, os diretores e chefes de departamento ou filial. (Incluído pela Lei nº 8.966, de 27.12.1994)

III - os empregados em regime de teletrabalho. (Incluído pela Lei nº 13.467, de 2017)

Parágrafo único - O regime previsto neste capítulo será aplicável aos empregados mencionados no inciso II deste artigo, quando o salário do cargo de confiança, compreendendo a gratificação de função, se houver, for inferior ao valor do respectivo salário efetivo acrescido de 40% (quarenta por cento). (Incluído pela Lei nº 8.966, de 27.12.1994)

Art. 63 - Não haverá distinção entre empregados e interessados, e a participação em lucros e comissões, salvo em lucros de caráter social, não exclui o participante do regime deste Capítulo.

Art. 64 - O salário-hora normal, no caso de empregado mensalista, será obtido dividindo-se o salário mensal correspondente à duração do trabalho, a que se refere o art. 58, por 30 (trinta) vezes o número de horas dessa duração.

Parágrafo único - Sendo o número de dias inferior a 30 (trinta), adotar-se-á para o cálculo, em lugar desse número, o de dias de trabalho por mês.

Art. 65 - No caso do empregado diarista, o salário-hora normal será obtido dividindo-se o salário diário correspondente à duração do trabalho, estabelecido no art. 58, pelo número de horas de efetivo trabalho.

SEÇÃO III - DOS PERÍODOS DE DESCANSO

Art. 66 - Entre 2 (duas) jornadas de trabalho haverá um período mínimo de 11 (onze) horas consecutivas para descanso.

Trabalho aos domingos

Art. 67 - Será assegurado a todo empregado um descanso semanal de 24 (vinte e quatro) horas consecutivas, o qual, salvo motivo de conveniência pública ou necessidade imperiosa do serviço, deverá coincidir com o domingo, no todo ou em parte.

Parágrafo único - Nos serviços que exijam trabalho aos domingos, com exceção quanto aos elencos teatrais, será estabelecida escala de revezamento, mensalmente organizada e constando de quadro sujeito à fiscalização.

Art. 68 - O trabalho em domingo, seja total ou parcial, na forma do art. 67, será sempre subordinado à permissão prévia da autoridade competente em matéria de trabalho.

Parágrafo único - A permissão será concedida a título permanente nas atividades que, por sua natureza ou pela conveniência pública, devem ser exercidas aos domingos, cabendo ao Ministro do Trabalho, Industria e Comercio, expedir instruções em que sejam especificadas tais atividades. Nos demais casos, ela será dada sob forma transitória, com discriminação do período autorizado, o qual, de cada vez, não excederá de 60 (sessenta) dias.

Art. 69 - Na regulamentação do funcionamento de atividades sujeitas ao regime deste Capítulo, os municípios atenderão aos preceitos nele estabelecidos, e as regras que venham a fixar não poderão contrariar tais preceitos nem as instruções que, para seu cumprimento, forem expedidas pelas autoridades competentes em matéria de trabalho.

Art. 70 - Salvo o disposto nos artigos 68 e 69, é vedado o trabalho em dias feriados nacionais e feriados religiosos, nos têrmos da legislação própria. (Redação dada pelo Decreto-lei nº 229, de 28.2.1967)

Art. 71 - Em qualquer trabalho contínuo, cuja duração exceda de 6 (seis) horas, é obrigatória a concessão de um intervalo para repouso ou alimentação, o qual será, no mínimo, de 1 (uma) hora e, salvo acordo escrito ou contrato coletivo em contrário, não poderá exceder de 2 (duas) horas.

§ 1º - Não excedendo de 6 (seis) horas o trabalho, será, entretanto, obrigatório um intervalo de 15 (quinze) minutos quando a duração ultrapassar 4 (quatro) horas.

§ 2º - Os intervalos de descanso não serão computados na duração do trabalho.

§ 3º O limite mínimo de uma hora para repouso ou refeição poderá ser reduzido por ato do Ministro do Trabalho, Indústria e Comércio, quando ouvido o Serviço de Alimentação de Previdência Social, se verificar que o estabelecimento atende integralmente às exigências concernentes à organização dos refeitórios, e quando os respectivos empregados não estiverem sob regime de trabalho prorrogado a horas suplementares.

§ 4º A não concessão ou a concessão parcial do intervalo intrajornada mínimo, para repouso e alimentação, a empregados urbanos e rurais, implica o pagamento, de natureza indenizatória, apenas do período suprimido, com acréscimo de 50% (cinquenta por cento) sobre o valor da remuneração da hora normal de trabalho. (Redação dada pela Lei nº 13.467, de 2017)

§ 5º O intervalo expresso no caput poderá ser reduzido e/ou fracionado, e aquele estabelecido no § 1º poderá ser fracionado, quando compreendidos entre o término da primeira hora trabalhada e o início da última hora trabalhada, desde que previsto em convenção ou acordo coletivo de trabalho, ante

a natureza do serviço e em virtude das condições especiais de trabalho a que são submetidos estritamente os motoristas, cobradores, fiscalização de campo e afins nos serviços de operação de veículos rodoviários, empregados no setor de transporte coletivo de passageiros, mantida a remuneração e concedidos intervalos para descanso menores ao final de cada viagem. (Redação dada pela Lei nº 13.103, de 2015)

Art. 72 - Nos serviços permanentes de mecanografia (datilografia, escrituração ou cálculo), a cada período de 90 (noventa) minutos de trabalho consecutivo corresponderá um repouso de 10 (dez) minutos não deduzidos da duração normal de trabalho.

SEÇÃO IV - DO TRABALHO NOTURNO

Art. 73. Salvo nos casos de revezamento semanal ou quinzenal, o trabalho noturno terá remuneração superior a do diurno e, para esse efeito, sua remuneração terá um acréscimo de 20 % (vinte por cento), pelo menos, sobre a hora diurna. (Redação dada pelo Decreto-lei nº 9.666, de 1946)

§ 1º A hora do trabalho noturno será computada como de 52 minutos e 30 segundos. (Redação dada pelo Decreto-lei nº 9.666, de 1946)

§ 2º Considera-se noturno, para os efeitos deste artigo, o trabalho executado entre as 22 horas de um dia e as 5 horas do dia seguinte. (Redação dada pelo Decreto-lei nº 9.666, de 1946)

§ 3º O acréscimo, a que se refere o presente artigo, em se tratando de empresas que não mantêm, pela natureza de suas atividades, trabalho noturno habitual, será feito, tendo em vista os quantitativos pagos por trabalhos diurnos de natureza semelhante. Em relação às empresas cujo trabalho noturno decorra da natureza de suas atividades, o aumento será calculado sobre o salário mínimo geral vigente na região, não sendo devido quando exceder desse limite, já acrescido da percentagem. (Redação dada pelo Decreto-lei nº 9.666, de 1946)

§ 4º As prorrogações do trabalho noturno aplica-se o disposto neste capítulo.

§ 4º Nos horários mistos, assim entendidos os que abrangem períodos diurnos e noturnos, aplica-se às horas de trabalho noturno o disposto neste artigo e seus parágrafos. (Redação dada pelo Decreto-lei nº 9.666, de 1946)

§ 5º Às prorrogações do trabalho noturno aplica-se o disposto neste capítulo. (Incluído pelo Decreto-lei nº 9.666, de 1946)

SEÇÃO V - DO QUADRO DE HORÁRIO

Art. 74. O horário de trabalho será anotado em registro de empregados. (Redação dada pela Lei nº 13.874, de 2019)

§ 1º (Revogado). (Redação dada pela Lei nº 13.874, de 2019)

§ 2º Para os estabelecimentos com mais de 20 (vinte) trabalhadores será obrigatória a anotação da hora de entrada e de saída, em registro manual, mecânico ou eletrônico, conforme instruções expedidas pela Secretaria Especial de Previdência e Trabalho do Ministério da Economia, permitida a pré-assinalação do período de repouso. (Redação dada pela Lei nº 13.874, de 2019)

§ 3º Se o trabalho for executado fora do estabelecimento, o horário dos empregados constará do registro manual, mecânico ou eletrônico em seu poder, sem prejuízo do que dispõe o caput deste artigo. (Redação dada pela Lei nº 13.874, de 2019)

§ 4º Fica permitida a utilização de registro de ponto por exceção à jornada regular de trabalho, mediante acordo individual escrito, convenção coletiva ou acordo coletivo de trabalho. (Incluído pela Lei nº 13.874, de 2019)

SEÇÃO VI - DAS PENALIDADES

Art. 75 - Os infratores dos dispositivos do presente Capítulo incorrerão na multa de cinquenta a cinco mil cruzeiros, segundo a natureza da infração, sua extensão e a intenção de

quem a praticou, aplicada em dobro no caso de reincidência e oposição à fiscalização ou desacato à autoridade.

Parágrafo único - São competentes para impor penalidades, no Distrito Federal, a autoridade de 1ª instância do Departamento Nacional do Trabalho e, nos Estados e no Território do Acre, as autoridades regionais do Ministério do Trabalho, Industria e Comercio.

CAPÍTULO II-A - (Incluído pela Lei nº 13.467, de 2017) - DO TELETRABALHO

Art. 75-A. A prestação de serviços pelo empregado em regime de teletrabalho observará o disposto neste Capítulo. (Incluído pela Lei nº 13.467, de 2017)

Art. 75-B. Considera-se teletrabalho a prestação de serviços preponderantemente fora das dependências do empregador, com a utilização de tecnologias de informação e de comunicação que, por sua natureza, não se constituam como trabalho externo. (Incluído pela Lei nº 13.467, de 2017)

Parágrafo único. O comparecimento às dependências do empregador para a realização de atividades específicas que exijam a presença do empregado no estabelecimento não descaracteriza o regime de teletrabalho. (Incluído pela Lei nº 13.467, de 2017)

Art. 75-C. A prestação de serviços na modalidade de teletrabalho deverá constar expressamente do contrato individual de trabalho, que especificará as atividades que serão realizadas pelo empregado. (Incluído pela Lei nº 13.467, de 2017)

§ 1º Poderá ser realizada a alteração entre regime presencial e de teletrabalho desde que haja mútuo acordo entre as partes, registrado em aditivo contratual. (Incluído pela Lei nº 13.467, de 2017)

§ 2º Poderá ser realizada a alteração do regime de teletrabalho para o presencial por determinação do empregador, garantido prazo de transição mínimo de quinze dias, com correspondente registro em aditivo contratual. (Incluído pela Lei nº 13.467, de 2017)

Art. 75-D. As disposições relativas à responsabilidade pela aquisição, manutenção ou fornecimento dos equipamentos tecnológicos e da infraestrutura necessária e adequada à prestação do trabalho remoto, bem como ao reembolso de despesas arcadas pelo empregado, serão previstas em contrato escrito. (Incluído pela Lei nº 13.467, de 2017)

Parágrafo único. As utilidades mencionadas no caput deste artigo não integram a remuneração do empregado. (Incluído pela Lei nº 13.467, de 2017)

Art. 75-E. O empregador deverá instruir os empregados, de maneira expressa e ostensiva, quanto às precauções a tomar a fim de evitar doenças e acidentes de trabalho. (Incluído pela Lei nº 13.467, de 2017)

Parágrafo único. O empregado deverá assinar termo de responsabilidade comprometendo-se a seguir as instruções fornecidas pelo empregador. (Incluído pela Lei nº 13.467, de 2017)

CAPÍTULO III - DO SALÁRIO MÍNIMO

SEÇÃO I - DO CONCEITO

Art. 76 - Salário mínimo é a contraprestação mínima devida e paga diretamente pelo empregador a todo trabalhador, inclusive ao trabalhador rural, sem distinção de sexo, por dia normal de serviço, e capaz de satisfazer, em determinada época e região do País, as suas necessidades normais de alimentação, habitação, vestuário, higiene e transporte.

Art. 77 - (Revogado pela Lei nº 4.589, de 11.12.1964)

Art. 78 - Quando o salário for ajustado por empreitada, ou convencionado por tarefa ou peça, será garantida ao trabalhador uma remuneração diária nunca inferior à do salário mínimo por dia normal da região, zona ou subzona.

Parágrafo único. Quando o salário-mínimo mensal do empregado a comissão ou que tenha direito a percentagem for integrado por parte fixa e parte variável, ser-lhe-á sempre garantido o salário-mínimo, vedado qualquer desconto em mês subsequente a título de compensação. (Incluído pelo Decreto-lei nº 229, de 28.2.1967)

Art. 80. (Revogado pela Lei 10.097, de 2000)

Art. 81 - O salário mínimo será determinado pela fórmula Sm = a + b + c + d + e, em que "a", "b", "c", "d" e "e" representam, respectivamente, o valor das despesas diárias com alimentação, habitação, vestuário, higiene e transporte necessários à vida de um trabalhador adulto.

§ 1º - A parcela correspondente à alimentação terá um valor mínimo igual aos valores da lista de provisões, constantes dos quadros devidamente aprovados e necessários à alimentação diária do trabalhador adulto.

§ 2º - Poderão ser substituídos pelos equivalentes de cada grupo, também mencionados nos quadros a que alude o parágrafo anterior, os alimentos, quando as condições da região, zona ou subzona o aconselharem, respeitados os valores nutritivos determinados nos mesmos quadros.

§ 3º - O Ministério do Trabalho, Industria e Comercio fará, periodicamente, a revisão dos quadros a que se refere o § 1º deste artigo.

Art. 82 - Quando o empregador fornecer, in natura, uma ou mais das parcelas do salário mínimo, o salário em dinheiro será determinado pela fórmula Sd = Sm - P, em que Sd representa o salário em dinheiro, Sm o salário mínimo e P a soma dos valores daquelas parcelas na região, zona ou subzona.

Parágrafo único - O salário mínimo pago em dinheiro não será inferior a 30% (trinta por cento) do salário mínimo fixado para a região, zona ou subzona.

Art. 83 - É devido o salário mínimo ao trabalhador em domicílio, considerado este como o executado na habitação do empregado ou em oficina de família, por conta de empregador que o remunere.

SEÇÃO II - DAS REGIÕES, ZONAS E SUBZONAS

Art. 84 - (Revogado pela Lei nº 13.467, de 2017)
Art. 85 - (Revogado pela Lei nº 4.589, de 11.12.1964)
Art. 86 - (Revogado pela Lei nº 13.467, de 2017)

SEÇÃO III - DA CONSTITUIÇÃO DAS COMISSÕES

Art. 87 - (Revogado pela Lei nº 4.589, de 11.12.1964)
Art. 88 - (Revogado pela Lei nº 4.589, de 11.12.1964)
Art. 89 (Revogado pela Lei nº 4.589, de 11.12.1964)
Art. 90 - (Revogado pela Lei nº 4.589, de 11.12.1964)
Art. 91 - (Revogado pela Lei nº 4.589, de 11.12.1964)
Art. 92 - (Revogado pela Lei nº 4.589, de 11.12.1964)
Art. 93 - (Revogado pela Lei nº 4.589, de 11.12.1964)
Art. 94 - (Revogado pela Lei nº 4.589, de 11.12.1964)
Art. 95 - (Revogado pela Lei nº 4.589, de 11.12.1964)
Art. 96 - (Revogado pela Lei nº 4.589, de 11.12.1964)
Art. 97 - (Revogado pela Lei nº 4.589, de 11.12.1964)
Art. 98 - (Revogado pela Lei nº 4.589, de 11.12.1964)
Art. 99 - (Revogado pela Lei nº 4.589, de 11.12.1964)
Art. 100 (Revogado pela Lei nº 4.589, de 11.12.1964)

SEÇÃO IV - DAS ATRIBUIÇÕES DAS COMISSÕES DE SALÁRIO MÍNIMO

Art. 101 (Revogado pela Lei nº 4.589, de 11.12.1964)
Art. 102 - (Revogado pela Lei nº 4.589, de 11.12.1964)
Art. 103 - (Revogado pela Lei nº 4.589, de 11.12.1964)
Art. 104 - (Revogado pela Lei nº 4.589, de 11.12.1964)
Art. 105 - (Revogado pela Lei nº 4.589, de 11.12.1964)
Art. 106 - (Revogado pela Lei nº 4.589, de 11.12.1964)
Art. 107 - (Revogado pela Lei nº 4.589, de 11.12.1964)
Art. 108 - (Revogado pela Lei nº 4.589, de 11.12.1964)
Art. 109 - (Revogado pela Lei nº 4.589, de 11.12.1964)
Art. 110 - (Revogado pela Lei nº 4.589, de 11.12.1964)

Art. 111 (Revogado pela Lei nº 4.589, de 11.12.1964)

SEÇÃO V - DA FIXAÇÃO DO SALÁRIO MÍNIMO

Art. 112 (Revogado pela Lei nº 4.589, de 11.12.1964)

Art. 113 (Revogado pela Lei nº 4.589, de 11.12.1964)

Art. 114 - (Revogado pela Lei nº 4.589, de 11.12.1964)

Art. 115 - (Revogado pela Lei nº 4.589, de 11.12.1964)

Art. 116 - (Revogado pela Lei nº 4.589, de 11.12.1964)

SEÇÃO VI - DISPOSIÇÕES GERAIS

Art. 117 - Será nulo de pleno direito, sujeitando o empregador às sanções do art. 120, qualquer contrato ou convenção que estipule remuneração inferior ao salário mínimo estabelecido na região, zona ou subzona, em que tiver de ser cumprido.

Art. 118 - O trabalhador a quem for pago salário inferior ao mínimo terá direito, não obstante qualquer contrato ou convenção em contrário, a reclamar do empregador o complemento de seu salário mínimo estabelecido na região, zona ou subzona, em que tiver de ser cumprido.

Art. 119 - Prescreve em 2 (dois) anos a ação para reaver a diferença, contados, para cada pagamento, da data em que o mesmo tenha sido efetuado.

Art. 120 - Aquele que infringir qualquer dispositivo concernente ao salário mínimo será passível da multa de cinquenta e dois mil cruzeiros, elevada ao dobro na reincidência.

Art. 121 (Revogado pelo Decreto-Lei nº 229, de 28.2.1967)

Art. 122 - (Revogado pela Lei nº 4.589, de 11.12.1964)

Art. 123 - (Revogado pela Lei nº 4.589, de 11.12.1964)

Art. 124 - A aplicação dos preceitos deste Capítulo não poderá, em caso algum, ser causa determinante da redução do salário.

Art. 125 (Revogado pela Lei nº 4.589, de 11.12.1964)

Art. 126 - O Ministro do Trabalho, Industria e Comercio, expedirá as instruções necessárias à fiscalização do salário mínimo, podendo cometer essa fiscalização a qualquer dos órgãos componentes do respectivo Ministério, e, bem assim, aos fiscais dos Institutos de Aposentadoria e Pensões na forma da legislação em vigor.

Art. 127 (Revogado pelo Decreto-Lei nº 229, de 28.2.1967)

Art. 128 (Revogado pelo Decreto-Lei nº 229, de 28.2.1967)

CAPÍTULO IV - DAS FÉRIAS ANUAIS

(Redação dada pelo Decreto-lei nº 1.535, de 13.4.1977)

SEÇÃO I - DO DIREITO A FÉRIAS E DA SUA DURAÇÃO

(Redação dada pelo Decreto-lei nº 1.535, de 13.4.1977)

Art. 129 - Todo empregado terá direito anualmente ao gozo de um período de férias, sem prejuízo da remuneração. (Redação dada pelo Decreto-lei nº 1.535, de 13.4.1977)

Art. 130 - Após cada período de 12 (doze) meses de vigência do contrato de trabalho, o empregado terá direito a férias, na seguinte proporção: (Redação dada pelo Decreto-lei nº 1.535, de 13.4.1977)

I - 30 (trinta) dias corridos, quando não houver faltado ao serviço mais de 5 (cinco) vezes; (Incluído pelo Decreto-lei nº 1.535, de 13.4.1977)

II - 24 (vinte e quatro) dias corridos, quando houver tido de 6 (seis) a 14 (quatorze) faltas; (Incluído pelo Decreto-lei nº 1.535, de 13.4.1977)

III - 18 (dezoito) dias corridos, quando houver tido de 15 (quinze) a 23 (vinte e três) faltas; (Incluído pelo Decreto-lei nº 1.535, de 13.4.1977)

IV - 12 (doze) dias corridos, quando houver tido de 24 (vinte e quatro) a 32 (trinta e duas) faltas. (Incluído pelo Decreto-lei nº 1.535, de 13.4.1977)

§ 1º - É vedado descontar, do período de férias, as faltas do empregado ao serviço. (Incluído pelo Decreto-lei nº 1.535, de 13.4.1977)

§ 2º - O período das férias será computado, para todos os efeitos, como tempo de serviço. (Incluído pelo Decreto-lei nº 1.535, de 13.4.1977)

Art. 130-A. (Revogado pela Lei nº 13.467, de 2017)

Art. 131 - Não será considerada falta ao serviço, para os efeitos do artigo anterior, a ausência do empregado: (Redação dada pelo Decreto-lei nº 1.535, de 13.4.1977)

I - nos casos referidos no art. 473; (Incluído pelo Decreto-lei nº 1.535, de 13.4.1977)

II - durante o licenciamento compulsório da empregada por motivo de maternidade ou aborto, observados os requisitos para percepção do salário-maternidade custeado pela Previdência Social; (Redação dada pela Lei nº 8.921, de 25.7.1994)

III - por motivo de acidente do trabalho ou enfermidade atestada pelo Instituto Nacional do Seguro Social - INSS, excetuada a hipótese do inciso IV do art. 133; (Redação dada pela Lei nº 8.726, de 5.11.1993)

IV - justificada pela empresa, entendendo-se como tal a que não tiver determinado o desconto do correspondente salário; (Incluído pelo Decreto-lei nº 1.535, de 13.4.1977)

V - durante a suspensão preventiva para responder a inquérito administrativo ou de prisão preventiva, quando for impronunciado ou absolvido; e (Incluído pelo Decreto-lei nº 1.535, de 13.4.1977)

VI - nos dias em que não tenha havido serviço, salvo na hipótese do inciso III do art. 133. (Incluído pelo Decreto-lei nº 1.535, de 13.4.1977)

Art. 132 - O tempo de trabalho anterior à apresentação do empregado para serviço militar obrigatório será computado no período aquisitivo, desde que ele compareça ao estabelecimento dentro de 90 (noventa) dias da data em que se verificar a respectiva baixa. (Redação dada pelo Decreto-lei nº 1.535, de 13.4.1977)

Art. 133 - Não terá direito a férias o empregado que, no curso do período aquisitivo: (Redação dada pelo Decreto-lei nº 1.535, de 13.4.1977)

I - deixar o emprego e não for readmitido dentro de 60 (sessenta) dias subsequentes à sua saída; (Incluído pelo Decreto-lei nº 1.535, de 13.4.1977)

II - permanecer em gozo de licença, com percepção de salários, por mais de 30 (trinta) dias; (Incluído pelo Decreto-lei nº 1.535, de 13.4.1977)

III - deixar de trabalhar, com percepção do salário, por mais de 30 (trinta) dias, em virtude de paralisação parcial ou total dos serviços da empresa; e (Incluído pelo Decreto-lei nº 1.535, de 13.4.1977)

IV - tiver percebido da Previdência Social prestações de acidente de trabalho ou de auxílio-doença por mais de 6 (seis) meses, embora descontínuos. (Incluído pelo Decreto-lei nº 1.535, de 13.4.1977)

§ 1º - A interrupção da prestação de serviços deverá ser anotada na Carteira de Trabalho e Previdência Social. (Incluído pelo Decreto-lei nº 1.535, de 13.4.1977)

§ 2º - Iniciar-se-á o decurso de novo período aquisitivo quando o empregado, após o implemento de qualquer das condições previstas neste artigo, retornar ao serviço. (Incluído pelo Decreto-lei nº 1.535, de 13.4.1977)

§ 3º - Para os fins previstos no inciso III deste artigo a empresa comunicará ao órgão local do Ministério do Trabalho, com antecedência mínima de 15 (quinze) dias, as datas de início e fim da paralisação total ou parcial dos serviços da empresa, e, em igual prazo, comunicará, nos mesmos termos, ao sindicato representativo da categoria profissional, bem como afixará aviso nos respectivos locais de trabalho. (Incluído pela Lei nº 9.016, de 30.3.1995)

§ 4º (Vetado) (Incluído pela Lei nº 9.016, de 30.3.1995)

SEÇÃO II - DA CONCESSÃO E DA ÉPOCA DAS FÉRIAS

(Redação dada pelo Decreto-lei nº 1.535, de 13.4.1977

Art. 134 - As férias serão concedidas por ato do empregador, em um só período, nos 12 (doze) meses subsequentes à data em que o empregado tiver adquirido o direito. (Redação dada pelo Decreto-lei nº 1.535, de 13.4.1977)

§ 1º Desde que haja concordância do empregado, as férias poderão ser usufruídas em até três períodos, sendo que um deles não poderá ser inferior a quatorze dias corridos e os demais não poderão ser inferiores a cinco dias corridos, cada um. (Redação dada pela Lei nº 13.467, de 2017)

§ 2º (Revogado). (Redação dada pela Lei nº 13.467, de 2017)

§ 3º É vedado o início das férias no período de dois dias que antecede feriado ou dia de repouso semanal remunerado. (Incluído pela Lei nº 13.467, de 2017)

Art. 135 - A concessão das férias será participada, por escrito, ao empregado, com antecedência de, no mínimo, 30 (trinta) dias. Dessa participação o interessado dará recibo. (Redação dada pela Lei nº 7.414, de 9.12.1985)

§ 1º - O empregado não poderá entrar no gozo das férias sem que apresente ao empregador sua Carteira de Trabalho e Previdência Social, para que nela seja anotada a respectiva concessão. (Incluído pelo Decreto-lei nº 1.535, de 13.4.1977)

§ 2º - A concessão das férias será, igualmente, anotada no livro ou nas fichas de registro dos empregados. (Incluído pelo Decreto-lei nº 1.535, de 13.4.1977)

> § 3º Nos casos em que o empregado possua a CTPS em meio digital, a anotação será feita nos sistemas a que se refere o § 7º do art. 29 desta Consolidação, na forma do regulamento, dispensadas as anotações de que tratam os §§ 1º e 2º deste artigo. (Incluído pela Lei nº 13.874, de 2019)

Art. 136 - A época da concessão das férias será a que melhor consulte os interesses do empregador. (Redação dada pelo Decreto-lei nº 1.535, de 13.4.1977)

§ 1º - Os membros de uma família, que trabalharem no mesmo estabelecimento ou empresa, terão direito a gozar férias no mesmo período, se assim o desejarem e se disto não resultar prejuízo para o serviço. (Redação dada pelo Decreto-lei nº 1.535, de 13.4.1977)

§ 2º Aos menores de 18 anos e aos maiores de 50 anos de idade, as férias serão sempre concedidas de uma só vez.

§ 2º - O empregado estudante, menor de 18 (dezoito) anos, terá direito a fazer coincidir suas férias com as férias escolares. (Redação dada pelo Decreto-lei nº 1.535, de 13.4.1977)

Art. 137 - Sempre que as férias forem concedidas após o prazo de que trata o art. 134, o empregador pagará em dobro a respectiva remuneração. (Redação dada pelo Decreto-lei nº 1.535, de 13.4.1977)

§ 1º - Vencido o mencionado prazo sem que o empregador tenha concedido as férias, o empregado poderá ajuizar reclamação pedindo a fixação, por sentença, da época de gozo das mesmas. (Incluído pelo Decreto-lei nº 1.535, de 13.4.1977)

§ 2º - A sentença cominará pena diária de 5% (cinco por cento) do salário mínimo da região, devida ao empregado até que seja cumprida. (Incluído pelo Decreto-lei nº 1.535, de 13.4.1977)

§ 3º - Cópia da decisão judicial transitada em julgado será remetida ao órgão local do Ministério do Trabalho, para fins de aplicação da multa de caráter administrativo. (Incluído pelo Decreto-lei nº 1.535, de 13.4.1977)

Art. 138 - Durante as férias, o empregado não poderá prestar serviços a outro empregador, salvo se estiver obrigado a fazê-lo em virtude de contrato de trabalho regularmente mantido com aquele. (Redação dada pelo Decreto-lei nº 1.535, de 13.4.1977)

SEÇÃO III - DAS FÉRIAS COLETIVAS

(Redação dada pelo Decreto-lei nº 1.535, de 13.4.1977

Art. 139 - Poderão ser concedidas férias coletivas a todos os empregados de uma empresa ou de determinados estabelecimentos ou setores da empresa. (Redação dada pelo Decreto-lei nº 1.535, de 13.4.1977

§ 1º - As férias poderão ser gozadas em 2 (dois) períodos anuais desde que nenhum deles seja inferior a 10 (dez) dias corridos. (Redação dada pelo Decreto-lei nº 1.535, de 13.4.1977

§ 2º - Para os fins previstos neste artigo, o empregador comunicará ao órgão local do Ministério do Trabalho, com a antecedência mínima de 15 (quinze) dias, as datas de início e fim das férias, precisando quais os estabelecimentos ou setores abrangidos pela medida. (Redação dada pelo Decreto-lei nº 1.535, de 13.4.1977

§ 3º - Em igual prazo, o empregador enviará cópia da aludida comunicação aos sindicatos representativos da respectiva categoria profissional, e providenciará a afixação de aviso nos locais de trabalho. (Incluído pelo Decreto-lei nº 1.535, de 13.4.1977

Art. 140 - Os empregados contratados há menos de 12 (doze) meses gozarão, na oportunidade, férias proporcionais, iniciando-se, então, novo período aquisitivo. (Redação dada pelo Decreto-lei nº 1.535, de 13.4.1977

> Art. 141 - (Revogada pela Lei nº 13.874, de 2019)

SEÇÃO IV - DA REMUNERAÇÃO E DO ABONO DE FÉRIAS

(Redação dada pelo Decreto-lei nº 1.535, de 13.4.1977

Art. 142 - O empregado perceberá, durante as férias, a remuneração que lhe for devida na data da sua concessão. (Redação dada pelo Decreto-lei nº 1.535, de 13.4.1977

§ 1º - Quando o salário for pago por hora com jornadas variáveis, apurar-se-á a média do período aquisitivo, aplicando-se o valor do salário na data da concessão das férias. (Incluído pelo Decreto-lei nº 1.535, de 13.4.1977

§ 2º - Quando o salário for pago por tarefa tomar-se-á por base a media da produção no período aquisitivo do direito a férias, aplicando-se o valor da remuneração da tarefa na data da concessão das férias. (Incluído pelo Decreto-lei nº 1.535, de 13.4.1977

§ 3º - Quando o salário for pago por percentagem, comissão ou viagem, apurar-se-á a média percebida pelo empregado nos 12 (doze) meses que precederem à concessão das férias. (Incluído pelo Decreto-lei nº 1.535, de 13.4.1977

§ 4º - A parte do salário paga em utilidades será computada de acordo com a anotação na Carteira de Trabalho e Previdência Social. (Incluído pelo Decreto-lei nº 1.535, de 13.4.1977

§ 5º - Os adicionais por trabalho extraordinário, noturno, insalubre ou perigoso serão computados no salário que servirá de base ao cálculo da remuneração das férias. (Incluído pelo Decreto-lei nº 1.535, de 13.4.1977

§ 6º - Se, no momento das férias, o empregado não estiver percebendo o mesmo adicional do período aquisitivo, ou quando o valor deste não tiver sido uniforme será computada a média duodecimal recebida naquele período, após a atualização das importâncias pagas, mediante incidência dos percentuais dos reajustamentos salariais supervenientes. (Incluído pelo Decreto-lei nº 1.535, de 13.4.1977

Art. 143 - É facultado ao empregado converter 1/3 (um terço) do período de férias a que tiver direito em abono pecuniário, no valor da remuneração que lhe seria devida nos dias correspondentes. (Redação dada pelo Decreto-lei nº 1.535, de 13.4.1977 (Vide Lei nº 7.923, de 1989)

§ 1º - O abono de férias deverá ser requerido até 15 (quinze) dias antes do término do período aquisitivo. (Incluído pelo Decreto-lei nº 1.535, de 13.4.1977

§ 2º - Tratando-se de férias coletivas, a conversão a que se refere este artigo deverá ser objeto de acordo coletivo entre o empregador e o sindicato representativo da respectiva categoria profissional, independendo de requerimento individual a concessão do abono. (Incluído pelo Decreto-lei nº 1.535, de 13.4.1977

§ 3º (Revogado pela Lei nº 13.467, de 2017)

Art. 144. O abono de férias de que trata o artigo anterior, bem como o concedido em virtude de cláusula do contrato de trabalho, do regulamento da empresa, de convenção ou acordo coletivo, desde que não excedente de vinte dias do salário, não integrarão a remuneração do empregado para os efeitos da legislação do trabalho. (Redação dada pela Lei nº 9.528, de 1998)

Art. 145 - O pagamento da remuneração das férias e, se for o caso, o do abono referido no art. 143 serão efetuados até 2 (dois) dias antes do início do respectivo período. (Redação dada pelo Decreto-lei nº 1.535, de 13.4.1977

Parágrafo único - O empregado dará quitação do pagamento, com indicação do início e do termo das férias. (Incluído pelo Decreto-lei nº 1.535, de 13.4.1977

SEÇÃO V - DOS EFEITOS DA CESSAÇÃO DO CONTRATO DE TRABALHO

(Redação dada pelo Decreto-lei nº 1.535, de 13.4.1977

Art. 146 - Na cessação do contrato de trabalho, qualquer que seja a sua causa, será devida ao empregado a remuneração simples ou em dobro, conforme o caso, correspondente ao período de férias cujo direito tenha adquirido. (Redação dada pelo Decreto-lei nº 1.535, de 13.4.1977

Parágrafo único - Na cessação do contrato de trabalho, após 12 (doze) meses de serviço, o empregado, desde que não haja sido demitido por justa causa, terá direito à remuneração relativa ao período incompleto de férias, de acordo com o art. 130, na proporção de 1/12 (um doze avos) por mês de serviço ou fração superior a 14 (quatorze) dias. (Redação dada pelo Decreto-lei nº 1.535, de 13.4.1977

Art. 147 - O empregado que for despedido sem justa causa, ou cujo contrato de trabalho se extinguir em prazo predeterminado, antes de completar 12 (doze) meses de serviço, terá direito à remuneração relativa ao período incompleto de férias, de conformidade com o disposto no artigo anterior. (Redação dada pelo Decreto-lei nº 1.535, de 13.4.1977

Art. 148 - A remuneração das férias, ainda quando devida após a cessação do contrato de trabalho, terá natureza salarial, para os efeitos do art. 449. (Redação dada pelo Decreto-lei nº 1.535, de 13.4.1977

SEÇÃO VI - DO INÍCIO DA PRESCRIÇÃO

(Redação dada pelo Decreto-lei nº 1.535, de 13.4.1977

Art. 149 - A prescrição do direito de reclamar a concessão das férias ou o pagamento da respectiva remuneração é contada do término do prazo mencionado no art. 134 ou, se for o caso, da cessação do contrato de trabalho. (Redação dada pelo Decreto-lei nº 1.535, de 13.4.1977

SEÇÃO VII - DISPOSIÇÕES ESPECIAIS (INCLUÍDA PELO DECRETO-LEI Nº 1.535, DE 13.4.1977

Art. 150 - O tripulante que, por determinação do armador, for transferido para o serviço de outro, terá computado, para o efeito de gozo de férias, o tempo de serviço prestado ao primeiro, ficando obrigado a concedê-las o armador em cujo serviço ele se encontra na época de gozá-las. (Redação dada pelo Decreto-Lei nº 1.535, de 13.4.1977

§ 1º - As férias poderão ser concedidas, a pedido dos interessados e com aquiescência do armador, parceladamente, nos portos de escala de grande estadia do navio, aos tripulantes ali residentes. (Incluído pelo Decreto-Lei nº 1.535, de 13.4.1977

§ 2º - Será considerada grande estadia a permanência no porto por prazo excedente de 6 (seis) dias. (Incluído pelo Decreto-Lei nº 1.535, de 13.4.1977

§ 3º - Os embarcadiços, para gozarem férias nas condições deste artigo, deverão pedi-las, por escrito, ao armador, antes do início da viagem, no porto de registro ou armação. (Incluído pelo Decreto-Lei nº 1.535, de 13.4.1977

§ 4º - O tripulante, ao terminar as férias, apresentar-se-á ao armador, que deverá designá-lo para qualquer de suas embarcações ou o adir a algum dos seus serviços terrestres, respeitadas a condição pessoal e a remuneração. (Incluído pelo Decreto-Lei nº 1.535, de 13.4.1977

§ 5º - Em caso de necessidade, determinada pelo interesse público, e comprovada pela autoridade competente, poderá o armador ordenar a suspensão das férias já iniciadas ou a iniciar-se, ressalvado ao tripulante o direito ao respectivo gozo posteriormente. (Incluído pelo Decreto-Lei nº 1.535, de 13.4.1977

§ 6º - O Delegado do Trabalho Marítimo poderá autorizar a acumulação de 2 (dois) períodos de férias do marítimo, mediante requerimento justificado: (Incluído pelo Decreto-Lei nº 1.535, de 13.4.1977

I - do sindicato, quando se tratar de sindicalizado; e (Incluído pelo Decreto-Lei nº 1.535, de 13.4.1977

II - da empresa, quando o empregado não for sindicalizado. (Incluído pelo Decreto-Lei nº 1.535, de 13.4.1977

Art. 151 - Enquanto não se criar um tipo especial de caderneta profissional para os marítimos, as férias serão anotadas pela Capitania do Porto na caderneta-matrícula do tripulante, na página das observações. (Redação dada pelo Decreto-Lei nº 1.535, de 13.4.1977

Art. 152 - A remuneração do tripulante, no gozo de férias, será acrescida da importância correspondente à etapa que estiver vencendo. (Redação dada pelo Decreto-Lei nº 1.535, de 13.4.1977

SEÇÃO VIII - DAS PENALIDADES (INCLUÍDA PELO DECRETO-LEI Nº 1.535, DE 13.4.1977

Art. 153 - As infrações ao disposto neste Capítulo serão punidas com multas de valor igual a 160 BTN por empregado em situação irregular. (Redação dada pela Lei nº 7.855, de 24.10.1989)

Parágrafo único - Em caso de reincidência, embaraço ou resistência à fiscalização, emprego de artifício ou simulação com o objetivo de fraudar a lei, a multa será aplicada em dobro. (Redação dada pela Lei nº 7.855, de 24.10.1989)

CAPÍTULO V - DA SEGURANÇA E DA MEDICINA DO TRABALHO (Redação dada pela Lei nº 6.514, de 22.12.1977)

SEÇÃO I - DISPOSIÇÕES GERAIS

Art. 154 - A observância, em todos os locais de trabalho, do disposto neste Capitulo, não desobriga as empresas do cumprimento de outras disposições que, com relação à matéria, sejam incluídas em códigos de obras ou regulamentos sanitários dos Estados ou Municípios em que se situem os respectivos estabelecimentos, bem como daquelas oriundas de convenções coletivas de trabalho. (Redação dada pela Lei nº 6.514, de 22.12.1977)

Art. 155 - Incumbe ao órgão de âmbito nacional competente em matéria de segurança e medicina do trabalho: (Redação dada pela Lei nº 6.514, de 22.12.1977)

I - estabelecer, nos limites de sua competência, normas sobre a aplicação dos preceitos deste Capítulo, especialmente os referidos no art. 200; (Incluído pela Lei nº 6.514, de 22.12.1977)

II - coordenar, orientar, controlar e supervisionar a fiscalização e as demais atividades relacionadas com a segurança e a medicina do trabalho em todo o território nacional, inclusive

a Campanha Nacional de Prevenção de Acidentes do Trabalho; (Incluído pela Lei nº 6.514, de 22.12.1977)

III - conhecer, em última instância, dos recursos, voluntários ou de ofício, das decisões proferidas pelos Delegados Regionais do Trabalho, em matéria de segurança e medicina do trabalho. (Incluído pela Lei nº 6.514, de 22.12.1977)

Art. 156 - Compete especialmente às Delegacias Regionais do Trabalho, nos limites de sua jurisdição: (Redação dada pela Lei nº 6.514, de 22.12.1977)

I - promover a fiscalização do cumprimento das normas de segurança e medicina do trabalho; (Incluído pela Lei nº 6.514, de 22.12.1977)

II - adotar as medidas que se tornem exigíveis, em virtude das disposições deste Capítulo, determinando as obras e reparos que, em qualquer local de trabalho, se façam necessárias; (Incluído pela Lei nº 6.514, de 22.12.1977)

III - impor as penalidades cabíveis por descumprimento das normas constantes deste Capítulo, nos termos do art. 201. (Incluído pela Lei nº 6.514, de 22.12.1977)

Art. 157 - Cabe às empresas: (Redação dada pela Lei nº 6.514, de 22.12.1977)

I - cumprir e fazer cumprir as normas de segurança e medicina do trabalho; (Incluído pela Lei nº 6.514, de 22.12.1977)

II - instruir os empregados, através de ordens de serviço, quanto às precauções a tomar no sentido de evitar acidentes do trabalho ou doenças ocupacionais; (Incluído pela Lei nº 6.514, de 22.12.1977)

III - adotar as medidas que lhes sejam determinadas pelo órgão regional competente; (Incluído pela Lei nº 6.514, de 22.12.1977)

IV - facilitar o exercício da fiscalização pela autoridade competente. (Incluído pela Lei nº 6.514, de 22.12.1977)

Art. 158 - Cabe aos empregados: (Redação dada pela Lei nº 6.514, de 22.12.1977

I - observar as normas de segurança e medicina do trabalho, inclusive as instruções de que trata o item II do artigo anterior; (Redação dada pela Lei nº 6.514, de 22.12.1977)

II - colaborar com a empresa na aplicação dos dispositivos deste Capítulo. (Redação dada pela Lei nº 6.514, de 22.12.1977)

III - conhecer, em segunda e última instância, dos recursos voluntários ou de ofício, das decisões proferidas pelos Delegados Regionais do Trabalho em matéria de segurança e higiene do trabalho. (Incluído pelo Decreto-Lei nº 229, de 28.2.1967)

Parágrafo único - Constitui ato faltoso do empregado a recusa injustificada: (Incluído pela Lei nº 6.514, de 22.12.1977)

a) à observância das instruções expedidas pelo empregador na forma do item II do artigo anterior; (Incluída pela Lei nº 6.514, de 22.12.1977)

b) ao uso dos equipamentos de proteção individual fornecidos pela empresa. (Incluído pela Lei nº 6.514, de 22.12.1977)

Art. 159 - Mediante convênio autorizado pelo Ministro do Trabalho, poderão ser delegadas a outros órgãos federais, estaduais ou municipais atribuições de fiscalização ou orientação às empresas quanto ao cumprimento das disposições constantes deste Capítulo. (Redação dada pela Lei nº 6.514, de 22.12.1977)

SEÇÃO II - DA INSPEÇÃO PRÉVIA E DO EMBARGO OU INTERDIÇÃO

(Redação dada pela Lei nº 6.514, de 22.12.1977)

Art. 160 - Nenhum estabelecimento poderá iniciar suas atividades sem prévia inspeção e aprovação das respectivas instalações pela autoridade regional competente em matéria de segurança e medicina do trabalho. (Redação dada pela Lei nº 6.514, de 22.12.1977)

§ 1º - Nova inspeção deverá ser feita quando ocorrer modificação substancial nas instalações, inclusive equipamentos, que a empresa fica obrigada a comunicar, prontamente, à Delegacia Regional do Trabalho. (Incluído pela Lei nº 6.514, de 22.12.1977)

§ 2º - É facultado às empresas solicitar prévia aprovação, pela Delegacia Regional do Trabalho, dos projetos de construção e respectivas instalações. (Incluído pela Lei nº 6.514, de 22.12.1977)

Embargo ou interdição

Art. 161 - O Delegado Regional do Trabalho, à vista do laudo técnico do serviço competente que demonstre grave e iminente risco para o trabalhador, poderá interditar estabelecimento, setor de serviço, máquina ou equipamento, ou embargar obra, indicando na decisão, tomada com a brevidade que a ocorrência exigir, as providências que deverão ser adotadas para prevenção de infortúnios de trabalho. (Redação dada pela Lei nº 6.514, de 22.12.1977)

§ 1º - As autoridades federais, estaduais e municipais darão imediato apoio às medidas determinadas pelo Delegado Regional do Trabalho. (Incluído pela Lei nº 6.514, de 22.12.1977)

§ 2º - A interdição ou embargo poderão ser requeridos pelo serviço competente da Delegacia Regional do Trabalho e, ainda, por agente da inspeção do trabalho ou por entidade sindical. (Incluído pela Lei nº 6.514, de 22.12.1977)

§ 3º - Da decisão do Delegado Regional do Trabalho poderão os interessados recorrer, no prazo de 10 (dez) dias, para o órgão de âmbito nacional competente em matéria de segurança e medicina do trabalho, ao qual será facultado dar efeito suspensivo ao recurso. (Incluído pela Lei nº 6.514, de 22.12.1977)

§ 4º - Responderá por desobediência, além das medidas penais cabíveis, quem, após determinada a interdição ou embargo, ordenar ou permitir o funcionamento do estabelecimento ou de um dos seus setores, a utilização de máquina ou equipamento, ou o prosseguimento de obra, se, em consequência, resultarem danos a terceiros. (Incluído pela Lei nº 6.514, de 22.12.1977)

§ 5º - O Delegado Regional do Trabalho, independente de recurso, e após laudo técnico do serviço competente, poderá levantar a interdição. (Incluído pela Lei nº 6.514, de 22.12.1977)

§ 6º - Durante a paralisação dos serviços, em decorrência da interdição ou embargo, os empregados receberão os salários como se estivessem em efetivo exercício. (Incluído pela Lei nº 6.514, de 22.12.1977)

SEÇÃO III - DOS ÓRGÃOS DE SEGURANÇA E DE MEDICINA DO TRABALHO NAS EMPRESAS

Art. 162 - As empresas, de acordo com normas a serem expedidas pelo Ministério do Trabalho, estarão obrigadas a manter serviços especializados em segurança e em medicina do trabalho. (Redação dada pela Lei nº 6.514, de 22.12.1977)

Parágrafo único - As normas a que se refere este artigo estabelecerão: (Redação dada pela Lei nº 6.514, de 22.12.1977)

a) classificação das empresas segundo o número de empregados e a natureza do risco de suas atividades; (Incluído pela Lei nº 6.514, de 22.12.1977)

b) o numero mínimo de profissionais especializados exigido de cada empresa, segundo o grupo em que se classifique, na forma da alínea anterior; (Incluído pela Lei nº 6.514, de 22.12.1977)

c) a qualificação exigida para os profissionais em questão e o seu regime de trabalho; (Incluído pela Lei nº 6.514, de 22.12.1977)

d) as demais características e atribuições dos serviços especializados em segurança e em medicina do trabalho, nas empresas. (Incluído pela Lei nº 6.514, de 22.12.1977)

Art. 163 - Será obrigatória a constituição de Comissão Interna de Prevenção de Acidentes (CIPA), de conformidade com instruções expedidas pelo Ministério do Trabalho, nos estabelecimentos ou locais de obra nelas especificadas. (Redação dada pela Lei nº 6.514, de 22.12.1977)

Parágrafo único - O Ministério do Trabalho regulamentará as atribuições, a composição e o funcionamento das CIPA (s). (Redação dada pela Lei nº 6.514, de 22.12.1977)

Art. 164 - Cada CIPA será composta de representantes da empresa e dos empregados, de acordo com os critérios que vierem a ser adotados na regulamentação de que trata o parágrafo único do artigo anterior. (Redação dada pela Lei nº 6.514, de 22.12.1977)

§ 1º - Os representantes dos empregadores, titulares e suplentes, serão por eles designados. (Redação dada pela Lei nº 6.514, de 22.12.1977)

§ 2º - Os representantes dos empregados, titulares e suplentes, serão eleitos em escrutínio secreto, do qual participem, independentemente de filiação sindical, exclusivamente os empregados interessados. (Redação dada pela Lei nº 6.514, de 22.12.1977)

§ 3º - O mandato dos membros eleitos da CIPA terá a duração de 1 (um) ano, permitida uma reeleição. (Incluído pela Lei nº 6.514, de 22.12.1977)

§ 4º - O disposto no parágrafo anterior não se aplicará ao membro suplente que, durante o seu mandato, tenha participado de menos da metade do número de reuniões da CIPA. (Incluído pela Lei nº 6.514, de 22.12.1977)

§ 5º - O empregador designará, anualmente, dentre os seus representantes, o Presidente da CIPA e os empregados elegerão, dentre eles, o Vice-Presidente. (Incluído pela Lei nº 6.514, de 22.12.1977)

Art. 165 - Os titulares da representação dos empregados nas CIPA (s) não poderão sofrer despedida arbitrária, entendendo-se como tal a que não se fundar em motivo disciplinar, técnico, econômico ou financeiro. (Redação dada pela Lei nº 6.514, de 22.12.1977)

Parágrafo único - Ocorrendo a despedida, caberá ao empregador, em caso de reclamação à Justiça do Trabalho, comprovar a existência de qualquer dos motivos mencionados neste artigo, sob pena de ser condenado a reintegrar o empregado. (Redação dada pela Lei nº 6.514, de 22.12.1977)

SEÇÃO IV - DO EQUIPAMENTO DE PROTEÇÃO INDIVIDUAL

Art. 166 - A empresa é obrigada a fornecer aos empregados, gratuitamente, equipamento de proteção individual adequado ao risco e em perfeito estado de conservação e funcionamento, sempre que as medidas de ordem geral não ofereçam completa proteção contra os riscos de acidentes e danos à saúde dos empregados. (Redação dada pela Lei nº 6.514, de 22.12.1977)

Redistribuição de aprovações burocráticas emitidas pelo extinto Ministério do Trabalho

Art. 167 - O equipamento de proteção só poderá ser posto à venda ou utilizado com a indicação do Certificado de Aprovação do Ministério do Trabalho. (Redação dada pela Lei nº 6.514, de 22.12.1977)

SEÇÃO V - DAS MEDIDAS PREVENTIVAS DE MEDICINA DO TRABALHO

Art. 168 - Será obrigatório exame médico, por conta do empregador, nas condições estabelecidas neste artigo e nas instruções complementares a serem expedidas pelo Ministério do Trabalho: (Redação dada pela Lei nº 7.855, de 24.10.1989)

 I - a admissão; (Incluído pela Lei nº 7.855, de 24.10.1989)

 II - na demissão; (Incluído pela Lei nº 7.855, de 24.10.1989)

 III - periodicamente. (Incluído pela Lei nº 7.855, de 24.10.1989)

§ 1º - O Ministério do Trabalho baixará instruções relativas aos casos em que serão exigíveis exames: (Redação dada pela Lei nº 7.855, de 24.10.1989)

 a) por ocasião da demissão; (Incluído pela Lei nº 7.855, de 24.10.1989)

 b) complementares. (Incluído pela Lei nº 7.855, de 24.10.1989)

§ 2º - Outros exames complementares poderão ser exigidos, a critério médico, para apuração da capacidade ou aptidão física e mental do empregado para a função que deva exercer. (Redação dada pela Lei nº 7.855, de 24.10.1989)

§ 3º - O Ministério do Trabalho estabelecerá, de acordo com o risco da atividade e o tempo de exposição, a periodicidade dos exames médicos. (Redação dada pela Lei nº 7.855, de 24.10.1989)

§ 4º - O empregador manterá, no estabelecimento, o material necessário à prestação de primeiros socorros médicos, de acordo com o risco da atividade. (Redação dada pela Lei nº 7.855, de 24.10.1989)

§ 5º - O resultado dos exames médicos, inclusive o exame complementar, será comunicado ao trabalhador, observados os preceitos da ética médica. (Redação dada pela Lei nº 7.855, de 24.10.1989)

§ 6º Serão exigidos exames toxicológicos, previamente à admissão e por ocasião do desligamento, quando se tratar de motorista profissional, assegurados o direito à contraprova em caso de resultado positivo e a confidencialidade dos resultados dos respectivos exames. (Incluído pela Lei nº 13.103, de 2015)

§ 7º Para os fins do disposto no § 6º, será obrigatório exame toxicológico com janela de detecção mínima de 90 (noventa) dias, específico para substâncias psicoativas que causem dependência ou, comprovadamente, comprometam a capacidade de direção, podendo ser utilizado para essa finalidade o exame toxicológico previsto na Lei no 9.503, de 23 de setembro de 1997 - Código de Trânsito Brasileiro, desde que realizado nos últimos 60 (sessenta) dias. (Incluído pela Lei nº 13.103, de 2015)

Art. 169 - Será obrigatória a notificação das doenças profissionais e das produzidas em virtude de condições especiais de trabalho, comprovadas ou objeto de suspeita, de conformidade com as instruções expedidas pelo Ministério do Trabalho. (Redação dada pela Lei nº 6.514, de 22.12.1977)

SEÇÃO VI - DAS EDIFICAÇÕES

Art. 170 - As edificações deverão obedecer aos requisitos técnicos que garantam perfeita segurança aos que nelas trabalhem. (Redação dada pela Lei nº 6.514, de 22.12.1977)

Art. 171 - Os locais de trabalho deverão ter, no mínimo, 3 (três) metros de pé-direito, assim considerada a altura livre do piso ao teto. (Redação dada pela Lei nº 6.514, de 22.12.1977)

Parágrafo único - Poderá ser reduzido esse mínimo desde que atendidas as condições de iluminação e conforto térmico compatíveis com a natureza do trabalho, sujeitando-se tal redução ao controle do órgão competente em matéria de segurança e medicina do trabalho. (Redação dada pela Lei nº 6.514, de 22.12.1977)

Art. 172 - Os pisos dos locais de trabalho não deverão apresentar saliências nem depressões que prejudiquem a circulação de pessoas ou a movimentação de materiais. (Redação dada pela Lei nº 6.514, de 22.12.1977)

Art. 173 - As aberturas nos pisos e paredes serão protegidas de forma que impeçam a queda de pessoas ou de objetos. (Redação dada pela Lei nº 6.514, de 22.12.1977)

Art. 174 - As paredes, escadas, rampas de acesso, passarelas, pisos, corredores, coberturas e passagens dos locais de trabalho deverão obedecer às condições de segurança e de higiene do trabalho estabelecidas pelo Ministério do Trabalho e manter-se em perfeito estado de conservação e limpeza. (Redação dada pela Lei nº 6.514, de 22.12.1977)

SEÇÃO VII - DA ILUMINAÇÃO

Art. 175 - Em todos os locais de trabalho deverá haver iluminação adequada, natural ou artificial, apropriada à natureza da atividade. (Redação dada pela Lei nº 6.514, de 22.12.1977)

§ 1º - A iluminação deverá ser uniformemente distribuída, geral e difusa, a fim de evitar ofuscamento, reflexos incômodos, sombras e contrastes excessivos. (Incluído pela Lei nº 6.514, de 22.12.1977)

§ 2º - O Ministério do Trabalho estabelecerá os níveis mínimos de iluminamento a serem observados. (Incluído pela Lei nº 6.514, de 22.12.1977)

SEÇÃO VIII - DO CONFORTO TÉRMICO

Art. 176 - Os locais de trabalho deverão ter ventilação natural, compatível com o serviço realizado. (Redação dada pela Lei nº 6.514, de 22.12.1977)

Parágrafo único - A ventilação artificial será obrigatória sempre que a natural não preencha as condições de conforto térmico. (Incluído pela Lei nº 6.514, de 22.12.1977)

Art. 177 - Se as condições de ambiente se tornarem desconfortáveis, em virtude de instalações geradoras de frio ou de calor, será obrigatório o uso de vestimenta adequada para o trabalho em tais condições ou de capelas, anteparos, paredes duplas, isolamento térmico e recursos similares, de forma que os empregados fiquem protegidos contra as radiações térmicas. (Redação dada pela Lei nº 6.514, de 22.12.1977)

Art. 178 - As condições de conforto térmico dos locais de trabalho devem ser mantidas dentro dos limites fixados pelo Ministério do Trabalho. (Redação dada pela Lei nº 6.514, de 22.12.1977)

SEÇÃO IX - DAS INSTALAÇÕES ELÉTRICAS

Art. 179 - O Ministério do Trabalho disporá sobre as condições de segurança e as medidas especiais a serem observadas relativamente a instalações elétricas, em qualquer das fases de produção, transmissão, distribuição ou consumo de energia. (Redação dada pela Lei nº 6.514, de 22.12.1977)

Art. 180 - Somente profissional qualificado poderá instalar, operar, inspecionar ou reparar instalações elétricas. (Redação dada pela Lei nº 6.514, de 22.12.1977)

Art. 181 - Os que trabalharem em serviços de eletricidade ou instalações elétricas devem estar familiarizados com os métodos de socorro a acidentados por choque elétrico. (Redação dada pela Lei nº 6.514, de 22.12.1977)

SEÇÃO X - DA MOVIMENTAÇÃO, ARMAZENAGEM E MANUSEIO DE MATERIAIS

Art. 182 - O Ministério do Trabalho estabelecerá normas sobre: (Redação dada pela Lei nº 6.514, de 22.12.1977)

I - as precauções de segurança na movimentação de materiais nos locais de trabalho, os equipamentos a serem obrigatoriamente utilizados e as condições especiais a que estão sujeitas a operação e a manutenção desses equipamentos, inclusive exigências de pessoal habilitado; (Incluído pela Lei nº 6.514, de 22.12.1977)

II - as exigências similares relativas ao manuseio e à armazenagem de materiais, inclusive quanto às condições de segurança e higiene relativas aos recipientes e locais de armazenagem e os equipamentos de proteção individual; (Incluído pela Lei nº 6.514, de 22.12.1977)

III - a obrigatoriedade de indicação de carga máxima permitida nos equipamentos de transporte, dos avisos de proibição de fumar e de advertência quanto à natureza perigosa ou nociva à saúde das substâncias em movimentação ou em depósito, bem como das recomendações de primeiros socorros e de atendimento médico e símbolo de perigo, segundo padronização internacional, nos rótulos dos materiais ou substâncias armazenados ou transportados. (Incluído pela Lei nº 6.514, de 22.12.1977)

Parágrafo único - As disposições relativas ao transporte de materiais aplicam-se, também, no que couber, ao transporte de pessoas nos locais de trabalho. (Incluído pela Lei nº 6.514, de 22.12.1977)

Art. 183 - As pessoas que trabalharem na movimentação de materiais deverão estar familiarizados com os métodos raciocinais de levantamento de cargas. (Redação dada pela Lei nº 6.514, de 22.12.1977)

SEÇÃO XI - DAS MÁQUINAS E EQUIPAMENTOS

(Redação dada pela Lei nº 6.514, de 22.12.1977)

Art.184 - As máquinas e os equipamentos deverão ser dotados de dispositivos de partida e parada e outros que se fizerem necessários para a prevenção de acidentes do trabalho, especialmente quanto ao risco de acionamento acidental. (Redação dada pela Lei nº 6.514, de 22.12.1977)

Parágrafo único - É proibida a fabricação, a importação, a venda, a locação e o uso de máquinas e equipamentos que não atendam ao disposto neste artigo. (Incluído pela Lei nº 6.514, de 22.12.1977)

Art. 185 - Os reparos, limpeza e ajustes somente poderão ser executados com as máquinas paradas, salvo se o movimento for indispensável à realização do ajuste. (Redação dada pela Lei nº 6.514, de 22.12.1977)

Art. 186 - O Ministério do Trabalho estabelecerá normas adicionais sobre proteção e medidas de segurança na operação de máquinas e equipamentos, especialmente quanto à proteção das partes móveis, distância entre estas, vias de acesso às máquinas e equipamentos de grandes dimensões, emprego de ferramentas, sua adequação e medidas de proteção exigidas quando motorizadas ou elétricas. (Redação dada pela Lei nº 6.514, de 22.12.1977)

SEÇÃO XII - DAS CALDEIRAS, FORNOS E RECIPIENTES SOB PRESSÃO

Art.187 - As caldeiras, equipamentos e recipientes em geral que operam sob pressão deverão dispor de válvula e outros dispositivos de segurança, que evitem seja ultrapassada a pressão interna de trabalho compatível com a sua resistência. (Redação dada pela Lei nº 6.514, de 22.12.1977)

Parágrafo único - O Ministério do Trabalho expedirá normas complementares quanto à segurança das caldeiras, fornos e recipientes sob pressão, especialmente quanto ao revestimento interno, à localização, à ventilação dos locais e outros meios de eliminação de gases ou vapores prejudiciais à saúde, e demais instalações ou equipamentos necessários à execução segura das tarefas de cada empregado. (Redação dada pela Lei nº 6.514, de 22.12.1977)

Art. 188 - As caldeiras serão periodicamente submetidas a inspeções de segurança, por engenheiro ou empresa especializada, inscritos no Ministério do Trabalho, de conformidade com as instruções que, para esse fim, forem expedidas. (Redação dada pela Lei nº 6.514, de 22.12.1977)

§ 1º - Toda caldeira será acompanhada de «Prontuário», com documentação original do fabricante, abrangendo, no mínimo: especificação técnica, desenhos, detalhes, provas e testes realizados durante a fabricação e a montagem, características funcionais e a pressão máxima de trabalho permitida (PMTP), esta última indicada, em local visível, na própria caldeira. (Incluído pela Lei nº 6.514, de 22.12.1977)

§ 2º - O proprietário da caldeira deverá organizar, manter atualizado e apresentar, quando exigido pela autoridade competente, o Registro de Segurança, no qual serão anotadas, sistematicamente, as indicações das provas efetuadas, inspeções, reparos e quaisquer outras ocorrências. (Incluído pela Lei nº 6.514, de 22.12.1977)

§ 3º - Os projetos de instalação de caldeiras, fornos e recipientes sob pressão deverão ser submetidos à aprovação prévia do órgão regional competente em matéria de segurança do trabalho. (Incluído pela Lei nº 6.514, de 22.12.1977)

SEÇÃO XIII - DAS ATIVIDADES INSALUBRES OU PERIGOSAS

(Redação dada pela Lei nº 6.514, de 22.12.1977)

Art. 189 - Serão consideradas atividades ou operações insalubres aquelas que, por sua natureza, condições ou métodos

de trabalho, exponham os empregados a agentes nocivos à saúde, acima dos limites de tolerância fixados em razão da natureza e da intensidade do agente e do tempo de exposição aos seus efeitos. (Redação dada pela Lei nº 6.514, de 22.12.1977)

Art. 190 - O Ministério do Trabalho aprovará o quadro das atividades e operações insalubres e adotará normas sobre os critérios de caracterização da insalubridade, os limites de tolerância aos agentes agressivos, meios de proteção e o tempo máximo de exposição do empregado a esses agentes. (Redação dada pela Lei nº 6.514, de 22.12.1977)

Parágrafo único - As normas referidas neste artigo incluirão medidas de proteção do organismo do trabalhador nas operações que produzem aerodispersóides tóxicos, irritantes, alérgicos ou incômodos. (Redação dada pela Lei nº 6.514, de 22.12.1977)

Art. 191 - A eliminação ou a neutralização da insalubridade ocorrerá: (Redação dada pela Lei nº 6.514, de 22.12.1977)

I - com a adoção de medidas que conservem o ambiente de trabalho dentro dos limites de tolerância; (Incluído pela Lei nº 6.514, de 22.12.1977)

II - com a utilização de equipamentos de proteção individual ao trabalhador, que diminuam a intensidade do agente agressivo a limites de tolerância. (Incluído pela Lei nº 6.514, de 22.12.1977)

Parágrafo único - Caberá às Delegacias Regionais do Trabalho, comprovada a insalubridade, notificar as empresas, estipulando prazos para sua eliminação ou neutralização, na forma deste artigo. (Incluído pela Lei nº 6.514, de 22.12.1977)

Art. 192 - O exercício de trabalho em condições insalubres, acima dos limites de tolerância estabelecidos pelo Ministério do Trabalho, assegura a percepção de adicional respectivamente de 40% (quarenta por cento), 20% (vinte por cento) e 10% (dez por cento) do salário-mínimo da região, segundo se classifiquem nos graus máximo, médio e mínimo. (Redação dada pela Lei nº 6.514, de 22.12.1977)

Art. 193. São consideradas atividades ou operações perigosas, na forma da regulamentação aprovada pelo Ministério do Trabalho e Emprego, aquelas que, por sua natureza ou métodos de trabalho, impliquem risco acentuado em virtude de exposição permanente do trabalhador a: (Redação dada pela Lei nº 12.740, de 2012)

I - inflamáveis, explosivos ou energia elétrica; (Incluído pela Lei nº 12.740, de 2012)

II - roubos ou outras espécies de violência física nas atividades profissionais de segurança pessoal ou patrimonial. (Incluído pela Lei nº 12.740, de 2012)

§ 1º - O trabalho em condições de periculosidade assegura ao empregado um adicional de 30% (trinta por cento) sobre o salário sem os acréscimos resultantes de gratificações, prêmios ou participações nos lucros da empresa. (Incluído pela Lei nº 6.514, de 22.12.1977)

§ 2º - O empregado poderá optar pelo adicional de insalubridade que porventura lhe seja devido. (Incluído pela Lei nº 6.514, de 22.12.1977)

§ 3º Serão descontados ou compensados do adicional outros da mesma natureza eventualmente já concedidos ao vigilante por meio de acordo coletivo. (Incluído pela Lei nº 12.740, de 2012)

§ 4º São também consideradas perigosas as atividades de trabalhador em motocicleta. (Incluído pela Lei nº 12.997, de 2014)

Art.194 - O direito do empregado ao adicional de insalubridade ou de periculosidade cessará com a eliminação do risco à sua saúde ou integridade física, nos termos desta Seção e das normas expedidas pelo Ministério do Trabalho. (Redação dada pela Lei nº 6.514, de 22.12.1977)

Art. 195 - A caracterização e a classificação da insalubridade e da periculosidade, segundo as normas do Ministério do Trabalho, far-se-ão através de perícia a cargo de Médico do Trabalho ou Engenheiro do Trabalho, registrados no Ministério do Trabalho. (Redação dada pela Lei nº 6.514, de 22.12.1977)

§ 1º - É facultado às empresas e aos sindicatos das categorias profissionais interessadas requererem ao Ministério do Trabalho a realização de perícia em estabelecimento ou setor deste, com o objetivo de caracterizar e classificar ou delimitar as atividades insalubres ou perigosas. (Redação dada pela Lei nº 6.514, de 22.12.1977)

§ 2º - Arguida em juízo insalubridade ou periculosidade, seja por empregado, seja por Sindicato em favor de grupo de associado, o juiz designará perito habilitado na forma deste artigo, e, onde não houver, requisitará perícia ao órgão competente do Ministério do Trabalho. (Redação dada pela Lei nº 6.514, de 22.12.1977)

§ 3º - O disposto nos parágrafos anteriores não prejudica a ação fiscalizadora do Ministério do Trabalho, nem a realização ex officio da perícia. (Redação dada pela Lei nº 6.514, de 22.12.1977)

§ 4º Antes de aceso um forno, serão tomadas precauções para evitar explosões ou retrocesso de chama. (Incluído pelo Decreto-Lei nº 229, de 28.2.1967)

Art.196 - Os efeitos pecuniários decorrentes do trabalho em condições de insalubridade ou periculosidade serão devidos a contar da data da inclusão da respectiva atividade nos quadros aprovados pelo Ministro do Trabalho, respeitadas as normas do artigo 11. (Redação dada pela Lei nº 6.514, de 22.12.1977)

Art. 197 - Os materiais e substâncias empregados, manipulados ou transportados nos locais de trabalho, quando perigosos ou nocivos à saúde, devem conter, no rótulo, sua composição, recomendações de socorro imediato e o símbolo de perigo correspondente, segundo a padronização internacional. (Redação dada pela Lei nº 6.514, de 22.12.1977)

Parágrafo único - Os estabelecimentos que mantenham as atividades previstas neste artigo afixarão, nos setores de trabalho atingidas, avisos ou cartazes, com advertência quanto aos materiais e substâncias perigosos ou nocivos à saúde. (Redação dada pela Lei nº 6.514, de 22.12.1977)

SEÇÃO XIV - DA PREVENÇÃO DA FADIGA

Art. 198 - É de 60 kg (sessenta quilogramas) o peso máximo que um empregado pode remover individualmente, ressalvadas as disposições especiais relativas ao trabalho do menor e da mulher. (Redação dada pela Lei nº 6.514, de 22.12.1977)

Parágrafo único - Não está compreendida na proibição deste artigo a remoção de material feita por impulsão ou tração de vagonetes sobre trilhos, carros de mão ou quaisquer outros aparelhos mecânicos, podendo o Ministério do Trabalho, em tais casos, fixar limites diversos, que evitem sejam exigidos do empregado serviços superiores às suas forças. (Redação dada pela Lei nº 6.514, de 22.12.1977)

Art.199 - Será obrigatória a colocação de assentos que assegurem postura correta ao trabalhador, capazes de evitar posições incômodas ou forçadas, sempre que a execução da tarefa exija que trabalhe sentado. (Redação dada pela Lei nº 6.514, de 22.12.1977)

Parágrafo único - Quando o trabalho deva ser executado de pé, os empregados terão à sua disposição assentos para serem utilizados nas pausas que o serviço permitir. (Redação dada pela Lei nº 6.514, de 22.12.1977)

SEÇÃO XV - DAS OUTRAS MEDIDAS ESPECIAIS DE PROTEÇÃO

Art. 200 - Cabe ao Ministério do Trabalho estabelecer disposições complementares às normas de que trata este Capítulo, tendo em vista as peculiaridades de cada atividade ou setor de trabalho, especialmente sobre: (Redação dada pela Lei nº 6.514, de 22.12.1977)

I - medidas de prevenção de acidentes e os equipamentos de proteção individual em obras de construção, demolição ou reparos; (Incluído pela Lei nº 6.514, de 22.12.1977)

II - depósitos, armazenagem e manuseio de combustíveis, inflamáveis e explosivos, bem como trânsito e per-

manência nas áreas respectivas; (Incluído pela Lei nº 6.514, de 22.12.1977)

III - trabalho em escavações, túneis, galerias, minas e pedreiras, sobretudo quanto à prevenção de explosões, incêndios, desmoronamentos e soterramentos, eliminação de poeiras, gases, etc. e facilidades de rápida saída dos empregados; (Incluído pela Lei nº 6.514, de 22.12.1977)

IV - proteção contra incêndio em geral e as medidas preventivas adequadas, com exigências ao especial revestimento de portas e paredes, construção de paredes contra-fogo, diques e outros anteparos, assim como garantia geral de fácil circulação, corredores de acesso e saídas amplas e protegidas, com suficiente sinalização; (Incluído pela Lei nº 6.514, de 22.12.1977)

V - proteção contra insolação, calor, frio, umidade e ventos, sobretudo no trabalho a céu aberto, com provisão, quanto a este, de água potável, alojamento profilaxia de endemias;(Incluído pela Lei nº 6.514, de 22.12.1977)

VI - proteção do trabalhador exposto a substâncias químicas nocivas, radiações ionizantes e não ionizantes, ruídos, vibrações e trepidações ou pressões anormais ao ambiente de trabalho, com especificação das medidas cabíveis para eliminação ou atenuação desses efeitos limites máximos quanto ao tempo de exposição, à intensidade da ação ou de seus efeitos sobre o organismo do trabalhador, exames médicos obrigatórios, limites de idade controle permanente dos locais de trabalho e das demais exigências que se façam necessárias; (Incluído pela Lei nº 6.514, de 22.12.1977)

VII - higiene nos locais de trabalho, com discriminação das exigências, instalações sanitárias, com separação de sexos, chuveiros, lavatórios, vestiários e armários individuais, refeitórios ou condições de conforto por ocasião das refeições, fornecimento de água potável, condições de limpeza dos locais de trabalho e modo de sua execução, tratamento de resíduos industriais; (Incluído pela Lei nº 6.514, de 22.12.1977)

VIII - emprego das cores nos locais de trabalho, inclusive nas sinalizações de perigo. (Incluído pela Lei nº 6.514, de 22.12.1977)

Parágrafo único - Tratando-se de radiações ionizantes e explosivos, as normas a que se referem este artigo serão expedidas de acordo com as resoluções a respeito adotadas pelo órgão técnico. (Incluído pela Lei nº 6.514, de 22.12.1977)

SEÇÃO XVI - DAS PENALIDADES

Atualização do valor das multas

Art. 201 - As infrações ao disposto neste Capítulo relativas à medicina do trabalho serão punidas com multa de 3 (três) a 30 (trinta) vezes o valor de referência previsto no artigo 2º, parágrafo único, da Lei nº 6.205, de 29 de abril de 1975, e as concernentes à segurança do trabalho com multa de 5 (cinco) a 50 (cinquenta) vezes o mesmo valor. (Redação dada pela Lei nº 6.514, de 22.12.1977)

Parágrafo único - Em caso de reincidência, embaraço ou resistência à fiscalização, emprego de artifício ou simulação com o objetivo de fraudar a lei, a multa será aplicada em seu valor máximo. (Incluído pela Lei nº 6.514, de 22.12.1977)

Art. 202. (Revogado pela Lei nº 6.514, de 22.12.1977)
Art. 203. (Revogado pela Lei nº 6.514, de 22.12.1977)
Art. 204 - (Revogado pela Lei nº 6.514, de 22.12.1977)
Art. 205. (Revogado pela Lei nº 6.514, de 22.12.1977)
Art. 206. (Revogado pela Lei nº 6.514, de 22.12.1977)
Art. 207. (Revogado pela Lei nº 6.514, de 22.12.1977)
Art. 208. (Revogado pela Lei nº 6.514, de 22.12.1977)
Art. 209. (Revogado pela Lei nº 6.514, de 22.12.1977)
Art. 210. (Revogado pela Lei nº 6.514, de 22.12.1977)
Art. 211. (Revogado pela Lei nº 6.514, de 22.12.1977)
Art. 212. (Revogado pela Lei nº 6.514, de 22.12.1977)
Art. 213. (Revogado pela Lei nº 6.514, de 22.12.1977)
Art. 214. (Revogado pela Lei nº 6.514, de 22.12.1977)
Art. 215 (Revogado pela Lei nº 6.514, de 22.12.1977)
Art. 216. (Revogado pela Lei nº 6.514, de 22.12.1977)
Art. 217. (Revogado pela Lei nº 6.514, de 22.12.1977)
Art. 218. (Revogado pela Lei nº 6.514, de 22.12.1977)
Art. 219. (Revogado pela Lei nº 6.514, de 22.12.1977)
Art. 220. (Revogado pela Lei nº 6.514, de 22.12.1977)
Art. 221. (Revogado pela Lei nº 6.514, de 22.12.1977)
Art. 222. (Revogado pela Lei nº 6.514, de 22.12.1977)
Art. 223 - (Revogado pela Lei nº 6.514, de 22.12.1977)

TÍTULO II-A (Incluído pela Lei nº 13.467, de 2017) - DO DANO EXTRAPATRIMONIAL

Art. 223-A. Aplicam-se à reparação de danos de natureza extrapatrimonial decorrentes da relação de trabalho apenas os dispositivos deste Título. (Incluído pela Lei nº 13.467, de 2017)

Art. 223-B. Causa dano de natureza extrapatrimonial a ação ou omissão que ofenda a esfera moral ou existencial da pessoa física ou jurídica, as quais são as titulares exclusivas do direito à reparação. (Incluído pela Lei nº 13.467, de 2017)

Art. 223-C. A honra, a imagem, a intimidade, a liberdade de ação, a autoestima, a sexualidade, a saúde, o lazer e a integridade física são os bens juridicamente tutelados inerentes à pessoa física. (Incluído pela Lei nº 13.467, de 2017)

Art. 223-D. A imagem, a marca, o nome, o segredo empresarial e o sigilo da correspondência são bens juridicamente tutelados inerentes à pessoa jurídica. (Incluído pela Lei nº 13.467, de 2017)

Art. 223-E. São responsáveis pelo dano extrapatrimonial todos os que tenham colaborado para a ofensa ao bem jurídico tutelado, na proporção da ação ou da omissão. (Incluído pela Lei nº 13.467, de 2017)

Art. 223-F. A reparação por danos extrapatrimoniais pode ser pedida cumulativamente com a indenização por danos materiais decorrentes do mesmo ato lesivo. (Incluído pela Lei nº 13.467, de 2017)

§ 1º Se houver cumulação de pedidos, o juízo, ao proferir a decisão, discriminará os valores das indenizações a título de danos patrimoniais e das reparações por danos de natureza extrapatrimonial. (Incluído pela Lei nº 13.467, de 2017)

§ 2º A composição das perdas e danos, assim compreendidos os lucros cessantes e os danos emergentes, não interfere na avaliação dos danos extrapatrimoniais. (Incluído pela Lei nº 13.467, de 2017)

Art. 223-G. Ao apreciar o pedido, o juízo considerará: (Incluído pela Lei nº 13.467, de 2017)

I - a natureza do bem jurídico tutelado; (Incluído pela Lei nº 13.467, de 2017)

II - a intensidade do sofrimento ou da humilhação; (Incluído pela Lei nº 13.467, de 2017)

III - a possibilidade de superação física ou psicológica; (Incluído pela Lei nº 13.467, de 2017)

IV - os reflexos pessoais e sociais da ação ou da omissão; (Incluído pela Lei nº 13.467, de 2017)

V - a extensão e a duração dos efeitos da ofensa; (Incluído pela Lei nº 13.467, de 2017)

VI - as condições em que ocorreu a ofensa ou o prejuízo moral; (Incluído pela Lei nº 13.467, de 2017)

VII - o grau de dolo ou culpa; (Incluído pela Lei nº 13.467, de 2017)

VIII - a ocorrência de retratação espontânea; (Incluído pela Lei nº 13.467, de 2017)

IX - o esforço efetivo para minimizar a ofensa; (Incluído pela Lei nº 13.467, de 2017)

X - o perdão, tácito ou expresso; (Incluído pela Lei nº 13.467, de 2017)

XI - a situação social e econômica das partes envolvidas; (Incluído pela Lei nº 13.467, de 2017)

XII - o grau de publicidade da ofensa. (Incluído pela Lei nº 13.467, de 2017)

§ 1º Se julgar procedente o pedido, o juízo fixará a indenização a ser paga, a cada um dos ofendidos, em um dos seguintes parâmetros, vedada a acumulação: (Incluído pela Lei nº 13.467, de 2017)

I - ofensa de natureza leve, até três vezes o último salário contratual do ofendido; (Incluído pela Lei nº 13.467, de 2017)

II - ofensa de natureza média, até cinco vezes o último salário contratual do ofendido; (Incluído pela Lei nº 13.467, de 2017)

III - ofensa de natureza grave, até vinte vezes o último salário contratual do ofendido; (Incluído pela Lei nº 13.467, de 2017)

IV - ofensa de natureza gravíssima, até cinquenta vezes o último salário contratual do ofendido. (Incluído pela Lei nº 13.467, de 2017)

§ 2º Se o ofendido for pessoa jurídica, a indenização será fixada com observância dos mesmos parâmetros estabelecidos no § 1º deste artigo, mas em relação ao salário contratual do ofensor. (Incluído pela Lei nº 13.467, de 2017)

§ 3º Na reincidência entre partes idênticas, o juízo poderá elevar ao dobro o valor da indenização. (Incluído pela Lei nº 13.467, de 2017)

TÍTULO III - DAS NORMAS ESPECIAIS DE TUTELA DO TRABALHO

CAPÍTULO I - DAS DISPOSIÇÕES ESPECIAIS SOBRE DURAÇÃO E CONDIÇÕES DE TRABALHO

SEÇÃO I - DOS BANCÁRIOS

Trabalho aos sábados em bancos

Art. 224 - A duração normal do trabalho dos empregados em bancos, casas bancárias e Caixa Econômica Federal será de 6 (seis) horas contínuas nos dias úteis, com exceção dos sábados, perfazendo um total de 30 (trinta) horas de trabalho por semana. (Redação dada pela Lei nº 7.430, de 17.12.1985)

§ 1º A duração normal do trabalho estabelecida neste artigo ficará compreendida entre sete e vinte e duas horas, assegurando-se ao empregado, no horário diário, um intervalo de quinze minutos para alimentação. (Redação dada pelo Decreto-Lei nº 229, de 28.2.1967)

§ 2º As disposições dêste artigo não se aplicam aos que exercem funções de direção, gerência, fiscalização, chefia e equivalentes ou que desempenhem outros cargos de confiança desde que o valor da gratificação não seja inferior a um têrço do salário do cargo efetivo. (Redação dada pelo Decreto-Lei nº 754, de 1969)

Art. 225 - A duração normal de trabalho dos bancários poderá ser excepcionalmente prorrogada até 8 (oito) horas diárias, não excedendo de 40 (quarenta) horas semanais, observados os preceitos gerais sobre a duração do trabalho. (Redação dada pela Lei nº 6.637, de 8.5.1979)

Art. 226 - O regime especial de 6 (seis) horas de trabalho também se aplica aos empregados de portaria e de limpeza, tais como porteiros, telefonistas de mesa, contínuos e serventes, empregados em bancos e casas bancárias. (Redação dada pela Lei nº 3.488, de 12.12.1958)

Parágrafo único - A direção de cada banco organizará a escala de serviço do estabelecimento de maneira a haver empregados do quadro da portaria em função, meia hora antes e até meia hora após o encerramento dos trabalhos, respeitado o limite de 6 (seis) horas diárias. (Incluído pela Lei nº 3.488, de 12.12.1958)

SEÇÃO II - DOS EMPREGADOS NOS SERVIÇOS DE TELEFONIA, DE TELEGRAFIA SUBMARINA E SUBFLUVIAL, DE RADIOTELEGRAFIA E RADIOTELEFONIA

Art. 227 - Nas empresas que explorem o serviço de telefonia, telegrafia submarina ou subfluvial, de radiotelegrafia ou de radiotelefonia, fica estabelecida para os respectivos operadores a duração máxima de seis horas contínuas de trabalho por dia ou 36 (trinta e seis) horas semanais.

§ 1º - Quando, em caso de indeclinável necessidade, forem os operadores obrigados a permanecer em serviço além do período normal fixado neste artigo, a empresa pagar-lhes-á extraordinariamente o tempo excedente com acréscimo de 50% (cinquenta por cento) sobre o seu salário-hora normal.

§ 2º - O trabalho aos domingos, feriados e dias santos de guarda será considerado extraordinário e obedecerá, quanto à sua execução e remuneração, ao que dispuserem empregadores e empregados em acordo, ou os respectivos sindicatos em contrato coletivo de trabalho.

Art. 228 - Os operadores não poderão trabalhar, de modo ininterrupto, na transmissão manual, bem como na recepção visual, auditiva, com escrita manual ou datilográfica, quando a velocidade for superior a 25 (vinte e cinco) palavras por minuto.

Art. 229 - Para os empregados sujeitos a horários variáveis, fica estabelecida a duração máxima de 7 (sete) horas diárias de trabalho e 17 (dezessete) horas de folga, deduzindo-se deste tempo 20 (vinte) minutos para descanso, de cada um dos empregados, sempre que se verificar um esforço contínuo de mais de 3 (três) horas.

§ 1º - São considerados empregados sujeitos a horários variáveis, além dos operadores, cujas funções exijam classificação distinta, os que pertençam a seções de técnica, telefones, revisão, expedição, entrega e balcão.

§ 2º - Quanto à execução e remuneração aos domingos, feriados e dias santos de guarda e às prorrogações de expediente, o trabalho dos empregados a que se refere o parágrafo anterior será regido pelo que se contém no § 1º do art. 227 desta Seção.

Art. 230 - A direção das empresas deverá organizar as turmas de empregados, para a execução dos seus serviços, de maneira que prevaleça sempre o revezamento entre os que exercem a mesma função, quer em escalas diurnas, quer em noturnas.

§ 1º - Aos empregados que exerçam a mesma função será permitida, entre si, a troca de turmas, desde que isso não importe em prejuízo dos serviços, cujo chefe ou encarregado resolverá sobre a oportunidade ou possibilidade dessa medida, dentro das prescrições desta Seção.

§ 2º - As empresas não poderão organizar horários que obriguem os empregados a fazer a refeição do almoço antes das 10 (dez) e depois das 13 (treze) horas e a de jantar antes das 16 (dezesseis) e depois das 19:30 (dezenove e trinta) horas.

Art. 231 - As disposições desta Seção não abrangem o trabalho dos operadores de radiotelegrafia embarcados em navios ou aeronaves.

SEÇÃO III - DOS MÚSICOS PROFISSIONAIS

Art. 232 - Será de seis horas a duração de trabalho dos músicos em teatro e congêneres.

Parágrafo único. Toda vez que o trabalho contínuo em espetáculo ultrapassar de seis horas, o tempo de duração excedente será pago com um acréscimo de 25 % (vinte e cinco por cento) sobre o salário da hora normal.

Art. 233 - A duração normal de trabalho dos músicos profissionais poderá ser elevada até oito horas diárias, observados os preceitos gerais sobre duração do trabalho.

SEÇÃO IV - DOS OPERADORES CINEMATOGRÁFICOS

Art. 234 - A duração normal do trabalho dos operadores cinematográficos e seus ajudantes não excederá de seis horas diárias, assim distribuídas:

a) 5 (cinco) horas consecutivas de trabalho em cabina, durante o funcionamento cinematográfico;

b) 1 (um) período suplementar, até o máximo de 1 (uma) hora para limpeza, lubrificação dos aparelhos de projeção, ou revisão de filmes.

Parágrafo único - Mediante remuneração adicional de 25% (vinte e cinco por cento) sobre o salário da hora normal e observado um intervalo de 2 (duas) horas para folga, entre o período a que se refere a alínea "b" deste artigo e o trabalho em cabina de que trata a alínea "a", poderá o trabalho dos operadores cinematográficos e seus ajudantes ter a duração prorrogada por 2 (duas) horas diárias, para exibições extraordinárias.

Art. 235 - Nos estabelecimentos cujo funcionamento normal seja noturno, será facultado aos operadores cinematográficos e seus ajudantes, mediante acordo ou contrato coletivo de trabalho e com um acréscimo de 25% (vinte e cinco por cento) sobre o salário da hora normal, executar o trabalho em sessões diurnas extraordinárias e, cumulativamente, nas noturnas, desde que isso se verifique até 3 (três) vezes por semana e entre as sessões diurnas e as noturnas haja o intervalo de 1 (uma) hora, no mínimo, de descanso.

§ 1º - A duração de trabalho cumulativo a que alude o presente artigo não poderá exceder de 10 (dez) horas.

§ 2º - Em seguida a cada período de trabalho haverá um intervalo de repouso no mínimo de 12 (doze) horas.

SEÇÃO IV-A - DO SERVIÇO DO MOTORISTA PROFISSIONAL EMPREGADO

(Redação dada pela Lei nº 13.103, de 2015)

Art. 235-A. Os preceitos especiais desta Seção aplicam-se ao motorista profissional empregado: (Redação dada pela Lei nº 13.103, de 2015)

I - de transporte rodoviário coletivo de passageiros; (Incluído pela Lei nº 13.103, de 2015)

II - de transporte rodoviário de cargas. (Incluído pela Lei nº 13.103, de 2015)

Art. 235-B. São deveres do motorista profissional empregado: (Redação dada pela Lei nº 13.103, de 2015)

I - estar atento às condições de segurança do veículo; (Incluída pela Lei nº 12.619, de 2012)

II - conduzir o veículo com perícia, prudência, zelo e com observância aos princípios de direção defensiva; (Incluída pela Lei nº 12.619, de 2012)

III - respeitar a legislação de trânsito e, em especial, as normas relativas ao tempo de direção e de descanso controlado e registrado na forma do previsto no art. 67-E da Lei no 9.503, de 23 de setembro de 1997 - Código de Trânsito Brasileiro; (Redação dada pela Lei nº 13.103, de 2015)

IV - zelar pela carga transportada e pelo veículo; (Incluída pela Lei nº 12.619, de 2012)

V - colocar-se à disposição dos órgãos públicos de fiscalização na via pública; (Incluída pela Lei nº 12.619, de 2012)

VI - (VETADO); (Incluída pela Lei nº 12.619, de 2012)

VII - submeter-se a exames toxicológicos com janela de detecção mínima de 90 (noventa) dias e a programa de controle de uso de droga e de bebida alcoólica, instituído pelo empregador, com sua ampla ciência, pelo menos uma vez a cada 2 (dois) anos e 6 (seis) meses, podendo ser utilizado para esse fim o exame obrigatório previsto na Lei no 9.503, de 23 de setembro de 1997 - Código de Trânsito Brasileiro, desde que realizado nos últimos 60 (sessenta) dias. (Redação dada pela Lei nº 13.103, de 2015)

Parágrafo único. A recusa do empregado em submeter-se ao teste ou ao programa de controle de uso de droga e de bebida alcoólica previstos no inciso VII será considerada infração disciplinar, passível de penalização nos termos da lei. (Redação dada pela Lei nº 13.103, de 2015)

Art. 235-C. A jornada diária de trabalho do motorista profissional será de 8 (oito) horas, admitindo-se a sua prorrogação por até 2 (duas) horas extraordinárias ou, mediante previsão em convenção ou acordo coletivo, por até 4 (quatro) horas extraordinárias. (Redação dada pela Lei nº 13.103, de 2015)

§ 1º Será considerado como trabalho efetivo o tempo em que o motorista empregado estiver à disposição do empregador, excluídos os intervalos para refeição, repouso e descanso e o tempo de espera. (Redação dada pela Lei nº 13.103, de 2015)

§ 2º Será assegurado ao motorista profissional empregado intervalo mínimo de 1 (uma) hora para refeição, podendo esse período coincidir com o tempo de parada obrigatória na condução do veículo estabelecido pela Lei no 9.503, de 23 de setembro de 1997 - Código de Trânsito Brasileiro, exceto quando se tratar do motorista profissional enquadrado no § 5º do art. 71 desta Consolidação. (Redação dada pela Lei nº 13.103, de 2015)

§ 3º Dentro do período de 24 (vinte e quatro) horas, são asseguradas 11 (onze) horas de descanso, sendo facultados o seu fracionamento e a coincidência com os períodos de parada obrigatória na condução do veículo estabelecida pela Lei no 9.503, de 23 de setembro de 1997 - Código de Trânsito Brasileiro, garantidos o mínimo de 8 (oito) horas ininterruptas no primeiro período e o gozo do remanescente dentro das 16 (dezesseis) horas seguintes ao fim do primeiro período. (Redação dada pela Lei nº 13.103, de 2015)

§ 4º Nas viagens de longa distância, assim consideradas aquelas em que o motorista profissional empregado permanece fora da base da empresa, matriz ou filial e de sua residência por mais de 24 (vinte e quatro) horas, o repouso diário pode ser feito no veículo ou em alojamento do empregador, do contratante do transporte, do embarcador ou do destinatário ou em outro local que ofereça condições adequadas. (Redação dada pela Lei nº 13.103, de 2015)

§ 5º As horas consideradas extraordinárias serão pagas com o acréscimo estabelecido na Constituição Federal ou compensadas na forma do § 2º do art. 59 desta Consolidação. (Redação dada pela Lei nº 13.103, de 2015)

§ 6º À hora de trabalho noturno aplica-se o disposto no art. 73 desta Consolidação. (Redação dada pela Lei nº 13.103, de 2015)

§ 7º (VETADO). (Incluída pela Lei nº 12.619, de 2012)

§ 8º São considerados tempo de espera as horas em que o motorista profissional empregado ficar aguardando carga ou descarga do veículo nas dependências do embarcador ou do destinatário e o período gasto com a fiscalização da mercadoria transportada em barreiras fiscais ou alfandegárias, não sendo computados como jornada de trabalho e nem como horas extraordinárias. (Redação dada pela Lei nº 13.103, de 2015)

§ 9º As horas relativas ao tempo de espera serão indenizadas na proporção de 30% (trinta por cento) do salário-hora normal. (Redação dada pela Lei nº 13.103, de 2015)

§ 10. Em nenhuma hipótese, o tempo de espera do motorista empregado prejudicará o direito ao recebimento da remuneração correspondente ao salário-base diário. (Incluído pela Lei nº 13.103, de 2015)

§ 11. Quando a espera de que trata o § 8º for superior a 2 (duas) horas ininterruptas e for exigida a permanência do motorista empregado junto ao veículo, caso o local ofereça condições adequadas, o tempo será considerado como de repouso para os fins do intervalo de que tratam os §§ 2º e 3º, sem prejuízo do disposto no § 9º. (Incluído pela Lei nº 13.103, de 2015)

§ 12. Durante o tempo de espera, o motorista poderá realizar movimentações necessárias do veículo, as quais não serão consideradas como parte da jornada de trabalho, ficando garantido, porém, o gozo do descanso de 8 (oito) horas ininterruptas aludido no § 3º. (Incluído pela Lei nº 13.103, de 2015)

§ 13. Salvo previsão contratual, a jornada de trabalho do motorista empregado não tem horário fixo de início, de final ou de intervalos. (Incluído pela Lei nº 13.103, de 2015)

§ 14. O empregado é responsável pela guarda, preservação e exatidão das informações contidas nas anotações em diário de bordo, papeleta ou ficha de trabalho externo, ou no registrador instantâneo inalterável de velocidade e tempo, ou nos rastreadores ou sistemas e meios eletrônicos, instalados nos veículos, normatizados pelo Contran, até que o veículo seja entregue à empresa. (Incluído pela Lei nº 13.103, de 2015)

§ 15. Os dados referidos no § 14 poderão ser enviados a distância, a critério do empregador, facultando-se a anexação do documento original posteriormente. (Incluído pela Lei nº 13.103, de 2015)

§ 16. Aplicam-se as disposições deste artigo ao ajudante empregado nas operações em que acompanhe o motorista. (Incluído pela Lei nº 13.103, de 2015)

§ 17. O disposto no caput deste artigo aplica-se também aos operadores de automotores destinados a puxar ou a arrastar maquinaria de qualquer natureza ou a executar trabalhos de construção ou pavimentação e aos operadores de tratores, colheitadeiras, autopropelidos e demais aparelhos automotores destinados a puxar ou a arrastar maquinaria agrícola ou a executar trabalhos agrícolas. (Incluído pela Lei nº 13.154, de 2015)

Art. 235-D. Nas viagens de longa distância com duração superior a 7 (sete) dias, o repouso semanal será de 24 (vinte e quatro) horas por semana ou fração trabalhada, sem prejuízo do intervalo de repouso diário de 11 (onze) horas, totalizando 35 (trinta e cinco) horas, usufruído no retorno do motorista à base (matriz ou filial) ou ao seu domicílio, salvo se a empresa oferecer condições adequadas para o efetivo gozo do referido repouso. (Redação dada pela Lei nº 13.103, de 2015)

I - revogado; (Redação dada pela Lei nº 13.103, de 2015)
II - revogado; (Redação dada pela Lei nº 13.103, de 2015)
III - revogado. (Redação dada pela Lei nº 13.103, de 2015)

§ 1º É permitido o fracionamento do repouso semanal em 2 (dois) períodos, sendo um destes de, no mínimo, 30 (trinta) horas ininterruptas, a serem cumpridos na mesma semana e em continuidade a um período de repouso diário, que deverão ser usufruídos no retorno da viagem. (Incluído pela Lei nº 13.103, de 2015)

§ 2º A cumulatividade de descansos semanais em viagens de longa distância de que trata o caput fica limitada ao número de 3 (três) descansos consecutivos. (Incluído pela Lei nº 13.103, de 2015)

§ 3º O motorista empregado, em viagem de longa distância, que ficar com o veículo parado após o cumprimento da jornada normal ou das horas extraordinárias fica dispensado do serviço, exceto se for expressamente autorizada a sua permanência junto ao veículo pelo empregador, hipótese em que o tempo será considerado de espera. (Incluído pela Lei nº 13.103, de 2015)

§ 4º Não será considerado como jornada de trabalho, nem ensejará o pagamento de qualquer remuneração, o período em que o motorista empregado ou o ajudante ficarem espontaneamente no veículo usufruindo dos intervalos de repouso. (Incluído pela Lei nº 13.103, de 2015)

§ 5º Nos casos em que o empregador adotar 2 (dois) motoristas trabalhando no mesmo veículo, o tempo de repouso poderá ser feito com o veículo em movimento, assegurado o repouso mínimo de 6 (seis) horas consecutivas fora do veículo em alojamento externo ou, se na cabine leito, com o veículo estacionado, a cada 72 (setenta e duas) horas. (Incluído pela Lei nº 13.103, de 2015)

§ 6º Em situações excepcionais de inobservância justificada do limite de jornada de que trata o art. 235-C, devidamente registradas, e desde que não se comprometa a segurança rodoviária, a duração da jornada de trabalho do motorista profissional empregado poderá ser elevada pelo tempo necessário até o veículo chegar a um local seguro ou ao seu destino. (Incluído pela Lei nº 13.103, de 2015)

§ 7º Nos casos em que o motorista tenha que acompanhar o veículo transportado por qualquer meio onde ele siga embarcado e em que o veículo disponha de cabine leito ou a embarcação disponha de alojamento para gozo do intervalo de repouso diário previsto no § 3º do art. 235-C, esse tempo será considerado como tempo de descanso. (Incluído pela Lei nº 13.103, de 2015)

§ 8º Para o transporte de cargas vivas, perecíveis e especiais em longa distância ou em território estrangeiro poderão ser aplicadas regras conforme a especificidade da operação de transporte realizada, cujas condições de trabalho serão fixadas em convenção ou acordo coletivo de modo a assegurar as adequadas condições de viagem e entrega ao destino final. (Incluído pela Lei nº 13.103, de 2015)

Art. 235-E. Para o transporte de passageiros, serão observados os seguintes dispositivos: (Redação dada pela Lei nº 13.103, de 2015)

I - é facultado o fracionamento do intervalo de condução do veículo previsto na Lei no 9.503, de 23 de setembro de 1997 - Código de Trânsito Brasileiro, em períodos de no mínimo 5 (cinco) minutos; (Incluído pela Lei nº 13.103, de 2015)

II - será assegurado ao motorista intervalo mínimo de 1 (uma) hora para refeição, podendo ser fracionado em 2 (dois) períodos e coincidir com o tempo de parada obrigatória na condução do veículo estabelecido pela Lei no 9.503, de 23 de setembro de 1997 - Código de Trânsito Brasileiro, exceto quando se tratar do motorista profissional enquadrado no § 5º do art. 71 desta Consolidação; (Incluído pela Lei nº 13.103, de 2015)

III - nos casos em que o empregador adotar 2 (dois) motoristas no curso da mesma viagem, o descanso poderá ser feito com o veículo em movimento, respeitando-se os horários de jornada de trabalho, assegurado, após 72 (setenta e duas) horas, o repouso em alojamento externo ou, se em poltrona correspondente ao serviço de leito, com o veículo estacionado. (Incluído pela Lei nº 13.103, de 2015)

§ 1º (Revogado). (Redação dada pela Lei nº 13.103, de 2015)
§ 2º (VETADO). (Incluída pela Lei nº 12.619, de 2012)
§ 3º (Revogado). (Redação dada pela Lei nº 13.103, de 2015)
§ 4º (Revogado). (Redação dada pela Lei nº 13.103, de 2015)
§ 5º (Revogado). (Redação dada pela Lei nº 13.103, de 2015)
§ 6º (Revogado). (Redação dada pela Lei nº 13.103, de 2015)
§ 7º (Revogado). (Redação dada pela Lei nº 13.103, de 2015)
§ 8º (VETADO). (Incluída pela Lei nº 12.619, de 2012)
§ 9º (Revogado). (Redação dada pela Lei nº 13.103, de 2015)
§ 10. (Revogado). (Redação dada pela Lei nº 13.103, de 2015)
§ 11. (Revogado). (Redação dada pela Lei nº 13.103, de 2015)
§ 12. (Revogado). (Redação dada pela Lei nº 13.103, de 2015)

Art. 235-F. Convenção e acordo coletivo poderão prever jornada especial de 12 (doze) horas de trabalho por 36 (trinta e seis) horas de descanso para o trabalho do motorista profissional empregado em regime de compensação. (Redação dada pela Lei nº 13.103, de 2015)

Art. 235-G. É permitida a remuneração do motorista em função da distância percorrida, do tempo de viagem ou da natureza e quantidade de produtos transportados, inclusive mediante oferta de comissão ou qualquer outro tipo de vantagem, desde que essa remuneração ou comissionamento não comprometa a segurança da rodovia e da coletividade ou possibilite a violação das normas previstas nesta Lei. (Redação dada pela Lei nº 13.103, de 2015)

Art. 235-H. (Revogado). (Redação dada pela Lei nº 13.103, de 2015)

SEÇÃO V - DO SERVIÇO FERROVIÁRIO

Art. 236 - No serviço ferroviário - considerado este o de transporte em estradas de ferro abertas ao tráfego público, compreendendo a administração, construção, conservação e remoção das vias férreas e seus edifícios, obras-de-arte, material rodante, instalações complementares e acessórias, bem como o serviço de tráfego, de telegrafia, telefonia e funcionamento de todas as instalações ferroviárias - aplicam-se os preceitos especiais constantes desta Seção.

Art. 237 - O pessoal a que se refere o artigo antecedente fica dividido nas seguintes categorias:

a) funcionários de alta administração, chefes e ajudantes de departamentos e seções, engenheiros residentes, chefes de depósitos, inspetores e demais empregados que exercem funções administrativas ou fiscalizadoras;

b) pessoal que trabalhe em lugares ou trechos determinados e cujas tarefas requeiram atenção constante; pessoal de escritório, turmas de conservação e construção da via permanente, oficinas e estações principais, inclusive os respectivos telegrafistas; pessoal de tração, lastro e revistadores;

c) das equipagens de trens em geral;

d) pessoal cujo serviço é de natureza intermitente ou de pouca intensidade, embora com permanência prolongada nos locais de trabalho; vigias e pessoal das estações do interior, inclusive os respectivos telegrafistas.

Art. 238. Será computado como de trabalho efetivo todo o tempo, em que o empregado estiver à disposição da estrada. (Restaurado pelo Decreto-Lei n º 5, de 4.4.1966)

§ 1º Nos serviços efetuados pelo pessoal da categoria c, não será considerado como de trabalho efetivo o tempo gasto em viagens do local ou para o local de terminação e início dos mesmos serviços. (Restaurado pelo Decreto-Lei n º 5, de 4.4.1966)

§ 2º Ao pessoal removido ou comissionado fora da sede será contado como de trabalho normal e efetivo o tempo gasto em viagens, sem direito à percepção de horas extraordinárias. (Restaurado pelo Decreto-Lei n º 5, de 4.4.1966)

§ 3º No caso das turmas de conservação da via permanente, o tempo efetivo do trabalho será contado desde a hora da saída da casa da turma até a hora em que cessar o serviço em qualquer ponto compreendido centro dos limites da respectiva turma. Quando o empregado trabalhar fora dos limites da sua turma, ser-lhe-á tambem computado como de trabalho efetivo o tempo gasto no percurso da volta a esses limites. (Restaurado pelo Decreto-Lei n º 5, de 4.4.1966)

§ 4º Para o pessoal da equipagem de trens, só será considerado esse trabalho efetivo, depois de chegado ao destino, o tempo em que o ferroviário estiver ocupado ou retido à disposição da Estrada. Quando, entre dois períodos de trabalho, não mediar intervalo superior a uma hora, será essa intervalo computado como de trabalho efetivo. (Restaurado pelo Decreto-Lei n º 5, de 4.4.1966)

§ 5º O tempo concedido para refeição não se computa como de trabalho efetivo, senão para o pessoal da categoria c, quando as refeições forem tomadas em viagem ou nas estações durante as paradas. Esse tempo não será inferior a uma hora, exceto para o pessoal da referida categoria em serviço de trens. (Restaurado pelo Decreto-Lei n º 5, de 4.4.1966)

§ 6º No trabalho das turmas encarregadas da conservação de obras de arte, linhas telegráficas ou telefônicas e edifícios, não será contado, como de trabalho efetivo, o tempo de viagem para o local do serviço, sempre que não exceder de uma hora, seja para ida ou para volta, e a Estrada fornecer os meios de locomoção, computando-se, sempre o tempo excedente a esse limite. (Restaurado pelo Decreto-Lei n º 5, de 4.4.1966)

Art. 239 - Para o pessoal da categoria "c", a prorrogação do trabalho independe de acordo ou contrato coletivo, não podendo, entretanto, exceder de 12 (doze) horas, pelo que as empresas organizarão, sempre que possível, os serviços de equipagens de trens com destacamentos nos trechos das linhas de modo a ser observada a duração normal de oito horas de trabalho. (Vide Decreto-Lei nº 6.361, de 1944)

§ 1º - Para o pessoal sujeito ao regime do presente artigo, depois de cada jornada de trabalho haverá um repouso de 10 (dez) horas contínuas, no mínimo, observando-se, outrossim, o descanso semanal.

§ 2º - Para o pessoal da equipagem de trens, a que se refere o presente artigo, quando a empresa não fornecer alimentação, em viagem, e hospedagem, no destino, concederá uma ajuda de custo para atender a tais despesas.

§ 3º - As escalas do pessoal abrangido pelo presente artigo serão organizadas de modo que não caiba a qualquer empregado, quinzenalmente, um total de horas de serviço noturno superior às de serviço diurno.

§ 4º - Os períodos de trabalho do pessoal a que alude o presente artigo serão registrados em cadernetas especiais, que ficarão sempre em poder do empregado, de acordo com o modelo aprovado pelo Ministro do Trabalho, Industria e Comercio.

Art. 240 - Nos casos de urgência ou de acidente, capazes de afetar a segurança ou regularidade do serviço, poderá a duração do trabalho ser excepcionalmente elevada a qualquer número de horas, incumbindo à Estrada zelar pela incolumidade dos seus empregados e pela possibilidade de revezamento de turmas, assegurando ao pessoal um repouso correspondente e comunicando a ocorrência ao Ministério do Trabalho, Industria e Comercio, dentro de 10 (dez) dias da sua verificação.

Parágrafo único - Nos casos previstos neste artigo, a recusa, sem causa justificada, por parte de qualquer empregado, à execução de serviço extraordinário será considerada falta grave.

Art. 241 - As horas excedentes das do horário normal de oito horas serão pagas como serviço extraordinário na seguinte base: as duas primeiras com o acréscimo de 25% (vinte e cinco por cento) sobre o salário-hora normal; as duas subsequentes com um adicional de 50% (cinquenta por cento) e as restantes com um adicional de 75% (setenta e cinco por cento). (Vide Decreto-Lei nº 6.361, de 1944)

Parágrafo único - Para o pessoal da categoria "c", a primeira hora será majorada de 25% (vinte e cinco por cento), a segunda hora será paga com o acréscimo de 50% (cinquenta por cento) e as duas subsequentes com o de 60% (sessenta por cento), salvo caso de negligência comprovada.

Art. 242 - As frações de meia hora superiores a 10 (dez) minutos serão computadas como meia hora.

Art. 243 - Para os empregados de estações do interior, cujo serviço for de natureza intermitente ou de pouca intensidade, não se aplicam os preceitos gerais sobre duração do trabalho, sendo-lhes, entretanto, assegurado o repouso contínuo de dez horas, no mínimo, entre dois períodos de trabalho e descanso semanal.

Art. 244. As estradas de ferro poderão ter empregados extranumerários, de sobre-aviso e de prontidão, para executarem serviços imprevistos ou para substituições de outros empregados que faltem à escala organizada. (Restaurado pelo Decreto-Lei n º 5, de 4.4.1966)

§ 1º Considera-se «extranumerário» o empregado não efetivo, candidato efetivação, que se apresentar normalmente ao serviço, embora só trabalhe quando for necessário. O extranumerário só receberá os dias de trabalho efetivo. (Restaurado pelo Decreto-Lei n º 5, de 4.4.1966)

§ 2º Considera-se de «sobre-aviso» o empregado efetivo, que permanecer em sua própria casa, aguardando a qualquer momento o chamado para o serviço. Cada escala de «sobre-aviso» será, no máximo, de vinte e quatro horas, As horas de «sobre-aviso», para todos os efeitos, serão contadas à razão de 1/3 (um terço) do salário normal. (Restaurado pelo Decreto-Lei n º 5, de 4.4.1966)

§ 3º Considera-se de «prontidão» o empregado que ficar nas dependências da estrada, aguardando ordens. A escala

de prontidão será, no máximo, de doze horas. As horas de prontidão serão, para todos os efeitos, contadas à razão de 2/3 (dois terços) do salário-hora normal. (Restaurado pelo Decreto-Lei nº 5, de 4.4.1966)

§ 4º Quando, no estabelecimento ou dependência em que se achar o empregado, houver facilidade de alimentação, as doze horas do prontidão, a que se refere o parágrafo anterior, poderão ser contínuas. Quando não existir essa facilidade, depois de seis horas de prontidão, haverá sempre um intervalo de uma hora para cada refeição, que não será, nesse caso, computada como de serviço. (Restaurado pelo Decreto-Lei nº 5, de 4.4.1966)

Art. 245 - O horário normal de trabalho dos cabineiros nas estações de tráfego intenso não excederá de 8 (oito) horas e deverá ser dividido em 2 (dois) turnos com intervalo não inferior a 1 (uma) hora de repouso, não podendo nenhum turno ter duração superior a 5 (cinco) horas, com um período de descanso entre 2 (duas) jornadas de trabalho de 14 (quatorze) horas consecutivas.

Art. 246 - O horário de trabalho dos operadores telegrafistas nas estações de tráfego intenso não excederá de 6 (seis) horas diárias.

Art. 247 - As estações principais, estações de tráfego intenso e estações do interior serão classificadas para cada empresa pelo Departamento Nacional da Estradas de Ferro.

SEÇÃO VI - DAS EQUIPAGENS DAS EMBARCAÇÕES DA MARINHA MERCANTE NACIONAL, DE NAVEGAÇÃO FLUVIAL E LACUSTRE, DO TRÁFEGO NOS PORTOS E DA PESCA

Art. 248 - Entre as horas 0 (zero) e 24 (vinte e quatro) de cada dia civil, o tripulante poderá ser conservado em seu posto durante 8 (oito) horas, quer de modo contínuo, quer de modo intermitente.

§ 1º - A exigência do serviço contínuo ou intermitente ficará a critério do comandante e, neste último caso, nunca por período menor que 1 (uma) hora.

§ 2º - Os serviços de quarto nas máquinas, passadiço, vigilância e outros que, consoante parecer médico, possam prejudicar a saúde do tripulante serão executados por períodos não maiores e com intervalos não menores de 4 (quatro) horas.

Art. 249 - Todo o tempo de serviço efetivo, excedente de 8 (oito) horas, ocupado na forma do artigo anterior, será considerado de trabalho extraordinário, sujeito à compensação a que se refere o art. 250, exceto se se tratar de trabalho executado:

a) em virtude de responsabilidade pessoal do tripulante e no desempenho de funções de direção, sendo consideradas como tais todas aquelas que a bordo se achem constituídas em um único indivíduo com responsabilidade exclusiva e pessoal;

b) na iminência de perigo, para salvaguarda ou defesa da embarcação, dos passageiros, ou da carga, a juízo exclusivo do comandante ou do responsável pela segurança a bordo;

c) por motivo de manobras ou fainas gerais que reclamem a presença, em seus postos, de todo o pessoal de bordo;

d) na navegação lacustre e fluvial, quando se destina ao abastecimento do navio ou embarcação de combustível e rancho, ou por efeito das contingências da natureza da navegação, na transposição de passos ou pontos difíceis, inclusive operações de alívio ou transbordo de carga, para obtenção de calado menor para essa transposição.

§ 1º - O trabalho executado aos domingos e feriados será considerado extraordinário, salvo se se destinar:

a) ao serviço de quartos e vigilância, movimentação das máquinas e aparelhos de bordo, limpeza e higiene da embarcação, preparo de alimentação da equipagem e dos passageiros, serviço pessoal destes e, bem assim, aos socorros de urgência ao navio ou ao pessoal;

b) ao fim da navegação ou das manobras para a entrada ou saída de portos, atracação, desatracação, embarque ou desembarque de carga e passageiros.

§ 2º - Não excederá de 30 (trinta) horas semanais o serviço extraordinário prestado para o tráfego nos portos.

Art. 250 - As horas de trabalho extraordinário serão compensadas, segundo a conveniência do serviço, por descanso em período equivalente no dia seguinte ou no subsequente dentro das do trabalho normal, ou no fim da viagem, ou pelo pagamento do salário correspondente.

Parágrafo único - As horas extraordinárias de trabalho são indivisíveis, computando-se a fração de hora como hora inteira.

Art. 251 - Em cada embarcação haverá um livro em que serão anotadas as horas extraordinárias de trabalho de cada tripulante, e outro, do qual constarão, devidamente circunstanciadas, as transgressões dos mesmos tripulantes.

Parágrafo único - Os livros de que trata este artigo obedecerão a modelos organizados pelo Ministério do Trabalho, Industria e Comercio, serão escriturados em dia pelo comandante da embarcação e ficam sujeitos às formalidades instituídas para os livros de registro de empregados em geral.

Art. 252 - Qualquer tripulante que se julgue prejudicado por ordem emanada de superior hierárquico poderá interpor recurso, em termos, perante a Delegacia do Trabalho Marítimo, por intermédio do respectivo comandante, o qual deverá encaminhá-lo com a respectiva informação dentro de 5 (cinco) dias, contados de sua chegada ao porto.

SEÇÃO VII - DOS SERVIÇOS FRIGORÍFICOS

Art. 253 - Para os empregados que trabalham no interior das câmaras frigoríficas e para os que movimentam mercadorias do ambiente quente ou normal para o frio e vice-versa, depois de 1 (uma) hora e 40 (quarenta) minutos de trabalho contínuo, será assegurado um período de 20 (vinte) minutos de repouso, computado esse intervalo como de trabalho efetivo.

Parágrafo único - Considera-se artificialmente frio, para os fins do presente artigo, o que for inferior, nas primeira, segunda e terceira zonas climáticas do mapa oficial do Ministério do Trabalho, Industria e Comercio, a 15º (quinze graus), na quarta zona a 12º (doze graus), e nas quinta, sexta e sétima zonas a 10º (dez graus).

SEÇÃO VIII - DOS SERVIÇOS DE ESTIVA

Art. 254 - (Revogado pela Lei nº 8.630, de 25.2.1993)
Art. 255 (Revogado pela Lei nº 8.630, de 25.2.1993)
Art. 256 - (Revogado pela Lei nº 8.630, de 25.2.1993)
Art. 257 - (Revogado pela Lei nº 8.630, de 25.2.1993)
Art. 258 - (Revogado pela Lei nº 8.630, de 25.2.1993)
Art. 259 - (Revogado pela Lei nº 8.630, de 25.2.1993)
Art. 260 - (Revogado pela Lei nº 8.630, de 25.2.1993)
Art. 261 (Revogado pela Lei nº 8.630, de 25.2.1993)
Art. 262 (Revogado pela Lei nº 8.630, de 25.2.1993)
Art. 263 - (Revogado pela Lei nº 8.630, de 25.2.1993)
Art. 264 - (Revogado pela Lei nº 8.630, de 25.2.1993)
Art. 265 - (Revogado pela Lei nº 8.630, de 25.2.1993)
Art. 266 - (Revogado pela Lei nº 8.630, de 25.2.1993)
Art. 267 (Revogado pela Lei nº 8.630, de 25.2.1993)
Art. 268 - (Revogado pela Lei nº 8.630, de 25.2.1993)
Art. 269 (Revogado pela Lei nº 8.630, de 25.2.1993)
Art. 270 (Revogado pela Lei nº 8.630, de 25.2.1993)
Art. 271 (Revogado pela Lei nº 8.630, de 25.2.1993)
Art. 272 - (Revogado pela Lei nº 8.630, de 25.2.1993)
Art. 273 (Revogado pela Lei nº 8.630, de 25.2.1993)
Art. 274 - (Revogado pela Lei nº 8.630, de 25.2.1993)
Art. 275 - (Revogado pela Lei nº 8.630, de 25.2.1993)
Art. 276 - (Revogado pela Lei nº 8.630, de 25.2.1993)
Art. 277 (Revogado pela Lei nº 8.630, de 25.2.1993)

Art. 278 - (Revogado pela Lei nº 8.630, de 25.2.1993)
Art. 279 - (Revogado pela Lei nº 8.630, de 25.2.1993)
Art. 280 - (Revogado pela Lei nº 8.630, de 25.2.1993)
Art. 281 (Revogado pela Lei nº 8.630, de 25.2.1993)
Art. 282 (Revogado pela Lei nº 8.630, de 25.2.1993)
Art. 283 (Revogado pela Lei nº 8.630, de 25.2.1993)
Art. 284 (Revogado pela Lei nº 8.630, de 25.2.1993)

SEÇÃO IX - DOS SERVIÇOS DE CAPATAZIAS NOS PORTOS

Art. 285 - (Revogado pela Lei nº 8.630, de 25.2.1993)
Art. 286 (Revogado pela Lei nº 8.630, de 25.2.1993)
Art. 287 (Revogado pela Lei nº 8.630, de 25.2.1993)
Art. 288 (Revogado pela Lei nº 8.630, de 25.2.1993)
Art. 289 (Revogado pela Lei nº 8.630, de 25.2.1993)
Art. 290 (Revogado pela Lei nº 8.630, de 25.2.1993)
Art. 291 - (Revogado pela Lei nº 8.630, de 25.2.1993)
Art. 292 - (Revogado pela Lei nº 8.630, de 25.2.1993)

SEÇÃO X - DO TRABALHO EM MINAS DE SUBSOLO

Art. 293 - A duração normal do trabalho efetivo para os empregados em minas no subsolo não excederá de 6 (seis) horas diárias ou de 36 (trinta e seis) semanais.

Art. 294 - O tempo despendido pelo empregado da boca da mina ao local do trabalho e vice-versa será computado para o efeito de pagamento do salário.

Art. 295 - A duração normal do trabalho efetivo no subsolo poderá ser elevada até 8 (oito) horas diárias ou 48 (quarenta e oito) semanais, mediante acordo escrito entre empregado e empregador ou contrato coletivo de trabalho, sujeita essa prorrogação à prévia licença da autoridade competente em matéria de higiene do trabalho.

Parágrafo único - A duração normal do trabalho efetivo no subsolo poderá ser inferior a 6 (seis) horas diárias, por determinação da autoridade de que trata este artigo, tendo em vista condições locais de insalubridade e os métodos e processos do trabalho adotado.

Art. 296 - A remuneração da hora prorrogada será no mínimo de 25% (vinte e cinco por cento) superior à da hora normal e deverá constar do acordo ou contrato coletivo de trabalho.

Art. 297 - Ao empregado no subsolo será fornecida, pelas empresas exploradoras de minas, alimentação adequada à natureza do trabalho, de acordo com as instruções estabelecidas pelo Serviço de Alimentação da Previdência Social e aprovadas pelo Ministério do Trabalho, Industria e Comercio.

Art. 298 - Em cada período de 3 (três) horas consecutivas de trabalho, será obrigatória uma pausa de 15 (quinze) minutos para repouso, a qual será computada na duração normal de trabalho efetivo.

Art. 299 - Quando nos trabalhos de subsolo ocorrer acontecimentos que possam comprometer a vida ou saúde do empregado, deverá a empresa comunicar o fato imediatamente à autoridade regional do trabalho, do Ministério do Trabalho, Industria e Comercio.

Art. 300 - Sempre que, por motivo de saúde, for necessária a transferência do empregado, a juízo da autoridade competente em matéria da segurança e da medicina do trabalho, dos serviços no subsolo para os de superfície, é a empresa obrigada a realizar essa transferência, assegurando ao transferido a remuneração atribuída ao trabalhador de superfície em serviço equivalente, respeitada a capacidade profissional do interessado. (Redação dada pela Lei nº 2.924, de 21.10.1956)

Parágrafo único - No caso de recusa do empregado em atender a essa transferência, será ouvida a autoridade competente em matéria de higiene e segurança do trabalho, que decidirá a respeito. (Redação dada pela Lei nº 2.924, de 21.10.1956)

Art. 301 - O trabalho no subsolo somente será permitido a homens, com idade compreendida entre 21 (vinte e um) e 50 (cinquenta) anos, assegurada a transferência para a superfície nos termos previstos no artigo anterior.

SEÇÃO XI - DOS JORNALISTAS PROFISSIONAIS

Art. 302 - Os dispositivos da presente Seção se aplicam aos que nas empresas jornalísticas prestem serviços como jornalistas, revisores, fotógrafos, ou na ilustração, com as exceções nela previstas.

§ 1º - Entende-se como jornalista o trabalhador intelectual cuja função se estende desde a busca de informações até a redação de notícias e artigos e a organização, orientação e direção desse trabalho.

§ 2º - Consideram-se empresas jornalísticas, para os fins desta Seção, aquelas que têm a seu cargo a edição de jornais, revistas, boletins e periódicos, ou a distribuição de noticiário, e, ainda, a radiodifusão em suas seções destinadas à transmissão de notícias e comentários.

Art. 303 - A duração normal do trabalho dos empregados compreendidos nesta Seção não deverá exceder de 5 (cinco) horas, tanto de dia como à noite.

Simplificação da legislação trabalhista em setores específicos

Art. 304 - Poderá a duração normal do trabalho ser elevada a 7 (sete) horas, mediante acordo escrito, em que se estipule aumento de ordenado, correspondente ao excesso do tempo de trabalho, em que se fixe um intervalo destinado a repouso ou a refeição.

Parágrafo único - Para atender a motivos de força maior, poderá o empregado prestar serviços por mais tempo do que aquele permitido nesta Seção. Em tais casos, porém o excesso deve ser comunicado à Divisão de Fiscalização do Departamento Nacional do Trabalho ou às Delegacias Regionais do Ministério do Trabalho, Industria e Comercio, dentro de 5 (cinco) dias, com a indicação expressa dos seus motivos.

Art. 305 - As horas de serviço extraordinário, quer as prestadas em virtude de acordo, quer as que derivam das causas previstas no parágrafo único do artigo anterior, não poderão ser remuneradas com quantia inferior à que resulta do quociente da divisão da importância do salário mensal por 150 (cento e cinquenta) para os mensalistas, e do salário diário por 5 (cinco) para os diaristas, acrescido de, pelo menos, 25% (vinte e cinco por cento).

Art. 306 - Os dispositivos dos arts. 303, 304 e 305 não se aplicam àqueles que exercem as funções de redator-chefe, secretário, subsecretário, chefe e subchefe de revisão, chefe de oficina, de ilustração e chefe de portaria.

Parágrafo único - Não se aplicam, do mesmo modo, os artigos acima referidos aos que se ocuparem unicamente em serviços externos.

Art. 307 - A cada 6 (seis) dias de trabalho efetivo corresponderá 1 (um) dia de descanso obrigatório, que coincidirá com o domingo, salvo acordo escrito em contrário, no qual será expressamente estipulado o dia em que se deve verificar o descanso.

Art. 308 - Em seguida a cada período diário de trabalho haverá um intervalo mínimo de 10 (dez) horas, destinado ao repouso.

Art. 309 - Será computado como de trabalho efetivo o tempo em que o empregado estiver à disposição do empregador.

Art. 310 - (Revogado pelo Decreto-Lei nº 972, de 17.10.1969)

Art. 311 - Para o registro de que trata o artigo anterior, deve o requerente exibir os seguintes documentos:
 a) prova de nacionalidade brasileira;
 b) folha corrida;
 c) prova de que não responde a processo ou não sofreu condenação por crime contra a segurança nacional;
 d) carteira de trabalho e previdência social.

§ 1º Aos profissionais devidamente registrados será feita a necessária declaração na carteira de trabalho e previdência social.

§ 2º Aos novos empregados será concedido o prazo de 60 dias para a apresentação da carteira de trabalho e previdência social, fazendo-se o registro condicionado a essa apresentação e expedindo-se um certificado provisório para aquele período.

Art. 312 - O registro dos diretores-proprietários de jornais será feito, no Distrito Federal e nos Estados, e independentemente da exigência constante do art. 311, letra "d", da presente seção.

§ 1º A prova de profissão, apresentada pelo diretor-proprietário juntamente com os demais documentos exigidos, consistirá em uma certidão, fornecida nos Estados e Território do Acre, pelas Juntas Comerciais ou Cartórios, e, no Distrito Federal, pela seção competente do Departamento Nacional de Indústria e Comércio, do Ministério do Trabalho, Indústria e Comércio.

§ 2º Aos diretores-proprietários regularmente inscritos será fornecido um certificado do qual deverão constar o livro e a folha em que houver sido feito o registro.

Art. 313 - Aqueles que, sem carater profissional, exercerem atividades jornalísticas, visando fins culturais, científicos ou religiosos, poderão promover sua inscrição como jornalistas, na forma desta seção.

§ 1º As repartições competentes do Ministério do Trabalho, Indústria e Comércio manterão, para os fins do artigo anterior, um registro especial, anexo ao dos jornalistas profissionais, nele inscrevendo os que satisfaçam os requisitos das alíneas «a», «b» e «c» do artigo 311 e apresentem prova do exercício de atividade jornalística não profissional, o que poderá ser feito por meio de atestado de associação cultural, científica ou religiosa idônea.

§ 2º O pedido de registro será submetido a despacho do ministro que, em cada caso, apreciará o valor da prova oferecida.

§ 3º O registro de que trata o presente artigo tem carater puramente declaratório e não implica no reconhecimento de direitos que decorrem do exercício remunerado e profissional do jornalismo.

Art. 314. (Revogado pelo Decreto-Lei nº 972, de 17.10.1969)

Art. 315 - O Governo Federal, de acordo com os governos estaduais, promoverá a criação de escolas de preparação ao jornalismo, destinadas à formação dos profissionais da imprensa.

Art. 316 - A empresa jornalística que deixar de pagar pontualmente, e na forma acordada, os salários devidos a seus empregados, terá suspenso o seu funcionamento, até que se efetue o pagamento devido.

Parágrafo único. Para os efeitos do cumprimento deste artigo deverão os prejudicados reclamar contra a falta de pagamento perante a autoridade competente e, proferida a condenação, desde que a empresa não a cumpra, ou, em caso de recurso, não deposite o valor da indenização, a autoridade que proferir a condenação oficiará à autoridade competente, para a suspensão da circulação do jornal. Em igual pena de suspensão incorrerá a empresa que deixar de recolher as contribuições devidas às instituições de previdência social.

SEÇÃO XII - DOS PROFESSORES

Art. 317 - O exercício remunerado do magistério, em estabelecimentos particulares de ensino, exigirá apenas habilitação legal e registro no Ministério da Educação. (Redação dada pela Lei nº 7.855, de 24.10.1989)

Art. 318. O professor poderá lecionar em um mesmo estabelecimento por mais de um turno, desde que não ultrapasse a jornada de trabalho semanal estabelecida legalmente, assegurado e não computado o intervalo para refeição. (Redação dada pela lei nº 13.415, de 2017)

Art. 319 - Aos professores é vedado, aos domingos, a regência de aulas e o trabalho em exames.

Art. 320 - A remuneração dos professores será fixada pelo número de aulas semanais, na conformidade dos horários.

§ 1º - O pagamento far-se-á mensalmente, considerando-se para este efeito cada mês constituído de quatro semanas e meia.

§ 2º - Vencido cada mês, será descontada, na remuneração dos professores, a importância correspondente ao número de aulas a que tiverem faltado.

§ 3º - Não serão descontadas, no decurso de 9 (nove) dias, as faltas verificadas por motivo de gala ou de luto em consequência de falecimento do cônjuge, do pai ou mãe, ou de filho.

Art. 321 - Sempre que o estabelecimento de ensino tiver necessidade de aumentar o número de aulas marcado nos horários, remunerará o professor, findo cada mês, com uma importância correspondente ao número de aulas excedentes.

Art. 322 - No período de exames e no de férias escolares, é assegurado aos professores o pagamento, na mesma periodicidade contratual, da remuneração por eles percebida, na conformidade dos horários, durante o período de aulas. (Redação dada pela Lei nº 9.013, de 30.3.1995)

§ 1º - Não se exigirá dos professores, no período de exames, a prestação de mais de 8 (oito) horas de trabalho diário, salvo mediante o pagamento complementar de cada hora excedente pelo preço correspondente ao de uma aula.

§ 2º No período de férias, não se poderá exigir dos professores outro serviço senão o relacionado com a realização de exames.

§ 3º - Na hipótese de dispensa sem justa causa, ao término do ano letivo ou no curso das férias escolares, é assegurado ao professor o pagamento a que se refere o caput deste artigo. (Incluído pela Lei nº 9.013, de 30.3.1995)

Art. 323 - Não será permitido o funcionamento do estabelecimento particular de ensino que não remunere condignamente os seus professores, ou não lhes pague pontualmente a remuneração de cada mês.

Parágrafo único - Compete ao Ministério da Educação e Saúde fixar os critérios para a determinação da condigna remuneração devida aos professores bem como assegurar a execução do preceito estabelecido no presente artigo.

Art. 324. (Revogado pela Lei nº 7.855, de 24.10.1989)

SEÇÃO XIII - DOS QUÍMICOS

Art. 325 - É livre o exercício da profissão de químico em todo o território da República, observadas as condições de capacidade técnica e outras exigências previstas na presente Seção:

a) aos possuidores de diploma de químico, químico industrial, químico industrial agrícola ou engenheiro químico, concedido, no Brasil, por escola oficial ou oficialmente reconhecida;

b) aos diplomados em química por instituto estrangeiro de ensino superior, que tenham, de acordo com a lei e a partir de 14 de julho de 1934, revalidado os seus diplomas;

c) aos que, ao tempo da publicação do Decreto nº 24.693 de 12 de julho de 1934, se achavam no exercício efetivo de função pública ou particular, para a qual seja exigida a qualidade de químico, e que tenham requerido o respectivo registro até a extinção do prazo fixado pelo Decreto-Lei nº 2.298, de 10 de junho de 1940.

§ 1º - Aos profissionais incluídos na alínea «c» deste artigo, se dará, para os efeitos da presente Seção, a denominação de «licenciados».

§ 2º - O livre exercício da profissão de que trata o presente artigo só é permitido a estrangeiros, quando compreendidos:

a) nas alíneas "a" e "b", independentemente de revalidação do diploma, se exerciam, legitimamente, na República, a profissão de químico em a data da promulgação da Constituição de 1934;

b) na alínea "b", se a seu favor militar a existência de reciprocidade internacional, admitida em lei, para o reconhecimento dos respectivos diplomas;

c) na alínea "c", satisfeitas as condições nela estabelecidas.

§ 3º - O livre exercício da profissão a brasileiros naturalizados está subordinado à prévia prestação do serviço militar, no Brasil.

§ 4º - Só aos brasileiros natos é permitida a revalidação dos diplomas de químicos, expedidos por institutos estrangeiros de ensino superior.

Art. 326 - Todo aquele que exercer ou pretender exercer as funções de químico é obrigado ao uso de Carteira de Trabalho e Previdência Social, devendo os profissionais que se encontrarem nas condições das alíneas "a" e "b" do art. 325, registrar os seus diplomas de acordo com a legislação vigente. (Vide Lei nº 2.800, de 18.6.1956)

§ 1º - A requisição de Carteira de Trabalho e Previdência Social para uso dos químicos, além do disposto no capítulo «Da Identificação Profissional», somente será processada mediante apresentação dos seguintes documentos que provem:
 a) ser o requerente brasileiro, nato ou naturalizado, ou estrangeiro;
 b) estar, se for brasileiro, de posse dos direitos civis e políticos;
 c) ter diploma de químico, químico industrial, químico industrial agrícola ou engenheiro químico, expedido por escola superior oficial ou oficializada;
 d) ter, se diplomado no estrangeiro, o respectivo diploma revalidado nos termos da lei;
 e) haver, o que for brasileiro naturalizado, prestado serviço militar no Brasil;
 f) achar-se o estrangeiro, ao ser promulgada a Constituição de 1934, exercendo legitimamente, na República, a profissão de químico, ou concorrer a seu favor a existência de reciprocidade internacional, admitida em lei, para o reconhecimento dos diplomas dessa especialidade.

§ 2º - A requisição de que trata o parágrafo anterior deve ser acompanhada:
 a) do diploma devidamente autenticado no caso da alínea "b" do artigo precedente, e com as firmas reconhecidas no país de origem e na Secretaria de Estado das Relações Exteriores, ou da respectiva certidão, bem como do título de revalidação, ou certidão respectiva, de acordo com a legislação em vigor;
 b) do certificado ou atestado comprobatório de se achar o requerente na hipótese da alínea "c" do referido artigo, ao tempo da publicação do Decreto nº 24.693 de 12 de julho de 1934, no exercício efetivo de função pública, ou particular, para a qual seja exigida a qualidade de químico, devendo esses documentos ser autenticados pelo Delegado Regional do Trabalho, quando se referirem a requerentes moradores nas capitais dos Estados, ou coletor federal, no caso de residirem os interessados nos municípios do interior;
 c) de 3 (três) exemplares de fotografia exigida pelo art. 329 e de 1 (uma) folha com as declarações que devem ser lançadas na Carteira de Trabalho e Previdência Social de conformidade com o disposto nas alíneas do mesmo artigo e seu parágrafo único.

§ 3º - Reconhecida a validade dos documentos apresentados, o Serviço de Identificação Profissional do Departamento Nacional do Trabalho, no Distrito Federal, ou os órgãos regionais do Ministério do Trabalho, Industria e Comercio, nos Estados e no Territorio do Acre, registrarão, em livros próprios, os documentos a que se refere a alínea «c» do § 1º e, juntamente com a Carteira de Trabalho e Previdência Social emitida, os devolverão ao interessado.

Art. 327 - Além dos emolumentos fixados no Capítulo "Da Identificação Profissional", o registro do diploma fica sujeito à taxa de Cr$ 30,00 (trinta cruzeiros).

Art. 328 - Só poderão ser admitidos a registro os diplomas, certificados de diplomas, cartas e outros títulos, bem como atestados e certificados que estiverem na devida forma e cujas firmas hajam sido regularmente reconhecidas por tabelião público e, sendo estrangeiros, pela Secretaria do Estado das Relações Exteriores, companhados estes últimos da respectiva tradução, feita por intérprete comercial brasileiro.

Parágrafo único - O Departamento Nacional do Trabalho e as Delegacias Regionais do Ministério do Trabalho, Industria e Comercio, nos Estados, publicarão, periodicamente, a lista dos químicos registrados na forma desta Seção.

Art. 329 - A cada inscrito, e como documento comprobatório do registro, será fornecida pelo Departamento Nacional do Trabalho, no Distrito Federal, ou pelas Delegacias Regionais, nos Estados e no Território do Acre, uma Carteira de Trabalho e Previdência Social numerada, que, além da fotografia, medindo 3 (três) por 4 (quatro) centímetros, tirada de frente, com a cabeça descoberta, e das impressões do polegar, conterá as declarações seguintes:
 a) o nome por extenso;
 b) a nacionalidade e, se estrangeiro, a circunstância de ser ou não naturalizado;
 c) a data e lugar do nascimento;
 d) a denominação da escola em que houver feito o curso;
 e) a data da expedição do diploma e o número do registro no Ministério do Trabalho, Industria e Comercio;
 f) a data da revalidação do diploma, se de instituto estrangeiro;
 g) a especificação, inclusive data, de outro título ou títulos de habilitação;
 h) a assinatura do inscrito.

Parágrafo único - A carteira destinada aos profissionais a que se refere o § 1º do art. 325 deverá, em vez das declarações indicadas nas alíneas "d", "e" e "f" deste artigo, e além do título - licenciado - posto em destaque, conter a menção do título de nomeação ou admissão e respectiva data, se funcionário público, ou do atestado relativo ao exercício, na qualidade de químico, de um cargo em empresa particular, com designação desta e da data inicial do exercício.

Art. 330. A carteira profissional, expedida nos têrmos deste SEÇÃO, é obrigatória para o exercício da profissão, substitue em todos os casos o diploma ou título e servirá de carteira de identidade. (Redação dada pelo Decreto-Lei nº 5.922, de 1943)

Art. 331 - Nenhuma autoridade poderá receber impostos relativos ao exercício profissional de químico, senão à vista da prova de que o interessado se acha registrado de acordo com a presente Seção, e essa prova será também exigida para a realização de concursos periciais e todos os outros atos oficiais que exijam capacidade técnica de químico.

Art. 332 - Quem, mediante anúncios, placas, cartões comerciais ou outros meios capazes de ser identificados, se propuser ao exercício da química, em qualquer dos seus ramos, sem que esteja devidamente registrado, fica sujeito às penalidades aplicáveis ao exercício ilegal da profissão.

Art. 333 - Os profissionais a que se referem os dispositivos anteriores só poderão exercer legalmente as funções de químicos depois de satisfazerem as obrigações constantes do art. 330 desta Seção.

Art. 334 - O exercício da profissão de químico compreende:
 a) a fabricação de produtos e subprodutos químicos em seus diversos graus de pureza;
 b) a análise química, a elaboração de pareceres, atestados e projetos de especialidade e sua execução, perícia civil ou judiciária sobre essa matéria, a direção e a responsabilidade de laboratórios ou departamentos químicos, de indústria e empresas comerciais;
 c) o magistério nas cadeiras de química dos cursos superiores especializados em química;
 d) a engenharia química.

§ 1º - Aos químicos, químicos industriais e químicos industriais agrícolas que estejam nas condições estabelecidas no art. 325, alíneas «a» e «b», compete o exercício das atividades definidas nos itens «a», «b» e «c» deste artigo, sendo privativa dos engenheiros químicos a do item «d».

§ 2º - Aos que estiverem nas condições do art. 325, alíneas «a» e «b», compete, como aos diplomados em medicina ou farmácia, as atividades definidas no art. 2º, alíneas «d», «e» e "f" do Decreto nº 20.377, de 8 de setembro de 1931, cabendo

aos agrônomos e engenheiros agrônomos as que se acham especificadas no art. 6º, alínea "h", do Decreto nº 23.196, de 12 de outubro de 1933.

Art. 335 - É obrigatória a admissão de químicos nos seguintes tipos de indústria:
 a) de fabricação de produtos químicos;
 b) que mantenham laboratório de controle químico;
 c) de fabricação de produtos industriais que são obtidos por meio de reações químicas dirigidas, tais como: cimento, açúcar e álcool, vidro, curtume, massas plásticas artificiais, explosivos, derivados de carvão ou de petróleo, refinação de óleos vegetais ou minerais, sabão, celulose e derivados.

Art. 336 - No preenchimento de cargos públicos, para os quais se faz mister a qualidade de químico, ressalvadas as especializações referidas no § 2º do art. 334, a partir da data da publicação do Decreto nº 24.693, de 12 de julho de 1934, requer-se, como condição essencial, que os candidatos previamente hajam satisfeito as exigências do art. 333 desta Seção.

Art. 337 - Fazem fé pública os certificados de análises químicas, pareceres, atestados, laudos de perícias e projetos relativos a essa especialidade, assinados por profissionais que satisfaçam as condições estabelecidas nas alíneas "a" e "b" do art. 325.

Art. 338 - É facultado aos químicos que satisfizerem as condições constantes do art. 325, alíneas "a" e "b", o ensino da especialidade a que se dedicarem, nas escolas superiores, oficiais ou oficializadas.

Parágrafo único - Na hipótese de concurso para o provimento de cargo ou emprego público, os químicos a que este artigo se refere terão preferência, em igualdade de condições.

Art. 339 - O nome do químico responsável pela fabricação dos produtos de uma fábrica, usina ou laboratório deverá figurar nos respectivos rótulos, faturas e anúncios, compreendida entre estes últimos a legenda impressa em cartas e sobrecartas.

Art. 340 - Somente os químicos habilitados, nos termos do art. 325, alíneas "a" e "b", poderão ser nomeados ex officio para os exames periciais de fábricas, laboratórios e usinas e de produtos aí fabricados.

Parágrafo único - Não se acham compreendidos no artigo anterior os produtos farmacêuticos e os laboratórios de produtos farmacêuticos.

Art. 341 - Cabe aos químicos habilitados, conforme estabelece o art. 325, alíneas "a" e "b", a execução de todos os serviços que, não especificados no presente regulamento, exijam por sua natureza o conhecimento de química.

Art. 342 - A fiscalização do exercício da profissão de químico incumbe ao Departamento Nacional do Trabalho no Distrito Federal e às autoridades regionais do Ministério do Trabalho, Industria e Comercio, nos Estados e Território do Acre.

Art. 343 - São atribuições dos órgãos de fiscalização:
 a) examinar os documentos exigidos para o registro profissional de que trata o art. 326 e seus §§ 1º e 2º e o art. 327, proceder à respectiva inscrição e indeferir o pedido dos interessados que não satisfizerem as exigências desta Seção;
 b) registrar as comunicações e contratos, a que aludem o art. 350 e seus parágrafos, e dar as respectivas baixas;
 c) verificar o exato cumprimento das disposições desta Seção, realizando as investigações que forem necessárias, bem como o exame dos arquivos, livros de escrituração, folhas de pagamento, contratos e outros documentos de uso de firmas ou empresas industriais ou comerciais, em cujos serviços tome parte 1 (um) ou mais profissionais que desempenhem função para a qual se deva exigir a qualidade de químico.

Art. 344 - Aos sindicatos de químicos devidamente reconhecidos é facultado auxiliar a fiscalização, no tocante à observação da alínea "c" do artigo anterior.

Art. 345 - Verificando-se, pelo Ministério do Trabalho, Industria e Comercio, serem falsos os diplomas ou outros títulos dessa natureza, atestados, certificados e quaisquer documentos exibidos para os fins de que trata esta Seção, incorrerão os seus autores e cúmplices nas penalidades estabelecidas em lei.

Parágrafo único - A falsificação de diploma ou outros quaisquer títulos, uma vez verificada, será imediatamente comunicada ao Serviço de Identificação Profissional, do Departamento Nacional do Trabalho, remetendo-se-lhe os documentos falsificados, para instauração do processo que no caso couber.

Art. 346 - Será suspenso do exercício de suas funções, independentemente de outras penas em que possa incorrer, o químico, inclusive o licenciado, que incidir em alguma das seguintes faltas:
 a) revelar improbidade profissional, dar falso testemunho, quebrar o sigilo profissional e promover falsificações, referentes à prática de atos de que trata esta Seção;
 b) concorrer com seus conhecimentos científicos para a prática de crime ou atentado contra a pátria, a ordem social ou a saúde pública;
 c) deixar, no prazo marcado nesta Seção, de requerer a revalidação e registro do diploma estrangeiro, ou o seu registro profissional no Ministério do Trabalho, Industria e Comercio.

Parágrafo único - O tempo de suspensão a que alude este artigo variará entre 1 (um) mês e 1 (um) ano, a critério do Departamento Nacional do Trabalho, após processo regular, ressalvada a ação da justiça pública.

Art. 347 - Aqueles que exercerem a profissão de químico sem ter preenchido as condições do art. 325 e suas alíneas, nem promovido o seu registro, nos termos do art. 326, incorrerão na multa de 200 cruzeiros a 5.000 cruzeiros, que será elevada ao dobro, no caso de reincidência.

Art. 348 - Aos licenciados a que alude o § 1º do art. 325 poderão, por ato do Departamento Nacional do Trabalho, sujeito à aprovação do Ministro, ser cassadas as garantias asseguradas por esta Seção, desde que interrompam, por motivo de falta prevista no art. 346, a função pública ou particular em que se encontravam por ocasião da publicação do Decreto nº 24.693, de 12 de julho de 1934.

Art. 349 - O número de químicos estrangeiros a serviço de particulares, empresas ou companhias não poderá exceder de 1/3 (um terço) aos dos profissionais brasileiros compreendidos nos respectivos quadros.

Art. 350 - O químico que assumir a direção técnica ou cargo de químico de qualquer usina, fábrica, ou laboratório indústrial ou de análise deverá, dentro de 24 (vinte e quatro) horas e por escrito, comunicar essa ocorrência ao órgão fiscalizador, contraindo, desde essa data, a responsabilidade da parte técnica referente à sua profissão, assim como a responsabilidade técnica dos produtos manufaturados.

§ 1º - Firmando-se contrato entre o químico e o proprietário da usina fábrica, ou laboratório, será esse documento apresentado, dentro do prazo de 30 (trinta) dias, para registro, ao órgão fiscalizador.

§ 2º - Comunicação idêntica à de que trata a primeira parte deste artigo fará o químico quando deixar a direção técnica ou o cargo de químico, em cujo exercício se encontrava, a fim de ressalvar a sua responsabilidade e fazer-se o cancelamento do contrato. Em caso de falência do estabelecimento, a comunicação será feita pela firma proprietária.

SEÇÃO XIV - DAS PENALIDADES

Art. 351 - Os infratores dos dispositivos do presente Capítulo incorrerão na multa de cinquenta a cinco mil cruzeiros, segundo a natureza da infração, sua extensão e a intenção de quem a praticou, aplicada em dobro no caso de reincidência, oposição à fiscalização ou desacato à autoridade.

Parágrafo único - São competentes para impor penalidades as autoridades de primeira instância incumbidas da fiscalização dos preceitos constantes do presente Capítulo.

CAPÍTULO II - DA NACIONALIZAÇÃO DO TRABALHO

SEÇÃO I - DA PROPORCIONALIDADE DE EMPREGADOS BRASILEIROS

Art. 352 - As empresas, individuais ou coletivas, que explorem serviços públicos dados em concessão, ou que exerçam atividades industriais ou comerciais, são obrigadas a manter, no quadro do seu pessoal, quando composto de 3 (três) ou mais empregados, uma proporção de brasileiros não inferior à estabelecida no presente Capítulo.

§ 1º - Sob a denominação geral de atividades industriais e comerciais compreende-se, além de outras que venham a ser determinadas em portaria do Ministro do Trabalho, Industria e Comercio, as exercidas:

a) nos estabelecimentos industriais em geral;
b) nos serviços de comunicações, de transportes terrestres, marítimos, fluviais, lacustres e aéreos;
c) nas garagens, oficinas de reparos e postos de abastecimento de automóveis e nas cocheiras;
d) na indústria da pesca;
e) nos estabelecimentos comerciais em geral;
f) nos escritórios comerciais em geral;
g) nos estabelecimentos bancários, ou de economia coletiva, nas empresas de seguros e nas de capitalização;
h) nos estabelecimentos jornalísticos, de publicidade e de radiodifusão;
i) nos estabelecimentos de ensino remunerado, excluídos os que neles trabalhem por força de voto religioso;
j) nas drogarias e farmácias;
k) nos salões de barbeiro ou cabeleireiro e de beleza;
l) nos estabelecimentos de diversões públicas, excluídos os elencos teatrais, e nos clubes esportivos;
m) nos hotéis, restaurantes, bares e estabelecimentos congêneres;
n) nos estabelecimentos hospitalares e fisioterápicos cujos serviços sejam remunerados, excluídos os que neles trabalhem por força de voto religioso;
o) nas empresas de mineração;

§ 2º - Não se acham sujeitas às obrigações da proporcionalidade as indústrias rurais, as que, em zona agrícola, se destinem ao beneficiamento ou transformação de produtos da região e as atividades industriais de natureza extrativa, salvo a mineração.

Art. 353 - Equiparam-se aos brasileiros, para os fins deste Capítulo, ressalvado o exercício de profissões reservadas aos brasileiros natos ou aos brasileiros em geral, os estrangeiros que, residindo no País há mais de dez anos, tenham cônjuge ou filho brasileiro, e os portugueses. (Redação dada pela Lei nº 6.651, de 23.5.1979)

Art. 354 - A proporcionalidade será de 2/3 (dois terços) de empregados brasileiros, podendo, entretanto, ser fixada proporcionalidade inferior, em atenção às circunstâncias especiais de cada atividade, mediante ato do Poder Executivo, e depois de devidamente apurada pelo Departamento Nacional do Trabalho e pelo Serviço de Estatística de Previdência e Trabalho a insuficiência do número de brasileiros na atividade de que se tratar.

Parágrafo único - A proporcionalidade é obrigatória não só em relação à totalidade do quadro de empregados, com as exceções desta Lei, como ainda em relação à correspondente folha de salários.

Art. 355 - Consideram-se como estabelecimentos autônomos, para os efeitos da proporcionalidade a ser observada, as sucursais, filiais e agências em que trabalhem 3 (três) ou mais empregados.

Art. 356 - Sempre que uma empresa ou indivíduo explore atividades sujeitas a proporcionalidades diferentes, observar-se-á, em relação a cada uma delas, a que lhe corresponder.

Art. 357 - Não se compreendem na proporcionalidade os empregados que exerçam funções técnicas especializadas, desde que, a juízo do Ministério do Trabalho, Industria e Comercio, haja falta de trabalhadores nacionais.

Art. 358 - Nenhuma empresa, ainda que não sujeita à proporcionalidade, poderá pagar a brasileiro que exerça função análoga, a juízo do Ministério do Trabalho, Industria e Comercio, à que é exercida por estrangeiro a seu serviço, salário inferior ao deste, excetuando-se os casos seguintes:

a) quando, nos estabelecimentos que não tenham quadros de empregados organizados em carreira, o brasileiro contar menos de 2 (dois) anos de serviço, e o estrangeiro mais de 2 (dois) anos;
b) quando, mediante aprovação do Ministério do Trabalho, Industria e Comercio, houver quadro organizado em carreira em que seja garantido o acesso por antiguidade;
c) quando o brasileiro for aprendiz, ajudante ou servente, e não o for o estrangeiro;
d) quando a remuneração resultar de maior produção, para os que trabalham à comissão ou por tarefa.

Parágrafo único - Nos casos de falta ou cessação de serviço, a dispensa do empregado estrangeiro deve preceder à de brasileiro que exerça função análoga.

SEÇÃO II - DAS RELAÇÕES ANUAIS DE EMPREGADOS

Art. 359 - Nenhuma empresa poderá admitir a seu serviço empregado estrangeiro sem que este exiba a carteira de identidade de estrangeiro devidamente anotada.

Parágrafo único - A empresa é obrigada a assentar no registro de empregados os dados referentes à nacionalidade de qualquer empregado estrangeiro e o número da respectiva carteira de identidade.

Art. 360 - Toda empresa compreendida na enumeração do art. 352, § 1º, deste Capítulo, qualquer que seja o número de seus empregados, deve apresentar anualmente às repartições competentes do Ministério do Trabalho, de 2 de maio a 30 de junho, uma relação, em três vias, de todos os seus empregados, segundo o modelo que for expedido.

§ 1º - As relações terão, na primeira via, o selo de três cruzeiros pela folha inicial e dois cruzeiros por folha excedente, além do selo do Fundo de Educação, e nelas será assinalada, em tinta vermelha, a modificação havida com referência à última relação apresentada. Se se tratar de nova empresa, a relação, encimada pelos dizeres - Primeira Relação - deverá ser feita dentro de 30 (trinta) dias de seu registro no Departamento Nacional da Indústria e Comércio ou repartições competentes.

§ 2º - A entrega das relações far-se-á diretamente às repartições competentes do Ministério do Trabalho, Industria e Comercio, ou, onde não as houver, às Coletorias Federais, que as remeterão desde logo àquelas repartições. A entrega operar-se-á contra recibo especial, cuja exibição é obrigatória, em caso de fiscalização, enquanto não for devolvida ao empregador a via autenticada da declaração.

§ 3º - Quando não houver empregado far-se-á declaração negativa.

Art. 361 - Apurando-se, das relações apresentadas, qualquer infração, será concedido ao infrator o prazo de 10 (dez) dias para defesa, seguindo-se o despacho pela autoridade competente.

Art. 362 - As repartições às quais competir a fiscalização do disposto no presente Capítulo manterão fichário especial de empresas, do qual constem as anotações referentes ao respectivo cumprimento, e fornecerão aos interessados as certidões de quitação que se tornarem necessárias, no prazo de 30 (trinta) dias, contados da data do pedido. (Redação dada pelo Decreto-Lei nº 229, de 28.2.1967)

§ 1º - As certidões de quitação farão prova até 30 de setembro do ano seguinte àquele a que se referiram e estarão sujeitas à taxa correspondente a 1/10 (um décimo do salário-mínimo

regional. Sem elas nenhum fornecimento ou contrato poderá ser feito com o Governo da União, dos Estados ou Municípios, ou com as instituições paraestatais a eles subordinadas, nem será renovada autorização a empresa estrangeira para funcionar no País. (Redação dada pelo Decreto-Lei nº 229, de 28.2.1967) (Vide Lei nº 8.522, de 1992) (Vide Medida Provisória nº 958, de 2020)

§ 2º - A primeira via da relação, depois de considerada pela repartição fiscalizadora, será remetida anualmente ao Departamento Nacional de Mão-de-Obra (DNMO), como subsídio ao estudo das condições de mercado de trabalho, de um modo geral, e, em particular, no que se refere à mão-de-obra qualificada. (Redação dada pelo Decreto-Lei nº 229, de 28.2.1967)

§ 3º - A segunda via da relação será remetida pela repartição competente ao Serviço de Estatística da Previdência e Trabalho e a terceira via devolvida à empresa, devidamente autenticada. (Incluído pelo Decreto-Lei nº 229, de 28.2.1967)

SEÇÃO III - DAS PENALIDADES

Art. 363 - O processo das infrações do presente Capítulo obedecerá ao disposto no Título "Do Processo de Multas Administrativas", no que lhe for aplicável, com observância dos modelos de auto a serem expedidos.

Art. 364 - As infrações do presente Capítulo serão punidas com a multa de cem a dez mil cruzeiros.

Parágrafo único - Em se tratando de empresa concessionária de serviço público, ou de sociedade estrangeira autorizada a funcionar no País, se a infratora, depois de multada, não atender afinal ao cumprimento do texto infringido poderá ser-lhe cassada a concessão ou autorização.

SEÇÃO IV - DISPOSIÇÕES GERAIS

Art. 365 - O presente Capítulo não derroga as restrições vigentes quanto às exigências de nacionalidade brasileira para o exercício de determinadas profissões nem as que vigoram para as faixas de fronteiras, na conformidade da respectiva legislação.

Art. 366 - Enquanto não for expedida a carteira a que se refere o art. 359 deste Capítulo, valerá, a titulo precário, como documento hábil, uma certidão, passada pelo serviço competente do Registro de Estrangeiros, provando que o empregado requereu sua permanência no País.

Art. 367 - A redução a que se refere o art. 354, enquanto o Serviço de Estatística da Previdência e Trabalho não dispuser dos dados estatísticos necessários à fixação da proporcionalidade conveniente para cada atividade, poderá ser feita por ato do Ministro do Trabalho, Industria e Comercio, mediante representação fundamentada da associação sindical.

Parágrafo único - O Serviço de Estatística da Previdência e Trabalho deverá promover, e manter em dia, estudos necessários aos fins do presente Capítulo.

SEÇÃO V - DAS DISPOSIÇÕES ESPECIAIS SOBRE A NACIONALIZAÇÃO DA MARINHA MERCANTE

Art. 368 - O comando de navio mercante nacional só poderá ser exercido por brasileiro nato.

Art. 369 - A tripulação de navio ou embarcação nacional será constituída, pelo menos, de 2/3 (dois terços) de brasileiros natos. (Redação dada pela Lei nº 5.683, de 21.7.1971)

Parágrafo único - O disposto neste artigo não se aplica aos navios nacionais de pesca, sujeitos a legislação específica. (Incluído pela Lei nº 5.683, de 21.7.1971)

Art. 370 - As empresas de navegação organizarão as relações dos tripulantes das respectivas embarcações, enviando-as no prazo a que se refere a Seção II deste Capítulo à Delegacia do Trabalho Marítimo onde as mesmas tiverem sede.

Parágrafo único - As relações a que alude o presente artigo obedecerão, na discriminação hierárquica e funcional do pessoal embarcadiço, ao quadro aprovado pelo regulamento das Capitanias dos Portos.

Art. 371 - A presente Seção é também aplicável aos serviços de navegação fluvial e lacustre e à praticagem nas barras, portos, rios, lagos e canais.

CAPÍTULO III - DA PROTEÇÃO DO TRABALHO DA MULHER

SEÇÃO I - DA DURAÇÃO, CONDIÇÕES DO TRABALHO E DA DISCRIMINAÇÃO CONTRA A MULHER

(Redação dada pela Lei nº 9.799, de 26.5.1999)

Art. 372 - Os preceitos que regulam o trabalho masculino são aplicáveis ao trabalho feminino, naquilo em que não colidirem com a proteção especial instituída por este Capítulo.

Parágrafo único - (Revogado pela Lei nº 13.467, de 2017)

Art. 373 - A duração normal de trabalho da mulher será de 8 (oito) horas diárias, exceto nos casos para os quais for fixada duração inferior.

Art. 373-A. Ressalvadas as disposições legais destinadas a corrigir as distorções que afetam o acesso da mulher ao mercado de trabalho e certas especificidades estabelecidas nos acordos trabalhistas, é vedado: (Incluído pela Lei nº 9.799, de 26.5.1999)

I - publicar ou fazer publicar anúncio de emprego no qual haja referência ao sexo, à idade, à cor ou situação familiar, salvo quando a natureza da atividade a ser exercida, pública e notoriamente, assim o exigir; (Incluído pela Lei nº 9.799, de 26.5.1999)

II - recusar emprego, promoção ou motivar a dispensa do trabalho em razão de sexo, idade, cor, situação familiar ou estado de gravidez, salvo quando a natureza da atividade seja notória e publicamente incompatível; (Incluído pela Lei nº 9.799, de 26.5.1999)

III - considerar o sexo, a idade, a cor ou situação familiar como variável determinante para fins de remuneração, formação profissional e oportunidades de ascensão profissional; (Incluído pela Lei nº 9.799, de 26.5.1999)

IV - exigir atestado ou exame, de qualquer natureza, para comprovação de esterilidade ou gravidez, na admissão ou permanência no emprego; (Incluído pela Lei nº 9.799, de 26.5.1999)

V - impedir o acesso ou adotar critérios subjetivos para deferimento de inscrição ou aprovação em concursos, em empresas privadas, em razão de sexo, idade, cor, situação familiar ou estado de gravidez; (Incluído pela Lei nº 9.799, de 26.5.1999)

VI - proceder o empregador ou preposto a revistas íntimas nas empregadas ou funcionárias. (Incluído pela Lei nº 9.799, de 26.5.1999)

Parágrafo único. O disposto neste artigo não obsta a adoção de medidas temporárias que visem ao estabelecimento das políticas de igualdade entre homens e mulheres, em particular as que se destinam a corrigir as distorções que afetam a formação profissional, o acesso ao emprego e as condições gerais de trabalho da mulher. (Incluído pela Lei nº 9.799, de 26.5.1999)

Art. 374. (Revogado pela Lei nº 7.855, de 24.10.1989)

Art. 375. (Revogado pela Lei nº 7.855, de 24.10.1989)

Art. 376 (Revogado pela Lei nº 10.244, de 2001)

Art. 377 - A adoção de medidas de proteção ao trabalho das mulheres é considerada de ordem pública, não justificando, em hipótese alguma, a redução de salário.

Art. 378. (Revogado pela Lei nº 7.855, de 24.10.1989)

SEÇÃO II - DO TRABALHO NOTURNO

Art. 379 - (Revogado pela Lei nº 7.855, de 24.10.1989)

Art. 380 (Revogado pela Lei nº 7.855, de 24.10.1989)

Art. 381 - O trabalho noturno das mulheres terá salário superior ao diurno.

§ 1º - Para os fins desse artigo, os salários serão acrescidos duma percentagem adicional de 20% (vinte por cento) no mínimo.

§ 2º - Cada hora do período noturno de trabalho das mulheres terá 52 (cinquenta e dois) minutos e 30 (trinta) segundos.

SEÇÃO III - DOS PERÍODOS DE DESCANSO

Art. 382 - Entre 2 (duas) jornadas de trabalho, haverá um intervalo de 11(onze) horas consecutivas, no mínimo, destinado ao repouso.

Art. 383 - Durante a jornada de trabalho, será concedido à empregada um período para refeição e repouso não inferior a 1 (uma) hora nem superior a 2 (duas) horas salvo a hipótese prevista no art. 71, § 3º.

Art. 384 - (Revogado pela Lei nº 13.467, de 2017)

Art. 385 - O descanso semanal será de 24 (vinte e quatro) horas consecutivas e coincidirá no todo ou em parte com o domingo, salvo motivo de conveniência pública ou necessidade imperiosa de serviço, a juízo da autoridade competente, na forma das disposições gerais, caso em que recairá em outro dia.

Parágrafo único - Observar-se-ão, igualmente, os preceitos da legislação geral sobre a proibição de trabalho nos feriados civis e religiosos.

Art. 386 - Havendo trabalho aos domingos, será organizada uma escala de revezamento quinzenal, que favoreça o repouso dominical.

SEÇÃO IV - DOS MÉTODOS E LOCAIS DE TRABALHO

Art. 387 - (Revogado pela Lei nº 7.855, de 24.10.1989)

Art. 388 - Em virtude de exame e parecer da autoridade competente, o Ministro do Trabalho, Industria e Comercio poderá estabelecer derrogações totais ou parciais às proibições a que alude o artigo anterior, quando tiver desaparecido, nos serviços considerados perigosos ou insalubres, todo e qualquer caráter perigoso ou prejudicial mediante a aplicação de novos métodos de trabalho ou pelo emprego de medidas de ordem preventiva.

Art. 389 - Toda empresa é obrigada: (Redação dada pelo Decreto-Lei nº 229, de 28.2.1967)

I - a prover os estabelecimentos de medidas concernentes à higienização dos métodos e locais de trabalho, tais como ventilação e iluminação e outros que se fizerem necessários à segurança e ao conforto das mulheres, a critério da autoridade competente; (Incluído pelo Decreto-Lei nº 229, de 28.2.1967)

II - a instalar bebedouros, lavatórios, aparelhos sanitários; dispor de cadeiras ou bancos, em número suficiente, que permitam às mulheres trabalhar sem grande esgotamento físico; (Incluído pelo Decreto-Lei nº 229, de 28.2.1967)

III - a instalar vestiários com armários individuais privativos das mulheres, exceto os estabelecimentos comerciais, escritórios, bancos e atividades afins, em que não seja exigida a troca de roupa e outros, a critério da autoridade competente em matéria de segurança e higiene do trabalho, admitindo-se como suficientes as gavetas ou escaninhos, onde possam as empregadas guardar seus pertences; (Incluído pelo Decreto-Lei nº 229, de 28.2.1967)

IV - a fornecer, gratuitamente, a juízo da autoridade competente, os recursos de proteção individual, tais como óculos, máscaras, luvas e roupas especiais, para a defesa dos olhos, do aparelho respiratório e da pele, de acordo com a natureza do trabalho. (Incluído pelo Decreto-Lei nº 229, de 28.2.1967)

§ 1º - Os estabelecimentos em que trabalharem pelo menos 30 (trinta) mulheres com mais de 16 (dezesseis) anos de idade terão local apropriado onde seja permitido às empregadas guardar sob vigilância e assistência os seus filhos no período da amamentação. (Incluído pelo Decreto-Lei nº 229, de 28.2.1967)

§ 2º - A exigência do § 1º poderá ser suprida por meio de creches distritais mantidas, diretamente ou mediante convênios, com outras entidades públicas ou privadas, pelas próprias empresas, em regime comunitário, ou a cargo do SESI, do SESC, da LBA ou de entidades sindicais. (Incluído pelo Decreto-Lei nº 229, de 28.2.1967)

Art. 390 - Ao empregador é vedado empregar a mulher em serviço que demande o emprego de força muscular superior a 20 (vinte) quilos para o trabalho continuo, ou 25 (vinte e cinco) quilos para o trabalho ocasional.

Parágrafo único - Não está compreendida na determinação deste artigo a remoção de material feita por impulsão ou tração de vagonetes sobre trilhos, de carros de mão ou quaisquer aparelhos mecânicos.

Art. 390-A. (VETADO). (Incluído pela Lei nº 9.799, de 1999)

Art. 390-B. As vagas dos cursos de formação de mão-de-obra, ministrados por instituições governamentais, pelos próprios empregadores ou por qualquer órgão de ensino profissionalizante, serão oferecidas aos empregados de ambos os sexos. (Incluído pela Lei nº 9.799, de 1999)

Art. 390-C. As empresas com mais de cem empregados, de ambos os sexos, deverão manter programas especiais de incentivos e aperfeiçoamento profissional da mão-de-obra. (Incluído pela Lei nº 9.799, de 1999)

Art. 390-D. (VETADO). (Incluído pela Lei nº 9.799, de 1999)

Art. 390-E. A pessoa jurídica poderá associar-se a entidade de formação profissional, sociedades civis, sociedades cooperativas, órgãos e entidades públicas ou entidades sindicais, bem como firmar convênios para o desenvolvimento de ações conjuntas, visando à execução de projetos relativos ao incentivo ao trabalho da mulher. (Incluído pela Lei nº 9.799, de 1999)

SEÇÃO V - DA PROTEÇÃO À MATERNIDADE

Art. 391 - Não constitui justo motivo para a rescisão do contrato de trabalho da mulher o fato de haver contraído matrimônio ou de encontrar-se em estado de gravidez.

Parágrafo único - Não serão permitidos em regulamentos de qualquer natureza contratos coletivos ou individuais de trabalho, restrições ao direito da mulher ao seu emprego, por motivo de casamento ou de gravidez.

Art. 391-A. A confirmação do estado de gravidez advindo no curso do contrato de trabalho, ainda que durante o prazo do aviso prévio trabalhado ou indenizado, garante à empregada gestante a estabilidade provisória prevista na alínea b do inciso II do art. 10 do Ato das Disposições Constitucionais Transitórias. (Incluído pela Lei nº 12.812, de 2013)

Parágrafo único. O disposto no caput deste artigo aplica-se ao empregado adotante ao qual tenha sido concedida guarda provisória para fins de adoção. (Incluído pela Lei nº 13.509, de 2017)

Art. 392. A empregada gestante tem direito à licença-maternidade de 120 (cento e vinte) dias, sem prejuízo do emprego e do salário. (Redação dada pela Lei nº 10.421, 15.4.2002) (Vide Lei nº 13.985, de 2020)

§ 1º A empregada deve, mediante atestado médico, notificar o seu empregador da data do início do afastamento do emprego, que poderá ocorrer entre o 28º (vigésimo oitavo) dia antes do parto e ocorrência deste. (Redação dada pela Lei nº 10.421, 15.4.2002)

§ 2º Os períodos de repouso, antes e depois do parto, poderão ser aumentados de 2 (duas) semanas cada um, mediante atestado médico. (Redação dada pela Lei nº 10.421, 15.4.2002)

§ 3º Em caso de parto antecipado, a mulher terá direito aos 120 (cento e vinte) dias previstos neste artigo. (Redação dada pela Lei nº 10.421, 15.4.2002)

§ 4º É garantido à empregada, durante a gravidez, sem prejuízo do salário e demais direitos: (Redação dada pela Lei nº 9.799, de 26.5.1999)

I - transferência de função, quando as condições de saúde o exigirem, assegurada a retomada da função anteriormente

exercida, logo após o retorno ao trabalho; (Incluído pela Lei nº 9.799, de 26.5.1999)

II - dispensa do horário de trabalho pelo tempo necessário para a realização de, no mínimo, seis consultas médicas e demais exames complementares. (Incluído pela Lei nº 9.799, de 26.5.1999)

§ 5º (VETADO) (incluído pela Lei nº 10.421, de 2002)

Art. 392-A. À empregada que adotar ou obtiver guarda judicial para fins de adoção de criança ou adolescente será concedida licença-maternidade nos termos do art. 392 desta Lei. (Redação dada pela Lei nº 13.509, de 2017)

§ 1º (Revogado pela Lei nº 12.010, de 2009) Vigência

§ 2º (Revogado pela Lei nº 12.010, de 2009) Vigência

§ 3º (Revogado pela Lei nº 12.010, de 2009) Vigência

§ 4º A licença-maternidade só será concedida mediante apresentação do termo judicial de guarda à adotante ou guardiã. (Incluído pela Lei nº 10.421, 15.4.2002)

§ 5º A adoção ou guarda judicial conjunta ensejará a concessão de licença-maternidade a apenas um dos adotantes ou guardiães empregado ou empregada. (Incluído pela Lei nº 12.873, de 2013)

Art. 392-B. Em caso de morte da genitora, é assegurado ao cônjuge ou companheiro empregado o gozo de licença por todo o período da licença-maternidade ou pelo tempo restante a que teria direito a mãe, exceto no caso de falecimento do filho ou de seu abandono. (Redação dada pela Lei nº 12.873, de 2013)

Art. 392-C. Aplica-se, no que couber, o disposto no art. 392-A e 392-B ao empregado que adotar ou obtiver guarda judicial para fins de adoção. (Incluído pela Lei nº 12.873, de 2013)

Art. 393 - Durante o período a que se refere o art. 392, a mulher terá direito ao salário integral e, quando variável, calculado de acordo com a média dos 6 (seis) últimos meses de trabalho, bem como os direitos e vantagens adquiridos, sendo-lhe ainda facultado reverter à função que anteriormente ocupava. (Redação dada pelo Decreto-Lei nº 229, de 28.2.1967)

Art. 394 - Mediante atestado médico, à mulher grávida é facultado romper o compromisso resultante de qualquer contrato de trabalho, desde que este seja prejudicial à gestação.

Art. 394-A. Sem prejuízo de sua remuneração, nesta incluído o valor do adicional de insalubridade, a empregada deverá ser afastada de: (Redação dada pela Lei nº 13.467, de 2017)

I - atividades consideradas insalubres em grau máximo, enquanto durar a gestação; (Incluído pela Lei nº 13.467, de 2017)

II - atividades consideradas insalubres em grau médio ou mínimo, quando apresentar atestado de saúde, emitido por médico de confiança da mulher, que recomende o afastamento durante a gestação; (Incluído pela Lei nº 13.467, de 2017) (Vide ADIN 5938)

III - atividades consideradas insalubres em qualquer grau, quando apresentar atestado de saúde, emitido por médico de confiança da mulher, que recomende o afastamento durante a lactação. (Incluído pela Lei nº 13.467, de 2017) (Vide ADIN 5938)

§ 1º (VETADO) (Redação dada pela Lei nº 13.467, de 2017)

§ 2º Cabe à empresa pagar o adicional de insalubridade à gestante ou à lactante, efetivando-se a compensação, observado o disposto no art. 248 da Constituição Federal, por ocasião do recolhimento das contribuições incidentes sobre a folha de salários e demais rendimentos pagos ou creditados, a qualquer título, à pessoa física que lhe preste serviço. (Incluído pela Lei nº 13.467, de 2017)

§ 3º Quando não for possível que a gestante ou a lactante afastada nos termos do caput deste artigo exerça suas atividades em local salubre na empresa, a hipótese será considerada como gravidez de risco e ensejará a percepção de salário-maternidade, nos termos da Lei no 8.213, de 24 de julho de 1991, durante todo o período de afastamento. (Incluído pela Lei nº 13.467, de 2017)

Art. 395 - Em caso de aborto não criminoso, comprovado por atestado médico oficial, a mulher terá um repouso remunerado de 2 (duas) semanas, ficando-lhe assegurado o direito de retornar à função que ocupava antes de seu afastamento.

Art. 396. Para amamentar seu filho, inclusive se advindo de adoção, até que este complete 6 (seis) meses de idade, a mulher terá direito, durante a jornada de trabalho, a 2 (dois) descansos especiais de meia hora cada um. (Redação dada pela Lei nº 13.509, de 2017)

§ 1º Quando o exigir a saúde do filho, o período de 6 (seis) meses poderá ser dilatado, a critério da autoridade competente. (Redação dada pela Lei nº 13.467, de 2017)

§ 2º Os horários dos descansos previstos no caput deste artigo deverão ser definidos em acordo individual entre a mulher e o empregador. (Incluído pela Lei nº 13.467, de 2017)

Art. 397 - O SESI, o SESC, a LBA e outras entidades públicas destinadas à assistência à infância manterão ou subvencionarão, de acordo com suas possibilidades financeiras, escolas maternais e jardins de infância, distribuídos nas zonas de maior densidade de trabalhadores, destinados especialmente aos filhos das mulheres empregadas. (Redação dada pelo Decreto-Lei nº 229, de 28.2.1967)

Art. 398 - (Revogado pelo Decreto-Lei nº 229, de 28.2.1967)

Art. 399 - O Ministro do Trabalho, Industria e Comercio conferirá diploma de benemerência aos empregadores que se distinguirem pela organização e manutenção de creches e de instituições de proteção aos menores em idade pré-escolar, desde que tais serviços se recomendem por sua generosidade e pela eficiência das respectivas instalações.

Art. 400 - Os locais destinados à guarda dos filhos das operárias durante o período da amamentação deverão possuir, no mínimo, um berçário, uma saleta de amamentação, uma cozinha dietética e uma instalação sanitária.

SEÇÃO VI - DAS PENALIDADES

Art. 401 - Pela infração de qualquer dispositivo deste Capítulo, será imposta ao empregador a multa de cem a mil cruzeiros, aplicada, nesta Capital, pela autoridade competente de 1ª instância do Departamento Nacional do Trabalho, e, nos Estados e Território do Acre, pelas autoridades competentes do Ministério do Trabalho, Industria e Comercio ou por aquelas que exerçam funções delegadas.

§ 1º - A penalidade será sempre aplicada no grau máximo
 a) se ficar apurado o emprego de artifício ou simulação para fraudar a aplicação dos dispositivos deste Capítulo;
 b) nos casos de reincidência.

§ 2º - O processo na verificação das infrações, bem como na aplicação e cobrança das multas, será o previsto no título «Do Processo de Multas Administrativas», observadas as disposições deste artigo.

Art. 401A. (VETADO) (Incluído pela Lei nº 9.799, de 1999)

Art. 401B. (VETADO) (Incluído pela Lei nº 9.799, de 1999)

CAPÍTULO IV - DA PROTEÇÃO DO TRABALHO DO MENOR

SEÇÃO I - DISPOSIÇÕES GERAIS

Art. 402. Considera-se menor para os efeitos desta Consolidação o trabalhador de quatorze até dezoito anos (Redação dada pela Lei nº 10.097, de 2000)

Parágrafo único - O trabalho do menor reger-se-á pelas disposições do presente Capítulo, exceto no serviço em oficinas em que trabalhem exclusivamente pessoas da família do menor e esteja este sob a direção do pai, mãe ou tutor, observado, entretanto, o disposto nos arts. 404, 405 e na Seção II. (Redação dada pelo Decreto-Lei nº 229, de 28.2.1967)

Art. 403. É proibido qualquer trabalho a menores de dezesseis anos de idade, salvo na condição de aprendiz, a partir dos quatorze anos. (Redação dada pela Lei nº 10.097, de 2000)

Parágrafo único. O trabalho do menor não poderá ser realizado em locais prejudiciais à sua formação, ao seu desenvolvimento físico, psíquico, moral e social e em horários e locais que não permitam a frequência à escola. (Redação dada pela Lei nº 10.097, de 2000)

a) revogada; (Redação dada pela Lei nº 10.097, de 2000)
b) revogada. (Redação dada pela Lei nº 10.097, de 2000)

Art. 404 - Ao menor de 18 (dezoito) anos é vedado o trabalho noturno, considerado este o que for executado no período compreendido entre as 22 (vinte e duas) e as 5 (cinco) horas.

Art. 405 - Ao menor não será permitido o trabalho: (Redação dada pelo Decreto-Lei nº 229, de 28.2.1967)

I - nos locais e serviços perigosos ou insalubres, constantes de quadro para êsse fim aprovado pelo Diretor Geral do Departamento de Segurança e Higiene do Trabalho; (Incluído pelo Decreto-Lei nº 229, de 28.2.1967)

II - em locais ou serviços prejudiciais à sua moralidade. (Incluído pelo Decreto-Lei nº 229, de 28.2.1967)

§ 1º (Revogado pela Lei 10.097, de 2000)

§ 2º O trabalho exercido nas ruas, praças e outros logradouros dependerá de prévia autorização do Juiz de Menores, ao qual cabe verificar se a ocupação é indispensável à sua própria subsistência ou à de seus pais, avós ou irmãos e se dessa ocupação não poderá advir prejuízo à sua formação moral. (Redação dada pelo Decreto-Lei nº 229, de 28.2.1967)

§ 3º Considera-se prejudicial à moralidade do menor o trabalho: (Redação dada pelo Decreto-Lei nº 229, de 28.2.1967)

a) prestado de qualquer modo, em teatros de revista, cinemas, buates, cassinos, cabarés, dancings e estabelecimentos análogos; (Incluída pelo Decreto-Lei nº 229, de 28.2.1967)

b) em emprêsas circenses, em funções de acróbata, saltimbanco, ginasta e outras semelhantes; (Incluída pelo Decreto-Lei nº 229, de 28.2.1967)

c) de produção, composição, entrega ou venda de escritos, impressos, cartazes, desenhos, gravuras, pinturas, emblemas, imagens e quaisquer outros objetos que possam, a juízo da autoridade competente, prejudicar sua formação moral; (Incluída pelo Decreto-Lei nº 229, de 28.2.1967)

d) consistente na venda, a varejo, de bebidas alcoólicas. (Incluída pelo Decreto-Lei nº 229, de 28.2.1967)

§ 4º Nas localidades em que existirem, oficialmente reconhecidas, instituições destinadas ao amparo dos menores jornaleiros, só aos que se encontrem sob o patrocínio dessas entidades será outorgada a autorização do trabalho a que alude o § 2º. (Incluído pelo Decreto-Lei nº 229, de 28.2.1967)

§ 5º Aplica-se ao menor o disposto no art. 390 e seu parágrafo único. (Incluído pelo Decreto-Lei nº 229, de 28.2.1967)

Art. 406 - O Juiz de Menores poderá autorizar ao menor o trabalho a que se referem as letras "a" e "b" do § 3º do art. 405: (Redação dada pelo Decreto-Lei nº 229, de 28.2.1967)

I - desde que a representação tenha fim educativo ou a peça de que participe não possa ser prejudicial à sua formação moral; (Redação dada pelo Decreto-Lei nº 229, de 28.2.1967)

II - desde que se certifique ser a ocupação do menor indispensável à própria subsistência ou à de seus pais, avós ou irmãos e não advir nenhum prejuízo à sua formação moral. (Redação dada pelo Decreto-Lei nº 229, de 28.2.1967)

Art. 407 - Verificado pela autoridade competente que o trabalho executado pelo menor é prejudicial à sua saúde, ao seu desenvolvimento físico ou a sua moralidade, poderá ela obrigá-lo a abandonar o serviço, devendo a respectiva empresa, quando for o caso, proporcionar ao menor todas as facilidades para mudar de funções. (Redação dada pelo Decreto-Lei nº 229, de 28.2.1967)

Parágrafo único - Quando a empresa não tomar as medidas possíveis e recomendadas pela autoridade competente para que o menor mude de função, configurar-se-á a rescisão do contrato de trabalho, na forma do art. 483. (Incluído pelo Decreto-Lei nº 229, de 28.2.1967)

Art. 408 - Ao responsável legal do menor é facultado pleitear a extinção do contrato de trabalho, desde que o serviço possa acarretar para ele prejuízos de ordem física ou moral. (Redação dada pelo Decreto-Lei nº 229, de 28.2.1967)

Art. 409 - Para maior segurança do trabalho e garantia da saúde dos menores, a autoridade fiscalizadora poderá proibir-lhes o gozo dos períodos de repouso nos locais de trabalho.

Art. 410 - O Ministro do Trabalho, Industria e Comercio poderá derrogar qualquer proibição decorrente do quadro a que se refere a alínea "a" do art. 405 quando se certificar haver desaparecido, parcial ou totalmente, o caráter perigoso ou insalubre, que determinou a proibição.

SEÇÃO II - DA DURAÇÃO DO TRABALHO

Art. 411 - A duração do trabalho do menor regular-se-á pelas disposições legais relativas à duração do trabalho em geral, com as restrições estabelecidas neste Capítulo.

Art. 412 - Após cada período de trabalho efetivo, quer contínuo, quer dividido em 2 (dois) turnos, haverá um intervalo de repouso, não inferior a 11(onze) horas.

Art. 413 - É vedado prorrogar a duração normal diária do trabalho do menor, salvo: (Redação dada pelo Decreto-Lei nº 229, de 28.2.1967)

I - até mais 2 (duas) horas, independentemente de acréscimo salarial, mediante convenção ou acôrdo coletivo nos têrmos do Título VI desta Consolidação, desde que o excesso de horas em um dia seja compensado pela diminuição em outro, de modo a ser observado o limite máximo de 48 (quarenta e oito) horas semanais ou outro inferior legalmente fixada; (Incluído pelo Decreto-Lei nº 229, de 28.2.1967)

II - excepcionalmente, por motivo de fôrça maior, até o máximo de 12 (doze) horas, com acréscimo salarial de, pelo menos, 25% (vinte e cinco por cento) sôbre a hora normal e desde que o trabalho do menor seja imprescindível ao funcionamento do estabelecimento. (Incluído pelo Decreto-Lei nº 229, de 28.2.1967)

Parágrafo único. Aplica-se à prorrogação do trabalho do menor o disposto no art. 375, no parágrafo único do art. 376, no art. 378 e no art. 384 desta Consolidação. (Incluído pelo Decreto-Lei nº 229, de 28.2.1967)

Art. 414 - Quando o menor de 18 (dezoito) anos for empregado em mais de um estabelecimento, as horas de trabalho em cada um serão totalizadas.

SEÇÃO III - DA ADMISSÃO EM EMPREGO E DA CARTEIRA DE TRABALHO E PREVIDÊNCIA SOCIAL

Art. 415 - Haverá a Carteira de Trabalho e Previdência Social para todos os menores de 18 anos, sem distinção do sexo, empregados em empresas ou estabelecimentos de fins econômicos e daqueles que lhes forem equiparados. (Vide Decreto-Lei nº 926, de 10.10.1969)

Parágrafo único. (Revogada pela Lei nº 13.874, de 2019)

Art. 416 - Os menores de 18 anos só poderão ser admitidos, como empregados, nas empresas ou estabelecimentos de fins econômicos e naqueles que lhes forem equiparados, quando possuidores da carteira a que se refere o artigo anterior, salvo a hipótese do art. 422. (Vide Decreto-Lei nº 926, de 10.10.1969)

Art. 417 - (Revogada pela Lei nº 13.874, de 2019)

Art. 418. (Revogado pela Lei nº 7.855, de 24.10.1989)

Art. 419 - (Revogada pela Lei nº 13.874, de 2019)

Art. 420 - (Revogada pela Lei nº 13.874, de 2019)

Art. 421. (Revogada pela Lei nº 13.874, de 2019)

Art. 422 - (Revogada pela Lei nº 13.874, de 2019)

Art. 423 - O empregador não poderá fazer outras anotações na carteira de trabalho e previdência social além das referentes ao salário, data da admissão, férias e saída. (Vide Lei nº 5.686, de 1971)

SEÇÃO IV - DOS DEVERES DOS RESPONSÁVEIS LEGAIS DE MENORES E DOS EMPREGADORES DA APRENDIZAGEM

Art. 424 - É dever dos responsáveis legais de menores, pais, mães, ou tutores, afastá-los de empregos que diminuam consideravelmente o seu tempo de estudo, reduzam o tempo de repouso necessário à sua saúde e constituição física, ou prejudiquem a sua educação moral.

Art. 425 - Os empregadores de menores de 18 (dezoito) anos são obrigados a velar pela observância, nos seus estabelecimentos ou empresas, dos bons costumes e da decência pública, bem como das regras da segurança e da medicina do trabalho.

Art. 426 - É dever do empregador, na hipótese do art. 407, proporcionar ao menor todas as facilidades para mudar de serviço.

Art. 427 - O empregador, cuja empresa ou estabelecimento ocupar menores, será obrigado a conceder-lhes o tempo que for necessário para a frequência às aulas.

Parágrafo único - Os estabelecimentos situados em lugar onde a escola estiver a maior distância que 2 (dois) quilômetros, e que ocuparem, permanentemente, mais de 30 (trinta) menores analfabetos, de 14 (quatorze) a 18 (dezoito) anos, serão obrigados a manter local apropriado em que lhes seja ministrada a instrução primária.

Art. 428. Contrato de aprendizagem é o contrato de trabalho especial, ajustado por escrito e por prazo determinado, em que o empregador se compromete a assegurar ao maior de 14 (quatorze) e menor de 24 (vinte e quatro) anos inscrito em programa de aprendizagem formação técnico-profissional metódica, compatível com o seu desenvolvimento físico, moral e psicológico, e o aprendiz, a executar com zelo e diligência as tarefas necessárias a essa formação. (Redação dada pela Lei nº 11.180, de 2005)

§ 1º A validade do contrato de aprendizagem pressupõe anotação na Carteira de Trabalho e Previdência Social, matrícula e frequência do aprendiz na escola, caso não haja concluído o ensino médio, e inscrição em programa de aprendizagem desenvolvido sob orientação de entidade qualificada em formação técnico-profissional metódica. (Redação dada pela Lei nº 11.788, de 2008)

§ 2º Ao aprendiz, salvo condição mais favorável, será garantido o salário mínimo hora. (Redação dada pela Lei nº 13.420, de 2017)

§ 3º O contrato de aprendizagem não poderá ser estipulado por mais de 2 (dois) anos, exceto quando se tratar de aprendiz portador de deficiência. (Redação dada pela Lei nº 11.788, de 2008)

§ 4º A formação técnico-profissional a que se refere o caput deste artigo caracteriza-se por atividades teóricas e práticas, metodicamente organizadas em tarefas de complexidade progressiva desenvolvidas no ambiente de trabalho. (Incluído pela Lei nº 10.097, de 2000)

§ 5º A idade máxima prevista no caput deste artigo não se aplica a aprendizes portadores de deficiência. (Incluído pela Lei nº 11.180, de 2005)

§ 6º Para os fins do contrato de aprendizagem, a comprovação da escolaridade de aprendiz com deficiência deve considerar, sobretudo, as habilidades e competências relacionadas com a profissionalização. (Redação dada pela Lei nº 13.146, de 2015)

§ 7º Nas localidades onde não houver oferta de ensino médio para o cumprimento do disposto no § 1º deste artigo, a contratação do aprendiz poderá ocorrer sem a frequência à escola, desde que ele já tenha concluído o ensino fundamental. (Incluído pela Lei nº 11.788, de 2008)

§ 8º Para o aprendiz com deficiência com 18 (dezoito) anos ou mais, a validade do contrato de aprendizagem pressupõe anotação na CTPS e matrícula e frequência em programa de aprendizagem desenvolvido sob orientação de entidade qualificada em formação técnico-profissional metódica. (Incluído pela Lei nº 13.146, de 2015)

Art. 429. Os estabelecimentos de qualquer natureza são obrigados a empregar e matricular nos cursos dos Serviços Nacionais de Aprendizagem número de aprendizes equivalente a cinco por cento, no mínimo, e quinze por cento, no máximo, dos trabalhadores existentes em cada estabelecimento, cujas funções demandem formação profissional. (Redação dada pela Lei nº 10.097, de 2000)

a) revogada; (Redação dada pela Lei nº 10.097, de 2000)

b) revogada. (Redação dada pela Lei nº 10.097, de 2000)

§ 1º-A. O limite fixado neste artigo não se aplica quando o empregador for entidade sem fins lucrativos, que tenha por objetivo a educação profissional. (Incluído pela Lei nº 10.097, de 2000)

§ 1º-B Os estabelecimentos a que se refere o caput poderão destinar o equivalente a até 10% (dez por cento) de sua cota de aprendizes à formação técnico-profissional metódica em áreas relacionadas a práticas de atividades desportivas, à prestação de serviços relacionados à infraestrutura, incluindo as atividades de construção, ampliação, recuperação e manutenção de instalações esportivas e à organização e promoção de eventos esportivos. (Redação dada pela Lei nº 13.420, de 2017)

§ 1º As frações de unidade, no cálculo da percentagem de que trata o caput, darão lugar à admissão de um aprendiz. (Incluído pela Lei nº 10.097, de 2000)

§ 2º Os estabelecimentos de que trata o caput ofertarão vagas de aprendizes a adolescentes usuários do Sistema Nacional de Atendimento Socioeducativo (Sinase) nas condições a serem dispostas em instrumentos de cooperação celebrados entre os estabelecimentos e os gestores dos Sistemas de Atendimento Socioeducativo locais. (Incluído pela Lei nº 12.594, de 2012) (Vide)

§ 3º Os estabelecimentos de que trata o caput poderão ofertar vagas de aprendizes a adolescentes usuários do Sistema Nacional de Políticas Públicas sobre Drogas - SISNAD nas condições a serem dispostas em instrumentos de cooperação celebrados entre os estabelecimentos e os gestores locais responsáveis pela prevenção do uso indevido, atenção e reinserção social de usuários e dependentes de drogas. (Incluído pela Lei nº 13.840, de 2019)

Art. 430. Na hipótese de os Serviços Nacionais de Aprendizagem não oferecerem cursos ou vagas suficientes para atender à demanda destes estabelecimentos, esta poderá ser suprida por outras entidades qualificadas em formação técnico-profissional metódica, a saber: (Redação dada pela Lei nº 10.097, de 2000)

I – Escolas Técnicas de Educação; (Incluído pela Lei nº 10.097, de 2000)

II – entidades sem fins lucrativos, que tenham por objetivo a assistência ao adolescente e à educação profissional, registradas no Conselho Municipal dos Direitos da Criança e do Adolescente. (Incluído pela Lei nº 10.097, de 2000)

III - entidades de prática desportiva das diversas modalidades filiadas ao Sistema Nacional do Desporto e aos Sistemas de Desporto dos Estados, do Distrito Federal e dos Municípios. (Incluído pela Lei nº 13.420, de 2017)

§ 1º As entidades mencionadas neste artigo deverão contar com estrutura adequada ao desenvolvimento dos programas de aprendizagem, de forma a manter a qualidade do processo de ensino, bem como acompanhar e avaliar os resultados. (Incluído pela Lei nº 10.097, de 2000)

§ 2º Aos aprendizes que concluírem os cursos de aprendizagem, com aproveitamento, será concedido certificado de qualificação profissional. (Incluído pela Lei nº 10.097, de 2000)

§ 3º O Ministério do Trabalho fixará normas para avaliação da competência das entidades mencionadas nos incisos II e III deste artigo. (Redação dada pela Lei nº 13.420, de 2017)

§ 4º As entidades mencionadas nos incisos II e III deste artigo deverão cadastrar seus cursos, turmas e aprendizes matriculados no Ministério do Trabalho. (Incluído pela Lei nº 13.420, de 2017)

§ 5º As entidades mencionadas neste artigo poderão firmar parcerias entre si para o desenvolvimento dos programas de aprendizagem, conforme regulamento. (Incluído pela Lei nº 13.420, de 2017)

Art. 431. A contratação do aprendiz poderá ser efetivada pela empresa onde se realizará a aprendizagem ou pelas entidades mencionadas nos incisos II e III do art. 430, caso em que não gera vínculo de emprego com a empresa tomadora dos serviços. (Redação dada pela Lei nº 13.420, de 2017)
 a) revogada; (Redação dada pela Lei nº 10.097, de 2000)
 b) revogada; (Redação dada pela Lei nº 10.097, de 2000)
 c) revogada. (Redação dada pela Lei nº 10.097, de 2000)

Parágrafo único. Aos candidatos rejeitados pela seleção profissional deverá ser dada, tanto quanto possível, orientação profissional para ingresso em atividade mais adequada às qualidades e aptidões que tiverem demonstrado.

Art. 432. A duração do trabalho do aprendiz não excederá de seis horas diárias, sendo vedadas a prorrogação e a compensação de jornada. (Redação dada pela Lei nº 10.097, de 19.12.2000)

§ 1º O limite previsto neste artigo poderá ser de até oito horas diárias para os aprendizes que já tiverem completado o ensino fundamental, se nelas forem computadas as horas destinadas à aprendizagem teórica. (Redação dada pela Lei nº 10.097, de 19.12.2000)

§ 2º Revogado. (Redação dada pela Lei nº 10.097, de 19.12.2000)

Art. 433. O contrato de aprendizagem extinguir-se-á no seu termo ou quando o aprendiz completar 24 (vinte e quatro) anos, ressalvada a hipótese prevista no § 5º do art. 428 desta Consolidação, ou ainda antecipadamente nas seguintes hipóteses: (Redação dada pela Lei nº 11.180, de 2005)
 a) revogada; (Redação dada pela Lei nº 10.097, de 19.12.2000)
 b) revogada. (Redação dada pela Lei nº 10.097, de 19.12.2000)
 I - desempenho insuficiente ou inadaptação do aprendiz, salvo para o aprendiz com deficiência quando desprovido de recursos de acessibilidade, de tecnologias assistivas e de apoio necessário ao desempenho de suas atividades; (Redação dada pela Lei nº 13.146, de 2015)
 II – falta disciplinar grave; (Incluído pela Lei nº 10.097, de 19.12.2000)
 III – ausência injustificada à escola que implique perda do ano letivo; ou (Incluído pela Lei nº 10.097, de 19.12.2000)
 IV – a pedido do aprendiz. (Incluído pela Lei nº 10.097, de 19.12.2000)

Parágrafo único. Revogado. (Redação dada pela Lei nº 10.097, de 19.12.2000)

§ 2º Não se aplica o disposto nos arts. 479 e 480 desta Consolidação às hipóteses de extinção do contrato mencionadas neste artigo. (Incluído pela Lei nº 10.097, de 19.12.2000)

SEÇÃO V - DAS PENALIDADES

Art. 434 - Os infratores das disposições dêste Capítulo ficam sujeitos à multa de valor igual a 1 (um) salário mínimo regional, aplicada tantas vêzes quantos forem os menores empregados em desacôrdo com a lei, não podendo, todavia, a soma das multas exceder a 5 (cinco) vêzes o salário-mínimo, salvo no caso de reincidência em que êsse total poderá ser elevado ao dôbro. (Redação dada pelo Decreto-Lei nº 229, de 28.2.1967)

Art. 435 - Fica sujeita à multa de valor igual a 1 (um) salário-mínimo regional e ao pagamento da emissão de nova via a emprêsa que fizer na Carteira de Trabalho e Previdência Social anotação não prevista em lei. (Redação dada pelo Decreto-Lei nº 229, de 28.2.1967)

Art. 436. (Revogado pela Lei 10.097, de 2000)

Art. 437 (Revogado pela Lei 10.097, de 2000)

Art. 438 - São competentes para impor as penalidades previstas neste Capítulo:
 a) no Distrito Federal, a autoridade de 1ª instância do Departamento Nacional do Trabalho;
 b) nos Estados e Território do Acre, os delegados regionais do Ministério do Trabalho, Industria e Comercio ou os funcionários por eles designados para tal fim.

Parágrafo único - O processo, na verificação das infrações, bem como na aplicação e cobrança das multas, será o previsto no título "Do Processo de Multas Administrativas", observadas as disposições deste artigo.

SEÇÃO VI - DISPOSIÇÕES FINAIS

Art. 439 - É lícito ao menor firmar recibo pelo pagamento dos salários. Tratando-se, porém, de rescisão do contrato de trabalho, é vedado ao menor de 18 (dezoito) anos dar, sem assistência dos seus responsáveis legais, quitação ao empregador pelo recebimento da indenização que lhe for devida.

Art. 440 - Contra os menores de 18 (dezoito) anos não corre nenhum prazo de prescrição.

Art. 441 - O quadro a que se refere o item I do art. 405 será revisto bienalmente. (Redação dada pelo Decreto-Lei nº 229, de 28.2.1967)

TÍTULO IV - DO CONTRATO INDIVIDUAL DO TRABALHO

CAPÍTULO I - DISPOSIÇÕES GERAIS

Art. 442 - Contrato individual de trabalho é o acordo tácito ou expresso, correspondente à relação de emprego.

Parágrafo único - Qualquer que seja o ramo de atividade da sociedade cooperativa, não existe vínculo empregatício entre ela e seus associados, nem entre estes e os tomadores de serviços daquela. (Incluído pela Lei nº 8.949, de 9.12.1994)

Art. 442-A. Para fins de contratação, o empregador não exigirá do candidato a emprego comprovação de experiência prévia por tempo superior a 6 (seis) meses no mesmo tipo de atividade. (Incluído pela Lei nº 11.644, de 2008).

Art. 442-B. A contratação do autônomo, cumpridas por este todas as formalidades legais, com ou sem exclusividade, de forma contínua ou não, afasta a qualidade de empregado prevista no art. 3º desta Consolidação. (Incluído pela Lei nº 13.467, de 2017)

Art. 443. O contrato individual de trabalho poderá ser acordado tácita ou expressamente, verbalmente ou por escrito, por prazo determinado ou indeterminado, ou para prestação de trabalho intermitente. (Redação dada pela Lei nº 13.467, de 2017)

§ 1º - Considera-se como de prazo determinado o contrato de trabalho cuja vigência dependa de termo prefixado ou da execução de serviços especificados ou ainda da realização de certo acontecimento suscetível de previsão aproximada. (Parágrafo único renumerado pelo Decreto-Lei nº 229, de 28.2.1967)

§ 2º - O contrato por prazo determinado só será válido em se tratando: (Incluído pelo Decreto-Lei nº 229, de 28.2.1967)
 a) de serviço cuja natureza ou transitoriedade justifique a predeterminação do prazo; (Incluída pelo Decreto-Lei nº 229, de 28.2.1967)
 b) de atividades empresariais de caráter transitório; (Incluída pelo Decreto-Lei nº 229, de 28.2.1967)

c) de contrato de experiência. (Incluída pelo Decreto-Lei nº 229, de 28.2.1967)

§ 3º Considera-se como intermitente o contrato de trabalho no qual a prestação de serviços, com subordinação, não é contínua, ocorrendo com alternância de períodos de prestação de serviços e de inatividade, determinados em horas, dias ou meses, independentemente do tipo de atividade do empregado e do empregador, exceto para os aeronautas, regidos por legislação própria. (Incluído pela Lei nº 13.467, de 2017)

Art. 444 - As relações contratuais de trabalho podem ser objeto de livre estipulação das partes interessadas em tudo quanto não contravenha às disposições de proteção ao trabalho, aos contratos coletivos que lhes sejam aplicáveis e às decisões das autoridades competentes.

Parágrafo único. A livre estipulação a que se refere o caput deste artigo aplica-se às hipóteses previstas no art. 611-A desta Consolidação, com a mesma eficácia legal e preponderância sobre os instrumentos coletivos, no caso de empregado portador de diploma de nível superior e que perceba salário mensal igual ou superior a duas vezes o limite máximo dos benefícios do Regime Geral de Previdência Social. (Incluído pela Lei nº 13.467, de 2017)

Art. 445 - O contrato de trabalho por prazo determinado não poderá ser estipulado por mais de 2 (dois) anos, observada a regra do art. 451. (Redação dada pelo Decreto-Lei nº 229, de 28.2.1967)

Parágrafo único. O contrato de experiência não poderá exceder de 90 (noventa) dias. (Incluído pelo Decreto-Lei nº 229, de 28.2.1967)

Art. 446 - (Revogado pela Lei nº 7.855, de 24.10.1989)

Art. 447 - Na falta de acordo ou prova sobre condição essencial ao contrato verbal, esta se presume existente, como se a tivessem estatuído os interessados na conformidade dos preceitos jurídicos adequados à sua legitimidade.

Art. 448 - A mudança na propriedade ou na estrutura jurídica da empresa não afetará os contratos de trabalho dos respectivos empregados.

Art. 448-A. Caracterizada a sucessão empresarial ou de empregadores prevista nos arts. 10 e 448 desta Consolidação, as obrigações trabalhistas, inclusive as contraídas à época em que os empregados trabalhavam para a empresa sucedida, são de responsabilidade do sucessor. (Incluído pela Lei nº 13.467, de 2017)

Parágrafo único. A empresa sucedida responderá solidariamente com a sucessora quando ficar comprovada fraude na transferência. (Incluído pela Lei nº 13.467, de 2017)

Art. 449 - Os direitos oriundos da existência do contrato de trabalho subsistirão em caso de falência, concordata ou dissolução da empresa.

§ 1º - Na falência constituirão créditos privilegiados a totalidade dos salários devidos ao empregado e a totalidade das indenizações a que tiver direito. (Redação dada pela Lei nº 6.449, de 14.10.1977)

§ 2º - Havendo concordata na falência, será facultado aos contratantes tornar sem efeito a rescisão do contrato de trabalho e consequente indenização, desde que o empregador pague, no mínimo, a metade dos salários que seriam devidos ao empregado durante o interregno.

Art. 450 - Ao empregado chamado a ocupar, em comissão, interinamente, ou em substituição eventual ou temporária, cargo diverso do que exercer na empresa, serão garantidas a contagem do tempo naquele serviço, bem como volta ao cargo anterior.

Art. 451 - O contrato de trabalho por prazo determinado que, tácita ou expressamente, for prorrogado mais de uma vez passará a vigorar sem determinação de prazo. (Vide Lei nº 9.601, de 1998)

Art. 452 - Considera-se por prazo indeterminado todo contrato que suceder, dentro de 6 (seis) meses, a outro contrato por prazo determinado, salvo se a expiração deste dependeu da execução de serviços especializados ou da realização de certos acontecimentos.

Art. 452-A. O contrato de trabalho intermitente deve ser celebrado por escrito e deve conter especificamente o valor da hora de trabalho, que não pode ser inferior ao valor horário do salário mínimo ou àquele devido aos demais empregados do estabelecimento que exerçam a mesma função em contrato intermitente ou não. (Incluído pela Lei nº 13.467, de 2017)

§ 1º O empregador convocará, por qualquer meio de comunicação eficaz, para a prestação de serviços, informando qual será a jornada, com, pelo menos, três dias corridos de antecedência. (Incluído pela Lei nº 13.467, de 2017)

§ 2º Recebida a convocação, o empregado terá o prazo de um dia útil para responder ao chamado, presumindo-se, no silêncio, a recusa. (Incluído pela Lei nº 13.467, de 2017)

§ 3º A recusa da oferta não descaracteriza a subordinação para fins do contrato de trabalho intermitente. (Incluído pela Lei nº 13.467, de 2017)

§ 4º Aceita a oferta para o comparecimento ao trabalho, a parte que descumprir, sem justo motivo, pagará à outra parte, no prazo de trinta dias, multa de 50% (cinquenta por cento) da remuneração que seria devida, permitida a compensação em igual prazo. (Incluído pela Lei nº 13.467, de 2017)

§ 5º O período de inatividade não será considerado tempo à disposição do empregador, podendo o trabalhador prestar serviços a outros contratantes. (Incluído pela Lei nº 13.467, de 2017)

§ 6º Ao final de cada período de prestação de serviço, o empregado receberá o pagamento imediato das seguintes parcelas: (Incluído pela Lei nº 13.467, de 2017)

I - remuneração; (Incluído pela Lei nº 13.467, de 2017)

II - férias proporcionais com acréscimo de um terço; (Incluído pela Lei nº 13.467, de 2017)

III - décimo terceiro salário proporcional; (Incluído pela Lei nº 13.467, de 2017)

IV - repouso semanal remunerado; e (Incluído pela Lei nº 13.467, de 2017)

V - adicionais legais. (Incluído pela Lei nº 13.467, de 2017)

§ 7º O recibo de pagamento deverá conter a discriminação dos valores pagos relativos a cada uma das parcelas referidas no § 6º deste artigo. (Incluído pela Lei nº 13.467, de 2017)

§ 8º O empregador efetuará o recolhimento da contribuição previdenciária e o depósito do Fundo de Garantia do Tempo de Serviço, na forma da lei, com base nos valores pagos no período mensal e fornecerá ao empregado comprovante do cumprimento dessas obrigações. (Incluído pela Lei nº 13.467, de 2017)

§ 9º A cada doze meses, o empregado adquire direito a usufruir, nos doze meses subsequentes, um mês de férias, período no qual não poderá ser convocado para prestar serviços pelo mesmo empregador. (Incluído pela Lei nº 13.467, de 2017)

Art. 453 - No tempo de serviço do empregado, quando readmitido, serão computados os períodos, ainda que não contínuos, em que tiver trabalhado anteriormente na empresa, salvo se houver sido despedido por falta grave, recebido indenização legal ou se aposentado espontaneamente. (Redação dada pela Lei nº 6.204, de 29.4.1975)

§ 1º (Incluído pela Lei nº 9.528, de 10.12.1997) (Vide ADIN 1.770-4)

§ 2º O ato de concessão de benefício de aposentadoria a empregado que não tiver completado 35 (trinta e cinco) anos de serviço, se homem, ou trinta, se mulher, importa em extinção do vínculo empregatício. (Incluído pela Lei nº 9.528, de 10.12.1997) (Vide ADIN 1.721-3).

Art. 454 - Na vigência do contrato de trabalho, as invenções do empregado, quando decorrentes de sua contribuição pessoal e da instalação ou equipamento fornecidos pelo empregador, serão de propriedade comum, em partes iguais, salvo

se o contrato de trabalho tiver por objeto, implícita ou explicitamente, pesquisa científica. (Vide Lei nº 9.279, de 14.5.1996)

Parágrafo único. Ao empregador caberá a exploração do invento, ficando obrigado a promovê-la no prazo de um ano da data da concessão da patente, sob pena de reverter em favor do empregado da plena propriedade desse invento. (Vide Lei nº 9.279, de 14.5.1996)

Art. 455 - Nos contratos de subempreitada responderá o subempreiteiro pelas obrigações derivadas do contrato de trabalho que celebrar, cabendo, todavia, aos empregados, o direito de reclamação contra o empreiteiro principal pelo inadimplemento daquelas obrigações por parte do primeiro.

Parágrafo único - Ao empreiteiro principal fica ressalvada, nos termos da lei civil, ação regressiva contra o subempreiteiro e a retenção de importâncias a este devidas, para a garantia das obrigações previstas neste artigo.

Art. 456. A prova do contrato individual do trabalho será feita pelas anotações constantes da carteira profissional ou por instrumento escrito e suprida por todos os meios permitidos em direito. (Vide Decreto-Lei nº 926, de 1969)

Parágrafo único. A falta de prova ou inexistindo cláusula expressa e tal respeito, entender-se-á que o empregado se obrigou a todo e qualquer serviço compatível com a sua condição pessoal.

Art. 456-A. Cabe ao empregador definir o padrão de vestimenta no meio ambiente laboral, sendo lícita a inclusão no uniforme de logomarcas da própria empresa ou de empresas parceiras e de outros itens de identificação relacionados à atividade desempenhada. (Incluído pela Lei nº 13.467, de 2017)

Parágrafo único. A higienização do uniforme é de responsabilidade do trabalhador, salvo nas hipóteses em que forem necessários procedimentos ou produtos diferentes dos utilizados para a higienização das vestimentas de uso comum. (Incluído pela Lei nº 13.467, de 2017)

CAPÍTULO II - DA REMUNERAÇÃO

Alimentação

Art. 457 - Compreendem-se na remuneração do empregado, para todos os efeitos legais, além do salário devido e pago diretamente pelo empregador, como contraprestação do serviço, as gorjetas que receber. (Redação dada pela Lei nº 1.999, de 1.10.1953)

§ 1º Integram o salário a importância fixa estipulada, as gratificações legais e as comissões pagas pelo empregador. (Redação dada pela Lei nº 13.467, de 2017)

§ 2º As importâncias, ainda que habituais, pagas a título de ajuda de custo, auxílio-alimentação, vedado seu pagamento em dinheiro, diárias para viagem, prêmios e abonos não integram a remuneração do empregado, não se incorporam ao contrato de trabalho e não constituem base de incidência de qualquer encargo trabalhista e previdenciário. (Redação dada pela Lei nº 13.467, de 2017)

§ 3º Considera-se gorjeta não só a importância espontaneamente dada pelo cliente ao empregado, como também o valor cobrado pela empresa, como serviço ou adicional, a qualquer título, e destinado à distribuição aos empregados. (Redação dada pela Lei nº 13.419, de 2017)

§ 4º Consideram-se prêmios as liberalidades concedidas pelo empregador em forma de bens, serviços ou valor em dinheiro a empregado ou a grupo de empregados, em razão de desempenho superior ao ordinariamente esperado no exercício de suas atividades. (Redação dada pela Lei nº 13.467, de 2017)

§ 5º Inexistindo previsão em convenção ou acordo coletivo de trabalho, os critérios de rateio e distribuição da gorjeta e os percentuais de retenção previstos nos §§ 6º e 7º deste artigo serão definidos em assembleia geral dos trabalhadores, na forma do art. 612 desta Consolidação. (Incluído pela Lei nº 13.419, de 2017)

§ 6º As empresas que cobrarem a gorjeta de que trata o § 3º deverão: (Incluído pela Lei nº 13.419, de 2017)

I - para as empresas inscritas em regime de tributação federal diferenciado, lançá-la na respectiva nota de consumo, facultada a retenção de até 20% (vinte por cento) da arrecadação correspondente, mediante previsão em convenção ou acordo coletivo de trabalho, para custear os encargos sociais, previdenciários e trabalhistas derivados da sua integração à remuneração dos empregados, devendo o valor remanescente ser revertido integralmente em favor do trabalhador; (Incluído pela Lei nº 13.419, de 2017)

II - para as empresas não inscritas em regime de tributação federal diferenciado, lançá-la na respectiva nota de consumo, facultada a retenção de até 33% (trinta e três por cento) da arrecadação correspondente, mediante previsão em convenção ou acordo coletivo de trabalho, para custear os encargos sociais, previdenciários e trabalhistas derivados da sua integração à remuneração dos empregados, devendo o valor remanescente ser revertido integralmente em favor do trabalhador; (Incluído pela Lei nº 13.419, de 2017)

III - anotar na Carteira de Trabalho e Previdência Social e no contracheque de seus empregados o salário contratual fixo e o percentual percebido a título de gorjeta. (Incluído pela Lei nº 13.419, de 2017)

§ 7º A gorjeta, quando entregue pelo consumidor diretamente ao empregado, terá seus critérios definidos em convenção ou acordo coletivo de trabalho, facultada a retenção nos parâmetros do § 6º deste artigo. (Incluído pela Lei nº 13.419, de 2017)

§ 8º As empresas deverão anotar na Carteira de Trabalho e Previdência Social de seus empregados o salário fixo e a média dos valores das gorjetas referente aos últimos doze meses. (Incluído pela Lei nº 13.419, de 2017)

§ 9º Cessada pela empresa a cobrança da gorjeta de que trata o § 3º deste artigo, desde que cobrada por mais de doze meses, essa se incorporará ao salário do empregado, tendo como base a média dos últimos doze meses, salvo o estabelecido em convenção ou acordo coletivo de trabalho. (Incluída pela Lei nº 13.419, de 2017)

§ 10. Para empresas com mais de sessenta empregados, será constituída comissão de empregados, mediante previsão em convenção ou acordo coletivo de trabalho, para acompanhamento e fiscalização da regularidade da cobrança e distribuição da gorjeta de que trata o § 3º deste artigo, cujos representantes serão eleitos em assembleia geral convocada para esse fim pelo sindicato laboral e gozarão de garantia de emprego vinculada ao desempenho das funções para que foram eleitos, e, para as demais empresas, será constituída comissão intersindical para o referido fim. (Incluído pela Lei nº 13.419, de 2017)

§ 11. Comprovado o descumprimento do disposto nos §§ 4º, 6º, 7º e 9º deste artigo, o empregador pagará ao trabalhador prejudicado, a título de multa, o valor correspondente a 1/30 (um trinta avos) da média da gorjeta por dia de atraso, limitada ao piso da categoria, assegurados em qualquer hipótese o contraditório e a ampla defesa, observadas as seguintes regras: (Incluído pela Lei nº 13.419, de 2017)

I - a limitação prevista neste parágrafo será triplicada caso o empregador seja reincidente; (Incluído pela Lei nº 13.419, de 2017)

II - considera-se reincidente o empregador que, durante o período de doze meses, descumpre o disposto nos §§ 4º, 6º, 7º e 9º deste artigo por mais de sessenta dias. (Incluído pela Lei nº 13.419, de 2017)

Art. 458 - Além do pagamento em dinheiro, compreende-se no salário, para todos os efeitos legais, a alimentação, habitação, vestuário ou outras prestações "in natura" que a empresa, por força do contrato ou do costume, fornecer habitualmente ao empregado. Em caso algum será permitido o pagamento com bebidas alcoólicas ou drogas nocivas. (Redação dada pelo Decreto-Lei nº 229, de 28.2.1967)

§ 1º Os valôres atribuídos às prestações «in natura» deverão ser justos e razoáveis, não podendo exceder, em cada caso, os dos percentuais das parcelas componentes do salário-mínimo (arts. 81 e 82).Incluído pelo Decreto-Lei nº 229, de 28.2.1967).

§ 2º Para os efeitos previstos neste artigo, não serão considerados como salário as seguintes utilidades concedidas pelo empregador: (Redação dada pela Lei nº 10.243, de 19.6.2001)

I – vestuários, equipamentos e outros acessórios fornecidos aos empregados e utilizados no local de trabalho, para a prestação do serviço; (Incluído pela Lei nº 10.243, de 19.6.2001)

II – educação, em estabelecimento de ensino próprio ou de terceiros, compreendendo os valores relativos a matrícula, mensalidade, anuidade, livros e material didático; (Incluído pela Lei nº 10.243, de 19.6.2001)

III – transporte destinado ao deslocamento para o trabalho e retorno, em percurso servido ou não por transporte público; (Incluído pela Lei nº 10.243, de 19.6.2001)

IV – assistência médica, hospitalar e odontológica, prestada diretamente ou mediante seguro-saúde; (Incluído pela Lei nº 10.243, de 19.6.2001)

V – seguros de vida e de acidentes pessoais; (Incluído pela Lei nº 10.243, de 19.6.2001)

VI – previdência privada; (Incluído pela Lei nº 10.243, de 19.6.2001)

VII – (VETADO) (Incluído pela Lei nº 10.243, de 19.6.2001)

VIII – o valor correspondente ao vale-cultura. (Incluído pela Lei nº 12.761, de 2012)

§ 3º - A habitação e a alimentação fornecidas como salário-utilidade deverão atender aos fins a que se destinam e não poderão exceder, respectivamente, a 25% (vinte e cinco por cento) e 20% (vinte por cento) do salário-contratual. (Incluído pela Lei nº 8.860, de 24.3.1994)

§ 4º - Tratando-se de habitação coletiva, o valor do salário-utilidade a ela correspondente será obtido mediante a divisão do justo valor da habitação pelo número de co-habitantes, vedada, em qualquer hipótese, a utilização da mesma unidade residencial por mais de uma família. (Incluído pela Lei nº 8.860, de 24.3.1994)

§ 5º O valor relativo à assistência prestada por serviço médico ou odontológico, próprio ou não, inclusive o reembolso de despesas com medicamentos, óculos, aparelhos ortopédicos, próteses, órteses, despesas médico-hospitalares e outras similares, mesmo quando concedido em diferentes modalidades de planos e coberturas, não integram o salário do empregado para qualquer efeito nem o salário de contribuição, para efeitos do previsto na alínea q do § 9º do art. 28 da Lei no 8.212, de 24 de julho de 1991. (Incluído pela Lei nº 13.467, de 2017)

Art. 459 - O pagamento do salário, qualquer que seja a modalidade do trabalho, não deve ser estipulado por período superior a 1 (um) mês, salvo no que concerne a comissões, percentagens e gratificações.

§ 1º Quando o pagamento houver sido estipulado por mês, deverá ser efetuado, o mais tardar, até o quinto dia útil do mês subsequente ao vencido. (Redação dada pela Lei nº 7.855, de 24.10.1989)

Art. 460 - Na falta de estipulação do salário ou não havendo prova sobre a importância ajustada, o empregado terá direito a perceber salário igual ao daquela que, na mesma empresa, fizer serviço equivalente ou do que for habitualmente pago para serviço semelhante.

Art. 461. Sendo idêntica a função, a todo trabalho de igual valor, prestado ao mesmo empregador, no mesmo estabelecimento empresarial, corresponderá igual salário, sem distinção de sexo, etnia, nacionalidade ou idade. (Redação dada pela Lei nº 13.467, de 2017)

§ 1º Trabalho de igual valor, para os fins deste Capítulo, será o que for feito com igual produtividade e com a mesma perfeição técnica, entre pessoas cuja diferença de tempo de serviço para o mesmo empregador não seja superior a quatro anos e a diferença de tempo na função não seja superior a dois anos. (Redação dada pela Lei nº 13.467, de 2017)

§ 2º Os dispositivos deste artigo não prevalecerão quando o empregador tiver pessoal organizado em quadro de carreira ou adotar, por meio de norma interna da empresa ou de negociação coletiva, plano de cargos e salários, dispensada qualquer forma de homologação ou registro em órgão público. (Redação dada pela Lei nº 13.467, de 2017)

§ 3º No caso do § 2º deste artigo, as promoções poderão ser feitas por merecimento e por antiguidade, ou por apenas um destes critérios, dentro de cada categoria profissional. (Redação dada pela Lei nº 13.467, de 2017)

§ 4º - O trabalhador readaptado em nova função por motivo de deficiência física ou mental atestada pelo órgão competente da Previdência Social não servirá de paradigma para fins de equiparação salarial. (Incluído pela Lei nº 5.798, de 31.8.1972)

§ 5º A equiparação salarial só será possível entre empregados contemporâneos no cargo ou na função, ficando vedada a indicação de paradigmas remotos, ainda que o paradigma contemporâneo tenha obtido a vantagem em ação judicial própria. (Incluído pela Lei nº 13.467, de 2017)

§ 6º No caso de comprovada discriminação por motivo de sexo ou etnia, o juízo determinará, além do pagamento das diferenças salariais devidas, multa, em favor do empregado discriminado, no valor de 50% (cinquenta por cento) do limite máximo dos benefícios do Regime Geral de Previdência Social. (Incluído pela Lei nº 13.467, de 2017)

Art. 462 - Ao empregador é vedado efetuar qualquer desconto nos salários do empregado, salvo quando este resultar de adiantamentos, de dispositivos de lei ou de contrato coletivo.

§ 1º - Em caso de dano causado pelo empregado, o desconto será lícito, desde de que esta possibilidade tenha sido acordada ou na ocorrência de dolo do empregado. (Parágrafo único renumerado pelo Decreto-Lei nº 229, de 28.2.1967)

§ 2º - É vedado à emprêsa que mantiver armazém para venda de mercadorias aos empregados ou serviços estimados a proporcionar-lhes prestações « in natura « exercer qualquer coação ou induzimento no sentido de que os empregados se utilizem do armazém ou dos serviços. (Incluído pelo Decreto-Lei nº 229, de 28.2.1967)

§ 3º - Sempre que não fôr possível o acesso dos empregados a armazéns ou serviços não mantidos pela Emprêsa, é lícito à autoridade competente determinar a adoção de medidas adequadas, visando a que as mercadorias sejam vendidas e os serviços prestados a preços razoáveis, sem intuito de lucro e sempre em benefício das empregadas. (Incluído pelo Decreto-Lei nº 229, de 28.2.1967)

§ 4º - Observado o disposto neste Capítulo, é vedado às emprêsas limitar, por qualquer forma, a liberdade dos empregados de dispôr do seu salário. (Incluído pelo Decreto-Lei nº 229, de 28.2.1967)

Art. 463 - A prestação, em espécie, do salário será paga em moeda corrente do País.

Parágrafo único - O pagamento do salário realizado com inobservância deste artigo considera-se como não feito.

Art. 464 - O pagamento do salário deverá ser efetuado contra recibo, assinado pelo empregado; em se tratando de analfabeto, mediante sua impressão digital, ou, não sendo esta possível, a seu rogo.

Parágrafo único - Terá força de recibo o comprovante de depósito em conta bancária, aberta para esse fim em nome de cada empregado, com o consentimento deste, em estabelecimento de crédito próximo ao local de trabalho. (Parágrafo incluído pela Lei nº 9.528, de 10.12.1997)

Art. 465. O pagamento dos salários será efetuado em dia útil e no local do trabalho, dentro do horário do serviço ou imediatamente após o encerramento deste, salvo quando efetuado por depósito em conta bancária, observado o disposto no artigo anterior. (Redação dada pela Lei nº 9.528, de 10.12.1997)

Art. 466 - O pagamento de comissões e percentagens só é exigível depois de ultimada a transação a que se referem.

§ 1º - Nas transações realizadas por prestações sucessivas, é exigível o pagamento das percentagens e comissões que lhes disserem respeito proporcionalmente à respectiva liquidação.

§ 2º - A cessação das relações de trabalho não prejudica a percepção das comissões e percentagens devidas na forma estabelecida por este artigo.

Art. 467. Em caso de rescisão de contrato de trabalho, havendo controvérsia sobre o montante das verbas rescisórias, o empregador é obrigado a pagar ao trabalhador, à data do comparecimento à Justiça do Trabalho, a parte incontroversa dessas verbas, sob pena de pagá-las acrescidas de cinquenta por cento». (Redação dada pela Lei nº 10.272, de 5.9.2001)

CAPÍTULO III - DA ALTERAÇÃO

Art. 468 - Nos contratos individuais de trabalho só é lícita a alteração das respectivas condições por mútuo consentimento, e ainda assim desde que não resultem, direta ou indiretamente, prejuízos ao empregado, sob pena de nulidade da cláusula infringente desta garantia.

§ 1º Não se considera alteração unilateral a determinação do empregador para que o respectivo empregado reverta ao cargo efetivo, anteriormente ocupado, deixando o exercício de função de confiança. (Redação dada pela Lei nº 13.467, de 2017)

§ 2º A alteração de que trata o § 1º deste artigo, com ou sem justo motivo, não assegura ao empregado o direito à manutenção do pagamento da gratificação correspondente, que não será incorporada, independentemente do tempo de exercício da respectiva função. (Incluído pela Lei nº 13.467, de 2017)

Art. 469 - Ao empregador é vedado transferir o empregado, sem a sua anuência, para localidade diversa da que resultar do contrato, não se considerando transferência a que não acarretar necessariamente a mudança do seu domicílio.

§ 1º - Não estão compreendidos na proibição deste artigo: os empregados que exerçam cargo de confiança e aqueles cujos contratos tenham como condição, implícita ou explícita, a transferência, quando esta decorra de real necessidade de serviço. (Redação dada pela Lei nº 6.203, de 17.4.1975)

§ 2º - É lícita a transferência quando ocorrer extinção do estabelecimento em que trabalhar o empregado.

§ 3º - Em caso de necessidade de serviço o empregador poderá transferir o empregado para localidade diversa da que resultar do contrato, não obstante as restrições do artigo anterior, mas, nesse caso, ficará obrigado a um pagamento suplementar, nunca inferior a 25% (vinte e cinco por cento) dos salários que o empregado percebia naquela localidade, enquanto durar essa situação. (Parágrafo incluído pela Lei nº 6.203, de 17.4.1975)

Art. 470 - As despesas resultantes da transferência correrão por conta do empregador. (Redação dada pela Lei nº 6.203, de 17.4.1975)

CAPÍTULO IV - DA SUSPENSÃO E DA INTERRUPÇÃO

Art. 471 - Ao empregado afastado do emprego, são asseguradas, por ocasião de sua volta, todas as vantagens que, em sua ausência, tenham sido atribuídas à categoria a que pertencia na empresa.

Art. 472 - O afastamento do empregado em virtude das exigências do serviço militar, ou de outro encargo público, não constituirá motivo para alteração ou rescisão do contrato de trabalho por parte do empregador.

§ 1º - Para que o empregado tenha direito a voltar a exercer o cargo do qual se afastou em virtude de exigências do serviço militar ou de encargo público, é indispensável que notifique o empregador dessa intenção, por telegrama ou carta registrada, dentro do prazo máximo de 30 (trinta) dias, contados da data em que se verificar a respectiva baixa ou a terminação do encargo a que estava obrigado.

§ 2º - Nos contratos por prazo determinado, o tempo de afastamento, se assim acordarem as partes interessadas, não será computado na contagem do prazo para a respectiva terminação.

§ 3º - Ocorrendo motivo relevante de interesse para a segurança nacional, poderá a autoridade competente solicitar o afastamento do empregado do serviço ou do local de trabalho, sem que se configure a suspensão do contrato de trabalho. (Incluído pelo Decreto-Lei nº 3, de 27.1.1966)

§ 4º - O afastamento a que se refere o parágrafo anterior será solicitado pela autoridade competente diretamente ao empregador, em representação fundamentada com audiência da Procuradoria Regional do Trabalho, que providenciará desde logo a instauração do competente inquérito administrativo. (Incluído pelo Decreto-Lei nº 3, de 27.1.1966)

§ 5º - Durante os primeiros 90 (noventa) dias desse afastamento, o empregado continuará percebendo sua remuneração. (Incluído pelo Decreto-Lei nº 3, de 27.1.1966)

Art. 473 - O empregado poderá deixar de comparecer ao serviço sem prejuízo do salário: (Redação dada pelo Decreto-Lei nº 229, de 28.2.1967)

I - até 2 (dois) dias consecutivos, em caso de falecimento do cônjuge, ascendente, descendente, irmão ou pessoa que, declarada em sua carteira de trabalho e previdência social, viva sob sua dependência econômica; (Inciso incluído pelo Decreto-Lei nº 229, de 28.2.1967)

II - até 3 (três) dias consecutivos, em virtude de casamento; (Inciso incluído pelo Decreto-Lei nº 229, de 28.2.1967)

III - por um dia, em caso de nascimento de filho no decorrer da primeira semana; (Inciso incluído pelo Decreto-Lei nº 229, de 28.2.1967)

IV - por um dia, em cada 12 (doze) meses de trabalho, em caso de doação voluntária de sangue devidamente comprovada; (Inciso incluído pelo Decreto-Lei nº 229, de 28.2.1967)

V - até 2 (dois) dias consecutivos ou não, para o fim de se alistar eleitor, nos têrmos da lei respectiva. (Inciso incluído pelo Decreto-Lei nº 229, de 28.2.1967)

VI - no período de tempo em que tiver de cumprir as exigências do Serviço Militar referidas na letra "c" do art. 65 da Lei nº 4.375, de 17 de agosto de 1964 (Lei do Serviço Militar). (Incluído pelo Decreto-Lei nº 757, de 12.8.1969)

VII - nos dias em que estiver comprovadamente realizando provas de exame vestibular para ingresso em estabelecimento de ensino superior. (Inciso incluído pela Lei nº 9.471, de 14.7.1997)

VIII - pelo tempo que se fizer necessário, quando tiver que comparecer a juízo. (Incluído pela Lei nº 9.853, de 27.10.1999)

IX - pelo tempo que se fizer necessário, quando, na qualidade de representante de entidade sindical, estiver participando de reunião oficial de organismo internacional do qual o Brasil seja membro. (Incluído pela Lei nº 11.304, de 2006)

X - até 2 (dois) dias para acompanhar consultas médicas e exames complementares durante o período de gravidez de sua esposa ou companheira; (Incluído dada pela Lei nº 13.257, de 2016)

XI - por 1 (um) dia por ano para acompanhar filho de até 6 (seis) anos em consulta médica. (Incluído dada pela Lei nº 13.257, de 2016)

XII - até 3 (três) dias, em cada 12 (doze) meses de trabalho, em caso de realização de exames preventivos de câncer devidamente comprovada. (Incluído pela Lei nº 13.767, de 2018)

Art. 474 - A suspensão do empregado por mais de 30 (trinta) dias consecutivos importa na rescisão injusta do contrato de trabalho.

Art. 475 - O empregado que for aposentado por invalidez terá suspenso o seu contrato de trabalho durante o prazo fixado pelas leis de previdência social para a efetivação do benefício.

§ 1º - Recuperando o empregado a capacidade de trabalho e sendo a aposentadoria cancelada, ser-lhe-á assegurado o direito à função que ocupava ao tempo da aposentadoria, facultado, porém, ao empregador, o direito de indenizá-lo por rescisão do contrato de trabalho, nos termos dos arts. 477 e 478, salvo na hipótese de ser ele portador de estabilidade, quando a indenização deverá ser paga na forma do art. 497. (Redação dada pela Lei nº 4.824, de 5.11.1965)

§ 2º - Se o empregador houver admitido substituto para o aposentado, poderá rescindir, com este, o respectivo contrato de trabalho sem indenização, desde que tenha havido ciência inequívoca da interinidade ao ser celebrado o contrato.

Art. 476 - Em caso de seguro-doença ou auxílio-enfermidade, o empregado é considerado em licença não remunerada, durante o prazo desse benefício.

Art. 476-A. O contrato de trabalho poderá ser suspenso, por um período de dois a cinco meses, para participação do empregado em curso ou programa de qualificação profissional oferecido pelo empregador, com duração equivalente à suspensão contratual, mediante previsão em convenção ou acordo coletivo de trabalho e aquiescência formal do empregado, observado o disposto no art. 471 desta Consolidação. (Incluído pela Medida Provisória nº 2.164-41, de 2001)

§ 1º Após a autorização concedida por intermédio de convenção ou acordo coletivo, o empregador deverá notificar o respectivo sindicato, com antecedência mínima de quinze dias da suspensão contratual. (Incluído pela Medida Provisória nº 2.164-41, de 2001)

§ 2º O contrato de trabalho não poderá ser suspenso em conformidade com o disposto no caput deste artigo mais de uma vez no período de dezesseis meses. (Incluído pela Medida Provisória nº 2.164-41, de 2001)

§ 3º O empregador poderá conceder ao empregado ajuda compensatória mensal, sem natureza salarial, durante o período de suspensão contratual nos termos do caput deste artigo, com valor a ser definido em convenção ou acordo coletivo.

§ 4º Durante o período de suspensão contratual para participação em curso ou programa de qualificação profissional, o empregado fará jus aos benefícios voluntariamente concedidos pelo empregador. (Incluído pela Medida Provisória nº 2.164-41, de 2001)

§ 5º Se ocorrer a dispensa do empregado no transcurso do período de suspensão contratual ou nos três meses subsequentes ao seu retorno ao trabalho, o empregador pagará ao empregado, além das parcelas indenizatórias previstas na legislação em vigor, multa a ser estabelecida em convenção ou acordo coletivo, sendo de, no mínimo, cem por cento sobre o valor da última remuneração mensal anterior à suspensão do contrato. (Incluído pela Medida Provisória nº 2.164-41, de 2001)

§ 6º Se durante a suspensão do contrato não for ministrado o curso ou programa de qualificação profissional, ou o empregado permanecer trabalhando para o empregador, ficará descaracterizada a suspensão, sujeitando o empregador ao pagamento imediato dos salários e dos encargos sociais referentes ao período, às penalidades cabíveis previstas na legislação em vigor, bem como às sanções previstas em convenção ou acordo coletivo. (Incluído pela Medida Provisória nº 2.164-41, de 2001)

§ 7º O prazo limite fixado no caput poderá ser prorrogado mediante convenção ou acordo coletivo de trabalho e aquiescência formal do empregado, desde que o empregador arque com o ônus correspondente ao valor da bolsa de qualificação profissional, no respectivo período. (Incluído pela Medida Provisória nº 2.164-41, de 2001)

CAPÍTULO V - DA RESCISÃO

Art. 477. Na extinção do contrato de trabalho, o empregador deverá proceder à anotação na Carteira de Trabalho e Previdência Social, comunicar a dispensa aos órgãos competentes e realizar o pagamento das verbas rescisórias no prazo e na forma estabelecidos neste artigo. (Redação dada pela Lei nº 13.467, de 2017)

§ 1º (Revogado). (Redação dada pela Lei nº 13.467, de 2017)

§ 2º - O instrumento de rescisão ou recibo de quitação, qualquer que seja a causa ou forma de dissolução do contrato, deve ter especificada a natureza de cada parcela paga ao empregado e discriminado o seu valor, sendo válida a quitação, apenas, relativamente às mesmas parcelas. (Redação dada pela Lei nº 5.584, de 26.6.1970)

§ 3º (Revogado). (Redação dada pela Lei nº 13.467, de 2017)

§ 4º O pagamento a que fizer jus o empregado será efetuado: (Redação dada pela Lei nº 13.467, de 2017)

I - em dinheiro, depósito bancário ou cheque visado, conforme acordem as partes; ou (Incluído pela Lei nº 13.467, de 2017)

II - em dinheiro ou depósito bancário quando o empregado for analfabeto. (Incluído pela Lei nº 13.467, de 2017)

§ 5º - Qualquer compensação no pagamento de que trata o parágrafo anterior não poderá exceder o equivalente a um mês de remuneração do empregado. (Redação dada pela Lei nº 5.584, de 26.6.1970)

§ 6º A entrega ao empregado de documentos que comprovem a comunicação da extinção contratual aos órgãos competentes bem como o pagamento dos valores constantes do instrumento de rescisão ou recibo de quitação deverão ser efetuados até dez dias contados a partir do término do contrato. (Redação dada pela Lei nº 13.467, de 2017)

a) (revogado); (Redação dada pela Lei nº 13.467, de 2017)
b) (revogado). (Redação dada pela Lei nº 13.467, de 2017)

§ 7º (Revogado). (Redação dada pela Lei nº 13.467, de 2017)

§ 8º - A inobservância do disposto no § 6º deste artigo sujeitará o infrator à multa de 160 BTN, por trabalhador, bem assim ao pagamento da multa a favor do empregado, em valor equivalente ao seu salário, devidamente corrigido pelo índice de variação do BTN, salvo quando, comprovadamente, o trabalhador der causa à mora. (Incluído pela Lei nº 7.855, de 24.10.1989)

§ 9º (vetado). (Incluído pela Lei nº 7.855, de 24.10.1989)

§ 10. A anotação da extinção do contrato na Carteira de Trabalho e Previdência Social é documento hábil para requerer o benefício do seguro-desemprego e a movimentação da conta vinculada no Fundo de Garantia do Tempo de Serviço, nas hipóteses legais, desde que a comunicação prevista no caput deste artigo tenha sido realizada. (Incluído pela Lei nº 13.467, de 2017)

Art. 477-A. As dispensas imotivadas individuais, plúrimas ou coletivas equiparam-se para todos os fins, não havendo necessidade de autorização prévia de entidade sindical ou de celebração de convenção coletiva ou acordo coletivo de trabalho para sua efetivação. (Incluído pela Lei nº 13.467, de 2017)

Art. 477-B. Plano de Demissão Voluntária ou Incentivada, para dispensa individual, plúrima ou coletiva, previsto em convenção coletiva ou acordo coletivo de trabalho, enseja quitação plena e irrevogável dos direitos decorrentes da relação empregatícia, salvo disposição em contrário estipulada entre as partes. (Incluído pela Lei nº 13.467, de 2017)

Art. 478 - A indenização devida pela rescisão de contrato por prazo indeterminado será de 1 (um) mês de remuneração por ano de serviço efetivo, ou por ano e fração igual ou superior a 6 (seis) meses. (Vide Lei nº 2.959, de 1956)

§ 1º - O primeiro ano de duração do contrato por prazo indeterminado é considerado como período de experiência, e, antes que se complete, nenhuma indenização será devida.

§ 2º - Se o salário for pago por dia, o cálculo da indenização terá por base 25 (vinte e cinco) dias. (Vide Constituição Federal Art.7 inciso XIII)

§ 3º - Se pago por hora, a indenização apurar-se-á na base de 200 (duzentas) horas por mês. (Vide Constituição Federal Art.7 inciso XIII)

§ 4º - Para os empregados que trabalhem a comissão ou que tenham direito a percentagens, a indenização será calculada pela média das comissões ou percentagens percebidas nos últimos 12 (doze) meses de serviço. (Redação dada pelo Decreto-Lei nº 229, de 28.2.1967)

§ 5º - Para os empregados que trabalhem por tarefa ou serviço feito, a indenização será calculada na base média do tempo costumeiramente gasto pelo interessado para realização de seu serviço, calculando-se o valor do que seria feito durante 30 (trinta) dias.

Art. 479 - Nos contratos que tenham termo estipulado, o empregador que, sem justa causa, despedir o empregado será obrigado a pagar-lhe, a título de indenização, e por metade, a remuneração a que teria direito até o termo do contrato. (Vide Lei nº 9.601, de 1998)

Parágrafo único - Para a execução do que dispõe o presente artigo, o cálculo da parte variável ou incerta dos salários será feito de acordo com o prescrito para o cálculo da indenização referente à rescisão dos contratos por prazo indeterminado.

Art. 480 - Havendo termo estipulado, o empregado não se poderá desligar do contrato, sem justa causa, sob pena de ser obrigado a indenizar o empregador dos prejuízos que desse fato lhe resultarem. (Vide Lei nº 9.601, de 1998)

§ 1º - A indenização, porém, não poderá exceder àquela a que teria direito o empregado em idênticas condições. (Renumerado do parágrafo único pelo Decreto-Lei nº 6.353, de 20.3.1944)

Art. 481 - Aos contratos por prazo determinado, que contiverem cláusula assecuratória do direito recíproco de rescisão antes de expirado o termo ajustado, aplicam-se, caso seja exercido tal direito por qualquer das partes, os princípios que regem a rescisão dos contratos por prazo indeterminado.

Art. 482 - Constituem justa causa para rescisão do contrato de trabalho pelo empregador:

 a) ato de improbidade;
 b) incontinência de conduta ou mau procedimento;
 c) negociação habitual por conta própria ou alheia sem permissão do empregador, e quando constituir ato de concorrência à empresa para a qual trabalha o empregado, ou for prejudicial ao serviço;
 d) condenação criminal do empregado, passada em julgado, caso não tenha havido suspensão da execução da pena;
 e) desídia no desempenho das respectivas funções;
 f) embriaguez habitual ou em serviço;
 g) violação de segredo da empresa;
 h) ato de indisciplina ou de insubordinação;
 i) abandono de emprego;
 j) ato lesivo da honra ou da boa fama praticado no serviço contra qualquer pessoa, ou ofensas físicas, nas mesmas condições, salvo em caso de legítima defesa, própria ou de outrem;
 k) ato lesivo da honra ou da boa fama ou ofensas físicas praticadas contra o empregador e superiores hierárquicos, salvo em caso de legítima defesa, própria ou de outrem;
 l) prática constante de jogos de azar.
 m) perda da habilitação ou dos requisitos estabelecidos em lei para o exercício da profissão, em decorrência de conduta dolosa do empregado. (Incluído pela Lei nº 13.467, de 2017)

Parágrafo único - Constitui igualmente justa causa para dispensa de empregado a prática, devidamente comprovada em inquérito administrativo, de atos atentatórios à segurança nacional. (Incluído pelo Decreto-Lei nº 3, de 27.1.1966)

Art. 483 - O empregado poderá considerar rescindido o contrato e pleitear a devida indenização quando:

 a) forem exigidos serviços superiores às suas forças, defesos por lei, contrários aos bons costumes, ou alheios ao contrato;
 b) for tratado pelo empregador ou por seus superiores hierárquicos com rigor excessivo;
 c) correr perigo manifesto de mal considerável;
 d) não cumprir o empregador as obrigações do contrato;
 e) praticar o empregador ou seus prepostos, contra ele ou pessoas de sua família, ato lesivo da honra e boa fama;
 f) o empregador ou seus prepostos ofenderem-no fisicamente, salvo em caso de legítima defesa, própria ou de outrem;
 g) o empregador reduzir o seu trabalho, sendo este por peça ou tarefa, de forma a afetar sensivelmente a importância dos salários.

§ 1º - O empregado poderá suspender a prestação dos serviços ou rescindir o contrato, quando tiver de desempenhar obrigações legais, incompatíveis com a continuação do serviço.

§ 2º - No caso de morte do empregador constituído em empresa individual, é facultado ao empregado rescindir o contrato de trabalho.

§ 3º - Nas hipóteses das letras «d» e «g», poderá o empregado pleitear a rescisão de seu contrato de trabalho e o pagamento das respectivas indenizações, permanecendo ou não no serviço até final decisão do processo. (Incluído pela Lei nº 4.825, de 5.11.1965)

Art. 484 - Havendo culpa recíproca no ato que determinou a rescisão do contrato de trabalho, o tribunal de trabalho reduzirá a indenização à que seria devida em caso de culpa exclusiva do empregador, por metade.

Art. 484-A. O contrato de trabalho poderá ser extinto por acordo entre empregado e empregador, caso em que serão devidas as seguintes verbas trabalhistas: (Incluído pela Lei nº 13.467, de 2017)

 I - por metade: (Incluído pela Lei nº 13.467, de 2017)
 a) o aviso prévio, se indenizado; e (Incluído pela Lei nº 13.467, de 2017)
 b) a indenização sobre o saldo do Fundo de Garantia do Tempo de Serviço, prevista no § 1º do art. 18 da Lei no 8.036, de 11 de maio de 1990; (Incluído pela Lei nº 13.467, de 2017)
 II - na integralidade, as demais verbas trabalhistas. (Incluído pela Lei nº 13.467, de 2017)

§ 1º A extinção do contrato prevista no caput deste artigo permite a movimentação da conta vinculada do trabalhador no Fundo de Garantia do Tempo de Serviço na forma do inciso I-A do art. 20 da Lei no 8.036, de 11 de maio de 1990, limitada até 80% (oitenta por cento) do valor dos depósitos. (Incluído pela Lei nº 13.467, de 2017)

§ 2º A extinção do contrato por acordo prevista no caput deste artigo não autoriza o ingresso no Programa de Seguro-Desemprego. (Incluído pela Lei nº 13.467, de 2017)

Art. 485 - Quando cessar a atividade da empresa, por morte do empregador, os empregados terão direito, conforme o caso, à indenização a que se referem os art. 477 e 497.

Art. 486 - No caso de paralisação temporária ou definitiva do trabalho, motivada por ato de autoridade municipal, estadual ou federal, ou pela promulgação de lei ou resolução que impossibilite a continuação da atividade, prevalecerá o pagamento da indenização, que ficará a cargo do governo responsável. (Redação dada pela Lei nº 1.530, de 26.12.1951)

§ 1º - Sempre que o empregador invocar em sua defesa o preceito do presente artigo, o tribunal do trabalho competente notificará a pessoa de direito público apontada como responsável pela paralisação do trabalho, para que, no prazo de 30 (trinta) dias, alegue o que entender devido, passando a figurar no processo como chamada à autoria. (Incluído pelo Decreto-Lei nº 6.110, de 16.12.1943)

§ 2º - Sempre que a parte interessada, firmada em documento hábil, invocar defesa baseada na disposição deste artigo e indicar qual o juiz competente, será ouvida a parte contrária, para, dentro de 3 (três) dias, falar sobre essa alegação. (Redação dada pela Lei nº 1.530, de 26.12.1951)

§ 3º - Verificada qual a autoridade responsável, a Junta de Conciliação ou Juiz dar-se-á por incompetente, remetendo os autos ao Juiz Privativo da Fazenda, perante o qual correrá o feito nos termos previstos no processo comum. (Incluído pela Lei nº 1.530, de 26.12.1951)

CAPÍTULO VI - DO AVISO PRÉVIO

(Vide Lei nº 12.506, de 2.011)

Art. 487 - Não havendo prazo estipulado, a parte que, sem justo motivo, quiser rescindir o contrato deverá avisar a outra da sua resolução com a antecedência mínima de:

I - oito dias, se o pagamento for efetuado por semana ou tempo inferior; (Redação dada pela Lei nº 1.530, de 26.12.1951)

II - trinta dias aos que perceberem por quinzena ou mês, ou que tenham mais de 12 (doze) meses de serviço na empresa. (Redação dada pela Lei nº 1.530, de 26.12.1951)

§ 1º - A falta do aviso prévio por parte do empregador dá ao empregado o direito aos salários correspondentes ao prazo do aviso, garantida sempre a integração desse período no seu tempo de serviço.

§ 2º - A falta de aviso prévio por parte do empregado dá ao empregador o direito de descontar os salários correspondentes ao prazo respectivo.

§ 3º - Em se tratando de salário pago na base de tarefa, o cálculo, para os efeitos dos parágrafos anteriores, será feito de acordo com a média dos últimos 12 (doze) meses de serviço.

§ 4º - É devido o aviso prévio na despedida indireta. (Parágrafo incluído pela Lei nº 7.108, de 5.7.1983)

§ 5º O valor das horas extraordinárias habituais integra o aviso prévio indenizado. (Parágrafo incluído pela Lei nº 10.218, de 11.4.2001)

§ 6º O reajustamento salarial coletivo, determinado no curso do aviso prévio, beneficia o empregado pré-avisado da despedida, mesmo que tenha recebido antecipadamente os salários correspondentes ao período do aviso, que integra seu tempo de serviço para todos os efeitos legais. (Parágrafo incluído pela Lei nº 10.218, de 11.4.2001)

Art. 488 - O horário normal de trabalho do empregado, durante o prazo do aviso, e se a rescisão tiver sido promovida pelo empregador, será reduzido de 2 (duas) horas diárias, sem prejuízo do salário integral.

Parágrafo único - É facultado ao empregado trabalhar sem a redução das 2 (duas) horas diárias previstas neste artigo, caso em que poderá faltar ao serviço, sem prejuízo do salário integral, por 1 (um) dia, na hipótese do inciso I, e por 7 (sete) dias corridos, na hipótese do inciso II do art. 487 desta Consolidação. (Incluído pela Lei nº 7.093, de 25.4.1983)

Art. 489 - Dado o aviso prévio, a rescisão torna-se efetiva depois de expirado o respectivo prazo, mas, se a parte notificante reconsiderar o ato, antes de seu termo, à outra parte é facultado aceitar ou não a reconsideração.

Parágrafo único - Caso seja aceita a reconsideração ou continuando a prestação depois de expirado o prazo, o contrato continuará a vigorar, como se o aviso prévio não tivesse sido dado.

Art. 490 - O empregador que, durante o prazo do aviso prévio dado ao empregado, praticar ato que justifique a rescisão imediata do contrato, sujeita-se ao pagamento da remuneração correspondente ao prazo do referido aviso, sem prejuízo da indenização que for devida.

Art. 491 - O empregado que, durante o prazo do aviso prévio, cometer qualquer das faltas consideradas pela lei como justas para a rescisão, perde o direito ao restante do respectivo prazo.

CAPÍTULO VII - DA ESTABILIDADE

Art. 492 - O empregado que contar mais de 10 (dez) anos de serviço na mesma empresa não poderá ser despedido senão por motivo de falta grave ou circunstância de força maior, devidamente comprovadas.

Parágrafo único - Considera-se como de serviço todo o tempo em que o empregado esteja à disposição do empregador.

Art. 493 - Constitui falta grave a prática de qualquer dos fatos a que se refere o art. 482, quando por sua repetição ou natureza representem séria violação dos deveres e obrigações do empregado.

Art. 494 - O empregado acusado de falta grave poderá ser suspenso de suas funções, mas a sua despedida só se tornará efetiva após o inquérito e que se verifique a procedência da acusação.

Parágrafo único - A suspensão, no caso deste artigo, perdurará até a decisão final do processo.

Art. 495 - Reconhecida a inexistência de falta grave praticada pelo empregado, fica o empregador obrigado a readmiti-lo no serviço e a pagar-lhe os salários a que teria direito no período da suspensão.

Art. 496 - Quando a reintegração do empregado estável for desaconselhável, dado o grau de incompatibilidade resultante do dissídio, especialmente quando for o empregador pessoa física, o tribunal do trabalho poderá converter aquela obrigação em indenização devida nos termos do artigo seguinte.

Art. 497 - Extinguindo-se a empresa, sem a ocorrência de motivo de força maior, ao empregado estável despedido é garantida a indenização por rescisão do contrato por prazo indeterminado, paga em dobro.

Art. 498 - Em caso de fechamento do estabelecimento, filial ou agência, ou supressão necessária de atividade, sem ocorrência de motivo de força maior, é assegurado aos empregados estáveis, que ali exerçam suas funções, direito à indenização, na forma do artigo anterior.

Art. 499 - Não haverá estabilidade no exercício dos cargos de diretoria, gerência ou outros de confiança imediata do empregador, ressalvado o cômputo do tempo de serviço para todos os efeitos legais.

§ 1º - Ao empregado garantido pela estabilidade que deixar de exercer cargo de confiança, é assegurada, salvo no caso de falta grave, a reversão ao cargo efetivo que haja anteriormente ocupado.

§ 2º - Ao empregado despedido sem justa causa, que só tenha exercido cargo de confiança e que contar mais de 10 (dez) anos de serviço na mesma empresa, é garantida a indenização proporcional ao tempo de serviço nos termos dos arts. 477 e 478.

§ 3º - A despedida que se verificar com o fim de obstar ao empregado a aquisição de estabilidade sujeitará o empregador a pagamento em dobro da indenização prescrita nos arts. 477 e 478.

Art. 500 - O pedido de demissão do empregado estável só será válido quando feito com a assistência do respectivo Sindicato e, se não o houver, perante autoridade local competente do Ministério do Trabalho e Previdência Social ou da Justiça do Trabalho. (Revigorado com nova redação, pela Lei nº 5.584, de 26.6.1970)

CAPÍTULO VIII - DA FORÇA MAIOR

Art. 501 - Entende-se como força maior todo acontecimento inevitável, em relação à vontade do empregador, e para a realização do qual este não concorreu, direta ou indiretamente.

§ 1º - A imprevidência do empregador exclui a razão de força maior.

§ 2º - À ocorrência do motivo de força maior que não afetar substâncialmente, nem for suscetível de afetar, em tais condições, a situação econômica e financeira da empresa não se aplicam as restrições desta Lei referentes ao disposto neste Capítulo.

Art. 502 - Ocorrendo motivo de força maior que determine a extinção da empresa, ou de um dos estabelecimentos em que trabalhe o empregado, é assegurada a este, quando despedido, uma indenização na forma seguinte:

I - sendo estável, nos termos dos arts. 477 e 478;

II - não tendo direito à estabilidade, metade da que seria devida em caso de rescisão sem justa causa;

III - havendo contrato por prazo determinado, aquela a que se refere o art. 479 desta Lei, reduzida igualmente à metade.

Art. 503 - É lícita, em caso de força maior ou prejuízos devidamente comprovados, a redução geral dos salários dos empregados da empresa, proporcionalmente aos salários de cada um, não podendo, entretanto, ser superior a 25% (vinte e cinco por cento), respeitado, em qualquer caso, o salário mínimo da região.

Parágrafo único - Cessados os efeitos decorrentes do motivo de força maior, é garantido o restabelecimento dos salários reduzidos.

Art. 504 - Comprovada a falsa alegação do motivo de força maior, é garantida a reintegração aos empregados estáveis, e aos não-estáveis o complemento da indenização já percebida, assegurado a ambos o pagamento da remuneração atrasada.

CAPÍTULO IX - DISPOSIÇÕES ESPECIAIS

Art. 505 - São aplicáveis aos trabalhadores rurais os dispositivos constantes dos Capítulos I, II e VI do presente Título.

Art. 506 - No contrato de trabalho agrícola é lícito o acordo que estabelecer a remuneração in natura, contanto que seja de produtos obtidos pela exploração do negócio e não exceda de 1/3 (um terço) do salário total do empregado.

Art. 507 - As disposições do Capítulo VII do presente Título não serão aplicáveis aos empregados em consultórios ou escritórios de profissionais liberais.

Parágrafo único - (Revogado pela Lei nº 6.533, de 24.5.1978)

Art. 507-A. Nos contratos individuais de trabalho cuja remuneração seja superior a duas vezes o limite máximo estabelecido para os benefícios do Regime Geral de Previdência Social, poderá ser pactuada cláusula compromissória de arbitragem, desde que por iniciativa do empregado ou mediante a sua concordância expressa, nos termos previstos na Lei no 9.307, de 23 de setembro de 1996. (Incluído pela Lei nº 13.467, de 2017)

Art. 507-B. É facultado a empregados e empregadores, na vigência ou não do contrato de emprego, firmar o termo de quitação anual de obrigações trabalhistas, perante o sindicato dos empregados da categoria. (Incluído pela Lei nº 13.467, de 2017)

Parágrafo único. O termo discriminará as obrigações de dar e fazer cumpridas mensalmente e dele constará a quitação anual dada pelo empregado, com eficácia liberatória das parcelas nele especificadas. (Incluído pela Lei nº 13.467, de 2017)

Art. 508 - (Revogado pela Lei nº 12.347, de 2010)

Art. 509 - (Revogado pela Lei nº 6.533, de 24.5.1978)

Art. 510 - Pela infração das proibições constantes deste Título, será imposta à empresa a multa de valor igual a 1 (um) salário mínimo regional, elevada ao dobro, no caso de reincidência, sem prejuízo das demais cominações legais. (Redação dada pela Lei nº 5.562, de 12.12.1968)

TÍTULO IV-A - (Incluído pela Lei nº 13.467, de 2017) - DA REPRESENTAÇÃO DOS EMPREGADOS

Art. 510-A. Nas empresas com mais de duzentos empregados, é assegurada a eleição de uma comissão para representá-los, com a finalidade de promover-lhes o entendimento direto com os empregadores. (Incluído pela Lei nº 13.467, de 2017)

§ 1º A comissão será composta: (Incluído pela Lei nº 13.467, de 2017)

I - nas empresas com mais de duzentos e até três mil empregados, por três membros; (Incluído pela Lei nº 13.467, de 2017)

II - nas empresas com mais de três mil e até cinco mil empregados, por cinco membros; (Incluído pela Lei nº 13.467, de 2017)

III - nas empresas com mais de cinco mil empregados, por sete membros. (Incluído pela Lei nº 13.467, de 2017)

§ 2º No caso de a empresa possuir empregados em vários Estados da Federação e no Distrito Federal, será assegurada a eleição de uma comissão de representantes dos empregados por Estado ou no Distrito Federal, na mesma forma estabelecida no § 1º deste artigo. (Incluído pela Lei nº 13.467, de 2017)

Art. 510-B. A comissão de representantes dos empregados terá as seguintes atribuições: (Incluído pela Lei nº 13.467, de 2017)

I - representar os empregados perante a administração da empresa; (Incluído pela Lei nº 13.467, de 2017)

II - aprimorar o relacionamento entre a empresa e seus empregados com base nos princípios da boa-fé e do respeito mútuo; (Incluído pela Lei nº 13.467, de 2017)

III - promover o diálogo e o entendimento no ambiente de trabalho com o fim de prevenir conflitos; (Incluído pela Lei nº 13.467, de 2017)

IV - buscar soluções para os conflitos decorrentes da relação de trabalho, de forma rápida e eficaz, visando à efetiva aplicação das normas legais e contratuais; (Incluído pela Lei nº 13.467, de 2017)

V - assegurar tratamento justo e imparcial aos empregados, impedindo qualquer forma de discriminação por motivo de sexo, idade, religião, opinião política ou atuação sindical; (Incluído pela Lei nº 13.467, de 2017)

VI - encaminhar reivindicações específicas dos empregados de seu âmbito de representação; (Incluído pela Lei nº 13.467, de 2017)

VII - acompanhar o cumprimento das leis trabalhistas, previdenciárias e das convenções coletivas e acordos coletivos de trabalho. (Incluído pela Lei nº 13.467, de 2017)

§ 1º As decisões da comissão de representantes dos empregados serão sempre colegiadas, observada a maioria simples. (Incluído pela Lei nº 13.467, de 2017)

§ 2º A comissão organizará sua atuação de forma independente. (Incluído pela Lei nº 13.467, de 2017)

Art. 510-C. A eleição será convocada, com antecedência mínima de trinta dias, contados do término do mandato anterior, por meio de edital que deverá ser fixado na empresa, com ampla publicidade, para inscrição de candidatura. (Incluído pela Lei nº 13.467, de 2017)

§ 1º Será formada comissão eleitoral, integrada por cinco empregados, não candidatos, para a organização e o acompanhamento do processo eleitoral, vedada a interferência da empresa e do sindicato da categoria. (Incluído pela Lei nº 13.467, de 2017)

§ 2º Os empregados da empresa poderão candidatar-se, exceto aqueles com contrato de trabalho por prazo determinado, com contrato suspenso ou que estejam em período de aviso prévio, ainda que indenizado. (Incluído pela Lei nº 13.467, de 2017)

§ 3º Serão eleitos membros da comissão de representantes dos empregados os candidatos mais votados, em votação secreta, vedado o voto por representação. (Incluído pela Lei nº 13.467, de 2017)

§ 4º A comissão tomará posse no primeiro dia útil seguinte à eleição ou ao término do mandato anterior. (Incluído pela Lei nº 13.467, de 2017)

§ 5º Se não houver candidatos suficientes, a comissão de representantes dos empregados poderá ser formada com número de membros inferior ao previsto no art. 510-A desta Consolidação. (Incluído pela Lei nº 13.467, de 2017)

§ 6º Se não houver registro de candidatura, será lavrada ata e convocada nova eleição no prazo de um ano. (Incluído pela Lei nº 13.467, de 2017)

Art. 510-D. O mandato dos membros da comissão de representantes dos empregados será de um ano. (Incluído pela Lei nº 13.467, de 2017)

§ 1º O membro que houver exercido a função de representante dos empregados na comissão não poderá ser candidato nos dois períodos subsequentes. (Incluído pela Lei nº 13.467, de 2017)

§ 2º O mandato de membro de comissão de representantes dos empregados não implica suspensão ou interrupção do contrato de trabalho, devendo o empregado permanecer no exercício de suas funções. (Incluído pela Lei nº 13.467, de 2017)

§ 3º Desde o registro da candidatura até um ano após o fim do mandato, o membro da comissão de representantes dos empregados não poderá sofrer despedida arbitrária, entendendo-se como tal a que não se fundar em motivo disciplinar, técnico, econômico ou financeiro. (Incluído pela Lei nº 13.467, de 2017)

§ 4º Os documentos referentes ao processo eleitoral devem ser emitidos em duas vias, as quais permanecerão sob a guarda dos empregados e da empresa pelo prazo de cinco anos, à disposição para consulta de qualquer trabalhador interessado, do Ministério Público do Trabalho e do Ministério do Trabalho. (Incluído pela Lei nº 13.467, de 2017)

TÍTULO V - DA ORGANIZAÇÃO SINDICAL
CAPÍTULO I - DA INSTITUIÇÃO SINDICAL
SEÇÃO I - DA ASSOCIAÇÃO EM SINDICATO

Art. 511. É lícita a associação para fins de estudo, defesa e coordenação dos seus interesses econômicos ou profissionais de todos os que, como empregadores, empregados, agentes ou trabalhadores autônomos ou profissionais liberais exerçam, respectivamente, a mesma atividade ou profissão ou atividades ou profissões similares ou conexas.

§ 1º A solidariedade de interesses econômicos dos que empreendem atividades idênticas, similares ou conexas, constitue o vínculo social básico que se denomina categoria econômica.

§ 2º A similitude de condições de vida oriunda da profissão ou trabalho em comum, em situação de emprego na mesma atividade econômica ou em atividades econômicas similares ou conexas, compõe a expressão social elementar compreendida como categoria profissional.

§ 3º Categoria profissional diferenciada é a que se forma dos empregados que exercem profissões ou funções diferenciadas por força de estatuto profissional especial ou em consequência de condições de vida singulares. (Vide Lei nº 12.998, de 2014)

§ 4º Os limites de identidade, similaridade ou conexidade fixam as dimensões dentro das quais a categoria econômica ou profissional é homogênea e a associação é natural.

Art. 512 - Somente as associações profissionais constituídas para os fins e na forma do artigo anterior e registradas de acordo com o art. 558 poderão ser reconhecidas como Sindicatos e investidas nas prerrogativas definidas nesta Lei.

Art. 513. São prerrogativas dos sindicatos :

a) representar, perante as autoridades administrativas e judiciárias os interesses gerais da respectiva categoria ou profissão liberal ou interesses individuais dos associados relativos á atividade ou profissão exercida;
b) celebrar contratos coletivos de trabalho;
c) eleger ou designar os representantes da respectiva categoria ou profissão liberal;
d) colaborar com o Estado, como orgãos técnicos e consultivos, na estudo e solução dos problemas que se relacionam com a respectiva categoria ou profissão liberal;
e) impor contribuições a todos aqueles que participam das categorias econômicas ou profissionais ou das profissões liberais representadas.

Parágrafo Único. Os sindicatos de empregados terão, outrossim, a prerrogativa de fundar e manter agências de colocação.

Art. 514. São deveres dos sindicatos :

a) colaborar com os poderes públicos no desenvolvimento da solidariedade social;
b) manter serviços de assistência judiciária para os associados;
c) promover a conciliação nos dissídios de trabalho.
d) sempre que possível, e de acordo com as suas possibilidades, manter no seu quadro de pessoal, em convênio com entidades assistenciais ou por conta própria, um assistente social com as atribuições específicas de promover a cooperação operacional na empresa e a integração profissional na Classe. (Incluída pela Lei nº 6.200, de 16.4.1975)

Parágrafo único. Os sindicatos de empregados terão, outrossim, o dever de :
a) promover a fundação de cooperativas de consumo e de crédito;
b) fundar e manter escolas do alfabetização e prevocacionais.

SEÇÃO II - DO RECONHECIMENTO E INVESTIDURA SINDICAL

Art. 515. As associações profissionais deverão satisfazer os seguintes requisitos para serem reconhecidas como sindicatos :

a) reunião de um terço, no mínimo, de empresas legalmente constituídas, sob a forma individual ou de sociedade, se se tratar de associação de empregadores; ou de um terço dos que integrem a mesma categoria ou exerçam a mesma profissão liberal se se tratar de associação de empregados ou de trabalhadores ou agentes autônomos ou de profissão liberal;
b) duração de 3 (três) anos para o mandato da diretoria; (Redação dada pelo Decreto-Lei nº 771, de 19.8.1969)
c) exercício do cargo de presidente por brasileiro nato, e dos demais cargos de administração e representação por brasileiros.

Parágrafo único. O ministro do Trabalho, Indústria, e Comércio poderá, excepcionalmente, reconhecer como sindicato a associação cujo número de associados seja inferior ao terço a que se refere a alínea a.

Art. 516 - Não será reconhecido mais de um Sindicato representativo da mesma categoria econômica ou profissional, ou profissão liberal, em uma dada base territorial.

Art. 517. Os sindicatos poderão ser distritais, municipais, intermunicipais, estaduais e interestaduais. Excepcionalmente, e atendendo às peculiaridades de determinadas categorias ou profissões, o ministro do Trabalho, Indústria e Comércio poderá autorizar o reconhecimento de sindicatos nacionais.

§ 1º O ministro do Trabalho, Indústria e Comércio, outorgará e delimitará a base territorial do sindicato.

§ 2º Dentro da base territorial que lhe for determinada é facultado ao sindicato instituir delegacias ou secções para melhor proteção dos associados e da categoria econômica ou profissional ou profissão liberal representada.

Art. 518. O pedido de reconhecimento será dirigido ao ministro do Trabalho, Indústria e Comércio, instruido com exemplar ou cópia autenticada dos estatutos da associação.

§ 1º Os estatutos deverão conter :
a) a denominação e a sede da associação;
b) a categoria econômica ou profissional ou a profissão liberal cuja representação é requerida;
c) a afirmação de que a associação agirá como orgão de colaboração com os poderes públicos e as demais associações no sentido da solidariedade social e da subordinação dos interesses econômicos ou profissionais ao interesse nacional;
d) as atribuições, o processo eleitoral e das votações, os casos de perda de mandato e de substituição dos administradores;
e) o modo de constituição e administração do patrimônio social e o destino que lhe será dado no caso de dissolução;
f) as condições em que se dissolverá associação.

§ 2º O processo de reconhecimento será regulado em instruções baixadas pelo ministro do Trabalho, Indústria e Comércio.

Art. 519 - A investidura sindical será conferida sempre à associação profissional mais representativa, a juízo do Ministro do Trabalho, constituindo elementos para essa apreciação, entre outros:

 a) o número de associados;
 b) os serviços sociais fundados e mantidos;
 c) o valor do patrimônio.

Art. 520. Reconhecida como sindicato a associação profissional, ser-lhe-á expedida carta de reconhecimento, assinada pelo ministro do Trabalho, Indústria e Comércio, na qual será especificada a representação econômica ou profissional conferida e mencionada a base territorial outorgada.

Parágrafo único. O reconhecimento investe a associação nas prerrogativas do art. 513 e a obriga aos deveres do art. 514, cujo inadimplemento a sujeitará às sanções desta lei.

Art. 521 - São condições para o funcionamento do Sindicato:
 a) proibição de qualquer propaganda de doutrinas incompatíveis com as instituições e os interêsses da Nação, bem como de candidaturas a cargos eletivos estranhos ao sindicato. (Redação dada pelo Decreto-Lei nº 9.502, de 23.7.1946)
 b) proibição de exercício de cargo eletivo cumulativamente com o de emprego remunerado pelo sindicato ou por entidade sindical de grau superior;
 c) gratuidade do exercício dos cargos eletivos.
 d) proibição de quaisquer atividades não compreendidas nas finalidades mencionadas no art. 511, inclusive as de caráter político-partidário; (Incluída pelo Decreto-Lei nº 9.502, de 23.7.1946)
 e) proibição de cessão gratuita ou remunerada da respectiva sede a entidade de índole político-partidária. (Incluída pelo Decreto-Lei nº 9.502, de 23.7.1946

Parágrafo único. Quando, para o exercício de mandato, tiver o associado de sindicato de empregados, de trabalhadores autônomos ou de profissionais liberais de se afastar do seu trabalho, poderá ser-lhe arbitrada pela assembléia geral uma gratificação nunca excedente da importância de sua remuneração na profissão respectiva.

SEÇÃO III - DA ADMINISTRAÇÃO DO SINDICATO

Art. 522. A administração do sindicato será exercida por uma diretoria constituída no máximo de sete e no mínimo de três membros e de um Conselho Fiscal composto de três membros, eleitos esses órgãos pela Assembléia Geral.

§ 1º A diretoria elegerá, dentre os seus membros, o presidente do sindicato.

§ 2º A competência do Conselho Fiscal é limitada à fiscalização da gestão financeira do sindicato.

§ 3º - Constituirão atribuição exclusiva da Diretoria do Sindicato e dos Delegados Sindicais, a que se refere o art. 523, a representação e a defesa dos interesses da entidade perante os poderes públicos e as empresas, salvo mandatário com poderes outorgados por procuração da Diretoria, ou associado investido em representação prevista em lei. (Incluído pelo Decreto-Lei nº 9.502, de 23.7.1946)

Art. 523 - Os Delegados Sindicais destinados à direção das delegacias ou seções instituídas na forma estabelecida no § 2º do art. 517 serão designados pela diretoria dentre os associados radicados no território da correspondente delegacia.

Art. 524 - Serão sempre tomadas por escrutínio secreto, na forma estatutária, as deliberações da Assembléia Geral concernentes aos seguintes assuntos: (Redação dada pela Lei nº 2.693, de 23.12.1955)
 a) eleição de associado para representação da respectiva categoria prevista em lei; (Redação dada pelo Decreto-Lei nº 9.502, de 23.7.1946)
 b) tomada e aprovação de contas da diretoria; (Redação dada pelo Decreto-Lei nº 9.502, de 23.7.1946)
 c) aplicação do patrimônio; (Redação dada pelo Decreto-Lei nº 9.502, de 23.7.1946)
 d) julgamento dos atos da Diretoria, relativos a penalidades impostas a associados; (Redação dada pelo Decreto-Lei nº 9.502, de 23.7.1946)
 e) pronunciamento sobre relações ou dissídio de trabalho. Neste caso, as deliberações da Assembléia Geral só serão consideradas válidas quando ela tiver sido especialmente convocada para esse fim, de acordo com as disposições dos estatutos da entidade sindical. O quorum para validade da Assembléia será de metade mais um dos associados quites; não obtido esse quorum em primeira convocação, reunir-se-á a Assembléia em segunda convocação com os presentes, considerando-se aprovadas as deliberações que obtiverem 2/3 (dois terços) dos votos. (Incluída pela Lei nº 2.693, de 23.12.1955)

§ 1º - A eleição para cargos de diretoria e conselho fiscal será realizada por escrutínio secreto, durante 6 (seis) horas contínuas, pelo menos, na sede do Sindicato, na de suas delegacias e seções e nos principais locais de trabalho, onde funcionarão as mesas coletoras designadas pelos Delegados Regionais do Trabalho. (Incluído pelo Decreto-Lei nº 9.502, de 23.7.1946)

§ 2º - Concomitantemente ao término do prazo estipulado para a votação, instalar-se-á, em Assembléia Eleitoral pública e permanente, na sede do Sindicato, a mesa apuradora, para a qual serão enviadas, imediatamente, pelos presidentes das mesas coletoras, as urnas receptoras e as atas respectivas. Será facultada a designação de mesa apuradora supletiva sempre que as peculiaridades ou conveniências do pleito a exigirem. (Incluído pelo Decreto-Lei nº 9.502, de 23.7.1946)

§ 3º - A mesa apuradora será presidida por membro do Ministério Público do Trabalho ou pessoa de notória idoneidade, designado pelo Procurador-Geral da Justiça do Trabalho ou Procuradores Regionais. (Incluído pelo Decreto-Lei nº 9.502, de 23.7.1946)

§ 4º - O pleito só será válido na hipótese de participarem da votação mais de 2/3 (dois terços) dos associados com capacidade para votar. Não obtido esse coeficiente, será realizada nova eleição dentro de 15 (quinze) dias, a qual terá validade se nela tomarem parte mais de 50% (cinquenta por cento) dos referidos associados. Na hipótese de não ter sido alcançado, na segunda votação, o coeficiente exigido, será realizado o terceiro e último pleito, cuja validade dependerá do voto de mais de 40% (quarenta por cento) dos aludidos associados, proclamando o Presidente da mesa apuradora em qualquer dessas hipóteses os eleitos, os quais serão empossados automaticamente na data do término do mandato expirante, não tendo efeito suspensivo os protestos ou recursos oferecidos na conformidade da lei. (Redação dada pela Lei nº 2.693, de 23.12.1955)

§ 5º - Não sendo atingido o coeficiente legal para eleição, o Ministério do Trabalho, Industria e Comercio declarará a vacância da administração, a partir do término do mandato dos membros em exercício, e designará administrador para o Sindicato, realizando-se novas eleições dentro de 6 (seis) meses. (Incluído pelo Decreto-Lei nº 9.502, de 23.7.1946)

Art. 525 - É vedada a pessoas físicas ou jurídicas, estranhas ao Sindicato, qualquer interferência na sua administração ou nos seus serviços. (Redação dada pelo Decreto-Lei nº 9.502, de 23.7.1946),

Parágrafo único - Estão excluídos dessa proibição:
 a) os delegados do Ministério do Trabalho, Indústria e Comércio, especialmente designados pelo ministro ou por quem o represente;
 b) os que, como empregados, exerçam cargos no Sindicato mediante autorização da Assembléia Geral.

Art. 526 - Os empregados do Sindicato serão nomeados pela diretoria respectiva ad referendum, da Assembléia Geral, não podendo recair tal nomeação nos que estiverem nas condições previstas nos itens II, IV, V, VI, VII e VIII do art. 530 e, na hipótese de o nomeador haver sido dirigente sindical, também nas do item I do mesmo artigo. (Redação dada pelo Decreto-Lei nº 925, de 10.10.1969)

Parágrafo único.(revogado) (Redação dada pela Lei nº 11.295, de 2006)

§ 2º Aplicam-se ao empregado de entidade sindical os preceitos das leis de proteção do trabalho e de previdência social, inclusive o direito de associação em sindicato. (Incluído pela Lei nº 11.295, de 2006)

Art. 527. Na sede de cada sindicato haverá um livro de registro, autenticado pelo funcionário competente do Ministério do Trabalho, Indústria e Comércio, e do qual deverão constar:

a) tratando-se de sindicato de empregadores; a firma, individual ou coletiva, ou a denominação das empresas e sua sede, o nome, idade, estado civil, nacionalidade e residência dos respectivos sócios ou, em se tratando de sociedade por ações, dos diretores, bem como a indicação desses dados quanto ao sócio ou diretor que representar a empresa no sindicato;

b) tratando-se de sindicato de empregados ou de agentes ou trabalhadores autônomos ou de profissionais liberais, alem do nome, idade, estado civil, nacionalidade, profissão ou função e residência de cada associado, o estabelecimento ou lugar onde exerce a sua profissão ou função, o número e a série da respectiva carteira profissional e o número da inscrição na instituição de previdência a que pertencer.

Art. 528 -Ocorrendo dissídio ou circunstâncias que perturbem o funcionamento de entidade sindical ou motivos relevantes de segurança nacional, o Ministro do Trabalho e Previdência Social poderá nela intervir, por intermédio de Delegado ou de Junta Interventora, com atribuições para administrá-la e executar ou propor as medidas necessárias para normalizar-lhe o funcionamento. (Redação dada pelo Decreto-Lei nº 3, de 27.1.1966)

SEÇÃO IV - DAS ELEIÇÕES SINDICAIS

Art. 529 - São condições para o exercício do direito do voto como para a investidura em cargo de administração ou representação econômica ou profissional:

a) ter o associado mais de seis meses de inscrição no Quadro Social e mais de 2 (dois) anos de exercício da atividade ou da profissão; (Redação dada pelo Decreto-Lei nº 8.080, 11.10.1945)

b) ser maior de 18 (dezoito) anos;

c) estar no gozo dos direitos sindicais.

Parágrafo único - É obrigatório aos associados o voto nas eleições sindicais. (Incluído pelo Decreto-Lei nº 229, de 28.2.1967)

Art. 530 - Não podem ser eleitos para cargos administrativos ou de representação econômica ou profissional, nem permanecer no exercício dêsses cargos: (Redação dada pelo Decreto-Lei nº 229, de 28.2.1967)

I - os que não tiverem definitivamente aprovadas as suas contas de exercício em cargos de administração; (Incluído pelo Decreto-Lei nº 229, de 28.2.1967)

II - os que houverem lesado o patrimônio de qualquer entidade sindical; (Incluído pelo Decreto-Lei nº 229, de 28.2.1967)

III - os que não estiverem, desde dois (2) anos antes, pelo menos, no exercício efetivo da atividade ou da profissão dentro da base territorial do sindicato, ou no desempenho de representação econômica ou profissional; (Incluído pelo Decreto-Lei nº 229, de 28.2.1967)

IV - os que tiverem sido condenados por crime doloso enquanto persistirem os efeitos da pena; (Incluído pelo Decreto-Lei nº 229, de 28.2.1967)

V - os que não estiverem no gôzo de seus direitos políticos; (Incluído pelo Decreto-Lei nº 229, de 28.2.1967)

VI - (Revogado pela Lei nº 8.865, de 29.3.1994)

VII - má conduta, devidamente comprovada; (Incluído pelo Decreto-Lei nº 507, de 18.3.1969)

VIII - (Revogado pela Lei nº 8.865, de 29.3.1994)

Parágrafo único. (Revogado pela Lei nº 2.693, de 23.12.1955)

Art. 531. Nas eleições para cargos de diretoria e do conselho fiscal serão considerados eleitos os candidatos que obtiverem maioria absoluta de votos em relação ao total dos associados eleitores.

§ 1º Não concorrendo à primeira convocação maioria absoluta de eleitores, ou não obtendo nenhum dos candidatos essa maioria, proceder-se-á à nova convocação para dia posterior, sendo então considerados eleitos os candidatos que obtiverem maioria dos eleitores presentes.

§ 2º Havendo somente uma chapa registada para as eleições, poderá a assembléia em última convocação ser realizada duas horas após à primeira convocação desde que do edital respectivo conste essa advertência.

§ 3º Concorrendo mais de uma chapa poderá o Ministério do Trabalho, Indústria e Comércio designar o presidente da sessão eleitoral, desde que o requeiram os associados que encabeçarem as respectivas chapas. (Redação dada pelo Decreto-Lei nº 8.080, 11.10.1945)

§ 4º O ministro do Trabalho, Indústria e Comércio expedirá instruções regulando o processo das eleições.

Art. 532 - As eleições para a renovação da Diretoria e do Conselho Fiscal deverão ser procedidas dentro do prazo máximo de 60 (sessenta) dias e mínimo de 30 (trinta) dias, antes do término do mandato dos dirigentes em exercício. (Redação dada pelo Decreto-Lei nº 8.080, 11.10.1945)

§ 1º Não havendo protesto na ata da assembléia eleitoral ou recurso interposto por algum dos candidatos, dentro de 15 dias a contar da data das eleições, a posse da diretoria eleita independerá, da aprovação das, eleições pelo Ministério do Trabalho, Indústria e Comercio. (Incluído pelo Decreto-Lei nº 8.080, 11.10.1945)

§ 2º Competirá, à diretoria em exercício, dentro de 30 dias da realização das eleições» e não tendo havido recurso, dar publicidade ao resultado do pleito, fazendo comunicação ao órgão local do Ministério do Trabalho, Indústria e Comércio, da relação dos eleitos, com os dados pessoais de cada um e a designação da função que vai exercer. (Incluído pelo Decreto-Lei nº 8.080, 11.10.1945)

§ 3º Havendo protesto na ata da assembléia eleitoral ou recurso interposto dentro de 15 dias da realização das eleições, competirá a diretoria em exercício encaminhar, devidamente instruído, o processo eleitoral ao órgão local do Ministério do Trabalho, Indústria e Comércio, que o encaminhará para decisão do Ministro de Estado. Nesta hipótese, permanecerão na administração até despacho final do processo a diretoria e o conselho fiscal que se encontrarem em exercício. (Incluído pelo Decreto-Lei nº 8.080, 11.10.1945)

§ 4º Não se verificando as hipóteses previstas no parágrafo anterior, a posse da nova diretoria deverá se verificar dentro de 30 dias subsequentes ao término do mandato da anterior. (Incluído pelo Decreto-Lei nº 8.080, 11.10.1945)

§ 5º - Ao assumir o cargo, o eleito prestará, por escrito e solenemente, o compromisso de respeitar, no exercício do mandato, a Constituição, as leis vigentes e os estatutos da entidade. (Incluído pelo Decreto-Lei nº 229, de 28.2.1967)

SEÇÃO V - DAS ASSOCIAÇÕES SINDICAIS DE GRAU SUPERIOR

Art. 533 - Constituem associações sindicais de grau superior as federações e confederações organizadas nos termos desta Lei.

Art. 534 - É facultado aos Sindicatos, quando em número não inferior a 5 (cinco), desde que representem a maioria absoluta de um grupo de atividades ou profissões idênticas, similares ou conexas, organizarem-se em federação. (Redação dada pela Lei nº 3.265, de 22.9.1957)

§ 1º - Se já existir federação no grupo de atividades ou profissões em que deva ser constituída a nova entidade, a criação desta não poderá reduzir a menos de 5 (cinco) o número de Sindicatos que àquela devam continuar filiados. (Incluído pela Lei nº 3.265, de 22.9.1957)

§ 2º - As federações serão constituídas por Estados, podendo o Ministro do Trabalho, Indústria e Comercio autorizar a constituição de Federações interestaduais ou nacionais. (Parágrafo 1º renumerado pela Lei nº 3.265, de 22.9.1957)

§ 3º - É permitido a qualquer federação, para o fim de lhes coordenar os interesses, agrupar os Sindicatos de determinado município ou região a ela filiados; mas a união não terá direito de representação das atividades ou profissões agrupadas. (Parágrafo 2º renumerado pela Lei nº 3.265, de 22.9.1957)

Art. 535 - As Confederações organizar-se-ão com o mínimo de 3 (três) federações e terão sede na Capital da República.

§ 1º - As confederações formadas por federações de Sindicatos de empregadores denominar-se-ão: Confederação Nacional da Indústria, Confederação Nacional do Comércio, Confederação Nacional de Transportes Marítimos, Fluviais e Aéreos, Confederação Nacional de Transportes Terrestres, Confederação Nacional de Comunicações e Publicidade, Confederação Nacional das Empresas de Crédito e Confederação Nacional de Educação e Cultura.

§ 2º - As confederações formadas por federações de Sindicatos de empregados terão a denominação de: Confederação Nacional dos Trabalhadores na Indústria, Confederação Nacional dos Trabalhadores no Comércio, Confederação Nacional dos Trabalhadores em Transportes Marítimos, Fluviais e Aéreos, Confederação Nacional dos Trabalhadores em Transportes Terrestres, Confederação Nacional dos Trabalhadores em Comunicações e Publicidade, Confederação Nacional dos Trabalhadores nas Empresas de Crédito e Confederação Nacional dos Trabalhadores em Estabelecimentos de Educação e Cultura.

§ 3º - Denominar-se-á Confederação Nacional das Profissões Liberais a reunião das respectivas federações.

§ 4º - As associações sindicais de grau superior da Agricultura e Pecuária serão organizadas na conformidade do que dispuser a lei que regular a sindicalização dessas atividades ou profissões.

Art. 536 - (Revogado pelo Decreto-Lei nº 229, de 28.2.1967)

Art. 537. O pedido de reconhecimento de uma federação será dirigido ao ministro do Trabalho, Indústria e Comércio, acompanhado de um exemplar dos respectivos estatutos e das cópias autenticadas das atas da assembléia de cada sindicato ou federação que autorizar a filiação.

§ 1º A organização das federações e confederações obedecerá às exigências contidas nas alíneas b e c do art. 515.

§ 2º A carta de reconhecimento das federações será expedida pelo ministro do Trabalho, Indústria e Comércio, na qual será especificada a coordenação econômica ou profissional conferida e mencionada a base territorial outorgada.

§ 3º O reconhecimento das confederações será feito por decreto do Presidente da República.

Art. 538 - A administração das federações e confederações será exercida pelos seguintes órgãos: (Redação dada pela Lei nº 2.693, de 23.12.1955)

a) Diretoria; (Redação dada pela Lei nº 2.693, de 23.12.1955)

b) Conselho de Representantes; (Redação dada pela Lei nº 2.693, de 23.12.1955)

c) Conselho Fiscal. (Redação dada pela Lei nº 2.693, de 23.12.1955)

§ 1º - A Diretoria será constituída no mínimo de 3 (três) membros e de 3 (três) membros se comporá o Conselho Fiscal, os quais serão eleitos pelo Conselho de Representantes com mandato por 3 (três) anos. (Redação dada pelo Decreto-Lei nº 771, de 19.8.1969)

§ 2º - Só poderão ser eleitos os integrantes dos grupos das federações ou dos planos das confederações, respectivamente. (Parágrafo incluído pela Lei nº 2.693, de 23.12.1955)

§ 3º - O Presidente da federação ou confederação será escolhido dentre os seus membros, pela Diretoria. (Parágrafo 2º renumerado pela Lei nº 2.693, de 23.12.1955)

§ 4º - O Conselho de Representantes será formado pelas delegações dos Sindicatos ou das Federações filiadas, constituída cada delegação de 2 (dois) membros, com mandato por 3 (três) anos, cabendo 1 (um) voto a cada delegação. (Parágrafo 3º renumerado e alterado dada pelo Decreto-Lei nº 771, de 19.8.1969)

§ 5º - A competência do Conselho Fiscal é limitada à fiscalização da gestão financeira. (Incluído pela Lei nº 2.693, de 23.12.1955)

Art. 539 - Para a constituição e administração das Federações serão observadas, no que for aplicável, as disposições das Seções II e III do presente Capítulo.

SEÇÃO VI - DOS DIREITOS DOS EXERCENTES DE ATIVIDADES OU PROFISSÕES E DOS SINDICALIZADOS

Art. 540. A tôda emprêsa, ou indivíduo que exerçam respectivamente atividade ou profissão, desde que satisfaçam as exigências desta lei, assiste o direito de ser admitido no sindicato da respectiva categoria.

§ 1º - Perderá os direitos de associado o sindicalizado que, por qualquer motivo, deixar o exercício de atividade ou de profissão.

§ 2º - Os associados de Sindicatos de empregados, de agentes ou trabalhadores autônomos e de profissões liberais que forem aposentados, estiverem em desemprego ou falta de trabalho ou tiverem sido convocados para prestação de serviço militar não perderão os respectivos direitos sindicais e ficarão isentos de qualquer contribuição, não podendo, entretanto, exercer cargo de administração sindical ou de representação econômica ou profissional.

Art. 541 - Os que exercerem determinada atividade ou profissão onde não haja Sindicato da respectiva categoria, ou de atividade ou profissão similar ou conexa, poderão filiar-se a Sindicato de profissão idêntica, similar ou conexa, existente na localidade mais próxima.

Parágrafo único - O disposto neste artigo se aplica aos Sindicatos em relação às respectivas federações, na conformidade do Quadro de Atividades e Profissões a que se refere o art. 577.

Art. 542. De todo o ato lesivo de direitos ou contrário a esta lei, emanado da Diretoria, do Conselho ou da Assembléia Geral da entidade sindical, poderá qualquer exercente de atividade ou profissão recorrer, dentro de 30 dias, para a autoridade competente do Ministério do Trabalho, Indústria e Comércio.

Art. 543 - O empregado eleito para cargo de administração sindical ou representação profissional, inclusive junto a órgão de deliberação coletiva, não poderá ser impedido do exercício de suas funções, nem transferido para lugar ou mister que lhe dificulte ou torne impossível o desempenho das suas atribuições sindicais. (Redação dada pelo Decreto-Lei nº 229, de 28.2.1967)

§ 1º - O empregado perderá o mandato se a transferência fôr por êle solicitada ou voluntàriamente aceita. (Redação dada pelo Decreto-Lei nº 229, de 28.2.1967)

§ 2º - Considera-se de licença não remunerada, salvo assentimento da emprêsa ou cláusula contratual, o tempo em que o empregado se ausentar do trabalho no desempenho das funções a que se refere êste artigo. (Redação dada pelo Decreto-Lei nº 229, de 28.2.1967)

§ 3º - Fica vedada a dispensa do empregado sindicalizado ou associado, a partir do momento do registro de sua candidatura a cargo de direção ou representação de entidade sindical ou de associação profissional, até 1 (um) ano após o final do seu mandato, caso seja eleito inclusive como suplente, salvo se cometer falta grave devidamente apurada nos termos desta Consolidação. (Redação dada pela Lei nº 7.543, de 2.10.1986)

§ 4º - Considera-se cargo de direção ou de representação sindical aquele cujo exercício ou indicação decorre de eleição prevista em lei. (Redação dada pela Lei nº 7.223, de 2.10.1984)

§ 5º - Para os fins dêste artigo, a entidade sindical comunicará por escrito à emprêsa, dentro de 24 (vinte e quatro) horas, o dia e a hora do registro da candidatura do seu empregado e, em igual prazo, sua eleição e posse, fornecendo, outrossim, a êste, comprovante no mesmo sentido. O Ministério do Trabalho e Previdência Social fará no mesmo prazo a comunicação no caso da designação referida no final do § 4º. (Incluído pelo Decreto-Lei nº 229, de 28.2.1967)

§ 6º - A emprêsa que, por qualquer modo, procurar impedir que o empregado se associe a sindicato, organize associação profissional ou sindical ou exerça os direitos inerentes à condição de sindicalizado fica sujeita à penalidade prevista na letra a do art. 553, sem prejuízo da reparação a que tiver direito o empregado. (Incluído pelo Decreto-Lei nº 229, de 28.2.1967)

Art. 544 - É livre a associação profissional ou sindical, mas ao empregado sindicalizado é assegurada, em igualdade de condições, preferência: (Redação dada pelo Decreto-Lei nº 229, de 28.2.1967)

I - para a admissão nos trabalhos de emprêsa que explore serviços públicos ou mantenha contrato com os podêres públicos; (Incluído pelo Decreto-Lei nº 229, de 28.2.1967)

II - para ingresso em funções públicas ou assemelhadas, em caso de cessação coletiva de trabalho, por motivo de fechamento de estabelecimento; (Incluído pelo Decreto-Lei nº 229, de 28.2.1967)

III - nas concorrências para aquisição de casa própria, pelo Plano Nacional de Habitação ou por intermédio de quaisquer instituições públicas; (Incluído pelo Decreto-Lei nº 229, de 28.2.1967)

IV - nos loteamentos urbanos ou rurais, promovidos pela União, por seus órgãos de administração direta ou indireta ou sociedades de economia mista; (Incluído pelo Decreto-Lei nº 229, de 28.2.1967))

V - na locação ou compra de imóveis, de propriedade de pessoa de direito público ou sociedade de economia mista, quando sob ação de despêjo em tramitação judicial; (Incluído pelo Decreto-Lei nº 229, de 28.2.1967)

VI - na concessão de empréstimos simples concedidos pelas agências financeiras do Govêrno ou a êle vinculadas; (Incluído pelo Decreto-Lei nº 229, de 28.2.1967)

VII - na aquisição de automóveis, outros veículos e instrumentos relativos ao exercício da profissão, quando financiados pelas autarquias sociedades de economia mista ou agências financeiras do Govêrno; (Incluído pelo Decreto-Lei nº 229, de 28.2.1967)

VIII - (Revogado pela Lei nº 8.630, de 25.2.1993)

IX - na concessão de bolsas de estudo para si ou para seus filhos, obedecida a legislação que regule a matéria. (Incluído pelo Decreto-Lei nº 229, de 28.2.1967)

Art. 545. Os empregadores ficam obrigados a descontar da folha de pagamento dos seus empregados, desde que por eles devidamente autorizados, as contribuições devidas ao sindicato, quando por este notificados. (Redação dada pela Lei nº 13.467, de 2017)

Parágrafo único - O recolhimento à entidade sindical beneficiária do importe descontado deverá ser feito até o décimo dia subsequente ao do desconto, sob pena de juros de mora no valor de 10% (dez por cento) sobre o montante retido, sem prejuízo da multa prevista no art. 553 e das cominações penais relativas à apropriação indébita. (Incluído pelo Decreto-Lei nº 925, de 10.10.1969)

Art. 546 - Às empresas sindicalizadas é assegurada preferência, em igualdade de condições, nas concorrências para exploração de serviços públicos, bem como nas concorrências para fornecimento às repartições federais, estaduais e municipais e às entidades paraestatais.

Art. 547 - É exigida a qualidade de sindicalizado para o exercício de qualquer função representativa de categoria econômica ou profissional, em órgão oficial de deliberação coletiva, bem como para o gozo de favores ou isenções tributárias, salvo em se tratando de atividades não econômicas.

Parágrafo único. Antes da posse ou exercício das funções a que alude o artigo anterior ou de concessão dos favores será indispensável comprovar a sindicalização, ou oferecer prova, mediante certidão negativa no Departamento Nacional do Trabalho, no Distrito Federal, ou da autoridade regional do Ministério do Trabalho, Indústria e Comércio, nos Estados e no Território do Acre, de que não existe sindicato no local onde o interessado exerce a respectiva atividade ou profissão.

SEÇÃO VII - DA GESTÃO FINANCEIRA DO SINDICATO E SUA FISCALIZAÇÃO

Art. 548 - Constituem o patrimônio das associações sindicais:
a) as contribuições devidas aos Sindicatos pelos que participem das categorias econômicas ou profissionais ou das profissões liberais representadas pelas referidas entidades, sob a denominação de imposto sindical, pagas e arrecadadas na forma do Capítulo III deste Título;
b) as contribuições dos associados, na forma estabelecida nos estatutos ou pelas Assembléias Gerais;
c) os bens e valores adquiridos e as rendas produzidas pelos mesmos;
d) as doações e legados;
e) as multas e outras rendas eventuais.

Art. 549 - A receita dos sindicatos, federações e confederações só poderá ter aplicação na forma prevista nos respectivos orçamentos anuais, obedecidas as disposições estabelecidas na lei e nos seus estatutos. (Redação dada pela Lei nº 6.386, de 9.12.1976)

§ 1º Para alienação, locação ou aquisição de bens imóveis, ficam as entidades sindicais obrigadas a realizar avaliação prévia pela Caixa Econômica Federal ou pele Banco Nacional da Habitação ou, ainda, por qualquer outra organização legalmente habilitada a tal fim. (Incluído pela Lei nº 6.386, de 9.12.1976)

§ 2º Os bens imóveis das entidades sindicais não serão alienados sem a prévia autorização das respectivas assembléias gerais, reunidas com a presença da maioria absoluta dos associados com direito a voto ou dos Conselhos de Representantes com a maioria absoluta dos seus membros. (Incluído pela Lei nº 6.386, de 9.12.1976)

§ 3º Caso não seja obtido o quorum estabelecido no parágrafo anterior, a matéria poderá ser decidida em nova assembléia geral, reunida com qualquer número de associados com direito a voto, após o transcurso de 10 (dez) dias da primeira convocação. (Incluído pela Lei nº 6.386, de 9.12.1976)

§ 4º Nas hipóteses previstas no § 2º e 3º a decisão somente terá validade se adotada pelo mínimo de 2/3 (dois terços) dos presentes, em escrutínio secreto. (Incluído pela Lei nº 6.386, de 9.12.1976)

§ 5º Da deliberação da assembléia geral, concernente à alienação de bens imóveis, caberá recurso voluntário, dentro do prazo de 15 (quinze) dias, ao Ministro do Trabalho, com efeito suspensivo. (Incluído pela Lei nº 6.386, de 9.12.1976)

§ 6º A venda do imóvel será efetuada pela diretoria da entidade, após a decisão da Assembléia Geral ou do Conselho de Representantes, mediante concorrência pública, com edital publicado no Diário oficial da União e na imprensa diária, com antecedência mínima de 30 (trinta) dias da data de sua realização. (Incluído pela Lei nº 6.386, de 9.12.1976)

§ 7º Os recursos destinados ao pagamento total ou parcelado dos bens imóveis adquiridos serão consignados, obrigatoriamente, nos orçamentos anuais das entidades sindicais. (Incluído pela Lei nº 6.386, de 9.12.1976)

Art. 550. Os orçamentos das entidades sindicais serão aprovados, em escrutínio secreto, pelas respectivas Assembléias Gerais ou Conselho de Representantes, até 30 (trinta) dias antes do início do exercício financeiro a que se referem, e conterão a discriminação da receita e da despesa, na forma das

instruções e modelos expedidos pelo Ministério do Trabalho. (Redação dada pela Lei nº 6.386, de 9.12.1976)

§ 1º Os orçamentos, após a aprovação prevista no presente artigo, serão publicados, em resumo, no prazo de 30 (trinta) dias, contados da data da realização da respectiva Assembléia Geral ou da reunião do Conselho de Representantes, que os aprovou, observada a seguinte sistemática: (Redação dada pela Lei nº 6.386, de 9.12.1976)

a) no Diário oficial da União - Seção I - Parte II, os orçamentos das confederações, federações e sindicatos de base interestadual ou nacional; (Redação dada pela Lei nº 6.386, de 9.12.1976)

b) no órgão de imprensa oficial do Estado ou Território ou jornal de grande circulação local, os orçamentos das federações estaduais e sindicatos distritais municipais, intermunicipais e estaduais. (Redação dada pela Lei nº 6.386, de 9.12.1976)

§ 2º As dotações orçamentárias que se apresentarem insuficientes para o atendimento das despesas, ou não incluídas nos orçamentos correntes, poderão ser ajustadas ao fluxo dos gastos, mediante a abertura de créditos adicionais solicitados pela Diretoria da entidade às respectivas Assembléias Gerais ou Conselhos de Representantes, cujos atos concessórios serão publicados até o último dia do exercício correspondente, obedecida a mesma sistemática prevista no parágrafo anterior .(Redação dada pela Lei nº 6.386, de 9.12.1976)

§ 3º Os créditos adicionais classificam-se em: (Redação dada pela Lei nº 6.386, de 9.12.1976)

a) suplementares, os destinados a reforçar dotações alocadas no orçamento; e (Incluída pela Lei nº 6.386, de 9.12.1976)

b) especiais, os destinados a incluir dotações no orçamento, a fim de fazer face às despesas para as quais não se tenha cosignado crédito específico. (Incluída pela Lei nº 6.386, de 9.12.1976)

§ 4º A abertura dos créditos adicionais depende da existência de receita para sua compensação, considerando-se, para esse efeito, desde que não comprometidos: (Incluída pela Lei nº 6.386, de 9.12.1976)

a) o superavit financeiro apurado em balanço do exercício anterior; (Incluída pela Lei nº 6.386, de 9.12.1976)

b) o excesso de arrecadação, assim entendido o saldo positivo da diferença entre a renda prevista e a realizada, tendo-se em conta, ainda, a tendência do exercício; e (Incluída pela Lei nº 6.386, de 9.12.1976)

c) a resultante da anulação parcial ou total de dotações alocadas no orçamento ou de créditos adicionais abertos no exercício. (Incluída pela Lei nº 6.386, de 9.12.1976)

§ 5º Para efeito orçamentário e contábil sindical, o exercício financeiro coincidirá com o ano civil, a ele pertencendo todas as receitas arrecadadas e as despesas compromissadas. (Incluída pela Lei nº 6.386, de 9.12.1976)

Art. 551. Todas as operações de ordem financeira e patrimonial serão evidenciadas pelos registros contábeis das entidades sindicais, executados sob a responsabilidade de contabilista legalmente habilitado, em conformidade com o plano de contas e as instruções baixadas pelo Ministério do Trabalho. (Redação dada pela Lei nº 6.386, de 9.12.1976)

§ 1º A escrituração contábil a que se refere este artigo será baseada em documentos de receita e despesa, que ficarão arquivados nos serviços de contabilidade, à disposição dos órgãos responsáveis pelo acompanhamento administrativo e da fiscalização financeira da própria entidade, ou do controle que poderá ser exercido pelos órgãos da União, em face da legislação específica. (Redação dada pela Lei nº 6.386, de 9.12.1976)

§ 2º Os documentos comprobatórios dos atos de receita e despesa, a que se refere o parágrafo anterior, poderão ser incinerados, após decorridos 5 (cinco) anos da data de quitação das contas pelo órgão competente.(Redação dada pela Lei nº 6.386, de 9.12.1976)

§ 3º É obrigatório o uso do livro Diário, encadernado, como folhas seguida e tipograficamente numeradas, para a escrituração, pelo método das partidas dobradas, diretamente ou por reprodução, dos atos ou operações que modifiquem ou venham a modificar a situação patrimonial da entidade, o qual conterá, respectivamente, na primeira e na última páginas, os termos de abertura e de encerramento. (Redação dada pela Lei nº 6.386, de 9.12.1976)

§ 4º A entidade sindical que se utilizar de sistema mecânico ou eletrônico para sua escrituração contábil, poderá substituir o Diário e os livros facultativos ou auxiliares por fichas ou formulários contínuos, cujos lançamentos deverão satisfazer a todos os requisitos e normas de escrituração exigidos com relação aos livros mercantis, inclusive no que respeita a termos de abertura e de encerramento e numeração sequencial e tipográfica.(Redação dada pela Lei nº 6.386, de 9.12.1976)

§ 5º Na escrituração por processos de fichas ou formulários contínuos, a entidade adotará livro próprio para inscrição do balanço patrimonial e da demonstração do resultado do exercício, o qual conterá os mesmos requisitos exigidos para os livros de escrituração. (Redação dada pela Lei nº 6.386, de 9.12.1976)

§ 6º Os livros e fichas ou formulários contínuos serão obrigatoriamente submetidos a registro e autenticação das Delegacias Regionais do Trabalho localizadas na base territorial da entidade. (Redação dada pela Lei nº 6.386, de 9.12.1976)

§ 7º As entidades sindicais manterão registro específico dos bens de qualquer natureza, de sua propriedade, em livros ou fichas próprias, que atenderão às mesmas formalidades exigidas para a livro Diário, inclusive no que se refere ao registro e autenticação da Delegacia Regional do Trabalho local. (Incluído pela Lei nº 6.386, de 9.12.1976)

§ 8º As contas dos administradores das entidades sindicais serão aprovadas, em escrutínio secreto, pelas respectivas Assembléias Gerais ou Conselhos de Representantes, com prévio parecer do Conselho Fiscal, cabendo ao Ministro do Trabalho estabelecer prazos e procedimentos para a sua elaboração e destinação. (Incluído pela Lei nº 6.386, de 9.12.1976)

Art. 552 - Os atos que importem em malversação ou dilapidação do patrimônio das associações ou entidades sindicais ficam equiparados ao crime de peculato julgado e punido na conformidade da legislação penal. (Redação dada pelo Decreto-Lei nº 925, de 10.10.1969)

SEÇÃO VIII - DAS PENALIDADES

Art. 553 - As infrações ao disposto neste Capítulo serão punidas, segundo o seu caráter e a sua gravidade, com as seguintes penalidades:

a) multa de Cr$ 100 (cem cruzeiros) e 5.000 (cinco mil cruzeiros), dobrada na reincidência;

b) suspensão de diretores por prazo não superior a 30 (trinta) dias;

c) destituição de diretores ou de membros de conselho;

d) fechamento de Sindicato, Federação ou Confederação por prazo nunca superior a 6 (seis) meses;

e) cassação da carta de reconhecimento.

f) multa de 1/30 (um trinta avos) do salário mínimo regional, aplicável ao associado que deixar de cumprir sem causa justificada, o disposto no parágrafo único do artigo 529. (Incluída pelo Decreto-Lei nº 229, de 28.2.1967)

§ 1º - A imposição de penalidades aos administradores não exclui a aplicação das que este artigo prevê para a associação. (Parágrafo único renumerado pelo Decreto-Lei nº 925, de 10.10.1969)

§ 2º - Poderá o Ministro do Trabalho e Previdência Social determinar o afastamento preventivo de cargo ou representação sindicais de seus exercentes, com fundamento em elementos constantes de denúncia formalizada que constituam indício veemente ou início de prova bastante do fato e da autoria denunciados. (Incluído pelo Decreto-Lei nº 925, de 10.10.1969)

Art 554. Destituida a administração na hipótese da alínea c do artigo anterior, o ministro do Trabalho, Indústria e Comércio

nomeará um delegado para dirigir a associação e proceder, dentro do prazo de 90 dias, em assembléia geral por ele convocada e presidida; à eleição dos novos diretores e membros do Conselho Fiscal.

Art 555. A pena de cassação da carta de reconhecimento será imposta à entidade sindical:

a) que deixar de satisfazer as condições de constituição e funcionamento estabelecidas nesta Lei;

b) que se recusar ao cumprimento de ato do Presidente da República, no uso da faculdade conferida pelo art. 536; (Vide Decreto nº 229, de 1967)

c) que criar obstáculos à execução da política econômica adotada pelo Governo. (Redação dada pelo Decreto-Lei nº 8.080, 11.10.1945)

Art. 556. A cassação da carta de reconhecimento da entidade sindical não importará no cancelamento de seu registo, nem, consequentemente, a sua dissolução, que se processará de acordo com as disposições da lei que regulam a dissolução das associações civís.

Parágrafo único - No caso de dissolução, por se achar a associação incursa nas leis que definem crimes contra a personalidade internacional, a estrutura e a segurança do Estado e a ordem política e social, os seus bens, pagas as dívidas decorrentes das suas responsabilidades, serão incorporados ao patrimônio da União e aplicados em obras de assistência social.

Art. 557 - As penalidades de que trata o art. 553 serão impostas:

a) as das alíneas "a" e "b", pelo Presidente da Seção da categoria respectiva, com recurso para sessão plena; (Redação dada pelo Decreto-Lei nº 8.740, de 19.1.1946, com vigência suspensa pelo Decreto-Lei nº 8.987-A, de 1946)

b) as demais pela Comissão Nacional de Sindicalização. (Redação dada pelo Decreto-Lei nº 8.740, de 19.1.1946, com vigência suspensa pelo Decreto-Lei nº 8.987-A, de 1946)

Parágrafo único. Nenhuma pena será imposta sem que seja assegurada defesa ao acusado. (Incluído pelo Decreto-Lei nº 8.740, de 19.1.1946, com vigência suspensa pelo Decreto-Lei nº 8.987-A, de 1946)

a) as das alíneas a e b, pelo diretor geral do Departamento Nacional do Trabalho, com recurso para o ministro de Estado;

b) as demais, pelo ministro de Estado.

SEÇÃO IX - DISPOSIÇÕES GERAIS

Art. 558 - São obrigadas ao registro todas as associações profissionais constituídas por atividades ou profissões idênticas, similares ou conexas, de acordo com o art. 511 e na conformidade do Quadro de Atividades e Profissões a que alude o Capítulo II deste Título. As associações profissionais registradas nos termos deste artigo poderão representar, perante as autoridades administrativas e judiciárias, os interesses individuais dos associados relativos à sua atividade ou profissão, sendo-lhes também extensivas as prerrogativas contidas na alínea "d" e no parágrafo único do art. 513.

§ 1º O registro a que se refere o presente artigo competirá às Delegacias Regionais do Ministério do Trabalho e Previdência Social ou às repartições autorizadas em virtude da lei. (Redação dada pelo Decreto-Lei nº 925, de 10.10.1969)

§ 2º - O registro das associações far-se-á mediante requerimento, acompanhado da cópia autêntica dos estatutos e da declaração do número de associados, do patrimônio e dos serviços sociais organizados.

§ 3º - As alterações dos estatutos das associações profissionais não entrarão em vigor sem aprovação da autoridade que houver concedido o respectivo registro.

Art. 559 - O Presidente da República, excepcionalmente e mediante proposta do Ministro do Trabalho, fundada em razões de utilidade pública, poderá conceder, por decreto, às associações civis constituídas para a defesa e coordenação de interesses econômicos e profissionais e não obrigadas ao registro previsto no artigo anterior, a prerrogativa da alínea "d" do art. 513 deste Capítulo.

Art. 560 - Não se reputará transmissão de bens, para efeitos fiscais, a incorporação do patrimônio de uma associação profissional ao da entidade sindical, ou das entidades aludidas entre si.

Art. 561 - A denominação "sindicato" é privativa das associações profissionais de primeiro grau, reconhecidas na forma desta Lei.

Art. 562 - As expressões "federação" e "confederação", seguidas da designação de uma atividade econômica ou profissional, constituem denominações privativas das entidades sindicais de grau superior.

Art. 563 - (Revogado pelo Decreto-Lei nº 925, de 10.10.1969)

Art. 564 - Às entidades sindicais, sendo-lhes peculiar e essencial a atribuição representativa e coordenadora das correspondentes categorias ou profissões, é vedado, direta ou indiretamente, o exercício de atividade econômica.

Art. 565 - As entidades sindicais reconhecidas nos termos desta Lei não poderão filiar-se a organizações internacionais, nem com elas manter relações, sem prévia licença concedida por decreto do Presidente da República. (Redação dada pela Lei nº 2.802, de 18.6.1956)

Art. 566 - Não podem sindicalizar-se os servidores do Estado e os das instituições paraestatais.

Parágrafo único - Excluem-se da proibição constante deste artigo os empregados das sociedades de economia mista, da Caixa Econômica Federal e das fundações criadas ou mantidas pelo Poder Público da União, dos Estados e Municípios. (Redação dada pela Lei nº 7.449, de 20.12.1985)

Art. 567. (Revogado pelo Decreto-Lei nº 229, de 28.2.1967)

Art. 568 - (Revogado pelo Decreto-Lei nº 229, de 28.2.1967)

CAPÍTULO II - DO ENQUADRAMENTO SINDICAL

Art. 570. Os sindicatos constituir-se-ão, normalmente, por categorias econômicas ou profissionais, específicas, na conformidade da discriminação do quadro das atividades e profissões a que se refere o art. 577 ou segundo as subdivisões que, sob proposta da Comissão do Enquadramento Sindical, de que trata o art. 576, forem criadas pelo ministro do Trabalho, Indústria e Comércio.

Parágrafo único - Quando os exercentes de quaisquer atividades ou profissões se constituírem, seja pelo número reduzido, seja pela natureza mesma dessas atividades ou profissões, seja pelas afinidades existentes entre elas, em condições tais que não se possam sindicalizar eficientemente pelo critério de especificidade de categoria, é-lhes permitido sindicalizar-se pelo critério de categorias similares ou conexas, entendendo-se como tais as que se acham compreendidas nos limites de cada grupo constante do Quadro de Atividades e Profissões.

Art 571. Qualquer das atividades ou profissões concentradas na forma do parágrafo único do artigo anterior poderá dissociar-se do sindicato principal, formando um sindicato específico, desde que o novo sindicato, a juizo da Comissão do Enquadramento Sindical, ofereça possibilidade de vida associativa regular e de ação sindical eficiente.

Art 572. Os sindicatos que se constituirem por categorias similares ou conexas, nos termos do parágrafo único do art. 570, adotarão denominação em que fiquem, tanto como possível, explicitamente mencionadas as atividades ou profissões concentradas, de conformidade com o quadro das atividades e profissões, ou se se tratar de subdivisões, de acordo com o que determinar a Comissão do Enquadramento Sindical.

Parágrafo único - Ocorrendo a hipótese do artigo anterior, o Sindicato principal terá a denominação alterada, eliminando-se-lhe a designação relativa à atividade ou profissão dissociada.

Art. 573 - O agrupamento dos Sindicatos em Federações obedecerá às mesmas regras que as estabelecidas neste Capítulo para o agrupamento das atividades e profissões em Sindicatos.

Parágrafo único - As Federações de Sindicatos de profissões liberais poderão ser organizadas independentemente do grupo básico da Confederação, sempre que as respectivas profissões se acharem submetidas, por disposições de lei, a um único regulamento. (Parágrafo 1º renumerado pelo Decreto-Lei nº 229, de 28.2.1967)

Art. 574 - Dentro da mesma base territorial, as empresas industriais do tipo artesanal poderão constituir entidades sindicais, de primeiro e segundo graus, distintas das associações sindicais das empresas congêneres, de tipo diferente.

Parágrafo único. Compete à Comissão de Enquadramento Sindical definir, de modo genérico, com a aprovação do ministro do Trabalho, Indústria e Comércio, a dimensão e os demais característicos das empresas industriais de tipo artesanal.

Art 575. O quadro de atividades e profissões será revisto de dois em dois anos, por proposta da Comissão do Enquadramento Sindical, para o fim de ajustá-lo às condições da estrutura econômica e profissional do país.

§ 1º - Antes de proceder à revisão do Quadro, a Comissão deverá solicitar sugestões às entidades sindicais e às associações profissionais.

§ 2º - A proposta de revisão será submetida à aprovação do Ministro do Trabalho, Industria e Comercio.

Art. 576 - A Comissão do Enquadramento Sindical será constituída pelo Diretor-Geral do Departamento Nacional do Trabalho, que a presidirá, e pelos seguintes membros: (Redação dada pela Lei nº 5.819, de 6.11.1972)

I - 2 (dois) representantes do Departamento Nacional do Trabalho; (Redação dada pela Lei nº 5.819, de 6.11.1972)

II - 1 (um) representante do Departamento Nacional de Mão-de-Obra; (Redação dada pela Lei nº 5.819, de 6.11.1972)

III - 1 (um) representante do Instituto Nacional de Tecnologia, do Ministério da Indústria e do Comércio; (Redação dada pela Lei nº 5.819, de 6.11.1972)

IV - 1 (um) representante do Instituto Nacional de Colonização e Reforma Agrária, do Ministério da Agricultura; (Redação dada pela Lei nº 5.819, de 6.11.1972)

V - 1 (um) representante do Ministério dos Transportes; (Redação dada pela Lei nº 5.819, de 6.11.1972)

VI - 2 (dois) representantes das categorias econômicas; e (Redação dada pela Lei nº 5.819, de 6.11.1972)

VII - 2 (dois) representantes das categorias profissionais. (Redação dada pela Lei nº 5.819, de 6.11.1972)

§ 1º - Os membros da CES serão designados pelo Ministro do Trabalho e Previdência Social, mediante. (Incluído pelo Decreto-Lei nº 229, de 28.2.1967)

a) indicação dos titulares das Pastas, quanto aos representantes dos outros Ministérios; (Incluído pelo Decreto-Lei nº 229, de 28.2.1967)

b) indicação do respectivo Diretor Geral, quanto ao do DNMO; (Incluído pelo Decreto-Lei nº 229, de 28.2.1967)

c) eleição pelas respectivas Confederações, em conjunto, quanto aos representantes das categorias econômicas e profissionais, de acôrdo com as instruções que forem expedidas pelo Ministro do Trabalho e Previdência Social. (Incluído pelo Decreto-Lei nº 229, de 28.2.1967)

§ 2º - Cada Membro terá um suplente designado juntamente com o titular. (Incluído pelo Decreto-Lei nº 229, de 28.2.1967)

§ 3º - Será de 3 (três) anos o mandato dos representantes das categorias econômica e profissional. (Redação dada pelo Decreto-Lei nº 925, de 10.10.1969)

§ 4º - Os integrantes da Comissão perceberão a gratificação de presença que for estabelecida por decreto executivo. (Incluído pelo Decreto-Lei nº 229, de 28.2.1967)

§ 5º - Em suas faltas ou impedimentos o Diretor-Geral do DNT será substituído na presidência pelo Diretor substituto do Departamento ou pelo representante deste na Comissão, nesta ordem. (Redação dada Decreto-Lei nº 506, de 18.3.1969)

§ 6º - Além das atribuições fixadas no presente Capítulo e concernentes ao enquadramento sindical, individual ou coletivo, e à classificação das atividades e profissões, competirá também à CES resolver, com recurso para o Ministro do Trabalho e Previdência Social, tôdas as dúvidas e controvérsias concernentes à organização sindical. (Incluído pelo Decreto-Lei nº 229, de 28.2.1967)

Art. 577 - O Quadro de Atividades e Profissões em vigor fixará o plano básico do enquadramento sindical.

CAPÍTULO III - DA CONTRIBUIÇÃO SINDICAL

SEÇÃO I - DA FIXAÇÃO E DO RECOLHIMENTO DO IMPOSTO SINDICAL

Art. 578. As contribuições devidas aos sindicatos pelos participantes das categorias econômicas ou profissionais ou das profissões liberais representadas pelas referidas entidades serão, sob a denominação de contribuição sindical, pagas, recolhidas e aplicadas na forma estabelecida neste Capítulo, desde que prévia e expressamente autorizadas. (Redação dada pela Lei nº 13.467, de 2017)

Art. 579. O desconto da contribuição sindical está condicionado à autorização prévia e expressa dos que participarem de uma determinada categoria econômica ou profissional, ou de uma profissão liberal, em favor do sindicato representativo da mesma categoria ou profissão ou, inexistindo este, na conformidade do disposto no art. 591 desta Consolidação. (Redação dada pela Lei nº 13.467, de 2017)

Art. 580. A contribuição sindical será recolhida, de uma só vez, anualmente, e consistirá: (Redação dada pela Lei nº 6.386, de 9.12.1976) (Vide Lei nº 11.648, de 2008)

I - Na importância correspondente à remuneração de um dia de trabalho, para os empregados, qualquer que seja a forma da referida remuneração; (Redação dada pela Lei nº 6.386, de 9.12.1976)

II - para os agentes ou trabalhadores autônomos e para os profissionais liberais, numa importância correspondente a 30% (trinta por cento) do maior valor-de-referência fixado pelo Poder Executivo, vigente à época em que é devida a contribuição sindical, arredondada para Cr$ 1,00 (um cruzeiro) a fração porventura existente; (Redação dada pela Lei nº 7.047, de 1º.12.1982)

III - para os empregadores, numa importância proporcional ao capital social da firma ou empresa, registrado nas respectivas Juntas Comerciais ou órgãos equivalentes, mediante a aplicação de alíquotas, conforme a seguinte tabela progressiva: (Redação dada pela Lei nº 7.047, de 1º.12.1982)

Classe de Capital		Alíquota
1.	até 150 vezes o maior valor-de-referência	0,8%
2.	acima de 150 até 1.500 vezes o maior valor-de-referência	0,2%
3.	acima de 1.500 até 150.000 vezes o maior valor-de-referência	0,1%
4.	acima de 150.000 até 800.000 vezes o maior valor-de-referência	0,02%

§ 1º A contribuição sindical prevista na tabela constante do item III deste artigo corresponderá à soma da aplicação das alíquotas sobre a porção do capital distribuído em cada classe, observados os respectivos limites. (Redação dada pela Lei nº 6.386, de 9.12.1976)

§ 2º Para efeito do cálculo de que trata a tabela progressiva inserta no item III deste artigo, considerar-se-á o valor de

referência fixado pelo Poder Executivo, vigente à data de competência da contribuição, arredondando-se para Cr$1,00 (um cruzeiro) a fração porventura existente. (Redação dada pela Lei nº 6.386, de 9.12.1976)

§ 3º - É fixada em 60% (sessenta por cento) do maior valor-de-referência, a que alude o parágrafo anterior, a contribuição mínima devida pelos empregadores, independentemente do capital social da firma ou empresa, ficando, do mesmo modo, estabelecido o capital equivalente a 800.000 (oitocentas mil) vezes o maior valor-de-referência, para efeito do cálculo da contribuição máxima, respeitada a Tabela progressiva constante do item III. (Redação dada pela Lei nº 7.047, de 1º.12.1982)

§ 4º Os agentes ou trabalhadores autônomos e os profissionais liberais, organizados em firma ou empresa, com capital social registrado, recolherão a contribuição sindical de acordo com a tabela progressiva a que se refere o item III. (Incluído pela Lei nº 6.386, de 9.12.1976)

§ 5º As entidades ou instituições que não estejam obrigadas ao registro de capital social, consideração, como capital, para efeito do cálculo de que trata a tabela progressiva constante do item III deste artigo, o valor resultante da aplicação do percentual de 40% (quarenta por cento) sobre o movimento econômico registrado no exercício imediatamente anterior, do que darão conhecimento à respectiva entidade sindical ou à Delegacia Regional do Trabalho, observados os limites estabelecidos no § 3º deste artigo. (Incluído pela Lei nº 6.386, de 9.12.1976)

§ 6º Excluem-se da regra do § 5º as entidades ou instituições que comprovarem, através de requerimento dirigido ao Ministério do Trabalho, que não exercem atividade econômica com fins lucrativos. (Incluído pela Lei nº 6.386, de 9.12.1976)

Art. 581. Para os fins do item III do artigo anterior, as empresas atribuirão parte do respectivo capital às suas sucursais, filiais ou agências, desde que localizadas fora da base territorial da entidade sindical representativa da atividade econômica do estabelecimento principal, na proporção das correspondentes operações econômicas, fazendo a devid a comunicação às Delegacias Regionais do Trabalho, conforme localidade da sede da empresa, sucursais, filiais ou agências. (Redação dada pela Lei nº 6.386, de 9.12.1976) (Vide Lei nº 11.648, de 2008)

§ 1º Quando a empresa realizar diversas atividades econômicas, sem que nenhuma delas seja preponderante, cada uma dessas atividades será incorporada à respectiva categoria econômica, sendo a contribuição sindical devida à entidade sindical representativa da mesma categoria, procedendo-se, em relação às correspondentes sucursais, agências ou filiais, na forma do presente artigo. (Redação dada pela Lei nº 6.386, de 9.12.1976)

§ 2º Entende-se por atividade preponderante a que caracterizar a unidade de produto, operação ou objetivo final, para cuja obtenção todas as demais atividades convirjam, exclusivamente em regime de conexão funcional. (Redação dada pela Lei nº 6.386, de 9.12.1976)

Art. 582. Os empregadores são obrigados a descontar da folha de pagamento de seus empregados relativa ao mês de março de cada ano a contribuição sindical dos empregados que autorizaram prévia e expressamente o seu recolhimento aos respectivos sindicatos. (Redação dada pela Lei nº 13.467, de 2017)

§ 1º Considera-se um dia de trabalho, para efeito de determinação da importância a que alude o item I do Art. 580, o equivalente: (Redação dada pela Lei nº 6.386, de 9.12.1976)

a) a uma jornada normal de trabalho, se o pagamento ao empregado for feito por unidade de tempo; (Redação dada pela Lei nº 6.386, de 9.12.1976)

b) a 1/30 (um trinta avos) da quantia percebida no mês anterior, se a remuneração for paga por tarefa, empreitada ou comissão. (Redação dada pela Lei nº 6.386, de 9.12.1976)

§ 2º Quando o salário for pago em utilidades, ou nos casos em que o empregado receba, habitualmente, gorjetas, a contribuição sindical corresponderá a 1/30 (um trinta avos) da importância que tiver servido de base, no mês de janeiro, para a contribuição do empregado à Previdência Social. (Redação dada pela Lei nº 6.386, de 9.12.1976)

Art. 583. O recolhimento da contribuição sindical referente aos empregados e trabalhadores avulsos será efetuado no mês de abril de cada ano, e o relativo aos agentes ou trabalhadores autônomos e profissionais liberais realizar-se-á no mês de fevereiro, observada a exigência de autorização prévia e expressa prevista no art. 579 desta Consolidação. (Redação dada pela Lei nº 13.467, de 2017)

§ 1º - O recolhimento obedecerá ao sistema de guias, de acordo com as instruções expedidas pelo Ministro do Trabalho. (Incluído pela Lei nº 6.386, de 9.12.1976)

§ 2º - O comprovante de depósito da contribuição sindical será remetido ao respectivo Sindicato; na falta deste, à correspondente entidade sindical de grau superior, e, se for o caso, ao Ministério do Trabalho. (Incluído pela Lei nº 6.386, de 9.12.1976)

Art. 584. Servirá de base para o pagamento da contribuição sindical, pelos agentes ou trabalhadores autônomos e profissionais liberais, a lista de contribuintes organizada pelos respectivos sindicatos e, na falta destes, pelas federações ou confederações coordenadoras da categoria. (Redação dada pela Lei nº 6.386, de 9.12.1976) (Vide Lei nº 11.648, de 2008)

Art. 585. Os profissionais liberais poderão optar pelo pagamento da contribuição sindical unicamente à entidade sindical representativa da respectiva profissão, desde que a exerça, efetivamente, na firma ou empresa e como tal sejam nelas registrados. (Redação dada pela Lei nº 6.386, de 9.12.1976) (Vide Lei nº 11.648, de 2008)

Parágrafo único. Na hipótese referida neste artigo, à vista da manifestação do contribuinte e da exibição da prova de quitação da contribuição, dada por sindicato de profissionais liberais, o empregador deixará de efetuar, no salário do contribuinte, o desconto a que se refere o Art. 582. (Redação dada pela Lei nº 6.386, de 9.12.1976)

Art. 586. A contribuição sindical será recolhida, nos meses fixados no presente Capítulo, à Caixa Econômica Federal ao Banco do Brasil S. A. ou aos estabelecimentos bancários nacionais integrantes do sistema de arrecadação dos tributos federais, os quais, de acordo com instruções expedidas pelo Conselho Monetário Nacional, repassarão à Caixa Econômica Federal as importâncias arrecadadas. (Redação dada pela Lei nº 6.386, de 9.12.1976) (Vide Lei nº 11.648, de 2008)

§ 1º Integrarão a rede arrecadadora as Caixas Econômicas Estaduais, nas localidades onde inexistam os estabelecimentos previstos no caput deste artigo. (Redação dada pela Lei nº 6.386, de 9.12.1976)

§ 2º Tratando-se de empregador, agentes ou trabalhadores autônomos ou profissionais liberais o recolhimento será efetuado pelos próprios, diretamente ao estabelecimento arrecadador. (Redação dada pela Lei nº 6.386, de 9.12.1976)

§ 3º A contribuição sindical devida pelos empregados e trabalhadores avulsos será recolhida pelo empregador e pelo sindicato, respectivamente. (Redação dada pela Lei nº 6.386, de 9.12.1976)

Art. 587. Os empregadores que optarem pelo recolhimento da contribuição sindical deverão fazê-lo no mês de janeiro de cada ano, ou, para os que venham a se estabelecer após o referido mês, na ocasião em que requererem às repartições o registro ou a licença para o exercício da respectiva atividade. (Redação dada pela Lei nº 13.467, de 2017)

Art. 588. A Caixa Econômica Federal manterá conta corrente intitulada "Depósitos da Arrecadação da Contribuição Sindical", em nome de cada uma das entidades sindicais beneficiadas, cabendo ao Ministério do Trabalho cientificá-la das ocorrências pertinentes à vida administrativa dessas entidades.

(Redação dada pela Lei nº 6.386, de 9.12.1976) (Vide Lei nº 11.648, de 2008)

§ 1º Os saques na conta corrente referida no caput deste artigo far-se-ão mediante ordem bancária ou cheque com as assinaturas conjuntas do presidente e do tesoureiro da entidade sindical. (Redação dada pela Lei nº 6.386, de 9.12.1976)

§ 2º A Caixa Econômica Federal remeterá, mensalmente, a cada entidade sindical, um extrato da respectiva conta corrente, e, quando solicitado, aos órgãos do Ministério do Trabalho. (Redação dada pela Lei nº 6.386, de 9.12.1976)

Art. 589. Da importância da arrecadação da contribuição sindical serão feitos os seguintes créditos pela Caixa Econômica Federal, na forma das instruções que forem expedidas pelo Ministro do Trabalho: (Redação dada pela Lei nº 6.386, de 9.12.1976) (Vide Lei nº 11.648, de 2008)

§ 1º O sindicato de trabalhadores indicará ao Ministério do Trabalho e Emprego a central sindical a que estiver filiado como beneficiária da respectiva contribuição sindical, para fins de destinação dos créditos previstos neste artigo. (Redação dada pela Lei nº 11.648, de 2008)

§ 2º A central sindical a que se refere a alínea b do inciso II do caput deste artigo deverá atender aos requisitos de representatividade previstos na legislação específica sobre a matéria. (Redação dada pela Lei nº 11.648, de 2008)

I - para os empregadores: (Redação dada pela Lei nº 11.648, de 2008)

a) 5% (cinco por cento) para a confederação correspondente; (Incluída pela Lei nº 11.648, de 2008)

b) 15% (quinze por cento) para a federação; (Incluída pela Lei nº 11.648, de 2008)

c) 60% (sessenta por cento) para o sindicato respectivo; e (Incluída pela Lei nº 11.648, de 2008)

d) 20% (vinte por cento) para a 'Conta Especial Emprego e Salário'; (Incluída pela Lei nº 11.648, de 2008)

II - para os trabalhadores: (Redação dada pela Lei nº 11.648, de 2008)

a) 5% (cinco por cento) para a confederação correspondente; (Incluída pela Lei nº 11.648, de 2008)

b) 10% (dez por cento) para a central sindical; (Incluída pela Lei nº 11.648, de 2008)

c) 15% (quinze por cento) para a federação; (Incluída pela Lei nº 11.648, de 2008)

d) 60% (sessenta por cento) para o sindicato respectivo; e (Incluída pela Lei nº 11.648, de 2008)

e) 10% (dez por cento) para a 'Conta Especial Emprego e Salário'; (Incluída pela Lei nº 11.648, de 2008)

III - (revogado); (Redação dada pela Lei nº 11.648, de 2008)

IV - (revogado). (Redação dada pela Lei nº 11.648, de 2008)

Art. 590. Inexistindo confederação, o percentual previsto no art. 589 desta Consolidação caberá à federação representativa do grupo. (Redação dada pela Lei nº 11.648, de 2008) (Vide Lei nº 11.648, de 2008)

§ 1º (Revogado). (Redação dada pela Lei nº 11.648, de 2008)

§ 2º (Revogado). (Redação dada pela Lei nº 11.648, de 2008)

§ 3º Não havendo sindicato, nem entidade sindical de grau superior ou central sindical, a contribuição sindical será creditada, integralmente, à 'Conta Especial Emprego e Salário'. (Redação dada pela Lei nº 11.648, de 2008)

§ 4º Não havendo indicação de central sindical, na forma do § 1º do art. 589 desta Consolidação, os percentuais que lhe caberiam serão destinados à 'Conta Especial Emprego e Salário' (Incluído pela Lei nº 11.648, de 2008)

Art. 591. Inexistindo sindicato, os percentuais previstos na alínea c do inciso I e na alínea d do inciso II do caput do art. 589 desta Consolidação serão creditados à federação correspondente à mesma categoria econômica ou profissional. (Redação dada pela Lei nº 11.648, de 2008) (Vide Lei nº 11.648, de 2008)

Parágrafo único. Na hipótese do caput deste artigo, os percentuais previstos nas alíneas a e b do inciso I e nas alíneas a e c do inciso II do caput do art. 589 desta Consolidação caberão à confederação. (Redação dada pela Lei nº 11.648, de 2008)

SEÇÃO II - DA APLICAÇÃO DO IMPOSTO SINDICAL

Art. 592 - A contribuição sindical, além das despesas vinculadas à sua arrecadação, recolhimento e controle, será aplicada pelos sindicatos, na conformidade dos respectivos estatutos, usando aos seguintes objetivos: (Redação dada pela Lei nº 6.386, de 9.12.1976) (Vide Lei nº 11.648, de 2008)

I - Sindicatos de empregadores e de agentes autônomos: (Redação dada pela Lei nº 6.386, de 9.12.1976)

a) assistência técnica e jurídica; (Redação dada pela Lei nº 6.386, de 9.12.1976)

b) assistência médica, dentária, hospitalar e farmacêutica; (Redação dada pela Lei nº 6.386, de 9.12.1976)

c) realização de estudos econômicos e financeiros; (Redação dada pela Lei nº 6.386, de 9.12.1976)

d) agências de colocação; (Redação dada pela Lei nº 6.386, de 9.12.1976)

e) cooperativas; (Redação dada pela Lei nº 6.386, de 9.12.1976)

f) bibliotecas; (Incluída pela Lei nº 6.386, de 9.12.1976)

g) creches; (Incluída pela Lei nº 6.386, de 9.12.1976)

h) congressos e conferências; (Incluída pela Lei nº 6.386, de 9.12.1976)

i) medidas de divulgação comercial e industrial no País, e no estrangeiro, bem como em outras tendentes a incentivar e aperfeiçoar a produção nacional. (Incluída pela Lei nº 6.386, de 9.12.1976)

j) feiras e exposições; (Incluída pela Lei nº 6.386, de 9.12.1976)

l) prevenção de acidentes do trabalho; (Incluída pela Lei nº 6.386, de 9.12.1976)

m) finalidades desportivas. (Incluída pela Lei nº 6.386, de 9.12.1976)

II - Sindicatos de empregados: (Incluída pela Lei nº 6.386, de 9.12.1976)

a) assistência jurídica; (Redação dada pela Lei nº 6.386, de 9.12.1976)

b) assistência médica, dentária, hospitalar e farmacêutica; (Redação dada pela Lei nº 6.386, de 9.12.1976)

c) assistência à maternidade; (Redação dada pela Lei nº 6.386, de 9.12.1976)

d) agências de colocação; (Redação dada pela Lei nº 6.386, de 9.12.1976)

e) cooperativas; (Redação dada pela Lei nº 6.386, de 9.12.1976)

f) bibliotecas; (Redação dada pela Lei nº 6.386, de 9.12.1976)

g) creches; (Redação dada pela Lei nº 6.386, de 9.12.1976)

h) congressos e conferências; (Redação dada pela Lei nº 6.386, de 9.12.1976)

i) auxílio-funeral; (Redação dada pela Lei nº 6.386, de 9.12.1976)

j) colônias de férias e centros de recreação; (Redação dada pela Lei nº 6.386, de 9.12.1976)

l) prevenção de acidentes do trabalho; (Incluída pela Lei nº 6.386, de 9.12.1976)

m) finalidades deportivas e sociais; (Incluída pela Lei nº 6.386, de 9.12.1976)

n) educação e formação profissicinal. (Incluída pela Lei nº 6.386, de 9.12.1976)

o) bolsas de estudo. (Incluída pela Lei nº 6.386, de 9.12.1976)

III - Sindicatos de profissionais liberais: (Redação dada pela Lei nº 6.386, de 9.12.1976)

a) assistência jurídica; (Redação dada pela Lei nº 6.386, de 9.12.1976)

b) assistência médica, dentária, hospitalar e farmacêutica; (Redação dada pela Lei nº 6.386, de 9.12.1976)

c) assistência à maternidade; (Redação dada pela Lei nº 6.386, de 9.12.1976)

d) bolsas de estudo; (Redação dada pela Lei nº 6.386, de 9.12.1976)

e) cooperativas; (Redação dada pela Lei nº 6.386, de 9.12.1976)

f) bibiotecas; (Redação dada pela Lei nº 6.386, de 9.12.1976)

g) creches; (Redação dada pela Lei nº 6.386, de 9.12.1976)

h) congressos e conferências; (Redação dada pela Lei nº 6.386, de 9.12.1976)

i) auxílio-funeral; (Redação dada pela Lei nº 6.386, de 9.12.1976)

j) colônias de férias e centros de recreação; (Redação dada pela Lei nº 6.386, de 9.12.1976)

l) estudos técnicos e científicos; (Incluída pela Lei nº 6.386, de 9.12.1976)

m) finalidades desportivas e sociais; (Incluída pela Lei nº 6.386, de 9.12.1976)

n) educação e formação profissional; (Incluída pela Lei nº 6.386, de 9.12.1976)

o) prêmios por trabalhos técnicos e científicos. (Incluída pela Lei nº 6.386, de 9.12.1976)

IV - Sindicatos de trabalhadores autônomos: (Redação dada pela Lei nº 6.386, de 9.12.1976)

a) auistência técnica e jurídica; (Redação dada pela Lei nº 6.386, de 9.12.1976)

b) assistência médica, dentária, hospitalar e farmacêutica; (Redação dada pela Lei nº 6.386, de 9.12.1976)

c) assistência à maternidade; (Redação dada pela Lei nº 6.386, de 9.12.1976)

d) bolsas de estudo; (Redação dada pela Lei nº 6.386, de 9.12.1976)

e) cooperativas; (Redação dada pela Lei nº 6.386, de 9.12.1976)

f) bibliotecas; (Redação dada pela Lei nº 6.386, de 9.12.1976)

g) creches; (Redação dada pela Lei nº 6.386, de 9.12.1976)

h) congressos e conferências; (Redação dada pela Lei nº 6.386, de 9.12.1976)

i) auxílio-funeral; (Redação dada pela Lei nº 6.386, de 9.12.1976)

j) colônias de férias e centros de recreação; (Incluída pela Lei nº 6.386, de 9.12.1976)

l) educação e formação profissional; (Incluída pela Lei nº 6.386, de 9.12.1976)

m) finalidades desportivas e sociais; (Incluída pela Lei nº 6.386, de 9.12.1976)

§ 1º A aplicação prevista neste artigo ficará a critério de cada entidade, que, para tal fim, obedecerá, sempre, às peculiaridades do respectivo grupo ou categoria, facultado ao Ministro do Trabalho permitir a inclusão de novos programas, desde que assegurados os serviços assistenciais fundamentais da entidade. (Redação dada pela Lei nº 6.386, de 9.12.1976)

§ 2º Os sindicatos poderão destacar, em seus orçamentos anuais, até 20% (vinco por cento) dos recursos da contribuição sindical para o custeio das suas atividades administrativas, independentemente de autorização ministerial. (Incluída pela Lei nº 6.386, de 9.12.1976)

§ 3º O uso da contribuição sindical prevista no § 2º não poderá exceder do valor total das mensalidades sociais consignadas nos orçamentos dos sindicatos, salvo autorização expressa do Ministro do Trabalho. (Incluída pela Lei nº 6.386, de 9.12.1976)

Art. 593. As percentagens atribuídas às entidades sindicais de grau superior e às centrais sindicais serão aplicadas de conformidade com o que dispuserem os respectivos conselhos de representantes ou estatutos. (Redação dada pela Lei nº 11.648, de 2008) (Vide Lei nº 11.648, de 2008)

Parágrafo único. Os recursos destinados às centrais sindicais deverão ser utilizados no custeio das atividades de representação geral dos trabalhadores decorrentes de suas atribuições legais. (Incluído pela Lei nº 11.648, de 2008)

Art. 594 - O "Fundo Social Sindical" será gerido e aplicado pela Comissão do Imposto Sindical em objetivos que atendam aos interesses gerais da organização sindical nacional ou à assistência social aos trabalhadores. (Redação dada pelo Decreto-Lei nº 9.615, de 20.8.1946) (Vide Lei nº 4.589, de 1964) (Vide Lei nº 11.648, de 2008)

SEÇÃO III - DA COMISSÃO DO IMPOSTO SINDICAL

Art. 595 - (Revogado pela Lei nº 4.589, de 11.12.1964)

Art. 596. (Revogado pela Lei nº 4.589, de 11.12.1964)

Art. 597. (Revogado pela Lei nº 4.589, de 11.12.1964)

SEÇÃO IV - DAS PENALIDADES

Art. 598 - Sem prejuízo da ação criminal e das penalidades previstas no art. 553, serão aplicadas multas de Cr$ 10,00 (dez cruzeiros) a Cr$ 10.000,00 (dez mil cruzeiros) pelas infrações deste Capítulo impostas no Distrito Federal pela autoridade competente de 1ª instância do Departamento Nacional do Trabalho e nos Estados e no Território do Acre pelas autoridades regionais do Ministério do Trabalho, Industria e Comercio. (Vide Decreto-Lei nº 8.987-A, de 1946) (Vide Lei nº 6.205, de 1975 e Lei 6.986, de 1982) (Vide Lei nº 11.648, de 2008)

Parágrafo único - A gradação da multa atenderá à natureza da infração e às condições sociais e econômicas do infrator. (Vide Decreto-Lei nº 8.987-A, de 1946)

Art. 599 - Para os profissionais liberais, a penalidade consistirá na suspensão do exercício profissional, até a necessária quitação, e será aplicada pelos órgãos públicos ou autárquicos disciplinadores das respectivas profissões mediante comunicação das autoridades fiscalizadoras. (Vide Lei nº 11.648, de 2008)

Art. 600 - O recolhimento da contribuição sindical efetuado fora do prazo referido neste Capítulo, quando espontâneo, será acrescido da multa de 10% (dez por cento), nos 30 (trinta) primeiros dias, com o adicional de 2% (dois por cento) por mês subsequente de atraso, além de juros de mora de 1 % (um por cento) ao mês e correção monetária, ficando, nesse caso, o infrator, isento de outra penalidade. (Redação dada pela Lei nº 6.181, de 11.12.1974) (Vide Lei nº 11.648, de 2008)

§ 1º - O montante das cominações previstas neste artigo reverterá sucessivamente: (Redação dada pela Lei nº 6.181, de 11.12.1974)

a) ao Sindicato respectivo;

b) à Federação respectiva, na ausência de Sindicato;

c) à Confederação respectiva, inexistindo Federação.

§ 2º - Na falta de Sindicato ou entidade de grau superior, o montante a que alude o parágrafo precedente reverterá à conta «Emprego e Salário. (Redação dada pela Lei nº 6.181, de 11.12.1974)

SEÇÃO V - DISPOSIÇÕES GERAIS

Art. 601 - (Revogado pela Lei nº 13.467, de 2017)

Art. 602. Os empregados que não estiverem trabalhando no mês destinado ao desconto da contribuição sindical e que venham a autorizar prévia e expressamente o recolhimento serão descontados no primeiro mês subsequente ao do reinício do trabalho. (Redação dada pela Lei nº 13.467, de 2017)

Parágrafo único - De igual forma se procederá com os empregados que forem admitidos depois daquela data e que não tenham trabalhado anteriormente nem apresentado a respectiva quitação.

Art. 603 - Os empregadores são obrigados a prestar aos encarregados da fiscalização os esclarecimentos necessários ao desempenho de sua missão e a exibir-lhes, quando exigidos, na parte relativa ao pagamento de empregados, os seus livros, folhas de pagamento e outros documentos comprobatórios desses pagamentos, sob pena da multa cabível. (Vide Lei nº 11.648, de 2008)

Art. 605 - As entidades sindicais são obrigadas a promover a publicação de editais concernentes ao recolhimento do imposto sindical, durante 3 (três) dias, nos jornais de maior circulação local e até 10 (dez) dias da data fixada para depósito

bancário. (Vide Lei nº 11.648, de 2008) (Vide Lei nº 11.648, de 2008)

Art. 606 - Às entidades sindicais cabe, em caso de falta de pagamento da contribuição sindical, promover a respectiva cobrança judicial, mediante ação executiva, valendo como título de dívida a certidão expedida pelas autoridades regionais do Ministério do Trabalho e Previdência Social. (Redação dada pelo Decreto-Lei nº 925, de 10.10.1969) (Vide Lei nº 11.648, de 2008)

§ 1º O Ministro do Trabalho, Indústria e Comércio baixará as instruções regulando a expedição das certidões a que se refere o presente artigo das quais deverá constar a individualização de contribuinte, a indicação do débito e a designação da entidade a favor da qual será recolhida a importância de imposto, de acordo com o respectivo enquadramento sindical.

§ 2º - Para os fins da cobrança judicial do imposto sindical, são extensivos às entidades sindicais, com exceção do foro especial, os privilégios da Fazenda Pública, para cobrança da dívida ativa.

Art. 607 - É considerado como documento essencial ao comparecimento às concorrências públicas ou administrativas e para o fornecimento às repartições paraestatais ou autárquicas a prova da quitação do respectivo imposto sindical e a de recolhimento do imposto sindical, descontado dos respectivos empregados. (Vide Lei nº 11.648, de 2008)

Art. 608 - As repartições federais, estaduais ou municipais não concederão registro ou licenças para funcionamento ou renovação de atividades aos estabelecimentos de empregadores e aos escritórios ou congêneres dos agentes ou trabalhadores autônomos e profissionais liberais, nem concederão alvarás de licença ou localização, sem que sejam exibidas as provas de quitação do imposto sindical, na forma do artigo anterior. (Vide Lei nº 11.648, de 2008)

Parágrafo único - A não observância do disposto neste artigo acarretará, de pleno direito, a nulidade dos atos nele referidos, bem como dos mencionados no artigo 607. (Parágrafo incluído pela Lei nº 6.386, de 9.12.1976)

Art. 609 - O recolhimento da contribuição sindical e todos os lançamentos e movimentos nas contas respectivas são isentos de selos e taxas federais, estaduais ou municipais. (Vide Lei nº 11.648, de 2008)

Art. 610 - As dúvidas no cumprimento deste Capítulo serão resolvidas pelo Diretor-Geral do Departamento Nacional do Trabalho, que expedirá as instruções que se tornarem necessárias à sua execução. (Redação dada pela Lei nº 4.589, de 11.12.1964) (Vide Lei nº 11.648, de 2008)

TÍTULO VI - CONVENÇÕES COLETIVAS DE TRABALHO

(Redação dada pelo Decreto-Lei nº 229, de 28.2.1967)

Art. 611 - Convenção Coletiva de Trabalho é o acôrdo de caráter normativo, pelo qual dois ou mais Sindicatos representativos de categorias econômicas e profissionais estipulam condições de trabalho aplicáveis, no âmbito das respectivas representações, às relações individuais de trabalho. (Redação dada pelo Decreto-Lei nº 229, de 28.2.1967)

§ 1º É facultado aos Sindicatos representativos de categorias profissionais celebrar Acordos Coletivos com uma ou mais emprêsas da correspondente categoria econômica, que estipulem condições de trabalho, aplicáveis no âmbito da emprêsa ou das acordantes respectivas relações de trabalho. (Redação dada pelo Decreto-Lei nº 229, de 28.2.1967)

§ 2º As Federações e, na falta desta, as Confederações representativas de categorias econômicas ou profissionais poderão celebrar convenções coletivas de trabalho para reger as relações das categorias a elas vinculadas, inorganizadas em Sindicatos, no âmbito de suas representações. (Redação dada pelo Decreto-Lei nº 229, de 28.2.1967)

Art. 611-A. A convenção coletiva e o acordo coletivo de trabalho têm prevalência sobre a lei quando, entre outros, dispuserem sobre: (Incluído pela Lei nº 13.467, de 2017)

I - pacto quanto à jornada de trabalho, observados os limites constitucionais; (Incluído pela Lei nº 13.467, de 2017)

II - banco de horas anual; (Incluído pela Lei nº 13.467, de 2017)

III - intervalo intrajornada, respeitado o limite mínimo de trinta minutos para jornadas superiores a seis horas; (Incluído pela Lei nº 13.467, de 2017)

IV - adesão ao Programa Seguro-Emprego (PSE), de que trata a Lei no 13.189, de 19 de novembro de 2015; (Incluído pela Lei nº 13.467, de 2017)

V - plano de cargos, salários e funções compatíveis com a condição pessoal do empregado, bem como identificação dos cargos que se enquadram como funções de confiança; (Incluído pela Lei nº 13.467, de 2017)

VI - regulamento empresarial; (Incluído pela Lei nº 13.467, de 2017)

VII - representante dos trabalhadores no local de trabalho; (Incluído pela Lei nº 13.467, de 2017)

VIII - teletrabalho, regime de sobreaviso, e trabalho intermitente; (Incluído pela Lei nº 13.467, de 2017)

IX - remuneração por produtividade, incluídas as gorjetas percebidas pelo empregado, e remuneração por desempenho individual; (Incluído pela Lei nº 13.467, de 2017)

X - modalidade de registro de jornada de trabalho; (Incluído pela Lei nº 13.467, de 2017)

XI - troca do dia de feriado; (Incluído pela Lei nº 13.467, de 2017)

XII - enquadramento do grau de insalubridade; (Incluído pela Lei nº 13.467, de 2017)

XIII - prorrogação de jornada em ambientes insalubres, sem licença prévia das autoridades competentes do Ministério do Trabalho; (Incluído pela Lei nº 13.467, de 2017)

XIV - prêmios de incentivo em bens ou serviços, eventualmente concedidos em programas de incentivo; (Incluído pela Lei nº 13.467, de 2017)

XV - participação nos lucros ou resultados da empresa. (Incluído pela Lei nº 13.467, de 2017)

§ 1º No exame da convenção coletiva ou do acordo coletivo de trabalho, a Justiça do Trabalho observará o disposto no § 3º do art. 8º desta Consolidação. (Incluído pela Lei nº 13.467, de 2017)

§ 2º A inexistência de expressa indicação de contrapartidas recíprocas em convenção coletiva ou acordo coletivo de trabalho não ensejará sua nulidade por não caracterizar um vício do negócio jurídico. (Incluído pela Lei nº 13.467, de 2017)

§ 3º Se for pactuada cláusula que reduza o salário ou a jornada, a convenção coletiva ou o acordo coletivo de trabalho deverão prever a proteção dos empregados contra dispensa imotivada durante o prazo de vigência do instrumento coletivo. (Incluído pela Lei nº 13.467, de 2017)

§ 4º Na hipótese de procedência de ação anulatória de cláusula de convenção coletiva ou de acordo coletivo de trabalho, quando houver a cláusula compensatória, esta deverá ser igualmente anulada, sem repetição do indébito. (Incluído pela Lei nº 13.467, de 2017)

§ 5º Os sindicatos subscritores de convenção coletiva ou de acordo coletivo de trabalho deverão participar, como litisconsortes necessários, em ação individual ou coletiva, que tenha como objeto a anulação de cláusulas desses instrumentos. (Incluído pela Lei nº 13.467, de 2017)

Art. 611-B. Constituem objeto ilícito de convenção coletiva ou de acordo coletivo de trabalho, exclusivamente, a supressão ou a redução dos seguintes direitos: (Incluído pela Lei nº 13.467, de 2017)

I - normas de identificação profissional, inclusive as anotações na Carteira de Trabalho e Previdência Social; (Incluído pela Lei nº 13.467, de 2017)

II - seguro-desemprego, em caso de desemprego involuntário; (Incluído pela Lei nº 13.467, de 2017)

III - valor dos depósitos mensais e da indenização rescisória do Fundo de Garantia do Tempo de Serviço (FGTS); (Incluído pela Lei nº 13.467, de 2017)

IV - salário mínimo; (Incluído pela Lei nº 13.467, de 2017)

V - valor nominal do décimo terceiro salário; (Incluído pela Lei nº 13.467, de 2017)

VI - remuneração do trabalho noturno superior à do diurno; (Incluído pela Lei nº 13.467, de 2017)

VII - proteção do salário na forma da lei, constituindo crime sua retenção dolosa; (Incluído pela Lei nº 13.467, de 2017)

VIII - salário-família; (Incluído pela Lei nº 13.467, de 2017)

IX - repouso semanal remunerado; (Incluído pela Lei nº 13.467, de 2017)

X - remuneração do serviço extraordinário superior, no mínimo, em 50% (cinquenta por cento) à do normal; (Incluído pela Lei nº 13.467, de 2017)

XI - número de dias de férias devidas ao empregado; (Incluído pela Lei nº 13.467, de 2017)

XII - gozo de férias anuais remuneradas com, pelo menos, um terço a mais do que o salário normal; (Incluído pela Lei nº 13.467, de 2017)

XIII - licença-maternidade com a duração mínima de cento e vinte dias; (Incluído pela Lei nº 13.467, de 2017)

XIV - licença-paternidade nos termos fixados em lei; (Incluído pela Lei nº 13.467, de 2017)

XV - proteção do mercado de trabalho da mulher, mediante incentivos específicos, nos termos da lei; (Incluído pela Lei nº 13.467, de 2017)

XVI - aviso prévio proporcional ao tempo de serviço, sendo no mínimo de trinta dias, nos termos da lei; (Incluído pela Lei nº 13.467, de 2017)

XVII - normas de saúde, higiene e segurança do trabalho previstas em lei ou em normas regulamentadoras do Ministério do Trabalho; (Incluído pela Lei nº 13.467, de 2017)

XVIII - adicional de remuneração para as atividades penosas, insalubres ou perigosas; (Incluído pela Lei nº 13.467, de 2017)

XIX - aposentadoria; (Incluído pela Lei nº 13.467, de 2017)

XX - seguro contra acidentes de trabalho, a cargo do empregador; (Incluído pela Lei nº 13.467, de 2017)

XXI - ação, quanto aos créditos resultantes das relações de trabalho, com prazo prescricional de cinco anos para os trabalhadores urbanos e rurais, até o limite de dois anos após a extinção do contrato de trabalho; (Incluído pela Lei nº 13.467, de 2017)

XXII - proibição de qualquer discriminação no tocante a salário e critérios de admissão do trabalhador com deficiência; (Incluído pela Lei nº 13.467, de 2017)

XXIII - proibição de trabalho noturno, perigoso ou insalubre a menores de dezoito anos e de qualquer trabalho a menores de dezesseis anos, salvo na condição de aprendiz, a partir de quatorze anos; (Incluído pela Lei nº 13.467, de 2017)

XXIV - medidas de proteção legal de crianças e adolescentes; (Incluído pela Lei nº 13.467, de 2017)

XXV - igualdade de direitos entre o trabalhador com vínculo empregatício permanente e o trabalhador avulso; (Incluído pela Lei nº 13.467, de 2017)

XXVI - liberdade de associação profissional ou sindical do trabalhador, inclusive o direito de não sofrer, sem sua expressa e prévia anuência, qualquer cobrança ou desconto salarial estabelecidos em convenção coletiva ou acordo coletivo de trabalho; (Incluído pela Lei nº 13.467, de 2017)

XXVII - direito de greve, competindo aos trabalhadores decidir sobre a oportunidade de exercê-lo e sobre os interesses que devam por meio dele defender; (Incluído pela Lei nº 13.467, de 2017)

XXVIII - definição legal sobre os serviços ou atividades essenciais e disposições legais sobre o atendimento das necessidades inadiáveis da comunidade em caso de greve; (Incluído pela Lei nº 13.467, de 2017)

XXIX - tributos e outros créditos de terceiros; (Incluído pela Lei nº 13.467, de 2017)

XXX - as disposições previstas nos arts. 373-A, 390, 392, 392-A, 394, 394-A, 395, 396 e 400 desta Consolidação. (Incluído pela Lei nº 13.467, de 2017)

Parágrafo único. Regras sobre duração do trabalho e intervalos não são consideradas como normas de saúde, higiene e segurança do trabalho para os fins do disposto neste artigo. (Incluído pela Lei nº 13.467, de 2017)

Art. 612 - Os Sindicatos só poderão celebrar Convenções ou Acordos Coletivos de Trabalho, por deliberação de Assembléia Geral especialmente convocada para êsse fim, consoante o disposto nos respectivos Estatutos, dependendo a validade da mesma do comparecimento e votação, em primeira convocação, de 2/3 (dois terços) dos associados da entidade, se se tratar de Convenção, e dos interessados, no caso de Acôrdo, e, em segunda, de 1/3 (um têrço) dos mesmos. (Redação dada pelo Decreto-Lei nº 229, de 28.2.1967)

Parágrafo único. O "quorum" de comparecimento e votação será de 1/8 (um oitavo) dos associados em segunda convocação, nas entidades sindicais que tenham mais de 5.000 (cinco mil) associados. (Incluído pelo Decreto-Lei nº 229, de 28.2.1967)

Art. 613 - As Convenções e os Acordos deverão conter obrigatòriamente: (Redação dada pelo Decreto-Lei nº 229, de 28.2.1967)

I - Designação dos Sindicatos convenentes ou dos Sindicatos e emprêsas acordantes; (Incluído pelo Decreto-Lei nº 229, de 28.2.1967)

II - Prazo de vigência; (Incluído pelo Decreto-Lei nº 229, de 28.2.1967)

III - Categorias ou classes de trabalhadores abrangidas pelos respectivos dispositivos; (Incluído pelo Decreto-Lei nº 229, de 28.2.1967)

IV - Condições ajustadas para reger as relações individuais de trabalho durante sua vigência; (Incluído pelo Decreto-Lei nº 229, de 28.2.1967)

V - Normas para a conciliação das divergências sugeridas entre os convenentes por motivos da aplicação de seus dispositivos; (Incluído pelo Decreto-Lei nº 229, de 28.2.1967)

VI - Disposições sôbre o processo de sua prorrogação e de revisão total ou parcial de seus dispositivos; (Incluído pelo Decreto-Lei nº 229, de 28.2.1967)

VII - Direitos e deveres dos empregados e emprêsas; (Incluído pelo Decreto-Lei nº 229, de 28.2.1967)

VIII - Penalidades para os Sindicatos convenentes, os empregados e as empresas em caso de violação de seus dispositivos. (Incluído pelo Decreto-Lei nº 229, de 28.2.1967)

Parágrafo único. As convenções e os Acordos serão celebrados por escrito, sem emendas nem rasuras, em tantas vias quantos forem os Sindicatos convenentes ou as empresas acordantes, além de uma destinada a registro. (Incluído pelo Decreto-Lei nº 229, de 28.2.1967)

Art. 614 - Os Sindicatos convenentes ou as empresas acordantes promoverão, conjunta ou separadamente, dentro de 8 (oito) dias da assinatura da Convenção ou Acôrdo, o depósito de uma via do mesmo, para fins de registro e arquivo, no Departamento Nacional do Trabalho, em se tratando de instrumento de caráter nacional ou interestadual, ou nos órgãos regionais do Ministério do Trabalho e Previdência Social, nos demais casos. (Redação dada pelo Decreto-Lei nº 229, de 28.2.1967)

§ 1º As Convenções e os Acôrdos entrarão em vigor 3 (três) dias após a data da entrega dos mesmos no órgão referido neste artigo. (Redação dada pelo Decreto-Lei nº 229, de 28.2.1967)

§ 2º Cópias autênticas das Convenções e dos Acordos deverão ser afixados de modo visível, pelos Sindicatos convenentes,

nas respectivas sedes e nos estabelecimentos das emprêsas compreendidas no seu campo de aplicação, dentro de 5 (cinco) dias da data do depósito previsto neste artigo. (Redação dada pelo Decreto-Lei nº 229, de 28.2.1967)

§ 3º Não será permitido estipular duração de convenção coletiva ou acordo coletivo de trabalho superior a dois anos, sendo vedada a ultratividade. (Redação dada pela Lei nº 13.467, de 2017)

Art. 615 - O processo de prorrogação, revisão, denúncia ou revogação total ou parcial de Convenção ou Acôrdo ficará subordinado, em qualquer caso, à aprovação de Assembléia Geral dos Sindicatos convenentes ou partes acordantes, com observância do disposto no art. 612. (Redação dada pelo Decreto-Lei nº 229, de 28.2.1967)

§ 1º O instrumento de prorrogação, revisão, denúncia ou revogação de Convenção ou Acôrdo será depositado para fins de registro e arquivamento, na repartição em que o mesmo originariamente foi depositado observado o disposto no art. 614. (Incluído pelo Decreto-Lei nº 229, de 28.2.1967)

§ 2º As modificações introduzidos em Convenção ou Acôrdo, por fôrça de revisão ou de revogação parcial de suas cláusulas passarão a vigorar 3 (três) dias após a realização de depósito previsto no § 1º. (Incluído pelo Decreto-Lei nº 229, de 28.2.1967)

Art. 616 - Os Sindicatos representativos de categorias econômicas ou profissionais e as emprêsas, inclusive as que não tenham representação sindical, quando provocados, não podem recusar-se à negociação coletiva. (Redação dada pelo Decreto-Lei nº 229, de 28.2.1967)

§ 1º Verificando-se recusa à negociação coletiva, cabe aos Sindicatos ou emprêsas interessadas dar ciência do fato, conforme o caso, ao Departamento Nacional do Trabalho ou aos órgãos regionais do Ministério do Trabalho e Previdência Social, para convocação compulsória dos Sindicatos ou emprêsas recalcitrantes. (Incluído pelo Decreto-Lei nº 229, de 28.2.1967)

§ 2º No caso de persistir a recusa à negociação coletiva, pelo desatendimento às convocações feitas pelo Departamento Nacional do Trabalho ou órgãos regionais do Ministério de Trabalho e Previdência Social, ou se malograr a negociação entabolada, é facultada aos Sindicatos ou emprêsas interessadas a instauração de dissídio coletivo. (Incluído pelo Decreto-Lei nº 229, de 28.2.1967)

§ 3º - Havendo convenção, acordo ou sentença normativa em vigor, o dissídio coletivo deverá ser instaurado dentro dos 60 (sessenta) dias anteriores ao respectivo termo final, para que o novo instrumento possa ter vigência no dia imediato a esse termo. (Redação dada pelo Decreto-Lei nº 424, de 21.1.1969)

§ 4º - Nenhum processo de dissídio coletivo de natureza econômica será admitido sem antes se esgotarem as medidas relativas à formalização da Convenção ou Acordo correspondente. (Incluído pelo Decreto-Lei nº 229, de 28.2.1967)

Art. 617 - Os empregados de uma ou mais emprêsas que decidirem celebrar Acôrdo Coletivo de Trabalho com as respectivas emprêsas darão ciência de sua resolução, por escrito, ao Sindicato representativo da categoria profissional, que terá o prazo de 8 (oito) dias para assumir a direção dos entendimentos entre os interessados, devendo igual procedimento ser observado pelas emprêsas interessadas com relação ao Sindicato da respectiva categoria econômica. (Redação dada pelo Decreto-Lei nº 229, de 28.2.1967)

§ 1º Expirado o prazo de 8 (oito) dias sem que o Sindicato tenha se desincumbido do encargo recebido, poderão os interessados dar conhecimento do fato à Federação a que estiver vinculado o Sindicato e, em falta dessa, à correspondente Confederação, para que, no mesmo prazo, assuma a direção dos entendimentos. Esgotado êsse prazo, poderão os interessados prosseguir diretamente na negociação coletiva até final. (Incluído pelo Decreto-Lei nº 229, de 28.2.1967)

§ 2º Para o fim de deliberar sôbre o Acôrdo, a entidade sindical convocará assembléia geral dos diretamente interessados, sindicalizados ou não, nos têrmos do art. 612. (Incluído pelo Decreto-Lei nº 229, de 28.2.1967)

Art. 618 - As emprêsas e instituições que não estiverem incluídas no enquadramento sindical a que se refere o art. 577 desta Consolidação poderão celebrar Acôrdos Coletivos de Trabalho com os Sindicatos representativos dos respectivos empregados, nos têrmos dêste Título. (Redação dada pelo Decreto-Lei nº 229, de 28.2.1967)

Art. 619. Nenhuma disposição de contrato individual de trabalho que contrarie normas de Convenção ou Acôrdo Coletivo de Trabalho poderá prevalecer na execução do mesmo, sendo considerada nula de pleno direito. (Redação dada pelo Decreto-Lei nº 229, de 28.2.1967)

Art. 620. As condições estabelecidas em acordo coletivo de trabalho sempre prevalecerão sobre as estipuladas em convenção coletiva de trabalho. (Redação dada pela Lei nº 13.467, de 2017)

Art. 621. As Convenções e os Acordos poderão incluir entre suas cláusulas disposição sôbre a constituição e funcionamento de comissões mistas de consulta e colaboração, no plano da emprêsa e sôbre participação, nos lucros. Estas disposições mencionarão a forma de constituição, o modo de funcionamento e as atribuições das comissões, assim como o plano de participação, quando fôr o caso. (Redação dada pelo Decreto-Lei nº 229, de 28.2.1967)

Art. 622. Os empregados e as emprêsas que celebrarem contratos individuais de trabalho, estabelecendo condições contrárias ao que tiver sido ajustado em Convenção ou Acôrdo que lhes fôr aplicável, serão passíveis da multa nêles fixada. (Redação dada pelo Decreto-Lei nº 229, de 28.2.1967)

Parágrafo único. A multa a ser imposta ao empregado não poderá exceder da metade daquela que, nas mesmas condições seja estipulada para a emprêsa. (Redação dada pelo Decreto-Lei nº 229, de 28.2.1967)

Art. 623. Será nula de pleno direito disposição de Convenção ou Acôrdo que, direta ou indiretamente, contrarie proibição ou norma disciplinadora da política econômico-financeira do Govêrno ou concernente à política salarial vigente, não produzindo quaisquer efeitos perante autoridades e repartições públicas, inclusive para fins de revisão de preços e tarifas de mercadorias e serviços. (Redação dada pelo Decreto-Lei nº 229, de 28.2.1967)

Parágrafo único. Na hipótese dêste artigo, a nulidade será declarada, de ofício ou mediante representação, pelo Ministro do Trabalho e Previdência Social, ou pela Justiça do Trabalho em processo submetido ao seu julgamento. (Incluído pelo Decreto-Lei nº 229, de 28.2.1967)

Art. 624. A vigência de cláusula de aumento ou reajuste salarial, que implique elevação de tarifas ou de preços sujeitos à fixação por autoridade pública ou repartição governamental, dependerá de prévia audiência dessa autoridade ou repartição e sua expressa declaração no tocante à possibilidade de elevação da tarifa ou do preço e quanto ao valor dessa elevação. (Redação dada pelo Decreto-Lei nº 229, de 28.2.1967)

Art. 625. As controvérsias resultantes da aplicação de Convenção ou de Acôrdo celebrado nos têrmos dêste Título serão dirimidas pela Justiça do Trabalho. (Redação dada pelo Decreto-Lei nº 229, de 28.2.1967)

TÍTULO VI-A - (INCLUÍDO PELA LEI Nº 9.958, DE 12.1.2000) - DA COMISSÕES DE CONCILIAÇÃO PRÉVIA

Art. 625-A. As empresas e os sindicatos podem instituir Comissões de Conciliação Prévia, de composição paritária, com representante dos empregados e dos empregadores, com a atribuição de tentar conciliar os conflitos individuais do trabalho. Parágrafo único. As Comissões referidas no caput deste artigo poderão ser constituídas por grupos de empresas ou ter caráter intersindical. (Incluído pela Lei nº 9.958, de 12.1.2000)

Art. 625-B. A Comissão instituída no âmbito da empresa será composta de, no mínimo, dois e, no máximo, dez membros, e observará as seguintes normas: (Incluído pela Lei nº 9.958, de 12.1.2000)

I - a metade de seus membros será indicada pelo empregador e outra metade eleita pelos empregados, em escrutínio,secreto, fiscalizado pelo sindicato de categoria profissional; (incluído pela Lei nº 9.958, de 12.1.2000)

II - haverá na Comissão tantos suplentes quantos forem os representantes titulares; (incluído pela Lei nº 9.958, de 12.1.2000)

III - o mandato dos seus membros, titulares e suplentes, é de um ano, permitida uma recondução. (incluído pela Lei nº 9.958, de 12.1.2000)

§ 1º É vedada a dispensa dos representantes dos empregados membros da Comissão de Conciliação Prévia, titulares e suplentes, até um ano após o final do mandato, salvo se cometerem falta grave, nos termos da lei. (Incluído pela Lei nº 9.958, de 12.1.2000)

§ 2º O representante dos empregados desenvolverá seu trabalho normal na empresa afastando-se de suas atividades apenas quando convocado para atuar como conciliador, sendo computado como tempo de trabalho efetivo o despendido nessa atividade. (Incluído pela Lei nº 9.958, de 12.1.2000)

Art. 625-C. A Comissão instituída no âmbito do sindicato terá sua constituição e normas de funcionamento definidas em convenção ou acordo coletivo. (Incluído pela Lei nº 9.958, de 12.1.2000)

Art. 625-D. Qualquer demanda de natureza trabalhista será submetida à Comissão de Conciliação Prévia se, na localidade da prestação de serviços, houver sido instituída a Comissão no âmbito da empresa ou do sindicato da categoria. (Incluído pela Lei nº 9.958, de 12.1.2000)

§ 1º A demanda será formulada por escrito ou reduzida a termo por qualquer dos membros da Comissão, sendo entregue cópia datada e assinada pelo membro aos interessados. (Incluído pela Lei nº 9.958, de 12.1.2000) (Vide ADIN 2139) (Vide ADIN 2160) (Vide ADIN 2237)

§ 2º Não prosperando a conciliação, será fornecida ao empregado e ao empregador declaração da tentativa conciliatória frustrada com a descrição de seu objeto, firmada pelos membros da Comissão, que devera ser juntada à eventual reclamação trabalhista. (Incluído pela Lei nº 9.958, de 12.1.2000) (Vide ADIN 2139) (Vide ADIN 2160) (Vide ADIN 2237)

§ 3º Em caso de motivo relevante que impossibilite a observância do procedimento previsto no caput deste artigo, será a circunstância declarada na petição da ação intentada perante a Justiça do Trabalho. (Incluído pela Lei nº 9.958, de 12.1.2000) (Vide ADIN 2139) (Vide ADIN 2160) (Vide ADIN 2237)

§ 4º Caso exista, na mesma localidade e para a mesma categoria, Comissão de empresa e Comissão sindical, o interessado optará por uma delas submeter a sua demanda, sendo competente aquela que primeiro conhecer do pedido. (Incluído pela Lei nº 9.958, de 12.1.2000) (Vide ADIN 2139) (Vide ADIN 2160) (Vide ADIN 2237)

Art. 625-E. Aceita a conciliação, será lavrado termo assinado pelo empregado, pelo empregador ou seu proposto e pelos membros da Comissão, fornecendo-se cópia às partes. (Incluído pela Lei nº 9.958, de 12.1.2000)

Parágrafo único. O termo de conciliação é título executivo extrajudicial e terá eficácia liberatória geral, exceto quanto às parcelas expressamente ressalvadas. (Incluído pela Lei nº 9.958, de 12.1.2000)

Art. 625-F. As Comissões de Conciliação Prévia têm prazo de dez dias para a realização da sessão de tentativa de conciliação a partir da provocação do interessado. (Incluído pela Lei nº 9.958, de 12.1.2000)

Parágrafo único. Esgotado o prazo sem a realização da sessão, será fornecida, no último dia do prazo, a declaração a que se refere o § 2º do art. 625-D. (Incluído pela Lei nº 9.958, de 12.1.2000)

Art. 625-G. O prazo prescricional será suspenso a partir da provocação da Comissão de Conciliação Prévia, recomeçando a fluir, pelo que lhe resta, a partir da tentativa frustrada de conciliação ou do esgotamento do prazo previsto no art. 625-F. (Incluído pela Lei nº 9.958, de 12.1.2000)

Art. 625-H. Aplicam-se aos Núcleos Intersindicais de Conciliação Trabalhista em funcionamento ou que vierem a ser criados, no que couber, as disposições previstas neste Título, desde que observados os princípios da paridade e da negociação coletiva na sua constituição. (Incluído pela Lei nº 9.958, de 12.1.2000)

TÍTULO VII - DO PROCESSO DE MULTAS ADMINISTRATIVAS
CAPÍTULO I - DA FISCALIZAÇÃO, DA AUTUAÇÃO E DA IMPOSIÇÃO DE MULTAS

Art. 626 - Incumbe às autoridades competentes do Ministério do Trabalho, Industria e Comercio, ou àquelas que exerçam funções delegadas, a fiscalização do fiel cumprimento das normas de proteção ao trabalho.

Parágrafo único - Os fiscais dos Institutos de Seguro Social e das entidades paraestatais em geral dependentes do Ministério do Trabalho, Industria e Comercio serão competentes para a fiscalização a que se refere o presente artigo, na forma das instruções que forem expedidas pelo Ministro do Trabalho, Industria e Comercio.

Art. 627 - A fim de promover a instrução dos responsáveis no cumprimento das leis de proteção do trabalho, a fiscalização deverá observar o critério de dupla visita nos seguintes casos:

a) quando ocorrer promulgação ou expedição de novas leis, regulamentos ou instruções ministeriais, sendo que, com relação exclusivamente a esses atos, será feita apenas a instrução dos responsáveis;

b) em se realizando a primeira inspeção dos estabelecimentos ou dos locais de trabalho, recentemente inaugurados ou empreendidos.

Art. 627-A. Poderá ser instaurado procedimento especial para a ação fiscal, objetivando a orientação sobre o cumprimento das leis de proteção ao trabalho, bem como a prevenção e o saneamento de infrações à legislação mediante Termo de Compromisso, na forma a ser disciplinada no Regulamento da Inspeção do Trabalho. (Incluído pela Medida Provisória nº 2.164-41, de 2001)

Art. 628. Salvo o disposto nos arts. 627 e 627-A, a toda verificação em que o Auditor-Fiscal do Trabalho concluir pela existência de violação de preceito legal deve corresponder, sob pena de responsabilidade administrativa, a lavratura de auto de infração. (Redação dada pela Medida Provisória nº 2.164-41, de 2001)

§ 1º Ficam as emprêsas obrigadas a possuir o livro intitulado «Inspeção do Trabalho», cujo modêlo será aprovado por portaria Ministerial. (Incluído pelo Decreto-Lei nº 229, de 28.2.1967)

§ 2º Nesse livro, registrará o agente da inspeção sua visita ao estabelecimento, declarando a data e a hora do início e término da mesma, bem como o resultado da inspeção, nêle consignando, se fôr o caso, tôdas as irregularidades verificadas e as exigências feitas, com os respectivos prazos para seu atendimento, e, ainda, de modo legível, os elementos de sua identificação funcional. (Incluído pelo Decreto-Lei nº 229, de 28.2.1967)

§ 3º Comprovada má fé do agente da inspeção, quanto à omissão ou lançamento de qualquer elemento no livro, responderá êle por falta grave no cumprimento do dever, ficando passível, desde logo, da pena de suspensão até 30 (trinta) dias, instaurando-se, obrigatòriamente, em caso de reincidência, inquérito administrativo. (Incluído pelo Decreto-Lei nº 229, de 28.2.1967)

§ 4º A lavratura de autos contra emprêsas fictícias e de endereços inexistentes, assim como a apresentação de falsos

relatórios, constituem falta grave, punível na forma do § 3º. (Incluído pelo Decreto-Lei nº 229, de 28.2.1967)

Art. 629 - O auto de infração será lavrado em duplicata, nos têrmos dos modelos e instruções expedidos, sendo uma via entregue ao infrator, contra recibo, ou ao mesmo enviada, dentro de 10 (dez) dias da lavratura, sob pena de responsabilidade, em registro postal, com franquia e recibo de volta. (Redação dada pelo Decreto-Lei nº 229, de 28.2.1967)

§ 1º O auto não terá o seu valor probante condicionado à assinatura do infrator ou de testemunhas, e será lavrado no local da inspeção, salvo havendo motivo justificado que será declarado no próprio auto, quando então deverá ser lavrado no prazo de 24 (vinte e quatro) horas, sob pena de responsabilidade. (Redação dada pelo Decreto-Lei nº 229, de 28.2.1967)

§ 2º Lavrado o auto de infração, não poderá êle ser inutilizado, nem sustado o curso do respectivo processo, devendo o agente da inspeção apresentá-lo à autoridade competente, mesmo se incidir em êrro. (Redação dada pelo Decreto-Lei nº 229, de 28.2.1967)

§ 3º O infrator terá, para apresentar defesa, o prazo de 10 (dez) dias contados do recebimento do auto. (Redação dada pelo Decreto-Lei nº 229, de 28.2.1967)

§ 4º O auto de infração será registrado com a indicação sumária de seus elementos característicos, em livro próprio que deverá existir em cada órgão fiscalizador, de modo a assegurar o contrôle do seu processamento. (Incluído pelo Decreto-Lei nº 229, de 28.2.1967)

Art. 630. Nenhum agente da inspeção poderá exercer as atribuições do seu cargo sem exibir a carteira de identidade fiscal, devidamente autenticada, fornecida pela autoridade competente. (Redação dada pelo Decreto-Lei nº 229, de 28.2.1967)

§ 1º É proibida a outorga de identidade fiscal a quem não esteja autorizado, em razão do cargo ou função, a exercer ou praticar, no âmbito da legislação trabalhista, atos de fiscalização. (Incluído pelo Decreto-Lei nº 229, de 28.2.1967)

§ 2º - A credencial a que se refere êste artigo deverá ser devolvida para inutilização, sob as penas da lei em casos de provimentos em outro cargo público, exoneração ou demissão bem como nos de licenciamento por prazo superior a 60 (sessenta) dias e de suspensão do exercício do cargo. (Incluído pelo Decreto-Lei nº 229, de 28.2.1967)

§ 3º - O agente da inspeção terá livre acesso a tôdas dependências dos estabelecimentos sujeitos ao regime da legislação, sendo as emprêsas, por seus dirigentes ou prepostos, obrigados a prestar-lhes os esclarecimentos necessários ao desempenho de suas atribuições legais e a exibir-lhes, quando exigidos, quaisquer documentos que digam respeito ao fiel cumprimento das normas de proteção ao trabalho. (Incluído pelo Decreto-Lei nº 229, de 28.2.1967)

§ 4º - Os documentos sujeitos à inspeção deverão permanecer, sob as penas da lei nos locais de trabalho, sòmente se admitindo, por exceção, a critério da autoridade competente, sejam os mesmos apresentados em dia hora prèviamente fixados pelo agente da inspeção. (Incluído pelo Decreto-Lei nº 229, de 28.2.1967)

§ 5º - No território do exercício de sua função, o agente da inspeção gozará de passe livre nas emprêsas de transportes, públicas ou privadas, mediante a apresentação da carteira de identidade fiscal. (Incluído pelo Decreto-Lei nº 229, de 28.2.1967)

§ 6º - A inobservância do disposto nos §§ 3º, 4º e 5º configurará resistência ou embaraço à fiscalização e justificará a lavratura do respectivo auto de infração, cominada a multa de valor igual a meio (1/2) salário mínimo regional até 5 (cinco) vêzes êsse salário, levando-se em conta, além das circunstâncias atenuantes ou agravantes, a situação econômico-financeira do infrator e os meios a seu alcance para cumprir a lei. (Incluído pelo Decreto-Lei nº 229, de 28.2.1967)

§ 7º - Para o efeito do disposto no § 5º, a autoridade competente divulgará em janeiro e julho, de cada ano, a relação dos agentes da inspeção titulares da carteira de identidade fiscal. (Incluído pelo Decreto-Lei nº 229, de 28.2.1967)

§ 8º - As autoridades policiais, quando solicitadas, deverão prestar aos agentes da inspeção a assistência de que necessitarem para o fiel cumprimento de suas atribuições legais. (Incluído pelo Decreto-Lei nº 229, de 28.2.1967)

Art. 631 - Qualquer funcionário público federal, estadual ou municipal, ou representante legal de associação sindical, poderá comunicar à autoridade competente do Ministério do Trabalho, Industria e Comercio as infrações que verificar.

Parágrafo único - De posse dessa comunicação, a autoridade competente procederá desde logo às necessárias diligências, lavrando os autos de que haja mister.

Art. 632 - Poderá o autuado requerer a audiência de testemunhas e as diligências que lhe parecerem necessárias à elucidação do processo, cabendo, porém, à autoridade, julgar da necessidade de tais provas.

Art. 633 - (Revogada pela Lei nº 13.874, de 2019)

Art. 634 - Na falta de disposição especial, a imposição das multas incumbe às autoridades regionais competentes em matéria de trabalho, na forma estabelecida por este Título.

Parágrafo único - A aplicação da multa não eximirá o infrator da responsabilidade em que incorrer por infração das leis penais.

§ 1º A aplicação da multa não eximirá o infrator da responsabilidade em que incorrer por infração das leis penais. (Redação dada pela Lei nº 13.467, de 2017)

§ 2º Os valores das multas administrativas expressos em moeda corrente serão reajustados anualmente pela Taxa Referencial (TR), divulgada pelo Banco Central do Brasil, ou pelo índice que vier a substituí-lo. (Incluído pela Lei nº 13.467, de 2017)

CAPÍTULO II - DOS RECURSOS

Art. 635 - De tôda decisão que impuser multa por infração das leis e disposições reguladoras do trabalho, e não havendo forma especial de processo caberá recurso para o Diretor-Geral Departamento ou Serviço do Ministério do Trabalho e Previdência Social, que fôr competente na matéria. (Redação dada pelo Decreto-Lei nº 229, de 28.2.1967)

Parágrafo único. As decisões serão sempre fundamentadas. (Incluído pelo Decreto-Lei nº 229, de 28.2.1967)

Art. 636. Os recursos devem ser interpostos no prazo de 10 (dez) dias, contados do recebimento da notificação, perante autoridade que houver imposto a multa, a qual, depois de os informar encaminhá-los-á à autoridade de instância superior. (Redação dada pelo Decreto-Lei nº 229, de 28.2.1967)

§ 1º - O recurso só terá seguimento se o interessado o instruir com a prova do depósito da multa. (Incluído pelo Decreto-Lei nº 229, de 28.2.1967)

§ 2º - A notificação somente será realizada por meio de edital, publicada no órgão oficial, quando o infrator estiver em lugar incerto e não sabido. (Incluído pelo Decreto-Lei nº 229, de 28.2.1967)

§ 3º - A notificação de que trata êste artigo fixará igualmente o prazo de 10 (dez) dias para que o infrator recolha o valor da multa, sob pena de cobrança executiva. (Incluído pelo Decreto-Lei nº 229, de 28.2.1967)

§ 4º - As guias de depósito eu recolhimento serão emitidas em 3 (três) vias e o recolhimento da multa deverá preceder-se dentro de 5 (cinco) dias às repartições federais competentes, que escriturarão a receita a crédito do Ministério da Trabalho e Previdência Social. (Incluído pelo Decreto-Lei nº 229, de 28.2.1967)

§ 5º - A segunda via da guia do recolhimento será devolvida pelo infrator à repartição que a emitiu, até o sexto dia depois de sua expedição, para a averbação no processo. (Incluído pelo Decreto-Lei nº 229, de 28.2.1967)

§ 6º - A multa será reduzida de 50% (cinquenta por cento) se o infrator, renunciando ao recurso a recolher ao Tesouro Nacional dentro do prazo de 10 (dez) dias contados do recebimento da notificação ou da publicação do edital. (Incluído pelo Decreto-Lei nº 229, de 28.2.1967)

§ 7º - Para a expedição da guia, no caso do § 6º, deverá o infrator juntar a notificação com a prova da data do seu recebimento, ou a fôlha do órgão oficial que publicou o edital. (Incluído pelo Decreto-Lei nº 229, de 28.2.1967)

Art. 637. De tôdas as decisões que proferirem em processos de infração das leis de proteção ao trabalho e que impliquem arquivamento dêstes, observado o disposto no parágrafo único do art. 635, deverão as autoridades prolatoras recorrer de ofício para a autoridade competente de instância superior. (Redação dada pelo Decreto-Lei nº 229, de 28.2.1967)

Art. 638 - Ao Ministro do Trabalho, Industria e Comercio é facultado avocar ao seu exame e decisão, dentro de 90 (noventa) dias do despacho final do assunto, ou no curso do processo, as questões referentes à fiscalização dos preceitos estabelecidos nesta Consolidação.

CAPÍTULO III - DO DEPÓSITO, DA INSCRIÇÃO E DA COBRANÇA

Art. 639 - Não sendo provido o recurso, o depósito se converterá em pagamento.

Art. 640 - É facultado às Delegacias Regionais do Trabalho, na conformidade de instruções expedidas pelo Ministro de Estado, promover a cobrança amigável das multas antes encaminhamento dos processos à cobrança executiva. (Redação dada pelo Decreto-Lei nº 229, de 28.2.1967)

Art. 641 - Não comparecendo o infrator, ou não depositando a importância da multa ou penalidade, far-se-á a competente inscrição em livro especial, existente nas repartições das quais se tiver originado a multa ou penalidade, ou de onde tenha provindo a reclamação que a determinou, sendo extraída cópia autentica dessa inscrição e enviada às autoridades competentes para a respectiva cobrança judicial, valendo tal instrumento como título de dívida líquida e certa.

Art. 642 - A cobrança judicial das multas impostas pelas autoridades administrativas do trabalho obedecerá ao disposto na legislação aplicável à cobrança da dívida ativa da União, sendo promovida, no Distrito Federal e nas capitais dos Estados em que funcionarem Tribunais Regionais do Trabalho, pela Procuradoria da Justiça do Trabalho, e nas demais localidades, pelo Ministério Público Estadual e do Território do Acre, nos termos do Decreto-Lei nº 960, de 17 de dezembro de 1938.

Parágrafo único. No Estado de São Paulo a cobrança continuará a cargo da Procuradoria do Departamento Estadual do Trabalho, na forma do convênio em vigor.

TÍTULO VII-A - (Incluído pela Lei nº 12.440, de 2011) - DA PROVA DE INEXISTÊNCIA DE DÉBITOS TRABALHISTAS

Art. 642-A. É instituída a Certidão Negativa de Débitos Trabalhistas (CNDT), expedida gratuita e eletronicamente, para comprovar a inexistência de débitos inadimplidos perante a Justiça do Trabalho. (Incluído pela Lei nº 12.440, de 2011)

§ 1º O interessado não obterá a certidão quando em seu nome constar: (Incluído pela Lei nº 12.440, de 2011)

I – o inadimplemento de obrigações estabelecidas em sentença condenatória transitada em julgado proferida pela Justiça do Trabalho ou em acordos judiciais trabalhistas, inclusive no concernente aos recolhimentos previdenciários, a honorários, a custas, a emolumentos ou a recolhimentos determinados em lei; ou (Incluído pela Lei nº 12.440, de 2011)

II – o inadimplemento de obrigações decorrentes de execução de acordos firmados perante o Ministério Público do Trabalho ou Comissão de Conciliação Prévia. (Incluído pela Lei nº 12.440, de 2011)

§ 2º Verificada a existência de débitos garantidos por penhora suficiente ou com exigibilidade suspensa, será expedida Certidão Positiva de Débitos Trabalhistas em nome do interessado com os mesmos efeitos da CNDT. (Incluído pela Lei nº 12.440, de 2011)

§ 3º A CNDT certificará a empresa em relação a todos os seus estabelecimentos, agências e filiais. (Incluído pela Lei nº 12.440, de 2011)

§ 4º O prazo de validade da CNDT é de 180 (cento e oitenta) dias, contado da data de sua emissão. (Incluído pela Lei nº 12.440, de 2011)

TÍTULO VIII - DA JUSTIÇA DO TRABALHO
CAPÍTULO I - INTRODUÇÃO

Art. 643 - Os dissídios, oriundos das relações entre empregados e empregadores bem como de trabalhadores avulsos e seus tomadores de serviços, em atividades reguladas na legislação social, serão dirimidos pela Justiça do Trabalho, de acordo com o presente Título e na forma estabelecida pelo processo judiciário do trabalho. (Redação dada pela Lei nº 7.494, de 17.6.1986)

§ 1º - As questões concernentes à Previdência Social serão decididas pelos órgãos e autoridades previstos no Capítulo V deste Título e na legislação sobre seguro social. (Vide Lei nº 3.807, de 1960)

§ 2º - As questões referentes a acidentes do trabalho continuam sujeitas a justiça ordinária, na forma do Decreto n. 24.637, de 10 de julho de 1934, e legislação subsequente.

§ 3º A Justiça do Trabalho é competente, ainda, para processar e julgar as ações entre trabalhadores portuários e os operadores portuários ou o Órgão Gestor de Mão-de-Obra - OGMO decorrentes da relação de trabalho. (Incluído pela Medida Provisória nº 2.164-41, de 2001)

Art. 644 - São órgãos da Justiça do Trabalho: (Redação dada pelo Decreto-Lei nº 9.797, de 9.9.1946)

a) o Tribunal Superior do Trabalho; (Redação dada pelo Decreto-Lei nº 9.797, de 9.9.1946)

b) os Tribunais Regionais do Trabalho; (Redação dada pelo Decreto-Lei nº 9.797, de 9.9.1946)

c) as Juntas de Conciliação e Julgamento ou os Juízos de Direito. (Redação dada pelo Decreto-Lei nº 9.797, de 9.9.1946)

Art. 645 - O serviço da Justiça do Trabalho é relevante e obrigatório, ninguém dele podendo eximir-se, salvo motivo justificado.

Art. 646. Os orgãos da Justiça do Trabalho funcionarão perfeitamente coordenados, em regime de mútua colaboração, sob a orientação do presidente do Tribunal Superior do Trabalho.

CAPÍTULO II - DAS JUNTAS DE CONCILIAÇÃO E JULGAMENTO

(Vide Constituição Federal de 1988)

SEÇÃO I - DA COMPOSIÇÃO E FUNCIONAMENTO

Art. 647 - Cada Junta de Conciliação e Julgamento terá a seguinte composição: (Redação dada pelo Decreto-Lei nº 9.797, de 9.9.1946) (Vide Constituição Federal de 1988)

a) um juiz do trabalho, que será seu Presidente; (Redação dada pelo Decreto-Lei nº 9.797, de 9.9.1946)

b) dois vogais, sendo um representante dos empregadores e outro dos empregados. (Redação dada pelo Decreto-Lei nº 9.797, de 9.9.1946)

Parágrafo único - Haverá um suplente para cada vogal. (Redação dada pelo Decreto-Lei nº 9.797, de 9.9.1946)

Art. 648 - São incompatíveis entre si, para os trabalhos da mesma Junta, os parentes consanguíneos e afins até o terceiro grau civil. (Vide Constituição Federal de 1988)

Parágrafo único - A incompatibilidade resolve-se a favor do primeiro vogal designado ou empossado, ou por sorteio, se a designação ou posse for da mesma data.

Art. 649 - As Juntas poderão conciliar, instruir ou julgar com qualquer número, sendo, porém, indispensável a presença do Presidente, cujo voto prevalecerá em caso de empate. (Redação dada pelo Decreto-Lei nº 8.737, de 1946) (Vide Constituição Federal de 1988)

§ 1º - No julgamento de embargos deverão estar presentes todos os membros da Junta. (Redação dada pelo Decreto-Lei nº 8.737, de 1946) (Vide Constituição Federal de 1988)

§ 2º - Na execução e na liquidação das decisões funciona apenas o Presidente. (Redação dada pelo Decreto-Lei nº 8.737, de 1946)

SEÇÃO II - DA JURISDIÇÃO E COMPETÊNCIA DAS JUNTAS

Art. 650 - A jurisdição de cada Junta de Conciliação e Julgamento abrange todo o território da Comarca em que tem sede, só podendo ser estendida ou restringida por lei federal. (Redação dada pela Lei nº 5.442, 24.5.1968) (Vide Constituição Federal de 1988)

Parágrafo único. As leis locais de Organização Judiciária não influirão sôbre a competência de Juntas de Conciliação e Julgamento já criadas até que lei federal assim determine. (Parágrafo incluído pela Lei nº 5.442, 24.5.1968) (Vide Constituição Federal de 1988)

Art. 651 - A competência das Juntas de Conciliação e Julgamento é determinada pela localidade onde o empregado, reclamante ou reclamado, prestar serviços ao empregador, ainda que tenha sido contratado noutro local ou no estrangeiro. (Vide Constituição Federal de 1988)

§ 1º - Quando for parte de dissídio agente ou viajante comercial, a competência será da Junta da localidade em que a empresa tenha agência ou filial e a esta o empregado esteja subordinado e, na falta, será competente a Junta da localização em que o empregado tenha domicílio ou a localidade mais próxima. (Redação dada pela Lei nº 9.851, de 27.10.1999) (Vide Constituição Federal de 1988)

§ 2º - A competência das Juntas de Conciliação e Julgamento, estabelecida neste artigo, estende-se aos dissídios ocorridos em agência ou filial no estrangeiro, desde que o empregado seja brasileiro e não haja convenção internacional dispondo em contrário. (Vide Constituição Federal de 1988)

§ 3º - Em se tratando de empregador que promova realização de atividades fora do lugar do contrato de trabalho, é assegurado ao empregado apresentar reclamação no foro da celebração do contrato ou no da prestação dos respectivos serviços.

Art. 652. Compete às Varas do Trabalho: (Redação dada pela Lei nº 13.467, de 2017)

a) conciliar e julgar:
I - os dissídios em que se pretenda o reconhecimento da estabilidade de empregado;
II - os dissídios concernentes a remuneração, férias e indenizações por motivo de rescisão do contrato individual de trabalho;
III - os dissídios resultantes de contratos de empreitadas em que o empreiteiro seja operário ou artífice;
IV - os demais dissídios concernentes ao contrato individual de trabalho;
V - as ações entre trabalhadores portuários e os operadores portuários ou o Órgão Gestor de Mão-de-Obra - OGMO decorrentes da relação de trabalho; (Incluído pela Medida Provisória nº 2.164-41, de 2001)
b) processar e julgar os inquéritos para apuração de falta grave;
c) julgar os embargos opostos às suas próprias decisões;
d) impor multas e demais penalidades relativas aos atos de sua competência; (Redação dada pelo Decreto-Lei nº 6.353, de 20.3.1944)
e) (Suprimida pelo Decreto-Lei nº 6.353, de 20.3.1944)
f) decidir quanto à homologação de acordo extrajudicial em matéria de competência da Justiça do Trabalho. (Incluído pela Lei nº 13.467, de 2017)

Parágrafo único - Terão preferência para julgamento os dissídios sobre pagamento de salário e aqueles que derivarem da falência do empregador, podendo o Presidente da Junta, a pedido do interessado, constituir processo em separado, sempre que a reclamação também versar sobre outros assuntos. (Vide Constituição Federal de 1988)

Art. 653 - Compete, ainda, às Juntas de Conciliação e Julgamento: (Vide Constituição Federal de 1988)

a) requisitar às autoridades competentes a realização das diligências necessárias ao esclarecimento dos feitos sob sua apreciação, representando contra aquelas que não atenderem a tais requisições;
b) realizar as diligências e praticar os atos processuais ordenados pelos Tribunais Regionais do Trabalho ou pelo Tribunal Superior do Trabalho;
c) julgar as suspeições arguidas contra os seus membros;
d) julgar as exceções de incompetência que lhes forem opostas;
e) expedir precatórias e cumprir as que lhes forem deprecadas;
f) exercer, em geral, no interesse da Justiça do Trabalho, quaisquer outras atribuições que decorram da sua jurisdição.

SEÇÃO III - DOS PRESIDENTES DAS JUNTAS

(Vide Constituição Federal de 1988)

Art. 654 - O ingresso na magistratura do trabalho far-se-á para o cargo de juiz do trabalho substituto. As nomeações subsequentes por promoção alternadamente, por antiguidade e merecimento. (Redação dada pelo Decreto-Lei nº 229, de 28.2.1967)

§ 1º Nas 7ª e 8ª Regiões da Justiça do Trabalho, nas localidades fora das respectivas sedes, haverá suplentes de juiz do trabalho presidente de Junta, sem direito a acesso nomeados pelo Presidente da República, dentre brasileiros, bacharéis em direito, de reconhecida idoneidade moral, especializados em direito do trabalho, pelo período de 2 (dois) anos, podendo ser reconduzidos. (Redação dada pelo Decreto-Lei nº 229, de 28.2.1967) (Vide Constituição Federal de 1988) (Vide Decreto-Lei nº 388, de 1968)

§ 2º Os suplentes de juiz do trabalho receberão, quando em exercício, vencimentos iguais aos dos juízes que substituírem. (Redação dada pelo Decreto-Lei nº 229, de 28.2.1967)

§ 3º Os juízes substitutos serão nomeados após aprovação em concurso público de provas e títulos realizado perante o Tribunal Regional do Trabalho da Região, válido por 2 (dois) anos e prorrogável, a critério do mesmo órgão, por igual período, uma só vez, e organizado de acordo com as instruções expedidas pelo Tribunal Superior do Trabalho. (Redação dada pela Lei nº 6.087, de 16.7.1974)

§ 4º Os candidatos inscritos só serão admitidos ao concurso após apreciação prévia, pelo Tribunal Regional do Trabalho da respectiva Região, dos seguintes requisitos: (Redação dada pelo Decreto-Lei nº 229, de 28.2.1967)

a) idade maior de 25 (vinte e cinco) anos e menor de 45 (quarenta e cinco) anos; (Redação dada pelo Decreto-Lei nº 229, de 28.2.1967)
b) idoneidade para o exercício das funções. (Redação dada pelo Decreto-Lei nº 229, de 28.2.1967)

§ 5º O preenchimento dos cargos do presidente de Junta, vagos ou criadas por lei, será feito dentro de cada Região: (Redação dada pelo Decreto-Lei nº 229, de 28.2.1967) (Vide Constituição Federal de 1988)

a) pela remoção de outro presidente, prevalecendo a antiguidade no cargo, caso haja mais de um pedido, desde que a remoção tenha sido requerida, dentro de quinze dias, contados da abertura da vaga, ao Presidente do Tribunal Regional, a quem caberá expedir o respectivo ato. (Redação dada pela Lei nº 6.090, de 16.7.1974)
b) pela promoção de substituto, cuja aceitação será facultativa, obedecido o critério alternado de antiguidade e merecimento. (Redação dada pelo Decreto-Lei nº 229, de 28.2.1967)

§ 6º Os juízes do trabalho, presidentes de Junta, juízes substitutos e suplentes de juiz tomarão posse perante o presidente

do Tribunal da respectiva Região. Nos Estados que, não forem sede de Tribunal Regional do Trabalho, a posse dar-se-á perante o presidente do Tribunal de Justiça, que remeterá o têrmo ao presidente do Tribunal Regional da jurisdição do empossado. Nos Territórios a posse dar-se-á perante o presidente do Tribunal Regional do Trabalho da respectiva Região. (Redação dada pelo Decreto-Lei nº 229, de 28.2.1967) (Vide Constituição Federal de 1988)

Art. 655 - Os Presidentes e os Presidentes substitutos tomarão posse do cargo perante o presidente do Tribunal Regional da respectiva jurisdição. (Redação dada pelo Decreto-Lei nº 8.737, de 1946)

§ 1º Nos Estados em que não houver sede de Tribunais a posse dar-se-á perante o presidente do Tribunal de Apelação, que remeterá o respectivo termo ao presidente do Tribunal Regional da Jurisdição do empossado. (Redação dada pelo Decreto-Lei nº 8.737, de 1946)

§ 2º Nos Territórios a posse dar-se-á perante a Juiz de Direito da capital, que procederá na forma prevista no § 1º. (Redação dada pelo Decreto-Lei nº 8.737, de 1946)

Art. 656 - O Juiz do Trabalho Substituto, sempre que não estiver substituindo o Juiz-Presidente de Junta, poderá ser designado para atuar nas Juntas de Conciliação e Julgamento. (Redação dada pela Lei nº 8.432, de 1992) (Vide Constituição Federal de 1988)

§ 1º - Para o fim mencionado no caput deste artigo, o território da Região poderá ser dividido em zonas, compreendendo a jurisdição de uma ou mais Juntas, a juízo do Tribunal Regional do Trabalho respectivo. (Incluído pela Lei nº 8.432, 11.6.1992)

§ 2º - A designação referida no caput deste artigo será de atribuição do Juiz-Presidente do Tribunal Regional do Trabalho ou, não havendo disposição regimental específica, de quem este indicar. (Incluído pela Lei nº 8.432, 11.6.1992)

§ 3º - Os Juízes do Trabalho Substitutos, quando designados ou estiverem substituindo os Juízes Presidentes de Juntas, perceberão os vencimentos destes. (Incluído pela Lei nº 8.432, 11.6.1992)

§ 4º - O Juiz-Presidente do Tribunal Regional do Trabalho ou, não havendo disposição regimental específica, que este indicar, fará a lotação e a movimentação dos Juízes Substitutos entre as diferentes zonas da Região na hipótese de terem sido criadas na forma do § 1º deste artigo. (Incluído pela Lei nº 8.432, 11.6.1992)

Art. 657 - Os Presidentes de Junta e os Presidentes Substitutos perceberão os vencimentos fixados em lei. (Redação dada pelo Decreto-Lei nº 8.737, de 1946) (Vide Constituição Federal de 1988)

Art. 658 - São deveres precípuos dos Presidentes das Juntas, além dos que decorram do exercício de sua função: (Redação dada pelo Decreto-Lei nº 8.737, 19.1.1946) (Vide Constituição Federal de 1988)

a) manter perfeita conduta pública e privada; (Redação dada pelo Decreto-Lei nº 8.737, 19.1.1946)

b) abster-se de atender a solicitações ou recomendações relativamente aos feitos que hajam sido ou tenham de ser submetidos à sua apreciação; (Redação dada pelo Decreto-Lei nº 8.737, 19.1.1946)

c) residir dentro dos limites de sua jurisdição, não podendo ausentar-se sem licença do Presidente do Tribunal Regional; (Redação dada pelo Decreto-Lei nº 8.737, 19.1.1946)

d) despachar e praticar todos os atos decorrentes de suas funções, dentro dos prazos estabelecidos, sujeitando-se ao desconto correspondente a 1 (um) dia de vencimento para cada dia de retardamento. (Incluído pelo Decreto-Lei nº 8.737, de 19.1.1946)

Art. 659 - Competem privativamente aos Presidentes das Juntas, além das que lhes forem conferidas neste Título e das decorrentes de seu cargo, as seguintes atribuições: (Vide Constituição Federal de 1988)

I - presidir às audiências das Juntas; (Vide Constituição Federal de 1988)

II - executar as suas próprias decisões, as proferidas pela Junta e aquelas cuja execução lhes for deprecada; (Vide Constituição Federal de 1988)

III - dar posse aos vogais nomeados para a Junta, ao Secretário e aos demais funcionários da Secretaria; (Vide Constituição Federal de 1988)

IV - convocar os suplentes dos vogais, no impedimento destes;

V - representar ao Presidente do Tribunal Regional da respectiva jurisdição, no caso de falta de qualquer vogal a 3 (três) reuniões consecutivas, sem motivo justificado, para os fins do art. 727;

VI - despachar os recursos interpostos pelas partes, fundamentando a decisão recorrida antes da remessa ao Tribunal Regional, ou submetendo-os à decisão da Junta, no caso do art. 894; (Vide Constituição Federal de 1988)

VII - assinar as folhas de pagamento dos membros e funcionários da Junta;

VIII - apresentar ao Presidente do Tribunal Regional, até 15 de fevereiro de cada ano, o relatório dos trabalhos do ano anterior;

IX - conceder medida liminar, até decisão final do processo, em reclamações trabalhistas que visem a tornar sem efeito transferência disciplinada pelos parágrafos do artigo 469 desta Consolidação. (Incluído pela Lei nº 6.203, de 17.4.1975)

X - conceder medida liminar, até decisão final do processo, em reclamações trabalhistas que visem reintegrar no emprego dirigente sindical afastado, suspenso ou dispensado pelo empregador. (Incluído pela Lei nº 9.270, de 1996)

SEÇÃO IV - DOS VOGAIS DAS JUNTAS

(Vide Constituição Federal de 1988)

Art. 660 - Os vogais das Juntas são designados pelo Presidente do Tribunal Regional da respectiva jurisdição. (Vide Constituição Federal de 1988)

Art. 661 - Para o exercício da função de vogal da Junta ou suplente deste são exigidos os seguintes requisitos: (Vide Constituição Federal de 1988)

a) ser brasileiro; (Redação dada pelo Decreto-Lei nº 229, de 28.2.1967)

b) ter reconhecida idoneidade moral;

c) ser maior de 25 (vinte e cinco) anos e ter menos de 70 (setenta) anos; (Redação dada pelo Decreto-Lei nº 229, de 28.2.1967)

d) estar no gozo dos direitos civis e políticos;

e) estar quite com o serviço militar;

f) contar mais de 2 (dois) anos de efetivo exercício na profissão e ser sindicalizado.

Parágrafo único - A prova da qualidade profissional a que se refere a alínea «f» deste artigo é feita mediante declaração do respectivo Sindicato.

Art. 662. A escolha dos vogais das Juntas e seus suplentes far-se-á dentre os nomes constantes das listas que, para esse efeito, forem encaminhadas pelas associações sindicais de primeiro grau ao presidente do Tribunal Regional. (Vide Constituição Federal de 1988)

§ 1º - Para esse fim, cada Sindicato de empregadores e de empregados, com base territorial extensiva à área de jurisdição da Junta, no todo ou em parte, procederá, na ocasião determinada pelo Presidente do Tribunal Regional, à escolha de 3 (três) nomes que comporão a lista, aplicando-se à eleição o disposto no art. 524 e seus §§ 1º a 3º. (Redação dada pela Lei nº 5.657, de 4.6.1971)

§ 2º Recebidas as listas pelo presidente do Tribunal Regional, designará este, dentro de cinco dias, os nomes dos vogais e dos respectivos suplentes, expedindo para cada um deles um título, mediante a apresentação do qual será empossado.

§ 3º Dentro de quinze dias, contados da data da posse, pode ser contestada a investidura do vogal ou do suplente, por qualquer interessado, sem efeito suspensivo, por meio de representação escrita, dirigida ao presidente do Tribunal Regional.

§ 4º - Recebida a contestação, o Presidente do Tribunal designará imediatamente relator, o qual, se houver necessidade de ouvir testemunhas ou de proceder a quaisquer diligências, providenciará para que tudo se realize com a maior brevidade, submetendo, por fim, a contestação ao parecer do Tribunal, na primeira sessão. (Redação dada pela Lei nº 2.244, de 23.6.1954)

§ 5º - Se o Tribunal julgar procedente a contestação, o Presidente providenciará a designação de novo vogal ou suplente. (Redação dada pelo Decreto-Lei nº 229, de 28.2.1967)

§ 6º - Em falta de indicação pelos Sindicatos, de nomes para representantes das respectivas categorias profissionais e econômicas nas Juntas de Conciliação e Julgamento, ou nas localidades onde não existirem Sindicatos, serão esses representantes livremente designados pelo Presidente do Tribunal Regional do Trabalho, observados os requisitos exigidos para o exercício da função. (Parágrafo incluído pelo Decreto-Lei nº 229, de 28.2.1967) (Vide Constituição Federal de 1988)

Art. 663 - A investidura dos vogais das Juntas e seus suplentes é de 3 (três) anos, podendo, entretanto, ser dispensado, a pedido, aquele que tiver servido, sem interrupção, durante metade desse período. (Redação dada pela Lei nº 2.244, de 23.6.1954) (Vide Constituição Federal de 1988)

§ 1º - Na hipótese da dispensa do vogal a que alude este artigo, assim como nos casos de impedimento, morte ou renúncia, sua substituição far-se-á pelo suplente, mediante convocação do Presidente da Junta. (Redação dada pela Lei nº 2.244, de 23.6.1954) (Vide Constituição Federal de 1988)

§ 2º - Na falta do suplente, por impedimento, morte ou renúncia serão designados novo vogal e o respectivo suplente, dentre os nomes constantes das listas a que se refere o art. 662, servindo os designados até o fim do período.

Art. 664 - Os vogais das Juntas e seus suplentes tomam posse perante o Presidente da Junta em que têm de funcionar. (Vide Constituição Federal de 1988)

Art. 665 - Enquanto durar sua investidura, gozam os vogais das Juntas e seus suplentes das prerrogativas asseguradas aos jurados.

Art. 666 - Por audiência a que comparecerem, até o máximo de 20 (vinte) por mês, os vogais das Juntas e seus suplentes perceberão a gratificação fixada em lei. (Vide Constituição Federal de 1988)

Art. 667 - São prerrogativas dos vogais das Juntas, além das referidas no art. 665: (Vide Constituição Federal de 1988)

a) tomar parte nas reuniões do Tribunal a que pertençam;
b) aconselhar às partes a conciliação;
c) votar no julgamento dos feitos e nas matérias de ordem interna do Tribunal, submetidas às suas deliberações;
d) pedir vista dos processos pelo prazo de 24 (vinte e quatro) horas;
e) formular, por intermédio do Presidente, aos litigantes, testemunhas e peritos, as perguntas que quiserem fazer, para esclarecimento do caso.

CAPÍTULO III - DOS JUÍZOS DE DIREITO

Art. 668 - Nas localidades não compreendidas na jurisdição das Juntas de Conciliação e Julgamento, os Juízos de Direito são os órgãos de administração da Justiça do Trabalho, com a jurisdição que lhes for determinada pela lei de organização judiciária local. (Vide Constituição Federal de 1988)

Art. 669 - A competência dos Juízos de Direito, quando investidos na administração da Justiça do Trabalho, é a mesma das Juntas de Conciliação e Julgamento, na forma da Seção II do Capítulo II.

§ 1º - Nas localidades onde houver mais de um Juízo de Direito a competência é determinada, entre os Juízes do Cível, por distribuição ou pela divisão judiciária local, na conformidade da lei de organização respectiva.

§ 2º - Quando o critério de competência da lei de organização judiciária for diverso do previsto no parágrafo anterior, será competente o Juiz do Cível mais antigo.

CAPÍTULO IV - DOS TRIBUNAIS REGIONAIS DO TRABALHO

SEÇÃO I - DA COMPOSIÇÃO E DO FUNCIONAMENTO

Art. 670 - Os Tribunais Regionais das 1ª e 2ª Regiões compor-se-ão de onze juízes togados, vitalícios, e de seis juízes classistas, temporários; os da 3ª e 4ª Regiões, de oito juízes togados, vitalícios, e de quatro classistas, temporários; os da 5ª e 6ª Regiões, de sete juízes togados, vitalícios e de dois classistas, temporários; os da 7ª e 8ª Regiões, de seis juízes togados, vitalícios, e de dois classistas, temporários, todos nomeados pelo Presidente da República. (Redação dada pela Lei nº 5.442, 24.5.1968)

§ 1º Há um primeiro suplente e um segundo suplente para o presidente e um suplente para cada vogal. (Incluído pelo Decreto-Lei nº 9.398, de 21.6.1946) (Vide Decreto-Lei nº 9.519, de 1946)

§ 2º Nos Tribunais Regionais constituídos de seis ou mais juízes togados, e menos de onze, um dêles será escolhido dentre advogados, um dentre membros do Ministério Público da União junto à Justiça do Trabalho e os demais dentre juízes do Trabalho Presidente de Junta da respectiva Região, na forma prevista no parágrafo anterior. (Redação dada pela Lei nº 5.442, de 24.5.1968)

§ 3º (VETADO) (Incluído pela Lei nº 5.442, de 24.5.1968)

§ 4º Os juízes classistas referidos neste artigo representarão, paritàriamente, empregadores e empregados. (Incluído pela Lei nº 5.442, de 24.5.1968)

§ 5º Haverá um suplente para cada Juiz classista. (Incluído pela Lei nº 5.442, de 24.5.1968)

§ 6º Os Tribunais Regionais, no respectivo regimento interno, disporão sôbre a substituição de seus juízes, observados, na convocação de juízes inferiores, os critérios de livre escolha e antiguidade, alternadamente. (Incluído pela Lei nº 5.442, de 24.5.1968)

§ 7º Dentre os seus juízes togados, os Tribunais Regionais elegerão os respectivos Presidente e Vice-Presidente, assim como os Presidentes de Turmas, onde as houver. (Incluído pela Lei nº 5.442, de 24.5.1968)

§ 8º Os Tribunais Regionais da 1ª e 2ª Regiões dividir-se-ão em Turmas, facultada essa divisão aos constituídos de pelo menos, doze juízes. Cada turma se comporá de três juízes togados e dois classistas, um representante dos empregados e outro dos empregadores. (Incluído pela Lei nº 5.442, de 24.5.1968)

Art. 671 - Para os trabalhos dos Tribunais Regionais existe a mesma incompatibilidade prevista no art. 648, sendo idêntica a forma de sua resolução.

Art. 672 - Os Tribunais Regionais, em sua composição plena, deliberarão com a presença, além do Presidente, da metade e mais um, do número de seus juízes, dos quais, no mínimo, um representante dos empregados e outro dos empregadores. (Redação dada pela Lei nº 5.442, de 24.5.1968)

§ 1º As Turmas somente poderão deliberar presentes, pelo menos, três dos seus juízes, entre êles os dois classistas. Para a integração dêsse quorum, poderá o Presidente de uma Turma convocar juízes de outra, da classe a que pertencer o ausente ou impedido. (Redação dada pela Lei nº 5.442, de 24.5.1968)

§ 2º Nos Tribunais Regionais, as decisões tomar-se-ão pelo voto da maioria dos juízes presentes, ressalvada, no Tribunal Pleno, a hipótese de declaração de inconstitucionalidade de lei ou ato do poder público (artigo 111 da Constituição). (Redação dada pela Lei nº 5.442, de 24.5.1968)

§ 3º O Presidente do Tribunal Regional, excetuada a hipótese de declaração de inconstitucionalidade de lei ou ato do

poder público, sòmente terá voto de desempate. Nas sessões administrativas, o Presidente votará como os demais juízes, cabendo-lhe, ainda, o voto de qualidade. (Parágrafo incluído pela Lei nº 5.442, de 24.5.1968)

§ 4º No julgamento de recursos contra decisão ou despacho do Presidente, do Vice-Presidente ou de Relator, ocorrendo empate, prevalecerá a decisão ou despacho recorrido. (Parágrafo incluído pela Lei nº 5.442, de 24.5.1968)

Art. 673. A ordem das sessões dos Conselhos Regionais será estabelecida no respectivo regimento interno.

Art. 673 - A ordem das sessões dos Tribunais Regionais será estabelecida no respectivo Regimento Interno.

SEÇÃO II - DA JURISDIÇÃO E COMPETÊNCIA

Art. 674 - Para efeito da jurisdição dos Tribunais Regionais, o território nacional é dividido nas oito regiões seguintes: (Redação dada pela Lei nº 5.839, de 5.12.1972)

1ª Região - Estados da Guanabara, Rio de Janeiro e Espírito Santo;
2ª Região - Estados de São Paulo, Paraná e Mato Grosso;
3ª Região - Estados de Minas Gerais e Goiás e Distrito Federal;
4ª Região - Estados do Rio Grande do Sul e Santa Catarina;
5ª Região - Estados da Bahia e Sergipe;
6ª Região - Estados de Alagoas, Pernambuco, Paraíba e Rio Grande do Norte;
7ª Região - Estados do Ceará, Piauí e Maranhão;
8ª Região - Estados do Amazonas, Pará, Acre e Territórios Federais do Amapá, Rondônia e Roraima.

Parágrafo único. Os tribunais têm sede nas cidades: Rio de Janeiro (1ª Região), São Paulo (2ª Região), Belo Horizonte (3ª Região), Porto Alegre (4ª Região), Salvador (5ª Região), Recife (6ª Região), Fortaleza (7ª Região) e Belém (8ª Região). (Redação dada pela Lei nº 5.839, de 5.12.1972)

Art. 675 - (Revogado pela Lei nº 5.442, de 24.5.1968)

Art. 676 - O número de regiões, a jurisdição e a categoria dos Tribunais Regionais, estabelecidos nos artigos anteriores, somente podem ser alterados pelo Presidente da República.

Art. 677 - A competência dos Tribunais Regionais determina-se pela forma indicada no art. 651 e seus parágrafos e, nos casos de dissídio coletivo, pelo local onde este ocorrer.

Art. 678 - Aos Tribunais Regionais, quando divididos em Turmas, compete: (Redação dada pela Lei nº 5.442, de 24.5.1968)

I - ao Tribunal Pleno, especialmente: (Incluído pela Lei nº 5.442, de 24.5.1968)
a) processar, conciliar e julgar originàriamente os dissídios coletivos;
b) processar e julgar originàriamente:
1) as revisões de sentenças normativas;
2) a extensão das decisões proferidas em dissídios coletivos;
3) os mandados de segurança;
4) as impugnações à investidura de vogais e seus suplentes nas Juntas de Conciliação e Julgamento;
c) processar e julgar em última instância:
1) os recursos das multas impostas pelas Turmas;
2) as ações rescisórias das decisões das Juntas de Conciliação e Julgamento, dos juízes de direito investidos na jurisdição trabalhista, das Turmas e de seus próprios acórdãos;
3) os conflitos de jurisdição entre as suas Turmas, os juízes de direito investidos na jurisdição trabalhista, as Juntas de Conciliação e Julgamento, ou entre aquêles e estas;
d) julgar em única ou última instâncias:
1) os processos e os recursos de natureza administrativa atinentes aos seus serviços auxiliares e respectivos servidores;
2) as reclamações contra atos administrativos de seu presidente ou de qualquer de seus membros, assim como dos juízes de primeira instância e de seus funcionários.

II - às Turmas: (Incluído pela Lei nº 5.442, de 24.5.1968)

a) julgar os recursos ordinários previstos no art. 895, alínea a ;
b) julgar os agravos de petição e de instrumento, êstes de decisões denegatórias de recursos de sua alçada;
c) impor multas e demais penalidades relativas e atos de sua competência jurisdicional, e julgar os recursos interpostos das decisões das Juntas dos juízes de direito que as impuserem.

Parágrafo único. Das decisões das Turmas não caberá recurso para o Tribunal Pleno, exceto no caso do item I, alínea "c" , inciso 1, dêste artigo. (Incluído pela Lei nº 5.442, de 24.5.1968)

Art. 679 - Aos Tribunais Regionais não divididos em Turmas, compete o julgamento das matérias a que se refere o artigo anterior, exceto a de que trata o inciso I da alínea c do Item I, como os conflitos de jurisdição entre Turmas. (Redação dada pela Lei nº 5.442, de 24.5.1968)

Art. 680. Compete, ainda, aos Tribunais Regionais, ou suas Turmas: (Restabelecido com nova redação pela Lei nº 5.442, de 24.5.1968)

a) determinar às Juntas e aos juízes de direito a realização dos atos processuais e diligências necessárias ao julgamento dos feitos sob sua apreciação;
b) fiscalizar o comprimento de suas próprias decisões;
c) declarar a nulidade dos atos praticados com infração de suas decisões;
d) julgar as suspeições arguidas contra seus membros;
e) julgar as exceções de incompetência que lhes forem opostas;
f) requisitar às autoridades competentes as diligências necessárias ao esclarecimento dos feitos sob apreciação, representando contra aquelas que não atenderem a tais requisições;
g) exercer, em geral, no interêsse da Justiça do Trabalho, as demais atribuições que decorram de sua Jurisdição.

SEÇÃO III - DOS PRESIDENTES DOS TRIBUNAIS REGIONAIS

Art. 681 - Os presidentes e vice-presidentes dos Tribunais Regionais do Trabalho tomarão posse perante os respectivos Tribunais. (Redação dada pela Lei nº 6.320, de 5.4.1976)

Parágrafo único. (Revogado pela Lei nº 6.320, de 5.4.1976)

Art. 682 - Competem privativamente aos Presidentes dos Tribunais Regionais, além das que forem conferidas neste e no título e das decorrentes do seu cargo, as seguintes atribuições: (Redação dada pelo Decreto-Lei nº 8.737, de 19.1.1946)

II - designar os vogais das Juntas e seus suplentes; (Redação dada pelo Decreto-Lei nº 8.737, de 19.1.1946)

III - dar posse aos Presidentes de Juntas e Presidentes Substitutos, aos vogais e suplentes e funcionários do próprio Tribunal e conceder férias e licenças aos mesmos e aos vogais e suplentes das Juntas; (Redação dada pelo Decreto-Lei nº 8.737, de 19.1.1946)

IV - presidir às sessões do Tribunal; (Redação dada pelo Decreto-Lei nº 8.737, de 19.1.1946)

V - presidir às audiências de conciliação nos dissídios coletivos; (Redação dada pelo Decreto-Lei nº 8.737, de 19.1.1946)

VI - executar suas próprias decisões e as proferidas pelo Tribunal; (Redação dada pelo Decreto-Lei nº 8.737, de 19.1.1946)

VII - convocar suplentes dos vogais do Tribunal, nos impedimentos destes; (Redação dada pelo Decreto-Lei nº 8.737, de 19.1.1946)

VIII - representar ao Presidente do Tribunal Superior do Trabalho contra os Presidentes e os vogais, nos casos previstos no art. 727 e seu parágrafo único; (Redação dada pelo Decreto-Lei nº 8.737, de 19.1.1946)

IX - despachar os recursos interpostos pelas partes; (Redação dada pelo Decreto-Lei nº 8.737, de 19.1.1946)

X - requisitar às autoridades competentes, nos casos de dissídio coletivo, a força necessária, sempre que houver ame

e perturbação da ordem; (Redação dada pelo Decreto-Lei nº 8.737, de 19.1.1946)

XI - exercer correição, pelo menos uma vez por ano, sobre as Juntas, ou parcialmente sempre que se fizer necessário, e solicitá-la, quando julgar conveniente, ao Presidente do Tribunal de Apelação relativamente aos Juízes de Direito investidos na administração da Justiça do Trabalho; (Redação dada pelo Decreto-Lei nº 8.737, de 19.1.1946)

XII - distribuir os feitos, designando os vogais que os devem relatar; (Redação dada pelo Decreto-Lei nº 8.737, de 19.1.1946)

XIII - designar, dentre os funcionários do Tribunal e das Juntas existentes em uma mesma localidade, o que deve exercer a função de distribuidor; (Redação dada pelo Decreto-Lei nº 8.737, de 19.1.1946)

XIV - assinar as folhas de pagamento dos vogais e servidores do Tribunal. (Redação dada pelo Decreto-Lei nº 8.737, de 19.1.1946)

§ 1º - Na falta ou impedimento do Presidente da Junta e do substituto da mesma localidade, é facultado ao Presidente do Tribunal Regional designar substituto de outra localidade, observada a ordem de antiguidade entre os substitutos desimpedidos. (Redação dada pelo Decreto-Lei nº 8.737, de 19.1.1946)

§ 2º - Na falta ou impedimento do Juiz classista da Junta e do respectivo suplente, é facultado ao Presidente do Tribunal Regional designar suplente de outra Junta, respeitada a categoria profissional ou econômica do representante e a ordem de antiguidade dos suplentes desimpedidos. (Redação dada pelo Decreto-Lei nº 8.737, de 19.1.1946)

§ 3º - Na falta ou impedimento de qualquer Juiz representante classista e seu respectivo suplente, é facultado ao Presidente do Tribunal Regional designar um dos Juízes classistas de Junta de Conciliação e Julgamento para funcionar nas sessões do Tribunal, respeitada a categoria profissional ou econômica do representante. (Incluído pela Lei nº 3.440, de 27.8.1958)

Art. 683 - Na falta ou impedimento dos Presidentes dos Tribunais Regionais, e como auxiliares destes, sempre que necessário, funcionarão seus substitutos. (Redação dada pelo Decreto-Lei nº 8.737, de 19.1.1946)

§ 1º - Nos casos de férias, por 30 (trinta) dias, licença, morte ou renúncia, a convocação competirá diretamente ao Presidente do Tribunal Superior do Trabalho (Redação dada pelo Decreto-Lei nº 8.737, de 19.1.1946)

§ 2º - Nos demais casos, mediante convocação do próprio Presidente do Tribunal ou comunicação do secretário deste, o Presidente Substituto assumirá imediatamente o exercício, ciente o Presidente do Tribunal Superior do Trabalho. (Redação dada pelo Decreto-Lei nº 8.737, de 19.1.1946)

SEÇÃO IV - DOS JUÍZES REPRESENTANTES CLASSISTAS DOS TRIBUNAIS REGIONAIS

Art. 684. Os Juízes representantes classistas dos Tribunais Regionais são designados pelo Presidente da República.

Parágrafo único - Aos Juízes representantes classistas dos empregados e dos empregadores, nos Tribunais Regionais, aplicam-se as disposições do art. 661. (Parágrafo 1º renumerado para parágrafo único pela Lei nº 5.442, de 24.5.1968)

Art. 685 - A escolha dos vogais e suplentes dos Tribunais Regionais, representantes dos empregadores e empregados, é feita dentre os nomes constantes das listas para esse fim encaminhadas ao Presidente do Tribunal Superior do Trabalho pelas associações sindicais de grau superior com sede nas respectivas Regiões.

§ 1º - Para o efeito deste artigo, o Conselho de Representantes de cada associação sindical de grau superior, na ocasião determinada pelo Presidente do Tribunal Superior do Trabalho, organizará, por maioria de votos, uma lista de 3 (três) nomes.

§ 2º - O Presidente do Tribunal Superior do Trabalho submeterá os nomes constantes das listas ao Presidente da República, por intermédio do Ministro da Justiça e Negócios Interiores. (Redação dada pela Lei nº 2.244, de 23.6.1954)

Art. 686. (Suprimido pelo Decreto-Lei nº 9.797, de 9.9.1946)

Art. 687 - Os vogais dos Tribunais Regionais tomam posse perante o respectivo Presidente.

Art. 688 - Aos juízes representantes classistas dos Tribunais Regionais aplicam-se as disposições do art. 663, sendo a nova escolha feita dentre os nomes constantes das listas a que se refere o art. 685, ou na forma indicada no art. 686 e, bem assim, as dos arts. 665 e 667.

Art. 689 - Por sessão a que comparecerem, até o máximo de quinze por mês, perceberão os Juízes representantes classistas e suplentes dos Tribunais Regionais a gratificação fixada em lei. (Redação dada pelo Decreto-Lei nº 8.737, de 19.1.1946)

Parágrafo único - Os Juízes representantes classistas que retiverem processos além dos prazos estabelecidos no Regimento Interno dos Tribunais Regionais sofrerão automaticamente, na gratificação mensal a que teriam direito, desconto equivalente a 1/30 (um trinta avos) por processo retido. (Incluído pelo Decreto-Lei nº 8.737, de 19.1.1946)

CAPÍTULO V - DO TRIBUNAL SUPERIOR DO TRABALHO

SEÇÃO I - DISPOSIÇÕES PRELIMINARES

Art. 690 - O Tribunal Superior do Trabalho, com sede na Capital da República e jurisdição em todo o território nacional, é a instância suprema da Justiça do Trabalho. (Redação dada pela Lei nº 2.244, de 23.6.1954)

Parágrafo único - O Tribunal funciona na plenitude de sua composição ou dividido em Turmas, com observância da paridade de representação de empregados e empregadores. (Redação dada pela Lei nº 2.244, de 23.6.1954)

Art. 691 - (Suprimido pelo Decreto-Lei nº 8.737, de 19.1.1946)

Art. 692 - (Suprimido pelo Decreto-Lei nº 8.737, de 19.1.1946)

SEÇÃO II - DA COMPOSIÇÃO E FUNCIONAMENTO DO TRIBUNAL SUPERIOR DO TRABALHO

Art. 693 - O Tribunal Superior do Trabalho compõe-se de dezessete juízes com a denominação de Ministros, sendo: (Redação dada pela Lei nº 5.442, de 24.5.1968) (Vide Constituição Federal)

a) onze togados e vitalícios, nomeados pelo Presidente da República, depois de aprovada a escolha pelo Senado Federal, dentre brasileiros natos, maiores de trinta e cinco anos, de notável saber jurídico e reputação ilibada; (Redação dada pela Lei nº 5.442, de 24.5.1968)

b) seis classistas, com mandato de três anos, em representação paritária dos empregadores e dos empregados, nomeados pelo Presidente da República de conformidade com o disposto nos §§ 2º e 3º dêste artigo. (Redação dada pela Lei nº 5.442, de 24.5.1968)

§ 1º - Dentre os Juízes Togados do Tribunal Superior do Trabalho, alheios aos interesses profissionais, serão eleitos o Presidente, o Vice-Presidente e o corregedor, além dos presidentes das turmas na forma estabelecida em seu regimento interno. (Redação dada pela Lei nº 2.244, de 23.6.1954)

§ 2º - Para nomeação trienal dos juízes classistas, o Presidente do Tribunal Superior do Trabalho publicará edital, com antecedência mínima de 15 (quinze) dias, convocando as associações sindicais de grau superior, para que cada uma, mediante maioria de votos do respectivo Conselho de Representantes, organize uma lista de três nomes, que será encaminhada, por intermédio daquele Tribunal, ao Ministro da Justiça e Negócios Interiores dentro do prazo que fôr fixado no edital. (Redação dada pela Lei nº 2.244, de 23.6.1954)

Art. 694 - Os juízes togados escolher-se-ão: sete, dentre magistrados da Justiça do Trabalho, dois, dentre advogados no efetivo exercício da profissão, e dois, dentre membros do Ministério Público da União junto à Justiça do Trabalho.

(Restabelecido com nova redação dada pela Lei nº 5.442, de 24.5.1968) (Vide Constituição Federal de 1988)

Art. 695. (Suprimido pelo Decreto-Lei nº 9.797, de 9.9.1946)

Art. 696. Importará em renúncia o não comparecimento do membro do Conselho, sem motivo justificado, a mais de três sessões ordinárias consecutivas. (Redação dada pelo Decreto-Lei nº 8.737, de 19.1.1946)

§ 1º Ocorrendo a hipótese prevista neste artigo o Presidente do Tribunal comunicará imediatamente o fato ao Ministro da Justiça e Negócios Interiores, a fim de que seja feita a substituição do juiz renunciante, sem prejuízo das sanções cabíveis. (Incluído pela Lei nº 2.244, de 23.6.1954)

§ 2º Para os efeitos do parágrafo anterior, a designação do substituto será feita dentre os nomes constantes das listas de que trata o 2º do art. 693. (Incluído pela Lei nº 2.244, de 23.6.1954)

Art. 697 - Em caso de licença, superior a trinta dias, ou de vacância, enquanto não for preenchido o cargo, os Ministros do Tribunal poderão ser substituídos mediante convocação de Juízes, de igual categoria, de qualquer dos Tribunais Regionais do Trabalho, na forma que dispuser o Regimento do Tribunal Superior do Trabalho. (Redação dada pela Lei nº 6.289, de 11.12.1975)

Art. 698 - (Suprimido pelo Decreto-Lei nº 8.737, de 19.1.1946)

Art. 699 - O Tribunal Superior do Trabalho não poderá deliberar, na plenitude de sua composição senão com a presença de pelo menos nove de seus juízes, além do Presidente. (Redação dada pela Lei nº 2.244, de 23.6.1954)

Parágrafo único. As turmas do Tribunal, compostas de 5 (cinco) juízes, só poderão deliberar com a presença de pelo menos, três de seus membros, além do respectivo presidente, cabendo também a este funcionar como relator ou revisor nos feitos que lhe forem distribuídos conforme estabelecer o regimento interno. (Incluído pela Lei nº 2.244, de 23.6.1954)

Art. 700 - O Tribunal reunir-se-á em dias previamente fixados pelo Presidente, o qual poderá, sempre que for necessário, convocar sessões extraordinárias. (Redação dada pelo Decreto-Lei nº 8.737, de 19.1.1946)

Art. 701 - As sessões do Tribunal serão públicas e começarão às 14 (quatorze) horas, terminando às 17 (dezessete) horas, mas poderão ser prorrogadas pelo Presidente em caso de manifesta necessidade. (Redação dada pelo Decreto-Lei nº 8.737, de 19.1.1946)

§ 1º - As sessões extraordinárias do Tribunal só se realizarão quando forem comunicadas aos seus membros com 24 (vinte e quatro) horas, no mínimo, de antecedência. (Redação dada pelo Decreto-Lei nº 8.737, de 19.1.1946)

§ 2º - Nas sessões do Tribunal, os debates poderão tornar-se secretos, desde que, por motivo de interesse público, assim resolva a maioria de seus membros. (Redação dada pelo Decreto-Lei nº 8.737, de 19.1.1946)

SEÇÃO III - DA COMPETÊNCIA DO CONSELHO PLENO

(Vide Lei 7.701, de 1988)

Art. 702 - Ao Tribunal Pleno compete: (Redação dada pela Lei nº 2.244, de 23.6.1954) (Vide Lei 7.701, de 1988)

I - em única instância: (Redação dada pela Lei nº 2.244, de 23.6.1954)

a) decidir sobre matéria constitucional, quando arguido, para invalidar lei ou ato do poder público; (Redação dada pela Lei nº 2.244, de 23.6.1954)

b) conciliar e julgar os dissídios coletivos que excedam a jurisdição dos Tribunais Regionais do Trabalho, bem como estender ou rever suas próprias decisões normativas, nos casos previstos em lei; (Redação dada pela Lei nº 2.244, de 23.6.1954)

c) homologar os acordos celebrados em dissídios de que trata a alínea anterior; (Redação dada pela Lei nº 2.244, de 23.6.1954)

d) julgar os agravos dos despachos do presidente, nos casos previstos em lei; (Redação dada pela Lei nº 2.244, de 23.6.1954)

e) julgar as suspeições arguidas contra o presidente e demais juízes do Tribunal, nos feitos pendentes de sua decisão; (Redação dada pela Lei nº 2.244, de 23.6.1954)

f) estabelecer ou alterar súmulas e outros enunciados de jurisprudência uniforme, pelo voto de pelo menos dois terços de seus membros, caso a mesma matéria já tenha sido decidida de forma idêntica por unanimidade em, no mínimo, dois terços das turmas em pelo menos dez sessões diferentes em cada uma delas, podendo, ainda, por maioria de dois terços de seus membros, restringir os efeitos daquela declaração ou decidir que ela só tenha eficácia a partir de sua publicação no Diário Oficial; (Redação dada pela Lei nº 13.467, de 2017)

g) aprovar tabelas de custas emolumentos, nos termos da lei; (Redação dada pela Lei nº 2.244, de 23.6.1954)

h) elaborar o Regimento Interno do Tribunal e exercer as atribuições administrativas previstas em lei, ou decorrentes da Constituição Federal.

II - em última instância: (Redação dada pela Lei nº 2.244, de 23.6.1954)

a) julgar os recursos ordinários das decisões proferidas pelos Tribunais Regionais em processos de sua competência originária; (Redação dada pela Lei nº 2.244, de 23.6.1954)

b) julgar os embargos opostos às decisões de que tratam as alíneas "b" e "c" do inciso I deste artigo; (Redação dada pela Lei nº 2.244, de 23.6.1954)

c) julgar embargos das decisões das Turmas, quando esta divirjam entre si ou de decisão proferida pelo próprio Tribunal Pleno, ou que forem contrárias à letra de lei federal; (Redação dada pelo Decreto-Lei nº 229, de 28.2.1967)

d) julgar os agravos de despachos denegatórios dos presidentes de turmas, em matéria de embargos na forma estabelecida no regimento interno; (Redação dada pela Lei nº 2.244, de 23.6.1954)

e) julgar os embargos de declaração opostos aos seus acordãos. (Redação dada pela Lei nº 2.244, de 23.6.1954)

§ 1º Quando adotada pela maioria de dois terços dos juízes do Tribunal Pleno, a decisão proferida nos embargos de que trata o inciso II, alínea «c», deste artigo, terá força de prejulgado, nos termos dos §§ 2º e 3º, do art. 902. (Parágrafo incluído pela Lei nº 2.244, de 23.6.1954)

§ 2º É da competência de cada uma das turmas do Tribunal: (Parágrafo incluído pela Lei nº 2.244, de 23.6.1954)

a) julgar, em única instância, os conflitos de jurisdição entre Tribunais Regionais do Trabalho e os que se suscitarem entre juízes de direito ou juntas de conciliação e julgamento de regiões diferentes; (Alínea incluída pela Lei nº 2.244, de 23.6.1954)

b) julgar, em última instância, os recursos de revista interpostos de decisões dos Tribunais Regionais e das Juntas de Conciliação e julgamento ou juízes de dirieto, nos casos previstos em lei; (Alínea incluída pela Lei nº 2.244, de 23.6.1954)

c) julgar os agravos de instrumento dos despachos que denegarem a interposição de recursos ordinários ou de revista; (Alínea incluída pela Lei nº 2.244, de 23.6.1954)

d) julgar os embargos de declaração opostos aos seus acordaos; (Alínea incluída pela Lei nº 2.244, de 23.6.1954)

e) julgar as habilitações incidentes e arguições de falsidade, suspeição e outras nos casos pendentes de sua decisão. (Alínea incluída pela Lei nº 2.244, de 23.6.1954)

§ 3º As sessões de julgamento sobre estabelecimento ou alteração de súmulas e outros enunciados de jurisprudência deverão ser públicas, divulgadas com, no mínimo, trinta dias de antecedência, e deverão possibilitar a sustentação oral pelo Procurador-Geral do Trabalho, pelo Conselho Federal da Ordem dos Advogados do Brasil, pelo Advogado-Geral da União

e por confederações sindicais ou entidades de classe de âmbito nacional. (Incluído dada pela Lei nº 13.467, de 2017)

§ 4º O estabelecimento ou a alteração de súmulas e outros enunciados de jurisprudência pelos Tribunais Regionais do Trabalho deverão observar o disposto na alínea f do inciso I e no § 3º deste artigo, com rol equivalente de legitimados para sustentação oral, observada a abrangência de sua circunscrição judiciária. (Incluído dada pela Lei nº 13.467, de 2017)

SEÇÃO IV - DA COMPETÊNCIA DA CÂMARA DE JUSTIÇA DO TRABALHO

Art. 703 (Suprimido pelo Decreto-Lei nº 8.737, de 19.1.1946)

Art. 704 - (Suprimido pelo Decreto-Lei nº 8.737, de 19.1.1946)

Art. 705 - (Suprimido pelo Decreto-Lei nº 8.737, de 19.1.1946)

SEÇÃO V - DA COMPETÊNCIA DA CÂMARA DE PREVIDÊNCIA SOCIAL

Art. 706 (Suprimido pelo Decreto-Lei nº 8.737, de 19.1.1946)

SEÇÃO VI - DAS ATRIBUIÇÕES DO PRESIDENTE DO TRIBUNAL SUPERIOR DO TRABALHO

Art. 707 - Compete ao Presidente do Tribunal: (Redação dada pelo Decreto-Lei nº 8.737, de 19.1.1946)

a) presidir às sessões do Tribunal, fixando os dias para a realização das sessões ordinárias e convocando as extraordinárias; (Redação dada pelo Decreto-Lei nº 8.737, de 19.1.1946)

b) superintender todos os serviços do Tribunal; (Redação dada pelo Decreto-Lei nº 8.737, de 19.1.1946)

c) expedir instruções e adotar as providências necessárias para o bom funcionamento do Tribunal e dos demais órgãos da Justiça do Trabalho; (Redação dada pelo Decreto-Lei nº 8.737, de 19.1.1946)

d) fazer cumprir as decisões originárias do Tribunal, determinando aos Tribunais Regionais e aos demais órgãos da Justiça do Trabalho a realização dos atos processuais e das diligências necessárias; (Redação dada pelo Decreto-Lei nº 8.737, de 19.1.1946)

e) submeter ao Tribunal os processos em que tenha de deliberar e designar, na forma do Regimento Interno, os respectivos relatores; (Redação dada pelo Decreto-Lei nº 8.737, de 19.1.1946)

f) despachar os recursos interpostos pelas partes e os demais papéis em que deva deliberar; (Redação dada pelo Decreto-Lei nº 8.737, de 19.1.1946)

g) determinar as alterações que se fizerem necessárias na lotação do pessoal da Justiça do Trabalho, fazendo remoções ex officio de servidores entre os Tribunais Regionais, Juntas de Conciliação e Julgamento e outros órgãos; bem como conceder as requeridas que julgar convenientes ao serviço, respeitada a lotação de cada órgão; (Redação dada pelo Decreto-Lei nº 8.737, de 19.1.1946)

h) conceder licenças e férias aos servidores do Tribunal, bem como impor-lhes as penas disciplinares que excederem da alçada das demais autoridades; (Redação dada pelo Decreto-Lei nº 8.737, de 19.1.1946)

i) dar posse e conceder licença aos membros do Tribunal, bem como conceder licenças e férias aos Presidentes dos Tribunais Regionais; (Redação dada pelo Decreto-Lei nº 8.737, de 19.1.1946)

j) apresentar ao Ministro do Trabalho, Industria e Comercio, até 31 de março de cada ano, o relatório das atividades do Tribunal e dos demais órgãos da Justiça do Trabalho. (Redação dada pelo Decreto-Lei nº 8.737, de 19.1.1946)

Parágrafo único - O Presidente terá 1 (um) secretário por ele designado dentre os funcionários lotados no Tribunal, e será auxiliado por servidores designados nas mesmas condições. (Redação dada pelo Decreto-Lei nº 8.737, de 19.1.1946)

SEÇÃO VII - DAS ATRIBUIÇÕES DO VICE-PRESIDENTE

Art. 708 - Compete ao Vice-Presidente do Tribunal: (Redação dada pela Lei nº 2.244, de 23.6.1954)

a) substituir o Presidente e o Corregedor em suas faltas e impedimentos; (Redação dada pela Lei nº 2.244, de 23.6.1954)

b) (Suprimida pela Lei nº 2.244, de 23.6.1954):

Parágrafo único - Na ausência do Presidente e do Vice-Presidente, será o Tribunal presidido pelo Juiz togado mais antigo, ou pelo mais idoso quando igual a antiguidade. (Redação dada pela Lei nº 2.244, de 23.6.1954)

SEÇÃO VIII - DAS ATRIBUIÇÕES DO CORREGEDOR

Art. 709 - Compete ao Corregedor, eleito dentre os Ministros togados do Tribunal Superior do Trabalho: (Redação dada pelo Decreto-Lei nº 229, de 28.2.1967)

I - Exercer funções de inspeção e correição permanente com relação aos Tribunais Regionais e seus presidentes; (Redação dada pelo Decreto-Lei nº 229, de 28.2.1967)

II - Decidir reclamações contra os atos atentatórios da boa ordem processual praticados pelos Tribunais Regionais e seus presidentes, quando inexistir recurso específico; (Redação dada pelo Decreto-Lei nº 229, de 28.2.1967)

III - (Revogado pela Lei nº 5.442, de 24.5.1968)

§ 1º - Das decisões proferidas pelo Corregedor, nos casos do artigo, caberá o agravo regimental, para o Tribunal Pleno. (Incluído pelo Decreto-Lei nº 229, de 28.2.1967)

§ 2º - O Corregedor não integrará as Turmas do Tribunal, mas participará, com voto, das sessões do Tribunal Pleno, quando não se encontrar em correição ou em férias, embora não relate nem revise processos, cabendo-lhe, outrossim, votar em incidente de inconstitucionalidade, nos processos administrativos e nos feitos em que estiver vinculado por visto anterior à sua posse na Corregedoria. (Redação dada pela Lei nº 7.121, de 8.9.1983)

CAPÍTULO VI - DOS SERVIÇOS AUXILIARES DA JUSTIÇA DO TRABALHO

SEÇÃO I - DA SECRETARIA DAS JUNTAS DE CONCILIAÇÃO E JULGAMENTO

(Vide Constituição Federal de 1988)

Art. 710 - Cada Junta terá 1 (uma) secretaria, sob a direção de funcionário que o Presidente designar, para exercer a função de secretário, e que receberá, além dos vencimentos correspondentes ao seu padrão, a gratificação de função fixada em lei. (Redação dada pelo Decreto-Lei nº 8.737, de 19.1.1946)

Art. 711 - Compete à secretaria das Juntas:

a) o recebimento, a autuação, o andamento, a guarda e a conservação dos processos e outros papéis que lhe forem encaminhados;

b) a manutenção do protocolo de entrada e saída dos processos e demais papéis;

c) o registro das decisões;

d) a informação, às partes interessadas e seus procuradores, do andamento dos respectivos processos, cuja consulta lhes facilitará;

e) a abertura de vista dos processos às partes, na própria secretaria;

f) a contagem das custas devidas pelas partes, nos respectivos processos;

g) o fornecimento de certidões sobre o que constar dos livros ou do arquivamento da secretaria;

h) a realização das penhoras e demais diligências processuais;

i) o desempenho dos demais trabalhos que lhe forem cometidos pelo Presidente da Junta, para melhor execução dos serviços que lhe estão afetos.

Art. 712 - Compete especialmente aos secretários das Juntas de Conciliação e Julgamento: (Redação dada pelo Decreto-Lei nº 8.737, de 19.1.1946)

a) superintender os trabalhos da secretaria, velando pela boa ordem do serviço; (Redação dada pelo Decreto-Lei nº 8.737, de 19.1.1946)

b) cumprir e fazer cumprir as ordens emanadas do Presidente e das autoridades superiores; (Redação dada pelo Decreto-Lei nº 8.737, de 19.1.1946)

c) submeter a despacho e assinatura do Presidente o expediente e os papéis que devam ser por ele despachados e assinados; (Redação dada pelo Decreto-Lei nº 8.737, de 19.1.1946)

d) abrir a correspondência oficial dirigida à Junta e ao seu Presidente, a cuja deliberação será submetida; (Redação dada pelo Decreto-Lei nº 8.737, de 19.1.1946)

e) tomar por termo as reclamações verbais nos casos de dissídios individuais; (Redação dada pelo Decreto-Lei nº 8.737, de 19.1.1946)

f) promover o rápido andamento dos processos, especialmente na fase de execução, e a pronta realização dos atos e diligências deprecadas pelas autoridades superiores; (Redação dada pelo Decreto-Lei nº 8.737, de 19.1.1946)

g) secretariar as audiências da Junta, lavrando as respectivas atas; (Redação dada pelo Decreto-Lei nº 8.737, de 19.1.1946)

h) subscrever as certidões e os termos processuais; (Redação dada pelo Decreto-Lei nº 8.737, de 19.1.1946)

i) dar aos litigantes ciência das reclamações e demais atos processuais de que devam ter conhecimento, assinando as respectivas notificações; (Redação dada pelo Decreto-Lei nº 8.737, de 19.1.1946)

j) executar os demais trabalhos que lhe forem atribuídos pelo Presidente da Junta. (Redação dada pelo Decreto-Lei nº 8.737, de 19.1.1946)

Parágrafo único - Os serventuários que, sem motivo justificado, não realizarem os atos, dentro dos prazos fixados, serão descontados em seus vencimentos, em tantos dias quantos os do excesso. (Parágrafo incluído pelo Decreto-Lei nº 8.737, de 19.1.1946)

SEÇÃO II - DOS DISTRIBUIDORES

Art. 713 - Nas localidades em que existir mais de uma Junta de Conciliação e Julgamento haverá um distribuidor.

Art. 714 - Compete ao distribuidor:

a) a distribuição, pela ordem rigorosa de entrada, e sucessivamente a cada Junta, dos feitos que, para esse fim, lhe forem apresentados pelos interessados;

b) o fornecimento, aos interessados, do recibo correspondente a cada feito distribuído;

c) a manutenção de 2 (dois) fichários dos feitos distribuídos, sendo um organizado pelos nomes dos reclamantes e o outro dos reclamados, ambos por ordem alfabética;

d) o fornecimento a qualquer pessoa que o solicite, verbalmente ou por certidão, de informações sobre os feitos distribuídos;

e) a baixa na distribuição dos feitos, quando isto lhe for determinado pelos Presidentes das Juntas, formando, com as fichas correspondentes, fichários à parte, cujos dados poderão ser consultados pelos interessados, mas não serão mencionados em certidões.

Art. 715 - Os distribuidores são designados pelo Presidente do Tribunal Regional dentre os funcionários das Juntas e do Tribunal Regional, existentes na mesma localidade, e ao mesmo Presidente diretamente subordinados.

SEÇÃO III - DO CARTÓRIO DOS JUÍZOS DE DIREITO

Art. 716 - Os cartórios dos Juízos de Direito, investidos na administração da Justiça do Trabalho, têm, para esse fim, as mesmas atribuições e obrigações conferidas na Seção I às secretarias das Juntas de Conciliação e Julgamento.

Parágrafo único - Nos Juízos em que houver mais de um cartório, far-se-á entre eles a distribuição alternada e sucessiva das reclamações.

Art. 717 - Aos escrivães dos Juízos de Direito, investidos na administração da Justiça do Trabalho, competem especialmente as atribuições e obrigações dos secretários das Juntas; e aos demais funcionários dos cartórios, as que couberem nas respectivas funções, dentre as que competem às secretarias das Juntas, enumeradas no art. 711.

SEÇÃO IV - DAS SECRETARIAS DOS TRIBUNAIS REGIONAIS

Art. 718 - Cada Tribunal Regional tem 1 (uma) secretaria, sob a direção do funcionário designado para exercer a função de secretário, com a gratificação de função fixada em lei. (Redação dada pelo Decreto-Lei nº 8.737, de 19.1.1946)

Art. 719 - Competem à Secretaria dos Conselhos, além das atribuições estabelecidas no art. 711, para a secretaria das Juntas, mais as seguintes:

a) a conclusão dos processos ao Presidente e sua remessa, depois de despachados, aos respectivos relatores;

b) a organização e a manutenção de um fichário de jurisprudência do Conselho, para consulta dos interessados.

Parágrafo único - No regimento interno dos Tribunais Regionais serão estabelecidas as demais atribuições, o funcionamento e a ordem dos trabalhos de suas secretarias.

Art. 720 - Competem aos secretários dos Tribunais Regionais as mesmas atribuições conferidas no art. 712 aos secretários das Juntas, além das que lhes forem fixadas no regimento interno dos Conselhos.

SEÇÃO V - DOS OFICIAIS DE DILIGÊNCIA

Art. 721 - Incumbe aos Oficiais de Justiça e Oficiais de Justiça Avaliadores da Justiça do Trabalho a realização dos atos decorrentes da execução dos julgados das Juntas de Conciliação e Julgamento e dos Tribunais Regionais do Trabalho, que lhes forem cometidos pelos respectivos Presidentes. (Redação dada pela Lei nº 5.442, de 24.5.1968)

§ 1º Para efeito de distribuição dos referidos atos, cada Oficial de Justiça ou Oficial de Justiça Avaliador funcionará perante uma Junta de Conciliação e Julgamento, salvo quando da existência, nos Tribunais Regionais do Trabalho, de órgão específico, destinado à distribuição de mandados judiciais. (Redação dada pela Lei nº 5.442, de 24.5.1968)

§ 2º Nas localidades onde houver mais de uma Junta, respeitado o disposto no parágrafo anterior, a atribuição para o cumprimento do ato deprecado ao Oficial de Justiça ou Oficial de Justiça Avaliador será transferida a outro Oficial, sempre que, após o decurso de 9 (nove) dias, sem razões que o justifiquem, não tiver sido cumprido o ato, sujeitando-se o serventuário às penalidades da lei. (Redação dada pela Lei nº 5.442, de 24.5.1968)

§ 3º No caso de avaliação, terá o Oficial de Justiça Avaliador, para cumprimento da ato, o prazo previsto no art. 888. (Redação dada pela Lei nº 5.442, de 24.5.1968)

§ 4º É facultado aos Presidentes dos Tribunais Regionais do Trabalho cometer a qualquer Oficial de Justiça ou Oficial de Justiça Avaliador a realização dos atos de execução das decisões dêsses Tribunais. (Redação dada pela Lei nº 5.442, de 24.5.1968)

§ 5º Na falta ou impedimento do Oficial de Justiça ou Oficial de Justiça Avaliador, o Presidente da Junta poderá atribuir a realização do ato a qualquer serventuário. (Redação dada pela Lei nº 5.442, de 24.5.1968)

CAPÍTULO VII - DAS PENALIDADES
SEÇÃO I - DO "LOCK-OUT" E DA GREVE

Art. 722 - Os empregadores que, individual ou coletivamente, suspenderem os trabalhos dos seus estabelecimentos, sem prévia autorização do Tribunal competente, ou que violarem, ou se recusarem a cumprir decisão proferida em dissídio coletivo, incorrerão nas seguintes penalidades:

a) multa de cinco mil cruzeiros a cinquenta mil cruzeiros; (Vide Leis nºs 6.986, de 1982 e 6.205, de 1975)

b) perda do cargo de representação profissional em cujo desempenho estiverem;

c) suspensão, pelo prazo de 2 (dois) a 5 (cinco) anos, do direito de serem eleitos para cargos de representação profissional.

§ 1º - Se o empregador for pessoa jurídica, as penas previstas nas alíneas «b» e «c» incidirão sobre os administradores responsáveis.

§ 2º - Se o empregador for concessionário de serviço público, as penas serão aplicadas em dobro. Nesse caso, se o concessionário for pessoa jurídica o Presidente do Tribunal que houver proferido a decisão poderá, sem prejuízo do cumprimento desta e da aplicação das penalidades cabíveis, ordenar o afastamento dos administradores responsáveis, sob pena de ser cassada a concessão.

§ 3º - Sem prejuízo das sanções cominadas neste artigo, os empregadores ficarão obrigados a pagar os salários devidos aos seus empregados, durante o tempo de suspensão do trabalho.

Art. 723 - (Revogado pela Lei nº 9.842, de 7.10.1999)

Art. 724 - (Revogado pela Lei nº 9.842, de 7.10.1999)

Art. 725 - (Revogado pela Lei nº 9.842, de 7.10.1999)

SEÇÃO II - DAS PENALIDADES CONTRA OS MEMBROS DA JUSTIÇA DO TRABALHO

Art. 726 - Aquele que recusar o exercício da função de vogal de Junta de Conciliação e Julgamento ou de Tribunal Regional, sem motivo justificado, incorrerá nas seguintes penas:

a) sendo representante de empregadores, multa de Cr$ 100,00 (cem cruzeiros) a Cr$ 1.000,00 (mil cruzeiros) e suspensão do direito de representação profissional por 2 (dois) a 5 (cinco) anos; (Vide Leis nºs 6.986, de 1982 e 6.205, de 1975)

b) sendo representante de empregados, multa de Cr$ 100,00 (cem cruzeiros) e suspensão do direito de representação profissional por 2 (dois) a 5 (cinco) anos. (Vide Leis nºs 6.986, de 1982 e 6.205, de 1975)

Art. 727 - Os vogais das Juntas de Conciliação e Julgamento, ou dos Tribunais Regionais, que faltarem a 3 (três) reuniões ou sessões consecutivas, sem motivo justificado, perderão o cargo, além de incorrerem nas penas do artigo anterior.

Parágrafo único - Se a falta for de presidente, incorrerá ele na pena de perda do cargo, além da perda dos vencimentos correspondentes aos dias em que tiver faltado às audiências ou sessões consecutivas.

Art. 728 - Aos presidentes, membros, juízes, vogais, e funcionários auxiliares da Justiça do Trabalho, aplica-se o disposto no Título XI do Código Penal.

SEÇÃO III - DE OUTRAS PENALIDADES

Art. 729 - O empregador que deixar de cumprir decisão passada em julgado sobre a readmissão ou reintegração de empregado, além do pagamento dos salários deste, incorrerá na multa de Cr$ 10,00 (dez cruzeiros) a Cr$ 50,00 (cinquenta cruzeiros) por dia, até que seja cumprida a decisão. (Vide Leis nºs 6.986, de 1982 e 6.205, de 1975)

§ 1º - O empregador que impedir ou tentar impedir que empregado seu sirva como vogal em Tribunal de Trabalho, ou que perante este preste depoimento, incorrerá na multa de Cr$ 500,00 (quinhentos cruzeiros) a Cr$ 5.000,00 (cinco mil cruzeiros) (Vide Leis nºs 6.986, de 1982 e 6.205, de 1975)

§ 2º - Na mesma pena do parágrafo anterior incorrerá o empregador que dispensar seu empregado pelo fato de haver servido como vogal ou prestado depoimento como testemunha, sem prejuízo da indenização que a lei estabeleça.

Art. 730 - Aqueles que se recusarem a depor como testemunhas, sem motivo justificado, incorrerão na multa de Cr$ 50,00 (cinquenta cruzeiros) a Cr$ 500,00 (quinhentos cruzeiros). (Vide Leis nºs 6.986, de 1982 e 6.205, de 1975)

Art. 731 - Aquele que, tendo apresentado ao distribuidor reclamação verbal, não se apresentar, no prazo estabelecido no parágrafo único do art. 786, à Junta ou Juízo para fazê-lo tomar por termo, incorrerá na pena de perda, pelo prazo de 6 (seis) meses, do direito de reclamar perante a Justiça do Trabalho.

Art. 732 - Na mesma pena do artigo anterior incorrerá o reclamante que, por 2 (duas) vezes seguidas, der causa ao arquivamento de que trata o art. 844.

Art. 733 - As infrações de disposições deste Título, para as quais não haja penalidades cominadas, serão punidas com a multa de Cr$ 50,00 (cinquenta cruzeiros) a Cr$ 5.000,00 (cinco mil cruzeiros), elevada ao dobro na reincidência. (Vide Leis nºs 6.986, de 1982 e 6.205, de 1975)

CAPÍTULO VIII - DISPOSIÇÕES GERAIS

Art. 734 - O ministro do Trabalho, Industria e Comercio, poderá rever, ex-officio, dentro do prazo de 30 (trinta) dias, contados de sua publicação no órgão oficial, ou mediante representação apresentada dentro de igual prazo: (Vide Leis nºs 3.807, de 1960 e 5.890, de 1973)

a) as decisões da Câmara da Previdência Social, quando proferidas pelo voto de desempate, ou que violarem disposições expressas de direito ou modificarem jurisprudência até então observada;

b) as decisões do presidente do Tribunal Nacional do Trabalho em matéria de previdência social.

Parágrafo único - O ministro do Trabalho, Industria e Comercio, poderá avocar ao seu conhecimento os assuntos de natureza administrativa referentes às instituições de previdência social, sempre que houver interesse público.

Art. 735 - As repartições públicas e as associações sindicais são obrigadas a fornecer aos Juízes e Tribunais do Trabalho e à Procuradoria da Justiça do Trabalho as informações e os dados necessários à instrução e ao julgamento dos feitos submetidos à sua apreciação.

Parágrafo único - A recusa de informações ou dados a que se refere este artigo, por parte de funcionários públicos, importa na aplicação das penalidades previstas pelo Estatuto dos Funcionários Públicos por desobediência.

TÍTULO IX - DO MINISTÉRIO PÚBLICO DO TRABALHO
CAPÍTULO I - DISPOSIÇÕES GERAIS

Art. 736 - O Ministério Público do Trabalho é constituído por agentes diretos do Poder Executivo, tendo por função zelar pela exata observância da Constituição Federal, das leis e demais atos emanados dos poderes públicos, na esfera de suas atribuições.

Parágrafo único - Para o exercício de suas funções, o Ministério Público do Trabalho reger-se-á pelo que estatui esta Consolidação e, na falta de disposição expressa, pelas normas que regem o Ministério Público Federal.

Art. 737 - O Ministério Público do Trabalho compõe-se da Procuradoria da Justiça do Trabalho e da Procuradoria da Previdência Social aquela funcionando como órgão de coordenação entre a Justiça do Trabalho e o Ministério do Trabalho, Industria e Comercio, ambas diretamente subordinadas ao Ministro de Estado. (Redação dada pelo Decreto-Lei nº 8.737, de 19.1.1946)

Art. 738. Os procuradores, alem dos vencimentos fixados na tabela constante do decreto-lei nº 2.874, de 16 de dezembro de 1940, continuarão a perceber a percentagem de 8%, por motivo de cobrança da dívida ativa da União ou de multas impostas pelas autoridades administrativas e judiciárias do trabalho e da previdência social. (Vide Emenda Constitucional nº 1, de 1969)

Parágrafo único. Essa percentagem será calculada sobre as somas efetivamente arrecadadas e rateada de acordo com as instruções expedidas pelos respectivos procuradores gerais.

Art. 739 - Não estão sujeitos a ponto os procuradores-gerais e os procuradores.

CAPÍTULO II - DA PROCURADORIA DA JUSTIÇA DO TRABALHO

SEÇÃO I - DA ORGANIZAÇÃO

Art. 740 - A Procuradoria da Justiça do Trabalho compreende:
a) 1 (uma) Procuradoria-Geral, que funcionará junto ao Tribunal Superior do Trabalho;
b) 8 (oito) Procuradorias Regionais, que funcionarão junto aos Tribunais Regionais do Trabalho.

Art. 741 - As Procuradorias Regionais são subordinadas diretamente ao procurador-geral.

Art. 742 - A Procuradoria-Geral é constituída de 1 (um) procurador-geral e de procuradores.

Parágrafo único - As Procuradorias Regionais compõem-se de 1 (um) procurador regional, auxiliado, quando necessário, por procuradores adjuntos.

Art. 743 - Haverá, nas Procuradorias Regionais, substitutos de procurador adjunto ou, quando não houver este cargo, de procurador regional, designados previamente por decreto do Presidente da República, sem ônus para os cofres públicos.

§ 1º - O substituto tomará posse perante o respectivo procurador regional, que será a autoridade competente para convocá-lo.

§ 2º - O procurador regional será substituído em suas faltas e impedimentos pelo procurador adjunto, quando houver, e, havendo mais de um, pelo que for por ele designado.

§ 3º - O procurador adjunto será substituído, em suas faltas e impedimentos, pelo respectivo procurador substituto.

§ 4º - Será dispensado, automaticamente, o substituto que não atender à convocação, salvo motivo de doença, devidamente comprovada.

§ 5º - Nenhum direito ou vantagem terá o substituto além do vencimento do cargo do substituído e somente durante o seu impedimento legal.

Art. 744 - A nomeação do procurador-geral deverá recair em bacharel em ciências jurídicas e sociais, que tenha exercido, por 5 (cinco) ou mais anos, cargo de magistratura ou de Ministério Público, ou a advocacia.

Art. 745 - Para a nomeação dos demais procuradores, atender-se-á aos mesmos requisitos estabelecidos no artigo anterior, reduzido a 2 (dois) anos, no mínimo, o tempo de exercício.

SEÇÃO II - DA COMPETÊNCIA DA PROCURADORIA-GERAL

Art. 746 - Compete à Procuradoria-Geral da Justiça do Trabalho: (Redação dada pelo Decreto-Lei nº 8.737, de 19.1.1946)
a) oficiar, por escrito, em todos os processos e questões de trabalho de competência do Tribunal Superior do Trabalho; (Redação dada pelo Decreto-Lei nº 8.737, de 19.1.1946)
b) funcionar nas sessões do mesmo Tribunal, opinando verbalmente sobre a matéria em debate e solicitando as requisições e diligências que julgar convenientes, sendo-lhe assegurado o direito de vista do processo em julgamento sempre que for suscitada questão nova, não examinada no parecer exarado; (Redação dada pelo Decreto-Lei nº 8.737, de 19.1.1946)
c) requerer prorrogação das sessões do Tribunal, quando essa medida for necessária para que se ultime o julgamento; (Redação dada pelo Decreto-Lei nº 8.737, de 19.1.1946)
d) exarar, por intermédio do procurador-geral, o seu "ciente" nos acórdãos do Tribunal; (Redação dada pelo Decreto-Lei nº 8.737, de 19.1.1946)
e) proceder às diligências e inquéritos solicitados pelo Tribunal; (Redação dada pelo Decreto-Lei nº 8.737, de 19.1.1946)
f) recorrer das decisões do Tribunal, nos casos previstos em lei; (Redação dada pelo Decreto-Lei nº 8.737, de 19.1.1946)
g) promover, perante o Juízo competente, a cobrança executiva das multas impostas pelas autoridades administrativas e judiciárias do trabalho; (Redação dada pelo Decreto-Lei nº 8.737, de 19.1.1946)
h) representar às autoridades competentes contra os que não cumprirem as decisões do Tribunal; (Redação dada pelo Decreto-Lei nº 8.737, de 19.1.1946)
i) prestar às autoridades do Ministério do Trabalho, Industria e Comercio as informações que lhe forem solicitadas sobre os dissídios submetidos à apreciação do Tribunal e encaminhar aos órgãos competentes cópia autenticada das decisões que por eles devam ser atendidas ou cumpridas; (Redação dada pelo Decreto-Lei nº 8.737, de 19.1.1946)
j) requisitar, de quaisquer autoridades, inquéritos, exames periciais, diligências, certidões e esclarecimentos que se tornem necessários no desempenho de suas atribuições; (Redação dada pelo Decreto-Lei nº 8.737, de 19.1.1946)
l) defender a jurisdição dos órgãos da Justiça do Trabalho; (Incluído pelo Decreto-Lei nº 8.737, de 19.1.1946)
m) suscitar conflitos de jurisdição. (Incluído pelo Decreto-Lei nº 8.737, de 19.1.1946)

SEÇÃO III - DA COMPETÊNCIA DAS PROCURADORIAS REGIONAIS

Art. 747 - Compete às Procuradorias Regionais exercer, dentro da jurisdição do Tribunal Regional respectivo, as atribuições indicadas na Seção anterior.

SEÇÃO IV - DAS ATRIBUIÇÕES DO PROCURADOR-GERAL

Art. 748 - Como chefe da Procuradoria-Geral da Justiça do Trabalho, incumbe ao procurador-geral: (Redação dada pelo Decreto-Lei nº 8.737, de 19.1.1946)
a) dirigir os serviços da Procuradoria-Geral, orientar e fiscalizar as Procuradorias Regionais, expedindo as necessárias instruções; (Redação dada pelo Decreto-Lei nº 8.737, de 19.1.1946)
b) funcionar nas sessões do Tribunal Superior do Trabalho, pessoalmente ou por intermédio do procurador que designar; (Redação dada pelo Decreto-Lei nº 8.737, de 19.1.1946)
c) exarar o seu "ciente" nos acórdãos do Tribunal; (Redação dada pelo Decreto-Lei nº 8.737, de 19.1.1946)
d) designar o procurador que o substitua nas faltas e impedimentos e o chefe da secretaria da Procuradoria; (Redação dada pelo Decreto-Lei nº 8.737, de 19.1.1946)
e) apresentar, até o dia 31 de março, ao Ministro do Trabalho, Industria e Comercio, relatório dos trabalhos da Procuradoria-Geral no ano anterior, com as observações e sugestões que julgar convenientes; (Redação dada pelo Decreto-Lei nº 8.737, de 19.1.1946)
f) conceder férias aos procuradores e demais funcionários que sirvam na Procuradoria e impor-lhes penas disciplinares, observada, quanto aos procuradores, a legislação em vigor para o Ministério Público Federal; (Redação dada pelo Decreto-Lei nº 8.737, de 19.1.1946)

g) funcionar em Juízo, em primeira instancia, ou designar os procuradores que o devam fazer; (Redação dada pelo Decreto-Lei nº 8.737, de 19.1.1946)

h) admitir e dispensar o pessoal extranumerário da secretaria e prorrogar o expediente remunerado dos funcionários e extranumerários. (Redação dada pelo Decreto-Lei nº 8.737, de 19.1.1946)

SEÇÃO V - DAS ATRIBUIÇÕES DOS PROCURADORES

Art. 749 - Incumbe aos procuradores com exercício na Procuradoria-Geral: (Redação dada pelo Decreto-Lei nº 8.737, de 19.1.1946)

a) funcionar, por designação do procurador-geral, nas sessões do Tribunal Superior do Trabalho; (Redação dada pelo Decreto-Lei nº 8.737, de 19.1.1946)

b) desempenhar os demais encargos que lhes forem atribuídos pelo procurador-geral. (Redação dada pelo Decreto-Lei nº 8.737, de 19.1.1946)

Parágrafo único - Aos procuradores é facultado, nos processos em que oficiarem, requerer ao procurador-geral as diligências e investigações necessárias. (Redação dada pelo Decreto-Lei nº 8.737, de 19.1.1946)

SEÇÃO VI - DAS ATRIBUIÇÕES DOS PROCURADORES REGIONAIS

Art. 750 - Incumbe aos procuradores regionais: (Redação dada pelo Decreto-Lei nº 8.737, de 19.1.1946)

a) dirigir os serviços da respectiva Procuradoria; (Redação dada pelo Decreto-Lei nº 8.737, de 19.1.1946)

b) funcionar nas sessões do Tribunal Regional, pessoalmente ou por intermédio do procurador adjunto que designar; (Redação dada pelo Decreto-Lei nº 8.737, de 19.1.1946)

c) apresentar, semestralmente, ao procurador-geral, um relatório das atividades da respectiva Procuradoria, bem como dados e informações sobre a administração da Justiça do Trabalho na respectiva região; (Redação dada pelo Decreto-Lei nº 8.737, de 19.1.1946)

d) requerer e acompanhar perante as autoridades administrativas ou judiciárias as diligências necessárias à execução das medidas e providências ordenadas pelo procurador-geral; (Redação dada pelo Decreto-Lei nº 8.737, de 19.1.1946)

e) prestar ao procurador-geral as informações necessárias sobre os feitos em andamento e consultá-lo nos casos de dúvidas; (Redação dada pelo Decreto-Lei nº 8.737, de 19.1.1946)

f) funcionar em juízo, na sede do respectivo Tribunal Regional; (Redação dada pelo Decreto-Lei nº 8.737, de 19.1.1946)

g) exarar o seu "ciente" nos acórdãos do Tribunal; (Redação dada pelo Decreto-Lei nº 8.737, de 19.1.1946)

h) designar o procurador que o substitua nas faltas e impedimentos e o secretário da Procuradoria. (Redação dada pelo Decreto-Lei nº 8.737, de 19.1.1946)

Art. 751 - Incumbe aos procuradores adjuntos das Procuradorias Regionais: (Redação dada pelo Decreto-Lei nº 8.737, de 19.1.1946)

a) funcionar por designação do procurador regional, nas sessões do Tribunal Regional; (Redação dada pelo Decreto-Lei nº 8.737, de 19.1.1946)

b) desempenhar os demais encargos que lhes forem atribuídos pelo procurador regional. (Redação dada pelo Decreto-Lei nº 8.737, de 19.1.1946)

SEÇÃO VII - DA SECRETARIA

Art. 752 - A secretaria da Procuradoria-Geral funcionará sob a direção de um chefe designado pelo procurador-geral e terá o pessoal designado pelo Ministro do Trabalho, Industria e Comercio .(Redação dada pelo Decreto-Lei nº 8.737, de 19.1.1946)

Art. 753 - Compete à secretaria:

a) receber, registrar e encaminhar os processos ou papéis entrados;

b) classificar e arquivar os pareceres e outros papéis;

c) prestar informações sobre os processos ou papéis sujeitos à apreciação da Procuradoria;

d) executar o expediente da Procuradoria;

e) providenciar sobre o suprimento do material necessário;

f) desempenhar os demais trabalhos que lhes forem cometidos pelo procurador-geral, para melhor execução dos serviços a seu cargo.

Art. 754 - Nas Procuradorias Regionais, os trabalhos a que se refere o artigo anterior serão executados pelos funcionários para esse fim designados.

CAPÍTULO III - DA PROCURADORIA DE PREVIDÊNCIA SOCIAL

SEÇÃO I - DA ORGANIZAÇÃO

Art. 755 - A Procuradoria de Previdência Social compõe-se de um procurador geral e de procuradores.

Art. 756 - Para a nomeação do procurador geral e dos demais procuradores atender-se-á ao disposto nos arts. 744 e 745.

SEÇÃO II - DA COMPETÊNCIA DA PROCURADORIA

Art. 757 - Compete à Procuradoria da Previdência Social: (Redação dada pelo Decreto-Lei nº 8.737, de 19.1.1946) (Vide Decreto Lei nº 72, de 1966)

a) oficiar, por escrito, nos processos que tenham de ser sujeitos à decisão do Conselho Superior de Previdência Social; (Redação dada pelo Decreto-Lei nº 8.737, de 19.1.1946)

b) oficiar, por escrito, nos pedidos de revisão das decisões do mesmo Conselho; (Redação dada pelo Decreto-Lei nº 8.737, de 19.1.1946)

c) funcionar nas sessões do mesmo Conselho, opinando verbalmente sobre a matéria em debate e solicitando as requisições e diligências que julgar convenientes, sendo-lhe assegurado o direito de vista do processo em julgamento, sempre que for suscitada questão nova, não examinada no parecer exarado; (Redação dada pelo Decreto-Lei nº 8.737, de 19.1.1946)

d) opinar, quando solicitada, nos processos sujeitos à deliberação do Ministro de Estado, do Conselho Tecnico do Departamento Nacional de Previdência Social ou do Diretor do mesmo Departamento, em que houver matéria jurídica a exminar; (Redação dada pelo Decreto-Lei nº 8.737, de 19.1.1946)

e) funcionar, em primeira instância, nas ações propostas contra a União, no Distrito Federal, para anulação de atos e decisões do Conselho Superior de Previdência Social ou do Departamento Nacional de Previdência Social, bem como do Ministro do Trabalho, Industria e Comercio, em matéria de previdência social; (Redação dada pelo Decreto-Lei nº 8.737, de 19.1.1946)

f) fornecer ao Ministério Público as informações por este solicitadas em virtude de ações propostas nos Estados e Territórios para execução ou anulação de atos e decições dos órgãos ou da autoridade a que se refere a alínea anterior; (Redação dada pelo Decreto-Lei nº 8.737, de 19.1.1946)

g) promover em juízo, no Distrito Federal, qualquer procedimento necessário ao cumprimento das decisões do Conselho Superior de Previdência Social e do Departamento Nacional de Previdência Social, bem como do Ministro do Trabalho, Industria e Comercio, em matéria de previdência social; (Redação dada pelo Decreto-Lei nº 8.737, de 19.1.1946)

h) recorrer das decisões dos órgãos e autoridades competentes em matéria de previdência social e requerer revisão das decisões do Conselho Superior de Previdência Social,

que lhe pareçam contrárias à lei. (Incluído pelo Decreto-Lei nº 8.737, de 19.1.1946)

SEÇÃO III - DAS ATRIBUIÇÕES DO PROCURADOR-GERAL

Art. 758 - Como chefe da Procuradoria da Previdência Social, incumbe ao Procurador-Geral: (Redação dada pelo Decreto-Lei nº 8.737, de 19.1.1946) (Vide Decreto Lei nº 72, de 1966)

a) dirigir os serviços da Procuradoria, expedindo as necessárias instruções; (Redação dada pelo Decreto-Lei nº 8.737, de 19.1.1946)

b) funcionar nas sessões do Conselho Superior de Previdência Social, pessoalmente ou por intermédio do procurador que designar; (Redação dada pelo Decreto-Lei nº 8.737, de 19.1.1946)

c) designar o procurador que o substitua nas faltas e impedimentos e o chefe da Secretaria da Procuradoria; (Redação dada pelo Decreto-Lei nº 8.737, de 19.1.1946)

d) conceder férias aos procuradores e demais funcionários lotados na Procuradoria e impor-lhes penas disciplinares, observada, quanto aos procuradores, a legislação em vigor para o Ministério Público Feceral; (Redação dada pelo Decreto-Lei nº 8.737, de 19.1.1946)

e) funcionar em juízo, em primeira instância, ou designar os procuradores que devam fazê-lo; (Redação dada pelo Decreto-Lei nº 8.737, de 19.1.1946)

f) admitir e dispensar o pessoal extranumerário da Secretária e prorrogar o expediente renumerado dos funcionários e extranumerários; (Redação dada pelo Decreto-Lei nº 8.737, de 19.1.1946)

g) apresentar, até 31 de março de cada ano, ao Ministro do Trabalho, Industria e Comercio, o relatório dos trabalhos da Procuradoria no ano anterior, com as observações e sugestões que julgar convenientes. (Redação dada pelo Decreto-Lei nº 8.737, de 19.1.1946)

SEÇÃO IV - DAS ATRIBUIÇÕES DOS PROCURADORES

Art. 759 - Aos procuradores e demais funcionários incumbe desempenhar os encargos que lhes forem cometidos pelo procurador geral. (Vide Decreto Lei nº 72, de 1966)

Parágrafo único. Aos procuradores é facultado, nos processos em que oficiarem, requerer ao procurador geral as diligências e investigações necessárias.

SEÇÃO V - DA SECRETARIA

Art. 760 - A Procuradoria da Previdência Social terá uma Secretaria dirigida por um chefe designado pelo Procurador Geral. (Redação dada pelo Decreto-Lei nº 8.737, de 19.1.1946) (Vide Decreto Lei nº 72, de 1966)

Art. 761 - A Secretaria terá o pessoal designado pelo Ministro do Trabalho, Industria e Comercio. (Redação dada pelo Decreto-Lei nº 8.737, de 19.1.1946) (Vide Decreto Lei nº 72, de 1966)

Art. 762 - À Secretaria da Procuradoria de Previdência Social compete executar serviços idênticos aos referidos no art. 753. (Vide Decreto Lei nº 72, de 1966)

TÍTULO X - DO PROCESSO JUDICIÁRIO DO TRABALHO

CAPÍTULO I - DISPOSIÇÕES PRELIMINARES

Art. 763 - O processo da Justiça do Trabalho, no que concerne aos dissídios individuais e coletivos e à aplicação de penalidades, reger-se-á, em todo o território nacional, pelas normas estabelecidas neste Título.

Art. 764 - Os dissídios individuais ou coletivos submetidos à apreciação da Justiça do Trabalho serão sempre sujeitos à conciliação.

§ 1º - Para os efeitos deste artigo, os juízes e Tribunais do Trabalho empregarão sempre os seus bons ofícios e persuasão no sentido de uma solução conciliatória dos conflitos.

§ 2º - Não havendo acordo, o juízo conciliatório converter-se-á obrigatoriamente em arbitral, proferindo decisão na forma prescrita neste Título.

§ 3º - É lícito às partes celebrar acordo que ponha termo ao processo, ainda mesmo depois de encerrado o juízo conciliatório.

Art. 765 - Os Juízos e Tribunais do Trabalho terão ampla liberdade na direção do processo e velarão pelo andamento rápido das causas, podendo determinar qualquer diligência necessária ao esclarecimento delas.

Art. 766 - Nos dissídios sobre estipulação de salários, serão estabelecidas condições que, assegurando justos salários aos trabalhadores, permitam também justa retribuição às empresas interessadas.

Art. 767 - A compensação, ou retenção, só poderá ser arguida como matéria de defesa

Art. 768 - Terá preferência em todas as fases processuais o dissídio cuja decisão tiver de ser executada perante o Juízo da falência.

Art. 769 - Nos casos omissos, o direito processual comum será fonte subsidiária do direito processual do trabalho, exceto naquilo em que for incompatível com as normas deste Título.

CAPÍTULO II - DO PROCESSO EM GERAL

SEÇÃO I - DOS ATOS, TERMOS E PRAZOS PROCESSUAIS

Art. 770 - Os atos processuais serão públicos salvo quando o contrário determinar o interesse social, e realizar-se-ão nos dias úteis das 6 (seis) às 20 (vinte) horas.

Parágrafo único - A penhora poderá realizar-se em domingo ou dia feriado, mediante autorização expressa do juiz ou presidente.

Art. 771 - Os atos e termos processuais poderão ser escritos a tinta, datilografados ou a carimbo.

Art. 772 - Os atos e termos processuais, que devam ser assinados pelas partes interessadas, quando estas, por motivo justificado, não possam fazê-lo, serão firmados a rogo, na presença de 2 (duas) testemunhas, sempre que não houver procurador legalmente constituído.

Art. 773 - Os termos relativos ao movimento dos processos constarão de simples notas, datadas e rubricadas pelos secretários ou escrivães. (Vide Leis nºs 409, de 1943 e 6.563, de 1978)

Art. 774 - Salvo disposição em contrário, os prazos previstos neste Título contam-se, conforme o caso, a partir da data em que for feita pessoalmente, ou recebida a notificação, daquela em que for publicado o edital no jornal oficial ou no que publicar o expediente da Justiça do Trabalho, ou, ainda, daquela em que for afixado o edital na sede da Junta, Juízo ou Tribunal. (Redação dada pela Lei nº 2.244, de 23.6.1954)

Parágrafo único - Tratando-se de notificação postal, no caso de não ser encontrado o destinatário ou no de recusa de recebimento, o Correio ficará obrigado, sob pena de responsabilidade do servidor, a devolvê-la, no prazo de 48 (quarenta e oito) horas, ao Tribunal de origem. (Incluído pelo Decreto-Lei nº 8.737, de 19.1.1946)

Art. 775. Os prazos estabelecidos neste Título serão contados em dias úteis, com exclusão do dia do começo e inclusão do dia do vencimento. (Redação dada pela Lei nº 13.467, de 2017)

§ 1º Os prazos podem ser prorrogados, pelo tempo estritamente necessário, nas seguintes hipóteses: (Incluído dada pela Lei nº 13.467, de 2017)

I - quando o juízo entender necessário; (Incluído dada pela Lei nº 13.467, de 2017)

II - em virtude de força maior, devidamente comprovada. (Incluído dada pela Lei nº 13.467, de 2017)

§ 2º Ao juízo incumbe dilatar os prazos processuais e alterar a ordem de produção dos meios de prova, adequando-os às

necessidades do conflito de modo a conferir maior efetividade à tutela do direito. (Incluído dada pela Lei nº 13.467, de 2017)

Art. 775-A. Suspende-se o curso do prazo processual nos dias compreendidos entre 20 de dezembro e 20 de janeiro, inclusive. (Incluído dada pela Lei nº 13.545, de 2017)

§ 1º Ressalvadas as férias individuais e os feriados instituídos por lei, os juízes, os membros do Ministério Público, da Defensoria Pública e da Advocacia Pública e os auxiliares da Justiça exercerão suas atribuições durante o período previsto no caput deste artigo. (Incluído dada pela Lei nº 13.545, de 2017)

§ 2º Durante a suspensão do prazo, não se realizarão audiências nem sessões de julgamento. (Incluído dada pela Lei nº 13.545, de 2017)

Art. 776 - O vencimento dos prazos será certificado nos processos pelos escrivães ou secretários. (Vide Leis nºs 409, de 1943 e 6.563, de 1978)

Art. 777 - Os requerimentos e documentos apresentados, os atos e termos processuais, as petições ou razões de recursos e quaisquer outros papéis referentes aos feitos formarão os autos dos processos, os quais ficarão sob a responsabilidade dos escrivães ou secretários. (Vide Leis nºs 409, de 1943 e 6.563, de 1978)

Art. 778 - Os autos dos processos da Justiça do Trabalho, não poderão sair dos cartórios ou secretarias, salvo se solicitados por advogados regularmente constituído por qualquer das partes, ou quando tiverem de ser remetidos aos órgãos competentes, em caso de recurso ou requisição. (Redação dada pela Lei nº 6.598, de 1º.12.1978)

Art. 779 - As partes, ou seus procuradores, poderão consultar, com ampla liberdade, os processos nos cartórios ou secretarias.

Art. 780 - Os documentos juntos aos autos poderão ser desentranhados somente depois de findo o processo, ficando traslado.

Art. 781 - As partes poderão requerer certidões dos processos em curso ou arquivados, as quais serão lavradas pelos escrivães ou secretários. (Vide Leis nºs 409, de 1943 e 6.563, de 1978)

Parágrafo único - As certidões dos processos que correrem em segredo de justiça dependerão de despacho do juiz ou presidente.

Art. 782 - São isentos de selo as reclamações, representações, requerimentos, atos e processos relativos à Justiça do Trabalho.

SEÇÃO II - DA DISTRIBUIÇÃO

(Vide Constituição federal)

Art. 783 - A distribuição das reclamações será feita entre as Juntas de Conciliação e Julgamento, ou os Juízes de Direito do Cível, nos casos previstos no art. 669, § 1º, pela ordem rigorosa de sua apresentação ao distribuidor, quando o houver.

Art. 784 - As reclamações serão registradas em livro próprio, rubricado em todas as folhas pela autoridade a que estiver subordinado o distribuidor.

Art. 785 - O distribuidor fornecerá ao interessado um recibo do qual constarão, essencialmente, o nome do reclamante e do reclamado, a data da distribuição, o objeto da reclamação e a Junta ou o Juízo a que coube a distribuição.

Art. 786 - A reclamação verbal será distribuída antes de sua redução a termo.

Parágrafo único - Distribuída a reclamação verbal, o reclamante deverá, salvo motivo de força maior, apresentar-se no prazo de 5 (cinco) dias, ao cartório ou à secretaria, para reduzi-la a termo, sob a pena estabelecida no art. 731.

Art. 787 - A reclamação escrita deverá ser formulada em 2 (duas) vias e desde logo acompanhada dos documentos em que se fundar.

Art. 788 - Feita a distribuição, a reclamação será remetida pelo distribuidor à Junta ou Juízo competente, acompanhada do bilhete de distribuição.

SEÇÃO III - DAS CUSTAS E EMOLUMENTOS

Art. 789. Nos dissídios individuais e nos dissídios coletivos do trabalho, nas ações e procedimentos de competência da Justiça do Trabalho, bem como nas demandas propostas perante a Justiça Estadual, no exercício da jurisdição trabalhista, as custas relativas ao processo de conhecimento incidirão à base de 2% (dois por cento), observado o mínimo de R$ 10,64 (dez reais e sessenta e quatro centavos) e o máximo de quatro vezes o limite máximo dos benefícios do Regime Geral de Previdência Social, e serão calculadas: (Redação dada pela Lei nº 13.467, de 2017)

I – quando houver acordo ou condenação, sobre o respectivo valor; (Redação dada pela Lei nº 10.537, de 27.8.2002)

II – quando houver extinção do processo, sem julgamento do mérito, ou julgado totalmente improcedente o pedido, sobre o valor da causa; (Redação dada pela Lei nº 10.537, de 27.8.2002)

III – no caso de procedência do pedido formulado em ação declaratória e em ação constitutiva, sobre o valor da causa; (Redação dada pela Lei nº 10.537, de 27.8.2002)

IV – quando o valor for indeterminado, sobre o que o juiz fixar. (Redação dada pela Lei nº 10.537, de 27.8.2002)

§ 1º As custas serão pagas pelo vencido, após o trânsito em julgado da decisão. No caso de recurso, as custas serão pagas e comprovado o recolhimento dentro do prazo recursal. (Redação dada pela Lei nº 10.537, de 27.8.2002)

§ 2º Não sendo líquida a condenação, o juízo arbitrar-lhe-á o valor e fixará o montante das custas processuais. (Redação dada pela Lei nº 10.537, de 27.8.2002)

§ 3º Sempre que houver acordo, se de outra forma não for convencionado, o pagamento das custas caberá em partes iguais aos litigantes. (Redação dada pela Lei nº 10.537, de 27.8.2002)

§ 4º Nos dissídios coletivos, as partes vencidas responderão solidariamente pelo pagamento das custas, calculadas sobre o valor arbitrado na decisão, ou pelo Presidente do Tribunal. (Redação dada pela Lei nº 10.537, de 27.8.2002)

Art. 789-A. No processo de execução são devidas custas, sempre de responsabilidade do executado e pagas ao final, de conformidade com a seguinte tabela: (Incluído pela Lei nº 10.537, de 27.8.2002)

I – autos de arrematação, de adjudicação e de remição: 5% (cinco por cento) sobre o respectivo valor, até o máximo de R$ 1.915,38 (um mil, novecentos e quinze reais e trinta e oito centavos); (Incluído pela Lei nº 10.537, de 27.8.2002)

II – atos dos oficiais de justiça, por diligência certificada: (Incluído pela Lei nº 10.537, de 27.8.2002)

a. em zona urbana: R$ 11,06 (onze reais e seis centavos); (Incluído pela Lei nº 10.537, de 27.8.2002)

b. em zona rural: R$ 22,13 (vinte e dois reais e treze centavos); (Incluído pela Lei nº 10.537, de 27.8.2002)

III – agravo de instrumento: R$ 44,26 (quarenta e quatro reais e vinte e seis centavos); (Incluído pela Lei nº 10.537, de 27.8.2002)

IV – agravo de petição: R$ 44,26 (quarenta e quatro reais e vinte e seis centavos); (Incluído pela Lei nº 10.537, de 27.8.2002)

V – embargos à execução, embargos de terceiro e embargos à arrematação: R$ 44,26 (quarenta e quatro reais e vinte e seis centavos); (Incluído pela Lei nº 10.537, de 27.8.2002)

VI – recurso de revista: R$ 55,35 (cinquenta e cinco reais e trinta e cinco centavos); (Incluído pela Lei nº 10.537, de 27.8.2002)

VII – impugnação à sentença de liquidação: R$ 55,35 (cinquenta e cinco reais e trinta e cinco centavos); (Incluído pela Lei nº 10.537, de 27.8.2002)

VIII – despesa de armazenagem em depósito judicial – por dia: 0,1% (um décimo por cento) do valor da avaliação; (Incluído pela Lei nº 10.537, de 27.8.2002)

IX – cálculos de liquidação realizados pelo contador do juízo – sobre o valor liquidado: 0,5% (cinco décimos por cento) até o limite de R$ 638,46 (seiscentos e trinta e oito reais e quarenta e seis centavos). (Incluído pela Lei nº 10.537, de 27.8.2002)

Art. 789-B. Os emolumentos serão suportados pelo Requerente, nos valores fixados na seguinte tabela: (Incluído pela Lei nº 10.537, de 27.8.2002)

I – autenticação de traslado de peças mediante cópia reprográfica apresentada pelas partes – por folha: R$ 0,55 (cinquenta e cinco centavos de real); (Incluído pela Lei nº 10.537, de 27.8.2002)

II – fotocópia de peças – por folha: R$ 0,28 (vinte e oito centavos de real); (Incluído pela Lei nº 10.537, de 27.8.2002)

III – autenticação de peças – por folha: R$ 0,55 (cinquenta e cinco centavos de real); (Incluído pela Lei nº 10.537, de 27.8.2002)

IV – cartas de sentença, de adjudicação, de remição e de arrematação – por folha: R$ 0,55 (cinquenta e cinco centavos de real); (Incluído pela Lei nº 10.537, de 27.8.2002)

V – certidões – por folha: R$ 5,53 (cinco reais e cinquenta e três centavos). (Incluído pela Lei nº 10.537, de 27.8.2002)

Art. 790. Nas Varas do Trabalho, nos Juízos de Direito, nos Tribunais e no Tribunal Superior do Trabalho, a forma de pagamento das custas e emolumentos obedecerá às instruções que serão expedidas pelo Tribunal Superior do Trabalho. (Redação dada pela Lei nº 10.537, de 27.8.2002)

§ 1º Tratando-se de empregado que não tenha obtido o benefício da justiça gratuita, ou isenção de custas, o sindicato que houver intervindo no processo responderá solidariamente pelo pagamento das custas devidas. (Redação dada pela Lei nº 10.537, de 27.8.2002)

§ 2º No caso de não-pagamento das custas, far-se-á execução da respectiva importância, segundo o procedimento estabelecido no Capítulo V deste Título. (Redação dada pela Lei nº 10.537, de 27.8.2002)

§ 3º É facultado aos juízes, órgãos julgadores e presidentes dos tribunais do trabalho de qualquer instância conceder, a requerimento ou de ofício, o benefício da justiça gratuita, inclusive quanto a traslados e instrumentos, àqueles que perceberem salário igual ou inferior a 40% (quarenta por cento) do limite máximo dos benefícios do Regime Geral de Previdência Social. (Redação dada pela Lei nº 13.467, de 2017)

§ 4º O benefício da justiça gratuita será concedido à parte que comprovar insuficiência de recursos para o pagamento das custas do processo. (Incluído pela Lei nº 13.467, de 2017)

Art. 790-A. São isentos do pagamento de custas, além dos beneficiários de justiça gratuita: (Incluído pela Lei nº 10.537, de 27.8.2002)

I – a União, os Estados, o Distrito Federal, os Municípios e respectivas autarquias e fundações públicas federais, estaduais ou municipais que não explorem atividade econômica; (Incluído pela Lei nº 10.537, de 27.8.2002)

II – o Ministério Público do Trabalho. (Incluído pela Lei nº 10.537, de 27.8.2002)

Parágrafo único. A isenção prevista neste artigo não alcança as entidades fiscalizadoras do exercício profissional, nem exime as pessoas jurídicas referidas no inciso I da obrigação de reembolsar as despesas judiciais realizadas pela parte vencedora. (Incluído pela Lei nº 10.537, de 27.8.2002)

Art. 790-B. A responsabilidade pelo pagamento dos honorários periciais é da parte sucumbente na pretensão objeto da perícia, ainda que beneficiária da justiça gratuita. (Redação dada pela Lei nº 13.467, de 2017)

§ 1º Ao fixar o valor dos honorários periciais, o juízo deverá respeitar o limite máximo estabelecido pelo Conselho Superior da Justiça do Trabalho. (Incluído pela Lei nº 13.467, de 2017)

§ 2º O juízo poderá deferir parcelamento dos honorários periciais. (Incluído pela Lei nº 13.467, de 2017)

§ 3º O juízo não poderá exigir adiantamento de valores para realização de perícias. (Incluído pela Lei nº 13.467, de 2017)

§ 4º Somente no caso em que o beneficiário da justiça gratuita não tenha obtido em juízo créditos capazes de suportar a despesa referida no caput, ainda que em outro processo, a União responderá pelo encargo. (Incluído pela Lei nº 13.467, de 2017)

SEÇÃO IV - DAS PARTES E DOS PROCURADORES

Art. 791. Os empregados e os empregadores poderão reclamar pessoalmente perante a Justiça do Trabalho e acompanhar as suas reclamações até o final.

§ 1º - Nos dissídios individuais os empregados e empregadores poderão fazer-se representar por intermédio do sindicato, advogado, solicitador, ou provisionado, inscrito na Ordem dos Advogados do Brasil.

§ 2º - Nos dissídios coletivos é facultada aos interessados a assistência por advogado.

§ 3º A constituição de procurador com poderes para o foro em geral poderá ser efetivada, mediante simples registro em ata de audiência, a requerimento verbal do advogado interessado, com anuência da parte representada. (Incluído pela Lei nº 12.437, de 2011)

Art. 791-A. Ao advogado, ainda que atue em causa própria, serão devidos honorários de sucumbência, fixados entre o mínimo de 5% (cinco por cento) e o máximo de 15% (quinze por cento) sobre o valor que resultar da liquidação da sentença, do proveito econômico obtido ou, não sendo possível mensurá-lo, sobre o valor atualizado da causa. (Incluído pela Lei nº 13.467, de 2017)

§ 1º Os honorários são devidos também nas ações contra a Fazenda Pública e nas ações em que a parte estiver assistida ou substituída pelo sindicato de sua categoria. (Incluído pela Lei nº 13.467, de 2017)

§ 2º Ao fixar os honorários, o juízo observará: (Incluído pela Lei nº 13.467, de 2017)

I - o grau de zelo do profissional; (Incluído pela Lei nº 13.467, de 2017)

II - o lugar de prestação do serviço; (Incluído pela Lei nº 13.467, de 2017)

III - a natureza e a importância da causa; (Incluído pela Lei nº 13.467, de 2017)

IV - o trabalho realizado pelo advogado e o tempo exigido para o seu serviço. (Incluído pela Lei nº 13.467, de 2017)

§ 3º Na hipótese de procedência parcial, o juízo arbitrará honorários de sucumbência recíproca, vedada a compensação entre os honorários. (Incluído pela Lei nº 13.467, de 2017)

§ 4º Vencido o beneficiário da justiça gratuita, desde que não tenha obtido em juízo, ainda que em outro processo, créditos capazes de suportar a despesa, as obrigações decorrentes de sua sucumbência ficarão sob condição suspensiva de exigibilidade e somente poderão ser executadas se, nos dois anos subsequentes ao trânsito em julgado da decisão que as certificou, o credor demonstrar que deixou de existir a situação de insuficiência de recursos que justificou a concessão de gratuidade, extinguindo-se, passado esse prazo, tais obrigações do beneficiário. (Incluído pela Lei nº 13.467, de 2017)

§ 5º São devidos honorários de sucumbência na reconvenção. (Incluído pela Lei nº 13.467, de 2017)

Art. 792 - (Revogado pela Lei nº 13.467, de 2017)

Art. 793. A reclamação trabalhista do menor de 18 anos será feita por seus representantes legais e, na falta destes, pela Procuradoria da Justiça do Trabalho, pelo sindicato, pelo Ministério Público estadual ou curador nomeado em juízo. (Redação dada pela Lei nº 10.288, de 2001)

SEÇÃO IV-A - (INCLUÍDO PELA LEI Nº 13.467, DE 2017) - DA RESPONSABILIDADE POR DANO PROCESSUAL

Art. 793-A. Responde por perdas e danos aquele que litigar de má-fé como reclamante, reclamado ou interveniente. (Incluído pela Lei nº 13.467, de 2017)

Art. 793-B. Considera-se litigante de má-fé aquele que: (Incluído pela Lei nº 13.467, de 2017)

I - deduzir pretensão ou defesa contra texto expresso de lei ou fato incontroverso; (Incluído pela Lei nº 13.467, de 2017)

II - alterar a verdade dos fatos; (Incluído pela Lei nº 13.467, de 2017)

III - usar do processo para conseguir objetivo ilegal; (Incluído pela Lei nº 13.467, de 2017)

IV - opuser resistência injustificada ao andamento do processo; (Incluído pela Lei nº 13.467, de 2017)

V - proceder de modo temerário em qualquer incidente ou ato do processo; (Incluído pela Lei nº 13.467, de 2017)

VI - provocar incidente manifestamente infundado; (Incluído pela Lei nº 13.467, de 2017)

VII - interpuser recurso com intuito manifestamente protelatório. (Incluído pela Lei nº 13.467, de 2017)

Art. 793-C. De ofício ou a requerimento, o juízo condenará o litigante de má-fé a pagar multa, que deverá ser superior a 1% (um por cento) e inferior a 10% (dez por cento) do valor corrigido da causa, a indenizar a parte contrária pelos prejuízos que esta sofreu e a arcar com os honorários advocatícios e com todas as despesas que efetuou. (Incluído pela Lei nº 13.467, de 2017)

§ 1º Quando forem dois ou mais os litigantes de má-fé, o juízo condenará cada um na proporção de seu respectivo interesse na causa ou solidariamente aqueles que se coligaram para lesar a parte contrária. (Incluído pela Lei nº 13.467, de 2017)

§ 2º Quando o valor da causa for irrisório ou inestimável, a multa poderá ser fixada em até duas vezes o limite máximo dos benefícios do Regime Geral de Previdência Social. (Incluído pela Lei nº 13.467, de 2017)

§ 3º O valor da indenização será fixado pelo juízo ou, caso não seja possível mensurá-lo, liquidado por arbitramento ou pelo procedimento comum, nos próprios autos. (Incluído pela Lei nº 13.467, de 2017)

Art. 793-D. Aplica-se a multa prevista no art. 793-C desta Consolidação à testemunha que intencionalmente alterar a verdade dos fatos ou omitir fatos essenciais ao julgamento da causa. (Incluído pela Lei nº 13.467, de 2017)

Parágrafo único. A execução da multa prevista neste artigo dar-se-á nos mesmos autos. (Incluído pela Lei nº 13.467, de 2017)

SEÇÃO V - DAS NULIDADES

Art. 794 - Nos processos sujeitos à apreciação da Justiça do Trabalho só haverá nulidade quando resultar dos atos inquinados manifesto prejuízo às partes litigantes.

Art. 795 - As nulidades não serão declaradas senão mediante provocação das partes, as quais deverão argui-las à primeira vez em que tiverem de falar em audiência ou nos autos.

§ 1º - Deverá, entretanto, ser declarada ex officio a nulidade fundada em incompetência de foro. Nesse caso, serão considerados nulos os atos decisórios.

§ 2º - O juiz ou Tribunal que se julgar incompetente determinará, na mesma ocasião, que se faça remessa do processo, com urgência, à autoridade competente, fundamentando sua decisão.

Art. 796 - A nulidade não será pronunciada:

a) quando for possível suprir-se a falta ou repetir-se o ato;
b) quando arguida por quem lhe tiver dado causa.

Art. 797 - O juiz ou Tribunal que pronunciar a nulidade declarará os atos a que ela se estende.

Art. 798 - A nulidade do ato não prejudicará senão os posteriores que dele dependam ou sejam consequência.

SEÇÃO VI - DAS EXCEÇÕES

Art. 799 - Nas causas da jurisdição da Justiça do Trabalho, somente podem ser opostas, com suspensão do feito, as exceções de suspeição ou incompetência. (Redação dada pelo Decreto-Lei nº 8.737, de 19.1.1946)

§ 1º - As demais exceções serão alegadas como matéria de defesa. (Redação dada pelo Decreto-Lei nº 8.737, de 19.1.1946)

§ 2º - Das decisões sobre exceções de suspeição e incompetência, salvo, quanto a estas, se terminativas do feito, não caberá recurso, podendo, no entanto, as partes alegá-las novamente no recurso que couber da decisão final. (Redação dada pelo Decreto-Lei nº 8.737, de 19.1.1946)

Art. 800. Apresentada exceção de incompetência territorial no prazo de cinco dias a contar da notificação, antes da audiência e em peça que sinalize a existência desta exceção, seguir-se-á o procedimento estabelecido neste artigo. (Redação dada pela Lei nº 13.467, de 2017)

§ 1º Protocolada a petição, será suspenso o processo e não se realizará a audiência a que se refere o art. 843 desta Consolidação até que se decida a exceção. (Incluído pela Lei nº 13.467, de 2017)

§ 2º Os autos serão imediatamente conclusos ao juiz, que intimará o reclamante e, se existentes, os litisconsortes, para manifestação no prazo comum de cinco dias. (Incluído pela Lei nº 13.467, de 2017)

§ 3º Se entender necessária a produção de prova oral, o juízo designará audiência, garantindo o direito de o excipiente e de suas testemunhas serem ouvidos, por carta precatória, no juízo que este houver indicado como competente. (Incluído pela Lei nº 13.467, de 2017)

§ 4º Decidida a exceção de incompetência territorial, o processo retomará seu curso, com a designação de audiência, a apresentação de defesa e a instrução processual perante o juízo competente. (Incluído pela Lei nº 13.467, de 2017)

Art. 801 - O juiz, presidente ou vogal, é obrigado a dar-se por suspeito, e pode ser recusado, por algum dos seguintes motivos, em relação à pessoa dos litigantes:

a) inimizade pessoal;
b) amizade íntima;
c) parentesco por consanguinidade ou afinidade até o terceiro grau civil;
d) interesse particular na causa.

Parágrafo único - Se o recusante houver praticado algum ato pelo qual haja consentido na pessoa do juiz, não mais poderá alegar exceção de suspeição, salvo sobrevindo novo motivo. A suspeição não será também admitida, se do processo constar que o recusante deixou de alegá-la anteriormente, quando já a conhecia, ou que, depois de conhecida, aceitou o juiz recusado ou, finalmente, se procurou de propósito o motivo de que ela se originou.

Art. 802 - Apresentada a exceção de suspeição, o juiz ou Tribunal designará audiência dentro de 48 (quarenta e oito) horas, para instrução e julgamento da exceção.

§ 1º - Nas Juntas de Conciliação e Julgamento e nos Tribunais Regionais, julgada procedente a exceção de suspeição, será logo convocado para a mesma audiência ou sessão, ou para a seguinte, o suplente do membro suspeito, o qual continuará a funcionar no feito até decisão final. Proceder-se-á da mesma maneira quando algum dos membros se declarar suspeito.

§ 2º - Se se tratar de suspeição de Juiz de Direito, será este substituído na forma da organização judiciária local.

SEÇÃO VII - DOS CONFLITOS DE JURISDIÇÃO

Art. 803 - Os conflitos de jurisdição podem ocorrer entre:

a) Juntas de Conciliação e Julgamento e Juízes de Direito investidos na administração da Justiça do Trabalho;
b) Tribunais Regionais do Trabalho;

c) Juízos e Tribunais do Trabalho e órgãos da Justiça Ordinária;
d) Câmaras do Tribunal Superior do Trabalho. (Vide Decreto Lei 8.737, de 1946)

Art. 804 - Dar-se-á conflito de jurisdição:
a) quando ambas as autoridades se considerarem competentes;
b) quando ambas as autoridades se considerarem incompetentes.

Art. 805 - Os conflitos de jurisdição podem ser suscitados:
a) pelos Juízes e Tribunais do Trabalho;
b) pelo procurador-geral e pelos procuradores regionais da Justiça do Trabalho;
c) pela parte interessada, ou o seu representante.

Art. 806 - É vedado à parte interessada suscitar conflitos de jurisdição quando já houver oposto na causa exceção de incompetência.

Art. 807 - No ato de suscitar o conflito deverá a parte interessada produzir a prova de existência dele.

Art. 808 - Os conflitos de jurisdição de que trata o art. 803 serão resolvidos:
a) pelos Tribunais Regionais, os suscitados entre Juntas e entre Juízos de Direito, ou entre uma e outras, nas respectivas regiões;
b) pela Câmara de Justiça do Trabalho, os suscitados entre Tribunais Regionais, ou entre Juntas e Juízos de Direito sujeitos à jurisdição de Tribunais Regionais diferentes;
c) pelo Conselho Pleno, os suscitados entre as Câmaras de Justiça do Trabalho e de Previdência Social; (Vide Decreto Lei 9.797, de 1946)
d) pelo Supremo Tribunal Federal, os suscitados entre as autoridades da Justiça do Trabalho e as da Justiça Ordinária.

Art. 809 - Nos conflitos de jurisdição entre as Juntas e os Juízos de Direito observar-se-á o seguinte:
I - o juiz ou presidente mandará extrair dos autos as provas do conflito e, com a sua informação, remeterá o processo assim formado, no mais breve prazo possível, ao Presidente do Tribunal Regional competente;
II - no Tribunal Regional, logo que der entrada o processo, o presidente determinará a distribuição do feito, podendo o relator ordenar imediatamente às Juntas e aos Juízos, nos casos de conflito positivo, que sobrestejam o andamento dos respectivos processos, e solicitar, ao mesmo tempo, quaisquer informações que julgue convenientes. Seguidamente, será ouvida a Procuradoria, após o que o relator submeterá o feito a julgamento na primeira sessão;
III - proferida a decisão, será a mesma comunicada, imediatamente, às autoridades em conflito, prosseguindo no foro julgado competente.

Art. 810 - Aos conflitos de jurisdição entre os Tribunais Regionais aplicar-se-ão as normas estabelecidas no artigo anterior.

Art. 811 - Nos conflitos suscitados na Justiça do Trabalho entre as autoridades desta e os órgãos da Justiça Ordinária, o processo do conflito, formado de acordo com o inciso I do art. 809, será remetido diretamente ao presidente do Supremo Tribunal Federal.

Art. 812 - A ordem processual dos conflitos de jurisdição entre as Câmaras do Tribunal Superior do Trabalho será a estabelecida no seu regimento interno. (Vide Decreto Lei 9.797, de 1946)

SEÇÃO VIII - DAS AUDIÊNCIAS

Art. 813 - As audiências dos órgãos da Justiça do Trabalho serão públicas e realizar-se-ão na sede do Juízo ou Tribunal em dias úteis previamente fixados, entre 8 (oito) e 18 (dezoito) horas, não podendo ultrapassar 5 (cinco) horas seguidas, salvo quando houver matéria urgente.

§ 1º - Em casos especiais, poderá ser designado outro local para a realização das audiências, mediante edital afixado na sede do Juízo ou Tribunal, com a antecedência mínima de 24 (vinte e quatro) horas.

§ 2º - Sempre que for necessário, poderão ser convocadas audiências extraordinárias, observado o prazo do parágrafo anterior.

Art. 814 - Às audiências deverão estar presentes, comparecendo com a necessária antecedência. os escrivães ou secretários .(Vide Leis nºs 409, de 1943 e 6.563, de 1978)

Art. 815 - À hora marcada, o juiz ou presidente declarará aberta a audiência, sendo feita pelo secretário ou escrivão a chamada das partes, testemunhas e demais pessoas que devam comparecer. (Vide Leis nºs 409, de 1943 e 6.563, de 1978)

Parágrafo único - Se, até 15 (quinze) minutos após a hora marcada, o juiz ou presidente não houver comparecido, os presentes poderão retirar-se, devendo o ocorrido constar do livro de registro das audiências.

Art. 816 - O juiz ou presidente manterá a ordem nas audiências, podendo mandar retirar do recinto os assistentes que a perturbarem.

Art. 817 - O registro das audiências será feito em livro próprio, constando de cada registro os processos apreciados e a respectiva solução, bem como as ocorrências eventuais.

Parágrafo único - Do registro das audiências poderão ser fornecidas certidões às pessoas que o requererem.

SEÇÃO IX - DAS PROVAS

Art. 818. O ônus da prova incumbe: (Redação dada pela Lei nº 13.467, de 2017)
I - ao reclamante, quanto ao fato constitutivo de seu direito; (Incluído pela Lei nº 13.467, de 2017)
II - ao reclamado, quanto à existência de fato impeditivo, modificativo ou extintivo do direito do reclamante. (Incluído pela Lei nº 13.467, de 2017)

§ 1º Nos casos previstos em lei ou diante de peculiaridades da causa relacionadas à impossibilidade ou à excessiva dificuldade de cumprir o encargo nos termos deste artigo ou à maior facilidade de obtenção da prova do fato contrário, poderá o juízo atribuir o ônus da prova de modo diverso, desde que o faça por decisão fundamentada, caso em que deverá dar à parte a oportunidade de se desincumbir do ônus que lhe foi atribuído. (Incluído pela Lei nº 13.467, de 2017)

§ 2º A decisão referida no § 1º deste artigo deverá ser proferida antes da abertura da instrução e, a requerimento da parte, implicará o adiamento da audiência e possibilitará provar os fatos por qualquer meio em direito admitido. (Incluído pela Lei nº 13.467, de 2017)

§ 3º A decisão referida no § 1º deste artigo não pode gerar situação em que a desincumbência do encargo pela parte seja impossível ou excessivamente difícil. (Incluído pela Lei nº 13.467, de 2017)

Art. 819 - O depoimento das partes e testemunhas que não souberem falar a língua nacional será feito por meio de intérprete nomeado pelo juiz ou presidente.

§ 1º - Proceder-se-á da forma indicada neste artigo, quando se tratar de surdo-mudo, ou de mudo que não saiba escrever.

§ 2º As despesas decorrentes do disposto neste artigo correrão por conta da parte sucumbente, salvo se beneficiária de justiça gratuita. (Redação dada pela Lei nº 13.660, de 2018)

Art. 820 - As partes e testemunhas serão inquiridas pelo juiz ou presidente, podendo ser reinquiridas, por seu intermédio, a requerimento dos vogais, das partes, seus representantes ou advogados.

Art. 821 - Cada uma das partes não poderá indicar mais de 3 (três) testemunhas, salvo quando se tratar de inquérito, caso em que esse número poderá ser elevado a 6 (seis). (Redação dada pelo Decreto-Lei nº 8.737, de 19.1.1946)

Art. 822 - As testemunhas não poderão sofrer qualquer desconto pelas faltas ao serviço, ocasionadas pelo seu

comparecimento para depor, quando devidamente arroladas ou convocadas.

Art. 823 - Se a testemunha for funcionário civil ou militar, e tiver de depor em hora de serviço, será requisitada ao chefe da repartição para comparecer à audiência marcada.

Art. 824 - O juiz ou presidente providenciará para que o depoimento de uma testemunha não seja ouvido pelas demais que tenham de depor no processo.

Art. 825 - As testemunhas comparecerão a audiência independentemente de notificação ou intimação.

Parágrafo único - As que não comparecerem serão intimadas, ex officio ou a requerimento da parte, ficando sujeitas a condução coercitiva, além das penalidades do art. 730, caso, sem motivo justificado, não atendam à intimação.

Art. 826 - É facultado a cada uma das partes apresentar um perito ou tecnico. (Vide Lei nº 5.584, de 1970)

Art. 827 - O juiz ou presidente poderá arguir os peritos compromissados ou os técnicos, e rubricará, para ser junto ao processo, o laudo que os primeiros tiverem apresentado.

Art. 828 - Toda testemunha, antes de prestar o compromisso legal, será qualificada, indicando o nome, nacionalidade, profissão, idade, residência, e, quando empregada, o tempo de serviço prestado ao empregador, ficando sujeita, em caso de falsidade, às leis penais.

Parágrafo único - Os depoimentos das testemunhas serão resumidos, por ocasião da audiência, pelo secretário da Junta ou funcionário para esse fim designado, devendo a súmula ser assinada pelo Presidente do Tribunal e pelos depoentes.

Art. 829 - A testemunha que for parente até o terceiro grau civil, amigo íntimo ou inimigo de qualquer das partes, não prestará compromisso, e seu depoimento valerá como simples informação.

Art. 830. O documento em cópia oferecido para prova poderá ser declarado autêntico pelo próprio advogado, sob sua responsabilidade pessoal. (Redação dada pela Lei nº 11.925, de 2009).

Parágrafo único. Impugnada a autenticidade da cópia, a parte que a produziu será intimada para apresentar cópias devidamente autenticadas ou o original, cabendo ao serventuário competente proceder à conferência e certificar a conformidade entre esses documentos. (Incluído pela Lei nº 11.925, de 2009).

SEÇÃO X - DA DECISÃO E SUA EFICÁCIA

Art. 831 - A decisão será proferida depois de rejeitada pelas partes a proposta de conciliação.

Parágrafo único. No caso de conciliação, o termo que for lavrado valerá como decisão irrecorrível, salvo para a Previdência Social quanto às contribuições que lhe forem devidas. (Redação dada pela Lei nº 10.035, de 2000)

Art. 832 - Da decisão deverão constar o nome das partes, o resumo do pedido e da defesa, a apreciação das provas, os fundamentos da decisão e a respectiva conclusão.

§ 1º - Quando a decisão concluir pela procedência do pedido, determinará o prazo e as condições para o seu cumprimento.

§ 2º - A decisão mencionará sempre as custas que devam ser pagas pela parte vencida.

§ 3º As decisões cognitivas ou homologatórias deverão sempre indicar a natureza jurídica das parcelas constantes da condenação ou do acordo homologado, inclusive o limite de responsabilidade de cada parte pelo recolhimento da contribuição previdenciária, se for o caso. (Incluído pela Lei nº 10.035, de 2000)

§ 3º-A. Para os fins do § 3º deste artigo, salvo na hipótese de o pedido da ação limitar-se expressamente ao reconhecimento de verbas de natureza exclusivamente indenizatória, a parcela referente às verbas de natureza remuneratória não poderá ter como base de cálculo valor inferior: (Incluído pela Lei nº 13.876, de 2019)

I - ao salário-mínimo, para as competências que integram o vínculo empregatício reconhecido na decisão cognitiva ou homologatória; ou (Incluído pela Lei nº 13.876, de 2019)

II - à diferença entre a remuneração reconhecida como devida na decisão cognitiva ou homologatória e a efetivamente paga pelo empregador, cujo valor total referente a cada competência não será inferior ao salário-mínimo. (Incluído pela Lei nº 13.876, de 2019)

§ 3º-B Caso haja piso salarial da categoria definido por acordo ou convenção coletiva de trabalho, o seu valor deverá ser utilizado como base de cálculo para os fins do § 3º-A deste artigo. (Incluído pela Lei nº 13.876, de 2019)

§ 4º A União será intimada das decisões homologatórias de acordos que contenham parcela indenizatória, na forma do art. 20 da Lei no 11.033, de 21 de dezembro de 2004, facultada a interposição de recurso relativo aos tributos que lhe forem devidos. (Redação dada pela Lei nº 11.457, de 2007)

§ 5º Intimada da sentença, a União poderá interpor recurso relativo à discriminação de que trata o § 3º deste artigo. (Incluído pela Lei nº 11.457, de 2007)

§ 6º O acordo celebrado após o trânsito em julgado da sentença ou após a elaboração dos cálculos de liquidação de sentença não prejudicará os créditos da União. (Incluído pela Lei nº 11.457, de 2007)

§ 7º O Ministro de Estado da Fazenda poderá, mediante ato fundamentado, dispensar a manifestação da União nas decisões homologatórias de acordos em que o montante da parcela indenizatória envolvida ocasionar perda de escala decorrente da atuação do órgão jurídico. (Incluído pela Lei nº 11.457, de 2007)

Art. 833 - Existindo na decisão evidentes erros ou enganos de escrita, de datilografia ou de cálculo, poderão os mesmos, antes da execução, ser corrigidos, ex officio, ou a requerimento dos interessados ou da Procuradoria da Justiça do Trabalho.

Art. 834 - Salvo nos casos previstos nesta Consolidação, a publicação das decisões e sua notificação aos litigantes, ou a seus patronos, consideram-se realizadas nas próprias audiências em que forem as mesmas proferidas.

Art. 835 - O cumprimento do acordo ou da decisão far-se-á no prazo e condições estabelecidas.

Art. 836. É vedado aos órgãos da Justiça do Trabalho conhecer de questões já decididas, exceutuados os casos expressamente previstos neste Título e a ação rescisória, que será admitida na forma do disposto no Capítulo IV do Título IX da Lei no 5.869, de 11 de janeiro de 1973 – Código de Processo Civil, sujeita ao depósito prévio de 20% (vinte por cento) do valor da causa, salvo prova de miserabilidade jurídica do autor. (Redação dada pela Lei nº 11.495, de 2007)

Parágrafo único. A execução da decisão proferida em ação rescisória far-se-á nos próprios autos da ação que lhe deu origem, e será instruída com o acórdão da rescisória e a respectiva certidão de trânsito em julgado. (Incluído pela Medida provisória nº 2.180-35, de 2001)

CAPÍTULO III - DOS DISSÍDIOS INDIVIDUAIS

SEÇÃO I - DA FORMA DE RECLAMAÇÃO E DA NOTIFICAÇÃO

Art. 837 - Nas localidades em que houver apenas 1 (uma) Junta de Conciliação e Julgamento, ou 1 (um) escrivão do cível, a reclamação será apresentada diretamente à secretaria da Junta, ou ao cartório do Juízo.

Art. 838 - Nas localidades em que houver mais de 1 (uma) Junta ou mais de 1 (um) Juízo, ou escrivão do cível, a reclamação será, preliminarmente, sujeita a distribuição, na forma do disposto no Capítulo II, Seção II, deste Título.

Art. 839 - A reclamação poderá ser apresentada:

a) pelos empregados e empregadores, pessoalmente, ou por seus representantes, e pelos sindicatos de classe;
b) por intermédio das Procuradorias Regionais da Justiça do Trabalho.

Art. 840 - A reclamação poderá ser escrita ou verbal.

§ 1º Sendo escrita, a reclamação deverá conter a designação do juízo, a qualificação das partes, a breve exposição dos fatos de que resulte o dissídio, o pedido, que deverá ser certo, determinado e com indicação de seu valor, a data e a assinatura do reclamante ou de seu representante. (Redação dada pela Lei nº 13.467, de 2017)

§ 2º Se verbal, a reclamação será reduzida a termo, em duas vias datadas e assinadas pelo escrivão ou secretário, observado, no que couber, o disposto no § 1º deste artigo. (Redação dada pela Lei nº 13.467, de 2017)

§ 3º Os pedidos que não atendam ao disposto no § 1º deste artigo serão julgados extintos sem resolução do mérito. (Incluído pela Lei nº 13.467, de 2017)

Art. 841 - Recebida e protocolada a reclamação, o escrivão ou secretário, dentro de 48 (quarenta e oito) horas, remeterá a segunda via da petição, ou do termo, ao reclamado, notificando-o ao mesmo tempo, para comparecer à audiência do julgamento, que será a primeira desimpedida, depois de 5 (cinco) dias.

§ 1º - A notificação será feita em registro postal com franquia. Se o reclamado criar embaraços ao seu recebimento ou não for encontrado, far-se-á a notificação por edital, inserto no jornal oficial ou no que publicar o expediente forense, ou, na falta, afixado na sede da Junta ou Juízo.

§ 2º - O reclamante será notificado no ato da apresentação da reclamação ou na forma do parágrafo anterior.

§ 3º Oferecida a contestação, ainda que eletronicamente, o reclamante não poderá, sem o consentimento do reclamado, desistir da ação. (Incluído pela Lei nº 13.467, de 2017)

Art. 842 - Sendo várias as reclamações e havendo identidade de matéria, poderão ser acumuladas num só processo, se se tratar de empregados da mesma empresa ou estabelecimento.

SEÇÃO II - DA AUDIÊNCIA DE JULGAMENTO

Art. 843 - Na audiência de julgamento deverão estar presentes o reclamante e o reclamado, independentemente do comparecimento de seus representantes salvo, nos casos de Reclamatórias Plúrimas ou Ações de Cumprimento, quando os empregados poderão fazer-se representar pelo Sindicato de sua categoria. (Redação dada pela Lei nº 6.667, de 3.7.1979)

§ 1º É facultado ao empregador fazer-se substituir pelo gerente, ou qualquer outro preposto que tenha conhecimento do fato, e cujas declarações obrigarão o proponente.

§ 2º Se por doença ou qualquer outro motivo poderoso, devidamente comprovado, não for possível ao empregado comparecer pessoalmente, poderá fazer-se representar por outro empregado que pertença à mesma profissão, ou pelo seu sindicato.

§ 3º O preposto a que se refere o § 1º deste artigo não precisa ser empregado da parte reclamada. (Incluído pela Lei nº 13.467, de 2017)

Art. 844 - O não-comparecimento do reclamante à audiência importa o arquivamento da reclamação, e o não-comparecimento do reclamado importa revelia, além de confissão quanto à matéria de fato.

§ 1º Ocorrendo motivo relevante, poderá o juiz suspender o julgamento, designando nova audiência. (Redação dada pela Lei nº 13.467, de 2017)

§ 2º Na hipótese de ausência do reclamante, este será condenado ao pagamento das custas calculadas na forma do art. 789 desta Consolidação, ainda que beneficiário da justiça gratuita, salvo se comprovar, no prazo de quinze dias, que a ausência ocorreu por motivo legalmente justificável. (Incluído pela Lei nº 13.467, de 2017)

§ 3º O pagamento das custas a que se refere o § 2º é condição para a propositura de nova demanda. (Incluído pela Lei nº 13.467, de 2017)

§ 4º A revelia não produz o efeito mencionado no caput deste artigo se: (Incluído pela Lei nº 13.467, de 2017)

I - havendo pluralidade de reclamados, algum deles contestar a ação; (Incluído pela Lei nº 13.467, de 2017)

II - o litígio versar sobre direitos indisponíveis; (Incluído pela Lei nº 13.467, de 2017)

III - a petição inicial não estiver acompanhada de instrumento que a lei considere indispensável à prova do ato; (Incluído pela Lei nº 13.467, de 2017)

IV - as alegações de fato formuladas pelo reclamante forem inverossímeis ou estiverem em contradição com prova constante dos autos. (Incluído pela Lei nº 13.467, de 2017)

§ 5º Ainda que ausente o reclamado, presente o advogado na audiência, serão aceitos a contestação e os documentos eventualmente apresentados. (Incluído pela Lei nº 13.467, de 2017)

Art. 845 - O reclamante e o reclamado comparecerão à audiência acompanhados das suas testemunhas, apresentando, nessa ocasião, as demais provas.

Art. 846 - Aberta a audiência, o juiz ou presidente proporá a conciliação. (Redação dada pela Lei nº 9.022, de 5.4.1995)

§ 1º - Se houver acordo lavrar-se-á termo, assinado pelo presidente e pelos litigantes, consignando-se o prazo e demais condições para seu cumprimento. (Incluído pela Lei nº 9.022, de 5.4.1995)

§ 2º - Entre as condições a que se refere o parágrafo anterior, poderá ser estabelecida a de ficar a parte que não cumprir o acordo obrigada a satisfazer integralmente o pedido ou pagar uma indenização convencionada, sem prejuízo do cumprimento do acordo. (Incluído pela Lei nº 9.022, de 5.4.1995)

Art. 847 - Não havendo acordo, o reclamado terá vinte minutos para aduzir sua defesa, após a leitura da reclamação, quando esta não for dispensada por ambas as partes. (Redação dada pela Lei nº 9.022, de 5.4.1995)

Parágrafo único. A parte poderá apresentar defesa escrita pelo sistema de processo judicial eletrônico até a audiência. (Incluído pela Lei nº 13.467, de 2017)

Art. 848 - Terminada a defesa, seguir-se-á a instrução do processo, podendo o presidente, ex officio ou a requerimento de qualquer juiz temporário, interrogar os litigantes. (Redação dada pela Lei nº 9.022, de 5.4.1995)

§ 1º - Findo o interrogatório, poderá qualquer dos litigantes retirar-se, prosseguindo a instrução com o seu representante.

§ 2º - Serão, a seguir, ouvidas as testemunhas, os peritos e os técnicos, se houver.

Art. 849 - A audiência de julgamento será contínua; mas, se não for possível, por motivo de força maior, concluí-la no mesmo dia, o juiz ou presidente marcará a sua continuação para a primeira desimpedida, independentemente de nova notificação.

Art. 850 - Terminada a instrução, poderão as partes aduzir razões finais, em prazo não excedente de 10 (dez) minutos para cada uma. Em seguida, o juiz ou presidente renovará a proposta de conciliação, e não se realizando esta, será proferida a decisão.

Parágrafo único - O Presidente da Junta, após propor a solução do dissídio, tomará os votos dos vogais e, havendo divergência entre estes, poderá desempatar ou proferir decisão que melhor atenda ao cumprimento da lei e ao justo equilíbrio entre os votos divergentes e ao interesse social.

Art. 851 - Os tramites de instrução e julgamento da reclamação serão resumidos em ata, de que constará, na íntegra, a decisão. (Redação dada pelo Decreto-Lei nº 8.737, de 19.1.1946)

§ 1º - Nos processos de exclusiva alçada das Juntas, será dispensável, a juízo do presidente, o resumo dos depoimentos, devendo constar da ata a conclusão do Tribunal quanto à matéria de fato. (Incluído pelo Decreto-Lei nº 8.737, de 19.1.1946)

§ 2º - A ata será, pelo presidente ou juiz, junta ao processo, devidamente assinada, no prazo improrrogável de 48 (quarenta e oito) horas, contado da audiência de julgamento, e assinada pelos juízes classistas presentes à mesma audiência. (Parágrafo único renumerado e alterado pelo Decreto-Lei nº 8.737, de 19.1.1946)

Art. 852 - Da decisão serão os litigantes notificados, pessoalmente, ou por seu representante, na própria audiência. No caso de revelia, a notificação far-se-á pela forma estabelecida no § 1º do art. 841.

SEÇÃO II-A - (INCLUÍDO PELA LEI Nº 9.957, DE 2000) - DO PROCEDIMENTO SUMARÍSSIMO

Art. 852-A. Os dissídios individuais cujo valor não exceda a quarenta vezes o salário mínimo vigente na data do ajuizamento da reclamação ficam submetidos ao procedimento sumaríssimo. (Incluído pela Lei nº 9.957, de 2000)

Parágrafo único. Estão excluídas do procedimento sumaríssimo as demandas em que é parte a Administração Pública direta, autárquica e fundacional. (Incluído pela Lei nº 9.957, de 2000)

Art. 852-B. Nas reclamações enquadradas no procedimento sumaríssimo: (Incluído pela Lei nº 9.957, de 2000)

I - o pedido deverá ser certo ou determinado e indicará o valor correspondente; (Incluído pela Lei nº 9.957, de 2000)

II - não se fará citação por edital, incumbindo ao autor a correta indicação do nome e endereço do reclamado; (Incluído pela Lei nº 9.957, de 2000) (Vide ADIN 2139) (Vide ADIN 2160) (Vide ADIN 2237)

III - a apreciação da reclamação deverá ocorrer no prazo máximo de quinze dias do seu ajuizamento, podendo constar de pauta especial, se necessário, de acordo com o movimento judiciário da Junta de Conciliação e Julgamento. (Incluído pela Lei nº 9.957, de 2000)

§ 1º O não atendimento, pelo reclamante, do disposto nos incisos I e II deste artigo importará no arquivamento da reclamação e condenação ao pagamento de custas sobre o valor da causa. (Incluído pela Lei nº 9.957, de 2000)

§ 2º As partes e advogados comunicarão ao juízo as mudanças de endereço ocorridas no curso do processo, reputando-se eficazes as intimações enviadas ao local anteriormente indicado, na ausência de comunicação. (Incluído pela Lei nº 9.957, de 2000)

Art. 852-C. As demandas sujeitas a rito sumaríssimo serão instruídas e julgadas em audiência única, sob a direção de juiz presidente ou substituto, que poderá ser convocado para atuar simultaneamente com o titular. (Incluído pela Lei nº 9.957, de 2000)

Art. 852-D. O juiz dirigirá o processo com liberdade para determinar as provas a serem produzidas, considerado o ônus probatório de cada litigante, podendo limitar ou excluir as que considerar excessivas, impertinentes ou protelatórias, bem como para apreciá-las e dar especial valor às regras de experiência comum ou técnica. (Incluído pela Lei nº 9.957, de 2000)

Art. 852-E. Aberta a sessão, o juiz esclarecerá as partes presentes sobre as vantagens da conciliação e usará os meios adequados de persuasão para a solução conciliatória do litígio, em qualquer fase da audiência. (Incluído pela Lei nº 9.957, de 2000)

Art. 852-F. Na ata de audiência serão registrados resumidamente os atos essenciais, as afirmações fundamentais das partes e as informações úteis à solução da causa trazidas pela prova testemunhal. (Incluído pela Lei nº 9.957, de 2000)

Art. 852-G. Serão decididos, de plano, todos os incidentes e exceções que possam interferir no prosseguimento da audiência e do processo. As demais questões serão decididas na sentença. (Incluído pela Lei nº 9.957, de 2000)

Art. 852-H. Todas as provas serão produzidas na audiência de instrução e julgamento, ainda que não requeridas previamente. (Incluído pela Lei nº 9.957, de 2000)

§ 1º Sobre os documentos apresentados por uma das partes manifestar-se-á imediatamente a parte contrária, sem interrupção da audiência, salvo absoluta impossibilidade, a critério do juiz. (Incluído pela Lei nº 9.957, de 2000)

§ 2º As testemunhas, até o máximo de duas para cada parte, comparecerão à audiência de instrução e julgamento independentemente de intimação. (Incluído pela Lei nº 9.957, de 2000)

§ 3º Só será deferida intimação de testemunha que, comprovadamente convidada, deixar de comparecer. Não comparecendo a testemunha intimada, o juiz poderá determinar sua imediata condução coercitiva. (Incluído pela Lei nº 9.957, de 2000)

§ 4º Somente quando a prova do fato o exigir, ou for legalmente imposta, será deferida prova técnica, incumbindo ao juiz, desde logo, fixar o prazo, o objeto da perícia e nomear perito. (Incluído pela Lei nº 9.957, de 2000)

§ 5º (VETADO) (Incluído pela Lei nº 9.957, de 2000)

§ 6º As partes serão intimadas a manifestar-se sobre o laudo, no prazo comum de cinco dias. (Incluído pela Lei nº 9.957, de 2000)

§ 7º Interrompida a audiência, o seu prosseguimento e a solução do processo dar-se-ão no prazo máximo de trinta dias, salvo motivo relevante justificado nos autos pelo juiz da causa. (Incluído pela Lei nº 9.957, de 2000)

Art. 852-I. A sentença mencionará os elementos de convicção do juízo, com resumo dos fatos relevantes ocorridos em audiência, dispensado o relatório. (Incluído pela Lei nº 9.957, de 2000)

§ 1º O juízo adotará em cada caso a decisão que reputar mais justa e equânime, atendendo aos fins sociais da lei e as exigências do bem comum. (Incluído pela Lei nº 9.957, de 2000)

§ 2º (VETADO) (Incluído pela Lei nº 9.957, de 2000)

§ 3º As partes serão intimadas da sentença na própria audiência em que prolatada. (Incluído pela Lei nº 9.957, de 2000)

SEÇÃO III - DO INQUÉRITO PARA APURAÇÃO DE FALTA GRAVE

Art. 853 - Para a instauração do inquérito para apuração de falta grave contra empregado garantido com estabilidade, o empregador apresentará reclamação por escrito à Junta ou Juízo de Direito, dentro de 30 (trinta) dias, contados da data da suspensão do empregado.

Art. 854 - O processo do inquérito perante a Junta ou Juízo obedecerá às normas estabelecidas no presente Capítulo, observadas as disposições desta Seção.

Art. 855 - Se tiver havido prévio reconhecimento da estabilidade do empregado, o julgamento do inquérito pela Junta ou Juízo não prejudicará a execução para pagamento dos salários devidos ao empregado, até a data da instauração do mesmo inquérito.

SEÇÃO IV - INCLUÍDO PELA LEI Nº 13.467, DE 2017) - DO INCIDENTE DE DESCONSIDERAÇÃO DA PERSONALIDADE JURÍDICA

Art. 855-A. Aplica-se ao processo do trabalho o incidente de desconsideração da personalidade jurídica previsto nos arts. 133 a 137 da Lei no 13.105, de 16 de março de 2015 - Código de Processo Civil. (Incluído pela Lei nº 13.467, de 2017)

§ 1º Da decisão interlocutória que acolher ou rejeitar o incidente: (Incluído pela Lei nº 13.467, de 2017)

I - na fase de cognição, não cabe recurso de imediato, na forma do § 1º do art. 893 desta Consolidação; (Incluído pela Lei nº 13.467, de 2017)

II - na fase de execução, cabe agravo de petição, independentemente de garantia do juízo; (Incluído pela Lei nº 13.467, de 2017)

III - cabe agravo interno se proferida pelo relator em incidente instaurado originariamente no tribunal. (Incluído pela Lei nº 13.467, de 2017)

§ 2º A instauração do incidente suspenderá o processo, sem prejuízo de concessão da tutela de urgência de natureza cautelar de que trata o art. 301 da Lei no 13.105, de 16 de março de 2015 (Código de Processo Civil) (Incluído pela Lei nº 13.467, de 2017)

CAPÍTULO III-A - (Incluído pela Lei nº 13.467, de 2017) - DO PROCESSO DE JURISDIÇÃO VOLUNTÁRIA PARA HOMOLOGAÇÃO DE ACORDO EXTRAJUDICIAL

Art. 855-B. O processo de homologação de acordo extrajudicial terá início por petição conjunta, sendo obrigatória a representação das partes por advogado. (Incluído pela Lei nº 13.467, de 2017)

§ 1º As partes não poderão ser representadas por advogado comum. (Incluído pela Lei nº 13.467, de 2017)

§ 2º Faculta-se ao trabalhador ser assistido pelo advogado do sindicato de sua categoria. (Incluído pela Lei nº 13.467, de 2017)

Art. 855-C. O disposto neste Capítulo não prejudica o prazo estabelecido no § 6º do art. 477 desta Consolidação e não afasta a aplicação da multa prevista no § 8º art. 477 desta Consolidação. (Incluído pela Lei nº 13.467, de 2017)

Art. 855-D. No prazo de quinze dias a contar da distribuição da petição, o juiz analisará o acordo, designará audiência se entender necessário e proferirá sentença. (Incluído pela Lei nº 13.467, de 2017)

Art. 855-E. A petição de homologação de acordo extrajudicial suspende o prazo prescricional da ação quanto aos direitos nela especificados. (Incluído pela Lei nº 13.467, de 2017)

Parágrafo único. O prazo prescricional voltará a fluir no dia útil seguinte ao do trânsito em julgado da decisão que negar a homologação do acordo. (Incluído pela Lei nº 13.467, de 2017)

CAPÍTULO IV - DOS DISSÍDIOS COLETIVOS
SEÇÃO I - DA INSTAURAÇÃO DA INSTÂNCIA

Art. 856 - A instância será instaurada mediante representação escrita ao Presidente do Tribunal. Poderá ser também instaurada por iniciativa do presidente, ou, ainda, a requerimento da Procuradoria da Justiça do Trabalho, sempre que ocorrer suspensão do trabalho.

Art. 857 - A representação para instaurar a instância em dissídio coletivo constitui prerrogativa das associações sindicais, excluídas as hipóteses aludidas no art. 856, quando ocorrer suspensão do trabalho. (Redação dada pelo Decreto-Lei nº 7.321, de 14.2.1945)

Parágrafo único. Quando não houver sindicato representativo da categoria econômica ou profissional, poderá a representação ser instaurada pelas federações correspondentes e, na falta destas, pelas confederações respectivas, no âmbito de sua representação. (Redação dada pela Lei nº 2.693, de 23.12.1955)

Art. 858 - A representação será apresentada em tantas vias quantos forem os reclamados e deverá conter:

a) designação e qualificação dos reclamantes e dos reclamados e a natureza do estabelecimento ou do serviço;
b) os motivos do dissídio e as bases da conciliação.

Art. 859 - A representação dos sindicatos para instauração da instância fica subordinada à aprovação de assembléia, da qual participem os associados interessados na solução do dissídio coletivo, em primeira convocação, por maioria de 2/3 (dois terços) dos mesmos, ou, em segunda convocação, por 2/3 (dois terços) dos presentes. (Redação dada pelo Decreto-Lei nº 7.321, de 14.2.1945)

Parágrafo único. Quando verbal, a representação será feita ao presidente do tribunal ou à Procuradoria da Justiça do Trabalho, sendo reduzida a termo pelo funcionário designado para esse fim. (Revogado pelo Decreto-Lei nº 7.321, de 14.2.1945)

SEÇÃO II - DA CONCILIAÇÃO E DO JULGAMENTO

Art. 860 - Recebida e protocolada a representação, e estando na devida forma, o Presidente do Tribunal designará a audiência de conciliação, dentro do prazo de 10 (dez) dias, determinando a notificação dos dissidentes, com observância do disposto no art. 841.

Parágrafo único - Quando a instância for instaurada ex officio, a audiência deverá ser realizada dentro do prazo mais breve possível, após o reconhecimento do dissídio.

Art. 861 - É facultado ao empregador fazer-se representar na audiência pelo gerente, ou por qualquer outro preposto que tenha conhecimento do dissídio, e por cujas declarações será sempre responsável.

Art. 862 - Na audiência designada, comparecendo ambas as partes ou seus representantes, o Presidente do Tribunal as convidará para se pronunciarem sobre as bases da conciliação. Caso não sejam aceitas as bases propostas, o Presidente submeterá aos interessados a solução que lhe pareça capaz de resolver o dissídio.

Art. 863 - Havendo acordo, o Presidente o submeterá à homologação do Tribunal na primeira sessão.

Art. 864 - Não havendo acordo, ou não comparecendo ambas as partes ou uma delas, o presidente submeterá o processo a julgamento, depois de realizadas as diligências que entender necessárias e ouvida a Procuradoria. (Redação dada pelo Decreto-Lei nº 8.737, de 19.1.1946)

Art. 865 - Sempre que, no decorrer do dissídio, houver ameaça de perturbação da ordem, o presidente requisitará à autoridade competente as providências que se tornarem necessárias.

Art. 866 - Quando o dissídio ocorrer fora da sede do Tribunal, poderá o presidente, se julgar conveniente, delegar à autoridade local as atribuições de que tratam os arts. 860 e 862. Nesse caso, não havendo conciliação, a autoridade delegada encaminhará o processo ao Tribunal, fazendo exposição circunstanciada dos fatos e indicando a solução que lhe parecer conveniente.

Art. 867 - Da decisão do Tribunal serão notificadas as partes, ou seus representantes, em registrado postal, com franquia, fazendo-se, outrossim, a sua publicação no jornal oficial, para ciência dos demais interessados.

Parágrafo único - A sentença normativa vigorará: (Incluído pelo Decreto-Lei nº 424, de 21.1.1969)

a) a partir da data de sua publicação, quando ajuizado o dissídio após o prazo do art. 616, § 3º, ou, quando não existir acordo, convenção ou sentença normativa em vigor, da data do ajuizamento; (Incluída pelo Decreto-Lei nº 424, de 21.1.1969)

b) a partir do dia imediato ao termo final de vigência do acordo, convenção ou sentença normativa, quando ajuizado o dissídio no prazo do art. 616, § 3º. (Incluída pelo Decreto-Lei nº 424, de 21.1.1969)

SEÇÃO III - DA EXTENSÃO DAS DECISÕES

Art. 868 - Em caso de dissídio coletivo que tenha por motivo novas condições de trabalho e no qual figure como parte apenas uma fração de empregados de uma empresa, poderá o Tribunal competente, na própria decisão, estender tais condições de trabalho, se julgar justo e conveniente, aos demais empregados da empresa que forem da mesma profissão dos dissidentes.

Parágrafo único - O Tribunal fixará a data em que a decisão deve entrar em execução, bem como o prazo de sua vigência, o qual não poderá ser superior a 4 (quatro) anos.

Art. 869 - A decisão sobre novas condições de trabalho poderá também ser estendida a todos os empregados da mesma categoria profissional compreendida na jurisdição do Tribunal:

a) por solicitação de 1 (um) ou mais empregadores, ou de qualquer sindicato destes;
b) por solicitação de 1 (um) ou mais sindicatos de empregados;

c) ex officio, pelo Tribunal que houver proferido a decisão;
d) por solicitação da Procuradoria da Justiça do Trabalho.

Art. 870 - Para que a decisão possa ser estendida, na forma do artigo anterior, torna-se preciso que 3/4 (três quartos) dos empregadores e 3/4 (três quartos) dos empregados, ou os respectivos sindicatos, concordem com a extensão da decisão.

§ 1º - O Tribunal competente marcará prazo, não inferior a 30 (trinta) nem superior a 60 (sessenta) dias, a fim de que se manifestem os interessados.

§ 2º - Ouvidos os interessados e a Procuradoria da Justiça do Trabalho, será o processo submetido ao julgamento do Tribunal.

Art. 871 - Sempre que o Tribunal estender a decisão, marcará a data em que a extensão deva entrar em vigor.

SEÇÃO IV - DO CUMPRIMENTO DAS DECISÕES

Art. 872 - Celebrado o acordo, ou transitada em julgado a decisão, seguir-se-á o seu cumprimento, sob as penas estabelecidas neste Título.

Parágrafo único - Quando os empregadores deixarem de satisfazer o pagamento de salários, na conformidade da decisão proferida, poderão os empregados ou seus sindicatos, independentes de outorga de poderes de seus associados, juntando certidão de tal decisão, apresentar reclamação à Junta ou Juízo competente, observado o processo previsto no Capítulo II deste Título, sendo vedado, porém, questionar sobre a matéria de fato e de direito já apreciada na decisão. (Redação dada pela Lei nº 2.275, de 30.7.1954)

SEÇÃO V - DA REVISÃO

Art. 873 - Decorrido mais de 1 (um) ano de sua vigência, caberá revisão das decisões que fixarem condições de trabalho, quando se tiverem modificado as circunstâncias que as ditaram, de modo que tais condições se hajam tornado injustas ou inaplicáveis.

Art. 874 - A revisão poderá ser promovida por iniciativa do Tribunal prolator, da Procuradoria da Justiça do Trabalho, das associações sindicais ou de empregador ou empregadores interessados no cumprimento da decisão.

Parágrafo único - Quando a revisão for promovida por iniciativa do Tribunal prolator ou da Procuradoria, as associações sindicais e o empregador ou empregadores interessados serão ouvidos no prazo de 30 (trinta) dias. Quando promovida por uma das partes interessadas, serão as outras ouvidas também por igual prazo.

Art. 875 - A revisão será julgada pelo Tribunal que tiver proferido a decisão, depois de ouvida a Procuradoria da Justiça do Trabalho.

CAPÍTULO V - DA EXECUÇÃO

SEÇÃO I - DAS DISPOSIÇÕES PRELIMINARES

Art. 876 - As decisões passadas em julgado ou das quais não tenha havido recurso com efeito suspensivo; os acordos, quando não cumpridos; os termos de ajuste de conduta firmados perante o Ministério Público do Trabalho e os termos de conciliação firmados perante as Comissões de Conciliação Prévia serão executada pela forma estabelecida neste Capítulo. (Redação dada pela Lei nº 9.958, de 12.1.2000)

Parágrafo único. A Justiça do Trabalho executará, de ofício, as contribuições sociais previstas na alínea a do inciso I e no inciso II do caput do art. 195 da Constituição Federal, e seus acréscimos legais, relativas ao objeto da condenação constante das sentenças que proferir e dos acordos que homologar. (Redação dada pela Lei nº 13.467, de 2017)

Art. 877 - É competente para a execução das decisões o Juiz ou Presidente do Tribunal que tiver conciliado ou julgado originariamente o dissídio.

Art. 877-A - É competente para a execução de título executivo extrajudicial o juiz que teria competência para o processo de conhecimento relativo à matéria. (Incluído pela Lei nº 9.958, de 25.10.2000)

Art. 878. A execução será promovida pelas partes, permitida a execução de ofício pelo juiz ou pelo Presidente do Tribunal apenas nos casos em que as partes não estiverem representadas por advogado. (Redação dada pela Lei nº 13.467, de 2017)

Parágrafo único. (Revogado). (Redação dada pela Lei nº 13.467, de 2017)

Art. 878-A. Faculta-se ao devedor o pagamento imediato da parte que entender devida à Previdência Social, sem prejuízo da cobrança de eventuais diferenças encontradas na execução ex officio. (Incluído pela Lei nº 10.035, de 2000)

Art. 879 - Sendo ilíquida a sentença exequenda, ordenar-se-á, previamente, a sua liquidação, que poderá ser feita por cálculo, por arbitramento ou por artigos. (Redação dada pela Lei nº 2.244, de 23.6.1954)

§ 1º - Na liquidação, não se poderá modificar, ou inovar, a sentença liquidanda nem discutir matéria pertinente à causa principal. (Incluído pela Lei nº 8.432, 11.6.1992)

§ 1º-A. A liquidação abrangerá, também, o cálculo das contribuições previdenciárias devidas. (Incluído pela Lei nº 10.035, de 2000)

§ 1º-B. As partes deverão ser previamente intimadas para a apresentação do cálculo de liquidação, inclusive da contribuição previdenciária incidente. (Incluído pela Lei nº 10.035, de 2000)

§ 2º Elaborada a conta e tornada líquida, o juízo deverá abrir às partes prazo comum de oito dias para impugnação fundamentada com a indicação dos itens e valores objeto da discordância, sob pena de preclusão. (Redação dada pela Lei nº 13.467, de 2017)

§ 3º Elaborada a conta pela parte ou pelos órgãos auxiliares da Justiça do Trabalho, o juiz procederá à intimação da União para manifestação, no prazo de 10 (dez) dias, sob pena de preclusão. (Redação dada pela Lei nº 11.457, de 2007)

§ 4º A atualização do crédito devido à Previdência Social observará os critérios estabelecidos na legislação previdenciária. (Incluído pela Lei nº 10.035, de 2000)

§ 5º O Ministro de Estado da Fazenda poderá, mediante ato fundamentado, dispensar a manifestação da União quando o valor total das verbas que integram o salário-de-contribuição, na forma do art. 28 da Lei no 8.212, de 24 de julho de 1991, ocasionar perda de escala decorrente da atuação do órgão jurídico. (Incluído pela Lei nº 11.457, de 2007)

§ 6º Tratando-se de cálculos de liquidação complexos, o juiz poderá nomear perito para a elaboração e fixará, depois da conclusão do trabalho, o valor dos respectivos honorários com observância, entre outros, dos critérios de razoabilidade e proporcionalidade. (Incluído pela Lei nº 12.405, de 2011)

§ 7º A atualização dos créditos decorrentes de condenação judicial será feita pela Taxa Referencial (TR), divulgada pelo Banco Central do Brasil, conforme a Lei no 8.177, de 1º de março de 1991. (Incluído pela Lei nº 13.467, de 2017)

SEÇÃO II - DO MANDADO E DA PENHORA

Art. 880. Requerida a execução, o juiz ou presidente do tribunal mandará expedir mandado de citação do executado, a fim de que cumpra a decisão ou o acordo no prazo, pelo modo e sob as cominações estabelecidas ou, quando se tratar de pagamento em dinheiro, inclusive de contribuições sociais devidas à União, para que o faça em 48 (quarenta e oito) horas ou garanta a execução, sob pena de penhora. (Redação dada pela Lei nº 11.457, de 2007)

§ 1º - O mandado de citação deverá conter a decisão exequenda ou o termo de acordo não cumprido.

§ 2º - A citação será feita pelos oficiais de diligência.

§ 3º - Se o executado, procurado por 2 (duas) vezes no espaço de 48 (quarenta e oito) horas, não for encontrado, far-se-á

citação por edital, publicado no jornal oficial ou, na falta deste, afixado na sede da Junta ou Juízo, durante 5 (cinco) dias.

Art. 881 - No caso de pagamento da importância reclamada, será este feito perante o escrivão ou secretário, lavrando-se termo de quitação, em 2 (duas) vias, assinadas pelo exequente, pelo executado e pelo mesmo escrivão ou secretário, entregando-se a segunda via ao executado e juntando-se a outra ao processo.

Parágrafo único - Não estando presente o exequente, será depositada a importância, mediante guia, em estabelecimento oficial de crédito ou, em falta deste, em estabelecimento bancário idôneo. (Redação dada pela Lei nº 7.305, 2.4.1985)

Art. 882. O executado que não pagar a importância reclamada poderá garantir a execução mediante depósito da quantia correspondente, atualizada e acrescida das despesas processuais, apresentação de seguro-garantia judicial ou nomeação de bens à penhora, observada a ordem preferencial estabelecida no art. 835 da Lei no 13.105, de 16 de março de 2015 - Código de Processo Civil. (Redação dada pela Lei nº 13.467, de 2017)

Art. 883 - Não pagando o executado, nem garantindo a execução, seguir-se-á penhora dos bens, tantos quantos bastem ao pagamento da importância da condenação, acrescida de custas e juros de mora, sendo estes, em qualquer caso, devidos a partir da data em que for ajuizada a reclamação inicial. (Redação dada pela Lei nº 2.244, de 23.6.1954)

Art. 883-A. A decisão judicial transitada em julgado somente poderá ser levada a protesto, gerar inscrição do nome do executado em órgãos de proteção ao crédito ou no Banco Nacional de Devedores Trabalhistas (BNDT), nos termos da lei, depois de transcorrido o prazo de quarenta e cinco dias a contar da citação do executado, se não houver garantia do juízo. (Incluído pela Lei nº 13.467, de 2017)

SEÇÃO III - DOS EMBARGOS À EXECUÇÃO E DA SUA IMPUGNAÇÃO

Art. 884 - Garantida a execução ou penhorados os bens, terá o executado 5 (cinco) dias para apresentar embargos, cabendo igual prazo ao exequente para impugnação.

§ 1º - A matéria de defesa será restrita às alegações de cumprimento da decisão ou do acordo, quitação ou prescrição da dívida.

§ 2º - Se na defesa tiverem sido arroladas testemunhas, poderá o Juiz ou o Presidente do Tribunal, caso julgue necessários seus depoimentos, marcar audiência para a produção das provas, a qual deverá realizar-se dentro de 5 (cinco) dias.

§ 3º - Somente nos embargos à penhora poderá o executado impugnar a sentença de liquidação, cabendo ao exequente igual direito e no mesmo prazo. (Incluído pela Lei nº 2.244, de 23.6.1954)

§ 4º Julgar-se-ão na mesma sentença os embargos e as impugnações à liquidação apresentadas pelos credores trabalhista e previdenciário. (Redação dada pela Lei nº 10.035, de 2000)

§ 5º Considera-se inexigível o título judicial fundado em lei ou ato normativo declarados inconstitucionais pelo Supremo Tribunal Federal ou em aplicação ou interpretação tidas por incompatíveis com a Constituição Federal. (Incluído pela Medida provisória nº 2.180-35, de 2001)

§ 6º A exigência da garantia ou penhora não se aplica às entidades filantrópicas e/ou àqueles que compõem ou compuseram a diretoria dessas instituições. (Incluído pela Lei nº 13.467, de 2017)

SEÇÃO IV - DO JULGAMENTO E DOS TRÂMITES FINAIS DA EXECUÇÃO

Art. 885 - Não tendo sido arroladas testemunhas na defesa, o juiz ou presidente, conclusos os autos, proferirá sua decisão, dentro de 5 (cinco) dias, julgando subsistente ou insubsistente a penhora.

Art. 886 - Se tiverem sido arroladas testemunhas, finda a sua inquirição em audiência, o escrivão ou secretário fará, dentro de 48 (quarenta e oito) horas, conclusos os autos ao juiz ou presidente, que proferirá sua decisão, na forma prevista no artigo anterior. (Vide Leis nºs 409, de 1943 e 6.563, de 1978)

§ 1º - Proferida a decisão, serão da mesma notificadas as partes interessadas, em registrado postal, com franquia.

§ 2º - Julgada subsistente a penhora, o juiz, ou presidente, mandará proceder logo à avaliação dos bens penhorados.

Art. 887 - A avaliação dos bens penhorados em virtude da execução de decisão condenatória, será feita por avaliador escolhido de comum acordo pelas partes, que perceberá as custas arbitradas pelo juiz, ou presidente do tribunal trabalhista, de conformidade com a tabela a ser expedida pelo Tribunal Superior do Trabalho.

§ 1º Não acordando as partes quanto à designação de avaliador, dentro de cinco dias após o despacho que o determinou a avaliação, será o avaliador designado livremente pelo juiz ou presidente do tribunal.

§ 2º Os servidores da Justiça do Trabalho não poderão ser escolhidos ou designados para servir de avaliador.

Art. 888 - Concluída a avaliação, dentro de dez dias, contados da data da nomeação do avaliador, seguir-se-á a arrematação, que será anunciada por edital afixado na sede do juízo ou tribunal e publicado no jornal local, se houver, com a antecedência de vinte (20) dias. (Redação dada pela Lei nº 5.584, de 26.6.1970)

§ 1º A arrematação far-se-á em dia, hora e lugar anunciados e os bens serão vendidos pelo maior lance, tendo o exequente preferência para a adjudicação. (Redação dada pela Lei nº 5.584, de 26.6.1970)

§ 2º O arrematante deverá garantir o lance com o sinal correspondente a 20% (vinte por cento) do seu valor. (Redação dada pela Lei nº 5.584, de 26.6.1970)

§ 3º Não havendo licitante, e não requerendo o exequente a adjudicação dos bens penhorados, poderão os mesmos ser vendidos por leiloeiro nomeado pelo Juiz ou Presidente. (Redação dada pela Lei nº 5.584, de 26.6.1970)

§ 4º Se o arrematante, ou seu fiador, não pagar dentro de 24 (vinte e quatro) horas o preço da arrematação, perderá, em benefício da execução, o sinal de que trata o § 2º dêste artigo, voltando à praça os bens executados. (Redação dada pela Lei nº 5.584, de 26.6.1970)

Art. 889 - Aos trâmites e incidentes do processo da execução são aplicáveis, naquilo em que não contravierem ao presente Título, os preceitos que regem o processo dos executivos fiscais para a cobrança judicial da dívida ativa da Fazenda Pública Federal.

Art. 889-A. Os recolhimentos das importâncias devidas, referentes às contribuições sociais, serão efetuados nas agências locais da Caixa Econômica Federal ou do Banco do Brasil S.A., por intermédio de documento de arrecadação da Previdência Social, dele se fazendo constar o número do processo. (Incluído pela Lei nº 10.035, de 2000)

§ 1º Concedido parcelamento pela Secretaria da Receita Federal do Brasil, o devedor juntará aos autos a comprovação do ajuste, ficando a execução da contribuição social correspondente suspensa até a quitação de todas as parcelas. (Redação dada pela Lei nº 11.457, de 2007)

§ 2º As Varas do Trabalho encaminharão mensalmente à Secretaria da Receita Federal do Brasil informações sobre os recolhimentos efetivados nos autos, salvo se outro prazo for estabelecido em regulamento. (Redação dada pela Lei nº 11.457, de 2007)

SEÇÃO V - DA EXECUÇÃO POR PRESTAÇÕES SUCESSIVAS

Art. 890 - A execução para pagamento de prestações sucessivas far-se-á com observância das normas constantes desta Seção, sem prejuízo das demais estabelecidas neste Capítulo.

Art. 891 - Nas prestações sucessivas por tempo determinado, a execução pelo não-pagamento de uma prestação compreenderá as que lhe sucederem.

Art. 892 - Tratando-se de prestações sucessivas por tempo indeterminado, a execução compreenderá inicialmente as prestações devidas até a data do ingresso na execução.

CAPÍTULO VI - DOS RECURSOS

Art. 893 - Das decisões são admissíveis os seguintes recursos: (Redação dada pela Lei nº 861, de 13.10.1949)

I - embargos; (Redação dada pela Lei nº 861, de 13.10.1949)

II - recurso ordinário; (Redação dada pela Lei nº 861, de 13.10.1949)

III - recurso de revista; (Redação dada pela Lei nº 861, de 13.10.1949)

IV - agravo. (Redação dada pela Lei nº 861, de 13.10.1949)

§ 1º - Os incidentes do processo são resolvidos pelo próprio Juízo ou Tribunal, admitindo-se a apreciação do merecimento das decisões interlocutórias somente em recursos da decisão definitiva. (Parágrafo único renumerado pelo Decreto-Lei nº 8.737, de 19.1.1946)

§ 2º - A interposição de recurso para o Supremo Tribunal Federal não prejudicará a execução do julgado. (Incluído pelo Decreto-Lei nº 8.737, de 19.1.1946)

Art. 894. No Tribunal Superior do Trabalho cabem embargos, no prazo de 8 (oito) dias: (Redação dada pela Lei nº 11.496, de 2007)

I - de decisão não unânime de julgamento que: (Incluído pela pela Lei nº 11.496, de 2007)

a) conciliar, julgar ou homologar conciliação em dissídios coletivos que excedam a competência territorial dos Tribunais Regionais do Trabalho e estender ou rever as sentenças normativas do Tribunal Superior do Trabalho, nos casos previstos em lei; e (Incluído pela pela Lei nº 11.496, de 2007)

b) (VETADO)

II - das decisões das Turmas que divergirem entre si ou das decisões proferidas pela Seção de Dissídios Individuais, ou contrárias a súmula ou orientação jurisprudencial do Tribunal Superior do Trabalho ou súmula vinculante do Supremo Tribunal Federal. (Redação dada pela Lei nº 13.015, de 2014)

Parágrafo único. (Revogado). (Incluído pela Lei nº 13.015, de 2014)

§ 2º A divergência apta a ensejar os embargos deve ser atual, não se considerando tal a ultrapassada por súmula do Tribunal Superior do Trabalho ou do Supremo Tribunal Federal, ou superada por iterativa e notória jurisprudência do Tribunal Superior do Trabalho. (Incluído pela Lei nº 13.015, de 2014)

§ 3º O Ministro Relator denegará seguimento aos embargos: (Incluído pela Lei nº 13.015, de 2014)

I - se a decisão recorrida estiver em consonância com súmula da jurisprudência do Tribunal Superior do Trabalho ou do Supremo Tribunal Federal, ou com iterativa, notória e atual jurisprudência do Tribunal Superior do Trabalho, cumprindo-lhe indicá-la; (Incluído pela Lei nº 13.015, de 2014)

II - nas hipóteses de intempestividade, deserção, irregularidade de representação ou de ausência de qualquer outro pressuposto extrínseco de admissibilidade. (Incluída pela Lei nº 13.015, de 2014)

§ 4º Da decisão denegatória dos embargos caberá agravo, no prazo de 8 (oito) dias. (Incluído pela Lei nº 13.015, de 2014)

Art. 895 - Cabe recurso ordinário para a instância superior: (Vide Lei 5.584, de 1970)

I - das decisões definitivas ou terminativas das Varas e Juízos, no prazo de 8 (oito) dias; e (Incluído pela Lei nº 11.925, de 2009)

II - das decisões definitivas ou terminativas dos Tribunais Regionais, em processos de sua competência originária, no prazo de 8 (oito) dias, quer nos dissídios individuais, quer nos dissídios coletivos. (Incluído pela Lei nº 11.925, de 2009)

§ 1º - Nas reclamações sujeitas ao procedimento sumaríssimo, o recurso ordinário: (Incluído pela Lei nº 9.957, de 2000)

I - (VETADO). (Incluído pela Lei nº 9.957, de 2000)

II - será imediatamente distribuído, uma vez recebido no Tribunal, devendo o relator liberá-lo no prazo máximo de dez dias, e a Secretaria do Tribunal ou Turma colocá-lo imediatamente em pauta para julgamento, sem revisor; (Incluído pela Lei nº 9.957, de 2000)

III - terá parecer oral do representante do Ministério Público presente à sessão de julgamento, se este entender necessário o parecer, com registro na certidão; (Incluído pela Lei nº 9.957, de 2000)

IV - terá acórdão consistente unicamente na certidão de julgamento, com a indicação suficiente do processo e parte dispositiva, e das razões de decidir do voto prevalente. Se a sentença for confirmada pelos próprios fundamentos, a certidão de julgamento, registrando tal circunstância, servirá de acórdão. (Incluído pela Lei nº 9.957, de 2000)

§ 2º Os Tribunais Regionais, divididos em Turmas, poderão designar Turma para o julgamento dos recursos ordinários interpostos das sentenças prolatadas nas demandas sujeitas ao procedimento sumaríssimo. (Incluído pela Lei nº 9.957, de 2000)

Art. 896 - Cabe Recurso de Revista para Turma do Tribunal Superior do Trabalho das decisões proferidas em grau de recurso ordinário, em dissídio individual, pelos Tribunais Regionais do Trabalho, quando: (Redação dada pela Lei nº 9.756, de 17.12.1998)

a) derem ao mesmo dispositivo de lei federal interpretação diversa da que lhe houver dado outro Tribunal Regional do Trabalho, no seu Pleno ou Turma, ou a Seção de Dissídios Individuais do Tribunal Superior do Trabalho, ou contrariarem súmula de jurisprudência uniforme dessa Corte ou súmula vinculante do Supremo Tribunal Federal; (Redação dada pela Lei nº 13.015, de 2014)

b) derem ao mesmo dispositivo de lei estadual, Convenção Coletiva de Trabalho, Acordo Coletivo, sentença normativa ou regulamento empresarial de observância obrigatória em área territorial que exceda a jurisdição do Tribunal Regional prolator da decisão recorrida, interpretação divergente, na forma da alínea a; (Redação dada pela Lei nº 9.756, de 1998)

c) proferidas com violação literal de disposição de lei federal ou afronta direta e literal à Constituição Federal. (Redação dada pela Lei nº 9.756, de 1998)

§ 1º O recurso de revista, dotado de efeito apenas devolutivo, será interposto perante o Presidente do Tribunal Regional do Trabalho, que, por decisão fundamentada, poderá recebê-lo ou denegá-lo. (Redação dada pela Lei nº 13.015, de 2014)

§ 1º-A. Sob pena de não conhecimento, é ônus da parte: (Incluído pela Lei nº 13.015, de 2014)

I - indicar o trecho da decisão recorrida que consubstancia o prequestionamento da controvérsia objeto do recurso de revista; (Incluído pela Lei nº 13.015, de 2014)

II - indicar, de forma explícita e fundamentada, contrariedade a dispositivo de lei, súmula ou orientação jurisprudencial do Tribunal Superior do Trabalho que conflite com a decisão regional; (Incluído pela Lei nº 13.015, de 2014)

III - expor as razões do pedido de reforma, impugnando todos os fundamentos jurídicos da decisão recorrida, inclusive mediante demonstração analítica de cada dispositivo de lei, da Constituição Federal, de súmula ou orientação jurisprudencial cuja contrariedade aponte. (Incluído pela Lei nº 13.015, de 2014)

IV - transcrever na peça recursal, no caso de suscitar preliminar de nulidade de julgado por negativa de prestação jurisdicional, o trecho dos embargos declaratórios em que foi pedido o pronunciamento do tribunal sobre questão veiculada no recurso ordinário e o trecho da decisão regional que rejeitou os embargos quanto ao pedido, para cotejo e verificação, de plano, da ocorrência da omissão. (Incluído pela Lei nº 13.467, de 2017)

§ 2º Das decisões proferidas pelos Tribunais Regionais do Trabalho ou por suas Turmas, em execução de sentença, inclusive em processo incidente de embargos de terceiro, não caberá Recurso de Revista, salvo na hipótese de ofensa direta e literal de norma da Constituição Federal. (Redação dada pela Lei nº 9.756, de 1998)

§ 3º (Revogado). (Redação dada pela Lei nº 13.467, de 2017)
§ 4º (Revogado). (Redação dada pela Lei nº 13.467, de 2017)
§ 5º (Revogado). (Redação dada pela Lei nº 13.467, de 2017)
§ 6º (Revogado). (Redação dada pela Lei nº 13.467, de 2017)

§ 7º A divergência apta a ensejar o recurso de revista deve ser atual, não se considerando como tal a ultrapassada por súmula do Tribunal Superior do Trabalho ou do Supremo Tribunal Federal, ou superada por iterativa e notória jurisprudência do Tribunal Superior do Trabalho. (Incluído pela Lei nº 13.015, de 2014)

§ 8º Quando o recurso fundar-se em dissenso de julgados, incumbe ao recorrente o ônus de produzir prova da divergência jurisprudencial, mediante certidão, cópia ou citação do repositório de jurisprudência, oficial ou credenciado, inclusive em mídia eletrônica, em que houver sido publicada a decisão divergente, ou ainda pela reprodução de julgado disponível na internet, com indicação da respectiva fonte, mencionando, em qualquer caso, as circunstâncias que identifiquem ou assemelhem os casos confrontados. (Incluído pela Lei nº 13.015, de 2014)

§ 9º Nas causas sujeitas ao procedimento sumaríssimo, somente será admitido recurso de revista por contrariedade a súmula de jurisprudência uniforme do Tribunal Superior do Trabalho ou a súmula vinculante do Supremo Tribunal Federal e por violação direta da Constituição Federal. (Incluído pela Lei nº 13.015, de 2014)

§ 10. Cabe recurso de revista por violação a lei federal, por divergência jurisprudencial e por ofensa à Constituição Federal nas execuções fiscais e nas controvérsias da fase de execução que envolvam a Certidão Negativa de Débitos Trabalhistas (CNDT), criada pela Lei no 12.440, de 7 de julho de 2011. (Incluído pela Lei nº 13.015, de 2014)

§ 11. Quando o recurso tempestivo contiver defeito formal que não se repute grave, o Tribunal Superior do Trabalho poderá desconsiderar o vício ou mandar saná-lo, julgando o mérito.

§ 12. Da decisão denegatória caberá agravo, no prazo de 8 (oito) dias. (Incluído pela Lei nº 13.015, de 2014)

§ 13. Dada a relevância da matéria, por iniciativa de um dos membros da Seção Especializada em Dissídios Individuais do Tribunal Superior do Trabalho, aprovada pela maioria dos integrantes da Seção, o julgamento a que se refere o § 3º poderá ser afeto ao Tribunal Pleno. (Incluído pela Lei nº 13.015, de 2014)

§ 14. O relator do recurso de revista poderá denegar-lhe seguimento, em decisão monocrática, nas hipóteses de intempestividade, deserção, irregularidade de representação ou de ausência de qualquer outro pressuposto extrínseco ou intrínseco de admissibilidade. (Incluído pela Lei nº 13.467, de 2017)

Art.896-A - O Tribunal Superior do Trabalho, no recurso de revista, examinará previamente se a causa oferece transcendência com relação aos reflexos gerais de natureza econômica, política, social ou jurídica. (Incluído pela Medida Provisória nº 2.226, de 4.9.2001)

§ 1º São indicadores de transcendência, entre outros: (Incluído pela Lei nº 13.467, de 2017)

I - econômica, o elevado valor da causa; (Incluído pela Lei nº 13.467, de 2017)

II - política, o desrespeito da instância recorrida à jurisprudência sumulada do Tribunal Superior do Trabalho ou do Supremo Tribunal Federal; (Incluído pela Lei nº 13.467, de 2017)

III - social, a postulação, por reclamante-recorrente, de direito social constitucionalmente assegurado; (Incluído pela Lei nº 13.467, de 2017)

IV - jurídica, a existência de questão nova em torno da interpretação da legislação trabalhista. (Incluído pela Lei nº 13.467, de 2017)

§ 2º Poderá o relator, monocraticamente, denegar seguimento ao recurso de revista que não demonstrar transcendência, cabendo agravo desta decisão para o colegiado. (Incluído pela Lei nº 13.467, de 2017)

§ 3º Em relação ao recurso que o relator considerou não ter transcendência, o recorrente poderá realizar sustentação oral sobre a questão da transcendência, durante cinco minutos em sessão. (Incluído pela Lei nº 13.467, de 2017)

§ 4º Mantido o voto do relator quanto à não transcendência do recurso, será lavrado acórdão com fundamentação sucinta, que constituirá decisão irrecorrível no âmbito do tribunal. (Incluído pela Lei nº 13.467, de 2017)

§ 5º É irrecorrível a decisão monocrática do relator que, em agravo de instrumento em recurso de revista, considerar ausente a transcendência da matéria. (Incluído pela Lei nº 13.467, de 2017)

§ 6º O juízo de admissibilidade do recurso de revista exercido pela Presidência dos Tribunais Regionais do Trabalho limita-se à análise dos pressupostos intrínsecos e extrínsecos do apelo, não abrangendo o critério da transcendência das questões nele veiculadas. (Incluído pela Lei nº 13.467, de 2017)

Art. 896-B. Aplicam-se ao recurso de revista, no que couber, as normas da Lei no 5.869, de 11 de janeiro de 1973 (Código de Processo Civil), relativas ao julgamento dos recursos extraordinário e especial repetitivos. (Incluído pela Lei nº 13.015, de 2014)

Art. 896-C. Quando houver multiplicidade de recursos de revista fundados em idêntica questão de direito, a questão poderá ser afetada à Seção Especializada em Dissídios Individuais ou ao Tribunal Pleno, por decisão da maioria simples de seus membros, mediante requerimento de um dos Ministros que compõem a Seção Especializada, considerando a relevância da matéria ou a existência de entendimentos divergentes entre os Ministros dessa Seção ou das Turmas do Tribunal. (Incluído pela Lei nº 13.015, de 2014)

§ 1º O Presidente da Turma ou da Seção Especializada, por indicação dos relatores, afetará um ou mais recursos representativos da controvérsia para julgamento pela Seção Especializada em Dissídios Individuais ou pelo Tribunal Pleno, sob o rito dos recursos repetitivos. (Incluído pela Lei nº 13.015, de 2014)

§ 2º O Presidente da Turma ou da Seção Especializada que afetar processo para julgamento sob o rito dos recursos repetitivos deverá expedir comunicação aos demais Presidentes de Turma ou de Seção Especializada, que poderão afetar outros processos sobre a questão para julgamento conjunto, a fim de conferir ao órgão julgador visão global da questão. (Incluído pela Lei nº 13.015, de 2014)

§ 3º O Presidente do Tribunal Superior do Trabalho oficiará os Presidentes dos Tribunais Regionais do Trabalho para que suspendam os recursos interpostos em casos idênticos aos afetados como recursos repetitivos, até o pronunciamento definitivo do Tribunal Superior do Trabalho. (Incluído pela Lei nº 13.015, de 2014)

§ 4º Caberá ao Presidente do Tribunal de origem admitir um ou mais recursos representativos da controvérsia, os quais serão encaminhados ao Tribunal Superior do Trabalho, ficando suspensos os demais recursos de revista até o pronunciamento definitivo do Tribunal Superior do Trabalho. (Incluído pela Lei nº 13.015, de 2014)

§ 5º O relator no Tribunal Superior do Trabalho poderá determinar a suspensão dos recursos de revista ou de embargos que tenham como objeto controvérsia idêntica à do recurso afetado como repetitivo. (Incluído pela Lei nº 13.015, de 2014)

§ 6º O recurso repetitivo será distribuído a um dos Ministros membros da Seção Especializada ou do Tribunal Pleno e a um Ministro revisor. (Incluído pela Lei nº 13.015, de 2014)

§ 7º O relator poderá solicitar, aos Tribunais Regionais do Trabalho, informações a respeito da controvérsia, a serem prestadas no prazo de 15 (quinze) dias. (Incluído pela Lei nº 13.015, de 2014)

§ 8º O relator poderá admitir manifestação de pessoa, órgão ou entidade com interesse na controvérsia, inclusive como assistente simples, na forma da Lei nº 5.869, de 11 de janeiro de 1973 (Código de Processo Civil). (Incluído pela Lei nº 13.015, de 2014)

§ 9º Recebidas as informações e, se for o caso, após cumprido o disposto no § 7º deste artigo, terá vista o Ministério Público pelo prazo de 15 (quinze) dias. (Incluído pela Lei nº 13.015, de 2014)

§ 10. Transcorrido o prazo para o Ministério Público e remetida cópia do relatório aos demais Ministros, o processo será incluído em pauta na Seção Especializada ou no Tribunal Pleno, devendo ser julgado com preferência sobre os demais feitos. (Incluído pela Lei nº 13.015, de 2014)

§ 11. Publicado o acórdão do Tribunal Superior do Trabalho, os recursos de revista sobrestados na origem: (Incluído pela Lei nº 13.015, de 2014)

I - terão seguimento denegado na hipótese de o acórdão recorrido coincidir com a orientação a respeito da matéria no Tribunal Superior do Trabalho; ou (Incluído pela Lei nº 13.015, de 2014)

II - serão novamente examinados pelo Tribunal de origem na hipótese de o acórdão recorrido divergir da orientação do Tribunal Superior do Trabalho a respeito da matéria. (Incluído pela Lei nº 13.015, de 2014)

§ 12. Na hipótese prevista no inciso II do § 11 deste artigo, mantida a decisão divergente pelo Tribunal de origem, far-se-á o exame de admissibilidade do recurso de revista. (Incluído pela Lei nº 13.015, de 2014)

§ 13. Caso a questão afetada e julgada sob o rito dos recursos repetitivos também contenha questão constitucional, a decisão proferida pelo Tribunal Pleno não obstará o conhecimento de eventuais recursos extraordinários sobre a questão constitucional. (Incluído pela Lei nº 13.015, de 2014)

§ 14. Aos recursos extraordinários interpostos perante o Tribunal Superior do Trabalho será aplicado o procedimento previsto no art. 543-B da Lei nº 5.869, de 11 de janeiro de 1973 (Código de Processo Civil), cabendo ao Presidente do Tribunal Superior do Trabalho selecionar um ou mais recursos representativos da controvérsia e encaminhá-los ao Supremo Tribunal Federal, sobrestando os demais até o pronunciamento definitivo da Corte, na forma do § 1º do art. 543-B da Lei no 5.869, de 11 de janeiro de 1973 (Código de Processo Civil). (Incluído pela Lei nº 13.015, de 2014)

§ 15. O Presidente do Tribunal Superior do Trabalho poderá oficiar os Tribunais Regionais do Trabalho e os Presidentes das Turmas e da Seção Especializada do Tribunal para que suspendam os processos idênticos aos selecionados como recursos representativos da controvérsia e encaminhados ao Supremo Tribunal Federal, até o seu pronunciamento definitivo. (Incluído pela Lei nº 13.015, de 2014)

§ 16. A decisão firmada em recurso repetitivo não será aplicada aos casos em que se demonstrar que a situação de fato ou de direito é distinta das presentes no processo julgado sob o rito dos recursos repetitivos. (Incluído pela Lei nº 13.015, de 2014)

§ 17. Caberá revisão da decisão firmada em julgamento de recursos repetitivos quando se alterar a situação econômica, social ou jurídica, caso em que será respeitada a segurança jurídica das relações firmadas sob a égide da decisão anterior, podendo o Tribunal Superior do Trabalho modular os efeitos da decisão que a tenha alterado. (Incluído pela Lei nº 13.015, de 2014)

Art. 897 - Cabe agravo, no prazo de 8 (oito) dias: (Redação dada pela Lei nº 8.432, de 1992)

a) de petição, das decisões do Juiz ou Presidente, nas execuções; (Redação dada pela Lei nº 8.432, de 1992)

b) de instrumento, dos despachos que denegarem a interposição de recursos. (Redação dada pela Lei nº 8.432, de 1992)

§ 1º - O agravo de petição só será recebido quando o agravante delimitar, justificadamente, as matérias e os valores impugnados, permitida a execução imediata da parte remanescente até o final, nos próprios autos ou por carta de sentença. (Redação dada pela Lei nº 8.432, de 1992)

§ 2º - O agravo de instrumento interposto contra o despacho que não receber agravo de petição não suspende a execução da sentença. (Redação dada pela Lei nº 8.432, de 1992)

§ 3º Na hipótese da alínea a deste artigo, o agravo será julgado pelo próprio tribunal, presidido pela autoridade recorrida, salvo se se tratar de decisão de Juiz do Trabalho de 1ª Instância ou de Juiz de Direito, quando o julgamento competirá a uma das Turmas do Tribunal Regional a que estiver subordinado o prolator da sentença, observado o disposto no art. 679, a quem este remeterá as peças necessárias para o exame da matéria controvertida, em autos apartados, ou nos próprios autos, se tiver sido determinada a extração de carta de sentença. (Redação dada pela Lei nº 10.035, de 2000)

§ 4º - Na hipótese da alínea b deste artigo, o agravo será julgado pelo Tribunal que seria competente para conhecer o recurso cuja interposição foi denegada. (Incluído pela Lei nº 8.432, de 1992)

§ 5º Sob pena de não conhecimento, as partes promoverão a formação do instrumento do agravo de modo a possibilitar, caso provido, o imediato julgamento do recurso denegado, instruindo a petição de interposição: (Incluído pela Lei nº 9.756, de 1998)

I - obrigatoriamente, com cópias da decisão agravada, da certidão da respectiva intimação, das procurações outorgadas aos advogados do agravante e do agravado, da petição inicial, da contestação, da decisão originária, do depósito recursal referente ao recurso que se pretende destrancar, da comprovação do recolhimento das custas e do depósito recursal a que se refere o § 7º do art. 899 desta Consolidação; (Redação dada pela Lei nº 12.275, de 2010)

II - facultativamente, com outras peças que o agravante reputar úteis ao deslinde da matéria de mérito controvertida .(Incluído pela Lei nº 9.756, de 1998)

§ 6º O agravado será intimado para oferecer resposta ao agravo e ao recurso principal, instruindo-a com as peças que considerar necessárias ao julgamento de ambos os recursos. (Incluído pela Lei nº 9.756, de 1998)

§ 7º Provido o agravo, a Turma deliberará sobre o julgamento do recurso principal, observando-se, se for o caso, daí em diante, o procedimento relativo a esse recurso. (Incluído pela Lei nº 9.756, de 1998)

§ 8º Quando o agravo de petição versar apenas sobre as contribuições sociais, o juiz da execução determinará a extração de cópias das peças necessárias, que serão autuadas em apartado, conforme dispõe o § 3º, parte final, e remetidas à instância superior para apreciação, após contraminuta. (Incluído pela Lei nº 10.035, de 2000)

Art. 897-A Caberão embargos de declaração da sentença ou acórdão, no prazo de cinco dias, devendo seu julgamento ocorrer na primeira audiência ou sessão subsequente a sua apresentação, registrado na certidão, admitido efeito modificativo da decisão nos casos de omissão e contradição no julgado e manifesto equívoco no exame dos pressupostos extrínsecos do recurso. (Incluído pela Lei nº 9.957, de 2000)

§ 1º Os erros materiais poderão ser corrigidos de ofício ou a requerimento de qualquer das partes. (Redação dada pela Lei nº 13.015, de 2014)

§ 2º Eventual efeito modificativo dos embargos de declaração somente poderá ocorrer em virtude da correção de vício na decisão embargada e desde que ouvida a parte contrária, no prazo de 5 (cinco) dias. (Incluído pela Lei nº 13.015, de 2014)

§ 3º Os embargos de declaração interrompem o prazo para interposição de outros recursos, por qualquer das partes, salvo quando intempestivos, irregular a representação da parte ou ausente a sua assinatura.

Art. 898 - Das decisões proferidas em dissídio coletivo que afete empresa de serviço público, ou, em qualquer caso, das proferidas em revisão, poderão recorrer, além dos interessados, o Presidente do Tribunal e a Procuradoria da Justiça do Trabalho.

Art. 899 - Os recursos serão interpostos por simples petição e terão efeito meramente devolutivo, salvo as exceções previstas neste Título, permitida a execução provisória até a penhora. (Redação dada pela Lei nº 5.442, de 24.5.1968) (Vide Lei nº 7.701, de 1988)

§ 1º Sendo a condenação de valor até 10 (dez) vêzes o salário-mínimo regional, nos dissídios individuais, só será admitido o recurso inclusive o extraordinário, mediante prévio depósito da respectiva importância. Transitada em julgado a decisão recorrida, ordenar-se-á o levantamento imediato da importância de depósito, em favor da parte vencedora, por simples despacho do juiz. (Redação dada pela Lei nº 5.442, 24.5.1968)

§ 2º Tratando-se de condenação de valor indeterminado, o depósito corresponderá ao que fôr arbitrado, para efeito de custas, pela Junta ou Juízo de Direito, até o limite de 10 (dez) vêzes o salário-mínimo da região. (Redação dada pela Lei nº 5.442, 24.5.1968)

§ 3º - (Revogado pela Lei nº 7.033, de 5.10.1982)

§ 4º O depósito recursal será feito em conta vinculada ao juízo e corrigido com os mesmos índices da poupança. (Redação dada pela Lei nº 13.467, de 2017)

§ 5º (Revogado). (Redação dada pela Lei nº 13.467, de 2017)

§ 6º - Quando o valor da condenação, ou o arbitrado para fins de custas, exceder o limite de 10 (dez) vêzes o salário-mínimo da região, o depósito para fins de recursos será limitado a êste valor. (Incluído pela Lei nº 5.442, 24.5.1968)

§ 7º No ato de interposição do agravo de instrumento, o depósito recursal corresponderá a 50% (cinquenta por cento) do valor do depósito do recurso ao qual se pretende destrancar. (Incluído pela Lei nº 12.275, de 2010)

§ 8º Quando o agravo de instrumento tem a finalidade de destrancar recurso de revista que se insurge contra decisão que contraria a jurisprudência uniforme do Tribunal Superior do Trabalho, consubstanciada nas suas súmulas ou em orientação jurisprudencial, não haverá obrigatoriedade de se efetuar o depósito referido no § 7º deste artigo. (Incluído pela Lei nº 13.015, de 2014)

§ 9º O valor do depósito recursal será reduzido pela metade para entidades sem fins lucrativos, empregadores domésticos, microempreendedores individuais, microempresas e empresas de pequeno porte. (Incluído pela Lei nº 13.467, de 2017)

§ 10. São isentos do depósito recursal os beneficiários da justiça gratuita, as entidades filantrópicas e as empresas em recuperação judicial. (Incluído pela Lei nº 13.467, de 2017)

§ 11. O depósito recursal poderá ser substituído por fiança bancária ou seguro garantia judicial. (Incluído pela Lei nº 13.467, de 2017)

Art. 900 - Interposto o recurso, será notificado o recorrido para oferecer as suas razões, em prazo igual ao que tiver tido o recorrente.

Art. 901 - Sem prejuízo dos prazos previstos neste Capítulo, terão as partes vistas dos autos em cartório ou na secretaria.

Parágrafo único - Salvo quando estiver correndo prazo comum, aos procuradores das partes será permitido ter vista dos autos fora do cartório ou secretaria. (Incluído pela Lei nº 8.638, de 31.3.1993)

Art. 902 - (Revogado pela Lei nº 7.033, de 5.10.1982)

CAPÍTULO VII - DA APLICAÇÃO DAS PENALIDADES

Art. 903. As penalidades estabelecidas no título anterior serão aplicadas pelo juiz, ou tribunal que tiver de conhecer da desobediência, violação recusa, falta, ou coação, ex-offício, ou mediante, representação de qualquer interessado ou da Procuradoria da Justiça do Trabalho. (Redação dada pela Decreto Lei nº 8.737, de 1946)

Art. 904 - As sanções em que incorrerem as autoridades da Justiça do Trabalho serão aplicadas pela autoridade ou Tribunal imediatamente superior, conforme o caso, ex officio, ou mediante representação de qualquer interessado ou da Procuradoria. (Redação dada pelo Decreto-Lei nº 8.737, de 19.1.1946)

Parágrafo único. Tratando de membro do Tribunal Superior do Trabalho será competente para a imposição de execuções o Conselho Federal. (Parágrafo único renumerado do 1º pelo Decreto-Lei nº 229, de 28.2.1967)

§ 2º (Revogado pelo Decreto-Lei nº 229, de 28.2.1967)

Art. 905 - Tomando conhecimento do fato imputado, o Juiz, ou Tribunal competente, mandará notificar o acusado, para apresentar, no prazo de 15 (quinze) dias, defesa por escrito.

§ 1º - É facultado ao acusado, dentro do prazo estabelecido neste artigo, requerer a produção de testemunhas, até ao máximo de 5 (cinco). Nesse caso, será marcada audiência para a inquirição.

§ 2º - Findo o prazo de defesa, o processo será imediatamente concluso para julgamento, que deverá ser proferido no prazo de 10 (dez) dias.

Art. 906 - Da imposição das penalidades a que se refere este Capítulo, caberá recurso ordinário para o Tribunal Superior, no prazo de 10 (dez) dias, salvo se a imposição resultar de dissídio coletivo, caso em que o prazo será de 20 (vinte) dias.

Art. 907 - Sempre que o infrator incorrer em pena criminal far-se-á remessa das peças necessárias à autoridade competente.

Art. 908 - A cobrança das multas estabelecidas neste Título será feita mediante executivo fiscal, perante o Juiz competente para a cobrança de dívida ativa da Fazenda Pública Federal.

Parágrafo único - A cobrança das multas será promovida, no Distrito Federal e nos Estados em que funcionarem os Tribunais Regionais pela Procuradoria da Justiça do Trabalho, e, nos demais Estados, de acordo com o disposto no Decreto-Lei nº 960, de 17 de dezembro de 1938.

CAPÍTULO VIII - DISPOSIÇÕES FINAIS

Art. 909 - A ordem dos processos no Tribunal Superior do Trabalho será regulada em seu regimento interno.

Art. 910 - Para os efeitos deste Título, equiparam-se aos serviços públicos os de utilidade pública, bem como os que forem prestados em armazéns de gêneros alimentícios, açougues, padarias, leiterias, farmácias, hospitais, minas, empresas de transportes e comunicações, bancos e estabelecimentos que interessem à segurança nacional.

TÍTULO XI - DISPOSIÇÕES FINAIS E TRANSITÓRIAS

Art. 911 - Esta Consolidação entrará em vigor em 10 de novembro de 1943.

Art. 912 - Os dispositivos de caráter imperativo terão aplicação imediata às relações iniciadas, mas não consumadas, antes da vigência desta Consolidação.

Art. 913 - O Ministro do Trabalho, Industria e Comercio expedirá instruções, quadros, tabelas e modelos que se tornarem necessários à execução desta Consolidação.

Parágrafo único - O Tribunal Superior do Trabalho adaptará o seu regimento interno e o dos Tribunais Regionais do Trabalho às normas contidas nesta Consolidação.

Art. 914 - Continuarão em vigor os quadros, tabelas e modelos, aprovados em virtude de dispositivos não alterados pela presente Consolidação.

Art. 915 - Não serão prejudicados os recursos interpostos com apoio em dispositivos alterados ou cujo prazo para interposição esteja em curso à data da vigência desta Consolidação.

Art. 916 - Os prazos de prescrição fixados pela presente Consolidação começarão a correr da data da vigência desta, quando menores do que os previstos pela legislação anterior.

Art. 917. O Ministro do Trabalho, Indústria e Comércio marcará prazo para adaptação dos atuais estabelecimentos às exigências contidas no capítulo "De Higiene e Segurança do Trabalho". Compete ainda àquela autoridade fixar os prazos dentro dos quais, em cada Estado, entrará em vigor a obrigatoriedade do uso da Carteira Profissional, para os atuais empregados. (Vide Decreto-Lei nº 229, de 1967)

Parágrafo único - O Ministro do Trabalho, Industria e Comercio fixará, para cada Estado e quando julgar conveniente, o início da vigência de parte ou de todos os dispositivos contidos no Capítulo "Da Segurança e da Medicina do Trabalho". (Redação dada pela Lei nº 6.514, de 22.12.1977) (Vide Decreto-Lei nº 229, de 1967)

Art. 918 - Enquanto não for expedida a Lei Orgânica da Previdência Social, competirá ao presidente do Tribunal Superior do Trabalho julgar os recursos interpostos com apoio no art. 1º, alínea "c", do Decreto-Lei nº 3.710, de 14 de outubro de 1941, cabendo recurso de suas decisões nos termos do disposto no art. 734, alínea "b", desta Consolidação. (Vide Lei nº 3.807, de 1960)

Parágrafo único - Ao diretor do Departamento de Previdência Social incumbirá presidir as eleições para a constituição dos Conselhos Fiscais dos Institutos e Caixas de Aposentadoria e Pensões e julgar, com recurso para a instância superior, os recursos sobre matéria tecnico-administrativa dessas instituições. (Vide Lei nº 3.807, de 1960)

Art. 919 - Ao empregado bancário, admitido até a data da vigência da presente Lei, fica assegurado o direito à aquisição da estabilidade nos termos do art. 15 do Decreto nº 24.615, de 9 de julho de 1934.

Art. 920 - Enquanto não forem constituídas as confederações, ou, na falta destas, a representação de classes, econômicas ou profissionais, que derivar da indicação desses órgãos ou dos respectivos presidentes, será suprida por equivalente designação ou eleição realizada pelas correspondentes federações.

Art. 921 - As empresas que não estiverem incluídas no enquadramento sindical em que trata o art. 577 poderão firmar contratos coletivos de trabalho com os sindicatos representativos da respectiva categoria profissional.

Art. 922 - O disposto no art. 301 regerá somente as relações de empregos iniciadas depois da vigência desta Consolidação. (Incluído pelo Decreto-Lei nº 6.353, de 20.3.1944)

ANEXO

Quadro a que se refere o art. 577 da Consolidação das Leis do Trabalho

CONFEDERAÇÃO NACIONAL DA INDÚSTRIA	CONFEDERAÇÃO NACIONAL DOS TRABALHADORES NA INDÚSTRIA
1º GRUPO - Indústria da alimentação Atividades ou categorias econômicas	1º GRUPO - Trabalhadores na indústria de alimentação Categorias profissionais
Indústria do trigo Indústria do milho e da soja Indústria da mandioca	Trabalhadores na indústria do trigo, milho e mandioca
Indústria do arroz	Trabalhadores na indústria do arroz
Indústria do açúcar Indústria do açúcar de engenho	Trabalhadores na indústria do açúcar
Indústria de torrefação e moagem do café Industria de refinação do sal Indústria de panificação e confeitaria Indústria de produtos de cacau e balas Indústria do mate Indústria de laticínio e produtos derivados Indústria de massas alimentícias e biscoitos	Trabalhadores na indústria de torrefação o moagem de café Trabalhadores na indústria da refinação do sal Trabalhadores na indústria de panificação e confeitaria Trabalhadores na indústria de produtos de cacau e balas Trabalhadores na indústria do mate Trabalhadores na indústria de laticínio e produtos derivados Trabalhadores na indústria de massas alimentícias e biscoitos
Indústria da cerveja de baixa fermentação Indústria da cerveja e de bebidas em geral	Trabalhadores na indústria de cerveja e bebidas em geral
Indústria do vinho Indústria de águas minerais Indústria de azeite e óleos alimentícios Indústria de doces e conserves alimentícias Indústria de carnes e derivados Indústria do fio Indústria do fumo Indústria da imunização e tratamento de frutas	Trabalhadores na indústria do vinho Trabalhadores no indústria de águas minerais Trabalhadores na indústria do azeite e óleos alimentícios Trabalhadores na indústria de docas e conservas alimentícias Trabalhadores na indústria de cernes e derivados Trabalhadores na indústria de fio Trabalhadores na indústria do fumo Trabalhadores na indústria de imunização e tratamento de frutas
2.º GRUPO - Indústria do vestuário Atividades ou categorias econômicas	2.º GRUPO - Trabalhadores nas indústrias do vestuário Categorias profissionais

Indústria de calçados	...ores na indústria do calçado
Indústria de camisas para homem e roupas brancas	Oficiais alfaiates, costureiras a trabalhadores na indústria de confecção de roupas
Indústria de alfaiataria e de confecção de roupas de homem	
Indústria de guarda-chuvas e bengalas	Trabalhadores na indústria de guarda-chuvas e bengalas
Indústria de luvas, bolsas e peles de resguardo	Trabalhadores na indústria de luvas, bolsas e peles do resguardo
Indústria de pentes, botões e similares	Trabalhadores na indústria de pentes, botões e similares
Indústria de chapéus	Trabalhadores na indústria da chapéus
Indústria de confecção de roupas e chapéus de senhora	Trabalhadores na indústria de confecção de roupas e chapéus de senhora
3.º GRUPO - Indústrias da construção e do mobiliário Atividades ou categorias econômicas	**3.º GRUPO - Trabalhadores nas indústrias da construção e do mobiliário Categorias profissionais**
Indústria da construção civil	Trabalhadores na indústria da construção civil (pedreiros, carpinteiros, pintores e estucadores, bombeiros hidráulicos e trabalhadores em geral, de estradas, pontes, portos e canais)
Indústria de olaria	
Indústria do cimento, cal e gesso	
Indústria de ladrilhos hidráulicos e produtos de cimento	Trabalhadores na indústria de olaria
Indústria da cerâmica para construção	Trabalhadores na indústria do cimento, cal a gesso
Indústria de mármores e granitos	Trabalhadores na indústria de ladrilhos hidráulicos e produtos de cimento
Indústria de pinturas, decorações, estuques e ornatos	Trabalhadores na industries de cerâmica para construção
Indústria de serrarias, carpintarias e tanoarias	Trabalhadores na indústria de mármores e granitos
Indústria da marcenaria (móveis da madeira)	Oficiais eletricistas
Indústria de móveis de junco a vime e de vassouras	Oficiais marceneiros e trabalhadores nas indústrias de serrarias e de moveis de madeira
Indústria de cortinados e estofos	Trabalhadores na indústria de moveis de junco e vime e de vassouras.
4º GRUPO - Indústrias urbanas Atividades ou categorias econômicas	**4º GRUPO - Trabalhadores nas indústrias urbanas Categorias profissionais**
Indústria da purificação e distribuição de água	Trabalhadores na indústria da purificação e distribuição de água.
Indústria de energia hidroelétrica	Trabalhadores na indústria da energia hidroelétrica.
Indústria da energia termoelétrica	Trabalhadores na indústria da energia termoelétrica.
Indústria da produção do gás	Trabalhadores na indústria da produção do gás.
Serviços de esgotos	Trabalhadores em serviços de esgotos.
5º GRUPO - Indústrias extrativas Atividades ou categorias econômica	**5º GRUPO - Trabalhadores nas indústrias extrativas Categorias profissionais**
Indústria da extração do ouro e metais preciosos	Trabalhadores na indústria da extração de ouro e metais preciosos.
Indústria da extração do ferro e metais básicos	Trabalhadores na industria da extração do ferro e metais básicos.
Indústria da extração do carvão	Trabalhadores na indústria da extração do carvão.
Indústria da extração de diamantes e pedras preciosas	Trabalhadores na indústria da extração de diamantes e pedras preciosas.
Indústria da extração do mármores, calcáreos e pedreiras	Trabalhadores na indústria da extração de mármores, calcáreos e pedreiras.
Indústria da extração de areias e barreiras	Trabalhadores na indústria da extração de areias e barreiras.
Indústria da extração do sal	Trabalhadores na indústria da extração do sal.
Indústria da extração do petróleo	Trabalhadores na indústria do petróleo.
Indústria da extração de madeiras	Trabalhadores na indústria da extração de madeiras,
Indústria da extração de resinas	Trabalhadores na indústria da extração de resinas,
Indústria da extração da lenha	Trabalhadores na indústria da extração da lenha.
Indústria da extração da borracha	Trabalhadores na indústria da extração da borracha.
Indústria da extração de fibras vegetais e do descaroçamento do algodão	Trabalhadores na indústria da extração do fibras vegetais e do descaroçamento do algodão.
Indústria da extração de óleos vegetais e animais	Trabalhadores na indústria da extração de óleos vegetais e animais.
6º GRUPO – Indústria de fiação e tecelagem Atividades ou categorias econômicas	**6º GRUPO – Trabalhadores nas indústrias de fiação e tecelagem Categorias profissionais**
Indústria da cordoalha e estopa	
Indústria da malharia e meias	Mestres e contramestres na indústria de fiação e tecelagem
Indústria de fiação e tecelagem em geral	Trabalhadores na indústria de fiação e tecelagem
Indústria de especialidades testeis (passamanarias, rendas, tapetes)	
7º GRUPO - Indústria de artefatos de couro Atividades ou categorias econômicas	**7º GRUPO – Trabalhadores nas indústrias de artefatos de couro Categorias profissionais**
Indústria de curtimento de couros e de peles	Trabalhadores na indústria de curtimento de couros e peles
Indústria de malas e artigos de viagem	Trabalhadores na indústria de artefatos de couro
Indústria de correias em geral e arreios	

8º GRUPO - Indústria do artefatos do borracha Atividades ou categorias econômicas	8º GRUPO – Trabalhadores nas indústrias de artefatos de borracha Categorias profissionais
Indústria de artefatos de borracha	Trabalhadores na indústrias de artefatos de borracha
9 º GRUPO - Indústria de joalheria e lapidação de pedras preciosas Atividades ou categorias econômicas	9º GRUPO – Trabalhadores nas industrias da joalheria e lapidação de pedras preciosas Categorias profissionais
Indústria do joalheria e ourivesaria	Oficiais joalheiros e ouriveis
Indústria da lapidação de pedras preciosas	Oficiais lapidários.
10 º GRUPO - Indústrias químicas e farmacêuticas Atividades ou categorias econômicas	10 º GRUPO - Trabalhadores nas Indústrias químicas e farmacêuticas Categorias profissionais
Indústrias de produtos químicos para fins industriais Indústria de produtos farmacêuticos Indústria de preparação de óleos vegetais e animais Indústria de resinas sintéticas Indústria de perfumarias e artigos de toucador Indústria de sabão e velas Indústria da fabricação do álcool Indústria de explosivos Indústria de tintas e vernizes Indústria de fósforos Indústria de adubos e colas Indústria de formicidas e inseticidas Indústria de lavanderia e tinturaria do vestuário Indústria de destilação e refinação de petróleo Indústria de material plástico	Trabalhadores na indústria de produtos químicos para fins industriais Trabalhadores na indústria de produtos farmacêuticos Trabalhadores na preparação de óleos vegetais e animais Trabalhadores na indústria de resinas sintéticas Trabalhadores na indústria de perfumarias e artigos de toucador Trabalhadores na indústria de sabão e velas Trabalhadores na indústria de fabricação do álcool Trabalhadores na indústria de explosivos Trabalhadores na indústria de tintas e vernizes Trabalhadores na indústria de fósforos Trabalhadores na indústria de adubos e colas Trabalhadores na indústria de formicidas e inseticidas Trabalhadores na indústria de lavanderia e tinturaria do vestuário Trabalhadores na indústria de destilação e refinação de petróleo Trabalhadores na indústria de material plástico
11 º GRUPO - Indústrias do papel, papelão e cortiça Atividades ou categorias econômicas	11 º GRUPO - Trabalhadores nas Indústrias do papel, papelão e cortiça Categorias profissionais
Indústria do papel Indústria do papelão Indústria de cortiça Indústria de artefatos de papel, papelão e cortiça	Trabalhadores na indústria de papel, papelão e cortiça (Corrigido pelo Decreto Lei nº 6.353, de 1944) Trabalhadores na indústria de artefatos de papel, papelão e cortiça
12 º GRUPO - Indústrias gráficas Atividades ou categorias econômicas	12 º GRUPO - Trabalhadores nas Indústrias gráficas Categorias profissionais
Indústria da tipografia Indústria da gravura Indústria da encadernação	Oficiais gráficos Oficiais encadernadores
13 º GRUPO - Indústrias de vidros, cristais, espelhos, cerâmica de louça e porcelana Atividades ou categorias econômicas	13 º GRUPO - Trabalhadores nas Indústrias de vidros, cristais, espelhos, cerâmica de louça e porcelana Categorias profissionais
Indústria de vidros e cristais planos Indústria de vidros e cristais ocos (frascos, garrafas, copos e similares Indústria de espelhos de polimento (lapidação de vidro) Indústria de cerâmica de louça de pó de pedra, da porcelana e da louça de barro	Trabalhadores na indústria de vidros, cristais e espelhos Trabalhadores na indústria de cerâmica de louça de pó de pedra, da porcelana e da louça de barro
14 º GRUPO - Indústrias metalúrgicas, mecânica e de material elétrico Atividades ou categorias econômicas	14 º GRUPO - Trabalhadores nas Indústrias metalúrgicas, mecânica e de material elétrico Categorias profissionais
Indústria do ferro (siderurgia) Indústria da fundição Indústria de artefatos de ferro e metais em geral Indústria da serralheria Indústria da mecânica Indústria da galvanoplastia e de niquelação Indústria de máquinas Indústria de cutelaria Indústria de balanças, pesos e medidas Indústria de funilaria Indústria de estamparia de metais Indústria de moveis de metal Indústria da construção e montagem de veículos Indústria de reparação de veículos e acessórios Indústria da construção naval Indústria de lâmpadas e aparelhos elétricos de iluminação Indústria de condutores elétricos e de trefilação Indústria de aparelhos elétricos e similares Indústria de aparelhos de radiotransmissão	Trabalhadores metalúrgicos (siderurgia e fundição) Trabalhadores em oficinas mecânicas Trabalhadores na indústria do material elétrico

15 ° GRUPO - Indústrias de instrumentos musicais e brinquedos Atividades ou categorias econômicas	15 ° GRUPO - Trabalhadores nas Indústrias de instrumentos musicais e brinquedos Categorias profissionais
Indústrias de instrumentos musicais Indústrias de brinquedos	Trabalhadores na indústria de instrumentos musicais Trabalhadores na indústria de brinquedos
CONFEDERAÇÃO NACIONAL DO COMÉRCIO	CONFEDERAÇÃO NACIONAL DOS TRABALHADORES NO COMÉRCIO
1 ° GRUPO - Comércio atacadista Atividades ou categorias econômicas	1 ° GRUPO - Empregados no comércio Categorias profissionais
Comércio atacadista de algodão e outras fibras vegetais Comércio atacadista de café Comércio atacadista de carnes frescas e congeladas Comércio atacadista de carvão vegetal e lenha Comércio atacadista de gêneros alimentícios Comércio atacadista de tecidos, vestuário e armarinho Comércio atacadista de louças, tintas e ferragens Comércio atacadista de maquinismos em geral Comércio atacadista de material de construção Comércio atacadista de material elétrico Comércio atacadista de minérios e combustíveis minerais Comércio atacadista de produtos químicos para a indústria e lavoura Comércio atacadista de drogas e medicamentos Comércio atacadista de pedras preciosas Comércio atacadista de joias e relógios Comércio atacadista de papel e papelão	Empresgados no comércio (prepostos do comércio em geral) Empregados vendedores e viajantes do comércio Trabalhadores em empresas comerciais de minérios e combustíveis minerais
2 ° GRUPO - Comércio varejista Atividades ou categorias econômicas	
Lojistas do comércio (estabelecimentos de tecidos, de vestuário), adorno e acessórios, de objetos de arte, de louças finas, de ótica, de cirurgia, de papelaria e material de escritório, de livraria, de material fotográfico, de moveis e congêneres) Comércio varejista de carnes frescas Comércio varejista de de gêneros alimentícios Comércio varejista de produtos farmacêuticos Comércio varejista de maquinismos, ferragens e tintas (utensílios e ferramentas) Comércio varejista de material elétrico Comércio varejista de automóveis e acessórios Comércio varejista de carvão vegetal e lenha Comércio varejista de combustíveis minerais Comércio de vendedores ambulantes (trabalhadores autônomos) Comércio varejista dos feirantes	Práticos de farmácia
3 ° GRUPO - Agentes autônomos do comércio Atividades ou categorias econômicas	2 ° GRUPO - Empregados de agentes autônomos de comércio Categorias profissionais
Corretores de mercadorias Corretores de navios Corretores de imóveis Despachantes aduaneiros Despachantes de estrada de ferro Leiloeiros Representantes comerciais Comissários e consignatários	Empregados de agentes autônomos do comércio
4 ° GRUPO - Comércio armazenador Atividades ou categorias econômicas	3 ° GRUPO - Trabalhadores no comércio armazenador Categorias profissionais
Trapiches Armazens gerais (de café, algodão e outros produtos) Entreposto (de carnes, leite e outros produtos)	Trabalhadores no comércio armazenador (Trapiches, armazens gerais e entrepostos) Carregadores e ensacadores de café Carregadores e ensacadores de sal

5º GRUPO - Turismo e hospitalidade Atividades ou categorias econômicas	4º GRUPO - Empregados em Turismo e hospitalidade Categorias profissionais
Empresa de turismo	Intérpretes e guias de turismo
Hotéis e similares (restaurantes, pensões, bares, cafés, leiterias e confeitarias	Empregados no comércio hoteleiro e similares (inclusive porteiros e cabineiros de edifícios)
Hospitais, clínicas casa de saúde	Enfermeiros e empregados em hospitais e casas de saúde, inclusive duchista e massagistas
Casas de diversões	Empregados em casas de diversões
salões de barbeiros e de cabeleireiros, institutos de beleza e similares	Oficiais, barbeiros, cabeleireiros e similares
Empresas de compra e venda e de locação de imóveis	Lustradores de calçados
Serviços de lustradores de calçados	
CONFEDERAÇÃO NACIONAL DOS TRANSPORTES MARÍTIMOS, FLUVIAIS E AÉREOS	**CONFEDERAÇÃO NACIONAL DOS TRABALHADORES EM TRANSPORTES MARÍTIMOS, FLUVIAIS E AÉREOS**
1º GRUPO - Empresa de navegação marítima e fluvial Atividades ou categorias econômicas	1º GRUPO - Trabalhadores em transportes marítimos e fluviais Categorias profissionais
Empresa de navegação marítima	Oficiais de náutica da Marinha Mercante Oficiais de máquinas da Marinha Mercante Comissários da Marinha Mercante Motoristas e condutores da Marinha Mercante Conferentes de carga da Marinha Mercante Práticos, arrais e mestres de cabotagem em transportes marítimos Contramestres, marinheiros e moços em transportes marítimos Radiotelegrafistas da Marinha Mercante Taifeiros, culinários e panificadores marítimos Foguistas na Marinha Mercante (inclusive carvoeiros) Médicos da Marinha Mercante Enfermeiros da. Marinha Mercante Empregados em escritórios das empresas de navegação marítima Mestres e encarregados de estaleiros das empresas de navegação marítima Operários navais (trabalhadores em estaleiros de navegação marítima e calafates navais) Carpinteiros navais
Empresa de navegação fluvial e lacustre Agências de navegação	Oficiais de náutica em transportes fluviais Oficiais de máquinas em transportes fluviais Comissários em transportes fluviais Motoristas e condutores em transportes fluviais Conferentes de carga em transportes fluviais Práticos, arrais e mestres de cabotagem em transportes fluviais Contramestres, marinheiros e moços em transportes fluviais Radiotelegrafistas em transportes fluviais Taifeiros, culinários e panificadores em transportes fluviais Foguistas em transportes fluviais (inclusive carvoeiros) Médicos em transportes fluviais Enfermeiros em transportes fluviais Empregados em escritórios das empresas de navegação fluvial Mestres e encarregados de estaleiros das empresas de navegação fluvial Operários fluviais (trabalhadores em estaleiros de navegação fluvial e calafates fluviais) Carpinteiros fluviais Enfermeiros da Marinho Mercante.
2º GRUPO - Empresas aeroviárias Atividades ou categorias econômicas	2º GRUPO - Trabalhadores em transportes aéreos Categorias profissionais
Empresas aeroviárias	Aeronautas Aeroviários
3º GRUPO - Empresários e administradores de portos Atividades ou categorias econômicas	3º GRUPO - Estivadores Categorias profissionais
Empresários e administradores de portos Carregadores e transportadores de bagagem dos portos (trabalhadores autônomos)	Estivadores Trabalhadores em estiva de minérios

4.º GRUPO	4.º GRUPO - Portuários Categorias profissionais
	Trabalhadores nos serviços portuários Motoristas em guindastes dos portos Conferentes e consertadores de carga e descarga nos portos
CONFEDERAÇÃO NACIONAL DOS TRANSPORTES TERRESTRES	**CONFEDERAÇÃO NACIONAL DOS TRANSPORTES EM TRANSPORTES TERRESTRES**
1º GRUPO - Empresas ferroviárias Atividades ou categorias econômicas	1º GRUPO -Trabalhadores ferroviários Categorias profissionais
Empresas ferroviárias Carregadores e transportadores de bagagens em estações ferroviárias (trabalhadores autônomos)	Trabalhadores em empresas ferroviárias
2º GRUPO - Empresas de transportes rodoviárias Atividades ou categorias econômicas	2º GRUPO -Trabalhadores em transportes rodoviárias Categorias profissionais
Empresas de transportes de passageiros Empresas de veículos de carga Empresas de garagens Carregadores e transportadores de volumes de bagagens em geral (trabalhadores autônomos)	Empregados em escritórios de empresas de transportes rodoviárias Condutores de veículos rodoviários (inclusive ajudantes e carregadores, trocadores de ônibus, lavadores de automóveis)
3º GRUPO - Empresas de carrís urbanos (inclusive cabos aéreos Atividades ou categorias econômicas	3º GRUPO - Trabalhadores em empresas de carrís urbanos (inclusive cabos aéreos) Categorias profissionais
CONFEDERAÇÃO NACIONAL DE COMUNICAÇÕES E PUBLICIDADE	**CONFEDERAÇÃO NACIONAL DOS TRABALHADORES EM TRANSPORTES TERRESTRES**
1º GRUPO - Empresas de comunicações Atividades ou categorias econômicas	1º GRUPO - Trabalhadores em empresas de comunicações Categorias profissionais
Empresas telegráficas terrestres Empresas telegráficas submarinas Empresas rádio-telegráficas e radio-telefônicas Empresas telefônicas Empresas mensageiras	Trabalhadores em empresas telegráficas Trabalhadores em empresas rádio-telegráficas Trabalhadores em empresas radio-telefônicas Trabalhadores em empresas telefônicas Trabalhadores em empresas mensageiras
2º GRUPO - Empresas de publicidade Atividades ou categorias econômica	2º GRUPO - Trabalhadores em empresas de publicidade Categorias profissionais
Empresas de publicidade comercial (inclusive preparação de material para publicidade) Empresa de radiofusão	Agenciadores de publicidade e propagandistas Trabalhadores em empresas de radiodifusão
3º GRUPO - Empresas jornalísticas Atividades ou categorias econômica	3º GRUPO - Trabalhadores em empresas jornalísticas Categorias profissionais
Empresas proprietárias de jornais e revistas Distribuidores e vendedores de jornais e revistas (trabalhadores autônomos)	Jornalistas profissionais (redatores, repórteres, revisores, fotógrafos, etc.)
CONFEDERAÇÃO NACIONAL DAS EMPRESAS DE CRÉDITO	**CONFEDERAÇÃO NACIONAL DOS TRABALHADORES NAS EMPRESAS DE CRÉDITO**
1º GRUPO - Estabelecimentos bancários Atividades ou categorias econômicas	1º GRUPO - Empregados em estabelecimentos bancários Categorias profissionais
Bancos Casas bancárias	Empregados em estabelecimentos bancários
2º GRUPO - Empresas de seguros privados e capitalização Atividades ou categorias econômicas	2º GRUPO - Empregados em empresas de seguros privados e capitalização Categorias profissionais
Empresas de seguros Empresas de capitalização	Empregados de empresas de seguros privados e capitalização
3º GRUPO - Agentes autônomos de seguros privados e de crédito Atividades ou categorias econômicas	3º GRUPO - Empregados de agentes autônomos de seguros privados e de crédito Categorias profissionais
Corretores de seguros e de capitalização Corretores de fundos públicos e câmbio	Empregados de agentes autônomos de seguros e de crédito

CONFEDERAÇÃO NACIONAL DE EDUCAÇÃO E CULTURA	CONFEDERAÇÃO NACIONAL DOS TRABALHADORES EM ESTABELECIMENTOS DE EDUCAÇÃO E CULTURA
1º GRUPO - Estabelecimentos de ensino Atividades ou categorias econômicas	1º GRUPO - Trabalhadores em estabelecimentos de ensino Categorias profissionais
Universidades e faculdades superiores reconhecidas Estabelecimentos de ensino de artes Estabelecimentos de ensino secundário e primário Estabelecimentos de ensino técnico-profissional	Professores do ensino superior Professores do ensino de arte Professores do ensino secundário e primário Mestres e contramestres de ensino técnico-profissional Auxiliares de administração escolar (empregados de estabelecimentos de ensino)
2º GRUPO - Empresa de difusão cultural e artística Atividades ou categorias econômicas	2º GRUPO - Trabalhadores em empresas de difusão cultural e artística Categorias profissionais
Empresas editoras de livros e publicações culturais Empresas teatrais Biblioteca Empresas de gravação de discos Empresas cinematográficas Empresas exibidoras cinematográficas Museus e laboratórios de pesquisas (tecnológicas) Empresas de orquestras Empresas artes plásticas Empresas de arte fotográfica	Empregados de empresas editoras de livros e publicações culturais Empregados de empresas teatrais e cinematográficas Cenógrafos e cenotécnicos Atores teatrais (inclusive corpos corais e bailados) Empregados de biblioteca Empregados em empresas de gravação de discos Atores cinematográficos Operadores cinematográficos Empregados de museus e laboratórios de pesquisas (tecnologistas) Músicos profissionais Artistas plásticos profissionais Fotógrafos profissionais
3º GRUPO - Estabelecimentos de cultura física Atividades ou categorias econômicas	3º GRUPO - Trabalhadores em estabelecimentos de cultura física Categorias profissionais
Estabelecimentos de esportes terrestres Estabelecimentos de esportes aquáticos Estabelecimentos de esportes aéreos	Atletas profissionais Empregados de clubes esportivos

CONFEDERAÇÃO NACIONAL DAS PROFISSÕES LIBERAIS

GRUPOS

1º Advogados
2º Médicos
3º Odontologistas
4º Médicos veterinários
5º Farmacêuticos
6º Engenheiros (civis, de minas, mecânicos, eletricistas, industriais, arquitetos e agrônomos)
7º Químicos (químicos industriais, químicos industriais agrícolas e engenheiros químicos)
8º Parteiros
9º Economistas
10º Atuários
11º contábilistas
12º Professores (privados)
13º Escritores
14º Autores teatrais
15º Compositores artísticos, musicais e plásticos

2. RESOLUÇÃO Nº 221, DE 21 DE JUNHO DE 2018

Edita a Instrução Normativa nº 41, que dispõe sobre as normas da CLT, com as alterações da Lei nº 13.467/2017 e sua aplicação ao processo do trabalho.

O EGRÉGIO PLENO DO TRIBUNAL SUPERIOR DO TRABALHO, em Sessão Extraordinária hoje realizada, sob a Presidência do Excelentíssimo Senhor Ministro João Batista Brito Pereira, Presidente do Tribunal, presentes os Excelentíssimos Senhores Ministros Renato de Lacerda Paiva, Vice-Presidente do Tribunal, Lelio Bentes Corrêa, Corregedor-Geral da Justiça do Trabalho, Ives Gandra da Silva Martins Filho, Maria Cristina Irigoyen Peduzzi, Emmanoel Pereira, Aloysio Silva Corrêa da Veiga, Luiz Philippe Vieira de Mello Filho, Alberto Luiz Bresciani de Fontan Pereira, Maria de Assis Calsing, Dora Maria da Costa, Guilherme Augusto Caputo Bastos, Walmir Oliveira da Costa, Maurício Godinho Delgado, Augusto César Leite de Carvalho, José Roberto Freire Pimenta, Delaíde Alves Miranda Arantes, Hugo Carlos Scheuermann, Alexandre de Souza Agra Belmonte, Cláudio Mascarenhas Brandão, Douglas Alencar Rodrigues, Maria Helena Mallmann, Breno Medeiros e Alexandre Luiz Ramos e o Excelentíssimo Ronaldo Curado Fleury, Procurador-Geral do Trabalho, considerando a vigência da Lei nº 13.467, de 13 de julho de 2017, a partir de 11 de novembro de 2017, considerando a imperativa necessidade de o Tribunal Superior do Trabalho posicionar-se, ainda que de forma não exaustiva, sobre a aplicação das normas processuais contidas na Consolidação das Leis Trabalhistas alteradas ou acrescentadas pela Lei nº 13.467/2017, considerando a necessidade de dar ao jurisdicionado a segurança jurídica indispensável a possibilitar estabilidade das relações processuais, considerando que pende de apreciação pelo Tribunal Pleno do TST a arguição de inconstitucionalidade do art. 702, I, "f", da CLT, considerando que a arguição de inconstitucionalidade dos arts. 790-B e 791-A da CLT pende de apreciação pelo Supremo Tribunal Federal na ADI nº 5766, considerando que foram revogados pela Lei nº 13.467/2017 os §§ 3º e 5º do art. 899 da CLT, considerando que se trata de Instrução Normativa no sentido de aplicação de normas processuais da CLT, tem pertinência a decisão contida no Processo TST Cons - 17652-49.2016.5.00.0000, publicado no DEJT em 01/09/2016.

Aprovar a Instrução Normativa nº 41, nos seguintes termos:

INSTRUÇÃO NORMATIVA Nº 41/2018.

Dispõe sobre a aplicação das normas processuais da Consolidação das Leis do Trabalho alteradas pela Lei nº 13.467, de 13 de julho de 2017.

Art. 1º A aplicação das normas processuais previstas na Consolidação das Leis do Trabalho, alteradas pela Lei nº 13.467, de 13 de julho de 2017, com eficácia a partir de 11 de novembro de 2017, é imediata, sem atingir, no entanto, situações pretéritas iniciadas ou consolidadas sob a égide da lei revogada.

Art. 2º O fluxo da prescrição intercorrente conta-se a partir do descumprimento da determinação judicial a que alude o § 1º do art. 11-A da CLT, desde que feita após 11 de novembro de 2017 (Lei nº 13.467/2017).

Art. 3º A obrigação de formar o litisconsórcio necessário a que se refere o art. 611-A, § 5º, da CLT dar-se-á nos processos iniciados a partir de 11 de novembro de 2017 (Lei nº 13.467/2017).

Art. 4º O art. 789, caput, da CLT aplica-se nas decisões que fixem custas, proferidas a partir da entrada em vigor da Lei nº 13.467/2017.

Art. 5º O art. 790-B, caput e §§ 1º a 4º, da CLT, não se aplica aos processos iniciados antes de 11 de novembro de 2017 (Lei nº 13.467/2017).

Art. 6º Na Justiça do Trabalho, a condenação em honorários advocatícios sucumbenciais, prevista no art. 791-A, e parágrafos, da CLT, será aplicável apenas às ações propostas após 11 de novembro de 2017 (Lei nº 13.467/2017). Nas ações propostas anteriormente, subsistem as diretrizes do art. 14 da Lei nº 5.584/1970 e das Súmulas nos 219 e 329 do TST.

Art. 7º Os arts. 793-A, 793-B e 793-C, § 1º, da CLT têm aplicação autônoma e imediata.

Art. 8º A condenação de que trata o art. 793-C, caput, da CLT, aplica-se apenas às ações ajuizadas a partir de 11 de novembro de 2017 (Lei nº 13.467/2017).

Art. 9º O art. 793-C, §§ 2º e 3º, da CLT tem aplicação apenas nas ações ajuizadas a partir de 11 de novembro de 2017 (Lei nº 13.467/2017).

Art. 10. O disposto no caput do art. 793-D será aplicável às ações ajuizadas a partir de 11 de novembro de 2017 (Lei nº 13.467/2017).

Parágrafo único. Após a colheita da prova oral, a aplicação de multa à testemunha dar-se-á na sentença e será precedida de instauração de incidente mediante o qual o juiz indicará o ponto ou os pontos controvertidos no depoimento, assegurados o contraditório, a defesa, com os meios a ela inerentes, além de possibilitar a retratação.

Art. 11. A exceção de incompetência territorial, disciplinada no art. 800 da CLT, é imediatamente aplicável aos processos trabalhistas em curso, desde que o recebimento da notificação seja posterior a 11 de novembro de 2017 (Lei 13.467/2017).

Art. 12. Os arts. 840 e 844, §§ 2º, 3º e 5º, da CLT, com as redações dadas pela Lei nº 13.467, de 13 de julho de 2017, não retroagirão, aplicando-se, exclusivamente, às ações ajuizadas a partir de 11 de novembro de 2017.

§ 1º Aplica-se o disposto no art. 843, § 3º, da CLT somente às audiências trabalhistas realizadas após 11 de novembro de 2017.

§ 2º Para fim do que dispõe o art. 840, §§ 1º e 2º, da CLT, o valor da causa será estimado, observando-se, no que couber, o disposto nos arts. 291 a 293 do Código de Processo Civil.

§ 3º Nos termos do art. 843, § 3º, e do art. 844, § 5º, da CLT, não se admite a cumulação das condições de advogado e preposto.

Art. 13. A partir da vigência da Lei nº 13.467/2017, a iniciativa do juiz na execução de que trata o art. 878 da CLT e no incidente de desconsideração da personalidade jurídica a que alude o art. 855-A da CLT ficará limitada aos casos em que as partes não estiverem representadas por advogado.

Art. 14. A regra inscrita no art. 879, § 2º, da CLT, quanto ao dever de o juiz conceder prazo comum de oito dias para impugnação fundamentada da conta de liquidação, não se aplica à liquidação de julgado iniciada antes de 11 de novembro de 2017.

Art. 15. O prazo previsto no art. 883-A da CLT, para as medidas de execução indireta nele especificadas, aplica-se somente às execuções iniciadas a partir de 11 de novembro de 2017.

Art. 16. O art. 884, § 6º, da CLT aplica-se às entidades filantrópicas e seus diretores, em processos com execuções iniciadas após 11 de novembro de 2017.

Art. 17. O incidente de desconsideração da personalidade jurídica, regulado pelo CPC (artigos 133 a 137), aplica-se ao processo do trabalho, com as inovações trazidas pela Lei nº 13.467/2017.

Art. 18. O dever de os Tribunais Regionais do Trabalho uniformizarem a sua jurisprudência faz incidir, subsidiariamente ao processo do trabalho, o art. 926 do CPC, por meio do qual os Tribunais deverão manter sua jurisprudência íntegra, estável e coerente.

§ 1º Os incidentes de uniformização de jurisprudência suscitados ou iniciados antes da vigência da Lei nº 13.467/2017, no âmbito dos Tribunais Regionais do Trabalho ou por iniciativa

de decisão do Tribunal Superior do Trabalho, deverão observar e serão concluídos sob a égide da legislação vigente ao tempo da interposição do recurso, segundo o disposto nos respectivos Regimentos Internos.

§ 2º Aos recursos de revista e de agravo de instrumento no âmbito do Tribunal Superior do Trabalho, conclusos aos relatores e ainda não julgados até a edição da Lei nº 13.467/17, não se aplicam as disposições contidas nos §§ 3º a 6º do artigo 896 da Consolidação das Leis do Trabalho.

§ 3º As teses jurídicas prevalecentes e os enunciados de Súmulas decorrentes do julgamento dos incidentes de uniformização de jurisprudência suscitados ou iniciados anteriormente à edição da Lei nº 13.467/2017, no âmbito dos Tribunais Regionais do Trabalho, conservam sua natureza vinculante à luz dos arts. 926, §§ 1º e 2º, e 927, III e V, do CPC.

Art. 19. O exame da transcendência seguirá a regra estabelecida no art. 246 do Regimento Interno do Tribunal Superior do Trabalho, incidindo apenas sobre os acórdãos proferidos pelos Tribunais Regionais do Trabalho publicados a partir de 11 de novembro de 2017, excluídas as decisões em embargos de declaração.

Art. 20. As disposições contidas nos §§ 4º, 9º, 10 e 11 do artigo 899 da CLT, com a redação dada pela Lei nº 13.467/2017, serão observadas para os recursos interpostos contra as decisões proferidas a partir de 11 de novembro de 2017.

Art. 21. Esta Instrução Normativa entrará em vigor na data da sua publicação. Ficam revogados os art. 2º, VIII, e 6º da Instrução Normativa nº 39/2016 do TST.

SUMÁRIO

1. SÚMULAS DO TRIBUNAL SUPERIOR DO TRABALHO.. 296

1. SÚMULAS DO TRIBUNAL SUPERIOR DO TRABALHO

Súmula nº 1 do TST
PRAZO JUDICIAL (mantida) - Res. 121/2003, DJ 19, 20 e 21.11.2003

Quando a intimação tiver lugar na sexta-feira, ou a publicação com efeito de intimação for feita nesse dia, o prazo judicial será contado da segunda-feira imediata, inclusive, salvo se não houver expediente, caso em que fluirá no dia útil que se seguir.

Precedentes:

RR 5253/1966., Ac. 2ªT 841/1967 - Min. Délio de Albuquerque Maranhão

DJ 14.07.1967 - Decisão unânime

RR 3225/1966., Ac. 2ªT 121/1967 - Min. Délio de Albuquerque Maranhão

DJ 02.05.1967 - Decisão por maioria

RR 2374/1967., Ac. 3ªT 764/1968 - Min. Aldílio Tostes Malta

DJ 29.08.1968 - Decisão unânime

RR 2617/1967., Ac. 3ªT 1920/1967 - Min. Arnaldo Lopes Sussekind

DJ 06.12.1967 - Decisão unânime

Histórico:

Redação original - RA 28/1969, DO-GB 21.08.1969

Súmula nº 2 do TST
GRATIFICAÇÃO NATALINA (cancelada) - Res. 121/2003, DJ 19, 20 e 21.11.2003

É devida a gratificação natalina proporcional (Lei nº 4.090, de 1962) na extinção dos contratos a prazo, entre estes incluídos os de safra, ainda que a relação de emprego haja findado antes de dezembro.

Histórico:

Redação original - RA 28/1969, DO-GB 21.08.1969

Súmula nº 3 do TST
GRATIFICAÇÃO NATALINA (cancelada) - Res. 121/2003, DJ 19, 20 e 21.11.2003

É devida a gratificação natalina proporcional (Lei nº 4.090, de 1962) na cessação da relação de emprego resultante da aposentadoria do trabalhador, ainda que verificada antes de dezembro.

Histórico:

Redação original - RA 28/1969, DO-GB 21.08.1969

Súmula nº 4 do TST
CUSTAS (cancelada) - Res. 121/2003, DJ 19, 20 e 21.11.2003

As pessoas jurídicas de direito público não estão sujeitas a prévio pagamento de custas, nem a depósito da importância da condenação, para o processamento de recurso na Justiça do Trabalho.

Histórico:

Redação original - RA 28/1969, DO-GB 21.08.1969

Súmula nº 5 do TST
REAJUSTAMENTO SALARIAL (cancelada) - Res. 121/2003, DJ 19, 20 e 21.11.2003

O reajustamento salarial coletivo, determinado no curso do aviso prévio, beneficia o empregado pré-avisado da despedida, mesmo que tenha recebido antecipadamente os salários correspondentes ao período do aviso, que integra o seu tempo de serviço para todos os efeitos legais.

Histórico:

Redação original - RA 28/1969, DO-GB 21.08.1969

Súmula nº 6 do TST
EQUIPARAÇÃO SALARIAL. ART. 461 DA CLT (redação do item VI alterada) - Res. 198/2015, republicada em razão de erro material - DEJT divulgado em 12, 15 e 16.06.2015

I - Para os fins previstos no § 2º do art. 461 da CLT, só é válido o quadro de pessoal organizado em carreira quando homologado pelo Ministério do Trabalho, excluindo-se, apenas, dessa exigência o quadro de carreira das entidades de direito público da administração direta, autárquica e fundacional aprovado por ato administrativo da autoridade competente. (ex-Súmula nº 06 – alterada pela Res. 104/2000, DJ 20.12.2000)

II - Para efeito de equiparação de salários em caso de trabalho igual, conta-se o tempo de serviço na função e não no emprego. (ex-Súmula nº 135 - RA 102/1982, DJ 11.10.1982 e DJ 15.10.1982)

III - A equiparação salarial só é possível se o empregado e o paradigma exercerem a mesma função, desempenhando as mesmas tarefas, não importando se os cargos têm, ou não, a mesma denominação. (ex-OJ da SBDI-1 nº 328 - DJ 09.12.2003)

IV - É desnecessário que, ao tempo da reclamação sobre equiparação salarial, reclamante e paradigma estejam a serviço do estabelecimento, desde que o pedido se relacione com situação pretérita. (ex-Súmula nº 22 - RA 57/1970, DO-GB 27.11.1970)

V - A cessão de empregados não exclui a equiparação salarial, embora exercida a função em órgão governamental estranho à cedente, se esta responde pelos salários do paradigma e do reclamante. (ex-Súmula nº 111 - RA 102/1980, DJ 25.09.1980)

VI - Presentes os pressupostos do art. 461 da CLT, é irrelevante a circunstância de que o desnível salarial tenha origem em decisão judicial que beneficiou o paradigma, exceto: a) se decorrente de vantagem pessoal ou de tese jurídica superada pela jurisprudência de Corte Superior; b) na hipótese de equiparação salarial em cadeia, suscitada em defesa, se o empregador produzir prova do alegado fato modificativo, impeditivo ou extintivo do direito à equiparação salarial em relação ao paradigma remoto, considerada irrelevante, para esse efeito, a existência de diferença de tempo de serviço na função superior a dois anos entre o reclamante e os empregados paradigmas componentes da cadeia equiparatória, à exceção do paradigma imediato.

VII - Desde que atendidos os requisitos do art. 461 da CLT, é possível a equiparação salarial de trabalho intelectual, que pode ser avaliado por sua perfeição técnica, cuja aferição terá critérios objetivos. (ex-OJ da SBDI-1 nº 298 - DJ 11.08.2003)

VIII - É do empregador o ônus da prova do fato impeditivo, modificativo ou extintivo da equiparação salarial. (ex-Súmula nº 68 - RA 9/1977, DJ 11.02.1977)

IX - Na ação de equiparação salarial, a prescrição é parcial e só alcança as diferenças salariais vencidas no período de 5 (cinco) anos que precedeu o ajuizamento. (ex-Súmula nº 274 - alterada pela Res. 121/2003, DJ 21.11.2003)

X - O conceito de "mesma localidade" de que trata o art. 461 da CLT refere-se, em princípio, ao mesmo município, ou a municípios distintos que, comprovadamente, pertençam à mesma região metropolitana. (ex-OJ da SBDI-1 nº 252 - inserida em 13.03.2002)

Precedentes:

Item I

IUJRR 177398-50.1995.5.02.5555 - Min. Milton de Moura França

DJ 09.02.2001 - Decisão unânime

ERR 213296-27.1995.5.02.5555 - Min. Rider de Brito

DJ 25.09.1998 - Decisão unânime

ERR 189216-96.1995.5.02.5555 - Min. Rider de Brito

DJ 28.08.1998 - Decisão unânime

AGERR 139218-69.1994.5.03.5555 - Min. Vantuil Abdala
DJ 15.05.1998 - Decisão unânime
RR 95588-94.1993.5.03.5555, Ac. 1ªT 6910/1994 - Min. Afonso Celso
DJ 31.03.1995 - Decisão por maioria
RR 206556-96.1995.5.04.5555, 2ªT - Min. Valdir Righetto
DJ 12.06.1998 - Decisão unânime
RR 465522-20.1998.5.02.5555, 3ªT - Min. Francisco Fausto Paula de Medeiros
DJ 10.09.1999 - Decisão unânime
RR 46695-09.1992.5.02.5555, Ac. 4ªT 996/1994- Min. Galba Velloso
DJ 13.05.1994 - Decisão unânime
RR 255730-94.1996.5.02.5555, 5ªT - Min. Armando de Brito
DJ 28.08.1998 - Decisão unânime

Item II
ERR 737/1962., Ac. TP 149/1964 - Min. Luiz Menossi
DO-GB 31.08.1964 - Decisão por maioria

Item III
ERR 331326-57.1996.5.03.5555 - Red. Min. Milton de Moura França
DJ 02.02.2001 - Decisão por maioria
ERR 342408-02.1997.5.12.5555 - Min. Vantuil Abdala
DJ 15.12.2000 - Decisão unânime
ERR 236534-48.1995.5.03.5555 - Min. Rider de Brito
DJ 05.05.2000 - Decisão unânime
RR 400927-51.1997.5.09.5555, 1ªT - Min. Ronaldo Lopes Leal
DJ 19.04.2002 - Decisão unânime
RR 421813-48.1998.5.05.5555, 2ªT - Min. José Simpliciano Fontes de F. Fernandes
DJ 06.06.2003 - Decisão unânime

Item IV
RR 1085/1969, Ac. 2ªT 942/1969 - Min. Raimundo de Souza Moura
DJ 22.10.1969 - Decisão por maioria
RR 2905/1970, Ac. 3ªT 1658/1970 - Min. Arnaldo Lopes Sussekind
DJ 14.11.1970 - Decisão unânime
RR 3125/1968, Ac. 3ªT 1818/1968 - Rel. "ad hoc" Arnaldo Lopes Sussekind
DJ 21.02.1969 - Decisão por maioria

Item V
ERR 2809/1977, Ac. TP 1277/1979 - Rel. "ad hoc" Min. Orlando Coutinho
DJ 29.06.1979 - Decisão por maioria
ERR 4804/1975,, Ac. TP 374/1978 - Min. Raymundo de Souza Moura
DJ 18.08.1978 - Decisão unânime
RR 1473/1979, Ac. 1ªT 2488/1979 - Rel. "ad hoc" Min. Marcelo Pimentel
DJ 15.02.1979 - Decisão por maioria
RR 787/1979, Ac. 3ªT 1481/1979 - Rel. "ad hoc" Min. Coqueijo Costa
DJ 26.10.1979 - Decisão por maioria
RR 4875/1977, Ac. 3ªT 757/1978 - Min. Lomba Ferraz
DJ 25.08.1978 - Decisão unânime

Item VI
EEDRR 160100-88.2009.5.03.0038, TP - Min. José Roberto Freire Pimenta
DEJT 14.04.2015/J-24.03.2015 - Decisão por maioria
IUJRR 261798-05.1996.5.22.5555,TP - Min. José Luiz Vasconcellos
DJ 13.10.2000/J-11.09.2000 - Decisão unânime

ERR 4347/1977., Ac. TP 1556/1979 - Juiz Conv. Roberto Mário Rodrigues Martins
DJ 17.08.1979 - Decisão por maioria
ERR 1009800-93.2008.5.09.0029 - Min. Aloysio Corrêa da Veiga
DEJT 02.03.2012/J-23.02.2012 - Decisão unânime
EEDRR 91100-04.2009.5.03.0037 – Redator Min. Milton de Moura França
DEJT 13.04.2012/J-17.11.2011 – Decisão por maioria
ERR 90840-41.2005.5.03.0109 – Redator Min. José Roberto Freire Pimenta
DEJT 03.02.2012/J-21.11.2011 – Decisão por maioria
ERR 76700-90.2005.5.03.0015 - Min. Maria de Assis Calsing
DEJT 27.08.2010/J-19.08.2010 - Decisão unânime
ERR 104700-54.2007.5.03.0137 - Min. Maria Cristina Irigoyen Peduzzi
DEJT 18.06.2010/J-27.05.2010 - Decisão por maioria
ERR 7820/1985, Ac. 4230/1989 - Min. José Ajuricaba da Costa e Silva
DJ 02.03.1990 - Decisão unânime
RR 6506-26.1986.5.02.5555, Ac. 1ªT 0943/1987 - Min. Marco Aurélio Mendes de Farias Mello
DJ 26.06.1987 - Decisão por maioria
RR 1304-05.1985.5.02.5555, Ac. 1ªT 5066/1985 - Min. Fernando Franco
DJ 07.02.1986 - Decisão unânime
RR 2084/1978., Ac. 1ªT 2449/1978 - Min. Raymundo de Souza Moura
DJ 09.02.1979 - Decisão unânime
RR 4677-10.1986.5.02.5555, Ac. 2ªT 0909/1987 - Min. José Ajuricaba da Costa e Silva
DJ 22.05.1987 - Decisão unânime
RR 7326/1984, Ac. 2ªT 0236/1986 - Min. José Ajuricaba da Costa e Silva
DJ 21.02.1986 - Decisão unânime
RR 4950/1974, Ac. 2ªT 794/1975 - Min. Orlando Coutinho
DJ 13.10.1975 - Decisão por maioria
RR 3656/1974, Ac. 2ªT 647/1975 - Min. Orlando Coutinho
DJ 25.08.1975 - Decisão por maioria
RR 141900-40.2007.5.03.0026, 2ªT – Min. Renato de Lacerda Paiva
DEJT 02.03.2012/J-15.02.2012 – Decisão unânime
RR 1954/1978, Ac. 3ªT 321/1979 - Min. Ary Campista
DJ 01.06.1979 - Decisão por maioria
RR 4138/1977, Ac. 3ªT 748/1978 - Min. Wagner Giglio
DJ 07.07.1978 - Decisão unânime
RR 3759/1977, Ac. 3ªT 437/1978 - Rel. "ad hoc" Min. Coqueijo Costa
DJ 23.06.1978 - Decisão por maioria
RR 3131/1977, Ac. 3ªT 3295/1977 - Min. C. A. Barata Silva
DJ 20.04.1978 - Decisão por maioria
RR 1383/1975., Ac. 3ªT 2092/1975 - Rel. "ad hoc" Min. Coqueijo Costa
DJ 22.06.1976 - Decisão por maioria
RR 88600-14.2007.5.03.0108, 4ªT – Min. Luiz Philippe Vieira de Mello Filho
DEJT 15.06.2012/J-12.06.2012 – Decisão unânime
AIRR 131200-78.2010.5.03.0000, 4ªT – Min. Maria de Assis Calsing
DEJT 03.04.2012/J-28.03.2012 – Decisão unânime
RR 1189200-21.2008.5.09.0012, 6ªT – Min. Maurício Godinho Delgado
DEJT 16.03.2012/J-07.03.2012 – Decisão unânime

SÚMULA Nº 6 DO TST

RR 332-55.2010.5.03.0018, 6ªT – Min Augusto César Leite de Carvalho
DEJT 25.05.2012/J-09.05.2012 – Decisão por maioria
RR 110900-03.2009.5.03.0139, 6ªT – Min. Aloysio Corrêa da Veiga
DEJT 03.02.2012/J-14.12.2011 – Decisão unânime
Item VII
AGERR 197754/1995., SDI-Plena - Min. Milton de Moura França
Julgado em 10.11.1997 - Decisão por maioria
ERR 391759/1997 - Min. Wagner Pimenta
DJ 09.11.2001 - Decisão unânime
AGERR 197754/1995, Ac. 5422/1997 - Min. Milton de Moura França
DJ 28.11.1997 - Decisão unânime
ERR 53706/1992, Ac. 1094/1997 - Min. José Luiz Vasconcellos
DJ 18.04.1997 - Decisão unânime
ERR 69051/1993, Ac. 5092/1995 - Red. Min. Francisco Fausto Paula de Medeiros
DJ 23.02.1996 - Decisão por maioria
RR 557994/1999, 2ªT - Juiz Conv. Carlos Francisco Berardo
DJ 03.05.2002 - Decisão unânime
RR 297742/1996, 4ªT - Min. Milton de Moura França
DJ 07.12.2000 - Decisão unânime
Item VIII
RR 1466/1973, Ac. 1ªT 1451/1973 - Min. Ribeiro de Vilhena
DJ 23.10.1973 - Decisão unânime
RR 1322/1969, Ac. 2ªT 1073/1969 - Min. Hildebrando Bisaglia
DJ 29.10.1969 - Decisão por maioria
RR 4760/1975, Ac. 3ªT 114/1976 - Min. Coqueijo Costa
DJ 22.06.1976 - Decisão por maioria
RR 2834/1969, Ac. 3ªT 1425/1969 - Min. Arnaldo Lopes Sussekind
DOG 24.02.1970 - Decisão unânime
Item IX
RR 1123/1986, Ac. 1ªT 4555/1986 - Min. Luiz Philippe Vieira de Mello
DJ 13.03.1987 - Decisão unânime
RR 9718/1985, Ac. 1ªT 4295/1986 - Red. Min. Marco Aurélio Mendes de Farias Mello
DJ 06.02.1987 - Decisão por maioria
RR 3621/1986, Ac. 1ªT 3614/1986 - Red. Min. Marco Aurélio Mendes de Farias Mello
DJ 14.11.1986 - Decisão por maioria
RR 4110/1983, Ac. 1ªT 4108/1984 - Red. Min. Coqueijo Costa
DJ 01.03.1985 - Decisão por maioria
RR 4144/1983, Ac. 1ªT 4109/1984 - Min. Marco Aurélio Mendes de Farias Mello
DJ 19.12.1984 - Decisão por maioria
RR 38049/2002-900-02-00.8, 2ªT - Juiz Conv. Altino Pedrozo dos Santos
DJ 14.03.2003 - Decisão unânime
RR 531839/1999, 2ªT - Min. José Luciano de Castilho Pereira
DJ 02.08.2002 - Decisão unânime
RR 4997/1986, Ac. 2ªT 462/1987 - Juiz Conv. Feliciano Oliveira
DJ 24.04.1987 - Decisão unânime
RR 634/1975, Ac. 2ªT 1188/1975 - Min. Orlando Coutinho
DJ 04.11.1987 - Decisão unânime
RR 6462/1982, Ac. 2ªT 516/1984 - Min. Marco Aurélio Prates de Macedo
DJ 01.06.1984 - Decisão unânime
RR 8832/1985, Ac. 3ªT 3053/1986 - Min. Guimarães Falcão
DJ 17.10.1986 - Decisão unânime
RR 5352/1980, Ac. 3ªT 4061/1981 - Min. C. A. Barata Silva

DJ 05.02.1982 - Decisão unânime
RR 415023/1998, 4ªT - Juiz Conv. Horácio R. de Senna Pires
DJ 11.10.2002 - vDecisão unânime
Item X
ERR 582533/1999, SBDI-1 Q. Especial - Min. Vantuil Abdala
DJ 23.08.2002 - Decisão por maioria
ERR 392364/1997 - Min. Wagner Pimenta
DJ 14.12.2001 - Decisão unânime
ERR 349624/1997 - Min. Carlos Alberto Reis de Paula
DJ 08.06.2001 - Decisão unânime
ERR 28861/1991, Ac. SDI 3465/1993 - Min. Cnéa Moreira
DJ 18.03.1994 - Decisão unânime
Histórico:
Item VI alterado – (redação do item VI alterada na sessão do Tribunal Pleno realizada em 14.09.2012) Res. 185/2012, DEJT divulgado em 25, 26 e 27.09.2012

VI - Presentes os pressupostos do art. 461 da CLT, é irrelevante a circunstância de que o desnível salarial tenha origem em decisão judicial que beneficiou o paradigma, exceto se decorrente de vantagem pessoal, de tese jurídica superada pela jurisprudência de Corte Superior ou, na hipótese de equiparação salarial em cadeia, suscitada em defesa, se o empregador produzir prova do alegado fato modificativo, impeditivo ou extintivo do direito à equiparação salarial em relação ao paradigma remoto.

VI alterado – (redação do item VI alterada na sessão do Tribunal Pleno realizada em 16.11.2010) Res. 172/2010, DEJT divulgado em 19, 22 e 23.11.2010

VI - Presentes os pressupostos do art. 461 da CLT, é irrelevante a circunstância de que o desnível salarial tenha origem em decisão judicial que beneficiou o paradigma, exceto se decorrente de vantagem pessoal, de tese jurídica superada pela jurisprudência de Corte Superior ou, na hipótese de equiparação salarial em cadeia, se não demonstrada a presença dos requisitos da equiparação em relação ao paradigma que deu origem à pretensão, caso arguida a objeção pelo reclamado. (item alterado na sessão do Tribunal Pleno realizada em 16.11.2010)

Item VI alterado - (incorporação das Súmulas nºs 22, 68, 111, 120, 135 e 274 e das Orientações Jurisprudenciais nºs 252, 298 e 328 da SBDI-1) - Res. 129/2005, DJ 20, 22 e 25.04.2005

VI - Presentes os pressupostos do art. 461 da CLT, é irrelevante a circunstância de que o desnível salarial tenha origem em decisão judicial que beneficiou o paradigma, exceto se decorrente de vantagem pessoal ou de tese jurídica superada pela jurisprudência de Corte Superior. (ex-Súmula nº 120 - alterada pela Res. 100/2000, DJ 20.09.2000)

Súmula mantida - Res. 121/2003, DJ 19, 20 e 21.11.2003

Nº 6 Quadro de carreira. Homologação. Equiparação salarial
Para os fins previstos no § 2º do art. 461 da CLT, só é válido o quadro de pessoal organizado em carreira quando homologado pelo Ministério do Trabalho, excluindo-se, apenas, dessa exigência o quadro de carreira das entidades de direito público da administração direta, autárquica e fundacional, aprovado por ato administrativo da autoridade competente.

Súmula alterada - Res. 104/2000, DJ 18, 19 e 20.12.2000

Nº 6 Quadro de carreira. Homologação. Equiparação salarial
Para os fins previstos no parágrafo 2º do artigo 461 da CLT, só é válido o quadro de pessoal organizado em carreira quando homologado pelo Ministério do Trabalho, excluindo-se, apenas, dessa exigência, o quadro de carreira das entidades de Direito Público da administração direta, autárquica e fundacional e aprovado por ato administrativo da autoridade competente.

Redação original - RA 28/1969, DO-GB 21.08.1969

Nº 6 Para os fins previstos no § 2º do art. 461 da C. L. T., só é válido o quadro de pessoal organizado em carreira quando homologado pelo Ministério do Trabalho e Previdência Social.

Súmula nº 7 do TST
FÉRIAS (mantida) - Res. 121/2003, DJ 19, 20 e 21.11.2003

A indenização pelo não-deferimento das férias no tempo oportuno será calculada com base na remuneração devida ao empregado na época da reclamação ou, se for o caso, na da extinção do contrato.

Precedentes:

RR 4552/1965., Ac. 1ªT 3060/1965 - Min. Lima Teixeira
DJ 24.03.1966 - Decisão por maioria
RR 3648/1967., Ac. 2ªT 110/1968 - Min. Raymundo de Souza Moura
DJ 20.05.1968 - Decisão unânime
RR 2664/1969., Ac. 2ªT 1417/1969 - Min. Hildebrando Bisaglia
DJ 09.12.1969 - Decisão unânime

Histórico:

Redação original – RA 28/1969, DO-GB 21.08.1969

Nº 7 A indenização pelo não deferimento das férias no tempo oportuno será calculada com base na remuneração devida ao empregado à época da reclamação ou, se for o caso, à da extinção do contrato.

Súmula nº 8 do TST
JUNTADA DE DOCUMENTO (mantida) - Res. 121/2003, DJ 19, 20 e 21.11.2003

A juntada de documentos na fase recursal só se justifica quando provado o justo impedimento para sua oportuna apresentação ou se referir a fato posterior à sentença.

Precedentes:

RR 3934/1958., Ac. 1ªT 447/1959 - Min. Edgard de Oliveira Lima
DJ 24.07.1959 - Decisão unânime
RR 1350/1955., Ac. 1ªT 1210/1955 - Min. Astolfo Serra
DJ 09.04.1956 - Decisão por maioria
RR 3456/1951., Ac. 1ª T 648/1952 - Min. Edgard de Oliveira Lima
DJ 04.12.1952 - Decisão unânime
RR 2688/1967., Ac. 2ªT 465/1967 - Min. Raymundo de Souza Moura
DJ 26.04.1968 - Decisão por maioria

Histórico:

Redação original - RA 28/1969, DO-GB 21.08.1969

Súmula nº 9 do TST
AUSÊNCIA DO RECLAMANTE (mantida) - Res. 121/2003, DJ 19, 20 e 21.11.2003

A ausência do reclamante, quando adiada a instrução após contestada a ação em audiência, não importa arquivamento do processo.

Precedentes:

RR 1667/1966., Ac. 1ªT 1635/1966 - Min. J. Carvalho Junior
DJ 24.10.1966 - Decisão unânime
RR 3028/1965., Ac. 1ªT 2350/1965 - Min. Rômulo Cardim
DJ 03.12.1965 - Decisão por maioria
RR 2446/1965., Ac. 3ªT 2253/1965 - Min. Luiz Menossi
DJ 10.12.1965 - Decisão unânime
RR 3853/1963., Ac. 3ªT 443/1964 - Min. Hildebrando Bisaglia
DJ 20.08.1964 - Decisão unânime

Histórico:

Redação original - RA 28/1969, DO-GB 21.08.1969

Súmula nº 10 do TST
PROFESSOR. DISPENSA SEM JUSTA CAUSA. TÉRMINO DO ANO LETIVO OU NO CURSO DE FÉRIAS ESCOLARES. AVISO PRÉVIO (redação alterada em sessão do Tribunal Pleno realizada em 14.09.2012) – Res. 185/2012, DEJT divulgado em 25, 26 e 27.09.2012

O direito aos salários do período de férias escolares assegurado aos professores (art. 322, caput e § 3º, da CLT) não exclui o direito ao aviso prévio, na hipótese de dispensa sem justa causa ao término do ano letivo ou no curso das férias escolares.

Precedentes:

RR 4453/1965.., Ac. 1ªT 752/1966 - Min. J. Carvalho Júnior
DJ 05.08.1966 - Decisão por maioria
RR 57200-64.2007.5.01.0034,2ªT - Min. José Roberto Freire Pimenta
DEJT 16.03.2012/J-07.03.2012 - Decisão unânime
RR 410383-63.1997.5.04.5555,2ªT - Min. José Simpliciano Fontes Fernandes
DJ 14.12.2001/J-14.11.2001 -Decisão unânime
RR 53200-45.2009.5.01.0068,2ªT -Min. Guilherme Augusto Caputo Bastos
DEJT 12.08.2011/J-03.08.2011 - Decisão unânime
RR 1701/1967., Ac. 2ªT 1871/1967 - Min. Raimundo de Souza Moura
DJ 05.12.1967 - Decisão unânime
RR 15300-71.2005.5.01.0002,3ªT - Min. Rosa Maria Weber Candiota da Rosa
DEJT 24.10.2008/J-24.09.2008 - Decisão unânime
RR 42400-04.2006.5.01.0022,5ªT - Min. Kátia Magalhães Arruda
DEJT 29.05.2009/J-06.05.2009 - Decisão unânime
RR 44640-87.2006.5.01.0014,6ªT - Min. Mauricio Godinho Delgado
DEJT 24.06.2011/J-15.06.2011 - Decisão unânime
RR 186040-77.2001.5.01.0301,6ªT - Min. Augusto César Leite de Carvalho
DEJT 19.02.2010/J-03.02.2010 - Decisão unânime
RR 10440-18.2007.5.01.0047,7ªT - Min. Pedro Paulo Teixeira Manus
DEJT 05.11.2010/J-27.10.2010 - Decisão unânime

Histórico:

Súmula mantida - Res. 121/2003, DJ 19, 20 e 21.11.2003
Nº 10 Professor
Redação original - RA 28/1969, DO-GB 21.08.1969
Nº 10 Professor

Nº 10 É assegurado aos professores o pagamento dos salários no período de férias escolares. Se despedido sem justa causa, ao terminar o ano letivo ou no curso dessas férias, faz jus aos referidos salários.

Súmula nº 11 do TST
HONORÁRIOS DE ADVOGADO (cancelada) - Res. 121/2003, DJ 19, 20 e 21.11.2003

É inaplicável na Justiça do Trabalho o disposto no art. 64 do Código de Processo Civil, sendo os honorários de advogado somente devidos nos termos do preceituado na Lei nº 1.060, de 1950.

Histórico:

Redação original - RA 28/1969, DO-GB 21.08.1969

Súmula nº 12 do TST
CARTEIRA PROFISSIONAL (mantida) - Res. 121/2003, DJ 19, 20 e 21.11.2003

As anotações apostas pelo empregador na carteira profissional do empregado não geram presunção "juris et de jure", mas apenas "juris tantum".

Precedentes:

RR 270/1957., Ac. 2ªT 453/1957 - Min. Oscar Saraiva
DJ 13.08.1957 - Decisão unânime
RR 32/1949., Ac. 914/1949 - Min. Percival Godoi Ilha
DJ 30.01.1950 - Decisão por maioria
RR 2696/1947., Ac. 470/1947 - Min. Waldemar Ferreira Marques

DJ 23.01.1948 - Decisão unânime
RR 6968/1946., Ac. 863/1947 - Min. Waldemar Ferreira Marques
D J 04.07.1947 - Decisão unânime
Histórico:
Redação original - RA 28/1969, DO-GB 21.08.1969

Súmula nº 13 do TST
MORA (mantida) - Res. 121/2003, DJ 19, 20 e 21.11.2003
O só pagamento dos salários atrasados em audiência não ilide a mora capaz de determinar a rescisão do contrato de trabalho.
Precedentes:
RR 915/1956., Ac. 1ªT 553/1956 - Min. Edgard de Oliveira Lima
DJ 21.09.1956 - Decisão unânime
RR 1196/1968., Ac. 2ª T 889/1968 - Min. Raymundo de Souza Moura
DJ 16.09.1968 - Decisão unânime
RR 3544/1957., Ac. 2ªT 201/1958 - Min. Télio da Costa Monteiro
DJ 18.07.1958 - Decisão unânime
RR 3477/1967., Ac. 3ª T 2496/1967 - Min. Arnaldo Lopes Sussekind
DJ 05.04.1968 - Decisão por maioria
Histórico:
Redação original - RA 28/1969, DO-GB 21.08.1969

Súmula nº 14 do TST
CULPA RECÍPROCA (nova redação) - Res. 121/2003, DJ 19, 20 e 21.11.2003
Reconhecida a culpa recíproca na rescisão do contrato de trabalho (art. 484 da CLT), o empregado tem direito a 50% (cinqüenta por cento) do valor do aviso prévio, do décimo terceiro salário e das férias proporcionais.
Precedentes:
AIRR e RR 54460/2002-900-02-00.0, 2ª T - Min. José Simpliciano Fontes de F. Fernandes
DJ 18.04.2008 - Decisão unânime
RR 529/2002-902-02-00.9, 3ª T - Min. Maria Cristina Irigoyen Peduzzi
DJ 24.09.2004 - Decisão unânime
AIRR 24848/2002-900-03-00.1, 5ª T - Juiz Convocado Walmir Oliveira da Costa
DJ 08.10.2004 - Decisão unânime
Histórico:
Redação original - RA 28/1969, DO-GB 21.08.1969
Nº 14 Reconhecida a culpa recíproca na rescisão do contrato de trabalho (art. 484 da CLT), o empregado não fará jus ao aviso prévio, às férias proporcionais e à gratificação natalina do ano respectivo.

Súmula nº 15 do TST
ATESTADO MÉDICO (mantida) - Res. 121/2003, DJ 19, 20 e 21.11.2003
A justificação da ausência do empregado motivada por doença, para a percepção do salário-enfermidade e da remuneração do repouso semanal, deve observar a ordem preferencial dos atestados médicos estabelecida em lei.
Precedentes:
RR 5472/1964., Ac. TP 318/1966 - Min. Amaro Barreto
DJ 22.08.1966 - Decisão por maioria
RR 3085/1957., Ac. TP 180/1959 - Min. Luís Augusto de França
DJ 12.08.1959 - Decisão por maioria
RR 8391/1946., Ac. 224/1946 - Min. Manoel Caldeira Neto
DJ 05.12.1946 - Decisão por maioria
RR 4365/1945, Ac. 675/1946 - Min. Waldemar Ferreira Marques
DJ 27.07.1946 - Decisão unânime

Histórico:
Redação original - RA 28/1969, DO-GB 21.08.1969

Súmula nº 16 do TST
NOTIFICAÇÃO (nova redação) - Res. 121/2003, DJ 19, 20 e 21.11.2003
Presume-se recebida a notificação 48 (quarenta e oito) horas depois de sua postagem. O seu não-recebimento ou a entrega após o decurso desse prazo constitui ônus de prova do destinatário.
Precedentes:
RR 689356/2000, Ac. 2ªT - Min. Vantuil Abdala
DJ 10.08.2001 - Decisão unânime
RR 497010/1998, Ac. 3ªT - Min. Francisco Fausto Paula de Medeiros
DJ 14.04.2000 - Decisão unânime
RR 389848/1997, Ac. 5ªT - Min. Gelson de Azevedo
DJ 17.08.2001 - Decisão unânime
Histórico:
Redação original - RA 28/1969, DO-GB 21.08.1969
Nº 16 Presume-se recebida a notificação 48 horas depois de sua regular expedição. O seu não recebimento ou a entrega após o decurso desse prazo constituem ônus de prova do destinatário.

Súmula nº 17 do TST
ADICIONAL DE INSALUBRIDADE (cancelada na sessão do Tribunal Pleno realizada em 26.06.2008) - Res. 148/2008, DJ 04 e 07.07.2008 - Republicada DJ 08, 09 e 10.07.2008
O adicional de insalubridade devido a empregado que, por força de lei, convenção coletiva ou sentença normativa, percebe salário profissional será sobre este calculado.
Histórico:
Súmula restaurada - Res. 121/2003, DJ 19, 20 e 21.11.2003
Súmula cancelada - Res. 29/1994, DJ 12, 17 e 19.05.1994
Redação original – RA 28/1969, DO-GB 21.08.1969
Nº 17 O adicional-insalubridade devido a empregado que percebe, por força de lei, convenção coletiva ou sentença normativa, salário-profissional, será sobre este calculado.

Súmula nº 18 do TST
COMPENSAÇÃO (mantida) - Res. 121/2003, DJ 19, 20 e 21.11.2003
A compensação, na Justiça do Trabalho, está restrita a dívidas de natureza trabalhista.
Precedentes:
RR 1718/1966., Ac. 1ªT 1494/1966 - Min. Arnaldo Lopes Sussekind
DJ 05.10.1966 - Decisão unânime
RR 5770/1952., Ac. 1ªT 389/1954 - Min. Delfim Moreira Junior
DJ 03.11.1954 - Decisão unânime
RR 2036/1964., Ac. 2ªT 1451/1964 - Min. Minervino Fiuza Lima
DJ 11.11.1964 - Decisão por maioria
RR 626/1962., Ac. 3ªT 724/1962 - Min. Delfim Moreira Junior
DJ 19.07.1962 - Decisão unânime
Histórico:
Redação original - RA 28/1969, DO-GB 21.08.1969

Súmula nº 19 do TST
QUADRO DE CARREIRA (mantida) - Res. 121/2003, DJ 19, 20 e 21.11.2003
A Justiça do Trabalho é competente para apreciar reclamação de empregado que tenha por objeto direito fundado em quadro de carreira.
Precedentes:.
RR 1514/1967., Ac. 3ªT 271/1967 - Min. Arnaldo Lopes Sussekind

DJ 15.09.1967 - Decisão por maioria
RR 2998/1953., Ac. 55/1954 - Min. Geraldo Montedônio Bezerra de Menezes
DJ 04.02.1954 - Decisão unânime
RR 113/1952., Ac. 268/1953 - Min. Geraldo Montedônio Bezerra de Menezes
DJ 23.06.1953 - Decisão por maioria
RR 1147/1952., Ac. 518/1953 - Min. Geraldo Montedônio Bezerra de Menezes
DJ 06.05.1953 - Decisão unânime
Histórico:
Redação original - RA 28/1969, DO-GB 21.08.1969
Nº 19 A Justiça do Trabalho é competente para apreciar reclamação de empregado que tenha por objeto direito fundado no quadro de carreira.

Súmula nº 20 do TST
RESILIÇÃO CONTRATUAL (cancelamento mantido) - Res. 121/2003, DJ 19, 20 e 21.11.2003
Não obstante o pagamento da indenização de antigüidade, presume-se em fraude à lei a resilição contratual, se o empregado permaneceu prestando serviço ou tiver sido, em curto prazo, readmitido.
Histórico:
Súmula cancelada - Res. 106/2001, DJ 21, 22 e 23.03.2001.
Redação original - RA 57/1970, DO-GB 27.11.1970

Súmula nº 21 do TST
APOSENTADORIA (cancelamento mantido) - Res. 121/2003, DJ 19, 20 e 21.11.2003
O empregado aposentado tem direito ao cômputo do tempo anterior à aposentadoria, se permanecer a serviço da empresa ou a ela retornar.
Histórico:
Súmula cancelada - Res. 30/1994, DJ 12, 16 e 18.05.1994
Redação original - RA 57/1970, DO-GB 27.11.1970

Súmula nº 22 do TST
EQUIPARAÇÃO SALARIAL (cancelada em decorrência da sua incorporação à nova redação da Súmula nº 6) - Res. 129/2005, DJ 20, 22 e 25.04.2005
É desnecessário que, ao tempo da reclamação sobre equiparação salarial, reclamante e paradigma estejam a serviço do estabelecimento, desde que o pedido se relacione com situação pretérita.
Histórico:
Súmula mantida - Res. 121/2003, DJ 19, 20 e 21.11.2003
Redação original - RA 57/70, DO-GB 27.11.1970

Súmula nº 23 do TST
RECURSO (mantida) - Res. 121/2003, DJ 19, 20 e 21.11.2003
Não se conhece de recurso de revista ou de embargos, se a decisão recorrida resolver determinado item do pedido por diversos fundamentos e a jurisprudência transcrita não abranger a todos.
Precedentes:.
ERR 427/1969, TP Ac. 134/1970 - Min. Celso Lanna
DJ 07.04.1970 - Decisão unânime
ERR 3339/1968, TP Ac. 1083/1969 - Min. Antônio Alves de Almeida
DJ 25.11.1969 - Decisão unânime
ERR 844/1969, TP Ac. 1059/1969 - Min. Ary Campista.
DJ 18.11.1969 - Decisão por maioria
RR 664/1969, 2ªT Ac. 555/1969 - Min. Ary Campista
DJ 26.06.1969 - Decisão unânime
RR 2605/1969, 3ªT Ac. 349/1970 - Min. Elias Bufáiçal

DJ 27.04.1970 - Decisão unânime
AI 1210/1969, 3ªT Ac. 1441/1969 - Min. Floriano Maciel
DJ 24.02.1970 - Decisão unânime
RR 1032/1969, 3ªT Ac. 1079/1969 - Min. Charles Edgard Moritz
DJ 11.11.1969 - Decisão unânime
Histórico:
Redação original - RA 57/1970, DO-GB 27.11.1970
Nº 23 Não se conhece da revista ou dos embargos, quando a decisão recorrida resolver determinado item do pedido por diversos fundamentos, e a jurisprudência transcrita não abranger a todos.

Súmula nº 24 do TST
SERVIÇO EXTRAORDINÁRIO (mantida) - Res. 121/2003, DJ 19, 20 e 21.11.2003
Insere-se no cálculo da indenização por antiguidade o salário relativo a serviço extraordinário, desde que habitualmente prestado.
Precedentes:.
RR 1964/1968., 2ªT Ac. 1831/1968 - Min. Raymundo de Souza Moura
DJ 06.03.1969 - Decisão unânime
RR 1794/1967., 2ªT Ac. 1697/1967 - Min. Ary Campista
DJ 25.10.1967 - Decisão unânime
RR 2254/1967., 3ªT Ac. 1869/1967 - Min. Arnaldo Lopes Sussekind
DJ 06.12.1967 - Decisão por maioria
RR 5708/1961., 3ªT Ac. 906/1962 - Min. Hildebrando Biságlia
DJ 09.08.1962 - Decisão por maioria
Histórico:
Redação original - RA 57/1970, DO-GB 27.11.1970

Súmula nº 25 do TST
CUSTAS PROCESSUAIS. INVERSÃO DO ÔNUS DA SUCUMBÊNCIA. (alterada a Súmula e incorporadas as Orientações Jurisprudenciais nºs 104 e 186 da SBDI-1) - Res. 197/2015 - DEJT divulgado em 14, 15 e 18.05.2015
I - A parte vencedora na primeira instância, se vencida na segunda, está obrigada, independentemente de intimação, a pagar as custas fixadas na sentença originária, das quais ficara isenta a parte então vencida;
II - No caso de inversão do ônus da sucumbência em segundo grau, sem acréscimo ou atualização do valor das custas e se estas já foram devidamente recolhidas, descabe um novo pagamento pela parte vencida, ao recorrer. Deverá ao final, se sucumbente, reembolsar a quantia; (ex-OJ nº 186 da SBDI-I)
III - Não caracteriza deserção a hipótese em que, acrescido o valor da condenação, não houve fixação ou cálculo do valor devido a título de custas e tampouco intimação da parte para o preparo do recurso, devendo ser as custas pagas ao final; (ex-OJ nº 104 da SBDI-I)
IV - O reembolso das custas à parte vencedora faz-se necessário mesmo na hipótese em que a parte vencida for pessoa isenta do seu pagamento, nos termos do art. 790-A, parágrafo único, da CLT.
Precedentes:.
Item I
RR 4882/1966., Ac.1ªT 104/1967 - Min. Arnaldo Lopes Sussekind
DJ 23.05.1967 - Decisão unânime
RR 344/1969., Ac. 2ªT 467/1969 - Min. Raymundo de Souza Moura
DJ 04.07.1969 - Decisão por maioria
RR 5655/1966., Ac. 2ªT 1201/1967 - Min. Raimundo Souza Moura
DJ 13.08. 1967 - Decisão unânime

RR 1180/1967., Ac. 3ªT 1076/1967 - Min. Arnaldo Lopes Sussekind
DJ 20.11.1967 - Decisão por maioria
Item II
EAGRR 200174/1995 - Min. José Carlos Perret Schulte
DJ 30.10.1998 - Decisão unânime
ERR 159663/1995 - Min. Ronaldo Lopes Leal
DJ 05.06.1998 - Decisão unânime
ERR 150793/1994, Ac. 5560/1997 - Min. Vantuil Abdala
DJ 12.12.1997 - Decisão unânime
ERR 84486/1993, Ac. 5332/1997 - Min. Luciano de Castilho
DJ 05.12.1997 - Decisão unânime
ERR 104831/1994, Ac. 1141/1997 - Min. José Luiz Vasconcellos
DJ 18.04.1997 - Decisão unânime
ERR 96746/1993, Ac. 3713/1996 - Min. Cnéa Moreira
DJ 28.02.1997 - Decisão unânime
ERR 109650/1994, Ac. 2039/1996 - Min. Milton de Moura França
DJ 31.10.1996 - Decisão unânime
ERR 44488/1992, Ac. 1004/1996 - Min. Cnéa Moreira
DJ 19.04.1996 - Decisão unânime
AI 127857/1994, Ac. 1ª T 6160/1994 - Min. Lourenço Prado
DJ 16.12.1994 - Decisão unânime
RR 338839/1997, 4ª T - Min. Ives Gandra
DJ 18.02.2000 - Decisão unânime
RR 358568/1997, 4ª T - Min. Milton de Moura França
DJ 13.08.1999 - Decisão unânime
RR 326979/1996, 5ª T - Juiz Conv. Darcy Carlos Mahle
DJ 03.09.1999 - Decisão unânime
Item III
ERR 27991/1991, SDI-Plena - Min. Rider Nogueira de Brito
Julgado em 17.12.1996 - Decisão por maioria
EAIRR 786270/2001 - Min. Carlos Alberto Reis de Paula
DJ 29.11.2002 - Decisão unânime
AIRO 341988/1997, Ac. 4669/1997 - Min. João Oreste Dalazen
DJ 28.11.1997 - Decisão unânime
ERR 27991/1991, Ac. 1394/1997 - Red. Min. Nelson Daiha
DJ 08.08.1997 - Decisão por maioria
AIRO 236871/1995, Ac. 75/1997 - Min. José Luciano de Castilho Pereira
DJ 11.04.1997 - Decisão unânime
ERR 84783/1993, Ac. 4767/1994 - Min. Ney Doyle
DJ 24.03.1995 - Decisão unânime
ROAG 37355/1991, Ac. 842/92 - Min. Ermes Pedro Pedrassani
DJ 15.05.1992 - Decisão unânime
Item IV
EEDRR 105500-17.2000.5.02.0053 - Min. Renato de Lacerda Paiva
DEJT 31.08.2012/J-16.08.2012 - Decisão unânime
EEDRR 150000-83.2001.5.02.0070 - Min. Aloysio Corrêa da Veiga
DEJT 28.08.2009/J-20.08.2009 - Decisão unânime
EEDRR 739621-69.2001.5.02.5555 - Min. Luiz Philippe Vieira de Mello Filho
DEJT 14.12.2007/J-10.12.2007 - Decisão unânime
Histórico:
Súmula mantida - Res. 121/2003, DJ 19, 20 e 21.11.2003
Nº 25 - Custas
A parte vencedora na primeira instância, se vencida na segunda, está obrigada, independentemente de intimação, a pagar as custas fixadas na sentença originária, das quais ficará isenta a parte então vencida.
Redação original - RA 57/1970, DO-GB 27.11.1970

Súmula nº 26 do TST
ESTABILIDADE (cancelada) - Res. 121/2003, DJ 19, 20 e 21.11.2003
Presume-se obstativa à estabilidade a despedida, sem justo motivo, do empregado que alcançar nove anos de serviço na empresa.
Histórico:
Redação original - RA 57/1970, DO-GB 27.11.1970

Súmula nº 27 do TST
COMISSIONISTA (mantida) - Res. 121/2003, DJ 19, 20 e 21.11.2003
É devida a remuneração do repouso semanal e dos dias feriados ao empregado comissionista, ainda que pracista.
Precedentes:.
RR 833/1957., Ac. TP 65/1958 - Min. Délio Barreto de Albuquerque Maranhão
DJ 30.05.1958 - Decisão por maioria
RR 473/1957., Ac. 2ªT 267/1957 -Min. Thélio da Costa Monteiro
DJ 19.07.1957 - Decisão unânime
RR 661/1970., Ac. 3ªT 579/1970 - Min. Arnaldo Lopes Sussekind
DJ 06.07.1970 - Decisão unânime
RR 1107/1959., Ac. 3ªT 736/1959 - Min. Hildebrando Bisaglia
DJ 04.09.1959 - Decisão por maioria
Histórico:
Redação original - RA 57/1970, DO-GB 27.11.1970

Súmula nº 28 do TST
INDENIZAÇÃO (nova redação) - Res. 121/2003, DJ 19, 20 e 21.11.2003
No caso de se converter a reintegração em indenização dobrada, o direito aos salários é assegurado até a data da primeira decisão que determinou essa conversão.
Precedentes:
AGERR 100357/1993., SDI-Plena - Min. José Luciano de Castilho Pereira
Julgado em 19.05.1997 - Decisão por maioria
AGERR 100357/1993, Ac. 2436/1997 - Min. José Luciano de Castilho Pereira
DJ 01.08.1997 - Decisão unânime
.ERR 2501/1988, Ac. 0901/1996 - Red. Min. Manoel Mendes de Freitas
DJ 10.05.1996 - Decisão por maioria
ERR 2911/1986, Ac. 4125/1989 - Min. José Ajuricaba da Costa e Silva
DJ 23.03.1990 - Decisão unânime
RR 463080/1998, 1ªT - Juiz Conv. Georgenor de Sousa Franco Filho
DJ 22.11.2002 - Decisão unânime
Histórico:
Redação original - RA 57/1970, DO-GB 27.11.1970
Nº 28 No caso de se converter a reintegração em indenização dobrada, o direito aos salários é assegurado até a data da sentença constitutiva que põe fim ao contrato.

Súmula nº 29 do TST
TRANSFERÊNCIA (mantida) - Res. 121/2003, DJ 19, 20 e 21.11.2003
Empregado transferido, por ato unilateral do empregador, para local mais distante de sua residência, tem direito a suplemento salarial correspondente ao acréscimo da despesa de transporte.
Precedentes:
ERR 1965/1969., Ac. TP 393/1970 - Min. Floriano Maciel
DJ 06.07.1970 - Decisão por maioria

ERR 143/1969., Ac. TP 1066/1969 - Min. Antônio Alves de Almeida
DJ 25.11.1969 - Decisão por maioria
ERR 4860/1962., Ac. TP 118/1964 - Min. Télio da Costa Monteiro
DJ 12.08.1964 - Decisão por maioria
ERR 3111/1955, Ac. TP 5/1957 - Min. Antônio Francisco Carvalhal
DJ 10.05.1957 - Decisão por maioria
Histórico:
Redação original - RA 57/1970, DO-GB 27.11.1970

Súmula nº 30 do TST
INTIMAÇÃO DA SENTENÇA (mantida) - Res. 121/2003, DJ 19, 20 e 21.11.2003
Quando não juntada a ata ao processo em 48 horas, contadas da audiência de julgamento (art. 851, § 2º, da CLT), o prazo para recurso será contado da data em que a parte receber a intimação da sentença.
Precedentes:
ERR 5008/1964., Ac. TP 797/1965 - Min. Manoel Caldeira Neto
DJ 27.12.1965 - Decisão por maioria
RR 213/1969., Ac. 1ªT 382/1969 - Min. Manoel Caldeira Neto
DJ 18.06.1969 - Decisão por maioria
RR 4953/1966., Ac. 1ªT 411/1967 - Min. A. Rodrigues Amorim
DJ 26.06.1967 - Decisão por maioria
RR 939/1958., Ac. 2ªT 539/1958 - Min. Telio da Costa Monteiro
DJ 10.10.1958 - Decisão por maioria
Histórico:
Redação original - RA 57/1970, DO-GB 27.11.1970

Súmula nº 31 do TST
AVISO PRÉVIO (cancelamento mantido) - Res. 121/2003, DJ 19, 20 e 21.11.2003 - Referência Lei nº 7.108/1983
É incabível o aviso prévio na despedida indireta.
Histórico:
Súmula cancelada - Res. 31/1994, DJ 12, 16 e 18.05.1994
Redação original - RA 57/1970, DO-GB 27.11.1970

Súmula nº 32 do TST
ABANDONO DE EMPREGO (nova redação) - Res. 121/2003, DJ 19, 20 e 21.11.2003
Presume-se o abandono de emprego se o trabalhador não retornar ao serviço no prazo de 30 (trinta) dias após a cessação do benefício previdenciário nem justificar o motivo de não o fazer.
Precedentes:
RR 2373/1967., Ac. 1ª T 719/1968 - Min. Rômulo Cardim
DJ 04.07.1968 - Decisão unânime
RR 2164/1958., Ac. 1ªT 198/1959 - Min. Délio Maranhão
DJ 31.07.1959 - Decisão por maioria
RR 61/1969., Ac. 3ªT 359/1969 - Min. Délio Maranhão
DJ 28.05.1969 - Decisão por maioria
RR 1118/1956., Ac. 393/1957 - Min. Rômulo Cardim
DJ 14.12.1957 - Decisão por maioria
Histórico:
Redação original - RA 57/1970, DO-GB 27.11.1970
Nº 32 Configura-se o abandono de emprego quando o trabalhador não retornar ao serviço no prazo de 30 dias após a cessação do benefício previdenciário, nem justificar o motivo de não o fazer.

Súmula nº 33 do TST
MANDADO DE SEGURANÇA. DECISÃO JUDICIAL TRANSITADA EM JULGADO (mantida) - Res. 121/2003, DJ 19, 20 e 21.11.2003
Não cabe mandado de segurança de decisão judicial transitada em julgado.
Precedentes:
ROMS 111/1970., Ac. TP 755/1970 - Min. Raimundo de Souza Moura
DJ 03.11.1970 - Decisão unânime
ROMS 235/1969., Ac. TP 1240/1969 - Min. Fortunato Peres
DJ 24.02.1970 - Decisão por maioria
MS 1/1969., Ac. TP 359/1969 - Min. Joel Salgado Bastos
DJ 26.06.1969 - Decisão por maioria
MS 3/1969., Ac. TP 386/1969 - Min. Hildebrando Bisaglia
DJ 12.06.1969 - Decisão unânime
Histórico:
Redação original - RA 57/1970, DO-GB 27.11.1970
Nº 33 Não cabe mandado de segurança contra decisão judicial transitada em julgado.

Súmula nº 34 do TST
GRATIFICAÇÃO NATALINA (cancelada) - Res. 121/2003, DJ 19, 20 e 21.11.2003
A gratificação natalina, instituída pela Lei nº 4.090, de 1962, é devida ao empregado rural.
Histórico:
Redação original - RA 57/1970, DO-GB 27.11.1970

Súmula nº 35 do TST
DEPÓSITO RECURSAL. COMPLEMENTAÇÃO (cancelada) - Res. 121/2003, DJ 19, 20 e 21.11.2003
A majoração do salário mínimo não obriga o recorrente a complementar o depósito de que trata o art. 899 da CLT.
Histórico:
Redação original - RA 57/1970, DO-GB 27.11.1970

Súmula nº 36 do TST
CUSTAS (mantida) - Res. 121/2003, DJ 19, 20 e 21.11.2003
Nas ações plúrimas, as custas incidem sobre o respectivo valor global.
Precedentes:
ERR 2085/1968., Ac. TP 559/1969 - Min. Fortunato Peres Júnior
DJ 09.09.1969 - Decisão unânime
RR 2453/1970., Ac. 2ªT 1824/1970 - Min. Raymundo de Souza Moura
DJ 15.12.1970 - Decisão unânime
RR 3901/1958., Ac. 2ªT 435/1959 - Min. Luiz Augusto de França
DJ 02.07.1959 - Decisão por maioria
RR 1473/1968., Ac. 3ªT 835/1968 - Min. Arnaldo Lopes Sussekind
DJ 23.08.1968 - Decisão unânime
Histórico:
Redação original - RA 57/1970, DO-GB 27.11.1970
Nº 36 Nas ações plúrimas as custas incidem sobre o respectivo valor global.

Súmula nº 37 do TST
PRAZO (cancelamento mantido) - Res. 121/2003, DJ 19, 20 e 21.11.2003
O prazo para recurso da parte que não comparece à audiência de julgamento, apesar de notificada, conta-se da intimação da sentença.
Histórico:
Súmula cancelada - Res. 32/1994, DJ 12, 17 e 19.05.1994
Redação original - RA 57/1970, DO-GB 27.11.1970

Súmula nº 38 do TST
RECURSO (cancelada) - Res. 121/2003, DJ 19, 20 e 21.11.2003
Para comprovação da divergência justificadora do recurso é necessário que o recorrente junte certidão, ou documento equivalente, do acórdão paradigma ou faça transcrição do

trecho pertinente à hipótese, indicando sua origem e esclarecendo a fonte da publicação, isto é, órgão oficial ou repertório idôneo de jurisprudência.
Histórico:
Revista pela Súmula nº 337 - Res. 35/1994, DJ 18, 21 e 22.11.1994 - Republicada DJ 30.11.1994, 01 e 02.12.1994
Redação original - RA 57/1970, DO-GB 27.11.1970

Súmula nº 39 do TST
PERICULOSIDADE (mantida) - Res. 121/2003, DJ 19, 20 e 21.11.2003
Os empregados que operam em bomba de gasolina têm direito ao adicional de periculosidade (Lei nº 2.573, de 15.08.1955).
Precedentes:
ERR 3530/1969., Ac. TP 1090/1970 - Min. Jeremias Marrocos
DJ 15.12.1970 - Decisão unânime
RR 230/1958., Ac. TP 55/1959 - Min. Hildebrando Bisaglia
DJ 02.07.1959 - Decisão por maioria
RR 1544/1959., Ac. 2ª T 1944/1959 - Min. Oscar Saraiva
DJ 05.04.1960 - Decisão por maioria
RR 3530/1969., Ac. 3ªT 526/1970 - Min. Arnaldo Lopes Sussekind
DJ 24.06.1970 - Decisão por maioria
Histórico:
Redação original - RA 41/1973, DJ 14.06.1973

Súmula nº 40 do TST
PROCESSO ADMINISTRATIVO (cancelada) - Res. 121/2003, DJ 19, 20 e 21.11.2003
Não cabe recurso ao Tribunal Superior do Trabalho contra decisão em processo administrativo, de interesse de funcionário, proferida por Tribunal Regional do Trabalho.
Histórico:
Revista pela Súmula nº 321 - Res. 13/1993, DJ 29.11.1993, 01 e 03.12.1993
Revista pela Súmula nº 302 - Res. 1/1990, DJ 02.04.1990
Redação original - RA 41/1973, DJ 14.06.1973

Súmula nº 41 do TST
QUITAÇÃO (cancelada) - Res. 121/2003, DJ 19, 20 e 21.11.2003
A quitação, nas hipóteses dos §§ 1º e 2º do art. 477 da CLT concerne exclusivamente aos valores discriminados no documento respectivo.
Histórico:
Revista pela Súmula nº 330 - Res. 22/1993, DJ 21 e 28.12.1993 e 04.01.1994
Redação original - RA 41/1973, DJ 14.06.1973

Súmula nº 42 do TST
RECURSO (cancelada) - Res. 121/2003, DJ 19, 20 e 21.11.2003
Não ensejam o conhecimento de revista ou de embargos decisões superadas por iterativa, notória e atual jurisprudência do Pleno.
Histórico:
Revista pela Súmula nº 333 - Res. 25/1994, DJ 12, 17 e 19.05.1994.
Redação original - RA 41/1973, DJ 14.06.1973

Súmula nº 43 do TST
TRANSFERÊNCIA (mantida) - Res. 121/2003, DJ 19, 20 e 21.11.2003
Presume-se abusiva a transferência de que trata o § 1º do art. 469 da CLT, sem comprovação da necessidade do serviço.
Precedentes:
ERR 2866/1969., Ac. TP 813/1970 - Min. Luiz Roberto de Rezende Puech
DJ 19.10.1970 - Decisão por maioria
RR 224/1971., Ac. 1ªT 623/1971 - Min. Mozart Victor Russomano
DJ 16.08.1971 - Decisão por maioria
RR 1051/1960., Ac. 1ª T 964/1960 - Rel. "ad hoc" Geraldo Montedônio Bezerra de Menezes
DJ 30.09.1960 - Decisão por maioria
RR 1079/1969., Ac. 3ªT 678/1969 - Min. Arnaldo Lopes Sussekind
DJ 03.09.1969 - Decisão por maioria
Histórico:
Redação original - RA 41/1973, DJ 14.06.1973

Súmula nº 44 do TST
AVISO PRÉVIO (mantida) - Res. 121/2003, DJ 19, 20 e 21.11.2003
A cessação da atividade da empresa, com o pagamento da indenização, simples ou em dobro, não exclui, por si só, o direito do empregado ao aviso prévio.
Precedentes:
ERR 425/1971., Ac. TP 298/1972 - Min. Mozart Victor Russomano
DJ 30.05.1972 - Decisão por maioria
RR 7/1971., Ac. 2ª T 642/1971 - Min. Luiz Roberto de Rezende Puech
DJ 24.08.1971 - Decisão unânime
RR 4345/1970., Ac. 2ªT 315/1971 - Min. Raymundo de Souza Moura
DJ 23.06.1971 - Decisão unânime
RR 4354/1970., Ac. 3ªT 88/1971 - Min. Arnaldo Lopes Sussekind
DJ 16.03.1971 - Decisão unânime
Histórico:
Redação original - RA 41/1973, DJ 14.06.1973

Súmula nº 45 do TST
SERVIÇO SUPLEMENTAR (mantida) - Res. 121/2003, DJ 19, 20 e 21.11.2003
A remuneração do serviço suplementar, habitualmente prestado, integra o cálculo da gratificação natalina prevista na Lei nº 4.090, de 13.07.1962.
Precedentes:
RR 3510/1972., Ac. 1ªT 1779/1972 - Min. Mozart Victor Russomano
DJ 14.02.1973 - Decisão unânime
RR 1266/1971., Ac. 2ªT 1861/1971 - Min. Hildebrando Bisaglia
DJ 03.03.1972 - Decisão unânime
RR 3409/1969., Ac. 2ªT 232/1970 - Min. Mozart Victor Russomano
DJ 27.04.1970 - Decisão unânime
RR 3076/1969., Ac. 2ªT 199/1970 - Min. Mozart Victor Russomano
DJ 15.04.1970 - Decisão unânime
Histórico:
Redação original - RA 41/1973, DJ 14.06.1973
Nº 45 A remuneração do serviço suplementar, habitualmente prestado, integra o cálculo da gratificação natalina prevista na Lei nº 4.090 de 1962.

Súmula nº 46 do TST
ACIDENTE DE TRABALHO (mantida) - Res. 121/2003, DJ 19, 20 e 21.11.2003
As faltas ou ausências decorrentes de acidente do trabalho não são consideradas para os efeitos de duração de férias e cálculo da gratificação natalina.
Precedentes:
ERR 526/1968., Ac. TP 807/1968 - Min. Délio de Albuquerque Maranhão
DJ 16.12.1968 - Decisão por maioria

RR 915/1970., Ac. 1ªT 1214/1970 - Min. Mozart Victor Russomano
DJ 30.09.1970 - Decisão por maioria
RR 1052/1971., Ac. 2ªT 1044/1971 - Min. Luiz Roberto de Rezende Puech
DJ 25.10.1971 - Decisão por maioria
RR 5517/1966., Ac. 3ªT 624/1967 - Min. Aldílio Tostes Malta
DJ 26.06.1967 - Decisão por maioria
Histórico:
Redação original - RA 41/1973, DJ 14.06.1973

Súmula nº 47 do TST
INSALUBRIDADE (mantida) - Res. 121/2003, DJ 19, 20 e 21.11.2003
O trabalho executado em condições insalubres, em caráter intermitente, não afasta, só por essa circunstância, o direito à percepção do respectivo adicional.
Precedentes:
ERR 2527/1970., Ac. TP 900/1971 - Min. Leão Velloso Ebert
DJ 17.11.1971 - Decisão por maioria
ERR 1235/1963., Ac. TP 605/1964 - Min. João de Lima Teixeira
DJ 31.05.1965 - Decisão por maioria
RR 1454/1972., Ac. 3ªT 1288/1972 - Min. Luiz Philippe Vieira de Mello
DJ 27.11.1972 - Decisão por maioria
RR 1140/1968., Ac. 3ªT 678/1968 - Min. Aldílio Tostes Malta
DJ 14.08.1968 - Decisão unânime
Histórico:
Redação original - RA 41/1973, DJ 14.06.1973
Nº 47 O trabalho executado, em caráter intermitente, em condições insalubres, não afasta, só por essa circunstância, o direito à percepção do respectivo adicional.

Súmula nº 48 do TST
COMPENSAÇÃO (mantida) - Res. 121/2003, DJ 19, 20 e 21.11.2003
A compensação só poderá ser argüida com a contestação.
Precedentes:
ERR 5156/1961., Ac. TP 378/1964 - Min. Geraldo M. Bezerra de Menezes
DJ 12.11.1964 - Decisão unânime
RR 2702/1969., Ac. 3ªT 213/1970 - Min. Mozart Victor Russomano
DJ 15.04.1970 - Decisão unânime
RR 1603/1968, Ac. 3ªT 1561/1968 - Min. Arnaldo Lopes Sussekind
DJ 16.12.1968 - Decisão unânime
RR 1926/1967., Ac. 3ªT 2223/1967 - Min. Arnaldo Lopes Sussekind
DJ 22.12.1967 - Decisão por maioria
Histórico:
Redação original - RA 41/1973, DJ 14.06.1973

Súmula nº 49 do TST
INQUÉRITO JUDICIAL (cancelada) - Res. 121/2003, DJ 19, 20 e 21.11.2003
No inquérito judicial, contadas e não pagas as custas no prazo fixado pelo juízo, será determinado o arquivamento do processo.
Histórico:
Redação original - RA 41/1973, DJ 14.06.1973

Súmula nº 50 do TST
GRATIFICAÇÃO NATALINA (mantida) - Res. 121/2003, DJ 19, 20 e 21.11.2003

A gratificação natalina, instituída pela Lei nº 4.090, de 13.07.1962, é devida pela empresa cessionária ao servidor público cedido enquanto durar a cessão.
Precedentes:
RR 491/1972., Ac. 1ªT 1335/1972 - Min. Rodrigues de Amorim
DJ 18.12.1972 - Decisão unânime
RR 495/1972., Ac. 2ªT 1275/1972 - Min. Coqueijo Costa
DJ 27.11.1972 - Decisão por maioria
RR 1120/1969., Ac. 2ª T 870/1969 - Min. Mozart Victor Russomano
DJ 01.10.1969 - Decisão unânime
RR 492/1972., Ac. 3ªT 800/1972 - Min. Luiz Philippe Vieira de Mello
DJ 23.08.1972 - Decisão unânime
Histórico:
Redação original - RA 41/1973, DJ 14.06.1973
Nº 50 A gratificação natalina, instituída pela Lei nº 4.090, de 1962, é devida pela empresa cessionária ao servidor público cedido enquanto durar a cessão.
Súmulas
Súmulas do Tribunal Superior do Trabalho

Súmula nº 51 do TST
NORMA REGULAMENTAR. VANTAGENS E OPÇÃO PELO NOVO REGULAMENTO. ART. 468 DA CLT (incorporada a Orientação Jurisprudencial nº 163 da SBDI-1) - Res. 129/2005, DJ 20, 22 e 25.04.2005
I - As cláusulas regulamentares, que revoguem ou alterem vantagens deferidas anteriormente, só atingirão os trabalhadores admitidos após a revogação ou alteração do regulamento. (ex-Súmula nº 51 - RA 41/1973, DJ 14.06.1973)
II - Havendo a coexistência de dois regulamentos da empresa, a opção do empregado por um deles tem efeito jurídico de renúncia às regras do sistema do outro. (ex-OJ nº 163 da SBDI-1 - inserida em 26.03.1999)
Precedentes:
Item I
ERR 1020/1969., Ac. TP 296/1970 - Min. Amaro Barreto
DJ 26.05.1970 - Decisão por maioria
ERR 4282/1966, Ac. TP 843/1967 - Min. Fernando Nóbrega
DJ 15.04.1968 - Decisão por maioria
RR 2618/1963., Ac. 2ªT 1797/1963 - Min. Thélio da Costa Monteiro
DJ 07.01.1964 - Decisão por maioria
RR 1346/1970., Ac. 3ª T 1203/1970 - Min. Arnaldo Lopes Sussekind
DJ 23.09.1970 - Decisão unânime
Item II
ERR 280680/1996 - Min. José Luiz Vasconcellos
DJ 12.03.1999 - Decisão unânime
ERR 224301/1995 - Red. Min. Nelson Daiha
DJ 11.12.1998 - Decisão unânime
ERR 238434/1996 - Min. Vantuil Abdala
DJ 02.10.1998 - Decisão unânime
ERR 194790/1995 - Min. Nelson Daiha
DJ 18.09.1998 - Decisão unânime
Histórico:
Súmula mantida - Res. 121/2003, DJ 19, 20 e 21.11.2003
Redação original - RA 41/73, DJ 14.06.1973
Nº 51 Vantagens
As cláusulas regulamentares, que revoguem ou alterem vantagens deferidas anteriormente, só atingirão os trabalhadores admitidos após a revogação ou alteração do regulamento.

Súmula nº 52 do TST
TEMPO DE SERVIÇO (mantida) - Res. 121/2003, DJ 19, 20 e 21.11.2003

O adicional de tempo de serviço (qüinqüênio) é devido, nas condições estabelecidas no art. 19 da Lei nº 4.345, de 26.06.1964, aos contratados sob o regime da CLT, pela empresa a que se refere a mencionada lei, inclusive para o fim de complementação de aposentadoria.

Precedentes:

ERR 2845/1968, Ac. TP 802/1969 - Min. Mozart Victor Russomano
DJ 14.10.1969 - Decisão por maioria
RR 416/1973., Ac. 2ªT 637/1973 - Min. Thélio da Costa Monteiro
DJ 20.06.1973 - Decisão unânime
RR 196/1972., Ac. 2ªT 396/1972 - Min. Coqueijo Costa
DJ 05.06.1972 - Decisão unânime
RR 222/1972., Ac. 3ªT 1184/1972 - Min. Luiz Philippe Vieira de Mello
DJ 31.10.1972 - Decisão unânime

Histórico:

Redação original - RA 41/1973, DJ 14.06.1973

Nº 52 O adicional de tempo de serviço (qüinqüênios) é devido, nas condições estabelecidas no art. 19 da Lei nº 4.345, de 1964, aos contratados sob regime da CLT, pela empresa a que se refere a mencionada lei, inclusive para fins de complementação de aposentadoria.

Súmula nº 53 do TST
CUSTAS (mantida) - Res. 121/2003, DJ 19, 20 e 21.11.2003

O prazo para pagamento das custas, no caso de recurso, é contado da intimação do cálculo.

Precedentes:

RR 15/1959., Ac. 3ªT 467/1959 - Min. Aldílio Tostes Malta
DJ 24.07.1959 - Decisão unânime
RR 1104/1952., Ac. 1468/1952 - Min. Edgard de Oliveira Lima
DJ 25.10.1952 - Decisão unânime
RR 5369/1949., Ac. 180/1950 - Min. Edgard de Oliveira Lima
DJ 15.01.1951 - Decisão por maioria
RR 6080/1948., Ac. 660/1950 - Min. Edgard Ribeiro Sanches
DJ 28.11.1950 - Decisão unânime

Histórico:

Redação original - RA 41/1973, DJ 14.06.1973

Súmula nº 54 do TST
OPTANTE (mantida) – Res. 121/2003, DJ 19, 20 e 21.11.2001

Rescindindo por acordo seu contrato de trabalho, o empregado estável optante tem direito ao mínimo de 60% (sessenta por cento) do total da indenização em dobro, calculada sobre o maior salário percebido no emprego. Se houver recebido menos do que esse total, qualquer que tenha sido a forma de transação, assegura-se-lhe a complementação até aquele limite.

Precedentes:

RR 1648/1974., Ac. 1ªT 1255/1974 - Min. Lima Teixeira
DJ 09.10.1974 - Decisão unânime
RR 572/1970., Ac. 1ªT 705/1970 - Min. Mozart Victor Russomano
DJ 03.07.1970 - Decisão por maioria
RR 3798/1973., Ac. 2ªT 421/1974 - Min. Orlando Coutinho
DJ 03.05.1974 - Decisão por maioria
AI 527/1974., Ac. 3ªT 823/1974 - Min. Carlos Alberto Barata Silva
DJ 21.08.1974 - Decisão unânime

Histórico:

Redação original - RA 105/1974, DJ 24.10.1974

Nº 54 Rescindindo por acordo seu contrato de trabalho, o empregado estável optante tem direito ao mínimo de 60% do total da indenização em dobro, calculada sobre o maior salário percebido no emprego. Se houver recebido menos do que esse total, qualquer tenha sido a forma de transação, assegura-se-lhe a complementação até aquele limite.

Súmula nº 55 do TST
FINANCEIRAS (mantida) - Res. 121/2003, DJ 19, 20 e 21.11.2003

As empresas de crédito, financiamento ou investimento, também denominadas financeiras, equiparam-se aos estabelecimentos bancários para os efeitos do art. 224 da CLT.

Precedentes:

RR 2931/1973, Ac. 1ªT 379/1974 - Min. Coqueijo Costa
DJ 15.05.1974 - Decisão por maioria
RR 1007/1971., Ac. 1ªT 1031/1971 - Min. Mozart Victor Russomano
DJ 22.09.1971 - Decisão unânime
RR 1220/1973., Ac. 2ªT 1193/1973 - Min. Thélio da Costa Monteiro
DJ 13.09.1973 - Decisão por maioria
RR 943/1971., Ac. 2ªT 1047/1971 - Min. Luiz Roberto de Rezende Puech
DJ 25.10.1971 - Decisão unânime

Histórico:

Redação original - RA 105/1974, DJ 24.10.1974

Súmula nº 56 do TST
BALCONISTA (cancelada) - Res. 121/2003, DJ 19, 20 e 21.11.2003

O balconista que recebe comissão tem direito ao adicional de 20% (vinte por cento) pelo trabalho em horas extras, calculado sobre o valor das comissões referentes a essas horas.

Histórico:

Revista pela Súmula nº 340 - Res. 40/1995, DJ 17, 20 e 21.02.1995.

Redação original - RA 105/1974, DJ 24.10.1974

Nº 56 O balconista que recebe comissão tem direito ao adicional de 20% pelo trabalho em horas extras, calculados sobre o valor das comissões referentes a essas horas.

Súmula nº 57 do TST
TRABALHADOR RURAL (cancelamento mantido) - Res. 121/2003, DJ 19, 20 e 21.11.2003

Os trabalhadores agrícolas das usinas de açúcar integram categoria profissional de industriários, beneficiando-se dos aumentos normativos obtidos pela referida categoria.

Histórico:

Súmula cancelada - Res. 3/1993, DJ 06, 10 e 12.05.1993
Redação original - RA 105/1974, DJ 24.10.1974

Súmula nº 58 do TST
PESSOAL DE OBRAS (mantida) - Res. 121/2003, DJ 19, 20 e 21.11.2003

Ao empregado admitido como pessoal de obras, em caráter permanente e não amparado pelo regime estatutário, aplica-se a legislação trabalhista.

Precedentes:

EAI 77/1970., Ac. TP 829/1970 - Min. Arnaldo Lopes Sussekind
DJ 26.10.1970 - Decisão unânime
RR 1805/1967., Ac. 2ªT 1875/1967 - Min. Raymundo de Souza Moura
DJ 05.12.1967 - Decisão unânime
RR 4343/1960., 2ªT Ac. 459/1961 - Min. Thélio da Costa Monteiro
DJ 22.05.1961 - Decisão unânime
RR 1595/1972., 3ªT Ac. 1245/1972 - Min. Carlos A. Barata Silva
DJ 31.10.1972 - Decisão unânime

Histórico:

Redação original - RA 105/1974, DJ 24.10.1974

Súmula nº 59 do TST
VIGIA (cancelada) - Res. 121/2003, DJ 19, 20 e 21.11.2003
Vigia de estabelecimento bancário não se beneficia da jornada de trabalho reduzida prevista no art. 224 da CLT.
Histórico:
Redação original - RA 105/1974, DJ 24.10.1974

Súmula nº 60 do TST
ADICIONAL NOTURNO. INTEGRAÇÃO NO SALÁRIO E PRORROGAÇÃO EM HORÁRIO DIURNO (incorporada a Orientação Jurisprudencial nº 6 da SBDI-1) - Res. 129/2005, DJ 20, 22 e 25.04.2005
I - O adicional noturno, pago com habitualidade, integra o salário do empregado para todos os efeitos. (ex-Súmula nº 60 - RA 105/1974, DJ 24.10.1974)
II - Cumprida integralmente a jornada no período noturno e prorrogada esta, devido é também o adicional quanto às horas prorrogadas. Exegese do art. 73, § 5º, da CLT. (ex-OJ nº 6 da SBDI-1 - inserida em 25.11.1996)
Precedentes:
Item I
ERR 992/1964., Ac. TP 471/1965 - Min. Télio da Costa Monteiro
DJ 02.12.1965 - Decisão unânime
AI 974/1974., Ac. 1ªT 1358/1974 - Min. Paulo Fleury
DJ 22.10.1974 - Decisão unânime
RR 2939/1971., Ac. 2ª T 1828/1971 - Min. Luiz Roberto de Rezende Puech
DJ 16.03.1972 - Decisão unânime
RR 1261/1972., Ac. 3ªT 1870/1972 - Min. Luiz Philippe Vieira de Mello
DJ 15.03.1973 - Decisão unânime
Item II
ERR 113733/1994, Ac. 2464/1996 - Min. Vantuil Abdala
DJ 07.03.1997 - Decisão unânime
ERR 28871/1991, Ac. 652/1996 - Min. José Luciano de Castilho Pereira
DJ 04.10.1996 - Decisão unânime
ERR 31511/1991, Ac. 301/1994 - Min. Armando de Brito
DJ 20.05.1994 - Decisão por maioria
AGERR 4789/1984, Ac. TP 2608/1985 - Min. Marco Aurélio Mendes de Farias Mello
DJ 19.12.1985 - Decisão unânime
Histórico:
Súmula mantida - Res. 121/2003, DJ 19, 20 e 21.11.2003
Redação original - RA 105/1974, DJ 24.10.1974
Nº 60 Adicional noturno
O adicional noturno, pago com habitualidade, integra o salário do empregado para todos os efeitos.

Súmula nº 61 do TST
FERROVIÁRIO (mantida) - Res. 121/2003, DJ 19, 20 e 21.11.2003
Aos ferroviários que trabalham em estação do interior, assim classificada por autoridade competente, não são devidas horas extras (art. 243 da CLT).
Precedentes:
ERR 1290/1972., Ac. TP 455/1973 - Min. Carlos Alberto Barata Silva
DJ 21.05.1973 - Decisão por maioria
ERR 1954/1971., Ac. TP 1334/1972 - Rel. "ad hoc" Luiz Philippe Vieira de Mello
DJ 06.12.1972 - Decisão por maioria
RR 101/1972., Ac. 3ªT 522/1972 - Min. Carlos Alberto Barata Silva
DJ 21.06.1972 - Decisão por maioria

RR 5313/1948., Ac. 1826/1950 - Min. Waldemar Ferreira Marques
DJ 27.11.1950 - Decisão unânime
Histórico:
Redação original - RA 105/1974, DJ 24.10.1974
Nº 61 Aos ferroviários que trabalham em estação do interior, assim classificada por autoridade competente, não são devidas horas extras (CLT, art.243).

Súmula nº 62 do TST
ABANDONO DE EMPREGO (mantida) - Res. 121/2003, DJ 19, 20 e 21.11.2003
O prazo de decadência do direito do empregador de ajuizar inquérito em face do empregado que incorre em abandono de emprego é contado a partir do momento em que o empregado pretendeu seu retorno ao serviço.
Precedentes:
AR 8/1970., Ac. TP 885/1972 - Min. Mozart Victor Russomano
DJ 30.08.1972 - Decisão unânime
Histórico:
Redação original - RA 105/1974, DJ 24.10.1974
Nº 62 O prazo de decadência do direito do empregador de ajuizar inquérito contra o empregado que incorre em abandono de emprego, é contado a partir do momento em que o empregado pretendeu seu retorno ao serviço.

Súmula nº 63 do TST
FUNDO DE GARANTIA (mantida) - Res. 121/2003, DJ 19, 20 e 21.11.2003
A contribuição para o Fundo de Garantia do Tempo de Serviço incide sobre a remuneração mensal devida ao empregado, inclusive horas extras e adicionais eventuais.
Precedentes:
ERR 2072/1970., Ac. TP 556/1971 - Min. Leão Velloso Ebert
DJ 14.09.1971 - Decisão unânime
AI 614/1974., Ac. 1ªT 1042/1974 - Min. Rudor Blumm
DJ 04.09.1974 - Decisão unânime
RR 4310/1972., Ac. 3ªT 258/1973 - Min. Carlos Alberto Barata Silva
DJ 24.04.1973 - Decisão unânime
RR 1261/1972., 3ªT Ac. 1870/1973 - Min. Luiz Philippe Vieira de Mello
DJ 15.03.1973 - Decisão unânime
Histórico:
Redação original - RA 105/1974, DJ 24.10.1974

Súmula nº 64 do TST
PRESCRIÇÃO (cancelada) - Res. 121/2003, DJ 19, 20 e 21.11.2003
A prescrição para reclamar contra anotação de carteira profissional, ou omissão desta, flui da data de cessação do contrato de trabalho.
Histórico:
Redação original - RA 52/1975, DJ 05.06.1975

Súmula nº 65 do TST
VIGIA (mantida) - Res. 121/2003, DJ 19, 20 e 21.11.2003
O direito à hora reduzida de 52 minutos e 30 segundos aplica-se ao vigia noturno.
Precedentes:
ERR 2178/1974., Ac. TP 464/1975 - Min. Elias Bufaiçal
Julgado em 14.05.1975 - Decisão unânime
ERR 3715/1965, Ac. TP 809/1966 - Min. Arnaldo Lopes Sussekind
DJ 19.12.1966 - Decisão unânime
ERR 2666/1964, Ac. TP 189/1966 - Min. Caldeira Neto
DJ 27.07.1966 - Decisão unânime

Histórico:
Redação original - RA 5/1976, DJ 26.02.1976
Nº 65 O direito à hora reduzida para 52 (cinqüenta e dois) minutos e 30 (trinta) segundos aplica-se ao vigia noturno.

Súmula nº 66 do TST
TEMPO DE SERVIÇO (cancelada) - Res. 121/2003, DJ 19, 20 e 21.11.2003
Os qüinqüênios devidos ao pessoal da Rede Ferroviária Federal S.A. serão calculados sobre o salário do cargo efetivo, ainda que o trabalhador exerça cargo ou função em comissão.
Histórico:
Redação original - RA 7/1977, DJ 11.02.1977

Súmula nº 67 do TST
GRATIFICAÇÃO. FERROVIÁRIO (mantida) - Res. 121/2003, DJ 19, 20 e 21.11.2003
Chefe de trem, regido pelo estatuto dos ferroviários (Decreto nº 35.530, de 19.09.1959), não tem direito à gratificação prevista no respectivo art. 110.
Precedentes:
ERR 2817/1969., Ac. TP 804/1970 - Min. Antônio Rodrigues Amorim
DJ 03.11.1970 - Decisão unânime
RR 2653/1969.. Ac. 2ªT 1552/1969 - Min. Mozart Victor Russomano
DJ 05.03.1970 - Decisão por maioria
RR 4486/1970., Ac. 3ªT 135/1971 - Min. Arnaldo Lopes Sussekind
DJ 29.03.1971 - Decisão unânime
RR 1579/1970., Ac. 1133/1970 - Min. Mozart Victor Russomano
DJ 11.09.1970 - Decisão por maioria
Histórico:
Redação original - RA 8/1977, DJ 11.02.1977
Nº 67 Chefe de trem, regido pelo Estatuto dos Ferroviários (Decreto nº 35.530, de 19 de setembro de 1959), não tem direito à gratificação prevista no respectivo artigo 110.

Súmula nº 68 do TST
PROVA (cancelada em decorrência da sua incorporação à nova redação da Súmula nº 6) - Res. 129/2005, DJ 20, 22 e 25.04.2005
É do empregador o ônus da prova do fato impeditivo, modificativo ou extintivo da equiparação salarial.
Histórico:
Súmula mantida - Res. 121/2003, DJ 19, 20 e 21.11.2003
Redação original - (RA 9/1977, DJ 11.02.1977)

Súmula nº 69 do TST
RESCISÃO DO CONTRATO (nova redação) - Res. 121/2003, DJ 19, 20 e 21.11.2003
A partir da Lei nº 10.272, de 05.09.2001, havendo rescisão do contrato de trabalho e sendo revel e confesso quanto à matéria de fato, deve ser o empregador condenado ao pagamento das verbas rescisórias, não quitadas na primeira audiência, com acréscimo de 50% (cinqüenta por cento).
Precedentes:
RR 1976/1966., Ac. 1ªT 2063/1966 - Min. Floriano Maciel
DJ 09.12.1966 - Decisão por maioria
RR 180/2002-351-11-00.7, 2ª T - Min. José Simpliciano Fontes de F. Fernandes
DJ 02.05.2008 - Decisão unânime
RR 2531/1970.., Ac. 2ªT 1822/1970 - Min. Raymundo de Souza Moura
DJ 09.12.1970 - Decisão por maioria
RR 929/1968., Ac. 3ªT 645/1968 - Min. Arnaldo Lopes Sussekind
DJ 14.08.1968 - Decisão unânime
RR 219/1967, Ac. 3ªT 764/1967 - Min. Aldílio Tostes Malta
DJ 14.07.1967 - Decisão por maioria
RR 1426/2002-024-01-40.0, 4ª T - Min. Maria de Assis Calsing
DJ 15.09.2006 - Decisão unânime
RR 1177/2002-030-02-00.4, 8ª T - Min. Maria Cristina Irigoyen Peduzzi
DJ 28.03.2008 - Decisão unânime
Histórico:
Redação original - RA 10/1977, DJ 11.02.1977
Nº 69 Havendo rescisão contratual e sendo revel e confesso o empregador quanto à matéria de fato, deve ser condenado ao pagamento em dobro dos salários incontroversos (CLT, art. 467).

Súmula nº 70 do TST
ADICIONAL DE PERICULOSIDADE (mantida) - Res. 121/2003, DJ 19, 20 e 21.11.2003
O adicional de periculosidade não incide sobre os triênios pagos pela Petrobras.
Precedentes:
ERR 794/1976, Ac. TP 2812/1977 - Rel. "ad hoc" Min. Raymundo de Souza Moura
DJ 24.02.1978 - Decisão por maioria
ERR 4844/1975, Ac. TP 2455/1977 - Min. Fernando Franco
DJ 24.02.1978 - Decisão por maioria
ERR 1914/1976, Ac. TP 2858/1977 - Min. Fernando Franco
DJ 10.03.1978 - Decisão por maioria
ERR 1524/1976, Ac. TP 2577/1977 - Rel. "ad hoc" Min. Raymundo de Souza Moura
DJ 10.03.1978 - Decisão por maioria
ERR 810/1976, Ac. TP 2503/1977 - Min. Pajehú Macedo Silva
DJ 10.03.1978 - Decisão por maioria
ERR 3135/1975, Ac. TP 2162/1977 - Min. Hildebrando Bisaglia
DJ 06.03.1978 - Decisão por maioria
ERR 2158/1976, Ac. TP 2844/1977 - Min. Fernando Franco
DJ 06.03.1978 - Decisão por maioria
ERR 369/1976, Ac. TP 2807/1977 - Min. Pajehú Macedo Silva
DJ 06.03.1978 - Decisão por maioria
ERR 883/1976, Ac. TP 2571/1977 - Rel. "ad hoc" Min. Pajehú Macedo Silva
DJ 06.03.1978 - Decisão por maioria
ERR 779/1975., Ac. TP 666/1976 - Min. Lomba Ferraz
DJ 14.09.1976 - Decisão por maioria
ERR 2337/1975, Ac. TP 2154/1977 - Min. Fernando Franco
DJ 17.03.1978 - Decisão por maioria
ERR 2073/1975., Ac. TP 984/1976 - Rel. "ad hoc" Min. Lomba Ferraz
DJ 14.09.1976 - Decisão por maioria
ERR 2340/1972., Ac. TP 2144/1973 - Min. Thélio da Costa Monteiro
DJ 24.12.1973 - Decisão por maioria
Histórico:
Redação original - RA 69/1978, DJ 26.09.1978

Súmula nº 71 do TST
ALÇADA (mantida) - Res. 121/2003, DJ 19, 20 e 21.11.2003
A alçada é fixada pelo valor dado à causa na data de seu ajuizamento, desde que não impugnado, sendo inalterável no curso do processo.
Precedentes:
ERR 3293/1975., Ac. TP 1011/1977 - Min. Alves de Almeida
DJ 01.07.1977 - Decisão unânime
ERR 4055/1975, Ac. TP 1198/1977 - Min. Coqueijo Costa

DJ 05.08.1977 - Decisão unânime
ERR 1400/1973., Ac. TP 1677/1974 - Rel. "ad hoc" Min. Coqueijo Costa
DJ 17.01.1975 - Decisão por maioria
RR 1378/1977., Ac. 1ªT 1866/1977 - Min. Fernando Franco
DJ 21.03.1978 - Decisão unânime
RR 5192/1976., Ac. 1ªT 1413/1977 - Min. Antônio Alves de Almeida
DJ 23.09.1977 - Decisão unânime
RR 1318/1977., Ac. 1ªT 1735/1977 - Min. Hildebrando Bisaglia
DJ 27.10.1977 - Decisão unânime
RR 3680/1976., Ac. 1ªT 2748/1976 - Min. Floriano Maciel
DJ 22.04.1977 - Decisão unânime
RR 1153/1977., Ac. 2ªT 856/1977 - Min. Luiz Roberto de Rezende Puech
DJ 08.07.1977 - Decisão unânime
RR 5341/1976., Ac. 2ªT 682/1977 - Min. Mozart Victor Russomano
DJ 17.06.1977 - Decisão unânime
Histórico:
Redação original - RA 69/1978, DJ 26.09.1978

Súmula nº 72 do TST
APOSENTADORIA (nova redação) - Res. 121/2003, DJ 19, 20 e 21.11.2003
O prêmio-aposentadoria instituído por norma regulamentar da empresa não está condicionado ao disposto no § 2º do art. 14 da Lei nº 8.036, de 11.05.1990.
Precedentes:
ERR 3653/1974, Ac. TP 1973/1977 - Min. Fernando Franco
DJ 04.11.1977 - Decisão unânime
ERR 3856/1974, Ac. TP 729/1977 - Min. Mozart Victor Russomano
DJ 17.06.1977 - Decisão por maioria
ERR 4649/1974., Ac. TP 1848/1976 - Min. Nelson Tapajós
DJ 21.12.1976 - Decisão unânime
ERR 4551/1974., Ac. TP 1746/1976 - Rel. "ad hoc" Min. Adílio Tostes Malta
DJ 13.12.1976 - Decisão por maioria
RR 3412/1977., Ac. 1ªT 2839/1977 - Min. Hildebrando Bisaglia
DJ 24.02.1978 - Decisão por maioria
RR 3536/1976., Ac. 1ªT 286/1977 - Juiz Conv. Simões Barbosa
DJ 10.06.1977 - Decisão por maioria
RR 2145/1977., Ac. 3ªT 3142/1977 - Min. Coqueijo Costa
DJ 17.03.1978 - Decisão por maioria
RR 1274/1977., Ac. 3ªT 2030/1977 - Min. Coqueijo Costa
DJ 23.09.1977 - Decisão unânime
RR 1641/1977., Ac. 3ªT 1978/1977 - Min. C. A. Barata Silva
DJ 09.09.1977 - Decisão unânime
RR 1782/1976., Ac. 3ªT 2905/1976 - Rel. "ad hoc" Min. Lomba Ferraz
DJ 22.04.1977 - Decisão por maioria
RR 4454/1976., Ac. 3ªT 902/1976 - Min. Coqueijo Costa
DJ 10.06.1977 - Decisão por maioria
Histórico:
Redação original - RA 69/1978, DJ 26.09.1978
Nº 72 O prêmio-aposentadoria instituído por norma regulamentar da empresa não está condicionado ao disposto no § 3º do art. 17 da Lei nº 5.107/1966.

Súmula nº 73 do TST
DESPEDIDA. JUSTA CAUSA (nova redação) - Res. 121/2003, DJ 19, 20 e 21.11.2003

A ocorrência de justa causa, salvo a de abandono de emprego, no decurso do prazo do aviso prévio dado pelo empregador, retira do empregado qualquer direito às verbas rescisórias de natureza indenizatória.
Precedentes:
.ERR 5039/1975, Ac. TP 1610/1977 - Min. Mozart Victor Russomano
DJ 07.10.1977 - Decisão por maioria
RR 1980/1970., Ac. 1ª T 1415/1970 - Min. Raimundo Nonato
DJ 03.11.1970 - Decisão por maioria
RR 3398/1968., Ac. 3ª T 96/1969 - Juiz Conv. Délio Maranhão
DJ 04.04.1969 - Decisão unânime
RR 2299/1967, Ac. 1ª T 1700/1967 - Rel. "ad hoc" Min. Rômulo Cardim
DJ 05.04.1968 - Decisão por maioria
Histórico:
Redação original - RA 69/1978, DJ 26.09.1978
Nº 73 Falta grave.
Falta grave, salvo a de abandono de emprego, praticada pelo empregado no decurso do prazo do aviso prévio dado pelo empregador, retira àquele qualquer direito a indenização

Súmula nº 74 do TST
CONFISSÃO. (atualizada em decorrência do CPC de 2015) – Res. 208/2016, DEJT divulgado em 22, 25 e 26.04.2016
I - Aplica-se a confissão à parte que, expressamente intimada com aquela cominação, não comparecer à audiência em prosseguimento, na qual deveria depor. (ex-Súmula nº 74 - RA 69/1978, DJ 26.09.1978)
II - A prova pré-constituída nos autos pode ser levada em conta para confronto com a confissão ficta (arts. 442 e 443, do CPC de 2015 - art. 400, I, do CPC de 1973), não implicando cerceamento de defesa o indeferimento de provas posteriores. (ex-OJ nº 184 da SBDI-1 - inserida em 08.11.2000)
III - A vedação à produção de prova posterior pela parte confessa somente a ela se aplica, não afetando o exercício, pelo magistrado, do poder/dever de conduzir o processo.
Precedentes:
Item I
ERR 2760/1975, Ac. TP 1386/1977 - Min. Solon Vivacqua
DJ 26.08.1977 - Decisão por maioria
ERR 1482/1975, Ac. TP 1397/1976 - Rel. "ad hoc" Min. Hildebrando Bisaglia
DJ 16.02.1977 - Decisão por maioria
ERR 748/1975., Ac. TP 1915/1976 - Rel. "ad hoc" Min. Floriano Maciel
DJ 21.12.1976 - Decisão por maioria
ERR 1920/1975., Ac. TP 1067/1976 - Min. Adílio Tostes Malta
DJ 07.10.1976 - Decisão por maioria
ERR 2357/1973., Ac. TP 747/1974 - Min. Paulo Fleury
DJ 13.08.1974 - Decisão por maioria
ERR 1700/1973., Ac. TP 518/1974 - Min. Thélio da Costa Monteiro
DJ 21.05.1974 - Decisão por maioria
ERR 1732/1970., Ac. TP 692/1971 - Rel. "ad hoc" Min. Raymundo de Souza Moura
DJ 29.11.1971 - Decisão por maioria
RR 166/1977., Ac. 2ªT 1195/1977 - Min. Solon Vivacqua
DJ 02.09.1977 - Decisão unânime
RR 485/1977., Ac. 2ªT 936/1977 - Min. Mozart Victor Russomano
DJ 22.07.1977 - Decisão unânime
RR 5083/1976., Ac. 3ªT 1073/1977 - Rel. "ad hoc" Min. Lomba Ferraz
DJ 19.08.1977 - Decisão por maioria
Item II
ERR 233863-25.1995.5.04.5555 - Min. Rider de Brito

DJ 01.10.1999 - Decisão unânime
ERR 281841-34.1996.5.05.5555 - Min. Leonardo Silva
DJ 24.09.1999 - Decisão unânime
ERR 124241-18.1994.5.05.5555, Ac. 4872/1997 - Min. Francisco Fausto Paula de Medeiros
DJ 28.11.1997 - Decisão unânime
RR 124241-18.1994.5.05.5555, Ac. 1ªT 2522/1996 - Juiz Conv. João Cardoso
DJ 21.06.1996 - Decisão unânime
RR 79265-78.1993.5.15.5555, Ac. 2ªT 7/1995 - Min. Vantuil Abdala
DJ 25.08.1995 - Decisão por maioria
RR 7274-44.1989.5.02.5555, Ac. 2ªT 1723/1990 - Min. Ney Doyle
DJ 01.03.1991 - Decisão unânime
RR 166672-06.1995.5.06.5555, Ac. 3ªT 6786/1996 - Min. Francisco Fausto Paula de Medeiros
DJ 11.10.1996 - Decisão unânime
Item III
IUJ 801385-77.2001.5.02.0017 - Min. Horácio Raymundo de Senna Pires
Julgado em 24.05.2011 - Decisão por maioria
ERR 92100-39.2006.5.21.0006 - Min. Guilherme Augusto Caputo Bastos
DEJT 28.05.2010 - Decisão unânime
RR 184033-84.1995.5.15.5555, 1ª T - Min. Lourenço Ferreira do Prado
DJ 22.08.1997 - Decisão unânime
RR 771155-22.2001.5.03.0011, 5ª T - Red. Min. Gelson de Azevedo
DJ 10.06.2005 - Decisão por maioria
Histórico:
Súmula alterada - Res. 174/2011, DEJT divulgado em 27, 30 e 31.05.2011
Nº 74. Confissão (nova redação do item I e inserido o item III à redação em decorrência do julgamento do processo TST-IU-JEEDRR 801385-77.2001.5.02.0017)
I – Aplica-se a confissão à parte que, expressamente intimada com aquela cominação, não comparecer à audiência em prosseguimento, na qual deveria depor. (ex-Súmula nº 74 - RA 69/1978, DJ 26.09.1978)
II - A prova pré-constituída nos autos pode ser levada em conta para confronto com a confissão ficta (art. 400, I, CPC), não implicando cerceamento de defesa o indeferimento de provas posteriores. (ex-OJ nº 184 da SBDI-1 - inserida em 08.11.2000)
III- A vedação à produção de prova posterior pela parte confessa somente a ela se aplica, não afetando o exercício, pelo magistrado, do poder/dever de conduzir o processo.
Súmula alterada - Res. 129/2005, DJ 20, 22 e 25.04.2005
Nº 74 Confissão (incorporada a Orientação Jurisprudencial nº 184 da SBDI-1)
I - Aplica-se a pena de confissão à parte que, expressamente intimada com aquela cominação, não comparecer à audiência em prosseguimento, na qual deveria depor. (ex-Súmula nº 74 - RA 69/1978, DJ 26.09.1978)
(...)
Súmula mantida - Res. 121/2003, DJ 19, 20 e 21.11.2003
Redação original - RA 69/1978, DJ 26.09.1978
Nº 74 Confissão
Aplica-se a pena de confissão à parte que, expressamente intimada com aquela cominação, não comparecer à audiência em prosseguimento, na qual deveria depor.

Súmula nº 75 do TST
FERROVIÁRIO (cancelada) - Res. 121/2003, DJ 19, 20 e 21.11.2003
É incompetente a Justiça do Trabalho para conhecer de ação de ferroviário oriundo das empresas Sorocabana, São Paulo-Minas e Araraquarense, que mantém a condição de funcionário público.
Histórico:
Redação original - RA 69/1978, DJ 26.09.1978

Súmula nº 76 do TST
HORAS EXTRAS (cancelada) - Res. 121/2003, DJ 19, 20 e 21.11.2003
O valor das horas suplementares prestadas habitualmente, por mais de 2 (dois) anos, ou durante todo o contrato, se suprimidas, integra-se ao salário para todos os efeitos legais.
Histórico:
Revista pela Súmula nº 291 - Res. 1/1989, DJ 14.18 e 19.04.1989.
Redação original - RA 69/1978, DJ 26.09.1978

Súmula nº 77 do TST
PUNIÇÃO (mantida) - Res. 121/2003, DJ 19, 20 e 21.11.2003
Nula é a punição de empregado se não precedida de inquérito ou sindicância internos a que se obrigou a empresa por norma regulamentar.
Precedentes:
RR 3323/1977., Ac. 2ªT 2739/1977 - Min. Orlando Coutinho
DJ 02.06. 1978 - Decisão por maioria
RR 4016/1977., Ac. 2ªT 2890/1977 - Min. Orlando Coutinho
DJ 26.05.1978 - Decisão por maioria
RR 467/1977., Ac. 2ªT 1959/1977 - Min. Orlando Coutinho
DJ 09.12.1977 - Decisão por maioria
RR 1707/1977., Ac. 3ªT 2039/1977 - Min. Coqueijo Costa
DJ 23.09.1977 - Decisão por maioria
EDRR 1575/1975, Ac. 3ªT 1707/1975 - Min. Coqueijo Costa
DJ 13.05.1976 - Decisão unânime
Histórico:
Redação original - RA 69/1978, DJ 26.09.1978
Nº 77 Nula é a punição de empregado se não precedida de inquérito ou sindicância internos a que se obrigou a empresa, por norma regulamentar.

Súmula nº 78 do TST
GRATIFICAÇÃO (cancelada) - Res. 121/2003, DJ 19, 20 e 21.11.2003
A gratificação periódica contratual integra o salário, pelo seu duodécimo, para todos os efeitos legais, inclusive o cálculo da natalina da Lei nº 4.090/1962.
Histórico:
Redação original - RA 69/1978, DJ 26.09.1978

Súmula nº 79 do TST
TEMPO DE SERVIÇO (cancelada) - Res. 121/2003, DJ 19, 20 e 21.11.2003
O adicional de antigüidade, pago pela Fepasa, calcula-se sobre o salário-base.
Histórico:
Redação original - RA 69/1978, DJ 26.09.1978

Súmula nº 80 do TST
INSALUBRIDADE (mantida) - Res. 121/2003, DJ 19, 20 e 21.11.2003
A eliminação da insalubridade mediante fornecimento de aparelhos protetores aprovados pelo órgão competente do Poder Executivo exclui a percepção do respectivo adicional.
Precedentes:
ERR 1857/1975, Ac. TP 2050/1977 - Rel. "ad hoc" Min. Coqueijo Costa
DJ 17.03.1978 - Decisão por maioria

ERR 5107/1975, Ac. TP 2479/1977 - Min. Lima Teixeira
DJ 16.12.1977 - Decisão por maioria
ERR 889/1976, Ac. TP 1957/1977 - Min. Mozart Victor Russomano
DJ 18.11.1977 - Decisão por maioria
ERR 4752/1975, Ac. TP 630/1977 - Min. Vieira de Mello
DJ 19.08.1977 - Decisão por maioria
ERR 2229/1973., Ac. TP 1287/1974 - Rel. "ad hoc" Min. Paulo Fleury
DJ 31.10.1974 - Decisão por maioria
ERR 1789/1973., Ac. TP 762/1974 - Rel. "ad hoc" Min. Lima Teixeira
DJ 13.08.1974 - Decisão por maioria
RR 3571/1977, Ac. 1ªT 3005/1977 - Min. Fernando Franco
DJ 14.04.1978 - Decisão unânime
RR 3462/1977., Ac. 1ªT 2840/1977 - Min. Antônio Alves de Almeida
DJ 24.02.1978 - Decisão por maioria
RR 2160/1977, Ac. 3ªT 2645/1977 - Min. Lopo Coelho
DJ 06.03.1978 - Decisão por maioria
Histórico:
Redação original - RA 69/1978, DJ 26.09.1978
Nº 80 A eliminação da insalubridade pelo fornecimento de aparelhos protetores aprovados pelo órgão competente do Poder Executivo exclui a percepção do adicional respectivo.

Súmula nº 81 do TST
FÉRIAS (mantida) - Res. 121/2003, DJ 19, 20 e 21.11.2003
Os dias de férias gozados após o período legal de concessão deverão ser remunerados em dobro.
Precedentes:
ERR 937/1974., Ac. TP 461/1975 - Juiz Conv. Ribeiro de Vilhena
DJ 01.07.1975 - Decisão por maioria
ERR 1982/1971, Ac. TP 1094/1974 - Min. Orlando Coutinho
DJ 09.10.1974 - Decisão por maioria
ERR 3190/1962., Ac. TP 70/1965 - Rel. "ad hoc" Min. Hildebrando Bisaglia
DJ 06.08.1965 - Decisão por maioria
RR 4462/1976., Ac. 1ªT 3017/1976 - Min. Hildebrando Bisaglia
DJ 03.06.1977 - Decisão unânime
RR 3790/1976., Ac. 1ªT 2653/1976 - Min. Hildebrando Bisaglia
DJ 27.05.1977 - Decisão unânime
RR 2929/1976., Ac. 1ªT 2622/1976 - Min. Hildebrando Bisaglia
DJ 06.04.1977 - Decisão unânime
RR 1294/1977, Ac. 2ªT 985/1977 - Min. Mozart Victor Russomano
DJ 29.07.1977 - Decisão por maioria
RR 3401/1976, Ac. 2ªT 2807/1976 - Min. Orlando Coutinho
DJ 25.03.1977 - Decisão unânime
RR 3998/1977, Ac. 1ªT 3233/1977 - Min. Hildebrando Bisaglia
DJ 12.05.1978 - Decisão unânime
Histórico:
Redação original - RA 69/1978, DJ 26.09.1978
Nº 81 Os dias de férias, gozados após o período legal de concessão, deverão ser remunerados em dobro.

Súmula nº 82 do TST
ASSISTÊNCIA (nova redação) - Res. 121/2003, DJ 19, 20 e 21.11.2003
A intervenção assistencial, simples ou adesiva, só é admissível se demonstrado o interesse jurídico e não o meramente econômico.
Precedentes:
AGAI 1173/1976, Ac. TP 2331/1977 - Rel. "ad hoc" Min. Hildebrando Bisaglia
DJ 07.04.1978 - Decisão por maioria
AGRR 825/1975, Ac. TP 2343/1977 - Min. Coqueijo Costa
DJ 02.12.1977 - Decisão por maioria
AGRR 3632/1975, Ac. TP 843/1977 - Rel. "ad hoc" Min. Coqueijo Costa
DJ 02.09.1977 - Decisão por maioria
AGRR 3372/1975, Ac. TP 840/1977 - Rel. "ad hoc" Min. Coqueijo Costa
DJ 08.07.1977 - Decisão por maioria
AGAI 1810/1975., Ac. TP 1952/1976 - Min. Coqueijo Costa
DJ 22.04.1977 - Decisão por maioria
AGAI 1343/1975, Ac. TP 2105/1976 - Min. Coqueijo Costa
DJ 28.02.1977 - Decisão por maioria
AI 2701/1976., Ac. 3ªT 168/1977 - Min. Coqueijo Costa
DJ 25.05.1977 - Decisão unânime
Histórico:
Redação original - RA 69/1978, DJ 26.09.1978
Nº 82 A intervenção assistencial, simples ou adesiva, só é admissível se demonstrado o interesse jurídico e não o meramente econômico, perante a Justiça onde é postulada.

Súmula nº 83 do TST
AÇÃO RESCISÓRIA. MATÉRIA CONTROVERTIDA (incorporada a Orientação Jurisprudencial nº 77 da SBDI-2) - Res. 137/2005, DJ 22, 23 e 24.08.2005
I - Não procede pedido formulado na ação rescisória por violação literal de lei se a decisão rescindenda estiver baseada em texto legal infraconstitucional de interpretação controvertida nos Tribunais. (ex-Súmula nº 83 - alterada pela Res. 121/2003, DJ 21.11.2003)
II - O marco divisor quanto a ser, ou não, controvertida, nos Tribunais, a interpretação dos dispositivos legais citados na ação rescisória é a data da inclusão, na Orientação Jurisprudencial do TST, da matéria discutida. (ex-OJ nº 77 da SBDI-2 - inserida em 13.03.2002)
Precedentes:
Item I
AR 28/1975., Ac. TP 663/1977 - Min. Vieira de Mello
DJ 02.09.1977 - Decisão unânime
ROAR 323/1976., Ac. TP 42/1977 - Min. Ary Campista
DJ 06.04.1977 - Decisão unânime
ROAR 331/1974., Ac. TP 115/1975 - Rel. "ad hoc" Min. Coqueijo Costa
DJ 03.06.1975 - Decisão por maioria
ROAR 398/1973., Ac. TP 1480/1974 - Min. Coqueijo Costa
DJ 04.12.1974 - Decisão unânime
ROAR 224/1974., Ac. TP 1482/1974 - Min. Coqueijo Costa
DJ 04.12.1974 - Decisão unânime
Item II
ROAR 571170/1999 - Min. José Luciano de Castilho Pereira
DJ 02.02.2001 - Decisão por maioria
ROAR 594750/1999 - Min. João Oreste Dalazen
DJ 02.02.2001 - Decisão unânime
ED-ED-ROAR 344321/1997 - Min. Ives Gandra Martins Filho
DJ 04.08.2000 - Decisão por maioria
Histórico:
Súmula alterada - Res. 121/2003, DJ 19, 20 e 21.11.2003
Nº 83 Ação Rescisória
Não procede o pedido formulado na ação rescisória por violação literal de lei se a decisão rescindenda estiver baseada em texto legal infraconstitucional, de interpretação controvertida nos Tribunais.
Redação original - RA 69/1978, DJ 26.09.1978

Nº 83 Não cabe ação rescisória, por violação literal de lei, quando a decisão rescindenda estiver baseada em texto legal de interpretação controvertida nos tribunais.

Súmula nº 84 do TST
ADICIONAL REGIONAL (nova redação) - Res. 121/2003, DJ 19, 20 e 21.11.2003

O adicional regional, instituído pela Petrobras, não contraria o art. 7º, XXXII, da CF/1988.

Precedentes:
RR 2455/1970., Ac. 1ªT 2146/1970 - Min. Mozart Victor Russomano
DJ 28.12.1970 - Decisão unânime
RR 4972/1977., Ac. 3ªT 445/1978 - Min. Carlos Alberto Barata Silva
DJ 02.06.1978 - Decisão unânime
RR 1916/1976., Ac. 3ªT 2416/1976 - Min. Henrique Lomba Ferraz
DJ 09.05.1977 - Decisão por maioria
RR 541/1976., Ac. 3ªT 2192/1976 - Min. Henrique Lomba Ferraz
DJ 16.02.1977 - Decisão por maioria

Histórico:
Redação original - RA 69/1978, DJ 26.09.1978
Nº 84 O adicional regional, instituído pela Petrobras, não contraria o art. 165, item XVII, da Constituição.

Súmula nº 85 do TST
COMPENSAÇÃO DE JORNADA (inserido o item VI) - Res. 209/2016, DEJT divulgado em 01, 02 e 03.06.2016

I. A compensação de jornada de trabalho deve ser ajustada por acordo individual escrito, acordo coletivo ou convenção coletiva. (ex-Súmula nº 85 - primeira parte - alterada pela Res. 121/2003, DJ 21.11.2003)

II. O acordo individual para compensação de horas é válido, salvo se houver norma coletiva em sentido contrário. (ex-OJ nº 182 da SBDI-1 - inserida em 08.11.2000)

III. O mero não atendimento das exigências legais para a compensação de jornada, inclusive quando encetada mediante acordo tácito, não implica a repetição do pagamento das horas excedentes à jornada normal diária, se não dilatada a jornada máxima semanal, sendo devido apenas o respectivo adicional. (ex-Súmula nº 85 - segunda parte - alterada pela Res. 121/2003, DJ 21.11.2003)

IV. A prestação de horas extras habituais descaracteriza o acordo de compensação de jornada. Nesta hipótese, as horas que ultrapassarem a jornada semanal normal deverão ser pagas como horas extraordinárias e, quanto àquelas destinadas à compensação, deverá ser pago a mais apenas o adicional por trabalho extraordinário. (ex-OJ nº 220 da SBDI-1 - inserida em 20.06.2001)

V. As disposições contidas nesta súmula não se aplicam ao regime compensatório na modalidade "banco de horas", que somente pode ser instituído por negociação coletiva.

VI - Não é válido acordo de compensação de jornada em atividade insalubre, ainda que estipulado em norma coletiva, sem a necessária inspeção prévia e permissão da autoridade competente, na forma do art. 60 da CLT.

Precedentes:
Item I
ERR 535017-25.1999.5.09.5555 - Juíza Conv. Deoclécia Amorelli Dias
DJ 29.06.2001 - Decisão unânime
RR 524657-63.1999.5.15.5555, 1ªT - Min. João Oreste Dalazen
DJ 07.12.2000 - Decisão unânime
RR 385505-31.1997.5.02.5555, 2ªT - Juiz Conv. Márcio Ribeiro do Valle
DJ 07.12.2000 - Decisão unânime
RR 467562-77.1998.5.09.5555, 3ªT - Juíza Conv. Eneida M. C. de Araujo
DJ 04.05.2001 - Decisão unânime
RR 505001-20.1998.5.02.5555, 4ªT - Min. Milton de Moura França
DJ 16.03.2001 - Decisão unânime
RR 567204-54.1999.5.03.5555, 5ªT - Min. João Batista Brito Pereira
DJ 16.02.2001 - Decisão unânime

Item II
ERR 194186-47.1995.5.09.5555, TP - Min. Milton de Moura França
Julgado em 11.09.2000 - Decisão unânime
ERR 194186-47.1995.5.09.5555 -Min. Milton de Moura França
DJ 27.10.2000 - Decisão unânime

Item III
ERR 467229-28.1998.5.09.5555 - Min. Maria Cristina Peduzzi
DJ 02.08.2002 - Decisão unânime
ERR 483934-69.1998.5.03.5555 - Min. Milton de Moura França
DJ 21.09.2001 - Decisão unânime
ERR 1672/1976, Ac. TP 2856/1977 - Min. Orlando Coutinho
DJ 07.04.1978 - Decisão por maioria
RR 475329-69.1998.5.09.5555, 1ªT - Min. Ronaldo Lopes Leal
DJ 05.10.2001 - Decisão unânime
RR 1068/1976.., Ac. 1ªT 1636/1977 - Rel. "ad hoc" Min. Fernando Franco
DJ 07.04.1978 - Decisão por maioria
RR 1243/1977., Ac. 1aT 2407/1977 - Rel. "ad hoc" Min. Fernando Franco
DJ 07.04.1978 - Decisão por maioria
RR 2350/1977., Ac. 1aT 2091/1977 - Min. Fernando Franco
DJ 21.03.1978 - Decisão por maioria
RR 4949/1976., Ac. 1aT 2058/1977 - Rel. "ad hoc" Min. Fernando Franco
DJ 21.03.1978 - Decisão por maioria
RR 5131/1976., Ac. 1aT 1646/1977 - Min. Fernando Franco
DJ 10.03.1978 - Decisão por maioria
RR 2478/1977., Ac. 2aT 2605/1977 - Min. Pajehú Macedo Silva
DJ 10.03.1978 - Decisão unânime

Item IV
ERR 351970-19.1997.5.09.5555 - Min. Milton de Moura França
DJ 02.03.2001 - Decisão unânime
EEDRR 575744-26.1999.5.09.5555 - Red. Min. Milton de Moura França
DJ 10.11.2000 - Decisão por maioria
ERR 323411-86.1996.5.09.5555 - Min. José Luiz Vasconcellos
DJ 08.09.2000 - Decisão unânime
ERR 402513-26.1997.5.09.5555 - Min. Vantuil Abdala
DJ 04.02.2000 - Decisão unânime
ERR 300549-40.1996.5.12.5555 - Min. José Luiz Vasconcellos
DJ 25.06.1999 - Decisão unânime
RR 375051-94.1997.5.09.5555, 3ªT - Juiz Conv. Horácio R. de Senna Pires
DJ 23.02.2001 - Decisão unânime
RR 537898-72.1999.5.09.5555, 4ªT - Min. Milton de Moura França
DJ 02.03.2001 - Decisão unânime

Item V:
EEDRR 1470200-15.2001.5.09.0009 - Min. Rosa Maria Weber Candiota da Rosa
DEJT 12.11.2010 - Decisão unânime
EEDEDEDRR 125100-26.2001.5.03.0032 - Min. Maria de Assis Calsing

DEJT 12.11.2010 - Decisão unânime
EEDRR 23240-15.2006.5.09.0654 - Min. Maria de Assis Calsing
DEJT 06.08.2010 - Decisão unânime
ERR 191300-34.2001.5.02.0261 - Min. Maria Cristina Irigoyen Peduzzi
DEJT 19.02.2010 - Decisão unânime
EEDRR 3100-06.2005.5.09.0068 - Min. Rosa Maria Weber Candiota da Rosa
DEJT 02.10.2009 - Decisão unânime
RR 77000-10.2005.5.09.0654, 1ª T - Min. Walmir Oliveira da Costa
DEJT 25.03.2011 - Decisão unânime
RR 153800-70.2001.5.09.0670, 1ªT - Min. Vieira de Mello Filho
DEJT 01.10.2010 - Decisão unânime
RR 189000-98.2001.5.09.0069, 1ªT - Min. Lelio Bentes Corrêa
DEJT 30.04.2010 - Decisão unânime
RR 17800-29.2004.5.12.0006, 2ªT - Min. José Roberto Pimenta
DEJT 04.02.2011 - Decisão unânime
RR 377700-38.2006.5.09.0892, 2ªT - Min. Guilherme Augusto Caputo Bastos
DEJT 19.11.2010 - Decisão unânime
RR 25800-93.2003.5.09.0666, 2ªT - Min. Renato de Lacerda Paiva
DEJT 15.10.2010 - Decisão unânime
RR 810554-13.2001.5.04.5555, 3ªT - Min. Rosa Maria Weber Candiota da Rosa
DEJT 04.02.2011 - Decisão unânime
RR 332500-37.2008.5.09.0892, 3ªT - Min. Alberto Luiz Bresciani de Fontan Pereira
DEJT 04.02.2011 - Decisão unânime
RR 67100-66.2006.5.09.0654, 3ªT - Min. Horácio Raymundo de Senna Pires
DEJT 13.08.2010 - Decisão unânime
RR 1379900-05.2004.5.09.0008, 4ªT - Min. Maria de Assis Calsing
DEJT 10.12.2010 - Decisão unânime
RR 9285-16.2006.5.12.0012, 5ªT - Min. Kátia Magalhães Arruda
DEJT 15.10.2010 - Decisão unânime
RR 534100-93.2003.5.09.0663, 5ªT - Min. Emmanoel Pereira
DEJT 10.09.2010 - Decisão unânime
RR 89540-19.2006.5.01.0027, 6ªT - Min. Maurício Godinho Delgado
DEJT 08.04.2011 - Decisão unânime
RR 193100-63.2006.5.09.0670, 6ªT - Min. Aloysio Corrêa da Veiga
DEJT 18.02.2011 - Decisão unânime
RR 2710800-26.2000.5.09.0005, 6ªT - Min. Augusto César Leite de Carvalho
DEJT 04.02.2011 - Decisão unânime
RR 110640-17.2004.5.09.0661, 7ªT - Min. Pedro Paulo Teixeira Manus
DEJT 11.02.2011 - Decisão unânime
RR 560000-65.2006.5.09.0892, 8ªT - Min. Dora Maria da Costa
DEJT 12.11.2010 - Decisão unânime
RR 131400-10.2007.5.20.0003, 8ªT - Min. Maria Cristina Irigoyen Peduzzi
DEJT 03.09.2010 - Decisão unânime
Item VI
RR 15422-33.2010.5.04.0000, 1ªT - Min. Hugo Carlos Scheuermann
DEJT 24.04.2015/J-15.04.2015 - Decisão unânime
RR 269900-26.2009.5.12.0030, 1ªT - Min. Walmir Oliveira da Costa
DEJT 23.05.2014/J-14.05.2014 - Decisão unânime

RR 947-81.2012.5.04.0233, 1ªT - Min. Lelio Bentes Corrêa
DEJT 12.12.2014/J-10.12.2014 - Decisão unânime
ARR 109500-70.2008.5.04.0232, 2ªT - Min. José Roberto Freire Pimenta
DEJT 12.06.2015/J-03.06.2015 - Decisão unânime
RR 647-63.2012.5.04.0381, 3ªT - Min. Alberto Luiz Bresciani de Fontan Pereira
DEJT 06.07.2015/J-29.06.2015 - Decisão unânime
RR 646-54.2010.5.02.0462, 3ªT - Min. Alexandre de Souza Agra Belmonte
DEJT 19.06.2015/J-17.06.2015 - Decisão unânime
RR 1700-13.2011.5.04.0382, 3ªT - Min. Mauricio Godinho Delgado
DEJT 08.05.2015/J-29.04.2015 - Decisão unânime
ARR 1439-14.2012.5.12.0019, 4ªT - Min. Maria de Assis Calsing
DEJT 06.03.2015/J-25.02.2015 - Decisão unânime
RR 175800-41.2007.5.04.0202, 4ªT - Min. Fernando Eizo Ono
DEJT 14.12.2012/J-05.12.2012 - Decisão unânime
RR 638-23.2012.5.04.0019, 5ªT - Min. Emmanoel Pereira
DEJT 22.05.2015/J-13.05.2015 - Decisão unânime
RR 1455-33.2010.5.04.0383, 5ªT - Min. Maria Helena Mallmann
DEJT 08.05.2015/J-29.04.2015 - Decisão unânime
RR 672-36.2011.5.04.0341, 5ªT - Min. Guilherme Augusto Caputo Bastos
DEJT 03.10.2014/J-24.09.2014 - Decisão unânime
RR 885-38.2012.5.04.0234, 6ªT - Min. Augusto César Leite de Carvalho
DEJT 19.06.2015/J-17.06.2015 - Decisão unânime
RR 519-32.2013.5.04.0341, 6ªT - Min. Kátia Magalhães Arruda
DEJT 12.06.2015/J-10.06.2015 - Decisão unânime
RR 582-67.2011.5.04.0231, 6ªT - Min. Aloysio Corrêa da Veiga
DEJT 31.03.2015/J-25.03.2015 - Decisão unânime
RR 30-02.2013.5.04.0662, 7ªT - Min. Cláudio Mascarenhas Brandão
DEJT 26.06.2015/J-24.06.2015 - Decisão unânime
RR 103600-02.2009.5.04.0029, 7ªT - Min. Douglas Alencar Rodrigues
DEJT 31.10.2014/J-22.10.2014 - Decisão unânime
RR 51700-49.2005.5.04.0019, 7ªT - Min. Delaíde Miranda Arantes
DEJT 19.12.2013/J-04.09.2013 - Decisão unânime
RR 1052-67.2011.5.04.0403, 8ªT - Min. Maria Cristina Irigoyen Peduzzi
DEJT 19.06.2015/J-17.06.2015 - Decisão unânime
RR 1388-02.2010.5.04.0017, 8ªT - Min. Dora Maria da Costa
DEJT 22.05.2015/J-20.05.2015 - Decisão unânime
RR 556-25.2012.5.04.0008, 8ªT - Min. Márcio Eurico Vitral Amaro
DEJT 08.05.2015/J-06.05.2015 - Decisão unânime
Histórico:
Súmula alterada - Res. 174/2011, DEJT divulgado em 27, 30 e 31.05.2011
Nº 85. Compensação de jornada (inserido o item V)
Súmula alterada - Res. 129/2005, DJ 20, 22 e 25.04.2005
Nº 85.Compensação de jornada (incorporadas as Orientações Jurisprudenciais nºs 182, 220 e 223 da SBDI-1)
(...)
Súmula alterada - Res. 121/2003, DJ 19, 20 e 21.11.2003
Nº 85 Compensação de horário
A compensação de jornada de trabalho deve ser ajustada por acordo individual escrito, acordo coletivo ou convenção coletiva. O não-atendimento das exigências legais não implica a repetição do pagamento das horas excedentes, sendo devido apenas o respectivo adicional.

Redação original - RA 69/1978, DJ 26.09.1978

Nº 85 O não atendimento das exigências legais, para adoção do regime de compensação de horário semanal, não implica a repetição do pagamento das horas excedentes, sendo devido, apenas, o adicional respectivo.

Súmula nº 86 do TST

DESERÇÃO. MASSA FALIDA. EMPRESA EM LIQUIDAÇÃO EXTRAJUDICIAL (incorporada a Orientação Jurisprudencial nº 31 da SBDI-1) - Res. 129/2005, DJ 20, 22 e 25.04.2005

Não ocorre deserção de recurso da massa falida por falta de pagamento de custas ou de depósito do valor da condenação. Esse privilégio, todavia, não se aplica à empresa em liquidação extrajudicial. (primeira parte - ex-Súmula nº 86 - RA 69/78, DJ 26.09.1978; segunda parte - ex-OJ nº 31 da SBDI-1 - inserida em 14.03.1994)

Precedentes:
Primeira parte:
RR 406/1969., Ac. 1ªT 623/1969 - Min. Lima Teixeira
DJ 03.09.1969 - Decisão unânime
RR 5292/1975., Ac. 1ªT 1148/1976 - Rel. "ad hoc" Min. Leão Velloso Ebert
DJ 11.11.1976 - Decisão por maioria
Segunda parte:
ERR 1420/1990, Ac. 2066/1992 - Min. Francisco Fausto Paula de Medeiros
DJ 02.10.1992 - Decisão unânime
ERR 3171/1989, Ac. 0416/1992 - Min. Hélio Regato
DJ 08.05.1992 - Decisão unânime
ERR 4515/1988, Ac. 0486/1992 - Min. José Luiz Vasconcellos
DJ 10.04.1992 - Decisão unânime
ERR 2223/1989, Ac. 2184/1991 - Min. Cnéa Moreira
DJ 22.11.1991 - Decisão unânime
Histórico:
Súmula mantida - Res. 121/2003, DJ 19, 20 e 21.11.2003
Nº 86 Não ocorre deserção de recurso da massa falida por falta de pagamento de custas ou de depósito do valor da condenação.
Redação original - RA 69/1978, DJ 26.09.1978
Nº 86 Deserção. Massa falida
Inocorre deserção de recurso da massa falida, por falta de pagamento de custas ou de depósito do valor da condenação.

Súmula nº 87 do TST

PREVIDÊNCIA PRIVADA (mantida) - Res. 121/2003, DJ 19, 20 e 21.11.2003

Se o empregado, ou seu beneficiário, já recebeu da instituição previdenciária privada, criada pela empresa, vantagem equivalente, é cabível a dedução de seu valor do benefício a que faz jus por norma regulamentar anterior.

Precedentes:
ERR 1729/1974, Ac. TP 677/1977 - Min. Fernando Franco
DJ 08.07.1977 - Decisão por maioria
ERR 2889/1974, Ac. TP 681/1977 - Min. Fernando Franco
DJ 17.06.1977 - Decisão por maioria
ERR 1108/1974., Ac. TP 2216/1976 - Min. Hildebrando Bisaglia
DJ 06.04.1977 - Decisão por maioria
RR 4347/1976., Ac. 1ªT 670/1977 - Rel. "ad hoc" Min. Fernando Franco
DJ 17.03.1978 - Decisão por maioria
RR 4854/1975., Ac. 1ªT 196/1977 - Min. Hildebrando Bisaglia
DJ 27.05.1977 - Decisão unânime
RR 2386/1976., Ac. 1ªT 3065/1976 - Min. Hildebrando Bisaglia
DJ 09.05.1977 - Decisão por maioria
RR 4510/1975., Ac. 2ªT 37/1977 - Min. C. A. Barata Silva
DJ 22.04.1977 - Decisão por maioria
RR 3037/1977., Ac. 3ªT 3098/1977 - Min. Coqueijo Costa
DJ 17.03.1978 - Decisão por maioria
RR 2/1976., Ac. 3ªT 80/1977 - Min. Lomba Ferraz
DJ 09.05.1977 - Decisão por maioria
Histórico:
Redação original - RA 69/1978, DJ 26.09.1978
Nº 87 Se o empregado, ou seu beneficiário, já recebeu da instituição previdenciária privada, criada pela empresa, vantagem equivalente, é cabível a dedução do seu valor do benefício a que faz jus, por norma regulamentar anterior.

Súmula nº 88 do TST

JORNADA DE TRABALHO. INTERVALO ENTRE TURNOS (cancelamento mantido) - Res. 121/2003, DJ 19, 20 e 21.11.2003

O desrespeito ao intervalo mínimo entre dois turnos de trabalho, sem importar em excesso na jornada efetivamente trabalhada, não dá direito a qualquer ressarcimento ao obreiro, por tratar-se apenas de infração sujeita a penalidade administrativa (art. 71 da CLT).

Histórico:
Súmula cancelada - Res. 42/1995, DJ 17, 20 e 21.02.1995
Redação original - RA 69/1978, DJ 26.09.1978

Súmula nº 89 do TST

FALTA AO SERVIÇO (mantida) - Res. 121/2003, DJ 19, 20 e 21.11.2003

Se as faltas já são justificadas pela lei, consideram-se como ausências legais e não serão descontadas para o cálculo do período de férias.

Precedentes:
ERR 570/1973., Ac. TP 944/1974 - Rel. "ad hoc" Min. Coqueijo Costa
DJ 11.09.1974 - Decisão por maioria
ERR 4233/1972., Ac. TP 2250/1973 - Rel. "ad hoc" Min. C. A. Barata Silva
DJ 20.03.1974 - Decisão por maioria
ERR 3530/1971., Ac. TP 277/1973 - Min. C. A. Barata Silva
DJ 17.05.1973 - Decisão por maioria
ERR 2786/1964., Ac. TP 656/1965 - Rel. "ad hoc" Min. Caldeira Neto
DJ 10.12.1965 - Decisão por maioria
ERR 4491/1961., Ac. TP 816/1962 - Min. Geraldo Starling Soares
DJ 22.04.1963 - Decisão por maioria
RR 2840/1973., Ac. 1ªT 1859/1973 - Rel. "ad hoc" Juiz Conv. Ribeiro de Vilhena
DJ 17.12.1973 - Decisão por maioria
RR 1999/1973., Ac. 1ªT 1680/1973 - Min. Lima Teixeira
DJ 04.12.1973 - Decisão unânime
RR 3638/1970., Ac. 1ªT 2141/1970 - Rel. "ad hoc" Min. Miguel Mendonça
DJ 01.04.1971 - Decisão por maioria
RR 379/1969., Ac. 1ªT 407/1969 - Min. Antônio Alves de Almeida
DJ 12.06.1969 - Decisão unânime
RR 199/1971., Ac. 3ªT 697/1971 - Min. Geraldo Starling Soares
DJ 24.08.1971 - Decisão por maioria
RR 3865/1969, Ac. 3ªT 572/1970 - Rel. "ad hoc" Min. Floriano Maciel
DJ 24.06.1970 - Decisão por maioria
Histórico:
Redação original - RA 69/1978, DJ 26.09.1978

Súmula nº 90 do TST

HORAS "IN ITINERE". TEMPO DE SERVIÇO (incorporadas as Súmulas nºs 324 e 325 e as Orientações Jurisprudenciais nºs 50 e 236 da SBDI-1) - Res. 129/2005, DJ 20, 22 e 25.04.2005

I - O tempo despendido pelo empregado, em condução fornecida pelo empregador, até o local de trabalho de difícil acesso, ou não servido por transporte público regular, e para o seu retorno é computável na jornada de trabalho. (ex-Súmula nº 90 - RA 80/1978, DJ 10.11.1978)

II - A incompatibilidade entre os horários de início e término da jornada do empregado e os do transporte público regular é circunstância que também gera o direito às horas "in itinere". (ex-OJ nº 50 da SBDI-1 - inserida em 01.02.1995)

III - A mera insuficiência de transporte público não enseja o pagamento de horas "in itinere". (ex-Súmula nº 324 – Res. 16/1993, DJ 21.12.1993)

IV - Se houver transporte público regular em parte do trajeto percorrido em condução da empresa, as horas "in itinere" remuneradas limitam-se ao trecho não alcançado pelo transporte público. (ex-Súmula nº 325 – Res. 17/1993, DJ 21.12.1993)

V - Considerando que as horas "in itinere" são computáveis na jornada de trabalho, o tempo que extrapola a jornada legal é considerado como extraordinário e sobre ele deve incidir o adicional respectivo. (ex-OJ nº 236 da SBDI-1 - inserida em 20.06.2001)

Precedentes:
Item I
RR 92/1976., Ac. 1ªT 2703/1976 - Rel. "ad hoc" Min. Raymundo de Souza Moura
DJ 17.06.1977 - Decisão por maioria
RR 3220/1976., Ac. 1ªT 3078/1976 - Min. Raymundo de Souza Moura
DJ 25.05.1977 - Decisão unânime
RR 2591/1976., Ac. 1ªT 2540/1976 - Min. Raymundo de Souza Moura
DJ 25.03.1977 - Decisão por maioria
RR 4394/1977., Ac. 2ªT 2913/1977 - Min. Luiz Roberto de Rezende Puech
DJ 02.06.1978 - Decisão por maioria
RR 3475/1977., Ac. 2ªT 2745/1977 - Min. Orlando Coutinho
DJ 19.05.1978 - Decisão por maioria
RR 1492/1976., Ac. 2ªT 2261/1976 - Rel. "ad hoc" Min. Renato Machado
DJ 09.05.1977 - Decisão por maioria
RR 4378/1977., Ac. 3ªT 246/1978 - Min. Coqueijo Costa
DJ 16.06.1978 - Decisão por maioria
RR 2428/1977., Ac. 3ªT 2738/1977 - Rel. "ad hoc" Min. C. A. Barata Silva
DJ 06.03.1978 - Decisão por maioria
Item II
ERR 4935/1989, Ac. 2900/1994 - Min. Vantuil Abdala
DJ 21.10.1994 - Decisão por maioria
ERR 6357/1990, Ac. 3394/1994 - Min. Vantuil Abdala
DJ 14.10.1994 - Decisão unânime
ERR 4866/1989, Ac. 2295/1993 - Min. Vantuil Abdala
DJ 12.11.1993 - Decisão por maioria
ERR 3417/1988, Ac. 045/1992 - Min. Hélio Regato
DJ 08.05.1992 - Decisão por maioria
RR 35482/1991, Ac. 3ªT 2149/1992 - Red. Min. Manoel Mendes de Freitas
DJ 14.08.1992 - Decisão por maioria
RR 40363/1991, Ac. 3ªT 2087/1992 - Red. Min. Manoel Mendes de Freitas
DJ 14.08.1992 - Decisão por maioria
RR 16901/1990, Ac. 3ªT 4315/1991 - Red. Min. Francisco Fausto Paula de Medeiros
DJ 26.06.1992 - Decisão por maioria
RR 2437/1990, Ac. 3ªT 5454/1991 - Min. Francisco Fausto Paula de Medeiros
DJ 03.04.1992 - Decisão unânime
Item III
ERR 0777/1989, Ac. 1670/1992 - Min. Hylo Gurgel
DJ 11.09.1992 - Decisão por maioria
ERR 4219/1988, Ac. 718/1991 - Min. Hélio Regato
DJ 27.09.1991 - Decisão por maioria
ERR 6088/1987, Ac. 590/1990 - Min. Hélio Regato
DJ 09.11.1990 - Decisão unânime
ERR 1486/1987, Ac. 337/1990 - Min. Hélio Regato
DJ 12.10.1990 - Decisão unânime
RR 40789/1991, Ac. 1ªT 2737/1992 - Min. Fernando Vilar
DJ 06.11.1992 - Decisão unânime
RR 7308/1986, Ac. 1ªT 488/1987 - Juiz Conv. Manoel Mendes de Freitas
DJ 12.06.1987 - Decisão por maioria
RR 42227/1991, Ac. 2ªT 4006/1992 - Min. Francisco Leocádio
DJ 27.11.1992 - Decisão unânime
RR 10292/1985, Ac. 2ªT 2172/1987 - Min. C. A. Barata Silva
DJ 28.08.1987 - Decisão unânime
RR 54259/1992, Ac. 3ªT 324/1993 - Min. Roberto Della Manna
DJ 08.10.1993 - Decisão por maioria
RR 42527/1992, Ac. 3ªT 5221/1992 - Min. Roberto Della Manna
DJ 20.08.1993 - Decisão unânime
RR 51288/1992, Ac. 4ªT 334/1993 - Min. Leonaldo Silva
DJ 16.04.1993 - Decisão unânime
RR 38729/1991, Ac. 4ªT 1535/1992 - Min. Almir Pazzianotto Pinto
DJ 02.10.1992 - Decisão unânime
RR 33117/1991, Ac. 5ªT 1969/1993 - Min. Antônio Amaral
DJ 10.09.1993 - Decisão por maioria
RR 26056/1991, Ac. 5ªT 900/1992 - Min. Antônio Amaral
DJ 19.06.1992 - Decisão unânime
Item IV
RR 40789/1991, Ac. 1ªT 2737/1992 - Min. Fernando Vilar
DJ 06.11.1992 - Decisão unânime
RR 164/1990, Ac. 1ªT 1463/1992 - Min. Ursulino Santos
DJ 07.08.1992 - Decisão unânime
RR 92/1988, Ac. 1ªT 1326/1992 - Min. Ursulino Santos
DJ 26.06.1992 - Decisão unânime
RR 49812/1992, Ac. 2ªT 4851/1992 - Min. Francisco Leocádio
DJ 18.12.1992 - Decisão unânime
RR 44165/1992, Ac. 2ªT 4531/1992 - Min. Francisco Leocádio
DJ 18.12.1992 - Decisão unânime
RR 42872/1992, Ac. 2ªT 4091/1992 - Min. Ney Doyle
DJ 18.12.1992 - Decisão unânime
RR 5399/1990, Ac. 2ªT 2213/1991 - Min. Ney Doyle
DJ 09.08.1991 - Decisão unânime
RR 6945/1989, Ac. 2ªT 1426/1991 - Min. Hylo Gurgel
DJ 05.08.1991 - Decisão unânime
RR 6470/1989, Ac. 2ªT 1000/1991 - Min. Ney Doyle
DJ 24.05.1991 - Decisão unânime
RR 4977/1988, Ac. 2ªT 3406/1988 - Min. C. A. Barata Silva
DJ 17.02.1989 - Decisão unânime
RR 41215/1991, Ac. 4ªT 3045/1992 - Min. Almir Pazzianotto Pinto
DJ 19.02.1993 - Decisão unânime
RR 52394/1992, Ac. 4ªT 2657/1992 - Min. Leonaldo Silva

DJ 12.02.1993 - Decisão unânime
RR 38729/1991, Ac. 4ªT 1535/1992 - Min. Almir Pazzianotto Pinto
DJ 02.10.1992 - Decisão unânime
RR 50275/1992, Ac. 1ªT 3087/1992 - Juiz Conv. Indalécio Gomes Neto
DJ 27.11.1992 - Decisão unânime
RR 41390/1991, Ac. 5ªT 1651/1992 - Min. Antônio Amaral
DJ 13.11.1992 - Decisão unânime
RR 43054/1992, Ac. 1ªT 2749/1992 - Min. Ursulino Santos
DJ 06.11.1992 - Decisão unânime
Item V
ERR 443605/1998 - Min. Vantuil Abdala
DJ 29.06.2001 - Decisão unânime
ERR 358401/1997 - Min. Carlos Alberto Reis de Paula
DJ 20.04.2001 - Decisão unânime
ERR 358372/1997 - Min. João Batista Brito Pereira
DJ 10.11.2000 - Decisão por maioria
ERR 358385/1997 - Min. José Luiz Vasconcellos
DJ 06.10.2000 - Decisão unânime
ERR 348878/1997 - Min. José Luiz Vasconcellos
DJ 25.08.2000 - Decisão por maioria
ERR 334755/1996 - Min. Vantuil Abdala
DJ 19.05.2000 - Decisão por maioria
RR 528338/1999, 1ªT - Min. João Oreste Dalazen
DJ 07.04.2000 - Decisão unânime
RR 358372/1997, 2ªT - Min. Valdir Righetto
DJ 07.04.2000 - Decisão unânime
RR 372855/1997, 3ªT - Min. Carlos Alberto Reis de Paula
DJ 23.02.2001 - Decisão unânime
Histórico:
Súmula mantida - Res. 121/2003, DJ 19, 20 e 21.11.2003
Súmula alterada - RA 80/1978, DJ 10.11.1978
Nº 90 Tempo de serviço
O tempo despendido pelo empregado, em condução fornecida pelo empregador, até o local de trabalho de difícil acesso ou não servido por transporte regular público, e para o seu retorno, é computável na jornada de trabalho.
Redação original - RA 69/1978, DJ 26.09.1978
Nº 90 O tempo despendido pelo empregado, em condução fornecida pelo empregador, até o local do trabalho e no seu retorno, é computável na jornada de trabalho.

Súmula nº 91 do TST
SALÁRIO COMPLESSIVO (mantida) - Res. 121/2003, DJ 19, 20 e 21.11.2003
Nula é a cláusula contratual que fixa determinada importância ou percentagem para atender englobadamente vários direitos legais ou contratuais do trabalhador.
Precedentes:
ERR 2717/1976., Ac. TP 80/1978 - Min. Raymundo de Souza Moura
DJ 19.05.1978 - Decisão unânime
ERR 4437/1974., Ac. TP 287/1976 - Min. Orlando Coutinho
DJ 06.07.1976 - Decisão por maioria
ERR 413/1974., Ac. TP 189/1975 - Rel. "ad hoc" Min. Raymundo de Souza Moura
DJ 03.06.1975 - Decisão por maioria
RR 3823/1973., Ac. 1ªT 782/1974 - Rel. "ad hoc" Min. Coqueijo Costa
DJ 25.06.1974 - Decisão por maioria
RR 3114/1977., Ac. 3ªT 2930/1977 - Min. C. A. Barata Silva
DJ 24.02.1978 - Decisão unânime
RR 623/1977., Ac. 3ªT 1402/1977 - Min. Vieira de Mello
DJ 09.09.1977 - Decisão unânime

Histórico:
Redação original - RA 69/1978, DJ 26.09.1978

Súmula nº 92 do TST
APOSENTADORIA (mantida) - Res. 121/2003, DJ 19, 20 e 21.11.2003
O direito à complementação de aposentadoria, criado pela empresa, com requisitos próprios, não se altera pela instituição de benefício previdenciário por órgão oficial.
Precedente:
RR 4577/1977., Ac. 3ªT 310/1978 - Min. C. A. Barata Silva
DJ 09.06.1978 - Decisão unânime
Histórico:
Redação original - RA 69/1978, DJ 26.09.1978

Súmula nº 93 do TST
BANCÁRIO (mantida) - Res. 121/2003, DJ 19, 20 e 21.11.2003
Integra a remuneração do bancário a vantagem pecuniária por ele auferida na colocação ou na venda de papéis ou valores mobiliários de empresas pertencentes ao mesmo grupo econômico, se exercida essa atividade no horário e no local de trabalho e com o consentimento, tácito ou expresso, do banco empregador.
Precedentes:
ERR 3511/1976., Ac. TP 2881/1978 - Min. Raymundo de Souza Moura
DJ 16.03.1979 - Decisão unânime
ERR 1100/1976., Ac. TP 1494/1978 - Min. Ary Campista
DJ 06.10.1978 - Decisão por maioria
ERR 4789/1976., Ac. TP 194/1978 - Rel. "ad hoc" Min. Antônio Alves de Almeida
DJ 26.05.1978 - Decisão por maioria
RR 5260/1977., Ac. 1ªT 989/1978 - Rel. "ad hoc" Min. Antônio Alves de Almeida
DJ 29.09.1978 - Decisão por maioria
RR 1570/1978., Ac. 1ªT 2092/1978 - Min. Raymundo de Souza Moura
DJ 15.12.1978 - Decisão por maioria
RR 844/1978., Ac. 1ªT 1355/1978 - Min. Antônio Alves de Almeida
DJ 03.11.1978 - Decisão por maioria
RR 1367/1978., Ac. 2ªT 1889/1978 - Juiz Conv. Washington da Trindade
DJ 09.02.1979 - Decisão por maioria
RR 2237/1977., Ac. 2ªT 2725/1977 - Rel. "adhoc" Min. Luiz Roberto de Rezende Puech
DJ 18.08.1978 - Decisão por maioria
RR 3684/1977., Ac. 2ªT 2644/1977 - Rel. "ad hoc" Min. Orlando Coutinho
DJ 10.03.1978 - Decisão por maioria
Histórico:
Redação original - RA 121/1979, DJ 27.11.1979
Nº 93 Integra a remuneração do bancário a vantagem pecuniária por ele auferida na colocação ou na venda de papéis ou valores mobiliários de empresas pertencentes ao mesmo grupo econômico, quando exercida essa atividade no horário e no local de trabalho e com o consentimento, tácito ou expresso, do banco empregador.

Súmula nº 94 do TST
HORAS EXTRAS (cancelada) - Res. 121/2003, DJ 19, 20 e 21.11.2003
O valor das horas extraordinárias habituais integra o aviso prévio indenizado.

Histórico:
Redação original - RA 43/1980, DJ 15.05.1980 - Republicada Res. 80/1980, DJ 04.07.1980

Súmula nº 95 do TST
PRESCRIÇÃO TRINTENÁRIA. FGTS (cancelada) - Res. 121/2003, DJ 19, 20 e 21.11.2003
É trintenária a prescrição do direito de reclamar contra o não recolhimento da contribuição para o Fundo de Garantia do Tempo de Serviço.
(Cancelada em decorrência da sua incorporação à nova redação da Súmula nº 362)
Histórico:
Redação original - (RA 44/1980, DJ 15.05.1980)

Súmula nº 96 do TST
MARÍTIMO (mantida) - Res. 121/2003, DJ 19, 20 e 21.11.2003
A permanência do tripulante a bordo do navio, no período de repouso, além da jornada, não importa presunção de que esteja à disposição do empregador ou em regime de prorrogação de horário, circunstâncias que devem resultar provadas, dada a natureza do serviço.
Precedentes:
ERR 2776/1976, Ac. TP 2747/1978 - Min. Raymundo de Souza Moura
DJ 16.03.1979 - Decisão unânime
RR 5329/1978, Ac. 1ªT 1838/1979 - Min. Raymundo de Souza Moura
DJ 30.11.1979 - Decisão por maioria
RR 1094/1979., Ac. 1ªT 1657/1979 - Min. Marcelo Pimentel
DJ 21.11.1979 - Decisão unânime
RR 5158/1978, Ac. 2ªT 1693/1979 - Min. C. A. Barata Silva
DJ 19.10.1979 - Decisão unânime
Histórico:
Redação original - RA 45/1980, DJ 16.05.1980
Nº 96 A permanência do tripulante a bordo do navio, no período de repouso, além da jornada, não importa em presunção de que esteja à disposição do empregador ou em regime de prorrogação de horário, circunstâncias que devem resultar provadas, dada a natureza do serviço.

Súmula nº 97 do TST
APOSENTADORIA. COMPLEMENTAÇÃO (mantida) - Res. 121/2003, DJ 19, 20 e 21.11.2003
Instituída complementação de aposentadoria por ato da empresa, expressamente dependente de regulamentação, as condições desta devem ser observadas como parte integrante da norma.
Precedentes:
ERR 4697/1977, Ac. TP 725/1980 - Min. Mozart Victor Russomano
DJ 25.04.1980 - Decisão unânime
ERR 2189/1978, Ac. TP 386/1980 - Min. Marcelo Pimentel
DJ 18.04.1980 - Decisão por maioria
RR 3140/1978, Ac. 1ªT 36/1979 - Min. Marcelo Pimentel
DJ 23.04.1979 - Decisão por maioria
RR 2900/1978., Ac. 1ªT 3156/1978 - Min. Marcelo Pimentel
DJ 16.04.1979 - Decisão unânime
RR 1995/1978, Ac. 1ªT 2164/1978 - Min. Fernando Franco
DJ 24.11.1978 - Decisão unânime
RR 4416/1977, Ac. 1ªT 846/1978 - Min. Fernando Franco
DJ 18.08.1978 - Decisão por maioria
RR 4719/1978, Ac. 2ªT 683/1979 - Rel. "ad hoc" Min. Nelson Tapajós
DJ 01.06.1979 - Decisão por maioria
RR 3702/1978, Ac. 2ªT 296/1979 - Rel. "ad hoc" Min. Mozart Victor Russomano
DJ 23.04.1979 - Decisão por maioria
Histórico:
Súmula alterada – RA 96/1980, DJ 11.09.1980
Nº 97 Instituída complementação de aposentadoria, por ato da empresa, expressamente dependente de sua regulamentação, as condições desta devem ser observadas como parte integrante da norma.
Redação original - RA 48/1980, DJ 22.05.1980
Nº 97 Instituída complementação de aposentadoria, por ato da empresa, expressamente dependente de sua regulamentação, as condições destas devem ser observadas como parte integrante da norma.

Súmula nº 98 do TST
FGTS. INDENIZAÇÃO. EQUIVALÊNCIA. COMPATIBILIDADE (incorporada a Orientação Jurisprudencial nº 299 da SBDI-1) - Res. 129/2005, DJ 20, 22 e 25.04.2005
I - A equivalência entre os regimes do Fundo de Garantia do Tempo de Serviço e da estabilidade prevista na CLT é meramente jurídica e não econômica, sendo indevidos valores a título de reposição de diferenças. (ex-Súmula nº 98 - RA 57/1980, DJ 06.06.1980)
II - A estabilidade contratual ou a derivada de regulamento de empresa são compatíveis com o regime do FGTS. Diversamente ocorre com a estabilidade legal (decenal, art. 492 da CLT), que é renunciada com a opção pelo FGTS. (ex-OJ nº 299 da SBDI-1 - DJ 11.08.2003)
Precedentes:
Item I
RODC 333/1979, Ac. TP 223/1980 - Min. Raymundo de Souza Moura
DJ 09.05.1980 - Decisão por maioria
RR 8/1979, Ac. 1ªT 1066/1979 - Min. Fernando Franco
DJ 17.08.1979 - Decisão por maioria
RR 4931/1978, Ac. 1ªT 983/1979 - Min. Hildebrando Bisaglia
DJ 10.08.1979 - Decisão por maioria
RR 3548/1978, Ac. 1ªT 725/1979 - Min. Marcelo Pimentel
DJ 28.06.1979 - Decisão por maioria
RR 3639/1978, Ac. 1ªT 666/1979 - Min. Marcelo Pimentel
DJ 01.06.1979 - Decisão por maioria
RR 943/1979, Ac. 2ªT 1623/1979 - Min. Nelson Tapajós
DJ 11.10.1979 - Decisão unânime
RR 4012/1978, Ac. 2ªT 896/1979 - Min. Mozart Victor Russomano
DJ 22.06.1979 - Decisão unânime
RR 740/1979, Ac. 3ªT 1819/1979 - Min. Coqueijo Costa
DJ 14.12.1979 - Decisão por maioria
RR 766/1979, Ac. 3ªT 1570/1979 - Min. Expedito Amorim
DJ 16.11.1979 - Decisão unânime
Item II
ERR 352566/1997 - Min. Vantuil Abdala
DJ 22.06.2001 - Decisão unânime
ERR 325238/1996 - Juíza Conv. Anelia Li Chum
DJ 19.05.2000 - Decisão unânime
ERR 117879/1994 - Juiz Conv. Levi Ceregato
DJ 10.09.1999 - Decisão por maioria
RR 296427/1996, Ac. 2ªT 3872/1997 - Min. Ângelo Mário
DJ 15.08.1997 - Decisão unânime
RR 118292/1994, Ac. 2ªT 6776/1996 - Red. Min. José Luciano de Castilho Pereira
DJ 21.03.1997 - Decisão por maioria
No mesmo sentido:
ReAgr 113027-RS, 2ªT-STF - Min. Eros Grau

DJ 04.08.2006 - Decisão unânime

Histórico:

Súmula mantida - Res. 121/2003, DJ 19, 20 e 21.11.2003

Nº 98 FGTS. Indenização. Equivalência

A equivalência entre os regimes do Fundo de Garantia do Tempo de Serviço e da estabilidade prevista na CLT é meramente jurídica e não econômica, sendo indevidos valores a título de reposição de diferenças.

Redação original - RA 57/1980, DJ 06.06.1980

Nº 98 A equivalência entre os regimes do Fundo de Garantia do Tempo de Serviço e da estabilidade da Consolidação das Leis do Trabalho é meramente jurídica e não econômica, sendo indevidos quaisquer valores a título de reposição de diferenças.

Súmula nº 99 do TST

AÇÃO RESCISÓRIA. DESERÇÃO. PRAZO (incorporada a Orientação Jurisprudencial nº 117 da SBDI-2) - Res. 137/2005, DJ 22, 23 e 24.08.2005

Havendo recurso ordinário em sede de rescisória, o depósito recursal só é exigível quando for julgado procedente o pedido e imposta condenação em pecúnia, devendo este ser efetuado no prazo recursal, no limite e nos termos da legislação vigente, sob pena de deserção. (ex-Súmula nº 99 - alterada pela Res. 110/2002, DJ 15.04.2002 - e ex-OJ nº 117 da SBDI-2 - DJ 11.08.2003)

Precedentes:

ROAR 41253/2002-900-11-00.7 - Min. Ives Gandra Martins Filho
DJ 30.05.2003 - Decisão unânime
ROAR 783253/2001 - Min. Ives Gandra Martins Filho
DJ 16.11.2001 - Decisão unânime
ROAR 656673/2000 - Min. José Simpliciano Fontes de F. Fernandes
DJ 16.11.2001 - Decisão unânime
ROAR 468221/1998 - Min. Ronaldo Lopes Leal
DJ 28.09.2001 - Decisão unânime
AIRO 442834/1998 - Min. João Oreste Dalazen
DJ 11.02.2000 - Decisão unânime
AIRO 428694/98, SBDI-2 - Min. Francisco Fausto
DJ 10.12.1999 - Decisão unânime
EAR 20/1978, Ac. TP 1439/1980 - Min. Mozart Victor Russomano
DJ 11.08.1980 - Decisão unânime
ROAR 245/1979, Ac. TP 1264/1980 - Min. Nelson Tapajós
DJ 27.06.1980 - Decisão unânime
ROAR 31/1979, Ac. TP 889/1980 - Min. Orlando Coutinho
DJ 30.05.1980 - Decisão por maioria

Histórico:

Súmula mantida - Res. 121/2003, DJ 19, 20 e 21.11.2003

Nº 99 Ao recorrer de decisão condenatória em ação rescisória, é ônus do empregador vencido efetuar, no prazo, no limite e nos termos da legislação vigente, sob pena de deserção, o depósito recursal.

Súmula alterada - Res. 110/2002, DJ 11, 12 e 15.04.2002

Nº 99. Ação rescisória. Deserção. Prazo.

Ao recorrer de decisão condenatória em ação rescisória, deve o empregador vencido efetuar, no prazo, no limite e nos termos da legislação vigente, sob pena de deserção, o depósito recursal.

Redação original - RA 62/1980, DJ 11.06.1980

Nº 99. Ação rescisória. Deserção. Prazo.

Ao recorrer de decisão condenatória em ação rescisória, resultante do acolhimento desta, deve o empregador vencido depositar o valor da condenação no prazo legal, sob pena de deserção (CLT, artigo 899, § 1º).

Súmula nº 100 do TST

AÇÃO RESCISÓRIA. DECADÊNCIA (incorporadas as Orientações Jurisprudenciais nºs 13, 16, 79, 102, 104, 122 e 145 da SBDI-2) - Res. 137/2005, DJ 22, 23 e 24.08.2005

I - O prazo de decadência, na ação rescisória, conta-se do dia imediatamente subseqüente ao trânsito em julgado da última decisão proferida na causa, seja de mérito ou não. (ex-Súmula nº 100 - alterada pela Res. 109/2001, DJ 20.04.2001)

II - Havendo recurso parcial no processo principal, o trânsito em julgado dá-se em momentos e em tribunais diferentes, contando-se o prazo decadencial para a ação rescisória do trânsito em julgado de cada decisão, salvo se o recurso tratar de preliminar ou prejudicial que possa tornar insubsistente a decisão recorrida, hipótese em que flui a decadência a partir do trânsito em julgado da decisão que julgar o recurso parcial. (ex-Súmula nº 100 - alterada pela Res. 109/2001, DJ 20.04.2001)

III - Salvo se houver dúvida razoável, a interposição de recurso intempestivo ou a interposição de recurso incabível não protrai o termo inicial do prazo decadencial. (ex-Súmula nº 100 - alterada pela Res. 109/2001, DJ 20.04.2001)

IV - O juízo rescindente não está adstrito à certidão de trânsito em julgado juntada com a ação rescisória, podendo formar sua convicção através de outros elementos dos autos quanto à antecipação ou postergação do "dies a quo" do prazo decadencial. (ex-OJ nº 102 da SBDI-2 - DJ 29.04.2003)

V - O acordo homologado judicialmente tem força de decisão irrecorrível, na forma do art. 831 da CLT. Assim sendo, o termo conciliatório transita em julgado na data da sua homologação judicial. (ex-OJ nº 104 da SBDI-2 - DJ 29.04.2003)

VI - Na hipótese de colusão das partes, o prazo decadencial da ação rescisória somente começa a fluir para o Ministério Público, que não interveio no processo principal, a partir do momento em que tem ciência da fraude. (ex-OJ nº 122 da SBDI-2 - DJ 11.08.2003)

VII - Não ofende o princípio do duplo grau de jurisdição a decisão do TST que, após afastar a decadência em sede de recurso ordinário, aprecia desde logo a lide, se a causa versar questão exclusivamente de direito e estiver em condições de imediato julgamento. (ex-OJ nº 79 da SBDI-2 - inserida em 13.03.2002)

VIII - A exceção de incompetência, ainda que oposta no prazo recursal, sem ter sido aviado o recurso próprio, não tem o condão de afastar a consumação da coisa julgada e, assim, postergar o termo inicial do prazo decadencial para a ação rescisória. (ex-OJ nº 16 da SBDI-2 - inserida em 20.09.2000)

IX - Prorroga-se até o primeiro dia útil, imediatamente subseqüente, o prazo decadencial para ajuizamento de ação rescisória quando expira em férias forenses, feriados, finais de semana ou em dia em que não houver expediente forense. Aplicação do art. 775 da CLT. (ex-OJ nº 13 da SBDI-2 - inserida em 20.09.2000)

X - Conta-se o prazo decadencial da ação rescisória, após o decurso do prazo legal previsto para a interposição do recurso extraordinário, apenas quando esgotadas todas as vias recursais ordinárias. (ex-OJ nº 145 da SBDI-2 - DJ 10.11.2004)

Item I

IUJAR 445053/1998, TP - Min. Gelson de Azevedo
DJ 27.04.2001 - Decisão unânime
ROAR 574/1978., Ac. TP 1788/1979 - Juiz Conv. Washington da Trindade
DJ 19.10.1979 - Decisão por maioria
ROAR 573124/1999 - Min. João Oreste Dalazen
DJ 30.06.2000 - Decisão unânime
ROAR 450355/1998 - Min. João Oreste Dalazen
DJ 30.06.2000 - Decisão unânime
ROAR 436016/1998 - Min. Ives Gandra Martins Filho
DJ 30.06.2000 - Decisão unânime
ROAR 532303/1999 - Min. João Oreste Dalazen

DJ 26.05.2000 - Decisão unânime
ROAG 416355/1998 - Min. João Oreste Dalazen
DJ 26.05.2000 - Decisão unânime
Item II
IUJAR 445053/1998, TP - Min. Gelson de Azevedo
DJ 27.04.2001 - Decisão unânime
ROAR 575047/1999 - Min. João Oreste Dalazen
DJ 30.06.2000 - Decisão unânime
RXOFROAR 579976/1999 - Min. Ives Gandra Martins Filho
DJ 23.06.2000 - Decisão unânime
RXOFROAR 465763/1998 - Min. Ronaldo Lopes Leal
DJ 14.04.2000 - Decisão unânime
ROAR 410038/1997 - Min. Francisco Fausto Paula de Medeiros
DJ 31.03.2000 - Decisão unânime
RXOFROAR 426546/1998 - Min. Milton de Moura França
DJ 03.12.1999 - Decisão por maioria
Item III
IUJAR 445053/1998, TP - Min. Gelson de Azevedo
DJ 27.04.2001 - Decisão unânime
ROAR 546136/1999 - Juiz Conv. Márcio Ribeiro do Valle
DJ 17.11.2000 - Decisão unânime
ROAR 436016/1998 - Min. Ives Gandra Martins Filho
DJ 30.06.2000 - Decisão unânime
ROAR 573138/1999 - Min. Ronaldo Lopes Leal
DJ 23.06.2000 - Decisão unânime
ROAR 501346/1998 - Min. Ives Gandra Martins Filho
DJ 09.06.2000 - Decisão unânime
ROAG 416355/1998 - Min. João Oreste Dalazen
DJ 26.05.2000 - Decisão unânime
ROAR 436012/1998, SBDI-2 - Min. Ives Gandra Martins Filho
DJ 19.05.2000 - Decisão unânime
ROAR 320940/1996 - Red. Min. Milton de Moura França
DJ 04.06.1999 -Decisão por maioria
ROAR 331982/1996, Ac. 3215/1997 - Min. Manoel Mendes de Freitas
DJ 12.09.1997 - Decisão por maioria
Item IV
ROAR 40276/2000-000-05-00.1 - Min. José Simpliciano Fontes de F. Fernandes
DJ 09.05.2003 - Decisão unânime
ARXOFROAG 784192/2001 - Min. Ives Gandra Martins Filho
DJ 13.12.2002 - Decisão unânime
ROAR 639469/2000 - Min. José Simpliciano Fontes de F. Fernandes
DJ 27.09.2002 - Decisão unânime
RXOFROAR 680482/2000 - Min. Ronaldo Lopes Leal
DJ 14.12.2001 - Decisão unânime
RXOFROAR 659660/2000 - Min. João Oreste Dalazen
DJ 19.10.2001 - Decisão unânime
Item V
EDROAR 746974/2001 - Min. Gelson de Azevedo
DJ 25.04.2003 - Decisão unânime
ROAR 350/2002-900-02-00.9 - Min. Ives Gandra Martins Filho
DJ 25.10.2002 - Decisão unânime
ROAR 734479/2001 - Min. Ives Gandra Martins Filho
DJ 22.03.2002 - Decisão unânime
ROAR 501340/1998 - Min. Francisco Fausto Paula de Medeiros
DJ 21.09.2001 - Decisão por maioria
ROAR 318084/1996 - Min. José Luciano de Castilho Pereira
DJ 02.03.2001 - Decisão unânime
Item VI
ROAR 698667/2000 - Red. Min. Barros Levenhagen
DJ 23.05.2003 - Decisão por maioria
ROAR 774398/2001 - Min. Maria Cristina Irigoyen Peduzzi
DJ 16.11.2001 - Decisão unânime
ROAR 624374/2000 - Min. Ives Gandra Martins Filho
DJ 27.04.2001 - Decisão unânime
Item VII
ROAR 612122/1999 - Min. João Oreste Dalazen
DJ 09.02.2001 - Decisão unânime
RXOFROAG 513036/1998 - Min. João Oreste Dalazen
DJ 15.12.2000 - Decisão por maioria
ROAR 546136/1999 - Juiz Conv. Márcio Ribeiro do Valle
DJ 17.11.2000 - Decisão unânime
ROAR 331982/1996, Ac. 3215/1997 - Min. Manoel Mendes de Freitas
DJ 12.09.1997 - Decisão por maioria
Item VIII
ROAR 501346/1998 - Min. Ives Gandra Martins Filho
DJ 09.06.2000 - Decisão unânime
RXOFROAR 435995/1998 - Min. Francisco Fausto Paula de Medeiros
DJ 08.10.1999 - Decisão unânime
AR 399649/1997 - Min. João Oreste Dalazen
DJ 18.06.1999 - Decisão unânime
Item IX
ROAR 575062/1999 - Min. Ives Gandra Martins Filho
DJ 18.08.2000 - Decisão unânime
RXOFROAR 338431/1997 - Min. Ronaldo Lopes Leal
DJ 05.11.1999 - Decisão unânime
ROAR 218796/1995, Ac. 4493/1997 - Min. João Oreste Dalazen
DJ 15.05.1998 - Decisão unânime
AR 95461/1993, Ac. 1150/1997 - Min. José Zito Calasãs Rodrigues
DJ 12.09.1997 - Decisão unânime
ROAR 195400/1995, Ac. 072/1997 - Min. José Zito Calasãs Rodrigues
DJ 04.04.1997 - Decisão unânime
ROAR 126875/1994, Ac. 1042/1996 - Min. Francisco Fausto Paula de Medeiros
DJ 22.11.1996 - Decisão unânime
Item X
AGAR 100667/2003-000-00-00.9 - Min. José Simpliciano Fontes de F. Fernandes
DJ 11.06.2004 - Decisão unânime
AR 815772/2001 - Min. José Simpliciano Fontes de F. Fernandes
DJ 14.05.2004 - Decisão unânime
AR 762511/2001 - Min. José Simpliciano Fontes de F. Fernandes
DJ 26.09.2003 - Decisão unânime
ROAR 5550/2002-900-05-00.1 - Min. José Simpliciano Fontes de F. Fernandes
DJ 27.09.2002 - Decisão unânime
AR 802045/2001 - Min. Barros Levenhagen
DJ 27.09.2002 - Decisão unânime
AR 570377/1999 - Red. Min. Barros Levenhagen
DJ 24.05.2002 - Decisão por maioria
AR 663652/2000 - Min. Barros Levenhagen
DJ 10.05.2002 - Decisão unânime
Histórico:
Súmula mantida - Res. 121/2003, DJ 19, 20 e 21.11.2003
Súmula alterada - Res. 109/2001, DJ 18, 19 e 20.04.2001
Nº 100 AÇÃO RESCISÓRIA. DECADÊNCIA
I - O prazo de decadência, na ação rescisória, conta-se do dia imediatamente subseqüente ao trânsito em julgado da última decisão proferida na causa, seja de mérito ou não.

II - Havendo recurso parcial no processo principal, o trânsito em julgado dá-se em momentos e em tribunais diferentes, contando-se o prazo decadencial para a ação rescisória do trânsito em julgado de cada decisão, salvo se o recurso tratar de preliminar ou prejudicial que possa tornar insubsistente a decisão recorrida, hipótese em que flui a decadência, a partir do trânsito em julgado da decisão que julgar o recurso parcial.

III - Salvo se houver dúvida razoável, a interposição de recurso intempestivo ou a interposição de recurso incabível não protrai o termo inicial do prazo decadencial.

Redação original - RA 63/1980, DJ 11.06.1980

Nº 100 O prazo de decadência, na ação rescisória, conta-se do trânsito em julgado da última decisão proferida na causa, seja de mérito ou não.

Súmulas

Súmulas do Tribunal Superior do Trabalho

Súmula nº 101 do TST

DIÁRIAS DE VIAGEM. SALÁRIO (incorporada a Orientação Jurisprudencial nº 292 da SBDI-1) - Res. 129/2005, DJ 20, 22 e 25.04.2005

Integram o salário, pelo seu valor total e para efeitos indenizatórios, as diárias de viagem que excedam a 50% (cinqüenta por cento) do salário do empregado, enquanto perdurarem as viagens. (primeira parte - ex-Súmula nº 101 - RA 65/1980, DJ 18.06.1980; segunda parte - ex-OJ nº 292 da SBDI-1 - inserida em 11.08.2003)

Precedentes:

ERR 514017/1998 - Juiz Conv. Georgenor de Sousa Franco Filho
DJ 25.10.2002 - Decisão unânime

ERR 518391/1998 - Min. Wagner Pimenta
DJ 14.06.2002 - Decisão unânime

ERR 464387/1998 - Min. João Oreste Dalazen
DJ 05.04.2002 - Decisão unânime

ERR 399269/1997 - Min. Rider de Brito
DJ 06.10.2000 - Decisão unânime

ERR 235217/1995 - Min. José Luiz Vasconcellos
DJ 19.03.1999 - Decisão unânime

ERR 2527/1976, Ac. TP 1001/1978 - Min. Orlando Coutinho
DJ 06.10.1978 - Decisão por maioria

RR 852/1978, Ac. 1ªT 1276/1978 - Rel. "ad hoc" Min. Hildebrando Bisaglia
DJ 22.09.1978 - Decisão por maioria

RR 5319/1977, Ac. 1ªT 1172/1978 - Rel. "ad hoc" Min. Antônio Alves de Almeida
DJ 22.09.1978 - Decisão por maioria

RR 2213/1977, Ac. 1ªT 2352/1977 - Min. Fernando Franco
DJ 09.06.1978 - Decisão unânime

RR 2090/1977, Ac. 1ªT 2262/1977 - Min. Raymundo de Souza Moura
DJ 24.02.1978 - Decisão unânime

RR 331353/1996, 2ªT - Min. Valdir Righetto
DJ 19.11.1999 - Decisão unânime

RR 3832/1978, Ac. 2ªT 393/1979 - Rel. "ad hoc" Min. Mozart Victor Russomano
DJ 23.03.1979 - Decisão por maioria

RR 719/1977, Ac. 2ªT 2827/1977 - Min. Mozart Victor Russomano
DJ 26.05.1978 - Decisão unânime

RR 3821/1978, Ac. 2ªT 605/1979 - Juiz Conv. Roberto Mário Rodrigues Martins
DJ 01.06.1979 - Decisão por maioria

RR 39/1978., Ac. 3ªT 1092/1978 - Min. C. A. Barata Silva
DJ 15.09.1978 - Decisão unânime

RR 528553/1999, 4ªT - Min. Milton de Moura França
DJ 28.04.2000 - Decisão unânime

Histórico:

Súmula mantida - Res. 121/2003, DJ 19, 20 e 21.11.2003

Nº 101 Diárias de viagem. Salário

Integram o salário, pelo seu valor total e para efeitos indenizatórios, as diárias de viagem que excedam a 50% (cinquenta por cento) do salário do empregado.

Redação original - RA 65/1980, DJ 18.06.1980

Nº 101 Integram o salário, pelo seu valor total e para efeitos indenizatórios, as diárias de viagem que excedam a 50% do salário do empregado.

Súmula nº 102 do TST

BANCÁRIO. CARGO DE CONFIANÇA (mantida) - Res. 174/2011, DEJT divulgado em 27, 30 e 31.05.2011

I - A configuração, ou não, do exercício da função de confiança a que se refere o art. 224, § 2º, da CLT, dependente da prova das reais atribuições do empregado, é insuscetível de exame mediante recurso de revista ou de embargos. (ex-Súmula nº 204 - alterada pela Res. 121/2003, DJ 21.11.2003)

II - O bancário que exerce a função a que se refere o § 2º do art. 224 da CLT e recebe gratificação não inferior a um terço de seu salário já tem remuneradas as duas horas extraordinárias excedentes de seis. (ex-Súmula nº 166 - RA 102/1982, DJ 11.10.1982 e DJ 15.10.1982)

III - Ao bancário exercente de cargo de confiança previsto no artigo 224, § 2º, da CLT são devidas as 7ª e 8ª horas, como extras, no período em que se verificar o pagamento a menor da gratificação de 1/3. (ex-OJ nº 288 da SBDI-1 - DJ 11.08.2003)

IV - O bancário sujeito à regra do art. 224, § 2º, da CLT cumpre jornada de trabalho de 8 (oito) horas, sendo extraordinárias as trabalhadas além da oitava. (ex-Súmula nº 232 - RA 14/1985, DJ 19.09.1985)

V - O advogado empregado de banco, pelo simples exercício da advocacia, não exerce cargo de confiança, não se enquadrando, portanto, na hipótese do § 2º do art. 224 da CLT. (ex-OJ nº 222 da SBDI-1 - inserida em 20.06.2001)

VI - O caixa bancário, ainda que caixa executivo, não exerce cargo de confiança. Se perceber gratificação igual ou superior a um terço do salário do posto efetivo, essa remunera apenas a maior responsabilidade do cargo e não as duas horas extraordinárias além da sexta. (ex-Súmula nº 102 - RA 66/1980, DJ 18.06.1980 e republicada DJ 14.07.1980)

VII - O bancário exercente de função de confiança, que percebe a gratificação não inferior ao terço legal, ainda que norma coletiva contemple percentual superior, não tem direito às sétima e oitava horas como extras, mas tão somente às diferenças de gratificação de função, se postuladas. (ex-OJ nº 15 da SBDI-1 - inserida em 14.03.1994)

Item I

ERR 603437-98.1999.5.12.5555 - Min. Maria Cristina Irigoyen Peduzzi
DJ 12.09.2003 - Decisão unânime

ERR 401848-10.1997.5.09.5555 - Min. João Batista Brito Pereira
DJ 29.08.2003 - Decisão unânime

EAIRR e RR 771685-40.2001.5.09.5555 - Juiz Conv. Luiz Philippe Vieira de Mello Filho
DJ 22.11.2002 - Decisão unânime

ERR 425630-34.1998.5.01.5555 - Min. Maria Cristina Irigoyen Peduzzi
DJ 11.10.2002 - Decisão unânime

RR 166732-27.1995.5.15.5555, 1ªT - Min. João Oreste Dalazen
DJ 22.06.2001 - Decisão unânime

RR 360724-15.1997.5.03.5555, 1ªT - Min. Ronaldo Lopes Leal
DJ 23.06.2000 - Decisão unânime

AIRR 398360-15.1997.5.03.5555, 1ªT - Min. João Oreste Dalazen
DJ 05.03.1999 - Decisão unânime

AIRR 662245-78.2000.5.15.5555, 2ªT - Min. José Simpliciano Fontes de F. Fernandes
DJ 06.12.2002 - Decisão unânime
RR 490135-12.1998.5.09.5555, 2ªT - Min. José Simpliciano Fontes de F. Fernandes
DJ 01.08.2003 - Decisão unânime
RR 710819-95.2000.5.02.5555, 4ªT - Min. Barros Levenhagen
DJ 16.05.2003 - Decisão unânime
AIRR 793643-50.2001.5.03.5555, 4ªT - Min. Milton de Moura França
DJ 21.02.2003 - Decisão unânime
AIRR 774699-27.2001.5.02.5555, 4ªT - Min. Milton de Moura França
DJ 13.09.2002 - Decisão unânime
Item II
ERR 1304/1973., Ac. TP 127/1975 - Min. Thélio da Costa Monteiro
DJ 18.08.1975 - Decisão por maioria
Item III
ERR 488827-76.1998.5.04.5555 - Min. Maria Cristina Irigoyen Peduzzi
DJ 22.11.2002 - Decisão por maioria
ERR 408122-28.1997.5.04.5555 - Juiz Conv. Darcy Carlos Mahle
DJ 13.09.2002 - Decisão por maioria
ERR 362156-42.1997.5.04.5555 - Min. Carlos Alberto Reis de Paula
DJ 05.10.2001 - Decisão unânime
ERR 393408-63.1997.5.04.5555 - Min. Wagner Pimenta
DJ 10.08.2001 - Decisão unânime
ERR 362154-72.1997.5.04.5555 - Min. Carlos Alberto Reis de Paula
DJ 24.05.2001 - Decisão por maioria
ERR 361751-06.1997.5.04.5555 - Juíza Conv. Maria Berenice Carvalho Castro Souza
DJ 15.12.2000 - Decisão por maioria
Item IV
ERR 4044/1979, Ac. TP 2995/1983 - Min. Mozart Victor Russomano
DJ 25.11.1983 - Decisão por maioria
RR 3449/1983, Ac. 1ªT 589/1985 - Min. Fernando Franco
DJ 26.04.1985 - Decisão unânime
RR 4650/1983, Ac. 1ªT 4191/1984 - Min. Marco Aurélio Mendes de Farias Mello
DJ 19.12.1984 - Decisão por maioria
RR 4469/1983, Ac. 1ªT 3104/1984 - Min. Marco Aurélio Mendes de Farias Mello
DJ 19.10.1984 - Decisão por maioria
RR 2523/1984, Ac. 3ªT 1058/1985 - Min. Orlando Teixeira da Costa
DJ 10.05.1985 - Decisão unânime
Item V
ERR 233482-17.1995.5.04.5555, SDI-Plena - Min. Rider de Brito
Julgado em 16.09.1999 - Decisão unânime
ERR 233482-17.1995.5.04.5555 - Min. Rider de Brito
DJ 03.03.2000 - Decisão unânime
ERR 225862-51.1995.5.04.5555 - Min. Rider de Brito
DJ 28.08.1998 - Decisão unânime
ERR 179804-49.1995.5.09.5555, Ac. 2954/1997 - Red. Min. Francisco Fausto Paula de Medeiros
DJ 03.10.1997 - Decisão por maioria
.ERR 120698-34.1994.5.04.5555, Ac. 3887/1997 - Min. Milton de Moura França
DJ 12.09.1997 - Decisão unânime
ERR 183665-81.1995.5.04.5555, Ac. 3610/1997 - Min. Milton de Moura França
DJ 22.08.1997 - Decisão unânime
RR 318188-50.1996.5.02.5555, 3ªT - Min. José Luiz Vasconcellos
DJ 19.05.2000 - Decisão unânime
RR 547320-22.1999.5.18.5555, 3ªT - Min. Carlos Alberto Reis de Paula
DJ 14.04.2000 - Decisão unânime
RR 303393-39.1996.5.02.5555, 4ªT - Min. Barros Levenhagen
DJ 28.04.2000 - Decisão unânime
RR 309514-83.1996.5.02.5555, 5ªT - Red. Min. Gelson de Azevedo
DJ 11.06.1999 - Decisão por maioria
Item VI
ERR 3993/1977., Ac. TP 615/1980 - Min. Orlando Coutinho
DJ 05.05.1980 - Decisão unânime
ERR 3227/1975, Ac. TP 442/1979 - Min. Ary Campista
DJ 10.05.1979 - Decisão por maioria
ERR 2082/1976, Ac. TP 50/1978 - Min. Antônio Alves de Almeida
DJ 02.06.1978 - Decisão por maioria
RR 677/1978, Ac. 1ªT 2952/1978 - Min. Marcelo Pimentel
DJ 16.04.1979 - Decisão unânime
Item VII
ERR 7010-32.1989.5.09.5555, Ac. 2244/1994 - Min. Geraldo Vianna
DJ 05.08.1994 - Decisão unânime
ERR 2330-04.1989.5.09.5555, Ac. 2847/1992 - Min. Hylo Gurgel
DJ 12.02.1993 - Decisão por maioria
Histórico:
Súmula alterada - Res. 129/2005, DJ 20, 22 e 25.04.2005
Nº 102 Bancário. Cargo de confiança (incorporadas as Súmulas nºs 166, 204 e 232 e as Orientações Jurisprudenciais nºs 15, 222 e 288 da SBDI-1)
(...)
Súmula mantida - Res. 121/2003, DJ 19, 20 e 21.11.2003
Nº 102 Bancário. Caixa. Cargo de confiança
O caixa bancário, ainda que caixa executivo, não exerce cargo de confiança. Se perceber gratificação igual ou superior a um terço do salário do posto efetivo, essa remunera apenas a maior responsabilidade do cargo e não as duas horas extraordinárias além da sexta.
Redação original - RA 66/1980, DJ 18.06.1980 - Republicada DJ 14.07.1980
Nº 102 O caixa bancário, ainda que caixa executivo, não exerce cargo de confiança. Percebendo gratificação igual ou superior a um terço do salário do posto efetivo, esta remunera apenas a maior responsabilidade do cargo e não as duas horas extraordinárias além da sexta.

Súmula nº 103 do TST

TEMPO DE SERVIÇO. LICENÇA-PRÊMIO (cancelada) - Res. 121/2003, DJ 19, 20 e 21.11.2003
Os trabalhadores que hajam prestado serviço no regime da Lei nº 1.890, de 13.06.1953, e optado pelo regime estatutário, não contam, posteriormente, esse período para fins de licença-prêmio, privativa de servidores estatutários.
Histórico:
Redação original - RA 67/1980, DJ 18.06.1980

Súmula nº 104 do TST

FÉRIAS. TRABALHADOR RURAL (cancelada) - Res. 121/2003, DJ 19, 20 e 21.11.2003
É devido o pagamento de férias ao rurícola, qualquer que tenha sido a data de sua admissão e, em dobro, se não concedidas na época prevista em lei.
Histórico:
Redação original - RA 70/1980, DJ 21.07.1980

Súmula nº 105 do TST
FUNCIONÁRIO PÚBLICO. QUINQUÊNIOS (cancelada) - Res. 121/2003, DJ 19, 20 e 21.11.2003
O empregado estatutário que optar pelo regime celetista, com o congelamento dos qüinqüênios em seus valores à época, não tem direito ao reajuste posterior dos seus níveis.
Histórico:
Redação original - RA 71/1980, DJ 21.07.1980

Súmula nº 106 do TST
APOSENTADORIA. FERROVIÁRIO. COMPETÊNCIA (cancelada) - Res. 157/2009, DEJT divulgado em 04, 08 e 09.09.2009
É incompetente a Justiça do Trabalho para julgar ação ajuizada em face da Rede Ferroviária Federal, em que ex-empregado desta pleiteie complementação de aposentadoria, elaboração ou alteração de folhas de pagamento de aposentados, se por essas obrigações responde órgão da previdência social.
Histórico:
Súmula mantida - Res. 121/2003 - DJ 19, 20 e 21.1.2003
Redação original - RA 72/1980, DJ 21.07.1980
Nº 106 É incompetente a Justiça do Trabalho para julgar ação contra a Rede Ferroviária Federal, em que ex-empregado desta pleiteie complementação de aposentadoria, elaboração ou alteração de folhas de pagamento de aposentados, se por essas obrigações responde órgão da previdência social.

Súmula nº 107 do TST
AÇÃO RESCISÓRIA. PROVA (cancelamento mantido) - Res. 121/2003, DJ 19, 20 e 21.11.2003
É indispensável a juntada à inicial da ação rescisória da prova do trânsito em julgado da decisão rescindenda, sob pena de indeferimento liminar.
Histórico:
Cancelada pela Súmula nº 299 - Res. 9/1989, DJ 14, 18 e 19.04.1989
Redação original - RA 74/1980, DJ 21.07.1980

Súmula nº 108 do TST
COMPENSAÇÃO DE HORÁRIO. ACORDO (cancelamento mantido) - Res. 121/2003, DJ 19, 20 e 21.11.2003
A compensação de horário semanal deve ser ajustada por acordo escrito, não necessariamente em acordo coletivo ou convenção coletiva, exceto quanto ao trabalho da mulher.
Histórico:
Súmula cancelada - Res. 85/1998, DJ 20, 21 e 24.08.1998
Redação original - RA 75/1980, DJ 21.07.1980

Súmula nº 109 do TST
GRATIFICAÇÃO DE FUNÇÃO (mantida) - Res. 121/2003, DJ 19, 20 e 21.11.2003
O bancário não enquadrado no § 2º do art. 224 da CLT, que receba gratificação de função, não pode ter o salário relativo a horas extraordinárias compensado com o valor daquela vantagem.
Precedentes:
ERR 3993/1977., Ac. TP 615/1980 - Min. Orlando Coutinho
DJ 05.05.1980 - Decisão unânime
ERR 2206/1976., Ac. TP 2333/1978 - Rel. "ad hoc" Min. Coqueijo Costa
DJ 16.03.1979 - Decisão por maioria
RR 2561/1978., Ac. 1ªT 2833/1978 - Min. Antônio Alves de Almeida
DJ 23.03.1979 - Decisão por maioria
RR 1302/1977., Ac. 1ªT 405/1978 - Rel. "ad hoc" Min. Hildebrando Bisaglia
DJ 30.06.1978 - Decisão por maioria
RR 1727/1979., Ac. 2ªT 2485/1979 - Min. Thélio da Costa Monteiro
DJ 08.02.1980 - Decisão unânime
RR 2509/1978., Ac. 3ªT 2947/1978 - Min. C. A. Barata Silva
DJ 09.03.1979 - Decisão por maioria
Histórico:
Súmula alterada - RA 97/1980, DJ 19.09.1980
Redação original - RA 89/1980, DJ 29.08.1980
Nº 109 A gratificação de função prevista no § 2º, do artigo 224, da Consolidação das Leis do Trabalho, não é compensável com o valor da 7ª (sétima) e da 8ª (oitava) horas de serviço.

Súmula nº 110 do TST
JORNADA DE TRABALHO. INTERVALO (mantida) - Res. 121/2003, DJ 19, 20 e 21.11.2003
No regime de revezamento, as horas trabalhadas em seguida ao repouso semanal de 24 horas, com prejuízo do intervalo mínimo de 11 horas consecutivas para descanso entre jornadas, devem ser remuneradas como extraordinárias, inclusive com o respectivo adicional.
Precedentes:
RR 4915/1975, Ac. TP 910/1978 - Rel. "ad hoc" Min. Orlando Coutinho
DJ 01.09.1978 - Decisão por maioria
RR 5320/1977., Ac. 1ªT 1173/1978 - Min. Raymundo de Souza Moura
DJ 01.09.1978 - Decisão unânime
RR 1149/1979., Ac. 2ªT 2738/1979 - Min. Orlando Coutinho
DJ 08.02.1980 - Decisão por maioria
RR 3248/1978., Ac. 2ªT 884/1979 - Min. Mozart Victor Russomano
DJ 19.06.1979 - Decisão por maioria
RR 304/1978., Ac. 2ªT 1664/1978 - Min. Mozart Victor Russomano
DJ 11.12.1978 - Decisão por maioria
RR 1482/1979., Ac. 3ªT 2206/1979 - Min. Coqueijo Costa
DJ 13.03.1980 - Decisão unânime
RR 3954/1978., Ac. 3ªT 747/1979 - Min. Expedito Amorim
DJ 19.06.1979 - Decisão unânime
Histórico:
Redação original - RA 101/1980, DJ 25.09.1980

Súmula nº 111 do TST
EQUIPARAÇÃO SALARIAL (cancelada em decorrência da sua incorporação à nova redação da Súmula nº 6) - Res. 129/2005, DJ 20, 22 e 25.04.2005
A cessão de empregados não exclui a equiparação salarial, embora exercida a função em órgão governamental estranho à cedente, se esta responde pelos salários do paradigma e do reclamante.
Histórico:
Súmula mantida - Res. 121/2003, DJ 19, 20 e 21.11.2003
Redação original - RA 102/1980, DJ 25.09.1980

Súmula nº 112 do TST
TRABALHO NOTURNO. PETRÓLEO (mantida) - Res. 121/2003, DJ 19, 20 e 21.11.2003
O trabalho noturno dos empregados nas atividades de exploração, perfuração, produção e refinação do petróleo, industrialização do xisto, indústria petroquímica e transporte de petróleo e seus derivados, por meio de dutos, é regulado pela Lei nº 5.811, de 11.10.1972, não se lhe aplicando a hora reduzida de 52 minutos e 30 segundos prevista no art. 73, § 1º, da CLT.
Precedentes:
ERR 3500/1977, Ac. TP 543/1980 - Min. Fernando Franco
DJ 28.04.1980 - Decisão por maioria

ERR 4148/1976, Ac. TP 1169/1979 - Rel. "ad hoc" Min. Nelson Tapajós
DJ 24.08.1979 - Decisão por maioria
ERR 4707/1976, Ac. TP 1542/1978 - Min. Fernando Franco
DJ 24.11.1978 - Decisão por maioria
ERR 3344/1976, Ac. TP 1179/1978 - Rel. "ad hoc" Min. Raymundo de Souza Moura
DJ 15.09.1978 - Decisão por maioria
RR 1618/1979, Ac. 1ªT 2773/1979 - Min. Marcelo Pimentel
DJ 15.02.1980 - Decisão por maioria
RR 4366/1976., Ac. 1ªT 2892/1976 - Min. Nelson Tapajós
DJ 22.04.1977 - Decisão por maioria
RR 478/1979, Ac. 2ªT 1807/1979 - Min. Mozart Victor Russomano
DJ 26.10.1979 - Decisão por maioria
RR 128/1979, Ac. 3ªT 612/1980 - Rel. "ad hoc" Min. Coqueijo Costa
DJ 27.06.1980 - Decisão por maioria
RR 2220/1979, Ac. 3ªT 2311/1979 - Min. Coqueijo Costa
DJ 13.03.1980 - Decisão por maioria
Histórico:
Redação original - RA 107/1980, DJ 10.10.1980
Nº 112 O trabalho noturno dos empregados nas atividades de exploração, perfuração, produção e refinação do petróleo, industrialização do xisto, indústria petroquímica e transporte de petróleo e seus derivados, por meio de dutos, é regulado pela Lei nº 5.811, de 1972, não se lhe aplicando a hora reduzida de 52 minutos e 30 segundos do art. 73, § 2º, da CLT.

Súmula nº 113 do TST
BANCÁRIO. SÁBADO. DIA ÚTIL (mantida) - Res. 121/2003, DJ 19, 20 e 21.11.2003
O sábado do bancário é dia útil não trabalhado, não dia de repouso remunerado. Não cabe a repercussão do pagamento de horas extras habituais em sua remuneração.
Precedentes:
ERR 3909/1978, Ac. TP 750/1980 - Rel. "ad hoc" Min. Nelson Tapajós
DJ 25.04.1980 - Decisão por maioria
ERR 2703/1978, Ac. TP 433/1980 - Min. Thélio da Costa Monteiro
DJ 11.04.1980 - Decisão por maioria
ERR 1126/1978, Ac. TP 426/1980 - Min. Nelson Tapajós
DJ 11.04.1980 - Decisão por maioria
RR 5148/1978, Ac. 1ªT 930/1979 - Min. Marcelo Pimentel
DJ 10.08.1979 - Decisão por maioria
RR 4462/1978, Ac. 1ªT 737/1979 - Min. Fernando Franco
DJ 08.06.1979 - Decisão por maioria
EDRR 3759/1978., Ac. 1ªT 587/1979 - Min. Marcelo Pimentel
DJ 01.06.1979 - Decisão por maioria
RR 3031/1978, Ac. 3ªT 326/1979 - Min. Expedito Amorim
DJ 01.06.1979 - Decisão por maioria
Histórico:
Redação original - RA 115/1980, DJ 03.11.1980
Nº 113 O sábado do bancário é dia útil não trabalhado e não dia de repouso remunerado, não cabendo assim a repercussão do pagamento de horas extras habituais sobre a sua remuneração.

Súmula nº 114 do TST
PRESCRIÇÃO INTERCORRENTE (mantida) - Res. 121/2003, DJ 19, 20 e 21.11.2003
É inaplicável na Justiça do Trabalho a prescrição intercorrente.
Precedentes:
ROAR 306/1976, Ac. TP 2249/1976 - Min. Lomba Ferraz
DJ 06.04.1977 - Decisão unânime
ERR 1831/1974., Ac. TP 1028/1976 - Min. Orlando Coutinho

DJ 07.10.1976 - Decisão unânime
ROAR 348/1974., Ac. TP 708/1976 - Rel. "ad hoc" Min. Coqueijo Costa
DJ 09.07.1976 - Decisão por maioria
ERR 719/1972., Ac. TP 896/1973 - Min. Thélio da Costa Monteiro
DJ 13.08.1973 - Decisão por maioria
RR 5242/1975., Ac. 1ªT 981/1976 - Rel. "ad hoc" Min. Lima Teixeira
DJ 19.10.1976 - Decisão por maioria
RR 4362/1975., Ac. 2ªT 584/1976 - Min. Renato Machado
DJ 06.07.1976 - Decisão unânime
RR 1818/1971, Ac. 3ªT 1263/1971 - Min. Newton Lamounier
DJ 23.12.1971 - Decisão por maioria
RR 1667/1971., Ac. 3ªT 1128/1971 - Min. Leão Velloso Ebert
DJ 29.11.1971 - Decisão unânime
RR 4648/1970., Ac. 3ªT 407/1971 - Min. Renato Machado
DJ 06.10.1971 - Decisão por maioria
Histórico:
Redação original - RA 116/1980, DJ 03.11.1980

Súmula nº 115 do TST
HORAS EXTRAS. GRATIFICAÇÕES SEMESTRAIS (nova redação) - Res. 121/2003, DJ 19, 20 e 21.11.2003
O valor das horas extras habituais integra a remuneração do trabalhador para o cálculo das gratificações semestrais.
Precedentes:
ERR 4160/1978, Ac. TP 2293/1980 - Min. Nelson Tapajós
DJ 17.10.1980 - Decisão por maioria
ERR 3977/1978., Ac. TP 2291/1980 - Min. Mozart Victor Russomano
DJ 17.10.1980 - Decisão por maioria
ERR 540/1978, Ac. TP 2271/1980 - Min. Ary Campista
DJ 17.10.1980 - Decisão por maioria
Histórico:
Redação original - RA 117/1980, DJ 03.11.1980
Nº 115 O valor das horas extras habituais integra o ordenado do trabalhador para cálculo das gratificações semestrais.

Súmula nº 116 do TST
FUNCIONÁRIO PÚBLICO. CEDIDO. REAJUSTE SALARIAL (cancelada) - Res. 121/2003, DJ 19, 20 e 21.11.2003
Os funcionários públicos cedidos à Rede Ferroviária Federal S.A. têm direito ao reajustamento salarial determinado pelo art. 5º da Lei nº 4.345/1964.
Histórico:
Revista pela Súmula nº 252 - Res. 18/1985, DJ 13, 14 e 15.01.1986.
Redação original - RA 118/1980, DJ 03.11.1980

Súmula nº 117 do TST
BANCÁRIO. CATEGORIA DIFERENCIADA (mantida) - Res. 121/2003, DJ 19, 20 e 21.11.2003
Não se beneficiam do regime legal relativo aos bancários os empregados de estabelecimento de crédito pertencentes a categorias profissionais diferenciadas.
Precedentes:
ERR 2624/1978, Ac. TP 2284/1980 - Min. Mozart Victor Russomano
DJ 17.10.1980 - Decisão unânime
ERR 4510/1976, Ac. TP 158/1979 - Rel. "ad hoc" Min. Marcelo Pimentel
DJ 19.06.1979 - Decisão por maioria
ERR 3472/1976, Ac. TP 2718/1978 - Min. Coqueijo Costa
DJ 23.03.1979 - Decisão unânime
EAI 18/1976, Ac. TP 1440/1977 - Min. Solon Vivacqua
DJ 04.11.1977 - Decisão unânime

ERR 3043/1974, Ac. TP 523/1976 - Min. Raymundo de Souza Moura
DJ 14.09.1976 - Decisão por maioria
ERR 1426/1974, Ac. TP 952/1975 - Min. Elias Bufaiçal
DJ 25.11.1975 - Decisão por maioria
RR 588/1971, Ac. 2ªT 1240/1971 - Min. Luiz Roberto de Rezende Puech
DJ 13.12.1971 - Decisão unânime
RR 973/1977, Ac. 3ªT 1786/1977 - Min. Lomba Ferraz
DJ 19.08.1977 - Decisão unânime
Histórico:
Redação original - RA 140/1980, DJ 18.12.1980

Súmula nº 118 do TST
JORNADA DE TRABALHO. HORAS EXTRAS (mantida) - Res. 121/2003, DJ 19, 20 e 21.11.2003
Os intervalos concedidos pelo empregador na jornada de trabalho, não previstos em lei, representam tempo à disposição da empresa, remunerados como serviço extraordinário, se acrescidos ao final da jornada.
Precedentes:
ERR 1403/1978, Ac. TP 2278/1980 - Rel. "ad hoc" Min. Mozart Victor Russomano
DJ 17.10.1980 - Decisão por maioria
ERR 1055/1978, Ac. TP 632/1980 - Min. Marcelo Pimentel
DJ 09.05.1980 - Decisão unânime
ERR 1858/1978, Ac. TP 341/1980 - Rel. "ad hoc" Min. Hildebrando Bisaglia
DJ 11.04.1980 - Decisão por maioria
RR 2932/1979, Ac. 1ªT 595/1980 - Min. Fernando Franco
DJ 27.06.1980 - Decisão unânime
RR 2936/1979, Ac. 2ªT 689/1980 - Min. Marcelo Pimentel
DJ 13.06.1980 - Decisão unânime
RR 1056/1979, Ac. 2ªT 283/1980 - Min. Marcelo Pimentel
DJ 06.06.1980 - Decisão por maioria
RR 4365/1978, Ac. 2ªT 2084/1979 - Min. Mozart Victor Russomano
DJ 14.12.1979 - Decisão unânime
RR 4363/1978, Ac. 2ªT 1793/1979 - Min. Mozart Victor Russomano
DJ 26.10.1979 - Decisão por maioria
RR 563/1979, Ac. 2ªT 1616/1979 - Min. Orlando Coutinho
DJ 11.10.1979 - Decisão por maioria
RR 5342/1978, Ac. 2ªT 1108/1979 - Min. Orlando Coutinho
DJ 10.08.1979 - Decisão por maioria
RR 2136/1979, Ac. 3ªT 765/1980 - Min. Coqueijo Costa
DJ 04.07.1980 - Decisão unânime
RR 4805/1978, Ac. 3ªT 995/1979 - Juiz Conv. Simões Barbosa
DJ 10.08.1979 - Decisão por maioria
RR 3413/1978, Ac. 3ªT 296/1979 - Min. Coqueijo Costa
DJ 27.04.1979 - Decisão unânime
RR 3614/1978, Ac. 3ªT 3161/1978 - Rel. "ad hoc" Min. Coqueijo Costa
DJ 23.04.1979 - Decisão por maioria
RR 2172/1978, Ac. 3ªT 2667/1978 - Rel. "ad hoc" Min. Coqueijo Costa
DJ 16.03.1979 - Decisão por maioria
Histórico:
Redação original - RA 12/1981, DJ 19.03.1981
Nº 118 Os intervalos concedidos pelo empregador, na jornada de trabalho, não previstos em lei, representam tempo à disposição da empresa, remunerados como serviço extraordinário, se acrescidos ao final da jornada.

Súmula nº 119 do TST
JORNADA DE TRABALHO (mantida) - Res. 121/2003, DJ 19, 20 e 21.11.2003
Os empregados de empresas distribuidoras e corretoras de títulos e valores mobiliários não têm direito à jornada especial dos bancários.
Precedentes:
ERR 3064/1978, Ac. TP 1745/1980 - Min. Nelson Tapajós
DJ 05.09.1980 - Decisão unânime
ERR 3771/1977, Ac. TP 404/1980 - Min. Hildebrando Bisaglia
DJ 18.04.1980 - Decisão unânime
RR 3636/1979, Ac. 1ªT 1096/1980 - Min. Raymundo de Souza Moura
DJ 05.09.1980 - Decisão unânime
RR 2062/1978, Ac. 1ªT 2165/1978 - Min. Fernando Franco
DJ 11.12.1978 - Decisão por maioria
RR 5182/1977, Ac. 1ªT 932/1978 - Rel. "ad hoc" Min. Fernando Franco
DJ 25.08.1978 - Decisão por maioria
RR 4898/1977, Ac. 1ªT 616/1978 - Min. Hildebrando Bisaglia
DJ 18.08.1978 - Decisão por maioria
RR 1940/1979, Ac. 2ªT 2493/1979 - Min. Thélio da Costa Monteiro
DJ 08.02.1980 - Decisão unânime
RR 1086/1978, Ac. 2ªT 2827/1978 - Min. Mozart Victor Russomano
DJ 16.04.1979 - Decisão unânime
RR 1444/1979, Ac. 3ªT 2027/1979 - Rel. "ad hoc" Min. Expedito Amorim
DJ 13.03.1980 - Decisão por maioria
RR 3771/1977, Ac. 3ªT 739/1978 - Min. Lomba Ferraz
DJ 25.08.1978 - Decisão por maioria
RR 3258/1977, Ac. 3ªT 3169/1977 -Rel. "ad hoc" Min. Lomba Ferraz
DJ 19.05.1978 - Decisão por maioria
Histórico:
Redação original - RA 13/1981, DJ 19.03.1981

Súmula nº 120 do TST
EQUIPARAÇÃO SALARIAL. DECISÃO JUDICIAL (cancelada em decorrência da sua incorporação à nova redação da Súmula nº 6) - Res. 129/2005, DJ 20, 22 e 25.04.2005
Presentes os pressupostos do art. 461 da CLT, é irrelevante a circunstância de que o desnível salarial tenha origem em decisão judicial que beneficiou o paradigma, exceto se decorrente de vantagem pessoal ou de tese jurídica superada pela jurisprudência de Corte Superior.
Histórico:
Súmula mantida - Res. 121/2003, DJ 19, 20 e 21.11.2003
Súmula alterada - Res. 100/2000, DJ 18, 19 e 20.09.2000
Nº 120 Equiparação salarial. Decisão judicial. Presentes os pressupostos do art. 461 da CLT, é irrelevante a circunstância de que o desnível salarial tenha origem em decisão judicial que beneficiou o paradigma, exceto quando decorrente de vantagem pessoal ou de tese jurídica superada pela jurisprudência de Corte Superior.
Redação original - RA 14/1981, DJ 19.03.1981
Nº 120 Presentes os pressupostos do art. 461 da CLT é irrelevante a circunstância de que o desnível salarial tenha origem em decisão judicial que beneficiou o paradigma.

Súmula nº 121 do TST
FUNCIONÁRIO PÚBLICO. GRATIFICAÇÃO DE PRODUTIVIDADE (cancelada) - Res. 121/2003, DJ 19, 20 e 21.11.2003
Não tem direito a percepção da gratificação de produtividade, na forma do regime estatutário, o servidor de ex-autarquia

administradora de porto que opta pelo regime jurídico da Consolidação das Leis do Trabalho.
Histórico:
Redação original - RA 15/1981, DJ 19.03.1981.

Súmula nº 122 do TST
REVELIA. ATESTADO MÉDICO (incorporada a Orientação Jurisprudencial nº 74 da SBDI-1) - Res. 129/2005, DJ 20, 22 e 25.04.2005
A reclamada, ausente à audiência em que deveria apresentar defesa, é revel, ainda que presente seu advogado munido de procuração, podendo ser ilidida a revelia mediante a apresentação de atestado médico, que deverá declarar, expressamente, a impossibilidade de locomoção do empregador ou do seu preposto no dia da audiência. (primeira parte - ex-OJ nº 74 da SBDI-1 - inserida em 25.11.1996; segunda parte - ex-Súmula nº 122 - alterada pela Res. 121/2003, DJ 21.11.2003)
Precedentes:
ERR 18/1973, Ac. TP 1620/1974 - Min. C. A. Barata Silva
DJ 15.01.1975 - Decisão por maioria
ERR 4002/1970., Ac. TP 448/1972 - Min. Jeremias Marrocos
DJ 05.06.1972 - Decisão unânime
ERR 94242/1993, Ac. 2310/1996 - Min. Nelson Daiha
DJ 13.12.1996 - Decisão por maioria
ERR 75497/1993, Ac. 2394/1996 - Min. Nelson Daiha
DJ 29.11.1996 - Decisão unânime
ERR 324/1989, Ac. 1573/1991 - Min. Ermes Pedro Pedrassani
DJ 27.09.1991 - Decisão unânime
ERR 1606/1988, Ac. 1166/1990 - Min. José Ajuricaba da Costa e Silva
DJ 08.02.1991 - Decisão unânime
RR 5032/1978., Ac. 1ªT 1311/1979 - Min. Marcelo Pimentel
DJ 21.09.1979 - Decisão unânime
RR 2926/1978, Ac. 1ªT 2991/1978 - Rel. "ad hoc" Min. Marcelo Pimentel
DJ 30.03.1979 - Decisão por maioria
RR 4195/1980, Ac. 2ªT 2421/1981 - Min. Marcelo Pimentel
DJ 18.09.1981 - Decisão unânime
RR 3955/1980, Ac. 2ªT 2084/1981 - Min. Mozart Victor Russomano
DJ 28.08.1981 - Decisão unânime
RR 1038/1979, Ac. 2ªT 1082/1980 - Rel. "ad hoc" Min. Marcelo Pimentel
DJ 29.08.1980 - Decisão por maioria
RR 3667/1973., Ac. 2ªT 655/1974 - Min. Thélio da Costa Monteiro
DJ 14.06.1974 - Decisão por maioria
RR 2369/1973., Ac. 2ªT 2059/1973 - Min. Thélio da Costa Monteiro
DJ 18.02.1974 - Decisão unânime
RR 2309/1979., Ac. 3ªT 500/1980 - Min. Expedito Amorim
DJ 06.06.1980 - Decisão unânime
AI 592/1978., Ac. 3ªT 1493/1978 - Min. Ary Campista
DJ 16.03.1979 - Decisão unânime
RR 4004/1977., Ac. 3ªT 231/1978 - Min. Coqueijo Costa
DJ 02.06.1978 - Decisão unânime
Histórico:
Súmula alterada - Res. 121/2003, DJ 19, 20 e 21.11.2003
Nº 122 Atestado médico. Revelia
Para ilidir a revelia, o atestado médico deve declarar expressamente a impossibilidade de locomoção do empregador ou de seu preposto no dia da audiência.
Redação original - RA 80/1981, DJ 06.10.1981
Nº 122 Para elidir a revelia o atestado médico deve declarar expressamente a impossibilidade de locomoção do empregador ou seu preposto, no dia da audiência.

Súmula nº 123 do TST
COMPETÊNCIA. ART. 106 DA CF (cancelada) - Res. 121/2003, DJ 19, 20 e 21.11.2003
Em se tratando de Estado ou Município, a lei que estabelece o regime jurídico (art. 106 da Constituição Federal) do servidor temporário ou contratado é a estadual ou municipal, a qual, uma vez editada, apanha as situações preexistentes, fazendo cessar sua regência pelo regime trabalhista. Incompetente é a Justiça do Trabalho para julgar as reclamações ajuizadas posteriormente à vigência da lei especial.
Histórico:
Redação original - RA 81/1981, DJ 06.10.1981 - Republicada DJ 13.10.1981

Súmula nº 124 do TST
BANCÁRIO. SALÁRIO-HORA. DIVISOR (alteração em razão do julgamento do processo TST-IRR 849-83.2013.5.03.0138) - Res. 219/2017, DEJT divulgado em 28, 29 e 30.06.2017 – republicada - DEJT divulgado em 12, 13 e 14.07.2017
I - o divisor aplicável para o cálculo das horas extras do bancário será:
a) 180, para os empregados submetidos à jornada de seis horas prevista no caput do art. 224 da CLT;
b) 220, para os empregados submetidos à jornada de oito horas, nos termos do § 2º do art. 224 da CLT.
II – Ressalvam-se da aplicação do item anterior as decisões de mérito sobre o tema, qualquer que seja o seu teor, emanadas de Turma do TST ou da SBDI-I, no período de 27/09/2012 até 21/11/2016, conforme a modulação aprovada no precedente obrigatório firmado no Incidente de Recursos de Revista Repetitivos nº TST-IRR-849-83.2013.5.03.0138, DEJT 19.12.2016.
Item I e II
TST-IRR 849-83.2013.5.03.0138 - Min. Cláudio Mascarenhas Brandão
DEJT 19.12.2016/J-21.11.2016 - Decisão por maioria
Histórico:
Súmula alterada - redação alterada na sessão do Tribunal Pleno realizada em 14.09.2012 - Res. 185/2012 – DEJT divulgado em 25, 26 e 27.09.2012
Nº 124 Bancário. Hora de salário. Divisor
I – O divisor aplicável para o cálculo das horas extras do bancário, se houver ajuste individual expresso ou coletivo no sentido de considerar o sábado como dia de descanso remunerado, será:
a) 150, para os empregados submetidos à jornada de seis horas, prevista no caput do art. 224 da CLT;
b) 200, para os empregados submetidos à jornada de oito horas, nos termos do § 2º do art. 224 da CLT.
II – Nas demais hipóteses, aplicar-se-á o divisor:
a) 180, para os empregados submetidos à jornada de seis horas prevista no caput do art. 224 da CLT;
b) 220, para os empregados submetidos à jornada de oito horas, nos termos do § 2º do art. 224 da CLT.
Súmula mantida - Res. 121/2003, DJ 19, 20 e 21.11.2003
Nº 124 Bancário. Hora de salário. Divisor
Redação original - RA 82/1981, DJ 06.10.1981
Nº 124 Para o cálculo do salário-hora do bancário mensalista, o divisor a ser adotado é o de 180 (cento e oitenta)

Súmula nº 125 do TST
CONTRATO DE TRABALHO. ART. 479 DA CLT (mantida) - Res. 121/2003, DJ 19, 20 e 21.11.2003
O art. 479 da CLT aplica-se ao trabalhador optante pelo FGTS admitido mediante contrato por prazo determinado, nos termos do art. 30, § 3º, do Decreto nº 59.820, de 20.12.1966.
Precedentes:
RR 5254/1979, Ac. 1ªT 3795/1980 - Min. Fernando Franco
DJ 27.02.1981 - Decisão unânime

RR 2218/1980, Ac. 2ªT 1058/1981 - Min. Nelson Tapajós
DJ 22.05.1981 - Decisão unânime
RR 5252/1979, Ac. 3ªT 200/1981 - Red. Min. Miranda Lima
DJ 20.03.1981 - Decisão por maioria
RR 4077/1979, Ac. 3ªT 186/1981 - Min. Miranda Lima
DJ 20.03.1981 - Decisão por maioria
RR 229/1980, Ac. 3ªT 3228/1980 - Min. Luiz Roberto de Rezende Puech
DJ 13.03.1981 - Decisão unânime
RR 4844/1979, Ac. 3ªT 3211/1980 - Min. Luiz Roberto de Rezende Puech
DJ 13.03.1981 - Decisão unânime
RR 5390/1979, Ac. 3ªT 3222/1980 - Min. Expedito Amorim
DJ 27.02.1981 - Decisão por maioria
Histórico:
Redação original - RA 83/1981, DJ 06.10.1981
Nº 125 O artigo 479, da CLT, aplica-se ao trabalhador optante pelo FGTS, admitido mediante contrato por prazo determinado, nos termos do art. 30, § 3º, do Decreto nº 59.820, de 20 de dezembro de 1966.

Súmula nº 126 do TST
RECURSO. CABIMENTO (mantida) - Res. 121/2003, DJ 19, 20 e 21.11.2003
Incabível o recurso de revista ou de embargos (arts. 896 e 894, "b", da CLT) para reexame de fatos e provas.
Precedentes:
RR 1614/1970., Ac. 1ªT 1135/1970 - Min. Mozart Victor Russomano
DJ 11.09.1970 - Decisão unânime
AI 1332/1967., Ac. 1ªT 2024/1967 - Min. Celso Lanna
DJ 18.03.1968 - Decisão unânime
RR 58/1958., Ac. 1ªT 359/1958 - Min. Edgard de Oliveira Lima
DJ 13.06.1958 - Decisão unânime
RR 1418/1957., Ac. 1ªT 1085/1957 - Min. Edgard de Oliveira Lima
DJ 16.11.1957 - Decisão unânime
Histórico:
Redação original - RA 84/1981, DJ 06.10.1981
Nº 126 Incabível o recurso de revista ou de embargos (arts. 896 e 894, letra b da CLT) para reexame de fatos e provas.

Súmula nº 127 do TST
QUADRO DE CARREIRA (mantida) - Res. 121/2003, DJ 19, 20 e 21.11.2003
Quadro de pessoal organizado em carreira, aprovado pelo órgão competente, excluída a hipótese de equiparação salarial, não obsta reclamação fundada em preterição, enquadramento ou reclassificação.
Precedentes:
ERR 1646/1973., Ac. TP 895/1978 - Rel. "ad hoc" Min. Pinho Pedreira
DJ 22.09.1978 - Decisão por maioria
ERR 2400/1971., Ac. TP 968/1972 - Min. Mozart Victor Russomano
DJ 02.10.1972 - Decisão por maioria
ERR 4152/1970., Ac. TP 145/1972 - Min. Mozart Victor Russomano
DJ 03.05.1972 - Decisão por maioria
ERR 429/1970., Ac. TP 160/1971 - Rel. "ad hoc" Min. Jeremias Marrocos
DJ 08.09.1971 - Decisão por maioria
ERR 1035/1969., Ac. TP 1089/1969 - Min. Raimundo Nonato
DJ 10.12.1969 - Decisão por maioria
RR 1102/1979., Ac. 1ªT 2476/1979 - Rel. "ad hoc" Min. Raymundo de Souza Moura
DJ 15.02.1980 - Decisão por maioria
RR 3377/1974., Ac. 1ªT 122/1975 - Min. Hildebrando Bisaglia
DJ 26.05.1975 - Decisão unânime
RR 3951/1978., Ac. 2ªT 1426/1979 - Rel. "ad hoc" Min. Roberto Mário Rodrigues Martins
DJ 28.09.1979 - Decisão por maioria
RR 387/1973, Ac. 2ªT 582/1973 - Min. Thélio da Costa Monteiro
DJ 14.06.1973 - Decisão unânime
Histórico:
Redação original - RA 103/1981, DJ 12.11.1981

Súmula nº 128 do TST
DEPÓSITO RECURSAL (incorporadas as Orientações Jurisprudenciais nºs 139, 189 e 190 da SBDI-1) - Res. 129/2005, DJ 20, 22 e 25.04.2005
I - É ônus da parte recorrente efetuar o depósito legal, integralmente, em relação a cada novo recurso interposto, sob pena de deserção. Atingido o valor da condenação, nenhum depósito mais é exigido para qualquer recurso. (ex-Súmula nº 128 - alterada pela Res. 121/2003, DJ 21.11.03, que incorporou a OJ nº 139 da SBDI-1 - inserida em 27.11.1998)
II - Garantido o juízo, na fase executória, a exigência de depósito para recorrer de qualquer decisão viola os incisos II e LV do art. 5º da CF/1988. Havendo, porém, elevação do valor do débito, exige-se a complementação da garantia do juízo. (ex-OJ nº 189 da SBDI-1 - inserida em 08.11.2000)
III - Havendo condenação solidária de duas ou mais empresas, o depósito recursal efetuado por uma delas aproveita as demais, quando a empresa que efetuou o depósito não pleiteia sua exclusão da lide. (ex-OJ nº 190 da SBDI-1 - inserida em 08.11.2000)
Precedentes:
Item I
ERR 434833/1998 - Min. Vantuil Abdala
DJ 28.04.2000 - Decisão unânime
ERR 266727/1996 - Min. Milton de Moura França
DJ 18.06.1999 - Decisão unânime
ERR 230421/1995 - Min. José Luiz Vasconcellos
DJ 16.04.1999 - Decisão unânime
ERR 273145/1996 - Min. Nelson Daiha
DJ 26.03.1999 - Decisão unânime
ERR 191841/1995 - Min. Nelson Daiha
DJ 23.10.1998 - Decisão unânime
ERR 299099/1996, Ac. 5753/1997 - Min. Nelson Daiha
DJ 27.02.1998 - Decisão unânime
Item II
ERR 503785/1998 - Min. Vantuil Abdala
DJ 06.10.2000 - Decisão unânime
EAIRR 513086/1998 - Min. Milton de Moura França
DJ 15.09.2000 - Decisão unânime
ERR 149723/1994, Ac. 3925/1997 - Min. Nelson Daiha
DJ 27.02.1998 - Decisão por maioria
RR 536331/1999, 1ªT - Min. Ronaldo Lopes Leal
DJ 16.06.2000 - Decisão unânime
RR 590150/1999, 2ªT - Min. Vantuil Abdala
DJ 26.05.2000 - Decisão unânime
RR 331319/1996, 3ªT - Min. Carlos Alberto Reis de Paula
DJ 03.09.1999 - Decisão unânime
RR 485756/1998, 5ªT - Red. Min. Armando de Brito
DJ 09.04.1999 - Decisão por maioria
Item III
ERR 295716/1996 - Min. Vantuil Abdala
DJ 05.05.2000 - Decisão unânime
ERR 297685/1996 - Min. Milton de Moura França

DJ 03.03.2000 - Decisão unânime
ERR 224318/1995 - Red. Min. Vantuil Abdala
DJ 07.05.1999 - Decisão por maioria
RR 519347/1998, 3ªT - Min. José Luiz Vasconcellos
DJ 25.08.2000 - Decisão unânime
RR 536322/1999, 4ªT - Min. Milton de Moura França
DJ 30.06.2000 - Decisão unânime
RR 334062/1996, 4ªT - Min. Barros Levenhagen
DJ 25.02.2000 - Decisão unânime
RR 357719/1997, 5ªT - Juíza Conv. Anelia Li Chum
DJ 26.05.2000 - Decisão unânime
Histórico:
Súmula alterada - Res. 121/2003, DJ 19, 20 e 21.11.2003
Nº 128 Depósito recursal. Complementação devida. Aplicação da Instrução Normativa nº 3, II, DJ 12.03.1993
É ônus da parte recorrente efetuar o depósito legal, integralmente, em relação a cada novo recurso interposto, sob pena de deserção. Atingido o valor da condenação, nenhum depósito mais é exigido para qualquer recurso.
Redação original - RA 115/1981, DJ 21.12.1981
Nº 128 Da mesma forma que as custas, o depósito da condenação deve ser complementado até o limite legal se acrescida a condenação pelo acórdão regional, sob pena de deserção.

Súmula nº 129 do TST
CONTRATO DE TRABALHO. GRUPO ECONÔMICO (mantida) - Res. 121/2003, DJ 19, 20 e 21.11.2003
A prestação de serviços a mais de uma empresa do mesmo grupo econômico, durante a mesma jornada de trabalho, não caracteriza a coexistência de mais de um contrato de trabalho, salvo ajuste em contrário.
Precedentes:
ERR 528/1975, Ac. TP 370/1978 - Rel. "ad hoc" Min. Raymundo de Souza Moura
DJ 07.07.1978 - Decisão por maioria
RR 1277/1980, Ac. 1ªT 813/1981 - Min. Hildebrando Bisaglia
DJ 22.05.1981 - Decisão por maioria
RR 2993/1979, Ac. 1ªT 1077/1980 - Min. Marco Aurélio Prates de Macedo
DJ 19.09.1980 - Decisão unânime
RR 1405/1979, Ac. 1ªT 2679/1979 - Min. Raymundo de Souza Moura
DJ 15.02.1980 - Decisão por maioria
RR 1502/1980, Ac. 2ªT 2675/1981 - Min. Nelson Tapajós
DJ 16.10.1981 - Decisão unânime
RR 3959/1979, Ac. 2ªT 1602/1981 - Min. Marcelo Pimentel
DJ 21.08.1981 - Decisão unânime
RR 2781/1980, Ac. 2ªT 688/1981 - Min. Orlando Coutinho
DJ 24.04.1981 - Decisão unânime
RR 4291/1979, Ac. 2ªT 2275/1980 - Min. Marcelo Pimentel
DJ 05.12.1980 - Decisão unânime
RR 83/1979, Ac. 2ªT 861/1980 - Min. Mozart Victor Russomano
DJ 04.07.1980 - Decisão unânime
RR 1768/1979, Ac. 2ªT 2756/1979 - Rel. "ad hoc" Min. Nelson Tapajós
DJ 13.06.1980 - Decisão unânime
RR 733/1981, Ac. 3ªT 2901/1981 - Rel. "ad hoc" Min. C. A. Barata Silva
DJ 20.11.1981 - Decisão por maioria
RR 2779/1980, Ac. 3ªT 925/1981 - Min. C. A. Barata Silva
DJ 29.05.1981 - Decisão unânime
RR 79/1979, Ac. 3ªT 611/1980 - Min. Ary Campista
DJ 20.06.1980 - Decisão por maioria
Histórico:

Redação original - RA 26/1982, DJ 04.05.1982

Súmula nº 130 do TST
ADICIONAL NOTURNO (cancelada) - Res. 121/2003, DJ 19, 20 e 21.11.2003
O regime de revezamento no trabalho não exclui o direito do empregado ao adicional noturno, em face da derrogação do art. 73 da CLT pelo art. 157, item III, da Constituição de 18.09.1946 (ex-Prejulgado nº 1).
Histórico:
Redação original - RA 102/1982, DJ 11.10.1982 e DJ 15.10.1982
Nº 130 O regime de revezamento no trabalho não exclui o direito do empregado ao adicional noturno, face à derrogação do art. 73 da CLT, pelo art. 157, item III, da Constituição de 18.09.1946 (ex-Prejulgado nº 1).

Súmula nº 131 do TST
SALÁRIO MÍNIMO. VIGÊNCIA (cancelada) - Res. 121/2003, DJ 19, 20 e 21.11.2003
O salário mínimo, uma vez decretado em condições de excepcionalidade, tem imediata vigência (ex-Prejulgado nº 2).
Histórico:
Redação original - RA 102/1982, DJ 11.10.1982 e DJ 15.10.1982

Súmula nº 132 do TST
ADICIONAL DE PERICULOSIDADE. INTEGRAÇÃO (incorporadas as Orientações Jurisprudenciais nºs 174 e 267 da SBDI-1) - Res. 129/2005, DJ 20, 22 e 25.04.2005
I - O adicional de periculosidade, pago em caráter permanente, integra o cálculo de indenização e de horas extras (ex-Prejulgado nº 3). (ex-Súmula nº 132 - RA 102/1982, DJ 11.10.1982/ DJ 15.10.1982 - e ex-OJ nº 267 da SBDI-1 - inserida em 27.09.2002)
II - Durante as horas de sobreaviso, o empregado não se encontra em condições de risco, razão pela qual é incabível a integração do adicional de periculosidade sobre as mencionadas horas. (ex-OJ nº 174 da SBDI-1 - inserida em 08.11.2000)
Precedentes:
Item I
ERR 502939/1998 - Min. Carlos Alberto Reis de Paula
DJ 22.02.2002 - Decisão unânime
ERR 358956/1997 - Min. João Batista Brito Pereira
DJ 08.02.2002 - Decisão unânime
ERR 434847/1998 - Min. Carlos Alberto Reis de Paula
DJ 14.09.2001 - Decisão por maioria
ERR 2565/1962., TP - Rel. "ad hoc" Min. Adílio Tostes Malta
DO-GB 20.11.1963 - Decisão por maioria
RR 581920/1999, 2ªT - Min. José Luciano de Castilho Pereira
DJ 06.10.2000 - Decisão unânime
RR 493589/1998, 4ªT - Min. Milton de Moura França
DJ 09.11.2001 - Decisão unânime
RR 464879/1998, 4ªT - Min. Barros Levenhagen
DJ 29.06.2001 - Decisão unânime
RR 557211/1999, 5ªT - Min. João Batista Brito Pereira
DJ 01.09.2000 - Decisão unânime
Item II
ERR 520716/1998 - Min. Vantuil Abdala
DJ 29.09.2000 - Decisão unânime
ERR 347687/1997 - Min. Carlos Alberto Reis de Paula
DJ 12.05.2000 - Decisão unânime
AGERR 311264/1996 - Min. Milton de Moura França
DJ 03.03.2000 - Decisão unânime
AGERR 352554/1997 - Min. Milton de Moura França
DJ 03.12.1999 - Decisão unânime
RR 396640/1997, 1ªT - Min. João Oreste Dalazen

DJ 16.06.2000 - Decisão unânime
RR 347689/1997, 2ªT - Min. Vantuil Abdala
DJ 25.08.2000 - Decisão unânime
RR 360743/1997, 3ªT - Min. Francisco Fausto Paula de Medeiros
DJ 18.08.2000 - Decisão unânime
RR 337874/1997, 4ªT - Min. Milton de Moura França
DJ 26.03.1999 - Decisão unânime
Histórico:
Súmula mantida - Res. 121/2003, DJ 19, 20 e 21.11.2003
Nº 132 Adicional de periculosidade
O adicional de periculosidade pago em caráter permanente integra o cálculo de indenização (ex-Prejulgado nº 3).
Redação original - RA 102/1982, DJ 11.10.1982 e DJ 15.10.1982
Nº 132 O adicional-periculosidade pago em caráter permanente integra o cálculo de indenização (ex-Prejulgado nº 3).

Súmula nº 133 do TST
EMBARGOS INFRINGENTES (cancelada) - Res. 121/2003, DJ 19, 20 e 21.11.2003
Para o julgamento dos embargos infringentes, nas juntas, é desnecessária a notificação das partes (ex-Prejulgado nº 4).
Histórico:
Redação original - RA 102/1982, DJ 11.10.1982 e DJ 15.10.1982

Súmula nº 134 do TST
SALÁRIO. MENOR NÃO APRENDIZ (cancelada) - Res. 121/2003, DJ 19, 20 e 21.11.2003
Ao menor não aprendiz é devido o salário mínimo integral (ex-Prejulgado nº 5).
Histórico:
Redação original - RA 102/1982, DJ 11.10.1982 e DJ 15.10.1982

Súmula nº 135 do TST
SALÁRIO. EQUIPARAÇÃO (cancelada em decorrência da sua incorporação à nova redação da Súmula nº 6) - Res. 129/2005, DJ 20, 22 e 25.04.2005
Para efeito de equiparação de salários em caso de trabalho igual, conta-se o tempo de serviço na função e não no emprego (ex-Prejulgado nº 6).
Histórico:
Súmula mantida - Res. 121/2003, DJ 19, 20 e 21.11.2003.
Redação original - RA 102/1982, DJ 11.10.1982 e DJ 15.10.1982
Nº 135 Para efeito de equiparação de salários, em caso de trabalho igual, conta-se o tempo de serviço na função, e não no emprego (ex-Prejulgado nº 6).

Súmula nº 136 do TST
JUIZ. IDENTIDADE FÍSICA (cancelada) - Res. 185/2012, DEJT divulgado em 25, 26 e 27.09.2012
Não se aplica às Varas do Trabalho o princípio da identidade física do juiz (ex-Prejulgado nº 7).
Histórico:
Súmula mantida - Res. 121/2003, DJ 19, 20 e 21.11.2003.
Redação original - RA 102/1982, DJ 11.10.1982 e DJ 15.10.1982
Nº 136 Não se aplica às Juntas de Conciliação e Julgamento o princípio da identidade física do Juiz (ex-Prejulgado nº 7) .

Súmula nº 137 do TST
ADICIONAL DE INSALUBRIDADE (cancelada) - Res. 121/2003, DJ 19, 20 e 21.11.2003
É devido o adicional de serviço insalubre, calculado à base do salário mínimo da região, ainda que a remuneração contratual seja superior ao salário mínimo acrescido da taxa de insalubridade (ex-Prejulgado nº 8).
Histórico:
Redação original - RA 102/1982, DJ 11.10.1982 e DJ 15.10.1982

Súmula nº 138 do TST
READMISSÃO (mantida) - Res. 121/2003, DJ 19, 20 e 21.11.2003
Em caso de readmissão, conta-se a favor do empregado o período de serviço anterior, encerrado com a saída espontânea (ex-Prejulgado nº 9).
Precedentes:
ERR 349/1963., Ac. TP 373/1964 - Min. Geraldo Montedônio Bezerra de Menezes
DO-GB 19.10.1964 - Decisão por maioria
Histórico:
Redação original - RA 102/1982, DJ 11.10.1982 e DJ 15.10.1982

Súmula nº 139 do TST
ADICIONAL DE INSALUBRIDADE (incorporada a Orientação Jurisprudencial nº 102 da SBDI-1) - Res. 129/2005, DJ 20, 22 e 25.04.2005
Enquanto percebido, o adicional de insalubridade integra a remuneração para todos os efeitos legais. (ex-OJ nº 102 da SBDI-1 - inserida em 01.10.1997)
Precedentes:
EDRR 4446/1963., Ac. TP 215/1965 - Juiz Conv. Délio Maranhão
DO-GB 29.09.1965 - Decisão por maioria
ERR 84717/1993, Ac. 1817/1997 - Min. Francisco Fausto Paula de Medeiros
DJ 06.06.1997 - Decisão unânime
ERR 91033/1993, Ac. 0258/1997 - Min. Francisco Fausto Paula de Medeiros
DJ 21.03.1997 - Decisão unânime
ERR 121360/1994, Ac. 2241/1996 - Min. Vantuil Abdala
DJ 08.11.1996 - Decisão unânime
ERR 31532/1991, Ac. 1011/1996 - Min. Galba Velloso
DJ 04.10.1996 - Decisão unânime
ERR 85466/1993, Ac. 3459/1996 - Min. Armando de Brito
DJ 09.08.1996 - Decisão unânime
ERR 63767/1992, Ac. 2273/1996 - Min. Regina Rezende Ezequiel
DJ 24.05.1996 - Decisão unânime
ERR 67598/1993, Ac. 3101/1995 - Min. Armando de Brito
DJ 29.09.1995 - Decisão unânime
ERR 47842/1992, Ac. 1753/1994 - Min. Ney Doyle
DJ 05.08.1994 - Decisão unânime
Histórico:
Súmula mantida - Res. 121/2003, DJ 19, 20 e 21.11.2003
Redação original - RA 102/1982, DJ 11.10.1982 e DJ 15.10.1982
Nº 139 O adicional de insalubridade, pago em caráter permanente, integra a remuneração para o cálculo de indenização (ex-Prejulgado nº 11).

Súmula nº 140 do TST
VIGIA (mantida) - Res. 121/2003, DJ 19, 20 e 21.11.2003
É assegurado ao vigia sujeito ao trabalho noturno o direito ao respectivo adicional (ex-Prejulgado nº 12).
Precedente:
ERR 5456/1963., TP - Min. Joaquim Carvalho Júnior
DO-GB 29.09.1965 - Decisão unânime
Histórico:
Redação original - RA 102/1982, DJ 11.10.1982 e DJ 15.10.1982
Nº 140 É assegurado ao vigia, sujeito ao trabalho noturno, o direito ao respectivo adicional (ex-Prejulgado nº 12).

Súmula nº 141 do TST
DISSÍDIO COLETIVO (cancelada) - Res. 121/2003, DJ 19, 20 e 21.11.2003
É constitucional o art. 2º da Lei nº 4.725, de 13.07.1965 (ex-Prejulgado nº 13).

Histórico:
Redação original - RA 102/1982, DJ 11.10.1982 e DJ 15.10.1982
Nº 141 É constitucional o art. 2º, da Lei nº 4.725, de 13 de julho de 1965 (ex-Prejulgado nº 13).

Súmula nº 142 do TST
GESTANTE. DISPENSA (cancelada) - Res. 121/2003, DJ 19, 20 e 21.11.2003
Empregada gestante, dispensada sem motivo antes do período de seis semanas anteriores ao parto, tem direito à percepção do salário-maternidade (ex-Prejulgado nº 14).
Histórico:
Redação original - RA 102/1982, DJ 11.10.1982 e DJ 15.10.1982

Súmula nº 143 do TST
SALÁRIO PROFISSIONAL (mantida) - Res. 121/2003, DJ 19, 20 e 21.11.2003
O salário profissional dos médicos e dentistas guarda proporcionalidade com as horas efetivamente trabalhadas, respeitado o mínimo de 50 (cinqüenta) horas (ex-Prejulgado nº 15).
Precedentes:
ERR 5213/1964., Ac. TP 223/1966 - Min. Thélio da Costa Monteiro
DO-GB 26.09.1966 - Decisão unânime
ERR 6577/1964., Ac. TP 53/1966 - Juiz Conv. Amaro Barreto
DO-GB 02.05.1966 - Decisão unânime
Histórico:
Redação original - RA 102/1982, DJ 11.10.1982 e DJ 15.10.1982
Nº 143 O salário profissional dos médicos e dentistas guarda proporcionalidade com as horas efetivamente trabalhadas, respeitado o mínimo de 50 horas mensais (ex-Prejulgado nº 15).

Súmula nº 144 do TST
AÇÃO RESCISÓRIA (cancelada) - Res. 121/2003, DJ 19, 20 e 21.11.2003
É cabível a ação rescisória no âmbito da Justiça do Trabalho (ex-Prejulgado nº 16).
Histórico:
Redação original - RA 102/1982, DJ 11.10.1982 e DJ 15.10.1982

Súmula nº 145 do TST
GRATIFICAÇÃO DE NATAL (cancelada) - Res. 121/2003, DJ 19, 20 e 21.11.2003
É compensável a gratificação de Natal com a da Lei nº 4.090, de 1962 (ex-Prejulgado nº 17).
Histórico:
Redação original - RA 102/1982, DJ 11.10.1982 e DJ 15.10.1982

Súmula nº 146 do TST
TRABALHO EM DOMINGOS E FERIADOS, NÃO COMPENSADO (incorporada a Orientação Jurisprudencial nº 93 da SBDI-1) - Res. 121/2003, DJ 19, 20 e 21.11.2003
O trabalho prestado em domingos e feriados, não compensado, deve ser pago em dobro, sem prejuízo da remuneração relativa ao repouso semanal.
Precedentes:
ERR 198573/1995, Ac. 5281/1997 - Min. Vantuil Abdala
DJ 21.11.1997 - Decisão unânime
ERR 210632/1995, Ac. 3795/1997 - Min. Nelson Daiha
DJ 12.09.1997 - Decisão unânime
ERR 168534/1995, Ac. 2079/1997 - Min. Francisco Fausto Paula de Medeiros
DJ 06.06.1997 - Decisão unânime
ERR 177605/1995, Ac. 1071/1997 - Min. Vantuil Abdala
DJ 02.05.1997 - Decisão unânime
ERR 174438/1995, Ac. 1069/1997 - Min. Vantuil Abdala
DJ 02.05.1997 - Decisão unânime
ERR 168509/1995, Ac. 1059/1997 - Min. Vantuil Abdala
DJ 02.05.1997 - Decisão unânime
ERR 6791/1986, Ac. 1623/1993 - Red. Min. Cnéa Moreira
DJ 06.08.1993 - Decisão por maioria
Histórico:
Redação original - RA 102/1982, DJ 11.10.1982 e DJ 15.10.1982
Nº 146 O trabalho realizado em dia feriado, não compensado, é pago em dobro e não em triplo (ex-Prejulgado nº 18).

Súmula nº 147 do TST
FÉRIAS. INDENIZAÇÃO (cancelada) - Res. 121/2003, DJ 19, 20 e 21.11.2003
Indevido o pagamento dos repousos semanais e feriados intercorrentes nas férias indenizadas (ex-Prejulgado nº 19).
Histórico:
Redação original - RA 102/1982, DJ 11.10.1982 e DJ 15.10.1982

Súmula nº 148 do TST
GRATIFICAÇÃO NATALINA (mantida) - Res. 121/2003, DJ 19, 20 e 21.11.2003
É computável a gratificação de Natal para efeito de cálculo de indenização (ex-Prejulgado nº 20).
Precedente:
ERR 6585/1964., Ac. TP 360/1966 - Min. Joaquim Carvalho Júnior
DO-GB 12.10.1966 - Decisão por maioria
Histórico:
Redação original - RA 102/1982, DJ 11.10.1982 e DJ 15.10.1982
Nº 148 É computável a gratificação de Natal para efeito de cálculo da indenização (ex-Prejulgado nº 20).

Súmula nº 149 do TST
TAREFEIRO. FÉRIAS (mantida) - Res. 121/2003, DJ 19, 20 e 21.11.2003
A remuneração das férias do tarefeiro deve ser calculada com base na média da produção do período aquisitivo, aplicando-se-lhe a tarifa da data da concessão (ex-Prejulgado nº 22).
Precedente:
ERR 3567/1965., Ac. TP 920/1966 - Juiz Conv. Amaro Barreto
DO-GB 27.02.1967 - Decisão por maioria
Histórico:
Redação original - RA 102/1982, DJ 11.10.1982 e DJ 15.10.1982
Nº 149 A remuneração das férias do tarefeiro deve ser a base média da produção do período aquisitivo, aplicando-se-lhe a tarifa da data da concessão (ex-Prejulgado nº 22).

Súmula nº 150 do TST
DEMISSÃO. INCOMPETÊNCIA DA JUSTIÇA DO TRABALHO (cancelada) - Res. 121/2003, DJ 19, 20 e 21.11.2003
Falece competência à Justiça do Trabalho para determinar a reintegração ou a indenização de empregado demitido com base nos atos institucionais (ex-Prejulgado nº 23).
Histórico:
Redação original - RA 102/1982, DJ 11.10.1982 e DJ 15.10.1982
Súmulas
Súmulas do Tribunal Superior do Trabalho

Súmula nº 151 do TST
FÉRIAS. REMUNERAÇÃO (cancelada) - Res. 121/2003, DJ 19, 20 e 21.11.2003
A remuneração das férias inclui a das horas extraordinárias habitualmente prestadas (ex-Prejulgado nº 24).
Histórico:
Redação original - RA 102/1982, DJ 11.10.1982 e DJ 15.10.1982

Súmula nº 152 do TST
GRATIFICAÇÃO. AJUSTE TÁCITO (mantida) - Res. 121/2003, DJ 19, 20 e 21.11.2003

O fato de constar do recibo de pagamento de gratificação o caráter de liberalidade não basta, por si só, para excluir a existência de ajuste tácito (ex-Prejulgado nº 25).

Precedente:

ERR 2120/1965, Ac. TP 321/1967 - Rel. "ad hoc" Min. Geraldo Starling Soares

DO-GB 03.07.1967 - Decisão por maioria

Histórico:

Redação original - RA 102/1982, DJ 11.10.1982 e DJ 15.10.1982

Nº 152 O fato de constar do recibo de pagamento de gratificação o caráter de liberalidade não basta, por si só, para excluir a existência de um ajuste tácito (ex-Prejulgado nº 25).

Súmula nº 153 do TST
PRESCRIÇÃO (mantida) - Res. 121/2003, DJ 19, 20 e 21.11.2003

Não se conhece de prescrição não argüida na instância ordinária (ex-Prejulgado nº 27).

Precedente:

ERR 2215/1966., Ac. TP 682/1967 - Juiz Conv. Amaro Barreto

DO-GB 19.10.1967 - Decisão por maioria

Histórico:

Redação original - RA 102/1982, DJ 11.10.1982 e DJ 15.10.1982

Súmula nº 154 do TST
MANDADO DE SEGURANÇA (cancelada) - Res. 121/2003, DJ 19, 20 e 21.11.2003

Da decisão do Tribunal Regional do Trabalho em mandado de segurança cabe recurso ordinário, no prazo de 10 dias, para o Tribunal Superior do Trabalho (ex-Prejulgado nº 28).

Histórico:

Revista pela Súmula nº 201 - Res. 7/1985, DJ 11, 12 e 15.07.1985

Redação original - RA 102/1982, DJ 11.10.1982 e DJ 15.10.1982

Nº 154 Da decisão de Tribunal Regional do Trabalho em mandado de segurança cabe recurso ordinário, no prazo de dez dias, para o Tribunal Superior do Trabalho (ex-Prejulgado nº 28).

Súmula nº 155 do TST
AUSÊNCIA AO SERVIÇO (mantida) - Res. 121/2003, DJ 19, 20 e 21.11.2003

As horas em que o empregado falta ao serviço para comparecimento necessário, como parte, à Justiça do Trabalho não serão descontadas de seus salários (ex-Prejulgado nº 30).

Precedente:

ERR 4617/1966, Ac. TP 989/1967 - Min. Geraldo Starling Soares

DO-GB 15.04.1968 - Decisão por maioria

Histórico:

Redação original - RA 102/1982, DJ 11.10.1982 e DJ 15.10.1982

Nº 155 As horas em que o empregado falta ao serviço para comparecimento necessário, como parte, à Justiça do Trabalho, não serão descontadas de seus salários (ex-Prejulgado nº 30).

Súmula nº 156 do TST
PRESCRIÇÃO. PRAZO (mantida) - Res. 121/2003, DJ 19, 20 e 21.11.2003

Da extinção do último contrato começa a fluir o prazo prescricional do direito de ação em que se objetiva a soma de períodos descontínuos de trabalho (ex-Prejulgado nº 31).

Precedente:

ERR 4680/1966., Ac. TP 1020/1967 - Rel. "ad hoc" Juiz Conv. Délio Maranhão

DO-GB 20.05.1968 - Decisão por maioria

Histórico:

Redação original - RA 102/1982, DJ 11.10.1982 e DJ 15.10.1982

Nº 156 Da extinção do último contrato é que começa a fluir o prazo prescricional do direito de ação objetivando a soma de períodos descontínuos de trabalho (ex-Prejulgado nº 31).

Súmula nº 157 do TST
GRATIFICAÇÃO (mantida) - Res. 121/2003, DJ 19, 20 e 21.11.2003

A gratificação instituída pela Lei nº 4.090, de 13.07.1962, é devida na resilição contratual de iniciativa do empregado (ex-Prejulgado nº 32).

Precedente:

ERR 4155/1966., Ac. TP 1043/1967 - Rel. "ad hoc" Juiz Conv. Délio Maranhão

DO-GB 09.05.1968 - Decisão por maioria

Histórico:

Redação original - RA 102/1982, DJ 11.10.1982 e DJ 15.10.1982

Nº 157 A gratificação instituída pela Lei nº 4.090, de 1962, é devida na resilição contratual de iniciativa do empregado (ex-Prejulgado nº 32).

Súmula nº 158 do TST
AÇÃO RESCISÓRIA (mantida) - Res. 121/2003, DJ 19, 20 e 21.11.2003

Da decisão de Tribunal Regional do Trabalho, em ação rescisória, é cabível recurso ordinário para o Tribunal Superior do Trabalho, em face da organização judiciária trabalhista (ex-Prejulgado nº 35).

Precedente:

AIROAR 185/1970, Ac. TP 438/1970 - Min. Geraldo Starling Soares

DO-GB 29.06.1970 - Decisão unânime

Histórico:

Redação original - RA 102/1982, DJ 11.10.1982 e DJ 15.10.1982

Nº 158 Da decisão de Tribunal Regional do Trabalho, em ação rescisória, cabível é o recurso ordinário para o Tribunal Superior do Trabalho, em face da organização judiciária trabalhista (ex-Prejulgado nº 35).

Súmula nº 159 do TST
SUBSTITUIÇÃO DE CARÁTER NÃO EVENTUAL E VACÂNCIA DO CARGO (incorporada a Orientação Jurisprudencial nº 112 da SBDI-1) - Res. 129/2005, DJ 20, 22 e 25.04.2005

I - Enquanto perdurar a substituição que não tenha caráter meramente eventual, inclusive nas férias, o empregado substituto fará jus ao salário contratual do substituído. (ex-Súmula nº 159 - alterada pela Res. 121/2003, DJ 21.11.2003)

II - Vago o cargo em definitivo, o empregado que passa a ocupá-lo não tem direito a salário igual ao do antecessor. (ex-OJ nº 112 da SBDI-1 - inserida em 01.10.1997)

Precedentes:

Item I

ERR 168444/1995, Ac. 901/1997 - Min. Milton de Moura França

DJ 25.04.1997 - Decisão unânime

ERR 70821/1993, Ac. 1429/1997 - Min. José Luiz Vasconcellos

DJ 25.04.1997 - Decisão unânime

ERR 104815/1994, Ac. 046/1997 - Min. Milton de Moura França

DJ 07.03.1997 - Decisão unânime

ERR 42096/1991, Ac. 3492/1996 - Min. Vantuil Abdala

DJ 07.03.1997 - Decisão unânime

ERR 114242/1994, Ac. 2468/1996 - Min. Vantuil Abdala

DJ 14.11.1996 - Decisão unânime

ERR 1979/1969., Ac. TP. 468/1970 - Min. Celso Lanna

DJ 11.08.1970 - Decisão unânime

Item II

ERR 141417/1994, Ac. 3380/1997 - Min. Nelson Daiha
DJ 26.09.1997 - Decisão unânime
ERR 71183/1993, Ac. 3124/1997 - Min. Leonaldo Silva
DJ 22.08.1997 - Decisão unânime
RR 107538/1994, Ac. 1ªT 4499/1994 - Min. Ursulino Santos
DJ 25.11.1994 - Decisão unânime
RR 5361/1989, Ac. 1ªT 2623/1990 - Min. Afonso Celso
DJ 22.02.1991 - Decisão unânime
RR 152301/1994, Ac. 2ªT 6070/1995 - Min. João Tezza
DJ 24.11.1995 - Decisão unânime
RR 11501/1990, Ac. 2ªT 3636/1991 - Min. José Francisco da Silva
DJ 08.11.1991 - Decisão unânime
RR 2706/1987, Ac. 2ªT 1280/1988 - Red. Min. José Ajuricaba da Costa e Silva
DJ 24.06.1988 - Decisão por maioria
RR 76147/1993, Ac. 4ªT 1042/1994 - Min. Almir Pazzianotto Pinto
DJ 13.05.1994 - Decisão unânime
Histórico:
Súmula alterada - Res. 121/2003, DJ 19, 20 e 21.11.2003
Nº 159 Substituição
Enquanto perdurar a substituição que não tenha caráter meramente eventual, inclusive nas férias, o empregado substituto fará jus ao salário contratual do substituído.
Redação original - RA 102/1982, DJ 11.10.1982 e DJ 15.10.1982
Nº 159 Enquanto perdurar a substituição que não tenha caráter meramente eventual, o empregado substituto fará jus ao salário contratual do substituído (ex-Prejulgado nº 36).

Súmula nº 160 do TST
APOSENTADORIA POR INVALIDEZ (mantida) - Res. 121/2003, DJ 19, 20 e 21.11.2003
Cancelada a aposentadoria por invalidez, mesmo após cinco anos, o trabalhador terá direito de retornar ao emprego, facultado, porém, ao empregador, indenizá-lo na forma da lei (ex-Prejulgado nº 37).
Precedente:
ERR 1024/1970., Ac. TP 669/1971 - Min. Luiz Roberto de Rezende Puech
DJ 21.09.1971 - Decisão por maioria
Histórico:
Redação original - RA 102/1982, DJ 11.10.1982 e DJ 15.10.1982

Súmula nº 161 do TST
DEPÓSITO. CONDENAÇÃO A PAGAMENTO EM PECÚNIA (mantida) - Res. 121/2003, DJ 19, 20 e 21.11.2003
Se não há condenação a pagamento em pecúnia, descabe o depósito de que tratam os §§ 1º e 2º do art. 899 da CLT (ex-Prejulgado nº 39).
Precedente:
EAI 1483/1970., Ac. TP 763/1971 - Min. Elias Bufaiçal
DJ 13.10.1971 - Decisão unânime
Histórico:
Redação original - RA 102/1982, DJ 11.10.1982 e DJ 15.10.1982
Nº 161 Não havendo condenação em pecúnia, descabe o depósito prévio de que tratam os §§ 1º e 2º do art. 899 da Consolidação das Leis do Trabalho (ex-Prejulgado nº 39).

Súmula nº 162 do TST
INSALUBRIDADE (cancelamento mantido) - Res. 121/2003, DJ 19, 20 e 21.11.2003
É constitucional o art. 3º do Decreto-Lei nº 389, de 26.12.1968 (ex-Prejulgado nº 41).
Histórico:
Súmula cancelada - Res. 59/1996, DJ 28.06.1996, 03, 04 e 05.07.1996
Redação original - RA 102/1982, DJ 11.10.1982 e DJ 15.10.1982

Súmula nº 163 do TST
AVISO PRÉVIO. CONTRATO DE EXPERIÊNCIA (mantida) - Res. 121/2003, DJ 19, 20 e 21.11.2003
Cabe aviso prévio nas rescisões antecipadas dos contratos de experiência, na forma do art. 481 da CLT (ex-Prejulgado nº 42).
Precedentes:
ERR 2141/1971., Ac. TP 295/1972 - Min. Jeremias Marrocos
DJ 06.12.1973 - Decisão por maioria
ERR 985/1972., Ac. TP 982/1973 - Rel. "ad hoc" Min. C. A. Barata Silva
DJ 20.08.1973 - Decisão por maioria
ERR 3914/1970., Ac. TP 438/1972 - Min. Newton Lamounier
DJ 05.06.1973 - Decisão por maioria
Histórico:
Redação original - RA 102/1982, DJ 11.10.1982 e DJ 15.10.1982

Súmula nº 164 do TST
PROCURAÇÃO. JUNTADA (cancelada em decorrência da sua incorporação à nova redação da súmula nº 383) - Res. 210/2016, DEJT divulgado em 30.06.2016 e 01 e 04.07.2016
O não-cumprimento das determinações dos §§ 1º e 2º do art. 5º da Lei nº 8.906, de 04.07.1994 e do art. 37, parágrafo único, do Código de Processo Civil importa o não-conhecimento de recurso, por inexistente, exceto na hipótese de mandato tácito.
Histórico:
Nova redação - Res. 121/2003, DJ 19, 20 e 21.11.2003
Redação original - RA 102/1982, DJ 11.10.1982 e DJ 15.10.1982
Nº 164 O não cumprimento das determinações dos §§ 1º e 2º do art. 70 da Lei nº 4.215, de 27.4.63, e do art. 37, e parágrafo único, do Código de Processo Civil, importa no não conhecimento de qualquer recurso, por inexistente, exceto na hipótese de mandato tácito (ex-Prejulgado nº 43).

Súmula nº 165 do TST
DEPÓSITO. RECURSO. CONTA VINCULADA (cancelamento mantido) - Res. 121/2003, DJ 19, 20 e 21.11.2003
O depósito, para fins de recurso, realizado fora da conta vinculada do trabalhador, desde que feito na sede do juízo, ou realizado na conta vinculada do trabalhador, apesar de fora da sua sede do juízo, uma vez que permaneça à disposição deste, não impedirá o conhecimento do apelo (ex-Prejulgado nº 45).
Histórico:
Súmula cancelada - Res. 87/1998, DJ 15, 16 e 19.10.1998
Redação original - RA 102/1982, DJ 11.10.1982 e DJ 15.10.1982

Súmula nº 166 do TST
BANCÁRIO. CARGO DE CONFIANÇA. JORNADA DE TRABALHO (cancelada em decorrência da sua incorporação à nova redação da Súmula nº 102) - Res. 129/2005, DJ 20, 22 e 25.04.2005
O bancário que exerce a função a que se refere o § 2º do art. 224 da CLT e recebe gratificação não inferior a um terço de seu salário já tem remuneradas as duas horas extraordinárias excedentes de seis (ex-Prejulgado nº 46).
Histórico:
Súmula mantida - Res. 121/2003, DJ 19, 20 e 21.11.2003
Redação original - RA 102/1982, DJ 11.10.1982 e DJ 15.10.1982
Nº 166 O bancário exercente de função a que se refere o § 2º do art. 224 da CLT e que recebe gratificação não inferior a um terço do seu salário, já tem remuneradas as duas horas extraordinárias que excederem de seis (ex-Prejulgado nº 46).

Súmula nº 167 do TST
VOGAL. INVESTIDURA. RECURSO (cancelada) - Res. 121/2003, DJ 19, 20 e 21.11.2003
Das decisões proferidas pelos Tribunais Regionais, em processo de impugnação ou contestação à investidura de vogal, cabe recurso para o Tribunal Superior do Trabalho (ex-Prejulgado nº 47).

Histórico:
Redação original - RA 102/1982, DJ 11.10.1982 e DJ 15.10.1982

Súmula nº 168 do TST
PRESCRIÇÃO. PRESTAÇÕES PERIÓDICAS. CONTAGEM (cancelamento mantido) - Res. 121/2003, DJ 19, 20 e 21.11.2003
Na lesão de direito que atinja prestações periódicas, de qualquer natureza, devidas ao empregado, a prescrição é sempre parcial e se conta do vencimento de cada uma delas e não do direito do qual se origina (ex-Prejulgado nº 48).
Histórico:
Cancelada pela Súmula nº 294 - Res. 4/1989, DJ 14, 18 e 19.04.1989
Redação original - RA 102/1982, DJ 11.10.1982 e DJ 15.10.1982

Súmula nº 169 do TST
AÇÃO RESCISÓRIA. JUSTIÇA DO TRABALHO. DEPÓSITO PRÉVIO (cancelada) - Res. 121/2003, DJ 19, 20 e 21.11.2003
Nas ações rescisórias ajuizadas na Justiça do Trabalho e que só serão admitidas nas hipóteses dos arts. 798 a 800 do Código de Processo Civil de 1939, desnecessário o depósito a que aludem os arts. 488, II, e 494 do Código de Processo Civil de 1973 (ex-Prejulgado nº 49).
Histórico:
Revista pela Súmula nº 194 - Res. 2/1984, DJ 04.10.1984
Redação original - RA 102/1982, DJ 11.10.1982 e DJ 15.10.1982

Súmula nº 170 do TST
SOCIEDADE DE ECONOMIA MISTA. CUSTAS (mantida) - Res. 121/2003, DJ 19, 20 e 21.11.2003
Os privilégios e isenções no foro da Justiça do Trabalho não abrangem as sociedades de economia mista, ainda que gozassem desses benefícios anteriormente ao Decreto-Lei nº 779, de 21.08.1969 (ex-Prejulgado nº 50).
Precedente:
ERR 3687/1973., Ac. TP 268/1975 - Min. Fortunato Peres Júnior
DJ 19.06.1975 - Decisão por maioria
Histórico:
Redação original - RA 102/1982, DJ 11.10.1982 e DJ 15.10.1982
Nº 170 Os privilégios e isenções no foro da Justiça do Trabalho não abrangem as sociedades de economia mista, ainda que gozassem desses benefícios anteriormente ao Decreto-lei nº 779, de 1969 (ex-Prejulgado nº 50).

Súmula nº 171 do TST
FÉRIAS PROPORCIONAIS. CONTRATO DE TRABALHO. EXTINÇÃO (republicada em razão de erro material no registro da referência legislativa), DJ 05.05.2004
Salvo na hipótese de dispensa do empregado por justa causa, a extinção do contrato de trabalho sujeita o empregador ao pagamento da remuneração das férias proporcionais, ainda que incompleto o período aquisitivo de 12 (doze) meses (art. 147 da CLT) (ex-Prejulgado nº 51).
Precedente:
RR 38823/1991, Ac. 3ªT 3696/1992 - Min. Francisco Fausto Paula de Medeiros
DJ 20.11.1992 - Decisão unânime
Histórico:
Republicada em razão de erro material no registro da referência legislativa - DJ 27.04.2004
Nº 171 Férias proporcionais. Contrato de trabalho.
Salvo na hipótese de dispensa do empregado por justa causa, a extinção do contrato de trabalho sujeita o empregador ao pagamento da remuneração das férias proporcionais, ainda que incompleto o período aquisitivo de 12 (doze) meses (art. 142 da CLT).
Súmula alterada - Res. 121/2003, DJ 19, 20 e 21.11.2003

Nº 171 Férias proporcionais. Contrato de trabalho. Extinção
Salvo na hipótese de dispensa do empregado por justa causa, a extinção do contrato de trabalho sujeita o empregador ao pagamento da remuneração das férias proporcionais, ainda que incompleto o período aquisitivo de 12 (doze) meses (art. 142, parágrafo único, combinado com o art. 132, da CLT).
Redação original - RA 102/1982, DJ 11.10.1982 e DJ 15.10.1982
Nº 171 Salvo na hipótese de dispensa do empregado por justa causa, a extinção do contrato de trabalho, com mais de um ano, sujeita o empregador ao pagamento da remuneração das férias proporcionais, ainda que incompleto o período aquisitivo de doze meses (art. 142, parágrafo único, combinado com o art. 132 da CLT)

Súmula nº 172 do TST
REPOUSO REMUNERADO. HORAS EXTRAS. CÁLCULO (mantida) - Res. 121/2003, DJ 19, 20 e 21.11.2003
Computam-se no cálculo do repouso remunerado as horas extras habitualmente prestadas. (ex-Prejulgado nº 52).
Precedentes:
ERR 1437/1979., Ac. TP 1493/1981 - Min. Nelson Tapajós
DJ 07.08.1981 - Decisão unânime
RR 4914/1981., Ac. 2ªT 828/1982 - Min. Nelson Tapajós
DJ 28.05.1982 - Decisão unânime
RR 816/1981., Ac. 3ªT 4086/1981 - Min. C. A. Barata Silva
DJ 12.02.1982 - Decisão unânime
RR 5209/1980., Ac. 3ªT 3346/1981 - Min. C. A. Barata Silva
DJ 05.02.1982 - Decisão unânime
RR 573/1981., Ac. 3ªT 3380/1981 - Min. C. A. Barata Silva
DJ 18.12.1981 - Decisão unânime
RR 1434/1980., Ac. 3ªT 1340/1981 - Rel. "ad hoc" Min. C. A. Barata Silva
DJ 19.06.1981 - Decisão por maioria
Histórico:
Redação original - RA 102/1982, DJ 11.10.1982 e DJ 15.10.1982

Súmula nº 173 do TST
SALÁRIO. EMPRESA. CESSAÇÃO DE ATIVIDADES (mantida) - Res. 121/2003, DJ 19, 20 e 21.11.2003
Extinto, automaticamente, o vínculo empregatício com a cessação das atividades da empresa, os salários só são devidos até a data da extinção (ex-Prejulgado nº 53).
Precedente:
ERR 46/1974., Ac. TP 344/1975 - Min. Thélio da Costa Monteiro
DJ 12.06.1975 - Decisão unânime
Histórico
Redação original - RA 102/1982, DJ 11.10.1982 e DJ 15.10.1982

Súmula nº 174 do TST
PREVIDÊNCIA. LEI Nº 3.841/1960. APLICAÇÃO (cancelada) - Res. 121/2003, DJ 19, 20 e 21.11.2003
As disposições da Lei nº 3.841, de 15.12.1960, dirigidas apenas ao sistema previdenciário oficial, não se aplicam aos empregados vinculados ao regime de seguro social de caráter privado (ex-Prejulgado nº 54).
Histórico:
Redação original - RA 102/1982, DJ 11.10.1982 e DJ 15.10.1982

Súmula nº 175 do TST
RECURSO ADESIVO. ART. 500 DO CPC. INAPLICABILIDADE (cancelada) - Res. 121/2003, DJ 19, 20 e 21.11.2003
O recurso adesivo, previsto no art. 500 do Código de Processo Civil, é incompatível com o processo do trabalho (ex-Prejulgado nº 55).
Histórico:
Revista pela Súmula nº 196 - Res. 2/1985, DJ 01.04.1985 - Republicada com correção DJ 12.04.1985

Redação original - RA 102/1982, DJ 11.10.1982 e DJ 15.10.1982

Súmula nº 176 do TST
FUNDO DE GARANTIA. LEVANTAMENTO DO DEPÓSITO (cancelada) - Res. 130/2005, DJ 13.05.2005
A Justiça do Trabalho só tem competência para autorizar o levantamento do depósito do Fundo de Garantia do Tempo de Serviço na ocorrência de dissídio entre empregado e empregador.
Histórico:
Súmula alterada - Res. 121/2003, DJ 19, 20 e 21.11.2003
Redação original - RA 102/1982, DJ 11.10.1982 e DJ 15.10.1982
Nº 176 A Justiça do Trabalho só tem competência para autorizar o levantamento do depósito do Fundo de Garantia do Tempo de Serviço na ocorrência de dissídio entre empregado e empregador e após o trânsito em julgado da sentença (ex-Prejulgado nº 57).

Súmula nº 177 do TST
DISSÍDIO COLETIVO. SINDICATO. REPRESENTAÇÃO (cancelada) - Res. 121/2003, DJ 19, 20 e 21.11.2003
Está em plena vigência o art. 859 da Consolidação das Leis do Trabalho, cuja redação é a seguinte: "A representação dos sindicatos para instauração da instância fica subordinada à aprovação de assembléia, da qual participem os associados interessados na solução do dissídio coletivo, em primeira convocação, por maioria de 2/3 dos mesmos, ou, em Segunda convocação, por 2/3 dos presentes" (ex-Prejulgado nº 58).
Histórico:
Redação original - RA 102/1982, DJ 11.09.1982 e DJ 15.10.1982

Súmula nº 178 do TST
TELEFONISTA. ART. 227, E PARÁGRAFOS, DA CLT. APLICABILIDADE (mantida) - Res. 121/2003, DJ 19, 20 e 21.11.2003
É aplicável à telefonista de mesa de empresa que não explora o serviço de telefonia o disposto no art. 227, e seus parágrafos, da CLT (ex-Prejulgado nº 59).
Precedente:
EAR 10/1975, Ac. TP 1698/1976 - Min. Geraldo Starling Soares
DJ 15.12.1976 - Decisão por maioria
Histórico:
Redação original - RA 102/1982, DJ 11.10.1982 e DJ 15.10.1982

Súmula nº 179 do TST
INCONSTITUCIONALIDADE. ART. 22 DA LEI Nº 5.107/1966 (cancelada) - Res. 121/2003, DJ 19, 20 e 21.11.2003
É inconstitucional o art. 22 da Lei nº 5.107, de 13.09.1966, na sua parte final, em que dá competência à Justiça do Trabalho para julgar dissídios coletivos "quando o BNH e a Previdência Social figurarem no feito como litisconsorte" (ex-Prejulgado nº 60).
Histórico:
Redação original - RA 102/1982, DJ 11.10.1982 e DJ 15.10.1982

Súmula nº 180 do TST
AÇÃO DE CUMPRIMENTO. SUBSTITUIÇÃO PROCESSUAL. DESISTÊNCIA (cancelada) - Res. 121/2003, DJ 19, 20 e 21.11.2003
Nas ações de cumprimento, o substituído processualmente pode, a qualquer tempo, desistir da ação, desde que, comprovadamente, tenha havido transação.
Histórico:
Revista pela Súmula nº 255 - Res. 3/1986, DJ 02,03 e 04.07.1986
Redação original - Res. 1/1983, DJ 19.10.1983

Súmula nº 181 do TST
ADICIONAL. TEMPO DE SERVIÇO. REAJUSTE SEMESTRAL. LEI Nº 6.708/1979 (cancelada) - Res. 121/2003, DJ 19, 20 e 21.11.2003
O adicional por tempo de serviço, quando estabelecido em importe fixo, está sujeito ao reajuste da Lei nº 6.708/1979.
Histórico:
Redação original - Res. 2/1983, DJ 19.10.1983

Súmula nº 182 do TST
AVISO PRÉVIO. INDENIZAÇÃO COMPENSATÓRIA. LEI Nº 6.708, DE 30.10.1979 (mantida) - Res. 121/2003, DJ 19, 20 e 21.11.2003
O tempo do aviso prévio, mesmo indenizado, conta-se para efeito da indenização adicional prevista no art. 9º da Lei nº 6.708, de 30.10.1979.
Precedentes:
ERR 4996/1981, Ac. TP 2766/1983 - Min. João Wagner
DJ 18.11.1983 - Decisão por maioria
ERR 3677/1982, Ac. TP 2773/1983 - Rel. "ad hoc" Min. João Wagner
DJ 18.11.1983 - Decisão por maioria
ERR 285/1982, Ac. TP 2769/1983 - Min. Antônio Alves de Almeida
DJ 18.11.1983 - Decisão por maioria
ERR 290/1982, Ac. TP 2770/1983 - Min. Orlando Teixeira da Costa
DJ 27.10.1983 - Decisão por maioria
ERR 319/1982, Ac. TP 2771/1983 - Min. João Wagner
DJ 18.11.1983 - Decisão por maioria
Histórico:
Súmula alterada - Res. 5/1983, DJ 09.11.1983
Nº 182 O tempo do aviso prévio, mesmo indenizado, conta-se para efeito de indenização adicional do art. 9º, da Lei 6.708/79.
Redação original - Res. 3/1983, DJ 19.10.1983
Nº 182 O tempo do aviso prévio, mesmo indenizado, conta-se para efeito de indenização compensatória do art. 9º, da Lei 6.708/79.

Súmula nº 183 do TST
EMBARGOS. RECURSO DE REVISTA. DESPACHO DENEGATÓRIO. AGRAVO DE INSTRUMENTO. NÃO CABIMENTO (cancelada) - Res. 121/2003, DJ 19, 20 e 21.11.2003
São incabíveis embargos para o Tribunal Pleno contra decisão em agravo de instrumento oposto a despacho denegatório de recurso de revista, inexistindo ofensa ao art. 153, § 4º, da Constituição Federal.
Histórico:
Revista pela Súmula nº 335 - Res. 27/1994, DJ 12, 17 e 19.05.1994
Súmula alterada - Res. 1/1984, DJ 28.02.1984
Redação original - Res. 4/1983, DJ 19.10.1983
Nº 183 São incabíveis Embargos para o Tribunal Pleno contra Agravo de Instrumento oposto a despacho denegatório de Recurso de Revista, inexistindo ofensa ao artigo 153, § 4º, da Constituição Federal.

Súmula nº 184 do TST
EMBARGOS DECLARATÓRIOS. OMISSÃO EM RECURSO DE REVISTA. PRECLUSÃO (mantida) - Res. 121/2003, DJ 19, 20 e 21.11.2003
Ocorre preclusão se não forem opostos embargos declaratórios para suprir omissão apontada em recurso de revista ou de embargos.
Precedentes:
EDERR 3834/1982, Ac. TP 293/1982 - Min. C. A. Barata Silva
DJ 05.08.1983 - Decisão unânime
ERR 4579/1977, Ac. TP 1617/1979 - Juiz Conv. Washington da Trindade
DJ 06.09.1979 - Decisão unânime
ERR 2880/1971, Ac. TP 1544/1972 - Juiz Conv. Ribeiro de Vilhena

DJ 14.02.1973 - Decisão por maioria
RR 3380/1981, Ac. 1ªT 2915/1982 - Min. João Wagner
DJ 24.09.1982 - Decisão unânime
RR 4798/1979, Ac. 1ªT 597/1981 - Min. Marco Aurélio Prates de Macedo
DJ 15.05.1981 - Decisão unânime
RR 892/1979, Ac. 1ªT 1766/1979 - Min. Marcelo Pimentel
DJ 21.11.1979 - Decisão unânime
RR 4579/1977, Ac. 1ªT 424/1978 - Min. Fernando Franco
DJ 09.06.1978 - Decisão unânime
RR 3116/1977, Ac. 1ªT 336/1978 - Min. Fernando Franco
DJ 02.06.1978 - Decisão unânime
RR 2895/1974, Ac. 1ªT 1999/1975 - Rel. "ad hoc" Min. Coqueijo Costa
DJ 29.03.1976 - Decisão por maioria
RR 4286/1982, Ac. 2ªT 1373/1983 - Min. Marco Aurélio Prates de Macedo
DJ 26.08.1983 - Decisão unânime
RR 5184/1980, Ac. 2ªT 3398/1981 - Min. Mozart Victor Russomano
DJ 20.11.1981 - Decisão unânime
RR 4922/1981, Ac. 2ªT 2025/1982 - Min. Marcelo Pimentel
DJ 19.06.1981 - Decisão unânime
RR 1639/1978, Ac. 2ªT 365/1979 - Min. C. A. Barata Silva
DJ 23.05.1979 - Decisão unânime
RR 2616/1978, Ac. 2ªT 208/1979 - Min. C. A. Barata Silva
DJ 23.04.1979 - Decisão unânime
RR 4967/1979, Ac. 2ªT 156/1981 - Min. Thélio da Costa Monteiro
DJ 20.03.1981 - Decisão unânime
RR 5328/1978, Ac. 2ªT 1801/1979 - Min. C. A. Barata Silva
DJ 26.10.1979 - Decisão unânime
RR 3770/1975, Ac. 2ªT 2582/1978 - Min. Mozart Victor Russomano
DJ 16.04.1979 - Decisão unânime
RR 3306/1981, Ac. 3ªT 1358/1982 - Min. Guimarães Falcão
DJ 02.03.1984 - Decisão unânime
RR 1810/1982, Ac. 3ªT 2035/1983 - Min. Expedito Amorim
DJ 26.08.1983 - Decisão unânime
RR 3581/1981, Ac. 3ªT 2250/1982 - Min. Expedito Amorim
DJ 03.09.1982 - Decisão unânime
RR 2480/1981, Ac. 3ªT 1674/1982 - Min. Expedito Amorim
DJ 25.06.1982 - Decisão unânime
RR 1504/1981, Ac. 3ªT 79/1982 - Min. C. A. Barata Silva
DJ 19.03.1982 - Decisão unânime
RR 3595/1980, Ac. 3ªT 2042/1981 - Min. C. A. Barata Silva
DJ 04.09.1981 - Decisão unânime
RR 1336/1980., Ac. 3ªT 1429/1981 - Min. C. A. Barata Silva
DJ 26.06.1981 - Decisão unânime
RR 1140/1979, Ac. 3ªT 1841/1979 - Min. Coqueijo Costa
DJ 14.12.1979 - Decisão unânime
RR 2391/1978, Ac. 3ªT 2394/1978 - Min. C. A. Barata Silva
DJ 16.03.1979 - Decisão unânime
RR 5032/1977, Ac. 3ªT 821/1978 - Min. Ary Campista
DJ 18.08.1978 - Decisão unânime
RR 2899/1977, Ac. 3ªT 3321/1977 - Min. Coqueijo Costa
DJ 07.04.1978 - Decisão unânime
RR 577/1977, Ac. 3ªT 1577/1977 - Min. Coqueijo Costa
DJ 08.07.1977 - Decisão unânime
RR 2512/1975, Ac. 3ªT 2512/1975 - Min. Coqueijo Costa
DJ 13.05.1976 - Decisão por maioria
RR 3128/1972, Ac. 3ªT 791/1973 - Juiz Conv. Ribeiro de Vilhena
DJ 14.06.1973 - Decisão unânime

Histórico:
Redação original - Res. 6/1983, DJ 09.11.1983
Nº 184 Ocorre preclusão quando não forem opostos embargos declaratórios para suprir omissão apontada em recurso de revista ou de embargos.

Súmula nº 185 do TST
EMBARGOS SOB INTERVENÇÃO DO BANCO CENTRAL. LIQUIDAÇÃO EXTRAJUDICIAL. JUROS. CORREÇÃO MONETÁRIA. LEI Nº 6.024/1974 (cancelada) - Res. 121/2003, DJ 19, 20 e 21.11.2003
Aplicada a Lei nº 6.024/1974, fica suspensa a incidência de juros e correção monetária nas liquidações de empresas sob intervenção do Banco Central.
Histórico:
Revista pela Súmula nº 284 - Res. 17/1988, DJ 18, 21 e 22.03.1988
Redação original - Res. 7/1983, DJ 09.11.1983

Súmula nº 186 do TST
LICENÇA-PRÊMIO. CONVERSÃO EM PECÚNIA. REGULAMENTO DA EMPRESA (nova redação) - Res. 121/2003, DJ 19, 20 e 21.11.2003
A licença-prêmio, na vigência do contrato de trabalho, não pode ser convertida em pecúnia, salvo se expressamente admitida a conversão no regulamento da empresa.
Precedentes:
ERR 1361/1978., Ac. TP 3316/1980 - Min. Marco Aurélio Prates de Macedo
DJ 13.02.1981 - Decisão unânime
ERR 1647/1978., Ac. TP 1627/1980 - Min. Marco Aurélio Prates de Macedo
DJ 29.08.1980 - Decisão por maioria
RR 2773/1978., Ac. 1ªT 2983/1978 - Min. Fernando Franco
DJ 30.03.1979 - Decisão por maioria
RR 4020/1978., Ac. 2ªT 818/1979 - Rel. "ad hoc" Min. Nelson Tapajós
DJ 08.06.1979 - Decisão por maioria
RR 2060/1980., Ac. 3ªT 1178/1981 - Min. Expedito Amorim
DJ 12.06.1981 - Decisão unânime
Histórico:
Redação original - Res. 8/1983, DJ 09.11.1983
Nº 186 A licença-prêmio não pode ser convertida em pecúnia, salvo se expressamente admitida no regulamento da empresa.

Súmula nº 187 do TST
CORREÇÃO MONETÁRIA. INCIDÊNCIA (mantida) - Res. 121/2003, DJ 19, 20 e 21.11.2003
A correção monetária não incide sobre o débito do trabalhador reclamante.
Precedentes:
ERR 1506/1978, Ac. TP 999/1980 - Min. Marcelo Pimentel
DJ 04.07.1980 - Decisão unânime
RR 4051/1981, Ac. 1ªT 1838/1982 - Min. Coqueijo Costa
DJ 16.12.1983 - Decisão por maioria
RR 4746/1980, Ac. 1ªT 2795/1981 - Min. Guimarães Falcão
DJ 06.11.1981 - Decisão unânime
RR 3951/1974, Ac. 1ªT 697/1975 - Rel. "ad hoc" Min. Raymundo de Souza Moura
DJ 09.09.1975 - Decisão por maioria
RR 3132/1973, Ac. 1ªT 237/1974 - Min. Lima Teixeira
DJ 03.05.1974 - Decisão unânime
RR 4226/1974, Ac. 2ªT 590/1975 - Min. Thélio da Costa Monteiro
DJ 11.07.1975 - Decisão unânime
Histórico:
Redação original - Res. 9/1983, DJ 09.11.1983

Súmula nº 188 do TST
CONTRATO DE TRABALHO. EXPERIÊNCIA. PRORROGAÇÃO (mantida) - Res. 121/2003, DJ 19, 20 e 21.11.2003

O contrato de experiência pode ser prorrogado, respeitado o limite máximo de 90 (noventa) dias.

Precedentes:
ERR 1941/1978, Ac. TP 2336/1980 - Min. Fernando Franco
DJ 24.10.1980 - Decisão unânime
ERR 1272/1976, Ac. TP 1990/1978 - Rel. "ad hoc" Min. C. A. Barata Silva
DJ 16.03.1979 - Decisão por maioria
RR 3239/1979, Ac. 1ªT 1493/1980 - Min. Hildebrando Bisaglia
DJ 03.10.1980 - Decisão unânime
RR 1146/1979, Ac. 2ªT 098/1980 - Rel. "ad hoc" Min. Mozart Victor Russomano
DJ 18.04.1980 - Decisão por maioria
RR 3642/1979, Ac. 3ªT 1780/1980 - Min. Coqueijo Costa
DJ 10.10.1980 - Decisão unânime

Histórico:
Redação original - Res. 10/1983, DJ 09.11.1983
Nº 188 O contrato de experiência pode ser prorrogado, respeitado o limite máximo de 90 dias.

Súmula nº 189 do TST
GREVE. COMPETÊNCIA DA JUSTIÇA DO TRABALHO. ABUSIVIDADE (nova redação) - Res. 121/2003, DJ 19, 20 e 21.11.2003

A Justiça do Trabalho é competente para declarar a abusividade, ou não, da greve.

Precedentes:
RODC 632/1980, Ac. TP 291/1981 - Min. Mozart Victor Russomano
DJ 01.04.1981 - Decisão unânime
RODC 164/1980, Ac. TP 2812/1980 - Min. Expedito Amorim
DJ 30.01.1981 - Decisão por maioria
RODC 209/1980, Ac. TP 2661/1980 - Rel. "ad hoc" Min. Fernando Franco
DJ 05.12.1980 - Decisão por maioria
RODC 570/1979, Ac. TP 2583/1980 - Min. Marcelo Pimentel
DJ 24.11.1980 - Decisão por maioria
RODC 146/1980, Ac. TP 2485/1980 - Min. Marcelo Pimentel
DJ 24.10.1980 - Decisão por maioria
RODC 552/1979, Ac. TP 1370/1980 - Min. Marcelo Pimentel
DJ 18.07.1980 - Decisão por maioria

Histórico:
Redação original - Res. 11/1983, DJ 09.11.1983
Nº 189 A Justiça do Trabalho é competente para declarar a legalidade ou ilegalidade da greve.

Súmula nº 190 do TST
PODER NORMATIVO DO TST. CONDIÇÕES DE TRABALHO. INCONSTITUCIONALIDADE. DECISÕES CONTRÁRIAS AO STF (mantida) - Res. 121/2003, DJ 19, 20 e 21.11.2003

Ao julgar ou homologar ação coletiva ou acordo nela havido, o Tribunal Superior do Trabalho exerce o poder normativo constitucional, não podendo criar ou homologar condições de trabalho que o Supremo Tribunal Federal julgue iterativamente inconstitucionais.

Precedentes:
RODC 425/1980, Ac. TP 3232/1980 - Min. Coqueijo Costa
DJ 30.01.1981 - Decisão unânime
RODC 481/1980, Ac. TP 2969/1980 - Min. Orlando Coutinho
DJ 12.12.1980 - Decisão unânime
RODC 410/1980, Ac. TP 2965/1980 - Min. Nelson Tapajós
DJ 12.12.1980 - Decisão unânime
RODC 369/1980, Ac. TP 2963/1980 - Min. Coqueijo Costa
DJ 12.12.1980 - Decisão por maioria
RODC 426/1980, Ac. TP 2711/1980 - Rel. "ad hoc" Min. Coqueijo Costa
DJ 05.12.1980 - Decisão por maioria
RODC 288/1980, Ac. TP 2177/1980 - Min. Luiz Roberto de Rezende Puech
DJ 05.12.1980 - Decisão unânime

Histórico:
Redação original - Res. 12/1983, DJ 09.11.1983
Nº 190 Decidindo ação coletiva ou homologando acordo nela havido, o Tribunal Superior do Trabalho exerce o poder normativo constitucional, não podendo criar ou homologar condições de trabalho que o Supremo Tribunal Federal julgue iterativamente inconstitucionais.

Súmula nº 191
ADICIONAL DE PERICULOSIDADE. INCIDÊNCIA. BASE DE CÁLCULO (cancelada a parte final da antiga redação e inseridos os itens II e III) - Res. 214/2016, DEJT divulgado em 30.11.2016 e 01 e 02.12.2016

I – O adicional de periculosidade incide apenas sobre o salário básico e não sobre este acrescido de outros adicionais.

II – O adicional de periculosidade do empregado eletricitário, contratado sob a égide da Lei nº 7.369/1985, deve ser calculado sobre a totalidade das parcelas de natureza salarial. Não é válida norma coletiva mediante a qual se determina a incidência do referido adicional sobre o salário básico.

III - A alteração da base de cálculo do adicional de periculosidade do eletricitário promovida pela Lei nº 12.740/2012 atinge somente contrato de trabalho firmado a partir de sua vigência, de modo que, nesse caso, o cálculo será realizado exclusivamente sobre o salário básico, conforme determina o § 1º do art. 193 da CLT.

Precedentes:
Item I
ERR 104/1978, Ac. TP 2645/1979 - Min. Nelson Tapajós
DJ 30.11.1979 - Decisão unânime
ERR 5079/1977, Ac. TP 1620/1979 - Min. Nelson Tapajós
DJ 21.09.1979 - Decisão unânime
ERR 146/1977, Ac. TP 2016/1978 - Juiz Conv. Simões Barbosa
DJ 16.02.1979 - Decisão unânime
Item II
Primeira parte
ERR 783686/2001 - Min. José Luciano de Castilho Pereira
DJ 10.10.2003 - Decisão unânime
ERR 718552/2000 - Min. Carlos Alberto Reis de Paula
DJ 26.09.2003 - Decisão unânime
ERR 787925/2001 - Min. Maria Cristina Irigoyen Peduzzi
DJ 06.06.2003 - Decisão unânime
ERR 464545/1998 - Red. Min. Rider de Brito
DJ 23.05.2003 - Decisão por maioria
ERR 424640/1998 - Juiz Conv. Luiz Philippe Vieira de Mello Filho
DJ 07.03.2003 - Decisão unânime
ERR 418325/1998 - Min. José Luciano de Castilho Pereira
DJ 19.12.2002 - Decisão unânime
ERR 588555/1999 - Min. José Luciano de Castilho Pereira
DJ 28.06.2002 - Decisão unânime
ERR 518290/1998, Q. Completo - Min. José Luciano de Castilho Pereira
DJ 21.06.2002 - Decisão por maioria
ERR 583397/1999 - Min. Maria Cristina Irigoyen Peduzzi
DJ 19.04.2002 - Decisão unânime
Segunda parte
EEDARR 2372-84.2013.5.03.0024 - Min. João Oreste Dalazen

DEJT 20.5.2016/J-12.5.2016 - Decisão unânime
ERR 2276-42.2012.5.03.0109 - Min. Cláudio Mascarenhas Brandão
DEJT 06.11.205/J-29.10.2015 - Decisão unânime
ERR 653-58.2014.5.03.0145 - Min. Augusto César Leite de Carvalho
DEJT 09.10.2015/J-01.10.2015 - Decisão unânime
EAgRR 1269-14.2011.5.03.0153 - Min. Aloysio Corrêa da Veiga
DEJT 19.06.2015/J-11.06.2015 - Decisão por maioria
ERR 1200-34.2010.5.03.0147 - Min. Márcio Eurico Vitral Amaro
DEJT 13.03.2015/J-05.03.2015 - Decisão unânime
EEDEDRR 2064-34.2012.5.03.0040 - Min. Guilherme Augusto Caputo Bastos
DEJT 6.3.2015/J-26.2.2015 - Decisão unânime
EARR 1073-12.2011.5.03.0099 - Min. Renato de Lacerda Paiva
DEJT 05.12.2014/J-27.11.2014 - Decisão unânime
ERR 1096-47.2010.5.03.0016 - Min. Alexandre de Souza Agra Belmonte
DEJT 07.11.2014/J-30.10.2014 - Decisão unânime
EEDRR 1090-11.2011.5.03.0079 - Min. Lelio Bentes Corrêa
DEJT 11.04.2014/J-12.09.2013 - Decisão unânime
EEDRR 982-58.2011.5.03.0086 - Min. José Roberto Freire Pimenta
DEJT 21.02.2014/J-13.02.2014 - Decisão unânime
EEDRR 978-14.2011.5.03.0153 - Min. João Batista Brito Pereira
DEJT 30.08.2013/J-22.08.2013 - Decisão unânime
Item III
EARR 724-47.2013.5.03.0096 - Min. Guilherme Augusto Caputo Bastos
DEJT 07.10.2016/J-29.09.2016 - Decisão unânime
ERR 10025-52.2014.5.03.0041 - Min. Hugo Carlos Scheuermann
DEJT 27.05.2016/J-19.05.2016 - Decisão unânime
EEDARR 2372-84.2013.5.03.0024 - Min. João Oreste Dalazen
DEJT 20.05.2016/J-120.5.2016 - Decisão unânime
EEDEDRR 2064-34.2012.5.03.0040 - Min. Guilherme Augusto Caputo Bastos
DEJT 06.03.2015/J-26.02.2015 - Decisão unânime
EEDRR 2145-83.2012.5.03.0039 - Min. Aloysio Corrêa da Veiga
DEJT 21.02.2014/J-13.02.2014 - Decisão unânime
.
Histórico:
Nova redação - Res. 121/2003, DJ 19, 20 e 21.11.2003
Nº 191 Adicional. Periculosidade. Incidência
O adicional de periculosidade incide apenas sobre o salário básico e não sobre este acrescido de outros adicionais. Em relação aos eletricitários, o cálculo do adicional de periculosidade deverá ser efetuado sobre a totalidade das parcelas de natureza salarial.
Redação original - Res. 13/1983, DJ 09.11.1983
Nº 191 O adicional de periculosidade incide, apenas, sobre o salário básico, e não sobre este acrescido de outros adicionais.

Súmula nº 192 do TST
AÇÃO RESCISÓRIA. COMPETÊNCIA (atualizada em decorrência do CPC de 2015) - Res. 212/2016, DEJT divulgado em 20, 21 e 22.09.2016

I - Se não houver o conhecimento de recurso de revista ou de embargos, a competência para julgar ação que vise a rescindir a decisão de mérito é do Tribunal Regional do Trabalho, ressalvado o disposto no item II.
II - Acórdão rescindendo do Tribunal Superior do Trabalho que não conhece de recurso de embargos ou de revista, analisando arguição de violação de dispositivo de lei material ou decidindo em consonância com súmula de direito material ou com iterativa, notória e atual jurisprudência de direito material da Seção de Dissídios Individuais (Súmula nº 333), examina o mérito da causa, cabendo ação rescisória da competência do Tribunal Superior do Trabalho. (ex-Súmula nº 192 – alterada pela Res. 121/2003, DJ 21.11.2003)
III – Sob a égide do art. 512 do CPC de 1973, é juridicamente impossível o pedido explícito de desconstituição de sentença quando substituída por acórdão do Tribunal Regional ou superveniente sentença homologatória de acordo que puser fim ao litígio.
IV – Na vigência do CPC de 1973, é manifesta a impossibilidade jurídica do pedido de rescisão de julgado proferido em agravo de instrumento que, limitando-se a aferir o eventual desacerto do juízo negativo de admissibilidade do recurso de revista, não substitui o acórdão regional, na forma do art. 512 do CPC. (ex-OJ nº 105 da SBDI-2 - DJ 29.04.2003)
V- A decisão proferida pela SBDI, em agravo regimental, calcada na Súmula nº 333, substitui acórdão de Turma do TST, porque emite juízo de mérito, comportando, em tese, o corte rescisório. (ex-OJ nº 133 da SBDI-2 - DJ 04.05.2004).
Precedentes:
Item I
AR 45/1979, Ac. TP 2160/1980 - Min. Mozart Victor Russomano
DJ 17.10.1980 - Decisão unânime
ROAR 564/1979, Ac. TP 2309/1980 - Min. Marcelo Pimentel
DJ 17.10.1980 - Decisão unânime
ROAR 385/1978, Ac. TP 829/1980 - Min. Marcelo Pimentel
DJ 30.05.1980 - Decisão unânime
AR 35/1978, Ac. TP 872/1980 - Min. Orlando Coutinho
DJ 23.05.1980 - Decisão unânime
Item II
AR 269369/1996, Ac. 4047/1997 - Red. Min. José Luciano de Castilho Pereira
DJ 24.10.1997 - Decisão por maioria
AR 215752/1995, Ac. 1505/1997 - Min. Ronaldo Lopes Leal
DJ 19.08.1997 - Decisão unânime
AR 142914/1994, Ac. 1218/1996 - Min. Vantuil Abdala
DJ 28.04.1997- Decisão unânime
AR 99991/1993, Ac. 4324/1995 - Red. Min. Francisco Fausto Paula de Medeiros
DJ 16.02.1996 - Decisão por maioria
Item III
RXOFROAR 545306/1999 - Min. Francisco Fausto Paula de Medeiros
DJ 04.08.2000 - Decisão unânime
ROAR 486103/1998 - Min. João Oreste Dalazen
DJ 23.06.2000 - Decisão unânime
ROAR 564596/1999 - Min. Ives Gandra Martins Filho
DJ 16.06.2000 - Decisão unânime
ROAR 559613/1999 - Min. Ronaldo Lopes Leal
DJ 05.05.2000 - Decisão unânime
RXOFROAR 356399/1997 - Min. Francisco Fausto Paula de Medeiros
DJ 17.12.1999 - Decisão unânime
ROAR 346967/1997 - Min. João Oreste Dalazen
DJ 09.04.1999 - Decisão por maioria
Item IV
RXOFAR 811762/2001 - Juiz Conv. Luiz Philippe Vieira de Mello Filho
DJ 31.10.2002 - Decisão unânime
RXOFROAR 5053/2002-900-07-00.2 - Min. José Simpliciano Fontes de F. Fernandes
DJ 18.10.2002 - Decisão unânime
AR 777115/2001 - Min. Barros Levenhagen
DJ 08.02.2002 - Decisão unânime
ROAR 686579/2000 - Min. Barros Levenhagen

DJ 01.06.2001 - Decisão unânime
Item V
AR 744226/2001 - Min. Barros Levenhagen
DJ 19.12.2002 - Decisão unânime
AR 436081/1998 - Juiz Conv. Márcio Ribeiro do Valle
DJ 10.11.2000 - Decisão unânime
AR 490777/1998 - Min. Milton de Moura França
DJ 27.10.2000 - Decisão unânime
AR 736401/2001 - Min. José Luciano de Castilho Pereira
DJ 22.11.2002 - Decisão unânime
Histórico:
Súmula alterada - Res. 153/2008, DEJT divulgado em 20, 21 e 24.11.2008

Nº 192. Ação rescisória. Competência e possibilidade jurídica do pedido (inciso III alterado

I - Se não houver o conhecimento de recurso de revista ou de embargos, a competência para julgar ação que vise a rescindir a decisão de mérito é do Tribunal Regional do Trabalho, ressalvado o disposto no item II. (ex-Súmula nº 192 – alterada pela Res. 121/2003, DJ 21.11.2003)

II - Acórdão rescindendo do Tribunal Superior do Trabalho que não conhece de recurso de embargos ou de revista, analisando argüição de violação de dispositivo de lei material ou decidindo em consonância com súmula de direito material ou com iterativa, notória e atual jurisprudência de direito material da Seção de Dissídios Individuais (Súmula nº 333), examina o mérito da causa, cabendo ação rescisória da competência do Tribunal Superior do Trabalho. (ex-Súmula nº 192 – alterada pela Res. 121/2003, DJ 21.11.2003)

III - Em face do disposto no art. 512 do CPC, é juridicamente impossível o pedido explícito de desconstituição de sentença quando substituída por acórdão do Tribunal Regional ou superveniente sentença homologatória de acordo que puser fim ao litígio.

IV - É manifesta a impossibilidade jurídica do pedido de rescisão de julgado proferido em agravo de instrumento que, limitando-se a aferir o eventual desacerto do juízo negativo de admissibilidade do recurso de revista, não substitui o acórdão regional, na forma do art. 512 do CPC. (ex-OJ nº 105 da SBDI-II - DJ 29.04.2003)

V - A decisão proferida pela SBDI, em sede de agravo regimental, calcada na Súmula nº 333, substitui acórdão de Turma do TST, porque emite juízo de mérito, comportando, em tese, o corte rescisório. (ex-OJ nº 133 da SBDI--II - DJ 04.05.2004)

Súmula alterada - Res. 137/2005, DJ 22, 23 e 24.08.2005

Nº 192. Ação rescisória. Competência e possibilidade jurídica do pedido (incorporadas as Orientações Jurisprudenciais nºs 48, 105 e 133 da SBDI-2)

I - Se não houver o conhecimento de recurso de revista ou de embargos, a competência para julgar ação que vise a rescindir a decisão de mérito é do Tribunal Regional do Trabalho, ressalvado o disposto no item II. (ex-Súmula nº 192 – alterada pela Res. 121/2003, DJ 21.11.2003)

II - Acórdão rescindendo do Tribunal Superior do Trabalho que não conhece de recurso de embargos ou de revista, analisando argüição de violação de dispositivo de lei material ou decidindo em consonância com súmula de direito material ou com iterativa, notória e atual jurisprudência de direito material da Seção de Dissídios Individuais (Súmula nº 333), examina o mérito da causa, cabendo ação rescisória da competência do Tribunal Superior do Trabalho. (ex-Súmula nº 192 – alterada pela Res. 121/2003, DJ 21.11.2003)

III - Em face do disposto no art. 512 do CPC, é juridicamente impossível o pedido explícito de desconstituição de sentença quando substituída por acórdão Regional. (ex-OJ nº 48 da SBDI-2 - inserida em 20.09.2000)

IV - É manifesta a impossibilidade jurídica do pedido de rescisão de julgado proferido em agravo de instrumento que, limitando-se a aferir o eventual desacerto do juízo negativo de admissibilidade do recurso de revista, não substitui o acórdão regional, na forma do art. 512 do CPC. (ex-OJ nº 105 da SBDI-2 - DJ 29.04.2003)

V - A decisão proferida pela SBDI, em sede de agravo regimental, calcada na Súmula nº 333, substitui acórdão de Turma do TST, porque emite juízo de mérito, comportando, em tese, o corte rescisório. (ex-OJ nº 133 da SBDI-2 - DJ 04.05.2004)

Súmula alterada - Res. 121/2003, DJ 19, 20 e 21.11.2003

Nº 192. Ação rescisória. Competência.

I - Se não houver o conhecimento de recurso de revista ou de embargos, a competência para julgar ação que vise a rescindir a decisão de mérito é do Tribunal Regional do Trabalho, ressalvado o disposto no item II.

II - Acórdão rescindendo do Tribunal Superior do Trabalho que não conhece de recurso de embargos ou de revista, analisando argüição de violação de dispositivo de lei material ou decidindo em consonância com enunciado de direito material ou com iterativa, notória e atual jurisprudência de direito material da Seção de Dissídios Individuais (Súmula nº 333), examina o mérito da causa, cabendo ação rescisória da competência do Tribunal Superior do Trabalho.

Redação original - Res. 14/1983, DJ 09.11.1983

Nº 192 Não sendo conhecidos o recurso de revista e o de embargos, a competência para julgar a ação que vise a rescindir a decisão de mérito é do Tribunal Regional do Trabalho.

Súmula nº 193 do TST

CORREÇÃO MONETÁRIA. JUROS. CÁLCULO. EXECUÇÃO DE SENTENÇA. PESSOA JURÍDICA DE DIREITO PÚBLICO (cancelamento mantido) - Res. 121/2003, DJ 19, 20 e 21.11.2003

Nos casos de execução de sentença contra pessoa jurídica de direito público, os juros e a correção monetária serão calculados até o pagamento do valor principal da condenação.

Histórico:
Súmula cancelada - Res. 105/2000, DJ 18, 19 e 20.12.2000
Redação original - Res. 15/1983, DJ 09.11.1983

Súmula nº 194 do TST

AÇÃO RESCISÓRIA. JUSTIÇA DO TRABALHO. DEPÓSITO PRÉVIO (cancelada) - Res. 142/2007, DJ 10, 11 e 15.10.2007

As ações rescisórias ajuizadas na Justiça do Trabalho serão admitidas, instruídas e julgadas conforme os arts. 485 "usque" 495 do Código de Processo Civil de 1973, sendo, porém, desnecessário o depósito prévio a que aludem os respectivos arts. 488, II, e 494.

Histórico:
Súmula mantida - Res. 121/2003, DJ 19, 20 e 21.11.2003
Redação original (revisão da Súmula nº 169) - Res. 2/1984, DJ 04.10.1984

Nº 194 As ações rescisórias ajuizadas na Justiça do Trabalho serão admitidas, instruídas e julgadas conforme os arts. 485 usque 495 do Código de Processo Civil de 1973, sendo, porém, desnecessário o depósito prévio a que aludem os respectivos artigos 488, inciso II, e 494 do mesmo código.

Súmula nº 195 do TST

EMBARGOS. AGRAVO REGIMENTAL. CABIMENTO (cancelada) - Res. 121/2003, DJ 19, 20 e 21.11.2003

Não cabem embargos para o Pleno de decisão de Turma do Tribunal Superior do Trabalho, prolatada em agravo regimental.

Histórico:
Revista pela Súmula nº 353 - Res. 70/1997, DJ 30.05.1997, 04, 05 e 06.06.1997

Redação original - Res. 1/1985, DJ 01, 02 e 03.04.1985

Súmula nº 196 do TST
RECURSO ADESIVO. PRAZO (cancelada) - Res. 121/2003, DJ 19, 20 e 21.11.2003

O recurso adesivo é compatível com o processo do trabalho, onde cabe, no prazo de 8 (oito) dias, no recurso ordinário, na revista, nos embargos para o Pleno e no agravo de petição.

Histórico:

Revista pela Súmula nº 283 - Res. 16/1988, DJ 18, 21 e 22..03.1988.

Redação original (revisão da Súmula nº 175) - Res. 2/1985, DJ 01.04.1985 - Republicada com correção DJ 12, 15 e 16.04.1985

Súmula nº 197 do TST
PRAZO (mantida) - Res. 121/2003, DJ 19, 20 e 21.11.2003

O prazo para recurso da parte que, intimada, não comparecer à audiência em prosseguimento para a prolação da sentença conta-se de sua publicação.

Histórico:

Redação original - Res. 3/1985, DJ 01, 02 e 03.04.1985

Nº 197 O prazo para recurso da parte que, intimada, não comparecer à audiência em prosseguimento para a prolação da sentença, conta-se de sua publicação.

Súmula nº 198 do TST
PRESCRIÇÃO (cancelamento mantido) - Res. 121/2003, DJ 19, 20 e 21.11.2003

Na lesão de direito individual que atinja prestações periódicas devidas ao empregado, à exceção da que decorre de ato único do empregador, a prescrição é sempre parcial e se conta do vencimento de cada uma dessas prestações, e não da lesão do direito.

Histórico:

Cancelada pela Súmula nº 294 - Res. 4/1989, DJ 14, 18 e 19.04.1989

Redação original - Res. 4/1985, DJ 01, 02 e 03.04.1985

Súmula nº 199 do TST
BANCÁRIO. PRÉ-CONTRATAÇÃO DE HORAS EXTRAS (incorporadas as Orientações Jurisprudenciais nºs 48 e 63 da SBDI-1) - Res. 129/2005, DJ 20, 22 e 25.04.2005

I - A contratação do serviço suplementar, quando da admissão do trabalhador bancário, é nula. Os valores assim ajustados apenas remuneram a jornada normal, sendo devidas as horas extras com o adicional de, no mínimo, 50% (cinqüenta por cento), as quais não configuram pré-contratação, se pactuadas após a admissão do bancário. (ex-Súmula nº 199 – alterada pela Res. 41/1995, DJ 21.02.1995 - e ex-OJ nº 48 da SBDI-1 - inserida em 25.11.1996)

II - Em se tratando de horas extras pré-contratadas, opera-se a prescrição total se a ação não for ajuizada no prazo de cinco anos, a partir da data em que foram suprimidas. (ex-OJ nº 63 da SBDI-1 - inserida em 14.03.1994)

Precedentes:

Item I

AGERR 85619/1993, Ac. 247/1997 - Min. Vantuil Abdala
DJ 04.04.1997 - Decisão unânime
ERR 14904/1990, Ac. 3622/1996 - Min. Milton de Moura França
DJ 21.02.1997 - Decisão unânime
ERR 20755/1991, Ac. 2840/1996 - Min. José Luiz Vasconcellos
DJ 13.12.1996 - Decisão por maioria
ERR 148890/1994, Ac. 2350/1996 - Min. Manoel Mendes de Freitas
DJ 14.11.1996 - Decisão por maioria
ERR 59596/1992, Ac. 2939/1996 - Min. Cnéa Moreira
DJ 14.06.1996 - Decisão por maioria
ERR 2152/1983, Ac. TP 059/1987 - Red. Min. Marco Aurélio Mendes de Farias Mello
DJ 06.03.1987 - Decisão por maioria
ERR 1733/1981, Ac. TP 1139/1986 - Min. Orlando Lobato
DJ 20.06.1986 - Decisão por maioria
ERR 5196/1979, Ac. TP 1127/1986 - Min. Hermínio Mendes Cavaleiro
DJ 19.09.1986 - Decisão por maioria
ERR 692/1981, Ac. TP 438/1985 - Min. Pajehú Macedo Silva
DJ 03.05.1985 - Decisão por maioria
ERR 4438/1980, Ac. TP 548/1985 - Min. Hélio Regato
DJ 03.05.1985 - Decisão por maioria

Item II

ERR 14896/1990, Ac. 2839/1996 - Min. João Oreste Dalazen
DJ 21.02.1997 - Decisão unânime
ERR 74276/1993, Ac. 3017/1996 - Min. Rider de Brito
DJ 13.12.1996 - Decisão unânime
ERR 31923/1991, Ac. 1321/1996 - Min. Regina Rezende Ezequiel
DJ 03.05.1996 - Decisão unânime
AGERR 23254/1991, Ac. 3772/1993 - Red. Min. Vantuil Abdala
DJ 09.09.1994 - Decisão por maioria
ERR 06183/1989, Ac. 0753/1994 - Min. Ney Doyle
DJ 27.05.1994 - Decisão unânime
ERR 13351/1990, Ac. 3267/1993 - Min. Cnéa Moreira
DJ 04.03.1994 - Decisão unânime
RR 513016/1998, 1ªT - Juiz Conv. Aloysio Corrêa da Veiga
DJ 12.09.2003 - Decisão unânime
RR 641410/2000, 4ªT - Juiz Conv. Horário R. de Senna Pires
DJ 13.09.2002 - Decisão unânime

Histórico:

Súmula mantida - Res. 121/2003, DJ 19, 20 e 21.11.2003

Súmula alterada - Res. 41/1995, DJ 17, 20 e 21.02.1995

Nº 199 Bancário. Pré-contratação de horas extras

A contratação do serviço suplementar, quando da admissão do trabalhador bancário, é nula. Os valores assim ajustados apenas remuneram a jornada normal, sendo devidas as horas extras com o adicional de, no mínimo, 50% (cinqüenta por cento).

Redação original - Res. 5/1985, DJ 10, 13 e 14.05.1985

Nº 199 A contratação do serviço suplementar, quando da admissão do trabalhador bancário, é nula. Os valores assim ajustados apenas remuneram a jornada normal, sendo devidas as horas extras com o adicional de 25% (vinte e cinco por cento).

Súmula nº 200 do TST
JUROS DE MORA. INCIDÊNCIA (mantida) - Res. 121/2003, DJ 19, 20 e 21.11.2003

Os juros de mora incidem sobre a importância da condenação já corrigida monetariamente.

Precedentes:

AGERR 1744/1980, Ac. TP 1760/1984 - Min. Antônio Alves de Almeida
DJ 16.11.1984 - Decisão por maioria
RR 7091/1983, Ac. 1ªT 635/1985 - Min. Marco Aurélio Mendes de Farias Mello
DJ 03.05.1985 - Decisão por maioria
RR 3798/1984, Ac. 3ªT 1203/1985 - Min. Ranor Barbosa
DJ 10.05.1985 - Decisão unânime
RR 2795/1984, Ac. 3ªT 1064/1985 - Min. Ranor Barbosa
DJ 03.05.1985 - Decisão unânime

Histórico:

Redação original - Res. 6/1985, DJ 18.06.1985 e 24, 25 e 26.06.1985

Nº 200 Juros da mora. Incidência

Os juros da mora incidem sobre a importância da condenação já corrigida monetariamente.

Súmulas
Súmulas do Tribunal Superior do Trabalho

Súmula nº 201 do TST
RECURSO ORDINÁRIO EM MANDADO DE SEGURANÇA (mantida) - Res. 121/2003, DJ 19, 20 e 21.11.2003
Da decisão de Tribunal Regional do Trabalho em mandado de segurança cabe recurso ordinário, no prazo de 8 (oito) dias, para o Tribunal Superior do Trabalho, e igual dilação para o recorrido e interessados apresentarem razões de contrariedade.
Histórico:
Redação original (revisão da Súmula nº 154) - Res. 7/1985, DJ 11, 12 e 15.07.1985
Nº 201 Recurso ordinário em mandado de segurança
Da decisão de Tribunal Regional do Trabalho em mandado de segurança cabe recurso ordinário, no prazo de oito (8) dias, para o Tribunal Superior do Trabalho, correspondendo igual dilação para o recorrido e interessados apresentarem razões de contrariedade.

Súmula nº 202 do TST
GRATIFICAÇÃO POR TEMPO DE SERVIÇO. COMPENSAÇÃO (mantida) - Res. 121/2003, DJ 19, 20 e 21.11.2003
Existindo, ao mesmo tempo, gratificação por tempo de serviço outorgada pelo empregador e outra da mesma natureza prevista em acordo coletivo, convenção coletiva ou sentença normativa, o empregado tem direito a receber, exclusivamente, a que lhe seja mais benéfica.
Precedentes:
ROAR 319/1980, Ac. TP 1472/1981 - Min. Fernando Franco
DJ 07.08.1981 - Decisão unânime
RR 3411/1982, Ac. 1ªT 3001/1983 - Min. Fernando Franco
DJ 09.12.1983 - Decisão unânime
RR 1102/1980, Ac. 2ªT 3127/1980 - Min. Thélio da Costa Monteiro
DJ 20.02.1981 - Decisão por maioria
RR 6718/1983, Ac. 3ªT 667/1985 - Min. Orlando Teixeira da Costa
DJ 03.05.1985 - Decisão unânime
Histórico:
Redação original - Res. 8/1985, DJ 11, 12 e 15.07.1985

Súmula nº 203 do TST
GRATIFICAÇÃO POR TEMPO DE SERVIÇO. NATUREZA SALARIAL (mantida) - Res. 121/2003, DJ 19, 20 e 21.11.2003
A gratificação por tempo de serviço integra o salário para todos os efeitos legais.
Precedentes:
ERR 375/1980, Ac. TP 272/1983 - Min. João Wagner
DJ 25.03.1983 - Decisão por maioria
RR 4100/1983, Ac. 1ªT 550/1985 - Min. Marco Aurélio Mendes de Farias Mello
DJ 26.04.1985 - Decisão por maioria
RR 61/1983, Ac. 1ªT 3445/1984 - Min. Marco Aurélio Mendes de Farias Mello
DJ 09.11.1984 - Decisão por maioria
Histórico:
Redação original - Res. 9/1985, DJ 11, 12 e 15.07.1985

Súmula nº 204 do TST
BANCÁRIO. CARGO DE CONFIANÇA. CARACTERIZAÇÃO (cancelada em decorrência da sua incorporação à nova redação da Súmula nº 102) - Res. 129/2005, DJ 20, 22 e 25.04.2005
A configuração, ou não, do exercício da função de confiança a que se refere o art. 224, § 2º, da CLT, dependente da prova das reais atribuições do empregado, é insuscetível de exame mediante recurso de revista ou de embargos.
Histórico:
Súmula alterada - Res. 121/2003, DJ 19, 20 e 21.11.2003
Redação original - Res. 10/1985, DJ 11, 12 e 15.07.1985 - Republicada com correção DJ 30.09.1985 e 04, 07 e 08.10.1985
Nº 204 Bancário. Cargo de confiança. Caracterização
As circunstâncias que caracterizam o bancário como exercente de função de confiança são previstas no art. 224, § 2º da Consolidação das Leis do Trabalho, não exigindo amplos poderes de mando, representação e substituição do empregador, de que cogita o art. 62, alínea b , consolidado.

Súmula nº 205 do TST
GRUPO ECONÔMICO. EXECUÇÃO. SOLIDARIEDADE (cancelada) - Res. 121/2003, DJ 19, 20 e 21.11.2003
O responsável solidário, integrante do grupo econômico, que não participou da relação processual como reclamado e que, portanto, não consta no título executivo judicial como devedor, não pode ser sujeito passivo na execução.
Histórico:
Redação original - Res. 11/1985, DJ 11, 12 e 15.07.1985

Súmula nº 206 do TST
FGTS. INCIDÊNCIA SOBRE PARCELAS PRESCRITAS (nova redação) - Res. 121/2003, DJ 19, 20 e 21.11.2003
A prescrição da pretensão relativa às parcelas remuneratórias alcança o respectivo recolhimento da contribuição para o FGTS.
Precedentes:
ERR 367240/1997 - Min. João Oreste Dalazen
DJ 07.11.2003 - Decisão unânime
ERR 372623/1997 - Min. Wagner Pimenta
DJ 13.09.2002 - Decisão unânime
ERR 361121/1997 - Min. Wagner Pimenta
DJ 25.10.2002 - Decisão unânime
ERR 311205/1996 - Min. Rider de Brito
DJ 24.11.2000 - Decisão unânime
ERR 4788/1980, Ac. TP 1969/1983 - Rel. "ad hoc" Min. Fernando Franco
DJ 26.08.1983 - Decisão por maioria
RR 2769/1983, Ac. 1ª T 1110/1985 - Red. Min. Marco Aurélio de Farias Mello
DJ 14.06.1985 - Decisão por maioria
RR 6791/1983, Ac. 1ª T 1219/1985 - Min. Marco Aurélio de Farias Mello
DJ 14.06.1985 - Decisão por maioria
RR 4288/1983, Ac. 1ª T 883/1985 - Red. Min. Marco Aurélio de Farias Mello
DJ 14.06.1985 - Decisão por maioria
RR 1463/1984, Ac. 1ª T 1458/1985 - Red. Min. Marco Aurélio de Farias Mello
DJ 14.06.1985 - Decisão por maioria
RR 4218/1983, Ac. 1ª T 1194/1985 - Red. Min. Marco Aurélio de Farias Mello
DJ 31.05.1985 - Decisão por maioria
RR 7151/1983, Ac. 1ª T 1422/1985 - Min. Fernando Franco
DJ 24.05.1985 - Decisão unânime
RR 6516/1983, Ac. 1ª T 1348/1985 - Min. Fernando Franco
DJ 24.05.1985 - Decisão por maioria
RR 2919/1983, Ac. 1ª T 863/1985 - Min. Ildélio Martins
DJ 24.05.1985 - Decisão por maioria
RR 0647/1984, Ac. 2ª T 407/1985 - Min. Pajehú Macedo Silva
DJ 26.04.1985 - Decisão unânime
RR 1039/1984, Ac. 2ª T 840/1985 - Min. Nelson Tapajós
DJ 26.04.1985 - Decisão por maioria
RR 2050/1984, Ac. 2ª T 442/1985 - Min. Pajehú Macedo Silva
DJ 26.04.1985 - Decisão unânime
RR 4281/1984, Ac. 2ª T 1446/1985 - Min. C. A. Barata Silva

DJ 24.05.1985 - Decisão por maioria
RR 2943/1984, Ac. 2ª T 1404/1985 - Min. Marcelo Pimentel
DJ 17.05.1985 - Decisão por maioria
RR 6382/1984, Ac. 2ª T 1460/1985 - Min. C. A. Barata Silva
DJ 17.05.1985 - Decisão unânime
RR 446153/1998, 3ªT - Min. Maria Cristina Irigoyen Peduzzi
DJ 19.04.2002 - Decisão unânime
RR 1347/1984, Ac. 3ª T 1023/1985 - Min. Ranor Barbosa
DJ 10.05.1985 - Decisão por maioria
RR 1466/1984, Ac. 3ª T 1025/1985 - Min. Ranor Barbosa
DJ 26.04.1985 - Decisão por maioria
Histórico:
Redação original - Res. 12/1985, DJ 11, 12 e 15.07.1985
Nº 206 FGTS. Incidência sobre parcelas prescritas
A prescrição bienal relativa às parcelas remuneratórias alcança o respectivo recolhimento da contribuição para o FGTS.

Súmula nº 207 do TST
CONFLITOS DE LEIS TRABALHISTAS NO ESPAÇO. PRINCÍPIO DA "LEX LOCI EXECUTIONIS" (cancelada) - Res. 181/2012, DEJT divulgado em 19, 20 e 23.04.2012
A relação jurídica trabalhista é regida pelas leis vigentes no país da prestação de serviço e não por aquelas do local da contratação.
Histórico:
Súmula mantida - Res. 121/2003, DJ 19, 20 e 21.11.2003
Redação original - Res. 13/1985, DJ 11, 12 e 15.07.1985

Súmula nº 208 do TST
RECURSO DE REVISTA. ADMISSIBILIDADE. INTERPRETAÇÃO DE CLÁUSULA DE NATUREZA CONTRATUAL (cancelamento mantido) - Res. 121/2003, DJ 19, 20 e 21.11.2003
A divergência jurisprudencial, suficiente a ensejar a admissibilidade ou o conhecimento do recurso de revista, diz respeito a interpretação de lei, sendo imprestável aquela referente ao alcance de cláusula contratual, ou de regulamento de empresa.
Histórico:
Súmula cancelada - Res. 59/1996, DJ 28.06.1996 e 03, 04 e 05.07.1996
Redação original - Res. 14/1985, DJ 19.09.1985 e 24, 25 e 26.09.1985

Súmula nº 209 do TST
CARGO EM COMISSÃO. REVERSÃO (cancelamento mantido) - Res. 121/2003, DJ 19, 20 e 21.11.2003
A reversão do empregado ao cargo efetivo implica a perda das vantagens salariais inerentes ao cargo em comissão, salvo se nele houver permanecido 10 (dez) ou mais anos ininterruptos.
Histórico:
Súmula cancelada - RA 81/1985, DJ 03, 04 e 05.12.1985
Redação original - Res. 14/1985, DJ 19.09.1985 - Republicada DJ 04, 07 e 08.10.1985
Nº 209 Cargo em comissão – Reversão.
A reversão do empregado ao cargo efetivo implica na perda das vantagens salariais inerentes ao cargo em comissão, salvo se nele houver permanecido dez ou mais anos ininterruptos.

Súmula nº 210 do TST
RECURSO DE REVISTA. EXECUÇÃO DE SENTENÇA (cancelada) - Res. 121/2003, DJ 19, 20 e 21.11.2003
A admissibilidade do recurso de revista contra acórdão proferido em execução de sentença depende de demonstração inequívoca de violação direta à Constituição Federal.
Histórico:
Revista pela Súmula nº 266 - Res. 1/1987, DJ 23.10.1987 e DJ 10, 11 e 14.12.1987

Redação original - Res. 14/1985, DJ 19.09.1985 e 24, 25 e 26.09.1985

Súmula nº 211 do TST
JUROS DE MORA E CORREÇÃO MONETÁRIA. INDEPENDÊNCIA DO PEDIDO INICIAL E DO TÍTULO EXECUTIVO JUDICIAL (mantida) - Res. 121/2003, DJ 19, 20 e 21.11.2003
Os juros de mora e a correção monetária incluem-se na liquidação, ainda que omisso o pedido inicial ou a condenação.
Precedentes:
ERR 5592/1980, Ac. TP 1638/1985 - Min. Antônio Alves de Almeida
DJ 27.09.1985 - Decisão por maioria
EDRR 2446/1984, Ac. 1ªT 2740/1985 - Min. Marco Aurélio Mendes de Farias Mello
DJ 30.08.1985 - Decisão unânime
RR 4945/1982, Ac. 1ªT 1439/1983 - Rel. "ad hoc" Min. Ildélio Martins
DJ 24.06.1983 - Decisão por maioria
RR 4498/1981, Ac. 2ªT 2536/1982 - Min. Mozart Victor Russomano
DJ 26.11.1982 - Decisão unânime
RR 123/1981, Ac. 2ªT 511/1982 - Min. Nelson Tapajós
DJ 23.04.1982 - Decisão unânime
Histórico:
Redação original - Res. 14/1985, DJ 19.09.1985 e 24, 25 e 26.09.1985
Nº 211 Juros da mora e correção monetária. Independência do pedido inicial e do título executivo judicial.
Os juros de mora e correção monetária incluem-se na liquidação, ainda que omisso o pedido inicial ou a condenação.

Súmula nº 212 do TST
DESPEDIMENTO. ÔNUS DA PROVA (mantida) - Res. 121/2003, DJ 19, 20 e 21.11.2003
O ônus de provar o término do contrato de trabalho, quando negados a prestação de serviço e o despedimento, é do empregador, pois o princípio da continuidade da relação de emprego constitui presunção favorável ao empregado.
Precedentes:
ERR 392/1980, Ac. TP 240/1984 - Red. Min. Marco Aurélio Mendes de Farias Mello
DJ 04.05.1984 - Decisão por maioria
RR 2871/1984, Ac. 1ªT 2497/1985 - Min. José Ajuricaba da Costa e Silva
DJ 09.08.1985 - Decisão unânime
RR 2038/1983, Ac. 1ªT 976/1985 - Red. Min. Marco Aurélio Mendes de Farias Mello
DJ 07.06.1985 - Decisão por maioria
RR 3777/1983., Ac. 1ªT 357/1985 - Min. Marco Aurélio Mendes de Farias Mello
DJ 28.06.1985 - Decisão por maioria
Histórico:
Redação original - Res. 14/1985, DJ 19.09.1985 e 24, 25 e 26.09.1985

Súmula nº 213 do TST
EMBARGOS DE DECLARAÇÃO. SUSPENSÃO DO PRAZO RECURSAL (cancelamento mantido) - Res. 121/2003, DJ 19, 20 e 21.11.2003 - Lei nº 8.950/1994
Os embargos de declaração suspendem o prazo do recurso principal, para ambas as partes, não se computando o dia da sua interposição.
Histórico:
Súmula cancelada - Res. 46/1995, DJ 20, 24 e 25.04.1995

Redação original - Res. 14/1985, DJ 19.09.1985 e 24, 25 e 26.09.1985

Súmula nº 214 do TST
DECISÃO INTERLOCUTÓRIA. IRRECORRIBILIDADE (nova redação) - Res. 127/2005, DJ 14, 15 e 16.03.2005

Na Justiça do Trabalho, nos termos do art. 893, § 1º, da CLT, as decisões interlocutórias não ensejam recurso imediato, salvo nas hipóteses de decisão: a) de Tribunal Regional do Trabalho contrária à Súmula ou Orientação Jurisprudencial do Tribunal Superior do Trabalho; b) suscetível de impugnação mediante recurso para o mesmo Tribunal; c) que acolhe exceção de incompetência territorial, com a remessa dos autos para Tribunal Regional distinto daquele a que se vincula o juízo excepcionado, consoante o disposto no art. 799, § 2º, da CLT.

Precedentes:
RR 469583/1998, TP - Min. Emmanoel Pereira
Julgado em 03.03.2005 - Decisão unânime
ERR 6104/1989, Ac. 1356/1993 - Min. José Luiz Vasconcellos
DJ 26.11.1993 - Decisão unânime
(Precedente da redação publicado na Res. 43/1995)
ERR 1177/1986, Ac. 826/1992 - Min. Ermes Pedro Pedrassani
DJ 22.05.1992 - Decisão unânime
(Precedente da redação publicado na Res. 43/1995)
ERR 3408/1981, Ac. TP 2642/1987 - Min. José Carlos da Fonseca
DJ 04.03.1988 - Decisão por maioria
(Precedente da redação publicado na Res. 43/1995)
AIRR 43651/2002-900-02-00.7, 1ªT - Min. João Oreste Dalazen
DJ 10.10.2003 - Decisão unânime
RR 592749/1999, 3ªT - Juíza Conv. Dora Maria da Costa
DJ 02.04.2004 - Decisão unânime
RR 693198/2000, 5ªT - Min. Rider de Brito
DJ 28.11.2003 - Decisão unânime

Histórico:
Súmula alterada - Res. 121/2003, DJ 19, 20 e 21.11.2003
Nº 214 Decisão interlocutória. Irrecorribilidade
Na Justiça do Trabalho, as decisões interlocutórias somente ensejam recurso imediato quando suscetíveis de impugnação mediante recurso para o mesmo Tribunal ou na hipótese de acolhimento de exceção de incompetência, com a remessa dos autos para Tribunal Regional distinto daquele a que se vincula o juízo excepcionado, consoante disposto no art. 799, § 2º, da CLT.
Súmula alterada - Res. 43/1995, DJ 17, 20 e 21.02.1995 – Republicada DJ 22, 23 e 24.03.1995.
Nº 214 Decisão interlocutória. Irrecorribilidade
As decisões interlocutórias, na Justiça do Trabalho, só são recorríveis de imediato quando terminativas do feito, podendo ser impugnadas na oportunidade da interposição de recurso contra decisão definitiva, salvo quando proferidas em acórdão sujeito a recurso para o mesmo Tribunal.
Redação original - Res. 14/1985, DJ 19.09.1985 e 24, 25 e 26.09.1985
Nº 214 Decisão interlocutória. Irrecorribilidade
Salvo quando terminativas do feito na Justiça do Trabalho, as decisões interlocutórias não são recorríveis de imediato, podendo ser impugnadas quando da interposição de recurso contra a decisão definitiva.

Súmula nº 215 do TST
HORAS EXTRAS NÃO CONTRATADAS EXPRESSAMENTE. ADICIONAL DEVIDO (cancelamento mantido) - Res. 121/2003, DJ 19, 20 e 21.11.2003 - Referência art. 7º, XVI, CF/1988

Inexistindo acordo escrito para prorrogação da jornada de trabalho, o adicional referente às horas extras é devido na base de 25% (vinte e cinco por cento).

Histórico:
Súmula cancelada - Res. 28/1994, DJ 12, 16 e 18.05.1994
Redação original - Res. 14/1985, DJ 19.09.1985 e 24, 25 e 26.09.1985

Súmula nº 216 do TST
DESERÇÃO. RELAÇÃO DE EMPREGADOS. AUTENTICAÇÃO MECÂNICA DESNECESSÁRIA (cancelamento mantido) - Res. 121/2003, DJ 19, 20 e 21.11.2003

São juridicamente desnecessárias a autenticação mecânica do valor do depósito recursal na relação de empregados (RE) e a individualização do processo na guia de recolhimento (GR), pelo que a falta não importa em deserção.

Histórico:
Súmula cancelada - Res. 87/1998, DJ 15, 16 e 19.10.1998
Redação original - Res. 14/1985, DJ 19.09.1985 e 24, 25 e 26.09.1985

Súmula nº 217 do TST
DEPÓSITO RECURSAL. CREDENCIAMENTO BANCÁRIO. PROVA DISPENSÁVEL (mantida) - Res. 121/2003, DJ 19, 20 e 21.11.2003

O credenciamento dos bancos para o fim de recebimento do depósito recursal é fato notório, independendo da prova.

Precedentes:
ERR 2505/1982, Ac. TP 1422/1985 - Red. Min. Antônio Alves de Almeida
DJ 06.09.1985 - Decisão por maioria
RR 561/1982, Ac. 1ªT 1663/1983 - Min. Ildélio Martins
DJ 05.08.1983 - Decisão por maioria
RR 5358/1981, Ac. 1ªT 1941/1982 - Min. Marco Aurélio Mendes de Farias Mello
DJ 02.07.1982 - Decisão unânime
AI 1761/1985, Ac. 2ªT 2888/1985 - Min. C. A. Barata Silva
DJ 30.08.1985 - Decisão unânime
RR 2252/1982, Ac. 2ªT 2625/1983 - Min. Mozart Victor Russomano
DJ 25.11.1983 - Decisão por maioria
RR 2646/1982, Ac. 2ªT 2627/1983 - Min. Mozart Victor Russomano
DJ 18.11.1983 - Decisão por maioria

Histórico:
Redação original - Res. 14/1985, DJ 19.09.1985 e 24, 25 e 26.09.1985

Súmula nº 218 do TST
RECURSO DE REVISTA. ACÓRDÃO PROFERIDO EM AGRAVO DE INSTRUMENTO (mantida) - Res. 121/2003, DJ 19, 20 e 21.11.2003

É incabível recurso de revista interposto de acórdão regional prolatado em agravo de instrumento.

Precedentes:
AGERR 4138/1983, Ac. TP 1257/1985 - Min. Marco Aurélio Mendes de Farias Mello
DJ 23.08.1985 - Decisão por maioria
RR 3375/1984, Ac. 1ªT 3064/1985 - Min. João Wagner
DJ 30.08.1985 - Decisão por maioria
RR 780/1984, Ac. 1ªT 2678/1985 - Min. Marco Aurélio Mendes de Farias Mello
DJ 23.08.1985 - Decisão unânime
RR 3243/1983, Ac. 1ªT 329/1985 - Min. Marco Aurélio Mendes de Farias Mello
DJ 19.04.1985 - Decisão por maioria
RR 1155/1984, Ac. 1ªT 1451/1985 - Red. Min. Marco Aurélio Mendes de Farias Mello
DJ 07.06.1985 - Decisão por maioria

RR 4138/1983, Ac. 1ªT 603/1985 - Min. Marco Aurélio Mendes de Farias Mello
DJ 03.05.1985 - Decisão unânime
RR 2745/1983, Ac. 1ªT 209/1985 - Min. Marco Aurélio Mendes de Farias Mello
DJ 12.04.1985 - Decisão unânime
RR 6160/1982, Ac. 1ªT 1009/1984 - Red. Min. Marco Aurélio Mendes de Farias Mello
DJ 18.05.1984 - Decisão por maioria
AI 1322/1985, Ac. 3ªT 2533/1985 - Min. Hermínio Mendes Cavaleiro
DJ 09.08.1985 - Decisão unânime
RR 1845/1984, Ac. 1ªT 3203/84 - Min. Marco Aurélio M. de F. Mello
DJ 31.10.1984 - Decisão unânime
Histórico:
Redação original - Res. 14/1985, DJ 19.09.1985 e 24, 25 e 26.09.1985

Nº 218 Recurso de revista contra acórdão proferido em agravo de instrumento

É incabível recurso de revista contra acórdão regional prolatado em agravo de instrumento.

Súmula nº 219 do TST

HONORÁRIOS ADVOCATÍCIOS. CABIMENTO (alterada a redação do item I e acrescidos os itens IV a VI em decorrência do CPC de 2015) - Res. 204/2016, DEJT divulgado em 17, 18 e 21.03.2016

I - Na Justiça do Trabalho, a condenação ao pagamento de honorários advocatícios não decorre pura e simplesmente da sucumbência, devendo a parte, concomitantemente: a) estar assistida por sindicato da categoria profissional; b) comprovar a percepção de salário inferior ao dobro do salário mínimo ou encontrar-se em situação econômica que não lhe permita demandar sem prejuízo do próprio sustento ou da respectiva família. (art.14,§1º, da Lei nº 5.584/1970). (ex-OJ nº 305da SBDI-I).

II - É cabível a condenação ao pagamento de honorários advocatícios em ação rescisória no processo trabalhista.

III – São devidos os honorários advocatícios nas causas em que o ente sindical figure como substituto processual e nas lides que não derivem da relação de emprego.

IV – Na ação rescisória e nas lides que não derivem de relação de emprego, a responsabilidade pelo pagamento dos honorários advocatícios da sucumbência submete-se à disciplina do Código de Processo Civil (arts. 85, 86, 87 e 90).

V – Em caso de assistência judiciária sindical ou de substituição processual sindical, excetuados os processos em que a Fazenda Pública for parte, os honorários advocatícios são devidos entre o mínimo de dez e o máximo de vinte por cento sobre o valor da condenação, do proveito econômico obtido ou, não sendo possível mensurá-lo, sobre o valor atualizado da causa (CPC de 2015, art. 85, § 2º).

VI – Nas causas em que a Fazenda Pública for parte, aplicar-se-ão os percentuais específicos de honorários advocatícios contemplados no Código de Processo Civil.

Precedentes:
Item I
ERR 254516/1996 - Min. José Luiz Vasconcellos
DJ 05.02.1999 - Decisão unânime
ERR 241722/1996 -Min. Rider de Brito
DJ 30.10.1998 - Decisão unânime
RR 6109/1983, Ac. 1ªT 1513/1985 - Red. Min. Coqueijo Costa
DJ 31.05.1985 - Decisão por maioria
RR 505/1984, Ac. 1ªT 1435/1985 - Min. Fernando Franco
DJ 24.05.1985 - Decisão unânime
RR 317/1984, Ac. 1ªT 3112/1984 - Red. Min. Coqueijo Costa
DJ 11.10.1984 - Decisão por maioria
RR 2626/1982, Ac. 1ªT 2182/1983 - Red. Min. Coqueijo Costa
DJ 30.09.1983 - Decisão por maioria
RR 3920/1981, Ac. 1ªT 1054/1983 - Red. Min. Coqueijo Costa
DJ 24.06.1983 - Decisão por maioria
RR 23690/1991, Ac. 2ª T 5115/1991 - Min. Vantuil Abdala
DJ 13.12.1991 - Decisão unânime
RR 2774/1984, Ac. 2ªT 1212/1985 - Min. C. A. Barata Silva
DJ 10.05.1985 - Decisão unânime
RR 2979/1984, Ac. 2ªT 767/1985 - Min. Pajehú Macedo Silva
DJ 26.04.1985 - Decisão unânime
RR 4451/1983., Ac. 2ªT 3055/1984 - Min. Nelson Tapajós
DJ 31.10.1984 - Decisão unânime
RR 439004/1998, Ac. 3ª T - Min. Carlos Alberto Reis de Paula
DJ 26.11.1999 - Decisão unânime
RR 3046/1984, Ac. 3ªT 1609/1985 - Min. Guimarães Falcão
DJ 14.06.1985 - Decisão unânime
RR 3643/1982, Ac. 3ªT 206/1985 - Min. Expedito Amorim
DJ 29.03.1985 - Decisão unânime
RR 1719/1983, Ac. 3ªT 3491/1984 - Min. Ranor Barbosa
DJ 23.11.1984 - Decisão unânime
RR 1677/1983, Ac. 3ªT 193/1984 - Min. Orlando Teixeira da Costa
DJ 23.03.1984 - Decisão unânime
RR 4043/1982, Ac. 3ªT 3223/1983 - Min. Guimarães Falcão
DJ 25.11.1983 - Decisão unânime
RR 596070/1999, Ac. 4ª T - Min. Leonaldo Silva
DJ 17.12.1999 - Decisão unânime
Item II:
IUJ E-AIRR e RR-8558100-81.2003.5.02.0900 - Min. João Oreste Dalzen
DEJT 01.04.2011 - Decisão por maioria
AR 1853596-77.2007.5.00.0000 - Min. Antônio José de Barros Levenhagen
DEJT 05.12.2008 - Decisão unânime
RXOFMS 8196400-90.2003.5.16.0900 - Min. José Simpliciano Fontes de F. Fernandes
DJ 01.08.2003 - Decisão unânime
ROAR 295979-22.1996.5.08.5555 - Min. João Oreste Dalzen
DJ 14.05.1999 - Decisão unânime
Item III:
ERR 735863-65.2001.5.17.5555 - Min. José Luciano de Castilho Pereira
DJ 10.02.2006 - Decisão por maioria
RR 701011-49.2000.5.17.5555, 1ª T - Min. Luiz Philippe Vieira de Mello Filho
DJ 01.12.2006 - Decisão unânime
RR 37100-48.2008.5.05.0194, 1ª T - Min. Lelio Bentes Corrêa
DEJT 19.02.2010 - Decisão unânime
Histórico:
Incorporada a Orientação Jurisprudencial nº 305 da SBDI-1 ao item I - Res. 197/2015, DEJT divulgado em 14, 15 e 18.05.2015
Nº 219 Honorários advocatícios. Cabimento
 I - Na Justiça do Trabalho, a condenação ao pagamento de honorários advocatícios, nunca superiores a 15% (quinze por cento), não decorre pura e simplesmente da sucumbência, devendo a parte, concomitantemente: a) estar assistida por sindicato da categoria profissional; b) comprovar a percepção de salário inferior ao dobro do salário mínimo ou encontrar-se em situação econômica que não lhe permita demandar sem prejuízo do próprio sustento ou da respectiva família. (art.14,§1º, da Lei nº 5.584/1970). (ex-OJ nº 305da SBDI-I)
Nova redação: item II e inserido o item III à redação - Res. 174/2011, DEJT divulgado em 27, 30 e 31.05.2011

Nº 219 Honorários advocatícios. Hipótese de cabimento

I - Na Justiça do Trabalho, a condenação ao pagamento de honorários advocatícios, nunca superiores a 15% (quinze por cento), não decorre pura e simplesmente da sucumbência, devendo a parte estar assistida por sindicato da categoria profissional e comprovar a percepção de salário inferior ao dobro do salário mínimo ou encontrar-se em situação econômica que não lhe permita demandar sem prejuízo do próprio sustento ou da respectiva família. (ex-Súmula nº 219 - Res. 14/1985, DJ 26.09.1985)

Súmula alterada - Res. 137/2005, DJ 22, 23 e 24.08.2005

Nº 219 Honorários advocatícios. Hipótese de cabimento (incorporada a Orientação Jurisprudencial nº 27 da SBDI-2)

(...)

II - É incabível a condenação ao pagamento de honorários advocatícios em ação rescisória no processo trabalhista, salvo se preenchidos os requisitos da Lei nº 5.584/1970. (ex-OJ nº 27 da SBDI-2 - inserida em 20.09.2000)

Súmula mantida - Res. 121/2003, DJ 19, 20 e 21.11.2003

Redação original - Res. 14/1985, DJ 19.09.1985 e 24, 25 e 26.09.1985

Nº 219. Honorários advocatícios. Hipótese de cabimento

Na Justiça do Trabalho, a condenação em honorários advocatícios, nunca superiores a 15%, não decorre pura e simplesmente da sucumbência, devendo a parte estar assistida por sindicato da categoria profissional e comprovar a percepção de salário inferior ao dobro do mínimo legal, ou encontrar-se em situação econômica que não lhe permita demandar sem prejuízo do próprio sustento ou da respectiva família.

Súmula nº 220 do TST

HONORÁRIOS ADVOCATÍCIOS. SUBSTITUIÇÃO PROCESSUAL (cancelamento mantido) - Res. 121/2003, DJ 19, 20 e 21.11.2003

Atendidos os requisitos da Lei nº 5.584/1970, são devidos os honorários advocatícios, ainda que o sindicato figure como substituto processual.

Histórico:

Súmula cancelada - Res. 55/1996, DJ 19, 22 e 23.04.1996

Redação original - Res. 14/1985, DJ 19.09.1985 e 24, 25 e 26.09.1985

Súmula nº 221 do TST

RECURSO DE REVISTA. VIOLAÇÃO DE LEI. INDICAÇÃO DE PRECEITO. (cancelado o item II e conferida nova redação na sessão do Tribunal Pleno realizada em 14.09.2012) - Res. 185/2012, DEJT divulgado em 25, 26 e 27.09.2012

A admissibilidade do recurso de revista por violação tem como pressuposto a indicação expressa do dispositivo de lei ou da Constituição tido como violado.

Precedentes:

ERR 141461-50.1994.5.15.5555, Ac. 3717/1997 - Min. Cnéa Moreira

DJ 14.11.1997 - Decisão unânime

ERR 265784/1996, Ac. 3450/1997 - Min. Vantuil Abdala

DJ 19.09.1997 - Decisão unânime Decisão unânime

ERR 191899/1995, Ac. 3620/1997 - Min. Rider de Brito

DJ 29.08.1997 - Decisão unânime

ERR 189291-38.1995.5.02.5555, Ac. 351/97 - Min. Rider de Brito

DJ 01.08.1997 - Decisão unânime

RR 1735/1982, 3ªT, Ac. 3151 - Min. Guimarães Falcão

DJ 26.10.1983

Histórico:

Súmula alterada - (alterada em decorrência da redação do inciso II do art. 894 da CLT, incluído pela Lei nº 11.496/2007) - Res. 181/2012, DEJT divulgado em 19, 20 e 23.04.2012

Nº 221 Recurso de revista. Violação de lei. Indicação de preceito. Interpretação razoável

I - A admissibilidade do recurso de revista por violação tem como pressuposto a indicação expressa do dispositivo de lei ou da Constituição tido como violado. (ex-OJ nº 94 da SBDI-1 - inserida em 30.05.1997)

II - Interpretação razoável de preceito de lei, ainda que não seja a melhor, não dá ensejo à admissibilidade ou ao conhecimento de recurso de revista com base na alínea "c" do art. 896 da CLT. A violação há de estar ligada à literalidade do preceito. (ex-Súmula nº 221 – alterada pela Res. 121/2003, DJ 21.11.2003)

Súmula alterada -Res.129/2005, DJ 20, 22 e 25.04.2005 (iincorporação da OJ nº 94 da SBDI-1)

Nº 221 Recursos de revista ou de embargos. Violação de lei. Indicação de preceito. Interpretação razoável

I - A admissibilidade do recurso de revista e de embargos por violação tem como pressuposto a indicação expressa do dispositivo de lei ou da Constituição tido como violado. (ex-OJ nº 94 da SBDI-1 - inserida em 30.05.1997)

II - Interpretação razoável de preceito de lei, ainda que não seja a melhor, não dá ensejo à admissibilidade ou ao conhecimento de recurso de revista ou de embargos com base, respectivamente, na alínea "c" do art. 896 e na alínea "b" do art. 894 da CLT. A violação há de estar ligada à literalidade do preceito. (ex-Súmula nº 221 – alterada pela Res. 121/2003, DJ 21.11.2003)

Súmula alterada - Res. 121/2003, DJ 19, 20 e 21.11.2003

Nº 221 Recursos de revista ou de embargos. Interpretação razoável. Admissibilidade vedada

Interpretação razoável de preceito de lei, ainda que não seja a melhor, não dá ensejo à admissibilidade ou ao conhecimento de recurso de revista ou de embargos com base, respectivamente, na alínea c do art. 896 e na alínea b do art. 894 da CLT. A violação há de estar ligada à literalidade do preceito.

Redação original - Res. 14/1985, DJ 19.09.1985 e 24, 25 e 26.09.1985

Nº 221 Recursos de revista ou de embargos. Interpretação razoável. Admissibilidade vedada

Interpretação razoável de preceito de lei, ainda que não seja a melhor, não dá ensejo à admissibilidade ou ao conhecimento dos recursos de revista ou de embargos com base, respectivamente, nas alíneas "b" dos artigos 896 e 894, da Consolidação das Leis do Trabalho. A violação há que estar ligada à literalidade do preceito.

Súmula nº 222 do TST

DIRIGENTES DE ASSOCIAÇÕES PROFISSIONAIS. ESTABILIDADE PROVISÓRIA (cancelamento mantido) - Res. 121/2003, DJ 19, 20 e 21.11.2003

Os dirigentes de associações profissionais, legalmente registradas, gozam de estabilidade provisória no emprego.

Histórico:

Súmula cancelada - Res. 84/1998, DJ 20, 21 e 24.08.1998

Redação original - Res. 14/1985, DJ 19.09.1985 e 24, 25 e 26.09.1985

Súmula nº 223 do TST

PRESCRIÇÃO. OPÇÃO PELO SISTEMA DO FUNDO DE GARANTIA DO TEMPO DE SERVIÇO. TERMO INICIAL (cancelada) - Res. 121/2003, DJ 19, 20 e 21.11.2003

O termo inicial da prescrição para anular a opção pelo Fundo de Garantia do Tempo de Serviço coincide com a data em que formalizado o ato opcional, e não com a cessação do contrato de trabalho.

Histórico:

Redação original - Res. 14/1985, DJ 19.09.1985 e 24, 25 e 26.09.1985

Súmula nº 224 do TST
COMPETÊNCIA. AÇÃO DE CUMPRIMENTO. SINDICATO. DESCONTO ASSISTENCIAL (cancelada) - Res. 121/2003, DJ 19, 20 e 21.11.2003

A Justiça do Trabalho é incompetente para julgar ação na qual o sindicato, em nome próprio, pleiteia o recolhimento de desconto assistencial previsto em sentença normativa, convenção ou acordo coletivos.

Histórico:

Revista pela Súmula nº 334 - Res. 26/1994, DJ 12, 17 e 19.05.1994.

Redação original - Res. 14/1985, DJ 19.09.1985 e 24, 25 e 26.09.1985

Súmula nº 225 do TST
REPOUSO SEMANAL. CÁLCULO. GRATIFICAÇÕES POR TEMPO DE SERVIÇO E PRODUTIVIDADE (mantida) - Res. 121/2003, DJ 19, 20 e 21.11.2003

As gratificações por tempo de serviço e produtividade, pagas mensalmente, não repercutem no cálculo do repouso semanal remunerado.

Precedentes:

ERR 5007/1980, Ac. TP 944/1985 - Red. Min. Marco Aurélio Mendes de Farias Mello

DJ 14.06.1985 - Decisão por maioria

ERR 4485/1980, Ac. TP 942/1985 - Min. Coqueijo Costa

DJ 14.06.1985 - Decisão por maioria

RR 3845/1983., Ac. 1ªT 595/1985 - Min. Fernando Franco

DJ 26.04.1985 - Decisão por maioria

RR 2696/1981, Ac. 1ªT 1824/1982 - Red. Min. Marco Aurélio Mendes de Farias Mello

DJ 02.07.1982 - Decisão por maioria

RR 4661/1981, Ac. 2ªT 2346/1982 - Min. Marcelo Pimentel

DJ 05.11.1982 - Decisão unânime

RR 390/1981, Ac. 3ªT 3514/1981 - Min. Guimarães Falcão

DJ 05.02.1982 - Decisão por maioria

Histórico:

Redação original - Res. 14/1985, DJ 19.09.1985 e 24, 25 e 26.09.1985

Nº 225 Repouso semanal. Cálculo. Gratificações de produtividade e por tempo de serviço

As gratificações de produtividade e por tempo de serviço, pagas mensalmente, não repercutem no cálculo do repouso semanal remunerado.

Súmula nº 226 do TST
BANCÁRIO. GRATIFICAÇÃO POR TEMPO DE SERVIÇO. INTEGRAÇÃO NO CÁLCULO DAS HORAS EXTRAS (mantida) - Res. 121/2003, DJ 19, 20 e 21.11.2003

A gratificação por tempo de serviço integra o cálculo das horas extras.

Precedentes:

RR 7507/1983., Ac. 1ªT 4449/1984 - Min. João Wagner

DJ 06.11.1987 - Decisão por maioria

RR 4100/1983, Ac. 1ªT 550/1985 - Min. Marco Aurélio Mendes de Farias Mello

DJ 26.04.1985 - Decisão por maioria

RR 5576/1983, Ac. 1ªT 4642/1984 - Min. Coqueijo Costa

DJ 15.02.1985 - Decisão por maioria

RR 7215/1983, Ac. 1ªT 1136/1984 - Min. João Wagner

DJ 25.05.1984 - Decisão por maioria

RR 5906/1982., Ac. 1ªT 0824/1984 - Min. Marco Aurélio M. de F. Mello

DJ 18.05.1984 - Decisão por maioria

RR 1506/1983, Ac. 1ªT 3486/1983 - Rel. "ad hoc" Min. Coqueijo Costa

DJ 27.04.1984 - Decisão por maioria

RR 4152/1984, Ac. 3ªT 2582/1985 - Min. Orlando Teixeira da Costa

DJ 09.08.1985 - Decisão unânime

RR 002/1983, Ac. 3ªT 2967/1984 - Rel. "ad hoc" Min. Orlando Teixeira da Costa

DJ 28.09.1984 - Decisão por maioria

RR 1066/1983, Ac. 3ªT 2297/1984 - Rel. "ad hoc" Min. Orlando Teixeira da Costa

DJ 06.09.1984 - Decisão por maioria

RR 2240/1983, Ac. 3ªT 2139/1984 - Min. Orlando Teixeira da Costa

DJ 17.08.1984 - Decisão unânime

RR 3259/1983, Ac. 3ªT 848/1984 - Rel. "ad hoc" Min. Orlando Teixeira da Costa

DJ 04.05.1984 - Decisão por maioria

Histórico:

Redação original - Res. 14/1985, DJ 19.09.1985 e 24, 25 e 26.09.1985

Súmula nº 227 do TST
SALÁRIO-FAMÍLIA. TRABALHADOR RURAL (cancelada) - Res. 121/2003, DJ 19, 20 e 21.11.2003

O salário-família somente é devido aos trabalhadores urbanos, não alcançando os rurais, ainda que prestem serviços, no campo, à empresa agroindustrial.

Histórico:

Revista pela Súmula nº 344 - Res. 51/1995, DJ 21, 22 e 25.09.1995

Redação original - Res. 14/1985, DJ 19.09.1985 e 24, 25 e 26.09.1985

Súmula nº 228 do TST
ADICIONAL DE INSALUBRIDADE. BASE DE CÁLCULO (redação alterada na sessão do Tribunal Pleno em 26.06.2008) - Res. 148/2008, DJ 04 e 07.07.2008 - Republicada DJ 08, 09 e 10.07.2008. SÚMULA CUJA EFICÁCIA ESTÁ SUSPENSA POR DECISÃO LIMINAR DO SUPREMO TRIBUNAL FEDERAL - Res. 185/2012, DEJT divulgado em 25, 26 e 27.09.2012

A partir de 9 de maio de 2008, data da publicação da Súmula Vinculante nº 4 do Supremo Tribunal Federal, o adicional de insalubridade será calculado sobre o salário básico, salvo critério mais vantajoso fixado em instrumento coletivo.

Histórico:

Súmula alterada - (incorporadas as Orientações Jurisprudenciais nºs 88 e 196 da SBDI-1) - Res. 129/2005, DJ 20, 22 e 25.04.2005

III - Não há direito da empregada gestante à estabilidade provisória na hipótese de admissão mediante contrato de experiência, visto que a extinção da relação de emprego, em face do término do prazo, não constitui dispensa arbitrária ou sem justa causa. (ex-OJ nº 196 da SBDI-1 - inserida em 08.11.2000)

Nova redação - Res. 121/2003, DJ 19, 20 e 21.11.2003

Nº 228 Adicional de insalubridade. Base de cálculo

O percentual do adicional de insalubridade incide sobre o salário mínimo de que cogita o art. 76 da CLT, salvo as hipóteses previstas na Súmula nº 17.

Redação original - Res. 14/1985, DJ 19.09.1985 e 24, 25 e 26.09.1985

Nº 228 Adicional de Insalubridade. Base de cálculo

O percentual do adicional de insalubridade incide sobre o salário-mínimo de que cogita o art. 76 da Consolidação das Leis do Trabalho.

Súmula nº 229 do TST
SOBREAVISO. ELETRICITÁRIOS (nova redação) - Res. 121/2003, DJ 19, 20 e 21.11.2003

Por aplicação analógica do art. 244, § 2º, da CLT, as horas de sobreaviso dos eletricitários são remuneradas à base de 1/3 sobre a totalidade das parcelas de natureza salarial.
Precedentes:
ERR 4170/1979, Ac. TP 145/1983 - Red. Min. Orlando Teixeira da Costa
DJ 11.03.1983 - Decisão por maioria
ERR 2283/1979, Ac. TP 1013/1982 - Red. Min. Marco Aurélio Mendes de Farias Mello
DJ 13.08.1982 - Decisão por maioria
RR 153/1982, Ac. 1ªT 1661/1983 - Min. Ildélio Martins
DJ 05.08.1983 - Decisão unânime
RR 2123/1981, Ac. 1ªT 716/1982 - Min. Marco Aurélio Mendes de Farias Mello
DJ 07.05.1982 - Decisão unânime
RR 4199/1982, Ac. 3ªT 3558/1983 - Min. Guimarães Falcão
DJ 09.12.1983 - Decisão unânime
Histórico:
Redação original - Res. 14/1985, DJ 19.09.1985 e 24, 25 e 26.09.1985
Nº 229 Sobreaviso - Eletricitários
Por aplicação analógica do art. 244, § 2º, da Consolidação das Leis do Trabalho, as horas de sobreaviso dos eletricitários são remuneradas à razão de 1/3 do salário normal.

Súmula nº 230 do TST
AVISO PRÉVIO. SUBSTITUIÇÃO PELO PAGAMENTO DAS HORAS REDUZIDAS DA JORNADA DE TRABALHO (mantida) - Res. 121/2003, DJ 19, 20 e 21.11.2003
É ilegal substituir o período que se reduz da jornada de trabalho, no aviso prévio, pelo pagamento das horas correspondentes.
Precedentes:
ERR 3326/1979, Ac. TP 2959/1982 - Min. João Wagner
DJ 04.03.1983 - Decisão unânime
RR 2251/1984, Ac. 1ªT 2808/1985 -Min. Marco Aurélio Mendes de Farias Mello
DJ 23.08.1985 - Decisão unânime
RR 6360/1983, Ac. 1ªT 1211/1985 - Min. Marco Aurélio Mendes de Farias Mello
DJ 24.05.1985 - Decisão unânime
RR 5185/1980, Ac. 1ªT 3435/1981 - Red. Min. Marco Aurélio Mendes de Farias Mello
DJ 05.02.1982 - Decisão por maioria
RR 4990/1979, Ac. 3ªT 1323/1981 - Rel. "ad hoc" Min. C. A. Barata Silva
DJ 19.06.1981 - Decisão por maioria
Histórico:
Redação original - Res. 14/1985, DJ 19.09.1985 e 24, 25 e 26.09.1985

Súmula nº 231 do TST
QUADRO DE CARREIRA. HOMOLOGAÇÃO PELO CONSELHO NACIONAL DE POLÍTICA SALARIAL. EFICÁCIA (cancelada) - Res. 121/2003, DJ 19, 20 e 21.11.2003
É eficaz para efeito do art. 461, § 2º, da CLT a homologação de quadro organizado em carreira pelo Conselho Nacional de Política Salarial.
Histórico:
Redação original - Res. 14/1985, DJ 19.09.1985 e 24, 25 e 26.09.1985

Súmula nº 232 do TST
BANCÁRIO. CARGO DE CONFIANÇA. JORNADA. HORAS EXTRAS (cancelada em decorrência da sua incorporação à nova redação da Súmula nº 102) - Res. 129/2005, DJ 20, 22 e 25.04.2005
O bancário sujeito à regra do art. 224, § 2º, da CLT cumpre jornada de trabalho de 8 (oito) horas, sendo extraordinárias as trabalhadas além da oitava.
Histórico:
Súmula mantida - Res. 121/2003, DJ 19, 20 e 21.11.2003
Redação original - Res. 14/1985, DJ 19.09.1985 e 24, 25 e 26.09.1985
Nº 232 Bancário – Cargo de confiança – Jornada – Horas extras.
O bancário sujeito à regra do artigo 224, § 2º, da Consolidação das Leis do Trabalho cumpre jornada de trabalho de oito horas, sendo extraordinárias as trabalhadas além da oitava.

Súmula nº 233 do TST
BANCÁRIO. CHEFE (cancelada) - Res. 121/2003, DJ 19, 20 e 21.11.2003
O bancário no exercício da função de chefia, que recebe gratificação não inferior a 1/3 do salário do cargo efetivo, está inserido na exceção do § 2º do art. 224 da CLT, não fazendo jus ao pagamento das sétima e oitava horas como extras.
Histórico:
Redação original - Res. 14/1985, DJ 19.09.1985 e 24, 25 e 26.09.1985

Súmula nº 234 do TST
BANCÁRIO. SUBCHEFE (cancelada) - Res. 121/2003, DJ 19, 20 e 21.11.2003
O bancário no exercício da função de subchefia, que recebe gratificação não inferior a 1/3 do salário do cargo efetivo, está inserido na exceção do § 2º do art. 224 da CLT, não fazendo jus ao pagamento das sétima e oitava horas como extras.
Histórico:
Redação original - Res. 14/1985, DJ 19.09.1985 e 24, 25 e 26.09.1985

Súmula nº 235 do TST
DISTRITO FEDERAL E AUTARQUIAS. CORREÇÃO AUTOMÁTICA DOS SALÁRIOS. INAPLICABILIDADE DA LEI Nº 6.708/1979 (cancelada) - Res. 121/2003, DJ 19, 20 e 21.11.2003
Aos servidores do Distrito Federal e respectivas autarquias, submetidos ao regime da CLT, não se aplica a Lei nº 6.708/1979, que determina a correção automática dos salários.
Histórico:
Redação original - Res. 15/1985, DJ 05, 06 e 09.12.1985

Súmula nº 236 do TST
HONORÁRIOS PERICIAIS. RESPONSABILIDADE (cancelada) - Res. 121/2003, DJ 19, 20 e 21.11.2003
A responsabilidade pelo pagamento dos honorários periciais é da parte sucumbente na pretensão relativa ao objeto da perícia.
Histórico:
Redação original - Res. 15/1985, DJ 05, 06 e 09.12.1985

Súmula nº 237 do TST
BANCÁRIO. TESOUREIRO (cancelada) - Res. 121/2003, DJ 19, 20 e 21.11.2003
O bancário investido na função de tesoureiro, que recebe gratificação não inferior a 1/3 do salário do cargo efetivo, está inserido na exceção do § 2º do art. 224 da CLT, não fazendo jus ao pagamento das sétima e oitava horas como extras.
Histórico:
Redação original - Res. 15/1985, DJ 05, 06 e 09.12.1985

Súmula nº 238 do TST
BANCÁRIO. SUBGERENTE (cancelada) - Res. 121/2003, DJ 19, 20 e 21.11.2003

O bancário no exercício da função de subgerente, que recebe gratificação não inferior a 1/3 do salário do cargo efetivo, está inserido na exceção do § 2º do art. 224 da CLT, não fazendo jus ao pagamento das sétima e oitava horas como extras.
Histórico:
Redação original - Res. 15/1985, DJ 05, 06 e 09.12.1985
Nº 238 Bancário – Subgerente
O bancário no exercício da função de subgerente, que recebe gratificação não inferior a 1/3 (um terço) do salário do cargo efetivo, está inserido na exceção do § 2º do artigo 224 da Consolidação das Leis do Trabalho, não fazendo jus ao pagamento da sétima e oitava horas como extras.

Súmula nº 239 do TST
BANCÁRIO. EMPREGADO DE EMPRESA DE PROCESSAMENTO DE DADOS (incorporadas as Orientações Jurisprudenciais nºs 64 e 126 da SBDI-1) - Res. 129/2005, DJ 20, 22 e 25.04.2005
É bancário o empregado de empresa de processamento de dados que presta serviço a banco integrante do mesmo grupo econômico, exceto quando a empresa de processamento de dados presta serviços a banco e a empresas não bancárias do mesmo grupo econômico ou a terceiros. (primeira parte - ex-Súmula nº 239 - Res. 15/1985, DJ 09.12.1985; segunda parte - ex-OJs nºs 64 e 126 da SBDI-1 - inseridas, respectivamente, em 13.09.1994 e 20.04.1998)
Precedentes:
Primeira parte:
ERR 4529/1979., TP 12/1984 - Red. Min. Marco Aurélio Mendes de Farias Mello
DJ 23.03.1984 - Decisão por maioria
RR 2519/1981, Ac. 2ªT 689/1982 - Min. Marcelo Pimentel
DJ 28.05.1982 - Decisão unânime
RR 2147/1980, Ac. 2ªT 1534/1981 - Rel. "ad hoc" Min. Orlando Coutinho
DJ 07.08.1981 - Decisão por maioria
RR 6310/1982, Ac. 3ªT 681/1984 - Min. Orlando Teixeira da Costa
DJ 13.04.1984 - Decisão unânime
RR 2110/1982, Ac. 3ªT 2493/1983 - Rel. "ad hoc" Min. Guimarães Falcão
DJ 07.10.1983 - Decisão por maioria
Segunda parte:
ERR 173647/1995, Ac. 4919/1997 - Min. Ronaldo Lopes Leal
DJ 14.11.1997 - Decisão unânime
ERR 208014/1995, Ac. 2253/1997 - Min. Milton de Moura França
DJ 30.05.1997 - Decisão unânime
ERR 117443/1994, Ac. 0680/1997 - Min. Francisco Fausto Paula de Medeiros
DJ 04.04.1997 - Decisão unânime
ERR 112951/1994, Ac. 1862/1996 - Min. João Oreste Dalazen
DJ 08.11.1996 - Decisão unânime
ERR 57518/1992, Ac. 1453/1996 - Red. Min. Manoel Mendes de Freitas
DJ 17.05.1996 - Decisão por maioria
ERR 91564/1993, Ac. 4100/1995 - Red. Min. Manoel Mendes de Freitas
DJ 15.03.1996 - Decisão por maioria
ERR 42118/1991, Ac. 3113/1995 - Juiz Conv. Euclides Alcides Rocha
DJ 22.09.1995 - Decisão unânime
ERR 17373/1990, Ac. 0651/1993 - Red. Min. José Luiz Vasconcellos
DJ 08.10.1993 - Decisão por maioria
ERR 1370/1990, Ac. 0513/1993 - Min. José Luiz Vasconcellos
DJ 25.03.1994 - Decisão unânime
Histórico:

Súmula mantida - Res. 121/2003, DJ 19, 20 e 21.11.2003
Redação original - Res. 15/1985, DJ 05, 06 e 09.12.1985
Nº 239 Bancário. Empregado de empresa de processamento de dados
É bancário o empregado de empresa de processamento de dados que presta serviço a banco integrante do mesmo grupo econômico.

Súmula nº 240 do TST
BANCÁRIO. GRATIFICAÇÃO DE FUNÇÃO E ADICIONAL POR TEMPO DE SERVIÇO (mantida) - Res. 121/2003, DJ 19, 20 e 21.11.2003
O adicional por tempo de serviço integra o cálculo da gratificação prevista no art. 224, § 2º, da CLT.
Precedentes:
RR 4879/1983, Ac. 1ªT 3391/1984 - Min. Marco Aurélio Mendes de Farias Mello
DJ 09.11.1984 - Decisão por maioria
RR 5959/1982, Ac. 1ªT 1314/1984 - Min. Marco Aurélio Mendes de Farias Mello
DJ 01.06.1984 - Decisão por maioria
RR 5906/1982., Ac. 1ªT 824/1984 - Min. Marco Aurélio Mendes de Farias Mello
DJ 18.05.1984 - Decisão por maioria
RR 5337/1981, Ac. 1ªT 431/1983 - Min. Coqueijo Costa
DJ 22.04.1983 - Decisão por maioria
RR 4360/1981, Ac. 1ªT 2983/1982 - Red. Min. Marco Aurélio Mendes de Farias Mello
DJ 24.09.1982 - Decisão por maioria
RR 5469/1981., Ac. 2ªT 2374/1982 - Juiz Conv. Pedro Natali
DJ 29.10.1982 - Decisão por maioria
RR 3015/1980, Ac. 3ªT 1545/1981- Rel. "ad hoc" Min. C. A. Barata Silva
DJ 07.08.1981 - Decisão por maioria
Histórico:
Redação original - Res. 15/1985, DJ 05, 06 e 09.12.1985

Súmula nº 241 do TST
SALÁRIO-UTILIDADE. ALIMENTAÇÃO (mantida) - Res. 121/2003, DJ 19, 20 e 21.11.2003
O vale para refeição, fornecido por força do contrato de trabalho, tem caráter salarial, integrando a remuneração do empregado, para todos os efeitos legais.
Precedentes:
RR 3867/1984, Ac. 1ªT 3068/1985 - Min. Fernando Franco
DJ 30.08.1985 - Decisão unânime
RR 7020/1983, Ac. 1ªT 2230/1985 - Min. Marco Aurélio M. de F. Mello
DJ 09.08.1985 - Decisão por maioria
RR 5262/1983, Ac. 1ªT 1697/1985 - Min. Ildélio Martins
DJ 07.06.1985 - Decisão unânime
RR 3783/1983, Ac. 1ªT 713/1985 - Min. Marco Aurélio Mendes de Farias Mello
DJ 10.05.1985 - Decisão unânime
RR 4952/1981, Ac. 1ªT 2312/1982 - Min. Marco Aurélio M. de F. Mello
DJ 03.09.1982 - Decisão por maioria
RR 4139/1980, Ac. 2ªT 1741/1981 - Rel. "ad hoc" Min. Marcelo Pimentel
DJ 07.08.1981 - Decisão por maioria
RR 4008/1981, Ac. 3ªT 1638/1982 - Min. Expedito Amorim
DJ 11.06.1982 - Decisão por maioria
Histórico:
Redação original - Res. 15/1985, DJ 05, 06 e 09.12.1985

Súmula nº 242 do TST
INDENIZAÇÃO ADICIONAL. VALOR (mantida) - Res. 121/2003, DJ 19, 20 e 21.11.2003

A indenização adicional, prevista no art. 9º da Lei nº 6.708, de 30.10.1979 e no art. 9º da Lei nº 7.238, de 28.10.1984, corresponde ao salário mensal, no valor devido na data da comunicação do despedimento, integrado pelos adicionais legais ou convencionados, ligados à unidade de tempo mês, não sendo computável a gratificação natalina.

Precedentes:
RR 4513/1984, Ac. 1ªT 3348/1985 - Red. Min. Marco Aurélio M. de F. Mello
DJ 27.09.1985 - Decisão por maioria
RR 1294/1984, Ac. 1ªT 1913/1985 - Min. Ildélio Martins
DJ 28.06.1985 - Decisão por maioria
RR 5203/1983, Ac. 1ªT 383/1985 - Min. Marco Aurélio M. de F. Mello
DJ 19.04.1985 - Decisão por maioria
RR 5261/1983, Ac. 1ªT 226/1985 - Min. Marco Aurélio Mendes de Farias Mello
DJ 12.04.1985 - Decisão unânime
RR 4607/1983, Ac. 1ªT 28/1985 - Min. Marco Aurélio Mendes de Farias Mello
DJ 08.03.1985 - Decisão unânime
RR 3216/1983, Ac. 1ªT 3468/1984 - Min. Marco Aurélio Mendes de Farias Mello
DJ 09.11.1984 - Decisão unânime
RR 3443/1983, Ac. 1ªT 2719/1984 - Rel. "ad hoc" Min. Fernando Franco
DJ 14.09.1984 - Decisão por maioria
RR 83/1984, Ac. 2ªT 2908/1985 - Min. José Ajuricaba da Costa e Silva
DJ 06.09.1985 - Decisão unânime
RR 5027/1984, Ac. 2ªT 2356/1985 - Min. Nelson Tapajós
DJ 09.08.1985 - Decisão unânime
RR 6057/1983, Ac. 2ªT 81/1985 - Red. Min. José Ajuricaba da Costa e Silva
DJ 15.03.1985 - Decisão por maioria
RR 337/1984, Ac. 2ªT 4360/1984 - Min. Nelson Tapajós
DJ 22.02.1985 - Decisão unânime
RR 5581/1983, Ac. 3ªT 4329/1984 - Min. Antônio Alves de Almeida
DJ 19.12.1984 - Decisão unânime

Histórico:
Redação original - Res. 15/1985, DJ 05, 06 e 09.12.1985
Nº 242 Indenização adicional – Valor.

A indenização adicional, prevista no artigo 9º das Leis 6708/79 e 7238/84, corresponde ao salário mensal, no valor devido à data da comunicação do despedimento, integrado pelos adicionais legais ou convencionados, ligados à unidade de tempo mês, não sendo computável a gratificação natalina.

Súmula nº 243 do TST
OPÇÃO PELO REGIME TRABALHISTA. SUPRESSÃO DAS VANTAGENS ESTATUTÁRIAS (mantida) - Res. 121/2003, DJ 19, 20 e 21.11.2003

Exceto na hipótese de previsão contratual ou legal expressa, a opção do funcionário público pelo regime trabalhista implica a renúncia dos direitos inerentes ao regime estatutário.

Precedentes:
AR 32/1982, Ac. TP 881/1984 - Red. Min. Marco Aurélio M. de F. Mello
DJ 28.06.1985 - Decisão por maioria
ERR 295/1979, Ac. TP 1157/1982 - Min. Nelson Tapajós
DJ 13.08.1982 - Decisão por maioria

RR 6498/1983, Ac. 1ªT 1818/1985 - Min. Ildélio Martins
DJ 21.06.1985 - Decisão por maioria
RR 27/1984, Ac. 1ªT 1849/1985 - Min. Ildélio Martins
DJ 14.06.1985 - Decisão por maioria
RR 159/1984, Ac. 1ªT 1428/1985 - Min. Fernando Franco
DJ 31.05.1985 - Decisão unânime
RR 7516/1983, Ac. 1ªT 1528/1985 - Min. Fernando Franco
DJ 31.05.1985 - Decisão por maioria
RR 4391/1983, Ac. 1ªT 4080/1984 - Red. Min. Marco Aurélio Mendes de Farias Mello
DJ 19.12.1984 - Decisão por maioria
RR 724/1982, Ac. 1ªT 1313/1983 - Min. Coqueijo Costa
DJ 24.06.1983 - Decisão unânime
RR 4150/1982, Ac. 1ªT 812/1983 - Rel. "ad hoc" Min. Coqueijo Costa
DJ 27.05.1983 - Decisão por maioria
RR 4898/1981, Ac. 1ªT 73/1983 - Min. Marco Aurélio Mendes de Farias Mello
DJ 08.04.1983 - Decisão por maioria
RR 2231/1981, Ac. 1ªT 718/1982 - Min. Marco Aurélio Mendes de Farias Mello
DJ 21.05.1982 - Decisão unânime
RR 1295/1981, Ac. 1ªT 869/1982 - Red. Min. Marco Aurélio Mendes de Farias Mello
DJ 07.05.1982 - Decisão por maioria
RR 7465/1984, Ac. 2ªT 3200/1985 - Min. Nelson Tapajós
DJ 20.09.1985 - Decisão unânime
RR 4053/1982, Ac. 2ªT 660/1983 - Min. Mozart Victor Russomano
DJ 27.05.1983 - Decisão unânime
RR 3683/1982, Ac. 3ªT 3435/1982 - Rel. "ad hoc" Min. Expedito Amorim
DJ 04.03.1983 - Decisão por maioria
RR 2672/1981, Ac. 3ªT 605/1982 - Min. Guimarães Falcão
DJ 16.04.1982 - Decisão por maioria
RR 1018/1978, Ac. 3ªT 1670/1978 - Rel. "ad hoc" Min. C. A. Barata Silva
DJ 24.11.1978 - Decisão por maioria

Histórico:
Redação original - Res. 15/1985, DJ 05, 06 e 09.12.1985
Nº 243 Opção pelo regime trabalhista – Supressão das vantagens estatutárias.

Exceto na hipótese de previsão contratual ou legal expressa, a opção do funcionário público pelo regime trabalhista implica na renúncia dos direitos inerentes ao sistema estatutário.

Súmula nº 244 do TST
GESTANTE. ESTABILIDADE PROVISÓRIA (redação do item III alterada na sessão do Tribunal Pleno realizada em 14.09.2012) - Res. 185/2012, DEJT divulgado em 25, 26 e 27.09.2012

I - O desconhecimento do estado gravídico pelo empregador não afasta o direito ao pagamento da indenização decorrente da estabilidade (art. 10, II, "b" do ADCT).

II - A garantia de emprego à gestante só autoriza a reintegração se esta se der durante o período de estabilidade. Do contrário, a garantia restringe-se aos salários e demais direitos correspondentes ao período de estabilidade.

III - A empregada gestante tem direito à estabilidade provisória prevista no art. 10, inciso II, alínea "b", do Ato das Disposições Constitucionais Transitórias, mesmo na hipótese de admissão mediante contrato por tempo determinado.

Precedentes:
Item I
AIRR 14224/2002-900-04-00.0, TP - Min. Emmanoel Pereira
Julgado em 15.04.2004 - Decisão unânime

ROAR 400356-75.1997.5.02.5555 - Min. Francisco Fausto Paula de Medeiros
DJ 12.05.2000/J-11.04.2000 - Decisão unânime
RR 341447-83.1997.5.04.5555, 2ªT - Min. José Luciano de Castilho Pereira
DJ 10.12.1999 - Decisão unânime
RR 229169-29.1995.5.07.5555, Ac. 2ªT 6952/1997 - Min. José Luciano de Castilho Pereira
DJ 12.09.1997 - Decisão unânime
RR 113002-98.1994.5.02.5555, Ac. 3ªT 1040/1996 - Min. José Zito Calasãs Rodrigues
DJ 12.04.1996 - Decisão por maioria
RR 178533-97.1995.5.02.5555, Ac. 5ªT 1589/1996 - Min. Orlando Teixeira da Costa
DJ 07.06.1996 - Decisão unânime
Item II
RR 4159/1984, Ac. 1ªT 3248/1985 - Min. Ildélio Martins
DJ 27.09.1985 - Decisão por maioria
RR 583/1984, Ac. 1ªT 2409/1985 - Min. Ildélio Martins
DJ 30.08.1985 - Decisão por maioria
RR 5928/1983, Ac. 1ªT 2113/1985 - Min. Ildélio Martins
DJ 28.06.1985 - Decisão por maioria
RR 5143/1983, Ac 1ªT 293/1985 - Red. Min. Marco Aurélio Mendes de Farias Mello
DJ 19.04.1985 - Decisão por maioria
RR 6588/1983, Ac. 3ªT 4869/1984 - Min. Orlando Teixeira da Costa
DJ 01.03.1985 - Decisão unânime
RR 3285/1982, Ac. 3ªT 2971/1983 - Min. Guimarães Falcão
DJ 18.11.1983 - Decisão por maioria
RR 3481/1982, Ac. 3ªT 3711/1984 - Min. Orlando Teixeira da Costa
DJ 09.12.1983 - Decisão unânime
Item III
RR 1601-11-2010.5.09.0068, 1ªT - Min. Luiz Philippe Vieira de Mello Filho
DJE 09.03.2012/J-29.02.2012 - Decisão unânime
RR 107-20.2011.5.18.0006, 1ªT - Min. Walmir Oliveira da Costa
DJE 16.12.2011/J-07.12.2011 - Decisão unânime
RR 194040-35.2006.5.02.0472, 1ªT - Min. Walmir Oliveira da Costa
DJE 18.06.2010/J-09.06.2010 - Decisão unânime
RR 49800-75.2009.5.02.0462, 3ªT - Min. Alberto Luiz Bresciani de Fontan Pereira
DJE 15.06.2012/J-13.06.2012 - Decisão unânime
RR 57041-60.2009.5.09.0671, 3ªT - red Min. Horácio Raymundo de Senna Pires
DJE 27.04.2012/J-18.04.2012 - Decisão por maioria
RR 6605-52.2010.5.12.0001, 4ªT - Min. Luiz Philippe Vieira de Mello Filho
DJE 11.05.2012/J-09.05.2012 - Decisão unânime
RR 21700-25.2009.5.01.0079, 6ªT - Min. Maurício Godinho Delgado
DJE 13.04.2012/J-08.02.2012 - Decisão unânime
RR 167300-09.2008.5.24.0003, 6ªT - Min. Augusto César Leite de Carvalho
DJE 03.04.2012/J-14.12.2011 - Decisão por maioria
RR 62700-90.2009.5.02.0074, 6ªT - Red Min. Augusto César Leite de Carvalho
DJE 08.06.2012/J-09.05.2012 - Decisão por maioria
Histórico:
Súmula alterada - (incorporadas as Orientações Jurisprudenciais nºs 88 e 196 da SBDI-1) - Res. 129/2005, DJ 20, 22 e 25.04.2005

Item III - Não há direito da empregada gestante à estabilidade provisória na hipótese de admissão mediante contrato de experiência, visto que a extinção da relação de emprego, em face do término do prazo, não constitui dispensa arbitrária ou sem justa causa. (ex-OJ nº 196 da SBDI-1 - inserida em 08.11.2000)
Súmula alterada - Res. 121/2003, DJ 19, 20 e 21.11.2003
Nº 244 Gestante. Garantia de emprego
A garantia de emprego à gestante só autoriza a reintegração se esta se der durante o período de estabilidade. Do contrário, a garantia restringe-se aos salários e demais direitos correspondentes ao período de estabilidade.
Redação original - Res. 15/1985, DJ 05, 06 e 09.12.1985
Nº 244 Gestante - Garantia de emprego
A garantia de emprego à gestante não autoriza a reintegração, assegurando-lhe apenas o direito a salários e vantagens correspondentes ao período e seus reflexos.

Súmula nº 245 do TST
DEPÓSITO RECURSAL. PRAZO (mantida) - Res. 121/2003, DJ 19, 20 e 21.11.2003
O depósito recursal deve ser feito e comprovado no prazo alusivo ao recurso. A interposição antecipada deste não prejudica a dilação legal.
Precedentes:
ERR 577/1979, Ac. TP 1065/1982 - Rel. "ad hoc" Min. Fernando Franco
DJ 02.07.1982 - Decisão por maioria
RR 623/1984, Ac. 1ªT 2662/1984 - Min. Ildélio Martins
DJ 06.09.1985 - Decisão unânime
RR 5367/1983, Ac. 1ªT 1071/1985 - Red. Min. Marco Aurélio Mendes de Farias Mello
DJ 31.05.1985 - Decisão por maioria
RR 4900/1983, Ac. 1ªT 620/1985 - Min. Marco Aurélio Mendes de Farias Mello
DJ 31.05.1985 - Decisão unânime
RR 2931/1980, Ac. 1ªT 1736/1981 - Min. Fernando Franco
DJ 14.08.1981 - Decisão unânime
RR 4307/1984, Ac. 2ªT 2923/1985 - Min. C. A. Barata Silva
DJ 06.09.1985 - Decisão unânime
RR 2779/1982, Ac. 2ªT 2903/1983 - Rel. "ad hoc" Min. Hélio Regato
DJ 09.12.1983 - Decisão por maioria
RR 4489/1979, Ac. 2ªT 17/1981 - Min. Mozart Victor Russomano
DJ 13.03.1981 - Decisão unânime
RR 3202/1974, Ac. 2ªT 398/1975 - Min. Orlando Coutinho
DJ 12.06.1975 - Decisão unânime
Histórico:
Redação original - Res. 15/1985, DJ 05, 06 e 09.12.1985
Nº 245 Depósito recursal. Prazo
O depósito recursal deve ser feito e comprovado no prazo alusivo ao recurso, sendo que a interposição antecipada deste não prejudica a dilação legal.

Súmula nº 246 do TST
AÇÃO DE CUMPRIMENTO. TRÂNSITO EM JULGADO DA SENTENÇA NORMATIVA (mantida) - Res. 121/2003, DJ 19, 20 e 21.11.2003
É dispensável o trânsito em julgado da sentença normativa para a propositura da ação de cumprimento.
Precedentes:
RR 284/1984, Ac. 1ªT 1370/1985 - Red. Min. Marco Aurélio Mendes de Farias Mello
DJ 31.05.1985 - Decisão por maioria
RR 4591/1983, Ac. 1ªT 359/1985 - Red. Min. Marco Aurélio Mendes de Farias Mello
DJ 26.04.1985 - Decisão por maioria

RR 6107/1984, Ac. 2ªT 2384/1985 - Min. C. A. Barata Silva
DJ 16.08.1985 - Decisão unânime
RR 7021/1984, Ac. 3ªT 3383/1985 - Min. Guimarães Falcão
DJ 20.09.1985 - Decisão unânime
Histórico:
Redação original - Res. 15/1985, DJ 05, 06 e 09.12.1985
Nº 246 Ação de cumprimento – Trânsito em julgado da sentença normativa.
É dispensável o trânsito em julgado da sentença normativa para propositura da ação de cumprimento.

Súmula nº 247 do TST
QUEBRA DE CAIXA. NATUREZA JURÍDICA (mantida) - Res. 121/2003, DJ 19, 20 e 21.11.2003
A parcela paga aos bancários sob a denominação "quebra de caixa" possui natureza salarial, integrando o salário do prestador de serviços, para todos os efeitos legais.
Precedentes:
IUJRR 2755/1984, Ac. TP 2773/1985 - Min. Marco Aurélio Mendes de Farias Mello
DJ 19.12.1985 - Decisão por maioria
RODC 4/1981, Ac. TP 2241/1981 - Rel. "ad hoc" Min. Marcelo Pimentel
DJ 21.10.1981 - Decisão por maioria
RR 4682/1983, Ac. 1ªT 616/1985 - Min. Marco Aurélio Mendes de Farias Mello
DJ 03.05.1985 - Decisão por maioria
RR 4003/1983, Ac. 1ªT 430/1985 - Red. Min. Marco Aurélio Mendes de Farias Mello
DJ 26.04.1985 - Decisão por maioria
RR 3847/1983, Ac. 1ªT 124/1985 - Min. Marco Aurélio Mendes de Farias Mello
DJ 12.04.1985 - Decisão por maioria
RR 3158/1982, Ac. 2ªT 3281/1983 - Min. Marco Aurélio Prates de Macedo
DJ 24.02.1984 - Decisão por maioria
RR 2196/1983, Ac. 2ªT 2132/1983 - Min. Mozart Victor Russomano
DJ 19.10.1983 - Decisão por maioria
RR 2174/1983, Ac. 2ªT 2129/1983 - Min. Mozart Victor Russomano
DJ 19.10.1983 - Decisão por maioria
RR 6709/1982, Ac. 2ªT 1717/1983 - Min. Mozart Victor Russomano
DJ 16.09.1983 - Decisão por maioria
RR 2041/1981, Ac. 2ªT 1121/1982 - Rel. "ad hoc" Min. Marcelo Pimentel
DJ 04.06.1982 - Decisão por maioria
RR 554/1981, Ac. 2ªT 185/1982 - Min. Orlando Coutinho
DJ 12.03.1982 - Decisão unânime
RR 1571/1981, Ac. 3ªT 1271/1982 - Rel. "ad hoc" Min. Guimarães Falcão
DJ 21.05.1982 - Decisão por maioria
Histórico:
Redação original - Res. 16/1985, DJ 13, 14 e 15.01.1986
Nº 247 Quebra-de-caixa – Natureza jurídica.
A parcela paga aos bancários sob a denominação Quebra-de-Caixa possui natureza salarial, integrando o salário do prestador dos serviços, para todos os efeitos legais.

Súmula nº 248 do TST
ADICIONAL DE INSALUBRIDADE. DIREITO ADQUIRIDO (mantida) - Res. 121/2003, DJ 19, 20 e 21.11.2003
A reclassificação ou a descaracterização da insalubridade, por ato da autoridade competente, repercute na satisfação do respectivo adicional, sem ofensa a direito adquirido ou ao princípio da irredutibilidade salarial.
Precedentes:
RR 5314/1984, Ac. 1ªT 3309/1985 - Red. Min. Marco Aurélio Mendes de Farias Mello
DJ 04.10.1985 - Decisão por maioria
RR 5925/1983, Ac. 1ªT 2110/1985 - Min. Ildélio Martins
DJ 28.06.1985 - Decisão unânime
RR 4753/1983, Ac. 1ªT 1197/1985 - Min. Ildélio Martins
DJ 31.05.1985 - Decisão unânime
RR 1001/1983, Ac. 1ªT 319/1985 - Min. Ildélio Martins
DJ 12.04.1985 - Decisão por maioria
RR 2255/1983, Ac. 1ªT 05/1985 - Min. Marco Aurélio Mendes de Farias Mello
DJ 15.03.1985 - Decisão por maioria
RR 996/1983, Ac. 1ªT 3126/1984 - Min. Marco Aurélio Mendes de Farias Mello
DJ 31.10.1984 - Decisão unânime
RR 1702/1984, Ac. 2ªT 592/1985 - Min. Pajehú Macedo Silva
DJ 26.04.1985 - Decisão unânime
RR 573/1983, Ac. 3ªT 1345/1984 - Min. Orlando Teixeira da Costa
DJ 01.06.1984 - Decisão unânime
RR 4936/1981, Ac. 3ªT 2717/1982 - Min. Guimarães Falcão
DJ 08.10.1982 - Decisão unânime
Histórico:
Redação original - Res. 17/1985, DJ 13, 14 e 15.01.1986
Nº 248 Adicional de Insalubridade – Direito adquirido.
A reclassificação ou descaracterização da insalubridade, por ato da autoridade competente, repercute na satisfação do respectivo adicional, sem ofensa a direito adquirido ou ao princípio da irredutibilidade salarial.

Súmula nº 249 do TST
AUMENTO SALARIAL SETORIZADO. TABELA ÚNICA (cancelada) - Res. 121/2003, DJ 19, 20 e 21.11.2003
Legítima é a concessão de aumento salarial por região do país, desfazendo identidade anterior, baseada em tabela única de âmbito nacional.
Histórico:
Redação original - Res. 17/1985, DJ 13, 14 e 15.01.1986

Súmula nº 250 do TST
PLANO DE CLASSIFICAÇÃO. PARCELAS ANTIGÜIDADE E DESEMPENHO. AGLUTINAÇÃO AO SALÁRIO (cancelada) - Res. 121/2003, DJ 19, 20 e 21.11.2003
Lícita é a incorporação ao salário-base das parcelas pagas a título de antigüidade e desempenho, quando não há prejuízo para o empregado.
Histórico:
Redação original - Res. 17/1985, DJ 13, 14 e 15.01.1986
Súmulas
Súmulas do Tribunal Superior do Trabalho

Súmula nº 251 do TST
PARTICIPAÇÃO NOS LUCROS. NATUREZA SALARIAL. (cancelamento mantido) - Res. 121/2003, DJ 19, 20 e 21.11.2003 - Referência art. 7º, XI, CF/1988
A parcela participação nos lucros da empresa, habitualmente paga, tem natureza salarial, para todos os efeitos legais.
Histórico:
Súmula cancelada - Res. 33/1994, DJ 12, 17 e 19.05.1994
Redação original - Res. 17/1985, DJ 13, 14 e 15.01.1986

Súmula nº 252 do TST
FUNCIONÁRIO PÚBLICO. CEDIDO. REAJUSTE SALARIAL (cancelada) - Res. 121/2003, DJ 19, 20 e 21.11.2003

Os funcionários públicos cedidos à Rede Ferroviária Federal S.A. têm direito ao reajustamento salarial previsto no art. 5º da Lei nº 4.345/1964, compensável com o deferido pelo art. 1º da Lei nº 4.564/1964 e observados os padrões de vencimentos, à época dos cargos idênticos ou assemelhados do serviço público, a teor do disposto no art. 20, item I, da Lei nº 4.345/1964 e nos termos dos acórdãos proferidos no DC 2/1966. O paradigma previsto neste último dispositivo legal será determinado através de perícia, se as partes não o indicarem de comum acordo.

Histórico:

Súmula alterada (revisão da Súmula nº 116) - Res. 107/2001, DJ 21.03.2001 - Republicada DJ 26, 27 e 28.03.2001

Redação original - Res. 18/1985, DJ 13, 14 e 15.01.1986

Nº 252 Os funcionários públicos cedidos à Rede Ferroviária Federal S/A têm direito ao reajustamento salarial previsto no artigo 5º da Lei nº 4.345/1964, compensável com o deferido pelo artigo 1º, da Lei nº 4.564/1964 e observados os padrões de vencimentos, à época, dos cargos idênticos ou assemelhados do serviço público, a teor do disposto no artigo 20, item 1, da Lei nº 4.345/1964 e nos termos dos acórdãos proferidos no DC 2/1966. (Altera a Súmula nº 116).

Súmula nº 253 do TST
GRATIFICAÇÃO SEMESTRAL. REPERCUSSÕES (nova redação) - Res. 121/2003, DJ 19, 20 e 21.11.2003

A gratificação semestral não repercute no cálculo das horas extras, das férias e do aviso prévio, ainda que indenizados. Repercute, contudo, pelo seu duodécimo na indenização por antigüidade e na gratificação natalina.

Precedentes:

ERR 2961/1980, Ac. TP 2406/1985 - Red. Min. Hermínio Mendes Cavaleiro
DJ 29.11.1985 - Decisão por maioria
ERR 1863/1981, Ac. TP 1084/1985 - Red. Min. Fernando Franco
DJ 28.06.1985 - Decisão por maioria
ERR 2320/1978., Ac. TP 1521/1982 - Min. Luiz Roberto de Rezende Puech
DJ 03.09.1982 - Decisão por maioria
ERR 1303/1979, Ac. TP 2293/1981 - Rel. "ad hoc" Min. Expedito Amorim
DJ 27.11.1981 - Decisão por maioria
ERR 1283/1979, Ac. TP 2292/1981 - Min. Nelson Tapajós
DJ 20.11.1981 - Decisão por maioria
ERR 427/1979, Ac. TP 2426/1981 - Min. Mozart Victor Russomano
DJ 20.11.1981 - Decisão unânime
ERR 1647/1979, Ac. TP 1848/1981 - Min. Fernando Franco
DJ 23.10.1981 - Decisão unânime
ERR 379800/1997 - Min. Vantuil Abdala
DJ 17.09.1999 - Decisão unânime
ERR 235171/1995 - Min. Nelson Daiha
DJ 16.10.1998 - Decisão unânime
ERR 238551/1995 - Min. Nelson Daiha
DJ 21.08.1998 - Decisão unânime
ERR 309605/1996 - Min. Vantuil Abdala
DJ 27.03.1998 - Decisão unânime
ERR 143556/1994, Ac. 85/1997 - Min. Milton de Moura França
DJ 18.04.1997 - Decisão unânime
RR 5156/1984, Ac. 1ªT 3514/1985 - Min. Marco Aurélio Mendes de Farias Mello
DJ 18.10.1985 - Decisão unânime
RR 5118/1984, Ac. 1ªT 3636/1985 - Min. João Wagner
DJ 27.09.1985 - Decisão unânime
RR 3823/1984, Ac. 1ªT 2906/1985 - Red. Min. João Wagner
DJ 23.08.1985 - Decisão por maioria
RR 5457/1983, Ac. 1ªT 440/1985 - Min. Marco Aurélio Mendes de Farias Mello
DJ 19.04.1985 - Decisão por maioria
RR 3687/1983, Ac. 1ªT 420/1985 - Min. Marco Aurélio Mendes de Farias Mello
DJ 19.04.1985 - Decisão por maioria
RR 304/1983, Ac. 1ªT 1445/1984 - Red. Min. Marco Aurélio Mendes de Farias Mello
DJ 15.06.1984 - Decisão por maioria
RR 183035/1995, Ac. 2ªT 5874/1996 - Red. Min. Rider de Brito
DJ 08.11.1996 - Decisão unânime
RR 2088/1984, Ac. 3ªT 2840/1985 - Min. Hermínio Mendes Cavaleiro
DJ 16.08.1985 - Decisão unânime
RR 2886/1982, Ac. 3ªT 3202/1983 - Min. Guimarães Falcão
DJ 24.11.1983 - Decisão unânime
RR 921/1982, Ac. 3ªT 1714/1983 - Min. Expedito Amorim
DJ 26.08.1983 - Decisão por maioria
RR 2880/1981, Ac. 3ªT 1069/1982 - Min. C. A. Barata Silva
DJ 30.04.1982 - Decisão por maioria

Histórico:

Redação original - Res. 1/1986, DJ 23, 27 e 28.05.1986

Nº 253 Gratificação semestral. Repercussão nas férias, aviso prévio e horas extras

A gratificação semestral não repercute nos cálculos das horas extras, das férias e do aviso prévio, ainda que indenizados.

Súmula nº 254 do TST
SALÁRIO-FAMÍLIA. TERMO INICIAL DA OBRIGAÇÃO (mantida) - Res. 121/2003, DJ 19, 20 e 21.11.2003

O termo inicial do direito ao salário-família coincide com a prova da filiação. Se feita em juízo, corresponde à data de ajuizamento do pedido, salvo se comprovado que anteriormente o empregador se recusara a receber a respectiva certidão.

Precedente:

IUJRR 255/1985, Ac. TP 1602/1986 - Min. Marco Aurélio Mendes de Farias Mello
DJ 22.08.1986 - Decisão unânime

Histórico:

Redação original - Res. 2/1986, DJ 02, 03 e 04.07.1986

Nº 254 Salário-família. Termo inicial da obrigação

O termo inicial do direito ao salário-família coincide com a prova da filiação. Se feita em juízo, corresponde à data de ajuizamento do pedido, salvo se comprovado que anteriormente o empregador se recusara a receber a certidão respectiva.

Súmula nº 255 do TST
SUBSTITUIÇÃO PROCESSUAL. DESISTÊNCIA (cancelada) - Res. 121/2003, DJ 19, 20 e 21.11.2003

O substituído processualmente pode, antes da sentença de primeiro grau, desistir da ação.

Histórico:

Redação original (revisão da Súmula nº 180) - Res. 3/1986, DJ 02, 03 e 04.07.1986.

Súmula nº 256 do TST
CONTRATO DE PRESTAÇÃO DE SERVIÇOS. LEGALIDADE (cancelada) - Res. 121/2003, DJ 19, 20 e 21.11.2003

Salvo os casos de trabalho temporário e de serviço de vigilância, previstos nas Leis nºs 6.019, de 03.01.1974, e 7.102, de 20.06.1983, é ilegal a contratação de trabalhadores por empresa interposta, formando-se o vínculo empregatício diretamente com o tomador dos serviços.

Histórico:
Revista pela Súmula nº 331 - Res. 23/1993, DJ 21.12.1993 e 04.01.1994
Redação original - Res. 4/1986, DJ 30.09.1986, 01 e 02.10.1986

Súmula nº 257 do TST

VIGILANTE (mantida) - Res. 121/2003, DJ 19, 20 e 21.11.2003
O vigilante, contratado diretamente por banco ou por intermédio de empresas especializadas, não é bancário.
Precedentes:
ERR 143/1981, Ac. TP 1837/1986 - Min. Ranor Barbosa
DJ 29.08.1986 - Decisão unânime
ERR 766/1982., Ac. TP 2375/1986 - Min. Orlando Lobato
DJ 12.12.1986 - Decisão unânime
ERR 5644/1982., Ac. TP 2149/1986 - Min. Ildélio Martins
DJ 10.10.1986 - Decisão unânime
ERR 3012/1980, Ac. TP 1972/1984 - Min. Nelson Tapajós
DJ 19.12.1984 - Decisão por maioria
ERR 666/1980, Ac. TP 276/1983 - Red. Min. Marco Aurélio Mendes de Farias Mello
DJ 15.04.1983 - Decisão por maioria
ERR 3628/1979, Ac. TP 267/1983 - Rel. "ad hoc" Min. Coqueijo Costa
DJ 25.03.1983 - Decisão por maioria
ERR 1374/1978, Ac. TP 2203/1980 - Min. Orlando Coutinho
DJ 17.10.1980 - Decisão unânime
RR 1042/1983, Ac. 1ªT 2987/1984 - Min. Marco Aurélio Mendes de Farias Mello
DJ 11.10.1984 - Decisão por maioria
RR 3713/1982, Ac. 1ªT 1309/1984 - Rel. "ad hoc" Min. Ildélio Martins
DJ 03.08.1984 - Decisão por maioria
RR 3391/1982, Ac. 1ªT 2790/1983 - Min. Ildélio Martins
DJ 18.11.1983 - Decisão por maioria
RR 589/1982, Ac. 1ªT 913/1983 - Min. Ildélio Martins
DJ 27.05.1983 - Decisão por maioria
RR 5364/1981, Ac. 1ªT 174/1983 - Min. Marco Aurélio Mendes de Farias Mello
DJ 22.04.1983 - Decisão unânime
RR 4540/1981, Ac. 1ªT 3035/1982 - Min. Marco Aurélio Mendes de Farias Mello
DJ 17.09.1982 - Decisão unânime
RR 1307/1981, Ac. 1ªT 1486/1982 - Min. Marco Aurélio Mendes de Farias Mello
DJ 11.06.1982 - Decisão unânime
RR 2919/1981, Ac. 1ªT 1132/1982 - Min. Coqueijo Costa
DJ 21.05.1982 - Decisão unânime
RR 1218/1982, Ac. 2ªT 1277/1983 - Min. Marco Aurélio Prates de Macedo
DJ 19.08.1983 - Decisão unânime
RR 4578/1981, Ac. 2ªT 1808/1982 - Min. Nelson Tapajós
DJ 17.09.1982 - Decisão unânime
RR 3290/1981, Ac. 3ªT 1628/1982 - Min. Expedito Amorim
DJ 18.06.1982 - Decisão por maioria
Histórico:
Redação original - Res. 5/1986, DJ 31.10.1986, 03 e 04.11.1986

Súmula nº 258 do TST

SALÁRIO-UTILIDADE. PERCENTUAIS (nova redação) - Res. 121/2003, DJ 19, 20 e 21.11.2003
Os percentuais fixados em lei relativos ao salário "in natura" apenas se referem às hipóteses em que o empregado percebe salário mínimo, apurando-se, nas demais, o real valor da utilidade.

Precedentes:
ERR 5147/1979, Ac. TP 480/1983 - Min. Mozart Victor Russomano
DJ 08.04.1983 - Decisão por maioria
RR 6585/1982, Ac. 1ªT 1323/1984 - Min. Marco Aurélio Mendes de Farias Mello
DJ 08.06.1984 - Decisão unânime
RR 5753/1982, Ac. 1ªT 1583/1983 - Min. Coqueijo Costa
DJ 05.08.1983 - Decisão unânime
RR 695/1981, Ac. 1ªT 1859/1982 - Red. Min. Marco Aurélio Mendes de Farias Mello
DJ 25.06.1982 - Decisão por maioria
RR 2386/1981, Ac. 1ªT 1570/1982 - Min. Coqueijo Costa
DJ 04.06.1982 - Decisão por maioria
RR 3409/1978, Ac. 2ªT 287/1979 - Rel. "ad hoc" Min. Orlando Coutinho
DJ 23.04.1979 - Decisão por maioria
Histórico:
Redação original - Res. 6/1986, DJ 31.10.1986, 03 e 04.11.1986
Nº 258 Salário – utilidade – Percentuais.
Os percentuais fixados em lei relativos ao salário in natura apenas pertinem às hipóteses em que o empregado percebe salário-mínimo, apurando-se, nas demais, o real valor da utilidade.

Súmula nº 259 do TST

TERMO DE CONCILIAÇÃO. AÇÃO RESCISÓRIA (mantida) - Res. 121/2003, DJ 19, 20 e 21.11.2003
Só por ação rescisória é impugnável o termo de conciliação previsto no parágrafo único do art. 831 da CLT.
Precedentes:
ROAR 86/1985, Ac. TP 1828/1986 - Min. Guimarães Falcão
DJ 29.08.1986 - Decisão unânime
ROAR 646/1981, Ac. TP 4/1983 - Red. Min. Marco Aurélio Mendes de Farias Mello
DJ 25.03.1983 - Decisão por maioria
ROAR 337/1982, Ac. TP 77/1983 - Min. Guimarães Falcão
DJ 11.03.1983 - Decisão unânime
ROAR 534/1979, Ac. TP 1784/1980 - Min. Luiz Roberto de Rezende Puech
DJ 24.10.1980 - Decisão unânime
ROAR 512/1978, Ac. TP 1118/1979 - Min. Hildebrando Bisaglia
DJ 19.06.1979 - Decisão unânime
.ROAR 484/1977, Ac. TP 593/1978 - Min. Coqueijo Costa
DJ 07.07.1978 - Decisão unânime
RR 8773/1985, Ac. 1ªT 1708/1986 - Min. Orlando Lobato
DJ 27.06.1986 - Decisão unânime
RR 7532/1984, Ac. 1ªT 4148/1985 - Min. Fernando Franco
DJ 25.10.1985 - Decisão unânime
RR 5016/1981, Ac. 1ªT 2240/1982 - Min. Fernando Franco
DJ 13.08.1982 - Decisão unânime
RR 4398/1981, Ac. 1ªT 2311/1982 - Min. Fernando Franco
DJ 13.08.1982 - Decisão por maioria
RR 4506/1980, Ac. 1ªT 2558/1981 - Min. Guimarães Falcão
DJ 16.10.1981 - Decisão por maioria
RR 4059/1978, Ac. 1ªT 679/1979 - Min. Marcelo Pimentel
DJ 08.06.1979 - Decisão unânime
RR 2590/1975, Ac. 1ªT 2404/1975 - Min. Raymundo de Souza Moura
DJ 18.05.1976 - Decisão unânime
RR 2553/1975, Ac. 1ªT 2335/1975 - Min. Elias Bufaiçal
DJ 26.03.1976 - Decisão unânime
RR 2355/1976, Ac. 2ªT 2407/1976 - Min. Renato Machado
DJ 28.02.1977 - Decisão unânime

RR 24/1973, Ac. 2ªT 1231/1973 - Rel. "ad hoc" Min. Thélio da Costa Monteiro
DJ 25.09.1973 - Decisão por maioria
RR 230/1982, Ac. 3ªT 357/1983 - Min. Orlando Teixeira da Costa
DJ 18.03.1983 - Decisão unânime
RR 3097/1974, Ac. 3ªT 1953/1974 - Rel. "ad hoc" Juiz Conv. Ribeiro de Vilhena
DJ 03.03.75 - Decisão por maioria
Histórico:
Redação original - Res. 7/1986, DJ 31.10.1986, 03 e 04.11.1986
Nº 259 Termo de Conciliação – Ação rescisória.
Só por ação rescisória é atacável o termo de conciliação previsto no parágrafo único do art. 831 da Consolidação das Leis do Trabalho.

Súmula nº 260 do TST
SALÁRIO-MATERNIDADE. CONTRATO DE EXPERIÊNCIA (cancelada) - Res. 121/2003, DJ 19, 20 e 21.11.2003
No contrato de experiência, extinto antes do período de 4 (quatro) semanas que precede ao parto, a empregada não tem direito a receber, do empregador, o salário-maternidade.
Histórico:
Redação original - Res. 8/1986, DJ 31.10.1986, 03 e 04.11.1986 - Republicada com correção DJ 06, 07 e 10.11.1986

Súmula nº 261 do TST
FÉRIAS PROPORCIONAIS. PEDIDO DE DEMISSÃO. CONTRATO VIGENTE HÁ MENOS DE UM ANO (nova redação) - Res. 121/2003, DJ 19, 20 e 21.11.2003
O empregado que se demite antes de complementar 12 (doze) meses de serviço tem direito a férias proporcionais.
Histórico:
Redação original - Res. 9/1986, DJ 31.10.1986, 03 e 04.11.1986 - Republicada com correção DJ 06, 07 e 10.11.1986
Nº 261 Férias proporcionais – Pedido de demissão – Contrato vigente há menos ano.
O empregado que, espontaneamente, pede demissão, antes de completar doze meses de serviço, não tem direito a férias proporcionais.

Súmula nº 262 do TST
PRAZO JUDICIAL. NOTIFICAÇÃO OU INTIMAÇÃO EM SÁBADO. RECESSO FORENSE. (redação do item II alterada na sessão do Tribunal Pleno realizada em 19.05.2014) – Res. 194/2014, DEJT divulgado em 21, 22 e 23.05.2014
I - Intimada ou notificada a parte no sábado, o início do prazo se dará no primeiro dia útil imediato e a contagem, no subsequente. (ex-Súmula nº 262 - Res. 10/1986, DJ 31.10.1986)
II - O recesso forense e as férias coletivas dos Ministros do Tribunal Superior do Trabalho suspendem os prazos recursais. (ex-OJ nº 209 da SBDI-1 - inserida em 08.11.2000)
Precedentes:
Item I
EAI 1608-34.1977.5.55.5555, Ac. TP 3170/1979 - Rel. "ad hoc" Min. Raymundo de Souza Moura
DJ 07.03.1980 - Decisão por maioria
RR 6376-03.1984.5.55.5555, Ac. 1ªT 5183/1985 - Min. Marco Aurélio Mendes de Farias Mello
DJ 19.12.1985 - Decisão unânime
RR 4309-65.1982.5.55.5555, Ac. 1ªT 243/1983 - Min. Marco Aurélio Mendes de Farias Mello
DJ 06.05.1983 - Decisão por maioria
RR 1742-61.1981.5.55.5555, Ac. 1ªT 3143/1982 - Min. Fernando Franco
DJ 15.10.1982 - Decisão unânime
RR 6855-93.1984.5.55.5555, Ac. 3ªT 3929/1985 - Min. Antônio Alves de Almeida
DJ 18.10.1985 - Decisão unânime
RR 1568-52.1979.5.55.5555, Ac. 3ªT 1988/1979 - Min. Expedito Amorim
DJ 18.04.1980 - Decisão unânime
Item II
ERR 162772-31.1995.5.09.5555, Ac. 0897/1997 - Min. Milton de Moura França
DJ 18.04.1997 - Decisão unânime
ERR 42807-75.1992.5.05.5555, Ac. 3856/1995 - Min. Vantuil Abdala
DJ 03.11.1995 - Decisão unânime
ERR 3732-18.1989.5.02.5555, Ac. 0825/1995 - Min. Hylo Gurgel
DJ 12.05.1995 - Decisão unânime
ERR 4769-58.1989.5.10.5555, Ac. 2851/1992 - Min. Ermes Pedro Pedrassani
DJ 11.12.1992 - Decisão unânime
RR 158085-86.1995.5.17.5555, Ac. 1ªT 3520/1995 - Juiz Conv. Euclides Alcides Rocha
DJ 25.08.1995 - Decisão unânime
RR 94944-81.1993.5.02.5555, Ac. 2ªT 3384/1994 - Min. Vantuil Abdala
DJ 26.08.1994 - Decisão unânime
RR 13562-44.1990.5.03.5555, Ac. 3ªT 3253/1992 - Min. José Luiz Vasconcellos
DJ 13.11.1992 - Decisão unânime
RR 118782-19.1994.5.02.5555, Ac. 5ªT 4817/1994 - Min. Armando de Brito
DJ 16.12.1994 - Decisão unânime
Histórico:
Redação original – Res. 129/2005, DJ 20, 22 e 25.04.2005
Item II - O recesso forense e as férias coletivas dos Ministros do Tribunal Superior do Trabalho (art. 177, § 1º, do RITST) suspendem os prazos recursais. (ex-OJ nº 209 da SBDI-1 - inserida em 08.11.2000)
Súmula mantida - Res. 121/2003, DJ 19, 20 e 21.11.2003
Redação original - Res. 10/1986, DJ 31.10.1986
Nº 262 Prazo judicial. Notificação ou intimação em sábado
Intimada ou notificada a parte no sábado, o início do prazo dar-se-á no primeiro dia útil imediato e a contagem, no subsequente.

Súmula nº 263 do TST
PETIÇÃO INICIAL. INDEFERIMENTO. INSTRUÇÃO OBRIGATÓRIA DEFICIENTE (nova redação em decorrência do CPC de 2015) – Res. 208/2016, DEJT divulgado em 22, 25 e 26.04.2016
Salvo nas hipóteses do art. 330 do CPC de 2015 (art. 295 do CPC de 1973), o indeferimento da petição inicial, por encontrar-se desacompanhada de documento indispensável à propositura da ação ou não preencher outro requisito legal, somente é cabível se, após intimada para suprir a irregularidade em 15 (quinze) dias, mediante indicação precisa do que deve ser corrigido ou completado, a parte não o fizer (art. 321 do CPC de 2015).
Histórico:
Súmula alterada - Res. 121/2003, DJ 19, 20 e 21.11.2003
Nº 263. Petição inicial. Indeferimento. Instrução obrigatória deficiente (nova redação)
Salvo nas hipóteses do art. 295 do CPC, o indeferimento da petição inicial, por encontrar-se desacompanhada de documento indispensável à propositura da ação ou não preencher outro requisito legal, somente é cabível se, após intimada para suprir a irregularidade em 10 (dez) dias, a parte não o fizer.
Redação original - Res. 11/1986, DJ 31.10.1986, 03 e 04.11.1986
Nº 263 Petição inicial – Indeferimento – Instrução obrigatória deficiente.

O indeferimento da petição inicial, por encontrar-se desacompanhada de documento indispensável à propositura da ação ou não preencher outro requisito legal, somente é cabível se, após intimada para suprir a irregularidade em dez dias, a parte não o fizer.

Súmula nº 264 do TST
HORA SUPLEMENTAR. CÁLCULO (mantida) - Res. 121/2003, DJ 19, 20 e 21.11.2003

A remuneração do serviço suplementar é composta do valor da hora normal, integrado por parcelas de natureza salarial e acrescido do adicional previsto em lei, contrato, acordo, convenção coletiva ou sentença normativa.

Precedentes:
RR 5701/1985, Ac. 1ªT 6484/1985 - Red. Min. Ildélio Martins
DJ 21.03.1986 - Decisão por maioria
RR 6956/1984, Ac. 1ªT 4139/1985 - Red. Min. Marco Aurélio Mendes de Farias Mello
DJ 31.10.1985 - Decisão por maioria
RR 7186/1984, Ac. 1ªT 4517/1985 - Min. Marco Aurélio Mendes de Farias Mello
DJ 15.03.1985 - Decisão unânime
RR 546/1983, Ac. 1ªT 2137/1984 - Red. Min. Marco Aurélio Mendes de Farias Mello
DJ 24.08.1984 - Decisão por maioria
RR 2075/1983, Ac. 1ªT 563/1984 - Red. Min. Marco Aurélio Mendes de Farias Mello
DJ 27.04.1984 - Decisão por maioria
RR 1340/1982, Ac. 1ªT 1601/1983 - Min. Coqueijo Costa
DJ 05.08.1983 - Decisão por maioria
RR 2848/1985, Ac. 2ªT 4630/1985 - Min. C. A. Barata Silva
DJ 19.12.1985 - Decisão unânime
RR 4982/1981, Ac. 2ªT 629/1983 - Min. Marcelo Pimentel
DJ 26.08.1983 - Decisão unânime
RR 2607/1981, Ac. 3ªT 1972/1982 - Min. Guimarães Falcão
DJ 06.08.1982 - Decisão unânime

Histórico:
Redação original - Res. 12/1986, DJ 31.10.1986, 03 e 04.11.1986

Súmula nº 265 do TST
ADICIONAL NOTURNO. ALTERAÇÃO DE TURNO DE TRABALHO. POSSIBILIDADE DE SUPRESSÃO (mantida) - Res. 121/2003, DJ 19, 20 e 21.11.2003

A transferência para o período diurno de trabalho implica a perda do direito ao adicional noturno.

Precedentes:
ERR 952/1980, Ac. TP 1341/1983 - Rel. "ad hoc" Min. Pajehú Macedo Silva
DJ 28.09.1984 - Decisão por maioria
RR 2966/1982, Ac. 1ªT 226/1983 - Min. Marco Aurélio Mendes de Farias Mello
DJ 06.05.1983 - Decisão por maioria
RR 3724/1977, Ac. 1ªT 2763/1977 - Min. Fernando Franco
DJ 24.02.1978 - Decisão unânime
RR 6849/1985, Ac. 2ªT 1313/1986 - Min. Marcelo Pimentel
DJ 27.06.1986 - Decisão por maioria
RR 338/1984, Ac. 2ªT 4074/1985 - Min. José Ajuricaba da Costa e Silva
DJ 31.10.1985 - Decisão unânime
RR 5096/1983, Ac. 2ªT 3165/1984 - Min. Nelson Tapajós
DJ 25.11.1984 - Decisão unânime
RR 5276/1981, Ac. 2ªT 2625/1982 - Min. Nelson Tapajós
DJ 03.12.1982 - Decisão unânime
RR 5043/1981, Ac. 2ªT 2158/1982 - Min. Marcelo Pimentel
DJ 22.10.1982 - Decisão unânime
RR 2547/1982, Ac. 3ªT 3307/1983 - Rel. "ad hoc" Min. Expedito Amorim
DJ 03.11.1983 - Decisão por maioria

Histórico:
Redação original - Res. 13/1986, DJ 20.01.1987, 22, 23 e 26.01.1987

Nº 265 Adicional noturno – Alteração de turno de trabalho – Possibilidade de supressão.
A transferência para o período diurno de trabalho implica na perda do direito ao adicional noturno.

Súmula nº 266 do TST
RECURSO DE REVISTA. ADMISSIBILIDADE. EXECUÇÃO DE SENTENÇA (mantida) - Res. 121/2003, DJ 19, 20 e 21.11.2003

A admissibilidade do recurso de revista interposto de acórdão proferido em agravo de petição, na liquidação de sentença ou em processo incidente na execução, inclusive os embargos de terceiro, depende de demonstração inequívoca de violência direta à Constituição Federal.

Precedente:
ERR 1674/1981., Ac. TP 1861/1987 - Red. Min. Marco Aurélio Mendes de Farias Mello
DJ 18.12.1987 - Decisão por maioria

Histórico:
Redação original (revisão da Súmula nº 210) - Res. 1/1987, DJ 23.10.1987 e DJ 10, 11 e 14.12.1987

Nº 266 A admissibilidade do recurso de revista contra acórdão proferido em agravo de petição, na liquidação de sentença ou em processo incidente na execução, inclusive os embargos de terceiro, depende de demonstração inequívoca de violência direta à Constituição Federal.

Súmula nº 267 do TST
BANCÁRIO. VALOR DO SALÁRIO-HORA. DIVISOR (cancelada) - Res. 121/2003, DJ 19, 20 e 21.11.2003

O bancário sujeito à jornada de 8 (oito) horas (art. 224, § 2º, da CLT) tem salário-hora calculado com base no divisor 240 (duzentos e quarenta) e não 180 (cento e oitenta), que é relativo à jornada de 6 (seis) horas.

Histórico:
Revista pela Súmula nº 343 - Res. 48/1995, DJ 30 e 31.08.1995 e 01.09.1995
Redação original - Res. 2/1987, DJ 10, 11 e 14.12.1987

Súmula nº 268 do TST
PRESCRIÇÃO. INTERRUPÇÃO. AÇÃO TRABALHISTA ARQUIVADA (nova redação) - Res. 121/2003, DJ 19, 20 e 21.11.2003

A ação trabalhista, ainda que arquivada, interrompe a prescrição somente em relação aos pedidos idênticos.

Precedentes:
ERR 652857/2000 - Min. José Luciano de Castilho Pereira
DJ 17.10.2003 - Decisão unânime
ERR 467268/1998 - Red. Min. Rider de Brito
DJ 21.03.2003 - Decisão por maioria
ERR 5434/1980, Ac. TP 1133/1986 - Red. Min. Marco Aurélio Mendes de Farias Mello
DJ 01.08.1986 - Decisão por maioria
ERR 2923/1973, Ac. TP 863/1975 - Rel. "ad hoc" Min. Raymundo de Souza Moura
DJ 30.10.1975 - Decisão por maioria
RR 3717/1986, Ac. 1ªT 89/1987 - Red. Min. Marco Aurélio Mendes de Farias Mello
DJ 04.09.1987 - Decisão por maioria
RR 4394/1986, Ac. 1ªT 4616/1986 - Min. Marco Aurélio Mendes de Farias Mello
DJ 19.12.1986 - Decisão unânime

RR 392/1986, Ac. 1ªT 3673/1986 - Min. Marco Aurélio Mendes de Farias Mello
DJ 14.11.1986 - Decisão unânime
RR 9445/1985, Ac. 1ªT 2082/1986 - Min. Luiz Philippe Vieira de Mello
DJ 29.08.1986 - Decisão unânime
RR 836/1984, Ac. 1ªT 2682/1985 - Min. Marco Aurélio Mendes de Farias Mello
DJ 23.08.1985 - Decisão unânime
RR 620992/2000, 2ªT - Min. Renato de Lacerda Paiva
DJ 24.10.2003 - Decisão unânime
RR 4321/1986, Ac. 2ªT 1019/1987 - Min. José Ajuricaba da Costa e Silva
DJ 05.06.1987 - Decisão unânime
RR 967/1986, Ac. 2ªT 539/1987 - Min. C. A. Barata Silva
DJ 30.04.1987 - Decisão unânime
RR 601116/1999, 3ªT - Min. Maria Cristina Irigoyen Peduzzi
DJ 20.06.2003 - Decisão unânime
RR 363084/1997, 5ªT - Min. Gelson de Azevedo
DJ 16.05.2003 - Decisão unânime
Histórico:
Redação original - Res. 1/1988, DJ 01, 02 e 03.03.1988
Nº 268 Prescrição. Interrupção. Demanda trabalhista arquivada
A demanda trabalhista, ainda que arquivada, interrompe a prescrição.

Súmula nº 269 do TST
DIRETOR ELEITO. CÔMPUTO DO PERÍODO COMO TEMPO DE SERVIÇO (mantida) - Res. 121/2003, DJ 19, 20 e 21.11.2003
O empregado eleito para ocupar cargo de diretor tem o respectivo contrato de trabalho suspenso, não se computando o tempo de serviço desse período, salvo se permanecer a subordinação jurídica inerente à relação de emprego.
Precedentes:
ERR 4383/1983, Ac. TP 1733/1986 - Min. C. A. Barata Silva
DJ 22.08.1986 - Decisão unânime
ERR 183/1980, Ac. TP 3076/1982 - Min. Expedito Amorim
DJ 18.03.1983 - Decisão por maioria
ERR 614/1979, Ac. TP 3084/1982 - Rel. "ad hoc" Min. Ildélio Martins
DJ 04.03.1983 - Decisão por maioria
RR 5257/1984, Ac. 1ªT 3307/1985 - Min. Marco Aurélio M. de F. Mello
DJ 27.09.1985 - Decisão unânime
RR 4826/1983, Ac. 1ªT 677/1985 - Red. Min. Marco Aurélio M. de F. Mello
DJ 14.06.1985 - Decisão por maioria
RR 705/1981, Ac. 1ªT 1467/1982 - Min. Marco Aurélio Mendes de Farias Mello
DJ 04.06.1982 - Decisão por maioria
RR 5558/1983, Ac. 2ªT 4025/1984 - Min. Nelson Tapajós
DJ 19.12.1984 - Decisão unânime
RR 1263/1983, Ac. 2ªT 2342/1984 - Min. Nelson Tapajós
DJ 28.09.1984 - Decisão por maioria
RR 2906/1980, Ac. 3ªT 1196/1981 - Min. Expedito Amorim
DJ 19.06.1981 - Decisão unânime
RR 193/1981, Ac. 2ªT 1082/1981 - Min. Mozart Victor Russomano
DJ 29.05.1981 - Decisão unânime
Histórico:
Redação original - Res. 2/1988, DJ 01, 02 e 03.03.1988
Nº 269 Diretor eleito – Cômputo do período como tempo de serviço.
O empregado eleito para ocupar cargo de diretor tem o respectivo contrato de trabalho suspenso, não se computando o tempo de serviço deste período, salvo se permanecer a subordinação jurídica inerente à relação de emprego.

Súmula nº 270 do TST
REPRESENTAÇÃO PROCESSUAL. MANDATO EXPRESSO. AUSÊNCIA DE FIRMA RECONHECIDA (cancelamento mantido) - Res. 121/2003, DJ 19, 20 e 21.11.2003 - Lei nº 8.952/1994
A ausência de reconhecimento de firma no instrumento de mandato - procuração - torna irregular a representação processual, impossibilitando o conhecimento do recurso, por inexistente.
Histórico:
Súmula cancelada - Res. 49/1995, DJ 30 e 31.08.1995 e 01.09.1995
Redação original - Res. 3/1988, DJ 01, 02 e 03.03.1988

Súmula nº 271 do TST
SUBSTITUIÇÃO PROCESSUAL. ADICIONAIS DE INSALUBRIDADE E DE PERICULOSIDADE (cancelada) - Res. 121/2003, DJ 19, 20 e 21.11.2003
Legítima é a substituição processual dos empregados associados, pelo sindicato que congrega a categoria profissional, na demanda trabalhista cujo objeto seja adicional de insalubridade ou periculosidade.
Histórico:
Redação original - Res. 4/1988, DJ 01, 02 e 03.03.1988

Súmula nº 272 do TST
AGRAVO DE INSTRUMENTO. TRASLADO DEFICIENTE (cancelada) - Res. 121/2003, DJ 19, 20 e 21.11.2003
Não se conhece do agravo para subida de recurso de revista, quando faltarem no traslado do despacho agravado, a decisão recorrida, a petição de recurso de revista, a procuração subscrita pelo agravante, ou qualquer peça essencial à compreensão da controvérsia.
Histórico:
Redação original - Res. 5/1988, DJ 01, 02 e 03.03.1988

Súmula nº 273 do TST
CONSTITUCIONALIDADE. DECRETOS-LEIS NºS 2.012/1983 E 2.045/1983 (cancelada) - Res. 121/2003, DJ 19, 20 e 21.11.2003
São constitucionais os Decretos-Leis nºs 2.012/1983 e 2.045/1983.
Histórico:
Redação original - Res. 6/1988, DJ 01, 02 e 03.03.1988

Súmula nº 274 do TST
PRESCRIÇÃO PARCIAL. EQUIPARAÇÃO SALARIAL (cancelada em decorrência da sua incorporação à nova redação da Súmula nº 6) - Res. 129/2005, DJ 20, 22 e 25.04.2005
Na ação de equiparação salarial, a prescrição só alcança as diferenças salariais vencidas no período de 5 (cinco) anos que precedeu o ajuizamento.
Histórico:
Súmula alterada - Res. 121/2003, DJ 19, 20 e 21.11.2003
Redação original - Res. 7/1988, DJ 01, 02 e 03.03.1988
Nº 274 Prescrição parcial – Equiparação salarial.
Na demanda de equiparação salarial a prescrição só alcança as diferenças salariais vencidas no período anterior aos dois anos que precederam o ajuizamento.

Súmula nº 275 do TST
PRESCRIÇÃO. DESVIO DE FUNÇÃO E REENQUADRAMENTO (incorporada a Orientação Jurisprudencial nº 144 da SBDI-1) - Res. 129/2005, DJ 20, 22 e 25.04.2005
I - Na ação que objetive corrigir desvio funcional, a prescrição só alcança as diferenças salariais vencidas no período de 5 (cinco) anos que precedeu o ajuizamento. (ex-Súmula nº 275 – alterada pela Res. 121/2003, DJ 21.11.2003)

II - Em se tratando de pedido de reenquadramento, a prescrição é total, contada da data do enquadramento do empregado. (ex-OJ nº 144 da SBDI-1 - inserida em 27.11.1998)
Precedentes:
Item I
RR 516007/1998, 2ªT - Juiz Conv. Altino Pedrozo dos Santos
DJ 27.09.2002 - Decisão unânime
RR 471040/1998, 4ªT - Min. Ives Gandra Martins Filho
DJ 08.11.2002 - Decisão unânime
RR 493473/1998, 5ªT - Min. João Batista Brito Pereira
DJ 23.05.2003 - Decisão unânime
ERR 3791/1982, Ac. TP 1058/1987 - Min. Marco Aurélio
DJ 11.09.1987 - Decisão por maioria
(Precedente da redação publicado na Res. 08/1988)
ERR 955/1982., Ac. TP 2688/1986 - Min. Marcelo Pimentel
DJ 20.02.1987 - Decisão por maioria
(Precedente da redação publicado na Res. 08/1988)
ERR 4000/1981., Ac. TP 2824/1986 - Min. C. A. Barata Silva
DJ 20.02.1987 - Decisão por maioria
(Precedente da redação publicado na Res. 08/1988)
ERR 3525/1981., Ac. TP 2686/1986 - Min. Vieira de Mello
DJ 19.12.1986 - Decisão unânime
(Precedente da redação publicado na Res. 08/1988)
ERR 2676/1981, Ac. TP 1766/1986 - Min. C. A. Barata Silva
DJ 22.08.1986 - Decisão por maioria
(Precedente da redação publicado na Res. 08/1988)
ERR 3227/1981, Ac. TP 1007/1986 - Min. Orlando Teixeira da Costa
DJ 27.06.1986 - Decisão por maioria
(Precedente da redação publicado na Res. 08/1988)
ERR 3659/1981, Ac. TP 1773/1986 - Min. Marco Aurélio
DJ 31.10.1985 - Decisão por maioria
(Precedente da redação publicado na Res. 08/1988)
ERR 2193/1981, Ac. TP 1030/1985 - Min. Alves de Almeida
DJ 02.08.1985 - Decisão por maioria
(Precedente da redação publicado na Res. 08/1988)
RR 3376/1986, Ac. 1ªT 324/1987 - Min. Américo de Souza
DJ 05.06.1987 - Decisão unânime
(Precedente da redação publicado na Res. 08/1988)
RR 8100/1985, Ac. 1ªT 2698/1986 - Min. Marco Aurélio
DJ 17.10.1986 - Decisão por maioria
(Precedente da redação publicado na Res. 08/1988)
RR 5338/1985, Ac. 1ªT 808/1986 - Min. Vieira de Mello
DJ 20.06.1986 - Decisão unânime
(Precedente da redação publicado na Res. 08/1988)
RR 605/1982, Ac. 1ªT 89/1983 - Min. Marco Aurélio
DJ 08.04.1983 - Decisão por maioria
(Precedente da redação publicado na Res. 08/1988)
RR 4101/1981., Ac. 1ªT 2962/1982 - Min. João Wagner
DJ 15.10.1982 - Decisão por maioria
(Precedente da redação publicado na Res. 08/1988)
RR 2676/1981., Ac. 1ªT 1781/1982 - Min. Coqueijo Costa
DJ 18.06.1982 - Decisão unânime
(Precedente da redação publicado na Res. 08/1988)
RR 5268/1986, Ac. 2ªT 2288/1987 - Min. José Ajuricaba
DJ 18.09.1987 - Decisão unânime
(Precedente da redação publicado na Res. 08/1988)
RR 2367/1982, Ac. 2ªT 1767/1983 - Min. Mozart. V. Russomano
DJ 16.09.1983 - Decisão por maioria
(Precedente da redação publicado na Res. 08/1988)
RR 1006/1974, Ac. 2ªT 874/1974 - Min. Orlando Coutinho
DJ 13.08.1974 - Decisão por maioria

(Precedente da redação publicado na Res. 08/1988)
RR 2810/1984, Ac. 3ªT 5642/1985 - Min. Mendes Cavaleiro
DJ 07.02.1986 - Decisão unânime
(Precedente da redação publicado na Res. 08/1988)
RR 4852/1983, Ac. 3ªT 3766/1983 - Min. Guimarães Falcão
DJ 16.12.1983 - Decisão por maioria
(Precedente da redação publicado na Res. 08/1988)
Item II
ERR 119096/1994 - Min. Nelson Daiha
DJ 26.03.1999 - Decisão unânime
EEDRR 226238/1995 - Min. Rider de Brito
DJ 02.10.1998 - Decisão unânime
ERR 161539/1995 - Min. Nelson Daiha
DJ 14.08.1998 - Decisão unânime
ERR 906/1987, Ac. 165/1990 - Min. José Carlos da Fonseca
DJ 01.08.1990 - Decisão unânime
ERR 3393/1983, Ac. TP 591/1989 - Min. Guimarães Falcão
DJ 12.05.1989 - Decisão unânime
Histórico:
Súmula alterada - Res. 121/2003, DJ 19, 20 e 21.11.2003
Nº 275 Prescrição parcial. Desvio de função
Na ação que objetive corrigir desvio funcional, a prescrição só alcança as diferenças salariais vencidas no período de 5 (cinco) anos que precedeu o ajuizamento.
Redação original - Res. 8/1988, DJ 01, 02 e 03.03.1988
Nº 275 Na demanda que objetive corrigir desvio funcional, a prescrição só alcança as diferenças salariais vencidas no período anterior aos dois anos que precederam o ajuizamento.

Súmula nº 276 do TST
AVISO PRÉVIO. RENÚNCIA PELO EMPREGADO (mantida) - Res. 121/2003, DJ 19, 20 e 21.11.2003
O direito ao aviso prévio é irrenunciável pelo empregado. O pedido de dispensa de cumprimento não exime o empregador de pagar o respectivo valor, salvo comprovação de haver o prestador dos serviços obtido novo emprego.
Precedentes:
ERR 2010/1981, Ac. TP 1869/1985 - Min. C. A. Barata Silva
DJ 08.11.1985 - Decisão unânime
RR 1559/1986, Ac. 1ªT 362/1987 - Min. Marco Aurélio Mendes de Farias Mello
DJ 30.04.1987 - Decisão unânime
RR 2131/1986, Ac. 1ªT 6/1987 - Min. Marco Aurélio Mendes de Farias Mello
DJ 27.02.1987 - Decisão unânime
RR 665/1986, Ac. 1ªT 4378/1986 - Red. Min. Marco Aurélio Mendes de Farias Mello
DJ 06.02.1987 - Decisão por maioria
RR 4167/1986, Ac. 1ªT 4610/1986 - Min. Marco Aurélio Mendes de Farias Mello
DJ 19.12.1986 - Decisão unânime
RR 1772/1986, Ac. 1ªT 3682/1986 - Min. Marco Aurélio Mendes de Farias Mello
DJ 14.11.1986 - Decisão unânime
RR 561/1986, Ac. 1ªT 2932/1986 - Min. João Wagner
DJ 24.10.1986 - Decisão unânime
RR 6578/1985, Ac. 1ªT 947/1986 - Red. Min. Marco Aurélio Mendes de Farias Mello
DJ 13.06.1986 - Decisão por maioria
RR 6194/1985, Ac. 1ªT 921/1986 - Red. Min. Marco Aurélio Mendes de Farias Mello
DJ 23.05.1986 - Decisão por maioria
RR 9898/1985, Ac. 2ªT 535/1987 - Min. C. A. Barata Silva
DJ 30.04.1987 - Decisão unânime

RR 2394/1986, Ac. 2ªT 5278/1986 - Red. Min. Marcelo Pimentel

DJ 06.03.1987 - Decisão por maioria

RR 1144/1986, Ac. 2ªT 3848/1986 - Min. Marcelo Pimentel

DJ 14.11.1986 - Decisão unânime

RR 8838/1985, Ac. 2ªT 3473/1986 - Min. C. A. Barata Silva

DJ 31.10.1986 - Decisão unânime

RR 8596/1985, Ac. 2ªT 2746/1986 - Red. Min. Marcelo Pimentel

DJ 10.10.1986 - Decisão por maioria

RR 1327/86, Ac. 2ªT 2594/86 - Min. Marcelo Pimentel

DJ 19.09.1986 - Decisão por maioria

RR 311/1986, Ac. 2ªT 2580/1986 - Min. C. A. Barata Silva

DJ 19.09.1986 - Decisão por maioria

RR 677/1985, Ac. 2ªT 4485/1985 - Min. Marcelo Pimentel

DJ 13.12.1985 - Decisão por maioria

RR 2058/1985, Ac. 2ªT 4377/1985 - Min. C. A. Barata Silva

DJ 22.11.1985 - Decisão por maioria

RR 5699/1984, Ac. 2ªT 3465/1985 - Min. Marcelo Pimentel

DJ 14.10.1985 - Decisão unânime

RR 7145/1983, Ac. 2ªT 3541/1984 - Red. Min. Marcelo Pimentel

DJ 01.03.1985 - Decisão por maioria

RR 6611/1986, Ac. 3ªT 1562/1987 - Min. Norberto Silveira de Souza

DJ 26.06.1987 - Decisão por maioria

RR 2268/1986, Ac. 3ªT 4088/1986 - Min. Norberto Silveira de Souza

DJ 28.11.1986 - Decisão unânime

RR 5124/1986, Ac. 3ªT 688/1987 - Min. Ranor Barbosa

DJ 15.05.1986 - Decisão por maioria

RR 6253/1984, Ac. 3ªT 3890/1985 - Red. Min. Antônio Alves de Almeida

DJ 18.10.1985 - Decisão por maioria

RR 4645/1984, Ac. 3ªT 2688/1985 - Red. Min. Orlando Teixeira da Costa

DJ 30.08.1985 - Decisão por maioria

RR 5176/1984, Ac. 3ªT 2722/1985 - Min. Orlando Teixeira da Costa

DJ 23.08.1985 - Decisão por maioria

RR 5029/1984, Ac. 3ªT 2718/1985 - Min. Orlando Teixeira da Costa

DJ 23.08.1985 - Decisão por maioria

Histórico:

Redação original - Res. 9/1988, DJ 01, 02 e 03.03.1988

Nº 276 Aviso prévio – Renúncia pelo empregado.

O direito ao aviso prévio é irrenunciável pelo empregado. O pedido de dispensa de cumprimento não exime o empregador de pagar o valor respectivo, salvo comprovação de haver o prestador dos serviços obtido novo emprego.

Súmula nº 277 do TST

CONVENÇÃO COLETIVA DE TRABALHO OU ACORDO COLETIVO DE TRABALHO. EFICÁCIA. ULTRATIVIDADE (redação alterada na sessão do Tribunal Pleno realizada em 14.09.2012) - SÚMULA CUJA APLICAÇÃO ESTÁ SUSPENSA NOS TERMOS DA MEDIDA CAUTELAR DEFERIDA NOS AUTOS DO PROCESSO STF-ADPF Nº 323/DF, REL. MIN. GILMAR MENDES - Res. 185/2012, DEJT divulgado em 25, 26 e 27.09.2012

As cláusulas normativas dos acordos coletivos ou convenções coletivas integram os contratos individuais de trabalho e somente poderão ser modificadas ou suprimidas mediante negociação coletiva de trabalho.

Histórico:

Súmula alterada - redação alterada na sessão do Tribunal Pleno em 16.11.2009) - Res. 161/2009, DEJT 23, 24 e 25.11.2009

Nº 277 Sentença normativa. Convenção ou acordo coletivos. Vigência. Repercussão nos contratos de trabalho

I - As condições de trabalho alcançadas por força de sentença normativa, convenção ou acordos coletivos vigoram no prazo assinado, não integrando, de forma definitiva, os contratos individuais de trabalho.

II - Ressalva-se da regra enunciado no item I o período compreendido entre 23.12.1992 e 28.07.1995, em que vigorou a Lei nº 8.542, revogada pela Medida Provisória nº 1.709, convertida na Lei nº 10.192, de 14.02.2001.

Súmula mantida – Res. 121/2003, DJ 19, 20 e 21.11.2003

Redação original - Res. 10/1988, DJ 01, 02 e 03.03.1988

Nº 277 Sentença normativa. Vigência. Repercussão nos contratos de trabalho.

As condições de trabalho alcançadas por força de sentença normativa vigoram no prazo assinado, não integrando, de forma definitiva, os contratos.

Súmula nº 278 do TST

EMBARGOS DE DECLARAÇÃO. OMISSÃO NO JULGADO (mantida) - Res. 121/2003, DJ 19, 20 e 21.11.2003

A natureza da omissão suprida pelo julgamento de embargos declaratórios pode ocasionar efeito modificativo no julgado.

Precedentes:

ERR 3726/1979., Ac. TP 2661/1986 - Red. Min. Marco Aurélio Mendes de Farias Mello

DJ 13.02.1987 - Decisão por maioria

EDERR 4368/1980, Ac. TP 2371/1986 - Red. Min. Marco Aurélio Mendes de Farias Mello

DJ 05.12.1986 - Decisão por maioria

AR 57/1983, Ac. TP 440/1986 - Min. Marco Aurélio Mendes de Farias Mello

DJ 09.05.1986 - Decisão unânime

EDERR 4771/1980, Ac. TP 1442/1985 - Min. Marco Aurélio Mendes de Farias Mello

DJ 20.09.1985 - Decisão unânime

RR 6108/1986, Ac. 1ªT 1778/1987 - Min. Marco Aurélio Mendes de Farias Mello

DJ 28.08.1987 - Decisão unânime

EDRR 3698/1986, Ac. 1ªT 122/1987 - Min. Marco Aurélio Mendes de Farias Mello

DJ 27.03.1987 - Decisão unânime

RR 9730/1985, Ac. 1ªT 3935/1986 - Min. Marco Aurélio Mendes de Farias Mello

DJ 05.12.1986 - Decisão unânime

RR 637/1986, Ac. 1ªT 3112/1986 - Min. Marco Aurélio Mendes de Farias Mello

DJ 07.11.1986 - Decisão unânime

RR 4543/1985, Ac. 1ªT 09/1986 - Min. Marco Aurélio Mendes de Farias Mello

DJ 07.03.1986 - Decisão unânime

EDRR 2677/1984, Ac. 1ªT 2741/1985 - Min. Fernando Franco
DJ 16.08.1985 - Decisão unânime
RR 2386/1984, Ac. 1ªT 2199/1985 - Min. Marco Aurélio M. de F. Mello
DJ 28.06.1985 - Decisão unânime
EDRR 6649/1983, Ac. 1ªT 149/1985 - Min. Marco Aurélio Mendes de Farias Mello
DJ 12.04.1985 - Decisão unânime
EDRR 3403/1986, Ac. 2ªT 894/1987 - Min. Hélio Regato
DJ 05.06.1987 - Decisão unânime
RR 1919/1985, Ac. 2ªT 1627/1986 - Min. Marcelo Pimentel
DJ 20.06.1986 - Decisão unânime
EDRR 6554/1984, Ac. 2ªT 3614/1985 - Min. C. A. Barata Silva
DJ 18.10.1985 - Decisão unânime
Histórico:
Redação original - Res. 11/1988, DJ 01, 02 e 03.03.1988

Súmula nº 279 do TST
RECURSO CONTRA SENTENÇA NORMATIVA. EFEITO SUSPENSIVO. CASSAÇÃO (mantida) - Res. 121/2003, DJ 19, 20 e 21.11.2003
A cassação de efeito suspensivo concedido a recurso interposto de sentença normativa retroage à data do despacho que o deferiu.
Precedentes:
RR 6800/1985, Ac. 1ªT 848/1986 - Min. Marco Aurélio Mendes de Farias Mello
DJ 23.05.1986 - Decisão unânime
RR 3938/85, Ac. 1ªT 6016/1985 - Red. Min. Marco Aurélio Mendes de Farias Mello
DJ 21.02.1986 - Decisão por maioria
RR 3116/1985, Ac. 1ªT 5987/1985 - Red. Min. Marco Aurélio Mendes de Farias Mello
DJ 14.02.1986 - Decisão por maioria
RR 5276/1985, Ac. 2ªT 3167/1987 - Min. C. A. Barata Silva
DJ 09.10.1987 - Decisão unânime
RR 2233/1985, Ac. 2ªT 3690/1986 - Min. José Ajuricaba da Costa e Silva
DJ 14.11.1986 - Decisão unânime
RR 9178/1985, Ac. 2ªT 3224/1986 - Min. C. A. Barata Silva
DJ 10.10.1986 - Decisão unânime
RR 2734/1985, Ac. 2ªT 435/1986 - Min. Nelson Tapajós
DJ 06.06.1986 - Decisão unânime
RR 109/1986, Ac. 3ªT 5188/1986 - Red. Min. Norberto Silveira de Souza
DJ 20.02.1987 - Decisão por maioria
RR 5042/1985, Ac. 3ªT 1293/1986 - Min. Guimarães Falcão
DJ 23.05.1986 - Decisão unânime
Histórico:
Redação original - Res. 12/1988, DJ 01, 02 e 03.03.1988
Nº 279 Recurso contra sentença normativa – Efeito suspensivo – Cassação.
A cassação de efeito suspensivo concedido a recurso interposto contra sentença normativa retroage à data do despacho que o deferiu.

Súmula nº 280 do TST
CONVENÇÃO COLETIVA. SOCIEDADE DE ECONOMIA MISTA. AUDIÊNCIA PRÉVIA DO ÓRGÃO OFICIAL COMPETENTE (cancelamento mantido) - Res. 121/2003, DJ 19, 20 e 21.11.2003
Convenção coletiva, formalizada sem prévia audição do órgão oficial competente, não obriga sociedade de economia mista.
Histórico:
Súmula cancelada - Res. 2/1990, DJ 10, 11 e 14.01.1991
Redação original - Res. 13/1988, DJ 01, 02 e 03.03.1988

Súmula nº 281 do TST
PISO SALARIAL. PROFESSORES (cancelada) - Res. 121/2003, DJ 19, 20 e 21.11.2003
A instituição do Fundo de Participação dos Estados e Municípios não fez surgir, para os professores, direito a piso salarial.
Histórico:
Redação original - Res. 14/1988, DJ 01, 02 e 03.03.1988

Súmula nº 282 do TST
ABONO DE FALTAS. SERVIÇO MÉDICO DA EMPRESA (mantida) - Res. 121/2003, DJ 19, 20 e 21.11.2003
Ao serviço médico da empresa ou ao mantido por esta última mediante convênio compete abonar os primeiros 15 (quinze) dias de ausência ao trabalho.
Precedentes:
ERR 1508/1982, Ac. TP 2555/1985 - Red. Min. Marco Aurélio Mendes de Farias Mello
DJ 19.12.1985 - Decisão por maioria
ERR 3131/1980, Ac. TP 1011/1985 - Min. Coqueijo Costa
DJ 28.06.1985 - Decisão por maioria
ERR 2547/1979, Ac. TP 2978/1982 - Min. Expedito Amorim
DJ 18.03.1983 - Decisão por maioria
RR 909/1986, Ac. 1ªT 3315/1986 - Min. Marco Aurélio Mendes de Farias Mello
DJ 14.11.1986 - Decisão por maioria
RR 9117/1985, Ac. 1ªT 3092/1986 - Red. Min. Marco Aurélio Mendes de Farias Mello
DJ 14.11.1986 - Decisão por maioria
RR 5142/1983, Ac. 1ªT 4371/1984 - Min. Fernando Franco
DJ 19.12.1984 - Decisão unânime
RR 4168/1979, Ac. 1ªT 3447/1980 - Min. Raymundo de Souza Moura
DJ 06.02.1981 - Decisão por maioria
RR 2651/1986, Ac. 2ªT 4808/1986 - Min. C. A. Barata Silva
DJ 20.02.1987 - Decisão unânime
RR 7626/1984, Ac. 2ªT 4203/1985 - Min. Marcelo Pimentel
DJ 06.12.1985 - Decisão por maioria
RR 6004/1983, Ac. 2ªT 3612/1984 - Min. Nelson Tapajós
DJ 14.12.1984 - Decisão unânime
RR 3131/1980, Ac. 3ªT 3210/1981 - Rel. "ad hoc" Min. C. A. Barata Silva
DJ 18.12.1981 - Decisão por maioria
RR 3557/1977, Ac. 3ªT 1557/1978 - Min. Coqueijo Costa
DJ 03.11.1978 - Decisão por maioria
Histórico:
Redação original – Res. 15/1988, DJ 01, 02 e 03.03.1988

Súmula nº 283 do TST
RECURSO ADESIVO. PERTINÊNCIA NO PROCESSO DO TRABALHO. CORRELAÇÃO DE MATÉRIAS (mantida) - Res. 121/2003, DJ 19, 20 e 21.11.2003
O recurso adesivo é compatível com o processo do trabalho e cabe, no prazo de 8 (oito) dias, nas hipóteses de interposição de recurso ordinário, de agravo de petição, de revista e de embargos, sendo desnecessário que a matéria nele veiculada esteja relacionada com a do recurso interposto pela parte contrária.
Precedentes:
RODC 399/1986, Ac. TP 1987/1987 - Min. Hermínio Mendes Cavaleiro
DJ 05.02.1988 - Decisão unânime
RR 6396/1986, Ac. 1ªT 2595/1987 - Min. José Carlos da Fonseca
DJ 13.11.1987 - Decisão unânime
Histórico:

Redação original (revisão da Súmula nº 196) - Res. 16/1988, DJ 18, 21 e 22.03.1988

Nº 283 Recurso adesivo – Pertinência no processo do trabalho – Correlação de matérias.

O recurso adesivo é compatível com o processo do trabalho, onde cabe, no prazo de oito dias, nas hipóteses de interposição de recurso ordinário, de agravo de petição, de revista e de embargos, sendo desnecessário que a matéria nele veiculada esteja relacionada com a do recurso interposto pela parte contrária.

Súmula nº 284 do TST
CORREÇÃO MONETÁRIA. EMPRESAS EM LIQUIDAÇÃO. LEI Nº 6.024/1974 (cancelada) - Res. 121/2003, DJ 19, 20 e 21.11.2003

Os débitos trabalhistas das empresas em liquidação de que cogita a Lei nº 6.024/1974 estão sujeitos à correção monetária, observada a vigência do Decreto-Lei nº 2.278/1985, ou seja, a partir de 22.11.1985.

Histórico:
Revista pela Súmula nº 304 - Res. 2/1992, DJ 05.11.1992
Redação original (revisão da Súmula nº 185) - Res. 17/1988, DJ 18, 21 e 22.03.1988.

Súmula nº 285 do TST
RECURSO DE REVISTA. ADMISSIBILIDADE PARCIAL PELO JUIZ-PRESIDENTE DO TRIBUNAL REGIONAL DO TRABALHO. EFEITO (cancelada a partir de 15 de abril de 2016) - Res. 204/2016, DEJT divulgado em 17, 18 e 21.03.2016

O fato de o juízo primeiro de admissibilidade do recurso de revista entendê-lo cabível apenas quanto a parte das matérias veiculadas não impede a apreciação integral pela Turma do Tribunal Superior do Trabalho, sendo imprópria a interposição de agravo de instrumento.

*Cf. Instrução Normativa 40/2016
Histórico:
Súmula mantida - Res. 121/2003, DJ 19, 20 e 21.11.2003
Redação original - Res. 18/1988, DJ 18, 21 e 22.03.1988
Nº 285 Recurso de revista – Admissibilidade parcial pelo Juiz Presidente do Tribunal Regional do Trabalho – Efeito.

O fato de o juízo primeiro de admissibilidade do recurso de revista entendê-lo cabível apenas quanto à parte das matérias veiculadas não impede a apreciação integral pela Turma do Tribunal Superior do Trabalho, sendo imprópria a interposição de agravo de instrumento.

Súmula nº 286 do TST
SINDICATO. SUBSTITUIÇÃO PROCESSUAL. CONVENÇÃO E ACORDO COLETIVOS (mantida) - Res. 121/2003, DJ 19, 20 e 21.11.2003

A legitimidade do sindicato para propor ação de cumprimento estende-se também à observância de acordo ou de convenção coletivos.

Precedente:
IUJ-RR 278746/1996, TP - Min. José Luciano de Castilho Pereira
DJ 20.10.2000 - Decisão unânime

Histórico:
Súmula alterada - Res. 98/2000, DJ 18, 19 e 20.09.2000
Redação original - Res. 19/1988, DJ 18, 21 e 22.03.1988
Nº 286 Sindicato - Substituição processual - Convenção coletiva

O sindicato não é parte legítima para propor, como substituto processual, demanda que vise a observância de convenção coletiva.

Súmula nº 287 do TST
JORNADA DE TRABALHO. GERENTE BANCÁRIO (nova redação) - Res. 121/2003, DJ 19, 20 e 21.11.2003

A jornada de trabalho do empregado de banco gerente de agência é regida pelo art. 224, § 2º, da CLT. Quanto ao gerente-geral de agência bancária, presume-se o exercício de encargo de gestão, aplicando-se-lhe o art. 62 da CLT.

Precedentes:
ERR 607156/1999 - Min. Carlos Alberto Reis de Paula
DJ 27.06.2003 - Decisão unânime
EAIRR e RR 770918/2001 - Min. João Oreste Dalazen
DJ 06.06.2003 - Decisão por maioria
ERR 197015/1995 - Min. Carlos Alberto Reis de Paula
DJ 12.05.2000 - Decisão unânime
RR 387253/1997, 2ªT - Juiz Conv. Márcio Ribeiro do Valle
DJ 02.03.2001 - Decisão unânime

Histórico:
Redação original - Res. 20/1988, DJ 18.03.1988
Nº 287 Jornada de Trabalho – Gerente bancário.

O gerente bancário, enquadrado na previsão do § 2º do art. 224 consolidado, cumpre jornada normal de oito horas, somente não tendo jus às horas suplementares, excedentes da oitava, quando, investido em mandato, em forma legal, tenha encargos de gestão e usufrua de padrão salarial que o distinga dos demais empregados.

Súmula nº 288 do TST
COMPLEMENTAÇÃO DOS PROVENTOS DA APOSENTADORIA (nova redação para o item I e acrescidos os itens III e IV em decorrência do julgamento do processo TST-E-E-D-RR-235-20.2010.5.20.0006 pelo Tribunal Pleno em 12.04.2016) - Res. 207/2016, DEJT divulgado em 18, 19 e 20.04.2016

I - A complementação dos proventos de aposentadoria, instituída, regulamentada e paga diretamente pelo empregador, sem vínculo com as entidades de previdência privada fechada, é regida pelas normas em vigor na data de admissão do empregado, ressalvadas as alterações que forem mais benéficas (art. 468 da CLT).

II - Na hipótese de coexistência de dois regulamentos de planos de previdência complementar, instituídos pelo empregador ou por entidade de previdência privada, a opção do beneficiário por um deles tem efeito jurídico de renúncia às regras do outro.

III – Após a entrada em vigor das Leis Complementares nºs 108 e 109, de 29/05/2001, reger-se-á a complementação dos proventos de aposentadoria pelas normas vigentes na data da implementação dos requisitos para obtenção do benefício, ressalvados o direito adquirido do participante que anteriormente implementara os requisitos para o benefício e o direito acumulado do empregado que até então não preenchera tais requisitos.

IV – O entendimento da primeira parte do item III aplica-se aos processos em curso no Tribunal Superior do Trabalho em que, em 12/04/2016, ainda não haja sido proferida decisão de mérito por suas Turmas e Seções.

Precedentes:
Item I
ERR 3270-33.1980.5.55.5555, Ac. TP 1304/1986 - Min. Hermínio Mendes Cavaleiro
DJ 23.10.1987 - Decisão unânime
ERR 4113/1981., Ac. TP 2877/1986 - Min. Hélio Regato
DJ 20.02.1987 - Decisão por maioria
ERR 3164/1980, Ac. TP 304/1985 - Min. C. A. Barata Silva
DJ 25.10.1985 - Decisão por maioria
ERR 5176/9181, Ac. TP 1031/1985 - Min. Ranor Barbosa
DJ 14.06.1985 - Decisão por maioria
ERR 3863/1980, Ac. TP 1013/1985 - Min. Hélio Regato
DJ 14.06.9185 - Decisão por maioria

RR 1828/1984, Ac. 1ªT 2536/1985 - Red. Min. Marco Aurélio Mendes de Farias Mello
DJ 13.06.9186 - Decisão por maioria
RR 5815/1984, Ac. 2ªT 4192/9185 - Min. Marcelo Pimentel
DJ 29.11.1985 - Decisão por maioria
RR 6720/1984, Ac. 2ªT 3881/1985 - Min. Marcelo Pimentel
DJ 08.11.9185 - Decisão por maioria
RR 7270/1984, Ac. 2ªT 3778/1985 - Min. Marcelo Pimentel
DJ 31.10.1985 - Decisão unânime
RR 6551/1984, Ac. 2ªT 3769/1985 - Min. Hélio Regato
DJ 18.10.1985 - Decisão por maioria
RR 7361/1984, Ac. 2ªT 3633/1985 - Min. Marcelo Pimentel
DJ 18.10.1985 - Decisão por maioria
RR 6648/1983, Ac. 2ªT 3575/1985 - Min. Marcelo Pimentel
DJ 11.10.1985 - Decisão por maioria
RR 5864/1984, Ac. 2ªT 3604/1985 - Min. Hélio Regato
DJ 04.10.1985 - Decisão por maioria
RR 945/1984, Ac. 2ªT 2185/1985 - Min. Marcelo Pimentel
DJ 09.08.1985 - Decisão por maioria
RR 3526/1984, Ac. 2ªT 2045/1984 - Min. Marcelo Pimentel
DJ 02.08.1985 - Decisão por maioria
RR 4250/1984, Ac. 2ªT 2482/1985 - Min. Hélio Regato
DJ 02.08.1985 - Decisão unânime
RR 3542/1984, Ac. 2ªT 1228/1985 - Min. Hélio Regato
DJ 28.06.1985 - Decisão unânime
Item II
EEDRR 202500-53.2005.5.02.0049 - Min. Augusto César Leite de Carvalho
DEJT 23.08.2013/ J-15.08.2013 - Decisão unânime
EEDRR 135500-52.2008.5.04.0024 - Min. Renato de Lacerda Paiva
DEJT 16.08.2013/J-08.08.2013 - Decisão unânime
ERR 94200-52.2004.5.04.0024 - Min. João Batista Brito Pereira
DEJT 02.08.2013/J-27.06.2013 - Decisão unânime
ERR 66900-18.2008.5.04.0011 - Min. Luiz Philippe Vieira de Mello Filho
DEJT 01.07.2013/J-20.06.2013 - Decisão unânime
ERR 16544-81.2010.5.04.0000 - Mn. Dora Maria da Costa
DEJT 21.06.2013/J-13.06.2013 - Decisão unânime
ERR 78400-23.2009.5.04.0019 - Min. Luiz Philippe Vieira de Mello Filho
DEJT 14.06.2013/J-06.06.2013 - Decisão unânime
EEDRR 72400-71.2008.5.04.0009 - Min. João Oreste Dalazen
DEJT 17.05.2013/J-09.05.2013 - Decisão unânime
ERR 140500-24.2008.5.04.0027 - Min. Aloysio Corrêa da Veiga
DEJT 24.05.2013/J-18.04.2013 - Decisão por maioria (SBDI-I Composição Plena)
ERR 19242-60.2010.5.04.0000 - Min. Aloysio Corrêa da Veiga
DEJT 02.03.2012/J-16.02.2012 - Decisão unânime
Item III
EEDRR 235-20.2010.5.20.0006, TP - Min. Aloysio Corrêa da Veiga
Julgado em 12.04.2016 - Decisão por maioria
RR 162200-56.2009.5.01.0075, 7ªT - Min. Cláudio Mascarenhas Brandão
DEJT 02.10.2015/J-23.09.2015 - Decisão unânime
Item IV
EEDRR 235-20.2010.5.20.0006, TP - Min. Aloysio Corrêa da Veiga
Julgado em 12.04.2016 - Decisão por maioria
Histórico:
Súmula alterada

Nº 288 Complementação dos proventos da aposentadoria (inclusão do item II) - Res. 193/2013, DEJT divulgado em 13, 16 e 17.12.2013
I - A complementação dos proventos da aposentadoria é regida pelas normas em vigor na data da admissão do empregado, observando-se as alterações posteriores desde que mais favoráveis ao beneficiário do direito.
II - Na hipótese de coexistência de dois regulamentos de planos de previdência complementar, instituídos pelo empregador ou por entidade de previdência privada, a opção do beneficiário por um deles tem efeito jurídico de renúncia às regras do outro.
Súmula mantida - Res. 121/2003, DJ 19, 20 e 21.11.2003
Redação original - Res. 21/1988, DJ 18, 21 e 22.03.1988

Súmula nº 289 do TST
INSALUBRIDADE. ADICIONAL. FORNECIMENTO DO APARELHO DE PROTEÇÃO. EFEITO (mantida) - Res. 121/2003, DJ 19, 20 e 21.11.2003
O simples fornecimento do aparelho de proteção pelo empregador não o exime do pagamento do adicional de insalubridade. Cabe-lhe tomar as medidas que conduzam à diminuição ou eliminação da nocividade, entre as quais as relativas ao uso efetivo do equipamento pelo empregado.
Precedente:
IUJ-RR 4016/1986, Ac. TP 276/1988 - Min. Marco Aurélio Mendes de Farias Mello
DJ 29.04.1988 - Decisão unânime
Histórico:
Redação original - Res. 22/1988, DJ 24, 25 e 28.03.1988
Nº 289 Insalubridade – Adicional – Fornecimento do aparelho de proteção – Efeito.
O simples fornecimento do aparelho de proteção pelo empregador não o exime do pagamento do adicional de insalubridade, cabendo-lhe tomar as medidas que conduzam à diminuição ou eliminação da nocividade, dentre as quais as relativas ao uso efetivo do equipamento pelo empregado.

Súmula nº 290 do TST
GORJETAS. NATUREZA JURÍDICA. AUSÊNCIA DE DISTINÇÃO QUANTO À FORMA DE RECEBIMENTO (cancelada) - Res. 121/2003, DJ 19, 20 e 21.11.2003
As gorjetas, sejam cobradas pelo empregador na nota de serviço ou oferecidas espontaneamente pelos clientes, integram a remuneração do empregado.
Histórico:
Revista pela Súmula nº 354 - Res. 71/1997, DJ 30.05.1997 e 04, 05 e 06.06.1997
Redação original - Res. 23/1988, DJ 24, 25 e 28.03.1988

Súmula nº 291 do TST
HORAS EXTRAS. HABITUALIDADE. SUPRESSÃO. INDENIZAÇÃO. (nova redação em decorrência do julgamento do processo TST-IUJERR 10700-45.2007.5.22.0101) - Res. 174/2011, DEJT divulgado em 27, 30 e 31.05.2011
A supressão total ou parcial, pelo empregador, de serviço suplementar prestado com habitualidade, durante pelo menos 1 (um) ano, assegura ao empregado o direito à indenização correspondente ao valor de 1 (um) mês das horas suprimidas, total ou parcialmente, para cada ano ou fração igual ou superior a seis meses de prestação de serviço acima da jornada normal. O cálculo observará a média das horas suplementares nos últimos 12 (doze) meses anteriores à mudança, multiplicada pelo valor da hora extra do dia da supressão.
Precedentes:
IUJERR 10700-45.2007.5.22.0101 - Min. Rosa Maria Weber Candiota da Rosa
Julgado em 24.05.2011 - Decisão unânime

IUJRR 506/1985, Ac. 1ªT 4128/1989 - Min. Marco Aurélio Mendes de Farias Mello
DJ 15.12.1989 - Decisão unânime
ERR 8746300-72.2003.5.02.0900 - Min. Lelio Bentes Corrêa
DEJT 30.03.2010 - Decisão unânime
EEDRR 158040-86.2007.5.08.0002 - Min. João Batista Brito Pereira
DEJT 19.02.2010 - Decisão unânime
ERR 6201400-75.2002.5.04.0900 - Min. Maria Cristina Irigoyen Peduzzi
DEJT 05.02.2010 - Decisão unânime
ERR 3769000-64.2002.5.02.0900 - Min. Guilherme Augusto Caputo Bastos
DJ 26.09.2008 - Decisão unânime
ERR 90040-62.2002.5.04.0732 - Min. João Batista Brito Pereira
DJ 26.10.2007 - Decisão unânime
ERR 82500-51.2004.5.04.0001 - Min. Luiz Philippe Vieira de Mello Filho
DJ 06.09.2007 - Decisão unânime
ERR 8774900-49.2003.5.04.0900 - Min. João Batista Brito Pereira
DJ 29.06.2007 - Decisão unânime
EEDRR 553798-36.1999.5.04.5555 - Min. Vantuil Abdala
DJ 11.05.2007 - Decisão unânime
ERR 539716-54.1999.5.02.5555 - Min. Lelio Bentes Corrêa
DJ 09.06.2006 - Decisão unânime
ERR 481955-02.1998.5.02.5555 - Min. João Oreste Dalazen
DJ 06.02.2004 - Decisão por maioria
AIRR e RR 2286700-73.2002.5.04.0900, 1ªT - Min. Walmir Oliveira da Costa
DEJT 13.02.2009 - Decisão unânime
RR 49200-33.2005.5.09.0322, 3ªT - Min. Alberto Luiz Bresciani de Fontan Pereira
DEJT 09.10.2009 - Decisão unânime
RR 36100-38.2005.5.09.0022, 4ªT - Min. Antônio José de Barros Levenhagen
DJ 28.09.2007 - Decisão unânime
RR 184740-78.2007.5.08.0009, 6ªT - Min. Maurício Godinho Delgado
DEJT 27.08.2010 - Decisão unânime
RR 162240-03.2007.5.08.0014, 7ªT - Min. Ives Gandra da Silva Martins Filho
DEJT 29.05.2009 - Decisão unânime
RR 8378700-53.2003.5.04.0900, 8ªT - Min. Dora Maria da Costa
DEJT 20.03.2009 - Decisão unânime
Histórico:
Súmula mantida - Res. 121/2003, DJ 19, 20 e 21.11.2003
Redação original (revisão da Súmula nº 76) - Res. 1/1989, DJ 14, 18 e 19.04.1989
Nº 291 Horas extras. Revisão do Enunciado número 76.
A supressão, pelo empregador, do serviço suplementar prestado com habitualidade, durante pelo menos um ano, assegura ao empregado o direito à indenização correspondente ao valor de um mês das horas suprimidas para cada ano ou fração igual ou superior a seis meses de prestação de serviço acima da jornada normal. O cálculo observará a média das horas suplementares efetivamente trabalhadas nos últimos 12 meses, multiplicada pelo valor da hora extra do dia da supressão.

Súmula nº 292 do TST
ADICIONAL DE INSALUBRIDADE. TRABALHADOR RURAL (cancelada) - Res. 121/2003, DJ 19, 20 e 21.11.2003

O trabalhador rural tem direito ao adicional de insalubridade, observando-se a necessidade de verificação, na forma da lei, de condições nocivas à saúde.
Histórico:
Redação original - Res. 2/1989, DJ 14, 18 e 19.04.1989

Súmula nº 293 do TST
ADICIONAL DE INSALUBRIDADE. CAUSA DE PEDIR. AGENTE NOCIVO DIVERSO DO APONTADO NA INICIAL (mantida) - Res. 121/2003, DJ 19, 20 e 21.11.2003
A verificação mediante perícia de prestação de serviços em condições nocivas, considerado agente insalubre diverso do apontado na inicial, não prejudica o pedido de adicional de insalubridade.
Precedentes:
RR 5959/1986, Ac. 1ªT 5128/1987 - Min. Américo de Souza
DJ 19.02.1988 - Decisão unânime
RR 149/1987, Ac. 1ªT 2520/1987 - Min. Fernando Vilar
DJ 30.10.1987 - Decisão unânime
RR 5509/1986, Ac. 1ªT 1050/1987 - Min. Américo de Souza
DJ 21.08.1987 - Decisão por maioria
RR 9110/1985, Ac. 1ªT 3290/1986 - Min. Luiz Philippe Vieira de Mello
DJ 31.10.1986 - Decisão unânime
RR 5590/1980, Ac. 1ªT 3456/1981 - Min. Marco Aurélio Mendes de Farias Mello
DJ 18.12.1981 - Decisão unânime
RR 6210/9186, Ac. 2ªT 1707/1987 - Min. C. A. Barata Silva
DJ 14.08.1987 - Decisão por maioria
RR 10238/1985, Ac. 2ªT 33/1987 - Min. José Ajuricaba da Costa e Silva
DJ 27.02.1987 - Decisão unânime
RR 2119/1986, Ac. 2ªT 3858/1986 - Min. C. A. Barata Silva
DJ 21.11.1986 - Decisão unânime
RR 2448/1986, Ac. 2ªT 2998/1986 - Min. C. A. Barata Silva
DJ 10.10.1986 - Decisão unânime
RR 9113/1985, Ac. 2ªT 2923/1986 - Min. C. A. Barata Silva
DJ 26.09.1986 - Decisão unânime
RR 490/1987, Ac. 3ªT 4538/1987 - Min. Norberto Silveira de Souza
DJ 18.12.1987 - Decisão unânime
RR 7867/9185, Ac. 3ªT 4412/1986 - Min. Ranor Barbosa
DJ 12.12.1986 - Decisão por maioria
RR 3130/1985, Ac. 3ªT 5297/1985 - Min. Guimarães Falcão
DJ 13.12.1985 - Decisão unânime
RR 134/1983, Ac. 3ªT 933/1984 - Min. Ranor Barbosa
DJ 18.05.1984 - Decisão unânime
Histórico:
Redação original - Res. 3/1989, DJ 14, 18 e 19.04.1989

Súmula nº 294 do TST
PRESCRIÇÃO. ALTERAÇÃO CONTRATUAL. TRABALHADOR URBANO (mantida) - Res. 121/2003, DJ 19, 20 e 21.11.2003
Tratando-se de ação que envolva pedido de prestações sucessivas decorrente de alteração do pactuado, a prescrição é total, exceto quando o direito à parcela esteja também assegurado por preceito de lei.
Precedente:
IUJ-RR 6928/1986, Ac. TP 556/1989 - Min. Marco Aurélio Mendes de Farias Mello
DJ 19.05.1989 - Decisão por maioria
Histórico:
Redação original (cancelamento das Súmulas nºs 168 e 198) - Res. 4/1989, DJ 14, 18 e 19.04.1989

Súmula nº 295 do TST
APOSENTADORIA ESPONTÂNEA. DEPÓSITO DO FGTS. PERÍODO ANTERIOR À OPÇÃO (cancelada) - Res. 152/2008, DEJT divulgado em 20, 21 e 24.11.2008

A cessação do contrato de trabalho em razão de aposentadoria espontânea do empregado exclui o direito ao recebimento de indenização relativa ao período anterior à opção. A realização de depósito na conta do Fundo de Garantia do Tempo de Serviço, de que trata o § 3º do art. 14 da Lei nº 8.036, de 11.05.1990, é faculdade atribuída ao empregador.

Histórico:
Súmula alterada - Res. 121/2003, DJ 19, 20 e 21.11.2003
Redação original - Res. 5/1989, DJ 14, 18 e 19.04.1989
Nº 295 Aposentadoria espontânea – Depósito do FGTS – Período anterior à opção.

A cessação do contrato de trabalho em razão de aposentadoria espontânea do empregado exclui o direito ao recebimento de indenização relativa ao período anterior à opção. A realização de depósito na conta do Fundo de Garantia do Tempo de Serviço, cogitada no § 2º do artigo 16 da Lei 5.107/66, coloca-se no campo das faculdades atribuídas ao empregador.

Súmula nº 296 do TST
RECURSO. DIVERGÊNCIA JURISPRUDENCIAL. ESPECIFICIDADE (incorporada a Orientação Jurisprudencial nº 37 da SBDI-1) - Res. 129/2005, DJ 20, 22 e 25.04.2005

I - A divergência jurisprudencial ensejadora da admissibilidade, do prosseguimento e do conhecimento do recurso há de ser específica, revelando a existência de teses diversas na interpretação de um mesmo dispositivo legal, embora idênticos os fatos que as ensejaram. (ex-Súmula nº 296 - Res. 6/1989, DJ 19.04.1989)

II - Não ofende o art. 896 da CLT decisão de Turma que, examinando premissas concretas de especificidade da divergência colacionada no apelo revisional, conclui pelo conhecimento ou desconhecimento do recurso. (ex-OJ nº 37 da SBDI-1 - inserida em 01.02.1995)

Precedentes:
Item I
RR 1815/1987, Ac. 1ªT 5190/1987 - Min. José Carlos da Fonseca
DJ 08.04.1988 - Decisão unânime
RR 1746/1987, Ac. 1ªT 5183/1987 - Min. José Carlos da Fonseca
DJ 25.03.1988 - Decisão unânime
RR 4512/1986, Ac. 1ªT 2484/1987 - Min. José Carlos da Fonseca
DJ 06.11.1987 - Decisão unânime
RR 1173/1986, Ac. 1ªT 2457/1987 - Min. Marco Aurélio Mendes de Farias Mello
DJ 23.10.1987 - Decisão unânime
RR 5560/1986, Ac. 1ªT 1845/1987 - Min. José Carlos da Fonseca
DJ 11.09.1987 - Decisão unânime
RR 2203/1986, Ac. 1ªT 931/1987 - Red. Min. Marco Aurélio Mendes de Farias Mello
DJ 19.06.1987 - Decisão por maioria
RR 6200/1986, Ac. 1ªT 576/1987 - Red. Min. Marco Aurélio Mendes de Farias Mello
DJ 22.05.1987 - Decisão por maioria
RR 2685/1986, Ac. 1ªT 295/1987 - Red. Min. Marco Aurélio Mendes de Farias Mello
DJ 30.04.1987 - Decisão por maioria
RR 4385/1985, Ac. 1ªT 1298/1986 - Min. Luiz Philippe Vieira de Mello
DJ 01.08.1986 - Decisão unânime
RR 5482/1985, Ac. 1ªT 814/1986 - Min. Luiz Philippe Vieira de Mello
DJ 06.06.1986 - Decisão unânime
RR 1219/1987, Ac. 2ªT 4406/1987 - Min. Aurélio M. de Oliveira
DJ 18.12.1987 - Decisão unânime
RR 7130/1985, Ac. 2ªT 2606/1987 - Min. Aurélio M. de Oliveira
DJ 09.10.1987 - Decisão unânime
RR 3954/1986, Ac. 2ªT 2488/1987 - Min. Barata Silva
DJ 11.09.1987 - Decisão unânime
RR 4241/1985, Ac. 3ªT 73/1986 - Min. Guimarães Falcão
DJ 28.02.1986 - Decisão unânime
Item II
ERR 88559/1993, Ac. 2009/1996 - Min. Ronaldo Lopes Leal
DJ 18.10.1996 - Decisão por maioria
ERR 13762/1990, Ac. 1929/1995 - Min. Vantuil Abdala
DJ 30.06.1995 - Decisão unânime
ERR 31921/1991, Ac. 1702/1995 - Red. Min. Ney Doyle
DJ 23.06.1995 - Decisão por maioria
AGERR 120635/1994, Ac. 1036/1995 - Min. Ermes Pedro Pedrassani
DJ 12.05.1995 - Decisão unânime
ERR 2802/1990, Ac. 0826/1995 - Min. Francisco Fausto Paula de Medeiros
DJ 05.05.1995 - Decisão por maioria
No mesmo sentido:
AGRAG 164489-4-SP, 2ªT-STF - Min. Carlos Velloso
DJ 09.06.1995 - Decisão unânime
AGRAG 157937-5-GO, 1ªT-STF - Min. Moreira Alves
DJ 09.06.1995 - Decisão unânime
Histórico:
Súmula mantida - Res. 121/2003, DJ 19, 20 e 21.11.2003
Redação original - Res. 6/1989, DJ 14, 18 e 19.04.1989
Nº 296 Recurso. Divergência jurisprudencial. Especificidade
A divergência jurisprudencial ensejadora da admissibilidade, do prosseguimento e do conhecimento do recurso há de ser específica, revelando a existência de teses diversas na interpretação de um mesmo dispositivo legal, embora idênticos os fatos que as ensejaram.

Súmula nº 297 do TST
PREQUESTIONAMENTO. OPORTUNIDADE. CONFIGURAÇÃO (nova redação) - Res. 121/2003, DJ 19, 20 e 21.11.2003

I. Diz-se prequestionada a matéria ou questão quando na decisão impugnada haja sido adotada, explicitamente, tese a respeito.

II. Incumbe à parte interessada, desde que a matéria haja sido invocada no recurso principal, opor embargos declaratórios objetivando o pronunciamento sobre o tema, sob pena de preclusão.

III. Considera-se prequestionada a questão jurídica invocada no recurso principal sobre a qual se omite o Tribunal de pronunciar tese, não obstante opostos embargos de declaração.

Precedentes:
Item I
ERR 2080/1982, Ac. TP 55/1988 - Red. Min. Marco Aurélio Mendes de Farias Mello
DJ 22.04.1988 - Decisão por maioria
ERR 200/1981, Ac. TP 1759/1986 - Red. Min. Luiz Philippe Vieira de Mello
DJ 10.10.1986 - Decisão por maioria
RR 516/1987, Ac. 1ªT 3551/1987 - Min. José Carlos da Fonseca
DJ 11.12.1987 - Decisão unânime
RR 5500/1986, Ac. 1ªT 702/1987 - Min. Marco Aurélio
DJ 12.06.1987 - Decisão unânime
RR 3096/1986, Ac. 1ªT 3421/1986 - Min. Luiz Philippe Vieira de Mello
DJ 31.10.1986 - Decisão unânime
RR 9244/1985, Ac. 1ªT 663/1986 - Min. Luiz Philippe Vieira de Mello

DJ 22.08.1986 - Decisão por maioria
RR 2612/1985, Ac. 1ªT 377/1986 - Red. Min. Luiz Philippe Vieira de Mello
DJ 05.05.1986 - Decisão por maioria
RR 4694/1985, Ac. 1ªT 624/1986 - Red. Min. Marco Aurélio M. de F. Mello
DJ 25.04.1986 - Decisão por maioria
RR 440/1983, Ac. 1ªT 1121/1984 - Min. Marco Aurélio Mendes de Farias Mello
DJ 25.05.1984 - Decisão por maioria
RR 7690/1986, Ac. 2ªT 4023/1987 - Min. Aurélio Mendes de Oliveira
DJ 05.02.1988 - Decisão unânime
RR 1237/1986, Ac. 3ªT 2473/1987 - Min. Hermínio Mendes Cavaleiro
DJ 11.09.1987 - Decisão unânime
Item II
RR 4558/1986, Ac. 1ªT 2418/1987 - Red. Min. Marco Aurélio Mendes de Farias Mello
DJ 13.11.1987 - Decisão por maioria
RR 1919/1986, Ac. 1ªT 3047/1986 - Red. Min. Marco Aurélio Mendes de Farias Mello
DJ 31.10.1986 - Decisão or maioria
RR 6784/1986, Ac. 1ªT 1271/1987 - Red. Min. Marco Aurélio Mendes de Farias Mello
DJ 14.08.1987 - Decisão por maioria
RR 7125/1986, Ac. 1ªT 871/1987 - Min. Marco Aurélio Mendes de Farias Mello
DJ 12.06.1987 - Decisão por maioria
RR 2522/1987, Ac. 2ªT 4450/1987 - Min. Aurélio M. de Oliveira
DJ 12.02.1988 - Decisão unânime
RR 2294/1987, Ac. 2ªT 4444/1987 - Min. Aurélio M. de Oliveira
DJ 12.02.1988 - Decisão unânime
RR 6475/1986, Ac. 2ªT 2312/1987 - Min. José Ajuricaba da Costa e Silva
DJ 25.09.1987 - Decisão unânime
RR 7086/1986, Ac. 2ªT 2334/1987 - Min. José Ajuricaba da Costa e Silva
DJ 11.09.1987 - Decisão unânime
Item III
RR 481720/1998, 1ªT - Min. João Oreste Dalazen
DJ 21.11.2003 - Decisão unânime
No mesmo sentido:
AI-AgR 317281-RS, 1ªT-STF - Min. Sepulveda Pertence
DJ 11.10.2001 - Decisão unânime
AI-AgR 153957-DF, 1ªT-STF - Min. Ilmar Galvão
DJ 11.03.1994 - Decisão unânime
Histórico:
Redação original - Res. 7/1989, DJ 14,18 e 19.04.1989
Nº 297 Prequestionamento – Oportunidade - Configuração
Diz-se prequestionada a matéria quando na decisão impugnada haja sido adotada, explicitamente, tese a respeito. Incumbe à parte interessada interpor embargos declaratórios objetivando o pronunciamento sobre o tema, sob pena de preclusão.

Súmula nº 298 do TST
AÇÃO RESCISÓRIA. VIOLAÇÃO A DISPOSIÇÃO DE LEI. PRONUNCIAMENTO EXPLÍCITO (Redação alterada pelo Tribunal Pleno na sessão realizada em 6.2.2012) - Res. 177/2012, DEJT divulgado em 13, 14 e 15.02.2012
I - A conclusão acerca da ocorrência de violação literal a disposição de lei pressupõe pronunciamento explícito, na sentença rescindenda, sobre a matéria veiculada.
II - O pronunciamento explícito exigido em ação rescisória diz respeito à matéria e ao enfoque específico da tese debatida na ação, e não, necessariamente, ao dispositivo legal tido por violado. Basta que o conteúdo da norma reputada violada haja sido abordado na decisão rescindenda para que se considere preenchido o pressuposto.
III - Para efeito de ação rescisória, considera-se pronunciada explicitamente a matéria tratada na sentença quando, examinando remessa de ofício, o Tribunal simplesmente a confirma.
IV - A sentença meramente homologatória, que silencia sobre os motivos de convencimento do juiz, não se mostra rescindível, por ausência de pronunciamento explícito.
V - Não é absoluta a exigência de pronunciamento explícito na ação rescisória, ainda que esta tenha por fundamento violação de dispositivo de lei. Assim, prescindível o pronunciamento explícito quando o vício nasce no próprio julgamento, como se dá com a sentença "extra, citra e ultra petita".
Precedentes:
Item I
AR 37/1986, Ac. TP 2655/1987 - Red. Min. Marco Aurélio Mendes de Farias Mello
DJ 08.04.1988 - Decisão por maioria
EAR 42/1981, Ac. TP 2549/1987 - Min. Marco Aurélio Mendes de Farias Mello
DJ 18.12.1987 - Decisão unânime
ROAR 67/1985, Ac. TP 1495/1987 - Red. Min. Marco Aurélio Mendes de Farias Mello
DJ 16.10.1987 - Decisão por maioria
AR 55/1982., Ac. TP 234/1987 - Min. Orlando Teixeira da Costa
DJ 27.03.1987 - Decisão unânime
EDROAR 108/1983, Ac. TP 01/1987 - Min. Marco Aurélio Mendes de Farias Mello
DJ 20.03.1987 - Decisão unânime
AR 44/1984., Ac. TP 2576/1986 - Min. Marco Aurélio Mendes de Farias Mello
DJ 28.11.1986 - Decisão unânime
Item II
RXOFROAR 664025-16.2000.5.02.5555 - Min. Barros Levenhagen
DJ 17.11.2000 - Decisão unânime
AROAR 440013-92.1998.5.09.5555 - Min. Barros Levenhagen
DJ 10.11.2000 - Decisão unânime
ROAR 127596-63.1994.5.04.5555, Ac. 869/1996 - Red. Min. Manoel Mendes de Freitas
DJ 02.05.1997 - Decisão unânime
Item III
ROAR 482980-39.1998.5.06.5555, TP - Min. José Luiz Vasconcellos
Julgado em 05.04.2001 - Decisão unânime
RXOFROAR 615997-13.1999.5.07.5555 - Min. Ronaldo Lopes Leal
DJ 26.10.2001 - Decisão unânime
ROAR 482980-39.1998.5.06.5555 - Min. José Luciano de Castilho Pereira
DJ 10.08.2001- Decisão unânime
Item IV
RXOFROAG 717212-68.2000.5.08.5555 - Min. Gelson de Azevedo
DJ 07.02.2003 - Decisão unânime
ROAR 809806-62.2001.5.01.5555 - Min. Renato de Lacerda Paiva
DJ 14.11.2002 - Decisão unânime
ROAR 740616-55.2001.5.03.5555 - Min. Renato de Lacerda Paiva
DJ 27.09.2002 - Decisão unânime
Item V
AR 486245-84.1998.5.55.5555 - Min. João Oreste Dalazen

DJ 12.11.1999 - Decisão por maioria
AR 417543-86.1998.5.55.5555 - Min. João Oreste Dalazen
DJ 09.04.1999 - Decisão unânime
ROAR 56633-71.1992.5.05.5555, Ac. 1793/1996 - Min. Francisco Fausto Paula de Medeiros
DJ 07.03.1997 - Decisão unânime
Histórico:
Súmula alterada em decorrência da incorporação das Orientações Jurisprudenciais nºs 36, 72, 75 e 85, parte final, da SBDI-2 - Res. 137/2005, DJ 22, 23 e 24.08.2005

Nº 298 Ação rescisória. Violência de lei. Prequestionamento
I - A conclusão acerca da ocorrência de violação literal de lei... (ex-Súmula nº 298 - Res. 8/1989, DJ 14.04.1989)
II - O prequestionamento exigido em ação rescisória diz respeito à matéria e ao enfoque específico da tese debatida na ação e não, necessariamente, ao dispositivo legal tido por violado. Basta que o conteúdo da norma, reputada como violada, tenha sido abordado na decisão rescindenda para que se considere preenchido o pressuposto do prequestionamento. (ex-OJ nº 72 da SBDI-2 - inserida em 20.09.2000)
III - Para efeito de ação rescisória, considera-se prequestionada a matéria... (ex-OJ nº 75 da SBDI-2 - inserida em 20.04.2001)
IV - A sentença meramente homologatória, que silencia sobre os motivos de convencimento do juiz, não se mostra rescindível, por ausência de prequestionamento. (ex-OJ nº 85 da SBDI-2 - parte final - inserida em 13.03.2002 e alterada em 26.11.2002)
V - Não é absoluta a exigência de prequestionamento na ação rescisória. Ainda que a ação rescisória tenha por fundamento violação de dispositivo legal, é prescindível o prequestionamento quando o vício nasce no próprio julgamento, como se dá com a sentença "extra, citra e ultra petita". (ex-OJ nº 36 da SBDI-2 - inserida em 20.09.2000)
Súmula mantida - Res. 121/2003, DJ 19, 20 e 21.11.2003
Redação original - Res. 8/1989, DJ 14, 18 e 19.04.1989

Nº 298 Ação rescisória. Violência à lei. Prequestionamento
A conclusão acerca da ocorrência de violação literal de lei pressupõe pronunciamento explícito, na sentença rescindenda, sobre a matéria veiculada.

Súmula nº 299 do TST
AÇÃO RESCISÓRIA. DECISÃO RESCINDENDA. TRÂNSITO EM JULGADO. COMPROVAÇÃO. EFEITOS (nova redação do item II em decorrência do CPC de 2015) - Res. 211/2016, DEJT divulgado em 24, 25 e 26.08.2016
I - É indispensável ao processamento da ação rescisória a prova do trânsito em julgado da decisão rescindenda. (ex-Súmula nº 299 – Res. 8/1989, DJ 14, 18 e 19.04.1989)
II - Verificando o relator que a parte interessada não juntou à inicial o documento comprobatório, abrirá prazo de 15 (quinze) dias para que o faça (art. 321 do CPC de 2015), sob pena de indeferimento. (ex-Súmula nº 299 - Res 8/1989, DJ 14, 18 e 19.04.1989)
III - A comprovação do trânsito em julgado da decisão rescindenda é pressuposto processual indispensável ao tempo do ajuizamento da ação rescisória. Eventual trânsito em julgado posterior ao ajuizamento da ação rescisória não reabilita a ação proposta, na medida em que o ordenamento jurídico não contempla a ação rescisória preventiva. (ex-OJ nº 106 da SBDI-2 - DJ 29.04.2003)
IV - O pretenso vício de intimação, posterior à decisão que se pretende rescindir, se efetivamente ocorrido, não permite a formação da coisa julgada material. Assim, a ação rescisória deve ser julgada extinta, sem julgamento do mérito, por carência de ação, por inexistir decisão transitada em julgado a ser rescindida. (ex-OJ nº 96 da SBDI-2 - inserida em 27.09.2002)
Precedentes:
Item I
ROAR 680/1981, Ac. TP 690/1984 - Red. Min. Marco Aurélio Mendes de Farias Mello
DJ 03.08.1984 - Decisão por maioria
ROAR 726/1980, Ac. TP 455/1982 - Min. C. A. Barata Silva
DJ 21.05.1982 - Decisão unânime
ROAR 779/1979, Ac. TP 2807/1980 - Min. Antônio Alves de Almeida
DJ 05.12.1980 - Decisão unânime
Item III
AR 709498/2000 - Juiz Conv. Luiz Philippe Vieira de Mello Filho
DJ 27.09.2002 - Decisão unânime
AROAR 749520/2001 - Min. Ives Gandra Martins Filho
DJ 26.04.2002 - Decisão unânime
ROAR 717227/2000 - Min. Ives Gandra Martins Filho
DJ 22.03.2002 - Decisão unânime
Item IV
ROAR 805613/2001 - Min. Ives Gandra Martins Filho
DJ 27.09.2002 - Decisão unânime
ROAR 79881/2001 - Min. Barros Levenhagen
DJ 06.09.2002 - Decisão unânime
ROAR 805619/2001 - Min. José Simpliciano Fontes de F. Fernandes
DJ 02.08.2002 - Decisão unânime
ROAR 746572/2001 - Min. Barros Levenhagen
DJ 08.02.2002 - Decisão unânime
ROAR 643881/2000 - Min. Ives Gandra Martins Filho
DJ 17.08.2001 - Decisão unânime
ROAR 393619/1997 - Min. Ives Gandra Martins Filho
DJ 07.12.2000 - Decisão por maioria
Histórico:
Súmula alterada em decorrência das incorporações das Orientações Jurisprudenciais nºs 96 e 106 da SBDI-2 - Res. 137/2005, DJ 22, 23 e 24.08.2005
II - Verificando o relator que a parte interessada não juntou à inicial o documento comprobatório, abrirá prazo de 10 (dez) dias para que o faça, sob pena de indeferimento. (ex-Súmula nº 299 - Res 8/1989, DJ 14, 18 e 19.04.1989)
Súmula mantida - Res. 121/2003, DJ 19, 20 e 21.11.2003
Redação original - Res. 8/1989, DJ 14, 18 e 19.04.1989

Nº 299 Ação rescisória – Prova do trânsito em julgado da sentença ou do acórdão rescindendo (cancela o enunciado nº 107)
É indispensável ao processamento da demanda rescisória a prova do trânsito em julgado da decisão rescindenda. Verificando o relator que a parte interessada não juntou à inicial o documento comprobatório, abrirá prazo de dez dias para que o faça, sob pena de indeferimento.

Súmula nº 300 do TST
COMPETÊNCIA DA JUSTIÇA DO TRABALHO. CADASTRAMENTO NO PIS (mantida) - Res. 121/2003, DJ 19, 20 e 21.11.2003
Compete à Justiça do Trabalho processar e julgar ações ajuizadas por empregados em face de empregadores relativas ao cadastramento no Programa de Integração Social (PIS).
Precedentes:
RR 2020/1986, Ac. 1ªT 2332/1987 - Min. Marco Aurélio Mendes de Farias Mello
DJ 13.11.1987 - Decisão unânime
RR 1454/1986, Ac. 1ªT 454/1987 - Min. Américo de Souza
DJ 05.06.1987 - Decisão unânime
RR 2064/1986, Ac. 1ªT 4568/1986 - Min. Luiz Philippe Vieira de Mello
DJ 20.02.1987 - Decisão unânime
RR 1188/1987, Ac. 2ªT 4405/1987 - Min. Aurélio M. de Oliveira
DJ 26.02.1988 - Decisão unânime
RR 7840/1986, Ac. 2ªT 3481/1987 - Min. Aurélio M. de Oliveira
DJ 04.12.1987 - Decisão unânime

RR 3069/1985, Ac. 2ªT 1790/1987 - Min. José Ajuricaba da Costa e Silva
DJ 14.08.1987 - Decisão unânime
RR 2913/1986, Ac. 2ªT 3636/1986 - Min. Marcelo Pimentel
DJ 24.10.1986 - Decisão unânime
RR 3257/1985, Ac. 2ªT 1120/1986 - Min. José Ajuricaba da Costa e Silva
DJ 10.05.1986 - Decisão unânime
RR 3693/1987, Ac. 3ªT 333/1988 - Min. Hermínio Mendes Cavaleiro
DJ 18.03.1988 - Decisão unânime
RR 1991/1986, Ac. 3ªT 4084/1986 - Min. Norberto Silveira de Souza
DJ 05.12.1986 - Decisão unânime
RR 7035/1985, Ac. 3ªT 2889/1986 - Min. Hermínio Mendes Cavaleiro
DJ 10.10.1986 - Decisão unânime
RR 3113/1985, Ac. 3ªT 370/1986 - Min. Hermínio Mendes Cavaleiro
DJ 11.04.1986 - Decisão unânime
Histórico:
Redação original - Res. 10/1989, DJ 14, 18 e 19.04.1989
Nº 300 Competência da Justiça do Trabalho – Cadastramento no PIS.
Compete à Justiça do Trabalho processar e julgar ações de empregados contra empregadores, relativas ao cadastramento no Plano de Integração Social (PIS).
Súmulas
Súmulas do Tribunal Superior do Trabalho

Súmula nº 301 do TST
AUXILIAR DE LABORATÓRIO. AUSÊNCIA DE DIPLOMA. EFEITOS (mantida) - Res. 121/2003, DJ 19, 20 e 21.11.2003
O fato de o empregado não possuir diploma de profissionalização de auxiliar de laboratório não afasta a observância das normas da Lei nº 3.999, de 15.12.1961, uma vez comprovada a prestação de serviços na atividade.
Precedentes:
ERR 3871/1981, Ac. TP 007/1988 - Min. José Carlos da Fonseca
DJ 18.03.1988 - Decisão unânime
RR 7244/1985, Ac. 1ªT 1483/1986 - Min. Luiz Philippe Vieira de Mello
DJ 08.08.1986 - Decisão por maioria
RR 4711/1984, Ac. 1ªT 3217/1985 - Red. Min. José Ajuricaba da Costa e Silva
DJ 25.10.1985 - Decisão por maioria
RR 5656/1983, Ac. 1ªT 1126/1985 - Min. Marco Aurélio Mendes de Farias Mello
DJ 31.05.1985 - Decisão por maioria
RR 4676/1983, Ac. 1ªT 615/1985 - Min. Marco Aurélio Mendes de Farias Mello
DJ 26.04.1985 - Decisão por maioria
RR 3963/1983, Ac. 1ªT 597/1985 - Min. Marco Aurélio Mendes de Farias Mello
DJ 26.04.1985 - Decisão por maioria
RR 2918/1983, Ac. 1ªT 3280/1984 - Red. Min. Marco Aurélio Mendes de Farias Mello
DJ 31.10.1984 - Decisão por maioria
RR 957/1983., Ac. 1ªT 2044/1984 - Red. Min. Marco Aurélio Mendes de Farias Mello
DJ 03.08.1984 - Decisão por maioria
RR 1227/1986, Ac. 2ªT 2988/1987 - Red. Min. Hélio Regato
DJ 09.10.1987 - Decisão por maioria
RR 4314/1986, Ac. 2ªT 653/1987 - Min. Hélio Regato
DJ 12.06.1987 - Decisão por maioria

RR 4588/1986, Ac. 2ªT 102/1987 - Min. José Ajuricaba da Costa e Silva
DJ 27.02.1987 - Decisão unânime
RR 3445/1985, Ac. 2ªT 3935/1986 - Min. José Ajuricaba da Costa e Silva
DJ 21.11.1986 - Decisão por maioria
RR 168/1987, Ac. 3ªT 3305/1987 - Red. Min. Norberto Silveira de Souza
DJ 23.10.1987 - Decisão por maioria
RR 1922/1985, Ac. 3ªT 5399/1985 - Min. Orlando Teixeira da Costa
DJ 14.03.1986 - Decisão por maioria
RR 1140/1985, Ac. 3ªT 5055/1985 - Min. Guimarães Falcão
DJ 06.12.1985 - Decisão unânime
Histórico:
Redação original - Res. 11/1989, DJ 14, 18 e 19.04.1989
Nº 301 Auxiliar de laboratório – Ausência de diploma – Efeitos.
O fato de o empregado não possuir diploma de profissionalização de auxiliar de laboratório não afasta a observância das normas da Lei nº 3.999/61, uma vez comprovada a prestação de serviços na atividade.

Súmula nº 302 do TST
PROCESSO ADMINISTRATIVO (cancelada) - Res. 121/2003, DJ 19, 20 e 21.11.2003
Não cabe recurso ao Tribunal Superior do Trabalho, contra decisão em processo administrativo, proferida por Tribunal Regional do Trabalho, ainda que nele seja interessado magistrado.
Histórico:
Revista pela Súmula nº 321 - Res. 13/1993, DJ 29.11.1993, 01 e 03.12 .1993
Redação original (revisão da Súmula nº 40) - Res. 1/1990, DJ 02, 03 e 04.04.1990

Súmula nº 303 do TST
FAZENDA PÚBLICA. REEXAME NECESSÁRIO (nova redação em decorrência do CPC de 2015) - Res. 211/2016, DEJT divulgado em 24, 25 e 26.08.2016
I - Em dissídio individual, está sujeita ao reexame necessário, mesmo na vigência da Constituição Federal de 1988, decisão contrária à Fazenda Pública, salvo quando a condenação não ultrapassar o valor correspondente a: a) 1.000 (mil) salários mínimos para a União e as respectivas autarquias e fundações de direito público; b) 500 (quinhentos) salários mínimos para os Estados, o Distrito Federal, as respectivas autarquias e fundações de direito público e os Municípios que constituam capitais dos Estados; c) 100 (cem) salários mínimos para todos os demais Municípios e respectivas autarquias e fundações de direito público.
II – Também não se sujeita ao duplo grau de jurisdição a decisão fundada em:
a) súmula ou orientação jurisprudencial do Tribunal Superior do Trabalho;
b) acórdão proferido pelo Supremo Tribunal Federal ou pelo Tribunal Superior do Trabalho em julgamento de recursos repetitivos;
c) entendimento firmado em incidente de resolução de demandas repetitivas ou de assunção de competência;
d) entendimento coincidente com orientação vinculante firmada no âmbito administrativo do próprio ente público, consolidada em manifestação, parecer ou súmula administrativa.
III - Em ação rescisória, a decisão proferida pelo Tribunal Regional do Trabalho está sujeita ao duplo grau de jurisdição obrigatório quando desfavorável ao ente público, exceto nas hipóteses dos incisos anteriores. (ex-OJ nº 71 da SBDI-1 - inserida em 03.06.1996)

IV - Em mandado de segurança, somente cabe reexame necessário se, na relação processual, figurar pessoa jurídica de direito público como parte prejudicada pela concessão da ordem. Tal situação não ocorre na hipótese de figurar no feito como impetrante e terceiro interessado pessoa de direito privado, ressalvada a hipótese de matéria administrativa. (ex-OJs nºs 72 e 73 da SBDI-1 – inseridas, respectivamente, em 25.11.1996 e 03.06.1996).

Precedentes:
Item III
ROAR 97483/1993, Ac. 1156/1995 - Red. Min. Guimarães Falcão
DJ 09.06.1995 - Decisão por maioria
ROARRXOF 105570/1994, Ac. 465/1995 - Min. Armando de Brito
DJ 20.04.1995 - Decisão por maioria
AIRO 51063/92, Ac. 4293/1994 - Min. José Luiz Vasconcellos
DJ 24.02.1995 - Decisão unânime
AIRO 47074/92, Ac. 1608/1992 - Min. Ermes Pedro Pedrassani
DJ 28.08.1992 - Decisão unânime
Item IV
RXOF 259867/1996, Ac. 804/1997 - Min. José Luciano de Castilho Pereira
DJ 16.05.1997 - Decisão unânime
RXOF 208570/1995, Ac. 1774/1996 - Min. Leonaldo Silva
DJ 21.02.1997 - Decisão unânime
RXOF 167099/1995, Ac. 1069/1996 - Min. Francisco Fausto Paula de Medeiros
DJ 07.02.1997 - Decisão unânime
RXOF 222998/1995, Ac. 1553/1996 - Min. Manoel Mendes de Freitas
DJ 13.12.1996 - Decisão unânime
RXOF 208583/1995, Ac. 1540/1996 - Min. Manoel Mendes de Freitas
DJ 13.12.1996 - Decisão unânime
RXOF 190544/1995, Ac. 1092/1996 - Min. João Oreste Dalazen
DJ 14.11.1996 - Decisão unânime
RXOF 106447/1994, Ac. 0003/1996 - Min. Francisco Fausto Paula de Medeiros
DJ 30.08.1996 - Decisão unânime
RXOF 78192/1993, Ac. 3679/1996 - Min. José Luiz Vasconcellos
DJ 16.08.1996 - Decisão unânime
RXOF 74868/1993, Ac. 3315/1996 - Red. Min. José Luciano de Castilho Pereira
DJ 16.08.1996 - Decisão por maioria
RXOF 104206/1994, Ac. 3631/1996 - Min. Vantuil Abdala
DJ 02.08.1996 - Decisão unânime
RXOF 90538/1993, Ac. 1663/1996 - Min. José Zito Calasãs Rodrigues
DJ 24.05.1996 - Decisão unânime
Histórico:
Nº 303 Fazenda Pública. Duplo grau de jurisdição
Súmula alterada em decorrência da incorporação das Orientações Jurisprudenciais nºs 9, 71, 72 e 73 da SBDI-1
- Res. 129/2005, DJ 20, 22 e 25.04.2005
 I - Em dissídio individual, está sujeita ao duplo grau de jurisdição, mesmo na vigência da CF/1988, decisão contrária à Fazenda Pública, salvo:
 a) quando a condenação não ultrapassar o valor correspondente a 60 (sessenta) salários mínimos;
 b) quando a decisão estiver em consonância com decisão plenária do Supremo Tribunal Federal ou com súmula ou orientação jurisprudencial do Tribunal Superior do Trabalho. (ex-Súmula nº 303 - alterada pela Res. 121/2003, DJ 21.11.2003 - Lei nº 10.352, de 26.12.2001)

II - Em ação rescisória, a decisão proferida pelo juízo de primeiro grau está sujeita ao duplo grau de jurisdição obrigatório quando desfavorável ao ente público, exceto nas hipóteses das alíneas "a" e "b" do inciso anterior. (ex-OJ nº 71 da SBDI-1 - inserida em 03.06.1996)
III - Em mandado de segurança, somente cabe remessa "ex officio" se, na relação processual, figurar pessoa jurídica de direito público como parte prejudicada pela concessão da ordem. Tal situação não ocorre na hipótese de figurar no feito como impetrante e terceiro interessado pessoa de direito privado, ressalvada a hipótese de matéria administrativa. (ex-OJs nºs 72 e 73 da SBDI-1 – inseridas, respectivamente, em 25.11.1996 e 03.06.1996)
Súmula alterada - Res. 121/2003, DJ 19, 20 e 21.11.2003
Nº 303 Fazenda Pública. Duplo grau de jurisdição
Está sujeita ao duplo grau de jurisdição, mesmo na vigência da CF/1988, decisão contrária à Fazenda Pública, salvo:
a) quando a condenação não ultrapassar o valor correspondente a 60 (sessenta) salários mínimos;
b) quando a decisão estiver em consonância com decisão plenária do Supremo Tribunal Federal ou com enunciados de Súmula ou Orientação Jurisprudencial do Tribunal Superior do Trabalho.
Redação original - Res. 1/1992, DJ 05, 12 e 19.11.1992
Nº 303 Fazenda Pública – Duplo Grau de Jurisdição.
Está sujeita ao duplo grau de jurisdição, mesmo na vigência da Constituição Federal de 1988, decisão contrária à Fazenda Pública.

Súmula nº 304 do TST
CORREÇÃO MONETÁRIA. EMPRESAS EM LIQUIDAÇÃO. ART. 46 DO ADCT/CF (mantida) - Res. 121/2003, DJ 19, 20 e 21.11.2003 e republicada DJ 25.11.2003
Os débitos trabalhistas das entidades submetidas aos regimes de intervenção ou liquidação extrajudicial estão sujeitos a correção monetária desde o respectivo vencimento até seu efetivo pagamento, sem interrupção ou suspensão, não incidindo, entretanto, sobre tais débitos, juros de mora.
Precedentes:
RR 24148/1991, Ac. 1ªT 211/1992 - Min. Afonso Celso
DJ 13.03.1992 - Decisão unânime
RR 2618/1989, Ac. 1ªT 1343/1990 - Min. Ursulino Santos
DJ 31.08.1990 - Decisão unânime
RR 3371/1989, Ac. 1ªT 982/1990 - Min. Afonso Celso
DJ 22.06.1990 - Decisão unânime
RR 28558/1991, Ac. 2ªT 832/1992 - Min. José Francisco da Silva
DJ 30.04.1992 - Decisão unânime
RR 18620/1990, Ac. 2ªT 5331/1991 - Min. Ney Doyle
DJ 28.02.1992 - Decisão unânime
RR 15191/1990, Ac. 2ªT 5661/1991 - Min. José Francisco da Silva
DJ 21.02.1992 - Decisão unânime
RR 4005/1989, Ac. 3ªT 5323/1991 - Min. Francisco Fausto Paula de Medeiros
DJ 03.04.1992 - Decisão unânime
RR 18016/1990, Ac. 3ªT 165/1992 - Juiz Conv. Oswaldo Florêncio Neme
DJ 27.03.1992 - Decisão unânime
RR 6951/1989, Ac. 3ªT 5333/1991 - Min. José Luiz Vasconcellos
DJ 21.02.1992 - Decisão unânime
Histórico:
Redação original (revisão da Súmula nº 284) - Res. 2/1992, DJ 05, 12 e 19.11.1992

Súmula nº 305 do TST
FUNDO DE GARANTIA DO TEMPO DE SERVIÇO. INCIDÊNCIA SOBRE O AVISO PRÉVIO (mantida) - Res. 121/2003, DJ 19, 20 e 21.11.2003

O pagamento relativo ao período de aviso prévio, trabalhado ou não, está sujeito a contribuição para o FGTS.
Precedentes:
ERR 444/1989, Ac. 1308/1990 - Min. José Ajuricaba da Costa e Silva
DJ 22.02.1991 - Decisão unânime
ERR 4037/1988, Ac. 408/1990 - Min. Hélio Regato
DJ 19.10.1990 - Decisão unânime
ERR 1849/1988, Ac. 148/1990 - Min. C. A. Barata Silva
DJ 06.07.1990 - Decisão unânime
Histórico:
Redação original - Res. 3/1992, DJ 05, 12 e 19.11.1992

Súmula nº 306 do TST
INDENIZAÇÃO ADICIONAL. PAGAMENTO DEVIDO COM FUNDAMENTO NOS ARTIGOS 9º DA LEI Nº 6.708/1979 E 9º DA LEI Nº 7.238/1984 (cancelada) - Res. 121/2003, DJ 19, 20 e 21.11.2003
É devido o pagamento da indenização adicional na hipótese de dispensa injusta do empregado, ocorrida no trintídio que antecede a data-base. A legislação posterior não revogou os arts. 9º da Lei nº 6.708/1979 e 9º da Lei nº 7.238/1984.
Histórico:
Redação original - Res. 4/1992, DJ 05, 12 e 19.11.1992

Súmula nº 307 do TST
JUROS. IRRETROATIVIDADE DO DECRETO-LEI Nº 2.322, DE 26.02.1987 (mantida) - Res. 121/2003, DJ 19, 20 e 21.11.2003
A fórmula de cálculo de juros prevista no Decreto-Lei nº 2.322, de 26.02.1987 somente é aplicável a partir de 27.02.1987. Quanto ao período anterior, deve-se observar a legislação então vigente.
Precedentes:
RR 22604/1991, Ac. 1ªT 3279/1991 - Min. Fernando Vilar
DJ 11.10.1991 - Decisão unânime
RR 18434/1990, Ac. 1ªT 2777/1991 - Min. Afonso Celso
DJ 27.09.1991 - Decisão unânime
RR 18662/1990, Ac. 1ªT 2475/1991 - Min. Afonso Celso
DJ 13.09.1991 - Decisão unânime
RR 6696/1989, Ac. 2ªT 2094/1991 - Min. Hylo Gurgel
DJ 01.07.1991 - Decisão unânime
RR 6376/1989, Ac. 2ªT 1641/1990 - Min. Ney Doyle
DJ 01.03.1991 - Decisão por maioria
RR 1695/1989, Ac. 2ªT 1398/1990 - Min. José Francisco da Silva
DJ 19.12.1990 - Decisão unânime
RR 2889/1989, Ac. 3ªT 5319/1991 - Min. Antônio Amaral
DJ 14.02.1992 - Decisão unânime
RR 5946/1990, Ac. 3ªT 3193/1991 - Min. José Calixto Ramos
DJ 11.10.1991 - Decisão unânime
RR 6875/1989, Ac. 3ªT 2361/1991 - Min. José Luiz Vasconcellos
DJ 06.09.1991 - Decisão unânime
Histórico:
Redação original - Res. 5/1992, DJ 05, 12 e 19.11.1992
Nº 307 Juros. Irretroatividade do Decreto-Lei nº 2322/87.
A fórmula de cálculo de juros prevista no Decreto-Lei nº 2.322/87 somente é aplicável a partir de 27.02.87, devendo-se observar, quanto ao período anterior, a legislação então vigente.

Súmula nº 308 do TST
PRESCRIÇÃO QÜINQÜENAL (incorporada a Orientação Jurisprudencial nº 204 da SBDI-1) - Res. 129/2005, DJ 20, 22 e 25.04.2005
I. Respeitado o biênio subseqüente à cessação contratual, a prescrição da ação trabalhista concerne às pretensões imediatamente anteriores a cinco anos, contados da data do ajuizamento da reclamação e, não, às anteriores ao qüinqüênio da data da extinção do contrato. (ex-OJ nº 204 da SBDI-1 - inserida em 08.11.2000)
II. A norma constitucional que ampliou o prazo de prescrição da ação trabalhista para 5 (cinco) anos é de aplicação imediata e não atinge pretensões já alcançadas pela prescrição bienal quando da promulgação da CF/1988. (ex-Súmula nº 308 - Res. 6/1992, DJ 05.11.1992)
Precedentes:
Item I
ERR 141704/1994, Ac. 3268/1997 - Min. Nelson Daiha
DJ 12.09.1997 - Decisão unânime
RR 275387/1996, Ac. 1ªT 3098/1997 - Min. João Oreste Dalazen
DJ 13.06.1997 - Decisão unânime
RR 552204/1999, 2ªT - Juiz Conv. Márcio Ribeiro do Valle
DJ 08.09.1900 - Decisão unânime
RR 350450/1997, 2ªT - Min. Vantuil Abdala
DJ 02.06.1900 - Decisão unânime
RR 276605/1996, 3ªT - Min. Francisco Fausto Paula de Medeiros
DJ 20.11.1998 - Decisão unânime
RR 281806/1996, 4ªT - Min. Galba Velloso
DJ 20.11.1998 - Decisão unânime
RR 288529/1996, 5ªT - Min. Gelson de Azevedo
DJ 13.11.1998 - Decisão unânime
Item II
ROAR 24609/1991, Ac. 2532/1991 - Min. Cnéa Moreira
DJ 21.02.1992 - Decisão unânime
ROAR 25533/1991, Ac. 2192/1991 - Min. Cnéa Moreira
DJ 29.11.1991 - Decisão unânime
ROAR 865/1989, Ac. 1047/1991 - Min. José Carlos da Fonseca
DJ 30.08.1991 - Decisão unânime
Histórico:
Súmula mantida - Res. 121/2003, DJ 19, 20 e 21.11.2003
Redação original - Res. 6/1992, DJ 05, 12 e 19.11.1992
Nº 308 Prescrição qüinqüenal
A norma constitucional que ampliou a prescrição da ação trabalhista para cinco anos é de aplicação imediata, não atingindo pretensões já alcançadas pela prescrição bienal, quando da promulgação da Constituição de 1988.

Súmula nº 309 do TST
VIGIA PORTUÁRIO. TERMINAL PRIVATIVO. NÃO OBRIGATORIEDADE DE REQUISIÇÃO (mantida) - Res. 121/2003, DJ 19, 20 e 21.11.2003
Tratando-se de terminais privativos destinados à navegação de cabotagem ou de longo curso, não é obrigatória a requisição de vigia portuário indicado por sindicato.
Precedentes:
RR 3168/1989, Ac. 1ªT 38/1991 - Min. Fernando Vilar
DJ 15.03.1991 - Decisão unânime
RR 12096/1990, Ac. 1ªT 2983/1990 - Min. Cnéa Moreira
DJ 22.02.1991 - Decisão unânime
RR 7209/1988, Ac. 1ªT 1589/1990 - Min. Marco Aurélio Giacomini
DJ 16.11.1990 - Decisão unânime
RR 5404/1988, Ac. 2ªT 2102/1990 - Min. Ney Doyle
DJ 22.03.1991 - Decisão unânime
RR 299/1989, Ac. 2ªT 244/1990 - Min. Francisco Leocádio
DJ 20.04.1990 - Decisão unânime
RR 96/1989, Ac. 2ªT 2886/1989 - Min. José Ajuricaba da Costa e Silva
DJ 15.12.1989 - Decisão unânime
RR 3176/1989, Ac. 3ªT 718/1990 - Min. José Luiz Vasconcellos
DJ 23.11.1990 - Decisão unânime

RR 7311/1988, Ac. 3ªT 533/1990 - Min. Francisco Fausto Paula de Medeiros
DJ 21.09.1990 - Decisão unânime
RR 7216/1988, Ac. 3ªT 2774/1989 - Min. Orlando Teixeira da Costa
DJ 03.11.1989 - Decisão unânime
Histórico:
Redação original - Res. 7/1992, DJ 05, 12 e 19.11.1992
Nº 309 Vigia portuário.
Em se tratando de terminais privativos destinados à navegação de cabotagem ou de longo curso, não é obrigatória a requisição de vigia portuário indicado por sindicato.

Súmula nº 310 do TST
SUBSTITUIÇÃO PROCESSUAL. SINDICATO (cancelamento mantido) - Res. 121/2003, DJ 19, 20 e 21.11.2003 e republicada DJ 25.11.2003

I - O art. 8º, inciso III, da Constituição da República não assegura a substituição processual pelo sindicato.

II - A substituição processual autorizada ao sindicato pelas Leis nºs 6.708, de 30.10.1979, e 7.238, de 29.10.1984, limitada aos associados, restringe-se às demandas que visem aos reajustes salariais previstos em lei, ajuizadas até 03.07.1989, data em que entrou em vigor a Lei nº 7.788/1989.

III - A Lei nº 7.788/1989, em seu art. 8º, assegurou, durante sua vigência, a legitimidade do sindicato como substituto processual da categoria.

IV - A substituição processual autorizada pela Lei nº 8.073, de 30.07.1990, ao sindicato alcança todos os integrantes da categoria e é restrita às demandas que visem à satisfação de reajustes salariais específicos resultantes de disposição prevista em lei de política salarial.

V - Em qualquer ação proposta pelo sindicato como substituto processual, todos os substituídos serão individualizados na petição inicial e, para o início da execução, devidamente identificados pelo número da Carteira de Trabalho e Previdência Social ou de qualquer documento de identidade.

VI - É lícito aos substituídos integrar a lide como assistente litisconsorcial, acordar, transigir e renunciar, independentemente de autorização ou anuência do substituto.

VII - Na liquidação da sentença exeqüenda, promovida pelo substituto, serão individualizados os valores devidos a cada substituído, cujos depósitos para quitação serão levantados através de guias expedidas em seu nome ou de procurador com poderes especiais para esse fim, inclusive nas ações de cumprimento.

VIII - Quando o sindicato for o autor da ação na condição de substituto processual, não serão devidos honorários advocatícios.

Histórico:
Súmula cancelada - Res. 119/2003, DJ 01.10.2003
Redação original - Res. 1/1993, DJ 06, 10 e 12.05.1993

Súmula nº 311 do TST
BENEFÍCIO PREVIDENCIÁRIO A DEPENDENTE DE EX-EMPREGADO. CORREÇÃO MONETÁRIA. LEGISLAÇÃO APLICÁVEL (mantida) - Res. 121/2003, DJ 19, 20 e 21.11.2003

O cálculo da correção monetária incidente sobre débitos relativos a benefícios previdenciários devidos a dependentes de ex-empregado pelo empregador, ou por entidade de previdência privada a ele vinculada, será o previsto na Lei nº 6.899, de 08.04.1981.

Precedentes:
IUJRR 7087/1986, Ac. TP 20/1993 - Min. Almir Pazzianotto Pinto
DJ 04.06.1993 - Decisão por maioria
ERR 5755/1984, Ac. 1643/1992 - Min. Cnéa Moreira
DJ 04.09.1992 - Decisão unânime

ERR 7262/1984, Ac. 1179/1991 - Min. Cnéa Moreira
DJ 06.09.1991 - Decisão unânime
ERR 4608/1988, Ac. 0894/1991 - Min. Hélio Regato
DJ 23.08.1991 - Decisão unânime
Histórico:
Redação original - Res. 2/1993, DJ 06, 10 e 12.05.1993 - Republicada DJ 14, 20 e 21.05.1993
Nº 311 Benefício previdenciário a dependente de ex-empregado. Correção monetária. Legislação aplicável.
O cálculo da correção monetária incidente sobre débitos relativos a benefícios previdenciários devidos a dependentes de ex-empregado pelo empregador, ou entidade de previdência privada a ele vinculada, será o previsto na Lei nº 6.899/81.

Súmula nº 312 do TST
CONSTITUCIONALIDADE. ALÍNEA "B" DO ART. 896 DA CLT (mantida) - Res. 121/2003, DJ 19, 20 e 21.11.2003
É constitucional a alínea "b" do art. 896 da CLT, com a redação dada pela Lei nº 7.701, de 21.12.1988.

Precedentes:
RR 4224/1989, Ac. TP 02/1993 - Min. Afonso Celso
DJ 29.10.1993 - Decisão por maioria
RR 19378/1990, Ac. 5ªT 26/1991 - Red. Min. Wagner Pimenta
DJ 06.09.1991 - Decisão por maioria
Histórico:
Redação original - Res. 4/1993, DJ 22, 27 e 29.09.1993

Súmula nº 313 do TST
COMPLEMENTAÇÃO DE APOSENTADORIA. PROPORCIONALIDADE. BANESPA (mantida) - Res. 121/2003, DJ 19, 20 e 21.11.2003

A complementação de aposentadoria, prevista no art. 106, e seus parágrafos, do regulamento de pessoal editado em 1965, só é integral para os empregados que tenham 30 (trinta) ou mais anos de serviços prestados exclusivamente ao banco.

Precedentes:
IUJERR 10780/1990, Ac. TP 05/1993 - Min. José Luiz Vasconcellos
DJ 12.11.1993 - Decisão por maioria
ERR 5583/1989, Ac. 2836/1992 - Min. Ermes Pedro Pedrassani
DJ 11.12.1992 - Decisão por maioria
RR 25486/1991, Ac. 1ªT 0689/1992 - Min. Ursulino Santos
DJ 30.04.1992 - Decisão unânime
RR 43448/1992, Ac. 2ªT 4788/1992 - Red. Min. Hylo Gurgel
DJ 12.03.1993 - Decisão por maioria
Histórico:
Redação original - Res. 5/1993, DJ 22, 27 e 29.09.1993

Súmula nº 314 do TST
INDENIZAÇÃO ADICIONAL. VERBAS RESCISÓRIAS. SALÁRIO CORRIGIDO (mantida) - Res. 121/2003, DJ 19, 20 e 21.11.2003
Se ocorrer a rescisão contratual no período de 30 (trinta) dias que antecede à data-base, observado a Súmula nº 182 do TST, o pagamento das verbas rescisórias com o salário já corrigido não afasta o direito à indenização adicional prevista nas Leis nºs 6.708, de 30.10.1979 e 7.238, de 28.10.1984.

Precedente:
IUJRR 5110/1985, Ac. TP 04/1993 - Min. Lourenço Prado
Julgado em 15.09.1993 - Decisão unânime
Histórico:
Redação original - Res. 6/1993, DJ 22, 27 e 29.09.1993
Nº 314 Ocorrendo a rescisão contratual no período de 30 dias que antecede à data-base, observado o Enunciado de nº 182 do TST, o pagamento das verbas rescisórias com o salário já corrigido não afasta o direito à indenização adicional prevista nas Leis nºs 6.708/1979 e 7.238/1984.

Súmula nº 315 do TST

IPC DE MARÇO/1990. LEI Nº 8.030, DE 12.04.1990 (PLANO COLLOR). INEXISTÊNCIA DE DIREITO ADQUIRIDO (mantida) - Res. 121/2003, DJ 19, 20 e 21.11.2003

A partir da vigência da Medida Provisória nº 154, de 15.03.1990, convertida na Lei nº 8.030, de 12.04.1990, não se aplica o IPC de março de 1990, de 84,32% (oitenta e quatro vírgula trinta e dois por cento), para a correção dos salários, porque o direito ainda não se havia incorporado ao patrimônio jurídico dos trabalhadores, inexistindo ofensa ao inciso XXXVI do art. 5º da CF/1988.

Precedentes:
MS 12935/1990, Ac. 9/1993 - Min. Hylo Gurgel
DJ 26.03.1993 - Decisão unânime
RODC 41229/1991, Ac. 052/1993 - Min. Marcelo Pimentel
DJ 19.03.1993 - Decisão por maioria
RODC 51836/1992, Ac. 930/1992 - Min. Almir Pazzianotto Pinto
DJ 12.02.1993 - Decisão por maioria
RODC 39586/1991, Ac. 811/1992 - Min. Almir Pazzianotto Pinto
DJ 11.12.1992 - Decisão unânime
RODC 30863/1991, Ac. 668/1992 - Min. Marcelo Pimentel
DJ 11.12.1992 - Decisão unânime
RODC 38172/1991, Ac. 883/1992 - Min. Almir Pazzianotto Pinto
DJ 11.12.1992 - Decisão por maioria
RODC 31288/1991, Ac. 587/1992 - Min. Marcelo Pimentel
DJ 06.11.1992 - Decisão unânime
RODC 17953/1990, Ac. 304/1992 - Min. Marcelo Pimentel
DJ 28.08.1992 - Decisão unânime
DC 33572/1991, Ac. 228/1992 - Min. Marcelo Pimentel
DJ 21.08.1992 - Decisão por maioria
RODC 26518/1991, Ac. 223/1992 - Min. Antônio Amaral
DJ 21.08.1992 - Decisão por maioria
RODC 19767/1990, Ac. 76/1992 - Min. Marcelo Pimentel
DJ 24.04.1992 - Decisão por maioria
RODC 22459/1991, Ac. 44/1992 - Min. Marcelo Pimentel
DJ 10.04.1992 - Decisão por maioria
RODC 20375/1991, Ac. 887/1991 - Min. Marcelo Pimentel
DJ 28.02.1992 - Decisão por maioria
RODC 16045/1990, Ac. 928/1991 - Min. Hylo Gurgel
DJ 14.02.1992 - Decisão unânime
DC 38177/1991, Ac. 0830/1991 - Min. Norberto Silveira de Souza
DJ 13.12.1991 - Decisão por maioria
RODC 19069/1990, Ac. 0837/1991 - Min. Norberto Silveira de Souza
DJ 04.12.1991 - Decisão unânime
RODC 136971/990, Ac. 409/1991 - Min. Marcelo Pimentel
DJ 18.10.1991 - Decisão por maioria
RODC 9822/1990, Ac. 504/1991 - Min. Marcelo Pimentel
DJ 06.09.1991 - Decisão unânime
RODC 13299/1990, Ac. 359/1991 - Min. Marcelo Pimentel
DJ 09.08.1991 - Decisão unânime
RODC 2188/1990, Ac. 106/1991 - Min. Marcelo Pimentel
DJ 09.08.1991 - Decisão por maioria
RODC 13331/1990, Ac. 88/9191 - Min. Norberto Silveira de Souza
DJ 10.05.1991 - Decisão unânime
RR 61077/1992, Ac. 1ªT 429/1993 - Red. Min. Indalécio Gomes Neto
DJ 02.04.1993 - Decisão unânime
RR 53291/1992, Ac. 1ªT 4025/1992 - Min. Ursulino Santos
DJ 05.03.1993 - Decisão unânime
RR 50652/1992, Ac. 1ªT 3623/1992 - Min. Indalécio Gomes Neto
DJ 11.12.1992 - Decisão por maioria
RR 49443/1992, Ac. 1ªT 3255/1992 - Min. Afonso Celso
DJ 04.12.1992 - Decisão por maioria
RR 42902/1992, Ac. 1ªT 3245/1992 - Min. Indalécio Gomes Neto
DJ 27.11.1992 - Decisão por maioria
RR 42756/1992, Ac. 1ªT 2936/1992 - Min. Afonso Celso
DJ 23.10.1992 - Decisão por maioria
RR 32379/9191, Ac. 1ªT 2509/1992 - Min. Afonso Celso
DJ 09.10.1992 - Decisão por maioria
RR 30446/1991, Ac. 1ªT 1941/1992 - Min. Indalécio Gomes Neto
DJ 18.09.1992 - Decisão por maioria
RR 36395/1991, Ac. 1ªT 1746/1992 - Min. Afonso Celso
DJ 14.08.1992 - Decisão por maioria
RR 47233/1992, Ac. 2ªT 4823/1992 - Red. Min. Ney Doyle
DJ 19.03.1993 - Decisão por maioria
RR 41752/1991, Ac. 2ªT 4775/1992 - Min. Francisco Leocádio
DJ 05.02.1993 - Decisão por maioria
RR 46787/1992, Ac. 2ªT 4520/1992 - Min. Francisco Leocádio
DJ 18.12.1992 - Decisão unânime
RR 45584/1992, Ac. 2ªT 4103/1992 - Min. Ney Doyle
DJ 18.12.1992 - Decisão por maioria
RR 45681/1992, Ac. 2ªT 4337/1992 - Min. Francisco Leocádio
DJ 11.12.1992 - Decisão por maioria
RR 38732/1991, Ac. 2ªT 3898/1992 - Min. Francisco Leocádio
DJ 04.12.1992 - Decisão por maioria
RR 36098/1991, Ac. 2ªT 2988/1992 - Min. Ney Doyle
DJ 16.10.1992 - Decisão unânime
RR 50480/1992, Ac. 3ªT 4853/1992 - Red. Min. Francisco Fausto Paula de Medeiros
DJ 02.04.1993 - Decisão por maioria
RR 38192/1991, Ac. 3ªT 2376/1992 - Min. Manoel Mendes de Freitas
DJ 06.11.9192 - Decisão por maioria
RR 38214/1991, Ac. 3ªT 1664/1992 - Min. Roberto Della Manna
DJ 09.10.9192 - Decisão por maioria
RR 46678/1992, Ac. 4ªT 591/1993 - Min. Marcelo Pimentel
DJ 16.04.1993 - Decisão por maioria
RR 54428/1992, Ac. 4ªT 3159/1992 - Min. José Carlos da Fonseca
DJ 02.04.1993 - Decisão unânime
RR 48090/1992, Ac. 4ªT 3131/1992 - Min. Almir Pazzianotto Pinto
DJ 26.03.1993 - Decisão por maioria
RR 54069/1992, Ac. 4ªT 342/93 - Min. Leonaldo Silva
DJ 26.03.1993 - Decisão unânime
RR 44313/1992, Ac. 4ªT 3063/1992 - Min. Almir Pazzianotto Pinto
DJ 19.03.1993 - Decisão por maioria
RR 54218/1992, Ac. 4ªT 3156/1992 - Min. Almir Pazzianotto Pinto
DJ 12.03.1993 - Decisão por maioria
RR 52294/1992, Ac. 4ªT 2490/1992 - Min. Leonaldo Silva
DJ 12.02.1993 - Decisão unânime
RR 49534/1992, Ac. 4ªT 2559/1992 - Min. Leonaldo Silva
DJ 18.12.1992 - Decisão unânime
RR 38364/1991, Ac. 4ªT 2453/1992 - Min. Almir Pazzianotto Pinto
DJ 18.12.1992 - Decisão unânime
RR 48441/1992, Ac. 4ªT 2478/1992 - Min. Leonaldo Silva
DJ 18.12.9192 - Decisão unânime
RR 38668/1991, Ac. 4ªT 2046/1992 - Min. José Carlos da Fonseca
DJ 11.12.1992 - Decisão por maioria
RR 46564/1992, Ac. 4ªT 2472/1992 - Min. Almir Pazzianotto Pinto

DJ 11.12.1992 - Decisão unânime
RR 37667/1991, Ac. 4ªT 2042/1992 - Min. José Carlos da Fonseca
DJ 04.12.1992 - Decisão por maioria
RR 39403/1991, Ac. 4ªT 2051/1992 - Min. José Carlos da Fonseca
DJ 04.12.1992 - Decisão por maioria
RR 37831/991, Ac. 4ªT 2266/1992 - Min. Almir Pazzianotto Pinto
DJ 27.11.9192 - Decisão unânime
RR 40209/1991, Ac. 4ªT 1927/1992 - Red. Min. Marcelo Pimentel
DJ 20.11.1992 - Decisão por maioria
RR 33327/1991, Ac. 4ªT 1715/1992 - Min. Leonaldo Silva
DJ 30.10.1992 - Decisão unânime
RODC 26518/1991, Ac. 223/1992 - Min. Antônio Amaral
DJ 21.08.1992 - Decisão por maioria
Histórico:
Redação original - Res. 7/1993, DJ 22, 27 e 29.09.1993
Nº 315 IPC de março/90 – Lei nº 8.030/90 (Plano Collor) – Inexistência de direito adquirido.
A partir da vigência da Medida Provisória nº 154/90, convertida na Lei nº 8.030/90, não se aplica o IPC de março de 1990, de 84,32% (oitenta e quatro vírgula trinta e dois por cento), para a correção dos salários, porque o direito ainda não se havia incorporado ao patrimônio jurídico dos trabalhadores, inexistindo ofensa ao XXXVI do art. 5º da Constituição da República.

Súmula nº 316 do TST
IPC DE JUNHO/1987. DECRETO-LEI Nº 2.335/1987 (PLANO BRESSER). EXISTÊNCIA DE DIREITO ADQUIRIDO (cancelamento mantido) - Res. 121/2003, DJ 19, 20 e 21.11.2003
É devido o reajuste salarial decorrente da incidência do IPC de junho de 1987, correspondente a 26,06% (vinte e seis vírgula zero seis por cento), porque este direito já se havia incorporado ao patrimônio jurídico dos trabalhadores quando do advento do Decreto-Lei nº 2.335/1987.
Histórico:
Súmula cancelada - Res. 37/1994, DJ 25, 28 e 29.11.1994
Redação original - Res. 8/1993, DJ 22, 27 e 29.09.1993

Súmula nº 317 do TST
URP DE FEVEREIRO/1989. LEI Nº 7.730/1989 (PLANO VERÃO). EXISTÊNCIA DE DIREITO ADQUIRIDO (cancelamento mantido) - Res. 121/2003, DJ 19, 20 e 21.11.2003
A correção salarial da URP de fevereiro de 1989, de 26,05% (vinte e seis vírgula zero cinco por cento), já constituía direito adquirido do trabalhador, quando do advento da Medida Provisória nº 32/1989, convertida na Lei nº 7.730/1989, sendo devido o reajuste respectivo.
Histórico:
Súmula cancelada - Res. 37/1994, DJ 25, 28 e 29.11.1994
Redação original - Res. 9/1993, DJ 22, 27 e 29.09.1993

Súmula nº 318 do TST
DIÁRIAS. BASE DE CÁLCULO PARA SUA INTEGRAÇÃO NO SALÁRIO (mantida) - Res. 121/2003, DJ 19, 20 e 21.11.2003
Tratando-se de empregado mensalista, a integração das diárias no salário deve ser feita tomando-se por base o salário mensal por ele percebido e não o valor do dia de salário, somente sendo devida a referida integração quando o valor das diárias, no mês, for superior à metade do salário mensal.
Precedentes:
ERR 6345/1987, Ac. 1012/1990 - Min. José Luiz Vasconcellos
DJ 03.08.1990 - Decisão unânime
ERR 4534/1987, Ac. 1018/1990 - Min. José Ajuricaba da Costa e Silva
DJ 14.12.1990 - Decisão unânime
.RR 4643/1986, Ac. 1ªT 315/1987 - Min. Marco Aurélio Mendes de Farias Mello
DJ 24.04.1987 -Decisão unânime
RR 4115/1988, Ac. 2ªT 276/1989 - Min. Aurélio M. de Oliveira
DJ 19.05.1989 - Decisão unânime
RR 4347/1987, Ac. 2ªT 1684/1988 - Min. José Ajuricaba da Costa e Silva
DJ 12.08.1988 - Decisão unânime
RR 6519/1986, Ac. 3ªT 2256/1987 - Juiz Conv. Geraldo Octávio Guimarães
DJ 04.09.1987 - Decisão unânime
RR 28446/1991, Ac. 4ªT 569/1992 - Min. José Carlos da Fonseca
DJ 08.05.1992 - Decisão unânime
Histórico:
Redação original - Res. 10/1993, DJ 29.11, e 01 e 03.12.1993
Nº 318 Diárias. Base de cálculo para sua integração ao salário
Tratando-se de empregado mensalista, a integração das diárias ao salário deve ser feita tomando-se por base o salário mensal por ele percebido, e não o salário dia, somente sendo devida a referida integração quando o valor das diárias, no mês, for superior à metade do salário mensal.

Súmula nº 319 do TST
REAJUSTES SALARIAIS ("GATILHOS"). APLICAÇÃO AOS SERVIDORES PÚBLICOS CONTRATADOS SOB A ÉGIDE DA LEGISLAÇÃO TRABALHISTA (mantida) - Res. 121/2003, DJ 19, 20 e 21.11.2003
Aplicam-se aos servidores públicos, contratados sob o regime da CLT, os reajustes decorrentes da correção automática dos salários pelo mecanismo denominado "gatilho", de que tratam os Decretos-Leis nºs 2.284, de 10.03.1986 e 2.302, de 21.11.1986.
Precedentes:
IUJ-ERR 22253/1991, Ac. TP 11/1993 - Min. Ermes Pedro Pedrassani
DJ 18.02.1994 - Decisão unânime
RR 23680/1991, Ac. 1ªT 765/1992 - Min. Marco Aurélio Giacomini
DJ 30.04.1992 - Decisão unânime
RR 0289/1990, Ac. 1ªT 2024/1990 - Juiz Conv. Fernando Américo Veiga Damasceno
DJ 14.12.1990 - Decisão unânime
RR 45185/1992, Ac. 2ªT 4101/1992 - Min. Ney Doyle
DJ 18.12.1992 - Decisão unânime
RR 33883/1991, Ac. 2ªT 3973/1992 - Min. Francisco Leocádio
DJ 18.12.1992 - Decisão unânime
RR 46458/1992, Ac. 3ªT 4658/1992 - Min. Manoel Mendes de Freitas
DJ 18.12.1992 - Decisão unânime
RR 30597/1991, Ac. 3ªT 1118/1992 - Min. Manoel Mendes de Freitas
DJ 22.05.1992 - Decisão unânime
Histórico:
Redação original - Res. 11/1993, DJ 29.11, 01 e 03.12.1993
Nº 319 Reajustes salariais (Gatilhos). Sua aplicação relativa aos servidores públicos contratados sob a égide da legislação trabalhista.
Aplicam-se aos servidores públicos, contratados sob o regime da CLT, os reajustes decorrentes da correção automática dos salários pelo mecanismo denominado "gatilho", de que tratam os Decretos-Leis nºs 2.284/1986 e 2.302/1986.

Súmula nº 320 do TST
HORAS "IN ITINERE". OBRIGATORIEDADE DE CÔMPUTO NA JORNADA DE TRABALHO (mantida) - Res. 121/2003, DJ 19, 20 e 21.11.2003

O fato de o empregador cobrar, parcialmente ou não, importância pelo transporte fornecido, para local de difícil acesso ou não servido por transporte regular, não afasta o direito à percepção das horas "in itinere".

Precedentes:
IUJ-RR 1345/1987, Ac. TP 12/1993 - Min. Indalécio Gomes Neto
Julgado em 17.11.1993 - Decisão por maioria
ERR 0141/1988, Ac. 496/1990 - Min. C. A. Barata Silva
DJ 06.07.1990 - Decisão unânime
RR 4673/1987, Ac. 1ªT 2517/1988 - Juiz Conv. José Luiz Vasconcellos
DJ 04.11.1988 - Decisão unânime
RR 7186/1986, Ac. 1ªT 4432/1987 - Min. Marco Aurélio Mendes de Farias Mello
DJ 18.12.1987 - Decisão unânime
RR 0132/1987, Ac. 3ªT 2134/1987 - Red. Min. Norberto Silveira de Souza
DJ 07.08.1987 - Decisão por maioria
RR 22743/1991, Ac. 5ªT 598/1991 - Min. Wagner Pimenta
DJ 06.12.1991 - Decisão unânime

Histórico:
Redação original - Res. 12/1993, DJ 29.11, 01 e 03.12.1993
Nº 320 Horas "in itinere". Obrigatoriedade de seu cômputo na jornada de trabalho.
O fato de o empregador cobrar, parcialmente ou não, importância pelo transporte fornecido, para local de difícil acesso ou não servido por transporte regular, não afasta o direito à percepção do pagamento das horas "in itinere".

Súmula nº 321 do TST
DECISÃO ADMINISTRATIVA. RECURSO (cancelada) - Res. 135/2005, DJ 05.07.2005
Das decisões proferidas pelos Tribunais Regionais do Trabalho, em processo administrativo, cabe recurso para o Tribunal Superior do Trabalho tão-somente para o exame da legalidade do ato.

Histórico:
Súmula mantida - Res. 121/2003, DJ 19, 20 e 21.11.2003
Redação original (revisão da Súmula nº 302) - Res. 13/1993, DJ 29.11, 01 e 03.12.1993
Nº 321 Decisão administrativa – Recurso – Revisão do Enunciado nº 302.
Das decisões proferidas pelos Tribunais Regionais, em processo administrativo, cabe recurso para o Tribunal Superior do Trabalho tão-somente para exame da legalidade do ato.

Súmula nº 322 do TST
DIFERENÇAS SALARIAIS. PLANOS ECONÔMICOS. LIMITE (mantida) - Res. 121/2003, DJ 19, 20 e 21.11.2003
Os reajustes salariais decorrentes dos chamados "gatilhos" e URPs, previstos legalmente como antecipação, são devidos tão-somente até a data-base de cada categoria.

Precedentes:
ROAR 76035/1993, Ac. 3833/1993 - Min. Guimarães Falcão
DJ 11.03.1994 - Decisão unânime
RR 35455/1991, Ac. 2ªT 2211/1992 - Min. Ney Doyle
DJ 14.08.1992 - Decisão unânime

Histórico:
Redação original - Res. 14/1993, DJ 21, 28.12.1993 e 04.01.1994

Súmula nº 323 do TST
URP DE ABRIL E MAIO DE 1988. DECRETO-LEI Nº 2.425/1988 (cancelamento mantido) - Res. 121/2003, DJ 19, 20 e 21.11.2003
A suspensão do pagamento das URPs de abril e maio de 1988, determinada pelo Decreto-Lei nº 2.425, de 07.04.1988, afronta direito adquirido dos trabalhadores e o princípio constitucional da isonomia.

Histórico:
Súmula cancelada - Res. 38/1994, DJ 25, 28 e 29.11.1994
Redação original - Res. 15/1993, DJ 21, 28.12.1993 e 04.01.1994

Súmula nº 324 do TST
HORAS "IN ITINERE". ENUNCIADO Nº 90. INSUFICIÊNCIA DE TRANSPORTE PÚBLICO (cancelada em decorrência da sua incorporação à nova redação da súmula nº 90) - Res. 129/2005, DJ 20, 22 e 25.04.2005
A mera insuficiência de transporte público não enseja o pagamento de horas "in itinere".

Histórico:
Súmula mantida - Res. 121/2003, DJ 19, 20 e 21.11.2003
Redação original - Res. 16/1993, DJ 21, 28.12.1993 e 04.01.1994

Súmula nº 325 do TST
HORAS "IN ITINERE". ENUNCIADO Nº 90. REMUNERAÇÃO EM RELAÇÃO A TRECHO NÃO SERVIDO POR TRANSPORTE PÚBLICO (cancelada em decorrência da sua incorporação à nova redação da Súmula nº 90) - Res. 129/2005, DJ 20, 22 e 25.04.2005
Se houver transporte público regular, em parte do trajeto percorrido em condução da empresa, as horas "in itinere" remuneradas limitam-se ao trecho não alcançado pelo transporte público.

Histórico:
Súmula mantida - Res. 121/2003, DJ 19, 20 e 21.11.2003
Redação original - Res. 17/1993, DJ 21, 28.12.1993 e 04.01.1994
Nº 325 Horas "in itinere". Enunciado nº 90. Remuneração em relação a trecho não servido por transporte público.
Havendo transporte público regular, em parte do trajeto percorrido em condução da empresa, as horas in itinere remuneradas se limitam ao trecho não alcançado pelo transporte público.

Súmula nº 326 do TST
COMPLEMENTAÇÃO DE APOSENTADORIA. PRESCRIÇÃO TOTAL (nova redação) - Res. 174/2011, DEJT divulgado em 27, 30 e 31.05.2011
A pretensão à complementação de aposentadoria jamais recebida prescreve em 2 (dois) anos contados da cessação do contrato de trabalho.

Precedentes:
ERR 18896-32.1990.5.04.5555,Ac.2175/1992 - Min. José Luiz Vasconcellos
DJ 27.11.1992 - Decisão por maioria
ERR 11667-21.1990.5.04.5555,Ac.1683/1992 - Min. José Carlos da Fonseca
DJ 09.10.1992 - Decisão por maioria
ERR 3336-50.1990.5.04.5555,Ac. 805/1992 - Red. Min. Hylo Gurgel
DJ 15.05.1992 - Decisão por maioria
ERR 7438-84.1986.5.03.5555,Ac. 649/1990 - Min. José Carlos da Fonseca
DJ 16.11.1990 - Decisão por maioria
RR 36839-12.1991.5.01.5555,Ac. 1ª T 2711/1992 - Min. Ursulino Santos
DJ 13.11.1992 - Decisão unânime
RR 20419-18.1991.5.05.5555, Ac. 2ª T 1076/1992 - Min. Ney Doyle
DJ 22.05.1992 - Decisão unânime

Histórico:
Súmula mantida - Res. 121/2003, DJ 19, 20 e 21.11.2003
Redação original - Res. 18/1993, DJ 21,28.12.1993 e 04.01.1994

Nº 326 Complementação dos proventos de aposentadoria. Parcela nunca recebida. Prescrição total.

Em se tratando de pedido de complementação de aposentadoria oriunda de norma regulamentar e jamais paga ao ex-empregado, a prescrição aplicável é a total, começando a fluir o biênio a partir da aposentadoria.

Súmula nº 327 do TST

COMPLEMENTAÇÃO DE APOSENTADORIA. DIFERENÇAS. PRESCRIÇÃO PARCIAL (nova redação) - Res. 174/2011, DEJT divulgado em 27, 30 e 31.05.2011

A pretensão a diferenças de complementação de aposentadoria sujeita-se à prescrição parcial e quinquenal, salvo se o pretenso direito decorrer de verbas não recebidas no curso da relação de emprego e já alcançadas pela prescrição, à época da propositura da ação.

Precedentes:
EEDRR 55400-29.2003.5.08.0007 - Min. Augusto César Leite de Carvalho
DEJT 06.05.2011 - Decisão unânime
EEDEDRR 71800-26.2005.5.03.0060 - Min. Horácio R. de Senna Pires
DEJT 06.08.2010 - Decisão unânime
ERR 122100-54.2006.5.06.0001 - Min. Maria de Assis Calsing
DEJT 28.06.2010 - Decisão unânime
EEDRR 173700-69.2003.5.22.0003 - Min. Augusto César Leite de Carvalho
DEJT 04.06.2010 - Decisão unânime
ERR 203100-63.1994.5.04.0030 - Min. Carlos Alberto Reis de Paula
DEJT 06.02.2009 - Decisão unânime
ERR 46011-57.1992.5.04.5555 - Min. Leonaldo Silva
DJ 09.04.1999 - Decisão unânime
ERR 139955-02.1994.5.02.5555 - Min. Cnéa Moreira
DJ 18.09.1998 - Decisão unânime
AGERR 161570-14.1995.5.02.5555 - Min. Vantuil Abdala
DJ 04.09.1998 - Decisão unânime
ERR 44260-89.1992.5.02.5555, Ac. 2301/94 - Min. Vantuil Abdala
DJ 26.08.1994 - Decisão unânime

Histórico:
Nova redação - Res. 121/2003, DJ 19, 20 e 21.11.2003
Nº 327 Complementação dos proventos de aposentadoria. Diferença. Prescrição parcial
Tratando-se de pedido de diferença de complementação de aposentadoria oriunda de norma regulamentar, a prescrição aplicável é a parcial, não atingindo o direito de ação, mas, tão-somente, as parcelas anteriores ao qüinqüênio.
Redação original - Res. 19/1993, DJ 21, 28.12.1993 e 04.01.1994
Nº 327 Complementação dos proventos de aposentadoria. Diferença. Prescrição parcial.
Em se tratando de pedido de diferença de complementação de aposentadoria oriunda de norma regulamentar, a prescrição aplicável é a parcial, não atingindo o direito de ação, mas, tão-somente, as parcelas anteriores ao biênio.

Súmula nº 328 do TST

FÉRIAS. TERÇO CONSTITUCIONAL (mantida) - Res. 121/2003, DJ 19, 20 e 21.11.2003
O pagamento das férias, integrais ou proporcionais, gozadas ou não, na vigência da CF/1988, sujeita-se ao acréscimo do terço previsto no respectivo art. 7º, XVII.

Precedentes:
ERR 8815/1990, Ac. 2091/1992 - Min. Cnéa Moreira
DJ 09.10.1992 - Decisão por maioria
ERR 3348/1990, Ac. 2113/1992 - Red. Min. Cnéa Moreira
DJ 09.10.1992 - Decisão por maioria
RR 60932/1992, Ac. 1ªT 1160/1993 - Min. Indalécio Gomes Neto
DJ 28.05.1993 - Decisão unânime
RR 50254/1992, Ac. 1ªT 822/1993 - Min. Indalécio Gomes Neto
DJ 23.04.1993 - Decisão unânime
RR 58880/1992, Ac. 1ªT 557/1993 - Min. Afonso Celso
DJ 02.04.1993 - Decisão unânime
RR 44412/1992, Ac. 1ªT 3969/1992 - Min. Ursulino Santos
DJ 05.03.1993 - Decisão unânime
RR 43087/1992, Ac. 1ªT 2750/1992 - Min. Fernando Vilar
DJ 13.11.1992 - Decisão unânime
RR 38090/1991, Ac. 1ªT 1392/1992 - Min. Ursulino Santos
DJ 26.06.1992 - Decisão unânime
RR 35480/1991, Ac. 1ªT 1155/1992 - Min. Afonso Celso
DJ 29.05.1992 - Decisão unânime
RR 57504/1992, Ac. 2ªT 1730/1993 - Min. Vantuil Abdala
DJ 06.08.1993 - Decisão unânime
RR 46527/1992, Ac. 2ªT 1304/1993 - Min. Vantuil Abdala
DJ 25.06.1993 - Decisão unânime
RR 45972/1992, Ac. 2ªT 452/1993 - Min. Vantuil Abdala
DJ 14.05.1993 - Decisão unânime
RR 43052/1992, Ac. 2ªT 4092/1992 Min. Ney Doyle
DJ 18.12.1992 Decisão unânime
RR 33385/1991, Ac. 2ªT 1956/1992 - Min. Ney Doyle
DJ 14.08.1992 - Decisão unânime
RR 18958/1990, Ac. 2ªT 4936/1991 - Min. Vantuil Abdala
DJ 13.12.1991 - Decisão unânime
RR 12760/1990, Ac. 2ªT 2356/1991 - Min. Ney Doyle
DJ 09.08.1991 - Decisão unânime
RR 58868/1992, Ac. 3ªT 1511/1993 Min. José Calixto Ramos
DJ 06.08.1993 - Decisão unânime
RR 39511/1991, Ac. 3ªT 1539/1992 - Min. Roberto Della Manna
DJ 18.06.1993 - Decisão unânime
RR 54893/1992., Ac. 3ªT 1471/1993 - Min. José Calixto Ramos
DJ 11.06.1993 - Decisão por maioria
RR 38823/1991, Ac. 3ªT 3696/1992 - Min. Francisco Fausto Paula de Medeiros
DJ 20.11.1992 - Decisão unânime
RR 17359/1990, Ac. 3ªT 5651/1991 - Min. José Calixto Ramos
DJ 03.04.1992 - Decisão unânime
RR 9763/1990, Ac. 3ªT 4923/1991 - Min. Francisco Fausto Paula de Medeiros
DJ 21.02.1992 - Decisão unânime
RR 8440/1990, Ac. 3ªT 1083/1991 - Min. Manoel Mendes de Freitas
DJ 31.05.1991 - Decisão unânime
RR 52625/1992, Ac. 4ªT 1305/1993 - Min. Marcelo Pimentel
DJ 18.06.1993 - Decisão por maioria
RR 57720/1992, Ac. 4ªT 1163/1993 - Min. Almir Pazzianotto Pinto
DJ 11.06.1993 - Decisão unânime
RR 54486/1992, Ac. 4ªT 238/1993 - Min. José Carlos da Fonseca
DJ 21.05.1993 - Decisão unânime
RR 52901/1992, Ac. 4ªT 2739/1992 - Min. Leonaldo Silva
DJ 12.02.1993 - Decisão unânime
RR 32473/1991, Ac. 5ªT 2114/1993 - Min. Wagner Pimenta
DJ 24.09.1993 - Decisão unânime
RR 63007/1992, Ac. 5ªT 1806/1993 - Min. Antônio Maria Thaumaturgo Cortizo
DJ 27.08.1993 - Decisão unânime
RR 60669/1992, Ac. 5ªT 1575/1993 - Min. Armando de Brito
DJ 13.08.1993 - Decisão unânime

RR 37891/1991, Ac. 5ªT 910/1993 - Min. Wagner Pimenta
DJ 18.06.1993 - Decisão por maioria
RR 45993/1992, Ac. 5ªT 1067/1993 - Min. Wagner Pimenta
DJ 04.06.1993 - Decisão unânime
RR 52645/1992, Ac. 5ªT 675/1993 - Min. Antônio Maria Thaumaturgo Cortizo
DJ 21.05.1993 - Decisão unânime
RR 55407/1992, Ac. 5ªT 0595/1993 - Min. Antônio Maria Thaumaturgo Cortizo
DJ 14.05.1993 - Decisão unânime
Histórico:
Redação original - Res. 20/1993, DJ 21, 28.12.1993 e 04.01.1994
Nº 328 Férias - Terço constitucional.
O pagamento das férias, integrais ou proporcionais, gozadas ou não, na vigência da Constituição da República de 1988, sujeita-se ao acréscimo do terço previsto em seu art. 7º, inciso XVII.

Súmula nº 329 do TST
HONORÁRIOS ADVOCATÍCIOS. ART. 133 DA CF/1988 (mantida) - Res. 121/2003, DJ 19, 20 e 21.11.2003
Mesmo após a promulgação da CF/1988, permanece válido o entendimento consubstanciado na Súmula nº 219 do Tribunal Superior do Trabalho.
Precedentes:
RR 55415/1992, Ac. 1ªT 410/1993 - Red. Min. Indalécio Gomes Neto
DJ 16.04.1993 - Decisão unânime
RR 39240/1991, Ac. 1ªT 2203/1992 - Min. Afonso Celso
DJ 02.10.1992 - Decisão unânime
RR 33247/1991, Ac. 2ªT 214/1993 - Min. José Francisco da Silva
DJ 16.04.1993 - Decisão unânime
RR 28358/1991, Ac. 2ªT 1933/1992 - Min. Ney Doyle
DJ 07.08.1992 - Decisão unânime
RR 36080/1991, Ac. 3ªT 1729/1993 - Min. Francisco Fausto Paula de Medeiros
DJ 13.08.1993 - Decisão unânime
RR 60721/1992, Ac. 3ªT 1781/1993 - Min. Manoel Mendes de Freitas
DJ 18.06.1993 - Decisão unânime
RR 62135/1992, Ac. 4ªT 2365/1993 - Min. Marcelo Pimentel
DJ 17.09.1993 - Decisão unânime
RR 27741/1991, Ac. 4ªT 720/1992 - Min. José Carlos da Fonseca
DJ 19.06.1992 - Decisão unânime
RR 44874/1992, Ac. 5ªT 2311/1993 - Min. Antônio Amaral
DJ 01.10.1993 - Decisão unânime
RR 49540/1992, Ac. 5ªT 1477/1993 - Min. Armando de Brito
DJ 06.08.1993 - Decisão unânime
Histórico:
Redação original - Res. 21/1993, DJ 21, 28.12.1993 e 04.01.1994
Nº 329 Honorários advocatícios. Art. 133 da Constituição da República de 1988
Mesmo após a promulgação da Constituição da República de 1988, permanece válido o entendimento consubstanciado no Enunciado nº 219 do Tribunal Superior do Trabalho.

Súmula nº 330 do TST
QUITAÇÃO. VALIDADE (mantida) - Res. 121/2003, DJ 19, 20 e 21.11.2003
A quitação passada pelo empregado, com assistência de entidade sindical de sua categoria, ao empregador, com observância dos requisitos exigidos nos parágrafos do art. 477 da CLT, tem eficácia liberatória em relação às parcelas expressamente consignadas no recibo, salvo se oposta ressalva expressa e especificada ao valor dado à parcela ou parcelas impugnadas.
I - A quitação não abrange parcelas não consignadas no recibo de quitação e, conseqüentemente, seus reflexos em outras parcelas, ainda que estas constem desse recibo.
II - Quanto a direitos que deveriam ter sido satisfeitos durante a vigência do contrato de trabalho, a quitação é válida em relação ao período expressamente consignado no recibo de quitação.
Precedentes:
IUJRR 275570/1996, TP - Min. Ronaldo Lopes Leal
DJ 04.05.2001 - Decisão unânime
RR 590138/1999, 1ªT - Min. João Oreste Dalazen
DJ 15.12.2000 - Decisão unânime
RR 556946/1999, 5ªT - Min. Antônio Maria Thaumaturgo Cortizo
DJ 12.11.1999 - Decisão unânime
Histórico:
Súmula alterada - Res. 108/2001, DJ 18, 19 e 20.04.2001
Súmula mantida e republicada com explicitação - RA nº 4/1994, DJ 18, 28.02.1994 e 02.03.1994
Nº 330 Quitação. Validade. Revisão da Súmula nº 41
A quitação passada pelo empregado, com assistência de entidade sindical de sua categoria, ao empregador, com observância dos requisitos exigidos nos parágrafos do artigo 477, da Consolidação das Leis do Trabalho, tem eficácia liberatória em relação às parcelas expressamente consignadas no recibo, salvo se oposta ressalva expressa e especificada ao valor dado à parcela ou parcelas impugnadas.
Redação original (revisão da Súmula nº 41) - Res. 22/1993, DJ 21, 28.12.1993 e 04.01.1994
Nº 330 Quitação. Validade. Revisão da Súmula nº 41
A quitação passada pelo empregado, com assistência de Entidade Sindical de sua categoria, ao empregador, com observância dos requisitos exigidos nos parágrafos do art. 477 da Consolidação das Leis do Trabalho, tem eficácia liberatória em relação às parcelas expressamente consignadas no recibo.

Súmula nº 331 do TST
CONTRATO DE PRESTAÇÃO DE SERVIÇOS. LEGALIDADE (nova redação do item IV e inseridos os itens V e VI à redação) - Res. 174/2011, DEJT divulgado em 27, 30 e 31.05.2011
I - A contratação de trabalhadores por empresa interposta é ilegal, formando-se o vínculo diretamente com o tomador dos serviços, salvo no caso de trabalho temporário (Lei nº 6.019, de 03.01.1974).
II - A contratação irregular de trabalhador, mediante empresa interposta, não gera vínculo de emprego com os órgãos da Administração Pública direta, indireta ou fundacional (art. 37, II, da CF/1988).
III - Não forma vínculo de emprego com o tomador a contratação de serviços de vigilância (Lei nº 7.102, de 20.06.1983) e de conservação e limpeza, bem como a de serviços especializados ligados à atividade-meio do tomador, desde que inexistente a pessoalidade e a subordinação direta.
IV - O inadimplemento das obrigações trabalhistas, por parte do empregador, implica a responsabilidade subsidiária do tomador dos serviços quanto àquelas obrigações, desde que haja participado da relação processual e conste também do título executivo judicial.
V - Os entes integrantes da Administração Pública direta e indireta respondem subsidiariamente, nas mesmas condições do item IV, caso evidenciada a sua conduta culposa no cumprimento das obrigações da Lei n.º 8.666, de 21.06.1993, especialmente na fiscalização do cumprimento das obrigações contratuais e legais da prestadora de serviço como empregadora. A aludida responsabilidade não decorre de mero inadimplemento das obrigações trabalhistas assumidas pela empresa regularmente contratada.

VI – A responsabilidade subsidiária do tomador de serviços abrange todas as verbas decorrentes da condenação referentes ao período da prestação laboral.

Precedentes:

Item I
IUJRR 3442/1984, Ac. TP 2208/1986 - Min. Marco Aurélio Mendes de Farias Mello
DJ 10.10.1986 - Decisão por maioria

Item II
RR 62835-48.1992.5.02.5555, Ac. 1ªT 2340/1993 - Min. Ursulino Santos
DJ 01.10.1993 - Decisão unânime
RR 44058-74.1992.5.07.5555, Ac. 1ªT 3308/1992 - Min. Afonso Celso
DJ 04.12.1992 - Decisão unânime
RR 42286-78.1991.5.01.5555, Ac. 4ªT 2936/1992 - Min. Leonaldo Silva
DJ 12.02.1993 - Decisão unânime
RR 41974-21.1991.5.04.5555, Ac. 4ªT 1420/1993 - Min. Marcelo Pimentel
DJ 18.06.1993 - Decisão unânime
RR 35607-78.1991.5.04.5555, Ac. 5ªT 1275/1993 - Min. José Ajuricaba da Costa e Silva
DJ 25.06.1993 - Decisão unânime
RR 27568-54.1991.5.09.5555, Ac. 5ªT 905/1992 - Min. Antônio Amaral
DJ 19.06.1992 - Decisão por maioria

Item III
ERR 211-52.1990.5.12.5555, Ac. 2333/1993 - Min. Cnéa Moreira
DJ 03.09.1993 - Decisão por maioria
RR 226-34.1989.5.02.5555, Ac. 1ªT 2608/1989 - Min. José Luiz Vasconcellos
DJ 08.09.1989 - Decisão por maioria
RR 43279-06.1992.5.04.5555, Ac. 2ªT 631/1993 - Min. João Tezza
DJ 18.06.1993 - Decisão unânime
RR 24086-98.1991.5.09.5555, Ac. 2ªT 806/1992 - Min. Vantuil Abdala
DJ 08.05.1992 - Decisão por maioria
RR 45956-68.1992.5.09.5555, Ac. 3ªT 5251/1992 - Min. Roberto Della Manna
DJ 06.08.1993 - Decisão unânime
RR 41486-28./1991.5.09.5555, Ac. 3ªT 46/1992 - Min. Manoel Mendes de Freitas
DJ 26.03.1993 - Decisão unânime

Item IV
ERR 342300-93.2003.5.02.0202 - Min. Guilherme Augusto Caputo Bastos
DEJT 30.04.2010 - Decisão unânime
ERR 150400-75.2001.5.17.0007 - Min. Lelio Bentes Correa
DEJT 06.08.2010 - Decisão unânime
EEDRR 413100-18.2004.5.02.0201 - Min. Vieira de Mello Filho
DEJT 20.11.2009 - Decisão unânime
EEDRR 1142800-18.2005.5.11.0005 - Min. Lelio Bentes Correa
DEJT 13.03.2009 - Decisão unânime
RR 101600-73.2001.5.01.0035, 5ªT - Min. Emmanoel Pereira
DEJT 26.06.2009 - Decisão unânime

Item V
IUJRR 297751-31.1996.5.04.5555 - Min. Milton de Moura França
DJ 20.10.2000 - Decisão unânime
EEDRR 25200-85.2008.5.21.0012 - Min. Horácio Raymundo de Senna Pires
DEJT 29.04.2011 - Decisão unânime
ERR 99500-89.2006.5.21.0011 - Min. Aloysio Corrêa da Veiga
DEJT 19.04.2011 - Decisão unânime
ERR 27100-54.2007.5.15.0126 - Min. Horácio Raymundo de Senna Pires
DEJT 18.02.2011 - Decisão unânime
AgERR 6700-51.2009.5.06.0012 - Min. Aloysio Corrêa da Veiga
DEJT 11.02.2011 - Decisão unânime
RR 67400-67.2006.5.15.0102, 1ªT - Min. Vieira de Mello Filho
DEJT 17.12.2010 - Decisão unânime
RR 26100-08.2005.5.06.0007, 2ªT - Min. José Roberto Freire Pimenta
DEJT 18.02.2011 - Decisão unânime
AgAIRR 94-95.2010.5.10.0000, 4ªT - Min. Maria de Assis Calsing
DEJT 29.04.2011 - Decisão unânime
RR 193800-63.2009.5.12.0019, 8ªT - Min. Dora Maria da Costa
DEJT 19.04.2011 - Decisão unânime

Item VI
EEDRR 116440-67.2008.5.02.0083 - Min. Lelio Bentes Corrêa
DEJT 01.04.2011 - Decisão unânime
EEDRR 47800-51.2007.5.15.0126 - Min. João Batista Brito Pereira
DEJT 20.08.2010 - Decisão unânime
EEDRR 54400-88.2007.5.15.0126 - Min. Aloysio Corrêa da Veiga
DEJT 04.06.2010 - Decisão unânime
EEDRR 21885-84.2005.5.20.0011 - Min. Rosa Maria Weber Candiota da Rosa
DEJT 30.03.2010 - Decisão unânime
ERR 21500-07.2008.5.21.0011 - Min. Maria de Assis Calsing
DEJT 19.02.2010 - Decisão unânime
EEDRR 95000-71.2006.5.21.0013 - Min. Vieira de Mello Filho
DEJT 26.02.2010 - Decisão unânime
EEDRR 334500-45.2002.5.12.0016 - Min. Horácio Raymundo de Senna Pires
DEJT 11.12.2009 - Decisão unânime
EEDRR 4400-70.2003.5.01.0302 - Min. Maria de Assis Calsing
DEJT 18.09.2009 - Decisão unânime
ERR 32600-15.2006.5.10.0017 - Min. Horácio Raymundo de Senna Pires
DEJT 21.08.2009 - Decisão unânime
ERR 23400-17.2006.5.10.0006 - Min. Rosa Maria Weber Candiota da Rosa
DEJT 07.08.2009 - Decisão unânime
EEDRR 80800-12.2006.5.05.0011 - Min. Lelio Bentes Corrêa
DEJT 12.06.2009 - Decisão unânime
EEDRR 92700-26.2004.5.01.0026 - Min. Horácio Raymundo de Senna Pires
DEJT 05.06.2009 - Decisão unânime
EEDRR 105400-73.2006.5.12.0053 - Min. Maria Cristina Irigoyen Peduzzi
DEJT 22.05.2009 - Decisão unânime
ERR 18800-11.2006.5.10.0019 - Min. Guilherme Augusto Caputo Bastos
DEJT 06.03.2009 - Decisão unânime
ERR 16900-32.2006.5.10.0006 - Min. Maria de Assis Calsing
DEJT 05.12.2008 - Decisão unânime
EEDRR 28100-28.2007.5.03.0028 - Min. Aloysio Corrêa da Veiga
DEJT 17.10.2008 - Decisão unânime
ERR 37600-44.2006.5.10.0001 - Min. Horácio Raymundo de Senna Pires
DEJT 03.10.2008 - Decisão unânime
EEDRR 21740-32.2004.5.10.0014 - Min. João Batista Brito Pereira

DJ 19.09.2008 - Decisão unânime
ERR 3114200-43.2002.5.09.0900 - Min. Lelio Bentes Corrêa
DJ 19.09.2008 - Decisão unânime
ERR 15400-80.2006.5.10.0021 - Min. Guilherme Augusto Caputo Bastos
DJ 16.05.2008 - Decisão unânime
ERR 49800-66.2004.5.20.0004 - Min. Vantuil Abdala
DJ 09.05.2008 - Decisão unânime
ERR 66700-38.2004.5.15.0013 - Min. Maria de Assis Calsing
DJ 09.11.2007 - Decisão unânime
EEDRR 30140-87.2005.5.02.0025 - Min. Dora Maria da Costa
DJ 19.10.2007 - Decisão unânime
EEDRR 134400-56.2003.5.04.0018 - Min. Aloysio Corrêa da Veiga
DJ 05.10.2007 - Decisão unânime
ERR 441368-08.1998.5.03.5555 - Min. Maria Cristina Irigoyen Peduzzi
DJ 06.12.2002 - Decisão unânime
ERR 411020-73.1997.5.09.5555 - Min. Maria Cristina Irigoyen Peduzzi
DJ 22.11.2002 - Decisão unânime
ERR 563273-16.1999.5.04.5555 - Min. Carlos Alberto Reis de Paula
DJ 27.10.2000 - Decisão unânime
RR 161100-50.2004.5.03.0022, 1ªT - Min. Vieira de Mello Filho
DEJT 30.04.2010 - Decisão unânime
RR 18100-56.2006.5.10.0012, 2ªT - Min. Renato de Lacerda Paiva
DEJT 15.10.2010 - Decisão unânime
RR 32500-69.2007.5.15.0087, 2ªT - Min. Guilherme Augusto Caputo Bastos
DEJT 15.10.2010 - Decisão unânime
RR 15400-22.2006.5.10.0008, 2ªT - Min. Vantuil Abdala
DJ 02.05.2008 - Decisão unânime
RR 11653-17.2010.5.04.0000, 3ªT - Min. Alberto Luiz Bresciani de Fontan Pereira
DEJT 28.10.2010 - Decisão unânime
RR 462000-79.2008.5.12.0050, 4ªT - Min. Fernando Eizo Ono
DEJT 08.10.2010 - Decisão unânime
RR 14200-85.2008.5.21.0013, 4ªT - Min. Maria de Assis Calsing
DEJT 06.08.2010 - Decisão unânime
RR 127240-65.2007.5.04.0009, 5ªT - Min. Emmanoel Pereira
DEJT 28.05.2010 - Decisão unânime
RR 144700-93.2006.5.12.0036, 6ªT - Min. Horácio Raymundo de Senna Pires
DEJT 13.02.2009 - Decisão unânime
RR 96040-79.2004.5.01.0057, 7ªT - Min. Pedro Paulo Manus
DEJT 03.12.2010 - Decisão unânime
RR 113540-76.2009.5.03.0042, 8ªT - Min. Maria Cristina Irigoyen Peduzzi
DEJT 01.04.2011 - Decisão unânime
Histórico:
Súmula mantida - Res. 121/2003, DJ 19, 20 e 21.11.2003
Súmula alterada (inciso IV) - Res. 96/2000, DJ 18, 19 e 20.09.2000
Nº 331 (...)
IV - O inadimplemento das obrigações trabalhistas, por parte do empregador, implica a responsabilidade subsidiária do tomador dos serviços, quanto àquelas obrigações, inclusive quanto aos órgãos da administração direta, das autarquias, das fundações públicas, das empresas públicas e das sociedades de economia mista, desde que hajam participado da relação processual e constem também do título executivo judicial (art. 71 da Lei nº 8.666, de 21.06.1993).

Redação original (revisão da Súmula nº 256) - Res. 23/1993, DJ 21, 28.12.1993 e 04.01.1994
Nº 331 (...)
II - A contratação irregular de trabalhador, através de empresa interposta, não gera vínculo de emprego com os órgãos da Administração Pública Direta, Indireta ou Fundacional (art. 37, II, da Constituição da República).
(...)
IV - O inadimplemento das obrigações trabalhistas, por parte do empregador, implica na responsabilidade subsidiária do tomador dos serviços, quanto àquelas obrigações, desde que hajam participado da relação processual e constem também do título executivo judicial.

Súmula nº 332 do TST
COMPLEMENTAÇÃO DE APOSENTADORIA. PETROBRAS. MANUAL DE PESSOAL. NORMA PROGRAMÁTICA (mantida) - Res. 121/2003, DJ 19, 20 e 21.11.2003
As normas relativas à complementação de aposentadoria, inseridas no Manual de Pessoal da Petrobras, têm caráter meramente programático, delas não resultando direito à referida complementação.
Precedentes:
ERR 44269/1992, Ac. 339/1994 - Min. Armando de Brito
DJ 03.06.1994 - Decisão por maioria
ERR 40711/1991, Ac. 326/1994 - Min. Armando de Brito
DJ 03.06.1994 - Decisão unânime
ERR 5909/1990, Ac. 331/1994 - Min. Afonso Celso
DJ 06.05.1994 - Decisão unânime
ERR 7335/1989, Ac. 323/1992 - Min. Cnéa Moreira
DJ 30.04.1992 - Decisão unânime
ERR 3173/1988, Ac. 598/1990 - Min. José Carlos da Fonseca
DJ 19.04.1991 - Decisão unânime
RR 16958/1990, Ac. 1ªT 596/1993 - Min. Cnéa Moreira
DJ 30.04.1993 - Decisão unânime
RR 50894/1992, Ac. 1ªT 3630/1992 - Juiz Conv. Indalécio Gomes Neto
DJ 05.02.1993 - Decisão por maioria
RR 30057/1991, Ac. 1ªT 2019/1992 - Juiz Conv. Indalécio Gomes Neto
DJ 02.10.1992 - Decisão por maioria
RR 3352/1989, Ac. 2ªT 1406/1990 - Red. Min. José Ajuricaba da Costa e Silva
DJ 19.12.1990 - Decisão por maioria
RR 7335/1989, Ac. 2ªT 765/1990 - Red. Min. José Ajuricaba da Costa e Silva
DJ 30.11.1990 - Decisão por maioria
RR 57474/1992, Ac. 3ªT 1375/1994 - Min. Francisco Fausto Paula de Medeiros
DJ 06.05.1994 - Decisão unânime
RR 40679/1991, Ac. 3ªT 3038/1993 - Min. Roberto Della Manna
DJ 08.04.1994 - Decisão unânime
RR 44269/1992, Ac. 3ªT 4482/1992 - Min. Francisco Fausto Paula de Medeiros
DJ 11.12.1992 - Decisão unânime
RR 54213/1992, Ac. 5ªT 1360/1993 - Min. Wagner Pimenta
DJ 03.09.1993 - Decisão por maioria
Histórico:
Súmula mantida – Res. 50/1995 – DJ 21, 22 e 25.09.1995
Redação original - Res. 24/1994, DJ 12, 16 e 18.05.1994

Súmula nº 333 do TST
RECURSOS DE REVISTA. CONHECIMENTO (alterada) - Res. 155/2009, DEJT 26 e 27.02.2009 e 02.03.2009

Não ensejam recurso de revista decisões superadas por iterativa, notória e atual jurisprudência do Tribunal Superior do Trabalho.
Precedentes:
MA 549349/1999., TP - Min. Vantuil Abdala
DJ 20.09.2000 - Decisão unânime
Histórico:
Súmula mantida - Res. 121/2003, DJ 19, 20 e 21.11.2003
Súmula alterada - Res. 99/2000, DJ 18, 19 e 20.09.2000
Nº 333 Recursos de Revista e de Embargos. Conhecimento
Não ensejam recursos de revista ou de embargos decisões superadas por iterativa, notória e atual jurisprudência do Tribunal Superior do Trabalho.
Redação original (revisão da Súmula nº 42) - Res. 25/1994, DJ 12, 16 e 18.05.1994
Nº 333 Recurso de Revista. Embargos. Não conhecimento. Revisão do Enunciado nº 42
Não ensejam recursos de revista ou de embargos decisões superadas por iterativa, notória e atual jurisprudência da Seção Especializada em Dissídios Individuais.

Súmula nº 334 do TST
COMPETÊNCIA. AÇÃO DE CUMPRIMENTO. SINDICATO. DESCONTO ASSISTENCIAL (cancelamento mantido) - Res. 121/2003, DJ 19, 20 e 21.11.2003
A Justiça do Trabalho é incompetente para julgar ação na qual o sindicato, em nome próprio, pleiteia o recolhimento de desconto assistencial previsto em convenção ou acordo coletivos.
Histórico:
Súmula cancelada - Res. 59/1996, DJ 28.06.1996, 03, 04 e 05.07.1996
Redação original (revisão da Súmula nº 224) - Res. 26/1994, DJ 12, 17 e 19.05.1994

Súmula nº 335 do TST
EMBARGOS PARA A SEÇÃO ESPECIALIZADA EM DISSÍDIOS INDIVIDUAIS CONTRA DECISÃO EM AGRAVO DE INSTRUMENTO OPOSTO A DESPACHO DENEGATÓRIO DE RECURSO DE REVISTA (cancelada) - Res. 121/2003, DJ 19, 20 e 21.11.2003
São incabíveis embargos para a Seção Especializada em Dissídios Individuais contra decisão proferida em agravo de instrumento oposto a despacho denegatório de recurso de revista, salvo quando a controvérsia se referir a pressupostos extrínsecos do próprio agravo.
Histórico:
Revista pela Súmula nº 353 - Res. 70/1997, DJ 30.05.1997 e 04, 05 e 06.06.1997
Redação original (revisão da Súmula nº 183) - Res. 27/1994, DJ 12, 17 e 19.05.1994

Súmula nº 336 do TST
CONSTITUCIONALIDADE. § 2º DO ART. 9º DO DECRETO-LEI Nº 1.971, DE 30.11.1982 (mantida) - Res. 121/2003, DJ 19, 20 e 21.11.2003
É constitucional o § 2º do art. 9º do Decreto-Lei nº 1.971, de 30.11.1982, com a redação dada pelo Decreto-Lei nº 2.100, de 28.12.1983.
Precedente:
RR 10084/1985, Ac. OE 54/1994 - Min. Galba Velloso
DJ 05.05.1995 - Decisão unânime
Histórico:
Redação original - Res. 34/1994, DJ 10, 13 e 14.10.1994

Súmula nº 337 do TST
COMPROVAÇÃO DE DIVERGÊNCIA JURISPRUDENCIAL. RECURSOS DE REVISTA E DE EMBARGOS (incluído o item V) - Res. 220/2017, DEJT divulgado em 21, 22 e 25.09.2017

I - Para comprovação da divergência justificadora do recurso, é necessário que o recorrente:
a) Junte certidão ou cópia autenticada do acórdão paradigma ou cite a fonte oficial ou o repositório autorizado em que foi publicado; e
b) Transcreva, nas razões recursais, as ementas e/ou trechos dos acórdãos trazidos à configuração do dissídio, demonstrando o conflito de teses que justifique o conhecimento do recurso, ainda que os acórdãos já se encontrem nos autos ou venham a ser juntados com o recurso.
II - A concessão de registro de publicação como repositório autorizado de jurisprudência do TST torna válidas todas as suas edições anteriores.
III – A mera indicação da data de publicação, em fonte oficial, de aresto paradigma é inválida para comprovação de divergência jurisprudencial, nos termos do item I, "a", desta súmula, quando a parte pretende demonstrar o conflito de teses mediante a transcrição de trechos que integram a fundamentação do acórdão divergente, uma vez que só se publicam o dispositivo e a ementa dos acórdãos;
IV - É válida para a comprovação da divergência jurisprudencial justificadora do recurso a indicação de aresto extraído de repositório oficial na internet, desde que o recorrente:
a) transcreva o trecho divergente;
b) aponte o sítio de onde foi extraído; e
c) decline o número do processo, o órgão prolator do acórdão e a data da respectiva publicação no Diário Eletrônico da Justiça do Trabalho.
V – A existência do código de autenticidade na cópia, em formato pdf, do inteiro teor do aresto paradigma, juntada aos autos, torna-a equivalente ao documento original e também supre a ausência de indicação da fonte oficial de publicação.
Precedentes:
Item I
MA 129488-85.1994.5.55.5555, TP - Min. Ney Proença Doyle
DJ 02.12.1994 - Decisão unânime
ERR 4923-38.1989.5.15.5555, Ac. SDI 1811/1994 - Min. José Luiz Vasconcellos
DJ 02.09.1994 - Decisão unânime
Item II
ERR 166611-86.1995.5.01.5555 - Min. Rider de Brito
DJ 17.08.2001 - Decisão unânime
ERR 258438-47.1996.5.01.5555 - Min. Vantuil Abdala
DJ 10.12.1999 - Decisão unânime
ERR 265033-62.1996.5.01.5555 - Min. Vantuil Abdala
DJ 24.09.1999 - Decisão unânime
ERR 206109-92.1995.5.01.5555 - Min. Leonaldo Silva
DJ 03.09.1999 - Decisão unânime
ERR 248723-34.1996.5.17.5555 - Min. Rider de Brito
DJ 06.11.1998 - Decisão unânime
Item III
ERR 790244-40.2001.5.02.5555 - Min. Guilherme Augusto Caputo Bastos
DEJT 21.05.2010 - Decisão unânime
ERR 18300-15.2007.5.15.0004 - Min. Maria de Assis Calsing
DEJT 07.05.2010 - Decisão unânime
ERR 215800-07.2003.5.15.0109 - Min. Augusto César Leite Carvalho
DEJT 09.04.2010 - Decisão unânime
EEDRR 810378-12.2001.5.12.5555 - Min. Rosa Maria Weber Candiota da Rosa
DEJT 19.03.2010 - Decisão unânime
ERR 160700-64.2007.5.03.0011 - Min. Horácio Raymundo de Senna Pires
DEJT 05.03.2010 - Decisão unânime

EEDRR 35840-00.93.2002.5.09.0900 - Min. Guilherme Augusto Caputo Bastos
DEJT 04.12.2009 - Decisão unânime
ERR 81200.02.2005.5.15.0005 - Min. Maria de Assis Calsing
DEJT 02.10.2009 - Decisão unânime
ERR 9951600-90.2005.5.09.0013 - Min. Rosa Maria Weber Candiota da Rosa
DEJT 07.08.2009 - Decisão unânime
EEDRR 63700-52.2003.5.03.0028 - Min. Lelio Bentes Corrêa
DEJT 12.06.2009 - Decisão unânime
EEDAIRReRR 8251700-54.2003.5.01.0900 - Min. Aloysio Corrêa da Veiga
DEJT 29.05.2009 - Decisão unânime
EEDRR 136200-78.1998.5.15.0-0054 - Min. João Batista Brito Pereira
DEJT 19.12.2008 - Decisão unânime
EEDRR 751874-62.2001.5.03.5555 - Min. João Batista Brito Pereira
DEJT 19.12.2008 - Decisão por maioria
EEDRR 723069-02.2001.5.03.5555 - Min. Lelio Bentes Corrêa
DEJT 12.12.2008 - Decisão unânime
ERR 774715-08.2001.5.01.5555 - Min. Maria Cristina Irigoyen Peduzzi
DEJT 21.11.2008 - Decisão unânime
EEDRR 734122-44.2001.5.15.5555 - Min. João Batista Brito Pereira
DEJT 14.11.2008 - Decisão unânime
ERR 7651200-10.2003.5.02.0900 - Red. Min. Maria Cristina Irigoyen Peduzzi
DJ 16.05.2008 - Decisão por maioria
ERR 482780-43.1998.5.02.5555 - Red. Min. Maria Cristina Irigoyen Peduzzi
DJ 11.11.2005 - Decisão por maioria
ERR 5822700-18.2002.5.02.0900 - Min. João Batista Brito Pereira
DJ 22.03.2005 - Decisão unânime
ERR 398094-60.1997.5.09.5555 - Min. João Batista Brito Pereira
DJ 30.01.2004 - Decisão por maioria
ERR 5300-82.2002.5.03.0900 - Min. João Batista Brito Pereira
DJ 05.12.2003 - Decisão unânime
ERR 397990-68.1997.5.09.5555 - Min. Maria Cristina Irigoyen Peduzzi
DJ 21.11.2003 - Decisão por maioria
ERR 434995-90.1998.5.09.5555 - Min. João Batista Brito Pereira
DJ 03.10.2003 - Decisão por maioria
RR 1399200-83.2000.5.09.0010, 1ªT - Min. Lelio Bentes Corrêa
DEJT 21.05.2010 - Decisão unânime
RR 5454300-25.2002.5.02.0900, 2ªT - Min. Vantuil Abdala
DEJT 20.11.2009 - Decisão unânime
AIRR 25840-63.2009.5.10.0011, 3ªT - Min. Alberto Luiz Bresciani de Fontan Pereira
DEJT 30.03.2010 - Decisão unânime
RR 7300-34.2007.5.01.0060, 4ªT - Min. Fernando Eizo Ono
DEJT 07.05.2010 - Decisão unânime
RR 167200-78.2006.5.15.0131, 4ªT - Min. Antônio José Barros Levenhagen
DEJT 23.04.2010 - Decisão unânime
RR 485200-97.2007.5.12.0035, 5ªT - Min. João Batista Brito Pereira
DEJT 23.04.2010 - Decisão unânime
RR 114800-85.2007.5.24.0007, 5ªT - Min. Emmanoel Pereira
DEJT 12.03.2010 - Decisão unânime

AIRR 6540-18.2009.5.10.0011, 5ªT - Min. Kátia Magalhães Arruda
DEJT 18.12.2009 - Decisão unânime
RR 88000-33.2004.5.02.0073, 8ªT - Min. Dora Maria da Costa
DEJT 23.10.2009 - Decisão unânime
RR 190200-43.2006.5.12.0050, 8ªT - Min. Maria Cristina Irigoyen Peduzzi
DEJT 31.10.2008 - Decisão unânime
Item V
AgEARR 3200-58.2013.5.02.0008 - Min. Hugo Carlos Scheuermann
DEJT 30.06.2017/J-22.06.2017 - Decisão unânime
AgRERR 2109100-82.2005.5.09.0007 - Min. João Oreste Dalazen
DEJT 19.05.2017/J-23.02.2017 - Decisão unânime
ERR 2-50.2014.5.03.0137 - Min. Guilherme Augusto Caputo Bastos
DEJT 11.04.2017/J-30.03.2017 - Decisão unânime
AgRERR 3410-82.2011.5.09.0009 - Min. Cláudio Mascarenhas Brandão
DEJT 27.01.2017/J-15.12.2016 - Decisão unânime
AgERR 1196-21.2011.5.09.0009 - Min. Augusto César Leite de Carvalho
DEJT 23.09.2016/J-15.09.2016 - Decisão unânime
Histórico:
Súmula alterada - (redação do item IV alterada na sessão do Tribunal Pleno realizada em 14.09.2012) - Res. 185/2012, DEJT divulgado em 25, 26 e 27.09.2012
Súmula alterada - (redação alterada pelo Tribunal Pleno em sessão realizada em 16.11.2010, em decorrência da inclusão dos itens III e IV) - Res. 173/2010, DEJT divulgado em 19, 22 e 23.11.2010

IV – É válida para a comprovação da divergência jurisprudencial justificadora do recurso a indicação de aresto extraído de repositório oficial na internet, sendo necessário que o recorrente transcreva o trecho divergente e aponte o sítio de onde foi extraído com a devida indicação do endereço do respectivo conteúdo na rede (URL – Universal Resource Locator).

Súmula alterada (Incorporada a Orientação Jurisprudencial nº 317 da SBDI-1) - Res. 129/2005, DJ 20, 22 e 25.04.2005
Nº 337 Comprovação de divergência jurisprudencial. Recursos de revista e de embargos

I - Para comprovação da divergência justificadora do recurso, é necessário que o recorrente:
a) Junte certidão ou cópia autenticada do acórdão paradigma ou cite a fonte oficial ou o repositório autorizado em que foi publicado; e
b) Transcreva, nas razões recursais, as ementas e/ou trechos dos acórdãos trazidos à configuração do dissídio, demonstrando o conflito de teses que justifique o conhecimento do recurso, ainda que os acórdãos já se encontrem nos autos ou venham a ser juntados com o recurso. (ex-Súmula nº 337 – alterada pela Res. 121/2003, DJ 21.11.2003)
II - A concessão de registro de publicação como repositório autorizado de jurisprudência do TST torna válidas todas as suas edições anteriores. (ex-OJ nº 317 da SBDI-1 - DJ 11.08.2003)

Súmula alterada - Res. 121/2003, DJ 19, 20 e 21.11.2003
Nº 337 Comprovação de divergência jurisprudencial. Recursos de revista e de embargos
Para comprovação da divergência justificadora do recurso, é necessário que o recorrente:
I - Junte certidão ou cópia autenticada do acórdão paradigma ou cite a fonte oficial ou o repositório autorizado em que foi publicado; e

II - Transcreva, nas razões recursais, as ementas e/ou trechos dos acórdãos trazidos à configuração do dissídio, demonstrando o conflito de teses que justifique o conhecimento do recurso, ainda que os acórdãos já se encontrem nos autos ou venham a ser juntados com o recurso.
Redação original (revisão da Súmula nº 38) - Res. 35/1994, DJ 18, 21 e 22.11.1994 - Republicada DJ 30.11, 01 e 02.12.1994
Nº 337 Comprovação de divergência jurisprudencial. Recursos de revista e de embargos.Revisão do Enunciado nº 38
Para comprovação da divergência justificadora do recurso, é necessário que o recorrente:
 I - Junte certidão ou cópia autenticada do acórdão paradigma ou cite a fonte oficial ou repositório autorizado em que foi publicado; e
 II - Transcreva, nas razões recursais, as ementas e/ou trechos dos acórdãos trazidos à configuração do dissídio, mencionando as teses que identifiquem os casos confrontados, ainda que os acórdãos já se encontrem nos autos ou venham a ser juntados com o recurso.

Súmula nº 338 do TST

JORNADA DE TRABALHO. REGISTRO. ÔNUS DA PROVA (incorporadas as Orientações Jurisprudenciais nºs 234 e 306 da SBDI-1) - Res. 129/2005, DJ 20, 22 e 25.04.2005
 I - É ônus do empregador que conta com mais de 10 (dez) empregados o registro da jornada de trabalho na forma do art. 74, § 2º, da CLT. A não-apresentação injustificada dos controles de freqüência gera presunção relativa de veracidade da jornada de trabalho, a qual pode ser elidida por prova em contrário. (ex-Súmula nº 338 – alterada pela Res. 121/2003, DJ 21.11.2003)
 II - A presunção de veracidade da jornada de trabalho, ainda que prevista em instrumento normativo, pode ser elidida por prova em contrário. (ex-OJ nº 234 da SBDI-1 - inserida em 20.06.2001)
 III - Os cartões de ponto que demonstram horários de entrada e saída uniformes são inválidos como meio de prova, invertendo-se o ônus da prova, relativo às horas extras, que passa a ser do empregador, prevalecendo a jornada da inicial se dele não se desincumbir. (ex-OJ nº 306 da SBDI-1- DJ 11.08.2003)
Precedentes:
Item I
ERR 721138/2001 - Min. João Oreste Dalazen
DJ 03.10.2003 - Decisão unânime
RR 416131/1998, 1ªT - Min. João Oreste Dalazen
DJ 23.05.2003 - Decisão por maioria
RR 7515/1986, Ac. 3ªT 1575/1987 - Juiz Conv. Geraldo Octávio Guimarães
DJ 26.06.1987 - Decisão unânime
Item II
ERR 476456/1998 - Min. Milton de Moura França
DJ 02.03.2001 - Decisão unânime
ERR 603649/1999 - Min. Vantuil Abdala
DJ 01.12.2000 - Decisão unânime
ERR 606980/1999 - Min. Vantuil Abdala
DJ 24.11.2000 - Decisão unânime
ERR 605296/1999 - Min. Vantuil Abdala
DJ 10.11.2000 - Decisão unânime
RR 702053/2000, 1ª T - Min. João Oreste Dalazen
DJ 08.06.2001 - Decisão unânime
RR 664453/2000, 4ª T - Min. Ives Gandra Martins Filho
DJ 15.12.2000 - Decisão unânime
Item III
ERR 8679/2002-900-12-00.3 - Min. José Luciano de Castilho Pereira
DJ 13.06.2003 - Decisão unânime
ERR 605298/1999 - Min. João Batista Brito Pereira
DJ 05.04.2002 - Decisão unânime
ERR 405216/1997 - Red. Min. Milton de Moura França
DJ 04.02.2000 - Decisão por maioria
ERR 146773/1994 - Min. Vantuil Abdala
DJ 08.05.1998 - Decisão unânime
ERR 98162/1993, Ac. 300/1996 - Min. José Luciano de Castilho Pereira
DJ 13.09.1996 - Decisão unânime
RR 666899/2000, 4ª T - Min. Ives Gandra Martins Filho
DJ 13.09.2002 - Decisão unânime
RR 414048/1998, 5ª T - Red. Min. Rider Nogueira de Brito
DJ 21.05.1999 - Decisão por maioria
Histórico:
Súmula alterada - Res. 121/2003, DJ 19, 20 e 21.11.2003
Nº 338 Jornada. Registro. Ônus da prova
É ônus do empregador que conta com mais de 10 (dez) empregados o registro da jornada de trabalho na forma do art. 74, § 2º, da CLT. A não apresentação injustificada dos controles de freqüência gera presunção relativa de veracidade da jornada de trabalho, a qual pode ser elidida por prova em contrário.
Redação original - Res. 36/1994, DJ 18, 21 e 22.11.1994
Nº 338 Registro de horário. Inversão do ônus da prova
A omissão injustificada por parte da empresa de cumprir determinação judicial de apresentação dos registros de horário (CLT, art. 74 § 2º) importa em presunção de veracidade da jornada de trabalho alegada na inicial, a qual pode ser elidida por prova em contrário.

Súmula nº 339 do TST

CIPA. SUPLENTE. GARANTIA DE EMPREGO. CF/1988 (incorporadas as Orientações Jurisprudenciais nºs 25 e 329 da SBDI-1) - Res. 129/2005, DJ 20, 22 e 25.04.2005
 I - O suplente da CIPA goza da garantia de emprego prevista no art. 10, II, "a", do ADCT a partir da promulgação da Constituição Federal de 1988. (ex-Súmula nº 339 - Res. 39/1994, DJ 22.12.1994 - e ex-OJ nº 25 da SBDI-1 - inserida em 29.03.1996)
 II - A estabilidade provisória do cipeiro não constitui vantagem pessoal, mas garantia para as atividades dos membros da CIPA, que somente tem razão de ser quando em atividade a empresa. Extinto o estabelecimento, não se verifica a despedida arbitrária, sendo impossível a reintegração e indevida a indenização do período estabilitário. (ex-OJ nº 329 da SBDI-1 - DJ 09.12.2003)
Precedentes:
Item I
ERR 22930/1991, Ac. 1158/1996 - Min. Francisco Fausto Paula de Medeiros
DJ 21.06.1996 - Decisão unânime
ERR 65595/1992, Ac. 736/1996 - Min. Cnéa Moreira
DJ 12.04.1996 - Decisão unânime
ERR 32442/1991, Ac. 0281/1996 - Min. Cnéa Moreira
DJ 22.03.1996 - Decisão unânime
ERR 1559/1990, Ac. 2854/1992 - Min. Ermes Pedro Pedrassani
DJ 11.12.1992 - Decisão por maioria
ERR 36642/1991, Ac. 562/1994 - Min. Vantuil Abdala
DJ 22.04.1994 - Decisão por maioria
RR 65080/1992, Ac 1ª T 2813/1993 - Red. Min. Afonso Celso
DJ 19.11.1993 - Decisão por maioria
RR 56544/1992, Ac 2ª T 2333/1993 - Min. José Francisco da Silva
DJ 01.10.1993 - Decisão unânime
RR 61116/1992, Ac 5ª T 2662/1993 - Red. Min. Antônio Maria Thaumaturgo Cortizo
DJ 29.10.1993 - Decisão por maioria

Item II
EEDRR 359325/1997 - Min. Carlos Alberto Reis de Paula
DJ 27.06.2003 - Decisão por maioria
ERR 574134/1999 - Min. Maria Cristina Irigoyen Peduzzi
DJ 02.05.2003 - Decisão unânime
ERR 465868/1998 - Min. Maria Cristina Irigoyen Peduzzi
DJ 14.06.2002 - Decisão unânime
ERR 192709/1995, Ac. 2363/1997 - Min. Vantuil Abdala
DJ 06.06.1997 - Decisão unânime
RR 410233/1997, 2ª T - Juiz Conv. Aloysio Corrêa da Veiga
DJ 19.10.2001 - Decisão unânime
RR 530114/1999, 3ª T - Min. Francisco Fausto
DJ 19.11.1999 - Decisão unânime
RR 434599/1998, 2ª T - Min. Milton de Moura França
DJ 08.02.2002 - Decisão unânime
RR 621938/2000, 5ª T - Min. Rider de Brito
DJ 25.10.2002 - Decisão unânime
Histórico:
Súmula mantida - Res. 121/2003, DJ 19, 20 e 21.11.2003
Redação original - Res. 39/1994, DJ 20, 21 e 22.12.1994
Nº 339 CIPA. Suplente. Garantia de emprego. CF/88.
O suplente da CIPA goza da garantia de emprego prevista no art. 10, inciso II, alínea a, do ADCT da Constituição da República de 1988.

Súmula nº 340 do TST
COMISSIONISTA. HORAS EXTRAS (nova redação) - Res. 121/2003, DJ 19, 20 e 21.11.2003
O empregado, sujeito a controle de horário, remunerado à base de comissões, tem direito ao adicional de, no mínimo, 50% (cinqüenta por cento) pelo trabalho em horas extras, calculado sobre o valor-hora das comissões recebidas no mês, considerando-se como divisor o número de horas efetivamente trabalhadas.
Histórico:
Redação original (revisão da Súmula nº 56) - Res. 40/1995, DJ 17, 20 e 21.02.1995
Nº 340 Comissionista. Horas extras. Revisão do Enunciado nº 56
O empregado, sujeito a controle de horário, remunerado à base de comissões, tem direito ao adicional de, no mínimo, 50% (cinqüenta por cento) pelo trabalho em horas extras, calculado sobre o valor das comissões a elas referentes.

Súmula nº 341 do TST
HONORÁRIOS DO ASSISTENTE TÉCNICO (mantida) - Res. 121/2003, DJ 19, 20 e 21.11.2003
A indicação do perito assistente é faculdade da parte, a qual deve responder pelos respectivos honorários, ainda que vencedora no objeto da perícia.
Precedentes:
IUJERR 22535/1991, Ac. OE 06/1995 - Min. Francisco Fausto Paula de Medeiros
DJ 20.04.1995 - Decisão por maioria
RR 2901/1989, Ac. Turma Especial 280/1990 - Min. Marcelo Pimentel
DJ 19.10.1990 - Decisão unânime
ERR 12891/1990, Ac. 437/1993 - Red. Min. Ney Doyle
DJ 21.05.1993 - Decisão por maioria
ERR 1831/1989, Ac. 1013/1992 - Min. Francisco Fausto Paula de Medeiros
DJ 21.08.1992 - Decisão por maioria
RR 6630/1989, Ac. 1ªT 1522/1991 - Min. Afonso Celso
DJ 24.05.1991 - Decisão unânime
RR 3754/1984., Ac. 1ªT 3590/1985 - Red. Min. Fernando Franco
DJ 27.09.1985 - Decisão por maioria
RR 65340/1992, Ac. 2ªT 2827/1993 - Red. Min. Ney Doyle
DJ 03.12.1993 - Decisão por maioria
RR 18657/1990, Ac. 2ªT 3405/1992 - Red. Min. Francisco Leocádio
DJ 18.12.1992 - Decisão por maioria
RR 22815/1991, Ac. 2ªT 5624/1991 - Min. Ney Doyle
DJ 14.02.1992 - Decisão por maioria
RR 4167/1989, Ac. 2ªT 320/1991 - Min. Francisco Leocádio
DJ 05.08.1991 - Decisão unânime
RR 6384/1989, Ac. 2ªT 1617/1991 - Min. Hylo Gurgel
DJ 07.06.1991 - Decisão unânime
RR 6180/1989, Ac. 2ªT 153/1991 - Min. Hylo Gurgel
DJ 26.04.1991 - Decisão unânime
RR 8944/1990, Ac. 3ªT 1929/1992 - Min. Manoel Mendes de Freitas
DJ 07.08.1992 - Decisão por maioria
RR 16859/1990, Ac. 3ªT 4857/1991 - Min. Manoel Mendes de Freitas
DJ 13.12.1991 - Decisão unânime
RR 4596/1987, Ac. 3ªT 790/1988 - Min. Ranor Barbosa
DJ 29.04.1988 - Decisão unânime
RR 1548/1986, Ac. 3ªT 394/1987 - Min. Orlando Teixeira da Costa
DJ 30.04.1987 - Decisão unânime
RR 3067/1986, Ac. 3ªT 4553/1986 - Min. Hermínio Mendes Cavaleiro
DJ 19.12.1986 - Decisão unânime
RR 3213/1986, Ac. 3ªT 2936/1986 - Min. Guimarães Falcão
DJ 10.10.1986 - Decisão unânime
RR 46007/1992, Ac. 4ªT 1264/1993 - Min. Marcelo Pimentel
DJ 11.06.1993 - Decisão unânime
Histórico:
Redação original - Res. 44/1995, DJ 22, 23 e 24.03.1995

Súmula nº 342 do TST
DESCONTOS SALARIAIS. ART. 462 DA CLT (mantida) - Res. 121/2003, DJ 19, 20 e 21.11.2003
Descontos salariais efetuados pelo empregador, com a autorização prévia e por escrito do empregado, para ser integrado em planos de assistência odontológica, médico-hospitalar, de seguro, de previdência privada, ou de entidade cooperativa, cultural ou recreativo-associativa de seus trabalhadores, em seu benefício e de seus dependentes, não afrontam o disposto no art. 462 da CLT, salvo se ficar demonstrada a existência de coação ou de outro defeito que vicie o ato jurídico.
Precedentes:
ERR 28627/1991, Ac. 4827/1994 - Min. Hylo Gurgel
DJ 17.02.1995 - Decisão por maioria
ERR 17882/1990, Ac. 1334/1993 - Red. Min. Ney Doyle
DJ 13.08.1993 - Decisão por maioria
ERR 5251/1990, Ac. 2962/1992 - Min. Hylo Gurgel
DJ 26.03.1993 - Decisão unânime
ERR 9905/1990, Ac. 1711/1992 - Min. Ermes Pedro Pedrassani
DJ 11.09.1992 - Decisão unânime
ERR 5098/1987, Ac. 443/1990 - Min. José Ajuricaba da Costa e Silva
DJ 31.10.1990 - Decisão por maioria
RR 97962/1993, Ac. 1ªT 2668/1994 - Min. Lourenço Prado
DJ 14.10.1994 - Decisão unânime
RR 26257/1991, Ac. 1ªT 543/1992 - Min. Marco Aurélio Giacomini
DJ 03.04.1992 - Decisão por maioria
RR 2303/1990, Ac. 2ªT 4055/1993 - Min. Hylo Gurgel
DJ 17.12.1993 - Decisão unânime

RR 5410/1989, Ac. 2ªT 2260/1991 - Min. Francisco Leocádio
DJ 27.09.1991 - Decisão por maioria
RR 40787/1991, Ac. 3ªT 5200/1992 - Min. Roberto Della Manna
DJ 10.09.1993 - Decisão unânime
RR 34136/1991, Ac. 3ªT 5181/1992 - Min. Roberto Della Manna
DJ 06.08.1993 - Decisão unânime
RR 52641/1992, Ac. 4ªT 2989/1993 - Min. Galba Velloso
DJ 10.12.1993 - Decisão por maioria
RR 71172/1993, Ac. 4ªT 2218/1993 - Min. Almir Pazzianotto Pinto
DJ 03.09.1993 - Decisão por maioria
RR 46105/1992, Ac. 4ªT 887/1993 - Min. Marcelo Pimentel
DJ 18.06.1993 - Decisão unânime
RR 74478/1993, Ac. 5ªT 2547/1993 - Red. Min. Armando de Brito
DJ 10.12.1993 - Decisão por maioria
RR 56014/1992, Ac. 5ªT 1443/1993 - Red. Min. Armando de Brito
DJ 01.10.1993 - Decisão por maioria
Histórico:
Redação original - Res. 47/1995, DJ 20, 24 e 25.04.1995
Nº 342 Descontos salariais – Art. 462, CLT.
Descontos salariais efetuados pelo empregador, com a autorização prévia e por escrito do empregado, para ser integrado em planos de assistência odontológica, médico-hospitalar, de seguro, de previdência privada, ou de entidade cooperativa, cultural ou recreativa associativa dos seus trabalhadores, em seu benefício e dos seus dependentes, não afrontam o disposto no art. 462 da CLT, salvo se ficar demonstrada a existência de coação ou de outro defeito que vicie o ato jurídico.

Súmula nº 343 do TST
BANCÁRIO. HORA DE SALÁRIO. (cancelada) - Res. 185/2012, DEJT divulgado em 25, 26 e 27.09.2012
O bancário sujeito à jornada de 8 (oito) horas (art. 224, § 2º, da CLT), após a CF/1988, tem salário-hora calculado com base no divisor 220 (duzentos e vinte), não mais 240 (duzentos e quarenta).
Histórico:
Súmula mantida - Res. 121/2003, DJ 19, 20 e 21.11.2003
Redação original (revisão da Súmula nº 267) - Res. 48/1995, DJ 30, 31.08 e 01.09.1995
Nº 343 Bancário. Salário hora. Divisor. Revisão do Enunciado nº 267.
O bancário sujeito à jornada de oito horas (art. 224, § 2º, da CLT), após a Constituição da República de 1988, tem salário-hora calculado com base no divisor 220, não mais 240.

Súmula nº 344 do TST
SALÁRIO-FAMÍLIA. TRABALHADOR RURAL (mantida) - Res. 121/2003, DJ 19, 20 e 21.11.2003
O salário-família é devido aos trabalhadores rurais somente após a vigência da Lei nº 8.213, de 24.07.1991.
Precedentes:
ERR 50263/1992, Ac. 4315/1994 - Min. Afonso Celso
DJ 11.11.1994 - Decisão unânime
ROAR 61487/1992, Ac. 500/1994 - Min. Cnéa Moreira
DJ 29.04.1994 - Decisão unânime
RR 130548/1994, Ac. 1ªT 991/1995 - Min. Lourenço Prado
DJ 12.05.1995 - Decisão unânime
RR 133041/1994, Ac. 1ªT 543/1995 - Min. Ursulino Santos
DJ 24.03.1995 - Decisão unânime
RR 117711/1994, Ac. 2ªT 1016/1995 - Min. Hylo Gurgel
DJ 31.03.1995 - Decisão unânime
RR 28815/1991, Ac. 2ªT 3549/1994 - Min. Vantuil Abdala
DJ 23.09.1994 - Decisão unânime
RR 120271/1994, Ac. 3ªT 1071/1995 - Min. José Calixto Ramos
DJ 12.05.1995 - Decisão unânime
RR 121005/1994, Ac. 3ªT 390/1995 - Min. Manoel Mendes de Freitas
DJ 07.04.1995 - Decisão unânime
RR 119160/1994, Ac. 4ªT 630/1995 - Min. Galba Velloso
DJ 31.03.1995 - Decisão unânime
RR 103679/1994, Ac. 4ªT 3706/1994 - Min. Leonaldo Silva
DJ 07.10.1994 - Decisão unânime
RR 120552/1994, Ac. 5ªT 5410/1994 - Min. Antônio Maria Thaumaturgo Cortizo
DJ 24.02.1995 - Decisão unânime
RR 112786/1994, Ac. 5ªT 4248/1994 - Min. Nestor Hein
DJ 11.11.1994 - Decisão unânime
Histórico:
Redação original (revisão da Súmula nº 227) - Res. 51/1995, DJ 21, 22 e 25.09.1995

Súmula nº 345 do TST
BANDEPE. REGULAMENTO INTERNO DE PESSOAL NÃO CONFERE ESTABILIDADE AOS EMPREGADOS (mantida) - Res. 121/2003, DJ 19, 20 e 21.11.2003
O Regulamento Interno de Pessoal (RIP) do Banco do Estado de Pernambuco - BANDEPE, na parte que trata de seu regime disciplinar, não confere estabilidade aos seus empregados.
Precedentes:
RR 119311/1994, Ac. 1ªT 2379/1995 - Min. Afonso Celso
DJ 16.06.1995 - Decisão por maioria
RR 86552/1993, Ac. 1ªT 2205/1994 - Min. Indalécio Gomes Neto
DJ 10.06.1994 - Decisão por maioria
RR 95469/1993., Ac. 2ªT 3070/1995 - Min. João Tezza
DJ 04.08.1995 - Decisão unânime
RR 93081/1993, Ac. 2ªT 020/1995 - Min. Hylo Gurgel
DJ 24.03.1995 - Decisão por maioria
RR 92870/1993, Ac. 2ªT 3608/1994 - Red. Min. Vantuil Abdala
DJ 17.02.1995 - Decisão por maioria
RR 91120/1993, Ac. 2ªT 2861/1994 - Min. Hylo Gurgel
DJ 02.09.1994 - Decisão por maioria
RR 91686/1993, Ac. 3ªT 3726/1995 - Min. Roberto Della Manna
DJ 15.09.1995 - Decisão por maioria
RR 97177/1993, Ac. 3ªT 2493/1995 - Min. José Calixto Ramos
DJ 18.08.1995 - Decisão unânime
RR 93163/1993, Ac. 3ªT 3429/1995 - Min. José Calixto Ramos
DJ 18.08.1995 - Decisão unânime
RR 92140/1993, Ac. 3ªT 4420/1995 - Min. Manoel Mendes de Freitas
DJ 09.12.1994 - Decisão unânime
RR 103935/1994, Ac. 4ªT 2963/1995 - Min. Almir Pazzianotto Pinto
DJ 09.06.1995 - Decisão por maioria
RR 88859/1993, Ac. 4ªT 1470/1995 - Min. Almir Pazzianotto Pinto
DJ 02.06.1995 - Decisão unânime
RR 95442/1993, Ac. 4ªT 3686/1994 - Red. Juiz Conv. Rider de Brito
DJ 27.10.1994 - Decisão por maioria
RR 86485/1993, Ac. 4ªT 4646/1993 - Min. Almir Pazzianotto Pinto
DJ 11.03.1994 - Decisão unânime
RR 92663/1993, Ac. 5ªT 4459/1994 - Red. Min. Armando de Brito
DJ 03.02.1995 - Decisão por maioria
RR 95473/1993, Ac. 5ªT 4643/1994 - Min. Nestor Hein

DJ 02.12.1994 - Decisão por maioria
RR 89451/1993, Ac. 5ªT 3815/1994 - Min. Armando de Brito
DJ 11.11.1994 - Decisão unânime
RR 94056/1993, Ac. 5ªT 3345/1994 - Min. Armando de Brito
DJ 30.09.1994 - Decisão por maioria
Histórico:
Redação original - Res. 54/1996, DJ 19, 22 e 23.04.1996 - Republicada DJ 09, 10 e 13.05.1996
Nº 345 Bandepe – Regulamento interno de pessoal não confere estabilidade aos empregados.
O Regulamento Interno de Pessoal (RIP) do Banco do Estado de Pernambuco - BANDEPE, na parte que trata do seu regime disciplinar, não confere estabilidade em favor dos seus empregados.

Súmula nº 346 do TST
DIGITADOR. INTERVALOS INTRAJORNADA. APLICAÇÃO ANALÓGICA DO ART. 72 DA CLT (mantida) - Res. 121/2003, DJ 19, 20 e 21.11.2003
Os digitadores, por aplicação analógica do art. 72 da CLT, equiparam-se aos trabalhadores nos serviços de mecanografia (datilografia, escrituração ou cálculo), razão pela qual têm direito a intervalos de descanso de 10 (dez) minutos a cada 90 (noventa) de trabalho consecutivo.
Precedentes:
ERR 12882/1990, Ac. 4845/1995 - Min. Galba Velloso
DJ 15.03.1996 - Decisão unânime
ERR 6111/1990, Ac. 072/1994 - Min. Hylo Gurgel
DJ 15.04.1994 - Decisão unânime
ERR 5429/1989, Ac. 1701/1993 - Min. Hermínio Mendes Cavaleiro
DJ 17.09.1993 - Decisão unânime
ERR 19142/1990, Ac. 2621/1992 - Min. Cnéa Moreira
DJ 27.11.1992 - Decisão unânime
ERR 279/1990, Ac. 1492/1992 - Min. José Carlos da Fonseca
DJ 09.10.1992 - Decisão unânime
ERR 4761/1989, Ac. 360/1992 - Min. Hélio Regato
DJ 22.05.1992 - Decisão unânime
ERR 6326/1987, Ac. 1376/1990 - Min. José Ajuricaba da Costa e Silva
DJ 08.03.1991 - Decisão unânime
Histórico:
Redação original - Res. 56/1996, DJ 28.06, 03, 04 e 05.07.1996
Nº 346 Digitador. Intervalos intrajornada. Aplicação analógica do art. 72, CLT.
Os digitadores, por aplicação analógica do art. 72 da CLT, equiparam-se aos trabalhadores nos serviços de mecanografia (datilografia, escrituração ou cálculo), razão pela qual têm direito a intervalos de descanso de dez (10) minutos a cada noventa (90) de trabalho consecutivo.

Súmula nº 347 do TST
HORAS EXTRAS HABITUAIS. APURAÇÃO. MÉDIA FÍSICA (mantida) - Res. 121/2003, DJ 19, 20 e 21.11.2003
O cálculo do valor das horas extras habituais, para efeito de reflexos em verbas trabalhistas, observará o número de horas efetivamente prestadas e a ele aplica-se o valor do salário-hora da época do pagamento daquelas verbas.
Precedentes:
ERR 59962/1992, Ac. 4934/1995 - Min. Afonso Celso
DJ 02.02.1996 - Decisão unânime
ERR 37721/1991, Ac. 4277/1995 - Juiz Conv. Euclides Alcides Rocha
DJ 10.11.1995 - Decisão unânime
ERR 20526/1991, Ac. 2343/1995 - Min. Vantuil Abdala
DJ 01.09.1995 - Decisão unânime

ERR 50380/1992, Ac. 459/1995 - Min. Armando de Brito
DJ 28.04.1995 - Decisão unânime
AGEEDRR 82064/1993, Ac. 5407/1994 - Min. José Ajuricaba da Costa e Silva
DJ 10.02.1995 - Decisão unânime
ERR 60782/1992, Ac. 4718/1994 - Min. Ney Doyle
DJ 03.02.1995 - Decisão unânime
ERR 17208/1990, Ac. 3692/1994 - Min. Armando de Brito
DJ 18.11.1994 - Decisão unânime
ERR 18653/1990, Ac. 151/1994 - Min. Cnéa Moreira
DJ 18.03.1994 - Decisão unânime
ERR 7082/1989, Ac. 439/1993 - Min. José Luiz Vasconcellos
DJ 16.04.1993 - Decisão unânime
ERR 5408/1989, Ac. 2807/1992 - Min. Francisco Fausto Paula de Medeiros
DJ 05.02.1993 - Decisão unânime
ERR 5094/1987, Ac. 1526/1990 - Min. Hélio Regato
DJ 26.04.1991 - Decisão por maioria
Histórico:
Redação original - Res. 57/1996, DJ 28.06, 03, 04 e 05.07.1996
Nº 347 Horas extras habituais. Apuração. Média.
O cálculo do valor das horas extras habituais, para efeito de reflexos em verbas trabalhistas, observará o número das horas efetivamente prestadas e sobre ele aplica-se o valor do salário-hora da época do pagamento daquelas verbas.

Súmula nº 348 do TST
AVISO PRÉVIO. CONCESSÃO NA FLUÊNCIA DA GARANTIA DE EMPREGO. INVALIDADE (mantida) - Res. 121/2003, DJ 19, 20 e 21.11.2003
É inválida a concessão do aviso prévio na fluência da garantia de emprego, ante a incompatibilidade dos dois institutos.
Precedentes:
ERR 83700/1993, Ac. 5192/1995 - Juiz Conv. Euclides Alcides Rocha
DJ 02.02.1996 - Decisão unânime
ERR 81862/1993, Ac. 4550/1995 - Min. Vantuil Abdala
DJ 24.11.1995 - Decisão unânime
ERR 100244/1993, Ac. 3374/1995 - Min. Ney Doyle
DJ 13.10.1995 - Decisão por maioria
ERR 709/1989, Ac. 1316/1992 - Min. José Carlos da Fonseca
DJ 07.08.1992 - Decisão por maioria
ERR 5632/1988, Ac. 511/1992 - Min. Hélio Regato
DJ 22.05.1992 - Decisão por maioria
ERR 4777/1988, Ac. 422/1992 - Min. Hélio Regato
DJ 08.05.1992 - Decisão por maioria
ERR 4076/1988, Ac. 2175/1991 - Min. José Carlos da Fonseca
DJ 11.12.1991 - Decisão por maioria
ERR 2809/1988, Ac. 660/1991 - Min. José Ajuricaba da Costa e Silva
DJ 21.06.1991 - Decisão unânime
ERR 7277/1988, Ac. 398/1991 - Min. José Carlos da Fonseca
DJ 03.05.1991 - Decisão por maioria
Histórico:
Redação original - Res. 58/1996, DJ 28.06, 03, 04 e 05.07.1996

Súmula nº 349 do TST
ACORDO DE COMPENSAÇÃO DE HORÁRIO EM ATIVIDADE INSALUBRE, CELEBRADO POR ACORDO COLETIVO. VALIDADE. (cancelada) - Res. 174/2011, DEJT divulgado em 27, 30 e 31.05.2011
A validade de acordo coletivo ou convenção coletiva de compensação de jornada de trabalho em atividade insalubre prescinde da inspeção prévia da autoridade competente em

matéria de higiene do trabalho (art. 7º, XIII, da CF/1988; art. 60 da CLT).

Histórico:
Súmula mantida - Res. 121/2003, DJ 19, 20 e 21.11.2003
Redação original - Res. 60/1996, DJ 08, 09 e 10.07.1996
Nº 349 Acordo de compensação de horário em atividade insalubre, celebrado por acordo coletivo. Validade.

A validade do acordo coletivo ou convenção coletiva de compensação de jornada de trabalho em atividade insalubre prescinde da inspeção prévia da autoridade competente em matéria de higiene do trabalho. (art. 7º, XIII, da Constituição da República; art. 60 da CLT)

Súmula nº 350 do TST
PRESCRIÇÃO. TERMO INICIAL. AÇÃO DE CUMPRIMENTO. SENTENÇA NORMATIVA (mantida) - Res. 121/2003, DJ 19, 20 e 21.11.2003

O prazo de prescrição com relação à ação de cumprimento de decisão normativa flui apenas da data de seu trânsito em julgado.

Precedentes:
ERR 48294/1992, Ac. 089/1995 - Min. Guimarães Falcão
DJ 10.03.1995 - Decisão unânime
RR 11070/1990, Ac. 1ªT 1926/1991 - Min. Marco Aurélio Giacomini
DJ 27.09.1991 - Decisão por maioria
RR 9847/1990, Ac. 2ªT 1784/1990 - Min. José Francisco da Silva
DJ 22.02.1991 - Decisão unânime
RR 466/1989, Ac. 2ªT 885/1990 - Juiz Conv. Fernando Américo Veiga Damasceno
DJ 09.11.1990 - Decisão unânime
RR 5163/1988, Ac. 2ªT 337/1990 - Min. José Francisco da Silva
DJ 19.10.1990 - Decisão por maioria
RR 84994/1993, Ac. 3ªT 3340/1994 - Red. Min. Manoel Mendes de Freitas
DJ 30.09.1994 - Decisão por maioria
RR 74285/1993, Ac. 3ªT 2331/1994 - Min. Manoel Mendes de Freitas
DJ 01.07.1994 - Decisão por maioria
RR 67266/1993, Ac. 3ªT 2542/1994 - Min. José Calixto Ramos
DJ 01.07.1994 - Decisão por maioria
RR 18031/1990, Ac. 3ªT 3718/1991 - Min. Manoel Mendes de Freitas
DJ 25.10.1991 - Decisão por maioria
RR 4488/1989, Ac. 3ªT 4555/1989 - Min. Ermes Pedro Pedrassani
DJ 29.06.1990 - Decisão unânime
RR 7097/1988, Ac. 3ªT 4654/1989 - Min. Wagner Pimenta
DJ 15.06.1990 - Decisão unânime
RR 5124/1988, Ac. 3ªT 246/1989 - Min. Norberto Silveira de Souza
DJ 18.08.1989 - Decisão unânime
RR 4465/1988, Ac. 3ªT 1864/1989 - Min. Orlando Teixeira da Costa
DJ 02.06.1989 - Decisão unânime
RR 104266/1994, Ac. 5ªT 2578/1994 - Juiz Conv. Nestor Hein
DJ 19.08.1994 - Decisão unânime
RR 82902/1993, Ac. 5ªT 1500/1994 - Min. Newton Rossi
DJ 27.05.1994 - Decisão unânime

Histórico:
Redação original - Res. 62/1996, DJ 04, 09 e 10 e 11.10.1996
Súmulas
Súmulas do Tribunal Superior do Trabalho

Súmula nº 351 do TST
PROFESSOR. REPOUSO SEMANAL REMUNERADO. ART. 7º, § 2º, DA LEI Nº 605, DE 05.01.1949 E ART. 320 DA CLT (mantida) - Res. 121/2003, DJ 19, 20 e 21.11.2003

O professor que recebe salário mensal à base de hora-aula tem direito ao acréscimo de 1/6 a título de repouso semanal remunerado, considerando-se para esse fim o mês de quatro semanas e meia.

Precedentes:
ERR 94915/1993, Ac. 3340/1996 - Min. Armando de Brito
DJ 21.02.1997 - Decisão unânime
ERR 104779/1994, Ac. 3064/1996 - Min. Rider de Brito
DJ 19.12.1996 - Decisão unânime
ERR 84658/1993, Ac. 2406/1996 - Min. Vantuil Abdala
DJ 29.11.1996 - Decisão unânime
ERR 101657/1994, Ac. 1336/1996 - Min. Cnéa Moreira
DJ 22.11.1996 - Decisão unânime
ERR 96949/1993, Ac. 1696/1996 - Min. José Luciano de Castilho Pereira
DJ 14.11.1996 - Decisão unânime
ERR 91185/1993, Ac. 2309/1996 - Min. Manoel Mendes de Freitas
DJ 08.11.1996 - Decisão unânime
ERR 87167/1993, Ac. 1822/1996 - Min. João Oreste Dalazen
DJ 08.11.1996 - Decisão unânime
ERR 81362/1993, Ac. 1673/1996 - Min. Francisco Fausto Paula de Medeiros
DJ 31.10.1996 - Decisão unânime
ERR 86700/193, Ac. 1423/1996 - Min. José Luiz Vasconcellos
DJ 27.09.1996 - Decisão unânime

Histórico:
Redação original - Res. 68/1997, DJ 30.05, 04, 05 e 06.06.1997
Nº 351 Professor. Repouso semanal remunerado. Lei nº 605/1949, art. 7º, § 2º, e art. 320 da CLT

Súmula nº 352 do TST
CUSTAS - PRAZO PARA COMPROVAÇÃO (cancelamento mantido) - Res. 121/2003, DJ 19, 20 e 21.11.2003 - Referência Lei nº 10.537/2002

O prazo para comprovação do pagamento das custas, sempre a cargo da parte, é de 5 (cinco) dias contados do seu recolhimento (CLT art. 789, § 4º - CPC, art. 185).

Histórico:
Súmula cancelada - Res. 114/2002, DJ 28.11.2002
Redação original - Res. 69/1997, DJ 30.05, 04, 05 e 06.06.1997

Súmula nº 353 do TST
EMBARGOS. AGRAVO. CABIMENTO (atualizada em decorrência do CPC de 2015) – Res. 208/2016, DEJT divulgado em 22, 25 e 26.04.2016

Não cabem embargos para a Seção de Dissídios Individuais de decisão de Turma proferida em agravo, salvo:

a) da decisão que não conhece de agravo de instrumento ou de agravo pela ausência de pressupostos extrínsecos;
b) da decisão que nega provimento a agravo contra decisão monocrática do Relator, em que se proclamou a ausência de pressupostos extrínsecos de agravo de instrumento;
c) para revisão dos pressupostos extrínsecos de admissibilidade do recurso de revista, cuja ausência haja sido declarada originariamente pela Turma no julgamento do agravo;
d) para impugnar o conhecimento de agravo de instrumento;
e) para impugnar a imposição de multas previstas nos arts. 1.021, § 4º, do CPC de 2015 ou 1.026, § 2º, do CPC de 2015 (art. 538, parágrafo único, do CPC de 1973, ou art. 557, § 2º, do CPC de 1973).
f) contra decisão de Turma proferida em agravo em recurso de revista, nos termos do art. 894, II, da CLT.

Precedentes:
Letras "a", "b", "c", "d" e "e"
IUJEAIRR 786345/2001, TP - Min. João Batista Brito Pereira
Julgado em 03.03.2005 - Decisão por maioria
Letra f
IUJ 28000-95.2007.5.02.0062 Min. Aloysio Corrêa da Veiga
Julgado em 27.02.2013 Decisão por maioria
Histórico:
Súmula alterada - Res. 189/2013, DEJT divulgado em 13, 14 e 15.03.2013
Nº 353. Embargos. Agravo. Cabimento (nova redação da letra "f" em decorrência do julgamento do processo TST-IUJ-28000-95.2007.5.02.0062)
Não cabem embargos para a Seção de Dissídios Individuais de decisão de Turma proferida em agravo, salvo:
 a) da decisão que não conhece de agravo de instrumento ou de agravo pela ausência de pressupostos extrínsecos;
 b) da decisão que nega provimento a agravo contra decisão monocrática do Relator, em que se proclamou a ausência de pressupostos extrínsecos de agravo de instrumento;
 c) para revisão dos pressupostos extrínsecos de admissibilidade do recurso de revista, cuja ausência haja sido declarada originariamente pela Turma no julgamento do agravo;
 d) para impugnar o conhecimento de agravo de instrumento;
 e) para impugnar a imposição de multas previstas no art. 538, parágrafo único, do CPC, ou no art. 557, § 2º, do CPC.
 f) contra decisão de Turma proferida em agravo em recurso de revista, nos termos do art. 894, II, da CLT.
Letra "f" alterada (incorporada a Orientação Jurisprudencial nº 293 da SBDI-1 com nova redação como letra f) – Res. 171/2010, DEJT 19, 22 e 23.11.2010
 f) contra decisão de Turma proferida em Agravo interposto de decisão monocrática do relator, baseada no art. 557, § 1º-A, do CPC. (ex-OJ nº 293 da SBDI-1 com nova redação)
Súmula alterada – (nova redação) - Res. 128/2005, DJ 14, 15 e 16.03.2005
Nº 353 Embargos. Agravo. Cabimento.
Não cabem embargos para a Seção de Dissídios Individuais de decisão de Turma proferida em agravo, salvo: a) da decisão que não conhece de agravo de instrumento ou de agravo pela ausência de pressupostos extrínsecos; b) da decisão que nega provimento a agravo contra decisão monocrática do Relator, em que se proclamou a ausência de pressupostos extrínsecos de agravo de instrumento; c) para revisão dos pressupostos extrínsecos de admissibilidade do recurso de revista, cuja ausência haja sido declarada originariamente pela Turma no julgamento do agravo; d) para impugnar o conhecimento de agravo de instrumento; e) para impugnar a imposição de multas previstas no art. 538, parágrafo único, do CPC, ou no art. 557, § 2º, do CPC.
Súmula alterada - Res. 121/2003, DJ 19, 20 e 21.11.2003
Nº 353 Embargos. Agravo. Cabimento.
Não cabem embargos para a Seção de Dissídios Individuais de decisão de Turma proferida em agravo, salvo para reexame dos pressupostos extrínsecos do recurso a que se denegou seguimento no Tribunal Superior do Trabalho.
Redação original - Res. 70/1997, DJ 30.05, 04, 05 e 06.06.1997
Nº 353 Embargos. Agravo de instrumento. Agravo regimental. Cabimento - Revisão dos Enunciados nºs 195 e 335
Não cabem embargos para a Seção de Dissídios Individuais contra decisão de Turma proferida em Agravo de Instrumento e em Agravo Regimental, salvo para reexame dos pressupostos extrínsecos dos Agravos ou da Revista respectiva.

Súmula nº 354 do TST
GORJETAS. NATUREZA JURÍDICA. REPERCUSSÕES (mantida) - Res. 121/2003, DJ 19, 20 e 21.11.2003
As gorjetas, cobradas pelo empregador na nota de serviço ou oferecidas espontaneamente pelos clientes, integram a remuneração do empregado, não servindo de base de cálculo para as parcelas de aviso-prévio, adicional noturno, horas extras e repouso semanal remunerado.
Precedentes:
ERR 34611/1991, Ac. 2188/1995 - Min. José Calixto Ramos
DJ 04.08.1995 - Decisão unânime
ERR 4649/1987, Ac. 836/1995 - Red. Min. José Luiz Vasconcellos
DJ 04.08.1995 - Decisão por maioria
ERR 13743/1990, Ac. 4895/1994 - Min. Hylo Gurgel
DJ 17.02.1995 - Decisão unânime
ERR 44777/1992, Ac. 78/1994 - Min. Guimarães Falcão
DJ 18.03.1994 - Decisão por maioria
ERR 2726/1989, Ac. 601/1993 - Min. Cnéa Moreira
DJ 16.04.1993 - Decisão unânime
ERR 3748/1990, Ac. 2685/1992 - Min. Hylo Gurgel
DJ 20.11.1992 - Decisão por maioria
ERR 7197/1988, Ac. 2683/1992 - Min. Hylo Gurgel
DJ 20.11.1992 - Decisão unânime
ERR 2807/1989, Ac. 1065/1992 - Min. Hylo Gurgel
DJ 23.10.1992 - Decisão unânime
ERR 2245/1990, Ac. 2027/1992 - Min. Hylo Gurgel
DJ 18.09.1992 - Decisão unânime
ERR 2985/1988, Ac. 342/1992 - Red. Min. José Luiz Vasconcellos
DJ 28.08.1992 - Decisão por maioria
Histórico:
Redação original (revisão da Súmula nº 290) - Res. 71/1997, DJ 30.05, 04.05 e 06.06.1997

Súmula nº 355 do TST
CONAB. ESTABILIDADE. AVISO DIREH Nº 2 DE 12.12.1984 (mantida) - Res. 121/2003, DJ 19, 20 e 21.11.2003
O aviso DIREH nº 2, de 12.12.1984, que concedia estabilidade aos empregados da CONAB, não tem eficácia, porque não aprovado pelo Ministério ao qual a empresa se subordina.
Precedentes:
AGERR 119057/1994, Ac. 2478/1996 - Min. Rider de Brito
DJ 08.11.1996 - Decisão unânime
ERR 98703/1993, Ac. 1149/1996 - Min. João Oreste Dalazen
DJ 08.11.1996 - Decisão unânime
ERR 95029/1993, Ac. 2016/1996 - Min. Ronaldo Lopes Leal
DJ 25.10.1996 - Decisão unânime
ERR 79868/1993, Ac. 680/1996 - Min. José Luciano de Castilho Pereira
DJ 04.10.1996 - Decisão unânime
ERR 64207/1992, Ac. 295/1996 - Min. Vantuil Abdala
DJ 22.03.1996 - Decisão unânime
Histórico:
Redação original - Res. 72/1997, DJ 03, 08, 09 e 10.07.1997

Súmula nº 356 do TST
ALÇADA RECURSAL. VINCULAÇÃO AO SALÁRIO MÍNIMO (mantida) - Res. 121/2003, DJ 19, 20 e 21.11.2003
O art. 2º, § 4º, da Lei nº 5.584, de 26.06.1970, foi recepcionado pela CF/1988, sendo lícita a fixação do valor da alçada com base no salário mínimo.
Precedentes:
ERR 160526/1995, Ac. 2072/1997 - Min. Leonaldo Silva
DJ 23.05.1997 - Decisão unânime
ERR 79318/1993, Ac. 2191/1996 - Min. Vantuil Abdala
DJ 08.11.1996 - Decisão unânime

ERR 89178/1993, Ac. 2858/1996 - Min. Manoel Mendes de Freitas
DJ 23.08.1996 - Decisão unânime
ERR 67082/1993, Ac. 2940/1996 - Min. Cnéa Moreira
DJ 14.06.1996 - Decisão unânime
ERR 40073/1991, Ac. 2946/1993 - Min. Armando de Brito
DJ 29.10.1993 - Decisão unânime
No mesmo sentido:
RE 201297-1, 1ªT-STF - Min. Moreira Alves
DJ 05.09.1997 Decisão unânime
Histórico:
Redação original - Res. 75/1997, DJ 19, 22 e 23.12.1997
Nº 356 Alçada recursal. Vinculação ao salário mínimo.
O art. 2º, § 4º, da Lei nº 5.584/70 foi recepcionado pela Constituição da República de 1988, sendo lícita a fixação do valor da alçada com base no salário mínimo

Súmula nº 357 do TST
TESTEMUNHA. AÇÃO CONTRA A MESMA RECLAMADA. SUSPEIÇÃO (mantida) - Res. 121/2003, DJ 19, 20 e 21.11.2003
Não torna suspeita a testemunha o simples fato de estar litigando ou de ter litigado contra o mesmo empregador.
Precedentes:
ERR 147209/1994, Ac. 347/1997 - Min. Vantuil Abdala
DJ 21.03.1997 - Decisão unânime
ERR 57216/1992, Ac. 1575/1996 - Min. José Luiz Vasconcellos
DJ 07.02.1997 - Decisão unânime
ERR 107644/1994, Ac. 2225/1996 - Min. Vantuil Abdala
DJ 28.12.1997 - Decisão unânime
ERR 115250/1994, Ac. 308/1996 - Min. José Luciano de Castilho Pereira
DJ 20.09.1996 - Decisão unânime
ERR 111766/1994, Ac. 732/1996 - Min. Leonaldo Silva
DJ 13.09.1996 - Decisão unânime
ERR 120682/1994, Ac. 169/1996 - Min. Manoel Mendes de Freitas
DJ 23.08.1996 - Decisão unânime
ERR 22761/1991, Ac. 906/1996 - Min. Cnéa Moreira
DJ 17.05.1996 - Decisão unânime
ERR 5895/1989, Ac. 2846/1992 - Red. Min. Hylo Gurgel
DJ 19.02.1993 - Decisão por maioria
Histórico:
Redação original - Res. 76/1997, DJ 19, 22 e 23.12.1997

Súmula nº 358 do TST
RADIOLOGISTA. SALÁRIO PROFISSIONAL. LEI Nº 7.394, DE 29.10.1985 (mantida) - Res. 121/2003, DJ 19, 20 e 21.11.2003
O salário profissional dos técnicos em radiologia é igual a 2 (dois) salários mínimos e não a 4 (quatro).
Precedentes:
ERR 42141/1991, Ac. 4538/1995 - Min. Vantuil Abdala
DJ 29.03.1996 - Decisão unânime
ERR 67143/1993, Ac. 4816/1994 - Min. Ney Doyle
DJ 31.03.1995 - Decisão por maioria
ERR 54434/1992, Ac. 3458/1994 - Min. Afonso Celso
DJ 07.10.1994 - Decisão unânime
ERR 22527/1991, Ac. 307/1994 - Red. Min. Guimarães Falcão
DJ 06.05.1994 - Decisão por maioria
ERR 10744/1990, Ac. 2903/1993 - Min. Vantuil Abdala
DJ 03.12.1993 - Decisão unânime
Histórico:
Redação original - Res. 77/1997, DJ 19,22 e 23.12.1997
Nº 358 Radiologista. Salário profissional. Lei nº 7394/85.
O salário profissional dos técnicos em radiologia é igual a dois salários mínimos e não a quatro.

Súmula nº 359 do TST
SUBSTITUIÇÃO PROCESSUAL. AÇÃO DE CUMPRIMENTO. ART. 872, PARÁGRAFO ÚNICO, DA CLT. FEDERAÇÃO. LEGITIMIDADE (cancelada) - Res. 121/2003, DJ 19, 20 e 21.11.2003
A federação não tem legitimidade para ajuizar a ação de cumprimento prevista no art. 872, parágrafo único, da CLT na qualidade de substituto processual da categoria profissional inorganizada.
Histórico:
Redação original - Res. 78/1997, DJ 19, 22 e 23.12.1997

Súmula nº 360 do TST
TURNOS ININTERRUPTOS DE REVEZAMENTO. INTERVALOS INTRAJORNADA E SEMANAL (mantida) - Res. 121/2003, DJ 19, 20 e 21.11.2003
A interrupção do trabalho destinada a repouso e alimentação, dentro de cada turno, ou o intervalo para repouso semanal, não descaracteriza o turno de revezamento com jornada de 6 (seis) horas previsto no art. 7º, XIV, da CF/1988.
Precedentes:
ERR 104921/1994, Ac. 1447/1997 - Min. Milton de Moura França
DJ 09.05.1997 - Decisão unânime
ERR 76865/1993, Ac. 2843/1996 - Min. Manoel Mendes de Freitas
DJ 14.06.1996 - Decisão unânime
ERR 76822/1993, Ac. 4022/1995 - Min. José Luiz Vasconcellos
DJ 17.11.1995 - Decisão unânime
ERR 50684/1992, Ac. 2453/1994 - Min. Armando de Brito
DJ 19.08.1994 - Decisão unânime
ERR 40519/1991, Ac. 495/1994 - Min. Ney Doyle
DJ 06.05.1994 - Decisão por maioria
No mesmo sentido:
RE 205815-7-RS, Pleno-STF - Red. Min. Nelson Jobim
DJ 02.10.1998 - Decisão por maioria
Histórico:
Redação original - Res. 79/1997, DJ 13, 14 e 15.01.1998
Nº 360 Turnos ininterruptos de revezamento. Intervalos intrajornada e semanal.
A interrupção do trabalho destinada a repouso e alimentação, dentro de cada turno, ou o intervalo para repouso semanal, não descaracteriza o turno de revezamento com jornada de 6 horas previsto no art. 7º, inciso XIV, da Constituição da República de 1988.

Súmula nº 361 do TST
ADICIONAL DE PERICULOSIDADE. ELETRICITÁRIOS. EXPOSIÇÃO INTERMITENTE (mantida) - Res. 121/2003, DJ 19, 20 e 21.11.2003
O trabalho exercido em condições perigosas, embora de forma intermitente, dá direito ao empregado a receber o adicional de periculosidade de forma integral, porque a Lei nº 7.369, de 20.09.1985, não estabeleceu nenhuma proporcionalidade em relação ao seu pagamento.
Precedentes:
IUJRR 181514/1995, OE - Min. José Luiz Vasconcellos
DJ 04.09.1998 - Decisão por maioria
ERR 100361/1993, Ac. 3199/1996 - Min. Armando de Brito
DJ 02.08.1996 - Decisão unânime
AGEEDRR 159652/1995, Ac. 1578/1996 - Min. Ermes Pedro Pedrassani
DJ 03.05.1996 - Decisão unânime
ERR 55027/1992, Ac. 1197/1996 - Min. Cnéa Moreira
DJ 26.04.1996 - Decisão unânime

ERR 51571/1992, Ac. 2659/1995 - Min. Ney Doyle
DJ 22.09.1995 - Decisão unânime
ERR 7592/1990, Ac. 2620/1995 - Min. Hylo Gurgel
DJ 08.09.1995 - Decisão unânime
ERR 27487/1991, Ac. 4781/1994 - Min. José Luiz Vasconcellos
DJ 20.04.1995 - Decisão unânime
ERR 37694/1991, Ac. 4698/1994 - Min. Ney Doyle
DJ 03.02.1995 - Decisão unânime
ERR 46461/1992, Ac. 2149/1993 - Min. Afonso Celso
DJ 17.09.1993 - Decisão unânime
Histórico:
Redação original - Res. 83/1998, DJ 20, 21 e 24.08.1998

Súmula nº 362 do TST
FGTS. PRESCRIÇÃO (nova redação) - Res. 198/2015, republicada em razão de erro material – DEJT divulgado em 12, 15 e 16.06.2015
I – Para os casos em que a ciência da lesão ocorreu a partir de 13.11.2014, é quinquenal a prescrição do direito de reclamar contra o não-recolhimento de contribuição para o FGTS, observado o prazo de dois anos após o término do contrato;
II – Para os casos em que o prazo prescricional já estava em curso em 13.11.2014, aplica-se o prazo prescricional que se consumar primeiro: trinta anos, contados do termo inicial, ou cinco anos, a partir de 13.11.2014 (STF-ARE-709212/DF).
Histórico:
Nova redação – Res. 121/2003, DJ 19, 20 e 21.11.2003
Nº 362 FGTS – Prescrição
É trintenária a prescrição do direito de reclamar contra o não-recolhimento da contribuição para o FGTS, observado o prazo de 2 (dois) anos após o término do contrato de trabalho
Redação original - Res. 90/1999, DJ 03, 06 e 08.09.1999
Nº 362 FGTS - Prescrição
Extinto o contrato de trabalho, é de dois anos o prazo prescricional para reclamar em Juízo o não-recolhimento da contribuição do Fundo de Garantia do Tempo de Serviço.

Súmula nº 363 do TST
CONTRATO NULO. EFEITOS (nova redação) - Res. 121/2003, DJ 19, 20 e 21.11.2003
A contratação de servidor público, após a CF/1988, sem prévia aprovação em concurso público, encontra óbice no respectivo art. 37, II e § 2º, somente lhe conferindo direito ao pagamento da contraprestação pactuada, em relação ao número de horas trabalhadas, respeitado o valor da hora do salário mínimo, e dos valores referentes aos depósitos do FGTS.
Precedentes:
ERR 672320/2000 - Red. Min. João Oreste Dalazen
DJ 21.11.2003 - Decisão por maioria
RXOFAR 91038/2003-900-11-00.8 - Min. Barros Levenhagen
DJ 10.10.2003 - Decisão unânime
RXOFROAR 47/2002-000-17-00.0 - Min. Barros Levenhagen
DJ 10.10.2003 - Decisão unânime
RXOFROAR 71842/2002-900-11-00.0 - Min. Barros Levenhagen
DJ 02.05.2003 - Decisão unânime
ERR 189491/1995 - Min. Rider de Brito
DJ 04.09.1998 - Decisão unânime
(Precedente da redação publicado na Res. 90/1999)
ERR 202221/1995 - Min. Rider de Brito
DJ 21.08.1998 - Decisão unânime
(Precedente da redação publicado na Res. 90/1999)
ERR 146430/1994 - Min. Vantuil Abdala
DJ 03.04.1998 - Decisão unânime
(Precedente da redação publicado na Res. 90/1999)
ERR 96605/1993, Ac. 2704/1997 - Min. Ronaldo Lopes Leal
DJ 01.08.1997 - Decisão unânime
(Precedente da redação publicado na Res. 90/1999)
ERR 92722/1993, Ac. 1134/1997 - Red. Min. Francisco Fausto Paula de Medeiros
DJ 16.05.1997 - Decisão por maioria
(Precedente da redação publicado na Res. 90/1999)
Histórico:
Súmula alterada - Res. 111/2002, DJ 11, 12 e 15.04.2002
Nº 363 Contrato nulo. Efeitos.
A contratação de servidor público, após a Constituição de 1988, sem prévia aprovação em concurso público, encontra óbice no seu art. 37, II, e § 2º, somente conferindo-lhe direito ao pagamento da contraprestação pactuada, em relação ao número de horas trabalhadas, respeitado o salário-mínimo/hora.
Redação original - Res. 97/2000, DJ 18, 19 e 20.09.2000 - Republicada DJ 13, 16 e 17.10.2000 - Republicada DJ 10, 13 e 14.11.2000
Nº 363 Contrato nulo. Efeitos.
A contratação de servidor público, após a Constituição Federal de 1988, sem prévia aprovação em concurso público, encontra óbice no seu art. 37, II, e § 2º, somente conferindo-lhe direito ao pagamento dos dias efetivamente trabalhados segundo a contraprestação pactuada.

Súmula nº 364 do TST
ADICIONAL DE PERICULOSIDADE. EXPOSIÇÃO EVENTUAL, PERMANENTE E INTERMITENTE (inserido o item II) - Res. 209/2016, DEJT divulgado em 01, 02 e 03.06.2016
I - Tem direito ao adicional de periculosidade o empregado exposto permanentemente ou que, de forma intermitente, sujeita-se a condições de risco. Indevido, apenas, quando o contato dá-se de forma eventual, assim considerado o fortuito, ou o que, sendo habitual, dá-se por tempo extremamente reduzido. (ex-Ojs da SBDI-1 nºs 05 - inserida em 14.03.1994 - e 280 - DJ 11.08.2003)
II - Não é válida a cláusula de acordo ou convenção coletiva de trabalho fixando o adicional de periculosidade em percentual inferior ao estabelecido em lei e proporcional ao tempo de exposição ao risco, pois tal parcela constitui medida de higiene, saúde e segurança do trabalho, garantida por norma de ordem pública (arts. 7º, XXII e XXIII, da CF e 193, §1º, da CLT).
Precedentes:
Item I
ERR 635192-31.2000.5.04.5555 - Juiz Conv. Georgenor de Sousa Franco Filho
DJ 13.12.2002 - Decisão unânime
ERR 467469-55.1998.5.04.5555 - Min. Rider de Brito
DJ 27.09.2002 - Decisão unânime
ERR 411451-42.1997.5.15.5555 - Min. Wagner Pimenta
DJ 08.02.2002 - Decisão unânime
ERR 355022-93.1997.5.10.5555 - Min. Milton de Moura França
DJ 02.03.2001 - Decisão unânime
AGERR 315298-19.1996.5.10.5555 - Min. Milton de Moura França
DJ 10.03.2000 - Decisão unânime
ERR 309058-09.1996.5.03.5555 - Red. Min. Milton de Moura França
DJ 26.11.1999 - Decisão por maioria
ERR 113720-35.1994.5.15.5555, Ac. 2463/1996 - Min. Vantuil Abdala
DJ 14.11.1996 - Decisão unânime
ERR 44871-79.1992.5.15.5555, Ac. 4526/1995 - Min. Vantuil Abdala
DJ 15.12.1995 - Decisão unânime
ERR 27848-57.1991.5.15.5555, Ac. 1970/1995 - Min. Armando de Brito
DJ 04.08.1995 - Decisão unânime

AGERR 121123-18.1994.5.02.5555, Ac. 1778/1995 - Min. Ermes Pedro Pedrassani
DJ 16.06.1995 - Decisão unânime
ERR 37694-98.1991.5.15.5555, Ac. 4698/1994 - Min. Ney Doyle
DJ 03.02.1995 - Decisão unânime
ERR 4058-19.1987.5.03.5555, Ac. TP 362/1990 - Min. Wagner Pimenta
DJ 03.05.1991 - Decisão unânime
Item II
ERR 68000-20.2009.5.09.0662 - Min. Augusto César Leite de Carvalho
DEJT 25.10.2013/J-17.10.2013 - Decisão unânime
ERR 3989400-47.2009.5.09.0651 - Min. João Batista Brito Pereira
DEJT 21.06.2013/J-13.06.2013 - Decisão unânime
ERR 879-05.2010.5.03.0048 - Min. José Roberto Freire Pimenta
DEJT 17.08.2012/J-09.08.2012 - Decisão unânime
ERR 213300-85.2003.5.02.0381 - Min. Ives Gandra da Silva Martins Filho
DEJT 03.08.2012/J-28.06.2012 - Decisão unânime
EEDRR 6200-14.2008.5.03.0073 - Min. Dora Maria da Costa
DEJT 22.06.2012/J-14.06.2012 - Decisão unânime
ERR 111100-32.2003.5.15.0027 - Min. Renato de Lacerda Paiva
DEJT 25.05.2012/J-17.05.2012 - Decisão unânime
EEDRR 120240-76.2006.5.18.0003 - Min. Horácio Raymundo de Senna Pires
DEJT 23.03.2012/J-15.03.2012 - Decisão unânime
EEDRR 77841-93.2000.5.15.0013 - Min. Maria Cristina Irigoyen Peduzzi
DEJT 02.09.2011/J-18.08.2011 - Decisão unânime
RR 77300-32.2007.5.09.0094, 1ªT - Min. Lelio Bentes Corrêa
DEJT 19.06.2015/J-10.06.2015 - Decisão unânime
RR 164000-20.2008.5.21.0004, 1ªT - Min. Hugo Carlos Scheuermann
DEJT 04.05.2015/J-29.04.2015 - Decisão unânime
RR 263900-09.2006.5.02.0316, 1ªT - Min. Walmir Oliveira da Costa
DEJT 20.03.2015/J-18.03.2015 - Decisão unânime
RR 156800-16.2008.5.09.0094, 2ªT - Min. Renato de Lacerda Paiva
DEJT 01.07.2015/J-17.06.2015 - Decisão unânime
RR 1003400-80.2009.5.09.0012, 2ªT - Min. José Roberto Freire Pimenta
DEJT 26.06.2015/J-10.06.2015 - Decisão unânime
RR 888500-30.2008.5.09.0009, 2ªT - Min. Delaíde Miranda Arantes
DEJT 05.06.2015/J-27.05.2015 - Decisão unânime
ARR 24700-87.2006.5.02.0086, 3ªT - Min. Alberto Luiz Bresciani de Fontan Pereira
DEJT 19.06.2015/J-17.06.2015 - Decisão unânime
RR 90200-67.2006.5.09.0325, 3ªT - Min. Alexandre de Souza Agra Belmonte
DEJT 28.11.2014/J-05.11.2014 - Decisão unânime
RR 754-79.2010.5.03.0034, 4ªT - Min. Fernando Eizo Ono
DEJT 03.07.2015/J-24.06.2015 - Decisão unânime
ARR 872-68.2010.5.09.0008, 4ªT - Min. Maria de Assis Calsing
DEJT 24.06.2014/J-11.06.2014 - Decisão unânime
RR 449-93.2013.5.03.0033, 5ªT - Min. Maria Helena Mallmann
DEJT 01.07.2015/J-24.06.2015 - Decisão unânime
ARR 566-69.2012.5.03.0114, 5ªT - Min. Emmanoel Pereira
DEJT 19.06.2015/J-10.06.2015 - Decisão unânime
RR 204700-04.2007.5.02.0036, 5ªT - Min. Guilherme Augusto Caputo Bastos
DEJT 08.05.2015/J-05.05.2015 - Decisão unânime
RR 684-11.2010.5.05.0033, 6ªT - Min. Aloysio Corrêa da Veiga
DEJT 29.05.2015/J-27.05.2015 - Decisão unânime
RR 139700-28.2009.5.15.0003, 6ªT - Min. Augusto César Leite de Carvalho
DEJT 15.05.2015/J-13.05.2015 - Decisão unânime
RR 2900-11.2008.5.01.0005, 6ªT - Min. Kátia Magalhães Arruda
DEJT 13.03.2015/J-11.03.2015 - Decisão unânime
RR 47300-72.2009.5.09.0872, 8ªT - Min. Márcio Eurico Vitral Amaro
DEJT 22.05.2015/J-13.05.2015 - Decisão unânime
ARR 2439-66.2010.5.02.0029, 8ªT - Min. Dora Maria da Costa
DEJT 31.03.2015/J-11.03.2015 - Decisão unânime
Histórico:
Res. 174/2011, DEJT divulgado em 27, 30 e 31.05.2011 - cancelado o item II e dada nova redação ao item I
Redação original - Res. 129/2005, DJ 20, 22 e 25.04.2005
Nº 364 Adicional de periculosidade. Exposição eventual, permanente e intermitente (conversão das Orientações Jurisprudenciais nºs 5, 258 e 280 da SBDI-1)
I - Faz jus ao adicional de periculosidade o empregado exposto permanentemente ou que, de forma intermitente, sujeita-se a condições de risco. Indevido, apenas, quando o contato dá-se de forma eventual, assim considerado o fortuito, ou o que, sendo habitual, dá-se por tempo extremamente reduzido. (ex-Ojs da SBDI-1 nºs 05 - inserida em 14.03.1994 - e 280 - DJ 11.08.2003)
II - A fixação do adicional de periculosidade, em percentual inferior ao legal e proporcional ao tempo de exposição ao risco, deve ser respeitada, desde que pactuada em acordos ou convenções coletivos. (ex-OJ nº 258 da SBDI-1 - inserida em 27.09.2002)

Súmula nº 365 do TST
ALÇADA. AÇÃO RESCISÓRIA E MANDADO DE SEGURANÇA (conversão das Orientações Jurisprudenciais nºs 8 e 10 da SBDI-1) - Res. 129/2005, DJ 20, 22 e 25.04.2005
Não se aplica a alçada em ação rescisória e em mandado de segurança. (ex-OJs nºs 8 e 10 da SBDI-1 - inseridas em 01.02.1995)
Precedentes:
AIRO 90793/1993, Ac. 5415/1994 - Red. Min. Ney Doyle
DJ 02.06.1995 - Decisão por maioria
ROAR 924/1989, Ac. 1155/1991 - Min. Ermes Pedro Pedrassani
DJ 13.09.1991 - Decisão unânime
ROAR 456/1984, Ac. 3147/1989 - Min. Ermes Pedro Pedrassani
DJ 01.06.1990 - Decisão por maioria
ROMS 559/1988, Ac. 3870/1989 - Min. C. A. Barata Silva
DJ 11.05.1990 - Decisão unânime
ROMS 912/1987, Ac. 1134/1989 - Min. Marco Aurélio Mendes de Farias Mello
DJ 25.08.1989 - Decisão unânime

Súmula nº 366 do TST
CARTÃO DE PONTO. REGISTRO. HORAS EXTRAS. MINUTOS QUE ANTECEDEM E SUCEDEM A JORNADA DE TRABALHO (nova redação) - Res. 197/2015 - DEJT divulgado em 14, 15 e 18.05.2015
Não serão descontadas nem computadas como jornada extraordinária as variações de horário do registro de ponto não excedentes de cinco minutos, observado o limite máximo de dez minutos diários. Se ultrapassado esse limite, será considerada como extra a totalidade do tempo que exceder a jornada normal, pois configurado tempo à disposição do empregador, não importando as atividades desenvolvidas pelo empregado ao longo do tempo residual (troca de uniforme, lanche, higiene pessoal, etc).
Precedentes:

EEDRR 201000-69.2008.5.02.0461 - Min. Renato de Lacerda Paiva
DEJT 12.12.2014/J-04.12.2014 - Decisão unânime
AgRERR 234-86.2012.5.03.0087 - Min. Alexandre de Souza Agra Belmonte
DEJT 03.10.2014/J-25.09.2014 - Decisão unânime
EEDRR 64800-95.2005.5.15.0009 - Min. Lelio Bentes Corrêa
DEJT 14.03.2014/J-27.02.2014 - Decisão unânime
EEDRR 111000-93.2003.5.02.0462 - Min. Dora Maria da Costa
DEJT 01.07.2013/J-20.06.2013 - Decisão unânime
ERR 106500-68.2008.5.09.0670 - Min. Augusto César Leite de Carvalho
DEJT 19.04.2013/J-11.04.2013 - Decisão unânime
EEDRR 186200-30.2008.5.02.0463 - Min. João Batista Brito Pereira
DEJT 12.04.2013/J-21.03.2013 - Decisão unânime
ERR 68200-54.2004.5.15.0009 - Min. Luiz Philippe Vieira de Mello Filho
DEJT 25.05.2012/J-17.05.2012 - Decisão unânime
EEDRR 107700-77.2002.5.03.0027 - Red. Min. José Roberto Freire Pimenta
DEJT 07.10.2011/J-15.09.2011 - Decisão por maioria
EEDRR 86400-46.2009.5.09.0965 - Min. Horácio Raymundo de Senna Pires
DEJT 13.05.2011/J-28.04.2011 - Decisão unânime
EEDRR 32800-98.2005.5.02.0463 - Min. Aloysio Corrêa da Veiga
DEJT 26.11.2010/J-11.11.2010 - Decisão unânime
EEDEDRR 1071700-61.2002.5.03.0900 - Min. Rosa Maria Weber Candiota da Rosa
DEJT 25.09.2009/J-17.09.2009 - Decisão unânime
EEDRR 785249-54.2001.5.03.5555 - Min. João Batista Brito Pereira
DJ 30.06.2006/J-26.06.2006 - Decisão unânime
ERR 706654/2000 - Red. Min. José Luciano de Castilho Pereira
DJ 26.09.2003 - Decisão por maioria
ERR 148050/1994, Ac. 4110/1997 - Min. Francisco Fausto Paula de Medeiros
DJ 19.09.1997 - Decisão unânime
ERR 86590/1993, Ac. 2159/1996 - Min. Manoel Mendes de Freitas
DJ 08.11.1996 - Decisão unânime
ERR 34983/1991, Ac. 3587/1996 - Min. José Luiz Vasconcellos
DJ 09.08.1996 - Decisão unânime
ERR 51974/1992, Ac. 1480/1996 - Min. Vantuil Abdala
DJ 17.05.1996 - Decisão unânime
RR 701072/2000, 2ªT - Min. Renato de Lacerda Paiva
DJ 29.08.2003 - Decisão unânime
RR 737850/2001, 3ªT - Min. Maria Cristina Irigoyen Peduzzi
DJ 10.10.2003 - Decisão unânime
RR 30764/2002-900-03-00.7, 5ªT - Min. Gelson de Azevedo
DJ 03.10.2003 - Decisão unânime
Histórico:
Redação original - Res. 129/2005, DJ 20, 22 e 25.04.2005
Nº 366 - CARTÃO DE PONTO. REGISTRO. HORAS EXTRAS. MINUTOS QUE ANTECEDEM E SUCEDEM A JORNADA DE TRABALHO(conversão das Orientações Jurisprudenciais nºs 23 e 326 da SBDI-1)
Não serão descontadas nem computadas como jornada extraordinária as variações de horário do registro de ponto não excedentes de cinco minutos, observado o limite máximo de dez minutos diários. Se ultrapassado esse limite, será considerada como extra a totalidade do tempo que exceder a jornada normal. (ex-Ojs da SBDI-1 nºs 23 - inserida em 03.06.1996 - e 326 - DJ 09.12.2003)

Súmula nº 367 do TST
UTILIDADES "IN NATURA". HABITAÇÃO. ENERGIA ELÉTRICA. VEÍCULO. CIGARRO. NÃO INTEGRAÇÃO AO SALÁRIO (conversão das Orientações Jurisprudenciais nºs 24, 131 e 246 da SBDI-1) - Res. 129/2005, DJ 20, 22 e 25.04.2005
I - A habitação, a energia elétrica e veículo fornecidos pelo empregador ao empregado, quando indispensáveis para a realização do trabalho, não têm natureza salarial, ainda que, no caso de veículo, seja ele utilizado pelo empregado também em atividades particulares. (ex-Ojs da SBDI-1 nºs 131 - inserida em 20.04.1998 e ratificada pelo Tribunal Pleno em 07.12.2000 - e 246 - inserida em 20.06.2001)
II - O cigarro não se considera salário utilidade em face de sua nocividade à saúde. (ex-OJ nº 24 da SBDI-1 - inserida em 29.03.1996)
Precedentes:
Item I
ERR 156999/1995., SDI Plena - Min. Vantuil Abdala
Julgado em 10.02.1998 - Decisão por maioria
ERR 436356/1998 - Red. Min. Milton de Moura França
DJ 31.10.2003 - Decisão por maioria
ERR 596085/1999 - Red. Min. Carlos Alberto Reis de Paula
DJ 22.06.2001 - Decisão por maioria
ERR 510183/1998 - Min. João Batista Brito Pereira
DJ 10.11.2000 - Decisão unânime
ERR 561039/1999 - Min. Rider de Brito
DJ 25.08.2000 - Decisão por maioria
ERR 264431/1996 - Min. José Luiz Vasconcellos
DJ 08.10.1999 - Decisão unânime
ERR 253669/1996 - Min. José Luiz Vasconcellos
DJ 21.05.1999 - Decisão unânime
ERR 191146/1995 - Min. Rider de Brito
DJ 13.11.1998 - Decisão unânime
ERR 156999/1995 - Min. Vantuil Abdala
DJ 05.06.1998 - Decisão por maioria
ERR 30418/1991, Ac. 1381/1994 - Min. Cnéa Moreira
DJ 17.06.1994 - Decisão unânime
RR 523666/1998, 2ªT - Min. Vantuil Abdala
DJ 29.09.2000 - Decisão unânime
ERR 510183/1998, 4ª T - Min. Milton de Moura França
DJ 05.05.2000 - Decisão unânime
RR 364972/1997, 5ªT - Juiz Conv. Guedes de Amorim
DJ 15.12.2000 - Decisão unânime
RR 152106/1994, 5ªT - Min. João Batista Brito Pereira
DJ 13.10.2000 - Decisão unânime
Item II
ERR 3629/1987, Ac. 298/1992 - Min. José Luiz Vasconcellos
DJ 10.04.1992 - Decisão por maioria
ERR 0121/1988, Ac. 1537/1990 -Red. Min. José Luiz Vasconcellos
DJ 21.02.1992 - Decisão por maioria
ERR 1067/1988, Ac. 0510/1990 - Min. José Luiz Vasconcellos
DJ 21.09.1990 - Decisão por maioria

Súmula nº 368 do TST
DESCONTOS PREVIDENCIÁRIOS. IMPOSTO DE RENDA. COMPETÊNCIA. RESPONSABILIDADE PELO RECOLHIMENTO. FORMA DE CÁLCULO. FATO GERADOR (aglutinada a parte final da Orientação Jurisprudencial nº 363 da SBDI-I à redação do item II e incluídos os itens IV, V e VI em sessão do Tribunal Pleno realizada em 26.06.2017) - Res. 219/2017, republicada em razão de erro material – DEJT divulgado em 12, 13 e 14.07.2017
I - A Justiça do Trabalho é competente para determinar o recolhimento das contribuições fiscais. A competência da Justiça do Trabalho, quanto à execução das contribuições previdenciárias, limita-se às sentenças condenatórias em pecúnia que

proferir e aos valores, objeto de acordo homologado, que integrem o salário de contribuição. (ex-OJ nº 141 da SBDI-1 - inserida em 27.11.1998).

II - É do empregador a responsabilidade pelo recolhimento das contribuições previdenciárias e fiscais, resultantes de crédito do empregado oriundo de condenação judicial. A culpa do empregador pelo inadimplemento das verbas remuneratórias, contudo, não exime a responsabilidade do empregado pelos pagamentos do imposto de renda devido e da contribuição previdenciária que recaia sobre sua quota-parte. (ex-OJ nº 363 da SBDI-1, parte final)

III – Os descontos previdenciários relativos à contribuição do empregado, no caso de ações trabalhistas, devem ser calculados mês a mês, de conformidade com o art. 276, § 4º, do Decreto n º 3.048/1999 que regulamentou a Lei nº 8.212/1991, aplicando-se as alíquotas previstas no art. 198, observado o limite máximo do salário de contribuição (ex-OJs nºs 32 e 228 da SBDI-1 – inseridas, respectivamente, em 14.03.1994 e 20.06.2001).

IV - Considera-se fato gerador das contribuições previdenciárias decorrentes de créditos trabalhistas reconhecidos ou homologados em juízo, para os serviços prestados até 4.3.2009, inclusive, o efetivo pagamento das verbas, configurando-se a mora a partir do dia dois do mês seguinte ao da liquidação (art. 276, "caput", do Decreto nº 3.048/1999). Eficácia não retroativa da alteração legislativa promovida pela Medida Provisória nº 449/2008, posteriormente convertida na Lei nº 11.941/2009, que deu nova redação ao art. 43 da Lei nº 8.212/91.

V - Para o labor realizado a partir de 5.3.2009, considera-se fato gerador das contribuições previdenciárias decorrentes de créditos trabalhistas reconhecidos ou homologados em juízo a data da efetiva prestação dos serviços. Sobre as contribuições previdenciárias não recolhidas a partir da prestação dos serviços incidem juros de mora e, uma vez apurados os créditos previdenciários, aplica-se multa a partir do exaurimento do prazo de citação para pagamento, se descumprida a obrigação, observado o limite legal de 20% (art. 61, § 2º, da Lei nº 9.430/96).

VI – O imposto de renda decorrente de crédito do empregado recebido acumuladamente deve ser calculado sobre o montante dos rendimentos pagos, mediante a utilização de tabela progressiva resultante da multiplicação da quantidade de meses a que se refiram os rendimentos pelos valores constantes da tabela progressiva mensal correspondente ao mês do recebimento ou crédito, nos termos do art. 12-A da Lei nº 7.713, de 22/12/1988, com a redação conferida pela Lei nº 13.149/2015, observado o procedimento previsto nas Instruções Normativas da Receita Federal do Brasil.

Precedentes:
Item I
RR 192540-17.2001.5.03.0104, TP - Min. José Simpliciano Fontes de F. Fernandes
Julgado em 10.11.2005 - Decisão por maioria
Item II
ERR 424600-84.2003.5.09.0019 - Min. Rosa Maria Weber Candiota da Rosa
DEJT 29.04.2011/J-14.04.2011 - Decisão unânime
ERR 116100-67.1999.5.17.0004 - Min. Aloysio Corrêa da Veiga
DEJT 07.08.2009/J-29.06.2009 - Decisão unânime
ERR 38900-90.2003.5.15.0103 - Min. Maria Cristina Irigoyen Peduzzi
DEJT 05.12.2008/J-27.11.2008 - Decisão unânime
ERR 375046-02.1997.5.08.5555 - Min. João Batista Brito Pereira
DEJT 07.11.2003/J-29.10.2003 - Decisão unânime
ERR 145247/1994, Ac. 725/1997 -Min. Francisco Fausto Paula de Medeiros
DJ 13.06.1997 - Decisão unânime

Item III
RR 416084/1998, 1ª T - Min. João Oreste Dalazen
DJ 27.08.1999 - Decisão unânime
RR 331506/1996, Ac. 1ª T 3938/1997 - Red. Min. Lourenço Prado
DJ 14.11.1997 - Decisão por maioria
RR 333081/1996, 5ª T - Min. Antônio Maria Thaumaturgo Cortizo
DJ 08.10.1999 - Decisão unânime
RR 296747/1996, 5ª T - Min. Nelson Daiha
DJ 05.02.1999 - Decisão unânime
Itens IV e V
ERR 1125-36.2010.5.06.0171, TP - Min. Alexandre de Souza Agra Belmonte
DEJT 15.12.2015/J-20.10.2015 - Decisão por maioria
EEDAIRR 1213-77.2011.5.02.0033 - Min. Márcio Eurico Vitral Amaro
DEJT 28.10.2016/J-20.10.2016 - Decisão unânime
ERR 1464-22.2012.5.06.0010 - Min. José Roberto Freire Pimenta
DEJT 27.05.2016/J-19.05.2016 - Decisão unânime
EEDRR 166700-22.2009.5.06.0013 - Min. João Oreste Dalazen
DEJT 06.05.2016/J-28.04.2016 - Decisão unânime
ERR 534-19.2011.5.01.0223 - Min. Guilherme Augusto Caputo Bastos
DEJT 22.04.2016/J-14.04.2016 - Decisão unânime
ERR 2049-07.2010.5.02.0382 - Min. Augusto César Leite de Carvalho
DEJT 18.03.2016/J-10.03.2016 - Decisão unânime
ERR 822-86.2012.5.02.0066 - Min. Alexandre de Souza Agra Belmonte
DEJT 11.03.2016/J-03.03.2016 - Decisão unânime
EEDRR 714-75.2010.05.03.0009 - Min. Walmir Oliveira da Costa
DEJT 18.12.2015/J-10.12.2015 - Decisão unânime
EEDRR 1032-07.2011.5.06.0020 - Min. Aloysio Corrêa da Veiga
DEJT 18.12.2015/J-10.12.2015 - Decisão unânime
ERR 83300-62.2010.5.21.0012 - Min. Renato de Lacerda Paiva
DEJT 27.11.2015/J-19.11.2015 - Decisão unânime
Item VI
RR 66500-68.2010.5.17.0141, 3ªT - Min. Alexandre de Souza Agra Belmonte
DEJT 15.04.2016/J-13.04.2016 - Decisão unânime
RR 3248100-78.2008.5.09.0006, 7ªT - Min. Luiz Philippe Vieira de Mello Filho
DEJT 19.08.2016/J-17.08.2016 - Decisão unânime
RR 76-41.2010.5.09.0020, 7ªT - Min. Douglas Alencar Rodrigues
DEJT 04.12.2015/J-25.11.2015 - Decisão unânime
RR 123000-08.2006.5.09.0016, 7ªT - Min. Cláudio Mascarenhas Brandão
DEJT 04.09.2015/J-26.08.2015 - Decisão unânime
Histórico:
Res. 219/2017, DEJT divulgado em 28, 29 e 30.06.2017
Nº 368 (...)
V - Para o labor realizado a partir de 5.3.2009, considera-se fato gerador das contribuições previdenciárias decorrentes de créditos trabalhistas reconhecidos ou homologados em juízo a data da efetiva prestação dos serviços. Sobre as contribuições previdenciárias não recolhidas a partir da prestação dos serviços incidem juros de mora e, uma vez apurados os créditos previdenciários, aplica-se multa a partir do exaurimento do prazo de citação para pagamento, se descumprida a obrigação, observado o limite legal de 20% (art. 61, § 2º, da Lei nº 9.460/96).

Súmula alterada - (redação do item II alterada na sessão do Tribunal Pleno realizada em 16.04.2012) - Res. 181/2012, DEJT divulgado em 19, 20 e 23.04.2012

Nº 368 Descntos previdenciários e fiscais. Competência. Responsabilidade pelo pagamento. Forma de cálculo

I - A Justiça do Trabalho é competente para determinar o recolhimento das contribuições fiscais. A competência da Justiça do Trabalho, quanto à execução das contribuições previdenciárias, limita-se às sentenças condenatórias em pecúnia que proferir e aos valores, objeto de acordo homologado, que integrem o salário de contribuição. (ex-OJ nº 141 da SBDI-1 - inserida em 27.11.1998)

II - É do empregador a responsabilidade pelo recolhimento das contribuições previdenciárias e fiscais, resultante de crédito do empregado oriundo de condenação judicial, devendo ser calculadas, em relação à incidência dos descontos fiscais, mês a mês, nos termos do art. 12-A da Lei nº 7.713, de 22/12/1988.

III - Em se tratando de descontos previdenciários, o critério de apuração encontra-se disciplinado no art. 276, §4º, do Decreto n º 3.048/1999 que regulamentou a Lei nº 8.212/1991 e determina que a contribuição do empregado, no caso de ações trabalhistas, seja calculada mês a mês, aplicando-se as alíquotas previstas no art. 198, observado o limite máximo do salário de contribuição. (ex-OJs nºs 32 e 228 da SBDI-1 – inseridas, respectivamente, em 14.03.1994 e 20.06.2001)

Súmula alterada - (inciso I alterado) - Res. 138/2005, DJ 23, 24 e 25.11.2005

Nº 368 (...)

II. É do empregador a responsabilidade pelo recolhimento das contribuições previdenciárias e fiscais, resultante de crédito do empregado oriundo de condenação judicial, devendo incidir, em relação aos descontos fiscais, sobre o valor total da condenação, referente às parcelas tributáveis, calculado ao final, nos termos da Lei nº 8.541, de 23.12.1992, art. 46 e Provimento da CGJT nº 01/1996. (ex-OJs nºs 32 e 228 da SBDI-1 - inseridas, respectivamente, em 14.03.1994 e 20.06.2001)

Republicada em razão de erro material no item I – DJ 05, 06 e 09.05.2005

Nº 368 (...)

I. A Justiça do Trabalho é competente para determinar o recolhimento das contribuições previdenciárias e fiscais provenientes das sentenças que proferir. A competência da Justiça do Trabalho para execução das contribuições previdenciárias alcança as parcelas integrantes do salário de contribuição, pagas em virtude de contrato de emprego reconhecido em juízo, ou decorrentes de anotação da Carteira de Trabalho e Previdência Social - CTPS, objeto de acordo homologado em juízo. (ex-OJ nº 141 da SBDI-1 - inserida em 27.11.1998)

Redação Original (conversão das Orientações Jurisprudenciais nºs 32, 141 e 228 da SBDI-1) - Res. 129/2005, DJ 20, 22 e 25.04.2005

Nº 368 (...)

I. A Justiça do Trabalho é competente para determinar o recolhimento das contribuições previdenciárias e fiscais provenientes das sentenças que proferir. A competência da Justiça do Trabalho para execução das contribuições previdenciárias alcança as parcelas integrantes do salário de contribuição, pagas em virtude de contrato,ou de emprego reconhecido em juízo, ou decorrentes de anotação da Carteira de Trabalho e Previdência Social - CTPS, objeto de acordo homologado em juízo. (ex-OJ nº 141 da SBDI-1 - inserida em 27.11.1998)

II. É do empregador a responsabilidade pelo recolhimento das contribuições previdenciárias e fiscais, resultante de crédito do empregado oriundo de condenação judicial, devendo incidir, em relação aos descontos fiscais, sobre o valor total da condenação, referente às parcelas tributáveis, calculado ao final, nos termos da Lei nº 8.541, de 23.12.1992, art. 46 e Provimento da CGJT nº 01/1996. (ex-OJ nº 32 da SBDI-1 -inserida em 14.03.1994 e OJ nº 228 da SBDI-1 - inserida em 20.06.2001)

III. Em se tratando de descontos previdenciários, o critério de apuração encontra-se disciplinado no art. 276, §4º, do Decreto n º 3.048/1999 que regulamentou a Lei nº 8.212/1991 e determina que a contribuição do empregado, no caso de ações trabalhistas, seja calculada mês a mês, aplicando-se as alíquotas previstas no art. 198, observado o limite máximo do salário de contribuição. (ex-OJ nº 32 da SBDI-1 - inserida em 14.03.1994 e OJ 228 - inserida em 20.06.2001)

Súmula nº 369 do TST

DIRIGENTE SINDICAL. ESTABILIDADE PROVISÓRIA (redação do item I alterada na sessão do Tribunal Pleno realizada em 14.09.2012) - Res. 185/2012, DEJT divulgado em 25, 26 e 27.09.2012

I - É assegurada a estabilidade provisória ao empregado dirigente sindical, ainda que a comunicação do registro da candidatura ou da eleição e da posse seja realizada fora do prazo previsto no art. 543, § 5º, da CLT, desde que a ciência ao empregador, por qualquer meio, ocorra na vigência do contrato de trabalho.

II - O art. 522 da CLT foi recepcionado pela Constituição Federal de 1988. Fica limitada, assim, a estabilidade a que alude o art. 543, § 3.º, da CLT a sete dirigentes sindicais e igual número de suplentes.

III - O empregado de categoria diferenciada eleito dirigente sindical só goza de estabilidade se exercer na empresa atividade pertinente à categoria profissional do sindicato para o qual foi eleito dirigente.

IV - Havendo extinção da atividade empresarial no âmbito da base territorial do sindicato, não há razão para subsistir a estabilidade.

V - O registro da candidatura do empregado a cargo de dirigente sindical durante o período de aviso prévio, ainda que indenizado, não lhe assegura a estabilidade, visto que inaplicável a regra do § 3º do art. 543 da Consolidação das Leis do Trabalho.

Precedentes:
Item I
EEDRR 49800-09.2002.5.17.0008 Min. Aloysio Corrêa da Veiga
DEJT 07.10.2011/J-29.09.2011 Decisão por maioria
EEDEDRR 89800-51.2002.5.03.0037 Min. Horácio Raymundo de Senna Pires
DEJT 17.12.2010/J-09.12.2010 Decisão unânime
EEDRR 30200-91.2003.5.13.0003 Min. Aloysio Corrêa da Veiga
DEJT 01.10.2010/J-23.09.2010 - Decisão unânime
EEDRR 107700-33.1999.5.15.0097 - Min. Rosa Maria Weber Candiota da Rosa
DEJT 09.04.2010/J-25.03.2010 - Decisão unânime
EAEDRR 1005000-33.2002.5.02.0900 Min. Vantuil Abdala
DEJT 08.05.2009/J-23.04.2009 - Decisão unânime
ERR 434682-27.1998.5.02.5555 - Min. Maria Cristina Irigoyen Peduzzi
DJ 10.06.2005/J-23.05.2005 - Decisão unânime
ERR 579524-55.1999.5.06.5555 - Min. João Oreste Dalazen
DJ 20.05.2005/J-25.04.2005 - Decisão unânime
ERR 581708-16.1999.5.12.5555 - Min. João Batista Brito Pereira
DJ 11.02.2005/J-13.12.2004 - Decisão unânime
RR 115500-45.2003.5.23.0002, 1ªT - Min. Lelio Bentes Corrêa
DJ 07.04.2009/J-18.03.2009 - Decisão unânime
RR 747749-02.2001.5.12.5555, 1ªT - Min. Luiz Philippe Vieira de Mello Filho
DJ 05.10.2007/J-12.09.2007 - Decisão unânime
RR 90700-67.2008.5.04.0531, 2ªT - Min. Guilherme Augusto Caputo Bastos
DEJT 12.11.2010/J-13.10.2010 - Decisão unânime
RR 7253100-73.2002.5.04.0900, 2ªT - Min. José Simpliciano Fontes de F. Fernandes

DEJT 13.11.2009/J-28.10.2009 - Decisão unânime
RR 229200-62.2001.5.05.0004, 2ªT - Min. Renato de Lacerda Paiva
DEJT 16.10.2009/J-23.09.2009 - Decisão unânime
RR 200800-59.2001.5.15.0004, 4ªT - Min. Maria de Assis Calsing
DEJT 13.11.2009/J-28.10.2009 - Decisão unânime
RR 6570400-67.2002.5.12.0900, 5ªT - Min. João Batista Brito Pereira
DEJT 14.11.2008/J-29.10.2008 - Decisão unânime
RR 168200-80.2003.5.15.0079, 5ªT - Juíza Convocada Kátia Magalhães Arruda
DJ 29.02.2008/J-13.02.2008 - Decisão unânime
RR 48100-87.2004.5.15.0006, 6ªT - - Min. Augusto César Leite de Carvalho
DEJT 26.11.2010/J-17.11.2010 - Decisão unânime
RR 109100-49.2009.5.04.0611, 8ªT - Min. Dora Maria da Costa
DEJT 02.03.2012/J-29.02.2012 - Decisão unânime
RR 8977700-66.2003.5.04.0900, 8ªT - Min. Maria Cristina Irigoyen Peduzzi
DEJT 22.05.2009/J-06.05.2009 - Decisão unânime
Item II
EEDARR 173000-32.2000.5.01.0020 - Min. Lelio Bentes Corrêa
DEJT 01.04.2011 - Decisão unânime
ERR 20500-62.2005.5.09.0026 - Min. Vieira de Mello Filho
DEJT 07.05.2010 - Decisão por maioria
EEDRR 260900-66.2003.5.02.0005 - Min Horácio Raymundo de Senna Pires
DEJT 20.11.2009 - Decisão unânime
ERR 581708-16.1999.5.12.5555 - Min. João Batista Brito Pereira
DJ 11.02.2005 - Decisão unânime
RR 260900-66.2003.5.02.0005, 1ªT - Min. Walmir Oliveira da Costa
DEJT 30.04.2009 - Decisão unânime
RR 130900-77.2003.5.20.0004, 2ªT - Min. Renato de Lacerda Paiva
DEJT 19.04.2011 - Decisão unânime
RR 398700-69.2003.5.12.0002, 3ªT - Min. Rosa Maria Weber Candiota da Rosa
DEJT 17.09.2010 - Decisão unânime
RR 253300-57.2006.5.12.0054, 4ªT - Min. Fernando Eizo Ono
DEJT 08.10.2010 - Decisão unânime
RR 11800-88.2004.5.20.0006, 5ªT - Min. Kátia Magalhães Arruda
DEJT 28.06.2010 - Decisão unânime
RR 105740-69.2009.5.13.0025, 6ªT - Min. Maurício Godinho Delgado
DEJT 11.02.2011 - Decisão unânime
RR 32785-81.2006.5.20.0920, 8ªT - Min. Maria Cristina Irigoyen Peduzzi
DEJT 04.12.2009 - Decisão unânime
Item III
ERR 175104-95.1995.5.03.5555, Ac. 2557/1997 - Min. Rider de Brito
DJ 20.06.1997 - Decisão unânime
ERR 92019-90.1993.5.10.5555, Ac. 1826/1997 - Min. Vantuil Abdala
DJ 30.05.1997 - Decisão unânime
ERR 115128-94.1994.5.03.5555, Ac. 3783/1996 - Min. Ronaldo Lopes Leal
DJ 07.03.1997 - Decisão por maioria
ERR 59845-57.1992.5.03.5555, Ac. 19/1996 - Min. Cnéa Moreira
DJ 15.03.1996 - Decisão unânime
Item IV
ERR 162756-61.1995.5.06.5555, Ac. 1054/1997 - Min. Vantuil Abdala
DJ 11.04.1997 - Decisão unânime
ERR 166279-38.1995.5.04.5555, Ac. 565/1997 - Min. Vantuil Abdala
DJ 04.04.1997 - Decisão unânime
ERR 179128-69.1995.5.03.5555, Ac. 425/1997 - Min. Vantuil Abdala
DJ 04.04.1997 - Decisão unânime
ERR 134264-50.1994.5.04.5555, Ac. 338/1997 - Min. Vantuil Abdala
DJ 04.04.1997 - Decisão unânime
ERR 147516-50.1994.5.03.5555, Ac. 3858/1996 - Min. Francisco Fausto Paula de Medeiros
DJ 07.03.1997 - Decisão por maioria
ERR 81536-44.1993.5.12.5555, Ac. 131/1996 - Red. Min. Vantuil Abdala
DJ 21.02.1997 - Decisão por maioria
ERR 35494-05.1991.5.12.5555, Ac. 1612/1996 - Min. José Luciano de Castilho Pereira
DJ 19.12.1996 - Decisão por maioria
ERR 128516-10.1994.5.05.5555, Ac. 1935/1996 - Red. Min. Nelson Daiha
DJ 13.12.1996 - Decisão por maioria
ERR 73021-09.1993.5.16.5555, Ac. 3610/1996 - Red. Min. Francisco Fausto Paula de Medeiros
DJ 11.10.1996 - Decisão por maioria
Item V:
ROAR 85669-81.1993.5.03.5555, Ac. 1656/1995 - Min. Cnéa Moreira
DJ 25.08.1995 - Decisão por maioria
ERR 50278-02.1992.5.03.5555, Ac. 3489/1993 - Min. Cnéa Moreira
DJ 25.03.1994 - Decisão por maioria
ERR 2269-96.1988.5.12.5555, Ac. 208/1992 - Red. Min. José Luiz Vasconcellos
DJ 15.05.1992 - Decisão por maioria
ERR 3622-67.1986.5.04.5555, Ac. 1884/1989 - Min. Ermes Pedro Pedrassani
DJ 31.08.1990 - Decisão unânime
Histórico:
Nova redação dada ao item II - Res. 174/2011, DEJT divulgado em 27, 30 e 31.05.2011
Item I alterado - É indispensável a comunicação, pela entidade sindical, ao empregador, na forma do § 5º do art. 543 da CLT. (ex-OJ nº 34 da SBDI-1 - inserida em 29.04.1994)
Redação Original - Res. 129/2005, DJ 20, 22 e 25.04.2005
Nº 369 Dirigente sindical. Estabilidade provisória (conversão das Orientações Jurisprudenciais nºs 34, 35, 86, 145 e 266 da SBDI-I)
(...)
II - O art. 522 da CLT, que limita a sete o número de dirigentes sindicais, foi recepcionado pela Constituição Federal de 1988. (ex-OJ nº 266 da SBDI-I - inserida em 27.09.2002)
(...)

Súmula nº 370 do TST

MÉDICO E ENGENHEIRO. JORNADA DE TRABALHO. LEIS NºS 3.999/1961 E 4.950-A/1966 (conversão das Orientações Jurisprudenciais nºs 39 e 53 da SBDI-1) - Res. 129/2005, DJ 20, 22 e 25.04.2005

Tendo em vista que as Leis nº 3.999/1961 e 4.950-A/1966 não estipulam a jornada reduzida, mas apenas estabelecem o salário mínimo da categoria para uma jornada de 4 horas para os médicos e de 6 horas para os engenheiros, não há que se falar em horas extras, salvo as excedentes à oitava, desde

que seja respeitado o salário mínimo/horário das categorias. (ex-OJs nºs 39 e 53 da SBDI-1 – inseridas, respectivamente, em 07.11.1994 e 29.04.1994)
Precedentes:
ERR 90486/1993, Ac. 2978/1996 - Min. Regina Rezende Ezequiel
DJ 14.06.1996 - Decisão unânime
ERR 81368/1993, Ac. 2971/1996 - Min. Regina Rezende Ezequiel
DJ 14.06.1996 - Decisão unânime
ERR 26351/1991, Ac. 1295/1996 - Min. Francisco Fausto Paula de Medeiros
DJ 24.05.1996 - Decisão unânime
ERR 73334/1993, Ac. 4552/1995 - Min. Vantuil Abdala
DJ 24.11.1995 - Decisão unânime
ERR 55547/1992, Ac. 0547/1994 - Red. Min. Armando de Brito
DJ 13.05.1994 - Decisão por maioria
ERR 238/1989, Ac. 0213/1994 - Min. Cnéa Moreira
DJ 25.03.1994 - Decisão unânime
ERR 1639/1989, Ac. 0012/1992 - Min. Hélio Regato
DJ 15.05.1992 - Decisão unânime
ERR 2343/1989, Ac. 2562/1991 - Min. José Luiz Vasconcellos
DJ 21.02.1992 - Decisão por maioria
ERR 4513/1986, Ac. 0418/1990 - Min. Guimarães Falcão
DJ 06.07.1990 - Decisão unânime
ERR 639/1986, Ac. TP 1872/1989 - Min. Guimarães Falcão
DJ 29.09.1989 - Decisão unânime

Súmula nº 371 do TST
AVISO PRÉVIO INDENIZADO. EFEITOS. SUPERVENIÊNCIA DE AUXÍLIO-DOENÇA NO CURSO DESTE (conversão das Orientações Jurisprudenciais nºs 40 e 135 da SBDI-1) - Res. 129/2005, DJ 20, 22 e 25.04.2005
A projeção do contrato de trabalho para o futuro, pela concessão do aviso prévio indenizado, tem efeitos limitados às vantagens econômicas obtidas no período de pré-aviso, ou seja, salários, reflexos e verbas rescisórias. No caso de concessão de auxílio-doença no curso do aviso prévio, todavia, só se concretizam os efeitos da dispensa depois de expirado o benefício previdenciário. (ex-OJs nºs 40 e 135 da SBDI-1 – inseridas, respectivamente, em 28.11.1995 e 27.11.1998)
Precedentes:
EEDRR 218491/1995 - Min. Rider de Brito
DJ 08.05.1998 - Decisão unânime
ERR 201449/1995, Ac. 4674/1997 - Min. Milton de Moura França
DJ 14.11.1997 - Decisão unânime
ERR 174967/1995, Ac. 4657/1997 - Min. Ronaldo Lopes Leal
DJ 17.10.1997 - Decisão unânime
ERR 118218/1994, Ac. 1292/1997 - Red. Min. Ronaldo Lopes Leal
DJ 06.06.1997 - Decisão por maioria
ERR 130659/1994, Ac. 1026/1997 - Min. Vantuil Abdala
DJ 09.05.1997 - Decisão unânime
ERR 131748/1994, Ac. 3836/1996 - Min. Nelson Daiha
DJ 21.03.1997 - Decisão unânime
ERR 65187/1992, Ac. 3288/1996 - Min. Cnéa Moreira
DJ 21.02.1997 - Decisão unânime
ERR 24735/1991, Ac. 2530/1996 - Min. Francisco Fausto Paula de Medeiros
DJ 06.12.1996 - Decisão unânime
ROAR 85669/1993, Ac. 1656/1995 - Min. Cnéa Moreira
DJ 25.08.1995 - Decisão por maioria
ERR 35887/1991, Ac. 4899/1994 - Red. Min. Antônio Maria Thaumaturgo Cortizo
DJ 07.04.1995 - Decisão por maioria

ERR 2269/1988, Ac. 0208/1992 - Red. Min. José Luiz Vasconcellos
DJ 15.05.1992 - Decisão por maioria
ERR 3622/1986, Ac. 1884/1989 - Min. Ermes Pedro Pedrassani
DJ 31.08.1990 - Decisão unânime

Súmula nº 372 do TST
GRATIFICAÇÃO DE FUNÇÃO. SUPRESSÃO OU REDUÇÃO. LIMITES (conversão das Orientações Jurisprudenciais nos 45 e 303 da SBDI-1) - Res. 129/2005, DJ 20, 22 e 25.04.2005
I - Percebida a gratificação de função por dez ou mais anos pelo empregado, se o empregador, sem justo motivo, revertê-lo a seu cargo efetivo, não poderá retirar-lhe a gratificação tendo em vista o princípio da estabilidade financeira. (ex-OJ nº 45 da SBDI-1 - inserida em 25.11.1996)
II - Mantido o empregado no exercício da função comissionada, não pode o empregador reduzir o valor da gratificação. (ex-OJ nº 303 da SBDI-1 - DJ 11.08.2003)
Precedentes:
Item I
ERR 141418/1994, Ac. 1871/1996 - Min. João Oreste Dalazen
DJ 13.12.1996 - Decisão por maioria
ERR 43753/1992, Ac. 3355/1996 - Min. Armando de Brito
DJ 16.08.1996 -Decisão por maioria
EEDRR 88144/1993, Ac. 684/1996 - Min. Ronaldo Lopes Leal
DJ 06.09.1996 - Decisão por maioria
ERR 75228/1993, Ac. 4016/1995 - Red. Min. Francisco Fausto Paula de Medeiros
DJ 23.02.1996 - Decisão por maioria
ERR 67026/1992, Ac. 2055/1995 - Min. Vantuil Abdala
DJ 10.08.1995 - Decisão unânime
ERR 01944/1989, Ac. 2155/1992 - Red. Min. Orlando Teixeira da Costa
DJ 12.02.1993 - Decisão por maioria
Item II
ERR 309591/1996 - Min. Milton de Moura França
DJ 02.02.2001 - Decisão unânime
ERR 293390/1996 - Min. José Luiz Vasconcellos
DJ 01.12.2000 - Decisão por maioria
ERR 264798/1996 - Juíza Conv. Anelia Li Chum
DJ 24.11.2000 - Decisão por maioria
ERR 293388/1996 - Red. Min. Rider de Brito
DJ 18.08.2000 - Decisão por maioria
ERR 274409/1996 - Red. Min. Rider de Brito
DJ 30.06.2000 - Decisão por maioria
ERR 305606/1996 - Min. José Luiz Vasconcellos
DJ 08.10.1999 - Decisão por maioria
RR 368726/97, 1ª T - Min. Wagner Pimenta
DJ 24.08.2001 - Decisão unânime
RR 293388/1996, 3ª T - Min. Carlos Alberto Reis de Paula
DJ 03.03.1900 - Decisão unânime

Súmula nº 373 do TST
GRATIFICAÇÃO SEMESTRAL. CONGELAMENTO. PRESCRIÇÃO PARCIAL (conversão da Orientação Jurisprudencial nº 46 da SBDI-1) - Res. 129/2005, DJ 20, 22 e 25.04.2005
Tratando-se de pedido de diferença de gratificação semestral que teve seu valor congelado, a prescrição aplicável é a parcial. (ex-OJ nº 46 da SBDI-1 - inserida em 29.03.1996)
Precedentes:
ERR 77576/1993, Ac. 2844/1996 - Min. Manoel Mendes de Freitas
DJ 23.08.1996 - Decisão unânime
ERR 43420/1992, Ac. 1445/1996 - Min. Francisco Fausto Paula de Medeiros

DJ 31.05.1996 - Decisão unânime
ERR 401/1990, Ac. 1254/1996 - Min. José Luciano de Castilho Pereira
DJ 10.05.1996 - Decisão unânime
ERR 02152/1989, Ac. 0827/1992 - Min. Ermes Pedro Pedrassani
DJ 15.05.1992 - Decisão unânime

Súmula nº 374 do TST
NORMA COLETIVA. CATEGORIA DIFERENCIADA. ABRANGÊNCIA (conversão da Orientação Jurisprudencial nº 55 da SBDI-1) - Res. 129/2005, DJ 20, 22 e 25.04.2005
Empregado integrante de categoria profissional diferenciada não tem o direito de haver de seu empregador vantagens previstas em instrumento coletivo no qual a empresa não foi representada por órgão de classe de sua categoria. (ex-OJ nº 55 da SBDI-1 - inserida em 25.11.1996)
Precedentes:
ERR 201145/1995, Ac. 3627/1997 - Min. Leonaldo Silva
DJ 12.09.1997 - Decisão unânime
ERR 132925/1994, Ac. 1472/1997 - Min. Rider de Brito
DJ 09.05.1997 - Decisão unânime
ERR 54024/1992, Ac. 963/1997 - Min. Leonaldo Silva
DJ 18.04.1997 - Decisão unânime
ERR 65125/1992, Ac. 0488/1997 - Min. José Carlos Perret Schulte
DJ 21.03.1997 - Decisão unânime
ERR 133842/1994, Ac. 3841/1996 - Min. Vantuil Abdala
DJ 07.03.1997 - Decisão unânime
ERR 133939/1994, Ac. 3114/1996 - Min. Rider de Brito
DJ 07.02.1997 - Decisão unânime

Súmula nº 375 do TST
REAJUSTES SALARIAIS PREVISTOS EM NORMA COLETIVA. PREVALÊNCIA DA LEGISLAÇÃO DE POLÍTICA SALARIAL (conversão da Orientação Jurisprudencial nº 69 da SBDI-1 e da Orientação Jurisprudencial nº 40 da SBDI-2) - Res. 129/2005, DJ 20, 22 e 25.04.2005
Os reajustes salariais previstos em norma coletiva de trabalho não prevalecem frente à legislação superveniente de política salarial. (ex-OJs nºs 69 da SBDI-1 - inserida em 14.03.1994 - e 40 da SBDI-2 - inserida em 20.09.2000)
Precedentes:
ROAR 555970/1999 - Min. Ronaldo Lopes Leal
DJ 26.05.2000 - Decisão unânime
ROAR 390765/1997 - Min. João Oreste Dalazen
DJ 17.03.2000 - Decisão unânime
ROAR 218777/1995 - Min. João Oreste Dalazen
DJ 15.05.1998 - Decisão unânime
AR 196931/1995, Ac. 1303/1997 - Min. Vantuil Abdala
DJ 07.11.1997 - Decisão unânime
ROAR 201018/1995, Ac. 3937/1997 - Min. José Luciano de Castilho Pereira
DJ 10.10.1997 - Decisão por maioria
AR 284283/1996, Ac. 1139/1997 - Min. Milton de Moura França
DJ 16.05.1997 - Decisão unânime
AR 98835/1993, Ac. 3224/1995 - Min. Ney Doyle
DJ 03.11.1995 - Decisão por maioria
ERR 33718/1991, Ac. 1972/1995 - Min. Armando de Brito
DJ 04.08.1995 - Decisão unânime
ERR 20715/1991, Ac. 3567/1994 - Min. Vantuil Abdala
DJ 27.10.1994 - Decisão unânime
ERR 16989/1990, Ac. 3492/1994 - Min. José Luiz Vasconcellos
DJ 11.11.1994 - Decisão unânime
ERR 5988/1988, Ac. 3470/1993 - Red. Min. Guimarães Falcão
DJ 18.02.1994 - Decisão por maioria

ERR 5539/1989, Ac. 1724/1993 - Min. Ermes Pedro Pedrassani
DJ 06.08.1993 - Decisão unânime
No mesmo sentido:
RE 162892-8-RS, 2ªT-STF - Min. Maurício Corrêa
DJ 14.05.1999 - Decisão por maioria
AGRAG 164688-9-RS, 2ªT STF -Red. Min. Maurício Corrêa
DJ 30.08.1996 - Decisão unânime

Súmula nº 376 do TST
HORAS EXTRAS. LIMITAÇÃO. ART. 59 DA CLT. REFLEXOS (conversão das Orientações Jurisprudenciais nºs 89 e 117 da SBDI-1) - Res. 129/2005, DJ 20, 22 e 25.04.2005
I - A limitação legal da jornada suplementar a duas horas diárias não exime o empregador de pagar todas as horas trabalhadas. (ex-OJ nº 117 da SBDI-1 - inserida em 20.11.1997)
II - O valor das horas extras habitualmente prestadas integra o cálculo dos haveres trabalhistas, independentemente da limitação prevista no "caput" do art. 59 da CLT. (ex-OJ nº 89 da SBDI-1 - inserida em 28.04.1997)
Precedentes:
Item I
ERR 186989/1995, Ac. 4926/1997 - Min. Cnéa Moreira
DJ 14.11.1997 - Decisão unânime
RR 227142/1995, Ac. 2ªT 3489/1997 - Min. Ângelo Mário
DJ 27.06.1997 - Decisão unânime
RR 222256/1995, Ac. 3ªT 3302/1997 - Min. José Luiz Vasconcellos
DJ 13.06.1997 - Decisão unânime
RR 233533/1995, Ac. 4ªT 6984/1997 - Min. Leonaldo Silva
DJ 12.09.1997 - Decisão unânime
RR 235617/1995, Ac. 5ªT 3641/1997 - Min. Armando de Brito
DJ 15.08.1997 - Decisão unânime
RR 226171/1995, Ac. 5ªT 3015/1997 - Min. Orlando Teixeira da Costa
DJ 06.06.1997 - Decisão unânime
Item II
ERR 111774/1994, Ac. 51/1997 - Min. Milton de Moura França
DJ 18.04.1997 - Decisão unânime
ERR 147565/1994, Ac. 0349/1997 - Min. Vantuil Abdala
DJ 04.04.1997 - Decisão unânime
ERR 66044/1992, Ac. 3504/1996 - Min. Vantuil Abdala
DJ 28.02.1997 - Decisão unânime
ERR 32188/1991, Ac. 2535/1996 - Red. Min. Milton de Moura França
DJ 19.12.1996 - Decisão unânime
ERR 131294/1994, Ac. 1197/1996 - Min. José Luciano de Castilho Pereira
DJ 14.11.1996 - Decisão unânime
ERR 26745/1991, Ac. 0546/1994 - Red. Min. Cnéa Moreira
DJ 29.04.1994 - Decisão por maioria

Súmula nº 377 do TST
PREPOSTO. EXIGÊNCIA DA CONDIÇÃO DE EMPREGADO (nova redação) - Res. 146/2008, DJ 28.04.2008, 02 e 05.05.2008
Exceto quanto à reclamação de empregado doméstico, ou contra micro ou pequeno empresário, o preposto deve ser necessariamente empregado do reclamado. Inteligência do art. 843, § 1º, da CLT e do art. 54 da Lei Complementar nº 123, de 14 de dezembro de 2006.
Precedentes:
ERR 159859/1995, Ac. 3201/1997 - Min. Ronaldo Lopes Leal
DJ 22.08.1997 - Decisão unânime
ERR 127280/1994, Ac. 070/1997 - Min. Milton de Moura França
DJ 18.04.1997 - Decisão unânime
ERR 0048/1985, Ac. 1543/1989 - Min. C. A. Barata Silva

DJ 22.09.1990 - Decisão unânime
ERR 2811/1984, Ac. 0153/1990 - Min. Almir Pazzianotto Pinto
DJ 15.06.1990 - Decisão unânime
ERR 5190/1984, Ac. 2757/1989 - Min. Almir Pazzianotto Pinto
DJ 06.04.1990 - Decisão unânime
Histórico:
Redação Original (conversão da Orientação Jurisprudencial nº 99 da SBDI-1) - Res. 129/2005, DJ 20, 22 e 25.04.2005
Nº 377 Preposto. Exigência da condição de empregado.
Exceto quanto à reclamação de empregado doméstico, o preposto deve ser necessariamente empregado do reclamado. Inteligência do art. 843, § 1º, da CLT. (ex-OJ nº 99 - inserida em 30.05.1997)

Súmula nº 378 do TST

ESTABILIDADE PROVISÓRIA. ACIDENTE DO TRABALHO. ART. 118 DA LEI Nº 8.213/1991. (inserido item III) - Res. 185/2012, DEJT divulgado em 25, 26 e 27.09.2012

I - É constitucional o artigo 118 da Lei nº 8.213/1991 que assegura o direito à estabilidade provisória por período de 12 meses após a cessação do auxílio-doença ao empregado acidentado. (ex-OJ nº 105 da SBDI-1 - inserida em 01.10.1997)

II - São pressupostos para a concessão da estabilidade o afastamento superior a 15 dias e a conseqüente percepção do auxílio-doença acidentário, salvo se constatada, após a despedida, doença profissional que guarde relação de causalidade com a execução do contrato de emprego. (primeira parte - ex-OJ nº 230 da SBDI-1 - inserida em 20.06.2001)

III – III - O empregado submetido a contrato de trabalho por tempo determinado goza da garantia provisória de emprego decorrente de acidente de trabalho prevista no n no art. 118 da Lei nº 8.213/91.

Precedentes:
Item I
ERR 193141-73.1995.5.03.5555, Ac. 2364/1997 - Min. Vantuil Abdala
DJ 06.06.1997 - Decisão unânime
ERR 174536-79.1995.5.03.5555, Ac. 2087/1997 - Min. Ronaldo Lopes Leal
DJ 06.06.1997 - Decisão unânime
ERR 179990-40.1995.5.03.5555, Ac. 2097/1997 - Min. Rider de Brito
DJ 23.05.1997 - Decisão unânime
Item II
ERR 722187-50.2001.5.17.5555 - Min. João Oreste Dalazen
DJ 11.02.2005 - Decisão unânime
ERR 5500-40.2001.5.12.0006 - Min. João Oreste Dalazen
DJ 10.12.2004 - Decisão unânime
ERR 541463-39.1999.5.02.5555 - Min. João Batista de Brito Pereira
DJ 15.10.2004 - Decisão unânime
ERR 513656-78.1998.5.02.5555 - Min. José Luciano de Castilho Pereira
DJ 06.08.2004 - Decisão por maioria
ERR 721871-59.2001.5.09.5555 - Red. Min. Lelio Bentes Corrêa
DJ 09.07.2004 - Decisão por maioria
ERR 734945-51.2001.5.03.5555 - Red. Carlos Alberto Reis de Paula
DJ 17.10.2003 - Decisão por maioria
ERR 299301-61.1996.5.04.5555 - Min. João Batista Brito Pereira
DJ 10.11.2000 - Decisão unânime
ERR 313501-30.1996.5.02.5555 - Min. Milton de Moura França
DJ 17.12.1999 - Decisão unânime
RR 650692-67.2000.5.03.5555 1ªT - Min. Wagner Pimenta
DJ 24.11.2000 - Decisão por maioria
RR 324972-16.1996.5.03.5555, 2ª T - Juiz Conv. Ricardo M. Ghisi
DJ 03.09.1999 - Decisão por maioria
RR 303552-79.1996.5.02.5555, 4ªT - Min. Milton de Moura França
DJ 12.03.1999 - Decisão unânime
RR 378613-09.1997.5.02.5555, 5ªT - Min. João Batista Brito Pereira
DJ 09.02.2001 - Decisão unânime
Item III
ERR 398200-65.2008.5.09.0663 - Min. Horácio Raymundo de Senna Pires
DEJT 03.08.2012/J-24.05.2012 - Decisão por maioria
EEDRR 156900-12.2008.5.09.0242 - Min. Maria de Assis Calsing
DEJT 29.06.2012/J-21.06.2012 - Decisão unânime
ERR 236600-63.2009.5.15.0071 - Min. Aloysio Corrêa da Veiga
DEJT 20.04.2012/J-12.04.2012 - Decisão unânime
ERR 213500-04.2005.5.02.0032 - Min. Lelio Bentes Corrêa
DEJT 24.02.2012/J-27.06.2011 - Decisão por maioria
ERR 73740-05.2005.5.02.0464 - Min. Horácio Raymundo de Senna Pires
DEJT 28.10.2011/J-18.10.2011 - Decisão unânime
RR 229000-75.2006.5.12.0007, 1ªT - Min. Walmir Oliveira da Costa
DEJT 03.08.2012/J-27.06.2012 - Decisão unânime
RR 179900-78.2005.5.02.0262, 1ªT - Min. Luiz Philippe Vieira de Mello Filho
DEJT 04.11.2011/J-26.10.2011 - Decisão unânime
RR 108500-55.2004.5.04.0012, 1ªT - Min. Lelio Bentes Corrêa
DEJT 28.10.2011/J-19.10.2011 - Decisão unânime
RR 11140-56.2006.5.09.0095, 2ªT - Min. José Roberto Freire Pimenta
DEJT 13.04.2012/J-28.03.2012 - Decisão unânime
RR 59900-37.2009.5.04.0332, 2ªT - Min. Guilherme Augusto Caputo Bastos
DEJT 28.10.2011/J-11.10.2011 - Decisão unânime
RR 476991-84.1998.5.12.5555, 2ªT - Min. José Simpliciano Fontes de F. Fernandes
DJ 28.03.2003/J-26.02.2003 - Decisão unânime
RR 241300-25.2007.5.02.0068, 3ªT - Min. Mauricio Godinho Delgado
DEJT 11.05.2012/J-09.05.2012 - Decisão unânime
RR 5335-49.2010.5.12.0047, 3ªT - Min. Alberto Luiz Bresciani de Fontan Pereira
DEJT 13.04.2012/J-11.04.2012 - Decisão unânime
RR 72900-96.2004.5.09.0023, 3ªT - Min. Rosa Maria Weber Candiota da Rosa
DEJT 12.12.2008/J-12.11.2008 - Decisão por maioria
RR 99300-28.2008.5.12.0055, 4ªT - Min. Luiz Philippe Vieira de Mello Filho
DEJT 17.08.2012/J-07.08.2012 - Decisão unânime
RR 233300-31.2008.5.02.0317, 4ªT - Min. Maria de Assis Calsing
DEJT 10.08.2012/J-07.08.2012 - Decisão unânime
RR 861-45.2010.5.15.0049, 5ªT - Min. Emmanoel Pereira
DEJT 24.08.2012/J-15.08.2012 - Decisão unânime
RR 700-37.2002.5.05.0132,5ªT - Min. Kátia Magalhães Arruda
DEJT 27.08.2010/J-18.08.2010 - Decisão unânime
ARR 125900-54.2009.5.03.0103, 6ªT - Min. Aloysio Corrêa da Veiga
DEJT 24.02.2012/J-08.02.2012 - Decisão unânime
RR 87940-85.2007.5.15.0043, 6ªT - Min. Mauricio Godinho Delgado
DEJT 14.05.2010/J-05.05.2010 - Decisão unânime
RR 71000-56.2008.5.04.0030, 8ªT - Min. Carlos Alberto Reis de Paula

DEJT 16.09.2011/J-31.08.2011 - Decisão unânime
RR 156900-12.2008.5.09.0242, 8ªT - Min. Dora Maria da Costa
DEJT 24.09.2010/J-22.09.2010 - Decisão unânime
RR 398200-65.2008.5.09.0663, 8ªT -Min. Maria Cristina Irigoyen Peduzzi
DEJT 17.09.2010/J-01.09.2010 - Decisão unânime
RR 77100-84.2007.5.01.0017, 8ªT -Min. Márcio Eurico Vitral Amaro
DEJT 25.11.2011/J-23.11.2011 - Decisão unânime
Histórico:
Hist Súmula alterada - (conversão das Orientações Jurisprudenciais nºs 105 e 230 da SBDI-1) - Res. 129/2005, DJ 20, 22 e 25.04.2005
Estabilidade provisória. Acidente do trabalho. ART. 118 da Lei nº 8.213/1991. Constitucionalidade. Pressupostos

Súmula nº 379 do TST
DIRIGENTE SINDICAL. DESPEDIDA. FALTA GRAVE. INQUÉRITO JUDICIAL. NECESSIDADE (conversão da Orientação Jurisprudencial nº 114 da SBDI-1) - Res. 129/2005, DJ 20, 22 e 25.04.2005

O dirigente sindical somente poderá ser dispensado por falta grave mediante a apuração em inquérito judicial, inteligência dos arts. 494 e 543, §3º, da CLT. (ex-OJ nº 114 da SBDI-1 - inserida em 20.11.1997)

Precedentes:
AGERR 133401/1994, Ac. 2018/1996 - Min. Ermes Pedro Pedrassani
DJ 17.05.1996 - Decisão unânime
ERR 6790/1989, Ac. 2128/1992 - Min. Ermes Pedro Pedrassani
DJ 02.10.1992 - Decisão unânime
ERR 2164/1987, Ac. 2623/1989 - Red. Min. Marco Aurélio Mendes de Farias Mello
DJ 09.02.1990 - Decisão por maioria
ERR 7193/1986, Ac. 1894/1989 - Min. C. A. Barata Silva
DJ 13.10.1989 - Decisão unânime

Súmula nº 380 do TST
AVISO PRÉVIO. INÍCIO DA CONTAGEM. ART. 132 DO CÓDIGO CIVIL DE 2002 (conversão da Orientação Jurisprudencial nº 122 da SBDI-1) - Res. 129/2005, DJ 20, 22 e 25.04.2005

Aplica-se a regra prevista no "caput" do art. 132 do Código Civil de 2002 à contagem do prazo do aviso prévio, excluindo-se o dia do começo e incluindo o do vencimento. (ex-OJ nº 122 da SBDI-1 - inserida em 20.04.1998)

Precedentes:
ERR 202486/1995 - Min. Leonaldo Silva
DJ 20.02.1998 - Decisão unânime
ERR 224196/1995, Ac. 4960/1997 - Min. Ronaldo Lopes Leal
DJ 28.11.1997 - Decisão unânime
ERR 162651/1995, Ac. 1173/1997 - Min. Rider de Brito
DJ 18.04.1997 - Decisão unânime

Súmula nº 381 do TST
CORREÇÃO MONETÁRIA. SALÁRIO. ART. 459 DA CLT (conversão da Orientação Jurisprudencial nº 124 da SBDI-1) - Res. 129/2005, DJ 20, 22 e 25.04.2005

O pagamento dos salários até o 5º dia útil do mês subseqüente ao vencido não está sujeito à correção monetária. Se essa data limite for ultrapassada, incidirá o índice da correção monetária do mês subseqüente ao da prestação dos serviços, a partir do dia 1º. (ex-OJ nº 124 da SBDI-1 - inserida em 20.04.1998)

Precedentes:
ERR 746799/2001 - Min. Aloysio Corrêa da Veiga
DJ 08.04.2005 - Decisão unânime
ERR 743945/2001 - Min. Aloysio Corrêa da Veiga
DJ 08.04.2005 - Decisão unânime
ERR 747716/2001 - Min. João Batista Brito Pereira
DJ 20.08.2004 - Decisão unânime
ERR 708579/2000 - Min. José Luciano de Castilho Pereira
DJ 05.12.2003 - Decisão unânime
ERR 245482/1996 - Min. Vantuil Abdala
DJ 20.02.1998 - Decisão por maioria
RR 544627/1999, 5ªT - Min. João Batista Brito Pereira
DJ 19.11.2004 - Decisão unânime
RR 610917/1999, 5ªT - Min. João Batista Brito Pereira
DJ 28.10.2004 - Decisão unânime

Súmula nº 382 do TST
MUDANÇA DE REGIME CELETISTA PARA ESTATUTÁRIO. EXTINÇÃO DO CONTRATO. PRESCRIÇÃO BIENAL (conversão da Orientação Jurisprudencial nº 128 da SBDI-1) - Res. 129/2005, DJ 20, 22 e 25.04.2005

A transferência do regime jurídico de celetista para estatutário implica extinção do contrato de trabalho, fluindo o prazo da prescrição bienal a partir da mudança de regime. (ex-OJ nº 128 da SBDI-1 - inserida em 20.04.1998)

Precedentes:
ERR 220700/1995 - Min. Francisco Fausto Paula de Medeiros
DJ 09.10.1998 - Decisão unânime
ERR 220697/1995 - Min. Ronaldo Lopes Leal
DJ 15.05.1998 - Decisão unânime
ERR 201451/1995 - Min. Ronaldo Lopes Leal
DJ 08.05.1998 - Decisão unânime
RR 242330/1996, Ac. 1ªT 7826/1997 - Min. Ursulino Santos
DJ 10.10.1997 - Decisão unânime
RR 193981/1995, Ac. 3ªT 7399/1997 - Min. Manoel Mendes de Freitas
DJ 03.10.1997 - Decisão unânime
RR 153813/1994, Ac. 3ªT 9832/1996 - Min. Manoel Mendes de Freitas
DJ 07.03.1997 - Decisão unânime
RR 238220/1996, Ac. 4ªT 7019/1997 - Min. Milton de Moura França
DJ 05.09.1997 - Decisão unânime
RR 213514/1995, Ac. 5ªT 4968/1997 - Juiz Conv. Fernando Eizo Ono
DJ 22.08.1997 - Decisão unânime

Súmula nº 383 do TST
RECURSO. MANDATO. IRREGULARIDADE DE REPRESENTAÇÃO. CPC DE 2015, ARTS. 104 E 76, § 2º (nova redação em decorrência do CPC de 2015) - Res. 210/2016, DEJT divulgado em 30.06.2016 e 01 e 04.07.2016

I – É inadmissível recurso firmado por advogado sem procuração juntada aos autos até o momento da sua interposição, salvo mandato tácito. Em caráter excepcional (art. 104 do CPC de 2015), admite-se que o advogado, independentemente de intimação, exiba a procuração no prazo de 5 (cinco) dias após a interposição do recurso, prorrogável por igual período mediante despacho do juiz. Caso não a exiba, considera-se ineficaz o ato praticado e não se conhece do recurso.

II – Verificada a irregularidade de representação da parte em fase recursal, em procuração ou substabelecimento já constante dos autos, o relator ou o órgão competente para julgamento do recurso designará prazo de 5 (cinco) dias para que seja sanado o vício. Descumprida a determinação, o relator não conhecerá do recurso, se a providência couber ao recorrente, ou determinará o desentranhamento das contrarrazões, se a providência couber ao recorrido (art. 76, § 2º, do CPC de 2015).

Histórico:

Redação original - (conversão das Orientações Jurisprudenciais nºs 149 e 311 da SBDI-1)
- Res. 129/2005, DJ 20, 22 e 25.04.2005
Mandato. Arts. 13 e 37 do CPC. Fase recursal. Inaplicabilidade.
I - É inadmissível, em instância recursal, o oferecimento tardio de procuração, nos termos do art. 37 do CPC, ainda que mediante protesto por posterior juntada, já que a interposição de recurso não pode ser reputada ato urgente. (ex-OJ nº 311 da SBDI-1 - DJ 11.08.2003)
II - Inadmissível na fase recursal a regularização da representação processual, na forma do art. 13 do CPC, cuja aplicação se restringe ao Juízo de 1º grau. (ex-OJ nº 149 da SBDI-1 - inserida em 27.11.1998)

Súmula nº 384 do TST
MULTA CONVENCIONAL. COBRANÇA (conversão das Orientações Jurisprudenciais nºs 150 e 239 da SBDI-1) - Res. 129/2005, DJ 20, 22 e 25.04.2005
I - O descumprimento de qualquer cláusula constante de instrumentos normativos diversos não submete o empregado a ajuizar várias ações, pleiteando em cada uma o pagamento da multa referente ao descumprimento de obrigações previstas nas cláusulas respectivas. (ex-OJ nº 150 da SBDI-1 - inserida em 27.11.1998)
II - É aplicável multa prevista em instrumento normativo (sentença normativa, convenção ou acordo coletivo) em caso de descumprimento de obrigação prevista em lei, mesmo que a norma coletiva seja mera repetição de texto legal. (ex-OJ nº 239 da SBDI-1 - inserida em 20.06.2001)
Precedentes:
Item I
ERR 227951/1995 - Red. Min. Vantuil Abdala
DJ 04.12.1998 - Decisão por maioria
ERR 256349/1996 - Min. Ronaldo Lopes Leal
DJ 02.10.1998 - Decisão unânime
ERR 238547/1995 - Min. Vantuil Abdala
DJ 28.08.1998 - Decisão unânime
ERR 117865/1994 - Min. Vantuil Abdala
DJ 26.06.1998 - Decisão unânime
ERR 133898/1994, Ac. 1162/1997 - Min. Ronaldo Lopes Leal
DJ 16.05.1997 - Decisão unânime
ERR 147209/1994, Ac. 347/1997 - Min. Vantuil Abdala
DJ 21.03.1997 - Decisão unânime
Item II
ERR 347660/1997 - Min. Rider de Brito
DJ 29.09.2000 - Decisão unânime
ERR 499723/1998 - Min. Milton de Moura França
DJ 15.09.2000 - Decisão unânime
ERR 213244/1995 - Min. Francisco Fausto Paula de Medeiros
DJ 07.05.1999 - Decisão unânime
ERR 213245/1995 - Red. Min. Vantuil Abdala
DJ 26.06.1998 - Decisão por maioria
RR 324265/1996, 2ªT - Juiz Conv. Ricardo M. Ghisi
DJ 03.09.1999 - Decisão unânime
RR 443646/1998, 3ªT - Juíza Conv. Eneida M. C. de Araujo
DJ 14.05.2001 - Decisão unânime
RR 87793/1993, Ac. 4ªT 5163/1993 - Min. Leonaldo Silva
DJ 25.03.1994 - Decisão unânime

Súmula nº 385 do TST
FERIADO LOCAL OU FORENSE. AUSÊNCIA DE EXPEDIENTE. PRAZO RECURSAL. PRORROGAÇÃO. COMPROVAÇÃO. NECESSIDADE. (alterada em decorrência do CPC de 2015) - Res. 220/2017, DEJT divulgado em 21, 22 e 25.09.2017
I – Incumbe à parte o ônus de provar, quando da interposição do recurso, a existência de feriado local que autorize a prorrogação do prazo recursal (art. 1.003, § 6º, do CPC de 2015). No caso de o recorrente alegar a existência de feriado local e não o comprovar no momento da interposição do recurso, cumpre ao relator conceder o prazo de 5 (cinco) dias para que seja sanado o vício (art. 932, parágrafo único, do CPC de 2015), sob pena de não conhecimento se da comprovação depender a tempestividade recursal;
II – Na hipótese de feriado forense, incumbirá à autoridade que proferir a decisão de admissibilidade certificar o expediente nos autos;
III – Admite-se a reconsideração da análise da tempestividade do recurso, mediante prova documental superveniente, em agravo de instrumento, agravo interno, agravo regimental, ou embargos de declaração, desde que, em momento anterior, não tenha havido a concessão de prazo para a comprovação da ausência de expediente forense.
Histórico:
Súmula alterada - Res. 185/2012 – DEJT divulgado em 25, 26 e 27.09.2012
Nº 385 Feriado local. Ausência de expediente forense. Prazo recursal. Prorrogação. Comprovação. Necessidade ato administrativo do juízo "a quo" (redação alterada na sessão do Tribunal Pleno realizada em 14.09.2012)
I – Incumbe à parte o ônus de provar, quando da interposição do recurso, a existência de feriado local que autorize a prorrogação do prazo recursal.
II – Na hipótese de feriado forense, incumbirá à autoridade que proferir a decisão de admissibilidade certificar o expediente nos autos.
III – Na hipótese do inciso II, admite-se a reconsideração da análise da tempestividade do recurso, mediante prova documental superveniente, em Agravo Regimental, Agravo de Instrumento ou Embargos de Declaração.
Redação original - Res. 129/2005, DJ 20, 22 e 25.04.2005
Nº 385 Feriado local. Ausência de expediente forense. Prazo recursal. Prorrogação. Comprovação. Necessidade (conversão da Orientação Jurisprudencial nº 161 da SBDI-1)
Cabe à parte comprovar, quando da interposição do recurso, a existência de feriado local ou de dia útil em que não haja expediente forense, que justifique a prorrogação do prazo recursal. (ex-OJ nº 161 da SBDI-1 - inserida em 26.03.1999)

Súmula nº 386 do TST
POLICIAL MILITAR. RECONHECIMENTO DE VÍNCULO EMPREGATÍCIO COM EMPRESA PRIVADA (conversão da Orientação Jurisprudencial nº 167 da SBDI-1) - Res. 129/2005, DJ 20, 22 e 25.04.2005
Preenchidos os requisitos do art. 3º da CLT, é legítimo o reconhecimento de relação de emprego entre policial militar e empresa privada, independentemente do eventual cabimento de penalidade disciplinar prevista no Estatuto do Policial Militar. (ex-OJ nº 167 da SBDI-1 - inserida em 26.03.1999)
Precedentes:
EEDRR 229887/1995 - Min. Leonaldo Silva
DJ 03.04.1998 - Decisão unânime
ERR 183025/1995, Ac. 5124/1997 - Min. Milton de Moura França
DJ 14.11.1997 - Decisão unânime
ERR 156012/1995, Ac. 2526/1997 - Min. Ronaldo Lopes Leal
DJ 27.06.1997 - Decisão unânime
ERR 82932/1993, Ac. 0038/1996 - Min. Cnéa Moreira
DJ 23.08.1996 - Decisão unânime

Súmula nº 387 do TST
RECURSO. FAC-SÍMILE. LEI Nº 9.800/1999 (atualizada em decorrência do CPC de 2015) – Res. 208/2016, DEJT divulgado em 22, 25 e 26.04.2016

I - A Lei nº 9.800, de 26.05.1999, é aplicável somente a recursos interpostos após o início de sua vigência. (ex-OJ nº 194 da SBDI-1 - inserida em 08.11.2000)

II - A contagem do quinquídio para apresentação dos originais de recurso interposto por intermédio de fac-símile começa a fluir do dia subsequente ao término do prazo recursal, nos termos do art. 2º da Lei nº 9.800, de 26.05.1999, e não do dia seguinte à interposição do recurso, se esta se deu antes do termo final do prazo. (ex-OJ nº 337 da SBDI-1 - primeira parte - DJ 04.05.2004)

III - Não se tratando a juntada dos originais de ato que dependa de notificação, pois a parte, ao interpor o recurso, já tem ciência de seu ônus processual, não se aplica a regra do art. 224 do CPC de 2015 (art. 184 do CPC de 1973) quanto ao "dies a quo", podendo coincidir com sábado, domingo ou feriado. (ex-OJ nº 337 da SBDI-1 - "in fine" - DJ 04.05.2004)

IV – A autorização para utilização do fac-símile, constante do art. 1º da Lei n.º 9.800, de 26.05.1999, somente alcança as hipóteses em que o documento é dirigido diretamente ao órgão jurisdicional, não se aplicando à transmissão ocorrida entre particulares.

Precedentes:

Item I

ROMS 401776-34.1997.5.05.5555, TP - Min. Ives Gandra Martins Filho

Julgado em 11.09.2000 - Decisão unânime

Item II

ERR 543968-03.1999.5.02.5555 - Min. Lelio Bentes Corrêa
DJ 13.02.2004 - Decisão unânime

EDAEAIRR 779970-87.2001.5.03.5555 - Min. João Batista Brito Pereira
DJ 30.01.2004 - Decisão unânime

EAIRR 1224300-77.2002.5.17.0900 - Min. Carlos Alberto Reis de Paula
DJ 26.09.2003 - Decisão por maioria

EDROAR 605046-84.1999.5.06.5555 - Min. Emmanoel Pereira
DJ 12.09.2003 - Decisão unânime

EAGAIRR 747027-97.2001.5.18.5555 - Min. João Batista Brito Pereira
DJ 14.03.2003 - Decisão unânime

EDRR 485690-64.1998.5.12.5555, 1ªT - Min. Emmanoel Pereira
DJ 03.10.2003 - Decisão unânime

AGAIRR 1224300-77.2002.5.17.0900, 4ªT - Min. Ives Gandra Martins Filho
DJ 25.04.2003 - Decisão unânime

Item III

EDERR 439149-22.1998.5.03.5555 - Min. João Oreste Dalazen
DJ 12.03.2004 - Decisão por maioria

ERR 543968-03.1999.5.02.5555 - Min. Lelio Bentes Corrêa
DJ 13.02.2004 - Decisão unânime

EAIRR 1224300-77.2002.5.17.0900 - Min. Carlos Alberto Reis de Paula
DJ 26.09.2003 - Decisão por maioria

Item IV

ERR 6956300-64.2002.5.04.0900 - Min Horácio Raymundo de Senna Pires
DEJT 26.02.2010 - Decisão unânime

ERR 95800-64.2001.5.01.0035 - Min. Maria Cristina Irigoyen Peduzzi
DEJT 18.12.2009 - Decisão unânime

ERR 192700-82.2001.5.01.0044 - Min Horácio Raymundo de Senna Pires
DEJT 29.10.2009 - Decisão unânime

EEDRR 137800-95.2005.5.01.0049 - Red. Min. Vieira de Mello Filho
DEJT 23.10.2009 - Decisão por maioria

ERR 543562-84.1999.5.09.5555 - Min. Lelio Bentes Corrêa
DJ 11.11.2005 - Decisão unânime

ERR 323999-18.1996.5.01.5555 - Min. Renato Lacerda Paiva
DJ 20.08.2004 - Decisão unânime

AAIRR 231640-63.2004.5.03.0042, 1ªT - Min. Walmir Oliveira da Costa
DJ 19.09.2008 - Decisão unânime

RR 160600-26.2001.5.01.0060, 2ªT - Min. José Simpliciano Fontes de F. Fernandes
DEJT 02.10.2009 - Decisão por maioria

RR 38600-44.2006.5.01.0029, 4ªT - Min. Barros Levenhagen
DEJT 07.04.2009 - Decisão unânime

RR 66600-79.2005.5.03.0111, 7ªT - Min. Guilherme Augusto Caputo Bastos
DEJT 23.04.2010 - Decisão unânime

Histórico:

Súmula alterada - Res. 174/2011, DEJT divulgado em 27, 30 e 31.05.2011

Nº 387. Recurso. Fac-símile. Lei nº 9.800/1999 (inserido o item IV à redação)

I - A Lei nº 9.800, de 26.05.1999, é aplicável somente a recursos interpostos após o início de sua vigência. (ex-OJ nº 194 da SBDI-1 - inserida em 08.11.2000)

II - A contagem do quinquídio para apresentação dos originais de recurso interposto por intermédio de fac-símile começa a fluir do dia subsequente ao término do prazo recursal, nos termos do art. 2º da Lei nº 9.800, de 26.05.1999, e não do dia seguinte à interposição do recurso, se esta se deu antes do termo final do prazo. (ex-OJ nº 337 da SBDI-1 - primeira parte - DJ 04.05.2004)

III - Não se tratando a juntada dos originais de ato que dependa de notificação, pois a parte, ao interpor o recurso, já tem ciência de seu ônus processual, não se aplica a regra do art. 184 do CPC quanto ao "dies a quo", podendo coincidir com sábado, domingo ou feriado. (ex-OJ nº 337 da SBDI-1 - "in fine" - DJ 04.05.2004)

IV – A autorização para utilização do fac-símile, constante do art. 1º da Lei n.º 9.800, de 26.05.1999, somente alcança as hipóteses em que o documento é dirigido diretamente ao órgão jurisdicional, não se aplicando à transmissão ocorrida entre particulares.

Redação original - Res. 129/2005, DJ 20, 22 e 25.04.2005

Nº 387 Recurso. Fac-símile. Lei nº 9.800/1999 (conversão das Orientações Jurisprudenciais nºs 194 e 337 da SBDI-1)

(...)

Súmula nº 388 do TST

MASSA FALIDA. ARTS. 467 E 477 DA CLT. INAPLICABILIDADE (conversão das Orientações Jurisprudenciais nºs 201 e 314 da SBDI-1) - Res. 129/2005, DJ 20, 22 e 25.04.2005

A Massa Falida não se sujeita à penalidade do art. 467 e nem à multa do § 8º do art. 477, ambos da CLT. (ex-Ojs da SBDI-1 nºs 201 - DJ 11.08.2003 - e 314 - DJ 08.11.2000)

Precedentes:

ERR 39868/2002-900-02-00.2 - Min. João Oreste Dalazen
DJ 23.05.2003 - Decisão unânime

ERR 21507/2002-900-02-00.0 - Juiz Conv. Luiz Philippe Vieira de Mello Filho
DJ 14.03.2003 - Decisão unânime

ERR 675329/2000 - Red. Min. Rider de Brito
DJ 27.09.2002 - Decisão por maioria

ERR 715865/2000 - Min. José Luciano de Castilho Pereira
DJ 21.06.2002 - Decisão unânime

ERR 274642/1996 - Min. Vantuil Abdala
DJ 22.10.1999 - Decisão unânime

AGERR 526504/1999 - Min. Milton de Moura França
DJ 15.10.1999 - Decisão unânime
ERR 452507/1998 - Min. Milton de Moura França
DJ 18.06.1999 - Decisão unânime
ERR 459838/1998 - Min. José Luiz Vasconcellos
DJ 04.06.1999 - Decisão unânime
ERR 416192/1998 - Min. Rider de Brito
DJ 07.05.1999 - Decisão unânime
RR 40254/2002-900-02-00.3, 1ªT - Juiz Conv. Guilherme Augusto Caputo Bastos
DJ 31.10.2002 - Decisão por maioria
RR 40259/2002-900-02-00.6, 2ªT - Min. José Simpliciano Fontes de F. Fernandes
DJ 11.10.2002 - Decisão unânime
RR 654319/2000, 2ªT - Min. Vantuil Abdala
DJ 29.09.2000 - Decisão unânime
RR 754561/2001, 3ªT - Min. Maria Cristina Irigoyen Peduzzi
DJ 02.05.2003 - Decisão unânime
RR 49096/2002-900-02-00.7, 3ªT - Min. Carlos Alberto Reis de Paula
DJ 22.11.2002 - Decisão unânime
RR 630988/2000, 3ªT - Min. Carlos Alberto Reis de Paula
DJ 02.06.2000 - Decisão unânime
RR 754601/2001, 4ªT - Min. Barros Levenhagen
DJ 05.10.2001 - Decisão unânime
RR 673457/2000, 4ªT - Min. Ives Gandra Martins Filho
DJ 20.10.2000 - Decisão unânime
RR 355550/1997, Ac. 4ªT 9605/1997 - Min. Milton de Moura França
DJ 31.10.1997 - Decisão unânime
RR 676103/2000, 5ªT - Juiz Conv. João Ghisleni Filho
DJ 08.11.2002 - Decisão unânime
RR 673461/2000, 5ªT - Min. Rider de Brito
DJ 08.09.2000 - Decisão unânime

Súmula nº 389 do TST
SEGURO-DESEMPREGO. COMPETÊNCIA DA JUSTIÇA DO TRABALHO. DIREITO À INDENIZAÇÃO POR NÃO LIBERAÇÃO DE GUIAS (conversão das Orientações Jurisprudenciais nºs 210 e 211 da SBDI-1) - Res. 129/2005, DJ 20, 22 e 25.04.2005
I - Inscreve-se na competência material da Justiça do Trabalho a lide entre empregado e empregador tendo por objeto indenização pelo não-fornecimento das guias do seguro-desemprego. (ex-OJ nº 210 da SBDI-1 - inserida em 08.11.2000)
II - O não-fornecimento pelo empregador da guia necessária para o recebimento do seguro-desemprego dá origem ao direito à indenização. (ex-OJ nº 211 da SBDI-1 - inserida em 08.11.2000)
Precedentes:
Item I
ERR 205237/1995 - Min. Rider de Brito
DJ 18.09.1998 - Decisão unânime
RR 249360/1996, 1ªT - Min. Regina Rezende Ezequiel
DJ 16.10.1998 - Decisão unânime
RR 303599/1996, 2ªT - Min. José Bráulio Bassini
DJ 26.03.1999 - Decisão unânime
RR 295642/1996, 3ªT - Min. José Zito Calasãs Rodrigues
DJ 19.02.1999 - Decisão unânime
RR 221408/1995, Ac. 4ªT 7997/1997 - Min. Milton de Moura França
DJ 03.10.1997 - Decisão unânime
RR 394844/1997, 5ªT - Min. Antônio Maria Thaumaturgo Cortizo
DJ 05.06.1998 - Decisão unânime

Item II
ERR 272516/1996 - Min. João Batista Brito Pereira
DJ 10.11.2000 - Decisão unânime
ERR 273704/1996 - Min. Rider de Brito
DJ 26.03.1999 - Decisão por maioria
ERR 224718/1995, Ac. 5722/1997 - Min. Leonaldo Silva
DJ 12.12.1997 - Decisão unânime
RR 302530/1996, 1ªT - Juiz Conv. João Mathias de Souza Filho
DJ 16.04.1999 - Decisão unânime
RR 376841/1997, 2ªT - Min. José Luciano de Castilho Pereira
DJ 07.08.1998 - Decisão unânime
RR 319964/1996, 4ªT - Min. Barros Levenhagen
DJ 03.12.1999 - Decisão unânime

Súmula nº 390 do TST
ESTABILIDADE. ART. 41 DA CF/1988. CELETISTA. ADMINISTRAÇÃO DIRETA, AUTÁRQUICA OU FUNDACIONAL. APLICABILIDADE. EMPREGADO DE EMPRESA PÚBLICA E SOCIEDADE DE ECONOMIA MISTA. INAPLICÁVEL (conversão das Orientações Jurisprudenciais nºs 229 e 265 da SBDI-1 e da Orientação Jurisprudencial nº 22 da SBDI-2) - Res. 129/2005, DJ 20, 22 e 25.04.2005
I - O servidor público celetista da administração direta, autárquica ou fundacional é beneficiário da estabilidade prevista no art. 41 da CF/1988. (ex-OJs nºs 265 da SBDI-1 - inserida em 27.09.2002 - e 22 da SBDI-2 - inserida em 20.09.2000)
II - Ao empregado de empresa pública ou de sociedade de economia mista, ainda que admitido mediante aprovação em concurso público, não é garantida a estabilidade prevista no art. 41 da CF/1988. (ex-OJ nº 229 da SBDI-1 - inserida em 20.06.2001)
Precedentes:
Item I
ERR 459515/1998 - Juíza Conv. Glória Regina Ferreira Mello
DJ 02.08.2002 - Decisão unânime
ERR 412005/1997 - Min. Milton de Moura França
DJ 31.05.2002 - Decisão unânime
ERR 422996/1998 - Min. Maria Cristina Irigoyen Peduzzi
DJ 03.05.2002 - Decisão unânime
ERR 481163/1998 - Min. Carlos Alberto Reis de Paula
DJ 05.04.2002 - Decisão por maioria
ROAR 421648/1998 - Min. Ives Gandra Martins Filho
DJ 24.11.2000 - Decisão unânime
ROAR 420755/1998 - Min. João Oreste Dalazen
DJ 20.10.2000 - Decisão por maioria
ERR 330200/1996 - Min. Vantuil Abdala
DJ 06.10.2000 - Decisão unânime
ROAR 387511/1997 - Min. José Luciano de Castilho Pereira
DJ 29.09.2000 - Decisão por maioria
ERR 224870/1995 - Min. Vantuil Abdala
DJ 12.02.1999 - Decisão unânime
ERR 174844/1995 - Min. Rider de Brito
DJ 27.11.1998 - Decisão unânime
RR 572678/1999, 2ªT - Min. Renato de Lacerda Paiva
DJ 09.08.2002 - Decisão unânime
RR 425656/1998, 2ªT - Juiz Conv. José Pedro de Camargo
DJ 10.08.2001 - Decisão unânime
RR 557968/1999, 3ªT - Min. José Luiz Vasconcellos
DJ 01.09.2000 - Decisão unânime
RR 570448/1999, 4ªT - Juiz Conv. Alberto Luiz Bresciani de Fontan Pereira
DJ 26.04.2002 - Decisão unânime
RR 669215/00, 5ªT - Min. João Batista Brito Pereira
DJ 26.04.2002 - Decisão unânime

Item II
ERR 522150/1998 - Min. Milton de Moura França
DJ 20.04.2001 - Decisão unânime
ERR 329807/1996 - Min. Wagner Pimenta
DJ 22.09.2000 - Decisão unânime
ERR 279741/1996 - Min. Milton de Moura França
DJ 28.04.2000 - Decisão unânime
ERR 292039/1996 - Min. Milton de Moura França
DJ 07.04.2000 - Decisão unânime
RR 394890/1997, 2ªT - Min. José Luciano de Castilho Pereira
DJ 03.03.2000 - Decisão unânime
RR 312513/1996, 3ªT - Min. José Luiz Vasconcellos
DJ 26.05.2000 - Decisão unânime
RR 625486/2000, 4ªT - Min. Milton de Moura França
DJ 01.12.2000 - Decisão unânime

Súmula nº 391 do TST
PETROLEIROS. LEI Nº 5.811/72. TURNO ININTERRUPTO DE REVEZAMENTO. HORAS EXTRAS E ALTERAÇÃO DA JORNADA PARA HORÁRIO FIXO (conversão das Orientações Jurisprudenciais nºs 240 e 333 da SBDI-1) - Res. 129/2005, DJ 20, 22 e 25.04.2005

I - A Lei nº 5.811/1972 foi recepcionada pela CF/1988 no que se refere à duração da jornada de trabalho em regime de revezamento dos petroleiros. (ex-OJ nº 240 da SBDI-1 - inserida em 20.06.2001)

II - A previsão contida no art. 10 da Lei nº 5.811/1972, possibilitando a mudança do regime de revezamento para horário fixo, constitui alteração lícita, não violando os arts. 468 da CLT e 7º, VI, da CF/1988. (ex-OJ nº 333 da SBDI-1 - DJ 09.12.2003)

Precedentes:
Item I
ERR 359979/1997 - Red. Min. Carlos Alberto Reis de Paula
DJ 22.06.2001 - Decisão por maioria
ERR 350001/1997 - Min. Vantuil Abdala
DJ 01.12.2000 - Decisão unânime
ERR 189970/1995 - Min. José Carlos Perret Schulte
DJ 16.10.1998 - Decisão unânime
RR 160343/1995, Ac. 3ªT 6067/1995 - Min. Francisco Fausto Paula de Medeiros
DJ 15.12.1995 - Decisão unânime
RR 339460/1997, 4ªT - Min. Leonaldo Silva
DJ 22.10.1999 - Decisão unânime
RR 292068/1996, 5ªT - Min. Gelson de Azevedo
DJ 27.11.1998 - Decisão unânime
Item II
ERR 403476/1997 - Min. José Luciano de Castilho Pereira
DJ 13.09.2002 - Decisão unânime
ERR 473754/1998 - Min. Maria Cristina Irigoyen Peduzzi
DJ 31.05.2002 - Decisão unânime
ERR 443739/1998 - Min. Maria Cristina Irigoyen Peduzzi
DJ 19.04.2002 - Decisão unânime
ERR 334652/1996 - Min. Milton de Moura França
DJ 06.04.2001 - Decisão unânime
ERR 323872/1996 - Min. Carlos Alberto Reis de Paula
DJ 15.12.2000 - Decisão unânime
RR 357189/1997, 1ªT - Min. João Oreste Dalazen
DJ 16.06.2000 - Decisão unânime

Súmula nº 392 do TST
DANO MORAL E MATERIAL. RELAÇÃO DE TRABALHO. COMPETÊNCIA DA JUSTIÇA DO TRABALHO (redação alterada em sessão do Tribunal Pleno realizada em 27.10.2015) - Res. 200/2015, DEJT divulgado em 29.10.2015 e 03 e 04.11.2015

Nos termos do art. 114, inc. VI, da Constituição da República, a Justiça do Trabalho é competente para processar e julgar ações de indenização por dano moral e material, decorrentes da relação de trabalho, inclusive as oriundas de acidente de trabalho e doenças a ele equiparadas, ainda que propostas pelos dependentes ou sucessores do trabalhador falecido.

Precedentes:
EEDRR 9955100-27.2006.5.09.0015 - Min. João Batista Brito Pereira
DEJT 02.08.2013/J-20.06.2013 - Decisão unânime
ERR 74200-75.2005.5.12.0023 - Min. Delaíde Miranda Arantes
DEJT 07.01.2013/J-06.12.2012 - Decisão unânime
EEDRR 241600-54.2001.5.05.0022 - Min. Renato de Lacerda Paiva
DEJT 10.08.2012/J-02.08.2012 - Decisão unânime
ERR 169800-48.2005.5.03.0129 - Min. Rosa Maria Weber Candiota da Rosa
DEJT 01.10.2010/J-23.09.2010 - Decisão unânime
ERR 7274300-32.2003.5.03.0900 - Min. João Batista Brito Pereira
DEJT 12.03.2010/J-04.03.2010 - Decisão unânime
ERR 900-35.2006.5.18.0102 - Min. Aloysio Corrêa da Veiga
DEJT 25.09.2009/J-17.09.2009 - Decisão unânime
EEDRR 246900-58.2000.5.05.0013 - Min. Luiz Philippe Vieira de Mello Filho
DEJT 27.02.2009/J-12.02.2009 - Decisão unânime
EEDRR 104800-24.2001.5.03.0103 - Min. João Batista Brito Pereira
DEJT 06.03.2009/J-26.02.2009 - Decisão unânime
ERR 91800-35.1999.5.05.0017 - Min. Guilherme Augusto Caputo Bastos
DJ 26.09.2008/J-22.09.2008 - Decisão unânime
ERR 215900-81.1998.5.15.0029 - Min. Aloysio Corrêa da Veiga
DJ 07.03.2008/J-03.03.2008 - Decisão unânime
ERR 809749-87.2001.5.03.5555 - Min. Lelio Bentes Corrêa
DJ 23.03.2007/J-13.03.2007 - Decisão unânime
ERR 4582100-26.2002.5.03.0900 - Min. João Batista Brito Pereira
DJ 30.06.2006/J-26.06.2006 - Decisão unânime
ERR 50200-91.2003.5.12.0019 - Min. José Luciano de Castilho Pereira
DJ 31.03.2006/J-20.03.2006 - Decisão unânime
ERR 1665400-34.2002.5.03.0900 - Min. João Oreste Dalazen
DJ 22.10.2004/J-27.09.2004 - Decisão por maioria
ERR 60600-84.2000.5.12.0015 - Min. Maria Cristina Irigoyen Peduzzi
DJ 01.10.2004/J-06.09.2004 – Decisão unânime
ERR 483206-28.1998.5.03.5555 - Min. Vantuil Abdala
DJ 17.10.2003/J-29.05.2003 - Decisão por maioria
ERR 699490/2000 - Min. José Luciano de Castilho Pereira
DJ 13.06.2003 - Decisão unânime
POLICIAL MILITAR
ERR 343114/1997 - Min. Carlos Alberto Reis de Paula
DJ 24.05.2001 - Decisão por maioria

Histórico:
Nova redação - Res. 193/2013, DEJT divulgado em 13, 16 e 17.12.2013

Nº 392 Dano moral e material. Relação de trabalho. Competência da Justiça do Trabalho

Nos termos do art. 114, inc. VI, da Constituição da República, a Justiça do Trabalho é competente para processar

e julgar ações de indenização por dano moral e material, decorrentes da relação de trabalho, inclusive as oriundas de acidente de trabalho e doenças a ele equiparadas.

Redação original (conversão da Orientação Jurisprudencial nº 327 da SBDI-1)
- Res. 129/2005, DJ 20, 22 e 25.04.2005
Nº 392 Dano moral. Competência da Justiça do Trabalho
Nos termos do art. 114 da CF/1988, a Justiça do Trabalho é competente para dirimir controvérsias referentes à indenização
por dano moral, quando decorrente da relação de trabalho. (ex-OJ nº 327 da SBDI-1 - DJ 09.12.2003)

Súmula nº 393 do TST
RECURSO ORDINÁRIO. EFEITO DEVOLUTIVO EM PROFUNDIDADE. ART. 1.013, § 1º, DO CPC DE 2015. ART. 515, § 1º, DO CPC DE 1973. (nova redação em decorrência do CPC de 2015) – Res. 208/2016, DEJT divulgado em 22, 25 e 26.04.2016
I - O efeito devolutivo em profundidade do recurso ordinário, que se extrai do § 1º do art. 1.013 do CPC de 2015 (art. 515, §1º, do CPC de 1973), transfere ao Tribunal a apreciação dos fundamentos da inicial ou da defesa, não examinados pela sentença, ainda que não renovados em contrarrazões, desde que relativos ao capítulo impugnado.
II - Se o processo estiver em condições, o tribunal, ao julgar o recurso ordinário, deverá decidir desde logo o mérito da causa, nos termos do § 3º do art. 1.013 do CPC de 2015, inclusive quando constatar a omissão da sentença no exame de um dos pedidos.
Precedentes:
Item I
ERR 405994-18.1997.5.19.5555 - Min. Carlos Alberto Reis de Paula
DJ 14.12.2001 - Decisão por maioria
ERR 208313-28.1995.5.04.5555 - Min. Vantuil Abdala
DJ 21.05.1999 - Decisão unânime
ERR 181482-34.1995.5.15.5555, Ac. 5119/1997 - Red. Min. Francisco Fausto Paula de Medeiros
DJ 06.03.1998 - Decisão por maioria
ERR 130918-48.1994.5.02.5555, Ac. 3605/1996 - Min. Vantuil Abdala
DJ 04.04.1997 - Decisão unânime
ERR 155794-76.1995.5.04.5555, Ac. 1902/1997 - Min. Francisco Fausto Paula de Medeiros
DJ 30.05.1997 - Decisão unânime
RR 590029-56.1999.5.15.5555, 4ªT - Juiz Conv. José Antônio Pancotti
DJ 16.04.2004 - Decisão unânime
RR 618091-96.1999.5.01.5555, 5ªT - Min. Rider de Brito
DJ 07.02.2003 - Decisão unânime
Item II
EEDRR 199400-14.2002.5.02.0464 - Min. Horácio Raymundo de Senna Pires
DEJT 09.10.2009 - Decisão unânime
EEDRR 64840-74.2003.5.10.0013 - Min. Maria de Assis Calsing
DEJT 26.06.2009 - Decisão unânime
EEDRR 56640-78.2003.5.10.0013 - Red. Min. Luiz Philippe Vieira de Mello Filho
DJ 07.12.2007 - Decisão por maioria
EEDRR 64640-70.2003.5.10.0012 - Min. Lelio Bentes Corrêa
DJ 13.04.2007 - Decisão unânime
EEDRR 71440-83.2003.5.17.0121 - Min. Aloysio Corrêa da Veiga
DJ 30.03.2007 - Decisão unânime
EEDRR 88000-74.2002.5.03.0073 - Min. Aloysio Corrêa da Veiga
DJ 31.03.2006 - Decisão unânime
Histórico:

Súmula alterada - Res. 169/2010, DEJT divulgado em 19, 22 e 23.11.2010
Nº 393. Recurso ordinário. Efeito devolutivo em profundidade. Art. 515, § 1º, do CPC (redação alterada pelo Tribunal Pleno na sessão realizada em 16.11.2010)
O efeito devolutivo em profundidade do recurso ordinário, que se extrai do § 1º do art. 515 do CPC, transfere ao Tribunal a apreciação dos fundamentos da inicial ou da defesa, não examinados pela sentença, ainda que não renovados em contrarrazões. Não se aplica, todavia, ao caso de pedido não apreciado na sentença, salvo a hipótese contida no § 3º do art. 515 do CPC.
Redação original (conversão da Orientação Jurisprudencial nº 340 da SBDI-1) - Res. 129/2005 - DJ 20,22 e 25.04.2005
Nº 393 Recurso ordinário. Efeito devolutivo em profundidade. Art. 515, § 1º, do CPC
O efeito devolutivo em profundidade do recurso ordinário, que se extrai do § 1º do art. 515 do CPC, transfere automaticamente ao Tribunal a apreciação de fundamento da defesa não examinado pela sentença, ainda que não renovado em contra-razões. Não se aplica, todavia, ao caso de pedido não apreciado na sentença. (ex-OJ nº 340 da SBDI-1 - DJ 22.06.2004)

Súmula nº 394 do TST
FATO SUPERVENIENTE. ART. 493 DO CPC DE 2015. ART. 462 DO CPC DE 1973. (atualizada em decorrência do CPC de 2015) – Res. 208/2016, DEJT divulgado em 22, 25 e 26.04.2016
O art. 493 do CPC de 2015 (art. 462 do CPC de 1973), que admite a invocação de fato constitutivo, modificativo ou extintivo do direito, superveniente à propositura da ação, é aplicável de ofício aos processos em curso em qualquer instância trabalhista. Cumpre ao juiz ou tribunal ouvir as partes sobre o fato novo antes de decidir.
Precedentes:
ERR 133864/1994 - Min. Nelson Daiha
DJ 14.08.1998 - Decisão unânime
ERR 236041/1995 - Min. Leonaldo Silva
DJ 05.06.1998 - Decisão unânime
ERR 155706/1995, Ac. 0362/1997 - Min. Vantuil Abdala
DJ 21.03.1997 - Decisão unânime
ERR 103182/1994, Ac. 3577/1996 - Min. Vantuil Abdala
DJ 21.02.1997 - Decisão unânime
ERR 28630/1991, Ac. 1569/1996 - Min. Ronaldo Lopes Leal
DJ 08.11.1996 - Decisão unânime
ERR 5442/1990, Ac. 4921/1994 - Min. Vantuil Abdala
DJ 28.04.1995 - Decisão por maioria
Histórico:
Redação original - Res. 129/2005 - DJ 20,22 e 25.04.2005
Nº 394. Art. 462 do CPC. Fato superveniente (conversão da Orientação Jurisprudencial nº 81 da SBDI-1)
O art. 462 do CPC, que admite a invocação de fato constitutivo, modificativo ou extintivo do direito, superveniente à propositura da ação, é aplicável de ofício aos processos em curso em qualquer instância trabalhista. (ex-OJ nº 81 da SBDI-1 - inserida em 28.04.1997)

Súmula nº 395 do TST
MANDATO E SUBSTABELECIMENTO. CONDIÇÕES DE VALIDADE (nova redação dos itens I e II e acrescido o item V em decorrência do CPC de 2015) - Res. 211/2016, DEJT divulgado em 24, 25 e 26.08.2016
I - Válido é o instrumento de mandato com prazo determinado que contém cláusula estabelecendo a prevalência dos poderes para atuar até o final da demanda (§ 4º do art. 105 do CPC de 2015). (ex -OJ nº 312 da SBDI-1 - DJ 11.08.2003)
II – Se há previsão, no instrumento de mandato, de prazo para sua juntada, o mandato só tem validade se anexado ao

processo o respectivo instrumento no aludido prazo. (ex-OJ nº 313 da SBDI-1 - DJ 11.08.2003)

III - São válidos os atos praticados pelo substabelecido, ainda que não haja, no mandato, poderes expressos para substabelecer (art. 667, e parágrafos, do Código Civil de 2002). (ex-OJ nº 108 da SBDI-1 - inserida em 01.10.1997)

IV - Configura-se a irregularidade de representação se o substabelecimento é anterior à outorga passada ao substabelecente. (ex-OJ nº 330 da SBDI-1 - DJ 09.12.2003)

V – Verificada a irregularidade de representação nas hipóteses dos itens II e IV, deve o juiz suspender o processo e designar prazo razoável para que seja sanado o vício, ainda que em instânciarecursal (art. 76 do CPC de 2015).

Precedentes:
Item I
ERR 387419/1997 - Min. Carlos Alberto Reis de Paula
DJ 04.04.2003 - Decisão unânime
EAIRR 624556/2000 - Juiz Conv. Darcy Carlos Mahle
DJ 06.09.2002 - Decisão unânime
ERR 306378/1996 - Min. Nelson Daiha
DJ 20.11.1998 - Decisão unânime
POLICIAL MILITAR
ERR 220766/1995 - Min. Vantuil Abdala
DJ 20.11.1998 - Decisão unânime
ERR 310712/1996 - Min. José Carlos Perret Schulte
DJ 09.10.1998 - Decisão unânime
RR 32857/1991, Ac. 1ªT 2512/1992 - Juiz Conv. Indalécio Gomes Neto
DJ 16.10.1992 - Decisão unânime
RR 211306/1995, Ac. 3ªT 1615/1997 - Min. Antônio Fábio Ribeiro
DJ 16.05.1997 - Decisão unânime
Item II
EAIRR 534674/1999 - Min. José Luiz Vasconcellos
DJ 17.11.2000 - Decisão unânime
EAIRR 573914/1999 - Min. Vantuil Abdala
DJ 27.10.2000 - Decisão unânime
EAIRR 568413/1999 - Min. Milton de Moura França
DJ 30.06.2000 - Decisão unânime
EAIRR 529658/1999 - Min. Rider de Brito
DJ 23.06.2000 - Decisão unânime
EAIRR 401383/1997 - Min. Milton de Moura França
DJ 12.11.1999 - Decisão unânime
ERR 259945/1996 - Min. Vantuil Abdala
DJ 07.05.1999 - Decisão unânime
Item III
EAI 173207/1995, Ac. 1065/1997 - Min. Vantuil Abdala
DJ 18.04.1997 - Decisão unânime
EAI 107301/1994, Ac. 2324/1996 - Min. Vantuil Abdala
DJ 14.11.1996 - Decisão unânime
ERR 5590/1988, Ac. 2354/1996 - Min. José Luiz Vasconcellos
DJ 07.06.1996 - Decisão unânime
AGERR 12090/1990, Ac. 1420/1993 - Min. José Luiz Vasconcellos
DJ 03.09.1993 - Decisão unânime
ROAR 30663/1991, Ac. 0304/1992 - Min. Cnéa Moreira
DJ 30.04.1992 - Decisão unânime
Histórico:
Redação original (conversão das Orientações Jurisprudenciais nºs 108, 312, 313 e 330 da SBDI-1)
- Res. 129/2005, DJ 20, 22 e 25.04.2005
I - Válido é o instrumento de mandato com prazo determinado que contém cláusula estabelecendo a prevalência dos poderes para atuar até o final da demanda.

(ex-OJ nº 312 da SBDI-1 - DJ 11.08.2003)

II - Diante da existência de previsão, no mandato, fixando termo para sua juntada, o instrumento de mandato só tem validade se anexado ao processo dentro do aludido prazo. (ex-OJ nº 313 da SBDI-1 - DJ 11.08.2003)

Súmula nº 396 do TST

ESTABILIDADE PROVISÓRIA. PEDIDO DE REINTEGRAÇÃO. CONCESSÃO DO SALÁRIO RELATIVO AO PERÍODO DE ESTABILIDADE JÁ EXAURIDO. INEXISTÊNCIA DE JULGAMENTO "EXTRA PETITA" (conversão das Orientações Jurisprudenciais nºs 106 e 116 da SBDI-1) - Res. 129/2005, DJ 20, 22 e 25.04.2005

I - Exaurido o período de estabilidade, são devidos ao empregado apenas os salários do período compreendido entre a data da despedida e o final do período de estabilidade, não lhe sendo assegurada a reintegração no emprego. (ex-OJ nº 116 da SBDI-1 - inserida em 01.10.1997)

II - Não há nulidade por julgamento "extra petita" da decisão que deferir salário quando o pedido for de reintegração, dados os termos do art. 496 da CLT. (ex-OJ nº 106 da SBDI-1 - inserida em 20.11.1997)

Precedentes:
Item I
ERR 81681/1993 - Min. Carlos Alberto Reis de Paula
DJ 08.02.2002 - Decisão unânime
AGERR 162558/1995 - Min. Vantuil Abdala
DJ 20.02.1998 - Decisão unânime
ERR 84481/1993, Ac. 4729/1997 - Min. Leonaldo Silva
DJ 17.10.1997 - Decisão unânime
AR 210412/1995, Ac. 1640/1996 - Min. Vantuil Abdala
DJ 21.02.1997 - Decisão por maioria
AR 142993/1994, Ac. 4644/1995 - Min. Afonso Celso
DJ 14.11.1994 - Decisão unânime
ERR 890/1986, Ac. 1556/1989 - Min. Norberto Silveira de Souza
DJ 22.09.1989 - Decisão por maioria
Item II
ERR 126728/1994, Ac. 1022/1997 - Min. Cnéa Moreira
DJ 18.04.1997 - Decisão unânime
ERR 86689/1993, Ac. 0982/1997 - Min. Leonaldo Silva
DJ 18.04.1997 - Decisão unânime
ERR 157071/1995, Ac. 1047/1997 - Min. Vantuil Abdala
DJ 11.04.1997 - Decisão unânime

Súmula nº 397 do TST

AÇÃO RESCISÓRIA. ART. 966, IV, DO CPC DE 2015 . ART. 485, IV, DO CPC DE 1973. AÇÃO DE CUMPRIMENTO. OFENSA À COISA JULGADA EMANADA DE SENTENÇA NORMATIVA MODIFICADA EM GRAU DE RECURSO. INVIABILIDADE. CABIMENTO DE MANDADO DE SEGURANÇA. (atualizada em decorrência do CPC de 2015) – Res. 208/2016, DEJT divulgado em 22, 25 e 26.04.2016

Não procede ação rescisória calcada em ofensa à coisa julgada perpetrada por decisão proferida em ação de cumprimento, em face de a sentença normativa, na qual se louvava, ter sido modificada em grau de recurso, porque em dissídio coletivo somente se consubstancia coisa julgada formal. Assim, os meios processuais aptos a atacarem a execução da cláusula reformada são a exceção de pré-executividade e o mandado de segurança, no caso de descumprimento do art. 514 do CPC de 2015 (art. 572 do CPC de 1973). (ex-OJ nº 116 da SBDI-2 - DJ 11.08.2003)

Precedentes:
EDROAR 709715/2000 - Min. Ives Gandra Martins Filho
DJ 25.04.2003 - Decisão unânime
ROAR 531487/1999 - Min. Gelson de Azevedo
DJ 21.02.2003 - Decisão unânime
ROAR 809796/2001 - Min. Renato de Lacerda Paiva

DJ 07.02.2003 - Decisão unânime
ROAR 400369/1997 - Min. Ronaldo Lopes Leal
DJ 14.12.2001 - Decisão unânime
ROAR 632403/2000 - Min. João Oreste Dalazen
DJ 10.08.2001 - Decisão unânime
ROAR 540124/1999 - Min. Ives Gandra Martins Filho
DJ 08.06.2001 - Decisão por maioria
ROAR 478075/1998 - Min. Ives Gandra Martins Filho
DJ 27.10.2000 - Decisão unânime
ROMS 184658/1995, Ac. 116719/97 - Red. Min. Ronaldo Lopes Leal
DJ 14.11.1997 - Decisão por maioria
Histórico:
Redação original - Res. 137/2005, DJ 22, 23 e 24.08.2005
Nº 397. Ação rescisória. Art. 485, IV, do CPC. Ação de cumprimento. Ofensa à coisa julgada emanada de sentença normativa modificada em grau de recurso. Inviabilidade. Cabimento de mandado de segurança (conversão da Orientação Jurisprudencial nº 116 da SBDI-2)
Não procede ação rescisória calcada em ofensa à coisa julgada perpetrada por decisão proferida em ação de cumprimento, em face de a sentença normativa, na qual se louvava, ter sido modificada em grau de recurso, porque em dissídio coletivo somente se consubstancia coisa julgada formal. Assim, os meios processuais aptos a atacarem a execução da cláusula reformada são a exceção de pré-executividade e o mandado de segurança, no caso de descumprimento do art. 572 do CPC. (ex-OJ nº 116 da SBDI-2 - DJ 11.08.2003)

Súmula nº 398 do TST
AÇÃO RESCISÓRIA. AUSÊNCIA DE DEFESA. INAPLICÁVEIS OS EFEITOS DA REVELIA (alterada em decorrência do CPC de 2015) - Res. 219/2017, DEJT divulgado em 28, 29 e 30.06.2017 – republicada - DEJT divulgado em 12, 13 e 14.07.2017
Na ação rescisória, o que se ataca é a decisão, ato oficial do Estado, acobertado pelo manto da coisa julgada. Assim, e considerando que a coisa julgada envolve questão de ordem pública, a revelia não produz confissão na ação rescisória. (ex-OJ nº 126 da SBDI-2 - DJ 09.12.2003)
Precedentes:
RXOFROAR 59811/2002-900-11-00.0 - Min. José Simpliciano Fontes de F. Fernandes
DJ 20.06.2003 - Decisão unânime
AR 726173/2001 - Min. Ives Gandra Martins Filho
DJ 25.04.2003 - Decisão unânime
RXOFROAR 52579/2002-900-11-00.0 - Min. José Simpliciano Fontes de F. Fernandes
DJ 13.12.2002 - Decisão unânime
ROAR 11790/2002-900-02-00.1 - Min. José Simpliciano Fontes de F. Fernandes
DJ 18.10.2002 - Decisão unânime
Histórico:
Redação original (conversão da Orientação Jurisprudencial nº 126 da SBDI-2) - Res. 137/2005, DJ 22, 23 e 24.08.2005
Nº 398 (...)
Na ação rescisória, o que se ataca na ação é a sentença, ato oficial do Estado, acobertado pelo manto da coisa julgada. Assim sendo, e considerando que a coisa julgada envolve questão de ordem pública, a revelia não produz confissão na ação rescisória. (ex-OJ nº 126 da SBDI-2 - DJ 09.12.2003)

Súmula nº 399 do TST
AÇÃO RESCISÓRIA. CABIMENTO. SENTENÇA DE MÉRITO. DECISÃO HOMOLOGATÓRIA DE ADJUDICAÇÃO, DE ARREMATAÇÃO E DE CÁLCULOS (conversão das Orientações Jurisprudenciais nºs 44, 45 e 85, primeira parte, da SBDI-2) - Res. 137/2005, DJ 22, 23 e 24.08.2005

I - É incabível ação rescisória para impugnar decisão homologatória de adjudicação ou arrematação. (ex-OJs nºs 44 e 45 da SBDI-2 - inseridas em 20.09.2000)
II - A decisão homologatória de cálculos apenas comporta rescisão quando enfrentar as questões envolvidas na elaboração da conta de liquidação, quer solvendo a controvérsia das partes quer explicitando, de ofício, os motivos pelos quais acolheu os cálculos oferecidos por uma das partes ou pelo setor de cálculos, e não contestados pela outra.
(ex-OJ nº 85 da SBDI-2 - primeira parte - inserida em 13.03.2002 e alterada em 26.11.2002).
Precedentes:
Item I
ROAR 256058/1996, Ac. 4386/1997 - Min. João Oreste Dalazen
DJ 28.11.1997 - Decisão unânime
ROAR 70553/1993, Ac. 3548/1996 - Min. José Luiz Vasconcellos
DJ 09.08.1996 - Decisão por maioria
ROAR 13342/1990, Ac. 0231/1992 - Min. Hélio Regato
DJ 08.05.1992 - Decisão unânime
ROAR 905/1989, Ac. 0366/1991 - Min. Almir Pazzianotto
DJ 10.05.1991 - Decisão unânime
ROAR 320/1989, Ac. 0199/1990 - Min. C. A. Barata Silva
DJ 06.07.1990 - Decisão unânime
ROAR 789/1986, Ac. 4988/1989 - Min. Norberto Silveira de Souza
DJ 22.06.1990 - Decisão unânime
ROAR 147/1989, Ac. 3619/1989 - Min. C. A. Barata Silva
DJ 02.02.1990 - Decisão unânime
Item II
RXOFROAG 717212/2000 - Min. Gelson de Azevedo
DJ 07.02.2003 - Decisão unânime
ROAR 809806/2001 - Min. Renato de Lacerda Paiva
DJ 14.11.2002 - Decisão unânime
ROAR 740616/2001 - Min. Renato de Lacerda Paiva
DJ 27.09.2002 - Decisão unânime

Súmula nº 400 do TST
AÇÃO RESCISÓRIA DE AÇÃO RESCISÓRIA. VIOLAÇÃO MANIFESTA DE NORMA JURÍDICA. INDICAÇÃO DA MESMA NORMA JURÍDICA APONTADA NA RESCISÓRIA PRIMITIVA (MESMO DISPOSITIVO DE LEI SOB O CPC DE 1973). (nova redação em decorrência do CPC de 2015) – Res. 208/2016, DEJT divulgado em 22, 25 e 26.04.2016
Em se tratando de rescisória de rescisória, o vício apontado deve nascer na decisão rescindenda, não se admitindo a rediscussão do acerto do julgamento da rescisória anterior. Assim, não procede rescisória calcada no inciso V do art. 966 do CPC de 2015 (art. 485, V, do CPC de 1973) para discussão, por má aplicação da mesma norma jurídica, tida por violada na rescisória anterior, bem como para arguição de questões inerentes à ação rescisória primitiva. (ex-OJ nº 95 da SBDI-2 - inserida em 27.09.2002 e alterada DJ 16.04.2004)
Precedentes:
AR 82012/2003-000-00-00.5 - Min. Ives Gandra Martins Filho
DJ 19.03.2004 - Decisão unânime
AR 809837/2001 - Min. Ives Gandra Martins Filho
DJ 06.02.2004 - Decisão unânime
AR 749515/2001 - Min. Ives Gandra Martins Filho
DJ 05.12.2003 - Decisão unânime
AR 674390/2000 - Min. José Simpliciano Fontes de F. Fernandes
DJ 08.03.2002 - Decisão unânime
EDAR 546161/1999 - Min. Francisco Fausto Paula de Medeiros
DJ 14.12.2001 - Decisão unânime
AR 17448/1990, Ac. 3349/1993 - Min. José Luiz Vasconcellos

DJ 18.02.1994 - Decisão unânime

Histórico:

Redação original - Res. 137/2005, DJ 22, 23 e 24.08.2005

Nº 400. Ação rescisória de ação rescisória. Violação de lei. Indicação dos mesmos dispositivos legais apontados na rescisória primitiva (conversão da Orientação Jurisprudencial nº 95 da SBDI-2)

Em se tratando de rescisória de rescisória, o vício apontado deve nascer na decisão rescindenda, não se admitindo a rediscussão do acerto do julgamento da rescisória anterior. Assim, não se admite rescisória calcada no inciso V do art. 485 do CPC para discussão, por má aplicação dos mesmos dispositivos de lei, tidos por violados na rescisória anterior, bem como para argüição de questões inerentes à ação rescisória primitiva. (ex-OJ nº 95 da SBDI-2 - inserida em 27.09.2002 e alterada DJ 16.04.2004)

Súmulas

Súmulas do Tribunal Superior do Trabalho

Súmula nº 401 do TST

AÇÃO RESCISÓRIA. DESCONTOS LEGAIS. FASE DE EXECUÇÃO. SENTENÇA EXEQÜENDA OMISSA. INEXISTÊNCIA DE OFENSA À COISA JULGADA (conversão da Orientação Jurisprudencial nº 81 da SBDI-2) - Res. 137/2005 – DJ 22, 23 e 24.08.2005

Os descontos previdenciários e fiscais devem ser efetuados pelo juízo executório, ainda que a sentença exeqüenda tenha sido omissa sobre a questão, dado o caráter de ordem pública ostentado pela norma que os disciplina. A ofensa à coisa julgada somente poderá ser caracterizada na hipótese de o título exeqüendo, expressamente, afastar a dedução dos valores a título de imposto de renda e de contribuição previdenciária. (ex-OJ nº 81 da SBDI-2 - inserida em 13.03.2002)

Precedentes:

ROAR 763284/2001 - Min. Ives Gandra Martins Filho
DJ 15.02.2002 - Decisão unânime
ROAR 616356/1999 - Min. Ronaldo Lopes Leal
DJ 27.04.2001 - Decisão por maioria
AROAR 584645/1999 - Red. Min. Ronaldo Lopes Leal
DJ 27.04.2001 - Decisão por maioria
ROAR 458258/1998 - Min. João Oreste Dalazen
DJ 02.02.2001 - Decisão unânime
ROAR 653268/2000 - Min. Ives Gandra Martins Filho
DJ 17.11.2000 - Decisão unânime

Súmula nº 402 do TST

AÇÃO RESCISÓRIA. PROVA NOVA. DISSÍDIO COLETIVO. SENTENÇA NORMATIVA (nova redação em decorrência do CPC de 2015) - Res. 217/2017 - DEJT divulgado em 20, 24 e 25.04.2017

I – Sob a vigência do CPC de 2015 (art. 966, inciso VII), para efeito de ação rescisória, considera-se prova nova a cronologicamente velha, já existente ao tempo do trânsito em julgado da decisão rescindenda, mas ignorada pelo interessado ou de impossível utilização, à época, no processo.

II – Não é prova nova apta a viabilizar a desconstituição de julgado:

a) sentença normativa proferida ou transitada em julgado posteriormente à sentença rescindenda; b) sentença normativa preexistente à sentença rescindenda, mas não exibida no processo principal, em virtude de negligência da parte, quando podia e deveria louvar-se de documento já existente e não ignorado quando emitida a decisão rescindenda. (ex-OJ nº 20 da SBDI-2 - inserida em 20.09.2000).

Histórico:

Redação original - Res. 137/2005, DJ 22, 23 e 24.08.2005
Conversão da Orientação Jurisprudencial nº 20 da SBDI-2
Nº 402 Ação rescisória. Documento novo. Dissídio coletivo. Sentença normativa

Documento novo é o cronologicamente velho, já existente ao tempo da decisão rescindenda, mas ignorado pelo interessado ou de impossível utilização, à época, no processo. Não é documento novo apto a viabilizar a desconstituição de julgado:

a) sentença normativa proferida ou transitada em julgado posteriormente à sentença rescindenda;

b) sentença normativa preexistente à sentença rescindenda, mas não exibida no processo principal, em virtude de negligência da parte, quando podia e deveria louvar-se de documento já existente e não ignorado quando emitida a decisão rescindenda. (ex-OJ nº 20 da SBDI-2 - inserida em 20.09.2000)

Súmula nº 403 do TST

AÇÃO RESCISÓRIA. DOLO DA PARTE VENCEDORA EM DETRIMENTO DA VENCIDA. ART. 485, III, DO CPC (conversão das Orientações Jurisprudenciais nºs 111 e 125 da SBDI-2) - Res. 137/2005, DJ 22, 23 e 24.08.2005

I - Não caracteriza dolo processual, previsto no art. 485, III, do CPC, o simples fato de a parte vencedora haver silenciado a respeito de fatos contrários a ela, porque o procedimento, por si só, não constitui ardil do qual resulte cerceamento de defesa e, em conseqüência, desvie o juiz de uma sentença não-condizente com a verdade. (ex-OJ nº 125 da SBDI-2 - DJ 09.12.2003)

II - Se a decisão rescindenda é homologatória de acordo, não há parte vencedora ou vencida, razão pela qual não é possível a sua desconstituição calcada no inciso III do art. 485 do CPC (dolo da parte vencedora em detrimento da vencida), pois constitui fundamento de rescindibilidade que supõe solução jurisdicional para a lide. (ex-OJ nº 111 da SBDI-2 - DJ 29.04.2003)

Precedentes:

Item I

AR 118/2002-000-00-00.2 - Min. Barros Levenhagen
DJ 06.06.2003 - Decisão unânime
ROAR 740643/2001 - Min. José Simpliciano Fontes de F. Fernandes
DJ 06.06.2003 - Decisão unânime
RXOFROAR 584686/1999 - Min. João Oreste Dalazen
DJ 08.02.2002 - Decisão unânime
ROAR 396131/1997 - Min. Ronaldo Lopes Leal
DJ 25.08.2000 - Decisão unânime

Item II

ROAR 558658/1999 - Min. Barros Levenhagen
DJ 23.08.2002 - Decisão unânime
ROAR 560370/1999 - Juiz Conv. Guilherme Augusto Caputo Bastos
DJ 09.08.2002 - Decisão unânime
ROAR 774264/2001 - Min. José Simpliciano Fontes de F. Fernandes
DJ 02.08.2002 - Decisão unânime
RXOFAR 719535/2000 - Min. João Oreste Dalazen
DJ 14.06.2002 - Decisão unânime
RXOFAR 718367/2000 - Min. Gelson de Azevedo
DJ 26.04.2002 - Decisão unânime
ROAR 734479/2001 - Min. Ives Gandra Martins Filho
DJ 22.03.2002 - Decisão unânime

Súmula nº 404 do TST

AÇÃO RESCISÓRIA. FUNDAMENTO PARA INVALIDAR CONFISSÃO. CONFISSÃO FICTA. INADEQUAÇÃO DO ENQUADRAMENTO NO ART. 485, VIII, DO CPC DE 1973 (atualizada em decorrência do CPC de 2015) - Res. 209/2016, DEJT divulgado em 01, 02 e 03.06.2016

O art. 485, VIII, do CPC de 1973, ao tratar do fundamento para invalidar a confissão como hipótese de rescindibilidade da

decisão judicial, referia-se à confissão real, fruto de erro, dolo ou coação, e não à confissão ficta resultante de revelia.
Precedentes:
ROAR 56821/2002-900-02-00.3 - Min. Ives Gandra Martins Filho
DJ 21.03.2003 - Decisão unânime
ROAR 653290/2000 - Min. Ives Gandra Martins Filho
DJ 21.03.2003 - Decisão unânime
ROAR 717767/2000 - Min. José Luciano de Castilho Pereira
DJ 19.12.2002 - Decisão unânime
ROAR 620926/2000 - Juiz Conv. Georgenor de Souza Franco Filho
DJ 29.11.2002 - Decisão unânime
ROAR 700621/00 - Min. Ives Gandra Martins Filho
DJ 25.10.2002 - Decisão unânime
ROAR 715274/00 - Min. Ives Gandra Martins Filho
DJ 22.03.2002 - Decisão unânime
ROAR 686570/00 - Min. João Oreste Dalazen
DJ 08.02.2002 - Decisão unânime
ROAR 347430/1997 - Min. Francisco Fausto Paula de Medeiros
DJ 17.12.1999 - Decisão unânime
Histórico:
Res. 137/2005, DJ 22, 23 e 24.08.2005
Conversão da Orientação Jurisprudencial nº 108 da SBDI-2
Nº 404 Ação rescisória. Fundamento para invalidar confissão. Confissão ficta. Inadequação do enquadramento no art. 485, VIII, do CPC

Súmula nº 405 do TST
AÇÃO RESCISÓRIA. TUTELA PROVISÓRIA (nova redação em decorrência do CPC de 2015) – Res. 208/2016, DEJT divulgado em 22, 25 e 26.04.2016
Em face do que dispõem a MP 1.984-22/2000 e o art. 969 do CPC de 2015, é cabível o pedido de tutela provisória formulado na petição inicial de ação rescisória ou na fase recursal, visando a suspender a execução da decisão rescindenda.
Histórico:
Redação original - Res. 137/2005, DJ 22, 23 e 24.08.2005
Nº 405. Ação rescisória. Liminar. Antecipação de tutela (conversão das Orientações Jurisprudenciais nºs 1, 3 e 121 da SBDI-2)
I - Em face do que dispõe a MP 1.984-22/2000 e reedições e o artigo 273, § 7º, do CPC, é cabível o pedido liminar formulado na petição inicial de ação rescisória ou na fase recursal, visando a suspender a execução da decisão rescindenda.II - O pedido de antecipação de tutela, formulado nas mesmas condições, será recebido como medida acautelatória em ação rescisória, por não se admitir tutela antecipada em sede de ação rescisória. (ex-OJs nºs 1 e 3 da SBDI-2 - inseridas em 20.09.2000 - e 121 da SBDI-2 - DJ 11.08.2003)

Súmula nº 406 do TST
AÇÃO RESCISÓRIA. LITISCONSÓRCIO. NECESSÁRIO NO PÓLO PASSIVO E FACULTATIVO NO ATIVO. INEXISTENTE QUANTO AOS SUBSTITUÍDOS PELO SINDICATO (conversão das Orientações Jurisprudenciais nºs 82 e 110 da SBDI-2) - Res. 137/2005, DJ 22, 23 e 24.08.2005
I - O litisconsórcio, na ação rescisória, é necessário em relação ao pólo passivo da demanda, porque supõe uma comunidade de direitos ou de obrigações que não admite solução díspar para os litisconsortes, em face da indivisibilidade do objeto. Já em relação ao pólo ativo, o litisconsórcio é facultativo, uma vez que a aglutinação de autores se faz por conveniência e não pela necessidade decorrente da natureza do litígio, pois não se pode condicionar o exercício do direito individual de um dos litigantes no processo originário à anuência dos demais para retomar a lide. (ex-OJ nº 82 da SBDI-2 - inserida em 13.03.2002)
II - O Sindicato, substituto processual e autor da reclamação trabalhista, em cujos autos fora proferida a decisão rescindenda, possui legitimidade para figurar como réu na ação rescisória, sendo descabida a exigência de citação de todos os empregados substituídos, porquanto inexistente litisconsórcio passivo necessário. (ex-OJ nº 110 da SBDI-2 - DJ 29.04.2003)
Precedentes:
Item I
ROAR 702615/2000 - Min. Ives Gandra Martins Filho
DJ 15.03.2002 - Decisão unânime
RXOFROAR 431344/1998 - Red. Min. Barros Levenhagen
DJ 24.05.2001 - Decisão por maioria
RXOFROAR 713953/2000 - Juiz Conv. Márcio Ribeiro do Valle
DJ 04.05.2001 - Decisão por maioria
ROAR 671563/2000 - Min. Ives Gandra Martins Filho
DJ 20.04.2001 - Decisão por maioria
ROAR 271170/1996 - Min. Milton de Moura França
DJ 20.08.1999 - Decisão por maioria
Item II
ROAR 689248/2000 - Min. José Simpliciano Fontes de F. Fernandes
DJ 18.10.2002 - Decisão unânime
AR 695806/2000 - Min. Ives Gandra Martins Filho
DJ 30.08.2002 - Decisão unânime
ROAR 712030/2000 - Min. Ives Gandra Martins Filho
DJ 15.03.2002 - Decisão unânime
ROAR 609624/1999 - Min. Francisco Fausto Paula de Medeiros
DJ 30.03.2001 - Decisão unânime
ROAR 585910/1999 - Min. João Oreste Dalazen
DJ 10.11.2000 - Decisão unânime
ROAR 465743/1998 - Min. Francisco Fausto Paula de Medeiros
DJ 06.08.1999 - Decisão unânime
AR 204618/1995, Ac. 0167/1997 - Min. João Oreste Dalazen
DJ 21.03.1997 - Decisão unânime
ROAR 112016/1994, Ac. 1798/1996 - Min. José Luciano de Castilho Pereira
DJ 28.02.1997 - Decisão unânime
AR 160165/1995, Ac. 1199/1996 - Min. Vantuil Abdala
DJ 22.11.1996 - Decisão unânime
AR 102491/1994, Ac. 3629/1996 - Min. José Luiz Vasconcellos
DJ 09.08.1996 - Decisão unânime
AR 98835/1993, Ac. 3224/1995 - Min. Ney Doyle
DJ 03.11.1995 - Decisão unânime
AR 96987/1993, Ac. 3368/1995 - Min. Armando de Brito
DJ 13.10.1995 - Decisão unânime
AR 40529/1991, Ac. 2873/1992 - Min. Ermes Pedro Pedrassani
DJ 18.12.1992 - Decisão unânime

Súmula nº 407 do TST
AÇÃO RESCISÓRIA. MINISTÉRIO PÚBLICO. LEGITIMIDADE "AD CAUSAM" PREVISTA NO ART. 967, III, "A", "B" E "C" DO CPC DE 2015. ART. 487, III, "A" E "B", DO CPC DE 1973. HIPÓTESES MERAMENTE EXEMPLIFICATIVAS (nova redação em decorrência do CPC de 2015) – Res. 208/2016, DEJT divulgado em 22, 25 e 26.04.2016
A legitimidade "ad causam" do Ministério Público para propor ação rescisória, ainda que não tenha sido parte no processo que deu origem à decisão rescindenda, não está limitada às alíneas "a", "b" e "c" do inciso III do art. 967 do CPC de 2015 (art. 487, III, "a" e "b", do CPC de 1973), uma vez que traduzem hipóteses meramente exemplificativas (ex-OJ nº 83 da SBDI-2 - inserida em 13.03.2002)
Precedentes:

ROAR 687985/2000 - Min. Barros Levenhagen
DJ 19.10.2001 - Decisão unânime
ROAR 570356/1999 - Juiz Conv. Márcio Ribeiro do Valle
DJ 24.05.2001 - Decisão unânime
ROAR 616371/1999 - Min. Barros Levenhagen
DJ 20.04.2001 - Decisão unânime
ROAR 689250/2000 - Min. Barros Levenhagen
DJ 23.03.2001 - Decisão unânime
Histórico:
Redação original - Res. 137/2005, DJ 22, 23 e 24.08.2005
Nº 407. Ação rescisória. Ministério Público. Legitimidade "ad causam" prevista no art. 487, III, "A" e "B", do CPC. As hipóteses são meramente exemplificativas (conversão da Orientação Jurisprudencial nº 83da SBDI-2)
A legitimidade "ad causam" do Ministério Público para propor ação rescisória, ainda que não tenha sido parte no processo que deu origem à decisão rescindenda, não está limitada às alíneas "a" e "b" do inciso III do art. 487 do CPC, uma vez que traduzem hipóteses meramente exemplificativas. (ex-OJ nº 83 da SBDI-2 - inserida em 13.03.2002)

Súmula nº 408 do TST
AÇÃO RESCISÓRIA. PETIÇÃO INICIAL. CAUSA DE PEDIR. AUSÊNCIA DE CAPITULAÇÃO OU CAPITULAÇÃO ERRÔNEA NO ART. 966 DO CPC DE 2015. ART. 485 DO CPC DE 1973. PRINCÍPIO "IURA NOVIT CURIA" (nova redação em decorrência do CPC de 2015) – Res. 208/2016, DEJT divulgado em 22, 25 e 26.04.2016
Não padece de inépcia a petição inicial de ação rescisória apenas porque omite a subsunção do fundamento de rescindibilidade no art. 966 do CPC de 2015 (art. 485 do CPC de 1973) ou a capitula erroneamente em um de seus incisos. Contanto que não se afaste dos fatos e fundamentos invocados como causa de pedir, ao Tribunal é lícito emprestar-lhes a adequada qualificação jurídica ("iura novit curia"). No entanto, fundando-se a ação rescisória no art. 966, inciso V, do CPC de 2015 (art. 485, inciso V, do CPC de 1973), é indispensável expressa indicação, na petição inicial da ação rescisória, da norma jurídica manifestamente violada (dispositivo legal violado sob o CPC de 1973), por se tratar de causa de pedir da rescisória, não se aplicando, no caso, o princípio "iura novit curia". (ex-Ojs nºs 32 e 33 da SBDI-2 - inseridas em 20.09.2000)
Precedentes:
Primeira parte
ROAR 316368/1996 - Min. João Oreste Dalazen
DJ 14.05.1999 - Decisão unânime
ROAR 216888/1995, Ac. 4490/1997 - Min. Manoel Mendes de Freitas
DJ 28.11.1997 - Decisão unânime
ROAR 187626/1995, Ac. 555/1996 - Min. Cnéa Moreira
DJ 11.10.1996 - Decisão unânime
Segunda parte
ROAR 404968/1997 - Red. Min. Francisco Fausto Paula de Medeiros
DJ 25.08.2000 - Decisão por maioria
ED-ROAR 468135/1998 - Min. Milton de Moura França
DJ 16.06.2000 - Decisão unânime
RXOFROAR 576311/1999 - Min. Ives Gandra Martins Filho
DJ 09.06.2000 - Decisão unânime
RXOFAR 539179/1999 - Min. João Oreste Dalazen
DJ 02.06.2000 - Decisão unânime
ROAR 400376/1997 - Min. Ronaldo Lopes Leal
DJ 03.03.2000 - Decisão unânime
ROAR 295972/1996 - Min. Ronaldo Lopes Leal
DJ 04.12.1998 - Decisão unânime
ROAR 239878/1996, Ac. 3893/1997 - Min. Vantuil Abdala

DJ 03.04.1998 - Decisão unânime
Histórico:
Redação original - Res. 137/2005, DJ 22, 23 e 24.08.2005
Nº 408. Ação rescisória. Petição inicial. Causa de pedir. Ausência de capitulação ou capitulação errônea no art. 485 do CPC. Princípio "iura novit curia" (conversão das Orientações Jurisprudenciais nºs 32 e 33 da SBDI-2)
Não padece de inépcia a petição inicial de ação rescisória apenas porque omite a subsunção do fundamento de rescindibilidade no art. 485 do CPC ou o capitula erroneamente em um de seus incisos. Contanto que não se afaste dos fatos e fundamentos invocados como causa de pedir, ao Tribunal é lícito emprestar-lhes a adequada qualificação jurídica ("iura novit curia"). No entanto, fundando-se a ação rescisória no art. 485, inc. V, do CPC, é indispensável expressa indicação, na petição inicial da ação rescisória, do dispositivo legal violado, por se tratar de causa de pedir da rescisória, não se aplicando, no caso, o princípio "iura novit curia". (ex-Ojs nºs 32 e 33 da SBDI-2 - inseridas em 20.09.2000)

Súmula nº 409 do TST
AÇÃO RESCISÓRIA. PRAZO PRESCRICIONAL. TOTAL OU PARCIAL. VIOLAÇÃO DO ART. 7º, XXIX, DA CF/1988. MATÉRIA INFRACONSTITUCIONAL (conversão da Orientação Jurisprudencial nº 119 da SBDI-2) - Res. 137/2005, DJ 22, 23 e 24.08.2005
Não procede ação rescisória calcada em violação do art. 7º, XXIX, da CF/1988 quando a questão envolve discussão sobre a espécie de prazo prescricional aplicável aos créditos trabalhistas, se total ou parcial, porque a matéria tem índole infraconstitucional, construída, na Justiça do Trabalho, no plano jurisprudencial. (ex-OJ nº 119 da SBDI-2 - DJ 11.08.2003)
Precedentes:
ROAR 32637/2002-900-10-00.4 - Min. José Simpliciano Fontes de F. Fernandes
DJ 09.05.2003 - Decisão unânime
ROAR 662113/2000 - Min. José Simpliciano Fontes de F. Fernandes
DJ 04.04.2003 - Decisão unânime
ROAR 643892/2000 - Min. Renato de Lacerda Paiva
DJ 21.03.2003 - Decisão unânime
ROAR 39111/2002-900-10-00.5 - Min. Barros Levenhagen
DJ 29.11.2002 - Decisão unânime
ROAG 651174/2000 - Min. Ronaldo Lopes Leal
DJ 06.09.2001 - Decisão unânime
No mesmo sentido:
AI-AgR 569103-RS, STF - Min. Carlos Britto
DJ 10.08.2006 - Decisão unânime
AI-AgR 559476-DF, STF - Min. Carlos Britto
DJ 08.09.2006 - Decisão unânime

Súmula nº 410 do TST
AÇÃO RESCISÓRIA. REEXAME DE FATOS E PROVAS. INVIABILIDADE (conversão da Orientação Jurisprudencial nº 109 da SBDI-2) - Res. 137/2005 DJ 22, 23 e 24.08.2005
A ação rescisória calcada em violação de lei não admite reexame de fatos e provas do processo que originou a decisão rescindenda. (ex-OJ nº 109 da SBDI-2 - DJ 29.04.2003)
Precedentes:
ROAR 643882/2000 - Min. Ives Gandra Martins Filho
DJ 07.02.2003 - Decisão unânime
ROAR 699612/2000 - Juiz Conv. Luiz Philippe Vieira de Mello Filho
DJ 25.10.2002 - Decisão unânime
ROAR 607566/1999 - Min. Ives Gandra Martins Filho
DJ 27.09.2002 - Decisão unânime
ROAR 760190/2001 - Juíza Conv. Anelia Li Chum
DJ 22.02.2002 - Decisão unânime

ROAR 636610/2000 - Min. João Oreste Dalazen
DJ 08.02.2002 - Decisão unânime
ROAR 472585/1998 - Min. João Oreste Dalazen
DJ 10.08.2001 - Decisão unânime

Súmula nº 411 do TST
AÇÃO RESCISÓRIA. SENTENÇA DE MÉRITO. DECISÃO DE TRIBUNAL REGIONAL DO TRABALHO EM AGRAVO REGIMENTAL CONFIRMANDO DECISÃO MONOCRÁTICA DO RELATOR QUE, APLICANDO A SÚMULA Nº 83 DO TST, INDEFERIU A PETIÇÃO INICIAL DA AÇÃO RESCISÓRIA. CABIMENTO (conversão da Orientação Jurisprudencial nº 43 da SBDI-2) - Res. 137/2005, DJ 22, 23 e 24.08.2005

Se a decisão recorrida, em agravo regimental, aprecia a matéria na fundamentação, sob o enfoque das Súmulas nºs 83 do TST e 343 do STF, constitui sentença de mérito, ainda que haja resultado no indeferimento da petição inicial e na extinção do processo sem julgamento do mérito. Sujeita-se, assim, à reforma pelo TST, a decisão do Tribunal que, invocando controvérsia na interpretação da lei, indefere a petição inicial de ação rescisória. (ex-OJ nº 43 da SBDI-2 - inserida em 20.09.2000)
Precedentes:
ROAG 471695/1998 - Min. Ronaldo Lopes Leal
DJ 22.06.2001 - Decisão unânime
ROAG 576921/1999 - Min. Ives Gandra Martins Filho
DJ 02.03.2001 - Decisão unânime
ROAG 293320/1996 - Min. Regina Rezende Ezequiel
DJ 09.10.1998 - Decisão unânime
ROAG 176910/1995, Ac. 1414/1996 - Min. Manoel Mendes de Freitas
DJ 13.12.1996 - Decisão unânime
ROAG 180727/1995, Ac. 1317/1996 - Min. Vantuil Abdala
DJ 29.11.1996 - Decisão unânime

Súmula nº 412 do TST
AÇÃO RESCISÓRIA. REGÊNCIA PELO CPC DE 1973. SENTENÇA DE MÉRITO. QUESTÃO PROCESSUAL (nova redação em decorrência do CPC de 2015) - Res. 217/2017 - DEJT divulgado em 20, 24 e 25.04.2017

Sob a égide do CPC de 1973, pode uma questão processual ser objeto de rescisão desde que consista em pressuposto de validade de uma sentença de mérito. (ex-OJ nº 46 da SBDI-2 - inserida em 20.09.2000)
Precedentes:
ROAR 517471/1998 - Min. Ronaldo Lopes Leal
DJ 11.10.2001 - Decisão unânime
AR 240396/1996, Ac. 1332/1997 - Min. Vantuil Abdala
DJ 16.10.1997 - Decisão unânime
ROAR 74395/1993, Ac. 4456/1994 - Min. Ney Doyle
DJ 03.02.1995 - Decisão unânime
AR 1315-8, Pleno-STF - Min. Otávio Galloti
DJ 05.10.1990 - Decisão unânime
Histórico:
Redação original - Res. 137/2005, DJ 22, 23 e 24.08.2005
Conversão da Orientação Jurisprudencial nº 46 da SBDI-2
Nº 412 Ação rescisória. Sentença de mérito. Questão processual
Pode uma questão processual ser objeto de rescisão desde que consista em pressuposto de validade de uma sentença de mérito. (ex-OJ nº 46 da SBDI-2 - inserida em 20.09.2000)

Súmula nº 413 do TST
AÇÃO RESCISÓRIA. SENTENÇA DE MÉRITO. VIOLAÇÃO DO ART. 896, "A", DA CLT (nova redação em decorrência do CPC de 2015) - Res. 209/2016, DEJT divulgado em 01, 02 e 03.06.2016

É incabível ação rescisória, por violação do art. 896, "a", da CLT, contra decisão transitada em julgado sob a égide do CPC de 1973 que não conhece de recurso de revista, com base em divergência jurisprudencial, pois não se cuidava de sentença de mérito (art. 485 do CPC de 1973). (ex-OJ nº 47 da SBDI-2 - inserida em 20.09.2000)
Precedentes:
EAR 9/1988, Ac. 4811/1994 - Red. Min. Francisco Fausto Paula de Medeiros
DJ 16.12.1994 - Decisão por maioria
AR 64765/1992, Ac. 2280/1994 - Min. Vantuil Abdala
DJ 19.08.1994 - Decisão unânime
AR 24/1984, Ac. TP 2657/1986 - Min. Coqueijo Costa
DJ 19.12.1986 - Decisão por maioria
AR 18/1982, Ac. 1501/1984 - Red. Min. Marco Aurélio Mendes de Farias Mello
DJ 31.10.1984 - Decisão por maioria
Histórico:
Redação original - Res. 137/2005, DJ 22, 23 e 24.08.2005 - Conversão da Orientação Jurisprudencial nº 47 da SBDI-2
413. Ação rescisória. Sentença de mérito. Violação do art. 896, "a", da CLT.
É incabível ação rescisória, por violação do art. 896, "a", da CLT, contra decisão que não conhece de recurso de revista, com base em divergência jurisprudencial, pois não se cuida de sentença de mérito (art. 485 do CPC). (ex-OJ nº 47 da SBDI-2 - inserida em 20.09.2000)

Súmula nº 414 do TST
MANDADO DE SEGURANÇA. TUTELA PROVISÓRIA CONCEDIDA ANTES OU NA SENTENÇA (nova redação em decorrência do CPC de 2015) - Res. 217/2017 - DEJT divulgado em 20, 24 e 25.04.2017

I – A tutela provisória concedida na sentença não comporta impugnação pela via do mandado de segurança, por ser impugnável mediante recurso ordinário. É admissível a obtenção de efeito suspensivo ao recurso ordinário mediante requerimento dirigido ao tribunal, ao relator ou ao presidente ou ao vice-presidente do

tribunal recorrido, por aplicação subsidiária ao processo do trabalho do artigo 1.029, § 5º, do CPC de 2015.

II – No caso de a tutela provisória haver sido concedida ou indeferida antes da sentença, cabe mandado de segurança, em face da inexistência de recurso próprio.

III – A superveniência da sentença, nos autos originários, faz perder o objeto do mandado de segurança que impugnava a concessão ou o indeferimento da tutela provisória.
Precedentes:
Item I
ROAG 525170/1998 - Min. José Luciano de Castilho Pereira
DJ 19.05.2000 - Decisão unânime
ROMS 413606/1997 - Min. Francisco Fausto Paula de Medeiros
DJ 12.05.2000 - Decisão unânime
ROMS 456910/1998 - Min. João Oreste Dalazen
DJ 31.03.2000 - Decisão por maioria
ROMS 357739/1997 - Min. Milton de Moura França
DJ 14.05.1999 - Decisão unânime
ROMS 347262/1997 - Min. José Luciano de Castilho Pereira
DJ 05.03.1999 - Decisão unânime
Item II
RO 749-66.2014.5.05.0000 - Min. Emmanoel Pereira
DEJT 12.02.2016/J-02.02.2016 - Decisão unânime
RO 578-75.2015.5.05.0000 - Min. Alberto Luiz Bresciani de Fontan Pereira
DEJT 05.08.2016/J-02.08.2016 - Decisão unânime
RO 735-48.2015.5.05.0000 - Min. Antônio José de Barros Levenhagen
DEJT 17.06.2016/J-14.06.2016 - Decisão unânime
ROMS 581592/1999 - Min. Barros Levenhagen

DJ 26.05.2000 - Decisão unânime
ROAG 365178/1997 - Min. José Luciano de Castilho Pereira
DJ 03.03.2000 - Decisão unânime
ROMS 312172/1996 - Min. João Oreste Dalazen
DJ 18.12.1998 - Decisão por maioria
ROMS 437516/1998 - Min. Milton de Moura França
DJ 27.11.1998 - Decisão unânime
ROMS 329121/1996 - Min. José Luciano de Castilho Pereira
DJ 23.10.1998 - Decisão unânime
ROMS 298607/1996 - Min. José Luciano de Castilho Pereira
DJ 14.08.1998 - Decisão unânime
ROMS 268677/1996, Ac. 4121/1997 - Red. Min. José Luciano de Castilho Pereira
DJ 05.12.1997 - Decisão por maioria
ROMS 104973/1994, Ac. 4164/1995 - Min. José Luiz Vasconcellos
DJ 17.11.1995 - Decisão unânime
Item III
ROMS 158/2002-000-24-00.9 - Min. José Simpliciano Fontes de F. Fernandes
DJ 02.04.2004 - Decisão unânime
ROMS 140/2002-909-09-00.0 - Min. Renato de Lacerda Paiva
DJ 21.11.2003 - Decisão unânime
ROMS 727736/2001 - Min. Renato de Lacerda Paiva
DJ 21.11.2003 - Decisão unânime
ROMS 83231/2003-900-22-00.5 - Min. José Simpliciano Fontes de F. Fernandes
DJ 07.11.2003 - Decisão unânime
ROMS 699991/2000 - Min. Emmanoel Pereira
DJ 03.10.2003 - Decisão unânime
ROMS 647446/2000 - Min. José Simpliciano Fontes de F. Fernandes
DJ 01.08.2003 - Decisão unânime
ROMS 73726/2003-900-02-00.5 - Min. Gelson de Azevedo
DJ 09.05.2003 - Decisão unânime
ROMS 752908/2001 - Min. Barros Levenhagen
DJ 14.12.2001 - Decisão unânime
ROMS 421349/1998 - Min. Ronaldo Lopes Leal
DJ 05.10.2001 - Decisão unânime
ROMS 546901/1999 - Min. João Oreste Dalazen
DJ 28.09.2001 - Decisão unânime
ROMS 693853/2000 - Min. João Oreste Dalazen
DJ 14.09.2001 - Decisão unânime
ROMS 603107/1999 - Min. João Oreste Dalazen
DJ 14.09.2001 - Decisão unânime
ROMS 656716/2000 - Min. Ronaldo Lopes Leal
DJ 24.08.2001 - Decisão unânime
ROMS 641042/2000 - Min. Gelson de Azevedo
DJ 10.08.2001 - Decisão unânime
ROMS 517482/1998 - Min. Gelson de Azevedo
DJ 04.05.2001 - Decisão unânime
Histórico:
Redação original - Res. 137/2005, DJ 22, 23 e 24.08.2005 - conversão das Orientações Jurisprudencias nºs 50, 51, 58, 86 e 139 da SBDI-2

414 Mandado de Segurança. Antecipação de tutela (ou liminar) concedida antes ou na sentença

I - A antecipação da tutela concedida na sentença não comporta impugnação pela via do mandado de segurança, por ser impugnável mediante recurso ordinário. A ação cautelar é o meio próprio para se obter efeito suspensivo a recurso. (ex-OJ nº 51 da SBDI-2 - inserida em 20.09.2000)

II - No caso da tutela antecipada (ou liminar) ser concedida antes da sentença, cabe a impetração do mandado de segurança, em face da inexistência de recurso próprio. (ex-OJs nºs 50 e 58 da SBDI-2 - inseridas em 20.09.2000)

III - A superveniência da sentença, nos autos originários, faz perder o objeto do mandado de segurança que impugnava a concessão da tutela antecipada (ou liminar). (ex-Ojs da SBDI-2 nºs 86 - inserida em 13.03.2002 - e 139 - DJ 04.05.2004)

Súmula nº 415 do TST

MANDADO DE SEGURANÇA. PETIÇÃO INICIAL. ART. 321 DO CPC DE 2015. ART. 284 DO CPC DE 1973. INAPLICABILIDADE.. (atualizada em decorrência do CPC de 2015) – Res. 208/2016, DEJT divulgado em 22, 25 e 26.04.2016

Exigindo o mandado de segurança prova documental pré-constituída, inaplicável o art. 321 do CPC de 2015 (art. 284 do CPC de 1973) quando verificada, na petição inicial do "mandamus", a ausência de documento indispensável ou de sua autenticação. (ex-OJ nº 52 da SBDI-2 - inserida em 20.09.2000).

Precedentes:
ROMS 544167/1999 - Min. Ronaldo Lopes Leal
DJ 07.12.2000 - Decisão unânime
ROAG 287699/1996, Ac. 4539/1997 - Min. Lourenço Prado
DJ 15.05.1998 - Decisão unânime
ROMS 144213/1994, Ac. 1362/1997 - Min. Francisco Fausto Paula de Medeiros
DJ 28.11.1997 - Decisão unânime
ROMS 144237/1994, Ac. 1589/1996 - Min. Francisco Fausto Paula de Medeiros
DJ 07.03.1997 - Decisão unânime
Histórico:
Redação original - Res. 137/2005, DJ 22, 23 e 24.08.2005
Nº 415. Mandado de segurança. Art. 284 do CPC. Aplicabilidade (conversão da Orientação Jurisprudencial nº 52 da SBDI-2)
Exigindo o mandado de segurança prova documental pré-constituída, inaplicável se torna o art. 284 do CPC quando verificada, na petição inicial do "mandamus", a ausência de documento indispensável ou de sua autenticação. (ex-OJ nº 52 da SBDI-2 - inserida em 20.09.2000)

Súmula nº 416 do TST

MANDADO DE SEGURANÇA. EXECUÇÃO. LEI Nº 8.432/1992. ART. 897, § 1º, DA CLT. CABIMENTO (conversão da Orientação Jurisprudencial nº 55 da SBDI-2) - Res. 137/2005, DJ 22, 23 e 24.08.2005

Devendo o agravo de petição delimitar justificadamente a matéria e os valores objeto de discordância, não fere direito líquido e certo o prosseguimento da execução quanto aos tópicos e valores não especificados no agravo. (ex-OJ nº 55 da SBDI-2 - inserida em 20.09.2000)

Precedentes:
RXOFROMS 382059/1997 - Min. Milton de Moura França
DJ 13.11.1998 - Decisão unânime
ROMS 263724/1996, Ac. 3484/1997 - Min. João Oreste Dalazen
DJ 17.10.1997 - Decisão unânime
ROMS 141001/1994, Ac. 4149/1995 - Min. Indalécio Gomes Neto
DJ 17.11.1995 Decisão unânime
ROMS 110063/1994, Ac. 4212/1995 - Juiz Conv. Euclides Alcides Rocha
DJ 10.11.1995 - Decisão unânime

Súmula nº 417 do TST

MANDADO DE SEGURANÇA. PENHORA EM DINHEIRO (alterado o item I, atualizado o item II e cancelado o item III, modulando-se os efeitos da presente redação de forma a atingir unicamente as penhoras em dinheiro em execução provisória efetivadas a partir de 18.03.2016, data de vigência do CPC de 2015) - Res. 212/2016, DEJT divulgado em 20, 21 e 22.09.2016

I - Não fere direito líquido e certo do impetrante o ato judicial que determina penhora em dinheiro do executado para garantir crédito exequendo, pois é prioritária e obedece à gradação prevista no art. 835 do CPC de 2015 (art. 655 do CPC de 1973).
II - Havendo discordância do credor, em execução definitiva, não tem o executado direito líquido e certo a que os valores penhorados em dinheiro fiquem depositados no próprio banco, ainda que atenda aos requisitos do art. 840, I, do CPC de 2015 (art. 666, I, do CPC de 1973). (ex-OJ nº 61 da SBDI-2 - inserida em 20.09.2000).
Precedentes:
Item I (precedentes relativos à penhora em dinheiro em execução definitiva)
ROMS 353/2003-909-09-00.2 - Min. José Simpliciano Fontes de F. Fernandes
DJ 11.02.2005 - Decisão unânime
ROMS 100/2002-000-03-00.0 - Min. Renato de Lacerda Paiva
DJ 26.11.2004 - Decisão unânime
ROMS 410065/1997 - Min. Francisco Fausto Paula de Medeiros
DJ 07.12.2000 - Decisão unânime
ROAG 574988/1999 - Min. Barros Levenhagen
DJ 27.10.2000 - Decisão unânime
ROAG 574989/1999 - Min. João Oreste Dalazen
DJ 09.06.2000 - Decisão unânime
ROMS 478158/1998 - Min. Ives Gandra Martins Filho
DJ 09.06.2000 - Decisão unânime
ROMS 471779/1998 - Min. João Oreste Dalazen
DJ 14.04.2000 - Decisão unânime
ROMS 317032/1996 - Min. José Luciano de Castilho Pereira
DJ 14.08.1998 - Decisão unânime
Item II
ROMS 472517/1998 - Min. João Oreste Dalazen
DJ 26.05.2000 - Decisão unânime
RXOFROMS 348209/1997 - Red. Min. Ronaldo Lopes Leal
DJ 03.09.1999 - Decisão por maioria
ROMS 359852/1997 - Min. Milton de Moura França
DJ 13.08.1999 - Decisão unânime
ROMS 329139/1996 - Min. João Oreste Dalazen
DJ 28.05.1999 - Decisão unânime
Histórico:
Redação original – (conversão das Orientações Jurisprudenciais nºs 60, 61 e 62 da SBDI-II) - Res. 137/2005, DJ 22, 23 e 24.08.2005) Res. 137/2005, DJ 22, 23 e 24.08.2005
Nº 417. Mandado de segurança. Penhora em dinheiro
I - Não fere direito líquido e certo do impetrante o ato judicial que determina penhora em dinheiro do executado, em execução definitiva, para garantir crédito exeqüendo, uma vez que obedece à gradação prevista no art. 655 do CPC. (ex-OJ nº 60 da SBDI-II - inserida em 20.09.2000)
II - Havendo discordância do credor, em execução definitiva, não tem o executado direito líquido e certo a que os valores penhorados em dinheiro fiquem depositados no próprio banco, ainda que atenda aos requisitos do art. 666, I, do CPC. (ex-OJ nº 61 da SBDI-II - inserida em 20.09.2000)
III - Em se tratando de execução provisória, fere direito líquido e certo do impetrante a determinação de penhora em dinheiro, quando nomeados outros bens à penhora, pois o executado tem direito a que a execução se processe da forma que lhe seja menos gravosa, nos termos do art. 620 do CPC. (ex-OJ nº 62 da SBDI-II - inserida em 20.09.2000).

Súmula nº 418 do TST
MANDADO DE SEGURANÇA VISANDO À HOMOLOGAÇÃO DE ACORDO (nova redação em decorrência do CPC de 2015) - Res. 217/2017 - DEJT divulgado em 20, 24 e 25.04.2017

A homologação de acordo constitui faculdade do juiz, inexistindo direito líquido e certo tutelável pela via do mandado de segurança.
Precedentes:
ROMS 396/2001-000-17-00.1 - Min. Ives Gandra Martins Filho
DJ 20.06.2003 - Decisão unânime
ROMS 533427/1999 - Min. José Simpliciano Fontes de F. Fernandes
DJ 16.05.2003 - Decisão unânime
ROMS 186/2001-000-17-00.3 - Min. Emmanoel Pereira
DJ 25.04.2003 - Decisão unânime
ROMS 645012/2000 - Min. Francisco Fausto Paula de Medeiros
DJ 09.02.2001 - Decisão unânime
ROMS 97004/1993, Ac. 3558/1996 - Min. José Luiz Vasconcellos
DJ 09.08.1996 - Decisão unânime
Histórico:
Redação original - Res. 137/2005, DJ 22, 23 e 24.08.2005 - conversão das Orientações Jurisprudencias nºs 120 e 141 da SBDI-2
418 Mandado de Segurança visando à concessão de liminar ou homologação de acordo
A concessão de liminar ou a homologação de acordo constituem faculdade do juiz, inexistindo direito líquido e certo tutelável pela via do mandado de segurança. (ex-Ojs da SBDI-2 nºs 120 - DJ 11.08.2003 - e 141 - DJ 04.05.2004)

Súmula nº 419 do TST
COMPETÊNCIA. EMBARGOS DE TERCEIRO. EXECUÇÃO POR CARTA PRECATÓRIA. JUÍZO DEPRECADO. (alterada em decorrência do CPC de 2015) - Res. 212/2016, DEJT divulgado em 20, 21 e 22.09.2016

Na execução por carta precatória, os embargos de terceiro serão oferecidos no juízo deprecado, salvo se indicado pelo juízo deprecante o bem constrito ou se já devolvida a carta (art. 676, parágrafo único, do CPC de 2015).
Histórico:
Redação original (conversão da Orientação Jurisprudencial nº 114 da SBDI-II) - Res. 137/2005, DJ 22, 23 e 24.08.2005
Nº 419. Competência. Execução por carta. Embargos de terceiro. Juízo deprecante
Na execução por carta precatória, os embargos de terceiro serão oferecidos no juízo deprecante ou no juízo deprecado, mas a competência para julgá-los é do juízo deprecante, salvo se versarem, unicamente, sobre vícios ou irregularidades da penhora, avaliação ou alienação dos bens, praticados pelo juízo deprecado, em que a competência será deste último. (ex-OJ nº 114 da SBDI-II - DJ 11.08.2003) .

Súmula nº 420 do TST
COMPETÊNCIA FUNCIONAL. CONFLITO NEGATIVO. TRT E VARA DO TRABALHO DE IDÊNTICA REGIÃO. NÃO CONFIGURAÇÃO (conversão da Orientação Jurisprudencial nº 115 da SBDI-2) - Res. 137/2005, DJ 22, 23 e 24.08.2005

Não se configura conflito de competência entre Tribunal Regional do Trabalho e Vara do Trabalho a ele vinculada. (ex-OJ nº 115 da SBDI-2 - DJ 11.08.2003)
Precedentes:
CC 632267/2000 - Juiz Conv. Aloysio Corrêa da Veiga
DJ 13.12.2002 - Decisão unânime
CC 774376/2001 - Min. João Oreste Dalazen
DJ 21.09.2001 - Decisão unânime
CC 269319/1996, Ac. 3300/1996 - Min. Vantuil Abdala
DJ 21.06.1996 - Decisão unânime

Súmula nº 421 do TST
EMBARGOS DE DECLARAÇÃO. CABIMENTO. DECISÃO MONOCRÁTICA DO RELATOR CALCADA NO ART. 932 DO CPC DE 2015. ART. 557 DO CPC DE 1973. (atualizada em decorrência

do CPC de 2015) – Res. 208/2016, DEJT divulgado em 22, 25 e 26.04.2016

I – Cabem embargos de declaração da decisão monocrática do relator prevista no art. 932 do CPC de 2015 (art. 557 do CPC de 1973), se a parte pretende tão somente juízo integrativo retificador da decisão e, não, modificação do julgado.

II – Se a parte postular a revisão no mérito da decisão monocrática, cumpre ao relator converter os embargos de declaração em agravo, em face dos princípios da fungibilidade e celeridade processual, submetendo-o ao pronunciamento do Colegiado, após a intimação do recorrente para, no prazo de 5 (cinco) dias, complementar as razões recursais, de modo a ajustá-las às exigências do art. 1.021, § 1º, do CPC de 2015.

Histórico:
Redação original - Res. 137/2005, DJ 22, 23 e 24.08.2005

Nº 421. Embargos declaratórios contra decisão monocrática do relator calcada no art. 557 do CPC. Cabimento (conversão da Orientação Jurisprudencial nº 74 da SBDI-2)

I - Tendo a decisão monocrática de provimento ou denegação de recurso, prevista no art. 557 do CPC, conteúdo decisório definitivo e conclusivo da lide, comporta ser esclarecida pela via dos embargos de declaração, em decisão aclaratória, também monocrática, quando se pretende tão-somente suprir omissão e não, modificação do julgado.

II - Postulando o embargante efeito modificativo, os embargos declaratórios deverão ser submetidos ao pronunciamento do Colegiado, convertidos em agravo, em face dos princípios da fungibilidade e celeridade processual. (ex-OJ nº 74 da SBDI-2 - inserida em 08.11.2000)

Súmula nº 422 do TST

RECURSO. FUNDAMENTO AUSENTE OU DEFICIENTE. NÃO CONHECIMENTO (redação alterada, com inserção dos itens I, II e III) - Res. 199/2015, DEJT divulgado em 24, 25 e 26.06.2015. Com errata publicado no DEJT divulgado em 01.07.2015

I – Não se conhece de recurso para o Tribunal Superior do Trabalho se as razões do recorrente não impugnam os fundamentos da decisão recorrida, nos termos em que proferida.

II – O entendimento referido no item anterior não se aplica em relação à motivação secundária e impertinente, consubstanciada em despacho de admissibilidade de recurso ou em decisão monocrática.

III – Inaplicável a exigência do item I relativamente ao recurso ordinário da competência de Tribunal Regional do Trabalho, exceto em caso de recurso cuja motivação é inteiramente dissociada dos fundamentos da sentença.

Item I
AgREEDAIRR 371-41.2010.5.03.0054 - Min. Márcio Eurico Vitral Amaro
DEJT 24.04.2015/J-16.04.2015 - Decisão unânime
EEDAIRR 34240-96.2001.5.01.0011 - Min. Hugo Carlos Scheuermann
DEJT 19.12.2014/J-11.12.2014 - Decisão unânime
EAgRAIRR 254840-60.2006.5.02.0203 - Min. Augusto César Leite de Carvalho
DEJT 04.02.2011/J-16.12.2010 - Decisão unânime
ROMS 804589-11.2001.5.02.5555 - Min. Ives Gandra Martins Filho
DJ 10.05.2002 - Decisão unânime
ROAR 805611-66.2001.5.07.5555 - Min. Ronaldo Lopes Leal
DJ 19.04.2002 - Decisão unânime
ROAR 809798-85.2001.5.01.5555 - Min. Ronaldo Lopes Leal
DJ 19.04.2002 - Decisão unânime
ROAC 774404-81.2001.5.13.5555 - Min. Ives Gandra Martins Filho
DJ 15.03.2002 - Decisão unânime
RXOFROAG 730030-93.2001.5.16.5555 - Min. Maria Cristina Irigoyen Peduzzi
DJ 19.10.2001 - Decisão unânime
RXOFROAR 711423-56.2000.5.02.5555 - Min. Barros Levenhagen
DJ 31.08.2001 - Decisão unânime
ROAR 636614-95.2000.5.02.5555 - Min. Ives Gandra Martins Filho
DJ 10.08.2001 - Decisão unânime

Item II
EEDRR 389300-56.2006.5.09.0892 - Min. Márcio Eurico Vitral Amaro
DEJT 07.11.2014/J-30.10.2014 - Decisão unânime
EAgAIRR 139400-79.2009.5.15.0128 - Min. Renato de Lacerda Paiva
DEJT 15.08.2014/J-07.08.2014 - Decisão unânime
EAIRR 418-60.2010.5.06.0012 - Min. Luiz Philippe Vieira de Mello Filho
DEJT 29.06.2012/J-21.06.2012 - Decisão unânime
EEDAIRR 7800940-84.2005.5.09.0089 - Min. Horácio de Senna Pires
DEJT 09.12.2011/J-22.09.2011 - Decisão por maioria (SBDI-I em composição plena)
ERR 75500-74.2004.5.09.0093 - Min. Guilherme Augusto Caputo Bastos
DEJT 28.10.2011/J-17.10.2011 - Decisão por maioria

Item III
RR 37700-25.2013.5.17.0141, 1ªT - Min. Walmir Oliveira da Costa
DEJT 20.03.2015/J-18.03.2015 - Decisão unânime
RR 1121-95.2010.5.10.0006, 1ªT - Min. Hugo Carlos Scheuermann
DEJT 20.02.2015/J-04.02.2015 - Decisão unânime
RR 471-25.2010.5.15.0098, 1ªT - Min. Lelio Bentes Corrêa
DEJT 26.03.2013/J-13.03.2013 - Decisão unânime
RR 204200-64.2009.5.04.0018, 3ªT - Min. Alexandre de Souza Agra Belmonte
DEJT 17.04.2015/J-08.04.2015 - Decisão unânime
RR 151500-80.2009.5.02.0014, 3ªT - Min. Alberto Luiz Bresciani de Fontan Pereira
DEJT 06.02.2015/J-04.02.2015 - Decisão unânime
RR 193300-35.2007.5.15.0099, 3ªT - Min. Mauricio Godinho Delgado
DEJT 16.08.2013/J-13.08.2013 - Decisão unânime
RR 2843-06.2013.5.23.0037, 4ªT - Min. Maria de Assis Calsing
DEJT 10.04.2015/J-08.04.2015 - Decisão unânime
RR 924-71.2012.5.06.0010, 4ªT - Min. João Oreste Dalazen
DEJT 20.03.2015/J-11.03.2015 - Decisão unânime
RR 383-40.2012.5.15.0090, 5ªT - Min. Emmanoel Pereira
DEJT 24.10.2014/J-15.10.2014 - Decisão unânime
RR 23500-15.2013.5.17.0011, 5ªT - Min. Guilherme Augusto Caputo Bastos
DEJT 26.09.2014/J-17.09.2014 - Decisão unânime
RR 414-32.2010.5.15.0122, 5ªT - Min. João Batista de Brito Pereira
DEJT 22.11.2013/J-06.11.2013 - Decisão unânime
RR 2254-84.2013.5.23.0046, 6ªT - Min. Augusto César Leite de Carvalho
DEJT 20.03.2015/J-18.03.2015 - Decisão unânime
RR 2450-77.2013.5.10.0802, 6ªT - Min. Katia Magalhães Arruda
DEJT 13.03.2015/J-25.02.2015 - Decisão unânime
RR 79400-43.2009.5.17.0004, 6ªT - Min. Aloysio Corrêa da Veiga
DEJT 22.11.2013/J-20.11.2013 - Decisão unânime
RR 19595-03.2010.5.04.0000, 7ªT - Min. Delaíde Miranda Arantes
DEJT 09.05.2015/J-29.04.2014 - Decisão unânime

RR 1941-53.2011.5.15.0067, 7ªT - Min. Claudio Mascarenhas Brandão
DEJT 20.03.2015/J-11.03.2015 - Decisão unânime
RR 103400-76.2012.5.21.0009, 7ªT - Min. Luiz Philippe Vieira de Mello Filho
DEJT 03.10.2014/J-01.10.2014 - Decisão unânime
RR 617-33.2013.5.23.0003, 8ªT - Min. Márcio Eurico Vitral Amaro
DEJT 10.04.2015/J-08.04.2015 - Decisão unânime
Histórico:
Redação original (conversão da Orientação Jurisprudencial nº 90 da SBDI-2) - Res. 137/2005, DJ 22, 23 e 24.08.2005
Nº 422 Recurso. Apelo que não ataca os fundamentos da decisão recorrida. Não conhecimento. Art. 514, II, do CPC.
Não se conhece de recurso para o TST, pela ausência do requisito de admissibilidade inscrito no art. 514, II, do CPC, quando as razões do recorrente não impugnam os fundamentos da decisão recorrida, nos termos em que fora proposta. (ex-OJ nº 90 da SBDI-2 - inserida em 27.05.2002)

Súmula nº 423 do TST
TURNO ININTERRUPTO DE REVEZAMENTO. FIXAÇÃO DE JORNADA DE TRABALHO MEDIANTE NEGOCIAÇÃO COLETIVA. VALIDADE. (conversão da Orientação Jurisprudencial nº 169 da SBDI-1) Res. 139/2006 – DJ 10, 11 e 13.10.2006)
Estabelecida jornada superior a seis horas e limitada a oito horas por meio de regular negociação coletiva, os empregados submetidos a turnos ininterruptos de revezamento não têm direito ao pagamento da 7ª e 8ª horas como extras.
Precedentes:
ERR 319992/1996 - Min. Carlos Alberto Reis de Paula
DJ 01.09.2000 - Decisão unânime
ROAR 327539/1996 - Min. Francisco Fausto Paula de Medeiros
DJ 24.09.1999 - Decisão unânime
ERR 249913/1996 - Min. José Luiz Vasconcellos
DJ 05.03.1999 - Decisão unânime
ERR 202706/1995 - Min. Rider de Brito
DJ 11.12.1998 - Decisão unânime
ERR 202763/1995 - Min. Ermes Pedro Pedrassani
DJ 30.10.1998 - Decisão unânime
RR 165060/1995, Ac.2ªT 7211/1997 - Red. Min. José Luciano de Castilho Pereira
DJ 26.09.1997 - Decisão por maioria

Súmula nº 424 do TST
RECURSO ADMINISTRATIVO. PRESSUPOSTO DE ADMISSIBILIDADE. DEPÓSITO PRÉVIO DA MULTA ADMINISTRATIVA. NÃO RECEPÇÃO PELA CONSTITUIÇÃO FEDERAL DO § 1º DO ART. 636 DA CLT. Res. 160/2009, DEJT divulgado em 23, 24 e 25.11.2009
O § 1º do art. 636 da CLT, que estabelece a exigência de prova do depósito prévio do valor da multa cominada em razão de autuação administrativa como pressuposto de admissibilidade de recurso administrativo, não foi recepcionado pela Constituição Federal de 1988, ante a sua incompatibilidade com o inciso LV do art. 5º.
Precedente:
IIN-RR 985/2006-005-24-00.8 - Min. Horácio Raymundo de Senna Pires
Julgado em 21.09.2009 - Decisão por maioria

Súmula nº 425 do TST
JUS POSTULANDI NA JUSTIÇA DO TRABALHO. ALCANCE. Res. 165/2010, DEJT divulgado em 30.04.2010 e 03 e 04.05.2010
O jus postulandi das partes, estabelecido no art. 791 da CLT, limita-se às Varas do Trabalho e aos Tribunais Regionais do Trabalho, não alcançando a ação rescisória, a ação cautelar, o mandado de segurança e os recursos de competência do Tribunal Superior do Trabalho.
Precedentes:
EAIRR e RR 8558100-81.2003.5.02.0900 - Red. Min. João Oreste Dalazen
DEJT 01.04.2011 - Decisão por maioria
ROAG 98900-98.2008.5.15.0000 - Min. José Simpliciano Fontes de F. Fernandes
DJ 13.03.2009 - Decisão unânime
ROAG 114400-77.2007.5.03.0000 - Min. Ives Gandra da Silva Martins Filho
DJ 12.12.2008 - Decisão unânime
AR 1853596-77.2007.5.00.0000 - Min. Alberto Luiz Bresciani de Fontan Pereira
DJ 05.12.2008 - Decisão unânime
RXOFMS 8196400-90.2003.5.16.0900 - Min. José Simpliciano Fontes de F. Fernandes
DJ 01.08.2003 - Decisão unânime
ROAR 295979-22.1996.5.08.5555 - Min. João Oreste Dalazen
DJ 14.05.1999 - Decisão unânime

Súmula nº 426 do TST
DEPÓSITO RECURSAL. UTILIZAÇÃO DA GUIA GFIP. OBRIGATORIEDADE (editada em decorrência do julgamento do processo TST-IUJEEDRR 91700-09.2006.5.18.0006) - Res. 174/2011, DEJT divulgado em 27, 30 e 31.05.2011
Nos dissídios individuais o depósito recursal será efetivado mediante a utilização da Guia de Recolhimento do FGTS e Informações à Previdência Social – GFIP, nos termos dos §§ 4º e 5º do art. 899 da CLT, admitido o depósito judicial, realizado na sede do juízo e à disposição deste, na hipótese de relação de trabalho não submetida ao regime do FGTS.
Precedentes :
IUJEEDRR 91700-09.2006.5.18.0006 - Min. Lelio Bentes Corrêa
Julgado em 24.05.2011 - Decisão por maioria
RR 88000-35.2009.5.06.0012, 1ªT - Min. Vieira de Mello Filho
DEJT 19.04.2011 - Decisão unânime
RR 31600-71.2009.5.06.0021, 1ªT - Min. Vieira de Mello Filho
DEJT 25.03.2011 - Decisão unânime
AIRR 148740-97.2007.5.18.0010, 2ªT - Juiz Conv. Roberto Freitas Pessoa
DEJT 30.04.2010 - Decisão unânime
RR 51300-17.2006.5.05.0134, 2ªT - Min. Renato de Lacerda Paiva
DEJT 16.04.2010 - Decisão por maioria
AIRR 152840-79.2003.5.09.0659, 2ªT - Min. Renato de Lacerda Paiva
DJ 16.05.2008 - Decisão unânime
RR 54800-49.2009.5.03.0132, 4ªT - Min. Fernando Eizo Ono
DEJT 04.02.2011 - Decisão unânime
AIRR 205200-61.2003.5.07.0007, 4ªT - Min. Maria de Assis Calsing
DEJT 16.09.2010 - Decisão unânime
RR 135800-42.2007.5.15.0121, 6ªT - Red. Min. Mauricio Godinho Delgado
DEJT 29.10.2009 - Decisão por maioria
RR 70000-50.2007.5.17.0141, 6ªT - Red. Min. Mauricio Godinho Delgado
DEJT 09.10.2009 - Decisão por maioria
AIRR 2913700-69.2002.5.05.0900, 7ªT - Min. Pedro Paulo Manus
DEJT 20.03.2009 - Decisão por maioria

Súmula nº 427 do TST
INTIMAÇÃO. PLURALIDADE DE ADVOGADOS. PUBLICAÇÃO EM NOME DE ADVOGADO DIVERSO DAQUELE EXPRESSAMENTE

INDICADO. NULIDADE (editada em decorrência do julgamento do processo TST-IUJERR 5400-31.2004.5.09.0017) - Res. 174/2011, DEJT divulgado em 27, 30 e 31.05.2011

Havendo pedido expresso de que as intimações e publicações sejam realizadas exclusivamente em nome de determinado advogado, a comunicação em nome de outro profissional constituído nos autos é nula, salvo se constatada a inexistência de prejuízo.

Precedentes :

IUJERR 5400-31.2004.5.09.0017 - Min. Horácio Raymundo de Senna Pires
Julgado em 24.05.2011 - Decisão por maioria
ROMS 391700-25.2006.5.01.0000 - Min. Lelio Bentes Corrêa
DEJT 23.04.2010 - Decisão unânime
AGPET 2052406-27.2009.5.00.0000 - Min. Milton de Moura França
DEJT 12.03.2010 - Decisão unânime
AGPET 2072006-34.2009.5.00.0000 - Min. Milton de Moura França
DEJT 06.11.2009 - Decisão unânime
ERR 532022-12.1999.5.10.5555 - Min. João Batista Brito Pereira
DJ 10.11.2000 - Decisão unânime
RR 67400-62.2004.5.01.0026, 5ªT - Min. Emmanoel Pereira
DEJT 11.06.2010 - Decisão unânime

Súmula nº 428 do TST

SOBREAVISO APLICAÇÃO ANALÓGICA DO ART. 244, § 2º DA CLT (redação alterada na sessão do Tribunal Pleno realizada em 14.09.2012) - Res. 185/2012, DEJT divulgado em 25, 26 e 27.09.2012

I - O uso de instrumentos telemáticos ou informatizados fornecidos pela empresa ao empregado, por si só, não caracteriza o regime de sobreaviso.

II - Considera-se em sobreaviso o empregado que, à distância e submetido a controle patronal por instrumentos telemáticos ou informatizados, permanecer em regime de plantão ou equivalente, aguardando a qualquer momento o chamado para o serviço durante o período de descanso.

Precedentes:

Item I
ERR 130300-69.2001.5.09.0089 - Min. Maria Cristina Irigoyen Peduzzi
DEJT 11.12.2009/J-03.12.2009 - Decisão unânime
ERR 717377-56.2000.5.03.5555 - Min. Maria Cristina Irigoyen Peduzzi
DEJT 23.10.2009/J-15.10.2009 - Decisão unânime
ERR 86700-70.2003.5.03.0064 - Min. Vantuil Abdala
DJ 05.09.2008/J-25.08.2008 - Decisão unânime
ERR 421874-92.1998.5.09.5555- Min. João Batista Brito Pereira
DJ 15.12.2000/J-16.10.2000 - Decisão unânime
ERR 106196-47.1994.5.02.5555, Ac. 144/1996 - Min. Manoel Mendes
DJ 23.08.1996/J-06.08.1996 - Decisão por maioria
ERR 51326-23.1992.5.02.5555, Ac. 2239/1996 - Min. Francisco Fausto
DJ 21.06.1996/J-29.04.1996 - Decisão por maioria
ERR 598-80.1989.5.02.5555, Ac. 2575/1994 - Min. Guimarães Falcão
DJ 16.09.1994/J-02.08.1994 - Decisão por maioria
ERR 3583-85.1990.5.02.5555, Ac. 168/1994 - Min. Ney Doyle
DJ 15.04.1994/J-28.02.1994 - Decisão por maioria
RR 109400-69.2003.5.16.0002, 1ª T - Min. Walmir Oliveira da Costa
DEJT 12.06.2009/J-03.06.2009 - Decisão unânime
RR 124500-10.2002.5.03.0019, 1ª T - Min. João Oreste Dalazen
DJ 02.06.2006/J-03.05.2006 - Decisão unânime
RR 36500-15.2006.5.09.0023, 4ª T - Min. Antônio José Barros Levenhagen
DEJT 05.03.2010/J-24.02.2010 - Decisão unânime

Item II
ERR 83900-29.2009.5.09.0020 - Min. Horácio Raymundo de Senna Pires
DEJT 25.11.2011/J-10.11.2011 - Decisão unânime
ERR 2800-69.2004.5.09.0071 - Min. Augusto César Carvalho Leite
DEJT 23.09.2011/J-15.09.2011 - Decisão unânime
ERR 17800-53.2001.5.17.0181 - Min. Maria Cristina Irigoyen Peduzzi
DJ 21.10.2005/J-03.10.2005 - Decisão unânime
ERR 4158700-05.2002.5.01.0900 - Min. José Luciano de Castilho Pereira
DJ 03.12.2004/J-22.11.2004 - Decisão unânime
ERR 404622-78.1997.5.03.5555 - Red. Min. Carlos Alberto Reis de Paula
DJ 14.11.2003/J-22.09.2003 - Decisão por maioria
RR 38100-61.2009.5.04.0005,1ªT - Min. Lelio Bentes Corrêa
DEJT 24.08.2012/J-15.08.2012 - Decisão unânime
RR 131440-48.2003.5.01.0039,1ªT - Min. Walmir Oliveira da Costa
DEJT 04.05.2012/J-25.04.2012 - Decisão unânime
RR 541-46.2010.5.07.0007,2ªT - Min. Guilherme Augusto Caputo Bastos
DEJT 25.05.2012/J-16.05.2012 - Decisão unânime
RR 1966700-60.2005.5.09.0002,3ªT - Min. Rosa Maria Weber Candiota da Rosa
DEJT 26.02.2010/J-10.02.2010 - Decisão unânime
RR 414200-15.2006.5.09.0016,5ªT - Min. Emmanoel Pereira
DEJT 01.09.2011/J-06.04.2011 - Decisão unânime
RR 164000-94.2007.5.09.0325,5ªT - Min. Emmanoel Pereira
DEJT 03.12.2010/J-24.11.2010 - Decisão unânime
RR 31800-16.2006.5.17.0009,6ªT Min. Augusto César Leite de Carvalho
DEJT 10.08.2012/J-07.08.2012 - Decisão unânime
RR 618100-52.2009.5.09.0069,6ªT - Min. Aloysio Corrêa da Veiga
DEJT 29.6.2012/J-20.06.2012 - Decisão unânime

Histórico:

Redação original – - Res. 174/2011, DEJT divulgado em 27, 30 e 31.05.2011

Nº 428 Sobreaviso (conversão da Orientação Jurisprudencial n.º 49 da SBDI-1)

O uso de aparelho de intercomunicação, a exemplo de BIP, "pager" ou aparelho celular, pelo empregado, por si só, não caracteriza o regime de sobreaviso, uma vez que o empregado não permanece em sua residência aguardando, a qualquer momento, convocação para o serviço.

Súmula nº 429 do TST

TEMPO À DISPOSIÇÃO DO EMPREGADOR. ART. 4º DA CLT. PERÍODO DE DESLOCAMENTO ENTRE A PORTARIA E O LOCAL DE TRABALHO - Res. 174/2011, DEJT divulgado em 27, 30 e 31.05.2011

Considera-se à disposição do empregador, na forma do art. 4º da CLT, o tempo necessário ao deslocamento do trabalhador entre a portaria da empresa e o local de trabalho, desde que supere o limite de 10 (dez) minutos diários.

Súmula nº 430 do TST

ADMINISTRAÇÃO PÚBLICA INDIRETA. CONTRATAÇÃO. AUSÊNCIA DE CONCURSO PÚBLICO. NULIDADE. ULTERIOR

PRIVATIZAÇÃO. CONVALIDAÇÃO. INSUBSISTÊNCIA DO VÍCIO - Res. 177/2012, DEJT divulgado em 13, 14 e 15.02.2012

Convalidam-se os efeitos do contrato de trabalho que, considerado nulo por ausência de concurso público, quando celebrado originalmente com ente da Administração Pública Indireta, continua a existir após a sua privatização.

ERR 64400-24.2000.5.17.0002 - Min. João Batista Brito Pereira
DEJT 17.06.2011 - Decisão unânime
ERR 54600-57.2000.5.17.0006 - Min. Renato de Lacerda Paiva
DEJT 08.04.2011 - Decisão unânime
EEDRR 101000-32.2000.5.17.0006 - Min. Maria Cristina Irigoyen Peduzzi
DEJT 23.10.2009 - Decisão por maioria
ERR 147100-68.2001.5.03.0113 - Min. Rosa Maria Weber Candiota da Rosa
DEJT 14.08.2009 - Decisão unânime
ERR 153800-55.2001.5.19.0003 - Min. João Batista Brito Pereira
DEJT 26.06.2009 - Decisão unânime
EEDRR 28400-20.2003.5.04.0022 - Min. Aloysio Corrêa da Veiga
DEJT 29.05.2009 - Decisão unânime
EEDRR 39600-29.2000.5.17.0002 - Min. Horácio Raimundo de Senna Pires
DEJT 07.04.2009 - Decisão unânime
EEDRR 39300-64.2000.5.17.0003 - Min. João Batista Brito Pereira
DEJT 13.02.2009 - Decisão unânime
ERR 769040-71.2001.5.19.0060 - Min. Maria Cristina Irigoyen Peduzzi
DEJT 31.10.2008 - Decisão unânime
EEDRR 68600-12.2002.5.05.0011 - Min. Maria Cristina Irigoyen Peduzzi
DEJT 17.10.2008 - Decisão unânime
EEDRR 36800-93.2001.5.13.0005 - Min. Aloysio Corrêa da Veiga
DJ 04.04.2008 - Decisão por maioria
ERR 208840-47.2000.5.19.0006 - Min. Maria de Assis Calsing
DJ 08.02.2008 - Decisão unânime
ERR 138000-78.2001.5.19.0005 - Min. Luiz Philippe Vieira de Mello Filho
DJ 13.04.2007 - Decisão por maioria
ERR 100900-89.1999.5.19.0060 - Min. Aloysio Corrêa da Veiga
DJ 24.02.2006 - Decisão por maioria
RR 206400-98.2002.5.09.0002, 1ªT - Min. Luiz Philippe Vieira de Mello Filho
DEJT 13.05.2011 - Decisão unânime
RR 3340000-64.2003.5.11.0006, 1ªT - Min. Luiz Philippe Vieira de Mello Filho
DEJT 01.10.2010 - Decisão unânime
RR 1154000-87.2002.5.09.0003, 1ªT - Min. Walmir Oliveira da Costa
DEJT 24.04.2009 - Decisão unânime
RR 17600-32.2001.5.19.0006, 2ªT - Min. José Simpliciano Fontes de F. Fernandes
DEJT 27.11.2009 - Decisão unânime
RR 64400-24.2000.5.17.0002, 2ªT - Min. Vantuil Abdala
DEJT 25.09.2009 - Decisão unânime
RR 6800-51.2001.5.19.0003, 2ªT - Min. Renato de Lacerda Paiva
DEJT 03.10.2008 - Decisão unânime
RR 163600-29.2002.5.02.0009, 3ªT - Min. Horácio Raimundo de Senna Pires
DEJT 04.06.2010 - Decisão unânime
RR 88800-42.2000.5.19.0004, 3ªT - Min. Carlos Alberto Reis de Paula

DEJT 17.04.2009 - Decisão unânime
RR 220700-27.2003.5.05.0007, 3ªT - Min. Rosa Maria Weber Candiota da Rosa
DEJT 13.03.2009 - Decisão unânime
RR 107100-97.2001.5.09.0003, 5ªT - Min. Emmanoel Pereira
DEJT 05.02.2010 - Decisão por maioria
EDAIRR 18540-67.2006.5.08.0122, 5ªT - Min. João Batista Brito Pereira
DEJT 21.08.2009 - Decisão unânime
RR 9970400-20.2003.5.01.0900, 5ªT - Min. Kátia Magalhães Arruda
DEJT 07.04.2009 - Decisão unânime
RR 181540-96.2002.5.05.0017, 6ªT - Min. Mauricio Godinho Delgado
DEJT 19.03.2010 - Decisão unânime
RR 101000-32.2000.5.17.0006, 6ªT - Min. Horácio Raimundo de Senna Pires
DEJT 05.12.2008 - Decisão unânime
RR 138000-78.2001.5.19.0005, 6ªT - Min. Aloysio Corrêa da Veiga
DJ 06.10.2006 - Decisão unânime
RR 23300-55.2000.5.19.0060, 8ªT - Min. Maria Cristina Irigoyen Peduzzi
DEJT 21.11.2008 - Decisão unânime

Súmula nº 431 do TST

SALÁRIO-HORA. EMPREGADO SUJEITO AO REGIME GERAL DE TRABALHO (ART. 58, CAPUT, DA CLT). 40 HORAS SEMANAIS. CÁLCULO. APLICAÇÃO DO DIVISOR 200 (redação alterada na sessão do tribunal pleno realizada em 14.09.2012) - Res. 185/2012, DEJT divulgado em 25, 26 e 27.09.2012

Para os empregados a que alude o art. 58, caput, da CLT, quando sujeitos a 40 horas semanais de trabalho, aplica-se o divisor 200 (duzentos) para o cálculo do valor do salário-hora.

ERR 201100-88.2003.5.02.0464 - Min. João Batista Brito Pereira
DEJT 05.03.2010 - Decisão unânime
ERR 8052100-46.2003.5.12.0900 - Min. Lelio Bentes Corrêa
DEJT 28.08.2009 - Decisão unânime
ERR 338100-05.2001.5.12.0018 - Min. Maria de Assis Calsing
DEJT 07.08.2009 - Decisão unânime
EEDRR 280900-38.2005.5.12.0038 - Min. Lelio Bentes Corrêa
DEJT 13.03.2009 - Decisão unânime
ERR 632650-02.2000.5.09.5555 - Min. Maria Cristina Irigoyen Peduzzi
DEJT 21.11.2008 - Decisão unânime
ERR 33700-86.2003.5.15.0076 - Min. Aloysio Corrêa da Veiga
DEJT 03.10.2008 - Decisão unânime
EEDRR 787148-33.2001.5.05.5555 - Min. Luiz Philippe Vieira de Mello Filho
DJ 29.08.2008 - Decisão unânime
EEDRR 137500-20.2005.5.12.0020 - Min. Vantuil Abdala
DJ 11.10.2007 - Decisão unânime
EEDRR 499700-42.2005.5.12.0035 - Min. João Batista Brito Pereira
DJ 18.05.2007 - Decisão unânime
ERR 73500-35.2005.5.12.0012 - Min. Aloysio Corrêa da Veiga
DJ 09.03.2007 - Decisão unânime
ERR 443637-52.1998.5.09.5555 - Min. Carlos Alberto Reis de Paula
DJ 03.10.2003 - Decisão unânime
ERR 650408-59.2000.5.03.5555 - Min. Maria Cristina Irigoyen Peduzzi
DJ 14.06.2002 - Decisão unânime
RR 743700-35.2001.5.09.0014, 1ªT - Min. Lelio Bentes Corrêa

DEJT 17.06.2011 - Decisão unânime
RR 432300-55.2008.5.12.0051, 1ªT - Min. Luiz Philippe Vieira de Mello Filho
DEJT 18.02.2011 - Decisão unânime
RR 1515100-71.2001.5.09.0013, 1ªT - Min. Luiz Philippe Vieira de Mello Filho
DEJT 05.11.2010 - Decisão unânime
RR 234900-65.2005.5.09.0069, 1ªT - Min. Walmir Oliveira da Costa
DEJT 29.05.2009 - Decisão unânime
RR 65700-72.2005.5.04.0013,2ªT - Min. Guilherme Augusto Caputo Bastos
DEJT 20.05.2011 - Decisão unânime
RR 449300-42.2003.5.09.0014, 2ªT - Min. José Roberto Freire Pimenta
DEJT 19.04.2011 - Decisão unânime
RR 1052900-68.2002.5.09.0010, 2ªT - Min. Renato de Lacerda Paiva
DEJT 19.03.2010 - Decisão unânime
RR 622098-75.2000.5.09.5555, 2ªT - Min. José Simpliciano Fontes de F. Fernandes
DJ 03.12.2004 - Decisão unânime
RR 29300-97.2008.5.09.0665, 3ªT - Min. Alberto Luiz Bresciani de Fontan Pereira
DEJT 29.04.2011 - Decisão unânime
RR 180100-89.2003.5.02.0057, 3ªT - Min. Horácio Raimundo de Senna Pires
DEJT 30.04.2010 - Decisão unânime
RR 206000-56.2003.5.15.0043, 3ªT - Min. Rosa Maria Weber Candiota da Rosa
DEJT 22.05.2009 - Decisão unânime
RR 203500-76.2000.5.09.0661, 3ªT - Min. Carlos Alberto Reis de Paula
DEJT 27.03.2009 - Decisão unânime
RR 19600-76.2002.5.12.0034, 3ªT - Min. Maria Cristina Irigoyen Peduzzi
DJ 04.03.2005 - Decisão unânime
RR 1234800-53.2008.5.09.0016, 4ªT - Min. Maria de Assis Calsing
DEJT 29.04.2011 - Decisão unânime
RR 141440-29.2003.5.02.0056, 4ªT - Min. Fernando Eizo Ono
DEJT 19.04.2011 - Decisão unânime
RR 51600-64.2004.5.15.0103, 4ªT - Min. Antônio José de Barros Levenhagen
DEJT 07.05.2010 - Decisão unânime
RR 248900-76.2009.5.12.0027, 5ªT - Min. Kátia Magalhães Arruda
DEJT 06.05.2011 - Decisão unânime
RR 95500-62.2001.5.12.0014, 5ªT - Min. João Batista Brito Pereira
DEJT 28.06.2010 - Decisão unânime
RR 317500-22.2002.5.09.0014, 5ªT - Min. Emmanoel Pereira
DEJT 18.09.2009 - Decisão unânime
RR 388800-38.2000.5.09.0071, 5ªT - Min. Kátia Magalhães Arruda
DEJT 07.04.2009 - Decisão unânime
RR 23200-47.2007.5.12.0029, 6ªT - Min. Augusto César Leite de Carvalho
DEJT 19.04.2011 - Decisão unânime
RR 737258-17.2001.5.09.5555, 6ªT - Min. Maurício Godinho Delgado
DEJT 09.04.2010 - Decisão unânime
RR 173300-74.2002.5.12.0001, 6ªT - Min. Aloysio Corrêa da Veiga

DEJT 13.02.2009 - Decisão unânime
RR 253200-27.2004.5.15.0010, 7ªT - Min. Pedro Paulo Teixeira Manus
DEJT 20.05.2011 - Decisão unânime
RR 4501900-80.2002.5.12.0900, 7ªT - Min. Pedro Paulo Teixeira Manus
DEJT 29.05.2009 - Decisão unânime
RR 360700-26.2005.5.12.0003, 7ªT - Min. Ives Gandra da Silva Martins Filho
DEJT 13.06.2008 - Decisão unânime
RR 184500-21.2006.5.12.0007, 8ªT - Min. Marcio Eurico Vitral Amaro
DEJT 16.05.2011 - Decisão unânime
RR 46900-16.2005.5.09.0026, 8ªT - Min. Carlos Alberto Reis de Paula
DEJT 06.05.2011 - Decisão unânime
RR 1541400-04.2000.5.09.0014, 8ªT - Min. Maria Cristina Irigoyen Peduzzi
DEJT 15.04.2009 - Decisão unânime
RR 1414596-32.2004.5.01.0900, 8ªT - Min. Dora Maria da Costa
DJ 29.02.2008 - Decisão unânime
Histórico:
Redação original - Res. 177/2012, DEJT divulgado em 13, 14 e 15.02.2012
Nº 431 Salário-hora. 40 horas semanais. Cálculo. Aplicação do divisor 200. -
Aplica-se o divisor 200 (duzentos) para o cálculo do valor do salário-hora do empregado sujeito a 40 (quarenta) horas semanais de trabalho.

Súmula nº 432 do TST
CONTRIBUIÇÃO SINDICAL RURAL. AÇÃO DE COBRANÇA. PENALIDADE POR ATRASO NO RECOLHIMENTO. INAPLICABILIDADE DO ART. 600 DA CLT. INCIDÊNCIA DO ART. 2º DA LEI Nº 8.022/1990. - Res. 177/2012, DEJT divulgado em 13, 14 e 15.02.2012
O recolhimento a destempo da contribuição sindical rural não acarreta a aplicação da multa progressiva prevista no art. 600 da CLT, em decorrência da sua revogação tácita pela Lei nº 8.022, de 12 de abril de 1990.
ERR 147700-16.2006.5.24.0021 - Min. Renato de Lacerda Paiva
DEJT 12.08.2011 - Decisão unânime
ERR 49600-90.2007.5.09.0091 - Rosa Maria Weber Candiota da Rosa
DEJT 10.06.2011 - Decisão unânime
ERR 34700-33.2007.5.09.0017 - Min. José Roberto Freire Pimenta
DEJT 10.06.2011 - Decisão unânime
ERR 15900-86.2007.5.09.0459 - Min. Aloysio Corrêa da Veiga
DEJT 20.05.2011 - Decisão unânime
ERR 84500-21.2007.5.09.0020 - Min. Aloysio Corrêa da Veiga
DEJT 20.05.2011 - Decisão unânime
ERR 7911800-15.2006.5.09.0091 - Min. Aloysio Corrêa da Veiga
DEJT 20.05.2011 - Decisão unânime
ERR 7900400-26.2006.5.09.0019 - Rosa Maria Weber Candiota da Rosa
DEJT 20.05.2011 - Decisão unânime
EEDRR 79000-55.2006.5.15.0015 - Min. Renato de Lacerda Paiva
DEJT 20.05.2011 - Decisão unânime
ERR 189400-54.2005.5.24.0005 - Min. João Batista Brito Pereira
DEJT 20.05.2011 - Decisão unânime
EEDRR 185800-25.2005.5.24.0005 - Min. Rosa Maria Weber Candiota da Rosa

DEJT 13.05.2011 - Decisão unânime
EEDRR 84200-81.2005.5.15.0046 - Min. Carlos Alberto Reis de Paula
DEJT 06.05.2011 - Decisão unânime
ERR 253000-56.2007.5.09.0018 - Min. Carlos Alberto Reis de Paula
DEJT 29.04.2011 - Decisão unânime
EEDRR 1674816-11.2006.5.02.0998 - Min. Lelio Bentes Corrêa
DEJT 29.04.2011 - Decisão unânime
EEDRR 80000-33.2007.5.24.0071 - Min. João Batista Brito Pereira
DEJT 19.04.2011 - Decisão unânime
ERR 15400-88.2008.5.24.0096 - Min. Horácio Raimundo de Senna Pires
DEJT 01.04.2011 - Decisão unânime
ERR 7900700-69.2006.5.09.0671 - Min. Aloysio Corrêa da Veiga
DEJT 25.03.2011 - Decisão unânime
ERR 1672396-38.2006.5.09.0998 - Min. Maria de Assis Calsing
DEJT 25.03.2011 - Decisão unânime
EEDRR 86400-53.2006.5.24.0021 - Min. Aloysio Corrêa da Veiga
DEJT 18.03.2011 - Decisão unânime
ERR 19200-93.2007.5.09.0091 - Min. Maria Cristina Irigoyen Peduzzi
DEJT 25.02.2011 - Decisão unânime
EEDRR 16900-48.2006.5.24.0004 - Min. Aloysio Corrêa da Veiga
DEJT 25.02.2011 - Decisão unânime
EEDRR 230100-96.2006.5.15.0099 - Min. Aloysio Corrêa da Veiga
DEJT 11.02.2011 - Decisão unânime
RR 79100-50.2007.5.24.0071, 1ªT - Min. Walmir Oliveira da Costa
DEJT 21.10.2011 - Decisão unânime
RR 56100-44.2008.5.15.0133, 1ªT - Min. Luiz Philippe Vieira de Mello Filho
DEJT 28.10.2010 - Decisão unânime
RR 461400-66.2006.5.15.0140, 1ªT - Min. Luiz Philippe Vieira de Mello Filho
DEJT 23.10.2009 - Decisão unânime
RR 7901000-67.2006.5.09.0659, 1ª - Min. Luiz Philippe Vieira de Mello Filho
DEJT 01.08.2008 - Decisão unânime
RR 37100-25.2006.5.24.0021, 2ªT - Min. Guilherme Augusto Caputo Bastos
DEJT 17.12.2010 - Decisão unânime
RR 140200-69.2008.5.24.0071, 3ªT - Min. Horácio Raimundo de Senna Pires
DEJT 11.02.2011 - Decisão unânime
RR 49900-69.2006.5.15.0075, 3ªT - Min. Rosa Maria Weber Candiota da Rosa
DEJT 06.11.2009 - Decisão unânime
RR 7901300-20.2006.5.09.0662, 3ªT - Min. Alberto Luiz Bresciani de Fontan Pereira
DEJT 05.09.2008 - Decisão unânime
RR 9300300-24.2006.5.09.0072, 4ªT - Min. Maria de Assis Calsing
DEJT 05.03.2010 - Decisão unânime
RR 578600-94.2007.5.09.0021, 4ªT - Min. Antônio José de Barros Levenhagen
DEJT 05.02.2010 - Decisão unânime
RR 43100-20.2009.5.24.0091, 4ªT - Min. Fernando Eizo Ono
DEJT 28.06.2010 - Decisão unânime

RR 7900400-26.2006.5.09.0019, 4ªT - Min. Antônio José de Barros Levenhagen
DEJT 18.09.2009 - Decisão unânime
RR 36700-92.2006.5.24.0091, 5ªT - Min. Kátia Magalhães Arruda
DEJT 11.02.2011 - Decisão unânime
RR 800-14.2007.5.24.0091, 5ªT - Min. Emmanoel Pereira
DEJT 31.10.2008 - Decisão unânime
RR 48400-65.2006.5.15.0075, 6ªT - Min. Maurício Godinho Delgado
DEJT 11.02.2011 - Decisão unânime
RR 62400-74.2007.5.09.0666, 6ªT - Min. Augusto Cesar Leite de Carvalho
DEJT 30.03.2010 - Decisão unânime
RR 7906600-81.2006.5.09.0073, 6ªT - Min. Aloysio Corrêa da Veiga
DEJT 26.09.2008 - Decisão unânime
RR 63000-61.2006.5.24.0101, 7ªT - Min. Pedro Paulo Manus
DEJT 11.02.2011 - Decisão unânime
RR 100900-11.2006.5.15.0075, 8ªT - Min. Carlos Alberto Reis de Paula
DEJT 25.03.2011 - Decisão unânime
RR 343400-33.2009.5.09.0023, 8ªT - Min. Maria Cristina Irigoyen Peduzzi
DEJT 17.12.2010 - Decisão unânime
RR 24100-39.2006.5.24.0091, 8ªT - Min. Dora Maria da Costa
DEJT 26.09.2008 - Decisão unânime

Súmula nº 433 do TST
EMBARGOS. ADMISSIBILIDADE. PROCESSO EM FASE DE EXECUÇÃO. ACÓRDÃO DE TURMA PUBLICADO NA VIGÊNCIA DA LEI Nº 11.496, DE 26.06.2007. DIVERGÊNCIA DE INTERPRETAÇÃO DE DISPOSITIVO CONSTITUCIONAL. - Res. 177/2012, DEJT divulgado em 13, 14 e 15.02.2012
A admissibilidade do recurso de embargos contra acórdão de Turma em Recurso de Revista em fase de execução, publicado na vigência da Lei nº 11.496, de 26.06.2007, condiciona-se à demonstração de divergência jurisprudencial entre Turmas ou destas e a Seção Especializada em Dissídios Individuais do Tribunal Superior do Trabalho em relação à interpretação de dispositivo constitucional.
ERR 103000-05.2005.5.15.0129 - Red. Min. Lelio Bentes Corrêa
DEJT 02.12.2011 - Decisão por maioria
EAAIRR 91140-75.2008.5.08.0006 - Min. Rosa Maria Weber Candiota da Rosa
DEJT 01.04.2011 - Decisão unânime
EAAIRR 187841-08.2003.5.09.0019 - Min. Rosa Maria Weber Candiota da Rosa
DEJT 10.09.2010 - Decisão unânime
ERR 68900-97.2001.5.10.0001 - Min. Maria de Assis Calsing
DEJT 18.12.2009 - Decisão unânime
EEDRR 35300-24.1990.5.01.0033 - Min. Rosa Maria Weber Candiota da Rosa
DEJT 13.11.2009 - Decisão por maioria
EAIRR 62240-61.2000.5.23.0001 - Min. Guilherme Augusto Caputo Bastos
DEJT 02.10.2009 - Decisão por maioria
ERR 38900-53.2002.5.10.0010 - Min. Maria Cristina Irigoyen Peduzzi
DEJT 07.08.2009 - Decisão unânime
EAIRR 59540-70.1998.5.15.0045 - Min. Horácio Raimundo de Senna Pires
DEJT 05.06.2009 - Decisão unânime
ERR 65400-20.2001.5.10.0002 - Min. Lelio Bentes Corrêa
DEJT 22.05.2009 - Decisão unânime

EEDAIRR 71941-82.1998.5.15.0116 - Min. Rosa Maria Weber Candiota da Rosa
DEJT 17.04.2009 - Decisão unânime
ERR 496400-46.1989.5.04.0006 - Min. Horácio Raimundo de Senna Pires
DEJT 06.02.2009 - Decisão unânime
EAIRR 251741-65.1998.5.02.0073 - Min. Guilherme Augusto Caputo Bastos
DEJT 03.10.2008 - Decisão unânime
EEDRR 677826-04.2000.5.09.5555 - Min. Rosa Maria Weber Candiota da Rosa
DJ 26.09.2008 - Decisão unânime
ERR 92400-16.1995.5.04.0020 - Min. Carlos Alberto Reis de Paula
DJ 26.09.2008 - Decisão unânime
EEDRR 762700-93.1993.5.09.0016 - Min. Luiz Philippe Vieira de Mello Filho
DJ 27.06.2008 - Decisão unânime
ERR 1176800-32.2002.5.02.0900 - Min. Horácio Raimundo de Senna Pires
DJ 18.03.2008 - Decisão unânime

Súmula nº 434 do TST
RECURSO. INTERPOSIÇÃO ANTES DA PUBLICAÇÃO DO ACÓRDÃO IMPUGNADO. EXTEMPORANEIDADE. (cancelada) – Res. 198/2015, republicada em razão de erro material – DEJT divulgado em 12, 15 e 16.06.2015
I) É extemporâneo recurso interposto antes de publicado o acórdão impugnado.(ex-OJ nº 357 da SBDI-1 – inserida em 14.03.2008)
II) A interrupção do prazo recursal em razão da interposição de embargos de declaração pela parte adversa não acarreta qualquer prejuízo àquele que apresentou seu recurso tempestivamente.
Histórico.
Redação original – (conversão da Orientação Jurisprudencial nº 357 da SBDI-1 e inserção do item II à redação) - Res. 177/2012, DEJT divulgado em 13, 14 e 15.02.2012.

Súmula nº 435 do TST
DECISÃO MONOCRÁTICA. RELATOR. ART. 932 DO CPC DE 2015. ART. 557 DO CPC DE 1973. APLICAÇÃO SUBSIDIÁRIA AO PROCESSO DO TRABALHO (atualizada em decorrência do CPC de 2015) – Res. 208/2016, DEJT divulgado em 22, 25 e 26.04.2016
Aplica-se subsidiariamente ao processo do trabalho o art. 932 do CPC de 2015 (art. 557 do CPC de 1973).
A-ROAR 276100-20.2003.5.06.0000 - Min. Antônio José de Barros Levenhagen
DJ 03.06.2005/J-24.05.2005 -Decisão unânime
ARXOFROAG 30300-68.2002.5.03.0000 - Min. Ives Gandra da Silva Martins Filho
DJ 04.04.2003/J-18.03.2003 - Decisão unânime
Ag-AIRR 431640-31.1998.5.01.0241, 1ªT - Min. Walmir Oliveira da Costa
DEJT 07.05.2010/J-28.04.2010 - Decisão unânime
RR 206200-27.2001.5.01.0042, 1ªT - Min. Lelio Bentes Corrêa
DEJT 25.09.2009/J-16.09.2009 - Decisão unânime
RR 4200-71.2007.5.03.0042, 2ªT - Min. José Roberto Freire Pimenta
DEJT 03.04.2012/J-21.03.2012 - Decisão unânime
AIRR 12640-62.2005.5.13.0005,3ªT - Min. Maria Cristina Irigoyen Peduzzi
DJ 04.05.2007/J-11.04.2007 - Decisão unânime
RR 616122-89.1999.5.03.5555, 4ªT - Min. Milton de Moura França
DJ 25.6.2004/J-09.06.2004 - Decisão unânime

ERR 1066200-14.2002.5.03.0900,4ªT - Ives Gandra da Silva Martins Filho
DJ 30.04.2004/J-06.04.2004 - Decisão unânime
RR 67800-36.2005.5.03.0010, 8ªT - Min. Carlos Alberto Reis de Paula
DEJT 25.03.2011/J-23.03.2011 - Decisão unânime
RR 114600-93.2003.5.03.0107, 8ªT - Min. Dora Maria da Costa
DEJT 18.09.2009/J-09.09.2009 - Decisão unânime
Histórico:
Redação original - Res. 185/2012, DEJT divulgado em 25, 26 e 27.09.2012
Nº 435. Art. 557 do CPC. Aplicação subsidiária ao processo do trabalho (conversão da Orientação Jurisprudencial nº 73 da SBDI-2 com nova redação)
Aplica-se subsidiariamente ao processo do trabalho o art. 557 do Código de Processo Civil.

Súmula nº 436 do TST
REPRESENTAÇÃO PROCESSUAL. PROCURADOR DA UNIÃO, ESTADOS, MUNICÍPIOS E DISTRITO FEDERAL, SUAS AUTARQUIAS E FUNDAÇÕES PÚBLICAS. JUNTADA DE INSTRUMENTO DE MANDATO (conversão da Orientação Jurisprudencial nº 52 da SBDI-I e inserção do item II à redação) - Res. 185/2012, DEJT divulgado em 25, 26 e 27.09.2012
I - A União, Estados, Municípios e Distrito Federal, suas autarquias e fundações públicas, quando representadas em juízo, ativa e passivamente, por seus procuradores, estão dispensadas da juntada de instrumento de mandato e de comprovação do ato de nomeação.
II - Para os efeitos do item anterior, é essencial que o signatário ao menos declare-se exercente do cargo de procurador, não bastando a indicação do número de inscrição na Ordem dos Advogados do Brasil.
Precedentes
Item I:
EAI 106987/1994, Ac. 2890/1997 - Min. Ronaldo Lopes Leal
DJ 05.12.1997 - Decisão unânime
EAI 101595/1994, Ac. 2221/1996 - Min. Vantuil Abdala
DJ 08.11.1996 - Decisão unânime
EAGAI 82996/1993, Ac. 277/1996 - Min. José Luciano de Castilho Pereira
DJ 20.09.1996 - Decisão unânime
ERR 21394/1991, Ac. 5421/1994 - Min. Ney Doyle
DJ 17.03.1995 - Decisão por maioria
ROAR 34197/1991, Ac. 2355/1992 - Min. Ermes Pedro Pedrassani
DJ 20.11.1992 - Decisão por maioria
Item II
EAgAIRR-2000-57.2008.5.15.0031 - Min. Dora Maria da Costa
DEJT 23.03.2012/J-15.03.2012 - Decisão unânime
ERR 72700-96.2007.5.15.0062 - Min. Aloysio Corrêa da Veiga
DEJT 16.12.2011/J-01.12.2011 - Decisão unânime
EAIRR 15440-78.2007.5.02.0044 - Min. João Batista Brito Pereira
DEJT 14.10.2011/J-29.09.2011 - Decisão unânime
EAAIRR 34840-61.2007.5.03.0073 - Min. Rosa Maria Weber Candiota da Rosa
DEJT 12.06.2009/J-04.06.2009 - Decisão unânime
ERR 89800-78.2003.5.02.0252 - Min. Luiz Philippe Vieira de Mello Filho
DEJT 05.12.2008/J-27.11.2008 - Decisão unânime
EAIRR 328140-21.2005.5.19.0008 - Min. Lelio Bentes Corrêa
DJ 18.04.2008/J-24.03.2008 - Decisão unânime
EEDAIRR-107641-11.2001.5.17.0003 - Min. Carlos Alberto Reis de Paula
DJ 13.04.2007/J-02.04.2007 - Decisão unânime

EAIRR 740353-93.2001.5.04.5555 - Min. João Oreste Dalazen
DJ 19.11.2004/J-08.11.2004 - Decisão unânime
AIRR 261640-27.2002.5.02.0371, 1ªT - Min Walmir Oliveira da Costa
DEJT 06.10.2008/J-24.09.2008 - Decisão unânime
RR 543-19.2010.5.15.0031, 3ªT - Min. Maurício Godinho Delgado
DEJT 22.06.2012/J-20.06.2012 - Decisão unânime
RR 246000-65.2006.5.06.0101, 4ªT - Min. Antônio José de Barros Levenhagen
DEJT 15.05.2009/J-06.05.2009 - Decisão unânime
RR 122200-95.2006.5.15.0053,5ªT - Min. Kátia Magalhães Arruda
DEJT 04.06.2010/J-26.05.2010 - Decisão unânime
AIRR 100340-07.2004.5.15.0086,5ªT - Min. Emmanoel Pereira
DEJT 12.12.2008/J-26.11.2008 - Decisão unânime

Súmula nº 437 do TST

INTERVALO INTRAJORNADA PARA REPOUSO E ALIMENTAÇÃO. APLICAÇÃO DO ART. 71 DA CLT (conversão das Orientações Jurisprudenciais nºs 307, 342, 354, 380 e 381 da SBDI-1) - Res. 185/2012, DEJT divulgado em 25, 26 e 27.09.2012

I - Após a edição da Lei nº 8.923/94, a não-concessão ou a concessão parcial do intervalo intrajornada mínimo, para repouso e alimentação, a empregados urbanos e rurais, implica o pagamento total do período correspondente, e não apenas daquele suprimido, com acréscimo de, no mínimo, 50% sobre o valor da remuneração da hora normal de trabalho (art. 71 da CLT), sem prejuízo do cômputo da efetiva jornada de labor para efeito de remuneração.

II - É inválida cláusula de acordo ou convenção coletiva de trabalho contemplando a supressão ou redução do intervalo intrajornada porque este constitui medida de higiene, saúde e segurança do trabalho, garantido por norma de ordem pública (art. 71 da CLT e art. 7º, XXII, da CF/1988), infenso à negociação coletiva.

III - Possui natureza salarial a parcela prevista no art. 71, § 4º, da CLT, com redação introduzida pela Lei nº 8.923, de 27 de julho de 1994, quando não concedido ou reduzido pelo empregador o intervalo mínimo intrajornada para repouso e alimentação, repercutindo, assim, no cálculo de outras parcelas salariais.

IV - Ultrapassada habitualmente a jornada de seis horas de trabalho, é devido o gozo do intervalo intrajornada mínimo de uma hora, obrigando o empregador a remunerar o período para descanso e alimentação não usufruído como extra, acrescido do respectivo adicional, na forma prevista no art. 71, caput e § 4º da CLT.

Precedentes:
Item I
EEDRR 57900-43.2006.5.05.0461 - Red. Min. Lelio Bentes Corrêa
DEJT 24.02.2012/J-10.02.2011 - Decisão por maioria
EEDRR 20000-33.2007.5.09.0670 - Min. Maria de Assis Calsing
DEJT 08.04.2011/J-31.03.2011 - Decisão unânime
ERR 161600-22.2006.5.15.0052 - Min. Horácio Raymundo de Senna Pires
DEJT 11.09.2009/J-27.08.2009 - Decisão unânime
ERR 230300-54.2003.5.15.0117 - Min. Rosa Maria Weber Candiota da Rosa
DEJT 04.09.2009/J-27.08.2009 - Decisão unânime
ERR 212100-92.2006.5.15.0052 - Min. Lelio Bentes Corrêa
DEJT 07.08.2009/J-05.02.2009 - Decisão unânime
ERR 7100-48.2006.5.15.0100 - Aloysio Corrêa da Veiga
DEJT 22.05.2009/J-14.05.2009 - Decisão unânime
ERR 91700-49.2006.5.15.0052 - Min. Luiz Philippe Vieira de Mello Filho
DEJT 14.11.2008/J-30.10.2008 - Decisão unânime

EEDRR 169900-84.2002.5.15.0028 - Min. Vantuil Abdala
DEJT 03.10.2008/J-22.09.2008 - Decisão unânime
ERR 69600-88.2004.5.09.0068 - Min. João Batista Brito Pereira
DJ 26.09.2008/J-22.09.2008 - Decisão unânime
ERR 169100-58.2003.5.03.0027 - Min. Dora Maria da Costa
DJ 28.09.2007/J-10.09.2007 - Decisão unânime
EEDAIRReRR 5502900-77.2002.5.02.0900 - Min. Carlos Alberto Reis de Paula
DJ 25.05.2007/J-26.04.2007 - Decisão unânime
ERR 628779-56.2000.5.02.5555 - Min. Maria Cristina Irigoyen Peduzzi
DJ 22.11.2002/J-11.11.2002 - Decisão unânime
RR 105200-48.2005.5.15.0108, 1ªT - Min. Walmir Oliveira da Costa
DEJT 09.03.2012/J-15.02.2012 - Decisão unânime
RR 637-42.2011.5.03.0038, 3ªT - Min. Alberto Luiz Bresciani de Fontan Pereira
DEJT 15.06.2012/J-06.06.2012 - Decisão unânime
RR 8300-39.2005.5.04.0001, 4ªT - Min. Fernando Eizo Ono
DEJT 01.06.2012/J-23.05.2012 - Decisão unânime
RR 133400-20.2004.5.15.0102, 7ªT - Min. Delaíde Miranda Arantes
DEJT 08.06.2012/J-30.05.2012 - Decisão unânime
RR 161600-53.2008.5.15.0116, 7ªT - Min. Ives Gandra da Silva Martins Filho
DEJT 01.06.2012/J-30.05.2012 - Decisão unânime
Item II
ERR 480867-96.1998.5.03.5555 - Min. Milton de Moura França
DJ 27.08.2004/J-17.05.2004 - Decisão por maioria
ERR 569304-09.1999.5.02.5555 - Min. Lelio Bentes
DJ 25.06.2004/J-19.04.2004 - Decisão por maioria
ERR 795587-97.2001.5.17.5555 - Min. Lelio Bentes Corrêa
DJ 04.06.2004/J-26.04.2004 - Decisão unânime
ERR 488883-66.1998.5.02.5555 - Min. João Oreste Dalazen
DJ 16.04.2004/J-22.03.2004 - Decisão por maioria
ERR 639400-41.2002.5.02.0900 - Min. Carlos Alberto Reis de Paula
DJ 21.11.2003/J-10.11.2003 - Decisão por maioria
ERR 142900-19.1998.5.15.0071 - Min. José Luciano de Castilho Pereira
DJ 03.10.2003/J-01.09.2003 - Decisão unânime
ERR 439149-22.1998.5.03.5555 - Red. Min. João Oreste Dalazen
DJ 26.09.2003/J-25.08.2003 - Decisão unânime
ERR 452564-72.1998.5.03.5555 - Min. José Luciano de Castilho Pereira
DJ 06.06.2003/J-26.05.2003 - Decisão por maioria
RR 1426300-06.2002.5.11.0004, 2ª T - Juiz Conv. Samuel Corrêa Leite
DJ 08.08.2003/J-11.06.2003 - Decisão por maioria
RR 201200-71.1998.5.15.0071, 5ª T - Min. Rider de Brito
DJ 06.02.2004/J-10.12.2003 - Decisão unânime
RR 6086900-50.2002.5.02.0900, 5ª T - Min. Rider de Brito
DJ 06.02.2004/J-19.11.2003 - Decisão unânime
RR 639400-41.2002.5.02.0900, 5ª T - Min. Rider de Brito
DJ 09.05.2003/J-02.04.2003 - Decisão unânime
Item III
ERR 103400-57.2005.5.24.0003 - Min. Lelio Bentes Corrêa
DJ 30.11.2007/J-12.11.2007 - Decisão unânime
EEDRR 800735-09.2001.5.02.5555 - Min. Lelio Bentes Corrêa
DJ 19.10.2007/J-08.10.2007 - Decisão unânime
ERR 177500-32.2001.5.02.0036 - Min. Maria Cristina Irigoyen Peduzzi

DJ 28.09.2007/J-10.09.2007 - Decisão unânime
EEDARR 18300-57.2000.5.02.0251 - Min. Carlos Alberto Reis de Paula
DJ 06.09.2007/J-27.08.2007 - Decisão por maioria
ERR 289500-64.2002.5.02.0383 - Min. João Oreste Dalazen
DJ 11.05.2007/J-26.04.2007 - Decisão unânime
ERR 2729800-61.2002.5.02.0902 - Min. Carlos Alberto Reis de Paula
DJ 23.03.2007/J-13.03.2007 - Decisão unânime
ERR 267500-12.2002.5.02.0079 - Min. João Oreste Dalazen
DJ 02.03.2007/J-13.02.2007 - Decisão unânime
ERR 805104-29.2001.5.17.5555 - Min. Carlos Alberto Reis de Paula
DJ 17.11.2006/J-07.11.2006 - Decisão unânime
ERR 103300-38.2000.5.09.0022 - Min. Carlos Alberto Reis de Paula
DJ 27.10.2006/J-17.10.2006 - Decisão unânime
ERR 249900-42.2001.5.02.0069 - Min. Aloysio Corrêa da Veiga
DJ 13.10.2006/J-19.09.2006 - Decisão por maioria
ERR 49400-23.2002.5.02.0069 - Min. João Oreste Dalazen
DJ 25.08.2006/J-07.08.2006 - Decisão por maioria
ERR 639726-45.2000.5.03.5555 - Min. João Batista Brito Pereira
DJ 10.02.2006/J-05.12.2005 - Decisão unânime
ERR 80400-06.2002.5.02.0016 - Min. Lelio Bentes Corrêa
DJ 21.10.2005/J-11.10.2005 - Decisão unânime
ERR 18900-55.2002.5.09.0658 - Min. Lelio Bentes Corrêa
DJ 12.08.2005/J-25.04.2005 - Decisão unânime
ERR 19000-10.2002.5.09.0658 - Min. Lelio Bentes Corrêa
DJ 05.08.2005/J-25.04.2005 - Decisão unânime
ERR 623838-63.2000.5.02.5555 - Min. João Oreste Dalazen
DJ 14.05.2004/J-22.03.2004 - Decisão unânime
Item IV
EEDRR 18100-92.2002.5.09.0022 - Min. Maria de Assis Calsing
DEJT 19.06.2009/J-04.06.2009 - Decisão unânime
EAIRReRR 7245500-55.2002.5.02.0900 - Min. Lelio Bentes Corrêa
DEJT 22.05.2009/J-30.04.2009 - Decisão unânime
ERR 79500-62.2002.5.15.0080 - Min. Vantuil Abdala
DEJT 24.10.2008/J-13.10.2008 - Decisão unânime
ERR 650014-30.2000.5.11.5555 - Min. Maria de Assis Calsing
DEJT 03.10.2008/J-22.09.2008 - Decisão unânime
EEDRR 439600-05.2002.5.09.0652 - Min. Calos Alberto Reis de Paula
DJ 20.06.2008/J-16.06.2008 - Decisão unânime
ERR 1329600-31.2002.5.09.0001 - Min. Carlos Alberto Reis de Paula
DJ 13.06.2008/J-02.06.2008 - Decisão unânime
EEDRR 662000-67.2001.5.09.0004 - Min. Maria Cristina Irigoyen Peduzzi
DJ 04.04.2008/J-17.03.2008 - Decisão por maioria
ERR 208900-76.2001.5.15.0012 - Min. João Batista Brito Pereira
DJ 23.11.2007/J-12.11.2007 - Decisão unânime
EEDRR 727592-89.2001.5.09.5555 - Min. Luiz Philippe Vieira de Mello Filho
DJ 10.08.2007/J-06.08.2007 - Decisão unânime
ERR 1920900-50.2003.5.09.0011 - Min. Luiz Philippe Vieira de Mello Filho
DJ 29.06.2007/J-04.06.2007 - Decisão unânime
ERR 14300-15.2002.5.15.0111 - Min. João Batista Brito Pereira
DJ 22.06.2007/J-11.06.2007 - Decisão unânime
EARR 210900-64.2002.5.09.0664 - Min. Carlos Alberto Reis de Paula

DJ 29.09.2006/J-19.09.2006 - Decisão unânime
ERR 218500-61.2002.5.09.0010 - Min. João Batista Brito Pereira
DJ 26.05.2006/J-22.05.2006 - Decisão unânime
ERR 36500-13.2002.5.02.0035 - Min. Aloysio Corrêa da Veiga
DJ 28.04.2006/J-24.04.2006 - Decisão unânime
ERR 7900-49.2002.5.09.0661 - Min. José Luciano de Castilho Pereira
DJ 28.04.2006/J-03.04.2006 - Decisão unânime
ERR 613771-46.1999.5.03.5555 - Min. João Oreste Dalazen
DJ 17.02.2006/J-12.12.2005 - Decisão unânime
ERR 119000-35.2001.5.15.0060 - Min. Aloysio Corrêa da Veiga
DJ 10.02.2006/J-05.12.2005 - Decisão unânime
ERR 788362-48.2001.5.09.5555 - Min. Maria Cristina Irigoyen Peduzzi
DJ 26.09.2003/J-16.09.2003 - Decisão unânime
RR 97900-57.2005.5.15.0036, 1ªT - Min. Walmir Oliveira da Costa
DJ 09.05.2008/J-23.04.2008 - Decisão unânime
RR 245100-38.2000.5.15.0038, 1ªT - Juiz Conv. Guilherme Augusto Caputo Bastos
DJ 19.08.2005/J-03.08.2005 - Decisão unânime
RR 66500-21.2002.5.15.0039, 1ªT - Min. João Oreste Dalazen
DJ 29.04.2005/J-30.03.2005 - Decisão unânime
RR 708702-39.2000.5.09.5555, 2ªT - Min. José Luciano de Castilho Pereira
DJ 06.08.2004/J-02.06.2004 - Decisão unânime
RR 124700-37.2008.5.03.0106, 3ªT - Min. Alberto Luiz Bresciani de Fontan Pereira
DEJT 13.11.2009/J-28.10.2009 - Decisão unânime
RR 794913-44.2001.5.09.5555, 3ªT - Juiz Conv. Ronald Cavalcante Soares
DJ 12.08.2005/J-22.06.2005 - Decisão unânime
RR 134200-46.2006.5.01.0012, 4ªT - Min. Antônio José de Barros Levenhagen
DEJT 07.08.2009/J-17.06.2009 - Decisão unânime
RR 885900-74.2001.5.09.0011, 4ªT - Min. Antônio José de Barros Levenhagen
DJ 22.04.2005/J-16.03.2005 - Decisão unânime
RR 183800-86.2000.5.02.0022, 4ªT - Min. Ives Gandra Martins Filho
DJ 25.02.2005/J-02.02.2005 - Decisão unânime
RR 3000-17.2003.5.02.0068, 6ªT - Min. Aloysio Corrêa da Veiga
DEJT 12.12.2008/J-26.11.2008 - Decisão por maioria
RR 19900-34.2004.5.15.0115, 6ªT - Min. Aloysio Corrêa da Veiga
DJ 26.05.2006/J-26.04.2006 - Decisão unânime
RR 18100-92.2002.5.09.0022, 6ªT - Min. Horácio Raymundo de Senna Pires
DJ 26.05.2006/J-10.05.2006 - Decisão unânime
RR 155800-98.2004.5.15.0014, 7ªT - Min. Guilherme Augusto Caputo Bastos
DEJT 24.10.2008/J-22.10.2008 - Decisão unânime

Súmula nº 438 do TST
INTERVALO PARA RECUPERAÇÃO TÉRMICA DO EMPREGADO. AMBIENTE ARTIFICIALMENTE FRIO. HORAS EXTRAS. ART. 253 DA CLT. APLICAÇÃO ANALÓGICA - Res. 185/2012, DEJT divulgado em 25, 26 e 27.09.2012

O empregado submetido a trabalho contínuo em ambiente artificialmente frio, nos termos do parágrafo único do art. 253 da CLT, ainda que não labore em câmara frigorífica, tem direito ao intervalo intrajornada previsto no caput do art. 253 da CLT.
ERR 719679-58.2000.5.03.5555 - Min. Aloysio Corrêa da Veiga
DJ 06.06.2008/J-02.06.2008 - Decisão por maioria

RR 119000-74.2008.5.12.0027, 1ªT - Min.Luiz Philippe Vieira de Mello Filho
DEJT 04.11.2011/J-26.10.2011 - Decisão unânime
RR 71600-18.2008.5.24.0096, 1ªT Min. Walmir Oliveira da Costa
DEJT 23.10.2009/J-14.10.2009 - Decisão unânime
RR 2068-64.2010.5.08.0117, 3ªT - Min. Mauricio Godinho Delgado
DEJT 11.05.2012/J-09.05.2012 - Decisão unânime
RR 20300-80.2009.5.24.0096, 3ªT - Min. Horácio Raymundo de Senna Pires
DEJT 20.05.2011/J-11.05.2011 - Decisão unânime
RR 204800-95.2008.5.18.0191, 3ªT – Min. Rosa Maria Weber Candiota da Rosa
DEJT 20.08.2010/J-04.08.2010 - Decisão unânime
RR 124700-56.2008.5.18.0191, 3ªT - Min. Alberto Luiz Bresciani de Fontan Pereira
DEJT 14.08.2009/J-24.06.2009 - Decisão unânime
RR 70100-14.2008.5.24.0096, 4ªT - Min. Fernando Eizo Ono
DEJT 10.06.2011/J-01.06.2011 - Decisão unânime
RR 34300-59.2009.5.18.0191, 4ªT - Min. Maria de Assis Calsing
DEJT 12.11.2010/J-27.10.2010 - Decisão unânime
RR 70000-59.2008.5.24.0096,4ªT - Min. Antônio José de Barros Levenhagen
DEJT 19.03.2010/J-10.03.2010 - Decisão unânime
RR 82400-08.2008.5.24.0096,5ªT - Min. João Batista Brito Pereira
DEJT 18.03.2011/J-02.03.2011 - Decisão unânime
RR 21900-47.2008.5.18.0191,5ªT - Min. Emmanoel Pereira
DEJT 05.03.2010/J-16.12.2009 - Decisão unânime
RR 111900-93.2008.5.18.0191,5ªT - Min. Kátia Magalhães Arruda
DEJT 16.10.2009/J-22.09.2009 - Decisão unânime
RR 223500-05.2008.5.15.0062,7ªT Min. Pedro Paulo Manus
DEJT 25.05.2012/J-23.05.2012 - Decisão unânime
RR 32100-16.2008.5.18.0191,7ªT - Min. Ives Gandra da Silva Martins Filho
DEJT 26.06.2009/J-24.06.2009 - Decisão unânime
RR 76600-70.2008.5.18.0191,7ªT - Min. Guilherme Augusto Caputo Bastos
DEJT 19.06.2009/J-10.06.2009 - Decisão unânime
RR 235940-72.2007.5.12.0055,8ªT - Min. Márcio Eurico Vitral Amaro
DEJT 23.09.2011/J-21.09.2011 - Decisão unânime
RR 138400-19.2007.5.15.0062,8ªT - Min. Carlos Alberto Reis de Paula
DEJT 19.04.2011/J-13/04/2011 - Decisão unânime
RR 14440-35.2008.5.24.0096,8ªT Min. Dora Maria da Costa
DEJT 19.11.2010/J-17.11.2010 - Decisão unânime
RR 112400-62.2008.5.18.0191,8ªT - Min. Maria Cristina Irigoyen Peduzzi
DEJT 15.10.2010/J-06.10.2010 - Decisão unânime

Súmula nº 439 do TST
DANOS MORAIS. JUROS DE MORA E ATUALIZAÇÃO MONETÁRIA. TERMO INICIAL - Res. 185/2012, DEJT divulgado em 25, 26 e 27.09.2012
Nas condenações por dano moral, a atualização monetária é devida a partir da data da decisão de arbitramento ou de alteração do valor. Os juros incidem desde o ajuizamento da ação, nos termos do art. 883 da CLT.
ERR 5700-47.2006.5.15.0084 - Min. Augusto César Leite de Carvalho
DEJT 25.11.2011/J-17.11.2011 Decisão unânime
ERR 124240-74.2005.5.17.0006 - Min. João Batista Brito Pereira
DEJT 04.11.2011/J-27.10.2011 - Decisão unânime

ERR 56500-58.2006.5.03.0102 - Min. Horácio Raymundo de Senna Pires
DEJT 19.08.2011/J-04.08.2011 - Decisão unânime
EEDRR 178100-75.2005.5.17.0010 - Min. Aloysio Corrêa da Veiga
DEJT 01.10.2010/J-23.09.2010 - Decisão unânime
EEDRR 9951600-20.2005.5.09.0004 - Min. Maria de Assis Calsing
DEJT 23.04.2010/J-15.04.2010 - Decisão unânime
RR 46000-25.2007.5.20.0004,1ªT - Min. Lelio Bentes Corrêa
DEJT 11.05.2012/J-02/05/2012 - Decisão unânime
RR 389400-34.2005.5.12.0028,1ªT - Min. Luiz Philippe Vieira de Mello Filho
DEJT 18.03.2011/J-02.03.2011 - Decisão unânime
RR 20200-89.2007.5.20.0005,1ªT - Min. Walmir Oliveira da Costa
DEJT 05.08.2011/J-29.06.2011 - Decisão unânime
RR 97800-51.2005.5.02.0461,2ªT - Min. Guilherme Augusto Caputo Bastos
DEJT 24.02.2012/J-15.02.2012 - Decisão unânime
RR 189800-23.2004.5.03.0091,2ªT - Min. José Roberto Freire Pimenta
DEJT 28.10.2011/J-19.10.2011 - Decisão unânime
RR 124240-74.2005.5.17.0006,2ªT - Min. Renato de Lacerda Paiva
DEJT 26.11.2010/J-10.11.2010 - Decisão unânime
RR 2189-88.2010.5.12.0050,3ªT - Min. Alberto Luiz Bresciani de Fontan Pereira
DEJT 18.11.2011/J-16.11.2011 - Decisão unânime
RR 62200-62.2007.5.02.0472,4ªT - Min. Fernando Eizo Ono
DEJT 29.06.2012/J-14.09.2011 - Decisão unânime
RR 108300-10.2008.5.03.0053,5ªT - Min. Kátia Magalhães Arruda
DEJT 04.05.2012/J-24.04.2012 Decisão unânime
RR 30100-04.2008.5.09.0091,5ªT - Min. Emmanoel Pereira
DEJT 05.02.2010/J-16.12.2009 - Decisão unânime
RR 174841-07.2005.5.13.0003,6ªT - Min. Mauricio Godinho Delgado
DEJT 10.06.2011/J-01.06.2011 - Decisão unânime
RR 143400-39.2006.5.04.0030,7ªT - Min. Pedro Paulo Teixeira Manus
DEJT 29.06.2012/J-27.06.2012 Decisão unânime
RR 115000-38.2007.5.03.0020,7ªT - Min. Ives Gandra da Silva Martins Filho
DEJT 08.05.2009/J-29.04.2009 - Decisão unânime
RR 227-72.2011.5.09.0084,8ªT - Min. Márcio Eurico Vitral Amaro
DEJT 08.06.2012/J-06.06.2012 - Decisão unânime
RR 19600-96.2005.5.17.0013,8ªT - Min. Dora Maria da Costa
DEJT 15.10.2010/J-13.10.2010 - Decisão unânime

Súmula nº 440 do TST
AUXÍLIO-DOENÇA ACIDENTÁRIO. APOSENTADORIA POR INVALIDEZ. SUSPENSÃO DO CONTRATO DE TRABALHO. RECONHECIMENTO DO DIREITO À MANUTENÇÃO DE PLANO DE SAÚDE OU DE ASSISTÊNCIA MÉDICA - Res. 185/2012, DEJT divulgado em 25, 26 e 27.09.2012
Assegura-se o direito à manutenção de plano de saúde ou de assistência médica oferecido pela empresa ao empregado, não obstante suspenso o contrato de trabalho em virtude de auxílio-doença acidentário ou de aposentadoria por invalidez.
ERR 156100-81.2005.5.05.0021 - Min. Maria de Assis Calsing
DEJT 06.08.2010/J-24.06.2010 - Decisão unânime
ERR 87900-83.2005.5.05.0033 - Min. João Batista Brito Pereira
DEJT 23.04.2010/J-15.04.2010 - Decisão unânime

ERR 89000-68.2006.5.04.0291 - Min. Luiz Philippe Vieira de Mello Filho
DEJT 30.03.2010/J-18.03.2010 - Decisão unânime
RR 68500-41.2002.5.03.0002, 1ªT - Min. Walmir Oliveira da Costa
DEJT 08.06.2012/J-30.05.2012 - Decisão unânime
RR 119500-97.2002.5.09.0007, 1ªT - Min. Lelio Bentes Corrêa
DEJT 23.03.2012/J-03.08.2011 - Decisão unânime
RR 234100-51.2004.5.02.0462, 1ªT - Min. Luiz Philippe Vieira de Mello Filho
DEJT 18.03.2011/J-02.03.2011 - Decisão unânime
RR 131000-25.2008.5.06.0011, 2ªT - Min. José Roberto Freire Pimenta
DEJT 01.07.2011/J-25.05.2011 - Decisão unânime
RR 49500-91.2004.5.01.0341, 2ªT - Min. Vantuil Abdala
DEJT 21.11.2008/J-05.11.2008 - Decisão unânime
RR 100700-23.2005.5.05.0461, 2ªT - Min. Renato de Lacerda Paiva
DEJT 07.11.2008/J-22.10.2008 - Decisão unânime
RR 25000-07.2007.5.05.0191,3ªT - Min. Horácio Raymundo de Senna Pires
DEJT 13.08.2010/J-23.06.2010 - Decisão unânime
RR 78700-73.2007.5.03.0086, 3ªT - Min. Alberto Luiz Bresciani de Fontan Pereira
DEJT 24.04.2009/J-25.03.2009 - Decisão unânime
RR 14500-75.2005.5.03.0135, 3ªT - Min. Rosa Maria Weber Candiota da Rosa
DEJT 07.04.2009/J-11.03.2009 - Decisão unânime
RR 63100-91.2007.5.13.0002, 4ªT - Min. Fernando Eizo Ono
DEJT 17.12.2010/J-01.12.2010 - Decisão unânime
RR 75900-21.2007.5.03.0006, 4ªT - Min. Maria de Assis Calsing
DEJT 09.09.2011/J-31.08.2011 - Decisão unânime
RR 46500-66.2006.5.04.0006, 4ªT - Min. Antônio José Barros Levenhagen
DEJT 29.05.2009/J-13.05.2009 - Decisão unânime
RR 396-71.2011.5.03.0037, 5ªT - Min. Emmanoel Pereira
DEJT 17.08.2012/J-08.08.2012 - Decisão unânime
RR 36300-35.2005.5.05.0029, 5ªT - Min. Kátia Magalhães Arruda
DEJT 28.10.2011/J-19.10.2011 - Decisão unânime
RR 146900-72.2005.5.02.0461, 5ªT - Min. João Batista Brito Pereira
DEJT 19.02.2010/J-10.02.2010 - Decisão unânime
RR 122500-96.2005.5.05.0012, 6ªT - Min. Mauricio Godinho Delgado
DEJT 02.09.2011/J-17.08.2011 - Decisão unânime
RR 168000-11.2005.5.12.0007, 6ªT - Min. Aloysio Corrêa da Veiga
DEJT 11.09.2009/J-02.09.2009 - Decisão unânime
RR 162500-63.2009.5.03.0042, 7ªT - Min. Pedro Paulo Teixeira Manus
DEJT 29.06.2012/J-27.06.2012 - Decisão unânime
RR 6027-87.2010.5.12.0034, 7ªT - Min. Ives Gandra da Silva Martins Filho
DEJT 02.09.2011/J-24.08.2011 - Decisão unânime
RR 28000-12.2008.5.04.0028, 8ªT Min. Maria Cristina Irigoyen Peduzzi
DEJT 01.10.2010/J-29.09.2010 Decisão unânime
RR 33700-28.2005.5.05.0195, 8ªT - Min. Dora Maria da Costa
DEJT 24.09.2010/J-22.09.2010 - Decisão unânime
RR 84500-85.2005.5.05.0025, 8ªT - Min. Márcio Eurico Vitral Amaro
DEJT 14.05.2010/J-12.05.2010 - Decisão unânime

Súmula nº 441 do TST

AVISO PRÉVIO. PROPORCIONALIDADE - Res. 185/2012, DEJT divulgado em 25, 26 e 27.09.2012

O direito ao aviso prévio proporcional ao tempo de serviço somente é assegurado nas rescisões de contrato de trabalho ocorridas a partir da publicação da Lei nº 12.506, em 13 de outubro de 2011.

RR 862-96.2010.5.04.0029, 3ªT - Min. Mauricio Godinho Delgado
DEJT 22.06.2012/J-20.06.2012 - Decisão unânime
EDRR 89000-70.2003.5.04.0001, 3ªT - Min. Horácio Raymundo de Senna Pires
DEJT 16.12.2011/J-07.12.2011 - Decisão unânime
RR 95600-58.2009.5.04.0014, 4ªT - Min. Maria de Assis Calsing
DEJT 11.05.2012/J-09.05.2012 - Decisão unânime
RR 64100-42.2006.5.04.0381, 6ªT - Min. Augusto César Leite de Carvalho
DEJT 10.08.2012/J-07.08.2012 - Decisão unânime
RR 145200-46.2007.5.12.0030, 6ªT - Min. Mauricio Godinho Delgado
DEJT 02.12.2011/J-23.11.2011 - Decisão unânime
ARR 117400-03.2008.5.04.0201, 8ªT - Min. Dora Maria da Costa
DEJT 10.08.2012/J-07.08.2012 - Decisão unânime
RR 160100-38.2005.5.04.0382, 8ªT - Min. Márcio Eurico Vitral Amaro
DEJT 19.12.2011/J-14.12.2011 - Decisão unânime

Súmula nº 442 do TST

PROCEDIMENTO SUMARÍSSIMO. RECURSO DE REVISTA FUNDAMENTADO EM CONTRARIEDADE A ORIENTAÇÃO JURISPRUDENCIAL. INADMISSIBILIDADE. ART. 896, § 6º, DA CLT, ACRESCENTADO PELA LEI Nº 9.957, DE 12.01.2000 (conversão da Orientação Jurisprudencial nº 352 da SBDI-1) - Res. 185/2012, DEJT divulgado em 25, 26 e 27.09.2012

Nas causas sujeitas ao procedimento sumaríssimo, a admissibilidade de recurso de revista está limitada à demonstração de violação direta a dispositivo da Constituição Federal ou contrariedade a Súmula do Tribunal Superior do Trabalho, não se admitindo o recurso por contrariedade a Orientação Jurisprudencial deste Tribunal (Livro II, Título II, Capítulo III, do RITST), ante a ausência de previsão no art. 896, § 6º, da CLT. Precendentes:

ERR 97300-82.2002.5.03.0001,T. Pleno - Min. Milton de Moura França
Julgado em 24.06.2004 - Decisão unânime
ERR 134600-76.2004.5.22.0002 - Min. João Oreste Dalazen
DJ 02.03.2007/J-06.02.2007 - Decisão unânime
ERR 5391300-50.2001.5.09.0008 - Min. Carlos Alberto Reis de Paula
DJ 17.02.2006/J-12.12.2005 - Decisão unânime
ERR 87000-52.2004.5.08.0001 - Min. Maria Cristina Irigoyen Peduzzi
DJ 10.02.2006/J-28.11.2005 - Decisão unânime
ERR 168600-92.2004.5.08.0002 - Min. José Luciano de Castilho Pereira
DJ 21.10.2005/J-11.10.2005 - Decisão unânime
AERR 120200-83.2000.5.19.0001 - Juiz Conv. José Antônio Pancotti
DJ 11.03.2005/J-28.02.2005 - Decisão unânime
ERR 1095000-68.2002.5.06.0900 - Min. Milton de Moura França
DJ 18.02.2005/J-29.11.2004 - Decisão unânime
ERR 97300-82.2002.5.03.0001 - Min. Milton de Moura França
DJ 24.09.2004/J-06.09.2004 - Decisão unânime

Súmula nº 443 do TST

DISPENSA DISCRIMINATÓRIA. PRESUNÇÃO. EMPREGADO PORTADOR DE DOENÇA GRAVE. ESTIGMA OU PRECONCEITO. DIREITO À REINTEGRAÇÃO - Res. 185/2012, DEJT divulgado em 25, 26 e 27.09.2012

Presume-se discriminatória a despedida de empregado portador do vírus HIV ou de outra doença grave que suscite estigma ou preconceito. Inválido o ato, o empregado tem direito à reintegração no emprego.

ERR 36600-18.2000.5.15.0021 - Min. Horácio Raymundo de Senna Pires
DEJT 14.11.2008/J-06.11.2008 - Decisão unânime
EEDRR 7608900-33.2003.5.02.0900 - Min. Rosa Maria Weber Candiota da Rosa
DJ 30.11.2007/J-06.08.2007 - Decisão por maioria
ERR 439041-20.1998.5.02.5555 - Min. João Oreste Dalazen
DJ 23.05.2003/J-05.05.2003 - Decisão unânime
ERR 217791-22.1995.5.09.5555 - Red. Min. Vantuil Abdala
DJ 02.06.2000/J-07.02.2000 - Decisão por maioria
ERR 205359-36.1995.5.03.5555 - Min. Leonaldo Silva
DJ 14.05.1999/J-27.04.1999 - Decisão unânime
RR 119500-97.2002.5.09.0007, 1ªT - Min. Lelio Bentes Corrêa
DEJT 23.03.2012/J-03.08.2011 - Decisão unânime
RR 61600-92.2005.5.04.0201, 1ªT - Min. Lelio Bentes Corrêa
DEJT 01.07.2011/J-22.06.2011 - Decisão unânime
RR 18900-65.2003.5.15.0072, 1ªT - Min. Luiz Philippe Vieira de Mello Filho
DEJT 06.08.2010/J-17.03.2010 - Decisão unânime
RR 1400-20.2004.5.02.0037, 1ªT - Min. Dora Maria da Costa
DJ 07.12.2007/J-07.11.2007 - Decisão unânime
RR 1017500-36.2007.5.11.0018, 2ªT - Min. Renato de Lacerda Paiva
DEJT 16.03.2012/J-07.03.2012 - Decisão unânime
RR 105500-32.2008.5.04.0101, 3ªT - Min. Rosa Maria Weber Candiota da Rosa
DEJT 05.08.2011/J-29.06.2011 - Decisão por maioria
RR 721340-83.2006.5.12.0035, 3ªT - Min. Rosa Maria Weber Candiota da Rosa
DEJT 22.10.2010/J-26.05.2010 - Decisão unânime
RR 45800-33.2002.5.02.0056, 3ªT - Min. Alberto Luiz Bresciani de Fontan Pereira
DEJT 05.06.2009/J-13.05.2009 - Decisão unânime
RR 104600-17.2002.5.02.0036, 3ªT - Min. Carlos Alberto Reis de Paula
DEJT 03.10.2008/J-20.08.2008 - Decisão unânime
RR 90600-77.2004.5.04.0006, 3ªT - Min. Maria Cristina Irigoyen Peduzzi
DJ 10.11.2006/J-18.10.2006 - Decisão unânime
RR 9951200-06.2006.5.09.0025, 4ªT - Min. Maria de Assis Calsing
DEJT 19.03.2010/J-10.03.2010 - Decisão unânime
RR 5093300-91.2002.5.02.0902 ,4ªT - Min. Antônio José de Barros Levenhagen
DJ 22.04.2005/J-09.03.2005 - Decisão por maioria
RR 112900-36.2005.5.02.0432, 5ªT - Min. Katia Magalhães Arruda
DEJT 06.05.2011/J-26.04.2011 - Decisão unânime
RR 171300-82.2005.5.02.0031, 5ªT - Min. João Batista Brito Pereira
DEJT 15.10.2010/J-06.10.2010 - Decisão unânime
RR 221500-10.2008.5.02.0057, 6ªT - Min. Aloysio Corrêa da Veiga
DEJT 24.02.2012/J-08.02.2012 - Decisão unânime
RR 317800-64.2008.5.12.0054 ,6ªT - Min. Mauricio Godinho Delgado
DEJT 10.06.2011/J-01.06.2011 - Decisão unânime
RR 140700-19.2004.5.02.0062, 7ªT - Min. Guilherme Augusto Caputo Bastos
DEJT 19.12.2008/J-26.11.2008 - Decisão unânime

Súmula nº 444 do TST

JORNADA DE TRABALHO. NORMA COLETIVA. LEI. ESCALA DE 12 POR 36. VALIDADE. - Res. 185/2012, DEJT divulgado em 25, 26 e 27.09.2012 - republicada em decorrência do despacho proferido no processo TST-PA-504.280/2012.2 - DEJT divulgado em 26.11.2012

É válida, em caráter excepcional, a jornada de doze horas de trabalho por trinta e seis de descanso, prevista em lei ou ajustada exclusivamente mediante acordo coletivo de trabalho ou convenção coletiva de trabalho, assegurada a remuneração em dobro dos feriados trabalhados. O empregado não tem direito ao pagamento de adicional referente ao labor prestado na décima primeira e décima segunda horas.

ERR 120400-28.2001.5.04.0016 - Min. Delaíde Miranda Arantes
DEJT 25.11.2011/J-27.10.2011 - Decisão unânime
ERR 41700-39.2005.5.15.0033 - Min. Augusto César Leite de Carvalho
DEJT 29.04.2011/J-14.04.2011 - Decisão unânime
ERR 41800-91.2005.5.15.0033 - Min. João Batista Brito Pereira
DEJT 17.12.2010/J-02.12.2010 - Decisão unânime
EEDRR 89000-06.1999.5.04.0003 - Min. Maria Cristina Irigoyen Peduzzi
DEJT 10.09.2010/J-02.09.2010 - Decisão unânime
ERR 542842-36.1999.5.12.5555 - Min. Lelio Bentes Corrêa
DEJT 09.10.2009/J-24.09.2009 - Decisão unânime
ERR 82100-85.2005.5.15.0101 - Min. Maria de Assis Calsing
DEJT 18.09.2009/J-10.09.2009 - Decisão unânime
EEDAIRReRR 99600-63.1998.5.17.0002 - Min. Carlos Alberto Reis de Paula
DEJT 13.03.2009/J-19.02.2009 - Decisão unânime
ERR 804453-19.2001.5.09.5555 - Red. Min. Aloysio Corrêa da Veiga
DJ 26.09.2008/J-15.09.2008 - Decisão por maioria
RR 39300-41.2006.5.04.0383, 1ªT - Min. Walmir Oliveira da Costa
DEJT 10.02.2012/J-08.02.2012 - Decisão unânime
RR 26300-09.2009.5.04.0014, 2ªT - Min. José Roberto Freire Pimenta
DEJT 27.04.2012/J-18.04.2012 - Decisão unânime
RR 5600-85.2009.5.04.0022, 3ªT - Min. Mauricio Godinho Delgado
DEJT 25.05.2012/J-23.05.2012 - Decisão unânime
RR 478-19.2011.5.03.0097, 4ªT - Min. Luiz Philippe Vieira de Mello Filho
DEJT 15.06.2012/J-12.06.2012 - Decisão unânime
RR 166400-70.2005.5.15.0071, 4ªT - Min. Luiz Philippe Vieira de Mello Filho
DEJT 01.06.2012/J-23.05.2012 - Decisão unânime
RR 140000-37.2007.5.12.0037, 7ªT - Min. Pedro Paulo Teixeira Manus
DEJT 11.05.2012/J-02.05.2012 - Decisão unânime

Súmula nº 445 do TST

INADIMPLEMENTO DE VERBAS TRABALHISTAS. FRUTOS. POSSE DE MÁ-FÉ. ART. 1.216 DO CÓDIGO CIVIL. INAPLICABILIDADE AO DIREITO DO TRABALHO - Res. 189/2013, DEJT divulgado em 13, 14 e 15.03.2013

A indenização por frutos percebidos pela posse de má-fé, prevista no art. 1.216 do Código Civil, por tratar-se de regra

afeta a direitos reais, mostra-se incompatível com o Direito do Trabalho, não sendo devida no caso de inadimplemento de verbas trabalhistas.

RR 306500-62.2006.5.02.0084, 1ªT - Min. Walmir Oliveira da Costa
DEJT 09.03.2012/J-07.03.2012 - Decisão unânime
RR 13700-41.2006.5.02.0070, 1ªT - Min. Luiz Philippe Vieira de Mello Filho
DEJT 03.02.2012/J-14.12.2011 - Decisão unânime
RR 131900-54.2007.5.15.0023, 1ªT - Min. Lelio Bentes Corrêa
DEJT 11.06.2010/J-19.05.2010 - Decisão unânime
RR 174100-83.2007.5.02.0461, 2ªT - Min. Renato de Lacerda Paiva
DEJT 14.09.2012/J-05.09.2012 - Decisão unânime
RR 197400-48.2007.5.02.0017, 2ªT - Min. Guilherme Augusto Caputo Bastos
DEJT 31.08.2012/J-22.08.2012 - Decisão unânime
RR 172200-24.2005.5.02.0077, 2ªT - Min. José Roberto Freire Pimenta
DEJT 06.05.2011/J-27.04.2011 - Decisão unânime
RR 138886-65.2004.5.12.0038, 3ªT - Min. Maurício Godinho Delgado
DEJT 31.08.2012/J-29.08.2012 - Decisão unânime
RR 751900-34.2005.5.15.0140, 3ªT - Min. Horácio Raymundo de Senna Pires
DEJT 23.03.2012/J-21.03.2012 - Decisão unânime
RR 265700-89.2005.5.02.0063, 3ªT - Min. Alberto Luiz Bresciani de Fontan Pereira
DEJT 02.03.2012/J-29.02.2012 - Decisão unânime
RR 95501-84.2006.5.02.0035, 3ªT - Min. Rosa Maria Weber Candiota da Rosa
DEJT 19.12.2011/J-14.12.2011 - Decisão unânime
RR 81100-20.2007.5.02.0076, 4ªT - Min. Fernando Eizo Ono
DEJT 14.09.2012/J-05.09.2012 - Decisão unânime
RR 39000-29.2006.5.15.0042, 4ªT - Min. Maria de Assis Calsing
DEJT 02.09.2012/J-24.08.2012 - Decisão unânime
RR 31800-88.2007.5.09.0660, 4ªT - Min. Luiz Philippe Vieira de Mello Filho
DEJT 10.08.2012/J-07.08.2012 - Decisão unânime
RR 228500-35.2006.5.15.0133, 4ªT - Min. Milton de Moura França
DEJT 01.07.2011/J-15.06.2011 - Decisão unânime
RR 150285-91.2004.5.12.0038, 5ªT - Min. Kátia Magalhães Arruda
DEJT 28.10.2011/J-19.10.2011 - Decisão unânime
RR 2822200-07.2007.5.09.0003, 5ªT - Min. João Batista Brito Pereira
DEJT 26.08.2011/J-17.08.2011 - Decisão unânime
RR 281200-21.2006.5.15.0025, 5ªT - Min. Emmanoel Pereira
DEJT 13.05.2011/J-04.05.2011 - Decisão unânime
RR 141000-62.2005.5.15.0036, 6ªT - Min. Kátia Magalhães Arruda
DEJT 28.09.2012/J-26.09.2012 - Decisão unânime
RR 36600-57.2006.5.02.0057, 6ªT - Min. Augusto César Leite de Carvalho
DEJT 24.08.2012/J-15.08.2012 - Decisão unânime
RR 283400-23.2005.5.02.0049, 6ªT - Min. Aloysio Corrêa da Veiga
DEJT 29.04.2011/J-06.04.2011 - Decisão unânime
RR 36500-68.2007.5.15.0037, 7ªT - Min. Pedro Paulo Teixeira Manus
DEJT 27.04.2012/J-18.04.2012 - Decisão unânime
RR 154400-25.2006.5.02.0084, 8ªT - Min. Dora Maria da Costa
DEJT 14.10.2011/J-11.10.2011 - Decisão unânime

Súmula nº 446 do TST

SÚMULA Nº 446 MAQUINISTA FERROVIÁRIO. INTERVALO INTRAJORNADA. SUPRESSÃO PARCIAL OU TOTAL. HORAS EXTRAS DEVIDAS. COMPATIBILIDADE ENTRE OS ARTS. 71, § 4º, E 238, § 5º, DA CLT. Res. 193/2013, DEJT divulgado em 13, 16 e 17.12.2013

A garantia ao intervalo intrajornada, prevista no art. 71 da CLT, por constituir-se em medida de higiene, saúde e segurança do empregado, é aplicável também ao ferroviário maquinista integrante da categoria "c" (equipagem de trem em geral), não havendo incompatibilidade entre as regras inscritas nos arts. 71, § 4º, e 238, § 5º, da CLT.

ERR 49800-10.2009.5.15.0108 - Min. Augusto César Leite de Carvalho
DEJT 30.08.2013/J-22.08.2013 - Decisão unânime
ERR 660200-60.2009.5.09.0024 - Min. Dora Maria da Costa
DEJT 02.08.2013/J-27.06.2013 - Decisão unânime
ERR 462000-43.2004.5.09.0005 - Min. Lelio Bentes Corrêa
DEJT 01.07.2013/J-13.06.2013 - Decisão unânime
ERR 1977600-71.2006.5.09.0001 - Min. Renato de Lacerda Paiva
DEJT 21.06.2013/J-06.06.2013 - Decisão unânime
EEDRR 42100-92.2007.5.02.0373 - Min. Ives Gandra da Silva Martins Filho
DEJT 07.06.2013/J-09.05.2013 - Decisão unânime
EEDRR 429700-56.2003.5.09.0007 - Min. Rosa Maria Weber Candiota da Rosa
DEJT 31.05.2013/J-16.05.2013 - Decisão unânime
EEDRR 65200-84.2007.5.03.0038 - Red. Min. Aloysio Corrêa da Veiga
DEJT 10.05.2013/J-18.04.2013 - Decisão por maioria (SBDI-I Composição Plena)

Súmula nº 447 do TST

SÚMULA Nº 447 ADICIONAL DE PERICULOSIDADE. PERMANÊNCIA A BORDO DURANTE O ABASTECIMENTO DA AERONAVE. INDEVIDO. Res. 193/2013, DEJT divulgado em 13, 16 e 17.12.2013

Os tripulantes e demais empregados em serviços auxiliares de transporte aéreo que, no momento do abastecimento da aeronave, permanecem a bordo não têm direito ao adicional de periculosidade a que aludem o art. 193 da CLT e o Anexo 2, item 1, "c", da NR 16 do MTE.

EEDRR 81000-79.2001.5.02.0010 - Min. Lelio Bentes Corrêa
DEJT 03.04.2012/J-15.03.2012 - Decisão unânime
EEDRR 785308-47.2001.5.02.0050 - Des. Conv. Hugo Carlos Scheuermann
DEJT 03.02.2012/J-15.12.2011 - Decisão unânime
EEDRR 89700-74.2004.5.01.0072 - Min. Aloysio Corrêa da Veiga
DEJT 14.10.2011/J-06.10.2011 - Decisão unânime
ERR 135100-67.2000.5.02.0317 - Min. Rosa Maria Weber Candiota da Rosa
DEJT 10.09.2010/J-02.09.2010 - Decisão unânime
EEDRR 80400-41.1999.5.02.0006 - Min. João Batista Brito Pereira
DEJT 30.03.2010/J-18.03.2010 - Decisão por maioria
ERR 14100-49.2001.5.02.0064 - Min. Augusto César Leite de Carvalho
DEJT 12.03.2010/J-25.02.2010 - Decisão unânime
ERR 212740-15.2001.5.02.0317 - Min. Maria de Assis Calsing
DEJT 05.03.2010/J-25.02.2010 - Decisão unânime
ERR 319200-18.1999.5.02.0019 - Min. Maria Cristina Irigoyen Peduzzi
DEJT 04.09.2009/J-27.08.2009 - Decisão unânime
EEDRR 6700-81.2000.5.01.0052 - Min. Vantuil Abdala

DEJT 15.05.2009/J-30.04.2009 - Decisão por maioria
EEDRR 7559700-57.2003.5.02.0900 - Min. Horácio Raymundo de Senna Pires
DEJT 14.11.2008/J-06.06.2008 - Decisão por maioria

Súmula nº 448 do TST
ATIVIDADE INSALUBRE. CARACTERIZAÇÃO. PREVISÃO NA NORMA REGULAMENTADORA Nº 15 DA PORTARIA DO MINISTÉRIO DO TRABALHO Nº 3.214/78. INSTALAÇÕES SANITÁRIAS. (conversão da Orientação Jurisprudencial nº 4 da SBDI-1 com nova redação do item II) – Res. 194/2014, DEJT divulgado em 21, 22 e 23.05.2014.

I - Não basta a constatação da insalubridade por meio de laudo pericial para que o empregado tenha direito ao respectivo adicional, sendo necessária a classificação da atividade insalubre na relação oficial elaborada pelo Ministério do Trabalho.

II – A higienização de instalações sanitárias de uso público ou coletivo de grande circulação, e a respectiva coleta de lixo, por não se equiparar à limpeza em residências e escritórios, enseja o pagamento de adicional de insalubridade em grau máximo, incidindo o disposto no Anexo 14 da NR-15 da Portaria do MTE nº 3.214/78 quanto à coleta e industrialização de lixo urbano.

Item I
ERR 15940-97.1990.5.02.5555 - Min. Rider de Brito
DJ 09.10.1998/J-21.09.1998 - Decisão unânime
ERR 43338-53.1992.5.09.5555, Ac. 1521/1996 - Min. Francisco Fausto
DJ 28.06.1996/J-16.04.1996 - Decisão unânime
ERR 1213-12.1988.5.09.5555, Ac. 2251/1994 - Min. Francisco Fausto
DJ 27.10.1994/J-22.06.1994 - Decisão por maioria
ERR 15118-16.1990.5.09.5555, Ac. 2534/1993 - Min. Ney Doyle
DJ 29.10.1993/J-25.08.1993 - Decisão por maioria
Item II
EEDRR 582-32.2010.5.04.0351 - Min. Augusto César Leite de Carvalho
DEJT 14.11.2013/J-07.11.2013 - Decisão unânime
EEDRR 324700-96.2008.04.0018 - Min. Dora Maria da Costa
DEJT 30.10.2013/J-24.10.2013 - Decisão unânime
ERR 109800-80.2007.5.12.0026 -Min. Luiz Philippe Vieira de Mello Filho
DEJT 18.10.2013/J-10.10.2013 - Decisão unânime
ERR 113200-88.2007.5.04.0232 - Min. Alexandre de Souza Agra Belmonte
DEJT 04.10.2013 /J-13.06.2013 - Decisão unânime
EEDRR 113300-43.2007.5.04.0232 - Min. Aloysio Corrêa da Veiga
DEJT 20.09.2013/J-12.09.2013 - Decisão unânime
ERR 102100-02.2007.04.0018 - Min. João Batista Brito Pereira
DEJT 30.08.2013/J-15.08.2013 - Decisão unânime
EARR 746-94.2010.5.04.0351 - Min. Renato de Lacerda Paiva
DEJT 05.04.2013 /J-07.03.2013 - Decisão por maioria
ERR 642068-77.2000.5.12.5555 - Min. Maria Cristina Irigoyen Peduzzi
DEJT 29.08.2008 /J-02.06.2008 - Decisão por maioria

Súmula nº 449 do TST
MINUTOS QUE ANTECEDEM E SUCEDEM A JORNADA DE TRABALHO. LEI Nº 10.243, DE 19.06.2001. NORMA COLETIVA. FlEXIBILIZAÇÃO. IMPOSSIBILIDADE. (conversão da Orientação Jurisprudencial nº 372 da SBDI-1) – Res. 194/2014, DEJT divulgado em 21, 22 e 23.05.2014

A partir da vigência da Lei nº 10.243, de 19.06.2001, que acrescentou o § 1º ao art. 58 da CLT, não mais prevalece cláusula prevista em convenção ou acordo coletivo que elastece o limite de 5 minutos que antecedem e sucedem a jornada de trabalho para fins de apuração das horas extras.

ERR 26800-16.2003.5.04.0231 - Min. Carlos Alberto Reis de Paula
DJ 26.09.2008 - Decisão unânime
EEDRR 419800-92.2003.5.12.0003 - Min. Aloysio Corrêa da Veiga
DJ 12.09.2008 - Decisão unânime
ERR 68540-61.2001.5.01.0342 - Min. João Batista Brito Pereira
DJ 09.05.2008 - Decisão unânime
ERR 139900-93.2005.5.15.0029 - Min. Maria Cristina Irigoyen Peduzzi
DJ 02.05.2008 - Decisão unânime
EEDRR 171100-43.2002.5.04.0381 - Min. Aloysio Corrêa da Veiga
DJ 29.02.2008 - Decisão unânime
EARR 6123000-47.2002.5.04.0900 - Min. Maria Cristina Irigoyen Peduzzi
DJ 29.02.2008 - Decisão unânime
ERR 116100-37.2004.5.04.0333 - Min. Carlos Alberto Reis de Paula
DJ 07.12.2007 - Decisão unânime
EEDRR 76500-15.2003.5.04.0019 - Min. Maria Cristina Irigoyen Peduzzi
DJ 07.12.2007 - Decisão unânime
ERR 26600-09.2003.5.04.0231 - Min. Carlos Alberto Reis de Paula
DJ 30.11.2007 - Decisão por maioria
ERR 41800-68.2002.5.04.0012 - Min. Maria de Assis Calsing
DJ 09.11.2007 - Decisão unânime
ERR 68400-82.2005.5.03.0131 - Min. Maria Cristina Irigoyen Peduzzi
DJ 09.11.2007 - Decisão unânime
EEDRR 144300-77.2004.5.12.0027 - Min. Maria Cristina Irigoyen Peduzzi
DJ 19.10.2007 - Decisão unânime
EEDRR 55900-72.2003.5.03.0092 - Min. Lelio Bentes Corrêa
DJ 25.05.2007 - Decisão unânime
RR 61900-28.2002.5.04.0373, 1ªT - Min. João Oreste Dalazen
DJ 11.06.2004 - Decisão unânime
RR 110400-34.2002.5.04.0371, 2ªT - Min. José Simpliciano Fontes de F. Fernandes
DJ 15.06.2007 - Decisão por maioria
RR 100200-91.2004.5.04.0372, 3ªT - Min. Alberto Luiz Bresciani de Fontan Pereira
DJ 26.05.2006 - Decisão por maioria
RR 153300-94.2005.5.04.0381, 4ªT - Min. Barros Levenhagen
DJ 15.06.2007 - Decisão unânime
RR 13200-08.2006.5.04.0332, 5ªT - Min. Kátia Magalhães Arruda
DJ 09.05.2008 - Decisão unânime
AIRR 1840-76.2006.5.04.0332, 6ªT - Min. Mauricio Godinho Delgado
DJ 26.09.2008 - Decisão unânime
RR 142600-87.2004.5.04.0771, 6ªT - Min. Aloysio Corrêa da Veiga
DJ 15.02.2008 - Decisão unânime
RR 108400-87.2005.5.04.0781, 7ªT - Min. Guilherme Augusto Caputo Bastos
DJ 29.08.2008 - Decisão unânime
RR 129500-89.2002.5.04.0333, 8ªT - Min. Maria Cristina Irigoyen Peduzzi
DJ 22.02.2008 - Decisão unânime

Súmula nº 450 do TST
FÉRIAS. GOZO NA ÉPOCA PRÓPRIA. PAGAMENTO FORA DO PRAZO. DOBRA DEVIDA. ARTS. 137 E 145 DA CLT. (conversão da

Orientação Jurisprudencial nº 386 da SBDI-1) – Res. 194/2014, DEJT divulgado em 21, 22 e 23.05.2014

É devido o pagamento em dobro da remuneração de férias, incluído o terço constitucional, com base no art. 137 da CLT, quando, ainda que gozadas na época própria, o empregador tenha descumprido o prazo previsto no art. 145 do mesmo diploma legal.

EEDRR 280700-13.2001.5.02.0050 - Min. Lelio Bentes Corrêa
DEJT 19.03.2010 - Decisão unânime
ERR 28600-79.2002.5.12.0041 - Min. Rosa Maria Weber Candiota da Rosa
DEJT 14.08.2009 - Decisão unânime
ERR 51000-56.2006.5.12.0006 - Red. Min. Maria Cristina Peduzzi
DEJT 26.06.2009 - Decisão por maioria
ERR 168300-65.2005.5.12.0041 - Min. Rosa Maria Weber Candiota da Rosa
DEJT 27.03.2009 - Decisão unânime
ERR 91900-18.2005.5.12.0006 - Min. Rosa Maria Weber Candiota da Rosa
DEJT 27.03.2009 - Decisão unânime
ERR 568174-05.1999.5.12.5555 - Red. Min. José Luciano de Castilho Pereira
DJ 01.11.2006 - Decisão por maioria
ERR 160624-63.1995.5.12.5555 - Min. Francisco Fausto Paula de Medeiros
DJ 30.05.1997 - Decisão unânime
RR 256000-52.2005.5.09.0562, 1ªT - Min. Walmir Oliveira da Costa
DEJT 05.02.2010 - Decisão unânime
RR 557436-61.1999.5.01.5555, 1ªT - Min. Emmanoel Pereira
DJ 08.08.2003 - Decisão unânime
RR 346157-06.1997.5.02.5555, 1ªT - Min. Ronaldo Lopes Leal
DJ 25.08.2000 - Decisão unânime
RR 207400-56.2007.5.12.0041,2ªT - Min. Vantuil Abdala
DEJT 18.09.2009 - Decisão unânime
RR 160000-85.2003.5.12.0041, 3ªT - Min. Carlos Alberto Reis de Paula
DJ 10.08.2006 - Decisão unânime
RR 140000-25.2007.5.12.0041, 4ªT - Min. Maria de Assis Calsing
DEJT 09.10.2009 - Decisão unânime
RR 32000-36.2007.5.12.0006, 4ªT - Min. Antônio José Barros Levenhagen
DEJT 08.05.2009 - Decisão unânime
RR 640704-70.2001.5.12.5555, 4ªT - Min. Antônio José Barros Levenhagen
DJ 30.05.2003 - Decisão unânime
RR 138800-80.2007.5.12.0041, 5ªT - Min. João Batista Brito Pereira
DEJT 26.06.2009 - Decisão unânime
RR 99700-97.2005.5.12.0006, 5ªT - Min. Emmanoel Pereira
DEJT 06.03.2009 - Decisão unânime
RR 74000-87.2000.5.12.0041, 5ªT - Min. Kátia Magalhães Arruda
DEJT 06.10.2008 - Decisão unânime
RR 233500-27.2005.5.12.0006, 5ªT - Min. Kátia Magalhães Arruda
DJ 02.05.2008 - Decisão unânime
RR 475190-36.1998.5.12.5555, 5ªT - Min. João Batista Brito Pereira
DJ 19.12.2002 - Decisão por maioria
RR 455840-47.2003.5.12.0039,6ªT - Min. Maurício Godinho Delgado
DEJT 19.03.2010 - Decisão unânime
RR 134200-16.2007.5.12.0041,6ªT - Min. Maurício Godinho Delgado
DEJT 13.11.2009 - Decisão unânime
RR 18440-27.2007.5.12.0006, 6ªT - Min. Horácio Raymundo de Senna Pires
DEJT 15.05.2009 - Decisão unânime
RR 657491-77.2000.5.12.5555, 6ªT - Min. Rosa Maria Weber Candiota da Rosa
DJ 25.08.2006 - Decisão por maioria
RR 2111600-63.2004.5.09.0652, 7ªT - Min. Guilherme Augusto Caputo Bastos
DEJT 18.12.2009 - Decisão unânime
RR 22400-54.2008.5.12.0006, 8ªT - Min. Márcio Eurico Vitral Amaro
DEJT 09.04.2010 - Decisão unânime
RR 24800-75.2007.5.12.0006, 8ªT - Min. Márcio Eurico Vitral Amaro
DEJT 20.03.2009 - Decisão unânime
RR 29100-17.2006.5.12.0006, 8ªT - Min. Maria Cristina Irigoyen Peduzzi
DJ 22.02.2008 - Decisão unânime

Súmulas
Súmulas do Tribunal Superior do Trabalho

Súmula nº 451 do TST

PARTICIPAÇÃO NOS LUCROS E RESULTADOS. RESCISÃO CONTRATUAL ANTERIOR À DATA DA DISTRIBUIÇÃO DOS LUCROS. PAGAMENTO PROPORCIONAL AOS MESES TRABALHADOS. PRINCÍPIO DA ISONOMIA. (conversão da Orientação Jurisprudencial nº 390 da SBDI-1) – Res. 194/2014, DEJT divulgado em 21, 22 e 23.05.2014

Fere o princípio da isonomia instituir vantagem mediante acordo coletivo ou norma regulamentar que condiciona a percepção da parcela participação nos lucros e resultados ao fato de estar o contrato de trabalho em vigor na data prevista para a distribuição dos lucros. Assim, inclusive na rescisão contratual antecipada, é devido o pagamento da parcela de forma proporcional aos meses trabalhados, pois o ex-empregado concorreu para os resultados positivos da empresa.

ERR 70500-79.2002.5.01.0063 - Min. Maria Cristina Irigoyen Peduzzi
DEJT 19.02.2010 - Decisão unânime
EEDRR 4190-71.2003.5.04.0017 - Min. João Batista Brito Pereira
DEJT 04.12.2009 - Decisão unânime
ERR 7992000-55.2003.5.11.0900 - Min. Aloysio Corrêa da Veiga
DEJT 29.10.2009 - Decisão unânime
EEDRR 129400-97.2003.5.01.0070 - Min. João Batista Brito Pereira
DEJT 09.10.2009 - Decisão unânime
ERR 2635400-50.2002.5.06.0900 - Min. Maria Cristina Irigoyen Peduzzi
DEJT 24.04.2009 - Decisão unânime
ERR 60900-61.2002.5.17.0007 - Min. Aloysio Corrêa da Veiga
DEJT 13.02.2009 - Decisão unânime
ERR 1450500-28.2003.5.11.0009 - Min. Carlos Alberto Reis de Paula
DEJT 05.12.2008 - Decisão unânime
ERR 531654-30.1999.5.09.5555 - Min. João Batista Brito Pereira
DJ 12.09.2008 - Decisão unânime
ERR 78700-11.2002.5.04.0025 - Min. João Batista Brito Pereira
DJ 09.05.2008 - Decisão unânime
ERR 6249500-66.2002.5.11.0900 - Min. Carlos Alberto Reis de Paula
DJ 18.04.2008 - Decisão unânime

ERR 2387700-24.2002.5.11.0900 - Min. Maria Cristina Irigoyen Peduzzi
DJ 19.10.2007 - Decisão unânime
ERR 43300-86.2003.5.03.0005 - Min. Aloysio Corrêa da Veiga
DJ 16.03.2007 - Decisão unânime
ERR 7514500-75.2003.5.11.0900 - Min. Carlos Alberto Reis de Paula
DJ 02.02.2007 - Decisão unânime
ERR 707574-59.2000.5.17.5555 - Min. Milton de Moura França
DJ 30.06.2006 - Decisão unânime
ERR 5282100-54.2002.5.22.0900 - Min. Maria Cristina Irigoyen Peduzzi
DJ 19.05.2006 - Decisão unânime
ERR 5455500-12.2002.5.22.0900 - Min. Maria Cristina Irigoyen Peduzzi
DJ 19.05.2006 - Decisão unânime
RR 77900-07.1999.5.09.0006, 1ªT - Min. Lelio Bentes Corrêa
DEJT 21.08.2009 - Decisão unânime
AIRR 6325700-66.2002.5.02.0900, 1ªT - Min. Walmir Oliveira da Costa
DEJT 17.10.2008 - Decisão unânime
RR 122200-16.2004.5.04.0007, 2ªT - Min. Renato de Lacerda Paiva
DEJT 30.03.2010 - Decisão unânime
RR 97000-33.2006.5.04.0008, 3ªT - Min. Alberto Luiz Bresciani de Fontan Pereira
DEJT 23.04.2010 - Decisão unânime
RR 41900-71.2003.5.04.0017, 3ªT - Juiz Conv. Douglas Alencar Rodrigues
DEJT 24.04.2009 - Decisão unânime
RR 1161700-79.2002.5.22.0900, 4ªT - Min. Milton de Moura França
DJ 11.06.2004 - Decisão unânime
RR 100-23.2003.5.03.0007, 5ªT - Min. Emmanoel Pereira
DEJT 06.11.2009 - Decisão unânime
RR 169940-14.2003.5.01.0063, 6ªT - Min. Maurício Godinho Delgado
DEJT 23.04.2010 - Decisão unânime
RR 16240-25.2002.5.06.0900, 6ªT - Min. Maurício Godinho Delgado
DJ 15.08.2008 - Decisão unânime
RR 135000-84.2005.5.04.0381, 8ªT - Min. Dora Maria da Costa
DEJT 14.08.2009 - Decisão unânime
RR 95340-34.2002.5.04.0011, 8ªT - Min. Márcio Eurico Vitral Amaro
DEJT 17.04.2009 - Decisão unânime

Súmula nº 452 do TST
DIFERENÇAS SALARIAIS. PLANO DE CARGOS E SALÁRIOS. DESCUMPRIMENTO. CRITÉRIOS DE PROMOÇÃO NÃO OBSERVADOS. PRESCRIÇÃO PARCIAL. (conversão da Orientação Jurisprudencial nº 404 da SBDI-1) – Res. 194/2014, DEJT divulgado em 21, 22 e 23.05.2014
Tratando-se de pedido de pagamento de diferenças salariais decorrentes da inobservância dos critérios de promoção estabelecidos em Plano de Cargos e Salários criado pela empresa, a prescrição aplicável é a parcial, pois a lesão é sucessiva e se renova mês a mês.
ERR 161500-51.2003.5.03.0070 - Min. João Batista Brito Pereira
DEJT 28.05.2010 - Decisão unânime
EEDRR 133900-12.2002.5.04.0022 - Min. Lelio Bentes Corrêa
DEJT 30.04.2010 - Decisão unânime
EEDRR 758845-63.2001.5.03.5555 - Min. Maria Cristina Irigoyen Peduzzi
DEJT 09.04.2010 - Decisão unânime
ERR 103500-86.2004.5.04.0008 - Min. Rosa Maria Weber Candiota da Rosa
DEJT 04.12.2009 - Decisão unânime
EEDRR 40100-36.2004.5.03.0070 - Min. Rosa Maria Weber Candiota da Rosa
DEJT 27.11.2009 - Decisão unânime
ERR 717395-77.2000.5.03.5555 - Min. Guilherme Augusto Caputo Bastos
DEJT 13.11.2009 - Decisão unânime
ERR 103900-58.2003.5.04.0001 - Min. Maria Cristina Irigoyen Peduzzi
DEJT 09.10.2009 - Decisão unânime
ERR 780858-56.2001.5.03.5555 - Min. Horácio Raymundo de Senna Pires
DEJT 09.10.2009 - Decisão unânime
ERR 794791-96.2001.5.03.5555 - Min. Vantuil Abdala
DEJT 18.09.2009 - Decisão unânime
ERR 83500-02.2004.5.05.0311 - Min. Maria de Assis Calsing
DEJT 18.09.2009 - Decisão unânime
ERR 788266-98.2001.5.03.5555 - Min. Lelio Bentes Corrêa
DEJT 21.08.2009 - Decisão unânime
ERR 717863-41.2000.5.03.5555 - Min. Rosa Maria Weber Candiota da Rosa
DEJT 07.08.2009 - Decisão unânime
EEDRR 721846-14.2001.5.03.5555 - Min. João Batista Brito Pereira
DEJT 07.08.2009 - Decisão unânime
ERR 794844-77.2001.5.03.5555 - Min. Rosa Maria Weber Candiota da Rosa
DEJT 12.06.2009 - Decisão unânime
EEDRR 20900-52.2002.5.04.0016 - Min. Maria Cristina Irigoyen Peduzzi
DEJT 27.03.2009 - Decisão unânime
ERR 73100-27.2004.5.03.0070 - Min. Maria Cristina Irigoyen Peduzzi
DEJT 13.02.2009 - Decisão unânime
EEDRR 735539-65.2001.5.03.5555 - Min. Vantuil Abdala
DJ 05.09.2008 - Decisão unânime
ERR 150900-42.2004.5.05.0017 - Min. Carlos Alberto Reis de Paula
DJ 13.06.2008 - Decisão unânime
EEDRR 804446-92.2001.5.03.5555 - Min. João Batista Brito Pereira
DJ 18.04.2008 - Decisão unânime
EEDRR 738712-97.2001.5.03.5555 - Min. João Batista Brito Pereira
DJ 04.04.2008 - Decisão unânime
EEDRR 737399-04.2001.5.03.5555 - Min. João Batista Brito Pereira
DJ 28.03.2008 - Decisão unânime
EEDRR 803897-82.2001.5.03.5555 - Min. Aloysio Corrêa da Veiga
DJ 08.02.2008 - Decisão unânime
ERR 61700-22.2002.5.04.0017 - Min. Aloysio Corrêa da Veiga
DJ 25.08.2006 - Decisão unânime
RR 161641-74.2003.5.03.0101, 2ªT - Juiz Conv. Roberto Freitas Pessoa
DEJT 30.04.2010 - Decisão unânime
RR 306100-09.2005.5.09.0013, 3ªT - Min. Alberto Luiz Bresciani de Fontan Pereira
DEJT 20.11.2009 - Decisão unânime
RR 13540-48.2007.5.06.0012, 4ªT - Min. Fernando Eizo Ono
DEJT 07.04.2009 - Decisão unânime

RR 115600-20.2001.5.03.0101, 5ªT - Min. Kátia Magalhães Arruda
DEJT 12.12.2008 - Decisão unânime
RR 2800-97.2003.5.05.0012, 6ªT - Min. Maurício Godinho Delgado
DEJT 06.03.2009 - Decisão unânime
RR 157800-94.2002.5.05.0022,7ªT - Min. Pedro Paulo Manus
DEJT 24.04.2009 - Decisão unânime
RR 785195-88.2001.5.03.5555, 8ªT - Min. Dora Maria da Costa
DJ 05.09.2008 - Decisão unânime

Súmula nº 453 do TST

ADICIONAL DE PERICULOSIDADE. PAGAMENTO ESPONTÂNEO. CARACTERIZAÇÃO DE FATO INCONTROVERSO. DESNECESSÁRIA A PERÍCIA DE QUE TRATA O ART. 195 DA CLT. (conversão da Orientação Jurisprudencial nº 406 da SBDI-1) – Res. 194/2014, DEJT divulgado em 21, 22 e 23.05.2014

O pagamento de adicional de periculosidade efetuado por mera liberalidade da empresa, ainda que de forma proporcional ao tempo de exposição ao risco ou em percentual inferior ao máximo legalmente previsto, dispensa a realização da prova técnica exigida pelo art. 195 da CLT, pois torna incontroversa a existência do trabalho em condições perigosas.

ERR 1723600-13.1999.5.09.0014 - Min. Maria Cristina Irigoyen Peduzzi
DEJT 05.06.2009 - Decisão unânime
EARR 808460-54.2001.5.09.5555 - Min. Maria Cristina Irigoyen Peduzzi
DEJT 06.02.2009 - Decisão unânime
ERR 653047-39.2000.5.07.5555 - Min. Lelio Bentes Corrêa
DJ 26.09.2008 - Decisão unânime
ERR 434888-46.1998.5.09.5555 - Min. João Batista Brito Pereira
DJ 18.04.2008 - Decisão unânime
ERR 451175-84.1998.5.09.5555 - Min. Maria de Assis Calsing
DJ 14.12.2007 - Decisão unânime
ERR 419382-30.1998.5.09.5555 - Min. Aloysio Corrêa da Veiga
DJ 11.11.2005 - Decisão unânime
ERR 213838-50.1995.5.09.5555 - Juiz Conv. José Antônio Pancotti
DJ 29.04.2005 - Decisão unânime
ERR 465694-64.1998.5.09.5555 - Min. João Batista Brito Pereira
DJ 05.12.2003 - Decisão unânime
ERR 412215-93.1997.5.09.5555 - Min. Carlos Alberto Reis de Paula
DJ 21.11.2003 - Decisão unânime
ERR 384852-34.1997.5.09.5555 - Min. José Luciano de Castilho Pereira
DJ 14.11.2003 - Decisão unânime
ERR 405927-32.1997.5.09.5555 - Min. Carlos Alberto Reis de Paula
DJ 07.11.2003 - Decisão unânime
ERR 457297-16.1998.5.09.5555 - Min. Milton de Moura França
DJ 13.06.2003 - Decisão unânime
ERR 570084-67.1999.5.12.5555 - Min. Milton de Moura França
DJ 21.03.2003 - Decisão unânime
ERR 463855-04.1998.5.09.5555 - Min. José Luciano de Castilho Pereira
DJ 07.03.2003 - Decisão unânime
ERR 727972-15.2001.5.09.5555 - Min. Milton de Moura França
DJ 30.08.2002 - Decisão unânime
RR 173100-74.2003.5.17.0007, 1ªT - Min. Lelio Bentes Corrêa
DEJT 16.04.2010 - Decisão unânime
RR 787175-86.2001.5.06.5555, 3ªT - Min. Alberto Luiz Bresciani de Fontan Pereira
DEJT 24.10.2008 - Decisão unânime
RR 170400-86.2002.5.15.0114, 3ªT - Min. Maria Cristina Irigoyen Peduzzi
DJ 12.05.2006 - Decisão unânime
RR 251000-46.1996.5.01.0421, 4ªT - Min. Maria de Assis Calsing
DJ 23.11.2007 - Decisão unânime
RR 250600-41.2002.5.02.0050, 4ªT - Min. Ives Gandra Martins Filho
DJ 18.05.2007 - Decisão unânime
RR 20700-50.2004.5.01.0342, 8ªT - Min. Dora Maria da Costa
DEJT 03.11.2009 - Decisão unânime
RR 1811940-36.1999.5.09.0012, 8ªT - Min. Márcio Eurico Vitral Amaro
DEJT 11.09.2009 - Decisão unânime

Súmula nº 454 do TST

COMPETÊNCIA DA JUSTIÇA DO TRABALHO. EXECUÇÃO DE OFÍCIO. CONTRIBUIÇÃO SOCIAL REFERENTE AO SEGURO DE ACIDENTE DE TRABALHO (SAT). ARTS. 114, VIII, E 195, I, "A", DA CONSTITUIÇÃO DA REPÚBLICA. (conversão da Orientação Jurisprudencial nº 414 da SBDI-1) – Res. 194/2014, DEJT divulgado em 21, 22 e 23.05.2014

Compete à Justiça do Trabalho a execução, de ofício, da contribuição referente ao Seguro de Acidente de Trabalho (SAT), que tem natureza de contribuição para a seguridade social (arts. 114, VIII, e 195, I, "a", da CF), pois se destina ao financiamento de benefícios relativos à incapacidade do empregado decorrente de infortúnio no trabalho (arts. 11 e 22 da Lei nº 8.212/1991).

ERR 24300-40.2004.5.09.0089 - Min. Milton de Moura França
DEJT 25.11.2011 - Decisão unânime
ERR 134300-50.1998.5.15.0025 - Min. Lelio Bentes Corrêa
DEJT 21.10.2011 - Decisão unânime
ERR 468-57.2010.5.12.0000 - Min. José Roberto Freire Pimenta
DEJT 14.10.2011 - Decisão unânime
ERR 26200-02.2000.5.12.0029 - Min. José Roberto Freire Pimenta
DEJT 07.10.2011 - Decisão unânime
ERR 36285-46.2001.5.12.0018 - Min. João Batista Brito Pereira
DEJT 02.09.2011 - Decisão unânime
EEDRR 62740-84.2003.5.17.0003 - Min. Renato de Lacerda Paiva
DEJT 29.07.2011 - Decisão unânime
EEDRR 77500-71.2005.5.08.0115 - Min. Horácio Raymundo de Senna Pires
DEJT 24.06.2011 - Decisão unânime
ERR 1504741-94.2003.5.09.0012 - Min. Renato de Lacerda Paiva
DEJT 24.06.2011 - Decisão unânime
ERR 88700-04.2003.5.09.0023 - Min. Aloysio Corrêa da Veiga
DEJT 03.06.2011 - Decisão unânime
ERR 229700-75.2004.5.09.0663 - Min. Horácio Raymundo de Senna Pires
DEJT 13.05.2011 - Decisão unânime
ERR 27340-30.2004.5.09.0089 - Min. Carlos Alberto Reis de Paula
DJ 06.05.2011 - Decisão unânime
EEDRR 40140-27.1998.5.04.0029 - Min. Maria de Assis Calsing
DEJT 25.03.2011 - Decisão unânime
ERR 87000-77.2002.5.15.0017 - Min. João Batista Brito Pereira
DEJT 17.12.2010 - Decisão unânime
ERR 470100-30.2003.5.09.0002 - Min. Aloysio Corrêa da Veiga
DEJT 10.12.2010 - Decisão unânime

ERR 37741-78.2006.5.03.0059 - Min. Aloysio Corrêa da Veiga
DEJT 04.02.2011 - Decisão unânime
RR 71940-02.2006.5.02.0465, 1ª T - Min. Walmir Oliveira da Costa
DEJT 02.12.2011 - Decisão unânime
EDRR 62740-84.2003.5.17.0003, 1ªT - Min. Lelio Bentes Corrêa
DEJT 04.02.2011 - Decisão unânime
RR 187340-33.1995.5.15.0095, 2ªT - Min. Guilherme Augusto Caputo Bastos
DEJT 05.11.2010 - Decisão unânime
RR 107285-71.2003.5.12.0007, 4ªT - Min. Fernando Eizo Ono
DEJT 12.11.2010 - Decisão unânime
RR 1406341-60.2003.5.09.0007, 4ªT - Min. Antônio José de Barros Levenhagen
DEJT 23.04.2010 - Decisão unânime
RR 124300-89.1996.5.09.0069, 5ªT - Min. Emmanoel Pereira
DEJT 24.06.2011 - Decisão unânime
RR 36285-46.2001.5.12.0018, 6ªT - Min. Aloysio Corrêa da Veiga
DEJT 01.10.2010 - Decisão unânime
RR 66740-44.2002.5.09.0017, 6ªT - Red. Min. Augusto César Leite de Carvalho
DEJT 20.08.2010 - Decisão por maioria
RR 47800-74.2006.5.22.0002, 6ªT - Red. Min. Mauricio Godinho Delgado
DEJT 28.06.2010 - Decisão por maioria
RR 479100-23.2000.5.09.0014, 6ªT - Red. Min. Mauricio Godinho Delgado
DEJT 11.06.2010 - Decisão por maioria
RR 884040-44.2001.5.09.0009, 8ªT - Min. Márcio Eurico Vitral Amaro
DEJT 04.02.2010 - Decisão unânime

Súmula nº 455 do TST
EQUIPARAÇÃO SALARIAL. SOCIEDADE DE ECONOMIA MISTA. ART. 37, XIII, DA CF/1988. POSSIBILIDADE. (conversão da Orientação Jurisprudencial nº 353 da SBDI-1 com nova redação) – Res. 194/2014, DEJT divulgado em 21, 22 e 23.05.2014
À sociedade de economia mista não se aplica a vedação à equiparação prevista no art. 37, XIII, da CF/1988, pois, ao admitir empregados sob o regime da CLT, equipara-se a empregador privado, conforme disposto no art. 173, § 1º, II, da CF/1988.
ERR 568215-69.1999.5.12.5555 - Min. Aloysio Corrêa da Veiga
DJ 13.04.2007 - Decisão unânime
ERR 588662-78.1999.5.12.5555 - Min. Maria Cristina Irigoyen Peduzzi
DJ 12.05.2006 - Decisão unânime
ERR 620550-31.2000.5.12.5555 - Min. Carlos Alberto Reis de Paula
DJ 07.10.2005 - Decisão unânime
ERR 588686-09.1999.5.12.5555 - Min. Maria Cristina Irigoyen Peduzzi
DJ 09.07.2004 - Decisão unânime
ERR 536706-23.1999.5.12.5555 - Min. Maria Cristina Irigoyen Peduzzi
DJ 18.06.2004 - Decisão unânime
ERR 571051-15.1999.5.12.5555 - Min. Carlos Alberto Reis de Paula
DJ 12.03.2004 - Decisão unânime
ERR 414979-34.1998.5.12.5555 - Min. João Oreste Dalazen
DJ 19.09.2003 - Decisão unânime
ERR 443306-86.1998.5.12.5555 - Min. Maria Cristina Irigoyen Peduzzi
DJ 11.10.2002 - Decisão unânime
ERR 627976-94.2000.5.12.5555 - Min. Rider de Brito
DJ 05.10.2001 - Decisão unânime

Súmula nº 456 do TST
REPRESENTAÇÃO. PESSOA JURÍDICA. PROCURAÇÃO. INVALIDADE. IDENTIFICAÇÃO DO OUTORGANTE E DE SEU REPRESENTANTE. (inseridos os itens II e III em decorrência do CPC de 2015) - Res. 211/2016, DEJT divulgado em 24, 25 e 26.08.2016
I – É inválido o instrumento de mandato firmado em nome de pessoa jurídica que não contenha, pelo menos, o nome do outorgante e do signatário da procuração, pois estes dados constituem elementos que os individualizam.
II – Verificada a irregularidade de representação da parte na instância originária, o juiz designará prazo de 5 (cinco) dias para que seja sanado o vício. Descumprida a determinação, extinguirá o processo, sem resolução de mérito, se a providência couber ao reclamante, ou considerará revel o reclamado, se a providência lhe couber (art. 76, § 1º, do CPC de 2015).
III – Caso a irregularidade de representação da parte seja constatada em fase recursal, o relator designará prazo de 5 (cinco) dias para que seja sanado o vício. Descumprida a determinação, o relator não conhecerá do recurso, se a providência couber ao recorrente, ou determinará o desentranhamento das contrarrazões, se a providência couber ao recorrido (art. 76, § 2º, do CPC de 2015).
IUJ 85600-06.2007.5.15.0000 - Red. Min. Ives Gandra Martins Filho
DEJT 19.04.2014/J-16.11.2010 - Decisão por maioria
Histórico:
Redação original (conversão da Orientação Jurisprudencial nº 373 da SBDI-1 com nova redação) – Res. 194/2014, DEJT divulgado em 21, 22 e 23.05.2014
É inválido o instrumento de mandato firmado em nome de pessoa jurídica que não contenha, pelo menos, o nome do outorgante e do signatário da procuração, pois estes dados constituem elementos que os individualizam.

Súmula nº 457 do TST
HONORÁRIOS PERICIAIS. BENEFICIÁRIO DA JUSTIÇA GRATUITA. RESPONSABILIDADE DA UNIÃO PELO PAGAMENTO. RESOLUÇÃO Nº 66/2010 DO CSJT. OBSERVÂNCIA. (conversão da Orientação Jurisprudencial nº 387 da SBDI-1 com nova redação) – Res. 194/2014, DEJT divulgado em 21, 22 e 23.05.2014
A União é responsável pelo pagamento dos honorários de perito quando a parte sucumbente no objeto da perícia for beneficiária da assistência judiciária gratuita, observado o procedimento disposto nos arts. 1º, 2º e 5º da Resolução n.º 66/2010 do Conselho Superior da Justiça do Trabalho – CSJT.
EEDRR 53500-85.2004.5.24.0021 - Min. Lelio Bentes Corrêa
DEJT 12.03.2010 - Decisão unânime
EEDRR 101300-63.2004.5.24.0004 - Min. Guilherme Augusto Caputo Bastos
DEJT 19.02.2010 - Decisão unânime
EEDRR 59600-73.2005.5.24.0004 - Min. Maria de Assis Calsing
DEJT 18.12.2009 - Decisão unânime
EEDRR 33540-11.2005.5.24.0086 - Min. Vantuil Abdala
DEJT 18.12.2009 - Decisão unânime
EEDRR 102200-91.2000.5.24.0002 - Min. Horácio Raymundo de Senna Pires
DEJT 11.12.2009 - Decisão unânime
EEDRR 23240.13.2005.5.24.0046 - Min. Vieira de Mello Filho
DEJT 13.11.2009 - Decisão unânime
EEDRR 174900-94.2004.5.18.0001 - Min. Horácio Raymundo de Senna Pires
DEJT 29.10.2009 - Decisão unânime
EEDRR 125800-96.2004.5.24.0004 - Min. Maria Cristina Irigoyen Peduzzi
DEJT 12.06.2009 - Decisão unânime
EEDRR 34500-56.2004.5.24.0003 - Min. Vieira de Mello Filho

DEJT 29.05.2009 - Decisão unânime
EEDRR 169800-34.2004.5.18.0010 - Min. Aloysio Corrêa da Veiga
DEJT 24.04.2009 - Decisão unânime
EEDRR 25100-86.2002.5.24.0003 - Min. Rosa Maria Weber Candiota da Rosa
DEJT 20.03.2009 - Decisão unânime
EEDRR 738869-97.2001.5.02.5555 - Min. João Batista Brito Pereira
DEJT 10.10.2008 - Decisão unânime
EEDRR 114401-76.2004.5.24.0002 - Min. Maria de Assis Calsing
DJ 05.09.2008 - Decisão unânime
EEDRR 97500-11.2003.5.03.0048 - Min. Horácio Raymundo de Senna Pires
DJ 09.05.2008 - Decisão unânime
RR 132840-23.1997.5.02.0252, 1ªT - Min. Walmir Oliveira da Costa
DEJT 19.02.2010 - Decisão unânime
RR 135100-52.2000.5.02.0031, 1ªT - Min. Walmir Oliveira da Costa
DEJT 14.08.2009 - Decisão unânime
RR 12440-71.2006.5.04.0231, 2ªT - Min. José Simpliciano Fontes de F. Fernandes
DEJT 22.05.2009 - Decisão unânime
RR 159300-62.2004.5.24.0002, 2ªT - Min. Renato de Lacerda Paiva
DEJT 13.10.2008 - Decisão unânime
RR 72000-68.2005.5.24.0021, 2ªT - Min. José Simpliciano Fontes de F. Fernandes
DJ 19.09.2008 - Decisão unânime
RR 30100-03.2005.5.02.0253, 4ªT - Min. Fernando Eizo Ono
DEJT 18.09.2009 - Decisão unânime
RR 61500-77.2008.5.03.0099, 5ªT - Min. Kátia Magalhães Arruda
DEJT 23.04.2010 - Decisão unânime
RR 90200-40.1999.5.03.0047, 5ªT - Min. Emmanoel Pereira
DEJT 06.11.2009 - Decisão unânime
RR 95640-12.2005.5.04.0004, 6ª T - Min. Augusto César Leite de Carvalho
DEJT 30.04.2010 - Decisão unânime
AAIRR 73240-96.2004.5.24.0031, 7ªT - Min. Pedro Paulo Manus
DEJT 19.02.2010 - Decisão unânime
RR 7894400-83.2003.5.02.0900, 8ªT - Min. Márcio Eurico Vitral Amaro
DEJT 13.11.2009 - Decisão unânime
RR 9500-78.2007.5.03.0053, 8ªT - Min. Márcio Eurico Vitral Amaro
DEJT 19.12.2008 - Decisão unânime

Súmula nº 458 do TST
EMBARGOS. PROCEDIMENTO SUMARÍSSIMO. CONHECIMENTO. RECURSO INTERPOSTO APÓS VIGÊNCIA DA LEI Nº 11.496, DE 22.06.2007, QUE CONFERIU NOVA REDAÇÃO AO ART. 894, DA CLT. (conversão da Orientação Jurisprudencial nº 405 da SBDI-1 com nova redação) – Res. 194/2014, DEJT divulgado em 21, 22 e 23.05.2014

Em causas sujeitas ao procedimento sumaríssimo, em que pese a limitação imposta no art. 896, § 6º, da CLT à interposição de recurso de revista, admitem-se os embargos interpostos na vigência da Lei nº 11.496, de 22.06.2007, que conferiu nova redação ao art. 894 da CLT, quando demonstrada a divergência jurisprudencial entre Turmas do TST, fundada em interpretações diversas acerca da aplicação de mesmo dispositivo constitucional ou de matéria sumulada.

EAIRR 63440-55.2008.5.02.0471 - Min. Rosa Maria Weber Candiota da Rosa
DEJT 21.05.2010 - Decisão unânime
ERR 104800-58.2006.5.03.0035 - Min. Lelio Bentes Corrêa
DEJT 13.11.2009 - Decisão unânime
EEDRR 77200-62.1999.5.15.0071 - Min. Maria Cristina Irigoyen Peduzzi
DEJT 07.08.2009 - Decisão unânime
ERR 5765200-19.2003.5.09.0009 - Min. Horácio Raymundo de Senna Pires
DEJT 06.03.2009 - Decisão unânime
EEDRR 48640-85.2006.5.04.0002 - Min. Maria Cristina Irigoyen Peduzzi
DEJT 17.10.2008 - Decisão unânime
EAIRR 56840-73.2006.5.15.0035 - Min. Maria de Assis Calsing
DEJT 03.10.2008 - Decisão unânime
ERR 106100-70.2003.5.02.0461 - Min. Horácio Raymundo de Senna Pires
DJ 22.08.2008 - Decisão por maioria
ERR 7901700-71.2006.5.09.0585 - Min. Vieira de Mello Filho
DJ 08.08.2008 - Decisão unânime
EEDAIRR 122300-76.2003.5.02.0066 - Min. Maria Cristina Irigoyen Peduzzi
DJ 20.06.2008 - Decisão por maioria
ERR 99300-48.2004.5.02.0022 - Min. Carlos Alberto Reis de Paula
DJ 20.06.2008 - Decisão unânime
ERR 178300-73.2006.5.15.0052 - Min. Carlos Alberto Reis de Paula
DJ 13.06.2008 - Decisão unânime
ERR 94501-27.2003.5.02.0044 - Min. Vieira de Mello Filho
DJ 06.06.2008 - Decisão por maioria

Súmula nº 459 do TST
RECURSO DE REVISTA. NULIDADE POR NEGATIVA DE PRESTAÇÃO JURISDICIONAL (atualizada em decorrência do CPC de 2015) – Res. 219/2017, DEJT divulgado em 28, 29 e 30.06.2017 – republicada - DEJT divulgado em 12, 13 e 14.07.2017

O conhecimento do recurso de revista, quanto à preliminar de nulidade, por negativa de prestação jurisdicional, supõe indicação de violação do art. 832 da CLT, do art. 489 do CPC de 2015 (art. 458 do CPC de 1973) ou do art. 93, IX, da CF/1988.
ERR 170168/1995, Ac. 3411/1997 - Min. Vantuil Abdala
DJ 29.08.1997 - Decisão por maioria
ERR 41425/1991, Ac. 654/1995 - Min. Vantuil Abdala
DJ 26.05.1995 - Decisão unânime
RR 707690/2000, 2ªT - Min. Renato Paiva
DJ 17.09.2004 - Decisão unânime
AIRR 1773/2001-032-01-40.6, 4ªT - Min. Barros Levenhagen
DJ 17.09.2004 - Decisão unânime

Histórico:
(conversão da Orientação Jurisprudencial nº 115 da SBDI-1) – Res. 197/2015, DEJT divulgado em 14, 15 e 18.05.2015

O conhecimento do recurso de revista, quanto à preliminar de nulidade por negativa de prestação jurisdicional, supõe indicação de violação do art. 832 da CLT, do art. 458 do CPC ou do art. 93, IX, da CF/1988.

Redação original (conversão da Orientação Jurisprudencial nº 373 da SBDI-1 com nova redação) – Res. 194/2014, DEJT divulgado em 21, 22 e 23.05.2014

Súmula nº 460 do TST
VALE-TRANSPORTE. ÔNUS DA PROVA - Res. 209/2016, DEJT divulgado em 01, 02 e 03.06.2016

É do empregador o ônus de comprovar que o empregado não satisfaz os requisitos indispensáveis para a concessão do vale-transporte ou não pretenda fazer uso do benefício.

ERR 250000-70.2006.5.09.0022 - Min. José Roberto Freire Pimenta
DEJT 13.03.2015/J-05.03.2015 - Decisão unânime
ERR 107400-94.2001.5.01.0031 - Min. Lelio Bentes Corrêa
DEJT 01.03.2013/J-07.02.2013 - Decisão unânime
EEDRR 151200-24.2002.5.02.0060 - Min. Delaíde Miranda Arantes
DEJT 15.10.2012/J-04.10.2012 - Decisão unânime
ERR 295000-93.2006.5.09.0022 - Min. Augusto César Leite de Carvalho
DEJT 29.06.2012/J-21.06.2012 - Decisão unânime
ERR 52300-88.2008.5.09.0322 - Min. Renato de Lacerda Paiva
DEJT 09.03.2012/J-01.03.2012 - Decisão unânime
EEDRR 54000-41.2007.5.02.0254 - Min. Horácio Raymundo de Senna Pires
DEJT 19.08.2011/J-04.08.2011 - Decisão unânime
RR 18600-43.2004.5.04.0018, 1ªT - Min. Lelio Bentes Corrêa
DEJT 24.04.2015/J-22.04.2015 - Decisão unânime
RR 56-42.2012.5.05.0133, 1ªT - Min. Hugo Carlos Scheuermann
DEJT 21.11.2014/J-12.11.2014 - Decisão unânime
ARR 377-29.2012.5.09.0016, 2ªT - Min. José Roberto Freire Pimenta
DEJT 01.07.2015/J-24.06.2015 - Decisão unânime
RR 362-26.2011.5.15.0114, 2ªT - Min. Delaíde Miranda Arantes
DEJT 12.06.2015/J-03.06.2015 - Decisão unânime
RR 28300-63.2007.5.02.0254, 2ªT - Min. Renato de Lacerda Paiva
DEJT 08.05.2015/J-29.04.2015 - Decisão unânime
RR 104-95.2012.5.05.0134, 3ªT - Min. Maurício Godinho Delgado
DEJT 15.05.2015/J-13.05.2015 - Decisão unânime
RR 2088-20.2011.5.15.0022, 4ªT - Min. Maria de Assis Calsing
DEJT 31.10.2014/J-29.10.2014 - Decisão unânime
RR 401200-45.2008.5.12.0031, 4ªT - Min. Fernando Eizo Ono
DEJT 04.04.2014/J-19.03.2014 - Decisão unânime
RR 24270-42.2013.5.24.0066, 5ªT - Min. Maria Helena Mallmann
DEJT 30.04.2015/J-15.04.2015 - Decisão unânime
ARR 61600-38.2005.5.15.0023, 5ªT - Min. Emmanoel Pereira
DEJT 03.05.2013/J-24.04.2013 - Decisão unânime
RR 828-47.2010.5.04.0571, 6ªT - Min. Kátia Magalhães Arruda
DEJT 19.06.2015/J-17.06.2015 - Decisão unânime
RR 13400-27.2009.5.04.0003, 6ªT - Min. Aloysio Corrêa da Veiga
DEJT 08.06.2015/J-03.06.2015 - Decisão unânime
RR 52200-89.2009.5.08.0205, 6ªT - Min. Augusto César Leite de Carvalho
DEJT 15.05.2015/J-13.05.2015 - Decisão unânime
RR 244300-25.2009.5.02.0048, 7ªT - Min. Cláudio Mascarenhas Brandão
DEJT 12.06.2015/J-27.05.2015 - Decisão unânime
RR 264300-50.2004.5.02.0071, 7ªT - Min. Douglas Alencar Rodrigues
DEJT 24.04.2015/J-11.03.2015 - Decisão unânime
RR 149-82.2010.5.04.0721, 8ªT - Min. Dora Maria da Costa
DEJT 15.05.2015/J-13.05.2015 - Decisão unânime
RR 771-43.2012.5.03.0003, 8ªT - Min. Márcio Eurico Vitral Amaro
DEJT 27.02.2015/J-25.02.2015 - Decisão unânime

Súmula nº 461 do TST

FGTS. DIFERENÇAS. RECOLHIMENTO. ÔNUS DA PROVA - Res. 209/2016, DEJT divulgado em 01, 02 e 03.06.2016

É do empregador o ônus da prova em relação à regularidade dos depósitos do FGTS, pois o pagamento é fato extintivo do direito do autor (art. 373, II, do CPC de 2015).

ERR 136300-53.2007.5.04.0012 - Min. Hugo Carlos Scheuermann
DEJT 30.06.2015/J-18.06.2015 - Decisão unânime
ERR 117800-10.1998.5.02.0464 - Min. João Batista Brito Pereira
DEJT 14.12.2012/J-06.12.2012 - Decisão unânime
EEDRR 7828700-09.2003.5.04.0900 - Min. Renato de Lacerda Paiva
DEJT 13.04.2012/J-29.03.2012 - Decisão unânime
RR 75100-11.2008.5.15.0010, 1ªT - Min. Lelio Bentes Corrêa
DEJT 10.08.2012/J-21.03.2012 - Decisão unânime
RR 10800-46.2009.5.09.0665, 1ªT - Min. Hugo Carlos Scheuermann
DEJT 05.06.2015/J-27.05.2015 - Decisão unânime
RR 224000-33.2006.5.09.0022, 1ªT - Min. Walmir Oliveira da Costa
DEJT 08.05.2015/J-06.05.2015 - Decisão unânime
RR 191-10.2010.5.09.0005, 2ªT - Min. Renato de Lacerda Paiva
DEJT 01.07.2015/J-24.06.2015 - Decisão unânime
RR 171800-77.2008.5.02.0441, 2ªT - Min. José Roberto Freire Pimenta
DEJT 19.06.2015/J-17.06.2015 - Decisão unânime
RR 3451400-68.2007.5.09.0016, 2ªT - Min. Delaíde Miranda Arantes
DEJT 15.05.2015/J-06.05.2015 - Decisão unânime
RR 867-94.2012.5.09.0325, 3ªT - Min. Alberto Luiz Bresciani de Fontan Pereira
DEJT 06.07.2015/J-29.06.2015 - Decisão unânime
RR 566-98.2011.5.02.0254, 3ªT - Min. Alexandre de Souza Agra Belmonte
DEJT 17.04.2015/J-15.04.2015 - Decisão unânime
RR 1216-90.2013.5.09.0025, 4ªT - Min. Maria de Assis Calsing
DEJT 13.03.2015/J-11.03.2015 - Decisão unânime
RR 136500-26.2008.5.15.0010, 4ªT - Min. João Oreste Dalazen
DEJT 02.05.2014/J-23.04.2014 - Decisão unânime
RR 32300-70.2008.5.22.0107, 4ªT - Min. Fernando Eizo Ono
DEJT 24.06.2011/J-15.06.2011 - Decisão unânime
RR 339-57.2010.5.05.0029, 5ªT - Min. Maria Helena Mallmann
DEJT 26.06.2015/J-17.06.2015 - Decisão unânime
RR 581-05.2013.5.02.0252, 5ªT - Min. Guilherme Augusto Caputo Bastos
DEJT 12.06.2015/J-27.05.2015 - Decisão unânime
RR 59700-84.2009.5.09.0657, 5ªT - Min. Emmanoel Pereira
DEJT 09.03.2012/J-29.02.2012 - Decisão unânime
RR 878-35.2010.5.15.0129, 6ªT - Min. Aloysio Corrêa da Veiga
DEJT 19.06.2015/J-17.06.2015 - Decisão unânime
RR 1246-58.2012.5.06.0021, 6ªT - Min. Augusto César Leite de Carvalho
DEJT 15.05.2015/J-13.05.2015 - Decisão unânime
RR 1601-05.2010.5.09.0652, 6ªT - Min. Kátia Magalhães Arruda
DETJT 10.10.2014/J-01.10.2014 - Decisão unânime
RR 409-55.2013.5.04.0851, 7ªT - Min. Luiz Philippe Vieira de Mello Filho
DEJT 12.06.2015/J-10.06.2015 - Decisão unânime
RR 1381-64.2011.5.02.0038, 7ªT - Min. Cláudio Mascarenhas Brandão
DEJT 12.06.2015/J-27.05.2015 - Decisão unânime
RR 1956-65.2012.5.04.0205, 7ªT - Min. Douglas Alencar Rodrigues

DEJT 08.05.2015/J-06.05.2015 - Decisão unânime
ARR 28100-34.2008.5.04.0232, 8ªT - Min. Márcio Eurico Vitral Amaro
DEJT 30.06.2015/J-24.06.2015 - Decisão unânime
ARR 384-09.2011.5.05.0035, 8ªT - Min. Maria Cristina Irigoyen Peduzzi
DEJT 12.06.2015/J-10.06.2015 - Decisão unânime
ARR 442-93.2010.5.15.0091, 8ªT - Min. Dora Maria da Costa
DEJT 29.05.2015/J-20.05.2015 - Decisão unânime

Súmula nº 462 do TST

MULTA DO ART. 477, § 8º, DA CLT. INCIDÊNCIA. RECONHECIMENTO JUDICIAL DA RELAÇÃO DE EMPREGO (Republicada em razão de erro material) - DEJT divulgado em 30.06.2016

A circunstância de a relação de emprego ter sido reconhecida apenas em juízo não tem o condão de afastar a incidência da multa prevista no art. 477, §8º, da CLT. A referida multa não será devida apenas quando, comprovadamente, o empregado der causa à mora no pagamento das verbas rescisórias.

AgEDERR 37200-23.2011.5.17.0013 - Min. Aloysio Corrêa da Veiga
DEJT 13.11.2015/J-05.11.2015 - Decisão unânime
ERR 1034-91.2011.5.01.0027 - Min. Márcio Eurico Vitral Amaro
DEJT 05.06.2015/J-28.05.2015 - Decisão unânime
ERR 999500-37.2005.5.09.0010 - Min. Lelio Bentes Corrêa
DEJT 10.04.2015/J-26.03.2015 - Decisão unânime
EEDRR 48900-36.2008.5.03.0095 - Min. Hugo Carlos Scheuermann
DEJT 19.12.2014/J-11.12.2014 - Decisão unânime
EEDRR 47000-13.2007.5.01.0029 - Min. José Roberto Freire Pimenta
DEJT 12.12.2014/J-04.12.2014 - Decisão unânime
ERR 457000-75.2009.5.12.0014 - Min. Augusto César Leite de Carvalho
DEJT 04.04.2014/J-20.03.2014 - Decisão unânime
ERR 76200-76.2002.5.02.0461 - Min. Delaíde Miranda Arantes
DEJT 15.10.2012/J-04.10.2012 - Decisão unânime
ERR 78900-76.2009.5.24.0005 - Min. Renato de Lacerda Paiva
DEJT 25.11.2011/J-17.11.2011- Decisão unânime
ERR 20800-67.2006.5.05.0004 - Min. Rosa Maria Weber Candiota da Rosa
DEJT 28.10.2011/J-18.10.2011 - Decisão unânime
ERR 150900-90.2005.5.06.0013 - Min. Carlos Alberto Reis de Paula
DEJT 19.04.2011/J-07.04.2011 - Decisão unânime
RR 8500-51.2008.5.06.0012, 1ªT - Min. Walmir Oliveira da Costa
DEJT 26.06.2015/J-24.06.2015 - Decisão unânime
RR 137600-42.2006.5.01.0053, 1ªT - Min. Lelio Bentes Corrêa
DEJT 12.06.2015/J-03.06.2015 - Decisão unânime
RR 1158-82.2010.5.09.0093, 1ªT - Min. Hugo Carlos Scheuermann
DEJT 03.07.2014/J-25.06.2014 - Decisão unânime
ARR 3-70.2010.5.02.0018, 2ªT - Min. José Roberto Freire Pimenta
DEJT 01.07.2015/J-24.06.2015 - Decisão unânime
RR 109300-14.2008.5.17.0002, 2ªT - Min. Delaíde Miranda Arantes
DEJT 26.06.2015/J-17.06.2015 - Decisão unânime
RR 177200-58.2005.5.01.0036, 2ªT - Min. Renato de Lacerda Paiva
DEJT 05.06.2015/J-27.05.2015 - Decisão unânime
ARR 23-81.2013.5.04.0024, 3ªT - Min. Alberto Luiz Bresciani de Fontan Pereira
DEJT 19.06.2015/J-10.06.2015 - Decisão unânime
RR 1677-31.2012.5.03.0036, 4ªT - Min. Maria de Assis Calsing
DEJT 29.05.2015/J-27.05.2015 - Decisão unânime
RR 120500-75.2009.5.06.0006, 5ªT - Min. Guilherme Augusto Caputo Bastos
DEJT 22.05.2015/J-15.04.2015 - Decisão unânime
RR 938-23.2011.5.08.0014, 6ªT - Min. Kátia Magalhães Arruda
DEJT 26.06.2015/J-24.06.2015 - Decisão unânime
RR 1223-15.2012.5.01.0066, 8ªT - Min. Márcio Eurico Vitral Amaro
DEJT 08.06.2015/J-03.06.2015 - Decisão unânime
HISTÓRICO:
Res. 209/2016, DEJT divulgado em 01, 02 e 03.06.2016
A circunstância de a relação de emprego ter sido reconhecido apenas em juízo não tem o condão de afastar a incidência da multa prevista no art. 477, § 8º, da CLT. A referida multa não será devida apenas quando, comprovadamente, o empregado der causa à mora no pagamento das verbas rescisórias.

Súmula nº 463 do TST

ASSISTÊNCIA JUDICIÁRIA GRATUITA. COMPROVAÇÃO (conversão da Orientação Jurisprudencial nº 304 da SBDI-1, com alterações decorrentes do CPC de 2015) - Res. 219/2017, DEJT divulgado em 28, 29 e 30.06.2017 – republicada - DEJT divulgado em 12, 13 e 14.07.2017

I – A partir de 26.06.2017, para a concessão da assistência judiciária gratuita à pessoa natural, basta a declaração de hipossuficiência econômica firmada pela parte ou por seu advogado, desde que munido de procuração com poderes específicos para esse fim (art. 105 do CPC de 2015);

II – No caso de pessoa jurídica, não basta a mera declaração: é necessária a demonstração cabal de impossibilidade de a parte arcar com as despesas do processo.

Item I
ERR 381339/1997 - Min. Wagner Pimenta
DJ 05.10.2001 - Decisão unânime
ERR 368467/1997 - Min. Vantuil Abdala
DJ 10.08.2001 - Decisão unânime
ERR 399465/1997 - Min. Rider de Brito
DJ 10.08.2001 - Decisão unânime
ERR 362012/1997 - Min. Vantuil Abdala
DJ 02.02.2001 - Decisão unânime
RR 771237/1901, 1ª T - Juiz Conv. Aloysio Corrêa da Veiga
DJ 14.02.2003 - Decisão unânime
RR 426973/1998, 4ª T - Min. Barros Levenhagen
DJ 10.08.2001 - Decisão unânime
Item II
RO 5159-59.2014.5.09.0000 - Min. Maria Helena Mallmann
DEJT 24.06.2016/J-21.06.2016 - Decisão unânime
EARR 19900-69.2004.5.05.0161 - Min. Augusto César Leite de Carvalho
DEJT 06.05.2016/J-28.04.2016 - Decisão unânime
RO 8345-85.2014.5.02.0000 - Min. Douglas Alencar Rodrigues
DEJT 29.04.2016/J-26.04.2016 - Decisão unânime
RO 760-57.2011.5.03.0000 - Min. Emmanoel Pereira
DEJT 26.06.2015/J-23.06.2015 - Decisão por maioria
EEDEDRR 81440-94.2006.5.05.0017 - Min. José Roberto Freire Pimenta
DEJT 19.06.2015/J-11.06.2015 - Decisão unânime
ERR 125100-16.2012.5.17.0011 - Min. Alexandre de Souza Agra Belmonte
DEJT 12.06.2015/J-21.05.2015 - Decisão por maioria
EEDRR 111200-71.2005.5.05.0131 - Min. Aloysio Corrêa da Veiga
DEJT 10.10.2014/J-02.10.2014 - Decisão por maioria
EEDRR 2771-28.2010.5.09.0000 - Min. Luiz Philippe Vieira de Mello Filho

DEJT 02.05.2014/J-24.04.2014 - Decisão unânime
EEDRR 175900-14.2009.5.09.0678 - Red. Min. Renato de Lacerda Paiva
DEJT 29.11.2013/J-14.11.2013 - Decisão por maioria
AgREEDAgAIRR 138-56.2010.5.03.0147 - Min. Delaíde Miranda Arantes
DEJT 30.10.2013/J-17.10.2013 - Decisão unânime
EEDRR 25100-77.2009.5.09.0094 - Min. Alberto Luiz Bresciani de Fontan Pereira
DEJT 25.10.2013/J-16.05.2013 - Decisão por maioria
EEDRR 24300-76.2005.5.05.0134 - Min. Maria Cristina Irigoyen Peduzzi
DEJT 25.04.2008/J-07.04.2008 - Decisão por maioria.

PREPARAÇÃO • CONHECIMENTO • APROVAÇÃO

LEGISLAÇÃO DO TRABALHO

SUMÁRIO

1. LEI Nº 4.090, DE 13 DE JULHO DE 1962 ... 432
2. LEI Nº 4.749, DE 12 DE AGOSTO DE 1965. .. 432
3. LEI Nº 6.019, DE 3 DE JANEIRO DE 1974 ... 432
4. LEI Nº 7.783, DE 28 DE JUNHO DE 1989 .. 435
5. LEI Nº 7.998, DE 11 DE JANEIRO DE 1990 .. 436
6. LEI Nº 8.036, DE 11 DE MAIO DE 1990 .. 440
7. LEI Nº 9.719, DE 27 DE NOVEMBRO DE 1998 ... 450
8. LEI Nº 12.023, DE 27 DE AGOSTO DE 2009 .. 451
9. LEI COMPLEMENTAR Nº 150, DE 1º DE JUNHO DE 2015 452
10. C087 - LIBERDADE SINDICAL E PROTEÇÃO AO DIREITO DE SINDICALIZAÇÃO ... 457
11. DECRETO Nº 3.197, DE 5 DE OUTUBRO DE 1999 459
12. CONVENÇÃO 132 DA O.I.T. CONVENÇÃO SOBRE FÉRIAS ANUAIS REMUNERADAS (REVISTA EM 1970) .. 459

1. LEI Nº 4.090, DE 13 DE JULHO DE 1962

Institui a Gratificação de Natal para os Trabalhadores

O PRESIDENTE DA REPÚBLICA: Faço saber que o Congresso Nacional decreta e eu sanciono a seguinte Lei:

Art. 1º - No mês de dezembro de cada ano, a todo empregado será paga, pelo empregador, uma gratificação salarial, independentemente da remuneração a que fizer jus.

§ 1º - A gratificação corresponderá a 1/12 avos da remuneração devida em dezembro, por mês de serviço, do ano correspondente.

§ 2º - A fração igual ou superior a 15 (quinze) dias de trabalho será havida como mês integral para os efeitos do parágrafo anterior.

§ 3º - A gratificação será proporcional: (Incluído pela Lei nº 9.011, de 1995)

I - na extinção dos contratos a prazo, entre estes incluídos os de safra, ainda que a relação de emprego haja findado antes de dezembro; e (Incluído pela Lei nº 9.011, de 1995)

II - na cessação da relação de emprego resultante da aposentadoria do trabalhador, ainda que verificada antes de dezembro. (Incluído pela Lei nº 9.011, de 1995)

Art. 2º - As faltas legais e justificadas ao serviço não serão deduzidas para os fins previstos no § 1º do art. 1º desta Lei.

Art. 3º - Ocorrendo rescisão, sem justa causa, do contrato de trabalho, o empregado receberá a gratificação devida nos termos dos parágrafos 1º e 2º do art. 1º desta Lei, calculada sobre a remuneração do mês da rescisão.

Art. 4º - Esta Lei entrará em vigor na data de sua publicação, revogadas as disposições em contrário.

2. LEI Nº 4.749, DE 12 DE AGOSTO DE 1965

Dispõe sobre o Pagamento da Gratificação Prevista na Lei n º 4.090, de 13 de julho de 1962.

O PRESIDENTE DA REPÚBLICA: Faço saber que o Congresso Nacional decreta e eu sanciono a seguinte Lei:

Art. 1º - A gratificação salarial instituída pela Lei número 4.090, de 13 de julho de 1962, será paga pelo empregador até o dia 20 de dezembro de cada ano, compensada a importância que, a título de adiantamento, o empregado houver recebido na forma do artigo seguinte.

Parágrafo único. (Vetado).

Art. 2º - Entre os meses de fevereiro e novembro de cada ano, o empregador pagará, como adiantamento da gratificação referida no artigo precedente, de uma só vez, metade do salário recebido pelo respectivo empregado no mês anterior.

§ 1º - O empregador não estará obrigado a pagar o adiantamento, no mesmo mês, a todos os seus empregados.

§ 2º - O adiantamento será pago ao ensejo das férias do empregado, sempre que este o requerer no mês de janeiro do correspondente ano.

Art. 3º - Ocorrendo a extinção do contrato de trabalho antes do pagamento de que trata o Art. 1º desta Lei, o empregador poderá compensar o adiantamento mencionado com a gratificação devida nos termos do Art. 3º da Lei número 4.090, de 13 de julho de 1962, e, se não bastar, com outro crédito de natureza trabalhista que possua o respectivo empregado.

Art. 4º - As contribuições devidas ao Instituto Nacional de Previdência Social, que incidem sobre a gratificação salarial referida nesta Lei, ficam sujeitas ao limite estabelecido na legislação da Previdência Social.

Art. 5 - Aplica-se, no corrente ano, a regra estatuída no Art. 2º desta Lei, podendo o empregado usar da faculdade estatuída no seu § 2º no curso dos primeiros 30 (trinta) dias de vigência desta Lei.

Art. 6º - O Poder Executivo, no prazo de 30 (trinta) dias, adaptará o Regulamento aprovado pelo Decreto número 1.881, de 14 de dezembro de 1962, aos preceitos desta Lei.

Art. 7º - Esta Lei entra em vigor na data de sua publicação.

Art. 8º - Revogam-se as disposições em contrário.

3. LEI Nº 6.019, DE 3 DE JANEIRO DE 1974

Dispõe sobre o Trabalho Temporário nas Empresas Urbanas, e dá outras Providências.

O PRESIDENTE DA REPÚBLICA:Faço saber que o Congresso Nacional decreta e eu sanciono a seguinte Lei:

Art. 1º As relações de trabalho na empresa de trabalho temporário, na empresa de prestação de serviços e nas respectivas tomadoras de serviço e contratante regem-se por esta Lei. (Redação dada pela Lei nº 13.429, de 2017)

Art. 2º Trabalho temporário é aquele prestado por pessoa física contratada por uma empresa de trabalho temporário que a coloca à disposição de uma empresa tomadora de serviços, para atender à necessidade de substituição transitória de pessoal permanente ou à demanda complementar de serviços. (Redação dada pela Lei nº 13.429, de 2017)

§ 1º É proibida a contratação de trabalho temporário para a substituição de trabalhadores em greve, salvo nos casos previstos em lei. (Incluído pela Lei nº 13.429, de 2017)

§ 2º Considera-se complementar a demanda de serviços que seja oriunda de fatores imprevisíveis ou, quando decorrente de fatores previsíveis, tenha natureza intermitente, periódica ou sazonal. (Incluído pela Lei nº 13.429, de 2017)

Art. 3º - É reconhecida a atividade da empresa de trabalho temporário que passa a integrar o plano básico do enquadramento sindical a que se refere o art. 577, da Consolidação da Leis do Trabalho.

Art. 4º Empresa de trabalho temporário é a pessoa jurídica, devidamente registrada no Ministério do Trabalho, responsável pela colocação de trabalhadores à disposição de outras empresas temporariamente. (Redação dada pela Lei nº 13.429, de 2017)

Art. 4º-A. Considera-se prestação de serviços a terceiros a transferência feita pela contratante da execução de quaisquer de suas atividades, inclusive sua atividade principal, à pessoa jurídica de direito privado prestadora de serviços que possua capacidade econômica compatível com a sua execução. (Redação dada pela Lei nº 13.467, de 2017)

§ 1º A empresa prestadora de serviços contrata, remunera e dirige o trabalho realizado por seus trabalhadores, ou subcontrata outras empresas para realização desses serviços. (Incluído pela Lei nº 13.429, de 2017)

§ 2º Não se configura vínculo empregatício entre os trabalhadores, ou sócios das empresas prestadoras de serviços, qualquer que seja o seu ramo, e a empresa contratante. (Incluído pela Lei nº 13.429, de 2017)

Art. 4º-B. São requisitos para o funcionamento da empresa de prestação de serviços a terceiros: (Incluído pela Lei nº 13.429, de 2017)

I - prova de inscrição no Cadastro Nacional da Pessoa Jurídica (CNPJ); (Incluído pela Lei nº 13.429, de 2017)

II - registro na Junta Comercial; (Incluído pela Lei nº 13.429, de 2017)

III - capital social compatível com o número de empregados, observando-se os seguintes parâmetros: (Incluído pela Lei nº 13.429, de 2017)

a) empresas com até dez empregados - capital mínimo de R$ 10.000,00 (dez mil reais); (Incluído pela Lei nº 13.429, de 2017)

b) empresas com mais de dez e até vinte empregados - capital mínimo de R$ 25.000,00 (vinte e cinco mil reais); (Incluído pela Lei nº 13.429, de 2017)

c) empresas com mais de vinte e até cinquenta empregados - capital mínimo de R$ 45.000,00 (quarenta e cinco mil reais); (Incluído pela Lei nº 13.429, de 2017)

d) empresas com mais de cinquenta e até cem empregados - capital mínimo de R$ 100.000,00 (cem mil reais); e (Incluído pela Lei nº 13.429, de 2017)

e) empresas com mais de cem empregados - capital mínimo de R$ 250.000,00 (duzentos e cinquenta mil reais). (Incluído pela Lei nº 13.429, de 2017)

Art. 4º-C. São asseguradas aos empregados da empresa prestadora de serviços a que se refere o art. 4º-A desta Lei, quando e enquanto os serviços, que podem ser de qualquer uma das atividades da contratante, forem executados nas dependências da tomadora, as mesmas condições: (Incluído pela Lei nº 13.467, de 2017)

I - relativas a: (Incluído pela Lei nº 13.467, de 2017)

a) alimentação garantida aos empregados da contratante, quando oferecida em refeitórios; (Incluído pela Lei nº 13.467, de 2017)

b) direito de utilizar os serviços de transporte; (Incluído pela Lei nº 13.467, de 2017)

c) atendimento médico ou ambulatorial existente nas dependências da contratante ou local por ela designado; (Incluído pela Lei nº 13.467, de 2017)

d) treinamento adequado, fornecido pela contratada, quando a atividade o exigir. (Incluído pela Lei nº 13.467, de 2017)

II - sanitárias, de medidas de proteção à saúde e de segurança no trabalho e de instalações adequadas à prestação do serviço. (Incluído pela Lei nº 13.467, de 2017)

§ 1º Contratante e contratada poderão estabelecer, se assim entenderem, que os empregados da contratada farão jus a salário equivalente ao pago aos empregados da contratante, além de outros direitos não previstos neste artigo. (Incluído pela Lei nº 13.467, de 2017)

§ 2º Nos contratos que impliquem mobilização de empregados da contratada em número igual ou superior a 20% (vinte por cento) dos empregados da contratante, esta poderá disponibilizar aos empregados da contratada os serviços de alimentação e atendimento ambulatorial em outros locais apropriados e com igual padrão de atendimento, com vistas a manter o pleno funcionamento dos serviços existentes. (Incluído pela Lei nº 13.467, de 2017)

Art. 5º Empresa tomadora de serviços é a pessoa jurídica ou entidade a ela equiparada que celebra contrato de prestação de trabalho temporário com a empresa definida no art. 4º desta Lei. (Redação dada pela Lei nº 13.429, de 2017)

Art. 5º-A. Contratante é a pessoa física ou jurídica que celebra contrato com empresa de prestação de serviços relacionados a quaisquer de suas atividades, inclusive sua atividade principal. (Redação dada pela Lei nº 13.467, de 2017)

§ 1º É vedada à contratante a utilização dos trabalhadores em atividades distintas daquelas que foram objeto do contrato com a empresa prestadora de serviços. (Incluído pela Lei nº 13.429, de 2017)

§ 2º Os serviços contratados poderão ser executados nas instalações físicas da empresa contratante ou em outro local, de comum acordo entre as partes. (Incluído pela Lei nº 13.429, de 2017)

§ 3º É responsabilidade da contratante garantir as condições de segurança, higiene e salubridade dos trabalhadores, quando o trabalho for realizado em suas dependências ou local previamente convencionado em contrato. (Incluído pela Lei nº 13.429, de 2017)

§ 4º A contratante poderá estender ao trabalhador da empresa de prestação de serviços o mesmo atendimento médico, ambulatorial e de refeição destinado aos seus empregados, existente nas dependências da contratante, ou local por ela designado. (Incluído pela Lei nº 13.429, de 2017)

§ 5º A empresa contratante é subsidiariamente responsável pelas obrigações trabalhistas referentes ao período em que ocorrer a prestação de serviços, e o recolhimento das contribuições previdenciárias observará o disposto no art. 31 da Lei no 8.212, de 24 de julho de 1991. (Incluído pela Lei nº 13.429, de 2017)

Art. 5º-B. O contrato de prestação de serviços conterá: (Incluído pela Lei nº 13.429, de 2017)

I - qualificação das partes; (Incluído pela Lei nº 13.429, de 2017)

II - especificação do serviço a ser prestado; (Incluído pela Lei nº 13.429, de 2017)

III - prazo para realização do serviço, quando for o caso; (Incluído pela Lei nº 13.429, de 2017)

IV - valor. (Incluído pela Lei nº 13.429, de 2017)

Art. 5º-C. Não pode figurar como contratada, nos termos do art. 4º-A desta Lei, a pessoa jurídica cujos titulares ou sócios tenham, nos últimos dezoito meses, prestado serviços à contratante na qualidade de empregado ou trabalhador sem vínculo empregatício, exceto se os referidos titulares ou sócios forem aposentados. (Incluído pela Lei nº 13.467, de 2017)

Art. 5º-D. O empregado que for demitido não poderá prestar serviços para esta mesma empresa na qualidade de empregado de empresa prestadora de serviços antes do decurso de prazo de dezoito meses, contados a partir da demissão do empregado. (Incluído pela Lei nº 13.467, de 2017)

Art. 6º São requisitos para funcionamento e registro da empresa de trabalho temporário no Ministério do Trabalho: (Redação dada pela Lei nº 13.429, de 2017)

a) (revogada); (Redação dada pela Lei nº 13.429, de 2017)
b) (revogada); (Redação dada pela Lei nº 13.429, de 2017)
c) (revogada); (Redação dada pela Lei nº 13.429, de 2017)
d) (revogada); (Redação dada pela Lei nº 13.429, de 2017)
e) (revogada); (Redação dada pela Lei nº 13.429, de 2017)
f) (revogada); (Redação dada pela Lei nº 13.429, de 2017)

I - prova de inscrição no Cadastro Nacional da Pessoa Jurídica (CNPJ), do Ministério da Fazenda; (Incluído pela Lei nº 13.429, de 2017)

II - prova do competente registro na Junta Comercial da localidade em que tenha sede; (Incluído pela Lei nº 13.429, de 2017)

III - prova de possuir capital social de, no mínimo, R$ 100.000,00 (cem mil reais). (Incluído pela Lei nº 13.429, de 2017)

Parágrafo único. (Revogado). (Redação dada pela Lei nº 13.429, de 2017)

Art. 7º - A empresa de trabalho temporário que estiver funcionando na data da vigência desta Lei terá o prazo de noventa dias para o atendimento das exigências contidas no artigo anterior.

Parágrafo único. A empresa infratora do presente artigo poderá ter o seu funcionamento suspenso, por ato do Diretor Geral do Departamento Nacional de Mão-de-Obra, cabendo recurso ao Ministro de Estado, no prazo de dez dias, a contar da publicação do ato no Diário Oficial da União.

Art. 8º - A empresa de trabalho temporário é obrigada a fornecer ao Departamento Nacional de Mão-de-Obra, quando solicitada, os elementos de informação julgados necessários ao estudo do mercado de trabalho.

Art. 9º O contrato celebrado pela empresa de trabalho temporário e a tomadora de serviços será por escrito, ficará à disposição da autoridade fiscalizadora no estabelecimento da tomadora de serviços e conterá: (Redação dada pela Lei nº 13.429, de 2017)

I - qualificação das partes; (Incluído pela Lei nº 13.429, de 2017)

II - motivo justificador da demanda de trabalho temporário; (Incluído pela Lei nº 13.429, de 2017)

III - prazo da prestação de serviços; (Incluído pela Lei nº 13.429, de 2017)

IV - valor da prestação de serviços; (Incluído pela Lei nº 13.429, de 2017)

V - disposições sobre a segurança e a saúde do trabalhador, independentemente do local de realização do trabalho. (Incluído pela Lei nº 13.429, de 2017)

§ 1º É responsabilidade da empresa contratante garantir as condições de segurança, higiene e salubridade dos trabalhadores, quando o trabalho for realizado em suas dependências ou em local por ela designado. (Incluído pela Lei nº 13.429, de 2017)

§ 2º A contratante estenderá ao trabalhador da empresa de trabalho temporário o mesmo atendimento médico, ambulatorial e de refeição destinado aos seus empregados, existente nas dependências da contratante, ou local por ela designado. (Incluído pela Lei nº 13.429, de 2017)

§ 3º O contrato de trabalho temporário pode versar sobre o desenvolvimento de atividades-meio e atividades-fim a serem executadas na empresa tomadora de serviços. (Incluído pela Lei nº 13.429, de 2017)

Art. 10. Qualquer que seja o ramo da empresa tomadora de serviços, não existe vínculo de emprego entre ela e os trabalhadores contratados pelas empresas de trabalho temporário. (Redação dada pela Lei nº 13.429, de 2017)

§ 1º O contrato de trabalho temporário, com relação ao mesmo empregador, não poderá exceder ao prazo de cento e oitenta dias, consecutivos ou não. (Incluído pela Lei nº 13.429, de 2017)

§ 2º O contrato poderá ser prorrogado por até noventa dias, consecutivos ou não, além do prazo estabelecido no § 1º deste artigo, quando comprovada a manutenção das condições que o ensejaram. (Incluído pela Lei nº 13.429, de 2017)

§ 3º (VETADO). (Incluído pela Lei nº 13.429, de 2017)

§ 4º Não se aplica ao trabalhador temporário, contratado pela tomadora de serviços, o contrato de experiência previsto no parágrafo único do art. 445 da Consolidação das Leis do Trabalho (CLT), aprovada pelo Decreto-Lei nº 5.452, de 1º de maio de 1943. (Incluído pela Lei nº 13.429, de 2017)

§ 5º O trabalhador temporário que cumprir o período estipulado nos §§ 1º e 2º deste artigo somente poderá ser colocado à disposição da mesma tomadora de serviços em novo contrato temporário, após noventa dias do término do contrato anterior. (Incluído pela Lei nº 13.429, de 2017)

§ 6º A contratação anterior ao prazo previsto no § 5º deste artigo caracteriza vínculo empregatício com a tomadora.

§ 7º A contratante é subsidiariamente responsável pelas obrigações trabalhistas referentes ao período em que ocorrer o trabalho temporário, e o recolhimento das contribuições previdenciárias observará o disposto no art. 31 da Lei nº 8.212, de 24 de julho de 1991. (Incluído pela Lei nº 13.429, de 2017)

Art. 11 - O contrato de trabalho celebrado entre empresa de trabalho temporário e cada um dos assalariados colocados à disposição de uma empresa tomadora ou cliente será, obrigatoriamente, escrito e dele deverão constar, expressamente, os direitos conferidos aos trabalhadores por esta Lei.

Parágrafo único. Será nula de pleno direito qualquer cláusula de reserva, proibindo a contratação do trabalhador pela empresa tomadora ou cliente ao fim do prazo em que tenha sido colocado à sua disposição pela empresa de trabalho temporário.

Art. 12 - Ficam assegurados ao trabalhador temporário os seguintes direitos:

a) remuneração equivalente à percebida pelos empregados de mesma categoria da empresa tomadora ou cliente calculados à base horária, garantida, em qualquer hipótese, a percepção do salário mínimo regional;

b) jornada de oito horas, remuneradas as horas extraordinárias não excedentes de duas, com acréscimo de 20% (vinte por cento);

c) férias proporcionais, nos termos do artigo 25 da Lei nº 5.107, de 13 de setembro de 1966;

d) repouso semanal remunerado;

e) adicional por trabalho noturno;

f) indenização por dispensa sem justa causa ou término normal do contrato, correspondente a 1/12 (um doze avos) do pagamento recebido;

g) seguro contra acidente do trabalho;

h) proteção previdenciária nos termos do disposto na Lei Orgânica da Previdência Social, com as alterações introduzidas pela Lei nº 5.890, de 8 de junho de 1973 (art. 5º, item III, letra "c" do Decreto nº 72.771, de 6 de setembro de 1973).

§ 1º - Registrar-se-á na Carteira de Trabalho e Previdência Social do trabalhador sua condição de temporário.

§ 2º - A empresa tomadora ou cliente é obrigada a comunicar à empresa de trabalho temporário a ocorrência de todo acidente cuja vítima seja um assalariado posto à sua disposição, considerando-se local de trabalho, para efeito da legislação específica, tanto aquele onde se efetua a prestação do trabalho, quanto a sede da empresa de trabalho temporário.

Art. 13 - Constituem justa causa para rescisão do contrato do trabalhador temporário os atos e circunstâncias mencionados nos artigos 482 e 483, da Consolidação das Leis do Trabalho, ocorrentes entre o trabalhador e a empresa de trabalho temporário ou entre aquele e a empresa cliente onde estiver prestando serviço.

Art. 14 - As empresas de trabalho temporário são obrigadas a fornecer às empresas tomadoras ou clientes, a seu pedido, comprovante da regularidade de sua situação com o Instituto Nacional de Previdência Social.

Art. 15 - A Fiscalização do Trabalho poderá exigir da empresa tomadora ou cliente a apresentação do contrato firmado com a empresa de trabalho temporário, e, desta última o contrato firmado com o trabalhador, bem como a comprovação do respectivo recolhimento das contribuições previdenciárias.

Art. 16 - No caso de falência da empresa de trabalho temporário, a empresa tomadora ou cliente é solidariamente responsável pelo recolhimento das contribuições previdenciárias, no tocante ao tempo em que o trabalhador esteve sob suas ordens, assim como em referência ao mesmo período, pela remuneração e indenização previstas nesta Lei.

Art. 17 - É defeso às empresas de prestação de serviço temporário a contratação de estrangeiros com visto provisório de permanência no País.

Art. 18 - É vedado à empresa do trabalho temporário cobrar do trabalhador qualquer importância, mesmo a título de mediação, podendo apenas efetuar os descontos previstos em Lei.

Parágrafo único. A infração deste artigo importa no cancelamento do registro para funcionamento da empresa de trabalho temporário, sem prejuízo das sanções administrativas e penais cabíveis.

Art. 19 - Competirá à Justiça do Trabalho dirimir os litígios entre as empresas de serviço temporário e seus trabalhadores.

Art. 19-A. O descumprimento do disposto nesta Lei sujeita a empresa infratora ao pagamento de multa. (Incluído pela Lei nº 13.429, de 2017)

Parágrafo único. A fiscalização, a autuação e o processo de imposição das multas reger-se-ão pelo Título VII da Consolidação das Leis do Trabalho (CLT), aprovada pelo Decreto-Lei nº 5.452, de 1º de maio de 1943.

Art. 19-B. O disposto nesta Lei não se aplica às empresas de vigilância e transporte de valores, permanecendo as respectivas relações de trabalho reguladas por legislação especial, e subsidiariamente pela Consolidação das Leis do Trabalho (CLT), aprovada pelo Decreto-Lei no 5.452, de 1º de maio de 1943. (Incluído pela Lei nº 13.429, de 2017)

Art. 19-C. Os contratos em vigência, se as partes assim acordarem, poderão ser adequados aos termos desta Lei. (Incluído pela Lei nº 13.429, de 2017)

Art. 20 - Esta Lei entrará em vigor sessenta dias após sua publicação, revogadas as disposições em contrário.

4. LEI Nº 7.783, DE 28 DE JUNHO DE 1989

Conversão da Medida Provisória nº 59, de 1989

Dispõe sobre o exercício do direito de greve, define as atividades essenciais, regula o atendimento das necessidades inadiáveis da comunidade, e dá outras providências.

O PRESIDENTE DA REPÚBLICA, faço saber que o Congresso Nacional decreta e eu sanciono a seguinte Lei:

Art. 1º É assegurado o direito de greve, competindo aos trabalhadores decidir sobre a oportunidade de exercê-lo e sobre os interesses que devam por meio dele defender.

Parágrafo único. O direito de greve será exercido na forma estabelecida nesta Lei.

Art. 2º Para os fins desta Lei, considera-se legítimo exercício do direito de greve a suspensão coletiva, temporária e pacífica, total ou parcial, de prestação pessoal de serviços a empregador.

Art. 3º Frustrada a negociação ou verificada a impossibilidade de recursos via arbitral, é facultada a cessação coletiva do trabalho.

Parágrafo único. A entidade patronal correspondente ou os empregadores diretamente interessados serão notificados, com antecedência mínima de 48 (quarenta e oito) horas, da paralisação.

Art. 4º Caberá à entidade sindical correspondente convocar, na forma do seu estatuto, assembléia geral que definirá as reivindicações da categoria e deliberará sobre a paralisação coletiva da prestação de serviços.

§ 1º O estatuto da entidade sindical deverá prever as formalidades de convocação e o quorum para a deliberação, tanto da deflagração quanto da cessação da greve.

§ 2º Na falta de entidade sindical, a assembléia geral dos trabalhadores interessados deliberará para os fins previstos no "caput", constituindo comissão de negociação.

Art. 5º A entidade sindical ou comissão especialmente eleita representará os interesses dos trabalhadores nas negociações ou na Justiça do Trabalho.

Art. 6º São assegurados aos grevistas, dentre outros direitos:

I - o emprego de meios pacíficos tendentes a persuadir ou aliciar os trabalhadores a aderirem à greve;

II - a arrecadação de fundos e a livre divulgação do movimento.

§ 1º Em nenhuma hipótese, os meios adotados por empregados e empregadores poderão violar ou constranger os direitos e garantias fundamentais de outrem.

§ 2º É vedado às empresas adotar meios para constranger o empregado ao comparecimento ao trabalho, bem como capazes de frustrar a divulgação do movimento.

§ 3º As manifestações e atos de persuasão utilizados pelos grevistas não poderão impedir o acesso ao trabalho nem causar ameaça ou dano à propriedade ou pessoa.

Art. 7º Observadas as condições previstas nesta Lei, a participação em greve suspende o contrato de trabalho, devendo as relações obrigacionais, durante o período, ser regidas pelo acordo, convenção, laudo arbitral ou decisão da Justiça do Trabalho.

Parágrafo único. É vedada a rescisão de contrato de trabalho durante a greve, bem como a contratação de trabalhadores substitutos, exceto na ocorrência das hipóteses previstas nos arts. 9º e 14.

Art. 8º A Justiça do Trabalho, por iniciativa de qualquer das partes ou do Ministério Público do Trabalho, decidirá sobre a procedência, total ou parcial, ou improcedência das reivindicações, cumprindo ao Tribunal publicar, de imediato, o competente acórdão.

Art. 9º Durante a greve, o sindicato ou a comissão de negociação, mediante acordo com a entidade patronal ou diretamente com o empregador, manterá em atividade equipes de empregados com o propósito de assegurar os serviços cuja paralisação resultem em prejuízo irreparável, pela deterioração irreversível de bens, máquinas e equipamentos, bem como a manutenção daqueles essenciais à retomada das atividades da empresa quando da cessação do movimento.

Parágrafo único. Não havendo acordo, é assegurado ao empregador, enquanto perdurar a greve, o direito de contratar diretamente os serviços necessários a que se refere este artigo.

Art. 10 São considerados serviços ou atividades essenciais:

I - tratamento e abastecimento de água; produção e distribuição de energia elétrica, gás e combustíveis;

II - assistência médica e hospitalar;

III - distribuição e comercialização de medicamentos e alimentos;

IV - funerários;

V - transporte coletivo;

VI - captação e tratamento de esgoto e lixo;

VII - telecomunicações;

VIII - guarda, uso e controle de substâncias radioativas, equipamentos e materiais nucleares;

IX - processamento de dados ligados a serviços essenciais;

X - controle de tráfego aéreo e navegação aérea; (Redação dada pela Lei nº 13.903, de 2019)

XI - compensação bancária.

XII - atividades médico-periciais relacionadas com o regime geral de previdência social e a assistência social; (Incluído pela Lei nº 13.846, de 2019)

XIII - atividades médico-periciais relacionadas com a caracterização do impedimento físico, mental, intelectual ou sensorial da pessoa com deficiência, por meio da integração de equipes multiprofissionais e interdisciplinares, para fins de reconhecimento de direitos previstos em lei, em especial na Lei nº 13.146, de 6 de julho de 2015 (Estatuto da Pessoa com Deficiência); e (Incluído pela Lei nº 13.846, de 2019)

XIV - outras prestações médico-periciais da carreira de Perito Médico Federal indispensáveis ao atendimento das necessidades inadiáveis da comunidade. (Incluído pela Lei nº 13.846, de 2019)

XV - atividades portuárias. (Incluído pela Medida Provisória nº 945, de 2020).

Art. 11. Nos serviços ou atividades essenciais, os sindicatos, os empregadores e os trabalhadores ficam obrigados, de comum acordo, a garantir, durante a greve, a prestação dos serviços indispensáveis ao atendimento das necessidades inadiáveis da comunidade.

Parágrafo único. São necessidades inadiáveis, da comunidade aquelas que, não atendidas, coloquem em perigo iminente a sobrevivência, a saúde ou a segurança da população.

Art. 12. No caso de inobservância do disposto no artigo anterior, o Poder Público assegurará a prestação dos serviços indispensáveis.

Art. 13 Na greve, em serviços ou atividades essenciais, ficam as entidades sindicais ou os trabalhadores, conforme o caso, obrigados a comunicar a decisão aos empregadores e aos usuários com antecedência mínima de 72 (setenta e duas) horas da paralisação.

Art. 14 Constitui abuso do direito de greve a inobservância das normas contidas na presente Lei, bem como a manutenção da paralisação após a celebração de acordo, convenção ou decisão da Justiça do Trabalho.

Parágrafo único. Na vigência de acordo, convenção ou sentença normativa não constitui abuso do exercício do direito de greve a paralisação que:

I - tenha por objetivo exigir o cumprimento de cláusula ou condição;

II - seja motivada pela superveniência de fatos novo ou acontecimento imprevisto que modifique substancialmente a relação de trabalho.

Art. 15 A responsabilidade pelos atos praticados, ilícitos ou crimes cometidos, no curso da greve, será apurada, conforme o caso, segundo a legislação trabalhista, civil ou penal.

Parágrafo único. Deverá o Ministério Público, de ofício, requisitar a abertura do competente inquérito e oferecer denúncia quando houver indício da prática de delito.

Art. 16. Para os fins previstos no art. 37, inciso VII, da Constituição, lei complementar definirá os termos e os limites em que o direito de greve poderá ser exercido.

Art. 17. Fica vedada a paralisação das atividades, por iniciativa do empregador, com o objetivo de frustrar negociação ou dificultar o atendimento de reivindicações dos respectivos empregados (lockout).

Parágrafo único. A prática referida no caput assegura aos trabalhadores o direito à percepção dos salários durante o período de paralisação.

Art. 18. Ficam revogados a Lei nº 4.330, de 1º de junho de 1964, o Decreto-Lei nº 1.632, de 4 de agosto de 1978, e demais disposições em contrário.

Art. 19 Esta Lei entra em vigor na data de sua publicação.

5. LEI Nº 7.998, DE 11 DE JANEIRO DE 1990

Regula o Programa do Seguro-Desemprego, o Abono Salarial, institui o Fundo de Amparo ao Trabalhador (FAT), e dá outras providências.

O PRESIDENTE DA REPÚBLICA, faço saber que o Congresso Nacional decreta e eu sanciono a seguinte Lei:

Art. 1º Esta Lei regula o Programa do Seguro-Desemprego e o abono de que tratam o inciso II do art. 7º, o inciso IV do art. 201 e o art. 239, da Constituição Federal, bem como institui o Fundo de Amparo ao Trabalhador (FAT) DO PROGRAMA DE SEGURO-DESEMPREGO

Art. 2º O programa do seguro-desemprego tem por finalidade: (Redação dada pela Lei nº 8.900, de 30.06.94)

I - prover assistência financeira temporária ao trabalhador desempregado em virtude de dispensa sem justa causa, inclusive a indireta, e ao trabalhador comprovadamente resgatado de regime de trabalho forçado ou da condição análoga à de escravo; (Redação dada pela Lei nº 10.608, de 20.12.2002)

II - auxiliar os trabalhadores na busca ou preservação do emprego, promovendo, para tanto, ações integradas de orientação, recolocação e qualificação profissional. (Redação dada pela Medida Provisória nº 2.164-41, de 2001)

Art. 2º-A. Para efeito do disposto no inciso II do art. 2º, fica instituída a bolsa de qualificação profissional, a ser custeada pelo Fundo de Amparo ao Trabalhador - FAT, à qual fará jus o trabalhador que estiver com o contrato de trabalho suspenso em virtude de participação em curso ou programa de qualificação profissional oferecido pelo empregador, em conformidade com o disposto em convenção ou acordo coletivo celebrado para este fim. (Incluído pela Medida Provisória nº 2.164-41, de 2001)

Art. 2º-B. (Revogado pela Lei nº 13.134, de 2015)

Art. 2º-C O trabalhador que vier a ser identificado como submetido a regime de trabalho forçado ou reduzido a condição análoga à de escravo, em decorrência de ação de fiscalização do Ministério do Trabalho e Emprego, será dessa situação resgatado e terá direito à percepção de três parcelas de seguro-desemprego no valor de um salário mínimo cada, conforme o disposto no § 2º deste artigo. (Incluído pela Lei nº 10.608, de 20.12.2002)

§ 1º O trabalhador resgatado nos termos do caput deste artigo será encaminhado, pelo Ministério do Trabalho e Emprego, para qualificação profissional e recolocação no mercado de trabalho, por meio do Sistema Nacional de Emprego - SINE, na forma estabelecida pelo Conselho Deliberativo do Fundo de Amparo ao Trabalhador - CODEFAT. (Incluído pela Lei nº 10.608, de 20.12.2002)

§ 2º Caberá ao CODEFAT, por proposta do Ministro de Estado do Trabalho e Emprego, estabelecer os procedimentos necessários ao recebimento do benefício previsto no caput deste artigo, observados os respectivos limites de comprometimento dos recursos do FAT, ficando vedado ao mesmo trabalhador o recebimento do benefício, em circunstâncias similares, nos doze meses seguintes à percepção da última parcela. (Incluído pela Lei nº 10.608, de 20.12.2002)

Art. 3º Terá direito à percepção do seguro-desemprego o trabalhador dispensado sem justa causa que comprove:

I - ter recebido salários de pessoa jurídica ou de pessoa física a ela equiparada, relativos a: (Redação dada pela Lei nº 13.134, de 2015)

a) pelo menos 12 (doze) meses nos últimos 18 (dezoito) meses imediatamente anteriores à data de dispensa, quando da primeira solicitação; (Incluído pela Lei nº 13.134, de 2015)

b) pelo menos 9 (nove) meses nos últimos 12 (doze) meses imediatamente anteriores à data de dispensa, quando da segunda solicitação; e (Incluído pela Lei nº 13.134, de 2015)

c) cada um dos 6 (seis) meses imediatamente anteriores à data de dispensa, quando das demais solicitações; (Incluído pela Lei nº 13.134, de 2015)

II - (Revogado); (Redação dada pela Lei nº 13.134, de 2015)

III - não estar em gozo de qualquer benefício previdenciário de prestação continuada, previsto no Regulamento dos Benefícios da Previdência Social, excetuado o auxílio-acidente e o auxílio suplementar previstos na Lei nº 6.367, de 19 de outubro de 1976, bem como o abono de permanência em serviço previsto na Lei nº 5.890, de 8 de junho de 1973;

IV - não estar em gozo do auxílio-desemprego; e

V - não possuir renda própria de qualquer natureza suficiente à sua manutenção e de sua família.

VI - matrícula e frequência, quando aplicável, nos termos do regulamento, em curso de formação inicial e continuada ou de qualificação profissional habilitado pelo Ministério da Educação, nos termos do art. 18 da Lei nº 12.513, de 26 de outubro de 2011, ofertado por meio da Bolsa-Formação Trabalhador concedida no âmbito do Programa Nacional de Acesso ao Ensino Técnico e Emprego (Pronatec), instituído pela Lei no 12.513, de 26 de outubro de 2011, ou de vagas gratuitas na rede de educação profissional e tecnológica. (Incluído pela Lei nº 13.134, de 2015)

§ 1º A União poderá condicionar o recebimento da assistência financeira do Programa de Seguro-Desemprego à comprovação da matrícula e da frequência do trabalhador segurado em curso de formação inicial e continuada ou qualificação profissional, com carga horária mínima de 160 (cento e sessenta) horas. (Incluído pela Lei nº 12.513, de 2011)

§ 2º O Poder Executivo regulamentará os critérios e requisitos para a concessão da assistência financeira do Programa de Seguro-Desemprego nos casos previstos no § 1º, considerando a disponibilidade de bolsas-formação no âmbito do Pronatec ou de vagas gratuitas na rede de educação profissional e tecnológica para o cumprimento da condicionalidade pelos respectivos beneficiários. (Incluído pela Lei nº 12.513, de 2011)

§ 3º A oferta de bolsa para formação dos trabalhadores de que trata este artigo considerará, entre outros critérios, a capacidade de oferta, a reincidência no recebimento do benefício, o nível de escolaridade e a faixa etária do trabalhador. (Incluído pela Lei nº 12.513, de 2011)

§ 4º O registro como Microempreendedor Individual - MEI, de que trata o art. 18-A da Lei Complementar no 123, de 14 de dezembro de 2006, não comprovará renda própria suficiente à manutenção da família, exceto se demonstrado na declaração

anual simplificada da microempresa individual. (Incluído pela Lei Complementar nº 155, de 2016) Produção de efeito

Art. 3º-A. A periodicidade, os valores, o cálculo do número de parcelas e os demais procedimentos operacionais de pagamento da bolsa de qualificação profissional, nos termos do art. 2º-A desta Lei, bem como os pré-requisitos para habilitação serão os mesmos adotados em relação ao benefício do Seguro-Desemprego, exceto quanto à dispensa sem justa causa. (Incluído pela Medida Provisória nº 2.164-41, de 2001)

Art. 4º O benefício do seguro-desemprego será concedido ao trabalhador desempregado, por período máximo variável de 3 (três) a 5 (cinco) meses, de forma contínua ou alternada, a cada período aquisitivo, contados da data de dispensa que deu origem à última habilitação, cuja duração será definida pelo Conselho Deliberativo do Fundo de Amparo ao Trabalhador (Codefat). (Redação dada pela Lei nº 13.134, de 2015)

§ 1º O benefício do seguro-desemprego poderá ser retomado a cada novo período aquisitivo, satisfeitas as condições arroladas nos incisos I, III, IV e V do caput do art. 3º. (Incluído pela Lei nº 13.134, de 2015)

§ 2º A determinação do período máximo mencionado no caput observará a seguinte relação entre o número de parcelas mensais do benefício do seguro-desemprego e o tempo de serviço do trabalhador nos 36 (trinta e seis) meses que antecederem a data de dispensa que originou o requerimento do seguro-desemprego, vedado o cômputo de vínculos empregatícios utilizados em períodos aquisitivos anteriores: (Incluído pela Lei nº 13.134, de 2015)

I - para a primeira solicitação: (Incluído pela Lei nº 13.134, de 2015)

a) 4 (quatro) parcelas, se o trabalhador comprovar vínculo empregatício com pessoa jurídica ou pessoa física a ela equiparada de, no mínimo, 12 (doze) meses e, no máximo, 23 (vinte e três) meses, no período de referência; ou (Incluído pela Lei nº 13.134, de 2015)

b) 5 (cinco) parcelas, se o trabalhador comprovar vínculo empregatício com pessoa jurídica ou pessoa física a ela equiparada de, no mínimo, 24 (vinte e quatro) meses, no período de referência; (Incluído pela Lei nº 13.134, de 2015)

II - para a segunda solicitação: (Incluído pela Lei nº 13.134, de 2015)

a) 3 (três) parcelas, se o trabalhador comprovar vínculo empregatício com pessoa jurídica ou pessoa física a ela equiparada de, no mínimo, 9 (nove) meses e, no máximo, 11 (onze) meses, no período de referência; (Incluído pela Lei nº 13.134, de 2015)

b) 4 (quatro) parcelas, se o trabalhador comprovar vínculo empregatício com pessoa jurídica ou pessoa física a ela equiparada de, no mínimo, 12 (doze) meses e, no máximo, 23 (vinte e três) meses, no período de referência; ou (Incluído pela Lei nº 13.134, de 2015)

c) 5 (cinco) parcelas, se o trabalhador comprovar vínculo empregatício com pessoa jurídica ou pessoa física a ela equiparada de, no mínimo, 24 (vinte e quatro) meses, no período de referência; (Incluído pela Lei nº 13.134, de 2015)

III - a partir da terceira solicitação: (Incluído pela Lei nº 13.134, de 2015)

a) 3 (três) parcelas, se o trabalhador comprovar vínculo empregatício com pessoa jurídica ou pessoa física a ela equiparada de, no mínimo, 6 (seis) meses e, no máximo, 11 (onze) meses, no período de referência; (Incluído pela Lei nº 13.134, de 2015)

b) 4 (quatro) parcelas, se o trabalhador comprovar vínculo empregatício com pessoa jurídica ou pessoa física a ela equiparada de, no mínimo, 12 (doze) meses e, no máximo, 23 (vinte e três) meses, no período de referência; ou (Incluído pela Lei nº 13.134, de 2015)

c) 5 (cinco) parcelas, se o trabalhador comprovar vínculo empregatício com pessoa jurídica ou pessoa física a ela equiparada de, no mínimo, 24 (vinte e quatro) meses, no período de referência. (Incluído pela Lei nº 13.134, de 2015)

§ 3º A fração igual ou superior a 15 (quinze) dias de trabalho será havida como mês integral para os efeitos do § 2º. (Incluído pela Lei nº 13.134, de 2015)

§ 4º Nos casos em que o cálculo da parcela do seguro-desemprego resultar em valores decimais, o valor a ser pago deverá ser arredondado para a unidade inteira imediatamente superior. (Incluído pela Lei nº 13.134, de 2015)

§ 5º O período máximo de que trata o caput poderá ser excepcionalmente prolongado por até 2 (dois) meses, para grupos específicos de segurados, a critério do Codefat, desde que o gasto adicional representado por esse prolongamento não ultrapasse, em cada semestre, 10% (dez por cento) do montante da reserva mínima de liquidez de que trata o § 2º do art. 9º da Lei no 8.019, de 11 de abril de 1990. (Incluído pela Lei nº 13.134, de 2015)

§ 6º Na hipótese de prolongamento do período máximo de percepção do benefício do seguro-desemprego, o Codefat observará, entre outras variáveis, a evolução geográfica e setorial das taxas de desemprego no País e o tempo médio de desemprego de grupos específicos de trabalhadores. (Incluído pela Lei nº 13.134, de 2015)

§ 7º O Codefat observará as estatísticas do mercado de trabalho, inclusive o tempo médio de permanência no emprego, por setor, e recomendará ao Ministro de Estado do Trabalho e Emprego a adoção de políticas públicas que julgar adequadas à mitigação da alta rotatividade no emprego. (Incluído pela Lei nº 13.134, de 2015)

Art. 4º-A. (VETADO). (Incluído pela Lei nº 13.134, de 2015)

Art. 5º O valor do benefício será fixado em Bônus do Tesouro Nacional (BTN), devendo ser calculado segundo 3 (três) faixas salariais, observados os seguintes critérios:

I - até 300 (trezentos) BTN, multiplicar-se-á o salário médio dos últimos 3 (três) meses pelo fator 0,8 (oito décimos);

II - de 300 (trezentos) a 500 (quinhentos) BTN aplicar-se-á, até o limite do inciso anterior, a regra nele contida e, no que exceder, o fator 0,5 (cinco décimos);

III - acima de 500 (quinhentos) BTN, o valor do benefício será igual a 340 (trezentos e quarenta) BTN.

§ 1º Para fins de apuração do benefício, será considerada a média dos salários dos últimos 3 (três) meses anteriores à dispensa, devidamente convertidos em BTN pelo valor vigente nos respectivos meses trabalhados.

§ 2º O valor do benefício não poderá ser inferior ao valor do salário mínimo.

§ 3º No pagamento dos benefícios, considerar-se-á:

I - o valor do BTN ou do salário mínimo do mês imediatamente anterior, para benefícios colocados à disposição do beneficiário até o dia 10 (dez) do mês;

II - o valor do BTN ou do salário mínimo do próprio mês, para benefícios colocados à disposição do beneficiário após o dia 10 (dez) do mês.

Art. 6º O seguro-desemprego é direito pessoal e intransferível do trabalhador, podendo ser requerido a partir do sétimo dia subseqüente à rescisão do contrato de trabalho.

Art. 7º O pagamento do benefício do seguro-desemprego será suspenso nas seguintes situações:

I - admissão do trabalhador em novo emprego;

II - início de percepção de benefício de prestação continuada da Previdência Social, exceto o auxílio-acidente, o auxílio suplementar e o abono de permanência em serviço;

III - início de percepção de auxílio-desemprego.

IV - recusa injustificada por parte do trabalhador desempregado em participar de ações de recolocação de emprego, conforme regulamentação do Codefat. (Incluído pela Lei nº 13.134, de 2015)

Art. 7º-A. O pagamento da bolsa de qualificação profissional será suspenso se ocorrer a rescisão do contrato de trabalho. (Incluído pela Medida Provisória nº 2.164-41, de 2001)

Art. 8º O benefício do seguro-desemprego será cancelado: (Redação dada pela Lei nº 12.513, de 2011)

I - pela recusa por parte do trabalhador desempregado de outro emprego condizente com sua qualificação registrada ou declarada e com sua remuneração anterior; (Redação dada pela Lei nº 12.513, de 2011)

II - por comprovação de falsidade na prestação das informações necessárias à habilitação; (Redação dada pela Lei nº 12.513, de 2011)

III - por comprovação de fraude visando à percepção indevida do benefício do seguro-desemprego; ou (Redação dada pela Lei nº 12.513, de 2011)

IV - por morte do segurado. (Redação dada pela Lei nº 12.513, de 2011)

§ 1º Nos casos previstos nos incisos I a III deste artigo, será suspenso por um período de 2 (dois) anos, ressalvado o prazo de carência, o direito do trabalhador à percepção do seguro-desemprego, dobrando-se este período em caso de reincidência. (Incluído pela Lei nº 12.513, de 2011)

§ 2º O benefício poderá ser cancelado na hipótese de o beneficiário deixar de cumprir a condicionalidade de que trata o § 1º do art. 3º desta Lei, na forma do regulamento. (Incluído pela Lei nº 12.513, de 2011)

Art. 8º-A. O benefício da bolsa de qualificação profissional será cancelado nas seguintes situações: (Incluído pela Medida Provisória nº 2.164-41, de 2001)

I - fim da suspensão contratual e retorno ao trabalho; (Incluído pela Medida Provisória nº 2.164-41, de 2001)

II - por comprovação de falsidade na prestação das informações necessárias à habilitação; (Incluído pela Medida Provisória nº 2.164-41, de 2001)

III - por comprovação de fraude visando à percepção indevida da bolsa de qualificação profissional; (Incluído pela Medida Provisória nº 2.164-41, de 2001)

IV - por morte do beneficiário. (Incluído pela Medida Provisória nº 2.164-41, de 2001)

Art. 8º-B. Na hipótese prevista no § 5º do art. 476-A da Consolidação das Leis do Trabalho - CLT, as parcelas da bolsa de qualificação profissional que o empregado tiver recebido serão descontadas das parcelas do benefício do Seguro-Desemprego a que fizer jus, sendo-lhe garantido, no mínimo, o recebimento de uma parcela do Seguro-Desemprego. (Incluído pela Medida Provisória nº 2.164-41, de 2001)

Art. 8º-C. Para efeito de habilitação ao Seguro-Desemprego, desconsiderar-se-á o período de suspensão contratual de que trata o art. 476-A da CLT, para o cálculo dos períodos de que tratam os incisos I e II do art. 3º desta Lei. (Incluído pela Medida Provisória nº 2.164-41, de 2001)

DO ABONO SALARIAL

Art. 9º É assegurado o recebimento de abono salarial anual, no valor máximo de 1 (um) salário-mínimo vigente na data do respectivo pagamento, aos empregados que: (Redação dada pela Lei nº 13.134, de 2015) (Produção de efeitos)

I - tenham percebido, de empregadores que contribuem para o Programa de Integração Social (PIS) ou para o Programa de Formação do Patrimônio do Servidor Público (Pasep), até 2 (dois) salários mínimos médios de remuneração mensal no período trabalhado e que tenham exercido atividade remunerada pelo menos durante 30 (trinta) dias no ano-base;

II - estejam cadastrados há pelo menos 5 (cinco) anos no Fundo de Participação PIS-Pasep ou no Cadastro Nacional do Trabalhador.

Parágrafo único. (Revogado pela Medida Provisória nº 665, de 2014)

§ 1º No caso de beneficiários integrantes do Fundo de Participação PIS-Pasep, serão computados no valor do abono salarial os rendimentos proporcionais pelas respectivas contas individuais. (Incluído pela Medida Provisória nº 665, de 2014)

§ 2º O valor do abono salarial anual de que trata o caput será calculado na proporção de 1/12 (um doze avos) do valor do salário-mínimo vigente na data do respectivo pagamento, multiplicado pelo número de meses trabalhados no ano correspondente. (Incluído pela Lei nº 13.134, de 2015) (Produção de efeitos)

§ 3º A fração igual ou superior a 15 (quinze) dias de trabalho será contada como mês integral para os efeitos do § 2º deste artigo. (Incluído pela Lei nº 13.134, de 2015) (Produção de efeitos)

§ 4º O valor do abono salarial será emitido em unidades inteiras de moeda corrente, com a suplementação das partes decimais até a unidade inteira imediatamente superior. (Incluído pela Lei nº 13.134, de 2015) (Produção de efeitos)

Art. 9º-A. O abono será pago pelo Banco do Brasil S.A. e pela Caixa Econômica Federal mediante: (Incluído pela Lei nº 13.134, de 2015)

I - depósito em nome do trabalhador; (Incluído pela Lei nº 13.134, de 2015)

II - saque em espécie; ou (Incluído pela Lei nº 13.134, de 2015)

III - folha de salários. (Incluído pela Lei nº 13.134, de 2015)

§ 1º Ao Banco do Brasil S.A. caberá o pagamento aos servidores e empregados dos contribuintes mencionados no art. 14 do Decreto-Lei no 2.052, de 3 de agosto de 1983, e à Caixa Econômica Federal, aos empregados dos contribuintes a que se refere o art. 15 desse Decreto-Lei. (Incluído pela Lei nº 13.134, de 2015)

§ 2º As instituições financeiras pagadoras manterão em seu poder, à disposição das autoridades fazendárias, por processo que possibilite sua imediata recuperação, os comprovantes de pagamentos efetuados. (Incluído pela Lei nº 13.134, de 2015)

DO FUNDO DE AMPARO AO TRABALHADOR

Art. 10. É instituído o Fundo de Amparo ao Trabalhador (FAT), vinculado ao Ministério do Trabalho e Emprego, destinado ao custeio do Programa de Seguro-Desemprego, ao pagamento do abono salarial e ao financiamento de programas de educação profissional e tecnológica e de desenvolvimento econômico. (Redação dada pela Lei nº 12.513, de 2011)

Parágrafo único. O FAT é um fundo contábil, de natureza financeira, subordinando-se, no que couber, à legislação vigente.

Art. 11. Constituem recursos do FAT:

I - o produto da arrecadação das contribuições devidas ao PIS e ao Pasep;

II - o produto dos encargos devidos pelos contribuintes, em decorrência da inobservância de suas obrigações;

III - a correção monetária e os juros devidos pelo agente aplicador dos recursos do fundo, bem como pelos agentes pagadores, incidentes sobre o saldo dos repasses recebidos;

IV - o produto da arrecadação da contribuição adicional pelo índice de rotatividade, de que trata o § 4º do art. 239 da Constituição Federal.

V - outros recursos que lhe sejam destinados.

Art. 12. (Vetado).

Art. 13. (Vetado).

Art. 14. (Vetado).

Art. 15. Compete aos Bancos Oficiais Federais o pagamento das despesas relativas ao Programa do Seguro-Desemprego e ao abono salarial conforme normas a serem definidas pelos gestores do FAT. (Vide lei nº 8.019, de 12.5.1990)

Parágrafo único. Sobre o saldo de recursos não desembolsados, os agentes pagadores remunerarão o FAT, no mínimo com correção monetária.

Art. 16. (Revogado pela Lei nº 8.019, de 11/04/90)

Art. 17. (Revogado pela Lei nº 8.019, de 11/04/90)

GESTÃO

Art. 18. É instituído o Conselho Deliberativo do Fundo de Amparo ao Trabalhador - CODEFAT, composto por representação de trabalhadores, empregadores e órgãos e entidades governamentais, na forma estabelecida pelo Poder Executivo. (Redação dada pela Medida Provisória nº 2.216-37, de 200')

§ 1º (Revogado pela Medida Provisória nº 2.216-37, de 2001)

§ 2º (Revogado pela Medida Provisória nº 2.216-37, de 2001)

§ 3º Os representantes dos trabalhadores serão indicados pelas centrais sindicais e confederações de trabalhadores; e os representantes dos empregadores, pelas respectivas confederações.

§ 4º Compete ao Ministro do Trabalho a nomeação dos membros do Codefat.

§ 5º (Revogado pela Medida Provisória nº 2.216-37, de 2001)

§ 6º Pela atividade exercida no Codefat seus membros não serão remunerados.

Art. 19. Compete ao Codefat gerir o FAT e deliberar sobre as seguintes matérias:

I - (Vetado).

II - aprovar e acompanhar a execução do Plano de Trabalho Anual do Programa do Seguro-Desemprego e do abono salarial e os respectivos orçamentos;

III - deliberar sobre a prestação de conta e os relatórios de execução orçamentária e financeira do FAT;

IV - elaborar a proposta orçamentária do FAT, bem como suas alterações;

V - propor o aperfeiçoamento da legislação relativa ao seguro-desemprego e ao abono salarial e regulamentar os dispositivos desta Lei no âmbito de sua competência;

VI - decidir sobre sua própria organização, elaborando seu regimento interno;

VII - analisar relatórios do agente aplicador quanto à forma, prazo e natureza dos investimentos realizados;

VIII - fiscalizar a administração do fundo, podendo solicitar informações sobre contratos celebrados ou em vias de celebração e quaisquer outros atos;

IX - definir indexadores sucedâneos no caso de extinção ou alteração daqueles referidos nesta Lei;

X - baixar instruções necessárias à devolução de parcelas do benefício do seguro-desemprego, indevidamente recebidas;

XI - propor alteração das alíquotas referentes às contribuições a que alude o art. 239 da Constituição Federal, com vistas a assegurar a viabilidade econômico-financeira do FAT;

XII - (Vetado);

XIII - (Vetado);

XIV - fixar prazos para processamento e envio ao trabalhador da requisição do benefício do seguro-desemprego, em função das possibilidades técnicas existentes, estabelecendo-se como objetivo o prazo de 30 (trinta) dias;

XV - (Vetado);

XIV - (Vetado);

XVII - deliberar sobre outros assuntos de interesses do FAT.

Art. 19-A. O Codefat poderá priorizar projetos das entidades integrantes do Sistema Nacional de Atendimento Socioeducativo (Sinase) desde que: (Incluído pela Lei nº 12.594, de 2012) (Vide)

I - o ente federado de vinculação da entidade que solicita o recurso possua o respectivo Plano de Atendimento Socioeducativo aprovado; (Incluído pela Lei nº 12.594, de 2012) (Vide)

II - as entidades governamentais e não governamentais integrantes do Sinase que solicitem recursos tenham se submetido à avaliação nacional do atendimento socioeducativo. (Incluído pela Lei nº 12.594, de 2012) (Vide)

Art. 20. A Secretaria-Executiva do Conselho Deliberativo será exercida pelo Ministério do Trabalho, e a ela caberão as tarefas técnico-administrativas relativas ao seguro-desemprego e abono salarial.

Art. 21. As despesas com a implantação, administração e operação do Programa do Seguro-Desemprego e do abono salarial, exceto as de pessoal, correrão por conta do FAT.

Art. 22. Os recursos do FAT integrarão o orçamento da seguridade social na forma da legislação pertinente.

DA FISCALIZAÇÃO E PENALIDADES

Art. 23. Compete ao Ministério do Trabalho a fiscalização do cumprimento do Programa de Seguro-Desemprego e do abono salarial.

Art. 24. Os trabalhadores e empregadores prestarão as informações necessárias, bem como atenderão às exigências para a concessão do seguro-desemprego e o pagamento do abono salarial, nos termos e prazos fixados pelo Ministério do Trabalho.

Art. 25. O empregador que infringir os dispositivos desta Lei estará sujeito a multas de 400 (quatrocentos) a 40.000 (quarenta mil) BTN, segundo a natureza da infração, sua extensão e intenção do infrator, a serem aplicadas em dobro, no caso de reincidência, oposição à fiscalização ou desacato à autoridade.

§ 1º Serão competentes para impor as penalidades as Delegacias Regionais do Trabalho, nos termos do Título VII da Consolidação das Leis do Trabalho (CLT).

§ 2º Além das penalidades administrativas já referidas, os responsáveis por meios fraudulentos na habilitação ou na percepção do seguro-desemprego serão punidos civil e criminalmente, nos termos desta Lei.

Art. 25-A. O trabalhador que infringir o disposto nesta Lei e houver percebido indevidamente parcela de seguro-desemprego sujeitar-se-á à compensação automática do débito com o novo benefício, na forma e no percentual definidos por resolução do Codefat. (Incluído pela Lei nº 13.134, de 2015)

§ 1º O ato administrativo de compensação automática poderá ser objeto de impugnação, no prazo de 10 (dez) dias, pelo trabalhador, por meio de requerimento de revisão simples, o qual seguirá o rito prescrito pela Lei no 9.784, de 29 de janeiro de 1999. (Incluído pela Lei nº 13.134, de 2015)

§ 2º A restituição de valor devido pelo trabalhador de que trata o caput deste artigo será realizada mediante compensação do saldo de valores nas datas de liberação de cada parcela ou pagamento com Guia de Recolhimento da União (GRU), conforme regulamentação do Codefat. (Incluído pela Lei nº 13.134, de 2015)

DAS DISPOSIÇÕES FINAIS E TRANSITÓRIAS

Art. 26. (Vetado).

Art. 27. A primeira investidura do Codefat dar-se-á no prazo de 30 (trinta) dias da publicação desta Lei.

Art. 28. No prazo de trinta dias as contribuições ao PIS e ao Pasep, arrecadadas a partir de 5 de outubro de 1988 e não utilizadas nas finalidades previstas no art. 239 da Constituição Federal, serão recolhidas como receita do FAT. (Redação dada pela Lei nº 8.019, de 11/04/90)

Parágrafo único. (Vetado).

Art. 29. (Revogado pela Lei nº 8.019, de 11/04/90)

Art. 30. O Poder Executivo regulamentará esta Lei no prazo de 90 (noventa) dias e apresentará projeto lei regulamentando a contribuição adicional pelo índice de rotatividade, de que trata o § 4º do art. 239 da Constituição Federal, no prazo de 180 (cento e oitenta) dias.

Art. 31. Esta Lei entra em vigor na data de sua publicação.

Art. 32. Revogam-se as disposições em contrário.

LEI Nº 7.998, DE 11 DE JANEIRO DE 1990

6. LEI Nº 8.036, DE 11 DE MAIO DE 1990

Dispõe sobre o Fundo de Garantia do Tempo de Serviço, e dá outras providências.

O PRESIDENTE DA REPÚBLICA, faço saber que o Congresso Nacional decreta e eu sanciono a seguinte lei:

Art. 1º O Fundo de Garantia do Tempo de Serviço (FGTS), instituído pela Lei nº 5.107, de 13 de setembro de 1966, passa a reger-se por esta lei.

Art. 2º O FGTS é constituído pelos saldos das contas vinculadas a que se refere esta lei e outros recursos a ele incorporados, devendo ser aplicados com atualização monetária e juros, de modo a assegurar a cobertura de suas obrigações.

§ 1º Constituem recursos incorporados ao FGTS, nos termos do caput deste artigo:
 a) eventuais saldos apurados nos termos do art. 12, § 4º;
 b) dotações orçamentárias específicas;
 c) resultados das aplicações dos recursos do FGTS;
 d) multas, correção monetária e juros moratórios devidos;
 e) demais receitas patrimoniais e financeiras.

§ 2º As contas vinculadas em nome dos trabalhadores são absolutamente impenhoráveis.

Art. 3º O FGTS será regido por normas e diretrizes estabelecidas por um Conselho Curador, composto por representação de trabalhadores, empregadores e órgãos e entidades governamentais, na forma estabelecida pelo Poder Executivo. (Redação dada pela Medida Provisória nº 2.216-37, de 2001) (Vide Decreto nº 3.101, de 2001)

§ 1º A Presidência do Conselho Curador será exercida pelo representante do Ministério do Trabalho e da Previdência Social.

§ 2º (Revogado pela Medida Provisória nº 2.216-37, de 2001)

§ 3º Os representantes dos trabalhadores e dos empregadores e seus respectivos suplentes serão indicados pelas respectivas centrais sindicais e confederações nacionais e nomeados pelo Ministro do Trabalho e da Previdência Social, e terão mandato de 2 (dois) anos, podendo ser reconduzidos uma única vez.

§ 4º O Conselho Curador reunir-se-á ordinariamente, a cada bimestre, por convocação de seu Presidente. Esgotado esse período, não tendo ocorrido convocação, qualquer de seus membros poderá fazê-la, no prazo de 15 (quinze) dias. Havendo necessidade, qualquer membro poderá convocar reunião extraordinária, na forma que vier a ser regulamentada pelo Conselho Curador.

§ 5º As decisões do Conselho serão tomadas com a presença da maioria simples de seus membros, tendo o Presidente voto de qualidade. (Redação dada pela Medida Provisória nº 2.216-37, de 2001)

§ 6º As despesas porventura exigidas para o comparecimento às reuniões do Conselho constituirão ônus das respectivas entidades representadas.

§ 7º As ausências ao trabalho dos representantes dos trabalhadores no Conselho Curador, decorrentes das atividades desse órgão, serão abonadas, computando-se como jornada efetivamente trabalhada para todos os fins e efeitos legais.

§ 8º Competirá ao Ministério do Trabalho e da Previdência Social proporcionar ao Conselho Curador os meios necessários ao exercício de sua competência, para o que contará com uma Secretaria Executiva do Conselho Curador do FGTS.

§ 9º Aos membros do Conselho Curador, enquanto representantes dos trabalhadores, efetivos e suplentes, é assegurada a estabilidade no emprego, da nomeação até um ano após o término do mandato de representação, somente podendo ser demitidos por motivo de falta grave, regularmente comprovada através de processo sindical.

Art. 3º O FGTS será regido por normas e diretrizes estabelecidas por um Conselho Curador, composto por representação de trabalhadores, empregadores e órgãos e entidades governamentais, na forma estabelecida pelo Poder Executivo. (Redação dada pela Lei nº 9.649, de 1998) (Vide Medida Provisória nº 2.216-37, de 2001) (Vide Decreto nº 3.101, de 2001)

§ 1º A Presidência do Conselho Curador será exercida pelo Ministro de Estado da Economia ou por representante, por ele indicado, da área fazendária do governo. (Redação dada pela Lei nº 13.932, de 2019)

§ 2º (Revogado pela Medida Provisória nº 2.216-37, de 2001)

§ 3º Os representantes dos trabalhadores e dos empregadores e seus suplentes serão indicados pelas respectivas centrais sindicais e confederações nacionais, serão nomeados pelo Poder Executivo, terão mandato de 2 (dois) anos e poderão ser reconduzidos uma única vez, vedada a permanência de uma mesma pessoa como membro titular, como suplente ou, de forma alternada, como titular e suplente, por período consecutivo superior a 4 (quatro) anos no Conselho. (Redação dada pela Lei nº 13.932, de 2019)

§ 4º O Conselho Curador reunir-se-á ordinariamente, a cada bimestre, por convocação de seu Presidente. Esgotado esse período, não tendo ocorrido convocação, qualquer de seus membros poderá fazê-la, no prazo de 15 (quinze) dias. Havendo necessidade, qualquer membro poderá convocar reunião extraordinária, na forma que vier a ser regulamentada pelo Conselho Curador.

§ 4º-A. As reuniões do Conselho Curador serão públicas, bem como gravadas e transmitidas ao vivo por meio do sítio do FGTS na internet, o qual também possibilitará acesso a todas as gravações que tiverem sido efetuadas dessas reuniões, resguardada a possibilidade de tratamento sigiloso de matérias assim classificadas na forma da lei. (Incluído pela Lei nº 13.932, de 2019)

§ 5º As decisões do Conselho serão tomadas com a presença da maioria simples de seus membros, tendo o Presidente voto de qualidade. (Redação dada pela Lei nº 9.649, de 1998) (Vide Medida Provisória nº 2.216-37, de 2001)

§ 6º As despesas porventura exigidas para o comparecimento às reuniões do Conselho constituirão ônus das respectivas entidades representadas.

§ 7º As ausências ao trabalho dos representantes dos trabalhadores no Conselho Curador, decorrentes das atividades desse órgão, serão abonadas, computando-se como jornada efetivamente trabalhada para todos os fins e efeitos legais.

§ 8º O Poder Executivo designará, entre os órgãos governamentais com representação no Conselho Curador do FGTS, aquele que lhe proporcionará estrutura administrativa de suporte para o exercício de sua competência e que atuará na função de Secretaria Executiva do colegiado, não permitido ao Presidente do Conselho Curador acumular a titularidade dessa Secretaria Executiva. (Redação dada pela Lei nº 13.932, de 2019)

§ 9º Aos membros do Conselho Curador, enquanto representantes dos trabalhadores, efetivos e suplentes, é assegurada a estabilidade no emprego, da nomeação até um ano após o término do mandato de representação, somente podendo ser demitidos por motivo de falta grave, regularmente comprovada através de processo sindical.

§ 10. Os membros do Conselho Curador do FGTS serão escolhidos dentre cidadãos de reputação ilibada e de notório conhecimento, e deverão ser atendidos os seguintes requisitos: (Incluído pela Lei nº 13.932, de 2019)

 I - ter formação acadêmica superior; e (Incluído pela Lei nº 13.932, de 2019)

 II - não se enquadrar nas hipóteses de inelegibilidade previstas nas alíneas "a" a "q" do inciso I do caput do art. 1º da Lei Complementar nº 64, de 18 de maio de 1990. (Incluído pela Lei nº 13.932, de 2019)

Art. 4º O gestor da aplicação dos recursos do FGTS será o órgão do Poder Executivo responsável pela política de habitação, e caberá à Caixa Econômica Federal (CEF) o papel de agente operador. (Redação dada pela Lei nº 13.932, de 2019)

Art. 5º Ao Conselho Curador do FGTS compete: (Vide Lei complementar nº 150, de 2015)

I - estabelecer as diretrizes e os programas de alocação de todos os recursos do FGTS, de acordo com os critérios definidos nesta lei, em consonância com a política nacional de desenvolvimento urbano e as políticas setoriais de habitação popular, saneamento básico e infra-estrutura urbana estabelecidas pelo Governo Federal;

II - acompanhar e avaliar a gestão econômica e financeira dos recursos, bem como os ganhos sociais e o desempenho dos programas aprovados;

III - apreciar e aprovar os programas anuais e plurianuais do FGTS;

IV - aprovar as demonstrações financeiras do FGTS, com base em parecer de auditoria externa independente, antes de sua publicação e encaminhamento aos órgãos de controle, bem como da distribuição de resultados; (Redação dada pela Lei nº 13.932, de 2019)

V - adotar as providências cabíveis para a correção de atos e fatos do gestor da aplicação e da CEF que prejudiquem o desempenho e o cumprimento das finalidades no que concerne aos recursos do FGTS; (Redação dada pela Lei nº 13.932, de 2019)

VI - dirimir dúvidas quanto à aplicação das normas regulamentares, relativas ao FGTS, nas matérias de sua competência;

VII - aprovar seu regimento interno;

VIII - fixar as normas e valores de remuneração do agente operador e dos agentes financeiros;

IX - fixar critérios para parcelamento de recolhimentos em atraso;

X - fixar critério e valor de remuneração para o exercício da fiscalização;

XI - divulgar, no Diário Oficial da União, todas as decisões proferidas pelo Conselho, bem como as contas do FGTS e os respectivos pareceres emitidos.

XII - fixar critérios e condições para compensação entre créditos do empregador, decorrentes de depósitos relativos a trabalhadores não optantes, com contratos extintos, e débitos resultantes de competências em atraso, inclusive aqueles que forem objeto de composição de dívida com o FGTS. (Incluído pela Lei nº 9.711, de 1998)

XIII - em relação ao Fundo de Investimento do Fundo de Garantia do Tempo de Serviço - FI-FGTS: (Incluído pela Lei nº 11.491, de 2007)

 a) aprovar a política de investimento do FI-FGTS por proposta do Comitê de Investimento; (Incluído pela Lei nº 11.491, de 2007)

 b) decidir sobre o reinvestimento ou distribuição dos resultados positivos aos cotistas do FI-FGTS, em cada exercício; (Incluído pela Lei nº 11.491, de 2007)

 c) definir a forma de deliberação, de funcionamento e a composição do Comitê de Investimento; (Incluído pela Lei nº 11.491, de 2007)

 d) estabelecer o valor da remuneração da Caixa Econômica Federal pela administração e gestão do FI-FGTS, inclusive a taxa de risco; (Incluído pela Lei nº 11.491, de 2007)

 e) definir a exposição máxima de risco dos investimentos do FI-FGTS; (Incluído pela Lei nº 11.491, de 2007)

 f) estabelecer o limite máximo de participação dos recursos do FI-FGTS por setor, por empreendimento e por classe de ativo, observados os requisitos técnicos aplicáveis (Incluído pela Lei nº 11.491, de 2007)

 g) estabelecer o prazo mínimo de resgate das cotas e de retorno dos recursos à conta vinculada, observado o disposto no § 19 do art. 20 desta Lei; (Incluído pela Lei nº 11.491, de 2007)

 h) aprovar o regulamento do FI-FGTS, elaborado pela Caixa Econômica Federal; e (Incluído pela Lei nº 11.491, de 2007)

 i) autorizar a integralização de cotas do FI-FGTS pelos trabalhadores, estabelecendo previamente os limites globais e individuais, parâmetros e condições de aplicação e resgate. (Incluído pela Lei nº 11.491, de 2007)

XIV - (revogado); (Redação dada pela Lei nº 13.932, de 2019)

XV - autorizar a aplicação de recursos do FGTS em outros fundos de investimento, no mercado de capitais e em títulos públicos e privados, com base em proposta elaborada pelo agente operador, devendo o Conselho Curador regulamentar as formas e condições do investimento, vedado o aporte em fundos nos quais o FGTS seja o único cotista; (Incluído pela Lei nº 13.932, de 2019)

XVI - estipular limites às tarifas cobradas pelo agente operador ou pelos agentes financeiros na intermediação da movimentação dos recursos da conta vinculada do FGTS, inclusive nas hipóteses de que tratam os incisos V, VI e VII do caput do art. 20 desta Lei. (Incluído pela Lei nº 13.932, de 2019)

§ 1º O Conselho Curador será assistido por um Comitê de Auditoria e Riscos, constituído na forma do Regimento Interno, cujas atribuições e condições abrangerão, no mínimo, aquelas estipuladas nos arts. 24 e 25, §§ 1º a 3º, da Lei nº 13.303, de 30 de junho de 2016, ao Comitê de Auditoria Estatutário das empresas públicas e sociedades de economia mista que forem aplicáveis, ainda que por similaridade, ao FGTS, e cujas despesas serão custeadas pelo Fundo, por meio de sua Secretaria Executiva, observado o disposto no § 3º deste artigo. (Incluído pela Lei nº 13.932, de 2019)

§ 2º O Conselho Curador poderá ser assistido regularmente por pessoas naturais ou jurídicas especializadas em planejamento, em gestão de investimentos, em avaliação de programas e políticas, em tecnologia da informação ou em qualquer outra especialização julgada necessária para subsidiá-lo no exercício de suas atribuições, e as despesas decorrentes ficarão a cargo do FGTS, observado o disposto no § 3º deste artigo. (Incluído pela Lei nº 13.932, de 2019)

§ 3º Os custos e despesas incorridos pelo FGTS não poderão superar limite a ser estabelecido pelo Conselho Curador, o qual observará, no mínimo, os custos por atividades, os ganhos de escala e produtividade, os avanços tecnológicos e a remuneração praticada por outros fundos no mercado de capitais, excluídos da base de cálculo aqueles cuja administradora receba remuneração específica, e incluirão: (Incluído pela Lei nº 13.932, de 2019)

I - os serviços de fiscalização, as atividades de arrecadação, de cobrança administrativa e de emissão de certidões; (Incluído pela Lei nº 13.932, de 2019)

II - os serviços de cobrança judicial dos créditos inscritos em dívida ativa; (Incluído pela Lei nº 13.932, de 2019)

III - os serviços contratados pela Secretaria Executiva para suporte às ações e decisões do Conselho Curador e do Comitê de Auditoria e Riscos, bem como os valores despendidos com terceiros; (Incluído pela Lei nº 13.932, de 2019)

IV - a capacitação dos gestores. (Incluído pela Lei nº 13.932, de 2019)

§ 4º O Conselho Curador especificará os serviços de suporte à gestão e à operação que poderão ser contratados pela Secretaria Executiva com recursos do FGTS, cabendo-lhe aprovar o montante destinado a tal finalidade no orçamento anual. (Incluído pela Lei nº 13.932, de 2019)

LEI Nº 8.036, DE 11 DE MAIO DE 1990

§ 5º As auditorias externas contratadas pelo Comitê a que se refere o § 1º deste artigo não poderão prestar serviços ao agente operador durante a execução dos contratos de auditoria com o FGTS. (Incluído pela Lei nº 13.932, de 2019)

§ 6º O limite de custos e despesas a que se refere o § 3º deste artigo não inclui taxas de risco de crédito e demais custos e despesas devidos ao agente operador e aos agentes financeiros. (Incluído pela Lei nº 13.932, de 2019)

§ 7º O limite de que trata o § 3º deste artigo será, em cada exercício, de até 0,04% (quatro centésimos por cento) do valor dos ativos do FGTS ao final do exercício anterior, e, até a publicação das respectivas demonstrações financeiras, esse limite será calculado a partir de estimativas divulgadas pelo Conselho Curador para o valor dos ativos do FGTS ao final daquele exercício. (Incluído pela Lei nº 13.932, de 2019)

§ 8º A taxa de administração do FGTS devida ao agente operador não será superior a 0,5% (cinco décimos por cento) ao ano do valor total dos ativos do Fundo. (Incluído pela Lei nº 13.932, de 2019)

§ 9º § 9º A taxa de administração de que trata a alínea "d" do inciso XIII do caput deste artigo não será superior a 0,5% (cinco décimos por cento) ao ano do valor total dos ativos do FI-FGTS. (Incluído pela Lei nº 13.932, de 2019)

Art. 6º Ao gestor da aplicação compete: (Redação dada pela Lei nº 13.932, de 2019)

I - praticar todos os atos necessários à gestão da aplicação do Fundo, de acordo com as diretrizes e programas estabelecidos pelo Conselho Curador;

II - expedir atos normativos relativos à alocação dos recursos para implementação dos programas aprovados pelo Conselho Curador;

III - elaborar orçamentos anuais e planos plurianuais de aplicação dos recursos, discriminando-os por Unidade da Federação, submetendo-os até 31 de julho ao Conselho Curador do Fundo;

IV - acompanhar a execução dos programas de habitação popular, saneamento básico e infraestrutura urbana previstos no orçamento do FGTS e implementados pela CEF, no papel de agente operador; (Redação dada pela Lei nº 13.932, de 2019)

V - submeter à apreciação do Conselho Curador as contas do FGTS;

VI - subsidiar o Conselho Curador com estudos técnicos necessários ao aprimoramento operacional dos programas de habitação popular, saneamento básico e infra-estrutura urbana;

VII - definir as metas a serem alcançadas nos programas de habitação popular, saneamento básico e infra-estrutura urbana.

Art. 6º-A. Caberá ao Ministério da Saúde regulamentar, acompanhar a execução, subsidiar o Conselho Curador com estudos técnicos necessários ao seu aprimoramento operacional e definir as metas a serem alcançadas nas operações de crédito destinadas às entidades hospitalares filantrópicas, bem como a instituições que atuem no campo para pessoas com deficiência, sem fins lucrativos, que participem de forma complementar do Sistema Único de Saúde (SUS). (Incluído pela Lei nº 13.832, de 2019)

Art. 7º À Caixa Econômica Federal, na qualidade de agente operador, cabe: (Vide Lei Complementar nº 150, de 2015)

I - centralizar os recursos do FGTS, manter e controlar as contas vinculadas, e emitir regularmente os extratos individuais correspondentes às contas vinculadas e participar da rede arrecadadora dos recursos do FGTS;

II - expedir atos normativos referentes aos procedimentos adiministrativo-operacionais dos bancos depositários, dos agentes financeiros, dos empregadores e dos trabalhadores, integrantes do sistema do FGTS;

III - definir procedimentos operacionais necessários à execução dos programas estabelecidos pelo Conselho Curador, com base nas normas e diretrizes de aplicação elaboradas pelo gestor da aplicação; (Redação dada pela Lei nº 13.932, de 2019)

IV - elaborar as análises jurídica e econômico-financeira dos projetos de habitação popular, infra-estrutura urbana e saneamento básico a serem financiados com recursos do FGTS;

V - emitir Certificado de Regularidade do FGTS;

VI - elaborar as demonstrações financeiras do FGTS, incluídos o Balanço Patrimonial, a Demonstração do Resultado do Exercício e a Demonstração de Fluxo de Caixa, em conformidade com as Normas Contábeis Brasileiras, e encaminhá-las, até 30 de abril do exercício subsequente, ao gestor de aplicação; (Redação dada pela Lei nº 13.932, de 2019)

VII - implementar atos emanados do gestor da aplicação relativos à alocação e à aplicação dos recursos do FGTS, de acordo com as diretrizes estabelecidas pelo Conselho Curador; (Redação dada pela Lei nº 13.932, de 2019)

VIII - (VETADO) (Incluído pela Lei nº 9.491, de 1997)

IX - garantir aos recursos alocados ao FI-FGTS, em cotas de titularidade do FGTS, a remuneração aplicável às contas vinculadas, na forma do caput do art. 13 desta Lei. (Incluído pela Lei nº 11.491, de 2007)

X - realizar todas as aplicações com recursos do FGTS por meio de sistemas informatizados e auditáveis; (Incluído pela Lei nº 13.932, de 2019)

XI - colocar à disposição do Conselho Curador, em formato digital, as informações gerenciais que estejam sob gestão do agente operador e que sejam necessárias ao desempenho das atribuições daquele colegiado. (Incluído pela Lei nº 13.932, de 2019)

Parágrafo único. O gestor da aplicação e o agente operador deverão dar pleno cumprimento aos programas anuais em andamento, aprovados pelo Conselho Curador, e eventuais alterações somente poderão ser processadas mediante prévia anuência daquele colegiado. (Redação dada pela Lei nº 13.932, de 2019)

Art. 8º O gestor da aplicação, o agente operador e o Conselho Curador do FGTS serão responsáveis pelo fiel cumprimento e observância dos critérios estabelecidos nesta Lei. (Redação dada pela Lei nº 13.932, de 2019)

Art. 9º As aplicações com recursos do FGTS serão realizadas exclusivamente segundo critérios fixados pelo Conselho Curador do FGTS e em operações que preencham os seguintes requisitos: (Redação dada pela Lei nº 13.932, de 2019)

I - Garantias: (Redação dada pela Lei nº 9.467, de 1997)
a) hipotecária; (Incluída pela Lei nº 9.467, de 1997)
b) caução de Créditos hipotecários próprios, relativos a financiamentos concedidos com recursos do agente financeiro; (Incluída pela Lei nº 9.467, de 1997)
c) caução dos créditos hipotecários vinculados aos imóveis objeto de financiamento; (Incluída pela Lei nº 9.467, de 1997)
d) hipoteca sobre outros imóveis de propriedade do agente financeiro, desde que livres e desembaraçados de quaisquer ônus; (Incluída pela Lei nº 9.467, de 1997)
e) cessão de créditos do agente financeiro, derivados de financiamentos concedidos com recursos próprios, garantidos por penhor ou hipoteca; (Incluída pela Lei nº 9.467, de 1997)
f) hipoteca sobre imóvel de propriedade de terceiros (Incluída pela Lei nº 9.467, de 1997)
g) seguro de crédito; (Incluída pela Lei nº 9.467, de 1997)

h) garantia real ou vinculação de receitas, inclusive tarifárias, nas aplicações contratadas com pessoa jurídica de direito público ou de direito privado a ela vinculada; (Incluída pela Lei nº 9.467, de 1997)

i) aval em nota promissória; (Incluída pela Lei nº 9.467, de 1997)

j) fiança pessoal; (Incluída pela Lei nº 9.467, de 1997)

l) alienação fiduciária de bens móveis em garantia; (Incluída pela Lei nº 9.467, de 1997)

m) fiança bancária; (Incluída pela Lei nº 9.467, de 1997)

n) consignação de recebíveis, exclusivamente para operações de crédito destinadas às entidades hospitalares filantrópicas, bem como a instituições que atuam no campo para pessoas com deficiência, e sem fins lucrativos que participem de forma complementar do Sistema Único de Saúde (SUS), em percentual máximo a ser definido pelo Ministério da Saúde; e (Redação dada pela Lei nº 13.778, de 2018)

o) outras, a critério do Conselho Curador do FGTS; (Incluído pela Lei nº 13.778, de 2018)

II - correção monetária igual à das contas vinculadas;

III - taxa de juros média mínima, por projeto, de 3 (três) por cento ao ano;

IV - prazo máximo de trinta anos. (Redação dada pela Lei nº 8.692, de 1993)

§ 1º A rentabilidade média das aplicações deverá ser suficiente à cobertura de todos os custos incorridos pelo Fundo e ainda à formação de reserva técnica para o atendimento de gastos eventuais não previstos, e caberá ao agente operador o risco de crédito. (Redação dada pela Lei nº 13.932, de 2019)

§ 2º Os recursos do FGTS deverão ser aplicados em habitação, em saneamento básico, em infraestrutura urbana e em operações de crédito destinadas às entidades hospitalares filantrópicas, bem como a instituições que atuam no campo para pessoas com deficiência, e sem fins lucrativos que participem de forma complementar do SUS, desde que as disponibilidades financeiras sejam mantidas em volume que satisfaça as condições de liquidez e de remuneração mínima necessária à preservação do poder aquisitivo da moeda. (Redação dada pela Lei nº 13.778, de 2018)

§ 3º O programa de aplicações deverá destinar: (Redação dada pela Lei nº 13.778, de 2018)

I - no mínimo, 60% (sessenta por cento) para investimentos em habitação popular; e, (Incluído pela Lei nº 13.778, de 2018)

II - 5% (cinco por cento) para operações de crédito destinadas às entidades hospitalares filantrópicas, bem como a instituições que atuam no campo para pessoas com deficiência, e sem fins lucrativos que participem de forma complementar do SUS. (Incluído pela Lei nº 13.778, de 2018)

§ 3º-A. Os recursos previstos no inciso II do § 3º deste artigo não utilizados pelas entidades hospitalares filantrópicas, bem como pelas instituições que atuam no campo para pessoas com deficiência, e sem fins lucrativos que participem de forma complementar do SUS poderão ser destinados a aplicações em habitação, em saneamento básico e em infraestrutura urbana. (Incluído pela Lei nº 13.778, de 2018)

§ 4º Os projetos de saneamento básico e infra-estrutura urbana, financiados com recursos do FGTS, deverão ser complementares aos programas habitacionais.

§ 5º As garantias, nas diversas modalidades discriminadas no inciso I do caput deste artigo, serão admitidas singular ou supletivamente, considerada a suficiência de cobertura para os empréstimos e financiamentos concedidos. (Redação dada pela Lei nº 9.467, de 1997)

§ 6º Mantida a rentabilidade média de que trata o § 1º, as aplicações em habitação popular poderão contemplar sistemática de desconto, direcionada em função da renda familiar do beneficiário, onde o valor do benefício seja concedido mediante redução no valor das prestações a serem pagas pelo mutuário ou pagamento de parte da aquisição ou construção de imóvel, dentre outras, a critério do Conselho Curador do FGTS. (Incluído pela Medida Provisória nº 2.197-43, de 2001)

§ 6º-A. (VETADO). (Incluído pela Lei nº 13.932, de 2019)

§ 6º-B. (VETADO). (Incluído pela Lei nº 13.932, de 2019)

§ 7º Os recursos necessários para a consecução da sistemática de desconto serão destacados, anualmente, do orçamento de aplicação de recursos do FGTS, constituindo reserva específica, com contabilização própria. (Incluído pela Medida Provisória nº 2.197-43, de 2001)

§ 8º É da União o risco de crédito nas aplicações efetuadas até 1º de junho de 2001 pelos demais órgãos integrantes do Sistema Financeiro da Habitação - SFH e pelas entidades credenciadas pelo Banco Central do Brasil como agentes financeiros, subrogando-se nas garantias prestadas à Caixa Econômica Federal. (Incluído pela Medida Provisória nº 2.196-3, de 2001)

§ 9º A Caixa Econômica Federal, o Banco do Brasil S.A. e o Banco Nacional de Desenvolvimento Econômico e Social - BNDES poderão atuar como agentes financeiros autorizados para aplicação dos recursos do FGTS em operações de crédito destinadas às entidades hospitalares filantrópicas e sem fins lucrativos que participem de forma complementar do SUS. (Incluído pela Medida Provisória nº 848, de 2018)

§ 10. Nas operações de crédito destinadas às entidades hospitalares filantrópicas, bem como a instituições que atuam no campo para pessoas com deficiência, e sem fins lucrativos que participem de forma complementar do SUS, serão observadas as seguintes condições: (Incluído pela Lei nº 13.778, de 2018)

I - a taxa de juros efetiva não será superior àquela cobrada para o financiamento habitacional na modalidade pró-cotista ou a outra que venha a substituí-la; (Incluído pela Lei nº 13.778, de 2018)

II - a tarifa operacional única não será superior a 0,5% (cinco décimos por cento) do valor da operação; e (Incluído pela Lei nº 13.778, de 2018)

III - o risco das operações de crédito ficará a cargo dos agentes financeiros de que trata o § 9º deste artigo. (Incluído pela Lei nº 13.778, de 2018)

§ 11. As entidades hospitalares filantrópicas, bem como as instituições que atuam no campo para pessoas com deficiência, e sem fins lucrativos que participem de forma complementar do SUS deverão, para contratar operações de crédito com recursos do FGTS, atender ao disposto nos incisos II e III do caput do art. 4º da Lei nº 12.101, de 27 de novembro de 2009. (Incluído pela Lei nº 13.778, de 2018)

Art. 9º-A. O risco das operações de crédito de que trata o § 10 do art. 9º desta Lei ficará a cargo dos agentes financeiros referidos no § 9º do art. 9º desta Lei, hipótese em que o Conselho Curador poderá definir o percentual da taxa de risco, limitado a 3% (três por cento), a ser acrescido à taxa de juros de que trata o inciso I do § 10 do art. 9º desta Lei. (Incluído pela Lei nº 13.832, de 2019)

Art. 9º-B. As garantias de que trata o inciso I do caput do art. 9º desta Lei podem ser exigidas isolada ou cumulativamente. (Incluído pela Lei nº 13.832, de 2019)

Art. 9º-C. As aplicações do FGTS em operações de crédito destinadas às entidades hospitalares filantrópicas, bem como a instituições que atuam no campo para pessoas com deficiência, sem fins lucrativos e que participem de forma complementar do SUS, ocorrerão até o final do exercício de 2022. (Incluído pela Lei nº 13.832, de 2019)

Art. 10. O Conselho Curador fixará diretrizes e estabelecerá critérios técnicos para as aplicações dos recursos do FGTS, visando:

I - exigir a participação dos contratantes de financiamentos nos investimentos a serem realizados;

II - assegurar o cumprimento, por parte dos contratantes inadimplentes, das obrigações decorrentes dos financiamentos obtidos;

III - evitar distorções na aplicação entre as regiões do País, considerando para tanto a demanda habitacional, a população e outros indicadores sociais.

Art. 11. Os depósitos feitos na rede bancária, a partir de 1º de outubro de 1989, relativos ao FGTS, serão transferidos à Caixa Econômica Federal no segundo dia útil subseqüente à data em que tenham sido efetuados.

Art. 12. No prazo de um ano, a contar da promulgação desta lei, a Caixa Econômica Federal assumirá o controle de todas as contas vinculadas, nos termos do item I do art. 7º, passando os demais estabelecimentos bancários, findo esse prazo, à condição de agentes recebedores e pagadores do FGTS, mediante recebimento de tarifa, a ser fixada pelo Conselho Curador.

§ 1º Enquanto não ocorrer a centralização prevista no caput deste artigo, o depósito efetuado no decorrer do mês será contabilizado no saldo da conta vinculada do trabalhador, no primeiro dia útil do mês subseqüente.

§ 2º Até que a Caixa Econômica Federal implemente as disposições do caput deste artigo, as contas vinculadas continuarão sendo abertas em estabelecimento bancário escolhido pelo empregador, dentre os para tanto autorizados pelo Banco Central do Brasil, em nome do trabalhador.

§ 3º Verificando-se mudança de emprego, até que venha a ser implementada a centralização no caput deste artigo, a conta vinculada será transferida para o estabelecimento bancário da escolha do novo empregador.

§4º Os resultados financeiros auferidos pela Caixa Econômica Federal no período entre o repasse dos bancos e o depósito nas contas vinculadas dos trabalhadores destinar-se-ão à cobertura das despesas de administração do FGTS e ao pagamento da tarifa aos bancos depositários, devendo os eventuais saldos ser incorporados ao patrimônio do Fundo nos termos do art. 2º, § 1º.

§5º Após a centralização das contas vinculadas, na Caixa Econômica Federal, o depósito realizado no prazo regulamentar passa a integrar o saldo da conta vinculada do trabalhador a partir do dia 10 (dez) do mês de sua ocorrência. O depósito realizado fora do prazo será contabilizado no saldo no dia 10 (dez) subseqüente após atualização monetária e capitalização de juros.

Art. 13. Os depósitos efetuados nas contas vinculadas serão corrigidos monetariamente com base nos parâmetros fixados para atualização dos saldos dos depósitos de poupança e capitalização juros de (três) por cento ao ano.

§1º Até que ocorra a centralização prevista no item I do art. 7º, a atualização monetária e a capitalização de juros correrão à conta do Fundo e o respectivo crédito será efetuado na conta vinculada no primeiro dia útil de cada mês, com base no saldo existente no primeiro dia útil do mês anterior, deduzidos os saques ocorridos no período.

§2º Após a centralização das contas vinculadas, na Caixa Econômica Federal, a atualização monetária e a capitalização de juros correrão à conta do Fundo e o respectivo crédito será efetuado na conta vinculada, no dia 10 (dez) de cada mês, com base no saldo existente no dia 10 (dez) do mês anterior ou no primeiro dia útil subseqüente, caso o dia 10 (dez) seja feriado bancário, deduzidos os saques ocorridos no período.

§3º Para as contas vinculadas dos trabalhadores optantes existentes à data de 22 de setembro de 1971, a capitalização dos juros dos depósitos continuará a ser feita na seguinte progressão, salvo no caso de mudança de empresa, quando a capitalização dos juros passará a ser feita à taxa de 3 (três) por cento ao ano:

I - 3 (três) por cento, durante os dois primeiros anos de permanência na mesma empresa;

II - 4 (quatro) por cento, do terceiro ao quinto ano de permanência na mesma empresa;

III - 5 (cinco) por cento, do sexto ao décimo ano de permanência na mesma empresa;

IV - 6 (seis) por cento, a partir do décimo primeiro ano de permanência na mesma empresa.

§ 4º O saldo das contas vinculadas é garantido pelo Governo Federal, podendo ser instituído seguro especial para esse fim.

§ 5º O Conselho Curador autorizará a distribuição de parte do resultado positivo auferido pelo FGTS, mediante crédito nas contas vinculadas de titularidade dos trabalhadores, observadas as seguintes condições, entre outras a seu critério: (Incluído pela Lei nº 13.446, de 2017)

I - a distribuição alcançará todas as contas vinculadas que apresentarem saldo positivo em 31 de dezembro do exercício-base do resultado auferido, inclusive as contas vinculadas de que trata o art. 21 desta Lei; (Incluído pela Lei nº 13.446, de 2017)

II - a distribuição será proporcional ao saldo de cada conta vinculada em 31 de dezembro do exercício-base e deverá ocorrer até 31 de agosto do ano seguinte ao exercício de apuração do resultado; e (Incluído pela Lei nº 13.446, de 2017)

III - a distribuição do resultado auferido será de 50% (cinquenta por cento) do resultado do exercício. (Incluído pela Lei nº 13.446, de 2017)

§ 6º O valor de distribuição do resultado auferido será calculado posteriormente ao valor desembolsado com o desconto realizado no âmbito do Programa Minha Casa, Minha Vida (PMCMV), de que trata a Lei nº 11.977, de 7 de julho de 2009. (Incluído pela Lei nº 13.446, de 2017)

§ 7º O valor creditado nas contas vinculadas a título de distribuição de resultado, acrescido de juros e atualização monetária, não integrará a base de cálculo do depósito da multa rescisória de que tratam os §§ 1º e 2º do art. 18 desta Lei. (Incluído pela Lei nº 13.446, de 2017)

Art. 14. Fica ressalvado o direito adquirido dos trabalhadores que, à data da promulgação da Constituição Federal de 1988, já tinham o direito à estabilidade no emprego nos termos do Capítulo V do Título IV da CLT.

§1º O tempo do trabalhador não optante do FGTS, anterior a 5 de outubro de 1988, em caso de rescisão sem justa causa pelo empregador, reger-se-á pelos dispositivos constantes dos arts. 477, 478 e 497 da CLT.

§2º O tempo de serviço anterior à atual Constituição poderá ser transacionado entre empregador e empregado, respeitado o limite mínimo de 60 (sessenta) por cento da indenização prevista.

§3º É facultado ao empregador desobrigar-se da responsabilidade da indenização relativa ao tempo de serviço anterior à opção, depositando na conta vinculada do trabalhador, até o último dia útil do mês previsto em lei para o pagamento de salário, o valor correspondente à indenização, aplicando-se ao depósito, no que couber, todas as disposições desta lei.

§4º Os trabalhadores poderão a qualquer momento optar pelo FGTS com efeito retroativo a 1º de janeiro de 1967 ou à data de sua admissão, quando posterior àquela.

Art. 15. Para os fins previstos nesta lei, todos os empregadores ficam obrigados a depositar, até o dia 7 (sete) de cada mês, em conta bancária vinculada, a importância correspondente a 8 (oito) por cento da remuneração paga ou devida, no mês anterior, a cada trabalhador, incluídas na remuneração as parcelas de que tratam os arts. 457 e 458 da CLT e a gratificação de Natal a que se refere a Lei nº 4.090, de 13 de julho de 1962, com as modificações da Lei nº 4.749, de 12 de agosto de 1965. (Vide Lei nº 13.189, de 2015) Vigência

§ 1º Entende-se por empregador a pessoa física ou a pessoa jurídica de direito privado ou de direito público, da administração pública direta, indireta ou fundacional de qualquer dos Poderes, da União, dos Estados, do Distrito Federal e dos Municípios, que admitir trabalhadores a seu serviço, bem assim aquele que, regido por legislação especial, encontrar-se

nessa condição ou figurar como fornecedor ou tomador de mão-de-obra, independente da responsabilidade solidária e/ou subsidiária a que eventualmente venha obrigar-se.

§ 2º Considera-se trabalhador toda pessoa física que prestar serviços a empregador, a locador ou tomador de mão-de-obra, excluídos os eventuais, os autônomos e os servidores públicos civis e militares sujeitos a regime jurídico próprio.

§ 3º Os trabalhadores domésticos poderão ter acesso ao regime do FGTS, na forma que vier a ser prevista em lei.

§ 4º Considera-se remuneração as retiradas de diretores não empregados, quando haja deliberação da empresa, garantindo-lhes os direitos decorrentes do contrato de trabalho de que trata o art. 16. (Incluído pela Lei nº 9.711, de 1998)

§ 5º O depósito de que trata o caput deste artigo é obrigatório nos casos de afastamento para prestação do serviço militar obrigatório e licença por acidente do trabalho. (Incluído pela Lei nº 9.711, de 1998)

§ 6º Não se incluem na remuneração, para os fins desta Lei, as parcelas elencadas no § 9º do art. 28 da Lei nº 8.212, de 24 de julho de 1991. (Incluído pela Lei nº 9.711, de 1998)

§ 7º Os contratos de aprendizagem terão a alíquota a que se refere o caput deste artigo reduzida para dois por cento. (Incluído pela Lei nº 10.097, de 2000)

Art. 16. Para efeito desta lei, as empresas sujeitas ao regime da legislação trabalhista poderão equiparar seus diretores não empregados aos demais trabalhadores sujeitos ao regime do FGTS. Considera-se diretor aquele que exerça cargo de administração previsto em lei, estatuto ou contrato social, independente da denominação do cargo.

Art. 17. O Poder Executivo assegurará a prestação de serviços digitais: (Redação dada pela Lei nº 13.932, de 2019)

I - aos trabalhadores, que incluam a prestação de informações sobre seus créditos perante o Fundo e o acionamento imediato da inspeção do trabalho em caso de inadimplemento do empregador, de forma que seja possível acompanhar a evolução de eventuais cobranças administrativas e judiciais dos valores não recolhidos; (Incluído pela Lei nº 13.932, de 2019)

II - aos empregadores, que facilitem e desburocratizem o cumprimento de suas obrigações perante o Fundo, incluídos a geração de guias, o parcelamento de débitos, a emissão sem ônus do Certificado de Regularidade do FGTS e a realização de procedimentos de restituição e compensação. (Incluído pela Lei nº 13.932, de 2019)

Parágrafo único. O desenvolvimento, a manutenção e a evolução dos sistemas e ferramentas necessários à prestação dos serviços a que se refere o caput deste artigo serão custeados com recursos do FGTS. (Incluído pela Lei nº 13.932, de 2019)

Art. 17-A. O empregador ou o responsável fica obrigado a elaborar folha de pagamento e a declarar os dados relacionados aos valores do FGTS e outras informações de interesse do Ministério da Economia, por meio de sistema de escrituração digital, na forma, no prazo e nas condições estabelecidos em regulamento do Conselho Curador. (Incluído pela Lei nº 13.932, de 2019)

§ 1º As informações prestadas na forma do caput deste artigo constituem declaração e reconhecimento dos créditos delas decorrentes, caracterizam confissão de débito e constituem instrumento hábil e suficiente para a cobrança do crédito de FGTS. (Incluído pela Lei nº 13.932, de 2019)

§ 2º O lançamento da obrigação principal e das obrigações acessórias relativas ao FGTS será efetuado de ofício pela autoridade competente, no caso de o empregador não apresentar a declaração na forma do caput deste artigo, e será revisto de ofício, nas hipóteses de omissão, erro, fraude ou sonegação. (Incluído pela Lei nº 13.932, de 2019)

Art. 18. Ocorrendo rescisão do contrato de trabalho, por parte do empregador, ficará este obrigado a depositar na conta vinculada do trabalhador no FGTS os valores relativos aos depósitos referentes ao mês da rescisão e ao imediatamente anterior, que ainda não houver sido recolhido, sem prejuízo das cominações legais. (Redação dada pela Lei nº 9.491, de 1997)

§ 1º Na hipótese de despedida pelo empregador sem justa causa, depositará este, na conta vinculada do trabalhador no FGTS, importância igual a quarenta por cento do montante de todos os depósitos realizados na conta vinculada durante a vigência do contrato de trabalho, atualizados monetariamente e acrescidos dos respectivos juros. (Redação dada pela Lei nº 9.491, de 1997)

§ 2º Quando ocorrer despedida por culpa recíproca ou força maior, reconhecida pela Justiça do Trabalho, o percentual de que trata o § 1º será de 20 (vinte) por cento.

§ 3º As importâncias de que trata este artigo deverão constar da documentação comprobatória do recolhimento dos valores devidos a título de rescisão do contrato de trabalho, observado o disposto no art. 477 da CLT, eximindo o empregador, exclusivamente, quanto aos valores discriminados. (Redação dada pela Lei nº 9.491, de 1997) (Vide Lei complementar nº 150, de 2015)

Art. 19. No caso de extinção do contrato de trabalho prevista no art. 14 desta lei, serão observados os seguintes critérios:

I - havendo indenização a ser paga, o empregador, mediante comprovação do pagamento daquela, poderá sacar o saldo dos valores por ele depositados na conta individualizada do trabalhador;

II - não havendo indenização a ser paga, ou decorrido o prazo prescricional para a reclamação de direitos por parte do trabalhador, o empregador poderá levantar em seu favor o saldo da respectiva conta individualizada, mediante comprovação perante o órgão competente do Ministério do Trabalho e da Previdência Social.

Art. 19-A. É devido o depósito do FGTS na conta vinculada do trabalhador cujo contrato de trabalho seja declarado nulo nas hipóteses previstas no art. 37, § 2º, da Constituição Federal, quando mantido o direito ao salário. (Incluído pela Medida Provisória nº 2.164-41, de 2001)

Parágrafo único. O saldo existente em conta vinculada, oriundo de contrato declarado nulo até 28 de julho de 2001, nas condições do caput, que não tenha sido levantado até essa data, será liberado ao trabalhador a partir do mês de agosto de 2002. (Incluído pela Medida Provisória nº 2.164-41, de 2001)

Art. 20. A conta vinculada do trabalhador no FGTS poderá ser movimentada nas seguintes situações:

I - despedida sem justa causa, inclusive a indireta, de culpa recíproca e de força maior; (Redação dada pela Medida Provisória nº 2.197-43, de 2001)

I-A - extinção do contrato de trabalho prevista no art. 484-A da Consolidação das Leis do Trabalho (CLT), aprovada pelo Decreto- Lei no 5.452, de 1º de maio de 1943; (Incluído pela Lei nº 13.467, de 2017)

II - extinção total da empresa, fechamento de quaisquer de seus estabelecimentos, filiais ou agências, supressão de parte de suas atividades, declaração de nulidade do contrato de trabalho nas condições do art. 19-A, ou ainda falecimento do empregador individual sempre que qualquer dessas ocorrências implique rescisão de contrato de trabalho, comprovada por declaração escrita da empresa, suprida, quando for o caso, por decisão judicial transitada em julgado; (Redação dada pela Medida Provisória nº 2.164-41, de 2001)

III - aposentadoria concedida pela Previdência Social;

IV - falecimento do trabalhador, sendo o saldo pago a seus dependentes, para esse fim habilitados perante a Previdência Social, segundo o critério adotado para a concessão de pensões por morte. Na falta de dependentes, farão jus ao recebimento do saldo da conta vinculada os seus sucesso-

LEI Nº 8.036, DE 11 DE MAIO DE 1990

res previstos na lei civil, indicados em alvará judicial, expedido a requerimento do interessado, independente de inventário ou arrolamento;

V - pagamento de parte das prestações decorrentes de financiamento habitacional concedido no âmbito do Sistema Financeiro da Habitação (SFH), desde que:
 a) o mutuário conte com o mínimo de 3 (três) anos de trabalho sob o regime do FGTS, na mesma empresa ou em empresas diferentes;
 b) o valor bloqueado seja utilizado, no mínimo, durante o prazo de 12 (doze) meses;
 c) o valor do abatimento atinja, no máximo, 80 (oitenta) por cento do montante da prestação;

VI - liquidação ou amortização extraordinária do saldo devedor de financiamento imobiliário, observadas as condições estabelecidas pelo Conselho Curador, dentre elas a de que o financiamento seja concedido no âmbito do SFH e haja interstício mínimo de 2 (dois) anos para cada movimentação;

VII - pagamento total ou parcial do preço de aquisição de moradia própria, ou lote urbanizado de interesse social não construído, observadas as seguintes condições: (Redação dada pela Lei nº 11.977, de 2009)
 a) o mutuário deverá contar com o mínimo de 3 (três) anos de trabalho sob o regime do FGTS, na mesma empresa ou empresas diferentes;
 b) seja a operação financiável nas condições vigentes para o SFH;

> **VIII** - quando o trabalhador permanecer três anos ininterruptos fora do regime do FGTS; (Redação dada pela Lei nº 13.932, de 2019)

IX - extinção normal do contrato a termo, inclusive o dos trabalhadores temporários regidos pela Lei nº 6.019, de 3 de janeiro de 1974;

X - suspensão total do trabalho avulso por período igual ou superior a 90 (noventa) dias, comprovada por declaração do sindicato representativo da categoria profissional.

XI - quando o trabalhador ou qualquer de seus dependentes for acometido de neoplasia maligna. (Incluído pela Lei nº 8.922, de 1994)

XII - aplicação em quotas de Fundos Mútuos de Privatização, regidos pela Lei nº 6.385, de 7 de dezembro de 1976, permitida a utilização máxima de 50 % (cinquenta por cento) do saldo existente e disponível em sua conta vinculada do Fundo de Garantia do Tempo de Serviço, na data em que exercer a opção. (Incluído pela Lei nº 9.491, de 1997) (Vide Decreto nº 2.430, 1997)

XIII - quando o trabalhador ou qualquer de seus dependentes for portador do vírus HIV; (Incluído pela Medida Provisória nº 2.164-41, de 2001)

XIV - quando o trabalhador ou qualquer de seus dependentes estiver em estágio terminal, em razão de doença grave, nos termos do regulamento; (Incluído pela Medida Provisória nº 2.164-41, de 2001)

XV - quando o trabalhador tiver idade igual ou superior a setenta anos. (Incluído pela Medida Provisória nº 2.164-41, de 2001)

XVI - necessidade pessoal, cuja urgência e gravidade decorra de desastre natural, conforme disposto em regulamento, observadas as seguintes condições: (Incluído pela Lei nº 10.878, de 2004) Regulamento Regulamento
 a) o trabalhador deverá ser residente em áreas comprovadamente atingidas de Município ou do Distrito Federal em situação de emergência ou em estado de calamidade pública, formalmente reconhecidos pelo Governo Federal; (Incluído pela Lei nº 10.878, de 2004)
 b) a solicitação de movimentação da conta vinculada será admitida até 90 (noventa) dias após a publicação do ato de reconhecimento, pelo Governo Federal, da situação de emergência ou de estado de calamidade pública; e (Incluído pela Lei nº 10.878, de 2004)
 c) o valor máximo do saque da conta vinculada será definido na forma do regulamento. (Incluído pela Lei nº 10.878, de 2004)

XVII - integralização de cotas do FI-FGTS, respeitado o disposto na alínea i do inciso XIII do art. 5º desta Lei, permitida a utilização máxima de 30% (trinta por cento) do saldo existente e disponível na data em que exercer a opção. (Redação dada pela Lei nº 12.087, de 2009)

XVIII - quando o trabalhador com deficiência, por prescrição, necessite adquirir órtese ou prótese para promoção de acessibilidade e de inclusão social. (Incluído pela Lei nº 13.146, de 2015)

XIX - pagamento total ou parcial do preço de aquisição de imóveis da União inscritos em regime de ocupação ou aforamento, a que se referem o art. 4º da Lei no 13.240, de 30 de dezembro de 2015, e o art. 16-A da Lei no 9.636, de 15 de maio de 1998, respectivamente, observadas as seguintes condições: (Incluído pela Lei nº 13.465, de 2017)
 a) o mutuário deverá contar com o mínimo de três anos de trabalho sob o regime do FGTS, na mesma empresa ou em empresas diferentes; (Incluído pela Lei nº 13.465, de 2017)
 b) seja a operação financiável nas condições vigentes para o Sistema Financeiro da Habitação (SFH) ou ainda por intermédio de parcelamento efetuado pela Secretaria do Patrimônio da União (SPU), mediante a contratação da Caixa Econômica Federal como agente financeiro dos contratos de parcelamento; (Incluído pela Lei nº 13.465, de 2017)
 c) sejam observadas as demais regras e condições estabelecidas para uso do FGTS. (Incluído pela Lei nº 13.465, de 2017)

> **XX** - anualmente, no mês de aniversário do trabalhador, por meio da aplicação dos valores constantes do Anexo desta Lei, observado o disposto no art. 20-D desta Lei; (Incluído pela Lei nº 13.932, de 2019)

§ 1º A regulamentação das situações previstas nos incisos I e II assegurar que a retirada a que faz jus o trabalhador corresponda aos depósitos efetuados na conta vinculada durante o período de vigência do último contrato de trabalho, acrescida de juros e atualização monetária, deduzidos os saques.

§ 2º O Conselho Curador disciplinará o disposto no inciso V, visando beneficiar os trabalhadores de baixa renda e preservar o equilíbrio financeiro do FGTS.

§ 3º O direito de adquirir moradia com recursos do FGTS, pelo trabalhador, só poderá ser exercido para um único imóvel.

§ 4º O imóvel objeto de utilização do FGTS somente poderá ser objeto de outra transação com recursos do fundo, na forma que vier a ser regulamentada pelo Conselho Curador.

§ 5º O pagamento da retirada após o período previsto em regulamento, implicará atualização monetária dos valores devidos.

§ 6º Os recursos aplicados em cotas de fundos Mútuos de Privatização, referidos no inciso XII, serão destinados, nas condições aprovadas pelo CND, a aquisições de valores mobiliários, no âmbito do Programa Nacional de Desestatização, de que trata a Lei no 9.491, de 1997, e de programas estaduais de desestatização, desde que, em ambos os casos, tais destinações sejam aprovadas pelo CND. (Redação dada pela Lei nº 9.635, de 1998)

§ 7º Ressalvadas as alienações decorrentes das hipóteses de que trata o § 8º, os valores mobiliários a que se refere o parágrafo anterior só poderão ser integralmente vendidos, pelos respectivos Fundos, seis meses após a sua aquisição, podendo ser alienada em prazo inferior parcela equivalente a 10% (dez por cento) do valor adquirido, autorizada a livre aplicação do produto dessa alienação, nos termos da Lei no 6.385, de 7 de dezembro de 1976. (Redação dada pela Lei nº 9.635, de 1998)

§ 8º As aplicações em Fundos Mútuos de Privatização e no FI-FGTS são nominativas, impenhoráveis e, salvo as hipóteses previstas nos incisos I a XI e XIII a XVI do caput deste artigo, indisponíveis por seus titulares. (Redação dada pela Lei nº 11.491, de 2007)

§ 9º Decorrido o prazo mínimo de doze meses, contados da efetiva transferência das quotas para os Fundos Mútuos de Privatização, os titulares poderão optar pelo retorno para sua conta vinculada no Fundo de Garantia do Tempo de Serviço. (Incluído pela Lei nº 9.491, de 1997)

§ 10. A cada período de seis meses, os titulares das aplicações em Fundos Mútuos de Privatização poderão transferi-las para outro fundo de mesma natureza. (Incluído pela Lei nº 9.491, de 1997)

§ 11. O montante das aplicações de que trata o § 6º deste artigo ficará limitado ao valor dos créditos contra o Tesouro Nacional de que seja titular o Fundo de Garantia do Tempo de Serviço. (Incluído pela Lei nº 9.491, de 1997)

§ 12. Desde que preservada a participação individual dos quotistas, será permitida a constituição de clubes de investimento, visando a aplicação em quotas de Fundos Mútuos de Privatização. (Incluído pela Lei nº 9.491, de 1997)

§ 13. A garantia a que alude o § 4º do art. 13 desta Lei não compreende as aplicações a que se referem os incisos XII e XVII do caput deste artigo. (Redação dada pela Lei nº 11.491, de 2007)

§ 14. Ficam isentos do imposto de renda: (Redação dada pela Lei nº 11.491, de 2007)

I - a parcela dos ganhos nos Fundos Mútuos de Privatização até o limite da remuneração das contas vinculadas de que trata o art. 13 desta Lei, no mesmo período; e (Incluído pela Lei nº 11.491, de 2007)

II - os ganhos do FI-FGTS e do Fundo de Investimento em Cotas - FIC, de que trata o § 19 deste artigo. (Incluído pela Lei nº 11.491, de 2007)

§ 15. A transferência de recursos da conta do titular no Fundo de Garantia do Tempo de Serviço em razão da aquisição de ações, nos termos do inciso XII do caput deste artigo, ou de cotas do FI-FGTS não afetará a base de cálculo da multa rescisória de que tratam os §§ 1º e 2º do art. 18 desta Lei. (Redação dada pela Lei nº 11.491, de 2007)

§ 16. Os clubes de investimento a que se refere o § 12 poderão resgatar, durante os seis primeiros meses da sua constituição, parcela equivalente a 5% (cinco por cento) das cotas adquiridas, para atendimento de seus desembolsos, autorizada a livre aplicação do produto dessa venda, nos termos da Lei no 6.385, de 7 de dezembro de 1976. (Incluído pela Lei nº 9.635, de 1998)

§ 17. Fica vedada a movimentação da conta vinculada do FGTS nas modalidades previstas nos incisos V, VI e VII deste artigo, nas operações firmadas, a partir de 25 de junho de 1998, no caso em que o adquirente já seja proprietário ou promitente comprador de imóvel localizado no Município onde resida, bem como no caso em que o adquirente já detenha, em qualquer parte do País, pelo menos um financiamento nas condições do SFH. (Incluído pela Medida Provisória nº 2.197-43, de 2001)

§ 18. É indispensável o comparecimento pessoal do titular da conta vinculada para o pagamento da retirada nas hipóteses previstas nos incisos I, II, III, VIII, IX e X deste artigo, salvo em caso de grave moléstia comprovada por perícia médica, quando será paga a procurador especialmente constituído para esse fim. (Incluído pela Medida Provisória nº 2.197-43, de 2001)

§ 19. A integralização das cotas previstas no inciso XVII do caput deste artigo será realizada por meio de Fundo de Investimento em Cotas - FIC, constituído pela Caixa Econômica Federal especificamente para essa finalidade. (Incluído pela Lei nº 11.491, de 2007)

§ 20. A Comissão de Valores Mobiliários estabelecerá os requisitos para a integralização das cotas referidas no § 19 deste artigo, devendo condicioná-la pelo menos ao atendimento das seguintes exigências: (Incluído pela Lei nº 11.491, de 2007)

I - elaboração e entrega de prospecto ao trabalhador; e (Incluído pela Lei nº 11.491, de 2007)

II - declaração por escrito, individual e específica, pelo trabalhador de sua ciência quanto aos riscos do investimento que está realizando. (Incluído pela Lei nº 11.491, de 2007)

§ 21. As movimentações autorizadas nos incisos V e VI do caput serão estendidas aos contratos de participação de grupo de consórcio para aquisição de imóvel residencial, cujo bem já tenha sido adquirido pelo consorciado, na forma a ser regulamentada pelo Conselho Curador do FGTS. (Incluído pela Lei nº 12.058, de 2009)

§ 22. Na movimentação das contas vinculadas a contrato de trabalho extinto até 31 de dezembro de 2015, ficam isentas as exigências de que trata o inciso VIII do caput deste artigo, podendo o saque, nesta hipótese, ser efetuado segundo cronograma de atendimento estabelecido pelo agente operador do FGTS. (Incluído pela Lei nº 13.446, de 2017)

§ 23. As movimentações das contas vinculadas nas situações previstas nos incisos V, VI e VII do caput deste artigo poderão ser realizadas fora do âmbito do SFH, observados os mesmos limites financeiros das operações realizadas no âmbito desse sistema, no que se refere ao valor máximo de movimentação da conta vinculada, e os limites, critérios e condições estabelecidos pelo Conselho Curador. (Incluído pela Lei nº 13.932, de 2019)

§ 24. O trabalhador poderá sacar os valores decorrentes da situação de movimentação de que trata o inciso XX do caput deste artigo até o último dia útil do segundo mês subsequente ao da aquisição do direito de saque. (Incluído pela Lei nº 13.932, de 2019)

§ 25. O agente operador deverá oferecer, nos termos do regulamento do Conselho Curador, em plataformas de interação com o titular da conta, inclusive por meio de dispositivos móveis, opções para consulta e transferência, a critério do trabalhador, para conta de depósitos de sua titularidade em qualquer instituição financeira do Sistema Financeiro Nacional, dos recursos disponíveis para movimentação em decorrência das situações previstas neste artigo, cabendo ao agente operador estabelecer os procedimentos operacionais a serem observados. (Incluído pela Lei nº 13.932, de 2019)

§ 26. As transferências de que trata o § 25 deste artigo não acarretarão a cobrança de tarifas pelo agente operador ou pelas demais instituições financeiras. (Incluído pela Lei nº 13.932, de 2019)

Art. 20-A. O titular de contas vinculadas do FGTS estará sujeito a somente uma das seguintes sistemáticas de saque: (Incluído pela Lei nº 13.932, de 2019)

I - saque-rescisão; ou (Incluído pela Lei nº 13.932, de 2019)

II - saque-aniversário. (Incluído pela Lei nº 13.932, de 2019)

§ 1º Todas as contas do mesmo titular estarão sujeitas à mesma sistemática de saque. (Incluído pela Lei nº 13.932, de 2019)

§ 2º São aplicáveis às sistemáticas de saque de que trata o caput deste artigo as seguintes situações de movimentação de conta: (Incluído pela Lei nº 13.932, de 2019)

I - para a sistemática de saque-rescisão, as previstas no art. 20 desta Lei, à exceção da estabelecida no inciso XX do caput do referido artigo; e (Incluído pela Lei nº 13.932, de 2019)

II - para a sistemática de saque-aniversário, as previstas no art. 20 desta Lei, à exceção das estabelecidas nos incisos I, I-A, II, IX e X do caput do referido artigo. (Incluído pela Lei nº 13.932, de 2019)

Art. 20-B. O titular de contas vinculadas do FGTS estará sujeito originalmente à sistemática de saque-rescisão e poderá optar por alterá-la, observado o disposto no art. 20-C desta Lei. (Incluído pela Lei nº 13.932, de 2019)

Art. 20-C. A primeira opção pela sistemática de saque-aniversário poderá ser feita a qualquer tempo e terá efeitos imediatos. (Incluído pela Lei nº 13.932, de 2019)

§ 1º Caso o titular solicite novas alterações de sistemática será observado o seguinte: (Incluído pela Lei nº 13.932, de 2019)

I - a alteração será efetivada no primeiro dia do vigésimo quinto mês subsequente ao da solicitação, desde que não haja cessão ou alienação de direitos futuros aos saques anuais de que trata o § 3º do art. 20-D desta Lei; (Incluído pela Lei nº 13.932, de 2019)

II - a solicitação poderá ser cancelada pelo titular antes da sua efetivação; e (Incluído pela Lei nº 13.932, de 2019)

III - na hipótese de cancelamento, a nova solicitação estará sujeita ao disposto no inciso I do caput deste artigo. (Incluído pela Lei nº 13.932, de 2019)

§ 2º Para fins do disposto no § 2º do art. 20-A desta Lei, as situações de movimentação obedecerão à sistemática a que o titular estiver sujeito no momento dos eventos que as ensejarem. (Incluído pela Lei nº 13.932, de 2019)

Art. 20-D. Na situação de movimentação de que trata o inciso XX do caput do art. 20 desta Lei, o valor do saque será determinado: (Incluído pela Lei nº 13.932, de 2019)

I - pela aplicação da alíquota correspondente, estabelecida no Anexo desta Lei, à soma de todos os saldos das contas vinculadas do titular, apurados na data do débito; e (Incluído pela Lei nº 13.932, de 2019)

II - pelo acréscimo da parcela adicional correspondente, estabelecida no Anexo desta Lei, ao valor apurado de acordo com o disposto no inciso I do caput deste artigo. (Incluído pela Lei nº 13.932, de 2019)

§ 1º Na hipótese de o titular possuir mais de uma conta vinculada, o saque de que trata este artigo será feito na seguinte ordem: (Incluído pela Lei nº 13.932, de 2019)

I - contas vinculadas relativas a contratos de trabalho extintos, com início pela conta que tiver o menor saldo; e (Incluído pela Lei nº 13.932, de 2019)

II - demais contas vinculadas, com início pela conta que tiver o menor saldo. (Incluído pela Lei nº 13.932, de 2019)

§ 2º O Poder Executivo federal, respeitada a alíquota mínima de 5% (cinco por cento), poderá alterar, até o dia 30 de junho de cada ano, os valores das faixas, das alíquotas e das parcelas adicionais constantes do Anexo desta Lei para vigência no primeiro dia do ano subsequente. (Incluído pela Lei nº 13.932, de 2019)

§ 3º A critério do titular da conta vinculada do FGTS, os direitos aos saques anuais de que trata o caput deste artigo poderão ser objeto de alienação ou cessão fiduciária, nos termos do art. 66-B da Lei nº 4.728, de 14 de julho de 1965, em favor de qualquer instituição financeira do Sistema Financeiro Nacional, sujeitas as taxas de juros praticadas nessas operações aos limites estipulados pelo Conselho Curador, os quais serão inferiores aos limites de taxas de juros estipulados para os empréstimos consignados dos servidores públicos federais do Poder Executivo. (Incluído pela Lei nº 13.932, de 2019)

§ 4º O Conselho Curador poderá regulamentar o disposto no § 3º deste artigo, com vistas ao cumprimento das obrigações financeiras de seu titular, inclusive quanto ao: (Incluído pela Lei nº 13.932, de 2019)

I - bloqueio de percentual do saldo total existente nas contas vinculadas; (Incluído pela Lei nº 13.932, de 2019)

II - impedimento da efetivação da opção pela sistemática de saque-rescisão prevista no inciso I do § 1º do art. 20-C desta Lei; e (Incluído pela Lei nº 13.932, de 2019)

III - saque em favor do credor. (Incluído pela Lei nº 13.932, de 2019)

§ 5º As situações de movimentação de que trata o § 2º do art. 20-A desta Lei serão efetuadas com observância ao limite decorrente do bloqueio referido no § 4º deste artigo. (Incluído pela Lei nº 13.932, de 2019)

§ 6º A vedação prevista no § 2º do art. 2º desta Lei não se aplica às disposições dos §§ 3º, 4º e 5º deste artigo. (Incluído pela Lei nº 13.932, de 2019)

§ 7º Na hipótese de despedida sem justa causa, o trabalhador que optar pela sistemática saque-aniversário também fará jus à movimentação da multa rescisória de que tratam os §§ 1º e 2º do art. 18 desta Lei. (Incluído pela Lei nº 13.932, de 2019)

Art. 21. Os saldos das contas não individualizadas e das contas vinculadas que se conservem ininterruptamente sem créditos de depósitos por mais de cinco anos, a partir de 1º de junho de 1990, em razão de o seu titular ter estado fora do regime do FGTS, serão incorporados ao patrimônio do fundo, resguardado o direito do beneficiário reclamar, a qualquer tempo, a reposição do valor transferido. (Redação dada pela Lei nº 8.678, de 1993)

Parágrafo único. O valor, quando reclamado, será pago ao trabalhador acrescido da remuneração prevista no § 2º do art. 13 desta lei. (Incluído pela Lei nº 8.678, de 1993)

Art. 22. O empregador que não realizar os depósitos previstos nesta Lei, no prazo fixado no art. 15, responderá pela incidência da Taxa Referencial - TR sobre a importância correspondente. (Redação dada pela Lei nº 9.964, de 2000)

§ 1º Sobre o valor dos depósitos, acrescido da TR, incidirão, ainda, juros de mora de 0,5% a.m. (cinco décimos por cento ao mês) ou fração e multa, sujeitando-se, também, às obrigações e sanções previstas no Decreto-Lei nº 368, de 19 de dezembro de 1968. (Redação dada pela Lei nº 9.964, de 2000)

§ 2º A incidência da TR de que trata o caput deste artigo será cobrada por dia de atraso, tomando-se por base o índice de atualização das contas vinculadas do FGTS. (Redação dada pela Lei nº 9.964, de 2000)

§ 2º-A. A multa referida no § 1º deste artigo será cobrada nas condições que se seguem: (Incluído pela Lei nº 9.964, de 2000)

I - 5% (cinco por cento) no mês de vencimento da obrigação; (Incluído pela Lei nº 9.964, de 2000)

II - 10% (dez por cento) a partir do mês seguinte ao do vencimento da obrigação. (Incluído pela Lei nº 9.964, de 2000)

§ 3º Para efeito de levantamento de débito para com o FGTS, o percentual de 8% (oito por cento) incidirá sobre o valor acrescido da TR até a data da respectiva operação. (Redação dada pela Lei nº 9.964, de 2000)

Art. 23. Competirá à Secretaria Especial de Previdência e Trabalho do Ministério da Economia a verificação do cumprimento do disposto nesta Lei, especialmente quanto à apuração dos débitos e das infrações praticadas pelos empregadores ou tomadores de serviço, que os notificará para efetuarem e comprovarem os depósitos correspondentes e cumprirem as demais determinações legais. (Redação dada pela Lei nº 13.932, de 2019)

§ 1º Constituem infrações para efeito desta lei:

I - não depositar mensalmente o percentual referente ao FGTS, bem como os valores previstos no art. 18 desta Lei, nos prazos de que trata o § 6º do art. 477 da Consolidação

das Leis do Trabalho - CLT; (Redação dada pela Medida Provisória nº 2.197-43, de 2001)

II - omitir as informações sobre a conta vinculada do trabalhador;

III - apresentar as informações ao Cadastro Nacional do Trabalhador, dos trabalhadores beneficiários, com erros ou omissões;

IV - deixar de computar, para efeito de cálculo dos depósitos do FGTS, parcela componente da remuneração;

V - deixar de efetuar os depósitos e os acréscimos legais, após ser notificado pela fiscalização; e (Redação dada pela Lei nº 13.932, de 2019)

VI - deixar de apresentar, ou apresentar com erros ou omissões, as informações de que trata o art. 17-A desta Lei e as demais informações legalmente exigíveis. (Incluído pela Lei nº 13.932, de 2019)

§ 2º Pela infração do disposto no § 1º deste artigo, o infrator estará sujeito às seguintes multas por trabalhador prejudicado:

a) de 2 (dois) a 5 (cinco) BTN, no caso dos incisos II e III;

b) de 10 (dez) a 100 (cem) BTN, no caso dos incisos I, IV e V.

c) de R$ 100,00 (cem reais) a R$ 300,00 (trezentos reais) por trabalhador prejudicado, na hipótese prevista no inciso VI do § 1º deste artigo. (Redação dada pela Lei nº 13.932, de 2019)

§ 3º Nos casos de fraude, simulação, artifício, ardil, resistência, embaraço ou desacato à fiscalização, assim como na reincidência, a multa especificada no parágrafo anterior será duplicada, sem prejuízo das demais cominações legais.

§ 4º Os valores das multas, quando não recolhidas no prazo legal, serão atualizados monetariamente até a data de seu efetivo pagamento, através de sua conversão pelo BTN Fiscal.

§ 5º O processo de fiscalização, de autuação e de imposição de multas reger-se-á pelo disposto no Título VII da CLT. (Redação dada pela Lei nº 13.932, de 2019)

§ 6º Quando julgado procedente o recurso interposto na forma do Título VII da CLT, os depósitos efetuados para garantia de instância serão restituídos com os valores atualizados na forma de lei.

§ 7º A rede arrecadadora e a Caixa Econômica Federal deverão prestar ao Ministério do Trabalho e da Previdência Social as informações necessárias à fiscalização.

Art. 23-A. A notificação do empregador relativa aos débitos com o FGTS, o início de procedimento administrativo ou a medida de fiscalização interrompem o prazo prescricional. (Incluído dada pela Lei nº 13.932, de 2019)

§ 1º O contencioso administrativo é causa de suspensão do prazo prescricional. (Incluído dada pela Lei nº 13.932, de 2019)

§ 2º A data de publicação da liquidação do crédito será considerada como a data de sua constituição definitiva, a partir da qual será retomada a contagem do prazo prescricional. (Incluído dada pela Lei nº 13.932, de 2019)

§ 3º Todos os documentos relativos às obrigações perante o FGTS, referentes a todo o contrato de trabalho de cada trabalhador, devem ser mantidos à disposição da fiscalização por até 5 (cinco) anos após o fim de cada contrato. (Incluído dada pela Lei nº 13.932, de 2019)

Art. 24. Por descumprimento ou inobservância de quaisquer das obrigações que lhe compete como agente arrecadador, pagador e mantenedor do cadastro de contas vinculadas, na forma que vier a ser regulamentada pelo Conselho Curador, fica o banco depositário sujeito ao pagamento de multa equivalente a 10 (dez) por cento do montante da conta do empregado, independentemente das demais cominações legais.

Art. 25. Poderá o próprio trabalhador, seus dependentes e sucessores, ou ainda o Sindicato a que estiver vinculado, acionar diretamente a empresa por intermédio da Justiça do Trabalho, para compeli-la a efetuar o depósito das importâncias devidas nos termos desta lei.

Parágrafo único. A Caixa Econômica Federal e o Ministério do Trabalho e da Previdência Social deverão ser notificados da propositura da reclamação.

Art. 26. É competente a Justiça do Trabalho para julgar os dissídios entre os trabalhadores e os empregadores decorrentes da aplicação desta lei, mesmo quando a Caixa Econômica Federal e o Ministério do Trabalho e da Previdência Social figurarem como litisconsortes.

Parágrafo único. Nas reclamatórias trabalhistas que objetivam o ressarcimento de parcelas relativas ao FGTS, ou que, direta ou indiretamente, impliquem essa obrigação de fazer, o juiz determinará que a empresa sucumbente proceda ao recolhimento imediato das importâncias devidas a tal título.

Art. 26-A. Para fins de apuração e lançamento, considera-se não quitado o valor relativo ao FGTS pago diretamente ao trabalhador, vedada a sua conversão em indenização compensatória. (Incluído dada pela Lei nº 13.932, de 2019)

§ 1º Os débitos reconhecidos e declarados por meio de sistema de escrituração digital serão recolhidos integralmente, acrescidos dos encargos devidos. (Incluído dada pela Lei nº 13.932, de 2019)

§ 2º Para a geração das guias de depósito, os valores devidos a título de FGTS e o período laboral a que se referem serão expressamente identificados. (Incluído dada pela Lei nº 13.932, de 2019)

Art. 27. A apresentação do Certificado de Regularidade do FGTS, fornecido na forma do regulamento, é obrigatória nas seguintes situações: (Redação dada pela Lei nº 13.932, de 2019)

a) habilitação e licitação promovida por órgão da Administração Federal, Estadual e Municipal, direta, indireta ou fundacional ou por entidade controlada direta ou indiretamente pela União, Estado e Município;

b) obtenção, por parte da União, dos Estados ou dos Municípios, ou por órgãos da Administração federal, estadual ou municipal, direta, indireta ou fundacional, ou indiretamente pela União, pelos Estados ou pelos Municípios, de empréstimos ou financiamentos realizados com lastro em recursos públicos ou oriundos do FGTS perante quaisquer instituições de crédito; (Redação dada pela Lei nº 13.805, de 2019) (Vide Medida Provisória nº 958, de 2020)

c) obtenção de favores creditícios, isenções, subsídios, auxílios, outorga ou concessão de serviços ou quaisquer outros benefícios concedidos por órgão da Administração Federal, Estadual e Municipal, salvo quando destinados a saldar débitos para com o FGTS; (Vide Medida Provisória nº 958, de 2020)

d) transferência de domicílio para o exterior;

e) registro ou arquivamento, nos órgãos competentes, de alteração ou distrato de contrato social, de estatuto, ou de qualquer documento que implique modificação na estrutura jurídica do empregador ou na sua extinção.

Art. 28. São isentos de tributos federais os atos e operações necessários à aplicação desta lei, quando praticados pela Caixa Econômica Federal, pelos trabalhadores e seus dependentes ou sucessores, pelos empregadores e pelos estabelecimentos bancários.

Parágrafo único. Aplica-se o disposto neste artigo às importâncias devidas, nos termos desta lei, aos trabalhadores e seus dependentes ou sucessores.

Art. 29. Os depósitos em conta vinculada, efetuados nos termos desta lei, constituirão despesas dedutíveis do lucro operacional dos empregadores e as importâncias levantadas a seu favor implicarão receita tributável.

Art. 29-A. Quaisquer créditos relativos à correção dos saldos das contas vinculadas do FGTS serão liquidados mediante lançamento pelo agente operador na respectiva conta do trabalhador. (Incluído pela Medida Provisória nº 2.197-43, de 2001)

Art. 29-B. Não será cabível medida liminar em mandado de segurança, no procedimento cautelar ou em quaisquer outras ações de natureza cautelar ou preventiva, nem a tutela antecipada prevista nos arts. 273 e 461 do Código de Processo Civil que impliquem saque ou movimentação da conta vinculada do trabalhador no FGTS. (Incluído pela Medida Provisória nº 2.197-43, de 2001)

Art. 29-C. Nas ações entre o FGTS e os titulares de contas vinculadas, bem como naquelas em que figurem os respectivos representantes ou substitutos processuais, não haverá condenação em honorários advocatícios. (Incluído pela Medida Provisória nº 2.164-41, de 2001) (Vide ADI nº 2.736)

Art. 29-D. A penhora em dinheiro, na execução fundada em título judicial em que se determine crédito complementar de saldo de conta vinculada do FGTS, será feita mediante depósito de recursos do Fundo em conta vinculada em nome do exeqüente, à disposição do juízo. (Incluído pela Medida Provisória nº 2.164-41, de 2001)

Parágrafo único. O valor do depósito só poderá ser movimentado, após liberação judicial, nas hipóteses previstas no art. 20 ou para reversão ao Fundo. (Incluído pela Medida Provisória nº 2.164-41, de 2001)

Art. 30. Fica reduzida para 1 1/2 (um e meio) por cento a contribuição devida pelas empresas ao Serviço Social do Comércio e ao Serviço Social da Indústria e dispensadas estas entidades da subscrição compulsória a que alude o art. 21 da Lei nº 4.380, de 21 de agosto de 1964.

Art. 31. O Poder Executivo expedirá o Regulamento desta lei no prazo de 60 (sessenta) dias a contar da data de sua promulgação.

Art. 32. Esta lei entra em vigor na data de sua publicação, revogada a Lei nº 7.839, de 12 de outubro de 1989, e as demais disposições em contrário.

LIMITE DAS FAIXAS DE SALDO (Em R$)	ALÍQUOTA	PARCELA ADICONAL (EM R$)
de 00,01 até 500,00	50%	-
de 500,01 até 1.000,00	40%	50,00
de 1.000,01 até 5.000,00	30%	150,00
de 5.000,01 até 10.000,00	20%	650,00
de 10.000,01 até 15.000,00	15%	1.150,00
de 15.000,01 até 20.000,00	10%	1.900,00
Acima de 20.000,00 -	5%	2.900,00

7. LEI Nº 9.719, DE 27 DE NOVEMBRO DE 1998

Dispõe sobre normas e condições gerais de proteção ao trabalho portuário, institui multas pela inobservância de seus preceitos, e dá outras providências.

Faço saber que o PRESIDENTE DA REPÚBLICA, adotou a Medida Provisória nº 1.728-19, de 1998, que o Congresso Nacional aprovou, e eu, Antonio Carlos Magalhães, Presidente, para os efeitos do disposto no parágrafo único do art. 62 da Constituição Federal, promulgo a seguinte Lei:

Art. 1º Observado o disposto nos arts. 18 e seu parágrafo único, 19 e seus parágrafos, 20, 21, 22, 25 e 27 e seus parágrafos, 29, 47, 49 e 56 e seu parágrafo único, da Lei nº 8.630, de 25 de fevereiro de 1993, a mão-de-obra do trabalho portuário avulso deverá ser requisitada ao órgão gestor de mão-de-obra.

Art. 2º Para os fins previstos no art. 1º desta Lei:

I - cabe ao operador portuário recolher ao órgão gestor de mão-de-obra os valores devidos pelos serviços executados, referentes à remuneração por navio, acrescidos dos percentuais relativos a décimo terceiro salário, férias, Fundo de Garantia do Tempo de Serviço - FGTS, encargos fiscais e previdenciários, no prazo de vinte e quatro horas da realização do serviço, para viabilizar o pagamento ao trabalhador portuário avulso;

II - cabe ao órgão gestor de mão-de-obra efetuar o pagamento da remuneração pelos serviços executados e das parcelas referentes a décimo terceiro salário e férias, diretamente ao trabalhador portuário avulso.

§ 1º O pagamento da remuneração pelos serviços executados será feito no prazo de quarenta e oito horas após o término do serviço.

§ 2º Para efeito do disposto no inciso II, o órgão gestor de mão-de-obra depositará as parcelas referentes às férias e ao décimo terceiro salário, separada e respectivamente, em contas individuais vinculadas, a serem abertas e movimentadas às suas expensas, especialmente para este fim, em instituição bancária de sua livre escolha, sobre as quais deverão incidir rendimentos mensais com base nos parâmetros fixados para atualização dos saldos dos depósitos de poupança.

§ 3º Os depósitos a que se refere o parágrafo anterior serão efetuados no dia 2 do mês seguinte ao da prestação do serviço, prorrogado o prazo para o primeiro dia útil subseqüente se o vencimento cair em dia em que não haja expediente bancário.

§ 4º O operador portuário e o órgão gestor de mão-de-obra são solidariamente responsáveis pelo pagamento dos encargos trabalhistas, das contribuições previdenciárias e demais obrigações, inclusive acessórias, devidas à Seguridade Social, arrecadadas pelo Instituto Nacional do Seguro Social - INSS, vedada a invocação do benefício de ordem.

§ 5º Os prazos previstos neste artigo podem ser alterados mediante convenção coletiva firmada entre entidades sindicais representativas dos trabalhadores e operadores portuários, observado o prazo legal para recolhimento dos encargos fiscais, trabalhistas e previdenciários.

§ 6º A liberação das parcelas referentes à décimo terceiro salário e férias, depositadas nas contas individuais vinculadas, e o recolhimento do FGTS e dos encargos fiscais e previdenciários serão efetuados conforme regulamentação do Poder Executivo.

Art. 3º O órgão gestor de mão-de-obra manterá o registro do trabalhador portuário avulso que:

I - for cedido ao operador portuário para trabalhar em caráter permanente;

II - constituir ou se associar a cooperativa formada para se estabelecer como operador portuário, na forma do art. 17 da Lei nº 8.630, de 1993.

§ 1º Enquanto durar a cessão ou a associação de que tratam os incisos I e II deste artigo, o trabalhador deixará de concorrer à escala como avulso.

§ 2º É vedado ao órgão gestor de mão-de-obra ceder trabalhador portuário avulso cadastrado a operador portuário, em caráter permanente.

Art. 4º É assegurado ao trabalhador portuário avulso cadastrado no órgão gestor de mão-de-obra o direito de concorrer à escala diária complementando a equipe de trabalho do quadro dos registrados.

Art. 5º A escalação do trabalhador portuário avulso, em sistema de rodízio, será feita pelo órgão gestor de mão-de-obra.

§ 1º O Órgão Gestor de Mão de Obra fará a escalação de trabalhadores portuários avulsos por meio eletrônico, de modo que o trabalhador possa habilitar-se sem comparecer ao posto de escalação. (Incluído pela Medida Provisória nº 945, de 2020).

§ 2º O meio eletrônico adotado para a escalação de trabalhadores portuários avulsos deverá ser inviolável e tecnicamente seguro. (Incluído pela Medida Provisória nº 945, de 2020).

§ 3º Fica vedada a escalação presencial de trabalhadores portuários. (Incluído pela Medida Provisória nº 945, de 2020).

Art. 6º Cabe ao operador portuário e ao órgão gestor de mão-de-obra verificar a presença, no local de trabalho, dos trabalhadores constantes da escala diária.

Parágrafo único. Somente fará jus à remuneração o trabalhador avulso que, constante da escala diária, estiver em efetivo serviço.

Art. 7º O órgão gestor de mão-de-obra deverá, quando exigido pela fiscalização do Ministério do Trabalho e do INSS, exibir as listas de escalação diária dos trabalhadores portuários avulsos, por operador portuário e por navio.

Parágrafo único. Caberá exclusivamente ao órgão gestor de mão-de-obra a responsabilidade pela exatidão dos dados lançados nas listas diárias referidas no caput deste artigo, assegurando que não haja preterição do trabalhador regularmente registrado e simultaneidade na escalação.

Art. 8º Na escalação diária do trabalhador portuário avulso deverá sempre ser observado um intervalo mínimo de onze horas consecutivas entre duas jornadas, salvo em situações excepcionais, constantes de acordo ou convenção coletiva de trabalho.

Art. 9º Compete ao órgão gestor de mão-de-obra, ao operador portuário e ao empregador, conforme o caso, cumprir e fazer cumprir as normas concernentes a saúde e segurança do trabalho portuário.

Parágrafo único. O Ministério do Trabalho estabelecerá as normas regulamentadoras de que trata o caput deste artigo.

Art. 10. O descumprimento do disposto nesta Lei sujeitará o infrator às seguintes multas:

I - de R$ 173,00 (cento e setenta e três reais) a R$ 1.730,00 (um mil, setecentos e trinta reais), por infração ao caput do art. 7º;

II - de R$ 575,00 (quinhentos e setenta e cinco reais) a R$ 5.750,00 (cinco mil, setecentos e cinquenta reais), por infração às normas de segurança do trabalho portuário, e de R$ 345,00 (trezentos e quarenta e cinco reais) a R$ 3.450,00 (três mil, quatrocentos e cinquenta reais), por infração às normas de saúde do trabalho, nos termos do art. 9º;

III - de R$ 345,00 (trezentos e quarenta e cinco reais) a R$ 3.450,00 (três mil, quatrocentos e cinquenta reais), por trabalhador em situação irregular, por infração ao parágrafo único do art. 7º e aos demais artigos.

Parágrafo único. As multas previstas neste artigo serão graduadas segundo a natureza da infração, sua extensão e a intenção de quem a praticou, e aplicadas em dobro em caso de reincidência, oposição à fiscalização e desacato à autoridade, sem prejuízo das penalidades previstas na legislação previdenciária.

Art. 10-A. É assegurado, na forma do regulamento, benefício assistencial mensal, de até 1 (um) salário mínimo, aos trabalhadores portuários avulsos, com mais de 60 (sessenta) anos, que não cumprirem os requisitos para a aquisição das modalidades de aposentadoria previstas nos arts. 42, 48, 52 e 57 da Lei no 8.213, de 24 de julho de 1991, e que não possuam meios para prover a sua subsistência. (Incluído pela Lei nº 12.815, de 2013)

Parágrafo único. O benefício de que trata este artigo não pode ser acumulado pelo beneficiário com qualquer outro no âmbito da seguridade social ou de outro regime, salvo os da assistência médica e da pensão especial de natureza indenizatória. (Incluído pela Lei nº 12.815, de 2013)

Art. 11. Revogado pela Lei nº 12.815, de 2013

Art. 12. O processo de autuação e imposição das multas prevista nesta Lei obedecerá ao disposto no Título VII da Consolidação das Leis do Trabalho ou na legislação previdenciária, conforme o caso.

Art. 13. Esta Lei também se aplica aos requisitantes de mão-de-obra de trabalhador portuário avulso junto ao órgão gestor de mão-de-obra que não sejam operadores portuários.

Art. 14. Compete ao Ministério do Trabalho e ao INSS a fiscalização da observância das disposições contidas nesta Lei, devendo as autoridades de que trata o art. 3º da Lei no 8.630, de 1993, colaborar com os Agentes da Inspeção do Trabalho e Fiscais do INSS em sua ação fiscalizadora, nas instalações portuárias ou a bordo de navios.

Art. 15. Ficam convalidados os atos praticados com base na Medida Provisória no 1.679-18, de 26 de outubro de 1998.

Art. 16. Esta Lei entra em vigor na data de sua publicação.

Art. 17. Revoga-se a Medida Provisória nº 1.679-18, de 26 de outubro de 1998.

8. LEI Nº 12.023, DE 27 DE AGOSTO DE 2009

Dispõe sobre as atividades de movimentação de mercadorias em geral e sobre o trabalho avulso.

O PRESIDENTE DA REPÚBLICA Faço saber que o Congresso Nacional decreta e eu sanciono a seguinte Lei:

Art. 1º As atividades de movimentação de mercadorias em geral exercidas por trabalhadores avulsos, para os fins desta Lei, são aquelas desenvolvidas em áreas urbanas ou rurais sem vínculo empregatício, mediante intermediação obrigatória do sindicato da categoria, por meio de Acordo ou Convenção Coletiva de Trabalho para execução das atividades.

Parágrafo único. A remuneração, a definição das funções, a composição de equipes e as demais condições de trabalho serão objeto de negociação entre as entidades representativas dos trabalhadores avulsos e dos tomadores de serviços.

Art. 2º São atividades da movimentação de mercadorias em geral:

I - cargas e descargas de mercadorias a granel e ensacados, costura, pesagem, embalagem, enlonamento, ensaque, arrasto, posicionamento, acomodação, reordenamento, reparação da carga, amostragem, arrumação, remoção, classificação, empilhamento, transporte com empilhadeiras, paletização, ova e desova de vagões, carga e descarga em feiras livres e abastecimento de lenha em secadores e caldeiras;

II - operações de equipamentos de carga e descarga;

III - pré-limpeza e limpeza em locais necessários à viabilidade das operações ou à sua continuidade.

Parágrafo único. (VETADO)

Art. 3º As atividades de que trata esta Lei serão exercidas por trabalhadores com vínculo empregatício ou em regime de trabalho avulso nas empresas tomadoras do serviço.

Art. 4º O sindicato elaborará a escala de trabalho e as folhas de pagamento dos trabalhadores avulsos, com a indicação do tomador do serviço e dos trabalhadores que participaram da operação, devendo prestar, com relação a estes, as seguintes informações:

I - os respectivos números de registros ou cadastro no sindicato;

II - o serviço prestado e os turnos trabalhados;

III - as remunerações pagas, devidas ou creditadas a cada um dos trabalhadores, registrando-se as parcelas referentes a:

 a) repouso remunerado;
 b) Fundo de Garantia por Tempo de Serviço;
 c) 3º salário;
 d) férias remuneradas mais 1/3 (um terço) constitucional;

e) adicional de trabalho noturno;
f) adicional de trabalho extraordinário.

Art. 5º São deveres do sindicato intermediador:

I - divulgar amplamente as escalas de trabalho dos avulsos, com a observância do rodízio entre os trabalhadores;

II - proporcionar equilíbrio na distribuição das equipes e funções, visando à remuneração em igualdade de condições de trabalho para todos e a efetiva participação dos trabalhadores não sindicalizados;

III - repassar aos respectivos beneficiários, no prazo máximo de 72 (setenta e duas) horas úteis, contadas a partir do seu arrecadamento, os valores devidos e pagos pelos tomadores do serviço, relativos à remuneração do trabalhador avulso;

IV - exibir para os tomadores da mão de obra avulsa e para as fiscalizações competentes os documentos que comprovem o efetivo pagamento das remunerações devidas aos trabalhadores avulsos;

V - zelar pela observância das normas de segurança, higiene e saúde no trabalho;

VI - firmar Acordo ou Convenção Coletiva de Trabalho para normatização das condições de trabalho.

§ 1º Em caso de descumprimento do disposto no inciso III deste artigo, serão responsáveis, pessoal e solidariamente, os dirigentes da entidade sindical.

§ 2º A identidade de cadastro para a escalação não será a carteira do sindicato e não assumirá nenhuma outra forma que possa dar ensejo à distinção entre trabalhadores sindicalizados e não sindicalizados para efeito de acesso ao trabalho.

Art. 6º São deveres do tomador de serviços:

I - pagar ao sindicato os valores devidos pelos serviços prestados ou dias trabalhados, acrescidos dos percentuais relativos a repouso remunerado, 3º salário e férias acrescidas de 1/3 (um terço), para viabilizar o pagamento do trabalhador avulso, bem como os percentuais referentes aos adicionais extraordinários e noturnos;

II - efetuar o pagamento a que se refere o inciso I, no prazo máximo de 72 (setenta e duas) horas úteis, contadas a partir do encerramento do trabalho requisitado;

III - recolher os valores devidos ao Fundo de Garantia por Tempo de Serviço, acrescido dos percentuais relativos ao 3º salário, férias, encargos fiscais, sociais e previdenciários, observando o prazo legal.

Art. 7º A liberação das parcelas referentes ao 3º salário e às férias, depositadas nas contas individuais vinculadas e o recolhimento do FGTS e dos encargos fiscais e previdenciários serão efetuados conforme regulamentação do Poder Executivo.

Art. 8º As empresas tomadoras do trabalho avulso respondem solidariamente pela efetiva remuneração do trabalho contratado e são responsáveis pelo recolhimento dos encargos fiscais e sociais, bem como das contribuições ou de outras importâncias devidas à Seguridade Social, no limite do uso que fizerem do trabalho avulso intermediado pelo sindicato.

Art. 9º As empresas tomadoras do trabalho avulso são responsáveis pelo fornecimento dos Equipamentos de Proteção Individual e por zelar pelo cumprimento das normas de segurança no trabalho.

Art. 10. A inobservância dos deveres estipulados nos arts. 5º e 6º sujeita os respectivos infratores à multa administrativa no valor de R$ 500,00 (quinhentos reais) por trabalhador avulso prejudicado.

Parágrafo único. O processo de fiscalização, notificação, autuação e imposição de multas reger-se-á pelo disposto no Título VII da Consolidação das Leis do Trabalho - CLT, aprovada pelo Decreto-Lei nº 5.452, de 1º de maio de 1943.

Art. 11. Esta Lei não se aplica às relações de trabalho regidas pela Lei nº 8.630, de 25 de fevereiro de 1993, e pela Lei nº 9.719, de 27 de novembro de 1998.

Art. 12. Esta Lei entra em vigor 30 (trinta) dias após sua publicação.

9. LEI COMPLEMENTAR Nº 150, DE 1º DE JUNHO DE 2015

Mensagem de veto

Dispõe sobre o contrato de trabalho doméstico; altera as Leis no 8.212, de 24 de julho de 1991, no 8.213, de 24 de julho de 1991, e no 11.196, de 21 de novembro de 2005; revoga o inciso I do art. 3º da Lei no 8.009, de 29 de março de 1990, o art. 36 da Lei no 8.213, de 24 de julho de 1991, a Lei no 5.859, de 11 de dezembro de 1972, e o inciso VII do art. 12 da Lei no 9.250, de 26 de dezembro 1995; e dá outras providências.

A PRESIDENTA DA REPÚBLICA Faço saber que o Congresso Nacional decreta e eu sanciono a seguinte Lei Complementar:

CAPÍTULO I - DO CONTRATO DE TRABALHO DOMÉSTICO

Art. 1º Ao empregado doméstico, assim considerado aquele que presta serviços de forma contínua, subordinada, onerosa e pessoal e de finalidade não lucrativa à pessoa ou à família, no âmbito residencial destas, por mais de 2 (dois) dias por semana, aplica-se o disposto nesta Lei.

Parágrafo único. É vedada a contratação de menor de 18 (dezoito) anos para desempenho de trabalho doméstico, de acordo com a Convenção no 182, de 1999, da Organização Internacional do Trabalho (OIT) e com o Decreto no 6.481, de 12 de junho de 2008.

Art. 2º A duração normal do trabalho doméstico não excederá 8 (oito) horas diárias e 44 (quarenta e quatro) semanais, observado o disposto nesta Lei.

§ 1º A remuneração da hora extraordinária será, no mínimo, 50% (cinquenta por cento) superior ao valor da hora normal.

§ 2º O salário-hora normal, em caso de empregado mensalista, será obtido dividindo-se o salário mensal por 220 (duzentas e vinte) horas, salvo se o contrato estipular jornada mensal inferior que resulte em divisor diverso.

§ 3º O salário-dia normal, em caso de empregado mensalista, será obtido dividindo-se o salário mensal por 30 (trinta) e servirá de base para pagamento do repouso remunerado e dos feriados trabalhados.

§ 4º Poderá ser dispensado o acréscimo de salário e instituído regime de compensação de horas, mediante acordo escrito entre empregador e empregado, se o excesso de horas de um dia for compensado em outro dia.

§ 5º No regime de compensação previsto no § 4º:

I - será devido o pagamento, como horas extraordinárias, na forma do § 1º, das primeiras 40 (quarenta) horas mensais excedentes ao horário normal de trabalho;

II - das 40 (quarenta) horas referidas no inciso I, poderão ser deduzidas, sem o correspondente pagamento, as horas não trabalhadas, em função de redução do horário normal de trabalho ou de dia útil não trabalhado, durante o mês;

III - o saldo de horas que excederem as 40 (quarenta) primeiras horas mensais de que trata o inciso I, com a dedução prevista no inciso II, quando for o caso, será compensado no período máximo de 1 (um) ano.

§ 6º Na hipótese de rescisão do contrato de trabalho sem que tenha havido a compensação integral da jornada extraordinária, na forma do § 5º, o empregado fará jus ao pagamento das horas extras não compensadas, calculadas sobre o valor da remuneração na data de rescisão.

§ 7º Os intervalos previstos nesta Lei, o tempo de repouso, as horas não trabalhadas, os feriados e os domingos livres em que o empregado que mora no local de trabalho nele permaneça não serão computados como horário de trabalho.

§ 8º O trabalho não compensado prestado em domingos e feriados deve ser pago em dobro, sem prejuízo da remuneração relativa ao repouso semanal.

Art. 3º Considera-se trabalho em regime de tempo parcial aquele cuja duração não exceda 25 (vinte e cinco) horas semanais.

§ 1º O salário a ser pago ao empregado sob regime de tempo parcial será proporcional a sua jornada, em relação ao empregado que cumpre, nas mesmas funções, tempo integral.

§ 2º A duração normal do trabalho do empregado em regime de tempo parcial poderá ser acrescida de horas suplementares, em número não excedente a 1 (uma) hora diária, mediante acordo escrito entre empregador e empregado, aplicando-se-lhe, ainda, o disposto nos §§ 2º e 3º do art. 2º, com o limite máximo de 6 (seis) horas diárias.

§ 3º Na modalidade do regime de tempo parcial, após cada período de 12 (doze) meses de vigência do contrato de trabalho, o empregado terá direito a férias, na seguinte proporção:

I - 18 (dezoito) dias, para a duração do trabalho semanal superior a 22 (vinte e duas) horas, até 25 (vinte e cinco) horas;

II - 16 (dezesseis) dias, para a duração do trabalho semanal superior a 20 (vinte) horas, até 22 (vinte e duas) horas;

III - 14 (quatorze) dias, para a duração do trabalho semanal superior a 15 (quinze) horas, até 20 (vinte) horas;

IV - 12 (doze) dias, para a duração do trabalho semanal superior a 10 (dez) horas, até 15 (quinze) horas;

V - 10 (dez) dias, para a duração do trabalho semanal superior a 5 (cinco) horas, até 10 (dez) horas;

VI - 8 (oito) dias, para a duração do trabalho semanal igual ou inferior a 5 (cinco) horas.

Art. 4º É facultada a contratação, por prazo determinado, do empregado doméstico:

I - mediante contrato de experiência;

II - para atender necessidades familiares de natureza transitória e para substituição temporária de empregado doméstico com contrato de trabalho interrompido ou suspenso.

Parágrafo único. No caso do inciso II deste artigo, a duração do contrato de trabalho é limitada ao término do evento que motivou a contratação, obedecido o limite máximo de 2 (dois) anos.

Art. 5º O contrato de experiência não poderá exceder 90 (noventa) dias.

§ 1º O contrato de experiência poderá ser prorrogado 1 (uma) vez, desde que a soma dos 2 (dois) períodos não ultrapasse 90 (noventa) dias.

§ 2º O contrato de experiência que, havendo continuidade do serviço, não for prorrogado após o decurso de seu prazo previamente estabelecido ou que ultrapassar o período de 90 (noventa) dias passará a vigorar como contrato de trabalho por prazo indeterminado.

Art. 6º Durante a vigência dos contratos previstos nos incisos I e II do art. 4º, o empregador que, sem justa causa, despedir o empregado é obrigado a pagar-lhe, a título de indenização, metade da remuneração a que teria direito até o termo do contrato.

Art. 7º Durante a vigência dos contratos previstos nos incisos I e II do art. 4º, o empregado não poderá se desligar do contrato sem justa causa, sob pena de ser obrigado a indenizar o empregador dos prejuízos que desse fato lhe resultarem.

Parágrafo único. A indenização não poderá exceder aquela a que teria direito o empregado em idênticas condições.

Art. 8º Durante a vigência dos contratos previstos nos incisos I e II do art. 4º, não será exigido aviso prévio.

Art. 9º A Carteira de Trabalho e Previdência Social será obrigatoriamente apresentada, contra recibo, pelo empregado ao empregador que o admitir, o qual terá o prazo de 48 (quarenta e oito) horas para nela anotar, especificamente, a data de admissão, a remuneração e, quando for o caso, os contratos previstos nos incisos I e II do art. 4º.

Art. 10. É facultado às partes, mediante acordo escrito entre essas, estabelecer horário de trabalho de 12 (doze) horas seguidas por 36 (trinta e seis) horas ininterruptas de descanso, observados ou indenizados os intervalos para repouso e alimentação.

§ 1º A remuneração mensal pactuada pelo horário previsto no caput deste artigo abrange os pagamentos devidos pelo descanso semanal remunerado e pelo descanso em feriados, e serão considerados compensados os feriados e as prorrogações de trabalho noturno, quando houver, de que tratam o art. 70 e o § 5º do art. 73 da Consolidação das Leis do Trabalho (CLT), aprovada pelo Decreto-Lei nº 5.452, de 1º de maio de 1943, e o art. 9º da Lei no 605, de 5 de janeiro de 1949.

§ 2º (VETADO).

Art. 11. Em relação ao empregado responsável por acompanhar o empregador prestando serviços em viagem, serão consideradas apenas as horas efetivamente trabalhadas no período, podendo ser compensadas as horas extraordinárias em outro dia, observado o art. 2º.

§ 1º O acompanhamento do empregador pelo empregado em viagem será condicionado à prévia existência de acordo escrito entre as partes.

§ 2º A remuneração-hora do serviço em viagem será, no mínimo, 25% (vinte e cinco por cento) superior ao valor do salário-hora normal.

§ 3º O disposto no § 2º deste artigo poderá ser, mediante acordo, convertido em acréscimo no banco de horas, a ser utilizado a critério do empregado.

Art. 12. É obrigatório o registro do horário de trabalho do empregado doméstico por qualquer meio manual, mecânico ou eletrônico, desde que idôneo.

Art. 13. É obrigatória a concessão de intervalo para repouso ou alimentação pelo período de, no mínimo, 1 (uma) hora e, no máximo, 2 (duas) horas, admitindo-se, mediante prévio acordo escrito entre empregador e empregado, sua redução a 30 (trinta) minutos.

§ 1º Caso o empregado resida no local de trabalho, o período de intervalo poderá ser desmembrado em 2 (dois) períodos, desde que cada um deles tenha, no mínimo, 1 (uma) hora, até o limite de 4 (quatro) horas ao dia.

§ 2º Em caso de modificação do intervalo, na forma do § 1º, é obrigatória a sua anotação no registro diário de horário, vedada sua prenotação.

Art. 14. Considera-se noturno, para os efeitos desta Lei, o trabalho executado entre as 22 horas de um dia e as 5 horas do dia seguinte.

§ 1º A hora de trabalho noturno terá duração de 52 (cinquenta e dois) minutos e 30 (trinta) segundos.

§ 2º A remuneração do trabalho noturno deve ter acréscimo de, no mínimo, 20% (vinte por cento) sobre o valor da hora diurna.

§ 3º Em caso de contratação, pelo empregador, de empregado exclusivamente para desempenhar trabalho noturno, o acréscimo será calculado sobre o salário anotado na Carteira de Trabalho e Previdência Social.

§ 4º Nos horários mistos, assim entendidos os que abrangem períodos diurnos e noturnos, aplica-se às horas de trabalho noturno o disposto neste artigo e seus parágrafos.

Art. 15. Entre 2 (duas) jornadas de trabalho deve haver período mínimo de 11 (onze) horas consecutivas para descanso.

Art. 16. É devido ao empregado doméstico descanso semanal remunerado de, no mínimo, 24 (vinte e quatro) horas consecutivas, preferencialmente aos domingos, além de descanso remunerado em feriados.

Art. 17. O empregado doméstico terá direito a férias anuais remuneradas de 30 (trinta) dias, salvo o disposto no § 3º do art. 3º, com acréscimo de, pelo menos, um terço do salário normal, após cada período de 12 (doze) meses de trabalho prestado à mesma pessoa ou família.

§ 1º Na cessação do contrato de trabalho, o empregado, desde que não tenha sido demitido por justa causa, terá direito à

remuneração relativa ao período incompleto de férias, na proporção de um doze avos por mês de serviço ou fração superior a 14 (quatorze) dias.

§ 2º O período de férias poderá, a critério do empregador, ser fracionado em até 2 (dois) períodos, sendo 1 (um) deles de, no mínimo, 14 (quatorze) dias corridos.

§ 3º É facultado ao empregado doméstico converter um terço do período de férias a que tiver direito em abono pecuniário, no valor da remuneração que lhe seria devida nos dias correspondentes.

§ 4º O abono de férias deverá ser requerido até 30 (trinta) dias antes do término do período aquisitivo.

§ 5º É lícito ao empregado que reside no local de trabalho nele permanecer durante as férias.

§ 6º As férias serão concedidas pelo empregador nos 12 (doze) meses subsequentes à data em que o empregado tiver adquirido o direito.

Art. 18. É vedado ao empregador doméstico efetuar descontos no salário do empregado por fornecimento de alimentação, vestuário, higiene ou moradia, bem como por despesas com transporte, hospedagem e alimentação em caso de acompanhamento em viagem.

§ 1º É facultado ao empregador efetuar descontos no salário do empregado em caso de adiantamento salarial e, mediante acordo escrito entre as partes, para a inclusão do empregado em planos de assistência médico-hospitalar e odontológica, de seguro e de previdência privada, não podendo a dedução ultrapassar 20% (vinte por cento) do salário.

§ 2º Poderão ser descontadas as despesas com moradia de que trata o caput deste artigo quando essa se referir a local diverso da residência em que ocorrer a prestação de serviço, desde que essa possibilidade tenha sido expressamente acordada entre as partes.

§ 3º As despesas referidas no caput deste artigo não têm natureza salarial nem se incorporam à remuneração para quaisquer efeitos.

§ 4º O fornecimento de moradia ao empregado doméstico na própria residência ou em morada anexa, de qualquer natureza, não gera ao empregado qualquer direito de posse ou de propriedade sobre a referida moradia.

Art. 19. Observadas as peculiaridades do trabalho doméstico, a ele também se aplicam as Leis nº 605, de 5 de janeiro de 1949, no 4.090, de 13 de julho de 1962, no 4.749, de 12 de agosto de 1965, e no 7.418, de 16 de dezembro de 1985, e, subsidiariamente, a Consolidação das Leis do Trabalho (CLT), aprovada pelo Decreto-Lei nº 5.452, de 1º de maio de 1943.

Parágrafo único. A obrigação prevista no art. 4º da Lei nº 7.418, de 16 de dezembro de 1985, poderá ser substituída, a critério do empregador, pela concessão, mediante recibo, dos valores para a aquisição das passagens necessárias ao custeio das despesas decorrentes do deslocamento residência-trabalho e vice-versa.

Art. 20. O empregado doméstico é segurado obrigatório da Previdência Social, sendo-lhe devidas, na forma da Lei no 8.213, de 24 de julho de 1991, as prestações nela arroladas, atendido o disposto nesta Lei e observadas as características especiais do trabalho doméstico.

Art. 21. É devida a inclusão do empregado doméstico no Fundo de Garantia do Tempo de Serviço (FGTS), na forma do regulamento a ser editado pelo Conselho Curador e pelo agente operador do FGTS, no âmbito de suas competências, conforme disposto nos arts. 5º e 7º da Lei no 8.036, de 11 de maio de 1990, inclusive no que tange aos aspectos técnicos de depósitos, saques, devolução de valores e emissão de extratos, entre outros determinados na forma da lei.

Parágrafo único. O empregador doméstico somente passará a ter obrigação de promover a inscrição e de efetuar os recolhimentos referentes a seu empregado após a entrada em vigor do regulamento referido no caput.

Art. 22. O empregador doméstico depositará a importância de 3,2% (três inteiros e dois décimos por cento) sobre a remuneração devida, no mês anterior, a cada empregado, destinada ao pagamento da indenização compensatória da perda do emprego, sem justa causa ou por culpa do empregador, não se aplicando ao empregado doméstico o disposto nos §§ 1º a 3º do art. 18 da Lei no 8.036, de 11 de maio de 1990.

§ 1º Nas hipóteses de dispensa por justa causa ou a pedido, de término do contrato de trabalho por prazo determinado, de aposentadoria e de falecimento do empregado doméstico, os valores previstos no caput serão movimentados pelo empregador.

§ 2º Na hipótese de culpa recíproca, metade dos valores previstos no caput será movimentada pelo empregado, enquanto a outra metade será movimentada pelo empregador.

§ 3º Os valores previstos no caput serão depositados na conta vinculada do empregado, em variação distinta daquela em que se encontrarem os valores oriundos dos depósitos de que trata o inciso IV do art. 34 desta Lei, e somente poderão ser movimentados por ocasião da rescisão contratual.

§ 4º À importância monetária de que trata o caput, aplicam-se as disposições da Lei no 8.036, de 11 de maio de 1990, e da Lei no 8.844, de 20 de janeiro de 1994, inclusive quanto a sujeição passiva e equiparações, prazo de recolhimento, administração, fiscalização, lançamento, consulta, cobrança, garantias, processo administrativo de determinação e exigência de créditos tributários federais.

Art. 23. Não havendo prazo estipulado no contrato, a parte que, sem justo motivo, quiser rescindi-lo deverá avisar a outra de sua intenção.

§ 1º O aviso prévio será concedido na proporção de 30 (trinta) dias ao empregado que conte com até 1 (um) ano de serviço para o mesmo empregador.

§ 2º Ao aviso prévio previsto neste artigo, devido ao empregado, serão acrescidos 3 (três) dias por ano de serviço prestado para o mesmo empregador, até o máximo de 60 (sessenta) dias, perfazendo um total de até 90 (noventa) dias.

§ 3º A falta de aviso prévio por parte do empregador dá ao empregado o direito aos salários correspondentes ao prazo do aviso, garantida sempre a integração desse período ao seu tempo de serviço.

§ 4º A falta de aviso prévio por parte do empregado dá ao empregador o direito de descontar os salários correspondentes ao prazo respectivo.

§ 5º O valor das horas extraordinárias habituais integra o aviso prévio indenizado.

Art. 24. O horário normal de trabalho do empregado durante o aviso prévio, quando a rescisão tiver sido promovida pelo empregador, será reduzido de 2 (duas) horas diárias, sem prejuízo do salário integral.

Parágrafo único. É facultado ao empregado trabalhar sem a redução das 2 (duas) horas diárias previstas no caput deste artigo, caso em que poderá faltar ao serviço, sem prejuízo do salário integral, por 7 (sete) dias corridos, na hipótese dos §§ 1º e 2º do art. 23.

Art. 25. A empregada doméstica gestante tem direito a licença-maternidade de 120 (cento e vinte) dias, sem prejuízo do emprego e do salário, nos termos da Seção V do Capítulo III do Título III da Consolidação das Leis do Trabalho (CLT), aprovada pelo Decreto-Lei no 5.452, de 1º de maio de 1943.

Parágrafo único. A confirmação do estado de gravidez durante o curso do contrato de trabalho, ainda que durante o prazo do aviso prévio trabalhado ou indenizado, garante à empregada gestante a estabilidade provisória prevista na alínea "b" do inciso II do art. 10 do Ato das Disposições Constitucionais Transitórias.

Art. 26. O empregado doméstico que for dispensado sem justa causa fará jus ao benefício do seguro-desemprego, na forma da Lei no 7.998, de 11 de janeiro de 1990, no valor de 1

(um) salário-mínimo, por período máximo de 3 (três) meses, de forma contínua ou alternada.

§ 1º O benefício de que trata o caput será concedido ao empregado nos termos do regulamento do Conselho Deliberativo do Fundo de Amparo ao Trabalhador (Codefat).

§ 2º O benefício do seguro-desemprego será cancelado, sem prejuízo das demais sanções cíveis e penais cabíveis:

I - pela recusa, por parte do trabalhador desempregado, de outro emprego condizente com sua qualificação registrada ou declarada e com sua remuneração anterior;

II - por comprovação de falsidade na prestação das informações necessárias à habilitação;

III - por comprovação de fraude visando à percepção indevida do benefício do seguro-desemprego; ou

IV - por morte do segurado.

Art. 27. Considera-se justa causa para os efeitos desta Lei:

I - submissão a maus tratos de idoso, de enfermo, de pessoa com deficiência ou de criança sob cuidado direto ou indireto do empregado;

II - prática de ato de improbidade;

III - incontinência de conduta ou mau procedimento;

IV - condenação criminal do empregado transitada em julgado, caso não tenha havido suspensão da execução da pena;

V - desídia no desempenho das respectivas funções;

VI - embriaguez habitual ou em serviço;

VII - (VETADO);

VIII - ato de indisciplina ou de insubordinação;

IX - abandono de emprego, assim considerada a ausência injustificada ao serviço por, pelo menos, 30 (trinta) dias corridos;

X - ato lesivo à honra ou à boa fama ou ofensas físicas praticadas em serviço contra qualquer pessoa, salvo em caso de legítima defesa, própria ou de outrem;

XI - ato lesivo à honra ou à boa fama ou ofensas físicas praticadas contra o empregador doméstico ou sua família, salvo em caso de legítima defesa, própria ou de outrem;

XII - prática constante de jogos de azar.

Parágrafo único. O contrato de trabalho poderá ser rescindido por culpa do empregador quando:

I - o empregador exigir serviços superiores às forças do empregado doméstico, defesos por lei, contrários aos bons costumes ou alheios ao contrato;

II - o empregado doméstico for tratado pelo empregador ou por sua família com rigor excessivo ou de forma degradante;

III - o empregado doméstico correr perigo manifesto de mal considerável;

IV - o empregador não cumprir as obrigações do contrato;

V - o empregador ou sua família praticar, contra o empregado doméstico ou pessoas de sua família, ato lesivo à honra e à boa fama;

VI - o empregador ou sua família ofender o empregado doméstico ou sua família fisicamente, salvo em caso de legítima defesa, própria ou de outrem;

VII - o empregador praticar qualquer das formas de violência doméstica ou familiar contra mulheres de que trata o art. 5º da Lei no 11.340, de 7 de agosto de 2006.

Art. 28. Para se habilitar ao benefício do seguro-desemprego, o trabalhador doméstico deverá apresentar ao órgão competente do Ministério do Trabalho e Emprego:

I - Carteira de Trabalho e Previdência Social, na qual deverão constar a anotação do contrato de trabalho doméstico e a data de dispensa, de modo a comprovar o vínculo empregatício, como empregado doméstico, durante pelo menos 15 (quinze) meses nos últimos 24 (vinte e quatro) meses;

II - termo de rescisão do contrato de trabalho;

III - declaração de que não está em gozo de benefício de prestação continuada da Previdência Social, exceto auxílio-acidente e pensão por morte; e

IV - declaração de que não possui renda própria de qualquer natureza suficiente à sua manutenção e de sua família.

Art. 29. O seguro-desemprego deverá ser requerido de 7 (sete) a 90 (noventa) dias contados da data de dispensa.

Art. 30. Novo seguro-desemprego só poderá ser requerido após o cumprimento de novo período aquisitivo, cuja duração será definida pelo Codefat.

CAPÍTULO II - DO SIMPLES DOMÉSTICO

Art. 31. É instituído o regime unificado de pagamento de tributos, de contribuições e dos demais encargos do empregador doméstico (Simples Doméstico), que deverá ser regulamentado no prazo de 120 (cento e vinte) dias a contar da data de entrada em vigor desta Lei.

Art. 32. A inscrição do empregador e a entrada única de dados cadastrais e de informações trabalhistas, previdenciárias e fiscais no âmbito do Simples Doméstico dar-se-ão mediante registro em sistema eletrônico a ser disponibilizado em portal na internet, conforme regulamento.

Parágrafo único. A impossibilidade de utilização do sistema eletrônico será objeto de regulamento, a ser editado pelo Ministério da Fazenda e pelo agente operador do FGTS.

Art. 33. O Simples Doméstico será disciplinado por ato conjunto dos Ministros de Estado da Fazenda, da Previdência Social e do Trabalho e Emprego que disporá sobre a apuração, o recolhimento e a distribuição dos recursos recolhidos por meio do Simples Doméstico, observadas as disposições do art. 21 desta Lei.

§ 1º O ato conjunto a que se refere o caput deverá dispor também sobre o sistema eletrônico de registro das obrigações trabalhistas, previdenciárias e fiscais e sobre o cálculo e o recolhimento dos tributos e encargos trabalhistas vinculados ao Simples Doméstico.

§ 2º As informações prestadas no sistema eletrônico de que trata o § 1º:

I - têm caráter declaratório, constituindo instrumento hábil e suficiente para a exigência dos tributos e encargos trabalhistas delas resultantes e que não tenham sido recolhidos no prazo consignado para pagamento; e

II - deverão ser fornecidas até o vencimento do prazo para pagamento dos tributos e encargos trabalhistas devidos no Simples Doméstico em cada mês, relativamente aos fatos geradores ocorridos no mês anterior.

§ 3º O sistema eletrônico de que trata o § 1º deste artigo e o sistema de que trata o caput do art. 32 substituirão, na forma regulamentada pelo ato conjunto previsto no caput, a obrigatoriedade de entrega de todas as informações, formulários e declarações a que estão sujeitos os empregadores domésticos, inclusive os relativos ao recolhimento do FGTS.

Art. 34. O Simples Doméstico assegurará o recolhimento mensal, mediante documento único de arrecadação, dos seguintes valores:

I - 8% (oito por cento) a 11% (onze por cento) de contribuição previdenciária, a cargo do segurado empregado doméstico, nos termos do art. 20 da Lei nº 8.212, de 24 de julho de 1991;

II - 8% (oito por cento) de contribuição patronal previdenciária para a seguridade social, a cargo do empregador doméstico, nos termos do art. 24 da Lei no 8.212, de 24 de julho de 1991;

III - 0,8% (oito décimos por cento) de contribuição social para financiamento do seguro contra acidentes do trabalho;

IV - 8% (oito por cento) de recolhimento para o FGTS;

V - 3,2% (três inteiros e dois décimos por cento), na forma do art. 22 desta Lei; e

VI - imposto sobre a renda retido na fonte de que trata o inciso I do art. 7º da Lei no 7.713, de 22 de dezembro de 1988, se incidente.

§ 1º As contribuições, os depósitos e o imposto arrolados nos incisos I a VI incidem sobre a remuneração paga ou devida no mês anterior, a cada empregado, incluída na remuneração

a gratificação de Natal a que se refere a Lei no 4.090, de 13 de julho de 1962, e a Lei no 4.749, de 12 de agosto de 1965.

§ 2º A contribuição e o imposto previstos nos incisos I e VI do caput deste artigo serão descontados da remuneração do empregado pelo empregador, que é responsável por seu recolhimento.

§ 3º O produto da arrecadação das contribuições, dos depósitos e do imposto de que trata o caput será centralizado na Caixa Econômica Federal.

§ 4º A Caixa Econômica Federal, com base nos elementos identificadores do recolhimento, disponíveis no sistema de que trata o § 1º do art. 33, transferirá para a Conta Única do Tesouro Nacional o valor arrecadado das contribuições e do imposto previstos nos incisos I, II, III e VI do caput.

§ 5º O recolhimento de que trata o caput será efetuado em instituições financeiras integrantes da rede arrecadadora de receitas federais.

§ 6º O empregador fornecerá, mensalmente, ao empregado doméstico cópia do documento previsto no caput.

§ 7º O recolhimento mensal, mediante documento único de arrecadação, e a exigência das contribuições, dos depósitos e do imposto, nos valores definidos nos incisos I a VI do caput, somente serão devidos após 120 (cento e vinte) dias da data de publicação desta Lei.

Art. 35. O empregador doméstico é obrigado a pagar a remuneração devida ao empregado doméstico e a arrecadar e a recolher a contribuição prevista no inciso I do art. 34, assim como a arrecadar e a recolher as contribuições, os depósitos e o imposto a seu cargo discriminados nos incisos II, III, IV, V e VI do caput do art. 34, até o dia 7 do mês seguinte ao da competência.

§ 1º Os valores previstos nos incisos I, II, III e VI do caput do art. 34 não recolhidos até a data de vencimento sujeitar-se-ão à incidência de encargos legais na forma prevista na legislação do imposto sobre a renda.

§ 2º Os valores previstos nos incisos IV e V, referentes ao FGTS, não recolhidos até a data de vencimento serão corrigidos e terão a incidência da respectiva multa, conforme a Lei no 8.036, de 11 de maio de 1990.

CAPÍTULO III - DA LEGISLAÇÃO PREVIDENCIÁRIA E TRIBUTÁRIA

Art. 36. O inciso V do art. 30 da Lei no 8.212, de 24 de julho de 1991, passa a vigorar com a seguinte redação:

"Art.30.............

........................

V - o empregador doméstico é obrigado a arrecadar e a recolher a contribuição do segurado empregado a seu serviço, assim como a parcela a seu cargo, até o dia 7 do mês seguinte ao da competência;

........................" (NR)

Art. 37. A Lei no 8.213, de 24 de julho de 1991, passa a vigorar com as seguintes alterações:

"Art.18.............

........................

§ 1º Somente poderão beneficiar-se do auxílio-acidente os segurados incluídos nos incisos I, II, VI e VII do art. 11 desta Lei.

........................" (NR)

"Art. 19. Acidente do trabalho é o que ocorre pelo exercício do trabalho a serviço de empresa ou de empregador doméstico ou pelo exercício do trabalho dos segurados referidos no inciso VII do art. 11 desta Lei, provocando lesão corporal ou perturbação funcional que cause a morte ou a perda ou redução, permanente ou temporária, da capacidade para o trabalho.

........................" (NR)

"Art. 21-A. A perícia médica do Instituto Nacional do Seguro Social (INSS) considerará caracterizada a natureza acidentária da incapacidade quando constatar ocorrência de nexo técnico epidemiológico entre o trabalho e o agravo, decorrente da relação entre a atividade da empresa ou do empregado doméstico e a entidade mórbida motivadora da incapacidade elencada na Classificação Internacional de Doenças (CID), em conformidade com o que dispuser o regulamento.

........................

§ 2º A empresa ou o empregador doméstico poderão requerer a não aplicação do nexo técnico epidemiológico, de cuja decisão caberá recurso, com efeito suspensivo, da empresa, do empregador doméstico ou do segurado ao Conselho de Recursos da Previdência Social." (NR)

"Art. 22. A empresa ou o empregador doméstico deverão comunicar o acidente do trabalho à Previdência Social até o primeiro dia útil seguinte ao da ocorrência e, em caso de morte, de imediato, à autoridade competente, sob pena de multa variável entre o limite mínimo e o limite máximo do salário de contribuição, sucessivamente aumentada nas reincidências, aplicada e cobrada pela Previdência Social.

........................" (NR)

"Art. 27. Para cômputo do período de carência, serão consideradas as contribuições:

I - referentes ao período a partir da data de filiação ao Regime Geral de Previdência Social (RGPS), no caso dos segurados empregados, inclusive os domésticos, e dos trabalhadores avulsos;

II - realizadas a contar da data de efetivo pagamento da primeira contribuição sem atraso, não sendo consideradas para este fim as contribuições recolhidas com atraso referentes a competências anteriores, no caso dos segurados contribuinte individual, especial e facultativo, referidos, respectivamente, nos incisos V e VII do art. 11 e no art. 13." (NR)

"Art. 34. No cálculo do valor da renda mensal do benefício, inclusive o decorrente de acidente do trabalho, serão computados:

I - para o segurado empregado, inclusive o doméstico, e o trabalhador avulso, os salários de contribuição referentes aos meses de contribuições devidas, ainda que não recolhidas pela empresa ou pelo empregador doméstico, sem prejuízo da respectiva cobrança e da aplicação das penalidades cabíveis, observado o disposto no § 5º do art. 29-A;

II - para o segurado empregado, inclusive o doméstico, o trabalhador avulso e o segurado especial, o valor mensal do auxílio-acidente, considerado como salário de contribuição para fins de concessão de qualquer aposentadoria, nos termos do art. 31;

........................" (NR)

"Art. 35. Ao segurado empregado, inclusive o doméstico, e ao trabalhador avulso que tenham cumprido todas as condições para a concessão do benefício pleiteado, mas não possam comprovar o valor de seus salários de contribuição no período básico de cálculo, será concedido o benefício de valor mínimo, devendo esta renda ser recalculada quando da apresentação de prova dos salários de contribuição." (NR)

"Art. 37. A renda mensal inicial, recalculada de acordo com o disposto no art. 35, deve ser reajustada como a dos benefícios correspondentes com igual data de início e substituirá, a partir da data do requerimento de revisão do valor do benefício, a renda mensal que prevalecia até então." (NR)

"Art. 38. Sem prejuízo do disposto no art. 35, cabe à Previdência Social manter cadastro dos segurados com todos os informes necessários para o cálculo da renda mensal dos benefícios." (NR)

"Art. 63. O segurado empregado, inclusive o doméstico, em gozo de auxílio-doença será considerado pela empresa e pelo empregador doméstico como licenciado.

.." (NR)

"Art. 65. O salário-família será devido, mensalmente, ao segurado empregado, inclusive o doméstico, e ao segurado trabalhador avulso, na proporção do respectivo número de filhos ou equiparados nos termos do § 2º do art. 16 desta Lei, observado o disposto no art. 66.

..." (NR)

"Art.67..

Parágrafo único. O empregado doméstico deve apresentar apenas a certidão de nascimento referida no caput." (NR)

"Art. 68. As cotas do salário-família serão pagas pela empresa ou pelo empregador doméstico, mensalmente, junto com o salário, efetivando-se a compensação quando do recolhimento das contribuições, conforme dispuser o Regulamento.

§ 1º A empresa ou o empregador doméstico conservarão durante 10 (dez) anos os comprovantes de pagamento e as cópias das certidões correspondentes, para fiscalização da Previdência Social.

..." (NR)

Art. 38. O art. 70 da Lei no 11.196, de 21 de novembro de 2005, passa a vigorar com a seguinte redação:

"Art.70..

I - ..

..

d) até o dia 7 do mês subsequente ao mês de ocorrência dos fatos geradores, no caso de pagamento de rendimentos provenientes do trabalho assalariado a empregado doméstico; e

e) até o último dia útil do segundo decêndio do mês subsequente ao mês de ocorrência dos fatos geradores, nos demais casos;

..." (NR)

CAPÍTULO IV - DO PROGRAMA DE RECUPERAÇÃO PREVIDENCIÁRIA DOS EMPREGADORES DOMÉSTICOS (REDOM)

Art. 39. É instituído o Programa de Recuperação Previdenciária dos Empregadores Domésticos (Redom), nos termos desta Lei.

Art. 40. Será concedido ao empregador doméstico o parcelamento dos débitos com o Instituto Nacional do Seguro Social (INSS) relativos à contribuição de que tratam os arts. 20 e 24 da Lei no 8.212, de 24 de julho de 1991, com vencimento até 30 de abril de 2013.

§ 1º O parcelamento abrangerá todos os débitos existentes em nome do empregado e do empregador, na condição de contribuinte, inclusive débitos inscritos em dívida ativa, que poderão ser:

I - pagos com redução de 100% (cem por cento) das multas aplicáveis, de 60% (sessenta por cento) dos juros de mora e de 100% (cem por cento) sobre os valores dos encargos legais e advocatícios;

II - parcelados em até 120 (cento e vinte) vezes, com prestação mínima no valor de R$ 100,00 (cem reais).

§ 2º O parcelamento deverá ser requerido no prazo de 120 (cento e vinte) dias após a entrada em vigor desta Lei.

§ 3º A manutenção injustificada em aberto de 3 (três) parcelas implicará, após comunicação ao sujeito passivo, a imediata rescisão do parcelamento e, conforme o caso, o prosseguimento da cobrança.

§ 4º Na hipótese de rescisão do parcelamento com o cancelamento dos benefícios concedidos:

I - será efetuada a apuração do valor original do débito, com a incidência dos acréscimos legais, até a data de rescisão;

II - serão deduzidas do valor referido no inciso I deste parágrafo as parcelas pagas, com a incidência dos acréscimos legais, até a data de rescisão.

Art. 41. A opção pelo Redom sujeita o contribuinte a:

I - confissão irrevogável e irretratável dos débitos referidos no art. 40;

II - aceitação plena e irretratável de todas as condições estabelecidas;

III - pagamento regular das parcelas do débito consolidado, assim como das contribuições com vencimento posterior a 30 de abril de 2013.

CAPÍTULO V - DISPOSIÇÕES GERAIS

Art. 42. É de responsabilidade do empregador o arquivamento de documentos comprobatórios do cumprimento das obrigações fiscais, trabalhistas e previdenciárias, enquanto essas não prescreverem.

Art. 43. O direito de ação quanto a créditos resultantes das relações de trabalho prescreve em 5 (cinco) anos até o limite de 2 (dois) anos após a extinção do contrato de trabalho.

Art. 44. A Lei no 10.593, de 6 de dezembro de 2002, passa a vigorar acrescida do seguinte art. 11-A:

"Art. 11-A. A verificação, pelo Auditor-Fiscal do Trabalho, do cumprimento das normas que regem o trabalho do empregado doméstico, no âmbito do domicílio do empregador, dependerá de agendamento e de entendimento prévios entre a fiscalização e o empregador.

§ 1º A fiscalização deverá ter natureza prioritariamente orientadora.

§ 2º Será observado o critério de dupla visita para lavratura de auto de infração, salvo quando for constatada infração por falta de anotação na Carteira de Trabalho e Previdência Social ou, ainda, na ocorrência de reincidência, fraude, resistência ou embaraço à fiscalização.

§ 3º Durante a inspeção do trabalho referida no caput, o Auditor-Fiscal do Trabalho far-se-á acompanhar pelo empregador ou por alguém de sua família por este designado."

Art. 45. As matérias tratadas nesta Lei Complementar que não sejam reservadas constitucionalmente a lei complementar poderão ser objeto de alteração por lei ordinária.

Art. 46. Revogam-se o inciso I do art. 3º da Lei no 8.009, de 29 de março de 1990, e a Lei no 5.859, de 11 de dezembro de 1972.

Art. 47. Esta Lei entra em vigor na data de sua publicação.

10. C087 - LIBERDADE SINDICAL E PROTEÇÃO AO DIREITO DE SINDICALIZAÇÃO

[1]CONVENÇÃO N. 87

"A Conferência Geral da Organização Internacional do Trabalho.

Convocada em São Francisco pelo Conselho de Administração da Repartição Internacional do Trabalho e ali reunida a 17 de junho de 1948, em sua 31ª Sessão.

Após ter decidido adotar sob forma de uma Convenção diversas propostas relativas à liberdade sindical e à proteção do direito sindical, assunto que constitui o sétimo ponto da ordem do dia da sessão.

Considerando que o Preâmbulo da Constituição da Organização Internacional do Trabalho enuncia, entre os meios suscetíveis de melhorar a condição dos trabalhadores e de assegurar a paz, 'a afirmação do princípio da liberdade sindical';

Considerando que a Declaração de Filadélfia proclamou novamente que 'a liberdade de expressão e de associação é uma condição indispensável a um progresso ininterrupto';

Considerando que a Conferência Internacional do Trabalho em sua 30ª Sessão adotou, por unanimidade, os princípios que devem constituir a base da regulamentação internacional;

Considerando que a Assembléia Geral das Nações Unidas, em sua Segunda Sessão, endossou esses princípios e convidou a Organização Internacional do Trabalho a prosseguir em todos os seus esforços no sentido de que seja possível adotar uma ou várias convenções internacionais;

Adota, aos nove dias de julho de mil novecentos e quarenta e oito, a Convenção seguinte, que será denominada 'Convenção sobre a Liberdade Sindical e à Proteção do Direito Sindical, 1948'.

PARTE I LIBERDADE SINDICAL

Art. 1 — Cada Membro da Organização Internacional do Trabalho, para o qual a presente Convenção está em vigor, se compromete a tornar efetivas as disposições seguintes.

Art. 2 — Os trabalhadores e os empregadores, sem distinção de qualquer espécie, terão direito de constituir, sem autorização prévia, organizações de sua escolha, bem como o direito de se filiar a essas organizações, sob a única condição de se conformar com os estatutos das mesmas.

Art. 3 — 1. As organizações de trabalhadores e de empregadores terão o direito de elaborar seus estatutos e regulamentos administrativos, de eleger livremente seus representantes, de organizar a gestão e a atividade dos mesmos e de formular seu programa de ação.

2. As autoridades públicas deverão abster-se de qualquer intervenção que possa limitar esse direito ou entravar o seu exercício legal.

Art. 4 — As organizações de trabalhadores e de empregadores não estarão sujeitas à dissolução ou à suspensão por via administrativa.

Art. 5 — As organizações de trabalhadores e de empregadores terão o direito de constituir federações e confederações, bem como o de filiar-se às mesmas, e toda organização, federação ou confederação terá o direito de filiar-se às organizações internacionais de trabalhadores e de empregadores.

Art. 6 — As disposições dos arts. 2, 3 e 4 acima se aplicarão às federações e às confederações das organizações de trabalhadores e de empregadores.

Art. 7 — A aquisição de personalidade jurídica por parte das organizações de trabalhadores e de empregadores, suas federações e confederações, não poderá estar sujeita a condições de natureza a restringir a aplicação das disposições dos arts. 2, 3 e 4 acima.

Art. 8 — 1. No exercício dos direitos que lhe são reconhecidos pela presente convenção, os trabalhadores, os empregadores e suas respectivas organizações deverão da mesma forma que outras pessoas ou coletividades organizadas, respeitar a lei.

2. A legislação nacional não deverá prejudicar nem ser aplicada de modo a prejudicar as garantias previstas pela presente Convenção.

Art. 9 — 1. A medida segundo a qual as garantias previstas pela presente Convenção se aplicarão às forças armadas e à polícia será determinada pela legislação nacional.

2. De acordo com os princípios estabelecidos no § 8º do art. 19 da Constituição da Organização Internacional do Trabalho a ratificação desta Convenção, por parte de um Membro, não deverá afetar qualquer lei, sentença, costume ou acordo já existentes que concedam aos membros das forças armadas e da polícia garantias previstas pela presente Convenção.

Art. 10 — Na presente Convenção, o termo 'organização' significa qualquer organização de trabalhadores ou de empregadores que tenha por fim promover e defender os interesses dos trabalhadores ou dos empregadores.

PARTE II PROTEÇÃO DO DIREITO SINDICAL

Art. 11 — Cada Membro da Organização Internacional do Trabalho para o qual a presente Convenção está em vigor, se compromete a tomar todas as medidas necessárias e apropriadas a assegurar aos trabalhadores e aos empregadores o livre exercício do direito sindical.

PARTE III MEDIDAS DIVERSAS

Art. 12 — 1. No que se refere aos territórios mencionados no art. 35 da Constituição da Organização Internacional do Trabalho, tal como foi emendada pelo Instrumento de Emenda da Constituição da Organização Internacional do Trabalho, 1946, com exclusão dos territórios citados nos §§ 4º e 5º do dito artigo assim emendado, todo Membro da Organização que ratificar a presente Convenção deverá transmitir ao Diretor-Geral da Repartição Internacional do Trabalho com a ratificação, ou no mais breve prazo possível após a ratificação, uma declaração que estabeleça:

a) os territórios aos quais se compromete a aplicar as disposições da Convenção sem modificação;

b) os territórios aos quais se compromete a aplicar as disposições da Convenção com modificações, e em que consistem tais modificações;

c) os territórios aos quais a Convenção é inaplicável e, no caso, as razões pelas quais é ela Inaplicável.

2. Os compromissos mencionados nas alíneas a e b do parágrafo 1 do presente artigo serão considerados partes integrantes da ratificação e produzirão idênticos efeitos.

3. Qualquer Membro poderá, por nova declaração, retirar, no todo ou em parte, as reservas contidas na sua declaração anterior em virtude das alíneas b, c e d do parágrafo 1 do presente artigo.

4. Qualquer Membro poderá nos períodos durante os quais a presente Convenção pode ser denunciada de acordo com as disposições do art. 16, transmitir ao Diretor-Geral uma nova declaração que modifique em qualquer outro sentido os termos de qualquer declaração anterior e estabeleça a situação relativamente a determinados territórios.

Art. 13 — 1. Quando as questões tratadas pela presente Convenção forem da competência própria das autoridades de um território não metropolitano e Membro responsável pelas relações internacionais desse território, de acordo com o Governo do referido território, poderá comunicar ao Diretor-Geral da Repartição Internacional do Trabalho uma declaração de aceitação, em nome desse território, das obrigações da presente Convenção.

2. Uma declaração de aceitação das obrigações da presente Convenção será transmitida ao Diretor-Geral da Repartição Internacional do Trabalho:

a) por dois ou mais Membros da Organização, com relação a um território colocado sob sua autoridade conjunta;

b) por qualquer autoridade internacional responsável pela administração de um território em virtude das disposições da Carta das Nações Unidas ou de qualquer outra disposição em vigor, com relação a esse território.

3. As declarações transmitidas ao Diretor-Geral da Repartição Internacional do Trabalho de acordo com as disposições dos parágrafos precedentes do presente artigo, deverão indicar se as disposições da Convenção serão aplicadas no território com ou sem modificação; quando a declaração indicar que as disposições da Convenção sob reserva de modificações, ela deverá especificar em que consistem tais modificações.

4. O Membro ou os Membros ou a autoridade internacional interessados poderão, por uma declaração posterior, renunciar inteira ou parcialmente ao direito de invocar uma modificação indicada numa declaração anterior.

5. O Membro ou os Membros ou a autoridade internacional interessados poderão, nos períodos durante os quais a presente Convenção pode ser denunciada de acordo com as disposições do Artigo 16, transmitir ao Diretor-Geral da Repartição Internacional do Trabalho uma nova declaração que modifique em qualquer outro sentido os termos de qualquer

declaração anterior e estabeleça a situação no que se refere à aplicação desta Convenção.

PARTE IV DISPOSIÇÕES FINAIS

Art. 14 — As ratificações formais da presente Convenção serão transmitidas ao Diretor-Geral da Repartição Internacional do Trabalho e por ele registradas.

Art. 15 — 1. A presente Convenção obrigará somente os Membros da Organização Internacional do Trabalho cujas ratificações tenham sido registradas pelo Diretor-Geral.

2. Entrará em vigor doze meses após serem registradas pelo Diretor-Geral, as ratificações por parte de dois Membros.

3. Posteriormente esta Convenção entrará em vigor, para cada Membro, doze meses após a data de registro de sua ratificação.

Art. 16 — 1. Todo Membro que tenha ratificado a presente Convenção poderá denunciá-la ao expirar o prazo de dez anos, contados da data inicial da vigência da Convenção, por meio de um ato comunicado ao Diretor-Geral da Repartição Internacional do Trabalho e por ele registrado. A denúncia somente se tornará efetiva um ano após haver sido registrada.

2. Todo Membro que tenha ratificado a presente Convenção e que no prazo de um ano após o termo do período de dez anos, mencionado no parágrafo precedente, não houver feito uso da faculdade de denúncia prevista pelo presente artigo, ficará ligado por um novo período de dez anos e, posteriormente, poderá denunciar a presente Convenção ao termo de cada período de dez anos, nas condições previstas no presente artigo.

Art. 17 — 1. O Diretor-Geral da Repartição Internacional do Trabalho notificará a todos os Membros da Organização Internacional do Trabalho o registro de todas as ratificações, declarações e denúncias que lhe forem transmitidas pelos Membros da Organização.

2. Ao notificar aos Membros da Organização o registro da segunda ratificação que lhe tenha sido transmitida, o Diretor-Geral chamará a atenção dos Membros da Organização para a data na qual a presente Convenção entrará em vigor.

Art. 18 — O Diretor-Geral da Repartição Internacional do Trabalho transmitirá ao Secretário-Geral das Nações Unidas, para fins de registro de acordo com o artigo 102 da Carta das Nações Unidas, informações completas a respeito de todas as ratificações, declarações, e atos de denúncia que tenha registrado de acordo com os artigos precedentes.

Art. 19 — Ao termo de cada período de dez anos, contados da entrada em vigor da presente Convenção, o Conselho de Administração da Repartição Internacional do Trabalho deverá apresentar à Conferência Geral um relatório sobre a aplicação da presente Convenção e decidirá da conveniência de ser inscrita na ordem do dia da Conferência a questão de sua revisão total ou parcial.

Art. 20 — 1. Caso a Conferência adotar uma nova Convenção que implique revisão total ou parcial da presente Convenção e a menos que a nova Convenção não disponha de outro modo:

a) a ratificação, por parte de um Membro, da nova Convenção revista acarretará de pleno direito, não obstante o artigo 16 acima, denúncia imediata da presente Convenção desde que a nova Convenção revista tenha entrado em vigor;

b) a partir da data da entrada em vigor da nova Convenção revista, a presente Convenção cessará de estar aberta a ratificação por parte dos Membros.

2. A presente Convenção permanecerá, entretanto, em vigor na sua forma e teor para os Membros que a houverem ratificado e que não ratificarem a Convenção revista.

Art. 21 — As versões francesa e inglesa do texto da presente Convenção são igualmente autênticas."

11. DECRETO Nº 3.197, DE 5 DE OUTUBRO DE 1999

Promulga a Convenção nº 132 da Organização Internacional do Trabalho - OIT sobre Férias Anuais Remuneradas (revista em 1970), concluída em Genebra, em 24 de junho de 1970.

Vide Decreto nº 10.088, de 2019

O PRESIDENTE DA REPÚBLICA, no uso da atribuição que lhe confere o art. 84, inciso VIII, da Constituição,

Considerando que a Convenção no 132 da Organização Internacional do Trabalho - OIT sobre Férias Anuais Remuneradas (revista em 1970), foi concluída em Genebra, em 24 de junho de 1970;

Considerando que o Congresso Nacional aprovou o Ato multilateral em epígrafe por meio do Decreto Legislativo nº 47, de 23 de setembro de 1981;

Considerando que o Ato em tela entrou em vigor internacional em 30 de junho de 1973;

Considerando que o Governo brasileiro depositou o Instrumento de Ratificação da referida Convenção em 23 de setembro de 1998, passando a mesma a vigorar, para o Brasil, em 23 de setembro de 1999;

Art. 1º A Convenção nº 132 da Organização Internacional do Trabalho - OIT, sobre Férias Anuais Remuneradas (revista em 1970), concluída em Genebra, em 24 de junho de 1970, apensa por cópia a este Decreto, deverá ser executada e cumprida tão inteiramente como nela se contém.

Art. 2º Este Decreto entra em vigor na data de sua publicação.

12. CONVENÇÃO 132 DA O.I.T. CONVENÇÃO SOBRE FÉRIAS ANUAIS REMUNERADAS (REVISTA EM 1970)

A Conferência Geral da Organização Internacional do Trabalho,

Convocada em Genebra pela Administração da Repartição Internacional do Trabalho, e tendo-se reunido em sua Qüinqüagésima-Quarta Sessão em 3 de junho de 1970, e

Tendo decidido adotar diversas propostas relativas a férias remuneradas, assunto que constitui o quarto item da agenda da sessão, e

Tendo determinado que estas propostas tomarão a forma de uma Convenção Internacional, adota, em 24 de junho de 1970, a seguinte Convenção que será denominada Convenção sobre Férias Remuneradas (revista), 1970:

Artigo 1

As disposições da presente Convenção, caso não sejam postas em execução por meio de acordos coletivos, sentenças arbitrais ou decisões judiciais, seja por organismos oficiais de fixação de salários, seja por qualquer outra maneira conforme a prática nacional e considerada apropriada, levando-se em conta as condições próprias de cada país, deverão ser aplicadas através de legislação nacional.

Artigo 2

1. - A presente Convenção aplicar-se-á a todas as pessoas empregadas, à exceção dos marítimos.

2. - Quando necessário, a autoridade competente ou qualquer órgão apropriado de cada país poderá, após consulta às organizações de empregadores e de trabalhadores interessadas, onde existirem, proceder à exclusão do âmbito da Convenção de categorias determinadas de pessoas empregadas, desde que sua aplicação cause problemas particulares de execução ou de natureza constitucional ou legislativa de certa importância.

3. - Todo Membro que ratifique a Convenção deverá, no primeiro relatório sobre sua aplicação, o qual ele é obrigado a apresentar em virtude do Artigo 22 da Constituição da Organização Internacional do Trabalho, indicar, com base em motivos expostos, as categorias que tenham sido objeto de exclusão em decorrência do parágrafo 2 deste Artigo, e expor nos relatórios ulteriores o estado de sua legislação e de sua prática quanto às mencionadas categorias, precisando em que medida a Convenção foi executada ou ele se propõe a executar em relação às categorias em questão.

Artigo 3

1. - Toda pessoa a quem se aplique a presente Convenção terá direito a férias anuais remuneradas de duração mínima determinada.

2. - Todo Membro que ratifique a Convenção deverá especificar a duração das férias em uma declaração apensa à sua ratificação.

3. - A duração das férias não deverá em caso algum ser inferior a 3 (três) semanas de trabalho, por 1 (um) ano de serviço.

4. - Todo Membro que tiver ratificado a Convenção poderá informar ao Diretor-Geral da Repartição Internacional do Trabalho, por uma declaração ulterior, que ele aumenta a duração do período de férias especificado no momento de sua ratificação.

Artigo 4

1. - Toda pessoa que tenha completado, no curso de 1 (um) ano determinado, um período de serviço de duração inferior ao período necessário à obtenção de direito à totalidade das férias prescritas no Artigo terceiro acima terá direito, nesse ano, a férias de duração proporcionalmente reduzidas.

2. - Para os fins deste Artigo o termo ¿ano¿ significa ano civil ou qualquer outro período de igual duração fixado pela autoridade ou órgão apropriado do país interessado.

Artigo 5

1. - Um período mínimo de serviço poderá ser exigido para a obtenção de direito a um período de férias remuneradas anuais.

2. - Cabe à autoridade competente e ao órgão apropriado do país interessado fixar a duração mínima de tal período de serviço, que não poderá em caso algum ultrapassar 6 (seis) meses.

3. - O modo de calcular o período de serviço para determinar o direito a férias será fixado pela autoridade competente ou pelo órgão apropriado de cada país.

4. - Nas condições a serem determinadas pela autoridade competente ou pelo órgão apropriado de cada país, as faltas ao trabalho por motivos independentes da vontade individual da pessoa empregada interessada tais como faltas devidas a doenças, a acidente, ou a licença para gestantes, não poderão ser computadas como parte das férias remuneradas anuais mínimas previstas no parágrafo 3 do Artigo 3 da presente Convenção.

Artigo 6

1. - Os dias feriados oficiais ou costumeiros, quer se situem ou não dentro do período de férias anuais, não serão computados como parte do período de férias anuais remuneradas previsto no parágrafo 3 do Artigo 3 acima.

2. - Em condições a serem determinadas pela autoridade competente ou pelo órgão apropriado de cada país, os períodos de incapacidade para o trabalho resultantes de doença ou de acidentes não poderão ser computados como parte do período mínimo de férias anuais previsto no parágrafo 3, do Artigo 3 da presente Convenção.

Artigo 7

1. - Qualquer pessoa que entre em gozo de período de férias previsto na presente Convenção deverá receber, em relação ao período global, pelo menos a sua remuneração média ou normal (incluindo-se a quantia equivalente a qualquer parte dessa remuneração em espécie, e que não seja de natureza permanente, ou seja concedida quer o indivíduo esteja em gozo de férias ou não), calculada de acordo com a forma a ser determinada pela autoridade competente ou órgão responsável de cada país.

2. - As quantias devidas em decorrência do parágrafo 1 acima deverão ser pagas à pessoa em questão antes do período de férias, salvo estipulação em contrário contida em acordo que vincule a referida pessoa e seu empregador.

Artigo 8

1. - O fracionamento do período de férias anuais remuneradas pode ser autorizado pela autoridade competente ou pelo órgão apropriado de cada país.

2. - Salvo estipulação em contrário contida em acordo que vincule o empregador e a pessoa empregada em questão, e desde que a duração do serviço desta pessoa lhe dê direito a tal período de férias, numa das frações do referido período deverá corresponder pelo menos a duas semanas de trabalho ininterruptos.

Artigo 9

1. - A parte ininterrupta do período de férias anuais remuneradas mencionada no parágrafo 2 do Artigo 8 da presente Convenção deverá ser outorgada e gozada dentro de no máximo 1 (um) ano, e o resto do período de férias anuais remuneradas dentro dos próximos 18 (dezoito) meses, no máximo, a contar do término do ano em que foi adquirido o direito de gozo de férias.

2. - Qualquer parte do período de férias anuais que exceder o mínimo previsto poderá ser postergada com o consentimento da pessoa empregada em questão, por um período limitado além daquele fixado no parágrafo 1 deste Artigo.

3. - O período mínimo de férias e o limite de tempo referidos no parágrafo 2 deste Artigo serão determinados pela autoridade competente após consulta às organizações de empregadores e trabalhadores interessadas, ou através de negociação coletiva ou por qualquer outro modo conforme à prática nacional, sendo levadas em conta as condições próprias de cada país.

Artigo 10

1. - A ocasião em que as férias serão gozadas será determinada pelo empregador, após consulta à pessoa empregada interessada em questão ou seus representantes, a menos que seja fixada por regulamento, acordo coletivo, sentença arbitral ou qualquer outra maneira conforme à prática nacional.

2. - Para fixar a ocasião do período de gozo das férias serão levadas em conta as necessidades do trabalho e as possibilidades de repouso e diversão ao alcance da pessoa empregada.

Artigo 11

Toda pessoa empregada que tenha completado o período mínimo de serviço que pode ser exigido de acordo com o parágrafo 1 do Artigo 5 da presente Convenção deverá ter direito em caso de cessação da relação empregatícia, ou a um período de férias remuneradas proporcional à duração do período de serviço pelo qual ela não gozou ainda tais férias, ou a uma indenização compensatória, ou a um crédito de férias equivalente.

Artigo 12

Todo acordo relativo ao abandono do direito ao período mínimo de férias anuais remuneradas previsto no parágrafo 3 do Artigo 3 da presente Convenção ou relativo à renúncia ao gozo das férias mediante indenização ou de qualquer outra forma, será, dependendo das condições nacionais, nulo de pleno direito ou proibido.

Artigo 13

A autoridade competente ou órgão apropriado de cada país poderá adotar regras particulares em relação aos casos em que uma pessoa empregada exerça, durante suas férias, atividades remuneradas incompatíveis com o objetivo dessas férias.

Artigo 14

Medidas efetivas apropriadas aos meios pelos quais se dará efeito às disposições da presente Convenção devem ser tomadas através de uma inspeção adequada ou de qualquer outra forma, a fim de assegurar a boa aplicação e o respeito às regras ou disposições relativas às férias remuneradas.

Artigo 15

1. - Todo Membro pode depositar as obrigações da presente Convenção separadamente:
a) em relação às pessoas empregadas em setores econômicos diverso da agricultura;
b) em relação às pessoas empregadas na agricultura.

2. - Todo membro precisará, em sua ratificação, se aceita as obrigações da Convenção em relação às pessoas indicadas na alínea a do parágrafo 1 acima ou em relação às pessoas mencionadas na alínea b do referido parágrafo, ou em relação a ambas categorias.

3. - Todo membro que na ocasião da sua ratificação não tiver aceitado as obrigações da presente Convenção senão em relação às pessoas mencionadas na alínea a ou senão em relação às pessoas mencionadas na alínea b do parágrafo 1 acima, poderá, ulteriormente, notificar ao Diretor-Geral da Repartição Internacional do Trabalho que aceita as obrigações da Convenção em relação a todas as pessoas a que se aplica a presente Convenção.

Artigo 16

A presente Convenção contém revisão da Convensão sobre Férias Remuneradas, 1936, e a Convenção sobre Férias Remuneradas (Agricultura), 1952, nos seguintes termos:
a) a aceitação das obrigações da presente Convenção em relação às pessoas empregadas nos setores econômicos diversos da Agricultura, por um Membro que é parte da Convenção sobre Férias Remuneradas, 1936, acarreta, de pleno direito, a denúncia imediata desta última Convensão;
b) a aceitação das obrigações da presente Convenção sobre Férias Remuneradas (Agricultura), 1952, acarreta, de pleno direito, a denúncia imediata desta última Convenção;
c) a entrada em vigor da presente Convenção não coloca obstáculo à ratificação da Convenção sobre Férias Remuneradas (Agricultura), 1952.

Artigo 17

As ratificações formais da presente Convenção serão comunicadas ao Diretor-Geral da Repartição Internacional do Trabalho, para fins de registro.

Artigo 18

1. - A presente Convenção não vincula senão os Membros da Organização Internacional do Trabalho cuja ratificação tenha sido registrada pelo Diretor-Geral.

2. - Ela entrará em vigor 12 (doze) meses após o registro pelo Diretor-Geral, das ratificações de dois Membros.

3. - Subseqüentes a presente Convenção entrará em vigor para cada Membro 12 (doze) meses após a data do registro de sua ratificação.

Artigo 19

1. - Todo Membro que tiver ratificado a presente Convenção poderá denunciá-lo ao término de um período de 10 (dez) anos contados da data da entrada em vigor inicial da Convenção por um ato comunicado ao Diretor-Geral da Repartição Internacional do Trabalho e por ele registrado. A denúncia só terá efeito 1 (um) ano após ter sido registrada.

2. - Todo membro que tenha ratificado a presente Convenção e que, dentro de 1 (um) ano após o término do período de 10 (dez) anos mencionado no parágrafo precedente, não tenha feito uso do seu direito de denúncia previsto por este Artigo, estará vinculado por um novo período de 10 (dez) anos e, subseqüentemente, poderá denunciar a presente Convenção ao término de cada período de 10 (dez) anos nas condições revistas neste Artigo.

Artigo 20

1. - O Diretor-Geral da Repartição Internacional do Trabalho notificará a todos os Membros da Organização Internacional do Trabalho do registro de todas as ratificações e denúncias que lhe forem comunicadas pelos membros da Organização.

2. - Quando notificar os Membros da Organização sobre o registro da segunda ratificação a ele comunicada, o Diretor-Geral deverá chamar a atenção dos Membros da Organização para a data da entrada em vigor da presente Convenção.

Artigo 21

O Diretor-Geral da Repartição Internacional do Trabalho comunicará ao Secretário-Geral da Organização das Nações Unidas, para fins de registro, de acordo com o Artigo 102 da Carta das Nações Unidas, informações completas sobre todas as ratificações e atos de denúncias registrados por ele de acordo com as disposições dos Artigos precedentes.

Artigo 22

Quando julgar necessário, o Corpo Dirigente da Repartição Internacional do Trabalho apresentará à Conferência Geral um relatório sobre a aplicação da presente Convenção e examinará a conveniência de colocar na agenda da Conferência a questão de sua revisão total ou parcial.

Artigo 23

1. - No caso de a Conferência adotar uma nova Convenção que revise a presente Convenção, e a menos que a nova Convenção disponha em contrário:
a) a ratificação por um membro da nova Convenção contendo a revisão acarreta a denúncia imediata da presente Convenção, não obstante as disposições do Artigo 19 acima, se e quando a nova Convenção entrar em vigor;
b) a partir da data da entrada em vigor da nova Convenção que contém a revisão, será vedada a ratificação da presente Convenção pelos Membros.

2. - A presente Convenção, em todo caso, será mantida em vigor, quanto a sua forma e conteúdo em relação aos Membros que a houverem ratificado mas não houverem ratificado a Convenção revisora.

Os textos em francês e em inglês do texto da presente Convenção fazem igualmente fé.

O Texto que precede é o texto autêntico da Convenção devidamente adotada na Conferência Geral da Organização do Trabalho, em sua qüinquagésima quarta sessão, realizada em Genebra e declara encerrada a vinte e cinco de junho de 1970.

Em fé do que apuseram suas assinaturas, no dia vinte e cinco de junho de 1970.

PREPARAÇÃO • CONHECIMENTO • APROVAÇÃO

DIREITO CIVIL

SUMÁRIO

1. LEI Nº 10.406, DE 10 DE JANEIRO DE 2002	**467**
PARTE GERAL	467
LIVRO I - DAS PESSOAS	467
TÍTULO I - DAS PESSOAS NATURAIS	467
TÍTULO II - DAS PESSOAS JURÍDICAS	468
LIVRO II - DOS BENS	471
TÍTULO ÚNICO - DAS DIFERENTES CLASSES DE BENS	471
LIVRO III - DOS FATOS JURÍDICOS	472
TÍTULO I - DO NEGÓCIO JURÍDICO	472
TÍTULO II - DOS ATOS JURÍDICOS LÍCITOS	475
TÍTULO III - DOS ATOS ILÍCITOS	475
TÍTULO IV - DA PRESCRIÇÃO E DA DECADÊNCIA	475
PARTE ESPECIAL	477
LIVRO I - DO DIREITO DAS OBRIGAÇÕES	477
TÍTULO I - DAS MODALIDADES DAS OBRIGAÇÕES	477
TÍTULO II - DA TRANSMISSÃO DAS OBRIGAÇÕES	479
TÍTULO III - DO ADIMPLEMENTO E EXTINÇÃO DAS OBRIGAÇÕES	479
TÍTULO IV - DO INADIMPLEMENTO DAS OBRIGAÇÕES	482
TÍTULO V - DOS CONTRATOS EM GERAL	483
TÍTULO VI - DAS VÁRIAS ESPÉCIES DE CONTRATO	485
TÍTULO VII - DOS ATOS UNILATERAIS	498
TÍTULO VIII - DOS TÍTULOS DE CRÉDITO	500
TÍTULO IX - DA RESPONSABILIDADE CIVIL	501
TÍTULO X - DAS PREFERÊNCIAS E PRIVILÉGIOS CREDITÓRIOS	502
LIVRO II - DO DIREITO DE EMPRESA	503
TÍTULO I - DO EMPRESÁRIO	503
TÍTULO I-A - (INCLUÍDO PELA LEI Nº 12.441, DE 2011) - DA EMPRESA INDIVIDUAL DE RESPONSABILIDADE LIMITADA	504
TÍTULO II - DA SOCIEDADE	504
SUBTÍTULO I - DA SOCIEDADE NÃO PERSONIFICADA	504
SUBTÍTULO II - DA SOCIEDADE PERSONIFICADA	505
TÍTULO III - DO ESTABELECIMENTO	513
TÍTULO IV - DOS INSTITUTOS COMPLEMENTARES	513
LIVRO III - DO DIREITO DAS COISAS	516
TÍTULO I - DA POSSE	516
TÍTULO II - DOS DIREITOS REAIS	517
TÍTULO III - DA PROPRIEDADE	517
TÍTULO IV - DA SUPERFÍCIE	528
TÍTULO V - DAS SERVIDÕES	528

TÍTULO VI - DO USUFRUTO	529
TÍTULO VII - DO USO	530
TÍTULO VIII - DA HABITAÇÃO	530
TÍTULO IX - DO DIREITO DO PROMITENTE COMPRADOR	530
TÍTULO X - DO PENHOR, DA HIPOTECA E DA ANTICRESE	530
TÍTULO XI - DA LAJE	535
TÍTULO I - DO DIREITO PESSOAL	535
SUBTÍTULO I - DO CASAMENTO	535
TÍTULO II - DO DIREITO PATRIMONIAL	542
SUBTÍTULO I - DO REGIME DE BENS ENTRE OS CÔNJUGES	542
SUBTÍTULO II - DO USUFRUTO E DA ADMINISTRAÇÃO DOS BENS DE FILHOS MENORES	544
SUBTÍTULO III - DOS ALIMENTOS	544
SUBTÍTULO IV - DO BEM DE FAMÍLIA	545
TÍTULO III - DA UNIÃO ESTÁVEL	545
TÍTULO IV - DA TUTELA, DA CURATELA E DA TOMADA DE DECISÃO APOIADA	545
LIVRO V - DO DIREITO DAS SUCESSÕES	548
TÍTULO I - DA SUCESSÃO EM GERAL	548
TÍTULO II - DA SUCESSÃO LEGÍTIMA	550
TITULO III - DA SUCESSÃO TESTAMENTÁRIA	551
TÍTULO IV - DO INVENTÁRIO E DA PARTILHA	556
LIVRO COMPLEMENTAR	558

1. LEI Nº 10.406, DE 10 DE JANEIRO DE 2002

Institui o Código Civil.

O PRESIDENTE DA REPÚBLICA: Faço saber que o Congresso Nacional decreta e eu sanciono a seguinte Lei:

PARTE GERAL

LIVRO I - DAS PESSOAS

TÍTULO I - DAS PESSOAS NATURAIS

CAPÍTULO I - DA PERSONALIDADE E DA CAPACIDADE

Art. 1º Toda pessoa é capaz de direitos e deveres na ordem civil.

Art. 2º A personalidade civil da pessoa começa do nascimento com vida; mas a lei põe a salvo, desde a concepção, os direitos do nascituro.

Art. 3º São absolutamente incapazes de exercer pessoalmente os atos da vida civil os menores de 16 (dezesseis) anos. (Redação dada pela Lei nº 13.146, de 2015)

I - (Revogado) ; (Redação dada pela Lei nº 13.146, de 2015)

II - (Revogado) ; (Redação dada pela Lei nº 13.146, de 2015)

III - (Revogado) . (Redação dada pela Lei nº 13.146, de 2015)

Art. 4º São incapazes, relativamente a certos atos ou à maneira de os exercer: (Redação dada pela Lei nº 13.146, de 2015)

I - os maiores de dezesseis e menores de dezoito anos;

II - os ébrios habituais e os viciados em tóxico; (Redação dada pela Lei nº 13.146, de 2015)

III - aqueles que, por causa transitória ou permanente, não puderem exprimir sua vontade; (Redação dada pela Lei nº 13.146, de 2015)

IV - os pródigos.

Parágrafo único. A capacidade dos indígenas será regulada por legislação especial. (Redação dada pela Lei nº 13.146, de 2015)

Art. 5º A menoridade cessa aos dezoito anos completos, quando a pessoa fica habilitada à prática de todos os atos da vida civil.

Parágrafo único. Cessará, para os menores, a incapacidade:

I - pela concessão dos pais, ou de um deles na falta do outro, mediante instrumento público, independentemente de homologação judicial, ou por sentença do juiz, ouvido o tutor, se o menor tiver dezesseis anos completos;

II - pelo casamento;

III - pelo exercício de emprego público efetivo;

IV - pela colação de grau em curso de ensino superior;

V - pelo estabelecimento civil ou comercial, ou pela existência de relação de emprego, desde que, em função deles, o menor com dezesseis anos completos tenha economia própria.

Art. 6º A existência da pessoa natural termina com a morte; presume-se esta, quanto aos ausentes, nos casos em que a lei autoriza a abertura de sucessão definitiva.

Art. 7º Pode ser declarada a morte presumida, sem decretação de ausência:

I - se for extremamente provável a morte de quem estava em perigo de vida;

II - se alguém, desaparecido em campanha ou feito prisioneiro, não for encontrado até dois anos após o término da guerra.

Parágrafo único. A declaração da morte presumida, nesses casos, somente poderá ser requerida depois de esgotadas as buscas e averiguações, devendo a sentença fixar a data provável do falecimento.

Art. 8º Se dois ou mais indivíduos falecerem na mesma ocasião, não se podendo averiguar se algum dos comorientes precedeu aos outros, presumir-se-ão simultaneamente mortos.

Art. 9º Serão registrados em registro público:

I - os nascimentos, casamentos e óbitos;

II - a emancipação por outorga dos pais ou por sentença do juiz;

III - a interdição por incapacidade absoluta ou relativa;

IV - a sentença declaratória de ausência e de morte presumida.

Art. 10. Far-se-á averbação em registro público:

I - das sentenças que decretarem a nulidade ou anulação do casamento, o divórcio, a separação judicial e o restabelecimento da sociedade conjugal;

II - dos atos judiciais ou extrajudiciais que declararem ou reconhecerem a filiação;

III - (Revogado pela Lei nº 12.010, de 2009)

CAPÍTULO II - DOS DIREITOS DA PERSONALIDADE

Art. 11. Com exceção dos casos previstos em lei, os direitos da personalidade são intransmissíveis e irrenunciáveis, não podendo o seu exercício sofrer limitação voluntária.

Art. 12. Pode-se exigir que cesse a ameaça, ou a lesão, a direito da personalidade, e reclamar perdas e danos, sem prejuízo de outras sanções previstas em lei.

Parágrafo único. Em se tratando de morto, terá legitimação para requerer a medida prevista neste artigo o cônjuge sobrevivente, ou qualquer parente em linha reta, ou colateral até o quarto grau.

Art. 13. Salvo por exigência médica, é defeso o ato de disposição do próprio corpo, quando importar diminuição permanente da integridade física, ou contrariar os bons costumes.

Parágrafo único. O ato previsto neste artigo será admitido para fins de transplante, na forma estabelecida em lei especial.

Art. 14. É válida, com objetivo científico, ou altruístico, a disposição gratuita do próprio corpo, no todo ou em parte, para depois da morte.

Parágrafo único. O ato de disposição pode ser livremente revogado a qualquer tempo.

Art. 15. Ninguém pode ser constrangido a submeter-se, com risco de vida, a tratamento médico ou a intervenção cirúrgica.

Art. 16. Toda pessoa tem direito ao nome, nele compreendidos o prenome e o sobrenome.

Art. 17. O nome da pessoa não pode ser empregado por outrem em publicações ou representações que a exponham ao desprezo público, ainda quando não haja intenção difamatória.

Art. 18. Sem autorização, não se pode usar o nome alheio em propaganda comercial.

Art. 19. O pseudônimo adotado para atividades lícitas goza da proteção que se dá ao nome.

Art. 20. Salvo se autorizadas, ou se necessárias à administração da justiça ou à manutenção da ordem pública, a divulgação de escritos, a transmissão da palavra, ou a publicação, a exposição ou a utilização da imagem de uma pessoa poderão ser proibidas, a seu requerimento e sem prejuízo da indenização que couber, se lhe atingirem a honra, a boa fama ou a respeitabilidade, ou se se destinarem a fins comerciais. (Vide ADIN 4815)

Parágrafo único. Em se tratando de morto ou de ausente, são partes legítimas para requerer essa proteção o cônjuge, os ascendentes ou os descendentes.

Art. 21. A vida privada da pessoa natural é inviolável, e o juiz, a requerimento do interessado, adotará as providências necessárias para impedir ou fazer cessar ato contrário a esta norma. (Vide ADIN 4815)

CAPÍTULO III - DA AUSÊNCIA

SEÇÃO I - DA CURADORIA DOS BENS DO AUSENTE

Art. 22. Desaparecendo uma pessoa do seu domicílio sem dela haver notícia, se não houver deixado representante ou procurador a quem caiba administrar-lhe os bens, o juiz, a requerimento de qualquer interessado ou do Ministério Público, declarará a ausência, e nomear-lhe-á curador.

Art. 23. Também se declarará a ausência, e se nomeará curador, quando o ausente deixar mandatário que não queira ou não possa exercer ou continuar o mandato, ou se os seus poderes forem insuficientes.

Art. 24. O juiz, que nomear o curador, fixar-lhe-á os poderes e obrigações, conforme as circunstâncias, observando, no que for aplicável, o disposto a respeito dos tutores e curadores.

Art. 25. O cônjuge do ausente, sempre que não esteja separado judicialmente, ou de fato por mais de dois anos antes da declaração da ausência, será o seu legítimo curador.

§ 1º Em falta do cônjuge, a curadoria dos bens do ausente incumbe aos pais ou aos descendentes, nesta ordem, não havendo impedimento que os iniba de exercer o cargo.

§ 2º Entre os descendentes, os mais próximos precedem os mais remotos.

§ 3º Na falta das pessoas mencionadas, compete ao juiz a escolha do curador.

SEÇÃO II - DA SUCESSÃO PROVISÓRIA

Art. 26. Decorrido um ano da arrecadação dos bens do ausente, ou, se ele deixou representante ou procurador, em se passando três anos, poderão os interessados requerer que se declare a ausência e se abra provisoriamente a sucessão.

Art. 27. Para o efeito previsto no artigo anterior, somente se consideram interessados:

I - o cônjuge não separado judicialmente;
II - os herdeiros presumidos, legítimos ou testamentários;
III - os que tiverem sobre os bens do ausente direito dependente de sua morte;
IV - os credores de obrigações vencidas e não pagas.

Art. 28. A sentença que determinar a abertura da sucessão provisória só produzirá efeito cento e oitenta dias depois de publicada pela imprensa; mas, logo que passe em julgado, proceder-se-á à abertura do testamento, se houver, e ao inventário e partilha dos bens, como se o ausente fosse falecido.

§ 1º Findo o prazo a que se refere o art. 26, e não havendo interessados na sucessão provisória, cumpre ao Ministério Público requerê-la ao juízo competente.

§ 2º Não comparecendo herdeiro ou interessado para requerer o inventário até trinta dias depois de passar em julgado a sentença que mandar abrir a sucessão provisória, proceder-se-á à arrecadação dos bens do ausente pela forma estabelecida nos arts. 1.819 a 1.823.

Art. 29. Antes da partilha, o juiz, quando julgar conveniente, ordenará a conversão dos bens móveis, sujeitos a deterioração ou a extravio, em imóveis ou em títulos garantidos pela União.

Art. 30. Os herdeiros, para se imitirem na posse dos bens do ausente, darão garantias da restituição deles, mediante penhores ou hipotecas equivalentes aos quinhões respectivos.

§ 1º Aquele que tiver direito à posse provisória, mas não puder prestar a garantia exigida neste artigo, será excluído, mantendo-se os bens que lhe deviam caber sob a administração do curador, ou de outro herdeiro designado pelo juiz, e que preste essa garantia.

§ 2º Os ascendentes, os descendentes e o cônjuge, uma vez provada a sua qualidade de herdeiros, poderão, independentemente de garantia, entrar na posse dos bens do ausente.

Art. 31. Os imóveis do ausente só se poderão alienar, não sendo por desapropriação, ou hipotecar, quando o ordene o juiz, para lhes evitar a ruína.

Art. 32. Empossados nos bens, os sucessores provisórios ficarão representando ativa e passivamente o ausente, de modo que contra eles correrão as ações pendentes e as que de futuro àquele forem movidas.

Art. 33. O descendente, ascendente ou cônjuge que for sucessor provisório do ausente, fará seus todos os frutos e rendimentos dos bens que a este couberem; os outros sucessores, porém, deverão capitalizar metade desses frutos e rendimentos, segundo o disposto no art. 29, de acordo com o representante do Ministério Público, e prestar anualmente contas ao juiz competente.

Parágrafo único. Se o ausente aparecer, e ficar provado que a ausência foi voluntária e injustificada, perderá ele, em favor do sucessor, sua parte nos frutos e rendimentos.

Art. 34. O excluído, segundo o art. 30, da posse provisória poderá, justificando falta de meios, requerer lhe seja entregue metade dos rendimentos do quinhão que lhe tocaria.

Art. 35. Se durante a posse provisória se provar a época exata do falecimento do ausente, considerar-se-á, nessa data, aberta a sucessão em favor dos herdeiros, que o eram àquele tempo.

Art. 36. Se o ausente aparecer, ou se lhe provar a existência, depois de estabelecida a posse provisória, cessarão para logo as vantagens dos sucessores nela imitidos, ficando, todavia, obrigados a tomar as medidas assecuratórias precisas, até a entrega dos bens a seu dono.

SEÇÃO III - DA SUCESSÃO DEFINITIVA

Art. 37. Dez anos depois de passada em julgado a sentença que concede a abertura da sucessão provisória, poderão os interessados requerer a sucessão definitiva e o levantamento das cauções prestadas.

Art. 38. Pode-se requerer a sucessão definitiva, também, provando-se que o ausente conta oitenta anos de idade, e que de cinco datam as últimas notícias dele.

Art. 39. Regressando o ausente nos dez anos seguintes à abertura da sucessão definitiva, ou algum de seus descendentes ou ascendentes, aquele ou estes haverão só os bens existentes no estado em que se acharem, os sub-rogados em seu lugar, ou o preço que os herdeiros e demais interessados houverem recebido pelos bens alienados depois daquele tempo.

Parágrafo único. Se, nos dez anos a que se refere este artigo, o ausente não regressar, e nenhum interessado promover a sucessão definitiva, os bens arrecadados passarão ao domínio do Município ou do Distrito Federal, se localizados nas respectivas circunscrições, incorporando-se ao domínio da União, quando situados em território federal.

TÍTULO II - DAS PESSOAS JURÍDICAS

CAPÍTULO I - DISPOSIÇÕES GERAIS

Art. 40. As pessoas jurídicas são de direito público, interno ou externo, e de direito privado.

Art. 41. São pessoas jurídicas de direito público interno:

I - a União;
II - os Estados, o Distrito Federal e os Territórios;
III - os Municípios;
IV - as autarquias, inclusive as associações públicas; (Redação dada pela Lei nº 11.107, de 2005)
V - as demais entidades de caráter público criadas por lei.

Parágrafo único. Salvo disposição em contrário, as pessoas jurídicas de direito público, a que se tenha dado estrutura de direito privado, regem-se, no que couber, quanto ao seu funcionamento, pelas normas deste Código.

Art. 42. São pessoas jurídicas de direito público externo os Estados estrangeiros e todas as pessoas que forem regidas pelo direito internacional público.

Art. 43. As pessoas jurídicas de direito público interno são civilmente responsáveis por atos dos seus agentes que nessa qualidade causem danos a terceiros, ressalvado direito

regressivo contra os causadores do dano, se houver, por parte destes, culpa ou dolo.

Art. 44. São pessoas jurídicas de direito privado:

I - as associações;

II - as sociedades;

III - as fundações.

IV - as organizações religiosas; (Incluído pela Lei nº 10.825, de 22.12.2003)

V - os partidos políticos. (Incluído pela Lei nº 10.825, de 22.12.2003)

VI - as empresas individuais de responsabilidade limitada. (Incluído pela Lei nº 12.441, de 2011)

§ 1º São livres a criação, a organização, a estruturação interna e o funcionamento das organizações religiosas, sendo vedado ao poder público negar-lhes reconhecimento ou registro dos atos constitutivos e necessários ao seu funcionamento. (Incluído pela Lei nº 10.825, de 22.12.2003)

§ 2º As disposições concernentes às associações aplicam-se subsidiariamente às sociedades que são objeto do Livro II da Parte Especial deste Código. (Incluído pela Lei nº 10.825, de 22.12.2003)

§ 3º Os partidos políticos serão organizados e funcionarão conforme o disposto em lei específica. (Incluído pela Lei nº 10.825, de 22.12.2003)

Art. 45. Começa a existência legal das pessoas jurídicas de direito privado com a inscrição do ato constitutivo no respectivo registro, precedida, quando necessário, de autorização ou aprovação do Poder Executivo, averbando-se no registro todas as alterações por que passar o ato constitutivo.

Parágrafo único. Decai em três anos o direito de anular a constituição das pessoas jurídicas de direito privado, por defeito do ato respectivo, contado o prazo da publicação de sua inscrição no registro.

Art. 46. O registro declarará:

I - a denominação, os fins, a sede, o tempo de duração e o fundo social, quando houver;

II - o nome e a individualização dos fundadores ou instituidores, e dos diretores;

III - o modo por que se administra e representa, ativa e passivamente, judicial e extrajudicialmente;

IV - se o ato constitutivo é reformável no tocante à administração, e de que modo;

V - se os membros respondem, ou não, subsidiariamente, pelas obrigações sociais;

VI - as condições de extinção da pessoa jurídica e o destino do seu patrimônio, nesse caso.

Art. 47. Obrigam a pessoa jurídica os atos dos administradores, exercidos nos limites de seus poderes definidos no ato constitutivo.

Art. 48. Se a pessoa jurídica tiver administração coletiva, as decisões se tomarão pela maioria de votos dos presentes, salvo se o ato constitutivo dispuser de modo diverso.

Parágrafo único. Decai em três anos o direito de anular as decisões a que se refere este artigo, quando violarem a lei ou estatuto, ou forem eivadas de erro, dolo, simulação ou fraude.

Art. 49. Se a administração da pessoa jurídica vier a faltar, o juiz, a requerimento de qualquer interessado, nomear-lhe-á administrador provisório.

Art. 49-A. A pessoa jurídica não se confunde com os seus sócios, associados, instituidores ou administradores. (Incluído pela Lei nº 13.874, de 2019)

Parágrafo único. A autonomia patrimonial das pessoas jurídicas é um instrumento lícito de alocação e segregação de riscos, estabelecido pela lei com a finalidade de estimular empreendimentos, para a geração de empregos, tributo, renda e inovação em benefício de todos.

Art. 50. Em caso de abuso da personalidade jurídica, caracterizado pelo desvio de finalidade ou pela confusão patrimonial, pode o juiz, a requerimento da parte, ou do Ministério Público quando lhe couber intervir no processo, desconsiderá-la para que os efeitos de certas e determinadas relações de obrigações sejam estendidos aos bens particulares de administradores ou de sócios da pessoa jurídica beneficiados direta ou indiretamente pelo abuso. (Redação dada pela Lei nº 13.874, de 2019)

§ 1º Para os fins do disposto neste artigo, desvio de finalidade é a utilização da pessoa jurídica com o propósito de lesar credores e para a prática de atos ilícitos de qualquer natureza. (Incluído pela Lei nº 13.874, de 2019)

§ 2º Entende-se por confusão patrimonial a ausência de separação de fato entre os patrimônios, caracterizada por: (Incluído pela Lei nº 13.874, de 2019)

I - cumprimento repetitivo pela sociedade de obrigações do sócio ou do administrador ou vice-versa; (Incluído pela Lei nº 13.874, de 2019)

II - transferência de ativos ou de passivos sem efetivas contraprestações, exceto os de valor proporcionalmente insignificante; e (Incluído pela Lei nº 13.874, de 2019)

III - outros atos de descumprimento da autonomia patrimonial. (Incluído pela Lei nº 13.874, de 2019)

§ 3º O disposto no caput e nos §§ 1º e 2º deste artigo também se aplica à extensão das obrigações de sócios ou de administradores à pessoa jurídica. (Incluído pela Lei nº 13.874, de 2019)

§ 4º A mera existência de grupo econômico sem a presença dos requisitos de que trata o caput deste artigo não autoriza a desconsideração da personalidade da pessoa jurídica. (Incluído pela Lei nº 13.874, de 2019)

§ 5º Não constitui desvio de finalidade a mera expansão ou a alteração da finalidade original da atividade econômica específica da pessoa jurídica. (Incluído pela Lei nº 13.874, de 2019)

Art. 51. Nos casos de dissolução da pessoa jurídica ou cassada a autorização para seu funcionamento, ela subsistirá para os fins de liquidação, até que esta se conclua.

§ 1º Far-se-á, no registro onde a pessoa jurídica estiver inscrita, a averbação de sua dissolução.

§ 2º As disposições para a liquidação das sociedades aplicam-se, no que couber, às demais pessoas jurídicas de direito privado.

§ 3º Encerrada a liquidação, promover-se-á o cancelamento da inscrição da pessoa jurídica.

Art. 52. Aplica-se às pessoas jurídicas, no que couber, a proteção dos direitos da personalidade.

CAPÍTULO II - DAS ASSOCIAÇÕES

Art. 53. Constituem-se as associações pela união de pessoas que se organizem para fins não econômicos.

Parágrafo único. Não há, entre os associados, direitos e obrigações recíprocos.

Art. 54. Sob pena de nulidade, o estatuto das associações conterá:

I - a denominação, os fins e a sede da associação;

II - os requisitos para a admissão, demissão e exclusão dos associados;

III - os direitos e deveres dos associados;

IV - as fontes de recursos para sua manutenção;

V - o modo de constituição e de funcionamento dos órgãos deliberativos; (Redação dada pela Lei nº 11.127, de 2005)

VI - as condições para a alteração das disposições estatutárias e para a dissolução.

TÍTULO II - DAS PESSOAS JURÍDICAS

VII - a forma de gestão administrativa e de aprovação das respectivas contas. (Incluído pela Lei nº 11.127, de 2005)

Art. 55. Os associados devem ter iguais direitos, mas o estatuto poderá instituir categorias com vantagens especiais.

Art. 56. A qualidade de associado é intransmissível, se o estatuto não dispuser o contrário.

Parágrafo único. Se o associado for titular de quota ou fração ideal do patrimônio da associação, a transferência daquela não importará, de per si, na atribuição da qualidade de associado ao adquirente ou ao herdeiro, salvo disposição diversa do estatuto.

Art. 57. A exclusão do associado só é admissível havendo justa causa, assim reconhecida em procedimento que assegure direito de defesa e de recurso, nos termos previstos no estatuto. (Redação dada pela Lei nº 11.127, de 2005)

Parágrafo único. (revogado) (Redação dada pela Lei nº 11.127, de 2005)

Art. 58. Nenhum associado poderá ser impedido de exercer direito ou função que lhe tenha sido legitimamente conferido, a não ser nos casos e pela forma previstos na lei ou no estatuto.

Art. 59. Compete privativamente à assembléia geral: (Redação dada pela Lei nº 11.127, de 2005)

I - destituir os administradores; (Redação dada pela Lei nº 11.127, de 2005)

II - alterar o estatuto. (Redação dada pela Lei nº 11.127, de 2005)

Parágrafo único. Para as deliberações a que se referem os incisos I e II deste artigo é exigido deliberação da assembléia especialmente convocada para esse fim, cujo quorum será o estabelecido no estatuto, bem como os critérios de eleição dos administradores. (Redação dada pela Lei nº 11.127, de 2005)

Art. 60. A convocação dos órgãos deliberativos far-se-á na forma do estatuto, garantido a 1/5 (um quinto) dos associados o direito de promovê-la. (Redação dada pela Lei nº 11.127, de 2005)

Art. 61. Dissolvida a associação, o remanescente do seu patrimônio líquido, depois de deduzidas, se for o caso, as quotas ou frações ideais referidas no parágrafo único do art. 56, será destinado à entidade de fins não econômicos designada no estatuto, ou, omisso este, por deliberação dos associados, à instituição municipal, estadual ou federal, de fins idênticos ou semelhantes.

§ 1º Por cláusula do estatuto ou, no seu silêncio, por deliberação dos associados, podem estes, antes da destinação do remanescente referida neste artigo, receber em restituição, atualizado o respectivo valor, as contribuições que tiverem prestado ao patrimônio da associação.

§ 2º Não existindo no Município, no Estado, no Distrito Federal ou no Território, em que a associação tiver sede, instituição nas condições indicadas neste artigo, o que remanescer do seu patrimônio se devolverá à Fazenda do Estado, do Distrito Federal ou da União.

CAPÍTULO III - DAS FUNDAÇÕES

Art. 62. Para criar uma fundação, o seu instituidor fará, por escritura pública ou testamento, dotação especial de bens livres, especificando o fim a que se destina, e declarando, se quiser, a maneira de administrá-la.

Parágrafo único. A fundação somente poderá constituir-se para fins de: (Redação dada pela Lei nº 13.151, de 2015)

I - assistência social; (Incluído pela Lei nº 13.151, de 2015)

II - cultura, defesa e conservação do patrimônio histórico e artístico; (Incluído pela Lei nº 13.151, de 2015)

III - educação; (Incluído pela Lei nº 13.151, de 2015)

IV - saúde; (Incluído pela Lei nº 13.151, de 2015)

V - segurança alimentar e nutricional; (Incluído pela Lei nº 13.151, de 2015)

VI - defesa, preservação e conservação do meio ambiente e promoção do desenvolvimento sustentável; (Incluído pela Lei nº 13.151, de 2015)

VII - pesquisa científica, desenvolvimento de tecnologias alternativas, modernização de sistemas de gestão, produção e divulgação de informações e conhecimentos técnicos e científicos; (Incluído pela Lei nº 13.151, de 2015)

VIII - promoção da ética, da cidadania, da democracia e dos direitos humanos; (Incluído pela Lei nº 13.151, de 2015)

IX - atividades religiosas; e (Incluído pela Lei nº 13.151, de 2015)

X - (VETADO). (Incluído pela Lei nº 13.151, de 2015)

Art. 63. Quando insuficientes para constituir a fundação, os bens a ela destinados serão, se de outro modo não dispuser o instituidor, incorporados em outra fundação que se proponha a fim igual ou semelhante.

Art. 64. Constituída a fundação por negócio jurídico entre vivos, o instituidor é obrigado a transferir-lhe a propriedade, ou outro direito real, sobre os bens dotados, e, se não o fizer, serão registrados, em nome dela, por mandado judicial.

Art. 65. Aqueles a quem o instituidor cometer a aplicação do patrimônio, em tendo ciência do encargo, formularão logo, de acordo com as suas bases (art. 62), o estatuto da fundação projetada, submetendo-o, em seguida, à aprovação da autoridade competente, com recurso ao juiz.

Parágrafo único. Se o estatuto não for elaborado no prazo assinado pelo instituidor, ou, não havendo prazo, em cento e oitenta dias, a incumbência caberá ao Ministério Público.

Art. 66. Velará pelas fundações o Ministério Público do Estado onde situadas.

§ 1º Se funcionarem no Distrito Federal ou em Território, caberá o encargo ao Ministério Público do Distrito Federal e Territórios. (Redação dada pela Lei nº 13.151, de 2015)

§ 2º Se estenderem a atividade por mais de um Estado, caberá o encargo, em cada um deles, ao respectivo Ministério Público.

Art. 67. Para que se possa alterar o estatuto da fundação é mister que a reforma:

I - seja deliberada por dois terços dos competentes para gerir e representar a fundação;

II - não contrarie ou desvirtue o fim desta;

III - seja aprovada pelo órgão do Ministério Público no prazo máximo de 45 (quarenta e cinco) dias, findo o qual ou no caso de o Ministério Público a denegar, poderá o juiz supri-la, a requerimento do interessado. (Redação dada pela Lei nº 13.151, de 2015)

Art. 68. Quando a alteração não houver sido aprovada por votação unânime, os administradores da fundação, ao submeterem o estatuto ao órgão do Ministério Público, requererão que se dê ciência à minoria vencida para impugná-la, se quiser, em dez dias.

Art. 69. Tornando-se ilícita, impossível ou inútil a finalidade a que visa a fundação, ou vencido o prazo de sua existência, o órgão do Ministério Público, ou qualquer interessado, lhe promoverá a extinção, incorporando-se o seu patrimônio, salvo disposição em contrário no ato constitutivo, ou no estatuto, em outra fundação, designada pelo juiz, que se proponha a fim igual ou semelhante.

TÍTULO III

Do Domicílio

Art. 70. O domicílio da pessoa natural é o lugar onde ela estabelece a sua residência com ânimo definitivo.

Art. 71. Se, porém, a pessoa natural tiver diversas residências, onde, alternadamente, viva, considerar-se-á domicílio seu qualquer delas.

Art. 72. É também domicílio da pessoa natural, quanto às relações concernentes à profissão, o lugar onde esta é exercida.

Parágrafo único. Se a pessoa exercitar profissão em lugares diversos, cada um deles constituirá domicílio para as relações que lhe corresponderem.

Art. 73. Ter-se-á por domicílio da pessoa natural, que não tenha residência habitual, o lugar onde for encontrada.

Art. 74. Muda-se o domicílio, transferindo a residência, com a intenção manifesta de o mudar.

Parágrafo único. A prova da intenção resultará do que declarar a pessoa às municipalidades dos lugares, que deixa, e para onde vai, ou, se tais declarações não fizer, da própria mudança, com as circunstâncias que a acompanharem.

Art. 75. Quanto às pessoas jurídicas, o domicílio é:

I - da União, o Distrito Federal;

II - dos Estados e Territórios, as respectivas capitais;

III - do Município, o lugar onde funcione a administração municipal;

IV - das demais pessoas jurídicas, o lugar onde funcionarem as respectivas diretorias e administrações, ou onde elegerem domicílio especial no seu estatuto ou atos constitutivos.

§ 1º Tendo a pessoa jurídica diversos estabelecimentos em lugares diferentes, cada um deles será considerado domicílio para os atos nele praticados.

§ 2º Se a administração, ou diretoria, tiver a sede no estrangeiro, haver-se-á por domicílio da pessoa jurídica, no tocante às obrigações contraídas por cada uma das suas agências, o lugar do estabelecimento, sito no Brasil, a que ela corresponder.

Art. 76. Têm domicílio necessário o incapaz, o servidor público, o militar, o marítimo e o preso.

Parágrafo único. O domicílio do incapaz é o do seu representante ou assistente; o do servidor público, o lugar em que exercer permanentemente suas funções; o do militar, onde servir, e, sendo da Marinha ou da Aeronáutica, a sede do comando a que se encontrar imediatamente subordinado; o do marítimo, onde o navio estiver matriculado; e o do preso, o lugar em que cumprir a sentença.

Art. 77. O agente diplomático do Brasil, que, citado no estrangeiro, alegar extraterritorialidade sem designar onde tem, no país, o seu domicílio, poderá ser demandado no Distrito Federal ou no último ponto do território brasileiro onde o teve.

Art. 78. Nos contratos escritos, poderão os contratantes especificar domicílio onde se exercitem e cumpram os direitos e obrigações deles resultantes.

LIVRO II - DOS BENS

TÍTULO ÚNICO - DAS DIFERENTES CLASSES DE BENS

CAPÍTULO I - DOS BENS CONSIDERADOS EM SI MESMOS

SEÇÃO I - DOS BENS IMÓVEIS

Art. 79. São bens imóveis o solo e tudo quanto se lhe incorporar natural ou artificialmente.

Art. 80. Consideram-se imóveis para os efeitos legais:

I - os direitos reais sobre imóveis e as ações que os asseguram;

II - o direito à sucessão aberta.

Art. 81. Não perdem o caráter de imóveis:

I - as edificações que, separadas do solo, mas conservando a sua unidade, forem removidas para outro local;

II - os materiais provisoriamente separados de um prédio, para nele se reempregarem.

SEÇÃO II - DOS BENS MÓVEIS

Art. 82. São móveis os bens suscetíveis de movimento próprio, ou de remoção por força alheia, sem alteração da substância ou da destinação econômico-social.

Art. 83. Consideram-se móveis para os efeitos legais:

I - as energias que tenham valor econômico;

II - os direitos reais sobre objetos móveis e as ações correspondentes;

III - os direitos pessoais de caráter patrimonial e respectivas ações.

Art. 84. Os materiais destinados a alguma construção, enquanto não forem empregados, conservam sua qualidade de móveis; readquirem essa qualidade os provenientes da demolição de algum prédio.

SEÇÃO III - DOS BENS FUNGÍVEIS E CONSUMÍVEIS

Art. 85. São fungíveis os móveis que podem substituir-se por outros da mesma espécie, qualidade e quantidade.

Art. 86. São consumíveis os bens móveis cujo uso importa destruição imediata da própria substância, sendo também considerados tais os destinados à alienação.

SEÇÃO IV - DOS BENS DIVISÍVEIS

Art. 87. Bens divisíveis são os que se podem fracionar sem alteração na sua substância, diminuição considerável de valor, ou prejuízo do uso a que se destinam.

Art. 88. Os bens naturalmente divisíveis podem tornar-se indivisíveis por determinação da lei ou por vontade das partes.

SEÇÃO V - DOS BENS SINGULARES E COLETIVOS

Art. 89. São singulares os bens que, embora reunidos, se consideram de per si, independentemente dos demais.

Art. 90. Constitui universalidade de fato a pluralidade de bens singulares que, pertinentes à mesma pessoa, tenham destinação unitária.

Parágrafo único. Os bens que formam essa universalidade podem ser objeto de relações jurídicas próprias.

Art. 91. Constitui universalidade de direito o complexo de relações jurídicas, de uma pessoa, dotadas de valor econômico.

CAPÍTULO II - DOS BENS RECIPROCAMENTE CONSIDERADOS

Art. 92. Principal é o bem que existe sobre si, abstrata ou concretamente; acessório, aquele cuja existência supõe a do principal.

Art. 93. São pertenças os bens que, não constituindo partes integrantes, se destinam, de modo duradouro, ao uso, ao serviço ou ao aformoseamento de outro.

Art. 94. Os negócios jurídicos que dizem respeito ao bem principal não abrangem as pertenças, salvo se o contrário resultar da lei, da manifestação de vontade, ou das circunstâncias do caso.

Art. 95. Apesar de ainda não separados do bem principal, os frutos e produtos podem ser objeto de negócio jurídico.

Art. 96. As benfeitorias podem ser voluptuárias, úteis ou necessárias.

§ 1º São voluptuárias as de mero deleite ou recreio, que não aumentam o uso habitual do bem, ainda que o tornem mais agradável ou sejam de elevado valor.

§ 2º São úteis as que aumentam ou facilitam o uso do bem.

§ 3º São necessárias as que têm por fim conservar o bem ou evitar que se deteriore.

Art. 97. Não se consideram benfeitorias os melhoramentos ou acréscimos sobrevindos ao bem sem a intervenção do proprietário, possuidor ou detentor.

CAPÍTULO III - DOS BENS PÚBLICOS

Art. 98. São públicos os bens do domínio nacional pertencentes às pessoas jurídicas de direito público interno; todos os outros são particulares, seja qual for a pessoa a que pertencerem.

Art. 99. São bens públicos:

I - os de uso comum do povo, tais como rios, mares, estradas, ruas e praças;

II - os de uso especial, tais como edifícios ou terrenos destinados a serviço ou estabelecimento da administração fede-

ral, estadual, territorial ou municipal, inclusive os de suas autarquias;

III - os dominicais, que constituem o patrimônio das pessoas jurídicas de direito público, como objeto de direito pessoal, ou real, de cada uma dessas entidades.

Parágrafo único. Não dispondo a lei em contrário, consideram-se dominicais os bens pertencentes às pessoas jurídicas de direito público a que se tenha dado estrutura de direito privado.

Art. 100. Os bens públicos de uso comum do povo e os de uso especial são inalienáveis, enquanto conservarem a sua qualificação, na forma que a lei determinar.

Art. 101. Os bens públicos dominicais podem ser alienados, observadas as exigências da lei.

Art. 102. Os bens públicos não estão sujeitos a usucapião.

Art. 103. O uso comum dos bens públicos pode ser gratuito ou retribuído, conforme for estabelecido legalmente pela entidade a cuja administração pertencerem.

LIVRO III - DOS FATOS JURÍDICOS

TÍTULO I - DO NEGÓCIO JURÍDICO

CAPÍTULO I - DISPOSIÇÕES GERAIS

Art. 104. A validade do negócio jurídico requer:
I - agente capaz;
II - objeto lícito, possível, determinado ou determinável;
III - forma prescrita ou não defesa em lei.

Art. 105. A incapacidade relativa de uma das partes não pode ser invocada pela outra em benefício próprio, nem aproveita aos co-interessados capazes, salvo se, neste caso, for indivisível o objeto do direito ou da obrigação comum.

Art. 106. A impossibilidade inicial do objeto não invalida o negócio jurídico se for relativa, ou se cessar antes de realizada a condição a que ele estiver subordinado.

Art. 107. A validade da declaração de vontade não dependerá de forma especial, senão quando a lei expressamente a exigir.

Art. 108. Não dispondo a lei em contrário, a escritura pública é essencial à validade dos negócios jurídicos que visem à constituição, transferência, modificação ou renúncia de direitos reais sobre imóveis de valor superior a trinta vezes o maior salário mínimo vigente no País.

Art. 109. No negócio jurídico celebrado com a cláusula de não valer sem instrumento público, este é da substância do ato.

Art. 110. A manifestação de vontade subsiste ainda que o seu autor haja feito a reserva mental de não querer o que manifestou, salvo se dela o destinatário tinha conhecimento.

Art. 111. O silêncio importa anuência, quando as circunstâncias ou os usos o autorizarem, e não for necessária a declaração de vontade expressa.

Art. 112. Nas declarações de vontade se atenderá mais à intenção nelas consubstanciada do que ao sentido literal da linguagem.

Art. 113. Os negócios jurídicos devem ser interpretados conforme a boa-fé e os usos do lugar de sua celebração.

§ 1º A interpretação do negócio jurídico deve lhe atribuir o sentido que: (Incluído pela Lei nº 13.874, de 2019)

I - for confirmado pelo comportamento das partes posterior à celebração do negócio; (Incluído pela Lei nº 13.874, de 2019)

II - corresponder aos usos, costumes e práticas do mercado relativas ao tipo de negócio; (Incluído pela Lei nº 13.874, de 2019)

III - corresponder à boa-fé; (Incluído pela Lei nº 13.874, de 2019)

IV - for mais benéfico à parte que não redigiu o dispositivo, se identificável; e (Incluído pela Lei nº 13.874, de 2019)

V - corresponder a qual seria a razoável negociação das partes sobre a questão discutida, inferida das demais disposições do negócio e da racionalidade econômica das partes, consideradas as informações disponíveis no momento de sua celebração. (Incluído pela Lei nº 13.874, de 2019)

§ 2º As partes poderão livremente pactuar regras de interpretação, de preenchimento de lacunas e de integração dos negócios jurídicos diversas daquelas previstas em lei. (Incluído pela Lei nº 13.874, de 2019)

Art. 114. Os negócios jurídicos benéficos e a renúncia interpretam-se estritamente.

CAPÍTULO II - DA REPRESENTAÇÃO

Art. 115. Os poderes de representação conferem-se por lei ou pelo interessado.

Art. 116. A manifestação de vontade pelo representante, nos limites de seus poderes, produz efeitos em relação ao representado.

Art. 117. Salvo se o permitir a lei ou o representado, é anulável o negócio jurídico que o representante, no seu interesse ou por conta de outrem, celebrar consigo mesmo.

Parágrafo único. Para esse efeito, tem-se como celebrado pelo representante o negócio realizado por aquele em quem os poderes houverem sido subestabelecidos.

Art. 118. O representante é obrigado a provar às pessoas, com quem tratar em nome do representado, a sua qualidade e a extensão de seus poderes, sob pena de, não o fazendo, responder pelos atos que a estes excederem.

Art. 119. É anulável o negócio concluído pelo representante em conflito de interesses com o representado, se tal fato era ou devia ser do conhecimento de quem com aquele tratou.

Parágrafo único. É de cento e oitenta dias, a contar da conclusão do negócio ou da cessação da incapacidade, o prazo de decadência para pleitear-se a anulação prevista neste artigo.

Art. 120. Os requisitos e os efeitos da representação legal são os estabelecidos nas normas respectivas; os da representação voluntária são os da Parte Especial deste Código.

CAPÍTULO III - DA CONDIÇÃO, DO TERMO E DO ENCARGO

Art. 121. Considera-se condição a cláusula que, derivando exclusivamente da vontade das partes, subordina o efeito do negócio jurídico a evento futuro e incerto.

Art. 122. São lícitas, em geral, todas as condições não contrárias à lei, à ordem pública ou aos bons costumes; entre as condições defesas se incluem as que privarem de todo efeito o negócio jurídico, ou o sujeitarem ao puro arbítrio de uma das partes.

Art. 123. Invalidam os negócios jurídicos que lhes são subordinados:
I - as condições física ou juridicamente impossíveis, quando suspensivas;
II - as condições ilícitas, ou de fazer coisa ilícita;
III - as condições incompreensíveis ou contraditórias.

Art. 124. Têm-se por inexistentes as condições impossíveis, quando resolutivas, e as de não fazer coisa impossível.

Art. 125. Subordinando-se a eficácia do negócio jurídico à condição suspensiva, enquanto esta se não verificar, não se terá adquirido o direito, a que ele visa.

Art. 126. Se alguém dispuser de uma coisa sob condição suspensiva, e, pendente esta, fizer quanto àquela novas disposições, estas não terão valor, realizada a condição, se com ela forem incompatíveis.

Art. 127. Se for resolutiva a condição, enquanto esta se não realizar, vigorará o negócio jurídico, podendo exercer-se desde a conclusão deste o direito por ele estabelecido.

Art. 128. Sobrevindo a condição resolutiva, extingue-se, para todos os efeitos, o direito a que ela se opõe; mas, se aposta a um negócio de execução continuada ou periódica, a sua realização, salvo disposição em contrário, não tem eficácia quanto aos atos já praticados, desde que compatíveis com a natureza da condição pendente e conforme aos ditames de boa-fé.

Art. 129. Reputa-se verificada, quanto aos efeitos jurídicos, a condição cujo implemento for maliciosamente obstado pela parte a quem desfavorecer, considerando-se, ao contrário, não verificada a condição maliciosamente levada a efeito por aquele a quem aproveita o seu implemento.

Art. 130. Ao titular do direito eventual, nos casos de condição suspensiva ou resolutiva, é permitido praticar os atos destinados a conservá-lo.

Art. 131. O termo inicial suspende o exercício, mas não a aquisição do direito.

Art. 132. Salvo disposição legal ou convencional em contrário, computam-se os prazos, excluído o dia do começo, e incluído o do vencimento.

§ 1º Se o dia do vencimento cair em feriado, considerar-se-á prorrogado o prazo até o seguinte dia útil.

§ 2º Meado considera-se, em qualquer mês, o seu décimo quinto dia.

§ 3º Os prazos de meses e anos expiram no dia de igual número do de início, ou no imediato, se faltar exata correspondência.

§ 4º Os prazos fixados por hora contar-se-ão de minuto a minuto.

Art. 133. Nos testamentos, presume-se o prazo em favor do herdeiro, e, nos contratos, em proveito do devedor, salvo, quanto a esses, se do teor do instrumento, ou das circunstâncias, resultar que se estabeleceu a benefício do credor, ou de ambos os contratantes.

Art. 134. Os negócios jurídicos entre vivos, sem prazo, são exeqüíveis desde logo, salvo se a execução tiver de ser feita em lugar diverso ou depender de tempo.

Art. 135. Ao termo inicial e final aplicam-se, no que couber, as disposições relativas à condição suspensiva e resolutiva.

Art. 136. O encargo não suspende a aquisição nem o exercício do direito, salvo quando expressamente imposto no negócio jurídico, pelo disponente, como condição suspensiva.

Art. 137. Considera-se não escrito o encargo ilícito ou impossível, salvo se constituir o motivo determinante da liberalidade, caso em que se invalida o negócio jurídico.

CAPÍTULO IV - DOS DEFEITOS DO NEGÓCIO JURÍDICO

SEÇÃO I - DO ERRO OU IGNORÂNCIA

Art. 138. São anuláveis os negócios jurídicos, quando as declarações de vontade emanarem de erro substancial que poderia ser percebido por pessoa de diligência normal, em face das circunstâncias do negócio.

Art. 139. O erro é substancial quando:

I - interessa à natureza do negócio, ao objeto principal da declaração, ou a alguma das qualidades a ele essenciais;

II - concerne à identidade ou à qualidade essencial da pessoa a quem se refira a declaração de vontade, desde que tenha influído nesta de modo relevante;

III - sendo de direito e não implicando recusa à aplicação da lei, for o motivo único ou principal do negócio jurídico.

Art. 140. O falso motivo só vicia a declaração de vontade quando expresso como razão determinante.

Art. 141. A transmissão errônea da vontade por meios interpostos é anulável nos mesmos casos em que o é a declaração direta.

Art. 142. O erro de indicação da pessoa ou da coisa, a que se referir a declaração de vontade, não viciará o negócio quando, por seu contexto e pelas circunstâncias, se puder identificar a coisa ou pessoa cogitada.

Art. 143. O erro de cálculo apenas autoriza a retificação da declaração de vontade.

Art. 144. O erro não prejudica a validade do negócio jurídico quando a pessoa, a quem a manifestação de vontade se dirige, se oferecer para executá-la na conformidade da vontade real do manifestante.

SEÇÃO II - DO DOLO

Art. 145. São os negócios jurídicos anuláveis por dolo, quando este for a sua causa.

Art. 146. O dolo acidental só obriga à satisfação das perdas e danos, e é acidental quando, a seu despeito, o negócio seria realizado, embora por outro modo.

Art. 147. Nos negócios jurídicos bilaterais, o silêncio intencional de uma das partes a respeito de fato ou qualidade que a outra parte haja ignorado, constitui omissão dolosa, provando-se que sem ela o negócio não se teria celebrado.

Art. 148. Pode também ser anulado o negócio jurídico por dolo de terceiro, se a parte a quem aproveite dele tivesse ou devesse ter conhecimento; em caso contrário, ainda que subsista o negócio jurídico, o terceiro responderá por todas as perdas e danos da parte a quem ludibriou.

Art. 149. O dolo do representante legal de uma das partes só obriga o representado a responder civilmente até a importância do proveito que teve; se, porém, o dolo for do representante convencional, o representado responderá solidariamente com ele por perdas e danos.

Art. 150. Se ambas as partes procederem com dolo, nenhuma pode alegá-lo para anular o negócio, ou reclamar indenização.

SEÇÃO III - DA COAÇÃO

Art. 151. A coação, para viciar a declaração da vontade, há de ser tal que incuta ao paciente fundado temor de dano iminente e considerável à sua pessoa, à sua família, ou aos seus bens.

Parágrafo único. Se disser respeito a pessoa não pertencente à família do paciente, o juiz, com base nas circunstâncias, decidirá se houve coação.

Art. 152. No apreciar a coação, ter-se-ão em conta o sexo, a idade, a condição, a saúde, o temperamento do paciente e todas as demais circunstâncias que possam influir na gravidade dela.

Art. 153. Não se considera coação a ameaça do exercício normal de um direito, nem o simples temor reverencial.

Art. 154. Vicia o negócio jurídico a coação exercida por terceiro, se dela tivesse ou devesse ter conhecimento a parte a que aproveite, e esta responderá solidariamente com aquele por perdas e danos.

Art. 155. Subsistirá o negócio jurídico, se a coação decorrer de terceiro, sem que a parte a que aproveite dela tivesse ou devesse ter conhecimento; mas o autor da coação responderá por todas as perdas e danos que houver causado ao coacto.

SEÇÃO IV - DO ESTADO DE PERIGO

Art. 156. Configura-se o estado de perigo quando alguém, premido da necessidade de salvar-se, ou a pessoa de sua família, de grave dano conhecido pela outra parte, assume obrigação excessivamente onerosa.

Parágrafo único. Tratando-se de pessoa não pertencente à família do declarante, o juiz decidirá segundo as circunstâncias.

SEÇÃO V - DA LESÃO

Art. 157. Ocorre a lesão quando uma pessoa, sob premente necessidade, ou por inexperiência, se obriga a prestação manifestamente desproporcional ao valor da prestação oposta.

§ 1º Aprecia-se a desproporção das prestações segundo os valores vigentes ao tempo em que foi celebrado o negócio jurídico.

§ 2º Não se decretará a anulação do negócio, se for oferecido suplemento suficiente, ou se a parte favorecida concordar com a redução do proveito.

SEÇÃO VI - DA FRAUDE CONTRA CREDORES

Art. 158. Os negócios de transmissão gratuita de bens ou remissão de dívida, se os praticar o devedor já insolvente, ou por eles reduzido à insolvência, ainda quando o ignore, poderão ser anulados pelos credores quirografários, como lesivos dos seus direitos.

§ 1º Igual direito assiste aos credores cuja garantia se tornar insuficiente.

§ 2º Só os credores que já o eram ao tempo daqueles atos podem pleitear a anulação deles.

Art. 159. Serão igualmente anuláveis os contratos onerosos do devedor insolvente, quando a insolvência for notória, ou houver motivo para ser conhecida do outro contratante.

Art. 160. Se o adquirente dos bens do devedor insolvente ainda não tiver pago o preço e este for, aproximadamente, o corrente, desobrigar-se-á depositando-o em juízo, com a citação de todos os interessados.

Parágrafo único. Se inferior, o adquirente, para conservar os bens, poderá depositar o preço que lhes corresponda ao valor real.

Art. 161. A ação, nos casos dos arts. 158 e 159, poderá ser intentada contra o devedor insolvente, a pessoa que com ele celebrou a estipulação considerada fraudulenta, ou terceiros adquirentes que hajam procedido de má-fé.

Art. 162. O credor quirografário, que receber do devedor insolvente o pagamento da dívida ainda não vencida, ficará obrigado a repor, em proveito do acervo sobre que se tenha de efetuar o concurso de credores, aquilo que recebeu.

Art. 163. Presumem-se fraudatórias dos direitos dos outros credores as garantias de dívidas que o devedor insolvente tiver dado a algum credor.

Art. 164. Presumem-se, porém, de boa-fé e valem os negócios ordinários indispensáveis à manutenção de estabelecimento mercantil, rural, ou industrial, ou à subsistência do devedor e de sua família.

Art. 165. Anulados os negócios fraudulentos, a vantagem resultante reverterá em proveito do acervo sobre que se tenha de efetuar o concurso de credores.

Parágrafo único. Se esses negócios tinham por único objeto atribuir direitos preferenciais, mediante hipoteca, penhor ou anticrese, sua invalidade importará somente na anulação da preferência ajustada.

CAPÍTULO V - DA INVALIDADE DO NEGÓCIO JURÍDICO

Art. 166. É nulo o negócio jurídico quando:

I - celebrado por pessoa absolutamente incapaz;

II - for ilícito, impossível ou indeterminável o seu objeto;

III - o motivo determinante, comum a ambas as partes, for ilícito;

IV - não revestir a forma prescrita em lei;

V - for preterida alguma solenidade que a lei considere essencial para a sua validade;

VI - tiver por objetivo fraudar lei imperativa;

VII - a lei taxativamente o declarar nulo, ou proibir-lhe a prática, sem cominar sanção.

Art. 167. É nulo o negócio jurídico simulado, mas subsistirá o que se dissimulou, se válido for na substância e na forma.

§ 1º Haverá simulação nos negócios jurídicos quando:

I - aparentarem conferir ou transmitir direitos a pessoas diversas daquelas às quais realmente se conferem, ou transmitem;

II - contiverem declaração, confissão, condição ou cláusula não verdadeira;

III - os instrumentos particulares forem antedatados, ou pós-datados.

§ 2º Ressalvam-se os direitos de terceiros de boa-fé em face dos contraentes do negócio jurídico simulado.

Art. 168. As nulidades dos artigos antecedentes podem ser alegadas por qualquer interessado, ou pelo Ministério Público, quando lhe couber intervir.

Parágrafo único. As nulidades devem ser pronunciadas pelo juiz, quando conhecer do negócio jurídico ou dos seus efeitos e as encontrar provadas, não lhe sendo permitido supri-las, ainda que a requerimento das partes.

Art. 169. O negócio jurídico nulo não é suscetível de confirmação, nem convalesce pelo decurso do tempo.

Art. 170. Se, porém, o negócio jurídico nulo contiver os requisitos de outro, subsistirá este quando o fim a que visavam as partes permitir supor que o teriam querido, se houvessem previsto a nulidade.

Art. 171. Além dos casos expressamente declarados na lei, é anulável o negócio jurídico:

I - por incapacidade relativa do agente;

II - por vício resultante de erro, dolo, coação, estado de perigo, lesão ou fraude contra credores.

Art. 172. O negócio anulável pode ser confirmado pelas partes, salvo direito de terceiro.

Art. 173. O ato de confirmação deve conter a substância do negócio celebrado e a vontade expressa de mantê-lo.

Art. 174. É escusada a confirmação expressa, quando o negócio já foi cumprido em parte pelo devedor, ciente do vício que o inquinava.

Art. 175. A confirmação expressa, ou a execução voluntária de negócio anulável, nos termos dos arts. 172 a 174, importa a extinção de todas as ações, ou exceções, de que contra ele dispusesse o devedor.

Art. 176. Quando a anulabilidade do ato resultar da falta de autorização de terceiro, será validado se este a der posteriormente.

Art. 177. A anulabilidade não tem efeito antes de julgada por sentença, nem se pronuncia de ofício; só os interessados a podem alegar, e aproveita exclusivamente aos que a alegarem, salvo o caso de solidariedade ou indivisibilidade.

Art. 178. É de quatro anos o prazo de decadência para pleitear-se a anulação do negócio jurídico, contado:

I - no caso de coação, do dia em que ela cessar;

II - no de erro, dolo, fraude contra credores, estado de perigo ou lesão, do dia em que se realizou o negócio jurídico;

III - no de atos de incapazes, do dia em que cessar a incapacidade.

Art. 179. Quando a lei dispuser que determinado ato é anulável, sem estabelecer prazo para pleitear-se a anulação, será este de dois anos, a contar da data da conclusão do ato.

Art. 180. O menor, entre dezesseis e dezoito anos, não pode, para eximir-se de uma obrigação, invocar a sua idade se dolosamente a ocultou quando inquirido pela outra parte, ou se, no ato de obrigar-se, declarou-se maior.

Art. 181. Ninguém pode reclamar o que, por uma obrigação anulada, pagou a um incapaz, se não provar que reverteu em proveito dele a importância paga.

Art. 182. Anulado o negócio jurídico, restituir-se-ão as partes ao estado em que antes dele se achavam, e, não sendo possível restituí-las, serão indenizadas com o equivalente.

Art. 183. A invalidade do instrumento não induz a do negócio jurídico sempre que este puder provar-se por outro meio.

Art. 184. Respeitada a intenção das partes, a invalidade parcial de um negócio jurídico não o prejudicará na parte válida, se esta for separável; a invalidade da obrigação principal implica

a das obrigações acessórias, mas a destas não induz a da obrigação principal.

TÍTULO II - DOS ATOS JURÍDICOS LÍCITOS

Art. 185. Aos atos jurídicos lícitos, que não sejam negócios jurídicos, aplicam-se, no que couber, as disposições do Título anterior.

TÍTULO III - DOS ATOS ILÍCITOS

Art. 186. Aquele que, por ação ou omissão voluntária, negligência ou imprudência, violar direito e causar dano a outrem, ainda que exclusivamente moral, comete ato ilícito.

Art. 187. Também comete ato ilícito o titular de um direito que, ao exercê-lo, excede manifestamente os limites impostos pelo seu fim econômico ou social, pela boa-fé ou pelos bons costumes.

Art. 188. Não constituem atos ilícitos:

I - os praticados em legítima defesa ou no exercício regular de um direito reconhecido;

II - a deterioração ou destruição da coisa alheia, ou a lesão a pessoa, a fim de remover perigo iminente.

Parágrafo único. No caso do inciso II, o ato será legítimo somente quando as circunstâncias o tornarem absolutamente necessário, não excedendo os limites do indispensável para a remoção do perigo.

TÍTULO IV - DA PRESCRIÇÃO E DA DECADÊNCIA

CAPÍTULO I - DA PRESCRIÇÃO

SEÇÃO I - DISPOSIÇÕES GERAIS

Art. 189. Violado o direito, nasce para o titular a pretensão, a qual se extingue, pela prescrição, nos prazos a que aludem os arts. 205 e 206.

Art. 190. A exceção prescreve no mesmo prazo em que a pretensão.

Art. 191. A renúncia da prescrição pode ser expressa ou tácita, e só valerá, sendo feita, sem prejuízo de terceiro, depois que a prescrição se consumar; tácita é a renúncia quando se presume de fatos do interessado, incompatíveis com a prescrição.

Art. 192. Os prazos de prescrição não podem ser alterados por acordo das partes.

Art. 193. A prescrição pode ser alegada em qualquer grau de jurisdição, pela parte a quem aproveita.

Art. 194. (Revogado pela Lei nº 11.280, de 2006)

Art. 195. Os relativamente incapazes e as pessoas jurídicas têm ação contra os seus assistentes ou representantes legais, que derem causa à prescrição, ou não a alegarem oportunamente.

Art. 196. A prescrição iniciada contra uma pessoa continua a correr contra o seu sucessor.

SEÇÃO II - DAS CAUSAS QUE IMPEDEM OU SUSPENDEM A PRESCRIÇÃO

Art. 197. Não corre a prescrição:

I - entre os cônjuges, na constância da sociedade conjugal;

II - entre ascendentes e descendentes, durante o poder familiar;

III - entre tutelados ou curatelados e seus tutores ou curadores, durante a tutela ou curatela.

Art. 198. Também não corre a prescrição:

I - contra os incapazes de que trata o art. 3º ;

II - contra os ausentes do País em serviço público da União, dos Estados ou dos Municípios;

III - contra os que se acharem servindo nas Forças Armadas, em tempo de guerra.

Art. 199. Não corre igualmente a prescrição:

I - pendendo condição suspensiva;

II - não estando vencido o prazo;

III - pendendo ação de evicção.

Art. 200. Quando a ação se originar de fato que deva ser apurado no juízo criminal, não correrá a prescrição antes da respectiva sentença definitiva.

Art. 201. Suspensa a prescrição em favor de um dos credores solidários, só aproveitam os outros se a obrigação for indivisível.

SEÇÃO III - DAS CAUSAS QUE INTERROMPEM A PRESCRIÇÃO

Art. 202. A interrupção da prescrição, que somente poderá ocorrer uma vez, dar-se-á:

I - por despacho do juiz, mesmo incompetente, que ordenar a citação, se o interessado a promover no prazo e na forma da lei processual;

II - por protesto, nas condições do inciso antecedente;

III - por protesto cambial;

IV - pela apresentação do título de crédito em juízo de inventário ou em concurso de credores;

V - por qualquer ato judicial que constitua em mora o devedor;

VI - por qualquer ato inequívoco, ainda que extrajudicial, que importe reconhecimento do direito pelo devedor.

Parágrafo único. A prescrição interrompida recomeça a correr da data do ato que a interrompeu, ou do último ato do processo para a interromper.

Art. 203. A prescrição pode ser interrompida por qualquer interessado.

Art. 204. A interrupção da prescrição por um credor não aproveita aos outros; semelhantemente, a interrupção operada contra o co-devedor, ou seu herdeiro, não prejudica aos demais coobrigados.

§ 1º A interrupção por um dos credores solidários aproveita aos outros; assim como a interrupção efetuada contra o devedor solidário envolve os demais e seus herdeiros.

§ 2º A interrupção operada contra um dos herdeiros do devedor solidário não prejudica os outros herdeiros ou devedores, senão quando se trate de obrigações e direitos indivisíveis.

§ 3º A interrupção produzida contra o principal devedor prejudica o fiador.

SEÇÃO IV - DOS PRAZOS DA PRESCRIÇÃO

Art. 205. A prescrição ocorre em dez anos, quando a lei não lhe haja fixado prazo menor.

Art. 206. Prescreve:

§ 1º Em um ano:

I - a pretensão dos hospedeiros ou fornecedores de víveres destinados a consumo no próprio estabelecimento, para o pagamento da hospedagem ou dos alimentos;

II - a pretensão do segurado contra o segurador, ou a deste contra aquele, contado o prazo:

a) para o segurado, no caso de seguro de responsabilidade civil, da data em que é citado para responder à ação de indenização proposta pelo terceiro prejudicado, ou da data que a este indeniza, com a anuência do segurador;

b) quanto aos demais seguros, da ciência do fato gerador da pretensão;

III - a pretensão dos tabeliães, auxiliares da justiça, serventuários judiciais, árbitros e peritos, pela percepção de emolumentos, custas e honorários;

IV - a pretensão contra os peritos, pela avaliação dos bens que entraram para a formação do capital de sociedade anônima, contado da publicação da ata da assembléia que aprovar o laudo;

V - a pretensão dos credores não pagos contra os sócios ou acionistas e os liquidantes, contado o prazo da publicação da ata de encerramento da liquidação da sociedade.

§ 2º Em dois anos, a pretensão para haver prestações alimentares, a partir da data em que se vencerem.

§ 3º Em três anos:

I - a pretensão relativa a aluguéis de prédios urbanos ou rústicos;

II - a pretensão para receber prestações vencidas de rendas temporárias ou vitalícias;

III - a pretensão para haver juros, dividendos ou quaisquer prestações acessórias, pagáveis, em períodos não maiores de um ano, com capitalização ou sem ela;

IV - a pretensão de ressarcimento de enriquecimento sem causa;

V - a pretensão de reparação civil;

VI - a pretensão de restituição dos lucros ou dividendos recebidos de má-fé, correndo o prazo da data em que foi deliberada a distribuição;

VII - a pretensão contra as pessoas em seguida indicadas por violação da lei ou do estatuto, contado o prazo:

a) para os fundadores, da publicação dos atos constitutivos da sociedade anônima;

b) para os administradores, ou fiscais, da apresentação, aos sócios, do balanço referente ao exercício em que a violação tenha sido praticada, ou da reunião ou assembléia geral que dela deva tomar conhecimento;

c) para os liquidantes, da primeira assembléia semestral posterior à violação;

VIII - a pretensão para haver o pagamento de título de crédito, a contar do vencimento, ressalvadas as disposições de lei especial;

IX - a pretensão do beneficiário contra o segurador, e a do terceiro prejudicado, no caso de seguro de responsabilidade civil obrigatório.

§ 4º Em quatro anos, a pretensão relativa à tutela, a contar da data da aprovação das contas.

§ 5º Em cinco anos:

I - a pretensão de cobrança de dívidas líquidas constantes de instrumento público ou particular;

II - a pretensão dos profissionais liberais em geral, procuradores judiciais, curadores e professores pelos seus honorários, contado o prazo da conclusão dos serviços, da cessação dos respectivos contratos ou mandato;

III - a pretensão do vencedor para haver do vencido o que despendeu em juízo.

CAPÍTULO II - DA DECADÊNCIA

Art. 207. Salvo disposição legal em contrário, não se aplicam à decadência as normas que impedem, suspendem ou interrompem a prescrição.

Art. 208. Aplica-se à decadência o disposto nos arts. 195 e 198, inciso I.

Art. 209. É nula a renúncia à decadência fixada em lei.

Art. 210. Deve o juiz, de ofício, conhecer da decadência, quando estabelecida por lei.

Art. 211. Se a decadência for convencional, a parte a quem aproveita pode alegá-la em qualquer grau de jurisdição, mas o juiz não pode suprir a alegação.

TÍTULO V

Da Prova

Art. 212. Salvo o negócio a que se impõe forma especial, o fato jurídico pode ser provado mediante:

I - confissão;

II - documento;

III - testemunha;

IV - presunção;

V - perícia.

Art. 213. Não tem eficácia a confissão se provém de quem não é capaz de dispor do direito a que se referem os fatos confessados.

Parágrafo único. Se feita a confissão por um representante, somente é eficaz nos limites em que este pode vincular o representado.

Art. 214. A confissão é irrevogável, mas pode ser anulada se decorreu de erro de fato ou de coação.

Art. 215. A escritura pública, lavrada em notas de tabelião, é documento dotado de fé pública, fazendo prova plena.

§ 1º Salvo quando exigidos por lei outros requisitos, a escritura pública deve conter:

I - data e local de sua realização;

II - reconhecimento da identidade e capacidade das partes e de quantos hajam comparecido ao ato, por si, como representantes, intervenientes ou testemunhas;

III - nome, nacionalidade, estado civil, profissão, domicílio e residência das partes e demais comparecentes, com a indicação, quando necessário, do regime de bens do casamento, nome do outro cônjuge e filiação;

IV - manifestação clara da vontade das partes e dos intervenientes;

V - referência ao cumprimento das exigências legais e fiscais inerentes à legitimidade do ato;

VI - declaração de ter sido lida na presença das partes e demais comparecentes, ou de que todos a leram;

VII - assinatura das partes e dos demais comparecentes, bem como a do tabelião ou seu substituto legal, encerrando o ato.

§ 2º Se algum comparecente não puder ou não souber escrever, outra pessoa capaz assinará por ele, a seu rogo.

§ 3º A escritura será redigida na língua nacional.

§ 4º Se qualquer dos comparecentes não souber a língua nacional e o tabelião não entender o idioma em que se expressa, deverá comparecer tradutor público para servir de intérprete, ou, não o havendo na localidade, outra pessoa capaz que, a juízo do tabelião, tenha idoneidade e conhecimento bastantes.

§ 5º Se algum dos comparecentes não for conhecido do tabelião, nem puder identificar-se por documento, deverão participar do ato pelo menos duas testemunhas que o conheçam e atestem sua identidade.

Art. 216. Farão a mesma prova que os originais as certidões textuais de qualquer peça judicial, do protocolo das audiências, ou de outro qualquer livro a cargo do escrivão, sendo extraídas por ele, ou sob a sua vigilância, e por ele subscritas, assim como os traslados de autos, quando por outro escrivão consertados.

Art. 217. Terão a mesma força probante os traslados e as certidões, extraídos por tabelião ou oficial de registro, de instrumentos ou documentos lançados em suas notas.

Art. 218. Os traslados e as certidões considerar-se-ão instrumentos públicos, se os originais se houverem produzido em juízo como prova de algum ato.

Art. 219. As declarações constantes de documentos assinados presumem-se verdadeiras em relação aos signatários.

Parágrafo único. Não tendo relação direta, porém, com as disposições principais ou com a legitimidade das partes, as declarações enunciativas não eximem os interessados em sua veracidade do ônus de prová-las.

Art. 220. A anuência ou a autorização de outrem, necessária à validade de um ato, provar-se-á do mesmo modo que este, e constará, sempre que se possa, do próprio instrumento.

Art. 221. O instrumento particular, feito e assinado, ou somente assinado por quem esteja na livre disposição e administração de seus bens, prova as obrigações convencionais de qualquer valor; mas os seus efeitos, bem como os da cessão, não se operam, a respeito de terceiros, antes de registrado no registro público.

Parágrafo único. A prova do instrumento particular pode suprir-se pelas outras de caráter legal.

Art. 222. O telegrama, quando lhe for contestada a autenticidade, faz prova mediante conferência com o original assinado.

Art. 223. A cópia fotográfica de documento, conferida por tabelião de notas, valerá como prova de declaração da

vontade, mas, impugnada sua autenticidade, deverá ser exibido o original.

Parágrafo único. A prova não supre a ausência do título de crédito, ou do original, nos casos em que a lei ou as circunstâncias condicionarem o exercício do direito à sua exibição.

Art. 224. Os documentos redigidos em língua estrangeira serão traduzidos para o português para ter efeitos legais no País.

Art. 225. As reproduções fotográficas, cinematográficas, os registros fonográficos e, em geral, quaisquer outras reproduções mecânicas ou eletrônicas de fatos ou de coisas fazem prova plena destes, se a parte, contra quem forem exibidos, não lhes impugnar a exatidão.

Art. 226. Os livros e fichas dos empresários e sociedades provam contra as pessoas a que pertencem, e, em seu favor, quando, escriturados sem vício extrínseco ou intrínseco, forem confirmados por outros subsídios.

Parágrafo único. A prova resultante dos livros e fichas não é bastante nos casos em que a lei exige escritura pública, ou escrito particular revestido de requisitos especiais, e pode ser ilidida pela comprovação da falsidade ou inexatidão dos lançamentos.

Art. 227. (Revogado pela Lei n º 13.105, de 2015)

Parágrafo único. Qualquer que seja o valor do negócio jurídico, a prova testemunhal é admissível como subsidiária ou complementar da prova por escrito.

Art. 228. Não podem ser admitidos como testemunhas:

I - os menores de dezesseis anos;
II - (Revogado); (Redação dada pela Lei nº 13.146, de 2015)
III - (Revogado); (Redação dada pela Lei nº 13.146, de 2015)
IV - o interessado no litígio, o amigo íntimo ou o inimigo capital das partes;
V - os cônjuges, os ascendentes, os descendentes e os colaterais, até o terceiro grau de alguma das partes, por consangüinidade, ou afinidade.

§ 1º Para a prova de fatos que só elas conheçam, pode o juiz admitir o depoimento das pessoas a que se refere este artigo. (Redação dada pela Lei nº 13.146, de 2015)

§ 2º A pessoa com deficiência poderá testemunhar em igualdade de condições com as demais pessoas, sendo-lhe assegurados todos os recursos de tecnologia assistiva. (Incluído pela Lei nº 13.146, de 2015)

Art. 229. (Revogado pela Lei n º 13.105, de 2015)

Art. 230. (Revogado pela Lei n º 13.105, de 2015)

Art. 231. Aquele que se nega a submeter-se a exame médico necessário não poderá aproveitar-se de sua recusa.

Art. 232. A recusa à perícia médica ordenada pelo juiz poderá suprir a prova que se pretendia obter com o exame.

PARTE ESPECIAL

LIVRO I - DO DIREITO DAS OBRIGAÇÕES

TÍTULO I - DAS MODALIDADES DAS OBRIGAÇÕES

CAPÍTULO I - DAS OBRIGAÇÕES DE DAR

SEÇÃO I - DAS OBRIGAÇÕES DE DAR COISA CERTA

Art. 233. A obrigação de dar coisa certa abrange os acessórios dela embora não mencionados, salvo se o contrário resultar do título ou das circunstâncias do caso.

Art. 234. Se, no caso do artigo antecedente, a coisa se perder, sem culpa do devedor, antes da tradição, ou pendente a condição suspensiva, fica resolvida a obrigação para ambas as partes; se a perda resultar de culpa do devedor, responderá este pelo equivalente e mais perdas e danos.

Art. 235. Deteriorada a coisa, não sendo o devedor culpado, poderá o credor resolver a obrigação, ou aceitar a coisa, abatido de seu preço o valor que perdeu.

Art. 236. Sendo culpado o devedor, poderá o credor exigir o equivalente, ou aceitar a coisa no estado em que se acha, com direito a reclamar, em um ou em outro caso, indenização das perdas e danos.

Art. 237. Até a tradição pertence ao devedor a coisa, com os seus melhoramentos e acrescidos, pelos quais poderá exigir aumento no preço; se o credor não anuir, poderá o devedor resolver a obrigação.

Parágrafo único. Os frutos percebidos são do devedor, cabendo ao credor os pendentes.

Art. 238. Se a obrigação for de restituir coisa certa, e esta, sem culpa do devedor, se perder antes da tradição, sofrerá o credor a perda, e a obrigação se resolverá, ressalvados os seus direitos até o dia da perda.

Art. 239. Se a coisa se perder por culpa do devedor, responderá este pelo equivalente, mais perdas e danos.

Art. 240. Se a coisa restituível se deteriorar sem culpa do devedor, recebê-la-á o credor, tal qual se ache, sem direito a indenização; se por culpa do devedor, observar-se-á o disposto no art. 239.

Art. 241. Se, no caso do art. 238, sobrevier melhoramento ou acréscimo à coisa, sem despesa ou trabalho do devedor, lucrará o credor, desobrigado de indenização.

Art. 242. Se para o melhoramento, ou aumento, empregou o devedor trabalho ou dispêndio, o caso se regulará pelas normas deste Código atinentes às benfeitorias realizadas pelo possuidor de boa-fé ou de má-fé.

Parágrafo único. Quanto aos frutos percebidos, observar-se-á, do mesmo modo, o disposto neste Código, acerca do possuidor de boa-fé ou de má-fé.

SEÇÃO II - DAS OBRIGAÇÕES DE DAR COISA INCERTA

Art. 243. A coisa incerta será indicada, ao menos, pelo gênero e pela quantidade.

Art. 244. Nas coisas determinadas pelo gênero e pela quantidade, a escolha pertence ao devedor, se o contrário não resultar do título da obrigação; mas não poderá dar a coisa pior, nem será obrigado a prestar a melhor.

Art. 245. Cientificado da escolha o credor, vigorará o disposto na Seção antecedente.

Art. 246. Antes da escolha, não poderá o devedor alegar perda ou deterioração da coisa, ainda que por força maior ou caso fortuito.

CAPÍTULO II - DAS OBRIGAÇÕES DE FAZER

Art. 247. Incorre na obrigação de indenizar perdas e danos o devedor que recusar a prestação a ele só imposta, ou só por ele exeqüível.

Art. 248. Se a prestação do fato tornar-se impossível sem culpa do devedor, resolver-se-á a obrigação; se por culpa dele, responderá por perdas e danos.

Art. 249. Se o fato puder ser executado por terceiro, será livre ao credor mandá-lo executar à custa do devedor, havendo recusa ou mora deste, sem prejuízo da indenização cabível.

Parágrafo único. Em caso de urgência, pode o credor, independentemente de autorização judicial, executar ou mandar executar o fato, sendo depois ressarcido.

CAPÍTULO III - DAS OBRIGAÇÕES DE NÃO FAZER

Art. 250. Extingue-se a obrigação de não fazer, desde que, sem culpa do devedor, se lhe torne impossível abster-se do ato, que se obrigou a não praticar.

Art. 251. Praticado pelo devedor o ato, a cuja abstenção se obrigara, o credor pode exigir dele que o desfaça, sob pena de se desfazer à sua custa, ressarcindo o culpado perdas e danos.

Parágrafo único. Em caso de urgência, poderá o credor desfazer ou mandar desfazer, independentemente de autorização judicial, sem prejuízo do ressarcimento devido.

CAPÍTULO IV - DAS OBRIGAÇÕES ALTERNATIVAS

Art. 252. Nas obrigações alternativas, a escolha cabe ao devedor, se outra coisa não se estipulou.

§ 1º Não pode o devedor obrigar o credor a receber parte em uma prestação e parte em outra.

§ 2º Quando a obrigação for de prestações periódicas, a faculdade de opção poderá ser exercida em cada período.

§ 3º No caso de pluralidade de optantes, não havendo acordo unânime entre eles, decidirá o juiz, findo o prazo por este assinado para a deliberação.

§ 4º Se o título deferir a opção a terceiro, e este não quiser, ou não puder exercê-la, caberá ao juiz a escolha se não houver acordo entre as partes.

Art. 253. Se uma das duas prestações não puder ser objeto de obrigação ou se tornada inexeqüível, subsistirá o débito quanto à outra.

Art. 254. Se, por culpa do devedor, não se puder cumprir nenhuma das prestações, não competindo ao credor a escolha, ficará aquele obrigado a pagar o valor da que por último se impossibilitou, mais as perdas e danos que o caso determinar.

Art. 255. Quando a escolha couber ao credor e uma das prestações tornar-se impossível por culpa do devedor, o credor terá direito de exigir a prestação subsistente ou o valor da outra, com perdas e danos; se, por culpa do devedor, ambas as prestações se tornarem inexeqüíveis, poderá o credor reclamar o valor de qualquer das duas, além da indenização por perdas e danos.

Art. 256. Se todas as prestações se tornarem impossíveis sem culpa do devedor, extinguir-se-á a obrigação.

CAPÍTULO V - DAS OBRIGAÇÕES DIVISÍVEIS E INDIVISÍVEIS

Art. 257. Havendo mais de um devedor ou mais de um credor em obrigação divisível, esta presume-se dividida em tantas obrigações, iguais e distintas, quantos os credores ou devedores.

Art. 258. A obrigação é indivisível quando a prestação tem por objeto uma coisa ou um fato não suscetíveis de divisão, por sua natureza, por motivo de ordem econômica, ou dada a razão determinante do negócio jurídico.

Art. 259. Se, havendo dois ou mais devedores, a prestação não for divisível, cada um será obrigado pela dívida toda.

Parágrafo único. O devedor, que paga a dívida, sub-roga-se no direito do credor em relação aos outros coobrigados.

Art. 260. Se a pluralidade for dos credores, poderá cada um destes exigir a dívida inteira; mas o devedor ou devedores se desobrigarão, pagando:

I - a todos conjuntamente;

II - a um, dando este caução de ratificação dos outros credores.

Art. 261. Se um só dos credores receber a prestação por inteiro, a cada um dos outros assistirá o direito de exigir dele em dinheiro a parte que lhe caiba no total.

Art. 262. Se um dos credores remitir a dívida, a obrigação não ficará extinta para com os outros; mas estes só a poderão exigir, descontada a quota do credor remitente.

Parágrafo único. O mesmo critério se observará no caso de transação, novação, compensação ou confusão.

Art. 263. Perde a qualidade de indivisível a obrigação que se resolver em perdas e danos.

§ 1º Se, para efeito do disposto neste artigo, houver culpa de todos os devedores, responderão todos por partes iguais.

§ 2º Se for de um só a culpa, ficarão exonerados os outros, respondendo só esse pelas perdas e danos.

CAPÍTULO VI - DAS OBRIGAÇÕES SOLIDÁRIAS

SEÇÃO I - DISPOSIÇÕES GERAIS

Art. 264. Há solidariedade, quando na mesma obrigação concorre mais de um credor, ou mais de um devedor, cada um com direito, ou obrigado, à dívida toda.

Art. 265. A solidariedade não se presume; resulta da lei ou da vontade das partes.

Art. 266. A obrigação solidária pode ser pura e simples para um dos co-credores ou co-devedores, e condicional, ou a prazo, ou pagável em lugar diferente, para o outro.

SEÇÃO II - DA SOLIDARIEDADE ATIVA

Art. 267. Cada um dos credores solidários tem direito a exigir do devedor o cumprimento da prestação por inteiro.

Art. 268. Enquanto alguns dos credores solidários não demandarem o devedor comum, a qualquer daqueles poderá este pagar.

Art. 269. O pagamento feito a um dos credores solidários extingue a dívida até o montante do que foi pago.

Art. 270. Se um dos credores solidários falecer deixando herdeiros, cada um destes só terá direito a exigir e receber a quota do crédito que corresponder ao seu quinhão hereditário, salvo se a obrigação for indivisível.

Art. 271. Convertendo-se a prestação em perdas e danos, subsiste, para todos os efeitos, a solidariedade.

Art. 272. O credor que tiver remitido a dívida ou recebido o pagamento responderá aos outros pela parte que lhes caiba.

Art. 273. A um dos credores solidários não pode o devedor opor as exceções pessoais oponíveis aos outros.

Art. 274. O julgamento contrário a um dos credores solidários não atinge os demais, mas o julgamento favorável aproveita-lhes, sem prejuízo de exceção pessoal que o devedor tenha direito de invocar em relação a qualquer deles. (Redação dada pela Lei nº 13.105, de 2015)

SEÇÃO III - DA SOLIDARIEDADE PASSIVA

Art. 275. O credor tem direito a exigir e receber de um ou de alguns dos devedores, parcial ou totalmente, a dívida comum; se o pagamento tiver sido parcial, todos os demais devedores continuam obrigados solidariamente pelo resto.

Parágrafo único. Não importará renúncia da solidariedade a propositura de ação pelo credor contra um ou alguns dos devedores.

Art. 276. Se um dos devedores solidários falecer deixando herdeiros, nenhum destes será obrigado a pagar senão a quota que corresponder ao seu quinhão hereditário, salvo se a obrigação for indivisível; mas todos reunidos serão considerados como um devedor solidário em relação aos demais devedores.

Art. 277. O pagamento parcial feito por um dos devedores e a remissão por ele obtida não aproveitam aos outros devedores, senão até à concorrência da quantia paga ou relevada.

Art. 278. Qualquer cláusula, condição ou obrigação adicional, estipulada entre um dos devedores solidários e o credor, não poderá agravar a posição dos outros sem consentimento destes.

Art. 279. Impossibilitando-se a prestação por culpa de um dos devedores solidários, subsiste para todos o encargo de pagar o equivalente; mas pelas perdas e danos só responde o culpado.

Art. 280. Todos os devedores respondem pelos juros da mora, ainda que a ação tenha sido proposta somente contra um; mas o culpado responde aos outros pela obrigação acrescida.

Art. 281. O devedor demandado pode opor ao credor as exceções que lhe forem pessoais e as comuns a todos; não lhe aproveitando as exceções pessoais a outro co-devedor.

Art. 282. O credor pode renunciar à solidariedade em favor de um, de alguns ou de todos os devedores.

Parágrafo único. Se o credor exonerar da solidariedade um ou mais devedores, subsistirá a dos demais.

Art. 283. O devedor que satisfez a dívida por inteiro tem direito a exigir de cada um dos co-devedores a sua quota, dividindo-se igualmente por todos a do insolvente, se o houver, presumindo-se iguais, no débito, as partes de todos os co-devedores.

Art. 284. No caso de rateio entre os co-devedores, contribuirão também os exonerados da solidariedade pelo credor, pela parte que na obrigação incumbia ao insolvente.

Art. 285. Se a dívida solidária interessar exclusivamente a um dos devedores, responderá este por toda ela para com aquele que pagar.

TÍTULO II - DA TRANSMISSÃO DAS OBRIGAÇÕES

CAPÍTULO I - DA CESSÃO DE CRÉDITO

Art. 286. O credor pode ceder o seu crédito, se a isso não se opuser a natureza da obrigação, a lei, ou a convenção com o devedor; a cláusula proibitiva da cessão não poderá ser oposta ao cessionário de boa-fé, se não constar do instrumento da obrigação.

Art. 287. Salvo disposição em contrário, na cessão de um crédito abrangem-se todos os seus acessórios.

Art. 288. É ineficaz, em relação a terceiros, a transmissão de um crédito, se não celebrar-se mediante instrumento público, ou instrumento particular revestido das solenidades do § 1º do art. 654.

Art. 289. O cessionário de crédito hipotecário tem o direito de fazer averbar a cessão no registro do imóvel.

Art. 290. A cessão do crédito não tem eficácia em relação ao devedor, senão quando a este notificada; mas por notificado se tem o devedor que, em escrito público ou particular, se declarou ciente da cessão feita.

Art. 291. Ocorrendo várias cessões do mesmo crédito, prevalece a que se completar com a tradição do título do crédito cedido.

Art. 292. Fica desobrigado o devedor que, antes de ter conhecimento da cessão, paga ao credor primitivo, ou que, no caso de mais de uma cessão notificada, paga ao cessionário que lhe apresenta, com o título de cessão, o da obrigação cedida; quando o crédito constar de escritura pública, prevalecerá a prioridade da notificação.

Art. 293. Independentemente do conhecimento da cessão pelo devedor, pode o cessionário exercer os atos conservatórios do direito cedido.

Art. 294. O devedor pode opor ao cessionário as exceções que lhe competirem, bem como as que, no momento em que veio a ter conhecimento da cessão, tinha contra o cedente.

Art. 295. Na cessão por título oneroso, o cedente, ainda que não se responsabilize, fica responsável ao cessionário pela existência do crédito ao tempo em que lhe cedeu; a mesma responsabilidade lhe cabe nas cessões por título gratuito, se tiver procedido de má-fé.

Art. 296. Salvo estipulação em contrário, o cedente não responde pela solvência do devedor.

Art. 297. O cedente, responsável ao cessionário pela solvência do devedor, não responde por mais do que daquele recebeu, com os respectivos juros; mas tem de ressarcir-lhe as despesas da cessão e as que o cessionário houver feito com a cobrança.

Art. 298. O crédito, uma vez penhorado, não pode mais ser transferido pelo credor que tiver conhecimento da penhora; mas o devedor que o pagar, não tendo notificação dela, fica exonerado, subsistindo somente contra o credor os direitos de terceiro.

CAPÍTULO II - DA ASSUNÇÃO DE DÍVIDA

Art. 299. É facultado a terceiro assumir a obrigação do devedor, com o consentimento expresso do credor, ficando exonerado o devedor primitivo, salvo se aquele, ao tempo da assunção, era insolvente e o credor o ignorava.

Parágrafo único. Qualquer das partes pode assinar prazo ao credor para que consinta na assunção da dívida, interpretando-se o seu silêncio como recusa.

Art. 300. Salvo assentimento expresso do devedor primitivo, consideram-se extintas, a partir da assunção da dívida, as garantias especiais por ele originariamente dadas ao credor.

Art. 301. Se a substituição do devedor vier a ser anulada, restaura-se o débito, com todas as suas garantias, salvo as garantias prestadas por terceiros, exceto se este conhecia o vício que inquinava a obrigação.

Art. 302. O novo devedor não pode opor ao credor as exceções pessoais que competiam ao devedor primitivo.

Art. 303. O adquirente de imóvel hipotecado pode tomar a seu cargo o pagamento do crédito garantido; se o credor, notificado, não impugnar em trinta dias a transferência do débito, entender-se-á dado o assentimento.

TÍTULO III - DO ADIMPLEMENTO E EXTINÇÃO DAS OBRIGAÇÕES

CAPÍTULO I - DO PAGAMENTO

SEÇÃO I - DE QUEM DEVE PAGAR

Art. 304. Qualquer interessado na extinção da dívida pode pagá-la, usando, se o credor se opuser, dos meios conducentes à exoneração do devedor.

Parágrafo único. Igual direito cabe ao terceiro não interessado, se o fizer em nome e à conta do devedor, salvo oposição deste.

Art. 305. O terceiro não interessado, que paga a dívida em seu próprio nome, tem direito a reembolsar-se do que pagar; mas não se sub-roga nos direitos do credor.

Parágrafo único. Se pagar antes de vencida a dívida, só terá direito ao reembolso no vencimento.

Art. 306. O pagamento feito por terceiro, com desconhecimento ou oposição do devedor, não obriga a reembolsar aquele que pagou, se o devedor tinha meios para ilidir a ação.

Art. 307. Só terá eficácia o pagamento que importar transmissão da propriedade, quando feito por quem possa alienar o objeto em que ele consistiu.

Parágrafo único. Se se der em pagamento coisa fungível, não se poderá mais reclamar do credor que, de boa-fé, a recebeu e consumiu, ainda que o solvente não tivesse o direito de aliená-la.

SEÇÃO II - DAQUELES A QUEM SE DEVE PAGAR

Art. 308. O pagamento deve ser feito ao credor ou a quem de direito o represente, sob pena de só valer depois de por ele ratificado, ou tanto quanto reverter em seu proveito.

Art. 309. O pagamento feito de boa-fé ao credor putativo é válido, ainda provado depois que não era credor.

Art. 310. Não vale o pagamento cientemente feito ao credor incapaz de quitar, se o devedor não provar que em benefício dele efetivamente reverteu.

Art. 311. Considera-se autorizado a receber o pagamento o portador da quitação, salvo se as circunstâncias contrariarem a presunção daí resultante.

Art. 312. Se o devedor pagar ao credor, apesar de intimado da penhora feita sobre o crédito, ou da impugnação a ele oposta por terceiros, o pagamento não valerá contra estes, que poderão constranger o devedor a pagar de novo, ficando-lhe ressalvado o regresso contra o credor.

SEÇÃO III - DO OBJETO DO PAGAMENTO E SUA PROVA

Art. 313. O credor não é obrigado a receber prestação diversa da que lhe é devida, ainda que mais valiosa.

TÍTULO II - DA TRANSMISSÃO DAS OBRIGAÇÕES

Art. 314. Ainda que a obrigação tenha por objeto prestação divisível, não pode o credor ser obrigado a receber, nem o devedor a pagar, por partes, se assim não se ajustou.

Art. 315. As dívidas em dinheiro deverão ser pagas no vencimento, em moeda corrente e pelo valor nominal, salvo o disposto nos artigos subseqüentes.

Art. 316. É lícito convencionar o aumento progressivo de prestações sucessivas.

Art. 317. Quando, por motivos imprevisíveis, sobrevier desproporção manifesta entre o valor da prestação devida e o do momento de sua execução, poderá o juiz corrigi-lo, a pedido da parte, de modo que assegure, quanto possível, o valor real da prestação.

Art. 318. São nulas as convenções de pagamento em ouro ou em moeda estrangeira, bem como para compensar a diferença entre o valor desta e o da moeda nacional, excetuados os casos previstos na legislação especial.

Art. 319. O devedor que paga tem direito a quitação regular, e pode reter o pagamento, enquanto não lhe seja dada.

Art. 320. A quitação, que sempre poderá ser dada por instrumento particular, designará o valor e a espécie da dívida quitada, o nome do devedor, ou quem por este pagou, o tempo e o lugar do pagamento, com a assinatura do credor, ou do seu representante.

Parágrafo único. Ainda sem os requisitos estabelecidos neste artigo valerá a quitação, se de seus termos ou das circunstâncias resultar haver sido paga a dívida.

Art. 321. Nos débitos, cuja quitação consista na devolução do título, perdido este, poderá o devedor exigir, retendo o pagamento, declaração do credor que inutilize o título desaparecido.

Art. 322. Quando o pagamento for em quotas periódicas, a quitação da última estabelece, até prova em contrário, a presunção de estarem solvidas as anteriores.

Art. 323. Sendo a quitação do capital sem reserva dos juros, estes presumem-se pagos.

Art. 324. A entrega do título ao devedor firma a presunção do pagamento.

Parágrafo único. Ficará sem efeito a quitação assim operada se o credor provar, em sessenta dias, a falta do pagamento.

Art. 325. Presumem-se a cargo do devedor as despesas com o pagamento e a quitação; se ocorrer aumento por fato do credor, suportará este a despesa acrescida.

Art. 326. Se o pagamento se houver de fazer por medida, ou peso, entender-se-á, no silêncio das partes, que aceitaram os do lugar da execução.

SEÇÃO IV - DO LUGAR DO PAGAMENTO

Art. 327. Efetuar-se-á o pagamento no domicílio do devedor, salvo se as partes convencionarem diversamente, ou se o contrário resultar da lei, da natureza da obrigação ou das circunstâncias.

Parágrafo único. Designados dois ou mais lugares, cabe ao credor escolher entre eles.

Art. 328. Se o pagamento consistir na tradição de um imóvel, ou em prestações relativas a imóvel, far-se-á no lugar onde situado o bem.

Art. 329. Ocorrendo motivo grave para que se não efetue o pagamento no lugar determinado, poderá o devedor fazê-lo em outro, sem prejuízo para o credor.

Art. 330. O pagamento reiteradamente feito em outro local faz presumir renúncia do credor relativamente ao previsto no contrato.

SEÇÃO V - DO TEMPO DO PAGAMENTO

Art. 331. Salvo disposição legal em contrário, não tendo sido ajustada época para o pagamento, pode o credor exigi-lo imediatamente.

Art. 332. As obrigações condicionais cumprem-se na data do implemento da condição, cabendo ao credor a prova de que deste teve ciência o devedor.

Art. 333. Ao credor assistirá o direito de cobrar a dívida antes de vencido o prazo estipulado no contrato ou marcado neste Código:

I - no caso de falência do devedor, ou de concurso de credores;

II - se os bens, hipotecados ou empenhados, forem penhorados em execução por outro credor;

III - se cessarem, ou se se tornarem insuficientes, as garantias do débito, fidejussórias, ou reais, e o devedor, intimado, se negar a reforçá-las.

Parágrafo único. Nos casos deste artigo, se houver, no débito, solidariedade passiva, não se reputará vencido quanto aos outros devedores solventes.

CAPÍTULO II - DO PAGAMENTO EM CONSIGNAÇÃO

Art. 334. Considera-se pagamento, e extingue a obrigação, o depósito judicial ou em estabelecimento bancário da coisa devida, nos casos e forma legais.

Art. 335. A consignação tem lugar:

I - se o credor não puder, ou, sem justa causa, recusar receber o pagamento, ou dar quitação na devida forma;

II - se o credor não for, nem mandar receber a coisa no lugar, tempo e condição devidos;

III - se o credor for incapaz de receber, for desconhecido, declarado ausente, ou residir em lugar incerto ou de acesso perigoso ou difícil;

IV - se ocorrer dúvida sobre quem deva legitimamente receber o objeto do pagamento;

V - se pender litígio sobre o objeto do pagamento.

Art. 336. Para que a consignação tenha força de pagamento, será mister concorram, em relação às pessoas, ao objeto, modo e tempo, todos os requisitos sem os quais não é válido o pagamento.

Art. 337. O depósito requerer-se-á no lugar do pagamento, cessando, tanto que se efetue, para o depositante, os juros da dívida e os riscos, salvo se for julgado improcedente.

Art. 338. Enquanto o credor não declarar que aceita o depósito, ou não o impugnar, poderá o devedor requerer o levantamento, pagando as respectivas despesas, e subsistindo a obrigação para todas as conseqüências de direito.

Art. 339. Julgado procedente o depósito, o devedor já não poderá levantá-lo, embora o credor consinta, senão de acordo com os outros devedores e fiadores.

Art. 340. O credor que, depois de contestar a lide ou aceitar o depósito, aquiescer no levantamento, perderá a preferência e a garantia que lhe competiam com respeito à coisa consignada, ficando para logo desobrigados os co-devedores e fiadores que não tenham anuído.

Art. 341. Se a coisa devida for imóvel ou corpo certo que deva ser entregue no mesmo lugar onde está, poderá o devedor citar o credor para vir ou mandar recebê-la, sob pena de ser depositada.

Art. 342. Se a escolha da coisa indeterminada competir ao credor, será ele citado para esse fim, sob cominação de perder o direito e de ser depositada a coisa que o devedor escolher; feita a escolha pelo devedor, proceder-se-á como no artigo antecedente.

Art. 343. As despesas com o depósito, quando julgado procedente, correrão à conta do credor, e, no caso contrário, à conta do devedor.

Art. 344. O devedor de obrigação litigiosa exonerar-se-á mediante consignação, mas, se pagar a qualquer dos pretendidos credores, tendo conhecimento do litígio, assumirá o risco do pagamento.

Art. 345. Se a dívida se vencer, pendendo litígio entre credores que se pretendem mutuamente excluir, poderá qualquer deles requerer a consignação.

CAPÍTULO III - DO PAGAMENTO COM SUB-ROGAÇÃO

Art. 346. A sub-rogação opera-se, de pleno direito, em favor:

I - do credor que paga a dívida do devedor comum;

II - do adquirente do imóvel hipotecado, que paga a credor hipotecário, bem como do terceiro que efetiva o pagamento para não ser privado de direito sobre imóvel;

III - do terceiro interessado, que paga a dívida pela qual era ou podia ser obrigado, no todo ou em parte.

Art. 347. A sub-rogação é convencional:

I - quando o credor recebe o pagamento de terceiro e expressamente lhe transfere todos os seus direitos;

II - quando terceira pessoa empresta ao devedor a quantia precisa para solver a dívida, sob a condição expressa de ficar o mutuante sub-rogado nos direitos do credor satisfeito.

Art. 348. Na hipótese do inciso I do artigo antecedente, vigorará o disposto quanto à cessão do crédito.

Art. 349. A sub-rogação transfere ao novo credor todos os direitos, ações, privilégios e garantias do primitivo, em relação à dívida, contra o devedor principal e os fiadores.

Art. 350. Na sub-rogação legal o sub-rogado não poderá exercer os direitos e as ações do credor, senão até à soma que tiver desembolsado para desobrigar o devedor.

Art. 351. O credor originário, só em parte reembolsado, terá preferência ao sub-rogado, na cobrança da dívida restante, se os bens do devedor não chegarem para saldar inteiramente o que a um e outro dever.

CAPÍTULO IV - DA IMPUTAÇÃO DO PAGAMENTO

Art. 352. A pessoa obrigada por dois ou mais débitos da mesma natureza, a um só credor, tem o direito de indicar a qual deles oferece pagamento, se todos forem líquidos e vencidos.

Art. 353. Não tendo o devedor declarado em qual das dívidas líquidas e vencidas quer imputar o pagamento, se aceitar a quitação de uma delas, não terá direito a reclamar contra a imputação feita pelo credor, salvo provando haver ele cometido violência ou dolo.

Art. 354. Havendo capital e juros, o pagamento imputar-se-á primeiro nos juros vencidos, e depois no capital, salvo estipulação em contrário, ou se o credor passar a quitação por conta do capital.

Art. 355. Se o devedor não fizer a indicação do art. 352, e a quitação for omissa quanto à imputação, esta se fará nas dívidas líquidas e vencidas em primeiro lugar. Se as dívidas forem todas líquidas e vencidas ao mesmo tempo, a imputação far-se-á na mais onerosa.

CAPÍTULO V - DA DAÇÃO EM PAGAMENTO

Art. 356. O credor pode consentir em receber prestação diversa da que lhe é devida.

Art. 357. Determinado o preço da coisa dada em pagamento, as relações entre as partes regular-se-ão pelas normas do contrato de compra e venda.

Art. 358. Se for título de crédito a coisa dada em pagamento, a transferência importará em cessão.

Art. 359. Se o credor for evicto da coisa recebida em pagamento, restabelecer-se-á a obrigação primitiva, ficando sem efeito a quitação dada, ressalvados os direitos de terceiros.

CAPÍTULO VI - DA NOVAÇÃO

Art. 360. Dá-se a novação:

I - quando o devedor contrai com o credor nova dívida para extinguir e substituir a anterior;

II - quando novo devedor sucede ao antigo, ficando este quite com o credor;

III - quando, em virtude de obrigação nova, outro credor é substituído ao antigo, ficando o devedor quite com este.

Art. 361. Não havendo ânimo de novar, expresso ou tácito mas inequívoco, a segunda obrigação confirma simplesmente a primeira.

Art. 362. A novação por substituição do devedor pode ser efetuada independentemente de consentimento deste.

Art. 363. Se o novo devedor for insolvente, não tem o credor, que o aceitou, ação regressiva contra o primeiro, salvo se este obteve por má-fé a substituição.

Art. 364. A novação extingue os acessórios e garantias da dívida, sempre que não houver estipulação em contrário. Não aproveitará, contudo, ao credor ressalvar o penhor, a hipoteca ou a anticrese, se os bens dados em garantia pertencerem a terceiro que não foi parte na novação.

Art. 365. Operada a novação entre o credor e um dos devedores solidários, somente sobre os bens do que contrair a nova obrigação subsistem as preferências e garantias do crédito novado. Os outros devedores solidários ficam por esse fato exonerados.

Art. 366. Importa exoneração do fiador a novação feita sem seu consenso com o devedor principal.

Art. 367. Salvo as obrigações simplesmente anuláveis, não podem ser objeto de novação obrigações nulas ou extintas.

CAPÍTULO VII - DA COMPENSAÇÃO

Art. 368. Se duas pessoas forem ao mesmo tempo credor e devedor uma da outra, as duas obrigações extinguem-se, até onde se compensarem.

Art. 369. A compensação efetua-se entre dívidas líquidas, vencidas e de coisas fungíveis.

Art. 370. Embora sejam do mesmo gênero as coisas fungíveis, objeto das duas prestações, não se compensarão, verificando-se que diferem na qualidade, quando especificada no contrato.

Art. 371. O devedor somente pode compensar com o credor o que este lhe dever; mas o fiador pode compensar sua dívida com a de seu credor ao afiançado.

Art. 372. Os prazos de favor, embora consagrados pelo uso geral, não obstam a compensação.

Art. 373. A diferença de causa nas dívidas não impede a compensação, exceto:

I - se provier de esbulho, furto ou roubo;

II - se uma se originar de comodato, depósito ou alimentos;

III - se uma for de coisa não suscetível de penhora.

Art. 374. (Revogado pela Lei nº 10.677, de 22.5.2003)

Art. 375. Não haverá compensação quando as partes, por mútuo acordo, a excluírem, ou no caso de renúncia prévia de uma delas.

Art. 376. Obrigando-se por terceiro uma pessoa, não pode compensar essa dívida com a que o credor dele lhe dever.

Art. 377. O devedor que, notificado, nada opõe à cessão que o credor faz a terceiros dos seus direitos, não pode opor ao cessionário a compensação, que antes da cessão teria podido opor ao cedente. Se, porém, a cessão lhe não tiver sido notificada, poderá opor ao cessionário compensação do crédito que antes tinha contra o cedente.

Art. 378. Quando as duas dívidas não são pagáveis no mesmo lugar, não se podem compensar sem dedução das despesas necessárias à operação.

Art. 379. Sendo a mesma pessoa obrigada por várias dívidas compensáveis, serão observadas, no compensá-las, as regras estabelecidas quanto à imputação do pagamento.

Art. 380. Não se admite a compensação em prejuízo de direito de terceiro. O devedor que se torne credor do seu credor, depois de penhorado o crédito deste, não pode opor ao exeqüente a compensação, de que contra o próprio credor disporia.

CAPÍTULO VIII - DA CONFUSÃO

Art. 381. Extingue-se a obrigação, desde que na mesma pessoa se confundam as qualidades de credor e devedor.

Art. 382. A confusão pode verificar-se a respeito de toda a dívida, ou só de parte dela.

Art. 383. A confusão operada na pessoa do credor ou devedor solidário só extingue a obrigação até a concorrência da respectiva parte no crédito, ou na dívida, subsistindo quanto ao mais a solidariedade.

Art. 384. Cessando a confusão, para logo se restabelece, com todos os seus acessórios, a obrigação anterior.

CAPÍTULO IX - DA REMISSÃO DAS DÍVIDAS

Art. 385. A remissão da dívida, aceita pelo devedor, extingue a obrigação, mas sem prejuízo de terceiro.

Art. 386. A devolução voluntária do título da obrigação, quando por escrito particular, prova desoneração do devedor e seus co-obrigados, se o credor for capaz de alienar, e o devedor capaz de adquirir.

Art. 387. A restituição voluntária do objeto empenhado prova a renúncia do credor à garantia real, não a extinção da dívida.

Art. 388. A remissão concedida a um dos co-devedores extingue a dívida na parte a ele correspondente; de modo que, ainda reservando o credor a solidariedade contra os outros, já lhes não pode cobrar o débito sem dedução da parte remitida.

TÍTULO IV - DO INADIMPLEMENTO DAS OBRIGAÇÕES

CAPÍTULO I - DISPOSIÇÕES GERAIS

Art. 389. Não cumprida a obrigação, responde o devedor por perdas e danos, mais juros e atualização monetária segundo índices oficiais regularmente estabelecidos, e honorários de advogado.

Art. 390. Nas obrigações negativas o devedor é havido por inadimplente desde o dia em que executou o ato de que se devia abster.

Art. 391. Pelo inadimplemento das obrigações respondem todos os bens do devedor.

Art. 392. Nos contratos benéficos, responde por simples culpa o contratante, a quem o contrato aproveite, e por dolo aquele a quem não favoreça. Nos contratos onerosos, responde cada uma das partes por culpa, salvo as exceções previstas em lei.

Art. 393. O devedor não responde pelos prejuízos resultantes de caso fortuito ou força maior, se expressamente não se houver por eles responsabilizado.

Parágrafo único. O caso fortuito ou de força maior verifica-se no fato necessário, cujos efeitos não era possível evitar ou impedir.

CAPÍTULO II - DA MORA

Art. 394. Considera-se em mora o devedor que não efetuar o pagamento e o credor que não quiser recebê-lo no tempo, lugar e forma que a lei ou a convenção estabelecer.

Art. 395. Responde o devedor pelos prejuízos a que sua mora der causa, mais juros, atualização dos valores monetários segundo índices oficiais regularmente estabelecidos, e honorários de advogado.

Parágrafo único. Se a prestação, devido à mora, se tornar inútil ao credor, este poderá enjeitá-la, e exigir a satisfação das perdas e danos.

Art. 396. Não havendo fato ou omissão imputável ao devedor, não incorre este em mora.

Art. 397. O inadimplemento da obrigação, positiva e líquida, no seu termo, constitui de pleno direito em mora o devedor.

Parágrafo único. Não havendo termo, a mora se constitui mediante interpelação judicial ou extrajudicial.

Art. 398. Nas obrigações provenientes de ato ilícito, considera-se o devedor em mora, desde que o praticou.

Art. 399. O devedor em mora responde pela impossibilidade da prestação, embora essa impossibilidade resulte de caso fortuito ou de força maior, se estes ocorrerem durante o atraso; salvo se provar isenção de culpa, ou que o dano sobreviria ainda quando a obrigação fosse oportunamente desempenhada.

Art. 400. A mora do credor subtrai o devedor isento de dolo à responsabilidade pela conservação da coisa, obriga o credor a ressarcir as despesas empregadas em conservá-la, e sujeita-o a recebê-la pela estimação mais favorável ao devedor, se o seu valor oscilar entre o dia estabelecido para o pagamento e o da sua efetivação.

Art. 401. Purga-se a mora:

I - por parte do devedor, oferecendo este a prestação mais a importância dos prejuízos decorrentes do dia da oferta;

II - por parte do credor, oferecendo-se este a receber o pagamento e sujeitando-se aos efeitos da mora até a mesma data.

CAPÍTULO III - DAS PERDAS E DANOS

Art. 402. Salvo as exceções expressamente previstas em lei, as perdas e danos devidas ao credor abrangem, além do que ele efetivamente perdeu, o que razoavelmente deixou de lucrar.

Art. 403. Ainda que a inexecução resulte de dolo do devedor, as perdas e danos só incluem os prejuízos efetivos e os lucros cessantes por efeito dela direto e imediato, sem prejuízo do disposto na lei processual.

Art. 404. As perdas e danos, nas obrigações de pagamento em dinheiro, serão pagas com atualização monetária segundo índices oficiais regularmente estabelecidos, abrangendo juros, custas e honorários de advogado, sem prejuízo da pena convencional.

Parágrafo único. Provado que os juros da mora não cobrem o prejuízo, e não havendo pena convencional, pode o juiz conceder ao credor indenização suplementar.

Art. 405. Contam-se os juros de mora desde a citação inicial.

CAPÍTULO IV - DOS JUROS LEGAIS

Art. 406. Quando os juros moratórios não forem convencionados, ou o forem sem taxa estipulada, ou quando provierem de determinação da lei, serão fixados segundo a taxa que estiver em vigor para a mora do pagamento de impostos devidos à Fazenda Nacional.

Art. 407. Ainda que se não alegue prejuízo, é obrigado o devedor aos juros da mora que se contarão assim às dívidas em dinheiro, como às prestações de outra natureza, uma vez que lhes esteja fixado o valor pecuniário por sentença judicial, arbitramento, ou acordo entre as partes.

CAPÍTULO V - DA CLÁUSULA PENAL

Art. 408. Incorre de pleno direito o devedor na cláusula penal, desde que, culposamente, deixe de cumprir a obrigação ou se constitua em mora.

Art. 409. A cláusula penal estipulada conjuntamente com a obrigação, ou em ato posterior, pode referir-se à inexecução completa da obrigação, à de alguma cláusula especial ou simplesmente à mora.

Art. 410. Quando se estipular a cláusula penal para o caso de total inadimplemento da obrigação, esta converter-se-á em alternativa a benefício do credor.

Art. 411. Quando se estipular a cláusula penal para o caso de mora, ou em segurança especial de outra cláusula determinada, terá o credor o arbítrio de exigir a satisfação da pena cominada, juntamente com o desempenho da obrigação principal.

Art. 412. O valor da cominação imposta na cláusula penal não pode exceder o da obrigação principal.

Art. 413. A penalidade deve ser reduzida eqüitativamente pelo juiz se a obrigação principal tiver sido cumprida em parte, ou se o montante da penalidade for manifestamente excessivo, tendo-se em vista a natureza e a finalidade do negócio.

Art. 414. Sendo indivisível a obrigação, todos os devedores, caindo em falta um deles, incorrerão na pena; mas esta só se poderá demandar integralmente do culpado, respondendo cada um dos outros somente pela sua quota.

Parágrafo único. Aos não culpados fica reservada a ação regressiva contra aquele que deu causa à aplicação da pena.

Art. 415. Quando a obrigação for divisível, só incorre na pena o devedor ou o herdeiro do devedor que a infringir, e proporcionalmente à sua parte na obrigação.

Art. 416. Para exigir a pena convencional, não é necessário que o credor alegue prejuízo.

Parágrafo único. Ainda que o prejuízo exceda ao previsto na cláusula penal, não pode o credor exigir indenização suplementar se assim não foi convencionado. Se o tiver sido, a pena vale como mínimo da indenização, competindo ao credor provar o prejuízo excedente.

CAPÍTULO VI - DAS ARRAS OU SINAL

Art. 417. Se, por ocasião da conclusão do contrato, uma parte der à outra, a título de arras, dinheiro ou outro bem móvel, deverão as arras, em caso de execução, ser restituídas ou computadas na prestação devida, se do mesmo gênero da principal.

Art. 418. Se a parte que deu as arras não executar o contrato, poderá a outra tê-lo por desfeito, retendo-as; se a inexecução for de quem recebeu as arras, poderá quem as deu haver o contrato por desfeito, e exigir sua devolução mais o equivalente, com atualização monetária segundo índices oficiais regularmente estabelecidos, juros e honorários de advogado.

Art. 419. A parte inocente pode pedir indenização suplementar, se provar maior prejuízo, valendo as arras como taxa mínima. Pode, também, a parte inocente exigir a execução do contrato, com as perdas e danos, valendo as arras como o mínimo da indenização.

Art. 420. Se no contrato for estipulado o direito de arrependimento para qualquer das partes, as arras ou sinal terão função unicamente indenizatória. Neste caso, quem as deu perdê-las-á em benefício da outra parte; e quem as recebeu devolvê-las-á, mais o equivalente. Em ambos os casos não haverá direito a indenização suplementar.

TÍTULO V - DOS CONTRATOS EM GERAL
CAPÍTULO I - DISPOSIÇÕES GERAIS
SEÇÃO I - PRELIMINARES

Art. 421. A liberdade contratual será exercida nos limites da função social do contrato. (Redação dada pela Lei nº 13.874, de 2019)

Parágrafo único. Nas relações contratuais privadas, prevalecerão o princípio da intervenção mínima e a excepcionalidade da revisão contratual. (Incluído pela Lei nº 13.874, de 2019)

Art. 421-A. Os contratos civis e empresariais presumem-se paritários e simétricos até a presença de elementos concretos que justifiquem o afastamento dessa presunção, ressalvados os regimes jurídicos previstos em leis especiais, garantido também que: (Incluído pela Lei nº 13.874, de 2019)

I - as partes negociantes poderão estabelecer parâmetros objetivos para a interpretação das cláusulas negociais e de seus pressupostos de revisão ou de resolução; (Incluído pela Lei nº 13.874, de 2019)

II - a alocação de riscos definida pelas partes deve ser respeitada e observada; e (Incluído pela Lei nº 13.874, de 2019)

III - a revisão contratual somente ocorrerá de maneira excepcional e limitada. (Incluído pela Lei nº 13.874, de 2019)

Art. 422. Os contratantes são obrigados a guardar, assim na conclusão do contrato, como em sua execução, os princípios de probidade e boa-fé.

Art. 423. Quando houver no contrato de adesão cláusulas ambíguas ou contraditórias, dever-se-á adotar a interpretação mais favorável ao aderente.

Art. 424. Nos contratos de adesão, são nulas as cláusulas que estipulem a renúncia antecipada do aderente a direito resultante da natureza do negócio.

Art. 425. É lícito às partes estipular contratos atípicos, observadas as normas gerais fixadas neste Código.

Art. 426. Não pode ser objeto de contrato a herança de pessoa viva.

SEÇÃO II - DA FORMAÇÃO DOS CONTRATOS

Art. 427. A proposta de contrato obriga o proponente, se o contrário não resultar dos termos dela, da natureza do negócio, ou das circunstâncias do caso.

Art. 428. Deixa de ser obrigatória a proposta:

I - se, feita sem prazo a pessoa presente, não foi imediatamente aceita. Considera-se também presente a pessoa que contrata por telefone ou por meio de comunicação semelhante;

II - se, feita sem prazo a pessoa ausente, tiver decorrido tempo suficiente para chegar a resposta ao conhecimento do proponente;

III - se, feita a pessoa ausente, não tiver sido expedida a resposta dentro do prazo dado;

IV - se, antes dela, ou simultaneamente, chegar ao conhecimento da outra parte a retratação do proponente.

Art. 429. A oferta ao público equivale a proposta quando encerra os requisitos essenciais ao contrato, salvo se o contrário resultar das circunstâncias ou dos usos.

Parágrafo único. Pode revogar-se a oferta pela mesma via de sua divulgação, desde que ressalvada esta faculdade na oferta realizada.

Art. 430. Se a aceitação, por circunstância imprevista, chegar tarde ao conhecimento do proponente, este comunicá-lo-á imediatamente ao aceitante, sob pena de responder por perdas e danos.

Art. 431. A aceitação fora do prazo, com adições, restrições, ou modificações, importará nova proposta.

Art. 432. Se o negócio for daqueles em que não seja costume a aceitação expressa, ou o proponente a tiver dispensado, reputar-se-á concluído o contrato, não chegando a tempo a recusa.

Art. 433. Considera-se inexistente a aceitação, se antes dela ou com ela chegar ao proponente a retratação do aceitante.

Art. 434. Os contratos entre ausentes tornam-se perfeitos desde que a aceitação é expedida, exceto:

I - no caso do artigo antecedente;

II - se o proponente se houver comprometido a esperar resposta;

III - se ela não chegar no prazo convencionado.

Art. 435. Reputar-se-á celebrado o contrato no lugar em que foi proposto.

SEÇÃO III - DA ESTIPULAÇÃO EM FAVOR DE TERCEIRO

Art. 436. O que estipula em favor de terceiro pode exigir o cumprimento da obrigação.

Parágrafo único. Ao terceiro, em favor de quem se estipulou a obrigação, também é permitido exigi-la, ficando, todavia, sujeito às condições e normas do contrato, se a ele anuir, e o estipulante não o inovar nos termos do art. 438.

Art. 437. Se ao terceiro, em favor de quem se fez o contrato, se deixar o direito de reclamar-lhe a execução, não poderá o estipulante exonerar o devedor.

Art. 438. O estipulante pode reservar-se o direito de substituir o terceiro designado no contrato, independentemente da sua anuência e da do outro contratante.

Parágrafo único. A substituição pode ser feita por ato entre vivos ou por disposição de última vontade.

SEÇÃO IV - DA PROMESSA DE FATO DE TERCEIRO

Art. 439. Aquele que tiver prometido fato de terceiro responderá por perdas e danos, quando este o não executar.

Parágrafo único. Tal responsabilidade não existirá se o terceiro for o cônjuge do promitente, dependendo da sua anuência o ato a ser praticado, e desde que, pelo regime do casamento, a indenização, de algum modo, venha a recair sobre os seus bens.

Art. 440. Nenhuma obrigação haverá para quem se comprometer por outrem, se este, depois de se ter obrigado, faltar à prestação.

SEÇÃO V - DOS VÍCIOS REDIBITÓRIOS

Art. 441. A coisa recebida em virtude de contrato comutativo pode ser enjeitada por vícios ou defeitos ocultos, que a tornem imprópria ao uso a que é destinada, ou lhe diminuam o valor.

Parágrafo único. É aplicável a disposição deste artigo às doações onerosas.

Art. 442. Em vez de rejeitar a coisa, redibindo o contrato (art. 441), pode o adquirente reclamar abatimento no preço.

Art. 443. Se o alienante conhecia o vício ou defeito da coisa, restituirá o que recebeu com perdas e danos; se o não conhecia, tão-somente restituirá o valor recebido, mais as despesas do contrato.

Art. 444. A responsabilidade do alienante subsiste ainda que a coisa pereça em poder do alienatário, se perecer por vício oculto, já existente ao tempo da tradição.

Art. 445. O adquirente decai do direito de obter a redibição ou abatimento no preço no prazo de trinta dias se a coisa for móvel, e de um ano se for imóvel, contado da entrega efetiva; se já estava na posse, o prazo conta-se da alienação, reduzido à metade.

§ 1º Quando o vício, por sua natureza, só puder ser conhecido mais tarde, o prazo contar-se-á do momento em que dele tiver ciência, até o prazo máximo de cento e oitenta dias, em se tratando de bens móveis; e de um ano, para os imóveis.

§ 2º Tratando-se de venda de animais, os prazos de garantia por vícios ocultos serão os estabelecidos em lei especial, ou, na falta desta, pelos usos locais, aplicando-se o disposto no parágrafo antecedente se não houver regras disciplinando a matéria.

Art. 446. Não correrão os prazos do artigo antecedente na constância de cláusula de garantia; mas o adquirente deve denunciar o defeito ao alienante nos trinta dias seguintes ao seu descobrimento, sob pena de decadência.

SEÇÃO VI - DA EVICÇÃO

Art. 447. Nos contratos onerosos, o alienante responde pela evicção. Subsiste esta garantia ainda que a aquisição se tenha realizado em hasta pública.

Art. 448. Podem as partes, por cláusula expressa, reforçar, diminuir ou excluir a responsabilidade pela evicção.

Art. 449. Não obstante a cláusula que exclui a garantia contra a evicção, se esta se der, tem direito o evicto a receber o preço que pagou pela coisa evicta, se não soube do risco da evicção, ou, dele informado, não o assumiu.

Art. 450. Salvo estipulação em contrário, tem direito o evicto, além da restituição integral do preço ou das quantias que pagou:

I - à indenização dos frutos que tiver sido obrigado a restituir;

II - à indenização pelas despesas dos contratos e pelos prejuízos que diretamente resultarem da evicção;

III - às custas judiciais e aos honorários do advogado por ele constituído.

Parágrafo único. O preço, seja a evicção total ou parcial, será o do valor da coisa, na época em que se evenceu, e proporcional ao desfalque sofrido, no caso de evicção parcial.

Art. 451. Subsiste para o alienante esta obrigação, ainda que a coisa alienada esteja deteriorada, exceto havendo dolo do adquirente.

Art. 452. Se o adquirente tiver auferido vantagens das deteriorações, e não tiver sido condenado a indenizá-las, o valor das vantagens será deduzido da quantia que lhe houver de dar o alienante.

Art. 453. As benfeitorias necessárias ou úteis, não abonadas ao que sofreu a evicção, serão pagas pelo alienante.

Art. 454. Se as benfeitorias abonadas ao que sofreu a evicção tiverem sido feitas pelo alienante, o valor delas será levado em conta na restituição devida.

Art. 455. Se parcial, mas considerável, for a evicção, poderá o evicto optar entre a rescisão do contrato e a restituição da parte do preço correspondente ao desfalque sofrido. Se não for considerável, caberá somente direito a indenização.

Art. 456. (Revogado pela Lei nº 13.105, de 2015)

Art. 457. Não pode o adquirente demandar pela evicção, se sabia que a coisa era alheia ou litigiosa.

SEÇÃO VII - DOS CONTRATOS ALEATÓRIOS

Art. 458. Se o contrato for aleatório, por dizer respeito a coisas ou fatos futuros, cujo risco de não virem a existir um dos contratantes assuma, terá o outro direito de receber integralmente o que lhe foi prometido, desde que de sua parte não tenha havido dolo ou culpa, ainda que nada do avençado venha a existir.

Art. 459. Se for aleatório, por serem objeto dele coisas futuras, tomando o adquirente a si o risco de virem a existir em qualquer quantidade, terá também direito o alienante a todo o preço, desde que de sua parte não tiver concorrido culpa, ainda que a coisa venha a existir em quantidade inferior à esperada.

Parágrafo único. Mas, se da coisa nada vier a existir, alienação não haverá, e o alienante restituirá o preço recebido.

Art. 460. Se for aleatório o contrato, por se referir a coisas existentes, mas expostas a risco, assumido pelo adquirente, terá igualmente direito o alienante a todo o preço, posto que a coisa já não existisse, em parte, ou de todo, no dia do contrato.

Art. 461. A alienação aleatória a que se refere o artigo antecedente poderá ser anulada como dolosa pelo prejudicado, se provar que o outro contratante não ignorava a consumação do risco, a que no contrato se considerava exposta a coisa.

SEÇÃO VIII - DO CONTRATO PRELIMINAR

Art. 462. O contrato preliminar, exceto quanto à forma, deve conter todos os requisitos essenciais ao contrato a ser celebrado.

Art. 463. Concluído o contrato preliminar, com observância do disposto no artigo antecedente, e desde que dele não conste cláusula de arrependimento, qualquer das partes terá o direito de exigir a celebração do definitivo, assinando prazo à outra para que o efetive.

Parágrafo único. O contrato preliminar deverá ser levado ao registro competente.

Art. 464. Esgotado o prazo, poderá o juiz, a pedido do interessado, suprir a vontade da parte inadimplente, conferindo caráter definitivo ao contrato preliminar, salvo se a isto se opuser a natureza da obrigação.

Art. 465. Se o estipulante não der execução ao contrato preliminar, poderá a outra parte considerá-lo desfeito, e pedir perdas e danos.

Art. 466. Se a promessa de contrato for unilateral, o credor, sob pena de ficar a mesma sem efeito, deverá manifestar-se no prazo nela previsto, ou, inexistindo este, no que lhe for razoavelmente assinado pelo devedor.

SEÇÃO IX - DO CONTRATO COM PESSOA A DECLARAR

Art. 467. No momento da conclusão do contrato, pode uma das partes reservar-se a faculdade de indicar a pessoa

que deve adquirir os direitos e assumir as obrigações dele decorrentes.

Art. 468. Essa indicação deve ser comunicada à outra parte no prazo de cinco dias da conclusão do contrato, se outro não tiver sido estipulado.

Parágrafo único. A aceitação da pessoa nomeada não será eficaz se não se revestir da mesma forma que as partes usaram para o contrato.

Art. 469. A pessoa, nomeada de conformidade com os artigos antecedentes, adquire os direitos e assume as obrigações decorrentes do contrato, a partir do momento em que este foi celebrado.

Art. 470. O contrato será eficaz somente entre os contratantes originários:

I - se não houver indicação de pessoa, ou se o nomeado se recusar a aceitá-la;

II - se a pessoa nomeada era insolvente, e a outra pessoa o desconhecia no momento da indicação.

Art. 471. Se a pessoa a nomear era incapaz ou insolvente no momento da nomeação, o contrato produzirá seus efeitos entre os contratantes originários.

CAPÍTULO II - DA EXTINÇÃO DO CONTRATO

SEÇÃO I - DO DISTRATO

Art. 472. O distrato faz-se pela mesma forma exigida para o contrato.

Art. 473. A resilição unilateral, nos casos em que a lei expressa ou implicitamente o permita, opera mediante denúncia notificada à outra parte.

Parágrafo único. Se, porém, dada a natureza do contrato, uma das partes houver feito investimentos consideráveis para a sua execução, a denúncia unilateral só produzirá efeito depois de transcorrido prazo compatível com a natureza e o vulto dos investimentos.

SEÇÃO II - DA CLÁUSULA RESOLUTIVA

Art. 474. A cláusula resolutiva expressa opera de pleno direito; a tácita depende de interpelação judicial.

Art. 475. A parte lesada pelo inadimplemento pode pedir a resolução do contrato, se não preferir exigir-lhe o cumprimento, cabendo, em qualquer dos casos, indenização por perdas e danos.

SEÇÃO III - DA EXCEÇÃO DE CONTRATO NÃO CUMPRIDO

Art. 476. Nos contratos bilaterais, nenhum dos contratantes, antes de cumprida a sua obrigação, pode exigir o implemento da do outro.

Art. 477. Se, depois de concluído o contrato, sobrevier a uma das partes contratantes diminuição em seu patrimônio capaz de comprometer ou tornar duvidosa a prestação pela qual se obrigou, pode a outra recusar-se à prestação que lhe incumbe, até que aquela satisfaça a que lhe compete ou dê garantia bastante de satisfazê-la.

SEÇÃO IV - DA RESOLUÇÃO POR ONEROSIDADE EXCESSIVA

Art. 478. Nos contratos de execução continuada ou diferida, se a prestação de uma das partes se tornar excessivamente onerosa, com extrema vantagem para a outra, em virtude de acontecimentos extraordinários e imprevisíveis, poderá o devedor pedir a resolução do contrato. Os efeitos da sentença que a decretar retroagirão à data da citação.

Art. 479. A resolução poderá ser evitada, oferecendo-se o réu a modificar eqüitativamente as condições do contrato.

Art. 480. Se no contrato as obrigações couberem a apenas uma das partes, poderá ela pleitear que a sua prestação seja reduzida, ou alterado o modo de executá-la, a fim de evitar a onerosidade excessiva.

TÍTULO VI - DAS VÁRIAS ESPÉCIES DE CONTRATO

CAPÍTULO I - DA COMPRA E VENDA

SEÇÃO I - DISPOSIÇÕES GERAIS

Art. 481. Pelo contrato de compra e venda, um dos contratantes se obriga a transferir o domínio de certa coisa, e o outro, a pagar-lhe certo preço em dinheiro.

Art. 482. A compra e venda, quando pura, considerar-se-á obrigatória e perfeita, desde que as partes acordarem no objeto e no preço.

Art. 483. A compra e venda pode ter por objeto coisa atual ou futura. Neste caso, ficará sem efeito o contrato se esta não vier a existir, salvo se a intenção das partes era de concluir contrato aleatório.

Art. 484. Se a venda se realizar à vista de amostras, protótipos ou modelos, entender-se-á que o vendedor assegura ter a coisa as qualidades que a elas correspondem.

Parágrafo único. Prevalece a amostra, o protótipo ou o modelo, se houver contradição ou diferença com a maneira pela qual se descreveu a coisa no contrato.

Art. 485. A fixação do preço pode ser deixada ao arbítrio de terceiro, que os contratantes logo designarem ou prometerem designar. Se o terceiro não aceitar a incumbência, ficará sem efeito o contrato, salvo quando acordarem os contratantes designar outra pessoa.

Art. 486. Também se poderá deixar a fixação do preço à taxa de mercado ou de bolsa, em certo e determinado dia e lugar.

Art. 487. É lícito às partes fixar o preço em função de índices ou parâmetros, desde que suscetíveis de objetiva determinação.

Art. 488. Convencionada a venda sem fixação de preço ou de critérios para a sua determinação, se não houver tabelamento oficial, entende-se que as partes se sujeitaram ao preço corrente nas vendas habituais do vendedor.

Parágrafo único. Na falta de acordo, por ter havido diversidade de preço, prevalecerá o termo médio.

Art. 489. Nulo é o contrato de compra e venda, quando se deixa ao arbítrio exclusivo de uma das partes a fixação do preço.

Art. 490. Salvo cláusula em contrário, ficarão as despesas de escritura e registro a cargo do comprador, e a cargo do vendedor as da tradição.

Art. 491. Não sendo a venda a crédito, o vendedor não é obrigado a entregar a coisa antes de receber o preço.

Art. 492. Até o momento da tradição, os riscos da coisa correm por conta do vendedor, e os do preço por conta do comprador.

§ 1º Todavia, os casos fortuitos, ocorrentes no ato de contar, marcar ou assinalar coisas, que comumente se recebem, contando, pesando, medindo ou assinalando, e que já tiverem sido postas à disposição do comprador, correrão por conta deste.

§ 2º Correrão também por conta do comprador os riscos das referidas coisas, se estiver em mora de as receber, quando postas à sua disposição no tempo, lugar e pelo modo ajustados.

Art. 493. A tradição da coisa vendida, na falta de estipulação expressa, dar-se-á no lugar onde ela se encontrava, ao tempo da venda.

Art. 494. Se a coisa for expedida para lugar diverso, por ordem do comprador, por sua conta correrão os riscos, uma vez entregue a quem haja de transportá-la, salvo se das instruções dele se afastar o vendedor.

Art. 495. Não obstante o prazo ajustado para o pagamento, se antes da tradição o comprador cair em insolvência, poderá o vendedor sobrestar na entrega da coisa, até que o comprador lhe dê caução de pagar no tempo ajustado.

Art. 496. É anulável a venda de ascendente a descendente, salvo se os outros descendentes e o cônjuge do alienante expressamente houverem consentido.

Parágrafo único. Em ambos os casos, dispensa-se o consentimento do cônjuge se o regime de bens for o da separação obrigatória.

Art. 497. Sob pena de nulidade, não podem ser comprados, ainda que em hasta pública:

I - pelos tutores, curadores, testamenteiros e administradores, os bens confiados à sua guarda ou administração;

II - pelos servidores públicos, em geral, os bens ou direitos da pessoa jurídica a que servirem, ou que estejam sob sua administração direta ou indireta;

III - pelos juízes, secretários de tribunais, arbitradores, peritos e outros serventuários ou auxiliares da justiça, os bens ou direitos sobre que se litigar em tribunal, juízo ou conselho, no lugar onde servirem, ou a que se estender a sua autoridade;

IV - pelos leiloeiros e seus prepostos, os bens de cuja venda estejam encarregados.

Parágrafo único. As proibições deste artigo estendem-se à cessão de crédito.

Art. 498. A proibição contida no inciso III do artigo antecedente, não compreende os casos de compra e venda ou cessão entre co-herdeiros, ou em pagamento de dívida, ou para garantia de bens já pertencentes a pessoas designadas no referido inciso.

Art. 499. É lícita a compra e venda entre cônjuges, com relação a bens excluídos da comunhão.

Art. 500. Se, na venda de um imóvel, se estipular o preço por medida de extensão, ou se determinar a respectiva área, e esta não corresponder, em qualquer dos casos, às dimensões dadas, o comprador terá o direito de exigir o complemento da área, e, não sendo isso possível, o de reclamar a resolução do contrato ou abatimento proporcional ao preço.

§ 1º Presume-se que a referência às dimensões foi simplesmente enunciativa, quando a diferença encontrada não exceder de um vigésimo da área total enunciada, ressalvado ao comprador o direito de provar que, em tais circunstâncias, não teria realizado o negócio.

§ 2º Se em vez de falta houver excesso, e o vendedor provar que tinha motivos para ignorar a medida exata da área vendida, caberá ao comprador, à sua escolha, completar o valor correspondente ao preço ou devolver o excesso.

§ 3º Não haverá complemento de área, nem devolução de excesso, se o imóvel for vendido como coisa certa e discriminada, tendo sido apenas enunciativa a referência às suas dimensões, ainda que não conste, de modo expresso, ter sido a venda ad corpus.

Art. 501. Decai do direito de propor as ações previstas no artigo antecedente o vendedor ou o comprador que não o fizer no prazo de um ano, a contar do registro do título.

Parágrafo único. Se houver atraso na imissão de posse no imóvel, atribuível ao alienante, a partir dela fluirá o prazo de decadência.

Art. 502. O vendedor, salvo convenção em contrário, responde por todos os débitos que gravem a coisa até o momento da tradição.

Art. 503. Nas coisas vendidas conjuntamente, o defeito oculto de uma não autoriza a rejeição de todas.

Art. 504. Não pode um condômino em coisa indivisível vender a sua parte a estranhos, se outro consorte a quiser, tanto por tanto. O condômino, a quem não se der conhecimento da venda, poderá, depositando o preço, haver para si a parte vendida a estranhos, se o requerer no prazo de cento e oitenta dias, sob pena de decadência.

Parágrafo único. Sendo muitos os condôminos, preferirá o que tiver benfeitorias de maior valor e, na falta de benfeitorias, o de quinhão maior. Se as partes forem iguais, haverão a parte vendida os comproprietários, que a quiserem, depositando previamente o preço.

SEÇÃO II - DAS CLÁUSULAS ESPECIAIS À COMPRA E VENDA

SUBSEÇÃO I - DA RETROVENDA

Art. 505. O vendedor de coisa imóvel pode reservar-se o direito de recobrá-la no prazo máximo de decadência de três anos, restituindo o preço recebido e reembolsando as despesas do comprador, inclusive as que, durante o período de resgate, se efetuaram com a sua autorização escrita, ou para a realização de benfeitorias necessárias.

Art. 506. Se o comprador se recusar a receber as quantias a que faz jus, o vendedor, para exercer o direito de resgate, as depositará judicialmente.

Parágrafo único. Verificada a insuficiência do depósito judicial, não será o vendedor restituído no domínio da coisa, até e enquanto não for integralmente pago o comprador.

Art. 507. O direito de retrato, que é cessível e transmissível a herdeiros e legatários, poderá ser exercido contra o terceiro adquirente.

Art. 508. Se a duas ou mais pessoas couber o direito de retrato sobre o mesmo imóvel, e só uma o exercer, poderá o comprador intimar as outras para nele acordarem, prevalecendo o pacto em favor de quem haja efetuado o depósito, contanto que seja integral.

SUBSEÇÃO II - DA VENDA A CONTENTO E DA SUJEITA A PROVA

Art. 509. A venda feita a contento do comprador entende-se realizada sob condição suspensiva, ainda que a coisa lhe tenha sido entregue; e não se reputará perfeita, enquanto o adquirente não manifestar seu agrado.

Art. 510. Também a venda sujeita a prova presume-se feita sob a condição suspensiva de que a coisa tenha as qualidades asseguradas pelo vendedor e seja idônea para o fim a que se destina.

Art. 511. Em ambos os casos, as obrigações do comprador, que recebeu, sob condição suspensiva, a coisa comprada, são as de mero comodatário, enquanto não manifeste aceitá-la.

Art. 512. Não havendo prazo estipulado para a declaração do comprador, o vendedor terá direito de intimá-lo, judicial ou extrajudicialmente, para que o faça em prazo improrrogável.

SUBSEÇÃO III - DA PREEMPÇÃO OU PREFERÊNCIA

Art. 513. A preempção, ou preferência, impõe ao comprador a obrigação de oferecer ao vendedor a coisa que aquele vai vender, ou dar em pagamento, para que este use de seu direito de prelação na compra, tanto por tanto.

Parágrafo único. O prazo para exercer o direito de preferência não poderá exceder a cento e oitenta dias, se a coisa for móvel, ou a dois anos, se imóvel.

Art. 514. O vendedor pode também exercer o seu direito de prelação, intimando o comprador, quando lhe constar que este vai vender a coisa.

Art. 515. Aquele que exerce a preferência está, sob pena de a perder, obrigado a pagar, em condições iguais, o preço encontrado, ou o ajustado.

Art. 516. Inexistindo prazo estipulado, o direito de preempção caducará, se a coisa for móvel, não se exercendo nos três dias, e, se for imóvel, não se exercendo nos sessenta dias subseqüentes à data em que o comprador tiver notificado o vendedor.

Art. 517. Quando o direito de preempção for estipulado a favor de dois ou mais indivíduos em comum, só pode ser exercido em relação à coisa no seu todo. Se alguma das pessoas, a quem ele toque, perder ou não exercer o seu direito, poderão as demais utilizá-lo na forma sobredita.

Art. 518. Responderá por perdas e danos o comprador, se alienar a coisa sem ter dado ao vendedor ciência do preço e das vantagens que por ela lhe oferecem. Responderá solidariamente o adquirente, se tiver procedido de má-fé.

Art. 519. Se a coisa expropriada para fins de necessidade ou utilidade pública, ou por interesse social, não tiver o destino para que se desapropriou, ou não for utilizada em obras ou serviços públicos, caberá ao expropriado direito de preferência, pelo preço atual da coisa.

Art. 520. O direito de preferência não se pode ceder nem passa aos herdeiros.

SUBSEÇÃO IV - DA VENDA COM RESERVA DE DOMÍNIO

Art. 521. Na venda de coisa móvel, pode o vendedor reservar para si a propriedade, até que o preço esteja integralmente pago.

Art. 522. A cláusula de reserva de domínio será estipulada por escrito e depende de registro no domicílio do comprador para valer contra terceiros.

Art. 523. Não pode ser objeto de venda com reserva de domínio a coisa insuscetível de caracterização perfeita, para estremá-la de outras congêneres. Na dúvida, decide-se a favor do terceiro adquirente de boa-fé.

Art. 524. A transferência de propriedade ao comprador dá-se no momento em que o preço esteja integralmente pago. Todavia, pelos riscos da coisa responde o comprador, a partir de quando lhe foi entregue.

Art. 525. O vendedor somente poderá executar a cláusula de reserva de domínio após constituir o comprador em mora, mediante protesto do título ou interpelação judicial.

Art. 526. Verificada a mora do comprador, poderá o vendedor mover contra ele a competente ação de cobrança das prestações vencidas e vincendas e o mais que lhe for devido; ou poderá recuperar a posse da coisa vendida.

Art. 527. Na segunda hipótese do artigo antecedente, é facultado ao vendedor reter as prestações pagas até o necessário para cobrir a depreciação da coisa, as despesas feitas e o mais que de direito lhe for devido. O excedente será devolvido ao comprador; e o que faltar lhe será cobrado, tudo na forma da lei processual.

Art. 528. Se o vendedor receber o pagamento à vista, ou, posteriormente, mediante financiamento de instituição do mercado de capitais, a esta caberá exercer os direitos e ações decorrentes do contrato, a benefício de qualquer outro. A operação financeira e a respectiva ciência do comprador constarão do registro do contrato.

SUBSEÇÃO V - DA VENDA SOBRE DOCUMENTOS

Art. 529. Na venda sobre documentos, a tradição da coisa é substituída pela entrega do seu título representativo e dos outros documentos exigidos pelo contrato ou, no silêncio deste, pelos usos.

Parágrafo único. Achando-se a documentação em ordem, não pode o comprador recusar o pagamento, a pretexto de defeito de qualidade ou do estado da coisa vendida, salvo se o defeito já houver sido comprovado.

Art. 530. Não havendo estipulação em contrário, o pagamento deve ser efetuado na data e no lugar da entrega dos documentos.

Art. 531. Se entre os documentos entregues ao comprador figurar apólice de seguro que cubra os riscos do transporte, correm estes à conta do comprador, salvo se, ao ser concluído o contrato, tivesse o vendedor ciência da perda ou avaria da coisa.

Art. 532. Estipulado o pagamento por intermédio de estabelecimento bancário, caberá a este efetuá-lo contra a entrega dos documentos, sem obrigação de verificar a coisa vendida, pela qual não responde.

Parágrafo único. Nesse caso, somente após a recusa do estabelecimento bancário a efetuar o pagamento, poderá o vendedor pretendê-lo, diretamente do comprador.

CAPÍTULO II - DA TROCA OU PERMUTA

Art. 533. Aplicam-se à troca as disposições referentes à compra e venda, com as seguintes modificações:

I - salvo disposição em contrário, cada um dos contratantes pagará por metade as despesas com o instrumento da troca;

II - é anulável a troca de valores desiguais entre ascendentes e descendentes, sem consentimento dos outros descendentes e do cônjuge do alienante.

CAPÍTULO III - DO CONTRATO ESTIMATÓRIO

Art. 534. Pelo contrato estimatório, o consignante entrega bens móveis ao consignatário, que fica autorizado a vendê-los, pagando àquele o preço ajustado, salvo se preferir, no prazo estabelecido, restituir-lhe a coisa consignada.

Art. 535. O consignatário não se exonera da obrigação de pagar o preço, se a restituição da coisa, em sua integridade, se tornar impossível, ainda que por fato a ele não imputável.

Art. 536. A coisa consignada não pode ser objeto de penhora ou seqüestro pelos credores do consignatário, enquanto não pago integralmente o preço.

Art. 537. O consignante não pode dispor da coisa antes de lhe ser restituída ou de lhe ser comunicada a restituição.

CAPÍTULO IV - DA DOAÇÃO

SEÇÃO I - DISPOSIÇÕES GERAIS

Art. 538. Considera-se doação o contrato em que uma pessoa, por liberalidade, transfere do seu patrimônio bens ou vantagens para o de outra.

Art. 539. O doador pode fixar prazo ao donatário, para declarar se aceita ou não a liberalidade. Desde que o donatário, ciente do prazo, não faça, dentro dele, a declaração, entender-se-á que aceitou, se a doação não for sujeita a encargo.

Art. 540. A doação feita em contemplação do merecimento do donatário não perde o caráter de liberalidade, como não o perde a doação remuneratória, ou a gravada, no excedente ao valor dos serviços remunerados ou ao encargo imposto.

Art. 541. A doação far-se-á por escritura pública ou instrumento particular.

Parágrafo único. A doação verbal será válida, se, versando sobre bens móveis e de pequeno valor, se lhe seguir incontinenti a tradição.

Art. 542. A doação feita ao nascituro valerá, sendo aceita pelo seu representante legal.

Art. 543. Se o donatário for absolutamente incapaz, dispensa-se a aceitação, desde que se trate de doação pura.

Art. 544. A doação de ascendentes a descendentes, ou de um cônjuge a outro, importa adiantamento do que lhes cabe por herança.

Art. 545. A doação em forma de subvenção periódica ao beneficiado extingue-se morrendo o doador, salvo se este outra coisa dispuser, mas não poderá ultrapassar a vida do donatário.

Art. 546. A doação feita em contemplação de casamento futuro com certa e determinada pessoa, quer pelos nubentes entre si, quer por terceiro a um deles, a ambos, ou aos filhos que, de futuro, houverem um do outro, não pode ser impugnada por falta de aceitação, e só ficará sem efeito se o casamento não se realizar.

Art. 547. O doador pode estipular que os bens doados voltem ao seu patrimônio, se sobreviver ao donatário.

Parágrafo único. Não prevalece cláusula de reversão em favor de terceiro.

Art. 548. É nula a doação de todos os bens sem reserva de parte, ou renda suficiente para a subsistência do doador.

Art. 549. Nula é também a doação quanto à parte que exceder à de que o doador, no momento da liberalidade, poderia dispor em testamento.

Art. 550. A doação do cônjuge adúltero ao seu cúmplice pode ser anulada pelo outro cônjuge, ou por seus herdeiros necessários, até dois anos depois de dissolvida a sociedade conjugal.

Art. 551. Salvo declaração em contrário, a doação em comum a mais de uma pessoa entende-se distribuída entre elas por igual.

Parágrafo único. Se os donatários, em tal caso, forem marido e mulher, subsistirá na totalidade a doação para o cônjuge sobrevivo.

Art. 552. O doador não é obrigado a pagar juros moratórios, nem é sujeito às consequências da evicção ou do vício redibitório. Nas doações para casamento com certa e determinada pessoa, o doador ficará sujeito à evicção, salvo convenção em contrário.

Art. 553. O donatário é obrigado a cumprir os encargos da doação, caso forem a benefício do doador, de terceiro, ou do interesse geral.

Parágrafo único. Se desta última espécie for o encargo, o Ministério Público poderá exigir sua execução, depois da morte do doador, se este não tiver feito.

Art. 554. A doação a entidade futura caducará se, em dois anos, esta não estiver constituída regularmente.

SEÇÃO II - DA REVOGAÇÃO DA DOAÇÃO

Art. 555. A doação pode ser revogada por ingratidão do donatário, ou por inexecução do encargo.

Art. 556. Não se pode renunciar antecipadamente o direito de revogar a liberalidade por ingratidão do donatário.

Art. 557. Podem ser revogadas por ingratidão as doações:

I - se o donatário atentou contra a vida do doador ou cometeu crime de homicídio doloso contra ele;

II - se cometeu contra ele ofensa física;

III - se o injuriou gravemente ou o caluniou;

IV - se, podendo ministrá-los, recusou ao doador os alimentos de que este necessitava.

Art. 558. Pode ocorrer também a revogação quando o ofendido, nos casos do artigo anterior, for o cônjuge, ascendente, descendente, ainda que adotivo, ou irmão do doador.

Art. 559. A revogação por qualquer desses motivos deverá ser pleiteada dentro de um ano, a contar de quando chegue ao conhecimento do doador o fato que a autorizar, e de ter sido o donatário o seu autor.

Art. 560. O direito de revogar a doação não se transmite aos herdeiros do doador, nem prejudica os do donatário. Mas aqueles podem prosseguir na ação iniciada pelo doador, continuando-a contra os herdeiros do donatário, se este falecer depois de ajuizada a lide.

Art. 561. No caso de homicídio doloso do doador, a ação caberá aos seus herdeiros, exceto se aquele houver perdoado.

Art. 562. A doação onerosa pode ser revogada por inexecução do encargo, se o donatário incorrer em mora. Não havendo prazo para o cumprimento, o doador poderá notificar judicialmente o donatário, assinando-lhe prazo razoável para que cumpra a obrigação assumida.

Art. 563. A revogação por ingratidão não prejudica os direitos adquiridos por terceiros, nem obriga o donatário a restituir os frutos percebidos antes da citação válida; mas sujeita-o a pagar os posteriores, e, quando não possa restituir em espécie as coisas doadas, a indenizá-la pelo meio termo do seu valor.

Art. 564. Não se revogam por ingratidão:

I - as doações puramente remuneratórias;

II - as oneradas com encargo já cumprido;

III - as que se fizerem em cumprimento de obrigação natural;

IV - as feitas para determinado casamento.

CAPÍTULO V - DA LOCAÇÃO DE COISAS

Art. 565. Na locação de coisas, uma das partes se obriga a ceder à outra, por tempo determinado ou não, o uso e gozo de coisa não fungível, mediante certa retribuição.

Art. 566. O locador é obrigado:

I - a entregar ao locatário a coisa alugada, com suas pertenças, em estado de servir ao uso a que se destina, e a mantê-la nesse estado, pelo tempo do contrato, salvo cláusula expressa em contrário;

II - a garantir-lhe, durante o tempo do contrato, o uso pacífico da coisa.

Art. 567. Se, durante a locação, se deteriorar a coisa alugada, sem culpa do locatário, a este caberá pedir redução proporcional do aluguel, ou resolver o contrato, caso já não sirva a coisa para o fim a que se destinava.

Art. 568. O locador resguardará o locatário dos embaraços e turbações de terceiros, que tenham ou pretendam ter direitos sobre a coisa alugada, e responderá pelos seus vícios, ou defeitos, anteriores à locação.

Art. 569. O locatário é obrigado:

I - a servir-se da coisa alugada para os usos convencionados ou presumidos, conforme a natureza dela e as circunstâncias, bem como tratá-la com o mesmo cuidado como se sua fosse;

II - a pagar pontualmente o aluguel nos prazos ajustados, e, em falta de ajuste, segundo o costume do lugar;

III - a levar ao conhecimento do locador as turbações de terceiros, que se pretendam fundadas em direito;

IV - a restituir a coisa, finda a locação, no estado em que a recebeu, salvas as deteriorações naturais ao uso regular.

Art. 570. Se o locatário empregar a coisa em uso diverso do ajustado, ou do a que se destina, ou se ela se danificar por abuso do locatário, poderá o locador, além de rescindir o contrato, exigir perdas e danos.

Art. 571. Havendo prazo estipulado à duração do contrato, antes do vencimento não poderá o locador reaver a coisa alugada, senão ressarcindo ao locatário as perdas e danos resultantes, nem o locatário devolvê-la ao locador, senão pagando, proporcionalmente, a multa prevista no contrato.

Parágrafo único. O locatário gozará do direito de retenção, enquanto não for ressarcido.

Art. 572. Se a obrigação de pagar o aluguel pelo tempo que faltar constituir indenização excessiva, será facultado ao juiz fixá-la em bases razoáveis.

Art. 573. A locação por tempo determinado cessa de pleno direito findo o prazo estipulado, independentemente de notificação ou aviso.

Art. 574. Se, findo o prazo, o locatário continuar na posse da coisa alugada, sem oposição do locador, presumir-se-á prorrogada a locação pelo mesmo aluguel, mas sem prazo determinado.

Art. 575. Se, notificado o locatário, não restituir a coisa, pagará, enquanto a tiver em seu poder, o aluguel que o locador arbitrar, e responderá pelo dano que ela venha a sofrer, embora proveniente de caso fortuito.

Parágrafo único. Se o aluguel arbitrado for manifestamente excessivo, poderá o juiz reduzi-lo, mas tendo sempre em conta o seu caráter de penalidade.

Art. 576. Se a coisa for alienada durante a locação, o adquirente não ficará obrigado a respeitar o contrato, se nele não for consignada a cláusula da sua vigência no caso de alienação, e não constar de registro.

§ 1º O registro a que se refere este artigo será o de Títulos e Documentos do domicílio do locador, quando a coisa for móvel; e será o Registro de Imóveis da respectiva circunscrição, quando imóvel.

§ 2º Em se tratando de imóvel, e ainda no caso em que o locador não esteja obrigado a respeitar o contrato, não poderá ele despedir o locatário, senão observado o prazo de noventa dias após a notificação.

Art. 577. Morrendo o locador ou o locatário, transfere-se aos seus herdeiros a locação por tempo determinado.

Art. 578. Salvo disposição em contrário, o locatário goza do direito de retenção, no caso de benfeitorias necessárias, ou no de benfeitorias úteis, se estas houverem sido feitas com expresso consentimento do locador.

CAPÍTULO VI - DO EMPRÉSTIMO
SEÇÃO I - DO COMODATO

Art. 579. O comodato é o empréstimo gratuito de coisas não fungíveis. Perfaz-se com a tradição do objeto.

Art. 580. Os tutores, curadores e em geral todos os administradores de bens alheios não poderão dar em comodato, sem autorização especial, os bens confiados à sua guarda.

Art. 581. Se o comodato não tiver prazo convencional, presumir-se-lhe-á o necessário para o uso concedido; não podendo o comodante, salvo necessidade imprevista e urgente, reconhecida pelo juiz, suspender o uso e gozo da coisa emprestada, antes de findo o prazo convencional, ou o que se determine pelo uso outorgado.

Art. 582. O comodatário é obrigado a conservar, como se sua própria fora, a coisa emprestada, não podendo usá-la senão de acordo com o contrato ou a natureza dela, sob pena de responder por perdas e danos. O comodatário constituído em mora, além de por ela responder, pagará, até restituí-la, o aluguel da coisa que for arbitrado pelo comodante.

Art. 583. Se, correndo risco o objeto do comodato juntamente com outros do comodatário, antepuser este à salvação dos seus abandonando o do comodante, responderá pelo dano ocorrido, ainda que se possa atribuir a caso fortuito, ou força maior.

Art. 584. O comodatário não poderá jamais recobrar do comodante as despesas feitas com o uso e gozo da coisa emprestada.

Art. 585. Se duas ou mais pessoas forem simultaneamente comodatárias de uma coisa, ficarão solidariamente responsáveis para com o comodante.

SEÇÃO II - DO MÚTUO

Art. 586. O mútuo é o empréstimo de coisas fungíveis. O mutuário é obrigado a restituir ao mutuante o que dele recebeu em coisa do mesmo gênero, qualidade e quantidade.

Art. 587. Este empréstimo transfere o domínio da coisa emprestada ao mutuário, por cuja conta correm todos os riscos dela desde a tradição.

Art. 588. O mútuo feito a pessoa menor, sem prévia autorização daquele sob cuja guarda estiver, não pode ser reavido nem do mutuário, nem de seus fiadores.

Art. 589. Cessa a disposição do artigo antecedente:

I - se a pessoa, de cuja autorização necessitava o mutuário para contrair o empréstimo, o ratificar posteriormente;

II - se o menor, estando ausente essa pessoa, se viu obrigado a contrair o empréstimo para os seus alimentos habituais;

III - se o menor tiver bens ganhos com o seu trabalho. Mas, em tal caso, a execução do credor não lhes poderá ultrapassar as forças;

IV - se o empréstimo reverteu em benefício do menor;

V - se o menor obteve o empréstimo maliciosamente.

Art. 590. O mutuante pode exigir garantia da restituição, se antes do vencimento o mutuário sofrer notória mudança em sua situação econômica.

Art. 591. Destinando-se o mútuo a fins econômicos, presumem-se devidos juros, os quais, sob pena de redução, não poderão exceder a taxa a que se refere o art. 406, permitida a capitalização anual.

Art. 592. Não se tendo convencionado expressamente, o prazo do mútuo será:

I - até a próxima colheita, se o mútuo for de produtos agrícolas, assim para o consumo, como para semeadura;

II - de trinta dias, pelo menos, se for de dinheiro;

III - do espaço de tempo que declarar o mutuante, se for de qualquer outra coisa fungível.

CAPÍTULO VII - DA PRESTAÇÃO DE SERVIÇO

Art. 593. A prestação de serviço, que não estiver sujeita às leis trabalhistas ou a lei especial, reger-se-á pelas disposições deste Capítulo.

Art. 594. Toda a espécie de serviço ou trabalho lícito, material ou imaterial, pode ser contratada mediante retribuição.

Art. 595. No contrato de prestação de serviço, quando qualquer das partes não souber ler, nem escrever, o instrumento poderá ser assinado a rogo e subscrito por duas testemunhas.

Art. 596. Não se tendo estipulado, nem chegado a acordo as partes, fixar-se-á por arbitramento a retribuição, segundo o costume do lugar, o tempo de serviço e sua qualidade.

Art. 597. A retribuição pagar-se-á depois de prestado o serviço, se, por convenção, ou costume, não houver de ser adiantada, ou paga em prestações.

Art. 598. A prestação de serviço não se poderá convencionar por mais de quatro anos, embora o contrato tenha por causa o pagamento de dívida de quem o presta, ou se destine à execução de certa e determinada obra. Neste caso, decorridos quatro anos, dar-se-á por findo o contrato, ainda que não concluída a obra.

Art. 599. Não havendo prazo estipulado, nem se podendo inferir da natureza do contrato, ou do costume do lugar, qualquer das partes, a seu arbítrio, mediante prévio aviso, pode resolver o contrato.

Parágrafo único. Dar-se-á o aviso:

I - com antecedência de oito dias, se o salário se houver fixado por tempo de um mês, ou mais;

II - com antecipação de quatro dias, se o salário se tiver ajustado por semana, ou quinzena;

III - de véspera, quando se tenha contratado por menos de sete dias.

Art. 600. Não se conta no prazo do contrato o tempo em que o prestador de serviço, por culpa sua, deixou de servir.

Art. 601. Não sendo o prestador de serviço contratado para certo e determinado trabalho, entender-se-á que se obrigou a todo e qualquer serviço compatível com as suas forças e condições.

Art. 602. O prestador de serviço contratado por tempo certo, ou por obra determinada, não se pode ausentar, ou despedir, sem justa causa, antes de preenchido o tempo, ou concluída a obra.

Parágrafo único. Se se despedir sem justa causa, terá direito à retribuição vencida, mas responderá por perdas e danos. O mesmo dar-se-á, se despedido por justa causa.

Art. 603. Se o prestador de serviço for despedido sem justa causa, a outra parte será obrigada a pagar-lhe por inteiro a retribuição vencida, e por metade a que lhe tocaria de então ao termo legal do contrato.

Art. 604. Findo o contrato, o prestador de serviço tem direito a exigir da outra parte a declaração de que o contrato está findo. Igual direito lhe cabe, se for despedido sem justa causa, ou se tiver havido motivo justo para deixar o serviço.

Art. 605. Nem aquele a quem os serviços são prestados, poderá transferir a outrem o direito aos serviços ajustados, nem o prestador de serviços, sem aprazimento da outra parte, dar substituto que os preste.

Art. 606. Se o serviço for prestado por quem não possua título de habilitação, ou não satisfaça requisitos outros estabelecidos em lei, não poderá quem os prestou cobrar a retribuição normalmente correspondente ao trabalho executado. Mas se deste resultar benefício para a outra parte, o juiz atribuirá a quem o prestou uma compensação razoável, desde que tenha agido com boa-fé.

TÍTULO VI - DAS VÁRIAS ESPÉCIES DE CONTRATO

Parágrafo único. Não se aplica a segunda parte deste artigo, quando a proibição da prestação de serviço resultar de lei de ordem pública.

Art. 607. O contrato de prestação de serviço acaba com a morte de qualquer das partes. Termina, ainda, pelo escoamento do prazo, pela conclusão da obra, pela rescisão do contrato mediante aviso prévio, por inadimplemento de qualquer das partes ou pela impossibilidade da continuação do contrato, motivada por força maior.

Art. 608. Aquele que aliciar pessoas obrigadas em contrato escrito a prestar serviço a outrem pagará a este a importância que ao prestador de serviço, pelo ajuste desfeito, houvesse de caber durante dois anos.

Art. 609. A alienação do prédio agrícola, onde a prestação dos serviços se opera, não importa a rescisão do contrato, salvo ao prestador opção entre continuá-lo com o adquirente da propriedade ou com o primitivo contratante.

CAPÍTULO VIII - DA EMPREITADA

Art. 610. O empreiteiro de uma obra pode contribuir para ela só com seu trabalho ou com ele e os materiais.

§ 1º A obrigação de fornecer os materiais não se presume; resulta da lei ou da vontade das partes.

§ 2º O contrato para elaboração de um projeto não implica a obrigação de executá-lo, ou de fiscalizar-lhe a execução.

Art. 611. Quando o empreiteiro fornece os materiais, correm por sua conta os riscos até o momento da entrega da obra, a contento de quem a encomendou, se este não estiver em mora de receber. Mas se estiver, por sua conta correrão os riscos.

Art. 612. Se o empreiteiro só forneceu mão-de-obra, todos os riscos em que não tiver culpa correrão por conta do dono.

Art. 613. Sendo a empreitada unicamente de lavor (art. 610), se a coisa perecer antes de entregue, sem mora do dono nem culpa do empreiteiro, este perderá a retribuição, se não provar que a perda resultou de defeito dos materiais e que em tempo reclamara contra a sua quantidade ou qualidade.

Art. 614. Se a obra constar de partes distintas, ou for de natureza das que se determinam por medida, o empreiteiro terá direito a que também se verifique por medida, ou segundo as partes em que se dividir, podendo exigir o pagamento na proporção da obra executada.

§ 1º Tudo o que se pagou presume-se verificado.

§ 2º O que se mediu presume-se verificado se, em trinta dias, a contar da medição, não forem denunciados os vícios ou defeitos pelo dono da obra ou por quem estiver incumbido da sua fiscalização.

Art. 615. Concluída a obra de acordo com o ajuste, ou o costume do lugar, o dono é obrigado a recebê-la. Poderá, porém, rejeitá-la, se o empreiteiro se afastou das instruções recebidas e dos planos dados, ou das regras técnicas em trabalhos de tal natureza.

Art. 616. No caso da segunda parte do artigo antecedente, pode quem encomendou a obra, em vez de enjeitá-la, recebê-la com abatimento no preço.

Art. 617. O empreiteiro é obrigado a pagar os materiais que recebeu, se por imperícia ou negligência os inutilizar.

Art. 618. Nos contratos de empreitada de edifícios ou outras construções consideráveis, o empreiteiro de materiais e execução responderá, durante o prazo irredutível de cinco anos, pela solidez e segurança do trabalho, assim em razão dos materiais, como do solo.

Parágrafo único. Decairá do direito assegurado neste artigo o dono da obra que não propuser a ação contra o empreiteiro, nos cento e oitenta dias seguintes ao aparecimento do vício ou defeito.

Art. 619. Salvo estipulação em contrário, o empreiteiro que se incumbir de executar uma obra, segundo plano aceito por quem a encomendou, não terá direito a exigir acréscimo no preço, ainda que sejam introduzidas modificações no projeto, a não ser que estas resultem de instruções escritas do dono da obra.

Parágrafo único. Ainda que não tenha havido autorização escrita, o dono da obra é obrigado a pagar ao empreiteiro os aumentos e acréscimos, segundo o que for arbitrado, se, sempre presente à obra, por continuadas visitas, não podia ignorar o que se estava passando, e nunca protestou.

Art. 620. Se ocorrer diminuição no preço do material ou da mão-de-obra superior a um décimo do preço global convencionado, poderá este ser revisto, a pedido do dono da obra, para que se lhe assegure a diferença apurada.

Art. 621. Sem anuência de seu autor, não pode o proprietário da obra introduzir modificações no projeto por ele aprovado, ainda que a execução seja confiada a terceiros, a não ser que, por motivos supervenientes ou razões de ordem técnica, fique comprovada a inconveniência ou a excessiva onerosidade de execução do projeto em sua forma originária.

Parágrafo único. A proibição deste artigo não abrange alterações de pouca monta, ressalvada sempre a unidade estética da obra projetada.

Art. 622. Se a execução da obra for confiada a terceiros, a responsabilidade do autor do projeto respectivo, desde que não assuma a direção ou fiscalização daquela, ficará limitada aos danos resultantes de defeitos previstos no art. 618 e seu parágrafo único.

Art. 623. Mesmo após iniciada a construção, pode o dono da obra suspendê-la, desde que pague ao empreiteiro as despesas e lucros relativos aos serviços já feitos, mais indenização razoável, calculada em função do que ele teria ganho, se concluída a obra.

Art. 624. Suspensa a execução da empreitada sem justa causa, responde o empreiteiro por perdas e danos.

Art. 625. Poderá o empreiteiro suspender a obra:

I - por culpa do dono, ou por motivo de força maior;

II - quando, no decorrer dos serviços, se manifestarem dificuldades imprevisíveis de execução, resultantes de causas geológicas ou hídricas, ou outras semelhantes, de modo que torne a empreitada excessivamente onerosa, e o dono da obra se opuser ao reajuste do preço inerente ao projeto por ele elaborado, observados os preços;

III - se as modificações exigidas pelo dono da obra, por seu vulto e natureza, forem desproporcionais ao projeto aprovado, ainda que o dono se disponha a arcar com o acréscimo de preço.

Art. 626. Não se extingue o contrato de empreitada pela morte de qualquer das partes, salvo se ajustado em consideração às qualidades pessoais do empreiteiro.

CAPÍTULO IX - DO DEPÓSITO

SEÇÃO I - DO DEPÓSITO VOLUNTÁRIO

Art. 627. Pelo contrato de depósito recebe o depositário um objeto móvel, para guardar, até que o depositante o reclame.

Art. 628. O contrato de depósito é gratuito, exceto se houver convenção em contrário, se resultante de atividade negocial ou se o depositário o praticar por profissão.

Parágrafo único. Se o depósito for oneroso e a retribuição do depositário não constar de lei, nem resultar de ajuste, será determinada pelos usos do lugar, e, na falta destes, por arbitramento.

Art. 629. O depositário é obrigado a ter na guarda e conservação da coisa depositada o cuidado e diligência que costuma com o que lhe pertence, bem como a restituí-la, com todos os frutos e acrescidos, quando o exija o depositante.

Art. 630. Se o depósito se entregou fechado, colado, selado, ou lacrado, nesse mesmo estado se manterá.

Art. 631. Salvo disposição em contrário, a restituição da coisa deve dar-se no lugar em que tiver de ser guardada. As despesas de restituição correm por conta do depositante.

Art. 632. Se a coisa houver sido depositada no interesse de terceiro, e o depositário tiver sido cientificado deste fato pelo depositante, não poderá ele exonerar-se restituindo a coisa a este, sem consentimento daquele.

Art. 633. Ainda que o contrato fixe prazo à restituição, o depositário entregará o depósito logo que se lhe exija, salvo se tiver o direito de retenção a que se refere o art. 644, se o objeto for judicialmente embargado, se sobre ele pender execução, notificada ao depositário, ou se houver motivo razoável de suspeitar que a coisa foi dolosamente obtida.

Art. 634. No caso do artigo antecedente, última parte, o depositário, expondo o fundamento da suspeita, requererá que se recolha o objeto ao Depósito Público.

Art. 635. Ao depositário será facultado, outrossim, requerer depósito judicial da coisa, quando, por motivo plausível, não a possa guardar, e o depositante não queira recebê-la.

Art. 636. O depositário, que por força maior houver perdido a coisa depositada e recebido outra em seu lugar, é obrigado a entregar a segunda ao depositante, e ceder-lhe as ações que no caso tiver contra o terceiro responsável pela restituição da primeira.

Art. 637. O herdeiro do depositário, que de boa-fé vendeu a coisa depositada, é obrigado a assistir o depositante na reivindicação, e a restituir ao comprador o preço recebido.

Art. 638. Salvo os casos previstos nos arts. 633 e 634, não poderá o depositário furtar-se à restituição do depósito, alegando não pertencer a coisa ao depositante, ou opondo compensação, exceto se noutro depósito se fundar.

Art. 639. Sendo dois ou mais depositantes, e divisível a coisa, a cada um só entregará o depositário a respectiva parte, salvo se houver entre eles solidariedade.

Art. 640. Sob pena de responder por perdas e danos, não poderá o depositário, sem licença expressa do depositante, servir-se da coisa depositada, nem a dar em depósito a outrem.

Parágrafo único. Se o depositário, devidamente autorizado, confiar a coisa em depósito a terceiro, será responsável se agiu com culpa na escolha deste.

Art. 641. Se o depositário se tornar incapaz, a pessoa que lhe assumir a administração dos bens diligenciará imediatamente restituir a coisa depositada e, não querendo ou não podendo o depositante recebê-la, recolhê-la-á ao Depósito Público ou promoverá nomeação de outro depositário.

Art. 642. O depositário não responde pelos casos de força maior; mas, para que lhe valha a escusa, terá de prová-los.

Art. 643. O depositante é obrigado a pagar ao depositário as despesas feitas com a coisa, e os prejuízos que do depósito provierem.

Art. 644. O depositário poderá reter o depósito até que se lhe pague a retribuição devida, o líquido valor das despesas, ou dos prejuízos a que se refere o artigo anterior, provando imediatamente esses prejuízos ou essas despesas.

Parágrafo único. Se essas dívidas, despesas ou prejuízos não forem provados suficientemente, ou forem ilíquidos, o depositário poderá exigir caução idônea do depositante ou, na falta desta, a remoção da coisa para o Depósito Público, até que se liquidem.

Art. 645. O depósito de coisas fungíveis, em que o depositário se obrigue a restituir objetos do mesmo gênero, qualidade e quantidade, regular-se-á pelo disposto acerca do mútuo.

Art. 646. O depósito voluntário provar-se-á por escrito.

SEÇÃO II - DO DEPÓSITO NECESSÁRIO

Art. 647. É depósito necessário:

I - o que se faz em desempenho de obrigação legal;

II - o que se efetua por ocasião de alguma calamidade, como o incêndio, a inundação, o naufrágio ou o saque.

Art. 648. O depósito a que se refere o inciso I do artigo antecedente, reger-se-á pela disposição da respectiva lei, e, no silêncio ou deficiência dela, pelas concernentes ao depósito voluntário.

Parágrafo único. As disposições deste artigo aplicam-se aos depósitos previstos no inciso II do artigo antecedente, podendo estes certificarem-se por qualquer meio de prova.

Art. 649. Aos depósitos previstos no artigo antecedente é equiparado o das bagagens dos viajantes ou hóspedes nas hospedarias onde estiverem.

Parágrafo único. Os hospedeiros responderão como depositários, assim como pelos furtos e roubos que perpetrarem as pessoas empregadas ou admitidas nos seus estabelecimentos.

Art. 650. Cessa, nos casos do artigo antecedente, a responsabilidade dos hospedeiros, se provarem que os fatos prejudiciais aos viajantes ou hóspedes não podiam ter sido evitados.

Art. 651. O depósito necessário não se presume gratuito. Na hipótese do art. 649, a remuneração pelo depósito está incluída no preço da hospedagem.

Art. 652. Seja o depósito voluntário ou necessário, o depositário que não o restituir quando exigido será compelido a fazê-lo mediante prisão não excedente a um ano, e ressarcir os prejuízos.

CAPÍTULO X - DO MANDATO

SEÇÃO I - DISPOSIÇÕES GERAIS

Art. 653. Opera-se o mandato quando alguém recebe de outrem poderes para, em seu nome, praticar atos ou administrar interesses. A procuração é o instrumento do mandato.

Art. 654. Todas as pessoas capazes são aptas para dar procuração mediante instrumento particular, que valerá desde que tenha a assinatura do outorgante.

§ 1º O instrumento particular deve conter a indicação do lugar onde foi passado, a qualificação do outorgante e do outorgado, a data e o objetivo da outorga com a designação e a extensão dos poderes conferidos.

§ 2º O terceiro com quem o mandatário tratar poderá exigir que a procuração traga a firma reconhecida.

Art. 655. Ainda quando se outorgue mandato por instrumento público, pode substabelecer-se mediante instrumento particular.

Art. 656. O mandato pode ser expresso ou tácito, verbal ou escrito.

Art. 657. A outorga do mandato está sujeita à forma exigida por lei para o ato a ser praticado. Não se admite mandato verbal quando o ato deva ser celebrado por escrito.

Art. 658. O mandato presume-se gratuito quando não houver sido estipulada retribuição, exceto se o seu objeto corresponder ao daqueles que o mandatário trata por ofício ou profissão lucrativa.

Parágrafo único. Se o mandato for oneroso, caberá ao mandatário a retribuição prevista em lei ou no contrato. Sendo estes omissos, será ela determinada pelos usos do lugar, ou, na falta destes, por arbitramento.

Art. 659. A aceitação do mandato pode ser tácita, e resulta do começo de execução.

Art. 660. O mandato pode ser especial a um ou mais negócios determinadamente, ou geral a todos os do mandante.

Art. 661. O mandato em termos gerais só confere poderes de administração.

§ 1º Para alienar, hipotecar, transigir, ou praticar outros quaisquer atos que exorbitem da administração ordinária, depende a procuração de poderes especiais e expressos.

§ 2º O poder de transigir não importa o de firmar compromisso.

Art. 662. Os atos praticados por quem não tenha mandato, ou o tenha sem poderes suficientes, são ineficazes em relação àquele em cujo nome foram praticados, salvo se este os ratificar.

Parágrafo único. A ratificação há de ser expressa, ou resultar de ato inequívoco, e retroagirá à data do ato.

Art. 663. Sempre que o mandatário estipular negócios expressamente em nome do mandante, será este o único

responsável; ficará, porém, o mandatário pessoalmente obrigado, se agir no seu próprio nome, ainda que o negócio seja de conta do mandante.

Art. 664. O mandatário tem o direito de reter, do objeto da operação que lhe foi cometida, quanto baste para pagamento de tudo que lhe for devido em conseqüência do mandato.

Art. 665. O mandatário que exceder os poderes do mandato, ou proceder contra eles, será considerado mero gestor de negócios, enquanto o mandante lhe não ratificar os atos.

Art. 666. O maior de dezesseis e menor de dezoito anos não emancipado pode ser mandatário, mas o mandante não tem ação contra ele senão de conformidade com as regras gerais, aplicáveis às obrigações contraídas por menores.

SEÇÃO II - DAS OBRIGAÇÕES DO MANDATÁRIO

Art. 667. O mandatário é obrigado a aplicar toda sua diligência habitual na execução do mandato, e a indenizar qualquer prejuízo causado por culpa sua ou daquele a quem substabelecer, sem autorização, poderes que devia exercer pessoalmente.

§ 1º Se, não obstante proibição do mandante, o mandatário se fizer substituir na execução do mandato, responderá ao seu constituinte pelos prejuízos ocorridos sob a gerência do substituto, embora provenientes de caso fortuito, salvo provando que o caso teria sobrevindo, ainda que não tivesse havido substabelecimento.

§ 2º Havendo poderes de substabelecer, só serão imputáveis ao mandatário os danos causados pelo substabelecido, se tiver agido com culpa na escolha deste ou nas instruções dadas a ele.

§ 3º Se a proibição de substabelecer constar da procuração, os atos praticados pelo substabelecido não obrigam o mandante, salvo ratificação expressa, que retroagirá à data do ato.

§ 4º Sendo omissa a procuração quanto ao substabelecimento, o procurador será responsável se o substabelecido proceder culposamente.

Art. 668. O mandatário é obrigado a dar contas de sua gerência ao mandante, transferindo-lhe as vantagens provenientes do mandato, por qualquer título que seja.

Art. 669. O mandatário não pode compensar os prejuízos a que deu causa com os proveitos que, por outro lado, tenha granjeado ao seu constituinte.

Art. 670. Pelas somas que devia entregar ao mandante ou recebeu para despesa, mas empregou em proveito seu, pagará o mandatário juros, desde o momento em que abusou.

Art. 671. Se o mandatário, tendo fundos ou crédito do mandante, comprar, em nome próprio, algo que devera comprar para o mandante, por ter sido expressamente designado no mandato, terá este ação para obrigá-lo à entrega da coisa comprada.

Art. 672. Sendo dois ou mais os mandatários nomeados no mesmo instrumento, qualquer deles poderá exercer os poderes outorgados, se não forem expressamente declarados conjuntos, nem especificamente designados para atos diferentes, ou subordinados a atos sucessivos. Se os mandatários forem declarados conjuntos, não terá eficácia o ato praticado sem interferência de todos, salvo havendo ratificação, que retroagirá à data do ato.

Art. 673. O terceiro que, depois de conhecer os poderes do mandatário, com ele celebrar negócio jurídico exorbitante do mandato, não tem ação contra o mandatário, salvo se este lhe prometeu ratificação do mandante ou se responsabilizou pessoalmente.

Art. 674. Embora ciente da morte, interdição ou mudança de estado do mandante, deve o mandatário concluir o negócio já começado, se houver perigo na demora.

SEÇÃO III - DAS OBRIGAÇÕES DO MANDANTE

Art. 675. O mandante é obrigado a satisfazer todas as obrigações contraídas pelo mandatário, na conformidade do mandato conferido, e adiantar a importância das despesas necessárias à execução dele, quando o mandatário lho pedir.

Art. 676. É obrigado o mandante a pagar ao mandatário a remuneração ajustada e as despesas da execução do mandato, ainda que o negócio não surta o esperado efeito, salvo tendo o mandatário culpa.

Art. 677. As somas adiantadas pelo mandatário, para a execução do mandato, vencem juros desde a data do desembolso.

Art. 678. É igualmente obrigado o mandante a ressarcir ao mandatário as perdas que este sofrer com a execução do mandato, sempre que não resultem de culpa sua ou de excesso de poderes.

Art. 679. Ainda que o mandatário contrarie as instruções do mandante, se não exceder os limites do mandato, ficará o mandante obrigado para com aqueles com quem o seu procurador contratou; mas terá contra este ação pelas perdas e danos resultantes da inobservância das instruções.

Art. 680. Se o mandato for outorgado por duas ou mais pessoas, e para negócio comum, cada uma ficará solidariamente responsável ao mandatário por todos os compromissos e efeitos do mandato, salvo direito regressivo, pelas quantias que pagar, contra os outros mandantes.

Art. 681. O mandatário tem sobre a coisa de que tenha a posse em virtude do mandato, direito de retenção, até se reembolsar do que no desempenho do encargo despendeu.

SEÇÃO IV - DA EXTINÇÃO DO MANDATO

Art. 682. Cessa o mandato:
I - pela revogação ou pela renúncia;
II - pela morte ou interdição de uma das partes;
III - pela mudança de estado que inabilite o mandante a conferir os poderes, ou o mandatário para os exercer;
IV - pelo término do prazo ou pela conclusão do negócio.

Art. 683. Quando o mandato contiver a cláusula de irrevogabilidade e o mandante o revogar, pagará perdas e danos.

Art. 684. Quando a cláusula de irrevogabilidade for condição de um negócio bilateral, ou tiver sido estipulada no exclusivo interesse do mandatário, a revogação do mandato será ineficaz.

Art. 685. Conferido o mandato com a cláusula "em causa própria", a sua revogação não terá eficácia, nem se extinguirá pela morte de qualquer das partes, ficando o mandatário dispensado de prestar contas, e podendo transferir para si os bens móveis ou imóveis objeto do mandato, obedecidas as formalidades legais.

Art. 686. A revogação do mandato, notificada somente ao mandatário, não se pode opor aos terceiros que, ignorando-a, de boa-fé com ele trataram; mas ficam salvas ao constituinte as ações que no caso lhe possam caber contra o procurador.

Parágrafo único. É irrevogável o mandato que contenha poderes de cumprimento ou confirmação de negócios encetados, aos quais se ache vinculado.

Art. 687. Tanto que for comunicada ao mandatário a nomeação de outro, para o mesmo negócio, considerar-se-á revogado o mandato anterior.

Art. 688. A renúncia do mandato será comunicada ao mandante, que, se for prejudicado pela sua inoportunidade, ou pela falta de tempo, a fim de prover à substituição do procurador, será indenizado pelo mandatário, salvo se este provar que não podia continuar no mandato sem prejuízo considerável, e que não lhe era dado substabelecer.

Art. 689. São válidos, a respeito dos contratantes de boa-fé, os atos com estes ajustados em nome do mandante pelo mandatário, enquanto este ignorar a morte daquele ou a extinção do mandato, por qualquer outra causa.

Art. 690. Se falecer o mandatário, pendente o negócio a ele cometido, os herdeiros, tendo ciência do mandato, avisarão o mandante, e providenciarão a bem dele, como as circunstâncias exigirem.

Art. 691. Os herdeiros, no caso do artigo antecedente, devem limitar-se às medidas conservatórias, ou continuar os negócios pendentes que se não possam demorar sem perigo, regulando-se os seus serviços dentro desse limite, pelas mesmas normas a que os do mandatário estão sujeitos.

SEÇÃO V - DO MANDATO JUDICIAL

Art. 692. O mandato judicial fica subordinado às normas que lhe dizem respeito, constantes da legislação processual, e, supletivamente, às estabelecidas neste Código.

CAPÍTULO XI - DA COMISSÃO

Art. 693. O contrato de comissão tem por objeto a aquisição ou a venda de bens pelo comissário, em seu próprio nome, à conta do comitente.

Art. 694. O comissário fica diretamente obrigado para com as pessoas com quem contratar, sem que estas tenham ação contra o comitente, nem este contra elas, salvo se o comissário ceder seus direitos a qualquer das partes.

Art. 695. O comissário é obrigado a agir de conformidade com as ordens e instruções do comitente, devendo, na falta destas, não podendo pedi-las a tempo, proceder segundo os usos em casos semelhantes.

Parágrafo único. Ter-se-ão por justificados os atos do comissário, se deles houver resultado vantagem para o comitente, e ainda no caso em que, não admitindo demora a realização do negócio, o comissário agiu de acordo com os usos.

Art. 696. No desempenho das suas incumbências o comissário é obrigado a agir com cuidado e diligência, não só para evitar qualquer prejuízo ao comitente, mas ainda para lhe proporcionar o lucro que razoavelmente se podia esperar do negócio.

Parágrafo único. Responderá o comissário, salvo motivo de força maior, por qualquer prejuízo que, por ação ou omissão, ocasionar ao comitente.

Art. 697. O comissário não responde pela insolvência das pessoas com quem tratar, exceto em caso de culpa e no do artigo seguinte.

Art. 698. Se do contrato de comissão constar a cláusula del credere, responderá o comissário solidariamente com as pessoas com que houver tratado em nome do comitente, caso em que, salvo estipulação em contrário, o comissário tem direito a remuneração mais elevada, para compensar o ônus assumido.

Art. 699. Presume-se o comissário autorizado a conceder dilação do prazo para pagamento, na conformidade dos usos do lugar onde se realizar o negócio, se não houver instruções diversas do comitente.

Art. 700. Se houver instruções do comitente proibindo prorrogação de prazos para pagamento, ou se esta não for conforme os usos locais, poderá o comitente exigir que o comissário pague incontinenti ou responda pelas conseqüências da dilação concedida, procedendo-se de igual modo se o comissário não der ciência ao comitente dos prazos concedidos e de quem é seu beneficiário.

Art. 701. Não estipulada a remuneração devida ao comissário, será ela arbitrada segundo os usos correntes no lugar.

Art. 702. No caso de morte do comissário, ou, quando, por motivo de força maior, não puder concluir o negócio, será devida pelo comitente uma remuneração proporcional aos trabalhos realizados.

Art. 703. Ainda que tenha dado motivo à dispensa, terá o comissário direito a ser remunerado pelos serviços úteis prestados ao comitente, ressalvado a este o direito de exigir daquele os prejuízos sofridos.

Art. 704. Salvo disposição em contrário, pode o comitente, a qualquer tempo, alterar as instruções dadas ao comissário, entendendo-se por elas regidos também os negócios pendentes.

Art. 705. Se o comissário for despedido sem justa causa, terá direito a ser remunerado pelos trabalhos prestados, bem como a ser ressarcido pelas perdas e danos resultantes de sua dispensa.

Art. 706. O comitente e o comissário são obrigados a pagar juros um ao outro; o primeiro pelo que o comissário houver adiantado para cumprimento de suas ordens; e o segundo pela mora na entrega dos fundos que pertencerem ao comitente.

Art. 707. O crédito do comissário, relativo a comissões e despesas feitas, goza de privilégio geral, no caso de falência ou insolvência do comitente.

Art. 708. Para reembolso das despesas feitas, bem como para recebimento das comissões devidas, tem o comissário direito de retenção sobre os bens e valores em seu poder em virtude da comissão.

Art. 709. São aplicáveis à comissão, no que couber, as regras sobre mandato.

CAPÍTULO XII - DA AGÊNCIA E DISTRIBUIÇÃO

Art. 710. Pelo contrato de agência, uma pessoa assume, em caráter não eventual e sem vínculos de dependência, a obrigação de promover, à conta de outra, mediante retribuição, a realização de certos negócios, em zona determinada, caracterizando-se a distribuição quando o agente tiver à sua disposição a coisa a ser negociada.

Parágrafo único. O proponente pode conferir poderes ao agente para que este o represente na conclusão dos contratos.

Art. 711. Salvo ajuste, o proponente não pode constituir, ao mesmo tempo, mais de um agente, na mesma zona, com idêntica incumbência; nem pode o agente assumir o encargo de nela tratar de negócios do mesmo gênero, à conta de outros proponentes.

Art. 712. O agente, no desempenho que lhe foi cometido, deve agir com toda diligência, atendo-se às instruções recebidas do proponente.

Art. 713. Salvo estipulação diversa, todas as despesas com a agência ou distribuição correm a cargo do agente ou distribuidor.

Art. 714. Salvo ajuste, o agente ou distribuidor terá direito à remuneração correspondente aos negócios concluídos dentro de sua zona, ainda que sem a sua interferência.

Art. 715. O agente ou distribuidor tem direito à indenização se o proponente, sem justa causa, cessar o atendimento das propostas ou reduzi-lo tanto que se torna antieconômica a continuação do contrato.

Art. 716. A remuneração será devida ao agente também quando o negócio deixar de ser realizado por fato imputável ao proponente.

Art. 717. Ainda que dispensado por justa causa, terá o agente direito a ser remunerado pelos serviços úteis prestados ao proponente, sem embargo de haver este perdas e danos pelos prejuízos sofridos.

Art. 718. Se a dispensa se der sem culpa do agente, terá ele direito à remuneração até então devida, inclusive sobre os negócios pendentes, além das indenizações previstas em lei especial.

Art. 719. Se o agente não puder continuar o trabalho por motivo de força maior, terá direito à remuneração correspondente aos serviços realizados, cabendo esse direito aos herdeiros no caso de morte.

Art. 720. Se o contrato for por tempo indeterminado, qualquer das partes poderá resolvê-lo, mediante aviso prévio de noventa dias, desde que transcorrido prazo compatível com a natureza e o vulto do investimento exigido do agente.

Parágrafo único. No caso de divergência entre as partes, o juiz decidirá da razoabilidade do prazo e do valor devido.

Art. 721. Aplicam-se ao contrato de agência e distribuição, no que couber, as regras concernentes ao mandato e à comissão e as constantes de lei especial.

CAPÍTULO XIII - DA CORRETAGEM

Art. 722. Pelo contrato de corretagem, uma pessoa, não ligada a outra em virtude de mandato, de prestação de serviços ou por qualquer relação de dependência, obriga-se a obter

para a segunda um ou mais negócios, conforme as instruções recebidas.

Art. 723. O corretor é obrigado a executar a mediação com diligência e prudência, e a prestar ao cliente, espontaneamente, todas as informações sobre o andamento do negócio. (Redação dada pela Lei nº 12.236, de 2010)

Parágrafo único. Sob pena de responder por perdas e danos, o corretor prestará ao cliente todos os esclarecimentos acerca da segurança ou do risco do negócio, das alterações de valores e de outros fatores que possam influir nos resultados da incumbência. (Incluído pela Lei nº 12.236, de 2010)

Art. 724. A remuneração do corretor, se não estiver fixada em lei, nem ajustada entre as partes, será arbitrada segundo a natureza do negócio e os usos locais.

Art. 725. A remuneração é devida ao corretor uma vez que tenha conseguido o resultado previsto no contrato de mediação, ou ainda que este não se efetive em virtude de arrependimento das partes.

Art. 726. Iniciado e concluído o negócio diretamente entre as partes, nenhuma remuneração será devida ao corretor; mas se, por escrito, for ajustada a corretagem com exclusividade, terá o corretor direito à remuneração integral, ainda que realizado o negócio sem a sua mediação, salvo se comprovada sua inércia ou ociosidade.

Art. 727. Se, por não haver prazo determinado, o dono do negócio dispensar o corretor, e o negócio se realizar posteriormente, como fruto da sua mediação, a corretagem lhe será devida; igual solução se adotará se o negócio se realizar após a decorrência do prazo contratual, mas por efeito dos trabalhos do corretor.

Art. 728. Se o negócio se concluir com a intermediação de mais de um corretor, a remuneração será paga a todos em partes iguais, salvo ajuste em contrário.

Art. 729. Os preceitos sobre corretagem constantes deste Código não excluem a aplicação de outras normas da legislação especial.

CAPÍTULO XIV - DO TRANSPORTE
SEÇÃO I - DISPOSIÇÕES GERAIS

Art. 730. Pelo contrato de transporte alguém se obriga, mediante retribuição, a transportar, de um lugar para outro, pessoas ou coisas.

Art. 731. O transporte exercido em virtude de autorização, permissão ou concessão, rege-se pelas normas regulamentares e pelo que for estabelecido naqueles atos, sem prejuízo do disposto neste Código.

Art. 732. Aos contratos de transporte, em geral, são aplicáveis, quando couber, desde que não contrariem as disposições deste Código, os preceitos constantes da legislação especial e de tratados e convenções internacionais.

Art. 733. Nos contratos de transporte cumulativo, cada transportador se obriga a cumprir o contrato relativamente ao respectivo percurso, respondendo pelos danos nele causados a pessoas e coisas.

§ 1º O dano, resultante do atraso ou da interrupção da viagem, será determinado em razão da totalidade do percurso.

§ 2º Se houver substituição de algum dos transportadores no decorrer do percurso, a responsabilidade solidária estender-se-á ao substituto.

SEÇÃO II - DO TRANSPORTE DE PESSOAS

Art. 734. O transportador responde pelos danos causados às pessoas transportadas e suas bagagens, salvo motivo de força maior, sendo nula qualquer cláusula excludente da responsabilidade.

Parágrafo único. É lícito ao transportador exigir a declaração do valor da bagagem a fim de fixar o limite da indenização.

Art. 735. A responsabilidade contratual do transportador por acidente com o passageiro não é elidida por culpa de terceiro, contra o qual tem ação regressiva.

Art. 736. Não se subordina às normas do contrato de transporte o feito gratuitamente, por amizade ou cortesia.

Parágrafo único. Não se considera gratuito o transporte quando, embora feito sem remuneração, o transportador auferir vantagens indiretas.

Art. 737. O transportador está sujeito aos horários e itinerários previstos, sob pena de responder por perdas e danos, salvo motivo de força maior.

Art. 738. A pessoa transportada deve sujeitar-se às normas estabelecidas pelo transportador, constantes no bilhete ou afixadas à vista dos usuários, abstendo-se de quaisquer atos que causem incômodo ou prejuízo aos passageiros, danifiquem o veículo, ou dificultem ou impeçam a execução normal do serviço.

Parágrafo único. Se o prejuízo sofrido pela pessoa transportada for atribuível à transgressão de normas e instruções regulamentares, o juiz reduzirá eqüitativamente a indenização, na medida em que a vítima houver concorrido para a ocorrência do dano.

Art. 739. O transportador não pode recusar passageiros, salvo os casos previstos nos regulamentos, ou se as condições de higiene ou de saúde do interessado o justificarem.

Art. 740. O passageiro tem direito a rescindir o contrato de transporte antes de iniciada a viagem, sendo-lhe devida a restituição do valor da passagem, desde que feita a comunicação ao transportador em tempo de ser renegociada.

§ 1º Ao passageiro é facultado desistir do transporte, mesmo depois de iniciada a viagem, sendo-lhe devida a restituição do valor correspondente ao trecho não utilizado, desde que provado que outra pessoa haja sido transportada em seu lugar.

§ 2º Não terá direito ao reembolso do valor da passagem o usuário que deixar de embarcar, salvo se provado que outra pessoa foi transportada em seu lugar, caso em que lhe será restituído o valor do bilhete não utilizado.

§ 3º Nas hipóteses previstas neste artigo, o transportador terá direito de reter até cinco por cento da importância a ser restituída ao passageiro, a título de multa compensatória.

Art. 741. Interrompendo-se a viagem por qualquer motivo alheio à vontade do transportador, ainda que em conseqüência de evento imprevisível, fica ele obrigado a concluir o transporte contratado em outro veículo da mesma categoria, ou, com a anuência do passageiro, por modalidade diferente, à sua custa, correndo também por sua conta as despesas de estada e alimentação do usuário, durante a espera de novo transporte.

Art. 742. O transportador, uma vez executado o transporte, tem direito de retenção sobre a bagagem de passageiro e outros objetos pessoais deste, para garantir-se do pagamento do valor da passagem que não tiver sido feito no início ou durante o percurso.

SEÇÃO III - DO TRANSPORTE DE COISAS

Art. 743. A coisa, entregue ao transportador, deve estar caracterizada pela sua natureza, valor, peso e quantidade, e o mais que for necessário para que não se confunda com outras, devendo o destinatário ser indicado ao menos pelo nome e endereço.

Art. 744. Ao receber a coisa, o transportador emitirá conhecimento com a menção dos dados que a identifiquem, obedecido o disposto em lei especial.

Parágrafo único. O transportador poderá exigir que o remetente lhe entregue, devidamente assinada, a relação discriminada das coisas a serem transportadas, em duas vias, uma das quais, por ele devidamente autenticada, ficará fazendo parte integrante do conhecimento.

Art. 745. Em caso de informação inexata ou falsa descrição no documento a que se refere o artigo antecedente, será o transportador indenizado pelo prejuízo que sofrer, devendo

a ação respectiva ser ajuizada no prazo de cento e vinte dias, a contar daquele ato, sob pena de decadência.

Art. 746. Poderá o transportador recusar a coisa cuja embalagem seja inadequada, bem como a que possa pôr em risco a saúde das pessoas, ou danificar o veículo e outros bens.

Art. 747. O transportador deverá obrigatoriamente recusar a coisa cujo transporte ou comercialização não sejam permitidos, ou que venha desacompanhada dos documentos exigidos por lei ou regulamento.

Art. 748. Até a entrega da coisa, pode o remetente desistir do transporte e pedi-la de volta, ou ordenar seja entregue a outro destinatário, pagando, em ambos os casos, os acréscimos de despesa decorrentes da contra-ordem, mais as perdas e danos que houver.

Art. 749. O transportador conduzirá a coisa ao seu destino, tomando todas as cautelas necessárias para mantê-la em bom estado e entregá-la no prazo ajustado ou previsto.

Art. 750. A responsabilidade do transportador, limitada ao valor constante do conhecimento, começa no momento em que ele, ou seus prepostos, recebem a coisa; termina quando é entregue ao destinatário, ou depositada em juízo, se aquele não for encontrado.

Art. 751. A coisa, depositada ou guardada nos armazéns do transportador, em virtude de contrato de transporte, rege-se, no que couber, pelas disposições relativas a depósito.

Art. 752. Desembarcadas as mercadorias, o transportador não é obrigado a dar aviso ao destinatário, se assim não foi convencionado, dependendo também de ajuste a entrega a domicílio, e devem constar do conhecimento de embarque as cláusulas de aviso ou de entrega a domicílio.

Art. 753. Se o transporte não puder ser feito ou sofrer longa interrupção, o transportador solicitará, incontinenti, instruções ao remetente, e zelará pela coisa, por cujo perecimento ou deterioração responderá, salvo força maior.

§ 1º Perdurando o impedimento, sem motivo imputável ao transportador e sem manifestação do remetente, poderá aquele depositar a coisa em juízo, ou vendê-la, obedecidos os preceitos legais e regulamentares, ou os usos locais, depositando o valor.

§ 2º Se o impedimento for responsabilidade do transportador, este poderá depositar a coisa, por sua conta e risco, mas só poderá vendê-la se perecível.

§ 3º Em ambos os casos, o transportador deve informar o remetente da efetivação do depósito ou da venda.

§ 4º Se o transportador mantiver a coisa depositada em seus próprios armazéns, continuará a responder pela sua guarda e conservação, sendo-lhe devida, porém, uma remuneração pela custódia, a qual poderá ser contratualmente ajustada ou se conformará aos usos adotados em cada sistema de transporte.

Art. 754. As mercadorias devem ser entregues ao destinatário, ou a quem apresentar o conhecimento endossado, devendo aquele que as receber conferi-las e apresentar as reclamações que tiver, sob pena de decadência dos direitos.

Parágrafo único. No caso de perda parcial ou de avaria não perceptível à primeira vista, o destinatário conserva a sua ação contra o transportador, desde que denuncie o dano em dez dias a contar da entrega.

Art. 755. Havendo dúvida acerca de quem seja o destinatário, o transportador deve depositar a mercadoria em juízo, se não lhe for possível obter instruções do remetente; se a demora puder ocasionar a deterioração da coisa, o transportador deverá vendê-la, depositando o saldo em juízo.

Art. 756. No caso de transporte cumulativo, todos os transportadores respondem solidariamente pelo dano causado perante o remetente, ressalvada a apuração final da responsabilidade entre eles, de modo que o ressarcimento recaia, por inteiro, ou proporcionalmente, naquele ou naqueles em cujo percurso houver ocorrido o dano.

CAPÍTULO XV - DO SEGURO
SEÇÃO I - DISPOSIÇÕES GERAIS

Art. 757. Pelo contrato de seguro, o segurador se obriga, mediante o pagamento do prêmio, a garantir interesse legítimo do segurado, relativo a pessoa ou a coisa, contra riscos predeterminados.

Parágrafo único. Somente pode ser parte, no contrato de seguro, como segurador, entidade para tal fim legalmente autorizada.

Art. 758. O contrato de seguro prova-se com a exibição da apólice ou do bilhete do seguro, e, na falta deles, por documento comprobatório do pagamento do respectivo prêmio.

Art. 759. A emissão da apólice deverá ser precedida de proposta escrita com a declaração dos elementos essenciais do interesse a ser garantido e do risco.

Art. 760. A apólice ou o bilhete de seguro serão nominativos, à ordem ou ao portador, e mencionarão os riscos assumidos, o início e o fim de sua validade, o limite da garantia e o prêmio devido, e, quando for o caso, o nome do segurado e o do beneficiário.

Parágrafo único. No seguro de pessoas, a apólice ou o bilhete não podem ser ao portador.

Art. 761. Quando o risco for assumido em co-seguro, a apólice indicará o segurador que administrará o contrato e representará os demais, para todos os seus efeitos.

Art. 762. Nulo será o contrato para garantia de risco proveniente de ato doloso do segurado, do beneficiário, ou de representante de um ou de outro.

Art. 763. Não terá direito a indenização o segurado que estiver em mora no pagamento do prêmio, se ocorrer o sinistro antes de sua purgação.

Art. 764. Salvo disposição especial, o fato de se não ter verificado o risco, em previsão do qual se faz o seguro, não exime o segurado de pagar o prêmio.

Art. 765. O segurado e o segurador são obrigados a guardar na conclusão e na execução do contrato, a mais estrita boa-fé e veracidade, tanto a respeito do objeto como das circunstâncias e declarações a ele concernentes.

Art. 766. Se o segurado, por si ou por seu representante, fizer declarações inexatas ou omitir circunstâncias que possam influir na aceitação da proposta ou na taxa do prêmio, perderá o direito à garantia, além de ficar obrigado ao prêmio vencido.

Parágrafo único. Se a inexatidão ou omissão nas declarações não resultar de má-fé do segurado, o segurador terá direito a resolver o contrato, ou a cobrar, mesmo após o sinistro, a diferença do prêmio.

Art. 767. No seguro à conta de outrem, o segurador pode opor ao segurado quaisquer defesas que tenha contra o estipulante, por descumprimento das normas de conclusão do contrato, ou de pagamento do prêmio.

Art. 768. O segurado perderá o direito à garantia se agravar intencionalmente o risco objeto do contrato.

Art. 769. O segurado é obrigado a comunicar ao segurador, logo que saiba, todo incidente suscetível de agravar consideravelmente o risco coberto, sob pena de perder o direito à garantia, se provar que silenciou de má-fé.

§ 1º O segurador, desde que o faça nos quinze dias seguintes ao recebimento do aviso da agravação do risco sem culpa do segurado, poderá dar-lhe ciência, por escrito, de sua decisão de resolver o contrato.

§ 2º A resolução só será eficaz trinta dias após a notificação, devendo ser restituída pelo segurador a diferença do prêmio.

Art. 770. Salvo disposição em contrário, a diminuição do risco no curso do contrato não acarreta a redução do prêmio estipulado; mas, se a redução do risco for considerável, o segurado poderá exigir a revisão do prêmio, ou a resolução do contrato.

Art. 771. Sob pena de perder o direito à indenização, o segurado participará o sinistro ao segurador, logo que o saiba,

e tomará as providências imediatas para minorar-lhe as conseqüências.

Parágrafo único. Correm à conta do segurador, até o limite fixado no contrato, as despesas de salvamento conseqüente ao sinistro.

Art. 772. A mora do segurador em pagar o sinistro obriga à atualização monetária da indenização devida segundo índices oficiais regularmente estabelecidos, sem prejuízo dos juros moratórios.

Art. 773. O segurador que, ao tempo do contrato, sabe estar passado o risco de que o segurado se pretende cobrir, e, não obstante, expede a apólice, pagará em dobro o prêmio estipulado.

Art. 774. A recondução tácita do contrato pelo mesmo prazo, mediante expressa cláusula contratual, não poderá operar mais de uma vez.

Art. 775. Os agentes autorizados do segurador presumem-se seus representantes para todos os atos relativos aos contratos que agenciarem.

Art. 776. O segurador é obrigado a pagar em dinheiro o prejuízo resultante do risco assumido, salvo se convencionada a reposição da coisa.

Art. 777. O disposto no presente Capítulo aplica-se, no que couber, aos seguros regidos por leis próprias.

SEÇÃO II - DO SEGURO DE DANO

Art. 778. Nos seguros de dano, a garantia prometida não pode ultrapassar o valor do interesse segurado no momento da conclusão do contrato, sob pena do disposto no art. 766, e sem prejuízo da ação penal que no caso couber.

Art. 779. O risco do seguro compreenderá todos os prejuízos resultantes ou conseqüentes, como sejam os estragos ocasionados para evitar o sinistro, minorar o dano, ou salvar a coisa.

Art. 780. A vigência da garantia, no seguro de coisas transportadas, começa no momento em que são pelo transportador recebidas, e cessa com a sua entrega ao destinatário.

Art. 781. A indenização não pode ultrapassar o valor do interesse segurado no momento do sinistro, e, em hipótese alguma, o limite máximo da garantia fixado na apólice, salvo em caso de mora do segurador.

Art. 782. O segurado que, na vigência do contrato, pretender obter novo seguro sobre o mesmo interesse, e contra o mesmo risco junto a outro segurador, deve previamente comunicar sua intenção por escrito ao primeiro, indicando a soma por que pretende segurar-se, a fim de se comprovar a obediência ao disposto no art. 778.

Art. 783. Salvo disposição em contrário, o seguro de um interesse por menos do que valha acarreta a redução proporcional da indenização, no caso de sinistro parcial.

Art. 784. Não se inclui na garantia o sinistro provocado por vício intrínseco da coisa segurada, não declarado pelo segurado.

Parágrafo único. Entende-se por vício intrínseco o defeito próprio da coisa, que se não encontra normalmente em outras da mesma espécie.

Art. 785. Salvo disposição em contrário, admite-se a transferência do contrato a terceiro com a alienação ou cessão do interesse segurado.

§ 1º Se o instrumento contratual é nominativo, a transferência só produz efeitos em relação ao segurador mediante aviso escrito assinado pelo cedente e pelo cessionário.

§ 2º A apólice ou o bilhete à ordem só se transfere por endosso em preto, datado e assinado pelo endossante e pelo endossatário.

Art. 786. Paga a indenização, o segurador sub-roga-se, nos limites do valor respectivo, nos direitos e ações que competirem ao segurado contra o autor do dano.

§ 1º Salvo dolo, a sub-rogação não tem lugar se o dano foi causado pelo cônjuge do segurado, seus descendentes ou ascendentes, consangüíneos ou afins.

§ 2º É ineficaz qualquer ato do segurado que diminua ou extinga, em prejuízo do segurador, os direitos a que se refere este artigo.

Art. 787. No seguro de responsabilidade civil, o segurador garante o pagamento de perdas e danos devidos pelo segurado a terceiro.

§ 1º Tão logo saiba o segurado das conseqüências de ato seu, suscetível de lhe acarretar a responsabilidade incluída na garantia, comunicará o fato ao segurador.

§ 2º É defeso ao segurado reconhecer sua responsabilidade ou confessar a ação, bem como transigir com o terceiro prejudicado, ou indenizá-lo diretamente, sem anuência expressa do segurador.

§ 3º Intentada a ação contra o segurado, dará este ciência da lide ao segurador.

§ 4º Subsistirá a responsabilidade do segurado perante o terceiro, se o segurador for insolvente.

Art. 788. Nos seguros de responsabilidade legalmente obrigatórios, a indenização por sinistro será paga pelo segurador diretamente ao terceiro prejudicado.

Parágrafo único. Demandado em ação direta pela vítima do dano, o segurador não poderá opor a exceção de contrato não cumprido pelo segurado, sem promover a citação deste para integrar o contraditório.

SEÇÃO III - DO SEGURO DE PESSOA

Art. 789. Nos seguros de pessoas, o capital segurado é livremente estipulado pelo proponente, que pode contratar mais de um seguro sobre o mesmo interesse, com o mesmo ou diversos seguradores.

Art. 790. No seguro sobre a vida de outros, o proponente é obrigado a declarar, sob pena de falsidade, o seu interesse pela preservação da vida do segurado.

Parágrafo único. Até prova em contrário, presume-se o interesse, quando o segurado é cônjuge, ascendente ou descendente do proponente.

Art. 791. Se o segurado não renunciar à faculdade, ou se o seguro não tiver como causa declarada a garantia de alguma obrigação, é lícita a substituição do beneficiário, por ato entre vivos ou de última vontade.

Parágrafo único. O segurador, que não for cientificado oportunamente da substituição, desobrigar-se-á pagando o capital segurado ao antigo beneficiário.

Art. 792. Na falta de indicação da pessoa ou beneficiário, ou se por qualquer motivo não prevalecer a que for feita, o capital segurado será pago por metade ao cônjuge não separado judicialmente, e o restante aos herdeiros do segurado, obedecida a ordem da vocação hereditária.

Parágrafo único. Na falta das pessoas indicadas neste artigo, serão beneficiários os que provarem que a morte do segurado os privou dos meios necessários à subsistência.

Art. 793. É válida a instituição do companheiro como beneficiário, se ao tempo do contrato o segurado era separado judicialmente, ou já se encontrava separado de fato.

Art. 794. No seguro de vida ou de acidentes pessoais para o caso de morte, o capital estipulado não está sujeito às dívidas do segurado, nem se considera herança para todos os efeitos de direito.

Art. 795. É nula, no seguro de pessoa, qualquer transação para pagamento reduzido do capital segurado.

Art. 796. O prêmio, no seguro de vida, será conveniado por prazo limitado, ou por toda a vida do segurado.

Parágrafo único. Em qualquer hipótese, no seguro individual, o segurador não terá ação para cobrar o prêmio vencido, cuja falta de pagamento, nos prazos previstos, acarretará, conforme se estipular, a resolução do contrato, com a restituição da reserva já formada, ou a redução do capital garantido proporcionalmente ao prêmio pago.

Art. 797. No seguro de vida para o caso de morte, é lícito estipular-se um prazo de carência, durante o qual o segurador não responde pela ocorrência do sinistro.

Parágrafo único. No caso deste artigo o segurador é obrigado a devolver ao beneficiário o montante da reserva técnica já formada.

Art. 798. O beneficiário não tem direito ao capital estipulado quando o segurado se suicida nos primeiros dois anos de vigência inicial do contrato, ou da sua recondução depois de suspenso, observado o disposto no parágrafo único do artigo antecedente.

Parágrafo único. Ressalvada a hipótese prevista neste artigo, é nula a cláusula contratual que exclui o pagamento do capital por suicídio do segurado.

Art. 799. O segurador não pode eximir-se ao pagamento do seguro, ainda que da apólice conste a restrição, se a morte ou a incapacidade do segurado provier da utilização de meio de transporte mais arriscado, da prestação de serviço militar, da prática de esporte, ou de atos de humanidade em auxílio de outrem.

Art. 800. Nos seguros de pessoas, o segurador não pode sub-rogar-se nos direitos e ações do segurado, ou do beneficiário, contra o causador do sinistro.

Art. 801. O seguro de pessoas pode ser estipulado por pessoa natural ou jurídica em proveito de grupo que a ela, de qualquer modo, se vincule.

§ 1º O estipulante não representa o segurador perante o grupo segurado, e é o único responsável, para com o segurador, pelo cumprimento de todas as obrigações contratuais.

§ 2º A modificação da apólice em vigor dependerá da anuência expressa de segurados que representem três quartos do grupo.

Art. 802. Não se compreende nas disposições desta Seção a garantia do reembolso de despesas hospitalares ou de tratamento médico, nem o custeio das despesas de luto e de funeral do segurado.

CAPÍTULO XVI - DA CONSTITUIÇÃO DE RENDA

Art. 803. Pode uma pessoa, pelo contrato de constituição de renda, obrigar-se para com outra a uma prestação periódica, a título gratuito.

Art. 804. O contrato pode ser também a título oneroso, entregando-se bens móveis ou imóveis à pessoa que se obriga a satisfazer as prestações a favor do credor ou de terceiros.

Art. 805. Sendo o contrato a título oneroso, pode o credor, ao contratar, exigir que o rendeiro lhe preste garantia real, ou fidejussória.

Art. 806. O contrato de constituição de renda será feito a prazo certo, ou por vida, podendo ultrapassar a vida do devedor mas não a do credor, seja ele o contratante, seja terceiro.

Art. 807. O contrato de constituição de renda requer escritura pública.

Art. 808. É nula a constituição de renda em favor de pessoa já falecida, ou que, nos trinta dias seguintes, vier a falecer de moléstia que já sofria, quando foi celebrado o contrato.

Art. 809. Os bens dados em compensação da renda caem, desde a tradição, no domínio da pessoa que por aquela se obrigou.

Art. 810. Se o rendeiro, ou censuário, deixar de cumprir a obrigação estipulada, poderá o credor da renda acioná-lo, tanto para que lhe pague as prestações atrasadas como para que lhe dê garantias das futuras, sob pena de rescisão do contrato.

Art. 811. O credor adquire o direito à renda dia a dia, se a prestação não houver de ser paga adiantada, no começo de cada um dos períodos prefixos.

Art. 812. Quando a renda for constituída em benefício de duas ou mais pessoas, sem determinação da parte de cada uma, entende-se que os seus direitos são iguais; e, salvo estipulação diversa, não adquirirão os sobrevivos direito à parte dos que morrerem.

Art. 813. A renda constituída por título gratuito pode, por ato do instituidor, ficar isenta de todas as execuções pendentes e futuras.

Parágrafo único. A isenção prevista neste artigo prevalece de pleno direito em favor dos montepios e pensões alimentícias.

CAPÍTULO XVII - DO JOGO E DA APOSTA

Art. 814. As dívidas de jogo ou de aposta não obrigam a pagamento; mas não se pode recobrar a quantia, que voluntariamente se pagou, salvo se foi ganha por dolo, ou se o perdente é menor ou interdito.

§ 1º Estende-se esta disposição a qualquer contrato que encubra ou envolva reconhecimento, novação ou fiança de dívida de jogo; mas a nulidade resultante não pode ser oposta ao terceiro de boa-fé.

§ 2º O preceito contido neste artigo tem aplicação, ainda que se trate de jogo não proibido, só se exceptuando os jogos e apostas legalmente permitidos.

§ 3º Exceptuam-se, igualmente, os prêmios oferecidos ou prometidos para o vencedor em competição de natureza esportiva, intelectual ou artística, desde que os interessados se submetam às prescrições legais e regulamentares.

Art. 815. Não se pode exigir reembolso do que se emprestou para jogo ou aposta, no ato de apostar ou jogar.

Art. 816. As disposições dos arts. 814 e 815 não se aplicam aos contratos sobre títulos de bolsa, mercadorias ou valores, em que se estipulem a liquidação exclusivamente pela diferença entre o preço ajustado e a cotação que eles tiverem no vencimento do ajuste.

Art. 817. O sorteio para dirimir questões ou dividir coisas comuns considera-se sistema de partilha ou processo de transação, conforme o caso.

CAPÍTULO XVIII - DA FIANÇA

SEÇÃO I - DISPOSIÇÕES GERAIS

Art. 818. Pelo contrato de fiança, uma pessoa garante satisfazer ao credor uma obrigação assumida pelo devedor, caso este não a cumpra.

Art. 819. A fiança dar-se-á por escrito, e não admite interpretação extensiva.

Art. 819-A. (VETADO) (Incluído pela Lei nº 10.931, de 2004)

Art. 820. Pode-se estipular a fiança, ainda que sem consentimento do devedor ou contra a sua vontade.

Art. 821. As dívidas futuras podem ser objeto de fiança; mas o fiador, neste caso, não será demandado senão depois que se fizer certa e líquida a obrigação do principal devedor.

Art. 822. Não sendo limitada, a fiança compreenderá todos os acessórios da dívida principal, inclusive as despesas judiciais, desde a citação do fiador.

Art. 823. A fiança pode ser de valor inferior ao da obrigação principal e contraída em condições menos onerosas, e, quando exceder o valor da dívida, ou for mais onerosa que ela, não valerá senão até ao limite da obrigação afiançada.

Art. 824. As obrigações nulas não são suscetíveis de fiança, exceto se a nulidade resultar apenas de incapacidade pessoal do devedor.

Parágrafo único. A exceção estabelecida neste artigo não abrange o caso de mútuo feito a menor.

Art. 825. Quando alguém houver de oferecer fiador, o credor não pode ser obrigado a aceitá-lo se não for pessoa idônea, domiciliada no município onde tenha de prestar a fiança, e não possua bens suficientes para cumprir a obrigação.

Art. 826. Se o fiador se tornar insolvente ou incapaz, poderá o credor exigir que seja substituído.

SEÇÃO II - DOS EFEITOS DA FIANÇA

Art. 827. O fiador demandado pelo pagamento da dívida tem direito a exigir, até a contestação da lide, que sejam primeiro executados os bens do devedor.

Parágrafo único. O fiador que alegar o benefício de ordem, a que se refere este artigo, deve nomear bens do devedor, sitos no mesmo município, livres e desembargados, quantos bastem para solver o débito.

Art. 828. Não aproveita este benefício ao fiador:

I - se ele o renunciou expressamente;

II - se se obrigou como principal pagador, ou devedor solidário;

III - se o devedor for insolvente, ou falido.

Art. 829. A fiança conjuntamente prestada a um só débito por mais de uma pessoa importa o compromisso de solidariedade entre elas, se declaradamente não se reservarem o benefício de divisão.

Parágrafo único. Estipulado este benefício, cada fiador responde unicamente pela parte que, em proporção, lhe couber no pagamento.

Art. 830. Cada fiador pode fixar no contrato a parte da dívida que toma sob sua responsabilidade, caso em que não será por mais obrigado.

Art. 831. O fiador que pagar integralmente a dívida fica sub-rogado nos direitos do credor; mas só poderá demandar a cada um dos outros fiadores pela respectiva quota.

Parágrafo único. A parte do fiador insolvente distribuir-se-á pelos outros.

Art. 832. O devedor responde também perante o fiador por todas as perdas e danos que este pagar, e pelos que sofrer em razão da fiança.

Art. 833. O fiador tem direito aos juros do desembolso pela taxa estipulada na obrigação principal, e, não havendo taxa convencionada, aos juros legais da mora.

Art. 834. Quando o credor, sem justa causa, demorar a execução iniciada contra o devedor, poderá o fiador promover-lhe o andamento.

Art. 835. O fiador poderá exonerar-se da fiança que tiver assinado sem limitação de tempo, sempre que lhe convier, ficando obrigado por todos os efeitos da fiança, durante sessenta dias após a notificação do credor.

Art. 836. A obrigação do fiador passa aos herdeiros; mas a responsabilidade da fiança se limita ao tempo decorrido até a morte do fiador, e não pode ultrapassar as forças da herança.

SEÇÃO III - DA EXTINÇÃO DA FIANÇA

Art. 837. O fiador pode opor ao credor as exceções que lhe forem pessoais, e as extintivas da obrigação que competem ao devedor principal, se não provierem simplesmente de incapacidade pessoal, salvo o caso do mútuo feito a pessoa menor.

Art. 838. O fiador, ainda que solidário, ficará desobrigado:

I - se, sem consentimento seu, o credor conceder moratória ao devedor;

II - se, por fato do credor, for impossível a sub-rogação nos seus direitos e preferências;

III - se o credor, em pagamento da dívida, aceitar amigavelmente do devedor objeto diverso do que este era obrigado a lhe dar, ainda que depois venha a perdê-lo por evicção.

Art. 839. Se for invocado o benefício da excussão e o devedor, retardando-se a execução, cair em insolvência, ficará exonerado o fiador que o invocou, se provar que os bens por ele indicados eram, ao tempo da penhora, suficientes para a solução da dívida afiançada.

CAPÍTULO XIX - DA TRANSAÇÃO

Art. 840. É lícito aos interessados prevenirem ou terminarem o litígio mediante concessões mútuas.

Art. 841. Só quanto a direitos patrimoniais de caráter privado se permite a transação.

Art. 842. A transação far-se-á por escritura pública, nas obrigações em que a lei o exige, ou por instrumento particular, nas em que ela o admite; se recair sobre direitos contestados em juízo, será feita por escritura pública, ou por termo nos autos, assinado pelos transigentes e homologado pelo juiz.

Art. 843. A transação interpreta-se restritivamente, e por ela não se transmitem, apenas se declaram ou reconhecem direitos.

Art. 844. A transação não aproveita, nem prejudica senão aos que nela intervierem, ainda que diga respeito a coisa indivisível.

§ 1º Se for concluída entre o credor e o devedor, desobrigará o fiador.

§ 2º Se entre um dos credores solidários e o devedor, extingue a obrigação deste para com os outros credores.

§ 3º Se entre um dos devedores solidários e seu credor, extingue a dívida em relação aos co-devedores.

Art. 845. Dada a evicção da coisa renunciada por um dos transigentes, ou por ele transferida à outra parte, não revive a obrigação extinta pela transação; mas ao evicto cabe o direito de reclamar perdas e danos.

Parágrafo único. Se um dos transigentes adquirir, depois da transação, novo direito sobre a coisa renunciada ou transferida, a transação feita não o inibirá de exercê-lo.

Art. 846. A transação concernente a obrigações resultantes de delito não extingue a ação penal pública.

Art. 847. É admissível, na transação, a pena convencional.

Art. 848. Sendo nula qualquer das cláusulas da transação, nula será esta.

Parágrafo único. Quando a transação versar sobre diversos direitos contestados, independentes entre si, o fato de não prevalecer em relação a um não prejudicará os demais.

Art. 849. A transação só se anula por dolo, coação, ou erro essencial quanto à pessoa ou coisa controversa.

Parágrafo único. A transação não se anula por erro de direito a respeito das questões que foram objeto de controvérsia entre as partes.

Art. 850. É nula a transação a respeito do litígio decidido por sentença passada em julgado, se dela não tinha ciência algum dos transatores, ou quando, por título ulteriormente descoberto, se verificar que nenhum deles tinha direito sobre o objeto da transação.

CAPÍTULO XX - DO COMPROMISSO

Art. 851. É admitido compromisso, judicial ou extrajudicial, para resolver litígios entre pessoas que podem contratar.

Art. 852. É vedado compromisso para solução de questões de estado, de direito pessoal de família e de outras que não tenham caráter estritamente patrimonial.

Art. 853. Admite-se nos contratos a cláusula compromissória, para resolver divergências mediante juízo arbitral, na forma estabelecida em lei especial.

TÍTULO VII - DOS ATOS UNILATERAIS

CAPÍTULO I - DA PROMESSA DE RECOMPENSA

Art. 854. Aquele que, por anúncios públicos, se comprometer a recompensar, ou gratificar, a quem preencha certa condição, ou desempenhe certo serviço, contrai obrigação de cumprir o prometido.

Art. 855. Quem quer que, nos termos do artigo antecedente, fizer o serviço, ou satisfizer a condição, ainda que não pelo interesse da promessa, poderá exigir a recompensa estipulada.

Art. 856. Antes de prestado o serviço ou preenchida a condição, pode o promitente revogar a promessa, contanto que o faça com a mesma publicidade; se houver assinado prazo à execução da tarefa, entender-se-á que renuncia o arbítrio de retirar, durante ele, a oferta.

Parágrafo único. O candidato de boa-fé, que houver feito despesas, terá direito a reembolso.

Art. 857. Se o ato contemplado na promessa for praticado por mais de um indivíduo, terá direito à recompensa o que primeiro o executou.

Art. 858. Sendo simultânea a execução, a cada um tocará quinhão igual na recompensa; se esta não for divisível, conferir-se-á por sorteio, e o que obtiver a coisa dará ao outro o valor de seu quinhão.

Art. 859. Nos concursos que se abrirem com promessa pública de recompensa, é condição essencial, para valerem, a fixação de um prazo, observadas também as disposições dos parágrafos seguintes.

§ 1º A decisão da pessoa nomeada, nos anúncios, como juiz, obriga os interessados.

§ 2º Em falta de pessoa designada para julgar o mérito dos trabalhos que se apresentarem, entender-se-á que o promitente se reservou essa função.

§ 3º Se os trabalhos tiverem mérito igual, proceder-se-á de acordo com os arts. 857 e 858.

Art. 860. As obras premiadas, nos concursos de que trata o artigo antecedente, só ficarão pertencendo ao promitente, se assim for estipulado na publicação da promessa.

CAPÍTULO II - DA GESTÃO DE NEGÓCIOS

Art. 861. Aquele que, sem autorização do interessado, intervém na gestão de negócio alheio, dirigi-lo-á segundo o interesse e a vontade presumível de seu dono, ficando responsável a este e às pessoas com que tratar.

Art. 862. Se a gestão foi iniciada contra a vontade manifesta ou presumível do interessado, responderá o gestor até pelos casos fortuitos, não provando que teriam sobrevindo, ainda quando se houvesse abatido.

Art. 863. No caso do artigo antecedente, se os prejuízos da gestão excederem o seu proveito, poderá o dono do negócio exigir que o gestor restitua as coisas ao estado anterior, ou o indenize da diferença.

Art. 864. Tanto que se possa, comunicará o gestor ao dono do negócio a gestão que assumiu, aguardando-lhe a resposta, se da espera não resultar perigo.

Art. 865. Enquanto o dono não providenciar, velará o gestor pelo negócio, até o levar a cabo, esperando, se aquele falecer durante a gestão, as instruções dos herdeiros, sem se descuidar, entretanto, das medidas que o caso reclame.

Art. 866. O gestor envidará toda sua diligência habitual na administração do negócio, ressarcindo ao dono o prejuízo resultante de qualquer culpa na gestão.

Art. 867. Se o gestor se fizer substituir por outrem, responderá pelas faltas do substituto, ainda que seja pessoa idônea, sem prejuízo da ação que a ele, ou ao dono do negócio, contra ela possa caber.

Parágrafo único. Havendo mais de um gestor, solidária será a sua responsabilidade.

Art. 868. O gestor responde pelo caso fortuito quando fizer operações arriscadas, ainda que o dono costumasse fazê-las, ou quando preterir interesse deste em proveito de interesses seus.

Parágrafo único. Querendo o dono aproveitar-se da gestão, será obrigado a indenizar o gestor das despesas necessárias, que tiver feito, e dos prejuízos, que por motivo da gestão, houver sofrido.

Art. 869. Se o negócio for utilmente administrado, cumprirá ao dono as obrigações contraídas em seu nome, reembolsando ao gestor as despesas necessárias ou úteis que houver feito, com os juros legais, desde o desembolso, respondendo ainda pelos prejuízos que este houver sofrido por causa da gestão.

§ 1º A utilidade, ou necessidade, da despesa, apreciar-se-á não pelo resultado obtido, mas segundo as circunstâncias da ocasião em que se fizerem.

§ 2º Vigora o disposto neste artigo, ainda quando o gestor, em erro quanto ao dono do negócio, der a outra pessoa as contas da gestão.

Art. 870. Aplica-se a disposição do artigo antecedente, quando a gestão se proponha a acudir a prejuízos iminentes, ou redunde em proveito do dono do negócio ou da coisa; mas a indenização ao gestor não excederá, em importância, as vantagens obtidas com a gestão.

Art. 871. Quando alguém, na ausência do indivíduo obrigado a alimentos, por ele os prestar a quem se devem, poder-lhes-á reaver do devedor a importância, ainda que este não ratifique o ato.

Art. 872. Nas despesas do enterro, proporcionadas aos usos locais e à condição do falecido, feitas por terceiro, podem ser cobradas da pessoa que teria a obrigação de alimentar a que veio a falecer, ainda mesmo que esta não tenha deixado bens.

Parágrafo único. Cessa o disposto neste artigo e no antecedente, em se provando que o gestor fez essas despesas com o simples intento de bem-fazer.

Art. 873. A ratificação pura e simples do dono do negócio retroage ao dia do começo da gestão, e produz todos os efeitos do mandato.

Art. 874. Se o dono do negócio, ou da coisa, desaprovar a gestão, considerando-a contrária aos seus interesses, vigorará o disposto nos arts. 862 e 863, salvo o estabelecido nos arts. 869 e 870.

Art. 875. Se os negócios alheios forem conexos ao do gestor, de tal arte que se não possam gerir separadamente, haver-se-á o gestor por sócio daquele cujos interesses agenciar de envolta com os seus.

Parágrafo único. No caso deste artigo, aquele em cujo benefício interveio o gestor só é obrigado na razão das vantagens que lograr.

CAPÍTULO III - DO PAGAMENTO INDEVIDO

Art. 876. Todo aquele que recebeu o que lhe não era devido fica obrigado a restituir; obrigação que incumbe àquele que recebe dívida condicional antes de cumprida a condição.

Art. 877. Àquele que voluntariamente pagou o indevido incumbe a prova de tê-lo feito por erro.

Art. 878. Aos frutos, acessões, benfeitorias e deteriorações sobrevindas à coisa dada em pagamento indevido, aplica-se o disposto neste Código sobre o possuidor de boa-fé ou de má-fé, conforme o caso.

Art. 879. Se aquele que indevidamente recebeu um imóvel o tiver alienado em boa-fé, por título oneroso, responde somente pela quantia recebida; mas, se agiu de má-fé, além do valor do imóvel, responde por perdas e danos.

Parágrafo único. Se o imóvel foi alienado por título gratuito, ou se, alienado por título oneroso, o terceiro adquirente agiu de má-fé, cabe ao que pagou por erro o direito de reivindicação.

Art. 880. Fica isento de restituir pagamento indevido aquele que, recebendo-o como parte de dívida verdadeira, inutilizou o título, deixou prescrever a pretensão ou abriu mão das garantias que asseguravam seu direito; mas aquele que pagou dispõe de ação regressiva contra o verdadeiro devedor e seu fiador.

Art. 881. Se o pagamento indevido tiver consistido no desempenho de obrigação de fazer ou para eximir-se da obrigação de não fazer, aquele que recebeu a prestação fica na obrigação de indenizar o que a cumpriu, na medida do lucro obtido.

Art. 882. Não se pode repetir o que se pagou para solver dívida prescrita, ou cumprir obrigação judicialmente inexigível.

Art. 883. Não terá direito à repetição aquele que deu alguma coisa para obter fim ilícito, imoral, ou proibido por lei.

Parágrafo único. No caso deste artigo, o que se deu reverterá em favor de estabelecimento local de beneficência, a critério do juiz.

CAPÍTULO IV - DO ENRIQUECIMENTO SEM CAUSA

Art. 884. Aquele que, sem justa causa, se enriquecer à custa de outrem, será obrigado a restituir o indevidamente auferido, feita a atualização dos valores monetários.

Parágrafo único. Se o enriquecimento tiver por objeto coisa determinada, quem a recebeu é obrigado a restituí-la, e, se a coisa não mais subsistir, a restituição se fará pelo valor do bem na época em que foi exigido.

Art. 885. A restituição é devida, não só quando não tenha havido causa que justifique o enriquecimento, mas também se esta deixou de existir.

Art. 886. Não caberá a restituição por enriquecimento, se a lei conferir ao lesado outros meios para se ressarcir do prejuízo sofrido.

TÍTULO VIII - DOS TÍTULOS DE CRÉDITO
CAPÍTULO I - DISPOSIÇÕES GERAIS

Art. 887. O título de crédito, documento necessário ao exercício do direito literal e autônomo nele contido, somente produz efeito quando preencha os requisitos da lei.

Art. 888. A omissão de qualquer requisito legal, que tire ao escrito a sua validade como título de crédito, não implica a invalidade do negócio jurídico que lhe deu origem.

Art. 889. Deve o título de crédito conter a data da emissão, a indicação precisa dos direitos que confere, e a assinatura do emitente.

§ 1º É à vista o título de crédito que não contenha indicação de vencimento.

§ 2º Considera-se lugar de emissão e de pagamento, quando não indicado no título, o domicílio do emitente.

§ 3º O título poderá ser emitido a partir dos caracteres criados em computador ou meio técnico equivalente e que constem da escrituração do emitente, observados os requisitos mínimos previstos neste artigo.

Art. 890. Consideram-se não escritas no título a cláusula de juros, a proibitiva de endosso, a excludente de responsabilidade pelo pagamento ou por despesas, a que dispense a observância de termos e formalidade prescritas, e a que, além dos limites fixados em lei, exclua ou restrinja direitos e obrigações.

Art. 891. O título de crédito, incompleto ao tempo da emissão, deve ser preenchido de conformidade com os ajustes realizados.

Parágrafo único. O descumprimento dos ajustes previstos neste artigo pelos que deles participaram, não constitui motivo de oposição ao terceiro portador, salvo se este, ao adquirir o título, tiver agido de má-fé.

Art. 892. Aquele que, sem ter poderes, ou excedendo os que tem, lança a sua assinatura em título de crédito, como mandatário ou representante de outrem, fica pessoalmente obrigado, e, pagando o título, tem ele os mesmos direitos que teria o suposto mandante ou representado.

Art. 893. A transferência do título de crédito implica a de todos os direitos que lhe são inerentes.

Art. 894. O portador de título representativo de mercadoria tem o direito de transferi-lo, de conformidade com as normas que regulam a sua circulação, ou de receber aquela independentemente de quaisquer formalidades, além da entrega do título devidamente quitado.

Art. 895. Enquanto o título de crédito estiver em circulação, só ele poderá ser dado em garantia, ou ser objeto de medidas judiciais, e não, separadamente, os direitos ou mercadorias que representa.

Art. 896. O título de crédito não pode ser reivindicado do portador que o adquiriu de boa-fé e na conformidade das normas que disciplinam a sua circulação.

Art. 897. O pagamento de título de crédito, que contenha obrigação de pagar soma determinada, pode ser garantido por aval.

Parágrafo único. É vedado o aval parcial.

Art. 898. O aval deve ser dado no verso ou no anverso do próprio título.

§ 1º Para a validade do aval, dado no anverso do título, é suficiente a simples assinatura do avalista.

§ 2º Considera-se não escrito o aval cancelado.

Art. 899. O avalista equipara-se àquele cujo nome indicar; na falta de indicação, ao emitente ou devedor final.

§ 1º Pagando o título, tem o avalista ação de regresso contra o seu avalizado e demais coobrigados anteriores.

§ 2º Subsiste a responsabilidade do avalista, ainda que nula a obrigação daquele a quem se equipara, a menos que a nulidade decorra de vício de forma.

Art. 900. O aval posterior ao vencimento produz os mesmos efeitos do anteriormente dado.

Art. 901. Fica validamente desonerado o devedor que paga título de crédito ao legítimo portador, no vencimento, sem oposição, salvo se agiu de má-fé.

Parágrafo único. Pagando, pode o devedor exigir do credor, além da entrega do título, quitação regular.

Art. 902. Não é o credor obrigado a receber o pagamento antes do vencimento do título, e aquele que o paga, antes do vencimento, fica responsável pela validade do pagamento.

§ 1º No vencimento, não pode o credor recusar pagamento, ainda que parcial.

§ 2º No caso de pagamento parcial, em que se não opera a tradição do título, além da quitação em separado, outra deverá ser firmada no próprio título.

Art. 903. Salvo disposição diversa em lei especial, regem-se os títulos de crédito pelo disposto neste Código.

CAPÍTULO II - DO TÍTULO AO PORTADOR

Art. 904. A transferência de título ao portador se faz por simples tradição.

Art. 905. O possuidor de título ao portador tem direito à prestação nele indicada, mediante a sua simples apresentação ao devedor.

Parágrafo único. A prestação é devida ainda que o título tenha entrado em circulação contra a vontade do emitente.

Art. 906. O devedor só poderá opor ao portador exceção fundada em direito pessoal, ou em nulidade de sua obrigação.

Art. 907. É nulo o título ao portador emitido sem autorização de lei especial.

Art. 908. O possuidor de título dilacerado, porém identificável, tem direito a obter do emitente a substituição do anterior, mediante a restituição do primeiro e o pagamento das despesas.

Art. 909. O proprietário, que perder ou extraviar título, ou for injustamente desapossado dele, poderá obter novo título em juízo, bem como impedir sejam pagos a outrem capital e rendimentos.

Parágrafo único. O pagamento, feito antes de ter ciência da ação referida neste artigo, exonera o devedor, salvo se se provar que ele tinha conhecimento do fato.

CAPÍTULO III - DO TÍTULO À ORDEM

Art. 910. O endosso deve ser lançado pelo endossante no verso ou anverso do próprio título.

§ 1º Pode o endossante designar o endossatário, e para validade do endosso, dado no verso do título, é suficiente a simples assinatura do endossante.

§ 2º A transferência por endosso completa-se com a tradição do título.

§ 3º Considera-se não escrito o endosso cancelado, total ou parcialmente.

Art. 911. Considera-se legítimo possuidor o portador do título à ordem com série regular e ininterrupta de endossos, ainda que o último seja em branco.

Parágrafo único. Aquele que paga o título está obrigado a verificar a regularidade da série de endossos, mas não a autenticidade das assinaturas.

Art. 912. Considera-se não escrita no endosso qualquer condição a que o subordine o endossante.

Parágrafo único. É nulo o endosso parcial.

Art. 913. O endossatário de endosso em branco pode mudá-lo para endosso em preto, completando-o com o seu nome ou de terceiro; pode endossar novamente o título, em branco ou em preto; ou pode transferi-lo sem novo endosso.

Art. 914. Ressalvada cláusula expressa em contrário, constante do endosso, não responde o endossante pelo cumprimento da prestação constante do título.

§ 1º Assumindo responsabilidade pelo pagamento, o endossante se torna devedor solidário.

§ 2º Pagando o título, tem o endossante ação de regresso contra os coobrigados anteriores.

Art. 915. O devedor, além das exceções fundadas nas relações pessoais que tiver com o portador, só poderá opor a este as exceções relativas à forma do título e ao seu conteúdo literal, à falsidade da própria assinatura, a defeito de capacidade ou de representação no momento da subscrição, e à falta de requisito necessário ao exercício da ação.

Art. 916. As exceções, fundadas em relação do devedor com os portadores precedentes, somente poderão ser por ele opostas ao portador, se este, ao adquirir o título, tiver agido de má-fé.

Art. 917. A cláusula constitutiva de mandato, lançada no endosso, confere ao endossatário o exercício dos direitos inerentes ao título, salvo restrição expressamente estatuída.

§ 1º O endossatário de endosso-mandato só pode endossar novamente o título na qualidade de procurador, com os mesmos poderes que recebeu.

§ 2º Com a morte ou a superveniente incapacidade do endossante, não perde eficácia o endosso-mandato.

§ 3º Pode o devedor opor ao endossatário de endosso-mandato somente as exceções que tiver contra o endossante.

Art. 918. A cláusula constitutiva de penhor, lançada no endosso, confere ao endossatário o exercício dos direitos inerentes ao título.

§ 1º O endossatário de endosso-penhor só pode endossar novamente o título na qualidade de procurador.

§ 2º Não pode o devedor opor ao endossatário de endosso-penhor as exceções que tinha contra o endossante, salvo se aquele tiver agido de má-fé.

Art. 919. A aquisição de título à ordem, por meio diverso do endosso, tem efeito de cessão civil.

Art. 920. O endosso posterior ao vencimento produz os mesmos efeitos do anterior.

CAPÍTULO IV - DO TÍTULO NOMINATIVO

Art. 921. É título nominativo o emitido em favor de pessoa cujo nome conste no registro do emitente.

Art. 922. Transfere-se o título nominativo mediante termo, em registro do emitente, assinado pelo proprietário e pelo adquirente.

Art. 923. O título nominativo também pode ser transferido por endosso que contenha o nome do endossatário.

§ 1º A transferência mediante endosso só tem eficácia perante o emitente, uma vez feita a competente averbação em seu registro, podendo o emitente exigir do endossatário que comprove a autenticidade da assinatura do endossante.

§ 2º O endossatário, legitimado por série regular e ininterrupta de endossos, tem o direito de obter a averbação no registro do emitente, comprovada a autenticidade das assinaturas de todos os endossantes.

§ 3º Caso o título original contenha o nome do primitivo proprietário, tem direito o adquirente a obter do emitente novo título, em seu nome, devendo a emissão do novo título constar no registro do emitente.

Art. 924. Ressalvada proibição legal, pode o título nominativo ser transformado em à ordem ou ao portador, a pedido do proprietário e à sua custa.

Art. 925. Fica desonerado de responsabilidade o emitente que de boa-fé fizer a transferência pelos modos indicados nos artigos antecedentes.

Art. 926. Qualquer negócio ou medida judicial, que tenha por objeto o título, só produz efeito perante o emitente ou terceiros, uma vez feita a competente averbação no registro do emitente.

TÍTULO IX - DA RESPONSABILIDADE CIVIL
CAPÍTULO I - DA OBRIGAÇÃO DE INDENIZAR

Art. 927. Aquele que, por ato ilícito (arts. 186 e 187), causar dano a outrem, fica obrigado a repará-lo.

Parágrafo único. Haverá obrigação de reparar o dano, independentemente de culpa, nos casos especificados em lei, ou quando a atividade normalmente desenvolvida pelo autor do dano implicar, por sua natureza, risco para os direitos de outrem.

Art. 928. O incapaz responde pelos prejuízos que causar, se as pessoas por ele responsáveis não tiverem obrigação de fazê-lo ou não dispuserem de meios suficientes.

Parágrafo único. A indenização prevista neste artigo, que deverá ser eqüitativa, não terá lugar se privar do necessário o incapaz ou as pessoas que dele dependem.

Art. 929. Se a pessoa lesada, ou o dono da coisa, no caso do inciso II do art. 188, não forem culpados do perigo, assistir-lhes-á direito à indenização do prejuízo que sofreram.

Art. 930. No caso do inciso II do art. 188, se o perigo ocorrer por culpa de terceiro, contra este terá o autor do dano ação regressiva para haver a importância que tiver ressarcido ao lesado.

Parágrafo único. A mesma ação competirá contra aquele em defesa de quem se causou o dano (art. 188, inciso I).

Art. 931. Ressalvados outros casos previstos em lei especial, os empresários individuais e as empresas respondem independentemente de culpa pelos danos causados pelos produtos postos em circulação.

Art. 932. São também responsáveis pela reparação civil:

I - os pais, pelos filhos menores que estiverem sob sua autoridade e em sua companhia;

II - o tutor e o curador, pelos pupilos e curatelados, que se acharem nas mesmas condições;

III - o empregador ou comitente, por seus empregados, serviçais e prepostos, no exercício do trabalho que lhes competir, ou em razão dele;

IV - os donos de hotéis, hospedarias, casas ou estabelecimentos onde se albergue por dinheiro, mesmo para fins de educação, pelos seus hóspedes, moradores e educandos;

V - os que gratuitamente houverem participado nos produtos do crime, até a concorrente quantia.

Art. 933. As pessoas indicadas nos incisos I a V do artigo antecedente, ainda que não haja culpa de sua parte, responderão pelos atos praticados pelos terceiros ali referidos.

Art. 934. Aquele que ressarcir o dano causado por outrem pode reaver o que houver pago daquele por quem pagou, salvo se o causador do dano for descendente seu, absoluta ou relativamente incapaz.

Art. 935. A responsabilidade civil é independente da criminal, não se podendo questionar mais sobre a existência do fato, ou sobre quem seja o seu autor, quando estas questões se acharem decididas no juízo criminal.

Art. 936. O dono, ou detentor, do animal ressarcirá o dano por este causado, se não provar culpa da vítima ou força maior.

Art. 937. O dono de edifício ou construção responde pelos danos que resultarem de sua ruína, se esta provier de falta de reparos, cuja necessidade fosse manifesta.

Art. 938. Aquele que habitar prédio, ou parte dele, responde pelo dano proveniente das coisas que dele caírem ou forem lançadas em lugar indevido.

Art. 939. O credor que demandar o devedor antes de vencida a dívida, fora dos casos em que a lei o permita, ficará obrigado a esperar o tempo que faltava para o vencimento, a descontar os juros correspondentes, embora estipulados, e a pagar as custas em dobro.

Art. 940. Aquele que demandar por dívida já paga, no todo ou em parte, sem ressalvar as quantias recebidas ou pedir mais do que for devido, ficará obrigado a pagar ao devedor, no primeiro caso, o dobro do que houver cobrado e, no segundo, o equivalente do que dele exigir, salvo se houver prescrição.

Art. 941. As penas previstas nos arts. 939 e 940 não se aplicarão quando o autor desistir da ação antes de contestada a lide, salvo ao réu o direito de haver indenização por algum prejuízo que prove ter sofrido.

Art. 942. Os bens do responsável pela ofensa ou violação do direito de outrem ficam sujeitos à reparação do dano causado; e, se a ofensa tiver mais de um autor, todos responderão solidariamente pela reparação.

Parágrafo único. São solidariamente responsáveis com os autores os co-autores e as pessoas designadas no art. 932.

Art. 943. O direito de exigir reparação e a obrigação de prestá-la transmitem-se com a herança.

CAPÍTULO II - DA INDENIZAÇÃO

Art. 944. A indenização mede-se pela extensão do dano.

Parágrafo único. Se houver excessiva desproporção entre a gravidade da culpa e o dano, poderá o juiz reduzir, eqüitativamente, a indenização.

Art. 945. Se a vítima tiver concorrido culposamente para o evento danoso, a sua indenização será fixada tendo-se em conta a gravidade de sua culpa em confronto com a do autor do dano.

Art. 946. Se a obrigação for indeterminada, e não houver na lei ou no contrato disposição fixando a indenização devida pelo inadimplente, apurar-se-á o valor das perdas e danos na forma que a lei processual determinar.

Art. 947. Se o devedor não puder cumprir a prestação na espécie ajustada, substituir-se-á pelo seu valor, em moeda corrente.

Art. 948. No caso de homicídio, a indenização consiste, sem excluir outras reparações:

I - no pagamento das despesas com o tratamento da vítima, seu funeral e o luto da família;

II - na prestação de alimentos às pessoas a quem o morto os devia, levando-se em conta a duração provável da vida da vítima.

Art. 949. No caso de lesão ou outra ofensa à saúde, o ofensor indenizará o ofendido das despesas do tratamento e dos lucros cessantes até ao fim da convalescença, além de algum outro prejuízo que o ofendido prove haver sofrido.

Art. 950. Se da ofensa resultar defeito pelo qual o ofendido não possa exercer o seu ofício ou profissão, ou se lhe diminua a capacidade de trabalho, a indenização, além das despesas do tratamento e lucros cessantes até ao fim da convalescença, incluirá pensão correspondente à importância do trabalho para que se inabilitou, ou da depreciação que ele sofreu.

Parágrafo único. O prejudicado, se preferir, poderá exigir que a indenização seja arbitrada e paga de uma só vez.

Art. 951. O disposto nos arts. 948, 949 e 950 aplica-se ainda no caso de indenização devida por aquele que, no exercício de atividade profissional, por negligência, imprudência ou imperícia, causar a morte do paciente, agravar-lhe o mal, causar-lhe lesão, ou inabilitá-lo para o trabalho.

Art. 952. Havendo usurpação ou esbulho do alheio, além da restituição da coisa, a indenização consistirá em pagar o valor das suas deteriorações e o devido a título de lucros cessantes; faltando a coisa, dever-se-á reembolsar o seu equivalente ao prejudicado.

Parágrafo único. Para se restituir o equivalente, quando não exista a própria coisa, estimar-se-á ela pelo seu preço ordinário e pelo de afeição, contanto que este não se avantaje àquele.

Art. 953. A indenização por injúria, difamação ou calúnia consistirá na reparação do dano que delas resulte ao ofendido.

Parágrafo único. Se o ofendido não puder provar prejuízo material, caberá ao juiz fixar, eqüitativamente, o valor da indenização, na conformidade das circunstâncias do caso.

Art. 954. A indenização por ofensa à liberdade pessoal consistirá no pagamento das perdas e danos que sobrevierem ao ofendido, e se este não puder provar prejuízo, tem aplicação o disposto no parágrafo único do artigo antecedente.

Parágrafo único. Consideram-se ofensivos da liberdade pessoal:

I - o cárcere privado;

II - a prisão por queixa ou denúncia falsa e de má-fé;

III - a prisão ilegal.

TÍTULO X - DAS PREFERÊNCIAS E PRIVILÉGIOS CREDITÓRIOS

Art. 955. Procede-se à declaração de insolvência toda vez que as dívidas excedam à importância dos bens do devedor.

Art. 956. A discussão entre os credores pode versar quer sobre a preferência entre eles disputada, quer sobre a nulidade, simulação, fraude, ou falsidade das dívidas e contratos.

Art. 957. Não havendo título legal à preferência, terão os credores igual direito sobre os bens do devedor comum.

Art. 958. Os títulos legais de preferência são os privilégios e os direitos reais.

Art. 959. Conservam seus respectivos direitos os credores, hipotecários ou privilegiados:

I - sobre o preço do seguro da coisa gravada com hipoteca ou privilégio, ou sobre a indenização devida, havendo responsável pela perda ou danificação da coisa;

II - sobre o valor da indenização, se a coisa obrigada a hipoteca ou privilégio for desapropriada.

Art. 960. Nos casos a que se refere o artigo antecedente, o devedor do seguro, ou da indenização, exonera-se pagando sem oposição dos credores hipotecários ou privilegiados.

Art. 961. O crédito real prefere ao pessoal de qualquer espécie; o crédito pessoal privilegiado, ao simples; e o privilégio especial, ao geral.

Art. 962. Quando concorrerem aos mesmos bens, e por título igual, dois ou mais credores da mesma classe especialmente privilegiados, haverá entre eles rateio proporcional ao valor dos respectivos créditos, se o produto não bastar para o pagamento integral de todos.

Art. 963. O privilégio especial só compreende os bens sujeitos, por expressa disposição de lei, ao pagamento do crédito que ele favorece; e o geral, todos os bens não sujeitos a crédito real nem a privilégio especial.

Art. 964. Têm privilégio especial:

I - sobre a coisa arrecadada e liquidada, o credor de custas e despesas judiciais feitas com a arrecadação e liquidação;

II - sobre a coisa salvada, o credor por despesas de salvamento;

III - sobre a coisa beneficiada, o credor por benfeitorias necessárias ou úteis;

IV - sobre os prédios rústicos ou urbanos, fábricas, oficinas, ou quaisquer outras construções, o credor de materiais,

dinheiro, ou serviços para a sua edificação, reconstrução, ou melhoramento;

V - sobre os frutos agrícolas, o credor por sementes, instrumentos e serviços à cultura, ou à colheita;

VI - sobre as alfaias e utensílios de uso doméstico, nos prédios rústicos ou urbanos, o credor de aluguéis, quanto às prestações do ano corrente e do anterior;

VII - sobre os exemplares da obra existente na massa do editor, o autor dela, ou seus legítimos representantes, pelo crédito fundado contra aquele no contrato da edição;

VIII - sobre o produto da colheita, para a qual houver concorrido com o seu trabalho, e precipuamente a quaisquer outros créditos, ainda que reais, o trabalhador agrícola, quanto à dívida dos seus salários.

IX - sobre os produtos do abate, o credor por animais. (Incluído pela Lei nº 13.176, de 2015)

Art. 965. Goza de privilégio geral, na ordem seguinte, sobre os bens do devedor:

I - o crédito por despesa de seu funeral, feito segundo a condição do morto e o costume do lugar;

II - o crédito por custas judiciais, ou por despesas com a arrecadação e liquidação da massa;

III - o crédito por despesas com o luto do cônjuge sobrevivo e dos filhos do devedor falecido, se foram moderadas;

IV - o crédito por despesas com a doença de que faleceu o devedor, no semestre anterior à sua morte;

V - o crédito pelos gastos necessários à mantença do devedor falecido e sua família, no trimestre anterior ao falecimento;

VI - o crédito pelos impostos devidos à Fazenda Pública, no ano corrente e no anterior;

VII - o crédito pelos salários dos empregados do serviço doméstico do devedor, nos seus derradeiros seis meses de vida;

VIII - os demais créditos de privilégio geral.

LIVRO II - DO DIREITO DE EMPRESA

TÍTULO I - DO EMPRESÁRIO

CAPÍTULO I - DA CARACTERIZAÇÃO E DA INSCRIÇÃO

Art. 966. Considera-se empresário quem exerce profissionalmente atividade econômica organizada para a produção ou a circulação de bens ou de serviços.

Parágrafo único. Não se considera empresário quem exerce profissão intelectual, de natureza científica, literária ou artística, ainda com o concurso de auxiliares ou colaboradores, salvo se o exercício da profissão constituir elemento de empresa.

Art. 967. É obrigatória a inscrição do empresário no Registro Público de Empresas Mercantis da respectiva sede, antes do início de sua atividade.

Art. 968. A inscrição do empresário far-se-á mediante requerimento que contenha:

I - o seu nome, nacionalidade, domicílio, estado civil e, se casado, o regime de bens;

II - a firma, com a respectiva assinatura autógrafa que poderá ser substituída pela assinatura autenticada com certificação digital ou meio equivalente que comprove a sua autenticidade, ressalvado o disposto no inciso I do § 1º do art. 4º da Lei Complementar nº 123, de 14 de dezembro de 2006 ; (Redação dada pela Lei Complementar nº 147, de 2014)

III - o capital;

IV - o objeto e a sede da empresa.

§ 1º Com as indicações estabelecidas neste artigo, a inscrição será tomada por termo no livro próprio do Registro Público de Empresas Mercantis, e obedecerá a número de ordem contínuo para todos os empresários inscritos.

§ 2º À margem da inscrição, e com as mesmas formalidades, serão averbadas quaisquer modificações nela ocorrentes.

§ 3º Caso venha a admitir sócios, o empresário individual poderá solicitar ao Registro Público de Empresas Mercantis a transformação de seu registro de empresário para registro de sociedade empresária, observado, no que couber, o disposto nos arts. 1.113 a 1.115 deste Código. (Incluído pela Lei Complementar nº 128, de 2008)

§ 4º O processo de abertura, registro, alteração e baixa do microempreendedor individual de que trata o art. 18-A da Lei Complementar nº 123, de 14 de dezembro de 2006 , bem como qualquer exigência para o início de seu funcionamento deverão ter trâmite especial e simplificado, preferentemente eletrônico, opcional para o empreendedor, na forma a ser disciplinada pelo Comitê para Gestão da Rede Nacional para a Simplificação do Registro e da Legalização de Empresas e Negócios - CGSIM, de que trata o inciso III do art. 2º da mesma Lei. (Incluído pela Lei nº 12.470, de 2011)

§ 5º Para fins do disposto no § 4º, poderão ser dispensados o uso da firma, com a respectiva assinatura autógrafa, o capital, requerimentos, demais assinaturas, informações relativas à nacionalidade, estado civil e regime de bens, bem como remessa de documentos, na forma estabelecida pelo CGSIM. (Incluído pela Lei nº 12.470, de 2011)

Art. 969. O empresário que instituir sucursal, filial ou agência, em lugar sujeito à jurisdição de outro Registro Público de Empresas Mercantis, neste deverá também inscrevê-la, com a prova da inscrição originária.

Parágrafo único. Em qualquer caso, a constituição do estabelecimento secundário deverá ser averbada no Registro Público de Empresas Mercantis da respectiva sede.

Art. 970. A lei assegurará tratamento favorecido, diferenciado e simplificado ao empresário rural e ao pequeno empresário, quanto à inscrição e aos efeitos daí decorrentes.

Art. 971. O empresário, cuja atividade rural constitua sua principal profissão, pode, observadas as formalidades de que tratam o art. 968 e seus parágrafos, requerer inscrição no Registro Público de Empresas Mercantis da respectiva sede, caso em que, depois de inscrito, ficará equiparado, para todos os efeitos, ao empresário sujeito a registro.

CAPÍTULO II - DA CAPACIDADE

Art. 972. Podem exercer a atividade de empresário os que estiverem em pleno gozo da capacidade civil e não forem legalmente impedidos.

Art. 973. A pessoa legalmente impedida de exercer atividade própria de empresário, se a exercer, responderá pelas obrigações contraídas.

Art. 974. Poderá o incapaz, por meio de representante ou devidamente assistido, continuar a empresa antes exercida por ele enquanto capaz, por seus pais ou pelo autor de herança.

§ 1º Nos casos deste artigo, precederá autorização judicial, após exame das circunstâncias e dos riscos da empresa, bem como da conveniência em continuá-la, podendo a autorização ser revogada pelo juiz, ouvidos os pais, tutores ou representantes legais do menor ou do interdito, sem prejuízo dos direitos adquiridos por terceiros.

§ 2º Não ficam sujeitos ao resultado da empresa os bens que o incapaz já possuía, ao tempo da sucessão ou da interdição, desde que estranhos ao acervo daquela, devendo tais fatos constar do alvará que conceder a autorização.

§ 3º O Registro Público de Empresas Mercantis a cargo das Juntas Comerciais deverá registrar contratos ou alterações contratuais de sociedade que envolva sócio incapaz, desde que atendidos, de forma conjunta, os seguintes pressupostos: (Incluído pela Lei nº 12.399, de 2011)

I - o sócio incapaz não pode exercer a administração da sociedade; (Incluído pela Lei nº 12.399, de 2011)

II - o capital social deve ser totalmente integralizado; (Incluído pela Lei nº 12.399, de 2011)

III - o sócio relativamente incapaz deve ser assistido e o absolutamente incapaz deve ser representado por seus representantes legais. (Incluído pela Lei nº 12.399, de 2011)

Art. 975. Se o representante ou assistente do incapaz for pessoa que, por disposição de lei, não puder exercer atividade de empresário, nomeará, com a aprovação do juiz, um ou mais gerentes.

§ 1º Do mesmo modo será nomeado gerente em todos os casos em que o juiz entender ser conveniente.

§ 2º A aprovação do juiz não exime o representante ou assistente do menor ou do interdito da responsabilidade pelos atos dos gerentes nomeados.

Art. 976. A prova da emancipação e da autorização do incapaz, nos casos do art. 974, e a de eventual revogação desta, serão inscritas ou averbadas no Registro Público de Empresas Mercantis.

Parágrafo único. O uso da nova firma caberá, conforme o caso, ao gerente; ou ao representante do incapaz; ou a este, quando puder ser autorizado.

Art. 977. Faculta-se aos cônjuges contratar sociedade, entre si ou com terceiros, desde que não tenham casado no regime da comunhão universal de bens, ou no da separação obrigatória.

Art. 978. O empresário casado pode, sem necessidade de outorga conjugal, qualquer que seja o regime de bens, alienar os imóveis que integrem o patrimônio da empresa ou gravá-los de ônus real.

Art. 979. Além de no Registro Civil, serão arquivados e averbados, no Registro Público de Empresas Mercantis, os pactos e declarações antenupciais do empresário, o título de doação, herança, ou legado, de bens clausulados de incomunicabilidade ou inalienabilidade.

Art. 980. A sentença que decretar ou homologar a separação judicial do empresário e o ato de reconciliação não podem ser opostos a terceiros, antes de arquivados e averbados no Registro Público de Empresas Mercantis.

TÍTULO I-A - (INCLUÍDO PELA LEI Nº 12.441, DE 2011) - DA EMPRESA INDIVIDUAL DE RESPONSABILIDADE LIMITADA

Art. 980-A. A empresa individual de responsabilidade limitada será constituída por uma única pessoa titular da totalidade do capital social, devidamente integralizado, que não será inferior a 100 (cem) vezes o maior salário-mínimo vigente no País. (Incluído pela Lei nº 12.441, de 2011)

§ 1º O nome empresarial deverá ser formado pela inclusão da expressão "EIRELI" após a firma ou a denominação social da empresa individual de responsabilidade limitada. (Incluído pela Lei nº 12.441, de 2011)

§ 2º A pessoa natural que constituir empresa individual de responsabilidade limitada somente poderá figurar em uma única empresa dessa modalidade. (Incluído pela Lei nº 12.441, de 2011)

§ 3º A empresa individual de responsabilidade limitada também poderá resultar da concentração das quotas de outra modalidade societária num único sócio, independentemente das razões que motivaram tal concentração. (Incluído pela Lei nº 12.441, de 2011)

§ 4º (VETADO) . (Incluído pela Lei nº 12.441, de 2011)

§ 5º Poderá ser atribuída à empresa individual de responsabilidade limitada constituída para a prestação de serviços de qualquer natureza a remuneração decorrente da cessão de direitos patrimoniais de autor ou de imagem, nome, marca ou voz de que seja detentor o titular da pessoa jurídica, vinculados à atividade profissional. (Incluído pela Lei nº 12.441, de 2011)

§ 6º Aplicam-se à empresa individual de responsabilidade limitada, no que couber, as regras previstas para as sociedades limitadas. (Incluído pela Lei nº 12.441, de 2011)

§ 7º Somente o patrimônio social da empresa responderá pelas dívidas da empresa individual de responsabilidade limitada, hipótese em que não se confundirá, em qualquer situação, com o patrimônio do titular que a constitui, ressalvados os casos de fraude. (Incluído pela Lei nº 13.874, de 2019)

TÍTULO II - DA SOCIEDADE

CAPÍTULO ÚNICO

Disposições Gerais

Art. 981. Celebram contrato de sociedade as pessoas que reciprocamente se obrigam a contribuir, com bens ou serviços, para o exercício de atividade econômica e a partilha, entre si, dos resultados.

Parágrafo único. A atividade pode restringir-se à realização de um ou mais negócios determinados.

Art. 982. Salvo as exceções expressas, considera-se empresária a sociedade que tem por objeto o exercício de atividade própria de empresário sujeito a registro (art. 967); e, simples, as demais.

Parágrafo único. Independentemente de seu objeto, considera-se empresária a sociedade por ações; e, simples, a cooperativa.

Art. 983. A sociedade empresária deve constituir-se segundo um dos tipos regulados nos arts. 1.039 a 1.092; a sociedade simples pode constituir-se de conformidade com um desses tipos, e, não o fazendo, subordina-se às normas que lhe são próprias.

Parágrafo único. Ressalvam-se as disposições concernentes à sociedade em conta de participação e à cooperativa, bem como as constantes de leis especiais que, para o exercício de certas atividades, imponham a constituição da sociedade segundo determinado tipo.

Art. 984. A sociedade que tenha por objeto o exercício de atividade própria de empresário rural e seja constituída, ou transformada, de acordo com um dos tipos de sociedade empresária, pode, com as formalidades do art. 968, requerer inscrição no Registro Público de Empresas Mercantis da sua sede, caso em que, depois de inscrita, ficará equiparada, para todos os efeitos, à sociedade empresária.

Parágrafo único. Embora já constituída a sociedade segundo um daqueles tipos, o pedido de inscrição se subordinará, no que for aplicável, às normas que regem a transformação.

Art. 985. A sociedade adquire personalidade jurídica com a inscrição, no registro próprio e na forma da lei, dos seus atos constitutivos (arts. 45 e 1.150).

SUBTÍTULO I - DA SOCIEDADE NÃO PERSONIFICADA

CAPÍTULO I - DA SOCIEDADE EM COMUM

Art. 986. Enquanto não inscritos os atos constitutivos, reger-se-á a sociedade, exceto por ações em organização, pelo disposto neste Capítulo, observadas, subsidiariamente e no que com ele forem compatíveis, as normas da sociedade simples.

Art. 987. Os sócios, nas relações entre si ou com terceiros, somente por escrito podem provar a existência da sociedade, mas os terceiros podem prová-la de qualquer modo.

Art. 988. Os bens e dívidas sociais constituem patrimônio especial, do qual os sócios são titulares em comum.

Art. 989. Os bens sociais respondem pelos atos de gestão praticados por qualquer dos sócios, salvo pacto expresso limitativo de poderes, que somente terá eficácia contra o terceiro que o conheça ou deva conhecer.

Art. 990. Todos os sócios respondem solidária e ilimitadamente pelas obrigações sociais, excluído do benefício de ordem, previsto no art. 1.024, aquele que contratou pela sociedade.

CAPÍTULO II - DA SOCIEDADE EM CONTA DE PARTICIPAÇÃO

Art. 991. Na sociedade em conta de participação, a atividade constitutiva do objeto social é exercida unicamente pelo sócio ostensivo, em seu nome individual e sob sua própria e exclusiva responsabilidade, participando os demais dos resultados correspondentes.

Parágrafo único. Obriga-se perante terceiro tão-somente o sócio ostensivo; e, exclusivamente perante este, o sócio participante, nos termos do contrato social.

Art. 992. A constituição da sociedade em conta de participação independe de qualquer formalidade e pode provar-se por todos os meios de direito.

Art. 993. O contrato social produz efeito somente entre os sócios, e a eventual inscrição de seu instrumento em qualquer registro não confere personalidade jurídica à sociedade.

Parágrafo único. Sem prejuízo do direito de fiscalizar a gestão dos negócios sociais, o sócio participante não pode tomar parte nas relações do sócio ostensivo com terceiros, sob pena de responder solidariamente com este pelas obrigações em que intervier.

Art. 994. A contribuição do sócio participante constitui, com a do sócio ostensivo, patrimônio especial, objeto da conta de participação relativa aos negócios sociais.

§ 1º A especialização patrimonial somente produz efeitos em relação aos sócios.

§ 2º A falência do sócio ostensivo acarreta a dissolução da sociedade e a liquidação da respectiva conta, cujo saldo constituirá crédito quirografário.

§ 3º Falindo o sócio participante, o contrato social fica sujeito às normas que regulam os efeitos da falência nos contratos bilaterais do falido.

Art. 995. Salvo estipulação em contrário, o sócio ostensivo não pode admitir novo sócio sem o consentimento expresso dos demais.

Art. 996. Aplica-se à sociedade em conta de participação, subsidiariamente e no que com ela for compatível, o disposto para a sociedade simples, e a sua liquidação rege-se pelas normas relativas à prestação de contas, na forma da lei processual.

Parágrafo único. Havendo mais de um sócio ostensivo, as respectivas contas serão prestadas e julgadas no mesmo processo.

SUBTÍTULO II - DA SOCIEDADE PERSONIFICADA

CAPÍTULO I - DA SOCIEDADE SIMPLES

SEÇÃO I - DO CONTRATO SOCIAL

Art. 997. A sociedade constitui-se mediante contrato escrito, particular ou público, que, além de cláusulas estipuladas pelas partes, mencionará:

I - nome, nacionalidade, estado civil, profissão e residência dos sócios, se pessoas naturais, e a firma ou a denominação, nacionalidade e sede dos sócios, se jurídicas;

II - denominação, objeto, sede e prazo da sociedade;

III - capital da sociedade, expresso em moeda corrente, podendo compreender qualquer espécie de bens, suscetíveis de avaliação pecuniária;

IV - a quota de cada sócio no capital social, e o modo de realizá-la;

V - as prestações a que se obriga o sócio, cuja contribuição consista em serviços;

VI - as pessoas naturais incumbidas da administração da sociedade, e seus poderes e atribuições;

VII - a participação de cada sócio nos lucros e nas perdas;

VIII - se os sócios respondem, ou não, subsidiariamente, pelas obrigações sociais.

Parágrafo único. É ineficaz em relação a terceiros qualquer pacto separado, contrário ao disposto no instrumento do contrato.

Art. 998. Nos trinta dias subseqüentes à sua constituição, a sociedade deverá requerer a inscrição do contrato social no Registro Civil das Pessoas Jurídicas do local de sua sede.

§ 1º O pedido de inscrição será acompanhado do instrumento autenticado do contrato, e, se algum sócio nele houver sido representado por procurador, o da respectiva procuração, bem como, se for o caso, da prova de autorização da autoridade competente.

§ 2º Com todas as indicações enumeradas no artigo antecedente, será a inscrição tomada por termo no livro de registro próprio, e obedecerá a número de ordem contínua para todas as sociedades inscritas.

Art. 999. As modificações do contrato social, que tenham por objeto matéria indicada no art. 997, dependem do consentimento de todos os sócios; as demais podem ser decididas por maioria absoluta de votos, se o contrato não determinar a necessidade de deliberação unânime.

Parágrafo único. Qualquer modificação do contrato social será averbada, cumprindo-se as formalidades previstas no artigo antecedente.

Art. 1.000. A sociedade simples que instituir sucursal, filial ou agência na circunscrição de outro Registro Civil das Pessoas Jurídicas, neste deverá também inscrevê-la, com a prova da inscrição originária.

Parágrafo único. Em qualquer caso, a constituição da sucursal, filial ou agência deverá ser averbada no Registro Civil da respectiva sede.

SEÇÃO II - DOS DIREITOS E OBRIGAÇÕES DOS SÓCIOS

Art. 1.001. As obrigações dos sócios começam imediatamente com o contrato, se este não fixar outra data, e terminam quando, liquidada a sociedade, se extinguirem as responsabilidades sociais.

Art. 1.002. O sócio não pode ser substituído no exercício das suas funções, sem o consentimento dos demais sócios, expresso em modificação do contrato social.

Art. 1.003. A cessão total ou parcial de quota, sem a correspondente modificação do contrato social com o consentimento dos demais sócios, não terá eficácia quanto a estes e à sociedade.

Parágrafo único. Até dois anos depois de averbada a modificação do contrato, responde o cedente solidariamente com o cessionário, perante a sociedade e terceiros, pelas obrigações que tinha como sócio.

Art. 1.004. Os sócios são obrigados, na forma e prazo previstos, às contribuições estabelecidas no contrato social, e aquele que deixar de fazê-lo, nos trinta dias seguintes ao da notificação pela sociedade, responderá perante esta pelo dano emergente da mora.

Parágrafo único. Verificada a mora, poderá a maioria dos demais sócios preferir, à indenização, a exclusão do sócio remisso, ou reduzir-lhe a quota ao montante já realizado, aplicando-se, em ambos os casos, o disposto no § 1º do art. 1.031.

Art. 1.005. O sócio que, a título de quota social, transmitir domínio, posse ou uso, responde pela evicção; e pela solvência do devedor, aquele que transferir crédito.

Art. 1.006. O sócio, cuja contribuição consista em serviços, não pode, salvo convenção em contrário, empregar-se em atividade estranha à sociedade, sob pena de ser privado de seus lucros e dela excluído.

Art. 1.007. Salvo estipulação em contrário, o sócio participa dos lucros e das perdas, na proporção das respectivas quotas, mas aquele, cuja contribuição consiste em serviços, somente participa dos lucros na proporção da média do valor das quotas.

Art. 1.008. É nula a estipulação contratual que exclua qualquer sócio de participar dos lucros e das perdas.

Art. 1.009. A distribuição de lucros ilícitos ou fictícios acarreta responsabilidade solidária dos administradores que a realizarem e dos sócios que os receberem, conhecendo ou devendo conhecer-lhes a ilegitimidade.

SEÇÃO III - DA ADMINISTRAÇÃO

Art. 1.010. Quando, por lei ou pelo contrato social, competir aos sócios decidir sobre os negócios da sociedade, as deliberações serão tomadas por maioria de votos, contados segundo o valor das quotas de cada um.

§ 1º Para formação da maioria absoluta são necessários votos correspondentes a mais de metade do capital.

§ 2º Prevalece a decisão sufragada por maior número de sócios no caso de empate, e, se este persistir, decidirá o juiz.

§ 3º Responde por perdas e danos o sócio que, tendo em alguma operação interesse contrário ao da sociedade, participar da deliberação que a aprove graças a seu voto.

Art. 1.011. O administrador da sociedade deverá ter, no exercício de suas funções, o cuidado e a diligência que todo homem ativo e probo costuma empregar na administração de seus próprios negócios.

§ 1º Não podem ser administradores, além das pessoas impedidas por lei especial, os condenados a pena que vede, ainda que temporariamente, o acesso a cargos públicos; ou por crime falimentar, de prevaricação, peita ou suborno, concussão, peculato; ou contra a economia popular, contra o sistema financeiro nacional, contra as normas de defesa da concorrência, contra as relações de consumo, a fé pública ou a propriedade, enquanto perdurarem os efeitos da condenação.

§ 2º Aplicam-se à atividade dos administradores, no que couber, as disposições concernentes ao mandato.

Art. 1.012. O administrador, nomeado por instrumento em separado, deve averbá-lo à margem da inscrição da sociedade, e, pelos atos que praticar, antes de requerer a averbação, responde pessoal e solidariamente com a sociedade.

Art. 1.013. A administração da sociedade, nada dispondo o contrato social, compete separadamente a cada um dos sócios.

§ 1º Se a administração competir separadamente a vários administradores, cada um pode impugnar operação pretendida por outro, cabendo a decisão aos sócios, por maioria de votos.

§ 2º Responde por perdas e danos perante a sociedade o administrador que realizar operações, sabendo ou devendo saber que estava agindo em desacordo com a maioria.

Art. 1.014. Nos atos de competência conjunta de vários administradores, torna-se necessário o concurso de todos, salvo nos casos urgentes, em que a omissão ou retardo das providências possa ocasionar dano irreparável ou grave.

Art. 1.015. No silêncio do contrato, os administradores podem praticar todos os atos pertinentes à gestão da sociedade; não constituindo objeto social, a oneração ou a venda de bens imóveis depende do que a maioria dos sócios decidir.

Parágrafo único. O excesso por parte dos administradores somente pode ser oposto a terceiros se ocorrer pelo menos uma das seguintes hipóteses:

I - se a limitação de poderes estiver inscrita ou averbada no registro próprio da sociedade;

II - provando-se que era conhecida do terceiro;

III - tratando-se de operação evidentemente estranha aos negócios da sociedade.

Art. 1.016. Os administradores respondem solidariamente perante a sociedade e os terceiros prejudicados, por culpa no desempenho de suas funções.

Art. 1.017. O administrador que, sem consentimento escrito dos sócios, aplicar créditos ou bens sociais em proveito próprio ou de terceiros, terá de restituí-los à sociedade, ou pagar o equivalente, com todos os lucros resultantes, e, se houver prejuízo, por ele também responderá.

Parágrafo único. Fica sujeito às sanções o administrador que, tendo em qualquer operação interesse contrário ao da sociedade, tome parte na correspondente deliberação.

Art. 1.018. Ao administrador é vedado fazer-se substituir no exercício de suas funções, sendo-lhe facultado, nos limites de seus poderes, constituir mandatários da sociedade, especificados no instrumento os atos e operações que poderão praticar.

Art. 1.019. São irrevogáveis os poderes do sócio investido na administração por cláusula expressa do contrato social, salvo justa causa, reconhecida judicialmente, a pedido de qualquer dos sócios.

Parágrafo único. São revogáveis, a qualquer tempo, os poderes conferidos a sócio por ato separado, ou a quem não seja sócio.

Art. 1.020. Os administradores são obrigados a prestar aos sócios contas justificadas de sua administração, e apresentar-lhes o inventário anualmente, bem como o balanço patrimonial e o de resultado econômico.

Art. 1.021. Salvo estipulação que determine época própria, o sócio pode, a qualquer tempo, examinar os livros e documentos, e o estado da caixa e da carteira da sociedade.

SEÇÃO IV - DAS RELAÇÕES COM TERCEIROS

Art. 1.022. A sociedade adquire direitos, assume obrigações e procede judicialmente, por meio de administradores com poderes especiais, ou, não os havendo, por intermédio de qualquer administrador.

Art. 1.023. Se os bens da sociedade não lhe cobrirem as dívidas, respondem os sócios pelo saldo, na proporção em que participem das perdas sociais, salvo cláusula de responsabilidade solidária.

Art. 1.024. Os bens particulares dos sócios não podem ser executados por dívidas da sociedade, senão depois de executados os bens sociais.

Art. 1.025. O sócio, admitido em sociedade já constituída, não se exime das dívidas sociais anteriores à admissão.

Art. 1.026. O credor particular de sócio pode, na insuficiência de outros bens do devedor, fazer recair a execução sobre o que a este couber nos lucros da sociedade, ou na parte que lhe tocar em liquidação.

Parágrafo único. Se a sociedade não estiver dissolvida, pode o credor requerer a liquidação da quota do devedor, cujo valor, apurado na forma do art. 1.031, será depositado em dinheiro, no juízo da execução, até noventa dias após aquela liquidação.

Art. 1.027. Os herdeiros do cônjuge de sócio, ou o cônjuge do que se separou judicialmente, não podem exigir desde logo a parte que lhes couber na quota social, mas concorrer à divisão periódica dos lucros, até que se liquide a sociedade.

SEÇÃO V - DA RESOLUÇÃO DA SOCIEDADE EM RELAÇÃO A UM SÓCIO

Art. 1.028. No caso de morte de sócio, liquidar-se-á sua quota, salvo:

I - se o contrato dispuser diferentemente;

II - se os sócios remanescentes optarem pela dissolução da sociedade;

III - se, por acordo com os herdeiros, regular-se a substituição do sócio falecido.

Art. 1.029. Além dos casos previstos na lei ou no contrato, qualquer sócio pode retirar-se da sociedade; se de prazo indeterminado, mediante notificação aos demais sócios, com antecedência mínima de sessenta dias; se de prazo determinado, provando judicialmente justa causa.

Parágrafo único. Nos trinta dias subseqüentes à notificação, podem os demais sócios optar pela dissolução da sociedade.

Art. 1.030. Ressalvado o disposto no art. 1.004 e seu parágrafo único, pode o sócio ser excluído judicialmente, mediante iniciativa da maioria dos demais sócios, por falta grave no cumprimento de suas obrigações, ou, ainda, por incapacidade superveniente.

Parágrafo único. Será de pleno direito excluído da sociedade o sócio declarado falido, ou aquele cuja quota tenha sido liquidada nos termos do parágrafo único do art. 1.026.

Art. 1.031. Nos casos em que a sociedade se resolver em relação a um sócio, o valor da sua quota, considerada pelo montante efetivamente realizado, liquidar-se-á, salvo disposição contratual em contrário, com base na situação patrimonial da sociedade, à data da resolução, verificada em balanço especialmente levantado.

§ 1º O capital social sofrerá a correspondente redução, salvo se os demais sócios suprirem o valor da quota.

§ 2º A quota liquidada será paga em dinheiro, no prazo de noventa dias, a partir da liquidação, salvo acordo, ou estipulação contratual em contrário.

Art. 1.032. A retirada, exclusão ou morte do sócio, não o exime, ou a seus herdeiros, da responsabilidade pelas obrigações sociais anteriores, até dois anos após averbada a resolução da sociedade; nem nos dois primeiros casos, pelas posteriores e em igual prazo, enquanto não se requerer a averbação.

SEÇÃO VI - DA DISSOLUÇÃO

Art. 1.033. Dissolve-se a sociedade quando ocorrer:

I - o vencimento do prazo de duração, salvo se, vencido este e sem oposição de sócio, não entrar a sociedade em liquidação, caso em que se prorrogará por tempo indeterminado;

II - o consenso unânime dos sócios;

III - a deliberação dos sócios, por maioria absoluta, na sociedade de prazo indeterminado;

IV - a falta de pluralidade de sócios, não reconstituída no prazo de cento e oitenta dias;

V - a extinção, na forma da lei, de autorização para funcionar.

Parágrafo único. Não se aplica o disposto no inciso IV caso o sócio remanescente, inclusive na hipótese de concentração de todas as cotas da sociedade sob sua titularidade, requeira, no Registro Público de Empresas Mercantis, a transformação do registro da sociedade para empresário individual ou para empresa individual de responsabilidade limitada, observado, no que couber, o disposto nos arts. 1.113 a 1.115 deste Código. (Redação dada pela Lei nº 12.441, de 2011)

Art. 1.034. A sociedade pode ser dissolvida judicialmente, a requerimento de qualquer dos sócios, quando:

I - anulada a sua constituição;

II - exaurido o fim social, ou verificada a sua inexeqüibilidade.

Art. 1.035. O contrato pode prever outras causas de dissolução, a serem verificadas judicialmente quando contestadas.

Art. 1.036. Ocorrida a dissolução, cumpre aos administradores providenciar imediatamente a investidura do liquidante, e restringir a gestão própria aos negócios inadiáveis, vedadas novas operações, pelas quais responderão solidária e ilimitadamente.

Parágrafo único. Dissolvida de pleno direito a sociedade, pode o sócio requerer, desde logo, a liquidação judicial.

Art. 1.037. Ocorrendo a hipótese prevista no inciso V do art. 1.033, o Ministério Público, tão logo lhe comunique a autoridade competente, promoverá a liquidação judicial da sociedade, se os administradores não o tiverem feito nos trinta dias seguintes à perda da autorização, ou se o sócio não houver exercido a faculdade assegurada no parágrafo único do artigo antecedente.

Parágrafo único. Caso o Ministério Público não promova a liquidação judicial da sociedade nos quinze dias subseqüentes ao recebimento da comunicação, a autoridade competente para conceder a autorização nomeará interventor com poderes para requerer a medida e administrar a sociedade até que seja nomeado o liquidante.

Art. 1.038. Se não estiver designado no contrato social, o liquidante será eleito por deliberação dos sócios, podendo a escolha recair em pessoa estranha à sociedade.

§ 1º O liquidante pode ser destituído, a todo tempo:

I - se eleito pela forma prevista neste artigo, mediante deliberação dos sócios;

II - em qualquer caso, por via judicial, a requerimento de um ou mais sócios, ocorrendo justa causa.

§ 2º A liquidação da sociedade se processa de conformidade com o disposto no Capítulo IX, deste Subtítulo.

CAPÍTULO II - DA SOCIEDADE EM NOME COLETIVO

Art. 1.039. Somente pessoas físicas podem tomar parte na sociedade em nome coletivo, respondendo todos os sócios, solidária e ilimitadamente, pelas obrigações sociais.

Parágrafo único. Sem prejuízo da responsabilidade perante terceiros, podem os sócios, no ato constitutivo, ou por unânime convenção posterior, limitar entre si a responsabilidade de cada um.

Art. 1.040. A sociedade em nome coletivo se rege pelas normas deste Capítulo e, no que seja omisso, pelas do Capítulo antecedente.

Art. 1.041. O contrato deve mencionar, além das indicações referidas no art. 997, a firma social.

Art. 1.042. A administração da sociedade compete exclusivamente a sócios, sendo o uso da firma, nos limites do contrato, privativo dos que tenham os necessários poderes.

Art. 1.043. O credor particular de sócio não pode, antes de dissolver-se a sociedade, pretender a liquidação da quota do devedor.

Parágrafo único. Poderá fazê-lo quando:

I - a sociedade houver sido prorrogada tacitamente;

II - tendo ocorrido prorrogação contratual, for acolhida judicialmente oposição do credor, levantada no prazo de noventa dias, contado da publicação do ato dilatório.

Art. 1.044. A sociedade se dissolve de pleno direito por qualquer das causas enumeradas no art. 1.033 e, se empresária, também pela declaração da falência.

CAPÍTULO III - DA SOCIEDADE EM COMANDITA SIMPLES

Art. 1.045. Na sociedade em comandita simples tomam parte sócios de duas categorias: os comanditados, pessoas físicas, responsáveis solidária e ilimitadamente pelas obrigações sociais; e os comanditários, obrigados somente pelo valor de sua quota.

Parágrafo único. O contrato deve discriminar os comanditados e os comanditários.

Art. 1.046. Aplicam-se à sociedade em comandita simples as normas da sociedade em nome coletivo, no que forem compatíveis com as deste Capítulo.

Parágrafo único. Aos comanditados cabem os mesmos direitos e obrigações dos sócios da sociedade em nome coletivo.

Art. 1.047. Sem prejuízo da faculdade de participar das deliberações da sociedade e de lhe fiscalizar as operações, não pode o comanditário praticar qualquer ato de gestão, nem ter o nome na firma social, sob pena de ficar sujeito às responsabilidades de sócio comanditado.

Parágrafo único. Pode o comanditário ser constituído procurador da sociedade, para negócio determinado e com poderes especiais.

Art. 1.048. Somente após averbada a modificação do contrato, produz efeito, quanto a terceiros, a diminuição da quota do comanditário, em consequência de ter sido reduzido o capital social, sempre sem prejuízo dos credores preexistentes.

Art. 1.049. O sócio comanditário não é obrigado à reposição de lucros recebidos de boa-fé e de acordo com o balanço.

Parágrafo único. Diminuído o capital social por perdas supervenientes, não pode o comanditário receber quaisquer lucros, antes de reintegrado aquele.

SUBTÍTULO II - DA SOCIEDADE PERSONIFICADA

Art. 1.050. No caso de morte de sócio comanditário, a sociedade, salvo disposição do contrato, continuará com os seus sucessores, que designarão quem os represente.

Art. 1.051. Dissolve-se de pleno direito a sociedade:

I - por qualquer das causas previstas no art. 1.044;

II - quando por mais de cento e oitenta dias perdurar a falta de uma das categorias de sócio.

Parágrafo único. Na falta de sócio comanditado, os comanditários nomearão administrador provisório para praticar, durante o período referido no inciso II e sem assumir a condição de sócio, os atos de administração.

CAPÍTULO IV - DA SOCIEDADE LIMITADA

SEÇÃO I - DISPOSIÇÕES PRELIMINARES

Art. 1.052. Na sociedade limitada, a responsabilidade de cada sócio é restrita ao valor de suas quotas, mas todos respondem solidariamente pela integralização do capital social.

§ 1º A sociedade limitada pode ser constituída por 1 (uma) ou mais pessoas. (Incluído pela Lei nº 13.874, de 2019)

§ 2º Se for unipessoal, aplicar-se-ão ao documento de constituição do sócio único, no que couber, as disposições sobre o contrato social. (Incluído pela Lei nº 13.874, de 2019)

Art. 1.053. A sociedade limitada rege-se, nas omissões deste Capítulo, pelas normas da sociedade simples.

Parágrafo único. O contrato social poderá prever a regência supletiva da sociedade limitada pelas normas da sociedade anônima.

Art. 1.054. O contrato mencionará, no que couber, as indicações do art. 997, e, se for o caso, a firma social.

SEÇÃO II - DAS QUOTAS

Art. 1.055. O capital social divide-se em quotas, iguais ou desiguais, cabendo uma ou diversas a cada sócio.

§ 1º Pela exata estimação de bens conferidos ao capital social respondem solidariamente todos os sócios, até o prazo de cinco anos da data do registro da sociedade.

§ 2º É vedada contribuição que consista em prestação de serviços.

Art. 1.056. A quota é indivisível em relação à sociedade, salvo para efeito de transferência, caso em que se observará o disposto no artigo seguinte.

§ 1º No caso de condomínio de quota, os direitos a ela inerentes somente podem ser exercidos pelo condômino representante, ou pelo inventariante do espólio de sócio falecido.

§ 2º Sem prejuízo do disposto no art. 1.052, os condôminos de quota indivisa respondem solidariamente pelas prestações necessárias à sua integralização.

Art. 1.057. Na omissão do contrato, o sócio pode ceder sua quota, total ou parcialmente, a quem seja sócio, independentemente de audiência dos outros, ou a estranho, se não houver oposição de titulares de mais de um quarto do capital social.

Parágrafo único. A cessão terá eficácia quanto à sociedade e terceiros, inclusive para os fins do parágrafo único do art. 1.003, a partir da averbação do respectivo instrumento, subscrito pelos sócios anuentes.

Art. 1.058. Não integralizada a quota de sócio remisso, os outros sócios podem, sem prejuízo do disposto no art. 1.004 e seu parágrafo único, tomá-la para si ou transferi-la a terceiros, excluindo o primitivo titular e devolvendo-lhe o que houver pago, deduzidos os juros da mora, as prestações estabelecidas no contrato mais as despesas.

Art. 1.059. Os sócios serão obrigados à reposição dos lucros e das quantias retiradas, a qualquer título, ainda que autorizados pelo contrato, quando tais lucros ou quantia se distribuírem com prejuízo do capital.

SEÇÃO III - DA ADMINISTRAÇÃO

Art. 1.060. A sociedade limitada é administrada por uma ou mais pessoas designadas no contrato social ou em ato separado.

Parágrafo único. A administração atribuída no contrato a todos os sócios não se estende de pleno direito aos que posteriormente adquiram essa qualidade.

Art. 1.061. A designação de administradores não sócios dependerá de aprovação da unanimidade dos sócios, enquanto o capital não estiver integralizado, e de 2/3 (dois terços), no mínimo, após a integralização. (Redação dada pela Lei nº 12.375, de 2010)

Art. 1.062. O administrador designado em ato separado investir-se-á no cargo mediante termo de posse no livro de atas da administração.

§ 1º Se o termo não for assinado nos trinta dias seguintes à designação, esta se tornará sem efeito.

§ 2º Nos dez dias seguintes ao da investidura, deve o administrador requerer seja averbada sua nomeação no registro competente, mencionando o seu nome, nacionalidade, estado civil, residência, com exibição de documento de identidade, o ato e a data da nomeação e o prazo de gestão.

Art. 1.063. O exercício do cargo de administrador cessa pela destituição, em qualquer tempo, do titular, ou pelo término do prazo se, fixado no contrato ou em ato separado, não houver recondução.

§ 1º Tratando-se de sócio nomeado administrador no contrato, sua destituição somente se opera pela aprovação de titulares de quotas correspondentes a mais da metade do capital social, salvo disposição contratual diversa. (Redação dada pela Lei nº 13.792, de 2019)

§ 2º A cessação do exercício do cargo de administrador deve ser averbada no registro competente, mediante requerimento apresentado nos dez dias seguintes ao da ocorrência.

§ 3º A renúncia de administrador torna-se eficaz, em relação à sociedade, desde o momento em que esta toma conhecimento da comunicação escrita do renunciante; e, em relação a terceiros, após a averbação e publicação.

Art. 1.064. O uso da firma ou denominação social é privativo dos administradores que tenham os necessários poderes.

Art. 1.065. Ao término de cada exercício social, proceder-se-á à elaboração do inventário, do balanço patrimonial e do balanço de resultado econômico.

SEÇÃO IV - DO CONSELHO FISCAL

Art. 1.066. Sem prejuízo dos poderes da assembléia dos sócios, pode o contrato instituir conselho fiscal composto de três ou mais membros e respectivos suplentes, sócios ou não, residentes no País, eleitos na assembléia anual prevista no art. 1.078.

§ 1º Não podem fazer parte do conselho fiscal, além dos inelegíveis enumerados no § 1º do art. 1.011, os membros dos demais órgãos da sociedade ou de outra por ela controlada, os empregados de quaisquer delas ou dos respectivos administradores, o cônjuge ou parente destes até o terceiro grau.

§ 2º É assegurado aos sócios minoritários, que representarem pelo menos um quinto do capital social, o direito de eleger, separadamente, um dos membros do conselho fiscal e o respectivo suplente.

Art. 1.067. O membro ou suplente eleito, assinando termo de posse lavrado no livro de atas e pareceres do conselho fiscal, em que se mencione o seu nome, nacionalidade, estado civil, residência e a data da escolha, ficará investido nas suas funções, que exercerá, salvo cessação anterior, até a subseqüente assembléia anual.

Parágrafo único. Se o termo não for assinado nos trinta dias seguintes ao da eleição, esta se tornará sem efeito.

Art. 1.068. A remuneração dos membros do conselho fiscal será fixada, anualmente, pela assembléia dos sócios que os eleger.

Art. 1.069. Além de outras atribuições determinadas na lei ou no contrato social, aos membros do conselho fiscal incumbem, individual ou conjuntamente, os deveres seguintes:

I - examinar, pelo menos trimestralmente, os livros e papéis da sociedade e o estado da caixa e da carteira, devendo os administradores ou liquidantes prestar-lhes as informações solicitadas;

II - lavrar no livro de atas e pareceres do conselho fiscal o resultado dos exames referidos no inciso I deste artigo;

III - exarar no mesmo livro e apresentar à assembléia anual dos sócios parecer sobre os negócios e as operações sociais do exercício em que servirem, tomando por base o balanço patrimonial e o de resultado econômico;

IV - denunciar os erros, fraudes ou crimes que descobrirem, sugerindo providências úteis à sociedade;

V - convocar a assembléia dos sócios se a diretoria retardar por mais de trinta dias a sua convocação anual, ou sempre que ocorram motivos graves e urgentes;

VI - praticar, durante o período da liquidação da sociedade, os atos a que se refere este artigo, tendo em vista as disposições especiais reguladoras da liquidação.

Art. 1.070. As atribuições e poderes conferidos pela lei ao conselho fiscal não podem ser outorgados a outro órgão da sociedade, e a responsabilidade de seus membros obedece à regra que define a dos administradores (art. 1.016).

Parágrafo único. O conselho fiscal poderá escolher para assisti-lo no exame dos livros, dos balanços e das contas, contabilista legalmente habilitado, mediante remuneração aprovada pela assembléia dos sócios.

SEÇÃO V - DAS DELIBERAÇÕES DOS SÓCIOS

Art. 1.071. Dependem da deliberação dos sócios, além de outras matérias indicadas na lei ou no contrato:

I - a aprovação das contas da administração;

II - a designação dos administradores, quando feita em ato separado;

III - a destituição dos administradores;

IV - o modo de sua remuneração, quando não estabelecido no contrato;

V - a modificação do contrato social;

VI - a incorporação, a fusão e a dissolução da sociedade, ou a cessação do estado de liquidação;

VII - a nomeação e destituição dos liquidantes e o julgamento das suas contas;

VIII - o pedido de concordata.

Art. 1.072. As deliberações dos sócios, obedecido o disposto no art. 1.010, serão tomadas em reunião ou em assembléia, conforme previsto no contrato social, devendo ser convocadas pelos administradores nos casos previstos em lei ou no contrato.

§ 1º A deliberação em assembléia será obrigatória se o número dos sócios for superior a dez.

§ 2º Dispensam-se as formalidades de convocação previstas no § 3º do art. 1.152, quando todos os sócios comparecerem ou se declararem, por escrito, cientes do local, data, hora e ordem do dia.

§ 3º A reunião ou a assembléia tornam-se dispensáveis quando todos os sócios decidirem, por escrito, sobre a matéria que seria objeto delas.

§ 4º No caso do inciso VIII do artigo antecedente, os administradores, se houver urgência e com autorização de titulares de mais da metade do capital social, podem requerer concordata preventiva.

§ 5º As deliberações tomadas de conformidade com a lei e o contrato vinculam todos os sócios, ainda que ausentes ou dissidentes.

§ 6º Aplica-se às reuniões dos sócios, nos casos omissos no contrato, o disposto na presente Seção sobre a assembléia.

Art. 1.073. A reunião ou a assembléia podem também ser convocadas:

I - por sócio, quando os administradores retardarem a convocação, por mais de sessenta dias, nos casos previstos em lei ou no contrato, ou por titulares de mais de um quinto do capital, quando não atendido, no prazo de oito dias, pedido de convocação fundamentado, com indicação das matérias a serem tratadas;

II - pelo conselho fiscal, se houver, nos casos a que se refere o inciso V do art. 1.069.

Art. 1.074. A assembléia dos sócios instala-se com a presença, em primeira convocação, de titulares de no mínimo três quartos do capital social, e, em segunda, com qualquer número.

§ 1º O sócio pode ser representado na assembléia por outro sócio, ou por advogado, mediante outorga de mandato com especificação dos atos autorizados, devendo o instrumento ser levado a registro, juntamente com a ata.

§ 2º Nenhum sócio, por si ou na condição de mandatário, pode votar matéria que lhe diga respeito diretamente.

Art. 1.075. A assembléia será presidida e secretariada por sócios escolhidos entre os presentes.

§ 1º Dos trabalhos e deliberações será lavrada, no livro de atas da assembléia, ata assinada pelos membros da mesa e por sócios participantes da reunião, quantos bastem à validade das deliberações, mas sem prejuízo dos que queiram assiná-la.

§ 2º Cópia da ata autenticada pelos administradores, ou pela mesa, será, nos vinte dias subseqüentes à reunião, apresentada ao Registro Público de Empresas Mercantis para arquivamento e averbação.

§ 3º Ao sócio, que a solicitar, será entregue cópia autenticada da ata.

Art. 1.076. Ressalvado o disposto no art. 1.061, as deliberações dos sócios serão tomadas (Redação dada pela Lei nº 13.792, de 2019)

I - pelos votos correspondentes, no mínimo, a três quartos do capital social, nos casos previstos nos incisos V e VI do art. 1.071;

II - pelos votos correspondentes a mais de metade do capital social, nos casos previstos nos incisos II, III, IV e VIII do art. 1.071;

III - pela maioria de votos dos presentes, nos demais casos previstos na lei ou no contrato, se este não exigir maioria mais elevada.

Art. 1.077. Quando houver modificação do contrato, fusão da sociedade, incorporação de outra, ou dela por outra, terá o sócio que dissentiu o direito de retirar-se da sociedade, nos trinta dias subseqüentes à reunião, aplicando-se, no silêncio do contrato social antes vigente, o disposto no art. 1.031.

Art. 1.078. A assembléia dos sócios deve realizar-se ao menos uma vez por ano, nos quatro meses seguintes à ao término do exercício social, com o objetivo de:

I - tomar as contas dos administradores e deliberar sobre o balanço patrimonial e o de resultado econômico;

II - designar administradores, quando for o caso;

III - tratar de qualquer outro assunto constante da ordem do dia.

§ 1º Até trinta dias antes da data marcada para a assembléia, os documentos referidos no inciso I deste artigo devem ser postos, por escrito, e com a prova do respectivo recebimento, à disposição dos sócios que não exerçam a administração.

§ 2º Instalada a assembléia, proceder-se-á à leitura dos documentos referidos no parágrafo antecedente, os quais serão submetidos, pelo presidente, a discussão e votação, nesta não podendo tomar parte os membros da administração e, se houver, os do conselho fiscal.

§ 3º A aprovação, sem reserva, do balanço patrimonial e do de resultado econômico, salvo erro, dolo ou simulação, exonera de responsabilidade os membros da administração e, se houver, os do conselho fiscal.

§ 4º Extingue-se em dois anos o direito de anular a aprovação a que se refere o parágrafo antecedente.

Art. 1.079. Aplica-se às reuniões dos sócios, nos casos omissos no contrato, o estabelecido nesta Seção sobre a assembléia, obedecido o disposto no § 1º do art. 1.072.

Art. 1.080. As deliberações infringentes do contrato ou da lei tornam ilimitada a responsabilidade dos que expressamente as aprovaram.

Art. 1.080-A. O sócio poderá participar e votar a distância em reunião ou assembleia, nos termos do disposto na regulamentação do Departamento Nacional de Registro Empresarial e Integração da Secretaria Especial de Desburocratização, Gestão e Governo Digital do Ministério da Economia. (Incluído pela Medida Provisória nº 931, de 2020)

SEÇÃO VI - DO AUMENTO E DA REDUÇÃO DO CAPITAL

Art. 1.081. Ressalvado o disposto em lei especial, integralizadas as quotas, pode ser o capital aumentado, com a correspondente modificação do contrato.

§ 1º Até trinta dias após a deliberação, terão os sócios preferência para participar do aumento, na proporção das quotas de que sejam titulares.

§ 2º À cessão do direito de preferência, aplica-se o disposto no caput do art. 1.057.

§ 3º Decorrido o prazo da preferência, e assumida pelos sócios, ou por terceiros, a totalidade do aumento, haverá reunião ou assembléia dos sócios, para que seja aprovada a modificação do contrato.

Art. 1.082. Pode a sociedade reduzir o capital, mediante a correspondente modificação do contrato:

I - depois de integralizado, se houver perdas irreparáveis;

II - se excessivo em relação ao objeto da sociedade.

Art. 1.083. No caso do inciso I do artigo antecedente, a redução do capital será realizada com a diminuição proporcional do valor nominal das quotas, tornando-se efetiva a partir da averbação, no Registro Público de Empresas Mercantis, da ata da assembléia que a tenha aprovado.

Art. 1.084. No caso do inciso II do art. 1.082, a redução do capital será feita restituindo-se parte do valor das quotas aos sócios, ou dispensando-se as prestações ainda devidas, com diminuição proporcional, em ambos os casos, do valor nominal das quotas.

§ 1º No prazo de noventa dias, contado da data da publicação da ata da assembléia que aprovar a redução, o credor quirografário, por título líquido anterior a essa data, poderá opor-se ao deliberado.

§ 2º A redução somente se tornará eficaz se, no prazo estabelecido no parágrafo antecedente, não for impugnada, ou se provado o pagamento da dívida ou o depósito judicial do respectivo valor.

§ 3º Satisfeitas as condições estabelecidas no parágrafo antecedente, proceder-se-á à averbação, no Registro Público de Empresas Mercantis, da ata que tenha aprovado a redução.

SEÇÃO VII - DA RESOLUÇÃO DA SOCIEDADE EM RELAÇÃO A SÓCIOS MINORITÁRIOS

Art. 1.085. Ressalvado o disposto no art. 1.030, quando a maioria dos sócios, representativa de mais da metade do capital social, entender que um ou mais sócios estão pondo em risco a continuidade da empresa, em virtude de atos de inegável gravidade, poderá excluí-los da sociedade, mediante alteração do contrato social, desde que prevista neste a exclusão por justa causa.

Parágrafo único. Ressalvado o caso em que haja apenas dois sócios na sociedade, a exclusão de um sócio somente poderá ser determinada em reunião ou assembleia especialmente convocada para esse fim, ciente o acusado em tempo hábil para permitir seu comparecimento e o exercício do direito de defesa. (Redação dada pela Lei nº 13.792, de 2019)

Art. 1.086. Efetuado o registro da alteração contratual, aplicar-se-á o disposto nos arts. 1.031 e 1.032.

SEÇÃO VIII - DA DISSOLUÇÃO

Art. 1.087. A sociedade dissolve-se, de pleno direito, por qualquer das causas previstas no art. 1.044.

CAPÍTULO V - DA SOCIEDADE ANÔNIMA

SEÇÃO ÚNICA

Da Caracterização

Art. 1.088. Na sociedade anônima ou companhia, o capital divide-se em ações, obrigando-se cada sócio ou acionista somente pelo preço de emissão das ações que subscrever ou adquirir.

Art. 1.089. A sociedade anônima rege-se por lei especial, aplicando-se-lhe, nos casos omissos, as disposições deste Código.

CAPÍTULO VI - DA SOCIEDADE EM COMANDITA POR AÇÕES

Art. 1.090. A sociedade em comandita por ações tem o capital dividido em ações, regendo-se pelas normas relativas à sociedade anônima, sem prejuízo das modificações constantes deste Capítulo, e opera sob firma ou denominação.

Art. 1.091. Somente o acionista tem qualidade para administrar a sociedade e, como diretor, responde subsidiária e ilimitadamente pelas obrigações da sociedade.

§ 1º Se houver mais de um diretor, serão solidariamente responsáveis, depois de esgotados os bens sociais.

§ 2º Os diretores serão nomeados no ato constitutivo da sociedade, sem limitação de tempo, e somente poderão ser destituídos por deliberação de acionistas que representem no mínimo dois terços do capital social.

§ 3º O diretor destituído ou exonerado continua, durante dois anos, responsável pelas obrigações sociais contraídas sob sua administração.

Art. 1.092. A assembléia geral não pode, sem o consentimento dos diretores, mudar o objeto essencial da sociedade, prorrogar-lhe o prazo de duração, aumentar ou diminuir o capital social, criar debêntures, ou partes beneficiárias.

CAPÍTULO VII - DA SOCIEDADE COOPERATIVA

Art. 1.093. A sociedade cooperativa reger-se-á pelo disposto no presente Capítulo, ressalvada a legislação especial.

Art. 1.094. São características da sociedade cooperativa:

I - variabilidade, ou dispensa do capital social;

II - concurso de sócios em número mínimo necessário a compor a administração da sociedade, sem limitação de número máximo;

III - limitação do valor da soma de quotas do capital social que cada sócio poderá tomar;

IV - intransferibilidade das quotas do capital a terceiros estranhos à sociedade, ainda que por herança;

V - quorum , para a assembléia geral funcionar e deliberar, fundado no número de sócios presentes à reunião, e não no capital social representado;

VI - direito de cada sócio a um só voto nas deliberações, tenha ou não capital a sociedade, e qualquer que seja o valor de sua participação;

VII - distribuição dos resultados, proporcionalmente ao valor das operações efetuadas pelo sócio com a sociedade, podendo ser atribuído juro fixo ao capital realizado;

VIII - indivisibilidade do fundo de reserva entre os sócios, ainda que em caso de dissolução da sociedade.

Art. 1.095. Na sociedade cooperativa, a responsabilidade dos sócios pode ser limitada ou ilimitada.

§ 1º É limitada a responsabilidade na cooperativa em que o sócio responde somente pelo valor de suas quotas e pelo prejuízo verificado nas operações sociais, guardada a proporção de sua participação nas mesmas operações.

§ 2º É ilimitada a responsabilidade na cooperativa em que o sócio responde solidária e ilimitadamente pelas obrigações sociais.

Art. 1.096. No que a lei for omissa, aplicam-se as disposições referentes à sociedade simples, resguardadas as características estabelecidas no art. 1.094.

CAPÍTULO VIII - DAS SOCIEDADES COLIGADAS

Art. 1.097. Consideram-se coligadas as sociedades que, em suas relações de capital, são controladas, filiadas, ou de simples participação, na forma dos artigos seguintes.

Art. 1.098. É controlada:

I - a sociedade de cujo capital outra sociedade possua a maioria dos votos nas deliberações dos quotistas ou da assembléia geral e o poder de eleger a maioria dos administradores;

II - a sociedade cujo controle, referido no inciso antecedente, esteja em poder de outra, mediante ações ou quotas possuídas por sociedades ou sociedades por esta já controladas.

Art. 1.099. Diz-se coligada ou filiada a sociedade de cujo capital outra sociedade participa com dez por cento ou mais, do capital da outra, sem controlá-la.

Art. 1.100. É de simples participação a sociedade de cujo capital outra sociedade possua menos de dez por cento do capital com direito de voto.

Art. 1.101. Salvo disposição especial de lei, a sociedade não pode participar de outra, que seja sua sócia, por montante superior, segundo o balanço, ao das próprias reservas, excluída a reserva legal.

Parágrafo único. Aprovado o balanço em que se verifique ter sido excedido esse limite, a sociedade não poderá exercer o direito de voto correspondente às ações ou quotas em excesso, as quais devem ser alienadas nos cento e oitenta dias seguintes àquela aprovação.

CAPÍTULO IX - DA LIQUIDAÇÃO DA SOCIEDADE

Art. 1.102. Dissolvida a sociedade e nomeado o liquidante na forma do disposto neste Livro, procede-se à sua liquidação, de conformidade com os preceitos deste Capítulo, ressalvado o disposto no ato constitutivo ou no instrumento da dissolução.

Parágrafo único. O liquidante, que não seja administrador da sociedade, investir-se-á nas funções, averbada a sua nomeação no registro próprio.

Art. 1.103. Constituem deveres do liquidante:

I - averbar e publicar a ata, sentença ou instrumento de dissolução da sociedade;

II - arrecadar os bens, livros e documentos da sociedade, onde quer que estejam;

III - proceder, nos quinze dias seguintes ao da sua investidura e com a assistência, sempre que possível, dos administradores, à elaboração do inventário e do balanço geral do ativo e do passivo;

IV - ultimar os negócios da sociedade, realizar o ativo, pagar o passivo e partilhar o remanescente entre os sócios ou acionistas;

V - exigir dos quotistas, quando insuficiente o ativo à solução do passivo, a integralização de suas quotas e, se for o caso, as quantias necessárias, nos limites da responsabilidade de cada um e proporcionalmente à respectiva participação nas perdas, repartindo-se, entre os sócios solventes e na mesma proporção, o devido pelo insolvente;

VI - convocar assembléia dos quotistas, cada seis meses, para apresentar relatório e balanço do estado da liquidação, prestando conta dos atos praticados durante o semestre, ou sempre que necessário;

VII - confessar a falência da sociedade e pedir concordata, de acordo com as formalidades prescritas para o tipo de sociedade liquidanda;

VIII - finda a liquidação, apresentar aos sócios o relatório da liquidação e as suas contas finais;

IX - averbar a ata da reunião ou da assembléia, ou o instrumento firmado pelos sócios, que considerar encerrada a liquidação.

Parágrafo único. Em todos os atos, documentos ou publicações, o liquidante empregará a firma ou denominação social sempre seguida da cláusula "em liquidação" e de sua assinatura individual, com a declaração de sua qualidade.

Art. 1.104. As obrigações e a responsabilidade do liquidante regem-se pelos preceitos peculiares às dos administradores da sociedade liquidanda.

Art. 1.105. Compete ao liquidante representar a sociedade e praticar todos os atos necessários à sua liquidação, inclusive alienar bens móveis ou imóveis, transigir, receber e dar quitação.

Parágrafo único. Sem estar expressamente autorizado pelo contrato social, ou pelo voto da maioria dos sócios, não pode o liquidante gravar de ônus reais os móveis e imóveis, contrair empréstimos, salvo quando indispensáveis ao pagamento de obrigações inadiáveis, nem prosseguir, embora para facilitar a liquidação, na atividade social.

Art. 1.106. Respeitados os direitos dos credores preferenciais, pagará o liquidante as dívidas sociais proporcionalmente, sem distinção entre vencidas e vincendas, mas, em relação a estas, com desconto.

Parágrafo único. Se o ativo for superior ao passivo, pode o liquidante, sob sua responsabilidade pessoal, pagar integralmente as dívidas vencidas.

Art. 1.107. Os sócios podem resolver, por maioria de votos, antes de ultimada a liquidação, mas depois de pagos os credores, que o liquidante faça rateios por antecipação da partilha, à medida em que se apurem os haveres sociais.

Art. 1.108. Pago o passivo e partilhado o remanescente, convocará o liquidante assembléia dos sócios para a prestação final de contas.

Art. 1.109. Aprovadas as contas, encerra-se a liquidação, e a sociedade se extingue, ao ser averbada no registro próprio a ata da assembléia.

Parágrafo único. O dissidente tem o prazo de trinta dias, a contar da publicação da ata, devidamente averbada, para promover a ação que couber.

Art. 1.110. Encerrada a liquidação, o credor não satisfeito só terá direito a exigir dos sócios, individualmente, o pagamento do seu crédito, até o limite da soma por eles recebida em partilha, e a propor contra o liquidante ação de perdas e danos.

Art. 1.111. No caso de liquidação judicial, será observado o disposto na lei processual.

Art. 1.112. No curso de liquidação judicial, o juiz convocará, se necessário, reunião ou assembléia para deliberar sobre os interesses da liquidação, e as presidirá, resolvendo sumariamente as questões suscitadas.

Parágrafo único. As atas das assembléias serão, em cópia autêntica, apensadas ao processo judicial.

CAPÍTULO X - DA TRANSFORMAÇÃO, DA INCORPORAÇÃO, DA FUSÃO E DA CISÃO DAS SOCIEDADES

Art. 1.113. O ato de transformação independe de dissolução ou liquidação da sociedade, e obedecerá aos preceitos reguladores da constituição e inscrição próprios do tipo em que vai converter-se.

Art. 1.114. A transformação depende do consentimento de todos os sócios, salvo se prevista no ato constitutivo, caso em que o dissidente poderá retirar-se da sociedade, aplicando-se, no silêncio do estatuto ou do contrato social, o disposto no art. 1.031.

Art. 1.115. A transformação não modificará nem prejudicará, em qualquer caso, os direitos dos credores.

Parágrafo único. A falência da sociedade transformada somente produzirá efeitos em relação aos sócios que, no tipo anterior, a eles estariam sujeitos, se o pedirem os titulares de créditos anteriores à transformação, e somente a estes beneficiará.

Art. 1.116. Na incorporação, uma ou várias sociedades são absorvidas por outra, que lhes sucede em todos os direitos e obrigações, devendo todas aprová-la, na forma estabelecida para os respectivos tipos.

Art. 1.117. A deliberação dos sócios da sociedade incorporada deverá aprovar as bases da operação e o projeto de reforma do ato constitutivo.

§ 1º A sociedade que houver de ser incorporada tomará conhecimento desse ato, e, se o aprovar, autorizará os administradores a praticar o necessário à incorporação, inclusive a subscrição em bens pelo valor da diferença que se verificar entre o ativo e o passivo.

§ 2º A deliberação dos sócios da sociedade incorporadora compreenderá a nomeação dos peritos para a avaliação do patrimônio líquido da sociedade, que tenha de ser incorporada.

Art. 1.118. Aprovados os atos da incorporação, a incorporadora declarará extinta a incorporada, e promoverá a respectiva averbação no registro próprio.

Art. 1.119. A fusão determina a extinção das sociedades que se unem, para formar sociedade nova, que a elas sucederá nos direitos e obrigações.

Art. 1.120. A fusão será decidida, na forma estabelecida para os respectivos tipos, pelas sociedades que pretendam unir-se.

§ 1º Em reunião ou assembléia dos sócios de cada sociedade, deliberada a fusão e aprovado o projeto do ato constitutivo da nova sociedade, bem como o plano de distribuição do capital social, serão nomeados os peritos para a avaliação do patrimônio da sociedade.

§ 2º Apresentados os laudos, os administradores convocarão reunião ou assembléia dos sócios para tomar conhecimento deles, decidindo sobre a constituição definitiva da nova sociedade.

§ 3º É vedado aos sócios votar o laudo de avaliação do patrimônio da sociedade de que façam parte.

Art. 1.121. Constituída a nova sociedade, aos administradores incumbe fazer inscrever, no registro próprio da sede, os atos relativos à fusão.

Art. 1.122. Até noventa dias após publicados os atos relativos à incorporação, fusão ou cisão, o credor anterior, por ela prejudicado, poderá promover judicialmente a anulação deles.

§ 1º A consignação em pagamento prejudicará a anulação pleiteada.

§ 2º Sendo ilíquida a dívida, a sociedade poderá garantir-lhe a execução, suspendendo-se o processo de anulação.

§ 3º Ocorrendo, no prazo deste artigo, a falência da sociedade incorporadora, da sociedade nova ou da cindida, qualquer credor anterior terá direito a pedir a separação dos patrimônios, para o fim de serem os créditos pagos pelos bens das respectivas massas.

CAPÍTULO XI - DA SOCIEDADE DEPENDENTE DE AUTORIZAÇÃO

SEÇÃO I - DISPOSIÇÕES GERAIS

Art. 1.123. A sociedade que dependa de autorização do Poder Executivo para funcionar reger-se-á por este título, sem prejuízo do disposto em lei especial.

Parágrafo único. A competência para a autorização será sempre do Poder Executivo federal.

Art. 1.124. Na falta de prazo estipulado em lei ou em ato do poder público, será considerada caduca a autorização se a sociedade não entrar em funcionamento nos doze meses seguintes à respectiva publicação.

Art. 1.125. Ao Poder Executivo é facultado, a qualquer tempo, cassar a autorização concedida a sociedade nacional ou estrangeira que infringir disposição de ordem pública ou praticar atos contrários aos fins declarados no seu estatuto.

SEÇÃO II - DA SOCIEDADE NACIONAL

Art. 1.126. É nacional a sociedade organizada de conformidade com a lei brasileira e que tenha no País a sede de sua administração.

Parágrafo único. Quando a lei exigir que todos ou alguns sócios sejam brasileiros, as ações da sociedade anônima revestirão, no silêncio da lei, a forma nominativa. Qualquer que seja o tipo da sociedade, na sua sede ficará arquivada cópia autêntica do documento comprobatório da nacionalidade dos sócios.

Art. 1.127. Não haverá mudança de nacionalidade de sociedade brasileira sem o consentimento unânime dos sócios ou acionistas.

Art. 1.128. O requerimento de autorização de sociedade nacional deve ser acompanhado de cópia do contrato, assinada por todos os sócios, ou, tratando-se de sociedade anônima, de cópia, autenticada pelos fundadores, dos documentos exigidos pela lei especial.

Parágrafo único. Se a sociedade tiver sido constituída por escritura pública, bastará juntar-se ao requerimento a respectiva certidão.

Art. 1.129. Ao Poder Executivo é facultado exigir que se procedam a alterações ou aditamento no contrato ou no estatuto, devendo os sócios, ou, tratando-se de sociedade anônima, os fundadores, cumprir as formalidades legais para revisão dos atos constitutivos, e juntar ao processo prova regular.

Art. 1.130. Ao Poder Executivo é facultado recusar a autorização, se a sociedade não atender às condições econômicas, financeiras ou jurídicas especificadas em lei.

Art. 1.131. Expedido o decreto de autorização, cumprirá à sociedade publicar os atos referidos nos arts. 1.128 e 1.129, em trinta dias, no órgão oficial da União, cujo exemplar representará prova para inscrição, no registro próprio, dos atos constitutivos da sociedade.

Parágrafo único. A sociedade promoverá, também no órgão oficial da União e no prazo de trinta dias, a publicação do termo de inscrição.

Art. 1.132. As sociedades anônimas nacionais, que dependam de autorização do Poder Executivo para funcionar, não se constituirão sem obtê-la, quando seus fundadores pretenderem recorrer a subscrição pública para a formação do capital.

§ 1º Os fundadores deverão juntar ao requerimento cópias autênticas do projeto do estatuto e do prospecto.

§ 2º Obtida a autorização e constituída a sociedade, proceder-se-á à inscrição dos seus atos constitutivos.

Art. 1.133. Dependem de aprovação as modificações do contrato ou do estatuto de sociedade sujeita a autorização do Poder Executivo, salvo se decorrerem de aumento do capital social, em virtude de utilização de reservas ou reavaliação do ativo.

SEÇÃO III - DA SOCIEDADE ESTRANGEIRA

Art. 1.134. A sociedade estrangeira, qualquer que seja o seu objeto, não pode, sem autorização do Poder Executivo, funcionar no País, ainda que por estabelecimentos subordinados, podendo, todavia, ressalvados os casos expressos em lei, ser acionista de sociedade anônima brasileira.

§ 1º Ao requerimento de autorização devem juntar-se:

I - prova de se achar a sociedade constituída conforme a lei de seu país;

II - inteiro teor do contrato ou do estatuto;

III - relação dos membros de todos os órgãos da administração da sociedade, com nome, nacionalidade, profissão, domicílio e, salvo quanto a ações ao portador, o valor da participação de cada um no capital da sociedade;

IV - cópia do ato que autorizou o funcionamento no Brasil e fixou o capital destinado às operações no território nacional;

V - prova de nomeação do representante no Brasil, com poderes expressos para aceitar as condições exigidas para a autorização;

VI - último balanço.

§ 2º Os documentos serão autenticados, de conformidade com a lei nacional da sociedade requerente, legalizados no consulado brasileiro da respectiva sede e acompanhados de tradução em vernáculo.

Art. 1.135. É facultado ao Poder Executivo, para conceder a autorização, estabelecer condições convenientes à defesa dos interesses nacionais.

Parágrafo único. Aceitas as condições, expedirá o Poder Executivo decreto de autorização, do qual constará o montante de capital destinado às operações no País, cabendo à sociedade promover a publicação dos atos referidos no art. 1.131 e no § 1º do art. 1.134.

Art. 1.136. A sociedade autorizada não pode iniciar sua atividade antes de inscrita no registro próprio do lugar em que se deva estabelecer.

§ 1º O requerimento de inscrição será instruído com exemplar da publicação exigida no parágrafo único do artigo antecedente, acompanhado de documento do depósito em dinheiro, em estabelecimento bancário oficial, do capital ali mencionado.

§ 2º Arquivados esses documentos, a inscrição será feita por termo em livro especial para as sociedades estrangeiras, com número de ordem contínuo para todas as sociedades inscritas; no termo constarão:

I - nome, objeto, duração e sede da sociedade no estrangeiro;

II - lugar da sucursal, filial ou agência, no País;

III - data e número do decreto de autorização;

IV - capital destinado às operações no País;

V - individuação do seu representante permanente.

§ 3º Inscrita a sociedade, promover-se-á a publicação determinada no parágrafo único do art. 1.131.

Art. 1.137. A sociedade estrangeira autorizada a funcionar ficará sujeita às leis e aos tribunais brasileiros, quanto aos atos ou operações praticados no Brasil.

Parágrafo único. A sociedade estrangeira funcionará no território nacional com o nome que tiver em seu país de origem, podendo acrescentar as palavras "do Brasil" ou "para o Brasil".

Art. 1.138. A sociedade estrangeira autorizada a funcionar é obrigada a ter, permanentemente, representante no Brasil, com poderes para resolver quaisquer questões e receber citação judicial pela sociedade.

Parágrafo único. O representante somente pode agir perante terceiros depois de arquivado e averbado o instrumento de sua nomeação.

Art. 1.139. Qualquer modificação no contrato ou no estatuto dependerá da aprovação do Poder Executivo, para produzir efeitos no território nacional.

Art. 1.140. A sociedade estrangeira deve, sob pena de lhe ser cassada a autorização, reproduzir no órgão oficial da União, e do Estado, se for o caso, as publicações que, segundo a sua lei nacional, seja obrigada a fazer relativamente ao balanço patrimonial e ao resultado econômico, bem como aos atos de sua administração.

Parágrafo único. Sob pena, também, de lhe ser cassada a autorização, a sociedade estrangeira deverá publicar o balanço patrimonial e o de resultado econômico das sucursais, filiais ou agências existentes no País.

Art. 1.141. Mediante autorização do Poder Executivo, a sociedade estrangeira admitida a funcionar no País pode nacionalizar-se, transferindo sua sede para o Brasil.

§ 1º Para o fim previsto neste artigo, deverá a sociedade, por seus representantes, oferecer, com o requerimento, os documentos exigidos no art. 1.134, e ainda a prova da realização do capital, pela forma declarada no contrato, ou no estatuto, e do ato em que foi deliberada a nacionalização.

§ 2º O Poder Executivo poderá impor as condições que julgar convenientes à defesa dos interesses nacionais.

§ 3º Aceitas as condições pelo representante, proceder-se-á, após a expedição do decreto de autorização, à inscrição da sociedade e publicação do respectivo termo.

TÍTULO III - DO ESTABELECIMENTO

CAPÍTULO ÚNICO - DISPOSIÇÕES GERAIS

Art. 1.142. Considera-se estabelecimento todo complexo de bens organizado, para exercício da empresa, por empresário, ou por sociedade empresária.

Art. 1.143. Pode o estabelecimento ser objeto unitário de direitos e de negócios jurídicos, translativos ou constitutivos, que sejam compatíveis com a sua natureza.

Art. 1.144. O contrato que tenha por objeto a alienação, o usufruto ou arrendamento do estabelecimento, só produzirá efeitos quanto a terceiros depois de averbado à margem da inscrição do empresário, ou da sociedade empresária, no Registro Público de Empresas Mercantis, e de publicado na imprensa oficial.

Art. 1.145. Se ao alienante não restarem bens suficientes para solver o seu passivo, a eficácia da alienação do estabelecimento depende do pagamento de todos os credores, ou do consentimento destes, de modo expresso ou tácito, em trinta dias a partir de sua notificação.

Art. 1.146. O adquirente do estabelecimento responde pelo pagamento dos débitos anteriores à transferência, desde que regularmente contabilizados, continuando o devedor primitivo solidariamente obrigado pelo prazo de um ano, a partir, quanto aos créditos vencidos, da publicação, e, quanto aos outros, da data do vencimento.

Art. 1.147. Não havendo autorização expressa, o alienante do estabelecimento não pode fazer concorrência ao adquirente, nos cinco anos subseqüentes à transferência.

Parágrafo único. No caso de arrendamento ou usufruto do estabelecimento, a proibição prevista neste artigo persistirá durante o prazo do contrato.

Art. 1.148. Salvo disposição em contrário, a transferência importa a sub-rogação do adquirente nos contratos estipulados para exploração do estabelecimento, se não tiverem caráter pessoal, podendo os terceiros rescindir o contrato em noventa dias a contar da publicação da transferência, se ocorrer justa causa, ressalvada, neste caso, a responsabilidade do alienante.

Art. 1.149. A cessão dos créditos referentes ao estabelecimento transferido produzirá efeito em relação aos respectivos devedores, desde o momento da publicação da transferência, mas o devedor ficará exonerado se de boa-fé pagar ao cedente.

TÍTULO IV - DOS INSTITUTOS COMPLEMENTARES

CAPÍTULO I - DO REGISTRO

Art. 1.150. O empresário e a sociedade empresária vinculam-se ao Registro Público de Empresas Mercantis a cargo das Juntas Comerciais, e a sociedade simples ao Registro Civil das Pessoas Jurídicas, o qual deverá obedecer às normas fixadas para aquele registro, se a sociedade simples adotar um dos tipos de sociedade empresária.

Art. 1.151. O registro dos atos sujeitos à formalidade exigida no artigo antecedente será requerido pela pessoa obrigada em

lei, e, no caso de omissão ou demora, pelo sócio ou qualquer interessado.

§ 1º Os documentos necessários ao registro deverão ser apresentados no prazo de trinta dias, contado da lavratura dos atos respectivos.

§ 2º Requerido além do prazo previsto neste artigo, o registro somente produzirá efeito a partir da data de sua concessão.

§ 3º As pessoas obrigadas a requerer o registro responderão por perdas e danos, em caso de omissão ou demora.

Art. 1.152. Cabe ao órgão incumbido do registro verificar a regularidade das publicações determinadas em lei, de acordo com o disposto nos parágrafos deste artigo.

§ 1º Salvo exceção expressa, as publicações ordenadas neste Livro serão feitas no órgão oficial da União ou do Estado, conforme o local da sede do empresário ou da sociedade, e em jornal de grande circulação.

§ 2º As publicações das sociedades estrangeiras serão feitas nos órgãos oficiais da União e do Estado onde tiverem sucursais, filiais ou agências.

§ 3º O anúncio de convocação da assembléia de sócios será publicado por três vezes, ao menos, devendo mediar, entre a data da primeira inserção e a da realização da assembléia, o prazo mínimo de oito dias, para a primeira convocação, e de cinco dias, para as posteriores.

Art. 1.153. Cumpre à autoridade competente, antes de efetivar o registro, verificar a autenticidade e a legitimidade do signatário do requerimento, bem como fiscalizar a observância das prescrições legais concernentes ao ato ou aos documentos apresentados.

Parágrafo único. Das irregularidades encontradas deve ser notificado o requerente, que, se for o caso, poderá saná-las, obedecendo às formalidades da lei.

Art. 1.154. O ato sujeito a registro, ressalvadas disposições especiais da lei, não pode, antes do cumprimento das respectivas formalidades, ser oposto a terceiro, salvo prova de que este o conhecia.

Parágrafo único. O terceiro não pode alegar ignorância, desde que cumpridas as referidas formalidades.

CAPÍTULO II - DO NOME EMPRESARIAL

Art. 1.155. Considera-se nome empresarial a firma ou a denominação adotada, de conformidade com este Capítulo, para o exercício de empresa.

Parágrafo único. Equipara-se ao nome empresarial, para os efeitos da proteção da lei, a denominação das sociedades simples, associações e fundações.

Art. 1.156. O empresário opera sob firma constituída por seu nome, completo ou abreviado, aditando-lhe, se quiser, designação mais precisa da sua pessoa ou do gênero de atividade.

Art. 1.157. A sociedade em que houver sócios de responsabilidade ilimitada operará sob firma, na qual somente os nomes daqueles poderão figurar, bastando para formá-la aditar ao nome de um deles a expressão "e companhia" ou sua abreviatura.

Parágrafo único. Ficam solidária e ilimitadamente responsáveis pelas obrigações contraídas sob a firma social aqueles que, por seus nomes, figurarem na firma da sociedade de que trata este artigo.

Art. 1.158. Pode a sociedade limitada adotar firma ou denominação, integradas pela palavra final "limitada" ou a sua abreviatura.

§ 1º A firma será composta com o nome de um ou mais sócios, desde que pessoas físicas, de modo indicativo da relação social.

§ 2º A denominação deve designar o objeto da sociedade, sendo permitido nela figurar o nome de um ou mais sócios.

§ 3º A omissão da palavra "limitada" determina a responsabilidade solidária e ilimitada dos administradores que assim empregarem a firma ou a denominação da sociedade.

Art. 1.159. A sociedade cooperativa funciona sob denominação integrada pelo vocábulo "cooperativa".

Art. 1.160. A sociedade anônima opera sob denominação designativa do objeto social, integrada pelas expressões "sociedade anônima" ou "companhia", por extenso ou abreviadamente.

Parágrafo único. Pode constar da denominação o nome do fundador, acionista, ou pessoa que haja concorrido para o bom êxito da formação da empresa.

Art. 1.161. A sociedade em comandita por ações pode, em lugar de firma, adotar denominação designativa do objeto social, aditada da expressão "comandita por ações".

Art. 1.162. A sociedade em conta de participação não pode ter firma ou denominação.

Art. 1.163. O nome de empresário deve distinguir-se de qualquer outro já inscrito no mesmo registro.

Parágrafo único. Se o empresário tiver nome idêntico ao de outros já inscritos, deverá acrescentar designação que o distinga.

Art. 1.164. O nome empresarial não pode ser objeto de alienação.

Parágrafo único. O adquirente de estabelecimento, por ato entre vivos, pode, se o contrato o permitir, usar o nome do alienante, precedido do seu próprio, com a qualificação de sucessor.

Art. 1.165. O nome de sócio que vier a falecer, for excluído ou se retirar, não pode ser conservado na firma social.

Art. 1.166. A inscrição do empresário, ou dos atos constitutivos das pessoas jurídicas, ou as respectivas averbações, no registro próprio, asseguram o uso exclusivo do nome nos limites do respectivo Estado.

Parágrafo único. O uso previsto neste artigo estender-se-á a todo o território nacional, se registrado na forma da lei especial.

Art. 1.167. Cabe ao prejudicado, a qualquer tempo, ação para anular a inscrição do nome empresarial feita com violação da lei ou do contrato.

Art. 1.168. A inscrição do nome empresarial será cancelada, a requerimento de qualquer interessado, quando cessar o exercício da atividade para que foi adotado, ou quando ultimar-se a liquidação da sociedade que o inscreveu.

CAPÍTULO III - DOS PREPOSTOS

SEÇÃO I - DISPOSIÇÕES GERAIS

Art. 1.169. O preposto não pode, sem autorização escrita, fazer-se substituir no desempenho da preposição, sob pena de responder pessoalmente pelos atos do substituto e pelas obrigações por ele contraídas.

Art. 1.170. O preposto, salvo autorização expressa, não pode negociar por conta própria ou de terceiro, nem participar, embora indiretamente, de operação do mesmo gênero da que lhe foi cometida, sob pena de responder por perdas e danos e de serem retidos pelo preponente os lucros da operação.

Art. 1.171. Considera-se perfeita a entrega de papéis, bens ou valores ao preposto, encarregado pelo preponente, se os recebeu sem protesto, salvo nos casos em que haja prazo para reclamação.

SEÇÃO II - DO GERENTE

Art. 1.172. Considera-se gerente o preposto permanente no exercício da empresa, na sede desta, ou em sucursal, filial ou agência.

Art. 1.173. Quando a lei não exigir poderes especiais, considera-se o gerente autorizado a praticar todos os atos necessários ao exercício dos poderes que lhe foram outorgados.

Parágrafo único. Na falta de estipulação diversa, consideram-se solidários os poderes conferidos a dois ou mais gerentes.

Art. 1.174. As limitações contidas na outorga de poderes, para serem opostas a terceiros, dependem do arquivamento

e averbação do instrumento no Registro Público de Empresas Mercantis, salvo se provado serem conhecidas da pessoa que tratou com o gerente.

Parágrafo único. Para o mesmo efeito e com idêntica ressalva, deve a modificação ou revogação do mandato ser arquivada e averbada no Registro Público de Empresas Mercantis.

Art. 1.175. O preponente responde com o gerente pelos atos que este pratique em seu próprio nome, mas à conta daquele.

Art. 1.176. O gerente pode estar em juízo em nome do preponente, pelas obrigações resultantes do exercício da sua função.

SEÇÃO III - DO CONTABILISTA E OUTROS AUXILIARES

Art. 1.177. Os assentos lançados nos livros ou fichas do preponente, por qualquer dos prepostos encarregados de sua escrituração, produzem, salvo se houver procedido de má-fé, os mesmos efeitos como se o fossem por aquele.

Parágrafo único. No exercício de suas funções, os prepostos são pessoalmente responsáveis, perante os preponentes, pelos atos culposos; e, perante terceiros, solidariamente com o preponente, pelos atos dolosos.

Art. 1.178. Os preponentes são responsáveis pelos atos de quaisquer prepostos, praticados nos seus estabelecimentos e relativos à atividade da empresa, ainda que não autorizados por escrito.

Parágrafo único. Quando tais atos forem praticados fora do estabelecimento, somente obrigarão o preponente nos limites dos poderes conferidos por escrito, cujo instrumento pode ser suprido pela certidão ou cópia autêntica do seu teor.

CAPÍTULO IV - DA ESCRITURAÇÃO

Art. 1.179. O empresário e a sociedade empresária são obrigados a seguir um sistema de contabilidade, mecanizado ou não, com base na escrituração uniforme de seus livros, em correspondência com a documentação respectiva, e a levantar anualmente o balanço patrimonial e o de resultado econômico.

§ 1º Salvo o disposto no art. 1.180, o número e a espécie de livros ficam a critério dos interessados.

§ 2º É dispensado das exigências deste artigo o pequeno empresário a que se refere o art. 970.

Art. 1.180. Além dos demais livros exigidos por lei, é indispensável o Diário, que pode ser substituído por fichas no caso de escrituração mecanizada ou eletrônica.

Parágrafo único. A adoção de fichas não dispensa o uso de livro apropriado para o lançamento do balanço patrimonial e do de resultado econômico.

Art. 1.181. Salvo disposição especial de lei, os livros obrigatórios e, se for o caso, as fichas, antes de postos em uso, devem ser autenticados no Registro Público de Empresas Mercantis.

Parágrafo único. A autenticação não se fará sem que esteja inscrito o empresário, ou a sociedade empresária, que poderá fazer autenticar livros não obrigatórios.

Art. 1.182. Sem prejuízo do disposto no art. 1.174, a escrituração ficará sob a responsabilidade de contabilista legalmente habilitado, salvo se nenhum houver na localidade.

Art. 1.183. A escrituração será feita em idioma e moeda corrente nacionais e em forma contábil, por ordem cronológica de dia, mês e ano, sem intervalos em branco, nem entrelinhas, borrões, rasuras, emendas ou transportes para as margens.

Parágrafo único. É permitido o uso de código de números ou de abreviaturas, que constem de livro próprio, regularmente autenticado.

Art. 1.184. No Diário serão lançadas, com individuação, clareza e caracterização do documento respectivo, dia a dia, por escrita direta ou reprodução, todas as operações relativas ao exercício da empresa.

§ 1º Admite-se a escrituração resumida do Diário, com totais que não excedam o período de trinta dias, relativamente a contas cujas operações sejam numerosas ou realizadas fora da sede do estabelecimento, desde que utilizados livros auxiliares regularmente autenticados, para registro individualizado, e conservados os documentos que permitam a sua perfeita verificação.

§ 2º Serão lançados no Diário o balanço patrimonial e o de resultado econômico, devendo ambos ser assinados por técnico em Ciências Contábeis legalmente habilitado e pelo empresário ou sociedade empresária.

Art. 1.185. O empresário ou sociedade empresária que adotar o sistema de fichas de lançamentos poderá substituir o livro Diário pelo livro Balancetes Diários e Balanços, observadas as mesmas formalidades extrínsecas exigidas para aquele.

Art. 1.186. O livro Balancetes Diários e Balanços será escriturado de modo que registre:

I - a posição diária de cada uma das contas ou títulos contábeis, pelo respectivo saldo, em forma de balancetes diários;

II - o balanço patrimonial e o de resultado econômico, no encerramento do exercício.

Art. 1.187. Na coleta dos elementos para o inventário serão observados os critérios de avaliação a seguir determinados:

I - os bens destinados à exploração da atividade serão avaliados pelo custo de aquisição, devendo, na avaliação dos que se desgastam ou depreciam com o uso, pela ação do tempo ou outros fatores, atender-se à desvalorização respectiva, criando-se fundos de amortização para assegurar-lhes a substituição ou a conservação do valor;

II - os valores mobiliários, matéria-prima, bens destinados à alienação, ou que constituem produtos ou artigos da indústria ou comércio da empresa, podem ser estimados pelo custo de aquisição ou de fabricação, ou pelo preço corrente, sempre que este for inferior ao preço de custo, e quando o preço corrente ou venal estiver acima do valor do custo de aquisição, ou fabricação, e os bens forem avaliados pelo preço corrente, a diferença entre este e o preço de custo não será levada em conta para a distribuição de lucros, nem para as percentagens referentes a fundos de reserva;

III - o valor das ações e dos títulos de renda fixa pode ser determinado com base na respectiva cotação da Bolsa de Valores; os não cotados e as participações não acionárias serão considerados pelo seu valor de aquisição;

IV - os créditos serão considerados de conformidade com o presumível valor de realização, não se levando em conta os prescritos ou de difícil liqüidação, salvo se houver, quanto aos últimos, previsão equivalente.

Parágrafo único. Entre os valores do ativo podem figurar, desde que se preceda, anualmente, à sua amortização:

I - as despesas de instalação da sociedade, até o limite correspondente a dez por cento do capital social;

II - os juros pagos aos acionistas da sociedade anônima, no período antecedente ao início das operações sociais, à taxa não superior a doze por cento ao ano, fixada no estatuto;

III - a quantia efetivamente paga a título de aviamento de estabelecimento adquirido pelo empresário ou sociedade.

Art. 1.188. O balanço patrimonial deverá exprimir, com fidelidade e clareza, a situação real da empresa e, atendidas as peculiaridades desta, bem como as disposições das leis especiais, indicará, distintamente, o ativo e o passivo.

Parágrafo único. Lei especial disporá sobre as informações que acompanharão o balanço patrimonial, em caso de sociedades coligadas.

Art. 1.189. O balanço de resultado econômico, ou demonstração da conta de lucros e perdas, acompanhará o balanço patrimonial e dele constarão crédito e débito, na forma da lei especial.

Art. 1.190. Ressalvados os casos previstos em lei, nenhuma autoridade, juiz ou tribunal, sob qualquer pretexto, poderá fazer ou ordenar diligência para verificar se o empresário ou a sociedade empresária observam, ou não, em seus livros e fichas, as formalidades prescritas em lei.

TÍTULO IV - DOS INSTITUTOS COMPLEMENTARES

Art. 1.191. O juiz só poderá autorizar a exibição integral dos livros e papéis de escrituração quando necessária para resolver questões relativas a sucessão, comunhão ou sociedade, administração ou gestão à conta de outrem, ou em caso de falência.

§ 1º O juiz ou tribunal que conhecer de medida cautelar ou de ação pode, a requerimento ou de ofício, ordenar que os livros de qualquer das partes, ou de ambas, sejam examinados na presença do empresário ou da sociedade empresária a que pertencerem, ou de pessoas por estes nomeadas, para deles se extrair o que interessar à questão.

§ 2º Achando-se os livros em outra jurisdição, nela se fará o exame, perante o respectivo juiz.

Art. 1.192. Recusada a apresentação dos livros, nos casos do artigo antecedente, serão apreendidos judicialmente e, no do seu § 1º, ter-se-á como verdadeiro o alegado pela parte contrária para se provar pelos livros.

Parágrafo único. A confissão resultante da recusa pode ser elidida por prova documental em contrário.

Art. 1.193. As restrições estabelecidas neste Capítulo ao exame da escrituração, em parte ou por inteiro, não se aplicam às autoridades fazendárias, no exercício da fiscalização do pagamento de impostos, nos termos estritos das respectivas leis especiais.

Art. 1.194. O empresário e a sociedade empresária são obrigados a conservar em boa guarda toda a escrituração, correspondência e mais papéis concernentes à sua atividade, enquanto não ocorrer prescrição ou decadência no tocante aos atos neles consignados.

Art. 1.195. As disposições deste Capítulo aplicam-se às sucursais, filiais ou agências, no Brasil, do empresário ou sociedade com sede em país estrangeiro.

LIVRO III - DO DIREITO DAS COISAS

TÍTULO I - DA POSSE

CAPÍTULO I - DA POSSE E SUA CLASSIFICAÇÃO

Art. 1.196. Considera-se possuidor todo aquele que tem de fato o exercício, pleno ou não, de algum dos poderes inerentes à propriedade.

Art. 1.197. A posse direta, de pessoa que tem a coisa em seu poder, temporariamente, em virtude de direito pessoal, ou real, não anula a indireta, de quem aquela foi havida, podendo o possuidor direto defender a sua posse contra o indireto.

Art. 1.198. Considera-se detentor aquele que, achando-se em relação de dependência para com outro, conserva a posse em nome deste e em cumprimento de ordens ou instruções suas.

Parágrafo único. Aquele que começou a comportar-se do modo como prescreve este artigo, em relação ao bem e à outra pessoa, presume-se detentor, até que prove o contrário.

Art. 1.199. Se duas ou mais pessoas possuírem coisa indivisa, poderá cada uma exercer sobre ela atos possessórios, contanto que não excluam os dos outros compossuidores.

Art. 1.200. É justa a posse que não for violenta, clandestina ou precária.

Art. 1.201. É de boa-fé a posse, se o possuidor ignora o vício, ou o obstáculo que impede a aquisição da coisa.

Parágrafo único. O possuidor com justo título tem por si a presunção de boa-fé, salvo prova em contrário, ou quando a lei expressamente não admite esta presunção.

Art. 1.202. A posse de boa-fé só perde este caráter no caso e desde o momento em que as circunstâncias façam presumir que o possuidor não ignora que possui indevidamente.

Art. 1.203. Salvo prova em contrário, entende-se manter a posse o mesmo caráter com que foi adquirida.

CAPÍTULO II - DA AQUISIÇÃO DA POSSE

Art. 1.204. Adquire-se a posse desde o momento em que se torna possível o exercício, em nome próprio, de qualquer dos poderes inerentes à propriedade.

Art. 1.205. A posse pode ser adquirida:

I - pela própria pessoa que a pretende ou por seu representante;

II - por terceiro sem mandato, dependendo de ratificação.

Art. 1.206. A posse transmite-se aos herdeiros ou legatários do possuidor com os mesmos caracteres.

Art. 1.207. O sucessor universal continua de direito a posse do seu antecessor; e ao sucessor singular é facultado unir sua posse à do antecessor, para os efeitos legais.

Art. 1.208. Não induzem posse os atos de mera permissão ou tolerância assim como não autorizam a sua aquisição os atos violentos, ou clandestinos, senão depois de cessar a violência ou a clandestinidade.

Art. 1.209. A posse do imóvel faz presumir, até prova contrária, a das coisas móveis que nele estiverem.

CAPÍTULO III - DOS EFEITOS DA POSSE

Art. 1.210. O possuidor tem direito a ser mantido na posse em caso de turbação, restituído no de esbulho, e segurado de violência iminente, se tiver justo receio de ser molestado.

§ 1º O possuidor turbado, ou esbulhado, poderá manter-se ou restituir-se por sua própria força, contanto que o faça logo; os atos de defesa, ou de desforço, não podem ir além do indispensável à manutenção, ou restituição da posse.

§ 2º Não obsta à manutenção ou reintegração na posse a alegação de propriedade, ou de outro direito sobre a coisa.

Art. 1.211. Quando mais de uma pessoa se disser possuidora, manter-se-á provisoriamente a que tiver a coisa, se não estiver manifesto que a obteve de alguma das outras por modo vicioso.

Art. 1.212. O possuidor pode intentar a ação de esbulho, ou a de indenização, contra o terceiro, que recebeu a coisa esbulhada sabendo que o era.

Art. 1.213. O disposto nos artigos antecedentes não se aplica às servidões não aparentes, salvo quando os respectivos títulos provierem do possuidor do prédio serviente, ou daqueles de quem este o houve.

Art. 1.214. O possuidor de boa-fé tem direito, enquanto ela durar, aos frutos percebidos.

Parágrafo único. Os frutos pendentes ao tempo em que cessar a boa-fé devem ser restituídos, depois de deduzidas as despesas da produção e custeio; devem ser também restituídos os frutos colhidos com antecipação.

Art. 1.215. Os frutos naturais e industriais reputam-se colhidos e percebidos, logo que são separados; os civis reputam-se percebidos dia por dia.

Art. 1.216. O possuidor de má-fé responde por todos os frutos colhidos e percebidos, bem como pelos que, por culpa sua, deixou de perceber, desde o momento em que se constituiu de má-fé; tem direito às despesas da produção e custeio.

Art. 1.217. O possuidor de boa-fé não responde pela perda ou deterioração da coisa, a que não der causa.

Art. 1.218. O possuidor de má-fé responde pela perda, ou deterioração da coisa, ainda que acidentais, salvo se provar que de igual modo se teriam dado, estando ela na posse do reivindicante.

Art. 1.219. O possuidor de boa-fé tem direito à indenização das benfeitorias necessárias e úteis, bem como, quanto às voluptuárias, se não lhe forem pagas, a levantá-las, quando o puder sem detrimento da coisa, e poderá exercer o direito de retenção pelo valor das benfeitorias necessárias e úteis.

Art. 1.220. Ao possuidor de má-fé serão ressarcidas somente as benfeitorias necessárias; não lhe assiste o direito de retenção pela importância destas, nem o de levantar as voluptuárias.

Art. 1.221. As benfeitorias compensam-se com os danos, e só obrigam ao ressarcimento se ao tempo da evicção ainda existirem.

Art. 1.222. O reivindicante, obrigado a indenizar as benfeitorias ao possuidor de má-fé, tem o direito de optar entre o seu valor atual e o seu custo; ao possuidor de boa-fé indenizará pelo valor atual.

CAPÍTULO IV - DA PERDA DA POSSE

Art. 1.223. Perde-se a posse quando cessa, embora contra a vontade do possuidor, o poder sobre o bem, ao qual se refere o art. 1.196.

Art. 1.224. Só se considera perdida a posse para quem não presenciou o esbulho, quando, tendo notícia dele, se abstém de retornar a coisa, ou, tentando recuperá-la, é violentamente repelido.

TÍTULO II - DOS DIREITOS REAIS
CAPÍTULO ÚNICO
Disposições Gerais

Art. 1.225. São direitos reais:

I - a propriedade;

II - a superfície;

III - as servidões;

IV - o usufruto;

V - o uso;

VI - a habitação;

VII - o direito do promitente comprador do imóvel;

VIII - o penhor;

IX - a hipoteca;

X - a anticrese.

XI - a concessão de uso especial para fins de moradia; (Incluído pela Lei nº 11.481, de 2007)

XII - a concessão de direito real de uso; e (Redação dada pela Lei nº 13.465, de 2017)

XIII - a laje. (Incluído pela Lei nº 13.465, de 2017)

Art. 1.226. Os direitos reais sobre coisas móveis, quando constituídos, ou transmitidos por atos entre vivos, só se adquirem com a tradição.

Art. 1.227. Os direitos reais sobre imóveis constituídos, ou transmitidos por atos entre vivos, só se adquirem com o registro no Cartório de Registro de Imóveis dos referidos títulos (arts. 1.245 a 1.247), salvo os casos expressos neste Código.

TÍTULO III - DA PROPRIEDADE
CAPÍTULO I - DA PROPRIEDADE EM GERAL
SEÇÃO I - DISPOSIÇÕES PRELIMINARES

Art. 1.228. O proprietário tem a faculdade de usar, gozar e dispor da coisa, e o direito de reavê-la do poder de quem quer que injustamente a possua ou detenha.

§ 1º O direito de propriedade deve ser exercido em consonância com as suas finalidades econômicas e sociais e de modo que sejam preservados, de conformidade com o estabelecido em lei especial, a flora, a fauna, as belezas naturais, o equilíbrio ecológico e o patrimônio histórico e artístico, bem como evitada a poluição do ar e das águas.

§ 2º São defesos os atos que não trazem ao proprietário qualquer comodidade, ou utilidade, e sejam animados pela intenção de prejudicar outrem.

§ 3º O proprietário pode ser privado da coisa, nos casos de desapropriação, por necessidade ou utilidade pública ou interesse social, bem como no de requisição, em caso de perigo público iminente.

§ 4º O proprietário também pode ser privado da coisa se o imóvel reivindicado consistir em extensa área, na posse ininterrupta e de boa-fé, por mais de cinco anos, de considerável número de pessoas, e estas nela houverem realizado, em conjunto ou separadamente, obras e serviços considerados pelo juiz de interesse social e econômico relevante.

§ 5º No caso do parágrafo antecedente, o juiz fixará a justa indenização devida ao proprietário; pago o preço, valerá a sentença como título para o registro do imóvel em nome dos possuidores.

Art. 1.229. A propriedade do solo abrange a do espaço aéreo e subsolo correspondentes, em altura e profundidade úteis ao seu exercício, não podendo o proprietário opor-se a atividades que sejam realizadas, por terceiros, a uma altura ou profundidade tais, que não tenha ele interesse legítimo em impedi-las.

Art. 1.230. A propriedade do solo não abrange as jazidas, minas e demais recursos minerais, os potenciais de energia hidráulica, os monumentos arqueológicos e outros bens referidos por leis especiais.

Parágrafo único. O proprietário do solo tem o direito de explorar os recursos minerais de emprego imediato na construção civil, desde que não submetidos a transformação industrial, obedecido o disposto em lei especial.

Art. 1.231. A propriedade presume-se plena e exclusiva, até prova em contrário.

Art. 1.232. Os frutos e mais produtos da coisa pertencem, ainda quando separados, ao seu proprietário, salvo se, por preceito jurídico especial, couberem a outrem.

SEÇÃO II - DA DESCOBERTA

Art. 1.233. Quem quer que ache coisa alheia perdida há de restituí-la ao dono ou legítimo possuidor.

Parágrafo único. Não o conhecendo, o descobridor fará por encontrá-lo, e, se não o encontrar, entregará a coisa achada à autoridade competente.

Art. 1.234. Aquele que restituir a coisa achada, nos termos do artigo antecedente, terá direito a uma recompensa não inferior a cinco por cento do seu valor, e à indenização pelas despesas que houver feito com a conservação e transporte da coisa, se o dono não preferir abandoná-la.

Parágrafo único. Na determinação do montante da recompensa, considerar-se-á o esforço desenvolvido pelo descobridor para encontrar o dono, ou o legítimo possuidor, as possibilidades que teria este de encontrar a coisa e a situação econômica de ambos.

Art. 1.235. O descobridor responde pelos prejuízos causados ao proprietário ou possuidor legítimo, quando tiver procedido com dolo.

Art. 1.236. A autoridade competente dará conhecimento da descoberta através da imprensa e outros meios de informação, somente expedindo editais se o seu valor os comportar.

Art. 1.237. Decorridos sessenta dias da divulgação da notícia pela imprensa, ou do edital, não se apresentando quem comprove a propriedade sobre a coisa, será esta vendida em hasta pública e, deduzidas do preço as despesas, mais a recompensa do descobridor, pertencerá o remanescente ao Município em cuja circunscrição se deparou o objeto perdido.

Parágrafo único. Sendo de diminuto valor, poderá o Município abandonar a coisa em favor de quem a achou.

CAPÍTULO II - DA AQUISIÇÃO DA PROPRIEDADE IMÓVEL
SEÇÃO I - DA USUCAPIÃO

Art. 1.238. Aquele que, por quinze anos, sem interrupção, nem oposição, possuir como seu um imóvel, adquire-lhe a propriedade, independentemente de título e boa-fé; podendo requerer ao juiz que assim o declare por sentença, a qual servirá de título para o registro no Cartório de Registro de Imóveis.

Parágrafo único. O prazo estabelecido neste artigo reduzir-se-á a dez anos se o possuidor houver estabelecido no imóvel a sua moradia habitual, ou nele realizado obras ou serviços de caráter produtivo.

Art. 1.239. Aquele que, não sendo proprietário de imóvel rural ou urbano, possua como sua, por cinco anos ininterruptos, sem oposição, área de terra em zona rural não superior a cinqüenta hectares, tornando-a produtiva por seu trabalho ou de sua família, tendo nela sua moradia, adquirir-lhe-á a propriedade.

Art. 1.240. Aquele que possuir, como sua, área urbana de até duzentos e cinqüenta metros quadrados, por cinco anos ininterruptamente e sem oposição, utilizando-a para sua moradia ou de sua família, adquirir-lhe-á o domínio, desde que não seja proprietário de outro imóvel urbano ou rural.

§ 1º O título de domínio e a concessão de uso serão conferidos ao homem ou à mulher, ou a ambos, independentemente do estado civil.

§ 2º O direito previsto no parágrafo antecedente não será reconhecido ao mesmo possuidor mais de uma vez.

Art. 1.240-A. Aquele que exercer, por 2 (dois) anos ininterruptamente e sem oposição, posse direta, com exclusividade, sobre imóvel urbano de até 250m² (duzentos e cinquenta metros quadrados) cuja propriedade divida com ex-cônjuge ou ex-companheiro que abandonou o lar, utilizando-o para sua moradia ou de sua família, adquirir-lhe-á o domínio integral, desde que não seja proprietário de outro imóvel urbano ou rural. (Incluído pela Lei nº 12.424, de 2011)

§ 1º O direito previsto no caput não será reconhecido ao mesmo possuidor mais de uma vez.

§ 2º (VETADO) . (Incluído pela Lei nº 12.424, de 2011)

Art. 1.241. Poderá o possuidor requerer ao juiz seja declarada adquirida, mediante usucapião, a propriedade imóvel.

Parágrafo único. A declaração obtida na forma deste artigo constituirá título hábil para o registro no Cartório de Registro de Imóveis.

Art. 1.242. Adquire também a propriedade do imóvel aquele que, contínua e incontestadamente, com justo título e boa-fé, o possuir por dez anos.

Parágrafo único. Será de cinco anos o prazo previsto neste artigo se o imóvel houver sido adquirido, onerosamente, com base no registro constante do respectivo cartório, cancelada posteriormente, desde que os possuidores nele tiverem estabelecido a sua moradia, ou realizado investimentos de interesse social e econômico.

Art. 1.243. O possuidor pode, para o fim de contar o tempo exigido pelos artigos antecedentes, acrescentar à sua posse a dos seus antecessores (art. 1.207), contanto que todas sejam contínuas, pacíficas e, nos casos do art. 1.242, com justo título e de boa-fé.

Art. 1.244. Estende-se ao possuidor o disposto quanto ao devedor acerca das causas que obstam, suspendem ou interrompem a prescrição, as quais também se aplicam à usucapião.

SEÇÃO II - DA AQUISIÇÃO PELO REGISTRO DO TÍTULO

Art. 1.245. Transfere-se entre vivos a propriedade mediante o registro do título translativo no Registro de Imóveis.

§ 1º Enquanto não se registrar o título translativo, o alienante continua a ser havido como dono do imóvel.

§ 2º Enquanto não se promover, por meio de ação própria, a decretação de invalidade do registro, e o respectivo cancelamento, o adquirente continua a ser havido como dono do imóvel.

Art. 1.246. O registro é eficaz desde o momento em que se apresentar o título ao oficial do registro, e este o prenotar no protocolo.

Art. 1.247. Se o teor do registro não exprimir a verdade, poderá o interessado reclamar que se retifique ou anule.

Parágrafo único. Cancelado o registro, poderá o proprietário reivindicar o imóvel, independentemente da boa-fé ou do título do terceiro adquirente.

SEÇÃO III - DA AQUISIÇÃO POR ACESSÃO

Art. 1.248. A acessão pode dar-se:
I - por formação de ilhas;
II - por aluvião;
III - por avulsão;
IV - por abandono de álveo;
V - por plantações ou construções.

SUBSEÇÃO I - DAS ILHAS

Art. 1.249. As ilhas que se formarem em correntes comuns ou particulares pertencem aos proprietários ribeirinhos fronteiros, observadas as regras seguintes:

I - as que se formarem no meio do rio consideram-se acréscimos sobrevindos aos terrenos ribeirinhos fronteiros de ambas as margens, na proporção de suas testadas, até a linha que dividir o álveo em duas partes iguais;

II - as que se formarem entre a referida linha e uma das margens consideram-se acréscimos aos terrenos ribeirinhos fronteiros desse mesmo lado;

III - as que se formarem pelo desdobramento de um novo braço do rio continuam a pertencer aos proprietários dos terrenos à custa dos quais se constituíram.

SUBSEÇÃO II - DA ALUVIÃO

Art. 1.250. Os acréscimos formados, sucessiva e imperceptivelmente, por depósitos e aterros naturais ao longo das margens das correntes, ou pelo desvio das águas destas, pertencem aos donos dos terrenos marginais, sem indenização.

Parágrafo único. O terreno aluvial, que se formar em frente de prédios de proprietários diferentes, dividir-se-á entre eles, na proporção da testada de cada um sobre a antiga margem.

SUBSEÇÃO III - DA AVULSÃO

Art. 1.251. Quando, por força natural violenta, uma porção de terra se destacar de um prédio e se juntar a outro, o dono deste adquirirá a propriedade do acréscimo, se indenizar o dono do primeiro ou, sem indenização, se, em um ano, ninguém houver reclamado.

Parágrafo único. Recusando-se ao pagamento de indenização, o dono do prédio a que se juntou a porção de terra deverá aquiescer a que se remova a parte acrescida.

SUBSEÇÃO IV - DO ÁLVEO ABANDONADO

Art. 1.252. O álveo abandonado de corrente pertence aos proprietários ribeirinhos das duas margens, sem que tenham indenização os donos dos terrenos por onde as águas abrirem novo curso, entendendo-se que os prédios marginais se estendem até o meio do álveo.

SUBSEÇÃO V - DAS CONSTRUÇÕES E PLANTAÇÕES

Art. 1.253. Toda construção ou plantação existente em um terreno presume-se feita pelo proprietário e à sua custa, até que se prove o contrário.

Art. 1.254. Aquele que semeia, planta ou edifica em terreno próprio com sementes, plantas ou materiais alheios, adquire a propriedade destes; mas fica obrigado a pagar-lhes o valor, além de responder por perdas e danos, se agiu de má-fé.

Art. 1.255. Aquele que semeia, planta ou edifica em terreno alheio perde, em proveito do proprietário, as sementes, plantas e construções; se procedeu de boa-fé, terá direito a indenização.

Parágrafo único. Se a construção ou a plantação exceder consideravelmente o valor do terreno, aquele que, de boa-fé, plantou ou edificou, adquirirá a propriedade do solo, mediante pagamento da indenização fixada judicialmente, se não houver acordo.

Art. 1.256. Se de ambas as partes houve má-fé, adquirirá o proprietário as sementes, plantas e construções, devendo ressarcir o valor das acessões.

Parágrafo único. Presume-se má-fé no proprietário, quando o trabalho de construção, ou lavoura, se fez em sua presença e sem impugnação sua.

Art. 1.257. O disposto no artigo antecedente aplica-se ao caso de não pertencerem as sementes, plantas ou materiais a quem de boa-fé os empregou em solo alheio.

Parágrafo único. O proprietário das sementes, plantas ou materiais poderá cobrar do proprietário do solo a indenização devida, quando não puder havê-la do plantador ou construtor.

Art. 1.258. Se a construção, feita parcialmente em solo próprio, invade solo alheio em proporção não superior à vigésima parte deste, adquire o construtor de boa-fé a propriedade da parte do solo invadido, se o valor da construção exceder o dessa parte, e responde por indenização que represente, também, o valor da área perdida e a desvalorização da área remanescente.

Parágrafo único. Pagando em décuplo as perdas e danos previstos neste artigo, o construtor de má-fé adquire a propriedade da parte do solo que invadiu, se em proporção à vigésima parte deste e o valor da construção exceder consideravelmente o dessa parte e não se puder demolir a porção invasora sem grave prejuízo para a construção.

Art. 1.259. Se o construtor estiver de boa-fé, e a invasão do solo alheio exceder a vigésima parte deste, adquire a propriedade da parte do solo invadido, e responde por perdas e danos que abranjam o valor que a invasão acrescer à construção, mais o da área perdida e o da desvalorização da área remanescente; se de má-fé, é obrigado a demolir o que nele construiu, pagando as perdas e danos apurados, que serão devidos em dobro.

CAPÍTULO III - DA AQUISIÇÃO DA PROPRIEDADE MÓVEL

SEÇÃO I - DA USUCAPIÃO

Art. 1.260. Aquele que possuir coisa móvel como sua, contínua e incontestadamente durante três anos, com justo título e boa-fé, adquirir-lhe-á a propriedade.

Art. 1.261. Se a posse da coisa móvel se prolongar por cinco anos, produzirá usucapião, independentemente de título ou boa-fé.

Art. 1.262. Aplica-se à usucapião das coisas móveis o disposto nos arts. 1.243 e 1.244.

SEÇÃO II - DA OCUPAÇÃO

Art. 1.263. Quem se assenhorear de coisa sem dono para logo lhe adquire a propriedade, não sendo essa ocupação defesa por lei.

SEÇÃO III - DO ACHADO DO TESOURO

Art. 1.264. O depósito antigo de coisas preciosas, oculto e de cujo dono não haja memória, será dividido por igual entre o proprietário do prédio e o que achar o tesouro casualmente.

Art. 1.265. O tesouro pertencerá por inteiro ao proprietário do prédio, se for achado por ele, ou em pesquisa que ordenou, ou por terceiro não autorizado.

Art. 1.266. Achando-se em terreno aforado, o tesouro será dividido por igual entre o descobridor e o enfiteuta, ou será deste por inteiro quando ele mesmo seja o descobridor.

SEÇÃO IV - DA TRADIÇÃO

Art. 1.267. A propriedade das coisas não se transfere pelos negócios jurídicos antes da tradição.

Parágrafo único. Subentende-se a tradição quando o transmitente continua a possuir pelo constituto possessório; quando cede ao adquirente o direito à restituição da coisa, que se encontra em poder de terceiro; ou quando o adquirente já está na posse da coisa, por ocasião do negócio jurídico.

Art. 1.268. Feita por quem não seja proprietário, a tradição não aliena a propriedade, exceto se a coisa, oferecida ao público, em leilão ou estabelecimento comercial, for transferida em circunstâncias tais que, ao adquirente de boa-fé, como a qualquer pessoa, o alienante se afigurar dono.

§ 1º Se o adquirente estiver de boa-fé e o alienante adquirir depois a propriedade, considera-se realizada a transferência desde o momento em que ocorreu a tradição.

§ 2º Não transfere a propriedade a tradição, quando tiver por título um negócio jurídico nulo.

SEÇÃO V - DA ESPECIFICAÇÃO

Art. 1.269. Aquele que, trabalhando em matéria-prima em parte alheia, obtiver espécie nova, desta será proprietário, se não se puder restituir à forma anterior.

Art. 1.270. Se toda a matéria for alheia, e não se puder reduzir à forma precedente, será do especificador de boa-fé a espécie nova.

§ 1º Sendo praticável a redução, ou quando impraticável, se a espécie nova se obteve de má-fé, pertencerá ao dono da matéria-prima.

§ 2º Em qualquer caso, inclusive o da pintura em relação à tela, da escultura, escritura e outro qualquer trabalho gráfico em relação à matéria-prima, a espécie nova será do especificador, se o seu valor exceder consideravelmente o da matéria-prima.

Art. 1.271. Aos prejudicados, nas hipóteses dos arts. 1.269 e 1.270, se ressarcirá o dano que sofrerem, menos ao especificador de má-fé, no caso do § 1º do artigo antecedente, quando irredutível a especificação.

SEÇÃO VI - DA CONFUSÃO, DA COMISSÃO E DA ADJUNÇÃO

Art. 1.272. As coisas pertencentes a diversos donos, confundidas, misturadas ou adjuntadas sem o consentimento deles, continuam a pertencer-lhes, sendo possível separá-las sem deterioração.

§ 1º Não sendo possível a separação das coisas, ou exigindo dispêndio excessivo, subsiste indiviso o todo, cabendo a cada um dos donos quinhão proporcional ao valor da coisa com que entrou para a mistura ou agregado.

§ 2º Se uma das coisas puder considerar-se principal, o dono sê-lo-á do todo, indenizando os outros.

Art. 1.273. Se a confusão, comissão ou adjunção se operou de má-fé, à outra parte caberá escolher entre adquirir a propriedade do todo, pagando o que não for seu, abatida a indenização que lhe for devida, ou renunciar ao que lhe pertencer, caso em que será indenizado.

Art. 1.274. Se da união de matérias de natureza diversa se formar espécie nova, à confusão, comissão ou adjunção aplicam-se as normas dos arts. 1.272 e 1.273.

CAPÍTULO IV - DA PERDA DA PROPRIEDADE

Art. 1.275. Além das causas consideradas neste Código, perde-se a propriedade:

I - por alienação;

II - pela renúncia;

III - por abandono;

IV - por perecimento da coisa;

V - por desapropriação.

Parágrafo único. Nos casos dos incisos I e II, os efeitos da perda da propriedade imóvel serão subordinados ao registro do título transmissivo ou do ato renunciativo no Registro de Imóveis.

Art. 1.276. O imóvel urbano que o proprietário abandonar, com a intenção de não mais o conservar em seu patrimônio, e que se não encontrar na posse de outrem, poderá ser arrecadado, como bem vago, e passar, três anos depois, à propriedade do Município ou à do Distrito Federal, se se achar nas respectivas circunscrições.

§ 1º O imóvel situado na zona rural, abandonado nas mesmas circunstâncias, poderá ser arrecadado, como bem vago, e passar, três anos depois, à propriedade da União, onde quer que ele se localize.

§ 2º Presumir-se-á de modo absoluto a intenção a que se refere este artigo, quando, cessados os atos de posse, deixar o proprietário de satisfazer os ônus fiscais.

CAPÍTULO V - DOS DIREITOS DE VIZINHANÇA

SEÇÃO I - DO USO ANORMAL DA PROPRIEDADE

Art. 1.277. O proprietário ou o possuidor de um prédio tem o direito de fazer cessar as interferências prejudiciais à segurança, ao sossego e à saúde dos que o habitam, provocadas pela utilização de propriedade vizinha.

Parágrafo único. Proíbem-se as interferências considerando-se a natureza da utilização, a localização do prédio, atendidas as normas que distribuem as edificações em zonas, e os limites ordinários de tolerância dos moradores da vizinhança.

Art. 1.278. O direito a que se refere o artigo antecedente não prevalece quando as interferências forem justificadas por interesse público, caso em que o proprietário ou o possuidor, causador delas, pagará ao vizinho indenização cabal.

Art. 1.279. Ainda que por decisão judicial devam ser toleradas as interferências, poderá o vizinho exigir a sua redução, ou eliminação, quando estas se tornarem possíveis.

Art. 1.280. O proprietário ou o possuidor tem direito a exigir do dono do prédio vizinho a demolição, ou a reparação deste, quando ameace ruína, bem como que lhe preste caução pelo dano iminente.

Art. 1.281. O proprietário ou o possuidor de um prédio, em que alguém tenha direito de fazer obras, pode, no caso de dano iminente, exigir do autor delas as necessárias garantias contra o prejuízo eventual.

SEÇÃO II - DAS ÁRVORES LIMÍTROFES

Art. 1.282. A árvore, cujo tronco estiver na linha divisória, presume-se pertencer em comum aos donos dos prédios confinantes.

Art. 1.283. As raízes e os ramos de árvore, que ultrapassarem a estrema do prédio, poderão ser cortados, até o plano vertical divisório, pelo proprietário do terreno invadido.

Art. 1.284. Os frutos caídos de árvore do terreno vizinho pertencem ao dono do solo onde caíram, se este for de propriedade particular.

SEÇÃO III - DA PASSAGEM FORÇADA

Art. 1.285. O dono do prédio que não tiver acesso a via pública, nascente ou porto, pode, mediante pagamento de indenização cabal, constranger o vizinho a lhe dar passagem, cujo rumo será judicialmente fixado, se necessário.

§ 1º Sofrerá o constrangimento o vizinho cujo imóvel mais natural e facilmente se prestar à passagem.

§ 2º Se ocorrer alienação parcial do prédio, de modo que uma das partes perca o acesso a via pública, nascente ou porto, o proprietário da outra deve tolerar a passagem.

§ 3º Aplica-se o disposto no parágrafo antecedente ainda quando, antes da alienação, existia passagem através de imóvel vizinho, não estando o proprietário deste constrangido, depois, a dar uma outra.

SEÇÃO IV - DA PASSAGEM DE CABOS E TUBULAÇÕES

Art. 1.286. Mediante recebimento de indenização que atenda, também, à desvalorização da área remanescente, o proprietário é obrigado a tolerar a passagem, através de seu imóvel, de cabos, tubulações e outros condutos subterrâneos de serviços de utilidade pública, em proveito de proprietários vizinhos, quando de outro modo for impossível ou excessivamente onerosa.

Parágrafo único. O proprietário prejudicado pode exigir que a instalação seja feita de modo menos gravoso ao prédio onerado, bem como, depois, seja removida, à sua custa, para outro local do imóvel.

Art. 1.287. Se as instalações oferecerem grave risco, será facultado ao proprietário do prédio onerado exigir a realização de obras de segurança.

SEÇÃO V - DAS ÁGUAS

Art. 1.288. O dono ou o possuidor do prédio inferior é obrigado a receber as águas que correm naturalmente do superior, não podendo realizar obras que embarcem o seu fluxo; porém a condição natural e anterior do prédio inferior não pode ser agravada por obras feitas pelo dono ou possuidor do prédio superior.

Art. 1.289. Quando as águas, artificialmente levadas ao prédio superior, ou aí colhidas, correrem dele para o inferior, poderá o dono deste reclamar que se desviem, ou se lhe indenize o prejuízo que sofrer.

Parágrafo único. Da indenização será deduzido o valor do benefício obtido.

Art. 1.290. O proprietário de nascente, ou do solo onde caem águas pluviais, satisfeitas as necessidades de seu consumo, não pode impedir, ou desviar o curso natural das águas remanescentes pelos prédios inferiores.

Art. 1.291. O possuidor do imóvel superior não poderá poluir as águas indispensáveis às primeiras necessidades da vida dos possuidores dos imóveis inferiores; as demais, que poluir, deverá recuperar, ressarcindo os danos que estes sofrerem, se não for possível a recuperação ou o desvio do curso artificial das águas.

Art. 1.292. O proprietário tem direito de construir barragens, açudes, ou outras obras para represamento de água em seu prédio; se as águas represadas invadirem prédio alheio, será o seu proprietário indenizado pelo dano sofrido, deduzido o valor do benefício obtido.

Art. 1.293. É permitido a quem quer que seja, mediante prévia indenização aos proprietários prejudicados, construir canais, através de prédios alheios, para receber as águas a que tenha direito, indispensáveis às primeiras necessidades da vida, e, desde que não cause prejuízo considerável à agricultura e à indústria, bem como para o escoamento de águas supérfluas ou acumuladas, ou a drenagem de terrenos.

§ 1º Ao proprietário prejudicado, em tal caso, também assiste direito a ressarcimento pelos danos que de futuro lhe advenham da infiltração ou irrupção das águas, bem como da deterioração das obras destinadas a canalizá-las.

§ 2º O proprietário prejudicado poderá exigir que seja subterrânea a canalização que atravessa áreas edificadas, pátios, hortas, jardins ou quintais.

§ 3º O aqueduto será construído de maneira que cause o menor prejuízo aos proprietários dos imóveis vizinhos, e a expensas do seu dono, a quem incumbem também as despesas de conservação.

Art. 1.294. Aplica-se ao direito de aqueduto o disposto nos arts. 1.286 e 1.287.

Art. 1.295. O aqueduto não impedirá que os proprietários cerquem os imóveis e construam sobre ele, sem prejuízo para a sua segurança e conservação; os proprietários dos imóveis poderão usar das águas do aqueduto para as primeiras necessidades da vida.

Art. 1.296. Havendo no aqueduto águas supérfluas, outros poderão canalizá-las, para os fins previstos no art. 1.293, mediante pagamento de indenização aos proprietários prejudicados e ao dono do aqueduto, de importância equivalente às despesas que então seriam necessárias para a condução das águas até o ponto de derivação.

Parágrafo único. Têm preferência os proprietários dos imóveis atravessados pelo aqueduto.

SEÇÃO VI - DOS LIMITES ENTRE PRÉDIOS E DO DIREITO DE TAPAGEM

Art. 1.297. O proprietário tem direito a cercar, murar, valar ou tapar de qualquer modo o seu prédio, urbano ou rural, e pode

constranger o seu confinante a proceder com ele à demarcação entre os dois prédios, a aviventar rumos apagados e a renovar marcos destruídos ou arruinados, repartindo-se proporcionalmente entre os interessados as respectivas despesas.

§ 1º Os intervalos, muros, cercas e os tapumes divisórios, tais como sebes vivas, cercas de arame ou de madeira, valas ou banquetas, presumem-se, até prova em contrário, pertencer a ambos os proprietários confinantes, sendo estes obrigados, de conformidade com os costumes da localidade, a concorrer, em partes iguais, para as despesas de sua construção e conservação.

§ 2º As sebes vivas, as árvores, ou plantas quaisquer, que servem de marco divisório, só podem ser cortadas, ou arrancadas, de comum acordo entre proprietários.

§ 3º A construção de tapumes especiais para impedir a passagem de animais de pequeno porte, ou para outro fim, pode ser exigida de quem provocou a necessidade deles, pelo proprietário, que não está obrigado a concorrer para as despesas.

Art. 1.298. Sendo confusos, os limites, em falta de outro meio, se determinarão de conformidade com a posse justa; e, não se achando ela provada, o terreno contestado se dividirá por partes iguais entre os prédios, ou, não sendo possível a divisão cômoda, se adjudicará a um deles, mediante indenização ao outro.

SEÇÃO VII - DO DIREITO DE CONSTRUIR

Art. 1.299. O proprietário pode levantar em seu terreno as construções que lhe aprouver, salvo o direito dos vizinhos e os regulamentos administrativos.

Art. 1.300. O proprietário construirá de maneira que o seu prédio não despeje águas, diretamente, sobre o prédio vizinho.

Art. 1.301. É defeso abrir janelas, ou fazer eirado, terraço ou varanda, a menos de metro e meio do terreno vizinho.

§ 1º As janelas cuja visão não incida sobre a linha divisória, bem como as perpendiculares, não poderão ser abertas a menos de setenta e cinco centímetros.

§ 2º As disposições deste artigo não abrangem as aberturas para luz ou ventilação, não maiores de dez centímetros de largura sobre vinte de comprimento e construídas a mais de dois metros de altura de cada piso.

Art. 1.302. O proprietário pode, no lapso de ano e dia após a conclusão da obra, exigir que se desfaça janela, sacada, terraço ou goteira sobre o seu prédio; escoado o prazo, não poderá, por sua vez, edificar sem atender ao disposto no artigo antecedente, nem impedir, ou dificultar, o escoamento das águas da goteira, com prejuízo para o prédio vizinho.

Parágrafo único. Em se tratando de vãos, ou aberturas para luz, seja qual for a quantidade, altura e disposição, o vizinho poderá, a todo tempo, levantar a sua edificação, ou contramuro, ainda que lhes vede a claridade.

Art. 1.303. Na zona rural, não será permitido levantar edificações a menos de três metros do terreno vizinho.

Art. 1.304. Nas cidades, vilas e povoados cuja edificação estiver adstrita a alinhamento, o dono de um terreno pode nele edificar, madeirando na parede divisória do prédio contíguo, se ela suportar a nova construção; mas terá de embolsar ao vizinho metade do valor da parede e do chão correspondentes.

Art. 1.305. O confinante, que primeiro construir, pode assentar a parede divisória até meia espessura no terreno contíguo, sem perder por isso o direito a haver meio valor dela se o vizinho a travejar, caso em que o primeiro fixará a largura e a profundidade do alicerce.

Parágrafo único. Se a parede divisória pertencer a um dos vizinhos, e não tiver capacidade para ser travejada pelo outro, não poderá este fazer-lhe alicerce ao pé sem prestar caução àquele, pelo risco a que expõe a construção anterior.

Art. 1.306. O condômino da parede-meia pode utilizá-la até ao meio da espessura, não pondo em risco a segurança ou a separação dos dois prédios, e avisando previamente o outro condômino das obras que ali tenciona fazer; não pode sem consentimento do outro, fazer, na parede-meia, armários, ou obras semelhantes, correspondendo a outras, da mesma natureza, já feitas do lado oposto.

Art. 1.307. Qualquer dos confinantes pode alterar a parede divisória, se necessário reconstruindo-a, para suportar o alteamento; arcará com todas as despesas, inclusive de conservação, ou com metade, se o vizinho adquirir meação também na parte aumentada.

Art. 1.308. Não é lícito encostar à parede divisória chaminés, fogões, fornos ou quaisquer aparelhos ou depósitos suscetíveis de produzir infiltrações ou interferências prejudiciais ao vizinho.

Parágrafo único. A disposição anterior não abrange as chaminés ordinárias e os fogões de cozinha.

Art. 1.309. São proibidas construções capazes de poluir, ou inutilizar, para uso ordinário, a água do poço, ou nascente alheia, a elas preexistentes.

Art. 1.310. Não é permitido fazer escavações ou quaisquer obras que tirem ao poço ou à nascente de outrem a água indispensável às suas necessidades normais.

Art. 1.311. Não é permitida a execução de qualquer obra ou serviço suscetível de provocar desmoronamento ou deslocação de terra, ou que comprometa a segurança do prédio vizinho, senão após haverem sido feitas as obras acautelatórias.

Parágrafo único. O proprietário do prédio vizinho tem direito a ressarcimento pelos prejuízos que sofrer, não obstante haverem sido realizadas as obras acautelatórias.

Art. 1.312. Todo aquele que violar as proibições estabelecidas nesta Seção é obrigado a demolir as construções feitas, respondendo por perdas e danos.

Art. 1.313. O proprietário ou ocupante do imóvel é obrigado a tolerar que o vizinho entre no prédio, mediante prévio aviso, para:

I - dele temporariamente usar, quando indispensável à reparação, construção, reconstrução ou limpeza de sua casa ou do muro divisório;

II - apoderar-se de coisas suas, inclusive animais que aí se encontrem casualmente.

§ 1º O disposto neste artigo aplica-se aos casos de limpeza ou reparação de esgotos, goteiras, aparelhos higiênicos, poços e nascentes e ao aparo de cerca viva.

§ 2º Na hipótese do inciso II, uma vez entregues as coisas buscadas pelo vizinho, poderá ser impedida a sua entrada no imóvel.

§ 3º Se do exercício do direito assegurado neste artigo provier dano, terá o prejudicado direito a ressarcimento.

CAPÍTULO VI - DO CONDOMÍNIO GERAL

SEÇÃO I - DO CONDOMÍNIO VOLUNTÁRIO

SUBSEÇÃO I - DOS DIREITOS E DEVERES DOS CONDÔMINOS

Art. 1.314. Cada condômino pode usar da coisa conforme sua destinação, sobre ela exercer todos os direitos compatíveis com a indivisão, reivindicá-la de terceiro, defender a sua posse e alhear a respectiva parte ideal, ou gravá-la.

Parágrafo único. Nenhum dos condôminos pode alterar a destinação da coisa comum, nem dar posse, uso ou gozo dela a estranhos, sem o consenso dos outros.

Art. 1.315. O condômino é obrigado, na proporção de sua parte, a concorrer para as despesas de conservação ou divisão da coisa, e a suportar os ônus a que estiver sujeita.

Parágrafo único. Presumem-se iguais as partes ideais dos condôminos.

Art. 1.316. Pode o condômino eximir-se do pagamento das despesas e dívidas, renunciando à parte ideal.

§ 1º Se os demais condôminos assumem as despesas e as dívidas, a renúncia lhes aproveita, adquirindo a parte ideal de quem renunciou, na proporção dos pagamentos que fizerem.

§ 2º Se não há condômino que faça os pagamentos, a coisa comum será dividida.

Art. 1.317. Quando a dívida houver sido contraída por todos os condôminos, sem se discriminar a parte de cada um na obrigação, nem se estipular solidariedade, entende-se que cada qual se obrigou proporcionalmente ao seu quinhão na coisa comum.

Art. 1.318. As dívidas contraídas por um dos condôminos em proveito da comunhão, e durante ela, obrigam o contratante; mas terá este ação regressiva contra os demais.

Art. 1.319. Cada condômino responde aos outros pelos frutos que percebeu da coisa e pelo dano que lhe causou.

Art. 1.320. A todo tempo será lícito ao condômino exigir a divisão da coisa comum, respondendo o quinhão de cada um pela sua parte nas despesas da divisão.

§ 1º Podem os condôminos acordar que fique indivisa a coisa comum por prazo não maior de cinco anos, suscetível de prorrogação ulterior.

§ 2º Não poderá exceder de cinco anos a indivisão estabelecida pelo doador ou pelo testador.

§ 3º A requerimento de qualquer interessado e se graves razões o aconselharem, pode o juiz determinar a divisão da coisa comum antes do prazo.

Art. 1.321. Aplicam-se à divisão do condomínio, no que couber, as regras de partilha de herança (arts. 2.013 a 2.022).

Art. 1.322. Quando a coisa for indivisível, e os consortes não quiserem adjudicá-la a um só, indenizando os outros, será vendida e repartido o apurado, preferindo-se, na venda, em condições iguais de oferta, o condômino ao estranho, e entre os condôminos aquele que tiver na coisa benfeitorias mais valiosas, e, não as havendo, o de quinhão maior.

Parágrafo único. Se nenhum dos condôminos tem benfeitorias na coisa comum e participam todos do condomínio em partes iguais, realizar-se-á licitação entre estranhos e, antes de adjudicada a coisa àquele que ofereceu maior lanço, proceder-se-á à licitação entre os condôminos, a fim de que a coisa seja adjudicada a quem afinal oferecer melhor lanço, preferindo, em condições iguais, o condômino ao estranho.

SUBSEÇÃO II - DA ADMINISTRAÇÃO DO CONDOMÍNIO

Art. 1.323. Deliberando a maioria sobre a administração da coisa comum, escolherá o administrador, que poderá ser estranho ao condomínio; resolvendo alugá-la, preferir-se-á, em condições iguais, o condômino ao que não o é.

Art. 1.324. O condômino que administrar sem oposição dos outros presume-se representante comum.

Art. 1.325. A maioria será calculada pelo valor dos quinhões.

§ 1º As deliberações serão obrigatórias, sendo tomadas por maioria absoluta.

§ 2º Não sendo possível alcançar maioria absoluta, decidirá o juiz, a requerimento de qualquer condômino, ouvidos os outros.

§ 3º Havendo dúvida quanto ao valor do quinhão, será este avaliado judicialmente.

Art. 1.326. Os frutos da coisa comum, não havendo em contrário estipulação ou disposição de última vontade, serão partilhados na proporção dos quinhões.

SEÇÃO II - DO CONDOMÍNIO NECESSÁRIO

Art. 1.327. O condomínio por meação de paredes, cercas, muros e valas regula-se pelo disposto neste Código (arts. 1.297 e 1.298; 1.304 a 1.307).

Art. 1.328. O proprietário que tiver direito a estremar um imóvel com paredes, cercas, muros, valas ou valados, tê-lo-á igualmente a adquirir meação na parede, muro, valado ou cerca do vizinho, embolsando-lhe metade do que atualmente valer a obra e o terreno por ela ocupado (art. 1.297).

Art. 1.329. Não convindo os dois no preço da obra, será este arbitrado por peritos, a expensas de ambos os confinantes.

Art. 1.330. Qualquer que seja o valor da meação, enquanto aquele que pretender a divisão não o pagar ou depositar, nenhum uso poderá fazer na parede, muro, vala, cerca ou qualquer outra obra divisória.

CAPÍTULO VII - DO CONDOMÍNIO EDILÍCIO

SEÇÃO I - DISPOSIÇÕES GERAIS

Art. 1.331. Pode haver, em edificações, partes que são propriedade exclusiva, e partes que são propriedade comum dos condôminos.

§ 1º As partes suscetíveis de utilização independente, tais como apartamentos, escritórios, salas, lojas e sobrelojas, com as respectivas frações ideais no solo e nas outras partes comuns, sujeitam-se a propriedade exclusiva, podendo ser alienadas e gravadas livremente por seus proprietários, exceto os abrigos para veículos, que não poderão ser alienados ou alugados a pessoas estranhas ao condomínio, salvo autorização expressa na convenção de condomínio. (Redação dada pela Lei nº 12.607, de 2012)

§ 2º O solo, a estrutura do prédio, o telhado, a rede geral de distribuição de água, esgoto, gás e eletricidade, a calefação e refrigeração centrais, e as demais partes comuns, inclusive o acesso ao logradouro público, são utilizados em comum pelos condôminos, não podendo ser alienados separadamente, ou divididos.

§ 3º A cada unidade imobiliária caberá, como parte inseparável, uma fração ideal no solo e nas outras partes comuns, que será identificada em forma decimal ou ordinária no instrumento de instituição do condomínio. (Redação dada pela Lei nº 10.931, de 2004)

§ 4º Nenhuma unidade imobiliária pode ser privada do acesso ao logradouro público.

§ 5º O terraço de cobertura é parte comum, salvo disposição contrária da escritura de constituição do condomínio.

Art. 1.332. Institui-se o condomínio edilício por ato entre vivos ou testamento, registrado no Cartório de Registro de Imóveis, devendo constar daquele ato, além do disposto em lei especial:

I - a discriminação e individualização das unidades de propriedade exclusiva, estremadas uma das outras e das partes comuns;

II - a determinação da fração ideal atribuída a cada unidade, relativamente ao terreno e partes comuns;

III - o fim a que as unidades se destinam.

Art. 1.333. A convenção que constitui o condomínio edilício deve ser subscrita pelos titulares de, no mínimo, dois terços das frações ideais e torna-se, desde logo, obrigatória para os titulares de direito sobre as unidades, ou para quantos sobre elas tenham posse ou detenção.

Parágrafo único. Para ser oponível contra terceiros, a convenção do condomínio deverá ser registrada no Cartório de Registro de Imóveis.

Art. 1.334. Além das cláusulas referidas no art. 1.332 e das que os interessados houverem por bem estipular, a convenção determinará:

I - a quota proporcional e o modo de pagamento das contribuições dos condôminos para atender às despesas ordinárias e extraordinárias do condomínio;

II - sua forma de administração;

III - a competência das assembléias, forma de sua convocação e quorum exigido para as deliberações;

IV - as sanções a que estão sujeitos os condôminos, ou possuidores;

V - o regimento interno.

§ 1º A convenção poderá ser feita por escritura pública ou por instrumento particular.

§ 2º São equiparados aos proprietários, para os fins deste artigo, salvo disposição em contrário, os promitentes compradores e os cessionários de direitos relativos às unidades autônomas.

Art. 1.335. São direitos do condômino:

I - usar, fruir e livremente dispor das suas unidades;

II - usar das partes comuns, conforme a sua destinação, e contanto que não exclua a utilização dos demais compossuidores;

III - votar nas deliberações da assembléia e delas participar, estando quite.

Art. 1.336. São deveres do condômino:

I - contribuir para as despesas do condomínio na proporção das suas frações ideais, salvo disposição em contrário na convenção; (Redação dada pela Lei nº 10.931, de 2004)

II - não realizar obras que comprometam a segurança da edificação;

III - não alterar a forma e a cor da fachada, das partes e esquadrias externas;

IV - dar às suas partes a mesma destinação que tem a edificação, e não as utilizar de maneira prejudicial ao sossego, salubridade e segurança dos possuidores, ou aos bons costumes.

§ 1º O condômino que não pagar a sua contribuição ficará sujeito aos juros moratórios convencionados ou, não sendo previstos, os de um por cento ao mês e multa de até dois por cento sobre o débito.

§ 2º O condômino, que não cumprir qualquer dos deveres estabelecidos nos incisos II a IV, pagará a multa prevista no ato constitutivo ou na convenção, não podendo ela ser superior a cinco vezes o valor de suas contribuições mensais, independentemente das perdas e danos que se apurarem; não havendo disposição expressa, caberá à assembléia geral, por dois terços no mínimo dos condôminos restantes, deliberar sobre a cobrança da multa.

Art. 1337. O condômino, ou possuidor, que não cumpre reiteradamente com os seus deveres perante o condomínio poderá, por deliberação de três quartos dos condôminos restantes, ser constrangido a pagar multa correspondente até ao quíntuplo do valor atribuído à contribuição para as despesas condominiais, conforme a gravidade das faltas e a reiteração, independentemente das perdas e danos que se apurem.

Parágrafo único. O condômino ou possuidor que, por seu reiterado comportamento anti-social, gerar incompatibilidade de convivência com os demais condôminos ou possuidores, poderá ser constrangido a pagar multa correspondente ao décuplo do valor atribuído à contribuição para as despesas condominiais, até ulterior deliberação da assembléia.

Art. 1.338. Resolvendo o condômino alugar área no abrigo para veículos, preferir-se-á, em condições iguais, qualquer dos condôminos a estranhos, e, entre todos, os possuidores.

Art. 1.339. Os direitos de cada condômino às partes comuns são inseparáveis de sua propriedade exclusiva; são também inseparáveis das frações ideais correspondentes as unidades imobiliárias, com as suas partes acessórias.

§ 1º Nos casos deste artigo é proibido alienar ou gravar os bens em separado.

§ 2º É permitido ao condômino alienar parte acessória de sua unidade imobiliária a outro condômino, só podendo fazê-lo a terceiro se essa faculdade constar do ato constitutivo do condomínio, e se a ela não se opuser a respectiva assembléia geral.

Art. 1.340. As despesas relativas a partes comuns de uso exclusivo de um condômino, ou de alguns deles, incumbem a quem delas se serve.

Art. 1.341. A realização de obras no condomínio depende:

I - se voluptuárias, de voto de dois terços dos condôminos;

II - se úteis, de voto da maioria dos condôminos.

§ 1º As obras ou reparações necessárias podem ser realizadas, independentemente de autorização, pelo síndico, ou, em caso de omissão ou impedimento deste, por qualquer condômino.

§ 2º Se as obras ou reparos necessários forem urgentes e importarem em despesas excessivas, determinada sua realização, o síndico ou o condômino que tomou a iniciativa delas dará ciência à assembléia, que deverá ser convocada imediatamente.

§ 3º Não sendo urgentes, as obras ou reparos necessários, que importarem em despesas excessivas, somente poderão ser efetuadas após autorização da assembléia, especialmente convocada pelo síndico, ou, em caso de omissão ou impedimento deste, por qualquer dos condôminos.

§ 4º O condômino que realizar obras ou reparos necessários será reembolsado das despesas que efetuar, não tendo direito à restituição das que fizer com obras ou reparos de outra natureza, embora de interesse comum.

Art. 1.342. A realização de obras, em partes comuns, em acréscimo às já existentes, a fim de lhes facilitar ou aumentar a utilização, depende da aprovação de dois terços dos votos dos condôminos, não sendo permitidas construções, nas partes comuns, suscetíveis de prejudicar a utilização, por qualquer dos condôminos, das partes próprias, ou comuns.

Art. 1.343. A construção de outro pavimento, ou, no solo comum, de outro edifício, destinado a conter novas unidades imobiliárias, depende da aprovação da unanimidade dos condôminos.

Art. 1.344. Ao proprietário do terraço de cobertura incumbem as despesas da sua conservação, de modo que não haja danos às unidades imobiliárias inferiores.

Art. 1.345. O adquirente de unidade responde pelos débitos do alienante, em relação ao condomínio, inclusive multas e juros moratórios.

Art. 1.346. É obrigatório o seguro de toda a edificação contra o risco de incêndio ou destruição, total ou parcial.

SEÇÃO II - DA ADMINISTRAÇÃO DO CONDOMÍNIO

Art. 1.347. A assembléia escolherá um síndico, que poderá não ser condômino, para administrar o condomínio, por prazo não superior a dois anos, o qual poderá renovar-se.

Art. 1.348. Compete ao síndico:

I - convocar a assembléia dos condôminos;

II - representar, ativa e passivamente, o condomínio, praticando, em juízo ou fora dele, os atos necessários à defesa dos interesses comuns;

III - dar imediato conhecimento à assembléia da existência de procedimento judicial ou administrativo, de interesse do condomínio;

IV - cumprir e fazer cumprir a convenção, o regimento interno e as determinações da assembléia;

V - diligenciar a conservação e a guarda das partes comuns e zelar pela prestação dos serviços que interessem aos possuidores;

VI - elaborar o orçamento da receita e da despesa relativa a cada ano;

VII - cobrar dos condôminos as suas contribuições, bem como impor e cobrar as multas devidas;

VIII - prestar contas à assembléia, anualmente e quando exigidas;

IX - realizar o seguro da edificação.

§ 1º Poderá a assembléia investir outra pessoa, em lugar do síndico, em poderes de representação.

§ 2º O síndico pode transferir a outrem, total ou parcialmente, os poderes de representação ou as funções administrativas, mediante aprovação da assembléia, salvo disposição em contrário da convenção.

Art. 1.349. A assembléia, especialmente convocada para o fim estabelecido no § 2º do artigo antecedente, poderá, pelo voto da maioria absoluta de seus membros, destituir o síndico que

TÍTULO III - DA PROPRIEDADE

praticar irregularidades, não prestar contas, ou não administrar convenientemente o condomínio.

Art. 1.350. Convocará o síndico, anualmente, reunião da assembléia dos condôminos, na forma prevista na convenção, a fim de aprovar o orçamento das despesas, as contribuições dos condôminos e a prestação de contas, e eventualmente eleger-lhe o substituto e alterar o regimento interno.

§ 1º Se o síndico não convocar a assembléia, um quarto dos condôminos poderá fazê-lo.

§ 2º Se a assembléia não se reunir, o juiz decidirá, a requerimento de qualquer condômino.

Art. 1.351. Depende da aprovação de 2/3 (dois terços) dos votos dos condôminos a alteração da convenção; a mudança da destinação do edifício, ou da unidade imobiliária, depende da aprovação pela unanimidade dos condôminos. (Redação dada pela Lei nº 10.931, de 2004)

Art. 1.352. Salvo quando exigido quorum especial, as deliberações da assembléia serão tomadas, em primeira convocação, por maioria de votos dos condôminos presentes que representem pelo menos metade das frações ideais.

Parágrafo único. Os votos serão proporcionais às frações ideais no solo e nas outras partes comuns pertencentes a cada condômino, salvo disposição diversa da convenção de constituição do condomínio.

Art. 1.353. Em segunda convocação, a assembléia poderá deliberar por maioria dos votos dos presentes, salvo quando exigido quorum especial.

Art. 1.354. A assembléia não poderá deliberar se todos os condôminos não forem convocados para a reunião.

Art. 1.355. Assembléias extraordinárias poderão ser convocadas pelo síndico ou por um quarto dos condôminos.

Art. 1.356. Poderá haver no condomínio um conselho fiscal, composto de três membros, eleitos pela assembléia, por prazo não superior a dois anos, ao qual compete dar parecer sobre as contas do síndico.

SEÇÃO III - DA EXTINÇÃO DO CONDOMÍNIO

Art. 1.357. Se a edificação for total ou consideravelmente destruída, ou ameace ruína, os condôminos deliberarão em assembléia sobre a reconstrução, ou venda, por votos que representem metade mais uma das frações ideais.

§ 1º Deliberada a reconstrução, poderá o condômino eximir-se do pagamento das despesas respectivas, alienando os seus direitos a outros condôminos, mediante avaliação judicial.

§ 2º Realizada a venda, em que se preferirá, em condições iguais de oferta, o condômino ao estranho, será repartido o apurado entre os condôminos, proporcionalmente ao valor das suas unidades imobiliárias.

Art. 1.358. Se ocorrer desapropriação, a indenização será repartida na proporção a que se refere o § 2º do artigo antecedente.

SEÇÃO IV - DO CONDOMÍNIO DE LOTES
(Incluído pela Lei nº 13.465, de 2017)

Art. 1.358-A. Pode haver, em terrenos, partes designadas de lotes que são propriedade exclusiva e partes que são propriedade comum dos condôminos. (Incluído pela Lei nº 13.465, de 2017)

§ 1º A fração ideal de cada condômino poderá ser proporcional à área do solo de cada unidade autônoma, ao respectivo potencial construtivo ou a outros critérios indicados no ato de instituição. (Incluído pela Lei nº 13.465, de 2017)

§ 2º Aplica-se, no que couber, ao condomínio de lotes o disposto sobre condomínio edilício neste Capítulo, respeitada a legislação urbanística. (Incluído pela Lei nº 13.465, de 2017)

§ 3º Para fins de incorporação imobiliária, a implantação de toda a infraestrutura ficará a cargo do empreendedor. (Incluído pela Lei nº 13.465, de 2017)

CAPÍTULO VII-A - (INCLUÍDO PELA LEI Nº 13.777, DE 2018) - DO CONDOMÍNIO EM MULTIPROPRIEDADE

SEÇÃO I - (INCLUÍDO PELA LEI Nº 13.777, DE 2018) Disposições Gerais

Art. 1.358-B. A multipropriedade reger-se-á pelo disposto neste Capítulo e, de forma supletiva e subsidiária, pelas demais disposições deste Código e pelas disposições das Leis nºs 4.591, de 16 de dezembro de 1964, e 8.078, de 11 de setembro de 1990 (Código de Defesa do Consumidor). (Incluído pela Lei nº 13.777, de 2018)

Art. 1.358-C. Multipropriedade é o regime de condomínio em que cada um dos proprietários de um mesmo imóvel é titular de uma fração de tempo, à qual corresponde a faculdade de uso e gozo, com exclusividade, da totalidade do imóvel, a ser exercida pelos proprietários de forma alternada. (Incluído pela Lei nº 13.777, de 2018)

Parágrafo único. A multipropriedade não se extinguirá automaticamente se todas as frações de tempo forem do mesmo multiproprietário. (Incluído pela Lei nº 13.777, de 2018)

Art. 1.358-D. O imóvel objeto da multipropriedade: (Incluído pela Lei nº 13.777, de 2018)

I - é indivisível, não se sujeitando a ação de divisão ou de extinção de condomínio; (Incluído pela Lei nº 13.777, de 2018)

II - inclui as instalações, os equipamentos e o mobiliário destinados a seu uso e gozo. (Incluído pela Lei nº 13.777, de 2018)

Art. 1.358-E. Cada fração de tempo é indivisível. (Incluído pela Lei nº 13.777, de 2018)

§ 1º O período correspondente a cada fração de tempo será de, no mínimo, 7 (sete) dias, seguidos ou intercalados, e poderá ser: (Incluído pela Lei nº 13.777, de 2018)

I - fixo e determinado, no mesmo período de cada ano; (Incluído pela Lei nº 13.777, de 2018)

II - flutuante, caso em que a determinação do período será realizada de forma periódica, mediante procedimento objetivo que respeite, em relação a todos os multiproprietários, o princípio da isonomia, devendo ser previamente divulgado; ou (Incluído pela Lei nº 13.777, de 2018)

III - misto, combinando os sistemas fixo e flutuante. (Incluído pela Lei nº 13.777, de 2018)

§ 2º Todos os multiproprietários terão direito a uma mesma quantidade mínima de dias seguidos durante o ano, podendo haver a aquisição de frações maiores que a mínima, com o correspondente direito ao uso por períodos também maiores. (Incluído pela Lei nº 13.777, de 2018)

SEÇÃO II - (INCLUÍDO PELA LEI Nº 13.777, DE 2018) - Da Instituição da Multipropriedade

Art. 1.358-F. Institui-se a multipropriedade por ato entre vivos ou testamento, registrado no competente cartório de registro de imóveis, devendo constar daquele ato a duração dos períodos correspondentes a cada fração de tempo. (Incluído pela Lei nº 13.777, de 2018)

Art. 1.358-G. Além das cláusulas que os multiproprietários decidirem estipular, a convenção de condomínio em multipropriedade determinará: (Incluído pela Lei nº 13.777, de 2018)

I - os poderes e deveres dos multiproprietários, especialmente em matéria de instalações, equipamentos e mobiliário do imóvel, de manutenção ordinária e extraordinária, de conservação e limpeza e de pagamento da contribuição condominial; (Incluído pela Lei nº 13.777, de 2018)

II - o número máximo de pessoas que podem ocupar simultaneamente o imóvel no período correspondente a cada fração de tempo; (Incluído pela Lei nº 13.777, de 2018)

III - as regras de acesso do administrador condominial ao imóvel para cumprimento do dever de manutenção, conservação e limpeza; (Incluído pela Lei nº 13.777, de 2018)

IV - a criação de fundo de reserva para reposição e manutenção dos equipamentos, instalações e mobiliário; (Incluído pela Lei nº 13.777, de 2018)

V - o regime aplicável em caso de perda ou destruição parcial ou total do imóvel, inclusive para efeitos de participação no risco ou no valor do seguro, da indenização ou da parte restante; (Incluído pela Lei nº 13.777, de 2018)

VI - as multas aplicáveis ao multiproprietário nas hipóteses de descumprimento de deveres. (Incluído pela Lei nº 13.777, de 2018)

Art. 1.358-H. O instrumento de instituição da multipropriedade ou a convenção de condomínio em multipropriedade poderá estabelecer o limite máximo de frações de tempo no mesmo imóvel que poderão ser detidas pela mesma pessoa natural ou jurídica. (Incluído pela Lei nº 13.777, de 2018)

Parágrafo único. Em caso de instituição da multipropriedade para posterior venda das frações de tempo a terceiros, o atendimento a eventual limite de frações de tempo por titular estabelecido no instrumento de instituição será obrigatório somente após a venda das frações. (Incluído pela Lei nº 13.777, de 2018)

SEÇÃO III - (INCLUÍDO PELA LEI Nº 13.777, DE 2018) - Dos Direitos e das Obrigações do Multiproprietário

Art. 1.358-I. São direitos do multiproprietário, além daqueles previstos no instrumento de instituição e na convenção de condomínio em multipropriedade: (Incluído pela Lei nº 13.777, de 2018)

I - usar e gozar, durante o período correspondente à sua fração de tempo, do imóvel e de suas instalações, equipamentos e mobiliário; (Incluído pela Lei nº 13.777, de 2018)

II - ceder a fração de tempo em locação ou comodato; (Incluído pela Lei nº 13.777, de 2018)

III - alienar a fração de tempo, por ato entre vivos ou por causa de morte, a título oneroso ou gratuito, ou onerá-la, devendo a alienação e a qualificação do sucessor, ou a oneração, ser informadas ao administrador; (Incluído pela Lei nº 13.777, de 2018)

IV - participar e votar, pessoalmente ou por intermédio de representante ou procurador, desde que esteja quite com as obrigações condominiais, em: (Incluído pela Lei nº 13.777, de 2018)

a) assembleia geral do condomínio em multipropriedade, e o voto do multiproprietário corresponderá à quota de sua fração de tempo no imóvel; (Incluído pela Lei nº 13.777, de 2018)

b) assembleia geral do condomínio edilício, quando for o caso, e o voto do multiproprietário corresponderá à quota de sua fração de tempo em relação à quota de poder político atribuído à unidade autônoma na respectiva convenção de condomínio edilício. (Incluído pela Lei nº 13.777, de 2018)

Art. 1.358-J. São obrigações do multiproprietário, além daquelas previstas no instrumento de instituição e na convenção de condomínio em multipropriedade: (Incluído pela Lei nº 13.777, de 2018)

I - pagar a contribuição condominial do condomínio em multipropriedade e, quando for o caso, do condomínio edilício, ainda que renuncie ao uso e gozo, total ou parcial, do imóvel, das áreas comuns ou das respectivas instalações, equipamentos e mobiliário; (Incluído pela Lei nº 13.777, de 2018)

II - responder por danos causados ao imóvel, às instalações, aos equipamentos e ao mobiliário por si, por qualquer de seus acompanhantes, convidados ou prepostos ou por pessoas por ele autorizadas; (Incluído pela Lei nº 13.777, de 2018)

III - comunicar imediatamente ao administrador os defeitos, avarias e vícios no imóvel dos quais tiver ciência durante a utilização; (Incluído pela Lei nº 13.777, de 2018)

IV - não modificar, alterar ou substituir o mobiliário, os equipamentos e as instalações do imóvel; (Incluído pela Lei nº 13.777, de 2018)

V - manter o imóvel em estado de conservação e limpeza condizente com os fins a que se destina e com a natureza da respectiva construção; (Incluído pela Lei nº 13.777, de 2018)

VI - usar o imóvel, bem como suas instalações, equipamentos e mobiliário, conforme seu destino e natureza; (Incluído pela Lei nº 13.777, de 2018)

VII - usar o imóvel exclusivamente durante o período correspondente à sua fração de tempo; (Incluído pela Lei nº 13.777, de 2018)

VIII - desocupar o imóvel, impreterivelmente, até o dia e hora fixados no instrumento de instituição ou na convenção de condomínio em multipropriedade, sob pena de multa diária, conforme convencionado no instrumento pertinente; (Incluído pela Lei nº 13.777, de 2018)

IX - permitir a realização de obras ou reparos urgentes. (Incluído pela Lei nº 13.777, de 2018)

§ 1º Conforme previsão que deverá constar da respectiva convenção de condomínio em multipropriedade, o multiproprietário estará sujeito a: (Incluído pela Lei nº 13.777, de 2018)

I - multa, no caso de descumprimento de qualquer de seus deveres; (Incluído pela Lei nº 13.777, de 2018)

II - multa progressiva e perda temporária do direito de utilização do imóvel no período correspondente à sua fração de tempo, no caso de descumprimento reiterado de deveres. (Incluído pela Lei nº 13.777, de 2018)

§ 2º A responsabilidade pelas despesas referentes a reparos no imóvel, bem como suas instalações, equipamentos e mobiliário, será: (Incluído pela Lei nº 13.777, de 2018)

I - de todos os multiproprietários, quando decorrentes do uso normal e do desgaste natural do imóvel; (Incluído pela Lei nº 13.777, de 2018)

II - exclusivamente do multiproprietário responsável pelo uso anormal, sem prejuízo de multa, quando decorrentes de uso anormal do imóvel. (Incluído pela Lei nº 13.777, de 2018)

§ 3º (VETADO). (Incluído pela Lei nº 13.777, de 2018)

§ 4º (VETADO). (Incluído pela Lei nº 13.777, de 2018)

§ 5º (VETADO). (Incluído pela Lei nº 13.777, de 2018)

Art. 1.358-K. Para os efeitos do disposto nesta Seção, são equiparados aos multiproprietários os promitentes compradores e os cessionários de direitos relativos a cada fração de tempo. (Incluído pela Lei nº 13.777, de 2018)

SEÇÃO IV - (INCLUÍDO PELA LEI Nº 13.777, DE 2018) - DA TRANSFERÊNCIA DA MULTIPROPRIEDADE

Art. 1.358-L. A transferência do direito de multipropriedade e a sua produção de efeitos perante terceiros dar-se-ão na forma da lei civil e não dependerão da anuência ou cientificação dos demais multiproprietários. (Incluído pela Lei nº 13.777, de 2018)

§ 1º Não haverá direito de preferência na alienação de fração de tempo, salvo se estabelecido no instrumento de instituição ou na convenção do condomínio em multipropriedade em favor dos demais multiproprietários ou do instituidor do condomínio em multipropriedade. (Incluído pela Lei nº 13.777, de 2018)

§ 2º O adquirente será solidariamente responsável com o alienante pelas obrigações de que trata o § 5º do art. 1.358-J deste Código caso não obtenha a declaração de inexistência de débitos referente à fração de tempo no momento de sua aquisição. (Incluído pela Lei nº 13.777, de 2018)

SEÇÃO V - (INCLUÍDO PELA LEI Nº 13.777, DE 2018) - Da Administração da Multipropriedade

Art. 1.358-M. A administração do imóvel e de suas instalações, equipamentos e mobiliário será de responsabilidade da pessoa indicada no instrumento de instituição ou na convenção de condomínio em multipropriedade, ou, na falta de indicação,

de pessoa escolhida em assembleia geral dos condôminos. (Incluído pela Lei nº 13.777, de 2018)

§ 1º O administrador exercerá, além daquelas previstas no instrumento de instituição e na convenção de condomínio em multipropriedade, as seguintes atribuições: (Incluído pela Lei nº 13.777, de 2018)

I - coordenação da utilização do imóvel pelos multiproprietários durante o período correspondente a suas respectivas frações de tempo; (Incluído pela Lei nº 13.777, de 2018)

II - determinação, no caso dos sistemas flutuante ou misto, dos períodos concretos de uso e gozo exclusivos de cada multiproprietário em cada ano; (Incluído pela Lei nº 13.777, de 2018)

III - manutenção, conservação e limpeza do imóvel; (Incluído pela Lei nº 13.777, de 2018)

IV - troca ou substituição de instalações, equipamentos ou mobiliário, inclusive: (Incluído pela Lei nº 13.777, de 2018)

a) determinar a necessidade da troca ou substituição; (Incluído pela Lei nº 13.777, de 2018)

b) providenciar os orçamentos necessários para a troca ou substituição; (Incluído pela Lei nº 13.777, de 2018)

c) submeter os orçamentos à aprovação pela maioria simples dos condôminos em assembleia; (Incluído pela Lei nº 13.777, de 2018)

V - elaboração do orçamento anual, com previsão das receitas e despesas; (Incluído pela Lei nº 13.777, de 2018)

VI - cobrança das quotas de custeio de responsabilidade dos multiproprietários; (Incluído pela Lei nº 13.777, de 2018)

VII - pagamento, por conta do condomínio edilício ou voluntário, com os fundos comuns arrecadados, de todas as despesas comuns. (Incluído pela Lei nº 13.777, de 2018)

§ 2º A convenção de condomínio em multipropriedade poderá regrar de forma diversa a atribuição prevista no inciso IV do § 1º deste artigo. (Incluído pela Lei nº 13.777, de 2018)

Art. 1.358-N. O instrumento de instituição poderá prever fração de tempo destinada à realização, no imóvel e em suas instalações, em seus equipamentos e em seu mobiliário, de reparos indispensáveis ao exercício normal do direito de multipropriedade. (Incluído pela Lei nº 13.777, de 2018)

§ 1º A fração de tempo de que trata o caput deste artigo poderá ser atribuída: (Incluído pela Lei nº 13.777, de 2018)

I - ao instituidor da multipropriedade; ou (Incluído pela Lei nº 13.777, de 2018)

II - aos multiproprietários, proporcionalmente às respectivas frações. (Incluído pela Lei nº 13.777, de 2018)

§ 2º Em caso de emergência, os reparos de que trata o caput deste artigo poderão ser feitos durante o período correspondente à fração de tempo de um dos multiproprietários. (Incluído pela Lei nº 13.777, de 2018)

SEÇÃO VI - (INCLUÍDO PELA LEI Nº 13.777, DE 2018) - Disposições Específicas Relativas às Unidades Autônomas de Condomínios Edilícios

Art. 1.358-O. O condomínio edilício poderá adotar o regime de multipropriedade em parte ou na totalidade de suas unidades autônomas, mediante: (Incluído pela Lei nº 13.777, de 2018)

I - previsão no instrumento de instituição; ou (Incluído pela Lei nº 13.777, de 2018)

II - deliberação da maioria absoluta dos condôminos. (Incluído pela Lei nº 13.777, de 2018)

Parágrafo único. No caso previsto no inciso I do caput deste artigo, a iniciativa e a responsabilidade para a instituição do regime da multipropriedade serão atribuídas às mesmas pessoas e observarão os mesmos requisitos indicados nas alíneas a, b e c e no § 1º do art. 31 da Lei nº 4.591, de 16 de dezembro de 1964 . (Incluído pela Lei nº 13.777, de 2018)

Art. 1.358-P. Na hipótese do art. 1.358-O, a convenção de condomínio edilício deve prever, além das matérias elencadas nos arts. 1.332, 1.334 e, se for o caso, 1.358-G deste Código: (Incluído pela Lei nº 13.777, de 2018)

I - a identificação das unidades sujeitas ao regime da multipropriedade, no caso de empreendimentos mistos; (Incluído pela Lei nº 13.777, de 2018)

II - a indicação da duração das frações de tempo de cada unidade autônoma sujeita ao regime da multipropriedade; (Incluído pela Lei nº 13.777, de 2018)

III - a forma de rateio, entre os multiproprietários de uma mesma unidade autônoma, das contribuições condominiais relativas à unidade, que, salvo se disciplinada de forma diversa no instrumento de instituição ou na convenção de condomínio em multipropriedade, será proporcional à fração de tempo de cada multiproprietário; (Incluído pela Lei nº 13.777, de 2018)

IV - a especificação das despesas ordinárias, cujo custeio será obrigatório, independentemente do uso e gozo do imóvel e das áreas comuns; (Incluído pela Lei nº 13.777, de 2018)

V - os órgãos de administração da multipropriedade; (Incluído pela Lei nº 13.777, de 2018)

VI - a indicação, se for o caso, de que o empreendimento conta com sistema de administração de intercâmbio, na forma prevista no § 2º do art. 23 da Lei nº 11.771, de 17 de setembro de 2008 , seja do período de fruição da fração de tempo, seja do local de fruição, caso em que a responsabilidade e as obrigações da companhia de intercâmbio limitam-se ao contido na documentação de sua contratação; (Incluído pela Lei nº 13.777, de 2018)

VII - a competência para a imposição de sanções e o respectivo procedimento, especialmente nos casos de mora no cumprimento das obrigações de custeio e nos casos de descumprimento da obrigação de desocupar o imóvel até o dia e hora previstos; (Incluído pela Lei nº 13.777, de 2018)

VIII - o quórum exigido para a deliberação de adjudicação da fração de tempo na hipótese de inadimplemento do respectivo multiproprietário; (Incluído pela Lei nº 13.777, de 2018)

IX - o quórum exigido para a deliberação de alienação, pelo condomínio edilício, da fração de tempo adjudicada em virtude do inadimplemento do respectivo multiproprietário. (Incluído pela Lei nº 13.777, de 2018)

Art. 1.358-Q. Na hipótese do art. 1.358-O deste Código, o regimento interno do condomínio edilício deve prever: (Incluído pela Lei nº 13.777, de 2018)

I - os direitos dos multiproprietários sobre as partes comuns do condomínio edilício; (Incluído pela Lei nº 13.777, de 2018)

II - os direitos e obrigações do administrador, inclusive quanto ao acesso ao imóvel para cumprimento do dever de manutenção, conservação e limpeza; (Incluído pela Lei nº 13.777, de 2018)

III - as condições e regras para uso das áreas comuns; (Incluído pela Lei nº 13.777, de 2018)

IV - os procedimentos a serem observados para uso e gozo dos imóveis e das instalações, equipamentos e mobiliário destinados ao regime da multipropriedade; (Incluído pela Lei nº 13.777, de 2018)

V - o número máximo de pessoas que podem ocupar simultaneamente o imóvel no período correspondente a cada fração de tempo; (Incluído pela Lei nº 13.777, de 2018)

VI - as regras de convivência entre os multiproprietários e os ocupantes de unidades autônomas não sujeitas ao regime da multipropriedade, quando se tratar de empreendimentos mistos; (Incluído pela Lei nº 13.777, de 2018)

VII - a forma de contribuição, destinação e gestão do fundo de reserva específico para cada imóvel, para reposição e manutenção dos equipamentos, instalações e mobiliário, sem prejuízo do fundo de reserva do condomínio edilício; (Incluído pela Lei nº 13.777, de 2018)

VIII - a possibilidade de realização de assembleias não presenciais, inclusive por meio eletrônico; (Incluído pela Lei nº 13.777, de 2018)

IX - os mecanismos de participação e representação dos titulares; (Incluído pela Lei nº 13.777, de 2018)

X - o funcionamento do sistema de reserva, os meios de confirmação e os requisitos a serem cumpridos pelo multiproprietário quando não exercer diretamente sua faculdade de uso; (Incluído pela Lei nº 13.777, de 2018)

XI - a descrição dos serviços adicionais, se existentes, e as regras para seu uso e custeio. (Incluído pela Lei nº 13.777, de 2018)

Parágrafo único. O regimento interno poderá ser instituído por escritura pública ou por instrumento particular. (Incluído pela Lei nº 13.777, de 2018)

Art. 1.358-R. O condomínio edilício em que tenha sido instituído o regime de multipropriedade em parte ou na totalidade de suas unidades autônomas terá necessariamente um administrador profissional. (Incluído pela Lei nº 13.777, de 2018)

§ 1º O prazo de duração do contrato de administração será livremente convencionado. (Incluído pela Lei nº 13.777, de 2018)

§ 2º O administrador do condomínio referido no caput deste artigo será também o administrador de todos os condomínios em multipropriedade de suas unidades autônomas. (Incluído pela Lei nº 13.777, de 2018)

§ 3º O administrador será mandatário legal de todos os multiproprietários, exclusivamente para a realização dos atos de gestão ordinária da multipropriedade, incluindo manutenção, conservação e limpeza do imóvel e de suas instalações, equipamentos e mobiliário. (Incluído pela Lei nº 13.777, de 2018)

§ 4º O administrador poderá modificar o regimento interno quanto aos aspectos estritamente operacionais da gestão da multipropriedade no condomínio edilício. (Incluído pela Lei nº 13.777, de 2018)

§ 5º O administrador pode ser ou não um prestador de serviços de hospedagem. (Incluído pela Lei nº 13.777, de 2018)

Art. 1.358-S. Na hipótese de inadimplemento, por parte do multiproprietário, da obrigação de custeio das despesas ordinárias ou extraordinárias, é cabível, na forma da lei processual civil, a adjudicação ao condomínio edilício da fração de tempo correspondente. (Incluído pela Lei nº 13.777, de 2018)

Parágrafo único. Na hipótese de o imóvel objeto da multipropriedade ser parte integrante de empreendimento em que haja sistema de locação das frações de tempo no qual os titulares possam ou sejam obrigados a locar suas frações de tempo exclusivamente por meio de uma administração única, repartindo entre si as receitas das locações independentemente da efetiva ocupação de cada unidade autônoma, poderá a convenção do condomínio edilício regrar que em caso de inadimplência: (Incluído pela Lei nº 13.777, de 2018)

I - o inadimplente fique proibido de utilizar o imóvel até a integral quitação da dívida; (Incluído pela Lei nº 13.777, de 2018)

II - a fração de tempo do inadimplente passe a integrar o pool da administradora; (Incluído pela Lei nº 13.777, de 2018)

III - a administradora do sistema de locação fique automaticamente munida de poderes e obrigada a, por conta e ordem do inadimplente, utilizar a integralidade dos valores líquidos a que o inadimplente tiver direito para amortizar suas dívidas condominiais, seja do condomínio edilício, seja do condomínio em multipropriedade, até sua integral quitação, devendo eventual saldo ser imediatamente repassado ao multiproprietário. (Incluído pela Lei nº 13.777, de 2018)

Art. 1.358-T. O multiproprietário somente poderá renunciar de forma translativa a seu direito de multipropriedade em favor do condomínio edilício. (Incluído pela Lei nº 13.777, de 2018)

Parágrafo único. A renúncia de que trata o caput deste artigo só é admitida se o multiproprietário estiver em dia com as contribuições condominiais, com os tributos imobiliários e, se houver, com o foro ou a taxa de ocupação. (Incluído pela Lei nº 13.777, de 2018)

Art. 1.358-U. As convenções dos condomínios edilícios, os memoriais de loteamentos e os instrumentos de venda dos lotes em loteamentos urbanos poderão limitar ou impedir a instituição da multipropriedade nos respectivos imóveis, vedação que somente poderá ser alterada no mínimo pela maioria absoluta dos condôminos. (Incluído pela Lei nº 13.777, de 2018)

CAPÍTULO VIII - DA PROPRIEDADE RESOLÚVEL

Art. 1.359. Resolvida a propriedade pelo implemento da condição ou pelo advento do termo, entendem-se também resolvidos os direitos reais concedidos na sua pendência, e o proprietário, em cujo favor se opera a resolução, pode reivindicar a coisa do poder de quem a possua ou detenha.

Art. 1.360. Se a propriedade se resolver por outra causa superveniente, o possuidor, que a tiver adquirido por título anterior à sua resolução, será considerado proprietário perfeito, restando à pessoa, em cujo benefício houve a resolução, ação contra aquele cuja propriedade se resolveu para haver a própria coisa ou o seu valor.

CAPÍTULO IX - DA PROPRIEDADE FIDUCIÁRIA

Art. 1.361. Considera-se fiduciária a propriedade resolúvel de coisa móvel infungível que o devedor, com escopo de garantia, transfere ao credor.

§ 1º Constitui-se a propriedade fiduciária com o registro do contrato, celebrado por instrumento público ou particular, que lhe serve de título, no Registro de Títulos e Documentos do domicílio do devedor, ou, em se tratando de veículos, na repartição competente para o licenciamento, fazendo-se a anotação no certificado de registro.

§ 2º Com a constituição da propriedade fiduciária, dá-se o desdobramento da posse, tornando-se o devedor possuidor direto da coisa.

§ 3º A propriedade superveniente, adquirida pelo devedor, torna eficaz, desde o arquivamento, a transferência da propriedade fiduciária.

Art. 1.362. O contrato, que serve de título à propriedade fiduciária, conterá:

I - o total da dívida, ou sua estimativa;

II - o prazo, ou a época do pagamento;

III - a taxa de juros, se houver;

IV - a descrição da coisa objeto da transferência, com os elementos indispensáveis à sua identificação.

Art. 1.363. Antes de vencida a dívida, o devedor, a suas expensas e risco, pode usar a coisa segundo sua destinação, sendo obrigado, como depositário:

I - a empregar na guarda da coisa a diligência exigida por sua natureza;

II - a entregá-la ao credor, se a dívida não for paga no vencimento.

Art. 1.364. Vencida a dívida, e não paga, fica o credor obrigado a vender, judicial ou extrajudicialmente, a coisa a terceiros, a aplicar o preço no pagamento de seu crédito e das despesas de cobrança, e a entregar o saldo, se houver, ao devedor.

Art. 1.365. É nula a cláusula que autoriza o proprietário fiduciário a ficar com a coisa alienada em garantia, se a dívida não for paga no vencimento.

Parágrafo único. O devedor pode, com a anuência do credor, dar seu direito eventual à coisa em pagamento da dívida, após o vencimento desta.

Art. 1.366. Quando, vendida a coisa, o produto não bastar para o pagamento da dívida e das despesas de cobrança, continuará o devedor obrigado pelo restante.

Art. 1.367. A propriedade fiduciária em garantia de bens móveis ou imóveis sujeita-se às disposições do Capítulo I do Título X do Livro III da Parte Especial deste Código e, no que for específico, à legislação especial pertinente, não se equiparando, para quaisquer efeitos, à propriedade plena de que trata o art. 1.231. (Redação dada pela Lei nº 13.043, de 2014)

Art. 1.368. O terceiro, interessado ou não, que pagar a dívida, se sub-rogará de pleno direito no crédito e na propriedade fiduciária.

Art. 1.368-A. As demais espécies de propriedade fiduciária ou de titularidade fiduciária submetem-se à disciplina específica das respectivas leis especiais, somente se aplicando as disposições deste Código naquilo que não for incompatível com a legislação especial. (Incluído pela Lei nº 10.931, de 2004)

Art. 1.368-B. A alienação fiduciária em garantia de bem móvel ou imóvel confere direito real de aquisição ao fiduciante, seu cessionário ou sucessor. (Incluído pela Lei nº 13.043, de 2014)

Parágrafo único. O credor fiduciário que se tornar proprietário pleno do bem, por efeito de realização da garantia, mediante consolidação da propriedade, adjudicação, dação ou outra forma pela qual lhe tenha sido transmitida a propriedade plena, passa a responder pelo pagamento dos tributos sobre a propriedade e a posse, taxas, despesas condominiais e quaisquer outros encargos, tributários ou não, incidentes sobre o bem objeto da garantia, a partir da data em que vier a ser imitido na posse direta do bem. (Incluído pela Lei nº 13.043, de 2014)

CAPÍTULO X - DO FUNDO DE INVESTIMENTO

(Incluído pela Lei nº 13.874, de 2019)

Art. 1.368-C. O fundo de investimento é uma comunhão de recursos, constituído sob a forma de condomínio de natureza especial, destinado à aplicação em ativos financeiros, bens e direitos de qualquer natureza. (Incluído pela Lei nº 13.874, de 2019)

§ 1º Não se aplicam ao fundo de investimento as disposições constantes dos arts. 1.314 ao 1.358-A deste Código. (Incluído pela Lei nº 13.874, de 2019)

§ 2º Competirá à Comissão de Valores Mobiliários disciplinar o disposto no caput deste artigo. (Incluído pela Lei nº 13.874, de 2019)

§ 3º O registro dos regulamentos dos fundos de investimentos na Comissão de Valores Mobiliários é condição suficiente para garantir a sua publicidade e a oponibilidade de efeitos em relação a terceiros. (Incluído pela Lei nº 13.874, de 2019)

Art. 1.368-D. O regulamento do fundo de investimento poderá, observado o disposto na regulamentação a que se refere o § 2º do art. 1.368-C desta Lei, estabelecer: (Incluído pela Lei nº 13.874, de 2019)

I - a limitação da responsabilidade de cada investidor ao valor de suas cotas; (Incluído pela Lei nº 13.874, de 2019)

II - a limitação da responsabilidade, bem como parâmetros de sua aferição, dos prestadores de serviços do fundo de investimento, perante o condomínio e entre si, ao cumprimento dos deveres particulares de cada um, sem solidariedade; e (Incluído pela Lei nº 13.874, de 2019)

III - classes de cotas com direitos e obrigações distintos, com possibilidade de constituir patrimônio segregado para cada classe. (Incluído pela Lei nº 13.874, de 2019)

§ 1º A adoção da responsabilidade limitada por fundo de investimento constituído sem a limitação de responsabilidade somente abrangerá fatos ocorridos após a respectiva mudança em seu regulamento. (Incluído pela Lei nº 13.874, de 2019)

§ 2º A avaliação de responsabilidade dos prestadores de serviço deverá levar sempre em consideração os riscos inerentes às aplicações nos mercados de atuação do fundo de investimento e a natureza de obrigação de meio de seus serviços. (Incluído pela Lei nº 13.874, de 2019)

§ 3º O patrimônio segregado referido no inciso III do caput deste artigo só responderá por obrigações vinculadas à classe respectiva, nos termos do regulamento. (Incluído pela Lei nº 13.874, de 2019)

Art. 1.368-E. Os fundos de investimento respondem diretamente pelas obrigações legais e contratuais por eles assumidas, e os prestadores de serviço não respondem por essas obrigações, mas respondem pelos prejuízos que causarem quando procederem com dolo ou má-fé. (Incluído pela Lei nº 13.874, de 2019)

§ 1º Se o fundo de investimento com limitação de responsabilidade não possuir patrimônio suficiente para responder por suas dívidas, aplicam-se as regras de insolvência previstas nos arts. 955 a 965 deste Código. (Incluído pela Lei nº 13.874, de 2019)

§ 2º A insolvência pode ser requerida judicialmente por credores, por deliberação própria dos cotistas do fundo de investimento, nos termos de seu regulamento, ou pela Comissão de Valores Mobiliários. (Incluído pela Lei nº 13.874, de 2019)

Art. 1.368-F. O fundo de investimento constituído por lei específica e regulamentado pela Comissão de Valores Mobiliários deverá, no que couber, seguir as disposições deste Capítulo. (Incluído pela Lei nº 13.874, de 2019)

TÍTULO IV - DA SUPERFÍCIE

Art. 1.369. O proprietário pode conceder a outrem o direito de construir ou de plantar em seu terreno, por tempo determinado, mediante escritura pública devidamente registrada no Cartório de Registro de Imóveis.

Parágrafo único. O direito de superfície não autoriza obra no subsolo, salvo se for inerente ao objeto da concessão.

Art. 1.370. A concessão da superfície será gratuita ou onerosa; se onerosa, estipularão as partes se o pagamento será feito de uma só vez, ou parceladamente.

Art. 1.371. O superficiário responderá pelos encargos e tributos que incidirem sobre o imóvel.

Art. 1.372. O direito de superfície pode transferir-se a terceiros e, por morte do superficiário, aos seus herdeiros.

Parágrafo único. Não poderá ser estipulado pelo concedente, a nenhum título, qualquer pagamento pela transferência.

Art. 1.373. Em caso de alienação do imóvel ou do direito de superfície, o superficiário ou o proprietário tem direito de preferência, em igualdade de condições.

Art. 1.374. Antes do termo final, resolver-se-á a concessão se o superficiário der ao terreno destinação diversa daquela para que foi concedida.

Art. 1.375. Extinta a concessão, o proprietário passará a ter a propriedade plena sobre o terreno, construção ou plantação, independentemente de indenização, se as partes não houverem estipulado o contrário.

Art. 1.376. No caso de extinção do direito de superfície em conseqüência de desapropriação, a indenização cabe ao proprietário e ao superficiário, no valor correspondente ao direito real de cada um.

Art. 1.377. O direito de superfície, constituído por pessoa jurídica de direito público interno, rege-se por este Código, no que não for diversamente disciplinado em lei especial.

TÍTULO V - DAS SERVIDÕES

CAPÍTULO I - DA CONSTITUIÇÃO DAS SERVIDÕES

Art. 1.378. A servidão proporciona utilidade para o prédio dominante, e grava o prédio serviente, que pertence a diverso dono, e constitui-se mediante declaração expressa dos proprietários, ou por testamento, e subseqüente registro no Cartório de Registro de Imóveis.

Art. 1.379. O exercício incontestado e contínuo de uma servidão aparente, por dez anos, nos termos do art. 1.242, autoriza o interessado a registrá-la em seu nome no Registro de Imóveis, valendo-lhe como título a sentença que julgar consumado a usucapião.

Parágrafo único. Se o possuidor não tiver título, o prazo da usucapião será de vinte anos.

CAPÍTULO II - DO EXERCÍCIO DAS SERVIDÕES

Art. 1.380. O dono de uma servidão pode fazer todas as obras necessárias à sua conservação e uso, e, se a servidão pertencer a mais de um prédio, serão as despesas rateadas entre os respectivos donos.

Art. 1.381. As obras a que se refere o artigo antecedente devem ser feitas pelo dono do prédio dominante, se o contrário não dispuser expressamente o título.

Art. 1.382. Quando a obrigação incumbir ao dono do prédio serviente, este poderá exonerar-se, abandonando, total ou parcialmente, a propriedade ao dono do dominante.

Parágrafo único. Se o proprietário do prédio dominante se recusar a receber a propriedade do serviente, ou parte dela, caber-lhe-á custear as obras.

Art. 1.383. O dono do prédio serviente não poderá embaraçar de modo algum o exercício legítimo da servidão.

Art. 1.384. A servidão pode ser removida, de um local para outro, pelo dono do prédio serviente e à sua custa, se em nada diminuir as vantagens do prédio dominante, ou pelo dono deste e à sua custa, se houver considerável incremento da utilidade e não prejudicar o prédio serviente.

Art. 1.385. Restringir-se-á o exercício da servidão às necessidades do prédio dominante, evitando-se, quanto possível, agravar o encargo ao prédio serviente.

§ 1º Constituída para certo fim, a servidão não se pode ampliar a outro.

§ 2º Nas servidões de trânsito, a de maior inclui a de menor ônus, e a menor exclui a mais onerosa.

§ 3º Se as necessidades da cultura, ou da indústria, do prédio dominante impuserem à servidão maior largueza, o dono do serviente é obrigado a sofrê-la; mas tem direito a ser indenizado pelo excesso.

Art. 1.386. As servidões prediais são indivisíveis, e subsistem, no caso de divisão dos imóveis, em benefício de cada uma das porções do prédio dominante, e continuam a gravar cada uma das do prédio serviente, salvo se, por natureza, ou destino, só se aplicarem a certa parte de um ou de outro.

CAPÍTULO III - DA EXTINÇÃO DAS SERVIDÕES

Art. 1.387. Salvo nas desapropriações, a servidão, uma vez registrada, só se extingue, com respeito a terceiros, quando cancelada.

Parágrafo único. Se o prédio dominante estiver hipotecado, e a servidão se mencionar no título hipotecário, será também preciso, para a cancelar, o consentimento do credor.

Art. 1.388. O dono do prédio serviente tem direito, pelos meios judiciais, ao cancelamento do registro, embora o dono do prédio dominante lho impugne:

I - quando o titular houver renunciado a sua servidão;

II - quando tiver cessado, para o prédio dominante, a utilidade ou a comodidade, que determinou a constituição da servidão;

III - quando o dono do prédio serviente resgatar a servidão.

Art. 1.389. Também se extingue a servidão, ficando ao dono do prédio serviente a faculdade de fazê-la cancelar, mediante a prova da extinção:

I - pela reunião dos dois prédios no domínio da mesma pessoa;

II - pela supressão das respectivas obras por efeito de contrato, ou de outro título expresso;

III - pelo não uso, durante dez anos contínuos.

TÍTULO VI - DO USUFRUTO

CAPÍTULO I - DISPOSIÇÕES GERAIS

Art. 1.390. O usufruto pode recair em um ou mais bens, móveis ou imóveis, em um patrimônio inteiro, ou parte deste, abrangendo-lhe, no todo ou em parte, os frutos e utilidades.

Art. 1.391. O usufruto de imóveis, quando não resulte de usucapião, constituir-se-á mediante registro no Cartório de Registro de Imóveis.

Art. 1.392. Salvo disposição em contrário, o usufruto estende-se aos acessórios da coisa e seus acrescidos.

§ 1º Se, entre os acessórios e os acrescidos, houver coisas consumíveis, terá o usufrutuário o dever de restituir, findo o usufruto, as que ainda houver e, das outras, o equivalente em gênero, qualidade e quantidade, ou, não sendo possível, o seu valor, estimado ao tempo da restituição.

§ 2º Se há no prédio em que recai o usufruto florestas ou os recursos minerais a que se refere o art. 1.230, devem o dono e o usufrutuário prefixar-lhe a extensão do gozo e a maneira de exploração.

§ 3º Se o usufruto recai sobre universalidade ou quota-parte de bens, o usufrutuário tem direito à parte do tesouro achado por outrem, e ao preço pago pelo vizinho do prédio usufruído, para obter meação em parede, cerca, muro, vala ou valado.

Art. 1.393. Não se pode transferir o usufruto por alienação; mas o seu exercício pode ceder-se por título gratuito ou oneroso.

CAPÍTULO II - DOS DIREITOS DO USUFRUTUÁRIO

Art. 1.394. O usufrutuário tem direito à posse, uso, administração e percepção dos frutos.

Art. 1.395. Quando o usufruto recai em títulos de crédito, o usufrutuário tem direito a perceber os frutos e a cobrar as respectivas dívidas.

Parágrafo único. Cobradas as dívidas, o usufrutuário aplicará, de imediato, a importância em títulos da mesma natureza, ou em títulos da dívida pública federal, com cláusula de atualização monetária segundo índices oficiais regularmente estabelecidos.

Art. 1.396. Salvo direito adquirido por outrem, o usufrutuário faz seus os frutos naturais, pendentes ao começar o usufruto, sem encargo de pagar as despesas de produção.

Parágrafo único. Os frutos naturais, pendentes ao tempo em que cessa o usufruto, pertencem ao dono, também sem compensação das despesas.

Art. 1.397. As crias dos animais pertencem ao usufrutuário, deduzidas quantas bastem para inteirar as cabeças de gado existentes ao começar o usufruto.

Art. 1.398. Os frutos civis, vencidos na data inicial do usufruto, pertencem ao proprietário, e ao usufrutuário os vencidos na data em que cessa o usufruto.

Art. 1.399. O usufrutuário pode usufruir em pessoa, ou mediante arrendamento, o prédio, mas não mudar-lhe a destinação econômica, sem expressa autorização do proprietário.

CAPÍTULO III - DOS DEVERES DO USUFRUTUÁRIO

Art. 1.400. O usufrutuário, antes de assumir o usufruto, inventariará, à sua custa, os bens que receber, determinando o estado em que se acham, e dará caução, fidejussória ou real, se lha exigir o dono, de velar-lhes pela conservação, e entregá-los findo o usufruto.

Parágrafo único. Não é obrigado à caução o doador que se reservar o usufruto da coisa doada.

Art. 1.401. O usufrutuário que não quiser ou não puder dar caução suficiente perderá o direito de administrar o usufruto; e, neste caso, os bens serão administrados pelo proprietário, que ficará obrigado, mediante caução, a entregar ao usufrutuário

o rendimento deles, deduzidas as despesas de administração, entre as quais se incluirá a quantia fixada pelo juiz como remuneração do administrador.

Art. 1.402. O usufrutuário não é obrigado a pagar as deteriorações resultantes do exercício regular do usufruto.

Art. 1.403 Incumbem ao usufrutuário:

I - as despesas ordinárias de conservação dos bens no estado em que os recebeu;

II - as prestações e os tributos devidos pela posse ou rendimento da coisa usufruída.

Art. 1.404. Incumbem ao dono as reparações extraordinárias e as que não forem de custo módico; mas o usufrutuário lhe pagará os juros do capital despendido com as que forem necessárias à conservação, ou aumentarem o rendimento da coisa usufruída.

§ 1º Não se consideram módicas as despesas superiores a dois terços do líquido rendimento em um ano.

§ 2º Se o dono não fizer as reparações a que está obrigado, e que são indispensáveis à conservação da coisa, o usufrutuário pode realizá-las, cobrando daquele a importância despendida.

Art. 1.405. Se o usufruto recair num patrimônio, ou parte deste, será o usufrutuário obrigado aos juros da dívida que onerar o patrimônio ou a parte dele.

Art. 1.406. O usufrutuário é obrigado a dar ciência ao dono de qualquer lesão produzida contra a posse da coisa, ou os direitos deste.

Art. 1.407. Se a coisa estiver segurada, incumbe ao usufrutuário pagar, durante o usufruto, as contribuições do seguro.

§ 1º Se o usufrutuário fizer o seguro, ao proprietário caberá o direito dele resultante contra o segurador.

§ 2º Em qualquer hipótese, o direito do usufrutuário fica sub-rogado no valor da indenização do seguro.

Art. 1.408. Se um edifício sujeito a usufruto for destruído sem culpa do proprietário, não será este obrigado a reconstruí-lo, nem o usufruto se restabelecerá, se o proprietário reconstruir à sua custa o prédio; mas se a indenização do seguro for aplicada à reconstrução do prédio, restabelecer-se-á o usufruto.

Art. 1.409. Também fica sub-rogada no ônus do usufruto, em lugar do prédio, a indenização paga, se ele for desapropriado, ou a importância do dano, ressarcido pelo terceiro responsável no caso de danificação ou perda.

CAPÍTULO IV - DA EXTINÇÃO DO USUFRUTO

Art. 1.410. O usufruto extingue-se, cancelando-se o registro no Cartório de Registro de Imóveis:

I - pela renúncia ou morte do usufrutuário;

II - pelo termo de sua duração;

III - pela extinção da pessoa jurídica, em favor de quem o usufruto foi constituído, ou, se ela perdurar, pelo decurso de trinta anos da data em que se começou a exercer;

IV - pela cessação do motivo de que se origina;

V - pela destruição da coisa, guardadas as disposições dos arts. 1.407, 1.408, 2ª parte, e 1.409;

VI - pela consolidação;

VII - por culpa do usufrutuário, quando aliena, deteriora, ou deixa arruinar os bens, não lhes acudindo com os reparos de conservação, ou quando, no usufruto de títulos de crédito, não dá às importâncias recebidas a aplicação prevista no parágrafo único do art. 1.395;

VIII - Pelo não uso, ou não fruição, da coisa em que o usufruto recai (arts. 1.390 e 1.399).

Art. 1.411. Constituído o usufruto em favor de duas ou mais pessoas, extinguir-se-á a parte em relação a cada uma das que falecerem, salvo se, por estipulação expressa, o quinhão desses couber ao sobrevivente.

TÍTULO VII - DO USO

Art. 1.412. O usuário usará da coisa e perceberá os seus frutos, quanto o exigirem as necessidades suas e de sua família.

§ 1º Avaliar-se-ão as necessidades pessoais do usuário conforme a sua condição social e o lugar onde viver.

§ 2º As necessidades da família do usuário compreendem as de seu cônjuge, dos filhos solteiros e das pessoas de seu serviço doméstico.

Art. 1.413. São aplicáveis ao uso, no que não for contrário à sua natureza, as disposições relativas ao usufruto.

TÍTULO VIII - DA HABITAÇÃO

Art. 1.414. Quando o uso consistir no direito de habitar gratuitamente casa alheia, o titular deste direito não a pode alugar, nem emprestar, mas simplesmente ocupá-la com sua família.

Art. 1.415. Se o direito real de habitação for conferido a mais de uma pessoa, qualquer delas que sozinha habite a casa não terá de pagar aluguel à outra, ou às outras, mas não as pode inibir de exercerem, querendo, o direito, que também lhes compete, de habitá-la.

Art. 1.416. São aplicáveis à habitação, no que não for contrário à sua natureza, as disposições relativas ao usufruto.

TÍTULO IX - DO DIREITO DO PROMITENTE COMPRADOR

Art. 1.417. Mediante promessa de compra e venda, em que se não pactuou arrependimento, celebrada por instrumento público ou particular, e registrada no Cartório de Registro de Imóveis, adquire o promitente comprador direito real à aquisição do imóvel.

Art. 1.418. O promitente comprador, titular de direito real, pode exigir do promitente vendedor, ou de terceiros, a quem os direitos deste forem cedidos, a outorga da escritura definitiva de compra e venda, conforme o disposto no instrumento preliminar; e, se houver recusa, requerer ao juiz a adjudicação do imóvel.

TÍTULO X - DO PENHOR, DA HIPOTECA E DA ANTICRESE

CAPÍTULO I - DISPOSIÇÕES GERAIS

Art. 1.419. Nas dívidas garantidas por penhor, anticrese ou hipoteca, o bem dado em garantia fica sujeito, por vínculo real, ao cumprimento da obrigação.

Art. 1.420. Só aquele que pode alienar poderá empenhar, hipotecar ou dar em anticrese; só os bens que se podem alienar poderão ser dados em penhor, anticrese ou hipoteca.

§ 1º A propriedade superveniente torna eficaz, desde o registro, as garantias reais estabelecidas por quem não era dono.

§ 2º A coisa comum a dois ou mais proprietários não pode ser dada em garantia real, na sua totalidade, sem o consentimento de todos; mas cada um pode individualmente dar em garantia real a parte que tiver.

Art. 1.421. O pagamento de uma ou mais prestações da dívida não importa exoneração correspondente da garantia, ainda que esta compreenda vários bens, salvo disposição expressa no título ou na quitação.

Art. 1.422. O credor hipotecário e o pignoratício têm o direito de excutir a coisa hipotecada ou empenhada, e preferir, no pagamento, a outros credores, observada, quanto à hipoteca, a prioridade no registro.

Parágrafo único. Excetuam-se da regra estabelecida neste artigo as dívidas que, em virtude de outras leis, devam ser pagas precipuamente a quaisquer outros créditos.

Art. 1.423. O credor anticrético tem direito a reter em seu poder o bem, enquanto a dívida não for paga; extingue-se esse direito decorridos quinze anos da data de sua constituição.

Art. 1.424. Os contratos de penhor, anticrese ou hipoteca declararão, sob pena de não terem eficácia:

I - o valor do crédito, sua estimação, ou valor máximo;

II - o prazo fixado para pagamento;

III - a taxa dos juros, se houver;

IV - o bem dado em garantia com as suas especificações.

Art. 1.425. A dívida considera-se vencida:

I - se, deteriorando-se, ou depreciando-se o bem dado em segurança, desfalcar a garantia, e o devedor, intimado, não a reforçar ou substituir;

II - se o devedor cair em insolvência ou falir;

III - se as prestações não forem pontualmente pagas, toda vez que deste modo se achar estipulado o pagamento. Neste caso, o recebimento posterior da prestação atrasada importa renúncia do credor ao seu direito de execução imediata;

IV - se perecer o bem dado em garantia, e não for substituído;

V - se se desapropriar o bem dado em garantia, hipótese na qual se depositará a parte do preço que for necessária para o pagamento integral do credor.

§ 1º Nos casos de perecimento da coisa dada em garantia, esta se sub-rogará na indenização do seguro, ou no ressarcimento do dano, em benefício do credor, a quem assistirá sobre ela preferência até seu completo reembolso.

§ 2º Nos casos dos incisos IV e V, só se vencerá a hipoteca antes do prazo estipulado, se o perecimento, ou a desapropriação recair sobre o bem dado em garantia, e esta não abranger outras; subsistindo, no caso contrário, a dívida reduzida, com a respectiva garantia sobre os demais bens, não desapropriados ou destruídos.

Art. 1.426. Nas hipóteses do artigo anterior, de vencimento antecipado da dívida, não se compreendem os juros correspondentes ao tempo ainda não decorrido.

Art. 1.427. Salvo cláusula expressa, o terceiro que presta garantia real por dívida alheia não fica obrigado a substituí-la, ou reforçá-la, quando, sem culpa sua, se perca, deteriore, ou desvalorize.

Art. 1.428. É nula a cláusula que autoriza o credor pignoratício, anticrético ou hipotecário a ficar com o objeto da garantia, se a dívida não for paga no vencimento.

Parágrafo único. Após o vencimento, poderá o devedor dar a coisa em pagamento da dívida.

Art. 1.429. Os sucessores do devedor não podem remir parcialmente o penhor ou a hipoteca na proporção dos seus quinhões; qualquer deles, porém, pode fazê-lo no todo.

Parágrafo único. O herdeiro ou sucessor que fizer a remição fica sub-rogado nos direitos do credor pelas quotas que houver satisfeito.

Art. 1.430. Quando, excutido o penhor, ou executada a hipoteca, o produto não bastar para pagamento da dívida e despesas judiciais, continuará o devedor obrigado pessoalmente pelo restante.

CAPÍTULO II - DO PENHOR

SEÇÃO I - DA CONSTITUIÇÃO DO PENHOR

Art. 1.431. Constitui-se o penhor pela transferência efetiva da posse que, em garantia do débito ao credor ou a quem o represente, faz o devedor, ou alguém por ele, de uma coisa móvel, suscetível de alienação.

Parágrafo único. No penhor rural, industrial, mercantil e de veículos, as coisas empenhadas continuam em poder do devedor, que as deve guardar e conservar.

Art. 1.432. O instrumento do penhor deverá ser levado a registro, por qualquer dos contratantes; o do penhor comum será registrado no Cartório de Títulos e Documentos.

SEÇÃO II - DOS DIREITOS DO CREDOR PIGNORATÍCIO

Art. 1.433. O credor pignoratício tem direito:

I - à posse da coisa empenhada;

II - à retenção dela, até que o indenizem das despesas devidamente justificadas, que tiver feito, não sendo ocasionadas por culpa sua;

III - ao ressarcimento do prejuízo que houver sofrido por vício da coisa empenhada;

IV - a promover a execução judicial, ou a venda amigável, se lhe permitir expressamente o contrato, ou lhe autorizar o devedor mediante procuração;

V - a apropriar-se dos frutos da coisa empenhada que se encontra em seu poder;

VI - a promover a venda antecipada, mediante prévia autorização judicial, sempre que haja receio fundado de que a coisa empenhada se perca ou deteriore, devendo o preço ser depositado. O dono da coisa empenhada pode impedir a venda antecipada, substituindo-a, ou oferecendo outra garantia real idônea.

Art. 1.434. O credor não pode ser constrangido a devolver a coisa empenhada, ou uma parte dela, antes de ser integralmente pago, podendo o juiz, a requerimento do proprietário, determinar que seja vendida apenas uma das coisas, ou parte da coisa empenhada, suficiente para o pagamento do credor.

SEÇÃO III - DAS OBRIGAÇÕES DO CREDOR PIGNORATÍCIO

Art. 1.435. O credor pignoratício é obrigado:

I - à custódia da coisa, como depositário, e a ressarcir ao dono a perda ou deterioração de que for culpado, podendo ser compensada na dívida, até a concorrente quantia, a importância da responsabilidade;

II - à defesa da posse da coisa empenhada e a dar ciência, ao dono dela, das circunstâncias que tornarem necessário o exercício de ação possessória;

III - a imputar o valor dos frutos, de que se apropriar (art. 1.433, inciso V) nas despesas de guarda e conservação, nos juros e no capital da obrigação garantida, sucessivamente;

IV - a restituí-la, com os respectivos frutos e acessões, uma vez paga a dívida;

V - a entregar o que sobeje do preço, quando a dívida for paga, no caso do inciso IV do art. 1.433.

SEÇÃO IV - DA EXTINÇÃO DO PENHOR

Art. 1.436. Extingue-se o penhor:

I - extinguindo-se a obrigação;

II - perecendo a coisa;

III - renunciando o credor;

IV - confundindo-se na mesma pessoa as qualidades de credor e de dono da coisa;

V - dando-se a adjudicação judicial, a remissão ou a venda da coisa empenhada, feita pelo credor ou por ele autorizada.

§ 1º Presume-se a renúncia do credor quando consentir na venda particular do penhor sem reserva de preço, quando restituir a sua posse ao devedor, ou quando anuir à sua substituição por outra garantia.

§ 2º Operando-se a confusão tão-somente quanto a parte da dívida pignoratícia, subsistirá inteiro o penhor quanto ao resto.

Art. 1.437. Produz efeitos a extinção do penhor depois de averbado o cancelamento do registro, à vista da respectiva prova.

SEÇÃO V - DO PENHOR RURAL

SUBSEÇÃO I - DISPOSIÇÕES GERAIS

Art. 1.438. Constitui-se o penhor rural mediante instrumento público ou particular, registrado no Cartório de Registro de Imóveis da circunscrição em que estiverem situadas as coisas empenhadas.

Parágrafo único. Prometendo pagar em dinheiro a dívida, que garante com penhor rural, o devedor poderá emitir, em favor do credor, cédula rural pignoratícia, na forma determinada em lei especial.

Art. 1.439. O penhor agrícola e o penhor pecuário não podem ser convencionados por prazos superiores aos das obrigações garantidas. (Redação dada pela Lei nº 12.873, de 2013)

§ 1º Embora vencidos os prazos, permanece a garantia, enquanto subsistirem os bens que a constituem.

§ 2º A prorrogação deve ser averbada à margem do registro respectivo, mediante requerimento do credor e do devedor.

Art. 1.440. Se o prédio estiver hipotecado, o penhor rural poderá constituir-se independentemente da anuência do credor hipotecário, mas não lhe prejudica o direito de preferência, nem restringe a extensão da hipoteca, ao ser executada.

Art. 1.441. Tem o credor direito a verificar o estado das coisas empenhadas, inspecionando-as onde se acharem, por si ou por pessoa que credenciar.

SUBSEÇÃO II - DO PENHOR AGRÍCOLA

Art. 1.442. Podem ser objeto de penhor:

I - máquinas e instrumentos de agricultura;
II - colheitas pendentes, ou em via de formação;
III - frutos acondicionados ou armazenados;
IV - lenha cortada e carvão vegetal;
V - animais do serviço ordinário de estabelecimento agrícola.

Art. 1.443. O penhor agrícola que recai sobre colheita pendente, ou em via de formação, abrange a imediatamente seguinte, no caso de frustrar-se ou ser insuficiente a que se deu em garantia.

Parágrafo único. Se o credor não financiar a nova safra, poderá o devedor constituir com outrem novo penhor, em quantia máxima equivalente à do primeiro; o segundo penhor terá preferência sobre o primeiro, abrangendo este apenas o excesso apurado na colheita seguinte.

SUBSEÇÃO III
DO PENHOR PECUÁRIO

Art. 1.444. Podem ser objeto de penhor os animais que integram a atividade pastoril, agrícola ou de lacticínios.

Art. 1.445. O devedor não poderá alienar os animais empenhados sem prévio consentimento, por escrito, do credor.

Parágrafo único. Quando o devedor pretende alienar o gado empenhado ou, por negligência, ameace prejudicar o credor, poderá este requerer se depositem os animais sob a guarda de terceiro, ou exigir que se lhe pague a dívida de imediato.

Art. 1.446. Os animais da mesma espécie, comprados para substituir os mortos, ficam sub-rogados no penhor.

Parágrafo único. Presume-se a substituição prevista neste artigo, mas não terá eficácia contra terceiros, se não constar de menção adicional ao respectivo contrato, a qual deverá ser averbada.

SEÇÃO VI - DO PENHOR INDUSTRIAL E MERCANTIL

Art. 1.447. Podem ser objeto de penhor máquinas, aparelhos, materiais, instrumentos, instalados e em funcionamento, com os acessórios ou sem eles; animais, utilizados na indústria; sal e bens destinados à exploração das salinas; produtos de suinocultura, animais destinados à industrialização de carnes e derivados; matérias-primas e produtos industrializados.

Parágrafo único. Regula-se pelas disposições relativas aos armazéns gerais o penhor das mercadorias neles depositadas.

Art. 1.448. Constitui-se o penhor industrial, ou o mercantil, mediante instrumento público ou particular, registrado no Cartório de Registro de Imóveis da circunscrição onde estiverem situadas as coisas empenhadas.

Parágrafo único. Prometendo pagar em dinheiro a dívida, que garante com penhor industrial ou mercantil, o devedor poderá emitir, em favor do credor, cédula do respectivo crédito, na forma e para os fins que a lei especial determinar.

Art. 1.449. O devedor não pode, sem o consentimento por escrito do credor, alterar as coisas empenhadas ou mudar-lhes a situação, nem delas dispor. O devedor que, anuindo o credor, alienar as coisas empenhadas, deverá repor outros bens da mesma natureza, que ficarão sub-rogados no penhor.

Art. 1.450. Tem o credor direito a verificar o estado das coisas empenhadas, inspecionando-as onde se acharem, por si ou por pessoa que credenciar.

SEÇÃO VII - DO PENHOR DE DIREITOS E TÍTULOS DE CRÉDITO

Art. 1.451. Podem ser objeto de penhor direitos, suscetíveis de cessão, sobre coisas móveis.

Art. 1.452. Constitui-se o penhor de direito mediante instrumento público ou particular, registrado no Registro de Títulos e Documentos.

Parágrafo único. O titular de direito empenhado deverá entregar ao credor pignoratício os documentos comprobatórios desse direito, salvo se tiver interesse legítimo em conservá-los.

Art. 1.453. O penhor de crédito não tem eficácia senão quando notificado ao devedor; por notificado tem-se o devedor que, em instrumento público ou particular, declarar-se ciente da existência do penhor.

Art. 1.454. O credor pignoratício deve praticar os atos necessários à conservação e defesa do direito empenhado e cobrar os juros e mais prestações acessórias compreendidas na garantia.

Art. 1.455. Deverá o credor pignoratício cobrar o crédito empenhado, assim que se torne exigível. Se este consistir numa prestação pecuniária, depositará a importância recebida, de acordo com o devedor pignoratício, ou onde o juiz determinar; se consistir na entrega da coisa, nesta se sub-rogará o penhor.

Parágrafo único. Estando vencido o crédito pignoratício, tem o credor direito a reter, da quantia recebida, o que lhe é devido, restituindo o restante ao devedor; ou a excutir a coisa a ele entregue.

Art. 1.456. Se o mesmo crédito for objeto de vários penhores, só ao credor pignoratício, cujo direito prefira aos demais, o devedor deve pagar; responde por perdas e danos aos demais credores o credor preferente que, notificado por qualquer um deles, não promover oportunamente a cobrança.

Art. 1.457. O titular do crédito empenhado só pode receber o pagamento com a anuência, por escrito, do credor pignoratício, caso em que o penhor se extinguirá.

Art. 1.458. O penhor, que recai sobre título de crédito, constitui-se mediante instrumento público ou particular ou endosso pignoratício, com a tradição do título ao credor, regendo-se pelas Disposições Gerais deste Título e, no que couber, pela presente Seção.

Art. 1.459. Ao credor, em penhor de título de crédito, compete o direito de:

I - conservar a posse do título e recuperá-la de quem quer que o detenha;
II - usar dos meios judiciais convenientes para assegurar os seus direitos, e os do credor do título empenhado;
III - fazer intimar ao devedor do título que não pague ao seu credor, enquanto durar o penhor;
IV - receber a importância consubstanciada no título e os respectivos juros, se exigíveis, restituindo o título ao devedor, quando este solver a obrigação.

Art. 1.460. O devedor do título empenhado que receber a intimação prevista no inciso III do artigo antecedente, ou se der por ciente do penhor, não poderá pagar ao seu credor. Se o fizer, responderá solidariamente por este, por perdas e danos, perante o credor pignoratício.

Parágrafo único. Se o credor der quitação ao devedor do título empenhado, deverá saldar imediatamente a dívida, em cuja garantia se constituiu o penhor.

SEÇÃO VIII - DO PENHOR DE VEÍCULOS

Art. 1.461. Podem ser objeto de penhor os veículos empregados em qualquer espécie de transporte ou condução.

Art. 1.462. Constitui-se o penhor, a que se refere o artigo antecedente, mediante instrumento público ou particular,

registrado no Cartório de Títulos e Documentos do domicílio do devedor, e anotado no certificado de propriedade.

Parágrafo único. Prometendo pagar em dinheiro a dívida garantida com o penhor, poderá o devedor emitir cédula de crédito, na forma e para os fins que a lei especial determinar.

Art. 1.463. (Revogado pela Medida Provisória nº 958, de 2020)

Art. 1.464. Tem o credor direito a verificar o estado do veículo empenhado, inspecionando-o onde se achar, por si ou por pessoa que credenciar.

Art. 1.465. A alienação, ou a mudança, do veículo empenhado sem prévia comunicação ao credor importa no vencimento antecipado do crédito pignoratício.

Art. 1.466. O penhor de veículos só se pode convencionar pelo prazo máximo de dois anos, prorrogável até o limite de igual tempo, averbada a prorrogação à margem do registro respectivo.

SEÇÃO IX - DO PENHOR LEGAL

Art. 1.467. São credores pignoratícios, independentemente de convenção:

I - os hospedeiros, ou fornecedores de pousada ou alimento, sobre as bagagens, móveis, jóias ou dinheiro que os seus consumidores ou fregueses tiverem consigo nas respectivas casas ou estabelecimentos, pelas despesas ou consumo que aí tiverem feito;

II - o dono do prédio rústico ou urbano, sobre os bens móveis que o rendeiro ou inquilino tiver guarnecendo o mesmo prédio, pelos aluguéis ou rendas.

Art. 1.468. A conta das dívidas enumeradas no inciso I do artigo antecedente será extraída conforme a tabela impressa, prévia e ostensivamente exposta na casa, dos preços de hospedagem, da pensão ou dos gêneros fornecidos, sob pena de nulidade do penhor.

Art. 1.469. Em cada um dos casos do art. 1.467, o credor poderá tomar em garantia um ou mais objetos até o valor da dívida.

Art. 1.470. Os credores, compreendidos no art. 1.467, podem fazer efetivo o penhor, antes de recorrerem à autoridade judiciária, sempre que haja perigo na demora, dando aos devedores comprovante dos bens de que se apossarem.

Art. 1.471. Tomado o penhor, requererá o credor, ato contínuo, a sua homologação judicial.

Art. 1.472. Pode o locatário impedir a constituição do penhor mediante caução idônea.

CAPÍTULO III - DA HIPOTECA

SEÇÃO I - DISPOSIÇÕES GERAIS

Art. 1.473. Podem ser objeto de hipoteca:

I - os imóveis e os acessórios dos imóveis conjuntamente com eles;

II - o domínio direto;

III - o domínio útil;

IV - as estradas de ferro;

V - os recursos naturais a que se refere o art. 1.230, independentemente do solo onde se acham;

VI - os navios;

VII - as aeronaves.

VIII - o direito de uso especial para fins de moradia; (Incluído pela Lei nº 11.481, de 2007)

IX - o direito real de uso; (Incluído pela Lei nº 11.481, de 2007)

X - a propriedade superficiária . (Incluído pela Lei nº 11.481, de 2007)

§ 1º A hipoteca dos navios e das aeronaves reger-se-á pelo disposto em lei especial. (Renumerado do parágrafo único pela Lei nº 11.481, de 2007)

§ 2º Os direitos de garantia instituídos nas hipóteses dos incisos IX e X do caput deste artigo ficam limitados à duração da concessão ou direito de superfície, caso tenham sido transferidos por período determinado. (Incluído pela Lei nº 11.481, de 2007)

Art. 1.474. A hipoteca abrange todas as acessões, melhoramentos ou construções do imóvel. Subsistem os ônus reais constituídos e registrados, anteriormente à hipoteca, sobre o mesmo imóvel.

Art. 1.475. É nula a cláusula que proíbe ao proprietário alienar imóvel hipotecado.

Parágrafo único. Pode convencionar-se que vencerá o crédito hipotecário, se o imóvel for alienado.

Art. 1.476. O dono do imóvel hipotecado pode constituir outra hipoteca sobre ele, mediante novo título, em favor do mesmo ou de outro credor.

Art. 1.477. Salvo o caso de insolvência do devedor, o credor da segunda hipoteca, embora vencida, não poderá executar o imóvel antes de vencida a primeira.

Parágrafo único. Não se considera insolvente o devedor por faltar ao pagamento das obrigações garantidas por hipotecas posteriores à primeira.

Art. 1.478. Se o devedor da obrigação garantida pela primeira hipoteca não se oferecer, no vencimento, para pagá-la, o credor da segunda pode promover-lhe a extinção, consignando a importância e citando o primeiro credor para recebê-la e o devedor para pagá-la; se este não pagar, o segundo credor, efetuando o pagamento, se sub-rogará nos direitos da hipoteca anterior, sem prejuízo dos que lhe competirem contra o devedor comum.

Parágrafo único. Se o primeiro credor estiver promovendo a execução da hipoteca, o credor da segunda depositará a importância do débito e as despesas judiciais.

Art. 1.479. O adquirente do imóvel hipotecado, desde que não se tenha obrigado pessoalmente a pagar as dívidas aos credores hipotecários, poderá exonerar-se da hipoteca, abandonando-lhes o imóvel.

Art. 1.480. O adquirente notificará o vendedor e os credores hipotecários, deferindo-lhes, conjuntamente, a posse do imóvel, ou o depositará em juízo.

Parágrafo único. Poderá o adquirente exercer a faculdade de abandonar o imóvel hipotecado, até as vinte e quatro horas subseqüentes à citação, com que se inicia o procedimento executivo.

Art. 1.481. Dentro em trinta dias, contados do registro do título aquisitivo, tem o adquirente do imóvel hipotecado o direito de remi-lo, citando os credores hipotecários e propondo importância não inferior ao preço por que o adquiriu.

§ 1º Se o credor impugnar o preço da aquisição ou a importância oferecida, realizar-se-á licitação, efetuando-se a venda judicial a quem oferecer maior preço, assegurada preferência ao adquirente do imóvel.

§ 2º Não impugnado pelo credor, o preço da aquisição ou o preço proposto pelo adquirente, haver-se-á por definitivamente fixado para a remissão do imóvel, que ficará livre de hipoteca, uma vez pago ou depositado o preço.

§ 3º Se o adquirente deixar de remir o imóvel, sujeitando-o a execução, ficará obrigado a ressarcir os credores hipotecários da desvalorização que, por sua culpa, o mesmo vier a sofrer, além das despesas judiciais da execução.

§ 4º Disporá de ação regressiva contra o vendedor o adquirente que ficar privado do imóvel em consequência de licitação ou penhora, o que pagar a hipoteca, o que, por causa de adjudicação ou licitação, desembolsar com o pagamento da hipoteca importância excedente à da compra e o que suportar custas e despesas judiciais.

Art. 1.482. (Revogado pela Lei n º 13.105, de 2015)

Art. 1.483. (Revogado pela Lei n º 13.105, de 2015)

Art. 1.484. É lícito aos interessados fazer constar das escrituras o valor entre si ajustado dos imóveis hipotecados, o qual, devidamente atualizado, será a base para as arrematações, adjudicações e remições, dispensada a avaliação.

Art. 1.485. Mediante simples averbação, requerida por ambas as partes, poderá prorrogar-se a hipoteca, até 30 (trinta) anos da data do contrato. Desde que perfaça esse prazo, só

poderá subsistir o contrato de hipoteca reconstituindo-se por novo título e novo registro; e, nesse caso, lhe será mantida a precedência, que então lhe competir. (Redação dada pela Lei nº 10.931, de 2004)

Art. 1.486. Podem o credor e o devedor, no ato constitutivo da hipoteca, autorizar a emissão da correspondente cédula hipotecária, na forma e para os fins previstos em lei especial.

Art. 1.487. A hipoteca pode ser constituída para garantia de dívida futura ou condicionada, desde que determinado o valor máximo do crédito a ser garantido.

§ 1º Nos casos deste artigo, a execução da hipoteca dependerá de prévia e expressa concordância do devedor quanto à verificação da condição, ou ao montante da dívida.

§ 2º Havendo divergência entre o credor e o devedor, caberá àquele fazer prova de seu crédito. Reconhecido este, o devedor responderá, inclusive, por perdas e danos, em razão da superveniente desvalorização do imóvel.

Art. 1.488. Se o imóvel, dado em garantia hipotecária, vier a ser loteado, ou se nele se constituir condomínio edilício, poderá o ônus ser dividido, gravando cada lote ou unidade autônoma, se o requererem ao juiz o credor, o devedor ou os donos, obedecida a proporção entre o valor de cada um deles e o crédito.

§ 1º O credor só poderá se opor ao pedido de desmembramento do ônus, provando que o mesmo importa em diminuição de sua garantia.

§ 2º Salvo convenção em contrário, todas as despesas judiciais ou extrajudiciais necessárias ao desmembramento do ônus correm por conta de quem o requerer.

§ 3º O desmembramento do ônus não exonera o devedor originário da responsabilidade a que se refere o art. 1.430, salvo anuência do credor.

SEÇÃO II - DA HIPOTECA LEGAL

Art. 1.489. A lei confere hipoteca:

I - às pessoas de direito público interno (art. 41) sobre os imóveis pertencentes aos encarregados da cobrança, guarda ou administração dos respectivos fundos e rendas;

II - aos filhos, sobre os imóveis do pai ou da mãe que passar a outras núpcias, antes de fazer o inventário do casal anterior;

III - ao ofendido, ou aos seus herdeiros, sobre os imóveis do delinqüente, para satisfação do dano causado pelo delito e pagamento das despesas judiciais;

IV - ao co-herdeiro, para garantia do seu quinhão ou torna da partilha, sobre o imóvel adjudicado ao herdeiro reponente;

V - ao credor sobre o imóvel arrematado, para garantia do pagamento do restante do preço da arrematação.

Art. 1.490. O credor da hipoteca legal, ou quem o represente, poderá, provando a insuficiência dos imóveis especializados, exigir do devedor que seja reforçado com outros.

Art. 1.491. A hipoteca legal pode ser substituída por caução de títulos da dívida pública federal ou estadual, recebidos pelo valor de sua cotação mínima no ano corrente; ou por outra garantia, a critério do juiz, a requerimento do devedor.

SEÇÃO III - DO REGISTRO DA HIPOTECA

Art. 1.492. As hipotecas serão registradas no cartório do lugar do imóvel, ou no de cada um deles, se o título se referir a mais de um.

Parágrafo único. Compete aos interessados, exibido o título, requerer o registro da hipoteca.

Art. 1.493. Os registros e averbações seguirão a ordem em que forem requeridas, verificando-se ela pela da sua numeração sucessiva no protocolo.

Parágrafo único. O número de ordem determina a prioridade, e esta a preferência entre as hipotecas.

Art. 1.494. Não se registrarão no mesmo dia duas hipotecas, ou uma hipoteca e outro direito real, sobre o mesmo imóvel, em favor de pessoas diversas, salvo se as escrituras, do mesmo dia, indicarem a hora em que foram lavradas.

Art. 1.495. Quando se apresentar ao oficial do registro título de hipoteca que mencione a constituição de anterior, não registrada, sobrestará ele na inscrição da nova, depois de a prenotar, até trinta dias, aguardando que o interessado inscreva a precedente; esgotado o prazo, sem que se requeira a inscrição desta, a hipoteca ulterior será registrada e obterá preferência.

Art. 1.496. Se tiver dúvida sobre a legalidade do registro requerido, o oficial fará, ainda assim, a prenotação do pedido. Se a dúvida, dentro em noventa dias, for julgada improcedente, o registro efetuar-se-á com o mesmo número que teria na data da prenotação; no caso contrário, cancelada esta, receberá o registro o número correspondente à data em que se tornar a requerer.

Art. 1.497. As hipotecas legais, de qualquer natureza, deverão ser registradas e especializadas.

§ 1º O registro e a especialização das hipotecas legais incumbem a quem está obrigado a prestar a garantia, mas os interessados podem promover a inscrição delas, ou solicitar ao Ministério Público que o faça.

§ 2º As pessoas, às quais incumbir o registro e a especialização das hipotecas legais, estão sujeitas a perdas e danos pela omissão.

Art. 1.498. Vale o registro da hipoteca, enquanto a obrigação perdurar; mas a especialização, em completando vinte anos, deve ser renovada.

SEÇÃO IV - DA EXTINÇÃO DA HIPOTECA

Art. 1.499. A hipoteca extingue-se:

I - pela extinção da obrigação principal;
II - pelo perecimento da coisa;
III - pela resolução da propriedade;
IV - pela renúncia do credor;
V - pela remição;
VI - pela arrematação ou adjudicação.

Art. 1.500. Extingue-se ainda a hipoteca com a averbação, no Registro de Imóveis, do cancelamento do registro, à vista da respectiva prova.

Art. 1.501. Não extinguirá a hipoteca, devidamente registrada, a arrematação ou adjudicação, sem que tenham sido notificados judicialmente os respectivos credores hipotecários, que não forem de qualquer modo partes na execução.

SEÇÃO V - DA HIPOTECA DE VIAS FÉRREAS

Art. 1.502. As hipotecas sobre as estradas de ferro serão registradas no Município da estação inicial da respectiva linha.

Art. 1.503. Os credores hipotecários não podem embaraçar a exploração da linha, nem contrariar as modificações, que a administração deliberar, no leito da estrada, em suas dependências, ou no seu material.

Art. 1.504. A hipoteca será circunscrita à linha ou às linhas especificadas na escritura e ao respectivo material de exploração, no estado em que ao tempo da execução estiverem; mas os credores hipotecários poderão opor-se à venda da estrada, à de suas linhas, de seus ramais ou de parte considerável do material de exploração; bem como à fusão com outra empresa, sempre que com isso a garantia do débito enfraquecer.

Art. 1.505. Na execução das hipotecas será intimado o representante da União ou do Estado, para, dentro em quinze dias, remir a estrada de ferro hipotecada, pagando o preço da arrematação ou da adjudicação.

CAPÍTULO IV - DA ANTICRESE

Art. 1.506. Pode o devedor ou outrem por ele, com a entrega do imóvel ao credor, ceder-lhe o direito de perceber, em compensação da dívida, os frutos e rendimentos.

§ 1º É permitido estipular que os frutos e rendimentos do imóvel sejam percebidos pelo credor à conta de juros, mas se o seu valor ultrapassar a taxa máxima permitida em lei para as operações financeiras, o remanescente será imputado ao capital.

§ 2º Quando a anticrese recair sobre bem imóvel, este poderá ser hipotecado pelo devedor ao credor anticrético, ou a terceiros, assim como o imóvel hipotecado poderá ser dado em anticrese.

Art. 1.507. O credor anticrético pode administrar os bens dados em anticrese e fruir seus frutos e utilidades, mas deverá apresentar anualmente balanço, exato e fiel, de sua administração.

§ 1º Se o devedor anticrético não concordar com o que se contém no balanço, por ser inexato, ou ruinosa a administração, poderá impugná-lo, e, se o quiser, requerer a transformação em arrendamento, fixando o juiz o valor mensal do aluguel, o qual poderá ser corrigido anualmente.

§ 2º O credor anticrético pode, salvo pacto em sentido contrário, arrendar os bens dados em anticrese a terceiro, mantendo, até ser pago, direito de retenção do imóvel, embora o aluguel desse arrendamento não seja vinculativo para o devedor.

Art. 1.508. O credor anticrético responde pelas deteriorações que, por culpa sua, o imóvel vier a sofrer, e pelos frutos e rendimentos que, por sua negligência, deixar de perceber.

Art. 1.509. O credor anticrético pode vindicar os seus direitos contra o adquirente dos bens, os credores quirografários e os hipotecários posteriores ao registro da anticrese.

§ 1º Se executar os bens por falta de pagamento da dívida, ou permitir que outro credor o execute, sem opor o seu direito de retenção ao exeqüente, não terá preferência sobre o preço.

§ 2º O credor anticrético não terá preferência sobre a indenização do seguro, quando o prédio seja destruído, nem, se forem desapropriados os bens, com relação à desapropriação.

Art. 1.510. O adquirente dos bens dados em anticrese poderá remi-los, antes do vencimento da dívida, pagando a sua totalidade à data do pedido de remição e imitir-se-á, se for o caso, na sua posse.

TÍTULO XI - DA LAJE
(Incluído pela Lei nº 13.465, de 2017)

Art. 1.510-A. O proprietário de uma construção-base poderá ceder a superfície superior ou inferior de sua construção a fim de que o titular da laje mantenha unidade distinta daquela originalmente construída sobre o solo. (Incluído pela Lei nº 13.465, de 2017)

§ 1º O direito real de laje contempla o espaço aéreo ou o subsolo de terrenos públicos ou privados, tomados em projeção vertical, como unidade imobiliária autônoma, não contemplando as demais áreas edificadas ou não pertencentes ao proprietário da construção-base. (Incluído pela Lei nº 13.465, de 2017)

§ 2º O titular do direito real de laje responderá pelos encargos e tributos que incidirem sobre a sua unidade. (Incluída pela Lei nº 13.465, de 2017)

§ 3º Os titulares da laje, unidade imobiliária autônoma constituída em matrícula própria, poderão dela usar, gozar e dispor. (Incluído pela Lei nº 13.465, de 2017)

§ 4º A instituição do direito real de laje não implica a atribuição de fração ideal de terreno ao titular da laje ou a participação proporcional em áreas já edificadas. (Incluído pela Lei nº 13.465, de 2017)

§ 5º Os Municípios e o Distrito Federal poderão dispor sobre posturas edilícias e urbanísticas associadas ao direito real de laje. (Incluído pela Lei nº 13.465, de 2017)

§ 6º O titular da laje poderá ceder a superfície de sua construção para a instituição de um sucessivo direito real de laje, desde que haja autorização expressa dos titulares da construção-base e das demais lajes, respeitadas as posturas edilícias e urbanísticas vigentes. (Incluído pela Lei nº 13.465, de 2017)

Art. 1.510-B. É expressamente vedado ao titular da laje prejudicar com obras novas ou com falta de reparação a segurança, a linha arquitetônica ou o arranjo estético do edifício, observadas as posturas previstas em legislação local. (Incluído pela Lei nº 13.465, de 2017)

Art. 1.510-C. Sem prejuízo, no que couber, das normas aplicáveis aos condomínios edilícios, para fins do direito real de laje, as despesas necessárias à conservação e fruição das partes que sirvam a todo o edifício e ao pagamento de serviços de interesse comum serão partilhadas entre o proprietário da construção-base e o titular da laje, na proporção que venha a ser estipulada em contrato. (Incluído pela Lei nº 13.465, de 2017)

§ 1º São partes que servem a todo o edifício: (Incluído pela Lei nº 13.465, de 2017)

I - os alicerces, colunas, pilares, paredes-mestras e todas as partes restantes que constituam a estrutura do prédio; (Incluído pela Lei nº 13.465, de 2017)

II - o telhado ou os terraços de cobertura, ainda que destinados ao uso exclusivo do titular da laje; (Incluído pela Lei nº 13.465, de 2017)

III - as instalações gerais de água, esgoto, eletricidade, aquecimento, ar condicionado, gás, comunicações e semelhantes que sirvam a todo o edifício; e (Incluído pela Lei nº 13.465, de 2017)

IV - em geral, as coisas que sejam afetadas ao uso de todo o edifício. (Incluído pela Lei nº 13.465, de 2017)

§ 2º É assegurado, em qualquer caso, o direito de qualquer interessado em promover reparações urgentes na construção na forma do parágrafo único do art. 249 deste Código. (Incluído pela Lei nº 13.465, de 2017)

Art. 1.510-D. Em caso de alienação de qualquer das unidades sobrepostas, terão direito de preferência, em igualdade de condições com terceiros, os titulares da construção-base e da laje, nessa ordem, que serão cientificados por escrito para que se manifestem no prazo de trinta dias, salvo se o contrato dispuser de modo diverso. (Incluído pela Lei nº 13.465, de 2017)

§ 1º O titular da construção-base ou da laje a quem não se der conhecimento da alienação poderá, mediante depósito do respectivo preço, haver para si a parte alienada a terceiros, se o requerer no prazo decadencial de cento e oitenta dias, contado da data de alienação. (Incluído pela Lei nº 13.465, de 2017)

§ 2º Se houver mais de uma laje, terá preferência, sucessivamente, o titular das lajes ascendentes e o titular das lajes descendentes, assegurada a prioridade para a laje mais próxima à unidade sobreposta a ser alienada. (Incluído pela Lei nº 13.465, de 2017)

Art. 1.510-E. A ruína da construção-base implica extinção do direito real de laje, salvo: (Incluído pela Lei nº 13.465, de 2017)

I - se este tiver sido instituído sobre o subsolo; (Incluído pela Lei nº 13.465, de 2017)

II - se a construção-base não for reconstruída no prazo de cinco anos. (Incluído pela Lei nº 13.465, de 2017)

Parágrafo único. O disposto neste artigo não afasta o direito a eventual reparação civil contra o culpado pela ruína. (Incluído pela Lei nº 13.465, de 2017)

LIVRO IV - Do Direito de Família

TÍTULO I - DO DIREITO PESSOAL

SUBTÍTULO I - DO CASAMENTO

CAPÍTULO I - DISPOSIÇÕES GERAIS

Art. 1.511. O casamento estabelece comunhão plena de vida, com base na igualdade de direitos e deveres dos cônjuges.

Art. 1.512. O casamento é civil e gratuita a sua celebração.

Parágrafo único. A habilitação para o casamento, o registro e a primeira certidão serão isentos de selos, emolumentos e custas, para as pessoas cuja pobreza for declarada, sob as penas da lei.

Art. 1.513. É defeso a qualquer pessoa, de direito público ou privado, interferir na comunhão de vida instituída pela família.

Art. 1.514. O casamento se realiza no momento em que o homem e a mulher manifestam, perante o juiz, a sua vontade de estabelecer vínculo conjugal, e o juiz os declara casados.

Art. 1.515. O casamento religioso, que atender às exigências da lei para a validade do casamento civil, equipara-se a este, desde que registrado no registro próprio, produzindo efeitos a partir da data de sua celebração.

Art. 1.516. O registro do casamento religioso submete-se aos mesmos requisitos exigidos para o casamento civil.

§ 1º O registro civil do casamento religioso deverá ser promovido dentro de noventa dias de sua realização, mediante comunicação do celebrante ao ofício competente, ou por iniciativa de qualquer interessado, desde que haja sido homologada previamente a habilitação regulada neste Código. Após o referido prazo, o registro dependerá de nova habilitação.

§ 2º O casamento religioso, celebrado sem as formalidades exigidas neste Código, terá efeitos civis se, a requerimento do casal, for registrado, a qualquer tempo, no registro civil, mediante prévia habilitação perante a autoridade competente e observado o prazo do art. 1.532.

§ 3º Será nulo o registro civil do casamento religioso se, antes dele, qualquer dos consorciados houver contraído com outrem casamento civil.

CAPÍTULO II - DA CAPACIDADE PARA O CASAMENTO

Art. 1.517. O homem e a mulher com dezesseis anos podem casar, exigindo-se autorização de ambos os pais, ou de seus representantes legais, enquanto não atingida a maioridade civil.

Parágrafo único. Se houver divergência entre os pais, aplica-se o disposto no parágrafo único do art. 1.631.

Art. 1.518. Até a celebração do casamento podem os pais ou tutores revogar a autorização. (Redação dada pela Lei nº 13.146, de 2015)

Art. 1.519. A denegação do consentimento, quando injusta, pode ser suprida pelo juiz.

Art. 1.520. Não será permitido, em qualquer caso, o casamento de quem não atingiu a idade núbil, observado o disposto no art. 1.517 deste Código. (Redação dada pela Lei nº 13.811, de 2019)

CAPÍTULO III - DOS IMPEDIMENTOS

Art. 1.521. Não podem casar:

I - os ascendentes com os descendentes, seja o parentesco natural ou civil;

II - os afins em linha reta;

III - o adotante com quem foi cônjuge do adotado e o adotado com quem o foi do adotante;

IV - os irmãos, unilaterais ou bilaterais, e demais colaterais, até o terceiro grau inclusive;

V - o adotado com o filho do adotante;

VI - as pessoas casadas;

VII - o cônjuge sobrevivente com o condenado por homicídio ou tentativa de homicídio contra o seu consorte.

Art. 1.522. Os impedimentos podem ser opostos, até o momento da celebração do casamento, por qualquer pessoa capaz.

Parágrafo único. Se o juiz, ou o oficial de registro, tiver conhecimento da existência de algum impedimento, será obrigado a declará-lo.

CAPÍTULO IV - DAS CAUSAS SUSPENSIVAS

Art. 1.523. Não devem casar:

I - o viúvo ou a viúva que tiver filho do cônjuge falecido, enquanto não fizer inventário dos bens do casal e der partilha aos herdeiros;

II - a viúva, ou a mulher cujo casamento se desfez por ser nulo ou ter sido anulado, até dez meses depois do começo da viuvez, ou da dissolução da sociedade conjugal;

III - o divorciado, enquanto não houver sido homologada ou decidida a partilha dos bens do casal;

IV - o tutor ou o curador e os seus descendentes, ascendentes, irmãos, cunhados ou sobrinhos, com a pessoa tutelada ou curatelada, enquanto não cessar a tutela ou curatela, e não estiverem saldadas as respectivas contas.

Parágrafo único. É permitido aos nubentes solicitar ao juiz que não lhes sejam aplicadas as causas suspensivas previstas nos incisos I, III e IV deste artigo, provando-se a inexistência de prejuízo, respectivamente, para o herdeiro, para o ex-cônjuge e para a pessoa tutelada ou curatelada; no caso do inciso II, a nubente deverá provar nascimento de filho, ou inexistência de gravidez, na fluência do prazo.

Art. 1.524. As causas suspensivas da celebração do casamento podem ser argüidas pelos parentes em linha reta de um dos nubentes, sejam consangüíneos ou afins, e pelos colaterais em segundo grau, sejam também consangüíneos ou afins.

CAPÍTULO V - DO PROCESSO DE HABILITAÇÃO PARA O CASAMENTO

Art. 1.525. O requerimento de habilitação para o casamento será firmado por ambos os nubentes, de próprio punho, ou, a seu pedido, por procurador, e deve ser instruído com os seguintes documentos:

I - certidão de nascimento ou documento equivalente;

II - autorização por escrito das pessoas sob cuja dependência legal estiverem, ou ato judicial que a supra;

III - declaração de duas testemunhas maiores, parentes ou não, que atestem conhecê-los e afirmem não existir impedimento que os iniba de casar;

IV - declaração do estado civil, do domicílio e da residência atual dos contraentes e de seus pais, se forem conhecidos;

V - certidão de óbito do cônjuge falecido, de sentença declaratória de nulidade ou de anulação de casamento, transitada em julgado, ou do registro da sentença de divórcio.

Art. 1.526. A habilitação será feita pessoalmente perante o oficial do Registro Civil, com a audiência do Ministério Público. (Redação dada pela Lei nº 12.133, de 2009) Vigência

Parágrafo único. Caso haja impugnação do oficial, do Ministério Público ou de terceiro, a habilitação será submetida ao juiz. (Incluído pela Lei nº 12.133, de 2009) Vigência

Art. 1.527. Estando em ordem a documentação, o oficial extrairá o edital, que se afixará durante quinze dias nas circunscrições do Registro Civil de ambos os nubentes, e, obrigatoriamente, se publicará na imprensa local, se houver.

Parágrafo único. A autoridade competente, havendo urgência, poderá dispensar a publicação.

Art. 1.528. É dever do oficial do registro esclarecer os nubentes a respeito dos fatos que podem ocasionar a invalidade do casamento, bem como sobre os diversos regimes de bens.

Art. 1.529. Tanto os impedimentos quanto as causas suspensivas serão opostos em declaração escrita e assinada, instruída com as provas do fato alegado, ou com a indicação do lugar onde possam ser obtidas.

Art. 1.530. O oficial do registro dará aos nubentes ou a seus representantes nota da oposição, indicando os fundamentos, as provas e o nome de quem a ofereceu.

Parágrafo único. Podem os nubentes requerer prazo razoável para fazer prova contrária aos fatos alegados, e promover as ações civis e criminais contra o oponente de má-fé.

Art. 1.531. Cumpridas as formalidades dos arts. 1.526 e 1.527 e verificada a inexistência de fato obstativo, o oficial do registro extrairá o certificado de habilitação.

Art. 1.532. A eficácia da habilitação será de noventa dias, a contar da data em que foi extraído o certificado.

CAPÍTULO VI - DA CELEBRAÇÃO DO CASAMENTO

Art. 1.533. Celebrar-se-á o casamento, no dia, hora e lugar previamente designados pela autoridade que houver de presidir

o ato, mediante petição dos contraentes, que se mostrem habilitados com a certidão do art. 1.531.

Art. 1.534. A solenidade realizar-se-á na sede do cartório, com toda publicidade, a portas abertas, presentes pelo menos duas testemunhas, parentes ou não dos contraentes, ou, querendo as partes e consentindo a autoridade celebrante, noutro edifício público ou particular.

§ 1º Quando o casamento for em edifício particular, ficará este de portas abertas durante o ato.

§ 2º Serão quatro as testemunhas na hipótese do parágrafo anterior e se algum dos contraentes não souber ou não puder escrever.

Art. 1.535. Presentes os contraentes, em pessoa ou por procurador especial, juntamente com as testemunhas e o oficial do registro, o presidente do ato, ouvida aos nubentes a afirmação de que pretendem casar por livre e espontânea vontade, declarará efetuado o casamento, nestes termos:"De acordo com a vontade que ambos acabais de afirmar perante mim, de vos receberdes por marido e mulher, eu, em nome da lei, vos declaro casados."

Art. 1.536. Do casamento, logo depois de celebrado, lavrar-se-á o assento no livro de registro. No assento, assinado pelo presidente do ato, pelos cônjuges, as testemunhas, e o oficial do registro, serão exarados:

I - os prenomes, sobrenomes, datas de nascimento, profissão, domicílio e residência atual dos cônjuges;

II - os prenomes, sobrenomes, datas de nascimento ou de morte, domicílio e residência atual dos pais;

III - o prenome e sobrenome do cônjuge precedente e a data da dissolução do casamento anterior;

IV - a data da publicação dos proclamas e da celebração do casamento;

V - a relação dos documentos apresentados ao oficial do registro;

VI - o prenome, sobrenome, profissão, domicílio e residência atual das testemunhas;

VII - o regime do casamento, com a declaração da data e do cartório em cujas notas foi lavrada a escritura antenupcial, quando o regime não for o da comunhão parcial, ou o obrigatoriamente estabelecido.

Art. 1.537. O instrumento da autorização para casar transcrever-se-á integralmente na escritura antenupcial.

Art. 1.538. A celebração do casamento será imediatamente suspensa se algum dos contraentes:

I - recusar a solene afirmação da sua vontade;

II - declarar que esta não é livre e espontânea;

III - manifestar-se arrependido.

Parágrafo único. O nubente que, por algum dos fatos mencionados neste artigo, der causa à suspensão do ato, não será admitido a retratar-se no mesmo dia.

Art. 1.539. No caso de moléstia grave de um dos nubentes, o presidente do ato irá celebrá-lo onde se encontrar o impedido, sendo urgente, ainda que à noite, perante duas testemunhas que saibam ler e escrever.

§ 1º A falta ou impedimento da autoridade competente para presidir o casamento suprir-se-á por qualquer dos seus substitutos legais, e a do oficial do Registro Civil por outro ad hoc, nomeado pelo presidente do ato.

§ 2º O termo avulso, lavrado pelo oficial ad hoc, será registrado no respectivo registro dentro em cinco dias, perante duas testemunhas, ficando arquivado.

Art. 1.540. Quando algum dos contraentes estiver em iminente risco de vida, não obtendo a presença da autoridade à qual incumba presidir o ato, nem a de seu substituto, poderá o casamento ser celebrado na presença de seis testemunhas, que com os nubentes não tenham parentesco em linha reta, ou, na colateral, até segundo grau.

Art. 1.541. Realizado o casamento, devem as testemunhas comparecer perante a autoridade judicial mais próxima, dentro em dez dias, pedindo que lhes tome por termo a declaração de:

I - que foram convocadas por parte do enfermo;

II - que este parecia em perigo de vida, mas em seu juízo;

III - que, em sua presença, declararam os contraentes, livre e espontaneamente, receber-se por marido e mulher.

§ 1º Autuado o pedido e tomadas as declarações, o juiz procederá às diligências necessárias para verificar se os contraentes podiam ter-se habilitado, na forma ordinária, ouvidos os interessados que o requererem, dentro em quinze dias.

§ 2º Verificada a idoneidade dos cônjuges para o casamento, assim o decidirá a autoridade competente, com recurso voluntário às partes.

§ 3º Se da decisão não se tiver recorrido, ou se ela passar em julgado, apesar dos recursos interpostos, o juiz mandará registrá-la no livro do Registro dos Casamentos.

§ 4º O assento assim lavrado retrotrairá os efeitos do casamento, quanto ao estado dos cônjuges, à data da celebração.

§ 5º Serão dispensadas as formalidades deste e do artigo antecedente, se o enfermo convalescer e puder ratificar o casamento na presença da autoridade competente e do oficial do registro.

Art. 1.542. O casamento pode celebrar-se mediante procuração, por instrumento público, com poderes especiais.

§ 1º A revogação do mandato não necessita chegar ao conhecimento do mandatário; mas, celebrado o casamento sem que o mandatário ou o outro contraente tivessem ciência da revogação, responderá o mandante por perdas e danos.

§ 2º O nubente que não estiver em iminente risco de vida poderá fazer-se representar no casamento nuncupativo.

§ 3º A eficácia do mandato não ultrapassará noventa dias.

§ 4º Só por instrumento público se poderá revogar o mandato.

CAPÍTULO VII - DAS PROVAS DO CASAMENTO

Art. 1.543. O casamento celebrado no Brasil prova-se pela certidão do registro.

Parágrafo único. Justificada a falta ou perda do registro civil, é admissível qualquer outra espécie de prova.

Art. 1.544. O casamento de brasileiro, celebrado no estrangeiro, perante as respectivas autoridades ou os cônsules brasileiros, deverá ser registrado em cento e oitenta dias, a contar da volta de um ou de ambos os cônjuges ao Brasil, no cartório do respectivo domicílio, ou, em sua falta, no 1º Ofício da Capital do Estado em que passarem a residir.

Art. 1.545. O casamento de pessoas que, na posse do estado de casadas, não possam manifestar vontade, ou tenham falecido, não se pode contestar em prejuízo da prole comum, salvo mediante certidão do Registro Civil que prove que já era casada alguma delas, quando contraiu o casamento impugnado.

Art. 1.546. Quando a prova da celebração legal do casamento resultar de processo judicial, o registro da sentença no livro do Registro Civil produzirá, tanto no que toca aos cônjuges como no que respeita aos filhos, todos os efeitos civis desde a data do casamento.

Art. 1.547. Na dúvida entre as provas favoráveis e contrárias, julgar-se-á pelo casamento, se os cônjuges, cujo casamento se impugna, viverem ou tiverem vivido na posse do estado de casados.

CAPÍTULO VIII - DA INVALIDADE DO CASAMENTO

Art. 1.548. É nulo o casamento contraído:

I - (Revogado) ; (Redação dada pela Lei nº 13.146, de 2015)

II - por infringência de impedimento.

Art. 1.549. A decretação de nulidade de casamento, pelos motivos previstos no artigo antecedente, pode ser promovida mediante ação direta, por qualquer interessado, ou pelo Ministério Público.

Art. 1.550. É anulável o casamento:

I - de quem não completou a idade mínima para casar;
II - do menor em idade núbil, quando não autorizado por seu representante legal;
III - por vício da vontade, nos termos dos arts. 1.556 a 1.558;
IV - do incapaz de consentir ou manifestar, de modo inequívoco, o consentimento;
V - realizado pelo mandatário, sem que ele ou o outro contraente soubesse da revogação do mandato, e não sobrevindo coabitação entre os cônjuges;
VI - por incompetência da autoridade celebrante.

§ 1º. Equipara-se à revogação a invalidade do mandato judicialmente decretada. (Redação dada pela Lei nº 13.146, de 2015)

§ 2º A pessoa com deficiência mental ou intelectual em idade núbia poderá contrair matrimônio, expressando sua vontade diretamente ou por meio de seu responsável ou curador. (Incluído pela Lei nº 13.146, de 2015)

Art. 1.551. Não se anulará, por motivo de idade, o casamento de que resultou gravidez.

Art. 1.552. A anulação do casamento dos menores de dezesseis anos será requerida:

I - pelo próprio cônjuge menor;
II - por seus representantes legais;
III - por seus ascendentes.

Art. 1.553. O menor que não atingiu a idade núbil poderá, depois de completá-la, confirmar seu casamento, com a autorização de seus representantes legais, se necessária, ou com suprimento judicial.

Art. 1.554. Subsiste o casamento celebrado por aquele que, sem possuir a competência exigida na lei, exercer publicamente as funções de juiz de casamentos e, nessa qualidade, tiver registrado o ato no Registro Civil.

Art. 1.555. O casamento do menor em idade núbil, quando não autorizado por seu representante legal, só poderá ser anulado se a ação for proposta em cento e oitenta dias, por iniciativa do incapaz, ao deixar de sê-lo, de seus representantes legais ou de seus herdeiros necessários.

§ 1º O prazo estabelecido neste artigo será contado do dia em que cessou a incapacidade, no primeiro caso; a partir do casamento, no segundo; e, no terceiro, da morte do incapaz.

§ 2º Não se anulará o casamento quando à sua celebração houverem assistido os representantes legais do incapaz, ou tiverem, por qualquer modo, manifestado sua aprovação.

Art. 1.556. O casamento pode ser anulado por vício da vontade, se houve por parte de um dos nubentes, ao consentir, erro essencial quanto à pessoa do outro.

Art. 1.557. Considera-se erro essencial sobre a pessoa do outro cônjuge:

I - o que diz respeito à sua identidade, sua honra e boa fama, sendo esse erro tal que o seu conhecimento ulterior torne insuportável a vida em comum ao cônjuge enganado;
II - a ignorância de crime, anterior ao casamento, que, por sua natureza, torne insuportável a vida conjugal;
III - a ignorância, anterior ao casamento, de defeito físico irremediável que não caracterize deficiência ou de moléstia grave e transmissível, por contágio ou por herança, capaz de pôr em risco a saúde do outro cônjuge ou de sua descendência; (Redação dada pela Lei nº 13.146, de 2015)
IV - (Revogado). (Redação dada pela Lei nº 13.146, de 2015)

Art. 1.558. É anulável o casamento em virtude de coação, quando o consentimento de um ou de ambos os cônjuges houver sido captado mediante fundado temor de mal considerável e iminente para a vida, a saúde e a honra, sua ou de seus familiares.

Art. 1.559. Somente o cônjuge que incidiu em erro, ou sofreu coação, pode demandar a anulação do casamento; mas a coabitação, havendo ciência do vício, valida o ato, ressalvadas as hipóteses dos incisos III e IV do art. 1.557.

Art. 1.560. O prazo para ser intentada a ação de anulação do casamento, a contar da data da celebração, é de:

I - cento e oitenta dias, no caso do inciso IV do art. 1.550;
II - dois anos, se incompetente a autoridade celebrante;
III - três anos, nos casos dos incisos I a IV do art. 1.557;
IV - quatro anos, se houver coação.

§ 1º Extingue-se, em cento e oitenta dias, o direito de anular o casamento dos menores de dezesseis anos, contado o prazo para o menor do dia em que perfez essa idade; e da data do casamento, para seus representantes legais ou ascendentes.

§ 2º Na hipótese do inciso V do art. 1.550, o prazo para anulação do casamento é de cento e oitenta dias, a partir da data em que o mandante tiver conhecimento da celebração.

Art. 1.561. Embora anulável ou mesmo nulo, se contraído de boa-fé por ambos os cônjuges, o casamento, em relação a estes como aos filhos, produz todos os efeitos até o dia da sentença anulatória.

§ 1º Se um dos cônjuges estava de boa-fé ao celebrar o casamento, os seus efeitos civis só a ele e aos filhos aproveitarão.

§ 2º Se ambos os cônjuges estavam de má-fé ao celebrar o casamento, os seus efeitos civis só aos filhos aproveitarão.

Art. 1.562. Antes de mover a ação de nulidade do casamento, a de anulação, a de separação judicial, a de divórcio direto ou a de dissolução de união estável, poderá requerer a parte, comprovando sua necessidade, a separação de corpos, que será concedida pelo juiz com a possível brevidade.

Art. 1.563. A sentença que decretar a nulidade do casamento retroagirá à data da sua celebração, sem prejudicar a aquisição de direitos, a título oneroso, por terceiros de boa-fé, nem a resultante de sentença transitada em julgado.

Art. 1.564. Quando o casamento for anulado por culpa de um dos cônjuges, este incorrerá:

I - na perda de todas as vantagens havidas do cônjuge inocente;
II - na obrigação de cumprir as promessas que lhe fez no contrato antenupcial.

CAPÍTULO IX - DA EFICÁCIA DO CASAMENTO

Art. 1.565. Pelo casamento, homem e mulher assumem mutuamente a condição de consortes, companheiros e responsáveis pelos encargos da família.

§ 1º Qualquer dos nubentes, querendo, poderá acrescer ao seu o sobrenome do outro.

§ 2º O planejamento familiar é de livre decisão do casal, competindo ao Estado propiciar recursos educacionais e financeiros para o exercício desse direito, vedado qualquer tipo de coerção por parte de instituições privadas ou públicas.

Art. 1.566. São deveres de ambos os cônjuges:

I - fidelidade recíproca;
II - vida em comum, no domicílio conjugal;
III - mútua assistência;
IV - sustento, guarda e educação dos filhos;
V - respeito e consideração mútuos.

Art. 1.567. A direção da sociedade conjugal será exercida, em colaboração, pelo marido e pela mulher, sempre no interesse do casal e dos filhos.

Parágrafo único. Havendo divergência, qualquer dos cônjuges poderá recorrer ao juiz, que decidirá tendo em consideração aqueles interesses.

Art. 1.568. Os cônjuges são obrigados a concorrer, na proporção de seus bens e dos rendimentos do trabalho, para o sustento da família e a educação dos filhos, qualquer que seja o regime patrimonial.

Art. 1.569. O domicílio do casal será escolhido por ambos os cônjuges, mas um e outro podem ausentar-se do domicílio conjugal para atender a encargos públicos, ao exercício de sua profissão, ou a interesses particulares relevantes.

Art. 1.570. Se qualquer dos cônjuges estiver em lugar remoto ou não sabido, encarcerado por mais de cento e oitenta dias,

interditado judicialmente ou privado, episodicamente, de consciência, em virtude de enfermidade ou de acidente, o outro exercerá com exclusividade a direção da família, cabendo-lhe a administração dos bens.

CAPÍTULO X - DA DISSOLUÇÃO DA SOCIEDADE E DO VÍNCULO CONJUGAL

Art. 1.571. A sociedade conjugal termina:

I - pela morte de um dos cônjuges;
II - pela nulidade ou anulação do casamento;
III - pela separação judicial;
IV - pelo divórcio.

§ 1º O casamento válido só se dissolve pela morte de um dos cônjuges ou pelo divórcio, aplicando-se a presunção estabelecida neste Código quanto ao ausente.

§ 2º Dissolvido o casamento pelo divórcio direto ou por conversão, o cônjuge poderá manter o nome de casado; salvo, no segundo caso, dispondo em contrário a sentença de separação judicial.

Art. 1.572. Qualquer dos cônjuges poderá propor a ação de separação judicial, imputando ao outro qualquer ato que importe grave violação dos deveres do casamento e torne insuportável a vida em comum.

§ 1º A separação judicial pode também ser pedida se um dos cônjuges provar ruptura da vida em comum há mais de um ano e a impossibilidade de sua reconstituição.

§ 2º O cônjuge pode ainda pedir a separação judicial quando o outro estiver acometido de doença mental grave, manifestada após o casamento, que torne impossível a continuação da vida em comum, desde que, após uma duração de dois anos, a enfermidade tenha sido reconhecida de cura improvável.

§ 3º No caso do parágrafo 2º, reverterão ao cônjuge enfermo, que não houver pedido a separação judicial, os remanescentes dos bens que levou para o casamento, e se o regime dos bens adotado o permitir, a meação dos adquiridos na constância da sociedade conjugal.

Art. 1.573. Podem caracterizar a impossibilidade da comunhão de vida a ocorrência de algum dos seguintes motivos:

I - adultério;
II - tentativa de morte;
III - sevícia ou injúria grave;
IV - abandono voluntário do lar conjugal, durante um ano contínuo;
V - condenação por crime infamante;
VI - conduta desonrosa.

Parágrafo único. O juiz poderá considerar outros fatos que tornem evidente a impossibilidade da vida em comum.

Art. 1.574. Dar-se-á a separação judicial por mútuo consentimento dos cônjuges se forem casados por mais de um ano e o manifestarem perante o juiz, sendo por ele devidamente homologada a convenção.

Parágrafo único. O juiz pode recusar a homologação e não decretar a separação judicial se apurar que a convenção não preserva suficientemente os interesses dos filhos ou de um dos cônjuges.

Art. 1.575. A sentença de separação judicial importa a separação de corpos e a partilha de bens.

Parágrafo único. A partilha de bens poderá ser feita mediante proposta dos cônjuges e homologada pelo juiz ou por este decidida.

Art. 1.576. A separação judicial põe termo aos deveres de coabitação e fidelidade recíproca e ao regime de bens.

Parágrafo único. O procedimento judicial da separação caberá somente aos cônjuges, e, no caso de incapacidade, serão representados pelo curador, pelo ascendente ou pelo irmão.

Art. 1.577. Seja qual for a causa da separação judicial e o modo como esta se faça, é lícito aos cônjuges restabelecer, a todo tempo, a sociedade conjugal, por ato regular em juízo.

Parágrafo único. A reconciliação em nada prejudicará o direito de terceiros, adquirido antes e durante o estado de separado, seja qual for o regime de bens.

Art. 1.578. O cônjuge declarado culpado na ação de separação judicial perde o direito de usar o sobrenome do outro, desde que expressamente requerido pelo cônjuge inocente e se a alteração não acarretar:

I - evidente prejuízo para a sua identificação;
II - manifesta distinção entre o seu nome de família e o dos filhos havidos da união dissolvida;
III - dano grave reconhecido na decisão judicial.

§ 1º O cônjuge inocente na ação de separação judicial poderá renunciar, a qualquer momento, ao direito de usar o sobrenome do outro.

§ 2º Nos demais casos caberá a opção pela conservação do nome de casado.

Art. 1.579. O divórcio não modificará os direitos e deveres dos pais em relação aos filhos.

Parágrafo único. Novo casamento de qualquer dos pais, ou de ambos, não poderá importar restrições aos direitos e deveres previstos neste artigo.

Art. 1.580. Decorrido um ano do trânsito em julgado da sentença que houver decretado a separação judicial, ou da decisão concessiva da medida cautelar de separação de corpos, qualquer das partes poderá requerer sua conversão em divórcio.

§ 1º A conversão em divórcio da separação judicial dos cônjuges será decretada por sentença, da qual não constará referência à causa que a determinou.

§ 2º O divórcio poderá ser requerido, por um ou por ambos os cônjuges, no caso de comprovada separação de fato por mais de dois anos.

Art. 1.581. O divórcio pode ser concedido sem que haja prévia partilha de bens.

Art. 1.582. O pedido de divórcio somente competirá aos cônjuges.

Parágrafo único. Se o cônjuge for incapaz para propor a ação ou defender-se, poderá fazê-lo o curador, o ascendente ou o irmão.

CAPÍTULO XI - DA PROTEÇÃO DA PESSOA DOS FILHOS

Art. 1.583. A guarda será unilateral ou compartilhada. (Redação dada pela Lei nº 11.698, de 2008).

§ 1º Compreende-se por guarda unilateral a atribuída a um só dos genitores ou a alguém que o substitua (art. 1.584, § 5º) e, por guarda compartilhada a responsabilização conjunta e o exercício de direitos e deveres do pai e da mãe que não vivam sob o mesmo teto, concernentes ao poder familiar dos filhos comuns. (Incluído pela Lei nº 11.698, de 2008).

§ 2º Na guarda compartilhada, o tempo de convívio com os filhos deve ser dividido de forma equilibrada com a mãe e com o pai, sempre tendo em vista as condições fáticas e os interesses dos filhos. (Redação dada pela Lei nº 13.058, de 2014)

I - (revogado); (Redação dada pela Lei nº 13.058, de 2014)
II - (revogado); (Redação dada pela Lei nº 13.058, de 2014)
III - (revogado). (Redação dada pela Lei nº 13.058, de 2014)

§ 3º Na guarda compartilhada, a cidade considerada base de moradia dos filhos será aquela que melhor atender aos interesses dos filhos. (Redação dada pela Lei nº 13.058, de 2014)

§ 4º (VETADO). (Incluído pela Lei nº 11.698, de 2008).

§ 5º A guarda unilateral obriga o pai ou a mãe que não a detenha a supervisionar os interesses dos filhos, e, para possibilitar tal supervisão, qualquer dos genitores sempre será parte legítima para solicitar informações e/ou prestação de contas, objetivas ou subjetivas, em assuntos ou situações que direta ou indiretamente afetem a saúde física e psicológica e a educação de seus filhos. (Incluído pela Lei nº 13.058, de 2014)

Art. 1.584. A guarda, unilateral ou compartilhada, poderá ser: (Redação dada pela Lei nº 11.698, de 2008).

I - requerida, por consenso, pelo pai e pela mãe, ou por qualquer deles, em ação autônoma de separação, de divórcio, de dissolução de união estável ou em medida cautelar; (Incluído pela Lei nº 11.698, de 2008).

II - decretada pelo juiz, em atenção a necessidades específicas do filho, ou em razão da distribuição de tempo necessário ao convívio deste com o pai e com a mãe. (Incluído pela Lei nº 11.698, de 2008).

§ 1º Na audiência de conciliação, o juiz informará ao pai e à mãe o significado da guarda compartilhada, a sua importância, a similitude de deveres e direitos atribuídos aos genitores e as sanções pelo descumprimento de suas cláusulas. (Incluído pela Lei nº 11.698, de 2008).

§ 2º Quando não houver acordo entre a mãe e o pai quanto à guarda do filho, encontrando-se ambos os genitores aptos a exercer o poder familiar, será aplicada a guarda compartilhada, salvo se um dos genitores declarar ao magistrado que não deseja a guarda do menor. (Redação dada pela Lei nº 13.058, de 2014)

§ 3º Para estabelecer as atribuições do pai e da mãe e os períodos de convivência sob guarda compartilhada, o juiz, de ofício ou a requerimento do Ministério Público, poderá basear-se em orientação técnico-profissional ou de equipe interdisciplinar, que deverá visar à divisão equilibrada do tempo com o pai e com a mãe. (Redação dada pela Lei nº 13.058, de 2014)

§ 4º A alteração não autorizada ou o descumprimento imotivado de cláusula de guarda unilateral ou compartilhada poderá implicar a redução de prerrogativas atribuídas ao seu detentor. (Redação dada pela Lei nº 13.058, de 2014)

§ 5º Se o juiz verificar que o filho não deve permanecer sob a guarda do pai ou da mãe, deferirá a guarda a pessoa que revele compatibilidade com a natureza da medida, considerados, de preferência, o grau de parentesco e as relações de afinidade e afetividade. (Redação dada pela Lei nº 13.058, de 2014)

§ 6º Qualquer estabelecimento público ou privado é obrigado a prestar informações a qualquer dos genitores sobre os filhos destes, sob pena de multa de R$ 200,00 (duzentos reais) a R$ 500,00 (quinhentos reais) por dia pelo não atendimento da solicitação. (Incluído pela Lei nº 13.058, de 2014)

Art. 1.585. Em sede de medida cautelar de separação de corpos, em sede de medida cautelar de guarda ou em outra sede de fixação liminar de guarda, a decisão sobre guarda de filhos, mesmo que provisória, será proferida preferencialmente após a oitiva de ambas as partes perante o juiz, salvo se a proteção aos interesses dos filhos exigir a concessão de liminar sem a oitiva da outra parte, aplicando-se as disposições do art. 1.584. (Redação dada pela Lei nº 13.058, de 2014)

Art. 1.586. Havendo motivos graves, poderá o juiz, em qualquer caso, a bem dos filhos, regular de maneira diferente da estabelecida nos artigos antecedentes a situação deles para com os pais.

Art. 1.587. No caso de invalidade do casamento, havendo filhos comuns, observar-se-á o disposto nos arts. 1.584 e 1.586.

Art. 1.588. O pai ou a mãe que contrair novas núpcias não perde o direito de ter consigo os filhos, que só lhe poderão ser retirados por mandado judicial, provado que não são tratados convenientemente.

Art. 1.589. O pai ou a mãe, em cuja guarda não estejam os filhos, poderá visitá-los e tê-los em sua companhia, segundo o que acordar com o outro cônjuge, ou for fixado pelo juiz, bem como fiscalizar sua manutenção e educação.

Parágrafo único. O direito de visita estende-se a qualquer dos avós, a critério do juiz, observados os interesses da criança ou do adolescente. (Incluído pela Lei nº 12.398, de 2011)

Art. 1.590. As disposições relativas à guarda e prestação de alimentos aos filhos menores estendem-se aos maiores incapazes.

SUBTÍTULO II - DAS RELAÇÕES DE PARENTESCO

CAPÍTULO I - DISPOSIÇÕES GERAIS

Art. 1.591. São parentes em linha reta as pessoas que estão umas para com as outras na relação de ascendentes e descendentes.

Art. 1.592. São parentes em linha colateral ou transversal, até o quarto grau, as pessoas provenientes de um só tronco, sem descenderem uma da outra.

Art. 1.593. O parentesco é natural ou civil, conforme resulte de consangüinidade ou outra origem.

Art. 1.594. Contam-se, na linha reta, os graus de parentesco pelo número de gerações, e, na colateral, também pelo número delas, subindo de um dos parentes até ao ascendente comum, e descendo até encontrar o outro parente.

Art. 1.595. Cada cônjuge ou companheiro é aliado aos parentes do outro pelo vínculo da afinidade.

§ 1º O parentesco por afinidade limita-se aos ascendentes, aos descendentes e aos irmãos do cônjuge ou companheiro.

§ 2º Na linha reta, a afinidade não se extingue com a dissolução do casamento ou da união estável.

CAPÍTULO II - DA FILIAÇÃO

Art. 1.596. Os filhos, havidos ou não da relação de casamento, ou por adoção, terão os mesmos direitos e qualificações, proibidas quaisquer designações discriminatórias relativas à filiação.

Art. 1.597. Presumem-se concebidos na constância do casamento os filhos:

I - nascidos cento e oitenta dias, pelo menos, depois de estabelecida a convivência conjugal;

II - nascidos nos trezentos dias subsequentes à dissolução da sociedade conjugal, por morte, separação judicial, nulidade e anulação do casamento;

III - havidos por fecundação artificial homóloga, mesmo que falecido o marido;

IV - havidos, a qualquer tempo, quando se tratar de embriões excedentários, decorrentes de concepção artificial homóloga;

V - havidos por inseminação artificial heteróloga, desde que tenha prévia autorização do marido.

Art. 1.598. Salvo prova em contrário, se, antes de decorrido o prazo previsto no inciso II do art. 1.523, a mulher contrair novas núpcias e lhe nascer algum filho, este se presume do primeiro marido, se nascido dentro dos trezentos dias a contar da data do falecimento deste e, do segundo, se o nascimento ocorrer após esse período e já decorrido o prazo a que se refere o inciso I do art. 1597.

Art. 1.599. A prova da impotência do cônjuge para gerar, à época da concepção, ilide a presunção da paternidade.

Art. 1.600. Não basta o adultério da mulher, ainda que confessado, para ilidir a presunção legal da paternidade.

Art. 1.601. Cabe ao marido o direito de contestar a paternidade dos filhos nascidos de sua mulher, sendo tal ação imprescritível.

Parágrafo único. Contestada a filiação, os herdeiros do impugnante têm direito de prosseguir na ação.

Art. 1.602. Não basta a confissão materna para excluir a paternidade.

Art. 1.603. A filiação prova-se pela certidão do termo de nascimento registrada no Registro Civil.

Art. 1.604. Ninguém pode vindicar estado contrário ao que resulta do registro de nascimento, salvo provando-se erro ou falsidade do registro.

Art. 1.605. Na falta, ou defeito, do termo de nascimento, poderá provar-se a filiação por qualquer modo admissível em direito:

I - quando houver começo de prova por escrito, proveniente dos pais, conjunta ou separadamente;

II - quando existirem veementes presunções resultantes de fatos já certos.

Art. 1.606. A ação de prova de filiação compete ao filho, enquanto viver, passando aos herdeiros, se ele morrer menor ou incapaz.

Parágrafo único. Se iniciada a ação pelo filho, os herdeiros poderão continuá-la, salvo se julgado extinto o processo.

CAPÍTULO III - DO RECONHECIMENTO DOS FILHOS

Art. 1.607. O filho havido fora do casamento pode ser reconhecido pelos pais, conjunta ou separadamente.

Art. 1.608. Quando a maternidade constar do termo do nascimento do filho, a mãe só poderá contestá-la, provando a falsidade do termo, ou das declarações nele contidas.

Art. 1.609. O reconhecimento dos filhos havidos fora do casamento é irrevogável e será feito:

I - no registro do nascimento;

II - por escritura pública ou escrito particular, a ser arquivado em cartório;

III - por testamento, ainda que incidentalmente manifestado;

IV - por manifestação direta e expressa perante o juiz, ainda que o reconhecimento não haja sido o objeto único e principal do ato que o contém.

Parágrafo único. O reconhecimento pode preceder o nascimento do filho ou ser posterior ao seu falecimento, se ele deixar descendentes.

Art. 1.610. O reconhecimento não pode ser revogado, nem mesmo quando feito em testamento.

Art. 1.611. O filho havido fora do casamento, reconhecido por um dos cônjuges, não poderá residir no lar conjugal sem o consentimento do outro.

Art. 1.612. O filho reconhecido, enquanto menor, ficará sob a guarda do genitor que o reconheceu, e, se ambos o reconheceram e não houver acordo, sob a de quem melhor atender aos interesses do menor.

Art. 1.613. São ineficazes a condição e o termo apostos ao ato de reconhecimento do filho.

Art. 1.614. O filho maior não pode ser reconhecido sem o seu consentimento, e o menor pode impugnar o reconhecimento, nos quatro anos que se seguirem à maioridade, ou à emancipação.

Art. 1.615. Qualquer pessoa, que justo interesse tenha, pode contestar a ação de investigação de paternidade, ou maternidade.

Art. 1.616. A sentença que julgar procedente a ação de investigação produzirá os mesmos efeitos do reconhecimento; mas poderá ordenar que o filho se crie e eduque fora da companhia dos pais ou daquele que lhe contestou essa qualidade.

Art. 1.617. A filiação materna ou paterna pode resultar de casamento declarado nulo, ainda mesmo sem as condições do putativo.

CAPÍTULO IV - DA ADOÇÃO

Art. 1.618. A adoção de crianças e adolescentes será deferida na forma prevista pela Lei nº 8.069, de 13 de julho de 1990 - Estatuto da Criança e do Adolescente. (Redação dada pela Lei nº 12.010, de 2009) Vigência

Art. 1.619. A adoção de maiores de 18 (dezoito) anos dependerá da assistência efetiva do poder público e de sentença constitutiva, aplicando-se, no que couber, as regras gerais da Lei nº 8.069, de 13 de julho de 1990 - Estatuto da Criança e do Adolescente. (Redação dada pela Lei nº 12.010, de 2009)

Art. 1.620. a 1.629. (Revogados pela Lei nº 12.010, de 2009)

CAPÍTULO V - DO PODER FAMILIAR

SEÇÃO I - DISPOSIÇÕES GERAIS

Art. 1.630. Os filhos estão sujeitos ao poder familiar, enquanto menores.

Art. 1.631. Durante o casamento e a união estável, compete o poder familiar aos pais; na falta ou impedimento de um deles, o outro o exercerá com exclusividade.

Parágrafo único. Divergindo os pais quanto ao exercício do poder familiar, é assegurado a qualquer deles recorrer ao juiz para solução do desacordo.

Art. 1.632. A separação judicial, o divórcio e a dissolução da união estável não alteram as relações entre pais e filhos senão quanto ao direito, que aos primeiros cabe, de terem em sua companhia os segundos.

Art. 1.633. O filho, não reconhecido pelo pai, fica sob poder familiar exclusivo da mãe; se a mãe não for conhecida ou capaz de exercê-lo, dar-se-á tutor ao menor.

SEÇÃO II - DO EXERCÍCIO DO PODER FAMILIAR

Art. 1.634. Compete a ambos os pais, qualquer que seja a sua situação conjugal, o pleno exercício do poder familiar, que consiste em, quanto aos filhos: (Redação dada pela Lei nº 13.058, de 2014)

I - dirigir-lhes a criação e a educação; (Redação dada pela Lei nº 13.058, de 2014)

II - exercer a guarda unilateral ou compartilhada nos termos do art. 1.584; (Redação dada pela Lei nº 13.058, de 2014)

III - conceder-lhes ou negar-lhes consentimento para casarem; (Redação dada pela Lei nº 13.058, de 2014)

IV - conceder-lhes ou negar-lhes consentimento para viajarem ao exterior; (Redação dada pela Lei nº 13.058, de 2014)

V - conceder-lhes ou negar-lhes consentimento para mudarem sua residência permanente para outro Município; (Redação dada pela Lei nº 13.058, de 2014)

VI - nomear-lhes tutor por testamento ou documento autêntico, se o outro dos pais não lhe sobreviver, ou o sobrevivo não puder exercer o poder familiar; (Redação dada pela Lei nº 13.058, de 2014)

VII - representá-los judicial e extrajudicialmente até os 16 (dezesseis) anos, nos atos da vida civil, e assisti-los, após essa idade, nos atos em que forem partes, suprindo-lhes o consentimento; (Redação dada pela Lei nº 13.058, de 2014)

VIII - reclamá-los de quem ilegalmente os detenha; (Incluído pela Lei nº 13.058, de 2014)

IX - exigir que lhes prestem obediência, respeito e os serviços próprios de sua idade e condição. (Incluído pela Lei nº 13.058, de 2014)

SEÇÃO III - DA SUSPENSÃO E EXTINÇÃO DO PODER FAMILIAR

Art. 1.635. Extingue-se o poder familiar:

I - pela morte dos pais ou do filho;

II - pela emancipação, nos termos do art. 5º, parágrafo único;

III - pela maioridade;

IV - pela adoção;

V - por decisão judicial, na forma do artigo 1.638.

Art. 1.636. O pai ou a mãe que contrai novas núpcias, ou estabelece união estável, não perde, quanto aos filhos do relacionamento anterior, os direitos ao poder familiar, exercendo-os sem qualquer interferência do novo cônjuge ou companheiro.

Parágrafo único. Igual preceito ao estabelecido neste artigo aplica-se ao pai ou à mãe solteiros que casarem ou estabelecerem união estável.

Art. 1.637. Se o pai, ou a mãe, abusar de sua autoridade, faltando aos deveres a eles inerentes ou arruinando os bens dos

SUBTÍTULO I - DO CASAMENTO

541

filhos, cabe ao juiz, requerendo algum parente, ou o Ministério Público, adotar a medida que lhe pareça reclamada pela segurança do menor e seus haveres, até suspendendo o poder familiar, quando convenha.

Parágrafo único. Suspende-se igualmente o exercício do poder familiar ao pai ou à mãe condenados por sentença irrecorrível, em virtude de crime cuja pena exceda a dois anos de prisão.

Art. 1.638. Perderá por ato judicial o poder familiar o pai ou a mãe que:

I - castigar imoderadamente o filho;
II - deixar o filho em abandono;
III - praticar atos contrários à moral e aos bons costumes;
IV - incidir, reiteradamente, nas faltas previstas no artigo antecedente.
V - entregar de forma irregular o filho a terceiros para fins de adoção. (Incluído pela Lei nº 13.509, de 2017)

Parágrafo único. Perderá também por ato judicial o poder familiar aquele que: (Incluído pela Lei nº 13.715, de 2018)

I - praticar contra outrem igualmente titular do mesmo poder familiar: (Incluído pela Lei nº 13.715, de 2018)
a) homicídio, feminicídio ou lesão corporal de natureza grave ou seguida de morte, quando se tratar de crime doloso envolvendo violência doméstica e familiar ou menosprezo ou discriminação à condição de mulher; (Incluído pela Lei nº 13.715, de 2018)
b) estupro ou outro crime contra a dignidade sexual sujeito à pena de reclusão; (Incluído pela Lei nº 13.715, de 2018)
II - praticar contra filho, filha ou outro descendente: (Incluído pela Lei nº 13.715, de 2018)
a) homicídio, feminicídio ou lesão corporal de natureza grave ou seguida de morte, quando se tratar de crime doloso envolvendo violência doméstica e familiar ou menosprezo ou discriminação à condição de mulher; (Incluído pela Lei nº 13.715, de 2018)
b) estupro, estupro de vulnerável ou outro crime contra a dignidade sexual sujeito à pena de reclusão. (Incluído pela Lei nº 13.715, de 2018)

TÍTULO II - DO DIREITO PATRIMONIAL

SUBTÍTULO I - DO REGIME DE BENS ENTRE OS CÔNJUGES

CAPÍTULO I - DISPOSIÇÕES GERAIS

Art. 1.639. É lícito aos nubentes, antes de celebrado o casamento, estipular, quanto aos seus bens, o que lhes aprouver.

§ 1º O regime de bens entre os cônjuges começa a vigorar desde a data do casamento.

§ 2º É admissível alteração do regime de bens, mediante autorização judicial em pedido motivado de ambos os cônjuges, apurada a procedência das razões invocadas e ressalvados os direitos de terceiros.

Art. 1.640. Não havendo convenção, ou sendo ela nula ou ineficaz, vigorará, quanto aos bens entre os cônjuges, o regime da comunhão parcial.

Parágrafo único. Poderão os nubentes, no processo de habilitação, optar por qualquer dos regimes que este código regula. Quanto à forma, reduzir-se-á a termo a opção pela comunhão parcial, fazendo-se o pacto antenupcial por escritura pública, nas demais escolhas.

Art. 1.641. É obrigatório o regime da separação de bens no casamento:

I - das pessoas que o contraírem com inobservância das causas suspensivas da celebração do casamento;
II - da pessoa maior de 70 (setenta) anos; (Redação dada pela Lei nº 12.344, de 2010)
III - de todos os que dependerem, para casar, de suprimento judicial.

Art. 1.642. Qualquer que seja o regime de bens, tanto o marido quanto a mulher podem livremente:

I - praticar todos os atos de disposição e de administração necessários ao desempenho de sua profissão, com as limitações estabelecida no inciso I do art. 1.647;
II - administrar os bens próprios;
III - desobrigar ou reivindicar os imóveis que tenham sido gravados ou alienados sem o seu consentimento ou sem suprimento judicial;
IV - demandar a rescisão dos contratos de fiança e doação, ou a invalidação do aval, realizados pelo outro cônjuge com infração do disposto nos incisos III e IV do art. 1.647;
V - reivindicar os bens comuns, móveis ou imóveis, doados ou transferidos pelo outro cônjuge ao concubino, desde que provado que os bens não foram adquiridos pelo esforço comum destes, se o casal estiver separado de fato por mais de cinco anos;
VI - praticar todos os atos que não lhes forem vedados expressamente.

Art. 1.643. Podem os cônjuges, independentemente de autorização um do outro:

I - comprar, ainda a crédito, as coisas necessárias à economia doméstica;
II - obter, por empréstimo, as quantias que a aquisição dessas coisas possa exigir.

Art. 1.644. As dívidas contraídas para os fins do artigo antecedente obrigam solidariamente ambos os cônjuges.

Art. 1.645. As ações fundadas nos incisos III, IV e V do art. 1.642 competem ao cônjuge prejudicado e a seus herdeiros.

Art. 1.646. No caso dos incisos III e IV do art. 1.642, o terceiro, prejudicado com a sentença favorável ao autor, terá direito regressivo contra o cônjuge, que realizou o negócio jurídico, ou seus herdeiros.

Art. 1.647. Ressalvado o disposto no art. 1.648, nenhum dos cônjuges pode, sem autorização do outro, exceto no regime da separação absoluta:

I - alienar ou gravar de ônus real os bens imóveis;
II - pleitear, como autor ou réu, acerca desses bens ou direitos;
III - prestar fiança ou aval;
IV - fazer doação, não sendo remuneratória, de bens comuns, ou dos que possam integrar futura meação.

Parágrafo único. São válidas as doações nupciais feitas aos filhos quando casarem ou estabelecerem economia separada.

Art. 1.648. Cabe ao juiz, nos casos do artigo antecedente, suprir a outorga, quando um dos cônjuges a denegue sem motivo justo, ou lhe seja impossível concedê-la.

Art. 1.649. A falta de autorização, não suprida pelo juiz, quando necessária (art. 1.647), tornará anulável o ato praticado, podendo o outro cônjuge pleitear-lhe a anulação, até dois anos depois de terminada a sociedade conjugal.

Parágrafo único. A aprovação torna válido o ato, desde que feita por instrumento público, ou particular, autenticado.

Art. 1.650. A decretação de invalidade dos atos praticados sem outorga, sem consentimento, ou sem suprimento do juiz, só poderá ser demandada pelo cônjuge a quem cabia concedê-la, ou por seus herdeiros.

Art. 1.651. Quando um dos cônjuges não puder exercer a administração dos bens que lhe incumbe, segundo o regime de bens, caberá ao outro:

I - gerir os bens comuns e os do consorte;
II - alienar os bens móveis comuns;
III - alienar os imóveis comuns e os móveis ou imóveis do consorte, mediante autorização judicial.

Art. 1.652. O cônjuge, que estiver na posse dos bens particulares do outro, será para com este e seus herdeiros responsável:

I - como usufrutuário, se o rendimento for comum;
II - como procurador, se tiver mandato expresso ou tácito para os administrar;

III - como depositário, se não for usufrutuário, nem administrador.

CAPÍTULO II - DO PACTO ANTENUPCIAL

Art. 1.653. É nulo o pacto antenupcial se não for feito por escritura pública, e ineficaz se não lhe seguir o casamento.

Art. 1.654. A eficácia do pacto antenupcial, realizado por menor, fica condicionada à aprovação de seu representante legal, salvo as hipóteses de regime obrigatório de separação de bens.

Art. 1.655. É nula a convenção ou cláusula dela que contravenha disposição absoluta de lei.

Art. 1.656. No pacto antenupcial, que adotar o regime de participação final nos aqüestos, poder-se-á convencionar a livre disposição dos bens imóveis, desde que particulares.

Art. 1.657. As convenções antenupciais não terão efeito perante terceiros senão depois de registradas, em livro especial, pelo oficial do Registro de Imóveis do domicílio dos cônjuges.

CAPÍTULO III - DO REGIME DE COMUNHÃO PARCIAL

Art. 1.658. No regime de comunhão parcial, comunicam-se os bens que sobrevierem ao casal, na constância do casamento, com as exceções dos artigos seguintes.

Art. 1.659. Excluem-se da comunhão:

I - os bens que cada cônjuge possuir ao casar, e os que lhe sobrevierem, na constância do casamento, por doação ou sucessão, e os sub-rogados em seu lugar;

II - os bens adquiridos com valores exclusivamente pertencentes a um dos cônjuges em sub-rogação dos bens particulares;

III - as obrigações anteriores ao casamento;

IV - as obrigações provenientes de atos ilícitos, salvo reversão em proveito do casal;

V - os bens de uso pessoal, os livros e instrumentos de profissão;

VI - os proventos do trabalho pessoal de cada cônjuge;

VII - as pensões, meios-soldos, montepios e outras rendas semelhantes.

Art. 1.660. Entram na comunhão:

I - os bens adquiridos na constância do casamento por título oneroso, ainda que só em nome de um dos cônjuges;

II - os bens adquiridos por fato eventual, com ou sem o concurso de trabalho ou despesa anterior;

III - os bens adquiridos por doação, herança ou legado, em favor de ambos os cônjuges;

IV - as benfeitorias em bens particulares de cada cônjuge;

V - os frutos dos bens comuns, ou dos particulares de cada cônjuge, percebidos na constância do casamento, ou pendentes ao tempo de cessar a comunhão.

Art. 1.661. São incomunicáveis os bens cuja aquisição tiver por título uma causa anterior ao casamento.

Art. 1.662. No regime da comunhão parcial, presumem-se adquiridos na constância do casamento os bens móveis, quando não se provar que o foram em data anterior.

Art. 1.663. A administração do patrimônio comum compete a qualquer dos cônjuges.

§ 1º As dívidas contraídas no exercício da administração obrigam os bens comuns e particulares do cônjuge que os administra, e os do outro na razão do proveito que houver auferido.

§ 2º A anuência de ambos os cônjuges é necessária para os atos, a título gratuito, que impliquem cessão do uso ou gozo dos bens comuns.

§ 3º Em caso de malversação dos bens, o juiz poderá atribuir a administração a apenas um dos cônjuges.

Art. 1.664. Os bens da comunhão respondem pelas obrigações contraídas pelo marido ou pela mulher para atender aos encargos da família, às despesas de administração e às decorrentes de imposição legal.

Art. 1.665. A administração e a disposição dos bens constitutivos do patrimônio particular competem ao cônjuge proprietário, salvo convenção diversa em pacto antenupcial.

Art. 1.666. As dívidas, contraídas por qualquer dos cônjuges na administração de seus bens particulares e em benefício destes, não obrigam os bens comuns.

CAPÍTULO IV - DO REGIME DE COMUNHÃO UNIVERSAL

Art. 1.667. O regime de comunhão universal importa a comunicação de todos os bens presentes e futuros dos cônjuges e suas dívidas passivas, com as exceções do artigo seguinte.

Art. 1.668. São excluídos da comunhão:

I - os bens doados ou herdados com a cláusula de incomunicabilidade e os sub-rogados em seu lugar;

II - os bens gravados de fideicomisso e o direito do herdeiro fideicomissário, antes de realizada a condição suspensiva;

III - as dívidas anteriores ao casamento, salvo se provierem de despesas com seus aprestos, ou reverterem em proveito comum;

IV - as doações antenupciais feitas por um dos cônjuges ao outro com a cláusula de incomunicabilidade;

V - Os bens referidos nos incisos V a VII do art. 1.659.

Art. 1.669. A incomunicabilidade dos bens enumerados no artigo antecedente não se estende aos frutos, quando se percebam ou vençam durante o casamento.

Art. 1.670. Aplica-se ao regime da comunhão universal o disposto no Capítulo antecedente, quanto à administração dos bens.

Art. 1.671. Extinta a comunhão, e efetuada a divisão do ativo e do passivo, cessará a responsabilidade de cada um dos cônjuges para com os credores do outro.

CAPÍTULO V - DO REGIME DE PARTICIPAÇÃO FINAL NOS AQÜESTOS

Art. 1.672. No regime de participação final nos aqüestos, cada cônjuge possui patrimônio próprio, consoante disposto no artigo seguinte, e lhe cabe, à época da dissolução da sociedade conjugal, direito à metade dos bens adquiridos pelo casal, a título oneroso, na constância do casamento.

Art. 1.673. Integram o patrimônio próprio os bens que cada cônjuge possuía ao casar e os por ele adquiridos, a qualquer título, na constância do casamento.

Parágrafo único. A administração desses bens é exclusiva de cada cônjuge, que os poderá livremente alienar, se forem móveis.

Art. 1.674. Sobrevindo a dissolução da sociedade conjugal, apurar-se-á o montante dos aqüestos, excluindo-se da soma dos patrimônios próprios:

I - os bens anteriores ao casamento e os que em seu lugar se sub-rogaram;

II - os que sobrevieram a cada cônjuge por sucessão ou liberalidade;

III - as dívidas relativas a esses bens.

Parágrafo único. Salvo prova em contrário, presumem-se adquiridos durante o casamento os bens móveis.

Art. 1.675. Ao determinar-se o montante dos aqüestos, computar-se-á o valor das doações feitas por um dos cônjuges, sem a necessária autorização do outro; nesse caso, o bem poderá ser reivindicado pelo cônjuge prejudicado ou por seus herdeiros, ou declarado no monte partilhável, por valor equivalente ao da época da dissolução.

Art. 1.676. Incorpora-se ao monte o valor dos bens alienados em detrimento da meação, se não houver preferência do cônjuge lesado, ou de seus herdeiros, de os reivindicar.

Art. 1.677. Pelas dívidas posteriores ao casamento, contraídas por um dos cônjuges, somente este responderá, salvo prova de terem revertido, parcial ou totalmente, em benefício do outro.

Art. 1.678. Se um dos cônjuges solveu uma dívida do outro com bens do seu patrimônio, o valor do pagamento deve ser atualizado e imputado, na data da dissolução, à meação do outro cônjuge.

Art. 1.679. No caso de bens adquiridos pelo trabalho conjunto, terá cada um dos cônjuges uma quota igual no condomínio ou no crédito por aquele modo estabelecido.

Art. 1.680. As coisas móveis, em face de terceiros, presumem-se do domínio do cônjuge devedor, salvo se o bem for de uso pessoal do outro.

Art. 1.681. Os bens imóveis são de propriedade do cônjuge cujo nome constar no registro.

Parágrafo único. Impugnada a titularidade, caberá ao cônjuge proprietário provar a aquisição regular dos bens.

Art. 1.682. O direito à meação não é renunciável, cessível ou penhorável na vigência do regime matrimonial.

Art. 1.683. Na dissolução do regime de bens por separação judicial ou por divórcio, verificar-se-á o montante dos aqüestos à data em que cessou a convivência.

Art. 1.684. Se não for possível nem conveniente a divisão de todos os bens em natureza, calcular-se-á o valor de alguns ou de todos para reposição em dinheiro ao cônjuge não-proprietário.

Parágrafo único. Não se podendo realizar a reposição em dinheiro, serão avaliados e, mediante autorização judicial, alienados tantos bens quantos bastarem.

Art. 1.685. Na dissolução da sociedade conjugal por morte, verificar-se-á a meação do cônjuge sobrevivente de conformidade com os artigos antecedentes, deferindo-se a herança aos herdeiros na forma estabelecida neste Código.

Art. 1.686. As dívidas de um dos cônjuges, quando superiores à sua meação, não obrigam ao outro, ou a seus herdeiros.

CAPÍTULO VI - DO REGIME DE SEPARAÇÃO DE BENS

Art. 1.687. Estipulada a separação de bens, estes permanecerão sob a administração exclusiva de cada um dos cônjuges, que os poderá livremente alienar ou gravar de ônus real.

Art. 1.688. Ambos os cônjuges são obrigados a contribuir para as despesas do casal na proporção dos rendimentos de seu trabalho e de seus bens, salvo estipulação em contrário no pacto antenupcial.

SUBTÍTULO II - DO USUFRUTO E DA ADMINISTRAÇÃO DOS BENS DE FILHOS MENORES

Art. 1.689. O pai e a mãe, enquanto no exercício do poder familiar:

I - são usufrutuários dos bens dos filhos;

II - têm a administração dos bens dos filhos menores sob sua autoridade.

Art. 1.690. Compete aos pais, e na falta de um deles ao outro, com exclusividade, representar os filhos menores de dezesseis anos, bem como assisti-los até completarem a maioridade ou serem emancipados.

Parágrafo único. Os pais devem decidir em comum as questões relativas aos filhos e a seus bens; havendo divergência, poderá qualquer deles recorrer ao juiz para a solução necessária.

Art. 1.691. Não podem os pais alienar, ou gravar de ônus real os imóveis dos filhos, nem contrair, em nome deles, obrigações que ultrapassem os limites da simples administração, salvo por necessidade ou evidente interesse da prole, mediante prévia autorização do juiz.

Parágrafo único. Podem pleitear a declaração de nulidade dos atos previstos neste artigo:

I - os filhos;

II - os herdeiros;

III - o representante legal.

Art. 1.692. Sempre que no exercício do poder familiar colidir o interesse dos pais com o do filho, a requerimento deste ou do Ministério Público o juiz lhe dará curador especial.

Art. 1.693. Excluem-se do usufruto e da administração dos pais:

I - os bens adquiridos pelo filho havido fora do casamento, antes do reconhecimento;

II - os valores auferidos pelo filho maior de dezesseis anos, no exercício de atividade profissional e os bens com tais recursos adquiridos;

III - os bens deixados ou doados ao filho, sob a condição de não serem usufruídos, ou administrados, pelos pais;

IV - os bens que aos filhos couberem na herança, quando os pais forem excluídos da sucessão.

SUBTÍTULO III - DOS ALIMENTOS

Art. 1.694. Podem os parentes, os cônjuges ou companheiros pedir uns aos outros os alimentos de que necessitem para viver de modo compatível com a sua condição social, inclusive para atender às necessidades de sua educação.

§ 1º Os alimentos devem ser fixados na proporção das necessidades do reclamante e dos recursos da pessoa obrigada.

§ 2º Os alimentos serão apenas os indispensáveis à subsistência, quando a situação de necessidade resultar de culpa de quem os pleiteia.

Art. 1.695. São devidos os alimentos quando quem os pretende não tem bens suficientes, nem pode prover, pelo seu trabalho, à própria mantença, e aquele, de quem se reclamam, pode fornecê-los, sem desfalque do necessário ao seu sustento.

Art. 1.696. O direito à prestação de alimentos é recíproco entre pais e filhos, e extensivo a todos os ascendentes, recaindo a obrigação nos mais próximos em grau, uns em falta de outros.

Art. 1.697. Na falta dos ascendentes cabe a obrigação aos descendentes, guardada a ordem de sucessão e, faltando estes, aos irmãos, assim germanos como unilaterais.

Art. 1.698. Se o parente, que deve alimentos em primeiro lugar, não estiver em condições de suportar totalmente o encargo, serão chamados a concorrer os de grau imediato; sendo várias as pessoas obrigadas a prestar alimentos, todas devem concorrer na proporção dos respectivos recursos, e, intentada ação contra uma delas, poderão as demais ser chamadas a integrar a lide.

Art. 1.699. Se, fixados os alimentos, sobrevier mudança na situação financeira de quem os supre, ou na de quem os recebe, poderá o interessado reclamar ao juiz, conforme as circunstâncias, exoneração, redução ou majoração do encargo.

Art. 1.700. A obrigação de prestar alimentos transmite-se aos herdeiros do devedor, na forma do art. 1.694.

Art. 1.701. A pessoa obrigada a suprir alimentos poderá pensionar o alimentando, ou dar-lhe hospedagem e sustento, sem prejuízo do dever de prestar o necessário à sua educação, quando menor.

Parágrafo único. Compete ao juiz, se as circunstâncias o exigirem, fixar a forma do cumprimento da prestação.

Art. 1.702. Na separação judicial litigiosa, sendo um dos cônjuges inocente e desprovido de recursos, prestar-lhe-á o outro a pensão alimentícia que o juiz fixar, obedecidos os critérios estabelecidos no art. 1.694.

Art. 1.703. Para a manutenção dos filhos, os cônjuges separados judicialmente contribuirão na proporção de seus recursos.

Art. 1.704. Se um dos cônjuges separados judicialmente vier a necessitar de alimentos, será o outro obrigado a prestá-los mediante pensão a ser fixada pelo juiz, caso não tenha sido declarado culpado na ação de separação judicial.

Parágrafo único. Se o cônjuge declarado culpado vier a necessitar de alimentos, e não tiver parentes em condições de prestá-los, nem aptidão para o trabalho, o outro cônjuge será obrigado a assegurá-los, fixando o juiz o valor indispensável à sobrevivência.

Art. 1.705. Para obter alimentos, o filho havido fora do casamento pode acionar o genitor, sendo facultado ao juiz determinar, a pedido de qualquer das partes, que a ação se processe em segredo de justiça.

Art. 1.706. Os alimentos provisionais serão fixados pelo juiz, nos termos da lei processual.

Art. 1.707. Pode o credor não exercer, porém lhe é vedado renunciar o direito a alimentos, sendo o respectivo crédito insuscetível de cessão, compensação ou penhora.

Art. 1.708. Com o casamento, a união estável ou o concubinato do credor, cessa o dever de prestar alimentos.

Parágrafo único. Com relação ao credor cessa, também, o direito a alimentos, se tiver procedimento indigno em relação ao devedor.

Art. 1.709. O novo casamento do cônjuge devedor não extingue a obrigação constante da sentença de divórcio.

Art. 1.710. As prestações alimentícias, de qualquer natureza, serão atualizadas segundo índice oficial regularmente estabelecido.

SUBTÍTULO IV - DO BEM DE FAMÍLIA

Art. 1.711. Podem os cônjuges, ou a entidade familiar, mediante escritura pública ou testamento, destinar parte de seu patrimônio para instituir bem de família, desde que não ultrapasse um terço do patrimônio líquido existente ao tempo da instituição, mantidas as regras sobre a impenhorabilidade do imóvel residencial estabelecida em lei especial.

Parágrafo único. O terceiro poderá igualmente instituir bem de família por testamento ou doação, dependendo a eficácia do ato da aceitação expressa de ambos os cônjuges beneficiados ou da entidade familiar beneficiada.

Art. 1.712. O bem de família consistirá em prédio residencial urbano ou rural, com suas pertenças e acessórios, destinando-se em ambos os casos a domicílio familiar, e poderá abranger valores mobiliários, cuja renda será aplicada na conservação do imóvel e no sustento da família.

Art. 1.713. Os valores mobiliários, destinados aos fins previstos no artigo antecedente, não poderão exceder o valor do prédio instituído em bem de família, à época de sua instituição.

§ 1º Deverão os valores mobiliários ser devidamente individualizados no instrumento de instituição do bem de família.

§ 2º Se se tratar de títulos nominativos, a sua instituição como bem de família deverá constar dos respectivos livros de registro.

§ 3º O instituidor poderá determinar que a administração dos valores mobiliários seja confiada a instituição financeira, bem como disciplinar a forma de pagamento da respectiva renda aos beneficiários, caso em que a responsabilidade dos administradores obedecerá às regras do contrato de depósito.

Art. 1.714. O bem de família, quer instituído pelos cônjuges ou por terceiro, constitui-se pelo registro de seu título no Registro de Imóveis.

Art. 1.715. O bem de família é isento de execução por dívidas posteriores à sua instituição, salvo as que provierem de tributos relativos ao prédio, ou de despesas de condomínio.

Parágrafo único. No caso de execução pelas dívidas referidas neste artigo, o saldo existente será aplicado em outro prédio, como bem de família, ou em títulos da dívida pública, para sustento familiar, salvo se motivos relevantes aconselharem outra solução, a critério do juiz.

Art. 1.716. A isenção de que trata o artigo antecedente durará enquanto viver um dos cônjuges, ou, na falta destes, até que os filhos completem a maioridade.

Art. 1.717. O prédio e os valores mobiliários, constituídos como bem da família, não podem ter destino diverso do previsto no art. 1.712 ou serem alienados sem o consentimento dos interessados e seus representantes legais, ouvido o Ministério Público.

Art. 1.718. Qualquer forma de liquidação da entidade administradora, a que se refere o § 3º do art. 1.713, não atingirá os valores a ela confiados, ordenando o juiz a sua transferência para outra instituição semelhante, obedecendo-se, no caso de falência, ao disposto sobre pedido de restituição.

Art. 1.719. Comprovada a impossibilidade da manutenção do bem de família nas condições em que foi instituído, poderá o juiz, a requerimento dos interessados, extingui-lo ou autorizar a sub-rogação dos bens que o constituem em outros, ouvidos o instituidor e o Ministério Público.

Art. 1.720. Salvo disposição em contrário do ato de instituição, a administração do bem de família compete a ambos os cônjuges, resolvendo o juiz em caso de divergência.

Parágrafo único. Com o falecimento de ambos os cônjuges, a administração passará ao filho mais velho, se for maior, e, do contrário, a seu tutor.

Art. 1.721. A dissolução da sociedade conjugal não extingue o bem de família.

Parágrafo único. Dissolvida a sociedade conjugal pela morte de um dos cônjuges, o sobrevivente poderá pedir a extinção do bem de família, se for o único bem do casal.

Art. 1.722. Extingue-se, igualmente, o bem de família com a morte de ambos os cônjuges e a maioridade dos filhos, desde que não sujeitos a curatela.

TÍTULO III - DA UNIÃO ESTÁVEL

Art. 1.723. É reconhecida como entidade familiar a união estável entre o homem e a mulher, configurada na convivência pública, contínua e duradoura e estabelecida com o objetivo de constituição de família.

§ 1º A união estável não se constituirá se ocorrerem os impedimentos do art. 1.521; não se aplicando a incidência do inciso VI no caso de a pessoa casada se achar separada de fato ou judicialmente.

§ 2º As causas suspensivas do art. 1.523 não impedirão a caracterização da união estável.

Art. 1.724. As relações pessoais entre os companheiros obedecerão aos deveres de lealdade, respeito e assistência, e de guarda, sustento e educação dos filhos.

Art. 1.725. Na união estável, salvo contrato escrito entre os companheiros, aplica-se às relações patrimoniais, no que couber, o regime da comunhão parcial de bens.

Art. 1.726. A união estável poderá converter-se em casamento, mediante pedido dos companheiros ao juiz e assento no Registro Civil.

Art. 1.727. As relações não eventuais entre o homem e a mulher, impedidos de casar, constituem concubinato.

TÍTULO IV - DA TUTELA, DA CURATELA E DA TOMADA DE DECISÃO APOIADA
(Redação dada pela Lei nº 13.146, de 2015)

CAPÍTULO I - DA TUTELA

SEÇÃO I - DOS TUTORES

Art. 1.728. Os filhos menores são postos em tutela:

I - com o falecimento dos pais, ou sendo estes julgados ausentes;

II - em caso de os pais decaírem do poder familiar.

Art. 1.729. O direito de nomear tutor compete aos pais, em conjunto.

Parágrafo único. A nomeação deve constar de testamento ou de qualquer outro documento autêntico.

Art. 1.730. É nula a nomeação de tutor pelo pai ou pela mãe que, ao tempo de sua morte, não tinha o poder familiar.

Art. 1.731. Em falta de tutor nomeado pelos pais incumbe a tutela aos parentes consangüíneos do menor, por esta ordem:

I - aos ascendentes, preferindo o de grau mais próximo ao mais remoto;

II - aos colaterais até o terceiro grau, preferindo os mais próximos aos mais remotos, e, no mesmo grau, os mais

velhos aos mais moços; em qualquer dos casos, o juiz escolherá entre eles o mais apto a exercer a tutela em benefício do menor.

Art. 1.732. O juiz nomeará tutor idôneo e residente no domicílio do menor:

I - na falta de tutor testamentário ou legítimo;

II - quando estes forem excluídos ou escusados da tutela;

III - quando removidos por não idôneos o tutor legítimo e o testamentário.

Art. 1.733. Aos irmãos órfãos dar-se-á um só tutor.

§ 1º No caso de ser nomeado mais de um tutor por disposição testamentária sem indicação de precedência, entende-se que a tutela foi cometida ao primeiro, e que os outros lhe sucederão pela ordem de nomeação, se ocorrer morte, incapacidade, escusa ou qualquer outro impedimento.

§ 2º Quem institui um menor herdeiro, ou legatário seu, poderá nomear-lhe curador especial para os bens deixados, ainda que o beneficiário se encontre sob o poder familiar, ou tutela.

Art. 1.734. As crianças e os adolescentes cujos pais forem desconhecidos, falecidos ou que tiverem sido suspensos ou destituídos do poder familiar terão tutores nomeados pelo Juiz ou serão incluídos em programa de colocação familiar, na forma prevista pela Lei nº 8.069, de 13 de julho de 1990 - Estatuto da Criança e do Adolescente. (Redação dada pela Lei nº 12.010, de 2009) Vigência

SEÇÃO II - DOS INCAPAZES DE EXERCER A TUTELA

Art. 1.735. Não podem ser tutores e serão exonerados da tutela, caso a exerçam:

I - aqueles que não tiverem a livre administração de seus bens;

II - aqueles que, no momento de lhes ser deferida a tutela, se acharem constituídos em obrigação para com o menor, ou tiverem que fazer valer direitos contra este, e aqueles cujos pais, filhos ou cônjuges tiverem demanda contra o menor;

III - os inimigos do menor, ou de seus pais, ou que tiverem sido por estes expressamente excluídos da tutela;

IV - os condenados por crime de furto, roubo, estelionato, falsidade, contra a família ou os costumes, tenham ou não cumprido pena;

V - as pessoas de mau procedimento, ou falhas em probidade, e as culpadas de abuso em tutorias anteriores;

VI - aqueles que exercerem função pública incompatível com a boa administração da tutela.

SEÇÃO III - DA ESCUSA DOS TUTORES

Art. 1.736. Podem escusar-se da tutela:

I - mulheres casadas;

II - maiores de sessenta anos;

III - aqueles que tiverem sob sua autoridade mais de três filhos;

IV - os impossibilitados por enfermidade;

V - aqueles que habitarem longe do lugar onde se haja de exercer a tutela;

VI - aqueles que já exercerem tutela ou curatela;

VII - militares em serviço.

Art. 1.737. Quem não for parente do menor não poderá ser obrigado a aceitar a tutela, se houver no lugar parente idôneo, consangüíneo ou afim, em condições de exercê-la.

Art. 1.738. A escusa apresentar-se-á nos dez dias subseqüentes à designação, sob pena de entender-se renunciado o direito de alegá-la; se o motivo escusatório ocorrer depois de aceita a tutela, os dez dias contar-se-ão do em que ele sobrevier.

Art. 1.739. Se o juiz não admitir a escusa, exercerá o nomeado a tutela, enquanto o recurso interposto não tiver provimento, e responderá desde logo pelas perdas e danos que o menor venha a sofrer.

SEÇÃO IV - DO EXERCÍCIO DA TUTELA

Art. 1.740. Incumbe ao tutor, quanto à pessoa do menor:

I - dirigir-lhe a educação, defendê-lo e prestar-lhe alimentos, conforme os seus haveres e condição;

II - reclamar do juiz que providencie, como houver por bem, quando o menor haja mister correção;

III - adimplir os demais deveres que normalmente cabem aos pais, ouvida a opinião do menor, se este já contar doze anos de idade.

Art. 1.741. Incumbe ao tutor, sob a inspeção do juiz, administrar os bens do tutelado, em proveito deste, cumprindo seus deveres com zelo e boa-fé.

Art. 1.742. Para fiscalização dos atos do tutor, pode o juiz nomear um protutor.

Art. 1.743. Se os bens e interesses administrativos exigirem conhecimentos técnicos, forem complexos, ou realizados em lugares distantes do domicílio do tutor, poderá este, mediante aprovação judicial, delegar a outras pessoas físicas ou jurídicas o exercício parcial da tutela.

Art. 1.744. A responsabilidade do juiz será:

I - direta e pessoal, quando não tiver nomeado o tutor, ou não o houver feito oportunamente;

II - subsidiária, quando não tiver exigido garantia legal do tutor, nem o removido, tanto que se tornou suspeito.

Art. 1.745. Os bens do menor serão entregues ao tutor mediante termo especificado deles e seus valores, ainda que os pais o tenham dispensado.

Parágrafo único. Se o patrimônio do menor for de valor considerável, poderá o juiz condicionar o exercício da tutela à prestação de caução bastante, podendo dispensá-la se o tutor for de reconhecida idoneidade.

Art. 1.746. Se o menor possuir bens, será sustentado e educado a expensas deles, arbitrando o juiz para tal fim as quantias que lhe pareçam necessárias, considerado o rendimento da fortuna do pupilo quando o pai ou a mãe não as houver fixado.

Art. 1.747. Compete mais ao tutor:

I - representar o menor, até os dezesseis anos, nos atos da vida civil, e assisti-lo, após essa idade, nos atos em que for parte;

II - receber as rendas e pensões do menor, e as quantias a ele devidas;

III - fazer-lhe as despesas de subsistência e educação, bem como as de administração, conservação e melhoramentos de seus bens;

IV - alienar os bens do menor destinados a venda;

V - promover-lhe, mediante preço conveniente, o arrendamento de bens de raiz.

Art. 1.748. Compete também ao tutor, com autorização do juiz:

I - pagar as dívidas do menor;

II - aceitar por ele heranças, legados ou doações, ainda que com encargos;

III - transigir;

IV - vender-lhe os bens móveis, cuja conservação não convier, e os imóveis nos casos em que for permitido;

V - propor em juízo as ações, ou nelas assistir o menor, e promover todas as diligências a bem deste, assim como defendê-lo nos pleitos contra ele movidos.

Parágrafo único. No caso de falta de autorização, a eficácia de ato do tutor depende da aprovação ulterior do juiz.

Art. 1.749. Ainda com a autorização judicial, não pode o tutor, sob pena de nulidade:

I - adquirir por si, ou por interposta pessoa, mediante contrato particular, bens móveis ou imóveis pertencentes ao menor;

II - dispor dos bens do menor a título gratuito;

III - constituir-se cessionário de crédito ou de direito, contra o menor.

Art. 1.750. Os imóveis pertencentes aos menores sob tutela somente podem ser vendidos quando houver manifesta vantagem, mediante prévia avaliação judicial e aprovação do juiz.

Art. 1.751. Antes de assumir a tutela, o tutor declarará tudo o que o menor lhe deva, sob pena de não lhe poder cobrar, enquanto exerça a tutoria, salvo provando que não conhecia o débito quando a assumiu.

Art. 1.752. O tutor responde pelos prejuízos que, por culpa, ou dolo, causar ao tutelado; mas tem direito a ser pago pelo que realmente despender no exercício da tutela, salvo no caso do art. 1.734, e a perceber remuneração proporcional à importância dos bens administrados.

§ 1º Ao protutor será arbitrada uma gratificação módica pela fiscalização efetuada.

§ 2º São solidariamente responsáveis pelos prejuízos as pessoas às quais competia fiscalizar a atividade do tutor, e as que concorreram para o dano.

SEÇÃO V - DOS BENS DO TUTELADO

Art. 1.753. Os tutores não podem conservar em seu poder dinheiro dos tutelados, além do necessário para as despesas ordinárias com o seu sustento, a sua educação e a administração de seus bens.

§ 1º Se houver necessidade, os objetos de ouro e prata, pedras preciosas e móveis serão avaliados por pessoa idônea e, após autorização judicial, alienados, e o seu produto convertido em títulos, obrigações e letras de responsabilidade direta ou indireta da União ou dos Estados, atendendo-se preferentemente à rentabilidade, e recolhidos ao estabelecimento bancário oficial ou aplicado na aquisição de imóveis, conforme for determinado pelo juiz.

§ 2º O mesmo destino previsto no parágrafo antecedente terá o dinheiro proveniente de qualquer outra procedência.

§ 3º Os tutores respondem pela demora na aplicação dos valores acima referidos, pagando os juros legais desde o dia em que deveriam dar esse destino, o que não os exime da obrigação, que o juiz fará efetiva, da referida aplicação.

Art. 1.754. Os valores que existirem em estabelecimento bancário oficial, na forma do artigo antecedente, não se poderão retirar, senão mediante ordem do juiz, e somente:

I - para as despesas com o sustento e educação do tutelado, ou a administração de seus bens;

II - para se comprarem bens imóveis e títulos, obrigações ou letras, nas condições previstas no § 1º do artigo antecedente;

III - para se empregarem em conformidade com o disposto por quem os houver doado, ou deixado;

IV - para se entregarem aos órfãos, quando emancipados, ou maiores, ou, mortos eles, aos seus herdeiros.

SEÇÃO VI - DA PRESTAÇÃO DE CONTAS

Art. 1.755. Os tutores, embora o contrário tivessem disposto os pais dos tutelados, são obrigados a prestar contas da sua administração.

Art. 1.756. No fim de cada ano de administração, os tutores submeterão ao juiz o balanço respectivo, que, depois de aprovado, se anexará aos autos do inventário.

Art. 1.757. Os tutores prestarão contas de dois em dois anos, e também quando, por qualquer motivo, deixarem o exercício da tutela ou toda vez que o juiz achar conveniente.

Parágrafo único. As contas serão prestadas em juízo, e julgadas depois da audiência dos interessados, recolhendo o tutor imediatamente a estabelecimento bancário oficial os saldos, ou adquirindo bens imóveis, ou títulos, obrigações ou letras, na forma do § 1º do art. 1.753.

Art. 1.758. Finda a tutela pela emancipação ou maioridade, a quitação do menor não produzirá efeito antes de aprovadas as contas pelo juiz, subsistindo inteira, até então, a responsabilidade do tutor.

Art. 1.759. Nos casos de morte, ausência, ou interdição do tutor, as contas serão prestadas por seus herdeiros ou representantes.

Art. 1.760. Serão levadas a crédito do tutor todas as despesas justificadas e reconhecidamente proveitosas ao menor.

Art. 1.761. As despesas com a prestação das contas serão pagas pelo tutelado.

Art. 1.762. O alcance do tutor, bem como o saldo contra o tutelado, são dívidas de valor e vencem juros desde o julgamento definitivo das contas.

SEÇÃO VII - DA CESSAÇÃO DA TUTELA

Art. 1.763. Cessa a condição de tutelado:

I - com a maioridade ou a emancipação do menor;

II - ao cair o menor sob o poder familiar, no caso de reconhecimento ou adoção.

Art. 1.764. Cessam as funções do tutor:

I - ao expirar o termo, em que era obrigado a servir;

II - ao sobrevir escusa legítima;

III - ao ser removido.

Art. 1.765. O tutor é obrigado a servir por espaço de dois anos.

Parágrafo único. Pode o tutor continuar no exercício da tutela, além do prazo previsto neste artigo, se o quiser e o juiz julgar conveniente ao menor.

Art. 1.766. Será destituído o tutor, quando negligente, prevaricador ou incurso em incapacidade.

CAPÍTULO II - DA CURATELA

SEÇÃO I - DOS INTERDITOS

Art. 1.767. Estão sujeitos a curatela:

I - aqueles que, por causa transitória ou permanente, não puderem exprimir sua vontade; (Redação dada pela Lei nº 13.146, de 2015)

II - (Revogado) ; (Redação dada pela Lei nº 13.146, de 2015)

III - os ébrios habituais e os viciados em tóxico; (Redação dada pela Lei nº 13.146, de 2015)

IV - (Revogado) ; (Redação dada pela Lei nº 13.146, de 2015)

V - os pródigos.

Art. 1.768. (Revogado pela Lei n º 13.105, de 2015)

Art. 1.769. (Revogado pela Lei n º 13.105, de 2015)

Art. 1.770. (Revogado pela Lei n º 13.105, de 2015)

Art. 1.771. (Revogado pela Lei n º 13.105, de 2015)

Art. 1.772. (Revogado pela Lei n º 13.105, de 2015)

Art. 1.773. (Revogado pela Lei n º 13.105, de 2015)

Art. 1.774. Aplicam-se à curatela as disposições concernentes à tutela, com as modificações dos artigos seguintes.

Art. 1.775. O cônjuge ou companheiro, não separado judicialmente ou de fato, é, de direito, curador do outro, quando interdito.

§1º Na falta do cônjuge ou companheiro, é curador legítimo o pai ou a mãe; na falta destes, o descendente que se demonstrar mais apto.

§ 2º Entre os descendentes, os mais próximos precedem aos mais remotos.

§ 3º Na falta das pessoas mencionadas neste artigo, compete ao juiz a escolha do curador.

Art. 1.775-A. Na nomeação de curador para a pessoa com deficiência, o juiz poderá estabelecer curatela compartilhada a mais de uma pessoa. (Incluído pela Lei nº 13.146, de 2015)

Art. 1.776. (Revogado pela Lei nº 13.146, de 2015)

Art. 1.777. As pessoas referidas no inciso I do art. 1.767 receberão todo o apoio necessário para ter preservado o direito à convivência familiar e comunitária, sendo evitado o seu recolhimento em estabelecimento que os afaste desse convívio. (Redação dada pela Lei nº 13.146, de 2015)

Art. 1.778. A autoridade do curador estende-se à pessoa e aos bens dos filhos do curatelado, observado o art. 5º.

SEÇÃO II - DA CURATELA DO NASCITURO E DO ENFERMO OU PORTADOR DE DEFICIÊNCIA FÍSICA

Art. 1.779. Dar-se-á curador ao nascituro, se o pai falecer estando grávida a mulher, e não tendo o poder familiar.

Parágrafo único. Se a mulher estiver interdita, seu curador será o do nascituro.

Art. 1.780. (Revogado pela Lei nº 13.146, de 2015)

SEÇÃO III - DO EXERCÍCIO DA CURATELA

Art. 1.781. As regras a respeito do exercício da tutela aplicam-se ao da curatela, com a restrição do art. 1.772 e as desta Seção.

Art. 1.782. A interdição do pródigo só o privará de, sem curador, emprestar, transigir, dar quitação, alienar, hipotecar, demandar ou ser demandado, e praticar, em geral, os atos que não sejam de mera administração.

Art. 1.783. Quando o curador for o cônjuge e o regime de bens do casamento for de comunhão universal, não será obrigado à prestação de contas, salvo determinação judicial.

CAPÍTULO III - DA TOMADA DE DECISÃO APOIADA
(Incluído pela Lei nº 13.146, de 2015)

Art. 1.783-A. A tomada de decisão apoiada é o processo pelo qual a pessoa com deficiência elege pelo menos 2 (duas) pessoas idôneas, com as quais mantenha vínculos e que gozem de sua confiança, para prestar-lhe apoio na tomada de decisão sobre atos da vida civil, fornecendo-lhes os elementos e informações necessários para que possa exercer sua capacidade. (Incluído pela Lei nº 13.146, de 2015)

§ 1º Para formular pedido de tomada de decisão apoiada, a pessoa com deficiência e os apoiadores devem apresentar termo em que constem os limites do apoio a ser oferecido e os compromissos dos apoiadores, inclusive o prazo de vigência do acordo e o respeito à vontade, aos direitos e aos interesses da pessoa que devem apoiar. (Incluído pela Lei nº 13.146, de 2015)

§ 2º O pedido de tomada de decisão apoiada será requerido pela pessoa a ser apoiada, com indicação expressa das pessoas aptas a prestarem o apoio previsto no caput deste artigo. (Incluído pela Lei nº 13.146, de 2015)

§ 3º Antes de se pronunciar sobre o pedido de tomada de decisão apoiada, o juiz, assistido por equipe multidisciplinar, após oitiva do Ministério Público, ouvirá pessoalmente o requerente e as pessoas que lhe prestarão apoio. (Incluído pela Lei nº 13.146, de 2015)

§ 4º A decisão tomada por pessoa apoiada terá validade e efeitos sobre terceiros, sem restrições, desde que esteja inserida nos limites do apoio acordado. (Incluído pela Lei nº 13.146, de 2015)

§ 5º Terceiro com quem a pessoa apoiada mantenha relação negocial pode solicitar que os apoiadores contra-assinem o contrato ou acordo, especificando, por escrito, sua função em relação ao apoiado. (Incluído pela Lei nº 13.146, de 2015)

§ 6º Em caso de negócio jurídico que possa trazer risco ou prejuízo relevante, havendo divergência de opiniões entre a pessoa apoiada e um dos apoiadores, deverá o juiz, ouvido o Ministério Público, decidir sobre a questão. (Incluído pela Lei nº 13.146, de 2015)

§ 7º Se o apoiador agir com negligência, exercer pressão indevida ou não adimplir as obrigações assumidas, poderá a pessoa apoiada ou qualquer pessoa apresentar denúncia ao Ministério Público ou ao juiz. (Incluído pela Lei nº 13.146, de 2015)

§ 8º Se procedente a denúncia, o juiz destituirá o apoiador e nomeará, ouvida a pessoa apoiada e se for de seu interesse, outra pessoa para prestação de apoio. (Incluído pela Lei nº 13.146, de 2015)

§ 9º A pessoa apoiada pode, a qualquer tempo, solicitar o término de acordo firmado em processo de tomada de decisão apoiada. (Incluído pela Lei nº 13.146, de 2015)

§ 10. O apoiador pode solicitar ao juiz a exclusão de sua participação do processo de tomada de decisão apoiada, sendo seu desligamento condicionado à manifestação do juiz sobre a matéria. (Incluído pela Lei nº 13.146, de 2015)

§ 11. Aplicam-se à tomada de decisão apoiada, no que couber, as disposições referentes à prestação de contas na curatela. (Incluído pela Lei nº 13.146, de 2015)

LIVRO V - DO DIREITO DAS SUCESSÕES

TÍTULO I - DA SUCESSÃO EM GERAL

CAPÍTULO I - DISPOSIÇÕES GERAIS

Art. 1.784. Aberta a sucessão, a herança transmite-se, desde logo, aos herdeiros legítimos e testamentários.

Art. 1.785. A sucessão abre-se no lugar do último domicílio do falecido.

Art. 1.786. A sucessão dá-se por lei ou por disposição de última vontade.

Art. 1.787. Regula a sucessão e a legitimação para suceder a lei vigente ao tempo da abertura daquela.

Art. 1.788. Morrendo a pessoa sem testamento, transmite a herança aos herdeiros legítimos; o mesmo ocorrerá quanto aos bens que não forem compreendidos no testamento; e subsiste a sucessão legítima se o testamento caducar, ou for julgado nulo.

Art. 1.789. Havendo herdeiros necessários, o testador só poderá dispor da metade da herança.

Art. 1.790. A companheira ou o companheiro participará da sucessão do outro, quanto aos bens adquiridos onerosamente na vigência da união estável, nas condições seguintes: (Vide Recurso Extraordinário nº 646.721) (Vide Recurso Extraordinário nº 878.694)

I - se concorrer com filhos comuns, terá direito a uma quota equivalente à que por lei for atribuída ao filho;

II - se concorrer com descendentes só do autor da herança, tocar-lhe-á a metade do que couber a cada um daqueles;

III - se concorrer com outros parentes sucessíveis, terá direito a um terço da herança;

IV - não havendo parentes sucessíveis, terá direito à totalidade da herança.

CAPÍTULO II - DA HERANÇA E DE SUA ADMINISTRAÇÃO

Art. 1.791. A herança defere-se como um todo unitário, ainda que vários sejam os herdeiros.

Parágrafo único. Até a partilha, o direito dos co-herdeiros, quanto à propriedade e posse da herança, será indivisível, e regular-se-á pelas normas relativas ao condomínio.

Art. 1.792. O herdeiro não responde por encargos superiores às forças da herança; incumbe-lhe, porém, a prova do excesso, salvo se houver inventário que a escuse, demonstrando o valor dos bens herdados.

Art. 1.793. O direito à sucessão aberta, bem como o quinhão de que disponha o co-herdeiro, pode ser objeto de cessão por escritura pública.

§ 1º Os direitos, conferidos ao herdeiro em consequência de substituição ou de direito de acrescer, presumem-se não abrangidos pela cessão feita anteriormente.

§ 2º É ineficaz a cessão, pelo co-herdeiro, de seu direito hereditário sobre qualquer bem da herança considerado singularmente.

§ 3º Ineficaz é a disposição, sem prévia autorização do juiz da sucessão, por qualquer herdeiro, de bem componente do acervo hereditário, pendente a indivisibilidade.

Art. 1.794. O co-herdeiro não poderá ceder a sua quota hereditária a pessoa estranha à sucessão, se outro co-herdeiro a quiser, tanto por tanto.

Art. 1.795. O co-herdeiro, a quem não se der conhecimento da cessão, poderá, depositado o preço, haver para si a quota cedida a estranho, se o requerer até cento e oitenta dias após a transmissão.

Parágrafo único. Sendo vários os co-herdeiros a exercer a preferência, entre eles se distribuirá o quinhão cedido, na proporção das respectivas quotas hereditárias.

Art. 1.796. No prazo de trinta dias, a contar da abertura da sucessão, instaurar-se-á inventário do patrimônio hereditário, perante o juízo competente no lugar da sucessão, para fins de liquidação e, quando for o caso, de partilha da herança.

Art. 1.797. Até o compromisso do inventariante, a administração da herança caberá, sucessivamente:

I - ao cônjuge ou companheiro, se com o outro convivia ao tempo da abertura da sucessão;

II - ao herdeiro que estiver na posse e administração dos bens, e, se houver mais de um nessas condições, ao mais velho;

III - ao testamenteiro;

IV - a pessoa de confiança do juiz, na falta ou escusa das indicadas nos incisos antecedentes, ou quando tiverem de ser afastadas por motivo grave levado ao conhecimento do juiz.

CAPÍTULO III - DA VOCAÇÃO HEREDITÁRIA

Art. 1.798. Legitimam-se a suceder as pessoas nascidas ou já concebidas no momento da abertura da sucessão.

Art. 1.799. Na sucessão testamentária podem ainda ser chamados a suceder:

I - os filhos, ainda não concebidos, de pessoas indicadas pelo testador, desde que vivas estas ao abrir-se a sucessão;

II - as pessoas jurídicas;

III - as pessoas jurídicas, cuja organização for determinada pelo testador sob a forma de fundação.

Art. 1.800. No caso do inciso I do artigo antecedente, os bens da herança serão confiados, após a liquidação ou partilha, a curador nomeado pelo juiz.

§ 1º Salvo disposição testamentária em contrário, a curatela caberá à pessoa cujo filho o testador esperava ter por herdeiro, e, sucessivamente, às pessoas indicadas no art. 1.775.

§ 2º Os poderes, deveres e responsabilidades do curador, assim nomeado, regem-se pelas disposições concernentes à curatela dos incapazes, no que couber.

§ 3º Nascendo com vida o herdeiro esperado, ser-lhe-á deferida a sucessão, com os frutos e rendimentos relativos à deixa, a partir da morte do testador.

§ 4º Se, decorridos dois anos após a abertura da sucessão, não for concebido o herdeiro esperado, os bens reservados, salvo disposição em contrário do testador, caberão aos herdeiros legítimos.

Art. 1.801. Não podem ser nomeados herdeiros nem legatários:

I - a pessoa que, a rogo, escreveu o testamento, nem o seu cônjuge ou companheiro, ou os seus ascendentes e irmãos;

II - as testemunhas do testamento;

III - o concubino do testador casado, salvo se este, sem culpa sua, estiver separado de fato do cônjuge há mais de cinco anos;

IV - o tabelião, civil ou militar, ou o comandante ou escrivão, perante quem se fizer, assim como o que fizer ou aprovar o testamento.

Art. 1.802. São nulas as disposições testamentárias em favor de pessoas não legitimadas a suceder, ainda quando simuladas sob a forma de contrato oneroso, ou feitas mediante interposta pessoa.

Parágrafo único. Presumem-se pessoas interpostas os ascendentes, os descendentes, os irmãos e o cônjuge ou companheiro do não legitimado a suceder.

Art. 1.803. É lícita a deixa ao filho do concubino, quando também o for do testador.

CAPÍTULO IV - DA ACEITAÇÃO E RENÚNCIA DA HERANÇA

Art. 1.804. Aceita a herança, torna-se definitiva a sua transmissão ao herdeiro, desde a abertura da sucessão.

Parágrafo único. A transmissão tem-se por não verificada quando o herdeiro renuncia à herança.

Art. 1.805. A aceitação da herança, quando expressa, faz-se por declaração escrita; quando tácita, há de resultar tão-somente de atos próprios da qualidade de herdeiro.

§ 1º Não exprimem aceitação de herança os atos oficiosos, como o funeral do finado, os meramente conservatórios, ou os de administração e guarda provisória.

§ 2º Não importa igualmente aceitação a cessão gratuita, pura e simples, da herança, aos demais co-herdeiros.

Art. 1.806. A renúncia da herança deve constar expressamente de instrumento público ou termo judicial.

Art. 1.807. O interessado em que o herdeiro declare se aceita, ou não, a herança, poderá, vinte dias após aberta a sucessão, requerer ao juiz prazo razoável, não maior de trinta dias, para, nele, se pronunciar o herdeiro, sob pena de se haver a herança por aceita.

Art. 1.808. Não se pode aceitar ou renunciar a herança em parte, sob condição ou a termo.

§ 1º O herdeiro, a quem se testarem legados, pode aceitá-los, renunciando a herança; ou, aceitando-a, repudiá-los.

§ 2º O herdeiro, chamado, na mesma sucessão, a mais de um quinhão hereditário, sob títulos sucessórios diversos, pode livremente deliberar quanto aos quinhões que aceita e aos que renuncia.

Art. 1.809. Falecendo o herdeiro antes de declarar se aceita a herança, o poder de aceitar passa-lhe aos herdeiros, a menos que se trate de vocação adstrita a uma condição suspensiva, ainda não verificada.

Parágrafo único. Os chamados à sucessão do herdeiro falecido antes da aceitação, desde que concordem em receber a segunda herança, poderão aceitar ou renunciar a primeira.

Art. 1.810. Na sucessão legítima, a parte do renunciante acresce à dos outros herdeiros da mesma classe e, sendo ele o único desta, devolve-se aos da subseqüente.

Art. 1.811. Ninguém pode suceder, representando herdeiro renunciante. Se, porém, ele for o único legítimo da sua classe, ou se todos os outros da mesma classe renunciarem a herança, poderão os filhos vir à sucessão, por direito próprio, e por cabeça.

Art. 1.812. São irrevogáveis os atos de aceitação ou de renúncia da herança.

Art. 1.813. Quando o herdeiro prejudicar os seus credores, renunciando à herança, poderão eles, com autorização do juiz, aceitá-la em nome do renunciante.

§ 1º A habilitação dos credores se fará no prazo de trinta dias seguintes ao conhecimento do fato.

§ 2º Pagas as dívidas do renunciante, prevalece a renúncia quanto ao remanescente, que será devolvido aos demais herdeiros.

CAPÍTULO V - DOS EXCLUÍDOS DA SUCESSÃO

Art. 1.814. São excluídos da sucessão os herdeiros ou legatários:

I - que houverem sido autores, co-autores ou partícipes de homicídio doloso, ou tentativa deste, contra a pessoa de cuja sucessão se tratar, seu cônjuge, companheiro, ascendente ou descendente;

II - que houverem acusado caluniosamente em juízo o autor da herança ou incorrerem em crime contra a sua honra, ou de seu cônjuge ou companheiro;

III - que, por violência ou meios fraudulentos, inibirem ou obstarem o autor da herança de dispor livremente de seus bens por ato de última vontade.

Art. 1.815. A exclusão do herdeiro ou legatário, em qualquer desses casos de indignidade, será declarada por sentença.

§ 1º O direito de demandar a exclusão do herdeiro ou legatário extingue-se em quatro anos, contados da abertura da sucessão. (Redação dada pela Lei nº 13.532, de 2017)

§ 2º Na hipótese do inciso I do art. 1.814, o Ministério Público tem legitimidade para demandar a exclusão do herdeiro ou legatário. (Incluído pela Lei nº 13.532, de 2017)

Art. 1.816. São pessoais os efeitos da exclusão; os descendentes do herdeiro excluído sucedem, como se ele morto fosse antes da abertura da sucessão.

Parágrafo único. O excluído da sucessão não terá direito ao usufruto ou à administração dos bens que a seus sucessores couberem na herança, nem à sucessão eventual desses bens.

Art. 1.817. São válidas as alienações onerosas de bens hereditários a terceiros de boa-fé, e os atos de administração legalmente praticados pelo herdeiro, antes da sentença de exclusão; mas aos herdeiros subsiste, quando prejudicados, o direito de demandar-lhe perdas e danos.

Parágrafo único. O excluído da sucessão é obrigado a restituir os frutos e rendimentos que dos bens da herança houver percebido, mas tem direito a ser indenizado das despesas com a conservação deles.

Art. 1.818. Aquele que incorreu em atos que determinem a exclusão da herança será admitido a suceder, se o ofendido o tiver expressamente reabilitado em testamento, ou em outro ato autêntico.

Parágrafo único. Não havendo reabilitação expressa, o indigno, contemplado em testamento do ofendido, quando o testador, ao testar, já conhecia a causa da indignidade, pode suceder no limite da disposição testamentária.

CAPÍTULO VI - DA HERANÇA JACENTE

Art. 1.819. Falecendo alguém sem deixar testamento nem herdeiro legítimo notoriamente conhecido, os bens da herança, depois de arrecadados, ficarão sob a guarda e administração de um curador, até a sua entrega ao sucessor devidamente habilitado ou à declaração de sua vacância.

Art. 1.820. Praticadas as diligências de arrecadação e ultimado o inventário, serão expedidos editais na forma da lei processual, e, decorrido um ano de sua primeira publicação, sem que haja herdeiro habilitado, ou penda habilitação, será a herança declarada vacante.

Art. 1.821. É assegurado aos credores o direito de pedir o pagamento das dívidas reconhecidas, nos limites das forças da herança.

Art. 1.822. A declaração de vacância da herança não prejudicará os herdeiros que legalmente se habilitarem; mas, decorridos cinco anos da abertura da sucessão, os bens arrecadados passarão ao domínio do Município ou do Distrito Federal, se localizados nas respectivas circunscrições, incorporando-se ao domínio da União quando situados em território federal.

Parágrafo único. Não se habilitando até a declaração de vacância, os colaterais ficarão excluídos da sucessão.

Art. 1.823. Quando todos os chamados a suceder renunciarem à herança, será esta desde logo declarada vacante.

CAPÍTULO VII - DA PETIÇÃO DE HERANÇA

Art. 1.824. O herdeiro pode, em ação de petição de herança, demandar o reconhecimento de seu direito sucessório, para obter a restituição da herança, ou de parte dela, contra quem, na qualidade de herdeiro, ou mesmo sem título, a possua.

Art. 1.825. A ação de petição de herança, ainda que exercida por um só dos herdeiros, poderá compreender todos os bens hereditários.

Art. 1.826. O possuidor da herança está obrigado à restituição dos bens do acervo, fixando-se-lhe a responsabilidade segundo a sua posse, observado o disposto nos arts. 1.214 a 1.222.

Parágrafo único. A partir da citação, a responsabilidade do possuidor se há de aferir pelas regras concernentes à posse de má-fé e à mora.

Art. 1.827. O herdeiro pode demandar os bens da herança, mesmo em poder de terceiros, sem prejuízo da responsabilidade do possuidor originário pelo valor dos bens alienados.

Parágrafo único. São eficazes as alienações feitas, a título oneroso, pelo herdeiro aparente a terceiro de boa-fé.

Art. 1.828. O herdeiro aparente, que de boa-fé houver pago um legado, não está obrigado a prestar o equivalente ao verdadeiro sucessor, ressalvado a este o direito de proceder contra quem o recebeu.

TÍTULO II - DA SUCESSÃO LEGÍTIMA

CAPÍTULO I - DA ORDEM DA VOCAÇÃO HEREDITÁRIA

Art. 1.829. A sucessão legítima defere-se na ordem seguinte: (Vide Recurso Extraordinário nº 646.721) (Vide Recurso Extraordinário nº 878.694)

I - aos descendentes, em concorrência com o cônjuge sobrevivente, salvo se casado este com o falecido no regime da comunhão universal, ou no da separação obrigatória de bens (art. 1.640, parágrafo único); ou se, no regime da comunhão parcial, o autor da herança não houver deixado bens particulares;

II - aos ascendentes, em concorrência com o cônjuge;

III - ao cônjuge sobrevivente;

IV - aos colaterais.

Art. 1.830. Somente é reconhecido direito sucessório ao cônjuge sobrevivente se, ao tempo da morte do outro, não estavam separados judicialmente, nem separados de fato há mais de dois anos, salvo prova, neste caso, de que essa convivência se tornara impossível sem culpa do sobrevivente.

Art. 1.831. Ao cônjuge sobrevivente, qualquer que seja o regime de bens, será assegurado, sem prejuízo da participação que lhe caiba na herança, o direito real de habitação relativamente ao imóvel destinado à residência da família, desde que seja o único daquela natureza a inventariar.

Art. 1.832. Em concorrência com os descendentes (art. 1.829, inciso I) caberá ao cônjuge quinhão igual ao dos que sucederem por cabeça, não podendo a sua quota ser inferior à quarta parte da herança, se for ascendente dos herdeiros com que concorrer.

Art. 1.833. Entre os descendentes, os em grau mais próximo excluem os mais remotos, salvo o direito de representação.

Art. 1.834. Os descendentes da mesma classe têm os mesmos direitos à sucessão de seus ascendentes.

Art. 1.835. Na linha descendente, os filhos sucedem por cabeça, e os outros descendentes, por cabeça ou por estirpe, conforme se achem ou não no mesmo grau.

Art. 1.836. Na falta de descendentes, são chamados à sucessão os ascendentes, em concorrência com o cônjuge sobrevivente.

§ 1º Na classe dos ascendentes, o grau mais próximo exclui o mais remoto, sem distinção de linhas.

§ 2º Havendo igualdade em grau e diversidade em linha, os ascendentes da linha paterna herdam a metade, cabendo a outra aos da linha materna.

Art. 1.837. Concorrendo com ascendente em primeiro grau, ao cônjuge tocará um terço da herança; caber-lhe-á a metade desta se houver um só ascendente, ou se maior for aquele grau.

Art. 1.838. Em falta de descendentes e ascendentes, será deferida a sucessão por inteiro ao cônjuge sobrevivente.

Art. 1.839. Se não houver cônjuge sobrevivente, nas condições estabelecidas no art. 1.830, serão chamados a suceder os colaterais até o quarto grau.

Art. 1.840. Na classe dos colaterais, os mais próximos excluem os mais remotos, salvo o direito de representação concedido aos filhos de irmãos.

Art. 1.841. Concorrendo à herança do falecido irmãos bilaterais com irmãos unilaterais, cada um destes herdará metade do que cada um daqueles herdar.

Art. 1.842. Não concorrendo à herança irmão bilateral, herdarão, em partes iguais, os unilaterais.

Art. 1.843. Na falta de irmãos, herdarão os filhos destes e, não os havendo, os tios.

§ 1º Se concorrerem à herança somente filhos de irmãos falecidos, herdarão por cabeça.

§ 2º Se concorrem filhos de irmãos bilaterais com filhos de irmãos unilaterais, cada um destes herdará a metade do que herdar cada um daqueles.

§ 3º Se todos forem filhos de irmãos bilaterais, ou todos de irmãos unilaterais, herdarão por igual.

Art. 1.844. Não sobrevivendo cônjuge, ou companheiro, nem parente algum sucessível, ou tendo eles renunciado a herança, esta se devolve ao Município ou ao Distrito Federal, se localizada nas respectivas circunscrições, ou à União, quando situada em território federal.

CAPÍTULO II - DOS HERDEIROS NECESSÁRIOS

Art. 1.845. São herdeiros necessários os descendentes, os ascendentes e o cônjuge.

Art. 1.846. Pertence aos herdeiros necessários, de pleno direito, a metade dos bens da herança, constituindo a legítima.

Art. 1.847. Calcula-se a legítima sobre o valor dos bens existentes na abertura da sucessão, abatidas as dívidas e as despesas do funeral, adicionando-se, em seguida, o valor dos bens sujeitos a colação.

Art. 1.848. Salvo se houver justa causa, declarada no testamento, não pode o testador estabelecer cláusula de inalienabilidade, impenhorabilidade, e de incomunicabilidade, sobre os bens da legítima.

§ 1º Não é permitido ao testador estabelecer a conversão dos bens da legítima em outros de espécie diversa.

§ 2º Mediante autorização judicial e havendo justa causa, podem ser alienados os bens gravados, convertendo-se o produto em outros bens, que ficarão sub-rogados nos ônus dos primeiros.

Art. 1.849. O herdeiro necessário, a quem o testador deixar a sua parte disponível, ou algum legado, não perderá o direito à legítima.

Art. 1.850. Para excluir da sucessão os herdeiros colaterais, basta que o testador disponha de seu patrimônio sem os contemplar.

CAPÍTULO III - DO DIREITO DE REPRESENTAÇÃO

Art. 1.851. Dá-se o direito de representação, quando a lei chama certos parentes do falecido a suceder em todos os direitos, em que ele sucederia, se vivo fosse.

Art. 1.852. O direito de representação dá-se na linha reta descendente, mas nunca na ascendente.

Art. 1.853. Na linha transversal, somente se dá o direito de representação em favor dos filhos de irmãos do falecido, quando com irmãos deste concorrerem.

Art. 1.854. Os representantes só podem herdar, como tais, o que herdaria o representado, se vivo fosse.

Art. 1.855. O quinhão do representado partir-se-á por igual entre os representantes.

Art. 1.856. O renunciante à herança de uma pessoa poderá representá-la na sucessão de outra.

TITULO III - DA SUCESSÃO TESTAMENTÁRIA

CAPITULO I - DO TESTAMENTO EM GERAL

Art. 1.857. Toda pessoa capaz pode dispor, por testamento, da totalidade dos seus bens, ou de parte deles, para depois de sua morte.

§ 1º A legítima dos herdeiros necessários não poderá ser incluída no testamento.

§ 2º São válidas as disposições testamentárias de caráter não patrimonial, ainda que o testador somente a elas se tenha limitado.

Art. 1.858. O testamento é ato personalíssimo, podendo ser mudado a qualquer tempo.

Art. 1.859. Extingue-se em cinco anos o direito de impugnar a validade do testamento, contado o prazo da data do seu registro.

CAPÍTULO II - DA CAPACIDADE DE TESTAR

Art. 1.860. Além dos incapazes, não podem testar os que, no ato de fazê-lo, não tiverem pleno discernimento.

Parágrafo único. Podem testar os maiores de dezesseis anos.

Art. 1.861. A incapacidade superveniente do testador não invalida o testamento, nem o testamento do incapaz se valida com a superveniência da capacidade.

CAPÍTULO III - DAS FORMAS ORDINÁRIAS DO TESTAMENTO

SEÇÃO I - DISPOSIÇÕES GERAIS

Art. 1.862. São testamentos ordinários:

I - o público;

II - o cerrado;

III - o particular.

Art. 1.863. É proibido o testamento conjuntivo, seja simultâneo, recíproco ou correspectivo.

SEÇÃO II - DO TESTAMENTO PÚBLICO

Art. 1.864. São requisitos essenciais do testamento público:

I - ser escrito por tabelião ou por seu substituto legal em seu livro de notas, de acordo com as declarações do testador, podendo este servir-se de minuta, notas ou apontamentos;

II - lavrado o instrumento, ser lido em voz alta pelo tabelião ao testador e a duas testemunhas, a um só tempo; ou pelo testador, se o quiser, na presença destas e do oficial;

III - ser o instrumento, em seguida à leitura, assinado pelo testador, pelas testemunhas e pelo tabelião.

Parágrafo único. O testamento público pode ser escrito manualmente ou mecanicamente, bem como ser feito pela inserção da declaração de vontade em partes impressas de livro de notas, desde que rubricadas todas as páginas pelo testador, se mais de uma.

Art. 1.865. Se o testador não souber, ou não puder assinar, o tabelião ou seu substituto legal assim o declarará, assinando, neste caso, pelo testador, e, a seu rogo, uma das testemunhas instrumentárias.

Art. 1.866. O indivíduo inteiramente surdo, sabendo ler, lerá o seu testamento, e, se não o souber, designará quem o leia em seu lugar, presentes as testemunhas.

Art. 1.867. Ao cego só se permite o testamento público, que lhe será lido, em voz alta, duas vezes, uma pelo tabelião ou por seu substituto legal, e a outra por uma das testemunhas, designada pelo testador, fazendo-se de tudo circunstanciada menção no testamento.

SEÇÃO III - DO TESTAMENTO CERRADO

Art. 1.868. O testamento escrito pelo testador, ou por outra pessoa, a seu rogo, e por aquele assinado, será válido se

aprovado pelo tabelião ou seu substituto legal, observadas as seguintes formalidades:

I - que o testador o entregue ao tabelião em presença de duas testemunhas;

II - que o testador declare que aquele é o seu testamento e quer que seja aprovado;

III - que o tabelião lavre, desde logo, o auto de aprovação, na presença de duas testemunhas, e o leia, em seguida, ao testador e testemunhas;

IV - que o auto de aprovação seja assinado pelo tabelião, pelas testemunhas e pelo testador.

Parágrafo único. O testamento cerrado pode ser escrito mecanicamente, desde que seu subscritor numere e autentique, com a sua assinatura, todas as paginas.

Art. 1.869. O tabelião deve começar o auto de aprovação imediatamente depois da última palavra do testador, declarando, sob sua fé, que o testador lhe entregou para ser aprovado na presença das testemunhas; passando a cerrar e coser o instrumento aprovado.

Parágrafo único. Se não houver espaço na última folha do testamento, para início da aprovação, o tabelião aporá nele o seu sinal público, mencionando a circunstância no auto.

Art. 1.870. Se o tabelião tiver escrito o testamento a rogo do testador, poderá, não obstante, aprová-lo.

Art. 1.871. O testamento pode ser escrito em língua nacional ou estrangeira, pelo próprio testador, ou por outrem, a seu rogo.

Art. 1.872. Não pode dispor de seus bens em testamento cerrado quem não saiba ou não possa ler.

Art. 1.873. Pode fazer testamento cerrado o surdo-mudo, contanto que o escreva todo, e o assine de sua mão, e que, ao entregá-lo ao oficial público, ante as duas testemunhas, escreva, na face externa do papel ou do envoltório, que aquele é o seu testamento, cuja aprovação lhe pede.

Art. 1.874. Depois de aprovado e cerrado, será o testamento entregue ao testador, e o tabelião lançará, no seu livro, nota do lugar, dia, mês e ano em que o testamento foi aprovado e entregue.

Art. 1.875. Falecido o testador, o testamento será apresentado ao juiz, que o abrirá e o fará registrar, ordenando seja cumprido, se não achar vício externo que o torne eivado de nulidade ou suspeito de falsidade.

SEÇÃO IV - DO TESTAMENTO PARTICULAR

Art. 1.876. O testamento particular pode ser escrito de próprio punho ou mediante processo mecânico.

§ 1º Se escrito de próprio punho, são requisitos essenciais à sua validade seja lido e assinado por quem o escreveu, na presença de pelo menos três testemunhas, que o devem subscrever.

§ 2º Se elaborado por processo mecânico, não pode conter rasuras ou espaços em branco, devendo ser assinado pelo testador, depois de o ter lido na presença de pelo menos três testemunhas, que o subscreverão.

Art. 1.877. Morto o testador, publicar-se-á em juízo o testamento, com citação dos herdeiros legítimos.

Art. 1.878. Se as testemunhas forem contestes sobre o fato da disposição, ou, ao menos, sobre a sua leitura perante elas, e se reconhecerem as próprias assinaturas, assim como a do testador, o testamento será confirmado.

Parágrafo único. Se faltarem testemunhas, por morte ou ausência, e se pelo menos uma delas o reconhecer, o testamento poderá ser confirmado, se, a critério do juiz, houver prova suficiente de sua veracidade.

Art. 1.879. Em circunstâncias excepcionais declaradas na cédula, o testamento particular de próprio punho e assinado pelo testador, sem testemunhas, poderá ser confirmado, a critério do juiz.

Art. 1.880. O testamento particular pode ser escrito em língua estrangeira, contanto que as testemunhas a compreendam.

CAPÍTULO IV - DOS CODICILOS

Art. 1.881. Toda pessoa capaz de testar poderá, mediante escrito particular seu, datado e assinado, fazer disposições especiais sobre o seu enterro, sobre esmolas de pouca monta a certas e determinadas pessoas, ou, indeterminadamente, aos pobres de certo lugar, assim como legar móveis, roupas ou jóias, de pouco valor, de seu uso pessoal.

Art. 1.882. Os atos a que se refere o artigo antecedente, salvo direito de terceiro, valerão como codicilos, deixe ou não testamento o autor.

Art. 1.883. Pelo modo estabelecido no art. 1.881, poder-se-ão nomear ou substituir testamenteiros.

Art. 1.884. Os atos previstos nos artigos antecedentes revogam-se por atos iguais, e consideram-se revogados, se, havendo testamento posterior, de qualquer natureza, este os não confirmar ou modificar.

Art. 1.885. Se estiver fechado o codicilo, abrir-se-á do mesmo modo que o testamento cerrado.

CAPÍTULO V - DOS TESTAMENTOS ESPECIAIS

SEÇÃO I - DISPOSIÇÕES GERAIS

Art. 1.886. São testamentos especiais:

I - o marítimo;

II - o aeronáutico;

III - o militar.

Art. 1.887. Não se admitem outros testamentos especiais além dos contemplados neste Código.

SEÇÃO II - DO TESTAMENTO MARÍTIMO E DO TESTAMENTO AERONÁUTICO

Art. 1.888. Quem estiver em viagem, a bordo de navio nacional, de guerra ou mercante, pode testar perante o comandante, em presença de duas testemunhas, por forma que corresponda ao testamento público ou ao cerrado.

Parágrafo único. O registro do testamento será feito no diário de bordo.

Art. 1.889. Quem estiver em viagem, a bordo de aeronave militar ou comercial, pode testar perante pessoa designada pelo comandante, observado o disposto no artigo antecedente.

Art. 1.890. O testamento marítimo ou aeronáutico ficará sob a guarda do comandante, que o entregará às autoridades administrativas do primeiro porto ou aeroporto nacional, contra recibo averbado no diário de bordo.

Art. 1.891. Caducará o testamento marítimo, ou aeronáutico, se o testador não morrer na viagem, nem nos noventa dias subseqüentes ao seu desembarque em terra, onde possa fazer, na forma ordinária, outro testamento.

Art. 1.892. Não valerá o testamento marítimo, ainda que feito no curso de uma viagem, se, ao tempo em que se fez, o navio estava em porto onde o testador pudesse desembarcar e testar na forma ordinária.

SEÇÃO III - DO TESTAMENTO MILITAR

Art. 1.893. O testamento dos militares e demais pessoas a serviço das Forças Armadas em campanha, dentro do País ou fora dele, assim como em praça sitiada, ou que esteja de comunicações interrompidas, poderá fazer-se, não havendo tabelião ou seu substituto legal, ante duas, ou três testemunhas, se o testador não puder, ou não souber assinar, caso em que assinará por ele uma delas.

§ 1º Se o testador pertencer a corpo ou seção de corpo destacado, o testamento será escrito pelo respectivo comandante, ainda que de graduação ou posto inferior.

§ 2º Se o testador estiver em tratamento em hospital, o testamento será escrito pelo respectivo oficial de saúde, ou pelo diretor do estabelecimento.

§ 3º Se o testador for o oficial mais graduado, o testamento será escrito por aquele que o substituir.

Art. 1.894. Se o testador souber escrever, poderá fazer o testamento de seu punho, contanto que o date e assine por extenso, e o apresente aberto ou cerrado, na presença de duas testemunhas ao auditor, ou ao oficial de patente, que lhe faça as vezes neste mister.

Parágrafo único. O auditor, ou o oficial a quem o testamento se apresente notará, em qualquer parte dele, lugar, dia, mês e ano, em que lhe for apresentado, nota esta que será assinada por ele e pelas testemunhas.

Art. 1.895. Caduca o testamento militar, desde que, depois dele, o testador esteja, noventa dias seguidos, em lugar onde possa testar na forma ordinária, salvo se esse testamento apresentar as solenidades prescritas no parágrafo único do artigo antecedente.

Art. 1.896. As pessoas designadas no art. 1.893, estando empenhadas em combate, ou feridas, podem testar oralmente, confiando a sua última vontade a duas testemunhas.

Parágrafo único. Não terá efeito o testamento se o testador não morrer na guerra ou convalescer do ferimento.

CAPÍTULO VI - DAS DISPOSIÇÕES TESTAMENTÁRIAS

Art. 1.897. A nomeação de herdeiro, ou legatário, pode fazer-se pura e simplesmente, sob condição, para certo fim ou modo, ou por certo motivo.

Art. 1.898. A designação do tempo em que deva começar ou cessar o direito do herdeiro, salvo nas disposições fideicomissárias, ter-se-á por não escrita.

Art. 1.899. Quando a cláusula testamentária for suscetível de interpretações diferentes, prevalecerá a que melhor assegure a observância da vontade do testador.

Art. 1.900. É nula a disposição:

I - que institua herdeiro ou legatário sob a condição captatória de que este disponha, também por testamento, em benefício do testador, ou de terceiro;

II - que se refira a pessoa incerta, cuja identidade não se possa averiguar;

III - que favoreça a pessoa incerta, cometendo a determinação de sua identidade a terceiro;

IV - que deixe a arbítrio do herdeiro, ou de outrem, fixar o valor do legado;

V - que favoreça as pessoas a que se referem os arts. 1.801 e 1.802.

Art. 1.901. Valerá a disposição:

I - em favor de pessoa incerta que deva ser determinada por terceiro, dentre duas ou mais pessoas mencionadas pelo testador, ou pertencentes a uma família, ou a um corpo coletivo, ou a um estabelecimento por ele designado;

II - em remuneração de serviços prestados ao testador, por ocasião da moléstia de que faleceu, ainda que fique ao arbítrio do herdeiro ou de outrem determinar o valor do legado.

Art. 1.902. A disposição geral em favor dos pobres, dos estabelecimentos particulares de caridade, ou dos de assistência pública, entender-se-á relativa aos pobres do lugar do domicílio do testador ao tempo de sua morte, ou dos estabelecimentos aí sitos, salvo se manifestamente constar que tinha em mente beneficiar os de outra localidade.

Parágrafo único. Nos casos deste artigo, as instituições particulares preferirão sempre às públicas.

Art. 1.903. O erro na designação da pessoa do herdeiro, do legatário, ou da coisa legada anula a disposição, salvo se, pelo contexto do testamento, por outros documentos, ou por fatos inequívocos, se puder identificar a pessoa ou coisa a que o testador queria referir-se.

Art. 1.904. Se o testamento nomear dois ou mais herdeiros, sem discriminar a parte de cada um, partilhar-se-á por igual, entre todos, a porção disponível do testador.

Art. 1.905. Se o testador nomear certos herdeiros individualmente e outros coletivamente, a herança será dividida em tantas quotas quantos forem os indivíduos e os grupos designados.

Art. 1.906. Se forem determinadas as quotas de cada herdeiro, e não absorverem toda a herança, o remanescente pertencerá aos herdeiros legítimos, segundo a ordem da vocação hereditária.

Art. 1.907. Se forem determinados os quinhões de uns e não os de outros herdeiros, distribuir-se-á por igual a estes últimos o que restar, depois de completas as porções hereditárias dos primeiros.

Art. 1.908. Dispondo o testador que não caiba ao herdeiro instituído certo e determinado objeto, dentre os da herança, tocará ele aos herdeiros legítimos.

Art. 1.909. São anuláveis as disposições testamentárias inquinadas de erro, dolo ou coação.

Parágrafo único. Extingue-se em quatro anos o direito de anular a disposição, contados de quando o interessado tiver conhecimento do vício.

Art. 1.910. A ineficácia de uma disposição testamentária importa a das outras que, sem aquela, não teriam sido determinadas pelo testador.

Art. 1.911. A cláusula de inalienabilidade, imposta aos bens por ato de liberalidade, implica impenhorabilidade e incomunicabilidade.

Parágrafo único. No caso de desapropriação de bens clausulados, ou de sua alienação, por conveniência econômica do donatário ou do herdeiro, mediante autorização judicial, o produto da venda converter-se-á em outros bens, sobre os quais incidirão as restrições apostas aos primeiros.

CAPÍTULO VII - DOS LEGADOS

SEÇÃO I - DISPOSIÇÕES GERAIS

Art. 1.912. É ineficaz o legado de coisa certa que não pertença ao testador no momento da abertura da sucessão.

Art. 1.913. Se o testador ordenar que o herdeiro ou legatário entregue coisa de sua propriedade a outrem, não o cumprindo ele, entender-se-á que renunciou à herança ou ao legado.

Art. 1.914. Se tão-somente em parte a coisa legada pertencer ao testador, ou, no caso do artigo antecedente, ao herdeiro ou ao legatário, só quanto a essa parte valerá o legado.

Art. 1.915. Se o legado for de coisa que se determine pelo gênero, será o mesmo cumprido, ainda que tal coisa não exista entre os bens deixados pelo testador.

Art. 1.916. Se o testador legar coisa sua, singularizando-a, só terá eficácia o legado se, ao tempo do seu falecimento, ela se achava entre os bens da herança; se a coisa legada existir entre os bens do testador, mas em quantidade inferior à do legado, este será eficaz apenas quanto à existente.

Art. 1.917. O legado de coisa que deva encontrar-se em determinado lugar só terá eficácia se nele for achada, salvo se removida a título transitório.

Art. 1.918. O legado de crédito, ou de quitação de dívida, terá eficácia somente até a importância desta, ou daquele, ao tempo da morte do testador.

§ 1º Cumpre-se o legado, entregando o herdeiro ao legatário o título respectivo.

§ 2º Este legado não compreende as dívidas posteriores à data do testamento.

Art. 1.919. Não o declarando expressamente o testador, não se reputará compensação da sua dívida o legado que ele faça ao credor.

Parágrafo único. Subsistirá integralmente o legado, se a dívida lhe foi posterior, e o testador a solveu antes de morrer.

Art. 1.920. O legado de alimentos abrange o sustento, a cura, o vestuário e a casa, enquanto o legatário viver, além da educação, se ele for menor.

Art. 1.921. O legado de usufruto, sem fixação de tempo, entende-se deixado ao legatário por toda a sua vida.

Art. 1.922. Se aquele que legar um imóvel lhe ajuntar depois novas aquisições, estas, ainda que contíguas, não se compreendem no legado, salvo expressa declaração em contrário do testador.

Parágrafo único. Não se aplica o disposto neste artigo às benfeitorias necessárias, úteis ou voluptuárias feitas no prédio legado.

SEÇÃO II - DOS EFEITOS DO LEGADO E DO SEU PAGAMENTO

Art. 1.923. Desde a abertura da sucessão, pertence ao legatário a coisa certa, existente no acervo, salvo se o legado estiver sob condição suspensiva.

§ 1º Não se defere de imediato a posse da coisa, nem nela pode o legatário entrar por autoridade própria.

§ 2º O legado de coisa certa existente na herança transfere também ao legatário os frutos que produzir, desde a morte do testador, exceto se dependente de condição suspensiva, ou de termo inicial.

Art. 1.924. O direito de pedir o legado não se exercerá, enquanto se litigue sobre a validade do testamento, e, nos legados condicionais, ou a prazo, enquanto esteja pendente a condição ou o prazo não se vença.

Art. 1.925. O legado em dinheiro só vence juros desde o dia em que se constituir em mora a pessoa obrigada a prestá-lo.

Art. 1.926. Se o legado consistir em renda vitalícia ou pensão periódica, esta ou aquela correrá da morte do testador.

Art. 1.927. Se o legado for de quantidades certas, em prestações periódicas, datará da morte do testador o primeiro período, e o legatário terá direito a cada prestação, uma vez encetado cada um dos períodos sucessivos, ainda que venha a falecer antes do termo dele.

Art. 1.928. Sendo periódicas as prestações, só no termo de cada período se poderão exigir.

Parágrafo único. Se as prestações forem deixadas a título de alimentos, pagar-se-ão no começo de cada período, sempre que outra coisa não tenha disposto o testador.

Art. 1.929. Se o legado consiste em coisa determinada pelo gênero, ao herdeiro tocará escolhê-la, guardando o meio-termo entre as congêneres da melhor e pior qualidade.

Art. 1.930. O estabelecido no artigo antecedente será observado, quando a escolha for deixada a arbítrio de terceiro; e, se este não a quiser ou não a puder exercer, ao juiz competirá fazê-la, guardado o disposto na última parte do artigo antecedente.

Art. 1.931. Se a opção foi deixada ao legatário, este poderá escolher, do gênero determinado, a melhor coisa que houver na herança; e, se nesta não existir coisa de tal gênero, dar-lhe-á de outra congênere o herdeiro, observada a disposição na última parte do art. 1.929.

Art. 1.932. No legado alternativo, presume-se deixada ao herdeiro a opção.

Art. 1.933. Se o herdeiro ou legatário a quem couber a opção falecer antes de exercê-la, passará este poder aos seus herdeiros.

Art. 1.934. No silêncio do testamento, o cumprimento dos legados incumbe aos herdeiros e, não os havendo, aos legatários, na proporção do que herdaram.

Parágrafo único. O encargo estabelecido neste artigo, não havendo disposição testamentária em contrário, caberá ao herdeiro ou legatário incumbido pelo testador da execução do legado; quando indicados mais de um, os onerados dividirão entre si o ônus, na proporção do que recebam da herança.

Art. 1.935. Se algum legado consistir em coisa pertencente a herdeiro ou legatário (art. 1.913), só a ele incumbirá cumpri-lo, com regresso contra os co-herdeiros, pela quota de cada um, salvo se o contrário expressamente dispôs o testador.

Art. 1.936. As despesas e os riscos da entrega do legado correm à conta do legatário, se não dispuser diversamente o testador.

Art. 1.937. A coisa legada entregar-se-á, com seus acessórios, no lugar e estado em que se achava ao falecer o testador, passando ao legatário com todos os encargos que a onerarem.

Art. 1.938. Nos legados com encargo, aplica-se ao legatário o disposto neste Código quanto às doações de igual natureza.

SEÇÃO III - DA CADUCIDADE DOS LEGADOS

Art. 1.939. Caducará o legado:

I - se, depois do testamento, o testador modificar a coisa legada, ao ponto de já não ter a forma nem lhe caber a denominação que possuía;

II - se o testador, por qualquer título, alienar no todo ou em parte a coisa legada; nesse caso, caducará até onde ela deixou de pertencer ao testador;

III - se a coisa perecer ou for evicta, vivo ou morto o testador, sem culpa do herdeiro ou legatário incumbido do seu cumprimento;

IV - se o legatário for excluído da sucessão, nos termos do art. 1.815;

V - se o legatário falecer antes do testador.

Art. 1.940. Se o legado for de duas ou mais coisas alternativamente, e algumas delas perecerem, subsistirá quanto às restantes; perecendo parte de uma, valerá, quanto ao seu remanescente, o legado.

CAPÍTULO VIII - DO DIREITO DE ACRESCER ENTRE HERDEIROS E LEGATÁRIOS

Art. 1.941. Quando vários herdeiros, pela mesma disposição testamentária, forem conjuntamente chamados à herança em quinhões não determinados, e qualquer deles não puder ou não quiser aceitá-la, a sua parte acrescerá à dos co-herdeiros, salvo o direito do substituto.

Art. 1.942. O direito de acrescer competirá aos co-legatários, quando nomeados conjuntamente a respeito de uma só coisa, determinada e certa, ou quando o objeto do legado não puder ser dividido sem risco de desvalorização.

Art. 1.943. Se um dos co-herdeiros ou co-legatários, nas condições do artigo antecedente, morrer antes do testador; se renunciar a herança ou legado, ou destes for excluído, e, se a condição sob a qual foi instituído não se verificar, acrescerá o seu quinhão, salvo o direito do substituto, à parte dos co-herdeiros ou co-legatários conjuntos.

Parágrafo único. Os co-herdeiros ou co-legatários, aos quais acresceu o quinhão daquele que não quis ou não pôde suceder, ficam sujeitos às obrigações ou encargos que o oneravam.

Art. 1.944. Quando não se efetua o direito de acrescer, transmite-se aos herdeiros legítimos a quota vaga do nomeado.

Parágrafo único. Não existindo o direito de acrescer entre os co-legatários, a quota do que faltar acresce ao herdeiro ou ao legatário incumbido de satisfazer esse legado, ou a todos os herdeiros, na proporção dos seus quinhões, se o legado se deduziu da herança.

Art. 1.945. Não pode o beneficiário do acréscimo repudiá-lo separadamente da herança ou legado que lhe caiba, salvo se o acréscimo comportar encargos especiais impostos pelo testador; nesse caso, uma vez repudiado, reverte o acréscimo para a pessoa a favor de quem os encargos foram instituídos.

Art. 1.946. Legado um só usufruto conjuntamente a duas ou mais pessoas, a parte da que faltar acresce aos co-legatários.

Parágrafo único. Se não houver conjunção entre os co-legatários, ou se, apesar de conjuntos, só lhes foi legada certa parte do usufruto, consolidar-se-ão na propriedade as quotas dos que faltarem, à medida que eles forem faltando.

CAPÍTULO IX - DAS SUBSTITUIÇÕES
SEÇÃO I - DA SUBSTITUIÇÃO VULGAR E DA RECÍPROCA

Art. 1.947. O testador pode substituir outra pessoa ao herdeiro ou ao legatário nomeado, para o caso de um ou outro não querer ou não poder aceitar a herança ou o legado, presumindo-se que a substituição foi determinada para as duas alternativas, ainda que o testador só a uma se refira.

Art. 1.948. Também é lícito ao testador substituir muitas pessoas por uma só, ou vice-versa, e ainda substituir com reciprocidade ou sem ela.

Art. 1.949. O substituto fica sujeito à condição ou encargo imposto ao substituído, quando não for diversa a intenção manifestada pelo testador, ou não resultar outra coisa da natureza da condição ou do encargo.

Art. 1.950. Se, entre muitos co-herdeiros ou legatários de partes desiguais, for estabelecida substituição recíproca, a proporção dos quinhões fixada na primeira disposição entender-se-á mantida na segunda; se, com as outras anteriormente nomeadas, for incluída mais alguma pessoa na substituição, o quinhão vago pertencerá em partes iguais aos substitutos.

SEÇÃO II - DA SUBSTITUIÇÃO FIDEICOMISSÁRIA

Art. 1.951. Pode o testador instituir herdeiros ou legatários, estabelecendo que, por ocasião de sua morte, a herança ou o legado se transmita ao fiduciário, resolvendo-se o direito deste, por sua morte, a certo tempo ou sob certa condição, em favor de outrem, que se qualifica de fideicomissário.

Art. 1.952. A substituição fideicomissária somente se permite em favor dos não concebidos ao tempo da morte do testador.

Parágrafo único. Se, ao tempo da morte do testador, já houver nascido o fideicomissário, adquirirá este a propriedade dos bens fideicometidos, convertendo-se em usufruto o direito do fiduciário.

Art. 1.953. O fiduciário tem a propriedade da herança ou legado, mas restrita e resolúvel.

Parágrafo único. O fiduciário é obrigado a proceder ao inventário dos bens gravados, e a prestar caução de restituí-los se o exigir o fideicomissário.

Art. 1.954. Salvo disposição em contrário do testador, se o fiduciário renunciar a herança ou o legado, defere-se ao fideicomissário o poder de aceitar.

Art. 1.955. O fideicomissário pode renunciar a herança ou o legado, e, neste caso, o fideicomisso caduca, deixando de ser resolúvel a propriedade do fiduciário, se não houver disposição contrária do testador.

Art. 1.956. Se o fideicomissário aceitar a herança ou o legado, terá direito à parte que, ao fiduciário, em qualquer tempo acrescer.

Art. 1.957. Ao sobrevir a sucessão, o fideicomissário responde pelos encargos da herança que ainda restarem.

Art. 1.958. Caduca o fideicomisso se o fideicomissário morrer antes do fiduciário, ou antes de realizar-se a condição resolutória do direito deste último; nesse caso, a propriedade consolida-se no fiduciário, nos termos do art. 1.955.

Art. 1.959. São nulos os fideicomissos além do segundo grau.

Art. 1.960. A nulidade da substituição ilegal não prejudica a instituição, que valerá sem o encargo resolutório.

CAPÍTULO X - DA DESERDAÇÃO

Art. 1.961. Os herdeiros necessários podem ser privados de sua legítima, ou deserdados, em todos os casos em que podem ser excluídos da sucessão.

Art. 1.962. Além das causas mencionadas no art. 1.814, autorizam a deserdação dos descendentes por seus ascendentes:

I - ofensa física;
II - injúria grave;
III - relações ilícitas com a madrasta ou com o padrasto;
IV - desamparo do ascendente em alienação mental ou grave enfermidade.

Art. 1.963. Além das causas enumeradas no art. 1.814, autorizam a deserdação dos ascendentes pelos descendentes:

I - ofensa física;
II - injúria grave;
III - relações ilícitas com a mulher ou companheira do filho ou a do neto, ou com o marido ou companheiro da filha ou o da neta;
IV - desamparo do filho ou neto com deficiência mental ou grave enfermidade.

Art. 1.964. Somente com expressa declaração de causa pode a deserdação ser ordenada em testamento.

Art. 1.965. Ao herdeiro instituído, ou àquele a quem aproveite a deserdação, incumbe provar a veracidade da causa alegada pelo testador.

Parágrafo único. O direito de provar a causa da deserdação extingue-se no prazo de quatro anos, a contar da data da abertura do testamento.

CAPÍTULO XI - DA REDUÇÃO DAS DISPOSIÇÕES TESTAMENTÁRIAS

Art. 1.966. O remanescente pertencerá aos herdeiros legítimos, quando o testador só em parte dispuser da quota hereditária disponível.

Art. 1.967. As disposições que excederem a parte disponível reduzir-se-ão aos limites dela, de conformidade com o disposto nos parágrafos seguintes.

§ 1º Em se verificando excederem as disposições testamentárias a porção disponível, serão proporcionalmente reduzidas as quotas do herdeiro ou herdeiros instituídos, até onde baste, e, não bastando, também os legados, na proporção do seu valor.

§ 2º Se o testador, prevenindo o caso, dispuser que se inteirem, de preferência, certos herdeiros e legatários, a redução far-se-á nos outros quinhões ou legados, observando-se a seu respeito a ordem estabelecida no parágrafo antecedente.

Art. 1.968. Quando consistir em prédio divisível o legado sujeito a redução, far-se-á esta dividindo-o proporcionalmente.

§ 1º Se não for possível a divisão, e o excesso do legado montar a mais de um quarto do valor do prédio, o legatário deixará inteiro na herança o imóvel legado, ficando com o direito de pedir aos herdeiros o valor que couber na parte disponível; se o excesso não for de mais de um quarto, aos herdeiros fará tornar em dinheiro o legatário, que ficará com o prédio.

§ 2º Se o legatário for ao mesmo tempo herdeiro necessário, poderá inteirar sua legítima no mesmo imóvel, de preferencia aos outros, sempre que ela e a parte subsistente do legado lhe absorverem o valor.

CAPÍTULO XII - DA REVOGAÇÃO DO TESTAMENTO

Art. 1.969. O testamento pode ser revogado pelo mesmo modo e forma como pode ser feito.

Art. 1.970. A revogação do testamento pode ser total ou parcial.

Parágrafo único. Se parcial, ou se o testamento posterior não contiver cláusula revogatória expressa, o anterior subsiste em tudo que não for contrário ao posterior.

Art. 1.971. A revogação produzirá seus efeitos, ainda quando o testamento, que a encerra, vier a caducar por exclusão, incapacidade ou renúncia do herdeiro nele nomeado; não valerá, se o testamento revogatório for anulado por omissão ou infração de solenidades essenciais ou por vícios intrínsecos.

Art. 1.972. O testamento cerrado que o testador abrir ou dilacerar, ou for aberto ou dilacerado com seu consentimento, haver-se-á como revogado.

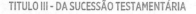

TITULO III - DA SUCESSÃO TESTAMENTÁRIA

CAPÍTULO XIII - DO ROMPIMENTO DO TESTAMENTO

Art. 1.973. Sobrevindo descendente sucessível ao testador, que não o tinha ou não o conhecia quando testou, rompe-se o testamento em todas as suas disposições, se esse descendente sobreviver ao testador.

Art. 1.974. Rompe-se também o testamento feito na ignorância de existirem outros herdeiros necessários.

Art. 1.975. Não se rompe o testamento, se o testador dispuser da sua metade, não contemplando os herdeiros necessários de cuja existência saiba, ou quando os exclua dessa parte.

CAPÍTULO XIV - DO TESTAMENTEIRO

Art. 1.976. O testador pode nomear um ou mais testamenteiros, conjuntos ou separados, para lhe darem cumprimento às disposições de última vontade.

Art. 1.977. O testador pode conceder ao testamenteiro a posse e a administração da herança, ou de parte dela, não havendo cônjuge ou herdeiros necessários.

Parágrafo único. Qualquer herdeiro pode requerer partilha imediata, ou devolução da herança, habilitando o testamenteiro com os meios necessários para o cumprimento dos legados, ou dando caução de prestá-los.

Art. 1.978. Tendo o testamenteiro a posse e a administração dos bens, incumbe-lhe requerer inventário e cumprir o testamento.

Art. 1.979. O testamenteiro nomeado, ou qualquer parte interessada, pode requerer, assim como o juiz pode ordenar, de ofício, ao detentor do testamento, que o leve a registro.

Art. 1.980. O testamenteiro é obrigado a cumprir as disposições testamentárias, no prazo marcado pelo testador, e a dar contas do que recebeu e despendeu, subsistindo sua responsabilidade enquanto durar a execução do testamento.

Art. 1.981. Compete ao testamenteiro, com ou sem o concurso do inventariante e dos herdeiros instituídos, defender a validade do testamento.

Art. 1.982. Além das atribuições exaradas nos artigos antecedentes, terá o testamenteiro as que lhe conferir o testador, nos limites da lei.

Art. 1.983. Não concedendo o testador prazo maior, cumprirá o testamenteiro o testamento e prestará contas em cento e oitenta dias, contados da aceitação da testamentaria.

Parágrafo único. Pode esse prazo ser prorrogado se houver motivo suficiente.

Art. 1.984. Na falta de testamenteiro nomeado pelo testador, a execução testamentária compete a um dos cônjuges, e, em falta destes, ao herdeiro nomeado pelo juiz.

Art. 1.985. O encargo da testamentaria não se transmite aos herdeiros do testamenteiro, nem é delegável; mas o testamenteiro pode fazer-se representar em juízo e fora dele, mediante mandatário com poderes especiais.

Art. 1.986. Havendo simultaneamente mais de um testamenteiro, que tenha aceitado o cargo, poderá cada qual exercê-lo, em falta dos outros; mas todos ficam solidariamente obrigados a dar conta dos bens que lhes forem confiados, salvo se cada um tiver, pelo testamento, funções distintas, e a elas se limitar.

Art. 1.987. Salvo disposição testamentária em contrário, o testamenteiro, que não seja herdeiro ou legatário, terá direito a um prêmio, que, se o testador não o houver fixado, será de um a cinco por cento, arbitrado pelo juiz, sobre a herança líquida, conforme a importância dela e maior ou menor dificuldade na execução do testamento.

Parágrafo único. O prêmio arbitrado será pago à conta da parte disponível, quando houver herdeiro necessário.

Art. 1.988. O herdeiro ou o legatário nomeado testamenteiro poderá preferir o prêmio à herança ou ao legado.

Art. 1.989. Reverterá à herança o prêmio que o testamenteiro perder, por ser removido ou por não ter cumprido o testamento.

Art. 1.990. Se o testador tiver distribuído toda a herança em legados, exercerá o testamenteiro as funções de inventariante.

TÍTULO IV - DO INVENTÁRIO E DA PARTILHA

CAPÍTULO I - DO INVENTÁRIO

Art. 1.991. Desde a assinatura do compromisso até a homologação da partilha, a administração da herança será exercida pelo inventariante.

CAPÍTULO II - DOS SONEGADOS

Art. 1.992. O herdeiro que sonegar bens da herança, não os descrevendo no inventário quando estejam em seu poder, ou, com o seu conhecimento, no de outrem, ou que os omitir na colação, a que os deva levar, ou que deixar de restituí-los, perderá o direito que sobre eles lhe cabia.

Art. 1.993. Além da pena cominada no artigo antecedente, se o sonegador for o próprio inventariante, remover-se-á, em se provando a sonegação, ou negando ele a existência dos bens, quando indicados.

Art. 1.994. A pena de sonegados só se pode requerer e impor em ação movida pelos herdeiros ou pelos credores da herança.

Parágrafo único. A sentença que se proferir na ação de sonegados, movida por qualquer dos herdeiros ou credores, aproveita aos demais interessados.

Art. 1.995. Se não se restituírem os bens sonegados, por já não os ter o sonegador em seu poder, pagará ele a importância dos valores que ocultou, mais as perdas e danos.

Art. 1.996. Só se pode argüir de sonegação o inventariante depois de encerrada a descrição dos bens, com a declaração, por ele feita, de não existirem outros por inventariar e partir, assim como argüir o herdeiro, depois de declarar-se no inventário que não os possui.

CAPÍTULO III - DO PAGAMENTO DAS DÍVIDAS

Art. 1.997. A herança responde pelo pagamento das dívidas do falecido; mas, feita a partilha, só respondem os herdeiros, cada qual em proporção da parte que na herança lhe coube.

§ 1º Quando, antes da partilha, for requerido no inventário o pagamento de dívidas constantes de documentos, revestidos de formalidades legais, constituindo prova bastante da obrigação, e houver impugnação, que não se funde na alegação de pagamento, acompanhada de prova valiosa, o juiz mandará reservar, em poder do inventariante, bens suficientes para solução do débito, sobre os quais venha a recair oportunamente a execução.

§ 2º No caso previsto no parágrafo antecedente, o credor será obrigado a iniciar a ação de cobrança no prazo de trinta dias, sob pena de se tornar de nenhum efeito a providência indicada.

Art. 1.998. As despesas funerárias, haja ou não herdeiros legítimos, sairão do monte da herança; mas as de sufrágios por alma do falecido só obrigarão a herança quando ordenadas em testamento ou codicilo.

Art. 1.999. Sempre que houver ação regressiva de uns contra outros herdeiros, a parte do co-herdeiro insolvente dividir-se-á em proporção entre os demais.

Art. 2.000. Os legatários e credores da herança podem exigir que do patrimônio do falecido se discrimine o do herdeiro, e, em concurso com os credores deste, ser-lhes-ão preferidos no pagamento.

Art. 2.001. Se o herdeiro for devedor ao espólio, sua dívida será partilhada igualmente entre todos, salvo se a maioria consentir que o débito seja imputado inteiramente no quinhão do devedor.

CAPÍTULO IV - DA COLAÇÃO

Art. 2.002. Os descendentes que concorrerem à sucessão do ascendente comum são obrigados, para igualar as legítimas, a conferir o valor das doações que dele em vida receberam, sob pena de sonegação.

Parágrafo único. Para cálculo da legítima, o valor dos bens conferidos será computado na parte indisponível, sem aumentar a disponível.

Art. 2.003. A colação tem por fim igualar, na proporção estabelecida neste Código, as legítimas dos descendentes e do cônjuge sobrevivente, obrigando também os donatários que, ao tempo do falecimento do doador, já não possuírem os bens doados.

Parágrafo único. Se, computados os valores das doações feitas em adiantamento de legítima, não houver no acervo bens suficientes para igualar as legítimas dos descendentes e do cônjuge, os bens assim doados serão conferidos em espécie, ou, quando deles já não disponha o donatário, pelo seu valor ao tempo da liberalidade.

Art. 2.004. O valor de colação dos bens doados será aquele, certo ou estimativo, que lhes atribuir o ato de liberalidade.

§ 1º Se do ato de doação não constar valor certo, nem houver estimação feita naquela época, os bens serão conferidos na partilha pelo que então se calcular valessem ao tempo da liberalidade.

§ 2º Só o valor dos bens doados entrará em colação; não assim o das benfeitorias acrescidas, as quais pertencerão ao herdeiro donatário, correndo também à conta deste os rendimentos ou lucros, assim como os danos e perdas que eles sofrerem.

Art. 2.005. São dispensadas da colação as doações que o doador determinar saiam da parte disponível, contanto que não a excedam, computado o seu valor ao tempo da doação.

Parágrafo único. Presume-se imputada na parte disponível a liberalidade feita a descendente que, ao tempo do ato, não seria chamado à sucessão na qualidade de herdeiro necessário.

Art. 2.006. A dispensa da colação pode ser outorgada pelo doador em testamento, ou no próprio título de liberalidade.

Art. 2.007. São sujeitas à redução as doações em que se apurar excesso quanto ao que o doador poderia dispor, no momento da liberalidade.

§ 1º O excesso será apurado com base no valor que os bens doados tinham, no momento da liberalidade.

§ 2º A redução da liberalidade far-se-á pela restituição ao monte do excesso assim apurado; a restituição será em espécie, ou, se não mais existir o bem em poder do donatário, em dinheiro, segundo o seu valor ao tempo da abertura da sucessão, observadas, no que forem aplicáveis, as regras deste Código sobre a redução das disposições testamentárias.

§ 3º Sujeita-se a redução, nos termos do parágrafo antecedente, a parte da doação feita a herdeiros necessários que exceder a legítima e mais a quota disponível.

§ 4º Sendo várias as doações a herdeiros necessários, feitas em diferentes datas, serão elas reduzidas a partir da última, até a eliminação do excesso.

Art. 2.008. Aquele que renunciou a herança ou dela foi excluído, deve, não obstante, conferir as doações recebidas, para o fim de repor o que exceder o disponível.

Art. 2.009. Quando os netos, representando os seus pais, sucederem aos avós, serão obrigados a trazer à colação, ainda que não o hajam herdado, o que os pais teriam de conferir.

Art. 2.010. Não virão à colação os gastos ordinários do ascendente com o descendente, enquanto menor, na sua educação, estudos, sustento, vestuário, tratamento nas enfermidades, enxoval, assim como as despesas de casamento, ou as feitas no interesse de sua defesa em processo-crime.

Art. 2.011. As doações remuneratórias de serviços feitos ao ascendente também não estão sujeitas a colação.

Art. 2.012. Sendo feita a doação por ambos os cônjuges, no inventário de cada um se conferirá por metade.

CAPÍTULO V - DA PARTILHA

Art. 2.013. O herdeiro pode sempre requerer a partilha, ainda que o testador o proíba, cabendo igual faculdade aos seus cessionários e credores.

Art. 2.014. Pode o testador indicar os bens e valores que devem compor os quinhões hereditários, deliberando ele próprio a partilha, que prevalecerá, salvo se o valor dos bens não corresponder às quotas estabelecidas.

Art. 2.015. Se os herdeiros forem capazes, poderão fazer partilha amigável, por escritura pública, termo nos autos do inventário, ou escrito particular, homologado pelo juiz.

Art. 2.016. Será sempre judicial a partilha, se os herdeiros divergirem, assim como se algum deles for incapaz.

Art. 2.017. No partilhar os bens, observar-se-á, quanto ao seu valor, natureza e qualidade, a maior igualdade possível.

Art. 2.018. É válida a partilha feita por ascendente, por ato entre vivos ou de última vontade, contanto que não prejudique a legítima dos herdeiros necessários.

Art. 2.019. Os bens insuscetíveis de divisão cômoda, que não couberem na meação do cônjuge sobrevivente ou no quinhão de um só herdeiro, serão vendidos judicialmente, partilhando-se o valor apurado, a não ser que haja acordo para serem adjudicados a todos.

§ 1º Não se fará a venda judicial se o cônjuge sobrevivente ou um ou mais herdeiros requererem lhes seja adjudicado o bem, repondo aos outros, em dinheiro, a diferença, após avaliação atualizada.

§ 2º Se a adjudicação for requerida por mais de um herdeiro, observar-se-á o processo da licitação.

Art. 2.020. Os herdeiros em posse dos bens da herança, o cônjuge sobrevivente e o inventariante são obrigados a trazer ao acervo os frutos que perceberam, desde a abertura da sucessão; têm direito ao reembolso das despesas necessárias e úteis que fizeram, e respondem pelo dano a que, por dolo ou culpa, deram causa.

Art. 2.021. Quando parte da herança consistir em bens remotos do lugar do inventário, litigiosos, ou de liquidação morosa ou difícil, poderá proceder-se, no prazo legal, à partilha dos outros, reservando-se aqueles para uma ou mais sobrepartilhas, sob a guarda e a administração do mesmo ou diverso inventariante, e consentimento da maioria dos herdeiros.

Art. 2.022. Ficam sujeitos a sobrepartilha os bens sonegados e quaisquer outros bens da herança de que se tiver ciência após a partilha.

CAPÍTULO VI - DA GARANTIA DOS QUINHÕES HEREDITÁRIOS

Art. 2.023. Julgada a partilha, fica o direito de cada um dos herdeiros circunscrito aos bens do seu quinhão.

Art. 2.024. Os co-herdeiros são reciprocamente obrigados a indenizar-se no caso de evicção dos bens aquinhoados.

Art. 2.025. Cessa a obrigação mútua estabelecida no artigo antecedente, havendo convenção em contrário, e bem assim dando-se a evicção por culpa do evicto, ou por fato posterior à partilha.

Art. 2.026. O evicto será indenizado pelos co-herdeiros na proporção de suas quotas hereditárias, mas, se algum deles se achar insolvente, responderão os demais na mesma proporção, pela parte desse, menos a quota que corresponderia ao indenizado.

CAPÍTULO VII - DA ANULAÇÃO DA PARTILHA

Art. 2.027. A partilha é anulável pelos vícios e defeitos que invalidam, em geral, os negócios jurídicos. (Redação dada pela Lei nº 13.105, de 2015)

Parágrafo único. Extingue-se em um ano o direito de anular a partilha.

LIVRO COMPLEMENTAR
DAS Disposições Finais e Transitórias

Art. 2.028. Serão os da lei anterior os prazos, quando reduzidos por este Código, e se, na data de sua entrada em vigor, já houver transcorrido mais da metade do tempo estabelecido na lei revogada.

Art. 2.029. Até dois anos após a entrada em vigor deste Código, os prazos estabelecidos no parágrafo único do art. 1.238 e no parágrafo único do art. 1.242 serão acrescidos de dois anos, qualquer que seja o tempo transcorrido na vigência do anterior, Lei nº 3.071, de 1º de janeiro de 1916.

Art. 2.030. O acréscimo de que trata o artigo antecedente, será feito nos casos a que se refere o § 4º do art. 1.228.

Art. 2.031. As associações, sociedades e fundações, constituídas na forma das leis anteriores, bem como os empresários, deverão se adaptar às disposições deste Código até 11 de janeiro de 2007. (Redação dada pela Lei nº 11.127, de 2005)

Parágrafo único. O disposto neste artigo não se aplica às organizações religiosas nem aos partidos políticos. (Incluído pela Lei nº 10.825, de 22.12.2003))

Art. 2.032. As fundações, instituídas segundo a legislação anterior, inclusive as de fins diversos dos previstos no parágrafo único do art. 62, subordinam-se, quanto ao seu funcionamento, ao disposto neste Código.

Art. 2.033. Salvo o disposto em lei especial, as modificações dos atos constitutivos das pessoas jurídicas referidas no art. 44, bem como a sua transformação, incorporação, cisão ou fusão, regem-se desde logo por este Código.

Art. 2.034. A dissolução e a liquidação das pessoas jurídicas referidas no artigo antecedente, quando iniciadas antes da vigência deste Código, obedecerão ao disposto nas leis anteriores.

Art. 2.035. A validade dos negócios e demais atos jurídicos, constituídos antes da entrada em vigor deste Código, obedece ao disposto nas leis anteriores, referidas no art. 2.045, mas os seus efeitos, produzidos após a vigência deste Código, aos preceitos dele se subordinam, salvo se houver sido prevista pelas partes determinada forma de execução.

Parágrafo único. Nenhuma convenção prevalecerá se contrariar preceitos de ordem pública, tais como os estabelecidos por este Código para assegurar a função social da propriedade e dos contratos.

Art. 2.036. A locação de prédio urbano, que esteja sujeita à lei especial, por esta continua a ser regida.

Art. 2.037. Salvo disposição em contrário, aplicam-se aos empresários e sociedades empresárias as disposições de lei não revogadas por este Código, referentes a comerciantes, ou a sociedades comerciais, bem como a atividades mercantis.

Art. 2.038. Fica proibida a constituição de enfiteuses e subenfiteuses, subordinando-se as existentes, até sua extinção, às disposições do Código Civil anterior, Lei nº 3.071, de 1º de janeiro de 1916 , e leis posteriores.

§ 1º Nos aforamentos a que se refere este artigo é defeso:

I - cobrar laudêmio ou prestação análoga nas transmissões de bem aforado, sobre o valor das construções ou plantações;

II - constituir subenfiteuse.

§ 2º A enfiteuse dos terrenos de marinha e acrescidos regula-se por lei especial.

Art. 2.039. O regime de bens nos casamentos celebrados na vigência do Código Civil anterior, Lei nº 3.071, de 1º de janeiro de 1916 , é o por ele estabelecido.

Art. 2.040. A hipoteca legal dos bens do tutor ou curador, inscrita em conformidade com o inciso IV do art. 827 do Código Civil anterior, Lei nº 3.071, de 1º de janeiro de 1916, poderá ser cancelada, obedecido o disposto no parágrafo único do art. 1.745 deste Código.

Art. 2.041. As disposições deste Código relativas à ordem da vocação hereditária (arts. 1.829 a 1.844) não se aplicam à sucessão aberta antes de sua vigência, prevalecendo o disposto na lei anterior (Lei nº 3.071, de 1º de janeiro de 1916) .

Art. 2.042. Aplica-se o disposto no caput do art. 1.848, quando aberta a sucessão no prazo de um ano após a entrada em vigor deste Código, ainda que o testamento tenha sido feito na vigência do anterior, Lei nº 3.071, de 1º de janeiro de 1916 ; se, no prazo, o testador não aditar o testamento para declarar a justa causa de cláusula aposta à legítima, não subsistirá a restrição.

Art. 2.043. Até que por outra forma se disciplinem, continuam em vigor as disposições de natureza processual, administrativa ou penal, constantes de leis cujos preceitos de natureza civil hajam sido incorporados a este Código.

Art. 2.044. Este Código entrará em vigor 1 (um) ano após a sua publicação.

Art. 2.045. Revogam-se a Lei nº 3.071, de 1º de janeiro de 1916 - Código Civil e a Parte Primeira do Código Comercial, Lei nº 556, de 25 de junho de 1850.

Art. 2.046. Todas as remissões, em diplomas legislativos, aos Códigos referidos no artigo antecedente, consideram-se feitas às disposições correspondentes deste Código.

PREPARAÇÃO • CONHECIMENTO • APROVAÇÃO

DIREITO PROCESSUAL CIVIL

SUMÁRIO

1. CÓDIGO DE PROCESSO CIVIL – LEI Nº 13.105, DE 16 DE MARÇO DE 2015....... 562
PARTE GERAL ... 562
LIVRO I – DAS NORMAS PROCESSUAIS CIVIS .. 562
LIVRO II – DA FUNÇÃO JURISDICIONAL ... 562
LIVRO III – DOS SUJEITOS DO PROCESSO ... 565
LIVRO IV – DOS ATOS PROCESSUAIS ... 576
LIVRO V – DA TUTELA PROVISÓRIA .. 583
LIVRO VI – DA FORMAÇÃO, DA SUSPENSÃO E DA EXTINÇÃO DO PROCESSO 584
PARTE ESPECIAL ... 585
LIVRO I – DO PROCESSO DE CONHECIMENTO E DO CUMPRIMENTO DE SENTENÇA 585
LIVRO II – DO PROCESSO DE EXECUÇÃO .. 617
LIVRO III – DOS PROCESSOS NOS TRIBUNAIS E DOS MEIOS DE IMPUGNAÇÃO DAS DECISÕES JUDICIAIS 631
LIVRO COMPLEMENTAR – DISPOSIÇÕES FINAIS E TRANSITÓRIAS ... 643

1. CÓDIGO DE PROCESSO CIVIL - LEI Nº 13.105, DE 16 DE MARÇO DE 2015

A PRESIDENTA DA REPÚBLICA Faço saber que o Congresso Nacional decreta e eu sanciono a seguinte Lei:

PARTE GERAL

LIVRO I - DAS NORMAS PROCESSUAIS CIVIS

TÍTULO ÚNICO - DAS NORMAS FUNDAMENTAIS E DA APLICAÇÃO DAS NORMAS PROCESSUAIS

CAPÍTULO I - DAS NORMAS FUNDAMENTAIS DO PROCESSO CIVIL

Art. 1º O processo civil será ordenado, disciplinado e interpretado conforme os valores e as normas fundamentais estabelecidos na Constituição da República Federativa do Brasil, observando-se as disposições deste Código.

Art. 2º O processo começa por iniciativa da parte e se desenvolve por impulso oficial, salvo as exceções previstas em lei.

Art. 3º Não se excluirá da apreciação jurisdicional ameaça ou lesão a direito.

§ 1º É permitida a arbitragem, na forma da lei.

§ 2º O Estado promoverá, sempre que possível, a solução consensual dos conflitos.

§ 3º A conciliação, a mediação e outros métodos de solução consensual de conflitos deverão ser estimulados por juízes, advogados, defensores públicos e membros do Ministério Público, inclusive no curso do processo judicial.

Art. 4º As partes têm o direito de obter em prazo razoável a solução integral do mérito, incluída a atividade satisfativa.

Art. 5º Aquele que de qualquer forma participa do processo deve comportar-se de acordo com a boa-fé.

Art. 6º Todos os sujeitos do processo devem cooperar entre si para que se obtenha, em tempo razoável, decisão de mérito justa e efetiva.

Art. 7º É assegurada às partes paridade de tratamento em relação ao exercício de direitos e faculdades processuais, aos meios de defesa, aos ônus, aos deveres e à aplicação de sanções processuais, competindo ao juiz zelar pelo efetivo contraditório.

Art. 8º Ao aplicar o ordenamento jurídico, o juiz atenderá aos fins sociais e às exigências do bem comum, resguardando e promovendo a dignidade da pessoa humana e observando a proporcionalidade, a razoabilidade, a legalidade, a publicidade e a eficiência.

Art. 9º Não se proferirá decisão contra uma das partes sem que ela seja previamente ouvida.

Parágrafo único. O disposto no caput não se aplica:

I - à tutela provisória de urgência;

II - às hipóteses de tutela da evidência previstas no art. 311, incisos II e III;

III - à decisão prevista no art. 701.

Art. 10. O juiz não pode decidir, em grau algum de jurisdição, com base em fundamento a respeito do qual não se tenha dado às partes oportunidade de se manifestar, ainda que se trate de matéria sobre a qual deva decidir de ofício.

Art. 11. Todos os julgamentos dos órgãos do Poder Judiciário serão públicos, e fundamentadas todas as decisões, sob pena de nulidade.

Parágrafo único. Nos casos de segredo de justiça, pode ser autorizada a presença somente das partes, de seus advogados, de defensores públicos ou do Ministério Público.

Art. 12. Os juízes e os tribunais atenderão, preferencialmente, à ordem cronológica de conclusão para proferir sentença ou acórdão.

§ 1º A lista de processos aptos a julgamento deverá estar permanentemente à disposição para consulta pública em cartório e na rede mundial de computadores.

§ 2º Estão excluídos da regra do caput:

I - as sentenças proferidas em audiência, homologatórias de acordo ou de improcedência liminar do pedido;

II - o julgamento de processos em bloco para aplicação de tese jurídica firmada em julgamento de casos repetitivos;

III - o julgamento de recursos repetitivos ou de incidente de resolução de demandas repetitivas;

IV - as decisões proferidas com base nos arts. 485 e 932;

V - o julgamento de embargos de declaração;

VI - o julgamento de agravo interno;

VII - as preferências legais e as metas estabelecidas pelo Conselho Nacional de Justiça;

VIII - os processos criminais, nos órgãos jurisdicionais que tenham competência penal;

IX - a causa que exija urgência no julgamento, assim reconhecida por decisão fundamentada.

§ 3º Após elaboração de lista própria, respeitar-se-á a ordem cronológica das conclusões entre as preferências legais.

§ 4º Após a inclusão do processo na lista de que trata o § 1º, o requerimento formulado pela parte não altera a ordem cronológica para a decisão, exceto quando implicar a reabertura da instrução ou a conversão do julgamento em diligência.

§ 5º Decidido o requerimento previsto no § 4º, o processo retornará à mesma posição em que anteriormente se encontrava na lista.

§ 6º Ocupará o primeiro lugar na lista prevista no § 1º ou, conforme o caso, no § 3º, o processo que:

I - tiver sua sentença ou acórdão anulado, salvo quando houver necessidade de realização de diligência ou de complementação da instrução;

II - se enquadrar na hipótese do art. 1.040, inciso II.

CAPÍTULO II - DA APLICAÇÃO DAS NORMAS PROCESSUAIS

Art. 13. A jurisdição civil será regida pelas normas processuais brasileiras, ressalvadas as disposições específicas previstas em tratados, convenções ou acordos internacionais de que o Brasil seja parte.

Art. 14. A norma processual não retroagirá e será aplicável imediatamente aos processos em curso, respeitados os atos processuais praticados e as situações jurídicas consolidadas sob a vigência da norma revogada.

Art. 15. Na ausência de normas que regulem processos eleitorais, trabalhistas ou administrativos, as disposições deste Código lhes serão aplicadas supletiva e subsidiariamente.

LIVRO II - DA FUNÇÃO JURISDICIONAL

TÍTULO I - DA JURISDIÇÃO E DA AÇÃO

Art. 16. A jurisdição civil é exercida pelos juízes e pelos tribunais em todo o território nacional, conforme as disposições deste Código.

Art. 17. Para postular em juízo é necessário ter interesse e legitimidade.

Art. 18. Ninguém poderá pleitear direito alheio em nome próprio, salvo quando autorizado pelo ordenamento jurídico.

Parágrafo único. Havendo substituição processual, o substituído poderá intervir como assistente litisconsorcial.

Art. 19. O interesse do autor pode limitar-se à declaração:

I - da existência, da inexistência ou do modo de ser de uma relação jurídica;

II - da autenticidade ou da falsidade de documento.

Art. 20. É admissível a ação meramente declaratória, ainda que tenha ocorrido a violação do direito.

TÍTULO II - DOS LIMITES DA JURISDIÇÃO NACIONAL E DA COOPERAÇÃO INTERNACIONAL

CAPÍTULO I - DOS LIMITES DA JURISDIÇÃO NACIONAL

Art. 21. Compete à autoridade judiciária brasileira processar e julgar as ações em que:

I - o réu, qualquer que seja a sua nacionalidade, estiver domiciliado no Brasil;

II - no Brasil tiver de ser cumprida a obrigação;

III - o fundamento seja fato ocorrido ou ato praticado no Brasil.

Parágrafo único. Para o fim do disposto no inciso I, considera-se domiciliada no Brasil a pessoa jurídica estrangeira que nele tiver agência, filial ou sucursal.

Art. 22. Compete, ainda, à autoridade judiciária brasileira processar e julgar as ações:

I - de alimentos, quando:
a) o credor tiver domicílio ou residência no Brasil;
b) o réu mantiver vínculos no Brasil, tais como posse ou propriedade de bens, recebimento de renda ou obtenção de benefícios econômicos;

II - decorrentes de relações de consumo, quando o consumidor tiver domicílio ou residência no Brasil;

III - em que as partes, expressa ou tacitamente, se submeterem à jurisdição nacional.

Art. 23. Compete à autoridade judiciária brasileira, com exclusão de qualquer outra:

I - conhecer de ações relativas a imóveis situados no Brasil;

II - em matéria de sucessão hereditária, proceder à confirmação de testamento particular e ao inventário e à partilha de bens situados no Brasil, ainda que o autor da herança seja de nacionalidade estrangeira ou tenha domicílio fora do território nacional;

III - em divórcio, separação judicial ou dissolução de união estável, proceder à partilha de bens situados no Brasil, ainda que o titular seja de nacionalidade estrangeira ou tenha domicílio fora do território nacional.

Art. 24. A ação proposta perante tribunal estrangeiro não induz litispendência e não obsta a que a autoridade judiciária brasileira conheça da mesma causa e das que lhe são conexas, ressalvadas as disposições em contrário de tratados internacionais e acordos bilaterais em vigor no Brasil.

Parágrafo único. A pendência de causa perante a jurisdição brasileira não impede a homologação de sentença judicial estrangeira quando exigida para produzir efeitos no Brasil.

Art. 25. Não compete à autoridade judiciária brasileira o processamento e o julgamento da ação quando houver cláusula de eleição de foro exclusivo estrangeiro em contrato internacional, arguida pelo réu na contestação.

§ 1º Não se aplica o disposto no caput às hipóteses de competência internacional exclusiva previstas neste Capítulo.

§ 2º Aplica-se à hipótese do caput o art. 63, §§ 1º a 4º.

CAPÍTULO II - DA COOPERAÇÃO INTERNACIONAL

Seção I - Disposições Gerais

Art. 26. A cooperação jurídica internacional será regida por tratado de que o Brasil faz parte e observará:

I - o respeito às garantias do devido processo legal no Estado requerente;

II - a igualdade de tratamento entre nacionais e estrangeiros, residentes ou não no Brasil, em relação ao acesso à justiça e à tramitação dos processos, assegurando-se assistência judiciária aos necessitados;

III - a publicidade processual, exceto nas hipóteses de sigilo previstas na legislação brasileira ou na do Estado requerente;

IV - a existência de autoridade central para recepção e transmissão dos pedidos de cooperação;

V - a espontaneidade na transmissão de informações a autoridades estrangeiras.

§ 1º Na ausência de tratado, a cooperação jurídica internacional poderá realizar-se com base em reciprocidade, manifestada por via diplomática.

§ 2º Não se exigirá a reciprocidade referida no § 1º para homologação de sentença estrangeira.

§ 3º Na cooperação jurídica internacional não será admitida a prática de atos que contrariem ou que produzam resultados incompatíveis com as normas fundamentais que regem o Estado brasileiro.

§ 4º O Ministério da Justiça exercerá as funções de autoridade central na ausência de designação específica.

Art. 27. A cooperação jurídica internacional terá por objeto:

I - citação, intimação e notificação judicial e extrajudicial;

II - colheita de provas e obtenção de informações;

III - homologação e cumprimento de decisão;

IV - concessão de medida judicial de urgência;

V - assistência jurídica internacional;

VI - qualquer outra medida judicial ou extrajudicial não proibida pela lei brasileira.

Seção II - Do Auxílio Direto

Art. 28. Cabe auxílio direto quando a medida não decorrer diretamente de decisão de autoridade jurisdicional estrangeira a ser submetida a juízo de delibação no Brasil.

Art. 29. A solicitação de auxílio direto será encaminhada pelo órgão estrangeiro interessado à autoridade central, cabendo ao Estado requerente assegurar a autenticidade e a clareza do pedido.

Art. 30. Além dos casos previstos em tratados de que o Brasil faz parte, o auxílio direto terá os seguintes objetos:

I - obtenção e prestação de informações sobre o ordenamento jurídico e sobre processos administrativos ou jurisdicionais findos ou em curso;

II - colheita de provas, salvo se a medida for adotada em processo, em curso no estrangeiro, de competência exclusiva de autoridade judiciária brasileira;

III - qualquer outra medida judicial ou extrajudicial não proibida pela lei brasileira.

Art. 31. A autoridade central brasileira comunicar-se-á diretamente com suas congêneres e, se necessário, com outros órgãos estrangeiros responsáveis pela tramitação e pela execução de pedidos de cooperação enviados e recebidos pelo Estado brasileiro, respeitadas disposições específicas constantes de tratado.

Art. 32. No caso de auxílio direto para a prática de atos que, segundo a lei brasileira, não necessitem de prestação jurisdicional, a autoridade central adotará as providências necessárias para seu cumprimento.

Art. 33. Recebido o pedido de auxílio direto passivo, a autoridade central o encaminhará à Advocacia-Geral da União, que requererá em juízo a medida solicitada.

Parágrafo único. O Ministério Público requererá em juízo a medida solicitada quando for autoridade central.

Art. 34. Compete ao juízo federal do lugar em que deva ser executada a medida apreciar pedido de auxílio direto passivo que demande prestação de atividade jurisdicional.

Seção III - Da Carta Rogatória

Art. 35. (VETADO).

Art. 36. O procedimento da carta rogatória perante o Superior Tribunal de Justiça é de jurisdição contenciosa e deve assegurar às partes as garantias do devido processo legal.

§ 1º A defesa restringir-se-á à discussão quanto ao atendimento dos requisitos para que o pronunciamento judicial estrangeiro produza efeitos no Brasil.

§ 2º Em qualquer hipótese, é vedada a revisão do mérito do pronunciamento judicial estrangeiro pela autoridade judiciária brasileira.

Seção IV - Disposições Comuns às Seções Anteriores

Art. 37. O pedido de cooperação jurídica internacional oriundo de autoridade brasileira competente será encaminhado à autoridade central para posterior envio ao Estado requerido para lhe dar andamento.

Art. 38. O pedido de cooperação oriundo de autoridade brasileira competente e os documentos anexos que o instruem serão encaminhados à autoridade central, acompanhados de tradução para a língua oficial do Estado requerido.

Art. 39. O pedido passivo de cooperação jurídica internacional será recusado se configurar manifesta ofensa à ordem pública.

Art. 40. A cooperação jurídica internacional para execução de decisão estrangeira dar-se-á por meio de carta rogatória ou de ação de homologação de sentença estrangeira, de acordo com o art. 960.

Art. 41. Considera-se autêntico o documento que instruir pedido de cooperação jurídica internacional, inclusive tradução para a língua portuguesa, quando encaminhado ao Estado brasileiro por meio de autoridade central ou por via diplomática, dispensando-se ajuramentação, autenticação ou qualquer procedimento de legalização.

Parágrafo único. O disposto no caput não impede, quando necessária, a aplicação pelo Estado brasileiro do princípio da reciprocidade de tratamento.

TÍTULO III - DA COMPETÊNCIA INTERNA
CAPÍTULO I - DA COMPETÊNCIA
Seção I - Disposições Gerais

Art. 42. As causas cíveis serão processadas e decididas pelo juiz nos limites de sua competência, ressalvado às partes o direito de instituir juízo arbitral, na forma da lei.

Art. 43. Determina-se a competência no momento do registro ou da distribuição da petição inicial, sendo irrelevantes as modificações do estado de fato ou de direito ocorridas posteriormente, salvo quando suprimirem órgão judiciário ou alterarem a competência absoluta.

Art. 44. Obedecidos os limites estabelecidos pela Constituição Federal, a competência é determinada pelas normas previstas neste Código ou em legislação especial, pelas normas de organização judiciária e, ainda, no que couber, pelas constituições dos Estados.

Art. 45. Tramitando o processo perante outro juízo, os autos serão remetidos ao juízo federal competente se nele intervier a União, suas empresas públicas, entidades autárquicas e fundações, ou conselho de fiscalização de atividade profissional, na qualidade de parte ou de terceiro interveniente, exceto as ações:

I - de recuperação judicial, falência, insolvência civil e acidente de trabalho;

II - sujeitas à justiça eleitoral e à justiça do trabalho.

§ 1º Os autos não serão remetidos se houver pedido cuja apreciação seja de competência do juízo perante o qual foi proposta a ação.

§ 2º Na hipótese do § 1º, o juiz, ao não admitir a cumulação de pedidos em razão da incompetência para apreciar qualquer deles, não examinará o mérito daquele em que exista interesse da União, de suas entidades autárquicas ou de suas empresas públicas.

§ 3º O juízo federal restituirá os autos ao juízo estadual sem suscitar conflito se o ente federal cuja presença ensejou a remessa for excluído do processo.

Art. 46. A ação fundada em direito pessoal ou em direito real sobre bens móveis será proposta, em regra, no foro de domicílio do réu.

§ 1º Tendo mais de um domicílio, o réu será demandado no foro de qualquer deles.

§ 2º Sendo incerto ou desconhecido o domicílio do réu, ele poderá ser demandado onde for encontrado ou no foro de domicílio do autor.

§ 3º Quando o réu não tiver domicílio ou residência no Brasil, a ação será proposta no foro de domicílio do autor, e, se este também residir fora do Brasil, a ação será proposta em qualquer foro.

§ 4º Havendo 2 (dois) ou mais réus com diferentes domicílios, serão demandados no foro de qualquer deles, à escolha do autor.

§ 5º A execução fiscal será proposta no foro de domicílio do réu, no de sua residência ou no do lugar onde for encontrado.

Art. 47. Para as ações fundadas em direito real sobre imóveis é competente o foro de situação da coisa.

§ 1º O autor pode optar pelo foro de domicílio do réu ou pelo foro de eleição se o litígio não recair sobre direito de propriedade, vizinhança, servidão, divisão e demarcação de terras e de nunciação de obra nova.

§ 2º A ação possessória imobiliária será proposta no foro de situação da coisa, cujo juízo tem competência absoluta.

Art. 48. O foro de domicílio do autor da herança, no Brasil, é o competente para o inventário, a partilha, a arrecadação, o cumprimento de disposições de última vontade, a impugnação ou anulação de partilha extrajudicial e para todas as ações em que o espólio for réu, ainda que o óbito tenha ocorrido no estrangeiro.

Parágrafo único. Se o autor da herança não possuía domicílio certo, é competente:

I - o foro de situação dos bens imóveis;

II - havendo bens imóveis em foros diferentes, qualquer destes;

III - não havendo bens imóveis, o foro do local de qualquer dos bens do espólio.

Art. 49. A ação em que o ausente for réu será proposta no foro de seu último domicílio, também competente para a arrecadação, o inventário, a partilha e o cumprimento de disposições testamentárias.

Art. 50. A ação em que o incapaz for réu será proposta no foro de domicílio de seu representante ou assistente.

Art. 51. É competente o foro de domicílio do réu para as causas em que seja autora a União.

Parágrafo único. Se a União for a demandada, a ação poderá ser proposta no foro de domicílio do autor, no de ocorrência do ato ou fato que originou a demanda, no de situação da coisa ou no Distrito Federal.

Art. 52. É competente o foro de domicílio do réu para as causas em que seja autor Estado ou o Distrito Federal.

Parágrafo único. Se Estado ou o Distrito Federal for o demandado, a ação poderá ser proposta no foro de domicílio do autor, no de ocorrência do ato ou fato que originou a demanda, no de situação da coisa ou na capital do respectivo ente federado.

Art. 53. É competente o foro:

I - para a ação de divórcio, separação, anulação de casamento e reconhecimento ou dissolução de união estável:
a) de domicílio do guardião de filho incapaz;
b) do último domicílio do casal, caso não haja filho incapaz;
c) de domicílio do réu, se nenhuma das partes residir no antigo domicílio do casal;

d) de domicílio da vítima de violência doméstica e familiar, nos termos da Lei nº 11.340, de 7 de agosto de 2006 (Lei Maria da Penha); (Incluída pela Lei nº 13.894, de 2019)

II - de domicílio ou residência do alimentando, para a ação em que se pedem alimentos;

III - do lugar:

a) onde está a sede, para a ação em que for ré pessoa jurídica;
b) onde se acha agência ou sucursal, quanto às obrigações que a pessoa jurídica contraiu;
c) onde exerce suas atividades, para a ação em que for ré sociedade ou associação sem personalidade jurídica;
d) onde a obrigação deve ser satisfeita, para a ação em que se lhe exigir o cumprimento;
e) de residência do idoso, para a causa que verse sobre direito previsto no respectivo estatuto;
f) da sede da serventia notarial ou de registro, para a ação de reparação de dano por ato praticado em razão do ofício;
IV - do lugar do ato ou fato para a ação:
a) de reparação de dano;
b) em que for réu administrador ou gestor de negócios alheios;
V - de domicílio do autor ou do local do fato, para a ação de reparação de dano sofrido em razão de delito ou acidente de veículos, inclusive aeronaves.

Seção II - Da Modificação da Competência

Art. 54. A competência relativa poderá modificar-se pela conexão ou pela continência, observado o disposto nesta Seção.

Art. 55. Reputam-se conexas 2 (duas) ou mais ações quando lhes for comum o pedido ou a causa de pedir.

§ 1º Os processos de ações conexas serão reunidos para decisão conjunta, salvo se um deles já houver sido sentenciado.

§ 2º Aplica-se o disposto no caput:
I - à execução de título extrajudicial e à ação de conhecimento relativa ao mesmo ato jurídico;
II - às execuções fundadas no mesmo título executivo.

§ 3º Serão reunidos para julgamento conjunto os processos que possam gerar risco de prolação de decisões conflitantes ou contraditórias caso decididos separadamente, mesmo sem conexão entre eles.

Art. 56. Dá-se a continência entre 2 (duas) ou mais ações quando houver identidade quanto às partes e à causa de pedir, mas o pedido de uma, por ser mais amplo, abrange o das demais.

Art. 57. Quando houver continência e a ação continente tiver sido proposta anteriormente, no processo relativo à ação contida será proferida sentença sem resolução de mérito, caso contrário, as ações serão necessariamente reunidas.

Art. 58. A reunião das ações propostas em separado far-se-á no juízo prevento, onde serão decididas simultaneamente.

Art. 59. O registro ou a distribuição da petição inicial torna prevento o juízo.

Art. 60. Se o imóvel se achar situado em mais de um Estado, comarca, seção ou subseção judiciária, a competência territorial do juízo prevento estender-se-á sobre a totalidade do imóvel.

Art. 61. A ação acessória será proposta no juízo competente para a ação principal.

Art. 62. A competência determinada em razão da matéria, da pessoa ou da função é inderrogável por convenção das partes.

Art. 63. As partes podem modificar a competência em razão do valor e do território, elegendo foro onde será proposta ação oriunda de direitos e obrigações.

§ 1º A eleição de foro só produz efeito quando constar de instrumento escrito e aludir expressamente a determinado negócio jurídico.

§ 2º O foro contratual obriga os herdeiros e sucessores das partes.

§ 3º Antes da citação, a cláusula de eleição de foro, se abusiva, pode ser reputada ineficaz de ofício pelo juiz, que determinará a remessa dos autos ao juízo do foro de domicílio do réu.

§ 4º Citado, incumbe ao réu alegar a abusividade da cláusula de eleição de foro na contestação, sob pena de preclusão.

Seção III - Da Incompetência

Art. 64. A incompetência, absoluta ou relativa, será alegada como questão preliminar de contestação.

§ 1º A incompetência absoluta pode ser alegada em qualquer tempo e grau de jurisdição e deve ser declarada de ofício.

§ 2º Após manifestação da parte contrária, o juiz decidirá imediatamente a alegação de incompetência.

§ 3º Caso a alegação de incompetência seja acolhida, os autos serão remetidos ao juízo competente.

§ 4º Salvo decisão judicial em sentido contrário, conservar-se-ão os efeitos de decisão proferida pelo juízo incompetente até que outra seja proferida, se for o caso, pelo juízo competente.

Art. 65. Prorrogar-se-á a competência relativa se o réu não alegar a incompetência em preliminar de contestação.

Parágrafo único. A incompetência relativa pode ser alegada pelo Ministério Público nas causas em que atuar.

Art. 66. Há conflito de competência quando:
I - 2 (dois) ou mais juízes se declaram competentes;
II - 2 (dois) ou mais juízes se consideram incompetentes, atribuindo um ao outro a competência;
III - entre 2 (dois) ou mais juízes surge controvérsia acerca da reunião ou separação de processos.

Parágrafo único. O juiz que não acolher a competência declinada deverá suscitar o conflito, salvo se a atribuir a outro juízo.

CAPÍTULO II - DA COOPERAÇÃO NACIONAL

Art. 67. Aos órgãos do Poder Judiciário, estadual ou federal, especializado ou comum, em todas as instâncias e graus de jurisdição, inclusive aos tribunais superiores, incumbe o dever de recíproca cooperação, por meio de seus magistrados e servidores.

Art. 68. Os juízos poderão formular entre si pedido de cooperação para prática de qualquer ato processual.

Art. 69. O pedido de cooperação jurisdicional deve ser prontamente atendido, prescinde de forma específica e pode ser executado como:
I - auxílio direto;
II - reunião ou apensamento de processos;
III - prestação de informações;
IV - atos concertados entre os juízes cooperantes.

§ 1º As cartas de ordem, precatória e arbitral seguirão o regime previsto neste Código.

§ 2º Os atos concertados entre os juízes cooperantes poderão consistir, além de outros, no estabelecimento de procedimento para:
I - a prática de citação, intimação ou notificação de ato;
II - a obtenção e apresentação de provas e a coleta de depoimentos;
III - a efetivação de tutela provisória;
IV - a efetivação de medidas e providências para recuperação e preservação de empresas;
V - a facilitação de habilitação de créditos na falência e na recuperação judicial;
VI - a centralização de processos repetitivos;
VII - a execução de decisão jurisdicional.

§ 3º O pedido de cooperação judiciária pode ser realizado entre órgãos jurisdicionais de diferentes ramos do Poder Judiciário.

LIVRO III - DOS SUJEITOS DO PROCESSO

TÍTULO I - DAS PARTES E DOS PROCURADORES

CAPÍTULO I - DA CAPACIDADE PROCESSUAL

Art. 70. Toda pessoa que se encontre no exercício de seus direitos tem capacidade para estar em juízo.

Art. 71. O incapaz será representado ou assistido por seus pais, por tutor ou por curador, na forma da lei.

Art. 72. O juiz nomeará curador especial ao:

I - incapaz, se não tiver representante legal ou se os interesses deste colidirem com os daquele, enquanto durar a incapacidade;

II - réu preso revel, bem como ao réu revel citado por edital ou com hora certa, enquanto não for constituído advogado.

Parágrafo único. A curatela especial será exercida pela Defensoria Pública, nos termos da lei.

Art. 73. O cônjuge necessitará do consentimento do outro para propor ação que verse sobre direito real imobiliário, salvo quando casados sob o regime de separação absoluta de bens.

§ 1º Ambos os cônjuges serão necessariamente citados para a ação:

I - que verse sobre direito real imobiliário, salvo quando casados sob o regime de separação absoluta de bens;

II - resultante de fato que diga respeito a ambos os cônjuges ou de ato praticado por eles;

III - fundada em dívida contraída por um dos cônjuges a bem da família;

IV - que tenha por objeto o reconhecimento, a constituição ou a extinção de ônus sobre imóvel de um ou de ambos os cônjuges.

§ 2º Nas ações possessórias, a participação do cônjuge do autor ou do réu somente é indispensável nas hipóteses de composse ou de ato por ambos praticado.

§ 3º Aplica-se o disposto neste artigo à união estável comprovada nos autos.

Art. 74. O consentimento previsto no art. 73 pode ser suprido judicialmente quando for negado por um dos cônjuges sem justo motivo, ou quando lhe seja impossível concedê-lo.

Parágrafo único. A falta de consentimento, quando necessário e não suprido pelo juiz, invalida o processo.

Art. 75. Serão representados em juízo, ativa e passivamente:

I - a União, pela Advocacia-Geral da União, diretamente ou mediante órgão vinculado;

II - o Estado e o Distrito Federal, por seus procuradores;

III - o Município, por seu prefeito ou procurador;

IV - a autarquia e a fundação de direito público, por quem a lei do ente federado designar;

V - a massa falida, pelo administrador judicial;

VI - a herança jacente ou vacante, por seu curador;

VII - o espólio, pelo inventariante;

VIII - a pessoa jurídica, por quem os respectivos atos constitutivos designarem ou, não havendo essa designação, por seus diretores;

IX - a sociedade e a associação irregulares e outros entes organizados sem personalidade jurídica, pela pessoa a quem couber a administração de seus bens;

X - a pessoa jurídica estrangeira, pelo gerente, representante ou administrador de sua filial, agência ou sucursal aberta ou instalada no Brasil;

XI - o condomínio, pelo administrador ou síndico.

§ 1º Quando o inventariante for dativo, os sucessores do falecido serão intimados no processo no qual o espólio seja parte.

§ 2º A sociedade ou associação sem personalidade jurídica não poderá opor a irregularidade de sua constituição quando demandada.

§ 3º O gerente de filial ou agência presume-se autorizado pela pessoa jurídica estrangeira a receber citação para qualquer processo.

§ 4º Os Estados e o Distrito Federal poderão ajustar compromisso recíproco para prática de ato processual por seus procuradores em favor de outro ente federado, mediante convênio firmado pelas respectivas procuradorias.

Art. 76. Verificada a incapacidade processual ou a irregularidade da representação da parte, o juiz suspenderá o processo e designará prazo razoável para que seja sanado o vício.

§ 1º Descumprida a determinação, caso o processo esteja na instância originária:

I - o processo será extinto, se a providência couber ao autor;

II - o réu será considerado revel, se a providência lhe couber;

III - o terceiro será considerado revel ou excluído do processo, dependendo do polo em que se encontre.

§ 2º Descumprida a determinação em fase recursal perante tribunal de justiça, tribunal regional federal ou tribunal superior, o relator:

I - não conhecerá do recurso, se a providência couber ao recorrente;

II - determinará o desentranhamento das contrarrazões, se a providência couber ao recorrido.

CAPÍTULO II - DOS DEVERES DAS PARTES E DE SEUS PROCURADORES

Seção I - Dos Deveres

Art. 77. Além de outros previstos neste Código, são deveres das partes, de seus procuradores e de todos aqueles que de qualquer forma participem do processo:

I - expor os fatos em juízo conforme a verdade;

II - não formular pretensão ou de apresentar defesa quando cientes de que são destituídas de fundamento;

III - não produzir provas e não praticar atos inúteis ou desnecessários à declaração ou à defesa do direito;

IV - cumprir com exatidão as decisões jurisdicionais, de natureza provisória ou final, e não criar embaraços à sua efetivação;

V - declinar, no primeiro momento que lhes couber falar nos autos, o endereço residencial ou profissional onde receberão intimações, atualizando essa informação sempre que ocorrer qualquer modificação temporária ou definitiva;

VI - não praticar inovação ilegal no estado de fato de bem ou direito litigioso.

§ 1º Nas hipóteses dos incisos IV e VI, o juiz advertirá qualquer das pessoas mencionadas no caput de que sua conduta poderá ser punida como ato atentatório à dignidade da justiça.

§ 2º A violação ao disposto nos incisos IV e VI constitui ato atentatório à dignidade da justiça, devendo o juiz, sem prejuízo das sanções criminais, civis e processuais cabíveis, aplicar ao responsável multa de até vinte por cento do valor da causa, de acordo com a gravidade da conduta.

§ 3º Não sendo paga no prazo a ser fixado pelo juiz, a multa prevista no § 2º será inscrita como dívida ativa da União ou do Estado após o trânsito em julgado da decisão que a fixou, e sua execução observará o procedimento da execução fiscal, revertendo-se aos fundos previstos no art. 97.

§ 4º A multa estabelecida no § 2º poderá ser fixada independentemente da incidência das previstas nos arts. 523, § 1º, e 536, § 1º.

§ 5º Quando o valor da causa for irrisório ou inestimável, a multa prevista no § 2º poderá ser fixada em até 10 (dez) vezes o valor do salário-mínimo.

§ 6º Aos advogados públicos ou privados e aos membros da Defensoria Pública e do Ministério Público não se aplica o disposto nos §§ 2º a 5º, devendo eventual responsabilidade disciplinar ser apurada pelo respectivo órgão de classe ou corregedoria, ao qual o juiz oficiará.

§ 7º Reconhecida violação ao disposto no inciso VI, o juiz determinará o restabelecimento do estado anterior, podendo, ainda, proibir a parte de falar nos autos até a purgação do atentado, sem prejuízo da aplicação do § 2º.

§ 8º O representante judicial da parte não pode ser compelido a cumprir decisão em seu lugar.

Art. 78. É vedado às partes, a seus procuradores, aos juízes, aos membros do Ministério Público e da Defensoria Pública e a qualquer pessoa que participe do processo empregar expressões ofensivas nos escritos apresentados.

§ 1º Quando expressões ou condutas ofensivas forem manifestadas oral ou presencialmente, o juiz advertirá o ofensor de que não as deve usar ou repetir, sob pena de lhe ser cassada a palavra.

§ 2º De ofício ou a requerimento do ofendido, o juiz determinará que as expressões ofensivas sejam riscadas e, a requerimento do ofendido, determinará a expedição de certidão com inteiro teor das expressões ofensivas e a colocará à disposição da parte interessada.

Seção II - Da Responsabilidade das Partes por Dano Processual

Art. 79. Responde por perdas e danos aquele que litigar de má-fé como autor, réu ou interveniente.

Art. 80. Considera-se litigante de má-fé aquele que:

I - deduzir pretensão ou defesa contra texto expresso de lei ou fato incontroverso;

II - alterar a verdade dos fatos;

III - usar do processo para conseguir objetivo ilegal;

IV - opuser resistência injustificada ao andamento do processo;

V - proceder de modo temerário em qualquer incidente ou ato do processo;

VI - provocar incidente manifestamente infundado;

VII - interpuser recurso com intuito manifestamente protelatório.

Art. 81. De ofício ou a requerimento, o juiz condenará o litigante de má-fé a pagar multa, que deverá ser superior a um por cento e inferior a dez por cento do valor corrigido da causa, a indenizar a parte contrária pelos prejuízos que esta sofreu e a arcar com os honorários advocatícios e com todas as despesas que efetuou.

§ 1º Quando forem 2 (dois) ou mais os litigantes de má-fé, o juiz condenará cada um na proporção de seu respectivo interesse na causa ou solidariamente aqueles que se coligaram para lesar a parte contrária.

§ 2º Quando o valor da causa for irrisório ou inestimável, a multa poderá ser fixada em até 10 (dez) vezes o valor do salário-mínimo.

§ 3º O valor da indenização será fixado pelo juiz ou, caso não seja possível mensurá-lo, liquidado por arbitramento ou pelo procedimento comum, nos próprios autos.

Seção III - Das Despesas, dos Honorários Advocatícios e das Multas

Art. 82. Salvo as disposições concernentes à gratuidade da justiça, incumbe às partes prover as despesas dos atos que realizarem ou requererem no processo, antecipando-lhes o pagamento, desde o início até a sentença final ou, na execução, até a plena satisfação do direito reconhecido no título.

§ 1º Incumbe ao autor adiantar as despesas relativas a ato cuja realização o juiz determinar de ofício ou a requerimento do Ministério Público, quando sua intervenção ocorrer como fiscal da ordem jurídica.

§ 2º A sentença condenará o vencido a pagar ao vencedor as despesas que antecipou.

Art. 83. O autor, brasileiro ou estrangeiro, que residir fora do Brasil ou deixar de residir no país ao longo da tramitação de processo prestará caução suficiente ao pagamento das custas e dos honorários de advogado da parte contrária nas ações que propuser, se não tiver no Brasil bens imóveis que lhes assegurem o pagamento.

§ 1º Não se exigirá a caução de que trata o caput:

I - quando houver dispensa prevista em acordo ou tratado internacional de que o Brasil faz parte;

II - na execução fundada em título extrajudicial e no cumprimento de sentença;

III - na reconvenção.

§ 2º Verificando-se no trâmite do processo que se desfalcou a garantia, poderá o interessado exigir reforço da caução, justificando seu pedido com a indicação da depreciação do bem dado em garantia e a importância do reforço que pretende obter.

Art. 84. As despesas abrangem as custas dos atos do processo, a indenização de viagem, a remuneração do assistente técnico e a diária de testemunha.

Art. 85. A sentença condenará o vencido a pagar honorários ao advogado do vencedor.

§ 1º São devidos honorários advocatícios na reconvenção, no cumprimento de sentença, provisório ou definitivo, na execução, resistida ou não, e nos recursos interpostos, cumulativamente.

§ 2º Os honorários serão fixados entre o mínimo de dez e o máximo de vinte por cento sobre o valor da condenação, do proveito econômico obtido ou, não sendo possível mensurá-lo, sobre o valor atualizado da causa, atendidos:

I - o grau de zelo do profissional;

II - o lugar de prestação do serviço;

III - a natureza e a importância da causa;

IV - o trabalho realizado pelo advogado e o tempo exigido para o seu serviço.

§ 3º Nas causas em que a Fazenda Pública for parte, a fixação dos honorários observará os critérios estabelecidos nos incisos I a IV do § 2º e os seguintes percentuais:

I - mínimo de dez e máximo de vinte por cento sobre o valor da condenação ou do proveito econômico obtido até 200 (duzentos) salários-mínimos;

II - mínimo de oito e máximo de dez por cento sobre o valor da condenação ou do proveito econômico obtido acima de 200 (duzentos) salários-mínimos até 2.000 (dois mil) salários-mínimos;

III - mínimo de cinco e máximo de oito por cento sobre o valor da condenação ou do proveito econômico obtido acima de 2.000 (dois mil) salários-mínimos até 20.000 (vinte mil) salários-mínimos;

IV - mínimo de três e máximo de cinco por cento sobre o valor da condenação ou do proveito econômico obtido acima de 20.000 (vinte mil) salários-mínimos até 100.000 (cem mil) salários-mínimos;

V - mínimo de um e máximo de três por cento sobre o valor da condenação ou do proveito econômico obtido acima de 100.000 (cem mil) salários-mínimos.

§ 4º Em qualquer das hipóteses do § 3º:

I - os percentuais previstos nos incisos I a V devem ser aplicados desde logo, quando for líquida a sentença;

II - não sendo líquida a sentença, a definição do percentual, nos termos previstos nos incisos I a V, somente ocorrerá quando liquidado o julgado;

III - não havendo condenação principal ou não sendo possível mensurar o proveito econômico obtido, a condenação em honorários dar-se-á sobre o valor atualizado da causa;

IV - será considerado o salário-mínimo vigente quando prolatada sentença líquida ou o que estiver em vigor na data da decisão de liquidação.

§ 5º Quando, conforme o caso, a condenação contra a Fazenda Pública ou o benefício econômico obtido pelo vencedor ou o valor da causa for superior ao valor previsto no inciso I do § 3º, a fixação do percentual de honorários deve observar a faixa inicial e, naquilo que a exceder, a faixa subsequente, e assim sucessivamente.

§ 6º Os limites e critérios previstos nos §§ 2º e 3º aplicam-se independentemente de qual seja o conteúdo da decisão, inclusive aos casos de improcedência ou de sentença sem resolução de mérito.

§ 7º Não serão devidos honorários no cumprimento de sentença contra a Fazenda Pública que enseje expedição de precatório, desde que não tenha sido impugnada.

§ 8º Nas causas em que for inestimável ou irrisório o proveito econômico ou, ainda, quando o valor da causa for muito baixo, o juiz fixará o valor dos honorários por apreciação equitativa, observando o disposto nos incisos do § 2º.

§ 9º Na ação de indenização por ato ilícito contra pessoa, o percentual de honorários incidirá sobre a soma das prestações vencidas acrescida de 12 (doze) prestações vincendas.

§ 10. Nos casos de perda do objeto, os honorários serão devidos por quem deu causa ao processo.

§ 11. O tribunal, ao julgar recurso, majorará os honorários fixados anteriormente levando em conta o trabalho adicional realizado em grau recursal, observando, conforme o caso, o disposto nos §§ 2º a 6º, sendo vedado ao tribunal, no cômputo geral da fixação de honorários devidos ao advogado do vencedor, ultrapassar os respectivos limites estabelecidos nos §§ 2º e 3º para a fase de conhecimento.

§ 12. Os honorários referidos no § 11 são cumuláveis com multas e outras sanções processuais, inclusive as previstas no art. 77.

§ 13. As verbas de sucumbência arbitradas em embargos à execução rejeitados ou julgados improcedentes e em fase de cumprimento de sentença serão acrescidas no valor do débito principal, para todos os efeitos legais.

§ 14. Os honorários constituem direito do advogado e têm natureza alimentar, com os mesmos privilégios dos créditos oriundos da legislação do trabalho, sendo vedada a compensação em caso de sucumbência parcial.

§ 15. O advogado pode requerer que o pagamento dos honorários que lhe caibam seja efetuado em favor da sociedade de advogados que integra na qualidade de sócio, aplicando-se à hipótese o disposto no § 14.

§ 16. Quando os honorários forem fixados em quantia certa, os juros moratórios incidirão a partir da data do trânsito em julgado da decisão.

§ 17. Os honorários serão devidos quando o advogado atuar em causa própria.

§ 18. Caso a decisão transitada em julgado seja omissa quanto ao direito aos honorários ou ao seu valor, é cabível ação autônoma para sua definição e cobrança.

§ 19. Os advogados públicos perceberão honorários de sucumbência, nos termos da lei.

Art. 86. Se cada litigante for, em parte, vencedor e vencido, serão proporcionalmente distribuídas entre eles as despesas.

Parágrafo único. Se um litigante sucumbir em parte mínima do pedido, o outro responderá, por inteiro, pelas despesas e pelos honorários.

Art. 87. Concorrendo diversos autores ou diversos réus, os vencidos respondem proporcionalmente pelas despesas e pelos honorários.

§ 1º A sentença deverá distribuir entre os litisconsortes, de forma expressa, a responsabilidade proporcional pelo pagamento das verbas previstas no caput.

§ 2º Se a distribuição de que trata o § 1º não for feita, os vencidos responderão solidariamente pelas despesas e pelos honorários.

Art. 88. Nos procedimentos de jurisdição voluntária, as despesas serão adiantadas pelo requerente e rateadas entre os interessados.

Art. 89. Nos juízos divisórios, não havendo litígio, os interessados pagarão as despesas proporcionalmente a seus quinhões.

Art. 90. Proferida sentença com fundamento em desistência, em renúncia ou em reconhecimento do pedido, as despesas e os honorários serão pagos pela parte que desistiu, renunciou ou reconheceu.

§ 1º Sendo parcial a desistência, a renúncia ou o reconhecimento, a responsabilidade pelas despesas e pelos honorários será proporcional à parcela reconhecida, à qual se renunciou ou da qual se desistiu.

§ 2º Havendo transação e nada tendo as partes disposto quanto às despesas, estas serão divididas igualmente.

§ 3º Se a transação ocorrer antes da sentença, as partes ficam dispensadas do pagamento das custas processuais remanescentes, se houver.

§ 4º Se o réu reconhecer a procedência do pedido e, simultaneamente, cumprir integralmente a prestação reconhecida, os honorários serão reduzidos pela metade.

Art. 91. As despesas dos atos processuais praticados a requerimento da Fazenda Pública, do Ministério Público ou da Defensoria Pública serão pagas ao final pelo vencido.

§ 1º As perícias requeridas pela Fazenda Pública, pelo Ministério Público ou pela Defensoria Pública poderão ser realizadas por entidade pública ou, havendo previsão orçamentária, ter os valores adiantados por aquele que requerer a prova.

§ 2º Não havendo previsão orçamentária no exercício financeiro para adiantamento dos honorários periciais, eles serão pagos no exercício seguinte ou ao final, pelo vencido, caso o processo se encerre antes do adiantamento a ser feito pelo ente público.

Art. 92. Quando, a requerimento do réu, o juiz proferir sentença sem resolver o mérito, o autor não poderá propor novamente a ação sem pagar ou depositar em cartório as despesas e os honorários a que foi condenado.

Art. 93. As despesas de atos adiados ou cuja repetição for necessária ficarão a cargo da parte, do auxiliar da justiça, do órgão do Ministério Público ou da Defensoria Pública ou do juiz que, sem justo motivo, houver dado causa ao adiamento ou à repetição.

Art. 94. Se o assistido for vencido, o assistente será condenado ao pagamento das custas em proporção à atividade que houver exercido no processo.

Art. 95. Cada parte adiantará a remuneração do assistente técnico que houver indicado, sendo a do perito adiantada pela parte que houver requerido a perícia ou rateada quando a perícia for determinada de ofício ou requerida por ambas as partes.

§ 1º O juiz poderá determinar que a parte responsável pelo pagamento dos honorários do perito deposite em juízo o valor correspondente.

§ 2º A quantia recolhida em depósito bancário à ordem do juízo será corrigida monetariamente e paga de acordo com o art. 465, § 4º.

§ 3º Quando o pagamento da perícia for de responsabilidade de beneficiário de gratuidade da justiça, ela poderá ser:

I - custeada com recursos alocados no orçamento do ente público e realizada por servidor do Poder Judiciário ou por órgão público conveniado;

II - paga com recursos alocados no orçamento da União, do Estado ou do Distrito Federal, no caso de ser realizada por particular, hipótese em que o valor será fixado conforme tabela do tribunal respectivo ou, em caso de sua omissão, do Conselho Nacional de Justiça.

§ 4º Na hipótese do § 3º, o juiz, após o trânsito em julgado da decisão final, oficiará a Fazenda Pública para que promova, contra quem tiver sido condenado ao pagamento das despesas processuais, a execução dos valores gastos com a perícia particular ou com a utilização de servidor público ou da estrutura de órgão público, observando-se, caso o responsável pelo pagamento das despesas seja beneficiário de gratuidade da justiça, o disposto no art. 98, § 2º.

§ 5º Para fins de aplicação do § 3º, é vedada a utilização de recursos do fundo de custeio da Defensoria Pública.

Art. 96. O valor das sanções impostas ao litigante de má-fé reverterá em benefício da parte contrária, e o valor das sanções impostas aos serventuários pertencerá ao Estado ou à União.

Art. 97. A União e os Estados podem criar fundos de modernização do Poder Judiciário, aos quais serão revertidos os valores das sanções pecuniárias processuais destinadas à União e aos Estados, e outras verbas previstas em lei.

Seção IV - Da Gratuidade da Justiça

Art. 98. A pessoa natural ou jurídica, brasileira ou estrangeira, com insuficiência de recursos para pagar as custas, as despesas processuais e os honorários advocatícios tem direito à gratuidade da justiça, na forma da lei.

§ 1º A gratuidade da justiça compreende:

I - as taxas ou as custas judiciais;

II - os selos postais;

III - as despesas com publicação na imprensa oficial, dispensando-se a publicação em outros meios;

IV - a indenização devida à testemunha que, quando empregada, receberá do empregador salário integral, como se em serviço estivesse;

V - as despesas com a realização de exame de código genético - DNA e de outros exames considerados essenciais;

VI - os honorários do advogado e do perito e a remuneração do intérprete ou do tradutor nomeado para apresentação de versão em português de documento redigido em língua estrangeira;

VII - o custo com a elaboração de memória de cálculo, quando exigida para instauração da execução;

VIII - os depósitos previstos em lei para interposição de recurso, para propositura de ação e para a prática de outros atos processuais inerentes ao exercício da ampla defesa e do contraditório;

IX - os emolumentos devidos a notários ou registradores em decorrência da prática de registro, averbação ou qualquer outro ato notarial necessário à efetivação de decisão judicial ou à continuidade de processo judicial no qual o benefício tenha sido concedido.

§ 2º A concessão de gratuidade não afasta a responsabilidade do beneficiário pelas despesas processuais e pelos honorários advocatícios decorrentes de sua sucumbência.

§ 3º Vencido o beneficiário, as obrigações decorrentes de sua sucumbência ficarão sob condição suspensiva de exigibilidade e somente poderão ser executadas se, nos 5 (cinco) anos subsequentes ao trânsito em julgado da decisão que as certificou, o credor demonstrar que deixou de existir a situação de insuficiência de recursos que justificou a concessão de gratuidade, extinguindo-se, passado esse prazo, tais obrigações do beneficiário.

§ 4º A concessão de gratuidade não afasta o dever de o beneficiário pagar, ao final, as multas processuais que lhe sejam impostas.

§ 5º A gratuidade poderá ser concedida em relação a algum ou a todos os atos processuais, ou consistir na redução percentual de despesas processuais que o beneficiário tiver de adiantar no curso do procedimento.

§ 6º Conforme o caso, o juiz poderá conceder direito ao parcelamento de despesas processuais que o beneficiário tiver de adiantar no curso do procedimento.

§ 7º Aplica-se o disposto no art. 95, §§ 3º a 5º, ao custeio dos emolumentos previstos no § 1º, inciso IX, do presente artigo, observada a tabela e as condições da lei estadual ou distrital respectiva.

§ 8º Na hipótese do § 1º, inciso IX, havendo dúvida fundada quanto ao preenchimento atual dos pressupostos para a concessão de gratuidade, o notário ou registrador, após praticar o ato, pode requerer, ao juízo competente para decidir questões notariais ou registrais, a revogação total ou parcial do benefício ou a sua substituição pelo parcelamento de que trata o § 6º deste artigo, caso em que o beneficiário será citado para, em 15 (quinze) dias, manifestar-se sobre esse requerimento.

Art. 99. O pedido de gratuidade da justiça pode ser formulado na petição inicial, na contestação, na petição para ingresso de terceiro no processo ou em recurso.

§ 1º Se superveniente à primeira manifestação da parte na instância, o pedido poderá ser formulado por petição simples, nos autos do próprio processo, e não suspenderá seu curso.

§ 2º O juiz somente poderá indeferir o pedido se houver nos autos elementos que evidenciem a falta dos pressupostos legais para a concessão de gratuidade, devendo, antes de indeferir o pedido, determinar à parte a comprovação do preenchimento dos referidos pressupostos.

§ 3º Presume-se verdadeira a alegação de insuficiência deduzida exclusivamente por pessoa natural.

§ 4º A assistência do requerente por advogado particular não impede a concessão de gratuidade da justiça.

§ 5º Na hipótese do § 4º, o recurso que verse exclusivamente sobre valor de honorários de sucumbência fixados em favor do advogado de beneficiário estará sujeito a preparo, salvo se o próprio advogado demonstrar que tem direito à gratuidade.

§ 6º O direito à gratuidade da justiça é pessoal, não se estendendo a litisconsorte ou ao sucessor do beneficiário, salvo requerimento e deferimento expressos.

§ 7º Requerida a concessão de gratuidade da justiça em recurso, o recorrente estará dispensado de comprovar o recolhimento do preparo, incumbindo ao relator, neste caso, apreciar o requerimento e, se indeferi-lo, fixar prazo para realização do recolhimento.

Art. 100. Deferido o pedido, a parte contrária poderá oferecer impugnação na contestação, na réplica, nas contrarrazões de recurso ou, nos casos de pedido superveniente ou formulado por terceiro, por meio de petição simples, a ser apresentada no prazo de 15 (quinze) dias, nos autos do próprio processo, sem suspensão de seu curso.

Parágrafo único. Revogado o benefício, a parte arcará com as despesas processuais que tiver deixado de adiantar e pagará, em caso de má-fé, até o décuplo de seu valor a título de multa, que será revertida em benefício da Fazenda Pública estadual ou federal e poderá ser inscrita em dívida ativa.

Art. 101. Contra a decisão que indeferir a gratuidade ou a que acolher pedido de sua revogação caberá agravo de instrumento, exceto quando a questão for resolvida na sentença, contra a qual caberá apelação.

§ 1º O recorrente estará dispensado do recolhimento de custas até decisão do relator sobre a questão, preliminarmente ao julgamento do recurso.

§ 2º Confirmada a denegação ou a revogação da gratuidade, o relator ou o órgão colegiado determinará ao recorrente o recolhimento das custas processuais, no prazo de 5 (cinco) dias, sob pena de não conhecimento do recurso.

Art. 102. Sobrevindo o trânsito em julgado de decisão que revoga a gratuidade, a parte deverá efetuar o recolhimento de todas as despesas de cujo adiantamento foi dispensada, inclusive as relativas ao recurso interposto, se houver, no prazo fixado pelo juiz, sem prejuízo de aplicação das sanções previstas em lei.

Parágrafo único. Não efetuado o recolhimento, o processo será extinto sem resolução de mérito, tratando-se do autor, e, nos demais casos, não poderá ser deferida a realização de nenhum ato ou diligência requerida pela parte enquanto não efetuado o depósito.

CAPÍTULO III - DOS PROCURADORES

Art. 103. A parte será representada em juízo por advogado regularmente inscrito na Ordem dos Advogados do Brasil.

Parágrafo único. É lícito à parte postular em causa própria quando tiver habilitação legal.

Art. 104. O advogado não será admitido a postular em juízo sem procuração, salvo para evitar preclusão, decadência ou prescrição, ou para praticar ato considerado urgente.

§ 1º Nas hipóteses previstas no caput, o advogado deverá, independentemente de caução, exibir a procuração no prazo de 15 (quinze) dias, prorrogável por igual período por despacho do juiz.

§ 2º O ato não ratificado será considerado ineficaz relativamente àquele em cujo nome foi praticado, respondendo o advogado pelas despesas e por perdas e danos.

LIVRO III - DOS SUJEITOS DO PROCESSO

Art. 105. A procuração geral para o foro, outorgada por instrumento público ou particular assinado pela parte, habilita o advogado a praticar todos os atos do processo, exceto receber citação, confessar, reconhecer a procedência do pedido, transigir, desistir, renunciar ao direito sobre o qual se funda a ação, receber, dar quitação, firmar compromisso e assinar declaração de hipossuficiência econômica, que devem constar de cláusula específica.

§ 1º A procuração pode ser assinada digitalmente, na forma da lei.

§ 2º A procuração deverá conter o nome do advogado, seu número de inscrição na Ordem dos Advogados do Brasil e endereço completo.

§ 3º Se o outorgado integrar sociedade de advogados, a procuração também deverá conter o nome dessa, seu número de registro na Ordem dos Advogados do Brasil e endereço completo.

§ 4º Salvo disposição expressa em sentido contrário constante do próprio instrumento, a procuração outorgada na fase de conhecimento é eficaz para todas as fases do processo, inclusive para o cumprimento de sentença.

Art. 106. Quando postular em causa própria, incumbe ao advogado:

I - declarar, na petição inicial ou na contestação, o endereço, seu número de inscrição na Ordem dos Advogados do Brasil e o nome da sociedade de advogados da qual participa, para o recebimento de intimações;

II - comunicar ao juízo qualquer mudança de endereço.

§ 1º Se o advogado descumprir o disposto no inciso I, o juiz ordenará que se supra a omissão, no prazo de 5 (cinco) dias, antes de determinar a citação do réu, sob pena de indeferimento da petição.

§ 2º Se o advogado infringir o previsto no inciso II, serão consideradas válidas as intimações enviadas por carta registrada ou meio eletrônico ao endereço constante dos autos.

Art. 107. O advogado tem direito a:

I - examinar, em cartório de fórum e secretaria de tribunal, mesmo sem procuração, autos de qualquer processo, independentemente da fase de tramitação, assegurados a obtenção de cópias e o registro de anotações, salvo na hipótese de segredo de justiça, nas quais apenas o advogado constituído terá acesso aos autos;

II - requerer, como procurador, vista dos autos de qualquer processo, pelo prazo de 5 (cinco) dias;

III - retirar os autos do cartório ou da secretaria, pelo prazo legal, sempre que neles lhe couber falar por determinação do juiz, nos casos previstos em lei.

§ 1º Ao receber os autos, o advogado assinará carga em livro ou documento próprio.

§ 2º Sendo o prazo comum às partes, os procuradores poderão retirar os autos somente em conjunto ou mediante prévio ajuste, por petição nos autos.

§ 3º Na hipótese do § 2º, é lícito ao procurador retirar os autos para obtenção de cópias, pelo prazo de 2 (duas) a 6 (seis) horas, independentemente de ajuste e sem prejuízo da continuidade do prazo.

§ 4º O procurador perderá no mesmo processo o direito a que se refere o § 3º se não devolver os autos tempestivamente, salvo se o prazo for prorrogado pelo juiz.

> § 5º O disposto no inciso I do caput deste artigo aplica-se integralmente a processos eletrônicos. (Incluído pela Lei nº 13.793, de 2019)

CAPÍTULO IV - DA SUCESSÃO DAS PARTES E DOS PROCURADORES

Art. 108. No curso do processo, somente é lícita a sucessão voluntária das partes nos casos expressos em lei.

Art. 109. A alienação da coisa ou do direito litigioso por ato entre vivos, a título particular, não altera a legitimidade das partes.

§ 1º O adquirente ou cessionário não poderá ingressar em juízo, sucedendo o alienante ou cedente, sem que o consinta a parte contrária.

§ 2º O adquirente ou cessionário poderá intervir no processo como assistente litisconsorcial do alienante ou cedente.

§ 3º Estendem-se os efeitos da sentença proferida entre as partes originárias ao adquirente ou cessionário.

Art. 110. Ocorrendo a morte de qualquer das partes, dar-se-á a sucessão pelo seu espólio ou pelos seus sucessores, observado o disposto no art. 313, §§ 1º e 2º.

Art. 111. A parte que revogar o mandato outorgado a seu advogado constituirá, no mesmo ato, outro que assuma o patrocínio da causa.

Parágrafo único. Não sendo constituído novo procurador no prazo de 15 (quinze) dias, observar-se-á o disposto no art. 76.

Art. 112. O advogado poderá renunciar ao mandato a qualquer tempo, provando, na forma prevista neste Código, que comunicou a renúncia ao mandante, a fim de que este nomeie sucessor.

§ 1º Durante os 10 (dez) dias seguintes, o advogado continuará a representar o mandante, desde que necessário para lhe evitar prejuízo

§ 2º Dispensa-se a comunicação referida no caput quando a procuração tiver sido outorgada a vários advogados e a parte continuar representada por outro, apesar da renúncia.

TÍTULO II - DO LITISCONSÓRCIO

Art. 113. Duas ou mais pessoas podem litigar, no mesmo processo, em conjunto, ativa ou passivamente, quando:

I - entre elas houver comunhão de direitos ou de obrigações relativamente à lide;

II - entre as causas houver conexão pelo pedido ou pela causa de pedir;

III - ocorrer afinidade de questões por ponto comum de fato ou de direito.

§ 1º O juiz poderá limitar o litisconsórcio facultativo quanto ao número de litigantes na fase de conhecimento, na liquidação de sentença ou na execução, quando este comprometer a rápida solução do litígio ou dificultar a defesa ou o cumprimento da sentença.

§ 2º O requerimento de limitação interrompe o prazo para manifestação ou resposta, que recomeçará da intimação da decisão que o solucionar.

Art. 114. O litisconsórcio será necessário por disposição de lei ou quando, pela natureza da relação jurídica controvertida, a eficácia da sentença depender da citação de todos que devam ser litisconsortes.

Art. 115. A sentença de mérito, quando proferida sem a integração do contraditório, será:

I - nula, se a decisão deveria ser uniforme em relação a todos que deveriam ter integrado o processo;

II - ineficaz, nos outros casos, apenas para os que não foram citados.

Parágrafo único. Nos casos de litisconsórcio passivo necessário, o juiz determinará ao autor que requeira a citação de todos que devam ser litisconsortes, dentro do prazo que assinar, sob pena de extinção do processo.

Art. 116. O litisconsórcio será unitário quando, pela natureza da relação jurídica, o juiz tiver de decidir o mérito de modo uniforme para todos os litisconsortes.

Art. 117. Os litisconsortes serão considerados, em suas relações com a parte adversa, como litigantes distintos, exceto no litisconsórcio unitário, caso em que os atos e as omissões de um não prejudicarão os outros, mas os poderão beneficiar.

Art. 118. Cada litisconsorte tem o direito de promover o andamento do processo, e todos devem ser intimados dos respectivos atos.

TÍTULO III - DA INTERVENÇÃO DE TERCEIROS
CAPÍTULO I - DA ASSISTÊNCIA
Seção I - Disposições Comuns

Art. 119. Pendendo causa entre 2 (duas) ou mais pessoas, o terceiro juridicamente interessado em que a sentença seja favorável a uma delas poderá intervir no processo para assisti-la.

Parágrafo único. A assistência será admitida em qualquer procedimento e em todos os graus de jurisdição, recebendo o assistente o processo no estado em que se encontre.

Art. 120. Não havendo impugnação no prazo de 15 (quinze) dias, o pedido do assistente será deferido, salvo se for caso de rejeição liminar.

Parágrafo único. Se qualquer parte alegar que falta ao requerente interesse jurídico para intervir, o juiz decidirá o incidente, sem suspensão do processo.

Seção II - Da Assistência Simples

Art. 121. O assistente simples atuará como auxiliar da parte principal, exercerá os mesmos poderes e sujeitar-se-á aos mesmos ônus processuais que o assistido.

Parágrafo único. Sendo revel ou, de qualquer outro modo, omisso o assistido, o assistente será considerado seu substituto processual.

Art. 122. A assistência simples não obsta a que a parte principal reconheça a procedência do pedido, desista da ação, renuncie ao direito sobre o que se funda a ação ou transija sobre direitos controvertidos.

Art. 123. Transitada em julgado a sentença no processo em que interveio o assistente, este não poderá, em processo posterior, discutir a justiça da decisão, salvo se alegar e provar que:

I - pelo estado em que recebeu o processo ou pelas declarações e pelos atos do assistido, foi impedido de produzir provas suscetíveis de influir na sentença;

II - desconhecia a existência de alegações ou de provas das quais o assistido, por dolo ou culpa, não se valeu.

Seção III - Da Assistência Litisconsorcial

Art. 124. Considera-se litisconsorte da parte principal o assistente sempre que a sentença influir na relação jurídica entre ele e o adversário do assistido.

CAPÍTULO II - DA DENUNCIAÇÃO DA LIDE

Art. 125. É admissível a denunciação da lide, promovida por qualquer das partes:

I - ao alienante imediato, no processo relativo à coisa cujo domínio foi transferido ao denunciante, a fim de que possa exercer os direitos que da evicção lhe resultam;

II - àquele que estiver obrigado, por lei ou pelo contrato, a indenizar, em ação regressiva, o prejuízo de quem for vencido no processo.

§ 1º O direito regressivo será exercido por ação autônoma quando a denunciação da lide for indeferida, deixar de ser promovida ou não for permitida.

§ 2º Admite-se uma única denunciação sucessiva, promovida pelo denunciado, contra seu antecessor imediato na cadeia dominial ou quem seja responsável por indenizá-lo, não podendo o denunciado sucessivo promover nova denunciação, hipótese em que eventual direito de regresso será exercido por ação autônoma.

Art. 126. A citação do denunciado será requerida na petição inicial, se o denunciante for autor, ou na contestação, se o denunciante for réu, devendo ser realizada na forma e nos prazos previstos no art. 131.

Art. 127. Feita a denunciação pelo autor, o denunciado poderá assumir a posição de litisconsorte do denunciante e acrescentar novos argumentos à petição inicial, procedendo-se em seguida à citação do réu.

Art. 128. Feita a denunciação pelo réu:

I - se o denunciado contestar o pedido formulado pelo autor, o processo prosseguirá tendo, na ação principal, em litisconsórcio, denunciante e denunciado;

II - se o denunciado for revel, o denunciante pode deixar de prosseguir com sua defesa, eventualmente oferecida, e abster-se de recorrer, restringindo sua atuação à ação regressiva;

III - se o denunciado confessar os fatos alegados pelo autor na ação principal, o denunciante poderá prosseguir com sua defesa ou, aderindo a tal reconhecimento, pedir apenas a procedência da ação de regresso.

Parágrafo único. Procedente o pedido da ação principal, pode o autor, se for o caso, requerer o cumprimento da sentença também contra o denunciado, nos limites da condenação deste na ação regressiva.

Art. 129. Se o denunciante for vencido na ação principal, o juiz passará ao julgamento da denunciação da lide.

Parágrafo único. Se o denunciante for vencedor, a ação de denunciação não terá o seu pedido examinado, sem prejuízo da condenação do denunciante ao pagamento das verbas de sucumbência em favor do denunciado.

CAPÍTULO III - DO CHAMAMENTO AO PROCESSO

Art. 130. É admissível o chamamento ao processo, requerido pelo réu:

I - do afiançado, na ação em que o fiador for réu;

II - dos demais fiadores, na ação proposta contra um ou alguns deles;

III - dos demais devedores solidários, quando o credor exigir de um ou de alguns o pagamento da dívida comum.

Art. 131. A citação daqueles que devam figurar em litisconsórcio passivo será requerida pelo réu na contestação e deve ser promovida no prazo de 30 (trinta) dias, sob pena de ficar sem efeito o chamamento.

Parágrafo único. Se o chamado residir em outra comarca, seção ou subseção judiciárias, ou em lugar incerto, o prazo será de 2 (dois) meses.

Art. 132. A sentença de procedência valerá como título executivo em favor do réu que satisfizer a dívida, a fim de que possa exigi-la, por inteiro, do devedor principal, ou, de cada um dos codevedores, a sua quota, na proporção que lhes tocar.

CAPÍTULO IV - DO INCIDENTE DE DESCONSIDERAÇÃO DA PERSONALIDADE JURÍDICA

Art. 133. O incidente de desconsideração da personalidade jurídica será instaurado a pedido da parte ou do Ministério Público, quando lhe couber intervir no processo.

§ 1º O pedido de desconsideração da personalidade jurídica observará os pressupostos previstos em lei.

§ 2º Aplica-se o disposto neste Capítulo à hipótese de desconsideração inversa da personalidade jurídica.

Art. 134. O incidente de desconsideração é cabível em todas as fases do processo de conhecimento, no cumprimento de sentença e na execução fundada em título executivo extrajudicial.

§ 1º A instauração do incidente será imediatamente comunicada ao distribuidor para as anotações devidas.

§ 2º Dispensa-se a instauração do incidente se a desconsideração da personalidade jurídica for requerida na petição inicial, hipótese em que será citado o sócio ou a pessoa jurídica.

§ 3º A instauração do incidente suspenderá o processo, salvo na hipótese do § 2º.

§ 4º O requerimento deve demonstrar o preenchimento dos pressupostos legais específicos para desconsideração da personalidade jurídica.

LIVRO III - DOS SUJEITOS DO PROCESSO

Art. 135. Instaurado o incidente, o sócio ou a pessoa jurídica será citado para manifestar-se e requerer as provas cabíveis no prazo de 15 (quinze) dias.

Art. 136. Concluída a instrução, se necessária, o incidente será resolvido por decisão interlocutória.

Parágrafo único. Se a decisão for proferida pelo relator, cabe agravo interno.

Art. 137. Acolhido o pedido de desconsideração, a alienação ou a oneração de bens, havida em fraude de execução, será ineficaz em relação ao requerente.

CAPÍTULO V - DO AMICUS CURIAE

Art. 138. O juiz ou o relator, considerando a relevância da matéria, a especificidade do tema objeto da demanda ou a repercussão social da controvérsia, poderá, por decisão irrecorrível, de ofício ou a requerimento das partes ou de quem pretenda manifestar-se, solicitar ou admitir a participação de pessoa natural ou jurídica, órgão ou entidade especializada, com representatividade adequada, no prazo de 15 (quinze) dias de sua intimação.

§ 1º A intervenção de que trata o caput não implica alteração de competência nem autoriza a interposição de recursos, ressalvadas a oposição de embargos de declaração e a hipótese do § 3º.

§ 2º Caberá ao juiz ou ao relator, na decisão que solicitar ou admitir a intervenção, definir os poderes do amicus curiae.

§ 3º O amicus curiae pode recorrer da decisão que julgar o incidente de resolução de demandas repetitivas.

TÍTULO IV - DO JUIZ E DOS AUXILIARES DA JUSTIÇA

CAPÍTULO I - DOS PODERES, DOS DEVERES E DA RESPONSABILIDADE DO JUIZ

Art. 139. O juiz dirigirá o processo conforme as disposições deste Código, incumbindo-lhe:

I - assegurar às partes igualdade de tratamento;

II - velar pela duração razoável do processo;

III - prevenir ou reprimir qualquer ato contrário à dignidade da justiça e indeferir postulações meramente protelatórias;

IV - determinar todas as medidas indutivas, coercitivas, mandamentais ou sub-rogatórias necessárias para assegurar o cumprimento de ordem judicial, inclusive nas ações que tenham por objeto prestação pecuniária;

V - promover, a qualquer tempo, a autocomposição, preferencialmente com auxílio de conciliadores e mediadores judiciais;

VI - dilatar os prazos processuais e alterar a ordem de produção dos meios de prova, adequando-os às necessidades do conflito de modo a conferir maior efetividade à tutela do direito;

VII - exercer o poder de polícia, requisitando, quando necessário, força policial, além da segurança interna dos fóruns e tribunais;

VIII - determinar, a qualquer tempo, o comparecimento pessoal das partes, para inquiri-las sobre os fatos da causa, hipótese em que não incidirá a pena de confesso;

IX - determinar o suprimento de pressupostos processuais e o saneamento de outros vícios processuais;

X - quando se deparar com diversas demandas individuais repetitivas, oficiar o Ministério Público, a Defensoria Pública e, na medida do possível, outros legitimados a que se referem o art. 5º da Lei no 7.347, de 24 de julho de 1985, e o art. 82 da Lei nº 8.078, de 11 de setembro de 1990, para, se for o caso, promover a propositura da ação coletiva respectiva.

Parágrafo único. A dilação de prazos prevista no inciso VI somente pode ser determinada antes de encerrado o prazo regular.

Art. 140. O juiz não se exime de decidir sob a alegação de lacuna ou obscuridade do ordenamento jurídico.

Parágrafo único. O juiz só decidirá por equidade nos casos previstos em lei.

Art. 141. O juiz decidirá o mérito nos limites propostos pelas partes, sendo-lhe vedado conhecer de questões não suscitadas a cujo respeito a lei exige iniciativa da parte.

Art. 142. Convencendo-se, pelas circunstâncias, de que autor e réu se serviram do processo para praticar ato simulado ou conseguir fim vedado por lei, o juiz proferirá decisão que impeça os objetivos das partes, aplicando, de ofício, as penalidades da litigância de má-fé.

Art. 143. O juiz responderá, civil e regressivamente, por perdas e danos quando:

I - no exercício de suas funções, proceder com dolo ou fraude;

II - recusar, omitir ou retardar, sem justo motivo, providência que deva ordenar de ofício ou a requerimento da parte.

Parágrafo único. As hipóteses previstas no inciso II somente serão verificadas depois que a parte requerer ao juiz que determine a providência e o requerimento não for apreciado no prazo de 10 (dez) dias.

CAPÍTULO II - DOS IMPEDIMENTOS E DA SUSPEIÇÃO

Art. 144. Há impedimento do juiz, sendo-lhe vedado exercer suas funções no processo:

I - em que interveio como mandatário da parte, oficiou como perito, funcionou como membro do Ministério Público ou prestou depoimento como testemunha;

II - de que conheceu em outro grau de jurisdição, tendo proferido decisão;

III - quando nele estiver postulando, como defensor público, advogado ou membro do Ministério Público, seu cônjuge ou companheiro, ou qualquer parente, consanguíneo ou afim, em linha reta ou colateral, até o terceiro grau, inclusive;

IV - quando for parte no processo ele próprio, seu cônjuge ou companheiro, ou parente, consanguíneo ou afim, em linha reta ou colateral, até o terceiro grau, inclusive;

V - quando for sócio ou membro de direção ou de administração de pessoa jurídica parte no processo;

VI - quando for herdeiro presuntivo, donatário ou empregador de qualquer das partes;

VII - em que figure como parte instituição de ensino com a qual tenha relação de emprego ou decorrente de contrato de prestação de serviços;

VIII - em que figure como parte cliente do escritório de advocacia de seu cônjuge, companheiro ou parente, consanguíneo ou afim, em linha reta ou colateral, até o terceiro grau, inclusive, mesmo que patrocinado por advogado de outro escritório;

IX - quando promover ação contra a parte ou seu advogado.

§ 1º Na hipótese do inciso III, o impedimento só se verifica quando o defensor público, o advogado ou o membro do Ministério Público já integrava o processo antes do início da atividade judicante do juiz.

§ 2º É vedada a criação de fato superveniente a fim de caracterizar impedimento do juiz.

§ 3º O impedimento previsto no inciso III também se verifica no caso de mandato conferido a membro de escritório de advocacia que tenha em seus quadros advogado que individualmente ostente a condição nele prevista, mesmo que não intervenha diretamente no processo.

Art. 145. Há suspeição do juiz:

I - amigo íntimo ou inimigo de qualquer das partes ou de seus advogados;

II - que receber presentes de pessoas que tiverem interesse na causa antes ou depois de iniciado o processo, que aconselhar alguma das partes acerca do objeto da causa ou que subministrar meios para atender às despesas do litígio;

III - quando qualquer das partes for sua credora ou devedora, de seu cônjuge ou companheiro ou de parentes destes, em linha reta até o terceiro grau, inclusive;

IV - interessado no julgamento do processo em favor de qualquer das partes.

§ 1º Poderá o juiz declarar-se suspeito por motivo de foro íntimo, sem necessidade de declarar suas razões.

§ 2º Será ilegítima a alegação de suspeição quando:

I - houver sido provocada por quem a alega;

II - a parte que a alega houver praticado ato que signifique manifesta aceitação do arguido.

Art. 146. No prazo de 15 (quinze) dias, a contar do conhecimento do fato, a parte alegará o impedimento ou a suspeição, em petição específica dirigida ao juiz do processo, na qual indicará o fundamento da recusa, podendo instruí-la com documentos em que se fundar a alegação e com rol de testemunhas.

§ 1º Se reconhecer o impedimento ou a suspeição ao receber a petição, o juiz ordenará imediatamente a remessa dos autos a seu substituto legal, caso contrário, determinará a autuação em apartado da petição e, no prazo de 15 (quinze) dias, apresentará suas razões, acompanhadas de documentos e de rol de testemunhas, se houver, ordenando a remessa do incidente ao tribunal.

§ 2º Distribuído o incidente, o relator deverá declarar os seus efeitos, sendo que, se o incidente for recebido:

I - sem efeito suspensivo, o processo voltará a correr;

II - com efeito suspensivo, o processo permanecerá suspenso até o julgamento do incidente.

§ 3º Enquanto não for declarado o efeito em que é recebido o incidente ou quando este for recebido com efeito suspensivo, a tutela de urgência será requerida ao substituto legal.

§ 4º Verificando que a alegação de impedimento ou de suspeição é improcedente, o tribunal rejeitá-la-á.

§ 5º Acolhida a alegação, tratando-se de impedimento ou de manifesta suspeição, o tribunal condenará o juiz nas custas e remeterá os autos ao seu substituto legal, podendo o juiz recorrer da decisão.

§ 6º Reconhecido o impedimento ou a suspeição, o tribunal fixará o momento a partir do qual o juiz não poderia ter atuado.

§ 7º O tribunal decretará a nulidade dos atos do juiz, se praticados quando já presente o motivo de impedimento ou de suspeição.

Art. 147. Quando 2 (dois) ou mais juízes forem parentes, consanguíneos ou afins, em linha reta ou colateral, até o terceiro grau, inclusive, o primeiro que conhecer do processo impede que o outro nele atue, caso em que o segundo se escusará, remetendo os autos ao seu substituto legal.

Art. 148. Aplicam-se os motivos de impedimento e de suspeição:

I - ao membro do Ministério Público;

II - aos auxiliares da justiça;

III - aos demais sujeitos imparciais do processo.

§ 1º A parte interessada deverá arguir o impedimento ou a suspeição, em petição fundamentada e devidamente instruída, na primeira oportunidade em que lhe couber falar nos autos.

§ 2º O juiz mandará processar o incidente em separado e sem suspensão do processo, ouvindo o arguido no prazo de 15 (quinze) dias e facultando a produção de prova, quando necessária.

§ 3º Nos tribunais, a arguição a que se refere o § 1º será disciplinada pelo regimento interno.

§ 4º O disposto nos §§ 1º e 2º não se aplica à arguição de impedimento ou de suspeição de testemunha.

CAPÍTULO III - DOS AUXILIARES DA JUSTIÇA

Art. 149. São auxiliares da Justiça, além de outros cujas atribuições sejam determinadas pelas normas de organização judiciária, o escrivão, o chefe de secretaria, o oficial de justiça, o perito, o depositário, o administrador, o intérprete, o tradutor, o mediador, o conciliador judicial, o partidor, o distribuidor, o contabilista e o regulador de avarias.

Seção I - Do Escrivão, do Chefe de Secretaria e do Oficial de Justiça

Art. 150. Em cada juízo haverá um ou mais ofícios de justiça, cujas atribuições serão determinadas pelas normas de organização judiciária.

Art. 151. Em cada comarca, seção ou subseção judiciária haverá, no mínimo, tantos oficiais de justiça quantos sejam os juízos.

Art. 152. Incumbe ao escrivão ou ao chefe de secretaria:

I - redigir, na forma legal, os ofícios, os mandados, as cartas precatórias e os demais atos que pertençam ao seu ofício;

II - efetivar as ordens judiciais, realizar citações e intimações, bem como praticar todos os demais atos que lhe forem atribuídos pelas normas de organização judiciária;

III - comparecer às audiências ou, não podendo fazê-lo, designar servidor para substituí-lo;

IV - manter sob sua guarda e responsabilidade os autos, não permitindo que saiam do cartório, exceto:

a) quando tenham de seguir à conclusão do juiz;

b) com vista a procurador, à Defensoria Pública, ao Ministério Público ou à Fazenda Pública;

c) quando devam ser remetidos ao contabilista ou ao partidor;

d) quando forem remetidos a outro juízo em razão da modificação da competência;

V - fornecer certidão de qualquer ato ou termo do processo, independentemente de despacho, observadas as disposições referentes ao segredo de justiça;

VI - praticar, de ofício, os atos meramente ordinatórios.

§ 1º O juiz titular editará ato a fim de regulamentar a atribuição prevista no inciso VI.

§ 2º No impedimento do escrivão ou chefe de secretaria, o juiz convocará substituto e, não o havendo, nomeará pessoa idônea para o ato.

Art. 153. O escrivão ou o chefe de secretaria atenderá, preferencialmente, à ordem cronológica de recebimento para publicação e efetivação dos pronunciamentos judiciais.

§ 1º A lista de processos recebidos deverá ser disponibilizada, de forma permanente, para consulta pública.

§ 2º Estão excluídos da regra do caput:

I - os atos urgentes, assim reconhecidos pelo juiz no pronunciamento judicial a ser efetivado;

II - as preferências legais.

§ 3º Após elaboração de lista própria, respeitar-se-ão a ordem cronológica de recebimento entre os atos urgentes e as preferências legais.

§ 4º A parte que se considerar preterida na ordem cronológica poderá reclamar, nos próprios autos, ao juiz do processo, que requisitará informações ao servidor, a serem prestadas no prazo de 2 (dois) dias.

§ 5º Constatada a preterição, o juiz determinará o imediato cumprimento do ato e a instauração de processo administrativo disciplinar contra o servidor.

Art. 154. Incumbe ao oficial de justiça:

I - fazer pessoalmente citações, prisões, penhoras, arrestos e demais diligências próprias do seu ofício, sempre que possível na presença de 2 (duas) testemunhas, certificando no mandado o ocorrido, com menção ao lugar, ao dia e à hora;

II - executar as ordens do juiz a que estiver subordinado;

III - entregar o mandado em cartório após seu cumprimento;

IV - auxiliar o juiz na manutenção da ordem;

V - efetuar avaliações, quando for o caso;

VI - certificar, em mandado, proposta de autocomposição apresentada por qualquer das partes, na ocasião de realização de ato de comunicação que lhe couber.

Parágrafo único. Certificada a proposta de autocomposição prevista no inciso VI, o juiz ordenará a intimação da parte contrária para manifestar-se, no prazo de 5 (cinco) dias, sem prejuízo do andamento regular do processo, entendendo-se o silêncio como recusa.

Art. 155. O escrivão, o chefe de secretaria e o oficial de justiça são responsáveis, civil e regressivamente, quando:

I - sem justo motivo, se recusarem a cumprir no prazo os atos impostos pela lei ou pelo juiz a que estão subordinados;

II - praticarem ato nulo com dolo ou culpa.

Seção II - Do Perito

Art. 156. O juiz será assistido por perito quando a prova do fato depender de conhecimento técnico ou científico.

§ 1º Os peritos serão nomeados entre os profissionais legalmente habilitados e os órgãos técnicos ou científicos devidamente inscritos em cadastro mantido pelo tribunal ao qual o juiz está vinculado.

§ 2º Para formação do cadastro, os tribunais devem realizar consulta pública, por meio de divulgação na rede mundial de computadores ou em jornais de grande circulação, além de consulta direta a universidades, a conselhos de classe, ao Ministério Público, à Defensoria Pública e à Ordem dos Advogados do Brasil, para a indicação de profissionais ou de órgãos técnicos interessados.

§ 3º Os tribunais realizarão avaliações e reavaliações periódicas para manutenção do cadastro, considerando a formação profissional, a atualização do conhecimento e a experiência dos peritos interessados.

§ 4º Para verificação de eventual impedimento ou motivo de suspeição, nos termos dos arts. 148 e 467, o órgão técnico ou científico nomeado para realização da perícia informará ao juiz os nomes e os dados de qualificação dos profissionais que participarão da atividade.

§ 5º Na localidade onde não houver inscrito no cadastro disponibilizado pelo tribunal, a nomeação do perito é de livre escolha pelo juiz e deverá recair sobre profissional ou órgão técnico ou científico comprovadamente detentor do conhecimento necessário à realização da perícia.

Art. 157. O perito tem o dever de cumprir o ofício no prazo que lhe designar o juiz, empregando toda sua diligência, podendo escusar-se do encargo alegando motivo legítimo.

§ 1º A escusa será apresentada no prazo de 15 (quinze) dias, contado da intimação, da suspeição ou do impedimento supervenientes, sob pena de renúncia ao direito a alegá-la.

§ 2º Será organizada lista de peritos na vara ou na secretaria, com disponibilização dos documentos exigidos para habilitação à consulta de interessados, para que a nomeação seja distribuída de modo equitativo, observadas a capacidade técnica e a área de conhecimento.

Art. 158. O perito que, por dolo ou culpa, prestar informações inverídicas responderá pelos prejuízos que causar à parte e ficará inabilitado para atuar em outras perícias no prazo de 2 (dois) a 5 (cinco) anos, independentemente das demais sanções previstas em lei, devendo o juiz comunicar o fato ao respectivo órgão de classe para adoção das medidas que entender cabíveis.

Seção III - Do Depositário e do Administrador

Art. 159. A guarda e a conservação de bens penhorados, arrestados, sequestrados ou arrecadados serão confiadas a depositário ou a administrador, não dispondo a lei de outro modo.

Art. 160. Por seu trabalho o depositário ou o administrador perceberá remuneração que o juiz fixará levando em conta a situação dos bens, ao tempo do serviço e às dificuldades de sua execução.

Parágrafo único. O juiz poderá nomear um ou mais prepostos por indicação do depositário ou do administrador.

Art. 161. O depositário ou o administrador responde pelos prejuízos que, por dolo ou culpa, causar à parte, perdendo a remuneração que lhe foi arbitrada, mas tem o direito a haver o que legitimamente despendeu no exercício do encargo.

Parágrafo único. O depositário infiel responde civilmente pelos prejuízos causados, sem prejuízo de sua responsabilidade penal e da imposição de sanção por ato atentatório à dignidade da justiça.

Seção IV - Do Intérprete e do Tradutor

Art. 162. O juiz nomeará intérprete ou tradutor quando necessário para:

I - traduzir documento redigido em língua estrangeira;

II - verter para o português as declarações das partes e das testemunhas que não conhecerem o idioma nacional;

III - realizar a interpretação simultânea dos depoimentos das partes e testemunhas com deficiência auditiva que se comuniquem por meio da Língua Brasileira de Sinais, ou equivalente, quando assim for solicitado.

Art. 163. Não pode ser intérprete ou tradutor quem:

I - não tiver a livre administração de seus bens;

II - for arrolado como testemunha ou atuar como perito no processo;

III - estiver inabilitado para o exercício da profissão por sentença penal condenatória, enquanto durarem seus efeitos.

Art. 164. O intérprete ou tradutor, oficial ou não, é obrigado a desempenhar seu ofício, aplicando-se-lhe o disposto nos arts. 157 e 158.

Seção V - Dos Conciliadores e Mediadores Judiciais

Art. 165. Os tribunais criarão centros judiciários de solução consensual de conflitos, responsáveis pela realização de sessões e audiências de conciliação e mediação e pelo desenvolvimento de programas destinados a auxiliar, orientar e estimular a autocomposição.

§ 1º A composição e a organização dos centros serão definidas pelo respectivo tribunal, observadas as normas do Conselho Nacional de Justiça.

§ 2º O conciliador, que atuará preferencialmente nos casos em que não houver vínculo anterior entre as partes, poderá sugerir soluções para o litígio, sendo vedada a utilização de qualquer tipo de constrangimento ou intimidação para que as partes conciliem.

§ 3º O mediador, que atuará preferencialmente nos casos em que houver vínculo anterior entre as partes, auxiliará aos interessados a compreender as questões e os interesses em conflito, de modo que eles possam, pelo restabelecimento da comunicação, identificar, por si próprios, soluções consensuais que gerem benefícios mútuos.

Art. 166. A conciliação e a mediação são informadas pelos princípios da independência, da imparcialidade, da autonomia da vontade, da confidencialidade, da oralidade, da informalidade e da decisão informada.

§ 1º A confidencialidade estende-se a todas as informações produzidas no curso do procedimento, cujo teor não poderá ser utilizado para fim diverso daquele previsto por expressa deliberação das partes.

§ 2º Em razão do dever de sigilo, inerente às suas funções, o conciliador e o mediador, assim como os membros de suas equipes, não poderão divulgar ou depor acerca de fatos ou elementos oriundos da conciliação ou da mediação.

§ 3º Admite-se a aplicação de técnicas negociais, com o objetivo de proporcionar ambiente favorável à autocomposição.

§ 4º A mediação e a conciliação serão regidas conforme a livre autonomia dos interessados, inclusive no que diz respeito à definição das regras procedimentais.

Art. 167. Os conciliadores, os mediadores e as câmaras privadas de conciliação e mediação serão inscritos em cadastro nacional e em cadastro de tribunal de justiça ou de tribunal regional federal, que manterá registro de profissionais habilitados, com indicação de sua área profissional.

§ 1º Preenchendo o requisito da capacitação mínima, por meio de curso realizado por entidade credenciada, conforme parâmetro curricular definido pelo Conselho Nacional de Justiça em conjunto com o Ministério da Justiça, o conciliador ou o mediador, com o respectivo certificado, poderá requerer sua inscrição no cadastro nacional e no cadastro de tribunal de justiça ou de tribunal regional federal.

§ 2º Efetivado o registro, que poderá ser precedido de concurso público, o tribunal remeterá ao diretor do foro da comarca, seção ou subseção judiciária onde atuará o conciliador ou o mediador os dados necessários para que seu nome passe a constar da respectiva lista, a ser observada na distribuição alternada e aleatória, respeitado o princípio da igualdade dentro da mesma área de atuação profissional.

§ 3º Do credenciamento das câmaras e do cadastro de conciliadores e mediadores constarão todos os dados relevantes para a sua atuação, tais como o número de processos de que participou, o sucesso ou insucesso da atividade, a matéria sobre a qual versou a controvérsia, bem como outros dados que o tribunal julgar relevantes.

§ 4º Os dados colhidos na forma do § 3º serão classificados sistematicamente pelo tribunal, que os publicará, ao menos anualmente, para conhecimento da população e para fins estatísticos e de avaliação da conciliação, da mediação, das câmaras privadas de conciliação e de mediação, dos conciliadores e dos mediadores.

§ 5º Os conciliadores e mediadores judiciais cadastrados na forma do caput, se advogados, estarão impedidos de exercer a advocacia nos juízos em que desempenhem suas funções.

§ 6º O tribunal poderá optar pela criação de quadro próprio de conciliadores e mediadores, a ser preenchido por concurso público de provas e títulos, observadas as disposições deste Capítulo.

Art. 168. As partes podem escolher, de comum acordo, o conciliador, o mediador ou a câmara privada de conciliação e de mediação.

§ 1º O conciliador ou mediador escolhido pelas partes poderá ou não estar cadastrado no tribunal.

§ 2º Inexistindo acordo quanto à escolha do mediador ou conciliador, haverá distribuição entre aqueles cadastrados no registro do tribunal, observada a respectiva formação.

§ 3º Sempre que recomendável, haverá a designação de mais de um mediador ou conciliador.

Art. 169. Ressalvada a hipótese do art. 167, § 6º, o conciliador e o mediador receberão pelo seu trabalho remuneração prevista em tabela fixada pelo tribunal, conforme parâmetros estabelecidos pelo Conselho Nacional de Justiça.

§ 1º A mediação e a conciliação podem ser realizadas como trabalho voluntário, observada a legislação pertinente e a regulamentação do tribunal.

§ 2º Os tribunais determinarão o percentual de audiências não remuneradas que deverão ser suportadas pelas câmaras privadas de conciliação e mediação, com o fim de atender aos processos em que deferida gratuidade da justiça, como contrapartida de seu credenciamento.

Art. 170. No caso de impedimento, o conciliador ou mediador o comunicará imediatamente, de preferência por meio eletrônico, e devolverá os autos ao juiz do processo ou ao coordenador do centro judiciário de solução de conflitos, devendo este realizar nova distribuição.

Parágrafo único. Se a causa de impedimento for apurada quando já iniciado o procedimento, a atividade será interrompida, lavrando-se ata com relatório do ocorrido e solicitação de distribuição para novo conciliador ou mediador.

Art. 171. No caso de impossibilidade temporária do exercício da função, o conciliador ou mediador informará o fato ao centro, preferencialmente por meio eletrônico, para que, durante o período em que perdurar a impossibilidade, não haja novas distribuições

Art. 172. O conciliador e o mediador ficam impedidos, pelo prazo de 1 (um) ano, contado do término da última audiência em que atuaram, de assessorar, representar ou patrocinar qualquer das partes.

Art. 173. Será excluído do cadastro de conciliadores e mediadores aquele que:

I - agir com dolo ou culpa na condução da conciliação ou da mediação sob sua responsabilidade ou violar qualquer dos deveres decorrentes do art. 166, §§ 1º e 2º;

II - atuar em procedimento de mediação ou conciliação, apesar de impedido ou suspeito.

§ 1º Os casos previstos neste artigo serão apurados em processo administrativo.

§ 2º O juiz do processo ou o juiz coordenador do centro de conciliação e mediação, se houver, verificando atuação inadequada do mediador ou conciliador, poderá afastá-lo de suas atividades por até 180 (cento e oitenta) dias, por decisão fundamentada, informando o fato imediatamente ao tribunal para instauração do respectivo processo administrativo.

Art. 174. A União, os Estados, o Distrito Federal e os Municípios criarão câmaras de mediação e conciliação, com atribuições relacionadas à solução consensual de conflitos no âmbito administrativo, tais como:

I - dirimir conflitos envolvendo órgãos e entidades da administração pública;

II - avaliar a admissibilidade dos pedidos de resolução de conflitos, por meio de conciliação, no âmbito da administração pública;

III - promover, quando couber, a celebração de termo de ajustamento de conduta.

Art. 175. As disposições desta Seção não excluem outras formas de conciliação e mediação extrajudiciais vinculadas a órgãos institucionais ou realizadas por intermédio de profissionais independentes, que poderão ser regulamentadas por lei específica.

Parágrafo único. Os dispositivos desta Seção aplicam-se, no que couber, às câmaras privadas de conciliação e mediação.

TÍTULO V - DO MINISTÉRIO PÚBLICO

Art. 176. O Ministério Público atuará na defesa da ordem jurídica, do regime democrático e dos interesses e direitos sociais e individuais indisponíveis.

Art. 177. O Ministério Público exercerá o direito de ação em conformidade com suas atribuições constitucionais.

Art. 178. O Ministério Público será intimado para, no prazo de 30 (trinta) dias, intervir como fiscal da ordem jurídica nas hipóteses previstas em lei ou na Constituição Federal e nos processos que envolvam:

I - interesse público ou social;

II - interesse de incapaz;

III - litígios coletivos pela posse de terra rural ou urbana.

Parágrafo único. A participação da Fazenda Pública não configura, por si só, hipótese de intervenção do Ministério Público.

Art. 179. Nos casos de intervenção como fiscal da ordem jurídica, o Ministério Público:

I - terá vista dos autos depois das partes, sendo intimado de todos os atos do processo;

II - poderá produzir provas, requerer as medidas processuais pertinentes e recorrer.

Art. 180. O Ministério Público gozará de prazo em dobro para manifestar-se nos autos, que terá início a partir de sua intimação pessoal, nos termos do art. 183, § 1º.

§ 1º Findo o prazo para manifestação do Ministério Público sem o oferecimento de parecer, o juiz requisitará os autos e dará andamento ao processo.

§ 2º Não se aplica o benefício da contagem em dobro quando a lei estabelecer, de forma expressa, prazo próprio para o Ministério Público.

Art. 181. O membro do Ministério Público será civil e regressivamente responsável quando agir com dolo ou fraude no exercício de suas funções.

TÍTULO VI - DA ADVOCACIA PÚBLICA

Art. 182. Incumbe à Advocacia Pública, na forma da lei, defender e promover os interesses públicos da União, dos Estados, do Distrito Federal e dos Municípios, por meio da representação judicial, em todos os âmbitos federativos, das pessoas jurídicas de direito público que integram a administração direta e indireta.

Art. 183. A União, os Estados, o Distrito Federal, os Municípios e suas respectivas autarquias e fundações de direito público gozarão de prazo em dobro para todas as suas manifestações processuais, cuja contagem terá início a partir da intimação pessoal.

§ 1º A intimação pessoal far-se-á por carga, remessa ou meio eletrônico.

§ 2º Não se aplica o benefício da contagem em dobro quando a lei estabelecer, de forma expressa, prazo próprio para o ente público.

Art. 184. O membro da Advocacia Pública será civil e regressivamente responsável quando agir com dolo ou fraude no exercício de suas funções

TÍTULO VII - DA DEFENSORIA PÚBLICA

Art. 185. A Defensoria Pública exercerá a orientação jurídica, a promoção dos direitos humanos e a defesa dos direitos individuais e coletivos dos necessitados, em todos os graus, de forma integral e gratuita.

Art. 186. A Defensoria Pública gozará de prazo em dobro para todas as suas manifestações processuais.

§ 1º O prazo tem início com a intimação pessoal do defensor público, nos termos do art. 183, § 1º.

§ 2º A requerimento da Defensoria Pública, o juiz determinará a intimação pessoal da parte patrocinada quando o ato processual depender de providência ou informação que somente por ela possa ser realizada ou prestada.

§ 3º O disposto no caput aplica-se aos escritórios de prática jurídica das faculdades de Direito reconhecidas na forma da lei e às entidades que prestam assistência jurídica gratuita em razão de convênios firmados com a Defensoria Pública.

§ 4º Não se aplica o benefício da contagem em dobro quando a lei estabelecer, de forma expressa, prazo próprio para a Defensoria Pública.

Art. 187. O membro da Defensoria Pública será civil e regressivamente responsável quando agir com dolo ou fraude no exercício de suas funções.

LIVRO IV - DOS ATOS PROCESSUAIS

TÍTULO I - DA FORMA, DO TEMPO E DO LUGAR DOS ATOS PROCESSUAIS

CAPÍTULO I - DA FORMA DOS ATOS PROCESSUAIS

Seção I - Dos Atos em Geral

Art. 188. Os atos e os termos processuais independem de forma determinada, salvo quando a lei expressamente a exigir, considerando-se válidos os que, realizados de outro modo, lhe preencham a finalidade essencial.

Art. 189. Os atos processuais são públicos, todavia tramitam em segredo de justiça os processos:

I - em que o exija o interesse público ou social;

II - que versem sobre casamento, separação de corpos, divórcio, separação, união estável, filiação, alimentos e guarda de crianças e adolescentes;

III - em que constem dados protegidos pelo direito constitucional à intimidade;

IV - que versem sobre arbitragem, inclusive sobre cumprimento de carta arbitral, desde que a confidencialidade estipulada na arbitragem seja comprovada perante o juízo.

§ 1º O direito de consultar os autos de processo que tramite em segredo de justiça e de pedir certidões de seus atos é restrito às partes e aos seus procuradores.

§ 2º O terceiro que demonstrar interesse jurídico pode requerer ao juiz certidão do dispositivo da sentença, bem como de inventário e de partilha resultantes de divórcio ou separação.

Art. 190. Versando o processo sobre direitos que admitam autocomposição, é lícito às partes plenamente capazes estipular mudanças no procedimento para ajustá-lo às especificidades da causa e convencionar sobre os seus ônus, poderes, faculdades e deveres processuais, antes ou durante o processo.

Parágrafo único. De ofício ou a requerimento, o juiz controlará a validade das convenções previstas neste artigo, recusando-lhes aplicação somente nos casos de nulidade ou de inserção abusiva em contrato de adesão ou em que alguma parte se encontre em manifesta situação de vulnerabilidade.

Art. 191. De comum acordo, o juiz e as partes podem fixar calendário para a prática dos atos processuais, quando for o caso.

§ 1º O calendário vincula as partes e o juiz, e os prazos nele previstos somente serão modificados em casos excepcionais, devidamente justificados.

§ 2º Dispensa-se a intimação das partes para a prática de ato processual ou a realização de audiência cujas datas tiverem sido designadas no calendário.

Art. 192. Em todos os atos e termos do processo é obrigatório o uso da língua portuguesa.

Parágrafo único. O documento redigido em língua estrangeira somente poderá ser juntado aos autos quando acompanhado de versão para a língua portuguesa tramitada por via diplomática ou pela autoridade central, ou firmada por tradutor juramentado.

Seção II - Da Prática Eletrônica de Atos Processuais

Art. 193. Os atos processuais podem ser total ou parcialmente digitais, de forma a permitir que sejam produzidos, comunicados, armazenados e validados por meio eletrônico, na forma da lei.

Parágrafo único. O disposto nesta Seção aplica-se, no que for cabível, à prática de atos notariais e de registro.

Art. 194. Os sistemas de automação processual respeitarão a publicidade dos atos, o acesso e a participação das partes e de seus procuradores, inclusive nas audiências e sessões de julgamento, observadas as garantias da disponibilidade, independência da plataforma computacional, acessibilidade e interoperabilidade dos sistemas, serviços, dados e informações que o Poder Judiciário administre no exercício de suas funções.

Art. 195. O registro de ato processual eletrônico deverá ser feito em padrões abertos, que atenderão aos requisitos de autenticidade, integridade, temporalidade, não repúdio, conservação e, nos casos que tramitem em segredo de justiça, confidencialidade, observada a infraestrutura de chaves públicas unificada nacionalmente, nos termos da lei.

Art. 196. Compete ao Conselho Nacional de Justiça e, supletivamente, aos tribunais, regulamentar a prática e a comunicação oficial de atos processuais por meio eletrônico e velar pela compatibilidade dos sistemas, disciplinando a incorporação progressiva de novos avanços tecnológicos e editando, para esse fim, os atos que forem necessários, respeitadas as normas fundamentais deste Código.

Art. 197. Os tribunais divulgarão as informações constantes de seu sistema de automação em página própria na rede mundial de computadores, gozando a divulgação de presunção de veracidade e confiabilidade.

Parágrafo único. Nos casos de problema técnico do sistema e de erro ou omissão do auxiliar da justiça responsável pelo registro dos andamentos, poderá ser configurada a justa causa prevista no art. 223, caput e § 1º.

Art. 198. As unidades do Poder Judiciário deverão manter gratuitamente, à disposição dos interessados, equipamentos necessários à prática de atos processuais e à consulta e ao acesso ao sistema e aos documentos dele constantes.

Parágrafo único. Será admitida a prática de atos por meio não eletrônico no local onde não estiverem disponibilizados os equipamentos previstos no caput.

Art. 199. As unidades do Poder Judiciário assegurarão às pessoas com deficiência acessibilidade aos seus sítios na rede mundial de computadores, ao meio eletrônico de prática de atos judiciais, à comunicação eletrônica dos atos processuais e à assinatura eletrônica.

Seção III - Dos Atos das Partes

Art. 200. Os atos das partes consistentes em declarações unilaterais ou bilaterais de vontade produzem imediatamente a constituição, modificação ou extinção de direitos processuais.

Parágrafo único. A desistência da ação só produzirá efeitos após homologação judicial.

Art. 201. As partes poderão exigir recibo de petições, arrazoados, papéis e documentos que entregarem em cartório.

Art. 202. É vedado lançar nos autos cotas marginais ou interlineares, as quais o juiz mandará riscar, impondo a quem as escrever multa correspondente à metade do salário-mínimo.

Seção IV - Dos Pronunciamentos do Juiz

Art. 203. Os pronunciamentos do juiz consistirão em sentenças, decisões interlocutórias e despachos.

§ 1º Ressalvadas as disposições expressas dos procedimentos especiais, sentença é o pronunciamento por meio do qual o juiz, com fundamento nos arts. 485 e 487, põe fim à fase cognitiva do procedimento comum, bem como extingue a execução.

§ 2º Decisão interlocutória é todo pronunciamento judicial de natureza decisória que não se enquadre no § 1º.

§ 3º São despachos todos os demais pronunciamentos do juiz praticados no processo, de ofício ou a requerimento da parte.

§ 4º Os atos meramente ordinatórios, como a juntada e a vista obrigatória, independem de despacho, devendo ser praticados de ofício pelo servidor e revistos pelo juiz quando necessário.

Art. 204. Acórdão é o julgamento colegiado proferido pelos tribunais.

Art. 205. Os despachos, as decisões, as sentenças e os acórdãos serão redigidos, datados e assinados pelos juízes.

§ 1º Quando os pronunciamentos previstos no caput forem proferidos oralmente, o servidor os documentará, submetendo-os aos juízes para revisão e assinatura.

§ 2º A assinatura dos juízes, em todos os graus de jurisdição, pode ser feita eletronicamente, na forma da lei.

§ 3º Os despachos, as decisões interlocutórias, o dispositivo das sentenças e a ementa dos acórdãos serão publicados no Diário de Justiça Eletrônico.

Seção V - Dos Atos do Escrivão ou do Chefe de Secretaria

Art. 206. Ao receber a petição inicial de processo, o escrivão ou o chefe de secretaria a autuará, mencionando o juízo, a natureza do processo, o número de seu registro, os nomes das partes e a data de seu início, e procederá do mesmo modo em relação aos volumes em formação.

Art. 207. O escrivão ou o chefe de secretaria numerará e rubricará todas as folhas dos autos.

Parágrafo único. À parte, ao procurador, ao membro do Ministério Público, ao defensor público e aos auxiliares da justiça é facultado rubricar as folhas correspondentes aos atos em que intervierem.

Art. 208. Os termos de juntada, vista, conclusão e outros semelhantes constarão de notas datadas e rubricadas pelo escrivão ou pelo chefe de secretaria.

Art. 209. Os atos e os termos do processo serão assinados pelas pessoas que neles intervierem, todavia, quando essas não puderem ou não quiserem firmá-los, o escrivão ou o chefe de secretaria certificará a ocorrência.

§ 1º Quando se tratar de processo total ou parcialmente documentado em autos eletrônicos, os atos processuais praticados na presença do juiz poderão ser produzidos e armazenados de modo integralmente digital em arquivo eletrônico inviolável, na forma da lei, mediante registro em termo, que será assinado digitalmente pelo juiz e pelo escrivão ou chefe de secretaria, bem como pelos advogados das partes.

§ 2º Na hipótese do § 1º, eventuais contradições na transcrição deverão ser suscitadas oralmente no momento de realização do ato, sob pena de preclusão, devendo o juiz decidir de plano e ordenar o registro, no termo, da alegação e da decisão.

Art. 210. É lícito o uso da taquigrafia, da estenotipia ou de outro método idôneo em qualquer juízo ou tribunal.

Art. 211. Não se admitem nos atos e termos processuais espaços em branco, salvo os que forem inutilizados, assim como entrelinhas, emendas ou rasuras, exceto quando expressamente ressalvadas.

CAPÍTULO II - DO TEMPO E DO LUGAR DOS ATOS PROCESSUAIS

Seção I - Do Tempo

Art. 212. Os atos processuais serão realizados em dias úteis, das 6 (seis) às 20 (vinte) horas.

§ 1º Serão concluídos após as 20 (vinte) horas os atos iniciados antes, quando o adiamento prejudicar a diligência ou causar grave dano.

§ 2º Independentemente de autorização judicial, as citações, intimações e penhoras poderão realizar-se no período de férias forenses, onde as houver, e nos feriados ou dias úteis fora do horário estabelecido neste artigo, observado o disposto no art. 5º, inciso XI, da Constituição Federal.

§ 3º Quando o ato tiver de ser praticado por meio de petição em autos não eletrônicos, essa deverá ser protocolada no horário de funcionamento do fórum ou tribunal, conforme o disposto na lei de organização judiciária local.

Art. 213. A prática eletrônica de ato processual pode ocorrer em qualquer horário até as 24 (vinte e quatro) horas do último dia do prazo.

Parágrafo único. O horário vigente no juízo perante o qual o ato deve ser praticado será considerado para fins de atendimento do prazo.

Art. 214. Durante as férias forenses e nos feriados, não se praticarão atos processuais, excetuando-se:

I - os atos previstos no art. 212, § 2º;

II - a tutela de urgência.

Art. 215. Processam-se durante as férias forenses, onde as houver, e não se suspendem pela superveniência delas:

I - os procedimentos de jurisdição voluntária e os necessários à conservação de direitos, quando puderem ser prejudicados pelo adiamento;

II - a ação de alimentos e os processos de nomeação ou remoção de tutor e curador;

III - os processos que a lei determinar.

Art. 216. Além dos declarados em lei, são feriados, para efeito forense, os sábados, os domingos e os dias em que não haja expediente forense.

Seção II - Do Lugar

Art. 217. Os atos processuais realizar-se-ão ordinariamente na sede do juízo, ou, excepcionalmente, em outro lugar em razão de deferência, de interesse da justiça, da natureza do ato ou de obstáculo arguido pelo interessado e acolhido pelo juiz.

CAPÍTULO III - DOS PRAZOS

Seção I - Disposições Gerais

Art. 218. Os atos processuais serão realizados nos prazos prescritos em lei.

§ 1º Quando a lei for omissa, o juiz determinará os prazos em consideração à complexidade do ato.

§ 2º Quando a lei ou o juiz não determinar prazo, as intimações somente obrigarão a comparecimento após decorridas 48 (quarenta e oito) horas.

§ 3º Inexistindo preceito legal ou prazo determinado pelo juiz, será de 5 (cinco) dias o prazo para a prática de ato processual a cargo da parte.

§ 4º Será considerado tempestivo o ato praticado antes do termo inicial do prazo.

Art. 219. Na contagem de prazo em dias, estabelecido por lei ou pelo juiz, computar-se-ão somente os dias úteis.

Parágrafo único. O disposto neste artigo aplica-se somente aos prazos processuais.

Art. 220. Suspende-se o curso do prazo processual nos dias compreendidos entre 20 de dezembro e 20 de janeiro, inclusive.

§ 1º Ressalvadas as férias individuais e os feriados instituídos por lei, os juízes, os membros do Ministério Público, da Defensoria Pública e da Advocacia Pública e os auxiliares da Justiça exercerão suas atribuições durante o período previsto no caput.

§ 2º Durante a suspensão do prazo, não se realizarão audiências nem sessões de julgamento.

Art. 221. Suspende-se o curso do prazo por obstáculo criado em detrimento da parte ou ocorrendo qualquer das hipóteses do art. 313, devendo o prazo ser restituído por tempo igual ao que faltava para sua complementação.

Parágrafo único. Suspendem-se os prazos durante a execução de programa instituído pelo Poder Judiciário para promover a autocomposição, incumbindo aos tribunais especificar, com antecedência, a duração dos trabalhos.

Art. 222. Na comarca, seção ou subseção judiciária onde for difícil o transporte, o juiz poderá prorrogar os prazos por até 2 (dois) meses.

§ 1º Ao juiz é vedado reduzir prazos peremptórios sem anuência das partes.

§ 2º Havendo calamidade pública, o limite previsto no caput para prorrogação de prazos poderá ser excedido.

Art. 223. Decorrido o prazo, extingue-se o direito de praticar ou de emendar o ato processual, independentemente de declaração judicial, ficando assegurado, porém, à parte provar que não o realizou por justa causa.

§ 1º Considera-se justa causa o evento alheio à vontade da parte e que a impediu de praticar o ato por si ou por mandatário.

§ 2º Verificada a justa causa, o juiz permitirá à parte a prática do ato no prazo que lhe assinar.

Art. 224. Salvo disposição em contrário, os prazos serão contados excluindo o dia do começo e incluindo o dia do vencimento.

§ 1º Os dias do começo e do vencimento do prazo serão protraídos para o primeiro dia útil seguinte, se coincidirem com dia em que o expediente forense for encerrado antes ou iniciado depois da hora normal ou houver indisponibilidade da comunicação eletrônica.

§ 2º Considera-se como data de publicação o primeiro dia útil seguinte ao da disponibilização da informação no Diário da Justiça eletrônico.

§ 3º A contagem do prazo terá início no primeiro dia útil que seguir ao da publicação.

Art. 225. A parte poderá renunciar ao prazo estabelecido exclusivamente em seu favor, desde que o faça de maneira expressa.

Art. 226. O juiz proferirá:

I - os despachos no prazo de 5 (cinco) dias;

II - as decisões interlocutórias no prazo de 10 (dez) dias;

III - as sentenças no prazo de 30 (trinta) dias.

Art. 227. Em qualquer grau de jurisdição, havendo motivo justificado, pode o juiz exceder, por igual tempo, os prazos a que está submetido.

Art. 228. Incumbirá ao serventuário remeter os autos conclusos no prazo de 1 (um) dia e executar os atos processuais no prazo de 5 (cinco) dias, contado da data em que:

I - houver concluído o ato processual anterior, se lhe foi imposto pela lei;

II - tiver ciência da ordem, quando determinada pelo juiz.

§ 1º Ao receber os autos, o serventuário certificará o dia e a hora em que teve ciência da ordem referida no inciso II.

§ 2º Nos processos em autos eletrônicos, a juntada de petições ou de manifestações em geral ocorrerá de forma automática, independentemente de ato de serventuário da justiça.

Art. 229. Os litisconsortes que tiverem diferentes procuradores, de escritórios de advocacia distintos, terão prazos contados em dobro para todas as suas manifestações, em qualquer juízo ou tribunal, independentemente de requerimento.

§ 1º Cessa a contagem do prazo em dobro se, havendo apenas 2 (dois) réus, é oferecida defesa por apenas um deles.

§ 2º Não se aplica o disposto no caput aos processos em autos eletrônicos.

Art. 230. O prazo para a parte, o procurador, a Advocacia Pública, a Defensoria Pública e o Ministério Público será contado da citação, da intimação ou da notificação.

Art. 231. Salvo disposição em sentido diverso, considera-se dia do começo do prazo:

I - a data de juntada aos autos do aviso de recebimento, quando a citação ou a intimação for pelo correio;

II - a data de juntada aos autos do mandado cumprido, quando a citação ou a intimação for por oficial de justiça;

III - a data de ocorrência da citação ou da intimação, quando ela se der por ato do escrivão ou do chefe de secretaria;

IV - o dia útil seguinte ao fim da dilação assinada pelo juiz, quando a citação ou a intimação for por edital;

V - o dia útil seguinte à consulta ao teor da citação ou da intimação ou ao término do prazo para que a consulta se dê, quando a citação ou a intimação for eletrônica;

VI - a data de juntada do comunicado de que trata o art. 232 ou, não havendo esse, a data de juntada da carta aos autos de origem devidamente cumprida, quando a citação ou a intimação se realizar em cumprimento de carta;

VII - a data de publicação, quando a intimação se der pelo Diário da Justiça impresso ou eletrônico;

VIII - o dia da carga, quando a intimação se der por meio da retirada dos autos, em carga, do cartório ou da secretaria.

§ 1º Quando houver mais de um réu, o dia do começo do prazo para contestar corresponderá à última das datas a que se referem os incisos I a VI do caput.

§ 2º Havendo mais de um intimado, o prazo para cada um é contado individualmente.

§ 3º Quando o ato tiver de ser praticado diretamente pela parte ou por quem, de qualquer forma, participe do processo, sem a intermediação de representante judicial, o dia do começo do prazo para cumprimento da determinação judicial corresponderá à data em que se der a comunicação.

§ 4º Aplica-se o disposto no inciso II do caput à citação com hora certa.

Art. 232. Nos atos de comunicação por carta precatória, rogatória ou de ordem, a realização da citação ou da intimação será imediatamente informada, por meio eletrônico, pelo juiz deprecado ao juiz deprecante.

Seção II - Da Verificação dos Prazos e das Penalidades

Art. 233. Incumbe ao juiz verificar se o serventuário excedeu, sem motivo legítimo, os prazos estabelecidos em lei.

§ 1º Constatada a falta, o juiz ordenará a instauração de processo administrativo, na forma da lei.

§ 2º Qualquer das partes, o Ministério Público ou a Defensoria Pública poderá representar ao juiz contra o serventuário que injustificadamente exceder os prazos previstos em lei.

Art. 234. Os advogados públicos ou privados, o defensor público e o membro do Ministério Público devem restituir os autos no prazo do ato a ser praticado.

§ 1º É lícito a qualquer interessado exigir os autos do advogado que exceder prazo legal.

§ 2º Se, intimado, o advogado não devolver os autos no prazo de 3 (três) dias, perderá o direito à vista fora de cartório e incorrerá em multa correspondente à metade do salário-mínimo.

§ 3º Verificada a falta, o juiz comunicará o fato à seção local da Ordem dos Advogados do Brasil para procedimento disciplinar e imposição de multa.

§ 4º Se a situação envolver membro do Ministério Público, da Defensoria Pública ou da Advocacia Pública, a multa, se for o caso, será aplicada ao agente público responsável pelo ato.

§ 5º Verificada a falta, o juiz comunicará o fato ao órgão competente responsável pela instauração de procedimento disciplinar contra o membro que atuou no feito.

Art. 235. Qualquer parte, o Ministério Público ou a Defensoria Pública poderá representar ao corregedor do tribunal ou ao Conselho Nacional de Justiça contra juiz ou relator que injustificadamente exceder os prazos previstos em lei, regulamento ou regimento interno.

§ 1º Distribuída a representação ao órgão competente e ouvido previamente o juiz, não sendo caso de arquivamento liminar, será instaurado procedimento para apuração da responsabilidade, com intimação do representado por meio eletrônico para, querendo, apresentar justificativa no prazo de 15 (quinze) dias.

§ 2º Sem prejuízo das sanções administrativas cabíveis, em até 48 (quarenta e oito) horas após a apresentação ou não da justificativa de que trata o § 1º, se for o caso, o corregedor do tribunal ou o relator no Conselho Nacional de Justiça determinará a intimação do representado por meio eletrônico para que, em 10 (dez) dias, pratique o ato.

§ 3º Mantida a inércia, os autos serão remetidos ao substituto legal do juiz ou do relator contra o qual se representou para decisão em 10 (dez) dias.

TÍTULO II - DA COMUNICAÇÃO DOS ATOS PROCESSUAIS

CAPÍTULO I - DISPOSIÇÕES GERAIS

Art. 236. Os atos processuais serão cumpridos por ordem judicial.

§ 1º Será expedida carta para a prática de atos fora dos limites territoriais do tribunal, da comarca, da seção ou da subseção judiciárias, ressalvadas as hipóteses previstas em lei.

§ 2º O tribunal poderá expedir carta para juízo a ele vinculado, se o ato houver de se realizar fora dos limites territoriais do local de sua sede.

§ 3º Admite-se a prática de atos processuais por meio de videoconferência ou outro recurso tecnológico de transmissão de sons e imagens em tempo real.

Art. 237. Será expedida carta:

I - de ordem, pelo tribunal, na hipótese do § 2º do art. 236;

II - rogatória, para que órgão jurisdicional estrangeiro pratique ato de cooperação jurídica internacional, relativo a processo em curso perante órgão jurisdicional brasileiro;

III - precatória, para que órgão jurisdicional brasileiro pratique ou determine o cumprimento, na área de sua competência territorial, de ato relativo a pedido de cooperação judiciária formulado por órgão jurisdicional de competência territorial diversa;

IV - arbitral, para que órgão do Poder Judiciário pratique ou determine o cumprimento, na área de sua competência territorial, de ato objeto de pedido de cooperação judiciária formulado por juízo arbitral, inclusive os que importem efetivação de tutela provisória.

Parágrafo único. Se o ato relativo a processo em curso na justiça federal ou em tribunal superior houver de ser praticado em local onde não haja vara federal, a carta poderá ser dirigida ao juízo estadual da respectiva comarca.

CAPÍTULO II - DA CITAÇÃO

Art. 238. Citação é o ato pelo qual são convocados o réu, o executado ou o interessado para integrar a relação processual.

Art. 239. Para a validade do processo é indispensável a citação do réu ou do executado, ressalvadas as hipóteses de indeferimento da petição inicial ou de improcedência liminar do pedido.

§ 1º O comparecimento espontâneo do réu ou do executado supre a falta ou a nulidade da citação, fluindo a partir desta data o prazo para apresentação de contestação ou de embargos à execução.

§ 2º Rejeitada a alegação de nulidade, tratando-se de processo de:

I - conhecimento, o réu será considerado revel;

II - execução, o feito terá seguimento.

Art. 240. A citação válida, ainda quando ordenada por juízo incompetente, induz litispendência, torna litigiosa a coisa e constitui em mora o devedor, ressalvado o disposto nos arts. 397 e 398 da Lei no 10.406, de 10 de janeiro de 2002 (Código Civil).

§ 1º A interrupção da prescrição, operada pelo despacho que ordena a citação, ainda que proferido por juízo incompetente, retroagirá à data de propositura da ação.

§ 2º Incumbe ao autor adotar, no prazo de 10 (dez) dias, as providências necessárias para viabilizar a citação, sob pena de não se aplicar o disposto no § 1º.

§ 3º A parte não será prejudicada pela demora imputável exclusivamente ao serviço judiciário.

§ 4º O efeito retroativo a que se refere o § 1º aplica-se à decadência e aos demais prazos extintivos previstos em lei.

Art. 241. Transitada em julgado a sentença de mérito proferida em favor do réu antes da citação, incumbe ao escrivão ou ao chefe de secretaria comunicar-lhe o resultado do julgamento.

Art. 242. A citação será pessoal, podendo, no entanto, ser feita na pessoa do representante legal ou do procurador do réu, do executado ou do interessado.

§ 1º Na ausência do citando, a citação será feita na pessoa de seu mandatário, administrador, preposto ou gerente, quando a ação se originar de atos por eles praticados.

§ 2º O locador que se ausentar do Brasil sem cientificar o locatário de que deixou, na localidade onde estiver situado o imóvel, procurador com poderes para receber citação será citado na pessoa do administrador do imóvel encarregado do recebimento dos aluguéis, que será considerado habilitado para representar o locador em juízo.

§ 3º A citação da União, dos Estados, do Distrito Federal, dos Municípios e de suas respectivas autarquias e fundações de direito público será realizada perante o órgão de Advocacia Pública responsável por sua representação judicial.

Art. 243. A citação poderá ser feita em qualquer lugar em que se encontre o réu, o executado ou o interessado.

Parágrafo único. O militar em serviço ativo será citado na unidade em que estiver servindo, se não for conhecida sua residência ou nela não for encontrado.

Art. 244. Não se fará a citação, salvo para evitar o perecimento do direito:

LIVRO IV - DOS ATOS PROCESSUAIS

I - de quem estiver participando de ato de culto religioso;
II - de cônjuge, de companheiro ou de qualquer parente do morto, consanguíneo ou afim, em linha reta ou na linha colateral em segundo grau, no dia do falecimento e nos 7 (sete) dias seguintes;
III - de noivos, nos 3 (três) primeiros dias seguintes ao casamento;
IV - de doente, enquanto grave o seu estado.

Art. 245. Não se fará citação quando se verificar que o citando é mentalmente incapaz ou está impossibilitado de recebê-la.

§ 1º O oficial de justiça descreverá e certificará minuciosamente a ocorrência.

§ 2º Para examinar o citando, o juiz nomeará médico, que apresentará laudo no prazo de 5 (cinco) dias.

§ 3º Dispensa-se a nomeação de que trata o § 2º se pessoa da família apresentar declaração do médico do citando que ateste a incapacidade deste.

§ 4º Reconhecida a impossibilidade, o juiz nomeará curador ao citando, observando, quanto à sua escolha, a preferência estabelecida em lei e restringindo a nomeação à causa.

§ 5º A citação será feita na pessoa do curador, a quem incumbirá a defesa dos interesses do citando.

Art. 246. A citação será feita:
I - pelo correio;
II - por oficial de justiça;
III - pelo escrivão ou chefe de secretaria, se o citando comparecer em cartório;
IV - por edital;
V - por meio eletrônico, conforme regulado em lei.

§ 1º Com exceção das microempresas e das empresas de pequeno porte, as empresas públicas e privadas são obrigadas a manter cadastro nos sistemas de processo em autos eletrônicos, para efeito de recebimento de citações e intimações, as quais serão efetuadas preferencialmente por esse meio.

§ 2º O disposto no § 1º aplica-se à União, aos Estados, ao Distrito Federal, aos Municípios e às entidades da administração indireta.

§ 3º Na ação de usucapião de imóvel, os confinantes serão citados pessoalmente, exceto quando tiver por objeto unidade autônoma de prédio em condomínio, caso em que tal citação é dispensada.

Art. 247. A citação será feita pelo correio para qualquer comarca do país, exceto:
I - nas ações de estado, observado o disposto no art. 695, § 3º;
II - quando o citando for incapaz;
III - quando o citando for pessoa de direito público;
IV - quando o citando residir em local não atendido pela entrega domiciliar de correspondência;
V - quando o autor, justificadamente, a requerer de outra forma.

Art. 248. Deferida a citação pelo correio, o escrivão ou o chefe de secretaria remeterá ao citando cópias da petição inicial e do despacho do juiz e comunicará o prazo para resposta, o endereço do juízo e o respectivo cartório.

§ 1º A carta será registrada para entrega ao citando, exigindo-lhe o carteiro, ao fazer a entrega, que assine o recibo.

§ 2º Sendo o citando pessoa jurídica, será válida a entrega do mandado a pessoa com poderes de gerência geral ou de administração ou, ainda, a funcionário responsável pelo recebimento de correspondências.

§ 3º Da carta de citação no processo de conhecimento constarão os requisitos do art. 250.

§ 4º Nos condomínios edilícios ou nos loteamentos com controle de acesso, será válida a entrega do mandado a funcionário da portaria responsável pelo recebimento de correspondência, que, entretanto, poderá recusar o recebimento, se declarar, por escrito, sob as penas da lei, que o destinatário da correspondência está ausente.

Art. 249. A citação será feita por meio de oficial de justiça nas hipóteses previstas neste Código ou em lei, ou quando frustrada a citação pelo correio.

Art. 250. O mandado que o oficial de justiça tiver de cumprir conterá:
I - os nomes do autor e do citando e seus respectivos domicílios ou residências;
II - a finalidade da citação, com todas as especificações constantes da petição inicial, bem como a menção do prazo para contestar, sob pena de revelia, ou para embargar a execução;
III - a aplicação de sanção para o caso de descumprimento da ordem, se houver;
IV - se for o caso, a intimação do citando para comparecer, acompanhado de advogado ou de defensor público, à audiência de conciliação ou de mediação, com a menção do dia, da hora e do lugar do comparecimento;
V - a cópia da petição inicial, do despacho ou da decisão que deferir tutela provisória;
VI - a assinatura do escrivão ou do chefe de secretaria e a declaração de que o subscreve por ordem do juiz.

Art. 251. Incumbe ao oficial de justiça procurar o citando e, onde o encontrar, citá-lo:
I - lendo-lhe o mandado e entregando-lhe a contrafé;
II - portando por fé se recebeu ou recusou a contrafé;
III - obtendo a nota de ciente ou certificando que o citando não a após no mandado.

Art. 252. Quando, por 2 (duas) vezes, o oficial de justiça houver procurado o citando em seu domicílio ou residência sem o encontrar, deverá, havendo suspeita de ocultação, intimar qualquer pessoa da família ou, em sua falta, qualquer vizinho de que, no dia útil imediato, voltará a fim de efetuar a citação, na hora que designar.

Parágrafo único. Nos condomínios edilícios ou nos loteamentos com controle de acesso, será válida a intimação a que se refere o caput feita a funcionário da portaria responsável pelo recebimento de correspondência.

Art. 253. No dia e na hora designados, o oficial de justiça, independentemente de novo despacho, comparecerá ao domicílio ou à residência do citando a fim de realizar a diligência.

§ 1º Se o citando não estiver presente, o oficial de justiça procurará informar-se das razões da ausência, dando por feita a citação, ainda que o citando se tenha ocultado em outra comarca, seção ou subseção judiciárias.

§ 2º A citação com hora certa será efetivada mesmo que a pessoa da família ou o vizinho que houver sido intimado esteja ausente, ou se, embora presente, a pessoa da família ou o vizinho se recusar a receber o mandado.

§ 3º Da certidão da ocorrência, o oficial de justiça deixará contrafé com qualquer pessoa da família ou vizinho, conforme o caso, declarando-lhe o nome.

§ 4º O oficial de justiça fará constar do mandado a advertência de que será nomeado curador especial se houver revelia.

Art. 254. Feita a citação com hora certa, o escrivão ou chefe de secretaria enviará ao réu, executado ou interessado, no prazo de 10 (dez) dias, contado da data da juntada do mandado aos autos, carta, telegrama ou correspondência eletrônica, dando-lhe de tudo ciência.

Art. 255. Nas comarcas contíguas de fácil comunicação e nas que se situem na mesma região metropolitana, o oficial de justiça poderá efetuar, em qualquer delas, citações, intimações, notificações, penhoras e quaisquer outros atos executivos.

Art. 256. A citação por edital será feita:
I - quando desconhecido ou incerto o citando;
II - quando ignorado, incerto ou inacessível o lugar em que se encontrar o citando;
III - nos casos expressos em lei.

§ 1º Considera-se inacessível, para efeito de citação por edital, o país que recusar o cumprimento de carta rogatória.

§ 2º No caso de ser inacessível o lugar em que se encontrar o réu, a notícia de sua citação será divulgada também pelo rádio, se na comarca houver emissora de radiodifusão.

§ 3º O réu será considerado em local ignorado ou incerto se infrutíferas as tentativas de sua localização, inclusive mediante requisição pelo juízo de informações sobre seu endereço nos cadastros de órgãos públicos ou de concessionárias de serviços públicos.

Art. 257. São requisitos da citação por edital:

I - a afirmação do autor ou a certidão do oficial informando a presença das circunstâncias autorizadoras;

II - a publicação do edital na rede mundial de computadores, no sítio do respectivo tribunal e na plataforma de editais do Conselho Nacional de Justiça, que deve ser certificada nos autos;

III - a determinação, pelo juiz, do prazo, que variará entre 20 (vinte) e 60 (sessenta) dias, fluindo da data da publicação única ou, havendo mais de uma, da primeira;

IV - a advertência de que será nomeado curador especial em caso de revelia.

Parágrafo único. O juiz poderá determinar que a publicação do edital seja feita também em jornal local de ampla circulação ou por outros meios, considerando as peculiaridades da comarca, da seção ou da subseção judiciárias.

Art. 258. A parte que requerer a citação por edital, alegando dolosamente a ocorrência das circunstâncias autorizadoras para sua realização, incorrerá em multa de 5 (cinco) vezes o salário-mínimo.

Parágrafo único. A multa reverterá em benefício do citando.

Art. 259. Serão publicados editais:

I - na ação de usucapião de imóvel;

II - na ação de recuperação ou substituição de título ao portador;

III - em qualquer ação em que seja necessária, por determinação legal, a provocação, para participação no processo, de interessados incertos ou desconhecidos.

CAPÍTULO III - DAS CARTAS

Art. 260. São requisitos das cartas de ordem, precatória e rogatória:

I - a indicação dos juízes de origem e de cumprimento do ato;

II - o inteiro teor da petição, do despacho judicial e do instrumento do mandato conferido ao advogado;

III - a menção do ato processual que lhe constitui o objeto;

IV - o encerramento com a assinatura do juiz.

§ 1º O juiz mandará trasladar para a carta quaisquer outras peças, bem como instruí-la com mapa, desenho ou gráfico, sempre que esses documentos devam ser examinados, na diligência, pelas partes, pelos peritos ou pelas testemunhas.

§ 2º Quando o objeto da carta for exame pericial sobre documento, este será remetido em original, ficando nos autos reprodução fotográfica.

§ 3º A carta arbitral atenderá, no que couber, aos requisitos a que se refere o caput e será instruída com a convenção de arbitragem e com as provas da nomeação do árbitro e de sua aceitação da função.

Art. 261. Em todas as cartas o juiz fixará o prazo para cumprimento, atendendo à facilidade das comunicações e à natureza da diligência.

§ 1º As partes deverão ser intimadas pelo juiz do ato de expedição da carta.

§ 2º Expedida a carta, as partes acompanharão o cumprimento da diligência perante o juízo destinatário, ao qual compete a prática dos atos de comunicação.

§ 3º A parte a quem interessar o cumprimento da diligência cooperará para que o prazo a que se refere o caput seja cumprido.

Art. 262. A carta tem caráter itinerante, podendo, antes ou depois de lhe ser ordenado o cumprimento, ser encaminhada a juízo diverso do que dela consta, a fim de se praticar o ato.

Parágrafo único. O encaminhamento da carta a outro juízo será imediatamente comunicado ao órgão expedidor, que intimará as partes.

Art. 263. As cartas deverão, preferencialmente, ser expedidas por meio eletrônico, caso em que a assinatura do juiz deverá ser eletrônica, na forma da lei.

Art. 264. A carta de ordem e a carta precatória por meio eletrônico, por telefone ou por telegrama conterão, em resumo substancial, os requisitos mencionados no art. 250, especialmente no que se refere à aferição da autenticidade.

Art. 265. O secretário do tribunal, o escrivão ou o chefe de secretaria do juízo deprecante transmitirá, por telefone, a carta de ordem ou a carta precatória ao juízo em que houver de se cumprir o ato, por intermédio do escrivão do primeiro ofício da primeira vara, se houver na comarca mais de um ofício ou de uma vara, observando-se, quanto aos requisitos, o disposto no art. 264.

§ 1º O escrivão ou o chefe de secretaria, no mesmo dia ou no dia útil imediato, telefonará ou enviará mensagem eletrônica ao secretário do tribunal, ao escrivão ou ao chefe de secretaria do juízo deprecante, lendo-lhe os termos da carta e solicitando-lhe que os confirme.

§ 2º Sendo confirmada, o escrivão ou o chefe de secretaria submeterá a carta a despacho.

Art. 266. Serão praticados de ofício os atos requisitados por meio eletrônico e de telegrama, devendo a parte depositar, contudo, na secretaria do tribunal ou no cartório do juízo deprecante, a importância correspondente às despesas que serão feitas no juízo em que houver de praticar-se o ato.

Art. 267. O juiz recusará cumprimento a carta precatória ou arbitral, devolvendo-a com decisão motivada quando:

I - a carta não estiver revestida dos requisitos legais;

II - faltar ao juiz competência em razão da matéria ou da hierarquia;

III - o juiz tiver dúvida acerca de sua autenticidade.

Parágrafo único. No caso de incompetência em razão da matéria ou da hierarquia, o juiz deprecado, conforme o ato a ser praticado, poderá remeter a carta ao juiz ou ao tribunal competente.

Art. 268. Cumprida a carta, será devolvida ao juízo de origem no prazo de 10 (dez) dias, independentemente de traslado, pagas as custas pela parte.

CAPÍTULO IV - DAS INTIMAÇÕES

Art. 269. Intimação é o ato pelo qual se dá ciência a alguém dos atos e dos termos do processo.

§ 1º É facultado aos advogados promover a intimação do advogado da outra parte por meio do correio, juntando aos autos, a seguir, cópia do ofício de intimação e do aviso de recebimento.

§ 2º O ofício de intimação deverá ser instruído com cópia do despacho, da decisão ou da sentença.

§ 3º A intimação da União, dos Estados, do Distrito Federal, dos Municípios e de suas respectivas autarquias e fundações de direito público será realizada perante o órgão de Advocacia Pública responsável por sua representação judicial.

Art. 270. As intimações realizam-se, sempre que possível, por meio eletrônico, na forma da lei.

Parágrafo único. Aplica-se ao Ministério Público, à Defensoria Pública e à Advocacia Pública o disposto no § 1º do art. 246.

Art. 271. O juiz determinará de ofício as intimações em processos pendentes, salvo disposição em contrário.

Art. 272. Quando não realizadas por meio eletrônico, consideram-se feitas as intimações pela publicação dos atos no órgão oficial.

§ 1º Os advogados poderão requerer que, na intimação a eles dirigida, figure apenas o nome da sociedade a que pertençam, desde que devidamente registrada na Ordem dos Advogados do Brasil.

§ 2º Sob pena de nulidade, é indispensável que da publicação constem os nomes das partes e de seus advogados, com o respectivo número de inscrição na Ordem dos Advogados do Brasil, ou, se assim requerido, da sociedade de advogados.

§ 3º A grafia dos nomes das partes não deve conter abreviaturas.

§ 4º A grafia dos nomes dos advogados deve corresponder ao nome completo e ser a mesma que constar da procuração ou que estiver registrada na Ordem dos Advogados do Brasil.

§ 5º Constando dos autos pedido expresso para que as comunicações dos atos processuais sejam feitas em nome dos advogados indicados, o seu desatendimento implicará nulidade.

§ 6º A retirada dos autos do cartório ou da secretaria em carga pelo advogado, por pessoa credenciada a pedido do advogado ou da sociedade de advogados, pela Advocacia Pública, pela Defensoria Pública ou pelo Ministério Público implicará intimação de qualquer decisão contida no processo retirado, ainda que pendente de publicação.

§ 7º O advogado e a sociedade de advogados deverão requerer o respectivo credenciamento para a retirada de autos por preposto.

§ 8º A parte arguirá a nulidade da intimação em capítulo preliminar do próprio ato que lhe caiba praticar, o qual será tido por tempestivo se o vício for reconhecido.

§ 9º Não sendo possível a prática imediata do ato diante da necessidade de acesso prévio aos autos, a parte limitar-se-á a arguir a nulidade da intimação, caso em que o prazo será contado da intimação da decisão que a reconheça.

Art. 273. Se inviável a intimação por meio eletrônico e não houver na localidade publicação em órgão oficial, incumbirá ao escrivão ou chefe de secretaria intimar de todos os atos do processo os advogados das partes:

I - pessoalmente, se tiverem domicílio na sede do juízo;

II - por carta registrada, com aviso de recebimento, quando forem domiciliados fora do juízo.

Art. 274. Não dispondo a lei de outro modo, as intimações serão feitas às partes, aos seus representantes legais, aos advogados e aos demais sujeitos do processo pelo correio ou, se presentes em cartório, diretamente pelo escrivão ou chefe de secretaria.

Parágrafo único. Presumem-se válidas as intimações dirigidas ao endereço constante dos autos, ainda que não recebidas pessoalmente pelo interessado, se a modificação temporária ou definitiva não tiver sido devidamente comunicada ao juízo, fluindo os prazos a partir da juntada aos autos do comprovante de entrega da correspondência no primitivo endereço.

Art. 275. A intimação será feita por oficial de justiça quando frustrada a realização por meio eletrônico ou pelo correio.

§ 1º A certidão de intimação deve conter:

I - a indicação do lugar e a descrição da pessoa intimada, mencionando, quando possível, o número de seu documento de identidade e o órgão que o expediu;

II - a declaração de entrega da contrafé;

III - a nota de ciente ou a certidão de que o interessado não a apôs no mandado.

§ 2º Caso necessário, a intimação poderá ser efetuada com hora certa ou por edital.

TÍTULO III - DAS NULIDADES

Art. 276. Quando a lei prescrever determinada forma sob pena de nulidade, a decretação desta não pode ser requerida pela parte que lhe deu causa.

Art. 277. Quando a lei prescrever determinada forma, o juiz considerará válido o ato se, realizado de outro modo, lhe alcançar a finalidade.

Art. 278. A nulidade dos atos deve ser alegada na primeira oportunidade em que couber à parte falar nos autos, sob pena de preclusão.

Parágrafo único. Não se aplica o disposto no caput às nulidades que o juiz deva decretar de ofício, nem prevalece a preclusão provando a parte legítimo impedimento.

Art. 279. É nulo o processo quando o membro do Ministério Público não for intimado a acompanhar o feito em que deva intervir.

§ 1º Se o processo tiver tramitado sem conhecimento do membro do Ministério Público, o juiz invalidará os atos praticados a partir do momento em que ele deveria ter sido intimado.

§ 2º A nulidade só pode ser decretada após a intimação do Ministério Público, que se manifestará sobre a existência ou a inexistência de prejuízo.

Art. 280. As citações e as intimações serão nulas quando feitas sem observância das prescrições legais.

Art. 281. Anulado o ato, consideram-se de nenhum efeito todos os subsequentes que dele dependam, todavia, a nulidade de uma parte do ato não prejudicará as outras que dela sejam independentes.

Art. 282. Ao pronunciar a nulidade, o juiz declarará que atos são atingidos e ordenará as providências necessárias a fim de que sejam repetidos ou retificados.

§ 1º O ato não será repetido nem sua falta será suprida quando não prejudicar a parte.

§ 2º Quando puder decidir o mérito a favor da parte a quem aproveite a decretação da nulidade, o juiz não a pronunciará nem mandará repetir o ato ou suprir-lhe a falta.

Art. 283. O erro de forma do processo acarreta unicamente a anulação dos atos que não possam ser aproveitados, devendo ser praticados os que forem necessários a fim de se observarem as prescrições legais.

Parágrafo único. Dar-se-á o aproveitamento dos atos praticados desde que não resulte prejuízo à defesa de qualquer parte.

TÍTULO IV - DA DISTRIBUIÇÃO E DO REGISTRO

Art. 284. Todos os processos estão sujeitos a registro, devendo ser distribuídos onde houver mais de um juiz.

Art. 285. A distribuição, que poderá ser eletrônica, será alternada e aleatória, obedecendo-se rigorosa igualdade.

Parágrafo único. A lista de distribuição deverá ser publicada no Diário de Justiça.

Art. 286. Serão distribuídas por dependência as causas de qualquer natureza:

I - quando se relacionarem, por conexão ou continência, com outra já ajuizada;

II - quando, tendo sido extinto o processo sem resolução de mérito, for reiterado o pedido, ainda que em litisconsórcio com outros autores ou que sejam parcialmente alterados os réus da demanda;

III - quando houver ajuizamento de ações nos termos do art. 55, § 3º, ao juízo prevento.

Parágrafo único. Havendo intervenção de terceiro, reconvenção ou outra hipótese de ampliação objetiva do processo, o juiz, de ofício, mandará proceder à respectiva anotação pelo distribuidor.

Art. 287. A petição inicial deve vir acompanhada de procuração, que conterá os endereços do advogado, eletrônico e não eletrônico.

Parágrafo único. Dispensa-se a juntada da procuração:

I - no caso previsto no art. 104;

II - se a parte estiver representada pela Defensoria Pública;

III - se a representação decorrer diretamente de norma prevista na Constituição Federal ou em lei.

Art. 288. O juiz, de ofício ou a requerimento do interessado, corrigirá o erro ou compensará a falta de distribuição.

Art. 289. A distribuição poderá ser fiscalizada pela parte, por seu procurador, pelo Ministério Público e pela Defensoria Pública.

Art. 290. Será cancelada a distribuição do feito se a parte, intimada na pessoa de seu advogado, não realizar o pagamento das custas e despesas de ingresso em 15 (quinze) dias.

TÍTULO V - DO VALOR DA CAUSA

Art. 291. A toda causa será atribuído valor certo, ainda que não tenha conteúdo econômico imediatamente aferível.

Art. 292. O valor da causa constará da petição inicial ou da reconvenção e será:

I - na ação de cobrança de dívida, a soma monetariamente corrigida do principal, dos juros de mora vencidos e de outras penalidades, se houver, até a data de propositura da ação;

II - na ação que tiver por objeto a existência, a validade, o cumprimento, a modificação, a resolução, a resilição ou a rescisão de ato jurídico, o valor do ato ou o de sua parte controvertida;

III - na ação de alimentos, a soma de 12 (doze) prestações mensais pedidas pelo autor;

IV - na ação de divisão, de demarcação e de reivindicação, o valor de avaliação da área ou do bem objeto do pedido;

V - na ação indenizatória, inclusive a fundada em dano moral, o valor pretendido;

VI - na ação em que há cumulação de pedidos, a quantia correspondente à soma dos valores de todos eles;

VII - na ação em que os pedidos são alternativos, o de maior valor;

VIII - na ação em que houver pedido subsidiário, o valor do pedido principal.

§ 1º Quando se pedirem prestações vencidas e vincendas, considerar-se-á o valor de umas e outras.

§ 2º O valor das prestações vincendas será igual a uma prestação anual, se a obrigação for por tempo indeterminado ou por tempo superior a 1 (um) ano, e, se por tempo inferior, será igual à soma das prestações.

§ 3º O juiz corrigirá, de ofício e por arbitramento, o valor da causa quando verificar que não corresponde ao conteúdo patrimonial em discussão ou ao proveito econômico perseguido pelo autor, caso em que se procederá ao recolhimento das custas correspondentes.

Art. 293. O réu poderá impugnar, em preliminar da contestação, o valor atribuído à causa pelo autor, sob pena de preclusão, e o juiz decidirá a respeito, impondo, se for o caso, a complementação das custas.

LIVRO V - DA TUTELA PROVISÓRIA

TÍTULO I - DISPOSIÇÕES GERAIS

Art. 294. A tutela provisória pode fundamentar-se em urgência ou evidência.

Parágrafo único. A tutela provisória de urgência, cautelar ou antecipada, pode ser concedida em caráter antecedente ou incidental.

Art. 295. A tutela provisória requerida em caráter incidental independe do pagamento de custas.

Art. 296. A tutela provisória conserva sua eficácia na pendência do processo, mas pode, a qualquer tempo, ser revogada ou modificada.

Parágrafo único. Salvo decisão judicial em contrário, a tutela provisória conservará a eficácia durante o período de suspensão do processo.

Art. 297. O juiz poderá determinar as medidas que considerar adequadas para efetivação da tutela provisória.

Parágrafo único. A efetivação da tutela provisória observará as normas referentes ao cumprimento provisório da sentença, no que couber.

Art. 298. Na decisão que conceder, negar, modificar ou revogar a tutela provisória, o juiz motivará seu convencimento de modo claro e preciso.

Art. 299. A tutela provisória será requerida ao juízo da causa e, quando antecedente, ao juízo competente para conhecer do pedido principal.

Parágrafo único. Ressalvada disposição especial, na ação de competência originária de tribunal e nos recursos a tutela provisória será requerida ao órgão jurisdicional competente para apreciar o mérito.

TÍTULO II - DA TUTELA DE URGÊNCIA

CAPÍTULO I - DISPOSIÇÕES GERAIS

Art. 300. A tutela de urgência será concedida quando houver elementos que evidenciem a probabilidade do direito e o perigo de dano ou o risco ao resultado útil do processo.

§ 1º Para a concessão da tutela de urgência, o juiz pode, conforme o caso, exigir caução real ou fidejussória idônea para ressarcir os danos que a outra parte possa vir a sofrer, podendo a caução ser dispensada se a parte economicamente hipossuficiente não puder oferecê-la.

§ 2º A tutela de urgência pode ser concedida liminarmente ou após justificação prévia.

§ 3º A tutela de urgência de natureza antecipada não será concedida quando houver perigo de irreversibilidade dos efeitos da decisão.

Art. 301. A tutela de urgência de natureza cautelar pode ser efetivada mediante arresto, sequestro, arrolamento de bens, registro de protesto contra alienação de bem e qualquer outra medida idônea para asseguração do direito.

Art. 302. Independentemente da reparação por dano processual, a parte responde pelo prejuízo que a efetivação da tutela de urgência causar à parte adversa, se:

I - a sentença lhe for desfavorável;

II - obtida liminarmente a tutela em caráter antecedente, não fornecer os meios necessários para a citação do requerido no prazo de 5 (cinco) dias;

III - ocorrer a cessação da eficácia da medida em qualquer hipótese legal;

IV - o juiz acolher a alegação de decadência ou prescrição da pretensão do autor.

Parágrafo único. A indenização será liquidada nos autos em que a medida tiver sido concedida, sempre que possível.

CAPÍTULO II - DO PROCEDIMENTO DA TUTELA ANTECIPADA REQUERIDA EM CARÁTER ANTECEDENTE

Art. 303. Nos casos em que a urgência for contemporânea à propositura da ação, a petição inicial pode limitar-se ao requerimento da tutela antecipada e à indicação do pedido de tutela final, com a exposição da lide, do direito que se busca realizar e do perigo de dano ou do risco ao resultado útil do processo.

§ 1º Concedida a tutela antecipada a que se refere o caput deste artigo:

I - o autor deverá aditar a petição inicial, com a complementação de sua argumentação, a juntada de novos documentos e a confirmação do pedido de tutela final, em 15 (quinze) dias ou em outro prazo maior que o juiz fixar;

II - o réu será citado e intimado para a audiência de conciliação ou de mediação na forma do art. 334;

III - não havendo autocomposição, o prazo para contestação será contado na forma do art. 335.

§ 2º Não realizado o aditamento a que se refere o inciso I do § 1º deste artigo, o processo será extinto sem resolução do mérito.

§ 3º O aditamento a que se refere o inciso I do § 1º deste artigo dar-se-á nos mesmos autos, sem incidência de novas custas processuais.

§ 4º Na petição inicial a que se refere o caput deste artigo, o autor terá de indicar o valor da causa, que deve levar em consideração o pedido de tutela final.

§ 5º O autor indicará na petição inicial, ainda, que pretende valer-se do benefício previsto no caput deste artigo.

§ 6º Caso entenda que não há elementos para a concessão de tutela antecipada, o órgão jurisdicional determinará a emenda da petição inicial em até 5 (cinco) dias, sob pena de ser indeferida e de o processo ser extinto sem resolução de mérito.

Art. 304. A tutela antecipada, concedida nos termos do art. 303, torna-se estável se da decisão que a conceder não for interposto o respectivo recurso.

§ 1º No caso previsto no caput, o processo será extinto.

§ 2º Qualquer das partes poderá demandar a outra com o intuito de rever, reformar ou invalidar a tutela antecipada estabilizada nos termos do caput.

§ 3º A tutela antecipada conservará seus efeitos enquanto não revista, reformada ou invalidada por decisão de mérito proferida na ação de que trata o § 2º.

§ 4º Qualquer das partes poderá requerer o desarquivamento dos autos em que foi concedida a medida, para instruir a petição inicial da ação a que se refere o § 2º, prevento o juízo em que a tutela antecipada foi concedida.

§ 5º O direito de rever, reformar ou invalidar a tutela antecipada, previsto no § 2º deste artigo, extingue-se após 2 (dois) anos, contados da ciência da decisão que extinguiu o processo, nos termos do § 1º.

§ 6º A decisão que concede a tutela não fará coisa julgada, mas a estabilidade dos respectivos efeitos só será afastada por decisão que a revir, reformar ou invalidar, proferida em ação ajuizada por uma das partes, nos termos do § 2º deste artigo.

CAPÍTULO III - DO PROCEDIMENTO DA TUTELA CAUTELAR REQUERIDA EM CARÁTER ANTECEDENTE

Art. 305. A petição inicial da ação que visa à prestação de tutela cautelar em caráter antecedente indicará a lide e seu fundamento, a exposição sumária do direito que se objetiva assegurar e o perigo de dano ou o risco ao resultado útil do processo.

Parágrafo único. Caso entenda que o pedido a que se refere o caput tem natureza antecipada, o juiz observará o disposto no art. 303.

Art. 306. O réu será citado para, no prazo de 5 (cinco) dias, contestar o pedido e indicar as provas que pretende produzir.

Art. 307. Não sendo contestado o pedido, os fatos alegados pelo autor presumir-se-ão aceitos pelo réu como ocorridos, caso em que o juiz decidirá dentro de 5 (cinco) dias.

Parágrafo único. Contestado o pedido no prazo legal, observar-se-á o procedimento comum.

Art. 308. Efetivada a tutela cautelar, o pedido principal terá de ser formulado pelo autor no prazo de 30 (trinta) dias, caso em que será apresentado nos mesmos autos em que deduzido o pedido de tutela cautelar, não dependendo do adiantamento de novas custas processuais.

§ 1º O pedido principal pode ser formulado conjuntamente com o pedido de tutela cautelar.

§ 2º A causa de pedir poderá ser aditada no momento de formulação do pedido principal.

§ 3º Apresentado o pedido principal, as partes serão intimadas para a audiência de conciliação ou de mediação, na forma do art. 334, por seus advogados ou pessoalmente, sem necessidade de nova citação do réu.

§ 4º Não havendo autocomposição, o prazo para contestação será contado na forma do art. 335.

Art. 309. Cessa a eficácia da tutela concedida em caráter antecedente, se:

I - o autor não deduzir o pedido principal no prazo legal;
II - não for efetivada dentro de 30 (trinta) dias;
III - o juiz julgar improcedente o pedido principal formulado pelo autor ou extinguir o processo sem resolução de mérito.

Parágrafo único. Se por qualquer motivo cessar a eficácia da tutela cautelar, é vedado à parte renovar o pedido, salvo sob novo fundamento.

Art. 310. O indeferimento da tutela cautelar não obsta a que a parte formule o pedido principal, nem influi no julgamento desse, salvo se o motivo do indeferimento for o reconhecimento de decadência ou de prescrição.

TÍTULO III - DA TUTELA DA EVIDÊNCIA

Art. 311. A tutela da evidência será concedida, independentemente da demonstração de perigo de dano ou de risco ao resultado útil do processo, quando:

I - ficar caracterizado o abuso do direito de defesa ou o manifesto propósito protelatório da parte;
II - as alegações de fato puderem ser comprovadas apenas documentalmente e houver tese firmada em julgamento de casos repetitivos ou em súmula vinculante;
III - se tratar de pedido reipersecutório fundado em prova documental adequada do contrato de depósito, caso em que será decretada a ordem de entrega do objeto custodiado, sob cominação de multa;
IV - a petição inicial for instruída com prova documental suficiente dos fatos constitutivos do direito do autor, a que o réu não oponha prova capaz de gerar dúvida razoável.

Parágrafo único. Nas hipóteses dos incisos II e III, o juiz poderá decidir liminarmente.

LIVRO VI - DA FORMAÇÃO, DA SUSPENSÃO E DA EXTINÇÃO DO PROCESSO

TÍTULO I - DA FORMAÇÃO DO PROCESSO

Art. 312. Considera-se proposta a ação quando a petição inicial for protocolada, todavia, a propositura da ação só produz quanto ao réu os efeitos mencionados no art. 240 depois que for validamente citado.

TÍTULO II - DA SUSPENSÃO DO PROCESSO

Art. 313. Suspende-se o processo:

I - pela morte ou pela perda da capacidade processual de qualquer das partes, de seu representante legal ou de seu procurador;
II - pela convenção das partes;
III - pela arguição de impedimento ou de suspeição;
IV - pela admissão de incidente de resolução de demandas repetitivas;
V - quando a sentença de mérito:
a) depender do julgamento de outra causa ou da declaração de existência ou de inexistência de relação jurídica que constitua o objeto principal de outro processo pendente;
b) tiver de ser proferida somente após a verificação de determinado fato ou a produção de certa prova, requisitada a outro juízo;
VI - por motivo de força maior;
VII - quando se discutir em juízo questão decorrente de acidentes e fatos da navegação de competência do Tribunal Marítimo;
VIII - nos demais casos que este Código regula.
IX - pelo parto ou pela concessão de adoção, quando a advogada responsável pelo processo constituir a única patrona da causa;
X - quando o advogado responsável pelo processo constituir o único patrono da causa e tornar-se pai.

§ 1º Na hipótese do inciso I, o juiz suspenderá o processo, nos termos do art. 689.

§ 2º Não ajuizada ação de habilitação, ao tomar conhecimento da morte, o juiz determinará a suspensão do processo e observará o seguinte:

I - falecido o réu, ordenará a intimação do autor para que promova a citação do respectivo espólio, de quem for o sucessor ou, se for o caso, dos herdeiros, no prazo que designar, de no mínimo 2 (dois) e no máximo 6 (seis) meses;

II - falecido o autor e sendo transmissível o direito em litígio, determinará a intimação de seu espólio, de quem for o sucessor ou, se for o caso, dos herdeiros, pelos meios de divulgação que reputar mais adequados, para que manifestem interesse na sucessão processual e promovam a respectiva habilitação no prazo designado, sob pena de extinção do processo sem resolução de mérito.

§ 3º No caso de morte do procurador de qualquer das partes, ainda que iniciada a audiência de instrução e julgamento, o juiz determinará que a parte constitua novo mandatário, no prazo de 15 (quinze) dias, ao final do qual extinguirá o processo sem resolução de mérito, se o autor não nomear novo mandatário, ou ordenará o prosseguimento do processo à revelia do réu, se falecido o procurador deste.

§ 4º O prazo de suspensão do processo nunca poderá exceder 1 (um) ano nas hipóteses do inciso V e 6 (seis) meses naquela prevista no inciso II.

§ 5º O juiz determinará o prosseguimento do processo assim que esgotados os prazos previstos no § 4º.

§ 6º No caso do inciso IX, o período de suspensão será de 30 (trinta) dias, contado a partir da data do parto ou da concessão da adoção, mediante apresentação de certidão de nascimento ou documento similar que comprove a realização do parto, ou de termo judicial que tenha concedido a adoção, desde que haja notificação ao cliente.

§ 7º No caso do inciso X, o período de suspensão será de 8 (oito) dias, contado a partir da data do parto ou da concessão da adoção, mediante apresentação de certidão de nascimento ou documento similar que comprove a realização do parto, ou de termo judicial que tenha concedido a adoção, desde que haja notificação ao cliente.

Art. 314. Durante a suspensão é vedado praticar qualquer ato processual, podendo o juiz, todavia, determinar a realização de atos urgentes a fim de evitar dano irreparável, salvo no caso de arguição de impedimento e de suspeição.

Art. 315. Se o conhecimento do mérito depender de verificação da existência de fato delituoso, o juiz pode determinar a suspensão do processo até que se pronuncie a justiça criminal.

§ 1º Se a ação penal não for proposta no prazo de 3 (três) meses, contado da intimação do ato de suspensão, cessará o efeito desse, incumbindo ao juiz cível examinar incidentemente a questão prévia.

§ 2º Proposta a ação penal, o processo ficará suspenso pelo prazo máximo de 1 (um) ano, ao final do qual aplicar-se-á o disposto na parte final do § 1º.

TÍTULO III - DA EXTINÇÃO DO PROCESSO

Art. 316. A extinção do processo dar-se-á por sentença.

Art. 317. Antes de proferir decisão sem resolução de mérito, o juiz deverá conceder à parte oportunidade para, se possível, corrigir o vício.

PARTE ESPECIAL

LIVRO I - DO PROCESSO DE CONHECIMENTO E DO CUMPRIMENTO DE SENTENÇA

TÍTULO I - DO PROCEDIMENTO COMUM

CAPÍTULO I - DISPOSIÇÕES GERAIS

Art. 318. Aplica-se a todas as causas o procedimento comum, salvo disposição em contrário deste Código ou de lei.

Parágrafo único. O procedimento comum aplica-se subsidiariamente aos demais procedimentos especiais e ao processo de execução.

CAPÍTULO II - DA PETIÇÃO INICIAL

Seção I - Dos Requisitos da Petição Inicial

Art. 319. A petição inicial indicará:

I - o juízo a que é dirigida;

II - os nomes, os prenomes, o estado civil, a existência de união estável, a profissão, o número de inscrição no Cadastro de Pessoas Físicas ou no Cadastro Nacional da Pessoa Jurídica, o endereço eletrônico, o domicílio e a residência do autor e do réu;

III - o fato e os fundamentos jurídicos do pedido;

IV - o pedido com as suas especificações;

V - o valor da causa;

VI - as provas com que o autor pretende demonstrar a verdade dos fatos alegados;

VII - a opção do autor pela realização ou não de audiência de conciliação ou de mediação.

§ 1º Caso não disponha das informações previstas no inciso II, poderá o autor, na petição inicial, requerer ao juiz diligências necessárias a sua obtenção.

§ 2º A petição inicial não será indeferida se, a despeito da falta de informações a que se refere o inciso II, for possível a citação do réu.

§ 3º A petição inicial não será indeferida pelo não atendimento ao disposto no inciso II deste artigo se a obtenção de tais informações tornar impossível ou excessivamente oneroso o acesso à justiça.

Art. 320. A petição inicial será instruída com os documentos indispensáveis à propositura da ação.

Art. 321. O juiz, ao verificar que a petição inicial não preenche os requisitos dos arts. 319 e 320 ou que apresenta defeitos e irregularidades capazes de dificultar o julgamento de mérito, determinará que o autor, no prazo de 15 (quinze) dias, a emende ou a complete, indicando com precisão o que deve ser corrigido ou completado.

Parágrafo único. Se o autor não cumprir a diligência, o juiz indeferirá a petição inicial.

Seção II - Do Pedido

Art. 322. O pedido deve ser certo.

§ 1º Compreendem-se no principal os juros legais, a correção monetária e as verbas de sucumbência, inclusive os honorários advocatícios.

§ 2º A interpretação do pedido considerará o conjunto da postulação e observará o princípio da boa-fé.

Art. 323. Na ação que tiver por objeto cumprimento de obrigação em prestações sucessivas, essas serão consideradas incluídas no pedido, independentemente de declaração expressa do autor, e serão incluídas na condenação, enquanto durar a obrigação, se o devedor, no curso do processo, deixar de pagá-las ou de consigná-las.

Art. 324. O pedido deve ser determinado.

§ 1º É lícito, porém, formular pedido genérico:

I - nas ações universais, se o autor não puder individuar os bens demandados;

II - quando não for possível determinar, desde logo, as consequências do ato ou do fato;

III - quando a determinação do objeto ou do valor da condenação depender de ato que deva ser praticado pelo réu.

§ 2º O disposto neste artigo aplica-se à reconvenção.

Art. 325. O pedido será alternativo quando, pela natureza da obrigação, o devedor puder cumprir a prestação de mais de um modo.

Parágrafo único. Quando, pela lei ou pelo contrato, a escolha couber ao devedor, o juiz lhe assegurará o direito de cumprir

a prestação de um ou de outro modo, ainda que o autor não tenha formulado pedido alternativo.

Art. 326. É lícito formular mais de um pedido em ordem subsidiária, a fim de que o juiz conheça do posterior, quando não acolher o anterior.

Parágrafo único. É lícito formular mais de um pedido, alternativamente, para que o juiz acolha um deles.

Art. 327. É lícita a cumulação, em um único processo, contra o mesmo réu, de vários pedidos, ainda que entre eles não haja conexão.

§ 1º São requisitos de admissibilidade da cumulação que:

I - os pedidos sejam compatíveis entre si;

II - seja competente para conhecer deles o mesmo juízo;

III - seja adequado para todos os pedidos o tipo de procedimento.

§ 2º Quando, para cada pedido, corresponder tipo diverso de procedimento, será admitida a cumulação se o autor empregar o procedimento comum, sem prejuízo do emprego das técnicas processuais diferenciadas previstas nos procedimentos especiais a que se sujeitam um ou mais pedidos cumulados, que não forem incompatíveis com as disposições sobre o procedimento comum.

§ 3º O inciso I do § 1º não se aplica às cumulações de pedidos de que trata o art. 326.

Art. 328. Na obrigação indivisível com pluralidade de credores, aquele que não participou do processo receberá sua parte, deduzidas as despesas na proporção de seu crédito.

Art. 329. O autor poderá:

I - até a citação, aditar ou alterar o pedido ou a causa de pedir, independentemente de consentimento do réu;

II - até o saneamento do processo, aditar ou alterar o pedido e a causa de pedir, com consentimento do réu, assegurado o contraditório mediante a possibilidade de manifestação deste no prazo mínimo de 15 (quinze) dias, facultado o requerimento de prova suplementar.

Parágrafo único. Aplica-se o disposto neste artigo à reconvenção e à respectiva causa de pedir.

Seção III - Do Indeferimento da Petição Inicial

Art. 330. A petição inicial será indeferida quando:

I - for inepta;

II - a parte for manifestamente ilegítima;

III - o autor carecer de interesse processual;

IV - não atendidas as prescrições dos arts. 106 e 321.

§ 1º Considera-se inepta a petição inicial quando:

I - lhe faltar pedido ou causa de pedir;

II - o pedido for indeterminado, ressalvadas as hipóteses legais em que se permite o pedido genérico;

III - da narração dos fatos não decorrer logicamente a conclusão;

IV - contiver pedidos incompatíveis entre si.

§ 2º Nas ações que tenham por objeto a revisão de obrigação decorrente de empréstimo, de financiamento ou de alienação de bens, o autor terá de, sob pena de inépcia, discriminar na petição inicial, dentre as obrigações contratuais, aquelas que pretende controverter, além de quantificar o valor incontroverso do débito.

§ 3º Na hipótese do § 2º, o valor incontroverso deverá continuar a ser pago no tempo e modo contratados.

Art. 331. Indeferida a petição inicial, o autor poderá apelar, facultado ao juiz, no prazo de 5 (cinco) dias, retratar-se.

§ 1º Se não houver retratação, o juiz mandará citar o réu para responder ao recurso.

§ 2º Sendo a sentença reformada pelo tribunal, o prazo para a contestação começará a correr da intimação do retorno dos autos, observado o disposto no art. 334.

§ 3º Não interposta a apelação, o réu será intimado do trânsito em julgado da sentença.

CAPÍTULO III - DA IMPROCEDÊNCIA LIMINAR DO PEDIDO

Art. 332. Nas causas que dispensem a fase instrutória, o juiz, independentemente da citação do réu, julgará liminarmente improcedente o pedido que contrariar:

I - enunciado de súmula do Supremo Tribunal Federal ou do Superior Tribunal de Justiça;

II - acórdão proferido pelo Supremo Tribunal Federal ou pelo Superior Tribunal de Justiça em julgamento de recursos repetitivos;

III - entendimento firmado em incidente de resolução de demandas repetitivas ou de assunção de competência;

IV - enunciado de súmula de tribunal de justiça sobre direito local.

§ 1º O juiz também poderá julgar liminarmente improcedente o pedido se verificar, desde logo, a ocorrência de decadência ou de prescrição.

§ 2º Não interposta a apelação, o réu será intimado do trânsito em julgado da sentença, nos termos do art. 241.

§ 3º Interposta a apelação, o juiz poderá retratar-se em 5 (cinco) dias.

§ 4º Se houver retratação, o juiz determinará o prosseguimento do processo, com a citação do réu, e, se não houver retratação, determinará a citação do réu para apresentar contrarrazões, no prazo de 15 (quinze) dias.

CAPÍTULO IV - DA CONVERSÃO DA AÇÃO INDIVIDUAL EM AÇÃO COLETIVA

Art. 333. (VETADO).

CAPÍTULO V - DA AUDIÊNCIA DE CONCILIAÇÃO OU DE MEDIAÇÃO

Art. 334. Se a petição inicial preencher os requisitos essenciais e não for o caso de improcedência liminar do pedido, o juiz designará audiência de conciliação ou de mediação com antecedência mínima de 30 (trinta) dias, devendo ser citado o réu com pelo menos 20 (vinte) dias de antecedência.

§ 1º O conciliador ou mediador, onde houver, atuará necessariamente na audiência de conciliação ou de mediação, observando o disposto neste Código, bem como as disposições da lei de organização judiciária.

§ 2º Poderá haver mais de uma sessão destinada à conciliação e à mediação, não podendo exceder a 2 (dois) meses da data de realização da primeira sessão, desde que necessárias à composição das partes.

§ 3º A intimação do autor para a audiência será feita na pessoa de seu advogado.

§ 4º A audiência não será realizada:

I - se ambas as partes manifestarem, expressamente, desinteresse na composição consensual;

II - quando não se admitir a autocomposição.

§ 5º O autor deverá indicar, na petição inicial, seu desinteresse na autocomposição, e o réu deverá fazê-lo, por petição, apresentada com 10 (dez) dias de antecedência, contados da data da audiência.

§ 6º Havendo litisconsórcio, o desinteresse na realização da audiência deve ser manifestado por todos os litisconsortes.

§ 7º A audiência de conciliação ou de mediação pode realizar-se por meio eletrônico, nos termos da lei.

§ 8º O não comparecimento injustificado do autor ou do réu à audiência de conciliação é considerado ato atentatório à dignidade da justiça e será sancionado com multa de até dois por cento da vantagem econômica pretendida ou do valor da causa, revertida em favor da União ou do Estado.

§ 9º As partes devem estar acompanhadas por seus advogados ou defensores públicos.

§ 10. A parte poderá constituir representante, por meio de procuração específica, com poderes para negociar e transigir.

§ 11. A autocomposição obtida será reduzida a termo e homologada por sentença.

§ 12. A pauta das audiências de conciliação ou de mediação será organizada de modo a respeitar o intervalo mínimo de 20 (vinte) minutos entre o início de uma e o início da seguinte.

CAPÍTULO VI - DA CONTESTAÇÃO

Art. 335. O réu poderá oferecer contestação, por petição, no prazo de 15 (quinze) dias, cujo termo inicial será a data:

I - da audiência de conciliação ou de mediação, ou da última sessão de conciliação, quando qualquer parte não comparecer ou, comparecendo, não houver autocomposição;

II - do protocolo do pedido de cancelamento da audiência de conciliação ou de mediação apresentado pelo réu, quando ocorrer a hipótese do art. 334, § 4º, inciso I;

III - prevista no art. 231, de acordo com o modo como foi feita a citação, nos demais casos.

§ 1º No caso de litisconsórcio passivo, ocorrendo a hipótese do art. 334, § 6º, o termo inicial previsto no inciso II será, para cada um dos réus, a data de apresentação de seu respectivo pedido de cancelamento da audiência.

§ 2º Quando ocorrer a hipótese do art. 334, § 4º, inciso II, havendo litisconsórcio passivo e o autor desistir da ação em relação a réu ainda não citado, o prazo para resposta correrá da data de intimação da decisão que homologar a desistência.

Art. 336. Incumbe ao réu alegar, na contestação, toda a matéria de defesa, expondo as razões de fato e de direito com que impugna o pedido do autor e especificando as provas que pretende produzir.

Art. 337. Incumbe ao réu, antes de discutir o mérito, alegar:

I - inexistência ou nulidade da citação;
II - incompetência absoluta e relativa;
III - incorreção do valor da causa;
IV - inépcia da petição inicial;
V - perempção;
VI - litispendência;
VII - coisa julgada;
VIII - conexão;
IX - incapacidade da parte, defeito de representação ou falta de autorização;
X - convenção de arbitragem;
XI - ausência de legitimidade ou de interesse processual;
XII - falta de caução ou de outra prestação que a lei exige como preliminar;
XIII - indevida concessão do benefício de gratuidade de justiça.

§ 1º Verifica-se a litispendência ou a coisa julgada quando se reproduz ação anteriormente ajuizada.

§ 2º Uma ação é idêntica a outra quando possui as mesmas partes, a mesma causa de pedir e o mesmo pedido.

§ 3º Há litispendência quando se repete ação que está em curso.

§ 4º Há coisa julgada quando se repete ação que já foi decidida por decisão transitada em julgado.

§ 5º Excetuadas a convenção de arbitragem e a incompetência relativa, o juiz conhecerá de ofício das matérias enumeradas neste artigo.

§ 6º A ausência de alegação da existência de convenção de arbitragem, na forma prevista neste Capítulo, implica aceitação da jurisdição estatal e renúncia ao juízo arbitral.

Art. 338. Alegando o réu, na contestação, ser parte ilegítima ou não ser o responsável pelo prejuízo invocado, o juiz facultará ao autor, em 15 (quinze) dias, a alteração da petição inicial para substituição do réu.

Parágrafo único. Realizada a substituição, o autor reembolsará as despesas e pagará os honorários ao procurador do réu excluído, que serão fixados entre três e cinco por cento do valor da causa ou, sendo este irrisório, nos termos do art. 85, § 8º.

Art. 339. Quando alegar sua ilegitimidade, incumbe ao réu indicar o sujeito passivo da relação jurídica discutida sempre que tiver conhecimento, sob pena de arcar com as despesas processuais e de indenizar o autor pelos prejuízos decorrentes da falta de indicação.

§ 1º O autor, ao aceitar a indicação, procederá, no prazo de 15 (quinze) dias, à alteração da petição inicial para a substituição do réu, observando-se, ainda, o parágrafo único do art. 338.

§ 2º No prazo de 15 (quinze) dias, o autor pode optar por alterar a petição inicial para incluir, como litisconsorte passivo, o sujeito indicado pelo réu.

Art. 340. Havendo alegação de incompetência relativa ou absoluta, a contestação poderá ser protocolada no foro de domicílio do réu, fato que será imediatamente comunicado ao juiz da causa, preferencialmente por meio eletrônico.

§ 1º A contestação será submetida a livre distribuição ou, se o réu houver sido citado por meio de carta precatória, juntada aos autos dessa carta, seguindo-se a sua imediata remessa para o juízo da causa.

§ 2º Reconhecida a competência do foro indicado pelo réu, o juízo para o qual for distribuída a contestação ou a carta precatória será considerado prevento.

§ 3º Alegada a incompetência nos termos do caput, será suspensa a realização da audiência de conciliação ou de mediação, se tiver sido designada.

§ 4º Definida a competência, o juízo competente designará nova data para a audiência de conciliação ou de mediação.

Art. 341. Incumbe também ao réu manifestar-se precisamente sobre as alegações de fato constantes da petição inicial, presumindo-se verdadeiras as não impugnadas, salvo se:

I - não for admissível, a seu respeito, a confissão;
II - a petição inicial não estiver acompanhada de instrumento que a lei considerar da substância do ato;
III - estiverem em contradição com a defesa, considerada em seu conjunto.

Parágrafo único. O ônus da impugnação especificada dos fatos não se aplica ao defensor público, ao advogado dativo e ao curador especial.

Art. 342. Depois da contestação, só é lícito ao réu deduzir novas alegações quando:

I - relativas a direito ou a fato superveniente;
II - competir ao juiz conhecer delas de ofício;
III - por expressa autorização legal, puderem ser formuladas em qualquer tempo e grau de jurisdição.

CAPÍTULO VII - DA RECONVENÇÃO

Art. 343. Na contestação, é lícito ao réu propor reconvenção para manifestar pretensão própria, conexa com a ação principal ou com o fundamento da defesa.

§ 1º Proposta a reconvenção, o autor será intimado, na pessoa de seu advogado, para apresentar resposta no prazo de 15 (quinze) dias.

§ 2º A desistência da ação ou a ocorrência de causa extintiva que impeça o exame de seu mérito não obsta ao prosseguimento do processo quanto à reconvenção.

§ 3º A reconvenção pode ser proposta contra o autor e terceiro.

§ 4º A reconvenção pode ser proposta pelo réu em litisconsórcio com terceiro.

§ 5º Se o autor for substituto processual, o reconvinte deverá afirmar ser titular de direito em face do substituído, e a reconvenção deverá ser proposta em face do autor, também na qualidade de substituto processual.

§ 6º O réu pode propor reconvenção independentemente de oferecer contestação.

CAPÍTULO VIII - DA REVELIA

Art. 344. Se o réu não contestar a ação, será considerado revel e presumir-se-ão verdadeiras as alegações de fato formuladas pelo autor.

LIVRO I - DO PROCESSO DE CONHECIMENTO E DO CUMPRIMENTO DE SENTENÇA

Art. 345. A revelia não produz o efeito mencionado no art. 344 se:
I - havendo pluralidade de réus, algum deles contestar a ação;
II - o litígio versar sobre direitos indisponíveis;
III - a petição inicial não estiver acompanhada de instrumento que a lei considere indispensável à prova do ato;
IV - as alegações de fato formuladas pelo autor forem inverossímeis ou estiverem em contradição com prova constante dos autos.

Art. 346. Os prazos contra o revel que não tenha patrono nos autos fluirão da data de publicação do ato decisório no órgão oficial.
Parágrafo único. O revel poderá intervir no processo em qualquer fase, recebendo-o no estado em que se encontrar.

CAPÍTULO IX - DAS PROVIDÊNCIAS PRELIMINARES E DO SANEAMENTO

Art. 347. Findo o prazo para a contestação, o juiz tomará, conforme o caso, as providências preliminares constantes das seções deste Capítulo.

Seção I - Da Não Incidência dos Efeitos da Revelia

Art. 348. Se o réu não contestar a ação, o juiz, verificando a inocorrência do efeito da revelia previsto no art. 344, ordenará que o autor especifique as provas que pretenda produzir, se ainda não as tiver indicado.

Art. 349. Ao réu revel será lícita a produção de provas, contrapostas às alegações do autor, desde que se faça representar nos autos a tempo de praticar os atos processuais indispensáveis a essa produção.

Seção II - Do Fato Impeditivo, Modificativo ou Extintivo do Direito do Autor

Art. 350. Se o réu alegar fato impeditivo, modificativo ou extintivo do direito do autor, este será ouvido no prazo de 15 (quinze) dias, permitindo-lhe o juiz a produção de prova.

Seção III - Das Alegações do Réu

Art. 351. Se o réu alegar qualquer das matérias enumeradas no art. 337, o juiz determinará a oitiva do autor no prazo de 15 (quinze) dias, permitindo-lhe a produção de prova.

Art. 352. Verificando a existência de irregularidades ou de vícios sanáveis, o juiz determinará sua correção em prazo nunca superior a 30 (trinta) dias.

Art. 353. Cumpridas as providências preliminares ou não havendo necessidade delas, o juiz proferirá julgamento conforme o estado do processo, observando o que dispõe o Capítulo X.

CAPÍTULO X - DO JULGAMENTO CONFORME O ESTADO DO PROCESSO

Seção I - Da Extinção do Processo

Art. 354. Ocorrendo qualquer das hipóteses previstas nos arts. 485 e 487, incisos II e III, o juiz proferirá sentença.
Parágrafo único. A decisão a que se refere o caput pode dizer respeito a apenas parcela do processo, caso em que será impugnável por agravo de instrumento.

Seção II - Do Julgamento Antecipado do Mérito

Art. 355. O juiz julgará antecipadamente o pedido, proferindo sentença com resolução de mérito, quando:
I - não houver necessidade de produção de outras provas;
II - o réu for revel, ocorrer o efeito previsto no art. 344 e não houver requerimento de prova, na forma do art. 349.

Seção III - Do Julgamento Antecipado Parcial do Mérito

Art. 356. O juiz decidirá parcialmente o mérito quando um ou mais dos pedidos formulados ou parcela deles:
I - mostrar-se incontroverso;
II - estiver em condições de imediato julgamento, nos termos do art. 355.
§ 1º A decisão que julgar parcialmente o mérito poderá reconhecer a existência de obrigação líquida ou ilíquida.
§ 2º A parte poderá liquidar ou executar, desde logo, a obrigação reconhecida na decisão que julgar parcialmente o mérito, independentemente de caução, ainda que haja recurso contra essa interposto.
§ 3º Na hipótese do § 2º, se houver trânsito em julgado da decisão, a execução será definitiva.
§ 4º A liquidação e o cumprimento da decisão que julgar parcialmente o mérito poderão ser processados em autos suplementares, a requerimento da parte ou a critério do juiz.
§ 5º A decisão proferida com base neste artigo é impugnável por agravo de instrumento.

Seção IV - Do Saneamento e da Organização do Processo

Art. 357. Não ocorrendo nenhuma das hipóteses deste Capítulo, deverá o juiz, em decisão de saneamento e de organização do processo:
I - resolver as questões processuais pendentes, se houver;
II - delimitar as questões de fato sobre as quais recairá a atividade probatória, especificando os meios de prova admitidos;
III - definir a distribuição do ônus da prova, observado o art. 373;
IV - delimitar as questões de direito relevantes para a decisão do mérito;
V - designar, se necessário, audiência de instrução e julgamento.
§ 1º Realizado o saneamento, as partes têm o direito de pedir esclarecimentos ou solicitar ajustes, no prazo comum de 5 (cinco) dias, findo o qual a decisão se torna estável.
§ 2º As partes podem apresentar ao juiz, para homologação, delimitação consensual das questões de fato e de direito a que se referem os incisos II e IV, a qual, se homologada, vincula as partes e o juiz.
§ 3º Se a causa apresentar complexidade em matéria de fato ou de direito, deverá o juiz designar audiência para que o saneamento seja feito em cooperação com as partes, oportunidade em que o juiz, se for o caso, convidará as partes a integrar ou esclarecer suas alegações.
§ 4º Caso tenha sido determinada a produção de prova testemunhal, o juiz fixará prazo comum não superior a 15 (quinze) dias para que as partes apresentem rol de testemunhas.
§ 5º Na hipótese do § 3º, as partes devem levar, para a audiência prevista, o respectivo rol de testemunhas.
§ 6º O número de testemunhas arroladas não pode ser superior a 10 (dez), sendo 3 (três), no máximo, para a prova de cada fato.
§ 7º O juiz poderá limitar o número de testemunhas levando em conta a complexidade da causa e dos fatos individualmente considerados.
§ 8º Caso tenha sido determinada a produção de prova pericial, o juiz deve observar o disposto no art. 465 e, se possível, estabelecer, desde logo, calendário para sua realização.
§ 9º As pautas deverão ser preparadas com intervalo mínimo de 1 (uma) hora entre as audiências.

CAPÍTULO XI - DA AUDIÊNCIA DE INSTRUÇÃO E JULGAMENTO

Art. 358. No dia e na hora designados, o juiz declarará aberta a audiência de instrução e julgamento e mandará apregoar as partes e os respectivos advogados, bem como outras pessoas que dela devam participar.

Art. 359. Instalada a audiência, o juiz tentará conciliar as partes, independentemente do emprego anterior de outros

métodos de solução consensual de conflitos, como a mediação e a arbitragem.

Art. 360. O juiz exerce o poder de polícia, incumbindo-lhe:

I - manter a ordem e o decoro na audiência;

II - ordenar que se retirem da sala de audiência os que se comportarem inconvenientemente;

III - requisitar, quando necessário, força policial;

IV - tratar com urbanidade as partes, os advogados, os membros do Ministério Público e da Defensoria Pública e qualquer pessoa que participe do processo;

V - registrar em ata, com exatidão, todos os requerimentos apresentados em audiência.

Art. 361. As provas orais serão produzidas em audiência, ouvindo-se nesta ordem, preferencialmente:

I - o perito e os assistentes técnicos, que responderão aos quesitos de esclarecimentos requeridos no prazo e na forma do art. 477, caso não respondidos anteriormente por escrito;

II - o autor e, em seguida, o réu, que prestarão depoimentos pessoais;

III - as testemunhas arroladas pelo autor e pelo réu, que serão inquiridas.

Parágrafo único. Enquanto depuserem o perito, os assistentes técnicos, as partes e as testemunhas, não poderão os advogados e o Ministério Público intervir ou apartear, sem licença do juiz.

Art. 362. A audiência poderá ser adiada:

I - por convenção das partes;

II - se não puder comparecer, por motivo justificado, qualquer pessoa que dela deva necessariamente participar;

III - por atraso injustificado de seu início em tempo superior a 30 (trinta) minutos do horário marcado.

§ 1º O impedimento deverá ser comprovado até a abertura da audiência, e, não o sendo, o juiz procederá à instrução.

§ 2º O juiz poderá dispensar a produção das provas requeridas pela parte cujo advogado ou defensor público não tenha comparecido à audiência, aplicando-se a mesma regra ao Ministério Público.

§ 3º Quem der causa ao adiamento responderá pelas despesas acrescidas.

Art. 363. Havendo antecipação ou adiamento da audiência, o juiz, de ofício ou a requerimento da parte, determinará a intimação dos advogados ou da sociedade de advogados para ciência da nova designação.

Art. 364. Finda a instrução, o juiz dará a palavra ao advogado do autor e do réu, bem como ao membro do Ministério Público, se for o caso de sua intervenção, sucessivamente, pelo prazo de 20 (vinte) minutos para cada um, prorrogável por 10 (dez) minutos, a critério do juiz.

§ 1º Havendo litisconsorte ou terceiro interveniente, o prazo, que formará com o da prorrogação um só todo, dividir-se-á entre os do mesmo grupo, se não convencionarem de modo diverso.

§ 2º Quando a causa apresentar questões complexas de fato ou de direito, o debate oral poderá ser substituído por razões finais escritas, que serão apresentadas pelo autor e pelo réu, bem como pelo Ministério Público, se for o caso de sua intervenção, em prazos sucessivos de 15 (quinze) dias, assegurada vista dos autos.

Art. 365. A audiência é una e contínua, podendo ser excepcional e justificadamente cindida na ausência de perito ou de testemunha, desde que haja concordância das partes.

Parágrafo único. Diante da impossibilidade de realização da instrução, do debate e do julgamento no mesmo dia, o juiz marcará seu prosseguimento para a data mais próxima possível, em pauta preferencial.

Art. 366. Encerrado o debate ou oferecidas as razões finais, o juiz proferirá sentença em audiência ou no prazo de 30 (trinta) dias.

Art. 367. O servidor lavrará, sob ditado do juiz, termo que conterá, em resumo, o ocorrido na audiência, bem como, por extenso, os despachos, as decisões e a sentença, se proferida no ato.

§ 1º Quando o termo não for registrado em meio eletrônico, o juiz rubricar-lhe-á as folhas, que serão encadernadas em volume próprio.

§ 2º Subscreverão o termo o juiz, os advogados, o membro do Ministério Público e o escrivão ou chefe de secretaria, dispensadas as partes, exceto quando houver ato de disposição para cuja prática os advogados não tenham poderes.

§ 3º O escrivão ou chefe de secretaria trasladará para os autos cópia autêntica do termo de audiência.

§ 4º Tratando-se de autos eletrônicos, observar-se-á o disposto neste Código, em legislação específica e nas normas internas dos tribunais.

§ 5º A audiência poderá ser integralmente gravada em imagem e em áudio, em meio digital ou analógico, desde que assegure o rápido acesso das partes e dos órgãos julgadores, observada a legislação específica.

§ 6º A gravação a que se refere o § 5º também pode ser realizada diretamente por qualquer das partes, independentemente de autorização judicial.

Art. 368. A audiência será pública, ressalvadas as exceções legais.

CAPÍTULO XII - DAS PROVAS

Seção I - Disposições Gerais

Art. 369. As partes têm o direito de empregar todos os meios legais, bem como os moralmente legítimos, ainda que não especificados neste Código, para provar a verdade dos fatos em que se funda o pedido ou a defesa e influir eficazmente na convicção do juiz.

Art. 370. Caberá ao juiz, de ofício ou a requerimento da parte, determinar as provas necessárias ao julgamento do mérito.

Parágrafo único. O juiz indeferirá, em decisão fundamentada, as diligências inúteis ou meramente protelatórias.

Art. 371. O juiz apreciará a prova constante dos autos, independentemente do sujeito que a tiver promovido, e indicará na decisão as razões da formação de seu convencimento.

Art. 372. O juiz poderá admitir a utilização de prova produzida em outro processo, atribuindo-lhe o valor que considerar adequado, observado o contraditório.

Art. 373. O ônus da prova incumbe:

I - ao autor, quanto ao fato constitutivo de seu direito;

II - ao réu, quanto à existência de fato impeditivo, modificativo ou extintivo do direito do autor.

§ 1º Nos casos previstos em lei ou diante de peculiaridades da causa relacionadas à impossibilidade ou à excessiva dificuldade de cumprir o encargo nos termos do caput ou à maior facilidade de obtenção da prova do fato contrário, poderá o juiz atribuir o ônus da prova de modo diverso, desde que o faça por decisão fundamentada, caso em que deverá dar à parte a oportunidade de se desincumbir do ônus que lhe foi atribuído.

§ 2º A decisão prevista no § 1º deste artigo não pode gerar situação em que a desincumbência do encargo pela parte seja impossível ou excessivamente difícil.

§ 3º A distribuição diversa do ônus da prova também pode ocorrer por convenção das partes, salvo quando:

I - recair sobre direito indisponível da parte;

II - tornar excessivamente difícil a uma parte o exercício do direito.

§ 4º A convenção de que trata o § 3º pode ser celebrada antes ou durante o processo.

Art. 374. Não dependem de prova os fatos:

I - notórios;

II - afirmados por uma parte e confessados pela parte contrária;

III - admitidos no processo como incontroversos;

IV - em cujo favor milita presunção legal de existência ou de veracidade.

Art. 375. O juiz aplicará as regras de experiência comum subministradas pela observação do que ordinariamente acontece e, ainda, as regras de experiência técnica, ressalvado, quanto a estas, o exame pericial.

Art. 376. A parte que alegar direito municipal, estadual, estrangeiro ou consuetudinário provar-lhe-á o teor e a vigência, se assim o juiz determinar.

Art. 377. A carta precatória, a carta rogatória e o auxílio direto suspenderão o julgamento da causa no caso previsto no art. 313, inciso V, alínea "b", quando, tendo sido requeridos antes da decisão de saneamento, a prova neles solicitada for imprescindível.

Parágrafo único. A carta precatória e a carta rogatória não devolvidas no prazo ou concedidas sem efeito suspensivo poderão ser juntadas aos autos a qualquer momento.

Art. 378. Ninguém se exime do dever de colaborar com o Poder Judiciário para o descobrimento da verdade.

Art. 379. Preservado o direito de não produzir prova contra si própria, incumbe à parte:

I - comparecer em juízo, respondendo ao que lhe for interrogado;

II - colaborar com o juízo na realização de inspeção judicial que for considerada necessária;

III - praticar o ato que lhe for determinado.

Art. 380. Incumbe ao terceiro, em relação a qualquer causa:

I - informar ao juiz os fatos e as circunstâncias de que tenha conhecimento;

II - exibir coisa ou documento que esteja em seu poder.

Parágrafo único. Poderá o juiz, em caso de descumprimento, determinar, além da imposição de multa, outras medidas indutivas, coercitivas, mandamentais ou sub-rogatórias.

Seção II - Da Produção Antecipada da Prova

Art. 381. A produção antecipada da prova será admitida nos casos em que:

I - haja fundado receio de que venha a tornar-se impossível ou muito difícil a verificação de certos fatos na pendência da ação;

II - a prova a ser produzida seja suscetível de viabilizar a autocomposição ou outro meio adequado de solução de conflito;

III - o prévio conhecimento dos fatos possa justificar ou evitar o ajuizamento de ação.

§ 1º O arrolamento de bens observará o disposto nesta Seção quando tiver por finalidade apenas a realização de documentação e não a prática de atos de apreensão.

§ 2º A produção antecipada da prova é da competência do juízo do foro onde esta deva ser produzida ou do foro de domicílio do réu.

§ 3º A produção antecipada da prova não previne a competência do juízo para a ação que venha a ser proposta.

§ 4º O juízo estadual tem competência para produção antecipada de prova requerida em face da União, de entidade autárquica ou de empresa pública federal se, na localidade, não houver vara federal.

§ 5º Aplica-se o disposto nesta Seção àquele que pretender justificar a existência de algum fato ou relação jurídica para simples documento e sem caráter contencioso, que exporá, em petição circunstanciada, a sua intenção.

Art. 382. Na petição, o requerente apresentará as razões que justificam a necessidade de antecipação da prova e mencionará com precisão os fatos sobre os quais a prova há de recair.

§ 1º O juiz determinará, de ofício ou a requerimento da parte, a citação de interessados na produção da prova ou no fato a ser provado, salvo se inexistente caráter contencioso.

§ 2º O juiz não se pronunciará sobre a ocorrência ou a inocorrência do fato, nem sobre as respectivas consequências jurídicas.

§ 3º Os interessados poderão requerer a produção de qualquer prova no mesmo procedimento, desde que relacionada ao mesmo fato, salvo se a sua produção conjunta acarretar excessiva demora.

§ 4º Neste procedimento, não se admitirá defesa ou recurso, salvo contra decisão que indeferir totalmente a produção da prova pleiteada pelo requerente originário.

Art. 383. Os autos permanecerão em cartório durante 1 (um) mês para extração de cópias e certidões pelos interessados.

Parágrafo único. Findo o prazo, os autos serão entregues ao promovente da medida.

Seção III - Da Ata Notarial

Art. 384. A existência e o modo de existir de algum fato podem ser atestados ou documentados, a requerimento do interessado, mediante ata lavrada por tabelião.

Parágrafo único. Dados representados por imagem ou som gravados em arquivos eletrônicos poderão constar da ata notarial.

Seção IV - Do Depoimento Pessoal

Art. 385. Cabe à parte requerer o depoimento pessoal da outra parte, a fim de que esta seja interrogada na audiência de instrução e julgamento, sem prejuízo do poder do juiz de ordená-lo de ofício.

§ 1º Se a parte, pessoalmente intimada para prestar depoimento pessoal e advertida da pena de confesso, não comparecer ou, comparecendo, se recusar a depor, o juiz aplicar-lhe-á a pena.

§ 2º É vedado a quem ainda não depôs assistir ao interrogatório da outra parte.

§ 3º O depoimento pessoal da parte que residir em comarca, seção ou subseção judiciária diversa daquela onde tramita o processo poderá ser colhido por meio de videoconferência ou outro recurso tecnológico de transmissão de sons e imagens em tempo real, o que poderá ocorrer, inclusive, durante a realização da audiência de instrução e julgamento.

Art. 386. Quando a parte, sem motivo justificado, deixar de responder ao que lhe for perguntado ou empregar evasivas, o juiz, apreciando as demais circunstâncias e os elementos de prova, declarará, na sentença, se houve recusa de depor.

Art. 387. A parte responderá pessoalmente sobre os fatos articulados, não podendo servir-se de escritos anteriormente preparados, permitindo-lhe o juiz, todavia, a consulta a notas breves, desde que objetivem completar esclarecimentos.

Art. 388. A parte não é obrigada a depor sobre fatos:

I - criminosos ou torpes que lhe forem imputados;

II - a cujo respeito, por estado ou profissão, deva guardar sigilo;

III - acerca dos quais não possa responder sem desonra própria, de seu cônjuge, de seu companheiro ou de parente em grau sucessível;

IV - que coloquem em perigo a vida do depoente ou das pessoas referidas no inciso III.

Parágrafo único. Esta disposição não se aplica às ações de estado e de família.

Seção V - Da Confissão

Art. 389. Há confissão, judicial ou extrajudicial, quando a parte admite a verdade de fato contrário ao seu interesse e favorável ao do adversário.

Art. 390. A confissão judicial pode ser espontânea ou provocada.

§ 1º A confissão espontânea pode ser feita pela própria parte ou por representante com poder especial.

§ 2º A confissão provocada constará do termo de depoimento pessoal.

Art. 391. A confissão judicial faz prova contra o confitente, não prejudicando, todavia, os litisconsortes.

Parágrafo único. Nas ações que versarem sobre bens imóveis ou direitos reais sobre imóveis alheios, a confissão de um cônjuge ou companheiro não valerá sem a do outro, salvo se o regime de casamento for o de separação absoluta de bens.

Art. 392. Não vale como confissão a admissão, em juízo, de fatos relativos a direitos indisponíveis.

§ 1º A confissão será ineficaz se feita por quem não for capaz de dispor do direito a que se referem os fatos confessados.

§ 2º A confissão feita por um representante somente é eficaz nos limites em que este pode vincular o representado.

Art. 393. A confissão é irrevogável, mas pode ser anulada se decorreu de erro de fato ou de coação.

Parágrafo único. A legitimidade para a ação prevista no caput é exclusiva do confitente e pode ser transferida a seus herdeiros se ele falecer após a propositura.

Art. 394. A confissão extrajudicial, quando feita oralmente, só terá eficácia nos casos em que a lei não exija prova literal.

Art. 395. A confissão é, em regra, indivisível, não podendo a parte que a quiser invocar como prova aceitá-la no tópico que a beneficiar e rejeitá-la no que lhe for desfavorável, porém cindir-se-á quando o confitente a ela aduzir fatos novos, capazes de constituir fundamento de defesa de direito material ou de reconvenção.

Seção VI - Da Exibição de Documento ou Coisa

Art. 396. O juiz pode ordenar que a parte exiba documento ou coisa que se encontre em seu poder.

Art. 397. O pedido formulado pela parte conterá:

I - a individuação, tão completa quanto possível, do documento ou da coisa;

II - a finalidade da prova, indicando os fatos que se relacionam com o documento ou com a coisa;

III - as circunstâncias em que se funda o requerente para afirmar que o documento ou a coisa existe e se acha em poder da parte contrária.

Art. 398. O requerido dará sua resposta nos 5 (cinco) dias subsequentes à sua intimação.

Parágrafo único. Se o requerido afirmar que não possui o documento ou a coisa, o juiz permitirá que o requerente prove, por qualquer meio, que a declaração não corresponde à verdade.

Art. 399. O juiz não admitirá a recusa se:

I - o requerido tiver obrigação legal de exibir;

II - o requerido tiver aludido ao documento ou à coisa, no processo, com o intuito de constituir prova;

III - o documento, por seu conteúdo, for comum às partes.

Art. 400. Ao decidir o pedido, o juiz admitirá como verdadeiros os fatos que, por meio do documento ou da coisa, a parte pretendia provar se:

I - o requerido não efetuar a exibição nem fizer nenhuma declaração no prazo do art. 398;

II - a recusa for havida por ilegítima.

Parágrafo único. Sendo necessário, o juiz pode adotar medidas indutivas, coercitivas, mandamentais ou sub-rogatórias para que o documento seja exibido.

Art. 401. Quando o documento ou a coisa estiver em poder de terceiro, o juiz ordenará sua citação para responder no prazo de 15 (quinze) dias.

Art. 402. Se o terceiro negar a obrigação de exibir ou a posse do documento ou da coisa, o juiz designará audiência especial, tomando-lhe o depoimento, bem como o das partes e, se necessário, o de testemunhas, e em seguida proferirá decisão.

Art. 403. Se o terceiro, sem justo motivo, se recusar a efetuar a exibição, o juiz ordenar-lhe-á que proceda ao respectivo depósito em cartório ou em outro lugar designado, no prazo de 5 (cinco) dias, impondo ao requerente que o ressarça pelas despesas que tiver.

Parágrafo único. Se o terceiro descumprir a ordem, o juiz expedirá mandado de apreensão, requisitando, se necessário, força policial, sem prejuízo da responsabilidade por crime de desobediência, pagamento de multa e outras medidas indutivas, coercitivas, mandamentais ou sub-rogatórias necessárias para assegurar a efetivação da decisão.

Art. 404. A parte e o terceiro se escusam de exibir, em juízo, o documento ou a coisa se:

I - concernente a negócios da própria vida da família;

II - sua apresentação puder violar dever de honra;

III - sua publicidade redundar em desonra à parte ou ao terceiro, bem como a seus parentes consanguíneos ou afins até o terceiro grau, ou lhes representar perigo de ação penal;

IV - sua exibição acarretar a divulgação de fatos a cujo respeito, por estado ou profissão, devam guardar segredo;

V - subsistirem outros motivos graves que, segundo o prudente arbítrio do juiz, justifiquem a recusa da exibição;

VI - houver disposição legal que justifique a recusa da exibição.

Parágrafo único. Se os motivos de que tratam os incisos I a VI do caput disserem respeito a apenas uma parcela do documento, a parte ou o terceiro exibirá a outra em cartório, para dela ser extraída cópia reprográfica, de tudo sendo lavrado auto circunstanciado.

Seção VII - Da Prova Documental

Subseção I - Da Força Probante dos Documentos

Art. 405. O documento público faz prova não só da sua formação, mas também dos fatos que o escrivão, o chefe de secretaria, o tabelião ou o servidor declarar que ocorreram em sua presença.

Art. 406. Quando a lei exigir instrumento público como da substância do ato, nenhuma outra prova, por mais especial que seja, pode suprir-lhe a falta.

Art. 407. O documento feito por oficial público incompetente ou sem a observância das formalidades legais, sendo subscrito pelas partes, tem a mesma eficácia probatória do documento particular.

Art. 408. As declarações constantes do documento particular escrito e assinado ou somente assinado presumem-se verdadeiras em relação ao signatário.

Parágrafo único. Quando, todavia, contiver declaração de ciência de determinado fato, o documento particular prova a ciência, mas não o fato em si, incumbindo o ônus de prová-lo ao interessado em sua veracidade.

Art. 409. A data do documento particular, quando a seu respeito surgir dúvida ou impugnação entre os litigantes, provar-se-á por todos os meios de direito.

Parágrafo único. Em relação a terceiros, considerar-se-á datado o documento particular:

I - no dia em que foi registrado;

II - desde a morte de algum dos signatários;

III - a partir da impossibilidade física que sobreveio a qualquer dos signatários;

IV - da sua apresentação em repartição pública ou em juízo;

V - do ato ou do fato que estabeleça, de modo certo, a anterioridade da formação do documento.

Art. 410. Considera-se autor do documento particular:

I - aquele que o fez e o assinou;

II - aquele por conta de quem ele foi feito, estando assinado;

III - aquele que, mandando compô-lo, não o firmou porque, conforme a experiência comum, não se costuma assinar, como livros empresariais e assentos domésticos.

Art. 411. Considera-se autêntico o documento quando:

I - o tabelião reconhecer a firma do signatário;

II - a autoria estiver identificada por qualquer outro meio legal de certificação, inclusive eletrônico, nos termos da lei;

III - não houver impugnação da parte contra quem foi produzido o documento.

Art. 412. O documento particular de cuja autenticidade não se duvida prova que o seu autor fez a declaração que lhe é atribuída.

Parágrafo único. O documento particular admitido expressa ou tacitamente é indivisível, sendo vedado à parte que pretende utilizar-se dele aceitar os fatos que lhe são favoráveis e recusar os que são contrários ao seu interesse, salvo se provar que estes não ocorreram.

Art. 413. O telegrama, o radiograma ou qualquer outro meio de transmissão tem a mesma força probatória do documento particular se o original constante da estação expedidora tiver sido assinado pelo remetente.

Parágrafo único. A firma do remetente poderá ser reconhecida pelo tabelião, declarando-se essa circunstância no original depositado na estação expedidora.

Art. 414. O telegrama ou o radiograma presume-se conforme com o original, provando as datas de sua expedição e de seu recebimento pelo destinatário.

Art. 415. As cartas e os registros domésticos provam contra quem os escreveu quando:

I - enunciam o recebimento de um crédito;

II - contêm anotação que visa a suprir a falta de título em favor de quem é apontado como credor;

III - expressam conhecimento de fatos para os quais não se exija determinada prova.

Art. 416. A nota escrita pelo credor em qualquer parte de documento representativo de obrigação, ainda que não assinada, faz prova em benefício do devedor.

Parágrafo único. Aplica-se essa regra tanto para o documento que o credor conservar em seu poder quanto para aquele que se achar em poder do devedor ou de terceiro.

Art. 417. Os livros empresariais provam contra seu autor, sendo lícito ao empresário, todavia, demonstrar, por todos os meios permitidos em direito, que os lançamentos não correspondem à verdade dos fatos.

Art. 418. Os livros empresariais que preencham os requisitos exigidos por lei provam a favor de seu autor no litígio entre empresários.

Art. 419. A escrituração contábil é indivisível, e, se dos fatos que resultam dos lançamentos, uns são favoráveis ao interesse de seu autor e outros lhe são contrários, ambos serão considerados em conjunto, como unidade.

Art. 420. O juiz pode ordenar, a requerimento da parte, a exibição integral dos livros empresariais e dos documentos do arquivo:

I - na liquidação de sociedade;

II - na sucessão por morte de sócio;

III - quando e como determinar a lei.

Art. 421. O juiz pode, de ofício, ordenar à parte a exibição parcial dos livros e dos documentos, extraindo-se deles a suma que interessar ao litígio, bem como reproduções autenticadas.

Art. 422. Qualquer reprodução mecânica, como a fotográfica, a cinematográfica, a fonográfica ou de outra espécie, tem aptidão para fazer prova dos fatos ou das coisas representadas, se a sua conformidade com o documento original não for impugnada por aquele contra quem foi produzida.

§ 1º As fotografias digitais e as extraídas da rede mundial de computadores fazem prova das imagens que reproduzem, devendo, se impugnadas, ser apresentada a respectiva autenticação eletrônica ou, não sendo possível, realizada perícia.

§ 2º Se se tratar de fotografia publicada em jornal ou revista, será exigido um exemplar original do periódico, caso impugnada a veracidade pela outra parte.

§ 3º Aplica-se o disposto neste artigo à forma impressa de mensagem eletrônica.

Art. 423. As reproduções dos documentos particulares, fotográficas ou obtidas por outros processos de repetição, valem como certidões sempre que o escrivão ou o chefe de secretaria certificar sua conformidade com o original.

Art. 424. A cópia de documento particular tem o mesmo valor probante que o original, cabendo ao escrivão, intimadas as partes, proceder à conferência e certificar a conformidade entre a cópia e o original.

Art. 425. Fazem a mesma prova que os originais:

I - as certidões textuais de qualquer peça dos autos, do protocolo das audiências ou de outro livro a cargo do escrivão ou do chefe de secretaria, se extraídas por ele ou sob sua vigilância e por ele subscritas;

II - os traslados e as certidões extraídas por oficial público de instrumentos ou documentos lançados em suas notas;

III - as reproduções dos documentos públicos, desde que autenticadas por oficial público ou conferidas em cartório com os respectivos originais;

IV - as cópias reprográficas de peças do próprio processo judicial declaradas autênticas pelo advogado, sob sua responsabilidade pessoal, se não lhes for impugnada a autenticidade;

V - os extratos digitais de bancos de dados públicos e privados, desde que atestado pelo seu emitente, sob as penas da lei, que as informações conferem com o que consta na origem;

VI - as reproduções digitalizadas de qualquer documento público ou particular, quando juntadas aos autos pelos órgãos da justiça e seus auxiliares, pelo Ministério Público e seus auxiliares, pela Defensoria Pública e seus auxiliares, pelas procuradorias, pelas repartições públicas em geral e por advogados, ressalvada a alegação motivada e fundamentada de adulteração.

§ 1º Os originais dos documentos digitalizados mencionados no inciso VI deverão ser preservados pelo seu detentor até o final do prazo para propositura de ação rescisória.

§ 2º Tratando-se de cópia digital de título executivo extrajudicial ou de documento relevante à instrução do processo, o juiz poderá determinar seu depósito em cartório ou secretaria.

Art. 426. O juiz apreciará fundamentadamente a fé que deva merecer o documento, quando em ponto substancial e sem ressalva contiver entrelinha, emenda, borrão ou cancelamento.

Art. 427. Cessa a fé do documento público ou particular sendo-lhe declarada judicialmente a falsidade.

Parágrafo único. A falsidade consiste em:

I - formar documento não verdadeiro;

II - alterar documento verdadeiro.

Art. 428. Cessa a fé do documento particular quando:

I - for impugnada sua autenticidade e enquanto não se comprovar sua veracidade;

II - assinado em branco, for impugnado seu conteúdo, por preenchimento abusivo.

Parágrafo único. Dar-se-á abuso quando aquele que recebeu documento assinado com texto não escrito no todo ou em parte formá-lo ou completá-lo por si ou por meio de outrem, violando o pacto feito com o signatário.

Art. 429. Incumbe o ônus da prova quando:

I - se tratar de falsidade de documento ou de preenchimento abusivo, à parte que a arguir;

II - se tratar de impugnação da autenticidade, à parte que produziu o documento.

Subseção II - Da Arguição de Falsidade

Art. 430. A falsidade deve ser suscitada na contestação, na réplica ou no prazo de 15 (quinze) dias, contado a partir da intimação da juntada do documento aos autos.

Parágrafo único. Uma vez arguida, a falsidade será resolvida como questão incidental, salvo se a parte requerer que o juiz

a decida como questão principal, nos termos do inciso II do art. 19.

Art. 431. A parte arguirá a falsidade expondo os motivos em que funda a sua pretensão e os meios com que provará o alegado.

Art. 432. Depois de ouvida a outra parte no prazo de 15 (quinze) dias, será realizado o exame pericial.

Parágrafo único. Não se procederá ao exame pericial se a parte que produziu o documento concordar em retirá-lo.

Art. 433. A declaração sobre a falsidade do documento, quando suscitada como questão principal, constará da parte dispositiva da sentença e sobre ela incidirá também a autoridade da coisa julgada.

Subseção III - Da Produção da Prova Documental

Art. 434. Incumbe à parte instruir a petição inicial ou a contestação com os documentos destinados a provar suas alegações.

Parágrafo único. Quando o documento consistir em reprodução cinematográfica ou fonográfica, a parte deverá trazê-lo nos termos do caput, mas sua exposição será realizada em audiência, intimando-se previamente as partes.

Art. 435. É lícito às partes, em qualquer tempo, juntar aos autos documentos novos, quando destinados a fazer prova de fatos ocorridos depois dos articulados ou para contrapô-los aos que foram produzidos nos autos.

Parágrafo único. Admite-se também a juntada posterior de documentos formados após a petição inicial ou a contestação, bem como dos que se tornaram conhecidos, acessíveis ou disponíveis após esses atos, cabendo à parte que os produzir comprovar o motivo que a impediu de juntá-los anteriormente e incumbindo ao juiz, em qualquer caso, avaliar a conduta da parte de acordo com o art. 5º.

Art. 436. A parte, intimada a falar sobre documento constante dos autos, poderá:

I - impugnar a admissibilidade da prova documental;
II - impugnar sua autenticidade;
III - suscitar sua falsidade, com ou sem deflagração do incidente de arguição de falsidade;
IV - manifestar-se sobre seu conteúdo.

Parágrafo único. Nas hipóteses dos incisos II e III, a impugnação deverá basear-se em argumentação específica, não se admitindo alegação genérica de falsidade.

Art. 437. O réu manifestar-se-á na contestação sobre os documentos anexados à inicial, e o autor manifestar-se-á na réplica sobre os documentos anexados à contestação.

§ 1º Sempre que uma das partes requerer a juntada de documento aos autos, o juiz ouvirá, a seu respeito, a outra parte, que disporá do prazo de 15 (quinze) dias para adotar qualquer das posturas indicadas no art. 436.

§ 2º Poderá o juiz, a requerimento da parte, dilatar o prazo para manifestação sobre a prova documental produzida, levando em consideração a quantidade e a complexidade da documentação.

Art. 438. O juiz requisitará às repartições públicas, em qualquer tempo ou grau de jurisdição:

I - as certidões necessárias à prova das alegações das partes;
II - os procedimentos administrativos nas causas em que forem interessados a União, os Estados, o Distrito Federal, os Municípios ou entidades da administração indireta.

§ 1º Recebidos os autos, o juiz mandará extrair, no prazo máximo e improrrogável de 1 (um) mês, certidões ou reproduções fotográficas das peças que indicar e das que forem indicadas pelas partes, e, em seguida, devolverá os autos à repartição de origem.

§ 2º As repartições públicas poderão fornecer todos os documentos em meio eletrônico, conforme disposto em lei, certificando, pelo mesmo meio, que se trata de extrato fiel do que consta em seu banco de dados ou no documento digitalizado.

Seção VIII - Dos Documentos Eletrônicos

Art. 439. A utilização de documentos eletrônicos no processo convencional dependerá de sua conversão à forma impressa e da verificação de sua autenticidade, na forma da lei.

Art. 440. O juiz apreciará o valor probante do documento eletrônico não convertido, assegurado às partes o acesso ao seu teor.

Art. 441. Serão admitidos documentos eletrônicos produzidos e conservados com a observância da legislação específica.

Seção IX - Da Prova Testemunhal

Subseção I - Da Admissibilidade e do Valor da Prova Testemunhal

Art. 442. A prova testemunhal é sempre admissível, não dispondo a lei de modo diverso.

Art. 443. O juiz indeferirá a inquirição de testemunhas sobre fatos:

I - já provados por documento ou confissão da parte;
II - que só por documento ou por exame pericial puderem ser provados.

Art. 444. Nos casos em que a lei exigir prova escrita da obrigação, é admissível a prova testemunhal quando houver começo de prova por escrito, emanado da parte contra a qual se pretende produzir a prova.

Art. 445. Também se admite a prova testemunhal quando o credor não pode ou não podia, moral ou materialmente, obter a prova escrita da obrigação, em casos como o de parentesco, de depósito necessário ou de hospedagem em hotel ou em razão das práticas comerciais do local onde contraída a obrigação.

Art. 446. É lícito à parte provar com testemunhas:

I - nos contratos simulados, a divergência entre a vontade real e a vontade declarada;
II - nos contratos em geral, os vícios de consentimento.

Art. 447. Podem depor como testemunhas todas as pessoas, exceto as incapazes, impedidas ou suspeitas.

§ 1º São incapazes:

I - o interdito por enfermidade ou deficiência mental;
II - o que, acometido por enfermidade ou retardamento mental, ao tempo em que ocorreram os fatos, não podia discerni-los, ou, ao tempo em que deve depor, não está habilitado a transmitir as percepções;
III - o que tiver menos de 16 (dezesseis) anos;
IV - o cego e o surdo, quando a ciência do fato depender dos sentidos que lhes faltam.

§ 2º São impedidos:

I - o cônjuge, o companheiro, o ascendente e o descendente em qualquer grau e o colateral, até o terceiro grau, de alguma das partes, por consanguinidade ou afinidade, salvo se o exigir o interesse público ou, tratando-se de causa relativa ao estado da pessoa, não se puder obter de outro modo a prova que o juiz repute necessária ao julgamento do mérito;
II - o que é parte na causa;
III - o que intervém em nome de uma parte, como o tutor, o representante legal da pessoa jurídica, o juiz, o advogado e outros que assistam ou tenham assistido as partes.

§ 3º São suspeitos:

I - o inimigo da parte ou o seu amigo íntimo;
II - o que tiver interesse no litígio.

§ 4º Sendo necessário, pode o juiz admitir o depoimento das testemunhas menores, impedidas ou suspeitas.

§ 5º Os depoimentos referidos no § 4º serão prestados independentemente de compromisso, e o juiz lhes atribuirá o valor que possam merecer.

Art. 448. A testemunha não é obrigada a depor sobre fatos:

I - que lhe acarretem grave dano, bem como ao seu cônjuge ou companheiro e aos seus parentes consanguíneos ou afins, em linha reta ou colateral, até o terceiro grau;

II - a cujo respeito, por estado ou profissão, deva guardar sigilo.

Art. 449. Salvo disposição especial em contrário, as testemunhas devem ser ouvidas na sede do juízo.

Parágrafo único. Quando a parte ou a testemunha, por enfermidade ou por outro motivo relevante, estiver impossibilitada de comparecer, mas não de prestar depoimento, o juiz designará, conforme as circunstâncias, dia, hora e lugar para inquiri-la.

Subseção II - Da Produção da Prova Testemunhal

Art. 450. O rol de testemunhas conterá, sempre que possível, o nome, a profissão, o estado civil, a idade, o número de inscrição no Cadastro de Pessoas Físicas, o número de registro de identidade e o endereço completo da residência e do local de trabalho.

Art. 451. Depois de apresentado o rol de que tratam os §§ 4º e 5º do art. 357, a parte só pode substituir a testemunha:

I - que falecer;

II - que, por enfermidade, não estiver em condições de depor;

III - que, tendo mudado de residência ou de local de trabalho, não for encontrada.

Art. 452. Quando for arrolado como testemunha, o juiz da causa:

I - declarar-se-á impedido, se tiver conhecimento de fatos que possam influir na decisão, caso em que será vedado à parte que o incluiu no rol desistir de seu depoimento;

II - se nada souber, mandará excluir o seu nome.

Art. 453. As testemunhas depõem, na audiência de instrução e julgamento, perante o juiz da causa, exceto:

I - as que prestam depoimento antecipadamente;

II - as que são inquiridas por carta.

§ 1º A oitiva de testemunha que residir em comarca, seção ou subseção judiciária diversa daquela onde tramita o processo poderá ser realizada por meio de videoconferência ou outro recurso tecnológico de transmissão e recepção de sons e imagens em tempo real, o que poderá ocorrer, inclusive, durante a audiência de instrução e julgamento.

§ 2º Os juízos deverão manter equipamento para a transmissão e recepção de sons e imagens a que se refere o § 1º.

Art. 454. São inquiridos em sua residência ou onde exercem sua função:

I - o presidente e o vice-presidente da República;

II - os ministros de Estado;

III - os ministros do Supremo Tribunal Federal, os conselheiros do Conselho Nacional de Justiça e os ministros do Superior Tribunal de Justiça, do Superior Tribunal Militar, do Tribunal Superior Eleitoral, do Tribunal Superior do Trabalho e do Tribunal de Contas da União;

IV - o procurador-geral da República e os conselheiros do Conselho Nacional do Ministério Público;

V - o advogado-geral da União, o procurador-geral do Estado, o procurador-geral do Município, o defensor público-geral federal e o defensor público-geral do Estado;

VI - os senadores e os deputados federais;

VII - os governadores dos Estados e do Distrito Federal;

VIII - o prefeito;

IX - os deputados estaduais e distritais;

X - os desembargadores dos Tribunais de Justiça, dos Tribunais Regionais Federais, dos Tribunais Regionais do Trabalho e dos Tribunais Regionais Eleitorais e os conselheiros dos Tribunais de Contas dos Estados e do Distrito Federal;

XI - o procurador-geral de justiça;

XII - o embaixador de país que, por lei ou tratado, concede idêntica prerrogativa a agente diplomático do Brasil.

§ 1º O juiz solicitará à autoridade que indique dia, hora e local a fim de ser inquirida, remetendo-lhe cópia da petição inicial ou da defesa oferecida pela parte que a arrolou como testemunha.

§ 2º Passado 1 (um) mês sem manifestação da autoridade, o juiz designará dia, hora e local para o depoimento, preferencialmente na sede do juízo.

§ 3º O juiz também designará dia, hora e local para o depoimento, quando a autoridade não comparecer, injustificadamente, à sessão agendada para a colheita de seu testemunho no dia, hora e local por ela mesma indicados.

Art. 455. Cabe ao advogado da parte informar ou intimar a testemunha por ele arrolada do dia, da hora e do local da audiência designada, dispensando-se a intimação do juízo.

§ 1º A intimação deverá ser realizada por carta com aviso de recebimento, cumprindo ao advogado juntar aos autos, com antecedência de pelo menos 3 (três) dias da data da audiência, cópia da correspondência de intimação e do comprovante de recebimento.

§ 2º A parte pode comprometer-se a levar a testemunha à audiência, independentemente da intimação de que trata o § 1º, presumindo-se, caso a testemunha não compareça, que a parte desistiu de sua inquirição.

§ 3º A inércia na realização da intimação a que se refere o § 1º importa desistência da inquirição da testemunha.

§ 4º A intimação será feita pela via judicial quando:

I - for frustrada a intimação prevista no § 1º deste artigo;

II - sua necessidade for devidamente demonstrada pela parte ao juiz;

III - figurar no rol de testemunhas servidor público ou militar, hipótese em que o juiz o requisitará ao chefe da repartição ou ao comando do corpo em que servir;

IV - a testemunha houver sido arrolada pelo Ministério Público ou pela Defensoria Pública;

V - a testemunha for uma daquelas previstas no art. 454.

§ 5º A testemunha que, intimada na forma do § 1º ou do § 4º, deixar de comparecer sem motivo justificado será conduzida e responderá pelas despesas do adiamento.

Art. 456. O juiz inquirirá as testemunhas separada e sucessivamente, primeiro as do autor e depois as do réu, e providenciará para que uma não ouça o depoimento das outras.

Parágrafo único. O juiz poderá alterar a ordem estabelecida no caput se as partes concordarem.

Art. 457. Antes de depor, a testemunha será qualificada, declarará ou confirmará seus dados e informará se tem relações de parentesco com a parte ou interesse no objeto do processo.

§ 1º É lícito à parte contraditar a testemunha, arguindo-lhe a incapacidade, o impedimento ou a suspeição, bem como, caso a testemunha negue os fatos que lhe são imputados, provar a contradita com documentos ou com testemunhas, até 3 (três), apresentadas no ato e inquiridas em separado.

§ 2º Sendo provados ou confessados os fatos a que se refere o § 1º, o juiz dispensará a testemunha ou lhe tomará o depoimento como informante.

§ 3º A testemunha pode requerer ao juiz que a escuse de depor, alegando os motivos previstos neste Código, decidindo o juiz de plano após ouvidas as partes.

Art. 458. Ao início da inquirição, a testemunha prestará o compromisso de dizer a verdade do que souber e lhe for perguntado.

Parágrafo único. O juiz advertirá à testemunha que incorre em sanção penal quem faz afirmação falsa, cala ou oculta a verdade.

Art. 459. As perguntas serão formuladas pelas partes diretamente à testemunha, começando pela que a arrolou, não admitindo o juiz aquelas que puderem induzir a resposta, não tiverem relação com as questões de fato objeto da atividade probatória ou importarem repetição de outra já respondida.

§ 1º O juiz poderá inquirir a testemunha tanto antes quanto depois da inquirição feita pelas partes.

§ 2º As testemunhas devem ser tratadas com urbanidade, não se lhes fazendo perguntas ou considerações impertinentes, capciosas ou vexatórias.

§ 3º As perguntas que o juiz indeferir serão transcritas no termo, se a parte o requerer.

Art. 460. O depoimento poderá ser documentado por meio de gravação.

§ 1º Quando digitado ou registrado por taquigrafia, estenotipia ou outro método idôneo de documentação, o depoimento será assinado pelo juiz, pelo depoente e pelos procuradores.

§ 2º Se houver recurso em processo em autos não eletrônicos, o depoimento somente será digitado quando for impossível o envio de sua documentação eletrônica.

§ 3º Tratando-se de autos eletrônicos, observar-se-á o disposto neste Código e na legislação específica sobre a prática eletrônica de atos processuais.

Art. 461. O juiz pode ordenar, de ofício ou a requerimento da parte:

I - a inquirição de testemunhas referidas nas declarações da parte ou das testemunhas;

II - a acareação de 2 (duas) ou mais testemunhas ou de alguma delas com a parte, quando, sobre fato determinado que possa influir na decisão da causa, divergirem as suas declarações.

§ 1º Os acareados serão reperguntados para que expliquem os pontos de divergência, reduzindo-se a termo o ato de acareação.

§ 2º A acareação pode ser realizada por videoconferência ou por outro recurso tecnológico de transmissão de sons e imagens em tempo real.

Art. 462. A testemunha pode requerer ao juiz o pagamento da despesa que efetuou para comparecimento à audiência, devendo a parte pagá-la logo que arbitrada ou depositá-la em cartório dentro de 3 (três) dias.

Art. 463. O depoimento prestado em juízo é considerado serviço público.

Parágrafo único. A testemunha, quando sujeita ao regime da legislação trabalhista, não sofre, por comparecer à audiência, perda de salário nem desconto no tempo de serviço.

Seção X - Da Prova Pericial

Art. 464. A prova pericial consiste em exame, vistoria ou avaliação.

§ 1º O juiz indeferirá a perícia quando:

I - a prova do fato não depender de conhecimento especial de técnico;

II - for desnecessária em vista de outras provas produzidas;

III - a verificação for impraticável.

§ 2º De ofício ou a requerimento das partes, o juiz poderá, em substituição à perícia, determinar a produção de prova técnica simplificada, quando o ponto controvertido for de menor complexidade.

§ 3º A prova técnica simplificada consistirá apenas na inquirição de especialista, pelo juiz, sobre ponto controvertido da causa que demande especial conhecimento científico ou técnico.

§ 4º Durante a arguição, o especialista, que deverá ter formação acadêmica específica na área objeto de seu depoimento, poderá valer-se de qualquer recurso tecnológico de transmissão de sons e imagens com o fim de esclarecer os pontos controvertidos da causa.

Art. 465. O juiz nomeará perito especializado no objeto da perícia e fixará de imediato o prazo para a entrega do laudo.

§ 1º Incumbe às partes, dentro de 15 (quinze) dias contados da intimação do despacho de nomeação do perito:

I - arguir o impedimento ou a suspeição do perito, se for o caso;

II - indicar assistente técnico;

III - apresentar quesitos.

§ 2º Ciente da nomeação, o perito apresentará em 5 (cinco) dias:

I - proposta de honorários;

II - currículo, com comprovação de especialização;

III - contatos profissionais, em especial o endereço eletrônico, para onde serão dirigidas as intimações pessoais.

§ 3º As partes serão intimadas da proposta de honorários para, querendo, manifestar-se no prazo comum de 5 (cinco) dias, após o que o juiz arbitrará o valor, intimando-se as partes para os fins do art. 95.

§ 4º O juiz poderá autorizar o pagamento de até cinquenta por cento dos honorários arbitrados a favor do perito no início dos trabalhos, devendo o remanescente ser pago apenas ao final, depois de entregue o laudo e prestados todos os esclarecimentos necessários.

§ 5º Quando a perícia for inconclusiva ou deficiente, o juiz poderá reduzir a remuneração inicialmente arbitrada para o trabalho.

§ 6º Quando tiver de realizar-se por carta, poder-se-á proceder à nomeação de perito e à indicação de assistentes técnicos no juízo ao qual se requisitar a perícia.

Art. 466. O perito cumprirá escrupulosamente o encargo que lhe foi cometido, independentemente de termo de compromisso.

§ 1º Os assistentes técnicos são de confiança da parte e não estão sujeitos a impedimento ou suspeição.

§ 2º O perito deve assegurar aos assistentes das partes o acesso e o acompanhamento das diligências e dos exames que realizar, com prévia comunicação, comprovada nos autos, com antecedência mínima de 5 (cinco) dias.

Art. 467. O perito pode escusar-se ou ser recusado por impedimento ou suspeição.

Parágrafo único. O juiz, ao aceitar a escusa ou ao julgar procedente a impugnação, nomeará novo perito.

Art. 468. O perito pode ser substituído quando:

I - faltar-lhe conhecimento técnico ou científico;

II - sem motivo legítimo, deixar de cumprir o encargo no prazo que lhe foi assinado.

§ 1º No caso previsto no inciso II, o juiz comunicará a ocorrência à corporação profissional respectiva, podendo, ainda, impor multa ao perito, fixada tendo em vista o valor da causa e o possível prejuízo decorrente do atraso no processo.

§ 2º O perito substituído restituirá, no prazo de 15 (quinze) dias, os valores recebidos pelo trabalho não realizado, sob pena de ficar impedido de atuar como perito judicial pelo prazo de 5 (cinco) anos.

§ 3º Não ocorrendo a restituição voluntária de que trata o § 2º, a parte que tiver realizado o adiantamento dos honorários poderá promover execução contra o perito, na forma dos arts. 513 e seguintes deste Código, com fundamento na decisão que determinar a devolução do numerário.

Art. 469. As partes poderão apresentar quesitos suplementares durante a diligência, que poderão ser respondidos pelo perito previamente ou na audiência de instrução e julgamento.

Parágrafo único. O escrivão dará à parte contrária ciência da juntada dos quesitos aos autos.

Art. 470. Incumbe ao juiz:

I - indeferir quesitos impertinentes;

II - formular os quesitos que entender necessários ao esclarecimento da causa.

Art. 471. As partes podem, de comum acordo, escolher o perito, indicando-o mediante requerimento, desde que:

I - sejam plenamente capazes;

II - a causa possa ser resolvida por autocomposição.

§ 1º As partes, ao escolher o perito, já devem indicar os respectivos assistentes técnicos para acompanhar a realização da perícia, que se realizará em data e local previamente anunciados.

§ 2º O perito e os assistentes técnicos devem entregar, respectivamente, laudo e pareceres em prazo fixado pelo juiz.

§ 3º A perícia consensual substitui, para todos os efeitos, a que seria realizada por perito nomeado pelo juiz.

Art. 472. O juiz poderá dispensar prova pericial quando as partes, na inicial e na contestação, apresentarem, sobre as questões de fato, pareceres técnicos ou documentos elucidativos que considerar suficientes.

Art. 473. O laudo pericial deverá conter:

I - a exposição do objeto da perícia;

II - a análise técnica ou científica realizada pelo perito;

III - a indicação do método utilizado, esclarecendo-o e demonstrando ser predominantemente aceito pelos especialistas da área do conhecimento da qual se originou;

IV - resposta conclusiva a todos os quesitos apresentados pelo juiz, pelas partes e pelo órgão do Ministério Público.

§ 1º No laudo, o perito deve apresentar sua fundamentação em linguagem simples e com coerência lógica, indicando como alcançou suas conclusões.

§ 2º É vedado ao perito ultrapassar os limites de sua designação, bem como emitir opiniões pessoais que excedam o exame técnico ou científico do objeto da perícia.

§ 3º Para o desempenho de sua função, o perito e os assistentes técnicos podem valer-se de todos os meios necessários, ouvindo testemunhas, obtendo informações, solicitando documentos que estejam em poder da parte, de terceiros ou em repartições públicas, bem como instruir o laudo com planilhas, mapas, plantas, desenhos, fotografias ou outros elementos necessários ao esclarecimento do objeto da perícia.

Art. 474. As partes terão ciência da data e do local designados pelo juiz ou indicados pelo perito para ter início a produção da prova.

Art. 475. Tratando-se de perícia complexa que abranja mais de uma área de conhecimento especializado, o juiz poderá nomear mais de um perito, e a parte, indicar mais de um assistente técnico.

Art. 476. Se o perito, por motivo justificado, não puder apresentar o laudo dentro do prazo, o juiz poderá conceder-lhe, por uma vez, prorrogação pela metade do prazo originalmente fixado.

Art. 477. O perito protocolará o laudo em juízo, no prazo fixado pelo juiz, pelo menos 20 (vinte) dias antes da audiência de instrução e julgamento.

§ 1º As partes serão intimadas para, querendo, manifestar-se sobre o laudo do perito do juízo no prazo comum de 15 (quinze) dias, podendo o assistente técnico de cada uma das partes, em igual prazo, apresentar seu respectivo parecer.

§ 2º O perito do juízo tem o dever de, no prazo de 15 (quinze) dias, esclarecer ponto:

I - sobre o qual exista divergência ou dúvida de qualquer das partes, do juiz ou do órgão do Ministério Público;

II - divergente apresentado no parecer do assistente técnico da parte.

§ 3º Se ainda houver necessidade de esclarecimentos, a parte requererá ao juiz que mande intimar o perito ou o assistente técnico a comparecer à audiência de instrução e julgamento, formulando, desde logo, as perguntas, sob forma de quesitos.

§ 4º O perito ou o assistente técnico será intimado por meio eletrônico, com pelo menos 10 (dez) dias de antecedência da audiência.

Art. 478. Quando o exame tiver por objeto a autenticidade ou a falsidade de documento ou for de natureza médico-legal, o perito será escolhido, de preferência, entre os técnicos dos estabelecimentos oficiais especializados, a cujos diretores o juiz autorizará a remessa dos autos, bem como do material sujeito a exame.

§ 1º Nas hipóteses de gratuidade de justiça, os órgãos e as repartições oficiais deverão cumprir a determinação judicial com preferência, no prazo estabelecido.

§ 2º A prorrogação do prazo referido no § 1º pode ser requerida motivadamente.

§ 3º Quando o exame tiver por objeto a autenticidade da letra e da firma, o perito poderá requisitar, para efeito de comparação, documentos existentes em repartições públicas e, na falta destes, poderá requerer ao juiz que a pessoa a quem se atribuir a autoria do documento lance em folha de papel, por cópia ou sob ditado, dizeres diferentes, para fins de comparação.

Art. 479. O juiz apreciará a prova pericial de acordo com o disposto no art. 371, indicando na sentença os motivos que o levaram a considerar ou a deixar de considerar as conclusões do laudo, levando em conta o método utilizado pelo perito.

Art. 480. O juiz determinará, de ofício ou a requerimento da parte, a realização de nova perícia quando a matéria não estiver suficientemente esclarecida.

§ 1º A segunda perícia tem por objeto os mesmos fatos sobre os quais recaiu a primeira e destina-se a corrigir eventual omissão ou inexatidão dos resultados a que esta conduziu.

§ 2º A segunda perícia rege-se pelas disposições estabelecidas para a primeira.

§ 3º A segunda perícia não substitui a primeira, cabendo ao juiz apreciar o valor de uma e de outra.

Seção XI - Da Inspeção Judicial

Art. 481. O juiz, de ofício ou a requerimento da parte, pode, em qualquer fase do processo, inspecionar pessoas ou coisas, a fim de se esclarecer sobre fato que interesse à decisão da causa.

Art. 482. Ao realizar a inspeção, o juiz poderá ser assistido por um ou mais peritos.

Art. 483. O juiz irá ao local onde se encontre a pessoa ou a coisa quando:

I - julgar necessário para a melhor verificação ou interpretação dos fatos que deva observar;

II - a coisa não puder ser apresentada em juízo sem consideráveis despesas ou graves dificuldades;

III - determinar a reconstituição dos fatos.

Parágrafo único. As partes têm sempre direito a assistir à inspeção, prestando esclarecimentos e fazendo observações que considerem de interesse para a causa.

Art. 484. Concluída a diligência, o juiz mandará lavrar auto circunstanciado, mencionando nele tudo quanto for útil ao julgamento da causa.

Parágrafo único. O auto poderá ser instruído com desenho, gráfico ou fotografia.

CAPÍTULO XIII - DA SENTENÇA E DA COISA JULGADA

Seção I - Disposições Gerais

Art. 485. O juiz não resolverá o mérito quando:

I - indeferir a petição inicial;

II - o processo ficar parado durante mais de 1 (um) ano por negligência das partes;

III - por não promover os atos e as diligências que lhe incumbir, o autor abandonar a causa por mais de 30 (trinta) dias;

IV - verificar a ausência de pressupostos de constituição e de desenvolvimento válido e regular do processo;

V - reconhecer a existência de perempção, de litispendência ou de coisa julgada;

VI - verificar ausência de legitimidade ou de interesse processual;

VII - acolher a alegação de existência de convenção de arbitragem ou quando o juízo arbitral reconhecer sua competência;

VIII - homologar a desistência da ação;

IX - em caso de morte da parte, a ação for considerada intransmissível por disposição legal; e

X - nos demais casos prescritos neste Código.

§ 1º Nas hipóteses descritas nos incisos II e III, a parte será intimada pessoalmente para suprir a falta no prazo de 5 (cinco) dias.

§ 2º No caso do § 1º, quanto ao inciso II, as partes pagarão proporcionalmente as custas, e, quanto ao inciso III, o autor será condenado ao pagamento das despesas e dos honorários de advogado.

§ 3º O juiz conhecerá de ofício da matéria constante dos incisos IV, V, VI e IX, em qualquer tempo e grau de jurisdição, enquanto não ocorrer o trânsito em julgado.

§ 4º Oferecida a contestação, o autor não poderá, sem o consentimento do réu, desistir da ação.

§ 5º A desistência da ação pode ser apresentada até a sentença.

§ 6º Oferecida a contestação, a extinção do processo por abandono da causa pelo autor depende de requerimento do réu.

§ 7º Interposta a apelação em qualquer dos casos de que tratam os incisos deste artigo, o juiz terá 5 (cinco) dias para retratar-se.

Art. 486. O pronunciamento judicial que não resolve o mérito não obsta a que a parte proponha de novo a ação.

§ 1º No caso de extinção em razão de litispendência e nos casos dos incisos I, IV, VI e VII do art. 485, a propositura da nova ação depende da correção do vício que levou à sentença sem resolução do mérito.

§ 2º A petição inicial, todavia, não será despachada sem a prova do pagamento ou do depósito das custas e dos honorários de advogado.

§ 3º Se o autor der causa, por 3 (três) vezes, à sentença fundada em abandono da causa, não poderá propor nova ação contra o réu com o mesmo objeto, ficando-lhe ressalvada, entretanto, a possibilidade de alegar em defesa o seu direito.

Art. 487. Haverá resolução de mérito quando o juiz:

I - acolher ou rejeitar o pedido formulado na ação ou na reconvenção;

II - decidir, de ofício ou a requerimento, sobre a ocorrência de decadência ou prescrição;

III - homologar:

a) o reconhecimento da procedência do pedido formulado na ação ou na reconvenção;

b) a transação;

c) a renúncia à pretensão formulada na ação ou na reconvenção.

Parágrafo único. Ressalvada a hipótese do § 1º do art. 332, a prescrição e a decadência não serão reconhecidas sem que antes seja dada às partes oportunidade de manifestar-se.

Art. 488. Desde que possível, o juiz resolverá o mérito sempre que a decisão for favorável à parte a quem aproveitaria eventual pronunciamento nos termos do art. 485.

Seção II - Dos Elementos e dos Efeitos da Sentença

Art. 489. São elementos essenciais da sentença:

I - o relatório, que conterá os nomes das partes, a identificação do caso, com a suma do pedido e da contestação, e o registro das principais ocorrências havidas no andamento do processo;

II - os fundamentos, em que o juiz analisará as questões de fato e de direito;

III - o dispositivo, em que o juiz resolverá as questões principais que as partes lhe submeterem.

§ 1º Não se considera fundamentada qualquer decisão judicial, seja ela interlocutória, sentença ou acórdão, que:

I - se limitar à indicação, à reprodução ou à paráfrase de ato normativo, sem explicar sua relação com a causa ou a questão decidida;

II - empregar conceitos jurídicos indeterminados, sem explicar o motivo concreto de sua incidência no caso;

III - invocar motivos que se prestariam a justificar qualquer outra decisão;

IV - não enfrentar todos os argumentos deduzidos no processo capazes de, em tese, infirmar a conclusão adotada pelo julgador;

V - se limitar a invocar precedente ou enunciado de súmula, sem identificar seus fundamentos determinantes nem demonstrar que o caso sob julgamento se ajusta àqueles fundamentos;

VI - deixar de seguir enunciado de súmula, jurisprudência ou precedente invocado pela parte, sem demonstrar a existência de distinção no caso em julgamento ou a superação do entendimento.

§ 2º No caso de colisão entre normas, o juiz deve justificar o objeto e os critérios gerais da ponderação efetuada, enunciando as razões que autorizam a interferência na norma afastada e as premissas fáticas que fundamentam a conclusão.

§ 3º A decisão judicial deve ser interpretada a partir da conjugação de todos os seus elementos e em conformidade com o princípio da boa-fé.

Art. 490. O juiz resolverá o mérito acolhendo ou rejeitando, no todo ou em parte, os pedidos formulados pelas partes.

Art. 491. Na ação relativa à obrigação de pagar quantia, ainda que formulado pedido genérico, a decisão definirá desde logo a extensão da obrigação, o índice de correção monetária, a taxa de juros, o termo inicial de ambos e a periodicidade da capitalização dos juros, se for o caso, salvo quando:

I - não for possível determinar, de modo definitivo, o montante devido;

II - a apuração do valor devido depender da produção de prova de realização demorada ou excessivamente dispendiosa, assim reconhecida na sentença.

§ 1º Nos casos previstos neste artigo, seguir-se-á a apuração do valor devido por liquidação.

§ 2º O disposto no caput também se aplica quando o acórdão alterar a sentença.

Art. 492. É vedado ao juiz proferir decisão de natureza diversa da pedida, bem como condenar a parte em quantidade superior ou em objeto diverso do que lhe foi demandado.

Parágrafo único. A decisão deve ser certa, ainda que resolva relação jurídica condicional.

Art. 493. Se, depois da propositura da ação, algum fato constitutivo, modificativo ou extintivo do direito influir no julgamento do mérito, caberá ao juiz tomá-lo em consideração, de ofício ou a requerimento da parte, no momento de proferir a decisão.

Parágrafo único. Se constatar de ofício o fato novo, o juiz ouvirá as partes sobre ele antes de decidir.

Art. 494. Publicada a sentença, o juiz só poderá alterá-la:

I - para corrigir-lhe, de ofício ou a requerimento da parte, inexatidões materiais ou erros de cálculo;

II - por meio de embargos de declaração.

Art. 495. A decisão que condenar o réu ao pagamento de prestação consistente em dinheiro e a que determinar a conversão de prestação de fazer, de não fazer ou de dar coisa em prestação pecuniária valerão como título constitutivo de hipoteca judiciária.

§ 1º A decisão produz a hipoteca judiciária:

I - embora a condenação seja genérica;

II - ainda que o credor possa promover o cumprimento provisório da sentença ou esteja pendente arresto sobre bem do devedor;

III - mesmo que impugnada por recurso dotado de efeito suspensivo.

§ 2º A hipoteca judiciária poderá ser realizada mediante apresentação de cópia da sentença perante o cartório de registro imobiliário, independentemente de ordem judicial, de declaração expressa do juiz ou de demonstração de urgência.

§ 3º No prazo de até 15 (quinze) dias da data de realização da hipoteca, a parte informá-la-á ao juízo da causa, que determinará a intimação da outra parte para que tome ciência do ato.

§ 4º A hipoteca judiciária, uma vez constituída, implicará, para o credor hipotecário, o direito de preferência, quanto ao pagamento, em relação a outros credores, observada a prioridade no registro.

§ 5º Sobrevindo a reforma ou a invalidação da decisão que impôs o pagamento de quantia, a parte responderá, independentemente de culpa, pelos danos que a outra parte tiver sofrido em razão da constituição da garantia, devendo o valor da indenização ser liquidado e executado nos próprios autos.

Seção III - Da Remessa Necessária

Art. 496. Está sujeita ao duplo grau de jurisdição, não produzindo efeito senão depois de confirmada pelo tribunal, a sentença:

I - proferida contra a União, os Estados, o Distrito Federal, os Municípios e suas respectivas autarquias e fundações de direito público;

II - que julgar procedentes, no todo ou em parte, os embargos à execução fiscal.

§ 1º Nos casos previstos neste artigo, não interposta a apelação no prazo legal, o juiz ordenará a remessa dos autos ao tribunal, e, se não o fizer, o presidente do respectivo tribunal avocá-los-á.

§ 2º Em qualquer dos casos referidos no § 1º, o tribunal julgará a remessa necessária.

§ 3º Não se aplica o disposto neste artigo quando a condenação ou o proveito econômico obtido na causa for de valor certo e líquido inferior a:

I - 1.000 (mil) salários-mínimos para a União e as respectivas autarquias e fundações de direito público;

II - 500 (quinhentos) salários-mínimos para os Estados, o Distrito Federal, as respectivas autarquias e fundações de direito público e os Municípios que constituam capitais dos Estados;

III - 100 (cem) salários-mínimos para todos os demais Municípios e respectivas autarquias e fundações de direito público.

§ 4º Também não se aplica o disposto neste artigo quando a sentença estiver fundada em:

I - súmula de tribunal superior;

II - acórdão proferido pelo Supremo Tribunal Federal ou pelo Superior Tribunal de Justiça em julgamento de recursos repetitivos;

III - entendimento firmado em incidente de resolução de demandas repetitivas ou de assunção de competência;

IV - entendimento coincidente com orientação vinculante firmada no âmbito administrativo do próprio ente público, consolidada em manifestação, parecer ou súmula administrativa.

Seção IV - Do Julgamento das Ações Relativas às Prestações de Fazer, de Não Fazer e de Entregar Coisa

Art. 497. Na ação que tenha por objeto a prestação de fazer ou de não fazer, o juiz, se procedente o pedido, concederá a tutela específica ou determinará providências que assegurem a obtenção de tutela pelo resultado prático equivalente.

Parágrafo único. Para a concessão da tutela específica destinada a inibir a prática, a reiteração ou a continuação de um ilícito, ou a sua remoção, é irrelevante a demonstração da ocorrência de dano ou da existência de culpa ou dolo.

Art. 498. Na ação que tenha por objeto a entrega de coisa, o juiz, ao conceder a tutela específica, fixará o prazo para o cumprimento da obrigação.

Parágrafo único. Tratando-se de entrega de coisa determinada pelo gênero e pela quantidade, o autor individualizá-la-á na petição inicial, se lhe couber a escolha, ou, se a escolha couber ao réu, este a entregará individualizada, no prazo fixado pelo juiz.

Art. 499. A obrigação somente será convertida em perdas e danos se o autor o requerer ou se impossível a tutela específica ou a obtenção de tutela pelo resultado prático equivalente.

Art. 500. A indenização por perdas e danos dar-se-á sem prejuízo da multa fixada periodicamente para compelir o réu ao cumprimento específico da obrigação.

Art. 501. Na ação que tenha por objeto a emissão de declaração de vontade, a sentença que julgar procedente o pedido, uma vez transitada em julgado, produzirá todos os efeitos da declaração não emitida.

Seção V - Da Coisa Julgada

Art. 502. Denomina-se coisa julgada material a autoridade que torna imutável e indiscutível a decisão de mérito não mais sujeita a recurso.

Art. 503. A decisão que julgar total ou parcialmente o mérito tem força de lei nos limites da questão principal expressamente decidida.

§ 1º O disposto no caput aplica-se à resolução de questão prejudicial, decidida expressa e incidentemente no processo, se:

I - dessa resolução depender o julgamento do mérito;

II - a seu respeito tiver havido contraditório prévio e efetivo, não se aplicando no caso de revelia;

III - o juízo tiver competência em razão da matéria e da pessoa para resolvê-la como questão principal.

§ 2º A hipótese do § 1º não se aplica se no processo houver restrições probatórias ou limitações à cognição que impeçam o aprofundamento da análise da questão prejudicial.

Art. 504. Não fazem coisa julgada:

I - os motivos, ainda que importantes para determinar o alcance da parte dispositiva da sentença;

II - a verdade dos fatos, estabelecida como fundamento da sentença.

Art. 505. Nenhum juiz decidirá novamente as questões já decididas relativas à mesma lide, salvo:

I - se, tratando-se de relação jurídica de trato continuado, sobreveio modificação no estado de fato ou de direito, caso em que poderá a parte pedir a revisão do que foi estatuído na sentença;

II - nos demais casos prescritos em lei.

Art. 506. A sentença faz coisa julgada às partes entre as quais é dada, não prejudicando terceiros.

Art. 507. É vedado à parte discutir no curso do processo as questões já decididas a cujo respeito se operou a preclusão.

Art. 508. Transitada em julgado a decisão de mérito, considerar-se-ão deduzidas e repelidas todas as alegações e as defesas que a parte poderia opor tanto ao acolhimento quanto à rejeição do pedido.

CAPÍTULO XIV - DA LIQUIDAÇÃO DE SENTENÇA

Art. 509. Quando a sentença condenar ao pagamento de quantia ilíquida, proceder-se-á à sua liquidação, a requerimento do credor ou do devedor:

I - por arbitramento, quando determinado pela sentença, convencionado pelas partes ou exigido pela natureza do objeto da liquidação;

II - pelo procedimento comum, quando houver necessidade de alegar e provar fato novo.

§ 1º Quando na sentença houver uma parte líquida e outra ilíquida, ao credor é lícito promover simultaneamente a execução daquela e, em autos apartados, a liquidação desta.

§ 2º Quando a apuração do valor depender apenas de cálculo aritmético, o credor poderá promover, desde logo, o cumprimento da sentença.

§ 3º O Conselho Nacional de Justiça desenvolverá e colocará à disposição dos interessados programa de atualização financeira.

§ 4º Na liquidação é vedado discutir de novo a lide ou modificar a sentença que a julgou.

Art. 510. Na liquidação por arbitramento, o juiz intimará as partes para a apresentação de pareceres ou documentos elucidativos, no prazo que fixar, e, caso não possa decidir de plano, nomeará perito, observando-se, no que couber, o procedimento da prova pericial.

Art. 511. Na liquidação pelo procedimento comum, o juiz determinará a intimação do requerido, na pessoa de seu advogado ou da sociedade de advogados a que estiver vinculado, para, querendo, apresentar contestação no prazo de 15 (quinze) dias, observando-se, a seguir, no que couber, o disposto no Livro I da Parte Especial deste Código.

Art. 512. A liquidação poderá ser realizada na pendência de recurso, processando-se em autos apartados no juízo de origem, cumprindo ao liquidante instruir o pedido com cópias das peças processuais pertinentes.

TÍTULO II - DO CUMPRIMENTO DA SENTENÇA

CAPÍTULO I - DISPOSIÇÕES GERAIS

Art. 513. O cumprimento da sentença será feito segundo as regras deste Título, observando-se, no que couber e conforme a natureza da obrigação, o disposto no Livro II da Parte Especial deste Código.

§ 1º O cumprimento da sentença que reconhece o dever de pagar quantia, provisório ou definitivo, far-se-á a requerimento do exequente.

§ 2º O devedor será intimado para cumprir a sentença:

I - pelo Diário da Justiça, na pessoa de seu advogado constituído nos autos;

II - por carta com aviso de recebimento, quando representado pela Defensoria Pública ou quando não tiver procurador constituído nos autos, ressalvada a hipótese do inciso IV;

III - por meio eletrônico, quando, no caso do § 1º do art. 246, não tiver procurador constituído nos autos

IV - por edital, quando, citado na forma do art. 256, tiver sido revel na fase de conhecimento.

§ 3º Na hipótese do § 2º, incisos II e III, considera-se realizada a intimação quando o devedor houver mudado de endereço sem prévia comunicação ao juízo, observado o disposto no parágrafo único do art. 274.

§ 4º Se o requerimento a que alude o § 1º for formulado após 1 (um) ano do trânsito em julgado da sentença, a intimação será feita na pessoa do devedor, por meio de carta com aviso de recebimento encaminhada ao endereço constante dos autos, observado o disposto no parágrafo único do art. 274 e no § 3º deste artigo.

§ 5º O cumprimento da sentença não poderá ser promovido em face do fiador, do coobrigado ou do corresponsável que não tiver participado da fase de conhecimento.

Art. 514. Quando o juiz decidir relação jurídica sujeita a condição ou termo, o cumprimento da sentença dependerá de demonstração de que se realizou a condição ou de que ocorreu o termo.

Art. 515. São títulos executivos judiciais, cujo cumprimento dar-se-á de acordo com os artigos previstos neste Título:

I - as decisões proferidas no processo civil que reconheçam a exigibilidade de obrigação de pagar quantia, de fazer, de não fazer ou de entregar coisa;

II - a decisão homologatória de autocomposição judicial;

III - a decisão homologatória de autocomposição extrajudicial de qualquer natureza;

IV - o formal e a certidão de partilha, exclusivamente em relação ao inventariante, aos herdeiros e aos sucessores a título singular ou universal;

V - o crédito de auxiliar da justiça, quando as custas, emolumentos ou honorários tiverem sido aprovados por decisão judicial;

VI - a sentença penal condenatória transitada em julgado;

VII - a sentença arbitral;

VIII - a sentença estrangeira homologada pelo Superior Tribunal de Justiça;

IX - a decisão interlocutória estrangeira, após a concessão do exequatur à carta rogatória pelo Superior Tribunal de Justiça;

X - (VETADO).

§ 1º Nos casos dos incisos VI a IX, o devedor será citado no juízo cível para o cumprimento da sentença ou para a liquidação no prazo de 15 (quinze) dias.

§ 2º A autocomposição judicial pode envolver sujeito estranho ao processo e versar sobre relação jurídica que não tenha sido deduzida em juízo.

Art. 516. O cumprimento da sentença efetuar-se-á perante:

I - os tribunais, nas causas de sua competência originária;

II - o juízo que decidiu a causa no primeiro grau de jurisdição;

III - o juízo cível competente, quando se tratar de sentença penal condenatória, de sentença arbitral, de sentença estrangeira ou de acórdão proferido pelo Tribunal Marítimo.

Parágrafo único. Nas hipóteses dos incisos II e III, o exequente poderá optar pelo juízo do atual domicílio do executado, pelo juízo do local onde se encontrem os bens sujeitos à execução ou pelo juízo do local onde deva ser executada a obrigação de fazer ou de não fazer, casos em que a remessa dos autos do processo será solicitada ao juízo de origem.

Art. 517. A decisão judicial transitada em julgado poderá ser levada a protesto, nos termos da lei, depois de transcorrido o prazo para pagamento voluntário previsto no art. 523.

§ 1º Para efetivar o protesto, incumbe ao exequente apresentar certidão de teor da decisão.

§ 2º A certidão de teor da decisão deverá ser fornecida no prazo de 3 (três) dias e indicará o nome e a qualificação do exequente e do executado, o número do processo, o valor da dívida e a data de decurso do prazo para pagamento voluntário.

§ 3º O executado que tiver proposto ação rescisória para impugnar a decisão exequenda pode requerer, a suas expensas e sob sua responsabilidade, a anotação da propositura da ação à margem do título protestado.

§ 4º A requerimento do executado, o protesto será cancelado por determinação do juiz, mediante ofício a ser expedido ao cartório, no prazo de 3 (três) dias, contado da data de protocolo do requerimento, desde que comprovada a satisfação integral da obrigação.

Art. 518. Todas as questões relativas à validade do procedimento de cumprimento da sentença e dos atos executivos subsequentes poderão ser arguidas pelo executado nos próprios autos e nestes serão decididas pelo juiz.

Art. 519. Aplicam-se as disposições relativas ao cumprimento da sentença, provisório ou definitivo, e à liquidação, no que couber, às decisões que concederem tutela provisória.

CAPÍTULO II - DO CUMPRIMENTO PROVISÓRIO DA SENTENÇA QUE RECONHECE A EXIGIBILIDADE DE OBRIGAÇÃO DE PAGAR QUANTIA CERTA

Art. 520. O cumprimento provisório da sentença impugnada por recurso desprovido de efeito suspensivo será realizado da mesma forma que o cumprimento definitivo, sujeitando-se ao seguinte regime:

I - corre por iniciativa e responsabilidade do exequente, que se obriga, se a sentença for reformada, a reparar os danos que o executado haja sofrido;

II - fica sem efeito, sobrevindo decisão que modifique ou anule a sentença objeto da execução, restituindo-se as partes ao estado anterior e liquidando-se eventuais prejuízos nos mesmos autos;

III - se a sentença objeto de cumprimento provisório for modificada ou anulada apenas em parte, somente nesta ficará sem efeito a execução;

IV - o levantamento de depósito em dinheiro e a prática de atos que importem transferência de posse ou alienação de propriedade ou de outro direito real, ou dos quais possa resultar grave dano ao executado, dependem de caução

suficiente e idônea, arbitrada de plano pelo juiz e prestada nos próprios autos.

§ 1º No cumprimento provisório da sentença, o executado poderá apresentar impugnação, se quiser, nos termos do art. 525.

§ 2º A multa e os honorários a que se refere o § 1º do art. 523 são devidos no cumprimento provisório de sentença condenatória ao pagamento de quantia certa.

§ 3º Se o executado comparecer tempestivamente e depositar o valor, com a finalidade de isentar-se da multa, o ato não será havido como incompatível com o recurso por ele interposto.

§ 4º A restituição ao estado anterior a que se refere o inciso II não implica o desfazimento da transferência de posse ou da alienação de propriedade ou de outro direito real eventualmente já realizada, ressalvado, sempre, o direito à reparação dos prejuízos causados ao executado.

§ 5º Ao cumprimento provisório de sentença que reconheça obrigação de fazer, de não fazer ou de dar coisa aplica-se, no que couber, o disposto neste Capítulo.

Art. 521. A caução prevista no inciso IV do art. 520 poderá ser dispensada nos casos em que:

I - o crédito for de natureza alimentar, independentemente de sua origem;

II - o credor demonstrar situação de necessidade;

III – pender o agravo do art. 1.042;

IV - a sentença a ser provisoriamente cumprida estiver em consonância com súmula da jurisprudência do Supremo Tribunal Federal ou do Superior Tribunal de Justiça ou em conformidade com acórdão proferido no julgamento de casos repetitivos.

Parágrafo único. A exigência de caução será mantida quando da dispensa possa resultar manifesto risco de grave dano de difícil ou incerta reparação.

Art. 522. O cumprimento provisório da sentença será requerido por petição dirigida ao juízo competente.

Parágrafo único. Não sendo eletrônicos os autos, a petição será acompanhada de cópias das seguintes peças do processo, cuja autenticidade poderá ser certificada pelo próprio advogado, sob sua responsabilidade pessoal:

I - decisão exequenda;

II - certidão de interposição do recurso não dotado de efeito suspensivo;

III - procurações outorgadas pelas partes;

IV - decisão de habilitação, se for o caso;

V - facultativamente, outras peças processuais consideradas necessárias para demonstrar a existência do crédito.

CAPÍTULO III - DO CUMPRIMENTO DEFINITIVO DA SENTENÇA QUE RECONHECE A EXIGIBILIDADE DE OBRIGAÇÃO DE PAGAR QUANTIA CERTA

Art. 523. No caso de condenação em quantia certa, ou já fixada em liquidação, e no caso de decisão sobre parcela incontroversa, o cumprimento definitivo da sentença far-se-á a requerimento do exequente, sendo o executado intimado para pagar o débito, no prazo de 15 (quinze) dias, acrescido de custas, se houver.

§ 1º Não ocorrendo pagamento voluntário no prazo do caput, o débito será acrescido de multa de dez por cento e, também, de honorários de advogado de dez por cento.

§ 2º Efetuado o pagamento parcial no prazo previsto no caput, a multa e os honorários previstos no § 1º incidirão sobre o restante.

§ 3º Não efetuado tempestivamente o pagamento voluntário, será expedido, desde logo, mandado de penhora e avaliação, seguindo-se os atos de expropriação.

Art. 524. O requerimento previsto no art. 523 será instruído com demonstrativo discriminado e atualizado do crédito, devendo a petição conter:

I - o nome completo, o número de inscrição no Cadastro de Pessoas Físicas ou no Cadastro Nacional da Pessoa Jurídica do exequente e do executado, observado o disposto no art. 319, §§ 1º a 3º;

II - o índice de correção monetária adotado;

III - os juros aplicados e as respectivas taxas;

IV - o termo inicial e o termo final dos juros e da correção monetária utilizados;

V - a periodicidade da capitalização dos juros, se for o caso;

VI - especificação dos eventuais descontos obrigatórios realizados;

VII - indicação dos bens passíveis de penhora, sempre que possível.

§ 1º Quando o valor apontado no demonstrativo aparentemente exceder os limites da condenação, a execução será iniciada pelo valor pretendido, mas a penhora terá por base a importância que o juiz entender adequada.

§ 2º Para a verificação dos cálculos, o juiz poderá valer-se de contabilista do juízo, que terá o prazo máximo de 30 (trinta) dias para efetuá-la, exceto se outro lhe for determinado.

§ 3º Quando a elaboração do demonstrativo depender de dados em poder de terceiros ou do executado, o juiz poderá requisitá-los, sob cominação do crime de desobediência.

§ 4º Quando a complementação do demonstrativo depender de dados adicionais em poder do executado, o juiz poderá, a requerimento do exequente, requisitá-los, fixando prazo de até 30 (trinta) dias para o cumprimento da diligência.

§ 5º Se os dados adicionais a que se refere o § 4º não forem apresentados pelo executado, sem justificativa, no prazo designado, reputar-se-ão corretos os cálculos apresentados pelo exequente apenas com base nos dados de que dispõe.

Art. 525. Transcorrido o prazo previsto no art. 523 sem o pagamento voluntário, inicia-se o prazo de 15 (quinze) dias para que o executado, independentemente de penhora ou nova intimação, apresente, nos próprios autos, sua impugnação.

§ 1º Na impugnação, o executado poderá alegar:

I - falta ou nulidade da citação se, na fase de conhecimento, o processo correu à revelia;

II - ilegitimidade de parte;

III - inexequibilidade do título ou inexigibilidade da obrigação;

IV - penhora incorreta ou avaliação errônea;

V - excesso de execução ou cumulação indevida de execuções;

VI - incompetência absoluta ou relativa do juízo da execução;

VII - qualquer causa modificativa ou extintiva da obrigação, como pagamento, novação, compensação, transação ou prescrição, desde que supervenientes à sentença.

§ 2º A alegação de impedimento ou suspeição observará o disposto nos arts. 146 e 148.

§ 3º Aplica-se à impugnação o disposto no art. 229.

§ 4º Quando o executado alegar que o exequente, em excesso de execução, pleiteia quantia superior à resultante da sentença, cumprir-lhe-á declarar de imediato o valor que entende correto, apresentando demonstrativo discriminado e atualizado de seu cálculo.

§ 5º Na hipótese do § 4º, não apontado o valor correto ou não apresentado o demonstrativo, a impugnação será liminarmente rejeitada, se o excesso de execução for o seu único fundamento, ou, se houver outro, a impugnação será processada, mas o juiz não examinará a alegação de excesso de execução.

§ 6º A apresentação de impugnação não impede a prática dos atos executivos, inclusive os de expropriação, podendo o juiz, a requerimento do executado e desde que garantido o juízo com penhora, caução ou depósito suficientes, atribuir-lhe efeito suspensivo, se seus fundamentos forem relevantes e se o prosseguimento da execução for manifestamente suscetível de causar ao executado grave dano de difícil ou incerta reparação.

§ 7º A concessão de efeito suspensivo a que se refere o § 6º não impedirá a efetivação dos atos de substituição, de reforço ou de redução da penhora e de avaliação dos bens

§ 8º Quando o efeito suspensivo atribuído à impugnação disser respeito apenas a parte do objeto da execução, esta prosseguirá quanto à parte restante.

§ 9º A concessão de efeito suspensivo à impugnação deduzida por um dos executados não suspenderá a execução contra os que não impugnaram, quando o respectivo fundamento disser respeito exclusivamente ao impugnante.

§ 10. Ainda que atribuído efeito suspensivo à impugnação, é lícito ao exequente requerer o prosseguimento da execução, oferecendo e prestando, nos próprios autos, caução suficiente e idônea a ser arbitrada pelo juiz.

§ 11. As questões relativas a fato superveniente ao término do prazo para apresentação da impugnação, assim como aquelas relativas à validade e à adequação da penhora, da avaliação e dos atos executivos subsequentes, podem ser arguidas por simples petição, tendo o executado, em qualquer dos casos, o prazo de 15 (quinze) dias para formular esta arguição, contado da comprovada ciência do fato ou da intimação do ato.

§ 12. Para efeito do disposto no inciso III do § 1º deste artigo, considera-se também inexigível a obrigação reconhecida em título executivo judicial fundado em lei ou ato normativo considerado inconstitucional pelo Supremo Tribunal Federal, ou fundado em aplicação ou interpretação da lei ou do ato normativo tido pelo Supremo Tribunal Federal como incompatível com a Constituição Federal, em controle de constitucionalidade concentrado ou difuso.

§ 13. No caso do § 12, os efeitos da decisão do Supremo Tribunal Federal poderão ser modulados no tempo, em atenção à segurança jurídica.

§ 14. A decisão do Supremo Tribunal Federal referida no § 12 deve ser anterior ao trânsito em julgado da decisão exequenda.

§ 15. Se a decisão referida no § 12 for proferida após o trânsito em julgado da decisão exequenda, caberá ação rescisória, cujo prazo será contado do trânsito em julgado da decisão proferida pelo Supremo Tribunal Federal.

Art. 526. É lícito ao réu, antes de ser intimado para o cumprimento da sentença, comparecer em juízo e oferecer em pagamento o valor que entender devido, apresentando memória discriminada do cálculo.

§ 1º O autor será ouvido no prazo de 5 (cinco) dias, podendo impugnar o valor depositado, sem prejuízo do levantamento do depósito a título de parcela incontroversa.

§ 2º Concluindo o juiz pela insuficiência do depósito, sobre a diferença incidirão multa de dez por cento e honorários advocatícios, também fixados em dez por cento, seguindo-se a execução com penhora e atos subsequentes.

§ 3º Se o autor não se opuser, o juiz declarará satisfeita a obrigação e extinguirá o processo.

Art. 527. Aplicam-se as disposições deste Capítulo ao cumprimento provisório da sentença, no que couber.

CAPÍTULO IV - DO CUMPRIMENTO DE SENTENÇA QUE RECONHEÇA A EXIGIBILIDADE DE OBRIGAÇÃO DE PRESTAR ALIMENTOS

Art. 528. No cumprimento de sentença que condene ao pagamento de prestação alimentícia ou de decisão interlocutória que fixe alimentos, o juiz, a requerimento do exequente, mandará intimar o executado pessoalmente para, em 3 (três) dias, pagar o débito, provar que o fez ou justificar a impossibilidade de efetuá-lo.

§ 1º Caso o executado, no prazo referido no caput, não efetue o pagamento, não prove que o efetuou ou não apresente justificativa da impossibilidade de efetuá-lo, o juiz mandará protestar o pronunciamento judicial, aplicando-se, no que couber, o disposto no art. 517.

§ 2º Somente a comprovação de fato que gere a impossibilidade absoluta de pagar justificará o inadimplemento.

§ 3º Se o executado não pagar ou se a justificativa apresentada não for aceita, o juiz, além de mandar protestar o pronunciamento judicial na forma do § 1º, decretar-lhe-á a prisão pelo prazo de 1 (um) a 3 (três) meses.

§ 4º A prisão será cumprida em regime fechado, devendo o preso ficar separado dos presos comuns.

§ 5º O cumprimento da pena não exime o executado do pagamento das prestações vencidas e vincendas.

§ 6º Paga a prestação alimentícia, o juiz suspenderá o cumprimento da ordem de prisão.

§ 7º O débito alimentar que autoriza a prisão civil do alimentante é o que compreende até as 3 (três) prestações anteriores ao ajuizamento da execução e as que se vencerem no curso do processo.

§ 8º O exequente pode optar por promover o cumprimento da sentença ou decisão desde logo, nos termos do disposto neste Livro, Título II, Capítulo III, caso em que não será admissível a prisão do executado, e, recaindo a penhora em dinheiro, a concessão de efeito suspensivo à impugnação não obsta a que o exequente levante mensalmente a importância da prestação.

§ 9º Além das opções previstas no art. 516, parágrafo único, o exequente pode promover o cumprimento da sentença ou decisão que condena ao pagamento de prestação alimentícia no juízo de seu domicílio.

Art. 529. Quando o executado for funcionário público, militar, diretor ou gerente de empresa ou empregado sujeito à legislação do trabalho, o exequente poderá requerer o desconto em folha de pagamento da importância da prestação alimentícia.

§ 1º Ao proferir a decisão, o juiz oficiará à autoridade, à empresa ou ao empregador, determinando, sob pena de crime de desobediência, o desconto a partir da primeira remuneração posterior do executado, a contar do protocolo do ofício.

§ 2º O ofício conterá o nome e o número de inscrição no Cadastro de Pessoas Físicas do exequente e do executado, a importância a ser descontada mensalmente, o tempo de sua duração e a conta na qual deve ser feito o depósito.

§ 3º Sem prejuízo do pagamento dos alimentos vincendos, o débito objeto de execução pode ser descontado dos rendimentos ou rendas do executado, de forma parcelada, nos termos do caput deste artigo, contanto que, somado à parcela devida, não ultrapasse cinquenta por cento de seus ganhos líquidos.

Art. 530. Não cumprida a obrigação, observar-se-á o disposto nos arts. 831 e seguintes.

Art. 531. O disposto neste Capítulo aplica-se aos alimentos definitivos ou provisórios.

§ 1º A execução dos alimentos provisórios, bem como a dos alimentos fixados em sentença ainda não transitada em julgado, se processa em autos apartados.

§ 2º O cumprimento definitivo da obrigação de prestar alimentos será processado nos mesmos autos em que tenha sido proferida a sentença.

Art. 532. Verificada a conduta procrastinatória do executado, o juiz deverá, se for o caso, dar ciência ao Ministério Público dos indícios da prática do crime de abandono material.

Art. 533. Quando a indenização por ato ilícito incluir prestação de alimentos, caberá ao executado, a requerimento do exequente, constituir capital cuja renda assegure o pagamento do valor mensal da pensão.

§ 1º O capital a que se refere o caput, representado por imóveis ou por direitos reais sobre imóveis suscetíveis de alienação, títulos da dívida pública ou aplicações financeiras em banco oficial, será inalienável e impenhorável enquanto durar a obrigação do executado, além de constituir-se em patrimônio de afetação.

§ 2º O juiz poderá substituir a constituição do capital pela inclusão do exequente em folha de pagamento de pessoa jurídica de notória capacidade econômica ou, a requerimento

do executado, por fiança bancária ou garantia real, em valor a ser arbitrado de imediato pelo juiz.

§ 3º Se sobrevier modificação nas condições econômicas, poderá a parte requerer, conforme as circunstâncias, redução ou aumento da prestação.

§ 4º A prestação alimentícia poderá ser fixada tomando por base o salário-mínimo.

§ 5º Finda a obrigação de prestar alimentos, o juiz mandará liberar o capital, cessar o desconto em folha ou cancelar as garantias prestadas.

CAPÍTULO V - DO CUMPRIMENTO DE SENTENÇA QUE RECONHEÇA A EXIGIBILIDADE DE OBRIGAÇÃO DE PAGAR QUANTIA CERTA PELA FAZENDA PÚBLICA

Art. 534. No cumprimento de sentença que impuser à Fazenda Pública o dever de pagar quantia certa, o exequente apresentará demonstrativo discriminado e atualizado do crédito contendo:

I - o nome completo e o número de inscrição no Cadastro de Pessoas Físicas ou no Cadastro Nacional da Pessoa Jurídica do exequente;

II - o índice de correção monetária adotado;

III - os juros aplicados e as respectivas taxas;

IV - o termo inicial e o termo final dos juros e da correção monetária utilizados;

V - a periodicidade da capitalização dos juros, se for o caso;

VI - a especificação dos eventuais descontos obrigatórios realizados.

§ 1º Havendo pluralidade de exequentes, cada um deverá apresentar o seu próprio demonstrativo, aplicando-se à hipótese, se for o caso, o disposto nos §§ 1º e 2º do art. 113.

§ 2º A multa prevista no § 1º do art. 523 não se aplica à Fazenda Pública.

Art. 535. A Fazenda Pública será intimada na pessoa de seu representante judicial, por carga, remessa ou meio eletrônico, para, querendo, no prazo de 30 (trinta) dias e nos próprios autos, impugnar a execução, podendo arguir:

I - falta ou nulidade da citação se, na fase de conhecimento, o processo correu à revelia;

II - ilegitimidade de parte;

III - inexequibilidade do título ou inexigibilidade da obrigação;

IV - excesso de execução ou cumulação indevida de execuções;

V - incompetência absoluta ou relativa do juízo da execução;

VI - qualquer causa modificativa ou extintiva da obrigação, como pagamento, novação, compensação, transação ou prescrição, desde que supervenientes ao trânsito em julgado da sentença.

§ 1º A alegação de impedimento ou suspeição observará o disposto nos arts. 146 e 148.

§ 2º Quando se alegar que o exequente, em excesso de execução, pleiteia quantia superior à resultante do título, cumprirá à executada declarar de imediato o valor que entende correto, sob pena de não conhecimento da arguição.

§ 3º Não impugnada a execução ou rejeitadas as arguições da executada:

I - expedir-se-á, por intermédio do presidente do tribunal competente, precatório em favor do exequente, observando-se o disposto na Constituição Federal;

II - por ordem do juiz, dirigida à autoridade na pessoa de quem o ente público foi citado para o processo, o pagamento de obrigação de pequeno valor será realizado no prazo de 2 (dois) meses contado da entrega da requisição, mediante depósito na agência de banco oficial mais próxima da residência do exequente.

§ 4º Tratando-se de impugnação parcial, a parte não questionada pela executada será, desde logo, objeto de cumprimento.

§ 5º Para efeito do disposto no inciso III do caput deste artigo, considera-se também inexigível a obrigação reconhecida em título executivo judicial fundado em lei ou ato normativo considerado inconstitucional pelo Supremo Tribunal Federal, ou fundado em aplicação ou interpretação da lei ou do ato normativo tido pelo Supremo Tribunal Federal como incompatível com a Constituição Federal, em controle de constitucionalidade concentrado ou difuso.

§ 6º No caso do § 5º, os efeitos da decisão do Supremo Tribunal Federal poderão ser modulados no tempo, de modo a favorecer a segurança jurídica.

§ 7º A decisão do Supremo Tribunal Federal referida no § 5º deve ter sido proferida antes do trânsito em julgado da decisão exequenda.

§ 8º Se a decisão referida no § 5º for proferida após o trânsito em julgado da decisão exequenda, caberá ação rescisória, cujo prazo será contado do trânsito em julgado da decisão proferida pelo Supremo Tribunal Federal.

CAPÍTULO VI - DO CUMPRIMENTO DE SENTENÇA QUE RECONHEÇA A EXIGIBILIDADE DE OBRIGAÇÃO DE FAZER, DE NÃO FAZER OU DE ENTREGAR COISA

Seção I - Do Cumprimento de Sentença que Reconheça a Exigibilidade de Obrigação de Fazer ou de Não Fazer

Art. 536. No cumprimento de sentença que reconheça a exigibilidade de obrigação de fazer ou de não fazer, o juiz poderá, de ofício ou a requerimento, para a efetivação da tutela específica ou a obtenção de tutela pelo resultado prático equivalente, determinar as medidas necessárias à satisfação do exequente.

§ 1º Para atender ao disposto no caput, o juiz poderá determinar, entre outras medidas, a imposição de multa, a busca e apreensão, a remoção de pessoas e coisas, o desfazimento de obras e o impedimento de atividade nociva, podendo, caso necessário, requisitar o auxílio de força policial.

§ 2º O mandado de busca e apreensão de pessoas e coisas será cumprido por 2 (dois) oficiais de justiça, observando-se o disposto no art. 846, §§ 1º a 4º, se houver necessidade de arrombamento.

§ 3º O executado incidirá nas penas de litigância de má-fé quando injustificadamente descumprir a ordem judicial, sem prejuízo de sua responsabilização por crime de desobediência.

§ 4º No cumprimento de sentença que reconheça a exigibilidade de obrigação de fazer ou de não fazer, aplica-se o art. 525, no que couber.

§ 5º O disposto neste artigo aplica-se, no que couber, ao cumprimento de sentença que reconheça deveres de fazer e de não fazer de natureza não obrigacional.

Art. 537. A multa independe de requerimento da parte e poderá ser aplicada na fase de conhecimento, em tutela provisória ou na sentença, ou na fase de execução, desde que seja suficiente e compatível com a obrigação e que se determine prazo razoável para cumprimento do preceito.

§ 1º O juiz poderá, de ofício ou a requerimento, modificar o valor ou a periodicidade da multa vincenda ou excluí-la, caso verifique que:

I - se tornou insuficiente ou excessiva;

II - o obrigado demonstrou cumprimento parcial superveniente da obrigação ou justa causa para o descumprimento.

§ 2º O valor da multa será devido ao exequente.

§ 3º A decisão que fixa a multa é passível de cumprimento provisório, devendo ser depositada em juízo, permitido o levantamento do valor após o trânsito em julgado da sentença favorável à parte.

§ 4º A multa será devida desde o dia em que se configurar o descumprimento da decisão e incidirá enquanto não for cumprida a decisão que a tiver cominado.

§ 5º O disposto neste artigo aplica-se, no que couber, ao cumprimento de sentença que reconheça deveres de fazer e de não fazer de natureza não obrigacional.

Seção II - Do Cumprimento de Sentença que Reconheça a Exigibilidade de Obrigação de Entregar Coisa

Art. 538. Não cumprida a obrigação de entregar coisa no prazo estabelecido na sentença, será expedido mandado de busca e apreensão ou de imissão na posse em favor do credor, conforme se trate de coisa móvel ou imóvel.

§ 1º A existência de benfeitorias deve ser alegada na fase de conhecimento, em contestação, de forma discriminada e com atribuição, sempre que possível e justificadamente, do respectivo valor.

§ 2º O direito de retenção por benfeitorias deve ser exercido na contestação, na fase de conhecimento.

§ 3º Aplicam-se ao procedimento previsto neste artigo, no que couber, as disposições sobre o cumprimento de obrigação de fazer ou de não fazer.

TÍTULO III - DOS PROCEDIMENTOS ESPECIAIS
CAPÍTULO I - DA AÇÃO DE CONSIGNAÇÃO EM PAGAMENTO

Art. 539. Nos casos previstos em lei, poderá o devedor ou terceiro requerer, com efeito de pagamento, a consignação da quantia ou da coisa devida.

§ 1º Tratando-se de obrigação em dinheiro, poderá o valor ser depositado em estabelecimento bancário, oficial onde houver, situado no lugar do pagamento, cientificando-se o credor por carta com aviso de recebimento, assinado o prazo de 10 (dez) dias para a manifestação de recusa.

§ 2º Decorrido o prazo do § 1º, contado do retorno do aviso de recebimento, sem a manifestação de recusa, considerar-se-á o devedor liberado da obrigação, ficando à disposição do credor a quantia depositada.

§ 3º Ocorrendo a recusa, manifestada por escrito ao estabelecimento bancário, poderá ser proposta, dentro de 1 (um) mês, a ação de consignação, instruindo-se a inicial com a prova do depósito e da recusa.

§ 4º Não proposta a ação no prazo do § 3º, ficará sem efeito o depósito, podendo levantá-lo o depositante.

Art. 540. Requerer-se-á a consignação no lugar do pagamento, cessando para o devedor, à data do depósito, os juros e os riscos, salvo se a demanda for julgada improcedente.

Art. 541. Tratando-se de prestações sucessivas, consignada uma delas, pode o devedor continuar a depositar, no mesmo processo e sem mais formalidades, as que se forem vencendo, desde que o faça em até 5 (cinco) dias contados da data do respectivo vencimento.

Art. 542. Na petição inicial, o autor requererá:

I - o depósito da quantia ou da coisa devida, a ser efetivado no prazo de 5 (cinco) dias contados do deferimento, ressalvada a hipótese do art. 539, § 3º;

II - a citação do réu para levantar o depósito ou oferecer contestação.

Parágrafo único. Não realizado o depósito no prazo do inciso I, o processo será extinto sem resolução do mérito.

Art. 543. Se o objeto da prestação for coisa indeterminada e a escolha couber ao credor, será este citado para exercer o direito dentro de 5 (cinco) dias, se outro prazo não constar de lei ou do contrato, ou para aceitar que o devedor a faça, devendo o juiz, ao despachar a petição inicial, fixar lugar, dia e hora em que se fará a entrega, sob pena de depósito.

Art. 544. Na contestação, o réu poderá alegar que:

I - não houve recusa ou mora em receber a quantia ou a coisa devida;

II - foi justa a recusa;

III - o depósito não se efetuou no prazo ou no lugar do pagamento;

IV - o depósito não é integral.

Parágrafo único. No caso do inciso IV, a alegação somente será admissível se o réu indicar o montante que entende devido.

Art. 545. Alegada a insuficiência do depósito, é lícito ao autor completá-lo, em 10 (dez) dias, salvo se corresponder a prestação cujo inadimplemento acarrete a rescisão do contrato.

§ 1º No caso do caput, poderá o réu levantar, desde logo, a quantia ou a coisa depositada, com a consequente liberação parcial do autor, prosseguindo o processo quanto à parcela controvertida.

§ 2º A sentença que concluir pela insuficiência do depósito determinará, sempre que possível, o montante devido e valerá como título executivo, facultado ao credor promover-lhe o cumprimento nos mesmos autos, após liquidação, se necessária.

Art. 546. Julgado procedente o pedido, o juiz declarará extinta a obrigação e condenará o réu ao pagamento de custas e honorários advocatícios.

Parágrafo único. Proceder-se-á do mesmo modo se o credor receber e der quitação.

Art. 547. Se ocorrer dúvida sobre quem deva legitimamente receber o pagamento, o autor requererá o depósito e a citação dos possíveis titulares do crédito para provarem o seu direito.

Art. 548. No caso do art. 547:

I - não comparecendo pretendente algum, converter-se-á o depósito em arrecadação de coisas vagas;

II - comparecendo apenas um, o juiz decidirá de plano;

III - comparecendo mais de um, o juiz declarará efetuado o depósito e extinta a obrigação, continuando o processo a correr unicamente entre os presuntivos credores, observado o procedimento comum.

Art. 549. Aplica-se o procedimento estabelecido neste Capítulo, no que couber, ao resgate do aforamento.

CAPÍTULO II - DA AÇÃO DE EXIGIR CONTAS

Art. 550. Aquele que afirmar ser titular do direito de exigir contas requererá a citação do réu para que as preste ou ofereça contestação no prazo de 15 (quinze) dias.

§ 1º Na petição inicial, o autor especificará, detalhadamente, as razões pelas quais exige as contas, instruindo-a com documentos comprobatórios dessa necessidade, se existirem.

§ 2º Prestadas as contas, o autor terá 15 (quinze) dias para se manifestar, prosseguindo-se o processo na forma do Capítulo X do Título I deste Livro.

§ 3º A impugnação das contas apresentadas pelo réu deverá ser fundamentada e específica, com referência expressa ao lançamento questionado.

§ 4º Se o réu não contestar o pedido, observar-se-á o disposto no art. 355.

§ 5º A decisão que julgar procedente o pedido condenará o réu a prestar as contas no prazo de 15 (quinze) dias, sob pena de não lhe ser lícito impugnar as que o autor apresentar.

§ 6º Se o réu apresentar as contas no prazo previsto no § 5º, seguir-se-á o procedimento do § 2º, caso contrário, o autor apresentá-las-á no prazo de 15 (quinze) dias, podendo o juiz determinar a realização de exame pericial, se necessário.

Art. 551. As contas do réu serão apresentadas na forma adequada, especificando-se as receitas, a aplicação das despesas e os investimentos, se houver.

§ 1º Havendo impugnação específica e fundamentada pelo autor, o juiz estabelecerá prazo razoável para que o réu apresente os documentos justificativos dos lançamentos individualmente impugnados.

§ 2º As contas do autor, para os fins do art. 550, § 5º, serão apresentadas na forma adequada, já instruídas com os documentos justificativos, especificando-se as receitas, a aplicação das despesas e os investimentos, se houver, bem como o respectivo saldo.

Art. 552. A sentença apurará o saldo e constituirá título executivo judicial.

Art. 553. As contas do inventariante, do tutor, do curador, do depositário e de qualquer outro administrador serão prestadas em apenso aos autos do processo em que tiver sido nomeado.

Parágrafo único. Se qualquer dos referidos no caput for condenado a pagar o saldo e não o fizer no prazo legal, o juiz poderá destituí-lo, sequestrar os bens sob sua guarda, glosar o prêmio ou a gratificação a que teria direito e determinar as medidas executivas necessárias à recomposição do prejuízo.

CAPÍTULO III - DAS AÇÕES POSSESSÓRIAS

Seção I - Disposições Gerais

Art. 554. A propositura de uma ação possessória em vez de outra não obstará a que o juiz conheça do pedido e outorgue a proteção legal correspondente àquela cujos pressupostos estejam provados.

§ 1º No caso de ação possessória em que figure no polo passivo grande número de pessoas, serão feitas a citação pessoal dos ocupantes que forem encontrados no local e a citação por edital dos demais, determinando-se, ainda, a intimação do Ministério Público e, se envolver pessoas em situação de hipossuficiência econômica, da Defensoria Pública.

§ 2º Para fim da citação pessoal prevista no § 1º, o oficial de justiça procurará os ocupantes no local por uma vez, citando-se por edital os que não forem encontrados.

§ 3º O juiz deverá determinar que se dê ampla publicidade da existência da ação prevista no § 1º e dos respectivos prazos processuais, podendo, para tanto, valer-se de anúncios em jornal ou rádio locais, da publicação de cartazes na região do conflito e de outros meios.

Art. 555. É lícito ao autor cumular ao pedido possessório o de:

I - condenação em perdas e danos;

II - indenização dos frutos.

Parágrafo único. Pode o autor requerer, ainda, imposição de medida necessária e adequada para:

I - evitar nova turbação ou esbulho;

II - cumprir-se a tutela provisória ou final.

Art. 556. É lícito ao réu, na contestação, alegando que foi o ofendido em sua posse, demandar a proteção possessória e a indenização pelos prejuízos resultantes da turbação ou do esbulho cometido pelo autor.

Art. 557. Na pendência de ação possessória é vedado, tanto ao autor quanto ao réu, propor ação de reconhecimento do domínio, exceto se a pretensão for deduzida em face de terceira pessoa.

Parágrafo único. Não obsta à manutenção ou à reintegração de posse a alegação de propriedade ou de outro direito sobre a coisa.

Art. 558. Regem o procedimento de manutenção e de reintegração de posse as normas da Seção II deste Capítulo quando a ação for proposta dentro de ano e dia da turbação ou do esbulho afirmado na petição inicial.

Parágrafo único. Passado o prazo referido no caput, será comum o procedimento, não perdendo, contudo, o caráter possessório.

Art. 559. Se o réu provar, em qualquer tempo, que o autor provisoriamente mantido ou reintegrado na posse carece de idoneidade financeira para, no caso de sucumbência, responder por perdas e danos, o juiz designar-lhe-á o prazo de 5 (cinco) dias para requerer caução, real ou fidejussória, sob pena de ser depositada a coisa litigiosa, ressalvada a impossibilidade da parte economicamente hipossuficiente.

Seção II - Da Manutenção e da Reintegração de Posse

Art. 560. O possuidor tem direito a ser mantido na posse em caso de turbação e reintegrado em caso de esbulho.

Art. 561. Incumbe ao autor provar:

I - a sua posse;

II - a turbação ou o esbulho praticado pelo réu;

III - a data da turbação ou do esbulho;

IV - a continuação da posse, embora turbada, na ação de manutenção, ou a perda da posse, na ação de reintegração.

Art. 562. Estando a petição inicial devidamente instruída, o juiz deferirá, sem ouvir o réu, a expedição do mandado liminar de manutenção ou de reintegração, caso contrário, determinará que o autor justifique previamente o alegado, citando-se o réu para comparecer à audiência que for designada.

Parágrafo único. Contra as pessoas jurídicas de direito público não será deferida a manutenção ou a reintegração liminar sem prévia audiência dos respectivos representantes judiciais.

Art. 563. Considerada suficiente a justificação, o juiz fará logo expedir mandado de manutenção ou de reintegração.

Art. 564. Concedido ou não o mandado liminar de manutenção ou de reintegração, o autor promoverá, nos 5 (cinco) dias subsequentes, a citação do réu para, querendo, contestar a ação no prazo de 15 (quinze) dias.

Parágrafo único. Quando for ordenada a justificação prévia, o prazo para contestar será contado da intimação da decisão que deferir ou não a medida liminar.

Art. 565. No litígio coletivo pela posse de imóvel, quando o esbulho ou a turbação afirmado na petição inicial houver ocorrido há mais de ano e dia, o juiz, antes de apreciar o pedido de concessão da medida liminar, deverá designar audiência de mediação, a realizar-se em até 30 (trinta) dias, que observará o disposto nos §§ 2º e 4º.

§ 1º Concedida a liminar, se essa não for executada no prazo de 1 (um) ano, a contar da data de distribuição, caberá ao juiz designar audiência de mediação, nos termos dos §§ 2º a 4º deste artigo.

§ 2º O Ministério Público será intimado para comparecer à audiência, e a Defensoria Pública será intimada sempre que houver parte beneficiária de gratuidade da justiça.

§ 3º O juiz poderá comparecer à área objeto do litígio quando sua presença se fizer necessária à efetivação da tutela jurisdicional.

§ 4º Os órgãos responsáveis pela política agrária e pela política urbana da União, de Estado ou do Distrito Federal e de Município onde se situe a área objeto do litígio poderão ser intimados para a audiência, a fim de se manifestarem sobre seu interesse no processo e sobre a existência de possibilidade de solução para o conflito possessório.

§ 5º Aplica-se o disposto neste artigo ao litígio sobre propriedade de imóvel.

Art. 566. Aplica-se, quanto ao mais, o procedimento comum.

Seção III - Do Interdito Proibitório

Art. 567. O possuidor direto ou indireto que tenha justo receio de ser molestado na posse poderá requerer ao juiz que o segure da turbação ou esbulho iminente, mediante mandado proibitório em que se comine ao réu determinada pena pecuniária caso transgrida o preceito.

Art. 568. Aplica-se ao interdito proibitório o disposto na Seção II deste Capítulo.

CAPÍTULO IV - DA AÇÃO DE DIVISÃO E DA DEMARCAÇÃO DE TERRAS PARTICULARES

Seção I - Disposições Gerais

Art. 569. Cabe:

I - ao proprietário a ação de demarcação, para obrigar o seu confinante a estremar os respectivos prédios, fixando-se novos limites entre eles ou aviventando-se os já apagados;

II - ao condômino a ação de divisão, para obrigar os demais consortes a estremar os quinhões.

Art. 570. É lícita a cumulação dessas ações, caso em que deverá processar-se primeiramente a demarcação total ou parcial da coisa comum, citando-se os confinantes e os condôminos.

Art. 571. A demarcação e a divisão poderão ser realizadas por escritura pública, desde que maiores, capazes e concordes todos os interessados, observando-se, no que couber, os dispositivos deste Capítulo.

Art. 572. Fixados os marcos da linha de demarcação, os confinantes considerar-se-ão terceiros quanto ao processo divisório, ficando-lhes, porém, ressalvado o direito de vindicar os terrenos de que se julguem despojados por invasão das linhas limítrofes constitutivas do perímetro ou de reclamar indenização correspondente ao seu valor.

§ 1º No caso do caput, serão citados para a ação todos os condôminos, se a sentença homologatória da divisão ainda não houver transitado em julgado, e todos os quinhoeiros dos terrenos vindicados, se a ação for proposta posteriormente.

§ 2º Neste último caso, a sentença que julga procedente a ação, condenando a restituir os terrenos ou a pagar a indenização, valerá como título executivo em favor dos quinhoeiros para haverem dos outros condôminos que forem parte na divisão ou de seus sucessores a título universal, na proporção que lhes tocar, a composição pecuniária do desfalque sofrido.

Art. 573. Tratando-se de imóvel georreferenciado, com averbação no registro de imóveis, pode o juiz dispensar a realização de prova pericial.

Seção II - Da Demarcação

Art. 574. Na petição inicial, instruída com os títulos da propriedade, designar-se-á o imóvel pela situação e pela denominação, descrever-se-ão os limites por constituir, aviventar ou renovar e nomear-se-ão todos os confinantes da linha demarcanda.

Art. 575. Qualquer condômino é parte legítima para promover a demarcação do imóvel comum, requerendo a intimação dos demais para, querendo, intervir no processo.

Art. 576. A citação dos réus será feita por correio, observado o disposto no art. 247.

Parágrafo único. Será publicado edital, nos termos do inciso III do art. 259.

Art. 577. Feitas as citações, terão os réus o prazo comum de 15 (quinze) dias para contestar.

Art. 578. Após o prazo de resposta do réu, observar-se-á o procedimento comum.

Art. 579. Antes de proferir a sentença, o juiz nomeará um ou mais peritos para levantar o traçado da linha demarcanda.

Art. 580. Concluídos os estudos, os peritos apresentarão minucioso laudo sobre o traçado da linha demarcanda, considerando os títulos, os marcos, os rumos, a fama da vizinhança, as informações de antigos moradores do lugar e outros elementos que coligirem.

Art. 581. A sentença que julgar procedente o pedido determinará o traçado da linha demarcanda.

Parágrafo único. A sentença proferida na ação demarcatória determinará a restituição da área invadida, se houver, declarando o domínio ou a posse do prejudicado, ou ambos.

Art. 582. Transitada em julgado a sentença, o perito efetuará a demarcação e colocará os marcos necessários.

Parágrafo único. Todas as operações serão consignadas em planta e memorial descritivo com as referências convenientes para a identificação, em qualquer tempo, dos pontos assinalados, observada a legislação especial que dispõe sobre a identificação do imóvel rural.

Art. 583. As plantas serão acompanhadas das cadernetas de operações de campo e do memorial descritivo, que conterá:

I - o ponto de partida, os rumos seguidos e a aviventação dos antigos com os respectivos cálculos;

II - os acidentes encontrados, as cercas, os valos, os marcos antigos, os córregos, os rios, as lagoas e outros;

III - a indicação minuciosa dos novos marcos cravados, dos antigos aproveitados, das culturas existentes e da sua produção anual;

IV - a composição geológica dos terrenos, bem como a qualidade e a extensão dos campos, das matas e das capoeiras;

V - as vias de comunicação;

VI - as distâncias a pontos de referência, tais como rodovias federais e estaduais, ferrovias, portos, aglomerações urbanas e polos comerciais;

VII - a indicação de tudo o mais que for útil para o levantamento da linha ou para a identificação da linha já levantada.

Art. 584. É obrigatória a colocação de marcos tanto na estação inicial, dita marco primordial, quanto nos vértices dos ângulos, salvo se algum desses últimos pontos for assinalado por acidentes naturais de difícil remoção ou destruição.

Art. 585. A linha será percorrida pelos peritos, que examinarão os marcos e os rumos, consignando em relatório escrito a exatidão do memorial e da planta apresentados pelo agrimensor ou as divergências porventura encontradas.

Art. 586. Juntado aos autos o relatório dos peritos, o juiz determinará que as partes se manifestem sobre ele no prazo comum de 15 (quinze) dias.

Parágrafo único. Executadas as correções e as retificações que o juiz determinar, lavrar-se-á, em seguida, o auto de demarcação em que os limites demarcandos serão minuciosamente descritos de acordo com o memorial e a planta.

Art. 587. Assinado o auto pelo juiz e pelos peritos, será proferida a sentença homologatória da demarcação.

Seção III - Da Divisão

Art. 588. A petição inicial será instruída com os títulos de domínio do promovente e conterá:

I - a indicação da origem da comunhão e a denominação, a situação, os limites e as características do imóvel;

II - o nome, o estado civil, a profissão e a residência de todos os condôminos, especificando-se os estabelecidos no imóvel com benfeitorias e culturas;

III - as benfeitorias comuns.

Art. 589. Feitas as citações como preceitua o art. 576, prosseguir-se-á na forma dos arts. 577 e 578.

Art. 590. O juiz nomeará um ou mais peritos para promover a medição do imóvel e as operações de divisão, observada a legislação especial que dispõe sobre a identificação do imóvel rural.

Parágrafo único. O perito deverá indicar as vias de comunicação existentes, as construções e as benfeitorias, com a indicação dos seus valores e dos respectivos proprietários e ocupantes, as águas principais que banham o imóvel e quaisquer outras informações que possam concorrer para facilitar a partilha.

Art. 591. Todos os condôminos serão intimados a apresentar, dentro de 10 (dez) dias, os seus títulos, se ainda não o tiverem feito, e a formular os seus pedidos sobre a constituição dos quinhões.

Art. 592. O juiz ouvirá as partes no prazo comum de 15 (quinze) dias.

§ 1º Não havendo impugnação, o juiz determinará a divisão geodésica do imóvel.

§ 2º Havendo impugnação, o juiz proferirá, no prazo de 10 (dez) dias, decisão sobre os pedidos e os títulos que devam ser atendidos na formação dos quinhões.

Art. 593. Se qualquer linha do perímetro atingir benfeitorias permanentes dos confinantes feitas há mais de 1 (um) ano, serão elas respeitadas, bem como os terrenos onde estiverem, os quais não se computarão na área dividenda.

Art. 594. Os confinantes do imóvel dividendo podem demandar a restituição dos terrenos que lhes tenham sido usurpados.

§ 1º Serão citados para a ação todos os condôminos, se a sentença homologatória da divisão ainda não houver transitado em julgado, e todos os quinhoeiros dos terrenos vindicados, se a ação for proposta posteriormente.

§ 2º Nesse último caso terão os quinhoeiros o direito, pela mesma sentença que os obrigar à restituição, a haver dos outros condôminos do processo divisório ou de seus sucessores a título universal a composição pecuniária proporcional ao desfalque sofrido.

Art. 595. Os peritos proporão, em laudo fundamentado, a forma da divisão, devendo consultar, quanto possível, a comodidade das partes, respeitar, para adjudicação a cada condômino, a preferência dos terrenos contíguos às suas residências e benfeitorias e evitar o retalhamento dos quinhões em glebas separadas.

Art. 596. Ouvidas as partes, no prazo comum de 15 (quinze) dias, sobre o cálculo e o plano da divisão, o juiz deliberará a partilha.

Parágrafo único. Em cumprimento dessa decisão, o perito procederá à demarcação dos quinhões, observando, além do disposto nos arts. 584 e 585, as seguintes regras:

I - as benfeitorias comuns que não comportarem divisão cômoda serão adjudicadas a um dos condôminos mediante compensação;

II - instituir-se-ão as servidões que forem indispensáveis em favor de uns quinhões sobre os outros, incluindo o respectivo valor no orçamento para que, não se tratando de servidões naturais, seja compensado o condômino aquinhoado com o prédio serviente;

III - as benfeitorias particulares dos condôminos que excederem à área a que têm direito serão adjudicadas ao quinhoeiro vizinho mediante reposição;

IV - se outra coisa não acordarem as partes, as compensações e as reposições serão feitas em dinheiro.

Art. 597. Terminados os trabalhos e desenhados na planta os quinhões e as servidões aparentes, o perito organizará o memorial descritivo.

§ 1º Cumprido o disposto no art. 586, o escrivão, em seguida, lavrará o auto de divisão, acompanhado de uma folha de pagamento para cada condômino.

§ 2º Assinado o auto pelo juiz e pelo perito, será proferida sentença homologatória da divisão.

§ 3º O auto conterá:

I - a confinação e a extensão superficial do imóvel;

II - a classificação das terras com o cálculo das áreas de cada consorte e com a respectiva avaliação ou, quando a homogeneidade das terras não determinar diversidade de valores, a avaliação do imóvel na sua integridade;

III - o valor e a quantidade geométrica que couber a cada condômino, declarando-se as reduções e as compensações resultantes da diversidade de valores das glebas componentes de cada quinhão.

§ 4º Cada folha de pagamento conterá:

I - a descrição das linhas divisórias do quinhão, mencionadas as confinantes;

II - a relação das benfeitorias e das culturas do próprio quinhoeiro e das que lhe foram adjudicadas por serem comuns ou mediante compensação;

III - a declaração das servidões instituídas, especificados os lugares, a extensão e o modo de exercício.

Art. 598. Aplica-se às divisões o disposto nos arts. 575 a 578.

CAPÍTULO V - DA AÇÃO DE DISSOLUÇÃO PARCIAL DE SOCIEDADE

Art. 599. A ação de dissolução parcial de sociedade pode ter por objeto:

I - a resolução da sociedade empresária contratual ou simples em relação ao sócio falecido, excluído ou que exerceu o direito de retirada ou recesso; e

II - a apuração dos haveres do sócio falecido, excluído ou que exerceu o direito de retirada ou recesso; ou

III - somente a resolução ou a apuração de haveres.

§ 1º A petição inicial será necessariamente instruída com o contrato social consolidado.

§ 2º A ação de dissolução parcial de sociedade pode ter também por objeto a sociedade anônima de capital fechado quando demonstrado, por acionista ou acionistas que representem cinco por cento ou mais do capital social, que não pode preencher o seu fim.

Art. 600. A ação pode ser proposta:

I - pelo espólio do sócio falecido, quando a totalidade dos sucessores não ingressar na sociedade;

II - pelos sucessores, após concluída a partilha do sócio falecido;

III - pela sociedade, se os sócios sobreviventes não admitirem o ingresso do espólio ou dos sucessores do falecido na sociedade, quando esse direito decorrer do contrato social;

IV - pelo sócio que exerceu o direito de retirada ou recesso, se não tiver sido providenciada, pelos demais sócios, a alteração contratual consensual formalizando o desligamento, depois de transcorridos 10 (dez) dias do exercício do direito;

V - pela sociedade, nos casos em que a lei não autoriza a exclusão extrajudicial; ou

VI - pelo sócio excluído.

Parágrafo único. O cônjuge ou companheiro do sócio cujo casamento, união estável ou convivência terminou poderá requerer a apuração de seus haveres na sociedade, que serão pagos à conta da quota social titulada por este sócio.

Art. 601. Os sócios e a sociedade serão citados para, no prazo de 15 (quinze) dias, concordar com o pedido ou apresentar contestação.

Parágrafo único. A sociedade não será citada se todos os seus sócios o forem, mas ficará sujeita aos efeitos da decisão e à coisa julgada.

Art. 602. A sociedade poderá formular pedido de indenização compensável com o valor dos haveres a apurar.

Art. 603. Havendo manifestação expressa e unânime pela concordância da dissolução, o juiz a decretará, passando-se imediatamente à fase de liquidação.

§ 1º Na hipótese prevista no caput, não haverá condenação em honorários advocatícios de nenhuma das partes, e as custas serão rateadas segundo a participação das partes no capital social.

§ 2º Havendo contestação, observar-se-á o procedimento comum, mas a liquidação da sentença seguirá o disposto neste Capítulo.

Art. 604. Para apuração dos haveres, o juiz:

I - fixará a data da resolução da sociedade;

II - definirá o critério de apuração dos haveres à vista do disposto no contrato social; e

III - nomeará o perito.

§ 1º O juiz determinará à sociedade ou aos sócios que nela permanecerem que depositem em juízo a parte incontroversa dos haveres devidos.

§ 2º O depósito poderá ser, desde logo, levantando pelo ex-sócio, pelo espólio ou pelos sucessores.

§ 3º Se o contrato social estabelecer o pagamento dos haveres, será observado o que nele se dispôs no depósito judicial da parte incontroversa.

Art. 605. A data da resolução da sociedade será:

I - no caso de falecimento do sócio, a do óbito;

II - na retirada imotivada, o sexagésimo dia seguinte ao do recebimento, pela sociedade, da notificação do sócio retirante;

III - no recesso, o dia do recebimento, pela sociedade, da notificação do sócio dissidente;

IV - na retirada por justa causa de sociedade por prazo determinado e na exclusão judicial de sócio, a do trânsito em julgado da decisão que dissolver a sociedade; e

V - na exclusão extrajudicial, a data da assembleia ou da reunião de sócios que a tiver deliberado.

Art. 606. Em caso de omissão do contrato social, o juiz definirá, como critério de apuração de haveres, o valor patrimonial apurado em balanço de determinação, tomando-se por referência a data da resolução e avaliando-se bens e direitos do ativo, tangíveis e intangíveis, a preço de saída, além do passivo também a ser apurado de igual forma.

Parágrafo único. Em todos os casos em que seja necessária a realização de perícia, a nomeação do perito recairá preferencialmente sobre especialista em avaliação de sociedades.

Art. 607. A data da resolução e o critério de apuração de haveres podem ser revistos pelo juiz, a pedido da parte, a qualquer tempo antes do início da perícia.

Art. 608. Até a data da resolução, integram o valor devido ao ex-sócio, ao espólio ou aos sucessores a participação nos lucros ou os juros sobre o capital próprio declarados pela sociedade e, se for o caso, a remuneração como administrador.

Parágrafo único. Após a data da resolução, o ex-sócio, o espólio ou os sucessores terão direito apenas à correção monetária dos valores apurados e aos juros contratuais ou legais.

Art. 609. Uma vez apurados, os haveres do sócio retirante serão pagos conforme disciplinar o contrato social e, no silêncio deste, nos termos do § 2º do art. 1.031 da Lei nº 10.406, de 10 de janeiro de 2002 (Código Civil).

CAPÍTULO VI - DO INVENTÁRIO E DA PARTILHA

Seção I - Disposições Gerais

Art. 610. Havendo testamento ou interessado incapaz, proceder-se-á ao inventário judicial.

§ 1º Se todos forem capazes e concordes, o inventário e a partilha poderão ser feitos por escritura pública, a qual constituirá documento hábil para qualquer ato de registro, bem como para levantamento de importância depositada em instituições financeiras.

§ 2º O tabelião somente lavrará a escritura pública se todas as partes interessadas estiverem assistidas por advogado ou por defensor público, cuja qualificação e assinatura constarão do ato notarial.

Art. 611. O processo de inventário e de partilha deve ser instaurado dentro de 2 (dois) meses, a contar da abertura da sucessão, ultimando-se nos 12 (doze) meses subsequentes, podendo o juiz prorrogar esses prazos, de ofício ou a requerimento de parte.

Art. 612. O juiz decidirá todas as questões de direito desde que os fatos relevantes estejam provados por documento, só remetendo para as vias ordinárias as questões que dependerem de outras provas.

Art. 613. Até que o inventariante preste o compromisso, continuará o espólio na posse do administrador provisório.

Art. 614. O administrador provisório representa ativa e passivamente o espólio, é obrigado a trazer ao acervo os frutos que desde a abertura da sucessão percebeu, tem direito ao reembolso das despesas necessárias e úteis que fez e responde pelo dano a que, por dolo ou culpa, der causa.

Seção II - Da Legitimidade para Requerer o Inventário

Art. 615. O requerimento de inventário e de partilha incumbe a quem estiver na posse e na administração do espólio, no prazo estabelecido no art. 611.

Parágrafo único. O requerimento será instruído com a certidão de óbito do autor da herança.

Art. 616. Têm, contudo, legitimidade concorrente:

I - o cônjuge ou companheiro supérstite;

II - o herdeiro;

III - o legatário;

IV - o testamenteiro;

V - o cessionário do herdeiro ou do legatário;

VI - o credor do herdeiro, do legatário ou do autor da herança;

VII - o Ministério Público, havendo herdeiros incapazes;

VIII - a Fazenda Pública, quando tiver interesse;

IX - o administrador judicial da falência do herdeiro, do legatário, do autor da herança ou do cônjuge ou companheiro supérstite.

Seção III - Do Inventariante e das Primeiras Declarações

Art. 617. O juiz nomeará inventariante na seguinte ordem:

I - o cônjuge ou companheiro sobrevivente, desde que estivesse convivendo com o outro ao tempo da morte deste;

II - o herdeiro que se achar na posse e na administração do espólio, se não houver cônjuge ou companheiro sobrevivente ou se estes não puderem ser nomeados;

III - qualquer herdeiro, quando nenhum deles estiver na posse e na administração do espólio;

IV - o herdeiro menor, por seu representante legal;

V - o testamenteiro, se lhe tiver sido confiada a administração do espólio ou se toda a herança estiver distribuída em legados;

VI - o cessionário do herdeiro ou do legatário;

VII - o inventariante judicial, se houver;

VIII - pessoa estranha idônea, quando não houver inventariante judicial.

Parágrafo único. O inventariante, intimado da nomeação, prestará, dentro de 5 (cinco) dias, o compromisso de bem e fielmente desempenhar a função.

Art. 618. Incumbe ao inventariante:

I - representar o espólio ativa e passivamente, em juízo ou fora dele, observando-se, quanto ao dativo, o disposto no art. 75, § 1º;

II - administrar o espólio, velando-lhe os bens com a mesma diligência que teria se seus fossem;

III - prestar as primeiras e as últimas declarações pessoalmente ou por procurador com poderes especiais;

IV - exibir em cartório, a qualquer tempo, para exame das partes, os documentos relativos ao espólio;

V - juntar aos autos certidão do testamento, se houver;

VI - trazer à colação os bens recebidos pelo herdeiro ausente, renunciante ou excluído;

VII - prestar contas de sua gestão ao deixar o cargo ou sempre que o juiz lhe determinar;

VIII - requerer a declaração de insolvência.

Art. 619. Incumbe ainda ao inventariante, ouvidos os interessados e com autorização do juiz:

I - alienar bens de qualquer espécie;

II - transigir em juízo ou fora dele;

III - pagar dívidas do espólio;

IV - fazer as despesas necessárias para a conservação e o melhoramento dos bens do espólio.

Art. 620. Dentro de 20 (vinte) dias contados da data em que prestou o compromisso, o inventariante fará as primeiras declarações, das quais se lavrará termo circunstanciado, assinado pelo juiz, pelo escrivão e pelo inventariante, no qual serão exarados:

I - o nome, o estado, a idade e o domicílio do autor da herança, o dia e o lugar em que faleceu e se deixou testamento;

II - o nome, o estado, a idade, o endereço eletrônico e a residência dos herdeiros e, havendo cônjuge ou companheiro supérstite, além dos respectivos dados pessoais, o regime de bens do casamento ou da união estável;

III - a qualidade dos herdeiros e o grau de parentesco com o inventariado;

IV - a relação completa e individualizada de todos os bens do espólio, inclusive aqueles que devem ser conferidos à colação, e dos bens alheios que nele forem encontrados, descrevendo-se:

 a) os imóveis, com as suas especificações, nomeadamente local em que se encontram, extensão da área, limites, confrontações, benfeitorias, origem dos títulos, números das matrículas e ônus que os gravam;

 b) os móveis, com os sinais característicos;

 c) os semoventes, seu número, suas espécies, suas marcas e seus sinais distintivos;

 d) o dinheiro, as joias, os objetos de ouro e prata e as pedras preciosas, declarando-se-lhes especificadamente a qualidade, o peso e a importância;

 e) os títulos da dívida pública, bem como as ações, as quotas e os títulos de sociedade, mencionando-se-lhes o número, o valor e a data;

 f) as dívidas ativas e passivas, indicando-se-lhes as datas, os títulos, a origem da obrigação e os nomes dos credores e dos devedores;

 g) direitos e ações;

 h) o valor corrente de cada um dos bens do espólio.

§ 1º O juiz determinará que se proceda:

 I - ao balanço do estabelecimento, se o autor da herança era empresário individual;

 II - à apuração de haveres, se o autor da herança era sócio de sociedade que não anônima.

§ 2º As declarações podem ser prestadas mediante petição, firmada por procurador com poderes especiais, à qual o termo se reportará.

Art. 621. Só se pode arguir sonegação ao inventariante depois de encerrada a descrição dos bens, com a declaração, por ele feita, de não existirem outros por inventariar.

Art. 622. O inventariante será removido de ofício ou a requerimento:

 I - se não prestar, no prazo legal, as primeiras ou as últimas declarações;

 II - se não der ao inventário andamento regular, se suscitar dúvidas infundadas ou se praticar atos meramente protelatórios;

 III - se, por culpa sua, bens do espólio se deteriorarem, forem dilapidados ou sofrerem dano;

 IV - se não defender o espólio nas ações em que for citado, se deixar de cobrar dívidas ativas ou se não promover as medidas necessárias para evitar o perecimento de direitos;

 V - se não prestar contas ou se as que prestar não forem julgadas boas;

 VI - se sonegar, ocultar ou desviar bens do espólio.

Art. 623. Requerida a remoção com fundamento em qualquer dos incisos do art. 622, será intimado o inventariante para, no prazo de 15 (quinze) dias, defender-se e produzir provas.

Parágrafo único. O incidente da remoção correrá em apenso aos autos do inventário.

Art. 624. Decorrido o prazo, com a defesa do inventariante ou sem ela, o juiz decidirá.

Parágrafo único. Se remover o inventariante, o juiz nomeará outro, observada a ordem estabelecida no art. 617.

Art. 625. O inventariante removido entregará imediatamente ao substituto os bens do espólio e, caso deixe de fazê-lo, será compelido mediante mandado de busca e apreensão ou de imissão na posse, conforme se tratar de bem móvel ou imóvel, sem prejuízo da multa a ser fixada pelo juiz em montante não superior a três por cento do valor dos bens inventariados.

Seção IV - Das Citações e das Impugnações

Art. 626. Feitas as primeiras declarações, o juiz mandará citar, para os termos do inventário e da partilha, o cônjuge, o companheiro, os herdeiros e os legatários e intimar a Fazenda Pública, o Ministério Público, se houver herdeiro incapaz ou ausente, e o testamenteiro, se houver testamento.

§ 1º O cônjuge ou o companheiro, os herdeiros e os legatários serão citados pelo correio, observado o disposto no art. 247, sendo, ainda, publicado edital, nos termos do inciso III do art. 259.

§ 2º Das primeiras declarações extrair-se-ão tantas cópias quantas forem as partes.

§ 3º A citação será acompanhada de cópia das primeiras declarações.

§ 4º Incumbe ao escrivão remeter cópias à Fazenda Pública, ao Ministério Público, ao testamenteiro, se houver, e ao advogado, se a parte já estiver representada nos autos.

Art. 627. Concluídas as citações, abrir-se-á vista às partes, em cartório e pelo prazo comum de 15 (quinze) dias, para que se manifestem sobre as primeiras declarações, incumbindo às partes:

 I - arguir erros, omissões e sonegação de bens;

 II - reclamar contra a nomeação de inventariante

 III - contestar a qualidade de quem foi incluído no título de herdeiro.

§ 1º Julgando procedente a impugnação referida no inciso I, o juiz mandará retificar as primeiras declarações.

§ 2º Se acolher o pedido de que trata o inciso II, o juiz nomeará outro inventariante, observada a preferência legal.

§ 3º Verificando que a disputa sobre a qualidade de herdeiro a que alude o inciso III demanda produção de provas que não a documental, o juiz remeterá a parte às vias ordinárias e sobrestará, até o julgamento da ação, a entrega do quinhão que na partilha couber ao herdeiro admitido.

Art. 628. Aquele que se julgar preterido poderá demandar sua admissão no inventário, requerendo-a antes da partilha.

§ 1º Ouvidas as partes no prazo de 15 (quinze) dias, o juiz decidirá.

§ 2º Se para solução da questão for necessária a produção de provas que não a documental, o juiz remeterá o requerente às vias ordinárias, mandando reservar, em poder do inventariante, o quinhão do herdeiro excluído até que se decida o litígio.

Art. 629. A Fazenda Pública, no prazo de 15 (quinze) dias, após a vista de que trata o art. 627, informará ao juízo, de acordo com os dados que constam de seu cadastro imobiliário, o valor dos bens de raiz descritos nas primeiras declarações.

Seção V - Da Avaliação e do Cálculo do Imposto

Art. 630. Findo o prazo previsto no art. 627 sem impugnação ou decidida a impugnação que houver sido oposta, o juiz nomeará, se for o caso, perito para avaliar os bens do espólio, se não houver na comarca avaliador judicial.

Parágrafo único. Na hipótese prevista no art. 620, § 1º, o juiz nomeará perito para avaliação das quotas sociais ou apuração dos haveres.

Art. 631. Ao avaliar os bens do espólio, o perito observará, no que for aplicável, o disposto nos arts. 872 e 873.

Art. 632. Não se expedirá carta precatória para a avaliação de bens situados fora da comarca onde corre o inventário se eles forem de pequeno valor ou perfeitamente conhecidos do perito nomeado.

Art. 633. Sendo capazes todas as partes, não se procederá à avaliação se a Fazenda Pública, intimada pessoalmente, concordar de forma expressa com o valor atribuído, nas primeiras declarações, aos bens do espólio.

Art. 634. Se os herdeiros concordarem com o valor dos bens declarados pela Fazenda Pública, a avaliação cingir-se-á aos demais.

Art. 635. Entregue o laudo de avaliação, o juiz mandará que as partes se manifestem no prazo de 15 (quinze) dias, que correrá em cartório.

§ 1º Versando a impugnação sobre o valor dado pelo perito, o juiz a decidirá de plano, à vista do que constar dos autos.

§ 2º Julgando procedente a impugnação, o juiz determinará que o perito retifique a avaliação, observando os fundamentos da decisão.

Art. 636. Aceito o laudo ou resolvidas as impugnações suscitadas a seu respeito, lavrar-se-á em seguida o termo de últimas declarações, no qual o inventariante poderá emendar, aditar ou completar as primeiras.

Art. 637. Ouvidas as partes sobre as últimas declarações no prazo comum de 15 (quinze) dias, proceder-se-á ao cálculo do tributo.

Art. 638. Feito o cálculo, sobre ele serão ouvidas todas as partes no prazo comum de 5 (cinco) dias, que correrá em cartório, e, em seguida, a Fazenda Pública.

§ 1º Se acolher eventual impugnação, o juiz ordenará nova remessa dos autos ao contabilista, determinando as alterações que devam ser feitas no cálculo.

§ 2º Cumprido o despacho, o juiz julgará o cálculo do tributo.

Seção VI - Das Colações

Art. 639. No prazo estabelecido no art. 627, o herdeiro obrigado à colação conferirá por termo nos autos ou por petição à qual o termo se reportará os bens que recebeu ou, se já não os possuir, trar-lhes-á o valor.

Parágrafo único. Os bens a serem conferidos na partilha, assim como as acessões e as benfeitorias que o donatário fez, calcular-se-ão pelo valor que tiverem ao tempo da abertura da sucessão.

Art. 640. O herdeiro que renunciou à herança ou o que dela foi excluído não se exime, pelo fato da renúncia ou da exclusão, de conferir, para o efeito de repor a parte inoficiosa, as liberalidades que obteve do doador.

§ 1º É lícito ao donatário escolher, dentre os bens doados, tantos quantos bastem para perfazer a legítima e a metade disponível, entrando na partilha o excedente para ser dividido entre os demais herdeiros.

§ 2º Se a parte inoficiosa da doação recair sobre bem imóvel que não comporte divisão cômoda, o juiz determinará que sobre ela se proceda a licitação entre os herdeiros.

§ 3º O donatário poderá concorrer na licitação referida no § 2º e, em igualdade de condições, terá preferência sobre os herdeiros.

Art. 641. Se o herdeiro negar o recebimento dos bens ou a obrigação de os conferir, o juiz, ouvidas as partes no prazo comum de 15 (quinze) dias, decidirá à vista das alegações e das provas produzidas.

§ 1º Declarada improcedente a oposição, se o herdeiro, no prazo improrrogável de 15 (quinze) dias, não proceder à conferência, o juiz mandará sequestrar-lhe, para serem inventariados e partilhados, os bens sujeitos à colação ou imputar ao seu quinhão hereditário o valor deles, se já não os possuir.

§ 2º Se a matéria exigir dilação probatória diversa da documental, o juiz remeterá as partes às vias ordinárias, não podendo o herdeiro receber o seu quinhão hereditário, enquanto pender a demanda, sem prestar caução correspondente ao valor dos bens sobre os quais versar a conferência.

Seção VII - Do Pagamento das Dívidas

Art. 642. Antes da partilha, poderão os credores do espólio requerer ao juízo do inventário o pagamento das dívidas vencidas e exigíveis.

§ 1º A petição, acompanhada de prova literal da dívida, será distribuída por dependência e autuada em apenso aos autos do processo de inventário.

§ 2º Concordando as partes com o pedido, o juiz, ao declarar habilitado o credor, mandará que se faça a separação de dinheiro ou, em sua falta, de bens suficientes para o pagamento.

§ 3º Separados os bens, tantos quantos forem necessários para o pagamento dos credores habilitados, o juiz mandará aliená-los, observando-se as disposições deste Código relativas à expropriação.

§ 4º Se o credor requerer que, em vez de dinheiro, lhe sejam adjudicados, para o seu pagamento, os bens já reservados, o juiz deferir-lhe-á o pedido, concordando todas as partes.

§ 5º Os donatários serão chamados a pronunciar-se sobre a aprovação das dívidas, sempre que haja possibilidade de resultar delas a redução das liberalidades.

Art. 643. Não havendo concordância de todas as partes sobre o pedido de pagamento feito pelo credor, será o pedido remetido às vias ordinárias.

Parágrafo único. O juiz mandará, porém, reservar, em poder do inventariante, bens suficientes para pagar o credor quando a dívida constar de documento que comprove suficientemente a obrigação e a impugnação não se fundar em quitação.

Art. 644. O credor de dívida líquida e certa, ainda não vencida, pode requerer habilitação no inventário.

Parágrafo único. Concordando as partes com o pedido referido no caput, o juiz, ao julgar habilitado o crédito, mandará que se faça separação de bens para o futuro pagamento.

Art. 645. O legatário é parte legítima para manifestar-se sobre as dívidas do espólio:

I - quando toda a herança for dividida em legados;

II - quando o reconhecimento das dívidas importar redução dos legados.

Art. 646. Sem prejuízo do disposto no art. 860, é lícito aos herdeiros, ao separarem bens para o pagamento de dívidas, autorizar que o inventariante os indique à penhora no processo em que o espólio for executado.

Seção VIII - Da Partilha

Art. 647. Cumprido o disposto no art. 642, § 3º, o juiz facultará às partes que, no prazo comum de 15 (quinze) dias, formulem o pedido de quinhão e, em seguida, proferirá a decisão de deliberação da partilha, resolvendo os pedidos das partes e designando os bens que devam constituir quinhão de cada herdeiro e legatário.

Parágrafo único. O juiz poderá, em decisão fundamentada, deferir antecipadamente a qualquer dos herdeiros o exercício dos direitos de usar e de fruir de determinado bem, com a condição de que, ao término do inventário, tal bem integre a cota desse herdeiro, cabendo a este, desde o deferimento, todos os ônus e bônus decorrentes do exercício daqueles direitos.

Art. 648. Na partilha, serão observadas as seguintes regras:

I - a máxima igualdade possível quanto ao valor, à natureza e à qualidade dos bens;

II - a prevenção de litígios futuros;

III - a máxima comodidade dos coerdeiros, do cônjuge ou do companheiro, se for o caso.

Art. 649. Os bens insuscetíveis de divisão cômoda que não couberem na parte do cônjuge ou companheiro supérstite ou no quinhão de um só herdeiro serão licitados entre os interessados ou vendidos judicialmente, partilhando-se o valor apurado, salvo se houver acordo para que sejam adjudicados a todos.

Art. 650. Se um dos interessados for nascituro, o quinhão que lhe caberá será reservado em poder do inventariante até o seu nascimento.

Art. 651. O partidor organizará o esboço da partilha de acordo com a decisão judicial, observando nos pagamentos a seguinte ordem:

I - dívidas atendidas;
II - meação do cônjuge;
III - meação disponível;
IV - quinhões hereditários, a começar pelo coerdeiro mais velho.

Art. 652. Feito o esboço, as partes manifestar-se-ão sobre esse no prazo comum de 15 (quinze) dias, e, resolvidas as reclamações, a partilha será lançada nos autos.

Art. 653. A partilha constará:
I - de auto de orçamento, que mencionará:
a) os nomes do autor da herança, do inventariante, do cônjuge ou companheiro supérstite, dos herdeiros, dos legatários e dos credores admitidos;
b) o ativo, o passivo e o líquido partível, com as necessárias especificações;
c) o valor de cada quinhão;
II - de folha de pagamento para cada parte, declarando a quota a pagar-lhe, a razão do pagamento e a relação dos bens que lhe compõem o quinhão, as características que os individualizam e os ônus que os gravam.
Parágrafo único. O auto e cada uma das folhas serão assinados pelo juiz e pelo escrivão.

Art. 654. Pago o imposto de transmissão a título de morte e juntada aos autos certidão ou informação negativa de dívida para com a Fazenda Pública, o juiz julgará por sentença a partilha.
Parágrafo único. A existência de dívida para com a Fazenda Pública não impedirá o julgamento da partilha, desde que o seu pagamento esteja devidamente garantido.

Art. 655. Transitada em julgado a sentença mencionada no art. 654, receberá o herdeiro os bens que lhe tocarem e um formal de partilha, do qual constarão as seguintes peças:
I - termo de inventariante e título de herdeiros;
II - avaliação dos bens que constituíram o quinhão do herdeiro;
III - pagamento do quinhão hereditário;
IV - quitação dos impostos;
V - sentença.
Parágrafo único. O formal de partilha poderá ser substituído por certidão de pagamento do quinhão hereditário quando esse não exceder a 5 (cinco) vezes o salário-mínimo, caso em que se transcreverá nela a sentença de partilha transitada em julgado.

Art. 656. A partilha, mesmo depois de transitada em julgado a sentença, pode ser emendada nos mesmos autos do inventário, convindo todas as partes, quando tenha havido erro de fato na descrição dos bens, podendo o juiz, de ofício ou a requerimento da parte, a qualquer tempo, corrigir-lhe as inexatidões materiais.

Art. 657. A partilha amigável, lavrada em instrumento público, reduzida a termo nos autos do inventário ou constante de escrito particular homologado pelo juiz, pode ser anulada por dolo, coação, erro essencial ou intervenção de incapaz, observado o disposto no § 4º do art. 966.
Parágrafo único. O direito à anulação de partilha amigável extingue-se em 1 (um) ano, contado esse prazo:
I - no caso de coação, do dia em que ela cessou;
II - no caso de erro ou dolo, do dia em que se realizou o ato;
III - quanto ao incapaz, do dia em que cessar a incapacidade.

Art. 658. É rescindível a partilha julgada por sentença:
I - nos casos mencionados no art. 657;
II - se feita com preterição de formalidades legais;
III - se preteriu herdeiro ou incluiu quem não o seja.

Seção IX - Do Arrolamento

Art. 659. A partilha amigável, celebrada entre partes capazes, nos termos da lei, será homologada de plano pelo juiz, com observância dos arts. 660 a 663.

§ 1º O disposto neste artigo aplica-se, também, ao pedido de adjudicação, quando houver herdeiro único.
§ 2º Transitada em julgado a sentença de homologação de partilha ou de adjudicação, será lavrado o formal de partilha ou elaborada a carta de adjudicação e, em seguida, serão expedidos os alvarás referentes aos bens e às rendas por ele abrangidos, intimando-se o fisco para lançamento administrativo do imposto de transmissão e de outros tributos porventura incidentes, conforme dispuser a legislação tributária, nos termos do § 2º do art. 662.

Art. 660. Na petição de inventário, que se processará na forma de arrolamento sumário, independentemente da lavratura de termos de qualquer espécie, os herdeiros:
I - requererão ao juiz a nomeação do inventariante que designarem;
II - declararão os títulos dos herdeiros e os bens do espólio, observado o disposto no art. 630;
III - atribuirão valor aos bens do espólio, para fins de partilha.

Art. 661. Ressalvada a hipótese prevista no parágrafo único do art. 663, não se procederá à avaliação dos bens do espólio para nenhuma finalidade.

Art. 662. No arrolamento, não serão conhecidas ou apreciadas questões relativas ao lançamento, ao pagamento ou à quitação de taxas judiciárias e de tributos incidentes sobre a transmissão da propriedade dos bens do espólio.
§ 1º A taxa judiciária, se devida, será calculada com base no valor atribuído pelos herdeiros, cabendo ao fisco, se apurar em processo administrativo valor diverso do estimado, exigir a eventual diferença pelos meios adequados ao lançamento de créditos tributários em geral.
§ 2º O imposto de transmissão será objeto de lançamento administrativo, conforme dispuser a legislação tributária, não ficando as autoridades fazendárias adstritas aos valores dos bens do espólio atribuídos pelos herdeiros.

Art. 663. A existência de credores do espólio não impedirá a homologação da partilha ou da adjudicação, se forem reservados bens suficientes para o pagamento da dívida.
Parágrafo único. A reserva de bens será realizada pelo valor estimado pelas partes, salvo se o credor, regularmente notificado, impugnar a estimativa, caso em que se promoverá a avaliação dos bens a serem reservados.

Art. 664. Quando o valor dos bens do espólio for igual ou inferior a 1.000 (mil) salários-mínimos, o inventário processar-se-á na forma de arrolamento, cabendo ao inventariante nomeado, independentemente de assinatura de termo de compromisso, apresentar, com suas declarações, a atribuição de valor aos bens do espólio e o plano da partilha.
§ 1º Se qualquer das partes ou o Ministério Público impugnar a estimativa, o juiz nomeará avaliador, que oferecerá laudo em 10 (dez) dias.
§ 2º Apresentado o laudo, o juiz, em audiência que designar, deliberará sobre a partilha, decidindo de plano todas as reclamações e mandando pagar as dívidas não impugnadas.
§ 3º Lavrar-se-á de tudo um só termo, assinado pelo juiz, pelo inventariante e pelas partes presentes ou por seus advogados.
§ 4º Aplicam-se a essa espécie de arrolamento, no que couber, as disposições do art. 672, relativamente ao lançamento, ao pagamento e à quitação da taxa judiciária e do imposto sobre a transmissão da propriedade dos bens do espólio.
§ 5º Provada a quitação dos tributos relativos aos bens do espólio e às suas rendas, o juiz julgará a partilha.

Art. 665. O inventário processar-se-á também na forma do art. 664, ainda que haja interessado incapaz, desde que concordem todas as partes e o Ministério Público.

Art. 666. Independerá de inventário ou de arrolamento o pagamento dos valores previstos na Lei no 6.858, de 24 de novembro de 1980.

Art. 667. Aplicam-se subsidiariamente a esta Seção as disposições das Seções VII e VIII deste Capítulo.

Seção X - Disposições Comuns a Todas as Seções

Art. 668. Cessa a eficácia da tutela provisória prevista nas Seções deste Capítulo:

I - se a ação não for proposta em 30 (trinta) dias contados da data em que da decisão foi intimado o impugnante, o herdeiro excluído ou o credor não admitido;

II - se o juiz extinguir o processo de inventário com ou sem resolução de mérito.

Art. 669. São sujeitos à sobrepartilha os bens:

I - sonegados;

II - da herança descobertos após a partilha;

III - litigiosos, assim como os de liquidação difícil ou morosa;

IV - situados em lugar remoto da sede do juízo onde se processa o inventário.

Parágrafo único. Os bens mencionados nos incisos III e IV serão reservados à sobrepartilha sob a guarda e a administração do mesmo ou de diverso inventariante, a consentimento da maioria dos herdeiros.

Art. 670. Na sobrepartilha dos bens, observar-se-á o processo de inventário e de partilha.

Parágrafo único. A sobrepartilha correrá nos autos do inventário do autor da herança.

Art. 671. O juiz nomeará curador especial:

I - ao ausente, se não o tiver;

II - ao incapaz, se concorrer na partilha com o seu representante, desde que exista colisão de interesses.

Art. 672. É lícita a cumulação de inventários para a partilha de heranças de pessoas diversas quando houver:

I - identidade de pessoas entre as quais devam ser repartidos os bens;

II - heranças deixadas pelos dois cônjuges ou companheiros;

III - dependência de uma das partilhas em relação à outra.

Parágrafo único. No caso previsto no inciso III, se a dependência for parcial, por haver outros bens, o juiz pode ordenar a tramitação separada, se melhor convier ao interesse das partes ou à celeridade processual.

Art. 673. No caso previsto no art. 672, inciso II, prevalecerão as primeiras declarações, assim como o laudo de avaliação, salvo se alterado o valor dos bens.

CAPÍTULO VII - DOS EMBARGOS DE TERCEIRO

Art. 674. Quem, não sendo parte no processo, sofrer constrição ou ameaça de constrição sobre bens que possua ou sobre os quais tenha direito incompatível com o ato constritivo, poderá requerer seu desfazimento ou sua inibição por meio de embargos de terceiro.

§ 1º Os embargos podem ser de terceiro proprietário, inclusive fiduciário, ou possuidor.

§ 2º Considera-se terceiro, para ajuizamento dos embargos:

I - o cônjuge ou companheiro, quando defende a posse de bens próprios ou de sua meação, ressalvado o disposto no art. 843;

II - o adquirente de bens cuja constrição decorreu de decisão que declara a ineficácia da alienação realizada em fraude à execução;

III - quem sofre constrição judicial de seus bens por força de desconsideração da personalidade jurídica, de cujo incidente não fez parte;

IV - o credor com garantia real para obstar expropriação judicial do objeto de direito real de garantia, caso não tenha sido intimado, nos termos legais dos atos expropriatórios respectivos.

Art. 675. Os embargos podem ser opostos a qualquer tempo no processo de conhecimento enquanto não transitada em julgado a sentença e, no cumprimento de sentença ou no processo de execução, até 5 (cinco) dias depois da adjudicação, da alienação por iniciativa particular ou da arrematação, mas sempre antes da assinatura da respectiva carta.

Parágrafo único. Caso identifique a existência de terceiro titular de interesse em embargar o ato, o juiz mandará intimá-lo pessoalmente.

Art. 676. Os embargos serão distribuídos por dependência ao juízo que ordenou a constrição e autuados em apartado.

Parágrafo único. Nos casos de ato de constrição realizado por carta, os embargos serão oferecidos no juízo deprecado, salvo se indicado pelo juízo deprecante o bem constrito ou se já devolvida a carta.

Art. 677. Na petição inicial, o embargante fará a prova sumária de sua posse ou de seu domínio e da qualidade de terceiro, oferecendo documentos e rol de testemunhas.

§ 1º É facultada a prova da posse em audiência preliminar designada pelo juiz.

§ 2º O possuidor direto pode alegar, além da sua posse, o domínio alheio.

§ 3º A citação será pessoal, se o embargado não tiver procurador constituído nos autos da ação principal.

§ 4º Será legitimado passivo o sujeito a quem o ato de constrição aproveita, assim como o será seu adversário no processo principal quando for sua a indicação do bem para a constrição judicial.

Art. 678. A decisão que reconhecer suficientemente provado o domínio ou a posse determinará a suspensão das medidas constritivas sobre os bens litigiosos objeto dos embargos, bem como a manutenção ou a reintegração provisória da posse, se o embargante a houver requerido.

Parágrafo único. O juiz poderá condicionar a ordem de manutenção ou de reintegração provisória de posse à prestação de caução pelo requerente, ressalvada a impossibilidade da parte economicamente hipossuficiente.

Art. 679. Os embargos poderão ser contestados no prazo de 15 (quinze) dias, findo o qual se seguirá o procedimento comum.

Art. 680. Contra os embargos do credor com garantia real, o embargado somente poderá alegar que:

I - o devedor comum é insolvente;

II - o título é nulo ou não obriga a terceiro;

III - outra é a coisa dada em garantia.

Art. 681. Acolhido o pedido inicial, o ato de constrição judicial indevida será cancelado, com o reconhecimento do domínio, da manutenção da posse ou da reintegração definitiva do bem ou do direito ao embargante.

CAPÍTULO VIII - DA OPOSIÇÃO

Art. 682. Quem pretender, no todo ou em parte, a coisa ou o direito sobre que controvertem autor e réu poderá, até ser proferida a sentença, oferecer oposição contra ambos.

Art. 683. O oponente deduzirá o pedido em observação aos requisitos exigidos para propositura da ação.

Parágrafo único. Distribuída a oposição por dependência, serão os opostos citados, na pessoa de seus respectivos advogados, para contestar o pedido no prazo comum de 15 (quinze) dias.

Art. 684. Se um dos opostos reconhecer a procedência do pedido, contra o outro prosseguirá o oponente.

Art. 685. Admitido o processamento, a oposição será apensada aos autos e tramitará simultaneamente à ação originária, sendo ambas julgadas pela mesma sentença.

Parágrafo único. Se a oposição for proposta após o início da audiência de instrução, o juiz suspenderá o curso do processo ao fim da produção das provas, salvo se concluir que a unidade da instrução atende melhor ao princípio da duração razoável do processo.

Art. 686. Cabendo ao juiz decidir simultaneamente a ação originária e a oposição, desta conhecerá em primeiro lugar.

CAPÍTULO IX - DA HABILITAÇÃO

Art. 687. A habilitação ocorre quando, por falecimento de qualquer das partes, os interessados houverem de suceder-lhe no processo.

Art. 688. A habilitação pode ser requerida:

I - pela parte, em relação aos sucessores do falecido;

II - pelos sucessores do falecido, em relação à parte.

Art. 689. Proceder-se-á à habilitação nos autos do processo principal, na instância em que estiver, suspendendo-se, a partir de então, o processo.

Art. 690. Recebida a petição, o juiz ordenará a citação dos requeridos para se pronunciarem no prazo de 5 (cinco) dias.

Parágrafo único. A citação será pessoal, se a parte não tiver procurador constituído nos autos.

Art. 691. O juiz decidirá o pedido de habilitação imediatamente, salvo se este for impugnado e houver necessidade de dilação probatória diversa da documental, caso em que determinará que o pedido seja autuado em apartado e disporá sobre a instrução.

Art. 692. Transitada em julgado a sentença de habilitação, o processo principal retomará o seu curso, e cópia da sentença será juntada aos autos respectivos.

CAPÍTULO X - DAS AÇÕES DE FAMÍLIA

Art. 693. As normas deste Capítulo aplicam-se aos processos contenciosos de divórcio, separação, reconhecimento e extinção de união estável, guarda, visitação e filiação.

Parágrafo único. A ação de alimentos e a que versar sobre interesse de criança ou de adolescente observarão o procedimento previsto em legislação específica, aplicando-se, no que couber, as disposições deste Capítulo.

Art. 694. Nas ações de família, todos os esforços serão empreendidos para a solução consensual da controvérsia, devendo o juiz dispor do auxílio de profissionais de outras áreas de conhecimento para a mediação e conciliação.

Parágrafo único. A requerimento das partes, o juiz pode determinar a suspensão do processo enquanto os litigantes se submetem a mediação extrajudicial ou a atendimento multidisciplinar.

Art. 695. Recebida a petição inicial e, se for o caso, tomadas as providências referentes à tutela provisória, o juiz ordenará a citação do réu para comparecer à audiência de mediação e conciliação, observado o disposto no art. 694.

§ 1º O mandado de citação conterá apenas os dados necessários à audiência e deverá estar desacompanhado de cópia da petição inicial, assegurado ao réu o direito de examinar seu conteúdo a qualquer tempo.

§ 2º A citação ocorrerá com antecedência mínima de 15 (quinze) dias da data designada para a audiência.

§ 3º A citação será feita na pessoa do réu.

§ 4º Na audiência, as partes deverão estar acompanhadas de seus advogados ou de defensores públicos.

Art. 696. A audiência de mediação e conciliação poderá dividir-se em tantas sessões quantas sejam necessárias para viabilizar a solução consensual, sem prejuízo de providências jurisdicionais para evitar o perecimento do direito.

Art. 697. Não realizado o acordo, passarão a incidir, a partir de então, as normas do procedimento comum, observado o art. 335.

Art. 698. Nas ações de família, o Ministério Público somente intervirá quando houver interesse de incapaz e deverá ser ouvido previamente à homologação de acordo.

> Parágrafo único. O Ministério Público intervirá, quando não for parte, nas ações de família em que figure como parte vítima de violência doméstica e familiar, nos termos da Lei nº 11.340, de 7 de agosto de 2006 (Lei Maria da Penha). (Incluído pela Lei nº 13.894, de 2019)

Art. 699. Quando o processo envolver discussão sobre fato relacionado a abuso ou a alienação parental, o juiz, ao tomar o depoimento do incapaz, deverá estar acompanhado por especialista.

CAPÍTULO XI - DA AÇÃO MONITÓRIA

Art. 700. A ação monitória pode ser proposta por aquele que afirmar, com base em prova escrita sem eficácia de título executivo, ter direito de exigir do devedor capaz:

I - o pagamento de quantia em dinheiro;

II - a entrega de coisa fungível ou infungível ou de bem móvel ou imóvel;

III - o adimplemento de obrigação de fazer ou de não fazer.

§ 1º A prova escrita pode consistir em prova oral documentada, produzida antecipadamente nos termos do art. 381.

§ 2º Na petição inicial, incumbe ao autor explicitar, conforme o caso:

I - a importância devida, instruindo-a com memória de cálculo;

II - o valor atual da coisa reclamada;

III - o conteúdo patrimonial em discussão ou o proveito econômico perseguido.

§ 3º O valor da causa deverá corresponder à importância prevista no § 2º, incisos I a III.

§ 4º Além das hipóteses do art. 330, a petição inicial será indeferida quando não atendido o disposto no § 2º deste artigo.

§ 5º Havendo dúvida quanto à idoneidade de prova documental apresentada pelo autor, o juiz intimá-lo-á para, querendo, emendar a petição inicial, adaptando-a ao procedimento comum.

§ 6º É admissível ação monitória em face da Fazenda Pública.

§ 7º Na ação monitória, admite-se citação por qualquer dos meios permitidos para o procedimento comum.

Art. 701. Sendo evidente o direito do autor, o juiz deferirá a expedição de mandado de pagamento, de entrega de coisa ou para execução de obrigação de fazer ou de não fazer, concedendo ao réu prazo de 15 (quinze) dias para o cumprimento e o pagamento de honorários advocatícios de cinco por cento do valor atribuído à causa.

§ 1º O réu será isento do pagamento de custas processuais se cumprir o mandado no prazo.

§ 2º Constituir-se-á de pleno direito o título executivo judicial, independentemente de qualquer formalidade, se não realizado o pagamento e não apresentados os embargos previstos no art. 702, observando-se, no que couber, o Título II do Livro I da Parte Especial.

§ 3º É cabível ação rescisória da decisão prevista no caput quando ocorrer a hipótese do § 2º.

§ 4º Sendo a ré Fazenda Pública, não apresentados os embargos previstos no art. 702, aplicar-se-á o disposto no art. 496, observando-se, a seguir, no que couber, o Título II do Livro I da Parte Especial.

§ 5º Aplica-se à ação monitória, no que couber, o art. 916.

Art. 702. Independentemente de prévia segurança do juízo, o réu poderá opor, nos próprios autos, no prazo previsto no art. 701, embargos à ação monitória.

§ 1º Os embargos podem se fundar em matéria passível de alegação como defesa no procedimento comum.

§ 2º Quando o réu alegar que o autor pleiteia quantia superior à devida, cumprir-lhe-á declarar de imediato o valor que entende correto, apresentando demonstrativo discriminado e atualizado da dívida.

§ 3º Não apontado o valor correto ou não apresentado o demonstrativo, os embargos serão liminarmente rejeitados, se esse for o seu único fundamento, e, se houver outro fundamento, os embargos serão processados, mas o juiz deixará de examinar a alegação de excesso.

§ 4º A oposição dos embargos suspende a eficácia da decisão referida no caput do art. 701 até o julgamento em primeiro grau.

§ 5º O autor será intimado para responder aos embargos no prazo de 15 (quinze) dias.

§ 6º Na ação monitória admite-se a reconvenção, sendo vedado o oferecimento de reconvenção à reconvenção.

§ 7º A critério do juiz, os embargos serão autuados em apartado, se parciais, constituindo-se de pleno direito o título executivo judicial em relação à parcela incontroversa.

§ 8º Rejeitados os embargos, constituir-se-á de pleno direito o título executivo judicial, prosseguindo-se o processo em observância ao disposto no Título II do Livro I da Parte Especial, no que for cabível.

§ 9º Cabe apelação contra a sentença que acolhe ou rejeita os embargos.

§ 10. O juiz condenará o autor de ação monitória proposta indevidamente e de má-fé ao pagamento, em favor do réu, de multa de até dez por cento sobre o valor da causa.

§ 11. O juiz condenará o réu que de má-fé opuser embargos à ação monitória ao pagamento de multa de até dez por cento sobre o valor atribuído à causa, em favor do autor.

CAPÍTULO XII - DA HOMOLOGAÇÃO DO PENHOR LEGAL

Art. 703. Tomado o penhor legal nos casos previstos em lei, requererá o credor, ato contínuo, a homologação.

§ 1º Na petição inicial, instruída com o contrato de locação ou a conta pormenorizada das despesas, a tabela dos preços e a relação dos objetos retidos, o credor pedirá a citação do devedor para pagar ou contestar na audiência preliminar que for designada.

§ 2º A homologação do penhor legal poderá ser promovida pela via extrajudicial mediante requerimento, que conterá os requisitos previstos no § 1º deste artigo, do credor a notário de sua livre escolha.

§ 3º Recebido o requerimento, o notário promoverá a notificação extrajudicial do devedor para, no prazo de 5 (cinco) dias, pagar o débito ou impugnar sua cobrança, alegando por escrito uma das causas previstas no art. 704, hipótese em que o procedimento será encaminhado ao juízo competente para decisão.

§ 4º Transcorrido o prazo sem manifestação do devedor, o notário formalizará a homologação do penhor legal por escritura pública.

Art. 704. A defesa só pode consistir em:

I - nulidade do processo;

II - extinção da obrigação;

III - não estar a dívida compreendida entre as previstas em lei ou não estarem os bens sujeitos a penhor legal;

IV - alegação de haver sido ofertada caução idônea, rejeitada pelo credor.

Art. 705. A partir da audiência preliminar, observar-se-á o procedimento comum.

Art. 706. Homologado judicialmente o penhor legal, consolidar-se-á a posse do autor sobre o objeto.

§ 1º Negada a homologação, o objeto será entregue ao réu, ressalvado ao autor o direito de cobrar a dívida pelo procedimento comum, salvo se acolhida a alegação de extinção da obrigação.

§ 2º Contra a sentença caberá apelação, e, na pendência de recurso, poderá o relator ordenar que a coisa permaneça depositada ou em poder do autor.

CAPÍTULO XIII - DA REGULAÇÃO DE AVARIA GROSSA

Art. 707. Quando inexistir consenso acerca da nomeação de um regulador de avarias, o juiz de direito da comarca do primeiro porto onde o navio houver chegado, provocado por qualquer parte interessada, nomeará um de notório conhecimento.

Art. 708. O regulador declarará justificadamente se os danos são passíveis de rateio na forma de avaria grossa e exigirá das partes envolvidas a apresentação de garantias idôneas para que possam ser liberadas as cargas aos consignatários.

§ 1º A parte que não concordar com o regulador quanto à declaração de abertura da avaria grossa deverá justificar suas razões ao juiz, que decidirá no prazo de 10 (dez) dias.

§ 2º Se o consignatário não apresentar garantia idônea a critério do regulador, este fixará o valor da contribuição provisória com base nos fatos narrados e nos documentos que instruírem a petição inicial, que deverá ser caucionado sob a forma de depósito judicial ou de garantia bancária.

§ 3º Recusando-se o consignatário a prestar caução, o regulador requererá ao juiz a alienação judicial de sua carga na forma dos arts. 879 a 903.

§ 4º É permitido o levantamento, por alvará, das quantias necessárias ao pagamento das despesas da alienação a serem arcadas pelo consignatário, mantendo-se o saldo remanescente em depósito judicial até o encerramento da regulação.

Art. 709. As partes deverão apresentar nos autos os documentos necessários à regulação da avaria grossa em prazo razoável a ser fixado pelo regulador.

Art. 710. O regulador apresentará o regulamento da avaria grossa no prazo de até 12 (doze) meses, contado da data da entrega dos documentos nos autos pelas partes, podendo o prazo ser estendido a critério do juiz.

§ 1º Oferecido o regulamento da avaria grossa, dele terão vista as partes pelo prazo comum de 15 (quinze) dias, e, não havendo impugnação, o regulamento será homologado por sentença.

§ 2º Havendo impugnação ao regulamento, o juiz decidirá no prazo de 10 (dez) dias, após a oitiva do regulador.

Art. 711. Aplicam-se ao regulador de avarias os arts. 156 a 158, no que couber.

CAPÍTULO XIV - DA RESTAURAÇÃO DE AUTOS

Art. 712. Verificado o desaparecimento dos autos, eletrônicos ou não, pode o juiz, de ofício, qualquer das partes ou o Ministério Público, se for o caso, promover-lhes a restauração.

Parágrafo único. Havendo autos suplementares, nesses prosseguirá o processo.

Art. 713. Na petição inicial, declarará a parte o estado do processo ao tempo do desaparecimento dos autos, oferecendo:

I - certidões dos atos constantes do protocolo de audiências do cartório por onde haja corrido o processo;

II - cópia das peças que tenha em seu poder;

III - qualquer outro documento que facilite a restauração.

Art. 714. A parte contrária será citada para contestar o pedido no prazo de 5 (cinco) dias, cabendo-lhe exibir as cópias, as contrafés e as reproduções dos atos e dos documentos que estiverem em seu poder.

§ 1º Se a parte concordar com a restauração, lavrar-se-á o auto que, assinado pelas partes e homologado pelo juiz, suprirá o processo desaparecido.

§ 2º Se a parte não contestar ou se a concordância for parcial, observar-se-á o procedimento comum.

Art. 715. Se a perda dos autos tiver ocorrido depois da produção das provas em audiência, o juiz, se necessário, mandará repeti-las.

§ 1º Serão reinquiridas as mesmas testemunhas, que, em caso de impossibilidade, poderão ser substituídas de ofício ou a requerimento.

§ 2º Não havendo certidão ou cópia do laudo, far-se-á nova perícia, sempre que possível pelo mesmo perito.

§ 3º Não havendo certidão de documentos, esses serão reconstituídos mediante cópias ou, na falta dessas, pelos meios ordinários de prova.

LIVRO I - DO PROCESSO DE CONHECIMENTO E DO CUMPRIMENTO DE SENTENÇA

613

§ 4º Os serventuários e os auxiliares da justiça não podem eximir-se de depor como testemunhas a respeito de atos que tenham praticado ou assistido.

§ 5º Se o juiz houver proferido sentença da qual ele próprio ou o escrivão possua cópia, esta será juntada aos autos e terá a mesma autoridade da original.

Art. 716. Julgada a restauração, seguirá o processo os seus termos.

Parágrafo único. Aparecendo os autos originais, neles se prosseguirá, sendo-lhes apensados os autos da restauração.

Art. 717. Se o desaparecimento dos autos tiver ocorrido no tribunal, o processo de restauração será distribuído, sempre que possível, ao relator do processo.

§ 1º A restauração far-se-á no juízo de origem quanto aos atos nele realizados.

§ 2º Remetidos os autos ao tribunal, nele completar-se-á a restauração e proceder-se-á ao julgamento.

Art. 718. Quem houver dado causa ao desaparecimento dos autos responderá pelas custas da restauração e pelos honorários de advogado, sem prejuízo da responsabilidade civil ou penal em que incorrer.

CAPÍTULO XV - DOS PROCEDIMENTOS DE JURISDIÇÃO VOLUNTÁRIA

Seção I - Disposições Gerais

Art. 719. Quando este Código não estabelecer procedimento especial, regem os procedimentos de jurisdição voluntária as disposições constantes desta Seção.

Art. 720. O procedimento terá início por provocação do interessado, do Ministério Público ou da Defensoria Pública, cabendo-lhes formular o pedido devidamente instruído com os documentos necessários e com a indicação da providência judicial.

Art. 721. Serão citados todos os interessados, bem como intimado o Ministério Público, nos casos do art. 178, para que se manifestem, querendo, no prazo de 15 (quinze) dias.

Art. 722. A Fazenda Pública será sempre ouvida nos casos em que tiver interesse.

Art. 723. O juiz decidirá o pedido no prazo de 10 (dez) dias.

Parágrafo único. O juiz não é obrigado a observar critério de legalidade estrita, podendo adotar em cada caso a solução que considerar mais conveniente ou oportuna.

Art. 724. Da sentença caberá apelação.

Art. 725. Processar-se-á na forma estabelecida nesta Seção o pedido de:

I - emancipação;
II - sub-rogação;
III - alienação, arrendamento ou oneração de bens de crianças ou adolescentes, de órfãos e de interditos;
IV - alienação, locação e administração da coisa comum;
V - alienação de quinhão em coisa comum;
VI - extinção de usufruto, quando não decorrer da morte do usufrutuário, do termo da sua duração ou da consolidação, e de fideicomisso, quando decorrer de renúncia ou quando ocorrer antes do evento que caracterizar a condição resolutória;
VII - expedição de alvará judicial;
VIII - homologação de autocomposição extrajudicial, de qualquer natureza ou valor.

Parágrafo único. As normas desta Seção aplicam-se, no que couber, aos procedimentos regulados nas seções seguintes.

Seção II - Da Notificação e da Interpelação

Art. 726. Quem tiver interesse em manifestar formalmente sua vontade a outrem sobre assunto juridicamente relevante poderá notificar pessoas participantes da mesma relação jurídica para dar-lhes ciência de seu propósito.

§ 1º Se a pretensão for a de dar conhecimento geral ao público, mediante edital, o juiz só a deferirá se a tiver por fundada e necessária ao resguardo de direito.

§ 2º Aplica-se o disposto nesta Seção, no que couber, ao protesto judicial.

Art. 727. Também poderá o interessado interpelar o requerido, no caso do art. 726, para que faça ou deixe de fazer o que o requerente entenda ser de seu direito.

Art. 728. O requerido será previamente ouvido antes do deferimento da notificação ou do respectivo edital:

I - se houver suspeita de que o requerente, por meio da notificação ou do edital, pretende alcançar fim ilícito;
II - se tiver sido requerida a averbação da notificação em registro público.

Art. 729. Deferida e realizada a notificação ou interpelação, os autos serão entregues ao requerente.

Seção III - Da Alienação Judicial

Art. 730. Nos casos expressos em lei, não havendo acordo entre os interessados sobre o modo como se deve realizar a alienação do bem, o juiz, de ofício ou a requerimento dos interessados ou do depositário, mandará aliená-lo em leilão, observando-se o disposto na Seção I deste Capítulo e, no que couber, o disposto nos arts. 879 a 903.

Seção IV - Do Divórcio e da Separação Consensuais, da Extinção Consensual de União Estável e da Alteração do Regime de Bens do Matrimônio

Art. 731. A homologação do divórcio ou da separação consensuais, observados os requisitos legais, poderá ser requerida em petição assinada por ambos os cônjuges, da qual constarão:

I - as disposições relativas à descrição e à partilha dos bens comuns;
II - as disposições relativas à pensão alimentícia entre os cônjuges;
III - o acordo relativo à guarda dos filhos incapazes e ao regime de visitas; e
IV - o valor da contribuição para criar e educar os filhos.

Parágrafo único. Se os cônjuges não acordarem sobre a partilha dos bens, far-se-á esta depois de homologado o divórcio, na forma estabelecida nos arts. 647 a 658.

Art. 732. As disposições relativas ao processo de homologação judicial de divórcio ou de separação consensuais aplicam-se, no que couber, ao processo de homologação da extinção consensual de união estável.

Art. 733. O divórcio consensual, a separação consensual e a extinção consensual de união estável, não havendo nascituro ou filhos incapazes e observados os requisitos legais, poderão ser realizados por escritura pública, da qual constarão as disposições de que trata o art. 731.

§ 1º A escritura não depende de homologação judicial e constitui título hábil para qualquer ato de registro, bem como para levantamento de importância depositada em instituições financeiras.

§ 2º O tabelião somente lavrará a escritura se os interessados estiverem assistidos por advogado ou por defensor público, cuja qualificação e assinatura constarão do ato notarial.

Art. 734. A alteração do regime de bens do casamento, observados os requisitos legais, poderá ser requerida, motivadamente, em petição assinada por ambos os cônjuges, na qual serão expostas as razões que justificam a alteração, ressalvados os direitos de terceiros.

§ 1º Ao receber a petição inicial, o juiz determinará a intimação do Ministério Público e a publicação de edital que divulgue a pretendida alteração de bens, somente podendo decidir depois de decorrido o prazo de 30 (trinta) dias da publicação do edital.

§ 2º Os cônjuges, na petição inicial ou em petição avulsa, podem propor ao juiz meio alternativo de divulgação da alteração do regime de bens, a fim de resguardar direitos de terceiros.

§ 3º Após o trânsito em julgado da sentença, serão expedidos mandados de averbação aos cartórios de registro civil e de imóveis e, caso qualquer dos cônjuges seja empresário, ao Registro Público de Empresas Mercantis e Atividades Afins.

Seção V - Dos Testamentos e dos Codicilos

Art. 735. Recebendo testamento cerrado, o juiz, se não achar vício externo que o torne suspeito de nulidade ou falsidade, o abrirá e mandará que o escrivão o leia em presença do apresentante.

§ 1º Do termo de abertura constarão o nome do apresentante e como ele obteve o testamento, a data e o lugar do falecimento do testador, com as respectivas provas, e qualquer circunstância digna de nota.

§ 2º Depois de ouvido o Ministério Público, não havendo dúvidas a serem esclarecidas, o juiz mandará registrar, arquivar e cumprir o testamento.

§ 3º Feito o registro, será intimado o testamenteiro para assinar o termo da testamentária.

§ 4º Se não houver testamenteiro nomeado ou se ele estiver ausente ou não aceitar o encargo, o juiz nomeará testamenteiro dativo, observando-se a preferência legal.

§ 5º O testamenteiro deverá cumprir as disposições testamentárias e prestar contas em juízo do que recebeu e despendeu, observando-se o disposto em lei.

Art. 736. Qualquer interessado, exibindo o traslado ou a certidão de testamento público, poderá requerer ao juiz que ordene o seu cumprimento, observando-se, no que couber, o disposto nos parágrafos do art. 735.

Art. 737. A publicação do testamento particular poderá ser requerida, depois da morte do testador, pelo herdeiro, pelo legatário ou pelo testamenteiro, bem como pelo terceiro detentor do testamento, se impossibilitado de entregá-lo a algum dos outros legitimados para requerê-la.

§ 1º Serão intimados os herdeiros que não tiverem requerido a publicação do testamento.

§ 2º Verificando a presença dos requisitos da lei, ouvido o Ministério Público, o juiz confirmará o testamento.

§ 3º Aplica-se o disposto neste artigo ao codicilo e aos testamentos marítimo, aeronáutico, militar e nuncupativo.

§ 4º Observar-se-á, no cumprimento do testamento, o disposto nos parágrafos do art. 735.

Seção VI - Da Herança Jacente

Art. 738. Nos casos em que a lei considere jacente a herança, o juiz em cuja comarca tiver domicílio o falecido procederá imediatamente à arrecadação dos respectivos bens.

Art. 739. A herança jacente ficará sob a guarda, a conservação e a administração de um curador até a respectiva entrega ao sucessor legalmente habilitado ou até a declaração de vacância.

§ 1º Incumbe ao curador:

I - representar a herança em juízo ou fora dele, com intervenção do Ministério Público;

II - ter em boa guarda e conservação os bens arrecadados e promover a arrecadação de outros porventura existentes;

III - executar as medidas conservatórias dos direitos da herança;

IV - apresentar mensalmente ao juiz balancete da receita e da despesa;

V - prestar contas ao final de sua gestão.

§ 2º Aplica-se ao curador o disposto nos arts. 159 a 161.

Art. 740. O juiz ordenará que o oficial de justiça, acompanhado do escrivão ou do chefe de secretaria e do curador, arrole os bens e descreva-os em auto circunstanciado.

§ 1º Não podendo comparecer ao local, o juiz requisitará à autoridade policial que proceda à arrecadação e ao arrolamento dos bens, com 2 (duas) testemunhas, que assistirão às diligências.

§ 2º Não estando ainda nomeado o curador, o juiz designará depositário e lhe entregará os bens, mediante simples termo nos autos, depois de compromissado.

§ 3º Durante a arrecadação, o juiz ou a autoridade policial inquirirá os moradores da casa e da vizinhança sobre a qualificação do falecido, o paradeiro de seus sucessores e a existência de outros bens, lavrando-se de tudo auto de inquirição e informação.

§ 4º O juiz examinará reservadamente os papéis, as cartas missivas e os livros domésticos e, verificando que não apresentam interesse, mandará empacotá-los e lacrá-los para serem assim entregues aos sucessores do falecido ou queimados quando os bens forem declarados vacantes.

§ 5º Se constar ao juiz a existência de bens em outra comarca, mandará expedir carta precatória a fim de serem arrecadados.

§ 6º Não se fará a arrecadação, ou essa será suspensa, quando, iniciada, apresentarem-se para reclamar os bens o cônjuge ou companheiro, o herdeiro ou o testamenteiro notoriamente reconhecido e não houver oposição motivada do curador, de qualquer interessado, do Ministério Público ou do representante da Fazenda Pública.

Art. 741. Ultimada a arrecadação, o juiz mandará expedir edital, que será publicado na rede mundial de computadores, no sítio do tribunal a que estiver vinculado o juízo e na plataforma de editais do Conselho Nacional de Justiça, onde permanecerá por 3 (três) meses, ou, não havendo sítio, no órgão oficial e na imprensa da comarca, por 3 (três) vezes com intervalos de 1 (um) mês, para que os sucessores do falecido venham a habilitar-se no prazo de 6 (seis) meses contado da primeira publicação.

§ 1º Verificada a existência de sucessor ou de testamenteiro em lugar certo, far-se-á a sua citação, sem prejuízo do edital.

§ 2º Quando o falecido for estrangeiro, será também comunicado o fato à autoridade consular.

§ 3º Julgada a habilitação do herdeiro, reconhecida a qualidade do testamenteiro ou provada a identidade do cônjuge ou companheiro, a arrecadação converter-se-á em inventário.

§ 4º Os credores da herança poderão habilitar-se como nos inventários ou propor a ação de cobrança.

Art. 742. O juiz poderá autorizar a alienação:

I - de bens móveis, se forem de conservação difícil ou dispendiosa;

II - de semoventes, quando não empregados na exploração de alguma indústria;

III - de títulos e papéis de crédito, havendo fundado receio de depreciação;

IV - de ações de sociedade quando, reclamada a integralização, não dispuser a herança de dinheiro para o pagamento;

V - de bens imóveis:

a) se ameaçarem ruína, não convindo a reparação;

b) se estiverem hipotecados e vencer-se a dívida, não havendo dinheiro para o pagamento.

§ 1º Não se procederá, entretanto, à venda se a Fazenda Pública ou o habilitando adiantar a importância para as despesas.

§ 2º Os bens com valor de afeição, como retratos, objetos de uso pessoal, livros e obras de arte, só serão alienados depois de declarada a vacância da herança.

Art. 743. Passado 1 (um) ano da primeira publicação do edital e não havendo herdeiro habilitado nem habilitação pendente, será a herança declarada vacante.

§ 1º Pendendo habilitação, a vacância será declarada pela mesma sentença que a julgar improcedente, aguardando-se, no caso de serem diversas as habilitações, o julgamento da última.

§ 2º Transitada em julgado a sentença que declarou a vacância, o cônjuge, o companheiro, os herdeiros e os credores só poderão reclamar o seu direito por ação direta.

Seção VII - Dos Bens dos Ausentes

Art. 744. Declarada a ausência nos casos previstos em lei, o juiz mandará arrecadar os bens do ausente e nomear-lhes-á curador na forma estabelecida na Seção VI, observando-se o disposto em lei.

Art. 745. Feita a arrecadação, o juiz mandará publicar editais na rede mundial de computadores, no sítio do tribunal a que estiver vinculado e na plataforma de editais do Conselho Nacional de Justiça, onde permanecerá por 1 (um) ano, ou, não havendo sítio, no órgão oficial e na imprensa da comarca, durante 1 (um) ano, reproduzida de 2 (dois) em 2 (dois) meses, anunciando a arrecadação e chamando o ausente a entrar na posse de seus bens.

§ 1º Findo o prazo previsto no edital, poderão os interessados requerer a abertura da sucessão provisória, observando-se o disposto em lei.

§ 2º O interessado, ao requerer a abertura da sucessão provisória, pedirá a citação pessoal dos herdeiros presentes e do curador e, por editais, a dos ausentes para requererem habilitação, na forma dos arts. 689 a 692.

§ 3º Presentes os requisitos legais, poderá ser requerida a conversão da sucessão provisória em definitiva.

§ 4º Regressando o ausente ou algum de seus descendentes ou ascendentes para requerer ao juiz a entrega de bens, serão citados para contestar o pedido os sucessores provisórios ou definitivos, o Ministério Público e o representante da Fazenda Pública, seguindo-se o procedimento comum.

Seção VIII - Das Coisas Vagas

Art. 746. Recebendo do descobridor coisa alheia perdida, o juiz mandará lavrar o respectivo auto, do qual constará a descrição do bem e as declarações do descobridor.

§ 1º Recebida a coisa por autoridade policial, esta a remeterá em seguida ao juízo competente.

§ 2º Depositada a coisa, o juiz mandará publicar edital na rede mundial de computadores, no sítio do tribunal a que estiver vinculado e na plataforma de editais do Conselho Nacional de Justiça ou, não havendo sítio, no órgão oficial e na imprensa da comarca, para que o dono ou o legítimo possuidor a reclame, salvo se se tratar de coisa de pequeno valor e não for possível a publicação no sítio do tribunal, caso em que o edital será apenas afixado no átrio do edifício do fórum.

§ 3º Observar-se-á, quanto ao mais, o disposto em lei.

Seção IX - Da Interdição

Art. 747. A interdição pode ser promovida:

I - pelo cônjuge ou companheiro;

II - pelos parentes ou tutores;

III - pelo representante da entidade em que se encontra abrigado o interditando;

IV - pelo Ministério Público.

Parágrafo único. A legitimidade deverá ser comprovada por documentação que acompanhe a petição inicial.

Art. 748. O Ministério Público só promoverá interdição em caso de doença mental grave:

I - se as pessoas designadas nos incisos I, II e III do art. 747 não existirem ou não promoverem a interdição;

II - se, existindo, forem incapazes as pessoas mencionadas nos incisos I e II do art. 747.

Art. 749. Incumbe ao autor, na petição inicial, especificar os fatos que demonstram a incapacidade do interditando para administrar seus bens e, se for o caso, para praticar atos da vida civil, bem como o momento em que a incapacidade se revelou.

Parágrafo único. Justificada a urgência, o juiz pode nomear curador provisório ao interditando para a prática de determinados atos.

Art. 750. O requerente deverá juntar laudo médico para fazer prova de suas alegações ou informar a impossibilidade de fazê-lo.

Art. 751. O interditando será citado para, em dia designado, comparecer perante o juiz, que o entrevistará minuciosamente acerca de sua vida, negócios, bens, vontades, preferências e laços familiares e afetivos e sobre o que mais lhe parecer necessário para convencimento quanto à sua capacidade para praticar atos da vida civil, devendo ser reduzidas a termo as perguntas e respostas.

§ 1º Não podendo o interditando deslocar-se, o juiz o ouvirá no local onde estiver.

§ 2º A entrevista poderá ser acompanhada por especialista.

§ 3º Durante a entrevista, é assegurado o emprego de recursos tecnológicos capazes de permitir ou de auxiliar o interditando a expressar suas vontades e preferências e a responder às perguntas formuladas.

§ 4º A critério do juiz, poderá ser requisitada a oitiva de parentes e de pessoas próximas.

Art. 752. Dentro do prazo de 15 (quinze) dias contado da entrevista, o interditando poderá impugnar o pedido.

§ 1º O Ministério Público intervirá como fiscal da ordem jurídica.

§ 2º O interditando poderá constituir advogado, e, caso não o faça, deverá ser nomeado curador especial.

§ 3º Caso o interditando não constitua advogado, o seu cônjuge, companheiro ou qualquer parente sucessível poderá intervir como assistente.

Art. 753. Decorrido o prazo previsto no art. 752, o juiz determinará a produção de prova pericial para avaliação da capacidade do interditando para praticar atos da vida civil.

§ 1º A perícia pode ser realizada por equipe composta por expertos com formação multidisciplinar.

§ 2º O laudo pericial indicará especificadamente, se for o caso, os atos para os quais haverá necessidade de curatela.

Art. 754. Apresentado o laudo, produzidas as demais provas e ouvidos os interessados, o juiz proferirá sentença.

Art. 755. Na sentença que decretar a interdição, o juiz:

I - nomeará curador, que poderá ser o requerente da interdição, e fixará os limites da curatela, segundo o estado e o desenvolvimento mental do interdito;

II - considerará as características pessoais do interdito, observando suas potencialidades, habilidades, vontades e preferências.

§ 1º A curatela deve ser atribuída a quem melhor possa atender aos interesses do curatelado.

§ 2º Havendo, ao tempo da interdição, pessoa incapaz sob a guarda e a responsabilidade do interdito, o juiz atribuirá a curatela a quem melhor puder atender aos interesses do interdito e do incapaz.

§ 3º A sentença de interdição será inscrita no registro de pessoas naturais e imediatamente publicada na rede mundial de computadores, no sítio do tribunal a que estiver vinculado o juízo e na plataforma de editais do Conselho Nacional de Justiça, onde permanecerá por 6 (seis) meses, na imprensa local, 1 (uma) vez, e no órgão oficial, por 3 (três) vezes, com intervalo de 10 (dez) dias, constando do edital os nomes do interdito e do curador, a causa da interdição, os limites da curatela e, não sendo total a interdição, os atos que o interdito poderá praticar autonomamente.

Art. 756. Levantar-se-á a curatela quando cessar a causa que a determinou.

§ 1º O pedido de levantamento da curatela poderá ser feito pelo interdito, pelo curador ou pelo Ministério Público e será apensado aos autos da interdição.

§ 2º O juiz nomeará perito ou equipe multidisciplinar para proceder ao exame do interdito e designará audiência de instrução e julgamento após a apresentação do laudo.

§ 3º Acolhido o pedido, o juiz decretará o levantamento da interdição e determinará a publicação da sentença, após o trânsito em julgado, na forma do art. 755, § 3º, ou, não sendo possível, na imprensa local e no órgão oficial, por 3 (três) vezes, com intervalo de 10 (dez) dias, seguindo-se a averbação no registro de pessoas naturais.

§ 4º A interdição poderá ser levantada parcialmente quando demonstrada a capacidade do interdito para praticar alguns atos da vida civil.

Art. 757. A autoridade do curador estende-se à pessoa e aos bens do incapaz que se encontrar sob a guarda e a responsabilidade do curatelado ao tempo da interdição, salvo se o juiz considerar outra solução como mais conveniente aos interesses do incapaz.

Art. 758. O curador deverá buscar tratamento e apoio apropriados à conquista da autonomia pelo interdito.

Seção X - Disposições Comuns à Tutela e à Curatela

Art. 759. O tutor ou o curador será intimado a prestar compromisso no prazo de 5 (cinco) dias contado da:

I - nomeação feita em conformidade com a lei;

II - intimação do despacho que mandar cumprir o testamento ou o instrumento público que o houver instituído.

§ 1º O tutor ou o curador prestará o compromisso por termo em livro rubricado pelo juiz.

§ 2º Prestado o compromisso, o tutor ou o curador assume a administração dos bens do tutelado ou do interditado.

Art. 760. O tutor ou o curador poderá eximir-se do encargo apresentando escusa ao juiz no prazo de 5 (cinco) dias contado:

I - antes de aceitar o encargo, da intimação para prestar compromisso;

II - depois de entrar em exercício, do dia em que sobrevier o motivo da escusa.

§ 1º Não sendo requerida a escusa no prazo estabelecido neste artigo, considerar-se-á renunciado o direito de alegá-la.

§ 2º O juiz decidirá de plano o pedido de escusa, e, não o admitindo, exercerá o nomeado a tutela ou a curatela enquanto não for dispensado por sentença transitada em julgado.

Art. 761. Incumbe ao Ministério Público ou a quem tenha legítimo interesse requerer, nos casos previstos em lei, a remoção do tutor ou do curador.

Parágrafo único. O tutor ou o curador será citado para contestar a arguição no prazo de 5 (cinco) dias, findo o qual observar-se-á o procedimento comum.

Art. 762. Em caso de extrema gravidade, o juiz poderá suspender o tutor ou o curador do exercício de suas funções, nomeando substituto interino.

Art. 763. Cessando as funções do tutor ou do curador pelo decurso do prazo em que era obrigado a servir, ser-lhe-á lícito requerer a exoneração do encargo.

§ 1º Caso o tutor ou o curador não requeira a exoneração do encargo dentro dos 10 (dez) dias seguintes à expiração do termo, entender-se-á reconduzido, salvo se o juiz o dispensar.

§ 2º Cessada a tutela ou a curatela, é indispensável a prestação de contas pelo tutor ou pelo curador, na forma da lei civil.

Seção XI - Da Organização e da Fiscalização das Fundações

Art. 764. O juiz decidirá sobre a aprovação do estatuto das fundações e de suas alterações sempre que o requeira o interessado, quando:

I - ela for negada previamente pelo Ministério Público ou por este forem exigidas modificações com as quais o interessado não concorde;

II - o interessado discordar do estatuto elaborado pelo Ministério Público.

§ 1º O estatuto das fundações deve observar o disposto na Lei no 10.406, de 10 de janeiro de 2002 (Código Civil).

§ 2º Antes de suprir a aprovação, o juiz poderá mandar fazer no estatuto modificações a fim de adaptá-lo ao objetivo do instituidor.

Art. 765. Qualquer interessado ou o Ministério Público promoverá em juízo a extinção da fundação quando:

I - se tornar ilícito o seu objeto;

II - for impossível a sua manutenção;

III - vencer o prazo de sua existência.

Seção XII - Da Ratificação dos Protestos Marítimos e dos Processos Testemunháveis Formados a Bordo

Art. 766. Todos os protestos e os processos testemunháveis formados a bordo e lançados no livro Diário da Navegação deverão ser apresentados pelo comandante ao juiz de direito do primeiro porto, nas primeiras 24 (vinte e quatro) horas de chegada da embarcação, para sua ratificação judicial.

Art. 767. A petição inicial conterá a transcrição dos termos lançados no livro Diário da Navegação e deverá ser instruída com cópias das páginas que contenham os termos que serão ratificados, dos documentos de identificação do comandante e das testemunhas arroladas, do rol de tripulantes, do documento de registro da embarcação e, quando for o caso, do manifesto das cargas sinistradas e a qualificação de seus consignatários, traduzidos, quando for o caso, de forma livre para o português.

Art. 768. A petição inicial deverá ser distribuída com urgência e encaminhada ao juiz, que ouvirá, sob compromisso a ser prestado no mesmo dia, o comandante e as testemunhas em número mínimo de 2 (duas) e máximo de 4 (quatro), que deverão comparecer ao ato independentemente de intimação.

§ 1º Tratando-se de estrangeiros que não dominem a língua portuguesa, o autor deverá fazer-se acompanhar por tradutor, que prestará compromisso em audiência.

§ 2º Caso o autor não se faça acompanhar por tradutor, o juiz deverá nomear outro que preste compromisso em audiência.

Art. 769. Aberta a audiência, o juiz mandará apregoar os consignatários das cargas indicados na petição inicial e outros eventuais interessados, nomeando para os ausentes curador para o ato.

Art. 770. Inquiridos o comandante e as testemunhas, o juiz, convencido da veracidade dos termos lançados no Diário da Navegação, em audiência, ratificará por sentença o protesto ou o processo testemunhável lavrado a bordo, dispensado o relatório.

Parágrafo único. Independentemente do trânsito em julgado, o juiz determinará a entrega dos autos ao autor ou ao seu advogado, mediante a apresentação de traslado.

LIVRO II - DO PROCESSO DE EXECUÇÃO

TÍTULO I - DA EXECUÇÃO EM GERAL

CAPÍTULO I - DISPOSIÇÕES GERAIS

Art. 771. Este Livro regula o procedimento da execução fundada em título extrajudicial, e suas disposições aplicam-se, também, no que couber, aos procedimentos especiais de execução, aos atos executivos realizados no procedimento de cumprimento de sentença, bem como aos efeitos de atos ou fatos processuais a que a lei atribuir força executiva.

Parágrafo único. Aplicam-se subsidiariamente à execução as disposições do Livro I da Parte Especial.

Art. 772. O juiz pode, em qualquer momento do processo:

I - ordenar o comparecimento das partes;

II - advertir o executado de que seu procedimento constitui ato atentatório à dignidade da justiça;

III - determinar que sujeitos indicados pelo exequente forneçam informações em geral relacionadas ao objeto da execução, tais como documentos e dados que tenham em seu poder, assinando-lhes prazo razoável.

Art. 773. O juiz poderá, de ofício ou a requerimento, determinar as medidas necessárias ao cumprimento da ordem de entrega de documentos e dados.

Parágrafo único. Quando, em decorrência do disposto neste artigo, o juízo receber dados sigilosos para os fins da execução, o juiz adotará as medidas necessárias para assegurar a confidencialidade.

Art. 774. Considera-se atentatória à dignidade da justiça a conduta comissiva ou omissiva do executado que:

I - frauda a execução;
II - se opõe maliciosamente à execução, empregando ardis e meios artificiosos;
III - dificulta ou embaraça a realização da penhora;
IV - resiste injustificadamente às ordens judiciais;
V - intimado, não indica ao juiz quais são e onde estão os bens sujeitos à penhora e os respectivos valores, nem exibe prova de sua propriedade e, se for o caso, certidão negativa de ônus.

Parágrafo único. Nos casos previstos neste artigo, o juiz fixará multa em montante não superior a vinte por cento do valor atualizado do débito em execução, a qual será revertida em proveito do exequente, exigível nos próprios autos do processo, sem prejuízo de outras sanções de natureza processual ou material.

Art. 775. O exequente tem o direito de desistir de toda a execução ou de apenas alguma medida executiva.

Parágrafo único. Na desistência da execução, observar-se-á o seguinte:

I - serão extintos a impugnação e os embargos que versarem apenas sobre questões processuais, pagando o exequente as custas processuais e os honorários advocatícios;
II - nos demais casos, a extinção dependerá da concordância do impugnante ou do embargante.

Art. 776. O exequente ressarcirá ao executado os danos que este sofreu, quando a sentença, transitada em julgado, declarar inexistente, no todo ou em parte, a obrigação que ensejou a execução.

Art. 777. A cobrança de multas ou de indenizações decorrentes de litigância de má-fé ou de prática de ato atentatório à dignidade da justiça será promovida nos próprios autos do processo.

CAPÍTULO II - DAS PARTES

Art. 778. Pode promover a execução forçada o credor a quem a lei confere título executivo.

§ 1º Podem promover a execução forçada ou nela prosseguir, em sucessão ao exequente originário:

I - o Ministério Público, nos casos previstos em lei;
II - o espólio, os herdeiros ou os sucessores do credor, sempre que, por morte deste, lhes for transmitido o direito resultante do título executivo;
III - o cessionário, quando o direito resultante do título executivo lhe for transferido por ato entre vivos;
IV - o sub-rogado, nos casos de sub-rogação legal ou convencional.

§ 2º A sucessão prevista no § 1º independe de consentimento do executado.

Art. 779. A execução pode ser promovida contra:

I - o devedor, reconhecido como tal no título executivo;
II - o espólio, os herdeiros ou os sucessores do devedor;
III - o novo devedor que assumiu, com o consentimento do credor, a obrigação resultante do título executivo;
IV - o fiador do débito constante em título extrajudicial;
V - o responsável titular do bem vinculado por garantia real ao pagamento do débito;
VI - o responsável tributário, assim definido em lei.

Art. 780. O exequente pode cumular várias execuções, ainda que fundadas em títulos diferentes, quando o executado for o mesmo e desde que para todas elas seja competente o mesmo juízo e idêntico o procedimento.

CAPÍTULO III - DA COMPETÊNCIA

Art. 781. A execução fundada em título extrajudicial será processada perante o juízo competente, observando-se o seguinte:

I - a execução poderá ser proposta no foro de domicílio do executado, de eleição constante do título ou, ainda, de situação dos bens a ela sujeitos;
II - tendo mais de um domicílio, o executado poderá ser demandado no foro de qualquer deles;
III - sendo incerto ou desconhecido o domicílio do executado, a execução poderá ser proposta no lugar onde for encontrado ou no foro de domicílio do exequente;
IV - havendo mais de um devedor, com diferentes domicílios, a execução será proposta no foro de qualquer deles, à escolha do exequente;
V - a execução poderá ser proposta no foro do lugar em que se praticou o ato ou em que ocorreu o fato que deu origem ao título, mesmo que nele não mais resida o executado.

Art. 782. Não dispondo a lei de modo diverso, o juiz determinará os atos executivos, e o oficial de justiça os cumprirá.

§ 1º O oficial de justiça poderá cumprir os atos executivos determinados pelo juiz também nas comarcas contíguas, de fácil comunicação, e nas que se situem na mesma região metropolitana.

§ 2º Sempre que, para efetivar a execução, for necessário o emprego de força policial, o juiz a requisitará.

§ 3º A requerimento da parte, o juiz pode determinar a inclusão do nome do executado em cadastros de inadimplentes.

§ 4º A inscrição será cancelada imediatamente se for efetuado o pagamento, se for garantida a execução ou se a execução for extinta por qualquer outro motivo.

§ 5º O disposto nos §§ 3º e 4º aplica-se à execução definitiva de título judicial.

CAPÍTULO IV - DOS REQUISITOS NECESSÁRIOS PARA REALIZAR QUALQUER EXECUÇÃO

Seção I - Do Título Executivo

Art. 783. A execução para cobrança de crédito fundar-se-á sempre em título de obrigação certa, líquida e exigível.

Art. 784. São títulos executivos extrajudiciais:

I - a letra de câmbio, a nota promissória, a duplicata, a debênture e o cheque;
II - a escritura pública ou outro documento público assinado pelo devedor;
III - o documento particular assinado pelo devedor e por 2 (duas) testemunhas;
IV - o instrumento de transação referendado pelo Ministério Público, pela Defensoria Pública, pela Advocacia Pública, pelos advogados dos transatores ou por conciliador ou mediador credenciado por tribunal;
V - o contrato garantido por hipoteca, penhor, anticrese ou outro direito real de garantia e aquele garantido por caução;
VI - o contrato de seguro de vida em caso de morte;
VII - o crédito decorrente de foro e laudêmio;
VIII - o crédito, documentalmente comprovado, decorrente de aluguel de imóvel, bem como de encargos acessórios, tais como taxas e despesas de condomínio;
IX - a certidão de dívida ativa da Fazenda Pública da União, dos Estados, do Distrito Federal e dos Municípios, correspondente aos créditos inscritos na forma da lei;
X - o crédito referente às contribuições ordinárias ou extraordinárias de condomínio edilício, previstas na respectiva convenção ou aprovadas em assembleia geral, desde que documentalmente comprovadas;

XI - a certidão expedida por serventia notarial ou de registro relativa a valores de emolumentos e demais despesas devidas pelos atos por ela praticados, fixados nas tabelas estabelecidas em lei;

XII - todos os demais títulos aos quais, por disposição expressa, a lei atribuir força executiva.

§ 1º A propositura de qualquer ação relativa a débito constante de título executivo não inibe o credor de promover-lhe a execução.

§ 2º Os títulos executivos extrajudiciais oriundos de país estrangeiro não dependem de homologação para serem executados.

§ 3º O título estrangeiro só terá eficácia executiva quando satisfeitos os requisitos de formação exigidos pela lei do lugar de sua celebração e quando o Brasil for indicado como o lugar de cumprimento da obrigação.

Art. 785. A existência de título executivo extrajudicial não impede a parte de optar pelo processo de conhecimento, a fim de obter título executivo judicial.

Seção II - Da Exigibilidade da Obrigação

Art. 786. A execução pode ser instaurada caso o devedor não satisfaça a obrigação certa, líquida e exigível consubstanciada em título executivo.

Parágrafo único. A necessidade de simples operações aritméticas para apurar o crédito exequendo não retira a liquidez da obrigação constante do título.

Art. 787. Se o devedor não for obrigado a satisfazer sua prestação senão mediante a contraprestação do credor, este deverá provar que a adimpliu ao requerer a execução, sob pena de extinção do processo.

Parágrafo único. O executado poderá eximir-se da obrigação, depositando em juízo a prestação ou a coisa, caso em que o juiz não permitirá que o credor a receba sem cumprir a contraprestação que lhe tocar.

Art. 788. O credor não poderá iniciar a execução ou nela prosseguir se o devedor cumprir a obrigação, mas poderá recusar o recebimento da prestação se ela não corresponder ao direito ou à obrigação estabelecidos no título executivo, caso em que poderá requerer a execução forçada, ressalvado ao devedor o direito de embargá-la.

CAPÍTULO V - DA RESPONSABILIDADE PATRIMONIAL

Art. 789. O devedor responde com todos os seus bens presentes e futuros para o cumprimento de suas obrigações, salvo as restrições estabelecidas em lei.

Art. 790. São sujeitos à execução os bens:

I - do sucessor a título singular, tratando-se de execução fundada em direito real ou obrigação reipersecutória;

II - do sócio, nos termos da lei;

III - do devedor, ainda que em poder de terceiros;

IV - do cônjuge ou companheiro, nos casos em que seus bens próprios ou de sua meação respondem pela dívida;

V - alienados ou gravados com ônus real em fraude à execução;

VI - cuja alienação ou gravação com ônus real tenha sido anulada em razão do reconhecimento, em ação autônoma, de fraude contra credores;

VII - do responsável, nos casos de desconsideração da personalidade jurídica.

Art. 791. Se a execução tiver por objeto obrigação de que seja sujeito passivo o proprietário de terreno submetido ao regime do direito de superfície, ou o superficiário, responderá pela dívida, exclusivamente, o direito real do qual é titular o executado, recaindo a penhora ou outros atos de constrição exclusivamente sobre o terreno, no primeiro caso, ou sobre a construção ou a plantação, no segundo caso.

§ 1º Os atos de constrição a que se refere o caput serão averbados separadamente na matrícula do imóvel, com a identificação do executado, do valor do crédito e do objeto sobre o qual recai o gravame, devendo o oficial destacar o bem que responde pela dívida, se o terreno, a construção ou a plantação, de modo a assegurar a publicidade da responsabilidade patrimonial de cada um deles pelas dívidas e pelas obrigações que a eles estão vinculadas.

§ 2º Aplica-se, no que couber, o disposto neste artigo à enfiteuse, à concessão de uso especial para fins de moradia e à concessão de direito real de uso.

Art. 792. A alienação ou a oneração de bem é considerada fraude à execução:

I - quando sobre o bem pender ação fundada em direito real ou com pretensão reipersecutória, desde que a pendência do processo tenha sido averbada no respectivo registro público, se houver;

II - quando tiver sido averbada, no registro do bem, a pendência do processo de execução, na forma do art. 828;

III - quando tiver sido averbado, no registro do bem, hipoteca judiciária ou outro ato de constrição judicial originário do processo onde foi arguida a fraude;

IV - quando, ao tempo da alienação ou da oneração, tramitava contra o devedor ação capaz de reduzi-lo à insolvência;

V - nos demais casos expressos em lei.

§ 1º A alienação em fraude à execução é ineficaz em relação ao exequente.

§ 2º No caso de aquisição de bem não sujeito a registro, o terceiro adquirente tem o ônus de provar que adotou as cautelas necessárias para a aquisição, mediante a exibição das certidões pertinentes, obtidas no domicílio do vendedor e no local onde se encontra o bem.

§ 3º Nos casos de desconsideração da personalidade jurídica, a fraude à execução verifica-se a partir da citação da parte cuja personalidade se pretende desconsiderar.

§ 4º Antes de declarar a fraude à execução, o juiz deverá intimar o terceiro adquirente, que, se quiser, poderá opor embargos de terceiro, no prazo de 15 (quinze) dias.

Art. 793. O exequente que estiver, por direito de retenção, na posse de coisa pertencente ao devedor não poderá promover a execução sobre outros bens senão depois de excutida a coisa que se achar em seu poder.

Art. 794. O fiador, quando executado, tem o direito de exigir que primeiro sejam executados os bens do devedor situados na mesma comarca, livres e desembargados, indicando-os pormenorizadamente à penhora.

§ 1º Os bens do fiador ficarão sujeitos à execução se os do devedor, situados na mesma comarca que os seus, forem insuficientes à satisfação do direito do credor.

§ 2º O fiador que pagar a dívida poderá executar o afiançado nos autos do mesmo processo.

§ 3º O disposto no caput não se aplica se o fiador houver renunciado ao benefício de ordem.

Art. 795. Os bens particulares dos sócios não respondem pelas dívidas da sociedade, senão nos casos previstos em lei.

§ 1º O sócio réu, quando responsável pelo pagamento da dívida da sociedade, tem o direito de exigir que primeiro sejam excutidos os bens da sociedade.

§ 2º Incumbe ao sócio que alegar o benefício do § 1º nomear quantos bens da sociedade situados na mesma comarca, livres e desembargados, bastem para pagar o débito.

§ 3º O sócio que pagar a dívida poderá executar a sociedade nos autos do mesmo processo.

§ 4º Para a desconsideração da personalidade jurídica é obrigatória a observância do incidente previsto neste Código.

Art. 796. O espólio responde pelas dívidas do falecido, mas, feita a partilha, cada herdeiro responde por elas dentro das forças da herança e na proporção da parte que lhe coube.

TÍTULO II - DAS DIVERSAS ESPÉCIES DE EXECUÇÃO

CAPÍTULO I - DISPOSIÇÕES GERAIS

Art. 797. Ressalvado o caso de insolvência do devedor, em que tem lugar o concurso universal, realiza-se a execução no interesse do exequente que adquire, pela penhora, o direito de preferência sobre os bens penhorados.

Parágrafo único. Recaindo mais de uma penhora sobre o mesmo bem, cada exequente conservará o seu título de preferência.

Art. 798. Ao propor a execução, incumbe ao exequente:

I - instruir a petição inicial com:
a) o título executivo extrajudicial;
b) o demonstrativo do débito atualizado até a data de propositura da ação, quando se tratar de execução por quantia certa;
c) a prova de que se verificou a condição ou ocorreu o termo, se for o caso;
d) a prova, se for o caso, de que adimpliu a contraprestação que lhe corresponde ou que lhe assegura o cumprimento, se o executado não for obrigado a satisfazer a sua prestação senão mediante a contraprestação do exequente;

II - indicar:
a) a espécie de execução de sua preferência, quando por mais de um modo puder ser realizada;
b) os nomes completos do exequente e do executado e seus números de inscrição no Cadastro de Pessoas Físicas ou no Cadastro Nacional da Pessoa Jurídica;
c) os bens suscetíveis de penhora, sempre que possível.

Parágrafo único. O demonstrativo do débito deverá conter:
I - o índice de correção monetária adotado;
II - a taxa de juros aplicada;
III - os termos inicial e final de incidência do índice de correção monetária e da taxa de juros utilizados;
IV - a periodicidade da capitalização dos juros, se for o caso;
V - a especificação de desconto obrigatório realizado.

Art. 799. Incumbe ainda ao exequente:

I - requerer a intimação do credor pignoratício, hipotecário, anticrético ou fiduciário, quando a penhora recair sobre bens gravados por penhor, hipoteca, anticrese ou alienação fiduciária;
II - requerer a intimação do titular de usufruto, uso ou habitação, quando a penhora recair sobre bem gravado por usufruto, uso ou habitação;
III - requerer a intimação do promitente comprador, quando a penhora recair sobre bem em relação ao qual haja promessa de compra e venda registrada;
IV - requerer a intimação do promitente vendedor, quando a penhora recair sobre direito aquisitivo derivado de promessa de compra e venda registrada;
V - requerer a intimação do superficiário, enfiteuta ou concessionário, em caso de direito de superfície, enfiteuse, concessão de uso especial para fins de moradia ou concessão de direito real de uso, quando a penhora recair sobre imóvel submetido ao regime do direito de superfície, enfiteuse ou concessão;
VI - requerer a intimação do proprietário de terreno com regime de direito de superfície, enfiteuse, concessão de uso especial para fins de moradia ou concessão de direito real de uso, quando a penhora recair sobre direitos do superficiário, do enfiteuta ou do concessionário;
VII - requerer a intimação da sociedade, no caso de penhora de quota social ou de ação de sociedade anônima fechada, para o fim previsto no art. 876, § 7º;
VIII - pleitear, se for o caso, medidas urgentes;
IX - proceder à averbação em registro público do ato de propositura da execução e dos atos de constrição realizados, para conhecimento de terceiros.
X - requerer a intimação do titular da construção-base, bem como, se for o caso, do titular de lajes anteriores, quando a penhora recair sobre o direito real de laje;
XI - requerer a intimação do titular das lajes, quando a penhora recair sobre a construção-base.

Art. 800. Nas obrigações alternativas, quando a escolha couber ao devedor, esse será citado para exercer a opção e realizar a prestação dentro de 10 (dez) dias, se outro prazo não lhe foi determinado em lei ou em contrato.

§ 1º Devolver-se-á ao credor a opção, se o devedor não a exercer no prazo determinado.

§ 2º A escolha será indicada na petição inicial da execução quando couber ao credor exercê-la.

Art. 801. Verificando que a petição inicial está incompleta ou que não está acompanhada dos documentos indispensáveis à propositura da execução, o juiz determinará que o exequente a corrija, no prazo de 15 (quinze) dias, sob pena de indeferimento.

Art. 802. Na execução, o despacho que ordena a citação, desde que realizada em observância ao disposto no § 2º do art. 240, interrompe a prescrição, ainda que proferido por juízo incompetente.

Parágrafo único. A interrupção da prescrição retroagirá à data de propositura da ação.

Art. 803. É nula a execução se:

I - o título executivo extrajudicial não corresponder a obrigação certa, líquida e exigível;
II - o executado não for regularmente citado;
III - for instaurada antes de se verificar a condição ou de ocorrer o termo.

Parágrafo único. A nulidade de que cuida este artigo será pronunciada pelo juiz, de ofício ou a requerimento da parte, independentemente de embargos à execução.

Art. 804. A alienação de bem gravado por penhor, hipoteca ou anticrese será ineficaz em relação ao credor pignoratício, hipotecário ou anticrético não intimado.

§ 1º A alienação de bem objeto de promessa de compra e venda ou de cessão registrada será ineficaz em relação ao promitente comprador ou ao cessionário não intimado.

§ 2º A alienação de bem sobre o qual tenha sido instituído direito de superfície, seja do solo, da plantação ou da construção, será ineficaz em relação ao concedente ou ao concessionário não intimado.

§ 3º A alienação de direito aquisitivo de bem objeto de promessa de venda, de promessa de cessão ou de alienação fiduciária será ineficaz em relação ao promitente vendedor, ao promitente cedente ou ao proprietário fiduciário não intimado.

§ 4º A alienação de imóvel sobre o qual tenha sido instituída enfiteuse, concessão de uso especial para fins de moradia ou concessão de direito real de uso será ineficaz em relação ao enfiteuta ou ao concessionário não intimado.

§ 5º A alienação de direitos do enfiteuta, do concessionário de direito real de uso ou do concessionário de uso especial para fins de moradia será ineficaz em relação ao proprietário do respectivo imóvel não intimado.

§ 6º A alienação de bem sobre o qual tenha sido instituído usufruto, uso ou habitação será ineficaz em relação ao titular desses direitos reais não intimado.

Art. 805. Quando por vários meios o exequente puder promover a execução, o juiz mandará que se faça pelo modo menos gravoso para o executado.

Parágrafo único. Ao executado que alegar ser a medida executiva mais gravosa incumbe indicar outros meios mais eficazes e menos onerosos, sob pena de manutenção dos atos executivos já determinados.

CAPÍTULO II - DA EXECUÇÃO PARA A ENTREGA DE COISA

Seção I - Da Entrega de Coisa Certa

Art. 806. O devedor de obrigação de entrega de coisa certa, constante de título executivo extrajudicial, será citado para, em 15 (quinze) dias, satisfazer a obrigação.

§ 1º Ao despachar a inicial, o juiz poderá fixar multa por dia de atraso no cumprimento da obrigação, ficando o respectivo valor sujeito a alteração, caso se revele insuficiente ou excessivo.

§ 2º Do mandado de citação constará ordem para imissão na posse ou busca e apreensão, conforme se tratar de bem imóvel ou móvel, cujo cumprimento se dará de imediato, se o executado não satisfizer a obrigação no prazo que lhe foi designado.

Art. 807. Se o executado entregar a coisa, será lavrado o termo respectivo e considerada satisfeita a obrigação, prosseguindo-se a execução para o pagamento de frutos ou o ressarcimento de prejuízos, se houver.

Art. 808. Alienada a coisa quando já litigiosa, será expedido mandado contra o terceiro adquirente, que somente será ouvido após depositá-la.

Art. 809. O exequente tem direito a receber, além de perdas e danos, o valor da coisa, quando essa se deteriorar, não lhe for entregue, não for encontrada ou não for reclamada do poder de terceiro adquirente.

§ 1º Não constando do título o valor da coisa e sendo impossível sua avaliação, o exequente apresentará estimativa, sujeitando-a ao arbitramento judicial.

§ 2º Serão apurados em liquidação o valor da coisa e os prejuízos.

Art. 810. Havendo benfeitorias indenizáveis feitas na coisa pelo executado ou por terceiros de cujo poder ela houver sido tirada, a liquidação prévia é obrigatória.

Parágrafo único. Havendo saldo:

I - em favor do executado ou de terceiros, o exequente o depositará ao requerer a entrega da coisa;

II - em favor do exequente, esse poderá cobrá-lo nos autos do mesmo processo.

Seção II - Da Entrega de Coisa Incerta

Art. 811. Quando a execução recair sobre coisa determinada pelo gênero e pela quantidade, o executado será citado para entregá-la individualizada, se lhe couber a escolha.

Parágrafo único. Se a escolha couber ao exequente, esse deverá indicá-la na petição inicial.

Art. 812. Qualquer das partes poderá, no prazo de 15 (quinze) dias, impugnar a escolha feita pela outra, e o juiz decidirá de plano ou, se necessário, ouvindo perito de sua nomeação.

Art. 813. Aplicar-se-ão à execução para entrega de coisa incerta, no que couber, as disposições da Seção I deste Capítulo.

CAPÍTULO III - DA EXECUÇÃO DAS OBRIGAÇÕES DE FAZER OU DE NÃO FAZER

Seção I - Disposições Comuns

Art. 814. Na execução de obrigação de fazer ou de não fazer fundada em título extrajudicial, ao despachar a inicial, o juiz fixará multa por período de atraso no cumprimento da obrigação e a data a partir da qual será devida.

Parágrafo único. Se o valor da multa estiver previsto no título e for excessivo, o juiz poderá reduzi-lo.

Seção II - Da Obrigação de Fazer

Art. 815. Quando o objeto da execução for obrigação de fazer, o executado será citado para satisfazê-la no prazo que o juiz lhe designar, se outro não estiver determinado no título executivo.

Art. 816. Se o executado não satisfizer a obrigação no prazo designado, é lícito ao exequente, nos próprios autos do processo, requerer a satisfação da obrigação à custa do executado ou perdas e danos, hipótese em que se converterá em indenização.

Parágrafo único. O valor das perdas e danos será apurado em liquidação, seguindo-se a execução para cobrança de quantia certa.

Art. 817. Se a obrigação puder ser satisfeita por terceiro, é lícito ao juiz autorizar, a requerimento do exequente, que aquele a satisfaça à custa do executado.

Parágrafo único. O exequente adiantará as quantias previstas na proposta que, ouvidas as partes, o juiz houver aprovado.

Art. 818. Realizada a prestação, o juiz ouvirá as partes no prazo de 10 (dez) dias e, não havendo impugnação, considerará satisfeita a obrigação.

Parágrafo único. Caso haja impugnação, o juiz a decidirá.

Art. 819. Se o terceiro contratado não realizar a prestação no prazo ou se o fizer de modo incompleto ou defeituoso, poderá o exequente requerer ao juiz, no prazo de 15 (quinze) dias, que o autorize a concluí-la ou a repará-la à custa do contratante.

Parágrafo único. Ouvido o contratante no prazo de 15 (quinze) dias, o juiz mandará avaliar o custo das despesas necessárias e o condenará a pagá-lo.

Art. 820. Se o exequente quiser executar ou mandar executar, sob sua direção e vigilância, as obras e os trabalhos necessários à realização da prestação, terá preferência, em igualdade de condições de oferta, em relação ao terceiro.

Parágrafo único. O direito de preferência deverá ser exercido no prazo de 5 (cinco) dias, após aprovada a proposta do terceiro.

Art. 821. Na obrigação de fazer, quando se convencionar que o executado a satisfaça pessoalmente, o exequente poderá requerer ao juiz que lhe assine prazo para cumpri-la.

Parágrafo único. Havendo recusa ou mora do executado, sua obrigação pessoal será convertida em perdas e danos, caso em que se observará o procedimento de execução por quantia certa.

Seção III - Da Obrigação de Não Fazer

Art. 822. Se o executado praticou ato a cuja abstenção estava obrigado por lei ou por contrato, o exequente requererá ao juiz que assine prazo ao executado para desfazê-lo.

Art. 823. Havendo recusa ou mora do executado, o exequente requererá ao juiz que mande desfazer o ato à custa daquele, que responderá por perdas e danos.

Parágrafo único. Não sendo possível desfazer-se o ato, a obrigação resolve-se em perdas e danos, caso em que, após a liquidação, se observará o procedimento de execução por quantia certa.

CAPÍTULO IV - DA EXECUÇÃO POR QUANTIA CERTA

Seção I - Disposições Gerais

Art. 824. A execução por quantia certa realiza-se pela expropriação de bens do executado, ressalvadas as execuções especiais.

Art. 825. A expropriação consiste em:

I - adjudicação;

II - alienação;

III - apropriação de frutos e rendimentos de empresa ou de estabelecimentos e de outros bens.

Art. 826. Antes de adjudicados ou alienados os bens, o executado pode, a todo tempo, remir a execução, pagando ou consignando a importância atualizada da dívida, acrescida de juros, custas e honorários advocatícios.

Seção II - Da Citação do Devedor e do Arresto

Art. 827. Ao despachar a inicial, o juiz fixará, de plano, os honorários advocatícios de dez por cento, a serem pagos pelo executado.

LIVRO II - DO PROCESSO DE EXECUÇÃO

§ 1º No caso de integral pagamento no prazo de 3 (três) dias, o valor dos honorários advocatícios será reduzido pela metade.

§ 2º O valor dos honorários poderá ser elevado até vinte por cento, quando rejeitados os embargos à execução, podendo a majoração, caso não opostos os embargos, ocorrer ao final do procedimento executivo, levando-se em conta o trabalho realizado pelo advogado do exequente.

Art. 828. O exequente poderá obter certidão de que a execução foi admitida pelo juiz, com identificação das partes e do valor da causa, para fins de averbação no registro de imóveis, de veículos ou de outros bens sujeitos a penhora, arresto ou indisponibilidade.

§ 1º No prazo de 10 (dez) dias de sua concretização, o exequente deverá comunicar ao juízo as averbações efetivadas.

§ 2º Formalizada penhora sobre bens suficientes para cobrir o valor da dívida, o exequente providenciará, no prazo de 10 (dez) dias, o cancelamento das averbações relativas àqueles não penhorados.

§ 3º O juiz determinará o cancelamento das averbações, de ofício ou a requerimento, caso o exequente não o faça no prazo.

§ 4º Presume-se em fraude à execução a alienação ou a oneração de bens efetuada após a averbação.

§ 5º O exequente que promover averbação manifestamente indevida ou não cancelar as averbações nos termos do § 2º indenizará a parte contrária, processando-se o incidente em autos apartados.

Art. 829. O executado será citado para pagar a dívida no prazo de 3 (três) dias, contado da citação.

§ 1º Do mandado de citação constarão, também, a ordem de penhora e a avaliação a serem cumpridas pelo oficial de justiça tão logo verificado o não pagamento no prazo assinalado, de tudo lavrando-se auto, com intimação do executado.

§ 2º A penhora recairá sobre os bens indicados pelo exequente, salvo se outros forem indicados pelo executado e aceitos pelo juiz, mediante demonstração de que a constrição proposta lhe será menos onerosa e não trará prejuízo ao exequente.

Art. 830. Se o oficial de justiça não encontrar o executado, arrestar-lhe-á tantos bens quantos bastem para garantir a execução.

§ 1º Nos 10 (dez) dias seguintes à efetivação do arresto, o oficial de justiça procurará o executado 2 (duas) vezes em dias distintos e, havendo suspeita de ocultação, realizará a citação com hora certa, certificando pormenorizadamente o ocorrido.

§ 2º Incumbe ao exequente requerer a citação por edital, uma vez frustradas a pessoal e a com hora certa.

§ 3º Aperfeiçoada a citação e transcorrido o prazo de pagamento, o arresto converter-se-á em penhora, independentemente de termo.

Seção III - Da Penhora, do Depósito e da Avaliação

Subseção I - Do Objeto da Penhora

Art. 831. A penhora deverá recair sobre tantos bens quantos bastem para o pagamento do principal atualizado, dos juros, das custas e dos honorários advocatícios.

Art. 832. Não estão sujeitos à execução os bens que a lei considera impenhoráveis ou inalienáveis.

Art. 833. São impenhoráveis:

I - os bens inalienáveis e os declarados, por ato voluntário, não sujeitos à execução;

II - os móveis, os pertences e as utilidades domésticas que guarnecem a residência do executado, salvo os de elevado valor ou os que ultrapassem as necessidades comuns correspondentes a um médio padrão de vida;

III - os vestuários, bem como os pertences de uso pessoal do executado, salvo se de elevado valor;

IV - os vencimentos, os subsídios, os soldos, os salários, as remunerações, os proventos de aposentadoria, as pensões, os pecúlios e os montepios, bem como as quantias recebidas por liberalidade de terceiro e destinadas ao sustento do devedor e de sua família, os ganhos de trabalhador autônomo e os honorários de profissional liberal, ressalvado o § 2º;

V - os livros, as máquinas, as ferramentas, os utensílios, os instrumentos ou outros bens móveis necessários ou úteis ao exercício da profissão do executado;

VI - o seguro de vida;

VII - os materiais necessários para obras em andamento, salvo se essas forem penhoradas;

VIII - a pequena propriedade rural, assim definida em lei, desde que trabalhada pela família;

IX - os recursos públicos recebidos por instituições privadas para aplicação compulsória em educação, saúde ou assistência social;

X - a quantia depositada em caderneta de poupança, até o limite de 40 (quarenta) salários-mínimos;

XI - os recursos públicos do fundo partidário recebidos por partido político, nos termos da lei;

XII - os créditos oriundos de alienação de unidades imobiliárias, sob regime de incorporação imobiliária, vinculados à execução da obra.

§ 1º A impenhorabilidade não é oponível à execução de dívida relativa ao próprio bem, inclusive àquela contraída para sua aquisição.

§ 2º O disposto nos incisos IV e X do caput não se aplica à hipótese de penhora para pagamento de prestação alimentícia, independentemente de sua origem, bem como às importâncias excedentes a 50 (cinquenta) salários-mínimos mensais, devendo a constrição observar o disposto no art. 528, § 8º, e no art. 529, § 3º.

§ 3º Incluem-se na impenhorabilidade prevista no inciso V do caput os equipamentos, os implementos e as máquinas agrícolas pertencentes a pessoa física ou a empresa individual produtora rural, exceto quando tais bens tenham sido objeto de financiamento e estejam vinculados em garantia a negócio jurídico ou quando respondam por dívida de natureza alimentar, trabalhista ou previdenciária.

Art. 834. Podem ser penhorados, à falta de outros bens, os frutos e os rendimentos dos bens inalienáveis.

Art. 835. A penhora observará, preferencialmente, a seguinte ordem:

I - dinheiro, em espécie ou em depósito ou aplicação em instituição financeira;

II - títulos da dívida pública da União, dos Estados e do Distrito Federal com cotação em mercado;

III - títulos e valores mobiliários com cotação em mercado;

IV - veículos de via terrestre;

V - bens imóveis;

VI - bens móveis em geral;

VII - semoventes;

VIII - navios e aeronaves;

IX - ações e quotas de sociedades simples e empresárias;

X - percentual do faturamento de empresa devedora;

XI - pedras e metais preciosos;

XII - direitos aquisitivos derivados de promessa de compra e venda e de alienação fiduciária em garantia;

XIII - outros direitos.

§ 1º É prioritária a penhora em dinheiro, podendo o juiz, nas demais hipóteses, alterar a ordem prevista no caput de acordo com as circunstâncias do caso concreto.

§ 2º Para fins de substituição da penhora, equiparam-se a dinheiro a fiança bancária e o seguro garantia judicial, desde que em valor não inferior ao do débito constante da inicial, acrescido de trinta por cento.

§ 3º Na execução de crédito com garantia real, a penhora recairá sobre a coisa dada em garantia, e, se a coisa pertencer a terceiro garantidor, este também será intimado da penhora.

Art. 836. Não se levará a efeito a penhora quando ficar evidente que o produto da execução dos bens encontrados será totalmente absorvido pelo pagamento das custas da execução.

§ 1º Quando não encontrar bens penhoráveis, independentemente de determinação judicial expressa, o oficial de justiça descreverá na certidão os bens que guarnecem a residência ou o estabelecimento do executado, quando este for pessoa jurídica.

§ 2º Elaborada a lista, o executado ou seu representante legal será nomeado depositário provisório de tais bens até ulterior determinação do juiz.

Subseção II - Da Documentação da Penhora, de seu Registro e do Depósito

Art. 837. Obedecidas as normas de segurança instituídas sob critérios uniformes pelo Conselho Nacional de Justiça, a penhora de dinheiro e as averbações de penhoras de bens imóveis e móveis podem ser realizadas por meio eletrônico.

Art. 838. A penhora será realizada mediante auto ou termo, que conterá:

I - a indicação do dia, do mês, do ano e do lugar em que foi feita;

II - os nomes do exequente e do executado;

III - a descrição dos bens penhorados, com as suas características;

IV - a nomeação do depositário dos bens.

Art. 839. Considerar-se-á feita a penhora mediante a apreensão e o depósito dos bens, lavrando-se um só auto se as diligências forem concluídas no mesmo dia.

Parágrafo único. Havendo mais de uma penhora, serão lavrados autos individuais.

Art. 840. Serão preferencialmente depositados:

I - as quantias em dinheiro, os papéis de crédito e as pedras e os metais preciosos, no Banco do Brasil, na Caixa Econômica Federal ou em banco do qual o Estado ou o Distrito Federal possua mais da metade do capital social integralizado, ou, na falta desses estabelecimentos, em qualquer instituição de crédito designada pelo juiz;

II - os móveis, os semoventes, os imóveis urbanos e os direitos aquisitivos sobre imóveis urbanos, em poder do depositário judicial;

III - os imóveis rurais, os direitos aquisitivos sobre imóveis rurais, as máquinas, os utensílios e os instrumentos necessários ou úteis à atividade agrícola, mediante caução idônea, em poder do executado.

§ 1º No caso do inciso II do caput, se não houver depositário judicial, os bens ficarão em poder do exequente.

§ 2º Os bens poderão ser depositados em poder do executado nos casos de difícil remoção ou quando anuir o exequente.

§ 3º As joias, as pedras e os objetos preciosos deverão ser depositados com registro do valor estimado de resgate.

Art. 841. Formalizada a penhora por qualquer dos meios legais, dela será imediatamente intimado o executado.

§ 1º A intimação da penhora será feita ao advogado do executado ou à sociedade de advogados a que aquele pertença.

§ 2º Se não houver constituído advogado nos autos, o executado será intimado pessoalmente, de preferência por via postal.

§ 3º O disposto no § 1º não se aplica aos casos de penhora realizada na presença do executado, que se reputa intimado.

§ 4º Considera-se realizada a intimação a que se refere o § 2º quando o executado houver mudado de endereço sem prévia comunicação ao juízo, observado o disposto no parágrafo único do art. 274.

Art. 842. Recaindo a penhora sobre bem imóvel ou direito real sobre imóvel, será intimado também o cônjuge do executado, salvo se forem casados em regime de separação absoluta de bens.

Art. 843. Tratando-se de penhora de bem indivisível, o equivalente à quota-parte do coproprietário ou do cônjuge alheio à execução recairá sobre o produto da alienação do bem.

§ 1º É reservada ao coproprietário ou ao cônjuge não executado a preferência na arrematação do bem em igualdade de condições.

§ 2º Não será levada a efeito expropriação por preço inferior ao da avaliação na qual o valor auferido seja incapaz de garantir, ao coproprietário ou ao cônjuge alheio à execução, o correspondente à sua quota-parte calculado sobre o valor da avaliação.

Art. 844. Para presunção absoluta de conhecimento por terceiros, cabe ao exequente providenciar a averbação do arresto ou da penhora no registro competente, mediante apresentação de cópia do auto ou do termo, independentemente de mandado judicial.

Subseção III - Do Lugar de Realização da Penhora

Art. 845. Efetuar-se-á a penhora onde se encontrem os bens, ainda que sob a posse, a detenção ou a guarda de terceiros.

§ 1º A penhora de imóveis, independentemente de onde se localizem, quando apresentada certidão da respectiva matrícula, e a penhora de veículos automotores, quando apresentada certidão que ateste a sua existência, serão realizadas por termo nos autos.

§ 2º Se o executado não tiver bens no foro do processo, não sendo possível a realização da penhora nos termos do § 1º, a execução será feita por carta, penhorando-se, avaliando-se e alienando-se os bens no foro da situação.

Art. 846. Se o executado fechar as portas da casa a fim de obstar a penhora dos bens, o oficial de justiça comunicará o fato ao juiz, solicitando-lhe ordem de arrombamento.

§ 1º Deferido o pedido, 2 (dois) oficiais de justiça cumprirão o mandado, arrombando cômodos e móveis em que se presuma estarem os bens, e lavrarão de tudo auto circunstanciado, que será assinado por 2 (duas) testemunhas presentes à diligência.

§ 2º Sempre que necessário, o juiz requisitará força policial, a fim de auxiliar os oficiais de justiça na penhora dos bens.

§ 3º Os oficiais de justiça lavrarão em duplicata o auto da ocorrência, entregando uma via ao escrivão ou ao chefe de secretaria, para ser juntada aos autos, e a outra à autoridade policial a quem couber a apuração criminal dos eventuais delitos de desobediência ou de resistência.

§ 4º Do auto da ocorrência constará o rol de testemunhas, com a respectiva qualificação.

Subseção IV - Das Modificações da Penhora

Art. 847. O executado pode, no prazo de 10 (dez) dias contado da intimação da penhora, requerer a substituição do bem penhorado, desde que comprove que lhe será menos onerosa e não trará prejuízo ao exequente.

§ 1º O juiz só autorizará a substituição se o executado:

I - comprovar as respectivas matrículas e os registros por certidão do correspondente ofício, quanto aos bens imóveis;

II - descrever os bens móveis, com todas as suas propriedades e características, bem como o estado deles e o lugar onde se encontram;

III - descrever os semoventes, com indicação de espécie, de número, de marca ou sinal e do local onde se encontram;

IV - identificar os créditos, indicando quem seja o devedor, qual a origem da dívida, o título que a representa e a data do vencimento; e

V - atribuir, em qualquer caso, valor aos bens indicados à penhora, além de especificar os ônus e os encargos a que estejam sujeitos.

§ 2º Requerida a substituição do bem penhorado, o executado deve indicar onde se encontram os bens sujeitos à execução, exibir a prova de sua propriedade e a certidão negativa ou positiva de ônus, bem como abster-se de qualquer atitude que dificulte ou embarace a realização da penhora.

§ 3º O executado somente poderá oferecer bem imóvel em substituição caso o requeira com a expressa anuência do cônjuge, salvo se o regime for o de separação absoluta de bens.

§ 4º O juiz intimará o exequente para manifestar-se sobre o requerimento de substituição do bem penhorado.

Art. 848. As partes poderão requerer a substituição da penhora se:

I - ela não obedecer à ordem legal;

II - ela não incidir sobre os bens designados em lei, contrato ou ato judicial para o pagamento;

III - havendo bens no foro da execução, outros tiverem sido penhorados;

IV - havendo bens livres, ela tiver recaído sobre bens já penhorados ou objeto de gravame;

V - ela incidir sobre bens de baixa liquidez;

VI - fracassar a tentativa de alienação judicial do bem; ou

VII - o executado não indicar o valor dos bens ou omitir qualquer das indicações previstas em lei.

Parágrafo único. A penhora pode ser substituída por fiança bancária ou por seguro garantia judicial, em valor não inferior ao do débito constante da inicial, acrescido de trinta por cento.

Art. 849. Sempre que ocorrer a substituição dos bens inicialmente penhorados, será lavrado novo termo.

Art. 850. Será admitida a redução ou a ampliação da penhora, bem como sua transferência para outros bens, se, no curso do processo, o valor de mercado dos bens penhorados sofrer alteração significativa.

Art. 851. Não se procede à segunda penhora, salvo se:

I - a primeira for anulada;

II - executados os bens, o produto da alienação não bastar para o pagamento do exequente;

III - o exequente desistir da primeira penhora, por serem litigiosos os bens ou por estarem submetidos a constrição judicial.

Art. 852. O juiz determinará a alienação antecipada dos bens penhorados quando:

I - se tratar de veículos automotores, de pedras e metais preciosos e de outros bens móveis sujeitos à depreciação ou à deterioração;

II - houver manifesta vantagem.

Art. 853. Quando uma das partes requerer alguma das medidas previstas nesta Subseção, o juiz ouvirá sempre a outra, no prazo de 3 (três) dias, antes de decidir.

Parágrafo único. O juiz decidirá de plano qualquer questão suscitada.

Subseção V - Da Penhora de Dinheiro em Depósito ou em Aplicação Financeira

Art. 854. Para possibilitar a penhora de dinheiro em depósito ou em aplicação financeira, o juiz, a requerimento do exequente, sem dar ciência prévia do ato ao executado, determinará às instituições financeiras, por meio de sistema eletrônico gerido pela autoridade supervisora do sistema financeiro nacional, que torne indisponíveis ativos financeiros existentes em nome do executado, limitando-se a indisponibilidade ao valor indicado na execução.

§ 1º No prazo de 24 (vinte e quatro) horas a contar da resposta, de ofício, o juiz determinará o cancelamento de eventual indisponibilidade excessiva, o que deverá ser cumprido pela instituição financeira em igual prazo.

§ 2º Tornados indisponíveis os ativos financeiros do executado, este será intimado na pessoa de seu advogado ou, não o tendo, pessoalmente.

§ 3º Incumbe ao executado, no prazo de 5 (cinco) dias, comprovar que:

I - as quantias tornadas indisponíveis são impenhoráveis;

II - ainda remanesce indisponibilidade excessiva de ativos financeiros.

§ 4º Acolhida qualquer das arguições dos incisos I e II do § 3º, o juiz determinará o cancelamento de eventual indisponibilidade irregular ou excessiva, a ser cumprido pela instituição financeira em 24 (vinte e quatro) horas.

§ 5º Rejeitada ou não apresentada a manifestação do executado, converter-se-á a indisponibilidade em penhora, sem necessidade de lavratura de termo, devendo o juiz da execução determinar à instituição financeira depositária que, no prazo de 24 (vinte e quatro) horas, transfira o montante indisponível para conta vinculada ao juízo da execução.

§ 6º Realizado o pagamento da dívida por outro meio, o juiz determinará, imediatamente, por sistema eletrônico gerido pela autoridade supervisora do sistema financeiro nacional, a notificação da instituição financeira para que, em até 24 (vinte e quatro) horas, cancele a indisponibilidade.

§ 7º As transmissões das ordens de indisponibilidade, de seu cancelamento e de determinação de penhora previstas neste artigo far-se-ão por meio de sistema eletrônico gerido pela autoridade supervisora do sistema financeiro nacional.

§ 8º A instituição financeira será responsável pelos prejuízos causados ao executado em decorrência da indisponibilidade de ativos financeiros em valor superior ao indicado na execução ou pelo juiz, bem como na hipótese de não cancelamento da indisponibilidade no prazo de 24 (vinte e quatro) horas, quando assim determinar o juiz.

§ 9º Quando se tratar de execução contra partido político, o juiz, a requerimento do exequente, determinará às instituições financeiras, por meio de sistema eletrônico gerido por autoridade supervisora do sistema bancário, que tornem indisponíveis ativos financeiros somente em nome do órgão partidário que tenha contraído a dívida executada ou que tenha dado causa à violação de direito ou ao dano, ao qual cabe exclusivamente a responsabilidade pelos atos praticados, na forma da lei.

Subseção VI - Da Penhora de Créditos

Art. 855. Quando recair em crédito do executado, enquanto não ocorrer a hipótese prevista no art. 856, considerar-se-á feita a penhora pela intimação:

I - ao terceiro devedor para que não pague ao executado, seu credor;

II - ao executado, credor do terceiro, para que não pratique ato de disposição do crédito.

Art. 856. A penhora de crédito representado por letra de câmbio, nota promissória, duplicata, cheque ou outros títulos far-se-á pela apreensão do documento, esteja ou não este em poder do executado.

§ 1º Se o título não for apreendido, mas o terceiro confessar a dívida, será este tido como depositário da importância.

§ 2º O terceiro só se exonerará da obrigação depositando em juízo a importância da dívida.

§ 3º Se o terceiro negar o débito em conluio com o executado, a quitação que este lhe der caracterizará fraude à execução.

§ 4º A requerimento do exequente, o juiz determinará o comparecimento, em audiência especialmente designada, do executado e do terceiro, a fim de lhes tomar os depoimentos.

Art. 857. Feita a penhora em direito e ação do executado, e não tendo ele oferecido embargos ou sendo estes rejeitados, o exequente ficará sub-rogado nos direitos do executado até a concorrência de seu crédito.

§ 1º O exequente pode preferir, em vez da sub-rogação, a alienação judicial do direito penhorado, caso em que declarará sua vontade no prazo de 10 (dez) dias contado da realização da penhora.

§ 2º A sub-rogação não impede o sub-rogado, se não receber o crédito do executado, de prosseguir na execução, nos mesmos autos, penhorando outros bens.

Art. 858. Quando a penhora recair sobre dívidas de dinheiro a juros, de direito a rendas ou de prestações periódicas, o exequente poderá levantar os juros, os rendimentos ou as

prestações à medida que forem sendo depositados, abatendo-se do crédito as importâncias recebidas, conforme as regras de imputação do pagamento.

Art. 859. Recaindo a penhora sobre direito a prestação ou a restituição de coisa determinada, o executado será intimado para, no vencimento, depositá-la, correndo sobre ela a execução.

Art. 860. Quando o direito estiver sendo pleiteado em juízo, a penhora que recair sobre ele será averbada, com destaque, nos autos pertinentes ao direito e na ação correspondente à penhora, a fim de que esta seja efetivada nos bens que forem adjudicados ou que vierem a caber ao executado.

Subseção VII - Da Penhora das Quotas ou das Ações de Sociedades Personificadas

Art. 861. Penhoradas as quotas ou as ações de sócio em sociedade simples ou empresária, o juiz assinará prazo razoável, não superior a 3 (três) meses, para que a sociedade:

I - apresente balanço especial, na forma da lei;

II - ofereça as quotas ou as ações aos demais sócios, observado o direito de preferência legal ou contratual;

III - não havendo interesse dos sócios na aquisição das ações, proceda à liquidação das quotas ou das ações, depositando em juízo o valor apurado, em dinheiro.

§ 1º Para evitar a liquidação das quotas ou das ações, a sociedade poderá adquiri-las sem redução do capital social e com utilização de reservas, para manutenção em tesouraria.

§ 2º O disposto no caput e no § 1º não se aplica à sociedade anônima de capital aberto, cujas ações serão adjudicadas ao exequente ou alienadas em bolsa de valores, conforme o caso.

§ 3º Para os fins da liquidação de que trata o inciso III do caput, o juiz poderá, a requerimento do exequente ou da sociedade, nomear administrador, que deverá submeter à aprovação judicial a forma de liquidação.

§ 4º O prazo previsto no caput poderá ser ampliado pelo juiz, se o pagamento das quotas ou das ações liquidadas:

I - superar o valor do saldo de lucros ou reservas, exceto a legal, e sem diminuição do capital social, ou por doação; ou

II - colocar em risco a estabilidade financeira da sociedade simples ou empresária.

§ 5º Caso não haja interesse dos demais sócios no exercício de direito de preferência, não ocorra a aquisição das quotas ou das ações pela sociedade e a liquidação do inciso III do caput seja excessivamente onerosa para a sociedade, o juiz poderá determinar o leilão judicial das quotas ou das ações.

Subseção VIII - Da Penhora de Empresa, de Outros Estabelecimentos e de Semoventes

Art. 862. Quando a penhora recair em estabelecimento comercial, industrial ou agrícola, bem como em semoventes, plantações ou edifícios em construção, o juiz nomeará administrador-depositário, determinando-lhe que apresente em 10 (dez) dias o plano de administração.

§ 1º Ouvidas as partes, o juiz decidirá.

§ 2º É lícito às partes ajustar a forma de administração e escolher o depositário, hipótese em que o juiz homologará por despacho a indicação.

§ 3º Em relação aos edifícios em construção sob regime de incorporação imobiliária, a penhora somente poderá recair sobre as unidades imobiliárias ainda não comercializadas pelo incorporador.

§ 4º Sendo necessário afastar o incorporador da administração da incorporação, será ela exercida pela comissão de representantes dos adquirentes ou, se se tratar de construção financiada, por empresa ou profissional indicado pela instituição fornecedora dos recursos para a obra, devendo ser ouvida, neste último caso, a comissão de representantes dos adquirentes.

Art. 863. A penhora de empresa que funcione mediante concessão ou autorização far-se-á, conforme o valor do crédito, sobre a renda, sobre determinados bens ou sobre todo o patrimônio, e o juiz nomeará como depositário, de preferência, um de seus diretores.

§ 1º Quando a penhora recair sobre a renda ou sobre determinados bens, o administrador-depositário apresentará a forma de administração e o esquema de pagamento, observando-se, quanto ao mais, o disposto em relação ao regime de penhora de frutos e rendimentos de coisa móvel e imóvel.

§ 2º Recaindo a penhora sobre todo o patrimônio, prosseguirá a execução em seus ulteriores termos, ouvindo-se, antes da arrematação ou da adjudicação, o ente público que houver outorgado a concessão.

Art. 864. A penhora de navio ou de aeronave não obsta que continuem navegando ou operando até a alienação, mas o juiz, ao conceder a autorização para tanto, não permitirá que saiam do porto ou do aeroporto antes que o executado faça o seguro usual contra riscos.

Art. 865. A penhora de que trata esta Subseção somente será determinada se não houver outro meio eficaz para a efetivação do crédito.

Subseção IX - Da Penhora de Percentual de Faturamento de Empresa

Art. 866. Se o executado não tiver outros bens penhoráveis ou se, tendo-os, esses forem de difícil alienação ou insuficientes para saldar o crédito executado, o juiz poderá ordenar a penhora de percentual de faturamento de empresa.

§ 1º O juiz fixará percentual que propicie a satisfação do crédito exequendo em tempo razoável, mas que não torne inviável o exercício da atividade empresarial.

§ 2º O juiz nomeará administrador-depositário, o qual submeterá à aprovação judicial a forma de sua atuação e prestará contas mensalmente, entregando em juízo as quantias recebidas, com os respectivos balancetes mensais, a fim de serem imputadas no pagamento da dívida.

§ 3º Na penhora de percentual de faturamento de empresa, observar-se-á, no que couber, o disposto quanto ao regime de penhora de frutos e rendimentos de coisa móvel e imóvel.

Subseção X - Da Penhora de Frutos e Rendimentos de Coisa Móvel ou Imóvel

Art. 867. O juiz pode ordenar a penhora de frutos e rendimentos de coisa móvel ou imóvel quando a considerar mais eficiente para o recebimento do crédito e menos gravosa ao executado.

Art. 868. Ordenada a penhora de frutos e rendimentos, o juiz nomeará administrador-depositário, que será investido de todos os poderes que concernem à administração do bem e à fruição de seus frutos e utilidades, perdendo o executado o direito de gozo do bem, até que o exequente seja pago do principal, dos juros, das custas e dos honorários advocatícios.

§ 1º A medida terá eficácia em relação a terceiros a partir da publicação da decisão que a conceda ou de sua averbação no ofício imobiliário, em caso de imóveis.

§ 2º O exequente providenciará a averbação no ofício imobiliário mediante a apresentação de certidão de inteiro teor do ato, independentemente de mandado judicial.

Art. 869. O juiz poderá nomear administrador-depositário o exequente ou o executado, ouvida a parte contrária, e, não havendo acordo, nomeará profissional qualificado para o desempenho da função.

§ 1º O administrador submeterá à aprovação judicial a forma de administração e a de prestar contas periodicamente.

§ 2º Havendo discordância entre as partes ou entre essas e o administrador, o juiz decidirá a melhor forma de administração do bem.

§ 3º Se o imóvel estiver arrendado, o inquilino pagará o aluguel diretamente ao exequente, salvo se houver administrador.

§ 4º O exequente ou o administrador poderá celebrar locação do móvel ou do imóvel, ouvido o executado.

LIVRO II - DO PROCESSO DE EXECUÇÃO | 625

§ 5º As quantias recebidas pelo administrador serão entregues ao exequente, a fim de serem imputadas ao pagamento da dívida.

§ 6º O exequente dará ao executado, por termo nos autos, quitação das quantias recebidas.

Subseção XI - Da Avaliação

Art. 870. A avaliação será feita pelo oficial de justiça.

Parágrafo único. Se forem necessários conhecimentos especializados e o valor da execução o comportar, o juiz nomeará avaliador, fixando-lhe prazo não superior a 10 (dez) dias para entrega do laudo.

Art. 871. Não se procederá à avaliação quando:

I - uma das partes aceitar a estimativa feita pela outra;

II - se tratar de títulos ou de mercadorias que tenham cotação em bolsa, comprovada por certidão ou publicação no órgão oficial;

III - se tratar de títulos da dívida pública, de ações de sociedades e de títulos de crédito negociáveis em bolsa, cujo valor será o da cotação oficial do dia, comprovada por certidão ou publicação no órgão oficial;

IV - se tratar de veículos automotores ou de outros bens cujo preço médio de mercado possa ser conhecido por meio de pesquisas realizadas por órgãos oficiais ou de anúncios de venda divulgados em meios de comunicação, caso em que caberá a quem fizer a nomeação o encargo de comprovar a cotação de mercado.

Parágrafo único. Ocorrendo a hipótese do inciso I deste artigo, a avaliação poderá ser realizada quando houver fundada dúvida do juiz quanto ao real valor do bem.

Art. 872. A avaliação realizada pelo oficial de justiça constará de vistoria e de laudo anexados ao auto de penhora ou, em caso de perícia realizada por avaliador, de laudo apresentado no prazo fixado pelo juiz, devendo-se, em qualquer hipótese, especificar:

I - os bens, com as suas características, e o estado em que se encontram;

II - o valor dos bens.

§ 1º Quando o imóvel for suscetível de cômoda divisão, a avaliação, tendo em conta o crédito reclamado, será realizada em partes, sugerindo-se, com a apresentação de memorial descritivo, os possíveis desmembramentos para alienação.

§ 2º Realizada a avaliação e, sendo o caso, apresentada a proposta de desmembramento, as partes serão ouvidas no prazo de 5 (cinco) dias.

Art. 873. É admitida nova avaliação quando:

I - qualquer das partes arguir, fundamentadamente, a ocorrência de erro na avaliação ou dolo do avaliador;

II - se verificar, posteriormente à avaliação, que houve majoração ou diminuição no valor do bem;

III - o juiz tiver fundada dúvida sobre o valor atribuído ao bem na primeira avaliação.

Parágrafo único. Aplica-se o art. 480 à nova avaliação prevista no inciso III do caput deste artigo.

Art. 874. Após a avaliação, o juiz poderá, a requerimento do interessado e ouvida a parte contrária, mandar:

I - reduzir a penhora aos bens suficientes ou transferi-la para outros, se o valor dos bens penhorados for consideravelmente superior ao crédito do exequente e dos acessórios;

II - ampliar a penhora ou transferi-la para outros bens mais valiosos, se o valor dos bens penhorados for inferior ao crédito do exequente.

Art. 875. Realizadas a penhora e a avaliação, o juiz dará início aos atos de expropriação do bem.

Seção IV - Da Expropriação de Bens

Subseção I - Da Adjudicação

Art. 876. É lícito ao exequente, oferecendo preço não inferior ao da avaliação, requerer que lhe sejam adjudicados os bens penhorados.

§ 1º Requerida a adjudicação, o executado será intimado do pedido:

I - pelo Diário da Justiça, na pessoa de seu advogado constituído nos autos;

II - por carta com aviso de recebimento, quando representado pela Defensoria Pública ou quando não tiver procurador constituído nos autos;

III - por meio eletrônico, quando, sendo o caso do § 1º do art. 246, não tiver procurador constituído nos autos.

§ 2º Considera-se realizada a intimação quando o executado houver mudado de endereço sem prévia comunicação ao juízo, observado o disposto no art. 274, parágrafo único.

§ 3º Se o executado, citado por edital, não tiver procurador constituído nos autos, é dispensável a intimação prevista no § 1º.

§ 4º Se o valor do crédito for:

I - inferior ao dos bens, o requerente da adjudicação depositará de imediato a diferença, que ficará à disposição do executado;

II - superior ao dos bens, a execução prosseguirá pelo saldo remanescente.

§ 5º Idêntico direito pode ser exercido por aqueles indicados no art. 889, incisos II a VIII, pelos credores concorrentes que hajam penhorado o mesmo bem, pelo cônjuge, pelo companheiro, pelos descendentes ou pelos ascendentes do executado.

§ 6º Se houver mais de um pretendente, proceder-se-á a licitação entre eles, tendo preferência, em caso de igualdade de oferta, o cônjuge, o companheiro, o descendente ou o ascendente, nessa ordem.

§ 7º No caso de penhora de quota social ou de ação de sociedade anônima fechada realizada em favor de exequente alheio à sociedade, esta será intimada, ficando responsável por informar aos sócios a ocorrência da penhora, assegurando-se a estes a preferência.

Art. 877. Transcorrido o prazo de 5 (cinco) dias, contado da última intimação, e decididas eventuais questões, o juiz ordenará a lavratura do auto de adjudicação.

§ 1º Considera-se perfeita e acabada a adjudicação com a lavratura e a assinatura do auto pelo juiz, pelo adjudicatário, pelo escrivão ou chefe de secretaria, e, se estiver presente, pelo executado, expedindo-se:

I - a carta de adjudicação e o mandado de imissão na posse, quando se tratar de bem imóvel;

II - a ordem de entrega ao adjudicatário, quando se tratar de bem móvel.

§ 2º A carta de adjudicação conterá a descrição do imóvel, com remissão à sua matrícula e aos seus registros, a cópia do auto de adjudicação e a prova de quitação do imposto de transmissão.

§ 3º No caso de penhora de bem hipotecado, o executado poderá remi-lo até a assinatura do auto de adjudicação, oferecendo preço igual ao da avaliação, se não tiver havido licitantes, ou ao do maior lance oferecido.

§ 4º Na hipótese de falência ou de insolvência do devedor hipotecário, o direito de remição previsto no § 3º será deferido à massa ou aos credores em concurso, não podendo o exequente recusar o preço da avaliação do imóvel.

Art. 878. Frustradas as tentativas de alienação do bem, será reaberta oportunidade para requerimento de adjudicação, caso em que também se poderá pleitear a realização de nova avaliação.

Subseção II - Da Alienação

Art. 879. A alienação far-se-á:

I - por iniciativa particular;

II - em leilão judicial eletrônico ou presencial.

Art. 880. Não efetivada a adjudicação, o exequente poderá requerer a alienação por sua própria iniciativa ou por intermédio de corretor ou leiloeiro público credenciado perante o órgão judiciário.

§ 1º O juiz fixará o prazo em que a alienação deve ser efetivada, a forma de publicidade, o preço mínimo, as condições de pagamento, as garantias e, se for o caso, a comissão de corretagem.

§ 2º A alienação será formalizada por termo nos autos, com a assinatura do juiz, do exequente, do adquirente e, se estiver presente, do executado, expedindo-se:

I - a carta de alienação e o mandado de imissão na posse, quando se tratar de bem imóvel;

II - a ordem de entrega ao adquirente, quando se tratar de bem móvel.

§ 3º Os tribunais poderão editar disposições complementares sobre o procedimento da alienação prevista neste artigo, admitindo, quando for o caso, o concurso de meios eletrônicos, e dispor sobre o credenciamento dos corretores e leiloeiros públicos, os quais deverão estar em exercício profissional por não menos que 3 (três) anos.

§ 4º Nas localidades em que não houver corretor ou leiloeiro público credenciado nos termos do § 3º, a indicação será de livre escolha do exequente.

Art. 881. A alienação far-se-á em leilão judicial se não efetivada a adjudicação ou a alienação por iniciativa particular.

§ 1º O leilão do bem penhorado será realizado por leiloeiro público.

§ 2º Ressalvados os casos de alienação a cargo de corretores de bolsa de valores, todos os demais bens serão alienados em leilão público.

Art. 882. Não sendo possível a sua realização por meio eletrônico, o leilão será presencial.

§ 1º A alienação judicial por meio eletrônico será realizada, observando-se as garantias processuais das partes, de acordo com regulamentação específica do Conselho Nacional de Justiça.

§ 2º A alienação judicial por meio eletrônico deverá atender aos requisitos de ampla publicidade, autenticidade e segurança, com observância das regras estabelecidas na legislação sobre certificação digital.

§ 3º O leilão presencial será realizado no local designado pelo juiz.

Art. 883. Caberá ao juiz a designação do leiloeiro público, que poderá ser indicado pelo exequente.

Art. 884. Incumbe ao leiloeiro público:

I - publicar o edital, anunciando a alienação;

II - realizar o leilão onde se encontrem os bens ou no lugar designado pelo juiz;

III - expor aos pretendentes os bens ou as amostras das mercadorias;

IV - receber e depositar, dentro de 1 (um) dia, à ordem do juiz, o produto da alienação;

V - prestar contas nos 2 (dois) dias subsequentes ao depósito.

Parágrafo único. O leiloeiro tem o direito de receber do arrematante a comissão estabelecida em lei ou arbitrada pelo juiz.

Art. 885. O juiz da execução estabelecerá o preço mínimo, as condições de pagamento e as garantias que poderão ser prestadas pelo arrematante.

Art. 886. O leilão será precedido de publicação de edital, que conterá:

I - a descrição do bem penhorado, com suas características, e, tratando-se de imóvel, sua situação e suas divisas, com remissão à matrícula e aos registros;

II - o valor pelo qual o bem foi avaliado, o preço mínimo pelo qual poderá ser alienado, as condições de pagamento e, se for o caso, a comissão do leiloeiro designado;

III - o lugar onde estiverem os móveis, os veículos e os semoventes e, tratando-se de créditos ou direitos, a identificação dos autos do processo em que foram penhorados;

IV - o sítio, na rede mundial de computadores, e o período em que se realizará o leilão, salvo se este se der de modo presencial, hipótese em que serão indicados o local, o dia e a hora de sua realização;

V - a indicação de local, dia e hora de segundo leilão presencial, para a hipótese de não haver interessado no primeiro;

VI - menção da existência de ônus, recurso ou processo pendente sobre os bens a serem leiloados.

Parágrafo único. No caso de títulos da dívida pública e de títulos negociados em bolsa, constará do edital o valor da última cotação.

Art. 887. O leiloeiro público designado adotará providências para a ampla divulgação da alienação.

§ 1º A publicação do edital deverá ocorrer pelo menos 5 (cinco) dias antes da data marcada para o leilão.

§ 2º O edital será publicado na rede mundial de computadores, em sítio designado pelo juízo da execução, e conterá descrição detalhada e, sempre que possível, ilustrada dos bens, informando expressamente se o leilão se realizará de forma eletrônica ou presencial.

§ 3º Não sendo possível a publicação na rede mundial de computadores ou considerando o juiz, em atenção às condições da sede do juízo, que esse modo de divulgação é insuficiente ou inadequado, o edital será afixado em local de costume e publicado, em resumo, pelo menos uma vez em jornal de ampla circulação local.

§ 4º Atendendo ao valor dos bens e às condições da sede do juízo, o juiz poderá alterar a forma e a frequência da publicidade na imprensa, mandar publicar o edital em local de ampla circulação de pessoas e divulgar avisos em emissora de rádio ou televisão local, bem como em sítios distintos do indicado no § 2º.

§ 5º Os editais de leilão de imóveis e de veículos automotores serão publicados pela imprensa ou por outros meios de divulgação, preferencialmente na seção ou no local reservados à publicidade dos respectivos negócios.

§ 6º O juiz poderá determinar a reunião de publicações em listas referentes a mais de uma execução.

Art. 888. Não se realizando o leilão por qualquer motivo, o juiz mandará publicar a transferência, observando-se o disposto no art. 887.

Parágrafo único. O escrivão, o chefe de secretaria ou o leiloeiro que culposamente der causa à transferência responde pelas despesas da nova publicação, podendo o juiz aplicar-lhe a pena de suspensão por 5 (cinco) dias a 3 (três) meses, em procedimento administrativo regular.

Art. 889. Serão cientificados da alienação judicial, com pelo menos 5 (cinco) dias de antecedência:

I - o executado, por meio de seu advogado ou, se não tiver procurador constituído nos autos, por carta registrada, mandado, edital ou outro meio idôneo;

II - o coproprietário de bem indivisível do qual tenha sido penhorada fração ideal;

III - o titular de usufruto, uso, habitação, enfiteuse, direito de superfície, concessão de uso especial para fins de moradia ou concessão de direito real de uso, quando a penhora recair sobre bem gravado com tais direitos reais;

IV - o proprietário do terreno submetido ao regime de direito de superfície, enfiteuse, concessão de uso especial para fins de moradia ou concessão de direito real de uso, quando a penhora recair sobre tais direitos reais;

V - o credor pignoratício, hipotecário, anticrético, fiduciário ou com penhora anteriormente averbada, quando a penhora

LIVRO II - DO PROCESSO DE EXECUÇÃO 627

recair sobre bens com tais gravames, caso não seja o credor, de qualquer modo, parte na execução;

VI - o promitente comprador, quando a penhora recair sobre bem em relação ao qual haja promessa de compra e venda registrada;

VII - o promitente vendedor, quando a penhora recair sobre direito aquisitivo derivado de promessa de compra e venda registrada;

VIII - a União, o Estado e o Município, no caso de alienação de bem tombado.

Parágrafo único. Se o executado for revel e não tiver advogado constituído, não constando dos autos seu endereço atual ou, ainda, não sendo ele encontrado no endereço constante do processo, a intimação considerar-se-á feita por meio do próprio edital de leilão.

Art. 890. Pode oferecer lance quem estiver na livre administração de seus bens, com exceção:

I - dos tutores, dos curadores, dos testamenteiros, dos administradores ou dos liquidantes, quanto aos bens confiados à sua guarda e à sua responsabilidade;

II - dos mandatários, quanto aos bens de cuja administração ou alienação estejam encarregados;

III - do juiz, do membro do Ministério Público e da Defensoria Pública, do escrivão, do chefe de secretaria e dos demais servidores e auxiliares da justiça, em relação aos bens e direitos objeto de alienação na localidade onde servirem ou a que se estender a sua autoridade;

IV - dos servidores públicos em geral, quanto aos bens ou aos direitos da pessoa jurídica a que servirem ou que estejam sob sua administração direta ou indireta;

V - dos leiloeiros e seus prepostos, quanto aos bens de cuja venda estejam encarregados;

VI - dos advogados de qualquer das partes.

Art. 891. Não será aceito lance que ofereça preço vil.

Parágrafo único. Considera-se vil o preço inferior ao mínimo estipulado pelo juiz e constante do edital, e, não tendo sido fixado preço mínimo, considera-se vil o preço inferior a cinquenta por cento do valor da avaliação.

Art. 892. Salvo pronunciamento judicial em sentido diverso, o pagamento deverá ser realizado de imediato pelo arrematante, por depósito judicial ou por meio eletrônico.

§ 1º Se o exequente arrematar os bens e for o único credor, não estará obrigado a exibir o preço, mas, se o valor dos bens exceder ao seu crédito, depositará, dentro de 3 (três) dias, a diferença, sob pena de tornar-se sem efeito a arrematação, e, nesse caso, realizar-se-á novo leilão, à custa do exequente.

§ 2º Se houver mais de um pretendente, proceder-se-á entre eles à licitação, e, no caso de igualdade de oferta, terá preferência o cônjuge, o companheiro, o descendente ou o ascendente do executado, nessa ordem.

§ 3º No caso de leilão de bem tombado, a União, os Estados e os Municípios terão, nessa ordem, o direito de preferência na arrematação, em igualdade de oferta.

Art. 893. Se o leilão for de diversos bens e houver mais de um lançador, terá preferência aquele que se propuser a arrematá-los todos, em conjunto, oferecendo, para os bens que não tiverem lance, preço igual ao da avaliação e, para os demais, preço igual ao do maior lance que, na tentativa de arrematação individualizada, tenha sido oferecido para eles.

Art. 894. Quando o imóvel admitir cômoda divisão, o juiz, a requerimento do executado, ordenará a alienação judicial de parte dele, desde que suficiente para o pagamento do exequente e para a satisfação das despesas da execução.

§ 1º Não havendo lançador, far-se-á a alienação do imóvel em sua integridade.

§ 2º A alienação por partes deverá ser requerida a tempo de permitir a avaliação das glebas destacadas e sua inclusão no edital, e, nesse caso, caberá ao executado instruir o requerimento com planta e memorial descritivo subscritos por profissional habilitado.

Art. 895. O interessado em adquirir o bem penhorado em prestações poderá apresentar, por escrito:

I - até o início do primeiro leilão, proposta de aquisição do bem por valor não inferior ao da avaliação;

II - até o início do segundo leilão, proposta de aquisição do bem por valor que não seja considerado vil.

§ 1º A proposta conterá, em qualquer hipótese, oferta de pagamento de pelo menos vinte e cinco por cento do valor do lance à vista e o restante parcelado em até 30 (trinta) meses, garantido por caução idônea, quando se tratar de móveis, e por hipoteca do próprio bem, quando se tratar de imóveis.

§ 2º As propostas para aquisição em prestações indicarão o prazo, a modalidade, o indexador de correção monetária e as condições de pagamento do saldo.

§ 3º (VETADO).

§ 4º No caso de atraso no pagamento de qualquer das prestações, incidirá multa de dez por cento sobre a soma da parcela inadimplida com as parcelas vincendas.

§ 5º O inadimplemento autoriza o exequente a pedir a resolução da arrematação ou promover, em face do arrematante, a execução do valor devido, devendo ambos os pedidos ser formulados nos autos da execução em que se deu a arrematação.

§ 6º A apresentação da proposta prevista neste artigo não suspende o leilão.

§ 7º A proposta de pagamento do lance à vista sempre prevalecerá sobre as propostas de pagamento parcelado.

§ 8º Havendo mais de uma proposta de pagamento parcelado:

I - em diferentes condições, o juiz decidirá pela mais vantajosa, assim compreendida, sempre, a de maior valor;

II - em iguais condições, o juiz decidirá pela formulada em primeiro lugar.

§ 9º No caso de arrematação a prazo, os pagamentos feitos pelo arrematante pertencerão ao exequente até o limite de seu crédito, e os subsequentes, ao executado.

Art. 896. Quando o imóvel de incapaz não alcançar em leilão pelo menos oitenta por cento do valor da avaliação, o juiz o confiará à guarda e à administração de depositário idôneo, adiando a alienação por prazo não superior a 1 (um) ano.

§ 1º Se, durante o adiamento, algum pretendente assegurar, mediante caução idônea, o preço da avaliação, o juiz ordenará a alienação em leilão.

§ 2º Se o pretendente à arrematação se arrepender, o juiz impor-lhe-á multa de vinte por cento sobre o valor da avaliação, em benefício do incapaz, valendo a decisão como título executivo.

§ 3º Sem prejuízo do disposto nos §§ 1º e 2º, o juiz poderá autorizar a locação do imóvel no prazo do adiamento.

§ 4º Findo o prazo do adiamento, o imóvel será submetido a novo leilão.

Art. 897. Se o arrematante ou seu fiador não pagar o preço no prazo estabelecido, o juiz impor-lhe-á, em favor do exequente, a perda da caução, voltando os bens a novo leilão, do qual não serão admitidos a participar o arrematante e o fiador remissos.

Art. 898. O fiador do arrematante que pagar o valor do lance e a multa poderá requerer que a arrematação lhe seja transferida.

Art. 899. Será suspensa a arrematação logo que o produto da alienação dos bens for suficiente para o pagamento do credor e para a satisfação das despesas da execução.

Art. 900. O leilão prosseguirá no dia útil imediato, à mesma hora em que teve início, independentemente de novo edital, se for ultrapassado o horário de expediente forense.

Art. 901. A arrematação constará de auto que será lavrado de imediato e poderá abranger bens penhorados em mais de uma execução, nele mencionadas as condições nas quais foi alienado o bem.

§ 1º A ordem de entrega do bem móvel ou a carta de arrematação do bem imóvel, com o respectivo mandado de imissão na posse, será expedida depois de efetuado o depósito ou prestadas as garantias pelo arrematante, bem como realizado o pagamento da comissão do leiloeiro e das demais despesas da execução.

§ 2º A carta de arrematação conterá a descrição do imóvel, com remissão à sua matrícula ou individuação e aos seus registros, a cópia do auto de arrematação e a prova de pagamento do imposto de transmissão, além da indicação da existência de eventual ônus real ou gravame.

Art. 902. No caso de leilão de bem hipotecado, o executado poderá remi-lo até a assinatura do auto de arrematação, oferecendo preço igual ao do maior lance oferecido.

Parágrafo único. No caso de falência ou insolvência do devedor hipotecário, o direito de remição previsto no caput defere-se à massa ou aos credores em concurso, não podendo o exequente recusar o preço da avaliação do imóvel.

Art. 903. Qualquer que seja a modalidade de leilão, assinado o auto pelo juiz, pelo arrematante e pelo leiloeiro, a arrematação será considerada perfeita, acabada e irretratável, ainda que venham a ser julgados procedentes os embargos do executado ou a ação autônoma de que trata o § 4º deste artigo, assegurada a possibilidade de reparação pelos prejuízos sofridos.

§ 1º Ressalvadas outras situações previstas neste Código, a arrematação poderá, no entanto, ser:

I - invalidada, quando realizada por preço vil ou com outro vício;

II - considerada ineficaz, se não observado o disposto no art. 804;

III - resolvida, se não for pago o preço ou se não for prestada a caução.

§ 2º O juiz decidirá acerca das situações referidas no § 1º, se for provocado em até 10 (dez) dias após o aperfeiçoamento da arrematação.

§ 3º Passado o prazo previsto no § 2º sem que tenha havido alegação de qualquer das situações previstas no § 1º, será expedida a carta de arrematação e, conforme o caso, a ordem de entrega ou mandado de imissão na posse.

§ 4º Após a expedição da carta de arrematação ou da ordem de entrega, a invalidação da arrematação poderá ser pleiteada por ação autônoma, em cujo processo o arrematante figurará como litisconsorte necessário.

§ 5º O arrematante poderá desistir da arrematação, sendo-lhe imediatamente devolvido o depósito que tiver feito:

I - se provar, nos 10 (dez) dias seguintes, a existência de ônus real ou gravame não mencionado no edital;

II - se, antes de expedida a carta de arrematação ou a ordem de entrega, o executado alegar alguma das situações previstas no § 1º;

III - uma vez citado para responder a ação autônoma de que trata o § 4º deste artigo, desde que apresente a desistência no prazo de que dispõe para responder a essa ação.

§ 6º Considera-se ato atentatório à dignidade da justiça a suscitação infundada de vício com o objetivo de ensejar a desistência do arrematante, devendo o suscitante ser condenado, sem prejuízo da responsabilidade por perdas e danos, ao pagamento de multa, a ser fixada pelo juiz e devida ao exequente, em montante não superior a vinte por cento do valor atualizado do bem.

Seção V - Da Satisfação do Crédito

Art. 904. A satisfação do crédito exequendo far-se-á:

I - pela entrega do dinheiro;

II - pela adjudicação dos bens penhorados.

Art. 905. O juiz autorizará que o exequente levante, até a satisfação integral de seu crédito, o dinheiro depositado para segurar o juízo ou o produto dos bens alienados, bem como do faturamento de empresa ou de outros frutos e rendimentos de coisas ou empresas penhoradas, quando:

I - a execução for movida só a benefício do exequente singular, a quem, por força da penhora, cabe o direito de preferência sobre os bens penhorados e alienados;

II - não houver sobre os bens alienados outros privilégios ou preferências instituídos anteriormente à penhora.

Parágrafo único. Durante o plantão judiciário, veda-se a concessão de pedidos de levantamento de importância em dinheiro ou valores ou de liberação de bens apreendidos.

Art. 906. Ao receber o mandado de levantamento, o exequente dará ao executado, por termo nos autos, quitação da quantia paga.

Parágrafo único. A expedição de mandado de levantamento poderá ser substituída pela transferência eletrônica do valor depositado em conta vinculada ao juízo para outra indicada pelo exequente.

Art. 907. Pago ao exequente o principal, os juros, as custas e os honorários, a importância que sobrar será restituída ao executado.

Art. 908. Havendo pluralidade de credores ou exequentes, o dinheiro lhes será distribuído e entregue consoante a ordem das respectivas preferências.

§ 1º No caso de adjudicação ou alienação, os créditos que recaem sobre o bem, inclusive os de natureza propter rem, sub-rogam-se sobre o respectivo preço, observada a ordem de preferência.

§ 2º Não havendo título legal à preferência, o dinheiro será distribuído entre os concorrentes, observando-se a anterioridade de cada penhora.

Art. 909. Os exequentes formularão as suas pretensões, que versarão unicamente sobre o direito de preferência e a anterioridade da penhora, e, apresentadas as razões, o juiz decidirá.

CAPÍTULO V - DA EXECUÇÃO CONTRA A FAZENDA PÚBLICA

Art. 910. Na execução fundada em título extrajudicial, a Fazenda Pública será citada para opor embargos em 30 (trinta) dias.

§ 1º Não opostos embargos ou transitada em julgado a decisão que os rejeitar, expedir-se-á precatório ou requisição de pequeno valor em favor do exequente, observando-se o disposto no art. 100 da Constituição Federal.

§ 2º Nos embargos, a Fazenda Pública poderá alegar qualquer matéria que lhe seria lícito deduzir como defesa no processo de conhecimento.

§ 3º Aplica-se a este Capítulo, no que couber, o disposto nos artigos 534 e 535.

CAPÍTULO VI - DA EXECUÇÃO DE ALIMENTOS

Art. 911. Na execução fundada em título executivo extrajudicial que contenha obrigação alimentar, o juiz mandará citar o executado para, em 3 (três) dias, efetuar o pagamento das parcelas anteriores ao início da execução e das que se vencerem no seu curso, provar que o fez ou justificar a impossibilidade de fazê-lo.

Parágrafo único. Aplicam-se, no que couber, os §§ 2º a 7º do art. 528.

Art. 912. Quando o executado for funcionário público, militar, diretor ou gerente de empresa, bem como empregado sujeito à legislação do trabalho, o exequente poderá requerer o desconto em folha de pagamento de pessoal da importância da prestação alimentícia.

§ 1º Ao despachar a inicial, o juiz oficiará à autoridade, à empresa ou ao empregador, determinando, sob pena de crime de desobediência, o desconto a partir da primeira remuneração posterior do executado, a contar do protocolo do ofício.

§ 2º O ofício conterá os nomes e o número de inscrição no Cadastro de Pessoas Físicas do exequente e do executado, a importância a ser descontada mensalmente, a conta na qual deve ser feito o depósito e, se for o caso, o tempo de sua duração.

Art. 913. Não requerida a execução nos termos deste Capítulo, observar-se-á o disposto no art. 824 e seguintes, com a ressalva de que, recaindo a penhora em dinheiro, a concessão de efeito suspensivo aos embargos à execução não obsta a que o exequente levante mensalmente a importância da prestação.

TÍTULO III - DOS EMBARGOS À EXECUÇÃO

Art. 914. O executado, independentemente de penhora, depósito ou caução, poderá se opor à execução por meio de embargos.

§ 1º Os embargos à execução serão distribuídos por dependência, autuados em apartado e instruídos com cópias das peças processuais relevantes, que poderão ser declaradas autênticas pelo próprio advogado, sob sua responsabilidade pessoal.

§ 2º Na execução por carta, os embargos serão oferecidos no juízo deprecante ou no juízo deprecado, mas a competência para julgá-los é do juízo deprecante, salvo se versarem unicamente sobre vícios ou defeitos da penhora, da avaliação ou da alienação dos bens efetuadas no juízo deprecado.

Art. 915. Os embargos serão oferecidos no prazo de 15 (quinze) dias, contado, conforme o caso, na forma do art. 231.

§ 1º Quando houver mais de um executado, o prazo para cada um deles embargar conta-se a partir da juntada do respectivo comprovante da citação, salvo no caso de cônjuges ou de companheiros, quando será contado a partir da juntada do último.

§ 2º Nas execuções por carta, o prazo para embargos será contado:

I - da juntada, na carta, da certificação da citação, quando versarem unicamente sobre vícios ou defeitos da penhora, da avaliação ou da alienação dos bens;

II - da juntada, nos autos de origem, do comunicado de que trata o § 4º deste artigo ou, não havendo este, da juntada da carta devidamente cumprida, quando versarem sobre questões diversas da prevista no inciso I deste parágrafo.

§ 3º Em relação ao prazo para oferecimento dos embargos à execução, não se aplica o disposto no art. 229.

§ 4º Nos atos de comunicação por carta precatória, rogatória ou de ordem, a realização da citação será imediatamente informada, por meio eletrônico, pelo juiz deprecado ao juiz deprecante.

Art. 916. No prazo para embargos, reconhecendo o crédito do exequente e comprovando o depósito de trinta por cento do valor em execução, acrescido de custas e de honorários de advogado, o executado poderá requerer que lhe seja permitido pagar o restante em até 6 (seis) parcelas mensais, acrescidas de correção monetária e de juros de um por cento ao mês.

§ 1º O exequente será intimado para manifestar-se sobre o preenchimento dos pressupostos do caput, e o juiz decidirá o requerimento em 5 (cinco) dias.

§ 2º Enquanto não apreciado o requerimento, o executado terá de depositar as parcelas vincendas, facultado ao exequente seu levantamento.

§ 3º Deferida a proposta, o exequente levantará a quantia depositada, e serão suspensos os atos executivos.

§ 4º Indeferida a proposta, seguir-se-ão os atos executivos, mantido o depósito, que será convertido em penhora.

§ 5º O não pagamento de qualquer das prestações acarretará cumulativamente:

I - o vencimento das prestações subsequentes e o prosseguimento do processo, com o imediato reinício dos atos executivos;

II - a imposição ao executado de multa de dez por cento sobre o valor das prestações não pagas.

§ 6º A opção pelo parcelamento de que trata este artigo importa renúncia ao direito de opor embargos

§ 7º O disposto neste artigo não se aplica ao cumprimento da sentença.

Art. 917. Nos embargos à execução, o executado poderá alegar:

I - inexequibilidade do título ou inexigibilidade da obrigação;

II - penhora incorreta ou avaliação errônea;

III - excesso de execução ou cumulação indevida de execuções;

IV - retenção por benfeitorias necessárias ou úteis, nos casos de execução para entrega de coisa certa;

V - incompetência absoluta ou relativa do juízo da execução;

VI - qualquer matéria que lhe seria lícito deduzir como defesa em processo de conhecimento.

§ 1º A incorreção da penhora ou da avaliação poderá ser impugnada por simples petição, no prazo de 15 (quinze) dias, contado da ciência do ato.

§ 2º Há excesso de execução quando:

I - o exequente pleiteia quantia superior à do título;

II - ela recai sobre coisa diversa daquela declarada no título;

III - ela se processa de modo diferente do que foi determinado no título;

IV - o exequente, sem cumprir a prestação que lhe corresponde, exige o adimplemento da prestação do executado;

V - o exequente não prova que a condição se realizou.

§ 3º Quando alegar que o exequente, em excesso de execução, pleiteia quantia superior à do título, o embargante declarará na petição inicial o valor que entende correto, apresentando demonstrativo discriminado e atualizado de seu cálculo.

§ 4º Não apontado o valor correto ou não apresentado o demonstrativo, os embargos à execução:

I - serão liminarmente rejeitados, sem resolução de mérito, se o excesso de execução for o seu único fundamento;

II - serão processados, se houver outro fundamento, mas o juiz não examinará a alegação de excesso de execução.

§ 5º Nos embargos de retenção por benfeitorias, o exequente poderá requerer a compensação de seu valor com o dos frutos ou dos danos considerados devidos pelo executado, cumprindo ao juiz, para a apuração dos respectivos valores, nomear perito, observando-se, então, o art. 464.

§ 6º O exequente poderá a qualquer tempo ser imitido na posse da coisa, prestando caução ou depositando o valor devido pelas benfeitorias ou resultante da compensação.

§ 7º A arguição de impedimento e suspeição observará o disposto nos arts. 146 e 148.

Art. 918. O juiz rejeitará liminarmente os embargos:

I - quando intempestivos;

II - nos casos de indeferimento da petição inicial e de improcedência liminar do pedido;

III - manifestamente protelatórios.

Parágrafo único. Considera-se conduta atentatória à dignidade da justiça o oferecimento de embargos manifestamente protelatórios.

Art. 919. Os embargos à execução não terão efeito suspensivo.

§ 1º O juiz poderá, a requerimento do embargante, atribuir efeito suspensivo aos embargos quando verificados os requisitos para a concessão da tutela provisória e desde que a execução já esteja garantida por penhora, depósito ou caução suficientes.

§ 2º Cessando as circunstâncias que a motivaram, a decisão relativa aos efeitos dos embargos poderá, a requerimento da parte, ser modificada ou revogada a qualquer tempo, em decisão fundamentada.

§ 3º Quando o efeito suspensivo atribuído aos embargos disser respeito apenas a parte do objeto da execução, esta prosseguirá quanto à parte restante.

§ 4º A concessão de efeito suspensivo aos embargos oferecidos por um dos executados não suspenderá a execução contra os que não embargaram quando o respectivo fundamento disser respeito exclusivamente ao embargante.

§ 5º A concessão de efeito suspensivo não impedirá a efetivação dos atos de substituição, de reforço ou de redução da penhora e de avaliação dos bens.

Art. 920. Recebidos os embargos:

I - o exequente será ouvido no prazo de 15 (quinze) dias;
II - a seguir, o juiz julgará imediatamente o pedido ou designará audiência;
III - encerrada a instrução, o juiz proferirá sentença.

TÍTULO IV - DA SUSPENSÃO E DA EXTINÇÃO DO PROCESSO DE EXECUÇÃO

CAPÍTULO I - DA SUSPENSÃO DO PROCESSO DE EXECUÇÃO

Art. 921. Suspende-se a execução:
I - nas hipóteses dos arts. 313 e 315, no que couber;
II - no todo ou em parte, quando recebidos com efeito suspensivo os embargos à execução;
III - quando o executado não possuir bens penhoráveis;
IV - se a alienação dos bens penhorados não se realizar por falta de licitantes e o exequente, em 15 (quinze) dias, não requerer a adjudicação nem indicar outros bens penhoráveis;
V - quando concedido o parcelamento de que trata o art. 916.

§ 1º Na hipótese do inciso III, o juiz suspenderá a execução pelo prazo de 1 (um) ano, durante o qual se suspenderá a prescrição.

§ 2º Decorrido o prazo máximo de 1 (um) ano sem que seja localizado o executado ou que sejam encontrados bens penhoráveis, o juiz ordenará o arquivamento dos autos.

§ 3º Os autos serão desarquivados para prosseguimento da execução se a qualquer tempo forem encontrados bens penhoráveis.

§ 4º Decorrido o prazo de que trata o § 1º sem manifestação do exequente, começa a correr o prazo de prescrição intercorrente.

§ 5º O juiz, depois de ouvidas as partes, no prazo de 15 (quinze) dias, poderá, de ofício, reconhecer a prescrição de que trata o § 4º e extinguir o processo.

Art. 922. Convindo as partes, o juiz declarará suspensa a execução durante o prazo concedido pelo exequente para que o executado cumpra voluntariamente a obrigação.

Parágrafo único. Findo o prazo sem cumprimento da obrigação, o processo retomará o seu curso.

Art. 923. Suspensa a execução, não serão praticados atos processuais, podendo o juiz, entretanto, salvo no caso de arguição de impedimento ou de suspeição, ordenar providências urgentes.

CAPÍTULO II - DA EXTINÇÃO DO PROCESSO DE EXECUÇÃO

Art. 924. Extingue-se a execução quando:
I - a petição inicial for indeferida;
II - a obrigação for satisfeita;
III - o executado obtiver, por qualquer outro meio, a extinção total da dívida;
IV - o exequente renunciar ao crédito;
V - ocorrer a prescrição intercorrente.

Art. 925. A extinção só produz efeito quando declarada por sentença.

LIVRO III - DOS PROCESSOS NOS TRIBUNAIS E DOS MEIOS DE IMPUGNAÇÃO DAS DECISÕES JUDICIAIS

TÍTULO I - DA ORDEM DOS PROCESSOS E DOS PROCESSOS DE COMPETÊNCIA ORIGINÁRIA DOS TRIBUNAIS

CAPÍTULO I - DISPOSIÇÕES GERAIS

Art. 926. Os tribunais devem uniformizar sua jurisprudência e mantê-la estável, íntegra e coerente.

§ 1º Na forma estabelecida e segundo os pressupostos fixados no regimento interno, os tribunais editarão enunciados de súmula correspondentes a sua jurisprudência dominante.

§ 2º Ao editar enunciados de súmula, os tribunais devem ater-se às circunstâncias fáticas dos precedentes que motivaram sua criação.

Art. 927. Os juízes e os tribunais observarão:
I - as decisões do Supremo Tribunal Federal em controle concentrado de constitucionalidade;
II - os enunciados de súmula vinculante;
III - os acórdãos em incidente de assunção de competência ou de resolução de demandas repetitivas e em julgamento de recursos extraordinário e especial repetitivos;
IV - os enunciados das súmulas do Supremo Tribunal Federal em matéria constitucional e do Superior Tribunal de Justiça em matéria infraconstitucional;
V - a orientação do plenário ou do órgão especial aos quais estiverem vinculados.

§ 1º Os juízes e os tribunais observarão o disposto no art. 10 e no art. 489, § 1º, quando decidirem com fundamento neste artigo.

§ 2º A alteração de tese jurídica adotada em enunciado de súmula ou em julgamento de casos repetitivos poderá ser precedida de audiências públicas e da participação de pessoas, órgãos ou entidades que possam contribuir para a rediscussão da tese.

§ 3º Na hipótese de alteração de jurisprudência dominante do Supremo Tribunal Federal e dos tribunais superiores ou daquela oriunda de julgamento de casos repetitivos, pode haver modulação dos efeitos da alteração no interesse social e no da segurança jurídica.

§ 4º A modificação de enunciado de súmula, de jurisprudência pacificada ou de tese adotada em julgamento de casos repetitivos observará a necessidade de fundamentação adequada e específica, considerando os princípios da segurança jurídica, da proteção da confiança e da isonomia.

§ 5º Os tribunais darão publicidade a seus precedentes, organizando-os por questão jurídica decidida e divulgando-os, preferencialmente, na rede mundial de computadores.

Art. 928. Para os fins deste Código, considera-se julgamento de casos repetitivos a decisão proferida em:
I - incidente de resolução de demandas repetitivas;
II - recursos especial e extraordinário repetitivos.

Parágrafo único. O julgamento de casos repetitivos tem por objeto questão de direito material ou processual.

CAPÍTULO II - DA ORDEM DOS PROCESSOS NO TRIBUNAL

Art. 929. Os autos serão registrados no protocolo do tribunal no dia de sua entrada, cabendo à secretaria ordená-los, com imediata distribuição.

Parágrafo único. A critério do tribunal, os serviços de protocolo poderão ser descentralizados, mediante delegação a ofícios de justiça de primeiro grau.

Art. 930. Far-se-á a distribuição de acordo com o regimento interno do tribunal, observando-se a alternatividade, o sorteio eletrônico e a publicidade.

Parágrafo único. O primeiro recurso protocolado no tribunal tornará prevento o relator para eventual recurso subsequente interposto no mesmo processo ou em processo conexo.

Art. 931. Distribuídos, os autos serão imediatamente conclusos ao relator, que, em 30 (trinta) dias, depois de elaborar o voto, restituí-los-á, com relatório, à secretaria.

Art. 932. Incumbe ao relator:
I - dirigir e ordenar o processo no tribunal, inclusive em relação à produção de prova, bem como, quando for o caso, homologar autocomposição das partes;
II - apreciar o pedido de tutela provisória nos recursos e nos processos de competência originária do tribunal;

III - não conhecer de recurso inadmissível, prejudicado ou que não tenha impugnado especificamente os fundamentos da decisão recorrida;

IV - negar provimento a recurso que for contrário a:
a) súmula do Supremo Tribunal Federal, do Superior Tribunal de Justiça ou do próprio tribunal;
b) acórdão proferido pelo Supremo Tribunal Federal ou pelo Superior Tribunal de Justiça em julgamento de recursos repetitivos;
c) entendimento firmado em incidente de resolução de demandas repetitivas ou de assunção de competência;

V - depois de facultada a apresentação de contrarrazões, dar provimento ao recurso se a decisão recorrida for contrária a:
a) súmula do Supremo Tribunal Federal, do Superior Tribunal de Justiça ou do próprio tribunal;
b) acórdão proferido pelo Supremo Tribunal Federal ou pelo Superior Tribunal de Justiça em julgamento de recursos repetitivos;
c) entendimento firmado em incidente de resolução de demandas repetitivas ou de assunção de competência;

VI - decidir o incidente de desconsideração da personalidade jurídica, quando este for instaurado originariamente perante o tribunal;

VII - determinar a intimação do Ministério Público, quando for o caso;

VIII - exercer outras atribuições estabelecidas no regimento interno do tribunal.

Parágrafo único. Antes de considerar inadmissível o recurso, o relator concederá o prazo de 5 (cinco) dias ao recorrente para que seja sanado vício ou complementada a documentação exigível.

Art. 933. Se o relator constatar a ocorrência de fato superveniente à decisão recorrida ou a existência de questão apreciável de ofício ainda não examinada que devam ser considerados no julgamento do recurso, intimará as partes para que se manifestem no prazo de 5 (cinco) dias.

§ 1º Se a constatação ocorrer durante a sessão de julgamento, esse será imediatamente suspenso a fim de que as partes se manifestem especificamente.

§ 2º Se a constatação se der em vista dos autos, deverá o juiz que a solicitou encaminhá-los ao relator, que tomará as providências previstas no caput e, em seguida, solicitará a inclusão do feito em pauta para prosseguimento do julgamento, com submissão integral da nova questão aos julgadores.

Art. 934. Em seguida, os autos serão apresentados ao presidente, que designará dia para julgamento, ordenando, em todas as hipóteses previstas neste Livro, a publicação da pauta no órgão oficial.

Art. 935. Entre a data de publicação da pauta e a da sessão de julgamento decorrerá, pelo menos, o prazo de 5 (cinco) dias, incluindo-se em nova pauta os processos que não tenham sido julgados, salvo aqueles cujo julgamento tiver sido expressamente adiado para a primeira sessão seguinte.

§ 1º Às partes será permitida vista dos autos em cartório após a publicação da pauta de julgamento.

§ 2º Afixar-se-á a pauta na entrada da sala em que se realizar a sessão de julgamento.

Art. 936. Ressalvadas as preferências legais e regimentais, os recursos, a remessa necessária e os processos de competência originária serão julgados na seguinte ordem:

I - aqueles nos quais houver sustentação oral, observada a ordem dos requerimentos;

II - os requerimentos de preferência apresentados até o início da sessão de julgamento;

III - aqueles cujo julgamento tenha iniciado em sessão anterior; e

IV - os demais casos.

Art. 937. Na sessão de julgamento, depois da exposição da causa pelo relator, o presidente dará a palavra, sucessivamente, ao recorrente, ao recorrido e, nos casos de sua intervenção, ao membro do Ministério Público, pelo prazo improrrogável de 15 (quinze) minutos para cada um, a fim de sustentarem suas razões, nas seguintes hipóteses, nos termos da parte final do caput do art. 1.021:

I - no recurso de apelação;
II - no recurso ordinário;
III - no recurso especial;
IV - no recurso extraordinário;
V - nos embargos de divergência;
VI - na ação rescisória, no mandado de segurança e na reclamação;
VII - (VETADO);
VIII - no agravo de instrumento interposto contra decisões interlocutórias que versem sobre tutelas provisórias de urgência ou da evidência;
IX - em outras hipóteses previstas em lei ou no regimento interno do tribunal.

§ 1º A sustentação oral no incidente de resolução de demandas repetitivas observará o disposto no art. 984, no que couber.

§ 2º O procurador que desejar proferir sustentação oral poderá requerer, até o início da sessão, que o processo seja julgado em primeiro lugar, sem prejuízo das preferências legais.

§ 3º Nos processos de competência originária previstos no inciso VI, caberá sustentação oral no agravo interno interposto contra decisão de relator que o extinga.

§ 4º É permitido ao advogado com domicílio profissional em cidade diversa daquela onde está sediado o tribunal realizar sustentação oral por meio de videoconferência ou outro recurso tecnológico de transmissão de sons e imagens em tempo real, desde que o requeira até o dia anterior ao da sessão.

Art. 938. A questão preliminar suscitada no julgamento será decidida antes do mérito, deste não se conhecendo caso seja incompatível com a decisão.

§ 1º Constatada a ocorrência de vício sanável, inclusive aquele que possa ser conhecido de ofício, o relator determinará a realização ou a renovação do ato processual, no próprio tribunal ou em primeiro grau de jurisdição, intimadas as partes.

§ 2º Cumprida a diligência de que trata o § 1º, o relator, sempre que possível, prosseguirá no julgamento do recurso.

§ 3º Reconhecida a necessidade de produção de prova, o relator converterá o julgamento em diligência, que se realizará no tribunal ou em primeiro grau de jurisdição, decidindo-se o recurso após a conclusão da instrução.

§ 4º Quando não determinadas pelo relator, as providências indicadas nos §§ 1º e 3º poderão ser determinadas pelo órgão competente para julgamento do recurso.

Art. 939. Se a preliminar for rejeitada ou se a apreciação do mérito for com ela compatível, seguir-se-ão a discussão e o julgamento da matéria principal, sobre a qual deverão se pronunciar os juízes vencidos na preliminar.

Art. 940. O relator ou outro juiz que não se considerar habilitado a proferir imediatamente seu voto poderá solicitar vista pelo prazo máximo de 10 (dez) dias, após o qual o recurso será reincluído em pauta para julgamento na sessão seguinte à data da devolução.

§ 1º Se os autos não forem devolvidos tempestivamente ou se não for solicitada pelo juiz prorrogação de prazo de no máximo mais 10 (dez) dias, o presidente do órgão fracionário os requisitará para julgamento do recurso na sessão ordinária subsequente, com publicação da pauta em que for incluído.

§ 2º Quando requisitar os autos na forma do § 1º, se aquele que fez o pedido de vista ainda não se sentir habilitado a votar, o presidente convocará substituto para proferir voto, na forma estabelecida no regimento interno do tribunal.

Art. 941. Proferidos os votos, o presidente anunciará o resultado do julgamento, designando para redigir o acórdão o relator ou, se vencido este, o autor do primeiro voto vencedor.

§ 1º O voto poderá ser alterado até o momento da proclamação do resultado pelo presidente, salvo aquele já proferido por juiz afastado ou substituído.

§ 2º No julgamento de apelação ou de agravo de instrumento, a decisão será tomada, no órgão colegiado, pelo voto de 3 (três) juízes.

§ 3º O voto vencido será necessariamente declarado e considerado parte integrante do acórdão para todos os fins legais, inclusive de pré-questionamento.

Art. 942. Quando o resultado da apelação for não unânime, o julgamento terá prosseguimento em sessão a ser designada com a presença de outros julgadores, que serão convocados nos termos previamente definidos no regimento interno, em número suficiente para garantir a possibilidade de inversão do resultado inicial, assegurado às partes e a eventuais terceiros o direito de sustentar oralmente suas razões perante os novos julgadores.

§ 1º Sendo possível, o prosseguimento do julgamento dar-se-á na mesma sessão, colhendo-se os votos de outros julgadores que porventura componham o órgão colegiado.

§ 2º Os julgadores que já tiverem votado poderão rever seus votos por ocasião do prosseguimento do julgamento.

§ 3º A técnica de julgamento prevista neste artigo aplica-se, igualmente, ao julgamento não unânime proferido em:

I - ação rescisória, quando o resultado for a rescisão da sentença, devendo, nesse caso, seu prosseguimento ocorrer em órgão de maior composição previsto no regimento interno;

II - agravo de instrumento, quando houver reforma da decisão que julgar parcialmente o mérito.

§ 4º Não se aplica o disposto neste artigo ao julgamento:

I - do incidente de assunção de competência e ao de resolução de demandas repetitivas;

II - da remessa necessária;

III - não unânime proferido, nos tribunais, pelo plenário ou pela corte especial.

Art. 943. Os votos, os acórdãos e os demais atos processuais podem ser registrados em documento eletrônico inviolável e assinados eletronicamente, na forma da lei, devendo ser impressos para juntada aos autos do processo quando este não for eletrônico.

§ 1º Todo acórdão conterá ementa.

§ 2º Lavrado o acórdão, sua ementa será publicada no órgão oficial no prazo de 10 (dez) dias.

Art. 944. Não publicado o acórdão no prazo de 30 (trinta) dias, contado da data da sessão de julgamento, as notas taquigráficas o substituirão, para todos os fins legais, independentemente de revisão.

Parágrafo único. No caso do caput, o presidente do tribunal lavrará, de imediato, as conclusões e a ementa e mandará publicar o acórdão.

Art. 945. REVOGADO

Art. 946. O agravo de instrumento será julgado antes da apelação interposta no mesmo processo.

Parágrafo único. Se ambos os recursos de que trata o caput houverem de ser julgados na mesma sessão, terá precedência o agravo de instrumento.

CAPÍTULO III - DO INCIDENTE DE ASSUNÇÃO DE COMPETÊNCIA

Art. 947. É admissível a assunção de competência quando o julgamento de recurso, de remessa necessária ou de processo de competência originária envolver relevante questão de direito, com grande repercussão social, sem repetição em múltiplos processos.

§ 1º Ocorrendo a hipótese de assunção de competência, o relator proporá, de ofício ou a requerimento da parte, do Ministério Público ou da Defensoria Pública, que seja o recurso, a remessa necessária ou o processo de competência originária julgado pelo órgão colegiado que o regimento indicar.

§ 2º O órgão colegiado julgará o recurso, a remessa necessária ou o processo de competência originária se reconhecer interesse público na assunção de competência.

§ 3º O acórdão proferido em assunção de competência vinculará todos os juízes e órgãos fracionários, exceto se houver revisão de tese.

§ 4º Aplica-se o disposto neste artigo quando ocorrer relevante questão de direito a respeito da qual seja conveniente a prevenção ou a composição de divergência entre câmaras ou turmas do tribunal.

CAPÍTULO IV - DO INCIDENTE DE ARGUIÇÃO DE INCONSTITUCIONALIDADE

Art. 948. Arguida, em controle difuso, a inconstitucionalidade de lei ou de ato normativo do poder público, o relator, após ouvir o Ministério Público e as partes, submeterá a questão à turma ou à câmara à qual competir o conhecimento do processo.

Art. 949. Se a arguição for:

I - rejeitada, prosseguirá o julgamento;

II - acolhida, a questão será submetida ao plenário do tribunal ou ao seu órgão especial, onde houver.

Parágrafo único. Os órgãos fracionários dos tribunais não submeterão ao plenário ou ao órgão especial a arguição de inconstitucionalidade quando já houver pronunciamento destes ou do plenário do Supremo Tribunal Federal sobre a questão.

Art. 950. Remetida cópia do acórdão a todos os juízes, o presidente do tribunal designará a sessão de julgamento.

§ 1º As pessoas jurídicas de direito público responsáveis pela edição do ato questionado poderão manifestar-se no incidente de inconstitucionalidade se assim o requererem, observados os prazos e as condições previstos no regimento interno do tribunal.

§ 2º A parte legitimada à propositura das ações previstas no art. 103 da Constituição Federal poderá manifestar-se, por escrito, sobre a questão constitucional objeto de apreciação, no prazo previsto pelo regimento interno, sendo-lhe assegurado o direito de apresentar memoriais ou de requerer a juntada de documentos.

§ 3º Considerando a relevância da matéria e a representatividade dos postulantes, o relator poderá admitir, por despacho irrecorrível, a manifestação de outros órgãos ou entidades.

CAPÍTULO V - DO CONFLITO DE COMPETÊNCIA

Art. 951. O conflito de competência pode ser suscitado por qualquer das partes, pelo Ministério Público ou pelo juiz.

Parágrafo único. O Ministério Público somente será ouvido nos conflitos de competência relativos aos processos previstos no art. 178, mas terá qualidade de parte nos conflitos que suscitar.

Art. 952. Não pode suscitar conflito a parte que, no processo, arguiu incompetência relativa.

Parágrafo único. O conflito de competência não obsta, porém, a que a parte que não o arguiu suscite a incompetência.

Art. 953. O conflito será suscitado ao tribunal:

I - pelo juiz, por ofício;

II - pela parte e pelo Ministério Público, por petição.

Parágrafo único. O ofício e a petição serão instruídos com os documentos necessários à prova do conflito.

Art. 954. Após a distribuição, o relator determinará a oitiva dos juízes em conflito ou, se um deles for suscitante, apenas do suscitado.

Parágrafo único. No prazo designado pelo relator, incumbirá ao juiz ou aos juízes prestar as informações.

Art. 955. O relator poderá, de ofício ou a requerimento de qualquer das partes, determinar, quando o conflito for positivo, o sobrestamento do processo e, nesse caso, bem como no de conflito negativo, designará um dos juízes para resolver, em caráter provisório, as medidas urgentes.

Parágrafo único. O relator poderá julgar de plano o conflito de competência quando sua decisão se fundar em:

I - súmula do Supremo Tribunal Federal, do Superior Tribunal de Justiça ou do próprio tribunal;

II - tese firmada em julgamento de casos repetitivos ou em incidente de assunção de competência.

Art. 956. Decorrido o prazo designado pelo relator, será ouvido o Ministério Público, no prazo de 5 (cinco) dias, ainda que as informações não tenham sido prestadas, e, em seguida, o conflito irá a julgamento.

Art. 957. Ao decidir o conflito, o tribunal declarará qual o juízo competente, pronunciando-se também sobre a validade dos atos do juízo incompetente.

Parágrafo único. Os autos do processo em que se manifestou o conflito serão remetidos ao juiz declarado competente.

Art. 958. No conflito que envolva órgãos fracionários dos tribunais, desembargadores e juízes em exercício no tribunal, observar-se-á o que dispuser o regimento interno do tribunal.

Art. 959. O regimento interno do tribunal regulará o processo e o julgamento do conflito de atribuições entre autoridade judiciária e autoridade administrativa.

CAPÍTULO VI - DA HOMOLOGAÇÃO DE DECISÃO ESTRANGEIRA E DA CONCESSÃO DO EXEQUATUR À CARTA ROGATÓRIA

Art. 960. A homologação de decisão estrangeira será requerida por ação de homologação de decisão estrangeira, salvo disposição especial em sentido contrário prevista em tratado.

§ 1º A decisão interlocutória estrangeira poderá ser executada no Brasil por meio de carta rogatória.

§ 2º A homologação obedecerá ao que dispuserem os tratados em vigor no Brasil e o Regimento Interno do Superior Tribunal de Justiça.

§ 3º A homologação de decisão arbitral estrangeira obedecerá ao disposto em tratado e em lei, aplicando-se, subsidiariamente, as disposições deste Capítulo.

Art. 961. A decisão estrangeira somente terá eficácia no Brasil após a homologação de sentença estrangeira ou a concessão do exequatur às cartas rogatórias, salvo disposição em sentido contrário de lei ou tratado.

§ 1º É passível de homologação a decisão judicial definitiva, bem como a decisão não judicial que, pela lei brasileira, teria natureza jurisdicional.

§ 2º A decisão estrangeira poderá ser homologada parcialmente.

§ 3º A autoridade judiciária brasileira poderá deferir pedidos de urgência e realizar atos de execução provisória no processo de homologação de decisão estrangeira.

§ 4º Haverá homologação de decisão estrangeira para fins de execução fiscal quando prevista em tratado ou em promessa de reciprocidade apresentada à autoridade brasileira.

§ 5º A sentença estrangeira de divórcio consensual produz efeitos no Brasil, independentemente de homologação pelo Superior Tribunal de Justiça.

§ 6º Na hipótese do § 5º, competirá a qualquer juiz examinar a validade da decisão, em caráter principal ou incidental, quando essa questão for suscitada em processo de sua competência.

Art. 962. É passível de execução a decisão estrangeira concessiva de medida de urgência.

§ 1º A execução no Brasil de decisão interlocutória estrangeira concessiva de medida de urgência dar-se-á por carta rogatória.

§ 2º A medida de urgência concedida sem audiência do réu poderá ser executada, desde que garantido o contraditório em momento posterior.

§ 3º O juízo sobre a urgência da medida compete exclusivamente à autoridade jurisdicional prolatora da decisão estrangeira.

§ 4º Quando dispensada a homologação para que a sentença estrangeira produza efeitos no Brasil, a decisão concessiva de medida de urgência dependerá, para produzir efeitos, de ter sua validade expressamente reconhecida pelo juiz competente para dar-lhe cumprimento, dispensada a homologação pelo Superior Tribunal de Justiça.

Art. 963. Constituem requisitos indispensáveis à homologação da decisão:

I - ser proferida por autoridade competente;

II - ser precedida de citação regular, ainda que verificada a revelia;

III - ser eficaz no país em que foi proferida;

IV - não ofender a coisa julgada brasileira;

V - estar acompanhada de tradução oficial, salvo disposição que a dispense prevista em tratado;

VI - não conter manifesta ofensa à ordem pública.

Parágrafo único. Para a concessão do exequatur às cartas rogatórias, observar-se-ão os pressupostos previstos no caput deste artigo e no art. 962, § 2º.

Art. 964. Não será homologada a decisão estrangeira na hipótese de competência exclusiva da autoridade judiciária brasileira.

Parágrafo único. O dispositivo também se aplica à concessão do exequatur à carta rogatória.

Art. 965. O cumprimento de decisão estrangeira far-se-á perante o juízo federal competente, a requerimento da parte, conforme as normas estabelecidas para o cumprimento de decisão nacional.

Parágrafo único. O pedido de execução deverá ser instruído com cópia autenticada da decisão homologatória ou do exequatur, conforme o caso.

CAPÍTULO VII - DA AÇÃO RESCISÓRIA

Art. 966. A decisão de mérito, transitada em julgado, pode ser rescindida quando:

I - se verificar que foi proferida por força de prevaricação, concussão ou corrupção do juiz;

II - for proferida por juiz impedido ou por juízo absolutamente incompetente;

III - resultar de dolo ou coação da parte vencedora em detrimento da parte vencida ou, ainda, de simulação ou colusão entre as partes, a fim de fraudar a lei;

IV - ofender a coisa julgada;

V - violar manifestamente norma jurídica;

VI - for fundada em prova cuja falsidade tenha sido apurada em processo criminal ou venha a ser demonstrada na própria ação rescisória;

VII - obtiver o autor, posteriormente ao trânsito em julgado, prova nova cuja existência ignorava ou de que não pôde fazer uso, capaz, por si só, de lhe assegurar pronunciamento favorável;

VIII - for fundada em erro de fato verificável do exame dos autos.

§ 1º Há erro de fato quando a decisão rescindenda admitir fato inexistente ou quando considerar inexistente fato efetivamente ocorrido, sendo indispensável, em ambos os casos, que o fato não represente ponto controvertido sobre o qual o juiz deveria ter se pronunciado.

§ 2º Nas hipóteses previstas nos incisos do caput, será rescindível a decisão transitada em julgado que, embora não seja de mérito, impeça:

I - nova propositura da demanda; ou

II - admissibilidade do recurso correspondente.

§ 3º A ação rescisória pode ter por objeto apenas 1 (um) capítulo da decisão.

§ 4º Os atos de disposição de direitos, praticados pelas partes ou por outros participantes do processo e homologados pelo juízo, bem como os atos homologatórios praticados no curso da execução, estão sujeitos à anulação, nos termos da lei.

§ 5º Cabe ação rescisória, com fundamento no inciso V do caput deste artigo, contra decisão baseada em enunciado de súmula ou acórdão proferido em julgamento de casos repetitivos que não tenha considerado a existência de distinção entre a questão discutida no processo e o padrão decisório que lhe deu fundamento

§ 6º Quando a ação rescisória fundar-se na hipótese do § 5º deste artigo, caberá ao autor, sob pena de inépcia, demonstrar, fundamentadamente, tratar-se de situação particularizada por hipótese fática distinta ou de questão jurídica não examinada, a impor outra solução jurídica.

Art. 967. Têm legitimidade para propor a ação rescisória:

I - quem foi parte no processo ou o seu sucessor a título universal ou singular;

II - o terceiro juridicamente interessado;

III - o Ministério Público:

a) se não foi ouvido no processo em que lhe era obrigatória a intervenção;

b) quando a decisão rescindenda é o efeito de simulação ou de colusão das partes, a fim de fraudar a lei;

c) em outros casos em que se imponha sua atuação;

IV - aquele que não foi ouvido no processo em que lhe era obrigatória a intervenção.

Parágrafo único. Nas hipóteses do art. 178, o Ministério Público será intimado para intervir como fiscal da ordem jurídica quando não for parte.

Art. 968. A petição inicial será elaborada com observância dos requisitos essenciais do art. 319, devendo o autor:

I - cumular ao pedido de rescisão, se for o caso, o de novo julgamento do processo;

II - depositar a importância de cinco por cento sobre o valor da causa, que se converterá em multa caso a ação seja, por unanimidade de votos, declarada inadmissível ou improcedente.

§ 1º Não se aplica o disposto no inciso II à União, aos Estados, ao Distrito Federal, aos Municípios, às suas respectivas autarquias e fundações de direito público, ao Ministério Público, à Defensoria Pública e aos que tenham obtido o benefício de gratuidade da justiça.

§ 2º O depósito previsto no inciso II do caput deste artigo não será superior a 1.000 (mil) salários-mínimos.

§ 3º Além dos casos previstos no art. 330, a petição inicial será indeferida quando não efetuado o depósito exigido pelo inciso II do caput deste artigo.

§ 4º Aplica-se à ação rescisória o disposto no art. 332.

§ 5º Reconhecida a incompetência do tribunal para julgar a ação rescisória, o autor será intimado para emendar a petição inicial, a fim de adequar o objeto da ação rescisória, quando a decisão apontada como rescindenda:

I - não tiver apreciado o mérito e não se enquadrar na situação prevista no § 2º do art. 966;

II - tiver sido substituída por decisão posterior.

§ 6º Na hipótese do § 5º, após a emenda da petição inicial, será permitido ao réu complementar os fundamentos de defesa, e, em seguida, os autos serão remetidos ao tribunal competente.

Art. 969. A propositura da ação rescisória não impede o cumprimento da decisão rescindenda, ressalvada a concessão de tutela provisória.

Art. 970. O relator ordenará a citação do réu, designando-lhe prazo nunca inferior a 15 (quinze) dias nem superior a 30 (trinta) dias para, querendo, apresentar resposta, ao fim do qual, com ou sem contestação, observar-se-á, no que couber, o procedimento comum.

Art. 971. Na ação rescisória, devolvidos os autos pelo relator, a secretaria do tribunal expedirá cópias do relatório e as distribuirá entre os juízes que compuserem o órgão competente para o julgamento.

Parágrafo único. A escolha de relator recairá, sempre que possível, em juiz que não haja participado do julgamento rescindendo.

Art. 972. Se os fatos alegados pelas partes dependerem de prova, o relator poderá delegar a competência ao órgão que proferiu a decisão rescindenda, fixando prazo de 1 (um) a 3 (três) meses para a devolução dos autos.

Art. 973. Concluída a instrução, será aberta vista ao autor e ao réu para razões finais, sucessivamente, pelo prazo de 10 (dez) dias.

Parágrafo único. Em seguida, os autos serão conclusos ao relator, procedendo-se ao julgamento pelo órgão competente.

Art. 974. Julgando procedente o pedido, o tribunal rescindirá a decisão, proferirá, se for o caso, novo julgamento e determinará a restituição do depósito a que se refere o inciso II do art. 968.

Parágrafo único. Considerando, por unanimidade, inadmissível ou improcedente o pedido, o tribunal determinará a reversão, em favor do réu, da importância do depósito, sem prejuízo do disposto no § 2º do art. 82.

Art. 975. O direito à rescisão se extingue em 2 (dois) anos contados do trânsito em julgado da última decisão proferida no processo.

§ 1º Prorroga-se até o primeiro dia útil imediatamente subsequente o prazo a que se refere o caput, quando expirar durante férias forenses, recesso, feriados ou em dia em que não houver expediente forense.

§ 2º Se fundada a ação no inciso VII do art. 966, o termo inicial do prazo será a data de descoberta da prova nova, observado o prazo máximo de 5 (cinco) anos, contado do trânsito em julgado da última decisão proferida no processo.

§ 3º Nas hipóteses de simulação ou de colusão das partes, o prazo começa a contar, para o terceiro prejudicado e para o Ministério Público, que não interveio no processo, a partir do momento em que têm ciência da simulação ou da colusão.

CAPÍTULO VIII - DO INCIDENTE DE RESOLUÇÃO DE DEMANDAS REPETITIVAS

Art. 976. É cabível a instauração do incidente de resolução de demandas repetitivas quando houver, simultaneamente:

I - efetiva repetição de processos que contenham controvérsia sobre a mesma questão unicamente de direito;

II - risco de ofensa à isonomia e à segurança jurídica.

§ 1º A desistência ou o abandono do processo não impede o exame de mérito do incidente.

§ 2º Se não for o requerente, o Ministério Público intervirá obrigatoriamente no incidente e deverá assumir sua titularidade em caso de desistência ou de abandono.

§ 3º A inadmissão do incidente de resolução de demandas repetitivas por ausência de qualquer de seus pressupostos de admissibilidade não impede que, uma vez satisfeito o requisito, seja o incidente novamente suscitado.

§ 4º É incabível o incidente de resolução de demandas repetitivas quando um dos tribunais superiores, no âmbito de sua respectiva competência, já tiver afetado recurso para definição de tese sobre questão de direito material ou processual repetitiva.

§ 5º Não serão exigidas custas processuais no incidente de resolução de demandas repetitivas.

Art. 977. O pedido de instauração do incidente será dirigido ao presidente de tribunal:

I - pelo juiz ou relator, por ofício;

II - pelas partes, por petição;

III - pelo Ministério Público ou pela Defensoria Pública, por petição.

Parágrafo único. O ofício ou a petição será instruído com os documentos necessários à demonstração do preenchimento dos pressupostos para a instauração do incidente.

LIVRO III - DOS PROCESSOS NOS TRIBUNAIS E DOS MEIOS DE IMPUGNAÇÃO DAS DECISÕES JUDICIAIS

Art. 978. O julgamento do incidente caberá ao órgão indicado pelo regimento interno dentre aqueles responsáveis pela uniformização de jurisprudência do tribunal.

Parágrafo único. O órgão colegiado incumbido de julgar o incidente e de fixar a tese jurídica julgará igualmente o recurso, a remessa necessária ou o processo de competência originária de onde se originou o incidente.

Art. 979. A instauração e o julgamento do incidente serão sucedidos da mais ampla e específica divulgação e publicidade, por meio de registro eletrônico no Conselho Nacional de Justiça.

§ 1º Os tribunais manterão banco eletrônico de dados atualizados com informações específicas sobre questões de direito submetidas ao incidente, comunicando-o imediatamente ao Conselho Nacional de Justiça para inclusão no cadastro.

§ 2º Para possibilitar a identificação dos processos abrangidos pela decisão do incidente, o registro eletrônico das teses jurídicas constantes do cadastro conterá, no mínimo, os fundamentos determinantes da decisão e os dispositivos normativos a ela relacionados.

§ 3º Aplica-se o disposto neste artigo ao julgamento de recursos repetitivos e da repercussão geral em recurso extraordinário.

Art. 980. O incidente será julgado no prazo de 1 (um) ano e terá preferência sobre os demais feitos, ressalvados os que envolvam réu preso e os pedidos de habeas corpus.

Parágrafo único. Superado o prazo previsto no caput, cessa a suspensão dos processos prevista no art. 982, salvo decisão fundamentada do relator em sentido contrário.

Art. 981. Após a distribuição, o órgão colegiado competente para julgar o incidente procederá ao seu juízo de admissibilidade, considerando a presença dos pressupostos do art. 976.

Art. 982. Admitido o incidente, o relator:

I - suspenderá os processos pendentes, individuais ou coletivos, que tramitam no Estado ou na região, conforme o caso;

II - poderá requisitar informações a órgãos em cujo juízo tramita processo no qual se discute o objeto do incidente, que as prestarão no prazo de 15 (quinze) dias;

III - intimará o Ministério Público para, querendo, manifestar-se no prazo de 15 (quinze) dias.

§ 1º A suspensão será comunicada aos órgãos jurisdicionais competentes.

§ 2º Durante a suspensão, o pedido de tutela de urgência deverá ser dirigido ao juízo onde tramita o processo suspenso.

§ 3º Visando à garantia da segurança jurídica, qualquer legitimado mencionado no art. 977, incisos II e III, poderá requerer, ao tribunal competente para conhecer do recurso extraordinário ou especial, a suspensão de todos os processos individuais ou coletivos em curso no território nacional que versem sobre a questão objeto do incidente já instaurado.

§ 4º Independentemente dos limites da competência territorial, a parte no processo em curso no qual se discuta a mesma questão objeto do incidente é legitimada para requerer a providência prevista no § 3ºdeste artigo.

§ 5º Cessa a suspensão a que se refere o inciso I do caput deste artigo se não for interposto recurso especial ou recurso extraordinário contra a decisão proferida no incidente.

Art. 983. O relator ouvirá as partes e os demais interessados, inclusive pessoas, órgãos e entidades com interesse na controvérsia, que, no prazo comum de 15 (quinze) dias, poderão requerer a juntada de documentos, bem como as diligências necessárias para a elucidação da questão de direito controvertida, e, em seguida, manifestar-se-á o Ministério Público, no mesmo prazo.

§ 1º Para instruir o incidente, o relator poderá designar data para, em audiência pública, ouvir depoimentos de pessoas com experiência e conhecimento na matéria.

§ 2º Concluídas as diligências, o relator solicitará dia para o julgamento do incidente.

Art. 984. No julgamento do incidente, observar-se-á a seguinte ordem:

I - o relator fará a exposição do objeto do incidente;

II - poderão sustentar suas razões, sucessivamente:

a) o autor e o réu do processo originário e o Ministério Público, pelo prazo de 30 (trinta) minutos;

b) os demais interessados, no prazo de 30 (trinta) minutos, divididos entre todos, sendo exigida inscrição com 2 (dois) dias de antecedência.

§ 1º Considerando o número de inscritos, o prazo poderá ser ampliado.

§ 2º O conteúdo do acórdão abrangerá a análise de todos os fundamentos suscitados concernentes à tese jurídica discutida, sejam favoráveis ou contrários.

Art. 985. Julgado o incidente, a tese jurídica será aplicada:

I - a todos os processos individuais ou coletivos que versem sobre idêntica questão de direito e que tramitem na área de jurisdição do respectivo tribunal, inclusive àqueles que tramitem nos juizados especiais do respectivo Estado ou região;

II - aos casos futuros que versem idêntica questão de direito e que venham a tramitar no território de competência do tribunal, salvo revisão na forma do art. 986.

§ 1º Não observada a tese adotada no incidente, caberá reclamação.

§ 2º Se o incidente tiver por objeto questão relativa a prestação de serviço concedido, permitido ou autorizado, o resultado do julgamento será comunicado ao órgão, ao ente ou à agência reguladora competente para fiscalização da efetiva aplicação, por parte dos entes sujeitos a regulação, da tese adotada.

Art. 986. A revisão da tese jurídica firmada no incidente far-se-á pelo mesmo tribunal, de ofício ou mediante requerimento dos legitimados mencionados no art. 977, inciso III.

Art. 987. Do julgamento do mérito do incidente caberá recurso extraordinário ou especial, conforme o caso.

§ 1º O recurso tem efeito suspensivo, presumindo-se a repercussão geral de questão constitucional eventualmente discutida.

§ 2º Apreciado o mérito do recurso, a tese jurídica adotada pelo Supremo Tribunal Federal ou pelo Superior Tribunal de Justiça será aplicada no território nacional a todos os processos individuais ou coletivos que versem sobre idêntica questão de direito.

CAPÍTULO IX - DA RECLAMAÇÃO

Art. 988. Caberá reclamação da parte interessada ou do Ministério Público para:

I - preservar a competência do tribunal;

II - garantir a autoridade das decisões do tribunal;

III - garantir a observância de decisão do Supremo Tribunal Federal em controle concentrado de constitucionalidade;

III - garantir a observância de enunciado de súmula vinculante e de decisão do Supremo Tribunal Federal em controle concentrado de constitucionalidade;

IV – garantir a observância de acórdão proferido em julgamento de incidente de resolução de demandas repetitivas ou de incidente de assunção de competência;

§ 1º A reclamação pode ser proposta perante qualquer tribunal, e seu julgamento compete ao órgão jurisdicional cuja competência se busca preservar ou cuja autoridade se pretenda garantir.

§ 2º A reclamação deverá ser instruída com prova documental e dirigida ao presidente do tribunal.

§ 3º Assim que recebida, a reclamação será autuada e distribuída ao relator do processo principal, sempre que possível.

§ 4º As hipóteses dos incisos III e IV compreendem a aplicação indevida da tese jurídica e sua não aplicação aos casos que a ela correspondam.

§ 5º É inadmissível a reclamação:

I – proposta após o trânsito em julgado da decisão reclamada;

II – proposta para garantir a observância de acórdão de recurso extraordinário com repercussão geral reconhecida ou de acórdão proferido em julgamento de recursos extraordinário ou especial repetitivos, quando não esgotadas as instâncias ordinárias.

§ 6º A inadmissibilidade ou o julgamento do recurso interposto contra a decisão proferida pelo órgão reclamado não prejudica a reclamação.

Art. 989. Ao despachar a reclamação, o relator:

I - requisitará informações da autoridade a quem for imputada a prática do ato impugnado, que as prestará no prazo de 10 (dez) dias;

II - se necessário, ordenará a suspensão do processo ou do ato impugnado para evitar dano irreparável;

III - determinará a citação do beneficiário da decisão impugnada, que terá prazo de 15 (quinze) dias para apresentar a sua contestação.

Art. 990. Qualquer interessado poderá impugnar o pedido do reclamante.

Art. 991. Na reclamação que não houver formulado, o Ministério Público terá vista do processo por 5 (cinco) dias, após o decurso do prazo para informações e para o oferecimento da contestação pelo beneficiário do ato impugnado.

Art. 992. Julgando procedente a reclamação, o tribunal cassará a decisão exorbitante de seu julgado ou determinará medida adequada à solução da controvérsia.

Art. 993. O presidente do tribunal determinará o imediato cumprimento da decisão, lavrando-se o acórdão posteriormente.

TÍTULO II - DOS RECURSOS

CAPÍTULO I - DISPOSIÇÕES GERAIS

Art. 994. São cabíveis os seguintes recursos:

I - apelação;

II - agravo de instrumento;

III - agravo interno;

IV - embargos de declaração;

V - recurso ordinário;

VI - recurso especial;

VII - recurso extraordinário;

VIII - agravo em recurso especial ou extraordinário;

IX - embargos de divergência.

Art. 995. Os recursos não impedem a eficácia da decisão, salvo disposição legal ou decisão judicial em sentido diverso.

Parágrafo único. A eficácia da decisão recorrida poderá ser suspensa por decisão do relator, se da imediata produção de seus efeitos houver risco de dano grave, de difícil ou impossível reparação, e ficar demonstrada a probabilidade de provimento do recurso.

Art. 996. O recurso pode ser interposto pela parte vencida, pelo terceiro prejudicado e pelo Ministério Público, como parte ou como fiscal da ordem jurídica.

Parágrafo único. Cumpre ao terceiro demonstrar a possibilidade de a decisão sobre a relação jurídica submetida à apreciação judicial atingir direito de que se afirme titular ou que possa discutir em juízo como substituto processual.

Art. 997. Cada parte interporá o recurso independentemente, no prazo e com observância das exigências legais.

§ 1º Sendo vencidos autor e réu, ao recurso interposto por qualquer deles poderá aderir o outro.

§ 2º O recurso adesivo fica subordinado ao recurso independente, sendo-lhe aplicáveis as mesmas regras deste quanto aos requisitos de admissibilidade e julgamento no tribunal, salvo disposição legal diversa, observado, ainda, o seguinte:

I - será dirigido ao órgão perante o qual o recurso independente fora interposto, no prazo de que a parte dispõe para responder;

II - será admissível na apelação, no recurso extraordinário e no recurso especial;

III - não será conhecido, se houver desistência do recurso principal ou se for ele considerado inadmissível.

Art. 998. O recorrente poderá, a qualquer tempo, sem a anuência do recorrido ou dos litisconsortes, desistir do recurso.

Parágrafo único. A desistência do recurso não impede a análise de questão cuja repercussão geral já tenha sido reconhecida e daquela objeto de julgamento de recursos extraordinários ou especiais repetitivos.

Art. 999. A renúncia ao direito de recorrer independe da aceitação da outra parte.

Art. 1.000. A parte que aceitar expressa ou tacitamente a decisão não poderá recorrer.

Parágrafo único. Considera-se aceitação tácita a prática, sem nenhuma reserva, de ato incompatível com a vontade de recorrer.

Art. 1.001. Dos despachos não cabe recurso.

Art. 1.002. A decisão pode ser impugnada no todo ou em parte.

Art. 1.003. O prazo para interposição de recurso conta-se da data em que os advogados, a sociedade de advogados, a Advocacia Pública, a Defensoria Pública ou o Ministério Público são intimados da decisão.

§ 1º Os sujeitos previstos no caput considerar-se-ão intimados em audiência quando nesta for proferida a decisão.

§ 2º Aplica-se o disposto no art. 231, incisos I a VI, ao prazo de interposição de recurso pelo réu contra decisão proferida anteriormente à citação.

§ 3º No prazo para interposição de recurso, a petição será protocolada em cartório ou conforme as normas de organização judiciária, ressalvado o disposto em regra especial.

§ 4º Para aferição da tempestividade do recurso remetido pelo correio, será considerada como data de interposição a data de postagem.

§ 5º Excetuados os embargos de declaração, o prazo para interpor os recursos e para responder-lhes é de 15 (quinze) dias.

§ 6º O recorrente comprovará a ocorrência de feriado local no ato de interposição do recurso.

Art. 1.004. Se, durante o prazo para a interposição do recurso, sobrevier o falecimento da parte ou de seu advogado ou ocorrer motivo de força maior que suspenda o curso do processo, será tal prazo restituído em proveito da parte, do herdeiro ou do sucessor, contra quem começará a correr novamente depois da intimação.

Art. 1.005. O recurso interposto por um dos litisconsortes a todos aproveita, salvo se distintos ou opostos os seus interesses.

Parágrafo único. Havendo solidariedade passiva, o recurso interposto por um devedor aproveitará aos outros quando as defesas opostas ao credor lhes forem comuns.

Art. 1.006. Certificado o trânsito em julgado, com menção expressa da data de sua ocorrência, o escrivão ou o chefe de secretaria, independentemente de despacho, providenciará a baixa dos autos ao juízo de origem, no prazo de 5 (cinco) dias.

Art. 1.007. No ato de interposição do recurso, o recorrente comprovará, quando exigido pela legislação pertinente, o respectivo preparo, inclusive porte de remessa e de retorno, sob pena de deserção.

§ 1º São dispensados de preparo, inclusive porte de remessa e de retorno, os recursos interpostos pelo Ministério Público, pela União, pelo Distrito Federal, pelos Estados, pelos Municípios, e respectivas autarquias, e pelos que gozam de isenção legal.

§ 2º A insuficiência no valor do preparo, inclusive porte de remessa e de retorno, implicará deserção se o recorrente,

intimado na pessoa de seu advogado, não vier a supri-lo no prazo de 5 (cinco) dias.

§ 3º É dispensado o recolhimento do porte de remessa e de retorno no processo em autos eletrônicos.

§ 4º O recorrente que não comprovar, no ato de interposição do recurso, o recolhimento do preparo, inclusive porte de remessa e de retorno, será intimado, na pessoa de seu advogado, para realizar o recolhimento em dobro, sob pena de deserção.

§ 5º É vedada a complementação se houver insuficiência parcial do preparo, inclusive porte de remessa e de retorno, no recolhimento realizado na forma do § 4º.

§ 6º Provando o recorrente justo impedimento, o relator relevará a pena de deserção, por decisão irrecorrível, fixando-lhe prazo de 5 (cinco) dias para efetuar o preparo.

§ 7º O equívoco no preenchimento da guia de custas não implicará a aplicação da pena de deserção, cabendo ao relator, na hipótese de dúvida quanto ao recolhimento, intimar o recorrente para sanar o vício no prazo de 5 (cinco) dias.

Art. 1.008. O julgamento proferido pelo tribunal substituirá a decisão impugnada no que tiver sido objeto de recurso.

CAPÍTULO II - DA APELAÇÃO

Art. 1.009. Da sentença cabe apelação.

§ 1º As questões resolvidas na fase de conhecimento, se a decisão a seu respeito não comportar agravo de instrumento, não são cobertas pela preclusão e devem ser suscitadas em preliminar de apelação, eventualmente interposta contra a decisão final, ou nas contrarrazões.

§ 2º Se as questões referidas no § 1º forem suscitadas em contrarrazões, o recorrente será intimado para, em 15 (quinze) dias, manifestar-se a respeito delas.

§ 3º O disposto no caput deste artigo aplica-se mesmo quando as questões mencionadas no art. 1.015 integrarem capítulo da sentença.

Art. 1.010. A apelação, interposta por petição dirigida ao juízo de primeiro grau, conterá:

I - os nomes e a qualificação das partes;
II - a exposição do fato e do direito;
III - as razões do pedido de reforma ou de decretação de nulidade;
IV - o pedido de nova decisão.

§ 1º O apelado será intimado para apresentar contrarrazões no prazo de 15 (quinze) dias.

§ 2º Se o apelado interpuser apelação adesiva, o juiz intimará o apelante para apresentar contrarrazões.

§ 3º Após as formalidades previstas nos §§ 1º e 2º, os autos serão remetidos ao tribunal pelo juiz, independentemente de juízo de admissibilidade.

Art. 1.011. Recebido o recurso de apelação no tribunal e distribuído imediatamente, o relator:

I - decidi-lo-á monocraticamente apenas nas hipóteses do art. 932, incisos III a V;
II - se não for o caso de decisão monocrática, elaborará seu voto para julgamento do recurso pelo órgão colegiado.

Art. 1.012. A apelação terá efeito suspensivo.

§ 1º Além de outras hipóteses previstas em lei, começa a produzir efeitos imediatamente após a sua publicação a sentença que:

I - homologa divisão ou demarcação de terras;
II - condena a pagar alimentos;
III - extingue sem resolução do mérito ou julga improcedentes os embargos do executado;
IV - julga procedente o pedido de instituição de arbitragem;
V - confirma, concede ou revoga tutela provisória;
VI - decreta a interdição.

§ 2º Nos casos do § 1º, o apelado poderá promover o pedido de cumprimento provisório depois de publicada a sentença.

§ 3º O pedido de concessão de efeito suspensivo nas hipóteses do § 1º poderá ser formulado por requerimento dirigido ao:

I - tribunal, no período compreendido entre a interposição da apelação e sua distribuição, ficando o relator designado para seu exame prevento para julgá-la;
II - relator, se já distribuída a apelação.

§ 4º Nas hipóteses do § 1º, a eficácia da sentença poderá ser suspensa pelo relator se o apelante demonstrar a probabilidade de provimento do recurso ou se, sendo relevante a fundamentação, houver risco de dano grave ou de difícil reparação.

Art. 1.013. A apelação devolverá ao tribunal o conhecimento da matéria impugnada.

§ 1º Serão, porém, objeto de apreciação e julgamento pelo tribunal todas as questões suscitadas e discutidas no processo, ainda que não tenham sido solucionadas, desde que relativas ao capítulo impugnado.

§ 2º Quando o pedido ou a defesa tiver mais de um fundamento e o juiz acolher apenas um deles, a apelação devolverá ao tribunal o conhecimento dos demais.

§ 3º Se o processo estiver em condições de imediato julgamento, o tribunal deve decidir desde logo o mérito quando:

I - reformar sentença fundada no art. 485;
II - decretar a nulidade da sentença por não ser ela congruente com os limites do pedido ou da causa de pedir;
III - constatar a omissão no exame de um dos pedidos, hipótese em que poderá julgá-lo;
IV - decretar a nulidade de sentença por falta de fundamentação.

§ 4º Quando reformar sentença que reconheça a decadência ou a prescrição, o tribunal, se possível, julgará o mérito, examinando as demais questões, sem determinar o retorno do processo ao juízo de primeiro grau.

§ 5º O capítulo da sentença que confirma, concede ou revoga a tutela provisória é impugnável na apelação.

Art. 1.014. As questões de fato não propostas no juízo inferior poderão ser suscitadas na apelação, se a parte provar que deixou de fazê-lo por motivo de força maior.

CAPÍTULO III - DO AGRAVO DE INSTRUMENTO

Art. 1.015. Cabe agravo de instrumento contra as decisões interlocutórias que versarem sobre:

I - tutelas provisórias;
II - mérito do processo;
III - rejeição da alegação de convenção de arbitragem;
IV - incidente de desconsideração da personalidade jurídica;
V - rejeição do pedido de gratuidade da justiça ou acolhimento do pedido de sua revogação;
VI - exibição ou posse de documento ou coisa;
VII - exclusão de litisconsorte;
VIII - rejeição do pedido de limitação do litisconsórcio;
IX - admissão ou inadmissão de intervenção de terceiros;
X - concessão, modificação ou revogação do efeito suspensivo aos embargos à execução;
XI - redistribuição do ônus da prova nos termos do art. 373, § 1º;
XII - (VETADO);
XIII - outros casos expressamente referidos em lei.

Parágrafo único. Também caberá agravo de instrumento contra decisões interlocutórias proferidas na fase de liquidação de sentença ou de cumprimento de sentença, no processo de execução e no processo de inventário.

Art. 1.016. O agravo de instrumento será dirigido diretamente ao tribunal competente, por meio de petição com os seguintes requisitos:

I - os nomes das partes;
II - a exposição do fato e do direito;
III - as razões do pedido de reforma ou de invalidação da decisão e o próprio pedido;

IV - o nome e o endereço completo dos advogados constantes do processo.

Art. 1.017. A petição de agravo de instrumento será instruída:

I - obrigatoriamente, com cópias da petição inicial, da contestação, da petição que ensejou a decisão agravada, da própria decisão agravada, da certidão da respectiva intimação ou outro documento oficial que comprove a tempestividade e das procurações outorgadas aos advogados do agravante e do agravado;

II - com declaração de inexistência de qualquer dos documentos referidos no inciso I, feita pelo advogado do agravante, sob pena de sua responsabilidade pessoal;

III - facultativamente, com outras peças que o agravante reputar úteis.

§ 1º Acompanhará a petição o comprovante do pagamento das respectivas custas e do porte de retorno, quando devidos, conforme tabela publicada pelos tribunais.

§ 2º No prazo do recurso, o agravo será interposto por:

I - protocolo realizado diretamente no tribunal competente para julgá-lo;

II - protocolo realizado na própria comarca, seção ou subseção judiciárias;

III - postagem, sob registro, com aviso de recebimento;

IV - transmissão de dados tipo fac-símile, nos termos da lei;

V - outra forma prevista em lei.

§ 3º Na falta da cópia de qualquer peça ou no caso de algum outro vício que comprometa a admissibilidade do agravo de instrumento, deve o relator aplicar o disposto no art. 932, parágrafo único.

§ 4º Se o recurso for interposto por sistema de transmissão de dados tipo fac-símile ou similar, as peças devem ser juntadas no momento de protocolo da petição original.

§ 5º Sendo eletrônicos os autos do processo, dispensam-se as peças referidas nos incisos I e II do caput, facultando-se ao agravante anexar outros documentos que entender úteis para a compreensão da controvérsia.

Art. 1.018. O agravante poderá requerer a juntada, aos autos do processo, de cópia da petição do agravo de instrumento, do comprovante de sua interposição e da relação dos documentos que instruíram o recurso.

§ 1º Se o juiz comunicar que reformou inteiramente a decisão, o relator considerará prejudicado o agravo de instrumento.

§ 2º Não sendo eletrônicos os autos, o agravante tomará a providência prevista no caput, no prazo de 3 (três) dias a contar da interposição do agravo de instrumento.

§ 3º O descumprimento da exigência de que trata o § 2º, desde que arguido e provado pelo agravado, importa inadmissibilidade do agravo de instrumento.

Art. 1.019. Recebido o agravo de instrumento no tribunal e distribuído imediatamente, se não for o caso de aplicação do art. 932, incisos III e IV, o relator, no prazo de 5 (cinco) dias:

I - poderá atribuir efeito suspensivo ao recurso ou deferir, em antecipação de tutela, total ou parcialmente, a pretensão recursal, comunicando ao juiz sua decisão;

II - ordenará a intimação do agravado pessoalmente, por carta com aviso de recebimento, quando não tiver procurador constituído, ou pelo Diário da Justiça ou por carta com aviso de recebimento dirigida ao seu advogado, para que responda no prazo de 15 (quinze) dias, facultando-lhe juntar a documentação que entender necessária ao julgamento do recurso;

III - determinará a intimação do Ministério Público, preferencialmente por meio eletrônico, quando for o caso de sua intervenção, para que se manifeste no prazo de 15 (quinze) dias.

Art. 1.020. O relator solicitará dia para julgamento em prazo não superior a 1 (um) mês da intimação do agravado.

CAPÍTULO IV - DO AGRAVO INTERNO

Art. 1.021. Contra decisão proferida pelo relator caberá agravo interno para o respectivo órgão colegiado, observadas, quanto ao processamento, as regras do regimento interno do tribunal.

§ 1º Na petição de agravo interno, o recorrente impugnará especificadamente os fundamentos da decisão agravada.

§ 2º O agravo será dirigido ao relator, que intimará o agravado para manifestar-se sobre o recurso no prazo de 15 (quinze) dias, ao final do qual, não havendo retratação, o relator levá-lo-á a julgamento pelo órgão colegiado, com inclusão em pauta.

§ 3º É vedado ao relator limitar-se à reprodução dos fundamentos da decisão agravada para julgar improcedente o agravo interno.

§ 4º Quando o agravo interno for declarado manifestamente inadmissível ou improcedente em votação unânime, o órgão colegiado, em decisão fundamentada, condenará o agravante a pagar ao agravado multa fixada entre um e cinco por cento do valor atualizado da causa.

§ 5º A interposição de qualquer outro recurso está condicionada ao depósito prévio do valor da multa prevista no § 4º, à exceção da Fazenda Pública e do beneficiário de gratuidade da justiça, que farão o pagamento ao final.

CAPÍTULO V - DOS EMBARGOS DE DECLARAÇÃO

Art. 1.022. Cabem embargos de declaração contra qualquer decisão judicial para:

I - esclarecer obscuridade ou eliminar contradição;

II - suprir omissão de ponto ou questão sobre o qual devia se pronunciar o juiz de ofício ou a requerimento;

III - corrigir erro material.

Parágrafo único. Considera-se omissa a decisão que:

I - deixe de se manifestar sobre tese firmada em julgamento de casos repetitivos ou em incidente de assunção de competência aplicável ao caso sob julgamento;

II - incorra em qualquer das condutas descritas no art. 489, § 1º.

Art. 1.023. Os embargos serão opostos, no prazo de 5 (cinco) dias, em petição dirigida ao juiz, com indicação do erro, obscuridade, contradição ou omissão, e não se sujeitam a preparo.

§ 1º Aplica-se aos embargos de declaração o art. 229.

§ 2º O juiz intimará o embargado para, querendo, manifestar-se, no prazo de 5 (cinco) dias, sobre os embargos opostos, caso seu eventual acolhimento implique a modificação da decisão embargada.

Art. 1.024. O juiz julgará os embargos em 5 (cinco) dias.

§ 1º Nos tribunais, o relator apresentará os embargos em mesa na sessão subsequente, proferindo voto, e, não havendo julgamento nessa sessão, será o recurso incluído em pauta automaticamente.

§ 2º Quando os embargos de declaração forem opostos contra decisão de relator ou outra decisão unipessoal proferida em tribunal, o órgão prolator da decisão embargada decidi-los-á monocraticamente.

§ 3º O órgão julgador conhecerá dos embargos de declaração como agravo interno se entender ser este o recurso cabível, desde que determine previamente a intimação do recorrente para, no prazo de 5 (cinco) dias, complementar as razões recursais, de modo a ajustá-las às exigências do art. 1.021, § 1º.

§ 4º Caso o acolhimento dos embargos de declaração implique modificação da decisão embargada, o embargado que já tiver interposto outro recurso contra a decisão originária tem o direito de complementar ou alterar suas razões, nos exatos limites da modificação, no prazo de 15 (quinze) dias, contado da intimação da decisão dos embargos de declaração.

§ 5º Se os embargos de declaração forem rejeitados ou não alterarem a conclusão do julgamento anterior, o recurso interposto pela outra parte antes da publicação do julgamento

dos embargos de declaração será processado e julgado independentemente de ratificação.

Art. 1.025. Consideram-se incluídos no acórdão os elementos que o embargante suscitou, para fins de pré-questionamento, ainda que os embargos de declaração sejam inadmitidos ou rejeitados, caso o tribunal superior considere existentes erro, omissão, contradição ou obscuridade.

Art. 1.026. Os embargos de declaração não possuem efeito suspensivo e interrompem o prazo para a interposição de recurso.

§ 1º A eficácia da decisão monocrática ou colegiada poderá ser suspensa pelo respectivo juiz ou relator se demonstrada a probabilidade de provimento do recurso ou, sendo relevante a fundamentação, se houver risco de dano grave ou de difícil reparação.

§ 2º Quando manifestamente protelatórios os embargos de declaração, o juiz ou o tribunal, em decisão fundamentada, condenará o embargante a pagar ao embargado multa não excedente a dois por cento sobre o valor atualizado da causa.

§ 3º Na reiteração de embargos de declaração manifestamente protelatórios, a multa será elevada a até dez por cento sobre o valor atualizado da causa, e a interposição de qualquer recurso ficará condicionada ao depósito prévio do valor da multa, à exceção da Fazenda Pública e do beneficiário de gratuidade da justiça, que a recolherão ao final.

§ 4º Não serão admitidos novos embargos de declaração se os 2 (dois) anteriores houverem sido considerados protelatórios.

CAPÍTULO VI - DOS RECURSOS PARA O SUPREMO TRIBUNAL FEDERAL E PARA O SUPERIOR TRIBUNAL DE JUSTIÇA

Seção I - Do Recurso Ordinário

Art. 1.027. Serão julgados em recurso ordinário:

I - pelo Supremo Tribunal Federal, os mandados de segurança, os habeas data e os mandados de injunção decididos em única instância pelos tribunais superiores, quando denegatória a decisão;

II - pelo Superior Tribunal de Justiça:

a) os mandados de segurança decididos em única instância pelos tribunais regionais federais ou pelos tribunais de justiça dos Estados e do Distrito Federal e Territórios, quando denegatória a decisão;

b) os processos em que forem partes, de um lado, Estado estrangeiro ou organismo internacional e, de outro, Município ou pessoa residente ou domiciliada no País.

§ 1º Nos processos referidos no inciso II, alínea "b", contra as decisões interlocutórias caberá agravo de instrumento dirigido ao Superior Tribunal de Justiça, nas hipóteses do art. 1.015.

§ 2º Aplica-se ao recurso ordinário o disposto nos arts. 1.013, § 3º, e 1.029, § 5º.

Art. 1.028. Ao recurso mencionado no art. 1.027, inciso II, alínea "b", aplicam-se, quanto aos requisitos de admissibilidade e ao procedimento, as disposições relativas à apelação e o Regimento Interno do Superior Tribunal de Justiça.

§ 1º Na hipótese do art. 1.027, § 1º, aplicam-se as disposições relativas ao agravo de instrumento e o Regimento Interno do Superior Tribunal de Justiça.

§ 2º O recurso previsto no art. 1.027, incisos I e II, alínea "a", deve ser interposto perante o tribunal de origem, cabendo ao seu presidente ou vice-presidente determinar a intimação do recorrido para, em 15 (quinze) dias, apresentar as contrarrazões.

§ 3º Findo o prazo referido no § 2º, os autos serão remetidos ao respectivo tribunal superior, independentemente de juízo de admissibilidade.

Seção II - Do Recurso Extraordinário e do Recurso Especial

Subseção I - Disposições Gerais

Art. 1.029. O recurso extraordinário e o recurso especial, nos casos previstos na Constituição Federal, serão interpostos perante o presidente ou o vice-presidente do tribunal recorrido, em petições distintas que conterão:

I - a exposição do fato e do direito;

II - a demonstração do cabimento do recurso interposto;

III - as razões do pedido de reforma ou de invalidação da decisão recorrida.

§ 1º Quando o recurso fundar-se em dissídio jurisprudencial, o recorrente fará a prova da divergência com a certidão, cópia ou citação do repositório de jurisprudência, oficial ou credenciado, inclusive em mídia eletrônica, em que houver sido publicado o acórdão divergente, ou ainda com a reprodução de julgado disponível na rede mundial de computadores, com indicação da respectiva fonte, devendo-se, em qualquer caso, mencionar as circunstâncias que identifiquem ou assemelhem os casos confrontados.

§ 2º REVOGADO

§ 3º O Supremo Tribunal Federal ou o Superior Tribunal de Justiça poderá desconsiderar vício formal de recurso tempestivo ou determinar sua correção, desde que não o repute grave.

§ 4º Quando, por ocasião do processamento do incidente de resolução de demandas repetitivas, o presidente do Supremo Tribunal Federal ou do Superior Tribunal de Justiça receber requerimento de suspensão de processos em que se discuta questão federal constitucional ou infraconstitucional, poderá, considerando razões de segurança jurídica ou de excepcional interesse social, estender a suspensão a todo o território nacional, até ulterior decisão do recurso extraordinário ou do recurso especial a ser interposto.

§ 5º O pedido de concessão de efeito suspensivo a recurso extraordinário ou a recurso especial poderá ser formulado por requerimento dirigido:

I – ao tribunal superior respectivo, no período compreendido entre a publicação da decisão de admissão do recurso e sua distribuição, ficando o relator designado para seu exame prevento para julgá-lo;

II - ao relator, se já distribuído o recurso;

III – ao presidente ou ao vice-presidente do tribunal recorrido, no período compreendido entre a interposição do recurso e a publicação da decisão de admissão do recurso, assim como no caso de o recurso ter sido sobrestado, nos termos do art. 1.037.

Art. 1.030. Recebida a petição do recurso pela secretaria do tribunal, o recorrido será intimado para apresentar contrarrazões no prazo de 15 (quinze) dias, findo o qual os autos serão conclusos ao presidente ou ao vice-presidente do tribunal recorrido, que deverá:

I – negar seguimento:

a) a recurso extraordinário que discuta questão constitucional à qual o Supremo Tribunal Federal não tenha reconhecido a existência de repercussão geral ou a recurso extraordinário interposto contra acórdão que esteja em conformidade com entendimento do Supremo Tribunal Federal exarado no regime de repercussão geral;

b) a recurso extraordinário ou a recurso especial interposto contra acórdão que esteja em conformidade com entendimento do Supremo Tribunal Federal ou do Superior Tribunal de Justiça, respectivamente, exarado no regime de julgamento de recursos repetitivos;

II – encaminhar o processo ao órgão julgador para realização do juízo de retratação, se o acórdão recorrido divergir do entendimento do Supremo Tribunal Federal ou do Superior Tribunal de Justiça exarado, conforme o caso, nos regimes de repercussão geral ou de recursos repetitivos;

III – sobrestar o recurso que versar sobre controvérsia de caráter repetitivo ainda não decidida pelo Supremo Tribunal Federal ou pelo Superior Tribunal de Justiça, conforme se trate de matéria constitucional ou infraconstitucional;

IV – selecionar o recurso como representativo de controvérsia constitucional ou infraconstitucional, nos termos do § 6º do art. 1.036;

V – realizar o juízo de admissibilidade e, se positivo, remeter o feito ao Supremo Tribunal Federal ou ao Superior Tribunal de Justiça, desde que:

a) o recurso ainda não tenha sido submetido ao regime de repercussão geral ou de julgamento de recursos repetitivos

b) o recurso tenha sido selecionado como representativo da controvérsia; ou

c) o tribunal recorrido tenha refutado o juízo de retratação.

§ 1º Da decisão de inadmissibilidade proferida com fundamento no inciso V caberá agravo ao tribunal superior, nos termos do art. 1.042.

§ 2º Da decisão proferida com fundamento nos incisos I e III caberá agravo interno, nos termos do art. 1.021.

Art. 1.031. Na hipótese de interposição conjunta de recurso extraordinário e recurso especial, os autos serão remetidos ao Superior Tribunal de Justiça.

§ 1º Concluído o julgamento do recurso especial, os autos serão remetidos ao Supremo Tribunal Federal para apreciação do recurso extraordinário, se este não estiver prejudicado.

§ 2º Se o relator do recurso especial considerar prejudicial o recurso extraordinário, em decisão irrecorrível, sobrestará o julgamento e remeterá os autos ao Supremo Tribunal Federal.

§ 3º Na hipótese do § 2º, se o relator do recurso extraordinário, em decisão irrecorrível, rejeitar a prejudicialidade, devolverá os autos ao Superior Tribunal de Justiça para o julgamento do recurso especial.

Art. 1.032. Se o relator, no Superior Tribunal de Justiça, entender que o recurso especial versa sobre questão constitucional, deverá conceder prazo de 15 (quinze) dias para que o recorrente demonstre a existência de repercussão geral e se manifeste sobre a questão constitucional.

Parágrafo único. Cumprida a diligência de que trata o caput, o relator remeterá o recurso ao Supremo Tribunal Federal, que, em juízo de admissibilidade, poderá devolvê-lo ao Superior Tribunal de Justiça.

Art. 1.033. Se o Supremo Tribunal Federal considerar como reflexa a ofensa à Constituição afirmada no recurso extraordinário, por pressupor a revisão da interpretação de lei federal ou de tratado, remetê-lo-á ao Superior Tribunal de Justiça para julgamento como recurso especial.

Art. 1.034. Admitido o recurso extraordinário ou o recurso especial, o Supremo Tribunal Federal ou o Superior Tribunal de Justiça julgará o processo, aplicando o direito.

Parágrafo único. Admitido o recurso extraordinário ou o recurso especial por um fundamento, devolve-se ao tribunal superior o conhecimento dos demais fundamentos para a solução do capítulo impugnado.

Art. 1.035. O Supremo Tribunal Federal, em decisão irrecorrível, não conhecerá do recurso extraordinário quando a questão constitucional nele versada não tiver repercussão geral, nos termos deste artigo.

§ 1º Para efeito de repercussão geral, será considerada a existência ou não de questões relevantes do ponto de vista econômico, político, social ou jurídico que ultrapassem os interesses subjetivos do processo.

§ 2º O recorrente deverá demonstrar a existência de repercussão geral para apreciação exclusiva pelo Supremo Tribunal Federal.

§ 3º Haverá repercussão geral sempre que o recurso impugnar acórdão que:

I - contrarie súmula ou jurisprudência dominante do Supremo Tribunal Federal;

II – REVOGADO

III - tenha reconhecido a inconstitucionalidade de tratado ou de lei federal, nos termos do art. 97 da Constituição Federal.

§ 4º O relator poderá admitir, na análise da repercussão geral, a manifestação de terceiros, subscrita por procurador habilitado, nos termos do Regimento Interno do Supremo Tribunal Federal.

§ 5º Reconhecida a repercussão geral, o relator no Supremo Tribunal Federal determinará a suspensão do processamento de todos os processos pendentes, individuais ou coletivos, que versem sobre a questão e tramitem no território nacional.

§ 6º O interessado pode requerer, ao presidente ou ao vice-presidente do tribunal de origem, que exclua da decisão de sobrestamento e inadmita o recurso extraordinário que tenha sido interposto intempestivamente, tendo o recorrente o prazo de 5 (cinco) dias para manifestar-se sobre esse requerimento.

§ 7º Da decisão que indeferir o requerimento referido no § 6º ou que aplicar entendimento firmado em regime de repercussão geral ou em julgamento de recursos repetitivos caberá agravo interno.

§ 8º Negada a repercussão geral, o presidente ou o vice-presidente do tribunal de origem negará seguimento aos recursos extraordinários sobrestados na origem que versem sobre matéria idêntica.

§ 9º O recurso que tiver a repercussão geral reconhecida deverá ser julgado no prazo de 1 (um) ano e terá preferência sobre os demais feitos, ressalvados os que envolvam réu preso e os pedidos de habeas corpus.

§ 10. REVOGADO

§ 11. A súmula da decisão sobre a repercussão geral constará de ata, que será publicada no diário oficial e valerá como acórdão.

Subseção II - Do Julgamento dos Recursos Extraordinário e Especial Repetitivos

Art. 1.036. Sempre que houver multiplicidade de recursos extraordinários ou especiais com fundamento em idêntica questão de direito, haverá afetação para julgamento de acordo com as disposições desta Subseção, observado o disposto no Regimento Interno do Supremo Tribunal Federal e no do Superior Tribunal de Justiça.

§ 1º O presidente ou o vice-presidente de tribunal de justiça ou de tribunal regional federal selecionará 2 (dois) ou mais recursos representativos da controvérsia, que serão encaminhados ao Supremo Tribunal Federal ou ao Superior Tribunal de Justiça para fins de afetação, determinando a suspensão do trâmite de todos os processos pendentes, individuais ou coletivos, que tramitem no Estado ou na região, conforme o caso.

§ 2º O interessado pode requerer, ao presidente ou ao vice-presidente, que exclua da decisão de sobrestamento e inadmita o recurso especial ou o recurso extraordinário que tenha sido interposto intempestivamente, tendo o recorrente o prazo de 5 (cinco) dias para manifestar-se sobre esse requerimento.

§ 3º Da decisão que indeferir o requerimento referido no § 2º caberá apenas agravo interno.

§ 4º A escolha feita pelo presidente ou vice-presidente do tribunal de justiça ou do tribunal regional federal não vinculará o relator no tribunal superior, que poderá selecionar outros recursos representativos da controvérsia.

§ 5º O relator em tribunal superior também poderá selecionar 2 (dois) ou mais recursos representativos da controvérsia para julgamento da questão de direito independentemente da iniciativa do presidente ou do vice-presidente do tribunal de origem.

§ 6º Somente podem ser selecionados recursos admissíveis que contenham abrangente argumentação e discussão a respeito da questão a ser decidida.

Art. 1.037. Selecionados os recursos, o relator, no tribunal superior, constatando a presença do pressuposto do caput do art. 1.036, proferirá decisão de afetação, na qual:

I - identificará com precisão a questão a ser submetida a julgamento;

II - determinará a suspensão do processamento de todos os processos pendentes, individuais ou coletivos, que versem sobre a questão e tramitem no território nacional;

III - poderá requisitar aos presidentes ou aos vice-presidentes dos tribunais de justiça ou dos tribunais regionais federais a remessa de um recurso representativo da controvérsia.

§ 1º Se, após receber os recursos selecionados pelo presidente ou pelo vice-presidente de tribunal de justiça ou de tribunal regional federal, não se proceder à afetação, o relator, no tribunal superior, comunicará o fato ao presidente ou ao vice-presidente que os houver enviado, para que seja revogada a decisão de suspensão referida no art. 1.036, § 1º.

§ 2º REVOGADO

§ 3º Havendo mais de uma afetação, será prevento o relator que primeiro tiver proferido a decisão a que se refere o inciso I do caput.

§ 4º Os recursos afetados deverão ser julgados no prazo de 1 (um) ano e terão preferência sobre os demais feitos, ressalvados os que envolvam réu preso e os pedidos de habeas corpus.

§ 5º REVOGADO

§ 6º Ocorrendo a hipótese do § 5º, é permitido a outro relator do respectivo tribunal superior afetar 2 (dois) ou mais recursos representativos da controvérsia na forma do art. 1.036.

§ 7º Quando os recursos requisitados na forma do inciso III do caput contiverem outras questões além daquela que é objeto da afetação, caberá ao tribunal decidir esta em primeiro lugar e depois as demais, em acórdão específico para cada processo.

§ 8º As partes deverão ser intimadas da decisão de suspensão de seu processo, a ser proferida pelo respectivo juiz ou relator quando informado da decisão a que se refere o inciso II do caput.

§ 9º Demonstrando distinção entre a questão a ser decidida no processo e aquela a ser julgada no recurso especial ou extraordinário afetado, a parte poderá requerer o prosseguimento do seu processo.

§ 10. O requerimento a que se refere o § 9º será dirigido:

I - ao juiz, se o processo sobrestado estiver em primeiro grau;

II - ao relator, se o processo sobrestado estiver no tribunal de origem;

III - ao relator do acórdão recorrido, se for sobrestado recurso especial ou recurso extraordinário no tribunal de origem;

IV - ao relator, no tribunal superior, de recurso especial ou de recurso extraordinário cujo processamento houver sido sobrestado.

§ 11. A outra parte deverá ser ouvida sobre o requerimento a que se refere o § 9º, no prazo de 5 (cinco) dias.

§ 12. Reconhecida a distinção no caso:

I - dos incisos I, II e IV do § 10, o próprio juiz ou relator dará prosseguimento ao processo;

II - do inciso III do § 10, o relator comunicará a decisão ao presidente ou ao vice-presidente que houver determinado o sobrestamento, para que o recurso especial ou o recurso extraordinário seja encaminhado ao respectivo tribunal superior, na forma do art. 1.030, parágrafo único.

§ 13. Da decisão que resolver o requerimento a que se refere o § 9º caberá:

I - agravo de instrumento, se o processo estiver em primeiro grau;

II - agravo interno, se a decisão for de relator.

Art. 1.038. O relator poderá:

I - solicitar ou admitir manifestação de pessoas, órgãos ou entidades com interesse na controvérsia, considerando a relevância da matéria e consoante dispuser o regimento interno;

II - fixar data para, em audiência pública, ouvir depoimentos de pessoas com experiência e conhecimento na matéria, com a finalidade de instruir o procedimento;

III - requisitar informações aos tribunais inferiores a respeito da controvérsia e, cumprida a diligência, intimará o Ministério Público para manifestar-se.

§ 1º No caso do inciso III, os prazos respectivos são de 15 (quinze) dias, e os atos serão praticados, sempre que possível, por meio eletrônico.

§ 2º Transcorrido o prazo para o Ministério Público e remetida cópia do relatório aos demais ministros, haverá inclusão em pauta, devendo ocorrer o julgamento com preferência sobre os demais feitos, ressalvados os que envolvam réu preso e os pedidos de habeas corpus.

§ 3º O conteúdo do acórdão abrangerá a análise dos fundamentos relevantes da tese jurídica discutida.

Art. 1.039. Decididos os recursos afetados, os órgãos colegiados declararão prejudicados os demais recursos versando sobre idêntica controvérsia ou os decidirão aplicando a tese firmada.

Parágrafo único. Negada a existência de repercussão geral no recurso extraordinário afetado, serão considerados automaticamente inadmitidos os recursos extraordinários cujo processamento tenha sido sobrestado.

Art. 1.040. Publicado o acórdão paradigma:

I - o presidente ou o vice-presidente do tribunal de origem negará seguimento aos recursos especiais ou extraordinários sobrestados na origem, se o acórdão recorrido coincidir com a orientação do tribunal superior;

II - o órgão que proferiu o acórdão recorrido, na origem, reexaminará o processo de competência originária, a remessa necessária ou o recurso anteriormente julgado, se o acórdão recorrido contrariar a orientação do tribunal superior;

III - os processos suspensos em primeiro e segundo graus de jurisdição retomarão o curso para julgamento e aplicação da tese firmada pelo tribunal superior;

IV - se os recursos versarem sobre questão relativa a prestação de serviço público objeto de concessão, permissão ou autorização, o resultado do julgamento será comunicado ao órgão, ao ente ou à agência reguladora competente para fiscalização da efetiva aplicação, por parte dos entes sujeitos a regulação, da tese adotada.

§ 1º A parte poderá desistir da ação em curso no primeiro grau de jurisdição, antes de proferida a sentença, se a questão nela discutida for idêntica à resolvida pelo recurso representativo da controvérsia.

§ 2º Se a desistência ocorrer antes de oferecida contestação, a parte ficará isenta do pagamento de custas e de honorários de sucumbência.

§ 3º A desistência apresentada nos termos do § 1º independe de consentimento do réu, ainda que apresentada contestação.

Art. 1.041. Mantido o acórdão divergente pelo tribunal de origem, o recurso especial ou extraordinário será remetido ao respectivo tribunal superior, na forma do art. 1.036, § 1º.

§ 1º Realizado o juízo de retratação, com alteração do acórdão divergente, o tribunal de origem, se for o caso, decidirá as demais questões ainda não decididas cujo enfrentamento se tornou necessário em decorrência da alteração.

§ 2º Quando ocorrer a hipótese do inciso II do caput do art. 1.040 e o recurso versar sobre outras questões, caberá ao presidente ou ao vice-presidente do tribunal recorrido, depois do reexame pelo órgão de origem e independentemente de ratificação do recurso, sendo positivo o juízo de admissibilidade, determinar a remessa do recurso ao tribunal superior para julgamento das demais questões.

Seção III - Do Agravo em Recurso Especial e em Recurso Extraordinário

Art. 1.042. Cabe agravo contra decisão do presidente ou do vice-presidente do tribunal recorrido que inadmitir recurso extraordinário ou recurso especial, salvo quando fundada na aplicação de entendimento firmado em regime de repercussão geral ou em julgamento de recursos repetitivos.

I – REVOGADO
II – REVOGADO
III – REVOGADO
§ 1º REVOGADO

§ 2º A petição de agravo será dirigida ao presidente ou ao vice-presidente do tribunal de origem e independe do pagamento de custas e despesas postais, aplicando-se a ela o regime de repercussão geral e de recursos repetitivos, inclusive quanto à possibilidade de sobrestamento e do juízo de retratação.

§ 3º O agravado será intimado, de imediato, para oferecer resposta no prazo de 15 (quinze) dias.

§ 4º Após o prazo de resposta, não havendo retratação, o agravo será remetido ao tribunal superior competente.

§ 5º O agravo poderá ser julgado, conforme o caso, conjuntamente com o recurso especial ou extraordinário, assegurada, neste caso, sustentação oral, observando-se, ainda, o disposto no regimento interno do tribunal respectivo.

§ 6º Na hipótese de interposição conjunta de recursos extraordinário e especial, o agravante deverá interpor um agravo para cada recurso não admitido.

§ 7º Havendo apenas um agravo, o recurso será remetido ao tribunal competente, e, havendo interposição conjunta, os autos serão remetidos ao Superior Tribunal de Justiça.

§ 8º Concluído o julgamento do agravo pelo Superior Tribunal de Justiça e, se for o caso, do recurso especial, independentemente de pedido, os autos serão remetidos ao Supremo Tribunal Federal para apreciação do agravo a ele dirigido, salvo se estiver prejudicado.

Seção IV - Dos Embargos de Divergência

Art. 1.043. É embargável o acórdão de órgão fracionário que:

I - em recurso extraordinário ou em recurso especial, divergir do julgamento de qualquer outro órgão do mesmo tribunal, sendo os acórdãos, embargado e paradigma, de mérito;
II - REVOGADO
III - em recurso extraordinário ou em recurso especial, divergir do julgamento de qualquer outro órgão do mesmo tribunal, sendo um acórdão de mérito e outro que não tenha conhecido do recurso, embora tenha apreciado a controvérsia;
IV - REVOGADO

§ 1º Poderão ser confrontadas teses jurídicas contidas em julgamentos de recursos e de ações de competência originária.

§ 2º A divergência que autoriza a interposição de embargos de divergência pode verificar-se na aplicação do direito material ou do direito processual.

§ 3º Cabem embargos de divergência quando o acórdão paradigma for da mesma turma que proferiu a decisão embargada, desde que sua composição tenha sofrido alteração em mais da metade de seus membros.

§ 4º O recorrente provará a divergência com certidão, cópia ou citação de repositório oficial ou credenciado de jurisprudência, inclusive em mídia eletrônica, onde foi publicado o acórdão divergente, ou com a reprodução de julgado disponível na rede mundial de computadores, indicando a respectiva fonte, e mencionará as circunstâncias que identificam ou assemelham os casos confrontados.

§ 5º REVOGADO

Art. 1.044. No recurso de embargos de divergência, será observado o procedimento estabelecido no regimento interno do respectivo tribunal superior.

§ 1º A interposição de embargos de divergência no Superior Tribunal de Justiça interrompe o prazo para interposição de recurso extraordinário por qualquer das partes.

§ 2º Se os embargos de divergência forem desprovidos ou não alterarem a conclusão do julgamento anterior, o recurso extraordinário interposto pela outra parte antes da publicação do julgamento dos embargos de divergência será processado e julgado independentemente de ratificação.

LIVRO COMPLEMENTAR - DISPOSIÇÕES FINAIS E TRANSITÓRIAS

Art. 1.045. Este Código entra em vigor após decorrido 1 (um) ano da data de sua publicação oficial.

Art. 1.046. Ao entrar em vigor este Código, suas disposições se aplicarão desde logo aos processos pendentes, ficando revogada a Lei no 5.869, de 11 de janeiro de 1973.

§ 1º As disposições da Lei nº 5.869, de 11 de janeiro de 1973, relativas ao procedimento sumário e aos procedimentos especiais que forem revogadas aplicar-se-ão às ações propostas e não sentenciadas até o início da vigência deste Código.

§ 2º Permanecem em vigor as disposições especiais dos procedimentos regulados em outras leis, aos quais se aplicará supletivamente este Código.

§ 3º Os processos mencionados no art. 1.218 da Lei nº 5.869, de 11 de janeiro de 1973, cujo procedimento ainda não tenha sido incorporado por lei submetem-se ao procedimento comum previsto neste Código.

§ 4º As remissões a disposições do Código de Processo Civil revogado, existentes em outras leis, passam a referir-se às que lhes são correspondentes neste Código.

§ 5º A primeira lista de processos para julgamento em ordem cronológica observará a antiguidade da distribuição entre os já conclusos na data da entrada em vigor deste Código.

Art. 1.047. As disposições de direito probatório adotadas neste Código aplicam-se apenas às provas requeridas ou determinadas de ofício a partir da data de início de sua vigência.

Art. 1.048. Terão prioridade de tramitação, em qualquer juízo ou tribunal, os procedimentos judiciais:

I - em que figure como parte ou interessado pessoa com idade igual ou superior a 60 (sessenta) anos ou portadora de doença grave, assim compreendida qualquer das enumeradas no art. 6º, inciso XIV, da Lei no 7.713, de 22 de dezembro de 1988;

II - regulados pela Lei no 8.069, de 13 de julho de 1990 (Estatuto da Criança e do Adolescente).

III - em que figure como parte a vítima de violência doméstica e familiar, nos termos da Lei nº 11.340, de 7 de agosto de 2006 (Lei Maria da Penha). (Incluído pela Lei nº 13.894, de 2019)

§ 1º A pessoa interessada na obtenção do benefício, juntando prova de sua condição, deverá requerê-lo à autoridade judiciária competente para decidir o feito, que determinará ao cartório do juízo as providências a serem cumpridas.

§ 2º Deferida a prioridade, os autos receberão identificação própria que evidencie o regime de tramitação prioritária. § 3º Concedida a prioridade, essa não cessará com a morte do beneficiado, estendendo-se em favor do cônjuge supérstite ou do companheiro em união estável.

§ 4º A tramitação prioritária independe de deferimento pelo órgão jurisdicional e deverá ser imediatamente concedida diante da prova da condição de beneficiário.

Art. 1.049. Sempre que a lei remeter a procedimento previsto na lei processual sem especificá-lo, será observado o procedimento comum previsto neste Código.

Parágrafo único. Na hipótese de a lei remeter ao procedimento sumário, será observado o procedimento comum previsto neste Código, com as modificações previstas na própria lei especial, se houver.

Art. 1.050. A União, os Estados, o Distrito Federal, os Municípios, suas respectivas entidades da administração indireta, o Ministério Público, a Defensoria Pública e a Advocacia Pública, no prazo de 30 (trinta) dias a contar da data da entrada em vigor deste Código, deverão se cadastrar perante a administração do tribunal no qual atuem para cumprimento do disposto nos arts. 246, § 2º, e 270, parágrafo único.

Art. 1.051. As empresas públicas e privadas devem cumprir o disposto no art. 246, § 1º, no prazo de 30 (trinta) dias, a contar da data de inscrição do ato constitutivo da pessoa jurídica, perante o juízo onde tenham sede ou filial.

Parágrafo único. O disposto no caput não se aplica às microempresas e às empresas de pequeno porte.

Art. 1.052. Até a edição de lei específica, as execuções contra devedor insolvente, em curso ou que venham a ser propostas, permanecem reguladas pelo Livro II, Título IV, da Lei no 5.869, de 11 de janeiro de 1973.

Art. 1.053. Os atos processuais praticados por meio eletrônico até a transição definitiva para certificação digital ficam convalidados, ainda que não tenham observado os requisitos mínimos estabelecidos por este Código, desde que tenham atingido sua finalidade e não tenha havido prejuízo à defesa de qualquer das partes.

Art. 1.054. O disposto no art. 503, § 1º, somente se aplica aos processos iniciados após a vigência deste Código, aplicando-se aos anteriores o disposto nos arts. 5º, 325 e 470 da Lei no 5.869, de 11 de janeiro de 1973.

Art. 1.055. (VETADO).

Art. 1.056. Considerar-se-á como termo inicial do prazo da prescrição prevista no art. 924, inciso V, inclusive para as execuções em curso, a data de vigência deste Código.

Art. 1.057. O disposto no art. 525, §§ 14 e 15, e no art. 535, §§ 7º e 8º, aplica-se às decisões transitadas em julgado após a entrada em vigor deste Código, e, às decisões transitadas em julgado anteriormente, aplica-se o disposto no art. 475-L, § 1º, e no art. 741, parágrafo único, da Lei no 5.869, de 11 de janeiro de 1973.

Art. 1.058. Em todos os casos em que houver recolhimento de importância em dinheiro, esta será depositada em nome da parte ou do interessado, em conta especial movimentada por ordem do juiz, nos termos do art. 840, inciso I.

Art. 1.059. À tutela provisória requerida contra a Fazenda Pública aplica-se o disposto nos arts. 1º a 4º da Lei no 8.437, de 30 de junho de 1992, e no art. 7º, § 2º, da Lei no 12.016, de 7 de agosto de 2009.

Art. 1.060. O inciso II do art. 14 da Lei no 9.289, de 4 de julho de 1996, passa a vigorar com a seguinte redação:

"Art. 14. ...

..

II - aquele que recorrer da sentença adiantará a outra metade das custas, comprovando o adiantamento no ato de interposição do recurso, sob pena de deserção, observado o disposto nos §§ 1º a 7º do art. 1.007 do Código de Processo Civil;

.." (NR)

Art. 1.061. O § 3º do art. 33 da Lei no 9.307, de 23 de setembro de 1996 (Lei de Arbitragem), passa a vigorar com a seguinte redação:

"Art. 33. ...

..

§ 3º A decretação da nulidade da sentença arbitral também poderá ser requerida na impugnação ao cumprimento da sentença, nos termos dos arts. 525 e seguintes do Código de Processo Civil, se houver execução judicial." (NR)

Art. 1.062. O incidente de desconsideração da personalidade jurídica aplica-se ao processo de competência dos juizados especiais.

Art. 1.063. Até a edição de lei específica, os juizados especiais cíveis previstos na Lei no 9.099, de 26 de setembro de 1995, continuam competentes para o processamento e julgamento das causas previstas no art. 275, inciso II, da Lei no 5.869, de 11 de janeiro de 1973.

Art. 1.064. O caput do art. 48 da Lei no 9.099, de 26 de setembro de 1995, passa a vigorar com a seguinte redação:

"Art. 48. Caberão embargos de declaração contra sentença ou acórdão nos casos previstos no Código de Processo Civil.

.." (NR)

Art. 1.065. O art. 50 da Lei no 9.099, de 26 de setembro de 1995, passa a vigorar com a seguinte redação:

"Art. 50. Os embargos de declaração interrompem o prazo para a interposição de recurso." (NR)

Art. 1.066. O art. 83 da Lei no 9.099, de 26 de setembro de 1995, passam a vigorar com a seguinte redação:

"Art. 83. Cabem embargos de declaração quando, em sentença ou acórdão, houver obscuridade, contradição ou omissão.

..

§ 2º Os embargos de declaração interrompem o prazo para a interposição de recurso.

.." (NR)

Art. 1.067. O art. 275 da Lei no 4.737, de 15 de julho de 1965 (Código Eleitoral), passa a vigorar com a seguinte redação:

"Art. 275. São admissíveis embargos de declaração nas hipóteses previstas no Código de Processo Civil.

§ 1º Os embargos de declaração serão opostos no prazo de 3 (três) dias, contado da data de publicação da decisão embargada, em petição dirigida ao juiz ou relator, com a indicação do ponto que lhes deu causa.

§ 2º Os embargos de declaração não estão sujeitos a preparo.

§ 3º O juiz julgará os embargos em 5 (cinco) dias.

§ 4º Nos tribunais:

I - o relator apresentará os embargos em mesa na sessão subsequente, proferindo voto;

II - não havendo julgamento na sessão referida no inciso I, será o recurso incluído em pauta;

III - vencido o relator, outro será designado para lavrar o acórdão.

§ 5º Os embargos de declaração interrompem o prazo para a interposição de recurso.

§ 6º Quando manifestamente protelatórios os embargos de declaração, o juiz ou o tribunal, em decisão fundamentada, condenará o embargante a pagar ao embargado multa não excedente a 2 (dois) salários-mínimos.

§ 7º Na reiteração de embargos de declaração manifestamente protelatórios, a multa será elevada a até 10 (dez) salários-mínimos." (NR)

Art. 1.068. O art. 274 e o caput do art. 2.027 da Lei no 10.406, de 10 de janeiro de 2002 (Código Civil), passam a vigorar com a seguinte redação:

"Art. 274. O julgamento contrário a um dos credores solidários não atinge os demais, mas o julgamento favorável aproveita-lhes, sem prejuízo de exceção pessoal que o devedor tenha direito de invocar em relação a qualquer deles." (NR)

"Art. 2.027. A partilha é anulável pelos vícios e defeitos que invalidam, em geral, os negócios jurídicos.

.." (NR)

Art. 1.069. O Conselho Nacional de Justiça promoverá, periodicamente, pesquisas estatísticas para avaliação da efetividade das normas previstas neste Código.

Art. 1.070. É de 15 (quinze) dias o prazo para a interposição de qualquer agravo, previsto em lei ou em regimento interno de tribunal, contra decisão de relator ou outra decisão unipessoal proferida em tribunal.

Art. 1.071. O Capítulo III do Título V da Lei no 6.015, de 31 de dezembro de 1973 (Lei de Registros Públicos), passa a vigorar acrescida do seguinte art. 216-A:

"Art. 216-A. Sem prejuízo da via jurisdicional, é admitido o pedido de reconhecimento extrajudicial de usucapião, que será processado diretamente perante o cartório do registro de imóveis da comarca em que estiver situado o imóvel usucapiendo, a requerimento do interessado, representado por advogado, instruído com:

I - ata notarial lavrada pelo tabelião, atestando o tempo de posse do requerente e seus antecessores, conforme o caso e suas circunstâncias;

II - planta e memorial descritivo assinado por profissional legalmente habilitado, com prova de anotação de responsabilidade técnica no respectivo conselho de fiscalização profissional, e pelos titulares de direitos reais e de outros direitos registrados ou averbados na matrícula do imóvel usucapiendo e na matrícula dos imóveis confinantes;

III - certidões negativas dos distribuidores da comarca da situação do imóvel e do domicílio do requerente;

IV - justo título ou quaisquer outros documentos que demonstrem a origem, a continuidade, a natureza e o tempo da posse, tais como o pagamento dos impostos e das taxas que incidirem sobre o imóvel.

§ 1º O pedido será autuado pelo registrador, prorrogando-se o prazo da prenotação até o acolhimento ou a rejeição do pedido.

§ 2º Se a planta não contiver a assinatura de qualquer um dos titulares de direitos reais e de outros direitos registrados ou averbados na matrícula do imóvel usucapiendo e na matrícula dos imóveis confinantes, esse será notificado pelo registrador competente, pessoalmente ou pelo correio com aviso de recebimento, para manifestar seu consentimento expresso em 15 (quinze) dias, interpretado o seu silêncio como discordância.

§ 3º O oficial de registro de imóveis dará ciência à União, ao Estado, ao Distrito Federal e ao Município, pessoalmente, por intermédio do oficial de registro de títulos e documentos, ou pelo correio com aviso de recebimento, para que se manifestem, em 15 (quinze) dias, sobre o pedido.

§ 4º O oficial de registro de imóveis promoverá a publicação de edital em jornal de grande circulação, onde houver, para a ciência de terceiros eventualmente interessados, que poderão se manifestar em 15 (quinze) dias.

§ 5º Para a elucidação de qualquer ponto de dúvida, poderão ser solicitadas ou realizadas diligências pelo oficial de registro de imóveis.

§ 6º Transcorrido o prazo de que trata o § 4º deste artigo, sem pendência de diligências na forma do § 5º deste artigo e achando-se em ordem a documentação, com inclusão da concordância expressa dos titulares de direitos reais e de outros direitos registrados ou averbados na matrícula do imóvel usucapiendo e na matrícula dos imóveis confinantes, o oficial de registro de imóveis registrará a aquisição do imóvel com as descrições apresentadas, sendo permitida a abertura de matrícula, se for o caso.

§ 7º Em qualquer caso, é lícito ao interessado suscitar o procedimento de dúvida, nos termos desta Lei.

§ 8º Ao final das diligências, se a documentação não estiver em ordem, o oficial de registro de imóveis rejeitará o pedido.

§ 9º A rejeição do pedido extrajudicial não impede o ajuizamento de ação de usucapião.

§ 10. Em caso de impugnação do pedido de reconhecimento extrajudicial de usucapião, apresentada por qualquer um dos titulares de direito reais e de outros direitos registrados ou averbados na matrícula do imóvel usucapiendo e na matrícula dos imóveis confinantes, por algum dos entes públicos ou por algum terceiro interessado, o oficial de registro de imóveis remeterá os autos ao juízo competente da comarca da situação do imóvel, cabendo ao requerente emendar a petição inicial para adequá-la ao procedimento comum."

Art. 1.072. Revogam-se:

I - o art. 22 do Decreto-Lei no 25, de 30 de novembro de 1937;

II - os arts. 227, caput, 229, 230, 456, 1.482, 1.483 e 1.768 a 1.773 da Lei no 10.406, de 10 de janeiro de 2002 (Código Civil);

III - os arts. 2º, 3º, 4º, 6º, 7º, 11, 12 e 17 da Lei no 1.060, de 5 de fevereiro de 1950;

IV - os arts. 13 a 18, 26 a 29 e 38 da Lei no 8.038, de 28 de maio de 1990;

V - os arts. 16 a 18 da Lei no 5.478, de 25 de julho de 1968; e

VI - o art. 98, § 4º, da Lei no 12.529, de 30 de novembro de 2011.

SUMÁRIO

1. DECRETO-LEI Nº 3.914, DE 9 DE DEZEMBRO DE 1941 650
2. DECRETO-LEI Nº 2.848, DE 7 DE DEZEMBRO DE 1940 651
3. LEI Nº 8.078, DE 11 DE SETEMBRO DE 1990. .. 688
4. LEI Nº 9.296, DE 24 DE JULHO DE 1996. ... 699
5. LEI Nº 9.455, DE 7 DE ABRIL DE 1997. ... 700
6. LEI Nº 9.605, DE 12 DE FEVEREIRO DE 1998. ... 701
7. LEI Nº 9.613, DE 3 DE MARÇO DE 1998. ... 707
8. LEI Nº 8.072, DE 25 DE JULHO DE 1990. ... 711
9. LEI Nº 10.826, DE 22 DE DEZEMBRO DE 2003. ... 713
10. DECRETO Nº 9.847, DE 25 DE JUNHO DE 2019 .. 718
11. LEI Nº 11.340, DE 7 DE AGOSTO DE 2006 .. 728
12. LEI Nº 11.343, DE 23 DE AGOSTO DE 2006 .. 733
13. LEI Nº 12.037, DE 1º DE OUTUBRO DE 2009. .. 744
14. LEI Nº 12.830, DE 20 DE JUNHO DE 2013. ... 745
15. LEI Nº 12.846, DE 1º DE AGOSTO DE 2013 .. 745
16. LEI Nº 12.850, DE 2 DE AGOSTO DE 2013 .. 749
17. LEI Nº 13.260, DE 16 DE MARÇO DE 2016. .. 753
18. LEI Nº 13.344, DE 6 DE OUTUBRO DE 2016. ... 754
19. DECRETO-LEI Nº 3.688, DE 3 DE OUTUBRO DE 1941 756

1. DECRETO-LEI Nº 3.914, DE 9 DE DEZEMBRO DE 1941

Lei de introdução do Código Penal (decreto-lei n. 2.848, de 7-12-940) e da Lei das Contravenções Penais (decreto-lei n. 3.688, de 3 outubro de 1941)

O PRESIDENTE DA REPÚBLICA, usando da atribuição que lhe confere o art. 180 da Constituição,

DECRETA:

Art. 1º Considera-se crime a infração penal que a lei comina pena de reclusão ou de detenção, quer isoladamente, quer alternativa ou cumulativamente com a pena de multa; contravenção, a infração penal a que a lei comina, isoladamente, pena de prisão simples ou de multa, ou ambas, alternativa ou cumulativamente.

Art. 2º Quem incorrer em falência será punido:

I - se fraudulenta a falência, com a pena de reclusão, por 2 a 6 anos;

II - se culposa, com a pena de detenção, por 6 meses a três anos.

Art. 3º Os fatos definidos como crimes no Código Florestal, quando irão compreendidos em disposição do Código Penal, passam a constituir contravenções, punidas com a pena de prisão simples, por três meses a um ano, ou de multa, de um conto de réis a dez contos de réis, ou com ambas as penas, cumulativamente.

Art. 4º Quem cometer contravenção prevista no Código Florestal será punido com pena de prisão simples, por quinze dias a três meses, ou de multa, de duzentos mil réis a cinco contos de réis, ou com ambas as penas, cumulativamente.

Art. 5º Os fatos definidos como crimes no Código de Pesca (decreto-lei n. 794, de 19 de outubro do 1938) passam a constituir contravenções, punidas com a pena de prisão simples, por três meses a um ano, ou de multa, de quinhentos mil réis a dez contos de réis, ou com ambas as penas, cumulativamente.

Art. 6º Quem, depois de punido administrativamente por infração da legislação especial sobre a caça, praticar qualquer infração definida na mesma legislação, ficará sujeito à pena de prisão simples, por quinze dias a três meses.

Art. 7º No caso do art. 71 do Código de Menores (decreto número 17.943-A, de 12 de outubro de 1927), o juiz determinará a Internação do menor em seção especial de escola de reforma.

§ 1º A internação durará, no mínimo, três anos.

§ 2º Se o menor completar vinte e um anos, sem que tenha sido revogada a medida de internação, será transferido para colônia agricola ou para instituto de trabalho, de reeducação ou de ensino profissinal, ou seção especial de outro estabelecimento, à disposição do juiz criminal.

§ 3º Aplicar-se-á, quanto á revogação da medida, o disposto no Código Penal sobre a revogação de medida de segurança.

Art. 8º As interdições permanentes, previstas na legislação especial como efeito de sentença condenaria, durarão pelo tempo de vinte anos.

Art. 9º As interdições permanentes, impostas em sentença condenatória passada em julgado, ou desta decorrentes, de acordo com a Consolidação das Leis Penais, durarão pelo prazo máximo estabelecido no Código Penal para a espécie correspondente.

Parágrafo único. Aplicar-se-á o disposto neste artigo às interdições temporárias com prazo de duração superior ao limite máximo fixado no Código Penal.

Art. 10 O disposto nos art. 8º e 9º não se aplica ás interdições que, segundo o Código Penal, podem consistir em incapacitados permanentes.

Art. 11 Observar-se-á, quanto ao prazo de duração das intenções nos casos dos art. 8º e 9º, o disposto no art. 72 do Código Penal, no que for aplicavel.

Art. 12 Quando, por fato cometido antes da vigência do Código Penal, se tiver de pronunciar condenação, de acordo com a lei anterior, atender-se-á ao seguinte:

I - a pena de prisão celular, ou de prisão com trabalho, será substituida pela de reclusão, ou de detenção, se uma destas for a pena cominada para o mesmo fato pelo Código Penal;

II - a pena de prisão celular ou de prisão com trabalho será substituida pela de prisão simples, se o fato estiver definido como contravenção na lei anterior, ou na Lei das Contravenções Penais.

Art. 13 A. pena de prisão celular ou de prisão com trabalho imposta em sentença irrecorrivel, ainda que já iniciada a execução, será, convertida em reclusão, detenção ou prisão simples, de conformidade com as normas prescritas no artigo anterior.

Art. 14 A pena convertida em prisão simples, em virtude do art. 409 da Consolidação das Leis Penais, será convertida em reclusão, detenção ou prisão simples, segundo o disposto no art. 13, desde que o condenado possa ser recolhido a estabelecimento destinado à execução da pena resultante da conversão.

Parágrafo único. Abstrair-se-á, no caso de conversão, do aumento que tiver sido aplicado, de acordo com o disposto no art. 409, In fine, da Consolidação das Leis Penais.

Art. 15 A substituição ou conversão da pena, na forma desta lei, não impedirá a suspensão condicional, se lei anterior não a excluia.

Art. 16 Se em vide da substituição da pena, foi imposta a de detenção ou a de pisão Simples, por tempo supresso a um ano e que não exceda de dois, o juiz poderá conceder a Suspensão condicional da pena, desde que reunida as demais Condições exigidas pela art. 57 do código penal.

Art. 17 Aplicar-se-á o disposto no art. 81 § 1º ns, II e III, do Código Penal aos indivíduos recolhido a manicômio judiciário ou a outro estabelecimento em virtude do disposto no art. 29, 1ª parte, da Consolidarão das Leis Penais.

Art. 18 As condenações anteriores serão, levadas em conta para determinação da reincidência em relação a fato praticado depois de entrar em vigor o Código Penal.

Art. 19 O juiz aplicará o disposto no art. 2º, parágrafo único. In fine, do código Penal, nos seguintes casos:

I - se o Código ou a Lei das Contravenções penais cominar para o fato pena de multa, isoladamente, e na sentença tiver sido imposta pena privativa de liberdade;

II - se o Código ou a Lei das Contravenções cominar para o fato pena privativa de liberdade por tempo inferior ao da pena cominada na lei aplicada pela sentença.

Parágrafo único. Em nenhum caso, porem, o juiz reduzirá a pena abaixo do limite que fixaria se pronunciasse condenação de acordo com o Código Penal.

Art. 20. Não poderá ser promovida ação pública por fato praticado antes da vigência do Código Penal:

I - quando, pela lei anterior, somente cabia ação privada;

II - quando, ao contrário do que dispunha a lei anterior, o Código Penal só admite ação privado.

Parágrafo único. O prazo estabelecido no art. 105 do Código Penal correrá, na hipótese do n. II:

a) de 1 do janeiro de 1942, se o ofendido sabia, anteriormente, quem era o autor do fato;

b) no caso contrário, do dia em que vier a saber quem é o autor do fato.

Art. 21 Nos casos em que o Código Penal exige representação, sem esta não poderá ser intentada ação pública por fito praticado antes de 1 de janeiro de 1942; prosseguindo-se, entretanto, na que tiver sido anteriormente iniciada, haja ou não representação.

Parágrafo único. Atender-se-á, no que for aplicavel, no disposto no parágrafo único do artigo anterior.

Art. 22 Onde não houver estabelecimento adequado para a execução de medida de segurança detestava estabelecida

no art., 88, § 1º, n. III, do Código Penal, aplicar-se-á a de liberdade vigiada, até que seja criado aquele estabelecimento ou adotada qualquer das providências previstas no art. 89, e seu parágrafo, do mesmo Código.

Parágrafo único. Enquanto não existir estabelecimento adequado, as medidas detectavas estabelecidas no art. 88, § 1º ns. I e II, do Código Penal, poderão ser executadas em seções especiais de manicômio comum, asilo ou casa de saude.

Art. 23 Onde não houver estabelecimento adequado ou adaptado à execução das penas de reclusão, detenção ou prisão, poderão estas ser cumpridas em prisão comum.

Art. 24 São se aplicará o disposto no art. 79 n. II, do Código Penal a indivíduo que, antes de 1 de janeiro de 1942, tenha sido absolvido pnr sentença passada em julgado.

Art. 25 A medida de segurança aplicavel ao condenado que, a 1 de janeiro de 1942, ainda não tenha cumprido a pena, é a liberdade vigiada.

Art. 26 A presente lei não se aplica aos crimes referidos do artigo 360 do Código Penal, salvo os de falência.

Art. 27 Esta lei entrará em vigor em 1 de janeiro de 1942; revogados as disposições em contrário.

2. DECRETO-LEI Nº 2.848, DE 7 DE DEZEMBRO DE 1940

Código Penal.
(Vide Lei nº 1.521, de 1951)
(Vide Lei nº 5.741, de 1971)
(Vide Lei nº 5.988, de 1973)
(Vide Lei nº 6.015, de 1973)
(Vide Lei nº 6.404, de 1976)
(Vide Lei nº 6.515, de 1977)
(Vide Lei nº 6.538, de 1978)
(Vide Lei nº 6.710, de 1979)
(Vide Lei nº 7.492, de 1986)
(Vide Lei nº 8.176, de 1991)
(Vide Lei nº 13.964, de 2019)

O PRESIDENTE DA REPÚBLICA, usando da atribuição que lhe confere o art. 180 da Constituição, decreta a seguinte Lei:

PARTE GERAL

TÍTULO I - DA APLICAÇÃO DA LEI PENAL (Redação dada pela Lei nº 7.209, de 11.7.1984)

Anterioridade da Lei

Art. 1º - Não há crime sem lei anterior que o defina. Não há pena sem prévia cominação legal. (Redação dada pela Lei nº 7.209, de 11.7.1984)

Lei penal no tempo

Art. 2º - Ninguém pode ser punido por fato que lei posterior deixa de considerar crime, cessando em virtude dela a execução e os efeitos penais da sentença condenatória. (Redação dada pela Lei nº 7.209, de 11.7.1984)

Parágrafo único. A lei posterior, que de qualquer modo favorecer o agente, aplica-se aos fatos anteriores, ainda que decididos por sentença condenatória transitada em julgado. (Redação dada pela Lei nº 7.209, de 11.7.1984)

Lei excepcional ou temporária (Incluído pela Lei nº 7.209, de 11.7.1984)

Art. 3º - A lei excepcional ou temporária, embora decorrido o período de sua duração ou cessadas as circunstâncias que a determinaram, aplica-se ao fato praticado durante sua vigência. (Redação dada pela Lei nº 7.209, de 1984)

Tempo do crime

Art. 4º - Considera-se praticado o crime no momento da ação ou omissão, ainda que outro seja o momento do resultado. (Redação dada pela Lei nº 7.209, de 1984)

Territorialidade

Art. 5º - Aplica-se a lei brasileira, sem prejuízo de convenções, tratados e regras de direito internacional, ao crime cometido no território nacional. (Redação dada pela Lei nº 7.209, de 1984)

§ 1º - Para os efeitos penais, consideram-se como extensão do território nacional as embarcações e aeronaves brasileiras, de natureza pública ou a serviço do governo brasileiro onde quer que se encontrem, bem como as aeronaves e as embarcações brasileiras, mercantes ou de propriedade privada, que se achem, respectivamente, no espaço aéreo correspondente ou em alto-mar. (Redação dada pela Lei nº 7.209, de 1984)

§ 2º - É também aplicável a lei brasileira aos crimes praticados a bordo de aeronaves ou embarcações estrangeiras de propriedade privada, achando-se aquelas em pouso no território nacional ou em vôo no espaço aéreo correspondente, e estas em porto ou mar territorial do Brasil.(Redação dada pela Lei nº 7.209, de 1984)

Lugar do crime (Redação dada pela Lei nº 7.209, de 1984)

Art. 6º - Considera-se praticado o crime no lugar em que ocorreu a ação ou omissão, no todo ou em parte, bem como onde se produziu ou deveria produzir-se o resultado.(Redação dada pela Lei nº 7.209, de 1984)

Extraterritorialidade (Redação dada pela Lei nº 7.209, de 1984)

Art. 7º - Ficam sujeitos à lei brasileira, embora cometidos no estrangeiro: (Redação dada pela Lei nº 7.209, de 1984)

I - os crimes: (Redação dada pela Lei nº 7.209, de 11.7.1984)
a) contra a vida ou a liberdade do Presidente da República; (Incluído pela Lei nº 7.209, de 1984)
b) contra o patrimônio ou a fé pública da União, do Distrito Federal, de Estado, de Território, de Município, de empresa pública, sociedade de economia mista, autarquia ou fundação instituída pelo Poder Público; (Incluído pela Lei nº 7.209, de 1984)
c) contra a administração pública, por quem está a seu serviço; (Incluído pela Lei nº 7.209, de 1984)
d) de genocídio, quando o agente for brasileiro ou domiciliado no Brasil; (Incluído pela Lei nº 7.209, de 1984)

II - os crimes: (Redação dada pela Lei nº 7.209, de 11.7.1984)
a) que, por tratado ou convenção, o Brasil se obrigou a reprimir; (Incluído pela Lei nº 7.209, de 1984)
b) praticados por brasileiro; (Incluído pela Lei nº 7.209, de 1984)
c) praticados em aeronaves ou embarcações brasileiras, mercantes ou de propriedade privada, quando em território estrangeiro e aí não sejam julgados. (Incluído pela Lei nº 7.209, de 1984)

§ 1º - Nos casos do inciso I, o agente é punido segundo a lei brasileira, ainda que absolvido ou condenado no estrangeiro. (Incluído pela Lei nº 7.209, de 1984)

§ 2º - Nos casos do inciso II, a aplicação da lei brasileira depende do concurso das seguintes condições: (Incluído pela Lei nº 7.209, de 1984)
a) entrar o agente no território nacional; (Incluído pela Lei nº 7.209, de 1984)
b) ser o fato punível também no país em que foi praticado; (Incluído pela Lei nº 7.209, de 1984)
c) estar o crime incluído entre aqueles pelos quais a lei brasileira autoriza a extradição; (Incluído pela Lei nº 7.209, de 1984)
d) não ter sido o agente absolvido no estrangeiro ou não ter aí cumprido a pena; (Incluído pela Lei nº 7.209, de 1984)

e) não ter sido o agente perdoado no estrangeiro ou, por outro motivo, não estar extinta a punibilidade, segundo a lei mais favorável. (Incluído pela Lei nº 7.209, de 1984)

§ 3º - A lei brasileira aplica-se também ao crime cometido por estrangeiro contra brasileiro fora do Brasil, se, reunidas as condições previstas no parágrafo anterior: (Incluído pela Lei nº 7.209, de 1984)

a) não foi pedida ou foi negada a extradição; (Incluído pela Lei nº 7.209, de 1984)

b) houve requisição do Ministro da Justiça. (Incluído pela Lei nº 7.209, de 1984)

Pena cumprida no estrangeiro (Redação dada pela Lei nº 7.209, de 11.7.1984)

Art. 8º - A pena cumprida no estrangeiro atenua a pena imposta no Brasil pelo mesmo crime, quando diversas, ou nela é computada, quando idênticas. (Redação dada pela Lei nº 7.209, de 11.7.1984)

Eficácia de sentença estrangeira (Redação dada pela Lei nº 7.209, de 11.7.1984)

Art. 9º - A sentença estrangeira, quando a aplicação da lei brasileira produz na espécie as mesmas consequências, pode ser homologada no Brasil para: (Redação dada pela Lei nº 7.209, de 11.7.1984)

I - obrigar o condenado à reparação do dano, a restituições e a outros efeitos civis; (Incluído pela Lei nº 7.209, de 11.7.1984)

II - sujeitá-lo a medida de segurança.(Incluído pela Lei nº 7.209, de 11.7.1984)

Parágrafo único. A homologação depende: (Incluído pela Lei nº 7.209, de 11.7.1984)

a) para os efeitos previstos no inciso I, de pedido da parte interessada; (Incluído pela Lei nº 7.209, de 11.7.1984)

b) para os outros efeitos, da existência de tratado de extradição com o país de cuja autoridade judiciária emanou a sentença, ou, na falta de tratado, de requisição do Ministro da Justiça. (Incluído pela Lei nº 7.209, de 11.7.1984)

Contagem de prazo (Redação dada pela Lei nº 7.209, de 11.7.1984)

Art. 10 - O dia do começo inclui-se no cômputo do prazo. Contam-se os dias, os meses e os anos pelo calendário comum. (Redação dada pela Lei nº 7.209, de 11.7.1984)

Frações não computáveis da pena (Redação dada pela Lei nº 7.209, de 11.7.1984)

Art. 11 - Desprezam-se, nas penas privativas de liberdade e nas restritivas de direitos, as frações de dia, e, na pena de multa, as frações de cruzeiro. (Redação dada pela Lei nº 7.209, de 11.7.1984)

Legislação especial (Incluída pela Lei nº 7.209, de 11.7.1984)

Art. 12 - As regras gerais deste Código aplicam-se aos fatos incriminados por lei especial, se esta não dispuser de modo diverso. (Redação dada pela Lei nº 7.209, de 11.7.1984)

TÍTULO II - DO CRIME

Relação de causalidade (Redação dada pela Lei nº 7.209, de 11.7.1984)

Art. 13 - O resultado, de que depende a existência do crime, somente é imputável a quem lhe deu causa. Considera-se causa a ação ou omissão sem a qual o resultado não teria ocorrido. (Redação dada pela Lei nº 7.209, de 11.7.1984)

Superveniência de causa independente (Incluído pela Lei nº 7.209, de 11.7.1984)

§ 1º - A superveniência de causa relativamente independente exclui a imputação quando, por si só, produziu o resultado; os fatos anteriores, entretanto, imputam-se a quem os praticou. (Incluído pela Lei nº 7.209, de 11.7.1984)

Relevância da omissão (Incluído pela Lei nº 7.209, de 11.7.1984)

§ 2º - A omissão é penalmente relevante quando o omitente devia e podia agir para evitar o resultado. O dever de agir incumbe a quem:(Incluído pela Lei nº 7.209, de 11.7.1984)

a) tenha por lei obrigação de cuidado, proteção ou vigilância; (Incluído pela Lei nº 7.209, de 11.7.1984)

b) de outra forma, assumiu a responsabilidade de impedir o resultado; (Incluído pela Lei nº 7.209, de 11.7.1984)

c) com seu comportamento anterior, criou o risco da ocorrência do resultado. (Incluído pela Lei nº 7.209, de 11.7.1984)

Art. 14 - Diz-se o crime: (Redação dada pela Lei nº 7.209, de 11.7.1984)

Crime consumado (Incluído pela Lei nº 7.209, de 11.7.1984)

I - consumado, quando nele se reúnem todos os elementos de sua definição legal; (Incluído pela Lei nº 7.209, de 11.7.1984)

Tentativa (Incluído pela Lei nº 7.209, de 11.7.1984)

II - tentado, quando, iniciada a execução, não se consuma por circunstâncias alheias à vontade do agente. (Incluído pela Lei nº 7.209, de 11.7.1984)

Pena de tentativa (Incluído pela Lei nº 7.209, de 11.7.1984)

Parágrafo único. Salvo disposição em contrário, pune-se a tentativa com a pena correspondente ao crime consumado, diminuída de um a dois terços.(Incluído pela Lei nº 7.209, de 11.7.1984)

Desistência voluntária e arrependimento eficaz (Redação dada pela Lei nº 7.209, de 11.7.1984)

Art. 15 - O agente que, voluntariamente, desiste de prosseguir na execução ou impede que o resultado se produza, só responde pelos atos já praticados.(Redação dada pela Lei nº 7.209, de 11.7.1984)

Arrependimento posterior (Redação dada pela Lei nº 7.209, de 11.7.1984)

Art. 16 - Nos crimes cometidos sem violência ou grave ameaça à pessoa, reparado o dano ou restituída a coisa, até o recebimento da denúncia ou da queixa, por ato voluntário do agente, a pena será reduzida de um a dois terços. (Redação dada pela Lei nº 7.209, de 11.7.1984)

Crime impossível (Redação dada pela Lei nº 7.209, de 11.7.1984)

Art. 17 - Não se pune a tentativa quando, por ineficácia absoluta do meio ou por absoluta impropriedade do objeto, é impossível consumar-se o crime.(Redação dada pela Lei nº 7.209, de 11.7.1984)

Art. 18 - Diz-se o crime: (Redação dada pela Lei nº 7.209, de 11.7.1984)

Crime doloso (Incluído pela Lei nº 7.209, de 11.7.1984)

I - doloso, quando o agente quis o resultado ou assumiu o risco de produzi-lo;(Incluído pela Lei nº 7.209, de 11.7.1984)

Crime culposo (Incluído pela Lei nº 7.209, de 11.7.1984)

II - culposo, quando o agente deu causa ao resultado por imprudência, negligência ou imperícia. (Incluído pela Lei nº 7.209, de 11.7.1984)

Parágrafo único. Salvo os casos expressos em lei, ninguém pode ser punido por fato previsto como crime, senão quando o pratica dolosamente. (Incluído pela Lei nº 7.209, de 11.7.1984)

Agravação pelo resultado (Redação dada pela Lei nº 7.209, de 11.7.1984)

Art. 19 - Pelo resultado que agrava especialmente a pena, só responde o agente que o houver causado ao menos culposamente.(Redação dada pela Lei nº 7.209, de 11.7.1984)

Erro sobre elementos do tipo (Redação dada pela Lei nº 7.209, de 11.7.1984)

Art. 20 - O erro sobre elemento constitutivo do tipo legal de crime exclui o dolo, mas permite a punição por crime culposo, se previsto em lei. (Redação dada pela Lei nº 7.209, de 11.7.1984)

Descriminantes putativas (Incluído pela Lei nº 7.209, de 11.7.1984)

§ 1º - É isento de pena quem, por erro plenamente justificado pelas circunstâncias, supõe situação de fato que, se existisse, tornaria a ação legítima. Não há isenção de pena quando o erro deriva de culpa e o fato é punível como crime culposo. (Redação dada pela Lei nº 7.209, de 11.7.1984)

Erro determinado por terceiro (Incluído pela Lei nº 7.209, de 11.7.1984)

§ 2º - Responde pelo crime o terceiro que determina o erro. (Redação dada pela Lei nº 7.209, de 11.7.1984)

Erro sobre a pessoa (Incluído pela Lei nº 7.209, de 11.7.1984)

§ 3º - O erro quanto à pessoa contra a qual o crime é praticado não isenta de pena. Não se consideram, neste caso, as condições ou qualidades da vítima, senão as da pessoa contra quem o agente queria praticar o crime. (Incluído pela Lei nº 7.209, de 11.7.1984)

Erro sobre a ilicitude do fato (Redação dada pela Lei nº 7.209, de 11.7.1984)

Art. 21 - O desconhecimento da lei é inescusável. O erro sobre a ilicitude do fato, se inevitável, isenta de pena; se evitável, poderá diminuí-la de um sexto a um terço. (Redação dada pela Lei nº 7.209, de 11.7.1984)

Parágrafo único. Considera-se evitável o erro se o agente atua ou se omite sem a consciência da ilicitude do fato, quando lhe era possível, nas circunstâncias, ter ou atingir essa consciência. (Redação dada pela Lei nº 7.209, de 11.7.1984)

Coação irresistível e obediência hierárquica (Redação dada pela Lei nº 7.209, de 11.7.1984)

Art. 22 - Se o fato é cometido sob coação irresistível ou em estrita obediência a ordem, não manifestamente ilegal, de superior hierárquico, só é punível o autor da coação ou da ordem. (Redação dada pela Lei nº 7.209, de 11.7.1984)

Exclusão de ilicitude (Redação dada pela Lei nº 7.209, de 11.7.1984)

Art. 23 - Não há crime quando o agente pratica o fato: (Redação dada pela Lei nº 7.209, de 11.7.1984)

I - em estado de necessidade; (Incluído pela Lei nº 7.209, de 11.7.1984)

II - em legítima defesa; (Incluído pela Lei nº 7.209, de 11.7.1984)

III - em estrito cumprimento de dever legal ou no exercício regular de direito. (Incluído pela Lei nº 7.209, de 11.7.1984)

Excesso punível (Incluído pela Lei nº 7.209, de 11.7.1984)

Parágrafo único. O agente, em qualquer das hipóteses deste artigo, responderá pelo excesso doloso ou culposo. (Incluído pela Lei nº 7.209, de 11.7.1984)

Estado de necessidade

Art. 24 - Considera-se em estado de necessidade quem pratica o fato para salvar de perigo atual, que não provocou por sua vontade, nem podia de outro modo evitar, direito próprio ou alheio, cujo sacrifício, nas circunstâncias, não era razoável exigir-se. (Redação dada pela Lei nº 7.209, de 11.7.1984)

§ 1º - Não pode alegar estado de necessidade quem tinha o dever legal de enfrentar o perigo. (Redação dada pela Lei nº 7.209, de 11.7.1984)

§ 2º - Embora seja razoável exigir-se o sacrifício do direito ameaçado, a pena poderá ser reduzida de um a dois terços. (Redação dada pela Lei nº 7.209, de 11.7.1984)

Legítima defesa

Art. 25 - Entende-se em legítima defesa quem, usando moderadamente dos meios necessários, repele injusta agressão, atual ou iminente, a direito seu ou de outrem. (Redação dada pela Lei nº 7.209, de 11.7.1984)

Parágrafo único. Observados os requisitos previstos no caput deste artigo, considera-se também em legítima defesa o agente de segurança pública que repele agressão ou risco de agressão a vítima mantida refém durante a prática de crimes. (Incluído pela Lei nº 13.964, de 2019)

TÍTULO III - DA IMPUTABILIDADE PENAL

Inimputáveis

Art. 26 - É isento de pena o agente que, por doença mental ou desenvolvimento mental incompleto ou retardado, era, ao tempo da ação ou da omissão, inteiramente incapaz de entender o caráter ilícito do fato ou de determinar-se de acordo com esse entendimento. (Redação dada pela Lei nº 7.209, de 11.7.1984)

Redução de pena

Parágrafo único. A pena pode ser reduzida de um a dois terços, se o agente, em virtude de perturbação de saúde mental ou por desenvolvimento mental incompleto ou retardado não era inteiramente capaz de entender o caráter ilícito do fato ou de determinar-se de acordo com esse entendimento. (Redação dada pela Lei nº 7.209, de 11.7.1984)

Menores de dezoito anos

Art. 27 - Os menores de 18 (dezoito) anos são penalmente inimputáveis, ficando sujeitos às normas estabelecidas na legislação especial. (Redação dada pela Lei nº 7.209, de 11.7.1984)

Emoção e paixão

Art. 28 - Não excluem a imputabilidade penal: (Redação dada pela Lei nº 7.209, de 11.7.1984)

I - a emoção ou a paixão; (Redação dada pela Lei nº 7.209, de 11.7.1984)

Embriaguez

II - a embriaguez, voluntária ou culposa, pelo álcool ou substância de efeitos análogos. (Redação dada pela Lei nº 7.209, de 11.7.1984)

§ 1º - É isento de pena o agente que, por embriaguez completa, proveniente de caso fortuito ou força maior, era, ao tempo da ação ou da omissão, inteiramente incapaz de entender o caráter ilícito do fato ou de determinar-se de acordo com esse entendimento. (Redação dada pela Lei nº 7.209, de 11.7.1984)

§ 2º - A pena pode ser reduzida de um a dois terços, se o agente, por embriaguez, proveniente de caso fortuito ou força maior, não possuía, ao tempo da ação ou da omissão, a plena capacidade de entender o caráter ilícito do fato ou de determinar-se de acordo com esse entendimento. (Redação dada pela Lei nº 7.209, de 11.7.1984)

TÍTULO IV - DO CONCURSO DE PESSOAS

Art. 29 - Quem, de qualquer modo, concorre para o crime incide nas penas a este cominadas, na medida de sua culpabilidade. (Redação dada pela Lei nº 7.209, de 11.7.1984)

§ 1º - Se a participação for de menor importância, a pena pode ser diminuída de um sexto a um terço. (Redação dada pela Lei nº 7.209, de 11.7.1984)

§ 2º - Se algum dos concorrentes quis participar de crime menos grave, ser-lhe-á aplicada a pena deste; essa pena será aumentada até metade, na hipótese de ter sido previsível o resultado mais grave. (Redação dada pela Lei nº 7.209, de 11.7.1984)

Circunstâncias incomunicáveis

Art. 30 - Não se comunicam as circunstâncias e as condições de caráter pessoal, salvo quando elementares do crime. (Redação dada pela Lei nº 7.209, de 11.7.1984)

Casos de impunibilidade

Art. 31 - O ajuste, a determinação ou instigação e o auxílio, salvo disposição expressa em contrário, não são puníveis, se o crime não chega, pelo menos, a ser tentado. (Redação dada pela Lei nº 7.209, de 11.7.1984)

TÍTULO V - DAS PENAS
CAPÍTULO I - DAS ESPÉCIES DE PENA

Art. 32 - As penas são: (Redação dada pela Lei nº 7.209, de 11.7.1984)

I - privativas de liberdade;
II - restritivas de direitos;
III - de multa.

SEÇÃO I - DAS PENAS PRIVATIVAS DE LIBERDADE

Reclusão e detenção

Art. 33 - A pena de reclusão deve ser cumprida em regime fechado, semi-aberto ou aberto. A de detenção, em regime semi-aberto, ou aberto, salvo necessidade de transferência a regime fechado. (Redação dada pela Lei nº 7.209, de 11.7.1984)

§ 1º - Considera-se: (Redação dada pela Lei nº 7.209, de 11.7.1984)

a) regime fechado a execução da pena em estabelecimento de segurança máxima ou média;
b) regime semi-aberto a execução da pena em colônia agrícola, industrial ou estabelecimento similar;
c) regime aberto a execução da pena em casa de albergado ou estabelecimento adequado.

§ 2º - As penas privativas de liberdade deverão ser executadas em forma progressiva, segundo o mérito do condenado, observados os seguintes critérios e ressalvadas as hipóteses de transferência a regime mais rigoroso: (Redação dada pela Lei nº 7.209, de 11.7.1984)

a) o condenado a pena superior a 8 (oito) anos deverá começar a cumpri-la em regime fechado;
b) o condenado não reincidente, cuja pena seja superior a 4 (quatro) anos e não exceda a 8 (oito), poderá, desde o princípio, cumpri-la em regime semi-aberto;
c) o condenado não reincidente, cuja pena seja igual ou inferior a 4 (quatro) anos, poderá, desde o início, cumpri-la em regime aberto.

§ 3º - A determinação do regime inicial de cumprimento da pena far-se-á com observância dos critérios previstos no art. 59 deste Código.(Redação dada pela Lei nº 7.209, de 11.7.1984)

§ 4º O condenado por crime contra a administração pública terá a progressão de regime do cumprimento da pena condicionada à reparação do dano que causou, ou à devolução do produto do ilícito praticado, com os acréscimos legais. (Incluído pela Lei nº 10.763, de 12.11.2003)

Regras do regime fechado

Art. 34 - O condenado será submetido, no início do cumprimento da pena, a exame criminológico de classificação para individualização da execução. (Redação dada pela Lei nº 7.209, de 11.7.1984)

§ 1º - O condenado fica sujeito a trabalho no período diurno e a isolamento durante o repouso noturno. (Redação dada pela Lei nº 7.209, de 11.7.1984)

§ 2º - O trabalho será em comum dentro do estabelecimento, na conformidade das aptidões ou ocupações anteriores do condenado, desde que compatíveis com a execução da pena. (Redação dada pela Lei nº 7.209, de 11.7.1984)

§ 3º - O trabalho externo é admissível, no regime fechado, em serviços ou obras públicas. (Redação dada pela Lei nº 7.209, de 11.7.1984)

Regras do regime semi-aberto

Art. 35 - Aplica-se a norma do art. 34 deste Código, caput, ao condenado que inicie o cumprimento da pena em regime semi-aberto. (Redação dada pela Lei nº 7.209, de 11.7.1984)

§ 1º - O condenado fica sujeito a trabalho em comum durante o período diurno, em colônia agrícola, industrial ou estabelecimento similar. (Redação dada pela Lei nº 7.209, de 11.7.1984)

§ 2º - O trabalho externo é admissível, bem como a freqüência a cursos supletivos profissionalizantes, de instrução de segundo grau ou superior. (Redação dada pela Lei nº 7.209, de 11.7.1984)

Regras do regime aberto

Art. 36 - O regime aberto baseia-se na autodisciplina e senso de responsabilidade do condenado. (Redação dada pela Lei nº 7.209, de 11.7.1984)

§ 1º - O condenado deverá, fora do estabelecimento e sem vigilância, trabalhar, freqüentar curso ou exercer outra atividade autorizada, permanecendo recolhido durante o período noturno e nos dias de folga. (Redação dada pela Lei nº 7.209, de 11.7.1984)

§ 2º - O condenado será transferido do regime aberto, se praticar fato definido como crime doloso, se frustrar os fins da execução ou se, podendo, não pagar a multa cumulativamente aplicada. (Redação dada pela Lei nº 7.209, de 11.7.1984)

Regime especial

Art. 37 - As mulheres cumprem pena em estabelecimento próprio, observando-se os deveres e direitos inerentes à sua condição pessoal, bem como, no que couber, o disposto neste Capítulo. (Redação dada pela Lei nº 7.209, de 11.7.1984)

Direitos do preso

Art. 38 - O preso conserva todos os direitos não atingidos pela perda da liberdade, impondo-se a todas as autoridades o respeito à sua integridade física e moral. (Redação dada pela Lei nº 7.209, de 11.7.1984)

Trabalho do preso

Art. 39 - O trabalho do preso será sempre remunerado, sendo-lhe garantidos os benefícios da Previdência Social. (Redação dada pela Lei nº 7.209, de 11.7.1984)

Legislação especial

Art. 40 - A legislação especial regulará a matéria prevista nos arts. 38 e 39 deste Código, bem como especificará os deveres e direitos do preso, os critérios para revogação e transferência dos regimes e estabelecerá as infrações disciplinares e correspondentes sanções. (Redação dada pela Lei nº 7.209, de 11.7.1984)

Superveniência de doença mental

Art. 41 - O condenado a quem sobrevém doença mental deve ser recolhido a hospital de custódia e tratamento psiquiátrico ou, à falta, a outro estabelecimento adequado. (Redação dada pela Lei nº 7.209, de 11.7.1984)

Detração

Art. 42 - Computam-se, na pena privativa de liberdade e na medida de segurança, o tempo de prisão provisória, no Brasil ou no estrangeiro, o de prisão administrativa e o de internação em qualquer dos estabelecimentos referidos no artigo anterior. (Redação dada pela Lei nº 7.209, de 11.7.1984)

SEÇÃO II - DAS PENAS RESTRITIVAS DE DIREITOS

Penas restritivas de direitos

Art. 43. As penas restritivas de direitos são: (Redação dada pela Lei nº 9.714, de 1998)

I - prestação pecuniária; (Incluído pela Lei nº 9.714, de 1998)

II - perda de bens e valores; (Incluído pela Lei nº 9.714, de 1998)

III - limitação de fim de semana. (Incluído pela Lei nº 7.209, de 1984)

IV - prestação de serviço à comunidade ou a entidades públicas; (Incluído pela Lei nº 9.714, de 25.11.1998)

V - interdição temporária de direitos; (Incluído pela Lei nº 9.714, de 25.11.1998)

VI - limitação de fim de semana. (Incluído pela Lei nº 9.714, de 25.11.1998)

Art. 44. As penas restritivas de direitos são autônomas e substituem as privativas de liberdade, quando: (Redação dada pela Lei nº 9.714, de 1998)

I - aplicada pena privativa de liberdade não superior a quatro anos e o crime não for cometido com violência ou grave ameaça à pessoa ou, qualquer que seja a pena aplicada, se o crime for culposo;(Redação dada pela Lei nº 9.714, de 1998)

II - o réu não for reincidente em crime doloso; (Redação dada pela Lei nº 9.714, de 1998)

III - a culpabilidade, os antecedentes, a conduta social e a personalidade do condenado, bem como os motivos e as circunstâncias indicarem que essa substituição seja suficiente. (Redação dada pela Lei nº 9.714, de 1998)

§ 1º (VETADO) (Incluído pela Lei nº 9.714, de 1998)

§ 2º Na condenação igual ou inferior a um ano, a substituição pode ser feita por multa ou por uma pena restritiva de direitos; se superior a um ano, a pena privativa de liberdade pode ser substituída por uma pena restritiva de direitos e multa ou por duas restritivas de direitos. (Incluído pela Lei nº 9.714, de 1998)

§ 3º Se o condenado for reincidente, o juiz poderá aplicar a substituição, desde que, em face de condenação anterior, a medida seja socialmente recomendável e a reincidência não se tenha operado em virtude da prática do mesmo crime. (Incluído pela Lei nº 9.714, de 1998)

§ 4º A pena restritiva de direitos converte-se em privativa de liberdade quando ocorrer o descumprimento injustificado da restrição imposta. No cálculo da pena privativa de liberdade a executar será deduzido o tempo cumprido da pena restritiva de direitos, respeitado o saldo mínimo de trinta dias de detenção ou reclusão. (Incluído pela Lei nº 9.714, de 1998)

§ 5º Sobrevindo condenação a pena privativa de liberdade, por outro crime, o juiz da execução penal decidirá sobre a conversão, podendo deixar de aplicá-la se for possível ao condenado cumprir a pena substitutiva anterior. (Incluído pela Lei nº 9.714, de 1998)

Conversão das penas restritivas de direitos

Art. 45. Na aplicação da substituição prevista no artigo anterior, proceder-se-á na forma deste e dos arts. 46, 47 e 48. (Redação dada pela Lei nº 9.714, de 1998)

§ 1º A prestação pecuniária consiste no pagamento em dinheiro à vítima, a seus dependentes ou a entidade pública ou privada com destinação social, de importância fixada pelo juiz, não inferior a 1 (um) salário mínimo nem superior a 360 (trezentos e sessenta) salários mínimos. O valor pago será deduzido do montante de eventual condenação em ação de reparação civil, se coincidentes os beneficiários. (Incluído pela Lei nº 9.714, de 1998)

§ 2º No caso do parágrafo anterior, se houver aceitação do beneficiário, a prestação pecuniária pode consistir em prestação de outra natureza. (Incluído pela Lei nº 9.714, de 1998)

§ 3º A perda de bens e valores pertencentes aos condenados dar-se-á, ressalvada a legislação especial, em favor do Fundo Penitenciário Nacional, e seu valor terá como teto – o que for maior – o montante do prejuízo causado ou do provento obtido pelo agente ou por terceiro, em conseqüência da prática do crime. (Incluído pela Lei nº 9.714, de 1998)

§ 4º (VETADO) (Incluído pela Lei nº 9.714, de 1998)

Prestação de serviços à comunidade ou a entidades públicas

Art. 46. A prestação de serviços à comunidade ou a entidades públicas é aplicável às condenações superiores a seis meses de privação da liberdade. (Redação dada pela Lei nº 9.714, de 1998)

§ 1º A prestação de serviços à comunidade ou a entidades públicas consiste na atribuição de tarefas gratuitas ao condenado. (Incluído pela Lei nº 9.714, de 1998)

§ 2º A prestação de serviço à comunidade dar-se-á em entidades assistenciais, hospitais, escolas, orfanatos e outros estabelecimentos congêneres, em programas comunitários ou estatais. (Incluído pela Lei nº 9.714, de 1998)

§ 3º As tarefas a que se refere o § 1o serão atribuídas conforme as aptidões do condenado, devendo ser cumpridas à razão de uma hora de tarefa por dia de condenação, fixadas de modo a não prejudicar a jornada normal de trabalho. (Incluído pela Lei nº 9.714, de 1998)

§ 4º Se a pena substituída for superior a um ano, é facultado ao condenado cumprir a pena substitutiva em menor tempo (art. 55), nunca inferior à metade da pena privativa de liberdade fixada. (Incluído pela Lei nº 9.714, de 1998)

Interdição temporária de direitos (Redação dada pela Lei nº 7.209, de 11.7.1984)

Art. 47 - As penas de interdição temporária de direitos são: (Redação dada pela Lei nº 7.209, de 11.7.1984)

I - proibição do exercício de cargo, função ou atividade pública, bem como de mandato eletivo; (Redação dada pela Lei nº 7.209, de 11.7.1984)

II - proibição do exercício de profissão, atividade ou ofício que dependam de habilitação especial, de licença ou autorização do poder público;(Redação dada pela Lei nº 7.209, de 11.7.1984)

III - suspensão de autorização ou de habilitação para dirigir veículo. (Redação dada pela Lei nº 7.209, de 11.7.1984)

IV - proibição de freqüentar determinados lugares. (Incluído pela Lei nº 9.714, de 1998)

V - proibição de inscrever-se em concurso, avaliação ou exame públicos. (Incluído pela Lei nº 12.550, de 2011)

Limitação de fim de semana

Art. 48 - A limitação de fim de semana consiste na obrigação de permanecer, aos sábados e domingos, por 5 (cinco) horas diárias, em casa de albergado ou outro estabelecimento adequado. (Redação dada pela Lei nº 7.209, de 11.7.1984)

Parágrafo único. Durante a permanência poderão ser ministrados ao condenado cursos e palestras ou atribuídas atividades educativas.(Redação dada pela Lei nº 7.209, de 11.7.1984)

SEÇÃO III - DA PENA DE MULTA

Multa

Art. 49 - A pena de multa consiste no pagamento ao fundo penitenciário da quantia fixada na sentença e calculada em dias-multa. Será, no mínimo, de 10 (dez) e, no máximo, de 360 (trezentos e sessenta) dias-multa. (Redação dada pela Lei nº 7.209, de 11.7.1984)

DECRETO-LEI NO 2.848, DE 7 DE DEZEMBRO DE 1940

§ 1º - O valor do dia-multa será fixado pelo juiz não podendo ser inferior a um trigésimo do maior salário mínimo mensal vigente ao tempo do fato, nem superior a 5 (cinco) vezes esse salário. (Redação dada pela Lei nº 7.209, de 11.7.1984)

§ 2º - O valor da multa será atualizado, quando da execução, pelos índices de correção monetária. (Redação dada pela Lei nº 7.209, de 11.7.1984)

Pagamento da multa

Art. 50 - A multa deve ser paga dentro de 10 (dez) dias depois de transitada em julgado a sentença. A requerimento do condenado e conforme as circunstâncias, o juiz pode permitir que o pagamento se realize em parcelas mensais. (Redação dada pela Lei nº 7.209, de 11.7.1984)

§ 1º - A cobrança da multa pode efetuar-se mediante desconto no vencimento ou salário do condenado quando: (Incluído pela Lei nº 7.209, de 11.7.1984)

a) aplicada isoladamente; (Incluído pela Lei nº 7.209, de 11.7.1984)
b) aplicada cumulativamente com pena restritiva de direitos; (Incluído pela Lei nº 7.209, de 11.7.1984)
c) concedida a suspensão condicional da pena. (Incluído pela Lei nº 7.209, de 11.7.1984)

§ 2º - O desconto não deve incidir sobre os recursos indispensáveis ao sustento do condenado e de sua família. (Incluído pela Lei nº 7.209, de 11.7.1984)

Conversão da Multa e revogação (Redação dada pela Lei nº 7.209, de 11.7.1984)

Art. 51. Transitada em julgado a sentença condenatória, a multa será executada perante o juiz da execução penal e será considerada dívida de valor, aplicáveis as normas relativas à dívida ativa da Fazenda Pública, inclusive no que concerne às causas interruptivas e suspensivas da prescrição. (Redação dada pela Lei nº 13.964, de 2019)

§ 1º - (Revogado pela Lei nº 9.268, de 1º.4.1996)
§ 2º - (Revogado pela Lei nº 9.268, de 1º.4.1996)

Suspensão da execução da multa

Art. 52 - É suspensa a execução da pena de multa, se sobrevém ao condenado doença mental. (Redação dada pela Lei nº 7.209, de 11.7.1984)

CAPÍTULO II - DA COMINAÇÃO DAS PENAS

Penas privativas de liberdade

Art. 53 - As penas privativas de liberdade têm seus limites estabelecidos na sanção correspondente a cada tipo legal de crime. (Redação dada pela Lei nº 7.209, de 11.7.1984)

Penas restritivas de direitos

Art. 54 - As penas restritivas de direitos são aplicáveis, independentemente de cominação na parte especial, em substituição à pena privativa de liberdade, fixada em quantidade inferior a 1 (um) ano, ou nos crimes culposos. (Redação dada pela Lei nº 7.209, de 11.7.1984)

Art. 55. As penas restritivas de direitos referidas nos incisos III, IV, V e VI do art. 43 terão a mesma duração da pena privativa de liberdade substituída, ressalvado o disposto no § 4o do art. 46. (Redação dada pela Lei nº 9.714, de 1998)

Art. 56 - As penas de interdição, previstas nos incisos I e II do art. 47 deste Código, aplicam-se para todo o crime cometido no exercício de profissão, atividade, ofício, cargo ou função, sempre que houver violação dos deveres que lhes são inerentes. (Redação dada pela Lei nº 7.209, de 11.7.1984)

Art. 57 - A pena de interdição, prevista no inciso III do art. 47 deste Código, aplica-se aos crimes culposos de trânsito. (Redação dada pela Lei nº 7.209, de 11.7.1984)

Pena de multa

Art. 58 - A multa, prevista em cada tipo legal de crime, tem os limites fixados no art. 49 e seus parágrafos deste Código. (Redação dada pela Lei nº 7.209, de 11.7.1984)

Parágrafo único. A multa prevista no parágrafo único do art. 44 e no § 2º do art. 60 deste Código aplica-se independentemente de cominação na parte especial. (Redação dada pela Lei nº 7.209, de 11.7.1984)

CAPÍTULO III - DA APLICAÇÃO DA PENA

Fixação da pena

Art. 59 - O juiz, atendendo à culpabilidade, aos antecedentes, à conduta social, à personalidade do agente, aos motivos, às circunstâncias e conseqüências do crime, bem como ao comportamento da vítima, estabelecerá, conforme seja necessário e suficiente para reprovação e prevenção do crime: (Redação dada pela Lei nº 7.209, de 11.7.1984)

I - as penas aplicáveis dentre as cominadas;(Redação dada pela Lei nº 7.209, de 11.7.1984)
II - a quantidade de pena aplicável, dentro dos limites previstos;(Redação dada pela Lei nº 7.209, de 11.7.1984)
III - o regime inicial de cumprimento da pena privativa de liberdade;(Redação dada pela Lei nº 7.209, de 11.7.1984)
IV - a substituição da pena privativa da liberdade aplicada, por outra espécie de pena, se cabível. (Redação dada pela Lei nº 7.209, de 11.7.1984)

Critérios especiais da pena de multa

Art. 60 - Na fixação da pena de multa o juiz deve atender, principalmente, à situação econômica do réu. (Redação dada pela Lei nº 7.209, de 11.7.1984)

§ 1º - A multa pode ser aumentada até o triplo, se o juiz considerar que, em virtude da situação econômica do réu, é ineficaz, embora aplicada no máximo. (Redação dada pela Lei nº 7.209, de 11.7.1984)

Multa substitutiva

§ 2º - A pena privativa de liberdade aplicada, não superior a 6 (seis) meses, pode ser substituída pela de multa, observados os critérios dos incisos II e III do art. 44 deste Código.(Redação dada pela Lei nº 7.209, de 11.7.1984)

Circunstâncias agravantes

Art. 61 - São circunstâncias que sempre agravam a pena, quando não constituem ou qualificam o crime:(Redação dada pela Lei nº 7.209, de 11.7.1984)

I - a reincidência; (Redação dada pela Lei nº 7.209, de 11.7.1984)
II - ter o agente cometido o crime: (Redação dada pela Lei nº 7.209, de 11.7.1984)
a) por motivo fútil ou torpe;
b) para facilitar ou assegurar a execução, a ocultação, a impunidade ou vantagem de outro crime;
c) à traição, de emboscada, ou mediante dissimulação, ou outro recurso que dificultou ou tornou impossível a defesa do ofendido;
d) com emprego de veneno, fogo, explosivo, tortura ou outro meio insidioso ou cruel, ou de que podia resultar perigo comum;
e) contra ascendente, descendente, irmão ou cônjuge;
f) com abuso de autoridade ou prevalecendo-se de relações domésticas, de coabitação ou de hospitalidade, ou com violência contra a mulher na forma da lei específica; (Redação dada pela Lei nº 11.340, de 2006)
g) com abuso de poder ou violação de dever inerente a cargo, ofício, ministério ou profissão;
h) contra criança, maior de 60 (sessenta) anos, enfermo ou mulher grávida; (Redação dada pela Lei nº 10.741, de 2003)

i) quando o ofendido estava sob a imediata proteção da autoridade;
j) em ocasião de incêndio, naufrágio, inundação ou qualquer calamidade pública, ou de desgraça particular do ofendido;
l) em estado de embriaguez preordenada.

Agravantes no caso de concurso de pessoas

Art. 62 - A pena será ainda agravada em relação ao agente que: (Redação dada pela Lei nº 7.209, de 11.7.1984)

I - promove, ou organiza a cooperação no crime ou dirige a atividade dos demais agentes; (Redação dada pela Lei nº 7.209, de 11.7.1984)

II - coage ou induz outrem à execução material do crime; (Redação dada pela Lei nº 7.209, de 11.7.1984)

III - instiga ou determina a cometer o crime alguém sujeito à sua autoridade ou não-punível em virtude de condição ou qualidade pessoal; (Redação dada pela Lei nº 7.209, de 11.7.1984)

IV - executa o crime, ou nele participa, mediante paga ou promessa de recompensa.(Redação dada pela Lei nº 7.209, de 11.7.1984)

Reincidência

Art. 63 - Verifica-se a reincidência quando o agente comete novo crime, depois de transitar em julgado a sentença que, no País ou no estrangeiro, o tenha condenado por crime anterior. (Redação dada pela Lei nº 7.209, de 11.7.1984)

Art. 64 - Para efeito de reincidência: (Redação dada pela Lei nº 7.209, de 11.7.1984)

I - não prevalece a condenação anterior, se entre a data do cumprimento ou extinção da pena e a infração posterior tiver decorrido período de tempo superior a 5 (cinco) anos, computado o período de prova da suspensão ou do livramento condicional, se não ocorrer revogação; (Redação dada pela Lei nº 7.209, de 11.7.1984)

II - não se consideram os crimes militares próprios e políticos.(Redação dada pela Lei nº 7.209, de 11.7.1984)

Circunstâncias atenuantes

Art. 65 - São circunstâncias que sempre atenuam a pena: (Redação dada pela Lei nº 7.209, de 11.7.1984)

I - ser o agente menor de 21 (vinte e um), na data do fato, ou maior de 70 (setenta) anos, na data da sentença; (Redação dada pela Lei nº 7.209, de 11.7.1984)

II - o desconhecimento da lei; (Redação dada pela Lei nº 7.209, de 11.7.1984)

III - ter o agente:(Redação dada pela Lei nº 7.209, de 11.7.1984)

a) cometido o crime por motivo de relevante valor social ou moral;

b) procurado, por sua espontânea vontade e com eficiência, logo após o crime, evitar-lhe ou minorar-lhe as conseqüências, ou ter, antes do julgamento, reparado o dano;

c) cometido o crime sob coação a que podia resistir, ou em cumprimento de ordem de autoridade superior, ou sob a influência de violenta emoção, provocada por ato injusto da vítima;

d) confessado espontaneamente, perante a autoridade, a autoria do crime;

e) cometido o crime sob a influência de multidão em tumulto, se não o provocou.

Art. 66 - A pena poderá ser ainda atenuada em razão de circunstância relevante, anterior ou posterior ao crime, embora não prevista expressamente em lei. (Redação dada pela Lei nº 7.209, de 11.7.1984)

Concurso de circunstâncias agravantes e atenuantes

Art. 67 - No concurso de agravantes e atenuantes, a pena deve aproximar-se do limite indicado pelas circunstâncias preponderantes, entendendo-se como tais as que resultam dos motivos determinantes do crime, da personalidade do agente e da reincidência. (Redação dada pela Lei nº 7.209, de 11.7.1984)

Cálculo da pena

Art. 68 - A pena-base será fixada atendendo-se ao critério do art. 59 deste Código; em seguida serão consideradas as circunstâncias atenuantes e agravantes; por último, as causas de diminuição e de aumento. (Redação dada pela Lei nº 7.209, de 11.7.1984)

Parágrafo único. No concurso de causas de aumento ou de diminuição previstas na parte especial, pode o juiz limitar-se a um só aumento ou a uma só diminuição, prevalecendo, todavia, a causa que mais aumente ou diminua.(Redação dada pela Lei nº 7.209, de 11.7.1984)

Concurso material

Art. 69 - Quando o agente, mediante mais de uma ação ou omissão, pratica dois ou mais crimes, idênticos ou não, aplicam-se cumulativamente as penas privativas de liberdade em que haja incorrido. No caso de aplicação cumulativa de penas de reclusão e de detenção, executa-se primeiro aquela. (Redação dada pela Lei nº 7.209, de 11.7.1984)

§ 1º - Na hipótese deste artigo, quando ao agente tiver sido aplicada pena privativa de liberdade, não suspensa, por um dos crimes, para os demais será incabível a substituição de que trata o art. 44 deste Código. (Redação dada pela Lei nº 7.209, de 11.7.1984)

§ 2º - Quando forem aplicadas penas restritivas de direitos, o condenado cumprirá simultaneamente as que forem compatíveis entre si e sucessivamente as demais. (Redação dada pela Lei nº 7.209, de 11.7.1984)

Concurso formal

Art. 70 - Quando o agente, mediante uma só ação ou omissão, pratica dois ou mais crimes, idênticos ou não, aplica-se-lhe a mais grave das penas cabíveis ou, se iguais, somente uma delas, mas aumentada, em qualquer caso, de um sexto até metade. As penas aplicam-se, entretanto, cumulativamente, se a ação ou omissão é dolosa e os crimes concorrentes resultam de desígnios autônomos, consoante o disposto no artigo anterior.(Redação dada pela Lei nº 7.209, de 11.7.1984)

Parágrafo único. Não poderá a pena exceder a que seria cabível pela regra do art. 69 deste Código. (Redação dada pela Lei nº 7.209, de 11.7.1984)

Crime continuado

Art. 71 - Quando o agente, mediante mais de uma ação ou omissão, pratica dois ou mais crimes da mesma espécie e, pelas condições de tempo, lugar, maneira de execução e outras semelhantes, devem os subseqüentes ser havidos como continuação do primeiro, aplica-se-lhe a pena de um só dos crimes, se idênticas, ou a mais grave, se diversas, aumentada, em qualquer caso, de um sexto a dois terços. (Redação dada pela Lei nº 7.209, de 11.7.1984)

Parágrafo único. Nos crimes dolosos, contra vítimas diferentes, cometidos com violência ou grave ameaça à pessoa, poderá o juiz, considerando a culpabilidade, os antecedentes, a conduta social e a personalidade do agente, bem como os motivos e as circunstâncias, aumentar a pena de um só dos crimes, se idênticas, ou a mais grave, se diversas, até o triplo, observadas as regras do parágrafo único do art. 70 e do art. 75 deste Código. (Redação dada pela Lei nº 7.209, de 11.7.1984)

Multas no concurso de crimes

Art. 72 - No concurso de crimes, as penas de multa são aplicadas distinta e integralmente. (Redação dada pela Lei nº 7.209, de 11.7.1984)

Erro na execução

Art. 73 - Quando, por acidente ou erro no uso dos meios de execução, o agente, ao invés de atingir a pessoa que pretendia

DECRETO-LEI Nº 2.848, DE 7 DE DEZEMBRO DE 1940

ofender, atinge pessoa diversa, responde como se tivesse praticado o crime contra aquela, atendendo-se ao disposto no § 3º do art. 20 deste Código. No caso de ser também atingida a pessoa que o agente pretendia ofender, aplica-se a regra do art. 70 deste Código. (Redação dada pela Lei nº 7.209, de 11.7.1984)

Resultado diverso do pretendido

Art. 74 - Fora dos casos do artigo anterior, quando, por acidente ou erro na execução do crime, sobrevém resultado diverso do pretendido, o agente responde por culpa, se o fato é previsto como crime culposo; se ocorre também o resultado pretendido, aplica-se a regra do art. 70 deste Código. (Redação dada pela Lei nº 7.209, de 11.7.1984)

Limite das penas

Art. 75. O tempo de cumprimento das penas privativas de liberdade não pode ser superior a 40 (quarenta) anos. (Redação dada pela Lei nº 13.964, de 2019)

§ 1º Quando o agente for condenado a penas privativas de liberdade cuja soma seja superior a 40 (quarenta) anos, devem elas ser unificadas para atender ao limite máximo deste artigo. (Redação dada pela Lei nº 13.964, de 2019)

§ 2º - Sobrevindo condenação por fato posterior ao início do cumprimento da pena, far-se-á nova unificação, desprezando-se, para esse fim, o período de pena já cumprido. (Redação dada pela Lei nº 7.209, de 11.7.1984)

Concurso de infrações

Art. 76 - No concurso de infrações, executar-se-á primeiramente a pena mais grave. (Redação dada pela Lei nº 7.209, de 11.7.1984)

CAPÍTULO IV - DA SUSPENSÃO CONDICIONAL DA PENA

Requisitos da suspensão da pena

Art. 77 - A execução da pena privativa de liberdade, não superior a 2 (dois) anos, poderá ser suspensa, por 2 (dois) a 4 (quatro) anos, desde que: (Redação dada pela Lei nº 7.209, de 11.7.1984)

I - o condenado não seja reincidente em crime doloso; (Redação dada pela Lei nº 7.209, de 11.7.1984)

II - a culpabilidade, os antecedentes, a conduta social e personalidade do agente, bem como os motivos e as circunstâncias autorizem a concessão do benefício; (Redação dada pela Lei nº 7.209, de 11.7.1984)

III - Não seja indicada ou cabível a substituição prevista no art. 44 deste Código. (Redação dada pela Lei nº 7.209, de 11.7.1984)

§ 1º - A condenação anterior a pena de multa não impede a concessão do benefício. (Redação dada pela Lei nº 7.209, de 11.7.1984)

§ 2º - A execução da pena privativa de liberdade, não superior a quatro anos, poderá ser suspensa, por quatro a seis anos, desde que o condenado seja maior de setenta anos de idade, ou razões de saúde justifiquem a suspensão. (Redação dada pela Lei nº 9.714, de 1998)

Art. 78 - Durante o prazo da suspensão, o condenado ficará sujeito à observação e ao cumprimento das condições estabelecidas pelo juiz. (Redação dada pela Lei nº 7.209, de 11.7.1984)

§ 1º - No primeiro ano do prazo, deverá o condenado prestar serviços à comunidade (art. 46) ou submeter-se à limitação de fim de semana (art. 48). (Redação dada pela Lei nº 7.209, de 11.7.1984)

§ 2º - Se o condenado houver reparado o dano, salvo impossibilidade de fazê-lo, e se as circunstâncias do art. 59 deste Código lhe forem inteiramente favoráveis, o juiz poderá substituir a exigência do parágrafo anterior pelas seguintes condições, aplicadas cumulativamente: (Redação dada pela Lei nº 9.268, de 1º.4.1996)

a) proibição de freqüentar determinados lugares; (Redação dada pela Lei nº 7.209, de 11.7.1984)

b) proibição de ausentar-se da comarca onde reside, sem autorização do juiz; (Redação dada pela Lei nº 7.209, de 11.7.1984)

c) comparecimento pessoal e obrigatório a juízo, mensalmente, para informar e justificar suas atividades. (Redação dada pela Lei nº 7.209, de 11.7.1984)

Art. 79 - A sentença poderá especificar outras condições a que fica subordinada a suspensão, desde que adequadas ao fato e à situação pessoal do condenado. (Redação dada pela Lei nº 7.209, de 11.7.1984)

Art. 80 - A suspensão não se estende às penas restritivas de direitos nem à multa. (Redação dada pela Lei nº 7.209, de 11.7.1984)

Revogação obrigatória

Art. 81 - A suspensão será revogada se, no curso do prazo, o beneficiário: (Redação dada pela Lei nº 7.209, de 11.7.1984)

I - é condenado, em sentença irrecorrível, por crime doloso; (Redação dada pela Lei nº 7.209, de 11.7.1984)

II - frustra, embora solvente, a execução de pena de multa ou não efetua, sem motivo justificado, a reparação do dano; (Redação dada pela Lei nº 7.209, de 11.7.1984)

III - descumpre a condição do § 1º do art. 78 deste Código. (Redação dada pela Lei nº 7.209, de 11.7.1984)

Revogação facultativa

§ 1º - A suspensão poderá ser revogada se o condenado descumpre qualquer outra condição imposta ou é irrecorrivelmente condenado, por crime culposo ou por contravenção, a pena privativa de liberdade ou restritiva de direitos. (Redação dada pela Lei nº 7.209, de 11.7.1984)

Prorrogação do período de prova

§ 2º - Se o beneficiário está sendo processado por outro crime ou contravenção, considera-se prorrogado o prazo da suspensão até o julgamento definitivo. (Redação dada pela Lei nº 7.209, de 11.7.1984)

§ 3º - Quando facultativa a revogação, o juiz pode, ao invés de decretá-la, prorrogar o período de prova até o máximo, se este não foi o fixado. (Redação dada pela Lei nº 7.209, de 11.7.1984)

Cumprimento das condições

Art. 82 - Expirado o prazo sem que tenha havido revogação, considera-se extinta a pena privativa de liberdade. (Redação dada pela Lei nº 7.209, de 11.7.1984)

CAPÍTULO V - DO LIVRAMENTO CONDICIONAL

Requisitos do livramento condicional

Art. 83 - O juiz poderá conceder livramento condicional ao condenado a pena privativa de liberdade igual ou superior a 2 (dois) anos, desde que: (Redação dada pela Lei nº 7.209, de 11.7.1984)

I - cumprida mais de um terço da pena se o condenado não for reincidente em crime doloso e tiver bons antecedentes; (Redação dada pela Lei nº 7.209, de 11.7.1984)

II - cumprida mais da metade se o condenado for reincidente em crime doloso; (Redação dada pela Lei nº 7.209, de 11.7.1984)

III - comprovado: (Redação dada pela Lei nº 13.964, de 2019)

a) bom comportamento durante a execução da pena; (Incluído pela Lei nº 13.964, de 2019)

b) não cometimento de falta grave nos últimos 12 (doze) meses; (Incluído pela Lei nº 13.964, de 2019)

c) bom desempenho no trabalho que lhe foi atribuído; e (Incluído pela Lei nº 13.964, de 2019)

d) aptidão para prover a própria subsistência mediante trabalho honesto; (Incluído pela Lei nº 13.964, de 2019)

IV - tenha reparado, salvo efetiva impossibilidade de fazê-lo, o dano causado pela infração; (Redação dada pela Lei nº 7.209, de 11.7.1984)

V - cumpridos mais de dois terços da pena, nos casos de condenação por crime hediondo, prática de tortura, tráfico ilícito de entorpecentes e drogas afins, tráfico de pessoas e terrorismo, se o apenado não for reincidente específico em crimes dessa natureza. (Incluído pela Lei nº 13.344, de 2016)

Parágrafo único. Para o condenado por crime doloso, cometido com violência ou grave ameaça à pessoa, a concessão do livramento ficará também subordinada à constatação de condições pessoais que façam presumir que o liberado não voltará a delinqüir. (Redação dada pela Lei nº 7.209, de 11.7.1984)

Soma de penas

Art. 84 - As penas que correspondem a infrações diversas devem somar-se para efeito do livramento. (Redação dada pela Lei nº 7.209, de 11.7.1984)

Especificações das condições

Art. 85 - A sentença especificará as condições a que fica subordinado o livramento. (Redação dada pela Lei nº 7.209, de 11.7.1984)

Revogação do livramento

Art. 86 - Revoga-se o livramento, se o liberado vem a ser condenado a pena privativa de liberdade, em sentença irrecorrível: (Redação dada pela Lei nº 7.209, de 11.7.1984)

I - por crime cometido durante a vigência do benefício; (Redação dada pela Lei nº 7.209, de 11.7.1984)

II - por crime anterior, observado o disposto no art. 84 deste Código. (Redação dada pela Lei nº 7.209, de 11.7.1984)

Revogação facultativa

Art. 87 - O juiz poderá, também, revogar o livramento, se o liberado deixar de cumprir qualquer das obrigações constantes da sentença, ou for irrecorrivelmente condenado, por crime ou contravenção, a pena que não seja privativa de liberdade. (Redação dada pela Lei nº 7.209, de 11.7.1984)

Efeitos da revogação

Art. 88 - Revogado o livramento, não poderá ser novamente concedido, e, salvo quando a revogação resulta de condenação por outro crime anterior àquele benefício, não se desconta na pena o tempo em que esteve solto o condenado. (Redação dada pela Lei nº 7.209, de 11.7.1984)

Extinção

Art. 89 - O juiz não poderá declarar extinta a pena, enquanto não passar em julgado a sentença em processo a que responde o liberado, por crime cometido na vigência do livramento. (Redação dada pela Lei nº 7.209, de 11.7.1984)

Art. 90 - Se até o seu término o livramento não é revogado, considera-se extinta a pena privativa de liberdade. (Redação dada pela Lei nº 7.209, de 11.7.1984)

CAPÍTULO VI - DOS EFEITOS DA CONDENAÇÃO

Efeitos genéricos e específicos

Art. 91 - São efeitos da condenação: (Redação dada pela Lei nº 7.209, de 11.7.1984)

I - tornar certa a obrigação de indenizar o dano causado pelo crime; (Redação dada pela Lei nº 7.209, de 11.7.1984)

II - a perda em favor da União, ressalvado o direito do lesado ou de terceiro de boa-fé: (Redação dada pela Lei nº 7.209, de 11.7.1984)

a) dos instrumentos do crime, desde que consistam em coisas cujo fabrico, alienação, uso, porte ou detenção constitua fato ilícito;

b) do produto do crime ou de qualquer bem ou valor que constitua proveito auferido pelo agente com a prática do fato criminoso.

§ 1º - Poderá ser decretada a perda de bens ou valores equivalentes ao produto ou proveito do crime quando estes não forem encontrados ou quando se localizarem no exterior. (Incluído pela Lei nº 12.694, de 2012)

§ 2º - Na hipótese do § 1o, as medidas assecuratórias previstas na legislação processual poderão abranger bens ou valores equivalentes do investigado ou acusado para posterior decretação de perda. (Incluído pela Lei nº 12.694, de 2012)

Art. 91-A. Na hipótese de condenação por infrações às quais a lei comine pena máxima superior a 6 (seis) anos de reclusão, poderá ser decretada a perda, como produto ou proveito do crime, dos bens correspondentes à diferença entre o valor do patrimônio do condenado e aquele que seja compatível com o seu rendimento lícito. (Incluído pela Lei nº 13.964, de 2019)

§ 1º Para efeito da perda prevista no caput deste artigo, entende-se por patrimônio do condenado todos os bens: (Incluído pela Lei nº 13.964, de 2019)

I - de sua titularidade, ou em relação aos quais ele tenha o domínio e o benefício direto ou indireto, na data da infração penal ou recebidos posteriormente; e (Incluído pela Lei nº 13.964, de 2019)

II - transferidos a terceiros a título gratuito ou mediante contraprestação irrisória, a partir do início da atividade criminal. (Incluído pela Lei nº 13.964, de 2019)

§ 2º O condenado poderá demonstrar a inexistência da incompatibilidade ou a procedência lícita do patrimônio. (Incluído pela Lei nº 13.964, de 2019)

§ 3º A perda prevista neste artigo deverá ser requerida expressamente pelo Ministério Público, por ocasião do oferecimento da denúncia, com indicação da diferença apurada. (Incluído pela Lei nº 13.964, de 2019)

§ 4º Na sentença condenatória, o juiz deve declarar o valor da diferença apurada e especificar os bens cuja perda for decretada. (Incluído pela Lei nº 13.964, de 2019)

§ 5º Os instrumentos utilizados para a prática de crimes por organizações criminosas e milícias deverão ser declarados perdidos em favor da União ou do Estado, dependendo da Justiça onde tramita a ação penal, ainda que não ponham em perigo a segurança das pessoas, a moral ou a ordem pública, nem ofereçam sério risco de ser utilizados para o cometimento de novos crimes. (Incluído pela Lei nº 13.964, de 2019)

Art. 92 - São também efeitos da condenação: (Redação dada pela Lei nº 7.209, de 11.7.1984)

I - a perda de cargo, função pública ou mandato eletivo: (Redação dada pela Lei nº 9.268, de 1º.4.1996)

a) quando aplicada pena privativa de liberdade por tempo igual ou superior a um ano, nos crimes praticados com abuso de poder ou violação de dever para com a Administração Pública; (Incluído pela Lei nº 9.268, de 1º.4.1996)

b) quando for aplicada pena privativa de liberdade por tempo superior a 4 (quatro) anos nos demais casos. (Incluído pela Lei nº 9.268, de 1º.4.1996)

II - a incapacidade para o exercício do poder familiar, da tutela ou da curatela nos crimes dolosos sujeitos à pena de reclusão cometidos contra outrem igualmente titular do mesmo poder familiar, contra filho, filha ou outro descendente ou contra tutelado ou curatelado; (Redação dada pela Lei nº 13.715, de 2018)

III - a inabilitação para dirigir veículo, quando utilizado como meio para a prática de crime doloso. (Redação dada pela Lei nº 7.209, de 11.7.1984)

Parágrafo único. Os efeitos de que trata este artigo não são automáticos, devendo ser motivadamente declarados na sentença. (Redação dada pela Lei nº 7.209, de 11.7.1984)

CAPÍTULO VII - DA REABILITAÇÃO

Reabilitação

Art. 93 - A reabilitação alcança quaisquer penas aplicadas em sentença definitiva, assegurando ao condenado o sigilo dos registros sobre o seu processo e condenação. (Redação dada pela Lei nº 7.209, de 11.7.1984)

Parágrafo único. A reabilitação poderá, também, atingir os efeitos da condenação, previstos no art. 92 deste Código, vedada reintegração na situação anterior, nos casos dos incisos I e II do mesmo artigo. (Redação dada pela Lei nº 7.209, de 11.7.1984)

Art. 94 - A reabilitação poderá ser requerida, decorridos 2 (dois) anos do dia em que for extinta, de qualquer modo, a pena ou terminar sua execução, computando-se o período de prova da suspensão e o do livramento condicional, se não sobrevier revogação, desde que o condenado: (Redação dada pela Lei nº 7.209, de 11.7.1984)

I - tenha tido domicílio no País no prazo acima referido; (Redação dada pela Lei nº 7.209, de 11.7.1984)

II - tenha dado, durante esse tempo, demonstração efetiva e constante de bom comportamento público e privado; (Redação dada pela Lei nº 7.209, de 11.7.1984)

III - tenha ressarcido o dano causado pelo crime ou demonstre a absoluta impossibilidade de o fazer, até o dia do pedido, ou exiba documento que comprove a renúncia da vítima ou novação da dívida. (Redação dada pela Lei nº 7.209, de 11.7.1984)

Parágrafo único. Negada a reabilitação, poderá ser requerida, a qualquer tempo, desde que o pedido seja instruído com novos elementos comprobatórios dos requisitos necessários. (Redação dada pela Lei nº 7.209, de 11.7.1984)

Art. 95 - A reabilitação será revogada, de ofício ou a requerimento do Ministério Público, se o reabilitado for condenado, como reincidente, por decisão definitiva, a pena que não seja de multa. (Redação dada pela Lei nº 7.209, de 11.7.1984)

TÍTULO VI - DAS MEDIDAS DE SEGURANÇA

Espécies de medidas de segurança

Art. 96. As medidas de segurança são: (Redação dada pela Lei nº 7.209, de 11.7.1984)

I - Internação em hospital de custódia e tratamento psiquiátrico ou, à falta, em outro estabelecimento adequado; (Redação dada pela Lei nº 7.209, de 11.7.1984)

II - sujeição a tratamento ambulatorial. (Redação dada pela Lei nº 7.209, de 11.7.1984)

Parágrafo único. Extinta a punibilidade, não se impõe medida de segurança nem subsiste a que tenha sido imposta. (Redação dada pela Lei nº 7.209, de 11.7.1984)

Imposição da medida de segurança para inimputável

Art. 97 - Se o agente for inimputável, o juiz determinará sua internação (art. 26). Se, todavia, o fato previsto como crime for punível com detenção, poderá o juiz submetê-lo a tratamento ambulatorial. (Redação dada pela Lei nº 7.209, de 11.7.1984)

Prazo

§ 1º - A internação, ou tratamento ambulatorial, será por tempo indeterminado, perdurando enquanto não for averiguada, mediante perícia médica, a cessação de periculosidade. O prazo mínimo deverá ser de 1 (um) a 3 (três) anos. (Redação dada pela Lei nº 7.209, de 11.7.1984)

Perícia médica

§ 2º - A perícia médica realizar-se-á ao termo do prazo mínimo fixado e deverá ser repetida de ano em ano, ou a qualquer tempo, se o determinar o juiz da execução. (Redação dada pela Lei nº 7.209, de 11.7.1984)

Desinternação ou liberação condicional

§ 3º - A desinternação, ou a liberação, será sempre condicional devendo ser restabelecida a situação anterior se o agente, antes do decurso de 1 (um) ano, pratica fato indicativo de persistência de sua periculosidade. (Redação dada pela Lei nº 7.209, de 11.7.1984)

§ 4º - Em qualquer fase do tratamento ambulatorial, poderá o juiz determinar a internação do agente, se essa providência for necessária para fins curativos. (Redação dada pela Lei nº 7.209, de 11.7.1984)

Substituição da pena por medida de segurança para o semi-imputável

Art. 98 - Na hipótese do parágrafo único do art. 26 deste Código e necessitando o condenado de especial tratamento curativo, a pena privativa de liberdade pode ser substituída pela internação, ou tratamento ambulatorial, pelo prazo mínimo de 1 (um) a 3 (três) anos, nos termos do artigo anterior e respectivos §§ 1º a 4º. (Redação dada pela Lei nº 7.209, de 11.7.1984)

Direitos do internado

Art. 99 - O internado será recolhido a estabelecimento dotado de características hospitalares e será submetido a tratamento. (Redação dada pela Lei nº 7.209, de 11.7.1984)

TÍTULO VII - DA AÇÃO PENAL

Ação pública e de iniciativa privada

Art. 100 - A ação penal é pública, salvo quando a lei expressamente a declara privativa do ofendido. (Redação dada pela Lei nº 7.209, de 11.7.1984)

§ 1º - A ação pública é promovida pelo Ministério Público, dependendo, quando a lei o exige, de representação do ofendido ou de requisição do Ministro da Justiça. (Redação dada pela Lei nº 7.209, de 11.7.1984)

§ 2º - A ação de iniciativa privada é promovida mediante queixa do ofendido ou de quem tenha qualidade para representá-lo. (Redação dada pela Lei nº 7.209, de 11.7.1984)

§ 3º - A ação de iniciativa privada pode intentar-se nos crimes de ação pública, se o Ministério Público não oferece denúncia no prazo legal. (Redação dada pela Lei nº 7.209, de 11.7.1984)

§ 4º - No caso de morte do ofendido ou de ter sido declarado ausente por decisão judicial, o direito de oferecer queixa ou de prosseguir na ação passa ao cônjuge, ascendente, descendente ou irmão. (Redação dada pela Lei nº 7.209, de 11.7.1984)

A ação penal no crime complexo

Art. 101 - Quando a lei considera como elemento ou circunstâncias do tipo legal fatos que, por si mesmos, constituem crimes, cabe ação pública em relação àquele, desde que, em relação a qualquer destes, se deva proceder por iniciativa do Ministério Público. (Redação dada pela Lei nº 7.209, de 11.7.1984)

Irretratabilidade da representação

Art. 102 - A representação será irretratável depois de oferecida a denúncia. (Redação dada pela Lei nº 7.209, de 11.7.1984)

Decadência do direito de queixa ou de representação

Art. 103 - Salvo disposição expressa em contrário, o ofendido decai do direito de queixa ou de representação se não o exerce dentro do prazo de 6 (seis) meses, contado do dia em que veio a saber quem é o autor do crime, ou, no caso do § 3º do art. 100 deste Código, do dia em que se esgota o prazo para oferecimento da denúncia. (Redação dada pela Lei nº 7.209, de 11.7.1984)

Renúncia expressa ou tácita do direito de queixa

Art. 104 - O direito de queixa não pode ser exercido quando renunciado expressa ou tacitamente. (Redação dada pela Lei nº 7.209, de 11.7.1984)

Parágrafo único. Importa renúncia tácita ao direito de queixa a prática de ato incompatível com a vontade de exercê-lo; não a implica, todavia, o fato de receber o ofendido a indenização do dano causado pelo crime. (Redação dada pela Lei nº 7.209, de 11.7.1984)

Perdão do ofendido

Art. 105 - O perdão do ofendido, nos crimes em que somente se procede mediante queixa, obsta ao prosseguimento da ação. (Redação dada pela Lei nº 7.209, de 11.7.1984)

Art. 106 - O perdão, no processo ou fora dele, expresso ou tácito: (Redação dada pela Lei nº 7.209, de 11.7.1984)

I - se concedido a qualquer dos querelados, a todos aproveita; (Redação dada pela Lei nº 7.209, de 11.7.1984)

II - se concedido por um dos ofendidos, não prejudica o direito dos outros; (Redação dada pela Lei nº 7.209, de 11.7.1984)

III - se o querelado o recusa, não produz efeito. (Redação dada pela Lei nº 7.209, de 11.7.1984)

§ 1º - Perdão tácito é o que resulta da prática de ato incompatível com a vontade de prosseguir na ação. (Redação dada pela Lei nº 7.209, de 11.7.1984)

§ 2º - Não é admissível o perdão depois que passa em julgado a sentença condenatória. (Redação dada pela Lei nº 7.209, de 11.7.1984)

TÍTULO VIII - DA EXTINÇÃO DA PUNIBILIDADE

Extinção da punibilidade

Art. 107 - Extingue-se a punibilidade: (Redação dada pela Lei nº 7.209, de 11.7.1984)

I - pela morte do agente;

II - pela anistia, graça ou indulto;

III - pela retroatividade de lei que não mais considera o fato como criminoso;

IV - pela prescrição, decadência ou perempção;

V - pela renúncia do direito de queixa ou pelo perdão aceito, nos crimes de ação privada;

VI - pela retratação do agente, nos casos em que a lei a admite;

VII - (Revogado pela Lei nº 11.106, de 2005)

VIII - (Revogado pela Lei nº 11.106, de 2005)

IX - pelo perdão judicial, nos casos previstos em lei.

Art. 108 - A extinção da punibilidade de crime que é pressuposto, elemento constitutivo ou circunstância agravante de outro não se estende a este. Nos crimes conexos, a extinção da punibilidade de um deles não impede, quanto aos outros, a agravação da pena resultante da conexão. (Redação dada pela Lei nº 7.209, de 11.7.1984)

Prescrição antes de transitar em julgado a sentença

Art. 109. A prescrição, antes de transitar em julgado a sentença final, salvo o disposto no § 1o do art. 110 deste Código, regula-se pelo máximo da pena privativa de liberdade cominada ao crime, verificando-se: (Redação dada pela Lei nº 12.234, de 2010).

I - em vinte anos, se o máximo da pena é superior a doze;

II - em dezesseis anos, se o máximo da pena é superior a oito anos e não excede a doze;

III - em doze anos, se o máximo da pena é superior a quatro anos e não excede a oito;

IV - em oito anos, se o máximo da pena é superior a dois anos e não excede a quatro;

V - em quatro anos, se o máximo da pena é igual a um ano ou, sendo superior, não excede a dois;

VI - em 3 (três) anos, se o máximo da pena é inferior a 1 (um) ano. (Redação dada pela Lei nº 12.234, de 2010).

Prescrição das penas restritivas de direito

Parágrafo único. Aplicam-se às penas restritivas de direito os mesmos prazos previstos para as privativas de liberdade. (Redação dada pela Lei nº 7.209, de 11.7.1984)

Prescrição depois de transitar em julgado sentença final condenatória

Art. 110 - A prescrição depois de transitar em julgado a sentença condenatória regula-se pela pena aplicada e verifica-se nos prazos fixados no artigo anterior, os quais se aumentam de um terço, se o condenado é reincidente. (Redação dada pela Lei nº 7.209, de 11.7.1984)

§ 1º - A prescrição, depois da sentença condenatória com trânsito em julgado para a acusação ou depois de improvido seu recurso, regula-se pela pena aplicada, não podendo, em nenhuma hipótese, ter por termo inicial data anterior à da denúncia ou queixa. (Redação dada pela Lei nº 12.234, de 2010).

§ 2º - (Revogado pela Lei nº 12.234, de 2010).

Termo inicial da prescrição antes de transitar em julgado a sentença final

Art. 111 - A prescrição, antes de transitar em julgado a sentença final, começa a correr: (Redação dada pela Lei nº 7.209, de 11.7.1984)

I - do dia em que o crime se consumou; (Redação dada pela Lei nº 7.209, de 11.7.1984)

II - no caso de tentativa, do dia em que cessou a atividade criminosa; (Redação dada pela Lei nº 7.209, de 11.7.1984)

III - nos crimes permanentes, do dia em que cessou a permanência; (Redação dada pela Lei nº 7.209, de 11.7.1984)

IV - nos de bigamia e nos de falsificação ou alteração de assentamento do registro civil, da data em que o fato se tornou conhecido. (Redação dada pela Lei nº 7.209, de 11.7.1984)

V - nos crimes contra a dignidade sexual de crianças e adolescentes, previstos neste Código ou em legislação especial, da data em que a vítima completar 18 (dezoito) anos, salvo se a esse tempo já houver sido proposta a ação penal. (Redação dada pela Lei nº 12.650, de 2012)

Termo inicial da prescrição após a sentença condenatória irrecorrível

Art. 112 - No caso do art. 110 deste Código, a prescrição começa a correr: (Redação dada pela Lei nº 7.209, de 11.7.1984)

I - do dia em que transita em julgado a sentença condenatória, para a acusação, ou a que revoga a suspensão condicional da pena ou o livramento condicional; (Redação dada pela Lei nº 7.209, de 11.7.1984)

II - do dia em que se interrompe a execução, salvo quando o tempo da interrupção deva computar-se na pena. (Redação dada pela Lei nº 7.209, de 11.7.1984)

Prescrição no caso de evasão do condenado ou de revogação do livramento condicional

Art. 113 - No caso de evadir-se o condenado ou de revogar-se o livramento condicional, a prescrição é regulada pelo tempo que resta da pena. (Redação dada pela Lei nº 7.209, de 11.7.1984)

Prescrição da multa

Art. 114 - A prescrição da pena de multa ocorrerá: (Redação dada pela Lei nº 9.268, de 1º.4.1996)

I - em 2 (dois) anos, quando a multa for a única cominada ou aplicada; (Incluído pela Lei nº 9.268, de 1º.4.1996)

II - no mesmo prazo estabelecido para prescrição da pena privativa de liberdade, quando a multa for alternativa ou cumulativamente cominada ou cumulativamente aplicada. (Incluído pela Lei nº 9.268, de 1º.4.1996)

Redução dos prazos de prescrição

Art. 115 - São reduzidos de metade os prazos de prescrição quando o criminoso era, ao tempo do crime, menor de 21 (vinte e um) anos, ou, na data da sentença, maior de 70 (setenta) anos.(Redação dada pela Lei nº 7.209, de 11.7.1984)

Causas impeditivas da prescrição

Art. 116 - Antes de passar em julgado a sentença final, a prescrição não corre: (Redação dada pela Lei nº 7.209, de 11.7.1984)

I - enquanto não resolvida, em outro processo, questão de que dependa o reconhecimento da existência do crime; (Redação dada pela Lei nº 7.209, de 11.7.1984)

II - enquanto o agente cumpre pena no exterior; (Redação dada pela Lei nº 13.964, de 2019)

III - na pendência de embargos de declaração ou de recursos aos Tribunais Superiores, quando inadmissíveis; e (Incluído pela Lei nº 13.964, de 2019)

IV - enquanto não cumprido ou não rescindido o acordo de não persecução penal. (Incluído pela Lei nº 13.964, de 2019)

Parágrafo único. Depois de passada em julgado a sentença condenatória, a prescrição não corre durante o tempo em que o condenado está preso por outro motivo. (Redação dada pela Lei nº 7.209, de 11.7.1984)

Causas interruptivas da prescrição

Art. 117 - O curso da prescrição interrompe-se: (Redação dada pela Lei nº 7.209, de 11.7.1984)

I - pelo recebimento da denúncia ou da queixa; (Redação dada pela Lei nº 7.209, de 11.7.1984)

II - pela pronúncia; (Redação dada pela Lei nº 7.209, de 11.7.1984)

III - pela decisão confirmatória da pronúncia; (Redação dada pela Lei nº 7.209, de 11.7.1984)

IV - pela publicação da sentença ou acórdão condenatórios recorríveis; (Redação dada pela Lei nº 11.596, de 2007).

V - pelo início ou continuação do cumprimento da pena; (Redação dada pela Lei nº 9.268, de 1º.4.1996)

VI - pela reincidência. (Redação dada pela Lei nº 9.268, de 1º.4.1996)

§ 1º - Excetuados os casos dos incisos V e VI deste artigo, a interrupção da prescrição produz efeitos relativamente a todos os autores do crime. Nos crimes conexos, que sejam objeto do mesmo processo, estende-se aos demais a interrupção relativa a qualquer deles. (Redação dada pela Lei nº 7.209, de 11.7.1984)

§ 2º - Interrompida a prescrição, salvo a hipótese do inciso V deste artigo, todo o prazo começa a correr, novamente, do dia da interrupção. (Redação dada pela Lei nº 7.209, de 11.7.1984)

Art. 118 - As penas mais leves prescrevem com as mais graves. (Redação dada pela Lei nº 7.209, de 11.7.1984)

Art. 119 - No caso de concurso de crimes, a extinção da punibilidade incidirá sobre a pena de cada um, isoladamente. (Redação dada pela Lei nº 7.209, de 11.7.1984)

Perdão judicial

Art. 120 - A sentença que conceder perdão judicial não será considerada para efeitos de reincidência. (Redação dada pela Lei nº 7.209, de 11.7.1984)

PARTE ESPECIAL (Vide Lei nº 7.209, de 1984)

TÍTULO I - DOS CRIMES CONTRA A PESSOA

CAPÍTULO I - DOS CRIMES CONTRA A VIDA

Homicídio simples

Art. 121. Matar alguem:

Pena - reclusão, de seis a vinte anos.

Caso de diminuição de pena

§ 1º Se o agente comete o crime impelido por motivo de relevante valor social ou moral, ou sob o domínio de violenta emoção, logo em seguida a injusta provocação da vítima, o juiz pode reduzir a pena de um sexto a um terço.

Homicídio qualificado

§ 2° Se o homicídio é cometido:

I - mediante paga ou promessa de recompensa, ou por outro motivo torpe;

II - por motivo futil;

III - com emprego de veneno, fogo, explosivo, asfixia, tortura ou outro meio insidioso ou cruel, ou de que possa resultar perigo comum;

IV - à traição, de emboscada, ou mediante dissimulação ou outro recurso que dificulte ou torne impossível a defesa do ofendido;

V - para assegurar a execução, a ocultação, a impunidade ou vantagem de outro crime:

Pena - reclusão, de doze a trinta anos.

Feminicídio (Incluído pela Lei nº 13.104, de 2015)

VI - contra a mulher por razões da condição de sexo feminino: (Incluído pela Lei nº 13.104, de 2015)

VII - contra autoridade ou agente descrito nos arts. 142 e 144 da Constituição Federal, integrantes do sistema prisional e da Força Nacional de Segurança Pública, no exercício da função ou em decorrência dela, ou contra seu cônjuge, companheiro ou parente consanguíneo até terceiro grau, em razão dessa condição: (Incluído pela Lei nº 13.142, de 2015)

VIII - (VETADO): (Incluído pela Lei nº 13.964, de 2019)

Pena - reclusão, de doze a trinta anos.

§ 2º-A Considera-se que há razões de condição de sexo feminino quando o crime envolve: (Incluído pela Lei nº 13.104, de 2015)

I - violência doméstica e familiar; (Incluído pela Lei nº 13.104, de 2015)

II - menosprezo ou discriminação à condição de mulher. (Incluído pela Lei nº 13.104, de 2015)

Homicídio culposo

§ 3º Se o homicídio é culposo: (Vide Lei nº 4.611, de 1965)

Pena - detenção, de um a três anos.

Aumento de pena

§ 4º No homicídio culposo, a pena é aumentada de 1/3 (um terço), se o crime resulta de inobservância de regra técnica de profissão, arte ou ofício, ou se o agente deixa de prestar imediato socorro à vítima, não procura diminuir as conseqüências do seu ato, ou foge para evitar prisão em flagrante. Sendo doloso o homicídio, a pena é aumentada de 1/3 (um terço) se o crime é praticado contra pessoa menor de 14 (quatorze) ou maior de 60 (sessenta) anos. (Redação dada pela Lei nº 10.741, de 2003)

§ 5º - Na hipótese de homicídio culposo, o juiz poderá deixar de aplicar a pena, se as conseqüências da infração atingirem o próprio agente de forma tão grave que a sanção penal se torne desnecessária. (Incluído pela Lei nº 6.416, de 24.5.1977)

§ 6º A pena é aumentada de 1/3 (um terço) até a metade se o crime for praticado por milícia privada, sob o pretexto de prestação de serviço de segurança, ou por grupo de extermínio. (Incluído pela Lei nº 12.720, de 2012)

§ 7º A pena do feminicídio é aumentada de 1/3 (um terço) até a metade se o crime for praticado: (Incluído pela Lei nº 13.104, de 2015)

I - durante a gestação ou nos 3 (três) meses posteriores ao parto; (Incluído pela Lei nº 13.104, de 2015)

II - contra pessoa menor de 14 (catorze) anos, maior de 60 (sessenta) anos, com deficiência ou portadora de doenças degenerativas que acarretem condição limitante ou de vulnerabilidade física ou mental; (Redação dada pela Lei nº 13.771, de 2018)

III - na presença física ou virtual de descendente ou de ascendente da vítima; (Redação dada pela Lei nº 13.771, de 2018)

IV - em descumprimento das medidas protetivas de urgência previstas nos incisos I, II e III do caput do art. 22 da Lei nº 11.340, de 7 de agosto de 2006. (Incluído pela Lei nº 13.771, de 2018)

Induzimento, instigação ou auxílio a suicídio ou a automutilação (Redação dada pela Lei nº 13.968, de 2019)

Art. 122. Induzir ou instigar alguém a suicidar-se ou a praticar automutilação ou prestar-lhe auxílio material para que o faça: (Redação dada pela Lei nº 13.968, de 2019)

Pena - reclusão, de 6 (seis) meses a 2 (dois) anos. (Redação dada pela Lei nº 13.968, de 2019)

§ 1º Se da automutilação ou da tentativa de suicídio resulta lesão corporal de natureza grave ou gravíssima, nos termos dos §§ 1º e 2º do art. 129 deste Código: (Incluído pela Lei nº 13.968, de 2019)

Pena - reclusão, de 1 (um) a 3 (três) anos. (Incluído pela Lei nº 13.968, de 2019)

§ 2º Se o suicídio se consuma ou se da automutilação resulta morte: (Incluído pela Lei nº 13.968, de 2019)

Pena - reclusão, de 2 (dois) a 6 (seis) anos. (Incluído pela Lei nº 13.968, de 2019)

§ 3º A pena é duplicada: (Incluído pela Lei nº 13.968, de 2019)

I - se o crime é praticado por motivo egoístico, torpe ou fútil; (Incluído pela Lei nº 13.968, de 2019)

II - se a vítima é menor ou tem diminuída, por qualquer causa, a capacidade de resistência. (Incluído pela Lei nº 13.968, de 2019)

§ 4º A pena é aumentada até o dobro se a conduta é realizada por meio da rede de computadores, de rede social ou transmitida em tempo real. (Incluído pela Lei nº 13.968, de 2019)

§ 5º Aumenta-se a pena em metade se o agente é líder ou coordenador de grupo ou de rede virtual. (Incluído pela Lei nº 13.968, de 2019)

§ 6º Se o crime de que trata o § 1º deste artigo resulta em lesão corporal de natureza gravíssima e é cometido contra menor de 14 (quatorze) anos ou contra quem, por enfermidade ou deficiência mental, não tem o necessário discernimento para a prática do ato, ou que, por qualquer outra causa, não pode oferecer resistência, responde o agente pelo crime descrito no § 2º do art. 129 deste Código. (Incluído pela Lei nº 13.968, de 2019)

§ 7º Se o crime de que trata o § 2º deste artigo é cometido contra menor de 14 (quatorze) anos ou contra quem não tem o necessário discernimento para a prática do ato, ou que, por qualquer outra causa, não pode oferecer resistência, responde o agente pelo crime de homicídio, nos termos do art. 121 deste Código. (Incluído pela Lei nº 13.968, de 2019)

Infanticídio

Art. 123 - Matar, sob a influência do estado puerperal, o próprio filho, durante o parto ou logo após:

Pena - detenção, de dois a seis anos.

Aborto provocado pela gestante ou com seu consentimento

Art. 124 - Provocar aborto em si mesma ou consentir que outrem lho provoque: (Vide ADPF 54)

Pena - detenção, de um a três anos.

Aborto provocado por terceiro

Art. 125 - Provocar aborto, sem o consentimento da gestante:

Pena - reclusão, de três a dez anos.

Art. 126 - Provocar aborto com o consentimento da gestante: (Vide ADPF 54)

Pena - reclusão, de um a quatro anos.

Parágrafo único. Aplica-se a pena do artigo anterior, se a gestante não é maior de quatorze anos, ou é alienada ou debil mental, ou se o consentimento é obtido mediante fraude, grave ameaça ou violência

Forma qualificada

Art. 127 - As penas cominadas nos dois artigos anteriores são aumentadas de um terço, se, em conseqüência do aborto ou dos meios empregados para provocá-lo, a gestante sofre lesão corporal de natureza grave; e são duplicadas, se, por qualquer dessas causas, lhe sobrevém a morte.

Art. 128 - Não se pune o aborto praticado por médico: (Vide ADPF 54)

Aborto necessário

I - se não há outro meio de salvar a vida da gestante;

Aborto no caso de gravidez resultante de estupro

II - se a gravidez resulta de estupro e o aborto é precedido de consentimento da gestante ou, quando incapaz, de seu representante legal.

CAPÍTULO II - DAS LESÕES CORPORAIS

Lesão corporal

Art. 129. Ofender a integridade corporal ou a saúde de outrem:

Pena - detenção, de três meses a um ano.

Lesão corporal de natureza grave

§ 1º Se resulta:

I - Incapacidade para as ocupações habituais, por mais de trinta dias;

II - perigo de vida;

III - debilidade permanente de membro, sentido ou função;

IV - aceleração de parto:

Pena - reclusão, de um a cinco anos.

§ 2º Se resulta:

I - Incapacidade permanente para o trabalho;

II - enfermidade incuravel;

III perda ou inutilização do membro, sentido ou função;

IV - deformidade permanente;

V - aborto:

Pena - reclusão, de dois a oito anos.

Lesão corporal seguida de morte

§ 3º Se resulta morte e as circunstâncias evidenciam que o agente não quís o resultado, nem assumiu o risco de produzí-lo:

Pena - reclusão, de quatro a doze anos.

Diminuição de pena

§ 4º Se o agente comete o crime impelido por motivo de relevante valor social ou moral ou sob o domínio de violenta emoção, logo em seguida a injusta provocação da vítima, o juiz pode reduzir a pena de um sexto a um terço.

DECRETO-LEI Nº 2.848, DE 7 DE DEZEMBRO DE 1940

Substituição da pena

§ 5º O juiz, não sendo graves as lesões, pode ainda substituir a pena de detenção pela de multa, de duzentos mil réis a dois contos de réis:

I - se ocorre qualquer das hipóteses do parágrafo anterior;
II - se as lesões são recíprocas.

Lesão corporal culposa

§ 6º Se a lesão é culposa: (Vide Lei nº 4.611, de 1965)
Pena - detenção, de dois meses a um ano.

Aumento de pena

§ 7º Aumenta-se a pena de 1/3 (um terço) se ocorrer qualquer das hipóteses dos §§ 4o e 6o do art. 121 deste Código. (Redação dada pela Lei nº 12.720, de 2012)

§ 8º - Aplica-se à lesão culposa o disposto no § 5º do art. 121. (Redação dada pela Lei nº 8.069, de 1990)

Violência Doméstica (Incluído pela Lei nº 10.886, de 2004)

§ 9º Se a lesão for praticada contra ascendente, descendente, irmão, cônjuge ou companheiro, ou com quem conviva ou tenha convivido, ou, ainda, prevalecendo-se o agente das relações domésticas, de coabitação ou de hospitalidade: (Redação dada pela Lei nº 11.340, de 2006)

Pena - detenção, de 3 (três) meses a 3 (três) anos. (Redação dada pela Lei nº 11.340, de 2006)

§ 10. Nos casos previstos nos §§ 1o a 3o deste artigo, se as circunstâncias são as indicadas no § 9o deste artigo, aumenta-se a pena em 1/3 (um terço). (Incluído pela Lei nº 10.886, de 2004)

§ 11. Na hipótese do § 9o deste artigo, a pena será aumentada de um terço se o crime for cometido contra pessoa portadora de deficiência. (Incluído pela Lei nº 11.340, de 2006)

§ 12. Se a lesão for praticada contra autoridade ou agente descrito nos arts. 142 e 144 da Constituição Federal, integrantes do sistema prisional e da Força Nacional de Segurança Pública, no exercício da função ou em decorrência dela, ou contra seu cônjuge, companheiro ou parente consanguíneo até terceiro grau, em razão dessa condição, a pena é aumentada de um a dois terços. (Incluído pela Lei nº 13.142, de 2015)

CAPÍTULO III - DA PERICLITAÇÃO DA VIDA E DA SAÚDE

Perigo de contágio venéreo

Art. 130 - Expor alguém, por meio de relações sexuais ou qualquer ato libidinoso, a contágio de moléstia venérea, de que sabe ou deve saber que está contaminado:
Pena - detenção, de três meses a um ano, ou multa.

§ 1º - Se é intenção do agente transmitir a moléstia:
Pena - reclusão, de um a quatro anos, e multa.

§ 2º - Somente se procede mediante representação.

Perigo de contágio de moléstia grave

Art. 131 - Praticar, com o fim de transmitir a outrem moléstia grave de que está contaminado, ato capaz de produzir o contágio:
Pena - reclusão, de um a quatro anos, e multa.

Perigo para a vida ou saúde de outrem

Art. 132 - Expor a vida ou a saúde de outrem a perigo direto e iminente:
Pena - detenção, de três meses a um ano, se o fato não constitui crime mais grave.

Parágrafo único. A pena é aumentada de um sexto a um terço se a exposição da vida ou da saúde de outrem a perigo decorre do transporte de pessoas para a prestação de serviços em estabelecimentos de qualquer natureza, em desacordo com as normas legais. (Incluído pela Lei nº 9.777, de 1998)

Abandono de incapaz

Art. 133 - Abandonar pessoa que está sob seu cuidado, guarda, vigilância ou autoridade, e, por qualquer motivo, incapaz de defender-se dos riscos resultantes do abandono:
Pena - detenção, de seis meses a três anos.

§ 1º - Se do abandono resulta lesão corporal de natureza grave:
Pena - reclusão, de um a cinco anos.

§ 2º - Se resulta a morte:
Pena - reclusão, de quatro a doze anos.

Aumento de pena

§ 3º - As penas cominadas neste artigo aumentam-se de um terço:

I - se o abandono ocorre em lugar ermo;
II - se o agente é ascendente ou descendente, cônjuge, irmão, tutor ou curador da vítima.
III - se a vítima é maior de 60 (sessenta) anos (Incluído pela Lei nº 10.741, de 2003)

Exposição ou abandono de recém-nascido

Art. 134 - Expor ou abandonar recém-nascido, para ocultar desonra própria:
Pena - detenção, de seis meses a dois anos.

§ 1º - Se do fato resulta lesão corporal de natureza grave:
Pena - detenção, de um a três anos.

§ 2º - Se resulta a morte:
Pena - detenção, de dois a seis anos.

Omissão de socorro

Art. 135 - Deixar de prestar assistência, quando possível fazê-lo sem risco pessoal, à criança abandonada ou extraviada, ou à pessoa inválida ou ferida, ao desamparo ou em grave e iminente perigo; ou não pedir, nesses casos, o socorro da autoridade pública:
Pena - detenção, de um a seis meses, ou multa.

Parágrafo único. A pena é aumentada de metade, se da omissão resulta lesão corporal de natureza grave, e triplicada, se resulta a morte.

Condicionamento de atendimento médico-hospitalar emergencial (Incluído pela Lei nº 12.653, de 2012).

Art. 135-A. Exigir cheque-caução, nota promissória ou qualquer garantia, bem como o preenchimento prévio de formulários administrativos, como condição para o atendimento médico-hospitalar emergencial: (Incluído pela Lei nº 12.653, de 2012).

Pena - detenção, de 3 (três) meses a 1 (um) ano, e multa. (Incluído pela Lei nº 12.653, de 2012).

Parágrafo único. A pena é aumentada até o dobro se da negativa de atendimento resulta lesão corporal de natureza grave, e até o triplo se resulta a morte. (Incluído pela Lei nº 12.653, de 2012).

Maus-tratos

Art. 136 - Expor a perigo a vida ou a saúde de pessoa sob sua autoridade, guarda ou vigilância, para fim de educação, ensino, tratamento ou custódia, quer privando-a de alimentação ou cuidados indispensáveis, quer sujeitando-a a trabalho excessivo ou inadequado, quer abusando de meios de correção ou disciplina:
Pena - detenção, de dois meses a um ano, ou multa.

§ 1º - Se do fato resulta lesão corporal de natureza grave:
Pena - reclusão, de um a quatro anos.

§ 2º - Se resulta a morte:
Pena - reclusão, de quatro a doze anos.

§ 3º - Aumenta-se a pena de um terço, se o crime é praticado contra pessoa menor de 14 (catorze) anos. (Incluído pela Lei nº 8.069, de 1990)

CAPÍTULO IV - DA RIXA

Rixa

Art. 137 - Participar de rixa, salvo para separar os contendores:
Pena - detenção, de quinze dias a dois meses, ou multa.
Parágrafo único. Se ocorre morte ou lesão corporal de natureza grave, aplica-se, pelo fato da participação na rixa, a pena de detenção, de seis meses a dois anos.

CAPÍTULO V - DOS CRIMES CONTRA A HONRA

Calúnia

Art. 138 - Caluniar alguém, imputando-lhe falsamente fato definido como crime:
Pena - detenção, de seis meses a dois anos, e multa.
§ 1º - Na mesma pena incorre quem, sabendo falsa a imputação, a propala ou divulga.
§ 2º - É punível a calúnia contra os mortos.

Exceção da verdade

§ 3º - Admite-se a prova da verdade, salvo:
I - se, constituindo o fato imputado crime de ação privada, o ofendido não foi condenado por sentença irrecorrível;
II - se o fato é imputado a qualquer das pessoas indicadas no nº I do art. 141;
III - se do crime imputado, embora de ação pública, o ofendido foi absolvido por sentença irrecorrível.

Difamação

Art. 139 - Difamar alguém, imputando-lhe fato ofensivo à sua reputação:
Pena - detenção, de três meses a um ano, e multa.

Exceção da verdade

Parágrafo único. A exceção da verdade somente se admite se o ofendido é funcionário público e a ofensa é relativa ao exercício de suas funções.

Injúria

Art. 140 - Injuriar alguém, ofendendo-lhe a dignidade ou o decoro:
Pena - detenção, de um a seis meses, ou multa.
§ 1º - O juiz pode deixar de aplicar a pena:
I - quando o ofendido, de forma reprovável, provocou diretamente a injúria;
II - no caso de retorsão imediata, que consista em outra injúria.
§ 2º - Se a injúria consiste em violência ou vias de fato, que, por sua natureza ou pelo meio empregado, se considerem aviltantes:
Pena - detenção, de três meses a um ano, e multa, além da pena correspondente à violência.
§ 3º - Se a injúria consiste na utilização de elementos referentes a raça, cor, etnia, religião, origem ou a condição de pessoa idosa ou portadora de deficiência: (Redação dada pela Lei nº 10.741, de 2003)
Pena - reclusão de um a três anos e multa. (Incluído pela Lei nº 9.459, de 1997)

Disposições comuns

Art. 141 - As penas cominadas neste Capítulo aumentam-se de um terço, se qualquer dos crimes é cometido:
I - contra o Presidente da República, ou contra chefe de governo estrangeiro;
II - contra funcionário público, em razão de suas funções;
III - na presença de várias pessoas, ou por meio que facilite a divulgação da calúnia, da difamação ou da injúria.
IV - contra pessoa maior de 60 (sessenta) anos ou portadora de deficiência, exceto no caso de injúria. (Incluído pela Lei nº 10.741, de 2003)

§ 1º - Se o crime é cometido mediante paga ou promessa de recompensa, aplica-se a pena em dobro. (Redação dada pela Lei nº 13.964, de 2019)
§ 2º - (VETADO). (Incluído pela Lei nº 13.964, de 2019)

Exclusão do crime

Art. 142 - Não constituem injúria ou difamação punível:
I - a ofensa irrogada em juízo, na discussão da causa, pela parte ou por seu procurador;
II - a opinião desfavorável da crítica literária, artística ou científica, salvo quando inequívoca a intenção de injuriar ou difamar;
III - o conceito desfavorável emitido por funcionário público, em apreciação ou informação que preste no cumprimento de dever do ofício.
Parágrafo único. Nos casos dos ns. I e III, responde pela injúria ou pela difamação quem lhe dá publicidade.

Retratação

Art. 143 - O querelado que, antes da sentença, se retrata cabalmente da calúnia ou da difamação, fica isento de pena.
Parágrafo único. Nos casos em que o querelado tenha praticado a calúnia ou a difamação utilizando-se de meios de comunicação, a retratação dar-se-á, se assim desejar o ofendido, pelos mesmos meios em que se praticou a ofensa. (Incluído pela Lei nº 13.188, de 2015)

Art. 144 - Se, de referências, alusões ou frases, se infere calúnia, difamação ou injúria, quem se julga ofendido pode pedir explicações em juízo. Aquele que se recusa a dá-las ou, a critério do juiz, não as dá satisfatórias, responde pela ofensa.

Art. 145 - Nos crimes previstos neste Capítulo somente se procede mediante queixa, salvo quando, no caso do art. 140, § 2º, da violência resulta lesão corporal.

Parágrafo único. Procede-se mediante requisição do Ministro da Justiça, no caso do inciso I do caput do art. 141 deste Código, e mediante representação do ofendido, no caso do inciso II do mesmo artigo, bem como no caso do § 3o do art. 140 deste Código. (Redação dada pela Lei nº 12.033, de 2009)

CAPÍTULO VI - DOS CRIMES CONTRA A LIBERDADE INDIVIDUAL

SEÇÃO I - DOS CRIMES CONTRA A LIBERDADE PESSOAL

Constrangimento ilegal

Art. 146 - Constranger alguém, mediante violência ou grave ameaça, ou depois de lhe haver reduzido, por qualquer outro meio, a capacidade de resistência, a não fazer o que a lei permite, ou a fazer o que ela não manda:
Pena - detenção, de três meses a um ano, ou multa.

Aumento de pena

§ 1º - As penas aplicam-se cumulativamente e em dobro, quando, para a execução do crime, se reúnem mais de três pessoas, ou há emprego de armas.
§ 2º - Além das penas cominadas, aplicam-se as correspondentes à violência.
§ 3º - Não se compreendem na disposição deste artigo:
I - a intervenção médica ou cirúrgica, sem o consentimento do paciente ou de seu representante legal, se justificada por iminente perigo de vida;
II - a coação exercida para impedir suicídio.

DECRETO-LEI NO 2.848, DE 7 DE DEZEMBRO DE 1940

Ameaça

Art. 147 - Ameaçar alguém, por palavra, escrito ou gesto, ou qualquer outro meio simbólico, de causar-lhe mal injusto e grave:

Pena - detenção, de um a seis meses, ou multa.

Parágrafo único. Somente se procede mediante representação.

Seqüestro e cárcere privado

Art. 148 - Privar alguém de sua liberdade, mediante seqüestro ou cárcere privado: (Vide Lei nº 10.446, de 2002)

Pena - reclusão, de um a três anos.

§ 1º - A pena é de reclusão, de dois a cinco anos:

I - se a vítima é ascendente, descendente, cônjuge ou companheiro do agente ou maior de 60 (sessenta) anos; (Redação dada pela Lei nº 11.106, de 2005)

II - se o crime é praticado mediante internação da vítima em casa de saúde ou hospital;

III - se a privação da liberdade dura mais de quinze dias.

IV - se o crime é praticado contra menor de 18 (dezoito) anos; (Incluído pela Lei nº 11.106, de 2005)

V - se o crime é praticado com fins libidinosos. (Incluído pela Lei nº 11.106, de 2005)

§ 2º - Se resulta à vítima, em razão de maus-tratos ou da natureza da detenção, grave sofrimento físico ou moral:

Pena - reclusão, de dois a oito anos.

Redução a condição análoga à de escravo

Art. 149. Reduzir alguém a condição análoga à de escravo, quer submetendo-o a trabalhos forçados ou a jornada exaustiva, quer sujeitando-o a condições degradantes de trabalho, quer restringindo, por qualquer meio, sua locomoção em razão de dívida contraída com o empregador ou preposto: (Redação dada pela Lei nº 10.803, de 11.12.2003)

Pena - reclusão, de dois a oito anos, e multa, além da pena correspondente à violência. (Redação dada pela Lei nº 10.803, de 11.12.2003)

§ 1º Nas mesmas penas incorre quem: (Incluído pela Lei nº 10.803, de 11.12.2003)

I - cerceia o uso de qualquer meio de transporte por parte do trabalhador, com o fim de retê-lo no local de trabalho; (Incluído pela Lei nº 10.803, de 11.12.2003)

II - mantém vigilância ostensiva no local de trabalho ou se apodera de documentos ou objetos pessoais do trabalhador, com o fim de retê-lo no local de trabalho. (Incluído pela Lei nº 10.803, de 11.12.2003)

§ 2º - A pena é aumentada de metade, se o crime é cometido: (Incluído pela Lei nº 10.803, de 11.12.2003)

I - contra criança ou adolescente; (Incluído pela Lei nº 10.803, de 11.12.2003)

II - por motivo de preconceito de raça, cor, etnia, religião ou origem. (Incluído pela Lei nº 10.803, de 11.12.2003)

Tráfico de Pessoas (Incluído pela Lei nº 13.344, de 2016)

Art. 149-A. Agenciar, aliciar, recrutar, transportar, transferir, comprar, alojar ou acolher pessoa, mediante grave ameaça, violência, coação, fraude ou abuso, com a finalidade de: (Incluído pela Lei nº 13.344, de 2016)

I - remover-lhe órgãos, tecidos ou partes do corpo; (Incluído pela Lei nº 13.344, de 2016)

II - submetê-la a trabalho em condições análogas à de escravo; (Incluído pela Lei nº 13.344, de 2016)

III - submetê-la a qualquer tipo de servidão; (Incluído pela Lei nº 13.344, de 2016)

IV - adoção ilegal; ou (Incluído pela Lei nº 13.344, de 2016)

V - exploração sexual. (Incluído pela Lei nº 13.344, de 2016)

Pena - reclusão, de 4 (quatro) a 8 (oito) anos, e multa. (Incluído pela Lei nº 13.344, de 2016)

§ 1º - A pena é aumentada de um terço até a metade se: (Incluído pela Lei nº 13.344, de 2016)

I - o crime for cometido por funcionário público no exercício de suas funções ou a pretexto de exercê-las; (Incluído pela Lei nº 13.344, de 2016)

II - o crime for cometido contra criança, adolescente ou pessoa idosa ou com deficiência; (Incluído pela Lei nº 13.344, de 2016)

III - o agente se prevalecer de relações de parentesco, domésticas, de coabitação, de hospitalidade, de dependência econômica, de autoridade ou de superioridade hierárquica inerente ao exercício de emprego, cargo ou função; ou (Incluído pela Lei nº 13.344, de 2016)

IV - a vítima do tráfico de pessoas for retirada do território nacional. (Incluído pela Lei nº 13.344, de 2016)

§ 2º - A pena é reduzida de um a dois terços se o agente for primário e não integrar organização criminosa. (Incluído pela Lei nº 13.344, de 2016)

SEÇÃO II - DOS CRIMES CONTRA A INVIOLABILIDADE DO DOMICÍLIO

Violação de domicílio

Art. 150 - Entrar ou permanecer, clandestina ou astuciosamente, ou contra a vontade expressa ou tácita de quem de direito, em casa alheia ou em suas dependências:

Pena - detenção, de um a três meses, ou multa.

§ 1º - Se o crime é cometido durante a noite, ou em lugar ermo, ou com o emprego de violência ou de arma, ou por duas ou mais pessoas:

Pena - detenção, de seis meses a dois anos, além da pena correspondente à violência.

§ 2º - (Revogado pela Lei nº 13.869, de 2019)

§ 3º - Não constitui crime a entrada ou permanência em casa alheia ou em suas dependências:

I - durante o dia, com observância das formalidades legais, para efetuar prisão ou outra diligência;

II - a qualquer hora do dia ou da noite, quando algum crime está sendo ali praticado ou na iminência de o ser.

§ 4º - A expressão "casa" compreende:

I - qualquer compartimento habitado;

II - aposento ocupado de habitação coletiva;

III - compartimento não aberto ao público, onde alguém exerce profissão ou atividade.

§ 5º - Não se compreendem na expressão "casa":

I - hospedaria, estalagem ou qualquer outra habitação coletiva, enquanto aberta, salvo a restrição do n.º II do parágrafo anterior;

II - taverna, casa de jogo e outras do mesmo gênero.

SEÇÃO III - DOS CRIMES CONTRA A - INVIOLABILIDADE DE CORRESPONDÊNCIA

Violação de correspondência

Art. 151 - Devassar indevidamente o conteúdo de correspondência fechada, dirigida a outrem:

Pena - detenção, de um a seis meses, ou multa.

Sonegação ou destruição de correspondência

§ 1º - Na mesma pena incorre:

I - quem se apossa indevidamente de correspondência alheia, embora não fechada e, no todo ou em parte, a sonega ou destrói;

Violação de comunicação telegráfica, radioelétrica ou telefônica

II - quem indevidamente divulga, transmite a outrem ou utiliza abusivamente comunicação telegráfica ou radioe-

létrica dirigida a terceiro, ou conversação telefônica entre outras pessoas;

III - quem impede a comunicação ou a conversação referidas no número anterior;

IV - quem instala ou utiliza estação ou aparelho radioelétrico, sem observância de disposição legal.

§ 2º - As penas aumentam-se de metade, se há dano para outrem.

§ 3º - Se o agente comete o crime, com abuso de função em serviço postal, telegráfico, radioelétrico ou telefônico:

Pena - detenção, de um a três anos.

§ 4º - Somente se procede mediante representação, salvo nos casos do § 1º, IV, e do § 3º.

Correspondência comercial

Art. 152 - Abusar da condição de sócio ou empregado de estabelecimento comercial ou industrial para, no todo ou em parte, desviar, sonegar, subtrair ou suprimir correspondência, ou revelar a estranho seu conteúdo:

Pena - detenção, de três meses a dois anos.

Parágrafo único. Somente se procede mediante representação.

SEÇÃO IV - DOS CRIMES CONTRA A INVIOLABILIDADE DOS SEGREDOS

Divulgação de segredo

Art. 153 - Divulgar alguém, sem justa causa, conteúdo de documento particular ou de correspondência confidencial, de que é destinatário ou detentor, e cuja divulgação possa produzir dano a outrem:

Pena - detenção, de um a seis meses, ou multa, de trezentos mil réis a dois contos de réis. (Vide Lei nº 7.209, de 1984)

§ 1º Somente se procede mediante representação. (Parágrafo único renumerado pela Lei nº 9.983, de 2000)

§ 1º-A. Divulgar, sem justa causa, informações sigilosas ou reservadas, assim definidas em lei, contidas ou não nos sistemas de informações ou banco de dados da Administração Pública: (Incluído pela Lei nº 9.983, de 2000)

Pena – detenção, de 1 (um) a 4 (quatro) anos, e multa. (Incluído pela Lei nº 9.983, de 2000)

§ 2º - Quando resultar prejuízo para a Administração Pública, a ação penal será incondicionada. (Incluído pela Lei nº 9.983, de 2000)

Violação do segredo profissional

Art. 154 - Revelar alguém, sem justa causa, segredo, de que tem ciência em razão de função, ministério, ofício ou profissão, e cuja revelação possa produzir dano a outrem:

Pena - detenção, de três meses a um ano, ou multa de um conto a dez contos de réis. (Vide Lei nº 7.209, de 1984)

Parágrafo único. Somente se procede mediante representação.

Invasão de dispositivo informático (Incluído pela Lei nº 12.737, de 2012) Vigência

Art. 154-A. Invadir dispositivo informático alheio, conectado ou não à rede de computadores, mediante violação indevida de mecanismo de segurança e com o fim de obter, adulterar ou destruir dados ou informações sem autorização expressa ou tácita do titular do dispositivo ou instalar vulnerabilidades para obter vantagem ilícita: (Incluído pela Lei nº 12.737, de 2012) Vigência

Pena - detenção, de 3 (três) meses a 1 (um) ano, e multa. (Incluído pela Lei nº 12.737, de 2012) Vigência

§ 1º - Na mesma pena incorre quem produz, oferece, distribui, vende ou difunde dispositivo ou programa de computador com o intuito de permitir a prática da conduta definida no caput. (Incluído pela Lei nº 12.737, de 2012) Vigência

§ 2º - Aumenta-se a pena de um sexto a um terço se da invasão resulta prejuízo econômico. (Incluído pela Lei nº 12.737, de 2012) Vigência

§ 3º - Se da invasão resultar a obtenção de conteúdo de comunicações eletrônicas privadas, segredos comerciais ou industriais, informações sigilosas, assim definidas em lei, ou o controle remoto não autorizado do dispositivo invadido: (Incluído pela Lei nº 12.737, de 2012) Vigência

Pena - reclusão, de 6 (seis) meses a 2 (dois) anos, e multa, se a conduta não constitui crime mais grave. (Incluído pela Lei nº 12.737, de 2012) Vigência

§ 4º - Na hipótese do § 3o, aumenta-se a pena de um a dois terços se houver divulgação, comercialização ou transmissão a terceiro, a qualquer título, dos dados ou informações obtidos. (Incluído pela Lei nº 12.737, de 2012) Vigência

§ 5º - Aumenta-se a pena de um terço à metade se o crime for praticado contra: (Incluído pela Lei nº 12.737, de 2012) Vigência

I - Presidente da República, governadores e prefeitos; (Incluído pela Lei nº 12.737, de 2012) Vigência

II - Presidente do Supremo Tribunal Federal; (Incluído pela Lei nº 12.737, de 2012) Vigência

III - Presidente da Câmara dos Deputados, do Senado Federal, de Assembleia Legislativa de Estado, da Câmara Legislativa do Distrito Federal ou de Câmara Municipal; ou (Incluído pela Lei nº 12.737, de 2012) Vigência

IV - dirigente máximo da administração direta e indireta federal, estadual, municipal ou do Distrito Federal. (Incluído pela Lei nº 12.737, de 2012) Vigência

Ação penal (Incluído pela Lei nº 12.737, de 2012) Vigência

Art. 154-B. Nos crimes definidos no art. 154-A, somente se procede mediante representação, salvo se o crime é cometido contra a administração pública direta ou indireta de qualquer dos Poderes da União, Estados, Distrito Federal ou Municípios ou contra empresas concessionárias de serviços públicos. (Incluído pela Lei nº 12.737, de 2012) Vigência

TÍTULO II - DOS CRIMES CONTRA O PATRIMÔNIO

CAPÍTULO I - DO FURTO

Furto

Art. 155 - Subtrair, para si ou para outrem, coisa alheia móvel:

Pena - reclusão, de um a quatro anos, e multa.

§ 1º - A pena aumenta-se de um terço, se o crime é praticado durante o repouso noturno.

§ 2º - Se o criminoso é primário, e é de pequeno valor a coisa furtada, o juiz pode substituir a pena de reclusão pela de detenção, diminuí-la de um a dois terços, ou aplicar somente a pena de multa.

§ 3º - Equipara-se à coisa móvel a energia elétrica ou qualquer outra que tenha valor econômico.

Furto qualificado

§ 4º - A pena é de reclusão de dois a oito anos, e multa, se o crime é cometido:

I - com destruição ou rompimento de obstáculo à subtração da coisa;

II - com abuso de confiança, ou mediante fraude, escalada ou destreza;

III - com emprego de chave falsa;

IV - mediante concurso de duas ou mais pessoas.

§ 4º-A A pena é de reclusão de 4 (quatro) a 10 (dez) anos e multa, se houver emprego de explosivo ou de artefato análogo que cause perigo comum. (Incluído pela Lei nº 13.654, de 2018)

§ 5º - A pena é de reclusão de três a oito anos, se a subtração for de veículo automotor que venha a ser transportado para

outro Estado ou para o exterior. (Incluído pela Lei nº 9.426, de 1996)

§ 6º - A pena é de reclusão de 2 (dois) a 5 (cinco) anos se a subtração for de semovente domesticável de produção, ainda que abatido ou dividido em partes no local da subtração. (Incluído pela Lei nº 13.330, de 2016)

§ 7º A pena é de reclusão de 4 (quatro) a 10 (dez) anos e multa, se a subtração for de substâncias explosivas ou de acessórios que, conjunta ou isoladamente, possibilitem sua fabricação, montagem ou emprego. (Incluído pela Lei nº 13.654, de 2018)

Furto de coisa comum

Art. 156 - Subtrair o condômino, co-herdeiro ou sócio, para si ou para outrem, a quem legitimamente a detém, a coisa comum:

Pena - detenção, de seis meses a dois anos, ou multa.

§ 1º - Somente se procede mediante representação.

§ 2º - Não é punível a subtração de coisa comum fungível, cujo valor não excede a quota a que tem direito o agente.

CAPÍTULO II - DO ROUBO E DA EXTORSÃO

Roubo

Art. 157 - Subtrair coisa móvel alheia, para si ou para outrem, mediante grave ameaça ou violência a pessoa, ou depois de havê-la, por qualquer meio, reduzido à impossibilidade de resistência:

Pena - reclusão, de quatro a dez anos, e multa.

§ 1º - Na mesma pena incorre quem, logo depois de subtraída a coisa, emprega violência contra pessoa ou grave ameaça, a fim de assegurar a impunidade do crime ou a detenção da coisa para si ou para terceiro.

§ 2º A pena aumenta-se de 1/3 (um terço) até metade: (Redação dada pela Lei nº 13.654, de 2018)

I - (revogado); (Redação dada pela Lei nº 13.654, de 2018)

II - se há o concurso de duas ou mais pessoas;

III - se a vítima está em serviço de transporte de valores e o agente conhece tal circunstância.

IV - se a subtração for de veículo automotor que venha a ser transportado para outro Estado ou para o exterior; (Incluído pela Lei nº 9.426, de 1996)

V - se o agente mantém a vítima em seu poder, restringindo sua liberdade. (Incluído pela Lei nº 9.426, de 1996)

VI - se a subtração for de substâncias explosivas ou de acessórios que, conjunta ou isoladamente, possibilitem sua fabricação, montagem ou emprego. (Incluído pela Lei nº 13.654, de 2018)

VII - se a violência ou grave ameaça é exercida com emprego de arma branca; (Incluído pela Lei nº 13.964, de 2019)

§ 2º-A A pena aumenta-se de 2/3 (dois terços): (Incluído pela Lei nº 13.654, de 2018)

I - se a violência ou ameaça é exercida com emprego de arma de fogo; (Incluído pela Lei nº 13.654, de 2018)

II - se há destruição ou rompimento de obstáculo mediante o emprego de explosivo ou de artefato análogo que cause perigo comum. (Incluído pela Lei nº 13.654, de 2018)

§ 2º-B. Se a violência ou grave ameaça é exercida com emprego de arma de fogo de uso restrito ou proibido, aplica-se em dobro a pena prevista no caput deste artigo. (Incluído pela Lei nº 13.964, de 2019)

§ 3º Se da violência resulta: (Redação dada pela Lei nº 13.654, de 2018)

I - lesão corporal grave, a pena é de reclusão de 7 (sete) a 18 (dezoito) anos, e multa; (Incluído pela Lei nº 13.654, de 2018)

II - morte, a pena é de reclusão de 20 (vinte) a 30 (trinta) anos, e multa. (Incluído pela Lei nº 13.654, de 2018)

Extorsão

Art. 158 - Constranger alguém, mediante violência ou grave ameaça, e com o intuito de obter para si ou para outrem indevida vantagem econômica, a fazer, tolerar que se faça ou deixar de fazer alguma coisa:

Pena - reclusão, de quatro a dez anos, e multa.

§ 1º - Se o crime é cometido por duas ou mais pessoas, ou com emprego de arma, aumenta-se a pena de um terço até metade.

§ 2º - Aplica-se à extorsão praticada mediante violência o disposto no § 3º do artigo anterior. Vide Lei nº 8.072, de 25.7.90

§ 3º - Se o crime é cometido mediante a restrição da liberdade da vítima, e essa condição é necessária para a obtenção da vantagem econômica, a pena é de reclusão, de 6 (seis) a 12 (doze) anos, além da multa; se resulta lesão corporal grave ou morte, aplicam-se as penas previstas no art. 159, §§ 2o e 3o, respectivamente. (Incluído pela Lei nº 11.923, de 2009)

Extorsão mediante seqüestro

Art. 159 - Seqüestrar pessoa com o fim de obter, para si ou para outrem, qualquer vantagem, como condição ou preço do resgate: Vide Lei nº 8.072, de 25.7.90 (Vide Lei nº 10.446, de 2002)

Pena - reclusão, de oito a quinze anos.. (Redação dada pela Lei nº 8.072, de 25.7.1990)

§ 1º - Se o seqüestro dura mais de 24 (vinte e quatro) horas, se o seqüestrado é menor de 18 (dezoito) ou maior de 60 (sessenta) anos, ou se o crime é cometido por bando ou quadrilha. Vide Lei nº 8.072, de 25.7.90 (Redação dada pela Lei nº 10.741, de 2003)

Pena - reclusão, de doze a vinte anos. (Redação dada pela Lei nº 8.072, de 25.7.1990)

§ 2º - Se do fato resulta lesão corporal de natureza grave: Vide Lei nº 8.072, de 25.7.90

Pena - reclusão, de dezesseis a vinte e quatro anos. (Redação dada pela Lei nº 8.072, de 25.7.1990)

§ 3º - Se resulta a morte: Vide Lei nº 8.072, de 25.7.90

Pena - reclusão, de vinte e quatro a trinta anos. (Redação dada pela Lei nº 8.072, de 25.7.1990)

§ 4º - Se o crime é cometido em concurso, o concorrente que o denunciar à autoridade, facilitando a libertação do seqüestrado, terá sua pena reduzida de um a dois terços. (Redação dada pela Lei nº 9.269, de 1996)

Extorsão indireta

Art. 160 - Exigir ou receber, como garantia de dívida, abusando da situação de alguém, documento que pode dar causa a procedimento criminal contra a vítima ou contra terceiro:

Pena - reclusão, de um a três anos, e multa.

CAPÍTULO III - DA USURPAÇÃO

Alteração de limites

Art. 161 - Suprimir ou deslocar tapume, marco, ou qualquer outro sinal indicativo de linha divisória, para apropriar-se, no todo ou em parte, de coisa imóvel alheia:

Pena - detenção, de um a seis meses, e multa.

§ 1º - Na mesma pena incorre quem:

Usurpação de águas

I - desvia ou represa, em proveito próprio ou de outrem, águas alheias;

Esbulho possessório

II - invade, com violência a pessoa ou grave ameaça, ou mediante concurso de mais de duas pessoas, terreno ou edifício alheio, para o fim de esbulho possessório.

§ 2º - Se o agente usa de violência, incorre também na pena a esta cominada.

§ 3º - Se a propriedade é particular, e não há emprego de violência, somente se procede mediante queixa.

Supressão ou alteração de marca em animais

Art. 162 - Suprimir ou alterar, indevidamente, em gado ou rebanho alheio, marca ou sinal indicativo de propriedade:
Pena - detenção, de seis meses a três anos, e multa.

CAPÍTULO IV - DO DANO

Dano

Art. 163 - Destruir, inutilizar ou deteriorar coisa alheia:
Pena - detenção, de um a seis meses, ou multa.

Dano qualificado

Parágrafo único. Se o crime é cometido:

I - com violência à pessoa ou grave ameaça;

II - com emprego de substância inflamável ou explosiva, se o fato não constitui crime mais grave

III - contra o patrimônio da União, de Estado, do Distrito Federal, de Município ou de autarquia, fundação pública, empresa pública, sociedade de economia mista ou empresa concessionária de serviços públicos; (Redação dada pela Lei nº 13.531, de 2017)

IV - por motivo egoístico ou com prejuízo considerável para a vítima:

Pena - detenção, de seis meses a três anos, e multa, além da pena correspondente à violência.

Introdução ou abandono de animais em propriedade alheia

Art. 164 - Introduzir ou deixar animais em propriedade alheia, sem consentimento de quem de direito, desde que o fato resulte prejuízo:
Pena - detenção, de quinze dias a seis meses, ou multa.

Dano em coisa de valor artístico, arqueológico ou histórico

Art. 165 - Destruir, inutilizar ou deteriorar coisa tombada pela autoridade competente em virtude de valor artístico, arqueológico ou histórico:
Pena - detenção, de seis meses a dois anos, e multa.

Alteração de local especialmente protegido

Art. 166 - Alterar, sem licença da autoridade competente, o aspecto de local especialmente protegido por lei:
Pena - detenção, de um mês a um ano, ou multa.

Ação penal

Art. 167 - Nos casos do art. 163, do inciso IV do seu parágrafo e do art. 164, somente se procede mediante queixa.

CAPÍTULO V - DA APROPRIAÇÃO INDÉBITA

Apropriação indébita

Art. 168 - Apropriar-se de coisa alheia móvel, de que tem a posse ou a detenção:
Pena - reclusão, de um a quatro anos, e multa.

Aumento de pena

§ 1º - A pena é aumentada de um terço, quando o agente recebeu a coisa:

I - em depósito necessário;

II - na qualidade de tutor, curador, síndico, liquidatário, inventariante, testamenteiro ou depositário judicial;

III - em razão de ofício, emprego ou profissão.

Apropriação indébita previdenciária (Incluído pela Lei nº 9.983, de 2000)

Art. 168-A. Deixar de repassar à previdência social as contribuições recolhidas dos contribuintes, no prazo e forma legal ou convencional: (Incluído pela Lei nº 9.983, de 2000)
Pena – reclusão, de 2 (dois) a 5 (cinco) anos, e multa. (Incluído pela Lei nº 9.983, de 2000)

§ 1º - Nas mesmas penas incorre quem deixar de: (Incluído pela Lei nº 9.983, de 2000)

I - recolher, no prazo legal, contribuição ou outra importância destinada à previdência social que tenha sido descontada de pagamento efetuado a segurados, a terceiros ou arrecadada do público; (Incluído pela Lei nº 9.983, de 2000)

II - recolher contribuições devidas à previdência social que tenham integrado despesas contábeis ou custos relativos à venda de produtos ou à prestação de serviços; (Incluído pela Lei nº 9.983, de 2000)

III - pagar benefício devido a segurado, quando as respectivas cotas ou valores já tiverem sido reembolsados à empresa pela previdência social. (Incluído pela Lei nº 9.983, de 2000)

§ 2º - É extinta a punibilidade se o agente, espontaneamente, declara, confessa e efetua o pagamento das contribuições, importâncias ou valores e presta as informações devidas à previdência social, na forma definida em lei ou regulamento, antes do início da ação fiscal. (Incluído pela Lei nº 9.983, de 2000)

§ 3º - É facultado ao juiz deixar de aplicar a pena ou aplicar somente a de multa se o agente for primário e de bons antecedentes, desde que: (Incluído pela Lei nº 9.983, de 2000)

I - tenha promovido, após o início da ação fiscal e antes de oferecida a denúncia, o pagamento da contribuição social previdenciária, inclusive acessórios; ou (Incluído pela Lei nº 9.983, de 2000)

II - o valor das contribuições devidas, inclusive acessórios, seja igual ou inferior àquele estabelecido pela previdência social, administrativamente, como sendo o mínimo para o ajuizamento de suas execuções fiscais. (Incluído pela Lei nº 9.983, de 2000)

§ 4º - A faculdade prevista no § 3o deste artigo não se aplica aos casos de parcelamento de contribuições cujo valor, inclusive dos acessórios, seja superior àquele estabelecido, administrativamente, como sendo o mínimo para o ajuizamento de suas execuções fiscais. (Incluído pela Lei nº 13.606, de 2018)

Apropriação de coisa havida por erro, caso fortuito ou força da natureza

Art. 169 - Apropriar-se alguém de coisa alheia vinda ao seu poder por erro, caso fortuito ou força da natureza:
Pena - detenção, de um mês a um ano, ou multa.
Parágrafo único. Na mesma pena incorre:

Apropriação de tesouro

I - quem acha tesouro em prédio alheio e se apropria, no todo ou em parte, da quota a que tem direito o proprietário do prédio;

Apropriação de coisa achada

II - quem acha coisa alheia perdida e dela se apropria, total ou parcialmente, deixando de restituí-la ao dono ou legítimo possuidor ou de entregá-la à autoridade competente, dentro no prazo de quinze dias.

Art. 170 - Nos crimes previstos neste Capítulo, aplica-se o disposto no art. 155, § 2º.

CAPÍTULO VI - DO ESTELIONATO E OUTRAS FRAUDES

Estelionato

Art. 171 - Obter, para si ou para outrem, vantagem ilícita, em prejuízo alheio, induzindo ou mantendo alguém em erro, mediante artifício, ardil, ou qualquer outro meio fraudulento:
Pena - reclusão, de um a cinco anos, e multa, de quinhentos mil réis a dez contos de réis. (Vide Lei nº 7.209, de 1984)

§ 1º - Se o criminoso é primário, e é de pequeno valor o prejuízo, o juiz pode aplicar a pena conforme o disposto no art. 155, § 2º.

§ 2º - Nas mesmas penas incorre quem:

Disposição de coisa alheia como própria

I - vende, permuta, dá em pagamento, em locação ou em garantia coisa alheia como própria;

Alienação ou oneração fraudulenta de coisa própria

II - vende, permuta, dá em pagamento ou em garantia coisa própria inalienável, gravada de ônus ou litigiosa, ou imóvel que prometeu vender a terceiro, mediante pagamento em prestações, silenciando sobre qualquer dessas circunstâncias;

Defraudação de penhor

III - defrauda, mediante alienação não consentida pelo credor ou por outro modo, a garantia pignoratícia, quando tem a posse do objeto empenhado;

Fraude na entrega de coisa

IV - defrauda substância, qualidade ou quantidade de coisa que deve entregar a alguém;

Fraude para recebimento de indenização ou valor de seguro

V - destrói, total ou parcialmente, ou oculta coisa própria, ou lesa o próprio corpo ou a saúde, ou agrava as consequências da lesão ou doença, com o intuito de haver indenização ou valor de seguro;

Fraude no pagamento por meio de cheque

VI - emite cheque, sem suficiente provisão de fundos em poder do sacado, ou lhe frustra o pagamento.

§ 3º - A pena aumenta-se de um terço, se o crime é cometido em detrimento de entidade de direito público ou de instituto de economia popular, assistência social ou beneficência.

Estelionato contra idoso

§ 4º - Aplica-se a pena em dobro se o crime for cometido contra idoso. (Incluído pela Lei nº 13.228, de 2015)

§ 5º Somente se procede mediante representação, salvo se a vítima for: (Incluído pela Lei nº 13.964, de 2019)

I - a Administração Pública, direta ou indireta; (Incluído pela Lei nº 13.964, de 2019)

II - criança ou adolescente; (Incluído pela Lei nº 13.964, de 2019)

III - pessoa com deficiência mental; ou (Incluído pela Lei nº 13.964, de 2019)

IV - maior de 70 (setenta) anos de idade ou incapaz. (Incluído pela Lei nº 13.964, de 2019)

Duplicata simulada

Art. 172 - Emitir fatura, duplicata ou nota de venda que não corresponda à mercadoria vendida, em quantidade ou qualidade, ou ao serviço prestado. (Redação dada pela Lei nº 8.137, de 27.12.1990)

Pena - detenção, de 2 (dois) a 4 (quatro) anos, e multa. (Redação dada pela Lei nº 8.137, de 27.12.1990)

Parágrafo único. Nas mesmas penas incorrerá aquêle que falsificar ou adulterar a escrituração do Livro de Registro de Duplicatas. (Incluído pela Lei nº 5.474, de 1968)

Abuso de incapazes

Art. 173 - Abusar, em proveito próprio ou alheio, de necessidade, paixão ou inexperiência de menor, ou da alienação ou debilidade mental de outrem, induzindo qualquer deles à prática de ato suscetível de produzir efeito jurídico, em prejuízo próprio ou de terceiro:

Pena - reclusão, de dois a seis anos, e multa.

Induzimento à especulação

Art. 174 - Abusar, em proveito próprio ou alheio, da inexperiência ou da simplicidade ou inferioridade mental de outrem, induzindo-o à prática de jogo ou aposta, ou à especulação com títulos ou mercadorias, sabendo ou devendo saber que a operação é ruinosa:

Pena - reclusão, de um a três anos, e multa.

Fraude no comércio

Art. 175 - Enganar, no exercício de atividade comercial, o adquirente ou consumidor:

I - vendendo, como verdadeira ou perfeita, mercadoria falsificada ou deteriorada;

II - entregando uma mercadoria por outra:

Pena - detenção, de seis meses a dois anos, ou multa.

§ 1º - Alterar em obra que lhe é encomendada a qualidade ou o peso de metal ou substituir, no mesmo caso, pedra verdadeira por falsa ou por outra de menor valor; vender pedra falsa por verdadeira; vender, como precioso, metal de ou outra qualidade:

Pena - reclusão, de um a cinco anos, e multa.

§ 2º - É aplicável o disposto no art. 155, § 2º.

Outras fraudes

Art. 176 - Tomar refeição em restaurante, alojar-se em hotel ou utilizar-se de meio de transporte sem dispor de recursos para efetuar o pagamento:

Pena - detenção, de quinze dias a dois meses, ou multa.

Parágrafo único. Somente se procede mediante representação, e o juiz pode, conforme as circunstâncias, deixar de aplicar a pena.

Fraudes e abusos na fundação ou administração de sociedade por ações

Art. 177 - Promover a fundação de sociedade por ações, fazendo, em prospecto ou em comunicação ao público ou à assembléia, afirmação falsa sobre a constituição da sociedade, ou ocultando fraudulentamente fato a ela relativo:

Pena - reclusão, de um a quatro anos, e multa, se o fato não constitui crime contra a economia popular.

§ 1º - Incorrem na mesma pena, se o fato não constitui crime contra a economia popular: (Vide Lei nº 1.521, de 1951)

I - o diretor, o gerente ou o fiscal de sociedade por ações, que, em prospecto, relatório, parecer, balanço ou comunicação ao público ou à assembléia, faz afirmação falsa sobre as condições econômicas da sociedade, ou oculta fraudulentamente, no todo ou em parte, fato a elas relativo;

II - o diretor, o gerente ou o fiscal que promove, por qualquer artifício, falsa cotação das ações ou de outros títulos da sociedade;

III - o diretor ou o gerente que toma empréstimo à sociedade ou usa, em proveito próprio ou de terceiro, dos bens ou haveres sociais, sem prévia autorização da assembléia geral;

IV - o diretor ou o gerente que compra ou vende, por conta da sociedade, ações por ela emitidas, salvo quando a lei o permite;

V - o diretor ou o gerente que, como garantia de crédito social, aceita em penhor ou em caução ações da própria sociedade;

VI - o diretor ou o gerente que, na falta de balanço, em desacordo com este, ou mediante balanço falso, distribui lucros ou dividendos fictícios;

VII - o diretor, o gerente ou o fiscal que, por interposta pessoa, ou conluiado com acionista, consegue a aprovação de conta ou parecer;

VIII - o liquidante, nos casos dos ns. I, II, III, IV, V e VII;

IX - o representante da sociedade anônima estrangeira, autorizada a funcionar no País, que pratica os atos mencionados nos ns. I e II, ou dá falsa informação ao Governo.

§ 2º - Incorre na pena de detenção, de seis meses a dois anos, e multa, o acionista que, a fim de obter vantagem para si ou para outrem, negocia o voto nas deliberações de assembléia geral.

Emissão irregular de conhecimento de depósito ou "warrant"

Art. 178 - Emitir conhecimento de depósito ou warrant, em desacordo com disposição legal:

Pena - reclusão, de um a quatro anos, e multa.

Fraude à execução

Art. 179 - Fraudar execução, alienando, desviando, destruindo ou danificando bens, ou simulando dívidas:

Pena - detenção, de seis meses a dois anos, ou multa.

Parágrafo único. Somente se procede mediante queixa.

CAPÍTULO VII - DA RECEPTAÇÃO

Receptação

Art. 180 - Adquirir, receber, transportar, conduzir ou ocultar, em proveito próprio ou alheio, coisa que sabe ser produto de crime, ou influir para que terceiro, de boa-fé, a adquira, receba ou oculte: (Redação dada pela Lei nº 9.426, de 1996)

Pena - reclusão, de um a quatro anos, e multa. (Redação dada pela Lei nº 9.426, de 1996)

Receptação qualificada (Redação dada pela Lei nº 9.426, de 1996)

§ 1º - Adquirir, receber, transportar, conduzir, ocultar, ter em depósito, desmontar, montar, remontar, vender, expor à venda, ou de qualquer forma utilizar, em proveito próprio ou alheio, no exercício de atividade comercial ou industrial, coisa que deve saber ser produto de crime: (Redação dada pela Lei nº 9.426, de 1996)

Pena - reclusão, de três a oito anos, e multa. (Redação dada pela Lei nº 9.426, de 1996)

§ 2º - Equipara-se à atividade comercial, para efeito do parágrafo anterior, qualquer forma de comércio irregular ou clandestino, inclusive o exercício em residência. (Redação dada pela Lei nº 9.426, de 1996)

§ 3º - Adquirir ou receber coisa que, por sua natureza ou pela desproporção entre o valor e o preço, ou pela condição de quem a oferece, deve presumir-se obtida por meio criminoso: (Redação dada pela Lei nº 9.426, de 1996)

Pena - detenção, de um mês a um ano, ou multa, ou ambas as penas. (Redação dada pela Lei nº 9.426, de 1996)

§ 4º - A receptação é punível, ainda que desconhecido ou isento de pena o autor do crime de que proveio a coisa. (Redação dada pela Lei nº 9.426, de 1996)

§ 5º - Na hipótese do § 3º, se o criminoso é primário, pode o juiz, tendo em consideração as circunstâncias, deixar de aplicar a pena. Na receptação dolosa aplica-se o disposto no § 2º do art. 155. (Incluído pela Lei nº 9.426, de 1996)

§ 6º - Tratando-se de bens do patrimônio da União, de Estado, do Distrito Federal, de Município ou de autarquia, fundação pública, empresa pública, sociedade de economia mista ou empresa concessionária de serviços públicos, aplica-se em dobro a pena prevista no caput deste artigo. (Redação dada pela Lei nº 13.531, de 2017)

Receptação de animal

Art. 180-A. Adquirir, receber, transportar, conduzir, ocultar, ter em depósito ou vender, com a finalidade de produção ou de comercialização, semovente domesticável de produção, ainda que abatido ou dividido em partes, que deve saber ser produto de crime: (Incluído pela Lei nº 13.330, de 2016)

Pena - reclusão, de 2 (dois) a 5 (cinco) anos, e multa. (Incluído pela Lei nº 13.330, de 2016)

CAPÍTULO VIII - DISPOSIÇÕES GERAIS

Art. 181 - É isento de pena quem comete qualquer dos crimes previstos neste título, em prejuízo: (Vide Lei nº 10.741, de 2003)

I - do cônjuge, na constância da sociedade conjugal;

II - de ascendente ou descendente, seja o parentesco legítimo ou ilegítimo, seja civil ou natural.

Art. 182 - Somente se procede mediante representação, se o crime previsto neste título é cometido em prejuízo: (Vide Lei nº 10.741, de 2003)

I - do cônjuge desquitado ou judicialmente separado;

II - de irmão, legítimo ou ilegítimo;

III - de tio ou sobrinho, com quem o agente coabita.

Art. 183 - Não se aplica o disposto nos dois artigos anteriores:

I - se o crime é de roubo ou de extorsão, ou, em geral, quando haja emprego de grave ameaça ou violência à pessoa;

II - ao estranho que participa do crime.

III - se o crime é praticado contra pessoa com idade igual ou superior a 60 (sessenta) anos. (Incluído pela Lei nº 10.741, de 2003)

TÍTULO III - DOS CRIMES CONTRA A PROPRIEDADE IMATERIAL

CAPÍTULO I - DOS CRIMES CONTRA A PROPRIEDADE INTELECTUAL

Violação de direito autoral

Art. 184. Violar direitos de autor e os que lhe são conexos: (Redação dada pela Lei nº 10.695, de 1º.7.2003)

Pena – detenção, de 3 (três) meses a 1 (um) ano, ou multa. (Redação dada pela Lei nº 10.695, de 1º.7.2003)

§ 1º - Se a violação consistir em reprodução total ou parcial, com intuito de lucro direto ou indireto, por qualquer meio ou processo, de obra intelectual, interpretação, execução ou fonograma, sem autorização expressa do autor, do artista intérprete ou executante, do produtor, conforme o caso, ou de quem os represente: (Redação dada pela Lei nº 10.695, de 1º.7.2003)

Pena – reclusão, de 2 (dois) a 4 (quatro) anos, e multa. (Redação dada pela Lei nº 10.695, de 1º.7.2003)

§ 2º - Na mesma pena do § 1o incorre quem, com o intuito de lucro direto ou indireto, distribui, vende, expõe à venda, aluga, introduz no País, adquire, oculta, tem em depósito, original ou cópia de obra intelectual ou fonograma reproduzido com violação do direito de autor, do direito de artista intérprete ou executante ou do direito do produtor de fonograma, ou, ainda, aluga original ou cópia de obra intelectual ou fonograma, sem a expressa autorização dos titulares dos direitos ou de quem os represente. (Redação dada pela Lei nº 10.695, de 1º.7.2003)

§ 3º - Se a violação consistir no oferecimento ao público, mediante cabo, fibra ótica, satélite, ondas ou qualquer outro sistema que permita ao usuário realizar a seleção da obra ou produção para recebê-la em um tempo e lugar previamente determinados por quem formula a demanda, com intuito de lucro, direto ou indireto, sem autorização expressa, conforme o caso, do autor, do artista intérprete ou executante, do produtor de fonograma, ou de quem os represente: (Redação dada pela Lei nº 10.695, de 1º.7.2003)

Pena – reclusão, de 2 (dois) a 4 (quatro) anos, e multa. (Incluído pela Lei nº 10.695, de 1º.7.2003)

§ 4º - O disposto nos §§ 1o, 2o e 3o não se aplica quando se tratar de exceção ou limitação ao direito de autor ou os que lhe são conexos, em conformidade com o previsto na Lei nº 9.610, de 19 de fevereiro de 1998, nem a cópia de obra intelectual ou fonograma, em um só exemplar, para uso privado do copista, sem intuito de lucro direto ou indireto. (Incluído pela Lei nº 10.695, de 1º.7.2003)

Usurpação de nome ou pseudônimo alheio

Art. 185 - (Revogado pela Lei nº 10.695, de 1º.7.2003)

Art. 186. Procede-se mediante: (Redação dada pela Lei nº 10.695, de 1º.7.2003)

I - queixa, nos crimes previstos no caput do art. 184; (Incluído pela Lei nº 10.695, de 1º.7.2003)

II - ação penal pública incondicionada, nos crimes previstos nos §§ 1o e 2o do art. 184; (Incluído pela Lei nº 10.695, de 1º.7.2003)

III - ação penal pública incondicionada, nos crimes cometidos em desfavor de entidades de direito público, autarquia, empresa pública, sociedade de economia mista ou fundação instituída pelo Poder Público; (Incluído pela Lei nº 10.695, de 1º.7.2003)

IV - ação penal pública condicionada à representação, nos crimes previstos no § 3o do art. 184. (Incluído pela Lei nº 10.695, de 1º.7.2003)

CAPÍTULO II - DOS CRIMES CONTRA O PRIVILÉGIO DE INVENÇÃO

Violação de privilégio de invenção

Art. 187. (Revogado pela Lei nº 9.279, de 14.5.1996)

Falsa atribuição de privilégio

Art. 188. (Revogado pela Lei nº 9.279, de 14.5.1996)

Usurpação ou indevida exploração de modelo ou desenho privilegiado

Art. 189. (Revogado pela Lei nº 9.279, de 14.5.1996)

Falsa declaração de depósito em modelo ou desenho

Art. 190. (Revogado pela Lei nº 9.279, de 14.5.1996)

Art. 191. (Revogado pela Lei nº 9.279, de 14.5.1996)

CAPÍTULO III - DOS CRIMES CONTRA AS MARCAS DE INDÚSTRIA E COMÉRCIO

Violação do direito de marca

Art. 192. (Revogado pela Lei nº 9.279, de 14.5.1996) Uso indevido de armas, brasões e distintivos públicos

Art. 193. (Revogado pela Lei nº 9.279, de 14.5.1996)

Marca com falsa indicação de procedência

Art. 194. (Revogado pela Lei nº 9.279, de 14.5.1996)

Art. 195. (Revogado pela Lei nº 9.279, de 14.5.1996)

CAPÍTULO IV - DOS CRIMES DE CONCORRÊNCIA DESLEAL

Concorrência desleal

Art. 196. (Revogado pela Lei nº 9.279, de 14.5.1996)

TÍTULO IV - DOS CRIMES CONTRA A ORGANIZAÇÃO DO TRABALHO

Atentado contra a liberdade de trabalho

Art. 197 - Constranger alguém, mediante violência ou grave ameaça:

I - a exercer ou não exercer arte, ofício, profissão ou indústria, ou a trabalhar ou não trabalhar durante certo período ou em determinados dias:

Pena - detenção, de um mês a um ano, e multa, além da pena correspondente à violência;

II - a abrir ou fechar o seu estabelecimento de trabalho, ou a participar de parede ou paralisação de atividade econômica:

Pena - detenção, de três meses a um ano, e multa, além da pena correspondente à violência.

Atentado contra a liberdade de contrato de trabalho e boicotagem violenta

Art. 198 - Constranger alguém, mediante violência ou grave ameaça, a celebrar contrato de trabalho, ou a não fornecer a outrem ou não adquirir de outrem matéria-prima ou produto industrial ou agrícola:

Pena - detenção, de um mês a um ano, e multa, além da pena correspondente à violência.

Atentado contra a liberdade de associação

Art. 199 - Constranger alguém, mediante violência ou grave ameaça, a participar ou deixar de participar de determinado sindicato ou associação profissional:

Pena - detenção, de um mês a um ano, e multa, além da pena correspondente à violência.

Paralisação de trabalho, seguida de violência ou perturbação da ordem

Art. 200 - Participar de suspensão ou abandono coletivo de trabalho, praticando violência contra pessoa ou contra coisa:

Pena - detenção, de um mês a um ano, e multa, além da pena correspondente à violência.

Parágrafo único. Para que se considere coletivo o abandono de trabalho é indispensável o concurso de, pelo menos, três empregados.

Paralisação de trabalho de interesse coletivo

Art. 201 - Participar de suspensão ou abandono coletivo de trabalho, provocando a interrupção de obra pública ou serviço de interesse coletivo:

Pena - detenção, de seis meses a dois anos, e multa.

Invasão de estabelecimento industrial, comercial ou agrícola. Sabotagem

Art. 202 - Invadir ou ocupar estabelecimento industrial, comercial ou agrícola, com o intuito de impedir ou embaraçar o curso normal do trabalho, ou com o mesmo fim danificar o estabelecimento ou as coisas nele existentes ou delas dispor:

Pena - reclusão, de um a três anos, e multa.

Frustração de direito assegurado por lei trabalhista

Art. 203 - Frustrar, mediante fraude ou violência, direito assegurado pela legislação do trabalho:

Pena - detenção de um ano a dois anos, e multa, além da pena correspondente à violência. (Redação dada pela Lei nº 9.777, de 29.12.1998)

§ 1º Na mesma pena incorre quem: (Incluído pela Lei nº 9.777, de 1998)

I - obriga ou coage alguém a usar mercadorias de determinado estabelecimento, para impossibilitar o desligamento do serviço em virtude de dívida; (Incluído pela Lei nº 9.777, de 1998)

II - impede alguém de se desligar de serviços de qualquer natureza, mediante coação ou por meio da retenção de seus documentos pessoais ou contratuais. (Incluído pela Lei nº 9.777, de 1998)

§ 2º A pena é aumentada de um sexto a um terço se a vítima é menor de dezoito anos, idosa, gestante, indígena ou portadora de deficiência física ou mental. (Incluído pela Lei nº 9.777, de 1998)

Frustração de lei sobre a nacionalização do trabalho

Art. 204 - Frustrar, mediante fraude ou violência, obrigação legal relativa à nacionalização do trabalho:

Pena - detenção, de um mês a um ano, e multa, além da pena correspondente à violência.

Exercício de atividade com infração de decisão administrativa

Art. 205 - Exercer atividade, de que está impedido por decisão administrativa:

Pena - detenção, de três meses a dois anos, ou multa.

Aliciamento para o fim de emigração

Art. 206 - Recrutar trabalhadores, mediante fraude, com o fim de levá-los para território estrangeiro. (Redação dada pela Lei nº 8.683, de 1993)

Pena - detenção, de 1 (um) a 3 (três) anos e multa. (Redação dada pela Lei nº 8.683, de 1993)

Aliciamento de trabalhadores de um local para outro do território nacional

Art. 207 - Aliciar trabalhadores, com o fim de levá-los de uma para outra localidade do território nacional:

Pena - detenção de um a três anos, e multa. (Redação dada pela Lei nº 9.777, de 29.12.1998)

§ 1º Incorre na mesma pena quem recrutar trabalhadores fora da localidade de execução do trabalho, dentro do território nacional, mediante fraude ou cobrança de qualquer quantia do trabalhador, ou, ainda, não assegurar condições do seu retorno ao local de origem. (Incluído pela Lei nº 9.777, de 1998)

§ 2º A pena é aumentada de um sexto a um terço se a vítima é menor de dezoito anos, idosa, gestante, indígena ou portadora de deficiência física ou mental. (Incluído pela Lei nº 9.777, de 1998)

TÍTULO V - DOS CRIMES CONTRA O SENTIMENTO - RELIGIOSO E CONTRA O RESPEITO AOS MORTOS

CAPÍTULO I - DOS CRIMES CONTRA O SENTIMENTO RELIGIOSO

Ultraje a culto e impedimento ou perturbação de ato a ele relativo

Art. 208 - Escarnecer de alguém publicamente, por motivo de crença ou função religiosa; impedir ou perturbar cerimônia ou prática de culto religioso; vilipendiar publicamente ato ou objeto de culto religioso:

Pena - detenção, de um mês a um ano, ou multa.

Parágrafo único. Se há emprego de violência, a pena é aumentada de um terço, sem prejuízo da correspondente à violência.

CAPÍTULO II - DOS CRIMES CONTRA O RESPEITO AOS MORTOS

Impedimento ou perturbação de cerimônia funerária

Art. 209 - Impedir ou perturbar enterro ou cerimônia funerária:

Pena - detenção, de um mês a um ano, ou multa.

Parágrafo único. Se há emprego de violência, a pena é aumentada de um terço, sem prejuízo da correspondente à violência.

Violação de sepultura

Art. 210 - Violar ou profanar sepultura ou urna funerária:

Pena - reclusão, de um a três anos, e multa.

Destruição, subtração ou ocultação de cadáver

Art. 211 - Destruir, subtrair ou ocultar cadáver ou parte dele:

Pena - reclusão, de um a três anos, e multa.

Vilipêndio a cadáver

Art. 212 - Vilipendiar cadáver ou suas cinzas:

Pena - detenção, de um a três anos, e multa.

TÍTULO VI - DOS CRIMES CONTRA A DIGNIDADE SEXUAL - (Redação dada pela Lei nº 12.015, de 2009)

CAPÍTULO I - DOS CRIMES CONTRA A LIBERDADE SEXUAL - (Redação dada pela Lei nº 12.015, de 2009)

Estupro

Art. 213. Constranger alguém, mediante violência ou grave ameaça, a ter conjunção carnal ou a praticar ou permitir que com ele se pratique outro ato libidinoso: (Redação dada pela Lei nº 12.015, de 2009)

Pena - reclusão, de 6 (seis) a 10 (dez) anos. (Redação dada pela Lei nº 12.015, de 2009)

§ 1º - Se da conduta resulta lesão corporal de natureza grave ou se a vítima é menor de 18 (dezoito) ou maior de 14 (catorze) anos: (Incluído pela Lei nº 12.015, de 2009)

Pena - reclusão, de 8 (oito) a 12 (doze) anos. (Incluído pela Lei nº 12.015, de 2009)

§ 2º - Se da conduta resulta morte: (Incluído pela Lei nº 12.015, de 2009)

Pena - reclusão, de 12 (doze) a 30 (trinta) anos (Incluído pela Lei nº 12.015, de 2009)

Art. 214 - (Revogado pela Lei nº 12.015, de 2009)

Violação sexual mediante fraude (Redação dada pela Lei nº 12.015, de 2009)

Art. 215. Ter conjunção carnal ou praticar outro ato libidinoso com alguém, mediante fraude ou outro meio que impeça ou dificulte a livre manifestação de vontade da vítima: (Redação dada pela Lei nº 12.015, de 2009)

Pena - reclusão, de 2 (dois) a 6 (seis) anos. (Redação dada pela Lei nº 12.015, de 2009)

Parágrafo único. Se o crime é cometido com o fim de obter vantagem econômica, aplica-se também multa. (Redação dada pela Lei nº 12.015, de 2009)

Importunação sexual (Incluído pela Lei nº 13.718, de 2018)

Art. 215-A. Praticar contra alguém e sem a sua anuência ato libidinoso com o objetivo de satisfazer a própria lascívia ou a de terceiro: (Incluído pela Lei nº 13.718, de 2018)

Pena - reclusão, de 1 (um) a 5 (cinco) anos, se o ato não constitui crime mais grave. (Incluído pela Lei nº 13.718, de 2018)

Art. 216. (Revogado pela Lei nº 12.015, de 2009)

Assédio sexual (Incluído pela Lei nº 10.224, de 15 de 2001)

Art. 216-A. Constranger alguém com o intuito de obter vantagem ou favorecimento sexual, prevalecendo-se o agente da sua condição de superior hierárquico ou ascendência inerentes ao exercício de emprego, cargo ou função. (Incluído pela Lei nº 10.224, de 15 de 2001)

Pena – detenção, de 1 (um) a 2 (dois) anos. (Incluído pela Lei nº 10.224, de 15 de 2001)

Parágrafo único. (VETADO) (Incluído pela Lei nº 10.224, de 15 de 2001)

§ 2º - A pena é aumentada em até um terço se a vítima é menor de 18 (dezoito) anos. (Incluído pela Lei nº 12.015, de 2009)

CAPÍTULO I-A - (Incluído pela Lei nº 13.772, de 2018) - DA EXPOSIÇÃO DA INTIMIDADE SEXUAL

Registro não autorizado da intimidade sexual

Art. 216-B. Produzir, fotografar, filmar ou registrar, por qualquer meio, conteúdo com cena de nudez ou ato sexual ou libidinoso de caráter íntimo e privado sem autorização dos participantes: (Incluído pela Lei nº 13.772, de 2018)

Pena - detenção, de 6 (seis) meses a 1 (um) ano, e multa.

Parágrafo único. Na mesma pena incorre quem realiza montagem em fotografia, vídeo, áudio ou qualquer outro registro com o fim de incluir pessoa em cena de nudez ou ato sexual ou libidinoso de caráter íntimo. (Incluído pela Lei nº 13.772, de 2018)

CAPÍTULO II - DOS CRIMES SEXUAIS CONTRA VULNERÁVEL - (Redação dada pela Lei nº 12.015, de 2009)

Sedução

Art. 217 - (Revogado pela Lei nº 11.106, de 2005)

Estupro de vulnerável (Incluído pela Lei nº 12.015, de 2009)

Art. 217-A. Ter conjunção carnal ou praticar outro ato libidinoso com menor de 14 (catorze) anos: (Incluído pela Lei nº 12.015, de 2009)

Pena - reclusão, de 8 (oito) a 15 (quinze) anos. (Incluído pela Lei nº 12.015, de 2009)

§ 1º - Incorre na mesma pena quem pratica as ações descritas no caput com alguém que, por enfermidade ou deficiência mental, não tem o necessário discernimento para a prática do ato, ou que, por qualquer outra causa, não pode oferecer resistência. (Incluído pela Lei nº 12.015, de 2009)

§ 2º - (VETADO) (Incluído pela Lei nº 12.015, de 2009)

§ 3º - Se da conduta resulta lesão corporal de natureza grave: (Incluído pela Lei nº 12.015, de 2009)

Pena - reclusão, de 10 (dez) a 20 (vinte) anos. (Incluído pela Lei nº 12.015, de 2009)

§ 4º - Se da conduta resulta morte: (Incluído pela Lei nº 12.015, de 2009)

Pena - reclusão, de 12 (doze) a 30 (trinta) anos. (Incluído pela Lei nº 12.015, de 2009)

§ 5º As penas previstas no caput e nos §§ 1º, 3º e 4º deste artigo aplicam-se independentemente do consentimento da vítima ou do fato de ela ter mantido relações sexuais anteriormente ao crime. (Incluído pela Lei nº 13.718, de 2018)

Corrupção de menores

Art. 218. Induzir alguém menor de 14 (catorze) anos a satisfazer a lascívia de outrem: (Redação dada pela Lei nº 12.015, de 2009)

Pena - reclusão, de 2 (dois) a 5 (cinco) anos. (Redação dada pela Lei nº 12.015, de 2009)

Parágrafo único. (VETADO). (Incluído pela Lei nº 12.015, de 2009)

Satisfação de lascívia mediante presença de criança ou adolescente (Incluído pela Lei nº 12.015, de 2009)

Art. 218-A. Praticar, na presença de alguém menor de 14 (catorze) anos, ou induzi-lo a presenciar, conjunção carnal ou outro ato libidinoso, a fim de satisfazer lascívia própria ou de outrem: (Incluído pela Lei nº 12.015, de 2009)

Pena - reclusão, de 2 (dois) a 4 (quatro) anos. (Incluído pela Lei nº 12.015, de 2009)

Favorecimento da prostituição ou de outra forma de exploração sexual de criança ou adolescente ou de vulnerável. (Redação dada pela Lei nº 12.978, de 2014)

Art. 218-B. Submeter, induzir ou atrair à prostituição ou outra forma de exploração sexual alguém menor de 18 (dezoito) anos ou que, por enfermidade ou deficiência mental, não tem o necessário discernimento para a prática do ato, facilitá-la, impedir ou dificultar que a abandone: (Incluído pela Lei nº 12.015, de 2009)

Pena - reclusão, de 4 (quatro) a 10 (dez) anos. (Incluído pela Lei nº 12.015, de 2009)

§ 1º - Se o crime é praticado com o fim de obter vantagem econômica, aplica-se também multa. (Incluído pela Lei nº 12.015, de 2009)

§ 2º - Incorre nas mesmas penas: (Incluído pela Lei nº 12.015, de 2009)

I - quem pratica conjunção carnal ou outro ato libidinoso com alguém menor de 18 (dezoito) e maior de 14 (catorze) anos na situação descrita no caput deste artigo; (Incluído pela Lei nº 12.015, de 2009)

II - o proprietário, o gerente ou o responsável pelo local em que se verifiquem as práticas referidas no caput deste artigo. (Incluído pela Lei nº 12.015, de 2009)

§ 3º - Na hipótese do inciso II do § 2o, constitui efeito obrigatório da condenação a cassação da licença de localização e de funcionamento do estabelecimento. (Incluído pela Lei nº 12.015, de 2009)

Divulgação de cena de estupro ou de cena de estupro de vulnerável, de cena de sexo ou de pornografia (Incluído pela Lei nº 13.718, de 2018)

Art. 218-C. Oferecer, trocar, disponibilizar, transmitir, vender ou expor à venda, distribuir, publicar ou divulgar, por qualquer meio - inclusive por meio de comunicação de massa ou sistema de informática ou telemática -, fotografia, vídeo ou outro registro audiovisual que contenha cena de estupro ou de estupro de vulnerável ou que faça apologia ou induza a sua prática, ou, sem o consentimento da vítima, cena de sexo, nudez ou pornografia: (Incluído pela Lei nº 13.718, de 2018)

Pena - reclusão, de 1 (um) a 5 (cinco) anos, se o fato não constitui crime mais grave. (Incluído pela Lei nº 13.718, de 2018)

Aumento de pena (Incluído pela Lei nº 13.718, de 2018)

§ 1º A pena é aumentada de 1/3 (um terço) a 2/3 (dois terços) se o crime é praticado por agente que mantém ou tenha mantido relação íntima de afeto com a vítima ou com o fim de vingança ou humilhação. (Incluído pela Lei nº 13.718, de 2018)

Exclusão de ilicitude (Incluído pela Lei nº 13.718, de 2018)

§ 2º Não há crime quando o agente pratica as condutas descritas no caput deste artigo em publicação de natureza jornalística, científica, cultural ou acadêmica com a adoção de recurso que impossibilite a identificação da vítima, ressalvada sua prévia autorização, caso seja maior de 18 (dezoito) anos. (Incluído pela Lei nº 13.718, de 2018)

CAPÍTULO III - DO RAPTO

Rapto violento ou mediante fraude

Art. 219 - (Revogado pela Lei nº 11.106, de 2005)

Rapto consensual

Art. 220 - (Revogado pela Lei nº 11.106, de 2005)

Diminuição de pena

Art. 221 - (Revogado pela Lei nº 11.106, de 2005)

Concurso de rapto e outro crime

Art. 222 - (Revogado pela Lei nº 11.106, de 2005)

CAPÍTULO IV - DISPOSIÇÕES GERAIS

Art. 223 - (Revogado pela Lei nº 12.015, de 2009)

Art. 224 - (Revogado pela Lei nº 12.015, de 2009)

Ação penal

Art. 225. Nos crimes definidos nos Capítulos I e II deste Título, procede-se mediante ação penal pública incondicionada. (Redação dada pela Lei nº 13.718, de 2018)

Parágrafo único. (Revogado). (Redação dada pela Lei nº 13.718, de 2018)

Aumento de pena

Art. 226. A pena é aumentada: (Redação dada pela Lei nº 11.106, de 2005)

I - de quarta parte, se o crime é cometido com o concurso de 2 (duas) ou mais pessoas; (Redação dada pela Lei nº 11.106, de 2005)

II - de metade, se o agente é ascendente, padrasto ou madrasta, tio, irmão, cônjuge, companheiro, tutor, curador, preceptor ou empregador da vítima ou por qualquer outro título tiver autoridade sobre ela; (Redação dada pela Lei nº 13.718, de 2018)

III - (Revogado pela Lei nº 11.106, de 2005)

IV - de 1/3 (um terço) a 2/3 (dois terços), se o crime é praticado: (Incluído pela Lei nº 13.718, de 2018)

Estupro coletivo (Incluído pela Lei nº 13.718, de 2018)

a) mediante concurso de 2 (dois) ou mais agentes; (Incluído pela Lei nº 13.718, de 2018)

Estupro corretivo (Incluído pela Lei nº 13.718, de 2018)

b) para controlar o comportamento social ou sexual da vítima. (Incluído pela Lei nº 13.718, de 2018)

CAPÍTULO V - DO LENOCÍNIO E DO TRÁFICO DE PESSOA PARA FIM DE - PROSTITUIÇÃO OU OUTRA FORMA DE - EXPLORAÇÃO SEXUAL - (Redação dada pela Lei nº 12.015, de 2009)

Mediação para servir a lascívia de outrem

Art. 227 - Induzir alguém a satisfazer a lascívia de outrem:

Pena - reclusão, de um a três anos.

§ 1º - Se a vítima é maior de 14 (catorze) e menor de 18 (dezoito) anos, ou se o agente é seu ascendente, descendente, cônjuge ou companheiro, irmão, tutor ou curador ou pessoa a quem esteja confiada para fins de educação, de tratamento ou de guarda: (Redação dada pela Lei nº 11.106, de 2005)

Pena - reclusão, de dois a cinco anos.

§ 2º - Se o crime é cometido com emprego de violência, grave ameaça ou fraude:

Pena - reclusão, de dois a oito anos, além da pena correspondente à violência.

§ 3º - Se o crime é cometido com o fim de lucro, aplica-se também multa.

Favorecimento da prostituição ou outra forma de exploração sexual (Redação dada pela Lei nº 12.015, de 2009)

Art. 228. Induzir ou atrair alguém à prostituição ou outra forma de exploração sexual, facilitá-la, impedir ou dificultar que alguém a abandone: (Redação dada pela Lei nº 12.015, de 2009)

Pena - reclusão, de 2 (dois) a 5 (cinco) anos, e multa. (Redação dada pela Lei nº 12.015, de 2009)

§ 1º - Se o agente é ascendente, padrasto, madrasta, irmão, enteado, cônjuge, companheiro, tutor ou curador, preceptor ou empregador da vítima, ou se assumiu, por lei ou outra forma, obrigação de cuidado, proteção ou vigilância: (Redação dada pela Lei nº 12.015, de 2009)

Pena - reclusão, de 3 (três) a 8 (oito) anos. (Redação dada pela Lei nº 12.015, de 2009)

§ 2º - Se o crime, é cometido com emprego de violência, grave ameaça ou fraude:

Pena - reclusão, de quatro a dez anos, além da pena correspondente à violência.

§ 3º - Se o crime é cometido com o fim de lucro, aplica-se também multa.

Casa de prostituição

Art. 229. Manter, por conta própria ou de terceiro, estabelecimento em que ocorra exploração sexual, haja, ou não, intuito de lucro ou mediação direta do proprietário ou gerente: (Redação dada pela Lei nº 12.015, de 2009)

Pena - reclusão, de dois a cinco anos, e multa.

Rufianismo

Art. 230 - Tirar proveito da prostituição alheia, participando diretamente de seus lucros ou fazendo-se sustentar, no todo ou em parte, por quem a exerça:

Pena - reclusão, de um a quatro anos, e multa.

§ 1º - Se a vítima é menor de 18 (dezoito) e maior de 14 (catorze) anos ou se o crime é cometido por ascendente, padrasto, madrasta, irmão, enteado, cônjuge, companheiro, tutor ou curador, preceptor ou empregador da vítima, ou por quem assumiu, por lei ou outra forma, obrigação de cuidado, proteção ou vigilância: (Redação dada pela Lei nº 12.015, de 2009)

Pena - reclusão, de 3 (três) a 6 (seis) anos, e multa. (Redação dada pela Lei nº 12.015, de 2009)

§ 2º - Se o crime é cometido mediante violência, grave ameaça, fraude ou outro meio que impeça ou dificulte a livre manifestação da vontade da vítima: (Redação dada pela Lei nº 12.015, de 2009)

Pena - reclusão, de 2 (dois) a 8 (oito) anos, sem prejuízo da pena correspondente à violência. (Redação dada pela Lei nº 12.015, de 2009)

Tráfico internacional de pessoa para fim de exploração sexual (Redação dada pela Lei nº 12.015, de 2009)

Art. 231. (Revogado pela Lei nº 13.344, de 2016)

Art. 231-A. (Revogado pela Lei nº 13.344, de 2016)

Art. 232 - (Revogado pela Lei nº 12.015, de 2009)

Promoção de migração ilegal

Art. 232-A. Promover, por qualquer meio, com o fim de obter vantagem econômica, a entrada ilegal de estrangeiro em território nacional ou de brasileiro em país estrangeiro: Incluído pela Lei nº 13.445, de 2017 Vigência

Pena - reclusão, de 2 (dois) a 5 (cinco) anos, e multa. Incluído pela Lei nº 13.445, de 2017 Vigência

§ 1º Na mesma pena incorre quem promover, por qualquer meio, com o fim de obter vantagem econômica, a saída de estrangeiro do território nacional para ingressar ilegalmente em país estrangeiro. Incluído pela Lei nº 13.445, de 2017 Vigência

§ 2º A pena é aumentada de 1/6 (um sexto) a 1/3 (um terço) se: Incluído pela Lei nº 13.445, de 2017 Vigência

I - o crime é cometido com violência; ou Incluído pela Lei nº 13.445, de 2017 Vigência

II - a vítima é submetida a condição desumana ou degradante. Incluído pela Lei nº 13.445, de 2017 Vigência

§ 3º A pena prevista para o crime será aplicada sem prejuízo das correspondentes às infrações conexas. Incluído pela Lei nº 13.445, de 2017 Vigência

CAPÍTULO VI - DO ULTRAJE PÚBLICO AO PUDOR

Ato obsceno

Art. 233 - Praticar ato obsceno em lugar público, ou aberto ou exposto ao público:

Pena - detenção, de três meses a um ano, ou multa.

DECRETO-LEI NO 2.848, DE 7 DE DEZEMBRO DE 1940

Escrito ou objeto obsceno

Art. 234 - Fazer, importar, exportar, adquirir ou ter sob sua guarda, para fim de comércio, de distribuição ou de exposição pública, escrito, desenho, pintura, estampa ou qualquer objeto obsceno:

Pena - detenção, de seis meses a dois anos, ou multa.

Parágrafo único. Incorre na mesma pena quem:

I - vende, distribui ou expõe à venda ou ao público qualquer dos objetos referidos neste artigo;

II - realiza, em lugar público ou acessível ao público, representação teatral, ou exibição cinematográfica de caráter obsceno, ou qualquer outro espetáculo, que tenha o mesmo caráter;

III - realiza, em lugar público ou acessível ao público, ou pelo rádio, audição ou recitação de caráter obsceno.

CAPÍTULO VII - DISPOSIÇÕES GERAIS - (Incluído pela Lei nº 12.015, de 2009)

Aumento de pena (Incluído pela Lei nº 12.015, de 2009)

Art. 234-A. Nos crimes previstos neste Título a pena é aumentada: (Incluído pela Lei nº 12.015, de 2009)

I – (VETADO); (Incluído pela Lei nº 12.015, de 2009)

II – (VETADO); (Incluído pela Lei nº 12.015, de 2009)

III - de metade a 2/3 (dois terços), se do crime resulta gravidez; (Redação dada pela Lei nº 13.718, de 2018)

IV - de 1/3 (um terço) a 2/3 (dois terços), se o agente transmite à vítima doença sexualmente transmissível de que sabe ou deveria saber ser portador, ou se a vítima é idosa ou pessoa com deficiência. (Redação dada pela Lei nº 13.718, de 2018)

Art. 234-B. Os processos em que se apuram crimes definidos neste Título correrão em segredo de justiça. (Incluído pela Lei nº 12.015, de 2009)

Art. 234-C. (VETADO). (Incluído pela Lei nº 12.015, de 2009)

TÍTULO VII - DOS CRIMES CONTRA A FAMÍLIA

CAPÍTULO I - DOS CRIMES CONTRA O CASAMENTO

Bigamia

Art. 235 - Contrair alguém, sendo casado, novo casamento:

Pena - reclusão, de dois a seis anos.

§ 1º - Aquele que, não sendo casado, contrai casamento com pessoa casada, conhecendo essa circunstância, é punido com reclusão ou detenção, de um a três anos.

§ 2º - Anulado por qualquer motivo o primeiro casamento, ou o outro por motivo que não a bigamia, considera-se inexistente o crime.

Induzimento a erro essencial e ocultação de impedimento

Art. 236 - Contrair casamento, induzindo em erro essencial o outro contraente, ou ocultando-lhe impedimento que não seja casamento anterior:

Pena - detenção, de seis meses a dois anos.

Parágrafo único. A ação penal depende de queixa do contraente enganado e não pode ser intentada senão depois de transitar em julgado a sentença que, por motivo de erro ou impedimento, anule o casamento.

Conhecimento prévio de impedimento

Art. 237 - Contrair casamento, conhecendo a existência de impedimento que lhe cause a nulidade absoluta:

Pena - detenção, de três meses a um ano.

Simulação de autoridade para celebração de casamento

Art. 238 - Atribuir-se falsamente autoridade para celebração de casamento:

Pena - detenção, de um a três anos, se o fato não constitui crime mais grave.

Simulação de casamento

Art. 239 - Simular casamento mediante engano de outra pessoa:

Pena - detenção, de um a três anos, se o fato não constitui elemento de crime mais grave.

Adultério

Art. 240 - (Revogado pela Lei nº 11.106, de 2005)

CAPÍTULO II - DOS CRIMES CONTRA O ESTADO DE FILIAÇÃO

Registro de nascimento inexistente

Art. 241 - Promover no registro civil a inscrição de nascimento inexistente:

Pena - reclusão, de dois a seis anos.

Parto suposto. Supressão ou alteração de direito inerente ao estado civil de recém-nascido

Art. 242 - Dar parto alheio como próprio; registrar como seu o filho de outrem; ocultar recém-nascido ou substituí-lo, suprimindo ou alterando direito inerente ao estado civil: (Redação dada pela Lei nº 6.898, de 1981)

Pena - reclusão, de dois a seis anos. (Redação dada pela Lei nº 6.898, de 1981)

Parágrafo único. Se o crime é praticado por motivo de reconhecida nobreza: (Redação dada pela Lei nº 6.898, de 1981)

Pena - detenção, de um a dois anos, podendo o juiz deixar de aplicar a pena. (Redação dada pela Lei nº 6.898, de 1981)

Sonegação de estado de filiação

Art. 243 - Deixar em asilo de expostos ou outra instituição de assistência filho próprio ou alheio, ocultando-lhe a filiação ou atribuindo-lhe outra, com o fim de prejudicar direito inerente ao estado civil:

Pena - reclusão, de um a cinco anos, e multa.

CAPÍTULO III - DOS CRIMES CONTRA A ASSISTÊNCIA FAMILIAR

Abandono material

Art. 244. Deixar, sem justa causa, de prover a subsistência do cônjuge, ou de filho menor de 18 (dezoito) anos ou inapto para o trabalho, ou de ascendente inválido ou maior de 60 (sessenta) anos, não lhes proporcionando os recursos necessários ou faltando ao pagamento de pensão alimentícia judicialmente acordada, fixada ou majorada; deixar, sem justa causa, de socorrer descendente ou ascendente, gravemente enfermo: (Redação dada pela Lei nº 10.741, de 2003)

Pena - detenção, de 1 (um) a 4 (quatro) anos e multa, de uma a dez vezes o maior salário mínimo vigente no País. (Redação dada pela Lei nº 5.478, de 1968)

Parágrafo único. Nas mesmas penas incide quem, sendo solvente, frustra ou ilide, de qualquer modo, inclusive por abandono injustificado de emprego ou função, o pagamento de pensão alimentícia judicialmente acordada, fixada ou majorada. (Incluído pela Lei nº 5.478, de 1968)

Entrega de filho menor a pessoa inidônea

Art. 245 - Entregar filho menor de 18 (dezoito) anos a pessoa em cuja companhia saiba ou deva saber que o menor fica moral ou materialmente em perigo: (Redação dada pela Lei nº 7.251, de 1984)

Pena - detenção, de 1 (um) a 2 (dois) anos. (Redação dada pela Lei nº 7.251, de 1984)

§ 1º - A pena é de 1 (um) a 4 (quatro) anos de reclusão, se o agente pratica delito para obter lucro, ou se o menor é enviado para o exterior. (Incluído pela Lei nº 7.251, de 1984)

§ 2º - Incorre, também, na pena do parágrafo anterior quem, embora excluído o perigo moral ou material, auxilia a efetivação de ato destinado ao envio de menor para o exterior, com o fito de obter lucro. (Incluído pela Lei nº 7.251, de 1984)

Abandono intelectual

Art. 246 - Deixar, sem justa causa, de prover à instrução primária de filho em idade escolar:

Pena - detenção, de quinze dias a um mês, ou multa.

Art. 247 - Permitir alguém que menor de dezoito anos, sujeito a seu poder ou confiado à sua guarda ou vigilância:

I - freqüente casa de jogo ou mal-afamada, ou conviva com pessoa viciosa ou de má vida;

II - freqüente espetáculo capaz de pervertê-lo ou de ofender-lhe o pudor, ou participe de representação de igual natureza;

III - resida ou trabalhe em casa de prostituição;

IV - mendigue ou sirva a mendigo para excitar a comiseração pública:

Pena - detenção, de um a três meses, ou multa.

CAPÍTULO IV - DOS CRIMES CONTRA O - PÁTRIO PODER, TUTELA CURATELA

Induzimento a fuga, entrega arbitrária ou sonegação de incapazes

Art. 248 - Induzir menor de dezoito anos, ou interdito, a fugir do lugar em que se acha por determinação de quem sobre ele exerce autoridade, em virtude de lei ou de ordem judicial; confiar a outrem sem ordem do pai, do tutor ou do curador algum menor de dezoito anos ou interdito, ou deixar, sem justa causa, de entregá-lo a quem legitimamente o reclame:

Pena - detenção, de um mês a um ano, ou multa.

Subtração de incapazes

Art. 249 - Subtrair menor de dezoito anos ou interdito ao poder de quem o tem sob sua guarda em virtude de lei ou de ordem judicial:

Pena - detenção, de dois meses a dois anos, se o fato não constitui elemento de outro crime.

§ 1º - O fato de ser o agente pai ou tutor do menor ou curador do interdito não o exime de pena, se destituído ou temporariamente privado do pátrio poder, tutela, curatela ou guarda.

§ 2º - No caso de restituição do menor ou do interdito, se este não sofreu maus-tratos ou privações, o juiz pode deixar de aplicar pena.

TÍTULO VIII - DOS CRIMES CONTRA A INCOLUMIDADE PÚBLICA

CAPÍTULO I - DOS CRIMES DE PERIGO COMUM

Incêndio

Art. 250 - Causar incêndio, expondo a perigo a vida, a integridade física ou o patrimônio de outrem:

Pena - reclusão, de três a seis anos, e multa.

Aumento de pena

§ 1º - As penas aumentam-se de um terço:

I - se o crime é cometido com intuito de obter vantagem pecuniária em proveito próprio ou alheio;

II - se o incêndio é:

a) em casa habitada ou destinada a habitação;

b) em edifício público ou destinado a uso público ou a obra de assistência social ou de cultura;

c) em embarcação, aeronave, comboio ou veículo de transporte coletivo;

d) em estação ferroviária ou aeródromo;

e) em estaleiro, fábrica ou oficina;

f) em depósito de explosivo, combustível ou inflamável;

g) em poço petrolífico ou galeria de mineração;

h) em lavoura, pastagem, mata ou floresta.

Incêndio culposo

§ 2º - Se culposo o incêndio, é pena de detenção, de seis meses a dois anos.

Explosão

Art. 251 - Expor a perigo a vida, a integridade física ou o patrimônio de outrem, mediante explosão, arremesso ou simples colocação de engenho de dinamite ou de substância de efeitos análogos:

Pena - reclusão, de três a seis anos, e multa.

§ 1º - Se a substância utilizada não é dinamite ou explosivo de efeitos análogos:

Pena - reclusão, de um a quatro anos, e multa.

Aumento de pena

§ 2º - As penas aumentam-se de um terço, se ocorre qualquer das hipóteses previstas no § 1º, I, do artigo anterior, ou é visada ou atingida qualquer das coisas enumeradas no nº II do mesmo parágrafo.

Modalidade culposa

§ 3º - No caso de culpa, se a explosão é de dinamite ou substância de efeitos análogos, a pena é de detenção, de seis meses a dois anos; nos demais casos, é de detenção, de três meses a um ano.

Uso de gás tóxico ou asfixiante

Art. 252 - Expor a perigo a vida, a integridade física ou o patrimônio de outrem, usando de gás tóxico ou asfixiante:

Pena - reclusão, de um a quatro anos, e multa.

Modalidade Culposa

Parágrafo único. Se o crime é culposo:

Pena - detenção, de três meses a um ano.

Fabrico, fornecimento, aquisição posse ou transporte de explosivos ou gás tóxico, ou asfixiante

Art. 253 - Fabricar, fornecer, adquirir, possuir ou transportar, sem licença da autoridade, substância ou engenho explosivo, gás tóxico ou asfixiante, ou material destinado à sua fabricação:

Pena - detenção, de seis meses a dois anos, e multa.

Inundação

Art. 254 - Causar inundação, expondo a perigo a vida, a integridade física ou o patrimônio de outrem:

Pena - reclusão, de três a seis anos, e multa, no caso de dolo, ou detenção, de seis meses a dois anos, no caso de culpa.

Perigo de inundação

Art. 255 - Remover, destruir ou inutilizar, em prédio próprio ou alheio, expondo a perigo a vida, a integridade física ou patrimônio de outrem, obstáculo natural ou obra destinada a impedir inundação:

Pena - reclusão, de um a três anos, e multa.

Desabamento ou desmoronamento

Art. 256 - Causar desabamento ou desmoronamento, expondo a perigo a vida, a integridade física ou o patrimônio de outrem:

Pena - reclusão, de um a quatro anos, e multa.

Modalidade culposa

Parágrafo único. Se o crime é culposo:
Pena - detenção, de seis meses a um ano.

Subtração, ocultação ou inutilização de material de salvamento

Art. 257 - Subtrair, ocultar ou inutilizar, por ocasião de incêndio, inundação, naufrágio, ou outro desastre ou calamidade, aparelho, material ou qualquer meio destinado a serviço de combate ao perigo, de socorro ou salvamento; ou impedir ou dificultar serviço de tal natureza:
Pena - reclusão, de dois a cinco anos, e multa.

Formas qualificadas de crime de perigo comum

Art. 258 - Se do crime doloso de perigo comum resulta lesão corporal de natureza grave, a pena privativa de liberdade é aumentada de metade; se resulta morte, é aplicada em dobro. No caso de culpa, se do fato resulta lesão corporal, a pena aumenta-se de metade; se resulta morte, aplica-se a pena cominada ao homicídio culposo, aumentada de um terço.

Difusão de doença ou praga

Art. 259 - Difundir doença ou praga que possa causar dano a floresta, plantação ou animais de utilidade econômica:
Pena - reclusão, de dois a cinco anos, e multa.

Modalidade culposa

Parágrafo único. No caso de culpa, a pena é de detenção, de um a seis meses, ou multa.

CAPÍTULO II - DOS CRIMES CONTRA A - SEGURANÇA DOS MEIOS DE COMUNICAÇÃO - E TRANSPORTE E OUTROS SERVIÇOS PÚBLICOS

Perigo de desastre ferroviário

Art. 260 - Impedir ou perturbar serviço de estrada de ferro:
I - destruindo, danificando ou desarranjando, total ou parcialmente, linha férrea, material rodante ou de tração, obra-de-arte ou instalação;
II - colocando obstáculo na linha;
III - transmitindo falso aviso acerca do movimento dos veículos ou interrompendo ou embaraçando o funcionamento de telégrafo, telefone ou radiotelegrafia;
IV - praticando outro ato de que possa resultar desastre:
Pena - reclusão, de dois a cinco anos, e multa.

Desastre ferroviário

§ 1º - Se do fato resulta desastre:
Pena - reclusão, de quatro a doze anos e multa.
§ 2º - No caso de culpa, ocorrendo desastre:
Pena - detenção, de seis meses a dois anos.
§ 3º - Para os efeitos deste artigo, entende-se por estrada de ferro qualquer via de comunicação em que circulem veículos de tração mecânica, em trilhos ou por meio de cabo aéreo.

Atentado contra a segurança de transporte marítimo, fluvial ou aéreo

Art. 261 - Expor a perigo embarcação ou aeronave, própria ou alheia, ou praticar qualquer ato tendente a impedir ou dificultar navegação marítima, fluvial ou aérea:
Pena - reclusão, de dois a cinco anos.

Sinistro em transporte marítimo, fluvial ou aéreo

§ 1º - Se do fato resulta naufrágio, submersão ou encalhe de embarcação ou a queda ou destruição de aeronave:
Pena - reclusão, de quatro a doze anos.

Prática do crime com o fim de lucro

§ 2º - Aplica-se, também, a pena de multa, se o agente pratica o crime com intuito de obter vantagem econômica, para si ou para outrem.

Modalidade culposa

§ 3º - No caso de culpa, se ocorre o sinistro:
Pena - detenção, de seis meses a dois anos.

Atentado contra a segurança de outro meio de transporte

Art. 262 - Expor a perigo outro meio de transporte público, impedir-lhe ou dificultar-lhe o funcionamento:
Pena - detenção, de um a dois anos.
§ 1º - Se do fato resulta desastre, a pena é de reclusão, de dois a cinco anos.
§ 2º - No caso de culpa, se ocorre desastre:
Pena - detenção, de três meses a um ano.

Forma qualificada

Art. 263 - Se de qualquer dos crimes previstos nos arts. 260 a 262, no caso de desastre ou sinistro, resulta lesão corporal ou morte, aplica-se o disposto no art. 258.

Arremesso de projétil

Art. 264 - Arremessar projétil contra veículo, em movimento, destinado ao transporte público por terra, por água ou pelo ar:
Pena - detenção, de um a seis meses.
Parágrafo único. Se do fato resulta lesão corporal, a pena é de detenção, de seis meses a dois anos; se resulta morte, a pena é a do art. 121, § 3º, aumentada de um terço.

Atentado contra a segurança de serviço de utilidade pública

Art. 265 - Atentar contra a segurança ou o funcionamento de serviço de água, luz, força ou calor, ou qualquer outro de utilidade pública:
Pena - reclusão, de um a cinco anos, e multa.
Parágrafo único. Aumentar-se-á a pena de 1/3 (um terço) até a metade, se o dano ocorrer em virtude de subtração de material essencial ao funcionamento dos serviços. (Incluído pela Lei nº 5.346, de 3.11.1967)

Interrupção ou perturbação de serviço telegráfico, telefônico, informático, telemático ou de informação de utilidade pública (Redação dada pela Lei nº 12.737, de 2012) Vigência

Art. 266 - Interromper ou perturbar serviço telegráfico, radiotelegráfico ou telefônico, impedir ou dificultar-lhe o restabelecimento:
Pena - detenção, de um a três anos, e multa.
§ 1º - Incorre na mesma pena quem interrompe serviço telemático ou de informação de utilidade pública, ou impede ou dificulta-lhe o restabelecimento. (Incluído pela Lei nº 12.737, de 2012)
§ 2º - Aplicam-se as penas em dobro se o crime é cometido por ocasião de calamidade pública. (Incluído pela Lei nº 12.737, de 2012)

CAPÍTULO III - DOS CRIMES CONTRA A SAÚDE PÚBLICA

Epidemia

Art. 267 - Causar epidemia, mediante a propagação de germes patogênicos:
Pena - reclusão, de dez a quinze anos. (Redação dada pela Lei nº 8.072, de 25.7.1990)
§ 1º - Se do fato resulta morte, a pena é aplicada em dobro.

§ 2º - No caso de culpa, a pena é de detenção, de um a dois anos, ou, se resulta morte, de dois a quatro anos.

Infração de medida sanitária preventiva

Art. 268 - Infringir determinação do poder público, destinada a impedir introdução ou propagação de doença contagiosa:

Pena - detenção, de um mês a um ano, e multa.

Parágrafo único. A pena é aumentada de um terço, se o agente é funcionário da saúde pública ou exerce a profissão de médico, farmacêutico, dentista ou enfermeiro.

Omissão de notificação de doença

Art. 269 - Deixar o médico de denunciar à autoridade pública doença cuja notificação é compulsória:

Pena - detenção, de seis meses a dois anos, e multa.

Envenenamento de água potável ou de substância alimentícia ou medicinal

Art. 270 - Envenenar água potável, de uso comum ou particular, ou substância alimentícia ou medicinal destinada a consumo:

Pena - reclusão, de dez a quinze anos. (Redação dada pela Lei nº 8.072, de 25.7.1990)

§ 1º - Está sujeito à mesma pena quem entrega a consumo ou tem em depósito, para o fim de ser distribuída, a água ou a substância envenenada.

Modalidade culposa

§ 2º - Se o crime é culposo:

Pena - detenção, de seis meses a dois anos.

Corrupção ou poluição de água potável

Art. 271 - Corromper ou poluir água potável, de uso comum ou particular, tornando-a imprópria para consumo ou nociva à saúde:

Pena - reclusão, de dois a cinco anos.

Modalidade culposa

Parágrafo único. Se o crime é culposo:

Pena - detenção, de dois meses a um ano.

Falsificação, corrupção, adulteração ou alteração de substância ou produtos alimentícios (Redação dada pela Lei nº 9.677, de 2.7.1998)

Art. 272 - Corromper, adulterar, falsificar ou alterar substância ou produto alimentício destinado a consumo, tornando-o nociva à saúde ou reduzindo-lhe o valor nutritivo: (Redação dada pela Lei nº 9.677, de 2.7.1998)

Pena - reclusão, de 4 (quatro) a 8 (oito) anos, e multa. (Redação dada pela Lei nº 9.677, de 2.7.1998)

§ 1º-A - Incorre nas penas deste artigo quem fabrica, vende, expõe à venda, importa, tem em depósito para vender ou, de qualquer forma, distribui ou entrega a consumo a substância alimentícia ou o produto falsificado, corrompido ou adulterado. (Incluído pela Lei nº 9.677, de 2.7.1998)

§ 1º - Está sujeito às mesmas penas quem pratica as ações previstas neste artigo em relação a bebidas, com ou sem teor alcoólico. (Redação dada pela Lei nº 9.677, de 2.7.1998)

Modalidade culposa

§ 2º - Se o crime é culposo: (Redação dada pela Lei nº 9.677, de 2.7.1998)

Pena - detenção, de 1 (um) a 2 (dois) anos, e multa. (Redação dada pela Lei nº 9.677, de 2.7.1998)

Falsificação, corrupção, adulteração ou alteração de produto destinado a fins terapêuticos ou medicinais (Redação dada pela Lei nº 9.677, de 2.7.1998)

Art. 273 - Falsificar, corromper, adulterar ou alterar produto destinado a fins terapêuticos ou medicinais: (Redação dada pela Lei nº 9.677, de 2.7.1998)

Pena - reclusão, de 10 (dez) a 15 (quinze) anos, e multa. (Redação dada pela Lei nº 9.677, de 2.7.1998)

§ 1º - Nas mesmas penas incorre quem importa, vende, expõe à venda, tem em depósito para vender ou, de qualquer forma, distribui ou entrega a consumo o produto falsificado, corrompido, adulterado ou alterado. (Redação dada pela Lei nº 9.677, de 2.7.1998)

§ 1º-A - Incluem-se entre os produtos a que se refere este artigo os medicamentos, as matérias-primas, os insumos farmacêuticos, os cosméticos, os saneantes e os de uso em diagnóstico. (Incluído pela Lei nº 9.677, de 2.7.1998)

§ 1º-B - Está sujeito às penas deste artigo quem pratica as ações previstas no § 1º em relação a produtos em qualquer das seguintes condições: (Incluído pela Lei nº 9.677, de 2.7.1998)

I - sem registro, quando exigível, no órgão de vigilância sanitária competente; (Incluído pela Lei nº 9.677, de 2.7.1998)

II - em desacordo com a fórmula constante do registro previsto no inciso anterior; (Incluído pela Lei nº 9.677, de 2.7.1998)

III - sem as características de identidade e qualidade admitidas para a sua comercialização; (Incluído pela Lei nº 9.677, de 2.7.1998)

IV - com redução de seu valor terapêutico ou de sua atividade; ((Incluído pela Lei nº 9.677, de 2.7.1998)

V - de procedência ignorada; (Incluído pela Lei nº 9.677, de 2.7.1998)

VI - adquiridos de estabelecimento sem licença da autoridade sanitária competente. (Incluído pela Lei nº 9.677, de 2.7.1998)

Modalidade culposa

§ 2º - Se o crime é culposo:

Pena - detenção, de 1 (um) a 3 (três) anos, e multa. (Redação dada pela Lei nº 9.677, de 2.7.1998)

Emprego de processo proibido ou de substância não permitida

Art. 274 - Empregar, no fabrico de produto destinado a consumo, revestimento, gaseificação artificial, matéria corante, substância aromática, anti-séptica, conservadora ou qualquer outra não expressamente permitida pela legislação sanitária:

Pena - reclusão, de 1 (um) a 5 (cinco) anos, e multa. (Redação dada pela Lei nº 9.677, de 2.7.1998)

Invólucro ou recipiente com falsa indicação

Art. 275 - Inculcar, em invólucro ou recipiente de produtos alimentícios, terapêuticos ou medicinais, a existência de substância que não se encontra em seu conteúdo ou que nele existe em quantidade menor que a mencionada: (Redação dada pela Lei nº 9.677, de 2.7.1998)

Pena - reclusão, de 1 (um) a 5 (cinco) anos, e multa. (Redação dada pela Lei nº 9.677, de 2.7.1998)

Produto ou substância nas condições dos dois artigos anteriores

Art. 276 - Vender, expor à venda, ter em depósito para vender ou, de qualquer forma, entregar a consumo produto nas condições dos arts. 274 e 275.

Pena - reclusão, de 1 (um) a 5 (cinco) anos, e multa.(Redação dada pela Lei nº 9.677, de 2.7.1998)

Substância destinada à falsificação

Art. 277 - Vender, expor à venda, ter em depósito ou ceder substância destinada à falsificação de produtos alimentícios, terapêuticos ou medicinais:(Redação dada pela Lei nº 9.677, de 2.7.1998)

Pena - reclusão, de 1 (um) a 5 (cinco) anos, e multa. (Redação dada pela Lei nº 9.677, de 2.7.1998)

Outras substâncias nocivas à saúde pública

Art. 278 - Fabricar, vender, expor à venda, ter em depósito para vender ou, de qualquer forma, entregar a consumo coisa ou substância nociva à saúde, ainda que não destinada à alimentação ou a fim medicinal:

Pena - detenção, de um a três anos, e multa.

Modalidade culposa

Parágrafo único. Se o crime é culposo:
Pena - detenção, de dois meses a um ano.

Substância avariada

Art. 279 - (Revogado pela Lei nº 8.137, de 27.12.1990)

Medicamento em desacordo com receita médica

Art. 280 - Fornecer substância medicinal em desacordo com receita médica:

Pena - detenção, de um a três anos, ou multa.

Modalidade culposa

Parágrafo único. Se o crime é culposo:
Pena - detenção, de dois meses a um ano.

Comércio, posse ou uso de entorpecente ou substância que determine dependência física ou psíquica. (Redação dada pela Lei nº 5.726, de 1971) (Revogado pela Lei nº 6.368, 1976)

Art. 281. (Revogado pela Lei nº 6.368, 1976)

Exercício ilegal da medicina, arte dentária ou farmacêutica

Art. 282 - Exercer, ainda que a título gratuito, a profissão de médico, dentista ou farmacêutico, sem autorização legal ou excedendo-lhe os limites:

Pena - detenção, de seis meses a dois anos.

Parágrafo único. Se o crime é praticado com o fim de lucro, aplica-se também multa.

Charlatanismo

Art. 283 - Inculcar ou anunciar cura por meio secreto ou infalível:

Pena - detenção, de três meses a um ano, e multa.

Curandeirismo

Art. 284 - Exercer o curandeirismo:
I - prescrevendo, ministrando ou aplicando, habitualmente, qualquer substância;
II - usando gestos, palavras ou qualquer outro meio;
III - fazendo diagnósticos:

Pena - detenção, de seis meses a dois anos.

Parágrafo único. Se o crime é praticado mediante remuneração, o agente fica também sujeito à multa.

Forma qualificada

Art. 285 - Aplica-se o disposto no art. 258 aos crimes previstos neste Capítulo, salvo quanto ao definido no art. 267.

TÍTULO IX - DOS CRIMES CONTRA A PAZ PÚBLICA

Incitação ao crime

Art. 286 - Incitar, publicamente, a prática de crime:

Pena - detenção, de três a seis meses, ou multa.

Apologia de crime ou criminoso

Art. 287 - Fazer, publicamente, apologia de fato criminoso ou de autor de crime:

Pena - detenção, de três a seis meses, ou multa.

Associação Criminosa

Art. 288. Associarem-se 3 (três) ou mais pessoas, para o fim específico de cometer crimes: (Redação dada pela Lei nº 12.850, de 2013)

Pena - reclusão, de 1 (um) a 3 (três) anos. (Redação dada pela Lei nº 12.850, de 2013)

Parágrafo único. A pena aumenta-se até a metade se a associação é armada ou se houver a participação de criança ou adolescente. (Redação dada pela Lei nº 12.850, de 2013)

Constituição de milícia privada (Incluído dada pela Lei nº 12.720, de 2012)

Art. 288-A. Constituir, organizar, integrar, manter ou custear organização paramilitar, milícia particular, grupo ou esquadrão com a finalidade de praticar qualquer dos crimes previstos neste Código: (Incluído dada pela Lei nº 12.720, de 2012)

Pena - reclusão, de 4 (quatro) a 8 (oito) anos. (Incluído dada pela Lei nº 12.720, de 2012)

TÍTULO X - DOS CRIMES CONTRA A FÉ PÚBLICA
CAPÍTULO I - DA MOEDA FALSA

Moeda Falsa

Art. 289 - Falsificar, fabricando-a ou alterando-a, moeda metálica ou papel-moeda de curso legal no país ou no estrangeiro:

Pena - reclusão, de três a doze anos, e multa.

§ 1º - Nas mesmas penas incorre quem, por conta própria ou alheia, importa ou exporta, adquire, vende, troca, cede, empresta, guarda ou introduz na circulação moeda falsa.

§ 2º - Quem, tendo recebido de boa-fé, como verdadeira, moeda falsa ou alterada, a restitui à circulação, depois de conhecer a falsidade, é punido com detenção, de seis meses a dois anos, e multa.

§ 3º - É punido com reclusão, de três a quinze anos, e multa, o funcionário público ou diretor, gerente, ou fiscal de banco de emissão que fabrica, emite ou autoriza a fabricação ou emissão:

I - de moeda com título ou peso inferior ao determinado em lei;

II - de papel-moeda em quantidade superior à autorizada.

§ 4º - Nas mesmas penas incorre quem desvia e faz circular moeda, cuja circulação não estava ainda autorizada.

Crimes assimilados ao de moeda falsa

Art. 290 - Formar cédula, nota ou bilhete representativo de moeda com fragmentos de cédulas, notas ou bilhetes verdadeiros; suprimir, em nota, cédula ou bilhete recolhidos, para o fim de restituí-los à circulação, sinal indicativo de sua inutilização; restituir à circulação cédula, nota ou bilhete em tais condições, ou já recolhidos para o fim de inutilização:

Pena - reclusão, de dois a oito anos, e multa.

Parágrafo único. O máximo da reclusão é elevado a doze anos e multa, se o crime é cometido por funcionário que trabalha na repartição onde o dinheiro se achava recolhido, ou nela tem fácil ingresso, em razão do cargo.(Vide Lei nº 7.209, de 11.7.1984)

Petrechos para falsificação de moeda

Art. 291 - Fabricar, adquirir, fornecer, a título oneroso ou gratuito, possuir ou guardar maquinismo, aparelho, instrumento ou qualquer objeto especialmente destinado à falsificação de moeda:

Pena - reclusão, de dois a seis anos, e multa.

Emissão de título ao portador sem permissão legal

Art. 292 - Emitir, sem permissão legal, nota, bilhete, ficha, vale ou título que contenha promessa de pagamento em dinheiro ao portador ou a que falte indicação do nome da pessoa a quem deva ser pago:

Pena - detenção, de um a seis meses, ou multa.

Parágrafo único. Quem recebe ou utiliza como dinheiro qualquer dos documentos referidos neste artigo incorre na pena de detenção, de quinze dias a três meses, ou multa.

CAPÍTULO II - DA FALSIDADE DE TÍTULOS E OUTROS PAPÉIS PÚBLICOS

Falsificação de papéis públicos

Art. 293 - Falsificar, fabricando-os ou alterando-os:

I - selo destinado a controle tributário, papel selado ou qualquer papel de emissão legal destinado à arrecadação de tributo; (Redação dada pela Lei nº 11.035, de 2004)

II - papel de crédito público que não seja moeda de curso legal;

III - vale postal;

IV - cautela de penhor, caderneta de depósito de caixa econômica ou de outro estabelecimento mantido por entidade de direito público;

V - talão, recibo, guia, alvará ou qualquer outro documento relativo a arrecadação de rendas públicas ou a depósito ou caução por que o poder público seja responsável;

VI - bilhete, passe ou conhecimento de empresa de transporte administrada pela União, por Estado ou por Município:

Pena - reclusão, de dois a oito anos, e multa.

§ 1º - Incorre na mesma pena quem: (Redação dada pela Lei nº 11.035, de 2004)

I - usa, guarda, possui ou detém qualquer dos papéis falsificados a que se refere este artigo; (Incluído pela Lei nº 11.035, de 2004)

II - importa, exporta, adquire, vende, troca, cede, empresta, guarda, fornece ou restitui à circulação selo falsificado destinado a controle tributário; (Incluído pela Lei nº 11.035, de 2004)

III - importa, exporta, adquire, vende, expõe à venda, mantém em depósito, guarda, troca, cede, empresta, fornece, porta ou, de qualquer forma, utiliza em proveito próprio ou alheio, no exercício de atividade comercial ou industrial, produto ou mercadoria: (Incluído pela Lei nº 11.035, de 2004)

a) em que tenha sido aplicado selo que se destine a controle tributário, falsificado; (Incluído pela Lei nº 11.035, de 2004)

b) sem selo oficial, nos casos em que a legislação tributária determina a obrigatoriedade de sua aplicação. (Incluído pela Lei nº 11.035, de 2004)

§ 2º - Suprimir, em qualquer desses papéis, quando legítimos, com o fim de torná-los novamente utilizáveis, carimbo ou sinal indicativo de sua inutilização:

Pena - reclusão, de um a quatro anos, e multa.

§ 3º - Incorre na mesma pena quem usa, depois de alterado, qualquer dos papéis a que se refere o parágrafo anterior.

§ 4º - Quem usa ou restitui à circulação, embora recibo de boa-fé, qualquer dos papéis falsificados ou alterados, a que se referem este artigo e o seu § 2º, depois de conhecer a falsidade ou alteração, incorre na pena de detenção, de seis meses a dois anos, ou multa.

§ 5º - Equipara-se à atividade comercial, para os fins do inciso III do § 1o, qualquer forma de comércio irregular ou clandestino, inclusive o exercido em vias, praças ou outros logradouros públicos e em residências. (Incluído pela Lei nº 11.035, de 2004)

Petrechos de falsificação

Art. 294 - Fabricar, adquirir, fornecer, possuir ou guardar objeto especialmente destinado à falsificação de qualquer dos papéis referidos no artigo anterior:

Pena - reclusão, de um a três anos, e multa.

Art. 295 - Se o agente é funcionário público, e comete o crime prevalecendo-se do cargo, aumenta-se a pena de sexta parte.

CAPÍTULO III - DA FALSIDADE DOCUMENTAL

Falsificação do selo ou sinal público

Art. 296 - Falsificar, fabricando-os ou alterando-os:

I - selo público destinado a autenticar atos oficiais da União, de Estado ou de Município;

II - selo ou sinal atribuído por lei a entidade de direito público, ou a autoridade, ou sinal público de tabelião:

Pena - reclusão, de dois a seis anos, e multa.

§ 1º - Incorre nas mesmas penas:

I - quem faz uso do selo ou sinal falsificado;

II - quem utiliza indevidamente o selo ou sinal verdadeiro em prejuízo de outrem ou em proveito próprio ou alheio.

III - quem altera, falsifica ou faz uso indevido de marcas, logotipos, siglas ou quaisquer outros símbolos utilizados ou identificadores de órgãos ou entidades da Administração Pública. (Incluído pela Lei nº 9.983, de 2000)

§ 2º - Se o agente é funcionário público, e comete o crime prevalecendo-se do cargo, aumenta-se a pena de sexta parte.

Falsificação de documento público

Art. 297 - Falsificar, no todo ou em parte, documento público, ou alterar documento público verdadeiro:

Pena - reclusão, de dois a seis anos, e multa.

§ 1º - Se o agente é funcionário público, e comete o crime prevalecendo-se do cargo, aumenta-se a pena de sexta parte.

§ 2º - Para os efeitos penais, equiparam-se a documento público o emanado de entidade paraestatal, o título ao portador ou transmissível por endosso, as ações de sociedade comercial, os livros mercantis e o testamento particular.

§ 3º - Nas mesmas penas incorre quem insere ou faz inserir: (Incluído pela Lei nº 9.983, de 2000)

I - na folha de pagamento ou em documento de informações que seja destinado a fazer prova perante a previdência social, pessoa que não possua a qualidade de segurado obrigatório;(Incluído pela Lei nº 9.983, de 2000)

II - na Carteira de Trabalho e Previdência Social do empregado ou em documento que deva produzir efeito perante a previdência social, declaração falsa ou diversa da que deveria ter sido escrita; (Incluído pela Lei nº 9.983, de 2000)

III - em documento contábil ou em qualquer outro documento relacionado com as obrigações da empresa perante a previdência social, declaração falsa ou diversa da que deveria ter constado. (Incluído pela Lei nº 9.983, de 2000)

§ 4º - Nas mesmas penas incorre quem omite, nos documentos mencionados no § 3o, nome do segurado e seus dados pessoais, a remuneração, a vigência do contrato de trabalho ou de prestação de serviços.(Incluído pela Lei nº 9.983, de 2000)

Falsificação de documento particular (Redação dada pela Lei nº 12.737, de 2012) Vigência

Art. 298 - Falsificar, no todo ou em parte, documento particular ou alterar documento particular verdadeiro:

Pena - reclusão, de um a cinco anos, e multa.

Falsificação de cartão (Incluído pela Lei nº 12.737, de 2012) Vigência

Parágrafo único. Para fins do disposto no caput, equipara-se a documento particular o cartão de crédito ou débito. (Incluído pela Lei nº 12.737, de 2012)

DECRETO-LEI NO 2.848, DE 7 DE DEZEMBRO DE 1940

Falsidade ideológica

Art. 299 - Omitir, em documento público ou particular, declaração que dele devia constar, ou nele inserir ou fazer inserir declaração falsa ou diversa da que devia ser escrita, com o fim de prejudicar direito, criar obrigação ou alterar a verdade sobre fato juridicamente relevante:

Pena - reclusão, de um a cinco anos, e multa, se o documento é público, e reclusão de um a três anos, e multa, de quinhentos mil réis a cinco contos de réis, se o documento é particular. (Vide Lei nº 7.209, de 1984)

Parágrafo único. Se o agente é funcionário público, e comete o crime prevalecendo-se do cargo, ou se a falsificação ou alteração é de assentamento de registro civil, aumenta-se a pena de sexta parte.

Falso reconhecimento de firma ou letra

Art. 300 - Reconhecer, como verdadeira, no exercício de função pública, firma ou letra que o não seja:

Pena - reclusão, de um a cinco anos, e multa, se o documento é público; e de um a três anos, e multa, se o documento é particular.

Certidão ou atestado ideologicamente falso

Art. 301 - Atestar ou certificar falsamente, em razão de função pública, fato ou circunstância que habilite alguém a obter cargo público, isenção de ônus ou de serviço de caráter público, ou qualquer outra vantagem:

Pena - detenção, de dois meses a um ano.

Falsidade material de atestado ou certidão

§ 1º - Falsificar, no todo ou em parte, atestado ou certidão, ou alterar o teor de certidão ou de atestado verdadeiro, para prova de fato ou circunstância que habilite alguém a obter cargo público, isenção de ônus ou de serviço de caráter público, ou qualquer outra vantagem:

Pena - detenção, de três meses a dois anos.

§ 2º - Se o crime é praticado com o fim de lucro, aplica-se, além da pena privativa de liberdade, a de multa.

Falsidade de atestado médico

Art. 302 - Dar o médico, no exercício da sua profissão, atestado falso:

Pena - detenção, de um mês a um ano.

Parágrafo único. Se o crime é cometido com o fim de lucro, aplica-se também multa.

Reprodução ou adulteração de selo ou peça filatélica

Art. 303 - Reproduzir ou alterar selo ou peça filatélica que tenha valor para coleção, salvo quando a reprodução ou a alteração está visivelmente anotada na face ou no verso do selo ou peça:

Pena - detenção, de um a três anos, e multa.

Parágrafo único. Na mesma pena incorre quem, para fins de comércio, faz uso do selo ou peça filatélica.

Uso de documento falso

Art. 304 - Fazer uso de qualquer dos papéis falsificados ou alterados, a que se referem os arts. 297 a 302:

Pena - a cominada à falsificação ou à alteração.

Supressão de documento

Art. 305 - Destruir, suprimir ou ocultar, em benefício próprio ou de outrem, ou em prejuízo alheio, documento público ou particular verdadeiro, de que não podia dispor:

Pena - reclusão, de dois a seis anos, e multa, se o documento é público, e reclusão, de um a cinco anos, e multa, se o documento é particular.

CAPÍTULO IV - DE OUTRAS FALSIDADES

Falsificação do sinal empregado no contraste de metal precioso ou na fiscalização alfandegária, ou para outros fins

Art. 306 - Falsificar, fabricando-o ou alterando-o, marca ou sinal empregado pelo poder público no contraste de metal precioso ou na fiscalização alfandegária, ou usar marca ou sinal dessa natureza, falsificado por outrem:

Pena - reclusão, de dois a seis anos, e multa.

Parágrafo único. Se a marca ou sinal falsificado é o que usa a autoridade pública para o fim de fiscalização sanitária, ou para autenticar ou encerrar determinados objetos, ou comprovar o cumprimento de formalidade legal:

Pena - reclusão ou detenção, de um a três anos, e multa.

Falsa identidade

Art. 307 - Atribuir-se ou atribuir a terceiro falsa identidade para obter vantagem, em proveito próprio ou alheio, ou para causar dano a outrem:

Pena - detenção, de três meses a um ano, ou multa, se o fato não constitui elemento de crime mais grave.

Art. 308 - Usar, como próprio, passaporte, título de eleitor, caderneta de reservista ou qualquer documento de identidade alheia ou ceder a outrem, para que dele se utilize, documento dessa natureza, próprio ou de terceiro:

Pena - detenção, de quatro meses a dois anos, e multa, se o fato não constitui elemento de crime mais grave.

Fraude de lei sobre estrangeiro

Art. 309 - Usar o estrangeiro, para entrar ou permanecer no território nacional, nome que não é o seu:

Pena - detenção, de um a três anos, e multa.

Parágrafo único. Atribuir a estrangeiro falsa qualidade para promover-lhe a entrada em território nacional: (Incluído pela Lei nº 9.426, de 1996)

Pena - reclusão, de um a quatro anos, e multa. (Incluído pela Lei nº 9.426, de 1996)

Art. 310 - Prestar-se a figurar como proprietário ou possuidor de ação, título ou valor pertencente a estrangeiro, nos casos em que a este é vedada por lei a propriedade ou a posse de tais bens: (Redação dada pela Lei nº 9.426, de 1996)

Pena - detenção, de seis meses a três anos, e multa. (Redação dada pela Lei nº 9.426, de 1996)

Adulteração de sinal identificador de veículo automotor (Redação dada pela Lei nº 9.426, de 1996)

Art. 311 - Adulterar ou remarcar número de chassi ou qualquer sinal identificador de veículo automotor, de seu componente ou equipamento:(Redação dada pela Lei nº 9.426, de 1996))

Pena - reclusão, de três a seis anos, e multa. (Redação dada pela Lei nº 9.426, de 1996)

§ 1º - Se o agente comete o crime no exercício da função pública ou em razão dela, a pena é aumentada de um terço. (Incluído pela Lei nº 9.426, de 1996)

§ 2º - Incorre nas mesmas penas o funcionário público que contribui para o licenciamento ou registro do veículo remarcado ou adulterado, fornecendo indevidamente material ou informação oficial. (Incluído pela Lei nº 9.426, de 1996)

CAPÍTULO V - DAS FRAUDES EM CERTAMES DE INTERESSE PÚBLICO (Incluído pela Lei 12.550, de 2011)

Fraudes em certames de interesse público (Incluído pela Lei 12.550, de 2011)

Art. 311-A. Utilizar ou divulgar, indevidamente, com o fim de beneficiar a si ou a outrem, ou de comprometer a credibilidade

do certame, conteúdo sigiloso de: (Incluído pela Lei 12.550, de 2011)

I - concurso público; (Incluído pela Lei 12.550, de 2011)

II - avaliação ou exame públicos; (Incluído pela Lei 12.550, de 2011)

III - processo seletivo para ingresso no ensino superior; ou (Incluído pela Lei 12.550, de 2011)

IV - exame ou processo seletivo previstos em lei: (Incluído pela Lei 12.550, de 2011)

Pena - reclusão, de 1 (um) a 4 (quatro) anos, e multa. (Incluído pela Lei 12.550, de 2011)

§ 1º - Nas mesmas penas incorre quem permite ou facilita, por qualquer meio, o acesso de pessoas não autorizadas às informações mencionadas no caput. (Incluído pela Lei 12.550, de 2011)

§ 2º - Se da ação ou omissão resulta dano à administração pública: (Incluído pela Lei 12.550, de 2011)

Pena - reclusão, de 2 (dois) a 6 (seis) anos, e multa. (Incluído pela Lei 12.550, de 2011)

§ 3º - Aumenta-se a pena de 1/3 (um terço) se o fato é cometido por funcionário público. (Incluído pela Lei 12.550, de 2011)

TÍTULO XI - DOS CRIMES CONTRA A ADMINISTRAÇÃO PÚBLICA

CAPÍTULO I - DOS CRIMES PRATICADOS - POR FUNCIONÁRIO PÚBLICO - CONTRA A ADMINISTRAÇÃO EM GERAL

Peculato

Art. 312 - Apropriar-se o funcionário público de dinheiro, valor ou qualquer outro bem móvel, público ou particular, de que tem a posse em razão do cargo, ou desviá-lo, em proveito próprio ou alheio:

Pena - reclusão, de dois a doze anos, e multa.

§ 1º - Aplica-se a mesma pena, se o funcionário público, embora não tendo a posse do dinheiro, valor ou bem, o subtrai, ou concorre para que seja subtraído, em proveito próprio ou alheio, valendo-se de facilidade que lhe proporciona a qualidade de funcionário.

Peculato culposo

§ 2º - Se o funcionário concorre culposamente para o crime de outrem:

Pena - detenção, de três meses a um ano.

§ 3º - No caso do parágrafo anterior, a reparação do dano, se precede à sentença irrecorrível, extingue a punibilidade; se lhe é posterior, reduz de metade a pena imposta.

Peculato mediante erro de outrem

Art. 313 - Apropriar-se de dinheiro ou qualquer utilidade que, no exercício do cargo, recebeu por erro de outrem:

Pena - reclusão, de um a quatro anos, e multa.

Inserção de dados falsos em sistema de informações (Incluído pela Lei nº 9.983, de 2000)

Art. 313-A. Inserir ou facilitar, o funcionário autorizado, a inserção de dados falsos, alterar ou excluir indevidamente dados corretos nos sistemas informatizados ou bancos de dados da Administração Pública com o fim de obter vantagem indevida para si ou para outrem ou para causar dano: (Incluído pela Lei nº 9.983, de 2000))

Pena – reclusão, de 2 (dois) a 12 (doze) anos, e multa. (Incluído pela Lei nº 9.983, de 2000)

Modificação ou alteração não autorizada de sistema de informações (Incluído pela Lei nº 9.983, de 2000)

Art. 313-B. Modificar ou alterar, o funcionário, sistema de informações ou programa de informática sem autorização ou solicitação de autoridade competente: (Incluído pela Lei nº 9.983, de 2000)

Pena – detenção, de 3 (três) meses a 2 (dois) anos, e multa. (Incluído pela Lei nº 9.983, de 2000)

Parágrafo único. As penas são aumentadas de um terço até a metade se da modificação ou alteração resulta dano para a Administração Pública ou para o administrado.(Incluído pela Lei nº 9.983, de 2000)

Extravio, sonegação ou inutilização de livro ou documento

Art. 314 - Extraviar livro oficial ou qualquer documento, de que tem a guarda em razão do cargo; sonegá-lo ou inutilizá-lo, total ou parcialmente:

Pena - reclusão, de um a quatro anos, se o fato não constitui crime mais grave.

Emprego irregular de verbas ou rendas públicas

Art. 315 - Dar às verbas ou rendas públicas aplicação diversa da estabelecida em lei:

Pena - detenção, de um a três meses, ou multa.

Concussão

Art. 316 - Exigir, para si ou para outrem, direta ou indiretamente, ainda que fora da função ou antes de assumi-la, mas em razão dela, vantagem indevida:

Pena - reclusão, de 2 (dois) a 12 (doze) anos, e multa. (Redação dada pela Lei nº 13.964, de 2019)

Excesso de exação

§ 1º - Se o funcionário exige tributo ou contribuição social que sabe ou deveria saber indevido, ou, quando devido, emprega na cobrança meio vexatório ou gravoso, que a lei não autoriza: (Redação dada pela Lei nº 8.137, de 27.12.1990)

Pena - reclusão, de 3 (três) a 8 (oito) anos, e multa. (Redação dada pela Lei nº 8.137, de 27.12.1990)

§ 2º - Se o funcionário desvia, em proveito próprio ou de outrem, o que recebeu indevidamente para recolher aos cofres públicos:

Pena - reclusão, de dois a doze anos, e multa.

Corrupção passiva

Art. 317 - Solicitar ou receber, para si ou para outrem, direta ou indiretamente, ainda que fora da função ou antes de assumi-la, mas em razão dela, vantagem indevida, ou aceitar promessa de tal vantagem:

Pena – reclusão, de 2 (dois) a 12 (doze) anos, e multa. (Redação dada pela Lei nº 10.763, de 12.11.2003)

§ 1º - A pena é aumentada de um terço, se, em consequência da vantagem ou promessa, o funcionário retarda ou deixa de praticar qualquer ato de ofício ou o pratica infringindo dever funcional.

§ 2º - Se o funcionário pratica, deixa de praticar ou retarda ato de ofício, com infração de dever funcional, cedendo a pedido ou influência de outrem:

Pena - detenção, de três meses a um ano, ou multa.

Facilitação de contrabando ou descaminho

Art. 318 - Facilitar, com infração de dever funcional, a prática de contrabando ou descaminho (art. 334):

Pena - reclusão, de 3 (três) a 8 (oito) anos, e multa. (Redação dada pela Lei nº 8.137, de 27.12.1990)

DECRETO-LEI Nº 2.848, DE 7 DE DEZEMBRO DE 1940

Prevaricação

Art. 319 - Retardar ou deixar de praticar, indevidamente, ato de ofício, ou praticá-lo contra disposição expressa de lei, para satisfazer interesse ou sentimento pessoal:
Pena - detenção, de três meses a um ano, e multa.

Art. 319-A. Deixar o Diretor de Penitenciária e/ou agente público, de cumprir seu dever de vedar ao preso o acesso a aparelho telefônico, de rádio ou similar, que permita a comunicação com outros presos ou com o ambiente externo: (Incluído pela Lei nº 11.466, de 2007).
Pena: detenção, de 3 (três) meses a 1 (um) ano.

Condescendência criminosa

Art. 320 - Deixar o funcionário, por indulgência, de responsabilizar subordinado que cometeu infração no exercício do cargo ou, quando lhe falte competência, não levar o fato ao conhecimento da autoridade competente:
Pena - detenção, de quinze dias a um mês, ou multa.

Advocacia administrativa

Art. 321 - Patrocinar, direta ou indiretamente, interesse privado perante a administração pública, valendo-se da qualidade de funcionário:
Pena - detenção, de um a três meses, ou multa.
Parágrafo único. Se o interesse é ilegítimo:
Pena - detenção, de três meses a um ano, além da multa.

Violência arbitrária

Art. 322 - Praticar violência, no exercício de função ou a pretexto de exercê-la:
Pena - detenção, de seis meses a três anos, além da pena correspondente à violência.

Abandono de função

Art. 323 - Abandonar cargo público, fora dos casos permitidos em lei:
Pena - detenção, de quinze dias a um mês, ou multa.
§ 1º - Se do fato resulta prejuízo público:
Pena - detenção, de três meses a um ano, e multa.
§ 2º - Se o fato ocorre em lugar compreendido na faixa de fronteira:
Pena - detenção, de um a três anos, e multa.

Exercício funcional ilegalmente antecipado ou prolongado

Art. 324 - Entrar no exercício de função pública antes de satisfeitas as exigências legais, ou continuar a exercê-la, sem autorização, depois de saber oficialmente que foi exonerado, removido, substituído ou suspenso:
Pena - detenção, de quinze dias a um mês, ou multa.

Violação de sigilo funcional

Art. 325 - Revelar fato de que tem ciência em razão do cargo e que deva permanecer em segredo, ou facilitar-lhe a revelação:
Pena - detenção, de seis meses a dois anos, ou multa, se o fato não constitui crime mais grave.
§ 1º - Nas mesmas penas deste artigo incorre quem: (Incluído pela Lei nº 9.983, de 2000)
 I - permite ou facilita, mediante atribuição, fornecimento e empréstimo de senha ou qualquer outra forma, o acesso de pessoas não autorizadas a sistemas de informações ou banco de dados da Administração Pública; (Incluído pela Lei nº 9.983, de 2000)
 II - se utiliza, indevidamente, do acesso restrito. (Incluído pela Lei nº 9.983, de 2000)
§ 2º - Se da ação ou omissão resulta dano à Administração Pública ou a outrem: (Incluído pela Lei nº 9.983, de 2000)
Pena – reclusão, de 2 (dois) a 6 (seis) anos, e multa. (Incluído pela Lei nº 9.983, de 2000)

Violação do sigilo de proposta de concorrência

Art. 326 - Devassar o sigilo de proposta de concorrência pública, ou proporcionar a terceiro o ensejo de devassá-lo:
Pena - Detenção, de três meses a um ano, e multa.

Funcionário público

Art. 327 - Considera-se funcionário público, para os efeitos penais, quem, embora transitoriamente ou sem remuneração, exerce cargo, emprego ou função pública.
§ 1º - Equipara-se a funcionário público quem exerce cargo, emprego ou função em entidade paraestatal, e quem trabalha para empresa prestadora de serviço contratada ou conveniada para a execução de atividade típica da Administração Pública. (Incluído pela Lei nº 9.983, de 2000)
§ 2º - A pena será aumentada da terça parte quando os autores dos crimes previstos neste Capítulo forem ocupantes de cargos em comissão ou de função de direção ou assessoramento de órgão da administração direta, sociedade de economia mista, empresa pública ou fundação instituída pelo poder público. (Incluído pela Lei nº 6.799, de 1980)

CAPÍTULO II - DOS CRIMES PRATICADOS POR - PARTICULAR CONTRA A ADMINISTRAÇÃO EM GERAL

Usurpação de função pública

Art. 328 - Usurpar o exercício de função pública:
Pena - detenção, de três meses a dois anos, e multa.
Parágrafo único. Se do fato o agente aufere vantagem:
Pena - reclusão, de dois a cinco anos, e multa.

Resistência

Art. 329 - Opor-se à execução de ato legal, mediante violência ou ameaça a funcionário competente para executá-lo ou a quem lhe esteja prestando auxílio:
Pena - detenção, de dois meses a dois anos.
§ 1º - Se o ato, em razão da resistência, não se executa:
Pena - reclusão, de um a três anos.
§ 2º - As penas deste artigo são aplicáveis sem prejuízo das correspondentes à violência.

Desobediência

Art. 330 - Desobedecer a ordem legal de funcionário público:
Pena - detenção, de quinze dias a seis meses, e multa.

Desacato

Art. 331 - Desacatar funcionário público no exercício da função ou em razão dela:
Pena - detenção, de seis meses a dois anos, ou multa.

Tráfico de Influência (Redação dada pela Lei nº 9.127, de 1995)

Art. 332 - Solicitar, exigir, cobrar ou obter, para si ou para outrem, vantagem ou promessa de vantagem, a pretexto de influir em ato praticado por funcionário público no exercício da função: (Redação dada pela Lei nº 9.127, de 1995)
Pena - reclusão, de 2 (dois) a 5 (cinco) anos, e multa. (Redação dada pela Lei nº 9.127, de 1995)
Parágrafo único. A pena é aumentada da metade, se o agente alega ou insinua que a vantagem é também destinada ao funcionário. (Redação dada pela Lei nº 9.127, de 1995)

Corrupção ativa

Art. 333 - Oferecer ou prometer vantagem indevida a funcionário público, para determiná-lo a praticar, omitir ou retardar ato de ofício:
Pena – reclusão, de 2 (dois) a 12 (doze) anos, e multa. (Redação dada pela Lei nº 10.763, de 12.11.2003)

Parágrafo único. A pena é aumentada de um terço, se, em razão da vantagem ou promessa, o funcionário retarda ou omite ato de ofício, ou o pratica infringindo dever funcional.

Descaminho

Art. 334. Iludir, no todo ou em parte, o pagamento de direito ou imposto devido pela entrada, pela saída ou pelo consumo de mercadoria (Redação dada pela Lei nº 13.008, de 26.6.2014)

Pena - reclusão, de 1 (um) a 4 (quatro) anos. (Redação dada pela Lei nº 13.008, de 26.6.2014)

§ 1º - Incorre na mesma pena quem: (Redação dada pela Lei nº 13.008, de 26.6.2014)

I - pratica navegação de cabotagem, fora dos casos permitidos em lei; (Redação dada pela Lei nº 13.008, de 26.6.2014)

II - pratica fato assimilado, em lei especial, a descaminho; (Redação dada pela Lei nº 13.008, de 26.6.2014)

III - vende, expõe à venda, mantém em depósito ou, de qualquer forma, utiliza em proveito próprio ou alheio, no exercício de atividade comercial ou industrial, mercadoria de procedência estrangeira que introduziu clandestinamente no País ou importou fraudulentamente ou que sabe ser produto de introdução clandestina no território nacional ou de importação fraudulenta por parte de outrem; (Redação dada pela Lei nº 13.008, de 26.6.2014)

IV - adquire, recebe ou oculta, em proveito próprio ou alheio, no exercício de atividade comercial ou industrial, mercadoria de procedência estrangeira, desacompanhada de documentação legal ou acompanhada de documentos que sabe serem falsos. (Redação dada pela Lei nº 13.008, de 26.6.2014)

§ 2º - Equipara-se às atividades comerciais, para os efeitos deste artigo, qualquer forma de comércio irregular ou clandestino de mercadorias estrangeiras, inclusive o exercido em residências. (Redação dada pela Lei nº 13.008, de 26.6.2014)

§ 3º - A pena aplica-se em dobro se o crime de descaminho é praticado em transporte aéreo, marítimo ou fluvial. (Redação dada pela Lei nº 13.008, de 26.6.2014)

Contrabando

Art. 334-A. Importar ou exportar mercadoria proibida: (Incluído pela Lei nº 13.008, de 26.6.2014)

Pena - reclusão, de 2 (dois) a 5 (cinco) anos. (Incluído pela Lei nº 13.008, de 26.6.2014)

§ 1º - Incorre na mesma pena quem: (Incluído pela Lei nº 13.008, de 26.6.2014)

I - pratica fato assimilado, em lei especial, a contrabando; (Incluído pela Lei nº 13.008, de 26.6.2014)

II - importa ou exporta clandestinamente mercadoria que dependa de registro, análise ou autorização de órgão público competente; (Incluído pela Lei nº 13.008, de 26.6.2014)

III - reinsere no território nacional mercadoria brasileira destinada à exportação; (Incluído pela Lei nº 13.008, de 26.6.2014)

IV - vende, expõe à venda, mantém em depósito ou, de qualquer forma, utiliza em proveito próprio ou alheio, no exercício de atividade comercial ou industrial, mercadoria proibida pela lei brasileira; (Incluído pela Lei nº 13.008, de 26.6.2014)

V - adquire, recebe ou oculta, em proveito próprio ou alheio, no exercício de atividade comercial ou industrial, mercadoria proibida pela lei brasileira. (Incluído pela Lei nº 13.008, de 26.6.2014)§ 2º - Equipara-se às atividades comerciais, para os efeitos deste artigo, qualquer forma de comércio irregular ou clandestino de mercadorias estrangeiras, inclusive o exercido em residências. (Incluído pela Lei nº 4.729, de 14.7.1965)

§ 3º - A pena aplica-se em dobro se o crime de contrabando é praticado em transporte aéreo, marítimo ou fluvial. (Incluído pela Lei nº 13.008, de 26.6.2014)

Impedimento, perturbação ou fraude de concorrência

Art. 335 - Impedir, perturbar ou fraudar concorrência pública ou venda em hasta pública, promovida pela administração federal, estadual ou municipal, ou por entidade paraestatal; afastar ou procurar afastar concorrente ou licitante, por meio de violência, grave ameaça, fraude ou oferecimento de vantagem:

Pena - detenção, de seis meses a dois anos, ou multa, além da pena correspondente à violência.

Parágrafo único. Incorre na mesma pena quem se abstém de concorrer ou licitar, em razão da vantagem oferecida.

Inutilização de edital ou de sinal

Art. 336 - Rasgar ou, de qualquer forma, inutilizar ou conspurcar edital afixado por ordem de funcionário público; violar ou inutilizar selo ou sinal empregado, por determinação legal ou por ordem de funcionário público, para identificar ou cerrar qualquer objeto:

Pena - detenção, de um mês a um ano, ou multa.

Subtração ou inutilização de livro ou documento

Art. 337 - Subtrair, ou inutilizar, total ou parcialmente, livro oficial, processo ou documento confiado à custódia de funcionário, em razão de ofício, ou de particular em serviço público:

Pena - reclusão, de dois a cinco anos, se o fato não constitui crime mais grave.

Sonegação de contribuição previdenciária (Incluído pela Lei nº 9.983, de 2000)

Art. 337-A. Suprimir ou reduzir contribuição social previdenciária e qualquer acessório, mediante as seguintes condutas: (Incluído pela Lei nº 9.983, de 2000)

I - omitir de folha de pagamento da empresa ou de documento de informações previsto pela legislação previdenciária segurados empregado, empresário, trabalhador avulso ou trabalhador autônomo ou a este equiparado que lhe prestem serviços; (Incluído pela Lei nº 9.983, de 2000)

II - deixar de lançar mensalmente nos títulos próprios da contabilidade da empresa as quantias descontadas dos segurados ou as devidas pelo empregador ou pelo tomador de serviços; (Incluído pela Lei nº 9.983, de 2000)

III - omitir, total ou parcialmente, receitas ou lucros auferidos, remunerações pagas ou creditadas e demais fatos geradores de contribuições sociais previdenciárias: (Incluído pela Lei nº 9.983, de 2000)

Pena – reclusão, de 2 (dois) a 5 (cinco) anos, e multa. (Incluído pela Lei nº 9.983, de 2000)

§ 1º - É extinta a punibilidade se o agente, espontaneamente, declara e confessa as contribuições, importâncias ou valores e presta as informações devidas à previdência social, na forma definida em lei ou regulamento, antes do início da ação fiscal. (Incluído pela Lei nº 9.983, de 2000)

§ 2º - É facultado ao juiz deixar de aplicar a pena ou aplicar somente a de multa se o agente for primário e de bons antecedentes, desde que: (Incluído pela Lei nº 9.983, de 2000)

I - (VETADO) (Incluído pela Lei nº 9.983, de 2000)

II - o valor das contribuições devidas, inclusive acessórios, seja igual ou inferior àquele estabelecido pela previdência social, administrativamente, como sendo o mínimo para o ajuizamento de suas execuções fiscais. (Incluído pela Lei nº 9.983, de 2000)

§ 3º - Se o empregador não é pessoa jurídica e sua folha de pagamento mensal não ultrapassa R$ 1.510,00 (um mil, quinhentos e dez reais), o juiz poderá reduzir a pena de um terço até a metade ou aplicar apenas a de multa. (Incluído pela Lei nº 9.983, de 2000)

§ 4º - O valor a que se refere o parágrafo anterior será reajustado nas mesmas datas e nos mesmos índices do reajuste dos benefícios da previdência social. (Incluído pela Lei nº 9.983, de 2000)

DECRETO-LEI NO 2.848, DE 7 DE DEZEMBRO DE 1940

CAPÍTULO II-A - (Incluído pela Lei nº 10.467, de 11.6.2002) DOS CRIMES PRATICADOS POR PARTICULAR CONTRA A ADMINISTRAÇÃO PÚBLICA ESTRANGEIRA

Corrupção ativa em transação comercial internacional

Art. 337-B. Prometer, oferecer ou dar, direta ou indiretamente, vantagem indevida a funcionário público estrangeiro, ou a terceira pessoa, para determiná-lo a praticar, omitir ou retardar ato de ofício relacionado à transação comercial internacional: (Incluído pela Lei nº 10467, de 11.6.2002)

Pena – reclusão, de 1 (um) a 8 (oito) anos, e multa. (Incluído pela Lei nº 10467, de 11.6.2002)

Parágrafo único. A pena é aumentada de 1/3 (um terço), se, em razão da vantagem ou promessa, o funcionário público estrangeiro retarda ou omite o ato de ofício, ou o pratica infringindo dever funcional. (Incluído pela Lei nº 10467, de 11.6.2002)

Tráfico de influência em transação comercial internacional (Incluído pela Lei nº 10467, de 11.6.2002)

Art. 337-C. Solicitar, exigir, cobrar ou obter, para si ou para outrem, direta ou indiretamente, vantagem ou promessa de vantagem a pretexto de influir em ato praticado por funcionário público estrangeiro no exercício de suas funções, relacionado a transação comercial internacional: (Incluído pela Lei nº 10467, de 11.6.2002)

Pena – reclusão, de 2 (dois) a 5 (cinco) anos, e multa. (Incluído pela Lei nº 10467, de 11.6.2002)

Parágrafo único. A pena é aumentada da metade, se o agente alega ou insinua que a vantagem é também destinada a funcionário estrangeiro. (Incluído pela Lei nº 10467, de 11.6.2002)

Funcionário público estrangeiro (Incluído pela Lei nº 10467, de 11.6.2002)

Art. 337-D. Considera-se funcionário público estrangeiro, para os efeitos penais, quem, ainda que transitoriamente ou sem remuneração, exerce cargo, emprego ou função pública em entidades estatais ou em representações diplomáticas de país estrangeiro. (Incluído pela Lei nº 10467, de 11.6.2002)

Parágrafo único. Equipara-se a funcionário público estrangeiro quem exerce cargo, emprego ou função em empresas controladas, diretamente ou indiretamente, pelo Poder Público de país estrangeiro ou em organizações públicas internacionais. (Incluído pela Lei nº 10467, de 11.6.2002)

CAPÍTULO III - DOS CRIMES CONTRA A ADMINISTRAÇÃO DA JUSTIÇA

Reingresso de estrangeiro expulso

Art. 338 - Reingressar no território nacional o estrangeiro que dele foi expulso:

Pena - reclusão, de um a quatro anos, sem prejuízo de nova expulsão após o cumprimento da pena.

Denunciação caluniosa

Art. 339. Dar causa à instauração de investigação policial, de processo judicial, instauração de investigação administrativa, inquérito civil ou ação de improbidade administrativa contra alguém, imputando-lhe crime de que o sabe inocente: (Redação dada pela Lei nº 10.028, de 2000)

Pena - reclusão, de dois a oito anos, e multa.

§ 1º - A pena é aumentada de sexta parte, se o agente se serve de anonimato ou de nome suposto.

§ 2º - A pena é diminuída de metade, se a imputação é de prática de contravenção.

Comunicação falsa de crime ou de contravenção

Art. 340 - Provocar a ação de autoridade, comunicando-lhe a ocorrência de crime ou de contravenção que sabe não se ter verificado:

Pena - detenção, de um a seis meses, ou multa.

Auto-acusação falsa

Art. 341 - Acusar-se, perante a autoridade, de crime inexistente ou praticado por outrem:

Pena - detenção, de três meses a dois anos, ou multa.

Falso testemunho ou falsa perícia

Art. 342. Fazer afirmação falsa, ou negar ou calar a verdade como testemunha, perito, contador, tradutor ou intérprete em processo judicial, ou administrativo, inquérito policial, ou em juízo arbitral: (Redação dada pela Lei nº 10.268, de 28.8.2001)

Pena - reclusão, de 2 (dois) a 4 (quatro) anos, e multa. (Redação dada pela Lei nº 12.850, de 2013)

§ 1º - As penas aumentam-se de um sexto a um terço, se o crime é praticado mediante suborno ou se cometido com o fim de obter prova destinada a produzir efeito em processo penal, ou em processo civil em que for parte entidade da administração pública direta ou indireta.(Redação dada pela Lei nº 10.268, de 28.8.2001)

§ 2º - O fato deixa de ser punível se, antes da sentença no processo em que ocorreu o ilícito, o agente se retrata ou declara a verdade.(Redação dada pela Lei nº 10.268, de 28.8.2001)

Art. 343. Dar, oferecer ou prometer dinheiro ou qualquer outra vantagem a testemunha, perito, contador, tradutor ou intérprete, para fazer afirmação falsa, negar ou calar a verdade em depoimento, perícia, cálculos, tradução ou interpretação: (Redação dada pela Lei nº 10.268, de 28.8.2001)

Pena - reclusão, de três a quatro anos, e multa.(Redação dada pela Lei nº 10.268, de 28.8.2001)

Parágrafo único. As penas aumentam-se de um sexto a um terço, se o crime é cometido com o fim de obter prova destinada a produzir efeito em processo penal ou em processo civil em que for parte entidade da administração pública direta ou indireta. (Redação dada pela Lei nº 10.268, de 28.8.2001)

Coação no curso do processo

Art. 344 - Usar de violência ou grave ameaça, com o fim de favorecer interesse próprio ou alheio, contra autoridade, parte, ou qualquer outra pessoa que funciona ou é chamada a intervir em processo judicial, policial ou administrativo, ou em juízo arbitral:

Pena - reclusão, de um a quatro anos, e multa, além da pena correspondente à violência.

Exercício arbitrário das próprias razões

Art. 345 - Fazer justiça pelas próprias mãos, para satisfazer pretensão, embora legítima, salvo quando a lei o permite:

Pena - detenção, de quinze dias a um mês, ou multa, além da pena correspondente à violência.

Parágrafo único. Se não há emprego de violência, somente se procede mediante queixa.

Art. 346 - Tirar, suprimir, destruir ou danificar coisa própria, que se acha em poder de terceiro por determinação judicial ou convenção:

Pena - detenção, de seis meses a dois anos, e multa.

Fraude processual

Art. 347 - Inovar artificiosamente, na pendência de processo civil ou administrativo, o estado de lugar, de coisa ou de pessoa, com o fim de induzir a erro o juiz ou o perito:

Pena - detenção, de três meses a dois anos, e multa.

Parágrafo único. Se a inovação se destina a produzir efeito em processo penal, ainda que não iniciado, as penas aplicam-se em dobro.

Favorecimento pessoal

Art. 348 - Auxiliar a subtrair-se à ação de autoridade pública autor de crime a que é cominada pena de reclusão:
Pena - detenção, de um a seis meses, e multa.
§ 1º - Se ao crime não é cominada pena de reclusão:
Pena - detenção, de quinze dias a três meses, e multa.
§ 2º - Se quem presta o auxílio é ascendente, descendente, cônjuge ou irmão do criminoso, fica isento de pena.

Favorecimento real

Art. 349 - Prestar a criminoso, fora dos casos de co-autoria ou de receptação, auxílio destinado a tornar seguro o proveito do crime:
Pena - detenção, de um a seis meses, e multa.

Art. 349-A. Ingressar, promover, intermediar, auxiliar ou facilitar a entrada de aparelho telefônico de comunicação móvel, de rádio ou similar, sem autorização legal, em estabelecimento prisional. (Incluído pela Lei nº 12.012, de 2009).
Pena: detenção, de 3 (três) meses a 1 (um) ano. (Incluído pela Lei nº 12.012, de 2009).

Exercício arbitrário ou abuso de poder

Art. 350 - (Revogado pela Lei nº 13.869, de 2019)

Fuga de pessoa presa ou submetida a medida de segurança

Art. 351 - Promover ou facilitar a fuga de pessoa legalmente presa ou submetida a medida de segurança detentiva:
Pena - detenção, de seis meses a dois anos.
§ 1º - Se o crime é praticado a mão armada, ou por mais de uma pessoa, ou mediante arrombamento, a pena é de reclusão, de dois a seis anos.
§ 2º - Se há emprego de violência contra pessoa, aplica-se também a pena correspondente à violência.
§ 3º - A pena é de reclusão, de um a quatro anos, se o crime é praticado por pessoa sob cuja custódia ou guarda está o preso ou o internado.
§ 4º - No caso de culpa do funcionário incumbido da custódia ou guarda, aplica-se a pena de detenção, de três meses a um ano, ou multa.

Evasão mediante violência contra a pessoa

Art. 352 - Evadir-se ou tentar evadir-se o preso ou o indivíduo submetido a medida de segurança detentiva, usando de violência contra a pessoa:
Pena - detenção, de três meses a um ano, além da pena correspondente à violência.

Arrebatamento de preso

Art. 353 - Arrebatar preso, a fim de maltratá-lo, do poder de quem o tenha sob custódia ou guarda:
Pena - reclusão, de um a quatro anos, além da pena correspondente à violência.

Motim de presos

Art. 354 - Amotinarem-se presos, perturbando a ordem ou disciplina da prisão:
Pena - detenção, de seis meses a dois anos, além da pena correspondente à violência.

Patrocínio infiel

Art. 355 - Trair, na qualidade de advogado ou procurador, o dever profissional, prejudicando interesse, cujo patrocínio, em juízo, lhe é confiado:
Pena - detenção, de seis meses a três anos, e multa.

Patrocínio simultâneo ou tergiversação

Parágrafo único. Incorre na pena deste artigo o advogado ou procurador judicial que defende na mesma causa, simultânea ou sucessivamente, partes contrárias.

Sonegação de papel ou objeto de valor probatório

Art. 356 - Inutilizar, total ou parcialmente, ou deixar de restituir autos, documento ou objeto de valor probatório, que recebeu na qualidade de advogado ou procurador:
Pena - detenção, de seis meses a três anos, e multa.

Exploração de prestígio

Art. 357 - Solicitar ou receber dinheiro ou qualquer outra utilidade, a pretexto de influir em juiz, jurado, órgão do Ministério Público, funcionário de justiça, perito, tradutor, intérprete ou testemunha:
Pena - reclusão, de um a cinco anos, e multa.
Parágrafo único. As penas aumentam-se de um terço, se o agente alega ou insinua que o dinheiro ou utilidade também se destina a qualquer das pessoas referidas neste artigo.

Violência ou fraude em arrematação judicial

Art. 358 - Impedir, perturbar ou fraudar arrematação judicial; afastar ou procurar afastar concorrente ou licitante, por meio de violência, grave ameaça, fraude ou oferecimento de vantagem:
Pena - detenção, de dois meses a um ano, ou multa, além da pena correspondente à violência.

Desobediência a decisão judicial sobre perda ou suspensão de direito

Art. 359 - Exercer função, atividade, direito, autoridade ou múnus, de que foi suspenso ou privado por decisão judicial:
Pena - detenção, de três meses a dois anos, ou multa.

CAPÍTULO IV - DOS CRIMES CONTRA AS FINANÇAS PÚBLICAS - (Incluído pela Lei nº 10.028, de 2000)

Contratação de operação de crédito

Art. 359-A. Ordenar, autorizar ou realizar operação de crédito, interno ou externo, sem prévia autorização legislativa: (Incluído pela Lei nº 10.028, de 2000)
Pena – reclusão, de 1 (um) a 2 (dois) anos. (Incluído pela Lei nº 10.028, de 2000)
Parágrafo único. Incide na mesma pena quem ordena, autoriza ou realiza operação de crédito, interno ou externo: (Incluído pela Lei nº 10.028, de 2000)
I - com inobservância de limite, condição ou montante estabelecido em lei ou em resolução do Senado Federal; (Incluído pela Lei nº 10.028, de 2000)
II - quando o montante da dívida consolidada ultrapassa o limite máximo autorizado por lei. (Incluído pela Lei nº 10.028, de 2000)

Inscrição de despesas não empenhadas em restos a pagar (Incluído pela Lei nº 10.028, de 2000)

Art. 359-B. Ordenar ou autorizar a inscrição em restos a pagar, de despesa que não tenha sido previamente empenhada ou que exceda limite estabelecido em lei: (Incluído pela Lei nº 10.028, de 2000)
Pena – detenção, de 6 (seis) meses a 2 (dois) anos. (Incluído pela Lei nº 10.028, de 2000)

Assunção de obrigação no último ano do mandato ou legislatura (Incluído pela Lei nº 10.028, de 2000)

Art. 359-C. Ordenar ou autorizar a assunção de obrigação, nos dois últimos quadrimestres do último ano do mandato ou legislatura, cuja despesa não possa ser paga no mesmo exercício financeiro ou, caso reste parcela a ser paga no exercício seguinte, que não tenha contrapartida suficiente de disponibilidade de caixa: (Incluído pela Lei nº 10.028, de 2000)

Pena - reclusão, de 1 (um) a 4 (quatro) anos.(Incluído pela Lei nº 10.028, de 2000)

Ordenação de despesa não autorizada (Incluído pela Lei nº 10.028, de 2000)

Art. 359-D. Ordenar despesa não autorizada por lei: (Incluído pela Lei nº 10.028, de 2000)

Pena – reclusão, de 1 (um) a 4 (quatro) anos. (Incluído pela Lei nº 10.028, de 2000)

Prestação de garantia graciosa (Incluído pela Lei nº 10.028, de 2000)

Art. 359-E. Prestar garantia em operação de crédito sem que tenha sido constituída contragarantia em valor igual ou superior ao valor da garantia prestada, na forma da lei: (Incluído pela Lei nº 10.028, de 2000)

Pena – detenção, de 3 (três) meses a 1 (um) ano. (Incluído pela Lei nº 10.028, de 2000)

Não cancelamento de restos a pagar (Incluído pela Lei nº 10.028, de 2000)

Art. 359-F. Deixar de ordenar, de autorizar ou de promover o cancelamento do montante de restos a pagar inscrito em valor superior ao permitido em lei: (Incluído pela Lei nº 10.028, de 2000)

Pena – detenção, de 6 (seis) meses a 2 (dois) anos. (Incluído pela Lei nº 10.028, de 2000)

Aumento de despesa total com pessoal no último ano do mandato ou legislatura (Incluído pela Lei nº 10.028, de 2000)

Art. 359-G. Ordenar, autorizar ou executar ato que acarrete aumento de despesa total com pessoal, nos cento e oitenta dias anteriores ao final do mandato ou da legislatura: (Incluído pela Lei nº 10.028, de 2000))

Pena – reclusão, de 1 (um) a 4 (quatro) anos. (Incluído pela Lei nº 10.028, de 2000)

Oferta pública ou colocação de títulos no mercado (Incluído pela Lei nº 10.028, de 2000)

Art. 359-H. Ordenar, autorizar ou promover a oferta pública ou a colocação no mercado financeiro de títulos da dívida pública sem que tenham sido criados por lei ou sem que estejam registrados em sistema centralizado de liquidação e de custódia: (Incluído pela Lei nº 10.028, de 2000)

Pena – reclusão, de 1 (um) a 4 (quatro) anos. (Incluído pela Lei nº 10.028, de 2000)

DISPOSIÇÕES FINAIS

Art. 360 - Ressalvada a legislação especial sobre os crimes contra a existência, a segurança e a integridade do Estado e contra a guarda e o emprego da economia popular, os crimes de imprensa e os de falência, os de responsabilidade do Presidente da República e dos Governadores ou Interventores, e os crimes militares, revogam-se as disposições em contrário.

Art. 361 - Este Código entrará em vigor no dia 1º de janeiro de 1942.

3. LEI Nº 8.078, DE 11 DE SETEMBRO DE 1990.

Mensagem de veto
Regulamento
Regulamento
Regulamento
(Vide Decreto nº 2.181, de 1997)
(Vide pela Lei nº 13.425, de 2017)

Dispõe sobre a proteção do consumidor e dá outras providências.

O PRESIDENTE DA REPÚBLICA, faço saber que o Congresso Nacional decreta e eu sanciono a seguinte lei:

TÍTULO I - Dos Direitos do Consumidor

CAPÍTULO I - Disposições Gerais

Art. 1º O presente código estabelece normas de proteção e defesa do consumidor, de ordem pública e interesse social, nos termos dos arts. 5º, inciso XXXII, 170, inciso V, da Constituição Federal e art. 48 de suas Disposições Transitórias.

Art. 2º Consumidor é toda pessoa física ou jurídica que adquire ou utiliza produto ou serviço como destinatário final.

Parágrafo único. Equipara-se a consumidor a coletividade de pessoas, ainda que indetermináveis, que haja intervindo nas relações de consumo.

Art. 3º Fornecedor é toda pessoa física ou jurídica, pública ou privada, nacional ou estrangeira, bem como os entes despersonalizados, que desenvolvem atividade de produção, montagem, criação, construção, transformação, importação, exportação, distribuição ou comercialização de produtos ou prestação de serviços.

§ 1º Produto é qualquer bem, móvel ou imóvel, material ou imaterial.

§ 2º Serviço é qualquer atividade fornecida no mercado de consumo, mediante remuneração, inclusive as de natureza bancária, financeira, de crédito e securitária, salvo as decorrentes das relações de caráter trabalhista.

CAPÍTULO II - Da Política Nacional de Relações de Consumo

Art. 4º A Política Nacional das Relações de Consumo tem por objetivo o atendimento das necessidades dos consumidores, o respeito à sua dignidade, saúde e segurança, a proteção de seus interesses econômicos, a melhoria da sua qualidade de vida, bem como a transparência e harmonia das relações de consumo, atendidos os seguintes princípios: (Redação dada pela Lei nº 9.008, de 21.3.1995)

I - reconhecimento da vulnerabilidade do consumidor no mercado de consumo;

II - ação governamental no sentido de proteger efetivamente o consumidor:

a) por iniciativa direta;

b) por incentivos à criação e desenvolvimento de associações representativas;

c) pela presença do Estado no mercado de consumo;

d) pela garantia dos produtos e serviços com padrões adequados de qualidade, segurança, durabilidade e desempenho.

III - harmonização dos interesses dos participantes das relações de consumo e compatibilização da proteção do consumidor com a necessidade de desenvolvimento econômico e tecnológico, de modo a viabilizar os princípios nos quais se funda a ordem econômica (art. 170, da Constituição Federal), sempre com base na boa-fé e equilíbrio nas relações entre consumidores e fornecedores;

IV - educação e informação de fornecedores e consumidores, quanto aos seus direitos e deveres, com vistas à melhoria do mercado de consumo;

V - incentivo à criação pelos fornecedores de meios eficientes de controle de qualidade e segurança de produtos e serviços, assim como de mecanismos alternativos de solução de conflitos de consumo;

VI - coibição e repressão eficientes de todos os abusos praticados no mercado de consumo, inclusive a concorrência desleal e utilização indevida de inventos e criações industriais das marcas e nomes comerciais e signos distintivos, que possam causar prejuízos aos consumidores;

VII - racionalização e melhoria dos serviços públicos;

VIII - estudo constante das modificações do mercado de consumo.

Art. 5º Para a execução da Política Nacional das Relações de Consumo, contará o poder público com os seguintes instrumentos, entre outros:

I - manutenção de assistência jurídica, integral e gratuita para o consumidor carente;

II - instituição de Promotorias de Justiça de Defesa do Consumidor, no âmbito do Ministério Público;

III - criação de delegacias de polícia especializadas no atendimento de consumidores vítimas de infrações penais de consumo;

IV - criação de Juizados Especiais de Pequenas Causas e Varas Especializadas para a solução de litígios de consumo;

V - concessão de estímulos à criação e desenvolvimento das Associações de Defesa do Consumidor.

§ 1º (Vetado).

§ 2º (Vetado).

CAPÍTULO III - Dos Direitos Básicos do Consumidor

Art. 6º São direitos básicos do consumidor:

I - a proteção da vida, saúde e segurança contra os riscos provocados por práticas no fornecimento de produtos e serviços considerados perigosos ou nocivos;

II - a educação e divulgação sobre o consumo adequado dos produtos e serviços, asseguradas a liberdade de escolha e a igualdade nas contratações;

III - a informação adequada e clara sobre os diferentes produtos e serviços, com especificação correta de quantidade, características, composição, qualidade, tributos incidentes e preço, bem como sobre os riscos que apresentem; (Redação dada pela Lei nº 12.741, de 2012) Vigência

IV - a proteção contra a publicidade enganosa e abusiva, métodos comerciais coercitivos ou desleais, bem como contra práticas e cláusulas abusivas ou impostas no fornecimento de produtos e serviços;

V - a modificação das cláusulas contratuais que estabeleçam prestações desproporcionais ou sua revisão em razão de fatos supervenientes que as tornem excessivamente onerosas;

VI - a efetiva prevenção e reparação de danos patrimoniais e morais, individuais, coletivos e difusos;

VII - o acesso aos órgãos judiciários e administrativos com vistas à prevenção ou reparação de danos patrimoniais e morais, individuais, coletivos ou difusos, assegurada a proteção Jurídica, administrativa e técnica aos necessitados;

VIII - a facilitação da defesa de seus direitos, inclusive com a inversão do ônus da prova, a seu favor, no processo civil, quando, a critério do juiz, for verossímil a alegação ou quando for ele hipossuficiente, segundo as regras ordinárias de experiências;

IX - (Vetado);

X - a adequada e eficaz prestação dos serviços públicos em geral.

Parágrafo único. A informação de que trata o inciso III do caput deste artigo deve ser acessível à pessoa com deficiência, observado o disposto em regulamento. (Incluído pela Lei nº 13.146, de 2015)

Art. 7º Os direitos previstos neste código não excluem outros decorrentes de tratados ou convenções internacionais de que o Brasil seja signatário, da legislação interna ordinária, de regulamentos expedidos pelas autoridades administrativas competentes, bem como dos que derivem dos princípios gerais do direito, analogia, costumes e eqüidade.

Parágrafo único. Tendo mais de um autor a ofensa, todos responderão solidariamente pela reparação dos danos previstos nas normas de consumo.

CAPÍTULO IV - Da Qualidade de Produtos e Serviços, da Prevenção e da Reparação dos Danos

SEÇÃO I - Da Proteção à Saúde e Segurança

Art. 8º Os produtos e serviços colocados no mercado de consumo não acarretarão riscos à saúde ou segurança dos consumidores, exceto os considerados normais e previsíveis em decorrência de sua natureza e fruição, obrigando-se os fornecedores, em qualquer hipótese, a dar as informações necessárias e adequadas a seu respeito.

§ 1º Em se tratando de produto industrial, ao fabricante cabe prestar as informações a que se refere este artigo, através de impressos apropriados que devam acompanhar o produto. (Redação dada pela Lei nº 13.486, de 2017)

§ 2º O fornecedor deverá higienizar os equipamentos e utensílios utilizados no fornecimento de produtos ou serviços, ou colocados à disposição do consumidor, e informar, de maneira ostensiva e adequada, quando for o caso, sobre o risco de contaminação. (Incluído pela Lei nº 13.486, de 2017)

Art. 9º O fornecedor de produtos e serviços potencialmente nocivos ou perigosos à saúde ou segurança deverá informar, de maneira ostensiva e adequada, a respeito da sua nocividade ou periculosidade, sem prejuízo da adoção de outras medidas cabíveis em cada caso concreto.

Art. 10. O fornecedor não poderá colocar no mercado de consumo produto ou serviço que sabe ou deveria saber apresentar alto grau de nocividade ou periculosidade à saúde ou segurança.

§ 1º O fornecedor de produtos e serviços que, posteriormente à sua introdução no mercado de consumo, tiver conhecimento da periculosidade que apresentem, deverá comunicar o fato imediatamente às autoridades competentes e aos consumidores, mediante anúncios publicitários.

§ 2º Os anúncios publicitários a que se refere o parágrafo anterior serão veiculados na imprensa, rádio e televisão, às expensas do fornecedor do produto ou serviço.

§ 3º Sempre que tiverem conhecimento de periculosidade de produtos ou serviços à saúde ou segurança dos consumidores, a União, os Estados, o Distrito Federal e os Municípios deverão informá-los a respeito.

Art. 11. (Vetado).

SEÇÃO II - Da Responsabilidade pelo Fato do Produto e do Serviço

Art. 12. O fabricante, o produtor, o construtor, nacional ou estrangeiro, e o importador respondem, independentemente da existência de culpa, pela reparação dos danos causados aos consumidores por defeitos decorrentes de projeto, fabricação, construção, montagem, fórmulas, manipulação, apresentação ou acondicionamento de seus produtos, bem como por informações insuficientes ou inadequadas sobre sua utilização e riscos.

§ 1º O produto é defeituoso quando não oferece a segurança que dele legitimamente se espera, levando-se em consideração as circunstâncias relevantes, entre as quais:

I - sua apresentação;

II - o uso e os riscos que razoavelmente dele se esperam;

III - a época em que foi colocado em circulação.

LEI Nº 8.078, DE 11 DE SETEMBRO DE 1990

§ 2º O produto não é considerado defeituoso pelo fato de outro de melhor qualidade ter sido colocado no mercado.

§ 3º O fabricante, o construtor, o produtor ou importador só não será responsabilizado quando provar:

I - que não colocou o produto no mercado;

II - que, embora haja colocado o produto no mercado, o defeito inexiste;

III - a culpa exclusiva do consumidor ou de terceiro.

Art. 13. O comerciante é igualmente responsável, nos termos do artigo anterior, quando:

I - o fabricante, o construtor, o produtor ou o importador não puderem ser identificados;

II - o produto for fornecido sem identificação clara do seu fabricante, produtor, construtor ou importador;

III - não conservar adequadamente os produtos perecíveis.

Parágrafo único. Aquele que efetivar o pagamento ao prejudicado poderá exercer o direito de regresso contra os demais responsáveis, segundo sua participação na causação do evento danoso.

Art. 14. O fornecedor de serviços responde, independentemente da existência de culpa, pela reparação dos danos causados aos consumidores por defeitos relativos à prestação dos serviços, bem como por informações insuficientes ou inadequadas sobre sua fruição e riscos.

§ 1º O serviço é defeituoso quando não fornece a segurança que o consumidor dele pode esperar, levando-se em consideração as circunstâncias relevantes, entre as quais:

I - o modo de seu fornecimento;

II - o resultado e os riscos que razoavelmente dele se esperam;

III - a época em que foi fornecido.

§ 2º O serviço não é considerado defeituoso pela adoção de novas técnicas.

§ 3º O fornecedor de serviços só não será responsabilizado quando provar:

I - que, tendo prestado o serviço, o defeito inexiste;

II - a culpa exclusiva do consumidor ou de terceiro.

§ 4º A responsabilidade pessoal dos profissionais liberais será apurada mediante a verificação de culpa.

Art. 15. (Vetado).

Art. 16. (Vetado).

Art. 17. Para os efeitos desta Seção, equiparam-se aos consumidores todas as vítimas do evento.

SEÇÃO III - Da Responsabilidade por Vício do Produto e do Serviço

Art. 18. Os fornecedores de produtos de consumo duráveis ou não duráveis respondem solidariamente pelos vícios de qualidade ou quantidade que os tornem impróprios ou inadequados ao consumo a que se destinam ou lhes diminuam o valor, assim como por aqueles decorrentes da disparidade, com a indicações constantes do recipiente, da embalagem, rotulagem ou mensagem publicitária, respeitadas as variações decorrentes de sua natureza, podendo o consumidor exigir a substituição das partes viciadas.

§ 1º Não sendo o vício sanado no prazo máximo de trinta dias, pode o consumidor exigir, alternativamente e à sua escolha:

I - a substituição do produto por outro da mesma espécie, em perfeitas condições de uso;

II - a restituição imediata da quantia paga, monetariamente atualizada, sem prejuízo de eventuais perdas e danos;

III - o abatimento proporcional do preço.

§ 2º Poderão as partes convencionar a redução ou ampliação do prazo previsto no parágrafo anterior, não podendo ser inferior a sete nem superior a cento e oitenta dias. Nos contratos de adesão, a cláusula de prazo deverá ser convencionada em separado, por meio de manifestação expressa do consumidor.

§ 3º O consumidor poderá fazer uso imediato das alternativas do § 1º deste artigo sempre que, em razão da extensão do vício, a substituição das partes viciadas puder comprometer a qualidade ou características do produto, diminuir-lhe o valor ou se tratar de produto essencial.

§ 4º Tendo o consumidor optado pela alternativa do inciso I do § 1º deste artigo, e não sendo possível a substituição do bem, poderá haver substituição por outro de espécie, marca ou modelo diversos, mediante complementação ou restituição de eventual diferença de preço, sem prejuízo do disposto nos incisos II e III do § 1º deste artigo.

§ 5º No caso de fornecimento de produtos in natura, será responsável perante o consumidor o fornecedor imediato, exceto quando identificado claramente seu produtor.

§ 6º São impróprios ao uso e consumo:

I - os produtos cujos prazos de validade estejam vencidos;

II - os produtos deteriorados, alterados, adulterados, avariados, falsificados, corrompidos, fraudados, nocivos à vida ou à saúde, perigosos ou, ainda, aqueles em desacordo com as normas regulamentares de fabricação, distribuição ou apresentação;

III - os produtos que, por qualquer motivo, se revelem inadequados ao fim a que se destinam.

Art. 19. Os fornecedores respondem solidariamente pelos vícios de quantidade do produto sempre que, respeitadas as variações decorrentes de sua natureza, seu conteúdo líquido for inferior às indicações constantes do recipiente, da embalagem, rotulagem ou de mensagem publicitária, podendo o consumidor exigir, alternativamente e à sua escolha:

I - o abatimento proporcional do preço;

II - complementação do peso ou medida;

III - a substituição do produto por outro da mesma espécie, marca ou modelo, sem os aludidos vícios;

IV - a restituição imediata da quantia paga, monetariamente atualizada, sem prejuízo de eventuais perdas e danos.

§ 1º Aplica-se a este artigo o disposto no § 4º do artigo anterior.

§ 2º O fornecedor imediato será responsável quando fizer a pesagem ou a medição e o instrumento utilizado não estiver aferido segundo os padrões oficiais.

Art. 20. O fornecedor de serviços responde pelos vícios de qualidade que os tornem impróprios ao consumo ou lhes diminuam o valor, assim como por aqueles decorrentes da disparidade com as indicações constantes da oferta ou mensagem publicitária, podendo o consumidor exigir, alternativamente e à sua escolha:

I - a reexecução dos serviços, sem custo adicional e quando cabível;

II - a restituição imediata da quantia paga, monetariamente atualizada, sem prejuízo de eventuais perdas e danos;

III - o abatimento proporcional do preço.

§ 1º A reexecução dos serviços poderá ser confiada a terceiros devidamente capacitados, por conta e risco do fornecedor.

§ 2º São impróprios os serviços que se mostrem inadequados para os fins que razoavelmente deles se esperam, bem como aqueles que não atendam as normas regulamentares de prestabilidade.

Art. 21. No fornecimento de serviços que tenham por objetivo a reparação de qualquer produto considerar-se-á implícita a obrigação do fornecedor de empregar componentes de reposição originais adequados e novos, ou que mantenham as especificações técnicas do fabricante, salvo, quanto a estes últimos, autorização em contrário do consumidor.

Art. 22. Os órgãos públicos, por si ou suas empresas, concessionárias, permissionárias ou sob qualquer outra forma de empreendimento, são obrigados a fornecer serviços adequados, eficientes, seguros e, quanto aos essenciais, contínuos.

Parágrafo único. Nos casos de descumprimento, total ou parcial, das obrigações referidas neste artigo, serão as pessoas jurídicas compelidas a cumpri-las e a reparar os danos causados, na forma prevista neste código.

Art. 23. A ignorância do fornecedor sobre os vícios de qualidade por inadequação dos produtos e serviços não o exime de responsabilidade.

Art. 24. A garantia legal de adequação do produto ou serviço independe de termo expresso, vedada a exoneração contratual do fornecedor.

Art. 25. É vedada a estipulação contratual de cláusula que impossibilite, exonere ou atenue a obrigação de indenizar prevista nesta e nas seções anteriores.

§ 1º Havendo mais de um responsável pela causação do dano, todos responderão solidariamente pela reparação prevista nesta e nas seções anteriores.

§ 2º Sendo o dano causado por componente ou peça incorporada ao produto ou serviço, são responsáveis solidários seu fabricante, construtor ou importador e o que realizou a incorporação.

SEÇÃO IV - Da Decadência e da Prescrição

Art. 26. O direito de reclamar pelos vícios aparentes ou de fácil constatação caduca em:

I - trinta dias, tratando-se de fornecimento de serviço e de produtos não duráveis;

II - noventa dias, tratando-se de fornecimento de serviço e de produtos duráveis.

§ 1º Inicia-se a contagem do prazo decadencial a partir da entrega efetiva do produto ou do término da execução dos serviços.

§ 2º Obstam a decadência:

I - a reclamação comprovadamente formulada pelo consumidor perante o fornecedor de produtos e serviços até a resposta negativa correspondente, que deve ser transmitida de forma inequívoca;

II - (Vetado).

III - a instauração de inquérito civil, até seu encerramento.

§ 3º Tratando-se de vício oculto, o prazo decadencial inicia-se no momento em que ficar evidenciado o defeito.

Art. 27. Prescreve em cinco anos a pretensão à reparação pelos danos causados por fato do produto ou do serviço prevista na Seção II deste Capítulo, iniciando-se a contagem do prazo a partir do conhecimento do dano e de sua autoria.

Parágrafo único. (Vetado).

SEÇÃO V - Da Desconsideração da Personalidade Jurídica

Art. 28. O juiz poderá desconsiderar a personalidade jurídica da sociedade quando, em detrimento do consumidor, houver abuso de direito, excesso de poder, infração da lei, fato ou ato ilícito ou violação dos estatutos ou contrato social. A desconsideração também será efetivada quando houver falência, estado de insolvência, encerramento ou inatividade da pessoa jurídica provocados por má administração.

§ 1º (Vetado).

§ 2º As sociedades integrantes dos grupos societários e as sociedades controladas, são subsidiariamente responsáveis pelas obrigações decorrentes deste código.

§ 3º As sociedades consorciadas são solidariamente responsáveis pelas obrigações decorrentes deste código.

§ 4º As sociedades coligadas só responderão por culpa.

§ 5º Também poderá ser desconsiderada a pessoa jurídica sempre que sua personalidade for, de alguma forma, obstáculo ao ressarcimento de prejuízos causados aos consumidores.

CAPÍTULO V - Das Práticas Comerciais

SEÇÃO I - Das Disposições Gerais

Art. 29. Para os fins deste Capítulo e do seguinte, equiparam-se aos consumidores todas as pessoas determináveis ou não, expostas às práticas nele previstas.

SEÇÃO II - Da Oferta

Art. 30. Toda informação ou publicidade, suficientemente precisa, veiculada por qualquer forma ou meio de comunicação com relação a produtos e serviços oferecidos ou apresentados, obriga o fornecedor que a fizer veicular ou dela se utilizar e integra o contrato que vier a ser celebrado.

Art. 31. A oferta e apresentação de produtos ou serviços devem assegurar informações corretas, claras, precisas, ostensivas e em língua portuguesa sobre suas características, qualidades, quantidade, composição, preço, garantia, prazos de validade e origem, entre outros dados, bem como sobre os riscos que apresentam à saúde e segurança dos consumidores.

Parágrafo único. As informações de que trata este artigo, nos produtos refrigerados oferecidos ao consumidor, serão gravadas de forma indelével. (Incluído pela Lei nº 11.989, de 2009)

Art. 32. Os fabricantes e importadores deverão assegurar a oferta de componentes e peças de reposição enquanto não cessar a fabricação ou importação do produto.

Parágrafo único. Cessadas a produção ou importação, a oferta deverá ser mantida por período razoável de tempo, na forma da lei.

Art. 33. Em caso de oferta ou venda por telefone ou reembolso postal, deve constar o nome do fabricante e endereço na embalagem, publicidade e em todos os impressos utilizados na transação comercial.

Parágrafo único. É proibida a publicidade de bens e serviços por telefone, quando a chamada for onerosa ao consumidor que a origina. (Incluído pela Lei nº 11.800, de 2008).

Art. 34. O fornecedor do produto ou serviço é solidariamente responsável pelos atos de seus prepostos ou representantes autônomos.

Art. 35. Se o fornecedor de produtos ou serviços recusar cumprimento à oferta, apresentação ou publicidade, o consumidor poderá, alternativamente e à sua livre escolha:

I - exigir o cumprimento forçado da obrigação, nos termos da oferta, apresentação ou publicidade;

II - aceitar outro produto ou prestação de serviço equivalente;

III - rescindir o contrato, com direito à restituição de quantia eventualmente antecipada, monetariamente atualizada, e a perdas e danos.

SEÇÃO III - Da Publicidade

Art. 36. A publicidade deve ser veiculada de tal forma que o consumidor, fácil e imediatamente, a identifique como tal.

Parágrafo único. O fornecedor, na publicidade de seus produtos ou serviços, manterá, em seu poder, para informação dos legítimos interessados, os dados fáticos, técnicos e científicos que dão sustentação à mensagem.

Art. 37. É proibida toda publicidade enganosa ou abusiva.

§ 1º É enganosa qualquer modalidade de informação ou comunicação de caráter publicitário, inteira ou parcialmente falsa, ou, por qualquer outro modo, mesmo por omissão, capaz de induzir em erro o consumidor a respeito da natureza, características, qualidade, quantidade, propriedades, origem, preço e quaisquer outros dados sobre produtos e serviços.

§ 2º É abusiva, dentre outras a publicidade discriminatória de qualquer natureza, a que incite à violência, explore o medo ou a superstição, se aproveite da deficiência de julgamento e experiência da criança, desrespeita valores ambientais, ou que seja capaz de induzir o consumidor a se comportar de forma prejudicial ou perigosa à sua saúde ou segurança.

§ 3º Para os efeitos deste código, a publicidade é enganosa por omissão quando deixar de informar sobre dado essencial do produto ou serviço.

§ 4º (Vetado).

Art. 38. O ônus da prova da veracidade e correção da informação ou comunicação publicitária cabe a quem as patrocina.

LEI Nº 8.078, DE 11 DE SETEMBRO DE 1990

SEÇÃO IV - Das Práticas Abusivas

Art. 39. É vedado ao fornecedor de produtos ou serviços, dentre outras práticas abusivas: (Redação dada pela Lei nº 8.884, de 11.6.1994)

I - condicionar o fornecimento de produto ou de serviço ao fornecimento de outro produto ou serviço, bem como, sem justa causa, a limites quantitativos;

II - recusar atendimento às demandas dos consumidores, na exata medida de suas disponibilidades de estoque, e, ainda, de conformidade com os usos e costumes;

III - enviar ou entregar ao consumidor, sem solicitação prévia, qualquer produto, ou fornecer qualquer serviço;

IV - prevalecer-se da fraqueza ou ignorância do consumidor, tendo em vista sua idade, saúde, conhecimento ou condição social, para impingir-lhe seus produtos ou serviços;

V - exigir do consumidor vantagem manifestamente excessiva;

VI - executar serviços sem a prévia elaboração de orçamento e autorização expressa do consumidor, ressalvadas as decorrentes de práticas anteriores entre as partes;

VII - repassar informação depreciativa, referente a ato praticado pelo consumidor no exercício de seus direitos;

VIII - colocar, no mercado de consumo, qualquer produto ou serviço em desacordo com as normas expedidas pelos órgãos oficiais competentes ou, se normas específicas não existirem, pela Associação Brasileira de Normas Técnicas ou outra entidade credenciada pelo Conselho Nacional de Metrologia, Normalização e Qualidade Industrial (Conmetro);

IX - recusar a venda de bens ou a prestação de serviços, diretamente a quem se disponha a adquiri-los mediante pronto pagamento, ressalvados os casos de intermediação regulados em leis especiais; (Redação dada pela Lei nº 8.884, de 11.6.1994)

X - elevar sem justa causa o preço de produtos ou serviços. (Incluído pela Lei nº 8.884, de 11.6.1994)

XI - Dispositivo incluído pela MPV nº 1.890-67, de 22.10.1999, transformado em inciso XIII, quando da conversão na Lei nº 9.870, de 23.11.1999

XII - deixar de estipular prazo para o cumprimento de sua obrigação ou deixar a fixação de seu termo inicial a seu exclusivo critério. (Incluído pela Lei nº 9.008, de 21.3.1995)

XIII - aplicar fórmula ou índice de reajuste diverso do legal ou contratualmente estabelecido. (Incluído pela Lei nº 9.870, de 23.11.1999)

XIV - permitir o ingresso em estabelecimentos comerciais ou de serviços de um número maior de consumidores que o fixado pela autoridade administrativa como máximo. (Incluído pela Lei nº 13.425, de 2017)

Parágrafo único. Os serviços prestados e os produtos remetidos ou entregues ao consumidor, na hipótese prevista no inciso III, equiparam-se às amostras grátis, inexistindo obrigação de pagamento.

Art. 40. O fornecedor de serviço será obrigado a entregar ao consumidor orçamento prévio discriminando o valor da mão-de-obra, dos materiais e equipamentos a serem empregados, as condições de pagamento, bem como as datas de início e término dos serviços.

§ 1º Salvo estipulação em contrário, o valor orçado terá validade pelo prazo de dez dias, contado de seu recebimento pelo consumidor.

§ 2º Uma vez aprovado pelo consumidor, o orçamento obriga os contraentes e somente pode ser alterado mediante livre negociação das partes.

§ 3º O consumidor não responde por quaisquer ônus ou acréscimos decorrentes da contratação de serviços de terceiros não previstos no orçamento prévio.

Art. 41. No caso de fornecimento de produtos ou de serviços sujeitos ao regime de controle ou de tabelamento de preços, os fornecedores deverão respeitar os limites oficiais sob pena de não o fazendo, responderem pela restituição da quantia recebida em excesso, monetariamente atualizada, podendo o consumidor exigir à sua escolha, o desfazimento do negócio, sem prejuízo de outras sanções cabíveis.

SEÇÃO V - Da Cobrança de Dívidas

Art. 42. Na cobrança de débitos, o consumidor inadimplente não será exposto a ridículo, nem será submetido a qualquer tipo de constrangimento ou ameaça.

Parágrafo único. O consumidor cobrado em quantia indevida tem direito à repetição do indébito, por valor igual ao dobro do que pagou em excesso, acrescido de correção monetária e juros legais, salvo hipótese de engano justificável.

Art. 42-A. Em todos os documentos de cobrança de débitos apresentados ao consumidor, deverão constar o nome, o endereço e o número de inscrição no Cadastro de Pessoas Físicas – CPF ou no Cadastro Nacional de Pessoa Jurídica – CNPJ do fornecedor do produto ou serviço correspondente. (Incluído pela Lei nº 12.039, de 2009)

SEÇÃO VI - Dos Bancos de Dados e Cadastros de Consumidores

Art. 43. O consumidor, sem prejuízo do disposto no art. 86, terá acesso às informações existentes em cadastros, fichas, registros e dados pessoais e de consumo arquivados sobre ele, bem como sobre as suas respectivas fontes.

§ 1º Os cadastros e dados de consumidores devem ser objetivos, claros, verdadeiros e em linguagem de fácil compreensão, não podendo conter informações negativas referentes a período superior a cinco anos.

§ 2º A abertura de cadastro, ficha, registro e dados pessoais e de consumo deverá ser comunicada por escrito ao consumidor, quando não solicitada por ele.

§ 3º O consumidor, sempre que encontrar inexatidão nos seus dados e cadastros, poderá exigir sua imediata correção, devendo o arquivista, no prazo de cinco dias úteis, comunicar a alteração aos eventuais destinatários das informações incorretas.

§ 4º Os bancos de dados e cadastros relativos a consumidores, os serviços de proteção ao crédito e congêneres são considerados entidades de caráter público.

§ 5º Consumada a prescrição relativa à cobrança de débitos do consumidor, não serão fornecidas, pelos respectivos Sistemas de Proteção ao Crédito, quaisquer informações que possam impedir ou dificultar novo acesso ao crédito junto aos fornecedores.

§ 6º Todas as informações de que trata o caput deste artigo devem ser disponibilizadas em formatos acessíveis, inclusive para a pessoa com deficiência, mediante solicitação do consumidor. (Incluído pela Lei nº 13.146, de 2015)

Art. 44. Os órgãos públicos de defesa do consumidor manterão cadastros atualizados de reclamações fundamentadas contra fornecedores de produtos e serviços, devendo divulgá-lo pública e anualmente. A divulgação indicará se a reclamação foi atendida ou não pelo fornecedor.

§ 1º É facultado o acesso às informações lá constantes para orientação e consulta por qualquer interessado.

§ 2º Aplicam-se a este artigo, no que couber, as mesmas regras enunciadas no artigo anterior e as do parágrafo único do art. 22 deste código.

Art. 45. (Vetado).

CAPÍTULO VI - Da Proteção Contratual

SEÇÃO I - Disposições Gerais

Art. 46. Os contratos que regulam as relações de consumo não obrigarão os consumidores, se não lhes for dada a oportunidade de tomar conhecimento prévio de seu conteúdo, ou se os respectivos instrumentos forem redigidos de modo a dificultar a compreensão de seu sentido e alcance.

Art. 47. As cláusulas contratuais serão interpretadas de maneira mais favorável ao consumidor.

Art. 48. As declarações de vontade constantes de escritos particulares, recibos e pré-contratos relativos às relações de consumo vinculam o fornecedor, ensejando inclusive execução específica, nos termos do art. 84 e parágrafos.

Art. 49. O consumidor pode desistir do contrato, no prazo de 7 dias a contar de sua assinatura ou do ato de recebimento do produto ou serviço, sempre que a contratação de fornecimento de produtos e serviços ocorrer fora do estabelecimento comercial, especialmente por telefone ou a domicílio.

Parágrafo único. Se o consumidor exercitar o direito de arrependimento previsto neste artigo, os valores eventualmente pagos, a qualquer título, durante o prazo de reflexão, serão devolvidos, de imediato, monetariamente atualizados.

Art. 50. A garantia contratual é complementar à legal e será conferida mediante termo escrito.

Parágrafo único. O termo de garantia ou equivalente deve ser padronizado e esclarecer, de maneira adequada em que consiste a mesma garantia, bem como a forma, o prazo e o lugar em que pode ser exercitada e os ônus a cargo do consumidor, devendo ser-lhe entregue, devidamente preenchido pelo fornecedor, no ato do fornecimento, acompanhado de manual de instrução, de instalação e uso do produto em linguagem didática, com ilustrações.

SEÇÃO II - Das Cláusulas Abusivas

Art. 51. São nulas de pleno direito, entre outras, as cláusulas contratuais relativas ao fornecimento de produtos e serviços que:

I - impossibilitem, exonerem ou atenuem a responsabilidade do fornecedor por vícios de qualquer natureza dos produtos e serviços ou impliquem renúncia ou disposição de direitos. Nas relações de consumo entre o fornecedor e o consumidor pessoa jurídica, a indenização poderá ser limitada, em situações justificáveis;

II - subtraiam ao consumidor a opção de reembolso da quantia já paga, nos casos previstos neste código;

III - transfiram responsabilidades a terceiros;

IV - estabeleçam obrigações consideradas iníquas, abusivas, que coloquem o consumidor em desvantagem exagerada, ou sejam incompatíveis com a boa-fé ou a eqüidade;

V - (Vetado);

VI - estabeleçam inversão do ônus da prova em prejuízo do consumidor;

VII - determinem a utilização compulsória de arbitragem;

VIII - imponham representante para concluir ou realizar outro negócio jurídico pelo consumidor;

IX - deixem ao fornecedor a opção de concluir ou não o contrato, embora obrigando o consumidor;

X - permitam ao fornecedor, direta ou indiretamente, variação do preço de maneira unilateral;

XI - autorizem o fornecedor a cancelar o contrato unilateralmente, sem que igual direito seja conferido ao consumidor;

XII - obriguem o consumidor a ressarcir os custos de cobrança de sua obrigação, sem que igual direito lhe seja conferido contra o fornecedor;

XIII - autorizem o fornecedor a modificar unilateralmente o conteúdo ou a qualidade do contrato, após sua celebração;

XIV - infrinjam ou possibilitem a violação de normas ambientais;

XV - estejam em desacordo com o sistema de proteção ao consumidor;

XVI - possibilitem a renúncia do direito de indenização por benfeitorias necessárias.

§ 1º Presume-se exagerada, entre outros casos, a vantagem que:

I - ofende os princípios fundamentais do sistema jurídico a que pertence;

II - restringe direitos ou obrigações fundamentais inerentes à natureza do contrato, de tal modo a ameaçar seu objeto ou equilíbrio contratual;

III - se mostra excessivamente onerosa para o consumidor, considerando-se a natureza e conteúdo do contrato, o interesse das partes e outras circunstâncias peculiares ao caso.

§ 2º A nulidade de uma cláusula contratual abusiva não invalida o contrato, exceto quando de sua ausência, apesar dos esforços de integração, decorrer ônus excessivo a qualquer das partes.

§ 3º (Vetado).

§ 4º É facultado a qualquer consumidor ou entidade que o represente requerer ao Ministério Público que ajuíze a competente ação para ser declarada a nulidade de cláusula contratual que contrarie o disposto neste código ou de qualquer forma não assegure o justo equilíbrio entre direitos e obrigações das partes.

Art. 52. No fornecimento de produtos ou serviços que envolva outorga de crédito ou concessão de financiamento ao consumidor, o fornecedor deverá, entre outros requisitos, informá-lo prévia e adequadamente sobre:

I - preço do produto ou serviço em moeda corrente nacional;

II - montante dos juros de mora e da taxa efetiva anual de juros;

III - acréscimos legalmente previstos;

IV - número e periodicidade das prestações;

V - soma total a pagar, com e sem financiamento.

§ 1º As multas de mora decorrentes do inadimplemento de obrigações no seu termo não poderão ser superiores a dois por cento do valor da prestação. (Redação dada pela Lei nº 9.298, de 1º.8.1996)

§ 2º É assegurado ao consumidor a liquidação antecipada do débito, total ou parcialmente, mediante redução proporcional dos juros e demais acréscimos.

§ 3º (Vetado).

Art. 53. Nos contratos de compra e venda de móveis ou imóveis mediante pagamento em prestações, bem como nas alienações fiduciárias em garantia, consideram-se nulas de pleno direito as cláusulas que estabeleçam a perda total das prestações pagas em benefício do credor que, em razão do inadimplemento, pleitear a resolução do contrato e a retomada do produto alienado.

§ 1º (Vetado).

§ 2º Nos contratos do sistema de consórcio de produtos duráveis, a compensação ou a restituição das parcelas quitadas, na forma deste artigo, terá descontada, além da vantagem econômica auferida com a fruição, os prejuízos que o desistente ou inadimplente causar ao grupo.

§ 3º Os contratos de que trata o caput deste artigo serão expressos em moeda corrente nacional.

SEÇÃO III - Dos Contratos de Adesão

Art. 54. Contrato de adesão é aquele cujas cláusulas tenham sido aprovadas pela autoridade competente ou estabelecidas unilateralmente pelo fornecedor de produtos ou serviços, sem que o consumidor possa discutir ou modificar substancialmente seu conteúdo.

§ 1º A inserção de cláusula no formulário não desfigura a natureza de adesão do contrato.

§ 2º Nos contratos de adesão admite-se cláusula resolutória, desde que a alternativa, cabendo a escolha ao consumidor, ressalvando-se o disposto no § 2º do artigo anterior.

§ 3º Os contratos de adesão escritos serão redigidos em termos claros e com caracteres ostensivos e legíveis, cujo tamanho da fonte não será inferior ao corpo doze, de modo a facilitar sua compreensão pelo consumidor. (Redação dada pela nº 11.785, de 2008)

§ 4º As cláusulas que implicarem limitação de direito do consumidor deverão ser redigidas com destaque, permitindo sua imediata e fácil compreensão.

§ 5º (Vetado)

CAPÍTULO VII - Das Sanções Administrativas

(Vide Lei nº 8.656, de 1993)

Art. 55. A União, os Estados e o Distrito Federal, em caráter concorrente e nas suas respectivas áreas de atuação administrativa, baixarão normas relativas à produção, industrialização, distribuição e consumo de produtos e serviços.

§ 1º A União, os Estados, o Distrito Federal e os Municípios fiscalizarão e controlarão a produção, industrialização, distribuição, a publicidade de produtos e serviços e o mercado de consumo, no interesse da preservação da vida, da saúde, da segurança, da informação e do bem-estar do consumidor, baixando as normas que se fizerem necessárias.

§ 2º (Vetado).

§ 3º Os órgãos federais, estaduais, do Distrito Federal e municipais com atribuições para fiscalizar e controlar o mercado de consumo manterão comissões permanentes para elaboração, revisão e atualização das normas referidas no § 1º, sendo obrigatória a participação dos consumidores e fornecedores.

§ 4º Os órgãos oficiais poderão expedir notificações aos fornecedores para que, sob pena de desobediência, prestem informações sobre questões de interesse do consumidor, resguardado o segredo industrial.

Art. 56. As infrações das normas de defesa do consumidor ficam sujeitas, conforme o caso, às seguintes sanções administrativas, sem prejuízo das de natureza civil, penal e das definidas em normas específicas:

I - multa;
II - apreensão do produto;
III - inutilização do produto;
IV - cassação do registro do produto junto ao órgão competente;
V - proibição de fabricação do produto;
VI - suspensão de fornecimento de produtos ou serviço;
VII - suspensão temporária de atividade;
VIII - revogação de concessão ou permissão de uso;
IX - cassação de licença do estabelecimento ou de atividade;
X - interdição, total ou parcial, de estabelecimento, de obra ou de atividade;
XI - intervenção administrativa;
XII - imposição de contrapropaganda.

Parágrafo único. As sanções previstas neste artigo serão aplicadas pela autoridade administrativa, no âmbito de sua atribuição, podendo ser aplicadas cumulativamente, inclusive por medida cautelar, antecedente ou incidente de procedimento administrativo.

Art. 57. A pena de multa, graduada de acordo com a gravidade da infração, a vantagem auferida e a condição econômica do fornecedor, será aplicada mediante procedimento administrativo, revertendo para o Fundo de que trata a Lei nº 7.347, de 24 de julho de 1985, os valores cabíveis à União, ou para os Fundos estaduais ou municipais de proteção ao consumidor nos demais casos. (Redação dada pela Lei nº 8.656, de 21.5.1993)

Parágrafo único. A multa será em montante não inferior a duzentas e não superior a três milhões de vezes o valor da Unidade Fiscal de Referência (Ufir), ou índice equivalente que venha a substituí-lo. (Parágrafo acrescentado pela Lei nº 8.703, de 6.9.1993)

Art. 58. As penas de apreensão, de inutilização de produtos, de proibição de fabricação de produtos, de suspensão do fornecimento de produto ou serviço, de cassação do registro do produto e revogação da concessão ou permissão de uso serão aplicadas pela administração, mediante procedimento administrativo, assegurada ampla defesa, quando forem constatados vícios de quantidade ou de qualidade por inadequação ou insegurança do produto ou serviço.

Art. 59. As penas de cassação de alvará de licença, de interdição e de suspensão temporária da atividade, bem como a de intervenção administrativa, serão aplicadas mediante procedimento administrativo, assegurada ampla defesa, quando o fornecedor reincidir na prática das infrações de maior gravidade previstas neste código e na legislação de consumo.

§ 1º A pena de cassação da concessão será aplicada à concessionária de serviço público, quando violar obrigação legal ou contratual.

§ 2º A pena de intervenção administrativa será aplicada sempre que as circunstâncias de fato desaconselharem a cassação de licença, a interdição ou suspensão da atividade.

§ 3º Pendendo ação judicial na qual se discuta a imposição de penalidade administrativa, não haverá reincidência até o trânsito em julgado da sentença.

Art. 60. A imposição de contrapropaganda será cominada quando o fornecedor incorrer na prática de publicidade enganosa ou abusiva, nos termos do art. 36 e seus parágrafos, sempre às expensas do infrator.

§ 1º A contrapropaganda será divulgada pelo responsável da mesma forma, freqüência e dimensão e, preferencialmente no mesmo veículo, local, espaço e horário, de forma capaz de desfazer o malefício da publicidade enganosa ou abusiva.

§ 2º (Vetado)

§ 3º (Vetado).

TÍTULO II - Das Infrações Penais

Art. 61. Constituem crimes contra as relações de consumo previstas neste código, sem prejuízo do disposto no Código Penal e leis especiais, as condutas tipificadas nos artigos seguintes.

Art. 62. (Vetado).

Art. 63. Omitir dizeres ou sinais ostensivos sobre a nocividade ou periculosidade de produtos, nas embalagens, nos invólucros, recipientes ou publicidade:

Pena: Detenção de seis meses a dois anos e multa.

§ 1º Incorrerá nas mesmas penas quem deixar de alertar, mediante recomendações escritas ostensivas, sobre a periculosidade do serviço a ser prestado.

§ 2º Se o crime é culposo:

Pena Detenção de um a seis meses ou multa.

Art. 64. Deixar de comunicar à autoridade competente e aos consumidores a nocividade ou periculosidade de produtos cujo conhecimento seja posterior à sua colocação no mercado:

Pena: Detenção de seis meses a dois anos e multa.

Parágrafo único. Incorrerá nas mesmas penas quem deixar de retirar do mercado, imediatamente quando determinado pela autoridade competente, os produtos nocivos ou perigosos, na forma deste artigo.

Art. 65. Executar serviço de alto grau de periculosidade, contrariando determinação de autoridade competente:

Pena Detenção de seis meses a dois anos e multa.

§ 1º As penas deste artigo são aplicáveis sem prejuízo das correspondentes à lesão corporal e à morte. (Redação dada pela Lei nº 13.425, de 2017)

§ 2º A prática do disposto no inciso XIV do art. 39 desta Lei também caracteriza o crime previsto no caput deste artigo. (Incluído pela Lei nº 13.425, de 2017)

Art. 66. Fazer afirmação falsa ou enganosa, ou omitir informação relevante sobre a natureza, característica, qualidade, quantidade, segurança, desempenho, durabilidade, preço ou garantia de produtos ou serviços:

Pena: Detenção de três meses a um ano e multa.

§ 1º Incorrerá nas mesmas penas quem patrocinar a oferta.

§ 2º Se o crime é culposo;

Pena Detenção de um a seis meses ou multa.

Art. 67. Fazer ou promover publicidade que sabe ou deveria saber ser enganosa ou abusiva:

Pena Detenção de três meses a um ano e multa.

Parágrafo único. (Vetado).

Art. 68. Fazer ou promover publicidade que sabe ou deveria saber ser capaz de induzir o consumidor a se comportar de forma prejudicial ou perigosa a sua saúde ou segurança:

Pena: Detenção de seis meses a dois anos e multa:

Parágrafo único. (Vetado).

Art. 69. Deixar de organizar dados fáticos, técnicos e científicos que dão base à publicidade:

Pena Detenção de um a seis meses ou multa.

Art. 70. Empregar na reparação de produtos, peça ou componentes de reposição usados, sem autorização do consumidor:

Pena Detenção de três meses a um ano e multa.

Art. 71. Utilizar, na cobrança de dívidas, de ameaça, coação, constrangimento físico ou moral, afirmações falsas incorretas ou enganosas ou de qualquer outro procedimento que exponha o consumidor, injustificadamente, a ridículo ou interfira com seu trabalho, descanso ou lazer:

Pena Detenção de três meses a um ano e multa.

Art. 72. Impedir ou dificultar o acesso do consumidor às informações que sobre ele constem em cadastros, banco de dados, fichas e registros:

Pena Detenção de seis meses a um ano ou multa.

Art. 73. Deixar de corrigir imediatamente informação sobre consumidor constante de cadastro, banco de dados, fichas ou registros que sabe ou deveria saber ser inexata:

Pena Detenção de um a seis meses ou multa.

Art. 74. Deixar de entregar ao consumidor o termo de garantia adequadamente preenchido e com especificação clara de seu conteúdo;

Pena Detenção de um a seis meses ou multa.

Art. 75. Quem, de qualquer forma, concorrer para os crimes referidos neste código, incide as penas a esses cominadas na medida de sua culpabilidade, bem como o diretor, administrador ou gerente da pessoa jurídica que promover, permitir ou por qualquer modo aprovar o fornecimento, oferta, exposição à venda ou manutenção em depósito de produtos ou a oferta e prestação de serviços nas condições por ele proibidas.

Art. 76. São circunstâncias agravantes dos crimes tipificados neste código:

I - serem cometidos em época de grave crise econômica ou por ocasião de calamidade;

II - ocasionarem grave dano individual ou coletivo;

III - dissimular-se a natureza ilícita do procedimento;

IV - quando cometidos:

a) por servidor público, ou por pessoa cuja condição econômico-social seja manifestamente superior à da vítima;

b) em detrimento de operário ou rurícola; de menor de dezoito ou maior de sessenta anos ou de pessoas portadoras de deficiência mental interditadas ou não;

V - serem praticados em operações que envolvam alimentos, medicamentos ou quaisquer outros produtos ou serviços essenciais.

Art. 77. A pena pecuniária prevista nesta Seção será fixada em dias-multa, correspondente ao mínimo e ao máximo de dias de duração da pena privativa da liberdade cominada ao crime. Na individualização desta multa, o juiz observará o disposto no art. 60, §1º do Código Penal.

Art. 78. Além das penas privativas de liberdade e de multa, podem ser impostas, cumulativa ou alternadamente, observado o disposto nos arts. 44 a 47, do Código Penal:

I - a interdição temporária de direitos;

II - a publicação em órgãos de comunicação de grande circulação ou audiência, às expensas do condenado, de notícia sobre os fatos e a condenação;

III - a prestação de serviços à comunidade.

Art. 79. O valor da fiança, nas infrações de que trata este código, será fixado pelo juiz, ou pela autoridade que presidir o inquérito, entre cem e duzentas mil vezes o valor do Bônus do Tesouro Nacional (BTN), ou índice equivalente que venha a substituí-lo.

Parágrafo único. Se assim recomendar a situação econômica do indiciado ou réu, a fiança poderá ser:

a) reduzida até a metade do seu valor mínimo;

b) aumentada pelo juiz até vinte vezes.

Art. 80. No processo penal atinente aos crimes previstos neste código, bem como a outros crimes e contravenções que envolvam relações de consumo, poderão intervir, como assistentes do Ministério Público, os legitimados indicados no art. 82, inciso III e IV, aos quais também é facultado propor ação penal subsidiária, se a denúncia não for oferecida no prazo legal.

TÍTULO III - Da Defesa do Consumidor em Juízo

CAPÍTULO I - Disposições Gerais

Art. 81. A defesa dos interesses e direitos dos consumidores e das vítimas poderá ser exercida em juízo individualmente, ou a título coletivo.

Parágrafo único. A defesa coletiva será exercida quando se tratar de:

I - interesses ou direitos difusos, assim entendidos, para efeitos deste código, os transindividuais, de natureza indivisível, de que sejam titulares pessoas indeterminadas e ligadas por circunstâncias de fato;

II - interesses ou direitos coletivos, assim entendidos, para efeitos deste código, os transindividuais, de natureza indivisível de que seja titular grupo, categoria ou classe de pessoas ligadas entre si ou com a parte contrária por uma relação jurídica base;

III - interesses ou direitos individuais homogêneos, assim entendidos os decorrentes de origem comum.

Art. 82. Para os fins do art. 81, parágrafo único, são legitimados concorrentemente: (Redação dada pela Lei nº 9.008, de 21.3.1995)

I - o Ministério Público,

II - a União, os Estados, os Municípios e o Distrito Federal;

III - as entidades e órgãos da Administração Pública, direta ou indireta, ainda que sem personalidade jurídica, especificamente destinados à defesa dos interesses e direitos protegidos por este código;

IV - as associações legalmente constituídas há pelo menos um ano e que incluam entre seus fins institucionais a defesa dos interesses e direitos protegidos por este código, dispensada a autorização assemblear.

§ 1º O requisito da pré-constituição pode ser dispensado pelo juiz, nas ações previstas nos arts. 91 e seguintes, quando haja manifesto interesse social evidenciado pela dimensão ou característica do dano, ou pela relevância do bem jurídico a ser protegido.

§ 2º (Vetado).

§ 3º (Vetado).

Art. 83. Para a defesa dos direitos e interesses protegidos por este código são admissíveis todas as espécies de ações capazes de propiciar sua adequada e efetiva tutela.

Parágrafo único. (Vetado).

Art. 84. Na ação que tenha por objeto o cumprimento da obrigação de fazer ou não fazer, o juiz concederá a tutela específica da obrigação ou determinará providências que assegurem o resultado prático equivalente ao do adimplemento.

§ 1º A conversão da obrigação em perdas e danos somente será admissível se por elas optar o autor ou se impossível a tutela específica ou a obtenção do resultado prático correspondente.

§ 2º A indenização por perdas e danos se fará sem prejuízo da multa (art. 287, do Código de Processo Civil).

§ 3º Sendo relevante o fundamento da demanda e havendo justificado receio de ineficácia do provimento final, é lícito ao juiz conceder a tutela liminarmente ou após justificação prévia, citado o réu.

§ 4º O juiz poderá, na hipótese do § 3º ou na sentença, impor multa diária ao réu, independentemente de pedido do autor, se for suficiente ou compatível com a obrigação, fixando prazo razoável para o cumprimento do preceito.

§ 5º Para a tutela específica ou para a obtenção do resultado prático equivalente, poderá o juiz determinar as medidas necessárias, tais como busca e apreensão, remoção de coisas e pessoas, desfazimento de obra, impedimento de atividade nociva, além de requisição de força policial.

Art. 85. (Vetado).
Art. 86. (Vetado).
Art. 87. Nas ações coletivas de que trata este código não haverá adiantamento de custas, emolumentos, honorários periciais e quaisquer outras despesas, nem condenação da associação autora, salvo comprovada má-fé, em honorários de advogados, custas e despesas processuais.

Parágrafo único. Em caso de litigância de má-fé, a associação autora e os diretores responsáveis pela propositura da ação serão solidariamente condenados em honorários advocatícios e ao décuplo das custas, sem prejuízo da responsabilidade por perdas e danos.

Art. 88. Na hipótese do art. 13, parágrafo único deste código, a ação de regresso poderá ser ajuizada em processo autônomo, facultada a possibilidade de prosseguir-se nos mesmos autos, vedada a denunciação da lide.

Art. 89. (Vetado)
Art. 90. Aplicam-se às ações previstas neste título as normas do Código de Processo Civil e da Lei nº 7.347, de 24 de julho de 1985, inclusive no que respeita ao inquérito civil, naquilo que não contrariar suas disposições.

CAPÍTULO II - Das Ações Coletivas Para a Defesa de Interesses Individuais Homogêneos

Art. 91. Os legitimados de que trata o art. 82 poderão propor, em nome próprio e no interesse das vítimas ou seus sucessores, ação civil coletiva de responsabilidade pelos danos individualmente sofridos, de acordo com o disposto nos artigos seguintes. (Redação dada pela Lei nº 9.008, de 21.3.1995)

Art. 92. O Ministério Público, se não ajuizar a ação, atuará sempre como fiscal da lei.

Parágrafo único. (Vetado).
Art. 93. Ressalvada a competência da Justiça Federal, é competente para a causa a justiça local:

I - no foro do lugar onde ocorreu ou deva ocorrer o dano, quando de âmbito local;

II - no foro da Capital do Estado ou no do Distrito Federal, para os danos de âmbito nacional ou regional, aplicando-se as regras do Código de Processo Civil aos casos de competência concorrente.

Art. 94. Proposta a ação, será publicado edital no órgão oficial, a fim de que os interessados possam intervir no processo como litisconsortes, sem prejuízo de ampla divulgação pelos meios de comunicação social por parte dos órgãos de defesa do consumidor.

Art. 95. Em caso de procedência do pedido, a condenação será genérica, fixando a responsabilidade do réu pelos danos causados.

Art. 96. (Vetado).
Art. 97. A liquidação e a execução de sentença poderão ser promovidas pela vítima e seus sucessores, assim como pelos legitimados de que trata o art. 82.

Parágrafo único. (Vetado).
Art. 98. A execução poderá ser coletiva, sendo promovida pelos legitimados de que trata o art. 82, abrangendo as vítimas cujas indenizações já tiveram sido fixadas em sentença de liquidação, sem prejuízo do ajuizamento de outras execuções. (Redação dada pela Lei nº 9.008, de 21.3.1995)

§ 1º A execução coletiva far-se-á com base em certidão das sentenças de liquidação, da qual deverá constar a ocorrência ou não do trânsito em julgado.

§ 2º É competente para a execução o juízo:
I - da liquidação da sentença ou da ação condenatória, no caso de execução individual;
II - da ação condenatória, quando coletiva a execução.

Art. 99. Em caso de concurso de créditos decorrentes de condenação prevista na Lei n.º 7.347, de 24 de julho de 1985 e de indenizações pelos prejuízos individuais resultantes do mesmo evento danoso, estas terão preferência no pagamento.

Parágrafo único. Para efeito do disposto neste artigo, a destinação da importância recolhida ao fundo criado pela Lei nº7.347 de 24 de julho de 1985, ficará sustada enquanto pendentes de decisão de segundo grau as ações de indenização pelos danos individuais, salvo na hipótese de o patrimônio do devedor ser manifestamente suficiente para responder pela integralidade das dívidas.

Art. 100. Decorrido o prazo de um ano sem habilitação de interessados em número compatível com a gravidade do dano, poderão os legitimados do art. 82 promover a liquidação e execução da indenização devida.

Parágrafo único. O produto da indenização devida reverterá para o fundo criado pela Lei n.º 7.347, de 24 de julho de 1985.

CAPÍTULO III - Das Ações de Responsabilidade do Fornecedor de Produtos e Serviços

Art. 101. Na ação de responsabilidade civil do fornecedor de produtos e serviços, sem prejuízo do disposto nos Capítulos I e II deste título, serão observadas as seguintes normas:

I - a ação pode ser proposta no domicílio do autor;
II - o réu que houver contratado seguro de responsabilidade poderá chamar ao processo o segurador, vedada a integração do contraditório pelo Instituto de Resseguros do Brasil. Nesta hipótese, a sentença que julgar procedente o pedido condenará o réu nos termos do art. 80 do Código de Processo Civil. Se o réu houver sido declarado falido, o síndico será intimado a informar a existência de seguro de responsabilidade, facultando-se, em caso afirmativo, o ajuizamento de ação de indenização diretamente contra o segurador, vedada a denunciação da lide ao Instituto de Resseguros do Brasil e dispensado o litisconsórcio obrigatório com este.

Art. 102. Os legitimados a agir na forma deste código poderão propor ação visando compelir o Poder Público competente a proibir, em todo o território nacional, a produção, divulgação distribuição ou venda, ou a determinar a alteração na composição, estrutura, fórmula ou acondicionamento de produto, cujo uso ou consumo regular se revele nocivo ou perigoso à saúde pública e à incolumidade pessoal.

§ 1º (Vetado).
§ 2º (Vetado)

CAPÍTULO IV - Da Coisa Julgada

Art. 103. Nas ações coletivas de que trata este código, a sentença fará coisa julgada:

I - erga omnes, exceto se o pedido for julgado improcedente por insuficiência de provas, hipótese em que qualquer legitimado poderá intentar outra ação, com idêntico fundamento valendo-se de nova prova, na hipótese do inciso I do parágrafo único do art. 81;

II - ultra partes, mas limitadamente ao grupo, categoria ou classe, salvo improcedência por insuficiência de provas, nos termos do inciso anterior, quando se tratar da hipótese prevista no inciso II do parágrafo único do art. 81;

III - erga omnes, apenas no caso de procedência do pedido, para beneficiar todas as vítimas e seus sucessores, na hipótese do inciso III do parágrafo único do art. 81.

§ 1º Os efeitos da coisa julgada previstos nos incisos I e II não prejudicarão interesses e direitos individuais dos integrantes da coletividade, do grupo, categoria ou classe.

§ 2º Na hipótese prevista no inciso III, em caso de improcedência do pedido, os interessados que não tiverem intervindo no processo como litisconsortes poderão propor ação de indenização a título individual.

§ 3º Os efeitos da coisa julgada de que cuida o art. 16, combinado com o art. 13 da Lei nº 7.347, de 24 de julho de 1985, não prejudicarão as ações de indenização por danos pessoalmente sofridos, propostas individualmente ou na forma prevista neste código, mas, se procedente o pedido, beneficiarão as vítimas e seus sucessores, que poderão proceder à liquidação e à execução, nos termos dos arts. 96 a 99.

§ 4º Aplica-se o disposto no parágrafo anterior à sentença penal condenatória.

Art. 104. As ações coletivas, previstas nos incisos I e II e do parágrafo único do art. 81, não induzem litispendência para as ações individuais, mas os efeitos da coisa julgada erga omnes ou ultra partes a que aludem os incisos II e III do artigo anterior não beneficiarão os autores das ações individuais, se não for requerida sua suspensão no prazo de trinta dias, a contar da ciência nos autos do ajuizamento da ação coletiva.

TÍTULO IV - Do Sistema Nacional de Defesa do Consumidor

Art. 105. Integram o Sistema Nacional de Defesa do Consumidor (SNDC), os órgãos federais, estaduais, do Distrito Federal e municipais e as entidades privadas de defesa do consumidor.

Art. 106. O Departamento Nacional de Defesa do Consumidor, da Secretaria Nacional de Direito Econômico (MJ), ou órgão federal que venha substituí-lo, é organismo de coordenação da política do Sistema Nacional de Defesa do Consumidor, cabendo-lhe:

I - planejar, elaborar, propor, coordenar e executar a política nacional de proteção ao consumidor;

II - receber, analisar, avaliar e encaminhar consultas, denúncias ou sugestões apresentadas por entidades representativas ou pessoas jurídicas de direito público ou privado;

III - prestar aos consumidores orientação permanente sobre seus direitos e garantias;

IV - informar, conscientizar e motivar o consumidor através dos diferentes meios de comunicação;

V - solicitar à polícia judiciária a instauração de inquérito policial para a apreciação de delito contra os consumidores, nos termos da legislação vigente;

VI - representar ao Ministério Público competente para fins de adoção de medidas processuais no âmbito de suas atribuições;

VII - levar ao conhecimento dos órgãos competentes as infrações de ordem administrativa que violarem os interesses difusos, coletivos, ou individuais dos consumidores;

VIII - solicitar o concurso de órgãos e entidades da União, Estados, do Distrito Federal e Municípios, bem como auxiliar a fiscalização de preços, abastecimento, quantidade e segurança de bens e serviços;

IX - incentivar, inclusive com recursos financeiros e outros programas especiais, a formação de entidades de defesa do consumidor pela população e pelos órgãos públicos estaduais e municipais;

X - (Vetado).

XI - (Vetado).

XII - (Vetado)

XIII - desenvolver outras atividades compatíveis com suas finalidades.

Parágrafo único. Para a consecução de seus objetivos, o Departamento Nacional de Defesa do Consumidor poderá solicitar o concurso de órgãos e entidades de notória especialização técnico-científica.

TÍTULO V - Da Convenção Coletiva de Consumo

Art. 107. As entidades civis de consumidores e as associações de fornecedores ou sindicatos de categoria econômica podem regular, por convenção escrita, relações de consumo que tenham por objeto estabelecer condições relativas ao preço, à qualidade, à quantidade, à garantia e características de produtos e serviços, bem como à reclamação e composição do conflito de consumo.

§ 1º A convenção tornar-se-á obrigatória a partir do registro do instrumento no cartório de títulos e documentos.

§ 2º A convenção somente obrigará os filiados às entidades signatárias.

§ 3º Não se exime de cumprir a convenção o fornecedor que se desligar da entidade em data posterior ao registro do instrumento.

Art. 108. (Vetado).

TÍTULO VI - Disposições Finais

Art. 109. (Vetado).

Art. 110. Acrescente-se o seguinte inciso IV ao art. 1º da Lei nº 7.347, de 24 de julho de 1985:

"IV - a qualquer outro interesse difuso ou coletivo".

Art. 111. O inciso II do art. 5º da Lei nº 7.347, de 24 de julho de 1985, passa a ter a seguinte redação:

"II - inclua, entre suas finalidades institucionais, a proteção ao meio ambiente, ao consumidor, ao patrimônio artístico, estético, histórico, turístico e paisagístico, ou a qualquer outro interesse difuso ou coletivo".

Art. 112. O § 3º do art. 5º da Lei nº 7.347, de 24 de julho de 1985, passa a ter a seguinte redação:

"§ 3º Em caso de desistência infundada ou abandono da ação por associação legitimada, o Ministério Público ou outro legitimado assumirá a titularidade ativa".

Art. 113. Acrescente-se os seguintes §§ 4º, 5º e 6º ao art. 5º. da Lei n.º 7.347, de 24 de julho de 1985:

"§ 4.º O requisito da pré-constituição poderá ser dispensado pelo juiz, quando haja manifesto interesse social evidenciado pela dimensão ou característica do dano, ou pela relevância do bem jurídico a ser protegido.

§ 5.º Admitir-se-á o litisconsórcio facultativo entre os Ministérios Públicos da União, do Distrito Federal e dos Estados na defesa dos interesses e direitos de que cuida esta lei.

§ 6º Os órgãos públicos legitimados poderão tomar dos interessados compromisso de ajustamento de sua conduta às exigências legais, mediante combinações, que terá eficácia de título executivo extrajudicial".

Art. 114. O art. 15 da Lei nº 7.347, de 24 de julho de 1985, passa a ter a seguinte redação:

"Art. 15. Decorridos sessenta dias do trânsito em julgado da sentença condenatória, sem que a associação autora lhe promova a execução, deverá fazê-lo o Ministério Público, facultada igual iniciativa aos demais legitimados".

Art. 115. Suprima-se o caput do art. 17 da Lei nº 7.347, de 24 de julho de 1985, passando o parágrafo único a constituir o caput, com a seguinte redação:

"Art. 17. "Art. 17. Em caso de litigância de má-fé, a associação autora e os diretores responsáveis pela propositura da ação serão solidariamente condenados em honorários advocatícios e ao décuplo das custas, sem prejuízo da responsabilidade por perdas e danos".

Art. 116. Dê-se a seguinte redação ao art. 18 da Lei nº 7.347, de 24 de julho de 1985:

"Art. 18. Nas ações de que trata esta lei, não haverá adiantamento de custas, emolumentos, honorários periciais e quaisquer outras despesas, nem condenação da associação autora,

LEI Nº 8.078, DE 11 DE SETEMBRO DE 1990

salvo comprovada má-fé, em honorários de advogado, custas e despesas processuais".

Art. 117. Acrescente-se à Lei nº 7.347, de 24 de julho de 1985, o seguinte dispositivo, renumerando-se os seguintes:

"Art. 21. Aplicam-se à defesa dos direitos e interesses difusos, coletivos e individuais, no que for cabível, os dispositivos do Título III da lei que instituiu o Código de Defesa do Consumidor".

Art. 118. Este código entrará em vigor dentro de cento e oitenta dias a contar de sua publicação.

Art. 119. Revogam-se as disposições em contrário.

4. LEI Nº 8.137, DE 27 DE DEZEMBRO DE 1990

(Vide Lei nº 9.249, de 1995)
(Vide Decreto nº 3.000, de 1999)

Define crimes contra a ordem tributária, econômica e contra as relações de consumo, e dá outras providências.

O PRESIDENTE DA REPÚBLICA, faço saber que o Congresso Nacional decreta e eu sanciono a seguinte lei:

CAPÍTULO I - Dos Crimes Contra a Ordem Tributária

Seção I - Dos crimes praticados por particulares

Art. 1º Constitui crime contra a ordem tributária suprimir ou reduzir tributo, ou contribuição social e qualquer acessório, mediante as seguintes condutas: (Vide Lei nº 9.964, de 10.4.2000)

I - omitir informação, ou prestar declaração falsa às autoridades fazendárias;

II - fraudar a fiscalização tributária, inserindo elementos inexatos, ou omitindo operação de qualquer natureza, em documento ou livro exigido pela lei fiscal;

III - falsificar ou alterar nota fiscal, fatura, duplicata, nota de venda, ou qualquer outro documento relativo à operação tributável;

IV - elaborar, distribuir, fornecer, emitir ou utilizar documento que saiba ou deva saber falso ou inexato;

V - negar ou deixar de fornecer, quando obrigatório, nota fiscal ou documento equivalente, relativa a venda de mercadoria ou prestação de serviço, efetivamente realizada, ou fornecê-la em desacordo com a legislação.

Pena: reclusão de 2 (dois) a 5 (cinco) anos, e multa.

Parágrafo único. A falta de atendimento da exigência da autoridade, no prazo de 10 (dez) dias, que poderá ser convertido em horas em razão da maior ou menor complexidade da matéria ou da dificuldade quanto ao atendimento da exigência, caracteriza a infração prevista no inciso V.

Art. 2º Constitui crime da mesma natureza: (Vide Lei nº 9.964, de 10.4.2000)

I - fazer declaração falsa ou omitir declaração sobre rendas, bens ou fatos, ou empregar outra fraude, para eximir-se, total ou parcialmente, de pagamento de tributo;

II - deixar de recolher, no prazo legal, valor de tributo ou de contribuição social, descontado ou cobrado, na qualidade de sujeito passivo de obrigação e que deveria recolher aos cofres públicos;

III - exigir, pagar ou receber, para si ou para o contribuinte beneficiário, qualquer percentagem sobre a parcela dedutível ou deduzida de imposto ou de contribuição como incentivo fiscal;

IV - deixar de aplicar, ou aplicar em desacordo com o estatuído, incentivo fiscal ou parcelas de imposto liberadas por órgão ou entidade de desenvolvimento;

V - utilizar ou divulgar programa de processamento de dados que permita ao sujeito passivo da obrigação tributária possuir informação contábil diversa daquela que é, por lei, fornecida à Fazenda Pública.

Pena: detenção, de 6 (seis) meses a 2 (dois) anos, e multa.

Seção II - Dos crimes praticados por funcionários públicos

Art. 3º Constitui crime funcional contra a ordem tributária, além dos previstos no Decreto-Lei nº 2.848, de 7 de dezembro de 1940 - Código Penal (Título XI, Capítulo I):

I - extraviar livro oficial, processo fiscal ou qualquer documento, de que tenha a guarda em razão da função; sonegá-lo, ou inutilizá-lo, total ou parcialmente, acarretando pagamento indevido ou inexato de tributo ou contribuição social;

II - exigir, solicitar ou receber, para si ou para outrem, direta ou indiretamente, ainda que fora da função ou antes de iniciar seu exercício, mas em razão dela, vantagem indevida; ou aceitar promessa de tal vantagem, para deixar de lançar ou cobrar tributo ou contribuição social, ou cobrá-los parcialmente. Pena - reclusão, de 3 (três) a 8 (oito) anos, e multa.

III - patrocinar, direta ou indiretamente, interesse privado perante a administração fazendária, valendo-se da qualidade de funcionário público. Pena - reclusão, de 1 (um) a 4 (quatro) anos, e multa.

CAPÍTULO II - Dos Crimes Contra a Economia e as Relações de Consumo

Art. 4º Constitui crime contra a ordem econômica:

I - abusar do poder econômico, dominando o mercado ou eliminando, total ou parcialmente, a concorrência mediante qualquer forma de ajuste ou acordo de empresas; (Redação dada pela Lei nº 12.529, de 2011).

a) (revogada); (Redação dada pela Lei nº 12.529, de 2011).
b) (revogada); (Redação dada pela Lei nº 12.529, de 2011).
c) (revogada); (Redação dada pela Lei nº 12.529, de 2011).
d) (revogada); (Redação dada pela Lei nº 12.529, de 2011).
e) (revogada); (Redação dada pela Lei nº 12.529, de 2011).
f) (revogada); (Redação dada pela Lei nº 12.529, de 2011).

II - formar acordo, convênio, ajuste ou aliança entre ofertantes, visando: (Redação dada pela Lei nº 12.529, de 2011).

a) à fixação artificial de preços ou quantidades vendidas ou produzidas; (Redação dada pela Lei nº 12.529, de 2011).

b) ao controle regionalizado do mercado por empresa ou grupo de empresas; (Redação dada pela Lei nº 12.529, de 2011).

c) ao controle, em detrimento da concorrência, de rede de distribuição ou de fornecedores. (Redação dada pela Lei nº 12.529, de 2011).

Pena: reclusão, de 2 (dois) a 5 (cinco) anos e multa. (Redação dada pela Lei nº 12.529, de 2011).

III - (revogado); (Redação dada pela Lei nº 12.529, de 2011).
IV - (revogado); (Redação dada pela Lei nº 12.529, de 2011).
V - (revogado); (Redação dada pela Lei nº 12.529, de 2011).
VI - (revogado); (Redação dada pela Lei nº 12.529, de 2011).
VII - (revogado). (Redação dada pela Lei nº 12.529, de 2011).

Art. 5º -(Revogado pela Lei nº 12.529, de 2011).

Art. 6º (Revogado pela Lei nº 12.529, de 2011).

Art. 7º Constitui crime contra as relações de consumo:

I - favorecer ou preferir, sem justa causa, comprador ou freguês, ressalvados os sistemas de entrega ao consumo por intermédio de distribuidores ou revendedores;

II - vender ou expor à venda mercadoria cuja embalagem, tipo, especificação, peso ou composição esteja em desacordo com as prescrições legais, ou que não corresponda à respectiva classificação oficial;

III - misturar gêneros e mercadorias de espécies diferentes, para vendê-los ou expô-los à venda como puros; misturar gêneros e mercadorias de qualidades desiguais para vendê-los ou expô-los à venda por preço estabelecido para os demais mais alto custo;

IV - fraudar preços por meio de:

a) alteração, sem modificação essencial ou de qualidade, de elementos tais como denominação, sinal externo, marca, embalagem, especificação técnica, descrição, volume, peso, pintura ou acabamento de bem ou serviço;

b) divisão em partes de bem ou serviço, habitualmente oferecido à venda em conjunto;

c) junção de bens ou serviços, comumente oferecidos à venda em separado;

d) aviso de inclusão de insumo não empregado na produção do bem ou na prestação dos serviços;

V - elevar o valor cobrado nas vendas a prazo de bens ou serviços, mediante a exigência de comissão ou de taxa de juros ilegais;

VI - sonegar insumos ou bens, recusando-se a vendê-los a quem pretenda comprá-los nas condições publicamente ofertadas, ou retê-los para o fim de especulação;

VII - induzir o consumidor ou usuário a erro, por via de indicação ou afirmação falsa ou enganosa sobre a natureza, qualidade do bem ou serviço, utilizando-se de qualquer meio, inclusive a veiculação ou divulgação publicitária;

VIII - destruir, inutilizar ou danificar matéria-prima ou mercadoria, com o fim de provocar alta de preço, em proveito próprio ou de terceiros;

IX - vender, ter em depósito para vender ou expor à venda ou, de qualquer forma, entregar matéria-prima ou mercadoria, em condições impróprias ao consumo;

Pena: detenção, de 2 (dois) a 5 (cinco) anos, ou multa.

Parágrafo único. Nas hipóteses dos incisos II, III e IX pune-se a modalidade culposa, reduzindo-se a pena e a detenção de 1/3 (um terço) ou a de multa à quinta parte.

CAPÍTULO III - Das Multas

Art. 8º Nos crimes definidos nos arts. 1º a 3º desta lei, a pena de multa será fixada entre 10 (dez) e 360 (trezentos e sessenta) dias-multa, conforme seja necessário e suficiente para reprovação e prevenção do crime.

Parágrafo único. O dia-multa será fixado pelo juiz em valor não inferior a 14 (quatorze) nem superior a 200 (duzentos) Bônus do Tesouro Nacional BTN.

Art. 9º A pena de detenção ou reclusão poderá ser convertida em multa de valor equivalente a:

I - 200.000 (duzentos mil) até 5.000.000 (cinco milhões) de BTN, nos crimes definidos no art. 4º;

II - 5.000 (cinco mil) até 200.000 (duzentos mil) BTN, nos crimes definidos nos arts. 5º e 6º;

III - 50.000 (cinqüenta mil) até 1.000.000 (um milhão de BTN), nos crimes definidos no art. 7º.

Art. 10. Caso o juiz, considerado o ganho ilícito e a situação econômica do réu, verifique a insuficiência ou excessiva onerosidade das penas pecuniárias previstas nesta lei, poderá diminuí-las até a décima parte ou elevá-las ao décuplo.

CAPÍTULO IV - Das Disposições Gerais

Art. 11. Quem, de qualquer modo, inclusive por meio de pessoa jurídica, concorre para os crimes definidos nesta lei, incide nas penas a estes cominadas, na medida de sua culpabilidade.

Parágrafo único. Quando a venda ao consumidor for efetuada por sistema de entrega ao consumo ou por intermédio de outro em que o preço ao consumidor é estabelecido ou sugerido pelo fabricante ou concedente, o ato por este praticado não alcança o distribuidor ou revendedor.

Art. 12. São circunstâncias que podem agravar de 1/3 (um terço) até a metade as penas previstas nos arts. 1º, 2º e 4º a 7º:

I - ocasionar grave dano à coletividade;

II - ser o crime cometido por servidor público no exercício de suas funções;

III - ser o crime praticado em relação à prestação de serviços ou ao comércio de bens essenciais à vida ou à saúde.

Art. 13. (Vetado).

Art. 14. (Revogado pela Lei nº 8.383, de 30.12.1991)

Art. 15. Os crimes previstos nesta lei são de ação penal pública, aplicando-se-lhes o disposto no art. 100 do Decreto-Lei nº 2.848, de 7 de dezembro de 1940 - Código Penal.

Art. 16. Qualquer pessoa poderá provocar a iniciativa do Ministério Público nos crimes descritos nesta lei, fornecendo-lhe por escrito informações sobre o fato e a autoria, bem como indicando o tempo, o lugar e os elementos de convicção.

Parágrafo único. Nos crimes previstos nesta Lei, cometidos em quadrilha ou co-autoria, o co-autor ou partícipe que através de confissão espontânea revelar à autoridade policial ou judicial toda a trama delituosa terá a sua pena reduzida de um a dois terços. (Parágrafo incluído pela Lei nº 9.080, de 19.7.1995)

Art. 17. Compete ao Departamento Nacional de Abastecimento e Preços, quando e se necessário, providenciar a desapropriação de estoques, a fim de evitar crise no mercado ou colapso no abastecimento.

Art. 18. (Revogado pela Lei nº 8.176, de 8.2.1991)

Art. 19. O caput do art. 172 do Decreto-Lei nº 2.848, de 7 de dezembro de 1940 - Código Penal, passa a ter a seguinte redação:

"Art. 172. Emitir fatura, duplicata ou nota de venda que não corresponda à mercadoria vendida, em quantidade ou qualidade, ou ao serviço prestado.

Pena: detenção, de 2 (dois) a 4 (quatro) anos, e multa".

Art. 20. O § 1º do art. 316 do Decreto-Lei nº 2.848, de 7 de dezembro de 1940 Código Penal, passa a ter a seguinte redação:

"Art. 316. ..

§ 1º Se o funcionário exige tributo ou contribuição social que sabe ou deveria saber indevido, ou, quando devido, emprega na cobrança meio vexatório ou gravoso, que a lei não autoriza;

Pena: reclusão, de 3 (três) a 8 (oito) anos, e multa".

Art. 21. O art. 318 do Decreto-Lei nº 2.848, de 7 de dezembro de 1940 Código Penal, quanto à fixação da pena, passa a ter a seguinte redação:

"Art. 318. ..

Pena: reclusão, de 3 (três) a 8 (oito) anos, e multa".

Art. 22. Esta lei entra em vigor na data de sua publicação.

Art. 23. Revogam-se as disposições em contrário e, em especial, o art. 279 do Decreto-Lei nº 2.848, de 7 de dezembro de 1940 - Código Penal.

5. LEI Nº 9.296, DE 24 DE JULHO DE 1996.

(Vide Lei nº 13.869, de 2019)
(Vide Lei nº 13.964, de 2019)

Regulamenta o inciso XII, parte final, do art. 5º da Constituição Federal.

O PRESIDENTE DA REPÚBLICA Faço saber que o Congresso Nacional decreta e eu sanciono a seguinte Lei:

Art. 1º A interceptação de comunicações telefônicas, de qualquer natureza, para prova em investigação criminal e em instrução processual penal, observará o disposto nesta Lei e dependerá de ordem do juiz competente da ação principal, sob segredo de justiça.

Parágrafo único. O disposto nesta Lei aplica-se à interceptação do fluxo de comunicações em sistemas de informática e telemática.

Art. 2º Não será admitida a interceptação de comunicações telefônicas quando ocorrer qualquer das seguintes hipóteses:

I - não houver indícios razoáveis da autoria ou participação em infração penal;

II - a prova puder ser feita por outros meios disponíveis;

III - o fato investigado constituir infração penal punida, no máximo, com pena de detenção.

Parágrafo único. Em qualquer hipótese deve ser descrita com clareza a situação objeto da investigação, inclusive com a indicação e qualificação dos investigados, salvo impossibilidade manifesta, devidamente justificada.

Art. 3º A interceptação das comunicações telefônicas poderá ser determinada pelo juiz, de ofício ou a requerimento:

I - da autoridade policial, na investigação criminal;

II - do representante do Ministério Público, na investigação criminal e na instrução processual penal.

Art. 4º O pedido de interceptação de comunicação telefônica conterá a demonstração de que a sua realização é necessária à apuração de infração penal, com indicação dos meios a serem empregados.

§ 1º Excepcionalmente, o juiz poderá admitir que o pedido seja formulado verbalmente, desde que estejam presentes os pressupostos que autorizem a interceptação, caso em que a concessão será condicionada à sua redução a termo.

§ 2º O juiz, no prazo máximo de vinte e quatro horas, decidirá sobre o pedido.

Art. 5º A decisão será fundamentada, sob pena de nulidade, indicando também a forma de execução da diligência, que não poderá exceder o prazo de quinze dias, renovável por igual tempo uma vez comprovada a indispensabilidade do meio de prova.

Art. 6º Deferido o pedido, a autoridade policial conduzirá os procedimentos de interceptação, dando ciência ao Ministério Público, que poderá acompanhar a sua realização.

§ 1º No caso de a diligência possibilitar a gravação da comunicação interceptada, será determinada a sua transcrição.

§ 2º Cumprida a diligência, a autoridade policial encaminhará o resultado da interceptação ao juiz, acompanhado de auto circunstanciado, que deverá conter o resumo das operações realizadas.

§ 3º Recebidos esses elementos, o juiz determinará a providência do art. 8º, ciente o Ministério Público.

Art. 7º Para os procedimentos de interceptação de que trata esta Lei, a autoridade policial poderá requisitar serviços e técnicos especializados às concessionárias de serviço público.

Art. 8º A interceptação de comunicação telefônica, de qualquer natureza, ocorrerá em autos apartados, apensados aos autos do inquérito policial ou do processo criminal, preservando-se o sigilo das diligências, gravações e transcrições respectivas.

Parágrafo único. A apensação somente poderá ser realizada imediatamente antes do relatório da autoridade, quando se tratar de inquérito policial (Código de Processo Penal, art.10, § 1º) ou na conclusão do processo ao juiz para o despacho decorrente do disposto nos arts. 407, 502 ou 538 do Código de Processo Penal.

Art. 8º-A. Para investigação ou instrução criminal, poderá ser autorizada pelo juiz, a requerimento da autoridade policial ou do Ministério Público, a captação ambiental de sinais eletromagnéticos, ópticos ou acústicos, quando: (Incluído pela Lei nº 13.964, de 2019)

I - a prova não puder ser feita por outros meios disponíveis e igualmente eficazes; e (Incluído pela Lei nº 13.964, de 2019)

II - houver elementos probatórios razoáveis de autoria e participação em infrações criminais cujas penas máximas sejam superiores a 4 (quatro) anos ou em infrações penais conexas. (Incluído pela Lei nº 13.964, de 2019)

§ 1º O requerimento deverá descrever circunstanciadamente o local e a forma de instalação do dispositivo de captação ambiental. (Incluído pela Lei nº 13.964, de 2019)

§ 2º (VETADO). (Incluído pela Lei nº 13.964, de 2019)

§ 3º A captação ambiental não poderá exceder o prazo de 15 (quinze) dias, renovável por decisão judicial por iguais períodos, se comprovada a indispensabilidade do meio de prova e quando presente atividade criminal permanente, habitual ou continuada. (Incluído pela Lei nº 13.964, de 2019)

§ 4º (VETADO). (Incluído pela Lei nº 13.964, de 2019)

§ 5º Aplicam-se subsidiariamente à captação ambiental as regras previstas na legislação específica para a interceptação telefônica e telemática. (Incluído pela Lei nº 13.964, de 2019)

Art. 9º A gravação que não interessar à prova será inutilizada por decisão judicial, durante o inquérito, a instrução processual ou após esta, em virtude de requerimento do Ministério Público ou da parte interessada.

Parágrafo único. O incidente de inutilização será assistido pelo Ministério Público, sendo facultada a presença do acusado ou de seu representante legal.

Art. 10. Constitui crime realizar interceptação de comunicações telefônicas, de informática ou telemática, promover escuta ambiental ou quebrar segredo da Justiça, sem autorização judicial ou com objetivos não autorizados em lei: (Redação dada pela Lei nº 13.869, de 2019)

Pena: reclusão, de 2 (dois) a 4 (quatro) anos, e multa. (Redação dada pela Lei nº 13.869, de 2019)

Parágrafo único. Incorre na mesma pena a autoridade judicial que determina a execução de conduta prevista no caput deste artigo com objetivo não autorizado em lei. (Incluído pela Lei nº 13.869, de 2019)

Art. 10-A. Realizar captação ambiental de sinais eletromagnéticos, ópticos ou acústicos para investigação ou instrução criminal sem autorização judicial, quando esta for exigida: (Incluído pela Lei nº 13.964, de 2019)

Pena: reclusão, de 2 (dois) a 4 (quatro) anos, e multa. (Incluído pela Lei nº 13.964, de 2019)

§ 1º Não há crime se a captação é realizada por um dos interlocutores. (Incluído pela Lei nº 13.964, de 2019)

§ 2º A pena será aplicada em dobro ao funcionário público que descumprir determinação de sigilo das investigações que envolvam a captação ambiental ou revelar o conteúdo das gravações enquanto mantido o sigilo judicial. (Incluído pela Lei nº 13.964, de 2019)

Art. 11. Esta Lei entra em vigor na data de sua publicação.

Art. 12. Revogam-se as disposições em contrário.

6. LEI Nº 9.455, DE 7 DE ABRIL DE 1997

Define os crimes de tortura e dá outras providências.

O PRESIDENTE DA REPÚBLICA Faço saber que o Congresso Nacional decreta e eu sanciono a seguinte Lei:

Art. 1º Constitui crime de tortura:

I - constranger alguém com emprego de violência ou grave ameaça, causando-lhe sofrimento físico ou mental:

a) com o fim de obter informação, declaração ou confissão da vítima ou de terceira pessoa;

b) para provocar ação ou omissão de natureza criminosa;

c) em razão de discriminação racial ou religiosa;

II - submeter alguém, sob sua guarda, poder ou autoridade, com emprego de violência ou grave ameaça, a intenso sofrimento físico ou mental, como forma de aplicar castigo pessoal ou medida de caráter preventivo.

Pena: reclusão, de dois a oito anos.

§ 1º Na mesma pena incorre quem submete pessoa presa ou sujeita a medida de segurança a sofrimento físico ou mental, por intermédio da prática de ato não previsto em lei ou não resultante de medida legal.

§ 2º Aquele que se omite em face dessas condutas, quando tinha o dever de evitá-las ou apurá-las, incorre na pena de detenção de um a quatro anos.

§ 3º Se resulta lesão corporal de natureza grave ou gravíssima, a pena é de reclusão de quatro a dez anos; se resulta morte, a reclusão é de oito a dezesseis anos.

§ 4º Aumenta-se a pena de um sexto até um terço:

I - se o crime é cometido por agente público;

II - se o crime é cometido contra criança, gestante, portador de deficiência, adolescente ou maior de 60 (sessenta) anos; '(Redação dada pela Lei nº 10.741, de 2003)

III - se o crime é cometido mediante seqüestro.

§ 5º A condenação acarretará a perda do cargo, função ou emprego público e a interdição para seu exercício pelo dobro do prazo da pena aplicada.

§ 6º O crime de tortura é inafiançável e insuscetível de graça ou anistia.

§ 7º O condenado por crime previsto nesta Lei, salvo a hipótese do § 2º, iniciará o cumprimento da pena em regime fechado.

Art. 2º O disposto nesta Lei aplica-se ainda quando o crime não tenha sido cometido em território nacional, sendo a vítima brasileira ou encontrando-se o agente em local sob jurisdição brasileira.

Art. 3º Esta Lei entra em vigor na data de sua publicação.

Art. 4º Revoga-se o art. 233 da Lei nº 8.069, de 13 de julho de 1990 - Estatuto da Criança e do Adolescente.

7. LEI Nº 9.605, DE 12 DE FEVEREIRO DE 1998

Mensagem de veto

Dispõe sobre as sanções penais e administrativas derivadas de condutas e atividades lesivas ao meio ambiente, e dá outras providências.

O PRESIDENTE DA REPÚBLICA Faço saber que o Congresso Nacional decreta e eu sanciono a seguinte Lei:

CAPÍTULO I - DISPOSIÇÕES GERAIS

Art. 1º (VETADO)

Art. 2º Quem, de qualquer forma, concorre para a prática dos crimes previstos nesta Lei, incide nas penas a estes cominadas, na medida da sua culpabilidade, bem como o diretor, o administrador, o membro de conselho e de órgão técnico, o auditor, o gerente, o preposto ou mandatário de pessoa jurídica, que, sabendo da conduta criminosa de outrem, deixar de impedir a sua prática, quando podia agir para evitá-la.

Art. 3º As pessoas jurídicas serão responsabilizadas administrativa, civil e penalmente conforme o disposto nesta Lei, nos casos em que a infração seja cometida por decisão de seu representante legal ou contratual, ou de seu órgão colegiado, no interesse ou benefício da sua entidade.

Parágrafo único. A responsabilidade das pessoas jurídicas não exclui a das pessoas físicas, autoras, co-autoras ou partícipes do mesmo fato.

Art. 4º Poderá ser desconsiderada a pessoa jurídica sempre que sua personalidade for obstáculo ao ressarcimento de prejuízos causados à qualidade do meio ambiente.

Art. 5º (VETADO)

CAPÍTULO II - DA APLICAÇÃO DA PENA

Art. 6º Para imposição e gradação da penalidade, a autoridade competente observará:

I - a gravidade do fato, tendo em vista os motivos da infração e suas conseqüências para a saúde pública e para o meio ambiente;

II - os antecedentes do infrator quanto ao cumprimento da legislação de interesse ambiental;

III - a situação econômica do infrator, no caso de multa.

Art. 7º As penas restritivas de direitos são autônomas e substituem as privativas de liberdade quando:

I - tratar-se de crime culposo ou for aplicada a pena privativa de liberdade inferior a quatro anos;

II - a culpabilidade, os antecedentes, a conduta social e a personalidade do condenado, bem como os motivos e as circunstâncias do crime indicarem que a substituição seja suficiente para efeitos de reprovação e prevenção do crime.

Parágrafo único. As penas restritivas de direitos a que se refere este artigo terão a mesma duração da pena privativa de liberdade substituída.

Art. 8º As penas restritivas de direito são:

I - prestação de serviços à comunidade;
II - interdição temporária de direitos;
III - suspensão parcial ou total de atividades;
IV - prestação pecuniária;
V - recolhimento domiciliar.

Art. 9º A prestação de serviços à comunidade consiste na atribuição ao condenado de tarefas gratuitas junto a parques e jardins públicos e unidades de conservação, e, no caso de dano da coisa particular, pública ou tombada, na restauração desta, se possível.

Art. 10. As penas de interdição temporária de direito são a proibição de o condenado contratar com o Poder Público, de receber incentivos fiscais ou quaisquer outros benefícios, bem como de participar de licitações, pelo prazo de cinco anos, no caso de crimes dolosos, e de três anos, no de crimes culposos.

Art. 11. A suspensão de atividades será aplicada quando estas não estiverem obedecendo às prescrições legais.

Art. 12. A prestação pecuniária consiste no pagamento em dinheiro à vítima ou à entidade pública ou privada com fim social, de importância, fixada pelo juiz, não inferior a um salário mínimo nem superior a trezentos e sessenta salários mínimos. O valor pago será deduzido do montante de eventual reparação civil a que for condenado o infrator.

Art. 13. O recolhimento domiciliar baseia-se na autodisciplina e senso de responsabilidade do condenado, que deverá, sem vigilância, trabalhar, freqüentar curso ou exercer atividade autorizada, permanecendo recolhido nos dias e horários de folga em residência ou em qualquer local destinado a sua moradia habitual, conforme estabelecido na sentença condenatória.

Art. 14. São circunstâncias que atenuam a pena:

I - baixo grau de instrução ou escolaridade do agente;

II - arrependimento do infrator, manifestado pela espontânea reparação do dano, ou limitação significativa da degradação ambiental causada;

III - comunicação prévia pelo agente do perigo iminente de degradação ambiental;

IV - colaboração com os agentes encarregados da vigilância e do controle ambiental.

Art. 15. São circunstâncias que agravam a pena, quando não constituem ou qualificam o crime:

I - reincidência nos crimes de natureza ambiental;

II - ter o agente cometido a infração:

a) para obter vantagem pecuniária;
b) coagindo outrem para a execução material da infração;
c) afetando ou expondo a perigo, de maneira grave, a saúde pública ou o meio ambiente;
d) concorrendo para danos à propriedade alheia;
e) atingindo áreas de unidades de conservação ou áreas sujeitas, por ato do Poder Público, a regime especial de uso;
f) atingindo áreas urbanas ou quaisquer assentamentos humanos;
g) em período de defeso à fauna;
h) em domingos ou feriados;
i) à noite;
j) em épocas de seca ou inundações;
l) no interior do espaço territorial especialmente protegido;
m) com o emprego de métodos cruéis para abate ou captura de animais;
n) mediante fraude ou abuso de confiança;
o) mediante abuso do direito de licença, permissão ou autorização ambiental;
p) no interesse de pessoa jurídica mantida, total ou parcialmente, por verbas públicas ou beneficiada por incentivos fiscais;
q) atingindo espécies ameaçadas, listadas em relatórios oficiais das autoridades competentes;
r) facilitada por funcionário público no exercício de suas funções.

Art. 16. Nos crimes previstos nesta Lei, a suspensão condicional da pena pode ser aplicada nos casos de condenação a pena privativa de liberdade não superior a três anos.

Art. 17. A verificação da reparação a que se refere o § 2º do art. 78 do Código Penal será feita mediante laudo de reparação do dano ambiental, e as condições a serem impostas pelo juiz deverão relacionar-se com a proteção ao meio ambiente.

Art. 18. A multa será calculada segundo os critérios do Código Penal; se revelar-se ineficaz, ainda que aplicada no valor máximo, poderá ser aumentada até três vezes, tendo em vista o valor da vantagem econômica auferida.

Art. 19. A perícia de constatação do dano ambiental, sempre que possível, fixará o montante do prejuízo causado para efeitos de prestação de fiança e cálculo de multa.

Parágrafo único. A perícia produzida no inquérito civil ou no juízo cível poderá ser aproveitada no processo penal, instaurando-se o contraditório.

Art. 20. A sentença penal condenatória, sempre que possível, fixará o valor mínimo para reparação dos danos causados pela infração, considerando os prejuízos sofridos pelo ofendido ou pelo meio ambiente.

Parágrafo único. Transitada em julgado a sentença condenatória, a execução poderá efetuar-se pelo valor fixado nos termos do *caput*, sem prejuízo da liquidação para apuração do dano efetivamente sofrido.

Art. 21. As penas aplicáveis isolada, cumulativa ou alternativamente às pessoas jurídicas, de acordo com o disposto no art. 3º, são:

I - multa;
II - restritivas de direitos;
III - prestação de serviços à comunidade.

Art. 22. As penas restritivas de direitos da pessoa jurídica são:

I - suspensão parcial ou total de atividades;
II - interdição temporária de estabelecimento, obra ou atividade;
III - proibição de contratar com o Poder Público, bem como dele obter subsídios, subvenções ou doações.

§ 1º A suspensão de atividades será aplicada quando estas não estiverem obedecendo às disposições legais ou regulamentares, relativas à proteção do meio ambiente.

§ 2º A interdição será aplicada quando o estabelecimento, obra ou atividade estiver funcionando sem a devida autorização, ou em desacordo com a concedida, ou com violação de disposição legal ou regulamentar.

§ 3º A proibição de contratar com o Poder Público e dele obter subsídios, subvenções ou doações não poderá exceder o prazo de dez anos.

Art. 23. A prestação de serviços à comunidade pela pessoa jurídica consistirá em:

I - custeio de programas e de projetos ambientais;
II - execução de obras de recuperação de áreas degradadas;
III - manutenção de espaços públicos;
IV - contribuições a entidades ambientais ou culturais públicas.

Art. 24. A pessoa jurídica constituída ou utilizada, preponderantemente, com o fim de permitir, facilitar ou ocultar a prática de crime definido nesta Lei terá decretada sua liquidação forçada, seu patrimônio será considerado instrumento do crime e como tal perdido em favor do Fundo Penitenciário Nacional.

CAPÍTULO III - DA APREENSÃO DO PRODUTO E DO INSTRUMENTO DE INFRAÇÃO ADMINISTRATIVA OU DE CRIME

Art. 25. Verificada a infração, serão apreendidos seus produtos e instrumentos, lavrando-se os respectivos autos.

§ 1º Os animais serão prioritariamente libertados em seu habitat ou, sendo tal medida inviável ou não recomendável por questões sanitárias, entregues a jardins zoológicos, fundações ou entidades assemelhadas, para guarda e cuidados sob a responsabilidade de técnicos habilitados. (Redação dada pela Lei nº 13.052, de 2014)

§ 2º Até que os animais sejam entregues às instituições mencionadas no § 1º deste artigo, o órgão autuante zelará para que eles sejam mantidos em condições adequadas de acondicionamento e transporte que garantam o seu bem-estar físico. (Redação dada pela Lei nº 13.052, de 2014)

§ 3º Tratando-se de produtos perecíveis ou madeiras, serão estes avaliados e doados a instituições científicas, hospitalares, penais e outras com fins beneficentes. (Renumerando do §2º para §3º pela Lei nº 13.052, de 2014)

§ 4º Os produtos e subprodutos da fauna não perecíveis serão destruídos ou doados a instituições científicas, culturais ou educacionais. (Renumerando do §3º para §4º pela Lei nº 13.052, de 2014)

§ 5º Os instrumentos utilizados na prática da infração serão vendidos, garantida a sua descaracterização por meio da reciclagem. (Renumerando do §4º para §5º pela Lei nº 13.052, de 2014)

CAPÍTULO IV - DA AÇÃO E DO PROCESSO PENAL

Art. 26. Nas infrações penais previstas nesta Lei, a ação penal é pública incondicionada.

Parágrafo único. (VETADO)

Art. 27. Nos crimes ambientais de menor potencial ofensivo, a proposta de aplicação imediata de pena restritiva de direitos ou multa, prevista no art. 76 da Lei nº 9.099, de 26 de setembro de 1995, somente poderá ser formulada desde que tenha havido a prévia composição do dano ambiental, de que trata o art. 74 da mesma lei, salvo em caso de comprovada impossibilidade.

Art. 28. As disposições do art. 89 da Lei nº 9.099, de 26 de setembro de 1995, aplicam-se aos crimes de menor potencial ofensivo definidos nesta Lei, com as seguintes modificações:

I - a declaração de extinção de punibilidade, de que trata o § 5º do artigo referido no *caput*, dependerá de laudo de constatação de reparação do dano ambiental, ressalvada a impossibilidade prevista no inciso I do § 1º do mesmo artigo;

II - na hipótese de o laudo de constatação comprovar não ter sido completa a reparação, o prazo de suspensão do processo será prorrogado, até o período máximo previsto no artigo referido no *caput*, acrescido de mais um ano, com suspensão do prazo da prescrição;

III - no período de prorrogação, não se aplicarão as condições dos incisos II, III e IV do § 1º do artigo mencionado no *caput*;

IV - findo o prazo de prorrogação, proceder-se-á à lavratura de novo laudo de constatação de reparação do dano ambiental, podendo, conforme seu resultado, ser novamente prorrogado o período de suspensão, até o máximo previsto no inciso II deste artigo, observado o disposto no inciso III;

V - esgotado o prazo máximo de prorrogação, a declaração de extinção de punibilidade dependerá de laudo de constatação que comprove ter o acusado tomado as providências necessárias à reparação integral do dano.

CAPÍTULO V - DOS CRIMES CONTRA O MEIO AMBIENTE

Seção I - Dos Crimes contra a Fauna

Art. 29. Matar, perseguir, caçar, apanhar, utilizar espécimes da fauna silvestre, nativos ou em rota migratória, sem a devida permissão, licença ou autorização da autoridade competente, ou em desacordo com a obtida:

Pena: detenção de seis meses a um ano, e multa.

§ 1º Incorre nas mesmas penas:

I - quem impede a procriação da fauna, sem licença, autorização ou em desacordo com a obtida;

II - quem modifica, danifica ou destrói ninho, abrigo ou criadouro natural;

III - quem vende, expõe à venda, exporta ou adquire, guarda, tem em cativeiro ou depósito, utiliza ou transporta ovos, larvas ou espécimes da fauna silvestre, nativa ou em rota migratória, bem como produtos e objetos dela oriundos, provenientes de criadouros não autorizados ou sem a devida permissão, licença ou autorização da autoridade competente.

§ 2º No caso de guarda doméstica de espécie silvestre não considerada ameaçada de extinção, pode o juiz, considerando as circunstâncias, deixar de aplicar a pena.

§ 3º São espécimes da fauna silvestre todos aqueles pertencentes às espécies nativas, migratórias e quaisquer outras, aquáticas ou terrestres, que tenham todo ou parte de seu ciclo de vida ocorrendo dentro dos limites do território brasileiro, ou águas jurisdicionais brasileiras.

§ 4º A pena é aumentada de metade, se o crime é praticado:

I - contra espécie rara ou considerada ameaçada de extinção, ainda que somente no local da infração;
II - em período proibido à caça;
III - durante a noite;
IV - com abuso de licença;
V - em unidade de conservação;
VI - com emprego de métodos ou instrumentos capazes de provocar destruição em massa.

§ 5º A pena é aumentada até o triplo, se o crime decorre do exercício de caça profissional.

§ 6º As disposições deste artigo não se aplicam aos atos de pesca.

Art. 30. Exportar para o exterior peles e couros de anfíbios e répteis em bruto, sem a autorização da autoridade ambiental competente:

Pena: reclusão, de um a três anos, e multa.

Art. 31. Introduzir espécime animal no País, sem parecer técnico oficial favorável e licença expedida por autoridade competente:

Pena: detenção, de três meses a um ano, e multa.

Art. 32. Praticar ato de abuso, maus-tratos, ferir ou mutilar animais silvestres, domésticos ou domesticados, nativos ou exóticos:

Pena: detenção, de três meses a um ano, e multa.

§ 1º Incorre nas mesmas penas quem realiza experiência dolorosa ou cruel em animal vivo, ainda que para fins didáticos ou científicos, quando existirem recursos alternativos.

§ 2º A pena é aumentada de um sexto a um terço, se ocorre morte do animal.

Art. 33. Provocar, pela emissão de efluentes ou carreamento de materiais, o perecimento de espécimes da fauna aquática existentes em rios, lagos, açudes, lagoas, baías ou águas jurisdicionais brasileiras:

Pena: detenção, de um a três anos, ou multa, ou ambas cumulativamente.

Parágrafo único. Incorre nas mesmas penas:

I - quem causa degradação em viveiros, açudes ou estações de aqüicultura de domínio público;
II - quem explora campos naturais de invertebrados aquáticos e algas, sem licença, permissão ou autorização da autoridade competente;
III - quem fundeia embarcações ou lança detritos de qualquer natureza sobre bancos de moluscos ou corais, devidamente demarcados em carta náutica.

Art. 34. Pescar em período no qual a pesca seja proibida ou em lugares interditados por órgão competente:

Pena: detenção de um ano a três anos ou multa, ou ambas as penas cumulativamente.

Parágrafo único. Incorre nas mesmas penas quem:

I - pesca espécies que devam ser preservadas ou espécimes com tamanhos inferiores aos permitidos;
II - pesca quantidades superiores às permitidas, ou mediante a utilização de aparelhos, petrechos, técnicas e métodos não permitidos;
III - transporta, comercializa, beneficia ou industrializa espécimes provenientes da coleta, apanha e pesca proibidas.

Art. 35. Pescar mediante a utilização de:

I - explosivos ou substâncias que, em contato com a água, produzam efeito semelhante;
II - substâncias tóxicas, ou outro meio proibido pela autoridade competente:

Pena: reclusão de um ano a cinco anos.

Art. 36. Para os efeitos desta Lei, considera-se pesca todo ato tendente a retirar, extrair, coletar, apanhar, apreender ou capturar espécimes dos grupos dos peixes, crustáceos, moluscos e vegetais hidróbios, suscetíveis ou não de aproveitamento econômico, ressalvadas as espécies ameaçadas de extinção, constantes nas listas oficiais da fauna e da flora.

Art. 37. Não é crime o abate de animal, quando realizado:

I - em estado de necessidade, para saciar a fome do agente ou de sua família;
II - para proteger lavouras, pomares e rebanhos da ação predatória ou destruidora de animais, desde que legal e expressamente autorizado pela autoridade competente;
III - (VETADO)
IV - por ser nocivo o animal, desde que assim caracterizado pelo órgão competente.

Seção II - Dos Crimes contra a Flora

Art. 38. Destruir ou danificar floresta considerada de preservação permanente, mesmo que em formação, ou utilizá-la com infringência das normas de proteção:

Pena: detenção, de um a três anos, ou multa, ou ambas as penas cumulativamente.

Parágrafo único. Se o crime for culposo, a pena será reduzida à metade.

Art. 38-A. Destruir ou danificar vegetação primária ou secundária, em estágio avançado ou médio de regeneração, do Bioma Mata Atlântica, ou utilizá-la com infringência das normas de proteção: (Incluído pela Lei nº 11.428, de 2006).

Pena: detenção, de 1 (um) a 3 (três) anos, ou multa, ou ambas as penas cumulativamente. (Incluído pela Lei nº 11.428, de 2006).

Parágrafo único. Se o crime for culposo, a pena será reduzida à metade. (Incluído pela Lei nº 11.428, de 2006).

Art. 39. Cortar árvores em floresta considerada de preservação permanente, sem permissão da autoridade competente:

Pena: detenção, de um a três anos, ou multa, ou ambas as penas cumulativamente.

Art. 40. Causar dano direto ou indireto às Unidades de Conservação e às áreas de que trata o art. 27 do Decreto nº 99.274, de 6 de junho de 1990, independentemente de sua localização:

Pena: reclusão, de um a cinco anos.

§ 1º Entende-se por Unidades de Conservação de Proteção Integral as Estações Ecológicas, as Reservas Biológicas, os Parques Nacionais, os Monumentos Naturais e os Refúgios de Vida Silvestre. (Redação dada pela Lei nº 9.985, de 2000)

§ 2º A ocorrência de dano afetando espécies ameaçadas de extinção no interior das Unidades de Conservação de Proteção Integral será considerada circunstância agravante para a fixação da pena. (Redação dada pela Lei nº 9.985, de 2000)

§ 3º Se o crime for culposo, a pena será reduzida à metade.

Art. 40-A. (VETADO) (Incluído pela Lei nº 9.985, de 2000)

§ 1º Entende-se por Unidades de Conservação de Uso Sustentável as Áreas de Proteção Ambiental, as Áreas de Relevante Interesse Ecológico, as Florestas Nacionais, as Reservas Extrativistas, as Reservas de Fauna, as Reservas de Desenvolvimento

Sustentável e as Reservas Particulares do Patrimônio Natural. (Incluído pela Lei nº 9.985, de 2000)

§ 2º A ocorrência de dano afetando espécies ameaçadas de extinção no interior das Unidades de Conservação de Uso Sustentável será considerada circunstância agravante para a fixação da pena. (Incluído pela Lei nº 9.985, de 2000)

§ 3º Se o crime for culposo, a pena será reduzida à metade. (Incluído pela Lei nº 9.985, de 2000)

Art. 41. Provocar incêndio em mata ou floresta:
Pena: reclusão, de dois a quatro anos, e multa.
Parágrafo único. Se o crime é culposo, a pena é de detenção de seis meses a um ano, e multa.

Art. 42. Fabricar, vender, transportar ou soltar balões que possam provocar incêndios nas florestas e demais formas de vegetação, em áreas urbanas ou qualquer tipo de assentamento humano:
Pena: detenção de um a três anos ou multa, ou ambas as penas cumulativamente.

Art. 43. (VETADO)

Art. 44. Extrair de florestas de domínio público ou consideradas de preservação permanente, sem prévia autorização, pedra, areia, cal ou qualquer espécie de minerais:
Pena: detenção, de seis meses a um ano, e multa.

Art. 45. Cortar ou transformar em carvão madeira de lei, assim classificada por ato do Poder Público, para fins industriais, energéticos ou para qualquer outra exploração, econômica ou não, em desacordo com as determinações legais:
Pena: reclusão, de um a dois anos, e multa.

Art. 46. Receber ou adquirir, para fins comerciais ou industriais, madeira, lenha, carvão e outros produtos de origem vegetal, sem exigir a exibição de licença do vendedor, outorgada pela autoridade competente, e sem munir-se da via que deverá acompanhar o produto até final beneficiamento:
Pena: detenção, de seis meses a um ano, e multa.
Parágrafo único. Incorre nas mesmas penas quem vende, expõe à venda, tem em depósito, transporta ou guarda madeira, lenha, carvão e outros produtos de origem vegetal, sem licença válida para todo o tempo da viagem ou do armazenamento, outorgada pela autoridade competente.

Art. 47. (VETADO)

Art. 48. Impedir ou dificultar a regeneração natural de florestas e demais formas de vegetação:
Pena: detenção, de seis meses a um ano, e multa.

Art. 49. Destruir, danificar, lesar ou maltratar, por qualquer modo ou meio, plantas de ornamentação de logradouros públicos ou em propriedade privada alheia:
Pena: detenção, de três meses a um ano, ou multa, ou ambas as penas cumulativamente.
Parágrafo único. No crime culposo, a pena é de um a seis meses, ou multa.

Art. 50. Destruir ou danificar florestas nativas ou plantadas ou vegetação fixadora de dunas, protetora de mangues, objeto de especial preservação:
Pena: detenção, de três meses a um ano, e multa.

Art. 50-A. Desmatar, explorar economicamente ou degradar floresta, plantada ou nativa, em terras de domínio público ou devolutas, sem autorização do órgão competente: (Incluído pela Lei nº 11.284, de 2006)
Pena: reclusão de 2 (dois) a 4 (quatro) anos e multa. (Incluído pela Lei nº 11.284, de 2006)
§ 1º Não é crime a conduta praticada quando necessária à subsistência imediata pessoal do agente ou de sua família. (Incluído pela Lei nº 11.284, de 2006)
§ 2º Se a área explorada for superior a 1.000 ha (mil hectares), a pena será aumentada de 1 (um) ano por milhar de hectare. (Incluído pela Lei nº 11.284, de 2006)

Art. 51. Comercializar motosserra ou utilizá-la em florestas e nas demais formas de vegetação, sem licença ou registro da autoridade competente:
Pena: detenção, de três meses a um ano, e multa.

Art. 52. Penetrar em Unidades de Conservação conduzindo substâncias ou instrumentos próprios para caça ou para exploração de produtos ou subprodutos florestais, sem licença da autoridade competente:
Pena: detenção, de seis meses a um ano, e multa.

Art. 53. Nos crimes previstos nesta Seção, a pena é aumentada de um sexto a um terço se:
I - do fato resulta a diminuição de águas naturais, a erosão do solo ou a modificação do regime climático;
II - o crime é cometido:
 a) no período de queda das sementes;
 b) no período de formação de vegetações;
 c) contra espécies raras ou ameaçadas de extinção, ainda que a ameaça ocorra somente no local da infração;
 d) em época de seca ou inundação;
 e) durante a noite, em domingo ou feriado.

Seção III - Da Poluição e outros Crimes Ambientais

Art. 54. Causar poluição de qualquer natureza em níveis tais que resultem ou possam resultar em danos à saúde humana, ou que provoquem a mortandade de animais ou a destruição significativa da flora:
Pena: reclusão, de um a quatro anos, e multa.
§ 1º Se o crime é culposo:
Pena: detenção, de seis meses a um ano, e multa.
§ 2º Se o crime:
I - tornar uma área, urbana ou rural, imprópria para a ocupação humana;
II - causar poluição atmosférica que provoque a retirada, ainda que momentânea, dos habitantes das áreas afetadas, ou que cause danos diretos à saúde da população;
III - causar poluição hídrica que torne necessária a interrupção do abastecimento público de água de uma comunidade;
IV - dificultar ou impedir o uso público das praias;
V - ocorrer por lançamento de resíduos sólidos, líquidos ou gasosos, ou detritos, óleos ou substâncias oleosas, em desacordo com as exigências estabelecidas em leis ou regulamentos:
Pena: reclusão, de um a cinco anos.
§ 3º Incorre nas mesmas penas previstas no parágrafo anterior quem deixar de adotar, quando assim o exigir a autoridade competente, medidas de precaução em caso de risco de dano ambiental grave ou irreversível.

Art. 55. Executar pesquisa, lavra ou extração de recursos minerais sem a competente autorização, permissão, concessão ou licença, ou em desacordo com a obtida:
Pena: detenção, de seis meses a um ano, e multa.
Parágrafo único. Nas mesmas penas incorre quem deixa de recuperar a área pesquisada ou explorada, nos termos da autorização, permissão, licença, concessão ou determinação do órgão competente.

Art. 56. Produzir, processar, embalar, importar, exportar, comercializar, fornecer, transportar, armazenar, guardar, ter em depósito ou usar produto ou substância tóxica, perigosa ou nociva à saúde humana ou ao meio ambiente, em desacordo com as exigências estabelecidas em leis ou nos seus regulamentos:
Pena: reclusão, de um a quatro anos, e multa.
§ 1º Nas mesmas penas incorre quem: (Redação dada pela Lei nº 12.305, de 2010)
I - abandona os produtos ou substâncias referidos no caput ou os utiliza em desacordo com as normas ambientais ou de segurança; (Incluído pela Lei nº 12.305, de 2010)
II - manipula, acondiciona, armazena, coleta, transporta, reutiliza, recicla ou dá destinação final a resíduos perigo-

sos de forma diversa da estabelecida em lei ou regulamento. (Incluído pela Lei nº 12.305, de 2010)

§ 2º Se o produto ou a substância for nuclear ou radioativa, a pena é aumentada de um sexto a um terço.

§ 3º Se o crime é culposo:

Pena: detenção, de seis meses a um ano, e multa.

Art. 57. (VETADO)

Art. 58. Nos crimes dolosos previstos nesta Seção, as penas serão aumentadas:

I - de um sexto a um terço, se resulta dano irreversível à flora ou ao meio ambiente em geral;

II - de um terço até a metade, se resulta lesão corporal de natureza grave em outrem;

III - até o dobro, se resultar a morte de outrem.

Parágrafo único. As penalidades previstas neste artigo somente serão aplicadas se do fato não resultar crime mais grave.

Art. 59. (VETADO)

Art. 60. Construir, reformar, ampliar, instalar ou fazer funcionar, em qualquer parte do território nacional, estabelecimentos, obras ou serviços potencialmente poluidores, sem licença ou autorização dos órgãos ambientais competentes, ou contrariando as normas legais e regulamentares pertinentes:

Pena: detenção, de um a seis meses, ou multa, ou ambas as penas cumulativamente.

Art. 61. Disseminar doença ou praga ou espécies que possam causar dano à agricultura, à pecuária, à fauna, à flora ou aos ecossistemas:

Pena: reclusão, de um a quatro anos, e multa.

Seção IV - Dos Crimes contra o Ordenamento Urbano e o Patrimônio Cultural

Art. 62. Destruir, inutilizar ou deteriorar:

I - bem especialmente protegido por lei, ato administrativo ou decisão judicial;

II - arquivo, registro, museu, biblioteca, pinacoteca, instalação científica ou similar protegido por lei, ato administrativo ou decisão judicial:

Pena: reclusão, de um a três anos, e multa.

Parágrafo único. Se o crime for culposo, a pena é de seis meses a um ano de detenção, sem prejuízo da multa.

Art. 63. Alterar o aspecto ou estrutura de edificação ou local especialmente protegido por lei, ato administrativo ou decisão judicial, em razão de seu valor paisagístico, ecológico, turístico, artístico, histórico, cultural, religioso, arqueológico, etnográfico ou monumental, sem autorização da autoridade competente ou em desacordo com a concedida:

Pena: reclusão, de um a três anos, e multa.

Art. 64. Promover construção em solo não edificável, ou no seu entorno, assim considerado em razão de seu valor paisagístico, ecológico, artístico, turístico, histórico, cultural, religioso, arqueológico, etnográfico ou monumental, sem autorização da autoridade competente ou em desacordo com a concedida:

Pena: detenção, de seis meses a um ano, e multa.

Art. 65. Pichar ou por outro meio conspurcar edificação ou monumento urbano: (Redação dada pela Lei nº 12.408, de 2011)

Pena: detenção, de 3 (três) meses a 1 (um) ano, e multa. (Redação dada pela Lei nº 12.408, de 2011)

§ 1º Se o ato for realizado em monumento ou coisa tombada em virtude do seu valor artístico, arqueológico ou histórico, a pena é de 6 (seis) meses a 1 (um) ano de detenção e multa. (Renumerado do parágrafo único pela Lei nº 12.408, de 2011)

§ 2º Não constitui crime a prática de grafite realizada com o objetivo de valorizar o patrimônio público ou privado mediante manifestação artística, desde que consentida pelo proprietário e, quando couber, pelo locatário ou arrendatário do bem privado e, no caso de bem público, com a autorização do órgão competente e a observância das posturas municipais e das normas editadas pelos órgãos governamentais responsáveis pela preservação e conservação do patrimônio histórico e artístico nacional. (Incluído pela Lei nº 12.408, de 2011)

Seção V - Dos Crimes contra a Administração Ambiental

Art. 66. Fazer o funcionário público afirmação falsa ou enganosa, omitir a verdade, sonegar informações ou dados técnico-científicos em procedimentos de autorização ou de licenciamento ambiental:

Pena: reclusão, de um a três anos, e multa.

Art. 67. Conceder o funcionário público licença, autorização ou permissão em desacordo com as normas ambientais, para as atividades, obras ou serviços cuja realização depende de ato autorizativo do Poder Público:

Pena: detenção, de um a três anos, e multa.

Parágrafo único. Se o crime é culposo, a pena é de três meses a um ano de detenção, sem prejuízo da multa.

Art. 68. Deixar, aquele que tiver o dever legal ou contratual de fazê-lo, de cumprir obrigação de relevante interesse ambiental:

Pena: detenção, de um a três anos, e multa.

Parágrafo único. Se o crime é culposo, a pena é de três meses a um ano, sem prejuízo da multa.

Art. 69. Obstar ou dificultar a ação fiscalizadora do Poder Público no trato de questões ambientais:

Pena: detenção, de um a três anos, e multa.

Art. 69-A. Elaborar ou apresentar, no licenciamento, concessão florestal ou qualquer outro procedimento administrativo, estudo, laudo ou relatório ambiental total ou parcialmente falso ou enganoso, inclusive por omissão: (Incluído pela Lei nº 11.284, de 2006)

Pena: reclusão, de 3 (três) a 6 (seis) anos, e multa. (Incluído pela Lei nº 11.284, de 2006)

§ 1º Se o crime é culposo: (Incluído pela Lei nº 11.284, de 2006)

Pena: detenção, de 1 (um) a 3 (três) anos. (Incluído pela Lei nº 11.284, de 2006)

§ 2º A pena é aumentada de 1/3 (um terço) a 2/3 (dois terços), se há dano significativo ao meio ambiente, em decorrência do uso da informação falsa, incompleta ou enganosa. (Incluído pela Lei nº 11.284, de 2006)

CAPÍTULO VI - DA INFRAÇÃO ADMINISTRATIVA

Art. 70. Considera-se infração administrativa ambiental toda ação ou omissão que viole as regras jurídicas de uso, gozo, promoção, proteção e recuperação do meio ambiente.

§ 1º São autoridades competentes para lavrar auto de infração ambiental e instaurar processo administrativo os funcionários de órgãos ambientais integrantes do Sistema Nacional de Meio Ambiente - SISNAMA, designados para as atividades de fiscalização, bem como os agentes das Capitanias dos Portos, do Ministério da Marinha.

§ 2º Qualquer pessoa, constatando infração ambiental, poderá dirigir representação às autoridades relacionadas no parágrafo anterior, para efeito do exercício do seu poder de polícia.

§ 3º A autoridade ambiental que tiver conhecimento de infração ambiental é obrigada a promover a sua apuração imediata, mediante processo administrativo próprio, sob pena de co-responsabilidade.

§ 4º As infrações ambientais são apuradas em processo administrativo próprio, assegurado o direito de ampla defesa e o contraditório, observadas as disposições desta Lei.

Art. 71. O processo administrativo para apuração de infração ambiental deve observar os seguintes prazos máximos:

I - vinte dias para o infrator oferecer defesa ou impugnação contra o auto de infração, contados da data da ciência da autuação;

II - trinta dias para a autoridade competente julgar o auto de infração, contados da data da sua lavratura, apresentada ou não a defesa ou impugnação;

III - vinte dias para o infrator recorrer da decisão condenatória à instância superior do Sistema Nacional do Meio Ambiente - SISNAMA, ou à Diretoria de Portos e Costas, do Ministério da Marinha, de acordo com o tipo de autuação;

IV - cinco dias para o pagamento de multa, contados da data do recebimento da notificação.

Art. 72. As infrações administrativas são punidas com as seguintes sanções, observado o disposto no art. 6º:

I - advertência;
II - multa simples;
III - multa diária;
IV - apreensão dos animais, produtos e subprodutos da fauna e flora, instrumentos, petrechos, equipamentos ou veículos de qualquer natureza utilizados na infração;
V - destruição ou inutilização do produto;
VI - suspensão de venda e fabricação do produto;
VII - embargo de obra ou atividade;
VIII - demolição de obra;
IX - suspensão parcial ou total de atividades;
X - (VETADO)
XI - restritiva de direitos.

§ 1º Se o infrator cometer, simultaneamente, duas ou mais infrações, ser-lhe-ão aplicadas, cumulativamente, as sanções a elas cominadas.

§ 2º A advertência será aplicada pela inobservância das disposições desta Lei e da legislação em vigor, ou de preceitos regulamentares, sem prejuízo das demais sanções previstas neste artigo.

§ 3º A multa simples será aplicada sempre que o agente, por negligência ou dolo:

I - advertido por irregularidades que tenham sido praticadas, deixar de saná-las, no prazo assinalado por órgão competente do SISNAMA ou pela Capitania dos Portos, do Ministério da Marinha;
II - opuser embaraço à fiscalização dos órgãos do SISNAMA ou da Capitania dos Portos, do Ministério da Marinha.

§ 4º A multa simples pode ser convertida em serviços de preservação, melhoria e recuperação da qualidade do meio ambiente.

§ 5º A multa diária será aplicada sempre que o cometimento da infração se prolongar no tempo.

§ 6º A apreensão e destruição referidas nos incisos IV e V do *caput* obedecerão ao disposto no art. 25 desta Lei.

§ 7º As sanções indicadas nos incisos VI a IX do *caput* serão aplicadas quando o produto, a obra, a atividade ou o estabelecimento não estiverem obedecendo às prescrições legais ou regulamentares.

§ 8º As sanções restritivas de direito são:

I - suspensão de registro, licença ou autorização;
II - cancelamento de registro, licença ou autorização;
III - perda ou restrição de incentivos e benefícios fiscais;
IV - perda ou suspensão da participação em linhas de financiamento em estabelecimentos oficiais de crédito;
V - proibição de contratar com a Administração Pública, pelo período de até três anos.

Art. 73. Os valores arrecadados em pagamento de multas por infração ambiental serão revertidos ao Fundo Nacional do Meio Ambiente, criado pela Lei nº 7.797, de 10 de julho de 1989, Fundo Naval, criado pelo Decreto nº 20.923, de 8 de janeiro de 1932, fundos estaduais ou municipais de meio ambiente, ou correlatos, conforme dispuser o órgão arrecadador.

Art. 74. A multa terá por base a unidade, hectare, metro cúbico, quilograma ou outra medida pertinente, de acordo com o objeto jurídico lesado.

Art. 75. O valor da multa de que trata este Capítulo será fixado no regulamento desta Lei e corrigido periodicamente, com base nos índices estabelecidos na legislação pertinente, sendo o mínimo de R$ 50,00 (cinqüenta reais) e o máximo de R$ 50.000.000,00 (cinqüenta milhões de reais).

Art. 76. O pagamento de multa imposta pelos Estados, Municípios, Distrito Federal ou Territórios substitui a multa federal na mesma hipótese de incidência.

CAPÍTULO VII - DA COOPERAÇÃO INTERNACIONAL PARA A PRESERVAÇÃO DO MEIO AMBIENTE

Art. 77. Resguardados a soberania nacional, a ordem pública e os bons costumes, o Governo brasileiro prestará, no que concerne ao meio ambiente, a necessária cooperação a outro país, sem qualquer ônus, quando solicitado para:

I - produção de prova;
II - exame de objetos e lugares;
III - informações sobre pessoas e coisas;
IV - presença temporária da pessoa presa, cujas declarações tenham relevância para a decisão de uma causa;
V - outras formas de assistência permitidas pela legislação em vigor ou pelos tratados de que o Brasil seja parte.

§ 1º A solicitação de que trata este artigo será dirigida ao Ministério da Justiça, que a remeterá, quando necessário, ao órgão judiciário competente para decidir a seu respeito, ou a encaminhará à autoridade capaz de atendê-la.

§ 2º A solicitação deverá conter:

I - o nome e a qualificação da autoridade solicitante;
II - o objeto e o motivo de sua formulação;
III - a descrição sumária do procedimento em curso no país solicitante;
IV - a especificação da assistência solicitada;
V - a documentação indispensável ao seu esclarecimento, quando for o caso.

Art. 78. Para a consecução dos fins visados nesta Lei e especialmente para a reciprocidade da cooperação internacional, deve ser mantido sistema de comunicações apto a facilitar o intercâmbio rápido e seguro de informações com órgãos de outros países.

CAPÍTULO VIII - DISPOSIÇÕES FINAIS

Art. 79. Aplicam-se subsidiariamente a esta Lei as disposições do Código Penal e do Código de Processo Penal.

Art. 79-A. Para o cumprimento do disposto nesta Lei, os órgãos ambientais integrantes do SISNAMA, responsáveis pela execução de programas e projetos e pelo controle e fiscalização dos estabelecimentos e das atividades suscetíveis de degradarem a qualidade ambiental, ficam autorizados a celebrar, com força de título executivo extrajudicial, termo de compromisso com pessoas físicas ou jurídicas responsáveis pela construção, instalação, ampliação e funcionamento de estabelecimentos e atividades utilizadores de recursos ambientais, considerados efetiva ou potencialmente poluidores. (Redação dada pela Medida Provisória nº 2.163-41, de 2001)

§ 1º O termo de compromisso a que se refere este artigo destinar-se-á, exclusivamente, a permitir que as pessoas físicas e jurídicas mencionadas no *caput* possam promover as necessárias correções de suas atividades, para o atendimento das exigências impostas pelas autoridades ambientais competentes, sendo obrigatório que o respectivo instrumento disponha sobre: (Redação dada pela Medida Provisória nº 2.163-41, de 2001)

I - o nome, a qualificação e o endereço das partes compromissadas e dos respectivos representantes legais; (Redação dada pela Medida Provisória nº 2.163-41, de 2001)

II - o prazo de vigência do compromisso, que, em função da complexidade das obrigações nele fixadas, poderá variar entre o mínimo de noventa dias e o máximo de três anos,

com possibilidade de prorrogação por igual período; (Redação dada pela Medida Provisória nº 2.163-41, de 2001)

III - a descrição detalhada de seu objeto, o valor do investimento previsto e o cronograma físico de execução e de implantação das obras e serviços exigidos, com metas trimestrais a serem atingidas; (Redação dada pela Medida Provisória nº 2.163-41, de 2001)

IV - as multas que podem ser aplicadas à pessoa física ou jurídica compromissada e os casos de rescisão, em decorrência do não-cumprimento das obrigações nele pactuadas; (Redação dada pela Medida Provisória nº 2.163-41, de 2001)

V - o valor da multa de que trata o inciso IV não poderá ser superior ao valor do investimento previsto; (Redação dada pela Medida Provisória nº 2.163-41, de 2001)

VI - o foro competente para dirimir litígios entre as partes. (Incluído pela Medida Provisória nº 2.163-41, de 2001)

§ 2º No tocante aos empreendimentos em curso até o dia 30 de março de 1998, envolvendo construção, instalação, ampliação e funcionamento de estabelecimentos e atividades utilizadores de recursos ambientais, considerados efetiva ou potencialmente poluidores, a assinatura do termo de compromisso deverá ser requerida pelas pessoas físicas e jurídicas interessadas, até o dia 31 de dezembro de 1998, mediante requerimento escrito protocolizado junto aos órgãos competentes do SISNAMA, devendo ser firmado pelo dirigente máximo do estabelecimento. (Redação dada pela Medida Provisória nº 2.163-41, de 2001)

§ 3º Da data da protocolização do requerimento previsto no § 2º e enquanto perdurar a vigência do correspondente termo de compromisso, ficarão suspensas, em relação aos fatos que deram causa à celebração do instrumento, a aplicação de sanções administrativas contra a pessoa física ou jurídica que o houver firmado. (Redação dada pela Medida Provisória nº 2.163-41, de 2001)

§ 4º A celebração do termo de compromisso de que trata este artigo não impede a execução de eventuais multas aplicadas antes da protocolização do requerimento. (Redação dada pela Medida Provisória nº 2.163-41, de 2001)

§ 5º Considera-se rescindido de pleno direito o termo de compromisso, quando descumprida qualquer de suas cláusulas, ressalvado o caso fortuito ou de força maior. (Incluído pela Medida Provisória nº 2.163-41, de 2001)

§ 6º O termo de compromisso deverá ser firmado em até noventa dias, contados da protocolização do requerimento. (Incluído pela Medida Provisória nº 2.163-41, de 2001)

§ 7º O requerimento de celebração do termo de compromisso deverá conter as informações necessárias à verificação da sua viabilidade técnica e jurídica, sob pena de indeferimento do plano. (Incluído pela Medida Provisória nº 2.163-41, de 2001)

§ 8º Sob pena de ineficácia, os termos de compromisso deverão ser publicados no órgão oficial competente, mediante extrato. (Incluído pela Medida Provisória nº 2.163-41, de 2001)

Art. 80. O Poder Executivo regulamentará esta Lei no prazo de noventa dias a contar de sua publicação.

Art. 81. (VETADO)

Art. 82. Revogam-se as disposições em contrário.

8. LEI Nº 9.613, DE 3 DE MARÇO DE 1998

Vide Decreto nº 2.799, de 1998
(Vide Lei nº 13.964, de 2019)

Dispõe sobre os crimes de "lavagem" ou ocultação de bens, direitos e valores; a prevenção da utilização do sistema financeiro para os ilícitos previstos nesta Lei; cria o Conselho de Controle de Atividades Financeiras - COAF, e dá outras providências.

O PRESIDENTE DA REPÚBLICA: Faço saber que o Congresso Nacional decreta e eu sanciono a seguinte Lei:

CAPÍTULO I - Dos Crimes de "Lavagem" ou Ocultação de Bens, Direitos e Valores

Art. 1º Ocultar ou dissimular a natureza, origem, localização, disposição, movimentação ou propriedade de bens, direitos ou valores provenientes, direta ou indiretamente, de infração penal. (Redação dada pela Lei nº 12.683, de 2012)

I - (revogado); (Redação dada pela Lei nº 12.683, de 2012)
II - (revogado); (Redação dada pela Lei nº 12.683, de 2012)
III - (revogado); (Redação dada pela Lei nº 12.683, de 2012)
IV - (revogado); (Redação dada pela Lei nº 12.683, de 2012)
V - (revogado); (Redação dada pela Lei nº 12.683, de 2012)
VI - (revogado); (Redação dada pela Lei nº 12.683, de 2012)
VII - (revogado); (Redação dada pela Lei nº 12.683, de 2012)
VIII - (revogado). (Redação dada pela Lei nº 12.683, de 2012)

Pena: reclusão, de 3 (três) a 10 (dez) anos, e multa. (Redação dada pela Lei nº 12.683, de 2012)

§ 1º Incorre na mesma pena quem, para ocultar ou dissimular a utilização de bens, direitos ou valores provenientes de infração penal: (Redação dada pela Lei nº 12.683, de 2012)

I - os converte em ativos lícitos;

II - os adquire, recebe, troca, negocia, dá ou recebe em garantia, guarda, tem em depósito, movimenta ou transfere;

III - importa ou exporta bens com valores não correspondentes aos verdadeiros.

§ 2º Incorre, ainda, na mesma pena quem: (Redação dada pela Lei nº 12.683, de 2012)

I - utiliza, na atividade econômica ou financeira, bens, direitos ou valores provenientes de infração penal; (Redação dada pela Lei nº 12.683, de 2012)

II - participa de grupo, associação ou escritório tendo conhecimento de que sua atividade principal ou secundária é dirigida à prática de crimes previstos nesta Lei.

§ 3º A tentativa é punida nos termos do parágrafo único do art. 14 do Código Penal.

§ 4º A pena será aumentada de um a dois terços, se os crimes definidos nesta Lei forem cometidos de forma reiterada ou por intermédio de organização criminosa. (Redação dada pela Lei nº 12.683, de 2012)

§ 5º A pena poderá ser reduzida de um a dois terços e ser cumprida em regime aberto ou semiaberto, facultando-se ao juiz deixar de aplicá-la ou substituí-la, a qualquer tempo, por pena restritiva de direitos, se o autor, coautor ou partícipe colaborar espontaneamente com as autoridades, prestando esclarecimentos que conduzam à apuração das infrações penais, à identificação dos autores, coautores e partícipes, ou à localização dos bens, direitos ou valores objeto do crime. (Redação dada pela Lei nº 12.683, de 2012)

§ 6º Para a apuração do crime de que trata este artigo, admite-se a utilização da ação controlada e da infiltração de agentes. (Incluído pela Lei nº 13.964, de 2019)

CAPÍTULO II - Disposições Processuais Especiais

Art. 2º O processo e julgamento dos crimes previstos nesta Lei:

I - obedecem às disposições relativas ao procedimento comum dos crimes punidos com reclusão, da competência do juiz singular;

II - independem do processo e julgamento das infrações penais antecedentes, ainda que praticados em outro país, cabendo ao juiz competente para os crimes previstos nesta Lei a decisão sobre a unidade de processo e julgamento; (Redação dada pela Lei nº 12.683, de 2012)

III - são da competência da Justiça Federal:

a) quando praticados contra o sistema financeiro e a ordem econômico-financeira, ou em detrimento de bens, serviços ou interesses da União, ou de suas entidades autárquicas ou empresas públicas;

b) quando a infração penal antecedente for de competência da Justiça Federal. (Redação dada pela Lei nº 12.683, de 2012)

§ 1º A denúncia será instruída com indícios suficientes da existência da infração penal antecedente, sendo puníveis os fatos previstos nesta Lei, ainda que desconhecido ou isento de pena o autor, ou extinta a punibilidade da infração penal antecedente. (Redação dada pela Lei nº 12.683, de 2012)

§ 2º No processo por crime previsto nesta Lei, não se aplica o disposto no art. 366 do Decreto-Lei nº 3.689, de 3 de outubro de 1941 (Código de Processo Penal), devendo o acusado que não comparecer nem constituir advogado ser citado por edital, prosseguindo o feito até o julgamento, com a nomeação de defensor dativo. (Redação dada pela Lei nº 12.683, de 2012)

Art. 3º (Revogado pela Lei nº 12.683, de 2012)

Art. 4º O juiz, de ofício, a requerimento do Ministério Público ou mediante representação do delegado de polícia, ouvido o Ministério Público em 24 (vinte e quatro) horas, havendo indícios suficientes de infração penal, poderá decretar medidas assecuratórias de bens, direitos ou valores do investigado ou acusado, ou existentes em nome de interpostas pessoas, que sejam instrumento, produto ou proveito dos crimes previstos nesta Lei ou das infrações penais antecedentes. (Redação dada pela Lei nº 12.683, de 2012)

§ 1º Proceder-se-á à alienação antecipada para preservação do valor dos bens sempre que estiverem sujeitos a qualquer grau de deterioração ou depreciação, ou quando houver dificuldade para sua manutenção. (Redação dada pela Lei nº 12.683, de 2012)

§ 2º O juiz determinará a liberação total ou parcial dos bens, direitos e valores quando comprovada a licitude de sua origem, mantendo-se a constrição dos bens, direitos e valores necessários e suficientes à reparação dos danos e ao pagamento de prestações pecuniárias, multas e custas decorrentes da infração penal. (Redação dada pela Lei nº 12.683, de 2012)

§ 3º Nenhum pedido de liberação será conhecido sem o comparecimento pessoal do acusado ou de interposta pessoa a que se refere o caput deste artigo, podendo o juiz determinar a prática de atos necessários à conservação de bens, direitos ou valores, sem prejuízo do disposto no § 1º. (Redação dada pela Lei nº 12.683, de 2012)

§ 4º Poderão ser decretadas medidas assecuratórias sobre bens, direitos ou valores para reparação do dano decorrente da infração penal antecedente ou da prevista nesta Lei ou para pagamento de prestação pecuniária, multa e custas. (Redação dada pela Lei nº 12.683, de 2012)

Art. 4º-A. A alienação antecipada para preservação de valor de bens sob constrição será decretada pelo juiz, de ofício, a requerimento do Ministério Público ou por solicitação da parte interessada, mediante petição autônoma, que será autuada em apartado e cujos autos terão tramitação em separado em relação ao processo principal. (Incluído pela Lei nº 12.683, de 2012)

§ 1º O requerimento de alienação deverá conter a relação de todos os demais bens, com a descrição e a especificação de cada um deles, e informações sobre quem os detêm e local onde se encontram. (Incluído pela Lei nº 12.683, de 2012)

§ 2º O juiz determinará a avaliação dos bens, nos autos apartados, e intimará o Ministério Público. (Incluído pela Lei nº 12.683, de 2012)

§ 3º Feita a avaliação e dirimidas eventuais divergências sobre o respectivo laudo, o juiz, por sentença, homologará o valor atribuído aos bens e determinará sejam alienados em leilão ou pregão, preferencialmente eletrônico, por valor não inferior a 75% (setenta e cinco por cento) da avaliação. (Incluído pela Lei nº 12.683, de 2012)

§ 4º Realizado o leilão, a quantia apurada será depositada em conta judicial remunerada, adotando-se a seguinte disciplina: (Incluído pela Lei nº 12.683, de 2012)

I - nos processos de competência da Justiça Federal e da Justiça do Distrito Federal: (Incluído pela Lei nº 12.683, de 2012)

a) os depósitos serão efetuados na Caixa Econômica Federal ou em instituição financeira pública, mediante documento adequado para essa finalidade; (Incluída pela Lei nº 12.683, de 2012)

b) os depósitos serão repassados pela Caixa Econômica Federal ou por outra instituição financeira pública para a Conta Única do Tesouro Nacional, independentemente de qualquer formalidade, no prazo de 24 (vinte e quatro) horas; e (Incluída pela Lei nº 12.683, de 2012)

c) os valores devolvidos pela Caixa Econômica Federal ou por instituição financeira pública serão debitados à Conta Única do Tesouro Nacional, em subconta de restituição; (Incluída pela Lei nº 12.683, de 2012)

II - nos processos de competência da Justiça dos Estados: (Incluído pela Lei nº 12.683, de 2012)

a) os depósitos serão efetuados em instituição financeira designada em lei, preferencialmente pública, de cada Estado ou, na sua ausência, em instituição financeira pública da União; (Incluída pela Lei nº 12.683, de 2012)

b) os depósitos serão repassados para a conta única de cada Estado, na forma da respectiva legislação. (Incluída pela Lei nº 12.683, de 2012)

§ 5º Mediante ordem da autoridade judicial, o valor do depósito, após o trânsito em julgado da sentença proferida na ação penal, será: (Incluído pela Lei nº 12.683, de 2012)

I - em caso de sentença condenatória, nos processos de competência da Justiça Federal e da Justiça do Distrito Federal, incorporado definitivamente ao patrimônio da União, e, nos processos de competência da Justiça Estadual, incorporado ao patrimônio do Estado respectivo; (Incluído pela Lei nº 12.683, de 2012)

II - em caso de sentença absolutória extintiva de punibilidade, colocado à disposição do réu pela instituição financeira, acrescido da remuneração da conta judicial. (Incluído pela Lei nº 12.683, de 2012)

§ 6º A instituição financeira depositária manterá controle dos valores depositados ou devolvidos. (Incluído pela Lei nº 12.683, de 2012)

§ 7º Serão deduzidos da quantia apurada no leilão todos os tributos e multas incidentes sobre o bem alienado, sem prejuízo de iniciativas que, no âmbito da competência de cada ente da Federação, venham a desonerar bens sob constrição judicial daqueles ônus. (Incluído pela Lei nº 12.683, de 2012)

§ 8º Feito o depósito a que se refere o § 4º deste artigo, os autos da alienação serão apensados aos do processo principal. (Incluído pela Lei nº 12.683, de 2012)

§ 9º Terão apenas efeito devolutivo os recursos interpostos contra as decisões proferidas no curso do procedimento previsto neste artigo. (Incluído pela Lei nº 12.683, de 2012)

§ 10. Sobrevindo o trânsito em julgado de sentença penal condenatória, o juiz decretará, em favor, conforme o caso, da União ou do Estado: (Incluído pela Lei nº 12.683, de 2012)

I - a perda dos valores depositados na conta remunerada e da fiança; (Incluído pela Lei nº 12.683, de 2012)

II - a perda dos bens não alienados antecipadamente e daqueles aos quais não foi dada destinação prévia; e (Incluído pela Lei nº 12.683, de 2012)

III - a perda dos bens não reclamados no prazo de 90 (noventa) dias após o trânsito em julgado da sentença condenatória, ressalvado o direito de lesado ou terceiro de boa-fé. (Incluído pela Lei nº 12.683, de 2012)

§ 11. Os bens a que se referem os incisos II e III do § 10 deste artigo serão adjudicados ou levados a leilão, depositando-se o saldo na conta única do respectivo ente. (Incluído pela Lei nº 12.683, de 2012)

§ 12. O juiz determinará ao registro público competente que emita documento de habilitação à circulação e utilização dos

bens colocados sob o uso e custódia das entidades a que se refere o caput deste artigo. (Incluído pela Lei nº 12.683, de 2012)

§ 13. Os recursos decorrentes da alienação antecipada de bens, direitos e valores oriundos do crime de tráfico ilícito de drogas e que tenham sido objeto de dissimulação e ocultação nos termos desta Lei permanecem submetidos à disciplina definida em lei específica. (Incluído pela Lei nº 12.683, de 2012)

Art. 4º-B. A ordem de prisão de pessoas ou as medidas assecuratórias de bens, direitos ou valores poderão ser suspensas pelo juiz, ouvido o Ministério Público, quando a sua execução imediata puder comprometer as investigações. (Incluído pela Lei nº 12.683, de 2012)

Art. 5º Quando as circunstâncias o aconselharem, o juiz, ouvido o Ministério Público, nomeará pessoa física ou jurídica qualificada para a administração dos bens, direitos ou valores sujeitos a medidas assecuratórias, mediante termo de compromisso. (Redação dada pela Lei nº 12.683, de 2012)

Art. 6º A pessoa responsável pela administração dos bens: (Redação dada pela Lei nº 12.683, de 2012)

I - fará jus a uma remuneração, fixada pelo juiz, que será satisfeita com o produto dos bens objeto da administração;

II - prestará, por determinação judicial, informações periódicas da situação dos bens sob sua administração, bem como explicações e detalhamentos sobre investimentos e reinvestimentos realizados.

Parágrafo único. Os atos relativos à administração dos bens sujeitos a medidas assecuratórias serão levados ao conhecimento do Ministério Público, que requererá o que entender cabível. (Redação dada pela Lei nº 12.683, de 2012)

CAPÍTULO III - Dos Efeitos da Condenação

Art. 7º São efeitos da condenação, além dos previstos no Código Penal:

I - a perda, em favor da União - e dos Estados, nos casos de competência da Justiça Estadual -, de todos os bens, direitos e valores relacionados, direta ou indiretamente, à prática dos crimes previstos nesta Lei, inclusive aqueles utilizados para prestar a fiança, ressalvado o direito do lesado ou de terceiro de boa-fé; (Redação dada pela Lei nº 12.683, de 2012)

II - a interdição do exercício de cargo ou função pública de qualquer natureza e de diretor, de membro de conselho de administração ou de gerência das pessoas jurídicas referidas no art. 9º, pelo dobro do tempo da pena privativa de liberdade aplicada.

§ 1º A União e os Estados, no âmbito de suas competências, regulamentarão a forma de destinação dos bens, direitos e valores cuja perda houver sido declarada, assegurada, quanto aos processos de competência da Justiça Federal, a sua utilização pelos órgãos federais encarregados da prevenção, do combate, da ação penal e do julgamento dos crimes previstos nesta Lei, e, quanto aos processos de competência da Justiça Estadual, a preferência dos órgãos locais com idêntica função. (Incluído pela Lei nº 12.683, de 2012)

§ 2º Os instrumentos do crime sem valor econômico cuja perda em favor da União ou do Estado for decretada serão inutilizados ou doados a museu criminal ou a entidade pública, se houver interesse na sua conservação. (Incluído pela Lei nº 12.683, de 2012)

CAPÍTULO IV - Dos Bens, Direitos ou Valores Oriundos de Crimes Praticados no Estrangeiro

Art. 8º O juiz determinará, na hipótese de existência de tratado ou convenção internacional e por solicitação de autoridade estrangeira competente, medidas assecuratórias sobre bens, direitos ou valores oriundos de crimes descritos no art. 1º praticados no estrangeiro. (Redação dada pela Lei nº 12.683, de 2012)

§ 1º Aplica-se o disposto neste artigo, independentemente de tratado ou convenção internacional, quando o governo do país da autoridade solicitante prometer reciprocidade ao Brasil.

§ 2º Na falta de tratado ou convenção, os bens, direitos ou valores privados sujeitos a medidas assecuratórias por solicitação de autoridade estrangeira competente ou os recursos provenientes da sua alienação serão repartidos entre o Estado requerente e o Brasil, na proporção de metade, ressalvado o direito do lesado ou de terceiro de boa-fé. (Redação dada pela Lei nº 12.683, de 2012)

CAPÍTULO V - (Redação dada pela Lei nº 12.683, de 2012) DAS PESSOAS SUJEITAS AO MECANISMO DE CONTROLE

Art. 9º Sujeitam-se às obrigações referidas nos arts. 10 e 11 as pessoas físicas e jurídicas que tenham, em caráter permanente ou eventual, como atividade principal ou acessória, cumulativamente ou não: (Redação dada pela Lei nº 12.683, de 2012)

I - a captação, intermediação e aplicação de recursos financeiros de terceiros, em moeda nacional ou estrangeira;

II - a compra e venda de moeda estrangeira ou ouro como ativo financeiro ou instrumento cambial;

III - a custódia, emissão, distribuição, liqüidação, negociação, intermediação ou administração de títulos ou valores mobiliários.

Parágrafo único. Sujeitam-se às mesmas obrigações:

I - as bolsas de valores, as bolsas de mercadorias ou futuros e os sistemas de negociação do mercado de balcão organizado; (Redação dada pela Lei nº 12.683, de 2012)

II - as seguradoras, as corretoras de seguros e as entidades de previdência complementar ou de capitalização;

III - as administradoras de cartões de credenciamento ou cartões de crédito, bem como as administradoras de consórcios para aquisição de bens ou serviços;

IV - as administradoras ou empresas que se utilizem de cartão ou qualquer outro meio eletrônico, magnético ou equivalente, que permita a transferência de fundos;

V - as empresas de arrendamento mercantil (leasing), as empresas de fomento comercial (factoring) e as Empresas Simples de Crédito (ESC); (Redação dada pela Lei Complementar nº 167, de 2019)

VI - as sociedades que efetuem distribuição de dinheiro ou quaisquer bens móveis, imóveis, mercadorias, serviços, ou, ainda, concedam descontos na sua aquisição, mediante sorteio ou método assemelhado;

VII - as filiais ou representações de entes estrangeiros que exerçam no Brasil qualquer das atividades listadas neste artigo, ainda que de forma eventual;

VIII - as demais entidades cujo funcionamento dependa de autorização de órgão regulador dos mercados financeiro, de câmbio, de capitais e de seguros;

IX - as pessoas físicas ou jurídicas, nacionais ou estrangeiras, que operem no Brasil como agentes, dirigentes, procuradoras, comissionárias ou por qualquer forma representem interesses de ente estrangeiro que exerça qualquer das atividades referidas neste artigo;

X - as pessoas físicas ou jurídicas que exerçam atividades de promoção imobiliária ou compra e venda de imóveis; (Redação dada pela Lei nº 12.683, de 2012)

XI - as pessoas físicas ou jurídicas que comercializem jóias, pedras e metais preciosos, objetos de arte e antiguidades.

XII - as pessoas físicas ou jurídicas que comercializem bens de luxo ou de alto valor, intermedeiem a sua comercialização ou exerçam atividades que envolvam grande volume de recursos em espécie; (Redação dada pela Lei nº 12.683, de 2012)

XIII - as juntas comerciais e os registros públicos; (Incluído pela Lei nº 12.683, de 2012)

XIV - as pessoas físicas ou jurídicas que prestem, mesmo que eventualmente, serviços de assessoria, consultoria, contadoria, auditoria, aconselhamento ou assistência, de qualquer natureza, em operações: (Incluído pela Lei nº 12.683, de 2012)

a) de compra e venda de imóveis, estabelecimentos comerciais ou industriais ou participações societárias de qualquer natureza; (Incluída pela Lei nº 12.683, de 2012)
b) de gestão de fundos, valores mobiliários ou outros ativos; (Incluída pela Lei nº 12.683, de 2012)
c) de abertura ou gestão de contas bancárias, de poupança, investimento ou de valores mobiliários; (Incluída pela Lei nº 12.683, de 2012)
d) de criação, exploração ou gestão de sociedades de qualquer natureza, fundações, fundos fiduciários ou estruturas análogas; (Incluída pela Lei nº 12.683, de 2012)
e) financeiras, societárias ou imobiliárias; e (Incluída pela Lei nº 12.683, de 2012)
f) de alienação ou aquisição de direitos sobre contratos relacionados a atividades desportivas ou artísticas profissionais; (Incluída pela Lei nº 12.683, de 2012)
XV - pessoas físicas ou jurídicas que atuem na promoção, intermediação, comercialização, agenciamento ou negociação de direitos de transferência de atletas, artistas ou feiras, exposições ou eventos similares; (Incluído pela Lei nº 12.683, de 2012)
XVI - as empresas de transporte e guarda de valores; (Incluído pela Lei nº 12.683, de 2012)
XVII - as pessoas físicas ou jurídicas que comercializem bens de alto valor de origem rural ou animal ou intermedeiem a sua comercialização; e (Incluído pela Lei nº 12.683, de 2012)
XVIII - as dependências no exterior das entidades mencionadas neste artigo, por meio de sua matriz no Brasil, relativamente a residentes no País. (Incluído pela Lei nº 12.683, de 2012)

CAPÍTULO VI - Da Identificação dos Clientes e Manutenção de Registros

Art. 10. As pessoas referidas no art. 9º:
I - identificarão seus clientes e manterão cadastro atualizado, nos termos de instruções emanadas das autoridades competentes;
II - manterão registro de toda transação em moeda nacional ou estrangeira, títulos e valores mobiliários, títulos de crédito, metais, ou qualquer ativo passível de ser convertido em dinheiro, que ultrapassar limite fixado pela autoridade competente e nos termos de instruções por esta expedidas;
III - deverão adotar políticas, procedimentos e controles internos, compatíveis com seu porte e volume de operações, que lhes permitam atender ao disposto neste artigo e no art. 11, na forma disciplinada pelos órgãos competentes; (Redação dada pela Lei nº 12.683, de 2012)
IV - deverão cadastrar-se e manter seu cadastro atualizado no órgão regulador ou fiscalizador e, na falta deste, no Conselho de Controle de Atividades Financeiras (Coaf), na forma e condições por eles estabelecidas; (Incluído pela Lei nº 12.683, de 2012)
V - deverão atender às requisições formuladas pelo Coaf na periodicidade, forma e condições por ele estabelecidas, cabendo-lhe preservar, nos termos da lei, o sigilo das informações prestadas. (Incluído pela Lei nº 12.683, de 2012)
§ 1º Na hipótese de o cliente constituir-se em pessoa jurídica, a identificação referida no inciso I deste artigo deverá abranger as pessoas físicas autorizadas a representá-la, bem como seus proprietários.
§ 2º Os cadastros e registros referidos nos incisos I e II deste artigo deverão ser conservados durante o período mínimo de cinco anos a partir do encerramento da conta ou da conclusão da transação, prazo este que poderá ser ampliado pela autoridade competente.
§ 3º O registro referido no inciso II deste artigo será efetuado também quando a pessoa física ou jurídica, seus entes ligados, houver realizado, em um mesmo mês-calendário, operações com uma mesma pessoa, conglomerado ou grupo que, em seu conjunto, ultrapassem o limite fixado pela autoridade competente.

Art. 10A. O Banco Central manterá registro centralizado formando o cadastro geral de correntistas e clientes de instituições financeiras, bem como de seus procuradores. (Incluído pela Lei nº 10.701, de 2003)

CAPÍTULO VII - Da Comunicação de Operações Financeiras

Art. 11. As pessoas referidas no art. 9º:
I - dispensarão especial atenção às operações que, nos termos de instruções emanadas das autoridades competentes, possam constituir-se em sérios indícios dos crimes previstos nesta Lei, ou com eles relacionar-se;
II - deverão comunicar ao Coaf, abstendo-se de dar ciência de tal ato a qualquer pessoa, inclusive àquela à qual se refira a informação, no prazo de 24 (vinte e quatro) horas, a proposta ou realização: (Redação dada pela Lei nº 12.683, de 2012)
a) de todas as transações referidas no inciso II do art. 10, acompanhadas da identificação de que trata o inciso I do mencionado artigo; e (Redação dada pela Lei nº 12.683, de 2012)
b) das operações referidas no inciso I; (Redação dada pela Lei nº 12.683, de 2012)
III - deverão comunicar ao órgão regulador ou fiscalizador da sua atividade ou, na sua falta, ao Coaf, na periodicidade, forma e condições por eles estabelecidas, a não ocorrência de propostas, transações ou operações passíveis de serem comunicadas nos termos do inciso II. (Incluído pela Lei nº 12.683, de 2012)
§ 1º As autoridades competentes, nas instruções referidas no inciso I deste artigo, elaborarão relação de operações que, por suas características, no que se refere às partes envolvidas, valores, forma de realização, instrumentos utilizados, ou pela falta de fundamento econômico ou legal, possam configurar a hipótese nele prevista.
§ 2º As comunicações de boa-fé, feitas na forma prevista neste artigo, não acarretarão responsabilidade civil ou administrativa.
§ 3º O Coaf disponibilizará as comunicações recebidas com base no inciso II do caput aos respectivos órgãos responsáveis pela regulação ou fiscalização das pessoas a que se refere o art. 9º. (Redação dada pela Lei nº 12.683, de 2012)
Art. 11-A. As transferências internacionais e os saques em espécie deverão ser previamente comunicados à instituição financeira, nos termos, limites, prazos e condições fixados pelo Banco Central do Brasil. (Incluído pela Lei nº 12.683, de 2012)

CAPÍTULO VIII - Da Responsabilidade Administrativa

Art. 12. Às pessoas referidas no art. 9º, bem como aos administradores das pessoas jurídicas, que deixem de cumprir as obrigações previstas nos arts. 10 e 11 serão aplicadas, cumulativamente ou não, pelas autoridades competentes, as seguintes sanções:
I - advertência;
II - multa pecuniária variável não superior: (Redação dada pela Lei nº 12.683, de 2012)
a) ao dobro do valor da operação; (Incluída pela Lei nº 12.683, de 2012)
b) ao dobro do lucro real obtido ou que presumivelmente seria obtido pela realização da operação; ou (Incluída pela Lei nº 12.683, de 2012)
c) ao valor de R$ 20.000.000,00 (vinte milhões de reais); (Incluída pela Lei nº 12.683, de 2012)
III - inabilitação temporária, pelo prazo de até dez anos, para o exercício do cargo de administrador das pessoas jurídicas referidas no art. 9º;
IV - cassação ou suspensão da autorização para o exercício de atividade, operação ou funcionamento. (Redação dada pela Lei nº 12.683, de 2012)

§ 1º A pena de advertência será aplicada por irregularidade no cumprimento das instruções referidas nos incisos I e II do art. 10.

§ 2º A multa será aplicada sempre que as pessoas referidas no art. 9º, por culpa ou dolo: (Redação dada pela Lei nº 12.683, de 2012)

I - deixarem de sanar as irregularidades objeto de advertência, no prazo assinalado pela autoridade competente;

II - não cumprirem o disposto nos incisos I a IV do art. 10; (Redação dada pela Lei nº 12.683, de 2012)

III - deixarem de atender, no prazo estabelecido, a requisição formulada nos termos do inciso V do art. 10; (Redação dada pela Lei nº 12.683, de 2012)

IV - descumprirem a vedação ou deixarem de fazer a comunicação a que se refere o art. 11.

§ 3º A inabilitação temporária será aplicada quando forem verificadas infrações graves quanto ao cumprimento das obrigações constantes desta Lei ou quando ocorrer reincidência específica, devidamente caracterizada em transgressões anteriormente punidas com multa.

§ 4º A cassação da autorização será aplicada nos casos de reincidência específica de infrações anteriormente punidas com a pena prevista no inciso III do *caput* deste artigo.

Art. 13. (Revogado pela Lei nº 13.974, de 2020)

CAPÍTULO IX - Do Conselho de Controle de Atividades Financeiras

Art. 14. Fica criado, no âmbito do Ministério da Economia, o Conselho de Controle de Atividades Financeiras - Coaf, com a finalidade de disciplinar, aplicar penas administrativas, receber, examinar e identificar as ocorrências suspeitas de atividades ilícitas previstas nesta Lei, sem prejuízo das competências de outros órgãos e entidades. (Redação dada pela Medida Provisória nº 886, de 2019)

§ 1º As instruções referidas no art. 10 destinadas às pessoas mencionadas no art. 9º, para as quais não exista órgão próprio fiscalizador ou regulador, serão expedidas pelo COAF, competindo-lhe, para esses casos, a definição das pessoas abrangidas e a aplicação das sanções enumeradas no art. 12.

§ 2º O COAF deverá, ainda, coordenar e propor mecanismos de cooperação e de troca de informações que viabilizem ações rápidas e eficientes no combate à ocultação ou dissimulação de bens, direitos e valores.

§ 3º O COAF poderá requerer aos órgãos da Administração Pública as informações cadastrais bancárias e financeiras de pessoas envolvidas em atividades suspeitas. (Incluído pela Lei nº 10.701, de 2003)

Art. 15. O COAF comunicará às autoridades competentes para a instauração dos procedimentos cabíveis, quando concluir pela existência de crimes previstos nesta Lei, de fundados indícios de sua prática, ou de qualquer outro ilícito.

Art. 16. (Revogado pela Lei nº 13.974, de 2020)

Art. 17. (Revogado pela Lei nº 13.974, de 2020)

CAPÍTULO X - (Incluído pela Lei nº 12.683, de 2012)

DISPOSIÇÕES GERAIS
(Incluído pela Lei nº 12.683, de 2012)

Art. 17-A. Aplicam-se, subsidiariamente, as disposições do Decreto-Lei nº 3.689, de 3 de outubro de 1941 (Código de Processo Penal), no que não forem incompatíveis com esta Lei. (Incluído pela Lei nº 12.683, de 2012)

Art. 17-B. A autoridade policial e o Ministério Público terão acesso, exclusivamente, aos dados cadastrais do investigado que informam qualificação pessoal, filiação e endereço, independentemente de autorização judicial, mantidos pela Justiça Eleitoral, pelas empresas telefônicas, pelas instituições financeiras, pelos provedores de internet e pelas administradoras de cartão de crédito. (Incluído pela Lei nº 12.683, de 2012)

Art. 17-C. Os encaminhamentos das instituições financeiras e tributárias em resposta às ordens judiciais de quebra ou transferência de sigilo deverão ser, sempre que determinado, em meio informático, e apresentados em arquivos que possibilitem a migração de informações para os autos do processo sem redigitação. (Incluído pela Lei nº 12.683, de 2012)

Art. 17-D. Em caso de indiciamento de servidor público, este será afastado, sem prejuízo de remuneração e demais direitos previstos em lei, até que o juiz competente autorize, em decisão fundamentada, o seu retorno. (Incluído pela Lei nº 12.683, de 2012)

Art. 17-E. A Secretaria da Receita Federal do Brasil conservará os dados fiscais dos contribuintes pelo prazo mínimo de 5 (cinco) anos, contado a partir do início do exercício seguinte ao da declaração de renda respectiva ou ao do pagamento do tributo. (Incluído pela Lei nº 12.683, de 2012)

Art. 18. Esta Lei entra em vigor na data de sua publicação.

9. LEI Nº 8.072, DE 25 DE JULHO DE 1990

(Vide Lei nº 13.964, de 2019)

Dispõe sobre os crimes hediondos, nos termos do art. 5º, inciso XLIII, da Constituição Federal, e determina outras providências.

O PRESIDENTE DA REPÚBLICA, faço saber que o Congresso Nacional decreta e eu sanciono a seguinte lei:

Art. 1º São considerados hediondos os seguintes crimes, todos tipificados no Decreto-Lei no 2.848, de 7 de dezembro de 1940 - Código Penal, consumados ou tentados: (Redação dada pela Lei nº 8.930, de 1994) (Vide Lei nº 7.210, de 1984)

I - homicídio (art. 121), quando praticado em atividade típica de grupo de extermínio, ainda que cometido por um só agente, e homicídio qualificado (art. 121, § 2º, incisos I, II, III, IV, V, VI, VII e VIII); (Redação dada pela Lei nº 13.964, de 2019)

I-A – lesão corporal dolosa de natureza gravíssima (art. 129, § 2º) e lesão corporal seguida de morte (art. 129, § 3º), quando praticadas contra autoridade ou agente descrito nos arts. 142 e 144 da Constituição Federal, integrantes do sistema prisional e da Força Nacional de Segurança Pública, no exercício da função ou em decorrência dela, ou contra seu cônjuge, companheiro ou parente consanguíneo até terceiro grau, em razão dessa condição; (Incluído pela Lei nº 13.142, de 2015)

II - roubo: (Redação dada pela Lei nº 13.964, de 2019)

a) circunstanciado pela restrição de liberdade da vítima (art. 157, § 2º, inciso V); (Incluído pela Lei nº 13.964, de 2019)

b) circunstanciado pelo emprego de arma de fogo (art. 157, § 2º-A, inciso I) ou pelo emprego de arma de fogo de uso proibido ou restrito (art. 157, § 2º-B); (Incluído pela Lei nº 13.964, de 2019)

c) qualificado pelo resultado lesão corporal grave ou morte (art. 157, § 3º); (Incluído pela Lei nº 13.964, de 2019)

III - extorsão qualificada pela restrição da liberdade da vítima, ocorrência de lesão corporal ou morte (art. 158, § 3º); (Redação dada pela Lei nº 13.964, de 2019)

IV - extorsão mediante seqüestro e na forma qualificada (art. 159, *caput*, e §§ lo, 2º e 3º); (Inciso incluído pela Lei nº 8.930, de 1994)

V - estupro (art. 213, *caput* e §§ 1º e 2º); (Redação dada pela Lei nº 12.015, de 2009)

VI - estupro de vulnerável (art. 217-A, *caput* e §§ 1º, 2º, 3º e 4º); (Redação dada pela Lei nº 12.015, de 2009)

VII - epidemia com resultado morte (art. 267, § 1º). (Inciso incluído pela Lei nº 8.930, de 1994)

VII-A – (VETADO) (Inciso incluído pela Lei nº 9.695, de 1998)

VII-B - falsificação, corrupção, adulteração ou alteração de produto destinado a fins terapêuticos ou medicinais (art. 273, *caput* e § 1º, § 1º-A e § 1º-B, com a redação dada pela Lei no 9.677, de 2 de julho de 1998). (Inciso incluído pela Lei nº 9.695, de 1998)

VIII - favorecimento da prostituição ou de outra forma de exploração sexual de criança ou adolescente ou de vulnerável (art. 218-B, caput, e §§ 1º e 2º). (Incluído pela Lei nº 12.978, de 2014)

IX - furto qualificado pelo emprego de explosivo ou de artefato análogo que cause perigo comum (art. 155, § 4º-A). (Incluído pela Lei nº 13.964, de 2019)

Parágrafo único. Consideram-se também hediondos, tentados ou consumados: (Redação dada pela Lei nº 13.964, de 2019)

I - o crime de genocídio, previsto nos arts. 1º, 2º e 3º da Lei nº 2.889, de 1º de outubro de 1956; (Incluído pela Lei nº 13.964, de 2019)

II - o crime de posse ou porte ilegal de arma de fogo de uso proibido, previsto no art. 16 da Lei nº 10.826, de 22 de dezembro de 2003; (Incluído pela Lei nº 13.964, de 2019)

III - o crime de comércio ilegal de armas de fogo, previsto no art. 17 da Lei nº 10.826, de 22 de dezembro de 2003; (Incluído pela Lei nº 13.964, de 2019)

IV - o crime de tráfico internacional de arma de fogo, acessório ou munição, previsto no art. 18 da Lei nº 10.826, de 22 de dezembro de 2003; (Incluído pela Lei nº 13.964, de 2019)

V - o crime de organização criminosa, quando direcionado à prática de crime hediondo ou equiparado. (Incluído pela Lei nº 13.964, de 2019)

Art. 2º Os crimes hediondos, a prática da tortura, o tráfico ilícito de entorpecentes e drogas afins e o terrorismo são insuscetíveis de: (Vide Súmula Vinculante)

I - anistia, graça e indulto;

II - fiança. (Redação dada pela Lei nº 11.464, de 2007)

§ 1º A pena por crime previsto neste artigo será cumprida inicialmente em regime fechado. (Redação dada pela Lei nº 11.464, de 2007)

§ 2º (Revogado pela Lei nº 13.964, de 2019)

§ 3º Em caso de sentença condenatória, o juiz decidirá fundamentadamente se o réu poderá apelar em liberdade. (Redação dada pela Lei nº 11.464, de 2007)

§ 4º A prisão temporária, sobre a qual dispõe a Lei no 7.960, de 21 de dezembro de 1989, nos crimes previstos neste artigo, terá o prazo de 30 (trinta) dias, prorrogável por igual período em caso de extrema e comprovada necessidade. (Incluído pela Lei nº 11.464, de 2007)

Art. 3º A União manterá estabelecimentos penais, de segurança máxima, destinados ao cumprimento de penas impostas a condenados de alta periculosidade, cuja permanência em presídios estaduais ponha em risco a ordem ou incolumidade pública.

Art. 4º (Vetado).

Art. 5º Ao art. 83 do Código Penal é acrescido o seguinte inciso:

"Art. 83. ...

...

V - cumprido mais de dois terços da pena, nos casos de condenação por crime hediondo, prática da tortura, tráfico ilícito de entorpecentes e drogas afins, e terrorismo, se o apenado não for reincidente específico em crimes dessa natureza."

Art. 6º Os arts. 157, § 3º; 159, caput e seus §§ 1º, 2º e 3º; 213; 214; 223, caput e seu parágrafo único; 267, caput e 270; caput, todos do Código Penal, passam a vigorar com a seguinte redação:

"Art. 157. ...

§ 3º Se da violência resulta lesão corporal grave, a pena é de reclusão, de cinco a quinze anos, além da multa; se resulta morte, a reclusão é de vinte a trinta anos, sem prejuízo da multa.

...

Art. 159. ...

Pena: reclusão, de oito a quinze anos.

§ 1º ...

Pena: reclusão, de doze a vinte anos.

§ 2º ...

Pena: reclusão, de dezesseis a vinte e quatro anos.

§ 3º ...

Pena: reclusão, de vinte e quatro a trinta anos.

...

Art. 213. ...

Pena: reclusão, de seis a dez anos.

Art. 214. ...

Pena: reclusão, de seis a dez anos.

...

Art. 223. ...

Pena: reclusão, de oito a doze anos.

Parágrafo único. ...

Pena: reclusão, de doze a vinte e cinco anos.

...

Art. 267. ...

Pena: reclusão, de dez a quinze anos.

...

Art. 270. ...

Pena: reclusão, de dez a quinze anos.

..."

Art. 7º Ao art. 159 do Código Penal fica acrescido o seguinte parágrafo:

"Art. 159. ...

...

§ 4º Se o crime é cometido por quadrilha ou bando, o co-autor que denunciá-lo à autoridade, facilitando a libertação do seqüestrado, terá sua pena reduzida de um a dois terços."

Art. 8º Será de três a seis anos de reclusão a pena prevista no art. 288 do Código Penal, quando se tratar de crimes hediondos, prática da tortura, tráfico ilícito de entorpecentes e drogas afins ou terrorismo.

Parágrafo único. O participante e o associado que denunciar à autoridade o bando ou quadrilha, possibilitando seu desmantelamento, terá a pena reduzida de um a dois terços.

Art. 9º As penas fixadas no art. 6º para os crimes capitulados nos arts. 157, § 3º, 158, § 2º, 159, caput e seus §§ 1º, 2º e 3º, 213, caput e sua combinação com o art. 223, caput e parágrafo único, 214 e sua combinação com o art. 223, caput e parágrafo único, todos do Código Penal, são acrescidas de metade, respeitado o limite superior de trinta anos de reclusão, estando a vítima em qualquer das hipóteses referidas no art. 224 também do Código Penal.

Art. 10. O art. 35 da Lei nº 6.368, de 21 de outubro de 1976, passa a vigorar acrescido de parágrafo único, com a seguinte redação:

"Art. 35. ...

Parágrafo único. Os prazos procedimentais deste capítulo serão contados em dobro quando se tratar dos crimes previstos nos arts. 12, 13 e 14."

Art. 11. (Vetado).

Art. 12. Esta lei entra em vigor na data de sua publicação.

Art. 13. Revogam-se as disposições em contrário.

10. LEI Nº 10.826, DE 22 DE DEZEMBRO DE 2003.

Dispõe sobre registro, posse e comercialização de armas de fogo e munição, sobre o Sistema Nacional de Armas – Sinarm, define crimes e dá outras providências.

O PRESIDENTE DA REPÚBLICA Faço saber que o Congresso Nacional decreta e eu sanciono a seguinte Lei:

CAPÍTULO I - DO SISTEMA NACIONAL DE ARMAS

Art. 1º O Sistema Nacional de Armas – Sinarm, instituído no Ministério da Justiça, no âmbito da Polícia Federal, tem circunscrição em todo o território nacional.

Art. 2º Ao Sinarm compete:

I - identificar as características e a propriedade de armas de fogo, mediante cadastro;

II - cadastrar as armas de fogo produzidas, importadas e vendidas no País;

III - cadastrar as autorizações de porte de arma de fogo e as renovações expedidas pela Polícia Federal;

IV - cadastrar as transferências de propriedade, extravio, furto, roubo e outras ocorrências suscetíveis de alterar os dados cadastrais, inclusive as decorrentes de fechamento de empresas de segurança privada e de transporte de valores;

V - identificar as modificações que alterem as características ou o funcionamento de arma de fogo;

VI - integrar no cadastro os acervos policiais já existentes;

VII - cadastrar as apreensões de armas de fogo, inclusive as vinculadas a procedimentos policiais e judiciais;

VIII - cadastrar os armeiros em atividade no País, bem como conceder licença para exercer a atividade;

IX - cadastrar mediante registro os produtores, atacadistas, varejistas, exportadores e importadores autorizados de armas de fogo, acessórios e munições;

X - cadastrar a identificação do cano da arma, as características das impressões de raiamento e de microestriamento de projétil disparado, conforme marcação e testes obrigatoriamente realizados pelo fabricante;

XI - informar às Secretarias de Segurança Pública dos Estados e do Distrito Federal os registros e autorizações de porte de armas de fogo nos respectivos territórios, bem como manter o cadastro atualizado para consulta.

Parágrafo único. As disposições deste artigo não alcançam as armas de fogo das Forças Armadas e Auxiliares, bem como as demais que constem dos seus registros próprios.

CAPÍTULO II - DO REGISTRO

Art. 3º É obrigatório o registro de arma de fogo no órgão competente.

Parágrafo único. As armas de fogo de uso restrito serão registradas no Comando do Exército, na forma do regulamento desta Lei.

Art. 4º Para adquirir arma de fogo de uso permitido o interessado deverá, além de declarar a efetiva necessidade, atender aos seguintes requisitos:

I - comprovação de idoneidade, com a apresentação de certidões negativas de antecedentes criminais fornecidas pela Justiça Federal, Estadual, Militar e Eleitoral e de não estar respondendo a inquérito policial ou a processo criminal, que poderão ser fornecidas por meios eletrônicos; (Redação dada pela Lei nº 11.706, de 2008)

II - apresentação de documento comprobatório de ocupação lícita e de residência certa;

III - comprovação de capacidade técnica e de aptidão psicológica para o manuseio de arma de fogo, atestadas na forma disposta no regulamento desta Lei.

§ 1º O Sinarm expedirá autorização de compra de arma de fogo após atendidos os requisitos anteriormente estabelecidos, em nome do requerente e para a arma indicada, sendo intransferível esta autorização.

§ 2º A aquisição de munição somente poderá ser feita no calibre correspondente à arma registrada e na quantidade estabelecida no regulamento desta Lei. (Redação dada pela Lei nº 11.706, de 2008)

§ 3º A empresa que comercializar arma de fogo em território nacional é obrigada a comunicar a venda à autoridade competente, como também a manter banco de dados com todas as características da arma e cópia dos documentos previstos neste artigo.

§ 4º A empresa que comercializa armas de fogo, acessórios e munições responde legalmente por essas mercadorias, ficando registradas como de sua propriedade enquanto não forem vendidas.

§ 5º A comercialização de armas de fogo, acessórios e munições entre pessoas físicas somente será efetivada mediante autorização do Sinarm.

§ 6º A expedição da autorização a que se refere o § 1º será concedida, ou recusada com a devida fundamentação, no prazo de 30 (trinta) dias úteis, a contar da data do requerimento do interessado.

§ 7º O registro precário a que se refere o § 4º prescinde do cumprimento dos requisitos dos incisos I, II e III deste artigo.

§ 8º Estará dispensado das exigências constantes do inciso III do caput deste artigo, na forma do regulamento, o interessado em adquirir arma de fogo de uso permitido que comprove estar autorizado a portar arma com as mesmas características daquela a ser adquirida. (Incluído pela Lei nº 11.706, de 2008)

Art. 5º O certificado de Registro de Arma de Fogo, com validade em todo o território nacional, autoriza o seu proprietário a manter a arma de fogo exclusivamente no interior de sua residência ou domicílio, ou dependência desses, ou, ainda, no seu local de trabalho, desde que seja ele o titular ou o responsável legal pelo estabelecimento ou empresa. (Redação dada pela Lei nº 10.884, de 2004)

§ 1º O certificado de registro de arma de fogo será expedido pela Polícia Federal e será precedido de autorização do Sinarm.

§ 2º Os requisitos de que tratam os incisos I, II e III do art. 4º deverão ser comprovados periodicamente, em período não inferior a 3 (três) anos, na conformidade do estabelecido no regulamento desta Lei, para a renovação do Certificado de Registro de Arma de Fogo.

§ 3º O proprietário de arma de fogo com certificados de registro de propriedade expedido por órgão estadual ou do Distrito Federal até a data da publicação desta Lei que não optar pela entrega espontânea prevista no art. 32 desta Lei deverá renová-lo mediante o pertinente registro federal, até o dia 31 de dezembro de 2008, ante a apresentação de documento de identificação pessoal e comprovante de residência fixa, ficando dispensado do pagamento de taxas e do cumprimento das demais exigências constantes dos incisos I a III do caput do art. 4º desta Lei. (Redação dada pela Lei nº 11.706, de 2008) (Prorrogação de prazo)

§ 4º Para fins do cumprimento do disposto no § 3º deste artigo, o proprietário de arma de fogo poderá obter, no Departamento de Polícia Federal, certificado de registro provisório, expedido na rede mundial de computadores - internet, na forma do regulamento e obedecidos os procedimentos a seguir: (Redação dada pela Lei nº 11.706, de 2008)

I - emissão de certificado de registro provisório pela internet, com validade inicial de 90 (noventa) dias; e (Incluído pela Lei nº 11.706, de 2008)

II - revalidação pela unidade do Departamento de Polícia Federal do certificado de registro provisório pelo prazo que estimar como necessário para a emissão definitiva do certificado de registro de propriedade. (Incluído pela Lei nº 11.706, de 2008)

§ 5º Aos residentes em área rural, para os fins do disposto no caput deste artigo, considera-se residência ou domicílio toda a extensão do respectivo imóvel rural. (Incluído pela Lei nº 13.870, de 2019)

CAPÍTULO III - DO PORTE

Art. 6º É proibido o porte de arma de fogo em todo o território nacional, salvo para os casos previstos em legislação própria e para:

I - os integrantes das Forças Armadas;

II - os integrantes de órgãos referidos nos incisos I, II, III, IV e V do caput do art. 144 da Constituição Federal e os da Força Nacional de Segurança Pública (FNSP); (Redação dada pela Lei nº 13.500, de 2017)

III - os integrantes das guardas municipais das capitais dos Estados e dos Municípios com mais de 500.000 (quinhentos mil) habitantes, nas condições estabelecidas no regulamento desta Lei; (Vide ADIN 5538) (Vide ADIN 5948)

IV - os integrantes das guardas municipais dos Municípios com mais de 50.000 (cinquenta mil) e menos de 500.000 (quinhentos mil) habitantes, quando em serviço; (Redação dada pela Lei nº 10.867, de 2004) (Vide ADIN 5538) (Vide ADIN 5948)

V - os agentes operacionais da Agência Brasileira de Inteligência e os agentes do Departamento de Segurança do Gabinete de Segurança Institucional da Presidência da República; (Vide Decreto nº 9.685, de 2019)

VI - os integrantes dos órgãos policiais referidos no art. 51, IV, e no art. 52, XIII, da Constituição Federal;

VII - os integrantes do quadro efetivo dos agentes e guardas prisionais, os integrantes das escoltas de presos e as guardas portuárias;

VIII - as empresas de segurança privada e de transporte de valores constituídas, nos termos desta Lei;

IX - para os integrantes das entidades de desporto legalmente constituídas, cujas atividades esportivas demandem o uso de armas de fogo, na forma do regulamento desta Lei, observando-se, no que couber, a legislação ambiental.

X - integrantes das Carreiras de Auditoria da Receita Federal do Brasil e de Auditoria-Fiscal do Trabalho, cargos de Auditor-Fiscal e Analista Tributário. (Redação dada pela Lei nº 11.501, de 2007)

XI - os tribunais do Poder Judiciário descritos no art. 92 da Constituição Federal e os Ministérios Públicos da União e dos Estados, para uso exclusivo de servidores de seus quadros pessoais que efetivamente estejam no exercício de funções de segurança, na forma de regulamento a ser emitido pelo Conselho Nacional de Justiça - CNJ e pelo Conselho Nacional do Ministério Público - CNMP. (Incluído pela Lei nº 12.694, de 2012)

§ 1º As pessoas previstas nos incisos I, II, III, V e VI do caput deste artigo terão direito de portar arma de fogo de propriedade particular ou fornecida pela respectiva corporação ou instituição, mesmo fora de serviço, nos termos do regulamento desta Lei, com validade em âmbito nacional para aquelas constantes dos incisos I, II, V e VI. (Redação dada pela Lei nº 11.706, de 2008)

§ 1º-A (Revogado pela Lei nº 11.706, de 2008)

§ 1º-B. Os integrantes do quadro efetivo de agentes e guardas prisionais poderão portar arma de fogo de propriedade particular ou fornecida pela respectiva corporação ou instituição, mesmo fora de serviço, desde que estejam: (Incluído pela Lei nº 12.993, de 2014)

I - submetidos a regime de dedicação exclusiva; (Incluído pela Lei nº 12.993, de 2014)

II - sujeitos à formação funcional, nos termos do regulamento; e (Incluído pela Lei nº 12.993, de 2014)

III - subordinados a mecanismos de fiscalização e de controle interno. (Incluído pela Lei nº 12.993, de 2014)

§ 1º-C. (VETADO). (Incluído pela Lei nº 12.993, de 2014)

§ 2º A autorização para o porte de arma de fogo aos integrantes das instituições descritas nos incisos V, VI, VII e X do caput deste artigo está condicionada à comprovação do requisito a que se refere o inciso III do caput do art. 4º desta Lei nas condições estabelecidas no regulamento desta Lei. (Redação dada pela Lei nº 11.706, de 2008)

§ 3º A autorização para o porte de arma de fogo das guardas municipais está condicionada à formação funcional de seus integrantes em estabelecimentos de ensino de atividade policial, à existência de mecanismos de fiscalização e de controle interno, nas condições estabelecidas no regulamento desta Lei, observada a supervisão do Ministério da Justiça. (Redação dada pela Lei nº 10.884, de 2004)

§ 4º Os integrantes das Forças Armadas, das polícias federais e estaduais e do Distrito Federal, bem como os militares dos Estados e do Distrito Federal, ao exercerem o direito descrito no art. 4º, ficam dispensados do cumprimento do disposto nos incisos I, II e III do mesmo artigo, na forma do regulamento desta Lei.

§ 5º Aos residentes em áreas rurais, maiores de 25 (vinte e cinco) anos que comprovem depender do emprego de arma de fogo para prover sua subsistência alimentar familiar será concedido pela Polícia Federal o porte de arma de fogo, na categoria caçador para subsistência, de uma arma de uso permitido, de tiro simples, com 1 (um) ou 2 (dois) canos, de alma lisa e de calibre igual ou inferior a 16 (dezesseis), desde que o interessado comprove a efetiva necessidade em requerimento ao qual deverão ser anexados os seguintes documentos: (Redação dada pela Lei nº 11.706, de 2008)

I - documento de identificação pessoal; (Incluído pela Lei nº 11.706, de 2008)

II - comprovante de residência em área rural; e (Incluído pela Lei nº 11.706, de 2008)

III - atestado de bons antecedentes. (Incluído pela Lei nº 11.706, de 2008)

§ 6º O caçador para subsistência que der outro uso à sua arma de fogo, independentemente de outras tipificações penais, responderá, conforme o caso, por porte ilegal ou por disparo de arma de fogo de uso permitido. (Redação dada pela Lei nº 11.706, de 2008)

§ 7º Aos integrantes das guardas municipais dos Municípios que integram regiões metropolitanas será autorizado porte de arma de fogo, quando em serviço. (Incluído pela Lei nº 11.706, de 2008)

Art. 7º As armas de fogo utilizadas pelos empregados das empresas de segurança privada e de transporte de valores, constituídas na forma da lei, serão de propriedade, responsabilidade e guarda das respectivas empresas, somente podendo ser utilizadas quando em serviço, devendo essas observar as condições de uso e de armazenagem estabelecidas pelo órgão competente, sendo o certificado de registro e a autorização de porte expedidos pela Polícia Federal em nome da empresa.

§ 1º O proprietário ou diretor responsável de empresa de segurança privada e de transporte de valores responderá pelo crime previsto no parágrafo único do art. 13 desta Lei, sem prejuízo das demais sanções administrativas e civis, se deixar de registrar ocorrência policial e de comunicar à Polícia Federal perda, furto, roubo ou outras formas de extravio de armas de fogo, acessórios e munições que estejam sob sua guarda, nas primeiras 24 (vinte e quatro) horas depois de ocorrido o fato.

§ 2º A empresa de segurança e de transporte de valores deverá apresentar documentação comprobatória do preenchimento dos requisitos constantes do art. 4º desta Lei quanto aos empregados que portarão arma de fogo.

§ 3º A listagem dos empregados das empresas referidas neste artigo deverá ser atualizada semestralmente junto ao Sinarm.

Art. 7º-A. As armas de fogo utilizadas pelos servidores das instituições descritas no inciso XI do art. 6º serão de propriedade, responsabilidade e guarda das respectivas instituições, somente podendo ser utilizadas quando em serviço, devendo

estas observar as condições de uso e de armazenagem estabelecidas pelo órgão competente, sendo o certificado de registro e a autorização de porte expedidos pela Polícia Federal em nome da instituição. (Incluído pela Lei nº 12.694, de 2012)

§ 1º A autorização para o porte de arma de fogo de que trata este artigo independe do pagamento de taxa. (Incluído pela Lei nº 12.694, de 2012)

§ 2º O presidente do tribunal ou o chefe do Ministério Público designará os servidores de seus quadros pessoais no exercício de funções de segurança que poderão portar arma de fogo, respeitado o limite máximo de 50% (cinquenta por cento) do número de servidores que exerçam funções de segurança. (Incluído pela Lei nº 12.694, de 2012)

§ 3º O porte de arma pelos servidores das instituições de que trata este artigo fica condicionado à apresentação de documentação comprobatória do preenchimento dos requisitos constantes do art. 4º desta Lei, bem como à formação funcional em estabelecimentos de ensino de atividade policial e à existência de mecanismos de fiscalização e de controle interno, nas condições estabelecidas no regulamento desta Lei. (Incluído pela Lei nº 12.694, de 2012)

§ 4º A listagem dos servidores das instituições de que trata este artigo deverá ser atualizada semestralmente no Sinarm. (Incluído pela Lei nº 12.694, de 2012)

§ 5º As instituições de que trata este artigo são obrigadas a registrar ocorrência policial e a comunicar à Polícia Federal eventual perda, furto, roubo ou outras formas de extravio de armas de fogo, acessórios e munições que estejam sob sua guarda, nas primeiras 24 (vinte e quatro) horas depois de ocorrido o fato. (Incluído pela Lei nº 12.694, de 2012)

Art. 8º As armas de fogo utilizadas em entidades desportivas legalmente constituídas devem obedecer às condições de uso e de armazenagem estabelecidas pelo órgão competente, respondendo o possuidor ou o autorizado a portar a arma pela sua guarda na forma do regulamento desta Lei.

Art. 9º Compete ao Ministério da Justiça a autorização do porte de arma para os responsáveis pela segurança de cidadãos estrangeiros em visita ou sediados no Brasil e, ao Comando do Exército, nos termos do regulamento desta Lei, o registro e a concessão de porte de trânsito de arma de fogo para colecionadores, atiradores e caçadores e de representantes estrangeiros em competição internacional oficial de tiro realizada no território nacional.

Art. 10. A autorização para o porte de arma de fogo de uso permitido, em todo o território nacional, é de competência da Polícia Federal e somente será concedida após autorização do Sinarm.

§ 1º A autorização prevista neste artigo poderá ser concedida com eficácia temporária e territorial limitada, nos termos de atos regulamentares, e dependerá de o requerente:

I - demonstrar a sua efetiva necessidade por exercício de atividade profissional de risco ou de ameaça à sua integridade física;

II - atender às exigências previstas no art. 4º desta Lei;

III - apresentar documentação de propriedade de arma de fogo, bem como o seu devido registro no órgão competente.

§ 2º A autorização de porte de arma de fogo, prevista neste artigo, perderá automaticamente sua eficácia caso o portador dela seja detido ou abordado em estado de embriaguez ou sob efeito de substâncias químicas ou alucinógenas.

Art. 11. Fica instituída a cobrança de taxas, nos valores constantes do Anexo desta Lei, pela prestação de serviços relativos:

I - ao registro de arma de fogo;
II - à renovação de registro de arma de fogo;
III - à expedição de segunda via de registro de arma de fogo;
IV - à expedição de porte federal de arma de fogo;
V - à renovação de porte de arma de fogo;
VI - à expedição de segunda via de porte federal de arma de fogo.

§ 1º Os valores arrecadados destinam-se ao custeio e à manutenção das atividades do Sinarm, da Polícia Federal e do Comando do Exército, no âmbito de suas respectivas responsabilidades.

§ 2º São isentas do pagamento das taxas previstas neste artigo as pessoas e as instituições a que se referem os incisos I a VII e X e o § 5º do art. 6º desta Lei. (Redação dada pela Lei nº 11.706, de 2008)

Art. 11-A. O Ministério da Justiça disciplinará a forma e as condições do credenciamento de profissionais pela Polícia Federal para comprovação da aptidão psicológica e da capacidade técnica para o manuseio de arma de fogo. (Incluído pela Lei nº 11.706, de 2008)

§ 1º Na comprovação da aptidão psicológica, o valor cobrado pelo psicólogo não poderá exceder ao valor médio dos honorários profissionais para realização de avaliação psicológica constante do item 1.16 da tabela do Conselho Federal de Psicologia. (Incluído pela Lei nº 11.706, de 2008)

§ 2º Na comprovação da capacidade técnica, o valor cobrado pelo instrutor de armamento e tiro não poderá exceder R$ 80,00 (oitenta reais), acrescido do custo da munição. (Incluído pela Lei nº 11.706, de 2008)

§ 3º A cobrança de valores superiores aos previstos nos §§ 1º e 2º deste artigo implicará o descredenciamento do profissional pela Polícia Federal. (Incluído pela Lei nº 11.706, de 2008)

CAPÍTULO IV - DOS CRIMES E DAS PENAS

Posse irregular de arma de fogo de uso permitido

Art. 12. Possuir ou manter sob sua guarda arma de fogo, acessório ou munição, de uso permitido, em desacordo com determinação legal ou regulamentar, no interior de sua residência ou dependência desta, ou, ainda no seu local de trabalho, desde que seja o titular ou o responsável legal do estabelecimento ou empresa:

Pena: detenção, de 1 (um) a 3 (três) anos, e multa.

Omissão de cautela

Art. 13. Deixar de observar as cautelas necessárias para impedir que menor de 18 (dezoito) anos ou pessoa portadora de deficiência mental se apodere de arma de fogo que esteja sob sua posse ou que seja de sua propriedade:

Pena: detenção, de 1 (um) a 2 (dois) anos, e multa.

Parágrafo único. Nas mesmas penas incorrem o proprietário ou diretor responsável de empresa de segurança e transporte de valores que deixarem de registrar ocorrência policial e de comunicar à Polícia Federal perda, furto, roubo ou outras formas de extravio de arma de fogo, acessório ou munição que estejam sob sua guarda, nas primeiras 24 (vinte quatro) horas depois de ocorrido o fato.

Porte ilegal de arma de fogo de uso permitido

Art. 14. Portar, deter, adquirir, fornecer, receber, ter em depósito, transportar, ceder, ainda que gratuitamente, emprestar, remeter, empregar, manter sob guarda ou ocultar arma de fogo, acessório ou munição, de uso permitido, sem autorização e em desacordo com determinação legal ou regulamentar:

Pena: reclusão, de 2 (dois) a 4 (quatro) anos, e multa.

Parágrafo único. O crime previsto neste artigo é inafiançável, salvo quando a arma de fogo estiver registrada em nome do agente. (Vide Adin 3.112-1)

Disparo de arma de fogo

Art. 15. Disparar arma de fogo ou acionar munição em lugar habitado ou em suas adjacências, em via pública ou em direção a ela, desde que essa conduta não tenha como finalidade a prática de outro crime:

Pena: reclusão, de 2 (dois) a 4 (quatro) anos, e multa.

Parágrafo único. O crime previsto neste artigo é inafiançável. (Vide Adin 3.112-1)

Posse ou porte ilegal de arma de fogo de uso restrito

Art. 16. Possuir, deter, portar, adquirir, fornecer, receber, ter em depósito, transportar, ceder, ainda que gratuitamente,

emprestar, remeter, empregar, manter sob sua guarda ou ocultar arma de fogo, acessório ou munição de uso restrito, sem autorização e em desacordo com determinação legal ou regulamentar: (Redação dada pela Lei nº 13.964, de 2019)

Pena: reclusão, de 3 (três) a 6 (seis) anos, e multa.

§ 1º Nas mesmas penas incorre quem: (Redação dada pela Lei nº 13.964, de 2019)

I - suprimir ou alterar marca, numeração ou qualquer sinal de identificação de arma de fogo ou artefato;

II - modificar as características de arma de fogo, de forma a torná-la equivalente a arma de fogo de uso proibido ou restrito ou para fins de dificultar ou de qualquer modo induzir a erro autoridade policial, perito ou juiz;

III - possuir, deter, fabricar ou empregar artefato explosivo ou incendiário, sem autorização ou em desacordo com determinação legal ou regulamentar;

IV - portar, possuir, adquirir, transportar ou fornecer arma de fogo com numeração, marca ou qualquer outro sinal de identificação raspado, suprimido ou adulterado;

V - vender, entregar ou fornecer, ainda que gratuitamente, arma de fogo, acessório, munição ou explosivo a criança ou adolescente; e

VI - produzir, recarregar ou reciclar, sem autorização legal, ou adulterar, de qualquer forma, munição ou explosivo.

§ 2º Se as condutas descritas no caput e no § 1º deste artigo envolverem arma de fogo de uso proibido, a pena é de reclusão, de 4 (quatro) a 12 (doze) anos. (Incluído pela Lei nº 13.964, de 2019)

Comércio ilegal de arma de fogo

Art. 17. Adquirir, alugar, receber, transportar, conduzir, ocultar, ter em depósito, desmontar, montar, remontar, adulterar, vender, expor à venda, ou de qualquer forma utilizar, em proveito próprio ou alheio, no exercício de atividade comercial ou industrial, arma de fogo, acessório ou munição, sem autorização ou em desacordo com determinação legal ou regulamentar:

Pena: reclusão, de 6 (seis) a 12 (doze) anos, e multa. (Redação dada pela Lei nº 13.964, de 2019)

§ 1º Equipara-se à atividade comercial ou industrial, para efeito deste artigo, qualquer forma de prestação de serviços, fabricação ou comércio irregular ou clandestino, inclusive o exercido em residência. (Redação dada pela Lei nº 13.964, de 2019)

§ 2º Incorre na mesma pena quem vende ou entrega arma de fogo, acessório ou munição, sem autorização ou em desacordo com a determinação legal ou regulamentar, a agente policial disfarçado, quando presentes elementos probatórios razoáveis de conduta criminal preexistente. (Incluído pela Lei nº 13.964, de 2019)

Tráfico internacional de arma de fogo

Art. 18. Importar, exportar, favorecer a entrada ou saída do território nacional, a qualquer título, de arma de fogo, acessório ou munição, sem autorização da autoridade competente:

Pena: reclusão, de 8 (oito) a 16 (dezesseis) anos, e multa. (Redação dada pela Lei nº 13.964, de 2019)

Parágrafo único. Incorre na mesma pena quem vende ou entrega arma de fogo, acessório ou munição, em operação de importação, sem autorização da autoridade competente, a agente policial disfarçado, quando presentes elementos probatórios razoáveis de conduta criminal preexistente. (Incluído pela Lei nº 13.964, de 2019)

Art. 19. Nos crimes previstos nos arts. 17 e 18, a pena é aumentada da metade se a arma de fogo, acessório ou munição forem de uso proibido ou restrito.

Art. 20. Nos crimes previstos nos arts. 14, 15, 16, 17 e 18, a pena é aumentada da metade se: (Redação dada pela Lei nº 13.964, de 2019)

I - forem praticados por integrante dos órgãos e empresas referidas nos arts. 6º, 7º e 8º desta Lei; ou (Incluído pela Lei nº 13.964, de 2019)

II - o agente for reincidente específico em crimes dessa natureza. (Incluído pela Lei nº 13.964, de 2019)

Art. 21. Os crimes previstos nos arts. 16, 17 e 18 são insuscetíveis de liberdade provisória. (Vide Adin 3.112-1)

CAPÍTULO V - DISPOSIÇÕES GERAIS

Art. 22. O Ministério da Justiça poderá celebrar convênios com os Estados e o Distrito Federal para o cumprimento do disposto nesta Lei.

Art. 23. A classificação legal, técnica e geral bem como a definição das armas de fogo e demais produtos controlados, de usos proibidos, restritos, permitidos ou obsoletos e de valor histórico serão disciplinadas em ato do chefe do Poder Executivo Federal, mediante proposta do Comando do Exército. (Redação dada pela Lei nº 11.706, de 2008)

§ 1º Todas as munições comercializadas no País deverão estar acondicionadas em embalagens com sistema de código de barras, gravado na caixa, visando possibilitar a identificação do fabricante e do adquirente, entre outras informações definidas pelo regulamento desta Lei.

§ 2º Para os órgãos referidos no art. 6º, somente serão expedidas autorizações de compra de munição com identificação do lote e do adquirente no culote dos projéteis, na forma do regulamento desta Lei.

§ 3º As armas de fogo fabricadas a partir de 1 (um) ano da data de publicação desta Lei conterão dispositivo intrínseco de segurança e de identificação, gravado no corpo da arma, definido pelo regulamento desta Lei, exclusive para os órgãos previstos no art. 6º.

§ 4º As instituições de ensino policial e as guardas municipais referidas nos incisos III e IV do caput do art. 6º desta Lei e no seu § 7º poderão adquirir insumos e máquinas de recarga de munição para o fim exclusivo de suprimento de suas atividades, mediante autorização concedida nos termos definidos em regulamento. (Incluído pela Lei nº 11.706, de 2008)

Art. 24. Excetuadas as atribuições a que se refere o art. 2º desta Lei, compete ao Comando do Exército autorizar e fiscalizar a produção, exportação, importação, desembaraço alfandegário e o comércio de armas de fogo e demais produtos controlados, inclusive o registro e o porte de trânsito de arma de fogo de colecionadores, atiradores e caçadores.

Art. 25. As armas de fogo apreendidas, após a elaboração do laudo pericial e sua juntada aos autos, quando não mais interessarem à persecução penal serão encaminhadas pelo juiz competente ao Comando do Exército, no prazo de até 48 (quarenta e oito) horas, para destruição ou doação aos órgãos de segurança pública ou às Forças Armadas, na forma do regulamento desta Lei. (Redação dada pela Lei nº 13.886, de 2019)

§ 1º As armas de fogo encaminhadas ao Comando do Exército que receberem parecer favorável à doação, obedecidos o padrão e a dotação de cada Força Armada ou órgão de segurança pública, atendidos os critérios de prioridade estabelecidos pelo Ministério da Justiça e ouvido o Comando do Exército, serão arroladas em relatório reservado trimestral a ser encaminhado àquelas instituições, abrindo-se-lhes prazo para manifestação de interesse. (Incluído pela Lei nº 11.706, de 2008)

§ 1º-A. As armas de fogo e munições apreendidas em decorrência do tráfico de drogas de abuso, ou de qualquer forma utilizadas em atividades ilícitas de produção ou comercialização de drogas abusivas, ou, ainda, que tenham sido adquiridas com recursos provenientes do tráfico de drogas de abuso, perdidas em favor da União e encaminhadas para o Comando do Exército, devem ser, após perícia ou vistoria que atestem seu bom estado, destinadas com prioridade para os órgãos de segurança pública e do sistema penitenciário da unidade da federação responsável pela apreensão. (Incluído pela Lei nº 13.886, de 2019)

§ 2º O Comando do Exército encaminhará a relação das armas a serem doadas ao juiz competente, que determinará o seu

perdimento em favor da instituição beneficiada. (Incluído pela Lei nº 11.706, de 2008)

§ 3º O transporte das armas de fogo doadas será de responsabilidade da instituição beneficiada, que procederá ao seu cadastramento no Sinarm ou no Sigma. (Incluído pela Lei nº 11.706, de 2008)

§ 4º (VETADO) (Incluído pela Lei nº 11.706, de 2008)

§ 5º O Poder Judiciário instituirá instrumentos para o encaminhamento ao Sinarm ou ao Sigma, conforme se trate de arma de uso permitido ou de uso restrito, semestralmente, da relação de armas acauteladas em juízo, mencionando suas características e o local onde se encontram. (Incluído pela Lei nº 11.706, de 2008)

Art. 26. São vedadas a fabricação, a venda, a comercialização e a importação de brinquedos, réplicas e simulacros de armas de fogo, que com estas se possam confundir.

Parágrafo único. Excetuam-se da proibição as réplicas e os simulacros destinados à instrução, ao adestramento, ou à coleção de usuário autorizado, nas condições fixadas pelo Comando do Exército.

Art. 27. Caberá ao Comando do Exército autorizar, excepcionalmente, a aquisição de armas de fogo de uso restrito.

Parágrafo único. O disposto neste artigo não se aplica às aquisições dos Comandos Militares.

Art. 28. É vedado ao menor de 25 (vinte e cinco) anos adquirir arma de fogo, ressalvados os integrantes das entidades constantes dos incisos I, II, III, V, VI, VII e X do caput do art. 6º desta Lei. (Redação dada pela Lei nº 11.706, de 2008)

Art. 29. As autorizações de porte de armas de fogo já concedidas expirar-se-ão 90 (noventa) dias após a publicação desta Lei. (Vide Lei nº 10.884, de 2004)

Parágrafo único. O detentor de autorização com prazo de validade superior a 90 (noventa) dias poderá renová-la, perante a Polícia Federal, nas condições dos arts. 4º, 6º e 10 desta Lei, no prazo de 90 (noventa) dias após sua publicação, sem ônus para o requerente.

Art. 30. Os possuidores e proprietários de arma de fogo de uso permitido ainda não registrada deverão solicitar seu registro até o dia 31 de dezembro de 2008, mediante apresentação de documento de identificação pessoal e comprovante de residência fixa, acompanhados de nota fiscal de compra ou comprovação da origem lícita da posse, pelos meios de prova admitidos em direito, ou declaração firmada na qual constem as características da arma e a sua condição de proprietário, ficando este dispensado do pagamento de taxas e do cumprimento das demais exigências constantes dos incisos I a III do caput do art. 4º desta Lei. (Redação dada pela Lei nº 11.706, de 2008) (Prorrogação de prazo)

Parágrafo único. Para fins do cumprimento do disposto no caput deste artigo, o proprietário de arma de fogo poderá obter, no Departamento de Polícia Federal, certificado de registro provisório, expedido na forma do § 4º do art. 5º desta Lei. (Incluído pela Lei nº 11.706, de 2008)

Art. 31. Os possuidores e proprietários de armas de fogo adquiridas regularmente poderão, a qualquer tempo, entregá-las à Polícia Federal, mediante recibo e indenização, nos termos do regulamento desta Lei.

Art. 32. Os possuidores e proprietários de arma de fogo poderão entregá-la, espontaneamente, mediante recibo, e, presumindo-se de boa-fé, serão indenizados, na forma do regulamento, ficando extinta a punibilidade de eventual posse irregular da referida arma. (Redação dada pela Lei nº 11.706, de 2008)

Parágrafo único. (Revogado pela Lei nº 11.706, de 2008)

Art. 33. Será aplicada multa de R$ 100.000,00 (cem mil reais) a R$ 300.000,00 (trezentos mil reais), conforme especificar o regulamento desta Lei:

I - à empresa de transporte aéreo, rodoviário, ferroviário, marítimo, fluvial ou lacustre que deliberadamente, por qualquer meio, faça, promova, facilite ou permita o transporte de arma ou munição sem a devida autorização ou com inobservância das normas de segurança;

II - à empresa de produção ou comércio de armamentos que realize publicidade para venda, estimulando o uso indiscriminado de armas de fogo, exceto nas publicações especializadas.

Art. 34. Os promotores de eventos em locais fechados, com aglomeração superior a 1000 (um mil) pessoas, adotarão, sob pena de responsabilidade, as providências necessárias para evitar o ingresso de pessoas armadas, ressalvados os eventos garantidos pelo inciso VI do art. 5º da Constituição Federal.

Parágrafo único. As empresas responsáveis pela prestação dos serviços de transporte internacional e interestadual de passageiros adotarão as providências necessárias para evitar o embarque de passageiros armados.

Art. 34-A. Os dados relacionados à coleta de registros balísticos serão armazenados no Banco Nacional de Perfis Balísticos. (Incluído pela Lei nº 13.964, de 2019)

§ 1º O Banco Nacional de Perfis Balísticos tem como objetivo cadastrar armas de fogo e armazenar características de classe e individualizadoras de projéteis e de estojos de munição deflagrados por arma de fogo. (Incluído pela Lei nº 13.964, de 2019)

§ 2º O Banco Nacional de Perfis Balísticos será constituído pelos registros de elementos de munição deflagrados por armas de fogo relacionados a crimes, para subsidiar ações destinadas às apurações criminais federais, estaduais e distritais. (Incluído pela Lei nº 13.964, de 2019)

§ 3º O Banco Nacional de Perfis Balísticos será gerido pela unidade oficial de perícia criminal. (Incluído pela Lei nº 13.964, de 2019)

§ 4º Os dados constantes do Banco Nacional de Perfis Balísticos terão caráter sigiloso, e aquele que permitir ou promover sua utilização para fins diversos dos previstos nesta Lei ou em decisão judicial responderá civil, penal e administrativamente. (Incluído pela Lei nº 13.964, de 2019)

§ 5º É vedada a comercialização, total ou parcial, da base de dados do Banco Nacional de Perfis Balísticos. (Incluído pela Lei nº 13.964, de 2019)

§ 6º A formação, a gestão e o acesso ao Banco Nacional de Perfis Balísticos serão regulamentados em ato do Poder Executivo federal. (Incluído pela Lei nº 13.964, de 2019)

CAPÍTULO VI - DISPOSIÇÕES FINAIS

Art. 35. É proibida a comercialização de arma de fogo e munição em todo o território nacional, salvo para as entidades previstas no art. 6º desta Lei.

§ 1º Este dispositivo, para entrar em vigor, dependerá de aprovação mediante referendo popular, a ser realizado em outubro de 2005.

§ 2º Em caso de aprovação do referendo popular, o disposto neste artigo entrará em vigor na data de publicação de seu resultado pelo Tribunal Superior Eleitoral.

Art. 36. É revogada a Lei no 9.437, de 20 de fevereiro de 1997.

Art. 37. Esta Lei entra em vigor na data de sua publicação.

11. DECRETO Nº 9.847, DE 25 DE JUNHO DE 2019

Regulamenta a Lei nº 10.826, de 22 de dezembro de 2003, para dispor sobre a aquisição, o cadastro, o registro, o porte e a comercialização de armas de fogo e de munição e sobre o Sistema Nacional de Armas e o Sistema de Gerenciamento Militar de Armas.

O PRESIDENTE DA REPÚBLICA, no uso da atribuição que lhe confere o art. 84, caput, inciso IV, da Constituição, e tendo em vista o disposto na Lei nº 10.826, de 22 de dezembro de 2003,

CAPÍTULO I - DISPOSIÇÕES GERAIS

Art. 1º Este Decreto regulamenta a Lei nº 10.826, de 22 de dezembro de 2003, com o objetivo de estabelecer regras e procedimentos para a aquisição, o cadastro, o registro, o porte e a comercialização de armas de fogo e de munição e de dispor sobre a estruturação do Sistema Nacional de Armas - Sinarm e do Sistema de Gerenciamento Militar de Armas - Sigma.

Art. 2º Para fins do disposto neste Decreto, considera-se:

I - arma de fogo de uso permitido - as armas de fogo semiautomáticas ou de repetição que sejam:

a) de porte, cujo calibre nominal, com a utilização de munição comum, não atinja, na saída do cano de prova, energia cinética superior a mil e duzentas libras-pé ou mil seiscentos e vinte joules;

b) portáteis de alma lisa; ou

c) portáteis de alma raiada, cujo calibre nominal, com a utilização de munição comum, não atinja, na saída do cano de prova, energia cinética superior a mil e duzentas libras-pé ou mil seiscentos e vinte joules;

II - arma de fogo de uso restrito - as armas de fogo automáticas, semiautomáticas ou de repetição que sejam:

II - arma de fogo de uso restrito - as armas de fogo automáticas e as semiautomáticas ou de repetição que sejam: (Redação dada pelo Decreto nº 9.981, de 2019)

a) não portáteis;

b) de porte, cujo calibre nominal, com a utilização de munição comum, atinja, na saída do cano de prova, energia cinética superior a mil e duzentas libras-pé ou mil seiscentos e vinte joules; ou

c) portáteis de alma raiada, cujo calibre nominal, com a utilização de munição comum, atinja, na saída do cano de prova, energia cinética superior a mil e duzentas libras-pé ou mil seiscentos e vinte joules;

III - arma de fogo de uso proibido:

a) as armas de fogo classificadas de uso proibido em acordos e tratados internacionais dos quais a República Federativa do Brasil seja signatária; ou

b) as armas de fogo dissimuladas, com aparência de objetos inofensivos;

IV - munição de uso restrito - as munições que:

a) atinjam, na saída do cano de prova de armas de porte ou portáteis de alma raiada, energia cinética superior a mil e duzentas libras-pé ou mil seiscentos e vinte joules;

b) sejam traçantes, perfurantes ou fumígenas;

c) sejam granadas de obuseiro, de canhão, de morteiro, de mão ou de bocal; ou

d) sejam rojões, foguetes, mísseis ou bombas de qualquer natureza;

V - munição de uso proibido - as munições que sejam assim definidas em acordo ou tratado internacional de que a República Federativa do Brasil seja signatária e as munições incendiárias ou químicas;

VI - arma de fogo obsoleta - as armas de fogo que não se prestam ao uso efetivo em caráter permanente, em razão de:

a) sua munição e seus elementos de munição não serem mais produzidos; ou

b) sua produção ou seu modelo ser muito antigo e fora de uso, caracterizada como relíquia ou peça de coleção inerte;

VII - arma de fogo de porte - as armas de fogo de dimensões e peso reduzidos que podem ser disparadas pelo atirador com apenas uma de suas mãos, a exemplo de pistolas, revólveres e garruchas;

VIII - arma de fogo portátil - as armas de fogo que, devido às suas dimensões ou ao seu peso, podem ser transportada por uma pessoa, tais como fuzil, carabina e espingarda;

IX - arma de fogo não portátil - as armas de fogo que, devido às suas dimensões ou ao seu peso, precisam ser transportadas por mais de uma pessoa, com a utilização de veículos, automotores ou não, ou sejam fixadas em estruturas permanentes;

X - munição - cartucho completo ou seus componentes, incluídos o estojo, a espoleta, a carga propulsora, o projétil e a bucha utilizados em armas de fogo;

XI - cadastro de arma de fogo - inclusão da arma de fogo de produção nacional ou importada em banco de dados, com a descrição de suas características;

XII - registro - matrícula da arma de fogo que esteja vinculada à identificação do respectivo proprietário em banco de dados;

XIII - registros precários - dados referentes ao estoque de armas de fogo, acessórios e munições das empresas autorizadas a comercializá-los; e

XIV - registros próprios - aqueles realizados por órgãos, instituições e corporações em documentos oficiais de caráter permanente.

§ 1º Fica proibida a produção de réplicas e simulacros que possam ser confundidos com arma de fogo, nos termos do disposto no art. 26 da Lei nº 10.826, de 2003, que não sejam classificados como arma de pressão nem destinados à instrução, ao adestramento, ou à coleção de usuário autorizado.

§ 2º O Comando do Exército estabelecerá os parâmetros de aferição e a listagem dos calibres nominais que se enquadrem nos limites estabelecidos nos incisos I, II e IV do caput, no prazo de sessenta dias, contado da data de publicação deste Decreto.

§ 3º Ato conjunto do Ministro de Estado da Defesa e do Ministro de Estado da Justiça e Segurança Pública estabelecerá as quantidades de munições passíveis de aquisição pelas pessoas físicas autorizadas a adquirir ou portar arma de fogo e pelos integrantes dos órgãos e das instituições a que se referem os incisos I a VII e X do caput do art. 6º da Lei nº 10.826, de 2003, observada a legislação, no prazo de sessenta dias, contado da data de publicação do Decreto nº 10.030, de 30 de setembro de 2019. (Incluído pelo Decreto nº 10.030, de 2019)

CAPÍTULO II - DOS SISTEMAS DE CONTROLE DE ARMAS DE FOGO

Seção I - Do Sistema Nacional de Armas

Art. 3º O Sinarm, instituído no âmbito da Polícia Federal do Ministério da Justiça e Segurança Pública, manterá cadastro nacional, das armas de fogo importadas, produzidas e comercializadas no País.

§ 1º A Polícia Federal manterá o registro de armas de fogo de competência do Sinarm.

§ 2º Serão cadastrados no Sinarm:

I - os armeiros em atividade no País e as respectivas licenças para o exercício da atividade profissional;

II - os produtores, os atacadistas, os varejistas, os exportadores e os importadores autorizados de armas de fogo, acessórios e munições;

III - os instrutores de armamento e de tiro credenciados para a aplicação de teste de capacidade técnica, ainda que digam respeito a arma de fogo de uso restrito; e

IV - os psicólogos credenciados para a aplicação do exame de aptidão psicológica a que se refere o inciso III do caput do art. 4º da Lei nº 10.826, de 2003.

§ 3º Serão cadastradas no Sinarm as armas de fogo:

I - importadas, produzidas e comercializadas no País, de uso permitido ou restrito, exceto aquelas pertencentes às Forças Armadas e Auxiliares, ao Gabinete de Segurança Institucional da Presidência da República e à Agência Brasileira de Inteligência;

II - apreendidas, ainda que não constem dos cadastros do Sinarm ou do Sigma, incluídas aquelas vinculadas a procedimentos policiais e judiciais;

III - institucionais, observado o disposto no inciso I, constantes de cadastros próprios:

a) da Polícia Federal;
b) da Polícia Rodoviária Federal;
c) da Força Nacional de Segurança Pública;
d) do Departamento Penitenciário Nacional;
e) das polícias civis dos Estados e do Distrito Federal;
f) dos órgãos policiais da Câmara dos Deputados e do Senado Federal, a que se referem, respectivamente, o inciso IV do caput do art. 51 e o inciso XIII do caput do art. 52 da Constituição;
g) das guardas municipais;
h) dos órgãos públicos aos quais sejam vinculados os agentes e os guardas prisionais e os integrantes das escoltas de presos dos Estados e das guardas portuárias;
i) dos órgãos do Poder Judiciário, para uso exclusivo de servidores de seus quadros pessoais que efetivamente estejam no exercício de funções de segurança, na forma do regulamento estabelecido pelo Conselho Nacional de Justiça;
j) dos órgãos dos Ministérios Públicos da União, dos Estados e do Distrito Federal e Territórios, para uso exclusivo de servidores de seus quadros pessoais que efetivamente estejam no exercício de funções de segurança, na forma do regulamento estabelecido pelo Conselho Nacional do Ministério Público;
k) da Secretaria Especial da Receita Federal do Brasil do Ministério da Economia, adquiridas para uso dos integrantes da Carreira de Auditoria da Receita Federal do Brasil, compostos pelos cargos de Auditor-Fiscal e Analista-Tributário;
l) do órgão ao qual se vincula a Carreira de Auditoria-Fiscal do Trabalho, adquiridas para uso de seus integrantes;
m) dos órgãos públicos cujos servidores tenham autorização, concedida por legislação específica, para portar arma de fogo em serviço e que não tenham sido mencionados nas alíneas "a" a "l"; e
n) do Poder Judiciário e do Ministério Público, adquiridas para uso de seus membros;

IV - dos integrantes:
a) da Polícia Federal;
b) da Polícia Rodoviária Federal;
c) do Departamento Penitenciário Nacional;
d) das polícias civis dos Estados e do Distrito Federal;
e) dos órgãos policiais da Câmara dos Deputados e do Senado Federal, a que se referem, respectivamente, o inciso IV do caput do art. 51 e o inciso XIII do caput do art. 52 da Constituição;
f) das guardas municipais;
g) dos quadros efetivos dos agentes e guardas prisionais, das escoltas de presos dos Estados e das guardas portuárias;
h) do quadro efetivo dos órgãos do Poder Judiciário que efetivamente estejam no exercício de funções de segurança, na forma do regulamento estabelecido pelo Conselho Nacional de Justiça;
i) do quadro efetivo dos órgãos dos Ministérios Públicos da União, dos Estados e do Distrito Federal e Territórios que efetivamente estejam no exercício de funções de segurança, na forma do regulamento estabelecido pelo Conselho Nacional do Ministério Público;
j) dos quadros efetivos da Carreira de Auditoria da Receita Federal do Brasil da Secretaria Especial da Receita Federal do Brasil do Ministério da Economia, composta pelos cargos de Auditor-Fiscal e Analista-Tributário, e da Carreira de Auditoria-Fiscal do Trabalho;
k) dos quadros efetivos dos órgãos públicos cujos servidores tenham autorização, concedida por legislação específica, para portar arma de fogo em serviço e que não tenham sido mencionados nas alíneas "a" a "j";
l) dos membros do Poder Judiciário e do Ministério Público; e
m) das empresas de segurança privada e de transporte de valores;

V - dos instrutores de armamento e tiro credenciados pela Polícia Federal; e
VI - adquiridas por qualquer cidadão autorizado na forma do disposto no § 1º do art. 4º da Lei nº 10.826, de 2003.

§ 4º O disposto no inciso III ao inciso V do § 3º aplica-se às armas de fogo de uso restrito.

§ 5º O cadastramento de armas de fogo adulteradas, sem numeração ou com numeração raspada será feito no Sinarm com as características que permitam a sua identificação.

§ 6º Serão, ainda, cadastradas no Sinarm as ocorrências de extravio, furto, roubo, recuperação e apreensão de armas de fogo de uso permitido ou restrito.

§ 7º As ocorrências de extravio, furto, roubo, recuperação e apreensão de armas de fogo serão imediatamente comunicadas à Polícia Federal pela autoridade competente. (Redação dada pelo Decreto nº 10.030, de 2019)

§ 8º A Polícia Federal deverá informar às secretarias de segurança pública dos Estados e do Distrito Federal os registros e as autorizações de porte de armas de fogo existentes nos respectivos territórios.

§ 9º A Polícia Federal poderá celebrar convênios com os órgãos de segurança pública dos Estados e do Distrito Federal para possibilitar a integração de seus sistemas correlatos ao Sinarm.

§ 10. As especificações e os procedimentos para o cadastro das armas de fogo de que trata este artigo serão estabelecidos em ato do Diretor-Geral da Polícia Federal.

§ 11. O registro e o cadastro das armas de fogo a que se refere o inciso II do § 3º serão feitos por meio de comunicação das autoridades competentes à Polícia Federal.

§ 12. Sem prejuízo do disposto neste artigo, as unidades de criminalística da União, dos Estados e do Distrito Federal responsáveis por realizar perícia em armas de fogo apreendidas deverão encaminhar, trimestralmente, arquivo eletrônico com a relação das armas de fogo periciadas para cadastro e eventuais correções no Sinarm, na forma estabelecida em ato do Diretor-Geral da Polícia Federal.

Seção II - Do Sistema de Gerenciamento Militar de Armas

Art. 4º O Sigma, instituído no âmbito do Comando do Exército do Ministério da Defesa, manterá cadastro nacional das armas de fogo importadas, produzidas e comercializadas no País que não estejam previstas no art. 3º.

§ 1º O Comando do Exército manterá o registro de proprietários de armas de fogo de competência do Sigma.

§ 2º Serão cadastradas no Sigma as armas de fogo:
I - institucionais, constantes de registros próprios:
 a) das Forças Armadas;
 b) das polícias militares e dos corpos de bombeiros militares dos Estados e do Distrito Federal;
 c) da Agência Brasileira de Inteligência; e
 d) do Gabinete de Segurança Institucional da Presidência da República;
II - dos integrantes:
 a) das Forças Armadas;
 b) das polícias militares e dos corpos de bombeiros militares dos Estados e do Distrito Federal;
 c) da Agência Brasileira de Inteligência; e
 d) do Gabinete de Segurança Institucional da Presidência da República;
III - obsoletas;
IV - das representações diplomáticas; e
V - importadas ou adquiridas no País com a finalidade de servir como instrumento para a realização de testes e avaliações técnicas.

§ 3º O disposto no § 2º aplica-se às armas de fogo de uso permitido.

§ 4º Serão, ainda, cadastradas no Sigma as informações relativas às importações e às exportações de armas de fogo, munições e demais produtos controlados.

§ 5º Os processos de autorização para aquisição, registro e cadastro de armas de fogo no Sigma tramitarão de maneira descentralizada, na forma estabelecida em ato do Comandante do Exército.

Seção III - Do cadastro e da gestão dos Sistemas

Art. 5º O Sinarm e o Sigma conterão, no mínimo, as seguintes informações, para fins de cadastro e de registro das armas de fogo, conforme o caso:

I - relativas à arma de fogo:
 a) o número do cadastro no Sinarm ou no Sigma, conforme o caso;
 b) a identificação do produtor e do vendedor;
 c) o número e a data da nota fiscal de venda;
 d) a espécie, a marca e o modelo;
 e) o calibre e a capacidade dos cartuchos;
 f) a forma de funcionamento;
 g) a quantidade de canos e o comprimento;
 h) o tipo de alma, lisa ou raiada;
 i) a quantidade de raias e o sentido delas;
 j) o número de série gravado no cano da arma de fogo; e
 k) a identificação do cano da arma de fogo, as características das impressões de raiamento e de microestriamento do projétil disparado; e

II - relativas ao proprietário:
 a) o nome, a filiação, a data e o local de nascimento;
 b) o domicílio e o endereço residencial;
 c) o endereço da empresa ou do órgão em que trabalhe;
 d) a profissão;
 e) o número da cédula de identidade, a data de expedição, o órgão e o ente federativo expedidor; e
 f) o número de inscrição no Cadastro de Pessoas Físicas - CPF ou no Cadastro Nacional da Pessoa Jurídica - CNPJ.

§ 1º Os produtores e os importadores de armas de fogo informarão à Polícia Federal, no prazo de quarenta e oito horas, para fins de cadastro no Sinarm, quando da saída do estoque, relação das armas produzidas e importadas, com as informações a que se refere o inciso I do caput e os dados dos adquirentes.

§ 2º As empresas autorizadas pelo Comando do Exército a comercializar armas de fogo, munições e acessórios encaminharão as informações a que se referem os incisos I e II do caput à Polícia Federal ou ao Comando do Exército, para fins de cadastro e registro da arma de fogo, da munição ou do acessório no Sinarm ou no Sigma, conforme o caso, no prazo de quarenta e oito horas, contado da data de efetivação da venda.

§ 3º Os adquirentes informarão a aquisição de armas de fogo, munições ou acessórios à Polícia Federal ou ao Comando do Exército, para fins de registro da arma de fogo, da munição ou do acessório no Sinarm ou no Sigma, conforme o caso, no prazo de sete dias úteis, contado da data de sua aquisição, com as seguintes informações:

 I - a identificação do produtor, do importador ou do comerciante de quem as armas de fogo, as munições e os acessórios tenham sido adquiridos; e
 II - o endereço em que serão armazenadas as armas de fogo, as munições e os acessórios adquiridos.

§ 4º Na hipótese de estarem relacionados a integrantes da Agência Brasileira de Inteligência, o cadastro e o registro das armas de fogo, das munições e dos acessórios no Sigma estarão restritos ao número da matrícula funcional, no que se refere à qualificação pessoal, inclusive nas operações de compra e venda e nas ocorrências de extravio, furto, roubo ou recuperação de arma de fogo ou de seus documentos.

§ 5º Fica vedado o registro ou a renovação de registro de armas de fogo adulteradas, sem numeração ou com numeração raspada.

§ 6º Os dados necessários ao cadastro das informações a que se refere a alínea "k" do inciso I do caput serão enviados ao Sinarm ou ao Sigma, conforme o caso:

 I - pelo produtor, conforme marcação e testes por ele realizados; ou
 II - pelo importador, conforme marcação e testes realizados, de acordo com padrões internacionais, pelo produtor ou por instituição por ele contratada.

Art. 6º As regras referentes ao credenciamento e à fiscalização de psicólogos, instrutores de tiro e armeiros serão estabelecidas em ato do Diretor-Geral da Polícia Federal.

Art. 7º O Comando do Exército fornecerá à Polícia Federal as informações necessárias ao cadastramento dos produtores, atacadistas, varejistas, exportadores e importadores autorizados de arma de fogo, acessórios e munições do País.

Art. 8º Os dados do Sinarm e do Sigma serão compartilhados entre si e com o Sistema Nacional de Informações de Segurança Pública - Sinesp.

Parágrafo único. Ato conjunto do Diretor-Geral da Polícia Federal e do Comandante do Exército estabelecerá as regras para interoperabilidade e compartilhamento dos dados existentes no Sinarm e no Sigma, no prazo de um ano, contado da data de entrada em vigor deste Decreto.

Art. 9º Fica permitida a venda de armas de fogo de porte e portáteis, munições e acessórios por estabelecimento comercial credenciado pelo Comando do Exército.

Art. 10. Os estabelecimentos que comercializarem armas de fogo, munições e acessórios ficam obrigados a comunicar, mensalmente, à Polícia Federal ou ao Comando do Exército, conforme o caso, as vendas que efetuarem e a quantidade de mercadorias disponíveis em estoque.

§ 1º As mercadorias disponíveis em estoque são de responsabilidade do estabelecimento comercial e serão registradas, de forma precária, como de sua propriedade, enquanto não forem vendidas.

§ 2º Os estabelecimentos a que se refere o caput manterão à disposição da Polícia Federal e do Comando do Exército a relação dos estoques e das vendas efetuadas mensalmente nos últimos cinco anos.

§ 3º Os procedimentos e a forma pela qual será efetivada a comunicação a que se refere o caput serão disciplinados em ato do Comandante do Exército ou do Diretor-Geral da Polícia Federal, conforme o caso.

Art. 11. A comercialização de armas de fogo, de acessórios, de munições e de insumos para recarga só poderá ser efetuada em estabelecimento comercial credenciado pelo Comando do Exército.

Art. 12. Para fins de aquisição de arma de fogo de uso permitido e de emissão do Certificado de Registro de Arma de Fogo, o interessado deverá:

 I - ter, no mínimo, vinte e cinco anos de idade;
 II - apresentar original e cópia de documento de identificação pessoal;
 III - comprovar a idoneidade moral e a inexistência de inquérito policial ou processo criminal, por meio de certidões de antecedentes criminais das Justiças Federal, Estadual, Militar e Eleitoral;
 IV - apresentar documento comprobatório de ocupação lícita e de residência fixa;
 V - comprovar, periodicamente, a capacidade técnica para o manuseio da arma de fogo; e
 VI - comprovar a aptidão psicológica para o manuseio de arma de fogo, atestada em laudo conclusivo fornecido por psicólogo credenciado pela Polícia Federal.

§ 1º O indeferimento do pedido para aquisição a que se refere o caput será comunicado ao interessado em documento próprio e apenas poderá ter como fundamento:

 I - a comprovação documental de que:
 a) o interessado instruiu o pedido com declarações ou documentos falsos; ou

b) o interessado mantém vínculo com grupos criminosos ou age como pessoa interposta de quem não preenche os requisitos a que se referem os incisos I a VI do caput;

II - o interessado não ter a idade mínima exigida no inciso I do caput; ou

III - a não apresentação de um ou mais documentos a que se referem o inciso III ao inciso VI do caput.

§ 2º Serão exigidas as certidões de antecedentes a que se refere o inciso III do caput apenas do local de domicílio do requerente, que apresentará declaração de inexistência de inquéritos policiais ou processos criminais contra si em trâmite nos demais entes federativos.

§ 3º O comprovante de capacidade técnica de que trata o inciso V do caput deverá ser expedido por instrutor de armamento e de tiro credenciado pela Polícia Federal no Sinarm e deverá atestar, necessariamente:

I - conhecimento da conceituação e das normas de segurança relativas a arma de fogo;

II - conhecimento básico dos componentes e das partes da arma de fogo para a qual foi requerida a autorização de aquisição; e

III - habilidade no uso da arma de fogo demonstrada pelo interessado em estande de tiro credenciado pelo Comando do Exército ou pela Polícia Federal.

§ 4º Cumpridos os requisitos a que se refere o caput, será expedida pelo Sinarm, no prazo de até trinta dias, contado da data do protocolo da solicitação, a autorização para a aquisição da arma de fogo em nome do interessado.

§ 5º É pessoal e intransferível a autorização para a aquisição da arma de fogo de que trata o § 4º.

§ 6º Fica dispensado da comprovação de cumprimento dos requisitos a que se referem os incisos V e VI do caput o interessado em adquirir arma de fogo que:

I - comprove estar autorizado a portar arma de fogo da mesma espécie daquela a ser adquirida, desde que o porte de arma de fogo esteja válido; e

II - tenha se submetido às avaliações técnica e psicológica no prazo estabelecido para obtenção ou manutenção do porte de arma de fogo.

§ 7º Para fins de aquisição de arma de fogo de uso restrito, o interessado deverá solicitar autorização prévia ao Comando do Exército.

§ 8º O disposto no § 7º se aplica às aquisições de munições e acessórios das armas de uso restrito adquiridas.

§ 9º O disposto no § 7º não se aplica aos Comandos Militares, nos termos do disposto no parágrafo único do art. 27 da Lei nº 10.826, de 2003.

§ 10. O certificado de registro concedido às pessoas jurídicas que comercializem ou produzam armas de fogo, munições e acessórios e aos clubes e às escolas de tiro, expedido pelo Comando do Exército, terá validade de dez anos.

§ 11. Os requisitos de que tratam os incisos IV, V e VI do caput serão comprovados, periodicamente, a cada dez anos, junto à Polícia Federal, para fins de renovação do Certificado de Registro. (Incluído pelo Decreto nº 10.030, de 2019)

§ 12. Os integrantes das Forças Armadas, das polícias federais, estaduais e do Distrito Federal e os militares dos Estados e do Distrito Federal, ao adquirirem arma de fogo de uso permitido ou restrito ou renovarem o Certificado de Registro, ficam dispensados do cumprimento dos requisitos de que tratam os incisos I, III, IV, V e VI do caput. (Incluído pelo Decreto nº 10.030, de 2019)

§ 13. Os integrantes das entidades de que tratam os incisos I, II, III, V, VI, VII e X do caput do art. 6º da Lei nº 10.826, de 2003, ficam dispensados do cumprimento do requisito de que trata o inciso I do caput deste artigo. (Incluído pelo Decreto nº 10.030, de 2019)

Art. 13. O proprietário de arma de fogo fica obrigado a comunicar, imediatamente, à polícia judiciária e ao Sinarm, o extravio, o furto, o roubo e a recuperação de arma de fogo ou do Certificado de Registro de Arma de Fogo.

§ 1º A polícia judiciária remeterá, no prazo de quarenta e oito horas, contado da data de recebimento da comunicação, as informações coletadas à Polícia Federal ou ao Comando do Exército, para fins de cadastro no Sinarm.

§ 2º Na hipótese de arma de fogo de uso restrito, a Polícia Federal encaminhará as informações ao Comando do Exército, para fins de cadastro no Sigma.

§ 3º Sem prejuízo do disposto no caput, o proprietário deverá, ainda, comunicar o ocorrido à Polícia Federal ou ao Comando do Exército, conforme o caso, e encaminhar-lhe cópia do boletim de ocorrência.

Art. 14. Serão cassadas as autorizações de porte de arma de fogo do titular a que se referem o inciso VIII ao inciso XI do caput do art. 6º e o § 1º do art. 10 da Lei nº 10.826, de 2003, que esteja respondendo a inquérito ou a processo criminal por crime doloso.

§ 1º Nas hipóteses de que trata o caput, o proprietário entregará a arma de fogo à Polícia Federal ou ao Comando do Exército, conforme o caso, mediante indenização na forma prevista no art. 48, ou providenciará a sua transferência para terceiro, no prazo de sessenta dias, contado da data da ciência do indiciamento ou do recebimento da denúncia ou da queixa pelo juiz.

§ 2º A cassação a que se refere o caput será determinada a partir do indiciamento do investigado no inquérito policial ou do recebimento da denúncia ou queixa pelo juiz.

§ 3º A autorização de posse e de porte de arma de fogo não será cancelada na hipótese de o proprietário de arma de fogo estar respondendo a inquérito ou ação penal em razão da utilização da arma em estado de necessidade, legítima defesa, em estrito cumprimento do dever legal ou exercício regular de direito, exceto nas hipóteses em que o juiz, convencido da necessidade da medida, justificadamente determinar.

§ 4º Na hipótese a que se refere o § 3º, a arma será apreendida quando for necessário periciá-la e será restituída ao proprietário após a realização da perícia mediante assinatura de termo de compromisso e responsabilidade, por meio do qual se comprometerá a apresentar a arma de fogo perante a autoridade competente sempre que assim for determinado.

§ 5º O disposto neste artigo aplica-se a todas as armas de fogo de propriedade do indiciado ou acusado.

§ 6º A apreensão da arma de fogo é de responsabilidade da polícia judiciária competente para a investigação do crime que motivou a cassação.

Art. 15. O porte de arma de fogo de uso permitido, vinculado ao registro prévio da arma e ao cadastro no Sinarm, será expedido pela Polícia Federal, no território nacional, em caráter excepcional, desde que atendidos os requisitos previstos nos incisos I, II e III do § 1º do art. 10 da Lei nº 10.826, de 2003.

Parágrafo único. A taxa estipulada para o porte de arma de fogo somente será recolhida após a análise e a aprovação dos documentos apresentados.

Art. 16. O porte de arma de fogo é documento obrigatório para a condução da arma e deverá conter os seguintes dados:

I - abrangência territorial;

II - eficácia temporal;

III - características da arma;

IV - número do cadastro da arma no Sinarm;

V - identificação do proprietário da arma; e

VI - assinatura, cargo e função da autoridade concedente.

Art. 17. O porte de arma de fogo é pessoal, intransferível e revogável a qualquer tempo e será válido apenas em relação à arma nele especificada e com a apresentação do documento de identificação do portador.

Art. 18. Para portar a arma de fogo adquirida nos termos do disposto no § 6º do art. 12, o proprietário deverá solicitar a expedição do documento de porte, que observará o disposto

DECRETO Nº 9.847, DE 25 DE JUNHO DE 2019

no art. 16 e terá a mesma validade do documento referente à primeira arma.

Art. 19. O titular do porte de arma de fogo deverá comunicar imediatamente:

I - a mudança de domicílio ao órgão expedidor do porte de arma de fogo; e

II - o extravio, o furto ou o roubo da arma de fogo, à unidade policial mais próxima e, posteriormente, à Polícia Federal.

Parágrafo único. A inobservância ao disposto neste artigo implicará na suspensão do porte de arma de fogo por prazo a ser estipulado pela autoridade concedente.

Art. 20. O titular de porte de arma de fogo para defesa pessoal concedido nos termos do disposto no art. 10 da Lei nº 10.826, de 2003, não poderá conduzi-la ostensivamente ou com ela adentrar ou permanecer em locais públicos, tais como igrejas, escolas, estádios desportivos, clubes, agências bancárias ou outros locais onde haja aglomeração de pessoas em decorrência de eventos de qualquer natureza.

§ 1º A inobservância ao disposto neste artigo implicará na cassação do porte de arma de fogo e na apreensão da arma, pela autoridade competente, que adotará as medidas legais pertinentes.

§ 2º Aplica-se o disposto no § 1º na hipótese de o titular do porte de arma de fogo portar o armamento em estado de embriaguez ou sob o efeito de drogas ou medicamentos que provoquem alteração do desempenho intelectual ou motor.

Art. 21. Será concedido pela Polícia Federal, nos termos do disposto no § 5º do art. 6º da Lei nº 10.826, de 2003, o porte de arma de fogo, na categoria caçador de subsistência, de uma arma portátil, de uso permitido, de tiro simples, com um ou dois canos, de alma lisa e de calibre igual ou inferior a dezesseis, desde que o interessado comprove a efetiva necessidade em requerimento ao qual deverão ser anexados os seguintes documentos:

I - documento comprobatório de residência em área rural ou certidão equivalente expedida por órgão municipal;

II - original e cópia, ou cópia autenticada, do documento de identificação pessoal; e

III - atestado de bons antecedentes.

Parágrafo único. Aplicam-se ao portador do porte de arma de fogo mencionado neste artigo as demais obrigações estabelecidas neste Decreto.

Art. 22. Observado o princípio da reciprocidade previsto em convenções internacionais de que a República Federativa do Brasil seja signatária, poderá ser autorizado o porte de arma de fogo pela Polícia Federal a diplomatas de missões diplomáticas e consulares acreditadas junto ao Governo brasileiro, e a agentes de segurança de dignitários estrangeiros durante a permanência no País, independentemente dos requisitos estabelecidos neste Decreto.

Art. 23. Caberá à Polícia Federal estabelecer os procedimentos relativos à concessão e à renovação do porte de arma de fogo.

Art. 24. O porte de arma de fogo é deferido aos militares das Forças Armadas, aos policiais federais, estaduais e distritais, civis e militares, aos corpos de bombeiros militares e aos policiais da Câmara dos Deputados e do Senado Federal em razão do desempenho de suas funções institucionais.

§ 1º O porte de arma de fogo é garantido às praças das Forças Armadas com estabilidade de que trata a alínea "a" do inciso IV do caput do art. 50 da Lei nº 6.880, de 9 de dezembro de 1980 - Estatuto dos Militares.

§ 2º A autorização do porte de arma de fogo para as praças sem estabilidade assegurada será regulamentada em ato do Comandante da Força correspondente.

§ 3º Ato do Comandante da Força correspondente disporá sobre as hipóteses excepcionais de suspensão, cassação e demais procedimentos relativos ao porte de arma de fogo de que trata este artigo.

§ 4º Atos dos comandantes-gerais das corporações disporão sobre o porte de arma de fogo dos policiais militares e dos bombeiros militares.

§ 5º (Revogado pelo Decreto nº 9.981, de 2019)

Art. 25. A autorização para o porte de arma de fogo previsto em legislação própria, na forma prevista no caput do art. 6º da Lei nº 10.826, de 2003, fica condicionada ao atendimento dos requisitos previstos no inciso III do caput do art. 4º da referida Lei.

Art. 26. Os órgãos, as instituições e as corporações a que se referem os incisos I, II, III, V, VI, VII e X do caput do art. 6º da Lei nº 10.826, de 2003, estabelecerão, em normas próprias, os procedimentos relativos às condições para a utilização das armas de fogo de sua propriedade, ainda que fora de serviço.

§ 1º As instituições a que se referem o inciso IV do caput do art. 6º da Lei nº 10.826, de 2003, estabelecerão, em normas próprias, os procedimentos relativos às condições para a utilização, em serviço, das armas de fogo de sua propriedade.

§ 2º As instituições, os órgãos e as corporações, ao definir os procedimentos a que se refere o caput, disciplinarão as normas gerais de uso de arma de fogo de sua propriedade, fora do serviço, quando se tratar de locais onde haja aglomeração de pessoas, em decorrência de evento de qualquer natureza, tais como no interior de igrejas, escolas, estádios desportivos e clubes, públicos e privados.

§ 3º Os órgãos e as instituições que tenham os portes de arma de seus agentes públicos ou políticos estabelecidos em lei própria, na forma prevista no caput do art. 6º da Lei nº 10.826, de 2003, deverão encaminhar à Polícia Federal a relação das pessoas autorizadas a portar arma de fogo, observado, no que couber, o disposto no art. 20.

§ 4º Não será concedida a autorização para o porte de arma de fogo de que trata o art. 15 a integrantes de órgãos, instituições e corporações não autorizados a portar arma de fogo fora de serviço, exceto se comprovarem o risco à sua integridade física, observado o disposto no art. 11 da Lei nº 10.826, de 2003.

§ 5º O porte de que tratam os incisos V, VI e X do caput do art. 6º da Lei nº 10.826, de 2003, e aquele previsto em lei própria, na forma prevista no caput do art. 6º da Lei nº 10.826, de 2003, serão concedidos, exclusivamente, para defesa pessoal, hipótese em que será vedado aos seus titulares o porte ostensivo da arma de fogo.

§ 6º A vedação prevista no § 5º não se aplica aos servidores designados para execução da atividade fiscalizatória do Instituto Brasileiro do Meio Ambiente e dos Recursos Naturais Renováveis - Ibama e do Instituto Chico Mendes de Conservação da Biodiversidade - Instituto Chico Mendes.

Art. 27. Poderá ser autorizado, em casos excepcionais, pelo órgão competente, o uso, em serviço, de arma de fogo, de propriedade particular do integrante dos órgãos, das instituições ou das corporações a que se refere o inciso II caput do art. 6º da Lei nº 10.826, de 2003.

§ 1º A autorização de que trata o caput será regulamentada em ato próprio do órgão, da instituição ou da corporação competente.

§ 2º Na hipótese prevista neste artigo, a arma de fogo deverá ser sempre conduzida com o seu Certificado de Registro de Arma de Fogo.

Art. 28. As armas de fogo particulares de que trata o art. 27 e as institucionais não brasonadas deverão ser conduzidas com o seu Certificado de Registro de Arma de Fogo ou com o termo de cautela decorrente de autorização judicial para uso, sob pena de aplicação das sanções penais cabíveis.

Art. 29. A capacidade técnica e a aptidão psicológica para o manuseio de armas de fogo, para os integrantes das instituições a que se referem os incisos III, IV, V, VI, VII e X do caput do art. 6º da Lei nº 10.826, de 2003, serão atestadas pela própria instituição, depois de cumpridos os requisitos técnicos e psicológicos estabelecidos pela Polícia Federal.

Parágrafo único. Caberá à Polícia Federal expedir o porte de arma de fogo para os guardas portuários.

Art. 29-A. A Polícia Federal, diretamente ou por meio de convênio com os órgãos de segurança pública dos Estados, do Distrito Federal e dos Municípios, nos termos do disposto no § 3º do art. 6º da Lei nº 10.826, de 2003, e observada a supervisão do Ministério da Justiça e Segurança Pública: (Incluído pelo Decreto nº 10.030, de 2019)

I - estabelecerá o currículo da disciplina de armamento e tiro dos cursos de formação das guardas municipais; (Incluído pelo Decreto nº 10.030, de 2019)

II - concederá porte de arma de fogo funcional aos integrantes das guardas municipais, com validade pelo prazo de dez anos, contado da data de emissão do porte, nos limites territoriais do Estado em que exerce a função; e (Incluído pelo Decreto nº 10.030, de 2019)

III - fiscalizará os cursos de formação para assegurar o cumprimento do currículo da disciplina a que se refere o inciso I. (Incluído pelo Decreto nº 10.030, de 2019) estabelecimento de ensino de atividade policial;

Parágrafo único. Os guardas municipais autorizados a portar arma de fogo, nos termos do inciso II do caput, poderão portá-la nos deslocamentos para suas residências, mesmo quando localizadas em município situado em Estado limítrofe. (Incluído pelo Decreto nº 10.030, de 2019)

Art. 29-B. A formação de guardas municipais poderá ocorrer somente em: (Incluído pelo Decreto nº 10.030, de 2019)

I - estabelecimento de ensino de atividade policial; (Incluído pelo Decreto nº 10.030, de 2019)

II - órgão municipal para formação, treinamento e aperfeiçoamento de integrantes da guarda municipal; (Incluído pelo Decreto nº 10.030, de 2019)

III - órgão de formação criado e mantido por Municípios consorciados para treinamento e aperfeiçoamento dos integrantes da guarda municipal; ou (Incluído pelo Decreto nº 10.030, de 2019)

IV - órgão estadual centralizado e conveniado a seus Municípios, para formação e aperfeiçoamento de guardas municipais, no qual seja assegurada a participação dos municípios conveniados no conselho gestor. (Incluído pelo Decreto nº 10.030, de 2019)

Art. 29-C. O porte de arma de fogo aos integrantes das instituições de que tratam os incisos III e IV do caput do art. 6º da Lei nº 10.826, de 2003, será concedido somente mediante comprovação de treinamento técnico de, no mínimo: (Incluído pelo Decreto nº 10.030, de 2019)

I - sessenta horas, para armas de repetição; e (Incluído pelo Decreto nº 10.030, de 2019)

II - cem horas, para arma de fogo semiautomática. (Incluído pelo Decreto nº 10.030, de 2019)

§ 1º O treinamento de que trata o caput destinará, no mínimo, sessenta e cinco por cento de sua carga horária ao conteúdo prático. (Incluído pelo Decreto nº 10.030, de 2019)

§ 2º O curso de formação dos profissionais das guardas municipais de que trata o art. 29-A conterá técnicas de tiro defensivo e de defesa pessoal. (Incluído pelo Decreto nº 10.030, de 2019)

§ 3º Os profissionais das guardas municipais com porte de arma de fogo serão submetidos a estágio de qualificação profissional por, no mínimo, oitenta horas anuais. (Incluído pelo Decreto nº 10.030, de 2019)

Art. 29-D. A Polícia Federal poderá conceder porte de arma de fogo, nos termos do disposto no § 3º do art. 6º da Lei nº 10.826, de 2003, às guardas municipais dos Municípios que tenham instituído: (Incluído pelo Decreto nº 10.030, de 2019)

I - corregedoria própria e independente para a apuração de infrações disciplinares atribuídas aos servidores integrantes da guarda municipal; e (Incluído pelo Decreto nº 10.030, de 2019)

II - ouvidoria, como órgão permanente, autônomo e independente, com competência para fiscalizar, investigar, auditar e propor políticas de qualificação das atividades desenvolvidas pelos integrantes das guardas municipais. (Incluído pelo Decreto nº 10.030, de 2019)

Art. 30. Os integrantes das Forças Armadas e os servidores dos órgãos, instituições e corporações mencionados nos incisos II, V, VI e VII do caput do art. 6º da Lei nº 10.826, de 2003, transferidos para a reserva remunerada ou aposentados, para conservarem a autorização de porte de arma de fogo de sua propriedade deverão submeter-se, a cada dez anos, aos testes de avaliação psicológica a que faz menção o inciso III do caput do art. 4º da Lei nº 10.826, de 2003.

§ 1º O cumprimento dos requisitos a que se refere o caput será atestado pelos órgãos, instituições e corporações de vinculação.

§ 2º Não se aplicam aos integrantes da reserva não remunerada das Forças Armadas e Auxiliares as prerrogativas mencionadas no caput.

Art. 31. A entrada de arma de fogo e munição no País, como bagagem de atletas, destinadas ao uso em competições internacionais será autorizada pelo Comando do Exército.

§ 1º O porte de trânsito das armas a serem utilizadas por delegações estrangeiras em competição oficial de tiro no País será expedido pelo Comando do Exército.

§ 2º Os responsáveis pelas delegações estrangeiras e brasileiras em competição oficial de tiro no País e os seus integrantes transportarão as suas armas desmuniciadas.

Art. 32. As empresas de segurança privada e de transporte de valores solicitarão à Polícia Federal autorização para aquisição de armas de fogo.

§ 1º A autorização de que trata o caput:

I - será concedida se houver comprovação de que a empresa possui autorização de funcionamento válida e justificativa da necessidade de aquisição com base na atividade autorizada; e

II - será válida apenas para a utilização da arma de fogo em serviço.

§ 2º As empresas de que trata o caput encaminharão, trimestralmente, à Polícia Federal a relação nominal dos vigilantes que utilizem armas de fogo de sua propriedade.

§ 3º A transferência de armas de fogo entre estabelecimentos da mesma empresa ou para empresa diversa será autorizada pela Polícia Federal, desde que cumpridos os requisitos de que trata o § 1º.

§ 4º Durante o trâmite do processo de transferência de armas de fogo de que trata o § 3º, a Polícia Federal poderá autorizar a empresa adquirente a utilizar as armas de fogo em fase de aquisição, em seus postos de serviço, antes da expedição do novo Certificado de Registro de Arma de Fogo.

§ 5º É vedada a utilização em serviço de arma de fogo particular do empregado das empresas de que trata este artigo.

§ 6º É de responsabilidade das empresas de segurança privada a guarda e o armazenamento das armas, das munições e dos acessórios de sua propriedade, nos termos da legislação específica.

§ 7º A perda, o furto, o roubo ou outras formas de extravio de arma de fogo, de acessório e de munições que estejam sob a guarda das empresas de segurança privada e de transporte de valores deverão ser comunicadas à Polícia Federal, no prazo de vinte e quatro horas, contado da ocorrência do fato, sob pena de responsabilização do proprietário ou do responsável legal.

Art. 33. A classificação legal, técnica e geral e a definição das armas de fogo são as constantes deste Decreto e a dos demais produtos controlados são aquelas constantes do Decreto nº 9.493, de 5 de setembro de 2018, e de sua legislação complementar.

DECRETO Nº 9.847, DE 25 DE JUNHO DE 2019

CAPÍTULO III - DA IMPORTAÇÃO E DA EXPORTAÇÃO

Art. 34. O Comando do Exército autorizará previamente a aquisição e a importação de armas de fogo de uso restrito, munições de uso restrito e demais produtos controlados de uso restrito, para os seguintes órgãos, instituições e corporações: (Redação dada pelo Decreto nº 10.030, de 2019)

I - a Polícia Federal;
II - a Polícia Rodoviária Federal;
III - o Gabinete de Segurança Institucional da Presidência da República;
IV - a Agência Brasileira de Inteligência;
V - o Departamento Penitenciário Nacional;
VI - a Força Nacional de Segurança Pública, por meio da Secretaria Nacional de Segurança Pública;
VII - os órgãos policiais da Câmara dos Deputados e do Senado Federal a que se referem, respectivamente, o inciso IV do caput do art. 51 e o inciso XIII do caput do art. 52 da Constituição;
VIII - as polícias civis dos Estados e do Distrito Federal;
IX - as polícias militares dos Estados e do Distrito Federal;
X - os corpos de bombeiros militares dos Estados e do Distrito Federal; e
XI - as guardas municipais.

§ 1º Ato do Comandante do Exército disporá sobre os procedimentos relativos à comunicação prévia a que se refere o caput e sobre as informações que dela devam constar.

§ 1º-A Para a concessão da autorização a que se refere o caput, os órgãos, as instituições e as corporações comunicarão previamente ao Comando do Exército o quantitativo de armas e munições de uso restrito que pretendem adquirir. (Incluído pelo Decreto nº 10.030, de 2019)

§ 2º Serão, ainda, autorizadas a adquirir e importar armas de fogo, munições, acessórios e demais produtos controlados: (Redação dada pelo Decreto nº 10.030, de 2019)

I - os integrantes das instituições a que se referem os incisos I a XI do caput;
II - pessoas naturais autorizadas a adquirir arma de fogo, munições ou acessórios, de uso permitido ou restrito, conforme o caso, nos termos do disposto no art. 12, nos limites da autorização obtida;
III - pessoas jurídicas credenciadas no Comando do Exército para comercializar armas de fogo, munições e produtos controlados; e
IV - os integrantes das Forças Armadas.

§ 3º Ato do Comandante do Exército disporá sobre as condições para a importação de armas de fogo, munições, acessórios e demais produtos controlados a que se refere o § 2º, no prazo de trinta dias, contado da data de publicação do Decreto nº 10.030, de 30 de setembro de 2019. (Redação dada pelo Decreto nº 10.030, de 2019)

§ 4º O disposto nesse artigo não se aplica aos comandos militares.

§ 5º A autorização de que trata o caput poderá ser concedida pelo Comando do Exército mediante avaliação e aprovação de planejamento estratégico, com duração de, no máximo, quatro anos, de aquisição de armas, munições e produtos controlados de uso restrito pelos órgãos, pelas instituições e pelas corporações de que trata o caput. (Incluído pelo Decreto nº 10.030, de 2019)

§ 6º A aquisição de armas de fogo e munições de uso permitido pelos órgãos, pelas instituições e pelas corporações a que se refere o caput será comunicada ao Comando do Exército. (Incluído pelo Decreto nº 10.030, de 2019)

Art. 35. Compete ao Comando do Exército:

I - autorizar e fiscalizar a produção, a exportação, a importação, o desembaraço alfandegário e o comércio de armas, munições e demais produtos controlados no território nacional;
II - manter banco de dados atualizado com as informações acerca das armas de fogo, acessórios e munições importados; e
III - editar normas:
a) para dispor sobre a forma de acondicionamento das munições em embalagens com sistema de rastreamento;
b) para dispor sobre a definição dos dispositivos de segurança e de identificação de que trata o § 3º do art. 23 da Lei nº 10.826, de 2003;
c) para que, na comercialização de munições para os órgãos referidos no art. 6º da Lei nº 10.826, de 2003, estas contenham gravação na base dos estojos que permita identificar o fabricante, o lote de venda e o adquirente; e
d) para o controle da produção, da importação, do comércio, da utilização de simulacros de armas de fogo, nos termos do disposto no parágrafo único do art. 26 da Lei nº 10.826, de 2003.

Parágrafo único. Para fins do disposto no inciso III do caput, o Comando do Exército ouvirá previamente o Ministério da Justiça e Segurança Pública.

Art. 36. Concedida a autorização a que se refere o art. 34, a importação de armas de fogo, munições e demais produtos controlados pelas instituições e pelos órgãos a que se referem o inciso I ao inciso XI do caput do art. 34 ficará sujeita ao regime de licenciamento automático da mercadoria.

Art. 37. A importação de armas de fogo, munições e demais produtos controlados pelas pessoas a que se refere o § 2º do art. 34 ficará sujeita ao regime de licenciamento não automático prévio ao embarque da mercadoria no exterior.

§ 1º O Comando do Exército expedirá o Certificado Internacional de Importação após a comunicação a que se refere o § 1º do art. 34.

§ 2º O Certificado Internacional de Importação a que se refere o § 1º terá validade até o término do processo de importação.

Art. 38. As instituições, os órgãos e as pessoas de que trata o art. 34, quando interessadas na importação de armas de fogo, munições e demais produtos controlados, deverão preencher a Licença de Importação no Sistema Integrado de Comércio Exterior - Siscomex.

§ 1º O desembaraço aduaneiro das mercadorias ocorrerá após o cumprimento do disposto no caput.

§ 2º A Licença de Importação a que se refere o caput terá validade até o término do processo de importação.

Art. 39. As importações realizadas pelas Forças Armadas serão comunicadas ao Ministério da Defesa.

Art. 40. A Secretaria Especial da Receita Federal do Brasil do Ministério da Economia e o Comando do Exército fornecerão à Polícia Federal as informações relativas às importações de que trata este Capítulo e que devam constar do Sinarm.

Art. 41. Fica autorizada a entrada temporária no País, por prazo determinado, de armas de fogo, munições e acessórios para fins de demonstração, exposição, conserto, mostruário ou testes, por meio de comunicação do interessado, de seus representantes legais ou das representações diplomáticas do país de origem ao Comando do Exército.

§ 1º A importação sob o regime de admissão temporária será autorizada por meio do Certificado Internacional de Importação.

§ 2º Terminado o evento que motivou a importação, o material deverá retornar ao seu país de origem e não poderá ser doado ou vendido no território nacional, exceto se a doação for destinada aos museus dos órgãos e das instituições a que se referem o inciso I ao inciso XI do caput do art. 34.

§ 3º A Secretaria Especial da Receita Federal do Brasil do Ministério da Economia fiscalizará a entrada e a saída do País dos produtos a que se refere este artigo.

Art. 42. Fica vedada a importação de armas de fogo, seus acessórios e peças, de munições e seus componentes, por meio do serviço postal e similares. (Redação dada pelo Decreto nº 9.981, de 2019)

Art. 43. O Comando do Exército autorizará a exportação de armas, munições e demais produtos controlados, nos termos estabelecidos em legislação específica para exportação de produtos de defesa e no disposto no art. 24 da Lei nº 10.826, de 2003.

Art. 44. O desembaraço aduaneiro de armas de fogo, munições e demais produtos controlados será feito pela Secretaria Especial da Receita Federal do Brasil do Ministério da Economia, após autorização do Comando do Exército.

§ 1º O desembaraço aduaneiro de que trata o caput incluirá:

I - as operações de importação e de exportação, sob qualquer regime;

II - a internação de mercadoria em entrepostos aduaneiros;

III - a nacionalização de mercadoria entrepostada;

IV - a entrada e a saída do País de armas de fogo e de munição de atletas brasileiros e estrangeiros inscritos em competições nacionais ou internacionais;

V - a entrada e a saída do País de armas de fogo e de munição trazidas por agentes de segurança de dignitários estrangeiros em visita ao País;

VI - a entrada e a saída de armas de fogo e de munição de órgãos de segurança estrangeiros, para participação em operações, exercícios e instruções de natureza oficial; e

VII - as armas de fogo, as munições, as suas partes e as suas peças, trazidas como bagagem acompanhada ou desacompanhada.

§ 2º O desembaraço aduaneiro de armas de fogo e de munição ficará condicionado ao cumprimento das normas específicas sobre marcação estabelecidas pelo Comando do Exército.

CAPÍTULO IV - DISPOSIÇÕES FINAIS

Art. 45. As armas de fogo apreendidas, observados os procedimentos relativos à elaboração do laudo pericial e quando não mais interessarem à persecução penal, serão encaminhadas pelo juiz competente ao Comando do Exército, no prazo de quarenta e oito horas, para destruição ou doação aos órgãos de segurança pública ou às Forças Armadas.

§ 1º Os órgãos de segurança pública ou as Forças Armadas responsáveis pela apreensão manifestarão interesse pelas armas de fogo apreendidas, respectivamente, ao Ministério da Justiça e Segurança Pública ou ao Comando do Exército, no prazo de dez dias, contado da data de envio das armas ao Comando do Exército, nos termos do disposto no caput.

§ 2º O Comando do Exército se manifestará favoravelmente à doação de que trata o caput, na hipótese de serem cumpridos os seguintes requisitos:

I - comprovação da necessidade de destinação do armamento;

II - adequação das armas de fogo ao padrão de cada órgão; e

III - atendimento aos critérios de priorização estabelecidos pelo Ministério da Justiça e Segurança Pública, nos termos do disposto no § 1º do art. 25 da Lei nº 10.826, de 2003.

§ 3º O Ministério da Justiça e Segurança Pública incluirá a priorização de atendimento ao órgão que efetivou a apreensão dentre os critérios de que trata o inciso III do § 2º.

§ 4º A análise do cumprimento do requisito estabelecido no inciso III do § 2º será realizada no prazo de trinta dias, contado da data de manifestação do Comando do Exército em relação à comprovação de necessidade e adequação ao padrão do órgão interessado: (Redação dada pelo Decreto nº 10.030, de 2019)

I - pela Secretaria Nacional de Segurança Pública do Ministério da Justiça e Segurança Pública, na hipótese de a manifestação ter sido apresentada pelos órgãos de segurança pública; ou (Incluído pelo Decreto nº 10.030, de 2019)

II - pelo Comando do Exército, na hipótese de a manifestação ter sido apresentada pelas Forças Armadas. (Incluído pelo Decreto nº 10.030, de 2019)

§ 5º Cumpridos os requisitos de que trata o § 2º, o Comando do Exército encaminhará, no prazo de vinte dias, a relação das armas de fogo a serem doadas ao juiz competente, que determinará o seu perdimento em favor do órgão ou da Força Armada beneficiária.

§ 6º Na hipótese de não haver manifestação expressa do órgão ou da Força Armada que realizou a apreensão das armas, nos termos do disposto no § 1º, os demais órgãos de segurança pública ou das Forças Armadas poderão manifestar interesse pelas armas de fogo, no prazo de trinta dias, contado da data de recebimento do relatório a que se refere o § 1º do art. 25 da Lei nº 10.826, de 2003, e encaminhar pedido de doação ao Comando do Exército.

§ 7º O Comando do Exército apreciará o pedido de doação de que trata o § 6º, observados os requisitos estabelecidos no § 2º, e encaminhará, no prazo de sessenta dias, contado da data de divulgação do relatório a que se refere o § 1º do art. 25 da Lei nº 10.826, de 2003, a relação das armas a serem doadas, para que o juiz competente determine o seu perdimento, nos termos do disposto no § 5º.

§ 8º As armas de fogo de valor histórico ou obsoletas poderão ser objeto de doação a museus das Forças Armadas ou de instituições policiais indicados pelo Comando do Exército.

§ 9º As armas de fogo apreendidas poderão ser devolvidas pela autoridade competente aos seus legítimos proprietários na hipótese de serem cumpridos os requisitos de que trata o art. 4º da Lei nº 10.826, de 2003.

§ 10. A decisão sobre o destino final das armas de fogo não doadas aos órgãos interessados nos termos do disposto neste Decreto caberá ao Comando do Exército, que deverá concluir pela sua destruição ou pela doação às Forças Armadas.

§ 11. As munições e os acessórios apreendidos, concluídos os procedimentos relativos à elaboração do laudo pericial e quando não mais interessarem à persecução penal, serão encaminhados pelo juiz competente ao Comando do Exército, no prazo de quarenta e oito horas, para destruição ou doação aos órgãos de segurança pública ou às Forças Armadas.

§ 12. O órgão de segurança pública ou as Forças Armadas responsáveis pela apreensão das munições serão o destinatário da doação, desde que manifestem interesse.

§ 13. Na hipótese de não haver interesse por parte do órgão ou das Forças Armadas responsáveis pela apreensão, as munições serão destinadas ao primeiro órgão que manifestar interesse.

§ 14. Compete ao órgão de segurança pública beneficiário da doação das munições periciá-las para atestar a sua validade e encaminhá-las ao Comando do Exército para destruição, na hipótese de ser constado que são inservíveis.

§ 15. As armas de fogo, as munições e os acessórios apreendidos que forem de propriedade das instituições a que se referem os incisos I a XI do caput do art. 34 serão devolvidos à instituição após a realização de perícia, exceto se determinada sua retenção até o final do processo pelo juízo competente.

Art. 46. As solicitações dos órgãos de segurança pública sobre informações relativas ao cadastro de armas de fogo, munições e demais produtos controlados junto ao Sinarm e ao Sigma serão encaminhadas diretamente à Polícia Federal ou ao Comando do Exército, conforme o caso.

Art. 47. Na hipótese de falecimento ou interdição do proprietário de arma de fogo, o administrador da herança ou o curador, conforme o caso, providenciará a transferência da propriedade da arma, por meio de alvará judicial ou de autorização firmada por todos os herdeiros, desde que sejam maiores de idade e capazes, observado o disposto no art. 12.

§ 1º O administrador da herança ou o curador comunicará à Polícia Federal ou ao Comando do Exército, conforme o caso, a morte ou a interdição do proprietário da arma de fogo.

§ 2º Na hipótese de que trata o caput, a arma de fogo permanecerá sob a guarda e a responsabilidade do administrador da herança ou do curador, depositada em local seguro, até a expedição do Certificado de Registro de Arma de Fogo e a entrega ao novo proprietário.

§ 3º A inobservância ao disposto no § 2º implicará a apreensão da arma de fogo pela autoridade competente, sem prejuízo das sanções penais cabíveis.

Art. 48. O valor da indenização de que tratam os art. 31 e art. 32 da Lei nº 10.826, de 2003, e o procedimento para o respectivo pagamento serão fixados pelo Ministério da Justiça e Segurança Pública.

Art. 49. Os recursos financeiros necessários ao cumprimento do disposto nos art. 31 e art. 32 da Lei nº 10.826, de 2003, serão custeados por dotação orçamentária específica consignada ao Ministério da Justiça e Segurança Pública.

Art. 50. Será presumida a boa-fé dos possuidores e dos proprietários de armas de fogo que as entregar espontaneamente à Polícia Federal ou aos postos de recolhimento credenciados, nos termos do disposto no art. 32 da Lei nº 10.826, de 2003.

Art. 51. A entrega da arma de fogo de que tratam os art. 31 e art. 32 da Lei nº 10.826, de 2003, de seus acessórios ou de sua munição será feita na Polícia Federal ou em órgãos e entidades credenciados pelo Ministério da Justiça e Segurança Pública.

§ 1º Para o transporte da arma de fogo até o local de entrega, será exigida guia de trânsito, expedida pela Polícia Federal ou por órgão por ela credenciado, que conterá as especificações mínimas estabelecidas pelo Ministério da Justiça e Segurança Pública.

§ 2º A guia de trânsito de que trata o § 1º poderá ser expedida pela internet, na forma estabelecida em ato do Diretor-Geral da Polícia Federal.

§ 3º A guia de trânsito de que trata o § 1º autorizará tão-somente o transporte da arma, devidamente desmuniciada e acondicionada de maneira que seu uso não possa ser imediato, limitado para o percurso nela autorizado.

§ 4º O transporte da arma de fogo sem a guia de trânsito, ou o transporte realizado com a guia, mas sem a observância ao que nela estiver estipulado, sujeitará o infrator às sanções penais cabíveis.

Art. 52. As disposições sobre entrega de armas de fogo de que tratam os art. 31 e art. 32 da Lei nº 10.826, de 2003, não se aplicam às empresas de segurança privada e de transporte de valores.

Art. 53. Será aplicada pelo órgão competente pela fiscalização multa de:

I - R$ 100.000,00 (cem mil reais):

a) à empresa de transporte aéreo, rodoviário, ferroviário, marítimo, fluvial ou lacustre que permita o transporte de arma de fogo, munição ou acessórios sem a devida autorização ou com inobservância às normas de segurança; e

b) à empresa de produção ou de comercialização de armas de fogo que realize publicidade para estimular a venda e o uso indiscriminado de armas de fogo, acessórios e munição, exceto nas publicações especializadas;

II - R$ 200.000,00 (duzentos mil reais), sem prejuízo das sanções penais cabíveis:

a) à empresa de transporte aéreo, rodoviário, ferroviário, marítimo, fluvial ou lacustre que deliberadamente, por qualquer meio, realize, promova ou facilite o transporte de arma de fogo ou de munição sem a devida autorização ou com inobservância às normas de segurança; e

b) à empresa de produção ou de comercialização de armas de fogo que reincidir na conduta de que trata a alínea "b" do inciso I do caput; e

III - R$ 300.000,00 (trezentos mil reais), sem prejuízo das sanções penais cabíveis, à empresa que reincidir na conduta de que tratam a alínea "a" do inciso I e as alíneas "a" e "b" do inciso II.

Art. 54. A empresa de segurança e de transporte de valores ficará sujeita às penalidades de que trata o art. 23 da Lei nº 7.102, de 20 de junho de 1983, na hipótese de não apresentar, nos termos do disposto nos § 2º e § 3º do art. 7º da Lei nº 10.826, de 2003:

I - a documentação comprobatória do cumprimento dos requisitos constantes do art. 4º da Lei nº 10.826, de 2003, quanto aos empregados que portarão arma de fogo; e

II - semestralmente, ao Sinarm, a listagem atualizada de seus empregados.

Art. 55. Os recursos arrecadados em razão das taxas e das sanções pecuniárias de caráter administrativo previstas neste Decreto serão aplicados nos termos do disposto no § 1º do art. 11 da Lei nº 10.826, de 2003.

Art. 56. As receitas destinadas ao Sinarm serão recolhidas ao Banco do Brasil S.A., na conta Fundo para Aparelhamento e Operacionalização das Atividades-Fim da Polícia Federal, e serão alocadas para o reaparelhamento, a manutenção e o custeio das atividades de controle e de fiscalização da circulação de armas de fogo e de repressão ao seu tráfico ilícito, de competência da Polícia Federal.

Art. 57. Os requerimentos formulados ao Comando do Exército, ao Sigma, à Polícia Federal e ao Sinarm referentes aos procedimentos previstos neste Decreto serão apreciados e julgados no prazo de sessenta dias.

§ 1º A apreciação e o julgamento a que se refere o caput ficarão condicionados à apresentação do requerimento devidamente instruído à autoridade competente.

§ 2º O prazo a que se refere o caput será contado da data:

I - da entrega do requerimento devidamente instruído; ou

II - da entrega da documentação completa de instrução do requerimento, na hipótese de as datas da entrega do requerimento e dos documentos que o instruem não coincidirem.

§ 3º Transcorrido o prazo a que se refere o caput sem a apreciação e o julgamento do requerimento, observado o disposto no § 1º, consideram-se aprovados tacitamente os pedidos nele formulados.

§ 4º A aprovação tácita não impede a continuidade da apreciação do requerimento, que poderá ser cassado, caso constatado o não cumprimento dos requisitos legais.

Art. 58. O Decreto nº 9.607, de 12 de dezembro de 2018, passa a vigorar com as seguintes alterações:

"Art. 34-B. A autorização para importação de Prode, conforme definido em ato do Ministro de Estado da Defesa, poderá ser concedida:

I - aos órgãos e às entidades da administração pública;

II - aos fabricantes de Prode em quantidade necessária à realização de pesquisa, estudos e testes, à composição de sistemas de Prode ou à fabricação de Prode;

III - aos representantes de empresas estrangeiras, em regime de admissão temporária, para fins de experiências, testes ou demonstração, junto às Forças Armadas do Brasil ou a órgãos ou entidades públicas, desde que comprovem exercer a representação comercial do fabricante estrangeiro no território nacional e apresentem documento comprobatório do interesse das instituições envolvidas;

IV - aos expositores, para participação em feiras, mostras, exposições e eventos, por período determinado;

V - aos agentes de segurança de dignitários estrangeiros em visita ao País, em caráter temporário;

VI - às representações diplomáticas;

VII - aos integrantes de Forças Armadas do Brasil ou de órgãos de segurança estrangeiros, em caráter temporário, para:

a) participação em exercícios combinados; ou

b) participação, na qualidade de instrutor, aluno ou competidor, em cursos e eventos profissionais das Forças Armadas do Brasil e de órgãos de segurança nacionais, desde que o Prode seja essencial para o curso ou o evento; e

VIII - aos colecionadores, aos atiradores desportivos, aos caçadores e às pessoas naturais cujas armas de fogo devam ser registradas pelo Comando do Exército, nas condições estabelecidas no Regulamento para a Fiscalização de Produtos Controlados.

§ 1º Nas hipóteses previstas nos incisos III, IV e VII do caput, a importação será limitada às amostras necessárias ao evento, vedada a importação do produto para outros fins, e os Prode deverão ser reexportados após o término do evento motivador da importação ou, a critério do importador e com autorização do Ministério da Defesa, doados.

§ 2º Na hipótese prevista no inciso III do caput, os Prode não serão entregues aos seus importadores e ficarão diretamente sob a guarda dos órgãos ou das instituições envolvidos." (NR)

Art. 59. O Decreto nº 9.845, de 25 de junho de 2019, passa a vigorar com as seguintes alterações:

"Art. 7º ..

§ 1º Nas hipóteses de que trata o caput, o proprietário entregará a arma de fogo à Polícia Federal ou ao Comando do Exército, conforme o caso, mediante indenização, na forma prevista no art. 48 do Decreto nº 9.847, de 25 de junho de 2019, ou providenciará a sua transferência para terceiro, no prazo de sessenta dias, contado da data da ciência do indiciamento ou do recebimento da denúncia ou da queixa pelo juiz.

..

...." (NR)

"Art. 8º Na hipótese de não cumprimento dos requisitos de que trata o art. 3º para a renovação do Certificado de Registro de Arma de Fogo, o proprietário entregará a arma de fogo à Polícia Federal, mediante indenização, na forma prevista no art. 48 do Decreto nº 9.847, de 2019, ou providenciará a sua transferência, no prazo de sessenta dias, para terceiro interessado na aquisição, observado o disposto no art. 5º.

..

...." (NR)

Art. 60. Ficam revogados:

I - os seguintes dispositivos do Anexo ao Decreto nº 3.665, de 20 de novembro de 2000:
 a) o art. 183; e
 b) o art. 190;

II - o art. 34-A do Decreto nº 9.607, de 2018;

III - o Decreto nº 9.785, de 7 de maio de 2019;

IV - o Decreto nº 9.797, de 21 de maio de 2019; e

V - o Decreto nº 9.844, de 25 de junho de 2019.

Art. 61. Este Decreto entra em vigor na data de sua publicação.

12. LEI Nº 11.340, DE 7 DE AGOSTO DE 2006

Cria mecanismos para coibir a violência doméstica e familiar contra a mulher, nos termos do § 8º do art. 226 da Constituição Federal, da Convenção sobre a Eliminação de Todas as Formas de Discriminação contra as Mulheres e da Convenção Interamericana para Prevenir, Punir e Erradicar a Violência contra a Mulher; dispõe sobre a criação dos Juizados de Violência Doméstica e Familiar contra a Mulher; altera o Código de Processo Penal, o Código Penal e a Lei de Execução Penal; e dá outras providências.

O PRESIDENTE DA REPÚBLICA Faço saber que o Congresso Nacional decreta e eu sanciono a seguinte Lei:

TÍTULO I - DISPOSIÇÕES PRELIMINARES

Art. 1º Esta Lei cria mecanismos para coibir e prevenir a violência doméstica e familiar contra a mulher, nos termos do § 8º do art. 226 da Constituição Federal, da Convenção sobre a Eliminação de Todas as Formas de Violência contra a Mulher, da Convenção Interamericana para Prevenir, Punir e Erradicar a Violência contra a Mulher e de outros tratados internacionais ratificados pela República Federativa do Brasil; dispõe sobre a criação dos Juizados de Violência Doméstica e Familiar contra a Mulher; e estabelece medidas de assistência e proteção às mulheres em situação de violência doméstica e familiar.

Art. 2º Toda mulher, independentemente de classe, raça, etnia, orientação sexual, renda, cultura, nível educacional, idade e religião, goza dos direitos fundamentais inerentes à pessoa humana, sendo-lhe asseguradas as oportunidades e facilidades para viver sem violência, preservar sua saúde física e mental e seu aperfeiçoamento moral, intelectual e social.

Art. 3º Serão asseguradas às mulheres as condições para o exercício efetivo dos direitos à vida, à segurança, à saúde, à alimentação, à educação, à cultura, à moradia, ao acesso à justiça, ao esporte, ao lazer, ao trabalho, à cidadania, à liberdade, à dignidade, ao respeito e à convivência familiar e comunitária.

§ 1º O poder público desenvolverá políticas que visem garantir os direitos humanos das mulheres no âmbito das relações domésticas e familiares no sentido de resguardá-las de toda forma de negligência, discriminação, exploração, violência, crueldade e opressão.

§ 2º Cabe à família, à sociedade e ao poder público criar as condições necessárias para o efetivo exercício dos direitos enunciados no caput.

Art. 4º Na interpretação desta Lei, serão considerados os fins sociais a que ela se destina e, especialmente, as condições peculiares das mulheres em situação de violência doméstica e familiar.

TÍTULO II - DA VIOLÊNCIA DOMÉSTICA E FAMILIAR CONTRA A MULHER

CAPÍTULO I - DISPOSIÇÕES GERAIS

Art. 5º Para os efeitos desta Lei, configura violência doméstica e familiar contra a mulher qualquer ação ou omissão baseada no gênero que lhe cause morte, lesão, sofrimento físico, sexual ou psicológico e dano moral ou patrimonial: (Vide Lei complementar nº 150, de 2015)

I - no âmbito da unidade doméstica, compreendida como o espaço de convívio permanente de pessoas, com ou sem vínculo familiar, inclusive as esporadicamente agregadas;

II - no âmbito da família, compreendida como a comunidade formada por indivíduos que são ou se consideram aparentados, unidos por laços naturais, por afinidade ou por vontade expressa;

III - em qualquer relação íntima de afeto, na qual o agressor conviva ou tenha convivido com a ofendida, independentemente de coabitação.

Parágrafo único. As relações pessoais enunciadas neste artigo independem de orientação sexual.

Art. 6º A violência doméstica e familiar contra a mulher constitui uma das formas de violação dos direitos humanos.

CAPÍTULO II - DAS FORMAS DE VIOLÊNCIA DOMÉSTICA E FAMILIAR CONTRA A MULHER

Art. 7º São formas de violência doméstica e familiar contra a mulher, entre outras:

I - a violência física, entendida como qualquer conduta que ofenda sua integridade ou saúde corporal;

II - a violência psicológica, entendida como qualquer conduta que lhe cause dano emocional e diminuição da autoestima ou que lhe prejudique e perturbe o pleno desenvolvimento ou que vise degradar ou controlar suas ações, comportamentos, crenças e decisões, mediante ameaça, constrangimento, humilhação, manipulação, isolamento, vigilância constante, perseguição contumaz, insulto, chantagem, violação de sua intimidade, ridicularização, exploração e limitação do direito de ir e vir ou qualquer outro meio que lhe cause prejuízo à saúde psicológica e à autodeterminação; (Redação dada pela Lei nº 13.772, de 2018)

III - a violência sexual, entendida como qualquer conduta que a constranja a presenciar, a manter ou a participar de relação sexual não desejada, mediante intimidação, ameaça, coação ou uso da força; que a induza a comercializar ou a utilizar, de qualquer modo, a sua sexualidade, que a

impeça de usar qualquer método contraceptivo ou que a force ao matrimônio, à gravidez, ao aborto ou à prostituição, mediante coação, chantagem, suborno ou manipulação; ou que limite ou anule o exercício de seus direitos sexuais e reprodutivos;

IV - a violência patrimonial, entendida como qualquer conduta que configure retenção, subtração, destruição parcial ou total de seus objetos, instrumentos de trabalho, documentos pessoais, bens, valores e direitos ou recursos econômicos, incluindo os destinados a satisfazer suas necessidades;

V - a violência moral, entendida como qualquer conduta que configure calúnia, difamação ou injúria.

TÍTULO III - DA ASSISTÊNCIA À MULHER EM SITUAÇÃO DE VIOLÊNCIA DOMÉSTICA E FAMILIAR

CAPÍTULO I - DAS MEDIDAS INTEGRADAS DE PREVENÇÃO

Art. 8º A política pública que visa coibir a violência doméstica e familiar contra a mulher far-se-á por meio de um conjunto articulado de ações da União, dos Estados, do Distrito Federal e dos Municípios e de ações não-governamentais, tendo por diretrizes:

I - a integração operacional do Poder Judiciário, do Ministério Público e da Defensoria Pública com as áreas de segurança pública, assistência social, saúde, educação, trabalho e habitação;

II - a promoção de estudos e pesquisas, estatísticas e outras informações relevantes, com a perspectiva de gênero e de raça ou etnia, concernentes às causas, às consequências e à freqüência da violência doméstica e familiar contra a mulher, para a sistematização de dados, a serem unificados nacionalmente, e a avaliação periódica dos resultados das medidas adotadas;

III - o respeito, nos meios de comunicação social, dos valores éticos e sociais da pessoa e da família, de forma a coibir os papéis estereotipados que legitimem ou exacerbem a violência doméstica e familiar, de acordo com o estabelecido no inciso III do art. 1º, no inciso IV do art. 3º e no inciso IV do art. 221 da Constituição Federal;

IV - a implementação de atendimento policial especializado para as mulheres, em particular nas Delegacias de Atendimento à Mulher;

V - a promoção e a realização de campanhas educativas de prevenção da violência doméstica e familiar contra a mulher, voltadas ao público escolar e à sociedade em geral, e a difusão desta Lei e dos instrumentos de proteção aos direitos humanos das mulheres;

VI - a celebração de convênios, protocolos, ajustes, termos ou outros instrumentos de promoção de parceria entre órgãos governamentais ou entre estes e entidades não-governamentais, tendo por objetivo a implementação de programas de erradicação da violência doméstica e familiar contra a mulher;

VII - a capacitação permanente das Polícias Civil e Militar, da Guarda Municipal, do Corpo de Bombeiros e dos profissionais pertencentes aos órgãos e às áreas enunciados no inciso I quanto às questões de gênero e de raça ou etnia;

VIII - a promoção de programas educacionais que disseminem valores éticos de irrestrito respeito à dignidade da pessoa humana com a perspectiva de gênero e de raça ou etnia;

IX - o destaque, nos currículos escolares de todos os níveis de ensino, para os conteúdos relativos aos direitos humanos, à eqüidade de gênero e de raça ou etnia e ao problema da violência doméstica e familiar contra a mulher.

CAPÍTULO II - DA ASSISTÊNCIA À MULHER EM SITUAÇÃO DE VIOLÊNCIA DOMÉSTICA E FAMILIAR

Art. 9º A assistência à mulher em situação de violência doméstica e familiar será prestada de forma articulada e conforme os princípios e as diretrizes previstos na Lei Orgânica da Assistência Social, no Sistema Único de Saúde, no Sistema Único de Segurança Pública, entre outras normas e políticas públicas de proteção, e emergencialmente quando for o caso.

§ 1º O juiz determinará, por prazo certo, a inclusão da mulher em situação de violência doméstica e familiar no cadastro de programas assistenciais do governo federal, estadual e municipal.

§ 2º O juiz assegurará à mulher em situação de violência doméstica e familiar, para preservar sua integridade física e psicológica:

I - acesso prioritário à remoção quando servidora pública, integrante da administração direta ou indireta;

II - manutenção do vínculo trabalhista, quando necessário o afastamento do local de trabalho, por até seis meses.

III - encaminhamento à assistência judiciária, quando for o caso, inclusive para eventual ajuizamento da ação de separação judicial, de divórcio, de anulação de casamento ou de dissolução de união estável perante o juízo competente. (Incluído pela Lei nº 13.894, de 2019)

§ 3º A assistência à mulher em situação de violência doméstica e familiar compreenderá o acesso aos benefícios decorrentes do desenvolvimento científico e tecnológico, incluindo os serviços de contracepção de emergência, a profilaxia das Doenças Sexualmente Transmissíveis (DST) e da Síndrome da Imunodeficiência Adquirida (AIDS) e outros procedimentos médicos necessários e cabíveis nos casos de violência sexual.

§ 4º Aquele que, por ação ou omissão, causar lesão, violência física, sexual ou psicológica e dano moral ou patrimonial a mulher fica obrigado a ressarcir todos os danos causados, inclusive ressarcir ao Sistema Único de Saúde (SUS), de acordo com a tabela SUS, os custos relativos aos serviços de saúde prestados para o total tratamento das vítimas em situação de violência doméstica e familiar, recolhidos os recursos assim arrecadados ao Fundo de Saúde do ente federado responsável pelas unidades de saúde que prestarem os serviços. (Vide Lei nº 13.871, de 2019)

§ 5º Os dispositivos de segurança destinados ao uso em caso de perigo iminente e disponibilizados para o monitoramento das vítimas de violência doméstica ou familiar amparadas por medidas protetivas terão seus custos ressarcidos pelo agressor. (Vide Lei nº 13.871, de 2019)

§ 6º O ressarcimento de que tratam os §§ 4º e 5º deste artigo não poderá importar ônus de qualquer natureza ao patrimônio da mulher e dos seus dependentes, nem configurar atenuante ou ensejar possibilidade de substituição da pena aplicada. (Vide Lei nº 13.871, de 2019)

§ 7º A mulher em situação de violência doméstica e familiar tem prioridade para matricular seus dependentes em instituição de educação básica mais próxima de seu domicílio, ou transferi-los para essa instituição, mediante a apresentação dos documentos comprobatórios do registro da ocorrência policial ou do processo de violência doméstica e familiar em curso. (Incluído pela Lei nº 13.882, de 2019)

§ 8º Serão sigilosos os dados da ofendida e de seus dependentes matriculados ou transferidos conforme o disposto no § 7º deste artigo, e o acesso às informações será reservado ao juiz, ao Ministério Público e aos órgãos competentes do poder público. (Incluído pela Lei nº 13.882, de 2019)

CAPÍTULO III - DO ATENDIMENTO PELA AUTORIDADE POLICIAL

Art. 10. Na hipótese da iminência ou da prática de violência doméstica e familiar contra a mulher, a autoridade policial que tomar conhecimento da ocorrência adotará, de imediato, as providências legais cabíveis.

Parágrafo único. Aplica-se o disposto no caput deste artigo ao descumprimento de medida protetiva de urgência deferida.

Art. 10-A. É direito da mulher em situação de violência doméstica e familiar o atendimento policial e pericial especializado, ininterrupto e prestado por servidores - preferencialmente do sexo feminino - previamente capacitados. (Incluído pela Lei nº 13.505, de 2017)

§ 1º A inquirição de mulher em situação de violência doméstica e familiar ou de testemunha de violência doméstica, quando se tratar de crime contra a mulher, obedecerá às seguintes diretrizes: (Incluído pela Lei nº 13.505, de 2017)

I - salvaguarda da integridade física, psíquica e emocional da depoente, considerada a sua condição peculiar de pessoa em situação de violência doméstica e familiar; (Incluído pela Lei nº 13.505, de 2017)

II - garantia de que, em nenhuma hipótese, a mulher em situação de violência doméstica e familiar, familiares e testemunhas terão contato direto com investigados ou suspeitos e pessoas a eles relacionadas; (Incluído pela Lei nº 13.505, de 2017)

III - não revitimização da depoente, evitando sucessivas inquirições sobre o mesmo fato nos âmbitos criminal, cível e administrativo, bem como questionamentos sobre a vida privada. (Incluído pela Lei nº 13.505, de 2017)

§ 2º Na inquirição de mulher em situação de violência doméstica e familiar ou de testemunha de delitos de que trata esta Lei, adotar-se-á, preferencialmente, o seguinte procedimento: (Incluído pela Lei nº 13.505, de 2017)

I - a inquirição será feita em recinto especialmente projetado para esse fim, o qual conterá os equipamentos próprios e adequados à idade da mulher em situação de violência doméstica e familiar ou testemunha e ao tipo e à gravidade da violência sofrida; (Incluído pela Lei nº 13.505, de 2017)

II - quando for o caso, a inquirição será intermediada por profissional especializado em violência doméstica e familiar designado pela autoridade judiciária ou policial; (Incluído pela Lei nº 13.505, de 2017)

III - o depoimento será registrado em meio eletrônico ou magnético, devendo a degravação e a mídia integrar o inquérito. (Incluído pela Lei nº 13.505, de 2017)

Art. 11. No atendimento à mulher em situação de violência doméstica e familiar, a autoridade policial deverá, entre outras providências:

I - garantir proteção policial, quando necessário, comunicando de imediato ao Ministério Público e ao Poder Judiciário;

II - encaminhar a ofendida ao hospital ou posto de saúde e ao Instituto Médico Legal;

III - fornecer transporte para a ofendida e seus dependentes para abrigo ou local seguro, quando houver risco de vida;

IV - se necessário, acompanhar a ofendida para assegurar a retirada de seus pertences do local da ocorrência ou do domicílio familiar;

V - informar à ofendida os direitos a ela conferidos nesta Lei e os serviços disponíveis, inclusive os de assistência judiciária para o eventual ajuizamento perante o juízo competente da ação de separação judicial, de divórcio, de anulação de casamento ou de dissolução de união estável. (Redação dada pela Lei nº 13.894, de 2019)

Art. 12. Em todos os casos de violência doméstica e familiar contra a mulher, feito o registro da ocorrência, deverá a autoridade policial adotar, de imediato, os seguintes procedimentos, sem prejuízo daqueles previstos no Código de Processo Penal:

I - ouvir a ofendida, lavrar o boletim de ocorrência e tomar a representação a termo, se apresentada;

II - colher todas as provas que servirem para o esclarecimento do fato e de suas circunstâncias;

III - remeter, no prazo de 48 (quarenta e oito) horas, expediente apartado ao juiz com o pedido da ofendida, para a concessão de medidas protetivas de urgência;

IV - determinar que se proceda ao exame de corpo de delito da ofendida e requisitar outros exames periciais necessários;

V - ouvir o agressor e as testemunhas;

VI - ordenar a identificação do agressor e fazer juntar aos autos sua folha de antecedentes criminais, indicando a existência de mandado de prisão ou registro de outras ocorrências policiais contra ele;

VI-A - verificar se o agressor possui registro de porte ou posse de arma de fogo e, na hipótese de existência, juntar aos autos essa informação, bem como notificar a ocorrência à instituição responsável pela concessão do registro ou da emissão do porte, nos termos da Lei nº 10.826, de 22 de dezembro de 2003 (Estatuto do Desarmamento); (Incluído pela Lei nº 13.880, de 2019)

VII - remeter, no prazo legal, os autos do inquérito policial ao juiz e ao Ministério Público.

§ 1º O pedido da ofendida será tomado a termo pela autoridade policial e deverá conter:

I - qualificação da ofendida e do agressor;

II - nome e idade dos dependentes;

III - descrição sucinta do fato e das medidas protetivas solicitadas pela ofendida.

IV - informação sobre a condição de a ofendida ser pessoa com deficiência e se da violência sofrida resultou deficiência ou agravamento de deficiência preexistente. (Incluído pela Lei nº 13.836, de 2019)

§ 2º A autoridade policial deverá anexar ao documento referido no § 1º o boletim de ocorrência e cópia de todos os documentos disponíveis em posse da ofendida.

§ 3º Serão admitidos como meios de prova os laudos ou prontuários médicos fornecidos por hospitais e postos de saúde.

Art. 12-A. Os Estados e o Distrito Federal, na formulação de suas políticas e planos de atendimento à mulher em situação de violência doméstica e familiar, darão prioridade, no âmbito da Polícia Civil, à criação de Delegacias Especializadas de Atendimento à Mulher (Deams), de Núcleos Investigativos de Feminicídio e de equipes especializadas para o atendimento e a investigação das violências graves contra a mulher.

Art. 12-B. (VETADO). (Incluído pela Lei nº 13.505, de 2017)

§ 1º (VETADO). (Incluído pela Lei nº 13.505, de 2017)

§ 2º (VETADO. (Incluído pela Lei nº 13.505, de 2017)

§ 3º A autoridade policial poderá requisitar os serviços públicos necessários à defesa da mulher em situação de violência doméstica e familiar e de seus dependentes. (Incluído pela Lei nº 13.505, de 2017)

Art. 12-C. Verificada a existência de risco atual ou iminente à vida ou à integridade física da mulher em situação de violência doméstica e familiar, ou de seus dependentes, o agressor será imediatamente afastado do lar, domicílio ou local de convivência com a ofendida: (Incluído pela Lei nº 13.827, de 2019)

I - pela autoridade judicial; (Incluído pela Lei nº 13.827, de 2019)

II - pelo delegado de polícia, quando o Município não for sede de comarca; ou (Incluído pela Lei nº 13.827, de 2019)

III - pelo policial, quando o Município não for sede de comarca e não houver delegado disponível no momento da denúncia. (Incluído pela Lei nº 13.827, de 2019)

§ 1º Nas hipóteses dos incisos II e III do caput deste artigo, o juiz será comunicado no prazo máximo de 24 (vinte e quatro) horas e decidirá, em igual prazo, sobre a manutenção ou a revogação da medida aplicada, devendo dar ciência ao Ministério Público concomitantemente. (Incluído pela Lei nº 13.827, de 2019)

§ 2º Nos casos de risco à integridade física da ofendida ou à efetividade da medida protetiva de urgência, não será concedida liberdade provisória ao preso. (Incluído pela Lei nº 13.827, de 2019)

TÍTULO IV - DOS PROCEDIMENTOS
CAPÍTULO I - DISPOSIÇÕES GERAIS

Art. 13. Ao processo, ao julgamento e à execução das causas cíveis e criminais decorrentes da prática de violência doméstica e familiar contra a mulher aplicar-se-ão as normas dos Códigos de Processo Penal e Processo Civil e da legislação específica relativa à criança, ao adolescente e ao idoso que não conflitarem com o estabelecido nesta Lei.

Art. 14. Os Juizados de Violência Doméstica e Familiar contra a Mulher, órgãos da Justiça Ordinária com competência cível e criminal, poderão ser criados pela União, no Distrito Federal e nos Territórios, e pelos Estados, para o processo, o julgamento e a execução das causas decorrentes da prática de violência doméstica e familiar contra a mulher.

Parágrafo único. Os atos processuais poderão realizar-se em horário noturno, conforme dispuserem as normas de organização judiciária.

Art. 14-A. A ofendida tem a opção de propor ação de divórcio ou de dissolução de união estável no Juizado de Violência Doméstica e Familiar contra a Mulher. (Incluído pela Lei nº 13.894, de 2019)

§ 1º Exclui-se da competência dos Juizados de Violência Doméstica e Familiar contra a Mulher a pretensão relacionada à partilha de bens. (Incluído pela Lei nº 13.894, de 2019)

§ 2º Iniciada a situação de violência doméstica e familiar após o ajuizamento da ação de divórcio ou de dissolução de união estável, a ação terá preferência no juízo onde estiver. (Incluído pela Lei nº 13.894, de 2019)

Art. 15. É competente, por opção da ofendida, para os processos cíveis regidos por esta Lei, o Juizado:

I - do seu domicílio ou de sua residência;
II - do lugar do fato em que se baseou a demanda;
III - do domicílio do agressor.

Art. 16. Nas ações penais públicas condicionadas à representação da ofendida de que trata esta Lei, só será admitida a renúncia à representação perante o juiz, em audiência especialmente designada com tal finalidade, antes do recebimento da denúncia e ouvido o Ministério Público.

Art. 17. É vedada a aplicação, nos casos de violência doméstica e familiar contra a mulher, de penas de cesta básica ou outras de prestação pecuniária, bem como a substituição de pena que implique o pagamento isolado de multa.

CAPÍTULO II - DAS MEDIDAS PROTETIVAS DE URGÊNCIA

Seção I - Disposições Gerais

Art. 18. Recebido o expediente com o pedido da ofendida, caberá ao juiz, no prazo de 48 (quarenta e oito) horas:

I - conhecer do expediente e do pedido e decidir sobre as medidas protetivas de urgência;
II - determinar o encaminhamento da ofendida ao órgão de assistência judiciária, quando for o caso, inclusive para o ajuizamento da ação de separação judicial, de divórcio, de anulação de casamento ou de dissolução de união estável perante o juízo competente; (Redação dada pela Lei nº 13.894, de 2019)
III - comunicar ao Ministério Público para que adote as providências cabíveis.
IV - determinar a apreensão imediata de arma de fogo sob a posse do agressor. (Incluído pela Lei nº 13.880, de 2019)

Art. 19. As medidas protetivas de urgência poderão ser concedidas pelo juiz, a requerimento do Ministério Público ou a pedido da ofendida.

§ 1º As medidas protetivas de urgência poderão ser concedidas de imediato, independentemente de audiência das partes e de manifestação do Ministério Público, devendo este ser prontamente comunicado.

§ 2º As medidas protetivas de urgência serão aplicadas isolada ou cumulativamente, e poderão ser substituídas a qualquer tempo por outras de maior eficácia, sempre que os direitos reconhecidos nesta Lei forem ameaçados ou violados.

§ 3º Poderá o juiz, a requerimento do Ministério Público ou a pedido da ofendida, conceder novas medidas protetivas de urgência ou rever aquelas já concedidas, se entender necessário à proteção da ofendida, de seus familiares e de seu patrimônio, ouvido o Ministério Público.

Art. 20. Em qualquer fase do inquérito policial ou da instrução criminal, caberá a prisão preventiva do agressor, decretada pelo juiz, de ofício, a requerimento do Ministério Público ou mediante representação da autoridade policial.

Parágrafo único. O juiz poderá revogar a prisão preventiva se, no curso do processo, verificar a falta de motivo para que subsista, bem como de novo decretá-la, se sobrevierem razões que a justifiquem.

Art. 21. A ofendida deverá ser notificada dos atos processuais relativos ao agressor, especialmente dos pertinentes ao ingresso e à saída da prisão, sem prejuízo da intimação do advogado constituído ou do defensor público.

Parágrafo único. A ofendida não poderá entregar intimação ou notificação ao agressor.

Seção II - Das Medidas Protetivas de Urgência que Obrigam o Agressor

Art. 22. Constatada a prática de violência doméstica e familiar contra a mulher, nos termos desta Lei, o juiz poderá aplicar, de imediato, ao agressor, em conjunto ou separadamente, as seguintes medidas protetivas de urgência, entre outras:

I - suspensão da posse ou restrição do porte de armas, com comunicação ao órgão competente, nos termos da Lei nº 10.826, de 22 de dezembro de 2003;
II - afastamento do lar, domicílio ou local de convivência com a ofendida;
III - proibição de determinadas condutas, entre as quais:
 a) aproximação da ofendida, de seus familiares e das testemunhas, fixando o limite mínimo de distância entre estes e o agressor;
 b) contato com a ofendida, seus familiares e testemunhas por qualquer meio de comunicação;
 c) freqüentação de determinados lugares a fim de preservar a integridade física e psicológica da ofendida;
IV - restrição ou suspensão de visitas aos dependentes menores, ouvida a equipe de atendimento multidisciplinar ou serviço similar;
V - prestação de alimentos provisionais ou provisórios.
VI - comparecimento do agressor a programas de recuperação e reeducação; e (Incluído pela Lei nº 13.984, de 2020)
VII - acompanhamento psicossocial do agressor, por meio de atendimento individual e/ou em grupo de apoio. (Incluído pela Lei nº 13.984, de 2020)

§ 1º As medidas referidas neste artigo não impedem a aplicação de outras previstas na legislação em vigor, sempre que a segurança da ofendida ou as circunstâncias o exigirem, devendo a providência ser comunicada ao Ministério Público.

§ 2º Na hipótese de aplicação do inciso I, encontrando-se o agressor nas condições mencionadas no caput e incisos do art. 6º da Lei nº 10.826, de 22 de dezembro de 2003, o juiz comunicará ao respectivo órgão, corporação ou instituição as medidas protetivas de urgência concedidas e determinará a restrição do porte de armas, ficando o superior imediato do agressor responsável pelo cumprimento da determinação judicial, sob pena de incorrer nos crimes de prevaricação ou de desobediência, conforme o caso.

§ 3º Para garantir a efetividade das medidas protetivas de urgência, poderá o juiz requisitar, a qualquer momento, auxílio da força policial.

§ 4º Aplica-se às hipóteses previstas neste artigo, no que couber, o disposto no caput e nos §§ 5º e 6º do art. 461 da Lei no 5.869, de 11 de janeiro de 1973 (Código de Processo Civil).

Seção III - Das Medidas Protetivas de Urgência à Ofendida

Art. 23. Poderá o juiz, quando necessário, sem prejuízo de outras medidas:

I - encaminhar a ofendida e seus dependentes a programa oficial ou comunitário de proteção ou de atendimento;

II - determinar a recondução da ofendida e a de seus dependentes ao respectivo domicílio, após afastamento do agressor;

III - determinar o afastamento da ofendida do lar, sem prejuízo dos direitos relativos a bens, guarda dos filhos e alimentos;

IV - determinar a separação de corpos.

V - determinar a matrícula dos dependentes da ofendida em instituição de educação básica mais próxima do seu domicílio, ou a transferência deles para essa instituição, independentemente da existência de vaga. (Incluído pela Lei nº 13.882, de 2019)

Art. 24. Para a proteção patrimonial dos bens da sociedade conjugal ou daqueles de propriedade particular da mulher, o juiz poderá determinar, liminarmente, as seguintes medidas, entre outras:

I - restituição de bens indevidamente subtraídos pelo agressor à ofendida;

II - proibição temporária para a celebração de atos e contratos de compra, venda e locação de propriedade em comum, salvo expressa autorização judicial;

III - suspensão das procurações conferidas pela ofendida ao agressor;

IV - prestação de caução provisória, mediante depósito judicial, por perdas e danos materiais decorrentes da prática de violência doméstica e familiar contra a ofendida.

Parágrafo único. Deverá o juiz oficiar ao cartório competente para os fins previstos nos incisos II e III deste artigo.

Seção IV - (Incluído pela Lei nº 13.641, de 2018) - Do Crime de Descumprimento de Medidas Protetivas de Urgência

Art. 24-A. Descumprir decisão judicial que defere medidas protetivas de urgência previstas nesta Lei: (Incluído pela Lei nº 13.641, de 2018)

Pena: detenção, de 3 (três) meses a 2 (dois) anos. (Incluído pela Lei nº 13.641, de 2018)

§ 1º A configuração do crime independe da competência civil ou criminal do juiz que deferiu as medidas. (Incluído pela Lei nº 13.641, de 2018)

§ 2º Na hipótese de prisão em flagrante, apenas a autoridade judicial poderá conceder fiança. (Incluído pela Lei nº 13.641, de 2018)

§ 3º O disposto neste artigo não exclui a aplicação de outras sanções cabíveis. (Incluído pela Lei nº 13.641, de 2018)

CAPÍTULO III - DA ATUAÇÃO DO MINISTÉRIO PÚBLICO

Art. 25. O Ministério Público intervirá, quando não for parte, nas causas cíveis e criminais decorrentes da violência doméstica e familiar contra a mulher.

Art. 26. Caberá ao Ministério Público, sem prejuízo de outras atribuições, nos casos de violência doméstica e familiar contra a mulher, quando necessário:

I - requisitar força policial e serviços públicos de saúde, de educação, de assistência social e de segurança, entre outros;

II - fiscalizar os estabelecimentos públicos e particulares de atendimento à mulher em situação de violência doméstica e familiar, e adotar, de imediato, as medidas administrativas ou judiciais cabíveis no tocante a quaisquer irregularidades constatadas;

III - cadastrar os casos de violência doméstica e familiar contra a mulher.

CAPÍTULO IV - DA ASSISTÊNCIA JUDICIÁRIA

Art. 27. Em todos os atos processuais, cíveis e criminais, a mulher em situação de violência doméstica e familiar deverá estar acompanhada de advogado, ressalvado o previsto no art. 19 desta Lei.

Art. 28. É garantido a toda mulher em situação de violência doméstica e familiar o acesso aos serviços de Defensoria Pública ou de Assistência Judiciária Gratuita, nos termos da lei, em sede policial e judicial, mediante atendimento específico e humanizado.

TÍTULO V - DA EQUIPE DE ATENDIMENTO MULTIDISCIPLINAR

Art. 29. Os Juizados de Violência Doméstica e Familiar contra a Mulher que vierem a ser criados poderão contar com uma equipe de atendimento multidisciplinar, a ser integrada por profissionais especializados nas áreas psicossocial, jurídica e de saúde.

Art. 30. Compete à equipe de atendimento multidisciplinar, entre outras atribuições que lhe forem reservadas pela legislação local, fornecer subsídios por escrito ao juiz, ao Ministério Público e à Defensoria Pública, mediante laudos ou verbalmente em audiência, e desenvolver trabalhos de orientação, encaminhamento, prevenção e outras medidas, voltados para a ofendida, o agressor e os familiares, com especial atenção às crianças e aos adolescentes.

Art. 31. Quando a complexidade do caso exigir avaliação mais aprofundada, o juiz poderá determinar a manifestação de profissional especializado, mediante a indicação da equipe de atendimento multidisciplinar.

Art. 32. O Poder Judiciário, na elaboração de sua proposta orçamentária, poderá prever recursos para a criação e manutenção da equipe de atendimento multidisciplinar, nos termos da Lei de Diretrizes Orçamentárias.

TÍTULO VI - DISPOSIÇÕES TRANSITÓRIAS

Art. 33. Enquanto não estruturados os Juizados de Violência Doméstica e Familiar contra a Mulher, as varas criminais acumularão as competências cível e criminal para conhecer e julgar as causas decorrentes da prática de violência doméstica e familiar contra a mulher, observadas as previsões do Título IV desta Lei, subsidiada pela legislação processual pertinente.

Parágrafo único. Será garantido o direito de preferência, nas varas criminais, para o processo e o julgamento das causas referidas no caput.

TÍTULO VII - DISPOSIÇÕES FINAIS

Art. 34. A instituição dos Juizados de Violência Doméstica e Familiar contra a Mulher poderá ser acompanhada pela implantação das curadorias necessárias e do serviço de assistência judiciária.

Art. 35. A União, o Distrito Federal, os Estados e os Municípios poderão criar e promover, no limite das respectivas competências:

I - centros de atendimento integral e multidisciplinar para mulheres e respectivos dependentes em situação de violência doméstica e familiar;

II - casas-abrigos para mulheres e respectivos dependentes menores em situação de violência doméstica e familiar;

III - delegacias, núcleos de defensoria pública, serviços de saúde e centros de perícia médico-legal especializados no atendimento à mulher em situação de violência doméstica e familiar;

IV - programas e campanhas de enfrentamento da violência doméstica e familiar;

V - centros de educação e de reabilitação para os agressores.

Art. 36. A União, os Estados, o Distrito Federal e os Municípios promoverão a adaptação de seus órgãos e de seus programas às diretrizes e aos princípios desta Lei.

Art. 37. A defesa dos interesses e direitos transindividuais previstos nesta Lei poderá ser exercida, concorrentemente, pelo Ministério Público e por associação de atuação na área, regularmente constituída há pelo menos um ano, nos termos da legislação civil.

Parágrafo único. O requisito da pré-constituição poderá ser dispensado pelo juiz quando entender que não há outra entidade com representatividade adequada para o ajuizamento da demanda coletiva.

Art. 38. As estatísticas sobre a violência doméstica e familiar contra a mulher serão incluídas nas bases de dados dos órgãos oficiais do Sistema de Justiça e Segurança a fim de subsidiar o sistema nacional de dados e informações relativo às mulheres.

Parágrafo único. As Secretarias de Segurança Pública dos Estados e do Distrito Federal poderão remeter suas informações criminais para a base de dados do Ministério da Justiça.

Art. 38-A. O juiz competente providenciará o registro da medida protetiva de urgência. (Incluído pela Lei nº 13.827, de 2019)

Parágrafo único. As medidas protetivas de urgência serão registradas em banco de dados mantido e regulamentado pelo Conselho Nacional de Justiça, garantido o acesso do Ministério Público, da Defensoria Pública e dos órgãos de segurança pública e de assistência social, com vistas à fiscalização e à efetividade das medidas protetivas. (Incluído pela Lei nº 13.827, de 2019)

Art. 39. A União, os Estados, o Distrito Federal e os Municípios, no limite de suas competências e nos termos das respectivas leis de diretrizes orçamentárias, poderão estabelecer dotações orçamentárias específicas, em cada exercício financeiro, para a implementação das medidas estabelecidas nesta Lei.

Art. 40. As obrigações previstas nesta Lei não excluem outras decorrentes dos princípios por ela adotados.

Art. 41. Aos crimes praticados com violência doméstica e familiar contra a mulher, independentemente da pena prevista, não se aplica a Lei nº 9.099, de 26 de setembro de 1995.

Art. 42. O art. 313 do Decreto-Lei nº 3.689, de 3 de outubro de 1941 (Código de Processo Penal), passa a vigorar acrescido do seguinte inciso IV:

"Art. 313. ...

...

IV - se o crime envolver violência doméstica e familiar contra a mulher, nos termos da lei específica, para garantir a execução das medidas protetivas de urgência." (NR)

Art. 43. A alínea f do inciso II do art. 61 do Decreto-Lei nº 2.848, de 7 de dezembro de 1940 (Código Penal), passa a vigorar com a seguinte redação:

"Art. 61. ...

...

II - ..

...

f) com abuso de autoridade ou prevalecendo-se de relações domésticas, de coabitação ou de hospitalidade, ou com violência contra a mulher na forma da lei específica;

..." (NR)

Art. 44. O art. 129 do Decreto-Lei nº 2.848, de 7 de dezembro de 1940 (Código Penal), passa a vigorar com as seguintes alterações:

"Art. 129. ..

...

§ 9º Se a lesão for praticada contra ascendente, descendente, irmão, cônjuge ou companheiro, ou com quem conviva ou tenha convivido, ou, ainda, prevalecendo-se o agente das relações domésticas, de coabitação ou de hospitalidade:

Pena: detenção, de 3 (três) meses a 3 (três) anos.

...

§ 11. Na hipótese do § 9º deste artigo, a pena será aumentada de um terço se o crime for cometido contra pessoa portadora de deficiência." (NR)

Art. 45. O art. 152 da Lei nº 7.210, de 11 de julho de 1984 (Lei de Execução Penal), passa a vigorar com a seguinte redação:

"Art. 152. ...

Parágrafo único. Nos casos de violência doméstica contra a mulher, o juiz poderá determinar o comparecimento obrigatório do agressor a programas de recuperação e reeducação." (NR)

Art. 46. Esta Lei entra em vigor 45 (quarenta e cinco) dias após sua publicação.

13. LEI Nº 11.343, DE 23 DE AGOSTO DE 2006

Institui o Sistema Nacional de Políticas Públicas sobre Drogas - Sisnad; prescreve medidas para prevenção do uso indevido, atenção e reinserção social de usuários e dependentes de drogas; estabelece normas para repressão à produção não autorizada e ao tráfico ilícito de drogas; define crimes e dá outras providências.

O PRESIDENTE DA REPÚBLICA Faço saber que o Congresso Nacional decreta e eu sanciono a seguinte Lei:

TÍTULO I - DISPOSIÇÕES PRELIMINARES

Art. 1º Esta Lei institui o Sistema Nacional de Políticas Públicas sobre Drogas - Sisnad; prescreve medidas para prevenção do uso indevido, atenção e reinserção social de usuários e dependentes de drogas; estabelece normas para repressão à produção não autorizada e ao tráfico ilícito de drogas e define crimes.

Parágrafo único. Para fins desta Lei, consideram-se como drogas as substâncias ou os produtos capazes de causar dependência, assim especificados em lei ou relacionados em listas atualizadas periodicamente pelo Poder Executivo da União.

Art. 2º Ficam proibidas, em todo o território nacional, as drogas, bem como o plantio, a cultura, a colheita e a exploração de vegetais e substratos dos quais possam ser extraídas ou produzidas drogas, ressalvada a hipótese de autorização legal ou regulamentar, bem como o que estabelece a Convenção de Viena, das Nações Unidas, sobre Substâncias Psicotrópicas, de 1971, a respeito de plantas de uso estritamente ritualístico-religioso.

Parágrafo único. Pode a União autorizar o plantio, a cultura e a colheita dos vegetais referidos no caput deste artigo, exclusivamente para fins medicinais ou científicos, em local e prazo predeterminados, mediante fiscalização, respeitadas as ressalvas supramencionadas.

TÍTULO II - DO SISTEMA NACIONAL DE POLÍTICAS PÚBLICAS SOBRE DROGAS

Art. 3º O Sisnad tem a finalidade de articular, integrar, organizar e coordenar as atividades relacionadas com:

I - a prevenção do uso indevido, a atenção e a reinserção social de usuários e dependentes de drogas;

II - a repressão da produção não autorizada e do tráfico ilícito de drogas.

§ 1º Entende-se por Sisnad o conjunto ordenado de princípios, regras, critérios e recursos materiais e humanos que envolvem as políticas, planos, programas, ações e projetos sobre drogas, incluindo-se nele, por adesão, os Sistemas de Políticas Públicas sobre Drogas dos Estados, Distrito Federal e Municípios. (Incluído pela Lei nº 13.840, de 2019)

§ 2º O Sisnad atuará em articulação com o Sistema Único de Saúde - SUS, e com o Sistema Único de Assistência Social - SUAS. (Incluído pela Lei nº 13.840, de 2019)

CAPÍTULO I - DOS PRINCÍPIOS E DOS OBJETIVOS DO SISTEMA NACIONAL DE POLÍTICAS PÚBLICAS SOBRE DROGAS

Art. 4º São princípios do Sisnad:

I - o respeito aos direitos fundamentais da pessoa humana, especialmente quanto à sua autonomia e à sua liberdade;

II - o respeito à diversidade e às especificidades populacionais existentes;

III - a promoção dos valores éticos, culturais e de cidadania do povo brasileiro, reconhecendo-os como fatores de proteção para o uso indevido de drogas e outros comportamentos correlacionados;

IV - a promoção de consensos nacionais, de ampla participação social, para o estabelecimento dos fundamentos e estratégias do Sisnad;

V - a promoção da responsabilidade compartilhada entre Estado e Sociedade, reconhecendo a importância da participação social nas atividades do Sisnad;

VI - o reconhecimento da intersetorialidade dos fatores correlacionados com o uso indevido de drogas, com a sua produção não autorizada e o seu tráfico ilícito;

VII - a integração das estratégias nacionais e internacionais de prevenção do uso indevido, atenção e reinserção social de usuários e dependentes de drogas e de repressão à sua produção não autorizada e ao seu tráfico ilícito;

VIII - a articulação com os órgãos do Ministério Público e dos Poderes Legislativo e Judiciário visando à cooperação mútua nas atividades do Sisnad;

IX - a adoção de abordagem multidisciplinar que reconheça a interdependência e a natureza complementar das atividades de prevenção do uso indevido, atenção e reinserção social de usuários e dependentes de drogas, repressão da produção não autorizada e do tráfico ilícito de drogas;

X - a observância do equilíbrio entre as atividades de prevenção do uso indevido, atenção e reinserção social de usuários e dependentes de drogas e de repressão à sua produção não autorizada e ao seu tráfico ilícito, visando a garantir a estabilidade e o bem-estar social;

XI - a observância às orientações e normas emanadas do Conselho Nacional Antidrogas - Conad.

Art. 5º O Sisnad tem os seguintes objetivos:

I - contribuir para a inclusão social do cidadão, visando a torná-lo menos vulnerável a assumir comportamentos de risco para o uso indevido de drogas, seu tráfico ilícito e outros comportamentos correlacionados;

II - promover a construção e a socialização do conhecimento sobre drogas no país;

III - promover a integração entre as políticas de prevenção do uso indevido, atenção e reinserção social de usuários e dependentes de drogas e de repressão à sua produção não autorizada e ao tráfico ilícito e as políticas públicas setoriais dos órgãos do Poder Executivo da União, Distrito Federal, Estados e Municípios;

IV - assegurar as condições para a coordenação, a integração e a articulação das atividades de que trata o art. 3º desta Lei.

CAPÍTULO II - (Redação dada pela Lei nº 13.840, de 2019) - DO SISTEMA NACIONAL DE POLÍTICAS PÚBLICAS SOBRE DROGAS

Seção I - (Incluído pela Lei nº 13.840, de 2019) - Da Composição do Sistema Nacional de Políticas Públicas sobre Drogas

Art. 6º (VETADO)

Art. 7º A organização do Sisnad assegura a orientação central e a execução descentralizada das atividades realizadas em seu âmbito, nas esferas federal, distrital, estadual e municipal e se constitui matéria definida no regulamento desta Lei.

Art. 7º-A. (VETADO). (Incluído pela Lei nº 13.840, de 2019)

Art. 8º (VETADO)

Seção II - (Incluído pela Lei nº 13.840, de 2019) - Das Competências

Art. 8º-A. Compete à União: (Incluído pela Lei nº 13.840, de 2019)

I - formular e coordenar a execução da Política Nacional sobre Drogas; (Incluído pela Lei nº 13.840, de 2019)

II - elaborar o Plano Nacional de Políticas sobre Drogas, em parceria com Estados, Distrito Federal, Municípios e a sociedade; (Incluído pela Lei nº 13.840, de 2019)

III - coordenar o Sisnad; (Incluído pela Lei nº 13.840, de 2019)

IV - estabelecer diretrizes sobre a organização e funcionamento do Sisnad e suas normas de referência; (Incluído pela Lei nº 13.840, de 2019)

V - elaborar objetivos, ações estratégicas, metas, prioridades, indicadores e definir formas de financiamento e gestão das políticas sobre drogas; (Incluído pela Lei nº 13.840, de 2019)

VI - (VETADO); (Incluído pela Lei nº 13.840, de 2019)

VII - (VETADO); (Incluído pela Lei nº 13.840, de 2019)

VIII - promover a integração das políticas sobre drogas com os Estados, o Distrito Federal e os Municípios; (Incluído pela Lei nº 13.840, de 2019)

IX - financiar, com Estados, Distrito Federal e Municípios, a execução das políticas sobre drogas, observadas as obrigações dos integrantes do Sisnad; (Incluído pela Lei nº 13.840, de 2019)

X - estabelecer formas de colaboração com Estados, Distrito Federal e Municípios para a execução das políticas sobre drogas; (Incluído pela Lei nº 13.840, de 2019)

XI - garantir publicidade de dados e informações sobre repasses de recursos para financiamento das políticas sobre drogas; (Incluído pela Lei nº 13.840, de 2019)

XII - sistematizar e divulgar os dados estatísticos nacionais de prevenção, tratamento, acolhimento, reinserção social e econômica e repressão ao tráfico ilícito de drogas; (Incluído pela Lei nº 13.840, de 2019)

XIII - adotar medidas de enfrentamento aos crimes transfronteiriços; e (Incluído pela Lei nº 13.840, de 2019)

XIV - estabelecer uma política nacional de controle de fronteiras, visando a coibir o ingresso de drogas no País. (Incluído pela Lei nº 13.840, de 2019)

Art. 8º-B. (VETADO). (Incluído pela Lei nº 13.840, de 2019)

Art. 8º-C. (VETADO). (Incluído pela Lei nº 13.840, de 2019)

CAPÍTULO II-A - (Incluído pela Lei nº 13.840, de 2019) DA FORMULAÇÃO DAS POLÍTICAS SOBRE DROGAS

Seção I - (Incluído pela Lei nº 13.840, de 2019) Do Plano Nacional de Políticas sobre Drogas

Art. 8º-D. São objetivos do Plano Nacional de Políticas sobre Drogas, dentre outros: (Incluído pela Lei nº 13.840, de 2019)

I - promover a interdisciplinaridade e integração dos programas, ações, atividades e projetos dos órgãos e entidades públicas e privadas nas áreas de saúde, educação, trabalho, assistência social, previdência social, habitação, cultura, desporto e lazer, visando à prevenção do uso de drogas, atenção e reinserção social dos usuários ou dependentes de drogas; (Incluído pela Lei nº 13.840, de 2019)

II - viabilizar a ampla participação social na formulação, implementação e avaliação das políticas sobre drogas; (Incluído pela Lei nº 13.840, de 2019)

III - priorizar programas, ações, atividades e projetos articulados com os estabelecimentos de ensino, com a sociedade e com a família para a prevenção do uso de drogas; (Incluído pela Lei nº 13.840, de 2019)

IV - ampliar as alternativas de inserção social e econômica do usuário ou dependente de drogas, promovendo programas que priorizem a melhoria de sua escolarização e a qualificação profissional; (Incluído pela Lei nº 13.840, de 2019)

V - promover o acesso do usuário ou dependente de drogas a todos os serviços públicos; (Incluído pela Lei nº 13.840, de 2019)

VI - estabelecer diretrizes para garantir a efetividade dos programas, ações e projetos das políticas sobre drogas; (Incluído pela Lei nº 13.840, de 2019)

VII - fomentar a criação de serviço de atendimento telefônico com orientações e informações para apoio aos usuários ou dependentes de drogas; (Incluído pela Lei nº 13.840, de 2019)

VIII - articular programas, ações e projetos de incentivo ao emprego, renda e capacitação para o trabalho, com objetivo de promover a inserção profissional da pessoa que haja cumprido o plano individual de atendimento nas fases de tratamento ou acolhimento; (Incluído pela Lei nº 13.840, de 2019)

IX - promover formas coletivas de organização para o trabalho, redes de economia solidária e o cooperativismo, como forma de promover autonomia ao usuário ou dependente de drogas egresso de tratamento ou acolhimento, observando-se as especificidades regionais; (Incluído pela Lei nº 13.840, de 2019)

X - propor a formulação de políticas públicas que conduzam à efetivação das diretrizes e princípios previstos no art. 22; (Incluído pela Lei nº 13.840, de 2019)

XI - articular as instâncias de saúde, assistência social e de justiça no enfrentamento ao abuso de drogas; e (Incluído pela Lei nº 13.840, de 2019)

XII - promover estudos e avaliação dos resultados das políticas sobre drogas. (Incluído pela Lei nº 13.840, de 2019)

§ 1º O plano de que trata o caput terá duração de 5 (cinco) anos a contar de sua aprovação.

§ 2º O poder público deverá dar a mais ampla divulgação ao conteúdo do Plano Nacional de Políticas sobre Drogas.

Seção II - (Incluído pela Lei nº 13.840, de 2019) - Dos Conselhos de Políticas sobre Drogas

Art. 8º-E. Os conselhos de políticas sobre drogas, constituídos por Estados, Distrito Federal e Municípios, terão os seguintes objetivos: (Incluído pela Lei nº 13.840, de 2019)

I - auxiliar na elaboração de políticas sobre drogas; (Incluído pela Lei nº 13.840, de 2019)

II - colaborar com os órgãos governamentais no planejamento e na execução das políticas sobre drogas, visando à efetividade das políticas sobre drogas; (Incluído pela Lei nº 13.840, de 2019)

III - propor a celebração de instrumentos de cooperação, visando à elaboração de programas, ações, atividades e projetos voltados à prevenção, tratamento, acolhimento, reinserção social e econômica e repressão ao tráfico ilícito de drogas; (Incluído pela Lei nº 13.840, de 2019)

IV - promover a realização de estudos, com o objetivo de subsidiar o planejamento das políticas sobre drogas; (Incluído pela Lei nº 13.840, de 2019)

V - propor políticas públicas que permitam a integração e a participação do usuário ou dependente de drogas no processo social, econômico, político e cultural no respectivo ente federado; e (Incluído pela Lei nº 13.840, de 2019)

VI - desenvolver outras atividades relacionadas às políticas sobre drogas em consonância com o Sisnad e com os respectivos planos. (Incluído pela Lei nº 13.840, de 2019)

Seção III - (Incluído pela Lei nº 13.840, de 2019) - Dos Membros dos Conselhos de Políticas sobre Drogas

Art. 8º-F. (VETADO). (Incluído pela Lei nº 13.840, de 2019)

CAPÍTULO III - (VETADO)

Art. 9º (VETADO)

Art. 10. (VETADO)

Art. 11. (VETADO)

Art. 12. (VETADO)

Art. 13. (VETADO)

Art. 14. (VETADO)

CAPÍTULO IV - (Redação dada pela Lei nº 13.840, de 2019) - DO ACOMPANHAMENTO E DA AVALIAÇÃO DAS POLÍTICAS SOBRE DROGAS

Art. 15. (VETADO)

Art. 16. As instituições com atuação nas áreas da atenção à saúde e da assistência social que atendam usuários ou dependentes de drogas devem comunicar ao órgão competente do respectivo sistema municipal de saúde os casos atendidos e os óbitos ocorridos, preservando a identidade das pessoas, conforme orientações emanadas da União.

Art. 17. Os dados estatísticos nacionais de repressão ao tráfico ilícito de drogas integrarão sistema de informações do Poder Executivo.

TÍTULO III - DAS ATIVIDADES DE PREVENÇÃO DO USO INDEVIDO, ATENÇÃO E REINSERÇÃO SOCIAL DE USUÁRIOS E DEPENDENTES DE DROGAS

CAPÍTULO I - DA PREVENÇÃO

Seção I - (Incluído pela Lei nº 13.840, de 2019)

Das Diretrizes

Art. 18. Constituem atividades de prevenção do uso indevido de drogas, para efeito desta Lei, aquelas direcionadas para a redução dos fatores de vulnerabilidade e risco e para a promoção e o fortalecimento dos fatores de proteção.

Art. 19. As atividades de prevenção do uso indevido de drogas devem observar os seguintes princípios e diretrizes:

I - o reconhecimento do uso indevido de drogas como fator de interferência na qualidade de vida do indivíduo e na sua relação com a comunidade à qual pertence;

II - a adoção de conceitos objetivos e de fundamentação científica como forma de orientar as ações dos serviços públicos comunitários e privados e de evitar preconceitos e estigmatização das pessoas e dos serviços que as atendam;

III - o fortalecimento da autonomia e da responsabilidade individual em relação ao uso indevido de drogas;

IV - o compartilhamento de responsabilidades e a colaboração mútua com as instituições do setor privado e com os diversos segmentos sociais, incluindo usuários e dependentes de drogas e respectivos familiares, por meio do estabelecimento de parcerias;

V - a adoção de estratégias preventivas diferenciadas e adequadas às especificidades socioculturais das diversas populações, bem como das diferentes drogas utilizadas;

VI - o reconhecimento do "não-uso", do "retardamento do uso" e da redução de riscos como resultados desejáveis das atividades de natureza preventiva, quando da definição dos objetivos a serem alcançados;

VII - o tratamento especial dirigido às parcelas mais vulneráveis da população, levando em consideração as suas necessidades específicas;

VIII - a articulação entre os serviços e organizações que atuam em atividades de prevenção do uso indevido de dro-

gas e a rede de atenção a usuários e dependentes de drogas e respectivos familiares;

IX - o investimento em alternativas esportivas, culturais, artísticas, profissionais, entre outras, como forma de inclusão social e de melhoria da qualidade de vida;

X - o estabelecimento de políticas de formação continuada na área da prevenção do uso indevido de drogas para profissionais de educação nos 3 (três) níveis de ensino;

XI - a implantação de projetos pedagógicos de prevenção do uso indevido de drogas, nas instituições de ensino público e privado, alinhados às Diretrizes Curriculares Nacionais e aos conhecimentos relacionados a drogas;

XII - a observância das orientações e normas emanadas do Conad;

XIII - o alinhamento às diretrizes dos órgãos de controle social de políticas setoriais específicas.

Parágrafo único. As atividades de prevenção do uso indevido de drogas dirigidas à criança e ao adolescente deverão estar em consonância com as diretrizes emanadas pelo Conselho Nacional dos Direitos da Criança e do Adolescente - Conanda.

Seção II - (Incluído pela Lei nº 13.840, de 2019) - Da Semana Nacional de Políticas Sobre Drogas

Art. 19-A. Fica instituída a Semana Nacional de Políticas sobre Drogas, comemorada anualmente, na quarta semana de junho. (Incluído pela Lei nº 13.840, de 2019)

§ 1º No período de que trata o caput, serão intensificadas as ações de: (Incluído pela Lei nº 13.840, de 2019)

I - difusão de informações sobre os problemas decorrentes do uso de drogas; (Incluído pela Lei nº 13.840, de 2019)

II - promoção de eventos para o debate público sobre as políticas sobre drogas; (Incluído pela Lei nº 13.840, de 2019)

III - difusão de boas práticas de prevenção, tratamento, acolhimento e reinserção social e econômica de usuários de drogas; (Incluído pela Lei nº 13.840, de 2019)

IV - divulgação de iniciativas, ações e campanhas de prevenção do uso indevido de drogas; (Incluído pela Lei nº 13.840, de 2019)

V - mobilização da comunidade para a participação nas ações de prevenção e enfrentamento às drogas; (Incluído pela Lei nº 13.840, de 2019)

VI - mobilização dos sistemas de ensino previstos na Lei nº 9.394, de 20 de dezembro de 1996 - Lei de Diretrizes e Bases da Educação Nacional, na realização de atividades de prevenção ao uso de drogas. (Incluído pela Lei nº 13.840, de 2019)

CAPÍTULO II - (Redação dada pela Lei nº 13.840, de 2019) - DAS ATIVIDADES DE PREVENÇÃO, TRATAMENTO, ACOLHIMENTO E DE REINSERÇÃO SOCIAL E ECONÔMICA DE USUÁRIOS OU DEPENDENTES DE DROGAS

Seção I - (Incluído pela Lei nº 13.840, de 2019) - Disposições Gerais

Art. 20. Constituem atividades de atenção ao usuário e dependente de drogas e respectivos familiares, para efeito desta Lei, aquelas que visem à melhoria da qualidade de vida e à redução dos riscos e dos danos associados ao uso de drogas.

Art. 21. Constituem atividades de reinserção social do usuário ou do dependente de drogas e respectivos familiares, para efeito desta Lei, aquelas direcionadas para sua integração ou reintegração em redes sociais.

Art. 22. As atividades de atenção e as de reinserção social do usuário e do dependente de drogas e respectivos familiares devem observar os seguintes princípios e diretrizes:

I - respeito ao usuário e ao dependente de drogas, independentemente de quaisquer condições, observados os direitos fundamentais da pessoa humana, os princípios e diretrizes do Sistema Único de Saúde e da Política Nacional de Assistência Social;

II - a adoção de estratégias diferenciadas de atenção e reinserção social do usuário e do dependente de drogas e respectivos familiares que considerem as suas peculiaridades socioculturais;

III - definição de projeto terapêutico individualizado, orientado para a inclusão social e para a redução de riscos e de danos sociais e à saúde;

IV - atenção ao usuário ou dependente de drogas e aos respectivos familiares, sempre que possível, de forma multidisciplinar e por equipes multiprofissionais;

V - observância das orientações e normas emanadas do Conad;

VI - o alinhamento às diretrizes dos órgãos de controle social de políticas setoriais específicas.

VII - estímulo à capacitação técnica e profissional; (Incluído pela Lei nº 13.840, de 2019)

VIII - efetivação de políticas de reinserção social voltadas à educação continuada e ao trabalho; (Incluído pela Lei nº 13.840, de 2019)

IX - observância do plano individual de atendimento na forma do art. 23-B desta Lei; (Incluído pela Lei nº 13.840, de 2019)

X - orientação adequada ao usuário ou dependente de drogas quanto às consequências lesivas do uso de drogas, ainda que ocasional. (Incluído pela Lei nº 13.840, de 2019)

Seção II - (Incluído pela Lei nº 13.840, de 2019)
Da Educação na Reinserção Social e Econômica

Art. 22-A. As pessoas atendidas por órgãos integrantes do Sisnad terão atendimento nos programas de educação profissional e tecnológica, educação de jovens e adultos e alfabetização. (Incluído pela Lei nº 13.840, de 2019)

Seção III - (Incluído pela Lei nº 13.840, de 2019)
Do Trabalho na Reinserção Social e Econômica

Art. 22-B. (VETADO).

Seção IV - (Incluído pela Lei nº 13.840, de 2019)
Do Tratamento do Usuário ou Dependente de Drogas

Art. 23. As redes dos serviços de saúde da União, dos Estados, do Distrito Federal, dos Municípios desenvolverão programas de atenção ao usuário e ao dependente de drogas, respeitadas as diretrizes do Ministério da Saúde e os princípios explicitados no art. 22 desta Lei, obrigatória a previsão orçamentária adequada.

Art. 23-A. O tratamento do usuário ou dependente de drogas deverá ser ordenado em uma rede de atenção à saúde, com prioridade para as modalidades de tratamento ambulatorial, incluindo excepcionalmente formas de internação em unidades de saúde e hospitais gerais nos termos de normas dispostas pela União e articuladas com os serviços de assistência social e em etapas que permitam: (Incluído pela Lei nº 13.840, de 2019)

I - articular a atenção com ações preventivas que atinjam toda a população; (Incluído pela Lei nº 13.840, de 2019)

II - orientar-se por protocolos técnicos predefinidos, baseados em evidências científicas, oferecendo atendimento individualizado ao usuário ou dependente de drogas com abordagem preventiva e, sempre que indicado, ambulatorial; (Incluído pela Lei nº 13.840, de 2019)

III - preparar para a reinserção social e econômica, respeitando as habilidades e projetos individuais por meio de programas que articulem educação, capacitação para o trabalho, esporte, cultura e acompanhamento individualizado; e (Incluído pela Lei nº 13.840, de 2019)

IV - acompanhar os resultados pelo SUS, Suas e Sisnad, de forma articulada. (Incluído pela Lei nº 13.840, de 2019)

§ 1º Caberá à União dispor sobre os protocolos técnicos de tratamento, em âmbito nacional. (Incluído pela Lei nº 13.840, de 2019)

LEI Nº 11.343, DE 23 DE AGOSTO DE 2006

§ 2º A internação de dependentes de drogas somente será realizada em unidades de saúde ou hospitais gerais, dotados de equipes multidisciplinares e deverá ser obrigatoriamente autorizada por médico devidamente registrado no Conselho Regional de Medicina - CRM do Estado onde se localize o estabelecimento no qual se dará a internação. (Incluído pela Lei nº 13.840, de 2019)

§ 3º São considerados 2 (dois) tipos de internação: (Incluído pela Lei nº 13.840, de 2019)

I - internação voluntária: aquela que se dá com o consentimento do dependente de drogas; (Incluído pela Lei nº 13.840, de 2019)

II - internação involuntária: aquela que se dá, sem o consentimento do dependente, a pedido de familiar ou do responsável legal ou, na absoluta falta deste, de servidor público da área de saúde, da assistência social ou dos órgãos públicos integrantes do Sisnad, com exceção de servidores da área de segurança pública, que constate a existência de motivos que justifiquem a medida. (Incluído pela Lei nº 13.840, de 2019)

§ 4º A internação voluntária: (Incluído pela Lei nº 13.840, de 2019)

I - deverá ser precedida de declaração escrita da pessoa solicitante de que optou por este regime de tratamento; (Incluído pela Lei nº 13.840, de 2019)

II - seu término dar-se-á por determinação do médico responsável ou por solicitação escrita da pessoa que deseja interromper o tratamento. (Incluído pela Lei nº 13.840, de 2019)

§ 5º A internação involuntária: (Incluído pela Lei nº 13.840, de 2019)

I - deve ser realizada após a formalização da decisão por médico responsável; (Incluído pela Lei nº 13.840, de 2019)

II - será indicada depois da avaliação sobre o tipo de droga utilizada, o padrão de uso e na hipótese comprovada da impossibilidade de utilização de outras alternativas terapêuticas previstas na rede de atenção à saúde; (Incluído pela Lei nº 13.840, de 2019)

III - perdurará apenas pelo tempo necessário à desintoxicação, no prazo máximo de 90 (noventa) dias, tendo seu término determinado pelo médico responsável; (Incluído pela Lei nº 13.840, de 2019)

IV - a família ou o representante legal poderá, a qualquer tempo, requerer ao médico a interrupção do tratamento. (Incluído pela Lei nº 13.840, de 2019)

§ 6º A internação, em qualquer de suas modalidades, só será indicada quando os recursos extra-hospitalares se mostrarem insuficientes. (Incluído pela Lei nº 13.840, de 2019)

§ 7º Todas as internações e altas de que trata esta Lei deverão ser informadas, em, no máximo, de 72 (setenta e duas) horas, ao Ministério Público, à Defensoria Pública e a outros órgãos de fiscalização, por meio de sistema informatizado único, na forma do regulamento desta Lei. (Incluído pela Lei nº 13.840, de 2019)

§ 8º É garantido o sigilo das informações disponíveis no sistema referido no § 7º e o acesso será permitido apenas às pessoas autorizadas a conhecê-las, sob pena de responsabilidade. (Incluído pela Lei nº 13.840, de 2019)

§ 9º É vedada a realização de qualquer modalidade de internação nas comunidades terapêuticas acolhedoras. (Incluído pela Lei nº 13.840, de 2019)

§ 10. O planejamento e a execução do projeto terapêutico individual deverão observar, no que couber, o previsto na Lei nº 10.216, de 6 de abril de 2001, que dispõe sobre a proteção e os direitos das pessoas portadoras de transtornos mentais e redireciona o modelo assistencial em saúde mental. (Incluído pela Lei nº 13.840, de 2019)

Seção V - (Incluído pela Lei nº 13.840, de 2019) - **Do Plano Individual de Atendimento**

Art. 23-B. O atendimento ao usuário ou dependente de drogas na rede de atenção à saúde dependerá de: (Incluído pela Lei nº 13.840, de 2019)

I - avaliação prévia por equipe técnica multidisciplinar e multissetorial; e (Incluído pela Lei nº 13.840, de 2019)

II - elaboração de um Plano Individual de Atendimento - PIA. (Incluído pela Lei nº 13.840, de 2019)

§ 1º A avaliação prévia da equipe técnica subsidiará a elaboração e execução do projeto terapêutico individual a ser adotado, levantando no mínimo: (Incluído pela Lei nº 13.840, de 2019)

I - o tipo de droga e o padrão de seu uso; e (Incluído pela Lei nº 13.840, de 2019)

II - o risco à saúde física e mental do usuário ou dependente de drogas ou das pessoas com as quais convive. (Incluído pela Lei nº 13.840, de 2019)

§ 2º (VETADO). (Incluído pela Lei nº 13.840, de 2019)

§ 3º O PIA deverá contemplar a participação dos familiares ou responsáveis, os quais têm o dever de contribuir com o processo, sendo esses, no caso de crianças e adolescentes, passíveis de responsabilização civil, administrativa e criminal, nos termos da Lei nº 8.069, de 13 de julho de 1990 - Estatuto da Criança e do Adolescente. (Incluído pela Lei nº 13.840, de 2019)

§ 4º O PIA será inicialmente elaborado sob a responsabilidade da equipe técnica do primeiro projeto terapêutico que atender o usuário ou dependente de drogas e será atualizado ao longo das diversas fases do atendimento. (Incluído pela Lei nº 13.840, de 2019)

§ 5º Constarão do plano individual, no mínimo: (Incluído pela Lei nº 13.840, de 2019)

I - os resultados da avaliação multidisciplinar; (Incluído pela Lei nº 13.840, de 2019)

II - os objetivos declarados pelo atendido; (Incluído pela Lei nº 13.840, de 2019)

III - a previsão de suas atividades de integração social ou capacitação profissional; (Incluído pela Lei nº 13.840, de 2019)

IV - atividades de integração e apoio à família; (Incluído pela Lei nº 13.840, de 2019)

V - formas de participação da família para efetivo cumprimento do plano individual; (Incluído pela Lei nº 13.840, de 2019)

VI - designação do projeto terapêutico mais adequado para o cumprimento do previsto no plano; e (Incluído pela Lei nº 13.840, de 2019)

VII - as medidas específicas de atenção à saúde do atendido. (Incluído pela Lei nº 13.840, de 2019)

§ 6º O PIA será elaborado no prazo de até 30 (trinta) dias da data do ingresso no atendimento. (Incluído pela Lei nº 13.840, de 2019)

§ 7º As informações produzidas na avaliação e as registradas no plano individual de atendimento são consideradas sigilosas. (Incluído pela Lei nº 13.840, de 2019)

Art. 24. A União, os Estados, o Distrito Federal e os Municípios poderão conceder benefícios às instituições privadas que desenvolverem programas de reinserção no mercado de trabalho, do usuário e do dependente de drogas encaminhados por órgão oficial.

Art. 25. As instituições da sociedade civil, sem fins lucrativos, com atuação nas áreas da atenção à saúde e da assistência social, que atendam usuários ou dependentes de drogas poderão receber recursos do Funad, condicionados à sua disponibilidade orçamentária e financeira.

Art. 26. O usuário e o dependente de drogas que, em razão da prática de infração penal, estiverem cumprindo pena privativa de liberdade ou submetidos a medida de segurança, têm garantidos os serviços de atenção à sua saúde, definidos pelo respectivo sistema penitenciário.

Seção VI - (Incluído pela Lei nº 13.840, de 2019) - Do Acolhimento em Comunidade Terapêutica Acolhedora

Art. 26-A. O acolhimento do usuário ou dependente de drogas na comunidade terapêutica acolhedora caracteriza-se por: (Incluído pela Lei nº 13.840, de 2019)

I - oferta de projetos terapêuticos ao usuário ou dependente de drogas que visam à abstinência; (Incluído pela Lei nº 13.840, de 2019)

II - adesão e permanência voluntária, formalizadas por escrito, entendida como uma etapa transitória para a reinserção social e econômica do usuário ou dependente de drogas; (Incluído pela Lei nº 13.840, de 2019)

III - ambiente residencial, propício à formação de vínculos, com a convivência entre os pares, atividades práticas de valor educativo e a promoção do desenvolvimento pessoal, vocacionada para acolhimento ao usuário ou dependente de drogas em vulnerabilidade social; (Incluído pela Lei nº 13.840, de 2019)

IV - avaliação médica prévia; (Incluído pela Lei nº 13.840, de 2019)

V - elaboração de plano individual de atendimento na forma do art. 23-B desta Lei; e (Incluído pela Lei nº 13.840, de 2019)

VI - vedação de isolamento físico do usuário ou dependente de drogas. (Incluído pela Lei nº 13.840, de 2019)

§ 1º Não são elegíveis para o acolhimento as pessoas com comprometimentos biológicos e psicológicos de natureza grave que mereçam atenção médico-hospitalar contínua ou de emergência, caso em que deverão ser encaminhadas à rede de saúde. (Incluído pela Lei nº 13.840, de 2019)

§ 2º (VETADO). (Incluído pela Lei nº 13.840, de 2019)

§ 3º (VETADO). (Incluído pela Lei nº 13.840, de 2019)

§ 4º (VETADO). (Incluído pela Lei nº 13.840, de 2019)

§ 5º (VETADO). (Incluído pela Lei nº 13.840, de 2019)

CAPÍTULO III - DOS CRIMES E DAS PENAS

Art. 27. As penas previstas neste Capítulo poderão ser aplicadas isolada ou cumulativamente, bem como substituídas a qualquer tempo, ouvidos o Ministério Público e o defensor.

Art. 28. Quem adquirir, guardar, tiver em depósito, transportar ou trouxer consigo, para consumo pessoal, drogas sem autorização ou em desacordo com determinação legal ou regulamentar será submetido às seguintes penas:

I - advertência sobre os efeitos das drogas;

II - prestação de serviços à comunidade;

III - medida educativa de comparecimento a programa ou curso educativo.

§ 1º Às mesmas medidas submete-se quem, para seu consumo pessoal, semeia, cultiva ou colhe plantas destinadas à preparação de pequena quantidade de substância ou produto capaz de causar dependência física ou psíquica.

§ 2º Para determinar se a droga destinava-se a consumo pessoal, o juiz atenderá à natureza e à quantidade da substância apreendida, ao local e às condições em que se desenvolveu a ação, às circunstâncias sociais e pessoais, bem como à conduta e aos antecedentes do agente.

§ 3º As penas previstas nos incisos II e III do caput deste artigo serão aplicadas pelo prazo máximo de 5 (cinco) meses.

§ 4º Em caso de reincidência, as penas previstas nos incisos II e III do caput deste artigo serão aplicadas pelo prazo máximo de 10 (dez) meses.

§ 5º A prestação de serviços à comunidade será cumprida em programas comunitários, entidades educacionais ou assistenciais, hospitais, estabelecimentos congêneres, públicos ou privados sem fins lucrativos, que se ocupem, preferencialmente, da prevenção do consumo ou da recuperação de usuários e dependentes de drogas.

§ 6º Para garantia do cumprimento das medidas educativas a que se refere o caput, nos incisos I, II e III, a que injustificadamente se recuse o agente, poderá o juiz submetê-lo, sucessivamente a:

I - admoestação verbal;

II - multa.

§ 7º O juiz determinará ao Poder Público que coloque à disposição do infrator, gratuitamente, estabelecimento de saúde, preferencialmente ambulatorial, para tratamento especializado.

Art. 29. Na imposição da medida educativa a que se refere o inciso II do § 6º do art. 28, o juiz, atendendo à reprovabilidade da conduta, fixará o número de dias-multa, em quantidade nunca inferior a 40 (quarenta) nem superior a 100 (cem), atribuindo depois a cada um, segundo a capacidade econômica do agente, o valor de um trinta avos até 3 (três) vezes o valor do maior salário mínimo.

Parágrafo único. Os valores decorrentes da imposição da multa a que se refere o § 6º do art. 28 serão creditados à conta do Fundo Nacional Antidrogas.

Art. 30. Prescrevem em 2 (dois) anos a imposição e a execução das penas, observado, no tocante à interrupção do prazo, o disposto nos arts. 107 e seguintes do Código Penal.

TÍTULO IV - DA REPRESSÃO À PRODUÇÃO NÃO AUTORIZADA E AO TRÁFICO ILÍCITO DE DROGAS

CAPÍTULO I - DISPOSIÇÕES GERAIS

Art. 31. É indispensável a licença prévia da autoridade competente para produzir, extrair, fabricar, transformar, preparar, possuir, manter em depósito, importar, exportar, reexportar, remeter, transportar, expor, oferecer, vender, comprar, trocar, ceder ou adquirir, para qualquer fim, drogas ou matéria-prima destinada à sua preparação, observadas as demais exigências legais.

Art. 32. As plantações ilícitas serão imediatamente destruídas pelo delegado de polícia na forma do art. 50-A, que recolherá quantidade suficiente para exame pericial, de tudo lavrando auto de levantamento das condições encontradas, com a delimitação do local, asseguradas as medidas necessárias para a preservação da prova. (Redação dada pela Lei nº 12.961, de 2014)

§ 1º (Revogado). (Redação dada pela Lei nº 12.961, de 2014)

§ 2º (Revogado). (Redação dada pela Lei nº 12.961, de 2014)

§ 3º Em caso de ser utilizada a queimada para destruir a plantação, observar-se-á, além das cautelas necessárias à proteção ao meio ambiente, o disposto no Decreto nº 2.661, de 8 de julho de 1998, no que couber, dispensada a autorização prévia do órgão próprio do Sistema Nacional do Meio Ambiente - Sisnama.

§ 4º As glebas cultivadas com plantações ilícitas serão expropriadas, conforme o disposto no art. 243 da Constituição Federal, de acordo com a legislação em vigor.

CAPÍTULO II - DOS CRIMES

Art. 33. Importar, exportar, remeter, preparar, produzir, fabricar, adquirir, vender, expor à venda, oferecer, ter em depósito, transportar, trazer consigo, guardar, prescrever, ministrar, entregar a consumo ou fornecer drogas, ainda que gratuitamente, sem autorização ou em desacordo com determinação legal ou regulamentar:

Pena: reclusão de 5 (cinco) a 15 (quinze) anos e pagamento de 500 (quinhentos) a 1.500 (mil e quinhentos) dias-multa.

§ 1º Nas mesmas penas incorre quem:

I - importa, exporta, remete, produz, fabrica, adquire, vende, expõe à venda, oferece, fornece, tem em depósito, transporta, traz consigo ou guarda, ainda que gratuitamente, sem autorização ou em desacordo com determinação legal ou regulamentar, matéria-prima, insumo ou produto químico destinado à preparação de drogas;

II - semeia, cultiva ou faz a colheita, sem autorização ou em desacordo com determinação legal ou regulamentar, de plantas que se constituam em matéria-prima para a preparação de drogas;

III - utiliza local ou bem de qualquer natureza de que tem a propriedade, posse, administração, guarda ou vigilância, ou consente que outrem dele se utilize, ainda que gratuitamente, sem autorização ou em desacordo com determinação legal ou regulamentar, para o tráfico ilícito de drogas.

IV - vende ou entrega drogas ou matéria-prima, insumo ou produto químico destinado à preparação de drogas, sem autorização ou em desacordo com a determinação legal ou regulamentar, a agente policial disfarçado, quando presentes elementos probatórios razoáveis de conduta criminal preexistente. (Incluído pela Lei nº 13.964, de 2019)

§ 2º Induzir, instigar ou auxiliar alguém ao uso indevido de droga: (Vide ADI nº 4.274)

Pena: detenção, de 1 (um) a 3 (três) anos, e multa de 100 (cem) a 300 (trezentos) dias-multa.

§ 3º Oferecer droga, eventualmente e sem objetivo de lucro, a pessoa de seu relacionamento, para juntos a consumirem:

Pena: detenção, de 6 (seis) meses a 1 (um) ano, e pagamento de 700 (setecentos) a 1.500 (mil e quinhentos) dias-multa, sem prejuízo das penas previstas no art. 28.

§ 4º Nos delitos definidos no caput e no § 1º deste artigo, as penas poderão ser reduzidas de um sexto a dois terços, desde que o agente seja primário, de bons antecedentes, não se dedique às atividades criminosas nem integre organização criminosa. (Vide Resolução nº 5, de 2012)

Art. 34. Fabricar, adquirir, utilizar, transportar, oferecer, vender, distribuir, entregar a qualquer título, possuir, guardar ou fornecer, ainda que gratuitamente, maquinário, aparelho, instrumento ou qualquer objeto destinado à fabricação, preparação, produção ou transformação de drogas, sem autorização ou em desacordo com determinação legal ou regulamentar:

Pena: reclusão, de 3 (três) a 10 (dez) anos, e pagamento de 1.200 (mil e duzentos) a 2.000 (dois mil) dias-multa.

Art. 35. Associarem-se duas ou mais pessoas para o fim de praticar, reiteradamente ou não, qualquer dos crimes previstos nos arts. 33, caput e § 1º , e 34 desta Lei:

Pena: reclusão, de 3 (três) a 10 (dez) anos, e pagamento de 700 (setecentos) a 1.200 (mil e duzentos) dias-multa.

Parágrafo único. Nas mesmas penas do caput deste artigo incorre quem se associa para a prática reiterada do crime definido no art. 36 desta Lei.

Art. 36. Financiar ou custear a prática de qualquer dos crimes previstos nos arts. 33, caput e § 1º , e 34 desta Lei:

Pena: reclusão, de 8 (oito) a 20 (vinte) anos, e pagamento de 1.500 (mil e quinhentos) a 4.000 (quatro mil) dias-multa.

Art. 37. Colaborar, como informante, com grupo, organização ou associação destinados à prática de qualquer dos crimes previstos nos arts. 33, caput e § 1º , e 34 desta Lei:

Pena: reclusão, de 2 (dois) a 6 (seis) anos, e pagamento de 300 (trezentos) a 700 (setecentos) dias-multa.

Art. 38. Prescrever ou ministrar, culposamente, drogas, sem que delas necessite o paciente, ou fazê-lo em doses excessivas ou em desacordo com determinação legal ou regulamentar:

Pena: detenção, de 6 (seis) meses a 2 (dois) anos, e pagamento de 50 (cinqüenta) a 200 (duzentos) dias-multa.

Parágrafo único. O juiz comunicará a condenação ao Conselho Federal da categoria profissional a que pertença o agente.

Art. 39. Conduzir embarcação ou aeronave após o consumo de drogas, expondo a dano potencial a incolumidade de outrem:

Pena: detenção, de 6 (seis) meses a 3 (três) anos, além da apreensão do veículo, cassação da habilitação respectiva ou proibição de obtê-la, pelo mesmo prazo da pena privativa de liberdade aplicada, e pagamento de 200 (duzentos) a 400 (quatrocentos) dias-multa.

Parágrafo único. As penas de prisão e multa, aplicadas cumulativamente com as demais, serão de 4 (quatro) a 6 (seis) anos e de 400 (quatrocentos) a 600 (seiscentos) dias-multa, se o veículo referido no caput deste artigo for de transporte coletivo de passageiros.

Art. 40. As penas previstas nos arts. 33 a 37 desta Lei são aumentadas de um sexto a dois terços, se:

I - a natureza, a procedência da substância ou do produto apreendido e as circunstâncias do fato evidenciarem a transnacionalidade do delito;

II - o agente praticar o crime prevalecendo-se de função pública ou no desempenho de missão de educação, poder familiar, guarda ou vigilância;

III - a infração tiver sido cometida nas dependências ou imediações de estabelecimentos prisionais, de ensino ou hospitalares, de sedes de entidades estudantis, sociais, culturais, recreativas, esportivas, ou beneficentes, de locais de trabalho coletivo, de recintos onde se realizem espetáculos ou diversões de qualquer natureza, de serviços de tratamento de dependentes de drogas ou de reinserção social, de unidades militares ou policiais ou em transportes públicos;

IV - o crime tiver sido praticado com violência, grave ameaça, emprego de arma de fogo, ou qualquer processo de intimidação difusa ou coletiva;

V - caracterizado o tráfico entre Estados da Federação ou entre estes e o Distrito Federal;

VI - sua prática envolver ou visar a atingir criança ou adolescente ou a quem tenha, por qualquer motivo, diminuída ou suprimida a capacidade de entendimento e determinação;

VII - o agente financiar ou custear a prática do crime.

Art. 41. O indiciado ou acusado que colaborar voluntariamente com a investigação policial e o processo criminal na identificação dos demais co-autores ou partícipes do crime e na recuperação total ou parcial do produto do crime, no caso de condenação, terá pena reduzida de um terço a dois terços.

Art. 42. O juiz, na fixação das penas, considerará, com preponderância sobre o previsto no art. 59 do Código Penal, a natureza e a quantidade da substância ou do produto, a personalidade e a conduta social do agente.

Art. 43. Na fixação da multa a que se referem os arts. 33 a 39 desta Lei, o juiz, atendendo ao que dispõe o art. 42 desta Lei, determinará o número de dias-multa, atribuindo a cada um, segundo as condições econômicas dos acusados, valor não inferior a um trinta avos nem superior a 5 (cinco) vezes o maior salário-mínimo.

Parágrafo único. As multas, que em caso de concurso de crimes serão impostas sempre cumulativamente, podem ser aumentadas até o décuplo se, em virtude da situação econômica do acusado, considerá-las o juiz ineficazes, ainda que aplicadas no máximo.

Art. 44. Os crimes previstos nos arts. 33, caput e § 1º , e 34 a 37 desta Lei são inafiançáveis e insuscetíveis de sursis, graça, indulto, anistia e liberdade provisória, vedada a conversão de suas penas em restritivas de direitos.

Parágrafo único. Nos crimes previstos no caput deste artigo, dar-se-á o livramento condicional após o cumprimento de dois terços da pena, vedada sua concessão ao reincidente específico.

Art. 45. É isento de pena o agente que, em razão da dependência, ou sob o efeito, proveniente de caso fortuito ou força maior, de droga, era, ao tempo da ação ou da omissão, qualquer que tenha sido a infração penal praticada, inteiramente incapaz de entender o caráter ilícito do fato ou de determinar-se de acordo com esse entendimento.

Parágrafo único. Quando absolver o agente, reconhecendo, por força pericial, que este apresentava, à época do fato previsto neste artigo, as condições referidas no caput deste artigo, poderá determinar o juiz, na sentença, o seu encaminhamento para tratamento médico adequado.

Art. 46. As penas podem ser reduzidas de um terço a dois terços se, por força das circunstâncias previstas no art. 45 desta Lei, o agente não possuía, ao tempo da ação ou da omissão, a plena capacidade de entender o caráter ilícito do fato ou de determinar-se de acordo com esse entendimento.

Art. 47. Na sentença condenatória, o juiz, com base em avaliação que ateste a necessidade de encaminhamento do agente para tratamento, realizada por profissional de saúde com competência específica na forma da lei, determinará que a tal se proceda, observado o disposto no art. 26 desta Lei.

CAPÍTULO III - DO PROCEDIMENTO PENAL

Art. 48. O procedimento relativo aos processos por crimes definidos neste Título rege-se pelo disposto neste Capítulo, aplicando-se, subsidiariamente, as disposições do Código de Processo Penal e da Lei de Execução Penal.

§ 1º O agente de qualquer das condutas previstas no art. 28 desta Lei, salvo se houver concurso com os crimes previstos nos arts. 33 a 37 desta Lei, será processado e julgado na forma dos arts. 60 e seguintes da Lei nº 9.099, de 26 de setembro de 1995, que dispõe sobre os Juizados Especiais Criminais.

§ 2º Tratando-se da conduta prevista no art. 28 desta Lei, não se imporá prisão em flagrante, devendo o autor do fato ser imediatamente encaminhado ao juízo competente ou, na falta deste, assumir o compromisso de a ele comparecer, lavrando-se termo circunstanciado e providenciando-se as requisições dos exames e perícias necessários.

§ 3º Se ausente a autoridade judicial, as providências previstas no § 2º deste artigo serão tomadas de imediato pela autoridade policial, no local em que se encontrar, vedada a detenção do agente.

§ 4º Concluídos os procedimentos de que trata o § 2º deste artigo, o agente será submetido a exame de corpo de delito, se o requerer ou se a autoridade de polícia judiciária entender conveniente, e em seguida liberado.

§ 5º Para os fins do disposto no art. 76 da Lei nº 9.099, de 1995, que dispõe sobre os Juizados Especiais Criminais, o Ministério Público poderá propor a aplicação imediata de pena prevista no art. 28 desta Lei, a ser especificada na proposta.

Art. 49. Tratando-se de condutas tipificadas nos arts. 33, caput e § 1º , e 34 a 37 desta Lei, o juiz, sempre que as circunstâncias o recomendem, empregará os instrumentos protetivos de colaboradores e testemunhas previstos na Lei nº 9.807, de 13 de julho de 1999.

Seção I - Da Investigação

Art. 50. Ocorrendo prisão em flagrante, a autoridade de polícia judiciária fará, imediatamente, comunicação ao juiz competente, remetendo-lhe cópia do auto lavrado, do qual será dada vista ao órgão do Ministério Público, em 24 (vinte e quatro) horas.

§ 1º Para efeito da lavratura do auto de prisão em flagrante e estabelecimento da materialidade do delito, é suficiente o laudo de constatação da natureza e quantidade da droga, firmado por perito oficial ou, na falta deste, por pessoa idônea.

§ 2º O perito que subscrever o laudo a que se refere o § 1º deste artigo não ficará impedido de participar da elaboração do laudo definitivo.

§ 3º Recebida cópia do auto de prisão em flagrante, o juiz, no prazo de 10 (dez) dias, certificará a regularidade formal do laudo de constatação e determinará a destruição das drogas apreendidas, guardando-se amostra necessária à realização do laudo definitivo. (Incluído pela Lei nº 12.961, de 2014)

§ 4º A destruição das drogas será executada pelo delegado de polícia competente no prazo de 15 (quinze) dias na presença do Ministério Público e da autoridade sanitária. (Incluído pela Lei nº 12.961, de 2014)

§ 5º O local será vistoriado antes e depois de efetivada a destruição das drogas referida no § 3º , sendo lavrado auto circunstanciado pelo delegado de polícia, certificando-se neste a destruição total delas. (Incluído pela Lei nº 12.961, de 2014)

Art. 50-A. A destruição das drogas apreendidas sem a ocorrência de prisão em flagrante será feita por incineração, no prazo máximo de 30 (trinta) dias contados da data da apreensão, guardando-se amostra necessária à realização do laudo definitivo. (Redação dada pela Lei nº 13.840, de 2019)

Art. 51. O inquérito policial será concluído no prazo de 30 (trinta) dias, se o indiciado estiver preso, e de 90 (noventa) dias, quando solto.

Parágrafo único. Os prazos a que se refere este artigo podem ser duplicados pelo juiz, ouvido o Ministério Público, mediante pedido justificado da autoridade de polícia judiciária.

Art. 52. Findos os prazos a que se refere o art. 51 desta Lei, a autoridade de polícia judiciária, remetendo os autos do inquérito ao juízo:

I - relatará sumariamente as circunstâncias do fato, justificando as razões que a levaram à classificação do delito, indicando a quantidade e natureza da substância ou do produto apreendido, o local e as condições em que se desenvolveu a ação criminosa, as circunstâncias da prisão, a conduta, a qualificação e os antecedentes do agente; ou

II - requererá sua devolução para a realização de diligências necessárias.

Parágrafo único. A remessa dos autos far-se-á sem prejuízo de diligências complementares:

I - necessárias ou úteis à plena elucidação do fato, cujo resultado deverá ser encaminhado ao juízo competente até 3 (três) dias antes da audiência de instrução e julgamento;

II - necessárias ou úteis à indicação dos bens, direitos e valores de que seja titular o agente, ou que figurem em seu nome, cujo resultado deverá ser encaminhado ao juízo competente até 3 (três) dias antes da audiência de instrução e julgamento.

Art. 53. Em qualquer fase da persecução criminal relativa aos crimes previstos nesta Lei, são permitidos, além dos previstos em lei, mediante autorização judicial e ouvido o Ministério Público, os seguintes procedimentos investigatórios:

I - a infiltração por agentes de polícia, em tarefas de investigação, constituída pelos órgãos especializados pertinentes;

II - a não-atuação policial sobre os portadores de drogas, seus precursores químicos ou outros produtos utilizados em sua produção, que se encontrem no território brasileiro, com a finalidade de identificar e responsabilizar maior número de integrantes de operações de tráfico e distribuição, sem prejuízo da ação penal cabível.

Parágrafo único. Na hipótese do inciso II deste artigo, a autorização será concedida desde que sejam conhecidos o itinerário provável e a identificação dos agentes do delito ou de colaboradores.

Seção II - Da Instrução Criminal

Art. 54. Recebidos em juízo os autos do inquérito policial, de Comissão Parlamentar de Inquérito ou peças de informação, dar-se-á vista ao Ministério Público para, no prazo de 10 (dez) dias, adotar uma das seguintes providências:

I - requerer o arquivamento;

II - requisitar as diligências que entender necessárias;

III - oferecer denúncia, arrolar até 5 (cinco) testemunhas e requerer as demais provas que entender pertinentes.

Art. 55. Oferecida a denúncia, o juiz ordenará a notificação do acusado para oferecer defesa prévia, por escrito, no prazo de 10 (dez) dias.

§ 1º Na resposta, consistente em defesa preliminar e exceções, o acusado poderá argüir preliminares e invocar todas as razões de defesa, oferecer documentos e justificações, especificar as provas que pretende produzir e, até o número de 5 (cinco), arrolar testemunhas.

LEI Nº 11.343, DE 23 DE AGOSTO DE 2006

§ 2º As exceções serão processadas em apartado, nos termos dos arts. 95 a 113 do Decreto-Lei nº 3.689, de 3 de outubro de 1941 - Código de Processo Penal.

§ 3º Se a resposta não for apresentada no prazo, o juiz nomeará defensor para oferecê-la em 10 (dez) dias, concedendo-lhe vista dos autos no ato de nomeação.

§ 4º Apresentada a defesa, o juiz decidirá em 5 (cinco) dias.

§ 5º Se entender imprescindível, o juiz, no prazo máximo de 10 (dez) dias, determinará a apresentação do preso, realização de diligências, exames e perícias.

Art. 56. Recebida a denúncia, o juiz designará dia e hora para a audiência de instrução e julgamento, ordenará a citação pessoal do acusado, a intimação do Ministério Público, do assistente, se for o caso, e requisitará os laudos periciais.

§ 1º Tratando-se de condutas tipificadas como infração do disposto nos arts. 33, caput e § 1º, e 34 a 37 desta Lei, o juiz, ao receber a denúncia, poderá decretar o afastamento cautelar do denunciado de suas atividades, se for funcionário público, comunicando ao órgão respectivo.

§ 2º A audiência a que se refere o caput deste artigo será realizada dentro dos 30 (trinta) dias seguintes ao recebimento da denúncia, salvo se determinada a realização de avaliação para atestar dependência de drogas, quando se realizará em 90 (noventa) dias.

Art. 57. Na audiência de instrução e julgamento, após o interrogatório do acusado e a inquirição das testemunhas, será dada a palavra, sucessivamente, ao representante do Ministério Público e ao defensor do acusado, para sustentação oral, pelo prazo de 20 (vinte) minutos para cada um, prorrogável por mais 10 (dez), a critério do juiz.

Parágrafo único. Após proceder ao interrogatório, o juiz indagará das partes se restou algum fato para ser esclarecido, formulando as perguntas correspondentes se o entender pertinente e relevante.

Art. 58. Encerrados os debates, proferirá o juiz sentença de imediato, ou o fará em 10 (dez) dias, ordenando que os autos para isso lhe sejam conclusos.

§ 1º (Revogado pela Lei nº 12.961, de 2014)

§ 2º (Revogado pela Lei nº 12.961, de 2014)

Art. 59. Nos crimes previstos nos arts. 33, caput e § 1º, e 34 a 37 desta Lei, o réu não poderá apelar sem recolher-se à prisão, salvo se for primário e de bons antecedentes, assim reconhecido na sentença condenatória.

CAPÍTULO IV - DA APREENSÃO, ARRECADAÇÃO E DESTINAÇÃO DE BENS DO ACUSADO

Art. 60. O juiz, a requerimento do Ministério Público ou do assistente de acusação, ou mediante representação da autoridade de polícia judiciária, poderá decretar, no curso do inquérito ou da ação penal, a apreensão e outras medidas assecuratórias nos casos em que haja suspeita de que os bens, direitos ou valores sejam produto do crime ou constituam proveito dos crimes previstos nesta Lei, procedendo-se na forma dos arts. 125 e seguintes do Decreto-Lei nº 3.689, de 3 de outubro de 1941 - Código de Processo Penal . (Redação dada pela Lei nº 13.840, de 2019)

§ 1º (Revogado). (Redação dada pela Lei nº 13.840, de 2019)

§ 2º (Revogado). (Redação dada pela Lei nº 13.840, de 2019)

§ 3º Na hipótese do art. 366 do Decreto-Lei nº 3.689, de 3 de outubro de 1941 - Código de Processo Penal , o juiz poderá determinar a prática de atos necessários à conservação dos bens, direitos ou valores. (Redação dada pela Lei nº 13.840, de 2019)

§ 4º A ordem de apreensão ou sequestro de bens, direitos ou valores poderá ser suspensa pelo juiz, ouvido o Ministério Público, quando a sua execução imediata puder comprometer as investigações. (Redação dada pela Lei nº 13.840, de 2019)

Art. 60-A. Se as medidas assecuratórias de que trata o art. 60 desta Lei recaírem sobre moeda estrangeira, títulos, valores mobiliários ou cheques emitidos como ordem de pagamento, será determinada, imediatamente, a sua conversão em moeda nacional. (Incluído pela Lei nº 13.886, de 2019)

§ 1º A moeda estrangeira apreendida em espécie deve ser encaminhada a instituição financeira, ou equiparada, para alienação na forma prevista pelo Conselho Monetário Nacional. (Incluído pela Lei nº 13.886, de 2019)

§ 2º Na hipótese de impossibilidade da alienação a que se refere o § 1º deste artigo, a moeda estrangeira será custodiada pela instituição financeira até decisão sobre o seu destino. (Incluído pela Lei nº 13.886, de 2019)

§ 3º Após a decisão sobre o destino da moeda estrangeira a que se refere o § 2º deste artigo, caso seja verificada a inexistência de valor de mercado, seus espécimes poderão ser destruídos ou doados à representação diplomática do país de origem. (Incluído pela Lei nº 13.886, de 2019)

§ 4º Os valores relativos às apreensões feitas antes da data de entrada em vigor da Medida Provisória nº 885, de 17 de junho de 2019, e que estejam custodiados nas dependências do Banco Central do Brasil devem ser transferidos à Caixa Econômica Federal, no prazo de 360 (trezentos e sessenta) dias, para que se proceda à alienação ou custódia, de acordo com o previsto nesta Lei. (Incluído pela Lei nº 13.886, de 2019)

Art. 61. A apreensão de veículos, embarcações, aeronaves e quaisquer outros meios de transporte e dos maquinários, utensílios, instrumentos e objetos de qualquer natureza utilizados para a prática dos crimes definidos nesta Lei será imediatamente comunicada pela autoridade de polícia judiciária responsável pela investigação ao juízo competente. (Redação dada pela Lei nº 13.840, de 2019)

§ 1º O juiz, no prazo de 30 (trinta) dias contado da comunicação de que trata o caput , determinará a alienação dos bens apreendidos, excetuadas as armas, que serão recolhidas na forma da legislação específica. (Incluído pela Lei nº 13.840, de 2019)

§ 2º A alienação será realizada em autos apartados, dos quais constará a exposição sucinta do nexo de instrumentalidade entre o delito e os bens apreendidos, a descrição e especificação dos objetos, as informações sobre quem os tiver sob custódia e o local em que se encontrem. (Incluído pela Lei nº 13.840, de 2019)

§ 3º O juiz determinará a avaliação dos bens apreendidos, que será realizada por oficial de justiça, no prazo de 5 (cinco) dias a contar da autuação, ou, caso sejam necessários conhecimentos especializados, por avaliador nomeado pelo juiz, em prazo não superior a 10 (dez) dias. (Incluído pela Lei nº 13.840, de 2019)

§ 4º Feita a avaliação, o juiz intimará o órgão gestor do Funad, o Ministério Público e o interessado para se manifestarem no prazo de 5 (cinco) dias e, dirimidas eventuais divergências, homologará o valor atribuído aos bens. (Incluído pela Lei nº 13.840, de 2019)

§ 5º (VETADO). (Incluído pela Lei nº 13.840, de 2019)

§ 6º (Revogado). (Redação dada pela Lei nº 13.886, de 2019)

§ 7º (Revogado). (Redação dada pela Lei nº 13.886, de 2019)

§ 8º (Revogado). (Redação dada pela Lei nº 13.886, de 2019)

§ 9º O Ministério Público deve fiscalizar o cumprimento da regra estipulada no § 1º deste artigo. (Incluído pela Lei nº 13.886, de 2019)

§ 10. Aplica-se a todos os tipos de bens confiscados a regra estabelecida no § 1º deste artigo. (Incluído pela Lei nº 13.886, de 2019)

§ 11. Os bens móveis e imóveis devem ser vendidos por meio de hasta pública, preferencialmente por meio eletrônico, assegurada a venda pelo maior lance, por preço não inferior a 50% (cinquenta por cento) do valor da avaliação judicial. (Incluído pela Lei nº 13.886, de 2019)

§ 12. O juiz ordenará às secretarias de fazenda e aos órgãos de registro e controle que efetuem as averbações necessárias,

tão logo tenha conhecimento da apreensão. (Incluído pela Lei nº 13.886, de 2019)

§ 13. Na alienação de veículos, embarcações ou aeronaves, a autoridade de trânsito ou o órgão congênere competente para o registro, bem como as secretarias de fazenda, devem proceder à regularização dos bens no prazo de 30 (trinta) dias, ficando o arrematante isento do pagamento de multas, encargos e tributos anteriores, sem prejuízo de execução fiscal em relação ao antigo proprietário. (Incluído pela Lei nº 13.886, de 2019)

§ 14. Eventuais multas, encargos ou tributos pendentes de pagamento não podem ser cobrados do arrematante ou do órgão público alienante como condição para regularização dos bens. (Incluído pela Lei nº 13.886, de 2019)

§ 15. Na hipótese de que trata o § 13 deste artigo, a autoridade de trânsito ou o órgão congênere competente para o registro poderá emitir novos identificadores dos bens. (Incluído pela Lei nº 13.886, de 2019)

Art. 62. Comprovado o interesse público na utilização de quaisquer dos bens de que trata o art. 61, os órgãos de polícia judiciária, militar e rodoviária poderão deles fazer uso, sob sua responsabilidade e com o objetivo de sua conservação, mediante autorização judicial, ouvido o Ministério Público e garantida a prévia avaliação dos respectivos bens. (Redação dada pela Lei nº 13.840, de 2019)

§ 1º (Revogado). (Redação dada pela Lei nº 13.886, de 2019)

§ 1º-A. O juízo deve cientificar o órgão gestor do Funad para que, em 10 (dez) dias, avalie a existência do interesse público mencionado no caput deste artigo e indique o órgão que deve receber o bem. (Incluído pela Lei nº 13.886, de 2019)

§ 1º-B. Têm prioridade, para os fins do § 1º-A deste artigo, os órgãos de segurança pública que participaram das ações de investigação ou repressão ao crime que deu causa à medida. (Incluído pela Lei nº 13.886, de 2019)

§ 2º A autorização judicial de uso de bens deverá conter a descrição do bem e a respectiva avaliação e indicar o órgão responsável por sua utilização. (Redação dada pela Lei nº 13.840, de 2019)

§ 3º O órgão responsável pela utilização do bem deverá enviar ao juiz periodicamente, ou a qualquer momento quando por este solicitado, informações sobre seu estado de conservação. (Redação dada pela Lei nº 13.840, de 2019)

§ 4º Quando a autorização judicial recair sobre veículos, embarcações ou aeronaves, o juiz ordenará à autoridade ou ao órgão de registro e controle a expedição de certificado provisório de registro e licenciamento em favor do órgão ao qual tenha deferido o uso ou custódia, ficando este livre do pagamento de multas, encargos e tributos anteriores à decisão de utilização do bem até o trânsito em julgado da decisão que decretar o seu perdimento em favor da União. (Redação dada pela Lei nº 13.840, de 2019)

§ 5º Na hipótese de levantamento, se houver indicação de que os bens utilizados na forma deste artigo sofreram depreciação superior àquela esperada em razão do transcurso do tempo e do uso, poderá o interessado requerer nova avaliação judicial. (Redação dada pela Lei nº 13.840, de 2019)

§ 6º Constatada a depreciação de que trata o § 5º, o ente federado ou a entidade que utilizou o bem indenizará o detentor ou proprietário dos bens. (Redação dada pela Lei nº 13.840, de 2019)

§ 7º (Revogado). (Redação dada pela Lei nº 13.840, de 2019)
§ 8º (Revogado). (Redação dada pela Lei nº 13.840, de 2019)
§ 9º (Revogado). (Redação dada pela Lei nº 13.840, de 2019)
§ 10. (Revogado). (Redação dada pela Lei nº 13.840, de 2019)
§ 11. (Revogado). (Redação dada pela Lei nº 13.840, de 2019)

Art. 62-A. O depósito, em dinheiro, de valores referentes ao produto da alienação ou a numerários apreendidos ou que tenham sido convertidos deve ser efetuado na Caixa Econômica Federal, por meio de documento de arrecadação destinado a essa finalidade. (Incluído pela Lei nº 13.886, de 2019)

§ 1º Os depósitos a que se refere o caput deste artigo devem ser transferidos, pela Caixa Econômica Federal, para a conta única do Tesouro Nacional, independentemente de qualquer formalidade, no prazo de 24 (vinte e quatro) horas, contado do momento da realização do depósito, onde ficarão à disposição do Funad. (Incluído pela Lei nº 13.886, de 2019)

§ 2º Na hipótese de absolvição do acusado em decisão judicial, o valor do depósito será devolvido a ele pela Caixa Econômica Federal no prazo de até 3 (três) dias úteis, acrescido de juros, na forma estabelecida pelo § 4º do art. 39 da Lei nº 9.250, de 26 de dezembro de 1995. (Incluído pela Lei nº 13.886, de 2019)

§ 3º Na hipótese de decretação do seu perdimento em favor da União, o valor do depósito será transformado em pagamento definitivo, respeitados os direitos de eventuais lesados e de terceiros de boa-fé. (Incluído pela Lei nº 13.886, de 2019)

§ 4º Os valores devolvidos pela Caixa Econômica Federal, por decisão judicial, devem ser efetuados como anulação de receita do Funad no exercício em que ocorrer a devolução. (Incluído pela Lei nº 13.886, de 2019)

§ 5º A Caixa Econômica Federal deve manter o controle dos valores depositados ou devolvidos. (Incluído pela Lei nº 13.886, de 2019)

Art. 63. Ao proferir a sentença, o juiz decidirá sobre: (Redação dada pela Lei nº 13.840, de 2019)

I - o perdimento do produto, bem, direito ou valor apreendido ou objeto de medidas assecuratórias; e (Incluído pela Lei nº 13.886, de 2019)

II - o levantamento dos valores depositados em conta remunerada e a liberação dos bens utilizados nos termos do art. 62. (Incluído pela Lei nº 13.840, de 2019)

§ 1º Os bens, direitos ou valores apreendidos em decorrência dos crimes tipificados nesta Lei ou objeto de medidas assecuratórias, após decretado seu perdimento em favor da União, serão revertidos diretamente ao Funad. (Redação dada pela Lei nº 13.840, de 2019)

§ 2º O juiz remeterá ao órgão gestor do Funad relação dos bens, direitos e valores declarados perdidos, indicando o local em que se encontram e a entidade ou o órgão em cujo poder estejam, para os fins de sua destinação nos termos da legislação vigente. (Redação dada pela Lei nº 13.840, de 2019)

§ 3º (Revogado). (Redação dada pela Lei nº 13.886, de 2019)

§ 4º Transitada em julgado a sentença condenatória, o juiz do processo, de ofício ou a requerimento do Ministério Público, remeterá à Senad relação dos bens, direitos e valores declarados perdidos em favor da União, indicando, quanto aos bens, o local em que se encontram e a entidade ou o órgão em cujo poder estejam, para os fins de sua destinação nos termos da legislação vigente.

§ 4º-A. Antes de encaminhar os bens ao órgão gestor do Funad, o juíz deve: (Incluído pela Lei nº 13.886, de 2019)

I - ordenar às secretarias de fazenda e aos órgãos de registro e controle que efetuem as averbações necessárias, caso não tenham sido realizadas quando da apreensão; e (Incluído pela Lei nº 13.886, de 2019)

II - determinar, no caso de imóveis, o registro de propriedade em favor da União no cartório de registro de imóveis competente, nos termos do caput e do parágrafo único do art. 243 da Constituição Federal, afastada a responsabilidade de terceiros prevista no inciso VI do caput do art. 134 da Lei nº 5.172, de 25 de outubro de 1966 (Código Tributário Nacional), bem como determinar à Secretaria de Coordenação e Governança do Patrimônio da União a incorporação e entrega do imóvel, tornando-o livre e desembaraçado de quaisquer ônus para sua destinação. (Incluído pela Lei nº 13.886, de 2019)

§ 5º (VETADO). (Incluído pela Lei nº 13.840, de 2019)

§ 6º Na hipótese do inciso II do caput , decorridos 360 (trezentos e sessenta) dias do trânsito em julgado e do conhecimento

LEI Nº 11.343, DE 23 DE AGOSTO DE 2006

da sentença pelo interessado, os bens apreendidos, os que tenham sido objeto de medidas assecuratórias ou os valores depositados que não forem reclamados serão revertidos ao Funad. (Incluído pela Lei nº 13.840, de 2019)

Art. 63-A. Nenhum pedido de restituição será conhecido sem o comparecimento pessoal do acusado, podendo o juiz determinar a prática de atos necessários à conservação de bens, direitos ou valores. (Incluído pela Lei nº 13.840, de 2019)

Art. 63-B. O juiz determinará a liberação total ou parcial dos bens, direitos e objeto de medidas assecuratórias quando comprovada a licitude de sua origem, mantendo-se a constrição dos bens, direitos e valores necessários e suficientes à reparação dos danos e ao pagamento de prestações pecuniárias, multas e custas decorrentes da infração penal. (Incluído pela Lei nº 13.840, de 2019)

Art. 63-C. Compete à Senad, do Ministério da Justiça e Segurança Pública, proceder à destinação dos bens apreendidos e não leiloados em caráter cautelar, cujo perdimento seja decretado em favor da União, por meio das seguintes modalidades: (Incluído pela Lei nº 13.886, de 2019)

I - alienação, mediante: (Incluído pela Lei nº 13.886, de 2019)
a) licitação; (Incluído pela Lei nº 13.886, de 2019)
b) doação com encargo a entidades ou órgãos públicos, bem como a comunidades terapêuticas acolhedoras que contribuam para o alcance das finalidades do Funad; ou (Incluído pela Lei nº 13.886, de 2019)
c) venda direta, observado o disposto no inciso II do caput do art. 24 da Lei nº 8.666, de 21 de junho de 1993; (Incluído pela Lei nº 13.886, de 2019)

II - incorporação ao patrimônio de órgão da administração pública, observadas as finalidades do Funad; (Incluído pela Lei nº 13.886, de 2019)

III - destruição; ou (Incluído pela Lei nº 13.886, de 2019)

IV - inutilização. (Incluído pela Lei nº 13.886, de 2019)

§ 1º A alienação por meio de licitação deve ser realizada na modalidade leilão, para bens móveis e imóveis, independentemente do valor de avaliação, isolado ou global, de bem ou de lotes, assegurada a venda pelo maior lance, por preço não inferior a 50% (cinquenta por cento) do valor da avaliação. (Incluído pela Lei nº 13.886, de 2019)

§ 2º O edital do leilão a que se refere o § 1º deste artigo será amplamente divulgado em jornais de grande circulação e em sítios eletrônicos oficiais, principalmente no Município em que será realizado, dispensada a publicação em diário oficial. (Incluído pela Lei nº 13.886, de 2019)

§ 3º Nas alienações realizadas por meio de sistema eletrônico da administração pública, a publicidade dada pelo sistema substituirá a publicação em diário oficial e em jornais de grande circulação. (Incluído pela Lei nº 13.886, de 2019)

§ 4º Na alienação de imóveis, o arrematante fica livre do pagamento de encargos e tributos anteriores, sem prejuízo de execução fiscal em relação ao antigo proprietário. (Incluído pela Lei nº 13.886, de 2019)

§ 5º Na alienação de veículos, embarcações ou aeronaves deverão ser observadas as disposições dos §§ 13 e 15 do art. 61 desta Lei. (Incluído pela Lei nº 13.886, de 2019)

§ 6º Aplica-se às alienações de que trata este artigo a proibição relativa à cobrança de multas, encargos ou tributos prevista no § 14 do art. 61 desta Lei. (Incluído pela Lei nº 13.886, de 2019)

§ 7º A Senad, do Ministério da Justiça e Segurança Pública, pode celebrar convênios ou instrumentos congêneres com órgãos e entidades da União, dos Estados, do Distrito Federal ou dos Municípios, bem como com comunidades terapêuticas acolhedoras, a fim de dar imediato cumprimento ao estabelecido neste artigo. (Incluído pela Lei nº 13.886, de 2019)

§ 8º Observados os procedimentos licitatórios previstos em lei, fica autorizada a contratação da iniciativa privada para a execução das ações de avaliação, de administração e de alienação dos bens a que se refere esta Lei. (Incluído pela Lei nº 13.886, de 2019)

Art. 63-D. Compete ao Ministério da Justiça e Segurança Pública regulamentar os procedimentos relativos à administração, à preservação e à destinação dos recursos provenientes de delitos e atos ilícitos e estabelecer os valores abaixo dos quais se deve proceder à sua destruição ou inutilização. (Incluído pela Lei nº 13.886, de 2019)

Art. 63-E. O produto da alienação dos bens apreendidos ou confiscados será revertido integralmente ao Funad, nos termos do parágrafo único do art. 243 da Constituição Federal, vedada a sub-rogação sobre o valor da arrematação para saldar eventuais multas, encargos ou tributos pendentes de pagamento. (Incluído pela Lei nº 13.886, de 2019)

Parágrafo único. O disposto no caput deste artigo não prejudica o ajuizamento de execução fiscal em relação aos antigos devedores. (Incluído pela Lei nº 13.886, de 2019)

Art. 63-F. Na hipótese de condenação por infrações às quais esta Lei comine pena máxima superior a 6 (seis) anos de reclusão, poderá ser decretada a perda, como produto ou proveito do crime, dos bens correspondentes à diferença entre o valor do patrimônio do condenado e aquele compatível com o seu rendimento lícito. (Incluído pela Lei nº 13.886, de 2019)

§ 1º A decretação da perda prevista no caput deste artigo fica condicionada à existência de elementos probatórios que indiquem conduta criminosa habitual, reiterada ou profissional do condenado ou sua vinculação a organização criminosa. (Incluído pela Lei nº 13.886, de 2019)

§ 2º Para efeito da perda prevista no caput deste artigo, entende-se por patrimônio do condenado todos os bens: (Incluído pela Lei nº 13.886, de 2019)

I - de sua titularidade, ou sobre os quais tenha domínio e benefício direto ou indireto, na data da infração penal, ou recebidos posteriormente; e (Incluído pela Lei nº 13.886, de 2019)

II - transferidos a terceiros a título gratuito ou mediante contraprestação irrisória, a partir do início da atividade criminal. (Incluído pela Lei nº 13.886, de 2019)

§ 3º O condenado poderá demonstrar a inexistência da incompatibilidade ou a procedência lícita do patrimônio. (Incluído pela Lei nº 13.886, de 2019)

Art. 64. A União, por intermédio da Senad, poderá firmar convênio com os Estados, com o Distrito Federal e com organismos orientados para a prevenção do uso indevido de drogas, a atenção e a reinserção social de usuários ou dependentes e a atuação na repressão à produção não autorizada e ao tráfico ilícito de drogas, com vistas na liberação de equipamentos e de recursos por ela arrecadados, para a implantação e execução de programas relacionados à questão das drogas.

TÍTULO V - DA COOPERAÇÃO INTERNACIONAL

Art. 65. De conformidade com os princípios da não-intervenção em assuntos internos, da igualdade jurídica e do respeito à integridade territorial dos Estados e às leis e aos regulamentos nacionais em vigor, e observado o espírito das Convenções das Nações Unidas e outros instrumentos jurídicos internacionais relacionados à questão das drogas, de que o Brasil é parte, o governo brasileiro prestará, quando solicitado, cooperação a outros países e organismos internacionais e, quando necessário, deles solicitará a colaboração, nas áreas de:

I - intercâmbio de informações sobre legislações, experiências, projetos e programas voltados para atividades de prevenção do uso indevido, de atenção e de reinserção social de usuários e dependentes de drogas;

II - intercâmbio de inteligência policial sobre produção e tráfico de drogas e delitos conexos, em especial o tráfico de armas, a lavagem de dinheiro e o desvio de precursores químicos;

III - intercâmbio de informações policiais e judiciais sobre produtores e traficantes de drogas e seus precursores químicos.

TÍTULO V-A - (Incluído pela Lei nº 13.840, de 2019) - DO FINANCIAMENTO DAS POLÍTICAS SOBRE DROGAS

Art. 65-A . (VETADO). (Incluído pela Lei nº 13.840, de 2019)

TÍTULO VI - DISPOSIÇÕES FINAIS E TRANSITÓRIAS

Art. 66. Para fins do disposto no parágrafo único do art. 1º desta Lei, até que seja atualizada a terminologia da lista mencionada no preceito, denominam-se drogas substâncias entorpecentes, psicotrópicas, precursoras e outras sob controle especial, da Portaria SVS/MS nº 344, de 12 de maio de 1998.

Art. 67. A liberação dos recursos previstos na Lei nº 7.560, de 19 de dezembro de 1986, em favor de Estados e do Distrito Federal, dependerá de sua adesão e respeito às diretrizes básicas contidas nos convênios firmados e do fornecimento de dados necessários à atualização do sistema previsto no art. 17 desta Lei, pelas respectivas polícias judiciárias.

Art. 67-A. Os gestores e entidades que recebam recursos públicos para execução das políticas sobre drogas deverão garantir o acesso às suas instalações, à documentação e a todos os elementos necessários à efetiva fiscalização pelos órgãos competentes. (Incluído pela Lei nº 13.840, de 2019)

Art. 68. A União, os Estados, o Distrito Federal e os Municípios poderão criar estímulos fiscais e outros, destinados às pessoas físicas e jurídicas que colaborem na prevenção do uso indevido de drogas, atenção e reinserção social de usuários e dependentes e na repressão da produção não autorizada e do tráfico ilícito de drogas.

Art. 69. No caso de falência ou liquidação extrajudicial de empresas ou estabelecimentos hospitalares, de pesquisa, de ensino, ou congêneres, assim como nos serviços de saúde que produzirem, venderem, adquirirem, consumirem, prescreverem ou fornecerem drogas ou de qualquer outro em que existam essas substâncias ou produtos, incumbe ao juízo perante o qual tramite o feito:

I - determinar, imediatamente à ciência da falência ou liquidação, sejam lacradas suas instalações;

II - ordenar à autoridade sanitária competente a urgente adoção das medidas necessárias ao recebimento e guarda, em depósito, das drogas arrecadadas;

III - dar ciência ao órgão do Ministério Público, para acompanhar o feito.

§ 1º Da licitação para alienação de substâncias ou produtos não proscritos referidos no inciso II do caput deste artigo, só podem participar pessoas jurídicas regularmente habilitadas na área de saúde ou de pesquisa científica que comprovem a destinação lícita a ser dada ao produto a ser arrematado.

§ 2º Ressalvada a hipótese de que trata o § 3º deste artigo, o produto não arrematado será, ato contínuo à hasta pública, destruído pela autoridade sanitária, na presença dos Conselhos Estaduais sobre Drogas e do Ministério Público.

§ 3º Figurando entre o praceado e não arrematadas especialidades farmacêuticas em condições de emprego terapêutico, ficarão elas depositadas sob a guarda do Ministério da Saúde, que as destinará à rede pública de saúde.

Art. 70. O processo e o julgamento dos crimes previstos nos arts. 33 a 37 desta Lei, se caracterizado ilícito transnacional, são da competência da Justiça Federal.

Parágrafo único. Os crimes praticados nos Municípios que não sejam sede de vara federal serão processados e julgados na vara federal da circunscrição respectiva.

Art. 71. (VETADO)

Art. 72. Encerrado o processo criminal ou arquivado o inquérito policial, o juiz, de ofício, mediante representação da autoridade de polícia judiciária, ou a requerimento do Ministério Público, determinará a destruição das amostras guardadas para contraprova, certificando nos autos. (Redação dada pela Lei nº 13.840, de 2019)

Art. 73. A União poderá estabelecer convênios com os Estados e com o Distrito Federal, visando à prevenção e repressão do tráfico ilícito e do uso indevido de drogas, e com os Municípios, com o objetivo de prevenir o uso indevido delas e de possibilitar a atenção e reinserção social de usuários e dependentes de drogas. (Redação dada pela Lei nº 12.219, de 2010)

Art. 74. Esta Lei entra em vigor 45 (quarenta e cinco) dias após a sua publicação.

Art. 75. Revogam-se a Lei nº 6.368, de 21 de outubro de 1976, e a Lei nº 10.409, de 11 de janeiro de 2002.

14. LEI Nº 12.037, DE 1º DE OUTUBRO DE 2009

Constituição Federal, art. 5º, inciso LVIII
(Vide Lei nº 13.964, de 2019)

Dispõe sobre a identificação criminal do civilmente identificado, regulamentando o art. 5º, inciso LVIII, da Constituição Federal.

O VICE – PRESIDENTE DA REPÚBLICA, no exercício do cargo de PRESIDENTE DA REPÚBLICA Faço saber que o Congresso Nacional decreta e eu sanciono a seguinte Lei:

Art. 1º O civilmente identificado não será submetido a identificação criminal, salvo nos casos previstos nesta Lei.

Art. 2º A identificação civil é atestada por qualquer dos seguintes documentos:

I - carteira de identidade;
II - carteira de trabalho;
III - carteira profissional;
IV - passaporte;
V - carteira de identificação funcional;
VI - outro documento público que permita a identificação do indiciado.

Parágrafo único. Para as finalidades desta Lei, equiparam-se aos documentos de identificação civis os documentos de identificação militares.

Art. 3º Embora apresentado documento de identificação, poderá ocorrer identificação criminal quando:

I - o documento apresentar rasura ou tiver indício de falsificação;

II - o documento apresentado for insuficiente para identificar cabalmente o indiciado;

III - o indiciado portar documentos de identidade distintos, com informações conflitantes entre si;

IV - a identificação criminal for essencial às investigações policiais, segundo despacho da autoridade judiciária competente, que decidirá de ofício ou mediante representação da autoridade policial, do Ministério Público ou da defesa;

V - constar de registros policiais o uso de outros nomes ou diferentes qualificações;

VI - o estado de conservação ou a distância temporal ou da localidade da expedição do documento apresentado impossibilite a completa identificação dos caracteres essenciais.

Parágrafo único. As cópias dos documentos apresentados deverão ser juntadas aos autos do inquérito, ou outra forma de investigação, ainda que consideradas insuficientes para identificar o indiciado.

Art. 4º Quando houver necessidade de identificação criminal, a autoridade encarregada tomará as providências necessárias para evitar o constrangimento do identificado.

Art. 5º A identificação criminal incluirá o processo datiloscópico e o fotográfico, que serão juntados aos autos da comunicação da prisão em flagrante, ou do inquérito policial ou outra forma de investigação.

Parágrafo único. Na hipótese do inciso IV do art. 3º, a identificação criminal poderá incluir a coleta de material biológico para a obtenção do perfil genético. (Incluído pela Lei nº 12.654, de 2012)

Art. 5º-A. Os dados relacionados à coleta do perfil genético deverão ser armazenados em banco de dados de perfis genéticos, gerenciado por unidade oficial de perícia criminal. (Incluído pela Lei nº 12.654, de 2012)

§ 1º As informações genéticas contidas nos bancos de dados de perfis genéticos não poderão revelar traços somáticos ou comportamentais das pessoas, exceto determinação genética de gênero, consoante as normas constitucionais e internacionais sobre direitos humanos, genoma humano e dados genéticos. (Incluído pela Lei nº 12.654, de 2012)

§ 2º Os dados constantes dos bancos de dados de perfis genéticos terão caráter sigiloso, respondendo civil, penal e administrativamente aquele que permitir ou promover sua utilização para fins diversos dos previstos nesta Lei ou em decisão judicial. (Incluído pela Lei nº 12.654, de 2012)

§ 3º As informações obtidas a partir da coincidência de perfis genéticos deverão ser consignadas em laudo pericial firmado por perito oficial devidamente habilitado. (Incluído pela Lei nº 12.654, de 2012)

Art. 6º É vedado mencionar a identificação criminal do indiciado em atestados de antecedentes ou em informações não destinadas ao juízo criminal, antes do trânsito em julgado da sentença condenatória.

Art. 7º No caso de não oferecimento da denúncia, ou sua rejeição, ou absolvição, é facultado ao indiciado ou ao réu, após o arquivamento definitivo do inquérito, ou trânsito em julgado da sentença, requerer a retirada da identificação fotográfica do inquérito ou processo, desde que apresente provas de sua identificação civil.

Art. 7º-A. A exclusão dos perfis genéticos dos bancos de dados ocorrerá: (Redação dada pela Lei nº 13.964, de 2019)

I - no caso de absolvição do acusado; ou (Incluído pela Lei nº 13.964, de 2019)

II - no caso de condenação do acusado, mediante requerimento, após decorridos 20 (vinte) anos do cumprimento da pena. (Incluído pela Lei nº 13.964, de 2019)

Art. 7º-B. A identificação do perfil genético será armazenada em banco de dados sigiloso, conforme regulamento a ser expedido pelo Poder Executivo. (Incluído pela Lei nº 12.654, de 2012)

Art. 7º-C. Fica autorizada a criação, no Ministério da Justiça e Segurança Pública, do Banco Nacional Multibiométrico e de Impressões Digitais. (Incluído pela Lei nº 13.964, de 2019)

§ 1º A formação, a gestão e o acesso ao Banco Nacional Multibiométrico e de Impressões Digitais serão regulamentados em ato do Poder Executivo federal. (Incluído pela Lei nº 13.964, de 2019)

§ 2º O Banco Nacional Multibiométrico e de Impressões Digitais tem como objetivo armazenar dados de registros biométricos, de impressões digitais e, quando possível, de íris, face e voz, para subsidiar investigações criminais federais, estaduais ou distritais. (Incluído pela Lei nº 13.964, de 2019)

§ 3º O Banco Nacional Multibiométrico e de Impressões Digitais será integrado pelos registros biométricos, de impressões digitais, de íris, face e voz colhidos em investigações criminais ou por ocasião da identificação criminal. (Incluído pela Lei nº 13.964, de 2019)

§ 4º Poderão ser colhidos os registros biométricos, de impressões digitais, de íris, face e voz dos presos provisórios ou definitivos quando não tiverem sido extraídos por ocasião da identificação criminal. (Incluído pela Lei nº 13.964, de 2019)

§ 5º Poderão integrar o Banco Nacional Multibiométrico e de Impressões Digitais, ou com ele interoperar, os dados de registros constantes em quaisquer bancos de dados geridos por órgãos dos Poderes Executivo, Legislativo e Judiciário das esferas federal, estadual e distrital, inclusive pelo Tribunal Superior Eleitoral e pelos Institutos de Identificação Civil. (Incluído pela Lei nº 13.964, de 2019)

§ 6º No caso de bancos de dados de identificação de natureza civil, administrativa ou eleitoral, a integração ou o compartilhamento dos registros do Banco Nacional Multibiométrico e de Impressões Digitais será limitado às impressões digitais e às informações necessárias para identificação do seu titular. (Incluído pela Lei nº 13.964, de 2019)

§ 7º A integração ou a interoperação dos dados de registros multibiométricos constantes de outros bancos de dados com o Banco Nacional Multibiométrico e de Impressões Digitais ocorrerá por meio de acordo ou convênio com a unidade gestora. (Incluído pela Lei nº 13.964, de 2019)

§ 8º Os dados constantes do Banco Nacional Multibiométrico e de Impressões Digitais terão caráter sigiloso, e aquele que permitir ou promover sua utilização para fins diversos dos previstos nesta Lei ou em decisão judicial responderá civil, penal e administrativamente. (Incluído pela Lei nº 13.964, de 2019)

§ 9º As informações obtidas a partir da coincidência de registros biométricos relacionados a crimes deverão ser consignadas em laudo pericial firmado por perito oficial habilitado. (Incluído pela Lei nº 13.964, de 2019)

§ 10. É vedada a comercialização, total ou parcial, da base de dados do Banco Nacional Multibiométrico e de Impressões Digitais. (Incluído pela Lei nº 13.964, de 2019)

§ 11. A autoridade policial e o Ministério Público poderão requerer ao juiz competente, no caso de inquérito ou ação penal instaurados, o acesso ao Banco Nacional Multibiométrico e de Impressões Digitais. (Incluído pela Lei nº 13.964, de 2019)

Art. 8º Esta Lei entra em vigor na data de sua publicação.

Art. 9º Revoga-se a Lei nº 10.054, de 7 de dezembro de 2000.

15. LEI Nº 12.830, DE 20 DE JUNHO DE 2013

Dispõe sobre a investigação criminal conduzida pelo delegado de polícia.

A PRESIDENTA DA REPÚBLICA Faço saber que o Congresso Nacional decreta e eu sanciono a seguinte Lei:

Art. 1º Esta Lei dispõe sobre a investigação criminal conduzida pelo delegado de polícia.

Art. 2º As funções de polícia judiciária e a apuração de infrações penais exercidas pelo delegado de polícia são de natureza jurídica, essenciais e exclusivas de Estado.

§ 1º Ao delegado de polícia, na qualidade de autoridade policial, cabe a condução da investigação criminal por meio de inquérito policial ou outro procedimento previsto em lei, que tem como objetivo a apuração das circunstâncias, da materialidade e da autoria das infrações penais.

§ 2º Durante a investigação criminal, cabe ao delegado de polícia a requisição de perícia, informações, documentos e dados que interessem à apuração dos fatos.

§ 3º (VETADO).

§ 4º O inquérito policial ou outro procedimento previsto em lei em curso somente poderá ser avocado ou redistribuído por superior hierárquico, mediante despacho fundamentado, por motivo de interesse público ou nas hipóteses de inobservância dos procedimentos previstos em regulamento da corporação que prejudique a eficácia da investigação.

§ 5º A remoção do delegado de polícia dar-se-á somente por ato fundamentado.

§ 6º O indiciamento, privativo do delegado de polícia, dar-se-á por ato fundamentado, mediante análise técnico-jurídica do fato, que deverá indicar a autoria, materialidade e suas circunstâncias.

Art. 3º O cargo de delegado de polícia é privativo de bacharel em Direito, devendo-lhe ser dispensado o mesmo tratamento

protocolar que recebem os magistrados, os membros da Defensoria Pública e do Ministério Público e os advogados.

Art. 4º Esta Lei entra em vigor na data de sua publicação.

16. LEI Nº 12.846, DE 1º DE AGOSTO DE 2013.

Dispõe sobre a responsabilização administrativa e civil de pessoas jurídicas pela prática de atos contra a administração pública, nacional ou estrangeira, e dá outras providências.

A PRESIDENTA DA REPÚBLICA Faço saber que o Congresso Nacional decreta e eu sanciono a seguinte Lei:

CAPÍTULO I - DISPOSIÇÕES GERAIS

Art. 1º Esta Lei dispõe sobre a responsabilização objetiva administrativa e civil de pessoas jurídicas pela prática de atos contra a administração pública, nacional ou estrangeira.

Parágrafo único. Aplica-se o disposto nesta Lei às sociedades empresárias e às sociedades simples, personificadas ou não, independentemente da forma de organização ou modelo societário adotado, bem como a quaisquer fundações, associações de entidades ou pessoas, ou sociedades estrangeiras, que tenham sede, filial ou representação no território brasileiro, constituídas de fato ou de direito, ainda que temporariamente.

Art. 2º As pessoas jurídicas serão responsabilizadas objetivamente, nos âmbitos administrativo e civil, pelos atos lesivos previstos nesta Lei praticados em seu interesse ou benefício, exclusivo ou não.

Art. 3º A responsabilização da pessoa jurídica não exclui a responsabilidade individual de seus dirigentes ou administradores ou de qualquer pessoa natural, autora, coautora ou partícipe do ato ilícito.

§ 1º A pessoa jurídica será responsabilizada independentemente da responsabilização individual das pessoas naturais referidas no caput.

§ 2º Os dirigentes ou administradores somente serão responsabilizados por atos ilícitos na medida da sua culpabilidade.

Art. 4º Subsiste a responsabilidade da pessoa jurídica na hipótese de alteração contratual, transformação, incorporação, fusão ou cisão societária.

§ 1º Nas hipóteses de fusão e incorporação, a responsabilidade da sucessora será restrita à obrigação de pagamento de multa e reparação integral do dano causado, até o limite do patrimônio transferido, não lhe sendo aplicáveis as demais sanções previstas nesta Lei decorrentes de atos e fatos ocorridos antes da data da fusão ou incorporação, exceto no caso de simulação ou evidente intuito de fraude, devidamente comprovados.

§ 2º As sociedades controladoras, controladas, coligadas ou, no âmbito do respectivo contrato, as consorciadas serão solidariamente responsáveis pela prática dos atos previstos nesta Lei, restringindo-se tal responsabilidade à obrigação de pagamento de multa e reparação integral do dano causado.

CAPÍTULO II - DOS ATOS LESIVOS À ADMINISTRAÇÃO PÚBLICA NACIONAL OU ESTRANGEIRA

Art. 5º Constituem atos lesivos à administração pública, nacional ou estrangeira, para os fins desta Lei, todos aqueles praticados pelas pessoas jurídicas mencionadas no parágrafo único do art. 1º, que atentem contra o patrimônio público nacional ou estrangeiro, contra princípios da administração pública ou contra os compromissos internacionais assumidos pelo Brasil, assim definidos:

I - prometer, oferecer ou dar, direta ou indiretamente, vantagem indevida a agente público, ou a terceira pessoa a ele relacionada;

II - comprovadamente, financiar, custear, patrocinar ou de qualquer modo subvencionar a prática dos atos ilícitos previstos nesta Lei;

III - comprovadamente, utilizar-se de interposta pessoa física ou jurídica para ocultar ou dissimular seus reais interesses ou a identidade dos beneficiários dos atos praticados;

IV - no tocante a licitações e contratos:

a) frustrar ou fraudar, mediante ajuste, combinação ou qualquer outro expediente, o caráter competitivo de procedimento licitatório público;

b) impedir, perturbar ou fraudar a realização de qualquer ato de procedimento licitatório público;

c) afastar ou procurar afastar licitante, por meio de fraude ou oferecimento de vantagem de qualquer tipo;

d) fraudar licitação pública ou contrato dela decorrente;

e) criar, de modo fraudulento ou irregular, pessoa jurídica para participar de licitação pública ou celebrar contrato administrativo;

f) obter vantagem ou benefício indevido, de modo fraudulento, de modificações ou prorrogações de contratos celebrados com a administração pública, sem autorização em lei, no ato convocatório da licitação pública ou nos respectivos instrumentos contratuais; ou

g) manipular ou fraudar o equilíbrio econômico-financeiro dos contratos celebrados com a administração pública;

V - dificultar atividade de investigação ou fiscalização de órgãos, entidades ou agentes públicos, ou intervir em sua atuação, inclusive no âmbito das agências reguladoras e dos órgãos de fiscalização do sistema financeiro nacional.

§ 1º Considera-se administração pública estrangeira os órgãos e entidades estatais ou representações diplomáticas de país estrangeiro, de qualquer nível ou esfera de governo, bem como as pessoas jurídicas controladas, direta ou indiretamente, pelo poder público de país estrangeiro.

§ 2º Para os efeitos desta Lei, equiparam-se à administração pública estrangeira as organizações públicas internacionais.

§ 3º Considera-se agente público estrangeiro, para os fins desta Lei, quem, ainda que transitoriamente ou sem remuneração, exerça cargo, emprego ou função pública em órgãos, entidades estatais ou em representações diplomáticas de país estrangeiro, assim como em pessoas jurídicas controladas, direta ou indiretamente, pelo poder público de país estrangeiro ou em organizações públicas internacionais.

CAPÍTULO III - DA RESPONSABILIZAÇÃO ADMINISTRATIVA

Art. 6º Na esfera administrativa, serão aplicadas às pessoas jurídicas consideradas responsáveis pelos atos lesivos previstos nesta Lei as seguintes sanções:

I - multa, no valor de 0,1% (um décimo por cento) a 20% (vinte por cento) do faturamento bruto do último exercício anterior ao da instauração do processo administrativo, excluídos os tributos, a qual nunca será inferior à vantagem auferida, quando for possível sua estimação; e

II - publicação extraordinária da decisão condenatória.

§ 1º As sanções serão aplicadas fundamentalmente, isolada ou cumulativamente, de acordo com as peculiaridades do caso concreto e com a gravidade e natureza das infrações.

§ 2º A aplicação das sanções previstas neste artigo será precedida da manifestação jurídica elaborada pela Advocacia Pública ou pelo órgão de assistência jurídica, ou equivalente, do ente público.

§ 3º A aplicação das sanções previstas neste artigo não exclui, em qualquer hipótese, a obrigação da reparação integral do dano causado.

§ 4º Na hipótese do inciso I do caput, caso não seja possível utilizar o critério do valor do faturamento bruto da pessoa jurídica, a multa será de R$ 6.000,00 (seis mil reais) a R$ 60.000.000,00 (sessenta milhões de reais).

§ 5º A publicação extraordinária da decisão condenatória ocorrerá na forma de extrato de sentença, a expensas da pessoa jurídica, em meios de comunicação de grande circulação na área da prática da infração e de atuação da pessoa jurídica

ou, na sua falta, em publicação de circulação nacional, bem como por meio de afixação de edital, pelo prazo mínimo de 30 (trinta) dias, no próprio estabelecimento ou no local de exercício da atividade, de modo visível ao público, e no sítio eletrônico na rede mundial de computadores.

§ 6º (VETADO).

Art. 7º Serão levados em consideração na aplicação das sanções:

I - a gravidade da infração;
II - a vantagem auferida ou pretendida pelo infrator;
III - a consumação ou não da infração;
IV - o grau de lesão ou perigo de lesão;
V - o efeito negativo produzido pela infração;
VI - a situação econômica do infrator;
VII - a cooperação da pessoa jurídica para a apuração das infrações;
VIII - a existência de mecanismos e procedimentos internos de integridade, auditoria e incentivo à denúncia de irregularidades e a aplicação efetiva de códigos de ética e de conduta no âmbito da pessoa jurídica;
IX - o valor dos contratos mantidos pela pessoa jurídica com o órgão ou entidade pública lesados; e
X - (VETADO).

Parágrafo único. Os parâmetros de avaliação de mecanismos e procedimentos previstos no inciso VIII do caput serão estabelecidos em regulamento do Poder Executivo federal.

CAPÍTULO IV - DO PROCESSO ADMINISTRATIVO DE RESPONSABILIZAÇÃO

Art. 8º A instauração e o julgamento de processo administrativo para apuração da responsabilidade de pessoa jurídica cabem à autoridade máxima de cada órgão ou entidade dos Poderes Executivo, Legislativo e Judiciário, que agirá de ofício ou mediante provocação, observados o contraditório e a ampla defesa.

§ 1º A competência para a instauração e o julgamento do processo administrativo de apuração de responsabilidade da pessoa jurídica poderá ser delegada, vedada a subdelegação.

§ 2º No âmbito do Poder Executivo federal, a Controladoria-Geral da União - CGU terá competência concorrente para instaurar processos administrativos de responsabilização de pessoas jurídicas ou para avocar os processos instaurados com fundamento nesta Lei, para exame de sua regularidade ou para corrigir-lhes o andamento.

Art. 9º Competem à Controladoria-Geral da União - CGU a apuração, o processo e o julgamento dos atos ilícitos previstos nesta Lei, praticados contra a administração pública estrangeira, observado o disposto no Artigo 4 da Convenção sobre o Combate da Corrupção de Funcionários Públicos Estrangeiros em Transações Comerciais Internacionais, promulgada pelo Decreto nº 3.678, de 30 de novembro de 2000.

Art. 10. O processo administrativo para apuração da responsabilidade de pessoa jurídica será conduzido por comissão designada pela autoridade instauradora e composta por 2 (dois) ou mais servidores estáveis.

§ 1º O ente público, por meio do seu órgão de representação judicial, ou equivalente, a pedido da comissão a que se refere o caput, poderá requerer as medidas judiciais necessárias para a investigação e o processamento das infrações, inclusive de busca e apreensão.

§ 2º A comissão poderá, cautelarmente, propor à autoridade instauradora que suspenda os efeitos do ato ou processo objeto da investigação.

§ 3º A comissão deverá concluir o processo no prazo de 180 (cento e oitenta) dias contados da data da publicação do ato que a instituir e, ao final, apresentar relatórios sobre os fatos apurados e eventual responsabilidade da pessoa jurídica, sugerindo de forma motivada as sanções a serem aplicadas.

§ 4º O prazo previsto no § 3º poderá ser prorrogado, mediante ato fundamentado da autoridade instauradora.

Art. 11. No processo administrativo para apuração de responsabilidade, será concedido à pessoa jurídica prazo de 30 (trinta) dias para defesa, contados a partir da intimação.

Art. 12. O processo administrativo, com o relatório da comissão, será remetido à autoridade instauradora, na forma do art. 10, para julgamento.

Art. 13. A instauração de processo administrativo específico de reparação integral do dano não prejudica a aplicação imediata das sanções estabelecidas nesta Lei.

Parágrafo único. Concluído o processo e não havendo pagamento, o crédito apurado será inscrito em dívida ativa da fazenda pública.

Art. 14. A personalidade jurídica poderá ser desconsiderada sempre que utilizada com abuso do direito para facilitar, encobrir ou dissimular a prática dos atos ilícitos previstos nesta Lei ou para provocar confusão patrimonial, sendo estendidos todos os efeitos das sanções aplicadas à pessoa jurídica aos seus administradores e sócios com poderes de administração, observados o contraditório e a ampla defesa.

Art. 15. A comissão designada para apuração da responsabilidade de pessoa jurídica, após a conclusão do procedimento administrativo, dará conhecimento ao Ministério Público de sua existência, para apuração de eventuais delitos.

CAPÍTULO V - DO ACORDO DE LENIÊNCIA

Art. 16. A autoridade máxima de cada órgão ou entidade pública poderá celebrar acordo de leniência com as pessoas jurídicas responsáveis pela prática dos atos previstos nesta Lei que colaborem efetivamente com as investigações e o processo administrativo, sendo que dessa colaboração resulte:

I - a identificação dos demais envolvidos na infração, quando couber; e
II - a obtenção célere de informações e documentos que comprovem o ilícito sob apuração.

§ 1º O acordo de que trata o caput somente poderá ser celebrado se preenchidos, cumulativamente, os seguintes requisitos:

I - a pessoa jurídica seja a primeira a se manifestar sobre seu interesse em cooperar para a apuração do ato ilícito;
II - a pessoa jurídica cesse completamente seu envolvimento na infração investigada a partir da data de propositura do acordo;
III - a pessoa jurídica admita sua participação no ilícito e coopere plena e permanentemente com as investigações e o processo administrativo, comparecendo, sob suas expensas, sempre que solicitada, a todos os atos processuais, até seu encerramento.

2º A celebração do acordo de leniência isentará a pessoa jurídica das sanções previstas no inciso II do art. 6º e no inciso IV do art. 19 e reduzirá em até 2/3 (dois terços) o valor da multa aplicável.

§ 3º O acordo de leniência não exime a pessoa jurídica da obrigação de reparar integralmente o dano causado.

§ 4º O acordo de leniência estipulará as condições necessárias para assegurar a efetividade da colaboração e o resultado útil do processo.

§ 5º Os efeitos do acordo de leniência serão estendidos às pessoas jurídicas que integram o mesmo grupo econômico, de fato e de direito, desde que firmem o acordo em conjunto, respeitadas as condições nele estabelecidas.

§ 6º A proposta de acordo de leniência somente se tornará pública após a efetivação do respectivo acordo, salvo no interesse das investigações e do processo administrativo.

§ 7º Não importará em reconhecimento da prática do ato ilícito investigado a proposta de acordo de leniência rejeitada.

§ 8º Em caso de descumprimento do acordo de leniência, a pessoa jurídica ficará impedida de celebrar novo acordo pelo

prazo de 3 (três) anos contados do conhecimento pela administração pública do referido descumprimento.

§ 9º A celebração do acordo de leniência interrompe o prazo prescricional dos atos ilícitos previstos nesta Lei.

§ 10. A Controladoria-Geral da União - CGU é o órgão competente para celebrar os acordos de leniência no âmbito do Poder Executivo federal, bem como no caso de atos lesivos praticados contra a administração pública estrangeira.

Art. 17. A administração pública poderá também celebrar acordo de leniência com a pessoa jurídica responsável pela prática de ilícitos previstos na Lei nº 8.666, de 21 de junho de 1993, com vistas à isenção ou atenuação das sanções administrativas estabelecidas em seus arts. 86 a 88.

CAPÍTULO VI - DA RESPONSABILIZAÇÃO JUDICIAL

Art. 18. Na esfera administrativa, a responsabilidade da pessoa jurídica não afasta a possibilidade de sua responsabilização na esfera judicial.

Art. 19. Em razão da prática de atos previstos no art. 5º desta Lei, a União, os Estados, o Distrito Federal e os Municípios, por meio das respectivas Advocacias Públicas ou órgãos de representação judicial, ou equivalentes, e o Ministério Público, poderão ajuizar ação com vistas à aplicação das seguintes sanções às pessoas jurídicas infratoras:

I - perdimento dos bens, direitos ou valores que representem vantagem ou proveito direta ou indiretamente obtidos da infração, ressalvado o direito do lesado ou de terceiro de boa-fé;

II - suspensão ou interdição parcial de suas atividades;

III - dissolução compulsória da pessoa jurídica;

IV - proibição de receber incentivos, subsídios, subvenções, doações ou empréstimos de órgãos ou entidades públicas e de instituições financeiras públicas ou controladas pelo poder público, pelo prazo mínimo de 1 (um) e máximo de 5 (cinco) anos.

§ 1º A dissolução compulsória da pessoa jurídica será determinada quando comprovado:

I - ter sido a personalidade jurídica utilizada de forma habitual para facilitar ou promover a prática de atos ilícitos; ou

II - ter sido constituída para ocultar ou dissimular interesses ilícitos ou a identidade dos beneficiários dos atos praticados.

§ 2º (VETADO).

§ 3º As sanções poderão ser aplicadas de forma isolada ou cumulativa.

§ 4º O Ministério Público ou a Advocacia Pública ou órgão de representação judicial, ou equivalente, do ente público poderá requerer a indisponibilidade de bens, direitos ou valores necessários à garantia do pagamento da multa ou da reparação integral do dano causado, conforme previsto no art. 7º, ressalvado o direito do terceiro de boa-fé.

Art. 20. Nas ações ajuizadas pelo Ministério Público, poderão ser aplicadas as sanções previstas no art. 6º, sem prejuízo daquelas previstas neste Capítulo, desde que constatada a omissão das autoridades competentes para promover a responsabilização administrativa.

Art. 21. Nas ações de responsabilização judicial, será adotado o rito previsto na Lei nº 7.347, de 24 de julho de 1985.

Parágrafo único. A condenação torna certa a obrigação de reparar, integralmente, o dano causado pelo ilícito, cujo valor será apurado em posterior liquidação, se não constar expressamente da sentença.

CAPÍTULO VII - DISPOSIÇÕES FINAIS

Art. 22. Fica criado no âmbito do Poder Executivo federal o Cadastro Nacional de Empresas Punidas - CNEP, que reunirá e dará publicidade às sanções aplicadas pelos órgãos ou entidades dos Poderes Executivo, Legislativo e Judiciário de todas as esferas de governo com base nesta Lei.

§ 1º Os órgãos e entidades referidos no caput deverão informar e manter atualizados, no Cnep, os dados relativos às sanções por eles aplicadas.

§ 2º O Cnep conterá, entre outras, as seguintes informações acerca das sanções aplicadas:

I - razão social e número de inscrição da pessoa jurídica ou entidade no Cadastro Nacional da Pessoa Jurídica - CNPJ;

II - tipo de sanção; e

III - data de aplicação e data final da vigência do efeito limitador ou impeditivo da sanção, quando for o caso.

§ 3º As autoridades competentes, para celebrarem acordos de leniência previstos nesta Lei, também deverão prestar e manter atualizadas no Cnep, após a efetivação do respectivo acordo, as informações acerca do acordo de leniência celebrado, salvo se esse procedimento vier a causar prejuízo às investigações e ao processo administrativo.

§ 4º Caso a pessoa jurídica não cumpra os termos do acordo de leniência, além das informações previstas no § 3º, deverá ser incluída no Cnep referência ao respectivo descumprimento.

§ 5º Os registros das sanções e acordos de leniência serão excluídos depois de decorrido o prazo previamente estabelecido no ato sancionador ou do cumprimento integral do acordo de leniência e da reparação do eventual dano causado, mediante solicitação do órgão ou entidade sancionadora.

Art. 23. Os órgãos ou entidades dos Poderes Executivo, Legislativo e Judiciário de todas as esferas de governo deverão informar e manter atualizados, para fins de publicidade, no Cadastro Nacional de Empresas Inidôneas e Suspensas - CEIS, de caráter público, instituído no âmbito do Poder Executivo federal, os dados relativos às sanções por eles aplicadas, nos termos do disposto nos arts. 87 e 88 da Lei no 8.666, de 21 de junho de 1993.

Art. 24. A multa e o perdimento de bens, direitos ou valores aplicados com fundamento nesta Lei serão destinados preferencialmente aos órgãos ou entidades públicas lesadas.

Art. 25. Prescrevem em 5 (cinco) anos as infrações previstas nesta Lei, contados da data da ciência da infração ou, no caso de infração permanente ou continuada, do dia em que tiver cessado.

Parágrafo único. Na esfera administrativa ou judicial, a prescrição será interrompida com a instauração de processo que tenha por objeto a apuração da infração.

Art. 26. A pessoa jurídica será representada no processo administrativo na forma do seu estatuto ou contrato social.

§ 1º As sociedades sem personalidade jurídica serão representadas pela pessoa a quem couber a administração de seus bens.

§ 2º A pessoa jurídica estrangeira será representada pelo gerente, representante ou administrador de sua filial, agência ou sucursal aberta ou instalada no Brasil.

Art. 27. A autoridade competente que, tendo conhecimento das infrações previstas nesta Lei, não adotar providências para a apuração dos fatos será responsabilizada penal, civil e administrativamente nos termos da legislação específica aplicável.

Art. 28. Esta Lei aplica-se aos atos lesivos praticados por pessoa jurídica brasileira contra a administração pública estrangeira, ainda que cometidos no exterior.

Art. 29. O disposto nesta Lei não exclui as competências do Conselho Administrativo de Defesa Econômica, do Ministério da Justiça e do Ministério da Fazenda para processar e julgar fato que constitua infração à ordem econômica.

Art. 30. A aplicação das sanções previstas nesta Lei não afeta os processos de responsabilização e aplicação de penalidades decorrentes de:

I - ato de improbidade administrativa nos termos da Lei nº 8.429, de 2 de junho de 1992; e

II - atos ilícitos alcançados pela Lei nº 8.666, de 21 de junho de 1993, ou outras normas de licitações e contratos da administração pública, inclusive no tocante ao Regime Diferen-

ciado de Contratações Públicas - RDC instituído pela Lei nº 12.462, de 4 de agosto de 2011.

Art. 31. Esta Lei entra em vigor 180 (cento e oitenta) dias após a data de sua publicação.

17. LEI Nº 12.850, DE 2 DE AGOSTO DE 2013

Define organização criminosa e dispõe sobre a investigação criminal, os meios de obtenção da prova, infrações penais correlatas e o procedimento criminal; altera o Decreto-Lei nº 2.848, de 7 de dezembro de 1940 (Código Penal); revoga a Lei nº 9.034, de 3 de maio de 1995; e dá outras providências.

A PRESIDENTA DA REPÚBLICA Faço saber que o Congresso Nacional decreta e eu sanciono a seguinte Lei:

CAPÍTULO I - DA ORGANIZAÇÃO CRIMINOSA

Art. 1º Esta Lei define organização criminosa e dispõe sobre a investigação criminal, os meios de obtenção da prova, infrações penais correlatas e o procedimento criminal a ser aplicado.

§ 1º Considera-se organização criminosa a associação de 4 (quatro) ou mais pessoas estruturalmente ordenada e caracterizada pela divisão de tarefas, ainda que informalmente, com objetivo de obter, direta ou indiretamente, vantagem de qualquer natureza, mediante a prática de infrações penais cujas penas máximas sejam superiores a 4 (quatro) anos, ou que sejam de caráter transnacional.

§ 2º Esta Lei se aplica também:

I - às infrações penais previstas em tratado ou convenção internacional quando, iniciada a execução no País, o resultado tenha ou devesse ter ocorrido no estrangeiro, ou reciprocamente;

II - às organizações terroristas, entendidas como aquelas voltadas para a prática dos atos de terrorismo legalmente definidos. (Redação dada pela lei nº 13.260, de 2016)

Art. 2º Promover, constituir, financiar ou integrar, pessoalmente ou por interposta pessoa, organização criminosa:

Pena: reclusão, de 3 (três) a 8 (oito) anos, e multa, sem prejuízo das penas correspondentes às demais infrações penais praticadas.

§ 1º Nas mesmas penas incorre quem impede ou, de qualquer forma, embaraça a investigação de infração penal que envolva organização criminosa.

§ 2º As penas aumentam-se até a metade se na atuação da organização criminosa houver emprego de arma de fogo.

§ 3º A pena é agravada para quem exerce o comando, individual ou coletivo, da organização criminosa, ainda que não pratique pessoalmente atos de execução.

§ 4º A pena é aumentada de 1/6 (um sexto) a 2/3 (dois terços):

I - se há participação de criança ou adolescente;

II - se há concurso de funcionário público, valendo-se a organização criminosa dessa condição para a prática de infração penal;

III - se o produto ou proveito da infração penal destinar-se, no todo ou em parte, ao exterior;

IV - se a organização criminosa mantém conexão com outras organizações criminosas independentes;

V - se as circunstâncias do fato evidenciarem a transnacionalidade da organização.

§ 5º Se houver indícios suficientes de que o funcionário público integra organização criminosa, poderá o juiz determinar seu afastamento cautelar do cargo, emprego ou função, sem prejuízo da remuneração, quando a medida se fizer necessária à investigação ou instrução processual.

§ 6º A condenação com trânsito em julgado acarretará ao funcionário público a perda do cargo, função, emprego ou mandato eletivo e a interdição para o exercício de função ou cargo público pelo prazo de 8 (oito) anos subsequentes ao cumprimento da pena.

§ 7º Se houver indícios de participação de policial nos crimes de que trata esta Lei, a Corregedoria de Polícia instaurará inquérito policial e comunicará ao Ministério Público, que designará membro para acompanhar o feito até a sua conclusão.

§ 8º As lideranças de organizações criminosas armadas ou que tenham armas à disposição deverão iniciar o cumprimento da pena em estabelecimentos penais de segurança máxima. (Incluído pela Lei nº 13.964, de 2019)

§ 9º O condenado expressamente em sentença por integrar organização criminosa ou por crime praticado por meio de organização criminosa não poderá progredir de regime de cumprimento de pena ou obter livramento condicional ou outros benefícios prisionais se houver elementos probatórios que indiquem a manutenção do vínculo associativo. (Incluído pela Lei nº 13.964, de 2019)

CAPÍTULO II - DA INVESTIGAÇÃO E DOS MEIOS DE OBTENÇÃO DA PROVA

Art. 3º Em qualquer fase da persecução penal, serão permitidos, sem prejuízo de outros já previstos em lei, os seguintes meios de obtenção da prova:

I - colaboração premiada;

II - captação ambiental de sinais eletromagnéticos, ópticos ou acústicos;

III - ação controlada;

IV - acesso a registros de ligações telefônicas e telemáticas, a dados cadastrais constantes de bancos de dados públicos ou privados e a informações eleitorais ou comerciais;

V - interceptação de comunicações telefônicas e telemáticas, nos termos da legislação específica;

VI - afastamento dos sigilos financeiro, bancário e fiscal, nos termos da legislação específica;

VII - infiltração, por policiais, em atividade de investigação, na forma do art. 11;

VIII - cooperação entre instituições e órgãos federais, distritais, estaduais e municipais na busca de provas e informações de interesse da investigação ou da instrução criminal.

§ 1º Havendo necessidade justificada de manter sigilo sobre a capacidade investigatória, poderá ser dispensada licitação para contratação de serviços técnicos especializados, aquisição ou locação de equipamentos destinados à polícia judiciária para o rastreamento e obtenção de provas previstas nos incisos II e V. (Incluído pela Lei nº 13.097, de 2015)

§ 2º No caso do § 1º, fica dispensada a publicação de que trata o parágrafo único do art. 61 da Lei nº 8.666, de 21 de junho de 1993, devendo ser comunicado o órgão de controle interno da realização da contratação. (Incluído pela Lei nº 13.097, de 2015)

Seção I - Da Colaboração Premiada

Seção I - Da Colaboração Premiada

(Redação dada pela Lei nº 13.964, de 2019)

Art. 3º-A. O acordo de colaboração premiada é negócio jurídico processual e meio de obtenção de prova, que pressupõe utilidade e interesse públicos. (Incluído pela Lei nº 13.964, de 2019)

Art. 3º-B. O recebimento da proposta para formalização de acordo de colaboração demarca o início das negociações e constitui também marco de confidencialidade, configurando violação de sigilo e quebra da confiança e da boa-fé a divulgação de tais tratativas iniciais ou de documento que as formalize, até o levantamento de sigilo por decisão judicial. (Incluído pela Lei nº 13.964, de 2019)

§ 1º A proposta de acordo de colaboração premiada poderá ser sumariamente indeferida, com a devida justificativa, cientificando-se o interessado. (Incluído pela Lei nº 13.964, de 2019)

§ 2º Caso não haja indeferimento sumário, as partes deverão firmar Termo de Confidencialidade para prosseguimento das

tratativas, o que vinculará os órgãos envolvidos na negociação e impedirá o indeferimento posterior sem justa causa. (Incluído pela Lei nº 13.964, de 2019)

§ 3º O recebimento de proposta de colaboração para análise ou o Termo de Confidencialidade não implica, por si só, a suspensão da investigação, ressalvado acordo em contrário quanto à propositura de medidas processuais penais cautelares e assecuratórias, bem como medidas processuais cíveis admitidas pela legislação processual civil em vigor. (Incluído pela Lei nº 13.964, de 2019)

§ 4º O acordo de colaboração premiada poderá ser precedido de instrução, quando houver necessidade de identificação ou complementação de seu objeto, dos fatos narrados, sua definição jurídica, relevância, utilidade e interesse público. (Incluído pela Lei nº 13.964, de 2019)

§ 5º Os termos de recebimento de proposta de colaboração e de confidencialidade serão elaborados pelo celebrante e assinados por ele, pelo colaborador e pelo advogado ou defensor público com poderes específicos. (Incluído pela Lei nº 13.964, de 2019)

§ 6º Na hipótese de não ser celebrado o acordo por iniciativa do celebrante, esse não poderá se valer de nenhuma das informações ou provas apresentadas pelo colaborador, de boa-fé, para qualquer outra finalidade. (Incluído pela Lei nº 13.964, de 2019)

Art. 3º-C. A proposta de colaboração premiada deve estar instruída com procuração do interessado com poderes específicos para iniciar o procedimento de colaboração e suas tratativas, ou firmada pessoalmente pela parte que pretende a colaboração e seu advogado ou defensor público. (Incluído pela Lei nº 13.964, de 2019)

§ 1º Nenhuma tratativa sobre colaboração premiada deve ser realizada sem a presença de advogado constituído ou defensor público. (Incluído pela Lei nº 13.964, de 2019)

§ 2º Em caso de eventual conflito de interesses, ou de colaborador hipossuficiente, o celebrante deverá solicitar a presença de outro advogado ou a participação de defensor público. (Incluído pela Lei nº 13.964, de 2019)

§ 3º No acordo de colaboração premiada, o colaborador deve narrar todos os fatos ilícitos para os quais concorreu e que tenham relação direta com os fatos investigados. (Incluído pela Lei nº 13.964, de 2019)

§ 4º Incumbe à defesa instruir a proposta de colaboração e os anexos com os fatos adequadamente descritos, com todas as suas circunstâncias, indicando as provas e os elementos de corroboração. (Incluído pela Lei nº 13.964, de 2019)

Art. 4º O juiz poderá, a requerimento das partes, conceder o perdão judicial, reduzir em até 2/3 (dois terços) a pena privativa de liberdade ou substituí-la por restritiva de direitos daquele que tenha colaborado efetiva e voluntariamente com a investigação e com o processo criminal, desde que dessa colaboração advenha um ou mais dos seguintes resultados:

I - a identificação dos demais coautores e partícipes da organização criminosa e das infrações penais por eles praticadas;
II - a revelação da estrutura hierárquica e da divisão de tarefas da organização criminosa;
III - a prevenção de infrações penais decorrentes das atividades da organização criminosa;
IV - a recuperação total ou parcial do produto ou do proveito das infrações penais praticadas pela organização criminosa;
V - a localização de eventual vítima com a sua integridade física preservada.

§ 1º Em qualquer caso, a concessão do benefício levará em conta a personalidade do colaborador, a natureza, as circunstâncias, a gravidade e a repercussão social do fato criminoso e a eficácia da colaboração.

§ 2º Considerando a relevância da colaboração prestada, o Ministério Público, a qualquer tempo, e o delegado de polícia, nos autos do inquérito policial, com a manifestação do Ministério Público, poderão requerer ou representar ao juiz pela concessão de perdão judicial ao colaborador, ainda que esse benefício não tenha sido previsto na proposta inicial, aplicando-se, no que couber, o art. 28 do Decreto-Lei nº 3.689, de 3 de outubro de 1941 (Código de Processo Penal).

§ 3º O prazo para oferecimento de denúncia ou o processo, relativos ao colaborador, poderá ser suspenso por até 6 (seis) meses, prorrogáveis por igual período, até que sejam cumpridas as medidas de colaboração, suspendendo-se o respectivo prazo prescricional.

§ 4º Nas mesmas hipóteses do caput deste artigo, o Ministério Público poderá deixar de oferecer denúncia se a proposta de acordo de colaboração referir-se a infração de cuja existência não tenha prévio conhecimento e o colaborador: (Redação dada pela Lei nº 13.964, de 2019)

I - não for o líder da organização criminosa;
II - for o primeiro a prestar efetiva colaboração nos termos deste artigo.

§ 4º-A. Considera-se existente o conhecimento prévio da infração quando o Ministério Público ou a autoridade policial competente tenha instaurado inquérito ou procedimento investigatório para apuração dos fatos apresentados pelo colaborador. (Incluído pela Lei nº 13.964, de 2019)

§ 5º Se a colaboração for posterior à sentença, a pena poderá ser reduzida até a metade ou será admitida a progressão de regime ainda que ausentes os requisitos objetivos.

§ 6º O juiz não participará das negociações realizadas entre as partes para a formalização do acordo de colaboração, que ocorrerá entre o delegado de polícia, o investigado e o defensor, com a manifestação do Ministério Público, ou, conforme o caso, entre o Ministério Público e o investigado ou acusado e seu defensor.

§ 7º Realizado o acordo na forma do § 6º deste artigo, serão remetidos ao juiz, para análise, o respectivo termo, as declarações do colaborador e cópia da investigação, devendo o juiz ouvir sigilosamente o colaborador, acompanhado de seu defensor, oportunidade em que analisará os seguintes aspectos na homologação: (Redação dada pela Lei nº 13.964, de 2019)

I - regularidade e legalidade; (Incluído pela Lei nº 13.964, de 2019)
II - adequação dos benefícios pactuados àqueles previstos no caput e nos §§ 4º e 5º deste artigo, sendo nulas as cláusulas que violem o critério de definição do regime inicial de cumprimento de pena do art. 33 do Decreto-Lei nº 2.848, de 7 de dezembro de 1940 (Código Penal), as regras de cada um dos regimes previstos no Código Penal e na Lei nº 7.210, de 11 de julho de 1984 (Lei de Execução Penal) e os requisitos de progressão de regime não abrangidos pelo § 5º deste artigo; (Incluído pela Lei nº 13.964, de 2019)
III - adequação dos resultados da colaboração aos resultados mínimos exigidos nos incisos I, II, III, IV e V do caput deste artigo; (Incluído pela Lei nº 13.964, de 2019)
IV - voluntariedade da manifestação de vontade, especialmente nos casos em que o colaborador está ou esteve sob efeito de medidas cautelares. (Incluído pela Lei nº 13.964, de 2019)

§ 7º-A O juiz ou o tribunal deve proceder à análise fundamentada do mérito da denúncia, do perdão judicial e das primeiras etapas de aplicação da pena, nos termos do Decreto-Lei nº 2.848, de 7 de dezembro de 1940 (Código Penal) e do Decreto-Lei nº 3.689, de 3 de outubro de 1941 (Código de Processo Penal), antes de conceder os benefícios pactuados, exceto quando o acordo prever o não oferecimento da denúncia na forma dos §§ 4º e 4º-A deste artigo ou já tiver sido proferida sentença. (Incluído pela Lei nº 13.964, de 2019)

§ 7º-B. São nulas de pleno direito as previsões de renúncia ao direito de impugnar a decisão homologatória. (Incluído pela Lei nº 13.964, de 2019)

§ 8º O juiz poderá recusar a homologação da proposta que não atender aos requisitos legais, devolvendo-a às partes

para as adequações necessárias. (Redação dada pela Lei nº 13.964, de 2019).

§ 9º Depois de homologado o acordo, o colaborador poderá, sempre acompanhado pelo seu defensor, ser ouvido pelo membro do Ministério Público ou pelo delegado de polícia responsável pelas investigações.

§ 10. As partes podem retratar-se da proposta, caso em que as provas autoincriminatórias produzidas pelo colaborador não poderão ser utilizadas exclusivamente em seu desfavor.

§ 10-A Em todas as fases do processo, deve-se garantir ao réu delatado a oportunidade de manifestar-se após o decurso do prazo concedido ao réu que o delatou. (Incluído pela Lei nº 13.964, de 2019)

§ 11. A sentença apreciará os termos do acordo homologado e sua eficácia.

§ 12. Ainda que beneficiado por perdão judicial ou não denunciado, o colaborador poderá ser ouvido em juízo a requerimento das partes ou por iniciativa da autoridade judicial.

§ 13. O registro das tratativas e dos atos de colaboração deverá ser feito pelos meios ou recursos de gravação magnética, estenotipia, digital ou técnica similar, inclusive audiovisual, destinados a obter maior fidelidade das informações, garantindo-se a disponibilização de cópia do material ao colaborador. (Redação dada pela Lei nº 13.964, de 2019)

§ 14. Nos depoimentos que prestar, o colaborador renunciará, na presença de seu defensor, ao direito ao silêncio e estará sujeito ao compromisso legal de dizer a verdade.

§ 15. Em todos os atos de negociação, confirmação e execução da colaboração, o colaborador deverá estar assistido por defensor.

§ 16. Nenhuma das seguintes medidas será decretada ou proferida com fundamento apenas nas declarações do colaborador: (Redação dada pela Lei nº 13.964, de 2019)

I - medidas cautelares reais ou pessoais; (Incluído pela Lei nº 13.964, de 2019)

II - recebimento de denúncia ou queixa-crime; (Incluído pela Lei nº 13.964, de 2019)

III - sentença condenatória. (Incluído pela Lei nº 13.964, de 2019)

§ 17. O acordo homologado poderá ser rescindido em caso de omissão dolosa sobre os fatos objeto da colaboração. (Incluído pela Lei nº 13.964, de 2019)

§ 18. O acordo de colaboração premiada pressupõe que o colaborador cesse o envolvimento em conduta ilícita relacionada ao objeto da colaboração, sob pena de rescisão. (Incluído pela Lei nº 13.964, de 2019)

Art. 5º São direitos do colaborador:

I - usufruir das medidas de proteção previstas na legislação específica;

II - ter nome, qualificação, imagem e demais informações pessoais preservados;

III - ser conduzido, em juízo, separadamente dos demais coautores e partícipes;

IV - participar das audiências sem contato visual com os outros acusados;

V - não ter sua identidade revelada pelos meios de comunicação, nem ser fotografado ou filmado, sem sua prévia autorização por escrito;

VI - cumprir pena ou prisão cautelar em estabelecimento penal diverso dos demais corréus ou condenados. (Redação dada pela Lei nº 13.964, de 2019)

Art. 6º O termo de acordo da colaboração premiada deverá ser feito por escrito e conter:

I - o relato da colaboração e seus possíveis resultados;

II - as condições da proposta do Ministério Público ou do delegado de polícia;

III - a declaração de aceitação do colaborador e de seu defensor;

IV - as assinaturas do representante do Ministério Público ou do delegado de polícia, do colaborador e de seu defensor;

V - a especificação das medidas de proteção ao colaborador e à sua família, quando necessário.

Art. 7º O pedido de homologação do acordo será sigilosamente distribuído, contendo apenas informações que não possam identificar o colaborador e o seu objeto.

§ 1º As informações pormenorizadas da colaboração serão dirigidas diretamente ao juiz a que recair a distribuição, que decidirá no prazo de 48 (quarenta e oito) horas.

§ 2º O acesso aos autos será restrito ao juiz, ao Ministério Público e ao delegado de polícia, como forma de garantir o êxito das investigações, assegurando-se ao defensor, no interesse do representado, amplo acesso aos elementos de prova que digam respeito ao exercício do direito de defesa, devidamente precedido de autorização judicial, ressalvados os referentes às diligências em andamento.

§ 3º O acordo de colaboração premiada e os depoimentos do colaborador serão mantidos em sigilo até o recebimento da denúncia ou da queixa-crime, sendo vedado ao magistrado decidir por sua publicidade em qualquer hipótese. (Redação dada pela Lei nº 13.964, de 2019)

Seção II - Da Ação Controlada

Art. 8º Consiste a ação controlada em retardar a intervenção policial ou administrativa relativa à ação praticada por organização criminosa ou a ela vinculada, desde que mantida sob observação e acompanhamento para que a medida legal se concretize no momento mais eficaz à formação de provas e obtenção de informações.

§ 1º O retardamento da intervenção policial ou administrativa será previamente comunicado ao juiz competente que, se for o caso, estabelecerá os seus limites e comunicará ao Ministério Público.

§ 2º A comunicação será sigilosamente distribuída de forma a não conter informações que possam indicar a operação a ser efetuada.

§ 3º Até o encerramento da diligência, o acesso aos autos será restrito ao juiz, ao Ministério Público e ao delegado de polícia, como forma de garantir o êxito das investigações.

§ 4º Ao término da diligência, elaborar-se-á auto circunstanciado acerca da ação controlada.

Art. 9º Se a ação controlada envolver transposição de fronteiras, o retardamento da intervenção policial ou administrativa somente poderá ocorrer com a cooperação das autoridades dos países que figurem como provável itinerário ou destino do investigado, de modo a reduzir os riscos de fuga e extravio do produto, objeto, instrumento ou proveito do crime.

Seção III - Da Infiltração de Agentes

Art. 10. A infiltração de agentes de polícia em tarefas de investigação, representada pelo delegado de polícia ou requerida pelo Ministério Público, após manifestação técnica do delegado de polícia quando solicitada no curso de inquérito policial, será precedida de circunstanciada, motivada e sigilosa autorização judicial, que estabelecerá seus limites.

§ 1º Na hipótese de representação do delegado de polícia, o juiz competente, antes de decidir, ouvirá o Ministério Público.

§ 2º Será admitida a infiltração se houver indícios de infração penal de que trata o art. 1º e se a prova não puder ser produzida por outros meios disponíveis.

§ 3º A infiltração será autorizada pelo prazo de até 6 (seis) meses, sem prejuízo de eventuais renovações, desde que comprovada sua necessidade.

§ 4º Findo o prazo previsto no § 3º, o relatório circunstanciado será apresentado ao juiz competente, que imediatamente cientificará o Ministério Público.

§ 5º No curso do inquérito policial, o delegado de polícia poderá determinar aos seus agentes, e o Ministério Público

poderá requisitar, a qualquer tempo, relatório da atividade de infiltração.

Art. 10-A. Será admitida a ação de agentes de polícia infiltrados virtuais, obedecidos os requisitos do caput do art. 10, na internet, com o fim de investigar os crimes previstos nesta Lei e a eles conexos, praticados por organizações criminosas, desde que demonstrada sua necessidade e indicados o alcance das tarefas dos policiais, os nomes ou apelidos das pessoas investigadas e, quando possível, os dados de conexão ou cadastrais que permitam a identificação dessas pessoas. (Incluído pela Lei nº 13.964, de 2019)

§ 1º Para efeitos do disposto nesta Lei, consideram-se: (Incluído pela Lei nº 13.964, de 2019)

I - dados de conexão: informações referentes a hora, data, início, término, duração, endereço de Protocolo de Internet (IP) utilizado e terminal de origem da conexão; (Incluído pela Lei nº 13.964, de 2019)

II - dados cadastrais: informações referentes a nome e endereço de assinante ou de usuário registrado ou autenticado para a conexão a quem endereço de IP, identificação de usuário ou código de acesso tenha sido atribuído no momento da conexão. (Incluído pela Lei nº 13.964, de 2019)

§ 2º Na hipótese de representação do delegado de polícia, o juiz competente, antes de decidir, ouvirá o Ministério Público. (Incluído pela Lei nº 13.964, de 2019)

§ 3º Será admitida a infiltração se houver indícios de infração penal de que trata o art. 1º desta Lei e se as provas não puderem ser produzidas por outros meios disponíveis. (Incluído pela Lei nº 13.964, de 2019)

§ 4º A infiltração será autorizada pelo prazo de até 6 (seis) meses, sem prejuízo de eventuais renovações, mediante ordem judicial fundamentada e desde que o total não exceda a 720 (setecentos e vinte) dias e seja comprovada sua necessidade. (Incluído pela Lei nº 13.964, de 2019)

§ 5º Findo o prazo previsto no § 4º deste artigo, o relatório circunstanciado, juntamente com todos os atos eletrônicos praticados durante a operação, deverão ser registrados, gravados, armazenados e apresentados ao juiz competente, que imediatamente cientificará o Ministério Público. (Incluído pela Lei nº 13.964, de 2019)

§ 6º No curso do inquérito policial, o delegado de polícia poderá determinar aos seus agentes, e o Ministério Público e o juiz competente poderão requisitar, a qualquer tempo, relatório da atividade de infiltração. (Incluído pela Lei nº 13.964, de 2019)

§ 7º É nula a prova obtida sem a observância do disposto neste artigo. (Incluído pela Lei nº 13.964, de 2019)

Art. 10-B. As informações da operação de infiltração serão encaminhadas diretamente ao juiz responsável pela autorização da medida, que zelará por seu sigilo. (Incluído pela Lei nº 13.964, de 2019)

Parágrafo único. Antes da conclusão da operação, o acesso aos autos será reservado ao juiz, ao Ministério Público e ao delegado de polícia responsável pela operação, com o objetivo de garantir o sigilo das investigações. (Incluído pela Lei nº 13.964, de 2019)

Art. 10-C. Não comete crime o policial que oculta a sua identidade para, por meio da internet, colher indícios de autoria e materialidade dos crimes previstos no art. 1º desta Lei. (Incluído pela Lei nº 13.964, de 2019)

Parágrafo único. O agente policial infiltrado que deixar de observar a estrita finalidade da investigação responderá pelos excessos praticados. (Incluído pela Lei nº 13.964, de 2019)

Art. 10-D. Concluída a investigação, todos os atos eletrônicos praticados durante a operação deverão ser registrados, gravados, armazenados e encaminhados ao juiz e ao Ministério Público, juntamente com relatório circunstanciado. (Incluído pela Lei nº 13.964, de 2019)

Parágrafo único. Os atos eletrônicos registrados citados no caput deste artigo serão reunidos em autos apartados e apensados ao processo criminal juntamente com o inquérito policial, assegurando-se a preservação da identidade do agente policial infiltrado e a intimidade dos envolvidos. (Incluído pela Lei nº 13.964, de 2019)

Art. 11. O requerimento do Ministério Público ou a representação do delegado de polícia para a infiltração de agentes conterão a demonstração da necessidade da medida, o alcance das tarefas dos agentes e, quando possível, os nomes ou apelidos das pessoas investigadas e o local da infiltração.

Parágrafo único. Os órgãos de registro e cadastro público poderão incluir nos bancos de dados próprios, mediante procedimento sigiloso e requisição da autoridade judicial, as informações necessárias à efetividade da identidade fictícia criada, nos casos de infiltração de agentes na internet. (Incluído pela Lei nº 13.964, de 2019)

Art. 12. O pedido de infiltração será sigilosamente distribuído, de forma a não conter informações que possam indicar a operação a ser efetivada ou identificar o agente que será infiltrado.

§ 1º As informações quanto à necessidade da operação de infiltração serão dirigidas diretamente ao juiz competente, que decidirá no prazo de 24 (vinte e quatro) horas, após manifestação do Ministério Público na hipótese de representação do delegado de polícia, devendo-se adotar as medidas necessárias para o êxito das investigações e a segurança do agente infiltrado.

§ 2º Os autos contendo as informações da operação de infiltração acompanharão a denúncia do Ministério Público, quando serão disponibilizados à defesa, assegurando-se a preservação da identidade do agente.

§ 3º Havendo indícios seguros de que o agente infiltrado sofre risco iminente, a operação será sustada mediante requisição do Ministério Público ou pelo delegado de polícia, dando-se imediata ciência ao Ministério Público e à autoridade judicial.

Art. 13. O agente que não guardar, em sua atuação, a devida proporcionalidade com a finalidade da investigação, responderá pelos excessos praticados.

Parágrafo único. Não é punível, no âmbito da infiltração, a prática de crime pelo agente infiltrado no curso da investigação, quando inexigível conduta diversa.

Art. 14. São direitos do agente:

I - recusar ou fazer cessar a atuação infiltrada;

II - ter sua identidade alterada, aplicando-se, no que couber, o disposto no art. 9º da Lei nº 9.807, de 13 de julho de 1999, bem como usufruir das medidas de proteção a testemunhas;

III - ter seu nome, sua qualificação, sua imagem, sua voz e demais informações pessoais preservadas durante a investigação e o processo criminal, salvo se houver decisão judicial em contrário;

IV - não ter sua identidade revelada, nem ser fotografado ou filmado pelos meios de comunicação, sem sua prévia autorização por escrito.

Seção IV - Do Acesso a Registros, Dados Cadastrais, Documentos e Informações

Art. 15. O delegado de polícia e o Ministério Público terão acesso, independentemente de autorização judicial, apenas aos dados cadastrais do investigado que informem exclusivamente a qualificação pessoal, a filiação e o endereço mantidos pela Justiça Eleitoral, empresas telefônicas, instituições financeiras, provedores de internet e administradoras de cartão de crédito.

Art. 16. As empresas de transporte possibilitarão, pelo prazo de 5 (cinco) anos, acesso direto e permanente do juiz, do Ministério Público ou do delegado de polícia aos bancos de dados de reservas e registro de viagens.

Art. 17. As concessionárias de telefonia fixa ou móvel manterão, pelo prazo de 5 (cinco) anos, à disposição das autoridades mencionadas no art. 15, registros de identificação dos números dos terminais de origem e de destino das ligações telefônicas internacionais, interurbanas e locais.

Seção V - Dos Crimes Ocorridos na Investigação e na Obtenção da Prova

Art. 18. Revelar a identidade, fotografar ou filmar o colaborador, sem sua prévia autorização por escrito:
Pena: reclusão, de 1 (um) a 3 (três) anos, e multa.

Art. 19. Imputar falsamente, sob pretexto de colaboração com a Justiça, a prática de infração penal a pessoa que sabe ser inocente, ou revelar informações sobre a estrutura de organização criminosa que sabe inverídicas:
Pena: reclusão, de 1 (um) a 4 (quatro) anos, e multa.

Art. 20. Descumprir determinação de sigilo das investigações que envolvam a ação controlada e a infiltração de agentes:
Pena: reclusão, de 1 (um) a 4 (quatro) anos, e multa.

Art. 21. Recusar ou omitir dados cadastrais, registros, documentos e informações requisitadas pelo juiz, Ministério Público ou delegado de polícia, no curso de investigação ou do processo:
Pena: reclusão, de 6 (seis) meses a 2 (dois) anos, e multa.
Parágrafo único. Na mesma pena incorre quem, de forma indevida, se apossa, propala, divulga ou faz uso dos dados cadastrais de que trata esta Lei.

CAPÍTULO III - DISPOSIÇÕES FINAIS

Art. 22. Os crimes previstos nesta Lei e as infrações penais conexas serão apurados mediante procedimento ordinário previsto no Decreto-Lei nº 3.689, de 3 de outubro de 1941 (Código de Processo Penal), observado o disposto no parágrafo único deste artigo.
Parágrafo único. A instrução criminal deverá ser encerrada em prazo razoável, o qual não poderá exceder a 120 (cento e vinte) dias quando o réu estiver preso, prorrogáveis em até igual período, por decisão fundamentada, devidamente motivada pela complexidade da causa ou por fato procrastinatório atribuível ao réu.

Art. 23. O sigilo da investigação poderá ser decretado pela autoridade judicial competente, para garantia da celeridade e da eficácia das diligências investigatórias, assegurando-se ao defensor, no interesse do representado, amplo acesso aos elementos de prova que digam respeito ao exercício do direito de defesa, devidamente precedido de autorização judicial, ressalvados os referentes às diligências em andamento.
Parágrafo único. Determinado o depoimento do investigado, seu defensor terá assegurada a prévia vista dos autos, ainda que classificados como sigilosos, no prazo mínimo de 3 (três) dias que antecedem ao ato, podendo ser ampliado, a critério da autoridade responsável pela investigação.

Art. 24. O art. 288 do Decreto-Lei nº 2.848, de 7 de dezembro de 1940 (Código Penal), passa a vigorar com a seguinte redação:

" Associação Criminosa
Art. 288. Associarem-se 3 (três) ou mais pessoas, para o fim específico de cometer crimes:
Pena: reclusão, de 1 (um) a 3 (três) anos.
Parágrafo único. A pena aumenta-se até a metade se a associação é armada ou se houver a participação de criança ou adolescente." (NR)

Art. 25. O art. 342 do Decreto-Lei nº 2.848, de 7 de dezembro de 1940 (Código Penal), passa a vigorar com a seguinte redação:
"Art. 342. ..
Pena: reclusão, de 2 (dois) a 4 (quatro) anos, e multa.
.. "
(NR)

Art. 26. Revoga-se a Lei nº 9.034, de 3 de maio de 1995.

Art. 27. Esta Lei entra em vigor após decorridos 45 (quarenta e cinco) dias de sua publicação oficial.

18. LEI Nº 13.260, DE 16 DE MARÇO DE 2016.

Regulamenta o disposto no inciso XLIII do art. 5º da Constituição Federal, disciplinando o terrorismo, tratando de disposições investigatórias e processuais e reformulando o conceito de organização terrorista; e altera as Leis n º 7.960, de 21 de dezembro de 1989, e 12.850, de 2 de agosto de 2013.

A PRESIDENTA DA REPÚBLICA Faço saber que o Congresso Nacional decreta e eu sanciono a seguinte Lei:

Art. 1º Esta Lei regulamenta o disposto no inciso XLIII do art. 5º da Constituição Federal , disciplinando o terrorismo, tratando de disposições investigatórias e processuais e reformulando o conceito de organização terrorista.

Art. 2º O terrorismo consiste na prática por um ou mais indivíduos dos atos previstos neste artigo, por razões de xenofobia, discriminação ou preconceito de raça, cor, etnia e religião, quando cometidos com a finalidade de provocar terror social ou generalizado, expondo a perigo pessoa, patrimônio, a paz pública ou a incolumidade pública.

§ 1º São atos de terrorismo:
I - usar ou ameaçar usar, transportar, guardar, portar ou trazer consigo explosivos, gases tóxicos, venenos, conteúdos biológicos, químicos, nucleares ou outros meios capazes de causar danos ou promover destruição em massa;
II - (VETADO);
III - (VETADO);
IV - sabotar o funcionamento ou apoderar-se, com violência, grave ameaça a pessoa ou servindo-se de mecanismos cibernéticos, do controle total ou parcial, ainda que de modo temporário, de meio de comunicação ou de transporte, de portos, aeroportos, estações ferroviárias ou rodoviárias, hospitais, casas de saúde, escolas, estádios esportivos, instalações públicas ou locais onde funcionem serviços públicos essenciais, instalações de geração ou transmissão de energia, instalações militares, instalações de exploração, refino e processamento de petróleo e gás e instituições bancárias e sua rede de atendimento;
V - atentar contra a vida ou a integridade física de pessoa:
Pena: reclusão, de doze a trinta anos, além das sanções correspondentes à ameaça ou à violência.

§ 2º O disposto neste artigo não se aplica à conduta individual ou coletiva de pessoas em manifestações políticas, movimentos sociais, sindicais, religiosos, de classe ou de categoria profissional, direcionados por propósitos sociais ou reivindicatórios, visando a contestar, criticar, protestar ou apoiar, com o objetivo de defender direitos, garantias e liberdades constitucionais, sem prejuízo da tipificação penal contida em lei.

Art. 3º Promover, constituir, integrar ou prestar auxílio, pessoalmente ou por interposta pessoa, a organização terrorista:
Pena: reclusão, de cinco a oito anos, e multa.
§ 1º (VETADO).
§ 2º (VETADO).

Art. 4º (VETADO).

Art. 5º Realizar atos preparatórios de terrorismo com o propósito inequívoco de consumar tal delito:
Pena: a correspondente ao delito consumado, diminuída de um quarto até a metade.

§ 1º Incorre nas mesmas penas o agente que, com o propósito de praticar atos de terrorismo:
I - recrutar, organizar, transportar ou municiar indivíduos que viajem para país distinto daquele de sua residência ou nacionalidade; ou
II - fornecer ou receber treinamento em país distinto daquele de sua residência ou nacionalidade.

§ 2º Nas hipóteses do § 1º, quando a conduta não envolver treinamento ou viagem para país distinto daquele de sua

residência ou nacionalidade, a pena será a correspondente ao delito consumado, diminuída de metade a dois terços.

Art. 6º Receber, prover, oferecer, obter, guardar, manter em depósito, solicitar, investir, de qualquer modo, direta ou indiretamente, recursos, ativos, bens, direitos, valores ou serviços de qualquer natureza, para o planejamento, a preparação ou a execução dos crimes previstos nesta Lei:

Pena: reclusão, de quinze a trinta anos.

Parágrafo único. Incorre na mesma pena quem oferecer ou receber, obtiver, guardar, mantiver em depósito, solicitar, investir ou de qualquer modo contribuir para a obtenção de ativo, bem ou recurso financeiro, com a finalidade de financiar, total ou parcialmente, pessoa, grupo de pessoas, associação, entidade, organização criminosa que tenha como atividade principal ou secundária, mesmo em caráter eventual, a prática dos crimes previstos nesta Lei.

Art. 7º Salvo quando for elementar da prática de qualquer crime previsto nesta Lei, se de algum deles resultar lesão corporal grave, aumenta-se a pena de um terço, se resultar morte, aumenta-se a pena da metade.

Art. 8º (VETADO).

Art. 9º (VETADO).

Art. 10. Mesmo antes de iniciada a execução do crime de terrorismo, na hipótese do art. 5º desta Lei, aplicam-se as disposições do art. 15 do Decreto-Lei nº 2.848, de 7 de dezembro de 1940 - Código Penal .

Art. 11. Para todos os efeitos legais, considera-se que os crimes previstos nesta Lei são praticados contra o interesse da União, cabendo à Polícia Federal a investigação criminal, em sede de inquérito policial, e à Justiça Federal o seu processamento e julgamento, nos termos do inciso IV do art. 109 da Constituição Federal .

Parágrafo único. (VETADO).

Art. 12. O juiz, de ofício, a requerimento do Ministério Público ou mediante representação do delegado de polícia, ouvido o Ministério Público em vinte e quatro horas, havendo indícios suficientes de crime previsto nesta Lei, poderá decretar, no curso da investigação ou da ação penal, medidas assecuratórias de bens, direitos ou valores do investigado ou acusado, ou existentes em nome de interpostas pessoas, que sejam instrumento, produto ou proveito dos crimes previstos nesta Lei.

§ 1º Proceder-se-á à alienação antecipada para preservação do valor dos bens sempre que estiverem sujeitos a qualquer grau de deterioração ou depreciação, ou quando houver dificuldade para sua manutenção.

§ 2º O juiz determinará a liberação, total ou parcial, dos bens, direitos e valores quando comprovada a licitude de sua origem e destinação, mantendo-se a constrição dos bens, direitos e valores necessários e suficientes à reparação dos danos e ao pagamento de prestações pecuniárias, multas e custas decorrentes da infração penal.

§ 3º Nenhum pedido de liberação será conhecido sem o comparecimento pessoal do acusado ou de interposta pessoa a que se refere o caput deste artigo, podendo o juiz determinar a prática de atos necessários à conservação de bens, direitos ou valores, sem prejuízo do disposto no § 1º.

§ 4º Poderão ser decretadas medidas assecuratórias sobre bens, direitos ou valores para reparação do dano decorrente da infração penal antecedente ou da prevista nesta Lei ou para pagamento de prestação pecuniária, multa e custas.

Art. 13. Quando as circunstâncias o aconselharem, o juiz, ouvido o Ministério Público, nomeará pessoa física ou jurídica qualificada para a administração dos bens, direitos ou valores sujeitos a medidas assecuratórias, mediante termo de compromisso.

Art. 14. A pessoa responsável pela administração dos bens:

I - fará jus a uma remuneração, fixada pelo juiz, que será satisfeita preferencialmente com o produto dos bens objeto da administração;

II - prestará, por determinação judicial, informações periódicas da situação dos bens sob sua administração, bem como explicações e detalhamentos sobre investimentos e reinvestimentos realizados.

Parágrafo único. Os atos relativos à administração dos bens serão levados ao conhecimento do Ministério Público, que requererá o que entender cabível.

Art. 15. O juiz determinará, na hipótese de existência de tratado ou convenção internacional e por solicitação de autoridade estrangeira competente, medidas assecuratórias sobre bens, direitos ou valores oriundos de crimes descritos nesta Lei praticados no estrangeiro.

§ 1º Aplica-se o disposto neste artigo, independentemente de tratado ou convenção internacional, quando houver reciprocidade do governo do país da autoridade solicitante.

§ 2º Na falta de tratado ou convenção, os bens, direitos ou valores sujeitos a medidas assecuratórias por solicitação de autoridade estrangeira competente ou os recursos provenientes da sua alienação serão repartidos entre o Estado requerente e o Brasil, na proporção de metade, ressalvado o direito do lesado ou de terceiro de boa-fé.

Art. 16. Aplicam-se as disposições da Lei nº 12.850, de 2 agosto de 2013 , para a investigação, processo e julgamento dos crimes previstos nesta Lei.

Art. 17. Aplicam-se as disposições da Lei nº 8.072, de 25 de julho de 1990 , aos crimes previstos nesta Lei.

Art. 18. O inciso III do art. 1º da Lei nº 7.960, de 21 de dezembro de 1989 , passa a vigorar acrescido da seguinte alínea p :

"Art. Iº ..

III - ..

p) crimes previstos na Lei de Terrorismo." (NR)

Art. 19. O art. 1º da Lei nº 12.850, de 2 de agosto de 2013 , passa a vigorar com a seguinte alteração:

"Art. 1º ..

§ 2º ..

II - às organizações terroristas, entendidas como aquelas voltadas para a prática dos atos de terrorismo legalmente definidos." (NR)

Art. 20. Esta Lei entra em vigor na data de sua publicação.

19. LEI Nº 13.344, DE 6 DE OUTUBRO DE 2016.

Dispõe sobre prevenção e repressão ao tráfico interno e internacional de pessoas e sobre medidas de atenção às vítimas; altera a Lei nº 6.815, de 19 de agosto de 1980, o Decreto-Lei nº 3.689, de 3 de outubro de 1941 (Código de Processo Penal), e o Decreto-Lei nº 2.848, de 7 de dezembro de 1940 (Código Penal); e revoga dispositivos do Decreto-Lei nº 2.848, de 7 de dezembro de 1940 (Código Penal).

O PRESIDENTE DA REPÚBLICA Faço saber que o Congresso Nacional decreta e eu sanciono a seguinte Lei:

Art. 1º Esta Lei dispõe sobre o tráfico de pessoas cometido no território nacional contra vítima brasileira ou estrangeira e no exterior contra vítima brasileira.

Parágrafo único. O enfrentamento ao tráfico de pessoas compreende a prevenção e a repressão desse delito, bem como a atenção às suas vítimas.

CAPÍTULO I - DOS PRINCÍPIOS E DAS DIRETRIZES

Art. 2º O enfrentamento ao tráfico de pessoas atenderá aos seguintes princípios:

I - respeito à dignidade da pessoa humana;
II - promoção e garantia da cidadania e dos direitos humanos;
III - universalidade, indivisibilidade e interdependência;
IV - não discriminação por motivo de gênero, orientação sexual, origem étnica ou social, procedência, nacionalidade, atuação profissional, raça, religião, faixa etária, situação migratória ou outro status ;
V - transversalidade das dimensões de gênero, orientação sexual, origem étnica ou social, procedência, raça e faixa etária nas políticas públicas;
VI - atenção integral às vítimas diretas e indiretas, independentemente de nacionalidade e de colaboração em investigações ou processos judiciais;
VII - proteção integral da criança e do adolescente.
Art. 3º O enfrentamento ao tráfico de pessoas atenderá às seguintes diretrizes:
I - fortalecimento do pacto federativo, por meio da atuação conjunta e articulada das esferas de governo no âmbito das respectivas competências;
II - articulação com organizações governamentais e não governamentais nacionais e estrangeiras;
III - incentivo à participação da sociedade em instâncias de controle social e das entidades de classe ou profissionais na discussão das políticas sobre tráfico de pessoas;
IV - estruturação da rede de enfrentamento ao tráfico de pessoas, envolvendo todas as esferas de governo e organizações da sociedade civil;
V - fortalecimento da atuação em áreas ou regiões de maior incidência do delito, como as de fronteira, portos, aeroportos, rodovias e estações rodoviárias e ferroviárias;
VI - estímulo à cooperação internacional;
VII - incentivo à realização de estudos e pesquisas e ao seu compartilhamento;
VIII - preservação do sigilo dos procedimentos administrativos e judiciais, nos termos da lei;
IX - gestão integrada para coordenação da política e dos planos nacionais de enfrentamento ao tráfico de pessoas.

CAPÍTULO II - DA PREVENÇÃO AO TRÁFICO DE PESSOAS

Art. 4º A prevenção ao tráfico de pessoas dar-se-á por meio:
I - da implementação de medidas intersetoriais e integradas nas áreas de saúde, educação, trabalho, segurança pública, justiça, turismo, assistência social, desenvolvimento rural, esportes, comunicação, cultura e direitos humanos;
II - de campanhas socioeducativas e de conscientização, considerando as diferentes realidades e linguagens;
III - de incentivo à mobilização e à participação da sociedade civil; e
IV - de incentivo a projetos de prevenção ao tráfico de pessoas.

CAPÍTULO III - DA REPRESSÃO AO TRÁFICO DE PESSOAS

Art. 5º A repressão ao tráfico de pessoas dar-se-á por meio:
I - da cooperação entre órgãos do sistema de justiça e segurança, nacionais e estrangeiros;
II - da integração de políticas e ações de repressão aos crimes correlatos e da responsabilização dos seus autores;
III - da formação de equipes conjuntas de investigação.

CAPÍTULO IV - DA PROTEÇÃO E DA ASSISTÊNCIA ÀS VÍTIMAS

Art. 6º A proteção e o atendimento à vítima direta ou indireta do tráfico de pessoas compreendem:
I - assistência jurídica, social, de trabalho e emprego e de saúde;
II - acolhimento e abrigo provisório;
III - atenção às suas necessidades específicas, especialmente em relação a questões de gênero, orientação sexual, origem étnica ou social, procedência, nacionalidade, raça, religião, faixa etária, situação migratória, atuação profissional, diversidade cultural, linguagem, laços sociais e familiares ou outro status ;
IV - preservação da intimidade e da identidade;
V - prevenção à revitimização no atendimento e nos procedimentos investigatórios e judiciais;
VI - atendimento humanizado;
VII - informação sobre procedimentos administrativos e judiciais.
§ 1º A atenção às vítimas dar-se-á com a interrupção da situação de exploração ou violência, a sua reinserção social, a garantia de facilitação do acesso à educação, à cultura, à formação profissional e ao trabalho e, no caso de crianças e adolescentes, a busca de sua reinserção familiar e comunitária.
§ 2º No exterior, a assistência imediata a vítimas brasileiras estará a cargo da rede consular brasileira e será prestada independentemente de sua situação migratória, ocupação ou outro status .
§ 3º A assistência à saúde prevista no inciso I deste artigo deve compreender os aspectos de recuperação física e psicológica da vítima.
Art. 7º A Lei nº 6.815, de 19 de agosto de 1980 , passa a vigorar acrescida dos seguintes artigos:
" Art. 18-A. Conceder-se-á residência permanente às vítimas de tráfico de pessoas no território nacional, independentemente de sua situação migratória e de colaboração em procedimento administrativo, policial ou judicial.
§ 1º O visto ou a residência permanentes poderão ser concedidos, a título de reunião familiar:
I - a cônjuges, companheiros, ascendentes e descendentes; e
II - a outros membros do grupo familiar que comprovem dependência econômica ou convivência habitual com a vítima.
§ 2º Os beneficiários do visto ou da residência permanentes são isentos do pagamento da multa prevista no inciso II do art. 125.
§ 3º Os beneficiários do visto ou da residência permanentes de que trata este artigo são isentos do pagamento das taxas e emolumentos previstos nos arts. 20, 33 e 131."
"Art. 18-B. Ato do Ministro de Estado da Justiça e Cidadania estabelecerá os procedimentos para concessão da residência permanente de que trata o art. 18-A."
" Art. 42-A . O estrangeiro estará em situação regular no País enquanto tramitar pedido de regularização migratória."

CAPÍTULO V - DISPOSIÇÕES PROCESSUAIS

Art. 8º O juiz, de ofício, a requerimento do Ministério Público ou mediante representação do delegado de polícia, ouvido o Ministério Público, havendo indícios suficientes de infração penal, poderá decretar medidas assecuratórias relacionadas a bens, direitos ou valores pertencentes ao investigado ou acusado, ou existentes em nome de interpostas pessoas, que sejam instrumento, produto ou proveito do crime de tráfico de pessoas, procedendo-se na forma dos arts. 125 a 144-A do Decreto-Lei nº 3.689, de 3 de outubro de 1941 (Código de Processo Penal) .
§ 1º Proceder-se-á à alienação antecipada para preservação do valor dos bens sempre que estiverem sujeitos a qualquer grau de deterioração ou depreciação, ou quando houver dificuldade para sua manutenção.
§ 2º O juiz determinará a liberação total ou parcial dos bens, direitos e valores quando comprovada a licitude de sua origem, mantendo-se a constrição dos bens, direitos e valores necessários e suficientes à reparação dos danos e ao pagamento de prestações pecuniárias, multas e custas decorrentes da infração penal.

§ 3º Nenhum pedido de liberação será conhecido sem o comparecimento pessoal do acusado ou investigado, ou de interposta pessoa a que se refere o caput, podendo o juiz determinar a prática de atos necessários à conservação de bens, direitos ou valores, sem prejuízo do disposto no § 1º.

§ 4º Ao proferir a sentença de mérito, o juiz decidirá sobre o perdimento do produto, bem ou valor apreendido, sequestrado ou declarado indisponível.

Art. 9º Aplica-se subsidiariamente, no que couber, o disposto na Lei nº 12.850, de 2 de agosto de 2013.

Art. 10. O Poder Público é autorizado a criar sistema de informações visando à coleta e à gestão de dados que orientem o enfrentamento ao tráfico de pessoas.

Art. 11. O Decreto-Lei nº 3.689, de 3 de outubro de 1941 (Código de Processo Penal), passa a vigorar acrescido dos seguintes arts. 13-A e 13-B:

"Art. 13-A. Nos crimes previstos nos arts. 148, 149 e 149-A, no § 3º do art. 158 e no art. 159 do Decreto-Lei no 2.848, de 7 de dezembro de 1940 (Código Penal), e no art. 239 da Lei nº 8.069, de 13 de julho de 1990 (Estatuto da Criança e do Adolescente), o membro do Ministério Público ou o delegado de polícia poderá requisitar, de quaisquer órgãos do poder público ou de empresas da iniciativa privada, dados e informações cadastrais da vítima ou de suspeitos.

Parágrafo único. A requisição, que será atendida no prazo de 24 (vinte e quatro) horas, conterá:

I - o nome da autoridade requisitante;

II - o número do inquérito policial; e

III - a identificação da unidade de polícia judiciária responsável pela investigação."

"Art. 13-B. Se necessário à prevenção e à repressão dos crimes relacionados ao tráfico de pessoas, o membro do Ministério Público ou o delegado de polícia poderão requisitar, mediante autorização judicial, às empresas prestadoras de serviço de telecomunicações e/ou telemática que disponibilizem imediatamente os meios técnicos adequados – como sinais, informações e outros – que permitam a localização da vítima ou dos suspeitos do delito em curso.

§ 1º Para os efeitos deste artigo, sinal significa posicionamento da estação de cobertura, setorização e intensidade de radiofrequência.

§ 2º Na hipótese de que trata o caput, o sinal:

I - não permitirá acesso ao conteúdo da comunicação de qualquer natureza, que dependerá de autorização judicial, conforme disposto em lei;

II - deverá ser fornecido pela prestadora de telefonia móvel celular por período não superior a 30 (trinta) dias, renovável por uma única vez, por igual período;

III - para períodos superiores àquele de que trata o inciso II, será necessária a apresentação de ordem judicial.

§ 3º Na hipótese prevista neste artigo, o inquérito policial deverá ser instaurado no prazo máximo de 72 (setenta e duas) horas, contado do registro da respectiva ocorrência policial.

§ 4º Não havendo manifestação judicial no prazo de 12 (doze) horas, a autoridade competente requisitará às empresas prestadoras de serviço de telecomunicações e/ou telemática que disponibilizem imediatamente os meios técnicos adequados – como sinais, informações e outros – que permitam a localização da vítima ou dos suspeitos do delito em curso, com imediata comunicação ao juiz."

Art. 12. O inciso V do art. 83 do Decreto-Lei nº 2.848, de 7 de dezembro de 1940 (Código Penal), passa a vigorar com a seguinte redação:

"Art. 83. ...

..

V - cumpridos mais de dois terços da pena, nos casos de condenação por crime hediondo, prática de tortura, tráfico ilícito de entorpecentes e drogas afins, tráfico de pessoas e terrorismo, se o apenado não for reincidente específico em crimes dessa natureza.

.." (NR)

Art. 13. O Decreto-Lei nº 2.848, de 7 de dezembro de 1940 (Código Penal), passa a vigorar acrescido do seguinte art. 149-A:

"Tráfico de Pessoas

Art. 149-A. Agenciar, aliciar, recrutar, transportar, transferir, comprar, alojar ou acolher pessoa, mediante grave ameaça, violência, coação, fraude ou abuso, com a finalidade de:

I - remover-lhe órgãos, tecidos ou partes do corpo;

II - submetê-la a trabalho em condições análogas à de escravo;

III - submetê-la a qualquer tipo de servidão;

IV - adoção ilegal; ou

V - exploração sexual.

Pena: reclusão, de 4 (quatro) a 8 (oito) anos, e multa.

§ 1º A pena é aumentada de um terço até a metade se:

I - o crime for cometido por funcionário público no exercício de suas funções ou a pretexto de exercê-las;

II - o crime for cometido contra criança, adolescente ou pessoa idosa ou com deficiência;

III - o agente se prevalecer de relações de parentesco, domésticas, de coabitação, de hospitalidade, de dependência econômica, de autoridade ou de superioridade hierárquica inerente ao exercício de emprego, cargo ou função; ou

IV - a vítima do tráfico de pessoas for retirada do território nacional.

§ 2º A pena é reduzida de um a dois terços se o agente for primário e não integrar organização criminosa."

CAPÍTULO VI - DAS CAMPANHAS RELACIONADAS AO ENFRENTAMENTO AO TRÁFICO DE PESSOAS

Art. 14. É instituído o Dia Nacional de Enfrentamento ao Tráfico de Pessoas, a ser comemorado, anualmente, em 30 de julho.

Art. 15. Serão adotadas campanhas nacionais de enfrentamento ao tráfico de pessoas, a serem divulgadas em veículos de comunicação, visando à conscientização da sociedade sobre todas as modalidades de tráfico de pessoas.

CAPÍTULO VII - DISPOSIÇÕES FINAIS

Art. 16. Revogam-se os arts. 231 e 231-A do Decreto-Lei nº 2.848, de 7 de dezembro de 1940 (Código Penal).

Art. 17. Esta Lei entra em vigor após decorridos 45 (quarenta e cinco) dias de sua p ublicaçã o ficial.

20. DECRETO-LEI Nº 3.688, DE 3 DE OUTUBRO DE 1941.

(Vide Lei nº 1.390, de 3.7.1951)
(Vide Lei nº 7.437, de 20.12.1985)
Lei das Contravenções Penais

O Presidente da República, usando das atribuições que lhe confere o artigo 180 da Constituição,

LEI DAS CONTRAVENÇÕES PENAIS

PARTE GERAL

Art. 1º Aplicam-se as contravenções às regras gerais do Código Penal, sempre que a presente lei não disponha de modo diverso.

Art. 2º A lei brasileira só é aplicável à contravenção praticada no território nacional.

Art. 3º Para a existência da contravenção, basta a ação ou omissão voluntária. Deve-se, todavia, ter em conta o dolo ou a culpa, se a lei faz depender, de um ou de outra, qualquer efeito jurídico.

Art. 4º Não é punível a tentativa de contravenção.

Art. 5º As penas principais são:

I - prisão simples.

II - multa.

Art. 6º A pena de prisão simples deve ser cumprida, sem rigor penitenciário, em estabelecimento especial ou seção especial de prisão comum, em regime semi-aberto ou aberto. (Redação dada pela Lei nº 6.416, de 24.5.1977)

§ 1º O condenado a pena de prisão simples fica sempre separado dos condenados a pena de reclusão ou de detenção.

§ 2º O trabalho é facultativo, se a pena aplicada, não excede a quinze dias.

Art. 7º Verifica-se a reincidência quando o agente pratica uma contravenção depois de passar em julgado a sentença que o tenha condenado, no Brasil ou no estrangeiro, por qualquer crime, ou, no Brasil, por motivo de contravenção.

Art. 8º No caso de ignorância ou de errada compreensão da lei, quando escusaveis, a pena pode deixar de ser aplicada.

Art. 9º A multa converte-se em prisão simples, de acordo com o que dispõe o Código Penal sobre a conversão de multa em detenção.

Parágrafo único. Se a multa é a única pena cominada, a conversão em prisão simples se faz entre os limites de quinze dias e três meses.

Art. 10. A duração da pena de prisão simples não pode, em caso algum, ser superior a cinco anos, nem a importância das multas ultrapassar cinquenta contos.

Art. 11. Desde que reunidas as condições legais, o juiz pode suspender por tempo não inferior a um ano nem superior a três, a execução da pena de prisão simples, bem como conceder livramento condicional. (Redação dada pela Lei nº 6.416, de 24.5.1977)

Art. 12. As penas acessórias são a publicação da sentença e as seguintes interdições de direitos:

I - a incapacidade temporária para profissão ou atividade, cujo exercício dependa de habilitação especial, licença ou autorização do poder público;

II – a suspensão dos direitos políticos.

Parágrafo único. Incorrem:

a) na interdição sob nº I, por um mês a dois anos, o condenado por motivo de contravenção cometida com abuso de profissão ou atividade ou com infração de dever a ela inerente;

b) na interdição sob nº II, o condenado a pena privativa de liberdade, enquanto dure a execução do pena ou a aplicação da medida de segurança detentiva.

Art. 13. Aplicam-se, por motivo de contravenção, os medidas de segurança estabelecidas no Código Penal, à exceção do exílio local.

Art. 14. Presumem-se perigosos, alem dos indivíduos a que se referem os ns. I e II do art. 78 do Código Penal:

I - o condenado por motivo de contravenção cometido, em estado de embriaguez pelo álcool ou substância de efeitos análogos, quando habitual a embriaguez;

II - o condenado por vadiagem ou mendicância;

III –(Revogado pela Lei nº 6.416, de 24.5.1977)

IV –(Revogado pela Lei nº 6.416, de 24.5.1977)

Art. 15. São internados em colônia agrícola ou em instituto de trabalho, de reeducação ou de ensino profissional, pelo prazo mínimo de um ano: (Regulamento)

I - o condenado por vadiagem (art. 59);

II - o condenado por mendicância (art. 60 e seu parágrafo);

III – (Revogado pela Lei nº 6.416, de 24.5.1977)

Art. 16. O prazo mínimo de duração da internação em manicômio judiciário ou em casa de custódia e tratamento é de seis meses.

Parágrafo único. O juiz, entretanto, pode, ao invés de decretar a internação, submeter o indivíduo a liberdade vigiada.

Art. 17. A ação penal é pública, devendo a autoridade proceder de ofício.

PARTE ESPECIAL

CAPÍTULO I - DAS CONTRAVENÇÕES REFERENTES À PESSOA

Art. 18. Fabricar, importar, exportar, ter em depósito ou vender, sem permissão da autoridade, arma ou munição:

Pena: prisão simples, de três meses a um ano, ou multa, de um a cinco contos de réis, ou ambas cumulativamente, se o fato não constitue crime contra a ordem política ou social.

Art. 19. Trazer consigo arma fora de casa ou de dependência desta, sem licença da autoridade:

Pena: prisão simples, de quinze dias a seis meses, ou multa, de duzentos mil réis a três contos de réis, ou ambas cumulativamente.

§ 1º A pena é aumentada de um terço até metade, se o agente já foi condenado, em sentença irrecorrivel, por violência contra pessoa.

§ 2º Incorre na pena de prisão simples, de quinze dias a três meses, ou multa, de duzentos mil réis a um conto de réis, quem, possuindo arma ou munição:

a) deixa de fazer comunicação ou entrega à autoridade, quando a lei o determina;

b) permite que alienado menor de 18 anos ou pessoa inexperiente no manejo de arma a tenha consigo;

c) omite as cautelas necessárias para impedir que dela se apodere facilmente alienado, menor de 18 anos ou pessoa inexperiente em manejá-la.

Art. 20. Anunciar processo, substância ou objeto destinado a provocar aborto: (Redação dada pela Lei nº 6.734, de 1979)

Pena: multa de hum mil cruzeiros a dez mil cruzeiros. (Redação dada pela Lei nº 6.734, de 1979)

Art. 21. Praticar vias de fato contra alguem:

Pena: prisão simples, de quinze dias a três meses, ou multa, de cem mil réis a um conto de réis, se o fato não constitue crime.

Parágrafo único. Aumenta-se a pena de 1/3 (um terço) até a metade se a vítima é maior de 60 (sessenta) anos. (Incluído pela Lei nº 10.741, de 2003)

Art. 22. Receber em estabelecimento psiquiátrico, e nele internar, sem as formalidades legais, pessoa apresentada como doente mental:

Pena: multa, de trezentos mil réis a três contos de réis.

§ 1º Aplica-se a mesma pena a quem deixa de comunicar a autoridade competente, no prazo legal, internação que tenha admitido, por motivo de urgência, sem as formalidades legais.

§ 2º Incorre na pena de prisão simples, de quinze dias a três meses, ou multa de quinhentos mil réis a cinco contos de réis, aquele que, sem observar as prescrições legais, deixa retirar-se ou despede de estabelecimento psiquiátrico pessoa nele, internada.

Art. 23. Receber e ter sob custódia doente mental, fora do caso previsto no artigo anterior, sem autorização de quem de direito:

Pena: prisão simples, de quinze dias a três meses, ou multa, de quinhentos mil réis a cinco contos de réis.

CAPÍLULO II - DAS CONTRAVENÇÕES REFERENTES AO PATRIMÔNIO

Art. 24. Fabricar, ceder ou vender gazua ou instrumento empregado usualmente na prática de crime de furto:

Pena: prisão simples, de seis meses a dois anos, e multa, de trezentos mil réis a três contos de réis.

Art. 25. Ter alguem em seu poder, depois de condenado, por crime de furto ou roubo, ou enquanto sujeito à liberdade vigiada ou quando conhecido como vadio ou mendigo, gazuas, chaves falsas ou alteradas ou instrumentos empregados usualmente na prática de crime de furto, desde que não prove destinação legítima:

Pena: prisão simples, de dois meses a um ano, e multa de duzentos mil réis a dois contos de réis.

Art. 26. Abrir alguem, no exercício de profissão de serralheiro ou ofício análogo, a pedido ou por incumbência de pessoa de cuja legitimidade não se tenha certificado previamente, fechadura ou qualquer outro aparelho destinado à defesa de lugar ou objeto:

Pena: prisão simples, de quinze dias a três meses, ou multa, de duzentos mil réis a um conto de réis.

Art. 27. (Revogado pela Lei nº 9.521, de 27.11.1997)

CAPÍTULO III - DAS CONTRAVENÇÕES REFERENTES À INCOLUMIDADE PÚBLICA

Art. 28. Disparar arma de fogo em lugar habitado ou em suas adjacências, em via pública ou em direção a ela:

Pena: prisão simples, de um a seis meses, ou multa, de trezentos mil réis a três contos de réis.

Parágrafo único. Incorre na pena de prisão simples, de quinze dias a dois meses, ou multa, de duzentos mil réis a dois contos de réis, quem, em lugar habitado ou em suas adjacências, em via pública ou em direção a ela, sem licença da autoridade, causa deflagração perigosa, queima fogo de artifício ou solta balão aceso.

Art. 29. Provocar o desabamento de construção ou, por erro no projeto ou na execução, dar-lhe causa:

Pena: multa, de um a dez contos de réis, se o fato não constitue crime contra a incolumidade pública.

Art. 30. Omitir alguem a providência reclamada pelo Estado ruinoso de construção que lhe pertence ou cuja conservação lhe incumbe:

Pena: multa, de um a cinco contos de réis.

Art. 31. Deixar em liberdade, confiar à guarda de pessoa inexperiente, ou não guardar com a devida cautela animal perigoso:

Pena: prisão simples, de dez dias a dois meses, ou multa, de cem mil réis a um conto de réis.

Parágrafo único. Incorre na mesma pena quem:

a) na via pública, abandona animal de tiro, carga ou corrida, ou o confia à pessoa inexperiente;

b) excita ou irrita animal, expondo a perigo a segurança alheia;

c) conduz animal, na via pública, pondo em perigo a segurança alheia.

Art. 32. Dirigir, sem a devida habilitação, veículo na via pública, ou embarcação a motor em aguas públicas:

Pena: multa, de duzentos mil réis a dois contos de réis.

Art. 33. Dirigir aeronave sem estar devidamente licenciado:

Pena: prisão simples, de quinze dias a três meses, e multa, de duzentos mil réis a dois contos de réis.

Art. 34. Dirigir veículos na via pública, ou embarcações em águas públicas, pondo em perigo a segurança alheia:

Pena: prisão simples, de quinze dias a três meses, ou multa, de trezentos mil réis a dois contos de réis.

Art. 35. Entregar-se na prática da aviação, a acrobacias ou a vôos baixos, fora da zona em que a lei o permite, ou fazer descer a aeronave fora dos lugares destinados a esse fim:

Pena: prisão simples, de quinze dias a três meses, ou multa, de quinhentos mil réis a cinco contos de réis.

Art. 36. Deixar do colocar na via pública, sinal ou obstáculo, determinado em lei ou pela autoridade e destinado a evitar perigo a transeuntes:

Pena: prisão simples, de dez dias a dois meses, ou multa, de duzentos mil réis a dois contos de réis.

Parágrafo único. Incorre na mesma pena quem:

a) apaga sinal luminoso, destrói ou remove sinal de outra natureza ou obstáculo destinado a evitar perigo a transeuntes;

b) remove qualquer outro sinal de serviço público.

Art. 37. Arremessar ou derramar em via pública, ou em lugar de uso comum, ou do uso alheio, coisa que possa ofender, sujar ou molestar alguem:

Pena: multa, de duzentos mil réis a dois contos de réis.

Parágrafo único. Na mesma pena incorre aquele que, sem as devidas cautelas, coloca ou deixa suspensa coisa que, caindo em via pública ou em lugar de uso comum ou de uso alheio, possa ofender, sujar ou molestar alguem.

Art. 38. Provocar, abusivamente, emissão de fumaça, vapor ou gás, que possa ofender ou molestar alguem:

Pena: multa, de duzentos mil réis a dois contos de réis.

CAPÍTULO IV - DAS CONTRAVENÇÕES REFERENTES À PAZ PÚBLICA

Art. 39. Participar de associação de mais de cinco pessoas, que se reunam periodicamente, sob compromisso de ocultar à autoridade a existência, objetivo, organização ou administração da associação:

Pena: prisão simples, de um a seis meses, ou multa, de trezentos mil réis a três contos de réis.

§ 1º Na mesma pena incorre o proprietário ou ocupante de prédio que o cede, no todo ou em parte, para reunião de associação que saiba ser de carater secreto.

§ 2º O juiz pode, tendo em vista as circunstâncias, deixar de aplicar a pena, quando lícito o objeto da associação.

Art. 40. Provocar tumulto ou portar-se de modo inconveniente ou desrespeitoso, em solenidade ou ato oficial, em assembléia ou espetáculo público, se o fato não constitue infração penal mais grave;

Pena: prisão simples, de quinze dias a seis meses, ou multa, de duzentos mil réis a dois contos de réis.

Art. 41. Provocar alarma, anunciando desastre ou perigo inexistente, ou praticar qualquer ato capaz de produzir pânico ou tumulto:

Pena: prisão simples, de quinze dias a seis meses, ou multa, de duzentos mil réis a dois contos de réis.

Art. 42. Perturbar alguem o trabalho ou o sossego alheios:

I - com gritaria ou algazarra;

II - exercendo profissão incômoda ou ruidosa, em desacordo com as prescrições legais;

III - abusando de instrumentos sonoros ou sinais acústicos;

IV - provocando ou não procurando impedir barulho produzido por animal de que tem a guarda:

Pena: prisão simples, de quinze dias a três meses, ou multa, de duzentos mil réis a dois contos de réis.

CAPÍTULO V - DAS CONTRAVENÇÕES REFERENTES À FÉ PÚBLICA

Art. 43. Recusar-se a receber, pelo seu valor, moeda de curso legal no país:

Pena: multa, de duzentos mil réis a dois contos de réis.

Art. 44. Usar, como propaganda, de impresso ou objeto que pessoa inexperiente ou rústica possa confundir com moeda:

Pena: multa, de duzentos mil réis a dois contos de réis.

Art. 45. Fingir-se funcionário público:

Pena: prisão simples, de um a três meses, ou multa, de quinhentos mil réis a três contos de réis.

Art. 46. Usar, publicamente, de uniforme, ou distintivo de função pública que não exerce; usar, indevidamente, de sinal, distintivo ou denominação cujo emprêgo seja regulado por lei. (Redação dada pelo Decreto-Lei nº 6.916, de 2.10.1944)

Pena: multa, de duzentos a dois mil cruzeiros, se o fato não constitui infração penal mais grave. (Redação dada pelo Decreto-Lei nº 6.916, de 2.10.1944)

DECRETO-LEI Nº 3.688, DE 3 DE OUTUBRO DE 1941

CAPÍTULO VI - DAS CONTRAVENÇÕES RELATIVAS À ORGANIZAÇÃO DO TRABALHO

Art. 47. Exercer profissão ou atividade econômica ou anunciar que a exerce, sem preencher as condições a que por lei está subordinado o seu exercício:

Pena: prisão simples, de quinze dias a três meses, ou multa, de quinhentos mil réis a cinco contos de réis.

Art. 48. Exercer, sem observância das prescrições legais, comércio de antiguidades, de obras de arte, ou de manuscritos e livros antigos ou raros:

Pena: prisão simples de um a seis meses, ou multa, de um a dez contos de réis.

Art. 49. Infringir determinação legal relativa à matrícula ou à escrituração de indústria, de comércio, ou de outra atividade:

Pena: multa, de duzentos mil réis a cinco contos de réis.

CAPÍTULO VII - DAS CONTRAVENÇÕES RELATIVAS À POLÍCIA DE COSTUMES

Art. 50. Estabelecer ou explorar jogo de azar em lugar público ou acessível ao público, mediante o pagamento de entrada ou sem ele: (Vide Decreto-Lei nº 4.866, de 23.10.1942) (Vide Decreto-Lei 9.215, de 30.4.1946)

Pena: prisão simples, de três meses a um ano, e multa, de dois a quinze contos de réis, estendendo-se os efeitos da condenação à perda dos moveis e objetos de decoração do local.

§ 1º A pena é aumentada de um terço, se existe entre os empregados ou participa do jogo pessoa menor de dezoito anos.

§ 2º Incorre na pena de multa, de R$ 2.000,00 (dois mil reais) a R$ 200.000,00 (duzentos mil reais), quem é encontrado a participar do jogo, ainda que pela internet ou por qualquer outro meio de comunicação, como ponteiro ou apostador. (Redação dada pela Lei nº 13.155, de 2015)

§ 3º Consideram-se, jogos de azar:

a) o jogo em que o ganho e a perda dependem exclusiva ou principalmente da sorte;

b) as apostas sobre corrida de cavalos fora de hipódromo ou de local onde sejam autorizadas;

c) as apostas sobre qualquer outra competição esportiva.

§ 4º Equiparam-se, para os efeitos penais, a lugar acessível ao público:

a) a casa particular em que se realizam jogos de azar, quando deles habitualmente participam pessoas que não sejam da família de quem a ocupa;

b) o hotel ou casa de habitação coletiva, a cujos hóspedes e moradores se proporciona jogo de azar;

c) a sede ou dependência de sociedade ou associação, em que se realiza jogo de azar;

d) o estabelecimento destinado à exploração de jogo de azar, ainda que se dissimule esse destino.

Art. 51. Promover ou fazer extrair loteria, sem autorização legal:

Pena: prisão simples, de seis meses a dois anos, e multa, de cinco a dez contos de réis, estendendo-se os efeitos da condenação à perda dos moveis existentes no local.

§ 1º Incorre na mesma pena quem guarda, vende ou expõe à venda, tem sob sua guarda para o fim de venda, introduz ou tenta introduzir na circulação bilhete de loteria não autorizada.

§ 2º Considera-se loteria toda operação que, mediante a distribuição de bilhete, listas, cupões, vales, sinais, símbolos ou meios análogos, faz depender de sorteio a obtenção de prêmio em dinheiro ou bens de outra natureza.

§ 3º Não se compreendem na definição do parágrafo anterior os sorteios autorizados na legislação especial.

Art. 52. Introduzir, no país, para o fim de comércio, bilhete de loteria, rifa ou tômbola estrangeiras:

Pena: prisão simples, de quatro meses a um ano, e multa, de um a cinco contos de réis.

Parágrafo único. Incorre na mesma pena quem vende, expõe à venda, tem sob sua guarda. para o fim de venda, introduz ou tenta introduzir na circulação, bilhete de loteria estrangeira.

Art. 53. Introduzir, para o fim de comércio, bilhete de loteria estadual em território onde não possa legalmente circular:

Pena: prisão simples, de dois a seis meses, e multa, de um a três contos de réis.

Parágrafo único. Incorre na mesma pena quem vende, expõe à venda, tem sob sua guarda, para o fim de venda, introduz ou tonta introduzir na circulação, bilhete de loteria estadual, em território onde não possa legalmente circular.

Art. 54. Exibir ou ter sob sua guarda lista de sorteio de loteria estrangeira:

Pena: prisão simples, de um a três meses, e multa, de duzentos mil réis a um conto de réis.

Parágrafo único. Incorre na mesma pena quem exibe ou tem sob sua guarda lista de sorteio de loteria estadual, em território onde esta não possa legalmente circular.

Art. 55. Imprimir ou executar qualquer serviço de feitura de bilhetes, lista de sorteio, avisos ou cartazes relativos a loteria, em lugar onde ela não possa legalmente circular:

Pena: prisão simples, de um a seis meses, e multa, de duzentos mil réis a dois contos de réis.

Art. 56. Distribuir ou transportar cartazes, listas de sorteio ou avisos de loteria, onde ela não possa legalmente circular:

Pena: prisão simples, de um a três meses, e multa, de cem a quinhentos mil réis.

Art. 57. Divulgar, por meio de jornal ou outro impresso, de rádio, cinema, ou qualquer outra forma, ainda que disfarçadamente, anúncio, aviso ou resultado de extração de loteria, onde a circulação dos seus bilhetes não seria legal:

Pena: multa, de um a dez contos de réis.

Art. 58. Explorar ou realizar a loteria denominada jogo do bicho, ou praticar qualquer ato relativo à sua realização ou exploração:

Pena: prisão simples, de quatro meses a um ano, e multa, de dois a vinte contos de réis.

Parágrafo único. Incorre na pena de multa, de duzentos mil réis a dois contos de réis, aquele que participa da loteria, visando a obtenção de prêmio, para si ou para terceiro.

Art. 59. Entregar-se alguem habitualmente à ociosidade, sendo válido para o trabalho, sem ter renda que lhe assegure meios bastantes de subsistência, ou prover à própria subsistência mediante ocupação ilícita:

Pena: prisão simples, de quinze dias a três meses.

Parágrafo único. A aquisição superveniente de renda, que assegure ao condenado meios bastantes de subsistência, extingue a pena.

Art. 60.: (Revogado pela Lei nº 11.983, de 2009)

Art. 61. (Revogado pela Lei nº 13.718, de 2018)

Art. 62. Apresentar-se publicamente em estado de embriaguez, de modo que cause escândalo ou ponha em perigo a segurança própria ou alheia:

Pena: prisão simples, de quinze dias a três meses, ou multa, de duzentos mil réis a dois contos de réis.

Parágrafo único. Se habitual a embriaguez, o contraventor é internado em casa de custódia e tratamento.

Art. 63. Servir bebidas alcoólicas:

I –(Revogado pela Lei nº 13.106, de 2015)

II - a quem se acha em estado de embriaguez;

III - a pessoa que o agente sabe sofrer das faculdades mentais;

IV - a pessoa que o agente sabe estar judicialmente proibida de frequentar lugares onde se consome bebida de tal natureza:

Pena: prisão simples, de dois meses a um ano, ou multa, de quinhentos mil réis a cinco contos de réis.

Art. 64. Tratar animal com crueldade ou submetê-lo a trabalho excessivo:

Pena: prisão simples, de dez dias a um mês, ou multa, de cem a quinhentos mil réis.

§ 1º Na mesma pena incorre aquele que, embora para fins didáticos ou científicos, realiza em lugar público ou exposto ao publico, experiência dolorosa ou cruel em animal vivo.

§ 2º Aplica-se a pena com aumento de metade, se o animal é submetido a trabalho excessivo ou tratado com crueldade, em exibição ou espetáculo público.

Art. 65. Molestar alguem ou perturbar-lhe a tranquilidade, por acinte ou por motivo reprovavel:

Pena: prisão simples, de quinze dias a dois meses, ou multa, de duzentos mil réis a dois contos de réis.

CAPÍTULO VIII - DAS CONTRAVENÇÕES REFERENTES À ADMINISTRAÇÃO PÚBLICA

Art. 66. Deixar de comunicar à autoridade competente:

I - crime de ação pública, de que teve conhecimento no exercício de função pública, desde que a ação penal não dependa de representação;

II – crime de ação pública, de que teve conhecimento no exercício da medicina ou de outra profissão sanitária, desde que a ação penal não dependa de representação e a comunicação não exponha o cliente a procedimento criminal:

Pena: multa, de trezentos mil réis a três contos de réis.

Art. 67. Inumar ou exumar cadaver, com infração das disposições legais:

Pena: prisão simples, de um mês a um ano, ou multa, de duzentos mil réis a dois contos de réis.

Art. 68. Recusar à autoridade, quando por esta, justificadamente solicitados ou exigidos, dados ou indicações concernentes à própria identidade, estado, profissão, domicílio e residência:

Pena: multa, de duzentos mil réis a dois contos de réis.

Parágrafo único. Incorre na pena de prisão simples, de um a seis meses, e multa, de duzentos mil réis a dois contos de réis, se o fato não constitue infração penal mais grave, quem, nas mesmas circunstâncias, f'az declarações inverídicas a respeito de sua identidade pessoal, estado, profissão, domicílio e residência.

Art. 69. (Revogado pela Lei nº 6.815, de 19.8.1980)

Art. 70. Praticar qualquer ato que importe violação do monopólio postal da União:

Pena: prisão simples, de três meses a um ano, ou multa, de três a dez contos de réis, ou ambas cumulativamente.

DISPOSIÇÕES FINAIS

Art. 71. Ressalvada a legislação especial sobre florestas, caça e pesca, revogam-se as disposições em contrário.

Art. 72. Esta lei entrará em vigor no dia 1º de janeiro de 1942.

Anotações

PREPARAÇÃO • CONHECIMENTO • APROVAÇÃO

DIREITO PROCESSUAL PENAL

SUMÁRIO

1. DECRETO-LEI Nº 3.689, DE 3 DE OUTUBRO DE 1941..................................764
2. DECRETO-LEI Nº 3.689, DE 3 DE OUTUBRO DE 1941............................. 816
3. LEI Nº 7.210, DE 11 DE JULHO DE 1984..867
4. LEI Nº 9.296, DE 24 DE JULHO DE 1996 ..882
5. LEI Nº 13.491, DE 13 DE OUTUBRO DE 2017..883
6. LEI Nº 7.960, DE 21 DE DEZEMBRO DE 1989...883
7. LEI Nº 12.830, DE 20 DE JUNHO DE 2013.. 884

1. DECRETO-LEI Nº 3.689, DE 3 DE OUTUBRO DE 1941

Código de Processo Penal

O PRESIDENTE DA REPÚBLICA, usando da atribuição que lhe confere o art. 180 da Constituição, decreta a seguinte Lei:

LIVRO I - DO PROCESSO EM GERAL
TÍTULO I - DISPOSIÇÕES PRELIMINARES

Art. 1º O processo penal reger-se-á, em todo o território brasileiro, por este Código, ressalvados:

I. os tratados, as convenções e regras de direito internacional;

II. as prerrogativas constitucionais do Presidente da República, dos ministros de Estado, nos crimes conexos com os do Presidente da República, e dos ministros do Supremo Tribunal Federal, nos crimes de responsabilidade (Constituição, arts. 86, 89, § 2º, e 100);

III. os processos da competência da Justiça Militar;

IV. os processos da competência do tribunal especial (Constituição, art. 122, no 17);

V. os processos por crimes de imprensa. (Vide ADPF nº 130)

Parágrafo único. Aplicar-se-á, entretanto, este Código aos processos referidos nos nos. IV e V, quando as leis especiais que os regulam não dispuserem de modo diverso.

Art. 2º A lei processual penal aplicar-se-á desde logo, sem prejuízo da validade dos atos realizados sob a vigência da lei anterior.

Art. 3º A lei processual penal admitirá interpretação extensiva e aplicação analógica, bem como o suplemento dos princípios gerais de direito.

Juiz das Garantias

Suspenso: A suspensão vale até que o tema seja analisado no plenário do STF - a data desse julgamento ainda não foi marcada até o fechamento deste arquivo.

Art. 3º-A. O processo penal terá estrutura acusatória, vedadas a iniciativa do juiz na fase de investigação e a substituição da atuação probatória do órgão de acusação. (Incluído pela Lei nº 13.964, de 24.12.2019)

Art. 3º-B. O juiz das garantias é responsável pelo controle da legalidade da investigação criminal e pela salvaguarda dos direitos individuais cuja franquia tenha sido reservada à autorização prévia do Poder Judiciário, competindo-lhe especialmente: (Incluído pela Lei nº 13.964, de 24.12.2019)

I. receber a comunicação imediata da prisão, nos termos do inciso LXII do caput do art. 5º da Constituição Federal; (Incluído pela Lei nº 13.964, de 24.12.2019)

II. receber o auto da prisão em flagrante para o controle da legalidade da prisão, observado o disposto no art. 310 deste Código; (Incluído pela Lei nº 13.964, de 24.12.2019)

III. zelar pela observância dos direitos do preso, podendo determinar que este seja conduzido à sua presença, a qualquer tempo; (Incluído pela Lei nº 13.964, de 24.12.2019)

IV. ser informado sobre a instauração de qualquer investigação criminal; (Incluído pela Lei nº 13.964, de 24.12.2019)

V. decidir sobre o requerimento de prisão provisória ou outra medida cautelar, observado o disposto no § 1º deste artigo; (Incluído pela Lei nº 13.964, de 24.12.2019)

VI. prorrogar a prisão provisória ou outra medida cautelar, bem como substituí-las ou revogá-las, assegurado, no primeiro caso, o exercício do contraditório em audiência pública e oral, na forma do disposto neste Código ou em legislação especial pertinente; (Incluído pela Lei nº 13.964, de 24.12.2019)

Suspenso: A suspensão vale até que o tema seja analisado no plenário do STF - a data desse julgamento ainda não foi marcada até o fechamento deste arquivo.

VII. decidir sobre o requerimento de produção antecipada de provas consideradas urgentes e não repetíveis, assegurados o contraditório e a ampla defesa em audiência pública e oral; (Incluído pela Lei nº 13.964, de 24.12.2019)

VIII. prorrogar o prazo de duração do inquérito, estando o investigado preso, em vista das razões apresentadas pela autoridade policial e observado o disposto no § 2º deste artigo; (Incluído pela Lei nº 13.964, de 24.12.2019)

IX. determinar o trancamento do inquérito policial quando não houver fundamento razoável para sua instauração ou prosseguimento; (Incluído pela Lei nº 13.964, de 24.12.2019)

X. requisitar documentos, laudos e informações ao delegado de polícia sobre o andamento da investigação;

XI. decidir sobre os requerimentos de: (Incluído pela Lei nº 13.964, de 24.12.2019)

a) interceptação telefônica, do fluxo de comunicações em sistemas de informática e telemática ou de outras formas de comunicação; (Incluído pela Lei nº 13.964, de 24.12.2019)

b) afastamento dos sigilos fiscal, bancário, de dados e telefônico; (Incluído pela Lei nº 13.964, de 24.12.2019)

c) busca e apreensão domiciliar; (Incluído pela Lei nº 13.964, de 24.12.2019)

d) acesso a informações sigilosas; (Incluído pela Lei nº 13.964, de 24.12.2019)

e) outros meios de obtenção da prova que restrinjam direitos fundamentais do investigado; (Incluído pela Lei nº 13.964, de 24.12.2019)

XII. julgar o habeas corpus impetrado antes do oferecimento da denúncia; (Incluído pela Lei nº 13.964, de 24.12.2019)

XIII. determinar a instauração de incidente de insanidade mental; (Incluído pela Lei nº 13.964, de 24.12.2019)

XIV. decidir sobre o recebimento da denúncia ou queixa, nos termos do art. 399 deste Código; (Incluído pela Lei nº 13.964, de 24.12.2019)

XV. assegurar prontamente, quando se fizer necessário, o direito outorgado ao investigado e ao seu defensor de acesso a todos os elementos informativos e provas produzidos no âmbito da investigação criminal, salvo no que concerne, estritamente, às diligências em andamento; (Incluído pela Lei nº 13.964, de 24.12.2019)

XVI.- deferir pedido de admissão de assistente técnico para acompanhar a produção da perícia; (Incluído pela Lei nº 13.964, de 24.12.2019)

XVII. decidir sobre a homologação de acordo de não persecução penal ou os de colaboração premiada, quando formalizados durante a investigação; (Incluído pela Lei nº 13.964, de 24.12.2019)

XVIII. outras matérias inerentes às atribuições definidas no caput deste artigo. (Incluído pela Lei nº 13.964, de 24.12.2019)

§ 1º (VETADO).

§ 2º Se o investigado estiver preso, o juiz das garantias poderá, mediante representação da autoridade policial e ouvido o Ministério Público, prorrogar, uma única vez, a duração do inquérito por até 15 (quinze) dias, após o que, se ainda assim a investigação não for concluída, a prisão será imediatamente relaxada. (Incluído pela Lei nº 13.964, de 24.12.2019)

Art. 3º-C. A competência do juiz das garantias abrange todas as infrações penais, exceto as de menor potencial ofensivo, e cessa com o recebimento da denúncia ou queixa na forma do art. 399 deste Código. (Incluído pela Lei nº 13.964, de 24.12.2019)

§ 1º Recebida a denúncia ou queixa, as questões pendentes serão decididas pelo juiz da instrução e julgamento. (Incluído pela Lei nº 13.964, de 24.12.2019)

§ 2º As decisões proferidas pelo juiz das garantias não vinculam o juiz da instrução e julgamento, que, após o recebimento da denúncia ou queixa, deverá reexaminar a necessidade das medidas cautelares em curso, no prazo máximo de 10 (dez) dias. (Incluído pela Lei nº 13.964, de 24.12.2019)

§ 3º Os autos que compõem as matérias de competência do juiz das garantias ficarão acautelados na secretaria desse juízo, à disposição do Ministério Público e da defesa, e não serão apensados aos autos do processo enviados ao juiz da instrução e julgamento, ressalvados os documentos relativos às provas irrepetíveis, medidas de obtenção de provas ou de antecipação de provas, que deverão ser remetidos para apensamento em apartado. (Incluído pela Lei nº 13.964, de 24.12.2019)

§ 4º Fica assegurado às partes o amplo acesso aos autos acautelados na secretaria do juízo das garantias. (Incluído pela Lei nº 13.964, de 24.12.2019)

Art. 3º-D. O juiz que, na fase de investigação, praticar qualquer ato incluído nas competências dos arts. 4º e 5º deste Código ficará impedido de funcionar no processo. (Incluído pela Lei nº 13.964, de 24.12.2019)

Parágrafo único. Nas comarcas em que funcionar apenas um juiz, os tribunais criarão um sistema de rodízio de magistrados, a fim de atender às disposições deste Capítulo. (Incluído pela Lei nº 13.964, de 24.12.2019)

Art. 3º-E. O juiz das garantias será designado conforme as normas de organização judiciária da União, dos Estados e do Distrito Federal, observando critérios objetivos a serem periodicamente divulgados pelo respectivo tribunal. (Incluído pela Lei nº 13.964, de 24.12.2019)

Art. 3º-F. O juiz das garantias deverá assegurar o cumprimento das regras para o tratamento dos presos, impedindo o acordo ou ajuste de qualquer autoridade com órgãos da imprensa para explorar a imagem da pessoa submetida à prisão, sob pena de responsabilidade civil, administrativa e penal. (Incluído pela Lei nº 13.964, de 24.12.2019)

Parágrafo único. Por meio de regulamento, as autoridades deverão disciplinar, em 180 (cento e oitenta) dias, o modo pelo qual as informações sobre a realização da prisão e a identidade do preso serão, de modo padronizado e respeitada a programação normativa aludida no caput deste artigo, transmitidas à imprensa, assegurados a efetividade da persecução penal, o direito à informação e a dignidade da pessoa submetida à prisão. (Incluído pela Lei nº 13.964, de 24.12.2019)

TÍTULO II - DO INQUÉRITO POLICIAL

Art. 4º A polícia judiciária será exercida pelas autoridades policiais no território de suas respectivas circunscrições e terá por fim a apuração das infrações penais e da sua autoria. (Redação dada pela Lei nº 9.043, de 9.5.1995)

Parágrafo único. A competência definida neste artigo não excluirá a de autoridades administrativas, a quem por lei seja cometida a mesma função.

Art. 5º Nos crimes de ação pública o inquérito policial será iniciado:

I. de ofício;

II. mediante requisição da autoridade judiciária ou do Ministério Público, ou a requerimento do ofendido ou de quem tiver qualidade para representá-lo.

§ 1º O requerimento a que se refere o no II conterá sempre que possível:

a) a narração do fato, com todas as circunstâncias;
b) a individualização do indiciado ou seus sinais característicos e as razões de convicção ou de presunção de ser ele o autor da infração, ou os motivos de impossibilidade de o fazer;
c) a nomeação das testemunhas, com indicação de sua profissão e residência.

§ 2º Do despacho que indeferir o requerimento de abertura de inquérito caberá recurso para o chefe de Polícia.

§ 3º Qualquer pessoa do povo que tiver conhecimento da existência de infração penal em que caiba ação pública poderá, verbalmente ou por escrito, comunicá-la à autoridade policial, e esta, verificada a procedência das informações, mandará instaurar inquérito.

§ 4º O inquérito, nos crimes em que a ação pública depender de representação, não poderá sem ela ser iniciado.

§ 5º Nos crimes de ação privada, a autoridade policial somente poderá proceder a inquérito a requerimento de quem tenha qualidade para intentá-la.

Art. 6º Logo que tiver conhecimento da prática da infração penal, a autoridade policial deverá:

I. dirigir-se ao local, providenciando para que não se alterem o estado e conservação das coisas, até a chegada dos peritos criminais; (Redação dada pela Lei nº 8.862, de 28.3.1994)

II. apreender os objetos que tiverem relação com o fato, após liberados pelos peritos criminais; (Redação dada pela Lei nº 8.862, de 28.3.1994)

III. colher todas as provas que servirem para o esclarecimento do fato e suas circunstâncias;

IV. ouvir o ofendido;

V. ouvir o indiciado, com observância, no que for aplicável, do disposto no Capítulo III do Título VII, deste Livro, devendo o respectivo termo ser assinado por duas testemunhas que lhe tenham ouvido a leitura;

VI. proceder a reconhecimento de pessoas e coisas e a acareações;

VII. determinar, se for caso, que se proceda a exame de corpo de delito e a quaisquer outras perícias;

VIII. ordenar a identificação do indiciado pelo processo datiloscópico, se possível, e fazer juntar aos autos sua folha de antecedentes;

IX. averiguar a vida pregressa do indiciado, sob o ponto de vista individual, familiar e social, sua condição econômica, sua atitude e estado de ânimo antes e depois do crime e durante ele, e quaisquer outros elementos que contribuírem para a apreciação do seu temperamento e caráter.

X. colher informações sobre a existência de filhos, respectivas idades e se possuem alguma deficiência e o nome e o contato de eventual responsável pelos cuidados dos filhos, indicado pela pessoa presa. (Incluído pela Lei nº 13.257, de 2016)

Art. 7º Para verificar a possibilidade de haver a infração sido praticada de determinado modo, a autoridade policial poderá proceder à reprodução simulada dos fatos, desde que esta não contrarie a moralidade ou a ordem pública.

Art. 8º Havendo prisão em flagrante, será observado o disposto no Capítulo II do Título IX deste Livro.

Art. 9º Todas as peças do inquérito policial serão, num só processado, reduzidas a escrito ou datilografadas e, neste caso, rubricadas pela autoridade.

Art. 10. O inquérito deverá terminar no prazo de 10 dias, se o indiciado tiver sido preso em flagrante, ou estiver preso preventivamente, contado o prazo, nesta hipótese, a partir do dia em que se executar a ordem de prisão, ou no prazo de 30 dias, quando estiver solto, mediante fiança ou sem ela.

Anotações

Suspenso:

A suspensão vale até que o tema seja analisado no plenário do STF - a data desse julgamento ainda não foi marcada até o fechamento deste arquivo.

DECRETO-LEI Nº 3.689, DE 3 DE OUTUBRO DE 1941

§ 1º A autoridade fará minucioso relatório do que tiver sido apurado e enviará autos ao juiz competente.

§ 2º No relatório poderá a autoridade indicar testemunhas que não tiverem sido inquiridas, mencionando o lugar onde possam ser encontradas.

§ 3º Quando o fato for de difícil elucidação, e o indiciado estiver solto, a autoridade poderá requerer ao juiz a devolução dos autos, para ulteriores diligências, que serão realizadas no prazo marcado pelo juiz.

Art. 11. Os instrumentos do crime, bem como os objetos que interessarem à prova, acompanharão os autos do inquérito.

Art. 12. O inquérito policial acompanhará a denúncia ou queixa, sempre que servir de base a uma ou outra.

Art. 13. Incumbirá ainda à autoridade policial:

I. fornecer às autoridades judiciárias as informações necessárias à instrução e julgamento dos processos;

II. realizar as diligências requisitadas pelo juiz ou pelo Ministério Público;

III. cumprir os mandados de prisão expedidos pelas autoridades judiciárias;

IV. representar acerca da prisão preventiva.

Art. 13-A. Nos crimes previstos nos arts. 148, 149 e 149-A, no § 3º do art. 158 e no art. 159 do Decreto-Lei nº 2.848, de 7 de dezembro de 1940 (Código Penal), e no art. 239 da Lei nº 8.069, de 13 de julho de 1990 (Estatuto da Criança e do Adolescente), o membro do Ministério Público ou o delegado de polícia poderá requisitar, de quaisquer órgãos do poder público ou de empresas da iniciativa privada, dados e informações cadastrais da vítima ou de suspeitos. (Incluído pela Lei nº 13.344, de 2016)

Parágrafo único. A requisição, que será atendida no prazo de 24 (vinte e quatro) horas, conterá: (Incluído pela Lei nº 13.344, de 2016)

I. o nome da autoridade requisitante; (Incluído pela Lei nº 13.344, de 2016)

II. o número do inquérito policial; e (Incluído pela Lei nº 13.344, de 2016)

III. a identificação da unidade de polícia judiciária responsável pela investigação. (Incluído pela Lei nº 13.344, de 2016)

Art. 13-B. Se necessário à prevenção e à repressão dos crimes relacionados ao tráfico de pessoas, o membro do Ministério Público ou o delegado de polícia poderão requisitar, mediante autorização judicial, às empresas prestadoras de serviço de telecomunicações e/ou telemática que disponibilizem imediatamente os meios técnicos adequados – como sinais, informações e outros – que permitam a localização da vítima ou dos suspeitos do delito em curso. (Incluído pela Lei nº 13.344, de 2016)

§ 1º Para os efeitos deste artigo, sinal significa posicionamento da estação de cobertura, setorização e intensidade de radiofrequência. (Incluído pela Lei nº 13.344, de 2016)

§ 2º Na hipótese de que trata o caput, o sinal: (Incluído pela Lei nº 13.344, de 2016)

I. não permitirá acesso ao conteúdo da comunicação de qualquer natureza, que dependerá de autorização judicial, conforme disposto em lei; (Incluído pela Lei nº 13.344, de 2016)

II. deverá ser fornecido pela prestadora de telefonia móvel celular por período não superior a 30 (trinta) dias, renovável por uma única vez, por igual período; (Incluído pela Lei nº 13.344, de 2016)

III. para períodos superiores àquele de que trata o inciso II, será necessária a apresentação de ordem judicial. (Incluído pela Lei nº 13.344, de 2016)

§ 3º Na hipótese prevista neste artigo, o inquérito policial deverá ser instaurado no prazo máximo de 72 (setenta e duas) horas, contado do registro da respectiva ocorrência policial. (Incluído pela Lei nº 13.344, de 2016)

§ 4º Não havendo manifestação judicial no prazo de 12 (doze) horas, a autoridade competente requisitará às empresas prestadoras de serviço de telecomunicações e/ou telemática que disponibilizem imediatamente os meios técnicos adequados – como sinais, informações e outros – que permitam a localização da vítima ou dos suspeitos do delito em curso, com imediata comunicação ao juiz. (Incluído pela Lei nº 13.344, de 2016)

Art. 14. O ofendido, ou seu representante legal, e o indiciado poderão requerer qualquer diligência, que será realizada, ou não, a juízo da autoridade.

Art. 14-A. Nos casos em que servidores vinculados às instituições dispostas no art. 144 da Constituição Federal figurarem como investigados em inquéritos policiais, inquéritos policiais militares e demais procedimentos extrajudiciais, cujo objeto for a investigação de fatos relacionados ao uso da força letal praticados no exercício profissional, de forma consumada ou tentada, incluindo as situações dispostas no art. 23 do Decreto-Lei nº 2.848, de 7 de dezembro de 1940 (Código Penal), o indiciado poderá constituir defensor. (Incluído pela Lei nº 13.964, de 24.12.2019)

§ 1º Para os casos previstos no caput deste artigo, o investigado deverá ser citado da instauração do procedimento investigatório, podendo constituir defensor no prazo de até 48 (quarenta e oito) horas a contar do recebimento da citação. (Incluído pela Lei nº 13.964, de 24.12.2019)

§ 2º Esgotado o prazo disposto no § 1º deste artigo com ausência de nomeação de defensor pelo investigado, a autoridade responsável pela investigação deverá intimar a instituição a que estava vinculado o investigado à época da ocorrência dos fatos, para que essa, no prazo de 48 (quarenta e oito) horas, indique defensor para a representação do investigado. (Incluído pela Lei nº 13.964, de 24.12.2019)

§ 3º (VETADO).

§ 4º (VETADO).

§ 5º (VETADO).

§ 6º As disposições constantes deste artigo se aplicam aos servidores militares vinculados às instituições dispostas no art. 142 da Constituição Federal, desde que os fatos investigados digam respeito a missões para a Garantia da Lei e da Ordem. (Incluído pela Lei nº 13.964, de 24.12.2019)

Art. 15. Se o indiciado for menor, ser-lhe-á nomeado curador pela autoridade policial.

Art. 16. O Ministério Público não poderá requerer a devolução do inquérito à autoridade policial, senão para novas diligências, imprescindíveis ao oferecimento da denúncia.

Art. 17. A autoridade policial não poderá mandar arquivar autos de inquérito.

Art. 18. Depois de ordenado o arquivamento do inquérito pela autoridade judiciária, por falta de base para a denúncia, a autoridade policial poderá proceder a novas pesquisas, se de outras provas tiver notícia.

Art. 19. Nos crimes em que não couber ação pública, os autos do inquérito serão remetidos ao juízo competente, onde aguardarão a iniciativa do ofendido ou de seu representante legal, ou serão entregues ao requerente, se o pedir, mediante traslado.

Art. 20. A autoridade assegurará no inquérito o sigilo necessário à elucidação do fato ou exigido pelo interesse da sociedade.

Parágrafo único. Nos atestados de antecedentes que lhe forem solicitados, a autoridade policial não poderá mencionar quaisquer anotações referentes a instauração de inquérito contra os requerentes. (Redação dada pela Lei nº 12.681, de 2012)

Art. 21. A incomunicabilidade do indiciado dependerá sempre de despacho nos autos e somente será permitida quando o interesse da sociedade ou a conveniência da investigação o exigir.

Parágrafo único. A incomunicabilidade, que não excederá de três dias, será decretada por despacho fundamentado do Juiz, a requerimento da autoridade policial, ou do órgão do Ministério Público, respeitado, em qualquer hipótese, o disposto no artigo 89, inciso III, do Estatuto da Ordem dos Advogados do Brasil (Lei n. 4.215, de 27 de abril de 1963) (Redação dada pela Lei nº 5.010, de 30.5.1966)

Art. 22. No Distrito Federal e nas comarcas em que houver mais de uma circunscrição policial, a autoridade com exercício em uma delas poderá, nos inquéritos a que esteja procedendo, ordenar diligências em circunscrição de outra, independentemente de precatórias ou requisições, e bem assim providenciará, até que compareça a autoridade competente, sobre qualquer fato que ocorra em sua presença, noutra circunscrição.

Art. 23. Ao fazer a remessa dos autos do inquérito ao juiz competente, a autoridade policial oficiará ao Instituto de Identificação e Estatística, ou repartição congênere, mencionando o juízo a que tiverem sido distribuídos, e os dados relativos à infração penal e à pessoa do indiciado.

TÍTULO III - DA AÇÃO PENAL

Art. 24. Nos crimes de ação pública, esta será promovida por denúncia do Ministério Público, mas dependerá, quando a lei o exigir, de requisição do Ministro da Justiça, ou de representação do ofendido ou de quem tiver qualidade para representá-lo.

§ 1º No caso de morte do ofendido ou quando declarado ausente por decisão judicial, o direito de representação passará ao cônjuge, ascendente, descendente ou irmão. (Parágrafo único renumerado pela Lei nº 8.699, de 27.8.1993)

§ 2º Seja qual for o crime, quando praticado em detrimento do patrimônio ou interesse da União, Estado e Município, a ação penal será pública. (Incluído pela Lei nº 8.699, de 27.8.1993)

Art. 25. A representação será irretratável, depois de oferecida a denúncia.

Art. 26. A ação penal, nas contravenções, será iniciada com o auto de prisão em flagrante ou por meio de portaria expedida pela autoridade judiciária ou policial.

Art. 27. Qualquer pessoa do povo poderá provocar a iniciativa do Ministério Público, nos casos em que caiba a ação pública, fornecendo-lhe, por escrito, informações sobre o fato e a autoria e indicando o tempo, o lugar e os elementos de convicção.

Art. 28. Se o órgão do Ministério Público, ao invés de apresentar a denúncia, requerer o arquivamento do inquérito policial ou de quaisquer peças de informação, o juiz, no caso de considerar improcedentes as razões invocadas, fará remessa do inquérito ou peças de informação ao procurador-geral, e este oferecerá a denúncia, designará outro órgão do Ministério Público para oferecê-la, ou insistirá no pedido de arquivamento, ao qual só então estará o juiz obrigado a atender.

Atenção, texto vigente até a saída da decisão do STF.

Art. 28. Ordenado o arquivamento do inquérito policial ou de quaisquer elementos informativos da mesma natureza, o órgão do Ministério Público comunicará à vítima, ao investigado e à autoridade policial e encaminhará os autos para a instância de revisão ministerial para fins de homologação, na forma da lei. (Redação dada pela Lei nº 13.964, de 24.12.2019)

§ 1º Se a vítima, ou seu representante legal, não concordar com o arquivamento do inquérito policial, poderá, no prazo de 30 (trinta) dias do recebimento da comunicação, submeter a matéria à revisão da instância competente do órgão ministerial, conforme dispuser a respectiva lei orgânica. (Incluído pela Lei nº 13.964, de 24.12.2019)

§ 2º Nas ações penais relativas a crimes praticados em detrimento da União, Estados e Municípios, a revisão do arquivamento do inquérito policial poderá ser provocada pela chefia do órgão a quem couber a sua representação judicial. (Incluído pela Lei nº 13.964, de 24.12.2019)

Suspenso: A suspensão vale até que o tema seja analisado no plenário do STF - a data desse julgamento ainda não foi marcada até o fechamento deste arquivo.

Art. 28-A. Não sendo caso de arquivamento e tendo o investigado confessado formal e circunstancialmente a prática de infração penal sem violência ou grave ameaça e com pena mínima inferior a 4 (quatro) anos, o Ministério Público poderá propor acordo de não persecução penal, desde que necessário e suficiente para reprovação e prevenção do crime, mediante as seguintes condições ajustadas cumulativa e alternativamente: (Incluído pela Lei nº 13.964, de 24.12.2019)

I. reparar o dano ou restituir a coisa à vítima, exceto na impossibilidade de fazê-lo; (Incluído pela Lei nº 13.964, de 24.12.2019)

II. renunciar voluntariamente a bens e direitos indicados pelo Ministério Público como instrumentos, produto ou proveito do crime; (Incluído pela Lei nº 13.964, de 24.12.2019)

III. prestar serviço à comunidade ou a entidades públicas por período correspondente à pena mínima cominada ao delito diminuída de um a dois terços, em local a ser indicado pelo juízo da execução, na forma do art. 46 do Decreto-Lei nº 2.848, de 7 de dezembro de 1940 (Código Penal); (Incluído pela Lei nº 13.964, de 24.12.2019)

IV. pagar prestação pecuniária, a ser estipulada nos termos do art. 45 do Decreto-Lei nº 2.848, de 7 de dezembro de 1940 (Código Penal), a entidade pública ou de interesse social, a ser indicada pelo juízo da execução, que tenha, preferencialmente, como função proteger bens jurídicos iguais ou semelhantes aos aparentemente lesados pelo delito; ou (Incluído pela Lei nº 13.964, de 24.12.2019)

V. cumprir, por prazo determinado, outra condição indicada pelo Ministério Público, desde que proporcional e compatível com a infração penal imputada. (Incluído pela Lei nº 13.964, de 24.12.2019)

§ 1º Para aferição da pena mínima cominada ao delito a que se refere o caput deste artigo, serão consideradas as causas de aumento e diminuição aplicáveis ao caso concreto. (Incluído pela Lei nº 13.964, de 24.12.2019)

§ 2º O disposto no caput deste artigo não se aplica nas seguintes hipóteses: (Incluído pela Lei nº 13.964, de 24.12.2019)

I. se for cabível transação penal de competência dos Juizados Especiais Criminais, nos termos da lei; (Incluído pela Lei nº 13.964, de 24.12.2019)

II. se o investigado for reincidente ou se houver elementos probatórios que indiquem conduta criminal habitual, reiterada ou profissional, exceto se insignificantes as infrações penais pretéritas; (Incluído pela Lei nº 13.964, de 24.12.2019)

III. ter sido o agente beneficiado nos 5 (cinco) anos anteriores ao cometimento da infração, em acordo de não persecução penal, transação penal ou suspensão condicional do processo; e (Incluído pela Lei nº 13.964,

IV. nos crimes praticados no âmbito de violência doméstica ou familiar, ou praticados contra a mulher por razões da condição de sexo feminino, em favor do agressor.

§ 3º O acordo de não persecução penal será formalizado por escrito e será firmado pelo membro do Ministério Público, pelo investigado e por seu defensor. (Incluído pela Lei nº 13.964, de 24.12.2019)

§ 4º Para a homologação do acordo de não persecução penal, será realizada audiência na qual o juiz deverá verificar a sua voluntariedade, por meio da oitiva do investigado na presença do seu defensor, e sua legalidade. (Incluída pela Lei nº 13.964, de 24.12.2019)

Suspenso: A suspensão vale até que o tema seja analisado no plenário do Supremo - a data desse julgamento ainda não foi marcada até a data de finalização deste arquivo.

DECRETO-LEI Nº 3.689, DE 3 DE OUTUBRO DE 1941

Anotações

Suspenso:
A suspensão vale até que o tema seja analisado no plenário do STF - a data desse julgamento ainda não foi marcada até o fechamento deste arquivo.

§ 5º Se o juiz considerar inadequadas, insuficientes ou abusivas as condições dispostas no acordo de não persecução penal, devolverá os autos ao Ministério Público para que seja reformulada a proposta de acordo, com concordância do investigado e seu defensor.(Incluído pela Lei nº 13.964, de 24.12.2019)

§ 6º Homologado judicialmente o acordo de não persecução penal, o juiz devolverá os autos ao Ministério Público para que inicie sua execução perante o juízo de execução penal. (Incluído pela Lei nº 13.964, de 24.12.2019)

§ 7º O juiz poderá recusar homologação à proposta que não atender aos requisitos legais ou quando não for realizada a adequação a que se refere o § 5º deste artigo. (Incluído pela Lei nº 13.964, de 24.12.2019)

§ 8º Recusada a homologação, o juiz devolverá os autos ao Ministério Público para a análise da necessidade de complementação das investigações ou o oferecimento da denúncia. (Incluído pela Lei nº 13.964, de 24.12.2019)

§ 9º A vítima será intimada da homologação do acordo de não persecução penal e de seu descumprimento. (Incluído pela Lei nº 13.964, de 24.12.2019)

§ 10. Descumpridas quaisquer das condições estipuladas no acordo de não persecução penal, o Ministério Público deverá comunicar ao juízo, para fins de sua rescisão e posterior oferecimento de denúncia. (Incluído pela Lei nº 13.964, de 24.12.2019)

§ 11. O descumprimento do acordo de não persecução penal pelo investigado também poderá ser utilizado pelo Ministério Público como justificativa para o eventual não oferecimento de suspensão condicional do processo. (Incluído pela Lei nº 13.964, de 24.12.2019)

§ 12. A celebração e o cumprimento do acordo de não persecução penal não constarão de certidão de antecedentes criminais, exceto para os fins previstos no inciso III do § 2º deste artigo. (Incluído pela Lei nº 13.964, de 24.12.2019)

§ 13. Cumprido integralmente o acordo de não persecução penal, o juízo competente decretará a extinção de punibilidade. (Incluído pela Lei nº 13.964, de 24.12.2019)

§ 14. No caso de recusa, por parte do Ministério Público, em propor o acordo de não persecução penal, o investigado poderá requerer a remessa dos autos a órgão superior, na forma do art. 28 deste Código. (Incluído pela Lei nº 13.964, de 24.12.2019)

Art. 29. Será admitida ação privada nos crimes de ação pública, se esta não for intentada no prazo legal, cabendo ao Ministério Público aditar a queixa, repudiá-la e oferecer denúncia substitutiva, intervir em todos os termos do processo, fornecer elementos de prova, interpor recurso e, a todo tempo, no caso de negligência do querelante, retomar a ação como parte principal.

Art. 30. Ao ofendido ou a quem tenha qualidade para representá-lo caberá intentar a ação privada.

Art. 31. No caso de morte do ofendido ou quando declarado ausente por decisão judicial, o direito de oferecer queixa ou prosseguir na ação passará ao cônjuge, ascendente, descendente ou irmão.

Art. 32. Nos crimes de ação privada, o juiz, a requerimento da parte que comprovar a sua pobreza, nomeará advogado para promover a ação penal.

§ 1º Considerar-se-á pobre a pessoa que não puder prover às despesas do processo, sem privar-se dos recursos indispensáveis ao próprio sustento ou da família.

§ 2º Será prova suficiente de pobreza o atestado da autoridade policial em cuja circunscrição residir o ofendido.

Anotações

Art. 33. Se o ofendido for menor de 18 (dezoito) anos, ou mentalmente enfermo, ou retardado mental, e não tiver representante legal, ou colidirem os interesses deste com os daquele, o direito de queixa poderá ser exercido por curador especial, nomeado, de ofício ou a requerimento do Ministério Público, pelo juiz competente para o processo penal.

Art. 34. Se o ofendido for menor de 21 (vinte e um) e maior de 18 (dezoito) anos, o direito de queixa poderá ser exercido por ele ou por seu representante legal.

Art. 35. (Revogado pela Lei nº 9.520, de 27.11.1997)

Art. 36. Se comparecer mais de uma pessoa com direito de queixa, terá preferência o cônjuge, e, em seguida, o parente mais próximo na ordem de enumeração constante do art. 31, podendo, entretanto, qualquer delas prosseguir na ação, caso o querelante desista da instância ou a abandone.

Art. 37. As fundações, associações ou sociedades legalmente constituídas poderão exercer a ação penal, devendo ser representadas por quem os respectivos contratos ou estatutos designarem ou, no silêncio destes, pelos seus diretores ou sócios-gerentes.

Art. 38. Salvo disposição em contrário, o ofendido, ou seu representante legal, decairá no direito de queixa ou de representação, se não o exercer dentro do prazo de seis meses, contado do dia em que vier a saber quem é o autor do crime, ou, no caso do art. 29, do dia em que se esgotar o prazo para o oferecimento da denúncia.

Parágrafo único. Verificar-se-á a decadência do direito de queixa ou representação, dentro do mesmo prazo, nos casos dos arts. 24, parágrafo único, e 31.

Art. 39. O direito de representação poderá ser exercido, pessoalmente ou por procurador com poderes especiais, mediante declaração, escrita ou oral, feita ao juiz, ao órgão do Ministério Público, ou à autoridade policial.

§ 1º A representação feita oralmente ou por escrito, sem assinatura devidamente autenticada do ofendido, de seu representante legal ou procurador, será reduzida a termo, perante o juiz ou autoridade policial, presente o órgão do Ministério Público, quando a este houver sido dirigida.

§ 2º A representação conterá todas as informações que possam servir à apuração do fato e da autoria.

§ 3º Oferecida ou reduzida a termo a representação, a autoridade policial procederá a inquérito, ou, não sendo competente, remetê-lo-á à autoridade que o for.

§ 4º A representação, quando feita ao juiz ou perante este reduzida a termo, será remetida à autoridade policial para que esta proceda a inquérito.

§ 5º O órgão do Ministério Público dispensará o inquérito, se com a representação forem oferecidos elementos que o habilitem a promover a ação penal, e, neste caso, oferecerá a denúncia no prazo de quinze dias.

Art. 40. Quando, em autos ou papéis de que conhecerem, os juízes ou tribunais verificarem a existência de crime de ação pública, remeterão ao Ministério Público as cópias e os documentos necessários ao oferecimento da denúncia.

Art. 41. A denúncia ou queixa conterá a exposição do fato criminoso, com todas as suas circunstâncias, a qualificação do acusado ou esclarecimentos pelos quais se possa identificá-lo, a classificação do crime e, quando necessário, o rol das testemunhas.

Art. 42. O Ministério Público não poderá desistir da ação penal.

Art. 43. (Revogado pela Lei nº 11.719, de 2008).

Art. 44. A queixa poderá ser dada por procurador com poderes especiais, devendo constar do instrumento do mandato o nome do querelante e a menção do fato criminoso, salvo quando tais esclarecimentos dependerem de diligências que devem ser previamente requeridas no juízo criminal.

Art. 45. A queixa, ainda quando a ação penal for privativa do ofendido, poderá ser aditada pelo Ministério Público, a quem caberá intervir em todos os termos subsequentes do processo.

Art. 46. O prazo para oferecimento da denúncia, estando o réu preso, será de 5 dias, contado da data em que o órgão do Ministério Público receber os autos do inquérito policial, e de 15 dias, se o réu estiver solto ou afiançado. No último caso, se houver devolução do inquérito à autoridade policial (art. 16), contar-se-á o prazo da data em que o órgão do Ministério Público receber novamente os autos.

§ 1º Quando o Ministério Público dispensar o inquérito policial, o prazo para o oferecimento da denúncia contar-se-á da data em que tiver recebido as peças de informações ou a representação

§ 2º O prazo para o aditamento da queixa será de 3 dias, contado da data em que o órgão do Ministério Público receber os autos, e, se este não se pronunciar dentro do tríduo, entender-se-á que não tem o que aditar, prosseguindo-se nos demais termos do processo.

Art. 47. Se o Ministério Público julgar necessários maiores esclarecimentos e documentos complementares ou novos elementos de convicção, deverá requisitá-los, diretamente, de quaisquer autoridades ou funcionários que devam ou possam fornecê-los.

Art. 48. A queixa contra qualquer dos autores do crime obrigará ao processo de todos, e o Ministério Público velará pela sua indivisibilidade.

Art. 49. A renúncia ao exercício do direito de queixa, em relação a um dos autores do crime, a todos se estenderá.

Art. 50. A renúncia expressa constará de declaração assinada pelo ofendido, por seu representante legal ou procurador com poderes especiais.

Parágrafo único. A renúncia do representante legal do menor que houver completado 18 (dezoito) anos não privará este do direito de queixa, nem a renúncia do último excluirá o direito do primeiro.

Art. 51. O perdão concedido a um dos querelados aproveitará a todos, sem que produza, todavia, efeito em relação ao que o recusar.

Art. 52. Se o querelante for menor de 21 e maior de 18 anos, o direito de perdão poderá ser exercido por ele ou por seu representante legal, mas o perdão concedido por um, havendo oposição do outro, não produzirá efeito.

Art. 53. Se o querelado for mentalmente enfermo ou retardado mental e não tiver representante legal, ou colidirem os interesses deste com os do querelado, a aceitação do perdão caberá ao curador que o juiz lhe nomear.

Art. 54. Se o querelado for menor de 21 anos, observar-se-á, quanto à aceitação do perdão, o disposto no art. 52.

Art. 55. O perdão poderá ser aceito por procurador com poderes especiais.

Art. 56. Aplicar-se-á ao perdão extraprocessual expresso o disposto no art. 50.

Art. 57. A renúncia tácita e o perdão tácito admitirão todos os meios de prova.

Art. 58. Concedido o perdão, mediante declaração expressa nos autos, o querelado será intimado a dizer, dentro de três dias, se o aceita, devendo, ao mesmo tempo, ser cientificado de que o seu silêncio importará aceitação.

Parágrafo único. Aceito o perdão, o juiz julgará extinta a punibilidade.

Art. 59. A aceitação do perdão fora do processo constará de declaração assinada pelo querelado, por seu representante legal ou procurador com poderes especiais.

Art. 60. Nos casos em que somente se procede mediante queixa, considerar-se-á perempta a ação penal:

I. quando, iniciada esta, o querelante deixar de promover o andamento do processo durante 30 dias seguidos;

II. quando, falecendo o querelante, ou sobrevindo sua incapacidade, não comparecer em juízo, para prosseguir no processo, dentro do prazo de 60 (sessenta) dias, qualquer das pessoas a quem couber fazê-lo, ressalvado o disposto no art. 36;

III. quando o querelante deixar de comparecer, sem motivo justificado, a qualquer ato do processo a que deva estar presente, ou deixar de formular o pedido de condenação nas alegações finais;

IV. quando, sendo o querelante pessoa jurídica, esta se extinguir sem deixar sucessor.

Art. 61. Em qualquer fase do processo, o juiz, se reconhecer extinta a punibilidade, deverá declará-lo de ofício.

Parágrafo único. No caso de requerimento do Ministério Público, do querelante ou do réu, o juiz mandará autuá-lo em apartado, ouvirá a parte contrária e, se o julgar conveniente, concederá o prazo de cinco dias para a prova, proferindo a decisão dentro de cinco dias ou reservando-se para apreciar a matéria na sentença final.

Art. 62. No caso de morte do acusado, o juiz somente à vista da certidão de óbito, e depois de ouvido o Ministério Público, declarará extinta a punibilidade.

TÍTULO IV - DA AÇÃO CIVIL

Art. 63. Transitada em julgado a sentença condenatória, poderão promover-lhe a execução, no juízo cível, para o efeito da reparação do dano, o ofendido, seu representante legal ou seus herdeiros.

Parágrafo único. Transitada em julgado a sentença condenatória, a execução poderá ser efetuada pelo valor fixado nos termos do inciso IV do caput do art. 387 deste Código sem prejuízo da liquidação para a apuração do dano efetivamente sofrido. (Incluído pela Lei nº 11.719, de 2008).

Art. 64. Sem prejuízo do disposto no artigo anterior, a ação para ressarcimento do dano poderá ser proposta no juízo cível, contra o autor do crime e, se for caso, contra o responsável civil. (Vide Lei nº 5.970, de 1973)

Parágrafo único. Intentada a ação penal, o juiz da ação civil poderá suspender o curso desta, até o julgamento definitivo daquela.

Art. 65. Faz coisa julgada no cível a sentença penal que reconhecer ter sido o ato praticado em estado de necessidade, em legítima defesa, em estrito cumprimento de dever legal ou no exercício regular de direito.

Art. 66. Não obstante a sentença absolutória no juízo criminal, a ação civil poderá ser proposta quando não tiver sido, categoricamente, reconhecida a inexistência material do fato.

Art. 67. Não impedirão igualmente a propositura da ação civil:

I. o despacho de arquivamento do inquérito ou das peças de informação;

II. a decisão que julgar extinta a punibilidade;

III. a sentença absolutória que decidir que o fato imputado não constitui crime.

Art. 68. Quando o titular do direito à reparação do dano for pobre (art. 32, §§ 1º e 2º), a execução da sentença condenatória (art. 63) ou a ação civil (art. 64) será promovida, a seu requerimento, pelo Ministério Público.

TÍTULO V - DA COMPETÊNCIA

Art. 69. Determinará a competência jurisdicional:

I. o lugar da infração:

II. o domicílio ou residência do réu;

III. a natureza da infração;

IV. a distribuição;

V. a conexão ou continência;

VI. a prevenção;

VII. a prerrogativa de função.

CAPÍTULO I - DA COMPETÊNCIA PELO LUGAR DA INFRAÇÃO

Art. 70. A competência será, de regra, determinada pelo lugar em que se consumar a infração, ou, no caso de tentativa, pelo lugar em que for praticado o último ato de execução.

§ 1º Se, iniciada a execução no território nacional, a infração se consumar fora dele, a competência será determinada pelo lugar em que tiver sido praticado, no Brasil, o último ato de execução.

§ 2º Quando o último ato de execução for praticado fora do território nacional, será competente o juiz do lugar em que o crime, embora parcialmente, tenha produzido ou devia produzir seu resultado.

§ 3º Quando incerto o limite territorial entre duas ou mais jurisdições, ou quando incerta a jurisdição por ter sido a infração consumada ou tentada nas divisas de duas ou mais jurisdições, a competência firmar-se-á pela prevenção.

Art. 71. Tratando-se de infração continuada ou permanente, praticada em território de duas ou mais jurisdições, a competência firmar-se-á pela prevenção.

CAPÍTULO II - DA COMPETÊNCIA PELO DOMICÍLIO OU RESIDÊNCIA DO RÉU

Art. 72. Não sendo conhecido o lugar da infração, a competência regular-se-á pelo domicílio ou residência do réu.

§ 1º Se o réu tiver mais de uma residência, a competência firmar-se-á pela prevenção.

§ 2º Se o réu não tiver residência certa ou for ignorado o seu paradeiro, será competente o juiz que primeiro tomar conhecimento do fato.

Art. 73. Nos casos de exclusiva ação privada, o querelante poderá preferir o foro de domicílio ou da residência do réu, ainda quando conhecido o lugar da infração.

CAPÍTULO III - DA COMPETÊNCIA PELA NATUREZA DA INFRAÇÃO

Art. 74. A competência pela natureza da infração será regulada pelas leis de organização judiciária, salvo a competência privativa do Tribunal do Júri.

§ 1º Compete ao Tribunal do Júri o julgamento dos crimes previstos nos arts. 121, §§ 1º e 2º, 122, parágrafo único, 123, 124, 125, 126 e 127 do Código Penal, consumados ou tentados. (Redação dada pela Lei nº 263, de 23.2.1948)

§ 2º Se, iniciado o processo perante um juiz, houver desclassificação para infração da competência de outro, a este será remetido o processo, salvo se mais graduada for a jurisdição do primeiro, que, em tal caso, terá sua competência prorrogada.

§ 3º Se o juiz da pronúncia desclassificar a infração para outra atribuída à competência de juiz singular, observar-se-á o disposto no art. 410; mas, se a desclassificação for feita pelo próprio Tribunal do Júri, a seu presidente caberá proferir a sentença (art. 492, § 2º).

CAPÍTULO IV - DA COMPETÊNCIA POR DISTRIBUIÇÃO

Art. 75. A precedência da distribuição fixará a competência quando, na mesma circunscrição judiciária, houver mais de um juiz igualmente competente.

Parágrafo único. A distribuição realizada para o efeito da concessão de fiança ou da decretação de prisão preventiva ou de qualquer diligência anterior à denúncia ou queixa prevenirá a da ação penal.

CAPÍTULO V - DA COMPETÊNCIA POR CONEXÃO OU CONTINÊNCIA

Art. 76. A competência será determinada pela conexão:

I. se, ocorrendo duas ou mais infrações, houverem sido praticadas, ao mesmo tempo, por várias pessoas reunidas, ou por várias pessoas em concurso, embora diverso o tempo e o lugar, ou por várias pessoas, umas contra as outras;

II. se, no mesmo caso, houverem sido umas praticadas para facilitar ou ocultar as outras, ou para conseguir impunidade ou vantagem em relação a qualquer delas;

III. quando a prova de uma infração ou de qualquer de suas circunstâncias elementares influir na prova de outra infração.

Art. 77. A competência será determinada pela continência quando:

I. duas ou mais pessoas forem acusadas pela mesma infração;

II. no caso de infração cometida nas condições previstas nos arts. 51, § 1º, 53, segunda parte, e 54 do Código Penal.

Art. 78. Na determinação da competência por conexão ou continência, serão observadas as seguintes regras: (Redação dada pela Lei nº 263, de 23.2.1948)

I. no concurso entre a competência do júri e a de outro órgão da jurisdição comum, prevalecerá a competência do júri; (Redação dada pela Lei nº 263, de 23.2.1948)

II. no concurso de jurisdições da mesma categoria: (Redação dada pela Lei nº 263, de 23.2.1948)

a) preponderará a do lugar da infração, à qual for cominada a pena mais grave; (Redação dada pela Lei nº 263, de 23.2.1948)

b) prevalecerá a do lugar em que houver ocorrido o maior número de infrações, se as respectivas penas forem de igual gravidade; (Redação dada pela Lei nº 263, de 23.2.1948)

c) firmar-se-á a competência pela prevenção, nos outros casos; (Redação dada pela Lei nº 263, de 23.2.1948)

III. no concurso de jurisdições de diversas categorias, predominará a de maior graduação; (Redação dada pela Lei nº 263, de 23.2.1948)

IV. no concurso entre a jurisdição comum e a especial, prevalecerá esta. (Redação dada pela Lei nº 263, de 23.2.1948)

Art. 79. A conexão e a continência importarão unidade de processo e julgamento, salvo:

I. no concurso entre a jurisdição comum e a militar;

II. no concurso entre a jurisdição comum e a do juízo de menores.

§ 1º Cessará, em qualquer caso, a unidade do processo, se, em relação a algum corréu, sobrevier o caso previsto no art. 152.

§ 2º A unidade do processo não importará a do julgamento, se houver corréu foragido que não possa ser julgado à revelia, ou ocorrer a hipótese do art. 461.

Art. 80. Será facultativa a separação dos processos quando as infrações tiverem sido praticadas em circunstâncias de tempo ou de lugar diferentes, ou, quando pelo excessivo número de acusados e para não lhes prolongar a prisão provisória, ou por outro motivo relevante, o juiz reputar conveniente a separação.

Art. 81. Verificada a reunião dos processos por conexão ou continência, ainda que no processo da sua competência própria venha o juiz ou tribunal a proferir sentença absolutória ou que desclassifique a infração para outra que não se inclua na sua competência, continuará competente em relação aos demais processos.

Parágrafo único. Reconhecida inicialmente ao júri a competência por conexão ou continência, o juiz, se vier a desclassificar a infração ou impronunciar ou absolver o acusado, de maneira que exclua a competência do júri, remeterá o processo ao juízo competente.

Art. 82. Se, não obstante a conexão ou continência, forem instaurados processos diferentes, a autoridade de jurisdição prevalente deverá avocar os processos que corram perante os outros juízes, salvo se já estiverem com sentença definitiva. Neste caso, a unidade dos processos só se dará, ulteriormente, para o efeito de soma ou de unificação das penas.

CAPÍTULO VI - DA COMPETÊNCIA POR PREVENÇÃO

Art. 83. Verificar-se-á a competência por prevenção toda vez que, concorrendo dois ou mais juízes igualmente competentes ou com jurisdição cumulativa, um deles tiver antecedido aos outros na prática de algum ato do processo ou de medida a este relativa, ainda que anterior ao oferecimento da denúncia ou da queixa (arts. 70, § 3º, 71, 72, § 2º, e 78, II, c).

CAPÍTULO VII - DA COMPETÊNCIA PELA PRERROGATIVA DE FUNÇÃO

Art. 84. A competência pela prerrogativa de função é do Supremo Tribunal Federal, do Superior Tribunal de Justiça, dos Tribunais Regionais Federais e Tribunais de Justiça dos Estados e do Distrito Federal, relativamente às pessoas que devam responder perante eles por crimes comuns e de responsabilidade. (Redação dada pela Lei nº 10.628, de 24.12.2002)

§ 1º (Vide ADIN nº 2797)

§ 2º (Vide ADIN nº 2797)

Art. 85. Nos processos por crime contra a honra, em que forem querelantes as pessoas que a Constituição sujeita à jurisdição do Supremo Tribunal Federal e dos Tribunais de Apelação, àquele ou a estes caberá o julgamento, quando oposta e admitida a exceção da verdade.

Art. 86. Ao Supremo Tribunal Federal competirá, privativamente, processar e julgar:

I. os seus ministros, nos crimes comuns;

II. os ministros de Estado, salvo nos crimes conexos com os do Presidente da República;

III. o procurador-geral da República, os desembargadores dos Tribunais de Apelação, os ministros do Tribunal de Contas e os embaixadores e ministros diplomáticos, nos crimes comuns e de responsabilidade.

Art. 87. Competirá, originariamente, aos Tribunais de Apelação o julgamento dos governadores ou interventores nos Estados ou Territórios, e prefeito do Distrito Federal, seus respectivos secretários e chefes de Polícia, juízes de instância inferior e órgãos do Ministério Público.

CAPÍTULO VIII - DISPOSIÇÕES ESPECIAIS

Art. 88. No processo por crimes praticados fora do território brasileiro, será competente o juízo da Capital do Estado onde houver por último residido o acusado. Se este nunca tiver residido no Brasil, será competente o juízo da Capital da República.

Art. 89. Os crimes cometidos em qualquer embarcação nas águas territoriais da República, ou nos rios e lagos fronteiriços, bem como a bordo de embarcações nacionais, em alto-mar, serão processados e julgados pela justiça do primeiro porto brasileiro em que tocar a embarcação, após o crime, ou, quando se afastar do País, pela do último em que houver tocado.

Art. 90. Os crimes praticados a bordo de aeronave nacional, dentro do espaço aéreo correspondente ao território brasileiro, ou ao alto-mar, ou a bordo de aeronave estrangeira, dentro do espaço aéreo correspondente ao território nacional, serão processados e julgados pela justiça da comarca em cujo território se verificar o pouso após o crime, ou pela da comarca de onde houver partido a aeronave.

Art. 91. Quando incerta e não se determinar de acordo com as normas estabelecidas nos arts. 89 e 90, a competência se firmará pela prevenção. (Redação dada pela Lei nº 4.893, de 9.12.1965)

TÍTULO VI - DAS QUESTÕES E PROCESSOS INCIDENTES

CAPÍTULO I - DAS QUESTÕES PREJUDICIAIS

Art. 92. Se a decisão sobre a existência da infração depender da solução de controvérsia, que o juiz repute séria e fundada, sobre o estado civil das pessoas, o curso da ação penal ficará suspenso até que no juízo cível seja a controvérsia dirimida por sentença passada em julgado, sem prejuízo, entretanto, da inquirição das testemunhas e de outras provas de natureza urgente.

Parágrafo único. Se for o crime de ação pública, o Ministério Público, quando necessário, promoverá a ação civil ou prosseguirá na que tiver sido iniciada, com a citação dos interessados.

Art. 93. Se o reconhecimento da existência da infração penal depender de decisão sobre questão diversa da prevista no artigo anterior, da competência do juízo cível, e se neste houver sido proposta ação para resolvê-la, o juiz criminal poderá, desde que essa questão seja de difícil solução e não verse sobre direito cuja prova a lei civil limite, suspender o curso do processo, após a inquirição das testemunhas e realização das outras provas de natureza urgente.

§ 1º O juiz marcará o prazo da suspensão, que poderá ser razoavelmente prorrogado, se a demora não for imputável à parte. Expirado o prazo, sem que o juiz cível tenha proferido decisão, o juiz criminal fará prosseguir o processo, retomando sua competência para resolver, de fato e de direito, toda a matéria da acusação ou da defesa.

§ 2º Do despacho que denegar a suspensão não caberá recurso.

§ 3º Suspenso o processo, e tratando-se de crime de ação pública, incumbirá ao Ministério Público intervir imediatamente na causa cível, para o fim de promover-lhe o rápido andamento.

Art. 94. A suspensão do curso da ação penal, nos casos dos artigos anteriores, será decretada pelo juiz, de ofício ou a requerimento das partes.

CAPÍTULO II - DAS EXCEÇÕES

Art. 95. Poderão ser opostas as exceções de:

I. suspeição;

II. incompetência de juízo;

III. litispendência;

IV. ilegitimidade de parte;

V. coisa julgada.

Art. 96. A arguição de suspeição precederá a qualquer outra, salvo quando fundada em motivo superveniente.

Art. 97. O juiz que espontaneamente afirmar suspeição deverá fazê-lo por escrito, declarando o motivo legal, e remeterá imediatamente o processo ao seu substituto, intimadas as partes.

Art. 98. Quando qualquer das partes pretender recusar o juiz, deverá fazê-lo em petição assinada por ela própria ou por procurador com poderes especiais, aduzindo as suas razões acompanhadas de prova documental ou do rol de testemunhas.

Art. 99. Se reconhecer a suspeição, o juiz sustará a marcha do processo, mandará juntar aos autos a petição do recusante com os documentos que a instruam, e por despacho se declarará suspeito, ordenando a remessa dos autos ao substituto.

Art. 100. Não aceitando a suspeição, o juiz mandará autuar em apartado a petição, dará sua resposta dentro em três dias, podendo instruí-la e oferecer testemunhas, e, em seguida, determinará sejam os autos da exceção remetidos, dentro em vinte e quatro horas, ao juiz ou tribunal a quem competir o julgamento.

§ 1º Reconhecida, preliminarmente, a relevância da arguição, o juiz ou tribunal, com citação das partes, marcará dia e hora para a inquirição das testemunhas, seguindo-se o julgamento, independentemente de mais alegações.

§ 2º Se a suspeição for de manifesta improcedência, o juiz ou relator a rejeitará liminarmente.

Art. 101. Julgada procedente a suspeição, ficarão nulos os atos do processo principal, pagando o juiz as custas, no caso de erro inescusável; rejeitada, evidenciando-se a malícia do excipiente, a este será imposta a multa de duzentos mil-réis a dois contos de réis.

Art. 102. Quando a parte contrária reconhecer a procedência da arguição, poderá ser sustado, a seu requerimento, o processo principal, até que se julgue o incidente da suspeição.

Art. 103. No Supremo Tribunal Federal e nos Tribunais de Apelação, o juiz que se julgar suspeito deverá declará-lo nos autos e, se for revisor, passar o feito ao seu substituto na ordem da precedência, ou, se for relator, apresentar os autos em mesa para nova distribuição.

§ 1º Se não for relator nem revisor, o juiz que houver de dar-se por suspeito, deverá fazê-lo verbalmente, na sessão de julgamento, registrando-se na ata a declaração.

§ 2º Se o presidente do tribunal se der por suspeito, competirá ao seu substituto designar dia para o julgamento e presidi-lo.

§ 3º Observar-se-á, quanto à arguição de suspeição pela parte, o disposto nos arts. 98 a 101, no que lhe for aplicável, atendido, se o juiz a reconhecer, o que estabelece este artigo.

§ 4º A suspeição, não sendo reconhecida, será julgada pelo tribunal pleno, funcionando como relator o presidente.

§ 5º Se o recusado for o presidente do tribunal, o relator será o vice-presidente.

Art. 104. Se for arguida a suspeição do órgão do Ministério Público, o juiz, depois de ouvi-lo, decidirá, sem recurso, podendo antes admitir a produção de provas no prazo de três dias.

Art. 105. As partes poderão também arguir de suspeitos os peritos, os intérpretes e os serventuários ou funcionários de justiça, decidindo o juiz de plano e sem recurso, à vista da matéria alegada e prova imediata.

Art. 106. A suspeição dos jurados deverá ser arguida oralmente, decidindo de plano do presidente do Tribunal do Júri, que a rejeitará se, negada pelo recusado, não for imediatamente comprovada, o que tudo constará da ata.

Art. 107. Não se poderá opor suspeição às autoridades policiais nos atos do inquérito, mas deverão elas declarar-se suspeitas, quando ocorrer motivo legal.

Art. 108. A exceção de incompetência do juízo poderá ser oposta, verbalmente ou por escrito, no prazo de defesa.

§ 1º Se, ouvido o Ministério Público, for aceita a declinatória, o feito será remetido ao juízo competente, onde, ratificados os atos anteriores, o processo prosseguirá.

§ 2º Recusada a incompetência, o juiz continuará no feito, fazendo tomar por termo a declinatória, se formulada verbalmente.

Art. 109. Se em qualquer fase do processo o juiz reconhecer motivo que o torne incompetente, declará-lo-á nos autos, haja ou não alegação da parte, prosseguindo-se na forma do artigo anterior.

Art. 110. Nas exceções de litispendência, ilegitimidade de parte e coisa julgada, será observado, no que lhes for aplicável, o disposto sobre a exceção de incompetência do juízo.

§ 1º Se a parte houver de opor mais de uma dessas exceções, deverá fazê-lo numa só petição ou articulado.

§ 2º A exceção de coisa julgada somente poderá ser oposta em relação ao fato principal, que tiver sido objeto da sentença.

Art. 111. As exceções serão processadas em autos apartados e não suspenderão, em regra, o andamento da ação penal.

CAPÍTULO III - DAS INCOMPATIBILIDADES E IMPEDIMENTOS

Art. 112. O juiz, o órgão do Ministério Público, os serventuários ou funcionários de justiça e os peritos ou intérpretes abster-se-ão de servir no processo, quando houver incompatibilidade ou impedimento legal, que declararão nos autos. Se não se der a abstenção, a incompatibilidade ou impedimento poderá ser arguido pelas partes, seguindo-se o processo estabelecido para a exceção de suspeição.

CAPÍTULO IV - DO CONFLITO DE JURISDIÇÃO

Art. 113. As questões atinentes à competência resolver-se-ão não só pela exceção própria, como também pelo conflito positivo ou negativo de jurisdição.

Art. 114. Haverá conflito de jurisdição:

I. quando duas ou mais autoridades judiciárias se considerarem competentes, ou incompetentes, para conhecer do mesmo fato criminoso;

II. quando entre elas surgir controvérsia sobre unidade de juízo, junção ou separação de processos.

Art. 115. O conflito poderá ser suscitado:

I. pela parte interessada;

II. pelos órgãos do Ministério Público junto a qualquer dos juízos em dissídio;

III. por qualquer dos juízes ou tribunais em causa.

Art. 116. Os juízes e tribunais, sob a forma de representação, e a parte interessada, sob a de requerimento, darão parte escrita e circunstanciada do conflito, perante o tribunal competente, expondo os fundamentos e juntando os documentos comprobatórios.

§ 1º Quando negativo o conflito, os juízes e tribunais poderão suscitá-lo nos próprios autos do processo.

§ 2º Distribuído o feito, se o conflito for positivo, o relator poderá determinar imediatamente que se suspenda o andamento do processo.

§ 3º Expedida ou não a ordem de suspensão, o relator requisitará informações às autoridades em conflito, remetendo-lhes cópia do requerimento ou representação.

§ 4º As informações serão prestadas no prazo marcado pelo relator.

§ 5º Recebidas as informações, e depois de ouvido o procurador-geral, o conflito será decidido na primeira sessão, salvo se a instrução do feito depender de diligência.

§ 6º Proferida a decisão, as cópias necessárias serão remetidas, para a sua execução, às autoridades contra as quais tiver sido levantado o conflito ou que o houverem suscitado.

Art. 117. O Supremo Tribunal Federal, mediante avocatória, restabelecerá a sua jurisdição, sempre que exercida por qualquer dos juízes ou tribunais inferiores.

CAPÍTULO V - DA RESTITUIÇÃO DAS COISAS APREENDIDAS

Art. 118. Antes de transitar em julgado a sentença final, as coisas apreendidas não poderão ser restituídas enquanto interessarem ao processo.

Art. 119. As coisas a que se referem os arts. 74 e 100 do Código Penal não poderão ser restituídas, mesmo depois de transitar em julgado a sentença final, salvo se pertencerem ao lesado ou a terceiro de boa-fé.

Art. 120. A restituição, quando cabível, poderá ser ordenada pela autoridade policial ou juiz, mediante termo nos autos, desde que não exista dúvida quanto ao direito do reclamante.

§ 1º Se duvidoso esse direito, o pedido de restituição autuar-se-á em apartado, assinando-se ao requerente o prazo de 5 (cinco) dias para a prova. Em tal caso, só o juiz criminal poderá decidir o incidente.

§ 2º O incidente autuar-se-á também em apartado e só a autoridade judicial o resolverá, se as coisas forem apreendidas em poder de terceiro de boa-fé, que será intimado para alegar e provar o seu direito, em prazo igual e sucessivo ao do reclamante, tendo um e outro dois dias para arrazoar.

§ 3º Sobre o pedido de restituição será sempre ouvido o Ministério Público.

§ 4º Em caso de dúvida sobre quem seja o verdadeiro dono, o juiz remeterá as partes para o juízo cível, ordenando o depósito das coisas em mãos de depositário ou do próprio terceiro que as detinha, se for pessoa idônea.

§ 5º Tratando-se de coisas facilmente deterioráveis, serão avaliadas e levadas a leilão público, depositando-se o dinheiro apurado, ou entregues ao terceiro que as detinha, se este for pessoa idônea e assinar termo de responsabilidade.

Art. 121. No caso de apreensão de coisa adquirida com os proventos da infração, aplica-se o disposto no art. 133 e seu parágrafo.

Art. 122. Sem prejuízo do disposto no art. 120, as coisas apreendidas serão alienadas nos termos do disposto no art. 133 deste Código. (Redação dada pela Lei nº 13.964, de 24.12.2019)

Parágrafo único. (Revogado). (Redação dada pela Lei nº 13.964, de 24.12.2019)

Art. 123. Fora dos casos previstos nos artigos anteriores, se dentro no prazo de 90 dias, a contar da data em que transitar em julgado a sentença final, condenatória ou absolutória, os objetos apreendidos não forem reclamados ou não pertencerem ao réu, serão vendidos em leilão, depositando-se o saldo à disposição do juízo de ausentes.

Art. 124. Os instrumentos do crime, cuja perda em favor da União for decretada, e as coisas confiscadas, de acordo com o disposto no art. 100 do Código Penal, serão inutilizados ou recolhidos a museu criminal, se houver interesse na sua conservação.

Art. 124-A. Na hipótese de decretação de perdimento de obras de arte ou de outros bens de relevante valor cultural ou artístico, se o crime não tiver vítima determinada, poderá haver destinação dos bens a museus públicos. (Incluído pela Lei nº 13.964, de 24.12.2019)

CAPÍTULO VI - DAS MEDIDAS ASSECURATÓRIAS

Art. 125. Caberá o sequestro dos bens imóveis, adquiridos pelo indiciado com os proventos da infração, ainda que já tenham sido transferidos a terceiro.

Art. 126. Para a decretação do sequestro, bastará a existência de indícios veementes da proveniência ilícita dos bens.

Art. 127. O juiz, de ofício, a requerimento do Ministério Público ou do ofendido, ou mediante representação da autoridade policial, poderá ordenar o sequestro, em qualquer fase do processo ou ainda antes de oferecida a denúncia ou queixa.

Art. 128. Realizado o sequestro, o juiz ordenará a sua inscrição no Registro de Imóveis.

Art. 129. O sequestro autuar-se-á em apartado e admitirá embargos de terceiro.

Art. 130. O sequestro poderá ainda ser embargado:

I. pelo acusado, sob o fundamento de não terem os bens sido adquiridos com os proventos da infração;

II. pelo terceiro, a quem houverem os bens sido transferidos a título oneroso, sob o fundamento de tê-los adquirido de boa-fé.

Parágrafo único. Não poderá ser pronunciada decisão nesses embargos antes de passar em julgado a sentença condenatória.

Art. 131. O sequestro será levantado:

I. se a ação penal não for intentada no prazo de sessenta dias, contado da data em que ficar concluída a diligência;

II. se o terceiro, a quem tiverem sido transferidos os bens, prestar caução que assegure a aplicação do disposto no art. 74, II, b, segunda parte, do Código Penal;

III. se for julgada extinta a punibilidade ou absolvido o réu, por sentença transitada em julgado.

Art. 132. Proceder-se-á ao sequestro dos bens móveis se, verificadas as condições previstas no art. 126, não for cabível a medida regulada no Capítulo XI do Título VII deste Livro.

Art. 133. Transitada em julgado a sentença condenatória, o juiz, de ofício ou a requerimento do interessado ou do Ministério Público, determinará a avaliação e a venda dos bens em leilão público cujo perdimento tenha sido decretado. (Redação dada pela Lei nº 13.964, de 24.12.2019)

§ 1º Do dinheiro apurado, será recolhido aos cofres públicos o que não couber ao lesado ou a terceiro de boa-fé. (Incluído pela Lei nº 13.964, de 24.12.2019)

§ 2º O valor apurado deverá ser recolhido ao Fundo Penitenciário Nacional, exceto se houver previsão diversa em lei especial. (Incluído pela Lei nº 13.964, de 24.12.2019)

Art. 133-A. O juiz poderá autorizar, constatado o interesse público, a utilização de bem sequestrado, apreendido ou sujeito a qualquer medida assecuratória pelos órgãos de segurança pública previstos no art. 144 da Constituição Federal, do sistema prisional, do sistema socioeducativo, da Força Nacional de Segurança Pública e do Instituto Geral de Perícia, para o desempenho de suas atividades. (Incluído pela Lei nº 13.964, de 24.12.2019)

§ 1º O órgão de segurança pública participante das ações de investigação ou repressão da infração penal que ensejou a constrição do bem terá prioridade na sua utilização. (Incluído pela Lei nº 13.964, de 24.12.2019)

§ 2º Fora das hipóteses anteriores, demonstrado o interesse público, o juiz poderá autorizar o uso do bem pelos demais órgãos públicos. (Incluído pela Lei nº 13.964, de 24.12.2019)

§ 3º Se o bem a que se refere o caput deste artigo for veículo, embarcação ou aeronave, o juiz ordenará à autoridade de trânsito ou ao órgão de registro e controle a expedição de certificado provisório de registro e licenciamento em favor do órgão público beneficiário, o qual estará isento do pagamento de multas, encargos e tributos anteriores à disponibilização do bem para a sua utilização, que deverão ser cobrados de seu responsável. (Incluído pela Lei nº 13.964, de 24.12.2019)

§ 4º Transitada em julgado a sentença penal condenatória com a decretação de perdimento dos bens, ressalvado o direito do lesado ou terceiro de boa-fé, o juiz poderá determinar a transferência definitiva da propriedade ao órgão público beneficiário ao qual foi custodiado o bem. (Incluído pela Lei nº 13.964, de 24.12.2019)

Art. 134. A hipoteca legal sobre os imóveis do indiciado poderá ser requerida pelo ofendido em qualquer fase do processo, desde que haja certeza da infração e indícios suficientes da autoria.

Art. 135. Pedida a especialização mediante requerimento, em que a parte estimará o valor da responsabilidade civil, e designará e estimará o imóvel ou imóveis que terão de ficar especialmente hipotecados, o juiz mandará logo proceder ao arbitramento do valor da responsabilidade e à avaliação do imóvel ou imóveis.

§ 1º A petição será instruída com as provas ou indicação das provas em que se fundar a estimação da responsabilidade, com a relação dos imóveis que o responsável possuir, se outros tiver, além dos indicados no requerimento, e com os documentos comprobatórios do domínio.

§ 2º O arbitramento do valor da responsabilidade e a avaliação dos imóveis designados far-se-ão por perito nomeado pelo juiz, onde não houver avaliador judicial, sendo-lhe facultada a consulta dos autos do processo respectivo.

§ 3º O juiz, ouvidas as partes no prazo de dois dias, que correrá em cartório, poderá corrigir o arbitramento do valor da responsabilidade, se lhe parecer excessivo ou deficiente.

§ 4º O juiz autorizará somente a inscrição da hipoteca do imóvel ou imóveis necessários à garantia da responsabilidade.

DECRETO-LEI Nº 3.689, DE 3 DE OUTUBRO DE 1941

§ 5º O valor da responsabilidade será liquidado definitivamente após a condenação, podendo ser requerido novo arbitramento se qualquer das partes não se conformar com o arbitramento anterior à sentença condenatória.

§ 6º Se o réu oferecer caução suficiente, em dinheiro ou em títulos de dívida pública, pelo valor de sua cotação em Bolsa, o juiz poderá deixar de mandar proceder à inscrição da hipoteca legal.

Art. 136. O arresto do imóvel poderá ser decretado de início, revogando-se, porém, se no prazo de 15 (quinze) dias não for promovido o processo de inscrição da hipoteca legal. (Redação dada pela Lei nº 11.435, de 2006).

Art. 137. Se o responsável não possuir bens imóveis ou os possuir de valor insuficiente, poderão ser arrestados bens móveis suscetíveis de penhora, nos termos em que é facultada a hipoteca legal dos imóveis. (Redação dada pela Lei nº 11.435, de 2006).

§ 1º Se esses bens forem coisas fungíveis e facilmente deterioráveis, proceder-se-á na forma do § 5º do art. 120.

§ 2º Das rendas dos bens móveis poderão ser fornecidos recursos arbitrados pelo juiz, para a manutenção do indiciado e de sua família.

Art. 138. O processo de especialização da hipoteca e do arresto correrão em auto apartado. (Redação dada pela Lei nº 11.435, de 2006).

Art. 139. O depósito e a administração dos bens arrestados ficarão sujeitos ao regime do processo civil. (Redação dada pela Lei nº 11.435, de 2006).

Art. 140. As garantias do ressarcimento do dano alcançarão também as despesas processuais e as penas pecuniárias, tendo preferência sobre estas a reparação do dano ao ofendido.

Art. 141. O arresto será levantado ou cancelada a hipoteca, se, por sentença irrecorrível, o réu for absolvido ou julgada extinta a punibilidade. (Redação dada pela Lei nº 11.435, de 2006).

Art. 142. Caberá ao Ministério Público promover as medidas estabelecidas nos arts. 134 e 137, se houver interesse da Fazenda Pública, ou se o ofendido for pobre e o requerer.

Art. 143. Passando em julgado a sentença condenatória, serão os autos de hipoteca ou arresto remetidos ao juiz do cível (art. 63). (Redação dada pela Lei nº 11.435, de 2006).

Art. 144. Os interessados ou, nos casos do art. 142, o Ministério Público poderão requerer no juízo cível, contra o responsável civil, as medidas previstas nos arts. 134, 136 e 137.

Art. 144-A. O juiz determinará a alienação antecipada para preservação do valor dos bens sempre que estiverem sujeitos a qualquer grau de deterioração ou depreciação, ou quando houver dificuldade para sua manutenção. (Incluído pela Lei nº 12.694, de 2012)

§ 1º O leilão far-se-á preferencialmente por meio eletrônico. (Incluído pela Lei nº 12.694, de 2012)

§ 2º Os bens deverão ser vendidos pelo valor fixado na avaliação judicial ou por valor maior. Não alcançado o valor estipulado pela administração judicial, será realizado novo leilão, em até 10 (dez) dias contados da realização do primeiro, podendo os bens ser alienados por valor não inferior a 80% (oitenta por cento) do estipulado na avaliação judicial. (Incluído pela Lei nº 12.694, de 2012)

§ 3º O produto da alienação ficará depositado em conta vinculada ao juízo até a decisão final do processo, procedendo-se à sua conversão em renda para a União, Estado ou Distrito Federal, no caso de condenação, ou, no caso de absolvição, à sua devolução ao acusado. (Incluído pela Lei nº 12.694, de 2012)

§ 4º Quando a indisponibilidade recair sobre dinheiro, inclusive moeda estrangeira, títulos, valores mobiliários ou cheques emitidos como ordem de pagamento, o juízo determinará a conversão do numerário apreendido em moeda nacional corrente e o depósito das correspondentes quantias em conta judicial. (Incluído pela Lei nº 12.694, de 2012)

§ 5º No caso da alienação de veículos, embarcações ou aeronaves, o juiz ordenará à autoridade de trânsito ou ao equivalente órgão de registro e controle a expedição de certificado de registro e licenciamento em favor do arrematante, ficando este livre do pagamento de multas, encargos e tributos anteriores, sem prejuízo de execução fiscal em relação ao antigo proprietário. (Incluído pela Lei nº 12.694, de 2012)

§ 6º O valor dos títulos da dívida pública, das ações das sociedades e dos títulos de crédito negociáveis em bolsa será o da cotação oficial do dia, provada por certidão ou publicação no órgão oficial. (Incluído pela Lei nº 12.694, de 2012)

§ 7º (VETADO). (Incluído pela Lei nº 12.694, de 2012)

CAPÍTULO VII - DO INCIDENTE DE FALSIDADE

Art. 145. Arguida, por escrito, a falsidade de documento constante dos autos, o juiz observará o seguinte processo:

I. mandará autuar em apartado a impugnação, e em seguida ouvirá a parte contrária, que, no prazo de 48 horas, oferecerá resposta;

II. assinará o prazo de 3 dias, sucessivamente, a cada uma das partes, para prova de suas alegações;

III. conclusos os autos, poderá ordenar as diligências que entender necessárias;

IV. se reconhecida a falsidade por decisão irrecorrível, mandará desentranhar o documento e remetê-lo, com os autos do processo incidente, ao Ministério Público.

Art. 146. A arguição de falsidade, feita por procurador, exige poderes especiais.

Art. 147. O juiz poderá, de ofício, proceder à verificação da falsidade.

Art. 148. Qualquer que seja a decisão, não fará coisa julgada em prejuízo de ulterior processo penal ou civil.

CAPÍTULO VIII - DA INSANIDADE MENTAL DO ACUSADO

Art. 149. Quando houver dúvida sobre a integridade mental do acusado, o juiz ordenará, de ofício ou a requerimento do Ministério Público, do defensor, do curador, do ascendente, descendente, irmão ou cônjuge do acusado, seja este submetido a exame médico-legal.

§ 1º O exame poderá ser ordenado ainda na fase do inquérito, mediante representação da autoridade policial ao juiz competente.

§ 2º O juiz nomeará curador ao acusado, quando determinar o exame, ficando suspenso o processo, se já iniciada a ação penal, salvo quanto às diligências que possam ser prejudicadas pelo adiamento.

Art. 150. Para o efeito do exame, o acusado, se estiver preso, será internado em manicômio judiciário, onde houver, ou, se estiver solto, e o requererem os peritos, em estabelecimento adequado que o juiz designar.

§ 1º O exame não durará mais de quarenta e cinco dias, salvo se os peritos demonstrarem a necessidade de maior prazo.

§ 2º Se não houver prejuízo para a marcha do processo, o juiz poderá autorizar sejam os autos entregues aos peritos, para facilitar o exame.

Art. 151. Se os peritos concluírem que o acusado era, ao tempo da infração, irresponsável nos termos do art. 22 do Código Penal, o processo prosseguirá, com a presença do curador.

Art. 152. Se se verificar que a doença mental sobreveio à infração o processo continuará suspenso até que o acusado se restabeleça, observado o § 2º do art. 149.

§ 1º O juiz poderá, nesse caso, ordenar a internação do acusado em manicômio judiciário ou em outro estabelecimento adequado.

§ 2º O processo retomará o seu curso, desde que se restabeleça o acusado, ficando-lhe assegurada a faculdade de reinquirir as testemunhas que houverem prestado depoimento sem a sua presença.

Art. 153. O incidente da insanidade mental processar-se-á em auto apartado, que só depois da apresentação do laudo, será apenso ao processo principal.

Art. 154. Se a insanidade mental sobrevier no curso da execução da pena, observar-se-á o disposto no art. 682.

TÍTULO VII - DA PROVA

CAPÍTULO I - DISPOSIÇÕES GERAIS

Art. 155. O juiz formará sua convicção pela livre apreciação da prova produzida em contraditório judicial, não podendo fundamentar sua decisão exclusivamente nos elementos informativos colhidos na investigação, ressalvadas as provas cautelares, não repetíveis e antecipadas. (Redação dada pela Lei nº 11.690, de 2008)

Parágrafo único. Somente quanto ao estado das pessoas serão observadas as restrições estabelecidas na lei civil. (Incluído pela Lei nº 11.690, de 2008)

Art. 156. A prova da alegação incumbirá a quem a fizer, sendo, porém, facultado ao juiz de ofício: (Redação dada pela Lei nº 11.690, de 2008)

I. ordenar, mesmo antes de iniciada a ação penal, a produção antecipada de provas consideradas urgentes e relevantes, observando a necessidade, adequação e proporcionalidade da medida; (Incluído pela Lei nº 11.690, de 2008)

II. determinar, no curso da instrução, ou antes de proferir sentença, a realização de diligências para dirimir dúvida sobre ponto relevante. (Incluído pela Lei nº 11.690, de 2008)

Art. 157. São inadmissíveis, devendo ser desentranhadas do processo, as provas ilícitas, assim entendidas as obtidas em violação a normas constitucionais ou legais. (Redação dada pela Lei nº 11.690, de 2008)

§ 1º São também inadmissíveis as provas derivadas das ilícitas, salvo quando não evidenciado o nexo de causalidade entre umas e outras, ou quando as derivadas puderem ser obtidas por uma fonte independente das primeiras. (Incluído pela Lei nº 11.690, de 2008)

§ 2º Considera-se fonte independente aquela que por si só, seguindo os trâmites típicos e de praxe, próprios da investigação ou instrução criminal, seria capaz de conduzir ao fato objeto da prova. (Incluído pela Lei nº 11.690, de 2008)

§ 3º Preclusa a decisão de desentranhamento da prova declarada inadmissível, esta será inutilizada por decisão judicial, facultado às partes acompanhar o incidente. (Incluído pela Lei nº 11.690, de 2008)

§ 4º (VETADO) (Incluído pela Lei nº 11.690, de 2008)

§ 5º O juiz que conhecer do conteúdo da prova declarada inadmissível não poderá proferir a sentença ou acórdão. (Incluído pela Lei nº 13.964, de 24.12.2019)

CAPÍTULO II - DO EXAME DE CORPO DE DELITO, DA CADEIA DE CUSTÓDIA E DAS PERÍCIAS EM GERAL (Redação dada pela Lei nº 13.964, de 24.12.2019)

Art. 158. Quando a infração deixar vestígios, será indispensável o exame de corpo de delito, direto ou indireto, não podendo supri-lo a confissão do acusado.

Parágrafo único. Dar-se-á prioridade à realização do exame de corpo de delito quando se tratar de crime que envolva: (Incluído dada pela Lei nº 13.721, de 2018)

I. violência doméstica e familiar contra mulher; (Incluído dada pela Lei nº 13.721, de 2018)

II. violência contra criança, adolescente, idoso ou pessoa com deficiência. (Incluído dada pela Lei nº 13.721, de 2018)

Art. 158-A. Considera-se cadeia de custódia o conjunto de todos os procedimentos utilizados para manter e documentar a história cronológica do vestígio coletado em locais ou em vítimas de crimes, para rastrear sua posse e manuseio a partir de seu reconhecimento até o descarte. (Incluído pela Lei nº 13.964, de 24.12.2019)

§ 1º O início da cadeia de custódia dá-se com a preservação do local de crime ou com procedimentos policiais ou periciais nos quais seja detectada a existência de vestígio. (Incluído pela Lei nº 13.964, de 24.12.2019)

§ 2º O agente público que reconhecer um elemento como de potencial interesse para a produção da prova pericial fica responsável por sua preservação. (Incluído pela Lei nº 13.964, de 24.12.2019)

§ 3º Vestígio é todo objeto ou material bruto, visível ou latente, constatado ou recolhido, que se relaciona à infração penal. (Incluído pela Lei nº 13.964, de 24.12.2019)

Art. 158-B. A cadeia de custódia compreende o rastreamento do vestígio nas seguintes etapas: (Incluído pela Lei nº 13.964, de 24.12.2019)

I. reconhecimento: ato de distinguir um elemento como de potencial interesse para a produção da prova pericial; (Incluído pela Lei nº 13.964, de 24.12.2019)

II. isolamento: ato de evitar que se altere o estado das coisas, devendo isolar e preservar o ambiente imediato, mediato e relacionado aos vestígios e local de crime; (Incluído pela Lei nº 13.964, de 24.12.2019)

III. fixação: descrição detalhada do vestígio conforme se encontra no local de crime ou no corpo de delito, e a sua posição na área de exames, podendo ser ilustrada por fotografias, filmagens ou croqui, sendo indispensável a sua descrição no laudo pericial produzido pelo perito responsável pelo atendimento; (Incluído pela Lei nº 13.964, de 24.12.2019)

IV. coleta: ato de recolher o vestígio que será submetido à análise pericial, respeitando suas características e natureza; (Incluído pela Lei nº 13.964, de 24.12.2019)

V. acondicionamento: procedimento por meio do qual cada vestígio coletado é embalado de forma individualizada, de acordo com suas características físicas, químicas e biológicas, para posterior análise, com anotação da data, hora e nome de quem realizou a coleta e o acondicionamento; (Incluído pela Lei nº 13.964, de 24.12.2019)

VI. transporte: ato de transferir o vestígio de um local para o outro, utilizando as condições adequadas (embalagens, veículos, temperatura, entre outras), de modo a garantir a manutenção de suas características originais, bem como o controle de sua posse; (Incluído pela Lei nº 13.964, de 24.12.2019)

VII. recebimento: ato formal de transferência da posse do vestígio, que deve ser documentado com, no mínimo, informações referentes ao número de procedimento e unidade de polícia judiciária relacionada, local de origem, nome de quem transportou o vestígio, código de rastreamento, natureza do exame, tipo do vestígio, protocolo, assinatura e identificação de quem o recebeu; (Incluído pela Lei nº 13.964, de 24.12.2019)

VIII. processamento: exame pericial em si, manipulação do vestígio de acordo com a metodologia adequada às suas características biológicas, físicas e químicas, a fim de se obter o resultado desejado, que deverá ser formalizado em laudo produzido por perito; (Incluído pela Lei nº 13.964, de 24.12.2019)

Suspenso:
A suspensão vale até que o tema seja analisado no plenário do STF - a data desse julgamento ainda não foi marcada até o fechamento deste arquivo.

Suspenso:
A suspensão vale até que o tema seja analisado no plenário do STF - a data desse julgamento ainda não foi marcada até o fechamento deste arquivo.

IX. armazenamento: procedimento referente à guarda, em condições adequadas, do material a ser processado, guardado para realização de contraperícia, descartado ou transportado, com vinculação ao número do laudo correspondente; (Incluído pela Lei nº 13.964, de 24.12.2019)

X. descarte: procedimento referente à liberação do vestígio, respeitando a legislação vigente e, quando pertinente, mediante autorização judicial. (Incluído pela Lei nº 13.964, de 24.12.2019)

Art. 158-C. A coleta dos vestígios deverá ser realizada preferencialmente por perito oficial, que dará o encaminhamento necessário para a central de custódia, mesmo quando for necessária a realização de exames complementares. (Incluído pela Lei nº 13.964, de 24.12.2019)

§ 1º Todos vestígios coletados no decurso do inquérito ou processo devem ser tratados como descrito nesta Lei, ficando órgão central de perícia oficial de natureza criminal responsável por detalhar a forma do seu cumprimento. (Incluído pela Lei nº 13.964, de 24.12.2019)

§ 2º É proibida a entrada em locais isolados bem como a remoção de quaisquer vestígios de locais de crime antes da liberação por parte do perito responsável, sendo tipificada como fraude processual a sua realização. (Incluído pela Lei nº 13.964, de 24.12.2019)

Art. 158-D. O recipiente para acondicionamento do vestígio será determinado pela natureza do material. (Incluído pela Lei nº 13.964, de 24.12.2019)

§ 1º Todos os recipientes deverão ser selados com lacres, com numeração individualizada, de forma a garantir a inviolabilidade e a idoneidade do vestígio durante o transporte. (Incluído pela Lei nº 13.964, de 24.12.2019)

§ 2º O recipiente deverá individualizar o vestígio, preservar suas características, impedir contaminação e vazamento, ter grau de resistência adequado e espaço para registro de informações sobre seu conteúdo. (Incluído pela Lei nº 13.964, de 24.12.2019)

§ 3º O recipiente só poderá ser aberto pelo perito que vai proceder à análise e, motivadamente, por pessoa autorizada. (Incluído pela Lei nº 13.964, de 24.12.2019)

§ 4º Após cada rompimento de lacre, deve se fazer constar na ficha de acompanhamento de vestígio o nome e a matrícula do responsável, a data, o local, a finalidade, bem como as informações referentes ao novo lacre utilizado. (Incluído pela Lei nº 13.964, de 24.12.2019)

§ 5º O lacre rompido deverá ser acondicionado no interior do novo recipiente. (Incluído pela Lei nº 13.964, de 24.12.2019)

Art. 158-E. Todos os Institutos de Criminalística deverão ter uma central de custódia destinada à guarda e controle dos vestígios, e sua gestão deve ser vinculada diretamente ao órgão central de perícia oficial de natureza criminal. (Incluído pela Lei nº 13.964, de 24.12.2019)

§ 1º Toda central de custódia deve possuir os serviços de protocolo, com local para conferência, recepção, devolução de materiais e documentos, possibilitando a seleção, a classificação e a distribuição de materiais, devendo ser um espaço seguro e apresentar condições ambientais que não interfiram nas características do vestígio. (Incluído pela Lei nº 13.964, de 24.12.2019)

§ 2º Na central de custódia, a entrada e a saída de vestígio deverão ser protocoladas, consignando-se informações sobre a ocorrência no inquérito que a eles se relacionam. (Incluído pela Lei nº 13.964, de 24.12.2019)

§ 3º Todas as pessoas que tiverem acesso ao vestígio armazenado deverão ser identificadas e deverão ser registradas a data e a hora do acesso. (Incluído pela Lei nº 13.964, de 24.12.2019)

§ 4º Por ocasião da tramitação do vestígio armazenado, todas as ações deverão ser registradas, consignando-se a identificação do responsável pela tramitação, a destinação, a data e horário da ação. (Incluído pela Lei nº 13.964, de 24.12.2019)

Art. 158-F. Após a realização da perícia, o material deverá ser devolvido à central de custódia, devendo nela permanecer. (Incluído pela Lei nº 13.964, de 24.12.2019)

Parágrafo único. Caso a central de custódia não possua espaço ou condições de armazenar determinado material, deverá a autoridade policial ou judiciária determinar as condições de depósito do referido material em local diverso, mediante requerimento do diretor do órgão central de perícia oficial de natureza criminal. (Incluído pela Lei nº 13.964, de 24.12.2019)

Art. 159. O exame de corpo de delito e outras perícias serão realizados por perito oficial, portador de diploma de curso superior. (Redação dada pela Lei nº 11.690, de 2008)

§ 1º Na falta de perito oficial, o exame será realizado por 2 (duas) pessoas idôneas, portadoras de diploma de curso superior preferencialmente na área específica, dentre as que tiverem habilitação técnica relacionada com a natureza do exame. (Redação dada pela Lei nº 11.690, de 2008)

§ 2º Os peritos não oficiais prestarão o compromisso de bem e fielmente desempenhar o encargo. (Redação dada pela Lei nº 11.690, de 2008)

§ 3º Serão facultadas ao Ministério Público, ao assistente de acusação, ao ofendido, ao querelante e ao acusado a formulação de quesitos e indicação de assistente técnico. (Incluído pela Lei nº 11.690, de 2008)

§ 4º O assistente técnico atuará a partir de sua admissão pelo juiz e após a conclusão dos exames e elaboração do laudo pelos peritos oficiais, sendo as partes intimadas desta decisão. (Incluído pela Lei nº 11.690, de 2008)

§ 5º Durante o curso do processo judicial, é permitido às partes, quanto à perícia: (Incluído pela Lei nº 11.690, de 2008)

I. requerer a oitiva dos peritos para esclarecerem a prova ou para responderem a quesitos, desde que o mandado de intimação e os quesitos ou questões a serem esclarecidas sejam encaminhados com antecedência mínima de 10 (dez) dias, podendo apresentar as respostas em laudo complementar; (Incluído pela Lei nº 11.690, de 2008)

II. indicar assistentes técnicos que poderão apresentar pareceres em prazo a ser fixado pelo juiz ou ser inquiridos em audiência. (Incluído pela Lei nº 11.690, de 2008)

§ 6º Havendo requerimento das partes, o material probatório que serviu de base à perícia será disponibilizado no ambiente do órgão oficial, que manterá sempre sua guarda, e na presença de perito oficial, para exame pelos assistentes, salvo se for impossível a sua conservação. (Incluído pela Lei nº 11.690, de 2008)

§ 7º Tratando-se de perícia complexa que abranja mais de uma área de conhecimento especializado, poder-se-á designar a atuação de mais de um perito oficial, e a parte indicar mais de um assistente técnico. (Incluído pela Lei nº 11.690, de 2008)

Art. 160. Os peritos elaborarão o laudo pericial, onde descreverão minuciosamente o que examinarem, e responderão aos quesitos formulados. (Redação dada pela Lei nº 8.862, de 28.3.1994)

Parágrafo único. O laudo pericial será elaborado no prazo máximo de 10 dias, podendo este prazo ser prorrogado, em casos excepcionais, a requerimento dos peritos. (Redação dada pela Lei nº 8.862, de 28.3.1994)

Art. 161. O exame de corpo de delito poderá ser feito em qualquer dia e a qualquer hora.

Art. 162. A autópsia será feita pelo menos seis horas depois do óbito, salvo se os peritos, pela evidência dos sinais de morte, julgarem que possa ser feita antes daquele prazo, o que declararão no auto.

Parágrafo único. Nos casos de morte violenta, bastará o simples exame externo do cadáver, quando não houver infração penal que apurar, ou quando as lesões externas permitirem precisar a causa da morte e não houver necessidade de exame interno para a verificação de alguma circunstância relevante.

Art. 163. Em caso de exumação para exame cadavérico, a autoridade providenciará para que, em dia e hora previamente marcados, se realize a diligência, da qual se lavrará auto circunstanciado.

Parágrafo único. O administrador de cemitério público ou particular indicará o lugar da sepultura, sob pena de desobediência. No caso de recusa ou de falta de quem indique a sepultura, ou de encontrar-se o cadáver em lugar não destinado a inumações, a autoridade procederá às pesquisas necessárias, o que tudo constará do auto.

Art. 164. Os cadáveres serão sempre fotografados na posição em que forem encontrados, bem como, na medida do possível, todas as lesões externas e vestígios deixados no local do crime. (Redação dada pela Lei nº 8.862, de 28.3.1994)

Art. 165. Para representar as lesões encontradas no cadáver, os peritos, quando possível, juntarão ao laudo do exame provas fotográficas, esquemas ou desenhos, devidamente rubricados.

Art. 166. Havendo dúvida sobre a identidade do cadáver exumado, proceder-se-á ao reconhecimento pelo Instituto de Identificação e Estatística ou repartição congênere ou pela inquirição de testemunhas, lavrando-se auto de reconhecimento e de identidade, no qual se descreverá o cadáver, com todos os sinais e indicações.

Parágrafo único. Em qualquer caso, serão arrecadados e autenticados todos os objetos encontrados, que possam ser úteis para a identificação do cadáver.

Art. 167. Não sendo possível o exame de corpo de delito, por haverem desaparecido os vestígios, a prova testemunhal poderá suprir-lhe a falta.

Art. 168. Em caso de lesões corporais, se o primeiro exame pericial tiver sido incompleto, proceder-se-á a exame complementar por determinação da autoridade policial ou judiciária, de ofício, ou a requerimento do Ministério Público, do ofendido ou do acusado, ou de seu defensor.

§ 1º No exame complementar, os peritos terão presente o auto de corpo de delito, a fim de suprir-lhe a deficiência ou retificá-lo.

§ 2º Se o exame tiver por fim precisar a classificação do delito no art. 129, § 1º, I, do Código Penal, deverá ser feito logo que decorra o prazo de 30 dias, contado da data do crime.

§ 3º A falta de exame complementar poderá ser suprida pela prova testemunhal.

Art. 169. Para o efeito de exame do local onde houver sido praticada a infração, a autoridade providenciará imediatamente para que não se altere o estado das coisas até a chegada dos peritos, que poderão instruir seus laudos com fotografias, desenhos ou esquemas elucidativos. (Vide Lei nº 5.970, de 1973)

Parágrafo único. Os peritos registrarão, no laudo, as alterações do estado das coisas e discutirão, no relatório, as consequências dessas alterações na dinâmica dos fatos. (Incluído pela Lei nº 8.862, de 28.3.1994)

Art. 170. Nas perícias de laboratório, os peritos guardarão material suficiente para a eventualidade de nova perícia. Sempre que conveniente, os laudos serão ilustrados com provas fotográficas, ou microfotográficas, desenhos ou esquemas.

Art. 171. Nos crimes cometidos com destruição ou rompimento de obstáculo a subtração da coisa, ou por meio de escalada, os peritos, além de descrever os vestígios, indicarão com que instrumentos, por que meios e em que época presumem ter sido o fato praticado.

Art. 172. Proceder-se-á, quando necessário, à avaliação de coisas destruídas, deterioradas ou que constituam produto do crime.

Parágrafo único. Se impossível a avaliação direta, os peritos procederão à avaliação por meio dos elementos existentes nos autos e dos que resultarem de diligências.

Art. 173. No caso de incêndio, os peritos verificarão a causa e o lugar em que houver começado, o perigo que dele tiver resultado para a vida ou para o patrimônio alheio, a extensão do dano e o seu valor e as demais circunstâncias que interessarem à elucidação do fato.

Art. 174. No exame para o reconhecimento de escritos, por comparação de letra, observar-se-á o seguinte:

I. a pessoa a quem se atribua ou se possa atribuir o escrito será intimada para o ato, se for encontrada;

II. para a comparação, poderão servir quaisquer documentos que a dita pessoa reconhecer ou já tiverem sido judicialmente reconhecidos como de seu punho, ou sobre cuja autenticidade não houver dúvida;

III. a autoridade, quando necessário, requisitará, para o exame, os documentos que existirem em arquivos ou estabelecimentos públicos, ou nestes realizará a diligência, se daí não puderem ser retirados;

IV. quando não houver escritos para a comparação ou forem insuficientes os exibidos, a autoridade mandará que a pessoa escreva o que lhe for ditado. Se estiver ausente a pessoa, mas em lugar certo, esta última diligência poderá ser feita por precatória, em que se consignarão as palavras que a pessoa será intimada a escrever.

Art. 175. Serão sujeitos a exame os instrumentos empregados para a prática da infração, a fim de se lhes verificar a natureza e a eficiência.

Art. 176. A autoridade e as partes poderão formular quesitos até o ato da diligência.

Art. 177. No exame por precatória, a nomeação dos peritos far-se-á no juízo deprecado. Havendo, porém, no caso de ação privada, acordo das partes, essa nomeação poderá ser feita pelo juiz deprecante.

Parágrafo único. Os quesitos do juiz e das partes serão transcritos na precatória.

Art. 178. No caso do art. 159, o exame será requisitado pela autoridade ao diretor da repartição, juntando-se ao processo o laudo assinado pelos peritos.

Art. 179. No caso do § 1º do art. 159, o escrivão lavrará o auto respectivo, que será assinado pelos peritos e, se presente ao exame, também pela autoridade.

Parágrafo único. No caso do art. 160, parágrafo único, o laudo, que poderá ser datilografado, será subscrito e rubricado em suas folhas por todos os peritos.

Art. 180. Se houver divergência entre os peritos, serão consignadas no auto do exame as declarações e respostas de um e de outro, ou cada um redigirá separadamente o seu laudo, e a autoridade nomeará um terceiro; se este divergir de ambos, a autoridade poderá mandar proceder a novo exame por outros peritos.

Art. 181. No caso de inobservância de formalidades, ou no caso de omissões, obscuridades ou contradições, a autoridade judiciária mandará suprir a formalidade, complementar ou esclarecer o laudo. (Redação dada pela Lei nº 8.862, de 28.3.1994)

Parágrafo único. A autoridade poderá também ordenar que se proceda a novo exame, por outros peritos, se julgar conveniente.

Art. 182. O juiz não ficará adstrito ao laudo, podendo aceitá-lo ou rejeitá-lo, no todo ou em parte.

Art. 183. Nos crimes em que não couber ação pública, observar-se-á o disposto no art. 19.

Art. 184. Salvo o caso de exame de corpo de delito, o juiz ou a autoridade policial negará a perícia requerida pelas partes, quando não for necessária ao esclarecimento da verdade.

CAPÍTULO III - DO INTERROGATÓRIO DO ACUSADO

Art. 185. O acusado que comparecer perante a autoridade judiciária, no curso do processo penal, será qualificado e interrogado na presença de seu defensor, constituído ou nomeado. (Redação dada pela Lei nº 10.792, de 1º.12.2003)

§ 1º O interrogatório do réu preso será realizado, em sala própria, no estabelecimento em que estiver recolhido, desde que estejam garantidas a segurança do juiz, do membro do Ministério Público e dos auxiliares bem como a presença do defensor e a publicidade do ato. (Redação dada pela Lei nº 11.900, de 2009)

§ 2º Excepcionalmente, o juiz, por decisão fundamentada, de ofício ou a requerimento das partes, poderá realizar o interrogatório do réu preso por sistema de videoconferência ou outro recurso tecnológico de transmissão de sons e imagens em tempo real, desde que a medida seja necessária para atender a uma das seguintes finalidades: (Redação dada pela Lei nº 11.900, de 2009)

I. prevenir risco à segurança pública, quando exista fundada suspeita de que o preso integre organização criminosa ou de que, por outra razão, possa fugir durante o deslocamento; (Incluído pela Lei nº 11.900, de 2009)

II. viabilizar a participação do réu no referido ato processual, quando haja relevante dificuldade para seu comparecimento em juízo, por enfermidade ou outra circunstância pessoal; (Incluído pela Lei nº 11.900, de 2009)

III. impedir a influência do réu no ânimo de testemunha ou da vítima, desde que não seja possível colher o depoimento destas por videoconferência, nos termos do art. 217 deste Código; (Incluído pela Lei nº 11.900, de 2009)

IV. responder à gravíssima questão de ordem pública. (Incluído pela Lei nº 11.900, de 2009)

§ 3º Da decisão que determinar a realização de interrogatório por videoconferência, as partes serão intimadas com 10 (dez) dias de antecedência. (Incluído pela Lei nº 11.900, de 2009)

§ 4º Antes do interrogatório por videoconferência, o preso poderá acompanhar, pelo mesmo sistema tecnológico, a realização de todos os atos da audiência única de instrução e julgamento de que tratam os arts. 400, 411 e 531 deste Código. (Incluído pela Lei nº 11.900, de 2009)

§ 5º Em qualquer modalidade de interrogatório, o juiz garantirá ao réu o direito de entrevista prévia e reservada com o seu defensor; se realizado por videoconferência, fica também garantido o acesso a canais telefônicos reservados para comunicação entre o defensor que esteja no presídio e o advogado presente na sala de audiência do Fórum, e entre este e o preso. (Incluído pela Lei nº 11.900, de 2009)

§ 6º A sala reservada no estabelecimento prisional para a realização de atos processuais por sistema de videoconferência será fiscalizada pelos corregedores e pelo juiz de cada causa, como também pelo Ministério Público e pela Ordem dos Advogados do Brasil. (Incluído pela Lei nº 11.900, de 2009)

§ 7º Será requisitada a apresentação do réu preso em juízo nas hipóteses em que o interrogatório não se realizar na forma prevista nos §§ 1º e 2º deste artigo. (Incluído pela Lei nº 11.900, de 2009)

§ 8º Aplica-se o disposto nos §§ 2º, 3º, 4º e 5º deste artigo, no que couber, à realização de outros atos processuais que dependam da participação de pessoa que esteja presa, como acareação, reconhecimento de pessoas e coisas, e inquirição de testemunha ou tomada de declarações do ofendido. (Incluído pela Lei nº 11.900, de 2009)

§ 9º Na hipótese do § 8º deste artigo, fica garantido o acompanhamento do ato processual pelo acusado e seu defensor. (Incluído pela Lei nº 11.900, de 2009)

§ 10. Do interrogatório deverá constar a informação sobre a existência de filhos, respectivas idades e se possuem alguma deficiência e o nome e o contato de eventual responsável pelos cuidados dos filhos, indicado pela pessoa presa. (Incluído pela Lei nº 13.257, de 2016)

Art. 186. Depois de devidamente qualificado e cientificado do inteiro teor da acusação, o acusado será informado pelo juiz, antes de iniciar o interrogatório, do seu direito de permanecer calado e de não responder perguntas que lhe forem formuladas. (Redação dada pela Lei nº 10.792, de 1º.12.2003)

Parágrafo único. O silêncio, que não importará em confissão, não poderá ser interpretado em prejuízo da defesa. (Incluído pela Lei nº 10.792, de 1º.12.2003) Art. 187. O interrogatório será constituído de duas partes: sobre a pessoa do acusado e sobre os fatos. (Redação dada pela Lei nº 10.792, de 1º.12.2003)

§ 1º Na primeira parte o interrogando será perguntado sobre a residência, meios de vida ou profissão, oportunidades sociais, lugar onde exerce a sua atividade, vida pregressa, notadamente se foi preso ou processado alguma vez e, em caso afirmativo, qual o juízo do processo, se houve suspensão condicional ou condenação, qual a pena imposta, se a cumpriu e outros dados familiares e sociais. (Incluído pela Lei nº 10.792, de 1º.12.2003)

§ 2º Na segunda parte será perguntado sobre: (Incluído pela Lei nº 10.792, de 1º.12.2003)

I. ser verdadeira a acusação que lhe é feita; (Incluído pela Lei nº 10.792, de 1º.12.2003)

II. não sendo verdadeira a acusação, se tem algum motivo particular a que atribuí-la, se conhece a pessoa ou pessoas a quem deva ser imputada a prática do crime, e quais sejam, e se com elas esteve antes da prática da infração ou depois dela; (Incluído pela Lei nº 10.792, de 1º.12.2003)

III. onde estava ao tempo em que foi cometida a infração e se teve notícia desta; (Incluído pela Lei nº 10.792, de 1º.12.2003)

IV. as provas já apuradas; (Incluído pela Lei nº 10.792, de 1º.12.2003)

V. se conhece as vítimas e testemunhas já inquiridas ou por inquirir, e desde quando, e se tem o que alegar contra elas; (Incluído pela Lei nº 10.792, de 1º.12.2003)

VI. se conhece o instrumento com que foi praticada a infração, ou qualquer objeto que com esta se relacione e tenha sido apreendido; (Incluído pela Lei nº 10.792, de 1º.12.2003)

VII. todos os demais fatos e pormenores que conduzam à elucidação dos antecedentes e circunstâncias da infração; (Incluído pela Lei nº 10.792, de 1º.12.2003)

VIII. se tem algo mais a alegar em sua defesa. (Incluído pela Lei nº 10.792, de 1º.12.2003)

Art. 188. Após proceder ao interrogatório, o juiz indagará das partes se restou algum fato para ser esclarecido, formulando as perguntas correspondentes se o entender pertinente e relevante. (Redação dada pela Lei nº 10.792, de 1º.12.2003)

Art. 189. Se o interrogando negar a acusação, no todo ou em parte, poderá prestar esclarecimentos e indicar provas. (Redação dada pela Lei nº 10.792, de 1º.12.2003)

Art. 190. Se confessar a autoria, será perguntado sobre os motivos e circunstâncias do fato e se outras pessoas concorreram para a infração, e quais sejam. (Redação dada pela Lei nº 10.792, de 1º.12.2003)

Art. 191. Havendo mais de um acusado, serão interrogados separadamente. (Redação dada pela Lei nº 10.792, de 1º.12.2003)

Art. 192. O interrogatório do mudo, do surdo ou do surdo-mudo será feito pela forma seguinte: (Redação dada pela Lei nº 10.792, de 1º.12.2003)

I. ao surdo serão apresentadas por escrito as perguntas, que ele responderá oralmente; (Redação dada pela Lei nº 10.792, de 1º.12.2003)

II. ao mudo as perguntas serão feitas oralmente, respondendo-as por escrito; (Redação dada pela Lei nº 10.792, de 1º.12.2003)

III. ao surdo-mudo as perguntas serão formuladas por escrito e do mesmo modo dará as respostas. (Redação dada pela Lei nº 10.792, de 1º.12.2003)

Parágrafo único. Caso o interrogando não saiba ler ou escrever, intervirá no ato, como intérprete e sob compromisso, pessoa habilitada a entendê-lo. (Redação dada pela Lei nº 10.792, de 1º.12.2003)

Art. 193. Quando o interrogando não falar a língua nacional, o interrogatório será feito por meio de intérprete. (Redação dada pela Lei nº 10.792, de 1º.12.2003)

Art. 194. (Revogado pela Lei nº 10.792, de 1º.12.2003)

Art. 195. Se o interrogado não souber escrever, não puder ou não quiser assinar, tal fato será consignado no termo. (Redação dada pela Lei nº 10.792, de 1º.12.2003)

Art. 196. A todo tempo o juiz poderá proceder a novo interrogatório de ofício ou a pedido fundamentado de qualquer das partes. (Redação dada pela Lei nº 10.792, de 1º.12.2003)

CAPÍTULO IV - DA CONFISSÃO

Art. 197. O valor da confissão se aferirá pelos critérios adotados para os outros elementos de prova, e para a sua apreciação o juiz deverá confrontá-la com as demais provas do processo, verificando se entre ela e estas existe compatibilidade ou concordância.

Art. 198. O silêncio do acusado não importará confissão, mas poderá constituir elemento para a formação do convencimento do juiz.

Art. 199. A confissão, quando feita fora do interrogatório, será tomada por termo nos autos, observado o disposto no art. 195.

Art. 200. A confissão será divisível e retratável, sem prejuízo do livre convencimento do juiz, fundado no exame das provas em conjunto.

CAPÍTULO V - DO OFENDIDO

(Redação dada pela Lei nº 11.690, de 2008)

Art. 201. Sempre que possível, o ofendido será qualificado e perguntado sobre as circunstâncias da infração, quem seja ou presuma ser o seu autor, as provas que possa indicar, tomando-se por termo as suas declarações. (Redação dada pela Lei nº 11.690, de 2008)

§ 1º Se, intimado para esse fim, deixar de comparecer sem motivo justo, o ofendido poderá ser conduzido à presença da autoridade. (Incluído pela Lei nº 11.690, de 2008)

§ 2º O ofendido será comunicado dos atos processuais relativos ao ingresso e à saída do acusado da prisão, à designação de data para audiência e à sentença e respectivos acórdãos que a mantenham ou modifiquem. (Incluído pela Lei nº 11.690, de 2008)

§ 3º As comunicações ao ofendido deverão ser feitas no endereço por ele indicado, admitindo-se, por opção do ofendido, o uso de meio eletrônico. (Incluído pela Lei nº 11.690, de 2008)

§ 4º Antes do início da audiência e durante a sua realização, será reservado espaço separado para o ofendido. (Incluído pela Lei nº 11.690, de 2008)

§ 5º Se o juiz entender necessário, poderá encaminhar o ofendido para atendimento multidisciplinar, especialmente nas áreas psicossocial, de assistência jurídica e de saúde, a expensas do ofensor ou do Estado. (Incluído pela Lei nº 11.690, de 2008)

§ 6º O juiz tomará as providências necessárias à preservação da intimidade, vida privada, honra e imagem do ofendido, podendo, inclusive, determinar o segredo de justiça em relação aos dados, depoimentos e outras informações constantes dos autos a seu respeito para evitar sua exposição aos meios de comunicação. (Incluído pela Lei nº 11.690, de 2008)

CAPÍTULO VI DAS TESTEMUNHAS

Art. 202. Toda pessoa poderá ser testemunha.

Art. 203. A testemunha fará, sob palavra de honra, a promessa de dizer a verdade do que souber e lhe for perguntado, devendo declarar seu nome, sua idade, seu estado e sua residência, sua profissão, lugar onde exerce sua atividade, se é parente, e em que grau, de alguma das partes, ou quais suas relações com qualquer delas, e relatar o que souber, explicando sempre as razões de sua ciência ou as circunstâncias pelas quais possa avaliar-se de sua credibilidade.

Art. 204. O depoimento será prestado oralmente, não sendo permitido à testemunha trazê-lo por escrito.

Parágrafo único. Não será vedada à testemunha, entretanto, breve consulta a apontamentos.

Art. 205. Se ocorrer dúvida sobre a identidade da testemunha, o juiz procederá à verificação pelos meios ao seu alcance, podendo, entretanto, tomar-lhe o depoimento desde logo.

Art. 206. A testemunha não poderá eximir-se da obrigação de depor. Poderão, entretanto, recusar-se a fazê-lo o ascendente ou descendente, o afim em linha reta, o cônjuge, ainda que desquitado, o irmão e o pai, a mãe, ou o filho adotivo do acusado, salvo quando não for possível, por outro modo, obter-se ou integrar-se a prova do fato e de suas circunstâncias.

Art. 207. São proibidas de depor as pessoas que, em razão de função, ministério, ofício ou profissão, devam guardar segredo, salvo se, desobrigadas pela parte interessada, quiserem dar o seu testemunho.

Art. 208. Não se deferirá o compromisso a que alude o art. 203 aos doentes e deficientes mentais e aos menores de 14 (quatorze) anos, nem às pessoas a que se refere o art. 206.

Art. 209. O juiz, quando julgar necessário, poderá ouvir outras testemunhas, além das indicadas pelas partes.

§ 1º Se ao juiz parecer conveniente, serão ouvidas as pessoas a que as testemunhas se referirem.

§ 2º Não será computada como testemunha a pessoa que nada souber que interesse à decisão da causa.

Art. 210. As testemunhas serão inquiridas cada uma de per si, de modo que umas não saibam nem ouçam os depoimentos das outras, devendo o juiz adverti-las das penas cominadas ao falso testemunho. (Redação dada pela Lei nº 11.690, de 2008)

Parágrafo único. Antes do início da audiência e durante a sua realização, serão reservados espaços separados para a garantia da incomunicabilidade das testemunhas. (Incluído pela Lei nº 11.690, de 2008)

Art. 211. Se o juiz, ao pronunciar sentença final, reconhecer que alguma testemunha fez afirmação falsa, calou ou negou a verdade, remeterá cópia do depoimento à autoridade policial para a instauração de inquérito.

Parágrafo único. Tendo o depoimento sido prestado em plenário de julgamento, o juiz, no caso de proferir decisão na audiência (art. 538, § 2º), o tribunal (art. 561), ou o conselho de sentença, após a votação dos quesitos, poderão fazer apresentar imediatamente a testemunha a autoridade policial.

Art. 212. As perguntas serão formuladas pelas partes diretamente à testemunha, não admitindo o juiz aquelas que puderem induzir a resposta, não tiverem relação com a causa ou importarem na repetição de outra já respondida. (Redação dada pela Lei nº 11.690, de 2008)

Parágrafo único. Sobre os pontos não esclarecidos, o juiz poderá complementar a inquirição. (Incluído pela Lei nº 11.690, de 2008)

Art. 213. O juiz não permitirá que a testemunha manifeste suas apreciações pessoais, salvo quando inseparáveis da narrativa do fato.

Art. 214. Antes de iniciado o depoimento, as partes poderão contraditar a testemunha ou arguir circunstâncias ou defeitos, que a tornem suspeita de parcialidade, ou indigna de fé. O juiz fará consignar a contradita ou arguição e a resposta da testemunha, mas só excluirá a testemunha ou não lhe deferirá compromisso nos casos previstos nos arts. 207 e 208.

Art. 215. Na redação do depoimento, o juiz deverá cingir-se, tanto quanto possível, às expressões usadas pelas testemunhas, reproduzindo fielmente as suas frases.

Art. 216. O depoimento da testemunha será reduzido a termo, assinado por ela, pelo juiz e pelas partes. Se a testemunha não souber assinar, ou não puder fazê-lo, pedirá a alguém que o faça por ela, depois de lido na presença de ambos.

Art. 217. Se o juiz verificar que a presença do réu poderá causar humilhação, temor, ou sério constrangimento à testemunha ou ao ofendido, de modo que prejudique a verdade do depoimento, fará a inquirição por videoconferência e, somente na impossibilidade dessa forma, determinará a retirada do réu, prosseguindo na inquirição, com a presença do seu defensor. (Redação dada pela Lei nº 11.690, de 2008)

Parágrafo único. A adoção de qualquer das medidas previstas no caput deste artigo deverá constar do termo, assim como os motivos que a determinaram. (Incluído pela Lei nº 11.690, de 2008)

Art. 218. Se, regularmente intimada, a testemunha deixar de comparecer sem motivo justificado, o juiz poderá requisitar à autoridade policial a sua apresentação ou determinar seja conduzida por oficial de justiça, que poderá solicitar o auxílio da força pública.

Art. 219. O juiz poderá aplicar à testemunha faltosa a multa prevista no art. 453, sem prejuízo do processo penal por crime de desobediência, e condená-la ao pagamento das custas da diligência. (Redação dada pela Lei nº 6.416, de 24.5.1977)

Art. 220. As pessoas impossibilitadas, por enfermidade ou por velhice, de comparecer para depor, serão inquiridas onde estiverem.

Art. 221. O Presidente e o Vice-Presidente da República, os senadores e deputados federais, os ministros de estado, os governadores de Estados e Territórios, os secretários de Estado, os prefeitos do Distrito Federal e dos Municípios, os deputados às Assembleias Legislativas Estaduais, os membros do Poder Judiciário, os ministros e juízes dos Tribunais de Contas da União, dos Estados, do Distrito Federal, bem como os do Tribunal Marítimo serão inquiridos em local, dia e hora previamente ajustados entre eles e o juiz. (Redação dada pela Lei nº 3.653, de 4.11.1959)

§ 1º O Presidente e o Vice-Presidente da República, os presidentes do Senado Federal, da Câmara dos Deputados e do Supremo Tribunal Federal poderão optar pela prestação de depoimento por escrito, caso em que as perguntas, formuladas pelas partes e deferidas pelo juiz, lhes serão transmitidas por ofício. (Redação dada pela Lei nº 6.416, de 24.5.1977)

§ 2º Os militares deverão ser requisitados à autoridade superior. (Redação dada pela Lei nº 6.416, de 24.5.1977)

§ 3º Aos funcionários públicos aplicar-se-á o disposto no art. 218, devendo, porém, a expedição do mandado ser imediatamente comunicada ao chefe da repartição em que servirem, com indicação do dia e da hora marcados. (Incluído pela Lei nº 6.416, de 24.5.1977)

Art. 222. A testemunha que morar fora da jurisdição do juiz será inquirida pelo juiz do lugar de sua residência, expedindo-se, para esse fim, carta precatória, com prazo razoável, intimadas as partes.

§ 1º A expedição da precatória não suspenderá a instrução criminal.

§ 2º Findo o prazo marcado, poderá realizar-se o julgamento, mas, a todo tempo, a precatória, uma vez devolvida, será junta aos autos.

§ 3º Na hipótese prevista no caput deste artigo, a oitiva de testemunha poderá ser realizada por meio de videoconferência ou outro recurso tecnológico de transmissão de sons e imagens em tempo real, permitida a presença do defensor e podendo ser realizada, inclusive, durante a realização da audiência de instrução e julgamento. (Incluído pela Lei nº 11.900, de 2009)

Art. 222-A. As cartas rogatórias só serão expedidas se demonstrada previamente a sua imprescindibilidade, arcando a parte requerente com os custos de envio. (Incluído pela Lei nº 11.900, de 2009)

Parágrafo único. Aplica-se às cartas rogatórias o disposto nos §§ 1º e 2º do art. 222 deste Código. (Incluído pela Lei nº 11.900, de 2009)

Art. 223. Quando a testemunha não conhecer a língua nacional, será nomeado intérprete para traduzir as perguntas e respostas.

Parágrafo único. Tratando-se de mudo, surdo ou surdo-mudo, proceder-se-á na conformidade do art. 192.

Art. 224. As testemunhas comunicarão ao juiz, dentro de um ano, qualquer mudança de residência, sujeitando-se, pela simples omissão, às penas do não-comparecimento.

Art. 225. Se qualquer testemunha houver de ausentar-se, ou, por enfermidade ou por velhice, inspirar receio de que ao tempo da instrução criminal já não exista, o juiz poderá, de ofício ou a requerimento de qualquer das partes, tomar-lhe antecipadamente o depoimento.

CAPÍTULO VII - DO RECONHECIMENTO DE PESSOAS E COISAS

Art. 226. Quando houver necessidade de fazer-se o reconhecimento de pessoa, proceder-se-á pela seguinte forma:

I. a pessoa que tiver de fazer o reconhecimento será convidada a descrever a pessoa que deva ser reconhecida;

II. a pessoa, cujo reconhecimento se pretender, será colocada, se possível, ao lado de outras que com ela tiverem qualquer semelhança, convidando-se quem tiver de fazer o reconhecimento a apontá-la;

III. se houver razão para recear que a pessoa chamada para o reconhecimento, por efeito de intimidação ou outra influência, não diga a verdade em face da pessoa que deve ser reconhecida, a autoridade providenciará para que esta não veja aquela;

IV. do ato de reconhecimento lavrar-se-á auto pormenorizado, subscrito pela autoridade, pela pessoa chamada para proceder ao reconhecimento e por duas testemunhas presenciais.

Parágrafo único. O disposto no no III deste artigo não terá aplicação na fase da instrução criminal ou em plenário de julgamento.

Art. 227. No reconhecimento de objeto, proceder-se-á com as cautelas estabelecidas no artigo anterior, no que for aplicável.

Art. 228. Se várias forem as pessoas chamadas a efetuar o reconhecimento de pessoa ou de objeto, cada uma fará a prova em separado, evitando-se qualquer comunicação entre elas.

CAPÍTULO VIII - DA ACAREAÇÃO

Art. 229. A acareação será admitida entre acusados, entre acusado e testemunha, entre testemunhas, entre acusado ou testemunha e a pessoa ofendida, e entre as pessoas ofendidas, sempre que divergirem, em suas declarações, sobre fatos ou circunstâncias relevantes.

Parágrafo único. Os acareados serão reperguntados, para que expliquem os pontos de divergências, reduzindo-se a termo o ato de acareação.

Art. 230. Se ausente alguma testemunha, cujas declarações divirjam das de outra, que esteja presente, a esta se darão a conhecer os pontos da divergência, consignando-se no auto o que explicar ou observar. Se subsistir a discordância, expedir-se-á precatória à autoridade do lugar onde resida a testemunha ausente, transcrevendo-se as declarações desta e as da testemunha presente, nos pontos em que divergirem, bem como o texto do referido auto, a fim de que se complete a diligência, ouvindo-se a testemunha ausente, pela mesma forma estabelecida para a testemunha presente. Esta diligência só se realizará quando não importe demora prejudicial ao processo e o juiz a entenda conveniente.

CAPÍTULO IX - DOS DOCUMENTOS

Art. 231. Salvo os casos expressos em lei, as partes poderão apresentar documentos em qualquer fase do processo.

Art. 232. Consideram-se documentos quaisquer escritos, instrumentos ou papéis, públicos ou particulares.

Parágrafo único. À fotografia do documento, devidamente autenticada, se dará o mesmo valor do original.

Art. 233. As cartas particulares, interceptadas ou obtidas por meios criminosos, não serão admitidas em juízo.

Parágrafo único. As cartas poderão ser exibidas em juízo pelo respectivo destinatário, para a defesa de seu direito, ainda que não haja consentimento do signatário.

Art. 234. Se o juiz tiver notícia da existência de documento relativo a ponto relevante da acusação ou da defesa, providenciará, independentemente de requerimento de qualquer das partes, para sua juntada aos autos, se possível.

Art. 235. A letra e firma dos documentos particulares serão submetidas a exame pericial, quando contestada a sua autenticidade.

Art. 236. Os documentos em língua estrangeira, sem prejuízo de sua juntada imediata, serão, se necessário, traduzidos por tradutor público, ou, na falta, por pessoa idônea nomeada pela autoridade.

Art. 237. As públicas-formas só terão valor quando conferidas com o original, em presença da autoridade.

Art. 238. Os documentos originais, juntos a processo findo, quando não exista motivo relevante que justifique a sua conservação nos autos, poderão, mediante requerimento, e ouvido o Ministério Público, ser entregues à parte que os produziu, ficando traslado nos autos.

CAPÍTULO X - DOS INDÍCIOS

Art. 239. Considera-se indício a circunstância conhecida e provada, que, tendo relação com o fato, autorize, por indução, concluir-se a existência de outra ou outras circunstâncias.

CAPÍTULO XI - DA BUSCA E DA APREENSÃO

Art. 240. A busca será domiciliar ou pessoal.

§ 1º Proceder-se-á à busca domiciliar, quando fundadas razões a autorizarem, para:
a) prender criminosos;
b) apreender coisas achadas ou obtidas por meios criminosos;
c) apreender instrumentos de falsificação ou de contrafação e objetos falsificados ou contrafeitos;
d) apreender armas e munições, instrumentos utilizados na prática de crime ou destinados a fim delituoso;
e) descobrir objetos necessários à prova de infração ou à defesa do réu;
f) apreender cartas, abertas ou não, destinadas ao acusado ou em seu poder, quando haja suspeita de que o conhecimento do seu conteúdo possa ser útil à elucidação do fato;
g) apreender pessoas vítimas de crimes;
h) colher qualquer elemento de convicção.

§ 2º Proceder-se-á à busca pessoal quando houver fundada suspeita de que alguém oculte consigo arma proibida ou objetos mencionados nas letras b a f e letra h do parágrafo anterior.

Art. 241. Quando a própria autoridade policial ou judiciária não a realizar pessoalmente, a busca domiciliar deverá ser precedida da expedição de mandado.

Art. 242. A busca poderá ser determinada de ofício ou a requerimento de qualquer das partes.

Art. 243. O mandado de busca deverá:
I. indicar, o mais precisamente possível, a casa em que será realizada a diligência e o nome do respectivo proprietário ou morador; ou, no caso de busca pessoal, o nome da pessoa que terá de sofrê-la ou os sinais que a identifiquem;
II. mencionar o motivo e os fins da diligência;
III. ser subscrito pelo escrivão e assinado pela autoridade que o fizer expedir.

§ 1º Se houver ordem de prisão, constará do próprio texto do mandado de busca.

§ 2º Não será permitida a apreensão de documento em poder do defensor do acusado, salvo quando constituir elemento do corpo de delito.

Art. 244. A busca pessoal independerá de mandado, no caso de prisão ou quando houver fundada suspeita de que a pessoa esteja na posse de arma proibida ou de objetos ou papéis que constituam corpo de delito, ou quando a medida for determinada no curso de busca domiciliar.

Art. 245. As buscas domiciliares serão executadas de dia, salvo se o morador consentir que se realizem à noite, e, antes de penetrarem na casa, os executores mostrarão e lerão o mandado ao morador, ou a quem o represente, intimando-o, em seguida, a abrir a porta.

§ 1º Se a própria autoridade der a busca, declarará previamente sua qualidade e o objeto da diligência.

§ 2º Em caso de desobediência, será arrombada a porta e forçada a entrada.

§ 3º Recalcitrando o morador, será permitido o emprego de força contra coisas existentes no interior da casa, para o descobrimento do que se procura.

§ 4º Observar-se-á o disposto nos §§ 2º e 3º, quando ausentes os moradores, devendo, neste caso, ser intimado a assistir à diligência qualquer vizinho, se houver e estiver presente.

§ 5º Se é determinada a pessoa ou coisa que se vai procurar, o morador será intimado a mostrá-la.

§ 6º Descoberta a pessoa ou coisa que se procura, será imediatamente apreendida e posta sob custódia da autoridade ou de seus agentes.

§ 7º Finda a diligência, os executores lavrarão auto circunstanciado, assinando-o com duas testemunhas presenciais, sem prejuízo do disposto no § 4º.

Art. 246. Aplicar-se-á também o disposto no artigo anterior, quando se tiver de proceder a busca em compartimento habitado ou em aposento ocupado de habitação coletiva ou em compartimento não aberto ao público, onde alguém exercer profissão ou atividade.

Art. 247. Não sendo encontrada a pessoa ou coisa procurada, os motivos da diligência serão comunicados a quem tiver sofrido a busca, se o requerer.

Art. 248. Em casa habitada, a busca será feita de modo que não moleste os moradores mais do que o indispensável para o êxito da diligência.

Art. 249. A busca em mulher será feita por outra mulher, se não importar retardamento ou prejuízo da diligência.

Art. 250. A autoridade ou seus agentes poderão penetrar no território de jurisdição alheia, ainda que de outro Estado, quando, para o fim de apreensão, forem no seguimento de pessoa ou coisa, devendo apresentar-se à competente autoridade local, antes da diligência ou após, conforme a urgência desta.

§ 1º Entender-se-á que a autoridade ou seus agentes vão em seguimento da pessoa ou coisa, quando:
a) tendo conhecimento direto de sua remoção ou transporte, a seguirem sem interrupção, embora depois a percam de vista;
b) ainda que não a tenham avistado, mas sabendo, por informações fidedignas ou circunstâncias indiciárias, que está sendo removida ou transportada em determinada direção, forem ao seu encalço.

§ 2º Se as autoridades locais tiverem fundadas razões para duvidar da legitimidade das pessoas que, nas referidas diligências, entrarem pelos seus distritos, ou da legalidade dos mandados que apresentarem, poderão exigir as provas dessa legitimidade, mas de modo que não se frustre a diligência.

TÍTULO VIII - DO JUIZ, DO MINISTÉRIO

DECRETO-LEI Nº 3.689, DE 3 DE OUTUBRO DE 1941

PÚBLICO, DO ACUSADO E DEFENSOR, DOS ASSISTENTES E AUXILIARES DA JUSTIÇA

CAPÍTULO I - DO JUIZ

Art. 251. Ao juiz incumbirá prover à regularidade do processo e manter a ordem no curso dos respectivos atos, podendo, para tal fim, requisitar a força pública.

Art. 252. O juiz não poderá exercer jurisdição no processo em que:

I. tiver funcionado seu cônjuge ou parente, consanguíneo ou afim, em linha reta ou colateral até o terceiro grau, inclusive, como defensor ou advogado, órgão do Ministério Público, autoridade policial, auxiliar da justiça ou perito;

II. ele próprio houver desempenhado qualquer dessas funções ou servido como testemunha;

III. tiver funcionado como juiz de outra instância, pronunciando-se, de fato ou de direito, sobre a questão;

IV. ele próprio ou seu cônjuge ou parente, consanguíneo ou afim em linha reta ou colateral até o terceiro grau, inclusive, for parte ou diretamente interessado no feito.

Art. 253. Nos juízos coletivos, não poderão servir no mesmo processo os juízes que forem entre si parentes, consanguíneos ou afins, em linha reta ou colateral até o terceiro grau, inclusive.

Art. 254. O juiz dar-se-á por suspeito, e, se não o fizer, poderá ser recusado por qualquer das partes:

I. se for amigo íntimo ou inimigo capital de qualquer deles;

II. se ele, seu cônjuge, ascendente ou descendente, estiver respondendo a processo por fato análogo, sobre cujo caráter criminoso haja controvérsia;

III. se ele, seu cônjuge, ou parente, consanguíneo, ou afim, até o terceiro grau, inclusive, sustentar demanda ou responder a processo que tenha de ser julgado por qualquer das partes;

IV. se tiver aconselhado qualquer das partes;

V. se for credor ou devedor, tutor ou curador, de qualquer das partes;

VI. se for sócio, acionista ou administrador de sociedade interessada no processo.

Art. 255. O impedimento ou suspeição decorrente de parentesco por afinidade cessará pela dissolução do casamento que lhe tiver dado causa, salvo sobrevindo descendentes; mas, ainda que dissolvido o casamento sem descendentes, não funcionará como juiz o sogro, o padrasto, o cunhado, o genro ou enteado de quem for parte no processo.

Art. 256. A suspeição não poderá ser declarada nem reconhecida, quando a parte injuriar o juiz ou de propósito der motivo para criá-la.

CAPÍTULO II - DO MINISTÉRIO PÚBLICO

Art. 257. Ao Ministério Público cabe: (Redação dada pela Lei nº 11.719, de 2008).

I. promover, privativamente, a ação penal pública, na forma estabelecida neste Código; e (Incluído pela Lei nº 11.719, de 2008).

II. fiscalizar a execução da lei. (Incluído pela Lei nº 11.719, de 2008).

Art. 258. Os órgãos do Ministério Público não funcionarão nos processos em que o juiz ou qualquer das partes for seu cônjuge, ou parente, consanguíneo ou afim, em linha reta ou colateral, até o terceiro grau, inclusive, e a eles se estendem, no que lhes for aplicável, as prescrições relativas à suspeição e aos impedimentos dos juízes.

CAPÍTULO III - DO ACUSADO E SEU DEFENSOR

Art. 259. A impossibilidade de identificação do acusado com o seu verdadeiro nome ou outros qualificativos não retardará a ação penal, quando certa a identidade física. A qualquer tempo, no curso do processo, do julgamento ou da execução da sentença, se for descoberta a sua qualificação, far-se-á a retificação, por termo, nos autos, sem prejuízo da validade dos atos precedentes.

Art. 260. Se o acusado não atender à intimação para o interrogatório, reconhecimento ou qualquer outro ato que, sem ele, não possa ser realizado, a autoridade poderá mandar conduzi-lo à sua presença.

Parágrafo único. O mandado conterá, além da ordem de condução, os requisitos mencionados no art. 352, no que lhe for aplicável.

Art. 261. Nenhum acusado, ainda que ausente ou foragido, será processado ou julgado sem defensor.

Parágrafo único. A defesa técnica, quando realizada por defensor público ou dativo, será sempre exercida através de manifestação fundamentada. (Incluído pela Lei nº 10.792, de 1º.12.2003)

Art. 262. Ao acusado menor dar-se-á curador.

Art. 263. Se o acusado não o tiver, ser-lhe-á nomeado defensor pelo juiz, ressalvado o seu direito de, a todo tempo, nomear outro de sua confiança, ou a si mesmo defender-se, caso tenha habilitação.

Parágrafo único. O acusado, que não for pobre, será obrigado a pagar os honorários do defensor dativo, arbitrados pelo juiz.

Art. 264. Salvo motivo relevante, os advogados e solicitadores serão obrigados, sob pena de multa de cem a quinhentos mil-réis, a prestar seu patrocínio aos acusados, quando nomeados pelo Juiz.

Art. 265. O defensor não poderá abandonar o processo senão por motivo imperioso, comunicado previamente o juiz, sob pena de multa de 10 (dez) a 100 (cem) salários mínimos, sem prejuízo das demais sanções cabíveis. (Redação dada pela Lei nº 11.719, de 2008).

§ 1º A audiência poderá ser adiada se, por motivo justificado, o defensor não puder comparecer. (Incluído pela Lei nº 11.719, de 2008).

§ 2º Incumbe ao defensor provar o impedimento até a abertura da audiência. Não o fazendo, o juiz não determinará o adiamento de ato algum do processo, devendo nomear defensor substituto, ainda que provisoriamente ou só para o efeito do ato. (Incluído pela Lei nº 11.719, de 2008).

Art. 266. A constituição de defensor independerá de instrumento de mandato, se o acusado o indicar por ocasião do interrogatório.

Art. 267. Nos termos do art. 252, não funcionarão como defensores os parentes do juiz.

CAPÍTULO IV - DOS ASSISTENTES

Art. 268. Em todos os termos da ação pública, poderá intervir, como assistente do Ministério Público, o ofendido ou seu representante legal, ou, na falta, qualquer das pessoas mencionadas no Art. 31.

Art. 269. O assistente será admitido enquanto não passar em julgado a sentença e receberá a causa no estado em que se achar.

Art. 270. O corréu no mesmo processo não poderá intervir como assistente do Ministério Público.

Art. 271. Ao assistente será permitido propor meios de prova, requerer perguntas às testemunhas, aditar o libelo e os articulados, participar do debate oral e arrazoar os recursos interpostos pelo Ministério Público, ou por ele próprio, nos casos dos arts. 584, § 1º, e 598.

§ 1º O juiz, ouvido o Ministério Público, decidirá acerca da realização das provas propostas pelo assistente.

§ 2º O processo prosseguirá independentemente de nova intimação do assistente, quando este, intimado, deixar de comparecer a qualquer dos atos da instrução ou do julgamento, sem motivo de força maior devidamente comprovado.

Art. 272. O Ministério Público será ouvido previamente sobre a admissão do assistente.

Art. 273. Do despacho que admitir, ou não, o assistente, não caberá recurso, devendo, entretanto, constar dos autos o pedido e a decisão.

CAPÍTULO V - DOS FUNCIONÁRIOS DA JUSTIÇA

Art. 274. As prescrições sobre suspeição dos juízes estendem-se aos serventuários e funcionários da justiça, no que lhes for aplicável.

CAPÍTULO VI - DOS PERITOS E INTÉRPRETES

Art. 275. O perito, ainda quando não oficial, estará sujeito à disciplina judiciária.

Art. 276. As partes não intervirão na nomeação do perito.

Art. 277. O perito nomeado pela autoridade será obrigado a aceitar o encargo, sob pena de multa de cem a quinhentos mil-réis, salvo escusa atendível.

Parágrafo único. Incorrerá na mesma multa o perito que, sem justa causa, provada imediatamente:

a) deixar de acudir à intimação ou ao chamado da autoridade;

b) não comparecer no dia e local designados para o exame;

c) não der o laudo, ou concorrer para que a perícia não seja feita, nos prazos estabelecidos.

Art. 278. No caso de não-comparecimento do perito, sem justa causa, a autoridade poderá determinar a sua condução.

Art. 279. Não poderão ser peritos:

I. os que estiverem sujeitos à interdição de direito mencionada nos ns. I e IV do art. 69 do Código Penal;

II. os que tiverem prestado depoimento no processo ou opinado anteriormente sobre o objeto da perícia;

III. os analfabetos e os menores de 21 anos.

Art. 280. É extensivo aos peritos, no que lhes for aplicável, o disposto sobre suspeição dos juízes.

Art. 281. Os intérpretes são, para todos os efeitos, equiparados aos peritos.

TÍTULO IX - DA PRISÃO, DAS MEDIDAS CAUTELARES E DA LIBERDADE PROVISÓRIA

(Redação dada pela Lei nº 12.403, de 2011).

Art. 282. As medidas cautelares previstas neste Título deverão ser aplicadas observando-se a: (Redação dada pela Lei nº 12.403, de 2011).

I. necessidade para aplicação da lei penal, para a investigação ou a instrução criminal e, nos casos expressamente previstos, para evitar a prática de infrações penais; (Incluído pela Lei nº 12.403, de 2011).

II. adequação da medida à gravidade do crime, circunstâncias do fato e condições pessoais do indiciado ou acusado. (Incluído pela Lei nº 12.403, de 2011).

§ 1º As medidas cautelares poderão ser aplicadas isolada ou cumulativamente. (Incluído pela Lei nº 12.403, de 2011).

§ 2º As medidas cautelares serão decretadas pelo juiz a requerimento das partes ou, quando no curso da investigação criminal, por representação da autoridade policial ou mediante requerimento do Ministério Público. (Redação dada pela Lei nº 13.964, de 24.12.2019)

§ 3º Ressalvados os casos de urgência ou de perigo de ineficácia da medida, o juiz, ao receber o pedido de medida cautelar, determinará a intimação da parte contrária, para se manifestar no prazo de 5 (cinco) dias, acompanhada de cópia do requerimento e das peças necessárias, permanecendo os autos em juízo, e os casos de urgência ou de perigo deverão ser justificados e fundamentados em decisão que contenha elementos do caso concreto que justifiquem essa medida excepcional. (Redação dada pela Lei nº 13.964, de 24.12.2019)

§ 4º No caso de descumprimento de qualquer das obrigações impostas, o juiz, mediante requerimento do Ministério Público, de seu assistente ou do querelante, poderá substituir a medida, impor outra em cumulação, ou, em último caso, decretar a prisão preventiva, nos termos do parágrafo único do art. 312 deste Código. (Redação dada pela Lei nº 13.964, de 24.12.2019)

§ 5º O juiz poderá, de ofício ou a pedido das partes, revogar a medida cautelar ou substituí-la quando verificar a falta de motivo para que subsista, bem como voltar a decretá-la, se sobrevierem razões que a justifiquem. (Redação dada pela Lei nº 13.964, de 24.12.2019)

§ 6º A prisão preventiva somente será determinada quando não for cabível a sua substituição por outra medida cautelar, observado o art. 319 deste Código, e o não cabimento da substituição por outra medida cautelar deverá ser justificado de forma fundamentada nos elementos presentes do caso concreto, de forma individualizada. (Redação dada pela Lei nº 13.964, de 24.12.2019)

Art. 283. Ninguém poderá ser preso senão em flagrante delito ou por ordem escrita e fundamentada da autoridade judiciária competente, em decorrência de prisão cautelar ou em virtude de condenação criminal transitada em julgado. (Redação dada pela Lei nº 13.964, de 24.12.2019)

§ 1º As medidas cautelares previstas neste Título não se aplicam à infração a que não for isolada, cumulativa ou alternativamente cominada pena privativa de liberdade. (Incluído pela Lei nº 12.403, de 2011).

§ 2º A prisão poderá ser efetuada em qualquer dia e a qualquer hora, respeitadas as restrições relativas à inviolabilidade do domicílio. (Incluído pela Lei nº 12.403, de 2011).

Art. 284. Não será permitido o emprego de força, salvo a indispensável no caso de resistência ou de tentativa de fuga do preso.

Art. 285. A autoridade que ordenar a prisão fará expedir o respectivo mandado.

Parágrafo único. O mandado de prisão:

a) será lavrado pelo escrivão e assinado pela autoridade;

b) designará a pessoa, que tiver de ser presa, por seu nome, alcunha ou sinais característicos;

c) mencionará a infração penal que motivar a prisão;

d) declarará o valor da fiança arbitrada, quando afiançável a infração;

e) será dirigido a quem tiver qualidade para dar-lhe execução.

Art. 286. O mandado será passado em duplicata, e o executor entregará ao preso, logo depois da prisão, um dos exemplares com declaração do dia, hora e lugar da diligência. Da entrega deverá o preso passar recibo no outro exemplar; se recusar, não souber ou não puder escrever, o fato será mencionado em declaração, assinada por duas testemunhas.

Art. 287. Se a infração for inafiançável, a falta de exibição do mandado não obstará a prisão, e o preso, em tal caso, será imediatamente apresentado ao juiz que tiver expedido o mandado, para a realização de audiência de custódia.

Art. 288. Ninguém será recolhido à prisão, sem que seja exibido o mandado ao respectivo diretor ou carcereiro, a quem será entregue cópia assinada pelo executor ou apresentada a guia expedida pela autoridade competente, devendo ser passado recibo da entrega do preso, com declaração de dia e hora.

Parágrafo único. O recibo poderá ser passado no próprio exemplar do mandado, se este for o documento exibido.

Art. 289. Quando o acusado estiver no território nacional, fora da jurisdição do juiz processante, será deprecada a sua prisão, devendo constar da precatória o inteiro teor do mandado. (Redação dada pela Lei nº 12.403, de 2011).

§ 1º Havendo urgência, o juiz poderá requisitar a prisão por qualquer meio de comunicação, do qual deverá constar o motivo da prisão, bem como o valor da fiança se arbitrada. (Incluído pela Lei nº 12.403, de 2011).

§ 2º A autoridade a quem se fizer a requisição tomará as precauções necessárias para averiguar a autenticidade da comunicação. (Incluído pela Lei nº 12.403, de 2011).

§ 3º O juiz processante deverá providenciar a remoção do preso no prazo máximo de 30 (trinta) dias, contados da efetivação da medida. (Incluído pela Lei nº 12.403, de 2011).

Art. 289-A. O juiz competente providenciará o imediato registro do mandado de prisão em banco de dados mantido pelo Conselho Nacional de Justiça para essa finalidade. c (Incluído pela Lei nº 12.403, de 2011).

§ 1º Qualquer agente policial poderá efetuar a prisão determinada no mandado de prisão registrado no Conselho Nacional de Justiça, ainda que fora da competência territorial do juiz que o expediu. (Incluído pela Lei nº 12.403, de 2011).

§ 2º Qualquer agente policial poderá efetuar a prisão decretada, ainda que sem registro no Conselho Nacional de Justiça, adotando as precauções necessárias para averiguar a autenticidade do mandado e comunicando ao juiz que a decretou, devendo este providenciar, em seguida, o registro do mandado na forma do caput deste artigo. (Incluído pela Lei nº 12.403, de 2011).

§ 3º A prisão será imediatamente comunicada ao juiz do local de cumprimento da medida o qual providenciará a certidão extraída do registro do Conselho Nacional de Justiça e informará ao juízo que a decretou. (Incluído pela Lei nº 12.403, de 2011).

§ 4º O preso será informado de seus direitos, nos termos do inciso LXIII do art. 5º da Constituição Federal e, caso o autuado não informe o nome de seu advogado, será comunicado à Defensoria Pública. (Incluído pela Lei nº 12.403, de 2011).

§ 5º Havendo dúvidas das autoridades locais sobre a legitimidade da pessoa do executor ou sobre a identidade do preso, aplica-se o disposto no § 2º do art. 290 deste Código. (Incluído pela Lei nº 12.403, de 2011).

§ 6º O Conselho Nacional de Justiça regulamentará o registro do mandado de prisão a que se refere o caput deste artigo. (Incluído pela Lei nº 12.403, de 2011).

Art. 290. Se o réu, sendo perseguido, passar ao território de outro município ou comarca, o executor poderá efetuar-lhe a prisão no lugar onde o alcançar, apresentando-o imediatamente à autoridade local, que, depois de lavrado, se for o caso, o auto de flagrante, providenciará para a remoção do preso.

§ 1º - Entender-se-á que o executor vai em perseguição do réu, quando:

a) tendo-o avistado, for perseguindo-o sem interrupção, embora depois o tenha perdido de vista;

b) sabendo, por indícios ou informações fidedignas, que o réu tenha passado, há pouco tempo, em tal ou qual direção, pelo lugar em que o procure, for no seu encalço.

§ 2º Quando as autoridades locais tiverem fundadas razões para duvidar da legitimidade da pessoa do executor ou da legalidade do mandado que apresentar, poderão pôr em custódia o réu, até que fique esclarecida a dúvida.

Art. 291. A prisão em virtude de mandado entender-se-á feita desde que o executor, fazendo-se conhecer do réu, lhe apresente o mandado e o intime a acompanhá-lo.

Art. 292. Se houver, ainda que por parte de terceiros, resistência à prisão em flagrante ou à determinada por autoridade competente, o executor e as pessoas que o auxiliarem poderão usar dos meios necessários para defender-se ou para vencer a resistência, do que tudo se lavrará auto subscrito também por duas testemunhas.

Parágrafo único. É vedado o uso de algemas em mulheres grávidas durante os atos médico-hospitalares preparatórios para a realização do parto e durante o trabalho de parto, bem como em mulheres durante o período de puerpério imediato. (Redação dada pela Lei nº 13.434, de 2017)

Art. 293. Se o executor do mandado verificar, com segurança, que o réu entrou ou se encontra em alguma casa, o morador será intimado a entregá-lo, à vista da ordem de prisão. Se não for obedecido imediatamente, o executor convocará duas testemunhas e, sendo dia, entrará à força na casa, arrombando as portas, se preciso; sendo noite, o executor, depois da intimação ao morador, se não for atendido, fará guardar todas as saídas, tornando a casa incomunicável, e, logo que amanheça, arrombará as portas e efetuará a prisão.

Parágrafo único. O morador que se recusar a entregar o réu oculto em sua casa será levado à presença da autoridade, para que se proceda contra ele como for de direito.

Art. 294. No caso de prisão em flagrante, observar-se-á o disposto no artigo anterior, no que for aplicável.

Art. 295. Serão recolhidos a quartéis ou a prisão especial, à disposição da autoridade competente, quando sujeitos a prisão antes de condenação definitiva:

I. os ministros de Estado;

II. os governadores ou interventores de Estados ou Territórios, o prefeito do Distrito Federal, seus respectivos secretários, os prefeitos municipais, os vereadores e os chefes de Polícia; (Redação dada pela Lei nº 3.181, de 11.6.1957)

III. os membros do Parlamento Nacional, do Conselho de Economia Nacional e das Assembleias Legislativas dos Estados;

IV. os cidadãos inscritos no "Livro de Mérito";

V. os oficiais das Forças Armadas e os militares dos Estados, do Distrito Federal e dos Territórios; (Redação dada pela Lei nº 10.258, de 11.7.2001)

VI. os magistrados;

VII. os diplomados por qualquer das faculdades superiores da República;

VIII. os ministros de confissão religiosa;

IX. os ministros do Tribunal de Contas;

X. os cidadãos que já tiverem exercido efetivamente a função de jurado, salvo quando excluídos da lista por motivo de incapacidade para o exercício daquela função;

XI. os delegados de polícia e os guardas-civis dos Estados e Territórios, ativos e inativos. (Redação dada pela Lei nº 5.126, de 20.9.1966)

§ 1º A prisão especial, prevista neste Código ou em outras leis, consiste exclusivamente no recolhimento em local distinto da prisão comum. (Incluído pela Lei nº 10.258, de 11.7.2001)

§ 2º Não havendo estabelecimento específico para o preso especial, este será recolhido em cela distinta do mesmo estabelecimento. (Incluído pela Lei nº 10.258, de 11.7.2001)

§ 3º A cela especial poderá consistir em alojamento coletivo, atendidos os requisitos de salubridade do ambiente, pela concorrência dos fatores de aeração, insolação e condicionamento térmico adequados à existência humana. (Incluído pela Lei nº 10.258, de 11.7.2001)

§ 4º O preso especial não será transportado juntamente com o preso comum. (Incluído pela Lei nº 10.258, de 11.7.2001)

§ 5º Os demais direitos e deveres do preso especial serão os mesmos do preso comum. (Incluído pela Lei nº 10.258, de 11.7.2001)

Art. 296. Os inferiores e praças de pré, onde for possível, serão recolhidos à prisão, em estabelecimentos militares, de acordo com os respectivos regulamentos.

Art. 297. Para o cumprimento de mandado expedido pela autoridade judiciária, a autoridade policial poderá expedir tantos outros quantos necessários às diligências, devendo neles ser fielmente reproduzido o teor do mandado original.

Art. 298. (Revogado pela Lei nº 12.403, de 2011).

Art. 299. A captura poderá ser requisitada, à vista de mandado judicial, por qualquer meio de comunicação, tomadas pela autoridade, a quem se fizer a requisição, as precauções necessárias para averiguar a autenticidade desta. (Redação dada pela Lei nº 12.403, de 2011).

Art. 300. As pessoas presas provisoriamente ficarão separadas das que já estiverem definitivamente condenadas, nos termos da lei de execução penal. (Redação dada pela Lei nº 12.403, de 2011).

Parágrafo único. O militar preso em flagrante delito, após a lavratura dos procedimentos legais, será recolhido a quartel da instituição a que pertencer, onde ficará preso à disposição das autoridades competentes. (Incluído pela Lei nº 12.403, de 2011).

CAPÍTULO II - DA PRISÃO EM FLAGRANTE

Art. 301. Qualquer do povo poderá e as autoridades policiais e seus agentes deverão prender quem quer que seja encontrado em flagrante delito.

Art. 302. Considera-se em flagrante delito quem:

I. está cometendo a infração penal;

II. acaba de cometê-la;

III. é perseguido, logo após, pela autoridade, pelo ofendido ou por qualquer pessoa, em situação que faça presumir ser autor da infração;

IV. é encontrado, logo depois, com instrumentos, armas, objetos ou papéis que façam presumir ser ele autor da infração.

Art. 303. Nas infrações permanentes, entende-se o agente em flagrante delito enquanto não cessar a permanência.

Art. 304. Apresentado o preso à autoridade competente, ouvirá esta o condutor e colherá, desde logo, sua assinatura, entregando a este cópia do termo e recibo de entrega do preso. Em seguida, procederá à oitiva das testemunhas que o acompanharem e ao interrogatório do acusado sobre a imputação que lhe é feita, colhendo, após cada oitiva suas respectivas assinaturas, lavrando, a autoridade, afinal, o auto. (Redação dada pela Lei nº 11.113, de 2005)

§ 1º Resultando das respostas fundada a suspeita contra o conduzido, a autoridade mandará recolhê-lo à prisão, exceto no caso de livrar-se solto ou de prestar fiança, e prosseguirá nos atos do inquérito ou processo, se para isso for competente; se não o for, enviará os autos à autoridade que o seja.

§ 2º A falta de testemunhas da infração não impedirá o auto de prisão em flagrante; mas, nesse caso, com o condutor, deverão assiná-lo pelo menos duas pessoas que hajam testemunhado a apresentação do preso à autoridade.

§ 3º Quando o acusado se recusar a assinar, não souber ou não puder fazê-lo, o auto de prisão em flagrante será assinado por duas testemunhas, que tenham ouvido sua leitura na presença deste. (Redação dada pela Lei nº 11.113, de 2005)

§ 4º Da lavratura do auto de prisão em flagrante deverá constar a informação sobre a existência de filhos, respectivas idades e se possuem alguma deficiência e o nome e o contato de eventual responsável pelos cuidados dos filhos, indicado pela pessoa presa. (Incluído pela Lei nº 13.257, de 2016)

Art. 305. Na falta ou no impedimento do escrivão, qualquer pessoa designada pela autoridade lavrará o auto, depois de prestado o compromisso legal.

Art. 306. A prisão de qualquer pessoa e o local onde se encontre serão comunicados imediatamente ao juiz competente, ao Ministério Público e à família do preso ou à pessoa por ele indicada. (Redação dada pela Lei nº 12.403, de 2011).

§ 1º Em até 24 (vinte e quatro) horas após a realização da prisão, será encaminhado ao juiz competente o auto de prisão em flagrante e, caso o autuado não informe o nome de seu advogado, cópia integral para a Defensoria Pública. (Redação dada pela Lei nº 12.403, de 2011).

§ 2º No mesmo prazo, será entregue ao preso, mediante recibo, a nota de culpa, assinada pela autoridade, com o motivo da prisão, o nome do condutor e os das testemunhas. (Redação dada pela Lei nº 12.403, de 2011).

Art. 307. Quando o fato for praticado em presença da autoridade, ou contra esta, no exercício de suas funções, constarão do auto a narração deste fato, a voz de prisão, as declarações que fizer o preso e os depoimentos das testemunhas, sendo tudo assinado pela autoridade, pelo preso e pelas testemunhas e remetido imediatamente ao juiz a quem couber tomar conhecimento do fato delituoso, se não o for a autoridade que houver presidido o auto.

Art. 308. Não havendo autoridade no lugar em que se tiver efetuado a prisão, o preso será logo apresentado à do lugar mais próximo.

Art. 309. Se o réu se livrar solto, deverá ser posto em liberdade, depois de lavrado o auto de prisão em flagrante.

Art. 310. Após receber o auto de prisão em flagrante, no prazo máximo de até 24 (vinte e quatro) horas após a realização da prisão, o juiz deverá promover audiência de custódia com a presença do acusado, seu advogado constituído ou membro da Defensoria Pública e o membro do Ministério Público, e, nessa audiência, o juiz deverá, fundamentadamente: (Redação dada pela Lei nº 13.964, de 24.12.2019)

I. relaxar a prisão ilegal; ou (Incluído pela Lei nº 12.403, de 2011).

II. converter a prisão em flagrante em preventiva, quando presentes os requisitos constantes do art. 312 deste Código, e se revelarem inadequadas ou insuficientes as medidas cautelares diversas da prisão; ou (Incluído pela Lei nº 12.403, de 2011).

III. conceder liberdade provisória, com ou sem fiança. (Incluído pela Lei nº 12.403, de 2011).

§ 1º Se o juiz verificar, pelo auto de prisão em flagrante, que o agente praticou o fato em qualquer das condições constantes dos incisos I, II ou III do caput do art. 23 do Decreto-Lei nº 2.848, de 7 de dezembro de 1940 (Código Penal), poderá, fundamentadamente, conceder ao acusado liberdade provisória, mediante termo de comparecimento obrigatório a todos os atos processuais, sob pena de revogação. (Incluído pela Lei nº 13.964, de 24.12.2019)

§ 2º Se o juiz verificar que o agente é reincidente ou que integra organização criminosa armada ou milícia, ou que porta arma de fogo de uso restrito, deverá denegar a liberdade provisória, com ou sem medidas cautelares. (Incluído pela Lei nº 13.964, de 24.12.2019)

§ 3º A autoridade que deu causa, sem motivação idônea, à não realização da audiência de custódia no prazo estabelecido no caput deste artigo responderá administrativa, civil e penalmente pela omissão. (Incluído pela Lei nº 13.964, de 24.12.2019)

§ 4º Transcorridas 24 (vinte e quatro) horas após o decurso do prazo estabelecido no caput deste artigo, a não realização de audiência de custódia sem motivação idônea ensejará também a ilegalidade da prisão, a ser relaxada pela autoridade competente, sem prejuízo da possibilidade de imediata decretação de prisão preventiva. (Incluído pela Lei nº 13.964, de 24.12.2019)

CAPÍTULO III - DA PRISÃO PREVENTIVA

(Redação dada pela Lei nº 5.349, de 3.11.1967)

Art. 311. Em qualquer fase da investigação policial ou do processo penal, caberá a prisão preventiva decretada pelo juiz, a requerimento do Ministério Público, do querelante ou do assistente, ou por representação da autoridade policial. (Redação dada pela Lei nº 13.964, de 24.12.2019)

Art. 312. A prisão preventiva poderá ser decretada como garantia da ordem pública, da ordem econômica, por conveniência da instrução criminal ou para assegurar a aplicação da lei penal, quando houver prova da existência do crime e indício suficiente de autoria e de perigo gerado pelo estado de liberdade do imputado. (Redação dada pela Lei nº 13.964, de 24.12.2019)

Suspenso: A suspensão vale até que o tema seja analisado no plenário do STF - a data desse julgamento ainda não foi marcada até o fechamento deste arquivo.

§ 1 A prisão preventiva também poderá ser decretada em caso de descumprimento de qualquer das obrigações impostas por força de outras medidas cautelares (art. 282, § 4º). (Incluído pela Lei nº 12.403, de 2011).

§ 2º A decisão que decretar a prisão preventiva deve ser motivada e fundamentada em receio de perigo e existência concreta de fatos novos ou contemporâneos que justifiquem a aplicação da medida adotada. (Incluído pela Lei nº 13.964, de 24.12.2019)

Art. 313. Nos termos do art. 312 deste Código, será admitida a decretação da prisão preventiva: (Redação dada pela Lei nº 12.403, de 2011).

I. nos crimes dolosos punidos com pena privativa de liberdade máxima superior a 4 (quatro) anos; (Redação dada pela Lei nº 12.403, de 2011).

II. se tiver sido condenado por outro crime doloso, em sentença transitada em julgado, ressalvado o disposto no inciso I do caput do art. 64 do Decreto-Lei no 2.848, de 7 de dezembro de 1940. Código Penal; (Redação dada pela Lei nº 12.403, de 2011).

III. se o crime envolver violência doméstica e familiar contra a mulher, criança, adolescente, idoso, enfermo ou pessoa com deficiência, para garantir a execução das medidas protetivas de urgência; (Redação dada pela Lei nº 12.403, de 2011).

IV. (Revogado pela Lei nº 12.403, de 2011).

§ 1 Também será admitida a prisão preventiva quando houver dúvida sobre a identidade civil da pessoa ou quando esta não fornecer elementos suficientes para esclarecê-la, devendo o preso ser colocado imediatamente em liberdade após a identificação, salvo se outra hipótese recomendar a manutenção da medida. (Incluído pela Lei nº 12.403, de 2011).

§ 2º Não será admitida a decretação da prisão preventiva com a finalidade de antecipação de cumprimento de pena ou como decorrência imediata de investigação criminal ou da apresentação ou recebimento de denúncia. (Incluído pela Lei nº 13.964, de 24.12.2019)

Art. 314. A prisão preventiva em nenhum caso será decretada se o juiz verificar pelas provas constantes dos autos ter o agente praticado o fato nas condições previstas nos incisos I, II e III do caput do art. 23 do Decreto-Lei no 2.848, de 7 de dezembro de 1940 - Código Penal. (Redação dada pela Lei nº 12.403, de 2011).

Art. 315. A decisão que decretar, substituir ou denegar a prisão preventiva será sempre motivada e fundamentada. (Redação dada pela Lei nº 13.964, de 24.12.2019)

§ 1º Na motivação da decretação da prisão preventiva ou de qualquer outra cautelar, o juiz deverá indicar concretamente a existência de fatos novos ou contemporâneos que justifiquem a aplicação da medida adotada. (Incluído pela Lei nº 13.964, de 24.12.2019)

§ 2º Não se considera fundamentada qualquer decisão judicial, seja ela interlocutória, sentença ou acórdão, que: (Incluído pela Lei nº 13.964, de 24.12.2019)

I. limitar-se à indicação, à reprodução ou à paráfrase de ato normativo, sem explicar sua relação com a causa ou a questão decidida; (Incluído pela Lei nº 13.964, de 24.12.2019)

II. empregar conceitos jurídicos indeterminados, sem explicar o motivo concreto de sua incidência no caso; (Incluído pela Lei nº 13.964, de 24.12.2019)

III. invocar motivos que se prestariam a justificar qualquer outra decisão; (Incluído pela Lei nº 13.964, de 24.12.2019)

IV. não enfrentar todos os argumentos deduzidos no processo capazes de, em tese, infirmar a conclusão adotada pelo julgador; (Incluído pela Lei nº 13.964, de 24.12.2019)

V. limitar-se a invocar precedente ou enunciado de súmula, sem identificar seus fundamentos determinantes nem demonstrar que o caso sob julgamento se ajusta àqueles fundamentos; (Incluído pela Lei nº 13.964, de 24.12.2019)

VI. deixar de seguir enunciado de súmula, jurisprudência ou precedente invocado pela parte, sem demonstrar a existência de distinção no caso em julgamento ou a superação do entendimento. (Incluído pela Lei nº 13.964, de 24.12.2019)

Art. 316. O juiz poderá, de ofício ou a pedido das partes, revogar a prisão preventiva se, no correr da investigação ou do processo, verificar a falta de motivo para que ela subsista, bem como novamente decretá-la, se sobrevierem razões que a justifiquem. (Redação dada pela Lei nº 13.964, de 24.12.2019)

Parágrafo único. Decretada a prisão preventiva, deverá o órgão emissor da decisão revisar a necessidade de sua manutenção a cada 90 (noventa) dias, mediante decisão fundamentada, de ofício, sob pena de tornar a prisão ilegal. (Incluído pela Lei nº 13.964, de 24.12.2019)

CAPÍTULO IV - DA PRISÃO DOMICILIAR

(Redação dada pela Lei nº 12.403, de 2011).

Art. 317. A prisão domiciliar consiste no recolhimento do indiciado ou acusado em sua residência, só podendo dela ausentar-se com autorização judicial. (Redação dada pela Lei nº 12.403, de 2011).

Art. 318. Poderá o juiz substituir a prisão preventiva pela domiciliar quando o agente for: (Redação dada pela Lei nº 12.403, de 2011).

I. maior de 80 (oitenta) anos; (Incluído pela Lei nº 12.403, de 2011).

II. extremamente debilitado por motivo de doença grave; (Incluído pela Lei nº 12.403, de 2011).

III. imprescindível aos cuidados especiais de pessoa menor de 6 (seis) anos de idade ou com deficiência; (Incluído pela Lei nº 12.403, de 2011).

IV. gestante; (Redação dada pela Lei nº 13.257, de 2016)

V. mulher com filho de até 12 (doze) anos de idade incompletos; (Incluído pela Lei nº 13.257, de 2016)

VI. homem, caso seja o único responsável pelos cuidados do filho de até 12 (doze) anos de idade incompletos. (Incluído pela Lei nº 13.257, de 2016)

Parágrafo único. Para a substituição, o juiz exigirá prova idônea dos requisitos estabelecidos neste artigo. (Incluído pela Lei nº 12.403, de 2011).

Art. 318-A. A prisão preventiva imposta à mulher gestante ou que for mãe ou responsável por crianças ou pessoas com deficiência será substituída por prisão domiciliar, desde que: (Incluído pela Lei nº 13.769, de 2018).

I. não tenha cometido crime com violência ou grave ameaça a pessoa; (Incluído pela Lei nº 13.769, de 2018).

II. não tenha cometido o crime contra seu filho ou dependente. (Incluído pela Lei nº 13.769, de 2018).

Art. 318-B. A substituição de que tratam os arts. 318 e 318-A poderá ser efetuada sem prejuízo da aplicação concomitante das medidas alternativas previstas no art. 319 deste Código. (Incluído pela Lei nº 13.769, de 2018).

CAPÍTULO V - DAS OUTRAS MEDIDAS CAUTELARES

(Redação dada pela Lei nº 12.403, de 2011).

Art. 319. São medidas cautelares diversas da prisão: (Redação dada pela Lei nº 12.403, de 2011).

I. comparecimento periódico em juízo, no prazo e nas condições fixadas pelo juiz, para informar e justificar atividades; (Redação dada pela Lei nº 12.403, de 2011).

II. proibição de acesso ou frequência a determinados lugares quando, por circunstâncias relacionadas ao fato, deva o indiciado ou acusado permanecer distante desses locais para evitar o risco de novas infrações; (Redação dada pela Lei nº 12.403, de 2011).

III. proibição de manter contato com pessoa determinada quando, por circunstâncias relacionadas ao fato, deva o indiciado ou acusado dela permanecer distante; (Redação dada pela Lei nº 12.403, de 2011).

IV. proibição de ausentar-se da Comarca quando a permanência seja conveniente ou necessária para a investigação ou instrução; (Incluído pela Lei nº 12.403, de 2011).

V. recolhimento domiciliar no período noturno e nos dias de folga quando o investigado ou acusado tenha residência e trabalho fixos; (Incluído pela Lei nº 12.403, de 2011).

VI. suspensão do exercício de função pública ou de atividade de natureza econômica ou financeira quando houver justo receio de sua utilização para a prática de infrações penais; (Incluído pela Lei nº 12.403, de 2011).

VII. internação provisória do acusado nas hipóteses de crimes praticados com violência ou grave ameaça, quando os peritos concluírem ser inimputável ou semi-imputável (art. 26 do Código Penal) e houver risco de reiteração; (Incluído pela Lei nº 12.403, de 2011).

VIII. fiança, nas infrações que a admitem, para assegurar o comparecimento a atos do processo, evitar a obstrução do seu andamento ou em caso de resistência injustificada à ordem judicial; (Incluído pela Lei nº 12.403, de 2011).

IX. monitoração eletrônica. (Incluído pela Lei nº 12.403, de 2011).

§ 1º (Revogado pela Lei nº 12.403, de 2011).

§ 2º (Revogado pela Lei nº 12.403, de 2011). § 3º (Revogado pela Lei nº 12.403, de 2011).

§ 4º A fiança será aplicada de acordo com as disposições do Capítulo VI deste Título, podendo ser cumulada com outras medidas cautelares. (Incluído pela Lei nº 12.403, de 2011).

Art. 320. A proibição de ausentar-se do País será comunicada pelo juiz às autoridades encarregadas de fiscalizar as saídas do território nacional, intimando-se o indiciado ou acusado para entregar o passaporte, no prazo de 24 (vinte e quatro) horas. (Redação dada pela Lei nº 12.403, de 2011).

CAPÍTULO VI - DA LIBERDADE PROVISÓRIA, COM OU SEM FIANÇA

Art. 321. Ausentes os requisitos que autorizam a decretação da prisão preventiva, o juiz deverá conceder liberdade provisória, impondo, se for o caso, as medidas cautelares previstas no art. 319 deste Código e observados os critérios constantes do art. 282 deste Código. (Redação dada pela Lei nº 12.403, de 2011).

I. (Revogado pela Lei nº 12.403, de 2011).
II. (Revogado pela Lei nº 12.403, de 2011).

Art. 322. A autoridade policial somente poderá conceder fiança nos casos de infração cuja pena privativa de liberdade máxima não seja superior a 4 (quatro) anos. (Redação dada pela Lei nº 12.403, de 2011).

Parágrafo único. Nos demais casos, a fiança será requerida ao juiz, que decidirá em 48 (quarenta e oito) horas. (Redação dada pela Lei nº 12.403, de 2011).

Art. 323. Não será concedida fiança: (Redação dada pela Lei nº 12.403, de 2011).

I. nos crimes de racismo; (Redação dada pela Lei nº 12.403, de 2011).

II. nos crimes de tortura, tráfico ilícito de entorpecentes e drogas afins, terrorismo e nos definidos como crimes hediondos; (Redação dada pela Lei nº 12.403, de 2011).

III. nos crimes cometidos por grupos armados, civis ou militares, contra a ordem constitucional e o Estado Democrático; (Redação dada pela Lei nº 12.403, de 2011).

IV. (Revogado pela Lei nº 12.403, de 2011).
V. (Revogado pela Lei nº 12.403, de 2011).

Art. 324. Não será, igualmente, concedida fiança: (Redação dada pela Lei nº 12.403, de 2011).

I. aos que, no mesmo processo, tiverem quebrado fiança anteriormente concedida ou infringido, sem motivo justo, qualquer das obrigações a que se referem os arts. 327 e 328 deste Código; (Redação dada pela Lei nº 12.403, de 2011).

II. em caso de prisão civil ou militar; (Redação dada pela Lei nº 12.403, de 2011).

III. (Revogado pela Lei nº 12.403, de 2011).

IV. quando presentes os motivos que autorizam a decretação da prisão preventiva (art. 312). (Redação dada pela Lei nº 12.403, de 2011).

Art. 325. O valor da fiança será fixado pela autoridade que a conceder nos seguintes limites: (Redação dada pela Lei nº 12.403, de 2011).

a) (revogada); (Redação dada pela Lei nº 12.403, de 2011).
b) (revogada); (Redação dada pela Lei nº 12.403, de 2011).
c) (revogada). (Redação dada pela Lei nº 12.403, de 2011).

I. de 1 (um) a 100 (cem) salários mínimos, quando se tratar de infração cuja pena privativa de liberdade, no grau máximo, não for superior a 4 (quatro) anos; (Incluído pela Lei nº 12.403, de 2011).

II. de 10 (dez) a 200 (duzentos) salários mínimos, quando o máximo da pena privativa de liberdade cominada for superior a 4 (quatro) anos. (Incluído pela Lei nº 12.403, de 2011).

§ 1º Se assim recomendar a situação econômica do preso, a fiança poderá ser: (Redação dada pela Lei nº 12.403, de 2011).

I. dispensada, na forma do art. 350 deste Código; (Redação dada pela Lei nº 12.403, de 2011).

II. reduzida até o máximo de 2/3 (dois terços); ou (Redação dada pela Lei nº 12.403, de 2011).

III. aumentada em até 1.000 (mil) vezes. (Incluído pela Lei nº 12.403, de 2011).

§ 2º (Revogado pela Lei nº 12.403, de 2011).
I. (Revogado pela Lei nº 12.403, de 2011).
II. (Revogado pela Lei nº 12.403, de 2011).
III. (Revogado pela Lei nº 12.403, de 2011).

Art. 326. Para determinar o valor da fiança, a autoridade terá em consideração a natureza da infração, as condições pessoais de fortuna e vida pregressa do acusado, as circunstâncias indicativas de sua periculosidade, bem como a importância provável das custas do processo, até final julgamento.

Art. 327. A fiança tomada por termo obrigará o afiançado a comparecer perante a autoridade, todas as vezes que for intimado para atos do inquérito e da instrução criminal e para o julgamento. Quando o réu não comparecer, a fiança será havida como quebrada.

Art. 328. O réu afiançado não poderá, sob pena de quebramento da fiança, mudar de residência, sem prévia permissão da autoridade processante, ou ausentar-se por mais de 8 (oito) dias de sua residência, sem comunicar àquela autoridade o lugar onde será encontrado.

Art. 329. Nos juízos criminais e delegacias de polícia, haverá um livro especial, com termos de abertura e de encerramento, numerado e rubricado em todas as suas folhas pela autoridade, destinado especialmente aos termos de fiança. O termo será lavrado pelo escrivão e assinado pela autoridade e por quem prestar a fiança, e dele extrair-se-á certidão para juntar-se aos autos.

Parágrafo único. O réu e quem prestar a fiança serão pelo escrivão notificados das obrigações e da sanção previstas nos arts. 327 e 328, o que constará dos autos.

Art. 330. A fiança, que será sempre definitiva, consistirá em depósito de dinheiro, pedras, objetos ou metais preciosos, títulos da dívida pública, federal, estadual ou municipal, ou em hipoteca inscrita em primeiro lugar.

§ 1º A avaliação de imóvel, ou de pedras, objetos ou metais preciosos será feita imediatamente por perito nomeado pela autoridade.

§ 2º Quando a fiança consistir em caução de títulos da dívida pública, o valor será determinado pela sua cotação em Bolsa, e, sendo nominativos, exigir-se-á prova de que se acham livres de ônus.

Art. 331. O valor em que consistir a fiança será recolhido à repartição arrecadadora federal ou estadual, ou entregue ao depositário público, juntando-se aos autos os respectivos conhecimentos.

Parágrafo único. Nos lugares em que o depósito não se puder fazer de pronto, o valor será entregue ao escrivão ou pessoa abonada, a critério da autoridade, e dentro de três dias dar-se-á ao valor o destino que lhe assina este artigo, o que tudo constará do termo de fiança.

Art. 332. Em caso de prisão em flagrante, será competente para conceder a fiança a autoridade que presidir ao respectivo auto, e, em caso de prisão por mandado, o juiz que o houver expedido, ou a autoridade judiciária ou policial a quem tiver sido requisitada a prisão.

Art. 333. Depois de prestada a fiança, que será concedida independentemente de audiência do Ministério Público, este terá vista do processo a fim de requerer o que julgar conveniente.

Art. 334. A fiança poderá ser prestada enquanto não transitar em julgado a sentença condenatória. (Redação dada pela Lei nº 12.403, de 2011).

Art. 335. Recusando ou retardando a autoridade policial a concessão da fiança, o preso, ou alguém por ele, poderá prestá-la, mediante simples petição, perante o juiz competente, que decidirá em 48 (quarenta e oito) horas. (Redação dada pela Lei nº 12.403, de 2011).

Art. 336. O dinheiro ou objetos dados como fiança servirão ao pagamento das custas, da indenização do dano, da prestação pecuniária e da multa, se o réu for condenado. (Redação dada pela Lei nº 12.403, de 2011).

Parágrafo único. Este dispositivo terá aplicação ainda no caso da prescrição depois da sentença condenatória (art. 110 do Código Penal). (Redação dada pela Lei nº 12.403, de 2011).

Art. 337. Se a fiança for declarada sem efeito ou passar em julgado sentença que houver absolvido o acusado ou declarada extinta a ação penal, o valor que a constituir, atualizado, será restituído sem desconto, salvo o disposto no parágrafo único do art. 336 deste Código. (Redação dada pela Lei nº 12.403, de 2011).

Art. 338. A fiança que se reconheça não ser cabível na espécie será cassada em qualquer fase do processo.

Art. 339. Será também cassada a fiança quando reconhecida a existência de delito inafiançável, no caso de inovação na classificação do delito.

Art. 340. Será exigido o reforço da fiança:

I. quando a autoridade tomar, por engano, fiança insuficiente;

II. quando houver depreciação material ou perecimento dos bens hipotecados ou caucionados, ou depreciação dos metais ou pedras preciosas;

III. quando for inovada a classificação do delito.

Parágrafo único. A fiança ficará sem efeito e o réu será recolhido à prisão, quando, na conformidade deste artigo, não for reforçada.

Art. 341. Julgar-se-á quebrada a fiança quando o acusado: (Redação dada pela Lei nº 12.403, de 2011).

I. regularmente intimado para ato do processo, deixar de comparecer, sem motivo justo; (Incluído pela Lei nº 12.403, de 2011).

II. deliberadamente praticar ato de obstrução ao andamento do processo; (Incluído pela Lei nº 12.403, de 2011).

III. descumprir medida cautelar imposta cumulativamente com a fiança; (Incluído pela Lei nº 12.403, de 2011).

IV. resistir injustificadamente a ordem judicial; (Incluído pela Lei nº 12.403, de 2011).

V. praticar nova infração penal dolosa. (Incluído pela Lei nº 12.403, de 2011).

Art. 342. Se vier a ser reformado o julgamento em que se declarou quebrada a fiança, esta subsistirá em todos os seus efeitos

Art. 343. O quebramento injustificado da fiança importará na perda de metade do seu valor, cabendo ao juiz decidir sobre a imposição de outras medidas cautelares ou, se for o caso, a decretação da prisão preventiva. (Redação dada pela Lei nº 12.403, de 2011).

Art. 344. Entender-se-á perdido, na totalidade, o valor da fiança, se, condenado, o acusado não se apresentar para o início do cumprimento da pena definitivamente imposta. (Redação dada pela Lei nº 12.403, de 2011).

Art. 345. No caso de perda da fiança, o seu valor, deduzidas as custas e mais encargos a que o acusado estiver obrigado, será recolhido ao fundo penitenciário, na forma da lei. (Redação dada pela Lei nº 12.403, de 2011).

Art. 346. No caso de quebramento de fiança, feitas as deduções previstas no art. 345 deste Código, o valor restante será recolhido ao fundo penitenciário, na forma da lei. (Redação dada pela Lei nº 12.403, de 2011).

Art. 347. Não ocorrendo a hipótese do art. 345, o saldo será entregue a quem houver prestado a fiança, depois de deduzidos os encargos a que o réu estiver obrigado.

Art. 348. Nos casos em que a fiança tiver sido prestada por meio de hipoteca, a execução será promovida no juízo cível pelo órgão do Ministério Público.

Art. 349. Se a fiança consistir em pedras, objetos ou metais preciosos, o juiz determinará a venda por leiloeiro ou corretor.

Art. 350. Nos casos em que couber fiança, o juiz, verificando a situação econômica do preso, poderá conceder-lhe liberdade provisória, sujeitando-o às obrigações constantes dos arts. 327 e 328 deste Código e a outras medidas cautelares, se for o caso. (Redação dada pela Lei nº 12.403, de 2011).

Parágrafo único. Se o beneficiado descumprir, sem motivo justo, qualquer das obrigações ou medidas impostas, aplicar-se-á o disposto no § 4º do art. 282 deste Código. (Redação dada pela Lei nº 12.403, de 2011).

TÍTULO X - DAS CITAÇÕES E INTIMAÇÕES

CAPÍTULO I - DAS CITAÇÕES

Art. 351. A citação inicial far-se-á por mandado, quando o réu estiver no território sujeito à jurisdição do juiz que a houver ordenado.

Art. 352. O mandado de citação indicará:

I. o nome do juiz;

II. o nome do querelante nas ações iniciadas por queixa;

III. o nome do réu, ou, se for desconhecido, os seus sinais característicos;

IV. a residência do réu, se for conhecida;

V. o fim para que é feita a citação;

VI. o juízo e o lugar, o dia e a hora em que o réu deverá comparecer;

VII. a subscrição do escrivão e a rubrica do juiz.

Art. 353. Quando o réu estiver fora do território da jurisdição do juiz processante, será citado mediante precatória.

Art. 354. A precatória indicará:

I. o juiz deprecado e o juiz deprecante;

II. a sede da jurisdição de um e de outro;

III. o fim para que é feita a citação, com todas as especificações;

IV. o juízo do lugar, o dia e a hora em que o réu deverá comparecer.

Art. 355. A precatória será devolvida ao juiz deprecante, independentemente de traslado, depois de lançado o "cumpra-se" e de feita a citação por mandado do juiz deprecado.

§ 1º Verificado que o réu se encontra em território sujeito à jurisdição de outro juiz, a este remeterá o juiz deprecado os autos para efetivação da diligência, desde que haja tempo para fazer-se a citação.

§ 2º Certificado pelo oficial de justiça que o réu se oculta para não ser citado, a precatória será imediatamente devolvida, para o fim previsto no art. 362.

Art. 356. Se houver urgência, a precatória, que conterá em resumo os requisitos enumerados no art. 354, poderá ser expedida por via telegráfica, depois de reconhecida a firma do juiz, o que a estação expedidora mencionará.

Art. 357. São requisitos da citação por mandado:

I. leitura do mandado ao citando pelo oficial e entrega da contrafé, na qual se mencionarão dia e hora da citação;

II. declaração do oficial, na certidão, da entrega da contrafé, e sua aceitação ou recusa.

Art. 358. A citação do militar far-se-á por intermédio do chefe do respectivo serviço.

Art. 359. O dia designado para funcionário público comparecer em juízo, como acusado, será notificado assim a ele como ao chefe de sua repartição.

Art. 360. Se o réu estiver preso, será pessoalmente citado. (Redação dada pela Lei nº 10.792, de 1º.12.2003)

Art. 361. Se o réu não for encontrado, será citado por edital, com o prazo de 15 (quinze) dias.

Art. 362. Verificando que o réu se oculta para não ser citado, o oficial de justiça certificará a ocorrência e procederá à citação com hora certa, na forma estabelecida nos arts. 227 a 229 da Lei no 5.869, de 11 de janeiro de 1973 - Código de Processo Civil. (Redação dada pela Lei nº 11.719, de 2008).

Parágrafo único. Completada a citação com hora certa, se o acusado não comparecer, ser-lhe-á nomeado defensor dativo. (Incluído pela Lei nº 11.719, de 2008).

Art. 363. O processo terá completada a sua formação quando realizada a citação do acusado. (Redação dada pela Lei nº 11.719, de 2008).

I. (revogado); (Redação dada pela Lei nº 11.719, de 2008).

II. (revogado). (Redação dada pela Lei nº 11.719, de 2008).

§ 1º Não sendo encontrado o acusado, será procedida a citação por edital. (Incluído pela Lei nº 11.719, de 2008).

§ 2º (VETADO) (Incluído pela Lei nº 11.719, de 2008).

§ 3º (VETADO) (Incluído pela Lei nº 11.719, de 2008).

§ 4º Comparecendo o acusado citado por edital, em qualquer tempo, o processo observará o disposto nos arts. 394 e seguintes deste Código. (Incluído pela Lei nº 11.719, de 2008).

Art. 364. No caso do artigo anterior, no I, prazo será fixado pelo juiz entre 15 (quinze) e 90 (noventa) dias, de acordo com as circunstâncias, e, no caso de no II, o prazo será de trinta dias.

Art. 365. O edital de citação indicará:

I. o nome do juiz que a determinar;

II. o nome do réu, ou, se não for conhecido, os seus sinais característicos, bem como sua residência e profissão, se constarem do processo;

III. o fim para que é feita a citação;

IV. o juízo e o dia, a hora e o lugar em que o réu deverá comparecer;

V. o prazo, que será contado do dia da publicação do edital na imprensa, se houver, ou da sua afixação.

Parágrafo único. O edital será afixado à porta do edifício onde funcionar o juízo e será publicado pela imprensa, onde houver, devendo a afixação ser certificada pelo oficial que a tiver feito e a publicação provada por exemplar do jornal ou certidão do escrivão, da qual conste a página do jornal com a data da publicação.

Art. 366. Se o acusado, citado por edital, não comparecer, nem constituir advogado, ficarão suspensos o processo e o curso do prazo prescricional, podendo o juiz determinar a produção antecipada das provas consideradas urgentes e, se for o caso, decretar prisão preventiva, nos termos do disposto no art. 312. (Redação dada pela Lei nº 9.271, de 17.4.1996) (Vide Lei nº 11.719, de 2008)

§ 1º (Revogado pela Lei nº 11.719, de 2008).

§ 2º (Revogado pela Lei nº 11.719, de 2008).

Art. 367. O processo seguirá sem a presença do acusado que, citado ou intimado pessoalmente para qualquer ato, deixar de comparecer sem motivo justificado, ou, no caso de mudança de residência, não comunicar o novo endereço ao juízo. (Redação dada pela Lei nº 9.271, de 17.4.1996)

Art. 368. Estando o acusado no estrangeiro, em lugar sabido, será citado mediante carta rogatória, suspendendo-se o curso do prazo de prescrição até o seu cumprimento. (Redação dada pela Lei nº 9.271, de 17.4.1996)

Art. 369. As citações que houverem de ser feitas em legações estrangeiras serão efetuadas mediante carta rogatória. (Redação dada pela Lei nº 9.271, de 17.4.1996)

CAPÍTULO II - DAS INTIMAÇÕES

Art. 370. Nas intimações dos acusados, das testemunhas e demais pessoas que devam tomar conhecimento de qualquer ato, será observado, no que for aplicável, o disposto no Capítulo anterior. (Redação dada pela Lei nº 9.271, de 17.4.1996)

§ 1º A intimação do defensor constituído, do advogado do querelante e do assistente far-se-á por publicação no órgão incumbido da publicidade dos atos judiciais da comarca, incluindo, sob pena de nulidade, o nome do acusado. (Incluído pela Lei nº 9.271, de 17.4.1996)

§ 2º Caso não haja órgão de publicação dos atos judiciais na comarca, a intimação far-se-á diretamente pelo escrivão, por mandado, ou via postal com comprovante de recebimento, ou por qualquer outro meio idôneo. (Redação dada pela Lei nº 9.271, de 17.4.1996)

§ 3º A intimação pessoal, feita pelo escrivão, dispensará a aplicação a que alude o § 1º. (Incluído pela Lei nº 9.271, de 17.4.1996)

§ 4º A intimação do Ministério Público e do defensor nomeado será pessoal. (Incluído pela Lei nº 9.271, de 17.4.1996)

Art. 371. Será admissível a intimação por despacho na petição em que for requerida, observado o disposto no art. 357.

Art. 372. Adiada, por qualquer motivo, a instrução criminal, o juiz marcará desde logo, na presença das partes e testemunhas, dia e hora para seu prosseguimento, do que se lavrará termo nos autos.

TÍTULO XI - DA APLICAÇÃO PROVISÓRIA DE INTERDIÇÕES DE DIREITOS E MEDIDAS DE SEGURANÇA

Art. 373. A aplicação provisória de interdições de direitos poderá ser determinada pelo juiz, de ofício, ou a requerimento do Ministério Público, do querelante, do assistente, do ofendido, ou de seu representante legal, ainda que este não se tenha constituído como assistente:

I. durante a instrução criminal após a apresentação da defesa ou do prazo concedido para esse fim; II. na sentença de pronúncia;

III. na decisão confirmatória da pronúncia ou na que, em grau de recurso, pronunciar o réu;

IV. na sentença condenatória recorrível.

§ 1º No caso do no I, havendo requerimento de aplicação da medida, o réu ou seu defensor será ouvido no prazo de 2 (dois) dias.

§ 2º Decretada a medida, serão feitas as comunicações necessárias para a sua execução, na forma do disposto no Capítulo III do Título II do Livro IV.

Art. 374. Não caberá recurso do despacho ou da parte da sentença que decretar ou denegar a aplicação provisória de interdições de direitos, mas estas poderão ser substituídas ou revogadas:

I. se aplicadas no curso da instrução criminal, durante esta ou pelas sentenças a que se referem os ns. II, III e IV do artigo anterior;

II. se aplicadas na sentença de pronúncia, pela decisão que, em grau de recurso, a confirmar, total ou parcialmente, ou pela sentença condenatória recorrível;

III. se aplicadas na decisão a que se refere o no III do artigo anterior, pela sentença condenatória recorrível.

Art. 375. O despacho que aplicar, provisoriamente, substituir ou revogar interdição de direito, será fundamentado.

Art. 376. A decisão que impronunciar ou absolver o réu fará cessar a aplicação provisória da interdição anteriormente determinada.

Art. 377. Transitando em julgado a sentença condenatória, serão executadas somente as interdições nela aplicadas ou que derivarem da imposição da pena principal.

Art. 378. A aplicação provisória de medida de segurança obedecerá ao disposto nos artigos anteriores, com as modificações seguintes:

I. o juiz poderá aplicar, provisoriamente, a medida de segurança, de ofício, ou a requerimento do Ministério Público;

II. a aplicação poderá ser determinada ainda no curso do inquérito, mediante representação da autoridade policial;

III. a aplicação provisória de medida de segurança, a substituição ou a revogação da anteriormente aplicada poderão ser determinadas, também, na sentença absolutória;

IV. decretada a medida, atender-se-á ao disposto no Título V do Livro IV, no que for aplicável.

Art. 379. Transitando em julgado a sentença, observar-se-á, quanto à execução das medidas de segurança definitivamente aplicadas, o disposto no Título V do Livro IV.

Art. 380. A aplicação provisória de medida de segurança obstará a concessão de fiança, e tornará sem efeito a anteriormente concedida.

TÍTULO XII - DA SENTENÇA

Art. 381. A sentença conterá:

I. os nomes das partes ou, quando não possível, as indicações necessárias para identificá-las;

II. a exposição sucinta da acusação e da defesa;

III. a indicação dos motivos de fato e de direito em que se fundar a decisão;

IV. a indicação dos artigos de lei aplicados;

V. o dispositivo;

VI. a data e a assinatura do juiz.

Art. 382. Qualquer das partes poderá, no prazo de 2 (dois) dias, pedir ao juiz que declare a sentença, sempre que nela houver obscuridade, ambiguidade, contradição ou omissão.

Art. 383. O juiz, sem modificar a descrição do fato contida na denúncia ou queixa, poderá atribuir-lhe definição jurídica diversa, ainda que, em consequência, tenha de aplicar pena mais grave. (Redação dada pela Lei nº 11.719, de 2008).

§ 1º Se, em consequências de definição jurídica diversa, houver possibilidade de proposta de suspensão condicional do processo, o juiz procederá de acordo com o disposto na lei. (Incluído pela Lei nº 11.719, de 2008).

§ 2º Tratando-se de infração da competência de outro juízo, a este serão encaminhados os autos. (Incluído pela Lei nº 11.719, de 2008).

Art. 384. Encerrada a instrução probatória, se entender cabível nova definição jurídica do fato, em consequência de prova existente nos autos de elemento ou circunstância da infração penal não contida na acusação, o Ministério Público deverá aditar a denúncia ou queixa, no prazo de 5 (cinco) dias, se em virtude desta houver sido instaurado o processo em crime de ação pública, reduzindo-se a termo o aditamento, quando feito oralmente. (Redação dada pela Lei nº 11.719, de 2008).

§ 1º Não procedendo o órgão do Ministério Público ao aditamento, aplica-se o art. 28 deste Código. (Incluído pela Lei nº 11.719, de 2008).

§ 2º Ouvido o defensor do acusado no prazo de 5 (cinco) dias e admitido o aditamento, o juiz, a requerimento de qualquer das partes, designará dia e hora para continuação da audiência, com inquirição de testemunhas, novo interrogatório do acusado, realização de debates e julgamento. (Incluído pela Lei nº 11.719, de 2008).

§ 3º Aplicam-se as disposições dos §§ 1º e 2º do art. 383 ao caput deste artigo. (Incluído pela Lei nº 11.719, de 2008).

§ 4º Havendo aditamento, cada parte poderá arrolar até 3 (três) testemunhas, no prazo de 5 (cinco) dias, ficando o juiz, na sentença, adstrito aos termos do aditamento. (Incluído pela Lei nº 11.719, de 2008).

§ 5º Não recebido o aditamento, o processo prosseguirá. (Incluído pela Lei nº 11.719, de 2008).

Art. 385. Nos crimes de ação pública, o juiz poderá proferir sentença condenatória, ainda que o Ministério Público tenha opinado pela absolvição, bem como reconhecer agravantes, embora nenhuma tenha sido alegada.

Art. 386. O juiz absolverá o réu, mencionando a causa na parte dispositiva, desde que reconheça:

I. estar provada a inexistência do fato;

II. não haver prova da existência do fato;

III. não constituir o fato infração penal;

IV. estar provado que o réu não concorreu para a infração penal; (Redação dada pela Lei nº 11.690, de 2008)

V. não existir prova de ter o réu concorrido para a infração penal; (Redação dada pela Lei nº 11.690, de 2008)

VI. existirem circunstâncias que excluam o crime ou isentem o réu de pena (arts. 20, 21, 22, 23, 26 e § 1º do art. 28, todos do Código Penal), ou mesmo se houver fundada dúvida sobre sua existência; (Redação dada pela Lei nº 11.690, de 2008)

VII. não existir prova suficiente para a condenação. (Incluído pela Lei nº 11.690, de 2008)

Parágrafo único. Na sentença absolutória, o juiz:

I. mandará, se for o caso, pôr o réu em liberdade;

II. ordenará a cessação das medidas cautelares e provisoriamente aplicadas; (Redação dada pela Lei nº 11.690, de 2008)

III. aplicará medida de segurança, se cabível.

Art. 387. O juiz, ao proferir sentença condenatória: (Vide Lei nº 11.719, de 2008)

I. mencionará as circunstâncias agravantes ou atenuantes definidas no Código Penal, e cuja existência reconhecer;

II. mencionará as outras circunstâncias apuradas e tudo o mais que deva ser levado em conta na aplicação da pena, de acordo com o disposto nos arts. 59 e 60 do Decreto-Lei no 2.848, de 7 de dezembro de 1940. Código Penal; (Redação dada pela Lei nº 11.719, de 2008).

III. aplicará as penas de acordo com essas conclusões; (Redação dada pela Lei nº 11.719, de 2008).

IV. fixará valor mínimo para reparação dos danos causados pela infração, considerando os prejuízos sofridos pelo ofendido; (Redação dada pela Lei nº 11.719, de 2008).

V. atenderá, quanto à aplicação provisória de interdições de direitos e medidas de segurança, ao disposto no Título XI deste Livro;

VI. determinará se a sentença deverá ser publicada na íntegra ou em resumo e designará o jornal em que será feita a publicação (art. 73, § 1º, do Código Penal).

§ 1º O juiz decidirá, fundamentadamente, sobre a manutenção ou, se for o caso, a imposição de prisão preventiva ou de outra medida cautelar, sem prejuízo do conhecimento de apelação que vier a ser interposta. (Incluído pela Lei nº 12.736, de 2012)

§ 2º O tempo de prisão provisória, de prisão administrativa ou de internação, no Brasil ou no estrangeiro, será computado para fins de determinação do regime inicial de pena privativa de liberdade. (Incluído pela Lei nº 12.736, de 2012)

Art. 388. A sentença poderá ser datilografada e neste caso o juiz a rubricará em todas as folhas.

Art. 389. A sentença será publicada em mão do escrivão, que lavrará nos autos o respectivo termo, registrando-a em livro especialmente destinado a esse fim.

Art. 390. O escrivão, dentro de três dias após a publicação, e sob pena de suspensão de cinco dias, dará conhecimento da sentença ao órgão do Ministério Público.

Art. 391. O querelante ou o assistente será intimado da sentença, pessoalmente ou na pessoa de seu advogado. Se nenhum deles for encontrado no lugar da sede do juízo, a intimação será feita mediante edital com o prazo de 10 dias, afixado no lugar de costume.

Art. 392. A intimação da sentença será feita:

I. ao réu, pessoalmente, se estiver preso;

II. ao réu, pessoalmente, ou ao defensor por ele constituído, quando se livrar solto, ou, sendo afiançável a infração, tiver prestado fiança;

III. ao defensor constituído pelo réu, se este, afiançável, ou não, a infração, expedido o mandado de prisão, não tiver sido encontrado, e assim o certificar o oficial de justiça;

IV. mediante edital, nos casos do no II, se o réu e o defensor que houver constituído não forem encontrados, e assim o certificar o oficial de justiça;

V. mediante edital, nos casos do no III, se o defensor que o réu houver constituído também não for encontrado, e assim o certificar o oficial de justiça;

VI. mediante edital, se o réu, não tendo constituído defensor, não for encontrado, e assim o certificar o oficial de justiça.

§ 1º O prazo do edital será de 90 dias, se tiver sido imposta pena privativa de liberdade por tempo igual ou superior a um ano, e de 60 dias, nos outros casos.

§ 2º O prazo para apelação correrá após o término do fixado no edital, salvo se, no curso deste, for feita a intimação por qualquer das outras formas estabelecidas neste artigo.

Art. 393. (Revogado pela Lei nº 12.403, de 2011).

LIVRO II - DOS PROCESSOS EM ESPÉCIE
TÍTULO I - DO PROCESSO COMUM
CAPÍTULO I - DA INSTRUÇÃO CRIMINAL

Art. 394. O procedimento será comum ou especial. (Redação dada pela Lei nº 11.719, de 2008).

§ 1º O procedimento comum será ordinário, sumário ou sumaríssimo. (Incluído pela Lei nº 11.719, de 2008).

I. ordinário, quando tiver por objeto crime cuja sanção máxima cominada for igual ou superior a 4 (quatro) anos de pena privativa de liberdade; (Incluído pela Lei nº 11.719, de 2008).

II. sumário, quando tiver por objeto crime cuja sanção máxima cominada seja inferior a 4 (quatro) anos de pena privativa de liberdade; (Incluído pela Lei nº 11.719, de 2008).

III. sumaríssimo, para as infrações penais de menor potencial ofensivo, na forma da lei. (Incluído pela Lei nº 11.719, de 2008).

§ 2º Aplica-se a todos os processos o procedimento comum, salvo disposições em contrário deste Código ou de lei especial. (Incluído pela Lei nº 11.719, de 2008).

§ 3º Nos processos de competência do Tribunal do Júri, o procedimento observará as disposições estabelecidas nos arts. 406 a 497 deste Código. (Incluído pela Lei nº 11.719, de 2008).

§ 4º As disposições dos arts. 395 a 398 deste Código aplicam-se a todos os procedimentos penais de primeiro grau, ainda que não regulados neste Código. (Incluído pela Lei nº 11.719, de 2008).

§ 5º Aplicam-se subsidiariamente aos procedimentos especial, sumário e sumaríssimo as disposições do procedimento ordinário. (Incluído pela Lei nº 11.719, de 2008).

Art. 394-A. Os processos que apurem a prática de crime hediondo terão prioridade de tramitação em todas as instâncias. (Incluído pela Lei nº 13.285, de 2016).

Art. 395. A denúncia ou queixa será rejeitada quando: (Redação dada pela Lei nº 11.719, de 2008).

I. for manifestamente inepta; (Incluído pela Lei nº 11.719, de 2008).

II. faltar pressuposto processual ou condição para o exercício da ação penal; ou (Incluído pela Lei nº 11.719, de 2008).

III. faltar justa causa para o exercício da ação penal. (Incluído pela Lei nº 11.719, de 2008).

Parágrafo único. (Revogado). (Incluído pela Lei nº 11.719, de 2008).

Art. 396. Nos procedimentos ordinário e sumário, oferecida a denúncia ou queixa, o juiz, se não a rejeitar liminarmente, recebê-la-á e ordenará a citação do acusado para responder à acusação, por escrito, no prazo de 10 (dez) dias. (Redação dada pela Lei nº 11.719, de 2008).

Parágrafo único. No caso de citação por edital, o prazo para a defesa começará a fluir a partir do comparecimento pessoal do acusado ou do defensor constituído. (Redação dada pela Lei nº 11.719, de 2008).

Art. 396-A. Na resposta, o acusado poderá arguir preliminares e alegar tudo o que interesse à sua defesa, oferecer documentos e justificações, especificar as provas pretendidas e arrolar testemunhas, qualificando-as e requerendo sua intimação, quando necessário. (Incluído pela Lei nº 11.719, de 2008).

§ 1º A exceção será processada em apartado, nos termos dos arts. 95 a 112 deste Código. (Incluído pela Lei nº 11.719, de 2008).

§ 2º Não apresentada a resposta no prazo legal, ou se o acusado, citado, não constituir defensor, o juiz nomeará defensor para oferecê-la, concedendo-lhe vista dos autos por 10 (dez) dias. (Incluído pela Lei nº 11.719, de 2008).

Art. 397. Após o cumprimento do disposto no art. 396-A, e parágrafos, deste Código, o juiz deverá absolver sumariamente o acusado quando verificar: (Redação dada pela Lei nº 11.719, de 2008).

I. a existência manifesta de causa excludente da ilicitude do fato; (Incluído pela Lei nº 11.719, de 2008).

II. a existência manifesta de causa excludente da culpabilidade do agente, salvo inimputabilidade; (Incluído pela Lei nº 11.719, de 2008).

III. que o fato narrado evidentemente não constitui crime; ou (Incluído pela Lei nº 11.719, de 2008).

IV. extinta a punibilidade do agente. (Incluído pela Lei nº 11.719, de 2008).

Art. 398. (Revogado pela Lei nº 11.719, de 2008).

Art. 399. Recebida a denúncia ou queixa, o juiz designará dia e hora para a audiência, ordenando a intimação do acusado, de seu defensor, do Ministério Público e, se for o caso, do querelante e do assistente. (Redação dada pela Lei nº 11.719, de 2008).

§ 1º O acusado preso será requisitado para comparecer ao interrogatório, devendo o poder público providenciar sua apresentação. (Incluído pela Lei nº 11.719, de 2008).

§ 2º O juiz que presidiu a instrução deverá proferir a sentença. (Incluído pela Lei nº 11.719, de 2008).

DECRETO-LEI Nº 3.689, DE 3 DE OUTUBRO DE 1941

Art. 400. Na audiência de instrução e julgamento, a ser realizada no prazo máximo de 60 (sessenta) dias, proceder-se-á à tomada de declarações do ofendido, à inquirição das testemunhas arroladas pela acusação e pela defesa, nesta ordem, ressalvado o disposto no art. 222 deste Código, bem como aos esclarecimentos dos peritos, às acareações e ao reconhecimento de pessoas e coisas, interrogando-se, em seguida, o acusado. (Redação dada pela Lei nº 11.719, de 2008).

§ 1º As provas serão produzidas numa só audiência, podendo o juiz indeferir as consideradas irrelevantes, impertinentes ou protelatórias. (Incluído pela Lei nº 11.719, de 2008).

§ 2º Os esclarecimentos dos peritos dependerão de prévio requerimento das partes. (Incluído pela Lei nº 11.719, de 2008).

Art. 401. Na instrução poderão ser inquiridas até 8 (oito) testemunhas arroladas pela acusação e 8 (oito) pela defesa. (Redação dada pela Lei nº 11.719, de 2008).

§ 1º Nesse número não se compreendem as que não prestem compromisso e as referidas. (Incluído pela Lei nº 11.719, de 2008).

§ 2º A parte poderá desistir da inquirição de qualquer das testemunhas arroladas, ressalvado o disposto no art. 209 deste Código. (Incluído pela Lei nº 11.719, de 2008).

Art. 402. Produzidas as provas, ao final da audiência, o Ministério Público, o querelante e o assistente e, a seguir, o acusado poderão requerer diligências cuja necessidade se origine de circunstâncias ou fatos apurados na instrução. (Redação dada pela Lei nº 11.719, de 2008).

Art. 403. Não havendo requerimento de diligências, ou sendo indeferido, serão oferecidas alegações finais orais por 20 (vinte) minutos, respectivamente, pela acusação e pela defesa, prorrogáveis por mais 10 (dez), proferindo o juiz, a seguir, sentença. (Redação dada pela Lei nº 11.719, de 2008).

§ 1º Havendo mais de um acusado, o tempo previsto para a defesa de cada um será individual. (Incluído pela Lei nº 11.719, de 2008).

§ 2º Ao assistente do Ministério Público, após a manifestação desse, serão concedidos 10 (dez) minutos, prorrogando-se por igual período o tempo de manifestação da defesa. (Incluído pela Lei nº 11.719, de 2008).

§ 3º O juiz poderá, considerada a complexidade do caso ou o número de acusados, conceder às partes o prazo de 5 (cinco) dias sucessivamente para a apresentação de memoriais. Nesse caso, terá o prazo de 10 (dez) dias para proferir a sentença. (Incluído pela Lei nº 11.719, de 2008).

Art. 404. Ordenado diligência considerada imprescindível, de ofício ou a requerimento da parte, a audiência será concluída sem as alegações finais. (Redação dada pela Lei nº 11.719, de 2008).

Parágrafo único. Realizada, em seguida, a diligência determinada, as partes apresentarão, no prazo sucessivo de 5 (cinco) dias, suas alegações finais, por memorial, e, no prazo de 10 (dez) dias, o juiz proferirá a sentença. (Incluído pela Lei nº 11.719, de 2008).

Art. 405. Do ocorrido em audiência será lavrado termo em livro próprio, assinado pelo juiz e pelas partes, contendo breve resumo dos fatos relevantes nela ocorridos. (Redação dada pela Lei nº 11.719, de 2008).

§ 1º Sempre que possível, o registro dos depoimentos do investigado, indiciado, ofendido e testemunhas será feito pelos meios ou recursos de gravação magnética, estenotipia, digital ou técnica similar, inclusive audiovisual, destinada a obter maior fidelidade das informações. (Incluído pela Lei nº 11.719, de 2008).

§ 2º No caso de registro por meio audiovisual, será encaminhado às partes cópia do registro original, sem necessidade de transcrição. (Incluído pela Lei nº 11.719, de 2008).

CAPÍTULO II - DO PROCEDIMENTO RELATIVO AOS PROCESSOS DA COMPETÊNCIA DO TRIBUNAL DO JÚRI

(Redação dada pela Lei nº 11.689, de 2008)

Seção I - Da Acusação e da Instrução Preliminar

Art. 406. O juiz, ao receber a denúncia ou a queixa, ordenará a citação do acusado para responder a acusação, por escrito, no prazo de 10 (dez) dias. (Redação dada pela Lei nº 11.689, de 2008)

§ 1º O prazo previsto no caput deste artigo será contado a partir do efetivo cumprimento do mandado ou do comparecimento, em juízo, do acusado ou de defensor constituído, no caso de citação inválida ou por edital. (Redação dada pela Lei nº 11.689, de 2008)

§ 2º A acusação deverá arrolar testemunhas, até o máximo de 8 (oito), na denúncia ou na queixa.

§ 3º Na resposta, o acusado poderá arguir preliminares e alegar tudo que interesse a sua defesa, oferecer documentos e justificações, especificar as provas pretendidas e arrolar testemunhas, até o máximo de 8 (oito), qualificando-as e requerendo sua intimação, quando necessário. (Incluído pela Lei nº 11.689, de 2008)

Art. 407. As exceções serão processadas em apartado, nos termos dos arts. 95 a 112 deste Código. (Redação dada pela Lei nº 11.689, de 2008)

Art. 408. Não apresentada a resposta no prazo legal, o juiz nomeará defensor para oferecê-la em até 10 (dez) dias, concedendo-lhe vista dos autos. (Redação dada pela Lei nº 11.689, de 2008)

Art. 409. Apresentada a defesa, o juiz ouvirá o Ministério Público ou o querelante sobre preliminares e documentos, em 5 (cinco) dias. (Redação dada pela Lei nº 11.689, de 2008)

Art. 410. O juiz determinará a inquirição das testemunhas e a realização das diligências requeridas pelas partes, no prazo máximo de 10 (dez) dias. (Redação dada pela Lei nº 11.689, de 2008)

Art. 411. Na audiência de instrução, proceder-se-á à tomada de declarações do ofendido, se possível, à inquirição das testemunhas arroladas pela acusação e pela defesa, nesta ordem, bem como aos esclarecimentos dos peritos, às acareações e ao reconhecimento de pessoas e coisas, interrogando-se, em seguida, o acusado e procedendo-se o debate. (Redação dada pela Lei nº 11.689, de 2008)

§ 1º Os esclarecimentos dos peritos dependerão de prévio requerimento e de deferimento pelo juiz. (Incluído pela Lei nº 11.689, de 2008)

§ 2º As provas serão produzidas em uma só audiência, podendo o juiz indeferir as consideradas irrelevantes, impertinentes ou protelatórias. (Incluído pela Lei nº 11.689, de 2008)

§ 3º Encerrada a instrução probatória, observar-se-á, se for o caso, o disposto no art. 384 deste Código. (Incluído pela Lei nº 11.689, de 2008)

§ 4º As alegações serão orais, concedendo-se a palavra, respectivamente, à acusação e à defesa, pelo prazo de 20 (vinte) minutos, prorrogáveis por mais 10 (dez). (Incluído pela Lei nº 11.689, de 2008)

§ 5º Havendo mais de 1 (um) acusado, o tempo previsto para a acusação e a defesa de cada um deles será individual. (Incluído pela Lei nº 11.689, de 2008)

§ 6º Ao assistente do Ministério Público, após a manifestação deste, serão concedidos 10 (dez) minutos, prorrogando-se por igual período o tempo de manifestação da defesa. (Incluído pela Lei nº 11.689, de 2008)

§ 7º Nenhum ato será adiado, salvo quando imprescindível à prova faltante, determinando o juiz a condução coercitiva de quem deva comparecer. (Incluído pela Lei nº 11.689, de 2008)

§ 8º A testemunha que comparecer será inquirida, independentemente da suspensão da audiência, observada em qualquer caso a ordem estabelecida no caput deste artigo. (Incluído pela Lei nº 11.689, de 2008)

§ 9º Encerrados os debates, o juiz proferirá a sua decisão, ou o fará em 10 (dez) dias, ordenando que os autos para isso lhe sejam conclusos. (Incluído pela Lei nº 11.689, de 2008)

Art. 412. O procedimento será concluído no prazo máximo de 90 (noventa) dias. (Redação dada pela Lei nº 11.689, de 2008)

Seção II - Da Pronúncia, da Impronúncia e da Absolvição Sumária

(Redação dada pela Lei nº 11.689, de 2008)

Art. 413. O juiz, fundamentadamente, pronunciará o acusado, se convencido da materialidade do fato e da existência de indícios suficientes de autoria ou de participação. (Redação dada pela Lei nº 11.689, de 2008)

§ 1º A fundamentação da pronúncia limitar-se-á à indicação da materialidade do fato e da existência de indícios suficientes de autoria ou de participação, devendo o juiz declarar o dispositivo legal em que julgar incurso o acusado e especificar as circunstâncias qualificadoras e as causas de aumento de pena. (Incluído pela Lei nº 11.689, de 2008)

§ 2º Se o crime for afiançável, o juiz arbitrará o valor da fiança para a concessão ou manutenção da liberdade provisória. (Incluído pela Lei nº 11.689, de 2008)

§ 3º O juiz decidirá, motivadamente, no caso de manutenção, revogação ou substituição da prisão ou medida restritiva de liberdade anteriormente decretada e, tratando-se de acusado solto, sobre a necessidade da decretação da prisão ou imposição de quaisquer das medidas previstas no Título IX do Livro I deste Código. (Incluído pela Lei nº 11.689, de 2008)

Art. 414. Não se convencendo da materialidade do fato ou da existência de indícios suficientes de autoria ou de participação, o juiz, fundamentadamente, impronunciará o acusado. (Redação dada pela Lei nº 11.689, de 2008)

Parágrafo único. Enquanto não ocorrer a extinção da punibilidade, poderá ser formulada nova denúncia ou queixa se houver prova nova. (Incluído pela Lei nº 11.689, de 2008)

Art. 415. O juiz, fundamentadamente, absolverá desde logo o acusado, quando: (Redação dada pela Lei nº 11.689, de 2008)

I. provada a inexistência do fato; (Redação dada pela Lei nº 11.689, de 2008)

II. provado não ser ele autor ou partícipe do fato; (Redação dada pela Lei nº 11.689, de 2008)

III. o fato não constituir infração penal; (Redação dada pela Lei nº 11.689, de 2008)

IV. demonstrada causa de isenção de pena ou de exclusão do crime. (Redação dada pela Lei nº 11.689, de 2008)

Parágrafo único. Não se aplica o disposto no inciso IV do caput deste artigo ao caso de inimputabilidade prevista no caput do art. 26 do Decreto-Lei no 2.848, de 7 de dezembro de 1940 – Código Penal, salvo quando esta for a única tese defensiva. (Incluído pela Lei nº 11.689, de 2008)

Art. 416. Contra a sentença de impronúncia ou de absolvição sumária caberá apelação. (Redação dada pela Lei nº 11.689, de 2008)

Art. 417. Se houver indícios de autoria ou de participação de outras pessoas não incluídas na acusação, o juiz, ao pronunciar ou impronunciar o acusado, determinará o retorno dos autos ao Ministério Público, por 15 (quinze) dias, aplicável, no que couber, o art. 80 deste Código. (Redação dada pela Lei nº 11.689, de 2008)

Art. 418. O juiz poderá dar ao fato definição jurídica diversa da constante da acusação, embora o acusado fique sujeito a pena mais grave. (Redação dada pela Lei nº 11.689, de 2008)

Art. 419. Quando o juiz se convencer, em discordância com a acusação, da existência de crime diverso dos referidos no § 1º do art. 74 deste Código e não for competente para o julgamento, remeterá os autos ao juiz que o seja. (Redação dada pela Lei nº 11.689, de 2008)

Parágrafo único. Remetidos os autos do processo a outro juiz, à disposição deste ficará o acusado preso. (Incluído pela Lei nº 11.689, de 2008)

Art. 420. A intimação da decisão de pronúncia será feita: (Redação dada pela Lei nº 11.689, de 2008)

I. pessoalmente ao acusado, ao defensor nomeado e ao Ministério Público; (Incluído pela Lei nº 11.689, de 2008)

II. ao defensor constituído, ao querelante e ao assistente do Ministério Público, na forma do disposto no § 1º do art. 370 deste Código. (Incluído pela Lei nº 11.689, de 2008)

Parágrafo único. Será intimado por edital o acusado solto que não for encontrado. (Incluído pela Lei nº 11.689, de 2008)

Art. 421. Preclusa a decisão de pronúncia, os autos serão encaminhados ao juiz presidente do Tribunal do Júri. (Redação dada pela Lei nº 11.689, de 2008)

§ 1º Ainda que preclusa a decisão de pronúncia, havendo circunstância superveniente que altere a classificação do crime, o juiz ordenará a remessa dos autos ao Ministério Público. (Incluído pela Lei nº 11.689, de 2008)

§ 2º Em seguida, os autos serão conclusos ao juiz para decisão. (Incluído pela Lei nº 11.689, de 2008)

Seção III - Da Preparação do Processo para Julgamento em Plenário

(Redação dada pela Lei nº 11.689, de 2008)

Art. 422. Ao receber os autos, o presidente do Tribunal do Júri determinará a intimação do órgão do Ministério Público ou do querelante, no caso de queixa, e do defensor, para, no prazo de 5 (cinco) dias, apresentarem rol de testemunhas que irão depor em plenário, até o máximo de 5 (cinco), oportunidade em que poderão juntar documentos e requerer diligência. (Redação dada pela Lei nº 11.689, de 2008)

Art. 423. Deliberando sobre os requerimentos de provas a serem produzidas ou exibidas no plenário do júri, e adotadas as providências devidas, o juiz presidente: (Redação dada pela Lei nº 11.689, de 2008)

I. ordenará as diligências necessárias para sanar qualquer nulidade ou esclarecer fato que interesse ao julgamento da causa; (Incluído pela Lei nº 11.689, de 2008)

II. fará relatório sucinto do processo, determinando sua inclusão em pauta da reunião do Tribunal do Júri. (Incluído pela Lei nº 11.689, de 2008)

Art. 424. Quando a lei local de organização judiciária não atribuir ao presidente do Tribunal do Júri o preparo para julgamento, o juiz competente remeter-lhe-á os autos do processo preparado até 5 (cinco) dias antes do sorteio a que se refere o art. 433 deste Código. (Redação dada pela Lei nº 11.689, de 2008)

Parágrafo único. Deverão ser remetidos, também, os processos preparados até o encerramento da reunião, para a realização de julgamento. (Redação dada pela Lei nº 11.689, de 2008)

Seção IV - Do Alistamento dos Jurados

(Redação dada pela Lei nº 11.689, de 2008)

Art. 425. Anualmente, serão alistados pelo presidente do Tribunal do Júri de 800 (oitocentos) a 1.500 (um mil e quinhentos) jurados nas comarcas de mais de 1.000.000 (um milhão) de habitantes, de 300 (trezentos) a 700 (setecentos) nas comarcas de mais de 100.000 (cem mil) habitantes e de 80 (oitenta) a 400 (quatrocentos) nas comarcas de menor população. (Redação dada pela Lei nº 11.689, de 2008)

§ 1º Nas comarcas onde for necessário, poderá ser aumentado o número de jurados e, ainda, organizada lista de suplentes, depositadas as cédulas em urna especial, com as cautelas mencionadas na parte final do § 3º do art. 426 deste Código. (Incluído pela Lei nº 11.689, de 2008)

§ 2º O juiz presidente requisitará às autoridades locais, associações de classe e de bairro, entidades associativas e culturais, instituições de ensino em geral, universidades, sindicatos, repartições públicas e outros núcleos comunitários a indicação de pessoas que reúnam as condições para exercer a função de jurado. (Incluído pela Lei nº 11.689, de 2008)

Art. 426. A lista geral dos jurados, com indicação das respectivas profissões, será publicada pela imprensa até o dia 10 de outubro de cada ano e divulgada em editais afixados à porta do Tribunal do Júri. (Redação dada pela Lei nº 11.689, de 2008)

§ 1º A lista poderá ser alterada, de ofício ou mediante reclamação de qualquer do povo ao juiz presidente até o dia 10 de novembro, data de sua publicação definitiva. (Incluída pela Lei nº 11.689, de 2008)

§ 2º Juntamente com a lista, serão transcritos os arts. 436 a 446 deste Código. (Incluído pela Lei nº 11.689, de 2008)

§ 3º Os nomes e endereços dos alistados, em cartões iguais, após serem verificados na presença do Ministério Público, de advogado indicado pela Seção local da Ordem dos Advogados do Brasil e de defensor indicado pelas Defensorias Públicas competentes, permanecerão guardados em urna fechada a chave, sob a responsabilidade do juiz presidente. (Incluído pela Lei nº 11.689, de 2008)

§ 4º O jurado que tiver integrado o Conselho de Sentença nos 12 (doze) meses que antecederem à publicação da lista geral fica dela excluído. (Incluído pela Lei nº 11.689, de 2008)

§ 5º Anualmente, a lista geral de jurados será, obrigatoriamente, completada. (Incluído pela Lei nº 11.689, de 2008)

Seção V - Do Desaforamento

(Redação dada pela Lei nº 11.689, de 2008)

Art. 427. Se o interesse da ordem pública o reclamar ou houver dúvida sobre a imparcialidade do júri ou a segurança pessoal do acusado, o Tribunal, a requerimento do Ministério Público, do assistente, do querelante ou do acusado ou mediante representação do juiz competente, poderá determinar o desaforamento do julgamento para outra comarca da mesma região, onde não existam aqueles motivos, preferindo-se as mais próximas. (Redação dada pela Lei nº 11.689, de 2008)

§ 1º O pedido de desaforamento será distribuído imediatamente e terá preferência de julgamento na Câmara ou Turma competente. (Incluído pela Lei nº 11.689, de 2008)

§ 2º Sendo relevantes os motivos alegados, o relator poderá determinar, fundamentadamente, a suspensão do julgamento pelo júri. (Incluído pela Lei nº 11.689, de 2008)

§ 3º Será ouvido o juiz presidente, quando a medida não tiver sido por ele solicitada. (Incluído pela Lei nº 11.689, de 2008)

§ 4º Na pendência de recurso contra a decisão de pronúncia ou quando efetivado o julgamento, não se admitirá o pedido de desaforamento, salvo, nesta última hipótese, quanto a fato ocorrido durante ou após a realização de julgamento anulado. (Incluído pela Lei nº 11.689, de 2008)

Art. 428. O desaforamento também poderá ser determinado, em razão do comprovado excesso de serviço, ouvidos o juiz presidente e a parte contrária, se o julgamento não puder ser realizado no prazo de 6 (seis) meses, contado do trânsito em julgado da decisão de pronúncia. (Redação dada pela Lei nº 11.689, de 2008)

§ 1º Para a contagem do prazo referido neste artigo, não se computará o tempo de adiamentos, diligências ou incidentes de interesse da defesa. (Incluído pela Lei nº 11.689, de 2008)

§ 2º Não havendo excesso de serviço ou existência de processos aguardando julgamento em quantidade que ultrapasse a possibilidade de apreciação pelo Tribunal do Júri, nas reuniões periódicas previstas para o exercício, o acusado poderá requerer ao Tribunal que determine a imediata realização do julgamento. (Incluído pela Lei nº 11.689, de 2008)

Seção VI - Da Organização da Pauta

(Incluído pela Lei nº 11.689, de 2008)

Art. 429. Salvo motivo relevante que autorize alteração na ordem dos julgamentos, terão preferência: (Redação dada pela Lei nº 11.689, de 2008)

I. os acusados presos; (Incluído pela Lei nº 11.689, de 2008)

II. dentre os acusados presos, aqueles que estiverem há mais tempo na prisão; (Incluído pela Lei nº 11.689, de 2008)

III. em igualdade de condições, os precedentemente pronunciados. (Incluído pela Lei nº 11.689, de 2008)

§ 1º Antes do dia designado para o primeiro julgamento da reunião periódica, será afixada na porta do edifício do Tribunal do Júri a lista dos processos a serem julgados, obedecida a ordem prevista no caput deste artigo. (Redação dada pela Lei nº 11.689, de 2008)

§ 2º O juiz presidente reservará datas na mesma reunião periódica para a inclusão de processo que tiver o julgamento adiado. (Redação dada pela Lei nº 11.689, de 2008)

Art. 430. O assistente somente será admitido se tiver requerido sua habilitação até 5 (cinco) dias antes da data da sessão na qual pretenda atuar. (Redação dada pela Lei nº 11.689, de 2008)

Art. 431. Estando o processo em ordem, o juiz presidente mandará intimar as partes, o ofendido, se for possível, as testemunhas e os peritos, quando houver requerimento, para a sessão de instrução e julgamento, observando, no que couber, o disposto no art. 420 deste Código. (Redação dada pela Lei nº 11.689, de 2008)

Seção VII - Do Sorteio e da Convocação dos Jurados

(Incluído pela Lei nº 11.689, de 2008)

Art. 432. Em seguida à organização da pauta, o juiz presidente determinará a intimação do Ministério Público, da Ordem dos Advogados do Brasil e da Defensoria Pública para acompanharem, em dia e hora designados, o sorteio dos jurados que atuarão na reunião periódica. (Redação dada pela Lei nº 11.689, de 2008)

Art. 433. O sorteio, presidido pelo juiz, far-se-á a portas abertas, cabendo-lhe retirar as cédulas até completar o número de 25 (vinte e cinco) jurados, para a reunião periódica ou extraordinária. (Redação dada pela Lei nº 11.689, de 2008)

§ 1º O sorteio será realizado entre o 5º (décimo quinto) e o 0º (décimo) dia útil antecedente à instalação da reunião. (Incluído pela Lei nº 11.689, de 2008)

§ 2º A audiência de sorteio não será adiada pelo não comparecimento das partes. (Incluído pela Lei nº 11.689, de 2008)

§ 3º O jurado não sorteado poderá ter o seu nome novamente incluído para as reuniões futuras. (Incluído pela Lei nº 11.689, de 2008)

Art. 434. Os jurados sorteados serão convocados pelo correio ou por qualquer outro meio hábil para comparecer no dia e hora designados para a reunião, sob as penas da lei. (Redação dada pela Lei nº 11.689, de 2008)

Parágrafo único. No mesmo expediente de convocação serão transcritos os arts. 436 a 446 deste Código. (Incluído pela Lei nº 11.689, de 2008)

Art. 435. Serão afixados na porta do edifício do Tribunal do Júri a relação dos jurados convocados, os nomes do acusado e dos procuradores das partes, além do dia, hora e local das sessões de instrução e julgamento. (Redação dada pela Lei nº 11.689, de 2008)

Seção VIII - Da Função do Jurado

(Incluído pela Lei nº 11.689, de 2008)

Art. 436. O serviço do júri é obrigatório. O alistamento compreenderá os cidadãos maiores de 18 (dezoito) anos de notória idoneidade. (Redação dada pela Lei nº 11.689, de 2008)

§ 1º Nenhum cidadão poderá ser excluído dos trabalhos do júri ou deixar de ser alistado em razão de cor ou etnia, raça, credo, sexo, profissão, classe social ou econômica, origem ou grau de instrução. (Incluído pela Lei nº 11.689, de 2008)

§ 2º A recusa injustificada ao serviço do júri acarretará multa no valor de 1 (um) a 10 (dez) salários mínimos, a critério do juiz, de acordo com a condição econômica do jurado. (Incluído pela Lei nº 11.689, de 2008) Art. 437. Estão isentos do serviço do júri: (Redação dada pela Lei nº 11.689, de 2008)

I. o Presidente da República e os Ministros de Estado; (Incluído pela Lei nº 11.689, de 2008)

II. os Governadores e seus respectivos Secretários; (Incluído pela Lei nº 11.689, de 2008)

III. os membros do Congresso Nacional, das Assembleias Legislativas e das Câmaras Distrital e Municipais; (Incluído pela Lei nº 11.689, de 2008)

IV. os Prefeitos Municipais; (Incluído pela Lei nº 11.689, de 2008)

V. os Magistrados e membros do Ministério Público e da Defensoria Pública; (Incluído pela Lei nº 11.689, de 2008)

VI. os servidores do Poder Judiciário, do Ministério Público e da Defensoria Pública; (Incluído pela Lei nº 11.689, de 2008)

VII. as autoridades e os servidores da polícia e da segurança pública; (Incluído pela Lei nº 11.689, de 2008)

VIII. os militares em serviço ativo; (Incluído pela Lei nº 11.689, de 2008)

IX. os cidadãos maiores de 70 (setenta) anos que requeiram sua dispensa; (Incluído pela Lei nº 11.689, de 2008)

X. aqueles que o requererem, demonstrando justo impedimento. (Incluído pela Lei nº 11.689, de 2008)

Art. 438. A recusa ao serviço do júri fundada em convicção religiosa, filosófica ou política importará no dever de prestar serviço alternativo, sob pena de suspensão dos direitos políticos, enquanto não prestar o serviço imposto. (Redação dada pela Lei nº 11.689, de 2008)

§ 1º Entende-se por serviço alternativo o exercício de atividades de caráter administrativo, assistencial, filantrópico ou mesmo produtivo, no Poder Judiciário, na Defensoria Pública, no Ministério Público ou em entidade conveniada para esses fins. (Incluído pela Lei nº 11.689, de 2008)

§ 2º O juiz fixará o serviço alternativo atendendo aos princípios da proporcionalidade e da razoabilidade. (Incluído pela Lei nº 11.689, de 2008)

Art. 439. O exercício efetivo da função de jurado constituirá serviço público relevante e estabelecerá presunção de idoneidade moral. (Redação dada pela Lei nº 12.403, de 2011).

Art. 440. Constitui também direito do jurado, na condição do art. 439 deste Código, preferência, em igualdade de condições, nas licitações públicas e no provimento, mediante concurso, de cargo ou função pública, bem como nos casos de promoção funcional ou remoção voluntária. (Redação dada pela Lei nº 11.689, de 2008)

Art. 441. Nenhum desconto será feito nos vencimentos ou salário do jurado sorteado que comparecer à sessão do júri. (Redação dada pela Lei nº 11.689, de 2008)

Art. 442. Ao jurado que, sem causa legítima, deixar de comparecer no dia marcado para a sessão ou retirar-se antes de ser dispensado pelo presidente será aplicada multa de 1 (um) a 10 (dez) salários mínimos, a critério do juiz, de acordo com a sua condição econômica. (Redação dada pela Lei nº 11.689, de 2008)

Art. 443. Somente será aceita escusa fundada em motivo relevante devidamente comprovado e apresentada, ressalvadas as hipóteses de força maior, até o momento da chamada dos jurados. (Redação dada pela Lei nº 11.689, de 2008)

Art. 444. O jurado somente será dispensado por decisão motivada do juiz presidente, consignada na ata dos trabalhos. (Redação dada pela Lei nº 11.689, de 2008)

Art. 445. O jurado, no exercício da função ou a pretexto de exercê-la, será responsável criminalmente nos mesmos termos em que o são os juízes togados. (Redação dada pela Lei nº 11.689, de 2008)

Art. 446. Aos suplentes, quando convocados, serão aplicáveis os dispositivos referentes às dispensas, faltas e escusas e à equiparação de responsabilidade penal prevista no art. 445 deste Código. (Redação dada pela Lei nº 11.689, de 2008)

Seção IX - Da Composição do Tribunal do Júri e da Formação do Conselho de Sentença

(Incluído pela Lei nº 11.689, de 2008)

Art. 447. O Tribunal do Júri é composto por 1 (um) juiz togado, seu presidente e por 25 (vinte e cinco) jurados que serão sorteados dentre os alistados, 7 (sete) dos quais constituirão o Conselho de Sentença em cada sessão de julgamento. (Redação dada pela Lei nº 11.689, de 2008)

Art. 448. São impedidos de servir no mesmo Conselho: (Redação dada pela Lei nº 11.689, de 2008)

I. marido e mulher; (Incluído pela Lei nº 11.689, de 2008)

II. ascendente e descendente; (Incluído pela Lei nº 11.689, de 2008)

III. sogro e genro ou nora; (Incluído pela Lei nº 11.689, de 2008)

IV. irmãos e cunhados, durante o cunhadio; (Incluído pela Lei nº 11.689, de 2008)

V. tio e sobrinho; (Incluído pela Lei nº 11.689, de 2008)

VI. padrasto, madrasta ou enteado. (Incluído pela Lei nº 11.689, de 2008)

§ 1º O mesmo impedimento ocorrerá em relação às pessoas que mantenham união estável reconhecida como entidade familiar. (Incluído pela Lei nº 11.689, de 2008)

§ 2º Aplicar-se-á aos jurados o disposto sobre os impedimentos, a suspeição e as incompatibilidades dos juízes togados. (Incluído pela Lei nº 11.689, de 2008)

Art. 449. Não poderá servir o jurado que: (Redação dada pela Lei nº 11.689, de 2008)

I. tiver funcionado em julgamento anterior do mesmo processo, independentemente da causa determinante do julgamento posterior; (Incluído pela Lei nº 11.689, de 2008)

II. no caso do concurso de pessoas, houver integrado o Conselho de Sentença que julgou o outro acusado; (Incluído pela Lei nº 11.689, de 2008)

III. tiver manifestado prévia disposição para condenar ou absolver o acusado. (Incluído pela Lei nº 11.689, de 2008)

Art. 450. Dos impedidos entre si por parentesco ou relação de convivência, servirá o que houver sido sorteado em primeiro lugar. (Redação dada pela Lei nº 11.689, de 2008)

Art. 451. Os jurados excluídos por impedimento, suspeição ou incompatibilidade serão considerados para a constituição do número legal exigível para a realização da sessão. (Redação dada pela Lei nº 11.689, de 2008)

Art. 452. O mesmo Conselho de Sentença poderá conhecer de mais de um processo, no mesmo dia, se as partes o aceitarem, hipótese em que seus integrantes deverão prestar novo compromisso. (Redação dada pela Lei nº 11.689, de 2008)

Seção X - Da reunião e das sessões do Tribunal do Júri

(Incluído pela Lei nº 11.689, de 2008)

Art. 453. O Tribunal do Júri reunir-se-á para as sessões de instrução e julgamento nos períodos e na forma estabelecida pela lei local de organização judiciária. (Redação dada pela Lei nº 11.689, de 2008)

Art. 454. Até o momento de abertura dos trabalhos da sessão, o juiz presidente decidirá os casos de isenção e dispensa de jurados e o pedido de adiamento de julgamento, mandando consignar em ata as deliberações. (Redação dada pela Lei nº 11.689, de 2008)

Art. 455. Se o Ministério Público não comparecer, o juiz presidente adiará o julgamento para o primeiro dia desimpedido da mesma reunião, cientificadas as partes e as testemunhas. (Redação dada pela Lei nº 11.689, de 2008)

Parágrafo único. Se a ausência não for justificada, o fato será imediatamente comunicado ao Procurador-Geral de Justiça com a data designada para a nova sessão. (Incluído pela Lei nº 11.689, de 2008)

Art. 456. Se a falta, sem escusa legítima, for do advogado do acusado, e se outro não for por este constituído, o fato será imediatamente comunicado ao presidente da seccional da Ordem dos Advogados do Brasil, com a data designada para a nova sessão. (Redação dada pela Lei nº 11.689, de 2008)

§ 1º Não havendo escusa legítima, o julgamento será adiado somente uma vez, devendo o acusado ser julgado quando chamado novamente. (Incluído pela Lei nº 11.689, de 2008)

§ 2º Na hipótese do § 1º deste artigo, o juiz intimará a Defensoria Pública para o novo julgamento, que será adiado para o primeiro dia desimpedido, observado o prazo mínimo de 10 (dez) dias. (Incluído pela Lei nº 11.689, de 2008)

Art. 457. O julgamento não será adiado pelo não comparecimento do acusado solto, do assistente ou do advogado do querelante, que tiver sido regularmente intimado. (Redação dada pela Lei nº 11.689, de 2008)

§ 1º Os pedidos de adiamento e as justificações de não comparecimento deverão ser, salvo comprovado motivo de força maior, previamente submetidos à apreciação do juiz presidente do Tribunal do Júri. (Incluído pela Lei nº 11.689, de 2008)

§ 2º Se o acusado preso não for conduzido, o julgamento será adiado para o primeiro dia desimpedido da mesma reunião, salvo se houver pedido de dispensa de comparecimento subscrito por ele e seu defensor. (Incluído pela Lei nº 11.689, de 2008)

Art. 458. Se a testemunha, sem justa causa, deixar de comparecer, o juiz presidente, sem prejuízo da ação penal pela desobediência, aplicar-lhe-á a multa prevista no § 2º do art. 436 deste Código. (Redação dada pela Lei nº 11.689, de 2008)

Art. 459. Aplicar-se-á às testemunhas a serviço do Tribunal do Júri o disposto no art. 441 deste Código. (Redação dada pela Lei nº 11.689, de 2008)

Art. 460. Antes de constituído o Conselho de Sentença, as testemunhas serão recolhidas a lugar onde umas não possam ouvir os depoimentos das outras. (Redação dada pela Lei nº 11.689, de 2008)

Art. 461. O julgamento não será adiado se a testemunha deixar de comparecer, salvo se uma das partes tiver requerido a sua intimação por mandado, na oportunidade de que trata o art. 422 deste Código, declarando não prescindir do depoimento e indicando a sua localização. (Redação dada pela Lei nº 11.689, de 2008)

§ 1º Se, intimada, a testemunha não comparecer, o juiz presidente suspenderá os trabalhos e mandará conduzi-la ou adiará o julgamento para o primeiro dia desimpedido, ordenando a sua condução. (Incluído pela Lei nº 11.689, de 2008)

§ 2º O julgamento será realizado mesmo na hipótese de a testemunha não ser encontrada no local indicado, se assim for certificado por oficial de justiça. (Incluído pela Lei nº 11.689, de 2008)

Art. 462. Realizadas as diligências referidas nos arts. 454 a 461 deste Código, o juiz presidente verificará se a urna contém as cédulas dos 25 (vinte e cinco) jurados sorteados, mandando que o escrivão proceda à chamada deles. (Redação dada pela Lei nº 11.689, de 2008)

Art. 463. Comparecendo, pelo menos, 15 (quinze) jurados, o juiz presidente declarará instalados os trabalhos, anunciando o processo que será submetido a julgamento. (Redação dada pela Lei nº 11.689, de 2008)

§ 1º O oficial de justiça fará o pregão, certificando a diligência nos autos. (Incluído pela Lei nº 11.689, de 2008)

§ 2º Os jurados excluídos por impedimento ou suspeição serão computados para a constituição do número legal. (Incluído pela Lei nº 11.689, de 2008)

Art. 464. Não havendo o número referido no art. 463 deste Código, proceder-se-á ao sorteio de tantos suplentes quantos necessários, e designar-se-á nova data para a sessão do júri. (Redação dada pela Lei nº 11.689, de 2008)

Art. 465. Os nomes dos suplentes serão consignados em ata, remetendo-se o expediente de convocação, com observância do disposto nos arts. 434 e 435 deste Código. (Redação dada pela Lei nº 11.689, de 2008)

Art. 466. Antes do sorteio dos membros do Conselho de Sentença, o juiz presidente esclarecerá sobre os impedimentos, a suspeição e as incompatibilidades constantes dos arts. 448 e 449 deste Código. (Redação dada pela Lei nº 11.689, de 2008)

§ 1º O juiz presidente também advertirá os jurados de que, uma vez sorteados, não poderão comunicar-se entre si e com outrem, nem manifestar sua opinião sobre o processo, sob pena de exclusão do Conselho e multa, na forma do § 2º do art. 436 deste Código. (Redação dada pela Lei nº 11.689, de 2008)

§ 2º A incomunicabilidade será certificada nos autos pelo oficial de justiça. (Redação dada pela Lei nº 11.689, de 2008)

Art. 467. Verificando que se encontram na urna as cédulas relativas aos jurados presentes, o juiz presidente sorteará 7 (sete) dentre eles para a formação do Conselho de Sentença. (Redação dada pela Lei nº 11.689, de 2008)

Art. 468. À medida que as cédulas forem sendo retiradas da urna, o juiz presidente as lerá, e a defesa e, depois dela, o Ministério Público poderão recusar os jurados sorteados, até 3 (três) cada parte, sem motivar a recusa. (Redação dada pela Lei nº 11.689, de 2008)

Parágrafo único. O jurado recusado imotivadamente por qualquer das partes será excluído daquela sessão de instrução e julgamento, prosseguindo-se o sorteio para a composição do Conselho de Sentença com os jurados remanescentes. (Incluído pela Lei nº 11.689, de 2008)

Art. 469. Se forem 2 (dois) ou mais os acusados, as recusas poderão ser feitas por um só defensor. (Redação dada pela Lei nº 11.689, de 2008)

§ 1º A separação dos julgamentos somente ocorrerá se, em razão das recusas, não for obtido o número mínimo de 7 (sete) jurados para compor o Conselho de Sentença. (Incluído pela Lei nº 11.689, de 2008)

§ 2º Determinada a separação dos julgamentos, será julgado em primeiro lugar o acusado a quem foi atribuída a autoria do fato ou, em caso de coautoria, aplicar-se-á o critério de preferência disposto no art. 429 deste Código. (Incluído pela Lei nº 11.689, de 2008)

Art. 470. Desacolhida a arguição de impedimento, de suspeição ou de incompatibilidade contra o juiz presidente do Tribunal do Júri, órgão do Ministério Público, jurado ou qualquer funcionário, o julgamento não será suspenso, devendo, entretanto, constar da ata o seu fundamento e a decisão. (Redação dada pela Lei nº 11.689, de 2008)

Art. 471. Se, em consequência do impedimento, suspeição, incompatibilidade, dispensa ou recusa, não houver número para a formação do Conselho, o julgamento será adiado para o primeiro dia desimpedido, após sorteados os suplentes, com observância do disposto no art. 464 deste Código. (Redação dada pela Lei nº 11.689, de 2008)

Art. 472. Formado o Conselho de Sentença, o presidente, levantando-se, e, com ele, todos os presentes, fará aos jurados a seguinte exortação: (Redação dada pela Lei nº 11.689, de 2008)

Em nome da lei, concito-vos a examinar esta causa com imparcialidade e a proferir a vossa decisão de acordo com a vossa consciência e os ditames da justiça.

Os jurados, nominalmente chamados pelo presidente, responderão:

Assim o prometo.

Parágrafo único. O jurado, em seguida, receberá cópias da pronúncia ou, se for o caso, das decisões posteriores que julgaram admissível a acusação e do relatório do processo. (Incluído pela Lei nº 11.689, de 2008)

Seção XI - Da Instrução em Plenário

(Incluído pela Lei nº 11.689, de 2008)

Art. 473. Prestado o compromisso pelos jurados, será iniciada a instrução plenária quando o juiz presidente, o Ministério Público, o assistente, o querelante e o defensor do acusado tomarão, sucessiva e diretamente, as declarações do ofendido, se possível, e inquirirão as testemunhas arroladas pela acusação. (Redação dada pela Lei nº 11.689, de 2008)

§ 1º Para a inquirição das testemunhas arroladas pela defesa, o defensor do acusado formulará as perguntas antes do Ministério Público e do assistente, mantidos no mais a ordem e os critérios estabelecidos neste artigo. (Incluído pela Lei nº 11.689, de 2008)

§ 2º Os jurados poderão formular perguntas ao ofendido e às testemunhas, por intermédio do juiz presidente. (Incluído pela Lei nº 11.689, de 2008)

§ 3º As partes e os jurados poderão requerer acareações, reconhecimento de pessoas e coisas e esclarecimento dos peritos, bem como a leitura de peças que se refiram, exclusivamente, às provas colhidas por carta precatória e às provas cautelares, antecipadas ou não repetíveis. (Incluído pela Lei nº 11.689, de 2008)

Art. 474. A seguir será o acusado interrogado, se estiver presente, na forma estabelecida no Capítulo III do Título VII do Livro I deste Código, com as alterações introduzidas nesta Seção. (Redação dada pela Lei nº 11.689, de 2008)

§ 1º O Ministério Público, o assistente, o querelante e o defensor, nessa ordem, poderão formular, diretamente, perguntas ao acusado. (Redação dada pela Lei nº 11.689, de 2008)

§ 2º Os jurados formularão perguntas por intermédio do juiz presidente. (Redação dada pela Lei nº 11.689, de 2008)

§ 3º Não se permitirá o uso de algemas no acusado durante o período em que permanecer no plenário do júri, salvo se absolutamente necessário à ordem dos trabalhos, à segurança das testemunhas ou à garantia da integridade física dos presentes. (Incluído pela Lei nº 11.689, de 2008)

Art. 475. O registro dos depoimentos e do interrogatório será feito pelos meios ou recursos de gravação magnética, eletrônica, estenotipia ou técnica similar, destinada a obter maior fidelidade e celeridade na colheita da prova. (Redação dada pela Lei nº 11.689, de 2008)

Parágrafo único. A transcrição do registro, após feita a degravação, constará dos autos. (Incluído pela Lei nº 11.689, de 2008)

Seção XII - Dos Debates

(Incluído pela Lei nº 11.689 , de 2008)

Art. 476. Encerrada a instrução, será concedida a palavra ao Ministério Público, que fará a acusação, nos limites da pronúncia ou das decisões posteriores que julgaram admissível a acusação, sustentando, se for o caso, a existência de circunstância agravante. (Redação dada pela Lei nº 11.689, de 2008)

§ 1º O assistente falará depois do Ministério Público. (Incluído pela Lei nº 11.689, de 2008)

§ 2º Tratando-se de ação penal de iniciativa privada, falará em primeiro lugar o querelante e, em seguida, o Ministério Público, salvo se este houver retomado a titularidade da ação, na forma do art. 29 deste Código.

(Incluído pela Lei nº 11.689, de 2008)

§ 3º Finda a acusação, terá a palavra a defesa. (Incluído pela Lei nº 11.689, de 2008)

§ 4º A acusação poderá replicar e a defesa treplicar, sendo admitida a reinquirição de testemunha já ouvida em plenário. (Incluído pela Lei nº 11.689, de 2008)

Art. 477. O tempo destinado à acusação e à defesa será de uma hora e meia para cada, e de uma hora para a réplica e outro tanto para a tréplica. (Redação dada pela Lei nº 11.689, de 2008)

§ 1º Havendo mais de um acusador ou mais de um defensor, combinarão entre si a distribuição do tempo, que, na falta de acordo, será dividido pelo juiz presidente, de forma a não exceder o determinado neste artigo. (Incluído pela Lei nº 11.689, de 2008)

§ 2º Havendo mais de 1 (um) acusado, o tempo para a acusação e a defesa será acrescido de 1 (uma) hora e elevado ao dobro o da réplica e da tréplica, observado o disposto no § 1º deste artigo. (Incluído pela Lei nº 11.689, de 2008)

Art. 478. Durante os debates as partes não poderão, sob pena de nulidade, fazer referências: (Redação dada pela Lei nº 11.689, de 2008)

I. à decisão de pronúncia, às decisões posteriores que julgaram admissível a acusação ou à determinação do uso de algemas como argumento de autoridade que beneficiem ou prejudiquem o acusado; (Incluído pela Lei nº 11.689, de 2008)

II. ao silêncio do acusado ou à ausência de interrogatório por falta de requerimento, em seu prejuízo. (Incluído pela Lei nº 11.689, de 2008)

Art. 479. Durante o julgamento não será permitida a leitura de documento ou a exibição de objeto que não tiver sido juntado aos autos com a antecedência mínima de 3 (três) dias úteis, dando-se ciência à outra parte. (Redação dada pela Lei nº 11.689, de 2008)

Parágrafo único. Compreende-se na proibição deste artigo a leitura de jornais ou qualquer outro escrito, bem como a exibição de vídeos, gravações, fotografias, laudos, quadros, croqui ou qualquer outro meio assemelhado, cujo conteúdo versar sobre a matéria de fato submetida à apreciação e julgamento dos jurados. (Incluído pela Lei nº 11.689, de 2008)

Art. 480. A acusação, a defesa e os jurados poderão, a qualquer momento e por intermédio do juiz presidente, pedir ao orador que indique a folha dos autos onde se encontra a peça por ele lida ou citada, facultando-se, ainda, aos jurados solicitar-lhe, pelo mesmo meio, o esclarecimento de fato por ele alegado. (Redação dada pela Lei nº 11.689, de 2008)

§ 1º Concluídos os debates, o presidente indagará dos jurados se estão habilitados a julgar ou se necessitam de outros esclarecimentos. (Incluído pela Lei nº 11.689, de 2008)

§ 2º Se houver dúvida sobre questão de fato, o presidente prestará esclarecimentos à vista dos autos. (Incluído pela Lei nº 11.689, de 2008)

§ 3º Os jurados, nesta fase do procedimento, terão acesso aos autos e aos instrumentos do crime se solicitarem ao juiz presidente. (Incluído pela Lei nº 11.689, de 2008)

Art. 481. Se a verificação de qualquer fato, reconhecida como essencial para o julgamento da causa, não puder ser realizada imediatamente, o juiz presidente dissolverá o Conselho, ordenando a realização das diligências entendidas necessárias. (Redação dada pela Lei nº 11.689, de 2008)

Parágrafo único. Se a diligência consistir na produção de prova pericial, o juiz presidente, desde logo, nomeará perito e formulará quesitos, facultando às partes também formulá-los e indicar assistentes técnicos, no prazo de 5 (cinco) dias. (Redação dada pela Lei nº 11.689, de 2008)

Seção XIII - Do Questionário e sua Votação

(Incluído pela Lei nº 11.689, de 2008)

Art. 482. O Conselho de Sentença será questionado sobre matéria de fato e se o acusado deve ser absolvido. (Redação dada pela Lei nº 11.689, de 2008)

Parágrafo único. Os quesitos serão redigidos em proposições afirmativas, simples e distintas, de modo que cada um deles possa ser respondido com suficiente clareza e necessária precisão. Na sua elaboração, o presidente levará em conta os termos da pronúncia ou das decisões posteriores que julgaram admissível a acusação, do interrogatório e das alegações das partes. (Incluído pela Lei nº 11.689, de 2008)

Art. 483. Os quesitos serão formulados na seguinte ordem, indagando sobre: (Redação dada pela Lei nº 11.689, de 2008)

I. a materialidade do fato; (Incluído pela Lei nº 11.689, de 2008)

II. a autoria ou participação; (Incluído pela Lei nº 11.689, de 2008)

III. se o acusado deve ser absolvido; (Incluído pela Lei nº 11.689, de 2008)

IV. se existe causa de diminuição de pena alegada pela defesa; (Incluído pela Lei nº 11.689, de 2008)

V. se existe circunstância qualificadora ou causa de aumento de pena reconhecidas na pronúncia ou em decisões posteriores que julgaram admissível a acusação. (Incluído pela Lei nº 11.689, de 2008)

§ 1º A resposta negativa, de mais de 3 (três) jurados, a qualquer dos quesitos referidos nos incisos I e II do caput deste artigo encerra a votação e implica a absolvição do acusado. (Incluído pela Lei nº 11.689, de 2008)

§ 2º Respondidos afirmativamente por mais de 3 (três) jurados os quesitos relativos aos incisos I e II do caput deste artigo será formulado quesito com a seguinte redação: (Incluído pela Lei nº 11.689, de 2008) O jurado absolve o acusado?

§ 3º Decidindo os jurados pela condenação, o julgamento prossegue, devendo ser formulados quesitos sobre: (Incluído pela Lei nº 11.689, de 2008)

I. causa de diminuição de pena alegada pela defesa; (Incluído pela Lei nº 11.689, de 2008)

II. circunstância qualificadora ou causa de aumento de pena, reconhecidas na pronúncia ou em decisões posteriores que julgaram admissível a acusação. (Incluída pela Lei nº 11.689, de 2008)

§ 4º Sustentada a desclassificação da infração para outra de competência do juiz singular, será formulado quesito a respeito, para ser respondido após o 2º (segundo) ou 3º (terceiro) quesito, conforme o caso. (Incluído pela Lei nº 11.689, de 2008)

§ 5º Sustentada a tese de ocorrência do crime na sua forma tentada ou havendo divergência sobre a tipificação do delito, sendo este da competência do Tribunal do Júri, o juiz formulará quesito acerca destas questões, para ser respondido após o segundo quesito. (Incluído pela Lei nº 11.689, de 2008)

§ 6º Havendo mais de um crime ou mais de um acusado, os quesitos serão formulados em séries distintas. (Incluída pela Lei nº 11.689, de 2008)

Art. 484. A seguir, o presidente lerá os quesitos e indagará das partes se têm requerimento ou reclamação a fazer, devendo qualquer deles, bem como a decisão, constar da ata. (Redação dada pela Lei nº 11.689, de 2008)

Parágrafo único. Ainda em plenário, o juiz presidente explicará aos jurados o significado de cada quesito. (Redação dada pela Lei nº 11.689, de 2008)

Art. 485. Não havendo dúvida a ser esclarecida, o juiz presidente, os jurados, o Ministério Público, o assistente, o querelante, o defensor do acusado, o escrivão e o oficial de justiça dirigir-se-ão à sala especial a fim de ser procedida a votação. (Redação dada pela Lei nº 11.689, de 2008)

§ 1º Na falta de sala especial, o juiz presidente determinará que o público se retire, permanecendo somente as pessoas mencionadas no caput deste artigo. (Incluído pela Lei nº 11.689, de 2008)

§ 2º O juiz presidente advertirá as partes de que não será permitida qualquer intervenção que possa perturbar a livre manifestação do Conselho e fará retirar da sala quem se portar inconvenientemente. (Incluído pela Lei nº 11.689, de 2008)

Art. 486. Antes de proceder-se à votação de cada quesito, o juiz presidente mandará distribuir aos jurados pequenas cédulas, feitas de papel opaco e facilmente dobráveis, contendo 7 (sete) delas a palavra sim, 7 (sete) a palavra não. (Redação dada pela Lei nº 11.689, de 2008)

Art. 487. Para assegurar o sigilo do voto, o oficial de justiça recolherá em urnas separadas as cédulas correspondentes aos votos e as não utilizadas. (Redação dada pela Lei nº 11.689, de 2008)

Art. 488. Após a resposta, verificados os votos e as cédulas não utilizadas, o presidente determinará que o escrivão registre no termo a votação de cada quesito, bem como o resultado do julgamento. (Redação dada pela Lei nº 11.689, de 2008)

Parágrafo único. Do termo também constará a conferência das cédulas não utilizadas. (Incluído pela Lei nº 11.689, de 2008)

Art. 489. As decisões do Tribunal do Júri serão tomadas por maioria de votos. (Redação dada pela Lei nº 11.689, de 2008)

Art. 490. Se a resposta a qualquer dos quesitos estiver em contradição com outra ou outras já dadas, o presidente, explicando aos jurados em que consiste a contradição, submeterá novamente à votação os quesitos a que se referirem tais respostas. (Redação dada pela Lei nº 11.689, de 2008)

Parágrafo único. Se, pela resposta dada a um dos quesitos, o presidente verificar que ficam prejudicados os seguintes, assim o declarará, dando por finda a votação. (Incluído pela Lei nº 11.689, de 2008)

Art. 491. Encerrada a votação, será o termo a que se refere o art. 488 deste Código assinado pelo presidente, pelos jurados e pelas partes. (Redação dada pela Lei nº 11.689, de 2008)

Seção XIV - Da sentença

(Incluído pela Lei nº 11.689 , de 2008)

Art. 492. Em seguida, o presidente proferirá sentença que: (Redação dada pela Lei nº 11.689, de 2008) I - no caso de condenação: (Redação dada pela Lei nº 11.689, de 2008)

a) fixará a pena-base; (Incluído pela Lei nº 11.689, de 2008)

b) considerará as circunstâncias agravantes ou atenuantes alegadas nos debates; (Incluído pela Lei nº 11.689, de 2008)

c) imporá os aumentos ou diminuições da pena, em atenção às causas admitidas pelo júri; (Incluído pela Lei nº 11.689, de 2008)

d) observará as demais disposições do art. 387 deste Código; (Incluído pela Lei nº 11.689, de 2008)

e) mandará o acusado recolher-se ou recomendá-lo-á à prisão em que se encontra, se presentes os requisitos da prisão preventiva, ou, no caso de condenação a uma pena igual ou superior a 15 (quinze) anos de reclusão, determinará a execução provisória das penas, com expedição do mandado de prisão, se for o caso, sem prejuízo do conhecimento de recursos que vierem a ser interpostos; (Redação dada pela Lei nº 13.964, de 24.12.2019)

f) estabelecerá os efeitos genéricos e específicos da condenação; (Incluído pela Lei nº 11.689, de 2008)

II. no caso de absolvição: (Redação dada pela Lei nº 11.689, de 2008)

a) mandará colocar em liberdade o acusado se por outro motivo não estiver preso; (Redação dada pela Lei nº 11.689, de 2008)

b) revogará as medidas restritivas provisoriamente decretadas; (Redação dada pela Lei nº 11.689, de 2008)

c) imporá, se for o caso, a medida de segurança cabível.

(Redação dada pela Lei nº 11.689, de 2008)

§ 1º Se houver desclassificação da infração para outra, de competência do juiz singular, ao presidente do Tribunal do Júri caberá proferir sentença em seguida, aplicando-se, quando o delito resultante da nova tipificação for considerado pela lei como infração penal de menor potencial ofensivo, o disposto nos arts. 69 e seguintes da Lei no 9.099, de 26 de setembro de 1995. (Redação dada pela Lei nº 11.689, de 2008)

§ 2º Em caso de desclassificação, o crime conexo que não seja doloso contra a vida será julgado pelo juiz presidente do Tribunal do Júri, aplicando-se, no que couber, o disposto no § 1º deste artigo. (Redação dada pela Lei nº 11.689, de 2008)

§ 3º O presidente poderá, excepcionalmente, deixar de autorizar a execução provisória das penas de que trata a alínea e do inciso I do caput deste artigo, se houver questão substancial cuja resolução pelo tribunal ao qual competir o julgamento possa plausivelmente levar à revisão da condenação. (Incluído pela Lei nº 13.964, de 24.12.2019)

§ 4º A apelação interposta contra decisão condenatória do Tribunal do Júri a uma pena igual ou superior a 15 (quinze) anos de reclusão não terá efeito suspensivo. (Incluído pela Lei nº 13.964, de 24.12.2019)

§ 5º Excepcionalmente, poderá o tribunal atribuir efeito suspensivo à apelação de que trata o § 4º deste artigo, quando verificado cumulativamente que o recurso: (Incluído pela Lei nº 13.964, de 24.12.2019)

I. não tem propósito meramente protelatório; e (Incluído pela Lei nº 13.964, de 24.12.2019)

II. levanta questão substancial e que pode resultar em absolvição, anulação da sentença, novo julgamento ou redução da pena para patamar inferior a 15 (quinze) anos de reclusão. (Incluído pela Lei nº 13.964, de 24.12.2019)

§ 6º O pedido de concessão de efeito suspensivo poderá ser feito incidentemente na apelação ou por meio de petição em separado dirigida diretamente ao relator, instruída com cópias da sentença condenatória, das razões da apelação e de prova da tempestividade, das contrarrazões e das demais peças necessárias à compreensão da controvérsia. (Incluído pela Lei nº 13.964, de 24.12.2019)

Art. 493. A sentença será lida em plenário pelo presidente antes de encerrada a sessão de instrução e julgamento. (Redação dada pela Lei nº 11.689, de 2008)

Seção XV - Da Ata dos Trabalhos

(Incluído pela Lei nº 11.689, de 2008)

Art. 494. De cada sessão de julgamento o escrivão lavrará ata, assinada pelo presidente e pelas partes. (Redação dada pela Lei nº 11.689, de 2008)

Art. 495. A ata descreverá fielmente todas as ocorrências, mencionando obrigatoriamente: (Redação dada pela Lei nº 11.689, de 2008)

I. a data e a hora da instalação dos trabalhos; (Redação dada pela Lei nº 11.689, de 2008)

II. o magistrado que presidiu a sessão e os jurados presentes; (Redação dada pela Lei nº 11.689, de 2008)

III. os jurados que deixaram de comparecer, com escusa ou sem ela, e as sanções aplicadas; (Redação dada pela Lei nº 11.689, de 2008)

IV. o ofício ou requerimento de isenção ou dispensa; (Redação dada pela Lei nº 11.689, de 2008)

V. o sorteio dos jurados suplentes; (Redação dada pela Lei nº 11.689, de 2008)

VI. o adiamento da sessão, se houver ocorrido, com a indicação do motivo; (Redação dada pela Lei nº 11.689, de 2008)

VII. a abertura da sessão e a presença do Ministério Público, do querelante e do assistente, se houver, e a do defensor do acusado; (Redação dada pela Lei nº 11.689, de 2008)

VIII. o pregão e a sanção imposta, no caso de não comparecimento; (Redação dada pela Lei nº 11.689, de 2008)

IX. as testemunhas dispensadas de depor; (Redação dada pela Lei nº 11.689, de 2008)

X. o recolhimento das testemunhas a lugar de onde umas não pudessem ouvir o depoimento das outras; (Redação dada pela Lei nº 11.689, de 2008)

XI. a verificação das cédulas pelo juiz presidente; (Redação dada pela Lei nº 11.689, de 2008)

XII. a formação do Conselho de Sentença, com o registro dos nomes dos jurados sorteados e recusas; (Redação dada pela Lei nº 11.689, de 2008)

XIII. o compromisso e o interrogatório, com simples referência ao termo; (Redação dada pela Lei nº 11.689, de 2008)

XIV. os debates e as alegações das partes com os respectivos fundamentos; (Redação dada pela Lei nº 11.689, de 2008)

XV. os incidentes; (Redação dada pela Lei nº 11.689, de 2008)

XVI. o julgamento da causa; (Redação dada pela Lei nº 11.689, de 2008)

XVII. a publicidade dos atos da instrução plenária, das diligências e da sentença. (Redação dada pela Lei nº 11.689, de 2008)

Art. 496. A falta da ata sujeitará o responsável a sanções administrativa e penal. (Redação dada pela Lei nº 11.689, de 2008)

Seção XVI - Das Atribuições do Presidente do Tribunal do Júri

(Incluído pela Lei nº 11.689, de 2008)

Art. 497. São atribuições do juiz presidente do Tribunal do Júri, além de outras expressamente referidas neste Código: (Redação dada pela Lei nº 11.689, de 2008)

I. regular a polícia das sessões e prender os desobedientes; (Redação dada pela Lei nº 11.689, de 2008)

II. requisitar o auxílio da força pública, que ficará sob sua exclusiva autoridade; (Redação dada pela Lei nº 11.689, de 2008)

III. dirigir os debates, intervindo em caso de abuso, excesso de linguagem ou mediante requerimento de uma das partes; (Redação dada pela Lei nº 11.689, de 2008)

IV. resolver as questões incidentes que não dependam de pronunciamento do júri; (Redação dada pela Lei nº 11.689, de 2008)

V. nomear defensor ao acusado, quando considerá-lo indefeso, podendo, neste caso, dissolver o Conselho e designar novo dia para o julgamento, com a nomeação ou a constituição de novo defensor; (Redação dada pela Lei nº 11.689, de 2008)

VI. mandar retirar da sala o acusado que dificultar a realização do julgamento, o qual prosseguirá sem a sua presença; (Redação dada pela Lei nº 11.689, de 2008)

VII. suspender a sessão pelo tempo indispensável à realização das diligências requeridas ou entendidas necessárias, mantida a incomunicabilidade dos jurados; (Redação dada pela Lei nº 11.689, de 2008)

VIII. interromper a sessão por tempo razoável, para proferir sentença e para repouso ou refeição dos jurados; (Redação dada pela Lei nº 11.689, de 2008)

IX. decidir, de ofício, ouvidos o Ministério Público e a defesa, ou a requerimento de qualquer destes, a arguição de extinção de punibilidade; (Redação dada pela Lei nº 11.689, de 2008)

X. resolver as questões de direito suscitadas no curso do julgamento; (Redação dada pela Lei nº 11.689, de 2008)

XI. determinar, de ofício ou a requerimento das partes ou de qualquer jurado, as diligências destinadas a sanar nulidade ou a suprir falta que prejudique o esclarecimento da verdade; (Redação dada pela Lei nº 11.689, de 2008)

XII. regulamentar, durante os debates, a intervenção de uma das partes, quando a outra estiver com a palavra, podendo conceder até 3 (três) minutos para cada aparte requerido, que serão acrescidos ao tempo desta última. (Incluído pela Lei nº 11.689, de 2008)

CAPÍTULO III - DO PROCESSO E DO JULGAMENTO DOS CRIMES DA COMPETÊNCIA DO JUIZ SINGULAR

Art. 498. (Revogado pela Lei nº 11.719, de 2008).
Art. 499. (Revogado pela Lei nº 11.719, de 2008).
Art. 500. (Revogado pela Lei nº 11.719, de 2008).
Art. 501. (Revogado pela Lei nº 11.719, de 2008).
Art. 502. (Revogado pela Lei nº 11.719, de 2008).

TÍTULO II - DOS PROCESSOS ESPECIAIS

CAPÍTULO I - DO PROCESSO E DO JULGAMENTO DOS CRIMES DE FALÊNCIA

Arts. 503 a 512. (Revogados pela Lei nº 11.101, de 2005)

CAPÍTULO II - DO PROCESSO E DO JULGAMENTO DOS CRIMES DE RESPONSABILIDADE DOS FUNCIONÁRIOS PÚBLICOS

Art. 513. Os crimes de responsabilidade dos funcionários públicos, cujo processo e julgamento competirão aos juízes de direito, a queixa ou a denúncia será instruída com documentos ou justificação que façam presumir a existência do delito ou com declaração fundamentada da impossibilidade de apresentação de qualquer dessas provas.

Art. 514. Nos crimes afiançáveis, estando a denúncia ou queixa em devida forma, o juiz mandará autuá-la e ordenará a notificação do acusado, para responder por escrito, dentro do prazo de quinze dias.

Parágrafo único. Se não for conhecida a residência do acusado, ou este se achar fora da jurisdição do juiz, ser-lhe-á nomeado defensor, a quem caberá apresentar a resposta preliminar.

Art. 515. No caso previsto no artigo anterior, durante o prazo concedido para a resposta, os autos permanecerão em cartório, onde poderão ser examinados pelo acusado ou por seu defensor.

Parágrafo único. A resposta poderá ser instruída com documentos e justificações.

Art. 516. O juiz rejeitará a queixa ou denúncia, em despacho fundamentado, se convencido, pela resposta do acusado ou do seu defensor, da inexistência do crime ou da improcedência da ação.

Art. 517. Recebida a denúncia ou a queixa, será o acusado citado, na forma estabelecida no Capítulo I do Título X do Livro I.

Art. 518. Na instrução criminal e nos demais termos do processo, observar-se-á o disposto nos Capítulos I e III, Título I, deste Livro.

CAPÍTULO III - DO PROCESSO E DO JULGAMENTO DOS CRIMES DE CALÚNIA E INJÚRIA, DE COMPETÊNCIA DO JUIZ SINGULAR

Art. 519. No processo por crime de calúnia ou injúria, para o qual não haja outra forma estabelecida em lei especial, observar-se-á o disposto nos Capítulos I e III, Titulo I, deste Livro, com as modificações constantes dos artigos seguintes.

Art. 520. Antes de receber a queixa, o juiz oferecerá às partes oportunidade para se reconciliarem, fazendo-as comparecer em juízo e ouvindo-as, separadamente, sem a presença dos seus advogados, não se lavrando termo.

Art. 521. Se depois de ouvir o querelante e o querelado, o juiz achar provável a reconciliação, promoverá entendimento entre eles, na sua presença.

Art. 522. No caso de reconciliação, depois de assinado pelo querelante o termo da desistência, a queixa será arquivada.

Art. 523. Quando for oferecida a exceção da verdade ou da notoriedade do fato imputado, o querelante poderá contestar a exceção no prazo de dois dias, podendo ser inquiridas as testemunhas arroladas na queixa, ou outras indicadas naquele prazo, em substituição às primeiras, ou para completar o máximo legal.

CAPÍTULO IV - DO PROCESSO E DO JULGAMENTO DOS CRIMES CONTRA A PROPRIEDADE IMATERIAL

Art. 524. No processo e julgamento dos crimes contra a propriedade imaterial, observar-se-á o disposto nos Capítulos I e III do Título I deste Livro, com as modificações constantes dos artigos seguintes.

Art. 525. No caso de haver o crime deixado vestígio, a queixa ou a denúncia não será recebida se não for instruída com o exame pericial dos objetos que constituam o corpo de delito.

Art. 526. Sem a prova de direito à ação, não será recebida a queixa, nem ordenada qualquer diligência preliminarmente requerida pelo ofendido.

Art. 527. A diligência de busca ou de apreensão será realizada por dois peritos nomeados pelo juiz, que verificarão a existência de fundamento para a apreensão, e quer esta se realize, quer não, o laudo pericial será apresentado dentro de 3 (três) dias após o encerramento da diligência.

Parágrafo único. O requerente da diligência poderá impugnar o laudo contrário à apreensão, e o juiz ordenará que esta se efetue, se reconhecer a improcedência das razões aduzidas pelos peritos.

Art. 528. Encerradas as diligências, os autos serão conclusos ao juiz para homologação do laudo.

Art. 529. Nos crimes de ação privativa do ofendido, não será admitida queixa com fundamento em apreensão e em perícia, se decorrido o prazo de 30 dias, após a homologação do laudo.

Parágrafo único. Será dada vista ao Ministério Público dos autos de busca e apreensão requeridas pelo ofendido, se o crime for de ação pública e não tiver sido oferecida queixa no prazo fixado neste artigo.

Art. 530. Se ocorrer prisão em flagrante e o réu não for posto em liberdade, o prazo a que se refere o artigo anterior será de 8 (oito) dias.

Art. 530-A. O disposto nos arts. 524 a 530 será aplicável aos crimes em que se proceda mediante queixa. (Incluído pela Lei nº 10.695, de 1º.7.2003)

Art. 530-B. Nos casos das infrações previstas nos §§ 1º, 2º e 3º do art. 184 do Código Penal, a autoridade policial procederá à apreensão dos bens ilicitamente produzidos ou reproduzidos, em sua totalidade, juntamente com os equipamentos, suportes e materiais que possibilitaram a sua existência, desde que estes se destinem precipuamente à prática do ilícito. (Incluído pela Lei nº 10.695, de 1º.7.2003)

Art. 530-C. Na ocasião da apreensão será lavrado termo, assinado por 2 (duas) ou mais testemunhas, com a descrição de todos os bens apreendidos e informações sobre suas origens, o qual deverá integrar o inquérito policial ou o processo. (Incluído pela Lei nº 10.695, de 1º.7.2003)

Art. 530-D. Subsequente à apreensão, será realizada, por perito oficial, ou, na falta deste, por pessoa tecnicamente habilitada, perícia sobre todos os bens apreendidos e elaborado o laudo que deverá integrar o inquérito policial ou o processo. (Incluído pela Lei nº 10.695, de 1º.7.2003)

Art. 530-E. Os titulares de direito de autor e os que lhe são conexos serão os fiéis depositários de todos os bens apreendidos, devendo colocá-los à disposição do juiz quando do ajuizamento da ação. (Incluído pela Lei nº 10.695, de 1º.7.2003)

Art. 530-F. Ressalvada a possibilidade de se preservar o corpo de delito, o juiz poderá determinar, a requerimento da vítima, a destruição da produção ou reprodução apreendida quando não houver impugnação quanto à sua ilicitude ou quando a ação penal não puder ser iniciada por falta de determinação de quem seja o autor do ilícito. (Incluído pela Lei nº 10.695, de 1º.7.2003)

Art. 530-G. O juiz, ao prolatar a sentença condenatória, poderá determinar a destruição dos bens ilicitamente produzidos ou reproduzidos e o perdimento dos equipamentos apreendidos, desde que precipuamente destinados à produção e reprodução dos bens, em favor da Fazenda Nacional, que deverá destruí-los ou doá-los aos Estados, Municípios e Distrito Federal, a instituições públicas de ensino e pesquisa ou de assistência social, bem como incorporá-los, por economia ou interesse público, ao patrimônio da União, que não poderão retorná-los aos canais de comércio. (Incluído pela Lei nº 10.695, de 1º.7.2003)

Art. 530-H. As associações de titulares de direitos de autor e os que lhes são conexos poderão, em seu próprio nome, funcionar como assistente da acusação nos crimes previstos no art. 184 do Código Penal, quando praticado em detrimento de qualquer de seus associados. (Incluído pela Lei nº 10.695, de 1º.7.2003)

Art. 530-I. Nos crimes em que caiba ação penal pública incondicionada ou condicionada, observar-se-ão as normas constantes dos arts. 530-B, 530-C, 530-D, 530-E, 530-F, 530-G e 530-H. (Incluído pela Lei nº 10.695, de 1º.7.2003)

CAPÍTULO V - DO PROCESSO SUMÁRIO

Art. 531. Na audiência de instrução e julgamento, a ser realizada no prazo máximo de 30 (trinta) dias, proceder-se-á à tomada de declarações do ofendido, se possível, à inquirição das testemunhas arroladas pela acusação e pela defesa, nesta ordem, ressalvado o disposto no art. 222 deste Código, bem como aos esclarecimentos dos peritos, às acareações e ao reconhecimento de pessoas e coisas, interrogando-se, em seguida, o acusado e procedendo-se, finalmente, ao debate. (Redação dada pela Lei nº 11.719, de 2008).

Art. 532. Na instrução, poderão ser inquiridas até 5 (cinco) testemunhas arroladas pela acusação e 5 (cinco) pela defesa. (Redação dada pela Lei nº 11.719, de 2008).

Art. 533. Aplica-se ao procedimento sumário o disposto nos parágrafos do art. 400 deste Código. (Redação dada pela Lei nº 11.719, de 2008).

§ 1º (Revogado pela Lei nº 11.719, de 2008).
§ 2º (Revogado pela Lei nº 11.719, de 2008).
§ 3º (Revogado pela Lei nº 11.719, de 2008).
§ 4º (Revogado pela Lei nº 11.719, de 2008).

Art. 534. As alegações finais serão orais, concedendo-se a palavra, respectivamente, à acusação e à defesa, pelo prazo de 20 (vinte) minutos, prorrogáveis por mais 10 (dez), proferindo o juiz, a seguir, sentença. (Redação dada pela Lei nº 11.719, de 2008).

§ 1º Havendo mais de um acusado, o tempo previsto para a defesa de cada um será individual. (Incluído pela Lei nº 11.719, de 2008).

§ 2º Ao assistente do Ministério Público, após a manifestação deste, serão concedidos 10 (dez) minutos, prorrogando-se por igual período o tempo de manifestação da defesa. (Incluído pela Lei nº 11.719, de 2008).

Art. 535. Nenhum ato será adiado, salvo quando imprescindível a prova faltante, determinando o juiz a condução coercitiva de quem deva comparecer. (Redação dada pela Lei nº 11.719, de 2008).

§ 1º (Revogado pela Lei nº 11.719, de 2008).
§ 2º (Revogado pela Lei nº 11.719, de 2008).

Art. 536. A testemunha que comparecer será inquirida, independentemente da suspensão da audiência, observada em qualquer caso a ordem estabelecida no art. 531 deste Código. (Redação dada pela Lei nº 11.719, de 2008).

Art. 537. (Revogado pela Lei nº 11.719, de 2008).

Art. 538. Nas infrações penais de menor potencial ofensivo, quando o juizado especial criminal encaminhar ao juízo comum as peças existentes para a adoção de outro procedimento, observar-se-á o procedimento sumário previsto neste Capítulo. (Redação dada pela Lei nº 11.719, de 2008).

§ 1º (Revogado pela Lei nº 11.719, de 2008).
§ 2º (Revogado pela Lei nº 11.719, de 2008).
§ 3º (Revogado pela Lei nº 11.719, de 2008).
§ 4º (Revogado pela Lei nº 11.719, de 2008).

Art. 539. (Revogado pela Lei nº 11.719, de 2008).
Art. 540. (Revogado pela Lei nº 11.719, de 2008).

CAPÍTULO VI - DO PROCESSO DE RESTAURAÇÃO DE AUTOS EXTRAVIADOS OU DESTRUÍDOS

Art. 541. Os autos originais de processo penal extraviados ou destruídos, em primeira ou segunda instância, serão restaurados.

§ 1º Se existir e for exibida cópia autêntica ou certidão do processo, será uma ou outra considerada como original.

§ 2º Na falta de cópia autêntica ou certidão do processo, o juiz mandará, de ofício, ou a requerimento de qualquer das partes, que:

a) o escrivão certifique o estado do processo, segundo a sua lembrança, e reproduza o que houver a respeito em seus protocolos e registros;

b) sejam requisitadas cópias do que constar a respeito no Instituto Médico-Legal, no Instituto de Identificação e Estatística ou em estabelecimentos congêneres, repartições públicas, penitenciárias ou cadeias;

c) as partes sejam citadas pessoalmente, ou, se não forem encontradas, por edital, com o prazo de dez dias, para o processo de restauração dos autos.

§ 3º Proceder-se-á à restauração na primeira instância, ainda que os autos se tenham extraviado na segunda.

Art. 542. No dia designado, as partes serão ouvidas, mencionando-se em termo circunstanciado os pontos em que estiverem acordes e a exibição e a conferência das certidões e mais reproduções do processo apresentadas e conferidas.

Art. 543. O juiz determinará as diligências necessárias para a restauração, observando-se o seguinte:

I. caso ainda não tenha sido proferida a sentença, reinquirir-se-ão as testemunhas podendo ser substituídas as que tiverem falecido ou se encontrarem em lugar não sabido;

II. os exames periciais, quando possível, serão repetidos, e de preferência pelos mesmos peritos;

III. a prova documental será reproduzida por meio de cópia autêntica ou, quando impossível, por meio de testemunhas;

IV. poderão também ser inquiridas sobre os atos do processo, que deverá ser restaurado, as autoridades, os serventuários, os peritos e mais pessoas que tenham nele funcionado;

V. o Ministério Público e as partes poderão oferecer testemunhas e produzir documentos, para provar o teor do processo extraviado ou destruído.

Art. 544. Realizadas as diligências que, salvo motivo de força maior, deverão concluir-se dentro de vinte dias, serão os autos conclusos para julgamento.

Parágrafo único. No curso do processo, e depois de subirem os autos conclusos para sentença, o juiz poderá, dentro em cinco dias, requisitar de autoridades ou de repartições todos os esclarecimentos para a restauração.

Art. 545. Os selos e as taxas judiciárias, já pagos nos autos originais, não serão novamente cobrados.

Art. 546. Os causadores de extravio de autos responderão pelas custas, em dobro, sem prejuízo da responsabilidade criminal.

Art. 547. Julgada a restauração, os autos respectivos valerão pelos originais.

Parágrafo único. Se no curso da restauração aparecerem os autos originais, nestes continuará o processo, apensos a eles os autos da restauração.

Art. 548. Até à decisão que julgue restaurados os autos, a sentença condenatória em execução continuará a produzir efeito, desde que conste da respectiva guia arquivada na cadeia ou na penitenciária, onde o réu estiver cumprindo a pena, ou de registro que torne a sua existência inequívoca.

CAPÍTULO VII - DO PROCESSO DE APLICAÇÃO DE MEDIDA DE SEGURANÇA POR FATO NÃO CRIMINOSO

Art. 549. Se a autoridade policial tiver conhecimento de fato que, embora não constituindo infração penal, possa determinar a aplicação de medida de segurança (Código Penal, arts. 14 e 27), deverá proceder a inquérito, a fim de apurá-lo e averiguar todos os elementos que possam interessar à verificação da periculosidade do agente.

Art. 550. O processo será promovido pelo Ministério Público, mediante requerimento que conterá a exposição sucinta do fato, as suas circunstâncias e todos os elementos em que se fundar o pedido.

Art. 551. O juiz, ao deferir o requerimento, ordenará a intimação do interessado para comparecer em juízo, a fim de ser interrogado.

Art. 552. Após o interrogatório ou dentro do prazo de dois dias, o interessado ou seu defensor poderá oferecer alegações.

Parágrafo único. O juiz nomeará defensor ao interessado que não o tiver.

Art. 553. O Ministério Público, ao fazer o requerimento inicial, e a defesa, no prazo estabelecido no artigo anterior, poderão requerer exames, diligências e arrolar até três testemunhas.

Art. 554. Após o prazo de defesa ou a realização dos exames e diligências ordenados pelo juiz, de ofício ou a requerimento das partes, será marcada audiência, em que, inquiridas as testemunhas e produzidas alegações orais pelo órgão do Ministério Público e pelo defensor, dentro de dez minutos para cada um, o juiz proferirá sentença.

Parágrafo único. Se o juiz não se julgar habilitado a proferir a decisão, designará, desde logo, outra audiência, que se realizará dentro de cinco dias, para publicar a sentença.

Art. 555. Quando, instaurado processo por infração penal, o juiz, absolvendo ou impronunciando o réu, reconhecer a existência de qualquer dos fatos previstos no art. 14 ou no art. 27 do Código Penal, aplicar-lhe-á, se for caso, medida de segurança.

TÍTULO III - DOS PROCESSOS DE COMPETÊNCIA DO SUPREMO TRIBUNAL FEDERAL E DOS TRIBUNAIS DE APELAÇÃO

(Revogado pela Lei nº 8.658, de 26.5.1993)

CAPÍTULO I - DA INSTRUÇÃO

(Revogado pela Lei nº 8.658, de 26.5.1993)
Arts. 556 a 560. (Revogados pela Lei nº 8.658, de 26.5.1993)

CAPÍTULO II - DO JULGAMENTO

(Revogado pela Lei nº 8.658, de 26.5.1993)
Arts. 561 e 562. (Revogados pela Lei nº 8.658, de 26.5.1993)

LIVRO III - DAS NULIDADES E DOS RECURSOS EM GERAL

TÍTULO I - DAS NULIDADES

Art. 563. Nenhum ato será declarado nulo, se da nulidade não resultar prejuízo para a acusação ou para a defesa.

Art. 564. A nulidade ocorrerá nos seguintes casos:

I. por incompetência, suspeição ou suborno do juiz;
II. por ilegitimidade de parte;
III. por falta das fórmulas ou dos termos seguintes:
 a) a denúncia ou a queixa e a representação e, nos processos de contravenções penais, a portaria ou o auto de prisão em flagrante;
 b) o exame do corpo de delito nos crimes que deixam vestígios, ressalvado o disposto no Art. 167;
 c) a nomeação de defensor ao réu presente, que o não tiver, ou ao ausente, e de curador ao menor de 21 anos;
 d) a intervenção do Ministério Público em todos os termos da ação por ele intentada e nos da intentada pela parte ofendida, quando se tratar de crime de ação pública;
 e) a citação do réu para ver-se processar, o seu interrogatório, quando presente, e os prazos concedidos à acusação e à defesa;
 f) a sentença de pronúncia, o libelo e a entrega da respectiva cópia, com o rol de testemunhas, nos processos perante o Tribunal do Júri;
 g) a intimação do réu para a sessão de julgamento, pelo Tribunal do Júri, quando a lei não permitir o julgamento à revelia;
 h) a intimação das testemunhas arroladas no libelo e na contrariedade, nos termos estabelecidos pela lei;
 i) a presença pelo menos de 15 jurados para a constituição do júri;
 j) o sorteio dos jurados do conselho de sentença em número legal e sua incomunicabilidade; k) os quesitos e as respectivas respostas;
 l) a acusação e a defesa, na sessão de julgamento;
 m) a sentença;
 n) o recurso de ofício, nos casos em que a lei o tenha estabelecido;
 o) a intimação, nas condições estabelecidas pela lei, para ciência de sentenças e despachos de que caiba recurso;
 p) no Supremo Tribunal Federal e nos Tribunais de Apelação, o quórum legal para o julgamento;
IV. por omissão de formalidade que constitua elemento essencial do ato.

> V. em decorrência de decisão carente de fundamentação. (Incluído pela Lei nº 13.964, de 24.12.2019)

Parágrafo único. Ocorrerá ainda a nulidade, por deficiência dos quesitos ou das suas respostas, e contradição entre estas. (Incluído pela Lei nº 263, de 23.2.1948)

Art. 565. Nenhuma das partes poderá arguir nulidade a que haja dado causa, ou para que tenha concorrido, ou referente a formalidade cuja observância só à parte contrária interesse.

Art. 566. Não será declarada a nulidade de ato processual que não houver influído na apuração da verdade substancial ou na decisão da causa.

Art. 567. A incompetência do juízo anula somente os atos decisórios, devendo o processo, quando for declarada a nulidade, ser remetido ao juiz competente.

Art. 568. A nulidade por ilegitimidade do representante da parte poderá ser a todo tempo sanada, mediante ratificação dos atos processuais.

Art. 569. As omissões da denúncia ou da queixa, da representação, ou, nos processos das contravenções penais, da portaria ou do auto de prisão em flagrante, poderão ser supridas a todo o tempo, antes da sentença final.

Art. 570. A falta ou a nulidade da citação, da intimação ou notificação estará sanada, desde que o interessado compareça, antes do ato consumar-se, embora declare que o faz para o único fim de argui-la. O juiz ordenará, todavia, a suspensão ou o adiamento do ato, quando reconhecer que a irregularidade poderá prejudicar direito da parte.

Art. 571. As nulidades deverão ser arguidas:

I. as da instrução criminal dos processos da competência do júri, nos prazos a que se refere o art. 406;

II. as da instrução criminal dos processos de competência do juiz singular e dos processos especiais, salvo os dos Capítulos V e VII do Título II do Livro II, nos prazos a que se refere o art. 500;

III. as do processo sumário, no prazo a que se refere o art. 537, ou, se verificadas depois desse prazo, logo depois de aberta a audiência e apregoadas as partes;

IV. as do processo regulado no Capítulo VII do Título II do Livro II, logo depois de aberta a audiência;

V. as ocorridas posteriormente à pronúncia, logo depois de anunciado o julgamento e apregoadas as partes (art. 447);

VI. as de instrução criminal dos processos de competência do Supremo Tribunal Federal e dos Tribunais de Apelação, nos prazos a que se refere o art. 500;

VII. se verificadas após a decisão da primeira instância, nas razões de recurso ou logo depois de anunciado o julgamento do recurso e apregoadas as partes;

VIII. as do julgamento em plenário, em audiência ou em sessão do tribunal, logo depois de ocorrerem.

Art. 572. As nulidades previstas no art. 564, III, d e e, segunda parte, g e h, e IV, considerar-se-ão sanadas:

I. se não forem arguidas, em tempo oportuno, de acordo com o disposto no artigo anterior;

II. se, praticado por outra forma, o ato tiver atingido o seu fim;

III. se a parte, ainda que tacitamente, tiver aceito os seus efeitos.

Art. 573. Os atos, cuja nulidade não tiver sido sanada, na forma dos artigos anteriores, serão renovados ou retificados.

§ 1º A nulidade de um ato, uma vez declarada, causará a dos atos que dele diretamente dependam ou sejam consequência.

§ 2º O juiz que pronunciar a nulidade declarará os atos a que ela se estende.

TÍTULO II - DOS RECURSOS EM GERAL

CAPÍTULO I - DISPOSIÇÕES GERAIS

Art. 574. Os recursos serão voluntários, excetuando-se os seguintes casos, em que deverão ser interpostos, de ofício, pelo juiz:

I. da sentença que conceder habeas corpus;

II. da que absolver desde logo o réu com fundamento na existência de circunstância que exclua o crime ou isente o réu de pena, nos termos do art. 411.

Art. 575. Não serão prejudicados os recursos que, por erro, falta ou omissão dos funcionários, não tiverem seguimento ou não forem apresentados dentro do prazo.

Art. 576. O Ministério Público não poderá desistir de recurso que haja interposto.

Art. 577. O recurso poderá ser interposto pelo Ministério Público, ou pelo querelante, ou pelo réu, seu procurador ou seu defensor.

Parágrafo único. Não se admitirá, entretanto, recurso da parte que não tiver interesse na reforma ou modificação da decisão.

Art. 578. O recurso será interposto por petição ou por termo nos autos, assinado pelo recorrente ou por seu representante.

§ 1º Não sabendo ou não podendo o réu assinar o nome, o termo será assinado por alguém, a seu rogo, na presença de duas testemunhas.

§ 2º A petição de interposição de recurso, com o despacho do juiz, será, até o dia seguinte ao último do prazo, entregue ao escrivão, que certificará no termo da juntada a data da entrega.

§ 3º Interposto por termo o recurso, o escrivão, sob pena de suspensão por dez a trinta dias, fará conclusos os autos ao juiz, até o dia seguinte ao último do prazo.

Art. 579. Salvo a hipótese de má-fé, a parte não será prejudicada pela interposição de um recurso por outro.

Parágrafo único. Se o juiz, desde logo, reconhecer a impropriedade do recurso interposto pela parte, mandará processá-lo de acordo com o rito do recurso cabível.

Art. 580. No caso de concurso de agentes (Código Penal, art. 25), a decisão do recurso interposto por um dos réus, se fundado em motivos que não sejam de caráter exclusivamente pessoal, aproveitará aos outros.

CAPÍTULO II - DO RECURSO EM SENTIDO ESTRITO

Art. 581. Caberá recurso, no sentido estrito, da decisão, despacho ou sentença:

I. que não receber a denúncia ou a queixa;

II. que concluir pela incompetência do juízo;

III. que julgar procedentes as exceções, salvo a de suspeição;

IV. que pronunciar o réu; (Redação dada pela Lei nº 11.689, de 2008)

V. que conceder, negar, arbitrar, cassar ou julgar inidônea a fiança, indeferir requerimento de prisão preventiva ou revogá-la, conceder liberdade provisória ou relaxar a prisão em flagrante; (Redação dada pela Lei nº 7.780, de 22.6.1989)

VI. (Revogado pela Lei nº 11.689, de 2008)

VII. que julgar quebrada a fiança ou perdido o seu valor;

VIII. que decretar a prescrição ou julgar, por outro modo, extinta a punibilidade;

IX. que indeferir o pedido de reconhecimento da prescrição ou de outra causa extintiva da punibilidade;

X. que conceder ou negar a ordem de habeas corpus;

XI. que conceder, negar ou revogar a suspensão condicional da pena;

XII. que conceder, negar ou revogar livramento condicional;

XIII. que anular o processo da instrução criminal, no todo ou em parte;

XIV. que incluir jurado na lista geral ou desta o excluir;

XV. que denegar a apelação ou a julgar deserta;

XVI. que ordenar a suspensão do processo, em virtude de questão prejudicial;

XVII. que decidir sobre a unificação de penas;

XVIII. que decidir o incidente de falsidade;

XIX. que decretar medida de segurança, depois de transitar a sentença em julgado;

XX. que impuser medida de segurança por transgressão de outra;

XXI. que mantiver ou substituir a medida de segurança, nos casos do art. 774;

XXII. que revogar a medida de segurança;

XXIII. que deixar de revogar a medida de segurança, nos casos em que a lei admita a revogação;

XXIV. que converter a multa em detenção ou em prisão simples.

XXV. que recusar homologação à proposta de acordo de não persecução penal, previsto no art. 28-A desta Lei. (Incluído pela Lei nº 13.964, de 24.12.2019)

Art. 582 - Os recursos serão sempre para o Tribunal de Apelação, salvo nos casos dos ns. V, X e XIV.

Parágrafo único. O recurso, no caso do no XIV, será para o presidente do Tribunal de Apelação.

Art. 583. Subirão nos próprios autos os recursos:

I. quando interpostos de ofício;
II. nos casos do art. 581, I, III, IV, VI, VIII e X;
III. quando o recurso não prejudicar o andamento do processo.

Parágrafo único. O recurso da pronúncia subirá em traslado, quando, havendo dois ou mais réus, qualquer deles se conformar com a decisão ou todos não tiverem sido ainda intimados da pronúncia.

Art. 584. Os recursos terão efeito suspensivo nos casos de perda da fiança, de concessão de livramento condicional e dos ns. XV, XVII e XXIV do art. 581.

§ 1º Ao recurso interposto de sentença de impronúncia ou no caso do no VIII do art. 581, aplicar-se-á o disposto nos arts. 596 e 598.

§ 2º O recurso da pronúncia suspenderá tão-somente o julgamento.

§ 3º O recurso do despacho que julgar quebrada a fiança suspenderá unicamente o efeito de perda da metade do seu valor.

Art. 585. O réu não poderá recorrer da pronúncia senão depois de preso, salvo se prestar fiança, nos casos em que a lei a admitir.

Art. 586. O recurso voluntário poderá ser interposto no prazo de cinco dias.

Parágrafo único. No caso do art. 581, XIV, o prazo será de vinte dias, contado da data da publicação definitiva da lista de jurados.

Art. 587. Quando o recurso houver de subir por instrumento, a parte indicará, no respectivo termo, ou em requerimento avulso, as peças dos autos de que pretenda traslado.

Parágrafo único. O traslado será extraído, conferido e concertado no prazo de cinco dias, e dele constarão sempre a decisão recorrida, a certidão de sua intimação, se por outra forma não for possível verificar-se a oportunidade do recurso, e o termo de interposição.

Art. 588. Dentro de dois dias, contados da interposição do recurso, ou do dia em que o escrivão, extraído o traslado, o fizer com vista ao recorrente, este oferecerá as razões e, em seguida, será aberta vista ao recorrido por igual prazo.

Parágrafo único. Se o recorrido for o réu, será intimado do prazo na pessoa do defensor.

Art. 589. Com a resposta do recorrido ou sem ela, será o recurso concluso ao juiz, que, dentro de dois dias, reformará ou sustentará o seu despacho, mandando instruir o recurso com os traslados que lhe parecerem necessários.

Parágrafo único. Se o juiz reformar o despacho recorrido, a parte contrária, por simples petição, poderá recorrer da nova decisão, se couber recurso, não sendo mais lícito ao juiz modificá-la. Neste caso, independentemente de novos arrazoados, subirá o recurso nos próprios autos ou em traslado.

Art. 590. Quando for impossível ao escrivão extrair o traslado no prazo da lei, poderá o juiz prorrogá-lo até o dobro.

Art. 591. Os recursos serão apresentados ao juiz ou tribunal ad quem, dentro de cinco dias da publicação da resposta do juiz a quo, ou entregues ao Correio dentro do mesmo prazo.

Art. 592. Publicada a decisão do juiz ou do tribunal ad quem, deverão os autos ser devolvidos, dentro de cinco dias, ao juiz a quo.

CAPÍTULO III - DA APELAÇÃO

Art. 593. Caberá apelação no prazo de 5 (cinco) dias: (Redação dada pela Lei nº 263, de 23.2.1948)

I. das sentenças definitivas de condenação ou absolvição proferidas por juiz singular; (Redação dada pela Lei nº 263, de 23.2.1948)

II. das decisões definitivas, ou com força de definitivas, proferidas por juiz singular nos casos não previstos no Capítulo anterior; (Redação dada pela Lei nº 263, de 23.2.1948)

III. das decisões do Tribunal do Júri, quando: (Redação dada pela Lei nº 263, de 23.2.1948)

a) ocorrer nulidade posterior à pronúncia; (Redação dada pela Lei nº 263, de 23.2.1948)

b) for a sentença do juiz-presidente contrária à lei expressa ou à decisão dos jurados; (Redação dada pela Lei nº 263, de 23.2.1948)

c) houver erro ou injustiça no tocante à aplicação da pena ou da medida de segurança; (Redação dada pela Lei nº 263, de 23.2.1948)

d) for a decisão dos jurados manifestamente contrária à prova dos autos. (Redação dada pela Lei nº 263, de 23.2.1948)

§ 1º Se a sentença do juiz-presidente for contrária à lei expressa ou divergir das respostas dos jurados aos quesitos, o tribunal ad quem fará a devida retificação. (Incluído pela Lei nº 263, de 23.2.1948)

§ 2º Interposta a apelação com fundamento no no III, c, deste artigo, o tribunal ad quem, se lhe der provimento, retificará a aplicação da pena ou da medida de segurança. (Incluído pela Lei nº 263, de 23.2.1948)

§ 3º Se a apelação se fundar no no III, d, deste artigo, e o tribunal ad quem se convencer de que a decisão dos jurados é manifestamente contrária à prova dos autos, dar-lhe-á provimento para sujeitar o réu a novo julgamento; não se admite, porém, pelo mesmo motivo, segunda apelação. (Incluído pela Lei nº 263, de 23.2.1948)

§ 4º Quando cabível a apelação, não poderá ser usado o recurso em sentido estrito, ainda que somente de parte da decisão se recorra. (Parágrafo único renumerado pela Lei nº 263, de 23.2.1948)

Art. 594. (Revogado pela Lei nº 11.719, de 2008).

Art. 595. (Revogado pela Lei nº 12.403, de 2011).

Art. 596. A apelação da sentença absolutória não impedirá que o réu seja posto imediatamente em liberdade. (Redação dada pela Lei nº 263, de 23.2.1948)

Parágrafo único. A apelação não suspenderá a execução da medida de segurança aplicada provisoriamente. (Redação dada pela Lei nº 5.941, de 22.11.1973)

Art. 597. A apelação de sentença condenatória terá efeito suspensivo, salvo o disposto no art. 393, a aplicação provisória de interdições de direitos e de medidas de segurança (arts. 374 e 378), e o caso de suspensão condicional de pena.

Art. 598. Nos crimes de competência do Tribunal do Júri, ou do juiz singular, se da sentença não for interposta apelação pelo Ministério Público no prazo legal, o ofendido ou qualquer das pessoas enumeradas no art. 31, ainda que não se tenha habilitado como assistente, poderá interpor apelação, que não terá, porém, efeito suspensivo.

Parágrafo único. O prazo para interposição desse recurso será de quinze dias e correrá do dia em que terminar o do Ministério Público.

Art. 599. As apelações poderão ser interpostas quer em relação a todo o julgado, quer em relação a parte dele.

Art. 600. Assinado o termo de apelação, o apelante e, depois dele, o apelado terão o prazo de oito dias cada um para oferecer razões, salvo nos processos de contravenção, em que o prazo será de três dias.

§ 1º Se houver assistente, este arrazoará, no prazo de três dias, após o Ministério Público.

§ 2º Se a ação penal for movida pela parte ofendida, o Ministério Público terá vista dos autos, no prazo do parágrafo anterior.

§ 3º Quando forem dois ou mais os apelantes ou apelados, os prazos serão comuns.

§ 4º Se o apelante declarar, na petição ou no termo, ao interpor a apelação, que deseja arrazoar na superior instância serão os autos remetidos ao tribunal ad quem onde será aberta vista às partes, observados os prazos legais, notificadas as partes pela publicação oficial. (Incluído pela Lei nº 4.336, de 1º.6.1964)

Art. 601. Findos os prazos para razões, os autos serão remetidos à instância superior, com as razões ou sem elas, no prazo de 5 (cinco) dias, salvo no caso do art. 603, segunda parte, em que o prazo será de trinta dias.

§ 1º Se houver mais de um réu, e não houverem todos sido julgados, ou não tiverem todos apelado, caberá ao apelante promover extração do traslado dos autos, o qual deverá ser remetido à instância superior no prazo de trinta dias, contado da data da entrega das últimas razões de apelação, ou do vencimento do prazo para a apresentação das do apelado.

§ 2º As despesas do traslado correrão por conta de quem o solicitar, salvo se o pedido for de réu pobre ou do Ministério Público.

Art. 602. Os autos serão, dentro dos prazos do artigo anterior, apresentados ao tribunal ad quem ou entregues ao Correio, sob registro.

Art. 603. A apelação subirá nos autos originais e, a não ser no Distrito Federal e nas comarcas que forem sede de Tribunal de Apelação, ficará em cartório traslado dos termos essenciais do processo referidos no art. 564, III.

Arts. 604 a 606. (Revogados pela Lei nº 263, de 23.2.1948)

CAPÍTULO IV - DO PROTESTO POR NOVO JÚRI

(Revogado pela Lei nº 11.689, de 2008)

Art. 607. (Revogado pela Lei nº 11.689, de 2008)

Art. 608. (Revogado pela Lei nº 11.689, de 2008)

CAPÍTULO V - DO PROCESSO E DO JULGAMENTO DOS RECURSOS EM SENTIDO ESTRITO E DAS APELAÇÕES, NOS TRIBUNAIS DE APELAÇÃO

Art. 609. Os recursos, apelações e embargos serão julgados pelos Tribunais de Justiça, câmaras ou turmas criminais, de acordo com a competência estabelecida nas leis de organização judiciária. (Redação dada pela Lei nº 1.720-B, de 3.11.1952)

Parágrafo único. Quando não for unânime a decisão de segunda instância, desfavorável ao réu, admitem-se embargos infringentes e de nulidade, que poderão ser opostos dentro de 10 (dez) dias, a contar da publicação de acórdão, na forma do art. 613. Se o desacordo for parcial, os embargos serão restritos à matéria objeto de divergência. (Incluído pela Lei nº 1.720-B, de 3.11.1952)

Art. 610. Nos recursos em sentido estrito, com exceção do de habeas corpus, e nas apelações interpostas das sentenças em processo de contravenção ou de crime a que a lei comine pena de detenção, os autos irão imediatamente com vista ao procurador-geral pelo prazo de cinco dias, e, em seguida, passarão, por igual prazo, ao relator, que pedirá designação de dia para o julgamento.

Parágrafo único. Anunciado o julgamento pelo presidente, e apregoadas as partes, com a presença destas ou à sua revelia, o relator fará a exposição do feito e, em seguida, o presidente concederá, pelo prazo de 10 (dez) minutos, a palavra aos advogados ou às partes que a solicitarem e ao procurador-geral, quando o requerer, por igual prazo.

Art. 611. (Revogado pelo Decreto-Lei nº 552, de 25.4.1969)

Art. 612. Os recursos de habeas corpus, designado o relator, serão julgados na primeira sessão.

Art. 613. As apelações interpostas das sentenças proferidas em processos por crime a que a lei comine pena de reclusão, deverão ser processadas e julgadas pela forma estabelecida no Art. 610, com as seguintes modificações:

I. exarado o relatório nos autos, passarão estes ao revisor, que terá igual prazo para o exame do processo e pedirá designação de dia para o julgamento;

II. os prazos serão ampliados ao dobro;

III. o tempo para os debates será de um quarto de hora.

Art. 614. No caso de impossibilidade de observância de qualquer dos prazos marcados nos arts. 610 e 613, os motivos da demora serão declarados nos autos.

Art. 615. O tribunal decidirá por maioria de votos.

§ 1º Havendo empate de votos no julgamento de recursos, se o presidente do tribunal, câmara ou turma, não tiver tomado parte na votação, proferirá o voto de desempate; no caso contrário, prevalecerá a decisão mais favorável ao réu.

§ 2º O acórdão será apresentado à conferência na primeira sessão seguinte à do julgamento, ou no prazo de duas sessões, pelo juiz incumbido de lavrá-lo.

Art. 616. No julgamento das apelações poderá o tribunal, câmara ou turma proceder a novo interrogatório do acusado, reinquirir testemunhas ou determinar outras diligências.

Art. 617. O tribunal, câmara ou turma atenderá nas suas decisões ao disposto nos arts. 383, 386 e 387, no que for aplicável, não podendo, porém, ser agravada a pena, quando somente o réu houver apelado da sentença.

Art. 618. Os regimentos dos Tribunais de Apelação estabelecerão as normas complementares para o processo e julgamento dos recursos e apelações.

CAPÍTULO VI - DOS EMBARGOS

Art. 619. Aos acórdãos proferidos pelos Tribunais de Apelação, câmaras ou turmas, poderão ser opostos embargos de declaração, no prazo de dois dias contados da sua publicação, quando houver na sentença ambiguidade, obscuridade, contradição ou omissão.

Art. 620. Os embargos de declaração serão deduzidos em requerimento de que constem os pontos em que o acórdão é ambíguo, obscuro, contraditório ou omisso.

§ 1º O requerimento será apresentado pelo relator e julgado, independentemente de revisão, na primeira sessão.

§ 2º Se não preenchidas as condições enumeradas neste artigo, o relator indeferirá desde logo o requerimento.

CAPÍTULO VII - DA REVISÃO

Art. 621. A revisão dos processos findos será admitida:

I. quando a sentença condenatória for contrária ao texto expresso da lei penal ou à evidência dos autos;

II. quando a sentença condenatória se fundar em depoimentos, exames ou documentos comprovadamente falsos;

III. quando, após a sentença, se descobrirem novas provas de inocência do condenado ou de circunstância que determine ou autorize diminuição especial da pena.

Art. 622. A revisão poderá ser requerida em qualquer tempo, antes da extinção da pena ou após.

Parágrafo único. Não será admissível a reiteração do pedido, salvo se fundado em novas provas.

Art. 623. A revisão poderá ser pedida pelo próprio réu ou por procurador legalmente habilitado ou, no caso de morte do réu, pelo cônjuge, ascendente, descendente ou irmão.

Art. 624. As revisões criminais serão processadas e julgadas: (Redação dada pelo Decreto-lei nº 504, de 18.3.1969)

I. pelo Supremo Tribunal Federal, quanto às condenações por ele proferidas; (Redação dada pelo Decreto-lei nº 504, de 18.3.1969)

II. pelo Tribunal Federal de Recursos, Tribunais de Justiça ou de Alçada, nos demais casos. (Redação dada pelo Decreto-lei nº 504, de 18.3.1969)

§ 1º No Supremo Tribunal Federal e no Tribunal Federal de Recursos o processo e julgamento obedecerão ao que for estabelecido no respectivo regimento interno. (Incluído pelo Decreto-lei nº 504, de 18.3.1969)

§ 2º Nos Tribunais de Justiça ou de Alçada, o julgamento será efetuado pelas câmaras ou turmas criminais, reunidas em sessão conjunta, quando houver mais de uma, e, no caso contrário, pelo tribunal pleno. (Incluído pelo Decreto-lei nº 504, de 18.3.1969)

§ 3º Nos tribunais onde houver quatro ou mais câmaras ou turmas criminais, poderão ser constituídos dois ou mais grupos de câmaras ou turmas para o julgamento de revisão, obedecido o que for estabelecido no respectivo regimento interno. (Incluído pelo Decreto-lei nº 504, de 18.3.1969)

Art. 625. O requerimento será distribuído a um relator e a um revisor, devendo funcionar como relator um desembargador que não tenha pronunciado decisão em qualquer fase do processo.

§ 1º O requerimento será instruído com a certidão de haver passado em julgado a sentença condenatória e com as peças necessárias à comprovação dos fatos arguidos.

§ 2º O relator poderá determinar que se apensem os autos originais, se daí não advier dificuldade à execução normal da sentença.

§ 3º Se o relator julgar insuficientemente instruído o pedido e inconveniente ao interesse da justiça que se apensem os autos originais, indeferi-lo-á in limine, dando recurso para as câmaras reunidas ou para o tribunal, conforme o caso (art. 624, parágrafo único).

§ 4º Interposto o recurso por petição e independentemente de termo, o relator apresentará o processo em mesa para o julgamento e o relatará, sem tomar parte na discussão.

§ 5º Se o requerimento não for indeferido in limine, abrir-se-á vista dos autos ao procurador-geral, que dará parecer no prazo de dez dias. Em seguida, examinados os autos, sucessivamente, em igual prazo, pelo relator e revisor, julgar-se-á o pedido na sessão que o presidente designar.

Art. 626. Julgando procedente a revisão, o tribunal poderá alterar a classificação da infração, absolver o réu, modificar a pena ou anular o processo.

Parágrafo único. De qualquer maneira, não poderá ser agravada a pena imposta pela decisão revista.

Art. 627. A absolvição implicará o restabelecimento de todos os direitos perdidos em virtude da condenação, devendo o tribunal, se for caso, impor a medida de segurança cabível.

Art. 628. Os regimentos internos dos Tribunais de Apelação estabelecerão as normas complementares para o processo e julgamento das revisões criminais.

Art. 629. À vista da certidão do acórdão que cassar a sentença condenatória, o juiz mandará juntá-la imediatamente aos autos, para inteiro cumprimento da decisão.

Art. 630. O tribunal, se o interessado o requerer, poderá reconhecer o direito a uma justa indenização pelos prejuízos sofridos.

§ 1º Por essa indenização, que será liquidada no juízo cível, responderá a União, se a condenação tiver sido proferida pela justiça do Distrito Federal ou de Território, ou o Estado, se o tiver sido pela respectiva justiça.

§ 2º A indenização não será devida:
a) se o erro ou a injustiça da condenação proceder de ato ou falta imputável ao próprio impetrante, como a confissão ou a ocultação de prova em seu poder;
b) se a acusação houver sido meramente privada.

Art. 631. Quando, no curso da revisão, falecer a pessoa, cuja condenação tiver de ser revista, o presidente do tribunal nomeará curador para a defesa.

CAPÍTULO VIII - DO RECURSO EXTRAORDINÁRIO

Arts. 632. a 636. Revogados pela Lei nº 3.396, de 2.6.1958:

Art. 637. O recurso extraordinário não tem efeito suspensivo, e uma vez arrazoados pelo recorrido os autos do traslado, os originais baixarão à primeira instância, para a execução da sentença.

Art. 638. O recurso extraordinário e o recurso especial serão processados e julgados no Supremo Tribunal Federal e no Superior Tribunal de Justiça na forma estabelecida por leis especiais, pela lei processual civil e pelos respectivos regimentos internos. (Redação dada pela Lei nº 13.964, de 24.12.2019)

CAPÍTULO IX - DA CARTA TESTEMUNHÁVEL

Art. 639. Dar-se-á carta testemunhável:
I. da decisão que denegar o recurso;
II. da que, admitindo embora o recurso, obstar à sua expedição e seguimento para o juízo ad quem.

Art. 640. A carta testemunhável será requerida ao escrivão, ou ao secretário do tribunal, conforme o caso, nas quarenta e oito horas seguintes ao despacho que denegar o recurso, indicando o requerente as peças do processo que deverão ser trasladadas.

Art. 641. O escrivão, ou o secretário do tribunal, dará recibo da petição à parte e, no prazo máximo de cinco dias, no caso de recurso no sentido estrito, ou de sessenta dias, no caso de recurso extraordinário, fará entrega da carta, devidamente conferida e concertada.

Art. 642. O escrivão, ou o secretário do tribunal, que se negar a dar o recibo, ou deixar de entregar, sob qualquer pretexto, o instrumento, será suspenso por trinta dias. O juiz, ou o presidente do Tribunal de Apelação, em face de representação do testemunhante, imporá a pena e mandará que seja extraído o instrumento, sob a mesma sanção, pelo substituto do escrivão ou do secretário do tribunal. Se o testemunhante não for atendido, poderá reclamar ao presidente do tribunal ad quem, que avocará os autos, para o efeito do julgamento do recurso e imposição da pena.

Art. 643. Extraído e autuado o instrumento, observar-se-á o disposto nos arts. 588 a 592, no caso de recurso em sentido estrito, ou o processo estabelecido para o recurso extraordinário, se deste se tratar.

Art. 644. O tribunal, câmara ou turma a que competir o julgamento da carta, se desta tomar conhecimento, mandará processar o recurso, ou, se estiver suficientemente instruída, decidirá logo, de meritis.

Art. 645. O processo da carta testemunhável na instância superior seguirá o processo do recurso denegado.

Art. 646. A carta testemunhável não terá efeito suspensivo.

CAPÍTULO X - DO HABEAS CORPUS E SEU PROCESSO

Art. 647. Dar-se-á habeas corpus sempre que alguém sofrer ou se achar na iminência de sofrer violência ou coação ilegal na sua liberdade de ir e vir, salvo nos casos de punição disciplinar.

Art. 648. A coação considerar-se-á ilegal:
I. quando não houver justa causa;
II. quando alguém estiver preso por mais tempo do que determina a lei;
III. quando quem ordenar a coação não tiver competência para fazê-lo;
IV. quando houver cessado o motivo que autorizou a coação;
V. quando não for alguém admitido a prestar fiança, nos casos em que a lei a autoriza;
VI. quando o processo for manifestamente nulo;
VII. quando extinta a punibilidade.

Art. 649. O juiz ou o tribunal, dentro dos limites da sua jurisdição, fará passar imediatamente a ordem impetrada, nos casos em que tenha cabimento, seja qual for a autoridade coatora.

Art. 650. Competirá conhecer, originariamente, do pedido de habeas corpus:
I. ao Supremo Tribunal Federal, nos casos previstos no Art. 101, I, g, da Constituição;
II. aos Tribunais de Apelação, sempre que os atos de violência ou coação forem atribuídos aos governadores ou interventores dos Estados ou Territórios e ao prefeito do Distrito Federal, ou a seus secretários, ou aos chefes de Polícia.

§ 1º A competência do juiz cessará sempre que a violência ou coação provier de autoridade judiciária de igual ou superior jurisdição.

§ 2º Não cabe o habeas corpus contra a prisão administrativa, atual ou iminente, dos responsáveis por dinheiro ou valor pertencente à Fazenda Pública, alcançados ou omissos em fazer o seu recolhimento nos prazos legais, salvo se o pedido for acompanhado de prova de quitação ou de depósito do alcance verificado, ou se a prisão exceder o prazo legal.

Art. 651. A concessão do habeas corpus não obstará, nem porá termo ao processo, desde que este não esteja em conflito com os fundamentos daquela.

Art. 652. Se o habeas corpus for concedido em virtude de nulidade do processo, este será renovado.

Art. 653. Ordenada a soltura do paciente em virtude de habeas corpus, será condenada nas custas a autoridade que, por má-fé ou evidente abuso de poder, tiver determinado a coação.

Parágrafo único. Neste caso, será remetida ao Ministério Público cópia das peças necessárias para ser promovida a responsabilidade da autoridade.

Art. 654. O habeas corpus poderá ser impetrado por qualquer pessoa, em seu favor ou de outrem, bem como pelo Ministério Público.

§ 1º A petição de habeas corpus conterá:

a) o nome da pessoa que sofre ou está ameaçada de sofrer violência ou coação e o de quem exercer a violência, coação ou ameaça;

b) a declaração da espécie de constrangimento ou, em caso de simples ameaça de coação, as razões em que funda o seu temor;

c) a assinatura do impetrante, ou de alguém a seu rogo, quando não souber ou não puder escrever, e a designação das respectivas residências.

§ 2º Os juízes e os tribunais têm competência para expedir de ofício ordem de habeas corpus, quando no curso de processo verificarem que alguém sofre ou está na iminência de sofrer coação ilegal.

Art. 655. O carcereiro ou o diretor da prisão, o escrivão, o oficial de justiça ou a autoridade judiciária ou policial que embaraçar ou procrastinar a expedição de ordem de habeas corpus, as informações sobre a causa da prisão, a condução e apresentação do paciente, ou a sua soltura, será multado na quantia de duzentos mil-réis a um conto de réis, sem prejuízo das penas em que incorrer. As multas serão impostas pelo juiz do tribunal que julgar o habeas corpus, salvo quando se tratar de autoridade judiciária, caso em que caberá ao Supremo Tribunal Federal ou ao Tribunal de Apelação impor as multas.

Art. 656. Recebida a petição de habeas corpus, o juiz, se julgar necessário, e estiver preso o paciente, mandará que este lhe seja imediatamente apresentado em dia e hora que designar.

Parágrafo único. Em caso de desobediência, será expedido mandado de prisão contra o detentor, que será processado na forma da lei, e o juiz providenciará para que o paciente seja tirado da prisão e apresentado em juízo.

Art. 657. Se o paciente estiver preso, nenhum motivo escusará a sua apresentação, salvo:

I. grave enfermidade do paciente;

II. não estar ele sob a guarda da pessoa a quem se atribui a detenção;

III. se o comparecimento não tiver sido determinado pelo juiz ou pelo tribunal.

Parágrafo único. O juiz poderá ir ao local em que o paciente se encontrar, se este não puder ser apresentado por motivo de doença.

Art. 658. O detentor declarará à ordem de quem o paciente estiver preso.

Art. 659. Se o juiz ou o tribunal verificar que já cessou a violência ou coação ilegal, julgará prejudicado o pedido.

Art. 660. Efetuadas as diligências, e interrogado o paciente, o juiz decidirá, fundamentadamente, dentro de 24 (vinte e quatro) horas.

§ 1º Se a decisão for favorável ao paciente, será logo posto em liberdade, salvo se por outro motivo dever ser mantido na prisão.

§ 2º Se os documentos que instruírem a petição evidenciarem a ilegalidade da coação, o juiz ou o tribunal ordenará que cesse imediatamente o constrangimento.

§ 3º Se a ilegalidade decorrer do fato de não ter sido o paciente admitido a prestar fiança, o juiz arbitrará o valor desta, que poderá ser prestada perante ele, remetendo, neste caso, à autoridade os respectivos autos, para serem anexados aos do inquérito policial ou aos do processo judicial.

§ 4º Se a ordem de habeas corpus for concedida para evitar ameaça de violência ou coação ilegal, dar-se-á ao paciente salvo-conduto assinado pelo juiz.

§ 5º Será incontinenti enviada cópia da decisão à autoridade que tiver ordenado a prisão ou tiver o paciente à sua disposição, a fim de juntar-se aos autos do processo.

§ 6º Quando o paciente estiver preso em lugar que não seja o da sede do juízo ou do tribunal que conceder a ordem, o alvará de soltura será expedido pelo telégrafo, se houver, observadas as formalidades estabelecidas no art. 289, parágrafo único, in fine, ou por via postal.

Art. 661. Em caso de competência originária do Tribunal de Apelação, a petição de habeas corpus será apresentada ao secretário, que a enviará imediatamente ao presidente do tribunal, ou da câmara criminal, ou da turma, que estiver reunida, ou primeiro tiver de reunir-se.

Art. 662. Se a petição contiver os requisitos do art. 654, § 1º, o presidente, se necessário, requisitará da autoridade indicada como coatora informações por escrito. Faltando, porém, qualquer daqueles requisitos, o presidente mandará preenchê-lo, logo que lhe for apresentada a petição.

Art. 663. As diligências do artigo anterior não serão ordenadas, se o presidente entender que o habeas corpus deva ser indeferido in limine. Nesse caso, levará a petição ao tribunal, câmara ou turma, para que delibere a respeito.

Art. 664. Recebidas as informações, ou dispensadas, o habeas corpus será julgado na primeira sessão, podendo, entretanto, adiar-se o julgamento para a sessão seguinte.

Parágrafo único. A decisão será tomada por maioria de votos. Havendo empate, se o presidente não tiver tomado parte na votação, proferirá voto de desempate; no caso contrário, prevalecerá a decisão mais favorável ao paciente.

Art. 665. O secretário do tribunal lavrará a ordem que, assinada pelo presidente do tribunal, câmara ou turma, será dirigida, por ofício ou telegrama, ao detentor, ao carcereiro ou autoridade que exercer ou ameaçar exercer o constrangimento.

Parágrafo único. A ordem transmitida por telegrama obedecerá ao disposto no art. 289, parágrafo único, in fine.

Art. 666. Os regimentos dos Tribunais de Apelação estabelecerão as normas complementares para o processo e julgamento do pedido de habeas corpus de sua competência originária.

Art. 667. No processo e julgamento do habeas corpus de competência originária do Supremo Tribunal Federal, bem como nos de recurso das decisões de última ou única instância, denegatórias de habeas corpus, observar-se-á, no que lhes for aplicável, o disposto nos artigos anteriores, devendo o regimento interno do tribunal estabelecer as regras complementares.

LIVRO IV - DA EXECUÇÃO
TÍTULO I - DISPOSIÇÕES GERAIS

Art. 668. A execução, onde não houver juiz especial, incumbirá ao juiz da sentença, ou, se a decisão for do Tribunal do Júri, ao seu presidente.

Parágrafo único. Se a decisão for de tribunal superior, nos casos de sua competência originária, caberá ao respectivo presidente prover-lhe a execução.

Art. 669. Só depois de passar em julgado, será exequível a sentença, salvo:

I. quando condenatória, para o efeito de sujeitar o réu a prisão, ainda no caso de crime afiançável, enquanto não for prestada a fiança;

II. quando absolutória, para o fim de imediata soltura do réu, desde que não proferida em processo por crime a que a lei comine pena de reclusão, no máximo, por tempo igual ou superior a oito anos.

Art. 670. No caso de decisão absolutória confirmada ou proferida em grau de apelação, incumbirá ao relator fazer expedir o alvará de soltura, de que dará imediatamente conhecimento ao juiz de primeira instância.

Art. 671. Os incidentes da execução serão resolvidos pelo respectivo juiz.

Art. 672. Computar-se-á na pena privativa da liberdade o tempo:

I. de prisão preventiva no Brasil ou no estrangeiro; II. de prisão provisória no Brasil ou no estrangeiro;

III. de internação em hospital ou manicômio.

Art. 673. Verificado que o réu, pendente a apelação por ele interposta, já sofreu prisão por tempo igual ao da pena a que foi condenado, o relator do feito mandará pô-lo imediatamente em liberdade, sem prejuízo do julgamento do recurso, salvo se, no caso de crime a que a lei comine pena de reclusão, no máximo, por tempo igual ou superior a 8 anos, o querelante ou o Ministério Público também houver apelado da sentença condenatória.

TÍTULO II - DA EXECUÇÃO DAS PENAS EM ESPÉCIE
CAPÍTULO I - DAS PENAS PRIVATIVAS DE LIBERDADE

Art. 674. Transitando em julgado a sentença que impuser pena privativa de liberdade, se o réu já estiver preso, ou vier a ser preso, o juiz ordenará a expedição de carta de guia para o cumprimento da pena.

Parágrafo único. Na hipótese do art. 82, última parte, a expedição da carta de guia será ordenada pelo juiz competente para a soma ou unificação das penas.

Art. 675. No caso de ainda não ter sido expedido mandado de prisão, por tratar-se de infração penal em que o réu se livra solto ou por estar afiançado, o juiz, ou o presidente da câmara ou tribunal, se tiver havido recurso, fará expedir o mandado de prisão, logo que transite em julgado a sentença condenatória.

§ 1º No caso de reformada pela superior instância, em grau de recurso, a sentença absolutória, estando o réu solto, o presidente da câmara ou do tribunal fará, logo após a sessão de julgamento, remeter ao chefe de Polícia o mandado de prisão do condenado.

§ 2º Se o réu estiver em prisão especial, deverá, ressalvado o disposto na legislação relativa aos militares, ser expedida ordem para sua imediata remoção para prisão comum, até que se verifique a expedição de carta de guia para o cumprimento da pena.

Art. 676. A carta de guia, extraída pelo escrivão e assinada pelo juiz, que a rubricará em todas as folhas, será remetida ao diretor do estabelecimento em que tenha de ser cumprida a sentença condenatória, e conterá:

I. o nome do réu e a alcunha por que for conhecido;

II. a sua qualificação civil (naturalidade, filiação, idade, estado, profissão), instrução e, se constar, número do registro geral do Instituto de Identificação e Estatística ou de repartição congênere;

III. o teor integral da sentença condenatória e a data da terminação da pena.

Parágrafo único. Expedida carta de guia para cumprimento de uma pena, se o réu estiver cumprindo outra, só depois de terminada a execução desta será aquela executada. Retificar-se-á a carta de guia sempre que sobrevenha modificação quanto ao início da execução ou ao tempo de duração da pena.

Art. 677. Da carta de guia e seus aditamentos se remeterá cópia ao Conselho Penitenciário.

Art. 678. O diretor do estabelecimento, em que o réu tiver de cumprir a pena, passará recibo da carta de guia para juntar-se aos autos do processo.

Art. 679. As cartas de guia serão registradas em livro especial, segundo a ordem cronológica do recebimento, fazendo-se no curso da execução as anotações necessárias.

Art. 680. Computar-se-á no tempo da pena o período em que o condenado, por sentença irrecorrível, permanecer preso em estabelecimento diverso do destinado ao cumprimento dela.

Art. 681. Se impostas cumulativamente penas privativas da liberdade, será executada primeiro a de reclusão, depois a de detenção e por último a de prisão simples.

Art. 682. O sentenciado a que sobrevier doença mental, verificada por perícia médica, será internado em manicômio judiciário, ou, à falta, em outro estabelecimento adequado, onde lhe seja assegurada a custódia.

§ 1º Em caso de urgência, o diretor do estabelecimento penal poderá determinar a remoção do sentenciado, comunicando imediatamente a providência ao juiz, que, em face da perícia médica, ratificará ou revogará a medida.

§ 2º Se a internação se prolongar até o término do prazo restante da pena e não houver sido imposta medida de segurança detentiva, o indivíduo terá o destino aconselhado pela sua enfermidade, feita a devida comunicação ao juiz de incapazes.

Art. 683. O diretor da prisão a que o réu tiver sido recolhido provisoriamente ou em cumprimento de pena comunicará imediatamente ao juiz o óbito, a fuga ou a soltura do detido ou sentenciado para que fique constando dos autos.

Parágrafo único. A certidão de óbito acompanhará a comunicação.

Art. 684. A recaptura do réu evadido não depende de prévia ordem judicial e poderá ser efetuada por qualquer pessoa.

Art. 685. Cumprida ou extinta a pena, o condenado será posto, imediatamente, em liberdade, mediante alvará do juiz, no qual se ressalvará a hipótese de dever o condenado continuar na prisão por outro motivo legal.

Parágrafo único. Se tiver sido imposta medida de segurança detentiva, o condenado será removido para estabelecimento adequado (art. 762).

CAPÍTULO II - DAS PENAS PECUNIÁRIAS

Art. 686. A pena de multa será paga dentro em 10 dias após haver transitado em julgado a sentença que a impuser.

Parágrafo único. Se interposto recurso da sentença, esse prazo será contado do dia em que o juiz ordenar o cumprimento da decisão da superior instância.

Art. 687. O juiz poderá, desde que o condenado o requeira:

I. prorrogar o prazo do pagamento da multa até três meses, se as circunstâncias justificarem essa prorrogação;

II. permitir, nas mesmas circunstâncias, que o pagamento se faça em parcelas mensais, no prazo que fixar, mediante caução real ou fidejussória, quando necessário. (Redação dada pela Lei nº 6.416, de 24.5.1977)

§ 1º O requerimento, tanto no caso do no I, como no do no II, será feito dentro do decêndio concedido para o pagamento da multa.

§ 2º A permissão para o pagamento em parcelas será revogada, se o juiz verificar que o condenado dela se vale para fraudar a execução da pena. Nesse caso, a caução resolver-se-á em valor monetário, devolvendo-se ao condenado o que exceder à satisfação da multa e das custas processuais. (Redação dada pela Lei nº 6.416, de 24.5.1977)

Art. 688. Findo o decêndio ou a prorrogação sem que o condenado efetue o pagamento, ou ocorrendo a hipótese prevista no § 2º do artigo anterior, observar-se-á o seguinte:

I. possuindo o condenado bens sobre os quais possa recair a execução, será extraída certidão da sentença condenatória, a fim de que o Ministério Público proceda à cobrança judicial;

II. sendo o condenado insolvente, far-se-á a cobrança:
a) mediante desconto de quarta parte de sua remuneração (arts. 29, § 1º, e 37 do Código Penal), quando cumprir pena privativa da liberdade, cumulativamente imposta com a de multa;
b) mediante desconto em seu vencimento ou salário, se, cumprida a pena privativa da liberdade, ou concedido o livramento condicional, a multa não houver sido resgatada;
c) mediante esse desconto, se a multa for a única pena imposta ou no caso de suspensão condicional da pena.

§ 1º O desconto, nos casos das letras b e c, será feito mediante ordem ao empregador, à repartição competente ou à administração da entidade paraestatal, e, antes de fixá-lo, o juiz requisitará informações e ordenará diligências, inclusive arbitramento, quando necessário, para observância do art. 37, § 3º, do Código Penal.

§ 2º Sob pena de desobediência e sem prejuízo da execução a que ficará sujeito, o empregador será intimado a recolher mensalmente, até o dia fixado pelo juiz, a importância correspondente ao desconto, em selo penitenciário, que será inutilizado nos autos pelo juiz.

§ 3º Se o condenado for funcionário estadual ou municipal ou empregado de entidade paraestatal, a importância do desconto será, semestralmente, recolhida ao Tesouro Nacional, delegacia fiscal ou coletoria federal, como receita do selo penitenciário.

§ 4º As quantias descontadas em folha de pagamento de funcionário federal constituirão renda do selo penitenciário.

Art. 689. A multa será convertida, à razão de dez mil-réis por dia, em detenção ou prisão simples, no caso de crime ou de contravenção:

I. se o condenado solvente frustrar o pagamento da multa;
II. se não forem pagas pelo condenado solvente as parcelas mensais autorizadas sem garantia. (Redação dada pela Lei nº 6.416, de 24.5.1977)

§ 1º Se o juiz reconhecer desde logo a existência de causa para a conversão, a ela procederá de ofício ou a requerimento do Ministério Público, independentemente de audiência do condenado; caso contrário, depois de ouvir o condenado, se encontrado no lugar da sede do juízo, poderá admitir a apresentação de prova pelas partes, inclusive testemunhal, no prazo de três dias.

§ 2º O juiz, desde que transite em julgado a decisão, ordenará a expedição de mandado de prisão ou aditamento à carta de guia, conforme esteja o condenado solto ou em cumprimento de pena privativa da liberdade.

§ 3º Na hipótese do inciso II deste artigo, a conversão será feita pelo valor das parcelas não pagas. (Incluído pela Lei nº 6.416, de 24.5.1977)

Art. 690. O juiz tornará sem efeito a conversão, expedindo alvará de soltura ou cassando a ordem de prisão, se o condenado, em qualquer tempo:

I. pagar a multa;
II. prestar caução real ou fidejussória que lhe assegure o pagamento.

Parágrafo único. No caso do no II, antes de homologada a caução, será ouvido o Ministério Público dentro do prazo de dois dias.

CAPÍTULO III - DAS PENAS ACESSÓRIAS

Art. 691. O juiz dará à autoridade administrativa competente conhecimento da sentença transitada em julgado, que impuser ou de que resultar a perda da função pública ou a incapacidade temporária para investidura em função pública ou para exercício de profissão ou atividade.

Art. 692. No caso de incapacidade temporária ou permanente para o exercício do pátrio poder, da tutela ou da curatela, o juiz providenciará para que sejam acautelados, no juízo competente, a pessoa e os bens do menor ou do interdito.

Art. 693. A incapacidade permanente ou temporária para o exercício da autoridade marital ou do pátrio poder será averbada no registro civil.

Art. 694. As penas acessórias consistentes em interdições de direitos serão comunicadas ao Instituto de Identificação e Estatística ou estabelecimento congênere, figurarão na folha de antecedentes do condenado e serão mencionadas no rol de culpados.

Art. 695. Iniciada a execução das interdições temporárias (art. 72, a e b, do Código Penal), o juiz, de ofício, a requerimento do Ministério Público ou do condenado, fixará o seu termo final, completando as providências determinadas nos artigos anteriores.

TÍTULO III - DOS INCIDENTES DA EXECUÇÃO

CAPÍTULO I - DA SUSPENSÃO CONDICIONAL DA PENA

Art. 696. O juiz poderá suspender, por tempo não inferior a 2 (dois) nem superior a 6 (seis) anos, a execução das penas de reclusão e de detenção que não excedam a 2 (dois) anos, ou, por tempo não inferior a 1 (um) nem superior a 3 (três) anos, a execução da pena de prisão simples, desde que o sentenciado: (Redação dada pela Lei nº 6.416, de 24.5.1977)

I - não haja sofrido, no País ou no estrangeiro, condenação irrecorrível por outro crime a pena privativa da liberdade, salvo o disposto no parágrafo único do art. 46 do Código Penal; (Redação dada pela Lei nº 6.416, de 24.5.1977)

II. os antecedentes e a personalidade do sentenciado, os motivos e as circunstâncias do crime autorizem a presunção de que não tornará a delinquir.

Parágrafo único. Processado o beneficiário por outro crime ou contravenção, considerar-se-á prorrogado o prazo da suspensão da pena até o julgamento definitivo.

Art. 697. O juiz ou tribunal, na decisão que aplicar pena privativa da liberdade não superior a 2 (dois) anos, deverá pronunciar-se, motivadamente, sobre a suspensão condicional, quer a conceda quer a denegue. (Redação dada pela Lei nº 6.416, de 24.5.1977) Art. 698. Concedida a suspensão, o juiz especificará as condições a que fica sujeito o condenado, pelo prazo previsto, começando este a correr da audiência em que se der conhecimento da sentença ao beneficiário e lhe for entregue documento similar ao descrito no art. 724. (Redação dada pela Lei nº 6.416, de 24.5.1977)

§ 1º As condições serão adequadas ao delito e à personalidade do condenado. (Incluído pela Lei nº 6.416, de 24.5.1977)

§ 2º Poderão ser impostas, além das estabelecidas no art. 767, como normas de conduta e obrigações, as seguintes condições: (Incluído pela Lei nº 6.416, de 24.5.1977)

I. frequentar curso de habilitação profissional ou de instrução escolar; (Incluído pela Lei nº 6.416, de 24.5.1977)
II. prestar serviços em favor da comunidade; (Incluído pela Lei nº 6.416, de 24.5.1977)
III. atender aos encargos de família; (Incluído pela Lei nº 6.416, de 24.5.1977)

IV. submeter-se a tratamento de desintoxicação. (Incluído pela Lei nº 6.416, de 24.5.1977)

§ 3º O juiz poderá fixar, a qualquer tempo, de ofício ou a requerimento do Ministério Público, outras condições além das especificadas na sentença e das referidas no parágrafo anterior, desde que as circunstâncias o aconselhem. (Incluído pela Lei nº 6.416, de 24.5.1977)

§ 4º A fiscalização do cumprimento das condições deverá ser regulada, nos Estados, Territórios e Distrito Federal, por normas supletivas e atribuída a serviço social penitenciário, patronato, conselho de comunidade ou entidades similares, inspecionadas pelo Conselho Penitenciário, pelo Ministério Público ou ambos, devendo o juiz da execução na comarca suprir, por ato, a falta das normas supletivas. (Incluído pela Lei nº 6.416, de 24.5.1977)

§ 5º O beneficiário deverá comparecer periodicamente à entidade fiscalizadora, para comprovar a observância das condições a que está sujeito, comunicando, também, a sua ocupação, os salários ou proventos de que vive, as economias que conseguiu realizar e as dificuldades materiais ou sociais que enfrenta. (Incluído pela Lei nº 6.416, de 24.5.1977)

§ 6º A entidade fiscalizadora deverá comunicar imediatamente ao órgão de inspeção, para os fins legais (arts. 730 e 731), qualquer fato capaz de acarretar a revogação do benefício, a prorrogação do prazo ou a modificação das condições. (Incluído pela Lei nº 6.416, de 24.5.1977)

§ 7º Se for permitido ao beneficiário mudar-se, será feita comunicação ao juiz e à entidade fiscalizadora do local da nova residência, aos quais deverá apresentar-se imediatamente. (Incluído pela Lei nº 6.416, de 24.5.1977)

Art. 699. No caso de condenação pelo Tribunal do Júri, a suspensão condicional da pena competirá ao seu presidente.

Art. 700. A suspensão não compreende a multa, as penas acessórias, os efeitos da condenação nem as custas.

Art. 701. O juiz, ao conceder a suspensão, fixará, tendo em conta as condições econômicas ou profissionais do réu, o prazo para o pagamento, integral ou em prestações, das custas do processo e taxa penitenciária.

Art. 702. Em caso de coautoria, a suspensão poderá ser concedida a uns e negada a outros réus.

Art. 703. O juiz que conceder a suspensão lerá ao réu, em audiência, a sentença respectiva, e o advertirá das consequências de nova infração penal e da transgressão das obrigações impostas.

Art. 704. Quando for concedida a suspensão pela superior instância, a esta caberá estabelecer-lhe as condições, podendo a audiência ser presidida por qualquer membro do tribunal ou câmara, pelo juiz do processo ou por outro designado pelo presidente do tribunal ou câmara.

Art. 705. Se, intimado pessoalmente ou por edital com prazo de 20 dias, o réu não comparecer à audiência a que se refere o art. 703, a suspensão ficará sem efeito e será executada imediatamente a pena, salvo prova de justo impedimento, caso em que será marcada nova audiência.

Art. 706. A suspensão também ficará sem efeito se, em virtude de recurso, for aumentada a pena de modo que exclua a concessão do benefício. (Redação dada pela Lei nº 6.416, de 24.5.1977)

Art. 707. A suspensão será revogada se o beneficiário: (Redação dada pela Lei nº 6.416, de 24.5.1977)

I. é condenado, por sentença irrecorrível, a pena privativa da liberdade; (Redação dada pela Lei nº 6.416, de 24.5.1977)

II. frustra, embora solvente, o pagamento da multa, ou não efetua, sem motivo justificado, a reparação do dano. (Redação dada pela Lei nº 6.416, de 24.5.1977)

Parágrafo único. O juiz poderá revogar a suspensão, se o beneficiário deixa de cumprir qualquer das obrigações constantes da sentença, de observar proibições inerentes à pena acessória, ou é irrecorrivelmente condenado a pena que não seja privativa da liberdade; se não a revogar, deverá advertir o beneficiário, ou exacerbar as condições ou, ainda, prorrogar o período da suspensão até o máximo, se esse limite não foi o fixado. (Redação dada pela Lei nº 6.416, de 24.5.1977)

Art. 708. Expirado o prazo de suspensão ou a prorrogação, sem que tenha ocorrido motivo de revogação, a pena privativa de liberdade será declarada extinta.

Parágrafo único. O juiz, quando julgar necessário, requisitará, antes do julgamento, nova folha de antecedentes do beneficiário.

Art. 709. A condenação será inscrita, com a nota de suspensão, em livros especiais do Instituto de Identificação e Estatística, ou repartição congênere, averbando-se, mediante comunicação do juiz ou do tribunal, a revogação da suspensão ou a extinção da pena. Em caso de revogação, será feita a averbação definitiva no registro geral.

§ 1º Nos lugares onde não houver Instituto de Identificação e Estatística ou repartição congênere, o registro e a averbação serão feitos em livro próprio no juízo ou no tribunal.

§ 2º O registro será secreto, salvo para efeito de informações requisitadas por autoridade judiciária, no caso de novo processo.

§ 3º Não se aplicará o disposto no § 2º, quando houver sido imposta ou resultar de condenação pena acessória consistente em interdição de direitos.

CAPÍTULO II - DO LIVRAMENTO CONDICIONAL

Art. 710. O livramento condicional poderá ser concedido ao condenado a pena privativa da liberdade igual ou superior a 2 (dois) anos, desde que se verifiquem as condições seguintes: (Redação dada pela Lei nº 6.416, de 24.5.1977)

I. cumprimento de mais da metade da pena, ou mais de três quartos, se reincidente o sentenciado; (Redação dada pela Lei nº 6.416, de 24.5.1977)

II. ausência ou cessação de periculosidade;

III. bom comportamento durante a vida carcerária;

IV. aptidão para prover à própria subsistência mediante trabalho honesto;

V. reparação do dano causado pela infração, salvo impossibilidade de fazê-lo. (Redação dada pela Lei nº 6.416, de 24.5.1977)

Art. 711. As penas que correspondem a infrações diversas podem somar-se, para efeito do livramento. (Redação dada pela Lei nº 6.416, de 24.5.1977)

Art. 712. O livramento condicional poderá ser concedido mediante requerimento do sentenciado, de seu cônjuge ou de parente em linha reta, ou por proposta do diretor do estabelecimento penal, ou por iniciativa do Conselho Penitenciário. (Redação dada pelo Decreto-lei nº 6.109, de 16.12.1943)

Parágrafo único. No caso do artigo anterior, a concessão do livramento competirá ao juiz da execução da pena que o condenado estiver cumprindo.

Art. 713. As condições de admissibilidade, conveniência e oportunidade da concessão do livramento serão verificadas pelo Conselho Penitenciário, a cujo parecer não ficará, entretanto, adstrito o juiz.

Art. 714. O diretor do estabelecimento penal remeterá ao Conselho Penitenciário minucioso relatório sobre:

I. o caráter do sentenciado, revelado pelos seus antecedentes e conduta na prisão;

II. o procedimento do liberando na prisão, sua aplicação ao trabalho e seu trato com os companheiros e funcionários do estabelecimento;

III. suas relações, quer com a família, quer com estranhos;

IV. seu grau de instrução e aptidão profissional, com a indicação dos serviços em que haja sido empregado e da especialização anterior ou adquirida na prisão;

V. sua situação financeira, e seus propósitos quanto ao seu futuro meio de vida, juntando o diretor, quando dada por pessoa idônea, promessa escrita de colocação do liberando, com indicação do serviço e do salário.

Parágrafo único. O relatório será, dentro do prazo de quinze dias, remetido ao Conselho, com o prontuário do sentenciado, e, na falta, o Conselho opinará livremente, comunicando à autoridade competente a omissão do diretor da prisão.

Art. 715. Se tiver sido imposta medida de segurança detentiva, o livramento não poderá ser concedido sem que se verifique, mediante exame das condições do sentenciado, a cessação da periculosidade.

Parágrafo único. Consistindo a medida de segurança em internação em casa de custódia e tratamento, proceder-se-á a exame mental do sentenciado.

Art. 716. A petição ou a proposta de livramento será remetida ao juiz ou ao tribunal por ofício do presidente do Conselho Penitenciário, com a cópia do respectivo parecer e do relatório do diretor da prisão.

§ 1º Para emitir parecer, o Conselho poderá determinar diligências e requisitar os autos do processo.

§ 2º O juiz ou o tribunal mandará juntar a petição ou a proposta, com o ofício ou documento que a acompanhar, aos autos do processo, e proferirá sua decisão, previamente ouvido o Ministério Público.

Art. 717. Na ausência da condição prevista no art. 710, I, o requerimento será liminarmente indeferido. (Redação dada pela Lei nº 6.416, de 24.5.1977)

Art. 718. Deferido o pedido, o juiz, ao especificar as condições a que ficará subordinado o livramento, atenderá ao disposto no art. 698, §§ 1º, 2º e 5º. (Redação dada pela Lei nº 6.416, de 24.5.1977)

§ 1º Se for permitido ao liberado residir fora da jurisdição do juiz da execução, remeter-se-á cópia da sentença do livramento à autoridade judiciária do lugar para onde ele se houver transferido, e à entidade de observação cautelar e proteção. (Redação dada pela Lei nº 6.416, de 24.5.1977)

§ 2º O liberado será advertido da obrigação de apresentar-se imediatamente à autoridade judiciária e à entidade de observação cautelar e proteção. (Redação dada pela Lei nº 6.416, de 24.5.1977)

Art. 719. O livramento ficará também subordinado à obrigação de pagamento das custas do processo e da taxa penitenciária, salvo caso de insolvência comprovada.

Parágrafo único. O juiz poderá fixar o prazo para o pagamento integral ou em prestações, tendo em consideração as condições econômicas ou profissionais do liberado.

Art. 720. A forma de pagamento da multa, ainda não paga pelo liberando, será determinada de acordo com o disposto no art. 688.

Art. 721. Reformada a sentença denegatória do livramento, os autos baixarão ao juiz da primeira instância, a fim de que determine as condições que devam ser impostas ao liberando.

Art. 722. Concedido o livramento, será expedida carta de guia, com a cópia integral da sentença em duas vias, remetendo-se uma ao diretor do estabelecimento penal e outra ao presidente do Conselho Penitenciário.

Art. 723. A cerimônia do livramento condicional será realizada solenemente, em dia marcado pela autoridade que deva presidi-la, observando-se o seguinte:

I. a sentença será lida ao liberando, na presença dos demais presos, salvo motivo relevante, pelo presidente do Conselho Penitenciário, ou pelo seu representante junto ao estabelecimento penal, ou, na falta, pela autoridade judiciária local;

II. o diretor do estabelecimento penal chamará a atenção do liberando para as condições impostas na sentença de livramento;

III. o preso declarará se aceita as condições.

§ 1º De tudo, em livro próprio, se lavrará termo, subscrito por quem presidir a cerimônia, e pelo liberando, ou alguém a seu rogo, se não souber ou não puder escrever.

§ 2º Desse termo, se remeterá cópia ao juiz do processo.

Art. 724. Ao sair da prisão o liberado, ser-lhe-á entregue, além do saldo do seu pecúlio e do que lhe pertencer, uma caderneta que exibirá à autoridade judiciária ou administrativa sempre que lhe for exigido. Essa caderneta conterá:

I. a reprodução da ficha de identidade, ou o retrato do liberado, sua qualificação e sinais característicos;

II. o texto impresso dos artigos do presente capítulo;

III. as condições impostas ao liberado;

IV. a pena acessória a que esteja sujeito. (Incluído pela Lei nº 6.416, de 24.5.1977)

§ 1º Na falta de caderneta, será entregue ao liberado um salvo-conduto, em que constem as condições do livramento e a pena acessória, podendo substituir-se a ficha de identidade ou o retrato do liberado pela descrição dos sinais que possam identificá-lo. (Incluído pela Lei nº 6.416, de 24.5.1977)

§ 2º Na caderneta e no salvo-conduto deve haver espaço para consignar o cumprimento das condições referidas no art. 718. (Incluído pela Lei nº 6.416, de 24.5.1977)

Art. 725. A observação cautelar e proteção realizadas por serviço social penitenciário, patronato, conselho de comunidade ou entidades similares, terá a finalidade de: (Redação dada pela Lei nº 6.416, de 24.5.1977)

I. fazer observar o cumprimento da pena acessória, bem como das condições especificadas na sentença concessiva do benefício; (Redação dada pela Lei nº 6.416, de 24.5.1977)

II. proteger o beneficiário, orientando-o na execução de suas obrigações e auxiliando-o na obtenção de atividade laborativa. (Redação dada pela Lei nº 6.416, de 24.5.1977)

Parágrafo único. As entidades encarregadas de observação cautelar e proteção do liberado apresentarão relatório ao Conselho Penitenciário, para efeito da representação prevista nos arts. 730 e 731. (Redação dada pela Lei nº 6.416, de 24.5.1977)

Art. 726. Revogar-se-á o livramento condicional, se o liberado vier, por crime ou contravenção, a ser condenado por sentença irrecorrível a pena privativa de liberdade.

Art. 727. O juiz pode, também, revogar o livramento, se o liberado deixar de cumprir qualquer das obrigações constantes da sentença, de observar proibições inerentes à pena acessória ou for irrecorrivelmente condenado, por crime, à pena que não seja privativa da liberdade. (Redação dada pela Lei nº 6.416, de 24.5.1977)

Parágrafo único. Se o juiz não revogar o livramento, deverá advertir o liberado ou exacerbar as condições. (Incluído pela Lei nº 6.416, de 24.5.1977)

Art. 728. Se a revogação for motivada por infração penal anterior à vigência do livramento, computar-se-á no tempo da pena o período em que esteve solto o liberado, sendo permitida, para a concessão de novo livramento, a soma do tempo das duas penas.

Art. 729. No caso de revogação por outro motivo, não se computará na pena o tempo em que esteve solto o liberado, e tampouco se concederá, em relação à mesma pena, novo livramento.

Art. 730. A revogação do livramento será decretada mediante representação do Conselho Penitenciário, ou a requerimento do Ministério Público, ou de ofício, pelo juiz, que, antes, ouvirá o liberado, podendo ordenar diligências e permitir a produção de prova, no prazo de cinco dias. (Redação dada pela Lei nº 6.416, de 24.5.1977)

Art. 731. O juiz, de ofício, a requerimento do Ministério Público, ou mediante representação do Conselho Penitenciário, poderá modificar as condições ou normas de conduta especificadas na sentença, devendo a respectiva decisão ser lida ao liberado por uma das autoridades ou por um dos funcionários indicados no inciso I do art. 723, observado o disposto nos incisos II e III, e §§ 1º e 2º do mesmo artigo. (Redação dada pela Lei nº 6.416, de 24.5.1977)

Art. 732. Praticada pelo liberado nova infração, o juiz ou o tribunal poderá ordenar a sua prisão, ouvido o Conselho Penitenciário, suspendendo o curso do livramento condicional, cuja revogação ficará, entretanto, dependendo da decisão final no novo processo.

Art. 733. O juiz, de ofício, ou a requerimento do interessado, do Ministério Público, ou do Conselho Penitenciário, julgará extinta a pena privativa de liberdade, se expirar o prazo do livramento sem revogação, ou na hipótese do artigo anterior, for o liberado absolvido por sentença irrecorrível.

TÍTULO IV - DA GRAÇA, DO INDULTO, DA ANISTIA E DA REABILITAÇÃO
CAPÍTULO I - DA GRAÇA, DO INDULTO E DA ANISTIA

Art. 734. A graça poderá ser provocada por petição do condenado, de qualquer pessoa do povo, do Conselho Penitenciário, ou do Ministério Público, ressalvada, entretanto, ao Presidente da República, a faculdade de concedê-la espontaneamente.

Art. 735. A petição de graça, acompanhada dos documentos com que o impetrante a instruir, será remetida ao ministro da Justiça por intermédio do Conselho Penitenciário.

Art. 736. O Conselho Penitenciário, à vista dos autos do processo, e depois de ouvir o diretor do estabelecimento penal a que estiver recolhido o condenado, fará, em relatório, a narração do fato criminoso, examinará as provas, mencionará qualquer formalidade ou circunstância omitida na petição e exporá os antecedentes do condenado e seu procedimento depois de preso, opinando sobre o mérito do pedido. (Vide Lei nº 7.417, de 1985)

Art. 737. Processada no Ministério da Justiça, com os documentos e o relatório do Conselho Penitenciário, a petição subirá a despacho do Presidente da República, a quem serão presentes os autos do processo ou a certidão de qualquer de suas peças, se ele o determinar.

Art. 738. Concedida a graça e junta aos autos cópia do decreto, o juiz declarará extinta a pena ou penas, ou ajustará a execução aos termos do decreto, no caso de redução ou comutação de pena.

Art. 739. O condenado poderá recusar a comutação da pena.

Art. 740. Os autos da petição de graça serão arquivados no Ministério da Justiça.

Art. 741. Se o réu for beneficiado por indulto, o juiz, de ofício ou a requerimento do interessado, do Ministério Público ou por iniciativa do Conselho Penitenciário, providenciará de acordo com o disposto no art. 738.

Art. 742. Concedida a anistia após transitar em julgado a sentença condenatória, o juiz, de ofício ou a requerimento do interessado, do Ministério Público ou por iniciativa do Conselho Penitenciário, declarará extinta a pena.

CAPÍTULO II - DA REABILITAÇÃO

Art. 743. A reabilitação será requerida ao juiz da condenação, após o decurso de quatro ou oito anos, pelo menos, conforme se trate de condenado ou reincidente, contados do dia em que houver terminado a execução da pena principal ou da medida de segurança detentiva, devendo o requerente indicar as comarcas em que haja residido durante aquele tempo.

Art. 744. O requerimento será instruído com:

I. certidões comprobatórias de não ter o requerente respondido, nem estar respondendo a processo penal, em qualquer das comarcas em que houver residido durante o prazo a que se refere o artigo anterior;

II. atestados de autoridades policiais ou outros documentos que comprovem ter residido nas comarcas indicada se mantido, efetivamente, bom comportamento;

III. atestados de bom comportamento fornecidos por pessoas a cujo serviço tenha estado;

IV. quaisquer outros documentos que sirvam como prova de sua regeneração;

V. prova de haver ressarcido o dano causado pelo crime ou persistir a impossibilidade de fazê-lo.

Art. 745. O juiz poderá ordenar as diligências necessárias para apreciação do pedido, cercando-as do sigilo possível e, antes da decisão final, ouvirá o Ministério Público.

Art. 746. Da decisão que conceder a reabilitação haverá recurso de ofício.

Art. 747. A reabilitação, depois de sentença irrecorrível, será comunicada ao Instituto de Identificação e Estatística ou repartição congênere.

Art. 748. A condenação ou condenações anteriores não serão mencionadas na folha de antecedentes do reabilitado, nem em certidão extraída dos livros do juízo, salvo quando requisitadas por juiz criminal.

Art. 749. Indeferida a reabilitação, o condenado não poderá renovar o pedido senão após o decurso de dois anos, salvo se o indeferimento tiver resultado de falta ou insuficiência de documentos.

Art. 750. A revogação de reabilitação (Código Penal, art. 120) será decretada pelo juiz, de ofício ou a requerimento do Ministério Público.

TÍTULO V - DA EXECUÇÃO DAS MEDIDAS DE SEGURANÇA

Art. 751. Durante a execução da pena ou durante o tempo em que a ela se furtar o condenado, poderá ser imposta medida de segurança, se:

I. o juiz ou o tribunal, na sentença:
a) omitir sua decretação, nos casos de periculosidade presumida;
b) deixar de aplicá-la ou de excluí-la expressamente;
c) declarar os elementos constantes do processo insuficientes para a imposição ou exclusão da medida e ordenar indagações para a verificação da periculosidade do condenado;

II. tendo sido, expressamente, excluída na sentença a periculosidade do condenado, novos fatos demonstrarem ser ele perigoso.

Art. 752. Poderá ser imposta medida de segurança, depois de transitar em julgado a sentença, ainda quando não iniciada a execução da pena, por motivo diverso de fuga ou ocultação do condenado:

I. no caso da letra a do no I do artigo anterior, bem como no da letra b, se tiver sido alegada a periculosidade;

II. no caso da letra c do no I do mesmo artigo.

Art. 753. Ainda depois de transitar em julgado a sentença absolutória, poderá ser imposta a medida de segurança, enquanto não decorrido tempo equivalente ao da sua duração mínima, a indivíduo que a lei presuma perigoso.

Art. 754. A aplicação da medida de segurança, nos casos previstos nos arts. 751 e 752, competirá ao juiz da execução da pena, e, no caso do art. 753, ao juiz da sentença.

Art. 755. A imposição da medida de segurança, nos casos dos arts. 751 a 753, poderá ser decretada de ofício ou a requerimento do Ministério Público.

Parágrafo único. O diretor do estabelecimento penal, que tiver conhecimento de fatos indicativos da periculosidade do condenado a quem não tenha sido imposta medida de segurança, deverá logo comunicá-los ao juiz.

Art. 756. Nos casos do no I, a e b, do art. 751, e no I do art. 752, poderá ser dispensada nova audiência do condenado.

Art. 757. Nos casos do no I, c, e no II do art. 751 e no II do art. 752, o juiz, depois de proceder às diligências que julgar convenientes, ouvirá o Ministério Público e concederá ao condenado o prazo de três dias para alegações, devendo a prova requerida ou reputada necessária pelo juiz ser produzida dentro em dez dias.

§ 1º O juiz nomeará defensor ao condenado que o requerer.

§ 2º Se o réu estiver foragido, o juiz procederá às diligências que julgar convenientes, concedendo o prazo de provas, quando requerido pelo Ministério Público.

§ 3º Findo o prazo de provas, o juiz proferirá a sentença dentro de três dias.

Art. 758. A execução da medida de segurança incumbirá ao juiz da execução da sentença.

Art. 759. No caso do art. 753, o juiz ouvirá o curador já nomeado ou que então nomear, podendo mandar submeter o condenado a exame mental, internando-o, desde logo, em estabelecimento adequado.

Art. 760. Para a verificação da periculosidade, no caso do § 3º do art. 78 do Código Penal, observar-se-á o disposto no art. 757, no que for aplicável.

Art. 761. Para a providência determinada no art. 84, § 2º, do Código Penal, se as sentenças forem proferidas por juízes diferentes, será competente o juiz que tiver sentenciado por último ou a autoridade de jurisdição prevalente no caso do art. 82.

Art. 762. A ordem de internação, expedida para executar-se medida de segurança detentiva, conterá:

I. a qualificação do internando;

II. o teor da decisão que tiver imposto a medida de segurança;

III. a data em que terminará o prazo mínimo da internação.

Art. 763. Se estiver solto o internando, expedir-se-á mandado de captura, que será cumprido por oficial de justiça ou por autoridade policial.

Art. 764. O trabalho nos estabelecimentos referidos no art. 88, § 1º, III, do Código Penal, será educativo e remunerado, de modo que assegure ao internado meios de subsistência, quando cessar a internação.

§ 1º O trabalho poderá ser praticado ao ar livre.

§ 2º Nos outros estabelecimentos, o trabalho dependerá das condições pessoais do internado.

Art. 765. A quarta parte do salário caberá ao Estado ou, no Distrito Federal e nos Territórios, à União, e o restante será depositado em nome do internado ou, se este preferir, entregue à sua família.

Art. 766. A internação das mulheres será feita em estabelecimento próprio ou em seção especial.

Art. 767. O juiz fixará as normas de conduta que serão observadas durante a liberdade vigiada.

§ 1º Serão normas obrigatórias, impostas ao indivíduo sujeito à liberdade vigiada:

a) tomar ocupação, dentro de prazo razoável, se for apto para o trabalho;

b) não mudar do território da jurisdição do juiz, sem prévia autorização deste.

§ 2º Poderão ser impostas ao indivíduo sujeito à liberdade vigiada, entre outras obrigações, as seguintes:

a) não mudar de habitação sem aviso prévio ao juiz, ou à autoridade incumbida da vigilância; b) recolher-se cedo à habitação;

c) não trazer consigo armas ofensivas ou instrumentos capazes de ofender;

d) não frequentar casas de bebidas ou de tavolagem, nem certas reuniões, espetáculos ou diversões públicas.

§ 3º Será entregue ao indivíduo sujeito à liberdade vigiada uma caderneta, de que constarão as obrigações impostas.

Art. 768. As obrigações estabelecidas na sentença serão comunicadas à autoridade policial.

Art. 769. A vigilância será exercida discretamente, de modo que não prejudique o indivíduo a ela sujeito.

Art. 770. Mediante representação da autoridade incumbida da vigilância, a requerimento do Ministério Público ou de ofício, poderá o juiz modificar as normas fixadas ou estabelecer outras.

Art. 771. Para execução do exílio local, o juiz comunicará sua decisão à autoridade policial do lugar ou dos lugares onde o exilado está proibido de permanecer ou de residir.

§ 1º O infrator da medida será conduzido à presença do juiz que poderá mantê-lo detido até proferir decisão.

§ 2º Se for reconhecida a transgressão e imposta, consequentemente, a liberdade vigiada, determinará o juiz que a autoridade policial providencie a fim de que o infrator siga imediatamente para o lugar de residência por ele escolhido, e oficiará à autoridade policial desse lugar, observando-se o disposto no art. 768.

Art. 772. A proibição de frequentar determinados lugares será comunicada pelo juiz à autoridade policial, que lhe dará conhecimento de qualquer transgressão.

Art. 773. A medida de fechamento de estabelecimento ou de interdição de associação será comunicada pelo juiz à autoridade policial, para que a execute.

Art. 774. Nos casos do parágrafo único do art. 83 do Código Penal, ou quando a transgressão de uma medida de segurança importar a imposição de outra, observar-se-á o disposto no art. 757, no que for aplicável.

Art. 775. A cessação ou não da periculosidade se verificará ao fim do prazo mínimo de duração da medida de segurança pelo exame das condições da pessoa a que tiver sido imposta, observando-se o seguinte:

I. o diretor do estabelecimento de internação ou a autoridade policial incumbida da vigilância, até um mês antes de expirado o prazo de duração mínima da medida, se não for inferior a um ano, ou até quinze dias nos outros casos, remeterá ao juiz da execução minucioso relatório, que o habilite a resolver sobre a cessação ou permanência da medida;

II. se o indivíduo estiver internado em manicômio judiciário ou em casa de custódia e tratamento, o relatório será acompanhado do laudo de exame pericial feito por dois médicos designados pelo diretor do estabelecimento;

III. o diretor do estabelecimento de internação ou a autoridade policial deverá, no relatório, concluir pela conveniência da revogação, ou não, da medida de segurança;

IV. se a medida de segurança for o exílio local ou a proibição de frequentar determinados lugares, o juiz, até um mês ou quinze dias antes de expirado o prazo mínimo de duração, ordenará as diligências necessárias, para verificar se desapareceram as causas da aplicação da medida;

V. junto aos autos o relatório, ou realizadas as diligências, serão ouvidos sucessivamente o Ministério Público e o curador ou o defensor, no prazo de três dias para cada um;

VI. o juiz nomeará curador ou defensor ao interessado que o não tiver;

VII. o juiz, de ofício, ou a requerimento de qualquer das partes, poderá determinar novas diligências, ainda que já expirado o prazo de duração mínima da medida de segurança;

VIII. ouvidas as partes ou realizadas as diligências a que se refere o número anterior o juiz proferirá a sua decisão, no prazo de três dias.

Art. 776. Nos exames sucessivos a que se referem o § 1º, II, e § 2º do art. 81 do Código Penal, observar-se-á, no que lhes for aplicável, o disposto no artigo anterior.

Art. 777. Em qualquer tempo, ainda durante o prazo mínimo de duração da medida de segurança, poderá o tribunal, câmara ou turma, a requerimento do Ministério Público ou do interessado, seu defensor ou curador, ordenar o exame, para a verificação da cessação da periculosidade.

§ 1º Designado o relator e ouvido o procurador-geral, se a medida não tiver sido por ele requerida, o pedido será julgado na primeira sessão.

§ 2º Deferido o pedido, a decisão será imediatamente comunicada ao juiz, que requisitará, marcando prazo, o relatório e o exame a que se referem os ns. I e II do art. 775 ou ordenará as diligências mencionadas no no IV do mesmo artigo, prosseguindo de acordo com o disposto nos outros incisos do citado artigo.

Art. 778. Transitando em julgado a sentença de revogação, o juiz expedirá ordem para a desinternação, quando se tratar de medida detentiva, ou para que cesse a vigilância ou a proibição, nos outros casos.

Art. 779. O confisco dos instrumentos e produtos do crime, no caso previsto no art. 100 do Código Penal, será decretado no despacho de arquivamento do inquérito, na sentença de impronúncia ou na sentença absolutória.

LIVRO V - DAS RELAÇÕES JURISDICIONAIS COM AUTORIDADE ESTRANGEIRA

TÍTULO ÚNICO

CAPÍTULO I - DISPOSIÇÕES GERAIS

Art. 780. Sem prejuízo de convenções ou tratados, aplicar-se-á o disposto neste Título à homologação de sentenças penais estrangeiras e à expedição e ao cumprimento de cartas rogatórias para citações, inquirições e outras diligências necessárias à instrução de processo penal.

Art. 781. As sentenças estrangeiras não serão homologadas, nem as cartas rogatórias cumpridas, se contrárias à ordem pública e aos bons costumes.

Art. 782. O trânsito, por via diplomática, dos documentos apresentados constituirá prova bastante de sua autenticidade.

CAPÍTULO II - DAS CARTAS ROGATÓRIAS

Art. 783. As cartas rogatórias serão, pelo respectivo juiz, remetidas ao Ministro da Justiça, a fim de ser pedido o seu cumprimento, por via diplomática, às autoridades estrangeiras competentes.

Art. 784. As cartas rogatórias emanadas de autoridades estrangeiras competentes não dependem de homologação e serão atendidas se encaminhadas por via diplomática e desde que o crime, segundo a lei brasileira, não exclua a extradição.

§ 1º As rogatórias, acompanhadas de tradução em língua nacional, feita por tradutor oficial ou juramentado, serão, após exequatur do presidente do Supremo Tribunal Federal, cumpridas pelo juiz criminal do lugar onde as diligências tenham de efetuar-se, observadas as formalidades prescritas neste Código.

§ 2º A carta rogatória será pelo presidente do Supremo Tribunal Federal remetida ao presidente do Tribunal de Apelação do Estado, do Distrito Federal, ou do Território, a fim de ser encaminhada ao juiz competente.

§ 3º Versando sobre crime de ação privada, segundo a lei brasileira, o andamento, após o exequatur, dependerá do interessado, a quem incumbirá o pagamento das despesas.

§ 4º Ficará sempre na secretaria do Supremo Tribunal Federal cópia da carta rogatória.

Art. 785. Concluídas as diligências, a carta rogatória será devolvida ao presidente do Supremo Tribunal Federal, por intermédio do presidente do Tribunal de Apelação, o qual, antes de devolvê-la, mandará completar qualquer diligência ou sanar qualquer nulidade.

Art. 786. O despacho que conceder o exequatur marcará, para o cumprimento da diligência, prazo razoável, que poderá ser excedido, havendo justa causa, ficando esta consignada em ofício dirigido ao presidente do Supremo Tribunal Federal, juntamente com a carta rogatória.

CAPÍTULO III - DA HOMOLOGAÇÃO DAS SENTENÇAS ESTRANGEIRAS

Art. 787. As sentenças estrangeiras deverão ser previamente homologadas pelo Supremo Tribunal Federal para que produzam os efeitos do art. 7º do Código Penal.

Art. 788. A sentença penal estrangeira será homologada, quando a aplicação da lei brasileira produzir na espécie as mesmas consequências e concorrem os seguintes requisitos:

I. estar revestida das formalidades externas necessárias, segundo a legislação do país de origem;

II. haver sido proferida por juiz competente, mediante citação regular, segundo a mesma legislação; III. ter passado em julgado;

IV. estar devidamente autenticada por cônsul brasileiro;

V. estar acompanhada de tradução, feita por tradutor público.

Art. 789. O procurador-geral da República, sempre que tiver conhecimento da existência de sentença penal estrangeira, emanada de Estado que tenha com o Brasil tratado de extradição e que haja imposto medida de segurança pessoal ou pena acessória que deva ser cumprida no Brasil, pedirá ao Ministro da Justiça providências para obtenção de elementos que o habilitem a requerer a homologação da sentença.

§ 1º A homologação de sentença emanada de autoridade judiciária de Estado, que não tiver tratado de extradição com o Brasil, dependerá de requisição do Ministro da Justiça.

§ 2º Distribuído o requerimento de homologação, o relator mandará citar o interessado para deduzir embargos, dentro de dez dias, se residir no Distrito Federal, de trinta dias, no caso contrário.

§ 3º Se nesse prazo o interessado não deduzir os embargos, ser-lhe-á pelo relator nomeado defensor, o qual dentro de dez dias produzirá a defesa.

§ 4º Os embargos somente poderão fundar-se em dúvida sobre a autenticidade do documento, sobre a inteligência da sentença, ou sobre a falta de qualquer dos requisitos enumerados nos arts. 781 e 788.

§ 5º Contestados os embargos dentro de dez dias, pelo procurador-geral, irá o processo ao relator e ao revisor, observando-se no seu julgamento o Regimento Interno do Supremo Tribunal Federal.

§ 6º Homologada a sentença, a respectiva carta será remetida ao presidente do Tribunal de Apelação do Distrito Federal, do Estado, ou do Território.

§ 7º Recebida a carta de sentença, o presidente do Tribunal de Apelação a remeterá ao juiz do lugar de residência do condenado, para a aplicação da medida de segurança ou da pena acessória, observadas as disposições do Título II, Capítulo III, e Título V do Livro IV deste Código.

Art. 790. O interessado na execução de sentença penal estrangeira, para a reparação do dano, restituição e outros efeitos civis, poderá requerer ao Supremo Tribunal Federal a sua homologação, observando-se o que a respeito prescreve o Código de Processo Civil.

LIVRO VI - DISPOSIÇÕES GERAIS

Art. 791. Em todos os juízos e tribunais do crime, além das audiências e sessões ordinárias, haverá as extraordinárias, de acordo com as necessidades do rápido andamento dos feitos.

Art. 792. As audiências, sessões e os atos processuais serão, em regra, públicos e se realizarão nas sedes dos juízos e tribunais, com assistência dos escrivães, do secretário, do oficial de justiça que servir de porteiro, em dia e hora certos, ou previamente designados.

§ 1º Se da publicidade da audiência, da sessão ou do ato processual, puder resultar escândalo, inconveniente grave ou perigo de perturbação da ordem, o juiz, ou o tribunal, câmara, ou turma, poderá, de ofício ou a requerimento da parte ou do Ministério Público, determinar que o ato seja realizado a portas fechadas, limitando o número de pessoas que possam estar presentes.

§ 2º As audiências, as sessões e os atos processuais, em caso de necessidade, poderão realizar-se na residência do juiz, ou em outra casa por ele especialmente designada.

Art. 793. Nas audiências e nas sessões, os advogados, as partes, os escrivães e os espectadores poderão estar sentados. Todos, porém, se levantarão quando se dirigirem aos juízes ou quando estes se levantarem para qualquer ato do processo.

Parágrafo único. Nos atos da instrução criminal, perante os juízes singulares, os advogados poderão requerer sentados.

Art. 794. A polícia das audiências e das sessões compete aos respectivos juízes ou ao presidente do tribunal, câmara, ou turma, que poderão determinar o que for conveniente à manutenção da ordem. Para tal fim, requisitarão força pública, que ficará exclusivamente à sua disposição.

Art. 795. Os espectadores das audiências ou das sessões não poderão manifestar-se.

Parágrafo único. O juiz ou o presidente fará retirar da sala os desobedientes, que, em caso de resistência, serão presos e autuados.

Art. 796. Os atos de instrução ou julgamento prosseguirão com a assistência do defensor, se o réu se portar inconvenientemente.

Art. 797. Excetuadas as sessões de julgamento, que não serão marcadas para domingo ou dia feriado, os demais atos do processo poderão ser praticados em período de férias, em domingos e dias feriados. Todavia, os julgamentos iniciados em dia útil não se interromperão pela superveniência de feriado ou domingo.

Art. 798. Todos os prazos correrão em cartório e serão contínuos e peremptórios, não se interrompendo por férias, domingo ou dia feriado.

§ 1º Não se computará no prazo o dia do começo, incluindo-se, porém, o do vencimento.

§ 2º A terminação dos prazos será certificada nos autos pelo escrivão; será, porém, considerado findo o prazo, ainda que omitida aquela formalidade, se feita a prova do dia em que começou a correr.

§ 3º O prazo que terminar em domingo ou dia feriado considerar-se-á prorrogado até o dia útil imediato.

§ 4º Não correrão os prazos, se houver impedimento do juiz, força maior, ou obstáculo judicial oposto pela parte contrária.

§ 5º Salvo os casos expressos, os prazos correrão:
a) da intimação;
b) da audiência ou sessão em que for proferida a decisão, se a ela estiver presente a parte;
c) do dia em que a parte manifestar nos autos ciência inequívoca da sentença ou despacho.

Art. 799. O escrivão, sob pena de multa de cinquenta a quinhentos mil-réis e, na reincidência, suspensão até 30 (trinta) dias, executará dentro do prazo de dois dias os atos determinados em lei ou ordenados pelo juiz.

Art. 800. Os juízes singulares darão seus despachos e decisões dentro dos prazos seguintes, quando outros não estiverem estabelecidos:
I. de dez dias, se a decisão for definitiva, ou interlocutória mista;
II. de cinco dias, se for interlocutória simples;
III. de um dia, se se tratar de despacho de expediente.

§ 1º Os prazos para o juiz contar-se-ão do termo de conclusão.

§ 2º Os prazos do Ministério Público contar-se-ão do termo de vista, salvo para a interposição do recurso (art. 798, § 5º).

§ 3º Em qualquer instância, declarando motivo justo, poderá o juiz exceder por igual tempo os prazos a ele fixados neste Código.

§ 4º O escrivão que não enviar os autos ao juiz ou ao órgão do Ministério Público no dia em que assinar termo de conclusão ou de vista estará sujeito à sanção estabelecida no art. 799.

Art. 801. Findos os respectivos prazos, os juízes e os órgãos do Ministério Público, responsáveis pelo retardamento, perderão tantos dias de vencimentos quantos forem os excedidos. Na contagem do tempo de serviço, para o efeito de promoção e aposentadoria, a perda será do dobro dos dias excedidos.

Art. 802. O desconto referido no artigo antecedente far-se-á à vista da certidão do escrivão do processo ou do secretário do tribunal, que deverão, de ofício, ou a requerimento de qualquer interessado, remetê-la às repartições encarregadas do pagamento e da contagem do tempo de serviço, sob pena de incorrerem, de pleno direito, na multa de quinhentos mil-réis, imposta por autoridade fiscal.

Art. 803. Salvo nos casos expressos em lei, é proibida a retirada de autos do cartório, ainda que em confiança, sob pena de responsabilidade do escrivão.

Art. 804. A sentença ou o acórdão, que julgar a ação, qualquer incidente ou recurso, condenará nas custas o vencido.

Art. 805. As custas serão contadas e cobradas de acordo com os regulamentos expedidos pela União e pelos Estados.

Art. 806. Salvo o caso do art. 32, nas ações intentadas mediante queixa, nenhum ato ou diligência se realizará, sem que seja depositada em cartório a importância das custas.

§ 1º Igualmente, nenhum ato requerido no interesse da defesa será realizado, sem o prévio pagamento das custas, salvo se o acusado for pobre.

§ 2º A falta do pagamento das custas, nos prazos fixados em lei, ou marcados pelo juiz, importará renúncia à diligência requerida ou deserção do recurso interposto.

§ 3º A falta de qualquer prova ou diligência que deixe de realizar-se em virtude do não-pagamento de custas não implicará a nulidade do processo, se a prova de pobreza do acusado só posteriormente foi feita.

Art. 807. O disposto no artigo anterior não obstará à faculdade atribuída ao juiz de determinar de ofício inquirição de testemunhas ou outras diligências.

Art. 808. Na falta ou impedimento do escrivão e seu substituto, servirá pessoa idônea, nomeada pela autoridade, perante quem prestará compromisso, lavrando o respectivo termo.

Art. 809. A estatística judiciária criminal, a cargo do Instituto de Identificação e Estatística ou repartições congêneres, terá por base o boletim individual, que é parte integrante dos processos e versará sobre:

I. os crimes e as contravenções praticados durante o trimestre, com especificação da natureza de cada um, meios utilizados e circunstâncias de tempo e lugar;
II. as armas proibidas que tenham sido apreendidas;
III. o número de delinquentes, mencionadas as infrações que praticaram, sua nacionalidade, sexo, idade, filiação, estado civil, prole, residência, meios de vida e condições econômicas, grau de instrução, religião, e condições de saúde física e psíquica;
IV. o número dos casos de codelinquência;
V. a reincidência e os antecedentes judiciários;
VI. as sentenças condenatórias ou absolutórias, bem como as de pronúncia ou de impronúncia;
VII. a natureza das penas impostas;
VIII. a natureza das medidas de segurança aplicadas;
IX. a suspensão condicional da execução da pena, quando concedida;
X. as concessões ou denegações de habeas corpus.

§ 1º Os dados acima enumerados constituem o mínimo exigível, podendo ser acrescidos de outros elementos úteis ao serviço da estatística criminal.

§ 2º Esses dados serão lançados semestralmente em mapa e remetidos ao Serviço de Estatística Demográfica Moral e Política do Ministério da Justiça. (Redação dada pela Lei nº 9.061, de 14.6.1995)

DECRETO-LEI Nº 3.689, DE 3 DE OUTUBRO DE 1941

§ 3º O boletim individual a que se refere este artigo é dividido em três partes destacáveis, conforme modelo anexo a este Código, e será adotado nos Estados, no Distrito Federal e nos Territórios. A primeira parte ficará arquivada no cartório policial; a segunda será remetida ao Instituto de Identificação e Estatística, ou repartição congênere; e a terceira acompanhará o processo, e, depois de passar em julgado a sentença definitiva, lançados os dados finais, será enviada ao referido Instituto ou repartição congênere.

Art. 810. Este Código entrará em vigor no dia 1º de janeiro de 1942.

Art. 811. Revogam-se as disposições em contrário.

2. DECRETO-LEI Nº 3.689, DE 3 DE OUTUBRO DE 1941.

(Vide Lei nº 13.964, de 2019)

Código de Processo Penal.

O PRESIDENTE DA REPÚBLICA, usando da atribuição que lhe confere o art. 180 da Constituição, decreta a seguinte Lei:

LIVRO I - DO PROCESSO EM GERAL

TÍTULO I - DISPOSIÇÕES PRELIMINARES

Art. 1º O processo penal reger-se-á, em todo o território brasileiro, por este Código, ressalvados:

I - os tratados, as convenções e regras de direito internacional;

II - as prerrogativas constitucionais do Presidente da República, dos ministros de Estado, nos crimes conexos com os do Presidente da República, e dos ministros do Supremo Tribunal Federal, nos crimes de responsabilidade (Constituição, arts. 86, 89, § 2º, e 100);

III - os processos da competência da Justiça Militar;

IV - os processos da competência do tribunal especial (Constituição, art. 122, no 17);

V - os processos por crimes de imprensa. (Vide ADPF nº 130)

Parágrafo único. Aplicar-se-á, entretanto, este Código aos processos referidos nos nos. IV e V, quando as leis especiais que os regulam não dispuserem de modo diverso.

Art. 2º A lei processual penal aplicar-se-á desde logo, sem prejuízo da validade dos atos realizados sob a vigência da lei anterior.

Art. 3º A lei processual penal admitirá interpretação extensiva e aplicação analógica, bem como o suplemento dos princípios gerais de direito.

Art. 3º-A. O processo penal terá estrutura acusatória, vedadas a iniciativa do juiz na fase de investigação e a substituição da atuação probatória do órgão de acusação. (Incluído pela Lei nº 13.964, de 2019)

Art. 3º-B. O juiz das garantias é responsável pelo controle da legalidade da investigação criminal e pela salvaguarda dos direitos individuais cuja franquia tenha sido reservada à autorização prévia do Poder Judiciário, competindo-lhe especialmente: (Incluído pela Lei nº 13.964, de 2019)

I - receber a comunicação imediata da prisão, nos termos do inciso LXII do caput do art. 5º da Constituição Federal; (Incluído pela Lei nº 13.964, de 2019)

II - receber o auto da prisão em flagrante para o controle da legalidade da prisão, observado o disposto no art. 310 deste Código; (Incluído pela Lei nº 13.964, de 2019)

III - zelar pela observância dos direitos do preso, podendo determinar que este seja conduzido à sua presença, a qualquer tempo; (Incluído pela Lei nº 13.964, de 2019)

IV - ser informado sobre a instauração de qualquer investigação criminal; (Incluído pela Lei nº 13.964, de 2019)

V - decidir sobre o requerimento de prisão provisória ou outra medida cautelar, observado o disposto no § 1º deste artigo; (Incluído pela Lei nº 13.964, de 2019)

VI - prorrogar a prisão provisória ou outra medida cautelar, bem como substituí-las ou revogá-las, assegurado, no primeiro caso, o exercício do contraditório em audiência pública e oral, na forma do disposto neste Código ou em legislação especial pertinente; (Incluído pela Lei nº 13.964, de 2019)

VII - decidir sobre o requerimento de produção antecipada de provas consideradas urgentes e não repetíveis, assegurados o contraditório e a ampla defesa em audiência pública e oral; (Incluído pela Lei nº 13.964, de 2019)

VIII - prorrogar o prazo de duração do inquérito, estando o investigado preso, em vista das razões apresentadas pela autoridade policial e observado o disposto no § 2º deste artigo; (Incluído pela Lei nº 13.964, de 2019)

IX - determinar o trancamento do inquérito policial quando não houver fundamento razoável para sua instauração ou prosseguimento; (Incluído pela Lei nº 13.964, de 2019)

X - requisitar documentos, laudos e informações ao delegado de polícia sobre o andamento da investigação; (Incluído pela Lei nº 13.964, de 2019)

XI - decidir sobre os requerimentos de: (Incluído pela Lei nº 13.964, de 2019)

a) interceptação telefônica, do fluxo de comunicações em sistemas de informática e telemática ou de outras formas de comunicação; (Incluído pela Lei nº 13.964, de 2019)

b) afastamento dos sigilos fiscal, bancário, de dados e telefônico; (Incluído pela Lei nº 13.964, de 2019)

c) busca e apreensão domiciliar; (Incluído pela Lei nº 13.964, de 2019)

d) acesso a informações sigilosas; (Incluído pela Lei nº 13.964, de 2019)

e) outros meios de obtenção da prova que restrinjam direitos fundamentais do investigado; (Incluído pela Lei nº 13.964, de 2019)

XII - julgar o habeas corpus impetrado antes do oferecimento da denúncia; (Incluído pela Lei nº 13.964, de 2019)

XIII - determinar a instauração de incidente de insanidade mental; (Incluído pela Lei nº 13.964, de 2019)

XIV - decidir sobre o recebimento da denúncia ou queixa, nos termos do art. 399 deste Código; (Incluído pela Lei nº 13.964, de 2019)

XV - assegurar prontamente, quando se fizer necessário, o direito outorgado ao investigado e ao seu defensor de acesso a todos os elementos informativos e provas produzidos no âmbito da investigação criminal, salvo no que concerne, estritamente, às diligências em andamento; (Incluído pela Lei nº 13.964, de 2019)

XVI - deferir pedido de admissão de assistente técnico para acompanhar a produção da perícia; (Incluído pela Lei nº 13.964, de 2019)

XVII - decidir sobre a homologação de acordo de não persecução penal ou os de colaboração premiada, quando formalizados durante a investigação; (Incluído pela Lei nº 13.964, de 2019)

XVIII - outras matérias inerentes às atribuições definidas no caput deste artigo. (Incluído pela Lei nº 13.964, de 2019)

§ 1º (VETADO). (Incluído pela Lei nº 13.964, de 2019)

§ 2º Se o investigado estiver preso, o juiz das garantias poderá, mediante representação da autoridade policial e ouvido o Ministério Público, prorrogar, uma única vez, a duração do inquérito por até 15 (quinze) dias, após o que, se ainda assim a investigação não for concluída, a prisão será imediatamente relaxada. (Incluído pela Lei nº 13.964, de 2019)

Art. 3º-C. A competência do juiz das garantias abrange todas as infrações penais, exceto as de menor potencial ofensivo, e cessa com o recebimento da denúncia ou queixa na forma do art. 399 deste Código. (Incluído pela Lei nº 13.964, de 2019)

§ 1º Recebida a denúncia ou queixa, as questões pendentes serão decididas pelo juiz da instrução e julgamento. (Incluído pela Lei nº 13.964, de 2019)

§ 2º As decisões proferidas pelo juiz das garantias não vinculam o juiz da instrução e julgamento, que, após o recebimento da denúncia ou queixa, deverá reexaminar a necessidade das medidas cautelares em curso, no prazo máximo de 10 (dez) dias. (Incluído pela Lei nº 13.964, de 2019)

§ 3º Os autos que compõem as matérias de competência do juiz das garantias ficarão acautelados na secretaria desse juízo, à disposição do Ministério Público e da defesa, e não serão apensados aos autos do processo enviados ao juiz da instrução e julgamento, ressalvados os documentos relativos às provas irrepetíveis, medidas de obtenção de provas ou de antecipação de provas, que deverão ser remetidos para apensamento em apartado. (Incluído pela Lei nº 13.964, de 2019)

§ 4º Fica assegurado às partes o amplo acesso aos autos acautelados na secretaria do juízo das garantias. (Incluído pela Lei nº 13.964, de 2019)

Art. 3º-D. O juiz que, na fase de investigação, praticar qualquer ato incluído nas competências dos arts. 4º e 5º deste Código ficará impedido de funcionar no processo. (Incluído pela Lei nº 13.964, de 2019)

Parágrafo único. Nas comarcas em que funcionar apenas um juiz, os tribunais criarão um sistema de rodízio de magistrados, a fim de atender às disposições deste Capítulo. (Incluído pela Lei nº 13.964, de 2019)

Art. 3º-E. O juiz das garantias será designado conforme as normas de organização judiciária da União, dos Estados e do Distrito Federal, observando critérios objetivos a serem periodicamente divulgados pelo respectivo tribunal. (Incluído pela Lei nº 13.964, de 2019)

Art. 3º-F. O juiz das garantias deverá assegurar o cumprimento das regras para o tratamento dos presos, impedindo o acordo ou ajuste de qualquer autoridade com órgãos da imprensa para explorar a imagem da pessoa submetida à prisão, sob pena de responsabilidade civil, administrativa e penal. (Incluído pela Lei nº 13.964, de 2019)

Parágrafo único. Por meio de regulamento, as autoridades deverão disciplinar, em 180 (cento e oitenta) dias, o modo pelo qual as informações sobre a realização da prisão e a identidade do preso serão, de modo padronizado e respeitada a programação normativa aludida no caput deste artigo, transmitidas à imprensa, assegurados a efetividade da persecução penal, o direito à informação e a dignidade da pessoa submetida à prisão. (Incluído pela Lei nº 13.964, de 2019)

TÍTULO II - DO INQUÉRITO POLICIAL

Art. 4º A polícia judiciária será exercida pelas autoridades policiais no território de suas respectivas circunscrições e terá por fim a apuração das infrações penais e da sua autoria. (Redação dada pela Lei nº 9.043, de 9.5.1995)

Parágrafo único. A competência definida neste artigo não excluirá a de autoridades administrativas, a quem por lei seja cometida a mesma função.

Art. 5º Nos crimes de ação pública o inquérito policial será iniciado:

I - de ofício;

II - mediante requisição da autoridade judiciária ou do Ministério Público, ou a requerimento do ofendido ou de quem tiver qualidade para representá-lo.

§ 1º O requerimento a que se refere o no II conterá sempre que possível:

a) a narração do fato, com todas as circunstâncias;

b) a individualização do indiciado ou seus sinais característicos e as razões de convicção ou de presunção de ser ele o autor da infração, ou os motivos de impossibilidade de o fazer;

c) a nomeação das testemunhas, com indicação de sua profissão e residência.

§ 2º Do despacho que indeferir o requerimento de abertura de inquérito caberá recurso para o chefe de Polícia.

§ 3º Qualquer pessoa do povo que tiver conhecimento da existência de infração penal em que caiba ação pública poderá, verbalmente ou por escrito, comunicá-la à autoridade policial, e esta, verificada a procedência das informações, mandará instaurar inquérito.

§ 4º O inquérito, nos crimes em que a ação pública depender de representação, não poderá sem ela ser iniciado.

§ 5º Nos crimes de ação privada, a autoridade policial somente poderá proceder a inquérito a requerimento de quem tenha qualidade para intentá-la.

Art. 6º Logo que tiver conhecimento da prática da infração penal, a autoridade policial deverá:

I - dirigir-se ao local, providenciando para que não se alterem o estado e conservação das coisas, até a chegada dos peritos criminais; (Redação dada pela Lei nº 8.862, de 28.3.1994)

II - apreender os objetos que tiverem relação com o fato, após liberados pelos peritos criminais; (Redação dada pela Lei nº 8.862, de 28.3.1994)

III - colher todas as provas que servirem para o esclarecimento do fato e suas circunstâncias;

IV - ouvir o ofendido;

V - ouvir o indiciado, com observância, no que for aplicável, do disposto no Capítulo III do Título VII, deste Livro, devendo o respectivo termo ser assinado por duas testemunhas que lhe tenham ouvido a leitura;

VI - proceder a reconhecimento de pessoas e coisas e a acareações;

VII - determinar, se for caso, que se proceda a exame de corpo de delito e a quaisquer outras perícias;

VIII - ordenar a identificação do indiciado pelo processo datiloscópico, se possível, e fazer juntar aos autos sua folha de antecedentes;

IX - averiguar a vida pregressa do indiciado, sob o ponto de vista individual, familiar e social, sua condição econômica, sua atitude e estado de ânimo antes e depois do crime e durante ele, e quaisquer outros elementos que contribuírem para a apreciação do seu temperamento e caráter.

X - colher informações sobre a existência de filhos, respectivas idades e se possuem alguma deficiência e o nome e o contato de eventual responsável pelos cuidados dos filhos, indicado pela pessoa presa. (Incluído pela Lei nº 13.257, de 2016)

Art. 7º Para verificar a possibilidade de haver a infração sido praticada de determinado modo, a autoridade policial poderá proceder à reprodução simulada dos fatos, desde que esta não contrarie a moralidade ou a ordem pública.

Art. 8º Havendo prisão em flagrante, será observado o disposto no Capítulo II do Título IX deste Livro.

Art. 9º Todas as peças do inquérito policial serão, num só processado, reduzidas a escrito ou datilografadas e, neste caso, rubricadas pela autoridade.

Art. 10. O inquérito deverá terminar no prazo de 10 dias, se o indiciado tiver sido preso em flagrante, ou estiver preso preventivamente, contado o prazo, nesta hipótese, a partir do dia em que se executar a ordem de prisão, ou no prazo de 30 dias, quando estiver solto, mediante fiança ou sem ela.

§ 1º A autoridade fará minucioso relatório do que tiver sido apurado e enviará autos ao juiz competente.

§ 2º No relatório poderá a autoridade indicar testemunhas que não tiverem sido inquiridas, mencionando o lugar onde possam ser encontradas.

§ 3º Quando o fato for de difícil elucidação, e o indiciado estiver solto, a autoridade poderá requerer ao juiz a devolução dos autos, para ulteriores diligências, que serão realizadas no prazo marcado pelo juiz.

DECRETO-LEI Nº 3.689, DE 3 DE OUTUBRO DE 1941

Art. 11. Os instrumentos do crime, bem como os objetos que interessarem à prova, acompanharão os autos do inquérito.

Art. 12. O inquérito policial acompanhará a denúncia ou queixa, sempre que servir de base a uma ou outra.

Art. 13. Incumbirá ainda à autoridade policial:

I - fornecer às autoridades judiciárias as informações necessárias à instrução e julgamento dos processos;

II - realizar as diligências requisitadas pelo juiz ou pelo Ministério Público;

III - cumprir os mandados de prisão expedidos pelas autoridades judiciárias;

IV - representar acerca da prisão preventiva.

Art. 13-A. Nos crimes previstos nos arts. 148, 149 e 149-A, no § 3º do art. 158 e no art. 159 do Decreto-Lei no 2.848, de 7 de dezembro de 1940 (Código Penal), e no art. 239 da Lei no 8.069, de 13 de julho de 1990 (Estatuto da Criança e do Adolescente), o membro do Ministério Público ou o delegado de polícia poderá requisitar, de quaisquer órgãos do poder público ou de empresas da iniciativa privada, dados e informações cadastrais da vítima ou de suspeitos. (Incluído pela Lei nº 13.344, de 2016)

Parágrafo único. A requisição, que será atendida no prazo de 24 (vinte e quatro) horas, conterá: (Incluído pela Lei nº 13.344, de 2016)

I - o nome da autoridade requisitante; (Incluído pela Lei nº 13.344, de 2016)

II - o número do inquérito policial; e (Incluído pela Lei nº 13.344, de 2016)

III - a identificação da unidade de polícia judiciária responsável pela investigação. (Incluído pela Lei nº 13.344, de 2016)

Art. 13-B. Se necessário à prevenção e à repressão dos crimes relacionados ao tráfico de pessoas, o membro do Ministério Público ou o delegado de polícia poderão requisitar, mediante autorização judicial, às empresas prestadoras de serviço de telecomunicações e/ou telemática que disponibilizem imediatamente os meios técnicos adequados – como sinais, informações e outros – que permitam a localização da vítima ou dos suspeitos do delito em curso. (Incluído pela Lei nº 13.344, de 2016)

§ 1º Para os efeitos deste artigo, sinal significa posicionamento da estação de cobertura, setorização e intensidade de radiofrequência. (Incluído pela Lei nº 13.344, de 2016)

§ 2º Na hipótese de que trata o caput, o sinal: (Incluído pela Lei nº 13.344, de 2016)

I - não permitirá acesso ao conteúdo da comunicação de qualquer natureza, que dependerá de autorização judicial, conforme disposto em lei; (Incluído pela Lei nº 13.344, de 2016)

II - deverá ser fornecido pela prestadora de telefonia móvel celular por período não superior a 30 (trinta) dias, renovável por uma única vez, por igual período; (Incluído pela Lei nº 13.344, de 2016)

III - para períodos superiores àquele de que trata o inciso II, será necessária a apresentação de ordem judicial. (Incluído pela Lei nº 13.344, de 2016)

§ 3º Na hipótese prevista neste artigo, o inquérito policial deverá ser instaurado no prazo máximo de 72 (setenta e duas) horas, contado do registro da respectiva ocorrência policial. (Incluído pela Lei nº 13.344, de 2016)

§ 4º Não havendo manifestação judicial no prazo de 12 (doze) horas, a autoridade competente requisitará às empresas prestadoras de serviço de telecomunicações e/ou telemática que disponibilizem imediatamente os meios técnicos adequados – como sinais, informações e outros – que permitam a localização da vítima ou dos suspeitos do delito em curso, com imediata comunicação ao juiz. (Incluído pela Lei nº 13.344, de 2016)

Art. 14. O ofendido, ou seu representante legal, e o indiciado poderão requerer qualquer diligência, que será realizada, ou não, a juízo da autoridade.

Art. 14-A. Nos casos em que servidores vinculados às instituições dispostas no art. 144 da Constituição Federal figurarem como investigados em inquéritos policiais, inquéritos policiais militares e demais procedimentos extrajudiciais, cujo objeto for a investigação de fatos relacionados ao uso da força letal praticados no exercício profissional, de forma consumada ou tentada, incluindo as situações dispostas no art. 23 do Decreto-Lei nº 2.848, de 7 de dezembro de 1940 (Código Penal), o indiciado poderá constituir defensor. (Incluído pela Lei nº 13.964, de 2019)

§ 1º Para os casos previstos no caput deste artigo, o investigado deverá ser citado da instauração do procedimento investigatório, podendo constituir defensor no prazo de até 48 (quarenta e oito) horas a contar do recebimento da citação. (Incluído pela Lei nº 13.964, de 2019)

§ 2º Esgotado o prazo disposto no § 1º deste artigo com ausência de nomeação de defensor pelo investigado, a autoridade responsável pela investigação deverá intimar a instituição a que estava vinculado o investigado à época da ocorrência dos fatos, para que essa, no prazo de 48 (quarenta e oito) horas, indique defensor para a representação do investigado. (Incluído pela Lei nº 13.964, de 2019)

§ 3º (VETADO). (Incluído pela Lei nº 13.964, de 2019)

§ 4º (VETADO). (Incluído pela Lei nº 13.964, de 2019)

§ 5º (VETADO). (Incluído pela Lei nº 13.964, de 2019)

§ 6º As disposições constantes deste artigo se aplicam aos servidores militares vinculados às instituições dispostas no art. 142 da Constituição Federal, desde que os fatos investigados digam respeito a missões para a Garantia da Lei e da Ordem. (Incluído pela Lei nº 13.964, de 2019)

Art. 15. Se o indiciado for menor, ser-lhe-á nomeado curador pela autoridade policial.

Art. 16. O Ministério Público não poderá requerer a devolução do inquérito à autoridade policial, senão para novas diligências, imprescindíveis ao oferecimento da denúncia.

Art. 17. A autoridade policial não poderá mandar arquivar autos de inquérito.

Art. 18. Depois de ordenado o arquivamento do inquérito pela autoridade judiciária, por falta de base para a denúncia, a autoridade policial poderá proceder a novas pesquisas, se de outras provas tiver notícia.

Art. 19. Nos crimes em que não couber ação pública, os autos do inquérito serão remetidos ao juízo competente, onde aguardarão a iniciativa do ofendido ou de seu representante legal, ou serão entregues ao requerente, se o pedir, mediante traslado.

Art. 20. A autoridade assegurará no inquérito o sigilo necessário à elucidação do fato ou exigido pelo interesse da sociedade.

Parágrafo único. Nos atestados de antecedentes que lhe forem solicitados, a autoridade policial não poderá mencionar quaisquer anotações referentes a instauração de inquérito contra os requerentes. (Redação dada pela Lei nº 12.681, de 2012)

Art. 21. A incomunicabilidade do indiciado dependerá sempre de despacho nos autos e somente será permitida quando o interesse da sociedade ou a conveniência da investigação o exigir.

Parágrafo único. A incomunicabilidade, que não excederá de três dias, será decretada por despacho fundamentado do Juiz, a requerimento da autoridade policial, ou do órgão do Ministério Público, respeitado, em qualquer hipótese, o disposto no artigo 89, inciso III, do Estatuto da Ordem dos Advogados do Brasil (Lei n. 4.215, de 27 de abril de 1963) (Redação dada pela Lei nº 5.010, de 30.5.1966)

Art. 22. No Distrito Federal e nas comarcas em que houver mais de uma circunscrição policial, a autoridade com exercício em uma delas poderá, nos inquéritos a que esteja procedendo,

ordenar diligências em circunscrição de outra, independentemente de precatórias ou requisições, e bem assim providenciará, até que compareça a autoridade competente, sobre qualquer fato que ocorra em sua presença, noutra circunscrição.

Art. 23. Ao fazer a remessa dos autos do inquérito ao juiz competente, a autoridade policial oficiará ao Instituto de Identificação e Estatística, ou repartição congênere, mencionando o juízo a que tiverem sido distribuídos, e os dados relativos à infração penal e à pessoa do indiciado.

TÍTULO III - DA AÇÃO PENAL

Art. 24. Nos crimes de ação pública, esta será promovida por denúncia do Ministério Público, mas dependerá, quando a lei o exigir, de requisição do Ministro da Justiça, ou de representação do ofendido ou de quem tiver qualidade para representá-lo.

§ 1º No caso de morte do ofendido ou quando declarado ausente por decisão judicial, o direito de representação passará ao cônjuge, ascendente, descendente ou irmão. (Parágrafo único renumerado pela Lei nº 8.699, de 27.8.1993)

§ 2º Seja qual for o crime, quando praticado em detrimento do patrimônio ou interesse da União, Estado e Município, a ação penal será pública. (Incluído pela Lei nº 8.699, de 27.8.1993)

Art. 25. A representação será irretratável, depois de oferecida a denúncia.

Art. 26. A ação penal, nas contravenções, será iniciada com o auto de prisão em flagrante ou por meio de portaria expedida pela autoridade judiciária ou policial.

Art. 27. Qualquer pessoa do povo poderá provocar a iniciativa do Ministério Público, nos casos em que caiba a ação pública, fornecendo-lhe, por escrito, informações sobre o fato e a autoria e indicando o tempo, o lugar e os elementos de convicção.

Art. 28. Ordenado o arquivamento do inquérito policial ou de quaisquer elementos informativos da mesma natureza, o órgão do Ministério Público comunicará à vítima, ao investigado e à autoridade policial e encaminhará os autos para a instância de revisão ministerial para fins de homologação, na forma da lei. (Redação dada pela Lei nº 13.964, de 2019)

§ 1º Se a vítima, ou seu representante legal, não concordar com o arquivamento do inquérito policial, poderá, no prazo de 30 (trinta) dias do recebimento da comunicação, submeter a matéria à revisão da instância competente do órgão ministerial, conforme dispuser a respectiva lei orgânica. (Incluído pela Lei nº 13.964, de 2019)

§ 2º Nas ações penais relativas a crimes praticados em detrimento da União, Estados e Municípios, a revisão do arquivamento do inquérito policial poderá ser provocada pela chefia do órgão a quem couber a sua representação judicial. (Incluído pela Lei nº 13.964, de 2019)

Art. 28-A. Não sendo caso de arquivamento e tendo o investigado confessado formal e circunstancialmente a prática de infração penal sem violência ou grave ameaça e com pena mínima inferior a 4 (quatro) anos, o Ministério Público poderá propor acordo de não persecução penal, desde que necessário e suficiente para reprovação e prevenção do crime, mediante as seguintes condições ajustadas cumulativa e alternativamente: (Incluído pela Lei nº 13.964, de 2019)

I - reparar o dano ou restituir a coisa à vítima, exceto na impossibilidade de fazê-lo; (Incluído pela Lei nº 13.964, de 2019)

II - renunciar voluntariamente a bens e direitos indicados pelo Ministério Público como instrumentos, produto ou proveito do crime; (Incluído pela Lei nº 13.964, de 2019)

III - prestar serviço à comunidade ou a entidades públicas por período correspondente à pena mínima cominada ao delito diminuída de um a dois terços, em local a ser indicado pelo juízo da execução, na forma do art. 46 do Decreto-Lei nº 2.848, de 7 de dezembro de 1940 (Código Penal); (Incluído pela Lei nº 13.964, de 2019)

IV - pagar prestação pecuniária, a ser estipulada nos termos do art. 45 do Decreto-Lei nº 2.848, de 7 de dezembro de 1940 (Código Penal), a entidade pública ou de interesse social, a ser indicada pelo juízo da execução, que tenha, preferencialmente, como função proteger bens jurídicos iguais ou semelhantes aos aparentemente lesados pelo delito; ou (Incluído pela Lei nº 13.964, de 2019)

V - cumprir, por prazo determinado, outra condição indicada pelo Ministério Público, desde que proporcional e compatível com a infração penal imputada. (Incluído pela Lei nº 13.964, de 2019)

§ 1º Para aferição da pena mínima cominada ao delito a que se refere o caput deste artigo, serão consideradas as causas de aumento e diminuição aplicáveis ao caso concreto. (Incluído pela Lei nº 13.964, de 2019)

§ 2º O disposto no caput deste artigo não se aplica nas seguintes hipóteses: (Incluído pela Lei nº 13.964, de 2019)

I - se for cabível transação penal de competência dos Juizados Especiais Criminais, nos termos da lei; (Incluído pela Lei nº 13.964, de 2019)

II - se o investigado for reincidente ou se houver elementos probatórios que indiquem conduta criminal habitual, reiterada ou profissional, exceto se insignificantes as infrações penais pretéritas; (Incluído pela Lei nº 13.964, de 2019)

III - ter sido o agente beneficiado nos 5 (cinco) anos anteriores ao cometimento da infração, em acordo de não persecução penal, transação penal ou suspensão condicional do processo; e (Incluído pela Lei nº 13.964, de 2019)

IV - nos crimes praticados no âmbito de violência doméstica ou familiar, ou praticados contra a mulher por razões da condição de sexo feminino, em favor do agressor. (Incluído pela Lei nº 13.964, de 2019)

§ 3º O acordo de não persecução penal será formalizado por escrito e será firmado pelo membro do Ministério Público, pelo investigado e por seu defensor. (Incluído pela Lei nº 13.964, de 2019)

§ 4º Para a homologação do acordo de não persecução penal, será realizada audiência na qual o juiz deverá verificar a sua voluntariedade, por meio da oitiva do investigado na presença do seu defensor, e sua legalidade. (Incluído pela Lei nº 13.964, de 2019)

§ 5º Se o juiz considerar inadequadas, insuficientes ou abusivas as condições dispostas no acordo de não persecução penal, devolverá os autos ao Ministério Público para que seja reformulada a proposta de acordo, com concordância do investigado e seu defensor. (Incluído pela Lei nº 13.964, de 2019)

§ 6º Homologado judicialmente o acordo de não persecução penal, o juiz devolverá os autos ao Ministério Público para que inicie sua execução perante o juízo de execução penal. (Incluído pela Lei nº 13.964, de 2019)

§ 7º O juiz poderá recusar homologação à proposta que não atender aos requisitos legais ou quando não for realizada a adequação a que se refere o § 5º deste artigo. (Incluído pela Lei nº 13.964, de 2019)

§ 8º Recusada a homologação, o juiz devolverá os autos ao Ministério Público para a análise da necessidade de complementação das investigações ou o oferecimento da denúncia. (Incluído pela Lei nº 13.964, de 2019)

§ 9º A vítima será intimada da homologação do acordo de não persecução penal e de seu descumprimento. (Incluído pela Lei nº 13.964, de 2019)

§ 10. Descumpridas quaisquer das condições estipuladas no acordo de não persecução penal, o Ministério Público deverá comunicar ao juízo, para fins de sua rescisão e posterior oferecimento de denúncia. (Incluído pela Lei nº 13.964, de 2019)

§ 11. O descumprimento do acordo de não persecução penal pelo investigado também poderá ser utilizado pelo Ministério Público como justificativa para o eventual não oferecimento de suspensão condicional do processo. (Incluído pela Lei nº 13.964, de 2019)

§ 12. A celebração e o cumprimento do acordo de não persecução penal não constarão de certidão de antecedentes criminais, exceto para os fins previstos no inciso III do § 2º deste artigo. (Incluído pela Lei nº 13.964, de 2019)

§ 13. Cumprido integralmente o acordo de não persecução penal, o juízo competente decretará a extinção de punibilidade. (Incluído pela Lei nº 13.964, de 2019)

§ 14. No caso de recusa, por parte do Ministério Público, em propor o acordo de não persecução penal, o investigado poderá requerer a remessa dos autos a órgão superior, na forma do art. 28 deste Código. (Incluído pela Lei nº 13.964, de 2019)

Art. 29. Será admitida ação privada nos crimes de ação pública, se esta não for intentada no prazo legal, cabendo ao Ministério Público aditar a queixa, repudiá-la e oferecer denúncia substitutiva, intervir em todos os termos do processo, fornecer elementos de prova, interpor recurso e, a todo tempo, no caso de negligência do querelante, retomar a ação como parte principal.

Art. 30. Ao ofendido ou a quem tenha qualidade para representá-lo caberá intentar a ação privada.

Art. 31. No caso de morte do ofendido ou quando declarado ausente por decisão judicial, o direito de oferecer queixa ou prosseguir na ação passará ao cônjuge, ascendente, descendente ou irmão.

Art. 32. Nos crimes de ação privada, o juiz, a requerimento da parte que comprovar a sua pobreza, nomeará advogado para promover a ação penal.

§ 1º Considerar-se-á pobre a pessoa que não puder prover às despesas do processo, sem privar-se dos recursos indispensáveis ao próprio sustento ou da família.

§ 2º Será prova suficiente de pobreza o atestado da autoridade policial em cuja circunscrição residir o ofendido.

Art. 33. Se o ofendido for menor de 18 anos, ou mentalmente enfermo, ou retardado mental, e não tiver representante legal, ou colidirem os interesses deste com os daquele, o direito de queixa poderá ser exercido por curador especial, nomeado, de ofício ou a requerimento do Ministério Público, pelo juiz competente para o processo penal.

Art. 34. Se o ofendido for menor de 21 e maior de 18 anos, o direito de queixa poderá ser exercido por ele ou por seu representante legal.

Art. 35. (Revogado pela Lei nº 9.520, de 27.11.1997)

Art. 36. Se comparecer mais de uma pessoa com direito de queixa, terá preferência o cônjuge, e, em seguida, o parente mais próximo na ordem de enumeração constante do art. 31, podendo, entretanto, qualquer delas prosseguir na ação, caso o querelante desista da instância ou a abandone.

Art. 37. As fundações, associações ou sociedades legalmente constituídas poderão exercer a ação penal, devendo ser representadas por quem os respectivos contratos ou estatutos designarem ou, no silêncio destes, pelos seus diretores ou sócios-gerentes.

Art. 38. Salvo disposição em contrário, o ofendido, ou seu representante legal, decairá no direito de queixa ou de representação, se não o exercer dentro do prazo de seis meses, contado do dia em que vier a saber quem é o autor do crime, ou, no caso do art. 29, do dia em que se esgotar o prazo para o oferecimento da denúncia.

Parágrafo único. Verificar-se-á a decadência do direito de queixa ou representação, dentro do mesmo prazo, nos casos dos arts. 24, parágrafo único, e 31.

Art. 39. O direito de representação poderá ser exercido, pessoalmente ou por procurador com poderes especiais, mediante declaração, escrita ou oral, feita ao juiz, ao órgão do Ministério Público, ou à autoridade policial.

§ 1º A representação feita oralmente ou por escrito, sem assinatura devidamente autenticada do ofendido, de seu representante legal ou procurador, será reduzida a termo, perante o juiz ou autoridade policial, presente o órgão do Ministério Público, quando a este houver sido dirigida.

§ 2º A representação conterá todas as informações que possam servir à apuração do fato e da autoria.

§ 3º Oferecida ou reduzida a termo a representação, a autoridade policial procederá a inquérito, ou, não sendo competente, remetê-lo-á à autoridade que o for.

§ 4º A representação, quando feita ao juiz ou perante este reduzida a termo, será remetida à autoridade policial para que esta proceda a inquérito.

§ 5º O órgão do Ministério Público dispensará o inquérito, se com a representação forem oferecidos elementos que o habilitem a promover a ação penal, e, neste caso, oferecerá a denúncia no prazo de quinze dias.

Art. 40. Quando, em autos ou papéis de que conhecerem, os juízes ou tribunais verificarem a existência de crime de ação pública, remeterão ao Ministério Público as cópias e os documentos necessários ao oferecimento da denúncia.

Art. 41. A denúncia ou queixa conterá a exposição do fato criminoso, com todas as suas circunstâncias, a qualificação do acusado ou esclarecimentos pelos quais se possa identificá-lo, a classificação do crime e, quando necessário, o rol das testemunhas.

Art. 42. O Ministério Público não poderá desistir da ação penal.

Art. 43. (Revogado pela Lei nº 11.719, de 2008).

Art. 44. A queixa poderá ser dada por procurador com poderes especiais, devendo constar do instrumento do mandato o nome do querelante e a menção do fato criminoso, salvo quando tais esclarecimentos dependerem de diligências que devem ser previamente requeridas no juízo criminal.

Art. 45. A queixa, ainda quando a ação penal for privativa do ofendido, poderá ser aditada pelo Ministério Público, a quem caberá intervir em todos os termos subsequentes do processo.

Art. 46. O prazo para oferecimento da denúncia, estando o réu preso, será de 5 dias, contado da data em que o órgão do Ministério Público receber os autos do inquérito policial, e de 15 dias, se o réu estiver solto ou afiançado. No último caso, se houver devolução do inquérito à autoridade policial (art. 16), contar-se-á o prazo da data em que o órgão do Ministério Público receber novamente os autos.

§ 1º Quando o Ministério Público dispensar o inquérito policial, o prazo para o oferecimento da denúncia contar-se-á da data em que tiver recebido as peças de informações ou a representação

§ 2º O prazo para o aditamento da queixa será de 3 dias, contado da data em que o órgão do Ministério Público receber os autos, e, se este não se pronunciar dentro do tríduo, entender-se-á que não tem o que aditar, prosseguindo-se nos demais termos do processo.

Art. 47. Se o Ministério Público julgar necessários maiores esclarecimentos e documentos complementares ou novos elementos de convicção, deverá requisitá-los, diretamente, de quaisquer autoridades ou funcionários que devam ou possam fornecê-los.

Art. 48. A queixa contra qualquer dos autores do crime obrigará ao processo de todos, e o Ministério Público velará pela sua indivisibilidade.

Art. 49. A renúncia ao exercício do direito de queixa, em relação a um dos autores do crime, a todos se estenderá.

Art. 50. A renúncia expressa constará de declaração assinada pelo ofendido, por seu representante legal ou procurador com poderes especiais.

Parágrafo único. A renúncia do representante legal do menor que houver completado 18 (dezoito) anos não privará este do direito de queixa, nem a renúncia do último excluirá o direito do primeiro.

Art. 51. O perdão concedido a um dos querelados aproveitará a todos, sem que produza, todavia, efeito em relação ao que o recusar.

Art. 52. Se o querelante for menor de 21 e maior de 18 anos, o direito de perdão poderá ser exercido por ele ou por seu representante legal, mas o perdão concedido por um, havendo oposição do outro, não produzirá efeito.

Art. 53. Se o querelado for mentalmente enfermo ou retardado mental e não tiver representante legal, ou colidirem os interesses deste com os do querelado, a aceitação do perdão caberá ao curador que o juiz lhe nomear.

Art. 54. Se o querelado for menor de 21 anos, observar-se-á, quanto à aceitação do perdão, o disposto no art. 52.

Art. 55. O perdão poderá ser aceito por procurador com poderes especiais.

Art. 56. Aplicar-se-á ao perdão extraprocessual expresso o disposto no art. 50.

Art. 57. A renúncia tácita e o perdão tácito admitirão todos os meios de prova.

Art. 58. Concedido o perdão, mediante declaração expressa nos autos, o querelado será intimado a dizer, dentro de três dias, se o aceita, devendo, ao mesmo tempo, ser cientificado de que o seu silêncio importará aceitação.

Parágrafo único. Aceito o perdão, o juiz julgará extinta a punibilidade.

Art. 59. A aceitação do perdão fora do processo constará de declaração assinada pelo querelado, por seu representante legal ou procurador com poderes especiais.

Art. 60. Nos casos em que somente se procede mediante queixa, considerar-se-á perempta a ação penal:

I - quando, iniciada esta, o querelante deixar de promover o andamento do processo durante 30 dias seguidos;

II - quando, falecendo o querelante, ou sobrevindo sua incapacidade, não comparecer em juízo, para prosseguir no processo, dentro do prazo de 60 (sessenta) dias, qualquer das pessoas a quem couber fazê-lo, ressalvado o disposto no art. 36;

III - quando o querelante deixar de comparecer, sem motivo justificado, a qualquer ato do processo a que deva estar presente, ou deixar de formular o pedido de condenação nas alegações finais;

IV - quando, sendo o querelante pessoa jurídica, esta se extinguir sem deixar sucessor.

Art. 61. Em qualquer fase do processo, o juiz, se reconhecer extinta a punibilidade, deverá declará-lo de ofício.

Parágrafo único. No caso de requerimento do Ministério Público, do querelante ou do réu, o juiz mandará autuá-lo em apartado, ouvirá a parte contrária e, se o julgar conveniente, concederá o prazo de cinco dias para a prova, proferindo a decisão dentro de cinco dias ou reservando-se para apreciar a matéria na sentença final.

Art. 62. No caso de morte do acusado, o juiz somente à vista da certidão de óbito, e depois de ouvido o Ministério Público, declarará extinta a punibilidade.

TÍTULO IV - DA AÇÃO CIVIL

Art. 63. Transitada em julgado a sentença condenatória, poderão promover-lhe a execução, no juízo cível, para o efeito da reparação do dano, o ofendido, seu representante legal ou seus herdeiros.

Parágrafo único. Transitada em julgado a sentença condenatória, a execução poderá ser efetuada pelo valor fixado nos termos do inciso IV do caput do art. 387 deste Código sem prejuízo da liquidação para a apuração do dano efetivamente sofrido. (Incluído pela Lei nº 11.719, de 2008).

Art. 64. Sem prejuízo do disposto no artigo anterior, a ação para ressarcimento do dano poderá ser proposta no juízo cível, contra o autor do crime e, se for caso, contra o responsável civil. (Vide Lei nº 5.970, de 1973)

Parágrafo único. Intentada a ação penal, o juiz da ação civil poderá suspender o curso desta, até o julgamento definitivo daquela.

Art. 65. Faz coisa julgada no cível a sentença penal que reconhecer ter sido o ato praticado em estado de necessidade, em legítima defesa, em estrito cumprimento de dever legal ou no exercício regular de direito.

Art. 66. Não obstante a sentença absolutória no juízo criminal, a ação civil poderá ser proposta quando não tiver sido, categoricamente, reconhecida a inexistência material do fato.

Art. 67. Não impedirão igualmente a propositura da ação civil:

I - o despacho de arquivamento do inquérito ou das peças de informação;

II - a decisão que julgar extinta a punibilidade;

III - a sentença absolutória que decidir que o fato imputado não constitui crime.

Art. 68. Quando o titular do direito à reparação do dano for pobre (art. 32, §§ 1º e 2º), a execução da sentença condenatória (art. 63) ou a ação civil (art. 64) será promovida, a seu requerimento, pelo Ministério Público.

TÍTULO V - DA COMPETÊNCIA

Art. 69. Determinará a competência jurisdicional:

I - o lugar da infração:

II - o domicílio ou residência do réu;

III - a natureza da infração;

IV - a distribuição;

V - a conexão ou continência;

VI - a prevenção;

VII - a prerrogativa de função.

CAPÍTULO I - DA COMPETÊNCIA PELO LUGAR DA INFRAÇÃO

Art. 70. A competência será, de regra, determinada pelo lugar em que se consumar a infração, ou, no caso de tentativa, pelo lugar em que for praticado o último ato de execução.

§ 1º Se, iniciada a execução no território nacional, a infração se consumar fora dele, a competência será determinada pelo lugar em que tiver sido praticado, no Brasil, o último ato de execução.

§ 2º Quando o último ato de execução for praticado fora do território nacional, será competente o juiz do lugar em que o crime, embora parcialmente, tenha produzido ou devia produzir seu resultado.

§ 3º Quando incerto o limite territorial entre duas ou mais jurisdições, ou quando incerta a jurisdição por ter sido a infração consumada ou tentada nas divisas de duas ou mais jurisdições, a competência firmar-se-á pela prevenção.

Art. 71. Tratando-se de infração continuada ou permanente, praticada em território de duas ou mais jurisdições, a competência firmar-se-á pela prevenção.

CAPÍTULO II - DA COMPETÊNCIA PELO DOMICÍLIO OU RESIDÊNCIA DO RÉU

Art. 72. Não sendo conhecido o lugar da infração, a competência regular-se-á pelo domicílio ou residência do réu.

§ 1º Se o réu tiver mais de uma residência, a competência firmar-se-á pela prevenção.

§ 2º Se o réu não tiver residência certa ou for ignorado o seu paradeiro, será competente o juiz que primeiro tomar conhecimento do fato.

Art. 73. Nos casos de exclusiva ação privada, o querelante poderá preferir o foro de domicílio ou da residência do réu, ainda quando conhecido o lugar da infração.

DECRETO-LEI Nº 3.689, DE 3 DE OUTUBRO DE 1941

CAPÍTULO III - DA COMPETÊNCIA PELA NATUREZA DA INFRAÇÃO

Art. 74. A competência pela natureza da infração será regulada pelas leis de organização judiciária, salvo a competência privativa do Tribunal do Júri.

§ 1º Compete ao Tribunal do Júri o julgamento dos crimes previstos nos arts. 121, §§ 1º e 2º, 122, parágrafo único, 123, 124, 125, 126 e 127 do Código Penal, consumados ou tentados. (Redação dada pela Lei nº 263, de 23.2.1948)

§ 2º Se, iniciado o processo perante um juiz, houver desclassificação para infração da competência de outro, a este será remetido o processo, salvo se mais graduada for a jurisdição do primeiro, que, em tal caso, terá sua competência prorrogada.

§ 3º Se o juiz da pronúncia desclassificar a infração para outra atribuída à competência de juiz singular, observar-se-á o disposto no art. 410; mas, se a desclassificação for feita pelo próprio Tribunal do Júri, a seu presidente caberá proferir a sentença (art. 492, § 2º).

CAPÍTULO IV - DA COMPETÊNCIA POR DISTRIBUIÇÃO

Art. 75. A precedência da distribuição fixará a competência quando, na mesma circunscrição judiciária, houver mais de um juiz igualmente competente.

Parágrafo único. A distribuição realizada para o efeito da concessão de fiança ou da decretação de prisão preventiva ou de qualquer diligência anterior à denúncia ou queixa prevenirá a da ação penal.

CAPÍTULO V - DA COMPETÊNCIA POR CONEXÃO OU CONTINÊNCIA

Art. 76. A competência será determinada pela conexão:

I - se, ocorrendo duas ou mais infrações, houverem sido praticadas, ao mesmo tempo, por várias pessoas reunidas, ou por várias pessoas em concurso, embora diverso o tempo e o lugar, ou por várias pessoas, umas contra as outras;

II - se, no mesmo caso, houverem sido umas praticadas para facilitar ou ocultar as outras, ou para conseguir impunidade ou vantagem em relação a qualquer delas;

III - quando a prova de uma infração ou de qualquer de suas circunstâncias elementares influir na prova de outra infração.

Art. 77. A competência será determinada pela continência quando:

I - duas ou mais pessoas forem acusadas pela mesma infração;

II - no caso de infração cometida nas condições previstas nos arts. 51, § 1º, 53, segunda parte, e 54 do Código Penal.

Art. 78. Na determinação da competência por conexão ou continência, serão observadas as seguintes regras: (Redação dada pela Lei nº 263, de 23.2.1948)

I - no concurso entre a competência do júri e a de outro órgão da jurisdição comum, prevalecerá a competência do júri; (Redação dada pela Lei nº 263, de 23.2.1948)

II - no concurso de jurisdições da mesma categoria: (Redação dada pela Lei nº 263, de 23.2.1948)

a) preponderará a do lugar da infração, à qual for cominada a pena mais grave; (Redação dada pela Lei nº 263, de 23.2.1948)

b) prevalecerá a do lugar em que houver ocorrido o maior número de infrações, se as respectivas penas forem de igual gravidade; (Redação dada pela Lei nº 263, de 23.2.1948)

c) firmar-se-á a competência pela prevenção, nos outros casos; (Redação dada pela Lei nº 263, de 23.2.1948)

III - no concurso de jurisdições de diversas categorias, predominará a de maior graduação; (Redação dada pela Lei nº 263, de 23.2.1948)

IV - no concurso entre a jurisdição comum e a especial, prevalecerá esta. (Redação dada pela Lei nº 263, de 23.2.1948)

Art. 79. A conexão e a continência importarão unidade de processo e julgamento, salvo:

I - no concurso entre a jurisdição comum e a militar;

II - no concurso entre a jurisdição comum e a do juízo de menores.

§ 1º Cessará, em qualquer caso, a unidade do processo, se, em relação a algum co-réu, sobrevier o caso previsto no art. 152.

§ 2º A unidade do processo não importará a do julgamento, se houver co-réu foragido que não possa ser julgado à revelia, ou ocorrer a hipótese do art. 461.

Art. 80. Será facultativa a separação dos processos quando as infrações tiverem sido praticadas em circunstâncias de tempo ou de lugar diferentes, ou, quando pelo excessivo número de acusados e para não lhes prolongar a prisão provisória, ou por outro motivo relevante, o juiz reputar conveniente a separação.

Art. 81. Verificada a reunião dos processos por conexão ou continência, ainda que no processo da sua competência própria venha o juiz ou tribunal a proferir sentença absolutória ou que desclassifique a infração para outra que não se inclua na sua competência, continuará competente em relação aos demais processos.

Parágrafo único. Reconhecida inicialmente ao júri a competência por conexão ou continência, o juiz, se vier a desclassificar a infração ou impronunciar ou absolver o acusado, de maneira que exclua a competência do júri, remeterá o processo ao juízo competente.

Art. 82. Se, não obstante a conexão ou continência, forem instaurados processos diferentes, a autoridade de jurisdição prevalente deverá avocar os processos que corram perante os outros juízes, salvo se já estiverem com sentença definitiva. Neste caso, a unidade dos processos só se dará, ulteriormente, para o efeito de soma ou de unificação das penas.

CAPÍTULO VI - DA COMPETÊNCIA POR PREVENÇÃO

Art. 83. Verificar-se-á a competência por prevenção toda vez que, concorrendo dois ou mais juízes igualmente competentes ou com jurisdição cumulativa, um deles tiver antecedido aos outros na prática de algum ato do processo ou de medida a este relativa, ainda que anterior ao oferecimento da denúncia ou da queixa (arts. 70, § 3º, 71, 72, § 2º, e 78, II, c).

CAPÍTULO VII - DA COMPETÊNCIA PELA PRERROGATIVA DE FUNÇÃO

Art. 84. A competência pela prerrogativa de função é do Supremo Tribunal Federal, do Superior Tribunal de Justiça, dos Tribunais Regionais Federais e Tribunais de Justiça dos Estados e do Distrito Federal, relativamente às pessoas que devam responder perante eles por crimes comuns e de responsabilidade. (Redação dada pela Lei nº 10.628, de 24.12.2002)

§ 1º (Vide ADIN nº 2797)

§ 2º (Vide ADIN nº 2797)

Art. 85. Nos processos por crime contra a honra, em que forem querelantes as pessoas que a Constituição sujeita à jurisdição do Supremo Tribunal Federal e dos Tribunais de Apelação, àquele ou a estes caberá o julgamento, quando oposta e admitida a exceção da verdade.

Art. 86. Ao Supremo Tribunal Federal competirá, privativamente, processar e julgar:

I - os seus ministros, nos crimes comuns;

II - os ministros de Estado, salvo nos crimes conexos com os do Presidente da República;

III - o procurador-geral da República, os desembargadores dos Tribunais de Apelação, os ministros do Tribunal de Contas e os embaixadores e ministros diplomáticos, nos crimes comuns e de responsabilidade.

Art. 87. Competirá, originariamente, aos Tribunais de Apelação o julgamento dos governadores ou interventores nos Estados ou Territórios, e prefeito do Distrito Federal, seus respectivos secretários e chefes de Polícia, juízes de instância inferior e órgãos do Ministério Público.

CAPÍTULO VIII - DISPOSIÇÕES ESPECIAIS

Art. 88. No processo por crimes praticados fora do território brasileiro, será competente o juízo da Capital do Estado onde houver por último residido o acusado. Se este nunca tiver residido no Brasil, será competente o juízo da Capital da República.

Art. 89. Os crimes cometidos em qualquer embarcação nas águas territoriais da República, ou nos rios e lagos fronteiriços, bem como a bordo de embarcações nacionais, em alto-mar, serão processados e julgados pela justiça do primeiro porto brasileiro em que tocar a embarcação, após o crime, ou, quando se afastar do País, pela do último em que houver tocado.

Art. 90. Os crimes praticados a bordo de aeronave nacional, dentro do espaço aéreo correspondente ao território brasileiro, ou ao alto-mar, ou a bordo de aeronave estrangeira, dentro do espaço aéreo correspondente ao território nacional, serão processados e julgados pela justiça da comarca em cujo território se verificar o pouso após o crime, ou pela da comarca de onde houver partido a aeronave.

Art. 91. Quando incerta e não se determinar de acordo com as normas estabelecidas nos arts. 89 e 90, a competência se firmará pela prevenção. (Redação dada pela Lei nº 4.893, de 9.12.1965)

TÍTULO VI - DAS QUESTÕES E PROCESSOS INCIDENTES

CAPÍTULO I - DAS QUESTÕES PREJUDICIAIS

Art. 92. Se a decisão sobre a existência da infração depender da solução de controvérsia, que o juiz repute séria e fundada, sobre o estado civil das pessoas, o curso da ação penal ficará suspenso até que no juízo cível seja a controvérsia dirimida por sentença passada em julgado, sem prejuízo, entretanto, da inquirição das testemunhas e de outras provas de natureza urgente.

Parágrafo único. Se for o crime de ação pública, o Ministério Público, quando necessário, promoverá a ação civil ou prosseguirá na que tiver sido iniciada, com a citação dos interessados.

Art. 93. Se o reconhecimento da existência da infração penal depender de decisão sobre questão diversa da prevista no artigo anterior, da competência do juízo cível, e se neste houver sido proposta ação para resolvê-la, o juiz criminal poderá, desde que essa questão seja de difícil solução e não verse sobre direito cuja prova a lei civil limite, suspender o curso do processo, após a inquirição das testemunhas e realização das outras provas de natureza urgente.

§ 1º O juiz marcará o prazo da suspensão, que poderá ser razoavelmente prorrogado, se a demora não for imputável à parte. Expirado o prazo, sem que o juiz cível tenha proferido decisão, o juiz criminal fará prosseguir o processo, retomando sua competência para resolver, de fato e de direito, toda a matéria da acusação ou da defesa.

§ 2º Do despacho que denegar a suspensão não caberá recurso.

§ 3º Suspenso o processo, e tratando-se de crime de ação pública, incumbirá ao Ministério Público intervir imediatamente na causa cível, para o fim de promover-lhe o rápido andamento.

Art. 94. A suspensão do curso da ação penal, nos casos dos artigos anteriores, será decretada pelo juiz, de ofício ou a requerimento das partes.

CAPÍTULO II - DAS EXCEÇÕES

Art. 95. Poderão ser opostas as exceções de:
I - suspeição;
II - incompetência de juízo;
III - litispendência;
IV - ilegitimidade de parte;
V - coisa julgada.

Art. 96. A argüição de suspeição precederá a qualquer outra, salvo quando fundada em motivo superveniente.

Art. 97. O juiz que espontaneamente afirmar suspeição deverá fazê-lo por escrito, declarando o motivo legal, e remeterá imediatamente o processo ao seu substituto, intimadas as partes.

Art. 98. Quando qualquer das partes pretender recusar o juiz, deverá fazê-lo em petição assinada por ela própria ou por procurador com poderes especiais, aduzindo as suas razões acompanhadas de prova documental ou do rol de testemunhas.

Art. 99. Se reconhecer a suspeição, o juiz sustará a marcha do processo, mandará juntar aos autos a petição do recusante com os documentos que a instruam, e por despacho se declarará suspeito, ordenando a remessa dos autos ao substituto.

Art. 100. Não aceitando a suspeição, o juiz mandará autuar em apartado a petição, dará sua resposta dentro em três dias, podendo instruí-la e oferecer testemunhas, e, em seguida, determinará sejam os autos da exceção remetidos, dentro em 24 vinte e quatro horas, ao juiz ou tribunal a quem competir o julgamento.

§ 1º Reconhecida, preliminarmente, a relevância da argüição, o juiz ou tribunal, com citação das partes, marcará dia e hora para a inquirição das testemunhas, seguindo-se o julgamento, independentemente de mais alegações.

§ 2º Se a suspeição for de manifesta improcedência, o juiz ou relator a rejeitará liminarmente.

Art. 101. Julgada procedente a suspeição, ficarão nulos os atos do processo principal, pagando o juiz as custas, no caso de erro inescusável; rejeitada, evidenciando-se a malícia do excipiente, a este será imposta a multa de duzentos mil-réis a dois contos de réis.

Art. 102. Quando a parte contrária reconhecer a procedência da argüição, poderá ser sustado, a seu requerimento, o processo principal, até que se julgue o incidente da suspeição.

Art. 103. No Supremo Tribunal Federal e nos Tribunais de Apelação, o juiz que se julgar suspeito deverá declará-lo nos autos e, se for revisor, passar o feito ao seu substituto na ordem da precedência, ou, se for relator, apresentar os autos em mesa para nova distribuição.

§ 1º Se não for relator nem revisor, o juiz que houver de dar-se por suspeito, deverá fazê-lo verbalmente, na sessão de julgamento, registrando-se na ata a declaração.

§ 2º Se o presidente do tribunal se der por suspeito, competirá ao seu substituto designar dia para o julgamento e presidi-lo.

§ 3º Observar-se-á, quanto à argüição de suspeição pela parte, o disposto nos arts. 98 a 101, no que lhe for aplicável, atendido, se o juiz a reconhecer, o que estabelece este artigo.

§ 4º A suspeição, não sendo reconhecida, será julgada pelo tribunal pleno, funcionando como relator o presidente.

§ 5º Se o recusado for o presidente do tribunal, o relator será o vice-presidente.

Art. 104. Se for argüida a suspeição do órgão do Ministério Público, o juiz, depois de ouvi-lo, decidirá, sem recurso, podendo antes admitir a produção de provas no prazo de três dias.

Art. 105. As partes poderão também argüir de suspeitos os peritos, os intérpretes e os serventuários ou funcionários de justiça, decidindo o juiz de plano e sem recurso, à vista da matéria alegada e prova imediata.

Art. 106. A suspeição dos jurados deverá ser argüida oralmente, decidindo de plano do presidente do Tribunal do Júri, que a rejeitará se, negada pelo recusado, não for imediatamente comprovada, o que tudo constará da ata.

Art. 107. Não se poderá opor suspeição às autoridades policiais nos atos do inquérito, mas deverão elas declarar-se suspeitas, quando ocorrer motivo legal.

Art. 108. A exceção de incompetência do juízo poderá ser oposta, verbalmente ou por escrito, no prazo de defesa.

§ 1º Se, ouvido o Ministério Público, for aceita a declinatória, o feito será remetido ao juízo competente, onde, ratificados os atos anteriores, o processo prosseguirá.

§ 2º Recusada a incompetência, o juiz continuará no feito, fazendo tomar por termo a declinatória, se formulada verbalmente.

Art. 109. Se em qualquer fase do processo o juiz reconhecer motivo que o torne incompetente, declará-lo-á nos autos, haja ou não alegação da parte, prosseguindo-se na forma do artigo anterior.

Art. 110. Nas exceções de litispendência, ilegitimidade de parte e coisa julgada, será observado, no que lhes for aplicável, o disposto sobre a exceção de incompetência do juízo.

§ 1º Se a parte houver de opor mais de uma dessas exceções, deverá fazê-lo numa só petição ou articulado.

§ 2º A exceção de coisa julgada somente poderá ser oposta em relação ao fato principal, que tiver sido objeto da sentença.

Art. 111. As exceções serão processadas em autos apartados e não suspenderão, em regra, o andamento da ação penal.

CAPÍTULO III - DAS INCOMPATIBILIDADES E IMPEDIMENTOS

Art. 112. O juiz, o órgão do Ministério Público, os serventuários ou funcionários de justiça e os peritos ou intérpretes abster-se-ão de servir no processo, quando houver incompatibilidade ou impedimento legal, que declararão nos autos. Se não se der a abstenção, a incompatibilidade ou impedimento poderá ser argüido pelas partes, seguindo-se o processo estabelecido para a exceção de suspeição.

CAPÍTULO IV - DO CONFLITO DE JURISDIÇÃO

Art. 113. As questões atinentes à competência resolver-se-ão não só pela exceção própria, como também pelo conflito positivo ou negativo de jurisdição.

Art. 114. Haverá conflito de jurisdição:

I - quando duas ou mais autoridades judiciárias se considerarem competentes, ou incompetentes, para conhecer do mesmo fato criminoso;

II - quando entre elas surgir controvérsia sobre unidade de juízo, junção ou separação de processos.

Art. 115. O conflito poderá ser suscitado:

I - pela parte interessada;

II - pelos órgãos do Ministério Público junto a qualquer dos juízos em dissídio;

III - por qualquer dos juízes ou tribunais em causa.

Art. 116. Os juízes e tribunais, sob a forma de representação, e a parte interessada, sob a de requerimento, darão parte escrita e circunstanciada do conflito, perante o tribunal competente, expondo os fundamentos e juntando os documentos comprobatórios.

§ 1º Quando negativo o conflito, os juízes e tribunais poderão suscitá-lo nos próprios autos do processo.

§ 2º Distribuído o feito, se o conflito for positivo, o relator poderá determinar imediatamente que se suspenda o andamento do processo.

§ 3º Expedida ou não a ordem de suspensão, o relator requisitará informações às autoridades em conflito, remetendo-lhes cópia do requerimento ou representação.

§ 4º As informações serão prestadas no prazo marcado pelo relator.

§ 5º Recebidas as informações, e depois de ouvido o procurador-geral, o conflito será decidido na primeira sessão, salvo se a instrução do feito depender de diligência.

§ 6º Proferida a decisão, as cópias necessárias serão remetidas, para a sua execução, às autoridades contra as quais tiver sido levantado o conflito ou que o houverem suscitado.

Art. 117. O Supremo Tribunal Federal, mediante avocatória, restabelecerá a sua jurisdição, sempre que exercida por qualquer dos juízes ou tribunais inferiores.

CAPÍTULO V - DA RESTITUIÇÃO DAS COISAS APREENDIDAS

Art. 118. Antes de transitar em julgado a sentença final, as coisas apreendidas não poderão ser restituídas enquanto interessarem ao processo.

Art. 119. As coisas a que se referem os arts. 74 e 100 do Código Penal não poderão ser restituídas, mesmo depois de transitar em julgado a sentença final, salvo se pertencerem ao lesado ou a terceiro de boa-fé.

Art. 120. A restituição, quando cabível, poderá ser ordenada pela autoridade policial ou juiz, mediante termo nos autos, desde que não exista dúvida quanto ao direito do reclamante.

§ 1º Se duvidoso esse direito, o pedido de restituição autuar-se-á em apartado, assinando-se ao requerente o prazo de 5 (cinco) dias para a prova. Em tal caso, só o juiz criminal poderá decidir o incidente.

§ 2º O incidente autuar-se-á também em apartado e só a autoridade judicial o resolverá, se as coisas forem apreendidas em poder de terceiro de boa-fé, que será intimado para alegar e provar o seu direito, em prazo igual e sucessivo ao do reclamante, tendo um e outro dois dias para arrazoar.

§ 3º Sobre o pedido de restituição será sempre ouvido o Ministério Público.

§ 4º Em caso de dúvida sobre quem seja o verdadeiro dono, o juiz remeterá as partes para o juízo cível, ordenando o depósito das coisas em mãos de depositário ou do próprio terceiro que as detinha, se for pessoa idônea.

§ 5º Tratando-se de coisas facilmente deterioráveis, serão avaliadas e levadas a leilão público, depositando-se o dinheiro apurado, ou entregues ao terceiro que as detinha, se este for pessoa idônea e assinar termo de responsabilidade.

Art. 121. No caso de apreensão de coisa adquirida com os proventos da infração, aplica-se o disposto no art. 133 e seu parágrafo.

Art. 122. Sem prejuízo do disposto no art. 120, as coisas apreendidas serão alienadas nos termos do disposto no art. 133 deste Código. (Redação dada pela Lei nº 13.964, de 2019)

Parágrafo único. (Revogado). (Redação dada pela Lei nº 13.964, de 2019)

Art. 123. Fora dos casos previstos nos artigos anteriores, se dentro no prazo de 90 dias, a contar da data em que transitar em julgado a sentença final, condenatória ou absolutória, os objetos apreendidos não forem reclamados ou não pertencerem ao réu, serão vendidos em leilão, depositando-se o saldo à disposição do juízo de ausentes.

Art. 124. Os instrumentos do crime, cuja perda em favor da União for decretada, e as coisas confiscadas, de acordo com o disposto no art. 100 do Código Penal, serão inutilizados ou recolhidos a museu criminal, se houver interesse na sua conservação.

Art. 124-A. Na hipótese de decretação de perdimento de obras de arte ou de outros bens de relevante valor cultural ou artístico, se o crime não tiver vítima determinada, poderá haver destinação dos bens a museus públicos. (Incluído pela Lei nº 13.964, de 2019)

CAPÍTULO VI - DAS MEDIDAS ASSECURATÓRIAS

Art. 125. Caberá o seqüestro dos bens imóveis, adquiridos pelo indiciado com os proventos da infração, ainda que já tenham sido transferidos a terceiro.

Art. 126. Para a decretação do seqüestro, bastará a existência de indícios veementes da proveniência ilícita dos bens.

Art. 127. O juiz, de ofício, a requerimento do Ministério Público ou do ofendido, ou mediante representação da autoridade policial, poderá ordenar o seqüestro, em qualquer fase do processo ou ainda antes de oferecida a denúncia ou queixa.

Art. 128. Realizado o seqüestro, o juiz ordenará a sua inscrição no Registro de Imóveis.

Art. 129. O seqüestro autuar-se-á em apartado e admitirá embargos de terceiro.

Art. 130. O seqüestro poderá ainda ser embargado:

I - pelo acusado, sob o fundamento de não terem os bens sido adquiridos com os proventos da infração;

II - pelo terceiro, a quem houverem os bens sido transferidos a título oneroso, sob o fundamento de tê-los adquirido de boa-fé.

Parágrafo único. Não poderá ser pronunciada decisão nesses embargos antes de passar em julgado a sentença condenatória.

Art. 131. O seqüestro será levantado:

I - se a ação penal não for intentada no prazo de sessenta dias, contado da data em que ficar concluída a diligência;

II - se o terceiro, a quem tiverem sido transferidos os bens, prestar caução que assegure a aplicação do disposto no art. 74, II, b, segunda parte, do Código Penal;

III - se for julgada extinta a punibilidade ou absolvido o réu, por sentença transitada em julgado.

Art. 132. Proceder-se-á ao seqüestro dos bens móveis se, verificadas as condições previstas no art. 126, não for cabível a medida regulada no Capítulo XI do Título VII deste Livro.

Art. 133. Transitada em julgado a sentença condenatória, o juiz, de ofício ou a requerimento do interessado ou do Ministério Público, determinará a avaliação e a venda dos bens em leilão público cujo perdimento tenha sido decretado. (Redação dada pela Lei nº 13.964, de 2019)

§ 1º Do dinheiro apurado, será recolhido aos cofres públicos o que não couber ao lesado ou a terceiro de boa-fé. (Incluído pela Lei nº 13.964, de 2019)

§ 2º O valor apurado deverá ser recolhido ao Fundo Penitenciário Nacional, exceto se houver previsão diversa em lei especial. (Incluído pela Lei nº 13.964, de 2019)

Art. 133-A. O juiz poderá autorizar, constatado o interesse público, a utilização de bem sequestrado, apreendido ou sujeito a qualquer medida assecuratória pelos órgãos de segurança pública previstos no art. 144 da Constituição Federal, do sistema prisional, do sistema socioeducativo, da Força Nacional de Segurança Pública e do Instituto Geral de Perícia, para o desempenho de suas atividades. (Incluído pela Lei nº 13.964, de 2019)

§ 1º O órgão de segurança pública participante das ações de investigação ou repressão da infração penal que enseje a constrição do bem terá prioridade na sua utilização. (Incluído pela Lei nº 13.964, de 2019)

§ 2º Fora das hipóteses anteriores, demonstrado o interesse público, o juiz poderá autorizar o uso do bem pelos demais órgãos públicos. (Incluído pela Lei nº 13.964, de 2019)

§ 3º Se o bem a que se refere o caput deste artigo for veículo, embarcação ou aeronave, o juiz ordenará à autoridade de trânsito ou ao órgão de registro e controle a expedição de certificado provisório de registro e licenciamento em favor do órgão público beneficiário, o qual estará isento do pagamento de multas, encargos e tributos anteriores à disponibilização do bem para a sua utilização, que deverão ser cobrados de seu responsável. (Incluído pela Lei nº 13.964, de 2019)

§ 4º Transitada em julgado a sentença penal condenatória com a decretação de perdimento dos bens, ressalvado o direito do lesado ou terceiro de boa-fé, o juiz poderá determinar a transferência definitiva da propriedade ao órgão público beneficiário ao qual foi custodiado o bem. (Incluído pela Lei nº 13.964, de 2019)

Art. 134. A hipoteca legal sobre os imóveis do indiciado poderá ser requerida pelo ofendido em qualquer fase do processo, desde que haja certeza da infração e indícios suficientes da autoria.

Art. 135. Pedida a especialização mediante requerimento, em que a parte estimará o valor da responsabilidade civil, e designará e estimará o imóvel ou imóveis que terão de ficar especialmente hipotecados, o juiz mandará logo proceder ao arbitramento do valor da responsabilidade e à avaliação do imóvel ou imóveis.

§ 1º A petição será instruída com as provas ou indicação das provas em que se fundar a estimação da responsabilidade, com a relação dos imóveis que o responsável possuir, se outros tiver, além dos indicados no requerimento, e com os documentos comprobatórios do domínio.

§ 2º O arbitramento do valor da responsabilidade e a avaliação dos imóveis designados far-se-ão por perito nomeado pelo juiz, onde não houver avaliador judicial, sendo-lhe facultada a consulta dos autos do processo respectivo.

§ 3º O juiz, ouvidas as partes no prazo de dois dias, que correrá em cartório, poderá corrigir o arbitramento do valor da responsabilidade, se lhe parecer excessivo ou deficiente.

§ 4º O juiz autorizará somente a inscrição da hipoteca do imóvel ou imóveis necessários à garantia da responsabilidade.

§ 5º O valor da responsabilidade será liquidado definitivamente após a condenação, podendo ser requerido novo arbitramento se qualquer das partes não se conformar com o arbitramento anterior à sentença condenatória.

§ 6º Se o réu oferecer caução suficiente, em dinheiro ou em títulos de dívida pública, pelo valor de sua cotação em Bolsa, o juiz poderá deixar de mandar proceder à inscrição da hipoteca legal.

Art. 136. O arresto do imóvel poderá ser decretado de início, revogando-se, porém, se no prazo de 15 (quinze) dias não for promovido o processo de inscrição da hipoteca legal. (Redação dada pela Lei nº 11.435, de 2006)

Art. 137. Se o responsável não possuir bens imóveis ou os possuir de valor insuficiente, poderão ser arrestados bens móveis suscetíveis de penhora, nos termos em que é facultada a hipoteca legal dos imóveis. (Redação dada pela Lei nº 11.435, de 2006).

§ 1º Se esses bens forem coisas fungíveis e facilmente deterioráveis, proceder-se-á na forma do § 5º do art. 120.

§ 2º Das rendas dos bens móveis poderão ser fornecidos recursos arbitrados pelo juiz, para a manutenção do indiciado e de sua família.

Art. 138. O processo de especialização da hipoteca e do arresto correrão em auto apartado. (Redação dada pela Lei nº 11.435, de 2006).

Art. 139. O depósito e a administração dos bens arrestados ficarão sujeitos ao regime do processo civil. (Redação dada pela Lei nº 11.435, de 2006).

Art. 140. As garantias do ressarcimento do dano alcançarão também as despesas processuais e as penas pecuniárias, tendo preferência sobre estas a reparação do dano ao ofendido.

Art. 141. O arresto será levantado ou cancelada a hipoteca, se, por sentença irrecorrível, o réu for absolvido ou julgada extinta a punibilidade. (Redação dada pela Lei nº 11.435, de 2006).

Art. 142. Caberá ao Ministério Público promover as medidas estabelecidas nos arts. 134 e 137, se houver interesse da Fazenda Pública, ou se o ofendido for pobre e o requerer.

Art. 143. Passando em julgado a sentença condenatória, serão os autos de hipoteca ou arresto remetidos ao juiz do cível (art. 63). (Redação dada pela Lei nº 11.435, de 2006).

Art. 144. Os interessados ou, nos casos do art. 142, o Ministério Público poderão requerer no juízo cível, contra o responsável civil, as medidas previstas nos arts. 134, 136 e 137.

Art. 144-A. O juiz determinará a alienação antecipada para preservação do valor dos bens sempre que estiverem sujeitos a qualquer grau de deterioração ou depreciação, ou quando houver dificuldade para sua manutenção. (Incluído pela Lei nº 12.694, de 2012)

§ 1º O leilão far-se-á preferencialmente por meio eletrônico. (Incluído pela Lei nº 12.694, de 2012)

§ 2º Os bens deverão ser vendidos pelo valor fixado na avaliação judicial ou por valor maior. Não alcançado o valor estipu-

lado pela administração judicial, será realizado novo leilão, em até 10 (dez) dias contados da realização do primeiro, podendo os bens ser alienados por valor não inferior a 80% (oitenta por cento) do estipulado na avaliação judicial. (Incluído pela Lei nº 12.694, de 2012)

§ 3º O produto da alienação ficará depositado em conta vinculada ao juízo até a decisão final do processo, procedendo-se à sua conversão em renda para a União, Estado ou Distrito Federal, no caso de condenação, ou, no caso de absolvição, à sua devolução ao acusado. (Incluído pela Lei nº 12.694, de 2012)

§ 4º Quando a indisponibilidade recair sobre dinheiro, inclusive moeda estrangeira, títulos, valores mobiliários ou cheques emitidos como ordem de pagamento, o juízo determinará a conversão do numerário apreendido em moeda nacional corrente e o depósito das correspondentes quantias em conta judicial. (Incluído pela Lei nº 12.694, de 2012)

§ 5º No caso da alienação de veículos, embarcações ou aeronaves, o juiz ordenará à autoridade de trânsito ou ao equivalente órgão de registro e controle a expedição de certificado de registro e licenciamento em favor do arrematante, ficando este livre do pagamento de multas, encargos e tributos anteriores, sem prejuízo de execução fiscal em relação ao antigo proprietário. (Incluído pela Lei nº 12.694, de 2012)

§ 6º O valor dos títulos da dívida pública, das ações das sociedades e dos títulos de crédito negociáveis em bolsa será o da cotação oficial do dia, provada por certidão ou publicação no órgão oficial. (Incluído pela Lei nº 12.694, de 2012)

§ 7º (VETADO). (Incluído pela Lei nº 12.694, de 2012)

CAPÍTULO VII - DO INCIDENTE DE FALSIDADE

Art. 145. Argüida, por escrito, a falsidade de documento constante dos autos, o juiz observará o seguinte processo:

I - mandará autuar em apartado a impugnação, e em seguida ouvirá a parte contrária, que, no prazo de 48 horas, oferecerá resposta;

II - assinará o prazo de três dias, sucessivamente, a cada uma das partes, para prova de suas alegações;

III - conclusos os autos, poderá ordenar as diligências que entender necessárias;

IV - se reconhecida a falsidade por decisão irrecorrível, mandará desentranhar o documento e remetê-lo, com os autos do processo incidente, ao Ministério Público.

Art. 146. A argüição de falsidade, feita por procurador, exige poderes especiais.

Art. 147. O juiz poderá, de ofício, proceder à verificação da falsidade.

Art. 148. Qualquer que seja a decisão, não fará coisa julgada em prejuízo de ulterior processo penal ou civil.

CAPÍTULO VIII - DA INSANIDADE MENTAL DO ACUSADO

Art. 149. Quando houver dúvida sobre a integridade mental do acusado, o juiz ordenará, de ofício ou a requerimento do Ministério Público, do defensor, do curador, do ascendente, descendente, irmão ou cônjuge do acusado, seja este submetido a exame médico-legal.

§ 1º O exame poderá ser ordenado ainda na fase do inquérito, mediante representação da autoridade policial ao juiz competente.

§ 2º O juiz nomeará curador ao acusado, quando determinar o exame, ficando suspenso o processo, se já iniciada a ação penal, salvo quanto às diligências que possam ser prejudicadas pelo adiamento.

Art. 150. Para o efeito do exame, o acusado, se estiver preso, será internado em manicômio judiciário, onde houver, ou, se estiver solto, e o requererem os peritos, em estabelecimento adequado que o juiz designar.

§ 1º O exame não durará mais de quarenta e cinco dias, salvo se os peritos demonstrarem a necessidade de maior prazo.

§ 2º Se não houver prejuízo para a marcha do processo, o juiz poderá autorizar sejam os autos entregues aos peritos, para facilitar o exame.

Art. 151. Se os peritos concluírem que o acusado era, ao tempo da infração, irresponsável nos termos do art. 22 do Código Penal, o processo prosseguirá, com a presença do curador.

Art. 152. Se se verificar que a doença mental sobreveio à infração o processo continuará suspenso até que o acusado se restabeleça, observado o § 2º do art. 149.

§ 1º O juiz poderá, nesse caso, ordenar a internação do acusado em manicômio judiciário ou em outro estabelecimento adequado.

§ 2º O processo retomará o seu curso, desde que se restabeleça o acusado, ficando-lhe assegurada a faculdade de reinquirir as testemunhas que houverem prestado depoimento sem a sua presença.

Art. 153. O incidente da insanidade mental processar-se-á em auto apartado, que só depois da apresentação do laudo, será apenso ao processo principal.

Art. 154. Se a insanidade mental sobrevier no curso da execução da pena, observar-se-á o disposto no art. 682.

TÍTULO VII - DA PROVA
CAPÍTULO I - DISPOSIÇÕES GERAIS

Art. 155. O juiz formará sua convicção pela livre apreciação da prova produzida em contraditório judicial, não podendo fundamentar sua decisão exclusivamente nos elementos informativos colhidos na investigação, ressalvadas as provas cautelares, não repetíveis e antecipadas. (Redação dada pela Lei nº 11.690, de 2008)

Parágrafo único. Somente quanto ao estado das pessoas serão observadas as restrições estabelecidas na lei civil. (Incluído pela Lei nº 11.690, de 2008)

Art. 156. A prova da alegação incumbirá a quem a fizer, sendo, porém, facultado ao juiz de ofício: (Redação dada pela Lei nº 11.690, de 2008)

I - ordenar, mesmo antes de iniciada a ação penal, a produção antecipada de provas consideradas urgentes e relevantes, observando a necessidade, adequação e proporcionalidade da medida; (Incluído pela Lei nº 11.690, de 2008)

II - determinar, no curso da instrução, ou antes de proferir sentença, a realização de diligências para dirimir dúvida sobre ponto relevante. (Incluído pela Lei nº 11.690, de 2008)

Art. 157. São inadmissíveis, devendo ser desentranhadas do processo, as provas ilícitas, assim entendidas as obtidas em violação a normas constitucionais ou legais. (Redação dada pela Lei nº 11.690, de 2008)

§ 1º São também inadmissíveis as provas derivadas das ilícitas, salvo quando não evidenciado o nexo de causalidade entre umas e outras, ou quando as derivadas puderem ser obtidas por uma fonte independente das primeiras. (Incluído pela Lei nº 11.690, de 2008)

§ 2º Considera-se fonte independente aquela que por si só, seguindo os trâmites típicos e de praxe, próprios da investigação ou instrução criminal, seria capaz de conduzir ao fato objeto da prova. (Incluído pela Lei nº 11.690, de 2008)

§ 3º Preclusa a decisão de desentranhamento da prova declarada inadmissível, esta será inutilizada por decisão judicial, facultado às partes acompanhar o incidente. (Incluído pela Lei nº 11.690, de 2008)

§ 4º (VETADO) (Incluído pela Lei nº 11.690, de 2008)

§ 5º O juiz que conhecer do conteúdo da prova declarada inadmissível não poderá proferir a sentença ou acórdão. (Incluído pela Lei nº 13.964, de 2019)

CAPÍTULO II - DO EXAME DE CORPO DE DELITO, DA CADEIA DE CUSTÓDIA E DAS PERÍCIAS EM GERAL

(Redação dada pela Lei nº 13.964, de 2019)

Art. 158. Quando a infração deixar vestígios, será indispensável o exame de corpo de delito, direto ou indireto, não podendo supri-lo a confissão do acusado.

Parágrafo único. Dar-se-á prioridade à realização do exame de corpo de delito quando se tratar de crime que envolva: (Incluído dada pela Lei nº 13.721, de 2018)

I - violência doméstica e familiar contra mulher; (Incluído dada pela Lei nº 13.721, de 2018)

II - violência contra criança, adolescente, idoso ou pessoa com deficiência. (Incluído dada pela Lei nº 13.721, de 2018)

Art. 158-A. Considera-se cadeia de custódia o conjunto de todos os procedimentos utilizados para manter e documentar a história cronológica do vestígio coletado em locais ou em vítimas de crimes, para rastrear sua posse e manuseio a partir de seu reconhecimento até o descarte. (Incluído pela Lei nº 13.964, de 2019)

§ 1º O início da cadeia de custódia dá-se com a preservação do local de crime ou com procedimentos policiais ou periciais nos quais seja detectada a existência de vestígio. (Incluído pela Lei nº 13.964, de 2019)

§ 2º O agente público que reconhecer um elemento como de potencial interesse para a produção da prova pericial fica responsável por sua preservação. (Incluído pela Lei nº 13.964, de 2019)

§ 3º Vestígio é todo objeto ou material bruto, visível ou latente, constatado ou recolhido, que se relaciona à infração penal. (Incluído pela Lei nº 13.964, de 2019)

Art. 158-B. A cadeia de custódia compreende o rastreamento do vestígio nas seguintes etapas: (Incluído pela Lei nº 13.964, de 2019)

I - reconhecimento: ato de distinguir um elemento como de potencial interesse para a produção da prova pericial; (Incluído pela Lei nº 13.964, de 2019)

II - isolamento: ato de evitar que se altere o estado das coisas, devendo isolar e preservar o ambiente imediato, mediato e relacionado aos vestígios e local de crime; (Incluído pela Lei nº 13.964, de 2019)

III - fixação: descrição detalhada do vestígio conforme se encontra no local de crime ou no corpo de delito, e a sua posição na área de exames, podendo ser ilustrada por fotografias, filmagens ou croqui, sendo indispensável a sua descrição no laudo pericial produzido pelo perito responsável pelo atendimento; (Incluído pela Lei nº 13.964, de 2019)

IV - coleta: ato de recolher o vestígio que será submetido à análise pericial, respeitando suas características e natureza; (Incluído pela Lei nº 13.964, de 2019)

V - acondicionamento: procedimento por meio do qual cada vestígio coletado é embalado de forma individualizada, de acordo com suas características físicas, químicas e biológicas, para posterior análise, com anotação da data, hora e nome de quem realizou a coleta e o acondicionamento; (Incluído pela Lei nº 13.964, de 2019)

VI - transporte: ato de transferir o vestígio de um local para o outro, utilizando as condições adequadas (embalagens, veículos, temperatura, entre outras), de modo a garantir a manutenção de suas características originais, bem como o controle de sua posse; (Incluído pela Lei nº 13.964, de 2019)

VII - recebimento: ato formal de transferência da posse do vestígio, que deve ser documentado com, no mínimo, informações referentes ao número de procedimento e unidade de polícia judiciária relacionada, local de origem, nome de quem transportou o vestígio, código de rastreamento, natureza do exame, tipo do vestígio, protocolo, assinatura e identificação de quem o recebeu; (Incluído pela Lei nº 13.964, de 2019)

VIII - processamento: exame pericial em si, manipulação do vestígio de acordo com a metodologia adequada às suas características biológicas, físicas e químicas, a fim de se obter o resultado desejado, que deverá ser formalizado em laudo produzido por perito; (Incluído pela Lei nº 13.964, de 2019)

IX - armazenamento: procedimento referente à guarda, em condições adequadas, do material a ser processado, guardado para realização de contraperícia, descartado ou transportado, com vinculação ao número do laudo correspondente; (Incluído pela Lei nº 13.964, de 2019)

X - descarte: procedimento referente à liberação do vestígio, respeitando a legislação vigente e, quando pertinente, mediante autorização judicial. (Incluído pela Lei nº 13.964, de 2019)

Art. 158-C. A coleta dos vestígios deverá ser realizada preferencialmente por perito oficial, que dará o encaminhamento necessário para a central de custódia, mesmo quando for necessária a realização de exames complementares. (Incluído pela Lei nº 13.964, de 2019)

§ 1º Todos vestígios coletados no decurso do inquérito ou processo devem ser tratados como descrito nesta Lei, ficando órgão central de perícia oficial de natureza criminal responsável por detalhar a forma do seu cumprimento. (Incluído pela Lei nº 13.964, de 2019)

§ 2º É proibida a entrada em locais isolados bem como a remoção de quaisquer vestígios de locais de crime antes da liberação por parte do perito responsável, sendo tipificada como fraude processual a sua realização. (Incluído pela Lei nº 13.964, de 2019)

Art. 158-D. O recipiente para acondicionamento do vestígio será determinado pela natureza do material. (Incluído pela Lei nº 13.964, de 2019)

§ 1º Todos os recipientes deverão ser selados com lacres, com numeração individualizada, de forma a garantir a inviolabilidade e a idoneidade do vestígio durante o transporte. (Incluído pela Lei nº 13.964, de 2019)

§ 2º O recipiente deverá individualizar o vestígio, preservar suas características, impedir contaminação e vazamento, ter grau de resistência adequado e espaço para registro de informações sobre seu conteúdo. (Incluído pela Lei nº 13.964, de 2019)

§ 3º O recipiente só poderá ser aberto pelo perito que vai proceder à análise e, motivadamente, por pessoa autorizada. (Incluído pela Lei nº 13.964, de 2019)

§ 4º Após cada rompimento de lacre, deve se fazer constar na ficha de acompanhamento de vestígio o nome e a matrícula do responsável, a data, o local, a finalidade, bem como as informações referentes ao novo lacre utilizado. (Incluído pela Lei nº 13.964, de 2019)

§ 5º O lacre rompido deverá ser acondicionado no interior do novo recipiente. (Incluído pela Lei nº 13.964, de 2019)

Art. 158-E. Todos os Institutos de Criminalística deverão ter uma central de custódia destinada à guarda e controle dos vestígios, e sua gestão deve ser vinculada diretamente ao órgão central de perícia oficial de natureza criminal. (Incluído pela Lei nº 13.964, de 2019)

§ 1º Toda central de custódia deve possuir os serviços de protocolo, com local para conferência, recepção, devolução de materiais e documentos, possibilitando a seleção, a classificação e a distribuição de materiais, devendo ser um espaço seguro e apresentar condições ambientais que não interfiram nas características do vestígio. (Incluído pela Lei nº 13.964, de 2019)

§ 2º Na central de custódia, a entrada e a saída de vestígio deverão ser protocoladas, consignando-se informações sobre a ocorrência no inquérito que a eles se relacionam. (Incluído pela Lei nº 13.964, de 2019)

§ 3º Todas as pessoas que tiverem acesso ao vestígio armazenado deverão ser identificadas e deverão ser registradas a data e a hora do acesso. (Incluído pela Lei nº 13.964, de 2019)

§ 4º Por ocasião da tramitação do vestígio armazenado, todas as ações deverão ser registradas, consignando-se a identificação do responsável pela tramitação, a destinação, a data e horário da ação. (Incluído pela Lei nº 13.964, de 2019)

Art. 158-F. Após a realização da perícia, o material deverá ser devolvido à central de custódia, devendo nela permanecer. (Incluído pela Lei nº 13.964, de 2019)

Parágrafo único. Caso a central de custódia não possua espaço ou condições de armazenar determinado material, deverá a autoridade policial ou judiciária determinar as condições de depósito do referido material em local diverso, mediante requerimento do diretor do órgão central de perícia oficial de natureza criminal. (Incluído pela Lei nº 13.964, de 2019)

Art. 159. O exame de corpo de delito e outras perícias serão realizados por perito oficial, portador de diploma de curso superior. (Redação dada pela Lei nº 11.690, de 2008)

§ 1º Na falta de perito oficial, o exame será realizado por 2 (duas) pessoas idôneas, portadoras de diploma de curso superior preferencialmente na área específica, dentre as que tiverem habilitação técnica relacionada com a natureza do exame. (Redação dada pela Lei nº 11.690, de 2008)

§ 2º Os peritos não oficiais prestarão o compromisso de bem e fielmente desempenhar o encargo. (Redação dada pela Lei nº 11.690, de 2008)

§ 3º Serão facultadas ao Ministério Público, ao assistente de acusação, ao ofendido, ao querelante e ao acusado a formulação de quesitos e indicação de assistente técnico. (Incluído pela Lei nº 11.690, de 2008)

§ 4º O assistente técnico atuará a partir de sua admissão pelo juiz e após a conclusão dos exames e elaboração do laudo pelos peritos oficiais, sendo as partes intimadas desta decisão. (Incluído pela Lei nº 11.690, de 2008)

§ 5º Durante o curso do processo judicial, é permitido às partes, quanto à perícia: (Incluído pela Lei nº 11.690, de 2008)

I - requerer a oitiva dos peritos para esclarecerem a prova ou para responderem a quesitos, desde que o mandado de intimação e os quesitos ou questões a serem esclarecidas sejam encaminhados com antecedência mínima de 10 (dez) dias, podendo apresentar as respostas em laudo complementar; (Incluído pela Lei nº 11.690, de 2008)

II - indicar assistentes técnicos que poderão apresentar pareceres em prazo a ser fixado pelo juiz ou ser inquiridos em audiência. (Incluído pela Lei nº 11.690, de 2008)

§ 6º Havendo requerimento das partes, o material probatório que serviu de base à perícia será disponibilizado no ambiente do órgão oficial, que manterá sempre sua guarda, e na presença de perito oficial, para exame pelos assistentes, salvo se for impossível a sua conservação. (Incluído pela Lei nº 11.690, de 2008)

§ 7º Tratando-se de perícia complexa que abranja mais de uma área de conhecimento especializado, poder-se-á designar a atuação de mais de um perito oficial, e a parte indicar mais de um assistente técnico. (Incluído pela Lei nº 11.690, de 2008)

Art. 160. Os peritos elaborarão o laudo pericial, onde descreverão minuciosamente o que examinarem, e responderão aos quesitos formulados. (Redação dada pela Lei nº 8.862, de 28.3.1994)

Parágrafo único. O laudo pericial será elaborado no prazo máximo de 10 dias, podendo este prazo ser prorrogado, em casos excepcionais, a requerimento dos peritos. (Redação dada pela Lei nº 8.862, de 28.3.1994)

Art. 161. O exame de corpo de delito poderá ser feito em qualquer dia e a qualquer hora.

Art. 162. A autópsia será feita pelo menos seis horas depois do óbito, salvo se os peritos, pela evidência dos sinais de morte, julgarem que possa ser feita antes daquele prazo, o que declararão no auto.

Parágrafo único. Nos casos de morte violenta, bastará o simples exame externo do cadáver, quando não houver infração penal que apurar, ou quando as lesões externas permitirem precisar a causa da morte e não houver necessidade de exame interno para a verificação de alguma circunstância relevante.

Art. 163. Em caso de exumação para exame cadavérico, a autoridade providenciará para que, em dia e hora previamente marcados, se realize a diligência, da qual se lavrará auto circunstanciado.

Parágrafo único. O administrador de cemitério público ou particular indicará o lugar da sepultura, sob pena de desobediência. No caso de recusa ou de falta de quem indique a sepultura, ou de encontrar-se o cadáver em lugar não destinado a inumações, a autoridade procederá às pesquisas necessárias, o que tudo constará do auto.

Art. 164. Os cadáveres serão sempre fotografados na posição em que forem encontrados, bem como, na medida do possível, todas as lesões externas e vestígios deixados no local do crime. (Redação dada pela Lei nº 8.862, de 28.3.1994)

Art. 165. Para representar as lesões encontradas no cadáver, os peritos, quando possível, juntarão ao laudo do exame provas fotográficas, esquemas ou desenhos, devidamente rubricados.

Art. 166. Havendo dúvida sobre a identidade do cadáver exumado, proceder-se-á ao reconhecimento pelo Instituto de Identificação e Estatística ou repartição congênere ou pela inquirição de testemunhas, lavrando-se auto de reconhecimento e de identidade, no qual se descreverá o cadáver, com todos os sinais e indicações.

Parágrafo único. Em qualquer caso, serão arrecadados e autenticados todos os objetos encontrados, que possam ser úteis para a identificação do cadáver.

Art. 167. Não sendo possível o exame de corpo de delito, por haverem desaparecido os vestígios, a prova testemunhal poderá suprir-lhe a falta.

Art. 168. Em caso de lesões corporais, se o primeiro exame pericial tiver sido incompleto, proceder-se-á a exame complementar por determinação da autoridade policial ou judiciária, de ofício, ou a requerimento do Ministério Público, do ofendido ou do acusado, ou de seu defensor.

§ 1º No exame complementar, os peritos terão presente o auto de corpo de delito, a fim de suprir-lhe a deficiência ou retificá-lo.

§ 2º Se o exame tiver por fim precisar a classificação do delito no art. 129, § 1º, I, do Código Penal, deverá ser feito logo que decorra o prazo de 30 dias, contado da data do crime.

§ 3º A falta de exame complementar poderá ser suprida pela prova testemunhal.

Art. 169. Para o efeito de exame do local onde houver sido praticada a infração, a autoridade providenciará imediatamente para que não se altere o estado das coisas até a chegada dos peritos, que poderão instruir seus laudos com fotografias, desenhos ou esquemas elucidativos. (Vide Lei nº 5.970, de 1973)

Parágrafo único. Os peritos registrarão, no laudo, as alterações do estado das coisas e discutirão, no relatório, as conseqüências dessas alterações na dinâmica dos fatos. (Incluído pela Lei nº 8.862, de 28.3.1994)

Art. 170. Nas perícias de laboratório, os peritos guardarão material suficiente para a eventualidade de nova perícia. Sempre que conveniente, os laudos serão ilustrados com provas fotográficas, ou microfotográficas, desenhos ou esquemas.

Art. 171. Nos crimes cometidos com destruição ou rompimento de obstáculo a subtração da coisa, ou por meio de escalada, os peritos, além de descrever os vestígios, indicarão com que instrumentos, por que meios e em que época presumem ter sido o fato praticado.

Art. 172. Proceder-se-á, quando necessário, à avaliação de coisas destruídas, deterioradas ou que constituam produto do crime.

Parágrafo único. Se impossível a avaliação direta, os peritos procederão à avaliação por meio dos elementos existentes nos autos e dos que resultarem de diligências.

Art. 173. No caso de incêndio, os peritos verificarão a causa e o lugar em que houver começado, o perigo que dele tiver resultado para a vida ou para o patrimônio alheio, a extensão do dano e o seu valor e as demais circunstâncias que interessarem à elucidação do fato.

Art. 174. No exame para o reconhecimento de escritos, por comparação de letra, observar-se-á o seguinte:

I - a pessoa a quem se atribua ou se possa atribuir o escrito será intimada para o ato, se for encontrada;

II - para a comparação, poderão servir quaisquer documentos que a dita pessoa reconhecer ou já tiverem sido judicialmente reconhecidos como de seu punho, ou sobre cuja autenticidade não houver dúvida;

III - a autoridade, quando necessário, requisitará, para o exame, os documentos que existirem em arquivos ou estabelecimentos públicos, ou nestes realizará a diligência, se daí não puderem ser retirados;

IV - quando não houver escritos para a comparação ou forem insuficientes os exibidos, a autoridade mandará que a pessoa escreva o que lhe for ditado. Se estiver ausente a pessoa, mas em lugar certo, esta última diligência poderá ser feita por precatória, em que se consignarão as palavras que a pessoa será intimada a escrever.

Art. 175. Serão sujeitos a exame os instrumentos empregados para a prática da infração, a fim de se lhes verificar a natureza e a eficiência.

Art. 176. A autoridade e as partes poderão formular quesitos até o ato da diligência.

Art. 177. No exame por precatória, a nomeação dos peritos far-se-á no juízo deprecado. Havendo, porém, no caso de ação privada, acordo das partes, essa nomeação poderá ser feita pelo juiz deprecante.

Parágrafo único. Os quesitos do juiz e das partes serão transcritos na precatória.

Art. 178. No caso do art. 159, o exame será requisitado pela autoridade ao diretor da repartição, juntando-se ao processo o laudo assinado pelos peritos.

Art. 179. No caso do § 1º do art. 159, o escrivão lavrará o auto respectivo, que será assinado pelos peritos e, se presente ao exame, também pela autoridade.

Parágrafo único. No caso do art. 160, parágrafo único, o laudo, que poderá ser datilografado, será subscrito e rubricado em suas folhas por todos os peritos.

Art. 180. Se houver divergência entre os peritos, serão consignadas no auto do exame as declarações e respostas de um e de outro, ou cada um redigirá separadamente o seu laudo, e a autoridade nomeará um terceiro; se este divergir de ambos, a autoridade poderá mandar proceder a novo exame por outros peritos.

Art. 181. No caso de inobservância de formalidades, ou no caso de omissões, obscuridades ou contradições, a autoridade judiciária mandará suprir a formalidade, complementar ou esclarecer o laudo. (Redação dada pela Lei nº 8.862, de 28.3.1994)

Parágrafo único. A autoridade poderá também ordenar que se proceda a novo exame, por outros peritos, se julgar conveniente.

Art. 182. O juiz não ficará adstrito ao laudo, podendo aceitá-lo ou rejeitá-lo, no todo ou em parte.

Art. 183. Nos crimes em que não couber ação pública, observar-se-á o disposto no art. 19.

Art. 184. Salvo o caso de exame de corpo de delito, o juiz ou a autoridade policial negará a perícia requerida pelas partes, quando não for necessária ao esclarecimento da verdade.

CAPÍTULO III - DO INTERROGATÓRIO DO ACUSADO

Art. 185. O acusado que comparecer perante a autoridade judiciária, no curso do processo penal, será qualificado e interrogado na presença de seu defensor, constituído ou nomeado. (Redação dada pela Lei nº 10.792, de 1º.12.2003)

§ 1º O interrogatório do réu preso será realizado, em sala própria, no estabelecimento em que estiver recolhido, desde que estejam garantidas a segurança do juiz, do membro do Ministério Público e dos auxiliares bem como a presença do defensor e a publicidade do ato. (Redação dada pela Lei nº 11.900, de 2009)

§ 2º Excepcionalmente, o juiz, por decisão fundamentada, de ofício ou a requerimento das partes, poderá realizar o interrogatório do réu preso por sistema de videoconferência ou outro recurso tecnológico de transmissão de sons e imagens em tempo real, desde que a medida seja necessária para atender a uma das seguintes finalidades: (Redação dada pela Lei nº 11.900, de 2009)

I - prevenir risco à segurança pública, quando exista fundada suspeita de que o preso integre organização criminosa ou de que, por outra razão, possa fugir durante o deslocamento; (Incluído pela Lei nº 11.900, de 2009)

II - viabilizar a participação do réu no referido ato processual, quando haja relevante dificuldade para seu comparecimento em juízo, por enfermidade ou outra circunstância pessoal; (Incluído pela Lei nº 11.900, de 2009)

III - impedir a influência do réu no ânimo de testemunha ou da vítima, desde que não seja possível colher o depoimento destas por videoconferência, nos termos do art. 217 deste Código; (Incluído pela Lei nº 11.900, de 2009)

IV - responder à gravíssima questão de ordem pública. (Incluído pela Lei nº 11.900, de 2009)

§ 3º Da decisão que determinar a realização de interrogatório por videoconferência, as partes serão intimadas com 10 (dez) dias de antecedência. (Incluído pela Lei nº 11.900, de 2009)

§ 4º Antes do interrogatório por videoconferência, o preso poderá acompanhar, pelo mesmo sistema tecnológico, a realização de todos os atos da audiência única de instrução e julgamento de que tratam os arts. 400, 411 e 531 deste Código. (Incluído pela Lei nº 11.900, de 2009)

§ 5º Em qualquer modalidade de interrogatório, o juiz garantirá ao réu o direito de entrevista prévia e reservada com o seu defensor; se realizado por videoconferência, fica também garantido o acesso a canais telefônicos reservados para comunicação entre o defensor que esteja no presídio e o advogado presente na sala de audiência do Fórum, e entre este e o preso. (Incluído pela Lei nº 11.900, de 2009)

§ 6º A sala reservada no estabelecimento prisional para a realização de atos processuais por sistema de videoconferência será fiscalizada pelos corregedores e pelo juiz de cada causa, como também pelo Ministério Público e pela Ordem dos Advogados do Brasil. (Incluído pela Lei nº 11.900, de 2009)

§ 7º Será requisitada a apresentação do réu preso em juízo nas hipóteses em que o interrogatório não se realizar na forma prevista nos §§ 1º e 2º deste artigo. (Incluído pela Lei nº 11.900, de 2009)

§ 8º Aplica-se o disposto nos §§ 2º, 3º, 4º e 5º deste artigo, no que couber, à realização de outros atos processuais que dependam da participação de pessoa que esteja presa, como acareação, reconhecimento de pessoas e coisas, e inquirição de testemunha ou tomada de declarações do ofendido. (Incluído pela Lei nº 11.900, de 2009)

§ 9º Na hipótese do § 8º deste artigo, fica garantido o acompanhamento do ato processual pelo acusado e seu defensor. (Incluído pela Lei nº 11.900, de 2009)

§ 10. Do interrogatório deverá constar a informação sobre a existência de filhos, respectivas idades e se possuem alguma deficiência e o nome e o contato de eventual responsável pelos

cuidados dos filhos, indicado pela pessoa presa (Incluído pela Lei nº 13.257, de 2016)

Art. 186. Depois de devidamente qualificado e cientificado do inteiro teor da acusação, o acusado será informado pelo juiz, antes de iniciar o interrogatório, do seu direito de permanecer calado e de não responder perguntas que lhe forem formuladas. (Redação dada pela Lei nº 10.792, de 1º.12.2003)

Parágrafo único. O silêncio, que não importará em confissão, não poderá ser interpretado em prejuízo da defesa. (Incluído pela Lei nº 10.792, de 1º.12.2003)

Art. 187. O interrogatório será constituído de duas partes: sobre a pessoa do acusado e sobre os fatos. (Redação dada pela Lei nº 10.792, de 1º.12.2003)

§ 1º Na primeira parte o interrogando será perguntado sobre a residência, meios de vida ou profissão, oportunidades sociais, lugar onde exerce a sua atividade, vida pregressa, notadamente se foi preso ou processado alguma vez e, em caso afirmativo, qual o juízo do processo, se houve suspensão condicional ou condenação, qual a pena imposta, se a cumpriu e outros dados familiares e sociais. (Incluído pela Lei nº 10.792, de 1º.12.2003)

§ 2º Na segunda parte será perguntado sobre: (Incluído pela Lei nº 10.792, de 1º.12.2003)

I - ser verdadeira a acusação que lhe é feita; (Incluído pela Lei nº 10.792, de 1º.12.2003)

II - não sendo verdadeira a acusação, se tem algum motivo particular a que atribuí-la, se conhece a pessoa ou pessoas a quem deva ser imputada a prática do crime, e quais sejam, e se com elas esteve antes da prática da infração ou depois dela; (Incluído pela Lei nº 10.792, de 1º.12.2003)

III - onde estava ao tempo em que foi cometida a infração e se teve notícia desta; (Incluído pela Lei nº 10.792, de 1º.12.2003)

IV - as provas já apuradas; (Incluído pela Lei nº 10.792, de 1º.12.2003)

V - se conhece as vítimas e testemunhas já inquiridas ou por inquirir, e desde quando, e se tem o que alegar contra elas; (Incluído pela Lei nº 10.792, de 1º.12.2003)

VI - se conhece o instrumento com que foi praticada a infração, ou qualquer objeto que com esta se relacione e tenha sido apreendido; (Incluído pela Lei nº 10.792, de 1º.12.2003)

VII - todos os demais fatos e pormenores que conduzam à elucidação dos antecedentes e circunstâncias da infração; (Incluído pela Lei nº 10.792, de 1º.12.2003)

VIII - se tem algo mais a alegar em sua defesa. (Incluído pela Lei nº 10.792, de 1º.12.2003)

Art. 188. Após proceder ao interrogatório, o juiz indagará das partes se restou algum fato para ser esclarecido, formulando as perguntas correspondentes se o entender pertinente e relevante. (Redação dada pela Lei nº 10.792, de 1º.12.2003)

Art. 189. Se o interrogando negar a acusação, no todo ou em parte, poderá prestar esclarecimentos e indicar provas. (Redação dada pela Lei nº 10.792, de 1º.12.2003)

Art. 190. Se confessar a autoria, será perguntado sobre os motivos e circunstâncias do fato e se outras pessoas concorreram para a infração, e quais sejam. (Redação dada pela Lei nº 10.792, de 1º.12.2003)

Art. 191. Havendo mais de um acusado, serão interrogados separadamente. (Redação dada pela Lei nº 10.792, de 1º.12.2003)

Art. 192. O interrogatório do mudo, do surdo ou do surdo-mudo será feito pela forma seguinte: (Redação dada pela Lei nº 10.792, de 1º.12.2003)

I - ao surdo serão apresentadas por escrito as perguntas, que ele responderá oralmente; (Redação dada pela Lei nº 10.792, de 1º.12.2003)

II - ao mudo as perguntas serão feitas oralmente, respondendo-as por escrito; (Redação dada pela Lei nº 10.792, de 1º.12.2003)

III - ao surdo-mudo as perguntas serão formuladas por escrito e do mesmo modo dará as respostas. (Redação dada pela Lei nº 10.792, de 1º.12.2003)

Parágrafo único. Caso o interrogando não saiba ler ou escrever, intervirá no ato, como intérprete e sob compromisso, pessoa habilitada a entendê-lo. (Redação dada pela Lei nº 10.792, de 1º.12.2003)

Art. 193. Quando o interrogando não falar a língua nacional, o interrogatório será feito por meio de intérprete. (Redação dada pela Lei nº 10.792, de 1º.12.2003)

Art. 195. Se o interrogado não souber escrever, não puder ou não quiser assinar, tal fato será consignado no termo. (Redação dada pela Lei nº 10.792, de 1º.12.2003)

Art. 196. A todo tempo o juiz poderá proceder a novo interrogatório de ofício ou a pedido fundamentado de qualquer das partes. (Redação dada pela Lei nº 10.792, de 1º.12.2003)

CAPÍTULO IV - DA CONFISSÃO

Art. 197. O valor da confissão se aferirá pelos critérios adotados para os outros elementos de prova, e para a sua apreciação o juiz deverá confrontá-la com as demais provas do processo, verificando se entre ela e estas existe compatibilidade ou concordância.

Art. 198. O silêncio do acusado não importará confissão, mas poderá constituir elemento para a formação do convencimento do juiz.

Art. 199. A confissão, quando feita fora do interrogatório, será tomada por termo nos autos, observado o disposto no art. 195.

Art. 200. A confissão será divisível e retratável, sem prejuízo do livre convencimento do juiz, fundado no exame das provas em conjunto.

CAPÍTULO V - DO OFENDIDO

(Redação dada pela Lei nº 11.690, de 2008)

Art. 201. Sempre que possível, o ofendido será qualificado e perguntado sobre as circunstâncias da infração, quem seja ou presuma ser o seu autor, as provas que possa indicar, tomando-se por termo as suas declarações. (Redação dada pela Lei nº 11.690, de 2008)

§ 1º Se, intimado para esse fim, deixar de comparecer sem motivo justo, o ofendido poderá ser conduzido à presença da autoridade. (Incluído pela Lei nº 11.690, de 2008)

§ 2º O ofendido será comunicado dos atos processuais relativos ao ingresso e à saída do acusado da prisão, à designação de data para audiência e à sentença e respectivos acórdãos que a mantenham ou modifiquem. (Incluído pela Lei nº 11.690, de 2008)

§ 3º As comunicações ao ofendido deverão ser feitas no endereço por ele indicado, admitindo-se, por opção do ofendido, o uso de meio eletrônico. (Incluído pela Lei nº 11.690, de 2008)

§ 4º Antes do início da audiência e durante a sua realização, será reservado espaço separado para o ofendido. (Incluído pela Lei nº 11.690, de 2008)

§ 5º Se o juiz entender necessário, poderá encaminhar o ofendido para atendimento multidisciplinar, especialmente nas áreas psicossocial, de assistência jurídica e de saúde, a expensas do ofensor ou do Estado. (Incluído pela Lei nº 11.690, de 2008)

§ 6º O juiz tomará as providências necessárias à preservação da intimidade, vida privada, honra e imagem do ofendido, podendo, inclusive, determinar o segredo de justiça em relação aos dados, depoimentos e outras informações constantes dos autos a seu respeito para evitar sua exposição aos meios de comunicação. (Incluído pela Lei nº 11.690, de 2008)

CAPÍTULO VI - DAS TESTEMUNHAS

Art. 202. Toda pessoa poderá ser testemunha.

Art. 203. A testemunha fará, sob palavra de honra, a promessa de dizer a verdade do que souber e lhe for perguntado, devendo declarar seu nome, sua idade, seu estado e sua residência, sua profissão, lugar onde exerce sua atividade, se é parente,

e em que grau, de alguma das partes, ou quais suas relações com qualquer delas, e relatar o que souber, explicando sempre as razões de sua ciência ou as circunstâncias pelas quais possa avaliar-se de sua credibilidade.

Art. 204. O depoimento será prestado oralmente, não sendo permitido à testemunha trazê-lo por escrito.

Parágrafo único. Não será vedada à testemunha, entretanto, breve consulta a apontamentos.

Art. 205. Se ocorrer dúvida sobre a identidade da testemunha, o juiz procederá à verificação pelos meios ao seu alcance, podendo, entretanto, tomar-lhe o depoimento desde logo.

Art. 206. A testemunha não poderá eximir-se da obrigação de depor. Poderão, entretanto, recusar-se a fazê-lo o ascendente ou descendente, o afim em linha reta, o cônjuge, ainda que desquitado, o irmão e o pai, a mãe, ou o filho adotivo do acusado, salvo quando não for possível, por outro modo, obter-se ou integrar-se a prova do fato e de suas circunstâncias.

Art. 207. São proibidas de depor as pessoas que, em razão de função, ministério, ofício ou profissão, devam guardar segredo, salvo se, desobrigadas pela parte interessada, quiserem dar o seu testemunho.

Art. 208. Não se deferirá o compromisso a que alude o art. 203 aos doentes e deficientes mentais e aos menores de 14 (quatorze) anos, nem às pessoas a que se refere o art. 206.

Art. 209. O juiz, quando julgar necessário, poderá ouvir outras testemunhas, além das indicadas pelas partes.

§ 1º Se ao juiz parecer conveniente, serão ouvidas as pessoas a que as testemunhas se referirem.

§ 2º Não será computada como testemunha a pessoa que nada souber que interesse à decisão da causa.

Art. 210. As testemunhas serão inquiridas cada uma de per si, de modo que umas não saibam nem ouçam os depoimentos das outras, devendo o juiz adverti-las das penas cominadas ao falso testemunho. (Redação dada pela Lei nº 11.690, de 2008)

Parágrafo único. Antes do início da audiência e durante a sua realização, serão reservados espaços separados para a garantia da incomunicabilidade das testemunhas. (Incluído pela Lei nº 11.690, de 2008)

Art. 211. Se o juiz, ao pronunciar sentença final, reconhecer que alguma testemunha fez afirmação falsa, calou ou negou a verdade, remeterá cópia do depoimento à autoridade policial para a instauração de inquérito.

Parágrafo único. Tendo o depoimento sido prestado em plenário de julgamento, o juiz, no caso de proferir decisão na audiência (art. 538, § 2º), o tribunal (art. 561), ou o conselho de sentença, após a votação dos quesitos, poderão fazer apresentar imediatamente a testemunha à autoridade policial.

Art. 212. As perguntas serão formuladas pelas partes diretamente à testemunha, não admitindo o juiz aquelas que puderem induzir a resposta, não tiverem relação com a causa ou importarem na repetição de outra já respondida. (Redação dada pela Lei nº 11.690, de 2008)

Parágrafo único. Sobre os pontos não esclarecidos, o juiz poderá complementar a inquirição. (Incluído pela Lei nº 11.690, de 2008)

Art. 213. O juiz não permitirá que a testemunha manifeste suas apreciações pessoais, salvo quando inseparáveis da narrativa do fato.

Art. 214. Antes de iniciado o depoimento, as partes poderão contraditar a testemunha ou argüir circunstâncias ou defeitos, que a tornem suspeita de parcialidade, ou indigna de fé. O juiz fará consignar a contradita ou argüição e a resposta da testemunha, mas só excluirá a testemunha ou não lhe deferirá compromisso nos casos previstos nos arts. 207 e 208.

Art. 215. Na redação do depoimento, o juiz deverá cingir-se, tanto quanto possível, às expressões usadas pelas testemunhas, reproduzindo fielmente as suas frases.

Art. 216. O depoimento da testemunha será reduzido a termo, assinado por ela, pelo juiz e pelas partes. Se a testemunha não souber assinar, ou não puder fazê-lo, pedirá a alguém que o faça por ela, depois de lido na presença de ambos.

Art. 217. Se o juiz verificar que a presença do réu poderá causar humilhação, temor, ou sério constrangimento à testemunha ou ao ofendido, de modo que prejudique a verdade do depoimento, fará a inquirição por videoconferência e, somente na impossibilidade dessa forma, determinará a retirada do réu, prosseguindo na inquirição, com a presença do seu defensor. (Redação dada pela Lei nº 11.690, de 2008)

Parágrafo único. A adoção de qualquer das medidas previstas no caput deste artigo deverá constar do termo, assim como os motivos que a determinaram. (Incluído pela Lei nº 11.690, de 2008)

Art. 218. Se, regularmente intimada, a testemunha deixar de comparecer sem motivo justificado, o juiz poderá requisitar à autoridade policial a sua apresentação ou determinar seja conduzida por oficial de justiça, que poderá solicitar o auxílio da força pública.

Art. 219. O juiz poderá aplicar à testemunha faltosa a multa prevista no art. 453, sem prejuízo do processo penal por crime de desobediência, e condená-la ao pagamento das custas da diligência. (Redação dada pela Lei nº 6.416, de 24.5.1977)

Art. 220. As pessoas impossibilitadas, por enfermidade ou por velhice, de comparecer para depor, serão inquiridas onde estiverem.

Art. 221. O Presidente e o Vice-Presidente da República, os senadores e deputados federais, os ministros de Estado, os governadores de Estados e Territórios, os secretários de Estado, os prefeitos do Distrito Federal e dos Municípios, os deputados às Assembléias Legislativas Estaduais, os membros do Poder Judiciário, os ministros e juízes dos Tribunais de Contas da União, dos Estados, do Distrito Federal, bem como os do Tribunal Marítimo serão inquiridos em local, dia e hora previamente ajustados entre eles e o juiz. (Redação dada pela Lei nº 3.653, de 4.11.1959)

§ 1º O Presidente e o Vice-Presidente da República, os presidentes do Senado Federal, da Câmara dos Deputados e do Supremo Tribunal Federal poderão optar pela prestação de depoimento por escrito, caso em que as perguntas, formuladas pelas partes e deferidas pelo juiz, lhes serão transmitidas por ofício. (Redação dada pela Lei nº 6.416, de 24.5.1977)

§ 2º Os militares deverão ser requisitados à autoridade superior. (Redação dada pela Lei nº 6.416, de 24.5.1977)

§ 3º Aos funcionários públicos aplicar-se-á o disposto no art. 218, devendo, porém, a expedição do mandado ser imediatamente comunicada ao chefe da repartição em que servirem, com indicação do dia e da hora marcados. (Incluído pela Lei nº 6.416, de 24.5.1977)

Art. 222. A testemunha que morar fora da jurisdição do juiz será inquirida pelo juiz do lugar de sua residência, expedindo-se, para esse fim, carta precatória, com prazo razoável, intimadas as partes.

§ 1º A expedição da precatória não suspenderá a instrução criminal.

§ 2º Findo o prazo marcado, poderá realizar-se o julgamento, mas, a todo tempo, a precatória, uma vez devolvida, será junta aos autos.

§ 3º Na hipótese prevista no caput deste artigo, a oitiva de testemunha poderá ser realizada por meio de videoconferência ou outro recurso tecnológico de transmissão de sons e imagens em tempo real, permitida a presença do defensor e podendo ser realizada, inclusive, durante a realização da audiência de instrução e julgamento. (Incluído pela Lei nº 11.900, de 2009)

Art. 222-A. As cartas rogatórias só serão expedidas se demonstrada previamente a sua imprescindibilidade, arcando a parte requerente com os custos de envio. (Incluído pela Lei nº 11.900, de 2009)

Parágrafo único. Aplica-se às cartas rogatórias o disposto nos §§ 1º e 2º do art. 222 deste Código. (Incluído pela Lei nº 11.900, de 2009)

Art. 223. Quando a testemunha não conhecer a língua nacional, será nomeado intérprete para traduzir as perguntas e respostas.

Parágrafo único. Tratando-se de mudo, surdo ou surdo-mudo, proceder-se-á na conformidade do art. 192.

Art. 224. As testemunhas comunicarão ao juiz, dentro de um ano, qualquer mudança de residência, sujeitando-se, pela simples omissão, às penas do não-comparecimento.

Art. 225. Se qualquer testemunha houver de ausentar-se, ou, por enfermidade ou por velhice, inspirar receio de que ao tempo da instrução criminal já não exista, o juiz poderá, de ofício ou a requerimento de qualquer das partes, tomar-lhe antecipadamente o depoimento.

CAPÍTULO VII - DO RECONHECIMENTO DE PESSOAS E COISAS

Art. 226. Quando houver necessidade de fazer-se o reconhecimento de pessoa, proceder-se-á pela seguinte forma:

I - a pessoa que tiver de fazer o reconhecimento será convidada a descrever a pessoa que deva ser reconhecida;

II - a pessoa, cujo reconhecimento se pretender, será colocada, se possível, ao lado de outras que com ela tiverem qualquer semelhança, convidando-se quem tiver de fazer o reconhecimento a apontá-la;

III - se houver razão para recear que a pessoa chamada para o reconhecimento, por efeito de intimidação ou outra influência, não diga a verdade em face da pessoa que deve ser reconhecida, a autoridade providenciará para que esta não veja aquela;

IV - do ato de reconhecimento lavrar-se-á auto pormenorizado, subscrito pela autoridade, pela pessoa chamada para proceder ao reconhecimento e por duas testemunhas presenciais.

Parágrafo único. O disposto no no III deste artigo não terá aplicação na fase da instrução criminal ou em plenário de julgamento.

Art. 227. No reconhecimento de objeto, proceder-se-á com as cautelas estabelecidas no artigo anterior, no que for aplicável.

Art. 228. Se várias forem as pessoas chamadas a efetuar o reconhecimento de pessoa ou de objeto, cada uma fará a prova em separado, evitando-se qualquer comunicação entre elas.

CAPÍTULO VIII - DA ACAREAÇÃO

Art. 229. A acareação será admitida entre acusados, entre acusado e testemunha, entre testemunhas, entre acusado ou testemunha e a pessoa ofendida, e entre as pessoas ofendidas, sempre que divergirem, em suas declarações, sobre fatos ou circunstâncias relevantes.

Parágrafo único. Os acareados serão reperguntados, para que expliquem os pontos de divergências, reduzindo-se a termo o ato de acareação.

Art. 230. Se ausente alguma testemunha, cujas declarações divirjam das de outra, que esteja presente, a esta se darão a conhecer os pontos da divergência, consignando-se no auto o que explicar ou observar. Se subsistir a discordância, expedir-se-á precatória à autoridade do lugar onde resida a testemunha ausente, transcrevendo-se as declarações desta e as da testemunha presente, nos pontos em que divergirem, bem como o texto do referido auto, a fim de que se complete a diligência, ouvindo-se a testemunha ausente, pela mesma forma estabelecida para a testemunha presente. Esta diligência só se realizará quando não importe demora prejudicial ao processo e o juiz a entenda conveniente.

CAPÍTULO IX - DOS DOCUMENTOS

Art. 231. Salvo os casos expressos em lei, as partes poderão apresentar documentos em qualquer fase do processo.

Art. 232. Consideram-se documentos quaisquer escritos, instrumentos ou papéis, públicos ou particulares.

Parágrafo único. À fotografia do documento, devidamente autenticada, se dará o mesmo valor do original.

Art. 233. As cartas particulares, interceptadas ou obtidas por meios criminosos, não serão admitidas em juízo.

Parágrafo único. As cartas poderão ser exibidas em juízo pelo respectivo destinatário, para a defesa de seu direito, ainda que não haja consentimento do signatário.

Art. 234. Se o juiz tiver notícia da existência de documento relativo a ponto relevante da acusação ou da defesa, providenciará, independentemente de requerimento de qualquer das partes, para sua juntada aos autos, se possível.

Art. 235. A letra e firma dos documentos particulares serão submetidas a exame pericial, quando contestada a sua autenticidade.

Art. 236. Os documentos em língua estrangeira, sem prejuízo de sua juntada imediata, serão, se necessário, traduzidos por tradutor público, ou, na falta, por pessoa idônea nomeada pela autoridade.

Art. 237. As públicas-formas só terão valor quando conferidas com o original, em presença da autoridade.

Art. 238. Os documentos originais, juntos a processo findo, quando não exista motivo relevante que justifique a sua conservação nos autos, poderão, mediante requerimento, e ouvido o Ministério Público, ser entregues à parte que os produziu, ficando traslado nos autos.

CAPÍTULO X - DOS INDÍCIOS

Art. 239. Considera-se indício a circunstância conhecida e provada, que, tendo relação com o fato, autorize, por indução, concluir-se a existência de outra ou outras circunstâncias.

CAPÍTULO XI - DA BUSCA E DA APREENSÃO

Art. 240. A busca será domiciliar ou pessoal.

§ 1º Proceder-se-á à busca domiciliar, quando fundadas razões a autorizarem, para:

a) prender criminosos;

b) apreender coisas achadas ou obtidas por meios criminosos;

c) apreender instrumentos de falsificação ou de contrafação e objetos falsificados ou contrafeitos;

d) apreender armas e munições, instrumentos utilizados na prática de crime ou destinados a fim delituoso;

e) descobrir objetos necessários à prova de infração ou à defesa do réu;

f) apreender cartas, abertas ou não, destinadas ao acusado ou em seu poder, quando haja suspeita de que o conhecimento do seu conteúdo possa ser útil à elucidação do fato;

g) apreender pessoas vítimas de crimes;

h) colher qualquer elemento de convicção.

§ 2º Proceder-se-á à busca pessoal quando houver fundada suspeita de que alguém oculte consigo arma proibida ou objetos mencionados nas letras b a f e letra h do parágrafo anterior.

Art. 241. Quando a própria autoridade policial ou judiciária não a realizar pessoalmente, a busca domiciliar deverá ser precedida da expedição de mandado.

Art. 242. A busca poderá ser determinada de ofício ou a requerimento de qualquer das partes.

Art. 243. O mandado de busca deverá:

I - indicar, o mais precisamente possível, a casa em que será realizada a diligência e o nome do respectivo proprietário ou morador; ou, no caso de busca pessoal, o nome da pessoa que terá de sofrê-la ou os sinais que a identifiquem;

II - mencionar o motivo e os fins da diligência;

III - ser subscrito pelo escrivão e assinado pela autoridade que o fizer expedir.

§ 1º Se houver ordem de prisão, constará do próprio texto do mandado de busca.

§ 2º Não será permitida a apreensão de documento em poder do defensor do acusado, salvo quando constituir elemento do corpo de delito.

Art. 244. A busca pessoal independerá de mandado, no caso de prisão ou quando houver fundada suspeita de que a pessoa esteja na posse de arma proibida ou de objetos ou papéis que constituam corpo de delito, ou quando a medida for determinada no curso de busca domiciliar.

Art. 245. As buscas domiciliares serão executadas de dia, salvo se o morador consentir que se realizem à noite, e, antes de penetrarem na casa, os executores mostrarão e lerão o mandado ao morador, ou a quem o represente, intimando-o, em seguida, a abrir a porta.

§ 1º Se a própria autoridade der a busca, declarará previamente sua qualidade e o objeto da diligência.

§ 2º Em caso de desobediência, será arrombada a porta e forçada a entrada.

§ 3º Recalcitrando o morador, será permitido o emprego de força contra coisas existentes no interior da casa, para o descobrimento do que se procura.

§ 4º Observar-se-á o disposto nos §§ 2º e 3º, quando ausentes os moradores, devendo, neste caso, ser intimado a assistir à diligência qualquer vizinho, se houver e estiver presente.

§ 5º Se é determinada a pessoa ou coisa que se vai procurar, o morador será intimado a mostrá-la.

§ 6º Descoberta a pessoa ou coisa que se procura, será imediatamente apreendida e posta sob custódia da autoridade ou de seus agentes.

§ 7º Finda a diligência, os executores lavrarão auto circunstanciado, assinando-o com duas testemunhas presenciais, sem prejuízo do disposto no § 4º.

Art. 246. Aplicar-se-á também o disposto no artigo anterior, quando se tiver de proceder a busca em compartimento habitado ou em aposento ocupado de habitação coletiva ou em compartimento não aberto ao público, onde alguém exercer profissão ou atividade.

Art. 247. Não sendo encontrada a pessoa ou coisa procurada, os motivos da diligência serão comunicados a quem tiver sofrido a busca, se o requerer.

Art. 248. Em casa habitada, a busca será feita de modo que não moleste os moradores mais do que o indispensável para o êxito da diligência.

Art. 249. A busca em mulher será feita por outra mulher, se não importar retardamento ou prejuízo da diligência.

Art. 250. A autoridade ou seus agentes poderão penetrar no território de jurisdição alheia, ainda que de outro Estado, quando, para o fim de apreensão, forem no seguimento de pessoa ou coisa, devendo apresentar-se à competente autoridade local, antes da diligência ou após, conforme a urgência desta.

§ 1º Entender-se-á que a autoridade ou seus agentes vão em seguimento da pessoa ou coisa, quando:

a) tendo conhecimento direto de sua remoção ou transporte, a seguirem sem interrupção, embora depois a percam de vista;

b) ainda que não a tenham avistado, mas sabendo, por informações fidedignas ou circunstâncias indiciárias, que está sendo removida ou transportada em determinada direção, forem ao seu encalço.

§ 2º Se as autoridades locais tiverem fundadas razões para duvidar da legitimidade das pessoas que, nas referidas diligências, entrarem pelos seus distritos, ou da legalidade dos mandados que apresentarem, poderão exigir as provas dessa legitimidade, mas de modo que não se frustre a diligência.

TÍTULO VIII - DO JUIZ, DO MINISTÉRIO PÚBLICO, DO ACUSADO E DEFENSOR, DOS ASSISTENTES E AUXILIARES DA JUSTIÇA

CAPÍTULO I - DO JUIZ

Art. 251. Ao juiz incumbirá prover à regularidade do processo e manter a ordem no curso dos respectivos atos, podendo, para tal fim, requisitar a força pública.

Art. 252. O juiz não poderá exercer jurisdição no processo em que:

I - tiver funcionado seu cônjuge ou parente, consangüíneo ou afim, em linha reta ou colateral até o terceiro grau, inclusive, como defensor ou advogado, órgão do Ministério Público, autoridade policial, auxiliar da justiça ou perito;

II - ele próprio houver desempenhado qualquer dessas funções ou servido como testemunha;

III - tiver funcionado como juiz de outra instância, pronunciando-se, de fato ou de direito, sobre a questão;

IV - ele próprio ou seu cônjuge ou parente, consangüíneo ou afim em linha reta ou colateral até o terceiro grau, inclusive, for parte ou diretamente interessado no feito.

Art. 253. Nos juízos coletivos, não poderão servir no mesmo processo os juízes que forem entre si parentes, consangüíneos ou afins, em linha reta ou colateral até o terceiro grau, inclusive.

Art. 254. O juiz dar-se-á por suspeito, e, se não o fizer, poderá ser recusado por qualquer das partes:

I - se for amigo íntimo ou inimigo capital de qualquer deles;

II - se ele, seu cônjuge, ascendente ou descendente, estiver respondendo a processo por fato análogo, sobre cujo caráter criminoso haja controvérsia;

III - se ele, seu cônjuge, ou parente, consangüíneo, ou afim, até o terceiro grau, inclusive, sustentar demanda ou responder a processo que tenha de ser julgado por qualquer das partes;

IV - se tiver aconselhado qualquer das partes;

V - se for credor ou devedor, tutor ou curador, de qualquer das partes;

VI - se for sócio, acionista ou administrador de sociedade interessada no processo.

Art. 255. O impedimento ou suspeição decorrente de parentesco por afinidade cessará pela dissolução do casamento que lhe tiver dado causa, salvo sobrevindo descendentes; mas, ainda que dissolvido o casamento sem descendentes, não funcionará como juiz o sogro, o padrasto, o cunhado, o genro ou enteado de quem for parte no processo.

Art. 256. A suspeição não poderá ser declarada nem reconhecida, quando a parte injuriar o juiz ou de propósito der motivo para criá-la.

CAPÍTULO II - DO MINISTÉRIO PÚBLICO

Art. 257. Ao Ministério Público cabe: (Redação dada pela Lei nº 11.719, de 2008).

I - promover, privativamente, a ação penal pública, na forma estabelecida neste Código; e (Incluído pela Lei nº 11.719, de 2008).

II - fiscalizar a execução da lei. (Incluído pela Lei nº 11.719, de 2008).

Art. 258. Os órgãos do Ministério Público não funcionarão nos processos em que o juiz ou qualquer das partes for seu cônjuge, ou parente, consangüíneo ou afim, em linha reta ou colateral, até o terceiro grau, inclusive, e a eles se estendem, no que lhes for aplicável, as prescrições relativas à suspeição e aos impedimentos dos juízes.

CAPÍTULO III - DO ACUSADO E SEU DEFENSOR

Art. 259. A impossibilidade de identificação do acusado com o seu verdadeiro nome ou outros qualificativos não retardará a ação penal, quando certa a identidade física. A qualquer tempo, no curso do processo, do julgamento ou da execução da sentença, se for descoberta a sua qualificação, far-se-á a

retificação, por termo, nos autos, sem prejuízo da validade dos atos precedentes.

Art. 260. Se o acusado não atender à intimação para o interrogatório, reconhecimento ou qualquer outro ato que, sem ele, não possa ser realizado, a autoridade poderá mandar conduzi-lo à sua presença. (Vide ADPF 395)(Vide ADPF 444)

Parágrafo único. O mandado conterá, além da ordem de condução, os requisitos mencionados no art. 352, no que lhe for aplicável.

Art. 261. Nenhum acusado, ainda que ausente ou foragido, será processado ou julgado sem defensor.

Parágrafo único. A defesa técnica, quando realizada por defensor público ou dativo, será sempre exercida através de manifestação fundamentada. (Incluído pela Lei nº 10.792, de 1º.12.2003)

Art. 262. Ao acusado menor dar-se-á curador.

Art. 263. Se o acusado não o tiver, ser-lhe-á nomeado defensor pelo juiz, ressalvado o seu direito de, a todo tempo, nomear outro de sua confiança, ou a si mesmo defender-se, caso tenha habilitação.

Parágrafo único. O acusado, que não for pobre, será obrigado a pagar os honorários do defensor dativo, arbitrados pelo juiz.

Art. 264. Salvo motivo relevante, os advogados e solicitadores serão obrigados, sob pena de multa de cem a quinhentos mil-réis, a prestar seu patrocínio aos acusados, quando nomeados pelo Juiz.

Art. 265. O defensor não poderá abandonar o processo senão por motivo imperioso, comunicado previamente o juiz, sob pena de multa de 10 (dez) a 100 (cem) salários mínimos, sem prejuízo das demais sanções cabíveis. (Redação dada pela Lei nº 11.719, de 2008).

§ 1º A audiência poderá ser adiada se, por motivo justificado, o defensor não puder comparecer. (Incluído pela Lei nº 11.719, de 2008).

§ 2º Incumbe ao defensor provar o impedimento até a abertura da audiência. Não o fazendo, o juiz não determinará o adiamento de ato algum do processo, devendo nomear defensor substituto, ainda que provisoriamente ou só para o efeito do ato. (Incluído pela Lei nº 11.719, de 2008).

Art. 266. A constituição de defensor independerá de instrumento de mandato, se o acusado o indicar por ocasião do interrogatório.

Art. 267. Nos termos do art. 252, não funcionarão como defensores os parentes do juiz.

CAPÍTULO IV - DOS ASSISTENTES

Art. 268. Em todos os termos da ação pública, poderá intervir, como assistente do Ministério Público, o ofendido ou seu representante legal, ou, na falta, qualquer das pessoas mencionadas no Art. 31.

Art. 269. O assistente será admitido enquanto não passar em julgado a sentença e receberá a causa no estado em que se achar.

Art. 270. O co-réu no mesmo processo não poderá intervir como assistente do Ministério Público.

Art. 271. Ao assistente será permitido propor meios de prova, requerer perguntas às testemunhas, aditar o libelo e os articulados, participar do debate oral e arrazoar os recursos interpostos pelo Ministério Público, ou por ele próprio, nos casos dos arts. 584, § 1º, e 598.

§ 1º O juiz, ouvido o Ministério Público, decidirá acerca da realização das provas propostas pelo assistente.

§ 2º O processo prosseguirá independentemente de nova intimação do assistente, quando este, intimado, deixar de comparecer a qualquer dos atos da instrução ou do julgamento, sem motivo de força maior devidamente comprovado.

Art. 272. O Ministério Público será ouvido previamente sobre a admissão do assistente.

Art. 273. Do despacho que admitir, ou não, o assistente, não caberá recurso, devendo, entretanto, constar dos autos o pedido e a decisão.

CAPÍTULO V - DOS FUNCIONÁRIOS DA JUSTIÇA

Art. 274. As prescrições sobre suspeição dos juízes estendem-se aos serventuários e funcionários da justiça, no que lhes for aplicável.

CAPÍTULO VI - DOS PERITOS E INTÉRPRETES

Art. 275. O perito, ainda quando não oficial, estará sujeito à disciplina judiciária.

Art. 276. As partes não intervirão na nomeação do perito.

Art. 277. O perito nomeado pela autoridade será obrigado a aceitar o encargo, sob pena de multa de cem a quinhentos mil-réis, salvo escusa atendível.

Parágrafo único. Incorrerá na mesma multa o perito que, sem justa causa, provada imediatamente:

a) deixar de acudir à intimação ou ao chamado da autoridade;

b) não comparecer no dia e local designados para o exame;

c) não der o laudo, ou concorrer para que a perícia não seja feita, nos prazos estabelecidos.

Art. 278. No caso de não-comparecimento do perito, sem justa causa, a autoridade poderá determinar a sua condução.

Art. 279. Não poderão ser peritos:

I - os que estiverem sujeitos à interdição de direito mencionada nos ns. I e IV do art. 69 do Código Penal;

II - os que tiverem prestado depoimento no processo ou opinado anteriormente sobre o objeto da perícia;

III - os analfabetos e os menores de 21 anos.

Art. 280. É extensivo aos peritos, no que lhes for aplicável, o disposto sobre suspeição dos juízes.

Art. 281. Os intérpretes são, para todos os efeitos, equiparados aos peritos.

TÍTULO IX - DA PRISÃO, DAS MEDIDAS CAUTELARES E DA LIBERDADE PROVISÓRIA
(Redação dada pela Lei nº 12.403, de 2011)

CAPÍTULO I - DISPOSIÇÕES GERAIS

Art. 282. As medidas cautelares previstas neste Título deverão ser aplicadas observando-se a: (Redação dada pela Lei nº 12.403, de 2011).

I - necessidade para aplicação da lei penal, para a investigação ou a instrução criminal e, nos casos expressamente previstos, para evitar a prática de infrações penais; (Incluído pela Lei nº 12.403, de 2011).

II - adequação da medida à gravidade do crime, circunstâncias do fato e condições pessoais do indiciado ou acusado. (Incluído pela Lei nº 12.403, de 2011).

§ 1º As medidas cautelares poderão ser aplicadas isolada ou cumulativamente. (Incluído pela Lei nº 12.403, de 2011).

§ 2º As medidas cautelares serão decretadas pelo juiz a requerimento das partes ou, quando no curso da investigação criminal, por representação da autoridade policial ou mediante requerimento do Ministério Público. (Redação dada pela Lei nº 13.964, de 2019)

§ 3º Ressalvados os casos de urgência ou de perigo de ineficácia da medida, o juiz, ao receber o pedido de medida cautelar, determinará a intimação da parte contrária, para se manifestar no prazo de 5 (cinco) dias, acompanhada de cópia do requerimento e das peças necessárias, permanecendo os autos em juízo, e os casos de urgência ou de perigo deverão ser justificados e fundamentados em decisão que contenha elementos do caso concreto que justifiquem essa medida excepcional. (Redação dada pela Lei nº 13.964, de 2019)

§ 4º No caso de descumprimento de qualquer das obrigações impostas, o juiz, mediante requerimento do Ministério Público, de seu assistente ou do querelante, poderá substituir a medida, impor outra em cumulação, ou, em último caso, decretar a prisão preventiva, nos termos do parágrafo único do art. 312 deste Código. (Redação dada pela Lei nº 13.964, de 2019)

§ 5º O juiz poderá, de ofício ou a pedido das partes, revogar a medida cautelar ou substituí-la quando verificar a falta de motivo para que subsista, bem como voltar a decretá-la, se sobrevierem razões que a justifiquem. (Redação dada pela Lei nº 13.964, de 2019)

§ 6º A prisão preventiva somente será determinada quando não for cabível a sua substituição por outra medida cautelar, observado o art. 319 deste Código, e o não cabimento da substituição por outra medida cautelar deverá ser justificado de forma fundamentada nos elementos presentes do caso concreto, de forma individualizada. (Redação dada pela Lei nº 13.964, de 2019)

Art. 283. Ninguém poderá ser preso senão em flagrante delito ou por ordem escrita e fundamentada da autoridade judiciária competente, em decorrência de prisão cautelar ou em virtude de condenação criminal transitada em julgado. (Redação dada pela Lei nº 13.964, de 2019)

§ 1º As medidas cautelares previstas neste Título não se aplicam à infração a que não for isolada, cumulativa ou alternativamente cominada pena privativa de liberdade. (Incluído pela Lei nº 12.403, de 2011).

§ 2º A prisão poderá ser efetuada em qualquer dia e a qualquer hora, respeitadas as restrições relativas à inviolabilidade do domicílio. (Incluído pela Lei nº 12.403, de 2011).

Art. 284. Não será permitido o emprego de força, salvo a indispensável no caso de resistência ou de tentativa de fuga do preso.

Art. 285. A autoridade que ordenar a prisão fará expedir o respectivo mandado.

Parágrafo único. O mandado de prisão:

a) será lavrado pelo escrivão e assinado pela autoridade;
b) designará a pessoa, que tiver de ser presa, por seu nome, alcunha ou sinais característicos;
c) mencionará a infração penal que motivar a prisão;
d) declarará o valor da fiança arbitrada, quando afiançável a infração;
e) será dirigido a quem tiver qualidade para dar-lhe execução.

Art. 286. O mandado será passado em duplicata, e o executor entregará ao preso, logo depois da prisão, um dos exemplares com declaração do dia, hora e lugar da diligência. Da entrega deverá o preso passar recibo no outro exemplar; se recusar, não souber ou não puder escrever, o fato será mencionado em declaração, assinada por duas testemunhas.

Art. 287. Se a infração for inafiançável, a falta de exibição do mandado não obstará a prisão, e o preso, em tal caso, será imediatamente apresentado ao juiz que tiver expedido o mandado, para a realização de audiência de custódia. (Redação dada pela Lei nº 13.964, de 2019)

Art. 288. Ninguém será recolhido à prisão, sem que seja exibido o mandado ao respectivo diretor ou carcereiro, a quem será entregue cópia assinada pelo executor ou apresentada a guia expedida pela autoridade competente, devendo ser passado recibo da entrega do preso, com declaração de dia e hora.

Parágrafo único. O recibo poderá ser passado no próprio exemplar do mandado, se este for o documento exibido.

Art. 289. Quando o acusado estiver no território nacional, fora da jurisdição do juiz processante, será deprecada a sua prisão, devendo constar da precatória o inteiro teor do mandado. (Redação dada pela Lei nº 12.403, de 2011).

§ 1º Havendo urgência, o juiz poderá requisitar a prisão por qualquer meio de comunicação, do qual deverá constar o motivo da prisão, bem como o valor da fiança se arbitrada. (Incluído pela Lei nº 12.403, de 2011).

§ 2º A autoridade a quem se fizer a requisição tomará as precauções necessárias para averiguar a autenticidade da comunicação. (Incluído pela Lei nº 12.403, de 2011).

§ 3º O juiz processante deverá providenciar a remoção do preso no prazo máximo de 30 (trinta) dias, contados da efetivação da medida. (Incluído pela Lei nº 12.403, de 2011).

Art. 289-A. O juiz competente providenciará o imediato registro do mandado de prisão em banco de dados mantido pelo Conselho Nacional de Justiça para essa finalidade. (Incluído pela Lei nº 12.403, de 2011).

§ 1º Qualquer agente policial poderá efetuar a prisão determinada no mandado de prisão registrado no Conselho Nacional de Justiça, ainda que fora da competência territorial do juiz que o expediu. (Incluído pela Lei nº 12.403, de 2011).

§ 2º Qualquer agente policial poderá efetuar a prisão decretada, ainda que sem registro no Conselho Nacional de Justiça, adotando as precauções necessárias para averiguar a autenticidade do mandado e comunicando ao juiz que a decretou, devendo este providenciar, em seguida, o registro do mandado na forma do caput deste artigo. (Incluído pela Lei nº 12.403, de 2011).

§ 3º A prisão será imediatamente comunicada ao juiz do local de cumprimento da medida o qual providenciará a certidão extraída do registro do Conselho Nacional de Justiça e informará ao juízo que a decretou. (Incluído pela Lei nº 12.403, de 2011).

§ 4º O preso será informado de seus direitos, nos termos do inciso LXIII do art. 5º da Constituição Federal e, caso o autuado não informe o nome de seu advogado, será comunicado à Defensoria Pública. (Incluído pela Lei nº 12.403, de 2011).

§ 5º Havendo dúvidas das autoridades locais sobre a legitimidade da pessoa do executor ou sobre a identidade do preso, aplica-se o disposto no § 2º do art. 290 deste Código. (Incluído pela Lei nº 12.403, de 2011).

§ 6º O Conselho Nacional de Justiça regulamentará o registro do mandado de prisão a que se refere o caput deste artigo. (Incluído pela Lei nº 12.403, de 2011).

Art. 290. Se o réu, sendo perseguido, passar ao território de outro município ou comarca, o executor poderá efetuar-lhe a prisão no lugar onde o alcançar, apresentando-o imediatamente à autoridade local, que, depois de lavrado, se for o caso, o auto de flagrante, providenciará para a remoção do preso.

§ 1º - Entender-se-á que o executor vai em perseguição do réu, quando:

a) tendo-o avistado, for perseguindo-o sem interrupção, embora depois o tenha perdido de vista;
b) sabendo, por indícios ou informações fidedignas, que o réu tenha passado, há pouco tempo, em tal ou qual direção, pelo lugar em que o procure, for no seu encalço.

§ 2º Quando as autoridades locais tiverem fundadas razões para duvidar da legitimidade da pessoa do executor ou da legalidade do mandado que apresentar, poderão pôr em custódia o réu, até que fique esclarecida a dúvida.

Art. 291. A prisão em virtude de mandado entender-se-á feita desde que o executor, fazendo-se conhecer do réu, lhe apresente o mandado e o intime a acompanhá-lo.

Art. 292. Se houver, ainda que por parte de terceiros, resistência à prisão em flagrante ou à determinada por autoridade competente, o executor e as pessoas que o auxiliarem poderão usar dos meios necessários para defender-se ou para vencer a resistência, do que tudo se lavrará auto subscrito também por duas testemunhas.

Parágrafo único. É vedado o uso de algemas em mulheres grávidas durante os atos médico-hospitalares preparatórios para a realização do parto e durante o trabalho de parto, bem como em mulheres durante o período de puerpério imediato. (Redação dada pela Lei nº 13.434, de 2017)

Art. 293. Se o executor do mandado verificar, com segurança, que o réu entrou ou se encontra em alguma casa, o morador será intimado a entregá-lo, à vista da ordem de prisão. Se não for obedecido imediatamente, o executor convocará duas

testemunhas e, sendo dia, entrará à força na casa, arrombando as portas, se preciso; sendo noite, o executor, depois da intimação ao morador, se não for atendido, fará guardar todas as saídas, tornando a casa incomunicável, e, logo que amanheça, arrombará as portas e efetuará a prisão.

Parágrafo único. O morador que se recusar a entregar o réu oculto em sua casa será levado à presença da autoridade, para que se proceda contra ele como for de direito.

Art. 294. No caso de prisão em flagrante, observar-se-á o disposto no artigo anterior, no que for aplicável.

Art. 295. Serão recolhidos a quartéis ou a prisão especial, à disposição da autoridade competente, quando sujeitos a prisão antes de condenação definitiva:

I - os ministros de Estado;

II - os governadores ou interventores de Estados ou Territórios, o prefeito do Distrito Federal, seus respectivos secretários, os prefeitos municipais, os vereadores e os chefes de Polícia; (Redação dada pela Lei nº 3.181, de 11.6.1957)

III - os membros do Parlamento Nacional, do Conselho de Economia Nacional e das Assembléias Legislativas dos Estados;

IV - os cidadãos inscritos no "Livro de Mérito";

V - os oficiais das Forças Armadas e os militares dos Estados, do Distrito Federal e dos Territórios; (Redação dada pela Lei nº 10.258, de 11.7.2001)

VI - os magistrados;

VII - os diplomados por qualquer das faculdades superiores da República;

VIII - os ministros de confissão religiosa;

IX - os ministros do Tribunal de Contas;

X - os cidadãos que já tiverem exercido efetivamente a função de jurado, salvo quando excluídos da lista por motivo de incapacidade para o exercício daquela função;

XI - os delegados de polícia e os guardas-civis dos Estados e Territórios, ativos e inativos. (Redação dada pela Lei nº 5.126, de 20.9.1966)

§ 1º A prisão especial, prevista neste Código ou em outras leis, consiste exclusivamente no recolhimento em local distinto da prisão comum. (Incluído pela Lei nº 10.258, de 11.7.2001)

§ 2º Não havendo estabelecimento específico para o preso especial, este será recolhido em cela distinta do mesmo estabelecimento. (Incluído pela Lei nº 10.258, de 11.7.2001)

§ 3º A cela especial poderá consistir em alojamento coletivo, atendidos os requisitos de salubridade do ambiente, pela concorrência dos fatores de aeração, insolação e condicionamento térmico adequados à existência humana. (Incluído pela Lei nº 10.258, de 11.7.2001)

§ 4º O preso especial não será transportado juntamente com o preso comum. (Incluído pela Lei nº 10.258, de 11.7.2001)

§ 5º Os demais direitos e deveres do preso especial serão os mesmos do preso comum. (Incluído pela Lei nº 10.258, de 11.7.2001)

Art. 296. Os inferiores e praças de pré, onde for possível, serão recolhidos à prisão, em estabelecimentos militares, de acordo com os respectivos regulamentos.

Art. 297. Para o cumprimento de mandado expedido pela autoridade judiciária, a autoridade policial poderá expedir tantos outros quantos necessários às diligências, devendo neles ser fielmente reproduzido o teor do mandado original.

Art. 298. (Revogado pela Lei nº 12.403, de 2011).

Art. 299. A captura poderá ser requisitada, à vista de mandado judicial, por qualquer meio de comunicação, tomadas pela autoridade, a quem se fizer a requisição, as precauções necessárias para averiguar a autenticidade desta. (Redação dada pela Lei nº 12.403, de 2011).

Art. 300. As pessoas presas provisoriamente ficarão separadas das que já estiverem definitivamente condenadas, nos termos da lei de execução penal. (Redação dada pela Lei nº 12.403, de 2011).

Parágrafo único. O militar preso em flagrante delito, após a lavratura dos procedimentos legais, será recolhido a quartel da instituição a que pertencer, onde ficará preso à disposição das autoridades competentes. (Incluído pela Lei nº 12.403, de 2011).

CAPÍTULO II - DA PRISÃO EM FLAGRANTE

Art. 301. Qualquer do povo poderá e as autoridades policiais e seus agentes deverão prender quem quer que seja encontrado em flagrante delito.

Art. 302. Considera-se em flagrante delito quem:

I - está cometendo a infração penal;

II - acaba de cometê-la;

III - é perseguido, logo após, pela autoridade, pelo ofendido ou por qualquer pessoa, em situação que faça presumir ser autor da infração;

IV - é encontrado, logo depois, com instrumentos, armas, objetos ou papéis que façam presumir ser ele autor da infração.

Art. 303. Nas infrações permanentes, entende-se o agente em flagrante delito enquanto não cessar a permanência.

Art. 304. Apresentado o preso à autoridade competente, ouvirá esta o condutor e colherá, desde logo, sua assinatura, entregando a este cópia do termo e recibo de entrega do preso. Em seguida, procederá à oitiva das testemunhas que o acompanharem e ao interrogatório do acusado sobre a imputação que lhe é feita, colhendo, após cada oitiva suas respectivas assinaturas, lavrando, a autoridade, afinal, o auto. (Redação dada pela Lei nº 11.113, de 2005)

§ 1º Resultando das respostas fundada a suspeita contra o conduzido, a autoridade mandará recolhê-lo à prisão, exceto no caso de livrar-se solto ou de prestar fiança, e prosseguirá nos atos do inquérito ou processo, se para isso for competente; se não o for, enviará os autos à autoridade que o seja.

§ 2º A falta de testemunhas da infração não impedirá o auto de prisão em flagrante; mas, nesse caso, com o condutor, deverão assiná-lo pelo menos duas pessoas que hajam testemunhado a apresentação do preso à autoridade.

§ 3º Quando o acusado se recusar a assinar, não souber ou não puder fazê-lo, o auto de prisão em flagrante será assinado por duas testemunhas, que tenham ouvido sua leitura na presença deste. (Redação dada pela Lei nº 11.113, de 2005)

§ 4º Da lavratura do auto de prisão em flagrante deverá constar a informação sobre a existência de filhos, respectivas idades e se possuem alguma deficiência e o nome e o contato de eventual responsável pelos cuidados dos filhos, indicado pela pessoa presa. (Incluído pela Lei nº 13.257, de 2016)

Art. 305. Na falta ou no impedimento do escrivão, qualquer pessoa designada pela autoridade lavrará o auto, depois de prestado o compromisso legal.

Art. 306. A prisão de qualquer pessoa e o local onde se encontre serão comunicados imediatamente ao juiz competente, ao Ministério Público e à família do preso ou à pessoa por ele indicada. (Redação dada pela Lei nº 12.403, de 2011).

§ 1º Em até 24 (vinte e quatro) horas após a realização da prisão, será encaminhado ao juiz competente o auto de prisão em flagrante e, caso o autuado não informe o nome de seu advogado, cópia integral para a Defensoria Pública. (Redação dada pela Lei nº 12.403, de 2011).

§ 2º No mesmo prazo, será entregue ao preso, mediante recibo, a nota de culpa, assinada pela autoridade, com o motivo da prisão, o nome do condutor e os das testemunhas. (Redação dada pela Lei nº 12.403, de 2011).

Art. 307. Quando o fato for praticado em presença da autoridade, ou contra esta, no exercício de suas funções, constarão do auto a narração deste fato, a voz de prisão, as declarações que fizer o preso e os depoimentos das testemunhas, sendo tudo assinado pela autoridade, pelo preso e pelas testemunhas e remetido imediatamente ao juiz a quem couber tomar

conhecimento do fato delituoso, se não o for a autoridade que houver presidido o auto.

Art. 308. Não havendo autoridade no lugar em que se tiver efetuado a prisão, o preso será logo apresentado à do lugar mais próximo.

Art. 309. Se o réu se livrar solto, deverá ser posto em liberdade, depois de lavrado o auto de prisão em flagrante.

Art. 310. Após receber o auto de prisão em flagrante, no prazo máximo de até 24 (vinte e quatro) horas após a realização da prisão, o juiz deverá promover audiência de custódia com a presença do acusado, seu advogado constituído ou membro da Defensoria Pública e o membro do Ministério Público, e, nessa audiência, o juiz deverá, fundamentadamente: (Redação dada pela Lei nº 13.964, de 2019)

I - relaxar a prisão ilegal; ou (Incluído pela Lei nº 12.403, de 2011).

II - converter a prisão em flagrante em preventiva, quando presentes os requisitos constantes do art. 312 deste Código, e se revelarem inadequadas ou insuficientes as medidas cautelares diversas da prisão; ou (Incluído pela Lei nº 12.403, de 2011).

III - conceder liberdade provisória, com ou sem fiança. (Incluído pela Lei nº 12.403, de 2011).

§ 1º Se o juiz verificar, pelo auto de prisão em flagrante, que o agente praticou o fato em qualquer das condições constantes dos incisos I, II ou III do caput do art. 23 do Decreto-Lei nº 2.848, de 7 de dezembro de 1940 (Código Penal), poderá, fundamentadamente, conceder ao acusado liberdade provisória, mediante termo de comparecimento obrigatório a todos os atos processuais, sob pena de revogação. (Renumerado do parágrafo único pela Lei nº 13.964, de 2019)

§ 2º Se o juiz verificar que o agente é reincidente ou que integra organização criminosa armada ou milícia, ou que porta arma de fogo de uso restrito, deverá denegar a liberdade provisória, com ou sem medidas cautelares. (Incluído pela Lei nº 13.964, de 2019)

§ 3º A autoridade que deu causa, sem motivação idônea, à não realização da audiência de custódia no prazo estabelecido no caput deste artigo responderá administrativa, civil e penalmente pela omissão. (Incluído pela Lei nº 13.964, de 2019)

§ 4º Transcorridas 24 (vinte e quatro) horas após o decurso do prazo estabelecido no caput deste artigo, a não realização de audiência de custódia sem motivação idônea ensejará também a ilegalidade da prisão, a ser relaxada pela autoridade competente, sem prejuízo da possibilidade de imediata decretação de prisão preventiva. (Incluído pela Lei nº 13.964, de 2019)

CAPÍTULO III - DA PRISÃO PREVENTIVA

Art. 311. Em qualquer fase da investigação policial ou do processo penal, caberá a prisão preventiva decretada pelo juiz, a requerimento do Ministério Público, do querelante ou do assistente, ou por representação da autoridade policial. (Redação dada pela Lei nº 13.964, de 2019)

Art. 312. A prisão preventiva poderá ser decretada como garantia da ordem pública, da ordem econômica, por conveniência da instrução criminal ou para assegurar a aplicação da lei penal, quando houver prova da existência do crime e indício suficiente de autoria e de perigo gerado pelo estado de liberdade do imputado. (Redação dada pela Lei nº 13.964, de 2019)

§ 1º A prisão preventiva também poderá ser decretada em caso de descumprimento de qualquer das obrigações impostas por força de outras medidas cautelares (art. 282, § 4º). (Redação dada pela Lei nº 13.964, de 2019)

§ 2º A decisão que decretar a prisão preventiva deve ser motivada e fundamentada em receio de perigo e existência concreta de fatos novos ou contemporâneos que justifiquem a aplicação da medida adotada. (Incluído pela Lei nº 13.964, de 2019)

Art. 313. Nos termos do art. 312 deste Código, será admitida a decretação da prisão preventiva: (Redação dada pela Lei nº 12.403, de 2011)

I - nos crimes dolosos punidos com pena privativa de liberdade máxima superior a 4 (quatro) anos; (Redação dada pela Lei nº 12.403, de 2011).

II - se tiver sido condenado por outro crime doloso, em sentença transitada em julgado, ressalvado o disposto no inciso I do caput do art. 64 do Decreto-Lei no 2.848, de 7 de dezembro de 1940 - Código Penal; (Redação dada pela Lei nº 12.403, de 2011).

III - se o crime envolver violência doméstica e familiar contra a mulher, criança, adolescente, idoso, enfermo ou pessoa com deficiência, para garantir a execução das medidas protetivas de urgência; (Redação dada pela Lei nº 12.403, de 2011).

IV - (revogado). (Revogado pela Lei nº 12.403, de 2011).

§ 1º Também será admitida a prisão preventiva quando houver dúvida sobre a identidade civil da pessoa ou quando esta não fornecer elementos suficientes para esclarecê-la, devendo o preso ser colocado imediatamente em liberdade após a identificação, salvo se outra hipótese recomendar a manutenção da medida. (Redação dada pela Lei nº 13.964, de 2019)

§ 2º Não será admitida a decretação da prisão preventiva com a finalidade de antecipação de cumprimento de pena ou como decorrência imediata de investigação criminal ou da apresentação ou recebimento de denúncia. (Incluído pela Lei nº 13.964, de 2019)

Art. 314. A prisão preventiva em nenhum caso será decretada se o juiz verificar pelas provas constantes dos autos ter o agente praticado o fato nas condições previstas nos incisos I, II e III do caput do art. 23 do Decreto-Lei no 2.848, de 7 de dezembro de 1940 - Código Penal. (Redação dada pela Lei nº 12.403, de 2011).

Art. 315. A decisão que decretar, substituir ou denegar a prisão preventiva será sempre motivada e fundamentada. (Redação dada pela Lei nº 13.964, de 2019)

§ 1º Na motivação da decretação da prisão preventiva ou de qualquer outra cautelar, o juiz deverá indicar concretamente a existência de fatos novos ou contemporâneos que justifiquem a aplicação da medida adotada. (Incluído pela Lei nº 13.964, de 2019)

§ 2º Não se considera fundamentada qualquer decisão judicial, seja ela interlocutória, sentença ou acórdão, que: (Incluído pela Lei nº 13.964, de 2019)

I - limitar-se à indicação, à reprodução ou à paráfrase de ato normativo, sem explicar sua relação com a causa ou a questão decidida; (Incluído pela Lei nº 13.964, de 2019)

II - empregar conceitos jurídicos indeterminados, sem explicar o motivo concreto de sua incidência no caso; (Incluído pela Lei nº 13.964, de 2019)

III - invocar motivos que se prestariam a justificar qualquer outra decisão; (Incluído pela Lei nº 13.964, de 2019)

IV - não enfrentar todos os argumentos deduzidos no processo capazes de, em tese, infirmar a conclusão adotada pelo julgador; (Incluído pela Lei nº 13.964, de 2019)

V - limitar-se a invocar precedente ou enunciado de súmula, sem identificar seus fundamentos determinantes nem demonstrar que o caso sob julgamento se ajusta àqueles fundamentos; (Incluído pela Lei nº 13.964, de 2019)

VI - deixar de seguir enunciado de súmula, jurisprudência ou precedente invocado pela parte, sem demonstrar a existência de distinção no caso em julgamento ou a superação do entendimento. (Incluído pela Lei nº 13.964, de 2019)

Art. 316. O juiz poderá, de ofício ou a pedido das partes, revogar a prisão preventiva se, no correr da investigação ou do processo, verificar a falta de motivo para que ela subsista,

bem como novamente decretá-la, se sobrevierem razões que a justifiquem. (Redação dada pela Lei nº 13.964, de 2019)

Parágrafo único. Decretada a prisão preventiva, deverá o órgão emissor da decisão revisar a necessidade de sua manutenção a cada 90 (noventa) dias, mediante decisão fundamentada, de ofício, sob pena de tornar a prisão ilegal. (Incluído pela Lei nº 13.964, de 2019)

CAPÍTULO IV - DA APRESENTAÇÃO ESPONTÂNEA DO ACUSADO

CAPÍTULO IV - DA PRISÃO DOMICILIAR

(Redação dada pela Lei nº 12.403, de 2011).

Art. 317. A prisão domiciliar consiste no recolhimento do indiciado ou acusado em sua residência, só podendo dela ausentar-se com autorização judicial. (Redação dada pela Lei nº 12.403, de 2011).

Art. 318. Poderá o juiz substituir a prisão preventiva pela domiciliar quando o agente for: (Redação dada pela Lei nº 12.403, de 2011).

I - maior de 80 (oitenta) anos; (Incluído pela Lei nº 12.403, de 2011).

II - extremamente debilitado por motivo de doença grave; (Incluído pela Lei nº 12.403, de 2011).

III - imprescindível aos cuidados especiais de pessoa menor de 6 (seis) anos de idade ou com deficiência; (Incluído pela Lei nº 12.403, de 2011).

IV - gestante; (Redação dada pela Lei nº 13.257, de 2016)

V - mulher com filho de até 12 (doze) anos de idade incompletos; (Incluído pela Lei nº 13.257, de 2016)

VI - homem, caso seja o único responsável pelos cuidados do filho de até 12 (doze) anos de idade incompletos. (Incluído pela Lei nº 13.257, de 2016)

Parágrafo único. Para a substituição, o juiz exigirá prova idônea dos requisitos estabelecidos neste artigo. (Incluído pela Lei nº 12.403, de 2011).

Art. 318-A. A prisão preventiva imposta à mulher gestante ou que for mãe ou responsável por crianças ou pessoas com deficiência será substituída por prisão domiciliar, desde que: (Incluído pela Lei nº 13.769, de 2018).

I - não tenha cometido crime com violência ou grave ameaça a pessoa; (Incluído pela Lei nº 13.769, de 2018).

II - não tenha cometido o crime contra seu filho ou dependente. (Incluído pela Lei nº 13.769, de 2018).

Art. 318-B. A substituição de que tratam os arts. 318 e 318-A poderá ser efetuada sem prejuízo da aplicação concomitante das medidas alternativas previstas no art. 319 deste Código. (Incluído pela Lei nº 13.769, de 2018).

CAPÍTULO V - DAS OUTRAS MEDIDAS CAUTELARES

(Redação dada pela Lei nº 12.403, de 2011).

Art. 319. São medidas cautelares diversas da prisão: (Redação dada pela Lei nº 12.403, de 2011).

I - comparecimento periódico em juízo, no prazo e nas condições fixadas pelo juiz, para informar e justificar atividades; (Redação dada pela Lei nº 12.403, de 2011).

II - proibição de acesso ou frequência a determinados lugares quando, por circunstâncias relacionadas ao fato, deva o indiciado ou acusado permanecer distante desses locais para evitar o risco de novas infrações; (Redação dada pela Lei nº 12.403, de 2011).

III - proibição de manter contato com pessoa determinada quando, por circunstâncias relacionadas ao fato, deva o indiciado ou acusado dela permanecer distante; (Redação dada pela Lei nº 12.403, de 2011).

IV - proibição de ausentar-se da Comarca quando a permanência seja conveniente ou necessária para a investigação ou instrução; (Incluído pela Lei nº 12.403, de 2011).

V - recolhimento domiciliar no período noturno e nos dias de folga quando o investigado ou acusado tenha residência e trabalho fixos; (Incluído pela Lei nº 12.403, de 2011).

VI - suspensão do exercício de função pública ou de atividade de natureza econômica ou financeira quando houver justo receio de sua utilização para a prática de infrações penais; (Incluído pela Lei nº 12.403, de 2011).

VII - internação provisória do acusado nas hipóteses de crimes praticados com violência ou grave ameaça, quando os peritos concluírem ser inimputável ou semi-imputável (art. 26 do Código Penal) e houver risco de reiteração; (Incluído pela Lei nº 12.403, de 2011).

VIII - fiança, nas infrações que a admitem, para assegurar o comparecimento a atos do processo, evitar a obstrução do seu andamento ou em caso de resistência injustificada à ordem judicial; (Incluído pela Lei nº 12.403, de 2011).

IX - monitoração eletrônica. (Incluído pela Lei nº 12.403, de 2011).

§ 1º (Revogado). (Revogado pela Lei nº 12.403, de 2011).

§ 2º (Revogado). (Revogado pela Lei nº 12.403, de 2011).

§ 3º (Revogado). (Revogado pela Lei nº 12.403, de 2011).

§ 4º A fiança será aplicada de acordo com as disposições do Capítulo VI deste Título, podendo ser cumulada com outras medidas cautelares. (Incluído pela Lei nº 12.403, de 2011).

Art. 320. A proibição de ausentar-se do País será comunicada pelo juiz às autoridades encarregadas de fiscalizar as saídas do território nacional, intimando-se o indiciado ou acusado para entregar o passaporte, no prazo de 24 (vinte e quatro) horas. (Redação dada pela Lei nº 12.403, de 2011).

CAPÍTULO VI - DA LIBERDADE PROVISÓRIA, COM OU SEM FIANÇA

Art. 321. Ausentes os requisitos que autorizam a decretação da prisão preventiva, o juiz deverá conceder liberdade provisória, impondo, se for o caso, as medidas cautelares previstas no art. 319 deste Código e observados os critérios constantes do art. 282 deste Código. (Redação dada pela Lei nº 12.403, de 2011).

I - (revogado) (Revogado pela Lei nº 12.403, de 2011).

II - (revogado). (Revogado pela Lei nº 12.403, de 2011).

Art. 322. A autoridade policial somente poderá conceder fiança nos casos de infração cuja pena privativa de liberdade máxima não seja superior a 4 (quatro) anos. (Redação dada pela Lei nº 12.403, de 2011).

Parágrafo único. Nos demais casos, a fiança será requerida ao juiz, que decidirá em 48 (quarenta e oito) horas. (Redação dada pela Lei nº 12.403, de 2011).

Art. 323. Não será concedida fiança: (Redação dada pela Lei nº 12.403, de 2011).

I - nos crimes de racismo; (Redação dada pela Lei nº 12.403, de 2011).

II - nos crimes de tortura, tráfico ilícito de entorpecentes e drogas afins, terrorismo e nos definidos como crimes hediondos; (Redação dada pela Lei nº 12.403, de 2011).

III - nos crimes cometidos por grupos armados, civis ou militares, contra a ordem constitucional e o Estado Democrático; (Redação dada pela Lei nº 12.403, de 2011).

IV - (revogado); (Revogado pela Lei nº 12.403, de 2011).

V - (revogado). (Revogado pela Lei nº 12.403, de 2011).

Art. 324. Não será, igualmente, concedida fiança: (Redação dada pela Lei nº 12.403, de 2011).

I - aos que, no mesmo processo, tiverem quebrado fiança anteriormente concedida ou infringido, sem motivo justo, qualquer das obrigações a que se referem os arts. 327 e 328 deste Código; (Redação dada pela Lei nº 12.403, de 2011).

II - em caso de prisão civil ou militar; (Redação dada pela Lei nº 12.403, de 2011).

III - (revogado); (Revogado pela Lei nº 12.403, de 2011).

IV - quando presentes os motivos que autorizam a decretação da prisão preventiva (art. 312). (Redação dada pela Lei nº 12.403, de 2011).

Art. 325. O valor da fiança será fixado pela autoridade que a conceder nos seguintes limites: (Redação dada pela Lei nº 12.403, de 2011).

a) (revogada); (Redação dada pela Lei nº 12.403, de 2011).

b) (revogada); (Redação dada pela Lei nº 12.403, de 2011).

c) (revogada). (Redação dada pela Lei nº 12.403, de 2011).

I - de 1 (um) a 100 (cem) salários mínimos, quando se tratar de infração cuja pena privativa de liberdade, no grau máximo, não for superior a 4 (quatro) anos; (Incluído pela Lei nº 12.403, de 2011).

II - de 10 (dez) a 200 (duzentos) salários mínimos, quando o máximo da pena privativa de liberdade cominada for superior a 4 (quatro) anos. (Incluído pela Lei nº 12.403, de 2011).

§ 1º Se assim recomendar a situação econômica do preso, a fiança poderá ser: (Redação dada pela Lei nº 12.403, de 2011).

I - dispensada, na forma do art. 350 deste Código; (Redação dada pela Lei nº 12.403, de 2011).

II - reduzida até o máximo de 2/3 (dois terços); ou (Redação dada pela Lei nº 12.403, de 2011).

III - aumentada em até 1.000 (mil) vezes. (Incluído pela Lei nº 12.403, de 2011).

§ 2º (Revogado): (Revogado pela Lei nº 12.403, de 2011).

I - (revogado); (Revogado pela Lei nº 12.403, de 2011).

II - (revogado); (Revogado pela Lei nº 12.403, de 2011).

III - (revogado). (Revogado pela Lei nº 12.403, de 2011).

Art. 326. Para determinar o valor da fiança, a autoridade terá em consideração a natureza da infração, as condições pessoais de fortuna e vida pregressa do acusado, as circunstâncias indicativas de sua periculosidade, bem como a importância provável das custas do processo, até final julgamento.

Art. 327. A fiança tomada por termo obrigará o afiançado a comparecer perante a autoridade, todas as vezes que for intimado para atos do inquérito e da instrução criminal e para o julgamento. Quando o réu não comparecer, a fiança será havida como quebrada.

Art. 328. O réu afiançado não poderá, sob pena de quebramento da fiança, mudar de residência, sem prévia permissão da autoridade processante, ou ausentar-se por mais de 8 (oito) dias de sua residência, sem comunicar àquela autoridade o lugar onde será encontrado.

Art. 329. Nos juízos criminais e delegacias de polícia, haverá um livro especial, com termos de abertura e de encerramento, numerado e rubricado em todas as suas folhas pela autoridade, destinado especialmente aos termos de fiança. O termo será lavrado pelo escrivão e assinado pela autoridade e por quem prestar a fiança, e dele extrair-se-á certidão para juntar-se aos autos.

Parágrafo único. O réu e quem prestar a fiança serão pelo escrivão notificados das obrigações e da sanção previstas nos arts. 327 e 328, o que constará dos autos.

Art. 330. A fiança, que será sempre definitiva, consistirá em depósito de dinheiro, pedras, objetos ou metais preciosos, títulos da dívida pública, federal, estadual ou municipal, ou em hipoteca inscrita em primeiro lugar.

§ 1º A avaliação de imóvel, ou de pedras, objetos ou metais preciosos será feita imediatamente por perito nomeado pela autoridade.

§ 2º Quando a fiança consistir em caução de títulos da dívida pública, o valor será determinado pela sua cotação em Bolsa, e, sendo nominativos, exigir-se-á prova de que se acham livres de ônus.

Art. 331. O valor em que consistir a fiança será recolhido à repartição arrecadadora federal ou estadual, ou entregue ao depositário público, juntando-se aos autos os respectivos conhecimentos.

Parágrafo único. Nos lugares em que o depósito não se puder fazer de pronto, o valor será entregue ao escrivão ou pessoa abonada, a critério da autoridade, e dentro de três dias dar-se-á ao valor o destino que lhe assina este artigo, o que tudo constará do termo de fiança.

Art. 332. Em caso de prisão em flagrante, será competente para conceder a fiança a autoridade que presidir ao respectivo auto, e, em caso de prisão por mandado, o juiz que o houver expedido, ou a autoridade judiciária ou policial a quem tiver sido requisitada a prisão.

Art. 333. Depois de prestada a fiança, que será concedida independentemente de audiência do Ministério Público, este terá vista do processo a fim de requerer o que julgar conveniente.

Art. 334. A fiança poderá ser prestada enquanto não transitar em julgado a sentença condenatória. (Redação dada pela Lei nº 12.403, de 2011).

Art. 335. Recusando ou retardando a autoridade policial a concessão da fiança, o preso, ou alguém por ele, poderá prestá-la, mediante simples petição, perante o juiz competente, que decidirá em 48 (quarenta e oito) horas. (Redação dada pela Lei nº 12.403, de 2011).

Art. 336. O dinheiro ou objetos dados como fiança servirão ao pagamento das custas, da indenização do dano, da prestação pecuniária e da multa, se o réu for condenado. (Redação dada pela Lei nº 12.403, de 2011).

Parágrafo único. Este dispositivo terá aplicação ainda no caso da prescrição depois da sentença condenatória (art. 110 do Código Penal). (Redação dada pela Lei nº 12.403, de 2011).

Art. 337. Se a fiança for declarada sem efeito ou passar em julgado sentença que houver absolvido o acusado ou declarada extinta a ação penal, o valor que a constituir, atualizado, será restituído sem desconto, salvo o disposto no parágrafo único do art. 336 deste Código. (Redação dada pela Lei nº 12.403, de 2011).

Art. 338. A fiança que se reconheça não ser cabível na espécie será cassada em qualquer fase do processo.

Art. 339. Será também cassada a fiança quando reconhecida a existência de delito inafiançável, no caso de inovação na classificação do delito.

Art. 340. Será exigido o reforço da fiança:

I - quando a autoridade tomar, por engano, fiança insuficiente;

II - quando houver depreciação material ou perecimento dos bens hipotecados ou caucionados, ou depreciação dos metais ou pedras preciosas;

III - quando for inovada a classificação do delito.

Parágrafo único. A fiança ficará sem efeito e o réu será recolhido à prisão, quando, na conformidade deste artigo, não for reforçada.

Art. 341. Julgar-se-á quebrada a fiança quando o acusado: (Redação dada pela Lei nº 12.403, de 2011).

I - regularmente intimado para ato do processo, deixar de comparecer, sem motivo justo; (Incluído pela Lei nº 12.403, de 2011).

II - deliberadamente praticar ato de obstrução ao andamento do processo; (Incluído pela Lei nº 12.403, de 2011).

III - descumprir medida cautelar imposta cumulativamente com a fiança; (Incluído pela Lei nº 12.403, de 2011).

IV - resistir injustificadamente a ordem judicial; (Incluído pela Lei nº 12.403, de 2011).

V - praticar nova infração penal dolosa. (Incluído pela Lei nº 12.403, de 2011).

Art. 342. Se vier a ser reformado o julgamento em que se declarou quebrada a fiança, esta subsistirá em todos os seus efeitos

DECRETO-LEI Nº 3.689, DE 3 DE OUTUBRO DE 1941

Art. 343. O quebramento injustificado da fiança importará na perda de metade do seu valor, cabendo ao juiz decidir sobre a imposição de outras medidas cautelares ou, se for o caso, a decretação da prisão preventiva. (Redação dada pela Lei nº 12.403, de 2011).

Art. 344. Entender-se-á perdido, na totalidade, o valor da fiança, se, condenado, o acusado não se apresentar para o início do cumprimento da pena definitivamente imposta. (Redação dada pela Lei nº 12.403, de 2011).

Art. 345. No caso de perda da fiança, o seu valor, deduzidas as custas e mais encargos a que o acusado estiver obrigado, será recolhido ao fundo penitenciário, na forma da lei. (Redação dada pela Lei nº 12.403, de 2011).

Art. 346. No caso de quebramento de fiança, feitas as deduções previstas no art. 345 deste Código, o valor restante será recolhido ao fundo penitenciário, na forma da lei. (Redação dada pela Lei nº 12.403, de 2011).

Art. 347. Não ocorrendo a hipótese do art. 345, o saldo será entregue a quem houver prestado a fiança, depois de deduzidos os encargos a que o réu estiver obrigado.

Art. 348. Nos casos em que a fiança tiver sido prestada por meio de hipoteca, a execução será promovida no juízo cível pelo órgão do Ministério Público.

Art. 349. Se a fiança consistir em pedras, objetos ou metais preciosos, o juiz determinará a venda por leiloeiro ou corretor.

Art. 350. Nos casos em que couber fiança, o juiz, verificando a situação econômica do preso, poderá conceder-lhe liberdade provisória, sujeitando-o às obrigações constantes dos arts. 327 e 328 deste Código e a outras medidas cautelares, se for o caso. (Redação dada pela Lei nº 12.403, de 2011).

Parágrafo único. Se o beneficiado descumprir, sem motivo justo, qualquer das obrigações ou medidas impostas, aplicar-se-á o disposto no § 4º do art. 282 deste Código. (Redação dada pela Lei nº 12.403, de 2011).

TÍTULO X - DAS CITAÇÕES E INTIMAÇÕES
CAPÍTULO I - DAS CITAÇÕES

Art. 351. A citação inicial far-se-á por mandado, quando o réu estiver no território sujeito à jurisdição do juiz que a houver ordenado.

Art. 352. O mandado de citação indicará:

I - o nome do juiz;
II - o nome do querelante nas ações iniciadas por queixa;
III - o nome do réu, ou, se for desconhecido, os seus sinais característicos;
IV - a residência do réu, se for conhecida;
V - o fim para que é feita a citação;
VI - o juízo e o lugar, o dia e a hora em que o réu deverá comparecer;
VII - a subscrição do escrivão e a rubrica do juiz.

Art. 353. Quando o réu estiver fora do território da jurisdição do juiz processante, será citado mediante precatória.

Art. 354. A precatória indicará:

I - o juiz deprecado e o juiz deprecante;
II - a sede da jurisdição de um e de outro;
III - o fim para que é feita a citação, com todas as especificações;
IV - o juízo do lugar, o dia e a hora em que o réu deverá comparecer.

Art. 355. A precatória será devolvida ao juiz deprecante, independentemente de traslado, depois de lançado o "cumpra-se" e de feita a citação por mandado do juiz deprecado.

§ 1º Verificado que o réu se encontra em território sujeito à jurisdição de outro juiz, a este remeterá o juiz deprecado os autos para efetivação da diligência, desde que haja tempo para fazer-se a citação.

§ 2º Certificado pelo oficial de justiça que o réu se oculta para não ser citado, a precatória será imediatamente devolvida, para o fim previsto no art. 362.

Art. 356. Se houver urgência, a precatória, que conterá em resumo os requisitos enumerados no art. 354, poderá ser expedida por via telegráfica, depois de reconhecida a firma do juiz, o que a estação expedidora mencionará.

Art. 357. São requisitos da citação por mandado:

I - leitura do mandado ao citando pelo oficial e entrega da contrafé, na qual se mencionarão dia e hora da citação;
II - declaração do oficial, na certidão, da entrega da contrafé, e sua aceitação ou recusa.

Art. 358. A citação do militar far-se-á por intermédio do chefe do respectivo serviço.

Art. 359. O dia designado para funcionário público comparecer em juízo, como acusado, será notificado assim a ele como ao chefe de sua repartição.

Art. 360. Se o réu estiver preso, será pessoalmente citado. (Redação dada pela Lei nº 10.792, de 1º.12.2003)

Art. 361. Se o réu não for encontrado, será citado por edital, com o prazo de 15 (quinze) dias.

Art. 362. Verificando que o réu se oculta para não ser citado, o oficial de justiça certificará a ocorrência e procederá à citação com hora certa, na forma estabelecida nos arts. 227 a 229 da Lei no 5.869, de 11 de janeiro de 1973 - Código de Processo Civil. (Redação dada pela Lei nº 11.719, de 2008).

Parágrafo único. Completada a citação com hora certa, se o acusado não comparecer, ser-lhe-á nomeado defensor dativo. (Incluído pela Lei nº 11.719, de 2008).

Art. 363. O processo terá completada a sua formação quando realizada a citação do acusado. (Redação dada pela Lei nº 11.719, de 2008).

I - (revogado); (Redação dada pela Lei nº 11.719, de 2008).
II - (revogado). (Redação dada pela Lei nº 11.719, de 2008).

§ 1º Não sendo encontrado o acusado, será procedida a citação por edital. (Incluído pela Lei nº 11.719, de 2008).

§ 2º (VETADO) (Incluído pela Lei nº 11.719, de 2008).

§ 3º (VETADO) (Incluído pela Lei nº 11.719, de 2008).

§ 4º Comparecendo o acusado citado por edital, em qualquer tempo, o processo observará o disposto nos arts. 394 e seguintes deste Código. (Incluído pela Lei nº 11.719, de 2008).

Art. 364. No caso do artigo anterior, no I, o prazo será fixado pelo juiz entre 15 (quinze) e 90 (noventa) dias, de acordo com as circunstâncias, e, no caso de no II, o prazo será de trinta dias.

Art. 365. O edital de citação indicará:

I - o nome do juiz que a determinar;
II - o nome do réu, ou, se não for conhecido, os seus sinais característicos, bem como sua residência e profissão, se constarem do processo;
III - o fim para que é feita a citação;
IV - o juízo e o dia, a hora e o lugar em que o réu deverá comparecer;
V - o prazo, que será contado do dia da publicação do edital na imprensa, se houver, ou da sua afixação.

Parágrafo único. O edital será afixado à porta do edifício onde funcionar o juízo e será publicado pela imprensa, onde houver, devendo a afixação ser certificada pelo oficial que a tiver feito e a publicação provada por exemplar do jornal ou certidão do escrivão, da qual conste a página do jornal com a data da publicação.

Art. 366. Se o acusado, citado por edital, não comparecer, nem constituir advogado, ficarão suspensos o processo e o curso do prazo prescricional, podendo o juiz determinar a produção antecipada das provas consideradas urgentes e, se for o caso, decretar prisão preventiva, nos termos do disposto no art. 312. (Redação dada pela Lei nº 9.271, de 17.4.1996)

§ 1º (Revogado pela Lei nº 11.719, de 2008).

§ 2º (Revogado pela Lei nº 11.719, de 2008).

Art. 367. O processo seguirá sem a presença do acusado que, citado ou intimado pessoalmente para qualquer ato, deixar de comparecer sem motivo justificado, ou, no caso de mudança de residência, não comunicar o novo endereço ao juízo. (Redação dada pela Lei nº 9.271, de 17.4.1996)

Art. 368. Estando o acusado no estrangeiro, em lugar sabido, será citado mediante carta rogatória, suspendendo-se o curso do prazo de prescrição até o seu cumprimento. (Redação dada pela Lei nº 9.271, de 17.4.1996)

Art. 369. As citações que houverem de ser feitas em legações estrangeiras serão efetuadas mediante carta rogatória. (Redação dada pela Lei nº 9.271, de 17.4.1996)

CAPÍTULO II - DAS INTIMAÇÕES

Art. 370. Nas intimações dos acusados, das testemunhas e demais pessoas que devam tomar conhecimento de qualquer ato, será observado, no que for aplicável, o disposto no Capítulo anterior. (Redação dada pela Lei nº 9.271, de 17.4.1996)

§ 1º A intimação do defensor constituído, do advogado do querelante e do assistente far-se-á por publicação no órgão incumbido da publicidade dos atos judiciais da comarca, incluindo, sob pena de nulidade, o nome do acusado. (Incluído Lei nº 9.271, de 17.4.1996)

§ 2º Caso não haja órgão de publicação dos atos judiciais na comarca, a intimação far-se-á diretamente pelo escrivão, por mandado, ou via postal com comprovante de recebimento, ou por qualquer outro meio idôneo. (Redação dada pela Lei nº 9.271, de 17.4.1996)

§ 3º A intimação pessoal, feita pelo escrivão, dispensará a aplicação a que alude o § 1º. (Incluído pela Lei nº 9.271, de 17.4.1996)

§ 4º A intimação do Ministério Público e do defensor nomeado será pessoal. (Incluído pela Lei nº 9.271, de 17.4.1996)

Art. 371. Será admissível a intimação por despacho na petição em que for requerida, observado o disposto no art. 357.

Art. 372. Adiada, por qualquer motivo, a instrução criminal, o juiz marcará desde logo, na presença das partes e testemunhas, dia e hora para seu prosseguimento, do que se lavrará termo nos autos.

TÍTULO XI - DA APLICAÇÃO PROVISÓRIA DE INTERDIÇÕES DE DIREITOS E MEDIDAS DE SEGURANÇA

Art. 373. A aplicação provisória de interdições de direitos poderá ser determinada pelo juiz, de ofício, ou a requerimento do Ministério Público, do querelante, do assistente, do ofendido, ou de seu representante legal, ainda que este não se tenha constituído como assistente:

I - durante a instrução criminal após a apresentação da defesa ou do prazo concedido para esse fim;

II - na sentença de pronúncia;

III - na decisão confirmatória da pronúncia ou na que, em grau de recurso, pronunciar o réu;

IV - na sentença condenatória recorrível.

§ 1º No caso do no I, havendo requerimento de aplicação da medida, o réu ou seu defensor será ouvido no prazo de 2 (dois) dias.

§ 2º Decretada a medida, serão feitas as comunicações necessárias para a sua execução, na forma do disposto no Capítulo III do Título II do Livro IV.

Art. 374. Não caberá recurso do despacho ou da parte da sentença que decretar ou denegar a aplicação provisória de interdições de direitos, mas estas poderão ser substituídas ou revogadas:

I - se aplicadas no curso da instrução criminal, durante esta ou pelas sentenças a que se referem os ns. II, III e IV do artigo anterior;

II - se aplicadas na sentença de pronúncia, pela decisão que, em grau de recurso, a confirmar, total ou parcialmente, ou pela sentença condenatória recorrível;

III - se aplicadas na decisão a que se refere o no III do artigo anterior, pela sentença condenatória recorrível.

Art. 375. O despacho que aplicar, provisoriamente, substituir ou revogar interdição de direito, será fundamentado.

Art. 376. A decisão que impronunciar ou absolver o réu fará cessar a aplicação provisória da interdição anteriormente determinada.

Art. 377. Transitando em julgado a sentença condenatória, serão executadas somente as interdições nela aplicadas ou que derivarem da imposição da pena principal.

Art. 378. A aplicação provisória de medida de segurança obedecerá ao disposto nos artigos anteriores, com as modificações seguintes:

I - o juiz poderá aplicar, provisoriamente, a medida de segurança, de ofício, ou a requerimento do Ministério Público;

II - a aplicação poderá ser determinada ainda no curso do inquérito, mediante representação da autoridade policial;

III - a aplicação provisória de medida de segurança, a substituição ou a revogação da anteriormente aplicada poderão ser determinadas, também, na sentença absolutória;

IV - decretada a medida, atender-se-á ao disposto no Título V do Livro IV, no que for aplicável.

Art. 379. Transitando em julgado a sentença, observar-se-á, quanto à execução das medidas de segurança definitivamente aplicadas, o disposto no Título V do Livro IV.

Art. 380. A aplicação provisória de medida de segurança obstará a concessão de fiança, e tornará sem efeito a anteriormente concedida.

TÍTULO XII - DA SENTENÇA

Art. 381. A sentença conterá:

I - os nomes das partes ou, quando não possível, as indicações necessárias para identificá-las;

II - a exposição sucinta da acusação e da defesa;

III - a indicação dos motivos de fato e de direito em que se fundar a decisão;

IV - a indicação dos artigos de lei aplicados;

V - o dispositivo;

VI - a data e a assinatura do juiz.

Art. 382. Qualquer das partes poderá, no prazo de 2 (dois) dias, pedir ao juiz que declare a sentença, sempre que nela houver obscuridade, ambigüidade, contradição ou omissão.

Art. 383. O juiz, sem modificar a descrição do fato contida na denúncia ou queixa, poderá atribuir-lhe definição jurídica diversa, ainda que, em conseqüência, tenha de aplicar pena mais grave. (Redação dada pela Lei nº 11.719, de 2008).

§ 1º Se, em conseqüência de definição jurídica diversa, houver possibilidade de proposta de suspensão condicional do processo, o juiz procederá de acordo com o disposto na lei. (Incluído pela Lei nº 11.719, de 2008).

§ 2º Tratando-se de infração da competência de outro juízo, a este serão encaminhados os autos. (Incluído pela Lei nº 11.719, de 2008).

Art. 384. Encerrada a instrução probatória, se entender cabível nova definição jurídica do fato, em consequência de prova existente nos autos de elemento ou circunstância da infração penal não contida na acusação, o Ministério Público deverá aditar a denúncia ou queixa, no prazo de 5 (cinco) dias, se em virtude desta houver sido instaurado o processo em crime de ação pública, reduzindo-se a termo o aditamento, quando feito oralmente. (Redação dada pela Lei nº 11.719, de 2008).

§ 1º Não procedendo o órgão do Ministério Público ao aditamento, aplica-se o art. 28 deste Código. (Incluído pela Lei nº 11.719, de 2008).

§ 2º Ouvido o defensor do acusado no prazo de 5 (cinco) dias e admitido o aditamento, o juiz, a requerimento de qualquer das partes, designará dia e hora para continuação da audiência, com inquirição de testemunhas, novo interrogatório do acusado, realização de debates e julgamento. (Incluído pela Lei nº 11.719, de 2008).

§ 3º Aplicam-se as disposições dos §§ 1º e 2º do art. 383 ao caput deste artigo. (Incluído pela Lei nº 11.719, de 2008).

§ 4º Havendo aditamento, cada parte poderá arrolar até 3 (três) testemunhas, no prazo de 5 (cinco) dias, ficando o juiz, na sentença, adstrito aos termos do aditamento. (Incluído pela Lei nº 11.719, de 2008).

§ 5º Não recebido o aditamento, o processo prosseguirá. (Incluído pela Lei nº 11.719, de 2008).

Art. 385. Nos crimes de ação pública, o juiz poderá proferir sentença condenatória, ainda que o Ministério Público tenha opinado pela absolvição, bem como reconhecer agravantes, embora nenhuma tenha sido alegada.

Art. 386. O juiz absolverá o réu, mencionando a causa na parte dispositiva, desde que reconheça:

I - estar provada a inexistência do fato;
II - não haver prova da existência do fato;
III - não constituir o fato infração penal;
IV - estar provado que o réu não concorreu para a infração penal; (Redação dada pela Lei nº 11.690, de 2008)
V - não existir prova de ter o réu concorrido para a infração penal; (Redação dada pela Lei nº 11.690, de 2008)
VI - existirem circunstâncias que excluam o crime ou isentem o réu de pena (arts. 20, 21, 22, 23, 26 e § 1º do art. 28, todos do Código Penal), ou mesmo se houver fundada dúvida sobre sua existência; (Redação dada pela Lei nº 11.690, de 2008)
VII - não existir prova suficiente para a condenação. (Incluído pela Lei nº 11.690, de 2008)

Parágrafo único. Na sentença absolutória, o juiz:

I - mandará, se for o caso, pôr o réu em liberdade;
II - ordenará a cessação das medidas cautelares e provisoriamente aplicadas; (Redação dada pela Lei nº 11.690, de 2008)
III - aplicará medida de segurança, se cabível.

Art. 387. O juiz, ao proferir sentença condenatória: (Vide Lei nº 11.719, de 2008)

I - mencionará as circunstâncias agravantes ou atenuantes definidas no Código Penal, e cuja existência reconhecer;
II - mencionará as outras circunstâncias apuradas e tudo o mais que deva ser levado em conta na aplicação da pena, de acordo com o disposto nos arts. 59 e 60 do Decreto-Lei no 2.848, de 7 de dezembro de 1940 - Código Penal; (Redação dada pela Lei nº 11.719, de 2008).
III - aplicará as penas de acordo com essas conclusões; (Redação dada pela Lei nº 11.719, de 2008).
IV - fixará valor mínimo para reparação dos danos causados pela infração, considerando os prejuízos sofridos pelo ofendido; (Redação dada pela Lei nº 11.719, de 2008).
V - atenderá, quanto à aplicação provisória de interdições de direitos e medidas de segurança, ao disposto no Título XI deste Livro;
VI - determinará se a sentença deverá ser publicada na íntegra ou em resumo e designará o jornal em que será feita a publicação (art. 73, § 1º, do Código Penal).

§ 1º O juiz decidirá, fundamentadamente, sobre a manutenção ou, se for o caso, a imposição de prisão preventiva ou de outra medida cautelar, sem prejuízo do conhecimento de apelação que vier a ser interposta. (Incluído pela Lei nº 12.736, de 2012)

§ 2º O tempo de prisão provisória, de prisão administrativa ou de internação, no Brasil ou no estrangeiro, será computado para fins de determinação do regime inicial de pena privativa de liberdade. (Incluído pela Lei nº 12.736, de 2012)

Art. 388. A sentença poderá ser datilografada e neste caso o juiz a rubricará em todas as folhas.

Art. 389. A sentença será publicada em mão do escrivão, que lavrará nos autos o respectivo termo, registrando-a em livro especialmente destinado a esse fim.

Art. 390. O escrivão, dentro de três dias após a publicação, e sob pena de suspensão de cinco dias, dará conhecimento da sentença ao órgão do Ministério Público.

Art. 391. O querelante ou o assistente será intimado da sentença, pessoalmente ou na pessoa de seu advogado. Se nenhum deles for encontrado no lugar da sede do juízo, a intimação será feita mediante edital com o prazo de 10 dias, afixado no lugar de costume.

Art. 392. A intimação da sentença será feita:

I - ao réu, pessoalmente, se estiver preso;
II - ao réu, pessoalmente, ou ao defensor por ele constituído, quando se livrar solto, ou, sendo afiançável a infração, tiver prestado fiança;
III - ao defensor constituído pelo réu, se este, afiançável, ou não, a infração, expedido o mandado de prisão, não tiver sido encontrado, e assim o certificar o oficial de justiça;
IV - mediante edital, nos casos do no II, se o réu e o defensor que houver constituído não forem encontrados, e assim o certificar o oficial de justiça;
V - mediante edital, nos casos do no III, se o defensor que o réu houver constituído também não for encontrado, e assim o certificar o oficial de justiça;
VI - mediante edital, se o réu, não tendo constituído defensor, não for encontrado, e assim o certificar o oficial de justiça.

§ 1º O prazo do edital será de 90 dias, se tiver sido imposta pena privativa de liberdade por tempo igual ou superior a um ano, e de 60 dias, nos outros casos.

§ 2º O prazo para apelação correrá após o término do fixado no edital, salvo se, no curso deste, for feita a intimação por qualquer das outras formas estabelecidas neste artigo.

Art. 393. (Revogado pela Lei nº 12.403, de 2011).

LIVRO II - DOS PROCESSOS EM ESPÉCIE

TÍTULO I - DO PROCESSO COMUM

CAPÍTULO I - DA INSTRUÇÃO CRIMINAL

Art. 394. O procedimento será comum ou especial. (Redação dada pela Lei nº 11.719, de 2008).

§ 1º O procedimento comum será ordinário, sumário ou sumaríssimo: (Incluído pela Lei nº 11.719, de 2008).

I - ordinário, quando tiver por objeto crime cuja sanção máxima cominada for igual ou superior a 4 (quatro) anos de pena privativa de liberdade; (Incluído pela Lei nº 11.719, de 2008).
II - sumário, quando tiver por objeto crime cuja sanção máxima cominada seja inferior a 4 (quatro) anos de pena privativa de liberdade; (Incluído pela Lei nº 11.719, de 2008).
III - sumaríssimo, para as infrações penais de menor potencial ofensivo, na forma da lei. (Incluído pela Lei nº 11.719, de 2008).

§ 2º Aplica-se a todos os processos o procedimento comum, salvo disposições em contrário deste Código ou de lei especial. (Incluído pela Lei nº 11.719, de 2008).

§ 3º Nos processos de competência do Tribunal do Júri, o procedimento observará as disposições estabelecidas nos arts. 406 a 497 deste Código. (Incluído pela Lei nº 11.719, de 2008).

§ 4º As disposições dos arts. 395 a 398 deste Código aplicam-se a todos os procedimentos penais de primeiro grau, ainda que não regulados neste Código. (Incluído pela Lei nº 11.719, de 2008).

§ 5º Aplicam-se subsidiariamente aos procedimentos especial, sumário e sumaríssimo as disposições do procedimento ordinário. (Incluído pela Lei nº 11.719, de 2008).

Art. 394-A. Os processos que apurem a prática de crime hediondo terão prioridade de tramitação em todas as instâncias. (Incluído pela Lei nº 13.285, de 2016).

Art. 395. A denúncia ou queixa será rejeitada quando: (Redação dada pela Lei nº 11.719, de 2008).

I - for manifestamente inepta; (Incluído pela Lei nº 11.719, de 2008).

II - faltar pressuposto processual ou condição para o exercício da ação penal; ou (Incluído pela Lei nº 11.719, de 2008).

III - faltar justa causa para o exercício da ação penal. (Incluído pela Lei nº 11.719, de 2008).

Parágrafo único. (Revogado). (Incluído pela Lei nº 11.719, de 2008).

Art. 396. Nos procedimentos ordinário e sumário, oferecida a denúncia ou queixa, o juiz, se não a rejeitar liminarmente, recebê-la-á e ordenará a citação do acusado para responder à acusação, por escrito, no prazo de 10 (dez) dias. (Redação dada pela Lei nº 11.719, de 2008).

Parágrafo único. No caso de citação por edital, o prazo para a defesa começará a fluir a partir do comparecimento pessoal do acusado ou do defensor constituído. (Redação dada pela Lei nº 11.719, de 2008).

Art. 396-A. Na resposta, o acusado poderá argüir preliminares e alegar tudo o que interesse à sua defesa, oferecer documentos e justificações, especificar as provas pretendidas e arrolar testemunhas, qualificando-as e requerendo sua intimação, quando necessário. (Incluído pela Lei nº 11.719, de 2008).

§ 1º A exceção será processada em apartado, nos termos dos arts. 95 a 112 deste Código. (Incluído pela Lei nº 11.719, de 2008).

§ 2º Não apresentada a resposta no prazo legal, ou se o acusado, citado, não constituir defensor, o juiz nomeará defensor para oferecê-la, concedendo-lhe vista dos autos por 10 (dez) dias. (Incluído pela Lei nº 11.719, de 2008).

Art. 397. Após o cumprimento do disposto no art. 396-A, e parágrafos, deste Código, o juiz deverá absolver sumariamente o acusado quando verificar: (Redação dada pela Lei nº 11.719, de 2008).

I - a existência manifesta de causa excludente da ilicitude do fato; (Incluído pela Lei nº 11.719, de 2008).

II - a existência manifesta de causa excludente da culpabilidade do agente, salvo inimputabilidade; (Incluída pela Lei nº 11.719, de 2008).

III - que o fato narrado evidentemente não constitui crime; ou (Incluído pela Lei nº 11.719, de 2008).

IV - extinta a punibilidade do agente. (Incluído pela Lei nº 11.719, de 2008).

Art. 398. (Revogado pela Lei nº 11.719, de 2008).

Art. 399. Recebida a denúncia ou queixa, o juiz designará dia e hora para a audiência, ordenando a intimação do acusado, de seu defensor, do Ministério Público e, se for o caso, do querelante e do assistente. (Redação dada pela Lei nº 11.719, de 2008).

§ 1º O acusado preso será requisitado para comparecer ao interrogatório, devendo o poder público providenciar sua apresentação. (Incluído pela Lei nº 11.719, de 2008).

§ 2º O juiz que presidiu a instrução deverá proferir a sentença. (Incluído pela Lei nº 11.719, de 2008).

Art. 400. Na audiência de instrução e julgamento, a ser realizada no prazo máximo de 60 (sessenta) dias, proceder-se-á à tomada de declarações do ofendido, à inquirição das testemunhas arroladas pela acusação e pela defesa, nesta ordem, ressalvado o disposto no art. 222 deste Código, bem como aos esclarecimentos dos peritos, às acareações e ao reconhecimento de pessoas e coisas, interrogando-se, em seguida, o acusado. (Redação dada pela Lei nº 11.719, de 2008).

§ 1º As provas serão produzidas numa só audiência, podendo o juiz indeferir as consideradas irrelevantes, impertinentes ou protelatórias. (Incluído pela Lei nº 11.719, de 2008).

§ 2º Os esclarecimentos dos peritos dependerão de prévio requerimento das partes. (Incluído pela Lei nº 11.719, de 2008).

Art. 401. Na instrução poderão ser inquiridas até 8 (oito) testemunhas arroladas pela acusação e 8 (oito) pela defesa. (Redação dada pela Lei nº 11.719, de 2008).

§ 1º Nesse número não se compreendem as que não prestem compromisso e as referidas. (Incluído pela Lei nº 11.719, de 2008).

§ 2º A parte poderá desistir da inquirição de qualquer das testemunhas arroladas, ressalvado o disposto no art. 209 deste Código. (Incluído pela Lei nº 11.719, de 2008).

Art. 402. Produzidas as provas, ao final da audiência, o Ministério Público, o querelante e o assistente e, a seguir, o acusado poderão requerer diligências cuja necessidade se origine de circunstâncias ou fatos apurados na instrução. (Redação dada pela Lei nº 11.719, de 2008).

Art. 403. Não havendo requerimento de diligências, ou sendo indeferido, serão oferecidas alegações finais orais por 20 (vinte) minutos, respectivamente, pela acusação e pela defesa, prorrogáveis por mais 10 (dez), proferindo o juiz, a seguir, sentença. (Redação dada pela Lei nº 11.719, de 2008).

§ 1º Havendo mais de um acusado, o tempo previsto para a defesa de cada um será individual. (Incluído pela Lei nº 11.719, de 2008).

§ 2º Ao assistente do Ministério Público, após a manifestação desse, serão concedidos 10 (dez) minutos, prorrogando-se por igual período o tempo de manifestação da defesa. (Incluído pela Lei nº 11.719, de 2008).

§ 3º O juiz poderá, considerada a complexidade do caso ou o número de acusados, conceder às partes o prazo de 5 (cinco) dias sucessivamente para a apresentação de memoriais. Nesse caso, terá o prazo de 10 (dez) dias para proferir a sentença. (Incluído pela Lei nº 11.719, de 2008).

Art. 404. Ordenado diligência considerada imprescindível, de ofício ou a requerimento da parte, a audiência será concluída sem as alegações finais. (Redação dada pela Lei nº 11.719, de 2008).

Parágrafo único. Realizada, em seguida, a diligência determinada, as partes apresentarão, no prazo sucessivo de 5 (cinco) dias, suas alegações finais, por memorial, e, no prazo de 10 (dez) dias, o juiz proferirá a sentença. (Incluído pela Lei nº 11.719, de 2008).

Art. 405. Do ocorrido em audiência será lavrado termo em livro próprio, assinado pelo juiz e pelas partes, contendo breve resumo dos fatos relevantes nela ocorridos. (Redação dada pela Lei nº 11.719, de 2008).

§ 1º Sempre que possível, o registro dos depoimentos do investigado, indiciado, ofendido e testemunhas será feito pelos meios ou recursos de gravação magnética, estenotipia, digital ou técnica similar, inclusive audiovisual, destinada a obter maior fidelidade das informações. (Incluído pela Lei nº 11.719, de 2008).

§ 2º No caso de registro por meio audiovisual, será encaminhado às partes cópia do registro original, sem necessidade de transcrição. (Incluído pela Lei nº 11.719, de 2008).

DECRETO-LEI Nº 3.689, DE 3 DE OUTUBRO DE 1941

CAPÍTULO II - (Redação dada pela Lei nº 11.689, de 2008) DO PROCEDIMENTO RELATIVO AOS PROCESSOS DA COMPETÊNCIA DO TRIBUNAL DO JÚRI

Seção I - Da Acusação e da Instrução Preliminar

Art. 406. O juiz, ao receber a denúncia ou a queixa, ordenará a citação do acusado para responder a acusação, por escrito, no prazo de 10 (dez) dias. (Redação dada pela Lei nº 11.689, de 2008)

§ 1º O prazo previsto no caput deste artigo será contado a partir do efetivo cumprimento do mandado ou do comparecimento, em juízo, do acusado ou de defensor constituído, no caso de citação inválida ou por edital. (Redação dada pela Lei nº 11.689, de 2008)

§ 2º A acusação deverá arrolar testemunhas, até o máximo de 8 (oito), na denúncia ou na queixa.

§ 3º Na resposta, o acusado poderá argüir preliminares e alegar tudo que interesse a sua defesa, oferecer documentos e justificações, especificar as provas pretendidas e arrolar testemunhas, até o máximo de 8 (oito), qualificando-as e requerendo sua intimação, quando necessário. (Incluído pela Lei nº 11.689, de 2008)

Art. 407. As exceções serão processadas em apartado, nos termos dos arts. 95 a 112 deste Código. (Redação dada pela Lei nº 11.689, de 2008)

Art. 408. Não apresentada a resposta no prazo legal, o juiz nomeará defensor para oferecê-la em até 10 (dez) dias, concedendo-lhe vista dos autos. (Redação dada pela Lei nº 11.689, de 2008)

Art. 409. Apresentada a defesa, o juiz ouvirá o Ministério Público ou o querelante sobre preliminares e documentos, em 5 (cinco) dias. (Redação dada pela Lei nº 11.689, de 2008)

Art. 410. O juiz determinará a inquirição das testemunhas e a realização das diligências requeridas pelas partes, no prazo máximo de 10 (dez) dias. (Redação dada pela Lei nº 11.689, de 2008)

Art. 411. Na audiência de instrução, proceder-se-á à tomada de declarações do ofendido, se possível, à inquirição das testemunhas arroladas pela acusação e pela defesa, nesta ordem, bem como aos esclarecimentos dos peritos, às acareações e ao reconhecimento de pessoas e coisas, interrogando-se, em seguida, o acusado e procedendo-se o debate. (Redação dada pela Lei nº 11.689, de 2008)

§ 1º Os esclarecimentos dos peritos dependerão de prévio requerimento e de deferimento pelo juiz. (Incluído pela Lei nº 11.689, de 2008)

§ 2º As provas serão produzidas em uma só audiência, podendo o juiz indeferir as consideradas irrelevantes, impertinentes ou protelatórias. (Incluído pela Lei nº 11.689, de 2008)

§ 3º Encerrada a instrução probatória, observar-se-á, se for o caso, o disposto no art. 384 deste Código. (Incluído pela Lei nº 11.689, de 2008)

§ 4º As alegações serão orais, concedendo-se a palavra, respectivamente, à acusação e à defesa, pelo prazo de 20 (vinte) minutos, prorrogáveis por mais 10 (dez). (Incluído pela Lei nº 11.689, de 2008)

§ 5º Havendo mais de 1 (um) acusado, o tempo previsto para a acusação e a defesa de cada um deles será individual. (Incluído pela Lei nº 11.689, de 2008)

§ 6º Ao assistente do Ministério Público, após a manifestação deste, serão concedidos 10 (dez) minutos, prorrogando-se por igual período o tempo de manifestação da defesa. (Incluído pela Lei nº 11.689, de 2008)

§ 7º Nenhum ato será adiado, salvo quando imprescindível à prova faltante, determinando o juiz a condução coercitiva de quem deva comparecer. (Incluído pela Lei nº 11.689, de 2008)

§ 8º A testemunha que comparecer será inquirida, independentemente da suspensão da audiência, observada em qualquer caso a ordem estabelecida no caput deste artigo. (Incluído pela Lei nº 11.689, de 2008)

§ 9º Encerrados os debates, o juiz proferirá a sua decisão, ou o fará em 10 (dez) dias, ordenando que os autos para isso lhe sejam conclusos. (Incluído pela Lei nº 11.689, de 2008)

Art. 412. O procedimento será concluído no prazo máximo de 90 (noventa) dias. (Redação dada pela Lei nº 11.689, de 2008)

Seção II - Da Pronúncia, da Impronúncia e da Absolvição Sumária (Redação dada pela Lei nº 11.689, de 2008)

Art. 413. O juiz, fundamentadamente, pronunciará o acusado, se convencido da materialidade do fato e da existência de indícios suficientes de autoria ou de participação. (Redação dada pela Lei nº 11.689, de 2008)

§ 1º A fundamentação da pronúncia limitar-se-á à indicação da materialidade do fato e da existência de indícios suficientes de autoria ou de participação, devendo o juiz declarar o dispositivo legal em que julgar incurso o acusado e especificar as circunstâncias qualificadoras e as causas de aumento de pena. (Incluído pela Lei nº 11.689, de 2008)

§ 2º Se o crime for afiançável, o juiz arbitrará o valor da fiança para a concessão ou manutenção da liberdade provisória. (Incluído pela Lei nº 11.689, de 2008)

§ 3º O juiz decidirá, motivadamente, no caso de manutenção, revogação ou substituição da prisão ou medida restritiva de liberdade anteriormente decretada e, tratando-se de acusado solto, sobre a necessidade da decretação da prisão ou imposição de quaisquer das medidas previstas no Título IX do Livro I deste Código. (Incluído pela Lei nº 11.689, de 2008)

Art. 414. Não se convencendo da materialidade do fato ou da existência de indícios suficientes de autoria ou de participação, o juiz, fundamentadamente, impronunciará o acusado. (Redação dada pela Lei nº 11.689, de 2008)

Parágrafo único. Enquanto não ocorrer a extinção da punibilidade, poderá ser formulada nova denúncia ou queixa se houver prova nova. (Incluído pela Lei nº 11.689, de 2008)

Art. 415. O juiz, fundamentadamente, absolverá desde logo o acusado, quando: (Redação dada pela Lei nº 11.689, de 2008)

I - provada a inexistência do fato; (Redação dada pela Lei nº 11.689, de 2008)

II - provado não ser ele autor ou partícipe do fato; (Redação dada pela Lei nº 11.689, de 2008)

III - o fato não constituir infração penal; (Redação dada pela Lei nº 11.689, de 2008)

IV - demonstrada causa de isenção de pena ou de exclusão do crime. (Redação dada pela Lei nº 11.689, de 2008)

Parágrafo único. Não se aplica o disposto no inciso IV do caput deste artigo ao caso de inimputabilidade prevista no caput do art. 26 do Decreto-Lei no 2.848, de 7 de dezembro de 1940 – Código Penal, salvo quando esta for a única tese defensiva. (Incluído pela Lei nº 11.689, de 2008)

Art. 416. Contra a sentença de impronúncia ou de absolvição sumária caberá apelação. (Redação dada pela Lei nº 11.689, de 2008)

Art. 417. Se houver indícios de autoria ou de participação de outras pessoas não incluídas na acusação, o juiz, ao pronunciar ou impronunciar o acusado, determinará o retorno dos autos ao Ministério Público, por 15 (quinze) dias, aplicável, no que couber, o art. 80 deste Código. (Redação dada pela Lei nº 11.689, de 2008)

Art. 418. O juiz poderá dar ao fato definição jurídica diversa da constante da acusação, embora o acusado fique sujeito a pena mais grave. (Redação dada pela Lei nº 11.689, de 2008)

Art. 419. Quando o juiz se convencer, em discordância com a acusação, da existência de crime diverso dos referidos no § 1º do art. 74 deste Código e não for competente para o julga-

mento, remeterá os autos ao juiz que o seja. (Redação dada pela Lei nº 11.689, de 2008)

Parágrafo único. Remetidos os autos do processo a outro juiz, à disposição deste ficará o acusado preso. (Incluído pela Lei nº 11.689, de 2008)

Art. 420. A intimação da decisão de pronúncia será feita: (Redação dada pela Lei nº 11.689, de 2008)

I - pessoalmente ao acusado, ao defensor nomeado e ao Ministério Público; (Incluído pela Lei nº 11.689, de 2008)

II - ao defensor constituído, ao querelante e ao assistente do Ministério Público, na forma do disposto no § 1º do art. 370 deste Código. (Incluído pela Lei nº 11.689, de 2008)

Parágrafo único. Será intimado por edital o acusado solto que não for encontrado. (Incluído pela Lei nº 11.689, de 2008)

Art. 421. Preclusa a decisão de pronúncia, os autos serão encaminhados ao juiz presidente do Tribunal do Júri. (Redação dada pela Lei nº 11.689, de 2008)

§ 1º Ainda que preclusa a decisão de pronúncia, havendo circunstância superveniente que altere a classificação do crime, o juiz ordenará a remessa dos autos ao Ministério Público. (Incluído pela Lei nº 11.689, de 2008)

§ 2º Em seguida, os autos serão conclusos ao juiz para decisão. (Incluído pela Lei nº 11.689, de 2008)

Seção III - Da Preparação do Processo para Julgamento em Plenário (Redação dada pela Lei nº 11.689, de 2008)

Art. 422. Ao receber os autos, o presidente do Tribunal do Júri determinará a intimação do órgão do Ministério Público ou do querelante, no caso de queixa, e do defensor, para, no prazo de 5 (cinco) dias, apresentarem rol de testemunhas que irão depor em plenário, até o máximo de 5 (cinco), oportunidade em que poderão juntar documentos e requerer diligência. (Redação dada pela Lei nº 11.689, de 2008)

Art. 423. Deliberando sobre os requerimentos de provas a serem produzidas ou exibidas no plenário do júri, e adotadas as providências devidas, o juiz presidente: (Redação dada pela Lei nº 11.689, de 2008)

I - ordenará as diligências necessárias para sanar qualquer nulidade ou esclarecer fato que interesse ao julgamento da causa; (Incluído pela Lei nº 11.689, de 2008)

II - fará relatório sucinto do processo, determinando sua inclusão em pauta da reunião do Tribunal do Júri. (Incluído pela Lei nº 11.689, de 2008)

Art. 424. Quando a lei local de organização judiciária não atribuir ao presidente do Tribunal do Júri o preparo para julgamento, o juiz competente remeter-lhe-á os autos do processo preparado até 5 (cinco) dias antes do sorteio a que se refere o art. 433 deste Código. (Redação dada pela Lei nº 11.689, de 2008)

Parágrafo único. Deverão ser remetidos, também, os processos preparados até o encerramento da reunião, para a realização de julgamento. (Redação dada pela Lei nº 11.689, de 2008)

Seção IV - Do Alistamento dos Jurados (Redação dada pela Lei nº 11.689, de 2008)

Art. 425. Anualmente, serão alistados pelo presidente do Tribunal do Júri de 800 (oitocentos) a 1.500 (um mil e quinhentos) jurados nas comarcas de mais de 1.000.000 (um milhão) de habitantes, de 300 (trezentos) a 700 (setecentos) nas comarcas de mais de 100.000 (cem mil) habitantes e de 80 (oitenta) a 400 (quatrocentos) nas comarcas de menor população. (Redação dada pela Lei nº 11.689, de 2008)

§ 1º Nas comarcas onde for necessário, poderá ser aumentado o número de jurados e, ainda, organizada lista de suplentes, depositadas as cédulas em urna especial, com as cautelas mencionadas na parte final do § 3º do art. 426 deste Código. (Incluído pela Lei nº 11.689, de 2008)

§ 2º O juiz presidente requisitará às autoridades locais, associações de classe e de bairro, entidades associativas e culturais, instituições de ensino em geral, universidades, sindicatos, repartições públicas e outros núcleos comunitários a indicação de pessoas que reúnam as condições para exercer a função de jurado. (Incluído pela Lei nº 11.689, de 2008)

Art. 426. A lista geral dos jurados, com indicação das respectivas profissões, será publicada pela imprensa até o dia 10 de outubro de cada ano e divulgada em editais afixados à porta do Tribunal do Júri. (Redação dada pela Lei nº 11.689, de 2008)

§ 1º A lista poderá ser alterada, de ofício ou mediante reclamação de qualquer do povo ao juiz presidente até o dia 10 de novembro, data de sua publicação definitiva. (Incluído pela Lei nº 11.689, de 2008)

§ 2º Juntamente com a lista, serão transcritos os arts. 436 a 446 deste Código. (Incluído pela Lei nº 11.689, de 2008)

§ 3º Os nomes e endereços dos alistados, em cartões iguais, após serem verificados na presença do Ministério Público, de advogado indicado pela Seção local da Ordem dos Advogados do Brasil e de defensor indicado pelas Defensorias Públicas competentes, permanecerão guardados em urna fechada a chave, sob a responsabilidade do juiz presidente. (Incluído pela Lei nº 11.689, de 2008)

§ 4º O jurado que tiver integrado o Conselho de Sentença nos 12 (doze) meses que antecederem à publicação da lista geral fica dela excluído. (Incluído pela Lei nº 11.689, de 2008)

§ 5º Anualmente, a lista geral de jurados será, obrigatoriamente, completada. (Incluído pela Lei nº 11.689, de 2008)

Seção V - Do Desaforamento (Redação dada pela Lei nº 11.689, de 2008)

Art. 427. Se o interesse da ordem pública o reclamar ou houver dúvida sobre a imparcialidade do júri ou a segurança pessoal do acusado, o Tribunal, a requerimento do Ministério Público, do assistente, do querelante ou do acusado ou mediante representação do juiz competente, poderá determinar o desaforamento do julgamento para outra comarca da mesma região, onde não existam aqueles motivos, preferindo-se as mais próximas. (Redação dada pela Lei nº 11.689, de 2008)

§ 1º O pedido de desaforamento será distribuído imediatamente e terá preferência de julgamento na Câmara ou Turma competente. (Incluído pela Lei nº 11.689, de 2008)

§ 2º Sendo relevantes os motivos alegados, o relator poderá determinar, fundamentadamente, a suspensão do julgamento pelo júri. (Incluído pela Lei nº 11.689, de 2008)

§ 3º Será ouvido o juiz presidente, quando a medida não tiver sido por ele solicitada. (Incluído pela Lei nº 11.689, de 2008)

§ 4º Na pendência de recurso contra a decisão de pronúncia ou quando efetivado o julgamento, não se admitirá o pedido de desaforamento, salvo, nesta última hipótese, quanto a fato ocorrido durante ou após a realização de julgamento anulado. (Incluído pela Lei nº 11.689, de 2008)

Art. 428. O desaforamento também poderá ser determinado, em razão do comprovado excesso de serviço, ouvidos o juiz presidente e a parte contrária, se o julgamento não puder ser realizado no prazo de 6 (seis) meses, contado do trânsito em julgado da decisão de pronúncia. (Redação dada pela Lei nº 11.689, de 2008)

§ 1º Para a contagem do prazo referido neste artigo, não se computará o tempo de adiamentos, diligências ou incidentes de interesse da defesa. (Incluído pela Lei nº 11.689, de 2008)

§ 2º Não havendo excesso de serviço ou existência de processos aguardando julgamento em quantidade que ultrapasse a possibilidade de apreciação pelo Tribunal do Júri, nas reuniões periódicas previstas para o exercício, o acusado poderá requerer ao Tribunal que determine a imediata realização do julgamento. (Incluído pela Lei nº 11.689, de 2008)

DECRETO-LEI Nº 3.689, DE 3 DE OUTUBRO DE 1941

Seção VI - Da Organização da Pauta (Incluído pela Lei nº 11.689, de 2008)

Art. 429. Salvo motivo relevante que autorize alteração na ordem dos julgamentos, terão preferência: (Redação dada pela Lei nº 11.689, de 2008)

I - os acusados presos; (Incluído pela Lei nº 11.689, de 2008)

II - dentre os acusados presos, aqueles que estiverem há mais tempo na prisão; (Incluído pela Lei nº 11.689, de 2008)

III - em igualdade de condições, os precedentemente pronunciados. (Incluído pela Lei nº 11.689, de 2008)

§ 1º Antes do dia designado para o primeiro julgamento da reunião periódica, será afixada na porta do edifício do Tribunal do Júri a lista dos processos a serem julgados, obedecida a ordem prevista no caput deste artigo. (Redação dada pela Lei nº 11.689, de 2008)

§ 2º O juiz presidente reservará datas na mesma reunião periódica para a inclusão de processo que tiver o julgamento adiado. (Redação dada pela Lei nº 11.689, de 2008)

Art. 430. O assistente somente será admitido se tiver requerido sua habilitação até 5 (cinco) dias antes da data da sessão na qual pretenda atuar. (Redação dada pela Lei nº 11.689, de 2008)

Art. 431. Estando o processo em ordem, o juiz presidente mandará intimar as partes, o ofendido, se for possível, as testemunhas e os peritos, quando houver requerimento, para a sessão de instrução e julgamento, observando, no que couber, o disposto no art. 420 deste Código. (Redação dada pela Lei nº 11.689, de 2008)

Seção VII - Do Sorteio e da Convocação dos Jurados (Incluído pela Lei nº 11.689, de 2008)

Art. 432. Em seguida à organização da pauta, o juiz presidente determinará a intimação do Ministério Público, da Ordem dos Advogados do Brasil e da Defensoria Pública para acompanharem, em dia e hora designados, o sorteio dos jurados que atuarão na reunião periódica. (Redação dada pela Lei nº 11.689, de 2008)

Art. 433. O sorteio, presidido pelo juiz, far-se-á a portas abertas, cabendo-lhe retirar as cédulas até completar o número de 25 (vinte e cinco) jurados, para a reunião periódica ou extraordinária. (Redação dada pela Lei nº 11.689, de 2008)

§ 1º O sorteio será realizado entre o 5º (décimo quinto) e o 0º (décimo) dia útil antecedente à instalação da reunião. (Incluído pela Lei nº 11.689, de 2008)

§ 2º A audiência de sorteio não será adiada pelo não comparecimento das partes. (Incluído pela Lei nº 11.689, de 2008)

§ 3º O jurado não sorteado poderá ter o seu nome novamente incluído para as reuniões futuras. (Incluído pela Lei nº 11.689, de 2008)

Art. 434. Os jurados sorteados serão convocados pelo correio ou por qualquer outro meio hábil para comparecer no dia e hora designados para a reunião, sob as penas da lei. (Redação dada pela Lei nº 11.689, de 2008)

Parágrafo único. No mesmo expediente de convocação serão transcritos os arts. 436 a 446 deste Código. (Incluído pela Lei nº 11.689, de 2008)

Art. 435. Serão afixados na porta do edifício do Tribunal do Júri a relação dos jurados convocados, os nomes do acusado e dos procuradores das partes, além do dia, hora e local das sessões de instrução e julgamento. (Redação dada pela Lei nº 11.689, de 2008)

Seção VIII - Da Função do Jurado (Incluído pela Lei nº 11.689, de 2008)

Art. 436. O serviço do júri é obrigatório. O alistamento compreenderá os cidadãos maiores de 18 (dezoito) anos de notória idoneidade. (Redação dada pela Lei nº 11.689, de 2008)

§ 1º Nenhum cidadão poderá ser excluído dos trabalhos do júri ou deixar de ser alistado em razão de cor ou etnia, raça, credo, sexo, profissão, classe social ou econômica, origem ou grau de instrução. (Incluído pela Lei nº 11.689, de 2008)

§ 2º A recusa injustificada ao serviço do júri acarretará multa no valor de 1 (um) a 10 (dez) salários mínimos, a critério do juiz, de acordo com a condição econômica do jurado. (Incluído pela Lei nº 11.689, de 2008)

Art. 437. Estão isentos do serviço do júri: (Redação dada pela Lei nº 11.689, de 2008)

I - o Presidente da República e os Ministros de Estado; (Incluído pela Lei nº 11.689, de 2008)

II - os Governadores e seus respectivos Secretários; (Incluído pela Lei nº 11.689, de 2008)

III - os membros do Congresso Nacional, das Assembléias Legislativas e das Câmaras Distrital e Municipais; (Incluído pela Lei nº 11.689, de 2008)

IV - os Prefeitos Municipais; (Incluído pela Lei nº 11.689, de 2008)

V - os Magistrados e membros do Ministério Público e da Defensoria Pública; (Incluído pela Lei nº 11.689, de 2008)

VI - os servidores do Poder Judiciário, do Ministério Público e da Defensoria Pública; (Incluído pela Lei nº 11.689, de 2008)

VII - as autoridades e os servidores da polícia e da segurança pública; (Incluído pela Lei nº 11.689, de 2008)

VIII - os militares em serviço ativo; (Incluído pela Lei nº 11.689, de 2008)

IX - os cidadãos maiores de 70 (setenta) anos que requeiram sua dispensa; (Incluído pela Lei nº 11.689, de 2008)

X - aqueles que o requererem, demonstrando justo impedimento. (Incluído pela Lei nº 11.689, de 2008)

Art. 438. A recusa ao serviço do júri fundada em convicção religiosa, filosófica ou política importará no dever de prestar serviço alternativo, sob pena de suspensão dos direitos políticos, enquanto não prestar o serviço imposto. (Redação dada pela Lei nº 11.689, de 2008)

§ 1º Entende-se por serviço alternativo o exercício de atividades de caráter administrativo, assistencial, filantrópico ou mesmo produtivo, no Poder Judiciário, na Defensoria Pública, no Ministério Público ou em entidade conveniada para esses fins. (Incluído pela Lei nº 11.689, de 2008)

§ 2º O juiz fixará o serviço alternativo atendendo aos princípios da proporcionalidade e da razoabilidade. (Incluído pela Lei nº 11.689, de 2008)

Art. 439. O exercício efetivo da função de jurado constituirá serviço público relevante e estabelecerá presunção de idoneidade moral. (Redação dada pela Lei nº 12.403, de 2011).

Art. 440. Constitui também direito do jurado, na condição do art. 439 deste Código, preferência, em igualdade de condições, nas licitações públicas e no provimento, mediante concurso, de cargo ou função pública, bem como nos casos de promoção funcional ou remoção voluntária. (Redação dada pela Lei nº 11.689, de 2008)

Art. 441. Nenhum desconto será feito nos vencimentos ou salário do jurado sorteado que comparecer à sessão do júri. (Redação dada pela Lei nº 11.689, de 2008)

Art. 442. Ao jurado que, sem causa legítima, deixar de comparecer no dia marcado para a sessão ou retirar-se antes de ser dispensado pelo presidente será aplicada multa de 1 (um) a 10 (dez) salários mínimos, a critério do juiz, de acordo com a sua condição econômica. (Redação dada pela Lei nº 11.689, de 2008)

Art. 443. Somente será aceita escusa fundada em motivo relevante devidamente comprovado e apresentada, ressalvadas as hipóteses de força maior, até o momento da chamada dos jurados. (Redação dada pela Lei nº 11.689, de 2008)

Art. 444. O jurado somente será dispensado por decisão motivada do juiz presidente, consignada na ata dos trabalhos. (Redação dada pela Lei nº 11.689, de 2008)

Art. 445. O jurado, no exercício da função ou a pretexto de exercê-la, será responsável criminalmente nos mesmos termos em que o são os juízes togados. (Redação dada pela Lei nº 11.689, de 2008)

Art. 446. Aos suplentes, quando convocados, serão aplicáveis os dispositivos referentes às dispensas, faltas e escusas e à equiparação de responsabilidade penal prevista no art. 445 deste Código. (Redação dada pela Lei nº 11.689, de 2008)

Seção IX - Da Composição do Tribunal do Júri e da Formação do Conselho de Sentença (Incluído pela Lei nº 11.689, de 2008)

Art. 447. O Tribunal do Júri é composto por 1 (um) juiz togado, seu presidente e por 25 (vinte e cinco) jurados que serão sorteados dentre os alistados, 7 (sete) dos quais constituirão o Conselho de Sentença em cada sessão de julgamento. (Redação dada pela Lei nº 11.689, de 2008)

Art. 448. São impedidos de servir no mesmo Conselho: (Redação dada pela Lei nº 11.689, de 2008)

I - marido e mulher; (Incluído pela Lei nº 11.689, de 2008)

II - ascendente e descendente; (Incluído pela Lei nº 11.689, de 2008)

III - sogro e genro ou nora; (Incluído pela Lei nº 11.689, de 2008)

IV - irmãos e cunhados, durante o cunhadio; (Incluído pela Lei nº 11.689, de 2008)

V - tio e sobrinho; (Incluído pela Lei nº 11.689, de 2008)

VI - padrasto, madrasta ou enteado. (Incluído pela Lei nº 11.689, de 2008)

§ 1º O mesmo impedimento ocorrerá em relação às pessoas que mantenham união estável reconhecida como entidade familiar. (Incluído pela Lei nº 11.689, de 2008)

§ 2º Aplicar-se-á aos jurados o disposto sobre os impedimentos, a suspeição e as incompatibilidades dos juízes togados. (Incluído pela Lei nº 11.689, de 2008)

Art. 449. Não poderá servir o jurado que: (Redação dada pela Lei nº 11.689, de 2008)

I - tiver funcionado em julgamento anterior do mesmo processo, independentemente da causa determinante do julgamento posterior; (Incluído pela Lei nº 11.689, de 2008)

II - no caso do concurso de pessoas, houver integrado o Conselho de Sentença que julgou o outro acusado; (Incluído pela Lei nº 11.689, de 2008)

III - tiver manifestado prévia disposição para condenar ou absolver o acusado . (Incluído pela Lei nº 11.689, de 2008)

Art. 450. Dos impedidos entre si por parentesco ou relação de convivência, servirá o que houver sido sorteado em primeiro lugar. (Redação dada pela Lei nº 11.689, de 2008)

Art. 451. Os jurados excluídos por impedimento, suspeição ou incompatibilidade serão considerados para a constituição do número legal exigível para a realização da sessão. (Redação dada pela Lei nº 11.689, de 2008)

Art. 452. O mesmo Conselho de Sentença poderá conhecer de mais de um processo, no mesmo dia, se as partes o aceitarem, hipótese em que seus integrantes deverão prestar novo compromisso. (Redação dada pela Lei nº 11.689, de 2008)

Seção X - Da reunião e das sessões do Tribunal do Júri (Incluído pela Lei nº 11.689, de 2008)

Art. 453. O Tribunal do Júri reunir-se-á para as sessões de instrução e julgamento nos períodos e na forma estabelecida pela lei local de organização judiciária. (Redação dada pela Lei nº 11.689, de 2008)

Art. 454. Até o momento de abertura dos trabalhos da sessão, o juiz presidente decidirá os casos de isenção e dispensa de jurados e o pedido de adiamento de julgamento, mandando consignar em ata as deliberações. (Redação dada pela Lei nº 11.689, de 2008)

Art. 455. Se o Ministério Público não comparecer, o juiz presidente adiará o julgamento para o primeiro dia desimpedido da mesma reunião, cientificadas as partes e as testemunhas. (Redação dada pela Lei nº 11.689, de 2008)

Parágrafo único. Se a ausência não for justificada, o fato será imediatamente comunicado ao Procurador-Geral de Justiça com a data designada para a nova sessão. (Incluído pela Lei nº 11.689, de 2008)

Art. 456. Se a falta, sem escusa legítima, for do advogado do acusado, e se outro não for por este constituído, o fato será imediatamente comunicado ao presidente da seccional da Ordem dos Advogados do Brasil, com a data designada para a nova sessão. (Redação dada pela Lei nº 11.689, de 2008)

§ 1º Não havendo escusa legítima, o julgamento será adiado somente uma vez, devendo o acusado ser julgado quando chamado novamente. (Incluído pela Lei nº 11.689, de 2008)

§ 2º Na hipótese do § 1º deste artigo, o juiz intimará a Defensoria Pública para o novo julgamento, que será adiado para o primeiro dia desimpedido, observado o prazo mínimo de 10 (dez) dias. (Incluído pela Lei nº 11.689, de 2008)

Art. 457. O julgamento não será adiado pelo não comparecimento do acusado solto, do assistente ou do advogado do querelante, que tiver sido regularmente intimado. (Redação dada pela Lei nº 11.689, de 2008)

§ 1º Os pedidos de adiamento e as justificações de não comparecimento deverão ser, salvo comprovado motivo de força maior, previamente submetidos à apreciação do juiz presidente do Tribunal do Júri. (Incluído pela Lei nº 11.689, de 2008)

§ 2º Se o acusado preso não for conduzido, o julgamento será adiado para o primeiro dia desimpedido da mesma reunião, salvo se houver pedido de dispensa de comparecimento subscrito por ele e seu defensor. (Incluído pela Lei nº 11.689, de 2008)

Art. 458. Se a testemunha, sem justa causa, deixar de comparecer, o juiz presidente, sem prejuízo da ação penal pela desobediência, aplicar-lhe-á a multa prevista no § 2º do art. 436 deste Código. (Redação dada pela Lei nº 11.689, de 2008)

Art. 459. Aplicar-se-á às testemunhas a serviço do Tribunal do Júri o disposto no art. 441 deste Código. (Redação dada pela Lei nº 11.689, de 2008)

Art. 460. Antes de constituído o Conselho de Sentença, as testemunhas serão recolhidas a lugar onde umas não possam ouvir os depoimentos das outras. (Redação dada pela Lei nº 11.689, de 2008)

Art. 461. O julgamento não será adiado se a testemunha deixar de comparecer, salvo se uma das partes tiver requerido a sua intimação por mandado, na oportunidade de que trata o art. 422 deste Código, declarando não prescindir do depoimento e indicando a sua localização. (Redação dada pela Lei nº 11.689, de 2008)

§ 1º Se, intimada, a testemunha não comparecer, o juiz presidente suspenderá os trabalhos e mandará conduzi-la ou adiará o julgamento para o primeiro dia desimpedido, ordenando a sua condução. (Incluído pela Lei nº 11.689, de 2008)

§ 2º O julgamento será realizado mesmo na hipótese de a testemunha não ser encontrada no local indicado, se assim for certificado por oficial de justiça. (Incluído pela Lei nº 11.689, de 2008)

Art. 462. Realizadas as diligências referidas nos arts. 454 a 461 deste Código, o juiz presidente verificará se a urna contém as cédulas dos 25 (vinte e cinco) jurados sorteados, mandando que o escrivão proceda à chamada deles. (Redação dada pela Lei nº 11.689, de 2008)

Art. 463. Comparecendo, pelo menos, 15 (quinze) jurados, o juiz presidente declarará instalados os trabalhos, anunciando o processo que será submetido a julgamento. (Redação dada pela Lei nº 11.689, de 2008)

DECRETO-LEI Nº 3.689, DE 3 DE OUTUBRO DE 1941

§ 1º O oficial de justiça fará o pregão, certificando a diligência nos autos. (Incluído pela Lei nº 11.689, de 2008)

§ 2º Os jurados excluídos por impedimento ou suspeição serão computados para a constituição do número legal. (Incluído pela Lei nº 11.689, de 2008)

Art. 464. Não havendo o número referido no art. 463 deste Código, proceder-se-á ao sorteio de tantos suplentes quantos necessários, e designar-se-á nova data para a sessão do júri. (Redação dada pela Lei nº 11.689, de 2008)

Art. 465. Os nomes dos suplentes serão consignados em ata, remetendo-se o expediente de convocação, com observância do disposto nos arts. 434 e 435 deste Código. (Redação dada pela Lei nº 11.689, de 2008)

Art. 466. Antes do sorteio dos membros do Conselho de Sentença, o juiz presidente esclarecerá sobre os impedimentos, a suspeição e as incompatibilidades constantes dos arts. 448 e 449 deste Código. (Redação dada pela Lei nº 11.689, de 2008)

§ 1º O juiz presidente também advertirá os jurados de que, uma vez sorteados, não poderão comunicar-se entre si e com outrem, nem manifestar sua opinião sobre o processo, sob pena de exclusão do Conselho e multa, na forma do § 2º do art. 436 deste Código. (Redação dada pela Lei nº 11.689, de 2008)

§ 2º A incomunicabilidade será certificada nos autos pelo oficial de justiça. (Redação dada pela Lei nº 11.689, de 2008)

Art. 467. Verificando que se encontram na urna as cédulas relativas aos jurados presentes, o juiz presidente sorteará 7 (sete) dentre eles para a formação do Conselho de Sentença. (Redação dada pela Lei nº 11.689, de 2008)

Art. 468. À medida que as cédulas forem sendo retiradas da urna, o juiz presidente as lerá, e a defesa e, depois dela, o Ministério Público poderão recusar os jurados sorteados, até 3 (três) cada parte, sem motivar a recusa.(Redação dada pela Lei nº 11.689, de 2008)

Parágrafo único. O jurado recusado imotivadamente por qualquer das partes será excluído daquela sessão de instrução e julgamento, prosseguindo-se o sorteio para a composição do Conselho de Sentença com os jurados remanescentes. (Incluído pela Lei nº 11.689, de 2008)

Art. 469. Se forem 2 (dois) ou mais os acusados, as recusas poderão ser feitas por um só defensor. (Redação dada pela Lei nº 11.689, de 2008)

§ 1º A separação dos julgamentos somente ocorrerá se, em razão das recusas, não for obtido o número mínimo de 7 (sete) jurados para compor o Conselho de Sentença. (Incluído pela Lei nº 11.689, de 2008)

§ 2º Determinada a separação dos julgamentos, será julgado em primeiro lugar o acusado a quem foi atribuída a autoria do fato ou, em caso de co-autoria, aplicar-se-á o critério de preferência disposto no art. 429 deste Código. (Incluído pela Lei nº 11.689, de 2008)

Art. 470. Desacolhida a argüição de impedimento, de suspeição ou de incompatibilidade contra o juiz presidente do Tribunal do Júri, órgão do Ministério Público, jurado ou qualquer funcionário, o julgamento não será suspenso, devendo, entretanto, constar da ata o seu fundamento e a decisão. (Redação dada pela Lei nº 11.689, de 2008)

Art. 471. Se, em conseqüência do impedimento, suspeição, incompatibilidade, dispensa ou recusa, não houver número para a formação do Conselho, o julgamento será adiado para o primeiro dia desimpedido, após sorteados os suplentes, com observância do disposto no art. 464 deste Código. (Redação dada pela Lei nº 11.689, de 2008)

Art. 472. Formado o Conselho de Sentença, o presidente, levantando-se, e, com ele, todos os presentes, fará aos jurados a seguinte exortação: (Redação dada pela Lei nº 11.689, de 2008)

Em nome da lei, concito-vos a examinar esta causa com imparcialidade e a proferir a vossa decisão de acordo com a vossa consciência e os ditames da justiça.

Os jurados, nominalmente chamados pelo presidente, responderão:

Assim o prometo.

Parágrafo único. O jurado, em seguida, receberá cópias da pronúncia ou, se for o caso, das decisões posteriores que julgaram admissível a acusação e do relatório do processo. (Incluído pela Lei nº 11.689, de 2008)

Seção XI - Da Instrução em Plenário (Incluído pela Lei nº 11.689, de 2008)

Art. 473. Prestado o compromisso pelos jurados, será iniciada a instrução plenária quando o juiz presidente, o Ministério Público, o assistente, o querelante e o defensor do acusado tomarão, sucessiva e diretamente, as declarações do ofendido, se possível, e inquirirão as testemunhas arroladas pela acusação. (Redação dada pela Lei nº 11.689, de 2008)

§ 1º Para a inquirição das testemunhas arroladas pela defesa, o defensor do acusado formulará as perguntas antes do Ministério Público e do assistente, mantidos no mais a ordem e os critérios estabelecidos neste artigo.(Incluído pela Lei nº 11.689, de 2008)

§ 2º Os jurados poderão formular perguntas ao ofendido e às testemunhas, por intermédio do juiz presidente. (Incluído pela Lei nº 11.689, de 2008)

§ 3º As partes e os jurados poderão requerer acareações, reconhecimento de pessoas e coisas e esclarecimento dos peritos, bem como a leitura de peças que se refiram, exclusivamente, às provas colhidas por carta precatória e às provas cautelares, antecipadas ou não repetíveis. (Incluído pela Lei nº 11.689, de 2008)

Art. 474. A seguir será o acusado interrogado, se estiver presente, na forma estabelecida no Capítulo III do Título VII do Livro I deste Código, com as alterações introduzidas nesta Seção. (Redação dada pela Lei nº 11.689, de 2008)

§ 1º O Ministério Público, o assistente, o querelante e o defensor, nessa ordem, poderão formular, diretamente, perguntas ao acusado. (Redação dada pela Lei nº 11.689, de 2008)

§ 2º Os jurados formularão perguntas por intermédio do juiz presidente. (Redação dada pela Lei nº 11.689, de 2008)

§ 3º Não se permitirá o uso de algemas no acusado durante o período em que permanecer no plenário do júri, salvo se absolutamente necessário à ordem dos trabalhos, à segurança das testemunhas ou à garantia da integridade física dos presentes. (Incluído pela Lei nº 11.689, de 2008)

Art. 475. O registro dos depoimentos e do interrogatório será feito pelos meios ou recursos de gravação magnética, eletrônica, estenotipia ou técnica similar, destinada a obter maior fidelidade e celeridade na colheita da prova.(Redação dada pela Lei nº 11.689, de 2008)

Parágrafo único. A transcrição do registro, após feita a degravação, constará dos autos. (Incluído pela Lei nº 11.689, de 2008)

Seção XII - Dos Debates (Incluído pela Lei nº 11.689, de 2008)

Art. 476. Encerrada a instrução, será concedida a palavra ao Ministério Público, que fará a acusação, nos limites da pronúncia ou das decisões posteriores que julgaram admissível a acusação, sustentando, se for o caso, a existência de circunstância agravante. (Redação dada pela Lei nº 11.689, de 2008)

§ 1º O assistente falará depois do Ministério Público. (Incluído pela Lei nº 11.689, de 2008)

§ 2º Tratando-se de ação penal de iniciativa privada, falará em primeiro lugar o querelante e, em seguida, o Ministério Público, salvo se este houver retomado a titularidade da ação, na forma do art. 29 deste Código. (Incluído pela Lei nº 11.689, de 2008)

§ 3º Finda a acusação, terá a palavra a defesa. (Incluído pela Lei nº 11.689, de 2008)

§ 4º A acusação poderá replicar e a defesa treplicar, sendo admitida a reinquirição de testemunha já ouvida em plenário. (Incluído pela Lei nº 11.689, de 2008)

Art. 477. O tempo destinado à acusação e à defesa será de uma hora e meia para cada, e de uma hora para a réplica e outro tanto para a tréplica. (Redação dada pela Lei nº 11.689, de 2008)

§ 1º Havendo mais de um acusador ou mais de um defensor, combinarão entre si a distribuição do tempo, que, na falta de acordo, será dividido pelo juiz presidente, de forma a não exceder o determinado neste artigo. (Incluído pela Lei nº 11.689, de 2008)

§ 2º Havendo mais de 1 (um) acusado, o tempo para a acusação e a defesa será acrescido de 1 (uma) hora e elevado ao dobro o da réplica e da tréplica, observado o disposto no § 1º deste artigo. (Incluído pela Lei nº 11.689, de 2008)

Art. 478. Durante os debates as partes não poderão, sob pena de nulidade, fazer referências: (Redação dada pela Lei nº 11.689, de 2008)

I - à decisão de pronúncia, às decisões posteriores que julgaram admissível a acusação ou à determinação do uso de algemas como argumento de autoridade que beneficiem ou prejudiquem o acusado; (Incluído pela Lei nº 11.689, de 2008)

II - ao silêncio do acusado ou à ausência de interrogatório por falta de requerimento, em seu prejuízo. (Incluído pela Lei nº 11.689, de 2008)

Art. 479. Durante o julgamento não será permitida a leitura de documento ou a exibição de objeto que não tiver sido juntado aos autos com a antecedência mínima de 3 (três) dias úteis, dando-se ciência à outra parte. (Redação dada pela Lei nº 11.689, de 2008)

Parágrafo único. Compreende-se na proibição deste artigo a leitura de jornais ou qualquer outro escrito, bem como a exibição de vídeos, gravações, fotografias, laudos, quadros, croqui ou qualquer outro meio assemelhado, cujo conteúdo versar sobre a matéria de fato submetida à apreciação e julgamento dos jurados. (Incluído pela Lei nº 11.689, de 2008)

Art. 480. A acusação, a defesa e os jurados poderão, a qualquer momento e por intermédio do juiz presidente, pedir ao orador que indique a folha dos autos onde se encontra a peça por ele lida ou citada, facultando-se, ainda, aos jurados solicitar-lhe, pelo mesmo meio, o esclarecimento de fato por ele alegado. (Redação dada pela Lei nº 11.689, de 2008)

§ 1º Concluídos os debates, o presidente indagará dos jurados se estão habilitados a julgar ou se necessitam de outros esclarecimentos. (Incluído pela Lei nº 11.689, de 2008)

§ 2º Se houver dúvida sobre questão de fato, o presidente prestará esclarecimentos à vista dos autos. (Incluído pela Lei nº 11.689, de 2008)

§ 3º Os jurados, nesta fase do procedimento, terão acesso aos autos e aos instrumentos do crime se solicitarem ao juiz presidente. (Incluído pela Lei nº 11.689, de 2008)

Art. 481. Se a verificação de qualquer fato, reconhecida como essencial para o julgamento da causa, não puder ser realizada imediatamente, o juiz presidente dissolverá o Conselho, ordenando a realização das diligências entendidas necessárias. (Redação dada pela Lei nº 11.689, de 2008)

Parágrafo único. Se a diligência consistir na produção de prova pericial, o juiz presidente, desde logo, nomeará perito e formulará quesitos, facultando às partes também formulá-los e indicar assistentes técnicos, no prazo de 5 (cinco) dias. (Redação dada pela Lei nº 11.689, de 2008)

Seção XIII - Do Questionário e sua Votação (Incluído pela Lei nº 11.689, de 2008)

Art. 482. O Conselho de Sentença será questionado sobre matéria de fato e se o acusado deve ser absolvido. (Redação dada pela Lei nº 11.689, de 2008)

Parágrafo único. Os quesitos serão redigidos em proposições afirmativas, simples e distintas, de modo que cada um deles possa ser respondido com suficiente clareza e necessária precisão. Na sua elaboração, o presidente levará em conta os termos da pronúncia ou das decisões posteriores que julgaram admissível a acusação, do interrogatório e das alegações das partes. (Incluído pela Lei nº 11.689, de 2008)

Art. 483. Os quesitos serão formulados na seguinte ordem, indagando sobre: (Redação dada pela Lei nº 11.689, de 2008)

I - a materialidade do fato; (Incluído pela Lei nº 11.689, de 2008)

II - a autoria ou participação; (Incluído pela Lei nº 11.689, de 2008)

III - se o acusado deve ser absolvido; (Incluído pela Lei nº 11.689, de 2008)

IV - se existe causa de diminuição de pena alegada pela defesa; (Incluído pela Lei nº 11.689, de 2008)

V - se existe circunstância qualificadora ou causa de aumento de pena reconhecidas na pronúncia ou em decisões posteriores que julgaram admissível a acusação. (Incluído pela Lei nº 11.689, de 2008)

§ 1º A resposta negativa, de mais de 3 (três) jurados, a qualquer dos quesitos referidos nos incisos I e II do caput deste artigo encerra a votação e implica a absolvição do acusado. (Incluído pela Lei nº 11.689, de 2008)

§ 2º Respondidos afirmativamente por mais de 3 (três) jurados os quesitos relativos aos incisos I e II do caput deste artigo será formulado quesito com a seguinte redação: (Incluído pela Lei nº 11.689, de 2008)

O jurado absolve o acusado?

§ 3º Decidindo os jurados pela condenação, o julgamento prossegue, devendo ser formulados quesitos sobre: (Incluído pela Lei nº 11.689, de 2008)

I - causa de diminuição de pena alegada pela defesa; (Incluído pela Lei nº 11.689, de 2008)

II - circunstância qualificadora ou causa de aumento de pena, reconhecidas na pronúncia ou em decisões posteriores que julgaram admissível a acusação. (Incluído pela Lei nº 11.689, de 2008)

§ 4º Sustentada a desclassificação da infração para outra de competência do juiz singular, será formulado quesito a respeito, para ser respondido após o 2º (segundo) ou 3º (terceiro) quesito, conforme o caso. (Incluído pela Lei nº 11.689, de 2008)

§ 5º Sustentada a tese de ocorrência do crime na sua forma tentada ou havendo divergência sobre a tipificação do delito, sendo este da competência do Tribunal do Júri, o juiz formulará quesito acerca destas questões, para ser respondido após o segundo quesito. (Incluído pela Lei nº 11.689, de 2008)

§ 6º Havendo mais de um crime ou mais de um acusado, os quesitos serão formulados em séries distintas. (Incluído pela Lei nº 11.689, de 2008)

Art. 484. A seguir, o presidente lerá os quesitos e indagará das partes se têm requerimento ou reclamação a fazer, devendo qualquer deles, bem como a decisão, constar da ata. (Redação dada pela Lei nº 11.689, de 2008)

Parágrafo único. Ainda em plenário, o juiz presidente explicará aos jurados o significado de cada quesito. (Redação dada pela Lei nº 11.689, de 2008)

Art. 485. Não havendo dúvida a ser esclarecida, o juiz presidente, os jurados, o Ministério Público, o assistente, o querelante, o defensor do acusado, o escrivão e o oficial de justiça dirigir-se-ão à sala especial a fim de ser procedida a votação. (Redação dada pela Lei nº 11.689, de 2008)

§ 1º Na falta de sala especial, o juiz presidente determinará que o público se retire, permanecendo somente as pessoas mencionadas no caput deste artigo. (Incluído pela Lei nº 11.689, de 2008)

§ 2º O juiz presidente advertirá as partes de que não será permitida qualquer intervenção que possa perturbar a livre

manifestação do Conselho e fará retirar da sala quem se portar inconvenientemente. (Incluído pela Lei nº 11.689, de 2008)

Art. 486. Antes de proceder-se à votação de cada quesito, o juiz presidente mandará distribuir aos jurados pequenas cédulas, feitas de papel opaco e facilmente dobráveis, contendo 7 (sete) delas a palavra sim, 7 (sete) a palavra não. (Redação dada pela Lei nº 11.689, de 2008)

Art. 487. Para assegurar o sigilo do voto, o oficial de justiça recolherá em urnas separadas as cédulas correspondentes aos votos e as não utilizadas. (Redação dada pela Lei nº 11.689, de 2008)

Art. 488. Após a resposta, verificados os votos e as cédulas não utilizadas, o presidente determinará que o escrivão registre no termo a votação de cada quesito, bem como o resultado do julgamento. (Redação dada pela Lei nº 11.689, de 2008)

Parágrafo único. Do termo também constará a conferência das cédulas não utilizadas. (Incluído pela Lei nº 11.689, de 2008)

Art. 489. As decisões do Tribunal do Júri serão tomadas por maioria de votos. (Redação dada pela Lei nº 11.689, de 2008)

Art. 490. Se a resposta a qualquer dos quesitos estiver em contradição com outra ou outras já dadas, o presidente, explicando aos jurados em que consiste a contradição, submeterá novamente à votação os quesitos a que se referirem tais respostas. (Redação dada pela Lei nº 11.689, de 2008)

Parágrafo único. Se, pela resposta dada a um dos quesitos, o presidente verificar que ficam prejudicados os seguintes, assim o declarará, dando por finda a votação. (Incluído pela Lei nº 11.689, de 2008)

Art. 491. Encerrada a votação, será o termo a que se refere o art. 488 deste Código assinado pelo presidente, pelos jurados e pelas partes. (Redação dada pela Lei nº 11.689, de 2008)

Seção XIV - Da sentença (Incluído pela Lei nº 11.689, de 2008)

Art. 492. Em seguida, o presidente proferirá sentença que: (Redação dada pela Lei nº 11.689, de 2008)

I - no caso de condenação: (Redação dada pela Lei nº 11.689, de 2008)

a) fixará a pena-base; (Incluído pela Lei nº 11.689, de 2008)

b) considerará as circunstâncias agravantes ou atenuantes alegadas nos debates; (Incluído pela Lei nº 11.689, de 2008)

c) imporá os aumentos ou diminuições da pena, em atenção às causas admitidas pelo júri; (Incluído pela Lei nº 11.689, de 2008)

d) observará as demais disposições do art. 387 deste Código; (Incluído pela Lei nº 11.689, de 2008)

e) mandará o acusado recolher-se ou recomendá-lo-á à prisão em que se encontra, se presentes os requisitos da prisão preventiva, ou, no caso de condenação a uma pena igual ou superior a 15 (quinze) anos de reclusão, determinará a execução provisória das penas, com expedição do mandado de prisão, se for o caso, sem prejuízo do conhecimento de recursos que vierem a ser interpostos; (Redação dada pela Lei nº 13.964, de 2019)

f) estabelecerá os efeitos genéricos e específicos da condenação; (Incluído pela Lei nº 11.689, de 2008)

II - no caso de absolvição: (Redação dada pela Lei nº 11.689, de 2008)

a) mandará colocar em liberdade o acusado se por outro motivo não estiver preso; (Redação dada pela Lei nº 11.689, de 2008)

b) revogará as medidas restritivas provisoriamente decretadas; (Redação dada pela Lei nº 11.689, de 2008)

c) imporá, se for o caso, a medida de segurança cabível. (Redação dada pela Lei nº 11.689, de 2008)

§ 1º Se houver desclassificação da infração para outra, de competência do juiz singular, ao presidente do Tribunal do Júri caberá proferir sentença em seguida, aplicando-se, quando o delito resultante da nova tipificação for considerado pela lei como infração penal de menor potencial ofensivo, o disposto nos arts. 69 e seguintes da Lei no 9.099, de 26 de setembro de 1995. (Redação dada pela Lei nº 11.689, de 2008)

§ 2º Em caso de desclassificação, o crime conexo que não seja doloso contra a vida será julgado pelo juiz presidente do Tribunal do Júri, aplicando-se, no que couber, o disposto no § 1º deste artigo. (Redação dada pela Lei nº 11.689, de 2008)

§ 3º O presidente poderá, excepcionalmente, deixar de autorizar a execução provisória das penas de que trata a alínea e do inciso I do caput deste artigo, se houver questão substancial cuja resolução pelo tribunal ao qual competir o julgamento possa plausivelmente levar à revisão da condenação. (Incluído pela Lei nº 13.964, de 2019)

§ 4º A apelação interposta contra decisão condenatória do Tribunal do Júri a uma pena igual ou superior a 15 (quinze) anos de reclusão não terá efeito suspensivo. (Incluído pela Lei nº 13.964, de 2019)

§ 5º Excepcionalmente, poderá o tribunal atribuir efeito suspensivo à apelação de que trata o § 4º deste artigo, quando verificado cumulativamente que o recurso: (Incluído pela Lei nº 13.964, de 2019)

I - não tem propósito meramente protelatório; e (Incluído pela Lei nº 13.964, de 2019)

II - levanta questão substancial e que pode resultar em absolvição, anulação da sentença, novo julgamento ou redução da pena para patamar inferior a 15 (quinze) anos de reclusão.

§ 6º O pedido de concessão de efeito suspensivo poderá ser feito incidentemente na apelação ou por meio de petição em separado dirigida diretamente ao relator, instruída com cópias da sentença condenatória, das razões da apelação e de prova da tempestividade, das contrarrazões e das demais peças necessárias à compreensão da controvérsia. (Incluído pela Lei nº 13.964, de 2019)

Art. 493. A sentença será lida em plenário pelo presidente antes de encerrada a sessão de instrução e julgamento. (Redação dada pela Lei nº 11.689, de 2008)

Seção XV - Da Ata dos Trabalhos (Incluído pela Lei nº 11.689, de 2008)

Art. 494. De cada sessão de julgamento o escrivão lavrará ata, assinada pelo presidente e pelas partes. (Redação dada pela Lei nº 11.689, de 2008)

Art. 495. A ata descreverá fielmente todas as ocorrências, mencionando obrigatoriamente: (Redação dada pela Lei nº 11.689, de 2008)

I - a data e a hora da instalação dos trabalhos; (Redação dada pela Lei nº 11.689, de 2008)

II - o magistrado que presidiu a sessão e os jurados presentes; (Redação dada pela Lei nº 11.689, de 2008)

III - os jurados que deixaram de comparecer, com escusa ou sem ela, e as sanções aplicadas; (Redação dada pela Lei nº 11.689, de 2008)

IV - o ofício ou requerimento de isenção ou dispensa ; (Redação dada pela Lei nº 11.689, de 2008)

V - o sorteio dos jurados suplentes; (Redação dada pela Lei nº 11.689, de 2008)

VI - o adiamento da sessão, se houver ocorrido, com a indicação do motivo; (Redação dada pela Lei nº 11.689, de 2008)

VII - a abertura da sessão e a presença do Ministério Público, do querelante e do assistente, se houver, e a do defensor do acusado; (Redação dada pela Lei nº 11.689, de 2008)

VIII - o pregão e a sanção imposta, no caso de não comparecimento; (Redação dada pela Lei nº 11.689, de 2008)

IX - as testemunhas dispensadas de depor; (Redação dada pela Lei nº 11.689, de 2008)

X - o recolhimento das testemunhas a lugar de onde umas não pudessem ouvir o depoimento das outras; (Redação dada pela Lei nº 11.689, de 2008)

XI - a verificação das cédulas pelo juiz presidente; (Redação dada pela Lei nº 11.689, de 2008)

XII - a formação do Conselho de Sentença, com o registro dos nomes dos jurados sorteados e recusas; (Redação dada pela Lei nº 11.689, de 2008)

XIII – o compromisso e o interrogatório, com simples referência ao termo; (Redação dada pela Lei nº 11.689, de 2008)

XIV – os debates e as alegações das partes com os respectivos fundamentos; (Redação dada pela Lei nº 11.689, de 2008)

XV – os incidentes; (Redação dada pela Lei nº 11.689, de 2008)

XVI – o julgamento da causa; (Redação dada pela Lei nº 11.689, de 2008)

XVII – a publicidade dos atos da instrução plenária, das diligências e da sentença. (Redação dada pela Lei nº 11.689, de 2008)

Art. 496. A falta da ata sujeitará o responsável a sanções administrativa e penal. (Redação dada pela Lei nº 11.689, de 2008)

Seção XVI - Das Atribuições do Presidente do Tribunal do Júri (Incluído pela Lei nº 11.689, de 2008)

Art. 497. São atribuições do juiz presidente do Tribunal do Júri, além de outras expressamente referidas neste Código: (Redação dada pela Lei nº 11.689, de 2008)

I - regular a polícia das sessões e prender os desobedientes; (Redação dada pela Lei nº 11.689, de 2008)

II - requisitar o auxílio da força pública, que ficará sob sua exclusiva autoridade; (Redação dada pela Lei nº 11.689, de 2008)

III - dirigir os debates, intervindo em caso de abuso, excesso de linguagem ou mediante requerimento de uma das partes; (Redação dada pela Lei nº 11.689, de 2008)

IV - resolver as questões incidentes que não dependam de pronunciamento do júri; (Redação dada pela Lei nº 11.689, de 2008)

V - nomear defensor ao acusado, quando considerá-lo indefeso, podendo, neste caso, dissolver o Conselho e designar novo dia para o julgamento, com a nomeação ou a constituição de novo defensor; (Redação dada pela Lei nº 11.689, de 2008)

VI - mandar retirar da sala o acusado que dificultar a realização do julgamento, o qual prosseguirá sem a sua presença; (Redação dada pela Lei nº 11.689, de 2008)

VII - suspender a sessão pelo tempo indispensável à realização das diligências requeridas ou entendidas necessárias, mantida a incomunicabilidade dos jurados; (Redação dada pela Lei nº 11.689, de 2008)

VIII - interromper a sessão por tempo razoável, para proferir sentença e para repouso ou refeição dos jurados; (Redação dada pela Lei nº 11.689, de 2008)

IX - decidir, de ofício, ouvidos o Ministério Público e a defesa, ou a requerimento de qualquer destes, a argüição de extinção de punibilidade; (Redação dada pela Lei nº 11.689, de 2008)

X - resolver as questões de direito suscitadas no curso do julgamento; (Redação dada pela Lei nº 11.689, de 2008)

XI - determinar, de ofício ou a requerimento das partes ou de qualquer jurado, as diligências destinadas a sanar nulidade ou a suprir falta que prejudique o esclarecimento da verdade; (Redação dada pela Lei nº 11.689, de 2008)

XII – regulamentar, durante os debates, a intervenção de uma das partes, quando a outra estiver com a palavra, podendo conceder até 3 (três) minutos para cada aparte requerido, que serão acrescidos ao tempo desta última. (Incluído pela Lei nº 11.689, de 2008)

CAPÍTULO III - DO PROCESSO E DO JULGAMENTO DOS CRIMES DA COMPETÊNCIA DO JUIZ SINGULAR

Art. 498. (Revogado pela Lei nº 11.719, de 2008).
Art. 499. (Revogado pela Lei nº 11.719, de 2008).
Art. 500. (Revogado pela Lei nº 11.719, de 2008).
Art. 501. (Revogado pela Lei nº 11.719, de 2008).
Art. 502. (Revogado pela Lei nº 11.719, de 2008).

TÍTULO II - DOS PROCESSOS ESPECIAIS

CAPÍTULO I - DO PROCESSO E DO JULGAMENTO DOS CRIMES DE FALÊNCIA

Art. 503. (Revogado pela Lei nº 11.101, de 2005)
Art. 504. (Revogado pela Lei nº 11.101, de 2005)
Art. 505. (Revogado pela Lei nº 11.101, de 2005)
Art. 506. (Revogado pela Lei nº 11.101, de 2005)
Art. 507. (Revogado pela Lei nº 11.101, de 2005)
Art. 508. (Revogado pela Lei nº 11.101, de 2005)
Art. 509. (Revogado pela Lei nº 11.101, de 2005)
Art. 510. (Revogado pela Lei nº 11.101, de 2005)
Art. 511. (Revogado pela Lei nº 11.101, de 2005)
Art. 512. (Revogado pela Lei nº 11.101, de 2005)

CAPÍTULO II - DO PROCESSO E DO JULGAMENTO DOS CRIMES DE RESPONSABILIDADE DOS FUNCIONÁRIOS PÚBLICOS

Art. 513. Os crimes de responsabilidade dos funcionários públicos, cujo processo e julgamento competirão aos juízes de direito, a queixa ou a denúncia será instruída com documentos ou justificação que façam presumir a existência do delito ou com declaração fundamentada da impossibilidade de apresentação de qualquer dessas provas.

Art. 514. Nos crimes afiançáveis, estando a denúncia ou queixa em devida forma, o juiz mandará autuá-la e ordenará a notificação do acusado, para responder por escrito, dentro do prazo de quinze dias.

Parágrafo único. Se não for conhecida a residência do acusado, ou este se achar fora da jurisdição do juiz, ser-lhe-á nomeado defensor, a quem caberá apresentar a resposta preliminar.

Art. 515. No caso previsto no artigo anterior, durante o prazo concedido para a resposta, os autos permanecerão em cartório, onde poderão ser examinados pelo acusado ou por seu defensor.

Parágrafo único. A resposta poderá ser instruída com documentos e justificações.

Art. 516. O juiz rejeitará a queixa ou denúncia, em despacho fundamentado, se convencido, pela resposta do acusado ou do seu defensor, da inexistência do crime ou da improcedência da ação.

Art. 517. Recebida a denúncia ou a queixa, será o acusado citado, na forma estabelecida no Capítulo I do Título X do Livro I.

Art. 518. Na instrução criminal e nos demais termos do processo, observar-se-á o disposto nos Capítulos I e III, Título I, deste Livro.

CAPÍTULO III - DO PROCESSO E DO JULGAMENTO DOS CRIMES DE CALÚNIA E INJÚRIA, DE COMPETÊNCIA DO JUIZ SINGULAR

Art. 519. No processo por crime de calúnia ou injúria, para o qual não haja outra forma estabelecida em lei especial, observar-se-á o disposto nos Capítulos I e III, Título I, deste Livro, com as modificações constantes dos artigos seguintes.

DECRETO-LEI Nº 3.689, DE 3 DE OUTUBRO DE 1941

Art. 520. Antes de receber a queixa, o juiz oferecerá às partes oportunidade para se reconciliarem, fazendo-as comparecer em juízo e ouvindo-as, separadamente, sem a presença dos seus advogados, não se lavrando termo.

Art. 521. Se depois de ouvir o querelante e o querelado, o juiz achar provável a reconciliação, promoverá entendimento entre eles, na sua presença.

Art. 522. No caso de reconciliação, depois de assinado pelo querelante o termo da desistência, a queixa será arquivada.

Art. 523. Quando for oferecida a exceção da verdade ou da notoriedade do fato imputado, o querelante poderá contestar a exceção no prazo de dois dias, podendo ser inquiridas as testemunhas arroladas na queixa, ou outras indicadas naquele prazo, em substituição às primeiras, ou para completar o máximo legal.

CAPÍTULO IV - DO PROCESSO E DO JULGAMENTO DOS CRIMES CONTRA A PROPRIEDADE IMATERIAL

Art. 524. No processo e julgamento dos crimes contra a propriedade imaterial, observar-se-á o disposto nos Capítulos I e III do Título I deste Livro, com as modificações constantes dos artigos seguintes.

Art. 525. No caso de haver o crime deixado vestígio, a queixa ou a denúncia não será recebida se não for instruída com o exame pericial dos objetos que constituam o corpo de delito.

Art. 526. Sem a prova de direito à ação, não será recebida a queixa, nem ordenada qualquer diligência preliminarmente requerida pelo ofendido.

Art. 527. A diligência de busca ou de apreensão será realizada por dois peritos nomeados pelo juiz, que verificarão a existência de fundamento para a apreensão, e quer esta se realize, quer não, o laudo pericial será apresentado dentro de 3 (três) dias após o encerramento da diligência.

Parágrafo único. O requerente da diligência poderá impugnar o laudo contrário à apreensão, e o juiz ordenará que esta se efetue, se reconhecer a improcedência das razões aduzidas pelos peritos.

Art. 528. Encerradas as diligências, os autos serão conclusos ao juiz para homologação do laudo.

Art. 529. Nos crimes de ação privativa do ofendido, não será admitida queixa com fundamento em apreensão e em perícia, se decorrido o prazo de 30 dias, após a homologação do laudo.

Parágrafo único. Será dada vista ao Ministério Público dos autos de busca e apreensão requeridas pelo ofendido, se o crime for de ação pública e não tiver sido oferecida queixa no prazo fixado neste artigo.

Art. 530. Se ocorrer prisão em flagrante e o réu não for posto em liberdade, o prazo a que se refere o artigo anterior será de 8 (oito) dias.

Art. 530-A. O disposto nos arts. 524 a 530 será aplicável aos crimes em que se proceda mediante queixa. (Incluído pela Lei nº 10.695, de 1º.7.2003)

Art. 530-B. Nos casos das infrações previstas nos §§ 1º, 2º e 3º do art. 184 do Código Penal, a autoridade policial procederá à apreensão dos bens ilicitamente produzidos ou reproduzidos, em sua totalidade, juntamente com os equipamentos, suportes e materiais que possibilitaram a sua existência, desde que estes se destinem precipuamente à prática do ilícito . (Incluído pela Lei nº 10.695, de 1º.7.2003)

Art. 530-C. Na ocasião da apreensão será lavrado termo, assinado por 2 (duas) ou mais testemunhas, com a descrição de todos os bens apreendidos e informações sobre suas origens, o qual deverá integrar o inquérito policial ou o processo. (Incluído pela Lei nº 10.695, de 1º.7.2003)

Art. 530-D. Subseqüente à apreensão, será realizada, por perito oficial, ou, na falta deste, por pessoa tecnicamente habilitada, perícia sobre todos os bens apreendidos e elaborado o laudo que deverá integrar o inquérito policial ou o processo. (Incluído pela Lei nº 10.695, de 1º.7.2003)

Art. 530-E. Os titulares de direito de autor e os que lhe são conexos serão os fiéis depositários de todos os bens apreendidos, devendo colocá-los à disposição do juiz quando do ajuizamento da ação. (Incluído pela Lei nº 10.695, de 1º.7.2003)

Art. 530-F. Ressalvada a possibilidade de se preservar o corpo de delito, o juiz poderá determinar, a requerimento da vítima, a destruição da produção ou reprodução apreendida quando não houver impugnação quanto à sua ilicitude ou quando a ação penal não puder ser iniciada por falta de determinação de quem seja o autor do ilícito. (Incluído pela Lei nº 10.695, de 1º.7.2003)

Art. 530-G. O juiz, ao prolatar a sentença condenatória, poderá determinar a destruição dos bens ilicitamente produzidos ou reproduzidos e o perdimento dos equipamentos apreendidos, desde que precipuamente destinados à produção e reprodução dos bens, em favor da Fazenda Nacional, que deverá destruí-los ou doá-los aos Estados, Municípios e Distrito Federal, a instituições públicas de ensino e pesquisa ou de assistência social, bem como incorporá-los, por economia ou interesse público, ao patrimônio da União, que não poderão retorná-los aos canais de comércio. (Incluído pela Lei nº 10.695, de 1º.7.2003)

Art. 530-H. As associações de titulares de direitos de autor e os que lhes são conexos poderão, em seu próprio nome, funcionar como assistente da acusação nos crimes previstos no art. 184 do Código Penal, quando praticado em detrimento de qualquer de seus associados. (Incluído pela Lei nº 10.695, de 1º.7.2003)

Art. 530-I. Nos crimes em que caiba ação penal pública incondicionada ou condicionada, observar-se-ão as normas constantes dos arts. 530-B, 530-C, 530-D, 530-E, 530-F, 530-G e 530-H. (Incluído pela Lei nº 10.695, de 1º.7.2003)

CAPÍTULO V - DO PROCESSO SUMÁRIO

Art. 531. Na audiência de instrução e julgamento, a ser realizada no prazo máximo de 30 (trinta) dias, proceder-se-á à tomada de declarações do ofendido, se possível, à inquirição das testemunhas arroladas pela acusação e pela defesa, nesta ordem, ressalvado o disposto no art. 222 deste Código, bem como aos esclarecimentos dos peritos, às acareações e ao reconhecimento de pessoas e coisas, interrogando-se, em seguida, o acusado e procedendo-se, finalmente, ao debate. (Redação dada pela Lei nº 11.719, de 2008).

Art. 532. Na instrução, poderão ser inquiridas até 5 (cinco) testemunhas arroladas pela acusação e 5 (cinco) pela defesa. (Redação dada pela Lei nº 11.719, de 2008).

Art. 533. Aplica-se ao procedimento sumário o disposto nos parágrafos do art. 400 deste Código. (Redação dada pela Lei nº 11.719, de 2008).

§ 1º (Revogado pela Lei nº 11.719, de 2008).

§ 2º (Revogado pela Lei nº 11.719, de 2008).

§ 3º (Revogado pela Lei nº 11.719, de 2008).

§ 4º (Revogado pela Lei nº 11.719, de 2008).

Art. 534. As alegações finais serão orais, concedendo-se a palavra, respectivamente, à acusação e à defesa, pelo prazo de 20 (vinte) minutos, prorrogáveis por mais 10 (dez), proferindo o juiz, a seguir, sentença. (Redação dada pela Lei nº 11.719, de 2008).

§ 1º Havendo mais de um acusado, o tempo previsto para a defesa de cada um será individual. (Incluído pela Lei nº 11.719, de 2008).

§ 2º Ao assistente do Ministério Público, após a manifestação deste, serão concedidos 10 (dez) minutos, prorrogando-se por igual período o tempo de manifestação da defesa. (Incluído pela Lei nº 11.719, de 2008).

Art. 535. Nenhum ato será adiado, salvo quando imprescindível a prova faltante, determinando o juiz a condução coercitiva de quem deva comparecer. (Redação dada pela Lei nº 11.719, de 2008).

§ 1º (Revogado pela Lei nº 11.719, de 2008).

§ 2º (Revogado pela Lei nº 11.719, de 2008).

Art. 536. A testemunha que comparecer será inquirida, independentemente da suspensão da audiência, observada em qualquer caso a ordem estabelecida no art. 531 deste Código. (Redação dada pela Lei nº 11.719, de 2008).

Art. 537. (Revogado pela Lei nº 11.719, de 2008).

Art. 538. Nas infrações penais de menor potencial ofensivo, quando o juizado especial criminal encaminhar ao juízo comum as peças existentes para a adoção de outro procedimento, observar-se-á o procedimento sumário previsto neste Capítulo. (Redação dada pela Lei nº 11.719, de 2008).

§ 1º (Revogado pela Lei nº 11.719, de 2008).

§ 2º (Revogado pela Lei nº 11.719, de 2008).

§ 3º (Revogado pela Lei nº 11.719, de 2008).

§ 4º (Revogado pela Lei nº 11.719, de 2008).

Art. 539. (Revogado pela Lei nº 11.719, de 2008).

Art. 540. (Revogado pela Lei nº 11.719, de 2008).

CAPÍTULO VI - DO PROCESSO DE RESTAURAÇÃO DE AUTOS EXTRAVIADOS OU DESTRUÍDOS

Art. 541. Os autos originais de processo penal extraviados ou destruídos, em primeira ou segunda instância, serão restaurados.

§ 1º Se existir e for exibida cópia autêntica ou certidão do processo, será uma ou outra considerada como original.

§ 2º Na falta de cópia autêntica ou certidão do processo, o juiz mandará, de ofício, ou a requerimento de qualquer das partes, que:

a) o escrivão certifique o estado do processo, segundo a sua lembrança, e reproduza o que houver a respeito em seus protocolos e registros;

b) sejam requisitadas cópias do que constar a respeito no Instituto Médico-Legal, no Instituto de Identificação e Estatística ou em estabelecimentos congêneres, repartições públicas, penitenciárias ou cadeias;

c) as partes sejam citadas pessoalmente, ou, se não forem encontradas, por edital, com o prazo de dez dias, para o processo de restauração dos autos.

§ 3º Proceder-se-á à restauração na primeira instância, ainda que os autos se tenham extraviado na segunda.

Art. 542. No dia designado, as partes serão ouvidas, mencionando-se em termo circunstanciado os pontos em que estiverem acordes e a exibição e a conferência das certidões e mais reproduções do processo apresentadas e conferidas.

Art. 543. O juiz determinará as diligências necessárias para a restauração, observando-se o seguinte:

I - caso ainda não tenha sido proferida a sentença, reinquirir-se-ão as testemunhas podendo ser substituídas as que tiverem falecido ou se encontrarem em lugar não sabido;

II - os exames periciais, quando possível, serão repetidos, e de preferência pelos mesmos peritos;

III - a prova documental será reproduzida por meio de cópia autêntica ou, quando impossível, por meio de testemunhas;

IV - poderão também ser inquiridas sobre os atos do processo, que deverá ser restaurado, as autoridades, os serventuários, os peritos e mais pessoas que tenham nele funcionado;

V - o Ministério Público e as partes poderão oferecer testemunhas e produzir documentos, para provar o teor do processo extraviado ou destruído.

Art. 544. Realizadas as diligências que, salvo motivo de força maior, deverão concluir-se dentro de vinte dias, serão os autos conclusos para julgamento.

Parágrafo único. No curso do processo, e depois de subirem os autos conclusos para sentença, o juiz poderá, dentro em cinco dias, requisitar de autoridades ou de repartições todos os esclarecimentos para a restauração.

Art. 545. Os selos e as taxas judiciárias, já pagos nos autos originais, não serão novamente cobrados.

Art. 546. Os causadores de extravio de autos responderão pelas custas, em dobro, sem prejuízo da responsabilidade criminal.

Art. 547. Julgada a restauração, os autos respectivos valerão pelos originais.

Parágrafo único. Se no curso da restauração aparecerem os autos originais, nestes continuará o processo, apensos a eles os autos da restauração.

Art. 548. Até à decisão que julgue restaurados os autos, a sentença condenatória em execução continuará a produzir efeito, desde que conste da respectiva guia arquivada na cadeia ou na penitenciária, onde o réu estiver cumprindo a pena, ou de registro que torne a sua existência inequívoca.

CAPÍTULO VII - DO PROCESSO DE APLICAÇÃO DE MEDIDA DE SEGURANÇA POR FATO NÃO CRIMINOSO

Art. 549. Se a autoridade policial tiver conhecimento de fato que, embora não constituindo infração penal, possa determinar a aplicação de medida de segurança (Código Penal, arts. 14 e 27), deverá proceder a inquérito, a fim de apurá-lo e averiguar todos os elementos que possam interessar à verificação da periculosidade do agente.

Art. 550. O processo será promovido pelo Ministério Público, mediante requerimento que conterá a exposição sucinta do fato, as suas circunstâncias e todos os elementos em que se fundar o pedido.

Art. 551. O juiz, ao deferir o requerimento, ordenará a intimação do interessado para comparecer em juízo, a fim de ser interrogado.

Art. 552. Após o interrogatório ou dentro do prazo de dois dias, o interessado ou seu defensor poderá oferecer alegações.

Parágrafo único. O juiz nomeará defensor ao interessado que não o tiver.

Art. 553. O Ministério Público, ao fazer o requerimento inicial, e a defesa, no prazo estabelecido no artigo anterior, poderão requerer exames, diligências e arrolar até três testemunhas.

Art. 554. Após o prazo de defesa ou a realização dos exames e diligências ordenados pelo juiz, de ofício ou a requerimento das partes, será marcada audiência, em que, inquiridas as testemunhas e produzidas alegações orais pelo órgão do Ministério Público e pelo defensor, dentro de dez minutos para cada um, o juiz proferirá sentença.

Parágrafo único. Se o juiz não se julgar habilitado a proferir a decisão, designará, desde logo, outra audiência, que se realizará dentro de cinco dias, para publicar a sentença.

Art. 555. Quando, instaurado processo por infração penal, o juiz, absolvendo ou impronunciando o réu, reconhecer a existência de qualquer dos fatos previstos no art. 14 ou no art. 27 do Código Penal, aplicar-lhe-á, se for caso, medida de segurança.

TÍTULO III - DOS PROCESSOS DE COMPETÊNCIA DO SUPREMO TRIBUNAL FEDERAL E DOS TRIBUNAIS DE APELAÇÃO

CAPÍTULO I - DA INSTRUÇÃO

(Revogado pela Lei nº 8.658, de 26.5.1993)

Art. 556. a Art. 560 (Revogado pela Lei nº 8.658, de 26.5.1993)

CAPÍTULO II - DO JULGAMENTO

(Revogado pela Lei nº 8.658, de 26.5.1993)

Art. 561. e Art. 562. (Revogado pela Lei nº 8.658, de 26.5.1993)

DECRETO-LEI Nº 3.689, DE 3 DE OUTUBRO DE 1941

LIVRO III - DAS NULIDADES E DOS RECURSOS EM GERAL

TÍTULO I - DAS NULIDADES

Art. 563. Nenhum ato será declarado nulo, se da nulidade não resultar prejuízo para a acusação ou para a defesa.

Art. 564. A nulidade ocorrerá nos seguintes casos:

I - por incompetência, suspeição ou suborno do juiz;

II - por ilegitimidade de parte;

III - por falta das fórmulas ou dos termos seguintes:

a) a denúncia ou a queixa e a representação e, nos processos de contravenções penais, a portaria ou o auto de prisão em flagrante;

b) o exame do corpo de delito nos crimes que deixam vestígios, ressalvado o disposto no Art. 167;

c) a nomeação de defensor ao réu presente, que o não tiver, ou ao ausente, e de curador ao menor de 21 anos;

d) a intervenção do Ministério Público em todos os termos da ação por ele intentada e nos da intentada pela parte ofendida, quando se tratar de crime de ação pública;

e) a citação do réu para ver-se processar, o seu interrogatório, quando presente, e os prazos concedidos à acusação e à defesa;

f) a sentença de pronúncia, o libelo e a entrega da respectiva cópia, com o rol de testemunhas, nos processos perante o Tribunal do Júri;

g) a intimação do réu para a sessão de julgamento, pelo Tribunal do Júri, quando a lei não permitir o julgamento à revelia;

h) a intimação das testemunhas arroladas no libelo e na contrariedade, nos termos estabelecidos pela lei;

i) a presença pelo menos de 15 jurados para a constituição do júri;

j) o sorteio dos jurados do conselho de sentença em número legal e sua incomunicabilidade;

k) os quesitos e as respectivas respostas;

l) a acusação e a defesa, na sessão de julgamento;

m) a sentença;

n) o recurso de ofício, nos casos em que a lei o tenha estabelecido;

o) a intimação, nas condições estabelecidas pela lei, para ciência de sentenças e despachos de que caiba recurso;

p) no Supremo Tribunal Federal e nos Tribunais de Apelação, o quorum legal para o julgamento;

IV - por omissão de formalidade que constitua elemento essencial do ato.

V - em decorrência de decisão carente de fundamentação. (Incluído pela Lei nº 13.964, de 2019)

Parágrafo único. Ocorrerá ainda a nulidade, por deficiência dos quesitos ou das suas respostas, e contradição entre estas. (Incluído pela Lei nº 263, de 23.2.1948)

Art. 565. Nenhuma das partes poderá argüir nulidade a que haja dado causa, ou para que tenha concorrido, ou referente a formalidade cuja observância só à parte contrária interesse.

Art. 566. Não será declarada a nulidade de ato processual que não houver influído na apuração da verdade substancial ou na decisão da causa.

Art. 567. A incompetência do juízo anula somente os atos decisórios, devendo o processo, quando for declarada a nulidade, ser remetido ao juiz competente.

Art. 568. A nulidade por ilegitimidade do representante da parte poderá ser a todo tempo sanada, mediante ratificação dos atos processuais.

Art. 569. As omissões da denúncia ou da queixa, da representação, ou, nos processos das contravenções penais, da portaria ou do auto de prisão em flagrante, poderão ser supridas a todo o tempo, antes da sentença final.

Art. 570. A falta ou a nulidade da citação, da intimação ou notificação estará sanada, desde que o interessado compareça, antes de o ato consumar-se, embora declare que o faz para o único fim de argüi-la. O juiz ordenará, todavia, a suspensão ou o adiamento do ato, quando reconhecer que a irregularidade poderá prejudicar direito da parte.

Art. 571. As nulidades deverão ser argüidas:

I - as da instrução criminal dos processos da competência do júri, nos prazos a que se refere o art. 406;

II - as da instrução criminal dos processos de competência do juiz singular e dos processos especiais, salvo os dos Capítulos V e VII do Título II do Livro II, nos prazos a que se refere o art. 500;

III - as do processo sumário, no prazo a que se refere o art. 537, ou, se verificadas depois desse prazo, logo depois de aberta a audiência e apregoadas as partes;

IV - as do processo regulado no Capítulo VII do Título II do Livro II, logo depois de aberta a audiência;

V - as ocorridas posteriormente à pronúncia, logo depois de anunciado o julgamento e apregoadas as partes (art. 447);

VI - as de instrução criminal dos processos de competência do Supremo Tribunal Federal e dos Tribunais de Apelação, nos prazos a que se refere o art. 500;

VII - se verificadas após a decisão da primeira instância, nas razões de recurso ou logo depois de anunciado o julgamento do recurso e apregoadas as partes;

VIII - as do julgamento em plenário, em audiência ou em sessão do tribunal, logo depois de ocorrerem.

Art. 572. As nulidades previstas no art. 564, III, d e e, segunda parte, g e h, e IV, considerar-se-ão sanadas:

I - se não forem argüidas, em tempo oportuno, de acordo com o disposto no artigo anterior;

II - se, praticado por outra forma, o ato tiver atingido o seu fim;

III - se a parte, ainda que tacitamente, tiver aceito os seus efeitos.

Art. 573. Os atos, cuja nulidade não tiver sido sanada, na forma dos artigos anteriores, serão renovados ou retificados.

§ 1º A nulidade de um ato, uma vez declarada, causará a dos atos que dele diretamente dependam ou sejam conseqüência.

§ 2º O juiz que pronunciar a nulidade declarará os atos a que ela se estende.

TÍTULO II - DOS RECURSOS EM GERAL

CAPÍTULO I - DISPOSIÇÕES GERAIS

Art. 574. Os recursos serão voluntários, excetuando-se os seguintes casos, em que deverão ser interpostos, de ofício, pelo juiz:

I - da sentença que conceder habeas corpus;

II - da que absolver desde logo o réu com fundamento na existência de circunstância que exclua o crime ou isente o réu de pena, nos termos do art. 411.

Art. 575. Não serão prejudicados os recursos que, por erro, falta ou omissão dos funcionários, não tiverem seguimento ou não forem apresentados dentro do prazo.

Art. 576. O Ministério Público não poderá desistir de recurso que haja interposto.

Art. 577. O recurso poderá ser interposto pelo Ministério Público, ou pelo querelante, ou pelo réu, seu procurador ou seu defensor.

Parágrafo único. Não se admitirá, entretanto, recurso da parte que não tiver interesse na reforma ou modificação da decisão.

Art. 578. O recurso será interposto por petição ou por termo nos autos, assinado pelo recorrente ou por seu representante.

§ 1º Não sabendo ou não podendo o réu assinar o nome, o termo será assinado por alguém, a seu rogo, na presença de duas testemunhas.

§ 2º A petição de interposição de recurso, com o despacho do juiz, será, até o dia seguinte ao último do prazo, entregue ao escrivão, que certificará no termo da juntada a data da entrega.

§ 3º Interposto por termo o recurso, o escrivão, sob pena de suspensão por dez a trinta dias, fará conclusos os autos ao juiz, até o dia seguinte ao último do prazo.

Art. 579. Salvo a hipótese de má-fé, a parte não será prejudicada pela interposição de um recurso por outro.

Parágrafo único. Se o juiz, desde logo, reconhecer a impropriedade do recurso interposto pela parte, mandará processá-lo de acordo com o rito do recurso cabível.

Art. 580. No caso de concurso de agentes (Código Penal, art. 25), a decisão do recurso interposto por um dos réus, se fundado em motivos que não sejam de caráter exclusivamente pessoal, aproveitará aos outros.

CAPÍTULO II - DO RECURSO EM SENTIDO ESTRITO

Art. 581. Caberá recurso, no sentido estrito, da decisão, despacho ou sentença:

I - que não receber a denúncia ou a queixa;

II - que concluir pela incompetência do juízo;

III - que julgar procedentes as exceções, salvo a de suspeição;

IV - que pronunciar o réu; (Redação dada pela Lei nº 11.689, de 2008)

V - que conceder, negar, arbitrar, cassar ou julgar inidônea a fiança, indeferir requerimento de prisão preventiva ou revogá-la, conceder liberdade provisória ou relaxar a prisão em flagrante; (Redação dada pela Lei nº 7.780, de 22.6.1989)

VI - (Revogado pela Lei nº 11.689, de 2008)

VII - que julgar quebrada a fiança ou perdido o seu valor;

VIII - que decretar a prescrição ou julgar, por outro modo, extinta a punibilidade;

IX - que indeferir o pedido de reconhecimento da prescrição ou de outra causa extintiva da punibilidade;

X - que conceder ou negar a ordem de habeas corpus;

XI - que conceder, negar ou revogar a suspensão condicional da pena;

XII - que conceder, negar ou revogar livramento condicional;

XIII - que anular o processo da instrução criminal, no todo ou em parte;

XIV - que incluir jurado na lista geral ou desta o excluir;

XV - que denegar a apelação ou a julgar deserta;

XVI - que ordenar a suspensão do processo, em virtude de questão prejudicial;

XVII - que decidir sobre a unificação de penas;

XVIII - que decidir o incidente de falsidade;

XIX - que decretar medida de segurança, depois de transitar a sentença em julgado;

XX - que impuser medida de segurança por transgressão de outra;

XXI - que mantiver ou substituir a medida de segurança, nos casos do art. 774;

XXII - que revogar a medida de segurança;

XXIII - que deixar de revogar a medida de segurança, nos casos em que a lei admita a revogação;

XXIV - que converter a multa em detenção ou em prisão simples.

XXV - que recusar homologação à proposta de acordo de não persecução penal, previsto no art. 28-A desta Lei. (Incluído pela Lei nº 13.964, de 2019)

Art. 582 - Os recursos serão sempre para o Tribunal de Apelação, salvo nos casos dos ns. V, X e XIV.

Parágrafo único. O recurso, no caso do no XIV, será para o presidente do Tribunal de Apelação.

Art. 583. Subirão nos próprios autos os recursos:

I - quando interpostos de ofício;

II - nos casos do art. 581, I, III, IV, VI, VIII e X;

III - quando o recurso não prejudicar o andamento do processo.

Parágrafo único. O recurso da pronúncia subirá em traslado, quando, havendo dois ou mais réus, qualquer deles se conformar com a decisão ou todos não tiverem sido ainda intimados da pronúncia.

Art. 584. Os recursos terão efeito suspensivo nos casos de perda da fiança, de concessão de livramento condicional e dos ns. XV, XVII e XXIV do art. 581.

§ 1º Ao recurso interposto de sentença de impronúncia ou no caso do no VIII do art. 581, aplicar-se-á o disposto nos arts. 596 e 598.

§ 2º O recurso da pronúncia suspenderá tão-somente o julgamento.

§ 3º O recurso do despacho que julgar quebrada a fiança suspenderá unicamente o efeito de perda da metade do seu valor.

Art. 585. O réu não poderá recorrer da pronúncia senão depois de preso, salvo se prestar fiança, nos casos em que a lei a admitir.

Art. 586. O recurso voluntário poderá ser interposto no prazo de cinco dias.

Parágrafo único. No caso do art. 581, XIV, o prazo será de vinte dias, contado da data da publicação definitiva da lista de jurados.

Art. 587. Quando o recurso houver de subir por instrumento, a parte indicará, no respectivo termo, ou em requerimento avulso, as peças dos autos de que pretenda traslado.

Parágrafo único. O traslado será extraído, conferido e concertado no prazo de cinco dias, e dele constarão sempre a decisão recorrida, a certidão de sua intimação, se por outra forma não for possível verificar-se a oportunidade do recurso, e o termo de interposição.

Art. 588. Dentro de dois dias, contados da interposição do recurso, ou do dia em que o escrivão, extraído o traslado, o fizer com vista ao recorrente, este oferecerá as razões e, em seguida, será aberta vista ao recorrido por igual prazo.

Parágrafo único. Se o recorrido for o réu, será intimado do prazo na pessoa do defensor.

Art. 589. Com a resposta do recorrido ou sem ela, será o recurso concluso ao juiz, que, dentro de dois dias, reformará ou sustentará o seu despacho, mandando instruir o recurso com os traslados que lhe parecerem necessários.

Parágrafo único. Se o juiz reformar o despacho recorrido, a parte contrária, por simples petição, poderá recorrer da nova decisão, se couber recurso, não sendo mais lícito ao juiz modificá-la. Neste caso, independentemente de novos arrazoados, subirá o recurso nos próprios autos ou em traslado.

Art. 590. Quando for impossível ao escrivão extrair o traslado no prazo da lei, poderá o juiz prorrogá-lo até o dobro.

Art. 591. Os recursos serão apresentados ao juiz ou tribunal ad quem, dentro de cinco dias da publicação da resposta do juiz a quo, ou entregues ao Correio dentro do mesmo prazo.

Art. 592. Publicada a decisão do juiz ou do tribunal ad quem, deverão os autos ser devolvidos, dentro de cinco dias, ao juiz a quo.

CAPÍTULO III - DA APELAÇÃO

Art. 593. Caberá apelação no prazo de 5 (cinco) dias: (Redação dada pela Lei nº 263, de 23.2.1948)

I - das sentenças definitivas de condenação ou absolvição proferidas por juiz singular; (Redação dada pela Lei nº 263, de 23.2.1948)

II - das decisões definitivas, ou com força de definitivas, proferidas por juiz singular nos casos não previstos no Capítulo anterior; (Redação dada pela Lei nº 263, de 23.2.1948)

III - das decisões do Tribunal do Júri, quando: (Redação dada pela Lei nº 263, de 23.2.1948)

 a) ocorrer nulidade posterior à pronúncia; (Redação dada pela Lei nº 263, de 23.2.1948)

 b) for a sentença do juiz-presidente contrária à lei expressa ou à decisão dos jurados; (Redação dada pela Lei nº 263, de 23.2.1948)

 c) houver erro ou injustiça no tocante à aplicação da pena ou da medida de segurança; (Redação dada pela Lei nº 263, de 23.2.1948)

 d) for a decisão dos jurados manifestamente contrária à prova dos autos. (Incluído pela Lei nº 263, de 23.2.1948)

§ 1º Se a sentença do juiz-presidente for contrária à lei expressa ou divergir das respostas dos jurados aos quesitos, o tribunal ad quem fará a devida retificação. (Incluído pela Lei nº 263, de 23.2.1948)

§ 2º Interposta a apelação com fundamento no no III, c, deste artigo, o tribunal ad quem, se lhe der provimento, retificará a aplicação da pena ou da medida de segurança. (Incluído pela Lei nº 263, de 23.2.1948)

§ 3º Se a apelação se fundar no no III, d, deste artigo, e o tribunal ad quem se convencer de que a decisão dos jurados é manifestamente contrária à prova dos autos, dar-lhe-á provimento para sujeitar o réu a novo julgamento; não se admite, porém, pelo mesmo motivo, segunda apelação. (Incluído pela Lei nº 263, de 23.2.1948)

§ 4º Quando cabível a apelação, não poderá ser usado o recurso em sentido estrito, ainda que somente de parte da decisão se recorra. (Parágrafo único renumerado pela Lei nº 263, de 23.2.1948)

Art. 594. (Revogado pela Lei nº 11.719, de 2008).

Art. 595. (Revogado pela Lei nº 12.403, de 2011).

Art. 596. A apelação da sentença absolutória não impedirá que o réu seja posto imediatamente em liberdade. (Redação dada pela Lei nº 5.941, de 22.11.1973)

Parágrafo único. A apelação não suspenderá a execução da medida de segurança aplicada provisoriamente. (Redação dada pela Lei nº 5.941, de 22.11.1973)

Art. 597. A apelação de sentença condenatória terá efeito suspensivo, salvo o disposto no art. 393, a aplicação provisória de interdições de direitos e de medidas de segurança (arts. 374 e 378), e o caso de suspensão condicional de pena.

Art. 598. Nos crimes de competência do Tribunal do Júri, ou do juiz singular, se da sentença não for interposta apelação pelo Ministério Público no prazo legal, o ofendido ou qualquer das pessoas enumeradas no art. 31, ainda que não se tenha habilitado como assistente, poderá interpor apelação, que não terá, porém, efeito suspensivo.

Parágrafo único. O prazo para interposição desse recurso será de quinze dias e correrá do dia em que terminar o do Ministério Público.

Art. 599. As apelações poderão ser interpostas quer em relação a todo o julgado, quer em relação a parte dele.

Art. 600. Assinado o termo de apelação, o apelante e, depois dele, o apelado terão o prazo de oito dias cada um para oferecer razões, salvo nos processos de contravenção, em que o prazo será de três dias.

§ 1º Se houver assistente, este arrazoará, no prazo de três dias, após o Ministério Público.

§ 2º Se a ação penal for movida pela parte ofendida, o Ministério Público terá vista dos autos, no prazo do parágrafo anterior.

§ 3º Quando forem dois ou mais os apelantes ou apelados, os prazos serão comuns.

§ 4º Se o apelante declarar, na petição ou no termo, ao interpor a apelação, que deseja arrazoar na superior instância serão os autos remetidos ao tribunal ad quem onde será aberta vista às partes, observados os prazos legais, notificadas as partes pela publicação oficial. (Incluído pela Lei nº 4.336, de 1º.6.1964)

Art. 601. Findos os prazos para razões, os autos serão remetidos à instância superior, com as razões ou sem elas, no prazo de 5 (cinco) dias, salvo no caso do art. 603, segunda parte, em que o prazo será de trinta dias.

§ 1º Se houver mais de um réu, e não houverem todos sido julgados, ou não tiverem todos apelado, caberá ao apelante promover extração do traslado dos autos, o qual deverá ser remetido à instância superior no prazo de trinta dias, contado da data da entrega das últimas razões de apelação, ou do vencimento do prazo para a apresentação das do apelado.

§ 2º As despesas do traslado correrão por conta de quem o solicitar, salvo se o pedido for de réu pobre ou do Ministério Público.

Art. 602. Os autos serão, dentro dos prazos do artigo anterior, apresentados ao tribunal ad quem ou entregues ao Correio, sob registro.

Art. 603. A apelação subirá nos autos originais e, a não ser no Distrito Federal e nas comarcas que forem sede de Tribunal de Apelação, ficará em cartório traslado dos termos essenciais do processo referidos no art. 564, n. III.

Art. 604. (Revogado pela Lei nº 263, de 23.2.1948)

Art. 605. (Revogado pela Lei nº 263, de 23.2.1948)

Art. 606. (Revogado pela Lei nº 263, de 23.2.1948)

CAPÍTULO IV - DO PROTESTO POR NOVO JÚRI
(Revogado pela Lei nº 11.689, de 2008)

Art. 607. (Revogado pela Lei nº 11.689, de 2008)

Art. 608. (Revogado pela Lei nº 11.689, de 2008)

CAPÍTULO V - DO PROCESSO E DO JULGAMENTO DOS RECURSOS EM SENTIDO ESTRITO E DAS APELAÇÕES, NOS TRIBUNAIS DE APELAÇÃO

Art. 609. Os recursos, apelações e embargos serão julgados pelos Tribunais de Justiça, câmaras ou turmas criminais, de acordo com a competência estabelecida nas leis de organização judiciária. (Redação dada pela Lei nº 1.720-B, de 3.11.1952)

Parágrafo único. Quando não for unânime a decisão de segunda instância, desfavorável ao réu, admitem-se embargos infringentes e de nulidade, que poderão ser opostos dentro de 10 (dez) dias, a contar da publicação de acórdão, na forma do art. 613. Se o desacordo for parcial, os embargos serão restritos à matéria objeto de divergência. (Incluído pela Lei nº 1.720-B, de 3.11.1952)

Art. 610. Nos recursos em sentido estrito, com exceção do de habeas corpus, e nas apelações interpostas das sentenças em processo de contravenção ou de crime a que a lei comine pena de detenção, os autos irão imediatamente com vista ao procurador-geral pelo prazo de cinco dias, e, em seguida, passarão, por igual prazo, ao relator, que pedirá designação de dia para o julgamento.

Parágrafo único. Anunciado o julgamento pelo presidente, e apregoadas as partes, com a presença destas ou à sua revelia, o relator fará a exposição do feito e, em seguida, o presidente concederá, pelo prazo de 10 (dez) minutos, a palavra aos advogados ou às partes que a solicitarem e ao procurador-geral, quando o requerer, por igual prazo.

Art. 612. Os recursos de habeas corpus, designado o relator, serão julgados na primeira sessão.

Art. 613. As apelações interpostas das sentenças proferidas em processos por crime a que a lei comine pena de reclusão, deverão ser processadas e julgadas pela forma estabelecida no Art. 610, com as seguintes modificações:

 I - exarado o relatório nos autos, passarão estes ao revisor, que terá igual prazo para o exame do processo e pedirá designação de dia para o julgamento;

 II - os prazos serão ampliados ao dobro;

 III - o tempo para os debates será de um quarto de hora.

Art. 614. No caso de impossibilidade de observância de qualquer dos prazos marcados nos arts. 610 e 613, os motivos da demora serão declarados nos autos.

Art. 615. O tribunal decidirá por maioria de votos.

§ 1º Havendo empate de votos no julgamento de recursos, se o presidente do tribunal, câmara ou turma, não tiver tomado parte na votação, proferirá o voto de desempate; no caso contrário, prevalecerá a decisão mais favorável ao réu.

§ 2º O acórdão será apresentado à conferência na primeira sessão seguinte à do julgamento, ou no prazo de duas sessões, pelo juiz incumbido de lavrá-lo.

Art. 616. No julgamento das apelações poderá o tribunal, câmara ou turma proceder a novo interrogatório do acusado, reinquirir testemunhas ou determinar outras diligências.

Art. 617. O tribunal, câmara ou turma atenderá nas suas decisões ao disposto nos arts. 383, 386 e 387, no que for aplicável, não podendo, porém, ser agravada a pena, quando somente o réu houver apelado da sentença.

Art. 618. Os regimentos dos Tribunais de Apelação estabelecerão as normas complementares para o processo e julgamento dos recursos e apelações.

CAPÍTULO VI - DOS EMBARGOS

Art. 619. Aos acórdãos proferidos pelos Tribunais de Apelação, câmaras ou turmas, poderão ser opostos embargos de declaração, no prazo de dois dias contados da sua publicação, quando houver na sentença ambiguidade, obscuridade, contradição ou omissão.

Art. 620. Os embargos de declaração serão deduzidos em requerimento de que constem os pontos em que o acórdão é ambíguo, obscuro, contraditório ou omisso.

§ 1º O requerimento será apresentado pelo relator e julgado, independentemente de revisão, na primeira sessão.

§ 2º Se não preenchidas as condições enumeradas neste artigo, o relator indeferirá desde logo o requerimento.

CAPÍTULO VII - DA REVISÃO

Art. 621. A revisão dos processos findos será admitida:

I - quando a sentença condenatória for contrária ao texto expresso da lei penal ou à evidência dos autos;

II - quando a sentença condenatória se fundar em depoimentos, exames ou documentos comprovadamente falsos;

III - quando, após a sentença, se descobrirem novas provas de inocência do condenado ou de circunstância que determine ou autorize diminuição especial da pena.

Art. 622. A revisão poderá ser requerida em qualquer tempo, antes da extinção da pena ou após.

Parágrafo único. Não será admissível a reiteração do pedido, salvo se fundado em novas provas.

Art. 623. A revisão poderá ser pedida pelo próprio réu ou por procurador legalmente habilitado ou, no caso de morte do réu, pelo cônjuge, ascendente, descendente ou irmão.

Art. 624. As revisões criminais serão processadas e julgadas: (Redação dada pelo Decreto-lei nº 504, de 18.3.1969)

I - pelo Supremo Tribunal Federal, quanto às condenações por ele proferidas; (Redação dada pelo Decreto-lei nº 504, de 18.3.1969)

II - pelo Tribunal Federal de Recursos, Tribunais de Justiça ou de Alçada, nos demais casos. (Redação dada pelo Decreto-lei nº 504, de 18.3.1969)

§ 1º No Supremo Tribunal Federal e no Tribunal Federal de Recursos o processo e julgamento obedecerão ao que for estabelecido no respectivo regimento interno. (Incluído pelo Decreto-lei nº 504, de 18.3.1969)

§ 2º Nos Tribunais de Justiça ou de Alçada, o julgamento será efetuado pelas câmaras ou turmas criminais, reunidas em sessão conjunta, quando houver mais de uma, e, no caso contrário, pelo tribunal pleno. (Incluído pelo Decreto-lei nº 504, de 18.3.1969)

§ 3º Nos tribunais onde houver quatro ou mais câmaras ou turmas criminais, poderão ser constituídos dois ou mais grupos de câmaras ou turmas para o julgamento de revisão, obedecido o que for estabelecido no respectivo regimento interno. (Incluído pelo Decreto-lei nº 504, de 18.3.1969)

Art. 625. O requerimento será distribuído a um relator e a um revisor, devendo funcionar como relator um desembargador que não tenha pronunciado decisão em qualquer fase do processo.

§ 1º O requerimento será instruído com a certidão de haver passado em julgado a sentença condenatória e com as peças necessárias à comprovação dos fatos argüidos.

§ 2º O relator poderá determinar que se apensem os autos originais, se daí não advier dificuldade à execução normal da sentença.

§ 3º Se o relator julgar insuficientemente instruído o pedido e inconveniente ao interesse da justiça que se apensem os autos originais, indeferi-lo-á in limine, dando recurso para as câmaras reunidas ou para o tribunal, conforme o caso (art. 624, parágrafo único).

§ 4º Interposto o recurso por petição e independentemente de termo, o relator apresentará o processo em mesa para o julgamento e o relatará, sem tomar parte na discussão.

§ 5º Se o requerimento não for indeferido in limine, abrir-se-á vista dos autos ao procurador-geral, que dará parecer no prazo de dez dias. Em seguida, examinados os autos, sucessivamente, em igual prazo, pelo relator e revisor, julgar-se-á o pedido na sessão que o presidente designar.

Art. 626. Julgando procedente a revisão, o tribunal poderá alterar a classificação da infração, absolver o réu, modificar a pena ou anular o processo.

Parágrafo único. De qualquer maneira, não poderá ser agravada a pena imposta pela decisão revista.

Art. 627. A absolvição implicará o restabelecimento de todos os direitos perdidos em virtude da condenação, devendo o tribunal, se for caso, impor a medida de segurança cabível.

Art. 628. Os regimentos internos dos Tribunais de Apelação estabelecerão as normas complementares para o processo e julgamento das revisões criminais.

Art. 629. À vista da certidão do acórdão que cassar a sentença condenatória, o juiz mandará juntá-la imediatamente aos autos, para inteiro cumprimento da decisão.

Art. 630. O tribunal, se o interessado o requerer, poderá reconhecer o direito a uma justa indenização pelos prejuízos sofridos.

§ 1º Por essa indenização, que será liquidada no juízo cível, responderá a União, se a condenação tiver sido proferida pela justiça do Distrito Federal ou de Território, ou o Estado, se o tiver sido pela respectiva justiça.

§ 2º A indenização não será devida:

a) se o erro ou a injustiça da condenação proceder de ato ou falta imputável ao próprio impetrante, como a confissão ou a ocultação de prova em seu poder;

b) se a acusação houver sido meramente privada.

Art. 631. Quando, no curso da revisão, falecer a pessoa, cuja condenação tiver de ser revista, o presidente do tribunal nomeará curador para a defesa.

CAPÍTULO VIII - DO RECURSO EXTRAORDINÁRIO

Art. 632. (Revogado pela Lei nº 3.396, de 2.6.1958):

Art. 633. (Revogado pela Lei nº 3.396, de 2.6.1958):

Art. 634. (Revogado pela Lei nº 3.396, de 2.6.1958):

Art. 635. (Revogado pela Lei nº 3.396, de 2.6.1958):

Art. 636. (Revogado pela Lei nº 3.396, de 2.6.1958):

Art. 637. O recurso extraordinário não tem efeito suspensivo, e uma vez arrazoados pelo recorrido os autos do traslado, os originais baixarão à primeira instância, para a execução da sentença.

Art. 638. O recurso extraordinário e o recurso especial serão processados e julgados no Supremo Tribunal Federal e no Superior Tribunal de Justiça na forma estabelecida por leis especiais, pela lei processual civil e pelos respectivos regimentos internos. (Redação dada pela Lei nº 13.964, de 2019)

CAPÍTULO IX - DA CARTA TESTEMUNHÁVEL

Art. 639. Dar-se-á carta testemunhável:

I - da decisão que denegar o recurso;

II - da que, admitindo embora o recurso, obstar à sua expedição e seguimento para o juízo ad quem.

Art. 640. A carta testemunhável será requerida ao escrivão, ou ao secretário do tribunal, conforme o caso, nas quarenta e oito horas seguintes ao despacho que denegar o recurso, indicando o requerente as peças do processo que deverão ser trasladadas.

Art. 641. O escrivão, ou o secretário do tribunal, dará recibo da petição à parte e, no prazo máximo de cinco dias, no caso de recurso no sentido estrito, ou de sessenta dias, no caso de recurso extraordinário, fará entrega da carta, devidamente conferida e concertada.

Art. 642. O escrivão, ou o secretário do tribunal, que se negar a dar o recibo, ou deixar de entregar, sob qualquer pretexto, o instrumento, será suspenso por trinta dias. O juiz, ou o presidente do Tribunal de Apelação, em face de representação do testemunhante, imporá a pena e mandará que seja extraído o instrumento, sob a mesma sanção, pelo substituto do escrivão ou do secretário do tribunal. Se o testemunhante não for atendido, poderá reclamar ao presidente do tribunal ad quem, que avocará os autos, para o efeito do julgamento do recurso e imposição da pena.

Art. 643. Extraído e autuado o instrumento, observar-se-á o disposto nos arts. 588 a 592, no caso de recurso em sentido estrito, ou o processo estabelecido para o recurso extraordinário, se deste se tratar.

Art. 644. O tribunal, câmara ou turma a que competir o julgamento da carta, se desta tomar conhecimento, mandará processar o recurso, ou, se estiver suficientemente instruída, decidirá logo, de meritis.

Art. 645. O processo da carta testemunhável na instância superior seguirá o processo do recurso denegado.

Art. 646. A carta testemunhável não terá efeito suspensivo.

CAPÍTULO X - DO HABEAS CORPUS E SEU PROCESSO

Art. 647. Dar-se-á habeas corpus sempre que alguém sofrer ou se achar na iminência de sofrer violência ou coação ilegal na sua liberdade de ir e vir, salvo nos casos de punição disciplinar.

Art. 648. A coação considerar-se-á ilegal:

I - quando não houver justa causa;

II - quando alguém estiver preso por mais tempo do que determina a lei;

III - quando quem ordenar a coação não tiver competência para fazê-lo;

IV - quando houver cessado o motivo que autorizou a coação;

V - quando não for alguém admitido a prestar fiança, nos casos em que a lei a autoriza;

VI - quando o processo for manifestamente nulo;

VII - quando extinta a punibilidade.

Art. 649. O juiz ou o tribunal, dentro dos limites da sua jurisdição, fará passar imediatamente a ordem impetrada, nos casos em que tenha cabimento, seja qual for a autoridade coatora.

Art. 650. Competirá conhecer, originariamente, do pedido de habeas corpus:

I - ao Supremo Tribunal Federal, nos casos previstos no Art. 101, I, g, da Constituição;

II - aos Tribunais de Apelação, sempre que os atos de violência ou coação forem atribuídos aos governadores ou interventores dos Estados ou Territórios e ao prefeito do Distrito Federal, ou a seus secretários, ou aos chefes de Polícia.

§ 1º A competência do juiz cessará sempre que a violência ou coação provier de autoridade judiciária de igual ou superior jurisdição.

§ 2º Não cabe o habeas corpus contra a prisão administrativa, atual ou iminente, dos responsáveis por dinheiro ou valor pertencente à Fazenda Pública, alcançados ou omissos em fazer o seu recolhimento nos prazos legais, salvo se o pedido for acompanhado de prova de quitação ou de depósito do alcance verificado, ou se a prisão exceder o prazo legal.

Art. 651. A concessão do habeas corpus não obstará, nem porá termo ao processo, desde que este não esteja em conflito com os fundamentos daquela.

Art. 652. Se o habeas corpus for concedido em virtude de nulidade do processo, este será renovado.

Art. 653. Ordenada a soltura do paciente em virtude de habeas corpus, será condenada nas custas a autoridade que, por má-fé ou evidente abuso de poder, tiver determinado a coação.

Parágrafo único. Neste caso, será remetida ao Ministério Público cópia das peças necessárias para ser promovida a responsabilidade da autoridade.

Art. 654. O habeas corpus poderá ser impetrado por qualquer pessoa, em seu favor ou de outrem, bem como pelo Ministério Público.

§ 1º A petição de habeas corpus conterá:

a) o nome da pessoa que sofre ou está ameaçada de sofrer violência ou coação e o de quem exercer a violência, coação ou ameaça;

b) a declaração da espécie de constrangimento ou, em caso de simples ameaça de coação, as razões em que funda o seu temor;

c) a assinatura do impetrante, ou de alguém a seu rogo, quando não souber ou não puder escrever, e a designação das respectivas residências.

§ 2º Os juízes e os tribunais têm competência para expedir de ofício ordem de habeas corpus, quando no curso de processo verificarem que alguém sofre ou está na iminência de sofrer coação ilegal.

Art. 655. O carcereiro ou o diretor da prisão, o escrivão, o oficial de justiça ou a autoridade judiciária ou policial que embaraçar ou procrastinar a expedição de ordem de habeas corpus, as informações sobre a causa da prisão, a condução e apresentação do paciente, ou a sua soltura, será multado na quantia de duzentos mil-réis a um conto de réis, sem prejuízo das penas em que incorrer. As multas serão impostas pelo juiz do tribunal que julgar o habeas corpus, salvo quando se tratar de autoridade judiciária, caso em que caberá ao Supremo Tribunal Federal ou ao Tribunal de Apelação impor as multas.

Art. 656. Recebida a petição de habeas corpus, o juiz, se julgar necessário, e estiver preso o paciente, mandará que este lhe seja imediatamente apresentado em dia e hora que designar.

Parágrafo único. Em caso de desobediência, será expedido mandado de prisão contra o detentor, que será processado na forma da lei, e o juiz providenciará para que o paciente seja tirado da prisão e apresentado em juízo.

Art. 657. Se o paciente estiver preso, nenhum motivo escusará a sua apresentação, salvo:

I - grave enfermidade do paciente;

II - não estar ele sob a guarda da pessoa a quem se atribui a detenção;

III - se o comparecimento não tiver sido determinado pelo juiz ou pelo tribunal.

Parágrafo único. O juiz poderá ir ao local em que o paciente se encontrar, se este não puder ser apresentado por motivo de doença.

Art. 658. O detentor declarará à ordem de quem o paciente estiver preso.

Art. 659. Se o juiz ou o tribunal verificar que já cessou a violência ou coação ilegal, julgará prejudicado o pedido.

Art. 660. Efetuadas as diligências, e interrogado o paciente, o juiz decidirá, fundamentadamente, dentro de 24 (vinte e quatro) horas.

§ 1º Se a decisão for favorável ao paciente, será logo posto em liberdade, salvo se por outro motivo dever ser mantido na prisão.

§ 2º Se os documentos que instruírem a petição evidenciarem a ilegalidade da coação, o juiz ou o tribunal ordenará que cesse imediatamente o constrangimento.

§ 3º Se a ilegalidade decorrer do fato de não ter sido o paciente admitido a prestar fiança, o juiz arbitrará o valor desta, que poderá ser prestada perante ele, remetendo, neste caso, à autoridade os respectivos autos, para serem anexados aos do inquérito policial ou aos do processo judicial.

§ 4º Se a ordem de habeas corpus for concedida para evitar ameaça de violência ou coação ilegal, dar-se-á ao paciente salvo-conduto assinado pelo juiz.

§ 5º Será incontinenti enviada cópia da decisão à autoridade que tiver ordenado a prisão ou tiver o paciente à sua disposição, a fim de juntar-se aos autos do processo.

§ 6º Quando o paciente estiver preso em lugar que não seja o da sede do juízo ou do tribunal que conceder a ordem, o alvará de soltura será expedido pelo telégrafo, se houver, observadas as formalidades estabelecidas no art. 289, parágrafo único, in fine, ou por via postal.

Art. 661. Em caso de competência originária do Tribunal de Apelação, a petição de habeas corpus será apresentada ao secretário, que a enviará imediatamente ao presidente do tribunal, ou da câmara criminal, ou da turma, que estiver reunida, ou primeiro tiver de reunir-se.

Art. 662. Se a petição contiver os requisitos do art. 654, § 1º, o presidente, se necessário, requisitará da autoridade indicada como coatora informações por escrito. Faltando, porém, qualquer daqueles requisitos, o presidente mandará preenchê-lo, logo que lhe for apresentada a petição.

Art. 663. As diligências do artigo anterior não serão ordenadas, se o presidente entender que o habeas corpus deva ser indeferido in limine. Nesse caso, levará a petição ao tribunal, câmara ou turma, para que delibere a respeito.

Art. 664. Recebidas as informações, ou dispensadas, o habeas corpus será julgado na primeira sessão, podendo, entretanto, adiar-se o julgamento para a sessão seguinte.

Parágrafo único. A decisão será tomada por maioria de votos. Havendo empate, se o presidente não tiver tomado parte na votação, proferirá voto de desempate; no caso contrário, prevalecerá a decisão mais favorável ao paciente.

Art. 665. O secretário do tribunal lavrará a ordem que, assinada pelo presidente do tribunal, câmara ou turma, será dirigida, por ofício ou telegrama, ao detentor, ao carcereiro ou autoridade que exercer ou ameaçar exercer o constrangimento.

Parágrafo único. A ordem transmitida por telegrama obedecerá ao disposto no art. 289, parágrafo único, in fine.

Art. 666. Os regimentos dos Tribunais de Apelação estabelecerão as normas complementares para o processo e julgamento do pedido de habeas corpus de sua competência originária.

Art. 667. No processo e julgamento do habeas corpus de competência originária do Supremo Tribunal Federal, bem como nos de recurso das decisões de última ou única instância, denegatórias de habeas corpus, observar-se-á, no que lhes for aplicável, o disposto nos artigos anteriores, devendo o regimento interno do tribunal estabelecer as regras complementares.

LIVRO IV - DA EXECUÇÃO

TÍTULO I - DISPOSIÇÕES GERAIS

Art. 668. A execução, onde não houver juiz especial, incumbirá ao juiz da sentença, ou, se a decisão for do Tribunal do Júri, ao seu presidente.

Parágrafo único. Se a decisão for de tribunal superior, nos casos de sua competência originária, caberá ao respectivo presidente prover-lhe a execução.

Art. 669. Só depois de passar em julgado, será exeqüível a sentença, salvo:

I - quando condenatória, para o efeito de sujeitar o réu a prisão, ainda no caso de crime afiançável, enquanto não for prestada a fiança;

II - quando absolutória, para o fim de imediata soltura do réu, desde que não proferida em processo por crime a que a lei comine pena de reclusão, no máximo, por tempo igual ou superior a oito anos.

Art. 670. No caso de decisão absolutória confirmada ou proferida em grau de apelação, incumbirá ao relator fazer expedir o alvará de soltura, de que dará imediatamente conhecimento ao juiz de primeira instância.

Art. 671. Os incidentes da execução serão resolvidos pelo respectivo juiz.

Art. 672. Computar-se-á na pena privativa da liberdade o tempo:

I - de prisão preventiva no Brasil ou no estrangeiro;
II - de prisão provisória no Brasil ou no estrangeiro;
III - de internação em hospital ou manicômio.

Art. 673. Verificado que o réu, pendente a apelação por ele interposta, já sofreu prisão por tempo igual ao da pena a que foi condenado, o relator do feito mandará pô-lo imediatamente em liberdade, sem prejuízo do julgamento do recurso, salvo se, no caso de crime a que a lei comine pena de reclusão, no máximo, por tempo igual ou superior a 8 anos, o querelante ou o Ministério Público também houver apelado da sentença condenatória.

TÍTULO II - DA EXECUÇÃO DAS PENAS EM ESPÉCIE

CAPÍTULO I - DAS PENAS PRIVATIVAS DE LIBERDADE

Art. 674. Transitando em julgado a sentença que impuser pena privativa de liberdade, se o réu já estiver preso, ou vier a ser preso, o juiz ordenará a expedição de carta de guia para o cumprimento da pena.

Parágrafo único. Na hipótese do art. 82, última parte, a expedição da carta de guia será ordenada pelo juiz competente para a soma ou unificação das penas.

Art. 675. No caso de ainda não ter sido expedido mandado de prisão, por tratar-se de infração penal em que o réu se livra solto ou por estar afiançado, o juiz, ou o presidente da câmara ou tribunal, se tiver havido recurso, fará expedir o mandado de prisão, logo que transite em julgado a sentença condenatória.

§ 1º No caso de reformada pela superior instância, em grau de recurso, a sentença absolutória, estando o réu solto, o presidente da câmara ou do tribunal fará, logo após a sessão de julgamento, remeter ao chefe de Polícia o mandado de prisão do condenado.

§ 2º Se o réu estiver em prisão especial, deverá, ressalvado o disposto na legislação relativa aos militares, ser expedida ordem para sua imediata remoção para prisão comum, até que se verifique a expedição de carta de guia para o cumprimento da pena.

Art. 676. A carta de guia, extraída pelo escrivão e assinada pelo juiz, que a rubricará em todas as folhas, será remetida ao diretor do estabelecimento em que tenha de ser cumprida a sentença condenatória, e conterá:

DECRETO-LEI Nº 3.689, DE 3 DE OUTUBRO DE 1941

859

I - o nome do réu e a alcunha por que for conhecido;
II - a sua qualificação civil (naturalidade, filiação, idade, estado, profissão), instrução e, se constar, número do registro geral do Instituto de Identificação e Estatística ou de repartição congênere;
III - o teor integral da sentença condenatória e a data da terminação da pena.

Parágrafo único. Expedida carta de guia para cumprimento de uma pena, se o réu estiver cumprindo outra, só depois de terminada a execução desta será aquela executada. Retificar-se-á a carta de guia sempre que sobrevenha modificação quanto ao início da execução ou ao tempo de duração da pena.

Art. 677. Da carta de guia e seus aditamentos se remeterá cópia ao Conselho Penitenciário.

Art. 678. O diretor do estabelecimento, em que o réu tiver de cumprir a pena, passará recibo da carta de guia para juntar-se aos autos do processo.

Art. 679. As cartas de guia serão registradas em livro especial, segundo a ordem cronológica do recebimento, fazendo-se no curso da execução as anotações necessárias.

Art. 680. Computar-se-á no tempo da pena o período em que o condenado, por sentença irrecorrível, permanecer preso em estabelecimento diverso do destinado ao cumprimento dela.

Art. 681. Se impostas cumulativamente penas privativas da liberdade, será executada primeiro a de reclusão, depois a de detenção e por último a de prisão simples.

Art. 682. O sentenciado a que sobrevier doença mental, verificada por perícia médica, será internado em manicômio judiciário, ou, à falta, em outro estabelecimento adequado, onde lhe seja assegurada a custódia.

§ 1º Em caso de urgência, o diretor do estabelecimento penal poderá determinar a remoção do sentenciado, comunicando imediatamente a providência ao juiz, que, em face da perícia médica, ratificará ou revogará a medida.

§ 2º Se a internação se prolongar até o término do prazo restante da pena e não houver sido imposta medida de segurança detentiva, o indivíduo terá o destino aconselhado pela sua enfermidade, feita a devida comunicação ao juiz de incapazes.

Art. 683. O diretor da prisão a que o réu tiver sido recolhido provisoriamente ou em cumprimento de pena comunicará imediatamente ao juiz o óbito, a fuga ou a soltura do detido ou sentenciado para que fique constando dos autos.

Parágrafo único. A certidão de óbito acompanhará a comunicação.

Art. 684. A recaptura do réu evadido não depende de prévia ordem judicial e poderá ser efetuada por qualquer pessoa.

Art. 685. Cumprida ou extinta a pena, o condenado será posto, imediatamente, em liberdade, mediante alvará do juiz, no qual se ressalvará a hipótese de dever o condenado continuar na prisão por outro motivo legal.

Parágrafo único. Se tiver sido imposta medida de segurança detentiva, o condenado será removido para estabelecimento adequado (art. 762).

CAPÍTULO II - DAS PENAS PECUNIÁRIAS

Art. 686. A pena de multa será paga dentro em 10 dias após haver transitado em julgado a sentença que a impuser.

Parágrafo único. Se interposto recurso da sentença, esse prazo será contado do dia em que o juiz ordenar o cumprimento da decisão da superior instância.

Art. 687. O juiz poderá, desde que o condenado o requeira:
I - prorrogar o prazo do pagamento da multa até três meses, se as circunstâncias justificarem essa prorrogação;
II - permitir, nas mesmas circunstâncias, que o pagamento se faça em parcelas mensais, no prazo que fixar, mediante caução real ou fidejussória, quando necessário. (Redação dada pela Lei nº 6.416, de 24.5.1977)

§ 1º O requerimento, tanto no caso do no I, como no do no II, será feito dentro do decêndio concedido para o pagamento da multa.

§ 2º A permissão para o pagamento em parcelas será revogada, se o juiz verificar que o condenado dela se vale para fraudar a execução da pena. Nesse caso, a caução resolver-se-á em valor monetário, devolvendo-se ao condenado o que exceder à satisfação da multa e das custas processuais. (Redação dada pela Lei nº 6.416, de 24.5.1977)

Art. 688. Findo o decêndio ou a prorrogação sem que o condenado efetue o pagamento, ou ocorrendo a hipótese prevista no § 2º do artigo anterior, observar-se-á o seguinte:
I - possuindo o condenado bens sobre os quais possa recair a execução, será extraída certidão da sentença condenatória, a fim de que o Ministério Público proceda à cobrança judicial;
II - sendo o condenado insolvente, far-se-á a cobrança:
a) mediante desconto de quarta parte de sua remuneração (arts. 29, § 1º, e 37 do Código Penal), quando cumprir pena privativa da liberdade, cumulativamente imposta com a de multa;
b) mediante desconto em seu vencimento ou salário, se, cumprida a pena privativa da liberdade, ou concedido o livramento condicional, a multa não houver sido resgatada;
c) mediante esse desconto, se a multa for a única pena imposta ou no caso de suspensão condicional da pena.

§ 1º O desconto, nos casos das letras b e c, será feito mediante ordem ao empregador, à repartição competente ou à administração da entidade paraestatal, e, antes de fixá-lo, o juiz requisitará informações e ordenará diligências, inclusive arbitramento, quando necessário, para observância do art. 37, § 3º, do Código Penal.

§ 2º Sob pena de desobediência e sem prejuízo da execução a que ficará sujeito, o empregador será intimado a recolher mensalmente, até o dia fixado pelo juiz, a importância correspondente ao desconto, em selo penitenciário, que será inutilizado nos autos pelo juiz.

§ 3º Se o condenado for funcionário estadual ou municipal ou empregado de entidade paraestatal, a importância do desconto será, semestralmente, recolhida ao Tesouro Nacional, delegacia fiscal ou coletoria federal, como receita do selo penitenciário.

§ 4º As quantias descontadas em folha de pagamento de funcionário federal constituirão renda do selo penitenciário.

Art. 689. A multa será convertida, à razão de dez mil-réis por dia, em detenção ou prisão simples, no caso de crime ou de contravenção:
I - se o condenado solvente frustrar o pagamento da multa;
II - se não forem pagas pelo condenado solvente as parcelas mensais autorizadas sem garantia. (Redação dada pela Lei nº 6.416, de 24.5.1977)

§ 1º Se o juiz reconhecer desde logo a existência de causa para a conversão, a ela procederá de ofício ou a requerimento do Ministério Público, independentemente de audiência do condenado; caso contrário, depois de ouvir o condenado, se encontrado no lugar da sede do juízo, poderá admitir a apresentação de prova pelas partes, inclusive testemunhal, no prazo de três dias.

§ 2º O juiz, desde que transite em julgado a decisão, ordenará a expedição de mandado de prisão ou aditamento à carta de guia, conforme esteja o condenado solto ou em cumprimento de pena privativa da liberdade.

§ 3º Na hipótese do inciso II deste artigo, a conversão será feita pelo valor das parcelas não pagas. (Incluído pela Lei nº 6.416, de 24.5.1977)

Art. 690. O juiz tornará sem efeito a conversão, expedindo alvará de soltura ou cassando a ordem de prisão, se o condenado, em qualquer tempo:
I - pagar a multa;

II - prestar caução real ou fidejussória que lhe assegure o pagamento.

Parágrafo único. No caso do no II, antes de homologada a caução, será ouvido o Ministério Público dentro do prazo de dois dias.

CAPÍTULO III - DAS PENAS ACESSÓRIAS

Art. 691. O juiz dará à autoridade administrativa competente conhecimento da sentença transitada em julgado, que impuser ou de que resultar a perda da função pública ou a incapacidade temporária para investidura em função pública ou para exercício de profissão ou atividade.

Art. 692. No caso de incapacidade temporária ou permanente para o exercício do pátrio poder, da tutela ou da curatela, o juiz providenciará para que sejam acautelados, no juízo competente, a pessoa e os bens do menor ou do interdito.

Art. 693. A incapacidade permanente ou temporária para o exercício da autoridade marital ou do pátrio poder será averbada no registro civil.

Art. 694. As penas acessórias consistentes em interdições de direitos serão comunicadas ao Instituto de Identificação e Estatística ou estabelecimento congênere, figurarão na folha de antecedentes do condenado e serão mencionadas no rol de culpados.

Art. 695. Iniciada a execução das interdições temporárias (art. 72, a e b, do Código Penal), o juiz, de ofício, a requerimento do Ministério Público ou do condenado, fixará o seu termo final, completando as providências determinadas nos artigos anteriores.

TÍTULO III - DOS INCIDENTES DA EXECUÇÃO

CAPÍTULO I - DA SUSPENSÃO CONDICIONAL DA PENA

Art. 696. O juiz poderá suspender, por tempo não inferior a 2 (dois) nem superior a 6 (seis) anos, a execução das penas de reclusão e de detenção que não excedam a 2 (dois) anos, ou, por tempo não inferior a 1 (um) nem superior a 3 (três) anos, a execução da pena de prisão simples, desde que o sentenciado: (Redação dada pela Lei nº 6.416, de 24.5.1977)

I - não haja sofrido, no País ou no estrangeiro, condenação irrecorrível por outro crime a pena privativa da liberdade, salvo o disposto no parágrafo único do art. 46 do Código Penal; (Redação dada pela Lei nº 6.416, de 24.5.1977)

II - os antecedentes e a personalidade do sentenciado, os motivos e as circunstâncias do crime autorizem a presunção de que não tornará a delinqüir.

Parágrafo único. Processado o beneficiário por outro crime ou contravenção, considerar-se-á prorrogado o prazo da suspensão da pena até o julgamento definitivo.

Art. 697. O juiz ou tribunal, na decisão que aplicar pena privativa da liberdade não superior a 2 (dois) anos, deverá pronunciar-se, motivadamente, sobre a suspensão condicional, quer a conceda quer a denegue. (Redação dada pela Lei nº 6.416, de 24.5.1977)

Art. 698. Concedida a suspensão, o juiz especificará as condições a que fica sujeito o condenado, pelo prazo previsto, começando este a correr da audiência em que se der conhecimento da sentença ao beneficiário e lhe for entregue documento similar ao descrito no art. 724. (Redação dada pela Lei nº 6.416, de 24.5.1977)

§ 1º As condições serão adequadas ao delito e à personalidade do condenado. (Incluído pela Lei nº 6.416, de 24.5.1977)

§ 2º Poderão ser impostas, além das estabelecidas no art. 767, como normas de conduta e obrigações, as seguintes condições: (Incluído pela Lei nº 6.416, de 24.5.1977)

I - freqüentar curso de habilitação profissional ou de instrução escolar; (Incluído pela Lei nº 6.416, de 24.5.1977)

II - prestar serviços em favor da comunidade; (Incluído pela Lei nº 6.416, de 24.5.1977)

III - atender aos encargos de família; (Incluído pela Lei nº 6.416, de 24.5.1977)

IV - submeter-se a tratamento de desintoxicação. (Incluído pela Lei nº 6.416, de 24.5.1977)

§ 3º O juiz poderá fixar, a qualquer tempo, de ofício ou a requerimento do Ministério Público, outras condições além das especificadas na sentença e das referidas no parágrafo anterior, desde que as circunstâncias o aconselhem. (Incluído pela Lei nº 6.416, de 24.5.1977)

§ 4º A fiscalização do cumprimento das condições deverá ser regulada, nos Estados, Territórios e Distrito Federal, por normas supletivas e atribuída a serviço social penitenciário, patronato, conselho de comunidade ou entidades similares, inspecionadas pelo Conselho Penitenciário, pelo Ministério Público ou ambos, devendo o juiz da execução na comarca suprir, por ato, a falta das normas supletivas. (Incluído pela Lei nº 6.416, de 24.5.1977)

§ 5º O beneficiário deverá comparecer periodicamente à entidade fiscalizadora, para comprovar a observância das condições a que está sujeito, comunicando, também, a sua ocupação, os salários ou proventos de que vive, as economias que conseguiu realizar e as dificuldades materiais ou sociais que enfrenta. (Incluído pela Lei nº 6.416, de 24.5.1977)

§ 6º A entidade fiscalizadora deverá comunicar imediatamente ao órgão de inspeção, para os fins legais (arts. 730 e 731), qualquer fato capaz de acarretar a revogação do benefício, a prorrogação do prazo ou a modificação das condições. (Incluído pela Lei nº 6.416, de 24.5.1977)

§ 7º Se for permitido ao beneficiário mudar-se, será feita comunicação ao juiz e à entidade fiscalizadora do local da nova residência, aos quais deverá apresentar-se imediatamente. (Incluído pela Lei nº 6.416, de 24.5.1977)

Art. 699. No caso de condenação pelo Tribunal do Júri, a suspensão condicional da pena competirá ao seu presidente.

Art. 700. A suspensão não compreende a multa, as penas acessórias, os efeitos da condenação nem as custas.

Art. 701. O juiz, ao conceder a suspensão, fixará, tendo em conta as condições econômicas ou profissionais do réu, o prazo para o pagamento, integral ou em prestações, das custas do processo e taxa penitenciária.

Art. 702. Em caso de co-autoria, a suspensão poderá ser concedida a uns e negada a outros réus.

Art. 703. O juiz que conceder a suspensão lerá ao réu, em audiência, a sentença respectiva, e o advertirá das conseqüências de nova infração penal e da transgressão das obrigações impostas.

Art. 704. Quando for concedida a suspensão pela superior instância, a esta caberá estabelecer-lhe as condições, podendo a audiência ser presidida por qualquer membro do tribunal ou câmara, pelo juiz do processo ou por outro designado pelo presidente do tribunal ou câmara.

Art. 705. Se, intimado pessoalmente ou por edital com prazo de 20 dias, o réu não comparecer à audiência a que se refere o art. 703, a suspensão ficará sem efeito e será executada imediatamente a pena, salvo prova de justo impedimento, caso em que será marcada nova audiência.

Art. 706. A suspensão também ficará sem efeito se, em virtude de recurso, for aumentada a pena de modo que exclua a concessão do benefício. (Redação dada pela Lei nº 6.416, de 24.5.1977)

Art. 707. A suspensão será revogada se o beneficiário: (Redação dada pela Lei nº 6.416, de 24.5.1977)

I - é condenado, por sentença irrecorrível, a pena privativa da liberdade; (Redação dada pela Lei nº 6.416, de 24.5.1977)

II - frustra, embora solvente, o pagamento da multa, ou não efetua, sem motivo justificado, a reparação do dano. (Redação dada pela Lei nº 6.416, de 24.5.1977)

Parágrafo único. O juiz poderá revogar a suspensão, se o beneficiário deixa de cumprir qualquer das obrigações constantes da sentença, de observar proibições inerentes à pena acessória, ou é irrecorrivelmente condenado a pena que não seja privativa da liberdade; se não a revogar, deverá advertir o beneficiário, ou exacerbar as condições ou, ainda, prorrogar o período da suspensão até o máximo, se esse limite não foi fixado. (Redação dada pela Lei nº 6.416, de 24.5.1977)

Art. 708. Expirado o prazo de suspensão ou a prorrogação, sem que tenha ocorrido motivo de revogação, a pena privativa de liberdade será declarada extinta.

Parágrafo único. O juiz, quando julgar necessário, requisitará, antes do julgamento, nova folha de antecedentes do beneficiário.

Art. 709. A condenação será inscrita, com a nota de suspensão, em livros especiais do Instituto de Identificação e Estatística, ou repartição congênere, averbando-se, mediante comunicação do juiz ou do tribunal, a revogação da suspensão ou a extinção da pena. Em caso de revogação, será feita a averbação definitiva no registro geral.

§ 1º Nos lugares onde não houver Instituto de Identificação e Estatística ou repartição congênere, o registro e a averbação serão feitos em livro próprio no juízo ou no tribunal.

§ 2º O registro será secreto, salvo para efeito de informações requisitadas por autoridade judiciária, no caso de novo processo.

§ 3º Não se aplicará o disposto no § 2º, quando houver sido imposta ou resultar de condenação pena acessória consistente em interdição de direitos.

CAPÍTULO II - DO LIVRAMENTO CONDICIONAL

Art. 710. O livramento condicional poderá ser concedido ao condenado a pena privativa da liberdade igual ou superior a 2 (dois) anos, desde que se verifiquem as condições seguintes: (Redação dada pela Lei nº 6.416, de 24.5.1977)

I - cumprimento de mais da metade da pena, ou mais de três quartos, se reincidente o sentenciado; (Redação dada pela Lei nº 6.416, de 24.5.1977)

II - ausência ou cessação de periculosidade;

III - bom comportamento durante a vida carcerária;

IV - aptidão para prover à própria subsistência mediante trabalho honesto;

V - reparação do dano causado pela infração, salvo impossibilidade de fazê-lo. (Redação dada pela Lei nº 6.416, de 24.5.1977)

Art. 711. As penas que correspondem a infrações diversas podem somar-se, para efeito do livramento. (Redação dada pela Lei nº 6.416, de 24.5.1977)

Art. 712. O livramento condicional poderá ser concedido mediante requerimento do sentenciado, de seu cônjuge ou de parente em linha reta, ou por proposta do diretor do estabelecimento penal, ou por iniciativa do Conselho Penitenciário. (Redação dada pelo Decreto-lei nº 6.109, de 16.12.1943)

Art. 713. As condições de admissibilidade, conveniência e oportunidade da concessão do livramento serão verificadas pelo Conselho Penitenciário, a cujo parecer não ficará, entretanto, adstrito o juiz.

Art. 714. O diretor do estabelecimento penal remeterá ao Conselho Penitenciário minucioso relatório sobre:

I - o caráter do sentenciado, revelado pelos seus antecedentes e conduta na prisão;

II - o procedimento do liberando na prisão, sua aplicação ao trabalho e seu trato com os companheiros e funcionários do estabelecimento;

III - suas relações, quer com a família, quer com estranhos;

IV - seu grau de instrução e aptidão profissional, com a indicação dos serviços em que haja sido empregado e da especialização anterior ou adquirida na prisão;

V - sua situação financeira, e seus propósitos quanto ao seu futuro meio de vida, juntando o diretor, quando dada por pessoa idônea, promessa escrita de colocação do liberando, com indicação do serviço e do salário.

Parágrafo único. O relatório será, dentro do prazo de quinze dias, remetido ao Conselho, com o prontuário do sentenciado, e, na falta, o Conselho opinará livremente, comunicando à autoridade competente a omissão do diretor da prisão.

Art. 715. Se tiver sido imposta medida de segurança detentiva, o livramento não poderá ser concedido sem que se verifique, mediante exame das condições do sentenciado, a cessação da periculosidade.

Parágrafo único. Consistindo a medida de segurança em internação em casa de custódia e tratamento, proceder-se-á a exame mental do sentenciado.

Art. 716. A petição ou a proposta de livramento será remetida ao juiz ou ao tribunal por ofício do presidente do Conselho Penitenciário, com a cópia do respectivo parecer e do relatório do diretor da prisão.

§ 1º Para emitir parecer, o Conselho poderá determinar diligências e requisitar os autos do processo.

§ 2º O juiz ou o tribunal mandará juntar a petição ou a proposta, com o ofício ou documento que a acompanhar, aos autos do processo, e proferirá sua decisão, previamente ouvido o Ministério Público.

Art. 717. Na ausência da condição prevista no art. 710, I, o requerimento será liminarmente indeferido. (Redação dada pela Lei nº 6.416, de 24.5.1977)

Art. 718. Deferido o pedido, o juiz, ao especificar as condições a que ficará subordinado o livramento, atenderá ao disposto no art. 698, §§ 1º, 2º e 5º. (Redação dada pela Lei nº 6.416, de 24.5.1977)

§ 1º Se for permitido ao liberado residir fora da jurisdição do juiz da execução, remeter-se-á cópia da sentença do livramento à autoridade judiciária do lugar para onde ele se houver transferido, e à entidade de observação cautelar e proteção. (Redação dada pela Lei nº 6.416, de 24.5.1977)

§ 2º O liberado será advertido da obrigação de apresentar-se imediatamente à autoridade judiciária e à entidade de observação cautelar e proteção. Redação dada pela Lei nº 6.416, de 24.5.1977)

Art. 719. O livramento ficará também subordinado à obrigação de pagamento das custas do processo e da taxa penitenciária, salvo caso de insolvência comprovada.

Parágrafo único. O juiz poderá fixar o prazo para o pagamento integral ou em prestações, tendo em consideração as condições econômicas ou profissionais do liberado.

Art. 720. A forma de pagamento da multa, ainda não paga pelo liberando, será determinada de acordo com o disposto no art. 688.

Art. 721. Reformada a sentença denegatória do livramento, os autos baixarão ao juiz da primeira instância, a fim de que determine as condições que devam ser impostas ao liberando.

Art. 722. Concedido o livramento, será expedida carta de guia, com a cópia integral da sentença em duas vias, remetendo-se uma ao diretor do estabelecimento penal e outra ao presidente do Conselho Penitenciário.

Art. 723. A cerimônia do livramento condicional será realizada solenemente, em dia marcado pela autoridade que deva presidi-la, observando-se o seguinte:

I - a sentença será lida ao liberando, na presença dos demais presos, salvo motivo relevante, pelo presidente do Conselho Penitenciário, ou pelo seu representante junto ao estabelecimento penal, ou, na falta, pela autoridade judiciária local;

II - o diretor do estabelecimento penal chamará a atenção do liberando para as condições impostas na sentença de livramento;

III - o preso declarará se aceita as condições.

§ 1º De tudo, em livro próprio, se lavrará termo, subscrito por quem presidir a cerimônia, e pelo liberando, ou alguém a seu rogo, se não souber ou não puder escrever.

§ 2º Desse termo, se remeterá cópia ao juiz do processo.

Art. 724. Ao sair da prisão o liberado, ser-lhe-á entregue, além do saldo do seu pecúlio e do que lhe pertencer, uma caderneta que exibirá à autoridade judiciária ou administrativa sempre que lhe for exigido. Essa caderneta conterá:

I - a reprodução da ficha de identidade, ou o retrato do liberado, sua qualificação e sinais característicos;

II - o texto impresso dos artigos do presente capítulo;

III - as condições impostas ao liberado;

IV - a pena acessória a que esteja sujeito. (Incluído pela Lei nº 6.416, de 24.5.1977)

§ 1º Na falta de caderneta, será entregue ao liberado um salvo-conduto, em que constem as condições do livramento e a pena acessória, podendo substituir-se a ficha de identidade ou o retrato do liberado pela descrição dos sinais que possam identificá-lo. (Incluído pela Lei nº 6.416, de 24.5.1977)

§ 2º Na caderneta e no salvo-conduto deve haver espaço para consignar o cumprimento das condições referidas no art. 718. (Incluído pela Lei nº 6.416, de 24.5.1977)

Art. 725. A observação cautelar e proteção realizadas por serviço social penitenciário, patronato, conselho de comunidade ou entidades similares, terá a finalidade de: (Redação dada pela Lei nº 6.416, de 24.5.1977)

I - fazer observar o cumprimento da pena acessória, bem como das condições especificadas na sentença concessiva do benefício; (Redação dada pela Lei nº 6.416, de 24.5.1977)

II - proteger o beneficiário, orientando-o na execução de suas obrigações e auxiliando-o na obtenção de atividade laborativa. (Redação dada pela Lei nº 6.416, de 24.5.1977)

Parágrafo único. As entidades encarregadas de observação cautelar e proteção do liberado apresentarão relatório ao Conselho Penitenciário, para efeito da representação prevista nos arts. 730 e 731. (Redação dada pela Lei nº 6.416, de 24.5.1977)

Art. 726. Revogar-se-á o livramento condicional, se o liberado vier, por crime ou contravenção, a ser condenado por sentença irrecorrível a pena privativa de liberdade.

Art. 727. O juiz pode, também, revogar o livramento, se o liberado deixar de cumprir qualquer das obrigações constantes da sentença, de observar proibições inerentes à pena acessória ou for irrecorrivelmente condenado, por crime, à pena que não seja privativa da liberdade. (Redação dada pela Lei nº 6.416, de 24.5.1977)

Parágrafo único. Se o juiz não revogar o livramento, deverá advertir o liberado ou exacerbar as condições. (Incluído pela Lei nº 6.416, de 24.5.1977)

Art. 728. Se a revogação for motivada por infração penal anterior à vigência do livramento, computar-se-á no tempo da pena o período em que esteve solto o liberado, sendo permitida, para a concessão de novo livramento, a soma do tempo das duas penas.

Art. 729. No caso de revogação por outro motivo, não se computará na pena o tempo em que esteve solto o liberado, e tampouco se concederá, em relação à mesma pena, novo livramento.

Art. 730. A revogação do livramento será decretada mediante representação do Conselho Penitenciário, ou a requerimento do Ministério Público, ou de ofício, pelo juiz, que, antes, ouvirá o liberado, podendo ordenar diligências e permitir a produção de prova, no prazo de cinco dias. (Redação dada pela Lei nº 6.416, de 24.5.1977)

Art. 731. O juiz, de ofício, a requerimento do Ministério Público, ou mediante representação do Conselho Penitenciário, poderá modificar as condições ou normas de conduta especificadas na sentença, devendo a respectiva decisão ser lida ao liberado por uma das autoridades ou por um dos funcionários indicados no inciso I do art. 723, observado o disposto nos incisos II e III, e §§ 1º e 2º do mesmo artigo. (Redação dada pela Lei nº 6.416, de 24.5.1977)

Art. 732. Praticada pelo liberado nova infração, o juiz ou o tribunal poderá ordenar a sua prisão, ouvido o Conselho Penitenciário, suspendendo o curso do livramento condicional, cuja revogação ficará, entretanto, dependendo da decisão final no novo processo.

Art. 733. O juiz, de ofício, ou a requerimento do interessado, do Ministério Público, ou do Conselho Penitenciário, julgará extinta a pena privativa de liberdade, se expirar o prazo do livramento sem revogação, ou na hipótese do artigo anterior, for o liberado absolvido por sentença irrecorrível.

TÍTULO IV - DA GRAÇA, DO INDULTO, DA ANISTIA E DA REHABILITAÇÃO

CAPÍTULO I - DA GRAÇA, DO INDULTO E DA ANISTIA

Art. 734. A graça poderá ser provocada por petição do condenado, de qualquer pessoa do povo, do Conselho Penitenciário, ou do Ministério Público, ressalvada, entretanto, ao Presidente da República, a faculdade de concedê-la espontaneamente.

Art. 735. A petição de graça, acompanhada dos documentos com que o impetrante a instruir, será remetida ao ministro da Justiça por intermédio do Conselho Penitenciário.

Art. 736. O Conselho Penitenciário, à vista dos autos do processo, e depois de ouvir o diretor do estabelecimento penal a que estiver recolhido o condenado, fará, em relatório, a narração do fato criminoso, examinará as provas, mencionará qualquer formalidade ou circunstância omitida na petição e exporá os antecedentes do condenado e seu procedimento depois de preso, opinando sobre o mérito do pedido. (Vide Lei nº 7.417, de 1985)

Art. 737. Processada no Ministério da Justiça, com os documentos e o relatório do Conselho Penitenciário, a petição subirá a despacho do Presidente da República, a quem serão presentes os autos do processo ou a certidão de qualquer de suas peças, se ele o determinar.

Art. 738. Concedida a graça e junta aos autos cópia do decreto, o juiz declarará extinta a pena ou penas, ou ajustará a execução aos termos do decreto, no caso de redução ou comutação de pena.

Art. 739. O condenado poderá recusar a comutação da pena.

Art. 740. Os autos da petição de graça serão arquivados no Ministério da Justiça.

Art. 741. Se o réu for beneficiado por indulto, o juiz, de ofício ou a requerimento do interessado, do Ministério Público ou por iniciativa do Conselho Penitenciário, providenciará de acordo com o disposto no art. 738.

Art. 742. Concedida a anistia após transitar em julgado a sentença condenatória, o juiz, de ofício ou a requerimento do interessado, do Ministério Público ou por iniciativa do Conselho Penitenciário, declarará extinta a pena.

CAPÍTULO II - DA REABILITAÇÃO

Art. 743. A reabilitação será requerida ao juiz da condenação, após o decurso de quatro ou oito anos, pelo menos, conforme se trate de condenado ou reincidente, contados do dia em que houver terminado a execução da pena principal ou da medida de segurança detentiva, devendo o requerente indicar as comarcas em que haja residido durante aquele tempo.

Art. 744. O requerimento será instruído com:

I - certidões comprobatórias de não ter o requerente respondido, nem estar respondendo a processo penal, em qualquer das comarcas em que houver residido durante o prazo a que se refere o artigo anterior;

II - atestados de autoridades policiais ou outros documentos que comprovem ter residido nas comarcas indicadas e mantido, efetivamente, bom comportamento;

DECRETO-LEI Nº 3.689, DE 3 DE OUTUBRO DE 1941

III - atestados de bom comportamento fornecidos por pessoas a cujo serviço tenha estado;

IV - quaisquer outros documentos que sirvam como prova de sua regeneração;

V - prova de haver ressarcido o dano causado pelo crime ou persistir a impossibilidade de fazê-lo.

Art. 745. O juiz poderá ordenar as diligências necessárias para apreciação do pedido, cercando-as do sigilo possível e, antes da decisão final, ouvirá o Ministério Público.

Art. 746. Da decisão que conceder a reabilitação haverá recurso de ofício.

Art. 747. A reabilitação, depois de sentença irrecorrível, será comunicada ao Instituto de Identificação e Estatística ou repartição congênere.

Art. 748. A condenação ou condenações anteriores não serão mencionadas na folha de antecedentes do reabilitado, nem em certidão extraída dos livros do juízo, salvo quando requisitadas por juiz criminal.

Art. 749. Indeferida a reabilitação, o condenado não poderá renovar o pedido senão após o decurso de dois anos, salvo se o indeferimento tiver resultado de falta ou insuficiência de documentos.

Art. 750. A revogação de reabilitação (Código Penal, art. 120) será decretada pelo juiz, de ofício ou a requerimento do Ministério Público.

TÍTULO V - DA EXECUÇÃO DAS MEDIDAS DE SEGURANÇA

Art. 751. Durante a execução da pena ou durante o tempo em que a ela se furtar o condenado, poderá ser imposta medida de segurança, se:

I - o juiz ou o tribunal, na sentença:

a) omitir sua decretação, nos casos de periculosidade presumida;

b) deixar de aplicá-la ou de excluí-la expressamente;

c) declarar os elementos constantes do processo insuficientes para a imposição ou exclusão da medida e ordenar indagações para a verificação da periculosidade do condenado;

II - tendo sido, expressamente, excluída na sentença a periculosidade do condenado, novos fatos demonstrarem ser ele perigoso.

Art. 752. Poderá ser imposta medida de segurança, depois de transitar em julgado a sentença, ainda quando não iniciada a execução da pena, por motivo diverso de fuga ou ocultação do condenado:

I - no caso da letra a do no I do artigo anterior, bem como no da letra b, se tiver sido alegada a periculosidade;

II - no caso da letra c do no I do mesmo artigo.

Art. 753. Ainda depois de transitar em julgado a sentença absolutória, poderá ser imposta a medida de segurança, enquanto não decorrido tempo equivalente ao da sua duração mínima, a indivíduo que a lei presuma perigoso.

Art. 754. A aplicação da medida de segurança, nos casos previstos nos arts. 751 e 752, competirá ao juiz da execução da pena, e, no caso do art. 753, ao juiz da sentença.

Art. 755. A imposição da medida de segurança, nos casos dos arts. 751 a 753, poderá ser decretada de ofício ou a requerimento do Ministério Público.

Parágrafo único. O diretor do estabelecimento penal, que tiver conhecimento de fatos indicativos da periculosidade do condenado a quem não tenha sido imposta medida de segurança, deverá logo comunicá-los ao juiz.

Art. 756. Nos casos do no I, a e b, do art. 751, e no I do art. 752, poderá ser dispensada nova audiência do condenado.

Art. 757. Nos casos do no I, c, e no II do art. 751 e no II do art. 752, o juiz, depois de proceder às diligências que julgar convenientes, ouvirá o Ministério Público e concederá ao condenado o prazo de três dias para alegações, devendo a prova requerida ou reputada necessária pelo juiz ser produzida dentro em dez dias.

§ 1º O juiz nomeará defensor ao condenado que o requerer.

§ 2º Se o réu estiver foragido, o juiz procederá às diligências que julgar convenientes, concedendo o prazo de provas, quando requerido pelo Ministério Público.

§ 3º Findo o prazo de provas, o juiz proferirá a sentença dentro de três dias.

Art. 758. A execução da medida de segurança incumbirá ao juiz da execução da sentença.

Art. 759. No caso do art. 753, o juiz ouvirá o curador já nomeado ou que então nomear, podendo mandar submeter o condenado a exame mental, internando-o, desde logo, em estabelecimento adequado.

Art. 760. Para a verificação da periculosidade, no caso do § 3º do art. 78 do Código Penal, observar-se-á o disposto no art. 757, no que for aplicável.

Art. 761. Para a providência determinada no art. 84, § 2º, do Código Penal, se as sentenças forem proferidas por juízes diferentes, será competente o juiz que tiver sentenciado por último ou a autoridade de jurisdição prevalente no caso do art. 82.

Art. 762. A ordem de internação, expedida para executar-se medida de segurança detentiva, conterá:

I - a qualificação do internando;

II - o teor da decisão que tiver imposto a medida de segurança;

III - a data em que terminará o prazo mínimo da internação.

Art. 763. Se estiver solto o internando, expedir-se-á mandado de captura, que será cumprido por oficial de justiça ou por autoridade policial.

Art. 764. O trabalho nos estabelecimentos referidos no art. 88, § 1º, III, do Código Penal, será educativo e remunerado, de modo que assegure ao internado meios de subsistência, quando cessar a internação.

§ 1º O trabalho poderá ser praticado ao ar livre.

§ 2º Nos outros estabelecimentos, o trabalho dependerá das condições pessoais do internado.

Art. 765. A quarta parte do salário caberá ao Estado ou, no Distrito Federal e nos Territórios, à União, e o restante será depositado em nome do internado ou, se este preferir, entregue à sua família.

Art. 766. A internação das mulheres será feita em estabelecimento próprio ou em seção especial.

Art. 767. O juiz fixará as normas de conduta que serão observadas durante a liberdade vigiada.

§ 1º Serão normas obrigatórias, impostas ao indivíduo sujeito à liberdade vigiada:

a) tomar ocupação, dentro de prazo razoável, se for apto para o trabalho;

b) não mudar do território da jurisdição do juiz, sem prévia autorização deste.

§ 2º Poderão ser impostas ao indivíduo sujeito à liberdade vigiada, entre outras obrigações, as seguintes:

a) não mudar de habitação sem aviso prévio ao juiz, ou à autoridade incumbida da vigilância;

b) recolher-se cedo à habitação;

c) não trazer consigo armas ofensivas ou instrumentos capazes de ofender;

d) não freqüentar casas de bebidas ou de tavolagem, nem certas reuniões, espetáculos ou diversões públicas.

§ 3º Será entregue ao indivíduo sujeito à liberdade vigiada uma caderneta, de que constarão as obrigações impostas.

Art. 768. As obrigações estabelecidas na sentença serão comunicadas à autoridade policial.

Art. 769. A vigilância será exercida discretamente, de modo que não prejudique o indivíduo a ela sujeito.

Art. 770. Mediante representação da autoridade incumbida da vigilância, a requerimento do Ministério Público ou de ofí-

cio, poderá o juiz modificar as normas fixadas ou estabelecer outras.

Art. 771. Para execução do exílio local, o juiz comunicará sua decisão à autoridade policial do lugar ou dos lugares onde o exilado está proibido de permanecer ou de residir.

§ 1º O infrator da medida será conduzido à presença do juiz que poderá mantê-lo detido até proferir decisão.

§ 2º Se for reconhecida a transgressão e imposta, conseqüentemente, a liberdade vigiada, determinará o juiz que a autoridade policial providencie a fim de que o infrator siga imediatamente para o lugar de residência por ele escolhido, e oficiará à autoridade policial desse lugar, observando-se o disposto no art. 768.

Art. 772. A proibição de freqüentar determinados lugares será comunicada pelo juiz à autoridade policial, que lhe dará conhecimento de qualquer transgressão.

Art. 773. A medida de fechamento de estabelecimento ou de interdição de associação será comunicada pelo juiz à autoridade policial, para que a execute.

Art. 774. Nos casos do parágrafo único do art. 83 do Código Penal, ou quando a transgressão de uma medida de segurança importar a imposição de outra, observar-se-á o disposto no art. 757, no que for aplicável.

Art. 775. A cessação ou não da periculosidade se verificará ao fim do prazo mínimo de duração da medida de segurança pelo exame das condições da pessoa a que tiver sido imposta, observando-se o seguinte:

I - o diretor do estabelecimento de internação ou a autoridade policial incumbida da vigilância, até um mês antes de expirado o prazo de duração mínima da medida, se não for inferior a um ano, ou até quinze dias nos outros casos, remeterá ao juiz da execução minucioso relatório, que o habilite a resolver sobre a cessação ou permanência da medida;

II - se o indivíduo estiver internado em manicômio judiciário ou em casa de custódia e tratamento, o relatório será acompanhado do laudo de exame pericial feito por dois médicos designados pelo diretor do estabelecimento;

III - o diretor do estabelecimento de internação ou a autoridade policial deverá, no relatório, concluir pela conveniência da revogação, ou não, da medida de segurança;

IV - se a medida de segurança for o exílio local ou a proibição de freqüentar determinados lugares, o juiz, até um mês ou quinze dias antes de expirado o prazo mínimo de duração, ordenará as diligências necessárias, para verificar se desapareceram as causas da aplicação da medida;

V - junto aos autos o relatório, ou realizadas as diligências, serão ouvidos sucessivamente o Ministério Público e o curador ou o defensor, no prazo de três dias para cada um;

VI - o juiz nomeará curador ou defensor ao interessado que o não tiver;

VII - o juiz, de ofício, ou a requerimento de qualquer das partes, poderá determinar novas diligências, ainda que já expirado o prazo de duração mínima da medida de segurança;

VIII - ouvidas as partes ou realizadas as diligências a que se refere o número anterior o juiz proferirá a sua decisão, no prazo de três dias.

Art. 776. Nos exames sucessivos a que se referem o § 1º, II, e § 2º do art. 81 do Código Penal, observar-se-á, no que lhes for aplicável, o disposto no artigo anterior.

Art. 777. Em qualquer tempo, ainda durante o prazo mínimo de duração da medida de segurança, poderá o tribunal, câmara ou turma, a requerimento do Ministério Público ou do interessado, seu defensor ou curador, ordenar o exame, para a verificação da cessação da periculosidade.

§ 1º Designado o relator e ouvido o procurador-geral, se a medida não tiver sido por ele requerida, o pedido será julgado na primeira sessão.

§ 2º Deferido o pedido, a decisão será imediatamente comunicada ao juiz, que requisitará, marcando prazo, o relatório e o exame a que se referem os ns. I e II do art. 775 ou ordenará as diligências mencionadas no no IV do mesmo artigo, prosseguindo de acordo com o disposto nos outros incisos do citado artigo.

Art. 778. Transitando em julgado a sentença de revogação, o juiz expedirá ordem para a desinternação, quando se tratar de medida detentiva, ou para que cesse a vigilância ou a proibição, nos outros casos.

Art. 779. O confisco dos instrumentos e produtos do crime, no caso previsto no art. 100 do Código Penal, será decretado no despacho de arquivamento do inquérito, na sentença de impronúncia ou na sentença absolutória.

LIVRO V - DAS RELAÇÕES JURISDICIONAIS COM AUTORIDADE ESTRANGEIRA TÍTULO ÚNICO

CAPÍTULO I - DISPOSIÇÕES GERAIS

Art. 780. Sem prejuízo de convenções ou tratados, aplicar-se-á o disposto neste Título à homologação de sentenças penais estrangeiras e à expedição e ao cumprimento de cartas rogatórias para citações, inquirições e outras diligências necessárias à instrução de processo penal.

Art. 781. As sentenças estrangeiras não serão homologadas, nem as cartas rogatórias cumpridas, se contrárias à ordem pública e aos bons costumes.

Art. 782. O trânsito, por via diplomática, dos documentos apresentados constituirá prova bastante de sua autenticidade.

CAPÍTULO II - DAS CARTAS ROGATÓRIAS

Art. 783. As cartas rogatórias serão, pelo respectivo juiz, remetidas ao Ministro da Justiça, a fim de ser pedido o seu cumprimento, por via diplomática, às autoridades estrangeiras competentes.

Art. 784. As cartas rogatórias emanadas de autoridades estrangeiras competentes não dependem de homologação e serão atendidas se encaminhadas por via diplomática e desde que o crime, segundo a lei brasileira, não exclua a extradição.

§ 1º As rogatórias, acompanhadas de tradução em língua nacional, feita por tradutor oficial ou juramentado, serão, após exequatur do presidente do Supremo Tribunal Federal, cumpridas pelo juiz criminal do lugar onde as diligências tenham de efetuar-se, observadas as formalidades prescritas neste Código.

§ 2º A carta rogatória será pelo presidente do Supremo Tribunal Federal remetida ao presidente do Tribunal de Apelação do Estado, do Distrito Federal, ou do Território, a fim de ser encaminhada ao juiz competente.

§ 3º Versando sobre crime de ação privada, segundo a lei brasileira, o andamento, após o exequatur, dependerá do interessado, a quem incumbirá o pagamento das despesas.

§ 4º Ficará sempre na secretaria do Supremo Tribunal Federal cópia da carta rogatória.

Art. 785. Concluídas as diligências, a carta rogatória será devolvida ao presidente do Supremo Tribunal Federal, por intermédio do presidente do Tribunal de Apelação, o qual, antes de devolvê-la, mandará completar qualquer diligência ou sanar qualquer nulidade.

Art. 786. O despacho que conceder o exequatur marcará, para o cumprimento da diligência, prazo razoável, que poderá ser excedido, havendo justa causa, ficando esta consignada em ofício dirigido ao presidente do Supremo Tribunal Federal, juntamente com a carta rogatória.

CAPÍTULO III - DA HOMOLOGAÇÃO DAS SENTENÇAS ESTRANGEIRAS

Art. 787. As sentenças estrangeiras deverão ser previamente homologadas pelo Supremo Tribunal Federal para que produzam os efeitos do art. 7º do Código Penal.

Art. 788. A sentença penal estrangeira será homologada, quando a aplicação da lei brasileira produzir na espécie as mesmas conseqüências e concorrem os seguintes requisitos:

I - estar revestida das formalidades externas necessárias, segundo a legislação do país de origem;

II - haver sido proferida por juiz competente, mediante citação regular, segundo a mesma legislação;

III - ter passado em julgado;

IV - estar devidamente autenticada por cônsul brasileiro;

V - estar acompanhada de tradução, feita por tradutor público.

Art. 789. O procurador-geral da República, sempre que tiver conhecimento da existência de sentença penal estrangeira, emanada de Estado que tenha com o Brasil tratado de extradição e que haja imposto medida de segurança pessoal ou pena acessória que deva ser cumprida no Brasil, pedirá ao Ministro da Justiça providências para obtenção de elementos que o habilitem a requerer a homologação da sentença.

§ 1º A homologação de sentença emanada de autoridade judiciária de Estado, que não tiver tratado de extradição com o Brasil, dependerá de requisição do Ministro da Justiça.

§ 2º Distribuído o requerimento de homologação, o relator mandará citar o interessado para deduzir embargos, dentro de dez dias, se residir no Distrito Federal, de trinta dias, no caso contrário.

§ 3º Se nesse prazo o interessado não deduzir os embargos, ser-lhe-á pelo relator nomeado defensor, o qual dentro de dez dias produzirá a defesa.

§ 4º Os embargos somente poderão fundar-se em dúvida sobre a autenticidade do documento, sobre a inteligência da sentença, ou sobre a falta de qualquer dos requisitos enumerados nos arts. 781 e 788.

§ 5º Contestados os embargos dentro de dez dias, pelo procurador-geral, irá o processo ao relator e ao revisor, observando-se no seu julgamento o Regimento Interno do Supremo Tribunal Federal.

§ 6º Homologada a sentença, a respectiva carta será remetida ao presidente do Tribunal de Apelação do Distrito Federal, do Estado, ou do Território.

§ 7º Recebida a carta de sentença, o presidente do Tribunal de Apelação a remeterá ao juiz do lugar de residência do condenado, para a aplicação da medida de segurança ou da pena acessória, observadas as disposições do Título II, Capítulo III, e Título V do Livro IV deste Código.

Art. 790. O interessado na execução de sentença penal estrangeira, para a reparação do dano, restituição e outros efeitos civis, poderá requerer ao Supremo Tribunal Federal a sua homologação, observando-se o que a respeito prescreve o Código de Processo Civil.

LIVRO VI - DISPOSIÇÕES GERAIS

Art. 791. Em todos os juízos e tribunais do crime, além das audiências e sessões ordinárias, haverá as extraordinárias, de acordo com as necessidades do rápido andamento dos feitos.

Art. 792. As audiências, sessões e os atos processuais serão, em regra, públicos e se realizarão nas sedes dos juízos e tribunais, com assistência dos escrivães, do secretário, do oficial de justiça que servir de porteiro, em dia e hora certos, ou previamente designados.

§ 1º Se da publicidade da audiência, da sessão ou do ato processual, puder resultar escândalo, inconveniente grave ou perigo de perturbação da ordem, o juiz, ou o tribunal, câmara, ou turma, poderá, de ofício ou a requerimento da parte ou do Ministério Público, determinar que o ato seja realizado a portas fechadas, limitando o número de pessoas que possam estar presentes.

§ 2º As audiências, as sessões e os atos processuais, em caso de necessidade, poderão realizar-se na residência do juiz, ou em outra casa por ele especialmente designada.

Art. 793. Nas audiências e nas sessões, os advogados, as partes, os escrivães e os espectadores poderão estar sentados. Todos, porém, se levantarão quando se dirigirem aos juízes ou quando estes se levantarem para qualquer ato do processo.

Parágrafo único. Nos atos da instrução criminal, perante os juízes singulares, os advogados poderão requerer sentados.

Art. 794. A polícia das audiências e das sessões compete aos respectivos juízes ou ao presidente do tribunal, câmara, ou turma, que poderão determinar o que for conveniente à manutenção da ordem. Para tal fim, requisitarão força pública, que ficará exclusivamente à sua disposição.

Art. 795. Os espectadores das audiências ou das sessões não poderão manifestar-se.

Parágrafo único. O juiz ou o presidente fará retirar da sala os desobedientes, que, em caso de resistência, serão presos e autuados.

Art. 796. Os atos de instrução ou julgamento prosseguirão com a assistência do defensor, se o réu se portar inconvenientemente.

Art. 797. Excetuadas as sessões de julgamento, que não serão marcadas para domingo ou dia feriado, os demais atos do processo poderão ser praticados em período de férias, em domingos e dias feriados. Todavia, os julgamentos iniciados em dia útil não se interromperão pela superveniência de feriado ou domingo.

Art. 798. Todos os prazos correrão em cartório e serão contínuos e peremptórios, não se interrompendo por férias, domingo ou dia feriado.

§ 1º Não se computará no prazo o dia do começo, incluindo-se, porém, o do vencimento.

§ 2º A terminação dos prazos será certificada nos autos pelo escrivão; será, porém, considerado findo o prazo, ainda que omitida aquela formalidade, se feita a prova do dia em que começou a correr.

§ 3º O prazo que terminar em domingo ou dia feriado considerar-se-á prorrogado até o dia útil imediato.

§ 4º Não correrão os prazos, se houver impedimento do juiz, força maior, ou obstáculo judicial oposto pela parte contrária.

§ 5º Salvo os casos expressos, os prazos correrão:

a) da intimação;

b) da audiência ou sessão em que for proferida a decisão, se a ela estiver presente a parte;

c) do dia em que a parte manifestar nos autos ciência inequívoca da sentença ou despacho.

Art. 799. O escrivão, sob pena de multa de cinqüenta a quinhentos mil-réis e, na reincidência, suspensão até 30 (trinta) dias, executará dentro do prazo de dois dias os atos determinados em lei ou ordenados pelo juiz.

Art. 800. Os juízes singulares darão seus despachos e decisões dentro dos prazos seguintes, quando outros não estiverem estabelecidos:

I - de dez dias, se a decisão for definitiva, ou interlocutória mista;

II - de cinco dias, se for interlocutória simples;

III - de um dia, se se tratar de despacho de expediente.

§ 1º Os prazos para o juiz contar-se-ão do termo de conclusão.

§ 2º Os prazos do Ministério Público contar-se-ão do termo de vista, salvo para a interposição do recurso (art. 798, § 5º).

§ 3º Em qualquer instância, declarando motivo justo, poderá o juiz exceder por igual tempo os prazos a ele fixados neste Código.

§ 4º O escrivão que não enviar os autos ao juiz ou ao órgão do Ministério Público no dia em que assinar termo de conclusão ou de vista estará sujeito à sanção estabelecida no art. 799.

Art. 801. Findos os respectivos prazos, os juízes e os órgãos do Ministério Público, responsáveis pelo retardamento, perderão tantos dias de vencimentos quantos forem os excedidos. Na contagem do tempo de serviço, para o efeito de promoção e aposentadoria, a perda será do dobro dos dias excedidos.

Art. 802. O desconto referido no artigo antecedente far-se-á à vista da certidão do escrivão do processo ou do secretário do tribunal, que deverão, de ofício, ou a requerimento de qualquer interessado, remetê-la às repartições encarregadas do pagamento e da contagem do tempo de serviço, sob pena de incorrerem, de pleno direito, na multa de quinhentos mil-réis, imposta por autoridade fiscal.

Art. 803. Salvo nos casos expressos em lei, é proibida a retirada de autos do cartório, ainda que em confiança, sob pena de responsabilidade do escrivão.

Art. 804. A sentença ou o acórdão, que julgar a ação, qualquer incidente ou recurso, condenará nas custas o vencido.

Art. 805. As custas serão contadas e cobradas de acordo com os regulamentos expedidos pela União e pelos Estados.

Art. 806. Salvo o caso do art. 32, nas ações intentadas mediante queixa, nenhum ato ou diligência se realizará, sem que seja depositada em cartório a importância das custas.

§ 1º Igualmente, nenhum ato requerido no interesse da defesa será realizado, sem o prévio pagamento das custas, salvo se o acusado for pobre.

§ 2º A falta do pagamento das custas, nos prazos fixados em lei, ou marcados pelo juiz, importará renúncia à diligência requerida ou deserção do recurso interposto.

§ 3º A falta de qualquer prova ou diligência que deixe de realizar-se em virtude do não-pagamento de custas não implicará a nulidade do processo, se a prova de pobreza do acusado só posteriormente foi feita.

Art. 807. O disposto no artigo anterior não obstará à faculdade atribuída ao juiz de determinar de ofício inquirição de testemunhas ou outras diligências.

Art. 808. Na falta ou impedimento do escrivão e seu substituto, servirá pessoa idônea, nomeada pela autoridade, perante quem prestará compromisso, lavrando o respectivo termo.

Art. 809. A estatística judiciária criminal, a cargo do Instituto de Identificação e Estatística ou repartições congêneres, terá por base o boletim individual, que é parte integrante dos processos e versará sobre:

I - os crimes e as contravenções praticados durante o trimestre, com especificação da natureza de cada um, meios utilizados e circunstâncias de tempo e lugar;

II - as armas proibidas que tenham sido apreendidas;

III - o número de delinquentes, mencionadas as infrações que praticaram, sua nacionalidade, sexo, idade, filiação, estado civil, prole, residência, meios de vida e condições econômicas, grau de instrução, religião, e condições de saúde física e psíquica;

IV - o número dos casos de co-delinquência;

V - a reincidência e os antecedentes judiciários;

VI - as sentenças condenatórias ou absolutórias, bem como as de pronúncia ou de impronúncia;

VII - a natureza das penas impostas;

VIII - a natureza das medidas de segurança aplicadas;

IX - a suspensão condicional da execução da pena, quando concedida;

X - as concessões ou denegações de habeas corpus.

§ 1º Os dados acima enumerados constituem o mínimo exigível, podendo ser acrescidos de outros elementos úteis ao serviço da estatística criminal.

§ 2º Esses dados serão lançados semestralmente em mapa e remetidos ao Serviço de Estatística Demográfica Moral e Política do Ministério da Justiça. (Redação dada pela Lei nº 9.061, de 14.6.1995)

§ 3º O boletim individual a que se refere este artigo é dividido em três partes destacáveis, conforme modelo anexo a este Código, e será adotado nos Estados, no Distrito Federal e nos Territórios. A primeira parte ficará arquivada no cartório policial; a segunda será remetida ao Instituto de Identificação e Estatística, ou repartição congênere; e a terceira acompanhará o processo, e, depois de passar em julgado a sentença definitiva, lançados os dados finais, será enviada ao referido Instituto ou repartição congênere.

Art. 810. Este Código entrará em vigor no dia 1º de janeiro de 1942.

Art. 811. Revogam-se as disposições em contrário.

3. LEI Nº 7.210, DE 11 DE JULHO DE 1984

Institui a Lei de Execução Penal.

O PRESIDENTE DA REPÚBLICA, faço saber que o Congresso Nacional decreta e eu sanciono a seguinte Lei:

TÍTULO I - Do Objeto e da Aplicação da Lei de Execução Penal

Art. 1º A execução penal tem por objetivo efetivar as disposições de sentença ou decisão criminal e proporcionar condições para a harmônica integração social do condenado e do internado.

Art. 2º A jurisdição penal dos Juízes ou Tribunais da Justiça ordinária, em todo o Território Nacional, será exercida, no processo de execução, na conformidade desta Lei e do Código de Processo Penal.

Parágrafo único. Esta Lei aplicar-se-á igualmente ao preso provisório e ao condenado pela Justiça Eleitoral ou Militar, quando recolhido a estabelecimento sujeito à jurisdição ordinária.

Art. 3º Ao condenado e ao internado serão assegurados todos os direitos não atingidos pela sentença ou pela lei.

Parágrafo único. Não haverá qualquer distinção de natureza racial, social, religiosa ou política.

Art. 4º O Estado deverá recorrer à cooperação da comunidade nas atividades de execução da pena e da medida de segurança.

TÍTULO II - Do Condenado e do Internado

CAPÍTULO I - Da Classificação

Art. 5º Os condenados serão classificados, segundo os seus antecedentes e personalidade, para orientar a individualização da execução penal.

Art. 6º A classificação será feita por Comissão Técnica de Classificação que elaborará o programa individualizador da pena privativa de liberdade adequada ao condenado ou preso provisório. (Redação dada pela Lei nº 10.792, de 2003)

Art. 7º A Comissão Técnica de Classificação, existente em cada estabelecimento, será presidida pelo diretor e composta, no mínimo, por 2 (dois) chefes de serviço, 1 (um) psiquiatra, 1 (um) psicólogo e 1 (um) assistente social, quando se tratar de condenado à pena privativa de liberdade.

Parágrafo único. Nos demais casos a Comissão atuará junto ao Juízo da Execução e será integrada por fiscais do serviço social.

Art. 8º O condenado ao cumprimento de pena privativa de liberdade, em regime fechado, será submetido a exame criminológico para a obtenção dos elementos necessários a uma adequada classificação e com vistas à individualização da execução.

Parágrafo único. Ao exame de que trata este artigo poderá ser submetido o condenado ao cumprimento da pena privativa de liberdade em regime semi-aberto.

Art. 9º A Comissão, no exame para a obtenção de dados reveladores da personalidade, observando a ética profissional

e tendo sempre presentes peças ou informações do processo, poderá:

I - entrevistar pessoas;

II - requisitar, de repartições ou estabelecimentos privados, dados e informações a respeito do condenado;

III - realizar outras diligências e exames necessários.

Art. 9º-A. Os condenados por crime praticado, dolosamente, com violência de natureza grave contra pessoa, ou por qualquer dos crimes previstos no art. 1º da Lei no 8.072, de 25 de julho de 1990, serão submetidos, obrigatoriamente, à identificação do perfil genético, mediante extração de DNA - ácido desoxirribonucleico, por técnica adequada e indolor. (Incluído pela Lei nº 12.654, de 2012)

§ 1º-A. A regulamentação deverá fazer constar garantias mínimas de proteção de dados genéticos, observando as melhores práticas da genética forense. (Incluído pela Lei nº 13.964, de 2019)

§ 2º A autoridade policial, federal ou estadual, poderá requerer ao juiz competente, no caso de inquérito instaurado, o acesso ao banco de dados de identificação de perfil genético. (Incluído pela Lei nº 12.654, de 2012)

§ 3º Deve ser viabilizado ao titular de dados genéticos o acesso aos seus dados constantes nos bancos de perfis genéticos, bem como a todos os documentos da cadeia de custódia que gerou esse dado, de maneira que possa ser contraditado pela defesa. (Incluído pela Lei nº 13.964, de 2019)

§ 4º O condenado pelos crimes previstos no caput deste artigo que não tiver sido submetido à identificação do perfil genético por ocasião do ingresso no estabelecimento prisional deverá ser submetido ao procedimento durante o cumprimento da pena. (Incluído pela Lei nº 13.964, de 2019)

§ 5º (VETADO). (Incluído pela Lei nº 13.964, de 2019)

§ 6º (VETADO). (Incluído pela Lei nº 13.964, de 2019)

§ 7º (VETADO). (Incluído pela Lei nº 13.964, de 2019)

§ 8º Constitui falta grave a recusa do condenado em submeter-se ao procedimento de identificação do perfil genético. (Incluído pela Lei nº 13.964, de 2019)

CAPÍTULO II - Da Assistência

SEÇÃO I - Disposições Gerais

Art. 10. A assistência ao preso e ao internado é dever do Estado, objetivando prevenir o crime e orientar o retorno à convivência em sociedade.

Parágrafo único. A assistência estende-se ao egresso.

Art. 11. A assistência será:

I - material;

II - à saúde;

III -jurídica;

IV - educacional;

V - social;

VI - religiosa.

SEÇÃO II -bDa Assistência Material

Art. 12. A assistência material ao preso e ao internado consistirá no fornecimento de alimentação, vestuário e instalações higiênicas.

Art. 13. O estabelecimento disporá de instalações e serviços que atendam aos presos nas suas necessidades pessoais, além de locais destinados à venda de produtos e objetos permitidos e não fornecidos pela Administração.

SEÇÃO III - Da Assistência à Saúde

Art. 14. A assistência à saúde do preso e do internado de caráter preventivo e curativo, compreenderá atendimento médico, farmacêutico e odontológico.

§ 1º (Vetado).

§ 2º Quando o estabelecimento penal não estiver aparelhado para prover a assistência médica necessária, esta será prestada em outro local, mediante autorização da direção do estabelecimento.

§ 3º Será assegurado acompanhamento médico à mulher, principalmente no pré-natal e no pós-parto, extensivo ao recém-nascido. (Incluído pela Lei nº 11.942, de 2009)

SEÇÃO IV - Da Assistência Jurídica

Art. 15. A assistência jurídica é destinada aos presos e aos internados sem recursos financeiros para constituir advogado.

Art. 16. As Unidades da Federação deverão ter serviços de assistência jurídica, integral e gratuita, pela Defensoria Pública, dentro e fora dos estabelecimentos penais. (Redação dada pela Lei nº 12.313, de 2010).

§ 1º As Unidades da Federação deverão prestar auxílio estrutural, pessoal e material à Defensoria Pública, no exercício de suas funções, dentro e fora dos estabelecimentos penais. (Incluído pela Lei nº 12.313, de 2010).

§ 2º Em todos os estabelecimentos penais, haverá local apropriado destinado ao atendimento pelo Defensor Público. (Incluído pela Lei nº 12.313, de 2010).

§ 3º Fora dos estabelecimentos penais, serão implementados Núcleos Especializados da Defensoria Pública para a prestação de assistência jurídica integral e gratuita aos réus, sentenciados em liberdade, egressos e seus familiares, sem recursos financeiros para constituir advogado. (Incluído pela Lei nº 12.313, de 2010).

SEÇÃO V - Da Assistência Educacional

Art. 17. A assistência educacional compreenderá a instrução escolar e a formação profissional do preso e do internado.

Art. 18. O ensino de 1º grau será obrigatório, integrando-se no sistema escolar da Unidade Federativa.

Art. 18-A. O ensino médio, regular ou supletivo, com formação geral ou educação profissional de nível médio, será implantado nos presídios, em obediência ao preceito constitucional de sua universalização. (Incluído pela Lei nº 13.163, de 2015)

§ 1º O ensino ministrado aos presos e presas integrar-se-á ao sistema estadual e municipal de ensino e será mantido, administrativa e financeiramente, com o apoio da União, não só com os recursos destinados à educação, mas pelo sistema estadual de justiça ou administração penitenciária. (Incluído pela Lei nº 13.163, de 2015)

§ 2º Os sistemas de ensino oferecerão aos presos e às presas cursos supletivos de educação de jovens e adultos. (Incluído pela Lei nº 13.163, de 2015)

§ 3º A União, os Estados, os Municípios e o Distrito Federal incluirão em seus programas de educação à distância e de utilização de novas tecnologias de ensino, o atendimento aos presos e às presas. (Incluído pela Lei nº 13.163, de 2015)

Art. 19. O ensino profissional será ministrado em nível de iniciação ou de aperfeiçoamento técnico.

Parágrafo único. A mulher condenada terá ensino profissional adequado à sua condição.

Art. 20. As atividades educacionais podem ser objeto de convênio com entidades públicas ou particulares, que instalem escolas ou ofereçam cursos especializados.

Art. 21. Em atendimento às condições locais, dotar-se-á cada estabelecimento de uma biblioteca, para uso de todas as categorias de reclusos, provida de livros instrutivos, recreativos e didáticos.

Art. 21-A. O censo penitenciário deverá apurar: (Incluído pela Lei nº 13.163, de 2015)

I - o nível de escolaridade dos presos e das presas; (Incluído pela Lei nº 13.163, de 2015)

II - a existência de cursos nos níveis fundamental e médio e o número de presos e presas atendidos; (Incluído pela Lei nº 13.163, de 2015)

III - a implementação de cursos profissionais em nível de iniciação ou aperfeiçoamento técnico e o número de presos e presas atendidos; (Incluído pela Lei nº 13.163, de 2015)

IV - a existência de bibliotecas e as condições de seu acervo; (Incluído pela Lei nº 13.163, de 2015)

V - outros dados relevantes para o aprimoramento educacional de presos e presas. (Incluído pela Lei nº 13.163, de 2015)

SEÇÃO VI - Da Assistência Social

Art. 22. A assistência social tem por finalidade amparar o preso e o internado e prepará-los para o retorno à liberdade.

Art. 23. Incumbe ao serviço de assistência social:

I - conhecer os resultados dos diagnósticos ou exames;

II - relatar, por escrito, ao Diretor do estabelecimento, os problemas e as dificuldades enfrentadas pelo assistido;

III - acompanhar o resultado das permissões de saídas e das saídas temporárias;

IV - promover, no estabelecimento, pelos meios disponíveis, a recreação;

V - promover a orientação do assistido, na fase final do cumprimento da pena, e do liberando, de modo a facilitar o seu retorno à liberdade;

VI - providenciar a obtenção de documentos, dos benefícios da Previdência Social e do seguro por acidente no trabalho;

VII - orientar e amparar, quando necessário, a família do preso, do internado e da vítima.

SEÇÃO VII - Da Assistência Religiosa

Art. 24. A assistência religiosa, com liberdade de culto, será prestada aos presos e aos internados, permitindo-se-lhes a participação nos serviços organizados no estabelecimento penal, bem como a posse de livros de instrução religiosa.

§ 1º No estabelecimento haverá local apropriado para os cultos religiosos.

§ 2º Nenhum preso ou internado poderá ser obrigado a participar de atividade religiosa.

SEÇÃO VIII - Da Assistência ao Egresso

Art. 25. A assistência ao egresso consiste:

I - na orientação e apoio para reintegrá-lo à vida em liberdade;

II - na concessão, se necessário, de alojamento e alimentação, em estabelecimento adequado, pelo prazo de 2 (dois) meses.

Parágrafo único. O prazo estabelecido no inciso II poderá ser prorrogado uma única vez, comprovado, por declaração do assistente social, o empenho na obtenção de emprego.

Art. 26. Considera-se egresso para os efeitos desta Lei:

I - o liberado definitivo, pelo prazo de 1 (um) ano a contar da saída do estabelecimento;

II - o liberado condicional, durante o período de prova.

Art. 27. O serviço de assistência social colaborará com o egresso para a obtenção de trabalho.

CAPÍTULO III - Do Trabalho

SEÇÃO I - Disposições Gerais

Art. 28. O trabalho do condenado, como dever social e condição de dignidade humana, terá finalidade educativa e produtiva.

§ 1º Aplicam-se à organização e aos métodos de trabalho as precauções relativas à segurança e à higiene.

§ 2º O trabalho do preso não está sujeito ao regime da Consolidação das Leis do Trabalho.

Art. 29. O trabalho do preso será remunerado, mediante prévia tabela, não podendo ser inferior a 3/4 (três quartos) do salário mínimo.

§ 1º O produto da remuneração pelo trabalho deverá atender:

a) à indenização dos danos causados pelo crime, desde que determinados judicialmente e não reparados por outros meios;

b) à assistência à família;

c) a pequenas despesas pessoais;

d) ao ressarcimento ao Estado das despesas realizadas com a manutenção do condenado, em proporção a ser fixada e sem prejuízo da destinação prevista nas letras anteriores.

§ 2º Ressalvadas outras aplicações legais, será depositada a parte restante para constituição do pecúlio, em Caderneta de Poupança, que será entregue ao condenado quando posto em liberdade.

Art. 30. As tarefas executadas como prestação de serviço à comunidade não serão remuneradas.

SEÇÃO II - Do Trabalho Interno

Art. 31. O condenado à pena privativa de liberdade está obrigado ao trabalho na medida de suas aptidões e capacidade.

Parágrafo único. Para o preso provisório, o trabalho não é obrigatório e só poderá ser executado no interior do estabelecimento.

Art. 32. Na atribuição do trabalho deverão ser levadas em conta a habilitação, a condição pessoal e as necessidades futuras do preso, bem como as oportunidades oferecidas pelo mercado.

§ 1º Deverá ser limitado, tanto quanto possível, o artesanato sem expressão econômica, salvo nas regiões de turismo.

§ 2º Os maiores de 60 (sessenta) anos poderão solicitar ocupação adequada à sua idade.

§ 3º Os doentes ou deficientes físicos somente exercerão atividades apropriadas ao seu estado.

Art. 33. A jornada normal de trabalho não será inferior a 6 (seis) nem superior a 8 (oito) horas, com descanso nos domingos e feriados.

Parágrafo único. Poderá ser atribuído horário especial de trabalho aos presos designados para os serviços de conservação e manutenção do estabelecimento penal.

Art. 34. O trabalho poderá ser gerenciado por fundação, ou empresa pública, com autonomia administrativa, e terá por objetivo a formação profissional do condenado.

§ 1º. Nessa hipótese, incumbirá à entidade gerenciadora promover e supervisionar a produção, com critérios e métodos empresariais, encarregar-se de sua comercialização, bem como suportar despesas, inclusive pagamento de remuneração adequada. (Renumerado pela Lei nº 10.792, de 2003)

§ 2º Os governos federal, estadual e municipal poderão celebrar convênio com a iniciativa privada, para implantação de oficinas de trabalho referentes a setores de apoio dos presídios. (Incluído pela Lei nº 10.792, de 2003)

Art. 35. Os órgãos da Administração Direta ou Indireta da União, Estados, Territórios, Distrito Federal e dos Municípios adquirirão, com dispensa de concorrência pública, os bens ou produtos do trabalho prisional, sempre que não for possível ou recomendável realizar-se a venda a particulares.

Parágrafo único. Todas as importâncias arrecadadas com as vendas reverterão em favor da fundação ou empresa pública a que alude o artigo anterior ou, na sua falta, do estabelecimento penal.

SEÇÃO III - Do Trabalho Externo

Art. 36. O trabalho externo será admissível para os presos em regime fechado somente em serviço ou obras públicas realizadas por órgãos da Administração Direta ou Indireta, ou entidades privadas, desde que tomadas as cautelas contra a fuga e em favor da disciplina.

§ 1º O limite máximo do número de presos será de 10% (dez por cento) do total de empregados na obra.

§ 2º Caberá ao órgão da administração, à entidade ou à empresa empreiteira a remuneração desse trabalho.

LEI Nº 7.210, DE 11 DE JULHO DE 1984

§ 3º A prestação de trabalho à entidade privada depende do consentimento expresso do preso.

Art. 37. A prestação de trabalho externo, a ser autorizada pela direção do estabelecimento, dependerá de aptidão, disciplina e responsabilidade, além do cumprimento mínimo de 1/6 (um sexto) da pena.

Parágrafo único. Revogar-se-á a autorização de trabalho externo ao preso que vier a praticar fato definido como crime, for punido por falta grave, ou tiver comportamento contrário aos requisitos estabelecidos neste artigo.

CAPÍTULO IV - Dos Deveres, dos Direitos e da Disciplina

SEÇÃO I - Dos Deveres

Art. 38. Cumpre ao condenado, além das obrigações legais inerentes ao seu estado, submeter-se às normas de execução da pena.

Art. 39. Constituem deveres do condenado:

I - comportamento disciplinado e cumprimento fiel da sentença;

II - obediência ao servidor e respeito a qualquer pessoa com quem deva relacionar-se;

III - urbanidade e respeito no trato com os demais condenados;

IV - conduta oposta aos movimentos individuais ou coletivos de fuga ou de subversão à ordem ou à disciplina;

V - execução do trabalho, das tarefas e das ordens recebidas;

VI - submissão à sanção disciplinar imposta;

VII - indenização à vítima ou aos seus sucessores;

VIII - indenização ao Estado, quando possível, das despesas realizadas com a sua manutenção, mediante desconto proporcional da remuneração do trabalho;

IX - higiene pessoal e asseio da cela ou alojamento;

X - conservação dos objetos de uso pessoal.

Parágrafo único. Aplica-se ao preso provisório, no que couber, o disposto neste artigo.

SEÇÃO II - Dos Direitos

Art. 40 - Impõe-se a todas as autoridades o respeito à integridade física e moral dos condenados e dos presos provisórios.

Art. 41 - Constituem direitos do preso:

I - alimentação suficiente e vestuário;

II - atribuição de trabalho e sua remuneração;

III - Previdência Social;

IV - constituição de pecúlio;

V - proporcionalidade na distribuição do tempo para o trabalho, o descanso e a recreação;

VI - exercício das atividades profissionais, intelectuais, artísticas e desportivas anteriores, desde que compatíveis com a execução da pena;

VII - assistência material, à saúde, jurídica, educacional, social e religiosa;

VIII - proteção contra qualquer forma de sensacionalismo;

IX - entrevista pessoal e reservada com o advogado;

X - visita do cônjuge, da companheira, de parentes e amigos em dias determinados;

XI - chamamento nominal;

XII - igualdade de tratamento salvo quanto às exigências da individualização da pena;

XIII - audiência especial com o diretor do estabelecimento;

XIV - representação e petição a qualquer autoridade, em defesa de direito;

XV - contato com o mundo exterior por meio de correspondência escrita, da leitura e de outros meios de informação que não comprometam a moral e os bons costumes.

XVI - atestado de pena a cumprir, emitido anualmente, sob pena da responsabilidade da autoridade judiciária competente. (Incluído pela Lei nº 10.713, de 2003)

Parágrafo único. Os direitos previstos nos incisos V, X e XV poderão ser suspensos ou restringidos mediante ato motivado do diretor do estabelecimento.

Art. 42 - Aplica-se ao preso provisório e ao submetido à medida de segurança, no que couber, o disposto nesta Seção.

Art. 43 - É garantida a liberdade de contratar médico de confiança pessoal do internado ou do submetido a tratamento ambulatorial, por seus familiares ou dependentes, a fim de orientar e acompanhar o tratamento.

Parágrafo único. As divergências entre o médico oficial e o particular serão resolvidas pelo Juiz da execução.

SEÇÃO III - Da Disciplina

SUBSEÇÃO I - Disposições Gerais

Art. 44. A disciplina consiste na colaboração com a ordem, na obediência às determinações das autoridades e seus agentes e no desempenho do trabalho.

Parágrafo único. Estão sujeitos à disciplina o condenado à pena privativa de liberdade ou restritiva de direitos e o preso provisório.

Art. 45. Não haverá falta nem sanção disciplinar sem expressa e anterior previsão legal ou regulamentar.

§ 1º As sanções não poderão colocar em perigo a integridade física e moral do condenado.

§ 2º É vedado o emprego de cela escura.

§ 3º São vedadas as sanções coletivas.

Art. 46. O condenado ou denunciado, no início da execução da pena ou da prisão, será cientificado das normas disciplinares.

Art. 47. O poder disciplinar, na execução da pena privativa de liberdade, será exercido pela autoridade administrativa conforme as disposições regulamentares.

Art. 48. Na execução das penas restritivas de direitos, o poder disciplinar será exercido pela autoridade administrativa a que estiver sujeito o condenado.

Parágrafo único. Nas faltas graves, a autoridade representará ao Juiz da execução para os fins dos artigos 118, inciso I, 125, 127, 181, §§ 1º, letra d, e 2º desta Lei.

SUBSEÇÃO II - Das Faltas Disciplinares

Art. 49. As faltas disciplinares classificam-se em leves, médias e graves. A legislação local especificará as leves e médias, bem assim as respectivas sanções.

Parágrafo único. Pune-se a tentativa com a sanção correspondente à falta consumada.

Art. 50. Comete falta grave o condenado à pena privativa de liberdade que:

I - incitar ou participar de movimento para subverter a ordem ou a disciplina;

II - fugir;

III - possuir, indevidamente, instrumento capaz de ofender a integridade física de outrem;

IV - provocar acidente de trabalho;

V - descumprir, no regime aberto, as condições impostas;

VI - inobservar os deveres previstos nos incisos II e V, do artigo 39, desta Lei.

VII - tiver em sua posse, utilizar ou fornecer aparelho telefônico, de rádio ou similar, que permita a comunicação com outros presos ou com o ambiente externo. (Incluído pela Lei nº 11.466, de 2007)

VIII - recusar submeter-se ao procedimento de identificação do perfil genético. (Incluído pela Lei nº 13.964, de 2019)

Parágrafo único. O disposto neste artigo aplica-se, no que couber, ao preso provisório.

Art. 51. Comete falta grave o condenado à pena restritiva de direitos que:

I - descumprir, injustificadamente, a restrição imposta;

II - retardar, injustificadamente, o cumprimento da obrigação imposta;

III - inobservar os deveres previstos nos incisos II e V, do artigo 39, desta Lei.

Art. 52. A prática de fato previsto como crime doloso constitui falta grave e, quando ocasionar subversão da ordem ou disciplina internas, sujeitará o preso provisório, ou condenado, nacional ou estrangeiro, sem prejuízo da sanção penal, ao regime disciplinar diferenciado, com as seguintes características: (Redação dada pela Lei nº 13.964, de 2019)

I - duração máxima de até 2 (dois) anos, sem prejuízo de repetição da sanção por nova falta grave de mesma espécie; (Redação dada pela Lei nº 13.964, de 2019)

II - recolhimento em cela individual; (Redação dada pela Lei nº 13.964, de 2019)

III - visitas quinzenais, de 2 (duas) pessoas por vez, a serem realizadas em instalações equipadas para impedir o contato físico e a passagem de objetos, por pessoa da família ou, no caso de terceiro, autorizado judicialmente, com duração de 2 (duas) horas; (Redação dada pela Lei nº 13.964, de 2019)

IV - direito do preso à saída da cela por 2 (duas) horas diárias para banho de sol, em grupos de até 4 (quatro) presos, desde que não haja contato com presos do mesmo grupo criminoso; (Redação dada pela Lei nº 13.964, de 2019)

V - entrevistas sempre monitoradas, exceto aquelas com seu defensor, em instalações equipadas para impedir o contato físico e a passagem de objetos, salvo expressa autorização judicial em contrário; (Incluído pela Lei nº 13.964, de 2019)

VI - fiscalização do conteúdo da correspondência; (Incluído pela Lei nº 13.964, de 2019)

VII - participação em audiências judiciais preferencialmente por videoconferência, garantindo-se a participação do defensor no mesmo ambiente do preso. (Incluído pela Lei nº 13.964, de 2019)

§ 1º O regime disciplinar diferenciado também será aplicado aos presos provisórios ou condenados, nacionais ou estrangeiros: (Redação dada pela Lei nº 13.964, de 2019)

I - que apresentem alto risco para a ordem e a segurança do estabelecimento penal ou da sociedade; (Incluído pela Lei nº 13.964, de 2019)

II - sob os quais recaiam fundadas suspeitas de envolvimento ou participação, a qualquer título, em organização criminosa, associação criminosa ou milícia privada, independentemente da prática de falta grave. (Incluído pela Lei nº 13.964, de 2019)

§ 2º (Revogado). (Redação dada pela Lei nº 13.964, de 2019)

§ 3º Existindo indícios de que o preso exerce liderança em organização criminosa, associação criminosa ou milícia privada, ou que tenha atuação criminosa em 2 (dois) ou mais Estados da Federação, o regime disciplinar diferenciado será obrigatoriamente cumprido em estabelecimento prisional federal. (Incluído pela Lei nº 13.964, de 2019)

§ 4º Na hipótese dos parágrafos anteriores, o regime disciplinar diferenciado poderá ser prorrogado sucessivamente, por períodos de 1 (um) ano, existindo indícios de que o preso: (Incluído pela Lei nº 13.964, de 2019)

I - continua apresentando alto risco para a ordem e a segurança do estabelecimento penal de origem ou da sociedade; (Incluído pela Lei nº 13.964, de 2019)

II - mantém os vínculos com organização criminosa, associação criminosa ou milícia privada, considerados também o perfil criminal e a função desempenhada por ele no grupo criminoso, a operação duradoura do grupo, a superveniência de novos processos criminais e os resultados do tratamento penitenciário. (Incluído pela Lei nº 13.964, de 2019)

§ 5º Na hipótese prevista no § 3º deste artigo, o regime disciplinar diferenciado deverá contar com alta segurança interna e externa, principalmente no que diz respeito à necessidade de se evitar contato do preso com membros de sua organização criminosa, associação criminosa ou milícia privada, ou de grupos rivais. (Incluído pela Lei nº 13.964, de 2019)

§ 6º A visita de que trata o inciso III do caput deste artigo será gravada em sistema de áudio ou de áudio e vídeo e, com autorização judicial, fiscalizada por agente penitenciário. (Incluído pela Lei nº 13.964, de 2019)

§ 7º Após os primeiros 6 (seis) meses de regime disciplinar diferenciado, o preso que não receber a visita de que trata o inciso III do caput deste artigo poderá, após prévio agendamento, ter contato telefônico, que será gravado, com uma pessoa da família, 2 (duas) vezes por mês e por 10 (dez) minutos. (Incluído pela Lei nº 13.964, de 2019)

SUBSEÇÃO III - Das Sanções e das Recompensas

Art. 53. Constituem sanções disciplinares:

I - advertência verbal;

II - repreensão;

III - suspensão ou restrição de direitos (artigo 41, parágrafo único);

IV - isolamento na própria cela, ou em local adequado, nos estabelecimentos que possuam alojamento coletivo, observado o disposto no artigo 88 desta Lei.

V - inclusão no regime disciplinar diferenciado. (Incluído pela Lei nº 10.792, de 2003)

Art. 54. As sanções dos incisos I a IV do art. 53 serão aplicadas por ato motivado do diretor do estabelecimento e a do inciso V, por prévio e fundamentado despacho do juiz competente. (Redação dada pela Lei nº 10.792, de 2003)

§ 1º A autorização para a inclusão do preso em regime disciplinar dependerá de requerimento circunstanciado elaborado pelo diretor do estabelecimento ou outra autoridade administrativa. (Incluído pela Lei nº 10.792, de 2003)

§ 2º A decisão judicial sobre inclusão de preso em regime disciplinar será precedida de manifestação do Ministério Público e da defesa e prolatada no prazo máximo de quinze dias. (Incluído pela Lei nº 10.792, de 2003)

Art. 55. As recompensas têm em vista o bom comportamento reconhecido em favor do condenado, de sua colaboração com a disciplina e de sua dedicação ao trabalho.

Art. 56. São recompensas:

I - o elogio;

II - a concessão de regalias.

Parágrafo único. A legislação local e os regulamentos estabelecerão a natureza e a forma de concessão de regalias.

SUBSEÇÃO IV - Da Aplicação das Sanções

Art. 57. Na aplicação das sanções disciplinares, levar-se-ão em conta a natureza, os motivos, as circunstâncias e as conseqüências do fato, bem como a pessoa do faltoso e seu tempo de prisão. (Redação dada pela Lei nº 10.792, de 2003)

Parágrafo único. Nas faltas graves, aplicam-se as sanções previstas nos incisos III a V do art. 53 desta Lei. (Redação dada pela Lei nº 10.792, de 2003)

Art. 58. O isolamento, a suspensão e a restrição de direitos não poderão exceder a trinta dias, ressalvada a hipótese do regime disciplinar diferenciado. (Redação dada pela Lei nº 10.792, de 2003)

Parágrafo único. O isolamento será sempre comunicado ao Juiz da execução.

SUBSEÇÃO V - Do Procedimento Disciplinar

Art. 59. Praticada a falta disciplinar, deverá ser instaurado o procedimento para sua apuração, conforme regulamento, assegurado o direito de defesa.

Parágrafo único. A decisão será motivada.

Art. 60. A autoridade administrativa poderá decretar o isolamento preventivo do faltoso pelo prazo de até dez dias. A inclusão do preso no regime disciplinar diferenciado, no interesse da disciplina e da averiguação do fato, dependerá de despacho do juiz competente. (Redação dada pela Lei nº 10.792, de 2003)

Parágrafo único. O tempo de isolamento ou inclusão preventiva no regime disciplinar diferenciado será computado no período de cumprimento da sanção disciplinar. (Redação dada pela Lei nº 10.792, de 2003)

TÍTULO III - Dos Órgãos da Execução Penal
CAPÍTULO I - Disposições Gerais

Art. 61. São órgãos da execução penal:
I - o Conselho Nacional de Política Criminal e Penitenciária;
II - o Juízo da Execução;
III - o Ministério Público;
IV - o Conselho Penitenciário;
V - os Departamentos Penitenciários;
VI - o Patronato;
VII - o Conselho da Comunidade.
VIII - a Defensoria Pública. (Incluído pela Lei nº 12.313, de 2010).

CAPÍTULO II - Do Conselho Nacional de Política Criminal e Penitenciária

Art. 62. O Conselho Nacional de Política Criminal e Penitenciária, com sede na Capital da República, é subordinado ao Ministério da Justiça.

Art. 63. O Conselho Nacional de Política Criminal e Penitenciária será integrado por 13 (treze) membros designados através de ato do Ministério da Justiça, dentre professores e profissionais da área do Direito Penal, Processual Penal, Penitenciário e ciências correlatas, bem como por representantes da comunidade e dos Ministérios da área social.

Parágrafo único. O mandato dos membros do Conselho terá duração de 2 (dois) anos, renovado 1/3 (um terço) em cada ano.

Art. 64. Ao Conselho Nacional de Política Criminal e Penitenciária, no exercício de suas atividades, em âmbito federal ou estadual, incumbe:

I - propor diretrizes da política criminal quanto à prevenção do delito, administração da Justiça Criminal e execução das penas e das medidas de segurança;
II - contribuir na elaboração de planos nacionais de desenvolvimento, sugerindo as metas e prioridades da política criminal e penitenciária;
III - promover a avaliação periódica do sistema criminal para a sua adequação às necessidades do País;
IV - estimular e promover a pesquisa criminológica;
V - elaborar programa nacional penitenciário de formação e aperfeiçoamento do servidor;
VI - estabelecer regras sobre a arquitetura e construção de estabelecimentos penais e casas de albergados;
VII - estabelecer os critérios para a elaboração da estatística criminal;
VIII - inspecionar e fiscalizar os estabelecimentos penais, bem assim informar-se, mediante relatórios do Conselho Penitenciário, requisições, visitas ou outros meios, acerca do desenvolvimento da execução penal nos Estados, Territórios e Distrito Federal, propondo às autoridades dela incumbida as medidas necessárias ao seu aprimoramento;
IX - representar ao Juiz da execução ou à autoridade administrativa para instauração de sindicância ou procedimento administrativo, em caso de violação das normas referentes à execução penal;
X - representar à autoridade competente para a interdição, no todo ou em parte, de estabelecimento penal.

CAPÍTULO III - Do Juízo da Execução

Art. 65. A execução penal competirá ao Juiz indicado na lei local de organização judiciária e, na sua ausência, ao da sentença.

Art. 66. Compete ao Juiz da execução:
I - aplicar aos casos julgados lei posterior que de qualquer modo favorecer o condenado;
II - declarar extinta a punibilidade;
III - decidir sobre:
a) soma ou unificação de penas;
b) progressão ou regressão nos regimes;
c) detração e remição da pena;
d) suspensão condicional da pena;
e) livramento condicional;
f) incidentes da execução.
IV - autorizar saídas temporárias;
V - determinar:
a) a forma de cumprimento da pena restritiva de direitos e fiscalizar sua execução;
b) a conversão da pena restritiva de direitos e de multa em privativa de liberdade;
c) a conversão da pena privativa de liberdade em restritiva de direitos;
d) a aplicação da medida de segurança, bem como a substituição da pena por medida de segurança;
e) a revogação da medida de segurança;
f) a desinternação e o restabelecimento da situação anterior;
g) o cumprimento de pena ou medida de segurança em outra comarca;
h) a remoção do condenado na hipótese prevista no § 1º, do artigo 86, desta Lei.
i) (VETADO); (Incluído pela Lei nº 12.258, de 2010)
VI - zelar pelo correto cumprimento da pena e da medida de segurança;
VII - inspecionar, mensalmente, os estabelecimentos penais, tomando providências para o adequado funcionamento e promovendo, quando for o caso, a apuração de responsabilidade;
VIII - interditar, no todo ou em parte, estabelecimento penal que estiver funcionando em condições inadequadas ou com infringência aos dispositivos desta Lei;
IX - compor e instalar o Conselho da Comunidade.
X - emitir anualmente atestado de pena a cumprir. (Incluído pela Lei nº 10.713, de 2003)

CAPÍTULO IV - Do Ministério Público

Art. 67. O Ministério Público fiscalizará a execução da pena e da medida de segurança, oficiando no processo executivo e nos incidentes da execução.

Art. 68. Incumbe, ainda, ao Ministério Público:
I - fiscalizar a regularidade formal das guias de recolhimento e de internamento;
II - requerer:
a) todas as providências necessárias ao desenvolvimento do processo executivo;
b) a instauração dos incidentes de excesso ou desvio de execução;
c) a aplicação de medida de segurança, bem como a substituição da pena por medida de segurança;
d) a revogação da medida de segurança;
e) a conversão de penas, a progressão ou regressão nos regimes e a revogação da suspensão condicional da pena e do livramento condicional;
f) a internação, a desinternação e o restabelecimento da situação anterior.
III - interpor recursos de decisões proferidas pela autoridade judiciária, durante a execução.

Parágrafo único. O órgão do Ministério Público visitará mensalmente os estabelecimentos penais, registrando a sua presença em livro próprio.

CAPÍTULO V - Do Conselho Penitenciário

Art. 69. O Conselho Penitenciário é órgão consultivo e fiscalizador da execução da pena.

§ 1º O Conselho será integrado por membros nomeados pelo Governador do Estado, do Distrito Federal e dos Territórios, dentre professores e profissionais da área do Direito Penal, Processual Penal, Penitenciário e ciências correlatas, bem como por representantes da comunidade. A legislação federal e estadual regulará o seu funcionamento.

§ 2º O mandato dos membros do Conselho Penitenciário terá a duração de 4 (quatro) anos.

Art. 70. Incumbe ao Conselho Penitenciário:

I - emitir parecer sobre indulto e comutação de pena, excetuada a hipótese de pedido de indulto com base no estado de saúde do preso; (Redação dada pela Lei nº 10.792, de 2003)

II - inspecionar os estabelecimentos e serviços penais;

III - apresentar, no 1º (primeiro) trimestre de cada ano, ao Conselho Nacional de Política Criminal e Penitenciária, relatório dos trabalhos efetuados no exercício anterior;

IV - supervisionar os patronatos, bem como a assistência aos egressos.

CAPÍTULO VI - Dos Departamentos Penitenciários

SEÇÃO I - Do Departamento Penitenciário Nacional

Art. 71. O Departamento Penitenciário Nacional, subordinado ao Ministério da Justiça, é órgão executivo da Política Penitenciária Nacional e de apoio administrativo e financeiro do Conselho Nacional de Política Criminal e Penitenciária.

Art. 72. São atribuições do Departamento Penitenciário Nacional:

I - acompanhar a fiel aplicação das normas de execução penal em todo o Território Nacional;

II - inspecionar e fiscalizar periodicamente os estabelecimentos e serviços penais;

III - assistir tecnicamente as Unidades Federativas na implementação dos princípios e regras estabelecidos nesta Lei;

IV - colaborar com as Unidades Federativas mediante convênios, na implantação de estabelecimentos e serviços penais;

V - colaborar com as Unidades Federativas para a realização de cursos de formação de pessoal penitenciário e de ensino profissionalizante do condenado e do internado.

VI - estabelecer, mediante convênios com as unidades federativas, o cadastro nacional das vagas existentes em estabelecimentos locais destinadas ao cumprimento de penas privativas de liberdade aplicadas pela justiça de outra unidade federativa, em especial para presos sujeitos a regime disciplinar. (Incluído pela Lei nº 10.792, de 2003)

VII - acompanhar a execução da pena das mulheres beneficiadas pela progressão especial de que trata o § 3º do art. 112 desta Lei, monitorando sua integração social e a ocorrência de reincidência, específica ou não, mediante a realização de avaliações periódicas e de estatísticas criminais. (Incluído pela Lei nº 13.769, de 2018)

§ 1º Incumbem também ao Departamento a coordenação e supervisão dos estabelecimentos penais e de internamento federais. (Redação dada pela Lei nº 13.769, de 2018)

§ 2º Os resultados obtidos por meio do monitoramento e das avaliações periódicas previstas no inciso VII do caput deste artigo serão utilizados para, em função da efetividade da progressão especial para a ressocialização das mulheres de que trata o § 3º do art. 112 desta Lei, avaliar eventual desnecessidade do regime fechado de cumprimento de pena para essas mulheres nos casos de crimes cometidos sem violência ou grave ameaça. (Incluído pela Lei nº 13.769, de 2018)

SEÇÃO II - Do Departamento Penitenciário Local

Art. 73. A legislação local poderá criar Departamento Penitenciário ou órgão similar, com as atribuições que estabelecer.

Art. 74. O Departamento Penitenciário local, ou órgão similar, tem por finalidade supervisionar e coordenar os estabelecimentos penais da Unidade da Federação a que pertencer.

Parágrafo único. Os órgãos referidos no caput deste artigo realizarão o acompanhamento de que trata o inciso VII do caput do art. 72 desta Lei e encaminharão ao Departamento Penitenciário Nacional os resultados obtidos. (Incluído pela Lei nº 13.769, de 2018)

SEÇÃO III - Da Direção e do Pessoal dos Estabelecimentos Penais

Art. 75. O ocupante do cargo de diretor de estabelecimento deverá satisfazer os seguintes requisitos:

I - ser portador de diploma de nível superior de Direito, ou Psicologia, ou Ciências Sociais, ou Pedagogia, ou Serviços Sociais;

II - possuir experiência administrativa na área;

III - ter idoneidade moral e reconhecida aptidão para o desempenho da função.

Parágrafo único. O diretor deverá residir no estabelecimento, ou nas proximidades, e dedicará tempo integral à sua função.

Art. 76. O Quadro do Pessoal Penitenciário será organizado em diferentes categorias funcionais, segundo as necessidades do serviço, com especificação de atribuições relativas às funções de direção, chefia e assessoramento do estabelecimento e às demais funções.

Art. 77. A escolha do pessoal administrativo, especializado, de instrução técnica e de vigilância atenderá a vocação, preparação profissional e antecedentes pessoais do candidato.

§ 1º O ingresso do pessoal penitenciário, bem como a progressão ou a ascensão funcional dependerão de cursos específicos de formação, procedendo-se à reciclagem periódica dos servidores em exercício.

§ 2º No estabelecimento para mulheres somente se permitirá o trabalho de pessoal do sexo feminino, salvo quando se tratar de pessoal técnico especializado.

CAPÍTULO VII - Do Patronato

Art. 78. O Patronato público ou particular destina-se a prestar assistência aos albergados e aos egressos (artigo 26).

Art. 79. Incumbe também ao Patronato:

I - orientar os condenados à pena restritiva de direitos;

II - fiscalizar o cumprimento das penas de prestação de serviço à comunidade e de limitação de fim de semana;

III - colaborar na fiscalização do cumprimento das condições da suspensão e do livramento condicional.

CAPÍTULO VIII - Do Conselho da Comunidade

Art. 80. Haverá, em cada comarca, um Conselho da Comunidade composto, no mínimo, por 1 (um) representante de associação comercial ou industrial, 1 (um) advogado indicado pela Seção da Ordem dos Advogados do Brasil, 1 (um) Defensor Público indicado pelo Defensor Público Geral e 1 (um) assistente social escolhido pela Delegacia Seccional do Conselho Nacional de Assistentes Sociais. (Redação dada pela Lei nº 12.313, de 2010).

Parágrafo único. Na falta da representação prevista neste artigo, ficará a critério do Juiz da execução a escolha dos integrantes do Conselho.

Art. 81. Incumbe ao Conselho da Comunidade:

I - visitar, pelo menos mensalmente, os estabelecimentos penais existentes na comarca;

II - entrevistar presos;

III - apresentar relatórios mensais ao Juiz da execução e ao Conselho Penitenciário;

IV - diligenciar a obtenção de recursos materiais e humanos para melhor assistência ao preso ou internado, em harmonia com a direção do estabelecimento.

CAPÍTULO IX - DA DEFENSORIA PÚBLICA (Incluído pela Lei nº 12.313, de 2010).

Art. 81-A. A Defensoria Pública velará pela regular execução da pena e da medida de segurança, oficiando, no processo executivo e nos incidentes da execução, para a defesa dos necessitados em todos os graus e instâncias, de forma individual e coletiva. (Incluído pela Lei nº 12.313, de 2010).

Art. 81-B. Incumbe, ainda, à Defensoria Pública: (Incluído pela Lei nº 12.313, de 2010).

I - requerer: (Incluído pela Lei nº 12.313, de 2010).
a) todas as providências necessárias ao desenvolvimento do processo executivo; (Incluído pela Lei nº 12.313, de 2010).
b) a aplicação aos casos julgados de lei posterior que de qualquer modo favorecer o condenado; (Incluído pela Lei nº 12.313, de 2010).
c) a declaração de extinção da punibilidade; (Incluído pela Lei nº 12.313, de 2010).
d) a unificação de penas; (Incluído pela Lei nº 12.313, de 2010).
e) a detração e remição da pena; (Incluído pela Lei nº 12.313, de 2010).
f) a instauração dos incidentes de excesso ou desvio de execução; (Incluído pela Lei nº 12.313, de 2010).
g) a aplicação de medida de segurança e sua revogação, bem como a substituição da pena por medida de segurança; (Incluído pela Lei nº 12.313, de 2010).
h) a conversão de penas, a progressão nos regimes, a suspensão condicional da pena, o livramento condicional, a comutação de pena e o indulto; (Incluído pela Lei nº 12.313, de 2010).
i) a autorização de saídas temporárias; (Incluído pela Lei nº 12.313, de 2010).
j) a internação, a desinternação e o restabelecimento da situação anterior; (Incluído pela Lei nº 12.313, de 2010).
k) o cumprimento de pena ou medida de segurança em outra comarca; (Incluído pela Lei nº 12.313, de 2010).
l) a remoção do condenado na hipótese prevista no § 1º do art. 86 desta Lei; (Incluído pela Lei nº 12.313, de 2010).
II - requerer a emissão anual do atestado de pena a cumprir; (Incluído pela Lei nº 12.313, de 2010).
III - interpor recursos de decisões proferidas pela autoridade judiciária ou administrativa durante a execução; (Incluído pela Lei nº 12.313, de 2010).
IV - representar ao Juiz da execução ou à autoridade administrativa para instauração de sindicância ou procedimento administrativo em caso de violação das normas referentes à execução penal; (Incluído pela Lei nº 12.313, de 2010).
V - visitar os estabelecimentos penais, tomando providências para o adequado funcionamento, e requerer, quando for o caso, a apuração de responsabilidade; (Incluído pela Lei nº 12.313, de 2010).
VI - requerer à autoridade competente a interdição, no todo ou em parte, de estabelecimento penal. (Incluído pela Lei nº 12.313, de 2010).

Parágrafo único. O órgão da Defensoria Pública visitará periodicamente os estabelecimentos penais, registrando a sua presença em livro próprio. (Incluído pela Lei nº 12.313, de 2010).

TÍTULO IV - Dos Estabelecimentos Penais

CAPÍTULO I - Disposições Gerais

Art. 82. Os estabelecimentos penais destinam-se ao condenado, ao submetido à medida de segurança, ao preso provisório e ao egresso.

§ 1º A mulher e o maior de sessenta anos, separadamente, serão recolhidos a estabelecimento próprio e adequado à sua condição pessoal. (Redação dada pela Lei nº 9.460, de 1997)

§ 2º - O mesmo conjunto arquitetônico poderá abrigar estabelecimentos de destinação diversa desde que devidamente isolados.

Art. 83. O estabelecimento penal, conforme a sua natureza, deverá contar em suas dependências com áreas e serviços destinados a dar assistência, educação, trabalho, recreação e prática esportiva.

§ 1º Haverá instalação destinada a estágio de estudantes universitários. (Renumerado pela Lei nº 9.046, de 1995)

§ 2º Os estabelecimentos penais destinados a mulheres serão dotados de berçário, onde as condenadas possam cuidar de seus filhos, inclusive amamentá-los, no mínimo, até 6 (seis) meses de idade. (Redação dada pela Lei nº 11.942, de 2009)

§ 3º Os estabelecimentos de que trata o § 2º deste artigo deverão possuir, exclusivamente, agentes do sexo feminino na segurança de suas dependências internas. (Incluído pela Lei nº 12.121, de 2009).

§ 4º Serão instaladas salas de aulas destinadas a cursos do ensino básico e profissionalizante. (Incluído pela Lei nº 12.245, de 2010)

§ 5º Haverá instalação destinada à Defensoria Pública. (Incluído pela Lei nº 12.313, de 2010).

Art. 83-A. Poderão ser objeto de execução indireta as atividades materiais acessórias, instrumentais ou complementares desenvolvidas em estabelecimentos penais, e notadamente: (Incluído pela Lei nº 13.190, de 2015).

I - serviços de conservação, limpeza, informática, copeiragem, portaria, recepção, reprografia, telecomunicações, lavanderia e manutenção de prédios, instalações e equipamentos internos e externos; (Incluído pela Lei nº 13.190, de 2015).

II - serviços relacionados à execução de trabalho pelo preso. (Incluído pela Lei nº 13.190, de 2015).

§ 1º A execução indireta será realizada sob supervisão e fiscalização do poder público. (Incluído pela Lei nº 13.190, de 2015).

§ 2º Os serviços relacionados neste artigo poderão compreender o fornecimento de materiais, equipamentos, máquinas e profissionais. (Incluído pela Lei nº 13.190, de 2015).

Art. 83-B. São indelegáveis as funções de direção, chefia e coordenação no âmbito do sistema penal, bem como todas as atividades que exijam o exercício do poder de polícia, e notadamente: (Incluído pela Lei nº 13.190, de 2015).

I - classificação de condenados; (Incluído pela Lei nº 13.190, de 2015).

II - aplicação de sanções disciplinares; (Incluído pela Lei nº 13.190, de 2015).

III - controle de rebeliões; (Incluído pela Lei nº 13.190, de 2015).

IV - transporte de presos para órgãos do Poder Judiciário, hospitais e outros locais externos aos estabelecimentos penais. (Incluído pela Lei nº 13.190, de 2015).

Art. 84. O preso provisório ficará separado do condenado por sentença transitada em julgado.

§ 1º Os presos provisórios ficarão separados de acordo com os seguintes critérios: (Redação dada pela Lei nº 13.167, de 2015)

I - acusados pela prática de crimes hediondos ou equiparados; (Incluído pela Lei nº 13.167, de 2015)

II - acusados pela prática de crimes cometidos com violência ou grave ameaça à pessoa; (Incluído pela Lei nº 13.167, de 2015)

III - acusados pela prática de outros crimes ou contravenções diversos dos apontados nos incisos I e II. (Incluído pela Lei nº 13.167, de 2015)

§ 2º O preso que, ao tempo do fato, era funcionário da Administração da Justiça Criminal ficará em dependência separada.

§ 3º Os presos condenados ficarão separados de acordo com os seguintes critérios: (Incluído pela Lei nº 13.167, de 2015)

I - condenados pela prática de crimes hediondos ou equiparados; (Incluído pela Lei nº 13.167, de 2015)

II - reincidentes condenados pela prática de crimes cometidos com violência ou grave ameaça à pessoa; (Incluído pela Lei nº 13.167, de 2015)

III - primários condenados pela prática de crimes cometidos com violência ou grave ameaça à pessoa; (Incluído pela Lei nº 13.167, de 2015)

IV - demais condenados pela prática de outros crimes ou contravenções em situação diversa das previstas nos incisos I, II e III. (Incluído pela Lei nº 13.167, de 2015)

§ 4º O preso que tiver sua integridade física, moral ou psicológica ameaçada pela convivência com os demais presos ficará segregado em local próprio. (Incluído pela Lei nº 13.167, de 2015)

Art. 85. O estabelecimento penal deverá ter lotação compatível com a sua estrutura e finalidade.

Parágrafo único. O Conselho Nacional de Política Criminal e Penitenciária determinará o limite máximo de capacidade do estabelecimento, atendendo a sua natureza e peculiaridades.

Art. 86. As penas privativas de liberdade aplicadas pela Justiça de uma Unidade Federativa podem ser executadas em outra unidade, em estabelecimento local ou da União.

§ 1º A União Federal poderá construir estabelecimento penal em local distante da condenação para recolher os condenados, quando a medida se justifique no interesse da segurança pública ou do próprio condenado. (Redação dada pela Lei nº 10.792, de 2003)

§ 2º Conforme a natureza do estabelecimento, nele poderão trabalhar os liberados ou egressos que se dediquem a obras públicas ou ao aproveitamento de terras ociosas.

§ 3º Caberá ao juiz competente, a requerimento da autoridade administrativa definir o estabelecimento prisional adequado para abrigar o preso provisório ou condenado, em atenção ao regime e aos requisitos estabelecidos. (Incluído pela Lei nº 10.792, de 2003)

CAPÍTULO II - Da Penitenciária

Art. 87. A penitenciária destina-se ao condenado à pena de reclusão, em regime fechado.

Parágrafo único. A União Federal, os Estados, o Distrito Federal e os Territórios poderão construir Penitenciárias destinadas, exclusivamente, aos presos provisórios e condenados que estejam em regime fechado, sujeitos ao regime disciplinar diferenciado, nos termos do art. 52 desta Lei. (Incluído pela Lei nº 10.792, de 2003)

Art. 88. O condenado será alojado em cela individual que conterá dormitório, aparelho sanitário e lavatório.

Parágrafo único. São requisitos básicos da unidade celular:

a) salubridade do ambiente pela concorrência dos fatores de aeração, insolação e condicionamento térmico adequado à existência humana;

b) área mínima de 6,00m2 (seis metros quadrados).

Art. 89. Além dos requisitos referidos no art. 88, a penitenciária de mulheres será dotada de seção para gestante e parturiente e de creche para abrigar crianças maiores de 6 (seis) meses e menores de 7 (sete) anos, com a finalidade de assistir a criança desamparada cuja responsável estiver presa. (Redação dada pela Lei nº 11.942, de 2009)

Parágrafo único. São requisitos básicos da seção e da creche referidas neste artigo: (Incluído pela Lei nº 11.942, de 2009)

I - atendimento por pessoal qualificado, de acordo com as diretrizes adotadas pela legislação educacional e em unidades autônomas; e (Incluído pela Lei nº 11.942, de 2009)

II - horário de funcionamento que garanta a melhor assistência à criança e à sua responsável. (Incluído pela Lei nº 11.942, de 2009)

Art. 90. A penitenciária de homens será construída, em local afastado do centro urbano, à distância que não restrinja a visitação.

CAPÍTULO III - Da Colônia Agrícola, Industrial ou Similar

Art. 91. A Colônia Agrícola, Industrial ou Similar destina-se ao cumprimento da pena em regime semi-aberto.

Art. 92. O condenado poderá ser alojado em compartimento coletivo, observados os requisitos da letra a, do parágrafo único, do artigo 88, desta Lei.

Parágrafo único. São também requisitos básicos das dependências coletivas:

a) a seleção adequada dos presos;

b) o limite de capacidade máxima que atenda os objetivos de individualização da pena.

CAPÍTULO IV - Da Casa do Albergado

Art. 93. A Casa do Albergado destina-se ao cumprimento de pena privativa de liberdade, em regime aberto, e da pena de limitação de fim de semana.

Art. 94. O prédio deverá situar-se em centro urbano, separado dos demais estabelecimentos, e caracterizar-se pela ausência de obstáculos físicos contra a fuga.

Art. 95. Em cada região haverá, pelo menos, uma Casa do Albergado, a qual deverá conter, além dos aposentos para acomodar os presos, local adequado para cursos e palestras.

Parágrafo único. O estabelecimento terá instalações para os serviços de fiscalização e orientação dos condenados.

CAPÍTULO V - Do Centro de Observação

Art. 96. No Centro de Observação realizar-se-ão os exames gerais e o criminológico, cujos resultados serão encaminhados à Comissão Técnica de Classificação.

Parágrafo único. No Centro poderão ser realizadas pesquisas criminológicas.

Art. 97. O Centro de Observação será instalado em unidade autônoma ou em anexo a estabelecimento penal.

Art. 98. Os exames poderão ser realizados pela Comissão Técnica de Classificação, na falta do Centro de Observação.

CAPÍTULO VI - Do Hospital de Custódia e Tratamento Psiquiátrico

Art. 99. O Hospital de Custódia e Tratamento Psiquiátrico destina-se aos inimputáveis e semi-imputáveis referidos no artigo 26 e seu parágrafo único do Código Penal.

Parágrafo único. Aplica-se ao hospital, no que couber, o disposto no parágrafo único, do artigo 88, desta Lei.

Art. 100. O exame psiquiátrico e os demais exames necessários ao tratamento são obrigatórios para todos os internados.

Art. 101. O tratamento ambulatorial, previsto no artigo 97, segunda parte, do Código Penal, será realizado no Hospital de Custódia e Tratamento Psiquiátrico ou em outro local com dependência médica adequada.

CAPÍTULO VII - Da Cadeia Pública

Art. 102. A cadeia pública destina-se ao recolhimento de presos provisórios.

Art. 103. Cada comarca terá, pelo menos 1 (uma) cadeia pública a fim de resguardar o interesse da Administração da Justiça Criminal e a permanência do preso em local próximo ao seu meio social e familiar.

Art. 104. O estabelecimento de que trata este Capítulo será instalado próximo de centro urbano, observando-se na construção as exigências mínimas referidas no artigo 88 e seu parágrafo único desta Lei.

LEI Nº 7.210, DE 11 DE JULHO DE 1984

TÍTULO V - Da Execução das Penas em Espécie

CAPÍTULO I - Das Penas Privativas de Liberdade

SEÇÃO I - Disposições Gerais

Art. 105. Transitando em julgado a sentença que aplicar pena privativa de liberdade, se o réu estiver ou vier a ser preso, o Juiz ordenará a expedição de guia de recolhimento para a execução.

Art. 106. A guia de recolhimento, extraída pelo escrivão, que a rubricará em todas as folhas e a assinará com o Juiz, será remetida à autoridade administrativa incumbida da execução e conterá:

I - o nome do condenado;

II - a sua qualificação civil e o número do registro geral no órgão oficial de identificação;

III - o inteiro teor da denúncia e da sentença condenatória, bem como certidão do trânsito em julgado;

IV - a informação sobre os antecedentes e o grau de instrução;

V - a data da terminação da pena;

VI - outras peças do processo reputadas indispensáveis ao adequado tratamento penitenciário.

§ 1º Ao Ministério Público se dará ciência da guia de recolhimento.

§ 2º A guia de recolhimento será retificada sempre que sobrevier modificação quanto ao início da execução ou ao tempo de duração da pena.

§ 3º Se o condenado, ao tempo do fato, era funcionário da Administração da Justiça Criminal, far-se-á, na guia, menção dessa circunstância, para fins do disposto no § 2º, do artigo 84, desta Lei.

Art. 107. Ninguém será recolhido, para cumprimento de pena privativa de liberdade, sem a guia expedida pela autoridade judiciária.

§ 1º A autoridade administrativa incumbida da execução passará recibo da guia de recolhimento para juntá-la aos autos do processo, e dará ciência dos seus termos ao condenado.

§ 2º As guias de recolhimento serão registradas em livro especial, segundo a ordem cronológica do recebimento, e anexadas ao prontuário do condenado, aditando-se, no curso da execução, o cálculo das remições e de outras retificações posteriores.

Art. 108. O condenado a quem sobrevier doença mental será internado em Hospital de Custódia e Tratamento Psiquiátrico.

Art. 109. Cumprida ou extinta a pena, o condenado será posto em liberdade, mediante alvará do Juiz, se por outro motivo não estiver preso.

SEÇÃO II - Dos Regimes

Art. 110. O Juiz, na sentença, estabelecerá o regime no qual o condenado iniciará o cumprimento da pena privativa de liberdade, observado o disposto no artigo 33 e seus parágrafos do Código Penal.

Art. 111. Quando houver condenação por mais de um crime, no mesmo processo ou em processos distintos, a determinação do regime de cumprimento será feita pelo resultado da soma ou unificação das penas, observada, quando for o caso, a detração ou remição.

Parágrafo único. Sobrevindo condenação no curso da execução, somar-se-á a pena ao restante da que está sendo cumprida, para determinação do regime.

Art. 112. A pena privativa de liberdade será executada em forma progressiva com a transferência para regime menos rigoroso, a ser determinada pelo juiz, quando o preso tiver cumprido ao menos: (Redação dada pela Lei nº 13.964, de 2019)

I - 16% (dezesseis por cento) da pena, se o apenado for primário e o crime tiver sido cometido sem violência à pessoa ou grave ameaça; (Incluído pela Lei nº 13.964, de 2019)

II - 20% (vinte por cento) da pena, se o apenado for reincidente em crime cometido sem violência à pessoa ou grave ameaça; (Incluído pela Lei nº 13.964, de 2019)

III - 25% (vinte e cinco por cento) da pena, se o apenado for primário e o crime tiver sido cometido com violência à pessoa ou grave ameaça; (Incluído pela Lei nº 13.964, de 2019)

IV - 30% (trinta por cento) da pena, se o apenado for reincidente em crime cometido com violência à pessoa ou grave ameaça; (Incluído pela Lei nº 13.964, de 2019)

V - 40% (quarenta por cento) da pena, se o apenado for condenado pela prática de crime hediondo ou equiparado, se for primário; (Incluído pela Lei nº 13.964, de 2019)

VI - 50% (cinquenta por cento) da pena, se o apenado for: (Incluído pela Lei nº 13.964, de 2019)

a) condenado pela prática de crime hediondo ou equiparado, com resultado morte, se for primário, vedado o livramento condicional; (Incluído pela Lei nº 13.964, de 2019)

b) condenado por exercer o comando, individual ou coletivo, de organização criminosa estruturada para a prática de crime hediondo ou equiparado; ou (Incluído pela Lei nº 13.964, de 2019)

c) condenado pela prática do crime de constituição de milícia privada; (Incluído pela Lei nº 13.964, de 2019)

VII - 60% (sessenta por cento) da pena, se o apenado for reincidente na prática de crime hediondo ou equiparado; (Incluído pela Lei nº 13.964, de 2019)

VIII - 70% (setenta por cento) da pena, se o apenado for reincidente em crime hediondo ou equiparado com resultado morte, vedado o livramento condicional. (Incluído pela Lei nº 13.964, de 2019)

§ 1º Em todos os casos, o apenado só terá direito à progressão de regime se ostentar boa conduta carcerária, comprovada pelo diretor do estabelecimento, respeitadas as normas que vedam a progressão. (Redação dada pela Lei nº 13.964, de 2019)

§ 2º A decisão do juiz que determinar a progressão de regime será sempre motivada e precedida de manifestação do Ministério Público e do defensor, procedimento que também será adotado na concessão de livramento condicional, indulto e comutação de penas, respeitados os prazos previstos nas normas vigentes. (Redação dada pela Lei nº 13.964, de 2019)

§ 3º No caso de mulher gestante ou que for mãe ou responsável por crianças ou pessoas com deficiência, os requisitos para progressão de regime são, cumulativamente: (Incluído pela Lei nº 13.769, de 2018)

I - não ter cometido crime com violência ou grave ameaça a pessoa; (Incluído pela Lei nº 13.769, de 2018)

II - não ter cometido o crime contra seu filho ou dependente; (Incluído pela Lei nº 13.769, de 2018)

III - ter cumprido ao menos 1/8 (um oitavo) da pena no regime anterior; (Incluído pela Lei nº 13.769, de 2018)

IV - ser primária e ter bom comportamento carcerário, comprovado pelo diretor do estabelecimento; (Incluído pela Lei nº 13.769, de 2018)

V - não ter integrado organização criminosa. (Incluído pela Lei nº 13.769, de 2018)

§ 4º O cometimento de novo crime doloso ou falta grave implicará a revogação do benefício previsto no § 3º deste artigo. (Incluído pela Lei nº 13.769, de 2018)

§ 5º Não se considera hediondo ou equiparado, para os fins deste artigo, o crime de tráfico de drogas previsto no § 4º do art. 33 da Lei nº 11.343, de 23 de agosto de 2006. (Incluído pela Lei nº 13.964, de 2019)

§ 6º O cometimento de falta grave durante a execução da pena privativa de liberdade interrompe o prazo para a obtenção da progressão no regime de cumprimento da pena, caso em que

o reinício da contagem do requisito objetivo terá como base a pena remanescente. (Incluído pela Lei nº 13.964, de 2019)

§ 7º (VETADO). (Incluído pela Lei nº 13.964, de 2019)

Art. 113. O ingresso do condenado em regime aberto supõe a aceitação de seu programa e das condições impostas pelo Juiz.

Art. 114. Somente poderá ingressar no regime aberto o condenado que:

I - estiver trabalhando ou comprovar a possibilidade de fazê-lo imediatamente;

II - apresentar, pelos seus antecedentes ou pelo resultado dos exames a que foi submetido, fundados indícios de que irá ajustar-se, com autodisciplina e senso de responsabilidade, ao novo regime.

Parágrafo único. Poderão ser dispensadas do trabalho as pessoas referidas no artigo 117 desta Lei.

Art. 115. O Juiz poderá estabelecer condições especiais para a concessão de regime aberto, sem prejuízo das seguintes condições gerais e obrigatórias:

I - permanecer no local que for designado, durante o repouso e nos dias de folga;

II - sair para o trabalho e retornar, nos horários fixados;

III - não se ausentar da cidade onde reside, sem autorização judicial;

IV - comparecer a Juízo, para informar e justificar as suas atividades, quando for determinado.

Art. 116. O Juiz poderá modificar as condições estabelecidas, de ofício, a requerimento do Ministério Público, da autoridade administrativa ou do condenado, desde que as circunstâncias assim o recomendem.

Art. 117. Somente se admitirá o recolhimento do beneficiário de regime aberto em residência particular quando se tratar de:

I - condenado maior de 70 (setenta) anos;

II - condenado acometido de doença grave;

III - condenada com filho menor ou deficiente físico ou mental;

IV - condenada gestante.

Art. 118. A execução da pena privativa de liberdade ficará sujeita à forma regressiva, com a transferência para qualquer dos regimes mais rigorosos, quando o condenado:

I - praticar fato definido como crime doloso ou falta grave;

II - sofrer condenação, por crime anterior, cuja pena, somada ao restante da pena em execução, torne incabível o regime (artigo 111).

§ 1º O condenado será transferido do regime aberto se, além das hipóteses referidas nos incisos anteriores, frustrar os fins da execução ou não pagar, podendo, a multa cumulativamente imposta.

§ 2º Nas hipóteses do inciso I e do parágrafo anterior, deverá ser ouvido previamente o condenado.

Art. 119. A legislação local poderá estabelecer normas complementares para o cumprimento da pena privativa de liberdade em regime aberto (artigo 36, § 1º, do Código Penal).

SEÇÃO III - Das Autorizações de Saída

SUBSEÇÃO I - Da Permissão de Saída

Art. 120. Os condenados que cumprem pena em regime fechado ou semi-aberto e os presos provisórios poderão obter permissão para sair do estabelecimento, mediante escolta, quando ocorrer um dos seguintes fatos:

I - falecimento ou doença grave do cônjuge, companheira, ascendente, descendente ou irmão;

II - necessidade de tratamento médico (parágrafo único do artigo 14).

Parágrafo único. A permissão de saída será concedida pelo diretor do estabelecimento onde se encontra o preso.

Art. 121. A permanência do preso fora do estabelecimento terá a duração necessária à finalidade da saída.

SUBSEÇÃO II - Da Saída Temporária

Art. 122. Os condenados que cumprem pena em regime semi-aberto poderão obter autorização para saída temporária do estabelecimento, sem vigilância direta, nos seguintes casos:

I - visita à família;

II - freqüência a curso supletivo profissionalizante, bem como de instrução do 2º grau ou superior, na Comarca do Juízo da Execução;

III - participação em atividades que concorram para o retorno ao convívio social.

§ 1º A ausência de vigilância direta não impede a utilização de equipamento de monitoração eletrônica pelo condenado, quando assim determinar o juiz da execução. (Redação dada pela Lei nº 13.964, de 2019)

§ 2º Não terá direito à saída temporária a que se refere o caput deste artigo o condenado que cumpre pena por praticar crime hediondo com resultado morte. (Incluído pela Lei nº 13.964, de 2019)

Art. 123. A autorização será concedida por ato motivado do Juiz da execução, ouvidos o Ministério Público e a administração penitenciária e dependerá da satisfação dos seguintes requisitos:

I - comportamento adequado;

II - cumprimento mínimo de 1/6 (um sexto) da pena, se o condenado for primário, e 1/4 (um quarto), se reincidente;

III - compatibilidade do benefício com os objetivos da pena.

Art. 124. A autorização será concedida por prazo não superior a 7 (sete) dias, podendo ser renovada por mais 4 (quatro) vezes durante o ano.

§ 1º Ao conceder a saída temporária, o juiz imporá ao beneficiário as seguintes condições, entre outras que entender compatíveis com as circunstâncias do caso e a situação pessoal do condenado: (Incluído pela Lei nº 12.258, de 2010)

I - fornecimento do endereço onde reside a família a ser visitada ou onde poderá ser encontrado durante o gozo do benefício; (Incluído pela Lei nº 12.258, de 2010)

II - recolhimento à residência visitada, no período noturno; (Incluído pela Lei nº 12.258, de 2010)

III - proibição de frequentar bares, casas noturnas e estabelecimentos congêneres. (Incluído pela Lei nº 12.258, de 2010)

§ 2º Quando se tratar de frequência a curso profissionalizante, de instrução de ensino médio ou superior, o tempo de saída será o necessário para o cumprimento das atividades discentes. (Renumerado do parágrafo único pela Lei nº 12.258, de 2010)

§ 3º Nos demais casos, as autorizações de saída somente poderão ser concedidas com prazo mínimo de 45 (quarenta e cinco) dias de intervalo entre uma e outra. (Incluído pela Lei nº 12.258, de 2010)

Art. 125. O benefício será automaticamente revogado quando o condenado praticar fato definido como crime doloso, for punido por falta grave, desatender as condições impostas na autorização ou revelar baixo grau de aproveitamento do curso.

Parágrafo único. A recuperação do direito à saída temporária dependerá da absolvição no processo penal, do cancelamento da punição disciplinar ou da demonstração do merecimento do condenado.

SEÇÃO IV - Da Remição

Art. 126. O condenado que cumpre a pena em regime fechado ou semiaberto poderá remir, por trabalho ou por estudo, parte do tempo de execução da pena. (Redação dada pela Lei nº 12.433, de 2011).

§ 1º A contagem de tempo referida no caput será feita à razão de: (Redação dada pela Lei nº 12.433, de 2011)

I - 1 (um) dia de pena a cada 12 (doze) horas de frequência escolar - atividade de ensino fundamental, médio, inclu-

sive profissionalizante, ou superior, ou ainda de requalificação profissional - divididas, no mínimo, em 3 (três) dias; (Incluído pela Lei nº 12.433, de 2011)

II - 1 (um) dia de pena a cada 3 (três) dias de trabalho. (Incluído pela Lei nº 12.433, de 2011)

§ 2º As atividades de estudo a que se refere o § 1º deste artigo poderão ser desenvolvidas de forma presencial ou por metodologia de ensino a distância e deverão ser certificadas pelas autoridades educacionais competentes dos cursos frequentados. (Redação dada pela Lei nº 12.433, de 2011)

§ 3º Para fins de cumulação dos casos de remição, as horas diárias de trabalho e de estudo serão definidas de forma a se compatibilizarem. (Redação dada pela Lei nº 12.433, de 2011)

§ 4º O preso impossibilitado, por acidente, de prosseguir no trabalho ou nos estudos continuará a beneficiar-se com a remição.(Incluído pela Lei nº 12.433, de 2011)

§ 5º O tempo a remir em função das horas de estudo será acrescido de 1/3 (um terço) no caso de conclusão do ensino fundamental, médio ou superior durante o cumprimento da pena, desde que certificado pelo órgão competente do sistema de educação.(Incluído pela Lei nº 12.433, de 2011)

§ 6º O condenado que cumpre pena em regime aberto ou semiaberto e o que usufrui liberdade condicional poderão remir, pela frequência a curso de ensino regular ou de educação profissional, parte do tempo de execução da pena ou do período de prova, observado o disposto no inciso I do § 1º deste artigo.(Incluído pela Lei nº 12.433, de 2011)

§ 7º O disposto neste artigo aplica-se às hipóteses de prisão cautelar.(Incluído pela Lei nº 12.433, de 2011)

§ 8º A remição será declarada pelo juiz da execução, ouvidos o Ministério Público e a defesa. (Incluído pela Lei nº 12.433, de 2011)

Art. 127. Em caso de falta grave, o juiz poderá revogar até 1/3 (um terço) do tempo remido, observado o disposto no art. 57, recomeçando a contagem a partir da data da infração disciplinar. (Redação dada pela Lei nº 12.433, de 2011)

Art. 128. O tempo remido será computado como pena cumprida, para todos os efeitos.(Redação dada pela Lei nº 12.433, de 2011)

Art. 129. A autoridade administrativa encaminhará mensalmente ao juízo da execução cópia do registro de todos os condenados que estejam trabalhando ou estudando, com informação dos dias de trabalho ou das horas de frequência escolar ou de atividades de ensino de cada um deles. (Redação dada pela Lei nº 12.433, de 2011)

§ 1º O condenado autorizado a estudar fora do estabelecimento penal deverá comprovar mensalmente, por meio de declaração da respectiva unidade de ensino, a frequência e o aproveitamento escolar. (Incluído pela Lei nº 12.433, de 2011)

§ 2º Ao condenado dar-se-á a relação de seus dias remidos. (Incluído pela Lei nº 12.433, de 2011)

Art. 130. Constitui o crime do artigo 299 do Código Penal declarar ou atestar falsamente prestação de serviço para fim de instruir pedido de remição.

SEÇÃO V - Do Livramento Condicional

Art. 131. O livramento condicional poderá ser concedido pelo Juiz da execução, presentes os requisitos do artigo 83, incisos e parágrafo único, do Código Penal, ouvidos o Ministério Público e Conselho Penitenciário.

Art. 132. Deferido o pedido, o Juiz especificará as condições a que fica subordinado o livramento.

§ 1º Serão sempre impostas ao liberado condicional as obrigações seguintes:

a) obter ocupação lícita, dentro de prazo razoável se for apto para o trabalho;
b) comunicar periodicamente ao Juiz sua ocupação;
c) não mudar do território da comarca do Juízo da execução, sem prévia autorização deste.

§ 2º Poderão ainda ser impostas ao liberado condicional, entre outras obrigações, as seguintes:

a) não mudar de residência sem comunicação ao Juiz e à autoridade incumbida da observação cautelar e de proteção;
b) recolher-se à habitação em hora fixada;
c) não freqüentar determinados lugares.
d) (VETADO) (Incluído pela Lei nº 12.258, de 2010)

Art. 133. Se for permitido ao liberado residir fora da comarca do Juízo da execução, remeter-se-á cópia da sentença do livramento ao Juízo do lugar para onde ele se houver transferido e à autoridade incumbida da observação cautelar e de proteção.

Art. 134. O liberado será advertido da obrigação de apresentar-se imediatamente às autoridades referidas no artigo anterior.

Art. 135. Reformada a sentença denegatória do livramento, os autos baixarão ao Juízo da execução, para as providências cabíveis.

Art. 136. Concedido o benefício, será expedida a carta de livramento com a cópia integral da sentença em 2 (duas) vias, remetendo-se uma à autoridade administrativa incumbida da execução e outra ao Conselho Penitenciário.

Art. 137. A cerimônia do livramento condicional será realizada solenemente no dia marcado pelo Presidente do Conselho Penitenciário, no estabelecimento onde está sendo cumprida a pena, observando-se o seguinte:

I - a sentença será lida ao liberando, na presença dos demais condenados, pelo Presidente do Conselho Penitenciário ou membro por ele designado, ou, na falta, pelo Juiz;
II - a autoridade administrativa chamará a atenção do liberando para as condições impostas na sentença de livramento;
III - o liberando declarará se aceita as condições.

§ 1º De tudo em livro próprio, será lavrado termo subscrito por quem presidir a cerimônia e pelo liberando, ou alguém a seu rogo, se não souber ou não puder escrever.

§ 2º Cópia desse termo deverá ser remetida ao Juiz da execução.

Art. 138. Ao sair o liberado do estabelecimento penal, ser-lhe-á entregue, além do saldo de seu pecúlio e do que lhe pertencer, uma caderneta, que exibirá à autoridade judiciária ou administrativa, sempre que lhe for exigida.

§ 1º A caderneta conterá:

a) a identificação do liberado;
b) o texto impresso do presente Capítulo;
c) as condições impostas.

§ 2º Na falta de caderneta, será entregue ao liberado um salvo-conduto, em que constem as condições do livramento, podendo substituir-se a ficha de identificação ou o seu retrato pela descrição dos sinais que possam identificá-lo.

§ 3º Na caderneta e no salvo-conduto deverá haver espaço para consignar-se o cumprimento das condições referidas no artigo 132 desta Lei.

Art. 139. A observação cautelar e a proteção realizadas por serviço social penitenciário, Patronato ou Conselho da Comunidade terão a finalidade de:

I - fazer observar o cumprimento das condições especificadas na sentença concessiva do benefício;
II - proteger o beneficiário, orientando-o na execução de suas obrigações e auxiliando-o na obtenção de atividade laborativa.

Parágrafo único. A entidade encarregada da observação cautelar e da proteção do liberado apresentará relatório ao Conselho Penitenciário, para efeito da representação prevista nos artigos 143 e 144 desta Lei.

Art. 140. A revogação do livramento condicional dar-se-á nas hipóteses previstas nos artigos 86 e 87 do Código Penal.

Parágrafo único. Mantido o livramento condicional, na hipótese da revogação facultativa, o Juiz deverá advertir o liberado ou agravar as condições.

Art. 141. Se a revogação for motivada por infração penal anterior à vigência do livramento, computar-se-á como tempo de cumprimento da pena o período de prova, sendo permitida, para a concessão de novo livramento, a soma do tempo das 2 (duas) penas.

Art. 142. No caso de revogação por outro motivo, não se computará na pena o tempo em que esteve solto o liberado, e tampouco se concederá, em relação à mesma pena, novo livramento.

Art. 143. A revogação será decretada a requerimento do Ministério Público, mediante representação do Conselho Penitenciário, ou, de ofício, pelo Juiz, ouvido o liberado.

Art. 144. O Juiz, de ofício, a requerimento do Ministério Público, da Defensoria Pública ou mediante representação do Conselho Penitenciário, e ouvido o liberado, poderá modificar as condições especificadas na sentença, devendo o respectivo ato decisório ser lido ao liberado por uma das autoridades ou funcionários indicados no inciso I do caput do art. 137 desta Lei, observado o disposto nos incisos II e III e §§ 1º e 2º do mesmo artigo. (Redação dada pela Lei nº 12.313, de 2010).

Art. 145. Praticada pelo liberado outra infração penal, o Juiz poderá ordenar a sua prisão, ouvidos o Conselho Penitenciário e o Ministério Público, suspendendo o curso do livramento condicional, cuja revogação, entretanto, ficará dependendo da decisão final.

Art. 146. O Juiz, de ofício, a requerimento do interessado, do Ministério Público ou mediante representação do Conselho Penitenciário, julgará extinta a pena privativa de liberdade, se expirar o prazo do livramento sem revogação.

Seção VI - Da Monitoração Eletrônica - (Incluído pela Lei nº 12.258, de 2010)

Art. 146-A. (VETADO). (Incluído pela Lei nº 12.258, de 2010)

Art. 146-B. O juiz poderá definir a fiscalização por meio da monitoração eletrônica quando: (Incluído pela Lei nº 12.258, de 2010)

I - (VETADO); (Incluído pela Lei nº 12.258, de 2010)

II - autorizar a saída temporária no regime semiaberto; (Incluído pela Lei nº 12.258, de 2010)

III - (VETADO); (Incluído pela Lei nº 12.258, de 2010)

IV - determinar a prisão domiciliar; (Incluído pela Lei nº 12.258, de 2010)

V - (VETADO); (Incluído pela Lei nº 12.258, de 2010)

Parágrafo único. (VETADO). (Incluído pela Lei nº 12.258, de 2010)

Art. 146-C. O condenado será instruído acerca dos cuidados que deverá adotar com o equipamento eletrônico e dos seguintes deveres: (Incluído pela Lei nº 12.258, de 2010)

I - receber visitas do servidor responsável pela monitoração eletrônica, responder aos seus contatos e cumprir suas orientações; (Incluído pela Lei nº 12.258, de 2010)

II - abster-se de remover, de violar, de modificar, de danificar de qualquer forma o dispositivo de monitoração eletrônica ou de permitir que outrem o faça; (Incluído pela Lei nº 12.258, de 2010)

III - (VETADO); (Incluído pela Lei nº 12.258, de 2010)

Parágrafo único. A violação comprovada dos deveres previstos neste artigo poderá acarretar, a critério do juiz da execução, ouvidos o Ministério Público e a defesa: (Incluído pela Lei nº 12.258, de 2010)

I - a regressão do regime; (Incluído pela Lei nº 12.258, de 2010)

II - a revogação da autorização de saída temporária; (Incluído pela Lei nº 12.258, de 2010)

III - (VETADO); (Incluído pela Lei nº 12.258, de 2010)

IV - (VETADO); (Incluído pela Lei nº 12.258, de 2010)

V - (VETADO); (Incluído pela Lei nº 12.258, de 2010)

VI - a revogação da prisão domiciliar; (Incluído pela Lei nº 12.258, de 2010)

VII - advertência, por escrito, para todos os casos em que o juiz da execução decida não aplicar alguma das medidas previstas nos incisos de I a VI deste parágrafo. (Incluído pela Lei nº 12.258, de 2010)

Art. 146-D. A monitoração eletrônica poderá ser revogada: (Incluído pela Lei nº 12.258, de 2010)

I - quando se tornar desnecessária ou inadequada; (Incluído pela Lei nº 12.258, de 2010)

II - se o acusado ou condenado violar os deveres a que estiver sujeito durante a sua vigência ou cometer falta grave. (Incluído pela Lei nº 12.258, de 2010)

CAPÍTULO II - Das Penas Restritivas de Direitos

SEÇÃO I - Disposições Gerais

Art. 147. Transitada em julgado a sentença que aplicou a pena restritiva de direitos, o Juiz da execução, de ofício ou a requerimento do Ministério Público, promoverá a execução, podendo, para tanto, requisitar, quando necessário, a colaboração de entidades públicas ou solicitá-la a particulares.

Art. 148. Em qualquer fase da execução, poderá o Juiz, motivadamente, alterar, a forma de cumprimento das penas de prestação de serviços à comunidade e de limitação de fim de semana, ajustando-as às condições pessoais do condenado e às características do estabelecimento, da entidade ou do programa comunitário ou estatal.

SEÇÃO II - Da Prestação de Serviços à Comunidade

Art. 149. Caberá ao Juiz da execução:

I - designar a entidade ou programa comunitário ou estatal, devidamente credenciado ou convencionado, junto ao qual o condenado deverá trabalhar gratuitamente, de acordo com as suas aptidões;

II - determinar a intimação do condenado, cientificando-o da entidade, dias e horário em que deverá cumprir a pena;

III - alterar a forma de execução, a fim de ajustá-la às modificações ocorridas na jornada de trabalho.

§ 1º o trabalho terá a duração de 8 (oito) horas semanais e será realizado aos sábados, domingos e feriados, ou em dias úteis, de modo a não prejudicar a jornada normal de trabalho, nos horários estabelecidos pelo Juiz.

§ 2º A execução terá início a partir da data do primeiro comparecimento.

Art. 150. A entidade beneficiada com a prestação de serviços encaminhará mensalmente, ao Juiz da execução, relatório circunstanciado das atividades do condenado, bem como, a qualquer tempo, comunicação sobre ausência ou falta disciplinar.

SEÇÃO III - Da Limitação de Fim de Semana

Art. 151. Caberá ao Juiz da execução determinar a intimação do condenado, cientificando-o do local, dias e horário em que deverá cumprir a pena.

Parágrafo único. A execução terá início a partir da data do primeiro comparecimento.

Art. 152. Poderão ser ministrados ao condenado, durante o tempo de permanência, cursos e palestras, ou atribuídas atividades educativas.

Parágrafo único. Nos casos de violência doméstica contra a mulher, o juiz poderá determinar o comparecimento obrigatório do agressor a programas de recuperação e reeducação. (Incluído pela Lei nº 11.340, de 2006)

Art. 153. O estabelecimento designado encaminhará, mensalmente, ao Juiz da execução, relatório, bem assim comunicará, a qualquer tempo, a ausência ou falta disciplinar do condenado.

SEÇÃO IV - Da Interdição Temporária de Direitos

Art. 154. Caberá ao Juiz da execução comunicar à autoridade competente a pena aplicada, determinada a intimação do condenado.

LEI Nº 7.210, DE 11 DE JULHO DE 1984

§ 1º Na hipótese de pena de interdição do artigo 47, inciso I, do Código Penal, a autoridade deverá, em 24 (vinte e quatro) horas, contadas do recebimento do ofício, baixar ato, a partir do qual a execução terá seu início.

§ 2º Nas hipóteses do artigo 47, incisos II e III, do Código Penal, o Juízo da execução determinará a apreensão dos documentos, que autorizam o exercício do direito interditado.

Art. 155. A autoridade deverá comunicar imediatamente ao Juiz da execução o descumprimento da pena.

Parágrafo único. A comunicação prevista neste artigo poderá ser feita por qualquer prejudicado.

CAPÍTULO III - Da Suspensão Condicional

Art. 156. O Juiz poderá suspender, pelo período de 2 (dois) a 4 (quatro) anos, a execução da pena privativa de liberdade, não superior a 2 (dois) anos, na forma prevista nos artigos 77 a 82 do Código Penal.

Art. 157. O Juiz ou Tribunal, na sentença que aplicar pena privativa de liberdade, na situação determinada no artigo anterior, deverá pronunciar-se, motivadamente, sobre a suspensão condicional, quer a conceda, quer a denegue.

Art. 158. Concedida a suspensão, o Juiz especificará as condições a que fica sujeito o condenado, pelo prazo fixado, começando este a correr da audiência prevista no artigo 160 desta Lei.

§ 1º As condições serão adequadas ao fato e à situação pessoal do condenado, devendo ser incluída entre as mesmas a de prestar serviços à comunidade, ou limitação de fim de semana, salvo hipótese do artigo 78, § 2º, do Código Penal.

§ 2º O Juiz poderá, a qualquer tempo, de ofício, a requerimento do Ministério Público ou mediante proposta do Conselho Penitenciário, modificar as condições e regras estabelecidas na sentença, ouvido o condenado.

§ 3º A fiscalização do cumprimento das condições, reguladas nos Estados, Territórios e Distrito Federal por normas supletivas, será atribuída a serviço social penitenciário, Patronato, Conselho da Comunidade ou instituição beneficiada com a prestação de serviços, inspecionados pelo Conselho Penitenciário, pelo Ministério Público, ou ambos, devendo o Juiz da execução suprir, por ato, a falta das normas supletivas.

§ 4º O beneficiário, ao comparecer periodicamente à entidade fiscalizadora, para comprovar a observância das condições a que está sujeito, comunicará, também, a sua ocupação e os salários ou proventos de que vive.

§ 5º A entidade fiscalizadora deverá comunicar imediatamente ao órgão de inspeção, para os fins legais, qualquer fato capaz de acarretar a revogação do benefício, a prorrogação do prazo ou a modificação das condições.

§ 6º Se for permitido ao beneficiário mudar-se, será feita comunicação ao Juiz e à entidade fiscalizadora do local da nova residência, aos quais o primeiro deverá apresentar-se imediatamente.

Art. 159. Quando a suspensão condicional da pena for concedida por Tribunal, a este caberá estabelecer as condições do benefício.

§ 1º De igual modo proceder-se-á quando o Tribunal modificar as condições estabelecidas na sentença recorrida.

§ 2º O Tribunal, ao conceder a suspensão condicional da pena, poderá, todavia, conferir ao Juízo da execução a incumbência de estabelecer as condições do benefício, e, em qualquer caso, a de realizar a audiência admonitória.

Art. 160. Transitada em julgado a sentença condenatória, o Juiz a lerá ao condenado, em audiência, advertindo-o das conseqüências de nova infração penal e do descumprimento das condições impostas.

Art. 161. Se, intimado pessoalmente ou por edital com prazo de 20 (vinte) dias, o réu não comparecer injustificadamente à audiência admonitória, a suspensão ficará sem efeito e será executada imediatamente a pena.

Art. 162. A revogação da suspensão condicional da pena e a prorrogação do período de prova dar-se-ão na forma do artigo 81 e respectivos parágrafos do Código Penal.

Art. 163. A sentença condenatória será registrada, com a nota de suspensão em livro especial do Juízo a que couber a execução da pena.

§ 1º Revogada a suspensão ou extinta a pena, será o fato averbado à margem do registro.

§ 2º O registro e a averbação serão sigilosos, salvo para efeito de informações requisitadas por órgão judiciário ou pelo Ministério Público, para instruir processo penal.

CAPÍTULO IV - Da Pena de Multa

Art. 164. Extraída certidão da sentença condenatória com trânsito em julgado, que valerá como título executivo judicial, o Ministério Público requererá, em autos apartados, a citação do condenado para, no prazo de 10 (dez) dias, pagar o valor da multa ou nomear bens à penhora.

§ 1º Decorrido o prazo sem o pagamento da multa, ou o depósito da respectiva importância, proceder-se-á à penhora de tantos bens quantos bastem para garantir a execução.

§ 2º A nomeação de bens à penhora e a posterior execução seguirão o que dispuser a lei processual civil.

Art. 165. Se a penhora recair em bem imóvel, os autos apartados serão remetidos ao Juízo Cível para prosseguimento.

Art. 166. Recaindo a penhora em outros bens, dar-se-á prosseguimento nos termos do § 2º do artigo 164, desta Lei.

Art. 167. A execução da pena de multa será suspensa quando sobrevier ao condenado doença mental (artigo 52 do Código Penal).

Art. 168. O Juiz poderá determinar que a cobrança da multa se efetue mediante desconto no vencimento ou salário do condenado, nas hipóteses do artigo 50, § 1º, do Código Penal, observando-se o seguinte:

I - o limite máximo do desconto mensal será o da quarta parte da remuneração e o mínimo o de um décimo;

II - o desconto será feito mediante ordem do Juiz a quem de direito;

III - o responsável pelo desconto será intimado a recolher mensalmente, até o dia fixado pelo Juiz, a importância determinada.

Art. 169. Até o término do prazo a que se refere o artigo 164 desta Lei, poderá o condenado requerer ao Juiz o pagamento da multa em prestações mensais, iguais e sucessivas.

§ 1º O Juiz, antes de decidir, poderá determinar diligências para verificar a real situação econômica do condenado e, ouvido o Ministério Público, fixará o número de prestações.

§ 2º Se o condenado for impontual ou se melhorar de situação econômica, o Juiz, de ofício ou a requerimento do Ministério Público, revogará o benefício executando-se a multa, na forma prevista neste Capítulo, ou prosseguindo-se na execução já iniciada.

Art. 170. Quando a pena de multa for aplicada cumulativamente com pena privativa da liberdade, enquanto esta estiver sendo executada, poderá aquela ser cobrada mediante desconto na remuneração do condenado (artigo 168).

§ 1º Se o condenado cumprir a pena privativa de liberdade ou obtiver livramento condicional, sem haver resgatado a multa, far-se-á a cobrança nos termos deste Capítulo.

§ 2º Aplicar-se-á o disposto no parágrafo anterior aos casos em que for concedida a suspensão condicional da pena.

TÍTULO VI - Da Execução das Medidas de Segurança

CAPÍTULO I - Disposições Gerais

Art. 171. Transitada em julgado a sentença que aplicar medida de segurança, será ordenada a expedição de guia para a execução.

Art. 172. Ninguém será internado em Hospital de Custódia e Tratamento Psiquiátrico, ou submetido a tratamento ambulatorial, para cumprimento de medida de segurança, sem a guia expedida pela autoridade judiciária.

Art. 173. A guia de internamento ou de tratamento ambulatorial, extraída pelo escrivão, que a rubricará em todas as folhas e a subscreverá com o Juiz, será remetida à autoridade administrativa incumbida da execução e conterá:

I - a qualificação do agente e o número do registro geral do órgão oficial de identificação;

II - o inteiro teor da denúncia e da sentença que tiver aplicado a medida de segurança, bem como a certidão do trânsito em julgado;

III - a data em que terminará o prazo mínimo de internação, ou do tratamento ambulatorial;

IV - outras peças do processo reputadas indispensáveis ao adequado tratamento ou internamento.

§ 1º Ao Ministério Público será dada ciência da guia de recolhimento e de sujeição a tratamento.

§ 2º A guia será retificada sempre que sobrevier modificações quanto ao prazo de execução.

Art. 174. Aplicar-se-á, na execução da medida de segurança, naquilo que couber, o disposto nos artigos 8º e 9º desta Lei.

CAPÍTULO II - Da Cessação da Periculosidade

Art. 175. A cessação da periculosidade será averiguada no fim do prazo mínimo de duração da medida de segurança, pelo exame das condições pessoais do agente, observando-se o seguinte:

I - a autoridade administrativa, até 1 (um) mês antes de expirar o prazo de duração mínima da medida, remeterá ao Juiz minucioso relatório que o habilite a resolver sobre a revogação ou permanência da medida;

II - o relatório será instruído com o laudo psiquiátrico;

III - juntado aos autos o relatório ou realizadas as diligências, serão ouvidos, sucessivamente, o Ministério Público e o curador ou defensor, no prazo de 3 (três) dias para cada um;

IV - o Juiz nomeará curador ou defensor para o agente que não o tiver;

V - o Juiz, de ofício ou a requerimento de qualquer das partes, poderá determinar novas diligências, ainda que expirado o prazo de duração mínima da medida de segurança;

VI - ouvidas as partes ou realizadas as diligências a que se refere o inciso anterior, o Juiz proferirá a sua decisão, no prazo de 5 (cinco) dias.

Art. 176. Em qualquer tempo, ainda no decorrer do prazo mínimo de duração da medida de segurança, poderá o Juiz da execução, diante de requerimento fundamentado do Ministério Público ou do interessado, seu procurador ou defensor, ordenar o exame para que se verifique a cessação da periculosidade, procedendo-se nos termos do artigo anterior.

Art. 177. Nos exames sucessivos para verificar-se a cessação da periculosidade, observar-se-á, no que lhes for aplicável, o disposto no artigo anterior.

Art. 178. Nas hipóteses de desinternação ou de liberação (artigo 97, § 3º, do Código Penal), aplicar-se-á o disposto nos artigos 132 e 133 desta Lei.

Art. 179. Transitada em julgado a sentença, o Juiz expedirá ordem para a desinternação ou a liberação.

TÍTULO VII - Dos Incidentes de Execução

CAPÍTULO I - Das Conversões

Art. 180. A pena privativa de liberdade, não superior a 2 (dois) anos, poderá ser convertida em restritiva de direitos, desde que:

I - o condenado a esteja cumprindo em regime aberto;

II - tenha sido cumprido pelo menos 1/4 (um quarto) da pena;

III - os antecedentes e a personalidade do condenado indiquem ser a conversão recomendável.

Art. 181. A pena restritiva de direitos será convertida em privativa de liberdade nas hipóteses e na forma do artigo 45 e seus incisos do Código Penal.

§ 1º A pena de prestação de serviços à comunidade será convertida quando o condenado:

a) não for encontrado por estar em lugar incerto e não sabido, ou desatender a intimação por edital;

b) não comparecer, injustificadamente, à entidade ou programa em que deva prestar serviço;

c) recusar-se, injustificadamente, a prestar o serviço que lhe foi imposto;

d) praticar falta grave;

e) sofrer condenação por outro crime à pena privativa de liberdade, cuja execução não tenha sido suspensa.

§ 2º A pena de limitação de fim de semana será convertida quando o condenado não comparecer ao estabelecimento designado para o cumprimento da pena, recusar-se a exercer a atividade determinada pelo Juiz ou se ocorrer qualquer das hipóteses das letras "a", "d" e "e" do parágrafo anterior.

§ 3º A pena de interdição temporária de direitos será convertida quando o condenado exercer, injustificadamente, o direito interditado ou se ocorrer qualquer das hipóteses das letras "a" e "e", do § 1º, deste artigo.

Art. 182. (Revogado pela Lei nº 9.268, de 1996)

Art. 183. Quando, no curso da execução da pena privativa de liberdade, sobrevier doença mental ou perturbação da saúde mental, o Juiz, de ofício, a requerimento do Ministério Público, da Defensoria Pública ou da autoridade administrativa, poderá determinar a substituição da pena por medida de segurança. (Redação dada pela Lei nº 12.313, de 2010).

Art. 184. O tratamento ambulatorial poderá ser convertido em internação se o agente revelar incompatibilidade com a medida.

Parágrafo único. Nesta hipótese, o prazo mínimo de internação será de 1 (um) ano.

CAPÍTULO II - Do Excesso ou Desvio

Art. 185. Haverá excesso ou desvio de execução sempre que algum ato for praticado além dos limites fixados na sentença, em normas legais ou regulamentares.

Art. 186. Podem suscitar o incidente de excesso ou desvio de execução:

I - o Ministério Público;

II - o Conselho Penitenciário;

III - o sentenciado;

IV - qualquer dos demais órgãos da execução penal.

CAPÍTULO III - Da Anistia e do Indulto

Art. 187. Concedida a anistia, o Juiz, de ofício, a requerimento do interessado ou do Ministério Público, por proposta da autoridade administrativa ou do Conselho Penitenciário, declarará extinta a punibilidade.

Art. 188. O indulto individual poderá ser provocado por petição do condenado, por iniciativa do Ministério Público, do Conselho Penitenciário, ou da autoridade administrativa.

Art. 189. A petição do indulto, acompanhada dos documentos que a instruírem, será entregue ao Conselho Penitenciário, para a elaboração de parecer e posterior encaminhamento ao Ministério da Justiça.

Art. 190. O Conselho Penitenciário, à vista dos autos do processo e do prontuário, promoverá as diligências que entender necessárias e fará, em relatório, a narração do ilícito penal e dos fundamentos da sentença condenatória, a exposição dos antecedentes do condenado e do procedimento deste depois da prisão, emitindo seu parecer sobre o mérito do pedido e esclarecendo qualquer formalidade ou circunstâncias omitidas na petição.

Art. 191. Processada no Ministério da Justiça com documentos e o relatório do Conselho Penitenciário, a petição será submetida a despacho do Presidente da República, a quem serão presentes os autos do processo ou a certidão de qualquer de suas peças, se ele o determinar.

Art. 192. Concedido o indulto e anexada aos autos cópia do decreto, o Juiz declarará extinta a pena ou ajustará a execução aos termos do decreto, no caso de comutação.

Art. 193. Se o sentenciado for beneficiado por indulto coletivo, o Juiz, de ofício, a requerimento do interessado, do Ministério Público, ou por iniciativa do Conselho Penitenciário ou da autoridade administrativa, providenciará de acordo com o disposto no artigo anterior.

TÍTULO VIII - Do Procedimento Judicial

Art. 194. O procedimento correspondente às situações previstas nesta Lei será judicial, desenvolvendo-se perante o Juízo da execução.

Art. 195. O procedimento judicial iniciar-se-á de ofício, a requerimento do Ministério Público, do interessado, de quem o represente, de seu cônjuge, parente ou descendente, mediante proposta do Conselho Penitenciário, ou, ainda, da autoridade administrativa.

Art. 196. A portaria ou petição será autuada ouvindo-se, em 3 (três) dias, o condenado e o Ministério Público, quando não figurem como requerentes da medida.

§ 1º Sendo desnecessária a produção de prova, o Juiz decidirá de plano, em igual prazo.

§ 2º Entendendo indispensável a realização de prova pericial ou oral, o Juiz a ordenará, decidindo após a produção daquela ou na audiência designada.

Art. 197. Das decisões proferidas pelo Juiz caberá recurso de agravo, sem efeito suspensivo.

TÍTULO IX - Das Disposições Finais e Transitórias

Art. 198. É defesa ao integrante dos órgãos da execução penal, e ao servidor, a divulgação de ocorrência que perturbe a segurança e a disciplina dos estabelecimentos, bem como exponha o preso à inconveniente notoriedade, durante o cumprimento da pena.

Art. 199. O emprego de algemas será disciplinado por decreto federal. (Regulamento)

Art. 200. O condenado por crime político não está obrigado ao trabalho.

Art. 201. Na falta de estabelecimento adequado, o cumprimento da prisão civil e da prisão administrativa se efetivará em seção especial da Cadeia Pública.

Art. 202. Cumprida ou extinta a pena, não constarão da folha corrida, atestados ou certidões fornecidas por autoridade policial ou por auxiliares da Justiça, qualquer notícia ou referência à condenação, salvo para instruir processo pela prática de nova infração penal ou outros casos expressos em lei.

Art. 203. No prazo de 6 (seis) meses, a contar da publicação desta Lei, serão editadas as normas complementares ou regulamentares, necessárias à eficácia dos dispositivos não auto-aplicáveis.

§ 1º Dentro do mesmo prazo deverão as Unidades Federativas, em convênio com o Ministério da Justiça, projetar a adaptação, construção e equipamento de estabelecimentos e serviços penais previstos nesta Lei.

§ 2º Também, no mesmo prazo, deverá ser providenciada a aquisição ou desapropriação de prédios para instalação de casas de albergados.

§ 3º O prazo a que se refere o caput deste artigo poderá ser ampliado, por ato do Conselho Nacional de Política Criminal e Penitenciária, mediante justificada solicitação, instruída com os projetos de reforma ou de construção de estabelecimentos.

§ 4º O descumprimento injustificado dos deveres estabelecidos para as Unidades Federativas implicará na suspensão de qualquer ajuda financeira a elas destinada pela União, para atender às despesas de execução das penas e medidas de segurança.

Art. 204. Esta Lei entra em vigor concomitantemente com a lei de reforma da Parte Geral do Código Penal, revogadas as disposições em contrário, especialmente a Lei nº 3.274, de 2 de outubro de 1957.

4. LEI Nº 9.296, DE 24 DE JULHO DE 1996

(Vide Lei nº 13.869, de 2019)
(Vide Lei nº 13.964, de 2019)

Regulamenta o inciso XII, parte final, do art. 5º da Constituição Federal.

O PRESIDENTE DA REPÚBLICA Faço saber que o Congresso Nacional decreta e eu sanciono a seguinte Lei:

Art. 1º A interceptação de comunicações telefônicas, de qualquer natureza, para prova em investigação criminal e em instrução processual penal, observará o disposto nesta Lei e dependerá de ordem do juiz competente da ação principal, sob segredo de justiça.

Parágrafo único. O disposto nesta Lei aplica-se à interceptação do fluxo de comunicações em sistemas de informática e telemática.

Art. 2º Não será admitida a interceptação de comunicações telefônicas quando ocorrer qualquer das seguintes hipóteses:

I - não houver indícios razoáveis da autoria ou participação em infração penal;

II - a prova puder ser feita por outros meios disponíveis;

III - o fato investigado constituir infração penal punida, no máximo, com pena de detenção.

Parágrafo único. Em qualquer hipótese deve ser descrita com clareza a situação objeto da investigação, inclusive com a indicação e qualificação dos investigados, salvo impossibilidade manifesta, devidamente justificada.

Art. 3º A interceptação das comunicações telefônicas poderá ser determinada pelo juiz, de ofício ou a requerimento:

I - da autoridade policial, na investigação criminal;

II - do representante do Ministério Público, na investigação criminal e na instrução processual penal.

Art. 4º O pedido de interceptação de comunicação telefônica conterá a demonstração de que a sua realização é necessária à apuração de infração penal, com indicação dos meios a serem empregados.

§ 1º Excepcionalmente, o juiz poderá admitir que o pedido seja formulado verbalmente, desde que estejam presentes os pressupostos que autorizem a interceptação, caso em que a concessão será condicionada à sua redução a termo.

§ 2º O juiz, no prazo máximo de vinte e quatro horas, decidirá sobre o pedido.

Art. 5º A decisão será fundamentada, sob pena de nulidade, indicando também a forma de execução da diligência, que não poderá exceder o prazo de quinze dias, renovável por igual tempo uma vez comprovada a indispensabilidade do meio de prova.

Art. 6º Deferido o pedido, a autoridade policial conduzirá os procedimentos de interceptação, dando ciência ao Ministério Público, que poderá acompanhar a sua realização.

§ 1º No caso de a diligência possibilitar a gravação da comunicação interceptada, será determinada a sua transcrição.

§ 2º Cumprida a diligência, a autoridade policial encaminhará o resultado da interceptação ao juiz, acompanhado de auto circunstanciado, que deverá conter o resumo das operações realizadas.

§ 3º Recebidos esses elementos, o juiz determinará a providência do art. 8º, ciente o Ministério Público.

Art. 7º Para os procedimentos de interceptação de que trata esta Lei, a autoridade policial poderá requisitar serviços e técnicos especializados às concessionárias de serviço público.

Art. 8º A interceptação de comunicação telefônica, de qualquer natureza, ocorrerá em autos apartados, apensados aos autos do inquérito policial ou do processo criminal, preservando-se o sigilo das diligências, gravações e transcrições respectivas.

Parágrafo único. A apensação somente poderá ser realizada imediatamente antes do relatório da autoridade, quando se tratar de inquérito policial (Código de Processo Penal, art.10, § 1º) ou na conclusão do processo ao juiz para o despacho decorrente do disposto nos arts. 407, 502 ou 538 do Código de Processo Penal.

Art. 8º-A. Para investigação ou instrução criminal, poderá ser autorizada pelo juiz, a requerimento da autoridade policial ou do Ministério Público, a captação ambiental de sinais eletromagnéticos, ópticos ou acústicos, quando: (Incluído pela Lei nº 13.964, de 2019)

I - a prova não puder ser feita por outros meios disponíveis e igualmente eficazes; e (Incluído pela Lei nº 13.964, de 2019)

II - houver elementos probatórios razoáveis de autoria e participação em infrações criminais cujas penas máximas sejam superiores a 4 (quatro) anos ou em infrações penais conexas. (Incluído pela Lei nº 13.964, de 2019)

§ 1º O requerimento deverá descrever circunstanciadamente o local e a forma de instalação do dispositivo de captação ambiental. (Incluído pela Lei nº 13.964, de 2019)

§ 2º (VETADO). (Incluído pela Lei nº 13.964, de 2019)

§ 3º A captação ambiental não poderá exceder o prazo de 15 (quinze) dias, renovável por decisão judicial por iguais períodos, se comprovada a indispensabilidade do meio de prova e quando presente atividade criminal permanente, habitual ou continuada. (Incluído pela Lei nº 13.964, de 2019)

§ 4º (VETADO). (Incluído pela Lei nº 13.964, de 2019)

§ 5º Aplicam-se subsidiariamente à captação ambiental as regras previstas na legislação específica para a interceptação telefônica e telemática. (Incluído pela Lei nº 13.964, de 2019)

Art. 9º A gravação que não interessar à prova será inutilizada por decisão judicial, durante o inquérito, a instrução processual ou após esta, em virtude de requerimento do Ministério Público ou da parte interessada.

Parágrafo único. O incidente de inutilização será assistido pelo Ministério Público, sendo facultada a presença do acusado ou de seu representante legal.

Art. 10. Constitui crime realizar interceptação de comunicações telefônicas, de informática ou telemática, promover escuta ambiental ou quebrar segredo da Justiça, sem autorização judicial ou com objetivos não autorizados em lei: (Redação dada pela Lei nº 13.869, de 2019)

Pena: reclusão, de 2 (dois) a 4 (quatro) anos, e multa. (Redação dada pela Lei nº 13.869, de 2019)

Parágrafo único. Incorre na mesma pena a autoridade judicial que determina a execução de conduta prevista no caput deste artigo com objetivo não autorizado em lei. (Incluído pela Lei nº 13.869, de 2019)

Art. 10-A. Realizar captação ambiental de sinais eletromagnéticos, ópticos ou acústicos para investigação ou instrução criminal sem autorização judicial, quando esta for exigida: (Incluído pela Lei nº 13.964, de 2019)

Pena: reclusão, de 2 (dois) a 4 (quatro) anos, e multa. (Incluído pela Lei nº 13.964, de 2019)

§ 1º Não há crime se a captação é realizada por um dos interlocutores. (Incluído pela Lei nº 13.964, de 2019)

§ 2º A pena será aplicada em dobro ao funcionário público que descumprir determinação de sigilo das investigações que envolvam a captação ambiental ou revelar o conteúdo das gravações enquanto mantido o sigilo judicial. (Incluído pela Lei nº 13.964, de 2019)

Art. 11. Esta Lei entra em vigor na data de sua publicação.

Art. 12. Revogam-se as disposições em contrário.

5. LEI Nº 13.491, DE 13 DE OUTUBRO DE 2017

Altera o Decreto-Lei nº 1.001, de 21 de outubro de 1969 - Código Penal Militar.

O PRESIDENTE DA REPÚBLICA Faço saber que o Congresso Nacional decreta e eu sanciono a seguinte Lei:

Art. 1º O art. 9º do Decreto-Lei nº 1.001, de 21 de outubro de 1969 - Código Penal Militar, passa a vigorar com as seguintes alterações:

"Art. 9º ..

..

II - os crimes previstos neste Código e os previstos na legislação penal, quando praticados:

..

§ 1º Os crimes de que trata este artigo, quando dolosos contra a vida e cometidos por militares contra civil, serão da competência do Tribunal do Júri.

§ 2º Os crimes de que trata este artigo, quando dolosos contra a vida e cometidos por militares das Forças Armadas contra civil, serão da competência da Justiça Militar da União, se praticados no contexto:

I - do cumprimento de atribuições que lhes forem estabelecidas pelo Presidente da República ou pelo Ministro de Estado da Defesa;

II - de ação que envolva a segurança de instituição militar ou de missão militar, mesmo que não beligerante; ou

III - de atividade de natureza militar, de operação de paz, de garantia da lei e da ordem ou de atribuição subsidiária, realizadas em conformidade com o disposto no art. 142 da Constituição Federal e na forma dos seguintes diplomas legais:

a) Lei nº 7.565, de 19 de dezembro de 1986 - Código Brasileiro de Aeronáutica;

b) Lei Complementar nº 97, de 9 de junho de 1999 ;

c) Decreto-Lei nº 1.002, de 21 de outubro de 1969 - Código de Processo Penal Militar; e

d) Lei nº 4.737, de 15 de julho de 1965 - Código Eleitoral. " (NR)

Art. 2º (VETADO).

Art. 3º Esta Lei entra em vigor na data de sua publicação.

6. LEI Nº 7.960, DE 21 DE DEZEMBRO DE 1989

Conversão da Medida Provisória nº 111, de 1989
(Vide Lei nº 13.869, de 2019)
Dispõe sobre prisão temporária.

O PRESIDENTE DA REPÚBLICA, faço saber que o Congresso Nacional decreta e eu sanciono a seguinte Lei:

Art. 1º Caberá prisão temporária:

I - quando imprescindível para as investigações do inquérito policial;

II - quando o indicado não tiver residência fixa ou não fornecer elementos necessários ao esclarecimento de sua identidade;

III - quando houver fundadas razões, de acordo com qualquer prova admitida na legislação penal, de autoria ou participação do indiciado nos seguintes crimes:

a) homicídio doloso (art. 121, caput, e seu § 2º);

b) seqüestro ou cárcere privado (art. 148, caput, e seus §§ 1º e 2º);

c) roubo (art. 157, caput, e seus §§ 1º, 2º e 3º);
d) extorsão (art. 158, caput, e seus §§ 1º e 2º);
e) extorsão mediante seqüestro (art. 159, caput, e seus §§ 1º, 2º e 3º);
f) estupro (art. 213, caput, e sua combinação com o art. 223, caput, e parágrafo único); (Vide Decreto-Lei nº 2.848, de 1940)
g) atentado violento ao pudor (art. 214, caput, e sua combinação com o art. 223, caput, e parágrafo único); (Vide Decreto-Lei nº 2.848, de 1940)
h) rapto violento (art. 219, e sua combinação com o art. 223 caput, e parágrafo único); (Vide Decreto-Lei nº 2.848, de 1940)
i) epidemia com resultado de morte (art. 267, § 1º);
j) envenenamento de água potável ou substância alimentícia ou medicinal qualificado pela morte (art. 270, caput, combinado com art. 285);
l) quadrilha ou bando (art. 288), todos do Código Penal;
m) genocídio (arts. 1º, 2º e 3º da Lei nº 2.889, de 1º de outubro de 1956), em qualquer de sua formas típicas;
n) tráfico de drogas (art. 12 da Lei nº 6.368, de 21 de outubro de 1976);
o) crimes contra o sistema financeiro (Lei nº 7.492, de 16 de junho de 1986).
p) crimes previstos na Lei de Terrorismo. (Incluído pela Lei nº 13.260, de 2016)

Art. 2º A prisão temporária será decretada pelo Juiz, em face da representação da autoridade policial ou de requerimento do Ministério Público, e terá o prazo de 5 (cinco) dias, prorrogável por igual período em caso de extrema e comprovada necessidade.

§ 1º Na hipótese de representação da autoridade policial, o Juiz, antes de decidir, ouvirá o Ministério Público.

§ 2º O despacho que decretar a prisão temporária deverá ser fundamentado e prolatado dentro do prazo de 24 (vinte e quatro) horas, contadas a partir do recebimento da representação ou do requerimento.

§ 3º O Juiz poderá, de ofício, ou a requerimento do Ministério Público e do Advogado, determinar que o preso lhe seja apresentado, solicitar informações e esclarecimentos da autoridade policial e submetê-lo a exame de corpo de delito.

§ 4º Decretada a prisão temporária, expedir-se-á mandado de prisão, em duas vias, uma das quais será entregue ao indiciado e servirá como nota de culpa.

§ 4º-A O mandado de prisão conterá necessariamente o período de duração da prisão temporária estabelecido no caput deste artigo, bem como o dia em que o preso deverá ser libertado. (Incluído pela Lei nº 13.869, de 2019)

§ 5º A prisão somente poderá ser executada depois da expedição de mandado judicial.

§ 6º Efetuada a prisão, a autoridade policial informará o preso dos direitos previstos no art. 5º da Constituição Federal.

§ 7º Decorrido o prazo contido no mandado de prisão, a autoridade responsável pela custódia deverá, independentemente de nova ordem da autoridade judicial, pôr imediatamente o preso em liberdade, salvo se já tiver sido comunicada da prorrogação da prisão temporária ou da decretação da prisão preventiva. (Incluído pela Lei nº 13.869, de 2019)

§ 8º Inclui-se o dia do cumprimento do mandado de prisão no cômputo do prazo de prisão temporária. (Redação dada pela Lei nº 13.869, de 2019)

Art. 3º Os presos temporários deverão permanecer, obrigatoriamente, separados dos demais detentos.

Art. 4º O art. 4º da Lei nº 4.898, de 9 de dezembro de 1965, fica acrescido da alínea i, com a seguinte redação:

"Art. 4º ..
i) prolongar a execução de prisão temporária, de pena ou de medida de segurança, deixando de expedir em tempo oportuno ou de cumprir imediatamente ordem de liberdade;"

Art. 5º Em todas as comarcas e seções judiciárias haverá um plantão permanente de vinte e quatro horas do Poder Judiciário e do Ministério Público para apreciação dos pedidos de prisão temporária.

Art. 6º Esta Lei entra em vigor na data de sua publicação.

Art. 7º Revogam-se as disposições em contrário.

7. LEI Nº 12.830, DE 20 DE JUNHO DE 2013

Dispõe sobre a investigação criminal conduzida pelo delegado de polícia.

A PRESIDENTA DA REPÚBLICA Faço saber que o Congresso Nacional decreta e eu sanciono a seguinte Lei:

Art. 1º Esta Lei dispõe sobre a investigação criminal conduzida pelo delegado de polícia.

Art. 2º As funções de polícia judiciária e a apuração de infrações penais exercidas pelo delegado de polícia são de natureza jurídica, essenciais e exclusivas de Estado.

§ 1º Ao delegado de polícia, na qualidade de autoridade policial, cabe a condução da investigação criminal por meio de inquérito policial ou outro procedimento previsto em lei, que tem como objetivo a apuração das circunstâncias, da materialidade e da autoria das infrações penais.

§ 2º Durante a investigação criminal, cabe ao delegado de polícia a requisição de perícia, informações, documentos e dados que interessem à apuração dos fatos.

§ 3º (VETADO).

§ 4º O inquérito policial ou outro procedimento previsto em lei em curso somente poderá ser avocado ou redistribuído por superior hierárquico, mediante despacho fundamentado, por motivo de interesse público ou nas hipóteses de inobservância dos procedimentos previstos em regulamento da corporação que prejudique a eficácia da investigação.

§ 5º A remoção do delegado de polícia dar-se-á somente por ato fundamentado.

§ 6º O indiciamento, privativo do delegado de polícia, dar-se-á por ato fundamentado, mediante análise técnico-jurídica do fato, que deverá indicar a autoria, materialidade e suas circunstâncias.

Art. 3º O cargo de delegado de polícia é privativo de bacharel em Direito, devendo-lhe ser dispensado o mesmo tratamento protocolar que recebem os magistrados, os membros da Defensoria Pública e do Ministério Público e os advogados.

Art. 4º Esta Lei entra em vigor na data de sua publicação.

PREPARAÇÃO • CONHECIMENTO • APROVAÇÃO

DIREITO DA PESSOA COM DEFICIÊNCIA

SUMÁRIO

1. LEI Nº 7.853, DE 24 DE OUTUBRO DE 1989 ... 888
2. LEI Nº 8.160, DE 8 DE JANEIRO DE 1991 ... 890
3. LEI Nº 8.899, DE 29 DE JUNHO DE 1994 ... 890
4. LEI Nº 10.048, DE 8 DE NOVEMBRO DE 2000 ... 890
5. LEI Nº 10.098, DE 19 DE DEZEMBRO DE 2000 .. 891
6. LEI Nº 11.126, DE 27 DE JUNHO DE 2005 ... 893
7. LEI Nº 13.146, DE 6 DE JULHO DE 2015 .. 893
8. DECRETO Nº 3.298, DE 20 DE DEZEMBRO DE 1999. 909
9. DECRETO Nº 3.691, DE 19 DE DEZEMBRO DE 2000 914
10. DECRETO Nº 5.296 DE 2 DE DEZEMBRO DE 2004 914
11. DECRETO LEGISLATIVO Nº 186, de 2008 .. 924
12. CONVENÇÃO SOBRE OS DIREITOS DAS PESSOAS COM DEFICIÊNCIA ..924
13. DECRETO Nº 6.949, DE 25 DE AGOSTO DE 2009 936

1. LEI Nº 7.853, DE 24 DE OUTUBRO DE 1989

Dispõe sobre o apoio às pessoas portadoras de deficiência, sua integração social, sobre a Coordenadoria Nacional para Integração da Pessoa Portadora de Deficiência - Corde, institui a tutela jurisdicional de interesses coletivos ou difusos dessas pessoas, disciplina a atuação do Ministério Público, define crimes, e dá outras providências.

O PRESIDENTE DA REPÚBLICA, faço saber que o Congresso Nacional decreta e eu sanciono a seguinte Lei:

Art. 1º Ficam estabelecidas normas gerais que asseguram o pleno exercício dos direitos individuais e sociais das pessoas portadoras de deficiências, e sua efetiva integração social, nos termos desta Lei.

§ 1º Na aplicação e interpretação desta Lei, serão considerados os valores básicos da igualdade de tratamento e oportunidade, da justiça social, do respeito à dignidade da pessoa humana, do bem-estar, e outros, indicados na Constituição ou justificados pelos princípios gerais de direito.

§ 2º As normas desta Lei visam garantir às pessoas portadoras de deficiência as ações governamentais necessárias ao seu cumprimento e das demais disposições constitucionais e legais que lhes concernem, afastadas as discriminações e os preconceitos de qualquer espécie, e entendida a matéria como obrigação nacional a cargo do Poder Público e da sociedade.

Art. 2º Ao Poder Público e seus órgãos cabe assegurar às pessoas portadoras de deficiência o pleno exercício de seus direitos básicos, inclusive dos direitos à educação, à saúde, ao trabalho, ao lazer, à previdência social, ao amparo à infância e à maternidade, e de outros que, decorrentes da Constituição e das leis, propiciem seu bem-estar pessoal, social e econômico.

Parágrafo único. Para o fim estabelecido no caput deste artigo, os órgãos e entidades da administração direta e indireta devem dispensar, no âmbito de sua competência e finalidade, aos assuntos objetos esta Lei, tratamento prioritário e adequado, tendente a viabilizar, sem prejuízo de outras, as seguintes medidas:

I - na área da educação:

a) a inclusão, no sistema educacional, da Educação Especial como modalidade educativa que abranja a educação precoce, a pré-escolar, as de 1º e 2º graus, a supletiva, a habilitação e reabilitação profissionais, com currículos, etapas e exigências de diplomação próprios;

b) a inserção, no referido sistema educacional, das escolas especiais, privadas e públicas;

c) a oferta, obrigatória e gratuita, da Educação Especial em estabelecimento público de ensino;

d) o oferecimento obrigatório de programas de Educação Especial a nível pré-escolar, em unidades hospitalares e congêneres nas quais estejam internados, por prazo igual ou superior a 1 (um) ano, educandos portadores de deficiência;

e) o acesso de alunos portadores de deficiência aos benefícios conferidos aos demais educandos, inclusive material escolar, merenda escolar e bolsas de estudo;

f) a matrícula compulsória em cursos regulares de estabelecimentos públicos e particulares de pessoas portadoras de deficiência capazes de se integrarem no sistema regular de ensino;

II - na área da saúde:

a) a promoção de ações preventivas, como as referentes ao planejamento familiar, ao aconselhamento genético, ao acompanhamento da gravidez, do parto e do puerpério, à nutrição da mulher e da criança, à identificação e ao controle da gestante e do feto de alto risco, à imunização, às doenças do metabolismo e seu diagnóstico e ao encaminhamento precoce de outras doenças causadoras de deficiência;

b) o desenvolvimento de programas especiais de prevenção de acidente do trabalho e de trânsito, e de tratamento adequado a suas vítimas;

c) a criação de uma rede de serviços especializados em reabilitação e habilitação;

d) a garantia de acesso das pessoas portadoras de deficiência aos estabelecimentos de saúde públicos e privados, e de seu adequado tratamento neles, sob normas técnicas e padrões de conduta apropriados;

e) a garantia de atendimento domiciliar de saúde ao deficiente grave não internado;

f) o desenvolvimento de programas de saúde voltados para as pessoas portadoras de deficiência, desenvolvidos com a participação da sociedade e que lhes ensejem a integração social;

III - na área da formação profissional e do trabalho:

a) o apoio governamental à formação profissional, e a garantia de acesso aos serviços concernentes, inclusive aos cursos regulares voltados à formação profissional;

b) o empenho do Poder Público quanto ao surgimento e à manutenção de empregos, inclusive de tempo parcial, destinados às pessoas portadoras de deficiência que não tenham acesso aos empregos comuns;

c) a promoção de ações eficazes que propiciem a inserção, nos setores públicos e privado, de pessoas portadoras de deficiência;

d) a adoção de legislação específica que discipline a reserva de mercado de trabalho, em favor das pessoas portadoras de deficiência, nas entidades da Administração Pública e do setor privado, e que regulamente a organização de oficinas e congêneres integradas ao mercado de trabalho, e a situação, nelas, das pessoas portadoras de deficiência;

IV - na área de recursos humanos:

a) a formação de professores de nível médio para a Educação Especial, de técnicos de nível médio especializados na habilitação e reabilitação, e de instrutores para formação profissional;

b) a formação e qualificação de recursos humanos que, nas diversas áreas de conhecimento, inclusive de nível superior, atendam à demanda e às necessidades reais das pessoas portadoras de deficiências;

c) o incentivo à pesquisa e ao desenvolvimento tecnológico em todas as áreas do conhecimento relacionadas com a pessoa portadora de deficiência;

V - na área das edificações:

a) a adoção e a efetiva execução de normas que garantam a funcionalidade das edificações e vias públicas, que evitem ou removam os óbices às pessoas portadoras de deficiência, permitam o acesso destas a edifícios, a logradouros e a meios de transporte.

Art. 3º As medidas judiciais destinadas à proteção de interesses coletivos, difusos, individuais homogêneos e individuais indisponíveis da pessoa com deficiência poderão ser propostas pelo Ministério Público, pela Defensoria Pública, pela União, pelos Estados, pelos Municípios, pelo Distrito Federal, por associação constituída há mais de 1 (um) ano, nos termos da lei civil, por autarquia, por empresa pública e por fundação ou sociedade de economia mista que inclua, entre suas finalidades institucionais, a proteção dos interesses e a promoção de direitos da pessoa com deficiência. (Redação dada pela Lei nº 13.146, de 2015)

§ 1º Para instruir a inicial, o interessado poderá requerer às autoridades competentes as certidões e informações que julgar necessárias.

§ 2º As certidões e informações a que se refere o parágrafo anterior deverão ser fornecidas dentro de 15 (quinze) dias da entrega, sob recibo, dos respectivos requerimentos, e só poderão se utilizadas para a instrução da ação civil.

§ 3º Somente nos casos em que o interesse público, devidamente justificado, impuser sigilo, poderá ser negada certidão ou informação.

§ 4º Ocorrendo a hipótese do parágrafo anterior, a ação poderá ser proposta desacompanhada das certidões ou informações negadas, cabendo ao juiz, após apreciar os motivos do indeferimento, e, salvo quando se tratar de razão de segurança nacional, requisitar umas e outras; feita a requisição, o processo correrá em segredo de justiça, que cessará com o trânsito em julgado da sentença.

§ 5º Fica facultado aos demais legitimados ativos habilitarem-se como litisconsortes nas ações propostas por qualquer deles.

§ 6º Em caso de desistência ou abandono da ação, qualquer dos co-legitimados pode assumir a titularidade ativa.

Art. 4º A sentença terá eficácia de coisa julgada oponível erga omnes, exceto no caso de haver sido a ação julgada improcedente por deficiência de prova, hipótese em que qualquer legitimado poderá intentar outra ação com idêntico fundamento, valendo-se de nova prova.

§ 1º A sentença que concluir pela carência ou pela improcedência da ação fica sujeita ao duplo grau de jurisdição, não produzindo efeito senão depois de confirmada pelo tribunal.

§ 2º Das sentenças e decisões proferidas contra o autor da ação e suscetíveis de recurso, poderá recorrer qualquer legitimado ativo, inclusive o Ministério Público.

Art. 5º O Ministério Público intervirá obrigatoriamente nas ações públicas, coletivas ou individuais, em que se discutam interesses relacionados à deficiência das pessoas.

Art. 6º O Ministério Público poderá instaurar, sob sua presidência, inquérito civil, ou requisitar, de qualquer pessoa física ou jurídica, pública ou particular, certidões, informações, exame ou perícias, no prazo que assinalar, não inferior a 10 (dez) dias úteis.

§ 1º Esgotadas as diligências, caso se convença o órgão do Ministério Público da inexistência de elementos para a propositura de ação civil, promoverá fundamentadamente o arquivamento do inquérito civil, ou das peças informativas. Neste caso, deverá remeter a reexame os autos ou as respectivas peças, em 3 (três) dias, ao Conselho Superior do Ministério Público, que os examinará, deliberando a respeito, conforme dispuser seu Regimento.

§ 2º Se a promoção do arquivamento for reformada, o Conselho Superior do Ministério Público designará desde logo outro órgão do Ministério Público para o ajuizamento da ação.

Art. 7º Aplicam-se à ação civil pública prevista nesta Lei, no que couber, os dispositivos da Lei nº 7.347, de 24 de julho de 1985.

Art. 8º Constitui crime punível com reclusão de 2 (dois) a 5 (cinco) anos e multa: (Redação dada pela Lei nº 13.146, de 2015)

I - recusar, cobrar valores adicionais, suspender, procrastinar, cancelar ou fazer cessar inscrição de aluno em estabelecimento de ensino de qualquer curso ou grau, público ou privado, em razão de sua deficiência; (Redação dada pela Lei nº 13.146, de 2015)

II - obstar inscrição em concurso público ou acesso de alguém a qualquer cargo ou emprego público, em razão de sua deficiência; (Redação dada pela Lei nº 13.146, de 2015)

III - negar ou obstar emprego, trabalho ou promoção à pessoa em razão de sua deficiência; (Redação dada pela Lei nº 13.146, de 2015)

IV - recusar, retardar ou dificultar internação ou deixar de prestar assistência médico-hospitalar e ambulatorial à pessoa com deficiência; (Redação dada pela Lei nº 13.146, de 2015)

V - deixar de cumprir, retardar ou frustrar execução de ordem judicial expedida na ação civil a que alude esta Lei; (Redação dada pela Lei nº 13.146, de 2015)

VI - recusar, retardar ou omitir dados técnicos indispensáveis à propositura da ação civil pública objeto desta Lei, quando requisitados. (Redação dada pela Lei nº 13.146, de 2015)

§ 1º Se o crime for praticado contra pessoa com deficiência menor de 18 (dezoito) anos, a pena é agravada em 1/3 (um terço). (Incluído pela Lei nº 13.146, de 2015)

§ 2º A pena pela adoção deliberada de critérios subjetivos para indeferimento de inscrição, de aprovação e de cumprimento de estágio probatório em concursos públicos não exclui a responsabilidade patrimonial pessoal do administrador público pelos danos causados. (Incluído pela Lei nº 13.146, de 2015)

§ 3º Incorre nas mesmas penas quem impede ou dificulta o ingresso de pessoa com deficiência em planos privados de assistência à saúde, inclusive com cobrança de valores diferenciados. (Incluído pela Lei nº 13.146, de 2015)

§ 4º Se o crime for praticado em atendimento de urgência e emergência, a pena é agravada em 1/3 (um terço). (Incluído pela Lei nº 13.146, de 2015)

Art. 9º A Administração Pública Federal conferirá aos assuntos relativos às pessoas portadoras de deficiência tratamento prioritário e apropriado, para que lhes seja efetivamente ensejado o pleno exercício de seus direitos individuais e sociais, bem como sua completa integração social.

§ 1º Os assuntos a que alude este artigo serão objeto de ação, coordenada e integrada, dos órgãos da Administração Pública Federal, e incluir-se-ão em Política Nacional para Integração da Pessoa Portadora de Deficiência, na qual estejam compreendidos planos, programas e projetos sujeitos a prazos e objetivos determinados.

§ 2º Ter-se-ão como integrantes da Administração Pública Federal, para os fins desta Lei, além dos órgãos públicos, das autarquias, das empresas públicas e sociedades de economia mista, as respectivas subsidiárias e as fundações públicas.

Art. 10. A coordenação superior dos assuntos, ações governamentais e medidas referentes a pessoas portadoras de deficiência caberá à Secretaria Especial dos Direitos Humanos da Presidência da República. (Redação dada pela Lei nº 11.958, de 2009)

Parágrafo único. Ao órgão a que se refere este artigo caberá formular a Política Nacional para a Integração da Pessoa Portadora de Deficiência, seus planos, programas e projetos e cumprir as instruções superiores que lhes digam respeito, com a cooperação dos demais órgãos públicos. (Redação dada pela Lei nº 8.028, de 1990)

Art. 11. (Revogado pela Lei nº 8.028, de 1990)

Art. 12. Compete à Corde:

I - coordenar as ações governamentais e medidas que se refiram às pessoas portadoras de deficiência;

II - elaborar os planos, programas e projetos subsumidos na Política Nacional para a Integração de Pessoa Portadora de Deficiência, bem como propor as providências necessárias a sua completa implantação e seu adequado desenvolvimento, inclusive as pertinentes a recursos e as de caráter legislativo;

III - acompanhar e orientar a execução, pela Administração Pública Federal, dos planos, programas e projetos mencionados no inciso anterior;

IV - manifestar-se sobre a adequação à Política Nacional para a Integração da Pessoa Portadora de Deficiência dos projetos federais a ela conexos, antes da liberação dos recursos respectivos;

V - manter, com os Estados, Municípios, Territórios, o Distrito Federal, e o Ministério Público, estreito relacionamento, objetivando a concorrência de ações destinadas à integração social das pessoas portadoras de deficiência;

VI - provocar a iniciativa do Ministério Público, ministrando-lhe informações sobre fatos que constituam objeto da ação civil de que esta Lei, e indicando-lhe os elementos de convicção;

LEI Nº 7.853, DE 24 DE OUTUBRO DE 1989

VII - emitir opinião sobre os acordos, contratos ou convênios firmados pelos demais órgãos da Administração Pública Federal, no âmbito da Política Nacional para a Integração da Pessoa Portadora de Deficiência;

VIII - promover e incentivar a divulgação e o debate das questões concernentes à pessoa portadora de deficiência, visando à conscientização da sociedade.

Parágrafo único. Na elaboração dos planos, programas e projetos a seu cargo, deverá a Corde recolher, sempre que possível, a opinião das pessoas e entidades interessadas, bem como considerar a necessidade de efetivo apoio aos entes particulares voltados para a integração social das pessoas portadoras de deficiência.

Art. 13. (Revogado pela Medida Provisória nº 2.216-37, de 2001)

Art. 14. (Vetado).

Art. 15. Para atendimento e fiel cumprimento do que dispõe esta Lei, será reestruturada a Secretaria de Educação Especial do Ministério da Educação, e serão instituídos, no Ministério do Trabalho, no Ministério da Saúde e no Ministério da Previdência e Assistência Social, órgão encarregados da coordenação setorial dos assuntos concernentes às pessoas portadoras de deficiência.

Art. 16. O Poder Executivo adotará, nos 60 (sessenta) dias posteriores à vigência desta Lei, as providências necessárias à reestruturação e ao regular funcionamento da Corde, como aquelas decorrentes do artigo anterior.

Art. 17. Serão incluídas no censo demográfico de 1990, e nos subseqüentes, questões concernentes à problemática da pessoa portadora de deficiência, objetivando o conhecimento atualizado do número de pessoas portadoras de deficiência no País.

> Parágrafo único. Os censos demográficos realizados a partir de 2019 incluirão as especificidades inerentes ao transtorno do espectro autista, em consonância com o § 2º do art. 1º da Lei nº 12.764, de 27 de dezembro de 2012. (Incluído pela Lei nº 13.861, de 2019)

Art. 18. Os órgãos federais desenvolverão, no prazo de 12 (doze) meses contado da publicação desta Lei, as ações necessárias à efetiva implantação das medidas indicadas no art. 2º desta Lei.

Art. 19. Esta Lei entra em vigor na data de sua publicação.

Art. 20. Revogam-se as disposições em contrário.

2. LEI Nº 8.160, DE 8 DE JANEIRO DE 1991

Dispõe sobre a caracterização de símbolo que permita a identificação de pessoas portadoras de deficiência auditiva.

O PRESIDENTE DE REPÚBLICA, faço saber que o Congresso Nacional decreta e eu sanciono a seguinte lei:

Art. 1º É obrigatória a colocação, de forma visível, do "Símbolo Internacional de Surdez" em todos os locais que possibilitem acesso, circulação e utilização por pessoas portadoras de deficiência auditiva, e em todos os serviços que forem postos à sua disposição ou que possibilitem o seu uso.

Art. 2º O "Símbolo Internacional de Surdez" deverá ser colocado, obrigatoriamente, em local visível ao público, não sendo permitida nenhuma modificação ou adição ao desenho reproduzido no anexo a esta lei.

Art. 3º É proibida a utilização do "Símbolo Internacional de Surdez" para finalidade outra que não seja a de identificar, assinalar ou indicar local ou serviço habilitado ao uso de pessoas portadoras de deficiência auditiva.

Parágrafo único. O disposto no caput deste artigo não se aplica à reprodução do símbolo em publicações e outros meios de comunicação relevantes para os interesses do deficiente auditivo, a exemplo de adesivos específicos para veículos por ele conduzidos.

Art. 4º O Poder Executivo regulamentará esta lei no prazo de noventa dias, a contar de sua vigência.

Art. 5º Esta lei entra em vigor na data de sua publicação.

Art. 6º Revogam-se as disposições em contrário.

3. LEI Nº 8.899, DE 29 DE JUNHO DE 1994

Concede passe livre às pessoas portadoras de deficiência no sistema de transporte coletivo interestadual.

O PRESIDENTE DA REPÚBLICA faço saber que o Congresso Nacional decreta e eu sanciono a seguinte lei:

Art. 1º É concedido passe livre às pessoas portadoras de deficiência, comprovadamente carentes, no sistema de transporte coletivo interestadual.

Art. 2º O Poder Executivo regulamentará esta lei no prazo de noventa dias a contar de sua publicação.

Art. 3º Esta lei entra em vigor na data de sua publicação.

Art. 4º Revogam-se as disposições em contrário.

4. LEI Nº 10.048, DE 8 DE NOVEMBRO DE 2000

Dá prioridade de atendimento às pessoas que especifica, e dá outras providências.

O PRESIDENTE DA REPÚBLICA Faço saber que o Congresso Nacional decreta e eu sanciono a seguinte Lei:

Art. 1º As pessoas com deficiência, os idosos com idade igual ou superior a 60 (sessenta) anos, as gestantes, as lactantes, as pessoas com crianças de colo e os obesos terão atendimento prioritário, nos termos desta Lei. (Redação dada pela Lei nº 13.146, de 2015)

Art. 2º As repartições públicas e empresas concessionárias de serviços públicos estão obrigadas a dispensar atendimento prioritário, por meio de serviços individualizados que assegurem tratamento diferenciado e atendimento imediato às pessoas a que se refere o art. 1º.

Parágrafo único. É assegurada, em todas as instituições financeiras, a prioridade de atendimento às pessoas mencionadas no art. 1º.

Art. 3º As empresas públicas de transporte e as concessionárias de transporte coletivo reservarão assentos, devidamente identificados, aos idosos, gestantes, lactantes, pessoas portadoras de deficiência e pessoas acompanhadas por crianças de colo.

Art. 4º Os logradouros e sanitários públicos, bem como os edifícios de uso público, terão normas de construção, para efeito de licenciamento da respectiva edificação, baixadas pela autoridade competente, destinadas a facilitar o acesso e uso desses locais pelas pessoas portadoras de deficiência.

Art. 5º Os veículos de transporte coletivo a serem produzidos após doze meses da publicação desta Lei serão planejados de forma a facilitar o acesso a seu interior das pessoas portadoras de deficiência.

§ 1º (VETADO)

§ 2º Os proprietários de veículos de transporte coletivo em utilização terão o prazo de cento e oitenta dias, a contar da regulamentação desta Lei, para proceder às adaptações necessárias ao acesso facilitado das pessoas portadoras de deficiência.

Art. 6º A infração ao disposto nesta Lei sujeitará os responsáveis:

I - no caso de servidor ou de chefia responsável pela repartição pública, às penalidades previstas na legislação específica;

II - no caso de empresas concessionárias de serviço público, a multa de R$ 500,00 (quinhentos reais) a R$ 2.500,00 (dois mil e quinhentos reais), por veículos sem as condições previstas nos arts. 3º e 5º;

III - no caso das instituições financeiras, às penalidades previstas no art. 44, incisos I, II e III, da Lei no 4.595, de 31 de dezembro de 1964.

Parágrafo único. As penalidades de que trata este artigo serão elevadas ao dobro, em caso de reincidência.

Art. 7º O Poder Executivo regulamentará esta Lei no prazo de sessenta dias, contado de sua publicação.

Art. 8º Esta Lei entra em vigor na data de sua publicação.

5. LEI Nº 10.098, DE 19 DE DEZEMBRO DE 2000

Estabelece normas gerais e critérios básicos para a promoção da acessibilidade das pessoas portadoras de deficiência ou com mobilidade reduzida, e dá outras providências.

O PRESIDENTE DA REPÚBLICA Faço saber que o Congresso Nacional decreta e eu sanciono a seguinte Lei:

CAPÍTULO I - DISPOSIÇÕES GERAIS

Art. 1º Esta Lei estabelece normas gerais e critérios básicos para a promoção da acessibilidade das pessoas portadoras de deficiência ou com mobilidade reduzida, mediante a supressão de barreiras e de obstáculos nas vias e espaços públicos, no mobiliário urbano, na construção e reforma de edifícios e nos meios de transporte e de comunicação.

Art. 2º Para os fins desta Lei são estabelecidas as seguintes definições:

I - acessibilidade: possibilidade e condição de alcance para utilização, com segurança e autonomia, de espaços, mobiliários, equipamentos urbanos, edificações, transportes, informação e comunicação, inclusive seus sistemas e tecnologias, bem como de outros serviços e instalações abertos ao público, de uso público ou privados de uso coletivo, tanto na zona urbana como na rural, por pessoa com deficiência ou com mobilidade reduzida; (Redação dada pela Lei nº 13.146, de 2015)

II - barreiras: qualquer entrave, obstáculo, atitude ou comportamento que limite ou impeça a participação social da pessoa, bem como o gozo, a fruição e o exercício de seus direitos à acessibilidade, à liberdade de movimento e de expressão, à comunicação, ao acesso à informação, à compreensão, à circulação com segurança, entre outros, classificadas em: (Redação dada pela Lei nº 13.146, de 2015)

a) barreiras urbanísticas: as existentes nas vias e nos espaços públicos e privados abertos ao público ou de uso coletivo; (Redação dada pela Lei nº 13.146, de 2015)

b) barreiras arquitetônicas: as existentes nos edifícios públicos e privados; (Redação dada pela Lei nº 13.146, de 2015)

c) barreiras nos transportes: as existentes nos sistemas e meios de transportes; (Redação dada pela Lei nº 13.146, de 2015)

d) barreiras nas comunicações e na informação: qualquer entrave, obstáculo, atitude ou comportamento que dificulte ou impossibilite a expressão ou o recebimento de mensagens e de informações por intermédio de sistemas de comunicação e de tecnologia da informação; (Redação dada pela Lei nº 13.146, de 2015)

III - pessoa com deficiência: aquela que tem impedimento de longo prazo de natureza física, mental, intelectual ou sensorial, o qual, em interação com uma ou mais barreiras, pode obstruir sua participação plena e efetiva na sociedade em igualdade de condições com as demais pessoas; (Redação dada pela Lei nº 13.146, de 2015)

IV - pessoa com mobilidade reduzida: aquela que tenha, por qualquer motivo, dificuldade de movimentação, permanente ou temporária, gerando redução efetiva da mobilidade, da flexibilidade, da coordenação motora ou da percepção, incluindo idoso, gestante, lactante, pessoa com criança de colo e obeso; (Redação dada pela Lei nº 13.146, de 2015)

V - acompanhante: aquele que acompanha a pessoa com deficiência, podendo ou não desempenhar as funções de atendente pessoal; (Redação dada pela Lei nº 13.146, de 2015)

VI - elemento de urbanização: quaisquer componentes de obras de urbanização, tais como os referentes a pavimentação, saneamento, encanamento para esgotos, distribuição de energia elétrica e de gás, iluminação pública, serviços de comunicação, abastecimento e distribuição de água, paisagismo e os que materializam as indicações do planejamento urbanístico; (Redação dada pela Lei nº 13.146, de 2015)

VII - mobiliário urbano: conjunto de objetos existentes nas vias e nos espaços públicos, superpostos ou adicionados aos elementos de urbanização ou de edificação, de forma que sua modificação ou seu traslado não provoque alterações substanciais nesses elementos, tais como semáforos, postes de sinalização e similares, terminais e pontos de acesso coletivo às telecomunicações, fontes de água, lixeiras, toldos, marquises, bancos, quiosques e quaisquer outros de natureza análoga; (Incluído pela Lei nº 13.146, de 2015)

VIII - tecnologia assistiva ou ajuda técnica: produtos, equipamentos, dispositivos, recursos, metodologias, estratégias, práticas e serviços que objetivem promover a funcionalidade, relacionada à atividade e à participação da pessoa com deficiência ou com mobilidade reduzida, visando à sua autonomia, independência, qualidade de vida e inclusão social; (Incluído pela Lei nº 13.146, de 2015)

IX - comunicação: forma de interação dos cidadãos que abrange, entre outras opções, as línguas, inclusive a Língua Brasileira de Sinais (Libras), a visualização de textos, o Braille, o sistema de sinalização ou de comunicação tátil, os caracteres ampliados, os dispositivos multimídia, assim como a linguagem simples, escrita e oral, os sistemas auditivos e os meios de voz digitalizados e os modos, meios e formatos aumentativos e alternativos de comunicação, incluindo as tecnologias da informação e das comunicações; (Incluído pela Lei nº 13.146, de 2015)

X - desenho universal: concepção de produtos, ambientes, programas e serviços a serem usados por todas as pessoas, sem necessidade de adaptação ou de projeto específico, incluindo os recursos de tecnologia assistiva. (Incluído pela Lei nº 13.146, de 2015)

CAPÍTULO II - DOS ELEMENTOS DA URBANIZAÇÃO

Art. 3º O planejamento e a urbanização das vias públicas, dos parques e dos demais espaços de uso público deverão ser concebidos e executados de forma a torná-los acessíveis para todas as pessoas, inclusive para aquelas com deficiência ou com mobilidade reduzida. (Redação dada pela Lei nº 13.146, de 2015)

Parágrafo único. O passeio público, elemento obrigatório de urbanização e parte da via pública, normalmente segregado e em nível diferente, destina-se somente à circulação de pedestres e, quando possível, à implantação de mobiliário urbano e de vegetação. (Incluído pela Lei nº 13.146, de 2015)

Art. 4º As vias públicas, os parques e os demais espaços de uso público existentes, assim como as respectivas instalações de serviços e mobiliários urbanos deverão ser adaptados, obedecendo-se ordem de prioridade que vise à maior eficiência das modificações, no sentido de promover mais ampla acessibilidade às pessoas portadoras de deficiência ou com mobilidade reduzida.

Parágrafo único. No mínimo 5% (cinco por cento) de cada brinquedo e equipamento de lazer existentes nos locais referidos no caput devem ser adaptados e identificados, tanto quanto tecnicamente possível, para possibilitar sua utilização por

pessoas com deficiência, inclusive visual, ou com mobilidade reduzida. (Redação dada pela Lei nº 13.443, de 2017)

Art. 5º O projeto e o traçado dos elementos de urbanização públicos e privados de uso comunitário, nestes compreendidos os itinerários e as passagens de pedestres, os percursos de entrada e de saída de veículos, as escadas e rampas, deverão observar os parâmetros estabelecidos pelas normas técnicas de acessibilidade da Associação Brasileira de Normas Técnicas – ABNT.

Art. 6º Os banheiros de uso público existentes ou a construir em parques, praças, jardins e espaços livres públicos deverão ser acessíveis e dispor, pelo menos, de um sanitário e um lavatório que atendam às especificações das normas técnicas da ABNT.

§ 1º Os eventos organizados em espaços públicos e privados em que haja instalação de banheiros químicos deverão contar com unidades acessíveis a pessoas com deficiência ou com mobilidade reduzida. (Incluído pela Lei nº 13.825, de 2019)

§ 2º O número mínimo de banheiros químicos acessíveis corresponderá a 10% (dez por cento) do total, garantindo-se pelo menos 1 (uma) unidade acessível caso a aplicação do percentual resulte em fração inferior a 1 (um). (Incluído pela Lei nº 13.825, de 2019)

Art. 7º Em todas as áreas de estacionamento de veículos, localizadas em vias ou em espaços públicos, deverão ser reservadas vagas próximas dos acessos de circulação de pedestres, devidamente sinalizadas, para veículos que transportem pessoas portadoras de deficiência com dificuldade de locomoção.

Parágrafo único. As vagas a que se refere o caput deste artigo deverão ser em número equivalente a dois por cento do total, garantida, no mínimo, uma vaga, devidamente sinalizada e com as especificações técnicas de desenho e traçado de acordo com as normas técnicas vigentes.

CAPÍTULO III - DO DESENHO E DA LOCALIZAÇÃO DO MOBILIÁRIO URBANO

Art. 8º Os sinais de tráfego, semáforos, postes de iluminação ou quaisquer outros elementos verticais de sinalização que devam ser instalados em itinerário ou espaço de acesso para pedestres deverão ser dispostos de forma a não dificultar ou impedir a circulação, e de modo que possam ser utilizados com a máxima comodidade.

Art. 9º Os semáforos para pedestres instalados nas vias públicas deverão estar equipados com mecanismo que emita sinal sonoro suave, intermitente e sem estridência, ou com mecanismo alternativo, que sirva de guia ou orientação para a travessia de pessoas portadoras de deficiência visual, se a intensidade do fluxo de veículos e a periculosidade da via assim determinarem.

Parágrafo único. Os semáforos para pedestres instalados em vias públicas de grande circulação, ou que deem acesso aos serviços de reabilitação, devem obrigatoriamente estar equipados com mecanismo que emita sinal sonoro suave para orientação do pedestre. (Incluído pela Lei nº 13.146, de 2015)

Art. 10. Os elementos do mobiliário urbano deverão ser projetados e instalados em locais que permitam sejam eles utilizados pelas pessoas portadoras de deficiência ou com mobilidade reduzida.

Art. 10-A. A instalação de qualquer mobiliário urbano em área de circulação comum para pedestre que ofereça risco de acidente à pessoa com deficiência deverá ser indicada mediante sinalização tátil de alerta no piso, de acordo com as normas técnicas pertinentes. (Incluído pela Lei nº 13.146, de 2015)

CAPÍTULO IV - DA ACESSIBILIDADE NOS EDIFÍCIOS PÚBLICOS OU DE USO COLETIVO

Art. 11. A construção, ampliação ou reforma de edifícios públicos ou privados destinados ao uso coletivo deverão ser executadas de modo que sejam ou se tornem acessíveis às pessoas portadoras de deficiência ou com mobilidade reduzida.

Parágrafo único. Para os fins do disposto neste artigo, na construção, ampliação ou reforma de edifícios públicos ou privados destinados ao uso coletivo deverão ser observados, pelo menos, os seguintes requisitos de acessibilidade:

I - nas áreas externas ou internas da edificação, destinadas a garagem e a estacionamento de uso público, deverão ser reservadas vagas próximas dos acessos de circulação de pedestres, devidamente sinalizadas, para veículos que transportem pessoas portadoras de deficiência com dificuldade de locomoção permanente;

II - pelo menos um dos acessos ao interior da edificação deverá estar livre de barreiras arquitetônicas e de obstáculos que impeçam ou dificultem a acessibilidade de pessoa portadora de deficiência ou com mobilidade reduzida;

III - pelo menos um dos itinerários que comuniquem horizontal e verticalmente todas as dependências e serviços do edifício, entre si e com o exterior, deverá cumprir os requisitos de acessibilidade de que trata esta Lei; e

IV - os edifícios deverão dispor, pelo menos, de um banheiro acessível, distribuindo-se seus equipamentos e acessórios de maneira que possam ser utilizados por pessoa portadora de deficiência ou com mobilidade reduzida.

Art. 12. Os locais de espetáculos, conferências, aulas e outros de natureza similar deverão dispor de espaços reservados para pessoas que utilizam cadeira de rodas, e de lugares específicos para pessoas com deficiência auditiva e visual, inclusive acompanhante, de acordo com a ABNT, de modo a facilitar-lhes as condições de acesso, circulação e comunicação.

Art. 12-A. Os centros comerciais e os estabelecimentos congêneres devem fornecer carros e cadeiras de rodas, motorizados ou não, para o atendimento da pessoa com deficiência ou com mobilidade reduzida. (Incluído pela Lei nº 13.146, de 2015)

CAPÍTULO V - DA ACESSIBILIDADE NOS EDIFÍCIOS DE USO PRIVADO

Art. 13. Os edifícios de uso privado em que seja obrigatória a instalação de elevadores deverão ser construídos atendendo aos seguintes requisitos mínimos de acessibilidade:

I - percurso acessível que una as unidades habitacionais com o exterior e com as dependências de uso comum;

II - percurso acessível que una a edificação à via pública, às edificações e aos serviços anexos de uso comum e aos edifícios vizinhos;

III - cabine do elevador e respectiva porta de entrada acessíveis para pessoas portadoras de deficiência ou com mobilidade reduzida.

Art. 14. Os edifícios a serem construídos com mais de um pavimento além do pavimento de acesso, à exceção das habitações unifamiliares, e que não estejam obrigados à instalação de elevador, deverão dispor de especificações técnicas e de projeto que facilitem a instalação de um elevador adaptado, devendo os demais elementos de uso comum destes edifícios atender aos requisitos de acessibilidade.

Art. 15. Caberá ao órgão federal responsável pela coordenação da política habitacional regulamentar a reserva de um percentual mínimo do total das habitações, conforme a característica da população local, para o atendimento da demanda de pessoas portadoras de deficiência ou com mobilidade reduzida.

CAPÍTULO VI - DA ACESSIBILIDADE NOS VEÍCULOS DE TRANSPORTE COLETIVO

Art. 16. Os veículos de transporte coletivo deverão cumprir os requisitos de acessibilidade estabelecidos nas normas técnicas específicas.

CAPÍTULO VII - DA ACESSIBILIDADE NOS SISTEMAS DE COMUNICAÇÃO E SINALIZAÇÃO

Art. 17. O Poder Público promoverá a eliminação de barreiras na comunicação e estabelecerá mecanismos e alternativas técnicas que tornem acessíveis os sistemas de comunicação e sinalização às pessoas portadoras de deficiência sensorial e com dificuldade de comunicação, para garantir-lhes o direito de acesso à informação, à comunicação, ao trabalho, à educação, ao transporte, à cultura, ao esporte e ao lazer.

Art. 18. O Poder Público implementará a formação de profissionais intérpretes de escrita em braile, linguagem de sinais e de guias-intérpretes, para facilitar qualquer tipo de comunicação direta à pessoa portadora de deficiência sensorial e com dificuldade de comunicação. Regulamento

Art. 19. Os serviços de radiodifusão sonora e de sons e imagens adotarão plano de medidas técnicas com o objetivo de permitir o uso da linguagem de sinais ou outra subtitulação, para garantir o direito de acesso à informação às pessoas portadoras de deficiência auditiva, na forma e no prazo previstos em regulamento.

CAPÍTULO VIII - DISPOSIÇÕES SOBRE AJUDAS TÉCNICAS

Art. 20. O Poder Público promoverá a supressão de barreiras urbanísticas, arquitetônicas, de transporte e de comunicação, mediante ajudas técnicas.

Art. 21. O Poder Público, por meio dos organismos de apoio à pesquisa e das agências de financiamento, fomentará programas destinados:

I - à promoção de pesquisas científicas voltadas ao tratamento e prevenção de deficiências;

II - ao desenvolvimento tecnológico orientado à produção de ajudas técnicas para as pessoas portadoras de deficiência;

III - à especialização de recursos humanos em acessibilidade.

Art. 21-A. Às pessoas com deficiência visual será garantido, sem custo adicional, quando por elas solicitado, um kit que conterá, no mínimo: (Incluído pela Lei nº 13.835, de 2019)

I - etiqueta em braile: filme transparente fixo ao cartão com informações em braile, com a identificação do tipo do cartão e os 6 (seis) dígitos finais do número do cartão; (Incluído pela Lei nº 13.835, de 2019)

II - identificação do tipo de cartão em braile: primeiro dígito, da esquerda para a direita, identificador do tipo de cartão; (Incluído pela Lei nº 13.835, de 2019)

III - fita adesiva: fita para fixar a etiqueta em braile de dados no cartão; (Incluído pela Lei nº 13.835, de 2019)

IV - porta-cartão: objeto para armazenar o cartão e possibilitar ao portador acesso às informações necessárias ao pleno uso do cartão, com identificação, em braile, do número completo do cartão, do tipo de cartão, da bandeira, do nome do emissor, da data de validade, do código de segurança e do nome do portador do cartão. (Incluído pela Lei nº 13.835, de 2019)

Parágrafo único. O porta-cartão de que trata o inciso IV do caput deste artigo deverá possuir tamanho suficiente para que constem todas as informações descritas no referido inciso e deverá ser conveniente ao transporte pela pessoa com deficiência visual. (Incluído pela Lei nº 13.835, de 2019)

CAPÍTULO IX - DAS MEDIDAS DE FOMENTO À ELIMINAÇÃO DE BARREIRAS

Art. 22. É instituído, no âmbito da Secretaria de Estado de Direitos Humanos do Ministério da Justiça, o Programa Nacional de Acessibilidade, com dotação orçamentária específica, cuja execução será disciplinada em regulamento.

CAPÍTULO X - DISPOSIÇÕES FINAIS

Art. 23. A Administração Pública federal direta e indireta destinará, anualmente, dotação orçamentária para as adaptações, eliminações e supressões de barreiras arquitetônicas existentes nos edifícios de uso público de sua propriedade e naqueles que estejam sob sua administração ou uso.

Parágrafo único. A implementação das adaptações, eliminações e supressões de barreiras arquitetônicas referidas no caput deste artigo deverá ser iniciada a partir do primeiro ano de vigência desta Lei.

Art. 24. O Poder Público promoverá campanhas informativas e educativas dirigidas à população em geral, com a finalidade de conscientizá-la e sensibilizá-la quanto à acessibilidade e à integração social da pessoa portadora de deficiência ou com mobilidade reduzida.

Art. 25. As disposições desta Lei aplicam-se aos edifícios ou imóveis declarados bens de interesse cultural ou de valor histórico-artístico, desde que as modificações necessárias observem as normas específicas reguladoras destes bens.

Art. 26. As organizações representativas de pessoas portadoras de deficiência terão legitimidade para acompanhar o cumprimento dos requisitos de acessibilidade estabelecidos nesta Lei.

Art. 27. Esta Lei entra em vigor na data de sua publicação.

6. LEI Nº 11.126, DE 27 DE JUNHO DE 2005

Dispõe sobre o direito do portador de deficiência visual de ingressar e permanecer em ambientes de uso coletivo acompanhado de cão-guia.

O PRESIDENTE DA REPÚBLICA Faço saber que o Congresso Nacional decreta e eu sanciono a seguinte Lei:

Art. 1º É assegurado à pessoa com deficiência visual acompanhada de cão-guia o direito de ingressar e de permanecer com o animal em todos os meios de transporte e em estabelecimentos abertos ao público, de uso público e privados de uso coletivo, desde que observadas as condições impostas por esta Lei. (Redação dada pela Lei nº 13.146, de 2015)

§ 1º A deficiência visual referida no caput deste artigo restringe-se à cegueira e à baixa visão.

§ 2º O disposto no caput deste artigo aplica-se a todas as modalidades e jurisdições do serviço de transporte coletivo de passageiros, inclusive em esfera internacional com origem no território brasileiro. (Redação dada pela Lei nº 13.146, de 2015)

Art. 2º (VETADO)

Art. 3º Constitui ato de discriminação, a ser apenado com interdição e multa, qualquer tentativa voltada a impedir ou dificultar o gozo do direito previsto no art. 1º desta Lei.

Art. 4º Serão objeto de regulamento os requisitos mínimos para identificação do cão-guia, a forma de comprovação de treinamento do usuário, o valor da multa e o tempo de interdição impostos à empresa de transporte ou ao estabelecimento público ou privado responsável pela discriminação. (Regulamento)

Art. 5º (VETADO)

Art. 6º Esta Lei entra em vigor na data de sua publicação.

7. LEI Nº 13.146, DE 6 DE JULHO DE 2015

Institui a Lei Brasileira de Inclusão da Pessoa com Deficiência (Estatuto da Pessoa com Deficiência).

A PRESIDENTA DA REPÚBLICA Faço saber que o Congresso Nacional decreta e eu sanciono a seguinte Lei:

LIVRO I - PARTE GERAL

TÍTULO I - DISPOSIÇÕES PRELIMINARES

CAPÍTULO I - DISPOSIÇÕES GERAIS

Art. 1º É instituída a Lei Brasileira de Inclusão da Pessoa com Deficiência (Estatuto da Pessoa com Deficiência), destinada a assegurar e a promover, em condições de igualdade, o exercício dos direitos e das liberdades fundamentais por pessoa com deficiência, visando à sua inclusão social e cidadania.

Parágrafo único. Esta Lei tem como base a Convenção sobre os Direitos das Pessoas com Deficiência e seu Protocolo Facultativo, ratificados pelo Congresso Nacional por meio do Decreto Legislativo nº 186, de 9 de julho de 2008, em conformidade com o procedimento previsto no § 3º do art. 5º da Constituição da República Federativa do Brasil, em vigor para o Brasil, no plano jurídico externo, desde 31 de agosto de 2008, e promulgados pelo Decreto nº 6.949, de 25 de agosto de 2009, data de início de sua vigência no plano interno.

Art. 2º Considera-se pessoa com deficiência aquela que tem impedimento de longo prazo de natureza física, mental, intelectual ou sensorial, o qual, em interação com uma ou mais barreiras, pode obstruir sua participação plena e efetiva na sociedade em igualdade de condições com as demais pessoas.

§ 1º A avaliação da deficiência, quando necessária, será biopsicossocial, realizada por equipe multiprofissional e interdisciplinar e considerará:

I - os impedimentos nas funções e nas estruturas do corpo;
II - os fatores socioambientais, psicológicos e pessoais;
III - a limitação no desempenho de atividades; e
IV - a restrição de participação.

§ 2º O Poder Executivo criará instrumentos para avaliação da deficiência. (Vide Lei nº 13.846, de 2019)

Art. 3º Para fins de aplicação desta Lei, consideram-se:

I - acessibilidade: possibilidade e condição de alcance para utilização, com segurança e autonomia, de espaços, mobiliários, equipamentos urbanos, edificações, transportes, informação e comunicação, inclusive seus sistemas e tecnologias, bem como de outros serviços e instalações abertos ao público, de uso público ou privados de uso coletivo, tanto na zona urbana como na rural, por pessoa com deficiência ou com mobilidade reduzida;

II - desenho universal: concepção de produtos, ambientes, programas e serviços a serem usados por todas as pessoas, sem necessidade de adaptação ou de projeto específico, incluindo os recursos de tecnologia assistiva;

III - tecnologia assistiva ou ajuda técnica: produtos, equipamentos, dispositivos, recursos, metodologias, estratégias, práticas e serviços que objetivem promover a funcionalidade, relacionada à atividade e à participação da pessoa com deficiência ou com mobilidade reduzida, visando à sua autonomia, independência, qualidade de vida e inclusão social;

IV - barreiras: qualquer entrave, obstáculo, atitude ou comportamento que limite ou impeça a participação social da pessoa, bem como o gozo, a fruição e o exercício de seus direitos à acessibilidade, à liberdade de movimento e de expressão, à comunicação, ao acesso à informação, à compreensão, à circulação com segurança, entre outros, classificadas em:

a) barreiras urbanísticas: as existentes nas vias e nos espaços públicos e privados abertos ao público ou de uso coletivo;
b) barreiras arquitetônicas: as existentes nos edifícios públicos e privados;
c) barreiras nos transportes: as existentes nos sistemas e meios de transportes;
d) barreiras nas comunicações e na informação: qualquer entrave, obstáculo, atitude ou comportamento que dificulte ou impossibilite a expressão ou o recebimento de mensagens e de informações por intermédio de sistemas de comunicação e de tecnologia da informação;
e) barreiras atitudinais: atitudes ou comportamentos que impeçam ou prejudiquem a participação social da pessoa com deficiência em igualdade de condições e oportunidades com as demais pessoas;
f) barreiras tecnológicas: as que dificultam ou impedem o acesso da pessoa com deficiência às tecnologias;

V - comunicação: forma de interação dos cidadãos que abrange, entre outras opções, as línguas, inclusive a Língua Brasileira de Sinais (Libras), a visualização de textos, o Braille, o sistema de sinalização ou de comunicação tátil, os caracteres ampliados, os dispositivos multimídia, assim como a linguagem simples, escrita e oral, os sistemas auditivos e os meios de voz digitalizados e os modos, meios e formatos aumentativos e alternativos de comunicação, incluindo as tecnologias da informação e das comunicações;

VI - adaptações razoáveis: adaptações, modificações e ajustes necessários e adequados que não acarretem ônus desproporcional e indevido, quando requeridos em cada caso, a fim de assegurar que a pessoa com deficiência possa gozar ou exercer, em igualdade de condições e oportunidades com as demais pessoas, todos os direitos e liberdades fundamentais;

VII - elemento de urbanização: quaisquer componentes de obras de urbanização, tais como os referentes a pavimentação, saneamento, encanamento para esgotos, distribuição de energia elétrica e de gás, iluminação pública, serviços de comunicação, abastecimento e distribuição de água, paisagismo e os que materializam as indicações do planejamento urbanístico;

VIII - mobiliário urbano: conjunto de objetos existentes nas vias e nos espaços públicos, superpostos ou adicionados aos elementos de urbanização ou de edificação, de forma que sua modificação ou seu traslado não provoque alterações substanciais nesses elementos, tais como semáforos, postes de sinalização e similares, terminais e pontos de acesso coletivo às telecomunicações, fontes de água, lixeiras, toldos, marquises, bancos, quiosques e quaisquer outros de natureza análoga;

IX - pessoa com mobilidade reduzida: aquela que tenha, por qualquer motivo, dificuldade de movimentação, permanente ou temporária, gerando redução efetiva da mobilidade, da flexibilidade, da coordenação motora ou da percepção, incluindo idoso, gestante, lactante, pessoa com criança de colo e obeso;

X - residências inclusivas: unidades de oferta do Serviço de Acolhimento do Sistema Único de Assistência Social (Suas) localizadas em áreas residenciais da comunidade, com estruturas adequadas, que possam contar com apoio psicossocial para o atendimento das necessidades da pessoa acolhida, destinadas a jovens e adultos com deficiência, em situação de dependência, que não dispõem de condições de autossustentabilidade e com vínculos familiares fragilizados ou rompidos;

XI - moradia para a vida independente da pessoa com deficiência: moradia com estruturas adequadas capazes de proporcionar serviços de apoio coletivos e individualizados que respeitem e ampliem o grau de autonomia de jovens e adultos com deficiência;

XII - atendente pessoal: pessoa, membro ou não da família, que, com ou sem remuneração, assiste ou presta cuidados básicos e essenciais à pessoa com deficiência no exercício de suas atividades diárias, excluídas as técnicas ou os procedimentos identificados com profissões legalmente estabelecidas;

XIII - profissional de apoio escolar: pessoa que exerce atividades de alimentação, higiene e locomoção do estudante com deficiência e atua em todas as atividades escolares nas quais se fizer necessária, em todos os níveis e modalidades de ensino, em instituições públicas e privadas,

excluídas as técnicas ou os procedimentos identificados com profissões legalmente estabelecidas;

XIV - acompanhante: aquele que acompanha a pessoa com deficiência, podendo ou não desempenhar as funções de atendente pessoal.

CAPÍTULO II - DA IGUALDADE E DA NÃO DISCRIMINAÇÃO

Art. 4º Toda pessoa com deficiência tem direito à igualdade de oportunidades com as demais pessoas e não sofrerá nenhuma espécie de discriminação.

§ 1º Considera-se discriminação em razão da deficiência toda forma de distinção, restrição ou exclusão, por ação ou omissão, que tenha o propósito ou o efeito de prejudicar, impedir ou anular o reconhecimento ou o exercício dos direitos e das liberdades fundamentais de pessoa com deficiência, incluindo a recusa de adaptações razoáveis e de fornecimento de tecnologias assistivas.

§ 2º A pessoa com deficiência não está obrigada à fruição de benefícios decorrentes de ação afirmativa.

Art. 5º A pessoa com deficiência será protegida de toda forma de negligência, discriminação, exploração, violência, tortura, crueldade, opressão e tratamento desumano ou degradante.

Parágrafo único. Para os fins da proteção mencionada no caput deste artigo, são considerados especialmente vulneráveis a criança, o adolescente, a mulher e o idoso, com deficiência.

Art. 6º A deficiência não afeta a plena capacidade civil da pessoa, inclusive para:

I - casar-se e constituir união estável;
II - exercer direitos sexuais e reprodutivos;
III - exercer o direito de decidir sobre o número de filhos e de ter acesso a informações adequadas sobre reprodução e planejamento familiar;
IV - conservar sua fertilidade, sendo vedada a esterilização compulsória;
V - exercer o direito à família e à convivência familiar e comunitária; e
VI - exercer o direito à guarda, à tutela, à curatela e à adoção, como adotante ou adotando, em igualdade de oportunidades com as demais pessoas.

Art. 7º É dever de todos comunicar à autoridade competente qualquer forma de ameaça ou de violação aos direitos da pessoa com deficiência.

Parágrafo único. Se, no exercício de suas funções, os juízes e os tribunais tiverem conhecimento de fatos que caracterizem as violações previstas nesta Lei, devem remeter peças ao Ministério Público para as providências cabíveis.

Art. 8º É dever do Estado, da sociedade e da família assegurar à pessoa com deficiência, com prioridade, a efetivação dos direitos referentes à vida, à saúde, à sexualidade, à paternidade e à maternidade, à alimentação, à habitação, à educação, à profissionalização, ao trabalho, à previdência social, à habilitação e à reabilitação, ao transporte, à acessibilidade, à cultura, ao desporto, ao turismo, ao lazer, à informação, à comunicação, aos avanços científicos e tecnológicos, à dignidade, ao respeito, à liberdade, à convivência familiar e comunitária, entre outros decorrentes da Constituição Federal, da Convenção sobre os Direitos das Pessoas com Deficiência e seu Protocolo Facultativo e das leis e de outras normas que garantam seu bem-estar pessoal, social e econômico.

Seção Única - Do Atendimento Prioritário

Art. 9º A pessoa com deficiência tem direito a receber atendimento prioritário, sobretudo com a finalidade de:

I - proteção e socorro em quaisquer circunstâncias;
II - atendimento em todas as instituições e serviços de atendimento ao público;
III - disponibilização de recursos, tanto humanos quanto tecnológicos, que garantam atendimento em igualdade de condições com as demais pessoas;
IV - disponibilização de pontos de parada, estações e terminais acessíveis de transporte coletivo de passageiros e garantia de segurança no embarque e no desembarque;
V - acesso a informações e disponibilização de recursos de comunicação acessíveis;
VI - recebimento de restituição de imposto de renda;
VII - tramitação processual e procedimentos judiciais e administrativos em que for parte ou interessada, em todos os atos e diligências.

§ 1º Os direitos previstos neste artigo são extensivos ao acompanhante da pessoa com deficiência ou ao seu atendente pessoal, exceto quanto ao disposto nos incisos VI e VII deste artigo.

§ 2º Nos serviços de emergência públicos e privados, a prioridade conferida por esta Lei é condicionada aos protocolos de atendimento médico.

TÍTULO II - DOS DIREITOS FUNDAMENTAIS

CAPÍTULO I - DO DIREITO À VIDA

Art. 10. Compete ao poder público garantir a dignidade da pessoa com deficiência ao longo de toda a vida.

Parágrafo único. Em situações de risco, emergência ou estado de calamidade pública, a pessoa com deficiência será considerada vulnerável, devendo o poder público adotar medidas para sua proteção e segurança.

Art. 11. A pessoa com deficiência não poderá ser obrigada a se submeter a intervenção clínica ou cirúrgica, a tratamento ou a institucionalização forçada.

Parágrafo único. O consentimento da pessoa com deficiência em situação de curatela poderá ser suprido, na forma da lei.

Art. 12. O consentimento prévio, livre e esclarecido da pessoa com deficiência é indispensável para a realização de tratamento, procedimento, hospitalização e pesquisa científica.

§ 1º Em caso de pessoa com deficiência em situação de curatela, deve ser assegurada sua participação, no maior grau possível, para a obtenção de consentimento.

§ 2º A pesquisa científica envolvendo pessoa com deficiência em situação de tutela ou de curatela deve ser realizada, em caráter excepcional, apenas quando houver indícios de benefício direto para sua saúde ou para a saúde de outras pessoas com deficiência e desde que não haja outra opção de pesquisa de eficácia comparável com participantes não tutelados ou curatelados.

Art. 13. A pessoa com deficiência somente será atendida sem seu consentimento prévio, livre e esclarecido em casos de risco de morte e de emergência em saúde, resguardado seu superior interesse e adotadas as salvaguardas legais cabíveis.

CAPÍTULO II - DO DIREITO À HABILITAÇÃO E À REABILITAÇÃO

Art. 14. O processo de habilitação e de reabilitação é um direito da pessoa com deficiência.

Parágrafo único. O processo de habilitação e de reabilitação tem por objetivo o desenvolvimento de potencialidades, talentos, habilidades e aptidões físicas, cognitivas, sensoriais, psicossociais, atitudinais, profissionais e artísticas que contribuam para a conquista da autonomia da pessoa com deficiência e de sua participação social em igualdade de condições e oportunidades com as demais pessoas.

Art. 15. O processo mencionado no art. 14 desta Lei baseia-se em avaliação multidisciplinar das necessidades, habilidades e potencialidades de cada pessoa, observadas as seguintes diretrizes:

I - diagnóstico e intervenção precoces;
II - adoção de medidas para compensar perda ou limitação funcional, buscando o desenvolvimento de aptidões;
III - atuação permanente, integrada e articulada de políticas públicas que possibilitem a plena participação social da pessoa com deficiência;

LEI Nº 13.146, DE 6 DE JULHO DE 2015

IV - oferta de rede de serviços articulados, com atuação intersetorial, nos diferentes níveis de complexidade, para atender às necessidades específicas da pessoa com deficiência;

V - prestação de serviços próximo ao domicílio da pessoa com deficiência, inclusive na zona rural, respeitadas a organização das Redes de Atenção à Saúde (RAS) nos territórios locais e as normas do Sistema Único de Saúde (SUS).

Art. 16. Nos programas e serviços de habilitação e de reabilitação para a pessoa com deficiência, são garantidos:

I - organização, serviços, métodos, técnicas e recursos para atender às características de cada pessoa com deficiência;

II - acessibilidade em todos os ambientes e serviços;

III - tecnologia assistiva, tecnologia de reabilitação, materiais e equipamentos adequados e apoio técnico profissional, de acordo com as especificidades de cada pessoa com deficiência;

IV - capacitação continuada de todos os profissionais que participem dos programas e serviços.

Art. 17. Os serviços do SUS e do Suas deverão promover ações articuladas para garantir à pessoa com deficiência e sua família a aquisição de informações, orientações e formas de acesso às políticas públicas disponíveis, com a finalidade de propiciar sua plena participação social.

Parágrafo único. Os serviços de que trata o caput deste artigo podem fornecer informações e orientações nas áreas de saúde, de educação, de cultura, de esporte, de lazer, de transporte, de previdência social, de assistência social, de habitação, de trabalho, de empreendedorismo, de acesso ao crédito, de promoção, proteção e defesa de direitos e nas demais áreas que possibilitem à pessoa com deficiência exercer sua cidadania.

CAPÍTULO III - DO DIREITO À SAÚDE

Art. 18. É assegurada atenção integral à saúde da pessoa com deficiência em todos os níveis de complexidade, por intermédio do SUS, garantido acesso universal e igualitário.

§ 1º É assegurada a participação da pessoa com deficiência na elaboração das políticas de saúde a ela destinadas.

§ 2º É assegurado atendimento segundo normas éticas e técnicas, que regulamentarão a atuação dos profissionais de saúde e contemplarão aspectos relacionados aos direitos e às especificidades da pessoa com deficiência, incluindo temas como sua dignidade e autonomia.

§ 3º Aos profissionais que prestam assistência à pessoa com deficiência, especialmente em serviços de habilitação e de reabilitação, deve ser garantida capacitação inicial e continuada.

§ 4º As ações e os serviços de saúde pública destinados à pessoa com deficiência devem assegurar:

I - diagnóstico e intervenção precoces, realizados por equipe multidisciplinar;

II - serviços de habilitação e de reabilitação sempre que necessários, para qualquer tipo de deficiência, inclusive para a manutenção da melhor condição de saúde e qualidade de vida;

III - atendimento domiciliar multidisciplinar, tratamento ambulatorial e internação;

IV - campanhas de vacinação;

V - atendimento psicológico, inclusive para seus familiares e atendentes pessoais;

VI - respeito à especificidade, à identidade de gênero e à orientação sexual da pessoa com deficiência;

VII - atenção sexual e reprodutiva, incluindo o direito à fertilização assistida;

VIII - informação adequada e acessível à pessoa com deficiência e a seus familiares sobre sua condição de saúde;

IX - serviços projetados para prevenir a ocorrência e o desenvolvimento de deficiências e agravos adicionais;

X - promoção de estratégias de capacitação permanente das equipes que atuam no SUS, em todos os níveis de atenção, no atendimento à pessoa com deficiência, bem como orientação a seus atendentes pessoais;

XI - oferta de órteses, próteses, meios auxiliares de locomoção, medicamentos, insumos e fórmulas nutricionais, conforme as normas vigentes do Ministério da Saúde.

§ 5º As diretrizes deste artigo aplicam-se também às instituições privadas que participem de forma complementar do SUS ou que recebam recursos públicos para sua manutenção.

Art. 19. Compete ao SUS desenvolver ações destinadas à prevenção de deficiências por causas evitáveis, inclusive por meio de:

I - acompanhamento da gravidez, do parto e do puerpério, com garantia de parto humanizado e seguro;

II - promoção de práticas alimentares adequadas e saudáveis, vigilância alimentar e nutricional, prevenção e cuidado integral dos agravos relacionados à alimentação e nutrição da mulher e da criança;

III - aprimoramento e expansão dos programas de imunização e de triagem neonatal;

IV - identificação e controle da gestante de alto risco.

Art. 20. As operadoras de planos e seguros privados de saúde são obrigadas a garantir à pessoa com deficiência, no mínimo, todos os serviços e produtos ofertados aos demais clientes.

Art. 21. Quando esgotados os meios de atenção à saúde da pessoa com deficiência no local de residência, será prestado atendimento fora de domicílio, para fins de diagnóstico e de tratamento, garantidos o transporte e a acomodação da pessoa com deficiência e de seu acompanhante.

Art. 22. À pessoa com deficiência internada ou em observação é assegurado o direito a acompanhante ou a atendente pessoal, devendo o órgão ou a instituição de saúde proporcionar condições adequadas para sua permanência em tempo integral.

§ 1º Na impossibilidade de permanência do acompanhante ou do atendente pessoal junto à pessoa com deficiência, cabe ao profissional de saúde responsável pelo tratamento justificá-la por escrito.

§ 2º Na ocorrência da impossibilidade prevista no § 1º deste artigo, o órgão ou a instituição de saúde deve adotar as providências cabíveis para suprir a ausência do acompanhante ou do atendente pessoal.

Art. 23. São vedadas todas as formas de discriminação contra a pessoa com deficiência, inclusive por meio de cobrança de valores diferenciados por planos e seguros privados de saúde, em razão de sua condição.

Art. 24. É assegurado à pessoa com deficiência o acesso aos serviços de saúde, tanto públicos como privados, e às informações prestadas e recebidas, por meio de recursos de tecnologia assistiva e de todas as formas de comunicação previstas no inciso V do art. 3º desta Lei.

Art. 25. Os espaços dos serviços de saúde, tanto públicos quanto privados, devem assegurar o acesso da pessoa com deficiência, em conformidade com a legislação em vigor, mediante a remoção de barreiras, por meio de projetos arquitetônico, de ambientação de interior e de comunicação que atendam às especificidades das pessoas com deficiência física, sensorial, intelectual e mental.

Art. 26. Os casos de suspeita ou de confirmação de violência praticada contra a pessoa com deficiência serão objeto de notificação compulsória pelos serviços de saúde públicos e privados à autoridade policial e ao Ministério Público, além dos Conselhos dos Direitos da Pessoa com Deficiência.

Parágrafo único. Para os efeitos desta Lei, considera-se violência contra a pessoa com deficiência qualquer ação ou omissão, praticada em local público ou privado, que lhe cause morte ou dano ou sofrimento físico ou psicológico.

CAPÍTULO IV - DO DIREITO À EDUCAÇÃO

Art. 27. A educação constitui direito da pessoa com deficiência, assegurados sistema educacional inclusivo em todos os níveis e aprendizado ao longo de toda a vida, de forma a alcançar o máximo desenvolvimento possível de seus talentos e habilidades físicas, sensoriais, intelectuais e sociais, segundo suas características, interesses e necessidades de aprendizagem.

Parágrafo único. É dever do Estado, da família, da comunidade escolar e da sociedade assegurar educação de qualidade à pessoa com deficiência, colocando-a a salvo de toda forma de violência, negligência e discriminação.

Art. 28. Incumbe ao poder público assegurar, criar, desenvolver, implementar, incentivar, acompanhar e avaliar:

I - sistema educacional inclusivo em todos os níveis e modalidades, bem como o aprendizado ao longo de toda a vida;

II - aprimoramento dos sistemas educacionais, visando a garantir condições de acesso, permanência, participação e aprendizagem, por meio da oferta de serviços e de recursos de acessibilidade que eliminem as barreiras e promovam a inclusão plena;

III - projeto pedagógico que institucionalize o atendimento educacional especializado, assim como os demais serviços e adaptações razoáveis, para atender às características dos estudantes com deficiência e garantir o seu pleno acesso ao currículo em condições de igualdade, promovendo a conquista e o exercício de sua autonomia;

IV - oferta de educação bilíngue, em Libras como primeira língua e na modalidade escrita da língua portuguesa como segunda língua, em escolas e classes bilíngues e em escolas inclusivas;

V - adoção de medidas individualizadas e coletivas em ambientes que maximizem o desenvolvimento acadêmico e social dos estudantes com deficiência, favorecendo o acesso, a permanência, a participação e a aprendizagem em instituições de ensino;

VI - pesquisas voltadas para o desenvolvimento de novos métodos e técnicas pedagógicas, de materiais didáticos, de equipamentos e de recursos de tecnologia assistiva;

VII - planejamento de estudo de caso, de elaboração de plano de atendimento educacional especializado, de organização de recursos e serviços de acessibilidade e de disponibilização e usabilidade pedagógica de recursos de tecnologia assistiva;

VIII - participação dos estudantes com deficiência e de suas famílias nas diversas instâncias de atuação da comunidade escolar;

IX - adoção de medidas de apoio que favoreçam o desenvolvimento dos aspectos linguísticos, culturais, vocacionais e profissionais, levando-se em conta o talento, a criatividade, as habilidades e os interesses do estudante com deficiência;

X - adoção de práticas pedagógicas inclusivas pelos programas de formação inicial e continuada de professores e oferta de formação continuada para o atendimento educacional especializado;

XI - formação e disponibilização de professores para o atendimento educacional especializado, de tradutores e intérpretes da Libras, de guias intérpretes e de profissionais de apoio;

XII - oferta de ensino da Libras, do Sistema Braille e de uso de recursos de tecnologia assistiva, de forma a ampliar habilidades funcionais dos estudantes, promovendo sua autonomia e participação;

XIII - acesso à educação superior e à educação profissional e tecnológica em igualdade de oportunidades e condições com as demais pessoas;

XIV - inclusão em conteúdos curriculares, em cursos de nível superior e de educação profissional técnica e tecnológica, de temas relacionados à pessoa com deficiência nos respectivos campos de conhecimento;

XV - acesso da pessoa com deficiência, em igualdade de condições, a jogos e a atividades recreativas, esportivas e de lazer, no sistema escolar;

XVI - acessibilidade para todos os estudantes, trabalhadores da educação e demais integrantes da comunidade escolar às edificações, aos ambientes e às atividades concernentes a todas as modalidades, etapas e níveis de ensino;

XVII - oferta de profissionais de apoio escolar;

XVIII - articulação intersetorial na implementação de políticas públicas.

§ 1º Às instituições privadas, de qualquer nível e modalidade de ensino, aplica-se obrigatoriamente o disposto nos incisos I, II, III, V, VII, VIII, IX, X, XI, XII, XIII, XIV, XV, XVI, XVII e XVIII do caput deste artigo, sendo vedada a cobrança de valores adicionais de qualquer natureza em suas mensalidades, anuidades e matrículas no cumprimento dessas determinações.

§ 2º Na disponibilização de tradutores e intérpretes da Libras a que se refere o inciso XI do caput deste artigo, deve-se observar o seguinte:

I - os tradutores e intérpretes da Libras atuantes na educação básica devem, no mínimo, possuir ensino médio completo e certificado de proficiência na Libras;

II - os tradutores e intérpretes da Libras, quando direcionados à tarefa de interpretar nas salas de aula dos cursos de graduação e pós-graduação, devem possuir nível superior, com habilitação, prioritariamente, em Tradução e Interpretação em Libras.

Art. 29. (VETADO).

Art. 30. Nos processos seletivos para ingresso e permanência nos cursos oferecidos pelas instituições de ensino superior e de educação profissional e tecnológica, públicas e privadas, devem ser adotadas as seguintes medidas:

I - atendimento preferencial à pessoa com deficiência nas dependências das Instituições de Ensino Superior (IES) e nos serviços;

II - disponibilização de formulário de inscrição de exames com campos específicos para que o candidato com deficiência informe os recursos de acessibilidade e de tecnologia assistiva necessários para sua participação;

III - disponibilização de provas em formatos acessíveis para atendimento às necessidades específicas do candidato com deficiência;

IV - disponibilização de recursos de acessibilidade e de tecnologia assistiva adequados, previamente solicitados e escolhidos pelo candidato com deficiência;

V - dilação de tempo, conforme demanda apresentada pelo candidato com deficiência, tanto na realização de exame para seleção quanto nas atividades acadêmicas, mediante prévia solicitação e comprovação da necessidade;

VI - adoção de critérios de avaliação das provas escritas, discursivas ou de redação que considerem a singularidade linguística da pessoa com deficiência, no domínio da modalidade escrita da língua portuguesa;

VII - tradução completa do edital e de suas retificações em Libras.

CAPÍTULO V - DO DIREITO À MORADIA

Art. 31. A pessoa com deficiência tem direito à moradia digna, no seio da família natural ou substituta, com seu cônjuge ou companheiro ou desacompanhada, ou em moradia para a vida independente da pessoa com deficiência, ou, ainda, em residência inclusiva.

§ 1º O poder público adotará programas e ações estratégicas para apoiar a criação e a manutenção de moradia para a vida independente da pessoa com deficiência.

LEI Nº 13.146, DE 6 DE JULHO DE 2015

§ 2º A proteção integral na modalidade de residência inclusiva será prestada no âmbito do Suas à pessoa com deficiência em situação de dependência que não disponha de condições de autossustentabilidade, com vínculos familiares fragilizados ou rompidos.

Art. 32. Nos programas habitacionais, públicos ou subsidiados com recursos públicos, a pessoa com deficiência ou o seu responsável goza de prioridade na aquisição de imóvel para moradia própria, observado o seguinte:

I - reserva de, no mínimo, 3% (três por cento) das unidades habitacionais para pessoa com deficiência;

II - (VETADO);

III - em caso de edificação multifamiliar, garantia de acessibilidade nas áreas de uso comum e nas unidades habitacionais no piso térreo e de acessibilidade ou de adaptação razoável nos demais pisos;

IV - disponibilização de equipamentos urbanos comunitários acessíveis;

V - elaboração de especificações técnicas no projeto que permitam a instalação de elevadores.

§ 1º O direito à prioridade, previsto no caput deste artigo, será reconhecido à pessoa com deficiência beneficiária apenas uma vez.

§ 2º Nos programas habitacionais públicos, os critérios de financiamento devem ser compatíveis com os rendimentos da pessoa com deficiência ou de sua família.

§ 3º Caso não haja pessoa com deficiência interessada nas unidades habitacionais reservadas por força do disposto no inciso I do caput deste artigo, as unidades não utilizadas serão disponibilizadas às demais pessoas.

Art. 33. Ao poder público compete:

I - adotar as providências necessárias para o cumprimento do disposto nos arts. 31 e 32 desta Lei; e

II - divulgar, para os agentes interessados e beneficiários, a política habitacional prevista nas legislações federal, estaduais, distrital e municipais, com ênfase nos dispositivos sobre acessibilidade.

CAPÍTULO VI - DO DIREITO AO TRABALHO

Seção I - Disposições Gerais

Art. 34. A pessoa com deficiência tem direito ao trabalho de sua livre escolha e aceitação, em ambiente acessível e inclusivo, em igualdade de oportunidades com as demais pessoas.

§ 1º As pessoas jurídicas de direito público, privado ou de qualquer natureza são obrigadas a garantir ambientes de trabalho acessíveis e inclusivos.

§ 2º A pessoa com deficiência tem direito, em igualdade de oportunidades com as demais pessoas, a condições justas e favoráveis de trabalho, incluindo igual remuneração por trabalho de igual valor.

§ 3º É vedada restrição ao trabalho da pessoa com deficiência e qualquer discriminação em razão de sua condição, inclusive nas etapas de recrutamento, seleção, contratação, admissão, exames admissional e periódico, permanência no emprego, ascensão profissional e reabilitação profissional, bem como exigência de aptidão plena.

§ 4º A pessoa com deficiência tem direito à participação e ao acesso a cursos, treinamentos, educação continuada, planos de carreira, promoções, bonificações e incentivos profissionais oferecidos pelo empregador, em igualdade de oportunidades com os demais empregados.

§ 5º É garantida aos trabalhadores com deficiência acessibilidade em cursos de formação e de capacitação.

Art. 35. É finalidade primordial das políticas públicas de trabalho e emprego promover e garantir condições de acesso e de permanência da pessoa com deficiência no campo de trabalho.

Parágrafo único. Os programas de estímulo ao empreendedorismo e ao trabalho autônomo, incluídos o cooperativismo e o associativismo, devem prever a participação da pessoa com deficiência e a disponibilização de linhas de crédito, quando necessárias.

Seção II - Da Habilitação Profissional e Reabilitação Profissional

Art. 36. O poder público deve implementar serviços e programas completos de habilitação profissional e de reabilitação profissional para que a pessoa com deficiência possa ingressar, continuar ou retornar ao campo do trabalho, respeitados sua livre escolha, sua vocação e seu interesse.

§ 1º Equipe multidisciplinar indicará, com base em critérios previstos no § 1º do art. 2º desta Lei, programa de habilitação ou de reabilitação que possibilite à pessoa com deficiência restaurar sua capacidade e habilidade profissional ou adquirir novas capacidades e habilidades de trabalho.

§ 2º A habilitação profissional corresponde ao processo destinado a propiciar à pessoa com deficiência aquisição de conhecimentos, habilidades e aptidões para exercício de profissão ou de ocupação, permitindo nível suficiente de desenvolvimento profissional para ingresso no campo de trabalho.

§ 3º Os serviços de habilitação profissional, de reabilitação profissional e de educação profissional devem ser dotados de recursos necessários para atender a toda pessoa com deficiência, independentemente de sua característica específica, a fim de que ela possa ser capacitada para trabalho que lhe seja adequado e ter perspectivas de obtê-lo, de conservá-lo e de nele progredir.

§ 4º Os serviços de habilitação profissional, de reabilitação profissional e de educação profissional deverão ser oferecidos em ambientes acessíveis e inclusivos.

§ 5º A habilitação profissional e a reabilitação profissional devem ocorrer articuladas com as redes públicas e privadas, especialmente de saúde, de ensino e de assistência social, em todos os níveis e modalidades, em entidades de formação profissional ou diretamente com o empregador.

§ 6º A habilitação profissional pode ocorrer em empresas por meio de prévia formalização do contrato de emprego da pessoa com deficiência, que será considerada para o cumprimento da reserva de vagas prevista em lei, desde que por tempo determinado e concomitante com a inclusão profissional na empresa, observado o disposto em regulamento.

§ 7º A habilitação profissional e a reabilitação profissional atenderão à pessoa com deficiência.

Seção III - Da Inclusão da Pessoa com Deficiência no Trabalho

Art. 37. Constitui modo de inclusão da pessoa com deficiência no trabalho a colocação competitiva, em igualdade de oportunidades com as demais pessoas, nos termos da legislação trabalhista e previdenciária, na qual devem ser atendidas as regras de acessibilidade, o fornecimento de recursos de tecnologia assistiva e a adaptação razoável no ambiente de trabalho.

Parágrafo único. A colocação competitiva da pessoa com deficiência pode ocorrer por meio de trabalho com apoio, observadas as seguintes diretrizes:

I - prioridade no atendimento à pessoa com deficiência com maior dificuldade de inserção no campo de trabalho;

II - provisão de suportes individualizados que atendam a necessidades específicas da pessoa com deficiência, inclusive a disponibilização de recursos de tecnologia assistiva, de agente facilitador e de apoio no ambiente de trabalho;

III - respeito ao perfil vocacional e ao interesse da pessoa com deficiência apoiada;

IV - oferta de aconselhamento e de apoio aos empregadores, com vistas à definição de estratégias de inclusão e de superação de barreiras, inclusive atitudinais;

V - realização de avaliações periódicas;

VI - articulação intersetorial das políticas públicas;

VII - possibilidade de participação de organizações da sociedade civil.

Art. 38. A entidade contratada para a realização de processo seletivo público ou privado para cargo, função ou emprego está obrigada à observância do disposto nesta Lei e em outras normas de acessibilidade vigentes.

CAPÍTULO VII - DO DIREITO À ASSISTÊNCIA SOCIAL

Art. 39. Os serviços, os programas, os projetos e os benefícios no âmbito da política pública de assistência social à pessoa com deficiência e sua família têm como objetivo a garantia da segurança de renda, da acolhida, da habilitação e da reabilitação, do desenvolvimento da autonomia e da convivência familiar e comunitária, para a promoção do acesso a direitos e da plena participação social.

§ 1º A assistência social à pessoa com deficiência, nos termos do caput deste artigo, deve envolver conjunto articulado de serviços do âmbito da Proteção Social Básica e da Proteção Social Especial, ofertados pelo Suas, para a garantia de seguranças fundamentais no enfrentamento de situações de vulnerabilidade e de risco, por fragilização de vínculos e ameaça ou violação de direitos.

§ 2º Os serviços socioassistenciais destinados à pessoa com deficiência em situação de dependência deverão contar com cuidadores sociais para prestar-lhe cuidados básicos e instrumentais.

Art. 40. É assegurado à pessoa com deficiência que não possua meios para prover sua subsistência nem de tê-la provida por sua família o benefício mensal de 1 (um) salário-mínimo, nos termos da Lei nº 8.742, de 7 de dezembro de 1993 .

CAPÍTULO VIII - DO DIREITO À PREVIDÊNCIA SOCIAL

Art. 41. A pessoa com deficiência segurada do Regime Geral de Previdência Social (RGPS) tem direito à aposentadoria nos termos da Lei Complementar nº 142, de 8 de maio de 2013 .

CAPÍTULO IX - DO DIREITO À CULTURA, AO ESPORTE, AO TURISMO E AO LAZER

Art. 42. A pessoa com deficiência tem direito à cultura, ao esporte, ao turismo e ao lazer em igualdade de oportunidades com as demais pessoas, sendo-lhe garantido o acesso:

I - a bens culturais em formato acessível;

II - a programas de televisão, cinema, teatro e outras atividades culturais e desportivas em formato acessível; e

III - a monumentos e locais de importância cultural e a espaços que ofereçam serviços ou eventos culturais e esportivos.

§ 1º É vedada a recusa de oferta de obra intelectual em formato acessível à pessoa com deficiência, sob qualquer argumento, inclusive sob a alegação de proteção dos direitos de propriedade intelectual.

§ 2º O poder público deve adotar soluções destinadas à eliminação, à redução ou à superação de barreiras para a promoção do acesso a todo patrimônio cultural, observadas as normas de acessibilidade, ambientais e de proteção do patrimônio histórico e artístico nacional.

Art. 43. O poder público deve promover a participação da pessoa com deficiência em atividades artísticas, intelectuais, culturais, esportivas e recreativas, com vistas ao seu protagonismo, devendo:

I - incentivar a provisão de instrução, de treinamento e de recursos adequados, em igualdade de oportunidades com as demais pessoas;

II - assegurar acessibilidade nos locais de eventos e nos serviços prestados por pessoa ou entidade envolvida na organização das atividades de que trata este artigo; e

III - assegurar a participação da pessoa com deficiência em jogos e atividades recreativas, esportivas, de lazer, culturais e artísticas, inclusive no sistema escolar, em igualdade de condições com as demais pessoas.

Art. 44. Nos teatros, cinemas, auditórios, estádios, ginásios de esporte, locais de espetáculos e de conferências e similares, serão reservados espaços livres e assentos para a pessoa com deficiência, de acordo com a capacidade de lotação da edificação, observado o disposto em regulamento.

§ 1º Os espaços e assentos a que se refere este artigo devem ser distribuídos pelo recinto em locais diversos, de boa visibilidade, em todos os setores, próximos aos corredores, devidamente sinalizados, evitando-se áreas segregadas de público e obstrução das saídas, em conformidade com as normas de acessibilidade.

§ 2º No caso de não haver comprovada procura pelos assentos reservados, esses podem, excepcionalmente, ser ocupados por pessoas sem deficiência ou que não tenham mobilidade reduzida, observado o disposto em regulamento.

§ 3º Os espaços e assentos a que se refere este artigo devem situar-se em locais que garantam a acomodação de, no mínimo, 1 (um) acompanhante da pessoa com deficiência ou com mobilidade reduzida, resguardado o direito de se acomodar proximamente a grupo familiar e comunitário.

§ 4º Nos locais referidos no caput deste artigo, deve haver, obrigatoriamente, rotas de fuga e saídas de emergência acessíveis, conforme padrões das normas de acessibilidade, a fim de permitir a saída segura da pessoa com deficiência ou com mobilidade reduzida, em caso de emergência.

§ 5º Todos os espaços das edificações previstas no caput deste artigo devem atender às normas de acessibilidade em vigor.

§ 6º As salas de cinema devem oferecer, em todas as sessões, recursos de acessibilidade para a pessoa com deficiência.

§ 7º O valor do ingresso da pessoa com deficiência não poderá ser superior ao valor cobrado das demais pessoas.

Art. 45. Os hotéis, pousadas e similares devem ser construídos observando-se os princípios do desenho universal, além de adotar todos os meios de acessibilidade, conforme legislação em vigor. (Regulamento)

§ 1º Os estabelecimentos já existentes deverão disponibilizar, pelo menos, 10% (dez por cento) de seus dormitórios acessíveis, garantida, no mínimo, 1 (uma) unidade acessível.

§ 2º Os dormitórios mencionados no § 1º deste artigo deverão ser localizados em rotas acessíveis.

CAPÍTULO X - DO DIREITO AO TRANSPORTE E À MOBILIDADE

Art. 46. O direito ao transporte e à mobilidade da pessoa com deficiência ou com mobilidade reduzida será assegurado em igualdade de oportunidades com as demais pessoas, por meio de identificação e de eliminação de todos os obstáculos e barreiras ao seu acesso.

§ 1º Para fins de acessibilidade aos serviços de transporte coletivo terrestre, aquaviário e aéreo, em todas as jurisdições, consideram-se como integrantes desses serviços os veículos, os terminais, as estações, os pontos de parada, o sistema viário e a prestação do serviço.

§ 2º São sujeitas ao cumprimento das disposições desta Lei, sempre que houver interação com a matéria nela regulada, a outorga, a concessão, a permissão, a autorização, a renovação ou a habilitação de linhas e de serviços de transporte coletivo.

§ 3º Para colocação do símbolo internacional de acesso nos veículos, as empresas de transporte coletivo de passageiros dependem da certificação de acessibilidade emitida pelo gestor público responsável pela prestação do serviço.

Art. 47. Em todas as áreas de estacionamento aberto ao público, de uso público ou privado de uso coletivo e em vias públicas, devem ser reservadas vagas próximas aos acessos de circulação de pedestres, devidamente sinalizadas, para veículos que transportem pessoa com deficiência com comprometimento de mobilidade, desde que devidamente identificados.

§ 1º As vagas a que se refere o caput deste artigo devem equivaler a 2% (dois por cento) do total, garantida, no mínimo, 1

LEI Nº 13.146, DE 6 DE JULHO DE 2015

(uma) vaga devidamente sinalizada e com as especificações de desenho e traçado de acordo com as normas técnicas vigentes de acessibilidade.

§ 2º Os veículos estacionados nas vagas reservadas devem exibir, em local de ampla visibilidade, a credencial de beneficiário, a ser confeccionada e fornecida pelos órgãos de trânsito, que disciplinarão suas características e condições de uso.

§ 3º A utilização indevida das vagas de que trata este artigo sujeita os infratores às sanções previstas no inciso XX do art. 181 da Lei nº 9.503, de 23 de setembro de 1997 (Código de Trânsito Brasileiro). (Redação dada pela Lei nº 13.281, de 2016)

§ 4º A credencial a que se refere o § 2º deste artigo é vinculada à pessoa com deficiência que possui comprometimento de mobilidade e é válida em todo o território nacional.

Art. 48. Os veículos de transporte coletivo terrestre, aquaviário e aéreo, as instalações, as estações, os portos e os terminais em operação no País devem ser acessíveis, de forma a garantir o seu uso por todas as pessoas.

§ 1º Os veículos e as estruturas de que trata o caput deste artigo devem dispor de sistema de comunicação acessível que disponibilize informações sobre todos os pontos do itinerário.

§ 2º São asseguradas à pessoa com deficiência prioridade e segurança nos procedimentos de embarque e de desembarque nos veículos de transporte coletivo, de acordo com as normas técnicas.

§ 3º Para colocação do símbolo internacional de acesso nos veículos, as empresas de transporte coletivo de passageiros dependem da certificação de acessibilidade emitida pelo gestor público responsável pela prestação do serviço.

Art. 49. As empresas de transporte de fretamento e de turismo, na renovação de suas frotas, são obrigadas ao cumprimento do disposto nos arts. 46 e 48 desta Lei.

Art. 50. O poder público incentivará a fabricação de veículos acessíveis e a sua utilização como táxis e vans, de forma a garantir o seu uso por todas as pessoas.

Art. 51. As frotas de empresas de táxi devem reservar 10% (dez por cento) de seus veículos acessíveis à pessoa com deficiência. (Vide Decreto nº 9.762, de 2019)

§ 1º É proibida a cobrança diferenciada de tarifas ou de valores adicionais pelo serviço de táxi prestado à pessoa com deficiência.

§ 2º O poder público é autorizado a instituir incentivos fiscais com vistas a possibilitar a acessibilidade dos veículos a que se refere o caput deste artigo.

Art. 52. As locadoras de veículos são obrigadas a oferecer 1 (um) veículo adaptado para uso de pessoa com deficiência, a cada conjunto de 20 (vinte) veículos de sua frota. (Vide Decreto nº 9.762, de 2019)

Parágrafo único. O veículo adaptado deverá ter, no mínimo, câmbio automático, direção hidráulica, vidros elétricos e comandos manuais de freio e de embreagem.

TÍTULO III - DA ACESSIBILIDADE
CAPÍTULO I - DISPOSIÇÕES GERAIS

Art. 53. A acessibilidade é direito que garante à pessoa com deficiência ou com mobilidade reduzida viver de forma independente e exercer seus direitos de cidadania e de participação social.

Art. 54. São sujeitas ao cumprimento das disposições desta Lei e de outras normas relativas à acessibilidade, sempre que houver interação com a matéria nela regulada:

I - a aprovação de projeto arquitetônico e urbanístico ou de comunicação e informação, a fabricação de veículos de transporte coletivo, a prestação do respectivo serviço e a execução de qualquer tipo de obra, quando tenham destinação pública ou coletiva;

II - a outorga ou a renovação de concessão, permissão, autorização ou habilitação de qualquer natureza;

III - a aprovação de financiamento de projeto com utilização de recursos públicos, por meio de renúncia ou de incentivo fiscal, contrato, convênio ou instrumento congênere; e

IV - a concessão de aval da União para obtenção de empréstimo e de financiamento internacionais por entes públicos ou privados.

Art. 55. A concepção e a implantação de projetos que tratem do meio físico, de transporte, de informação e comunicação, inclusive de sistemas e tecnologias da informação e comunicação, e de outros serviços, equipamentos e instalações abertos ao público, de uso público ou privado de uso coletivo, tanto na zona urbana como na rural, devem atender aos princípios do desenho universal, tendo como referência as normas de acessibilidade.

§ 1º O desenho universal será sempre tomado como regra de caráter geral.

§ 2º Nas hipóteses em que comprovadamente o desenho universal não possa ser empreendido, deve ser adotada adaptação razoável.

§ 3º Caberá ao poder público promover a inclusão de conteúdos temáticos referentes ao desenho universal nas diretrizes curriculares da educação profissional e tecnológica e do ensino superior e na formação das carreiras de Estado.

§ 4º Os programas, os projetos e as linhas de pesquisa a serem desenvolvidos com o apoio de organismos públicos de auxílio à pesquisa e de agências de fomento deverão incluir temas voltados para o desenho universal.

§ 5º Desde a etapa de concepção, as políticas públicas deverão considerar a adoção do desenho universal.

Art. 56. A construção, a reforma, a ampliação ou a mudança de uso de edificações abertas ao público, de uso público ou privadas de uso coletivo deverão ser executadas de modo a serem acessíveis.

§ 1º As entidades de fiscalização profissional das atividades de Engenharia, de Arquitetura e correlatas, ao anotarem a responsabilidade técnica de projetos, devem exigir a responsabilidade profissional declarada de atendimento às regras de acessibilidade previstas em legislação e em normas técnicas pertinentes.

§ 2º Para a aprovação, o licenciamento ou a emissão de certificado de projeto executivo arquitetônico, urbanístico e de instalações e equipamentos temporários ou permanentes e para o licenciamento ou a emissão de certificado de conclusão de obra ou de serviço, deve ser atestado o atendimento às regras de acessibilidade.

§ 3º O poder público, após certificar a acessibilidade de edificação ou de serviço, determinará a colocação, em espaços ou em locais de ampla visibilidade, do símbolo internacional de acesso, na forma prevista em legislação e em normas técnicas correlatas.

Art. 57. As edificações públicas e privadas de uso coletivo já existentes devem garantir acessibilidade à pessoa com deficiência em todas as suas dependências e serviços, tendo como referência as normas de acessibilidade vigentes.

Art. 58. O projeto e a construção de edificação de uso privado multifamiliar devem atender aos preceitos de acessibilidade, na forma regulamentar. (Regulamento)

§ 1º As construtoras e incorporadoras responsáveis pelo projeto e pela construção das edificações a que se refere o caput deste artigo devem assegurar percentual mínimo de suas unidades internamente acessíveis, na forma regulamentar.

§ 2º É vedada a cobrança de valores adicionais para a aquisição de unidades internamente acessíveis a que se refere o § 1º deste artigo.

Art. 59. Em qualquer intervenção nas vias e nos espaços públicos, o poder público e as empresas concessionárias responsáveis pela execução das obras e dos serviços devem garantir, de forma segura, a fluidez do trânsito e a livre circulação e acessibilidade das pessoas, durante e após sua execução.

Art. 60. Orientam-se, no que couber, pelas regras de acessibilidade previstas em legislação e em normas técnicas, observado o disposto na Lei nº 10.098, de 19 de dezembro de 2000 , nº 10.257, de 10 de julho de 2001 , e nº 12.587, de 3 de janeiro de 2012 :

I - os planos diretores municipais, os planos diretores de transporte e trânsito, os planos de mobilidade urbana e os planos de preservação de sítios históricos elaborados ou atualizados a partir da publicação desta Lei;

II - os códigos de obras, os códigos de postura, as leis de uso e ocupação do solo e as leis do sistema viário;

III - os estudos prévios de impacto de vizinhança;

IV - as atividades de fiscalização e a imposição de sanções; e

V - a legislação referente à prevenção contra incêndio e pânico.

§ 1º A concessão e a renovação de alvará de funcionamento para qualquer atividade são condicionadas à observação e à certificação das regras de acessibilidade.

§ 2º A emissão de carta de habite-se ou de habilitação equivalente e sua renovação, quando esta tiver sido emitida anteriormente às exigências de acessibilidade, é condicionada à observação e à certificação das regras de acessibilidade.

Art. 61. A formulação, a implementação e a manutenção das ações de acessibilidade atenderão às seguintes premissas básicas:

I - eleição de prioridades, elaboração de cronograma e reserva de recursos para implementação das ações; e

II - planejamento contínuo e articulado entre os setores envolvidos.

Art. 62. É assegurado à pessoa com deficiência, mediante solicitação, o recebimento de contas, boletos, recibos, extratos e cobranças de tributos em formato acessível.

CAPÍTULO II - DO ACESSO À INFORMAÇÃO E À COMUNICAÇÃO

Art. 63. É obrigatória a acessibilidade nos sítios da internet mantidos por empresas com sede ou representação comercial no País ou por órgãos de governo, para uso da pessoa com deficiência, garantindo-lhe acesso às informações disponíveis, conforme as melhores práticas e diretrizes de acessibilidade adotadas internacionalmente.

§ 1º Os sítios devem conter símbolo de acessibilidade em destaque.

§ 2º Telecentros comunitários que receberem recursos públicos federais para seu custeio ou sua instalação e lan houses devem possuir equipamentos e instalações acessíveis.

§ 3º Os telecentros e as lan houses de que trata o § 2º deste artigo devem garantir, no mínimo, 10% (dez por cento) de seus computadores com recursos de acessibilidade para pessoa com deficiência visual, sendo assegurado pelo menos 1 (um) equipamento, quando o resultado percentual for inferior a 1 (um).

Art. 64. A acessibilidade nos sítios da internet de que trata o art. 63 desta Lei deve ser observada para obtenção do financiamento de que trata o inciso III do art. 54 desta Lei.

Art. 65. As empresas prestadoras de serviços de telecomunicações deverão garantir pleno acesso à pessoa com deficiência, conforme regulamentação específica.

Art. 66. Cabe ao poder público incentivar a oferta de aparelhos de telefonia fixa e móvel celular com acessibilidade que, entre outras tecnologias assistivas, possuam possibilidade de indicação e de ampliação sonoras de todas as operações e funções disponíveis.

Art. 67. Os serviços de radiodifusão de sons e imagens devem permitir o uso dos seguintes recursos, entre outros:

I - subtitulação por meio de legenda oculta;

II - janela com intérprete da Libras;

III - audiodescrição.

Art. 68. O poder público deve adotar mecanismos de incentivo à produção, à edição, à difusão, à distribuição e à comercialização de livros em formatos acessíveis, inclusive em publicações da administração pública ou financiadas com recursos públicos, com vistas a garantir à pessoa com deficiência o direito de acesso à leitura, à informação e à comunicação.

§ 1º Nos editais de compras de livros, inclusive para o abastecimento ou a atualização de acervos de bibliotecas em todos os níveis e modalidades de educação e de bibliotecas públicas, o poder público deverá adotar cláusulas de impedimento à participação de editoras que não ofertem sua produção também em formatos acessíveis.

§ 2º Consideram-se formatos acessíveis os arquivos digitais que possam ser reconhecidos e acessados por softwares leitores de telas ou outras tecnologias assistivas que vierem a substituí-los, permitindo leitura com voz sintetizada, ampliação de caracteres, diferentes contrastes e impressão em Braille.

§ 3º O poder público deve estimular e apoiar a adaptação e a produção de artigos científicos em formato acessível, inclusive em Libras.

Art. 69. O poder público deve assegurar a disponibilidade de informações corretas e claras sobre os diferentes produtos e serviços ofertados, por quaisquer meios de comunicação empregados, inclusive em ambiente virtual, contendo a especificação correta de quantidade, qualidade, características, composição e preço, bem como sobre os eventuais riscos à saúde e à segurança do consumidor com deficiência, em caso de sua utilização, aplicando-se, no que couber, os arts. 30 a 41 da Lei nº 8.078, de 11 de setembro de 1990 .

§ 1º Os canais de comercialização virtual e os anúncios publicitários veiculados na imprensa escrita, na internet, no rádio, na televisão e nos demais veículos de comunicação abertos ou por assinatura devem disponibilizar, conforme a compatibilidade do meio, os recursos de acessibilidade de que trata o art. 67 desta Lei, a expensas do fornecedor do produto ou do serviço, sem prejuízo da observância do disposto nos arts. 36 a 38 da Lei nº 8.078, de 11 de setembro de 1990 .

§ 2º Os fornecedores devem disponibilizar, mediante solicitação, exemplares de bulas, prospectos, textos ou qualquer outro tipo de material de divulgação em formato acessível.

Art. 70. As instituições promotoras de congressos, seminários, oficinas e demais eventos de natureza científico-cultural devem oferecer à pessoa com deficiência, no mínimo, os recursos de tecnologia assistiva previstos no art. 67 desta Lei.

Art. 71. Os congressos, os seminários, as oficinas e os demais eventos de natureza científico-cultural promovidos ou financiados pelo poder público devem garantir as condições de acessibilidade e os recursos de tecnologia assistiva.

Art. 72. Os programas, as linhas de pesquisa e os projetos a serem desenvolvidos com o apoio de agências de financiamento e de órgãos e entidades integrantes da administração pública que atuem no auxílio à pesquisa devem contemplar temas voltados à tecnologia assistiva.

Art. 73. Caberá ao poder público, diretamente ou em parceria com organizações da sociedade civil, promover a capacitação de tradutores e intérpretes da Libras, de guias intérpretes e de profissionais habilitados em Braille, audiodescrição, estenotipia e legendagem.

CAPÍTULO III - DA TECNOLOGIA ASSISTIVA

Art. 74. É garantido à pessoa com deficiência acesso a produtos, recursos, estratégias, práticas, processos, métodos e serviços de tecnologia assistiva que maximizem sua autonomia, mobilidade pessoal e qualidade de vida.

Art. 75. O poder público desenvolverá plano específico de medidas, a ser renovado em cada período de 4 (quatro) anos, com a finalidade de:

I - facilitar o acesso a crédito especializado, inclusive com oferta de linhas de crédito subsidiadas, específicas para aquisição de tecnologia assistiva;

II - agilizar, simplificar e priorizar procedimentos de importação de tecnologia assistiva, especialmente as questões atinentes a procedimentos alfandegários e sanitários;

III - criar mecanismos de fomento à pesquisa e à produção nacional de tecnologia assistiva, inclusive por meio de concessão de linhas de crédito subsidiado e de parcerias com institutos de pesquisa oficiais;

IV - eliminar ou reduzir a tributação da cadeia produtiva e de importação de tecnologia assistiva;

V - facilitar e agilizar o processo de inclusão de novos recursos de tecnologia assistiva no rol de produtos distribuídos no âmbito do SUS e por outros órgãos governamentais.

Parágrafo único. Para fazer cumprir o disposto neste artigo, os procedimentos constantes do plano específico de medidas deverão ser avaliados, pelo menos, a cada 2 (dois) anos.

CAPÍTULO IV - DO DIREITO À PARTICIPAÇÃO NA VIDA PÚBLICA E POLÍTICA

Art. 76. O poder público deve garantir à pessoa com deficiência todos os direitos políticos e a oportunidade de exercê-los em igualdade de condições com as demais pessoas.

§ 1º À pessoa com deficiência será assegurado o direito de votar e de ser votada, inclusive por meio das seguintes ações:

I - garantia de que os procedimentos, as instalações, os materiais e os equipamentos para votação sejam apropriados, acessíveis a todas as pessoas e de fácil compreensão e uso, sendo vedada a instalação de seções eleitorais exclusivas para a pessoa com deficiência;

II - incentivo à pessoa com deficiência a candidatar-se e a desempenhar quaisquer funções públicas em todos os níveis de governo, inclusive por meio do uso de novas tecnologias assistivas, quando apropriado;

III - garantia de que os pronunciamentos oficiais, a propaganda eleitoral obrigatória e os debates transmitidos pelas emissoras de televisão possuam, pelo menos, os recursos elencados no art. 67 desta Lei;

IV - garantia do livre exercício do direito ao voto e, para tanto, sempre que necessário e a seu pedido, permissão para que a pessoa com deficiência seja auxiliada na votação por pessoa de sua escolha.

§ 2º O poder público promoverá a participação da pessoa com deficiência, inclusive quando institucionalizada, na condução das questões públicas, sem discriminação e em igualdade de oportunidades, observado o seguinte:

I - participação em organizações não governamentais relacionadas à vida pública e à política do País e em atividades e administração de partidos políticos;

II - formação de organizações para representar a pessoa com deficiência em todos os níveis;

III - participação da pessoa com deficiência em organizações que a representem.

TÍTULO IV - DA CIÊNCIA E TECNOLOGIA

Art. 77. O poder público deve fomentar o desenvolvimento científico, a pesquisa e a inovação e a capacitação tecnológicas, voltados à melhoria da qualidade de vida e ao trabalho da pessoa com deficiência e sua inclusão social.

§ 1º O fomento pelo poder público deve priorizar a geração de conhecimentos e técnicas que visem à prevenção e ao tratamento de deficiências e ao desenvolvimento de tecnologias assistiva e social.

§ 2º A acessibilidade e as tecnologias assistiva e social devem ser fomentadas mediante a criação de cursos de pós-graduação, a formação de recursos humanos e a inclusão do tema nas diretrizes de áreas do conhecimento.

§ 3º Deve ser fomentada a capacitação tecnológica de instituições públicas e privadas para o desenvolvimento de tecnologias assistiva e social que sejam voltadas para melhoria da funcionalidade e da participação social da pessoa com deficiência.

§ 4º As medidas previstas neste artigo devem ser reavaliadas periodicamente pelo poder público, com vistas ao seu aperfeiçoamento.

Art. 78. Devem ser estimulados a pesquisa, o desenvolvimento, a inovação e a difusão de tecnologias voltadas para ampliar o acesso da pessoa com deficiência às tecnologias da informação e comunicação e às tecnologias sociais.

Parágrafo único. Serão estimulados, em especial:

I - o emprego de tecnologias da informação e comunicação como instrumento de superação de limitações funcionais e de barreiras à comunicação, à informação, à educação e ao entretenimento da pessoa com deficiência;

II - a adoção de soluções e a difusão de normas que visem a ampliar a acessibilidade da pessoa com deficiência à computação e aos sítios da internet, em especial aos serviços de governo eletrônico.

LIVRO II - PARTE ESPECIAL

TÍTULO I - DO ACESSO À JUSTIÇA

CAPÍTULO I - DISPOSIÇÕES GERAIS

Art. 79. O poder público deve assegurar o acesso da pessoa com deficiência à justiça, em igualdade de oportunidades com as demais pessoas, garantindo, sempre que requeridos, adaptações e recursos de tecnologia assistiva.

§ 1º A fim de garantir a atuação da pessoa com deficiência em todo o processo judicial, o poder público deve capacitar os membros e os servidores que atuam no Poder Judiciário, no Ministério Público, na Defensoria Pública, nos órgãos de segurança pública e no sistema penitenciário quanto aos direitos da pessoa com deficiência.

§ 2º Devem ser assegurados à pessoa com deficiência submetida a medida restritiva de liberdade todos os direitos e garantias a que fazem jus os apenados sem deficiência, garantida a acessibilidade.

§ 3º A Defensoria Pública e o Ministério Público tomarão as medidas necessárias à garantia dos direitos previstos nesta Lei.

Art. 80. Devem ser oferecidos todos os recursos de tecnologia assistiva disponíveis para que a pessoa com deficiência tenha garantido o acesso à justiça, sempre que figure em um dos polos da ação ou atue como testemunha, partícipe da lide posta em juízo, advogado, defensor público, magistrado ou membro do Ministério Público.

Parágrafo único. A pessoa com deficiência tem garantido o acesso ao conteúdo de todos os atos processuais de seu interesse, inclusive no exercício da advocacia.

Art. 81. Os direitos da pessoa com deficiência serão garantidos por ocasião da aplicação de sanções penais.

Art. 82. (VETADO).

Art. 83. Os serviços notariais e de registro não podem negar ou criar óbices ou condições diferenciadas à prestação de seus serviços em razão de deficiência do solicitante, devendo reconhecer sua capacidade legal plena, garantida a acessibilidade.

Parágrafo único. O descumprimento do disposto no caput deste artigo constitui discriminação em razão de deficiência.

CAPÍTULO II - DO RECONHECIMENTO IGUAL PERANTE A LEI

Art. 84. A pessoa com deficiência tem assegurado o direito ao exercício de sua capacidade legal em igualdade de condições com as demais pessoas.

§ 1º Quando necessário, a pessoa com deficiência será submetida à curatela, conforme a lei.

§ 2º É facultado à pessoa com deficiência a adoção de processo de tomada de decisão apoiada.

§ 3º A definição de curatela de pessoa com deficiência constitui medida protetiva extraordinária, proporcional às neces-

sidades e às circunstâncias de cada caso, e durará o menor tempo possível.

§ 4º Os curadores são obrigados a prestar, anualmente, contas de sua administração ao juiz, apresentando o balanço do respectivo ano.

Art. 85. A curatela afetará tão somente os atos relacionados aos direitos de natureza patrimonial e negocial.

§ 1º A definição da curatela não alcança o direito ao próprio corpo, à sexualidade, ao matrimônio, à privacidade, à educação, à saúde, ao trabalho e ao voto.

§ 2º A curatela constitui medida extraordinária, devendo constar da sentença as razões e motivações de sua definição, preservados os interesses do curatelado.

§ 3º No caso de pessoa em situação de institucionalização, ao nomear curador, o juiz deve dar preferência a pessoa que tenha vínculo de natureza familiar, afetiva ou comunitária com o curatelado.

Art. 86. Para emissão de documentos oficiais, não será exigida a situação de curatela da pessoa com deficiência.

Art. 87. Em casos de relevância e urgência e a fim de proteger os interesses da pessoa com deficiência em situação de curatela, será lícito ao juiz, ouvido o Ministério Público, de ofício ou a requerimento do interessado, nomear, desde logo, curador provisório, o qual estará sujeito, no que couber, às disposições do Código de Processo Civil.

TÍTULO II - DOS CRIMES E DAS INFRAÇÕES ADMINISTRATIVAS

Art. 88. Praticar, induzir ou incitar discriminação de pessoa em razão de sua deficiência:

Pena: reclusão, de 1 (um) a 3 (três) anos, e multa.

§ 1º Aumenta-se a pena em 1/3 (um terço) se a vítima encontrar-se sob cuidado e responsabilidade do agente.

§ 2º Se qualquer dos crimes previstos no caput deste artigo é cometido por intermédio de meios de comunicação social ou de publicação de qualquer natureza:

Pena: reclusão, de 2 (dois) a 5 (cinco) anos, e multa.

§ 3º Na hipótese do § 2º deste artigo, o juiz poderá determinar, ouvido o Ministério Público ou a pedido deste, ainda antes do inquérito policial, sob pena de desobediência:

I - recolhimento ou busca e apreensão dos exemplares do material discriminatório;

II - interdição das respectivas mensagens ou páginas de informação na internet.

§ 4º Na hipótese do § 2º deste artigo, constitui efeito da condenação, após o trânsito em julgado da decisão, a destruição do material apreendido.

Art. 89. Apropriar-se de ou desviar bens, proventos, pensão, benefícios, remuneração ou qualquer outro rendimento de pessoa com deficiência:

Pena: reclusão, de 1 (um) a 4 (quatro) anos, e multa.

Parágrafo único. Aumenta-se a pena em 1/3 (um terço) se o crime é cometido:

I - por tutor, curador, síndico, liquidatário, inventariante, testamenteiro ou depositário judicial; ou

II - por aquele que se apropriou em razão de ofício ou de profissão.

Art. 90. Abandonar pessoa com deficiência em hospitais, casas de saúde, entidades de abrigamento ou congêneres:

Pena: reclusão, de 6 (seis) meses a 3 (três) anos, e multa.

Parágrafo único. Na mesma pena incorre quem não prover as necessidades básicas de pessoa com deficiência quando obrigado por lei ou mandado.

Art. 91. Reter ou utilizar cartão magnético, qualquer meio eletrônico ou documento de pessoa com deficiência destinados ao recebimento de benefícios, proventos, pensões ou remuneração ou à realização de operações financeiras, com o fim de obter vantagem indevida para si ou para outrem:

Pena: detenção, de 6 (seis) meses a 2 (dois) anos, e multa.

Parágrafo único. Aumenta-se a pena em 1/3 (um terço) se o crime é cometido por tutor ou curador.

TÍTULO III - DISPOSIÇÕES FINAIS E TRANSITÓRIAS

Art. 92. É criado o Cadastro Nacional de Inclusão da Pessoa com Deficiência (Cadastro-Inclusão), registro público eletrônico com a finalidade de coletar, processar, sistematizar e disseminar informações georreferenciadas que permitam a identificação e a caracterização socioeconômica da pessoa com deficiência, bem como das barreiras que impedem a realização de seus direitos.

§ 1º O Cadastro-Inclusão será administrado pelo Poder Executivo federal e constituído por base de dados, instrumentos, procedimentos e sistemas eletrônicos.

§ 2º Os dados constituintes do Cadastro-Inclusão serão obtidos pela integração dos sistemas de informação e da base de dados de todas as políticas públicas relacionadas aos direitos da pessoa com deficiência, bem como por informações coletadas, inclusive em censos nacionais e nas demais pesquisas realizadas no País, de acordo com os parâmetros estabelecidos pela Convenção sobre os Direitos das Pessoas com Deficiência e seu Protocolo Facultativo.

§ 3º Para coleta, transmissão e sistematização de dados, é facultada a celebração de convênios, acordos, termos de parceria ou contratos com instituições públicas e privadas, observados os requisitos e procedimentos previstos em legislação específica.

§ 4º Para assegurar a confidencialidade, a privacidade e as liberdades fundamentais da pessoa com deficiência e os princípios éticos que regem a utilização de informações, devem ser observadas as salvaguardas estabelecidas em lei.

§ 5º Os dados do Cadastro-Inclusão somente poderão ser utilizados para as seguintes finalidades:

I - formulação, gestão, monitoramento e avaliação das políticas públicas para a pessoa com deficiência e para identificar as barreiras que impedem a realização de seus direitos;

II - realização de estudos e pesquisas.

§ 6º As informações a que se refere este artigo devem ser disseminadas em formatos acessíveis.

Art. 93. Na realização de inspeções e de auditorias pelos órgãos de controle interno e externo, deve ser observado o cumprimento da legislação relativa à pessoa com deficiência e das normas de acessibilidade vigentes.

Art. 94. Terá direito a auxílio-inclusão, nos termos da lei, a pessoa com deficiência moderada ou grave que:

I - receba o benefício de prestação continuada previsto no art. 20 da Lei nº 8.742, de 7 de dezembro de 1993, e que passe a exercer atividade remunerada que a enquadre como segurado obrigatório do RGPS;

II - tenha recebido, nos últimos 5 (cinco) anos, o benefício de prestação continuada previsto no art. 20 da Lei nº 8.742, de 7 de dezembro de 1993, e que exerça atividade remunerada que a enquadre como segurado obrigatório do RGPS.

Art. 95. É vedado exigir o comparecimento de pessoa com deficiência perante os órgãos públicos quando seu deslocamento, em razão de sua limitação funcional e de condições de acessibilidade, imponha-lhe ônus desproporcional e indevido, hipótese na qual serão observados os seguintes procedimentos:

I - quando for de interesse do poder público, o agente promoverá o contato necessário com a pessoa com deficiência em sua residência;

II - quando for de interesse da pessoa com deficiência, ela apresentará solicitação de atendimento domiciliar ou fará representar-se por procurador constituído para essa finalidade.

LEI Nº 13.146, DE 6 DE JULHO DE 2015

Parágrafo único. É assegurado à pessoa com deficiência atendimento domiciliar pela perícia médica e social do Instituto Nacional do Seguro Social (INSS), pelo serviço público de saúde ou pelo serviço privado de saúde, contratado ou conveniado, que integre o SUS e pelas entidades da rede socioassistencial integrantes do Suas, quando seu deslocamento, em razão de sua limitação funcional e de condições de acessibilidade, imponha-lhe ônus desproporcional e indevido.

Art. 96. O § 6º -A do art. 135 da Lei nº 4.737, de 15 de julho de 1965 (Código Eleitoral) , passa a vigorar com a seguinte redação:

"Art. 135. ...

..

§ 6º -A. Os Tribunais Regionais Eleitorais deverão, a cada eleição, expedir instruções aos Juízes Eleitorais para orientá-los na escolha dos locais de votação, de maneira a garantir acessibilidade para o eleitor com deficiência ou com mobilidade reduzida, inclusive em seu entorno e nos sistemas de transporte que lhe dão acesso.

.." (NR)

Art. 97. A Consolidação das Leis do Trabalho (CLT), aprovada pelo Decreto-Lei nº 5.452, de 1º de maio de 1943 , passa a vigorar com as seguintes alterações:

"Art. 428. ...

..

§ 6º Para os fins do contrato de aprendizagem, a comprovação da escolaridade de aprendiz com deficiência deve considerar, sobretudo, as habilidades e competências relacionadas com a profissionalização.

..

§ 8º Para o aprendiz com deficiência com 18 (dezoito) anos ou mais, a validade do contrato de aprendizagem pressupõe anotação na CTPS e matrícula e frequência em programa de aprendizagem desenvolvido sob orientação de entidade qualificada em formação técnico-profissional metódica." (NR)

"Art. 433. ...

..

I - desempenho insuficiente ou inadaptação do aprendiz, salvo para o aprendiz com deficiência quando desprovido de recursos de acessibilidade, de tecnologias assistivas e de apoio necessário ao desempenho de suas atividades;

.." (NR)

Art. 98. A Lei nº 7.853, de 24 de outubro de 1989 , passa a vigorar com as seguintes alterações:

"Art. 3º As medidas judiciais destinadas à proteção de interesses coletivos, difusos, individuais homogêneos e individuais indisponíveis da pessoa com deficiência poderão ser propostas pelo Ministério Público, pela Defensoria Pública, pela União, pelos Estados, pelos Municípios, pelo Distrito Federal, por associação constituída há mais de 1 (um) ano, nos termos da lei civil, por autarquia, por empresa pública e por fundação ou sociedade de economia mista que inclua, entre suas finalidades institucionais, a proteção dos interesses e a promoção de direitos da pessoa com deficiência.

.." (NR)

"Art. 8º Constitui crime punível com reclusão de 2 (dois) a 5 (cinco) anos e multa:

I - recusar, cobrar valores adicionais, suspender, procrastinar, cancelar ou fazer cessar inscrição de aluno em estabelecimento de ensino de qualquer curso ou grau, público ou privado, em razão de sua deficiência;

II - obstar inscrição em concurso público ou acesso de alguém a qualquer cargo ou emprego público, em razão de sua deficiência;

III - negar ou obstar emprego, trabalho ou promoção à pessoa em razão de sua deficiência;

IV - recusar, retardar ou dificultar internação ou deixar de prestar assistência médico-hospitalar e ambulatorial à pessoa com deficiência;

V - deixar de cumprir, retardar ou frustrar execução de ordem judicial expedida na ação civil a que alude esta Lei;

VI - recusar, retardar ou omitir dados técnicos indispensáveis à propositura da ação civil pública objeto desta Lei, quando requisitados.

§ 1º Se o crime for praticado contra pessoa com deficiência menor de 18 (dezoito) anos, a pena é agravada em 1/3 (um terço).

§ 2º A pena pela adoção deliberada de critérios subjetivos para indeferimento de inscrição, de aprovação e de cumprimento de estágio probatório em concursos públicos não exclui a responsabilidade patrimonial pessoal do administrador público pelos danos causados.

§ 3º Incorre nas mesmas penas quem impede ou dificulta o ingresso de pessoa com deficiência em planos privados de assistência à saúde, inclusive com cobrança de valores diferenciados.

§ 4º Se o crime for praticado em atendimento de urgência e emergência, a pena é agravada em 1/3 (um terço)." (NR)

Art. 99. O art. 20 da Lei nº 8.036, de 11 de maio de 1990 , passa a vigorar acrescido do seguinte inciso XVIII:

"Art. 20. ...

..

XVIII - quando o trabalhador com deficiência, por prescrição, necessite adquirir órtese ou prótese para promoção de acessibilidade e de inclusão social.

.." (NR)

Art. 100. A Lei nº 8.078, de 11 de setembro de 1990 (Código de Defesa do Consumidor) , passa a vigorar com as seguintes alterações:

"Art. 6º ..

..

Parágrafo único. A informação de que trata o inciso III do caput deste artigo deve ser acessível à pessoa com deficiência, observado o disposto em regulamento." (NR)

"Art. 43. ...

..

§ 6º Todas as informações de que trata o caput deste artigo devem ser disponibilizadas em formatos acessíveis, inclusive para a pessoa com deficiência, mediante solicitação do consumidor." (NR)

Art. 101. A Lei nº 8.213, de 24 de julho de 1991 , passa a vigorar com as seguintes alterações:

"Art. 16. ...

I - o cônjuge, a companheira, o companheiro e o filho não emancipado, de qualquer condição, menor de 21 (vinte e um) anos ou inválido ou que tenha deficiência intelectual ou mental ou deficiência grave;

..

III - o irmão não emancipado, de qualquer condição, menor de 21 (vinte e um) anos ou inválido ou que tenha deficiência intelectual ou mental ou deficiência grave;

.." (NR)

"Art. 77. ...

..

§ 2º ...

..

II - para o filho, a pessoa a ele equiparada ou o irmão, de ambos os sexos, pela emancipação ou ao completar 21 (vinte e um) anos de idade, salvo se for inválido ou tiver deficiência intelectual ou mental ou deficiência grave;

..

§ 4º (VETADO).

.." (NR)

"Art. 93. (VETADO):

I - (VETADO);

II - (VETADO);

III - (VETADO);

IV - (VETADO);

V - (VETADO).

§ 1º A dispensa de pessoa com deficiência ou de beneficiário reabilitado da Previdência Social ao final de contrato por prazo determinado de mais de 90 (noventa) dias e a dispensa imotivada em contrato por prazo indeterminado somente poderão ocorrer após a contratação de outro trabalhador com deficiência ou beneficiário reabilitado da Previdência Social.

§ 2º Ao Ministério do Trabalho e Emprego incumbe estabelecer a sistemática de fiscalização, bem como gerar dados e estatísticas sobre o total de empregados e as vagas preenchidas por pessoas com deficiência e por beneficiários reabilitados da Previdência Social, fornecendo-os, quando solicitados, aos sindicatos, às entidades representativas dos empregados ou aos cidadãos interessados.

§ 3º Para a reserva de cargos será considerada somente a contratação direta de pessoa com deficiência, excluído o aprendiz com deficiência de que trata a Consolidação das Leis do Trabalho (CLT), aprovada pelo Decreto-Lei nº 5.452, de 1º de maio de 1943.

§ 4º (VETADO)." (NR)

"Art. 110-A. No ato de requerimento de benefícios operacionalizados pelo INSS, não será exigida apresentação de termo de curatela de titular ou de beneficiário com deficiência, observados os procedimentos a serem estabelecidos em regulamento."

Art. 102. O art. 2º da Lei nº 8.313, de 23 de dezembro de 1991 , passa a vigorar acrescido do seguinte § 3º :

"Art. 2º ..

..

§ 3º Os incentivos criados por esta Lei somente serão concedidos a projetos culturais que forem disponibilizados, sempre que tecnicamente possível, também em formato acessível à pessoa com deficiência, observado o disposto em regulamento." (NR)

Art. 103. O art. 11 da Lei nº 8.429, de 2 de junho de 1992 , passa a vigorar acrescido do seguinte inciso IX:

"Art. 11. ..

..

IX - deixar de cumprir a exigência de requisitos de acessibilidade previstos na legislação." (NR)

Art. 104. A Lei nº 8.666, de 21 de junho de 1993 , passa a vigorar com as seguintes alterações:

"Art. 3º ..

..

§ 2º ..

..

V - produzidos ou prestados por empresas que comprovem cumprimento de reserva de cargos prevista em lei para pessoa com deficiência ou para reabilitado da Previdência Social e que atendam às regras de acessibilidade previstas na legislação.

..

§ 5º Nos processos de licitação, poderá ser estabelecida margem de preferência para:

I - produtos manufaturados e para serviços nacionais que atendam a normas técnicas brasileiras; e

II - bens e serviços produzidos ou prestados por empresas que comprovem cumprimento de reserva de cargos prevista em lei para pessoa com deficiência ou para reabilitado da Previdência Social e que atendam às regras de acessibilidade previstas na legislação.

.." (NR)

"Art. 66-A. As empresas enquadradas no inciso V do § 2º e no inciso II do § 5º do art. 3º desta Lei deverão cumprir, durante todo o período de execução do contrato, a reserva de cargos prevista em lei para pessoa com deficiência ou para reabilitado da Previdência Social, bem como as regras de acessibilidade previstas na legislação.

Parágrafo único. Cabe à administração fiscalizar o cumprimento dos requisitos de acessibilidade nos serviços e nos ambientes de trabalho."

Art. 105. O art. 20 da Lei nº 8.742, de 7 de dezembro de 1993 , passa a vigorar com as seguintes alterações:

"Art. 20. ..

..

§ 2º Para efeito de concessão do benefício de prestação continuada, considera-se pessoa com deficiência aquela que tem impedimento de longo prazo de natureza física, mental, intelectual ou sensorial, o qual, em interação com uma ou mais barreiras, pode obstruir sua participação plena e efetiva na sociedade em igualdade de condições com as demais pessoas.

§ 9º Os rendimentos decorrentes de estágio supervisionado e de aprendizagem não serão computados para os fins de cálculo da renda familiar per capita a que se refere o § 3º deste artigo.

..

§ 11. Para concessão do benefício de que trata o caput deste artigo, poderão ser utilizados outros elementos probatórios da condição de miserabilidade do grupo familiar e da situação de vulnerabilidade, conforme regulamento." (NR)

Art. 106. (VETADO).

Art. 107. A Lei nº 9.029, de 13 de abril de 1995 , passa a vigorar com as seguintes alterações:

"Art. 1º É proibida a adoção de qualquer prática discriminatória e limitativa para efeito de acesso à relação de trabalho, ou de sua manutenção, por motivo de sexo, origem, raça, cor, estado civil, situação familiar, deficiência, reabilitação profissional, idade, entre outros, ressalvadas, nesse caso, as hipóteses de proteção à criança e ao adolescente previstas no inciso XXXIII do art. 7º da Constituição Federal. " (NR)

"Art. 3º Sem prejuízo do prescrito no art. 2º desta Lei e nos dispositivos legais que tipificam os crimes resultantes de preconceito de etnia, raça, cor ou deficiência, as infrações ao disposto nesta Lei são passíveis das seguintes cominações:

.." (NR)

"Art. 4º ..

I - a reintegração com ressarcimento integral de todo o período de afastamento, mediante pagamento das remunerações devidas, corrigidas monetariamente e acrescidas de juros legais;

.." (NR)

Art. 108. O art. 35 da Lei nº 9.250, de 26 de dezembro de 1995 , passa a vigorar acrescido do seguinte § 5º :

"Art. 35. ..

..

§ 5º Sem prejuízo do disposto no inciso IX do parágrafo único do art. 3º da Lei nº 10.741, de 1º de outubro de 2003 , a pessoa com deficiência, ou o contribuinte que tenha dependente nessa condição, tem preferência na restituição referida no inciso III do art. 4º e na alínea "c" do inciso II do art. 8º ." (NR)

Art. 109. A Lei nº 9.503, de 23 de setembro de 1997 (Código de Trânsito Brasileiro) , passa a vigorar com as seguintes alterações:

"Art. 2º ..

Parágrafo único. Para os efeitos deste Código, são consideradas vias terrestres as praias abertas à circulação pública, as vias internas pertencentes aos condomínios constituídos por unidades autônomas e as vias e áreas de estacionamento de estabelecimentos privados de uso coletivo." (NR)

LEI Nº 13.146, DE 6 DE JULHO DE 2015

"Art. 86-A. As vagas de estacionamento regulamentado de que trata o inciso XVII do art. 181 desta Lei deverão ser sinalizadas com as respectivas placas indicativas de destinação e com placas informando os dados sobre a infração por estacionamento indevido."

"Art. 147-A. Ao candidato com deficiência auditiva é assegurada acessibilidade de comunicação, mediante emprego de tecnologias assistivas ou de ajudas técnicas em todas as etapas do processo de habilitação.

§ 1º O material didático audiovisual utilizado em aulas teóricas dos cursos que precedem os exames previstos no art. 147 desta Lei deve ser acessível, por meio de subtitulação com legenda oculta associada à tradução simultânea em Libras.

§ 2º É assegurado também ao candidato com deficiência auditiva requerer, no ato de sua inscrição, os serviços de intérprete da Libras, para acompanhamento em aulas práticas e teóricas."

"Art. 154. (VETADO)."

"Art. 181. ..
...

XVII - ...
Infração - grave;
.." (NR)

Art. 110. O inciso VI e o § 1º do art. 56 da Lei nº 9.615, de 24 de março de 1998, passam a vigorar com a seguinte redação:

"Art. 56. ..
...

VI - 2,7% (dois inteiros e sete décimos por cento) da arrecadação bruta dos concursos de prognósticos e loterias federais e similares cuja realização estiver sujeita a autorização federal, deduzindo-se esse valor do montante destinado aos prêmios;
...

§ 1º Do total de recursos financeiros resultantes do percentual de que trata o inciso VI do caput, 62,96% (sessenta e dois inteiros e noventa e seis centésimos por cento) serão destinados ao Comitê Olímpico Brasileiro (COB) e 37,04% (trinta e sete inteiros e quatro centésimos por cento) ao Comitê Paralímpico Brasileiro (CPB), devendo ser observado, em ambos os casos, o conjunto de normas aplicáveis à celebração de convênios pela União.
.." (NR)

Art. 111. O art. 1º da Lei nº 10.048, de 8 de novembro de 2000, passa a vigorar com a seguinte redação:

"Art. 1º As pessoas com deficiência, os idosos com idade igual ou superior a 60 (sessenta) anos, as gestantes, as lactantes, as pessoas com crianças de colo e os obesos terão atendimento prioritário, nos termos desta Lei." (NR)

Art. 112. A Lei nº 10.098, de 19 de dezembro de 2000, passa a vigorar com as seguintes alterações:

"Art. 2º ..

I - acessibilidade: possibilidade e condição de alcance para utilização, com segurança e autonomia, de espaços, mobiliários, equipamentos urbanos, edificações, transportes, informação e comunicação, inclusive seus sistemas e tecnologias, bem como de outros serviços e instalações abertos ao público, de uso público ou privados de uso coletivo, tanto na zona urbana como na rural, por pessoa com deficiência ou com mobilidade reduzida;

II - barreiras: qualquer entrave, obstáculo, atitude ou comportamento que limite ou impeça a participação social da pessoa, bem como o gozo, a fruição e o exercício de seus direitos à acessibilidade, à liberdade de movimento e de expressão, à comunicação, ao acesso à informação, à compreensão, à circulação com segurança, entre outros, classificadas em:

a) barreiras urbanísticas: as existentes nas vias e nos espaços públicos e privados abertos ao público ou de uso coletivo;

b) barreiras arquitetônicas: as existentes nos edifícios públicos e privados;

c) barreiras nos transportes: as existentes nos sistemas e meios de transportes;

d) barreiras nas comunicações e na informação: qualquer entrave, obstáculo, atitude ou comportamento que dificulte ou impossibilite a expressão ou o recebimento de mensagens e de informações por intermédio de sistemas de comunicação e de tecnologia da informação;

III - pessoa com deficiência: aquela que tem impedimento de longo prazo de natureza física, mental, intelectual ou sensorial, o qual, em interação com uma ou mais barreiras, pode obstruir sua participação plena e efetiva na sociedade em igualdade de condições com as demais pessoas;

IV - pessoa com mobilidade reduzida: aquela que tenha, por qualquer motivo, dificuldade de movimentação, permanente ou temporária, gerando redução efetiva da mobilidade, da flexibilidade, da coordenação motora ou da percepção, incluindo idoso, gestante, lactante, pessoa com criança de colo e obeso;

V - acompanhante: aquele que acompanha a pessoa com deficiência, podendo ou não desempenhar as funções de atendente pessoal;

VI - elemento de urbanização: quaisquer componentes de obras de urbanização, tais como os referentes a pavimentação, saneamento, encanamento para esgotos, distribuição de energia elétrica e de gás, iluminação pública, serviços de comunicação, abastecimento e distribuição de água, paisagismo e os que materializam as indicações do planejamento urbanístico;

VII - mobiliário urbano: conjunto de objetos existentes nas vias e nos espaços públicos, superpostos ou adicionados aos elementos de urbanização ou de edificação, de forma que sua modificação ou seu traslado não provoque alterações substanciais nesses elementos, tais como semáforos, postes de sinalização e similares, terminais e pontos de acesso coletivo às telecomunicações, fontes de água, lixeiras, toldos, marquises, bancos, quiosques e quaisquer outros de natureza análoga;

VIII - tecnologia assistiva ou ajuda técnica: produtos, equipamentos, dispositivos, recursos, metodologias, estratégias, práticas e serviços que objetivem promover a funcionalidade, relacionada à atividade e à participação da pessoa com deficiência ou com mobilidade reduzida, visando à sua autonomia, independência, qualidade de vida e inclusão social;

IX - comunicação: forma de interação dos cidadãos que abrange, entre outras opções, as línguas, inclusive a Língua Brasileira de Sinais (Libras), a visualização de textos, o Braille, o sistema de sinalização ou de comunicação tátil, os caracteres ampliados, os dispositivos multimídia, assim como a linguagem simples, escrita e oral, os sistemas auditivos e os meios de voz digitalizados e os modos, meios e formatos aumentativos e alternativos de comunicação, incluindo as tecnologias da informação e das comunicações;

X - desenho universal: concepção de produtos, ambientes, programas e serviços a serem usados por todas as pessoas, sem necessidade de adaptação ou de projeto específico, incluindo os recursos de tecnologia assistiva." (NR)

"Art. 3º O planejamento e a urbanização das vias públicas, dos parques e dos demais espaços de uso público deverão ser concebidos e executados de forma a torná-los acessíveis para todas as pessoas, inclusive para aquelas com deficiência ou com mobilidade reduzida.

Parágrafo único. O passeio público, elemento obrigatório de urbanização e parte da via pública, normalmente segregado e em nível diferente, destina-se somente à circulação de pedestres e, quando possível, à implantação de mobiliário urbano e de vegetação." (NR)

"Art. 9º ..

Parágrafo único. Os semáforos para pedestres instalados em vias públicas de grande circulação, ou que deem acesso aos serviços de reabilitação, devem obrigatoriamente estar equipados com mecanismo que emita sinal sonoro suave para orientação do pedestre." (NR)

"Art. 10-A. A instalação de qualquer mobiliário urbano em área de circulação comum para pedestre que ofereça risco de acidente à pessoa com deficiência deverá ser indicada mediante sinalização tátil de alerta no piso, de acordo com as normas técnicas pertinentes."

"Art. 12-A. Os centros comerciais e os estabelecimentos congêneres devem fornecer carros e cadeiras de rodas, motorizados ou não, para o atendimento da pessoa com deficiência ou com mobilidade reduzida."

Art. 113. A Lei nº 10.257, de 10 de julho de 2001 (Estatuto da Cidade), passa a vigorar com as seguintes alterações:

"Art. 3º ..

..

III - promover, por iniciativa própria e em conjunto com os Estados, o Distrito Federal e os Municípios, programas de construção de moradias e melhoria das condições habitacionais, de saneamento básico, das calçadas, dos passeios públicos, do mobiliário urbano e dos demais espaços de uso público;

IV - instituir diretrizes para desenvolvimento urbano, inclusive habitação, saneamento básico, transporte e mobilidade urbana, que incluam regras de acessibilidade aos locais de uso público;

.." (NR)

"Art. 41. ..

..

§ 3º As cidades de que trata o caput deste artigo devem elaborar plano de rotas acessíveis, compatível com o plano diretor no qual está inserido, que disponha sobre os passeios públicos a serem implantados ou reformados pelo poder público, com vistas a garantir acessibilidade da pessoa com deficiência ou com mobilidade reduzida a todas as rotas e vias existentes, inclusive as que concentrem os focos geradores de maior circulação de pedestres, como os órgãos públicos e os locais de prestação de serviços públicos e privados de saúde, educação, assistência social, esporte, cultura, correios e telégrafos, bancos, entre outros, sempre que possível de maneira integrada com os sistemas de transporte coletivo de passageiros." (NR)

Art. 114. A Lei nº 10.406, de 10 de janeiro de 2002 (Código Civil), passa a vigorar com as seguintes alterações:

"Art. 3º São absolutamente incapazes de exercer pessoalmente os atos da vida civil os menores de 16 (dezesseis) anos.

I - (Revogado);

II - (Revogado);

III - (Revogado)." (NR)

"Art. 4º São incapazes, relativamente a certos atos ou à maneira de os exercer:

..

II - os ébrios habituais e os viciados em tóxico;

III - aqueles que, por causa transitória ou permanente, não puderem exprimir sua vontade;

..

Parágrafo único. A capacidade dos indígenas será regulada por legislação especial." (NR)

"Art. 228. ..

..

II - (Revogado);

III - (Revogado);

..

§ 1º ..

§ 2º A pessoa com deficiência poderá testemunhar em igualdade de condições com as demais pessoas, sendo-lhe assegurados todos os recursos de tecnologia assistiva." (NR)

"Art. 1.518. Até a celebração do casamento podem os pais ou tutores revogar a autorização." (NR)

"Art. 1.548. ..

I - (Revogado);

.." (NR)

"Art. 1.550. ..

..

§ 1º ..

§ 2º A pessoa com deficiência mental ou intelectual em idade núbia poderá contrair matrimônio, expressando sua vontade diretamente ou por meio de seu responsável ou curador." (NR)

"Art. 1.557. ..

..

III - a ignorância, anterior ao casamento, de defeito físico irremediável que não caracterize deficiência ou de moléstia grave e transmissível, por contágio ou por herança, capaz de pôr em risco a saúde do outro cônjuge ou de sua descendência;

IV - (Revogado)." (NR)

"Art. 1.767. ..

I - aqueles que, por causa transitória ou permanente, não puderem exprimir sua vontade;

II - (Revogado);

III - os ébrios habituais e os viciados em tóxico;

IV - (Revogado);

.." (NR)

"Art. 1.768. O processo que define os termos da curatela deve ser promovido:

..

IV - pela própria pessoa." (NR)

"Art. 1.769. O Ministério Público somente promoverá o processo que define os termos da curatela:

I - nos casos de deficiência mental ou intelectual;

..

III - se, existindo, forem menores ou incapazes as pessoas mencionadas no inciso II." (NR)

"Art. 1.771. Antes de se pronunciar acerca dos termos da curatela, o juiz, que deverá ser assistido por equipe multidisciplinar, entrevistará pessoalmente o interditando." (NR)

"Art. 1.772. O juiz determinará, segundo as potencialidades da pessoa, os limites da curatela, circunscritos às restrições constantes do art. 1.782, e indicará curador.

Parágrafo único. Para a escolha do curador, o juiz levará em conta a vontade e as preferências do interditando, a ausência de conflito de interesses e de influência indevida, a proporcionalidade e a adequação às circunstâncias da pessoa." (NR)

"Art. 1.775-A. Na nomeação de curador para a pessoa com deficiência, o juiz poderá estabelecer curatela compartilhada a mais de uma pessoa."

"Art. 1.777. As pessoas referidas no inciso I do art. 1.767 receberão todo o apoio necessário para ter preservado o direito à convivência familiar e comunitária, sendo evitado o seu recolhimento em estabelecimento que os afaste desse convívio." (NR)

Art. 115. O Título IV do Livro IV da Parte Especial da Lei nº 10.406, de 10 de janeiro de 2002 (Código Civil), passa a vigorar com a seguinte redação:

"TÍTULO IV - Da Tutela, da Curatela e da Tomada de Decisão Apoiada"

Art. 116. O Título IV do Livro IV da Parte Especial da Lei nº 10.406, de 10 de janeiro de 2002 (Código Civil), passa a vigorar acrescido do seguinte Capítulo III:

LEI Nº 13.146, DE 6 DE JULHO DE 2015

"CAPÍTULO III - Da Tomada de Decisão Apoiada

Art. 1.783-A. A tomada de decisão apoiada é o processo pelo qual a pessoa com deficiência elege pelo menos 2 (duas) pessoas idôneas, com as quais mantenha vínculos e que gozem de sua confiança, para prestar-lhe apoio na tomada de decisão sobre atos da vida civil, fornecendo-lhes os elementos e informações necessários para que possa exercer sua capacidade.

§ 1º Para formular pedido de tomada de decisão apoiada, a pessoa com deficiência e os apoiadores devem apresentar termo em que constem os limites do apoio a ser oferecido e os compromissos dos apoiadores, inclusive o prazo de vigência do acordo e o respeito à vontade, aos direitos e aos interesses da pessoa que devem apoiar.

§ 2º O pedido de tomada de decisão apoiada será requerido pela pessoa a ser apoiada, com indicação expressa das pessoas aptas a prestarem o apoio previsto no caput deste artigo.

§ 3º Antes de se pronunciar sobre o pedido de tomada de decisão apoiada, o juiz, assistido por equipe multidisciplinar, após oitiva do Ministério Público, ouvirá pessoalmente o requerente e as pessoas que lhe prestarão apoio.

§ 4º A decisão tomada por pessoa apoiada terá validade e efeitos sobre terceiros, sem restrições, desde que esteja inserida nos limites do apoio acordado.

§ 5º Terceiro com quem a pessoa apoiada mantenha relação negocial pode solicitar que os apoiadores contra-assinem o contrato ou acordo, especificando, por escrito, sua função em relação ao apoiado.

§ 6º Em caso de negócio jurídico que possa trazer risco ou prejuízo relevante, havendo divergência de opiniões entre a pessoa apoiada e um dos apoiadores, deverá o juiz, ouvido o Ministério Público, decidir sobre a questão.

§ 7º Se o apoiador agir com negligência, exercer pressão indevida ou não adimplir as obrigações assumidas, poderá a pessoa apoiada ou qualquer pessoa apresentar denúncia ao Ministério Público ou ao juiz.

§ 8º Se procedente a denúncia, o juiz destituirá o apoiador e nomeará, ouvida a pessoa apoiada e se for de seu interesse, outra pessoa para prestação de apoio.

§ 9º A pessoa apoiada pode, a qualquer tempo, solicitar o término de acordo firmado em processo de tomada de decisão apoiada.

§ 10. O apoiador pode solicitar ao juiz a exclusão de sua participação do processo de tomada de decisão apoiada, sendo seu desligamento condicionado à manifestação do juiz sobre a matéria.

§ 11. Aplicam-se à tomada de decisão apoiada, no que couber, as disposições referentes à prestação de contas na curatela."

Art. 117. O art. 1º da Lei nº 11.126, de 27 de junho de 2005, passa a vigorar com a seguinte redação:

"Art. 1º É assegurado à pessoa com deficiência visual acompanhada de cão-guia o direito de ingressar e de permanecer com o animal em todos os meios de transporte e em estabelecimentos abertos ao público, de uso público e privados de uso coletivo, desde que observadas as condições impostas por esta Lei.

...

§ 2º O disposto no caput deste artigo aplica-se a todas as modalidades e jurisdições do serviço de transporte coletivo de passageiros, inclusive em esfera internacional com origem no território brasileiro." (NR)

Art. 118. O inciso IV do art. 46 da Lei nº 11.904, de 14 de janeiro de 2009, passa a vigorar acrescido da seguinte alínea "k":

"Art. 46. ..

...

IV - ..

...

k) de acessibilidade a todas as pessoas.

.." (NR)

Art. 119. A Lei nº 12.587, de 3 de janeiro de 2012, passa a vigorar acrescida do seguinte art. 12-B:

"Art. 12-B. Na outorga de exploração de serviço de táxi, reservar-se-ão 10% (dez por cento) das vagas para condutores com deficiência.

§ 1º Para concorrer às vagas reservadas na forma do caput deste artigo, o condutor com deficiência deverá observar os seguintes requisitos quanto ao veículo utilizado:

I - ser de sua propriedade e por ele conduzido; e

II - estar adaptado às suas necessidades, nos termos da legislação vigente.

§ 2º No caso de não preenchimento das vagas na forma estabelecida no caput deste artigo, as remanescentes devem ser disponibilizadas para os demais concorrentes."

Art. 120. Cabe aos órgãos competentes, em cada esfera de governo, a elaboração de relatórios circunstanciados sobre o cumprimento dos prazos estabelecidos por força das Leis nº 10.048, de 8 de novembro de 2000, e nº 10.098, de 19 de dezembro de 2000, bem como o seu encaminhamento ao Ministério Público e aos órgãos de regulação para adoção das providências cabíveis.

Parágrafo único. Os relatórios a que se refere o caput deste artigo deverão ser apresentados no prazo de 1 (um) ano a contar da entrada em vigor desta Lei.

Art. 121. Os direitos, os prazos e as obrigações previstos nesta Lei não excluem os já estabelecidos em outras legislações, inclusive em pactos, tratados, convenções e declarações internacionais aprovados e promulgados pelo Congresso Nacional, e devem ser aplicados em conformidade com as demais normas internas e acordos internacionais vinculantes sobre a matéria.

Parágrafo único. Prevalecerá a norma mais benéfica à pessoa com deficiência.

Art. 122. Regulamento disporá sobre a adequação do disposto nesta Lei ao tratamento diferenciado, simplificado e favorecido a ser dispensado às microempresas e às empresas de pequeno porte, previsto no § 3º do art. 1º da Lei Complementar nº 123, de 14 de dezembro de 2006.

Art. 123. Revogam-se os seguintes dispositivos:

I - o inciso II do § 2º do art. 1º da Lei nº 9.008, de 21 de março de 1995;

II - os incisos I, II e III do art. 3º da Lei nº 10.406, de 10 de janeiro de 2002 (Código Civil);

III - os incisos II e III do art. 228 da Lei nº 10.406, de 10 de janeiro de 2002 (Código Civil);

IV - o inciso I do art. 1.548 da Lei nº 10.406, de 10 de janeiro de 2002 (Código Civil);

V - o inciso IV do art. 1.557 da Lei nº 10.406, de 10 de janeiro de 2002 (Código Civil);

VI - os incisos II e IV do art. 1.767 da Lei nº 10.406, de 10 de janeiro de 2002 (Código Civil);

VII - os arts. 1.776 e 1.780 da Lei nº 10.406, de 10 de janeiro de 2002 (Código Civil).

Art. 124. O § 1º do art. 2º desta Lei deverá entrar em vigor em até 2 (dois) anos, contados da entrada em vigor desta Lei.

Art. 125. Devem ser observados os prazos a seguir discriminados, a partir da entrada em vigor desta Lei, para o cumprimento dos seguintes dispositivos:

I - incisos I e II do § 2º do art. 28, 48 (quarenta e oito) meses;

II - § 6º do art. 44, 48 (quarenta e oito) meses;

> II - § 6º do art. 44, 60 (sessenta) meses; (Redação dada pela Medida Provisória nº 917, de 2019)

III - art. 45, 24 (vinte e quatro) meses;

IV - art. 49, 48 (quarenta e oito) meses.

Art. 126. Prorroga-se até 31 de dezembro de 2021 a vigência da Lei nº 8.989, de 24 de fevereiro de 1995.

Art. 127. Esta Lei entra em vigor após decorridos 180 (cento e oitenta) dias de sua publicação oficial.

8. DECRETO Nº 3.298, DE 20 DE DEZEMBRO DE 1999

Regulamenta a Lei no 7.853, de 24 de outubro de 1989, dispõe sobre a Política Nacional para a Integração da Pessoa Portadora de Deficiência, consolida as normas de proteção, e dá outras providências.

O PRESIDENTE DA REPÚBLICA, no uso das atribuições que lhe confere o art. 84, incisos IV e VI, da Constituição, e tendo em vista o disposto na Lei no 7.853, de 24 de outubro de 1989,

CAPÍTULO I - Das Disposições Gerais

Art. 1º A Política Nacional para a Integração da Pessoa Portadora de Deficiência compreende o conjunto de orientações normativas que objetivam assegurar o pleno exercício dos direitos individuais e sociais das pessoas portadoras de deficiência.

Art. 2º Cabe aos órgãos e às entidades do Poder Público assegurar à pessoa portadora de deficiência o pleno exercício de seus direitos básicos, inclusive dos direitos à educação, à saúde, ao trabalho, ao desporto, ao turismo, ao lazer, à previdência social, à assistência social, ao transporte, à edificação pública, à habitação, à cultura, ao amparo à infância e à maternidade, e de outros que, decorrentes da Constituição e das leis, propiciem seu bem-estar pessoal, social e econômico.

Art. 3º Para os efeitos deste Decreto, considera-se:

I - deficiência – toda perda ou anormalidade de uma estrutura ou função psicológica, fisiológica ou anatômica que gere incapacidade para o desempenho de atividade, dentro do padrão considerado normal para o ser humano;

II - deficiência permanente – aquela que ocorreu ou se estabilizou durante um período de tempo suficiente para não permitir recuperação ou ter probabilidade de que se altere, apesar de novos tratamentos; e

III - incapacidade – uma redução efetiva e acentuada da capacidade de integração social, com necessidade de equipamentos, adaptações, meios ou recursos especiais para que a pessoa portadora de deficiência possa receber ou transmitir informações necessárias ao seu bem-estar pessoal e ao desempenho de função ou atividade a ser exercida.

Art. 4º É considerada pessoa portadora de deficiência a que se enquadra nas seguintes categorias:

I - deficiência física - alteração completa ou parcial de um ou mais segmentos do corpo humano, acarretando o comprometimento da função física, apresentando-se sob a forma de paraplegia, paraparesia, monoplegia, monoparesia, tetraplegia, tetraparesia, triplegia, triparesia, hemiplegia, hemiparesia, ostomia, amputação ou ausência de membro, paralisia cerebral, nanismo, membros com deformidade congênita ou adquirida, exceto as deformidades estéticas e as que não produzam dificuldades para o desempenho de funções; (Redação dada pelo Decreto nº 5.296, de 2004)

II - deficiência auditiva - perda bilateral, parcial ou total, de quarenta e um decibéis (dB) ou mais, aferida por audiograma nas freqüências de 500HZ, 1.000HZ, 2.000HZ e 3.000HZ; (Redação dada pelo Decreto nº 5.296, de 2004)

III - deficiência visual - cegueira, na qual a acuidade visual é igual ou menor que 0,05 no melhor olho, com a melhor correção óptica; a baixa visão, que significa acuidade visual entre 0,3 e 0,05 no melhor olho, com a melhor correção óptica; os casos nos quais a somatória da medida do campo visual em ambos os olhos for igual ou menor que 0º; ou a ocorrência simultânea de quaisquer das condições anteriores; (Redação dada pelo Decreto nº 5.296, de 2004)

IV - deficiência mental – funcionamento intelectual significativamente inferior à média, com manifestação antes dos dezoito anos e limitações associadas a duas ou mais áreas de habilidades adaptativas, tais como:

a) comunicação;
b) cuidado pessoal;
c) habilidades sociais;
d) utilização da comunidade;
d) utilização dos recursos da comunidade; (Redação dada pelo Decreto nº 5.296, de 2004)
e) saúde e segurança;
f) habilidades acadêmicas;
g) lazer; e
h) trabalho;

V - deficiência múltipla – associação de duas ou mais deficiências.

CAPÍTULO II - Dos Princípios

Art. 5º A Política Nacional para a Integração da Pessoa Portadora de Deficiência, em consonância com o Programa Nacional de Direitos Humanos, obedecerá aos seguintes princípios;

I - desenvolvimento de ação conjunta do Estado e da sociedade civil, de modo a assegurar a plena integração da pessoa portadora de deficiência no contexto sócio-econômico e cultural;

II - estabelecimento de mecanismos e instrumentos legais e operacionais que assegurem às pessoas portadoras de deficiência o pleno exercício de seus direitos básicos que, decorrentes da Constituição e das leis, propiciam o seu bem-estar pessoal, social e econômico; e

III - respeito às pessoas portadoras de deficiência, que devem receber igualdade de oportunidades na sociedade por reconhecimento dos direitos que lhes são assegurados, sem privilégios ou paternalismos.

CAPÍTULO III - Das Diretrizes

Art. 6º São diretrizes da Política Nacional para a Integração da Pessoa Portadora de Deficiência:

I - estabelecer mecanismos que acelerem e favoreçam a inclusão social da pessoa portadora de deficiência;

II - adotar estratégias de articulação com órgãos e entidades públicos e privados, bem assim com organismos internacionais e estrangeiros para a implantação desta Política;

III - incluir a pessoa portadora de deficiência, respeitadas as suas peculiaridades, em todas as iniciativas governamentais relacionadas à educação, à saúde, ao trabalho, à edificação pública, à previdência social, à assistência social, ao transporte, à habitação, à cultura, ao esporte e ao lazer;

IV - viabilizar a participação da pessoa portadora de deficiência em todas as fases de implementação dessa Política, por intermédio de suas entidades representativas;

V - ampliar as alternativas de inserção econômica da pessoa portadora de deficiência, proporcionando a ela qualificação profissional e incorporação no mercado de trabalho; e

VI - garantir o efetivo atendimento das necessidades da pessoa portadora de deficiência, sem o cunho assistencialista.

CAPÍTULO IV - Dos Objetivos

Art. 7º São objetivos da Política Nacional para a Integração da Pessoa Portadora de Deficiência:

I - o acesso, o ingresso e a permanência da pessoa portadora de deficiência em todos os serviços oferecidos à comunidade;

II - integração das ações dos órgãos e das entidades públicos e privados nas áreas de saúde, educação, trabalho, transporte, assistência social, edificação pública, previdência social, habitação, cultura, desporto e lazer, visando à prevenção das deficiências, à eliminação de suas múltiplas causas e à inclusão social;

III - desenvolvimento de programas setoriais destinados ao atendimento das necessidades especiais da pessoa portadora de deficiência;
IV - formação de recursos humanos para atendimento da pessoa portadora de deficiência; e
V - garantia da efetividade dos programas de prevenção, de atendimento especializado e de inclusão social.

CAPÍTULO V - Dos Instrumentos

Art. 8º São instrumentos da Política Nacional para a Integração da Pessoa Portadora de Deficiência:
I - a articulação entre entidades governamentais e não-governamentais que tenham responsabilidades quanto ao atendimento da pessoa portadora de deficiência, em nível federal, estadual, do Distrito Federal e municipal;
II - o fomento à formação de recursos humanos para adequado e eficiente atendimento da pessoa portadora de deficiência;
III - a aplicação da legislação específica que disciplina a reserva de mercado de trabalho, em favor da pessoa portadora de deficiência, nos órgãos e nas entidades públicos e privados;
IV - o fomento da tecnologia de bioengenharia voltada para a pessoa portadora de deficiência, bem como a facilitação da importação de equipamentos; e
V - a fiscalização do cumprimento da legislação pertinente à pessoa portadora de deficiência.

CAPÍTULO VI - Dos Aspectos Institucionais

Art. 9º Os órgãos e as entidades da Administração Pública Federal direta e indireta deverão conferir, no âmbito das respectivas competências e finalidades, tratamento prioritário e adequado aos assuntos relativos à pessoa portadora de deficiência, visando a assegurar-lhe o pleno exercício de seus direitos básicos e a efetiva inclusão social.

Art. 10. Na execução deste Decreto, a Administração Pública Federal direta e indireta atuará de modo integrado e coordenado, seguindo planos e programas, com prazos e objetivos determinados, aprovados pelo Conselho Nacional dos Direitos da Pessoa Portadora de Deficiência - CONADE.

> Art. 11. (Revogado pelo Decreto nº 10.177, de 2019)
> Art. 12. (Revogado pelo Decreto nº 10.177, de 2019)

Art. 13. Poderão ser instituídas outras instâncias deliberativas pelos Estados, pelo Distrito Federal e pelos Municípios, que integrarão sistema descentralizado de defesa dos direitos da pessoa portadora de deficiência.

Art. 14. Incumbe ao Ministério dos Direitos Humanos, a coordenação superior, na Administração Pública Federal, dos assuntos, das atividades e das medidas que se refiram às pessoas portadoras de deficiência. (Redação dada pelo Decreto nº 9.494, de 2018)

§ 1º No âmbito do Ministério dos Direitos Humanos, compete à Secretaria Nacional dos Direitos da Pessoa com Deficiência : (Redação dada pelo Decreto nº 9.494, de 2018)
I - exercer a coordenação superior dos assuntos, das ações governamentais e das medidas referentes à pessoa portadora de deficiência;
II - elaborar os planos, programas e projetos da Política Nacional para Integração da Pessoa Portadora de Deficiência, bem como propor as providências necessárias à sua completa implantação e ao seu adequado desenvolvimento, inclusive as pertinentes a recursos financeiros e as de caráter legislativo;
III - acompanhar e orientar a execução pela Administração Pública Federal dos planos, programas e projetos mencionados no inciso anterior;
IV - manifestar-se sobre a Política Nacional para a Integração da Pessoa Portadora de Deficiência, dos projetos federais a ela conexos, antes da liberação dos recursos respectivos;
V - manter com os Estados, o Distrito Federal, os Municípios e o Ministério Público, estreito relacionamento, objetivando a concorrência de ações destinadas à integração das pessoas portadoras de deficiência;
VI - provocar a iniciativa do Ministério Público, ministrando-lhe informações sobre fatos que constituam objeto da ação civil de que trata a Lei no 7.853, de 24 de outubro de 1989, e indicando-lhe os elementos de convicção;
VII - emitir opinião sobre os acordos, contratos ou convênios firmados pelos demais órgãos da Administração Pública Federal, no âmbito da Política Nacional para a Integração da Pessoa Portadora de Deficiência; e
VIII - promover e incentivar a divulgação e o debate das questões concernentes à pessoa portadora de deficiência, visando à conscientização da sociedade.

§ 2º Na elaboração dos planos e programas a seu cargo, a CORDE deverá:
I - recolher, sempre que possível, a opinião das pessoas e entidades interessadas; e
II - considerar a necessidade de ser oferecido efetivo apoio às entidades privadas voltadas à integração social da pessoa portadora de deficiência.

CAPÍTULO VII - Da Equiparação de Oportunidades

Art. 15. Os órgãos e as entidades da Administração Pública Federal prestarão direta ou indiretamente à pessoa portadora de deficiência os seguintes serviços:
I - reabilitação integral, entendida como o desenvolvimento das potencialidades da pessoa portadora de deficiência, destinada a facilitar sua atividade laboral, educativa e social;
II - formação profissional e qualificação para o trabalho;
III - escolarização em estabelecimentos de ensino regular com a provisão dos apoios necessários, ou em estabelecimentos de ensino especial; e
IV - orientação e promoção individual, familiar e social.

Seção I - Da Saúde

Art. 16. Os órgãos e as entidades da Administração Pública Federal direta e indireta responsáveis pela saúde devem dispensar aos assuntos objeto deste Decreto tratamento prioritário e adequado, viabilizando, sem prejuízo de outras, as seguintes medidas:
I - a promoção de ações preventivas, como as referentes ao planejamento familiar, ao aconselhamento genético, ao acompanhamento da gravidez, do parto e do puerpério, à nutrição da mulher e da criança, à identificação e ao controle da gestante e do feto de alto risco, à imunização, às doenças do metabolismo e seu diagnóstico, ao encaminhamento precoce de outras doenças causadoras de deficiência, e à detecção precoce das doenças crônico-degenerativas e a outras potencialmente incapacitantes;
II - o desenvolvimento de programas especiais de prevenção de acidentes domésticos, de trabalho, de trânsito e outros, bem como o desenvolvimento de programa para tratamento adequado a suas vítimas;
III - a criação de rede de serviços regionalizados, descentralizados e hierarquizados em crescentes níveis de complexidade, voltada ao atendimento à saúde e reabilitação da pessoa portadora de deficiência, articulada com os serviços sociais, educacionais e com o trabalho;
IV - a garantia de acesso da pessoa portadora de deficiência aos estabelecimentos de saúde públicos e privados e de seu adequado tratamento sob normas técnicas e padrões de conduta apropriados;
V - a garantia de atendimento domiciliar de saúde ao portador de deficiência grave não internado;
VI - o desenvolvimento de programas de saúde voltados para a pessoa portadora de deficiência, desenvolvidos

com a participação da sociedade e que lhes ensejem a inclusão social; e

VII - o papel estratégico da atuação dos agentes comunitários de saúde e das equipes de saúde da família na disseminação das práticas e estratégias de reabilitação baseada na comunidade.

§ 1º Para os efeitos deste Decreto, prevenção compreende as ações e medidas orientadas a evitar as causas das deficiências que possam ocasionar incapacidade e as destinadas a evitar sua progressão ou derivação em outras incapacidades.

§ 2º A deficiência ou incapacidade deve ser diagnosticada e caracterizada por equipe multidisciplinar de saúde, para fins de concessão de benefícios e serviços.

§ 3º As ações de promoção da qualidade de vida da pessoa portadora de deficiência deverão também assegurar a igualdade de oportunidades no campo da saúde.

Art. 17. É beneficiária do processo de reabilitação a pessoa que apresenta deficiência, qualquer que seja sua natureza, agente causal ou grau de severidade.

§ 1º Considera-se reabilitação o processo de duração limitada e com objetivo definido, destinado a permitir que a pessoa com deficiência alcance o nível físico, mental ou social funcional ótimo, proporcionando-lhe os meios de modificar sua própria vida, podendo compreender medidas visando a compensar a perda de uma função ou uma limitação funcional e facilitar ajustes ou reajustes sociais.

§ 2º Para efeito do disposto neste artigo, toda pessoa que apresente redução funcional devidamente diagnosticada por equipe multiprofissional terá direito a beneficiar-se dos processos de reabilitação necessários para corrigir ou modificar seu estado físico, mental ou sensorial, quando este constitua obstáculo para sua integração educativa, laboral e social.

Art. 18. Incluem-se na assistência integral à saúde e reabilitação da pessoa portadora de deficiência a concessão de órteses, próteses, bolsas coletoras e materiais auxiliares, dado que tais equipamentos complementam o atendimento, aumentando as possibilidades de independência e inclusão da pessoa portadora de deficiência.

Art. 19. Consideram-se ajudas técnicas, para os efeitos deste Decreto, os elementos que permitem compensar uma ou mais limitações funcionais motoras, sensoriais ou mentais da pessoa portadora de deficiência, com o objetivo de permitir-lhe superar as barreiras da comunicação e da mobilidade e de possibilitar sua plena inclusão social.

Parágrafo único. São ajudas técnicas:

I - próteses auditivas, visuais e físicas;

II - órteses que favoreçam a adequação funcional;

III - equipamentos e elementos necessários à terapia e reabilitação da pessoa portadora de deficiência;

IV - equipamentos, maquinarias e utensílios de trabalho especialmente desenhados ou adaptados para uso por pessoa portadora de deficiência;

V - elementos de mobilidade, cuidado e higiene pessoal necessários para facilitar a autonomia e a segurança da pessoa portadora de deficiência;

VI - elementos especiais para facilitar a comunicação, a informação e a sinalização para pessoa portadora de deficiência;

VII - equipamentos e material pedagógico especial para educação, capacitação e recreação da pessoa portadora de deficiência;

VIII - adaptações ambientais e outras que garantam o acesso, a melhoria funcional e a autonomia pessoal; e

IX - bolsas coletoras para os portadores de ostomia.

Art. 20. É considerado parte integrante do processo de reabilitação o provimento de medicamentos que favoreçam a estabilidade clínica e funcional e auxiliem na limitação da incapacidade, na reeducação funcional e no controle das lesões que geram incapacidades.

Art. 21. O tratamento e a orientação psicológica serão prestados durante as distintas fases do processo reabilitador, destinados a contribuir para que a pessoa portadora de deficiência atinja o mais pleno desenvolvimento de sua personalidade.

Parágrafo único. O tratamento e os apoios psicológicos serão simultâneos aos tratamentos funcionais e, em todos os casos, serão concedidos desde a comprovação da deficiência ou do início de um processo patológico que possa originá-la.

Art. 22. Durante a reabilitação, será propiciada, se necessária, assistência em saúde mental com a finalidade de permitir que a pessoa submetida a esta prestação desenvolva ao máximo suas capacidades.

Art. 23. Será fomentada a realização de estudos epidemiológicos e clínicos, com periodicidade e abrangência adequadas, de modo a produzir informações sobre a ocorrência de deficiências e incapacidades.

Seção II - Do Acesso à Educação

Art. 24. Os órgãos e as entidades da Administração Pública Federal direta e indireta responsáveis pela educação dispensarão tratamento prioritário e adequado aos assuntos objeto deste Decreto, viabilizando, sem prejuízo de outras, as seguintes medidas:

I - a matrícula compulsória em cursos regulares de estabelecimentos públicos e particulares de pessoa portadora de deficiência capazes de se integrar na rede regular de ensino;

II - a inclusão, no sistema educacional, da educação especial como modalidade de educação escolar que permeia transversalmente todos os níveis e as modalidades de ensino;

III - a inserção, no sistema educacional, das escolas ou instituições especializadas públicas e privadas;

IV - a oferta, obrigatória e gratuita, da educação especial em estabelecimentos públicos de ensino;

V - o oferecimento obrigatório dos serviços de educação especial ao educando portador de deficiência em unidades hospitalares e congêneres nas quais esteja internado por prazo igual ou superior a um ano; e

VI - o acesso de aluno portador de deficiência aos benefícios conferidos aos demais educandos, inclusive material escolar, transporte, merenda escolar e bolsas de estudo.

§ 1º Entende-se por educação especial, para os efeitos deste Decreto, a modalidade de educação escolar oferecida preferencialmente na rede regular de ensino para educando com necessidades educacionais especiais, entre eles o portador de deficiência.

§ 2º A educação especial caracteriza-se por constituir processo flexível, dinâmico e individualizado, oferecido principalmente nos níveis de ensino considerados obrigatórios.

§ 3º A educação do aluno com deficiência deverá iniciar-se na educação infantil, a partir de zero ano.

§ 4º A educação especial contará com equipe multiprofissional, com a adequada especialização, e adotará orientações pedagógicas individualizadas.

§ 5º Quando da construção e reforma de estabelecimentos de ensino deverá ser observado o atendimento as normas técnicas da Associação Brasileira de Normas Técnicas – ABNT relativas à acessibilidade.

Art. 25. Os serviços de educação especial serão ofertados nas instituições de ensino público ou privado do sistema de educação geral, de forma transitória ou permanente, mediante programas de apoio para o aluno que está integrado no sistema regular de ensino, ou em escolas especializadas exclusivamente quando a educação das escolas comuns não puder satisfazer as necessidades educativas ou sociais do aluno ou quando necessário ao bem-estar do educando.

Art. 26. As instituições hospitalares e congêneres deverão assegurar atendimento pedagógico ao educando portador de deficiência internado nessas unidades por prazo igual ou

superior a um ano, com o propósito de sua inclusão ou manutenção no processo educacional.

Art. 27. As instituições de ensino superior deverão oferecer adaptações de provas e os apoios necessários, previamente solicitados pelo aluno portador de deficiência, inclusive tempo adicional para realização das provas, conforme as características da deficiência.

§ 1º As disposições deste artigo aplicam-se, também, ao sistema geral do processo seletivo para ingresso em cursos universitários de instituições de ensino superior.

§ 2º O Ministério da Educação, no âmbito da sua competência, expedirá instruções para que os programas de educação superior incluam nos seus currículos conteúdos, itens ou disciplinas relacionados à pessoa portadora de deficiência.

Art. 28. O aluno portador de deficiência matriculado ou egresso do ensino fundamental ou médio, de instituições públicas ou privadas, terá acesso à educação profissional, a fim de obter habilitação profissional que lhe proporcione oportunidades de acesso ao mercado de trabalho.

§ 1º A educação profissional para a pessoa portadora de deficiência será oferecida nos níveis básico, técnico e tecnológico, em escola regular, em instituições especializadas e nos ambientes de trabalho.

§ 2º As instituições públicas e privadas que ministram educação profissional deverão, obrigatoriamente, oferecer cursos profissionais de nível básico à pessoa portadora de deficiência, condicionando a matrícula à sua capacidade de aproveitamento e não a seu nível de escolaridade.

§ 3º Entende-se por habilitação profissional o processo destinado a propiciar à pessoa portadora de deficiência, em nível formal e sistematizado, aquisição de conhecimentos e habilidades especificamente associados a determinada profissão ou ocupação.

§ 4º Os diplomas e certificados de cursos de educação profissional expedidos por instituição credenciada pelo Ministério da Educação ou órgão equivalente terão validade em todo o território nacional.

Art. 29. As escolas e instituições de educação profissional oferecerão, se necessário, serviços de apoio especializado para atender às peculiaridades da pessoa portadora de deficiência, tais como:

I - adaptação dos recursos instrucionais: material pedagógico, equipamento e currículo;

II - capacitação dos recursos humanos: professores, instrutores e profissionais especializados; e

III - adequação dos recursos físicos: eliminação de barreiras arquitetônicas, ambientais e de comunicação.

Seção III - Da Habilitação e da Reabilitação Profissional

Art. 30. A pessoa portadora de deficiência, beneficiária ou não do Regime Geral de Previdência Social, tem direito às prestações de habilitação e reabilitação profissional para capacitar-se a obter trabalho, conservá-lo e progredir profissionalmente.

Art. 31. Entende-se por habilitação e reabilitação profissional o processo orientado a possibilitar que a pessoa portadora de deficiência, a partir da identificação de suas potencialidades laborativas, adquira o nível suficiente de desenvolvimento profissional para ingresso e reingresso no mercado de trabalho e participar da vida comunitária.

Art. 32. Os serviços de habilitação e reabilitação profissional deverão estar dotados dos recursos necessários para atender toda pessoa portadora de deficiência, independentemente da origem de sua deficiência, desde que possa ser preparada para trabalho que lhe seja adequado e tenha perspectivas de obter, conservar e nele progredir.

Art. 33. A orientação profissional será prestada pelos correspondentes serviços de habilitação e reabilitação profissional, tendo em conta as potencialidades da pessoa portadora de deficiência, identificadas com base em relatório de equipe multiprofissional, que deverá considerar:

I - educação escolar efetivamente recebida e por receber;
II - expectativas de promoção social;
III - possibilidades de emprego existentes em cada caso;
IV - motivações, atitudes e preferências profissionais; e
V - necessidades do mercado de trabalho.

Seção IV - Do Acesso ao Trabalho

Art. 34. É finalidade primordial da política de emprego a inserção da pessoa portadora de deficiência no mercado de trabalho ou sua incorporação ao sistema produtivo mediante regime especial de trabalho protegido.

Parágrafo único. Nos casos de deficiência grave ou severa, o cumprimento do disposto no caput deste artigo poderá ser efetivado mediante a contratação das cooperativas sociais de que trata a Lei no 9.867, de 10 de novembro de 1999.

Art. 35. São modalidades de inserção laboral da pessoa portadora de deficiência:

I - colocação competitiva: processo de contratação regular, nos termos da legislação trabalhista e previdenciária, que independe da adoção de procedimentos especiais para sua concretização, não sendo excluída a possibilidade de utilização de apoios especiais;

II - colocação seletiva: processo de contratação regular, nos termos da legislação trabalhista e previdenciária, que depende da adoção de procedimentos e apoios especiais para sua concretização; e

III - promoção do trabalho por conta própria: processo de fomento da ação de uma ou mais pessoas, mediante trabalho autônomo, cooperativado ou em regime de economia familiar, com vista à emancipação econômica e pessoal.

§ 1º As entidades beneficentes de assistência social, na forma da lei, poderão intermediar a modalidade de inserção laboral de que tratam os incisos II e III, nos seguintes casos:

I - na contratação para prestação de serviços, por entidade pública ou privada, da pessoa portadora de deficiência física, mental ou sensorial: e

II - na comercialização de bens e serviços decorrentes de programas de habilitação profissional de adolescente e adulto portador de deficiência em oficina protegida de produção ou terapêutica.

§ 2º Consideram-se procedimentos especiais os meios utilizados para a contratação de pessoa que, devido ao seu grau de deficiência, transitória ou permanente, exija condições especiais, tais como jornada variável, horário flexível, proporcionalidade de salário, ambiente de trabalho adequado às suas especificidades, entre outros.

§ 3º Consideram-se apoios especiais a orientação, a supervisão e as ajudas técnicas entre outros elementos que auxiliem ou permitam compensar uma ou mais limitações funcionais motoras, sensoriais ou mentais da pessoa portadora de deficiência, de modo a superar as barreiras da mobilidade e da comunicação, possibilitando a plena utilização de suas capacidades em condições de normalidade.

§ 4º Considera-se oficina protegida de produção a unidade que funciona em relação de dependência com entidade pública ou beneficente de assistência social, que tem por objetivo desenvolver programa de habilitação profissional para adolescente e adulto portador de deficiência, provendo-o com trabalho remunerado, com vista à emancipação econômica e pessoal relativa.

§ 5º Considera-se oficina protegida terapêutica a unidade que funciona em relação de dependência com entidade pública ou beneficente de assistência social, que tem por objetivo a integração social por meio de atividades de adaptação e capacitação para o trabalho de adolescente e adulto que devido ao seu grau de deficiência, transitória ou permanente, não possa

desempenhar atividade laboral no mercado competitivo de trabalho ou em oficina protegida de produção.

§ 6º O período de adaptação e capacitação para o trabalho de adolescente e adulto portador de deficiência em oficina protegida terapêutica não caracteriza vínculo empregatício e está condicionado a processo de avaliação individual que considere o desenvolvimento biopsicosocial da pessoa.

§ 7º A prestação de serviços será feita mediante celebração de convênio ou contrato formal, entre a entidade beneficente de assistência social e o tomador de serviços, no qual constará a relação nominal dos trabalhadores portadores de deficiência colocados à disposição do tomador.

§ 8º A entidade que se utilizar do processo de colocação seletiva deverá promover, em parceria com o tomador de serviços, programas de prevenção de doenças profissionais e de redução da capacidade laboral, bem assim programas de reabilitação caso ocorram patologias ou se manifestem outras incapacidades.

Art. 36. A empresa com cem ou mais empregados está obrigada a preencher de dois a cinco por cento de seus cargos com beneficiários da Previdência Social reabilitados ou com pessoa portadora de deficiência habilitada, na seguinte proporção:

I - até duzentos empregados, dois por cento;
II - de duzentos e um a quinhentos empregados, três por cento;
III - de quinhentos e um a mil empregados, quatro por cento; ou
IV - mais de mil empregados, cinco por cento.

§ 1º A dispensa de empregado na condição estabelecida neste artigo, quando se tratar de contrato por prazo determinado, superior a noventa dias, e a dispensa imotivada, no contrato por prazo indeterminado, somente poderá ocorrer após a contratação de substituto em condições semelhantes.

§ 2º Considera-se pessoa portadora de deficiência habilitada aquela que concluiu curso de educação profissional de nível básico, técnico ou tecnológico, ou curso superior, com certificação ou diplomação expedida por instituição pública ou privada, legalmente credenciada pelo Ministério da Educação ou órgão equivalente, ou aquela com certificado de conclusão de processo de habilitação ou reabilitação profissional fornecido pelo Instituto Nacional do Seguro Social - INSS.

§ 3º Considera-se, também, pessoa portadora de deficiência habilitada aquela que, não tendo se submetido a processo de habilitação ou reabilitação, esteja capacitada para o exercício da função.

§ 4º A pessoa portadora de deficiência habilitada nos termos dos §§ 2º e 3º deste artigo poderá recorrer à intermediação de órgão integrante do sistema público de emprego, para fins de inclusão laboral na forma deste artigo.

§ 5º Compete ao Ministério do Trabalho e Emprego estabelecer sistemática de fiscalização, avaliação e controle das empresas, bem como instituir procedimentos e formulários que propiciem estatísticas sobre o número de empregados portadores de deficiência e de vagas preenchidas, para fins de acompanhamento do disposto no caput deste artigo.

Art. 37. (Revogado pelo Decreto nº 9.508, de 2018)
Art. 38. (Revogado pelo Decreto nº 9.508, de 2018)
Art. 39. (Revogado pelo Decreto nº 9.508, de 2018)
Art. 40. (Revogado pelo Decreto nº 9.508, de 2018)
Art. 41. (Revogado pelo Decreto nº 9.508, de 2018)
Art. 42. (Revogado pelo Decreto nº 9.508, de 2018)
Art. 43. (Revogado pelo Decreto nº 9.508, de 2018)

Art. 44. A análise dos aspectos relativos ao potencial de trabalho do candidato portador de deficiência obedecerá ao disposto no art. 20 da Lei nº 8.112, de 11 de dezembro de 1990.

Art. 45. Serão implementados programas de formação e qualificação profissional voltados para a pessoa portadora de deficiência no âmbito do Plano Nacional de Formação Profissional - PLANFOR.

Parágrafo único. Os programas de formação e qualificação profissional para pessoa portadora de deficiência terão como objetivos:

I - criar condições que garantam a toda pessoa portadora de deficiência o direito a receber uma formação profissional adequada;
II - organizar os meios de formação necessários para qualificar a pessoa portadora de deficiência para a inserção competitiva no mercado laboral; e
III - ampliar a formação e qualificação profissional sob a base de educação geral para fomentar o desenvolvimento harmônico da pessoa portadora de deficiência, assim como para satisfazer as exigências derivadas do progresso técnico, dos novos métodos de produção e da evolução social e econômica.

Seção V - Da Cultura, do Desporto, do Turismo e do Lazer

Art. 46. Os órgãos e as entidades da Administração Pública Federal direta e indireta responsáveis pela cultura, pelo desporto, pelo turismo e pelo lazer dispensarão tratamento prioritário e adequado aos assuntos objeto deste Decreto, com vista a viabilizar, sem prejuízo de outras, as seguintes medidas:

I - promover o acesso da pessoa portadora de deficiência aos meios de comunicação social;
II - criar incentivos para o exercício de atividades criativas, mediante:
a) participação da pessoa portadora de deficiência em concursos de prêmios no campo das artes e das letras; e
b) exposições, publicações e representações artísticas de pessoa portadora de deficiência;
III - incentivar a prática desportiva formal e não-formal como direito de cada um e o lazer como forma de promoção social;
IV - estimular meios que facilitem o exercício de atividades desportivas entre a pessoa portadora de deficiência e suas entidades representativas;
V - assegurar a acessibilidade às instalações desportivas dos estabelecimentos de ensino, desde o nível pré-escolar até à universidade;
VI - promover a inclusão de atividades desportivas para pessoa portadora de deficiência na prática da educação física ministrada nas instituições de ensino públicas e privadas;
VII - apoiar e promover a publicação e o uso de guias de turismo com informação adequada à pessoa portadora de deficiência; e
VIII - estimular a ampliação do turismo à pessoa portadora de deficiência ou com mobilidade reduzida, mediante a oferta de instalações hoteleiras acessíveis e de serviços adaptados de transporte.

Art. 47. Os recursos do Programa Nacional de Apoio à Cultura financiarão, entre outras ações, a produção e a difusão artístico-cultural de pessoa portadora de deficiência.

Parágrafo único. Os projetos culturais financiados com recursos federais, inclusive oriundos de programas especiais de incentivo à cultura, deverão facilitar o livre acesso da pessoa portadora de deficiência, de modo a possibilitar-lhe o pleno exercício dos seus direitos culturais.

Art. 48. Os órgãos e as entidades da Administração Pública Federal direta e indireta, promotores ou financiadores de atividades desportivas e de lazer, devem concorrer técnica e financeiramente para obtenção dos objetivos deste Decreto.

Parágrafo único. Serão prioritariamente apoiadas a manifestação desportiva de rendimento e a educacional, compreendendo as atividades de:

I - desenvolvimento de recursos humanos especializados;
II - promoção de competições desportivas internacionais, nacionais, estaduais e locais;

III - pesquisa científica, desenvolvimento tecnológico, documentação e informação; e

IV - construção, ampliação, recuperação e adaptação de instalações desportivas e de lazer.

CAPÍTULO VIII - Da Política de Capacitação de Profissionais Especializados

Art. 49. Os órgãos e as entidades da Administração Pública Federal direta e indireta, responsáveis pela formação de recursos humanos, devem dispensar aos assuntos objeto deste Decreto tratamento prioritário e adequado, viabilizando, sem prejuízo de outras, as seguintes medidas:

I - formação e qualificação de professores de nível médio e superior para a educação especial, de técnicos de nível médio e superior especializados na habilitação e reabilitação, e de instrutores e professores para a formação profissional;

II - formação e qualificação profissional, nas diversas áreas de conhecimento e de recursos humanos que atendam às demandas da pessoa portadora de deficiência; e

III - incentivo à pesquisa e ao desenvolvimento tecnológico em todas as áreas do conhecimento relacionadas com a pessoa portadora de deficiência.

CAPÍTULO IX - Da Acessibilidade na Administração Pública Federal

Art. 50. (Revogado pelo Decreto nº 5.296, de 2004)
Art. 51. (Revogado pelo Decreto nº 5.296, de 2004)
Art. 52. . (Revogado pelo Decreto nº 5.296, de 2004)
Art. 53. (Revogado pelo Decreto nº 5.296, de 2004)
Art. 54. (Revogado pelo Decreto nº 5.296, de 2004)

CAPÍTULO X - Do Sistema Integrado de Informações

Art. 55. Fica instituído, no âmbito do Ministério dos Direitos Humanos, o Sistema Nacional de Informações sobre Deficiência, sob a responsabilidade da Secretaria Nacional dos Direitos da Pessoa com Deficiência, com a finalidade de criar e manter bases de dados, reunir e difundir informação sobre a situação das pessoas portadoras de deficiência e fomentar a pesquisa e o estudo de todos os aspectos que afetem a vida dessas pessoas. (Redação dada pelo Decreto nº 9.494, de 2018)

Parágrafo único. Serão produzidas, periodicamente, estatísticas e informações, podendo esta atividade realizar-se conjuntamente com os censos nacionais, pesquisas nacionais, regionais e locais, em estreita colaboração com universidades, institutos de pesquisa e organizações para pessoas portadoras de deficiência.

CAPÍTULO XI - Das Disposições Finais e Transitórias

Art. 56. O Ministério dos Direitos Humanos, com base nas diretrizes e metas do Plano Plurianual de Investimentos, por intermédio da Secretaria Nacional dos Direitos da Pessoa com Deficiência, elaborará, em articulação com outros órgãos e entidades da Administração Pública Federal, o Plano Nacional de Ações Integradas na Área das Deficiências. (Redação dada pelo Decreto nº 9.494, de 2018)

Art. 57. (Revogado pelo Decreto nº 10.087, de 2019)

Art. 58. A CORDE desenvolverá, em articulação com órgãos e entidades da Administração Pública Federal, programas de facilitação da acessibilidade em sítios de interesse histórico, turístico, cultural e desportivo, mediante a remoção de barreiras físicas ou arquitetônicas que impeçam ou dificultem a locomoção de pessoa portadora de deficiência ou com mobilidade reduzida.

Art. 59. Este Decreto entra em vigor na data da sua publicação.

Art. 60. Ficam revogados os Decretos nos 93.481, de 29 de outubro de 1986, 914, de 6 de setembro de 1993, 1.680, de 18 de outubro de 1995, 3.030, de 20 de abril de 1999, o § 2º do art. 141 do Regulamento da Previdência Social, aprovado pelo Decreto no 3.048, de 6 de maio de 1999, e o Decreto no 3.076, de 1º de junho de 1999.

9. DECRETO Nº 3.691, DE 19 DE DEZEMBRO DE 2000

Regulamenta a Lei no 8.899, de 29 de junho de 1994, que dispõe sobre o transporte de pessoas portadoras de deficiência no sistema de transporte coletivo interestadual.

O PRESIDENTE DA REPÚBLICA, no uso das atribuições que lhe confere o art. 84, incisos IV e VI, da Constituição, e tendo em vista o disposto no art. 1º da Lei no 8.899, de 29 de junho de 1994,

Art. 1º As empresas permissionárias e autorizatárias de transporte interestadual de passageiros reservarão dois assentos de cada veículo, destinado a serviço convencional, para ocupação das pessoas beneficiadas pelo art. 1º da Lei no 8.899, de 29 de junho de 1994, observado o que dispõem as Leis nos 7.853, de 24 de outubro de 1989, 8.742, de 7 de dezembro de 1993, 10.048, de 8 de novembro de 2000, e os Decretos nos 1.744, de 8 de dezembro de 1995, e 3.298, de 20 de dezembro de 1999.

Art. 2º O Ministro de Estado dos Transportes disciplinará, no prazo de até trinta dias, o disposto neste Decreto.

Art. 3º Este Decreto entra em vigor na data de sua publicação.

10. DECRETO Nº 5.296 DE 2 DE DEZEMBRO DE 2004

Regulamenta as Leis nos 10.048, de 8 de novembro de 2000, que dá prioridade de atendimento às pessoas que especifica, e 10.098, de 19 de dezembro de 2000, que estabelece normas gerais e critérios básicos para a promoção da acessibilidade das pessoas portadoras de deficiência ou com mobilidade reduzida, e dá outras providências.

O PRESIDENTE DA REPÚBLICA, no uso da atribuição que lhe confere o art. 84, inciso IV, da Constituição, e tendo em vista o disposto nas Leis nos 10.048, de 8 de novembro de 2000, e 10.098, de 19 de dezembro de 2000,

CAPÍTULO I - DISPOSIÇÕES PRELIMINARES

Art. 1º Este Decreto regulamenta as Leis nos 10.048, de 8 de novembro de 2000, e 10.098, de 19 de dezembro de 2000.

Art. 2º Ficam sujeitos ao cumprimento das disposições deste Decreto, sempre que houver interação com a matéria nele regulamentada:

I - a aprovação de projeto de natureza arquitetônica e urbanística, de comunicação e informação, de transporte coletivo, bem como a execução de qualquer tipo de obra, quando tenham destinação pública ou coletiva;

II - a outorga de concessão, permissão, autorização ou habilitação de qualquer natureza;

III - a aprovação de financiamento de projetos com a utilização de recursos públicos, dentre eles os projetos de natureza arquitetônica e urbanística, os tocantes à comunicação e informação e os referentes ao transporte coletivo, por meio de qualquer instrumento, tais como convênio, acordo, ajuste, contrato ou similar; e

IV - a concessão de aval da União na obtenção de empréstimos e financiamentos internacionais por entes públicos ou privados.

Art. 3º Serão aplicadas sanções administrativas, cíveis e penais cabíveis, previstas em lei, quando não forem observadas as normas deste Decreto.

Art. 4º O Conselho Nacional dos Direitos da Pessoa Portadora de Deficiência, os Conselhos Estaduais, Municipais e do Distrito Federal, e as organizações representativas de pessoas porta-

doras de deficiência terão legitimidade para acompanhar e sugerir medidas para o cumprimento dos requisitos estabelecidos neste Decreto.

CAPÍTULO II - DO ATENDIMENTO PRIORITÁRIO

Art. 5º Os órgãos da administração pública direta, indireta e fundacional, as empresas prestadoras de serviços públicos e as instituições financeiras deverão dispensar atendimento prioritário às pessoas portadoras de deficiência ou com mobilidade reduzida.

§ 1º Considera-se, para os efeitos deste Decreto:

I - pessoa portadora de deficiência, além daquelas previstas na Lei no 10.690, de 16 de junho de 2003, a que possui limitação ou incapacidade para o desempenho de atividade e se enquadra nas seguintes categorias:

a) deficiência física: alteração completa ou parcial de um ou mais segmentos do corpo humano, acarretando o comprometimento da função física, apresentando-se sob a forma de paraplegia, paraparesia, monoplegia, monoparesia, tetraplegia, tetraparesia, triplegia, triparesia, hemiplegia, hemiparesia, ostomia, amputação ou ausência de membro, paralisia cerebral, nanismo, membros com deformidade congênita ou adquirida, exceto as deformidades estéticas e as que não produzam dificuldades para o desempenho de funções;

b) deficiência auditiva: perda bilateral, parcial ou total, de quarenta e um decibéis (dB) ou mais, aferida por audiograma nas freqüências de 500Hz, 1.000Hz, 2.000Hz e 3.000Hz;

c) deficiência visual: cegueira, na qual a acuidade visual é igual ou menor que 0,05 no melhor olho, com a melhor correção óptica; a baixa visão, que significa acuidade visual entre 0,3 e 0,05 no melhor olho, com a melhor correção óptica; os casos nos quais a somatória da medida do campo visual em ambos os olhos for igual ou menor que 0º; ou a ocorrência simultânea de quaisquer das condições anteriores;

d) deficiência mental: funcionamento intelectual significativamente inferior à média, com manifestação antes dos dezoito anos e limitações associadas a duas ou mais áreas de habilidades adaptativas, tais como:

1. comunicação;
2. cuidado pessoal;
3. habilidades sociais;
4. utilização dos recursos da comunidade;
5. saúde e segurança;
6. habilidades acadêmicas;
7. lazer; e
8. trabalho;

e) deficiência múltipla - associação de duas ou mais deficiências; e

II - pessoa com mobilidade reduzida, aquela que, não se enquadrando no conceito de pessoa portadora de deficiência, tenha, por qualquer motivo, dificuldade de movimentar-se, permanente ou temporariamente, gerando redução efetiva da mobilidade, flexibilidade, coordenação motora e percepção.

§ 2º O disposto no caput aplica-se, ainda, às pessoas com idade igual ou superior a sessenta anos, gestantes, lactantes e pessoas com criança de colo.

§ 3º O acesso prioritário às edificações e serviços das instituições financeiras deve seguir os preceitos estabelecidos neste Decreto e nas normas técnicas de acessibilidade da Associação Brasileira de Normas Técnicas - ABNT, no que não conflitarem com a Lei no 7.102, de 20 de junho de 1983, observando, ainda, a Resolução do Conselho Monetário Nacional no 2.878, de 26 de julho de 2001.

Art. 6º O atendimento prioritário compreende tratamento diferenciado e atendimento imediato às pessoas de que trata o art. 5º.

§ 1º O tratamento diferenciado inclui, dentre outros:

I - assentos de uso preferencial sinalizados, espaços e instalações acessíveis;

II - mobiliário de recepção e atendimento obrigatoriamente adaptado à altura e à condição física de pessoas em cadeira de rodas, conforme estabelecido nas normas técnicas de acessibilidade da ABNT;

III - serviços de atendimento para pessoas com deficiência auditiva, prestado por intérpretes ou pessoas capacitadas em Língua Brasileira de Sinais - LIBRAS e no trato com aquelas que não se comuniquem em LIBRAS, e para pessoas surdocegas, prestado por guias-intérpretes ou pessoas capacitadas neste tipo de atendimento;

IV - pessoal capacitado para prestar atendimento às pessoas com deficiência visual, mental e múltipla, bem como às pessoas idosas;

V - disponibilidade de área especial para embarque e desembarque de pessoa portadora de deficiência ou com mobilidade reduzida;

VI - sinalização ambiental para orientação das pessoas referidas no art. 5º;

VII - divulgação, em lugar visível, do direito de atendimento prioritário das pessoas portadoras de deficiência ou com mobilidade reduzida;

VIII - admissão de entrada e permanência de cão-guia ou cão-guia de acompanhamento junto de pessoa portadora de deficiência ou de treinador nos locais dispostos no caput do art. 5º, bem como nas demais edificações de uso público e naquelas de uso coletivo, mediante apresentação da carteira de vacina atualizada do animal; e

IX - a existência de local de atendimento específico para as pessoas referidas no art. 5º.

§ 2º Entende-se por imediato o atendimento prestado às pessoas referidas no art. 5º, antes de qualquer outra, depois de concluído o atendimento que estiver em andamento, observado o disposto no inciso I do parágrafo único do art. 3º da Lei no 10.741, de 1º de outubro de 2003 (Estatuto do Idoso).

§ 3º Nos serviços de emergência dos estabelecimentos públicos e privados de atendimento à saúde, a prioridade conferida por este Decreto fica condicionada à avaliação médica em face da gravidade dos casos a atender.

§ 4º Os órgãos, empresas e instituições referidos no caput do art. 5º devem possuir, pelo menos, um telefone de atendimento adaptado para comunicação com e por pessoas portadoras de deficiência auditiva.

Art. 7º O atendimento prioritário no âmbito da administração pública federal direta e indireta, bem como das empresas prestadoras de serviços públicos, obedecerá às disposições deste Decreto, além do que estabelece o Decreto no 3.507, de 13 de junho de 2000.

Parágrafo único. Cabe aos Estados, Municípios e ao Distrito Federal, no âmbito de suas competências, criar instrumentos para a efetiva implantação e o controle do atendimento prioritário referido neste Decreto.

CAPÍTULO III - DAS CONDIÇÕES GERAIS DA ACESSIBILIDADE

Art. 8º Para os fins de acessibilidade, considera-se:

I - acessibilidade: condição para utilização, com segurança e autonomia, total ou assistida, dos espaços, mobiliários e equipamentos urbanos, das edificações, dos serviços de transporte e dos dispositivos, sistemas e meios de comunicação e informação, por pessoa portadora de deficiência ou com mobilidade reduzida;

II - barreiras: qualquer entrave ou obstáculo que limite ou impeça o acesso, a liberdade de movimento, a circulação com segurança e a possibilidade de as pessoas se comunicarem ou terem acesso à informação, classificadas em:

a) barreiras urbanísticas: as existentes nas vias públicas e nos espaços de uso público;

b) barreiras nas edificações: as existentes no entorno e interior das edificações de uso público e coletivo e no entorno e nas áreas internas de uso comum nas edificações de uso privado multifamiliar;

c) barreiras nos transportes: as existentes nos serviços de transportes; e

d) barreiras nas comunicações e informações: qualquer entrave ou obstáculo que dificulte ou impossibilite a expressão ou o recebimento de mensagens por intermédio dos dispositivos, meios ou sistemas de comunicação, sejam ou não de massa, bem como aqueles que dificultem ou impossibilitem o acesso à informação;

III - elemento da urbanização: qualquer componente das obras de urbanização, tais como os referentes à pavimentação, saneamento, distribuição de energia elétrica, iluminação pública, abastecimento e distribuição de água, paisagismo e os que materializam as indicações do planejamento urbanístico;

IV - mobiliário urbano: o conjunto de objetos existentes nas vias e espaços públicos, superpostos ou adicionados aos elementos da urbanização ou da edificação, de forma que sua modificação ou traslado não provoque alterações substanciais nestes elementos, tais como semáforos, postes de sinalização e similares, telefones e cabines telefônicas, fontes públicas, lixeiras, toldos, marquises, quiosques e quaisquer outros de natureza análoga;

V - ajuda técnica: os produtos, instrumentos, equipamentos ou tecnologia adaptados ou especialmente projetados para melhorar a funcionalidade da pessoa portadora de deficiência ou com mobilidade reduzida, favorecendo a autonomia pessoal, total ou assistida;

VI - edificações de uso público: aquelas administradas por entidades da administração pública, direta e indireta, ou por empresas prestadoras de serviços públicos e destinadas ao público em geral;

VII - edificações de uso coletivo: aquelas destinadas às atividades de natureza comercial, hoteleira, cultural, esportiva, financeira, turística, recreativa, social, religiosa, educacional, industrial e de saúde, inclusive as edificações de prestação de serviços de atividades da mesma natureza;

VIII - edificações de uso privado: aquelas destinadas à habitação, que podem ser classificadas como unifamiliar ou multifamiliar; e

IX - desenho universal: concepção de espaços, artefatos e produtos que visam atender simultaneamente todas as pessoas, com diferentes características antropométricas e sensoriais, de forma autônoma, segura e confortável, constituindo-se nos elementos ou soluções que compõem a acessibilidade.

Art. 9º A formulação, implementação e manutenção das ações de acessibilidade atenderão às seguintes premissas básicas:

I - a priorização das necessidades, a programação em cronograma e a reserva de recursos para a implantação das ações; e

II - o planejamento, de forma continuada e articulada, entre os setores envolvidos.

CAPÍTULO IV - DA IMPLEMENTAÇÃO DA ACESSIBILIDADE ARQUITETÔNICA E URBANÍSTICA

Seção I - Das Condições Gerais

Art. 10. A concepção e a implantação dos projetos arquitetônicos e urbanísticos devem atender aos princípios do desenho universal, tendo como referências básicas as normas técnicas de acessibilidade da ABNT, a legislação específica e as regras contidas neste Decreto.

§ 1º Caberá ao Poder Público promover a inclusão de conteúdos temáticos referentes ao desenho universal nas diretrizes curriculares da educação profissional e tecnológica e do ensino superior dos cursos de Engenharia, Arquitetura e correlatos.

§ 2º Os programas e as linhas de pesquisa a serem desenvolvidos com o apoio de organismos públicos de auxílio à pesquisa e de agências de fomento deverão incluir temas voltados para o desenho universal.

Art. 11. A construção, reforma ou ampliação de edificações de uso público ou coletivo, ou a mudança de destinação para estes tipos de edificação, deverão ser executadas de modo que sejam ou se tornem acessíveis à pessoa portadora de deficiência ou com mobilidade reduzida.

§ 1º As entidades de fiscalização profissional das atividades de Engenharia, Arquitetura e correlatas, ao anotarem a responsabilidade técnica dos projetos, exigirão a responsabilidade profissional declarada do atendimento às regras de acessibilidade previstas nas normas técnicas de acessibilidade da ABNT, na legislação específica e neste Decreto.

§ 2º Para a aprovação ou licenciamento ou emissão de certificado de conclusão de projeto arquitetônico ou urbanístico deverá ser atestado o atendimento às regras de acessibilidade previstas nas normas técnicas de acessibilidade da ABNT, na legislação específica e neste Decreto.

§ 3º O Poder Público, após certificar a acessibilidade de edificação ou serviço, determinará a colocação, em espaços ou locais de ampla visibilidade, do "Símbolo Internacional de Acesso", na forma prevista nas normas técnicas de acessibilidade da ABNT e na Lei no 7.405, de 12 de novembro de 1985.

Art. 12. Em qualquer intervenção nas vias e logradouros públicos, o Poder Público e as empresas concessionárias responsáveis pela execução das obras e dos serviços garantirão o livre trânsito e a circulação de forma segura das pessoas em geral, especialmente das pessoas portadoras de deficiência ou com mobilidade reduzida, durante e após a sua execução, de acordo com o previsto em normas técnicas de acessibilidade da ABNT, na legislação específica e neste Decreto.

Art. 13. Orientam-se, no que couber, pelas regras previstas nas normas técnicas brasileiras de acessibilidade, na legislação específica, observado o disposto na Lei no 10.257, de 10 de julho de 2001, e neste Decreto:

I - os Planos Diretores Municipais e Planos Diretores de Transporte e Trânsito elaborados ou atualizados a partir da publicação deste Decreto;

II - o Código de Obras, Código de Postura, a Lei de Uso e Ocupação do Solo e a Lei do Sistema Viário;

III - os estudos prévios de impacto de vizinhança;

IV - as atividades de fiscalização e a imposição de sanções, incluindo a vigilância sanitária e ambiental; e

V - a previsão orçamentária e os mecanismos tributários e financeiros utilizados em caráter compensatório ou de incentivo.

§ 1º Para concessão de alvará de funcionamento ou sua renovação para qualquer atividade, devem ser observadas e certificadas as regras de acessibilidade previstas neste Decreto e nas normas técnicas de acessibilidade da ABNT.

§ 2º Para emissão de carta de "habite-se" ou habilitação equivalente e para sua renovação, quando esta tiver sido emitida anteriormente às exigências de acessibilidade contidas na legislação específica, devem ser observadas e certificadas as regras de acessibilidade previstas neste Decreto e nas normas técnicas de acessibilidade da ABNT.

Seção II - Das Condições Específicas

Art. 14. Na promoção da acessibilidade, serão observadas as regras gerais previstas neste Decreto, complementadas pelas normas técnicas de acessibilidade da ABNT e pelas disposições contidas na legislação dos Estados, Municípios e do Distrito Federal.

Art. 15. No planejamento e na urbanização das vias, praças, dos logradouros, parques e demais espaços de uso público, deverão ser cumpridas as exigências dispostas nas normas técnicas de acessibilidade da ABNT.

§ 1º Incluem-se na condição estabelecida no caput:

I - a construção de calçadas para circulação de pedestres ou a adaptação de situações consolidadas;

II - o rebaixamento de calçadas com rampa acessível ou elevação da via para travessia de pedestre em nível; e

III - a instalação de piso tátil direcional e de alerta.

§ 2º Nos casos de adaptação de bens culturais imóveis e de intervenção para regularização urbanística em áreas de assentamentos subnormais, será admitida, em caráter excepcional, faixa de largura menor que o estabelecido nas normas técnicas citadas no caput, desde que haja justificativa baseada em estudo técnico e que o acesso seja viabilizado de outra forma, garantida a melhor técnica possível.

Art. 16. As características do desenho e a instalação do mobiliário urbano devem garantir a aproximação segura e o uso por pessoa portadora de deficiência visual, mental ou auditiva, a aproximação e o alcance visual e manual para as pessoas portadoras de deficiência física, em especial aquelas em cadeira de rodas, e a circulação livre de barreiras, atendendo às condições estabelecidas nas normas técnicas de acessibilidade da ABNT.

§ 1º Incluem-se nas condições estabelecida no caput:

I - as marquises, os toldos, elementos de sinalização, luminosos e outros elementos que tenham sua projeção sobre a faixa de circulação de pedestres;

II - as cabines telefônicas e os terminais de auto-atendimento de produtos e serviços;

III - os telefones públicos sem cabine;

IV - a instalação das aberturas, das botoeiras, dos comandos e outros sistemas de acionamento do mobiliário urbano;

V - os demais elementos do mobiliário urbano;

VI - o uso do solo urbano para posteamento; e

VII - as espécies vegetais que tenham sua projeção sobre a faixa de circulação de pedestres.

§ 2º A concessionária do Serviço Telefônico Fixo Comutado - STFC, na modalidade Local, deverá assegurar que, no mínimo, dois por cento do total de Telefones de Uso Público - TUPs, sem cabine, com capacidade para originar e receber chamadas locais e de longa distância nacional, bem como, pelo menos, dois por cento do total de TUPs, com capacidade para originar e receber chamadas de longa distância, nacional e internacional, estejam adaptados para o uso de pessoas portadoras de deficiência auditiva e para usuários de cadeiras de rodas, ou conforme estabelecer os Planos Gerais de Metas de Universalização.

§ 3º As botoeiras e demais sistemas de acionamento dos terminais de auto-atendimento de produtos e serviços e outros equipamentos em que haja interação com o público devem estar localizados em altura que possibilite o manuseio por pessoas em cadeira de rodas e possuir mecanismos para utilização autônoma por pessoas portadoras de deficiência visual e auditiva, conforme padrões estabelecidos nas normas técnicas de acessibilidade da ABNT.

Art. 17. Os semáforos para pedestres instalados nas vias públicas deverão estar equipados com mecanismo que sirva de guia ou orientação para a travessia de pessoa portadora de deficiência visual ou com mobilidade reduzida em todos os locais onde a intensidade do fluxo de veículos, de pessoas ou a periculosidade na via assim determinarem, bem como mediante solicitação dos interessados.

Art. 18. A construção de edificações de uso privado multifamiliar e a construção, ampliação ou reforma de edificações de uso coletivo devem atender aos preceitos da acessibilidade na interligação de todas as partes de uso comum ou abertas ao público, conforme os padrões das normas técnicas de acessibilidade da ABNT.

Parágrafo único. Também estão sujeitos ao disposto no caput os acessos, piscinas, andares de recreação, salão de festas e reuniões, saunas e banheiros, quadras esportivas, portarias, estacionamentos e garagens, entre outras partes das áreas internas ou externas de uso comum das edificações de uso privado multifamiliar e das de uso coletivo. (Revogado pelo Decreto nº 10.014, de 2019)

§ 1º Também estão sujeitos ao disposto no caput os acessos, as piscinas, os andares de recreação, os salão de festas e de reuniões, as saunas e os banheiros, as quadras esportivas, as portarias, os estacionamentos e as garagens, entre outras partes das áreas internas ou externas de uso comum das edificações de uso privado multifamiliar e das de uso coletivo. (Incluído pelo Decreto nº 10.014, de 2019)

§ 2º O disposto no caput não se aplica às áreas destinadas ao altar e ao batistério das edificações de uso coletivo utilizadas como templos de qualquer culto. (Incluído pelo Decreto nº 10.014, de 2019)

Art. 19. A construção, ampliação ou reforma de edificações de uso público deve garantir, pelo menos, um dos acessos ao seu interior, com comunicação com todas as suas dependências e serviços, livre de barreiras e de obstáculos que impeçam ou dificultem a sua acessibilidade.

§ 1º No caso das edificações de uso público já existentes, terão elas prazo de trinta meses a contar da data de publicação deste Decreto para garantir acessibilidade às pessoas portadoras de deficiência ou com mobilidade reduzida.

§ 2º Sempre que houver viabilidade arquitetônica, o Poder Público buscará garantir dotação orçamentária para ampliar o número de acessos nas edificações de uso público a serem construídas, ampliadas ou reformadas.

Art. 20. Na ampliação ou reforma das edificações de uso público ou de uso coletivo, os desníveis das áreas de circulação internas ou externas serão transpostos por meio de rampa ou equipamento eletromecânico de deslocamento vertical, quando não for possível outro acesso mais cômodo para pessoa portadora de deficiência ou com mobilidade reduzida, conforme estabelecido nas normas técnicas de acessibilidade da ABNT.

Art. 21. Os balcões de atendimento e as bilheterias em edificação de uso público ou de uso coletivo devem dispor de, pelo menos, uma parte da superfície acessível para atendimento às pessoas portadoras de deficiência ou com mobilidade reduzida, conforme os padrões das normas técnicas de acessibilidade da ABNT.

Parágrafo único. No caso do exercício do direito de voto, as urnas das seções eleitorais devem ser adequadas ao uso com autonomia pelas pessoas portadoras de deficiência ou com mobilidade reduzida e estarem instaladas em local de votação plenamente acessível e com estacionamento próximo.

Art. 22. A construção, ampliação ou reforma de edificações de uso público ou de uso coletivo devem dispor de sanitários acessíveis destinados ao uso por pessoa portadora de deficiência ou com mobilidade reduzida.

§ 1º Nas edificações de uso público a serem construídas, os sanitários destinados ao uso por pessoa portadora de deficiência ou com mobilidade reduzida serão distribuídos na razão de, no mínimo, uma cabine para cada sexo em cada pavimento da edificação, com entrada independente dos sanitários coletivos, obedecendo às normas técnicas de acessibilidade da ABNT.

§ 2º Nas edificações de uso público já existentes, terão elas prazo de trinta meses a contar da data de publicação deste Decreto para garantir pelo menos um banheiro acessível por pavimento, com entrada independente, distribuindo-se seus equipamentos e acessórios de modo que possam ser utilizados por pessoa portadora de deficiência ou com mobilidade reduzida.

§ 3º Nas edificações de uso coletivo a serem construídas, ampliadas ou reformadas, onde devem existir banheiros de uso

público, os sanitários destinados ao uso por pessoa portadora de deficiência deverão ter entrada independente dos demais e obedecer às normas técnicas de acessibilidade da ABNT.

§ 4º Nas edificações de uso coletivo já existentes, onde haja banheiros destinados ao uso público, os sanitários preparados para o uso por pessoa portadora de deficiência ou com mobilidade reduzida deverão estar localizados nos pavimentos acessíveis, ter entrada independente dos demais sanitários, se houver, e obedecer as normas técnicas de acessibilidade da ABNT.

Art. 23. Os teatros, cinemas, auditórios, estádios, ginásios de esporte, casas de espetáculos, salas de conferências e similares reservarão, pelo menos, dois por cento da lotação do estabelecimento para pessoas em cadeira de rodas, distribuídos pelo recinto em locais diversos, de boa visibilidade, próximos aos corredores, devidamente sinalizados, evitando-se áreas segregadas de público e a obstrução das saídas, em conformidade com as normas técnicas de acessibilidade da ABNT.

§ 1º Nas edificações previstas no caput, é obrigatória, ainda, a destinação de dois por cento dos assentos para acomodação de pessoas portadoras de deficiência visual e de pessoas com mobilidade reduzida, incluindo obesos, em locais de boa recepção de mensagens sonoras, devendo todos ser devidamente sinalizados e estar de acordo com os padrões das normas técnicas de acessibilidade da ABNT.

§ 2º No caso de não haver comprovada procura pelos assentos reservados, estes poderão excepcionalmente ser ocupados por pessoas que não sejam portadoras de deficiência ou que não tenham mobilidade reduzida.

§ 3º Os espaços e assentos a que se refere este artigo deverão situar-se em locais que garantam a acomodação de, no mínimo, um acompanhante da pessoa portadora de deficiência ou com mobilidade reduzida.

§ 4º Nos locais referidos no caput, haverá, obrigatoriamente, rotas de fuga e saídas de emergência acessíveis, conforme padrões das normas técnicas de acessibilidade da ABNT, a fim de permitir a saída segura de pessoas portadoras de deficiência ou com mobilidade reduzida, em caso de emergência.

§ 5º As áreas de acesso aos artistas, tais como coxias e camarins, também devem ser acessíveis a pessoas portadoras de deficiência ou com mobilidade reduzida.

§ 6º Para obtenção do financiamento de que trata o inciso III do art. 2º, as salas de espetáculo deverão dispor de sistema de sonorização assistida para pessoas portadoras de deficiência auditiva, de meios eletrônicos que permitam o acompanhamento por meio de legendas em tempo real ou de disposições especiais para a presença física de intérprete de LIBRAS e de guias-intérpretes, com a projeção em tela da imagem do intérprete de LIBRAS sempre que a distância não permitir sua visualização direta.

Art. 23. Nos teatros, cinemas, auditórios, estádios, ginásios de esporte, locais de espetáculos e de conferências e similares, serão reservados espaços livres para pessoas em cadeira de rodas e assentos para pessoas com deficiência ou com mobilidade reduzida, de acordo com a capacidade de lotação da edificação, conforme o disposto no art. 44 § 1º, da Lei 13.446, de 2015. (Redação dada pelo Decreto nº 9.404, de 2018)

§ 1º Os espaços e os assentos a que se refere o caput, a serem instalados e sinalizados conforme os requisitos estabelecidos nas normas técnicas de acessibilidade da Associação Brasileira de Normas Técnicas - ABNT, devem: (Redação dada pelo Decreto nº 9.404, de 2018)

I - ser disponibilizados, no caso de edificações com capacidade de lotação de até mil lugares, na proporção de: (Incluído pelo Decreto nº 9.404, de 2018)

a) dois por cento de espaços para pessoas em cadeira de rodas, com a garantia de, no mínimo, um espaço; e (Incluído pelo Decreto nº 9.404, de 2018)

b) dois por cento de assentos para pessoas com deficiência ou com mobilidade reduzida, com a garantia de, no mínimo, um assento; ou (Incluído pelo Decreto nº 9.404, de 2018)

II - ser disponibilizados, no caso de edificações com capacidade de lotação acima de mil lugares, na proporção de: (Incluído pelo Decreto nº 9.404, de 2018)

a) vinte espaços para pessoas em cadeira de rodas mais um por cento do que exceder mil lugares; e (Incluído pelo Decreto nº 9.404, de 2018)

b) vinte assentos para pessoas com deficiência ou com mobilidade reduzida mais um por cento do que exceder mil lugares. (Incluído pelo Decreto nº 9.404, de 2018)

§ 2º Cinquenta por cento dos assentos reservados para pessoas com deficiência ou com mobilidade reduzida devem ter características dimensionais e estruturais para o uso por pessoa obesa, conforme norma técnica de acessibilidade da ABNT, com a garantia de, no mínimo, um assento. (Redação dada pelo Decreto nº 9.404, de 2018)

§ 3º Os espaços e os assentos a que se refere este artigo deverão situar-se em locais que garantam a acomodação de um acompanhante ao lado da pessoa com deficiência ou com mobilidade reduzida, resguardado o direito de se acomodar proximamente a grupo familiar e comunitário. (Redação dada pelo Decreto nº 9.404, de 2018)

§ 4º Nos locais referidos no caput, haverá, obrigatoriamente, rotas de fuga e saídas de emergência acessíveis, conforme padrões das normas técnicas de acessibilidade da ABNT, a fim de permitir a saída segura de pessoas com deficiência ou com mobilidade reduzida, em caso de emergência. (Redação dada pelo Decreto nº 9.404, de 2018)

§ 5º As áreas de acesso aos artistas, tais como coxias e camarins, também devem ser acessíveis a pessoas com deficiência ou com mobilidade reduzida. (Redação dada pelo Decreto nº 9.404, de 2018)

§ 6º Para obtenção do financiamento de que trata o inciso III do caput do art. 2º, as salas de espetáculo deverão dispor de meios eletrônicos que permitam a transmissão de subtitulação por meio de legenda oculta e de audiodescrição, além de disposições especiais para a presença física de intérprete de Libras e de guias-intérpretes, com a projeção em tela da imagem do intérprete sempre que a distância não permitir sua visualização direta. (Redação dada pelo Decreto nº 9.404, de 2018)

§ 7º O sistema de sonorização assistida a que se refere o § 6º será sinalizado por meio do pictograma aprovado pela Lei no 8.160, de 8 de janeiro de 1991.

§ 8º As edificações de uso público e de uso coletivo referidas no caput, já existentes, têm, respectivamente, prazo de trinta e quarenta e oito meses, a contar da data de publicação deste Decreto, para garantir a acessibilidade de que trata o caput e os §§ 1º a 5º.

§ 9º Na hipótese de a aplicação do percentual previsto nos § 1º e § 2º resultar em número fracionado, será utilizado o primeiro número inteiro superior. (Incluído pelo Decreto nº 9.404, de 2018)

§ 10. As adaptações necessárias à oferta de assentos com características dimensionais e estruturais para o uso por pessoa obesa de que trata o § 2º serão implementadas no prazo de doze meses, contado da data de publicação deste Decreto. (Incluído pelo Decreto nº 9.404, de 2018)

§ 11. O direito à meia entrada para pessoas com deficiência não está restrito aos espaços e aos assentos reservados de que trata o caput e está sujeito ao limite estabelecido no § 10 do art. 1º da Lei nº 12.933, de 26 de dezembro de 2013. (Incluído pelo Decreto nº 9.404, de 2018)

§ 12. Os espaços e os assentos a que se refere o caput deverão garantir às pessoas com deficiência auditiva boa visualização da interpretação em Libras e da legendagem descritiva, sempre que estas forem oferecidas. (Incluído pelo Decreto nº 9.404, de 2018)

Art. 23-A. Na hipótese de não haver procura comprovada pelos espaços livres para pessoas em cadeira de rodas e assentos reservados para pessoas com deficiência ou com mobilidade reduzida, esses podem, excepcionalmente, ser ocupados por pessoas sem deficiência ou que não tenham mobilidade reduzida. (Incluído pelo Decreto nº 9.404, de 2018)

§ 1º A reserva de assentos de que trata o caput será garantida a partir do início das vendas até vinte e quatro horas antes de cada evento, com disponibilidade em todos os pontos de venda de ingresso, sejam eles físicos ou virtuais. (Incluído pelo Decreto nº 9.404, de 2018)

§ 2º No caso de eventos realizados em estabelecimentos com capacidade superior a dez mil pessoas, a reserva de assentos de que trata o caput será garantida a partir do início das vendas até setenta e duas horas antes de cada evento, com disponibilidade em todos os pontos de venda de ingresso, sejam eles físicos ou virtuais. (Incluído pelo Decreto nº 9.404, de 2018)

§ 3º Os espaços e os assentos de que trata o caput, em cada setor, somente serão disponibilizados às pessoas sem deficiência ou sem mobilidade reduzida depois de esgotados os demais assentos daquele setor e somente quando os prazos estabelecidos nos § 1º e § 2º se encerrarem. (Incluído pelo Decreto nº 9.404, de 2018)

§ 4º Nos cinemas, a reserva de assentos de que trata o caput será garantida a partir do início das vendas até meia hora antes de cada sessão, com disponibilidade em todos os pontos de venda de ingresso, sejam eles físicos ou virtuais. (Incluído pelo Decreto nº 9.404, de 2018)

Art. 23-B. Os espaços livres para pessoas em cadeira de rodas e assentos reservados para pessoas com deficiência ou com mobilidade reduzida serão identificados no mapa de assentos localizados nos pontos de venda de ingresso e de divulgação do evento, sejam eles físicos ou virtuais. (Incluído pelo Decreto nº 9.404, de 2018)

Parágrafo único. Os pontos físicos e os sítios eletrônicos de venda de ingressos e de divulgação do evento deverão: (Incluído pelo Decreto nº 9.404, de 2018)

I - ser acessíveis a pessoas com deficiência e com mobilidade reduzida; e (Incluído pelo Decreto nº 9.404, de 2018)

II - conter informações sobre os recursos de acessibilidade disponíveis nos eventos. (Incluído pelo Decreto nº 9.404, de 2018)

Art. 24. Os estabelecimentos de ensino de qualquer nível, etapa ou modalidade, públicos ou privados, proporcionarão condições de acesso e utilização de todos os seus ambientes ou compartimentos para pessoas portadoras de deficiência ou com mobilidade reduzida, inclusive salas de aula, bibliotecas, auditórios, ginásios e instalações desportivas, laboratórios, áreas de lazer e sanitários.

§ 1º Para a concessão de autorização de funcionamento, de abertura ou renovação de curso pelo Poder Público, o estabelecimento de ensino deverá comprovar que:

I - está cumprindo as regras de acessibilidade arquitetônica, urbanística e na comunicação e informação previstas nas normas técnicas de acessibilidade da ABNT, na legislação específica ou neste Decreto;

II - coloca à disposição de professores, alunos, servidores e empregados portadores de deficiência ou com mobilidade reduzida ajudas técnicas que permitam o acesso às atividades escolares e administrativas em igualdade de condições com as demais pessoas; e

III - seu ordenamento interno contém normas sobre o tratamento a ser dispensado a professores, alunos, servidores e empregados portadores de deficiência, com o objetivo de coibir e reprimir qualquer tipo de discriminação, bem como as respectivas sanções pelo descumprimento dessas normas.

§ 2º As edificações de uso público e de uso coletivo referidas no caput, já existentes, têm, respectivamente, prazo de trinta e quarenta e oito meses, a contar da data de publicação deste Decreto, para garantir a acessibilidade de que trata este artigo.

Art. 25. Nos estacionamentos externos ou internos das edificações de uso público ou de uso coletivo, ou naqueles localizados nas vias públicas, serão reservados, pelo menos, dois por cento do total de vagas para veículos que transportem pessoa portadora de deficiência física ou visual definidas neste Decreto, sendo assegurada, no mínimo, uma vaga, em locais próximos à entrada principal ou ao elevador, de fácil acesso à circulação de pedestres, com especificações técnicas de desenho e traçado conforme o estabelecido nas normas técnicas de acessibilidade da ABNT.

§ 1º Os veículos estacionados nas vagas reservadas deverão portar identificação a ser colocada em local de ampla visibilidade, confeccionado e fornecido pelos órgãos de trânsito, que disciplinarão sobre suas características e condições de uso, observando o disposto na Lei no 7.405, de 1985.

§ 2º Os casos de inobservância do disposto no § 1º estarão sujeitos às sanções estabelecidas pelos órgãos competentes.

§ 3º Aplica-se o disposto no caput aos estacionamentos localizados em áreas públicas e de uso coletivo.

§ 4º A utilização das vagas reservadas por veículos que não estejam transportando as pessoas citadas no caput constitui infração ao art. 181, inciso XVII, da Lei no 9.503, de 23 de setembro de 1997.

Art. 26. Nas edificações de uso público ou de uso coletivo, é obrigatória a existência de sinalização visual e tátil para orientação de pessoas portadoras de deficiência auditiva e visual, em conformidade com as normas técnicas de acessibilidade da ABNT.

Art. 27. A instalação de novos elevadores ou sua adaptação em edificações de uso público ou de uso coletivo, bem assim a instalação em edificação de uso privado multifamiliar a ser construída, na qual haja obrigatoriedade da presença de elevadores, deve atender aos padrões das normas técnicas de acessibilidade da ABNT.

§ 1º No caso da instalação de elevadores novos ou da troca dos já existentes, qualquer que seja o número de elevadores da edificação de uso público ou de uso coletivo, pelo menos um deles terá cabine que permita acesso e movimentação cômoda de pessoa portadora de deficiência ou com mobilidade reduzida, de acordo com o que especifica as normas técnicas de acessibilidade da ABNT.

§ 2º Junto às botoeiras externas do elevador, deverá estar sinalizado em braile em qual andar da edificação a pessoa se encontra.

§ 3º Os edifícios a serem construídos com mais de um pavimento além do pavimento de acesso, à exceção das habitações unifamiliares e daquelas que estejam obrigadas à instalação de elevadores por legislação municipal, deverão dispor de especificações técnicas e de projeto que facilitem a instalação de equipamento eletromecânico de deslocamento vertical para uso das pessoas portadoras de deficiência ou com mobilidade reduzida.

§ 4º As especificações técnicas a que se refere o § 3º devem atender:

I - a indicação em planta aprovada pelo poder municipal do local reservado para a instalação do equipamento eletromecânico, devidamente assinada pelo autor do projeto;

II - a indicação da opção pelo tipo de equipamento (elevador, esteira, plataforma ou similar);

III - a indicação das dimensões internas e demais aspectos da cabine do equipamento a ser instalado; e

IV - demais especificações em nota na própria planta, tais como a existência e as medidas de botoeira, espelho, informação de voz, bem como a garantia de responsabilidade técnica de que a estrutura da edificação suporta a implantação do equipamento escolhido.

Seção III - Da Acessibilidade na Habitação de Interesse Social

Art. 28. Na habitação de interesse social, deverão ser promovidas as seguintes ações para assegurar as condições de acessibilidade dos empreendimentos:

I - definição de projetos e adoção de tipologias construtivas livres de barreiras arquitetônicas e urbanísticas;

II - no caso de edificação multifamiliar, execução das unidades habitacionais acessíveis no piso térreo e acessíveis ou adaptáveis quando nos demais pisos;

III - execução das partes de uso comum, quando se tratar de edificação multifamiliar, conforme as normas técnicas de acessibilidade da ABNT; e

IV - elaboração de especificações técnicas de projeto que facilite a instalação de elevador adaptado para uso das pessoas portadoras de deficiência ou com mobilidade reduzida.

Parágrafo único. Os agentes executores dos programas e projetos destinados à habitação de interesse social, financiados com recursos próprios da União ou por ela geridos, devem observar os requisitos estabelecidos neste artigo.

Art. 29. Ao Ministério das Cidades, no âmbito da coordenação da política habitacional, compete:

I - adotar as providências necessárias para o cumprimento do disposto no art. 28; e

II - divulgar junto aos agentes interessados e orientar a clientela alvo da política habitacional sobre as iniciativas que promover em razão das legislações federal, estaduais, distrital e municipais relativas à acessibilidade.

Seção IV - Da Acessibilidade aos Bens Culturais Imóveis

Art. 30. As soluções destinadas à eliminação, redução ou superação de barreiras na promoção da acessibilidade a todos os bens culturais imóveis devem estar de acordo com o que estabelece a Instrução Normativa no 1 do Instituto do Patrimônio Histórico e Artístico Nacional - IPHAN, de 25 de novembro de 2003.

CAPÍTULO V - DA ACESSIBILIDADE AOS SERVIÇOS DE TRANSPORTES COLETIVOS

Seção I - Das Condições Gerais

Art. 31. Para os fins de acessibilidade aos serviços de transporte coletivo terrestre, aquaviário e aéreo, considera-se como integrantes desses serviços os veículos, terminais, estações, pontos de parada, vias principais, acessos e operação.

Art. 32. Os serviços de transporte coletivo terrestre são:

I - transporte rodoviário, classificado em urbano, metropolitano, intermunicipal e interestadual;

II - transporte metroferroviário, classificado em urbano e metropolitano; e

III - transporte ferroviário, classificado em intermunicipal e interestadual.

Art. 33. As instâncias públicas responsáveis pela concessão e permissão dos serviços de transporte coletivo são:

I - governo municipal, responsável pelo transporte coletivo municipal;

II - governo estadual, responsável pelo transporte coletivo metropolitano e intermunicipal;

III - governo do Distrito Federal, responsável pelo transporte coletivo do Distrito Federal; e

IV - governo federal, responsável pelo transporte coletivo interestadual e internacional.

Art. 34. Os sistemas de transporte coletivo são considerados acessíveis quando todos os seus elementos são concebidos, organizados, implantados e adaptados segundo o conceito de desenho universal, garantindo o uso pleno com segurança e autonomia por todas as pessoas.

Parágrafo único. A infra-estrutura de transporte coletivo a ser implantada a partir da publicação deste Decreto deverá ser acessível e estar disponível para ser operada de forma a garantir o seu uso por pessoas portadoras de deficiência ou com mobilidade reduzida.

Art. 35. Os responsáveis pelos terminais, estações, pontos de parada e os veículos, no âmbito de suas competências, assegurarão espaços para atendimento, assentos preferenciais e meios de acesso devidamente sinalizados para o uso das pessoas portadoras de deficiência ou com mobilidade reduzida.

Art. 36. As empresas concessionárias e permissionárias e as instâncias públicas responsáveis pela gestão dos serviços de transportes coletivos, no âmbito de suas competências, deverão garantir a implantação das providências necessárias na operação, nos terminais, nas estações, nos pontos de parada e nas vias de acesso, de forma a assegurar as condições previstas no art. 34 deste Decreto.

Parágrafo único. As empresas concessionárias e permissionárias e as instâncias públicas responsáveis pela gestão dos serviços de transportes coletivos, no âmbito de suas competências, deverão autorizar a colocação do "Símbolo Internacional de Acesso" após certificar a acessibilidade do sistema de transporte.

Art. 37. Cabe às empresas concessionárias e permissionárias e as instâncias públicas responsáveis pela gestão dos serviços de transportes coletivos assegurar a qualificação dos profissionais que trabalham nesses serviços, para que prestem atendimento prioritário às pessoas portadoras de deficiência ou com mobilidade reduzida.

Seção II - Da Acessibilidade no Transporte Coletivo Rodoviário

Art. 38. No prazo de até vinte e quatro meses a contar da data de edição das normas técnicas referidas no § 1º, todos os modelos e marcas de veículos de transporte coletivo rodoviário para utilização no País serão fabricados acessíveis e estarão disponíveis para integrar a frota operante, de forma a garantir o seu uso por pessoas portadoras de deficiência ou com mobilidade reduzida.

> **Art. 38.** No prazo de vinte e quatro meses, contado da data de publicação das normas técnicas referidas no § 1º, os veículos de transporte coletivo rodoviário para utilização no País serão fabricados acessíveis e estarão disponíveis para integrar a frota operante, de forma a garantir o uso por pessoas com deficiência ou com mobilidade reduzida. (Redação dada pelo Decreto nº 10.014, de 2019)

§ 1º As normas técnicas para fabricação dos veículos e dos equipamentos de transporte coletivo rodoviário, de forma a torná-los acessíveis, serão elaboradas pelas instituições e entidades que compõem o Sistema Nacional de Metrologia, Normalização e Qualidade Industrial, e estarão disponíveis no prazo de até doze meses a contar da data da publicação deste Decreto.

§ 2º A substituição da frota operante atual por veículos acessíveis, a ser feita pelas empresas concessionárias e permissionárias de transporte coletivo rodoviário, dar-se-á de forma gradativa, conforme o prazo previsto nos contratos de concessão e permissão deste serviço.

§ 3º A frota de veículos de transporte coletivo rodoviário e a infra-estrutura dos serviços deste transporte deverão estar totalmente acessíveis no prazo máximo de cento e vinte meses a contar da data de publicação deste Decreto.

§ 4º Os serviços de transporte coletivo rodoviário urbano devem priorizar o embarque e desembarque dos usuários em nível em, pelo menos, um dos acessos do veículo.

§ 5º O disposto neste artigo não se aplica aos veículos destinados exclusivamente às empresas de transporte de fretamento e de turismo, observado o disposto no art. 49 da Lei nº 13.146, de 6 de julho de 2015. (Incluído pelo Decreto nº 10.014, de 2019)

Art. 39. No prazo de até vinte e quatro meses a contar da data de implementação dos programas de avaliação de conformidade descritos no § 3º, as empresas concessionárias e permissionárias dos serviços de transporte coletivo rodoviário deverão garantir a acessibilidade da frota de veículos em circulação, inclusive de seus equipamentos.

§ 1º As normas técnicas para adaptação dos veículos e dos equipamentos de transporte coletivo rodoviário em circulação, de forma a torná-los acessíveis, serão elaboradas pelas instituições e entidades que compõem o Sistema Nacional de Metrologia, Normalização e Qualidade Industrial, e estarão disponíveis no prazo de até doze meses a contar da data da publicação deste Decreto.

§ 2º Caberá ao Instituto Nacional de Metrologia, Normalização e Qualidade Industrial - INMETRO, quando da elaboração das normas técnicas para a adaptação dos veículos, especificar dentre esses veículos que estão em operação quais serão adaptados, em função das restrições previstas no art. 98 da Lei no 9.503, de 1997.

§ 3º As adaptações dos veículos em operação nos serviços de transporte coletivo rodoviário, bem como os procedimentos e equipamentos a serem utilizados nestas adaptações, estarão sujeitas a programas de avaliação de conformidade desenvolvidos e implementados pelo Instituto Nacional de Metrologia, Normalização e Qualidade Industrial - INMETRO, a partir de orientações normativas elaboradas no âmbito da ABNT.

Seção III - Da Acessibilidade no Transporte Coletivo Aquaviário

Art. 40. No prazo de até trinta e seis meses a contar da data de edição das normas técnicas referidas no § 1º, todos os modelos e marcas de veículos de transporte coletivo aquaviário serão fabricados acessíveis e estarão disponíveis para integrar a frota operante, de forma a garantir o seu uso por pessoas portadoras de deficiência ou com mobilidade reduzida.

§ 1º As normas técnicas para fabricação dos veículos e dos equipamentos de transporte coletivo aquaviário acessíveis, a serem elaboradas pelas instituições e entidades que compõem o Sistema Nacional de Metrologia, Normalização e Qualidade Industrial, estarão disponíveis no prazo de até vinte e quatro meses a contar da data da publicação deste Decreto.

§ 2º As adequações na infra-estrutura dos serviços desta modalidade de transporte deverão atender a critérios necessários para proporcionar as condições de acessibilidade do sistema de transporte aquaviário.

Art. 41. No prazo de até cinqüenta e quatro meses a contar da data de implementação dos programas de avaliação de conformidade descritos no § 2º, as empresas concessionárias e permissionárias dos serviços de transporte coletivo aquaviário, deverão garantir a acessibilidade da frota de veículos em circulação, inclusive de seus equipamentos.

§ 1º As normas técnicas para adaptação dos veículos e dos equipamentos de transporte coletivo aquaviário em circulação, de forma a torná-los acessíveis, serão elaboradas pelas instituições e entidades que compõem o Sistema Nacional de Metrologia, Normalização e Qualidade Industrial, e estarão disponíveis no prazo de até trinta e seis meses a contar da data da publicação deste Decreto.

§ 2º As adaptações dos veículos em operação nos serviços de transporte coletivo aquaviário, bem como os procedimentos e equipamentos a serem utilizados nestas adaptações, estarão sujeitas a programas de avaliação de conformidade desenvolvidos e implementados pelo INMETRO, a partir de orientações normativas elaboradas no âmbito da ABNT.

Seção IV - Da Acessibilidade no Transporte Coletivo Metroferroviário e Ferroviário

Art. 42. A frota de veículos de transporte coletivo metroferroviário e ferroviário, assim como a infra-estrutura dos serviços deste transporte deverão estar totalmente acessíveis no prazo máximo de cento e vinte meses a contar da data de publicação deste Decreto.

§ 1º A acessibilidade nos serviços de transporte coletivo metroferroviário e ferroviário obedecerá ao disposto nas normas técnicas de acessibilidade da ABNT.

§ 2º No prazo de até trinta e seis meses a contar da data da publicação deste Decreto, todos os modelos e marcas de veículos de transporte coletivo metroferroviário e ferroviário serão fabricados acessíveis e estarão disponíveis para integrar a frota operante, de forma a garantir o seu uso por pessoas portadoras de deficiência ou com mobilidade reduzida.

Art. 43. Os serviços de transporte coletivo metroferroviário e ferroviário existentes deverão estar totalmente acessíveis no prazo máximo de cento e vinte meses a contar da data de publicação deste Decreto.

§ 1º As empresas concessionárias e permissionárias dos serviços de transporte coletivo metroferroviário e ferroviário deverão apresentar plano de adaptação dos sistemas existentes, prevendo ações saneadoras de, no mínimo, oito por cento ao ano, sobre os elementos não acessíveis que compõem o sistema.

§ 2º O plano de que trata o § 1º deve ser apresentado em até seis meses a contar da data de publicação deste Decreto.

Seção V - Da Acessibilidade no Transporte Coletivo Aéreo

Art. 44. No prazo de até trinta e seis meses, a contar da data da publicação deste Decreto, os serviços de transporte coletivo aéreo e os equipamentos de acesso às aeronaves estarão acessíveis e disponíveis para serem operados de forma a garantir o seu uso por pessoas portadoras de deficiência ou com mobilidade reduzida.

Parágrafo único. A acessibilidade nos serviços de transporte coletivo aéreo obedecerá ao disposto na Norma de Serviço da Instrução da Aviação Civil NOSER/IAC - 2508-0796, de 1º de novembro de 1995, expedida pelo Departamento de Aviação Civil do Comando da Aeronáutica, e nas normas técnicas de acessibilidade da ABNT.

Seção VI - Das Disposições Finais

Art. 45. Caberá ao Poder Executivo, com base em estudos e pesquisas, verificar a viabilidade de redução ou isenção de tributo:

I - para importação de equipamentos que não sejam produzidos no País, necessários no processo de adequação do sistema de transporte coletivo, desde que não existam similares nacionais; e

II - para fabricação ou aquisição de veículos ou equipamentos destinados aos sistemas de transporte coletivo.

Parágrafo único. Na elaboração dos estudos e pesquisas a que se referem o caput, deve-se observar o disposto no art. 14 da Lei Complementar no 101, de 4 de maio de 2000, sinalizando impacto orçamentário e financeiro da medida estudada.

Art. 46. A fiscalização e a aplicação de multas aos sistemas de transportes coletivos, segundo disposto no art. 6º, inciso II, da Lei no 10.048, de 2000, cabe à União, aos Estados, Municípios e ao Distrito Federal, de acordo com suas competências.

CAPÍTULO VI - DO ACESSO À INFORMAÇÃO E À COMUNICAÇÃO

Art. 47. No prazo de até doze meses a contar da data de publicação deste Decreto, será obrigatória a acessibilidade nos portais e sítios eletrônicos da administração pública na rede mundial de computadores (internet), para o uso das pesso-

as portadoras de deficiência visual, garantindo-lhes o pleno acesso às informações disponíveis.

§ 1º Nos portais e sítios de grande porte, desde que seja demonstrada a inviabilidade técnica de se concluir os procedimentos para alcançar integralmente a acessibilidade, o prazo definido no caput será estendido por igual período.

§ 2º Os sítios eletrônicos acessíveis às pessoas portadoras de deficiência conterão símbolo que represente a acessibilidade na rede mundial de computadores (internet), a ser adotado nas respectivas páginas de entrada.

§ 3º Os telecentros comunitários instalados ou custeados pelos Governos Federal, Estadual, Municipal ou do Distrito Federal devem possuir instalações plenamente acessíveis e, pelo menos, um computador com sistema de som instalado, para uso preferencial por pessoas portadoras de deficiência visual.

Art. 48. Após doze meses da edição deste Decreto, a acessibilidade nos portais e sítios eletrônicos de interesse público na rede mundial de computadores (internet), deverá ser observada para obtenção do financiamento de que trata o inciso III do art. 2º.

Art. 49. As empresas prestadoras de serviços de telecomunicações deverão garantir o pleno acesso às pessoas portadoras de deficiência auditiva, por meio das seguintes ações:

I - no Serviço Telefônico Fixo Comutado - STFC, disponível para uso do público em geral:

a) instalar, mediante solicitação, em âmbito nacional e em locais públicos, telefones de uso público adaptados para uso por pessoas portadoras de deficiência;

b) garantir a disponibilidade de instalação de telefones para uso por pessoas portadoras de deficiência auditiva para acessos individuais;

c) garantir a existência de centrais de intermediação de comunicação telefônica a serem utilizadas por pessoas portadoras de deficiência auditiva, que funcionem em tempo integral e atendam a todo o território nacional, inclusive com integração com o mesmo serviço oferecido pelas prestadoras de Serviço Móvel Pessoal; e

d) garantir que os telefones de uso público contenham dispositivos sonoros para a identificação das unidades existentes e consumidas dos cartões telefônicos, bem como demais informações exibidas no painel destes equipamentos;

II - no Serviço Móvel Celular ou Serviço Móvel Pessoal:

a) garantir a interoperabilidade nos serviços de telefonia móvel, para possibilitar o envio de mensagens de texto entre celulares de diferentes empresas; e

b) garantir a existência de centrais de intermediação de comunicação telefônica a serem utilizadas por pessoas portadoras de deficiência auditiva, que funcionem em tempo integral e atendam a todo o território nacional, inclusive com integração com o mesmo serviço oferecido pelas prestadoras de Serviço Telefônico Fixo Comutado.

§ 1º Além das ações citadas no caput, deve-se considerar o estabelecido nos Planos Gerais de Metas de Universalização aprovados pelos Decretos nos 2.592, de 15 de maio de 1998, e 4.769, de 27 de junho de 2003, bem como o estabelecido pela Lei no 9.472, de 16 de julho de 1997.

§ 2º O termo pessoa portadora de deficiência auditiva e da fala utilizado nos Planos Gerais de Metas de Universalização é entendido neste Decreto como pessoa portadora de deficiência auditiva, no que se refere aos recursos tecnológicos de telefonia.

Art. 50. A Agência Nacional de Telecomunicações - ANATEL regulamentará, no prazo de seis meses a contar da data de publicação deste Decreto, os procedimentos a serem observados para implementação do disposto no art. 49.

Art. 51. Caberá ao Poder Público incentivar a oferta de aparelhos de telefonia celular que indiquem, de forma sonora, todas as operações e funções neles disponíveis no visor.

Art. 52. Caberá ao Poder Público incentivar a oferta de aparelhos de televisão equipados com recursos tecnológicos que permitam sua utilização de modo a garantir o direito de acesso à informação às pessoas portadoras de deficiência auditiva ou visual.

Parágrafo único. Incluem-se entre os recursos referidos no caput:

I - circuito de decodificação de legenda oculta;
II - recurso para Programa Secundário de Áudio (SAP); e
III - entradas para fones de ouvido com ou sem fio.

Art. 53. A ANATEL regulamentará, no prazo de doze meses a contar da data de publicação deste Decreto, os procedimentos a serem observados para implementação do plano de medidas técnicas previsto no art. 19 da Lei no 10.098, de 2000.

Art. 53. Os procedimentos a serem observados para implementação do plano de medidas técnicas previstos no art. 19 da Lei no 10.098, de 2000., serão regulamentados, em norma complementar, pelo Ministério das Comunicações. (Redação dada pelo Decreto nº 5.645, de 2005)

§ 1º O processo de regulamentação de que trata o caput deverá atender ao disposto no art. 31 da Lei no 9.784, de 29 de janeiro de 1999.

§ 2º A regulamentação de que trata o caput deverá prever a utilização, entre outros, dos seguintes sistemas de reprodução das mensagens veiculadas para as pessoas portadoras de deficiência auditiva e visual:

I - a subtitulação por meio de legenda oculta;
II - a janela com intérprete de LIBRAS; e
III - a descrição e narração em voz de cenas e imagens.

§ 3º A Coordenadoria Nacional para Integração da Pessoa Portadora de Deficiência - CORDE da Secretaria Especial dos Direitos Humanos da Presidência da República assistirá a ANATEL no procedimento de que trata o § 1º.

§ 3º A Coordenadoria Nacional para Integração da Pessoa Portadora de Deficiência - CORDE da Secretaria Especial dos Direitos Humanos da Presidência da República assistirá o Ministério das Comunicações no procedimento de que trata o § 1º. (Redação dada pelo Decreto nº 5.645, de 2005)

Art. 54. Autorizatárias e consignatárias do serviço de radiodifusão de sons e imagens operadas pelo Poder Público poderão adotar plano de medidas técnicas próprio, como metas antecipadas e mais amplas do que aquelas as serem definidas no âmbito do procedimento estabelecido no art. 53.

Art. 55. Caberá aos órgãos e entidades da administração pública, diretamente ou em parceria com organizações sociais civis de interesse público, sob a orientação do Ministério da Educação e da Secretaria Especial dos Direitos Humanos, por meio da CORDE, promover a capacitação de profissionais em LIBRAS.

Art. 56. O projeto de desenvolvimento e implementação da televisão digital no País deverá contemplar obrigatoriamente os três tipos de sistema de acesso à informação de que trata o art. 52.

Art. 57. A Secretaria de Comunicação de Governo e Gestão Estratégica da Presidência da República editará, no prazo de doze meses a contar da data da publicação deste Decreto, normas complementares disciplinando a utilização dos sistemas de acesso à informação referidos no § 2º do art. 53, na publicidade governamental e nos pronunciamentos oficiais transmitidos por meio dos serviços de radiodifusão de sons e imagens.

Parágrafo único. Sem prejuízo do disposto no caput e observadas as condições técnicas, os pronunciamentos oficiais do Presidente da República serão acompanhados, obrigatoriamente, no prazo de seis meses a partir da publicação deste Decreto, de sistema de acessibilidade mediante janela com intérprete de LIBRAS.

Art. 58. O Poder Público adotará mecanismos de incentivo para tornar disponíveis em meio magnético, em formato de texto, as obras publicadas no País.

§ 1º A partir de seis meses da edição deste Decreto, a indústria de medicamentos deve disponibilizar, mediante solicitação, exemplares das bulas dos medicamentos em meio magnético, braile ou em fonte ampliada.

§ 2º A partir de seis meses da edição deste Decreto, os fabricantes de equipamentos eletroeletrônicos e mecânicos de uso doméstico devem disponibilizar, mediante solicitação, exemplares dos manuais de instrução em meio magnético, braile ou em fonte ampliada.

Art. 59. O Poder Público apoiará preferencialmente os congressos, seminários, oficinas e demais eventos científico-culturais que ofereçam, mediante solicitação, apoios humanos às pessoas com deficiência auditiva e visual, tais como tradutores e intérpretes de LIBRAS, ledores, guias-intérpretes, ou tecnologias de informação e comunicação, tais como a transcrição eletrônica simultânea.

Art. 60. Os programas e as linhas de pesquisa a serem desenvolvidos com o apoio de organismos públicos de auxílio à pesquisa e de agências de financiamento deverão contemplar temas voltados para tecnologia da informação acessível para pessoas portadoras de deficiência.

Parágrafo único. Será estimulada a criação de linhas de crédito para a indústria que produza componentes e equipamentos relacionados à tecnologia da informação acessível para pessoas portadoras de deficiência.

CAPÍTULO VII - DAS AJUDAS TÉCNICAS

Art. 61. Para os fins deste Decreto, consideram-se ajudas técnicas os produtos, instrumentos, equipamentos ou tecnologia adaptados ou especialmente projetados para melhorar a funcionalidade da pessoa portadora de deficiência ou com mobilidade reduzida, favorecendo a autonomia pessoal, total ou assistida.

§ 1º Os elementos ou equipamentos definidos como ajudas técnicas serão certificados pelos órgãos competentes, ouvidas as entidades representativas das pessoas portadoras de deficiência.

§ 2º Para os fins deste Decreto, os cães-guia e os cães-guia de acompanhamento são considerados ajudas técnicas.

Art. 62. Os programas e as linhas de pesquisa a serem desenvolvidos com o apoio de organismos públicos de auxílio à pesquisa e de agências de financiamento deverão contemplar temas voltados para ajudas técnicas, cura, tratamento e prevenção de deficiências ou que contribuam para impedir ou minimizar o seu agravamento.

Parágrafo único. Será estimulada a criação de linhas de crédito para a indústria que produza componentes e equipamentos de ajudas técnicas.

Art. 63. O desenvolvimento científico e tecnológico voltado para a produção de ajudas técnicas dar-se-á a partir da instituição de parcerias com universidades e centros de pesquisa para a produção nacional de componentes e equipamentos.

Parágrafo único. Os bancos oficiais, com base em estudos e pesquisas elaborados pelo Poder Público, serão estimulados a conceder financiamento às pessoas portadoras de deficiência para aquisição de ajudas técnicas.

Art. 64. Caberá ao Poder Executivo, com base em estudos e pesquisas, verificar a viabilidade de:

I - redução ou isenção de tributos para a importação de equipamentos de ajudas técnicas que não sejam produzidos no País ou que não possuam similares nacionais;

II - redução ou isenção do imposto sobre produtos industrializados incidente sobre as ajudas técnicas; e

III - inclusão de todos os equipamentos de ajudas técnicas para pessoas portadoras de deficiência ou com mobilidade reduzida na categoria de equipamentos sujeitos a dedução de imposto de renda.

Parágrafo único. Na elaboração dos estudos e pesquisas a que se referem o caput, deve-se observar o disposto no art. 14 da Lei Complementar no 101, de 2000, sinalizando impacto orçamentário e financeiro da medida estudada.

Art. 65. Caberá ao Poder Público viabilizar as seguintes diretrizes:

I - reconhecimento da área de ajudas técnicas como área de conhecimento;

II - promoção da inclusão de conteúdos temáticos referentes a ajudas técnicas na educação profissional, no ensino médio, na graduação e na pós-graduação;

III - apoio e divulgação de trabalhos técnicos e científicos referentes a ajudas técnicas;

IV - estabelecimento de parcerias com escolas e centros de educação profissional, centros de ensino universitários e de pesquisa, no sentido de incrementar a formação de profissionais na área de ajudas técnicas; e

V - incentivo à formação e treinamento de ortesistas e protesistas.

Art. 66. A Secretaria Especial dos Direitos Humanos instituirá Comitê de Ajudas Técnicas, constituído por profissionais que atuam nesta área, e que será responsável por:

I - estruturação das diretrizes da área de conhecimento;

II - estabelecimento das competências desta área;

III - realização de estudos no intuito de subsidiar a elaboração de normas a respeito de ajudas técnicas;

IV - levantamento dos recursos humanos que atualmente trabalham com o tema; e

V - detecção dos centros regionais de referência em ajudas técnicas, objetivando a formação de rede nacional integrada.

§ 1º O Comitê de Ajudas Técnicas será supervisionado pela CORDE e participará do Programa Nacional de Acessibilidade, com vistas a garantir o disposto no art. 62.

§ 2º Os serviços a serem prestados pelos membros do Comitê de Ajudas Técnicas são considerados relevantes e não serão remunerados.

CAPÍTULO VIII - DO PROGRAMA NACIONAL DE ACESSIBILIDADE

Art. 67. O Programa Nacional de Acessibilidade, sob a coordenação da Secretaria Especial dos Direitos Humanos, por intermédio da CORDE, integrará os planos plurianuais, as diretrizes orçamentárias e os orçamentos anuais.

Art. 68. A Secretaria Especial dos Direitos Humanos, na condição de coordenadora do Programa Nacional de Acessibilidade, desenvolverá, dentre outras, as seguintes ações:

I - apoio e promoção de capacitação e especialização de recursos humanos em acessibilidade e ajudas técnicas;

II - acompanhamento e aperfeiçoamento da legislação sobre acessibilidade;

III - edição, publicação e distribuição de títulos referentes à temática da acessibilidade;

IV - cooperação com Estados, Distrito Federal e Municípios para a elaboração de estudos e diagnósticos sobre a situação da acessibilidade arquitetônica, urbanística, de transporte, comunicação e informação;

V - apoio e realização de campanhas informativas e educativas sobre acessibilidade;

VI - promoção de concursos nacionais sobre a temática da acessibilidade; e

VII - estudos e proposição da criação e normatização do Selo Nacional de Acessibilidade.

CAPÍTULO IX - DAS DISPOSIÇÕES FINAIS

Art. 69. Os programas nacionais de desenvolvimento urbano, os projetos de revitalização, recuperação ou reabilitação urbana incluirão ações destinadas à eliminação de barreiras arquitetônicas e urbanísticas, nos transportes e na comuni-

cação e informação devidamente adequadas às exigências deste Decreto.

Art. 70. O art. 4º do Decreto no 3.298, de 20 de dezembro de 1999, passa a vigorar com as seguintes alterações:

"Art. 4º ...

I - deficiência física - alteração completa ou parcial de um ou mais segmentos do corpo humano, acarretando o comprometimento da função física, apresentando-se sob a forma de paraplegia, paraparesia, monoplegia, monoparesia, tetraplegia, tetraparesia, triplegia, triparesia, hemiplegia, hemiparesia, ostomia, amputação ou ausência de membro, paralisia cerebral, nanismo, membros com deformidade congênita ou adquirida, exceto as deformidades estéticas e as que não produzam dificuldades para o desempenho de funções;

II - deficiência auditiva - perda bilateral, parcial ou total, de quarenta e um decibéis (dB) ou mais, aferida por audiograma nas freqüências de 500HZ, 1.000HZ, 2.000Hz e 3.000Hz;

III - deficiência visual - cegueira, na qual a acuidade visual é igual ou menor que 0,05 no melhor olho, com a melhor correção óptica; a baixa visão, que significa acuidade visual entre 0,3 e 0,05 no melhor olho, com a melhor correção óptica; os casos nos quais a somatória da medida do campo visual em ambos os olhos for igual ou menor que 0º; ou a ocorrência simultânea de quaisquer das condições anteriores;

IV - ..
..

d) utilização dos recursos da comunidade;
.."(NR)

Art. 71. Ficam revogados os arts. 50 a 54 do Decreto no 3.298, de 20 de dezembro de 1999.

Art. 72. Este Decreto entra em vigor na data da sua publicação.

11. DECRETO LEGISLATIVO Nº 186, DE 2008

Aprova o texto da Convenção sobre os Direitos das Pessoas com Deficiência e de seu Protocolo Facultativo, assinados em Nova Iorque, em 30 de março de 2007.

O Congresso Nacional decreta:

Art. 1º Fica aprovado, nos termos do § 3º do art. 5º da Constituição Federal, o texto da Convenção sobre os Direitos das Pessoas com Deficiência e de seu Protocolo Facultativo, assinados em Nova Iorque, em 30 de março de 2007.

Parágrafo único. Ficam sujeitos à aprovação do Congresso Nacional quaisquer atos que alterem a referida Convenção e seu Protocolo Facultativo, bem como quaisquer outros ajustes complementares que, nos termos do inciso I do caput do art. 49 da Constituição Federal, acarretem encargos ou compromissos gravosos ao patrimônio nacional.

Art. 2º Este Decreto Legislativo entra em vigor na data de sua publicação.

12. CONVENÇÃO SOBRE OS DIREITOS DAS PESSOAS COM DEFICIÊNCIA

a) Relembrando os princípios consagrados na Carta das Nações Unidas, que reconhecem a dignidade e o valor inerentes e os direitos iguais e inalienáveis de todos os membros da família humana como o fundamento da liberdade, da justiça e da paz no mundo,

b) Reconhecendo que as Nações Unidas, na Declaração Universal dos Direitos Humanos e nos Pactos Internacionais sobre Direitos Humanos, proclamaram e concordaram que toda pessoa faz jus a todos os direitos e liberdades ali estabelecidos, sem distinção de qualquer espécie,

c) Reafirmando a universalidade, a indivisibilidade, a interdependência e a inter-relação de todos os direitos humanos e liberdades fundamentais, bem como a necessidade de garantir que todas as pessoas com deficiência os exerçam plenamente, sem discriminação,

d) Relembrando o Pacto Internacional dos Direitos Econômicos, Sociais e Culturais, o Pacto Internacional dos Direitos Civis e Políticos, a Convenção Internacional sobre a Eliminação de Todas as Formas de Discriminação Racial, a Convenção sobre a Eliminação de todas as Formas de Discriminação contra a Mulher, a Convenção contra a Tortura e Outros Tratamentos ou Penas Cruéis, Desumanos ou Degradantes, a Convenção sobre os Direitos da Criança e a Convenção Internacional sobre a Proteção dos Direitos de Todos os Trabalhadores Migrantes e Membros de suas Famílias,

e) Reconhecendo que a deficiência é um conceito em evolução e que a deficiência resulta da interação entre pessoas com deficiência e as barreiras devidas às atitudes e ao ambiente que impedem a plena e efetiva participação dessas pessoas na sociedade em igualdade de oportunidades com as demais pessoas,

f) Reconhecendo a importância dos princípios e das diretrizes de política, contidos no Programa de Ação Mundial para as Pessoas Deficientes e nas Normas sobre a Equiparação de Oportunidades para Pessoas com Deficiência, para influenciar a promoção, a formulação e a avaliação de políticas, planos, programas e ações em níveis nacional, regional e internacional para possibilitar maior igualdade de oportunidades para pessoas com deficiência,

g) Ressaltando a importância de trazer questões relativas à deficiência ao centro das preocupações da sociedade como parte integrante das estratégias relevantes de desenvolvimento sustentável,

h) Reconhecendo também que a discriminação contra qualquer pessoa, por motivo de deficiência, configura violação da dignidade e do valor inerentes ao ser humano,

i) Reconhecendo ainda a diversidade das pessoas com deficiência,

j) Reconhecendo a necessidade de promover e proteger os direitos humanos de todas as pessoas com deficiência, inclusive daquelas que requerem maior apoio,

k) Preocupados com o fato de que, não obstante esses diversos instrumentos e compromissos, as pessoas com deficiência continuam a enfrentar barreiras contra sua participação como membros iguais da sociedade e violações de seus direitos humanos em todas as partes do mundo,

l) Reconhecendo a importância da cooperação internacional para melhorar as condições de vida das pessoas com deficiência em todos os países, particularmente naqueles em desenvolvimento,

m) Reconhecendo as valiosas contribuições existentes e potenciais das pessoas com deficiência ao bem-estar comum e à diversidade de suas comunidades, e que a promoção do pleno exercício, pelas pessoas com deficiência, de seus direitos humanos e liberdades fundamentais e de sua plena participação na sociedade resultará no fortalecimento de seu senso de pertencimento à sociedade e no significativo avanço do desenvolvimento humano, social e econômico da sociedade, bem como na erradicação da pobreza,

n) Reconhecendo a importância, para as pessoas com deficiência, de sua autonomia e independência individuais, inclusive da liberdade para fazer as próprias escolhas,

o) Considerando que as pessoas com deficiência devem ter a oportunidade de participar ativamente das decisões relativas a programas e políticas, inclusive aos que lhes dizem respeito diretamente,

p) Preocupados com as difíceis situações enfrentadas por pessoas com deficiência que estão sujeitas a formas múltiplas ou agravadas de discriminação por causa de raça, cor, sexo, idioma, religião, opiniões políticas ou de outra natureza, origem nacional, étnica, nativa ou social, propriedade, nascimento, idade ou outra condição,

q) Reconhecendo que mulheres e meninas com deficiência estão freqüentemente expostas a maiores riscos, tanto no lar como fora dele, de sofrer violência, lesões ou abuso, descaso ou tratamento negligente, maus-tratos ou exploração,

r) Reconhecendo que as crianças com deficiência devem gozar plenamente de todos os direitos humanos e liberdades fundamentais em igualdade de oportunidades com as outras crianças e relembrando as obrigações assumidas com esse fim pelos Estados Partes na Convenção sobre os Direitos da Criança,

s) Ressaltando a necessidade de incorporar a perspectiva de gênero aos esforços para promover o pleno exercício dos direitos humanos e liberdades fundamentais por parte das pessoas com deficiência,

t) Salientando o fato de que a maioria das pessoas com deficiência vive em condições de pobreza e, nesse sentido, reconhecendo a necessidade crítica de lidar com o impacto negativo da pobreza sobre pessoas com deficiência,

u) Tendo em mente que as condições de paz e segurança baseadas no pleno respeito aos propósitos e princípios consagrados na Carta das Nações Unidas e a observância dos instrumentos de direitos humanos são indispensáveis para a total proteção das pessoas com deficiência, particularmente durante conflitos armados e ocupação estrangeira,

v) Reconhecendo a importância da acessibilidade aos meios físico, social, econômico e cultural, à saúde, à educação e à informação e comunicação, para possibilitar às pessoas com deficiência o pleno gozo de todos os direitos humanos e liberdades fundamentais,

w) Conscientes de que a pessoa tem deveres para com outras pessoas e para com a comunidade a que pertence e que, portanto, tem a responsabilidade de esforçar-se para a promoção e a observância dos direitos reconhecidos na Carta Internacional dos Direitos Humanos,

x) Convencidos de que a família é o núcleo natural e fundamental da sociedade e tem o direito de receber a proteção da sociedade e do Estado e de que as pessoas com deficiência e seus familiares devem receber a proteção e a assistência necessárias para tornar as famílias capazes de contribuir para o exercício pleno e eqüitativo dos direitos das pessoas com deficiência,

y) Convencidos de que uma convenção internacional geral e integral para promover e proteger os direitos e a dignidade das pessoas com deficiência prestará significativa contribuição para corrigir as profundas desvantagens sociais das pessoas com deficiência e para promover sua participação na vida econômica, social e cultural, em igualdade de oportunidades, tanto nos países em desenvolvimento como nos desenvolvidos,

Acordaram o seguinte:

Artigo 1 - Propósito

O propósito da presente Convenção é promover, proteger e assegurar o exercício pleno e eqüitativo de todos os direitos humanos e liberdades fundamentais por todas as pessoas com deficiência e promover o respeito pela sua dignidade inerente.

Pessoas com deficiência são aquelas que têm impedimentos de longo prazo de natureza física, mental, intelectual ou sensorial, os quais, em interação com diversas barreiras, podem obstruir sua participação plena e efetiva na sociedade em igualdades de condições com as demais pessoas.

Artigo 2 - Definições

Para os propósitos da presente Convenção:

"Comunicação" abrange as línguas, a visualização de textos, o braille, a comunicação tátil, os caracteres ampliados, os dispositivos de multimídia acessível, assim como a linguagem simples, escrita e oral, os sistemas auditivos e os meios de voz digitalizada e os modos, meios e formatos aumentativos e alternativos de comunicação, inclusive a tecnologia da informação e comunicação acessíveis;

"Língua" abrange as línguas faladas e de sinais e outras formas de comunicação não-falada;

"Discriminação por motivo de deficiência" significa qualquer diferenciação, exclusão ou restrição baseada em deficiência, com o propósito ou efeito de impedir ou impossibilitar o reconhecimento, o desfrute ou o exercício, em igualdade de oportunidades com as demais pessoas, de todos os direitos humanos e liberdades fundamentais nos âmbitos político, econômico, social, cultural, civil ou qualquer outro. Abrange todas as formas de discriminação, inclusive a recusa de adaptação razoável;

"Adaptação razoável" significa as modificações e os ajustes necessários e adequados que não acarretem ônus desproporcional ou indevido, quando requeridos em cada caso, a fim de assegurar que as pessoas com deficiência possam gozar ou exercer, em igualdade de oportunidades com as demais pessoas, todos os direitos humanos e liberdades fundamentais;

"Desenho universal" significa a concepção de produtos, ambientes, programas e serviços a serem usados, na maior medida possível, por todas as pessoas, sem necessidade de adaptação ou projeto específico. O "desenho universal" não excluirá as ajudas técnicas para grupos específicos de pessoas com deficiência, quando necessárias.

Artigo 3 - Princípios gerais

Os princípios da presente Convenção são:

a) O respeito pela dignidade inerente, a autonomia individual, inclusive a liberdade de fazer as próprias escolhas, e a independência das pessoas.

b) A não-discriminação;

c) A plena e efetiva participação e inclusão na sociedade;

d) O respeito pela diferença e pela aceitação das pessoas com deficiência como parte da diversidade humana e da humanidade;

e) A igualdade de oportunidades;

f) A acessibilidade;

g) A igualdade entre o homem e a mulher;

h) O respeito pelo desenvolvimento das capacidades das crianças com deficiência e pelo direito das crianças com deficiência de preservar sua identidade.

Artigo 4 - Obrigações gerais

1. Os Estados Partes se comprometem a assegurar e promover o pleno exercício de todos os direitos humanos e liberdades fundamentais por todas as pessoas com deficiência, sem qualquer tipo de discriminação por causa de sua deficiência. Para tanto, os Estados Partes se comprometem a:

a) Adotar todas as medidas legislativas, administrativas e de qualquer outra natureza, necessárias para a realização dos direitos reconhecidos na presente Convenção;

b) Adotar todas as medidas necessárias, inclusive legislativas, para modificar ou revogar leis, regulamentos, costumes e práticas vigentes, que constituírem discriminação contra pessoas com deficiência;

c) Levar em conta, em todos os programas e políticas, a proteção e a promoção dos direitos humanos das pessoas com deficiência;

d) Abster-se de participar em qualquer ato ou prática

incompatível com a presente Convenção e assegurar que as autoridades públicas e instituições atuem em conformidade com a presente Convenção;

e) Tomar todas as medidas apropriadas para eliminar a discriminação baseada em deficiência, por parte de qualquer pessoa, organização ou empresa privada;

f) Realizar ou promover a pesquisa e o desenvolvimento de produtos, serviços, equipamentos e instalações com desenho universal, conforme definidos no Artigo 2 da presente Convenção, que exijam o mínimo possível de adaptação e cujo custo seja o mínimo possível, destinados a atender às necessidades específicas de pessoas com deficiência, a promover sua disponibilidade e seu uso e a promover o desenho universal quando da elaboração de normas e diretrizes;

g) Realizar ou promover a pesquisa e o desenvolvimento, bem como a disponibilidade e o emprego de novas tecnologias, inclusive as tecnologias da informação e comunicação, ajudas técnicas para locomoção, dispositivos e tecnologias assistivas, adequados a pessoas com deficiência, dando prioridade a tecnologias de custo acessível;

h) Propiciar informação acessível para as pessoas com deficiência a respeito de ajudas técnicas para locomoção, dispositivos e tecnologias assistivas, incluindo novas tecnologias bem como outras formas de assistência, serviços de apoio e instalações;

i) Promover a capacitação em relação aos direitos reconhecidos pela presente Convenção dos profissionais e equipes que trabalham com pessoas com deficiência, de forma a melhorar a prestação de assistência e serviços garantidos por esses direitos.

2. Em relação aos direitos econômicos, sociais e culturais, cada Estado Parte se compromete a tomar medidas, tanto quanto permitirem os recursos disponíveis e, quando necessário, no âmbito da cooperação internacional, a fim de assegurar progressivamente o pleno exercício desses direitos, sem prejuízo das obrigações contidas na presente Convenção que forem imediatamente aplicáveis de acordo com o direito internacional.

3. Na elaboração e implementação de legislação e políticas para aplicar a presente Convenção e em outros processos de tomada de decisão relativos às pessoas com deficiência, os Estados Partes realizarão consultas estreitas e envolverão ativamente pessoas com deficiência, inclusive crianças com deficiência, por intermédio de suas organizações representativas.

4. Nenhum dispositivo da presente Convenção afetará quaisquer disposições mais propícias à realização dos direitos das pessoas com deficiência, as quais possam estar contidas na legislação do Estado Parte ou no direito internacional em vigor para esse Estado. Não haverá nenhuma restrição ou derrogação de qualquer dos direitos humanos e liberdades fundamentais reconhecidos ou vigentes em qualquer Estado Parte da presente Convenção, em conformidade com leis, convenções, regulamentos ou costumes, sob a alegação de que a presente Convenção não reconhece tais direitos e liberdades ou que os reconhece em menor grau.

5. As disposições da presente Convenção se aplicam, sem limitação ou exceção, a todas as unidades constitutivas dos Estados federativos.

Artigo 5 - Igualdade e não-discriminação

1. Os Estados Partes reconhecem que todas as pessoas são iguais perante e sob a lei e que fazem jus, sem qualquer discriminação, a igual proteção e igual benefício da lei.

2. Os Estados Partes proibirão qualquer discriminação baseada na deficiência e garantirão às pessoas com deficiência igual e efetiva proteção legal contra a discriminação por qualquer motivo.

3. A fim de promover a igualdade e eliminar a discriminação, os Estados Partes adotarão todas as medidas apropriadas para garantir que a adaptação razoável seja oferecida.

4. Nos termos da presente Convenção, as medidas específicas que forem necessárias para acelerar ou alcançar a efetiva igualdade das pessoas com deficiência não serão consideradas discriminatórias.

Artigo 6 - Mulheres com deficiência

1. Os Estados Partes reconhecem que as mulheres e meninas com deficiência estão sujeitas a múltiplas formas de discriminação e, portanto, tomarão medidas para assegurar às mulheres e meninas com deficiência o pleno e igual exercício de todos os direitos humanos e liberdades fundamentais.

2. Os Estados Partes tomarão todas as medidas apropriadas para assegurar o pleno desenvolvimento, o avanço e o empoderamento das mulheres, a fim de garantir-lhes o exercício e o gozo dos direitos humanos e liberdades fundamentais estabelecidos na presente Convenção.

Artigo 7 - Crianças com deficiência

1. Os Estados Partes tomarão todas as medidas necessárias para assegurar às crianças com deficiência o pleno exercício de todos os direitos humanos e liberdades fundamentais, em igualdade de oportunidades com as demais crianças.

2. Em todas as ações relativas às crianças com deficiência, o superior interesse da criança receberá consideração primordial.

3. Os Estados Partes assegurarão que as crianças com deficiência tenham o direito de expressar livremente sua opinião sobre todos os assuntos que lhes disserem respeito, tenham a sua opinião devidamente valorizada de acordo com sua idade e maturidade, em igualdade de oportunidades com as demais crianças, e recebam atendimento adequado à sua deficiência e idade, para que possam exercer tal direito.

Artigo 8 - Conscientização

1. Os Estados Partes se comprometem a adotar medidas imediatas, efetivas e apropriadas para:

a) Conscientizar toda a sociedade, inclusive as famílias, sobre as condições das pessoas com deficiência e fomentar o respeito pelos direitos e pela dignidade das pessoas com deficiência;

b) Combater estereótipos, preconceitos e práticas nocivas em relação a pessoas com deficiência, inclusive aqueles relacionados a sexo e idade, em todas as áreas da vida;

c) Promover a conscientização sobre as capacidades e contribuições das pessoas com deficiência.

2. As medidas para esse fim incluem:

a) Lançar e dar continuidade a efetivas campanhas de conscientização públicas, destinadas a:

I) Favorecer atitude receptiva em relação aos direitos das pessoas com deficiência;

II) Promover percepção positiva e maior consciência social em relação às pessoas com deficiência;

III) Promover o reconhecimento das habilidades, dos méritos e das capacidades das pessoas com deficiência e de sua contribuição ao local de trabalho e ao mercado laboral;

b) Fomentar em todos os níveis do sistema educacional, incluindo neles todas as crianças desde tenra idade, uma atitude de respeito para com os direitos das pessoas com deficiência;

c) Incentivar todos os órgãos da mídia a retratar as pessoas com deficiência de maneira compatível com o propósito da presente Convenção;

d) Promover programas de formação sobre sensibilização a respeito das pessoas com deficiência e sobre os direitos das pessoas com deficiência.

Artigo 9 - Acessibilidade

1. A fim de possibilitar às pessoas com deficiência viver de forma independente e participar plenamente de todos os aspectos da vida, os Estados Partes tomarão as medidas apropriadas para assegurar às pessoas com deficiência o acesso, em igualdade de oportunidades com as demais pessoas, ao meio físico, ao transporte, à informação e comunicação, inclusive aos sistemas e tecnologias da informação e comunicação, bem como a outros serviços e instalações abertos ao público ou de uso público, tanto na zona urbana como na rural. Essas medidas, que incluirão a identificação e a eliminação de obstáculos e barreiras à acessibilidade, serão aplicadas, entre outros, a:

a) Edifícios, rodovias, meios de transporte e outras instalações internas e externas, inclusive escolas, residências, instalações médicas e local de trabalho;

b) Informações, comunicações e outros serviços, inclusive serviços eletrônicos e serviços de emergência;

2. Os Estados Partes também tomarão medidas apropriadas para:

a) Desenvolver, promulgar e monitorar a implementação de normas e diretrizes mínimas para a acessibilidade das instalações e dos serviços abertos ao público ou de uso público;

b) Assegurar que as entidades privadas que oferecem instalações e serviços abertos ao público ou de uso público levem em consideração todos os aspectos relativos à acessibilidade para pessoas com deficiência;

c) Proporcionar, a todos os atores envolvidos, formação em relação às questões de acessibilidade com as quais as pessoas com deficiência se confrontam;

d) Dotar os edifícios e outras instalações abertas ao público ou de uso público de sinalização em braille e em formatos de fácil leitura e compreensão;

e) Oferecer formas de assistência humana ou animal e serviços de mediadores, incluindo guias, ledores e intérpretes profissionais da língua de sinais, para facilitar o acesso aos edifícios e outras instalações abertas ao público ou de uso público;

f) Promover outras formas apropriadas de assistência e apoio a pessoas com deficiência, a fim de assegurar a essas pessoas o acesso a informações;

g) Promover o acesso de pessoas com deficiência a novos sistemas e tecnologias da informação e comunicação, inclusive à Internet;

h) Promover, desde a fase inicial, a concepção, o desenvolvimento, a produção e a disseminação de sistemas e tecnologias de informação e comunicação, a fim de que esses sistemas e tecnologias se tornem acessíveis a custo mínimo.

Artigo 10 - Direito à vida

Os Estados Partes reafirmam que todo ser humano tem o inerente direito à vida e tomarão todas as medidas necessárias para assegurar o efetivo exercício desse direito pelas pessoas com deficiência, em igualdade de oportunidades com as demais pessoas.

Artigo 11 - Situações de risco e emergências humanitárias

Em conformidade com suas obrigações decorrentes do direito internacional, inclusive do direito humanitário internacional e do direito internacional dos direitos humanos, os Estados Partes tomarão todas as medidas necessárias para assegurar a proteção e a segurança das pessoas com deficiência que se encontrarem em situações de risco, inclusive situações de conflito armado, emergências humanitárias e ocorrência de desastres naturais.

Artigo 12 - Reconhecimento igual perante a lei

1. Os Estados Partes reafirmam que as pessoas com deficiência têm o direito de ser reconhecidas em qualquer lugar como pessoas perante a lei.

2. Os Estados Partes reconhecerão que as pessoas com deficiência gozam de capacidade legal em igualdade de condições com as demais pessoas em todos os aspectos da vida.

3. Os Estados Partes tomarão medidas apropriadas para prover o acesso de pessoas com deficiência ao apoio que necessitarem no exercício de sua capacidade legal.

4. Os Estados Partes assegurarão que todas as medidas relativas ao exercício da capacidade legal incluam salvaguardas apropriadas e efetivas para prevenir abusos, em conformidade com o direito internacional dos direitos humanos. Essas salvaguardas assegurarão que as medidas relativas ao exercício da capacidade legal respeitem os direitos, a vontade e as preferências da pessoa, sejam isentas de conflito de interesses e de influência indevida, sejam proporcionais e apropriadas às circunstâncias da pessoa, se apliquem pelo período mais curto possível e sejam submetidas à revisão regular por uma autoridade ou órgão judiciário competente, independente e imparcial. As salvaguardas serão proporcionais ao grau em que tais medidas afetarem os direitos e interesses da pessoa.

5. Os Estados Partes, sujeitos ao disposto neste Artigo, tomarão todas as medidas apropriadas e efetivas para assegurar às pessoas com deficiência o igual direito de possuir ou herdar bens, de controlar as próprias finanças e de ter igual acesso a empréstimos bancários, hipotecas e outras formas de crédito financeiro, e assegurarão que as pessoas com deficiência não sejam arbitrariamente destituídas de seus bens.

Artigo 13 - Acesso à justiça

1. Os Estados Partes assegurarão o efetivo acesso das pessoas com deficiência à justiça, em igualdade de condições com as demais pessoas, inclusive mediante a provisão de adaptações processuais adequadas à idade, a fim de facilitar o efetivo papel das pessoas com deficiência como participantes diretos ou indiretos, inclusive como testemunhas, em todos os procedimentos jurídicos, tais como investigações e outras etapas preliminares.

2. A fim de assegurar às pessoas com deficiência o efetivo acesso à justiça, os Estados Partes promoverão a capacitação apropriada daqueles que trabalham na área de administração da justiça, inclusive a polícia e os funcionários do sistema penitenciário.

Artigo 14 - Liberdade e segurança da pessoa

1. Os Estados Partes assegurarão que as pessoas com deficiência, em igualdade de oportunidades com as demais pessoas:

a) Gozem do direito à liberdade e à segurança da pessoa; e

b) Não sejam privadas ilegal ou arbitrariamente de sua liberdade e que toda privação de liberdade esteja em conformidade com a lei, e que a existência de deficiência não justifique a privação de liberdade;

2. Os Estados Partes assegurarão que, se pessoas com deficiência forem privadas de liberdade mediante algum processo, elas, em igualdade de oportunidades com as demais pessoas, façam jus a garantias de acordo com o direito internacional dos direitos humanos e sejam tratadas em conformidade com os objetivos e princípios da presente Convenção, inclusive mediante a provisão de adaptação razoável.

Artigo 15 - Prevenção contra tortura ou tratamentos ou penas cruéis, desumanos ou degradantes

1. Nenhuma pessoa será submetida à tortura ou a tratamentos ou penas cruéis, desumanos ou degradantes. Em especial, nenhuma pessoa deverá ser sujeita a experimentos médicos ou científicos sem seu livre consentimento.

2. Os Estados Partes tomarão todas as medidas efetivas de natureza legislativa, administrativa, judicial ou outra para evitar que pessoas com deficiência, do mesmo modo que as demais pessoas, sejam submetidas à tortura ou a tratamentos ou penas cruéis, desumanos ou degradantes.

Artigo 16 - Prevenção contra a exploração, a violência e o abuso

1. Os Estados Partes tomarão todas as medidas apropriadas de natureza legislativa, administrativa, social, educacional e outras para proteger as pessoas com deficiência, tanto dentro como fora do lar, contra todas as formas de exploração, violência e abuso, incluindo aspectos relacionados a gênero.

2. Os Estados Partes também tomarão todas as medidas apropriadas para prevenir todas as formas de exploração, violência e abuso, assegurando, entre outras coisas, formas apropriadas de atendimento e apoio que levem em conta o gênero e a idade das pessoas com deficiência e de seus familiares e atendentes, inclusive mediante a provisão de informação e educação sobre a maneira de evitar, reconhecer e denunciar casos de exploração, violência e abuso. Os Estados Partes assegurarão que os serviços de proteção levem em conta a idade, o gênero e a deficiência das pessoas.

3. A fim de prevenir a ocorrência de quaisquer formas de exploração, violência e abuso, os Estados Partes assegurarão que todos os programas e instalações destinados a atender pessoas com deficiência sejam efetivamente monitorados por autoridades independentes.

4. Os Estados Partes tomarão todas as medidas apropriadas para promover a recuperação física, cognitiva e psicológica, inclusive mediante a provisão de serviços de proteção, a reabilitação e a reinserção social de pessoas com deficiência que forem vítimas de qualquer forma de exploração, violência ou abuso. Tais recuperação e reinserção ocorrerão em ambientes que promovam a saúde, o bemestar, o auto-respeito, a dignidade e a autonomia da pessoa e levem em consideração as necessidades de gênero e idade.

5. Os Estados Partes adotarão leis e políticas efetivas, inclusive legislação e políticas voltadas para mulheres e crianças, a fim de assegurar que os casos de exploração, violência e abuso contra pessoas com deficiência sejam identificados, investigados e, caso necessário, julgados.

Artigo 17 - Proteção da integridade da pessoa Toda pessoa com deficiência tem o direito a que sua integridade física e mental seja respeitada, em igualdade de condições com as demais pessoas.

Artigo 18 - Liberdade de movimentação e nacionalidade

1. Os Estados Partes reconhecerão os direitos das pessoas com deficiência à liberdade de movimentação, à liberdade de escolher sua residência e à nacionalidade, em igualdade de oportunidades com as demais pessoas, inclusive assegurando que as pessoas com deficiência:

a) Tenham o direito de adquirir nacionalidade e mudar de nacionalidade e não sejam privadas arbitrariamente de sua nacionalidade em razão de sua deficiência.

b) Não sejam privadas, por causa de sua deficiência, da competência de obter, possuir e utilizar documento comprovante de sua nacionalidade ou outro documento de identidade, ou de recorrer a processos relevantes, tais como procedimentos relativos à imigração, que forem necessários para facilitar o exercício de seu direito à liberdade de movimentação.

c) Tenham liberdade de sair de qualquer país, inclusive do seu; e

d) Não sejam privadas, arbitrariamente ou por causa de sua deficiência, do direito de entrar no próprio país.

2. As crianças com deficiência serão registradas imediatamente após o nascimento e terão, desde o nascimento, o direito a um nome, o direito de adquirir nacionalidade e, tanto quanto possível, o direito de conhecer seus pais e de ser cuidadas por eles.

Artigo 19 - Vida independente e inclusão na comunidade

Os Estados Partes desta Convenção reconhecem o igual direito de todas as pessoas com deficiência de viver na comunidade, com a mesma liberdade de escolha que as demais pessoas, e tomarão medidas efetivas e apropriadas para facilitar às pessoas com deficiência o pleno gozo desse direito e sua plena inclusão e participação na comunidade, inclusive assegurando que:

a) As pessoas com deficiência possam escolher seu local de residência e onde e com quem morar, em igualdade de oportunidades com as demais pessoas, e que não sejam obrigadas a viver em determinado tipo de moradia;

b) As pessoas com deficiência tenham acesso a uma variedade de serviços de apoio em domicílio ou em instituições residenciais ou a outros serviços comunitários de apoio, inclusive os serviços de atendentes pessoais que forem necessários como apoio para que as pessoas com deficiência vivam e sejam incluídas na comunidade e para evitar que fiquem isoladas ou segregadas da comunidade;

c) Os serviços e instalações da comunidade para a população em geral estejam disponíveis às pessoas com deficiência, em igualdade de oportunidades, e atendam às suas necessidades.

Artigo 20 - Mobilidade pessoal

Os Estados Partes tomarão medidas efetivas para assegurar às pessoas com deficiência sua mobilidade pessoal com a máxima independência possível:

a) Facilitando a mobilidade pessoal das pessoas com deficiência, na forma e no momento em que elas quiserem, e a custo acessível;

b) Facilitando às pessoas com deficiência o acesso a tecnologias assistivas, dispositivos e ajudas técnicas de qualidade, e formas de assistência humana ou animal e de mediadores, inclusive tornando-os disponíveis a custo acessível;

c) Propiciando às pessoas com deficiência e ao pessoal especializado uma capacitação em técnicas de mobilidade;

d) Incentivando entidades que produzem ajudas técnicas de mobilidade, dispositivos e tecnologias assistivas a levarem em conta todos os aspectos relativos à mobilidade de pessoas com deficiência.

Artigo 21 - Liberdade de expressão e de opinião e acesso à informação

Os Estados Partes tomarão todas as medidas apropriadas para assegurar que as pessoas com deficiência possam exercer seu direito à liberdade de expressão e opinião, inclusive à liberdade de buscar, receber e compartilhar informações e idéias, em igualdade de oportunidades com as demais pessoas e por intermédio de todas as formas de comunicação de sua escolha, conforme o disposto no Artigo 2 da presente Convenção, entre as quais:

a) Fornecer, prontamente e sem custo adicional, às pessoas com deficiência, todas as informações destinadas ao público em geral, em formatos acessíveis e tecnologias apropriadas aos diferentes tipos de deficiência;

b) Aceitar e facilitar, em trâmites oficiais, o uso de línguas de sinais, braille, comunicação aumentativa e alternativa, e de todos os demais meios, modos e formatos acessíveis de comunicação, à escolha das pessoas com deficiência;

c) Urgir as entidades privadas que oferecem serviços ao público em geral, inclusive por meio da Internet, a fornecer informações e serviços em formatos acessíveis, que possam ser usados por pessoas com deficiência;

d) Incentivar a mídia, inclusive os provedores de informação pela Internet, a tornar seus serviços acessíveis a pessoas com deficiência;

e) Reconhecer e promover o uso de línguas de sinais.

Artigo 22 - Respeito à privacidade

1. Nenhuma pessoa com deficiência, qualquer que seja seu local de residência ou tipo de moradia, estará sujeita a interferência arbitrária ou ilegal em sua privacidade, família, lar, correspondência ou outros tipos de comunicação, nem a ataques ilícitos à sua honra e reputação. As pessoas com deficiência têm o direito à proteção da lei contra tais interferências ou ataques.

2. Os Estados Partes protegerão a privacidade dos dados pessoais e dados relativos à saúde e à reabilitação de pessoas com deficiência, em igualdade de condições com as demais pessoas.

Artigo 23 - Respeito pelo lar e pela família

1. Os Estados Partes tomarão medidas efetivas e apropriadas para eliminar a discriminação contra pessoas com deficiência, em todos os aspectos relativos a casamento, família, paternidade e relacionamentos, em igualdade de condições com as demais pessoas, de modo a assegurar que:

a) Seja reconhecido o direito das pessoas com deficiência, em idade de contrair matrimônio, de casar-se e estabelecer família, com base no livre e pleno consentimento dos pretendentes;

b) Sejam reconhecidos os direitos das pessoas com deficiência de decidir livre e responsavelmente sobre o número de filhos e o espaçamento entre esses filhos e de ter acesso a informações adequadas à idade e a educação em matéria de reprodução e de planejamento familiar, bem como os meios necessários para exercer esses direitos.

c) As pessoas com deficiência, inclusive crianças, conservem sua fertilidade, em igualdade de condições com as demais pessoas.

2. Os Estados Partes assegurarão os direitos e responsabilidades das pessoas com deficiência, relativos à guarda, custódia, curatela e adoção de crianças ou instituições semelhantes, caso esses conceitos constem na legislação nacional. Em todos os casos, prevalecerá o superior interesse da criança. Os Estados Partes prestarão a devida assistência às pessoas com deficiência para que essas pessoas possam exercer suas responsabilidades na criação dos filhos.

3. Os Estados Partes assegurarão que as crianças com deficiência terão iguais direitos em relação à vida familiar. Para a realização desses direitos e para evitar ocultação, abandono, negligência e segregação de crianças com deficiência, os Estados Partes fornecerão prontamente informações abrangentes sobre serviços e apoios a crianças com deficiência e suas famílias.

4. Os Estados Partes assegurarão que uma criança não será separada de seus pais contra a vontade destes, exceto quando autoridades competentes, sujeitas a controle jurisdicional, determinarem, em conformidade com as leis e procedimentos aplicáveis, que a separação é necessária, no superior interesse da criança. Em nenhum caso, uma criança será separada dos pais sob alegação de deficiência da criança ou de um ou ambos os pais.

5. Os Estados Partes, no caso em que a família imediata de uma criança com deficiência não tenha condições de cuidar da criança, farão todo esforço para que cuidados alternativos sejam oferecidos por outros parentes e, se isso não for possível, dentro de ambiente familiar, na comunidade.

Artigo 24 - Educação

1. Os Estados Partes reconhecem o direito das pessoas com deficiência à educação. Para efetivar esse direito sem discriminação e com base na igualdade de oportunidades, os Estados Partes assegurarão sistema educacional inclusivo em todos os níveis, bem como o aprendizado ao longo de toda a vida, com os seguintes objetivos:

a) O pleno desenvolvimento do potencial humano e do senso de dignidade e auto-estima, além do fortalecimento do respeito pelos direitos humanos, pelas liberdades fundamentais e pela diversidade humana;

b) O máximo desenvolvimento possível da personalidade e dos talentos e da criatividade das pessoas com deficiência, assim como de suas habilidades físicas e intelectuais;

c) A participação efetiva das pessoas com deficiência em uma sociedade livre.

2. Para a realização desse direito, os Estados Partes assegurarão que:

a) As pessoas com deficiência não sejam excluídas do sistema educacional geral sob alegação de deficiência e que as crianças com deficiência não sejam excluídas do ensino primário gratuito e compulsório ou do ensino secundário, sob alegação de deficiência;

b) As pessoas com deficiência possam ter acesso ao ensino primário inclusivo, de qualidade e gratuito, e ao ensino secundário, em igualdade de condições com as demais pessoas na comunidade em que vivem;

c) Adaptações razoáveis de acordo com as necessidades individuais sejam providenciadas;

d) As pessoas com deficiência recebam o apoio necessário, no âmbito do sistema educacional geral, com vistas a facilitar sua efetiva educação;

e) Medidas de apoio individualizadas e efetivas sejam adotadas em ambientes que maximizem o desenvolvimento acadêmico e social, de acordo com a meta de inclusão plena.

3. Os Estados Partes assegurarão às pessoas com deficiência a possibilidade de adquirir as competências práticas e sociais necessárias de modo a facilitar às pessoas com deficiência sua plena e igual participação no sistema de ensino e na vida em comunidade. Para tanto, os Estados Partes tomarão medidas apropriadas, incluindo:

a) Facilitação do aprendizado do braille, escrita alternativa, modos, meios e formatos de comunicação aumentativa e alternativa, e habilidades de orientação e mobilidade, além de facilitação do apoio e aconselhamento de pares;

b) Facilitação do aprendizado da língua de sinais e promoção da identidade linguística da comunidade surda;

c) Garantia de que a educação de pessoas, em particular crianças cegas, surdocegas e surdas, seja ministrada nas línguas e nos modos e meios de comunicação mais adequados ao indivíduo e em ambientes que favoreçam ao máximo seu desenvolvimento acadêmico e social.

4. A fim de contribuir para o exercício desse direito, os Estados Partes tomarão medidas apropriadas para empregar professores, inclusive professores com deficiência, habilitados para o ensino da língua de sinais e/ou do braille, e para capacitar profissionais e equipes atuantes em todos os níveis de ensino. Essa capacitação incorporará a conscientização da deficiência e a utilização de modos, meios e formatos apropriados de comunicação aumentativa e alternativa, e técnicas e materiais pedagógicos, como apoios para pessoas com deficiência.

5. Os Estados Partes assegurarão que as pessoas com deficiência possam ter acesso ao ensino superior em geral, treinamento profissional de acordo com sua vocação, educação para adultos e formação continuada, sem discriminação

e em igualdade de condições. Para tanto, os Estados Partes assegurarão a provisão de adaptações razoáveis para pessoas com deficiência.

Artigo 25 - Saúde

Os Estados Partes reconhecem que as pessoas com deficiência têm o direito de gozar do estado de saúde mais elevado possível, sem discriminação baseada na deficiência. Os Estados Partes tomarão todas as medidas apropriadas para assegurar às pessoas com deficiência o acesso a serviços de saúde, incluindo os serviços de reabilitação, que levarão em conta as especificidades de gênero. Em especial, os Estados Partes:

a) Oferecerão às pessoas com deficiência programas e atenção à saúde gratuitos ou a custos acessíveis da mesma variedade, qualidade e padrão que são oferecidos às demais pessoas, inclusive na área de saúde sexual e reprodutiva e de programas de saúde pública destinados à população em geral;

b) Propiciarão serviços de saúde que as pessoas com deficiência necessitam especificamente por causa de sua deficiência, inclusive diagnóstico e intervenção precoces, bem como serviços projetados para reduzir ao máximo e prevenir deficiências adicionais, inclusive entre crianças e idosos;

c) Propiciarão esses serviços de saúde às pessoas com deficiência, o mais próximo possível de suas comunidades, inclusive na zona rural;

d) Exigirão dos profissionais de saúde que dispensem às pessoas com deficiência a mesma qualidade de serviços dispensada às demais pessoas e, principalmente, que obtenham o consentimento livre e esclarecido das pessoas com deficiência concernentes. Para esse fim, os Estados Partes realizarão atividades de formação e definirão regras éticas para os setores de saúde público e privado, de modo a conscientizar os profissionais de saúde acerca dos direitos humanos, da dignidade, autonomia e das necessidades das pessoas com deficiência;

e) Proibirão a discriminação contra pessoas com deficiência na provisão de seguro de saúde e seguro de vida, caso tais seguros sejam permitidos pela legislação nacional, os quais deverão ser providos de maneira razoável e justa;

f) Prevenirão que se negue, de maneira discriminatória, os serviços de saúde ou de atenção à saúde ou a administração de alimentos sólidos ou líquidos por motivo de deficiência.

Artigo 26 - Habilitação e reabilitação

1. Os Estados Partes tomarão medidas efetivas e apropriadas, inclusive mediante apoio dos pares, para possibilitar que as pessoas com deficiência conquistem e conservem o máximo de autonomia e plena capacidade física, mental, social e profissional, bem como plena inclusão e participação em todos os aspectos da vida. Para tanto, os Estados Partes organizarão, fortalecerão e ampliarão serviços e programas completos de habilitação e reabilitação, particularmente nas áreas de saúde, emprego, educação e serviços sociais, de modo que esses serviços e programas:

a) Comecem no estágio mais precoce possível e sejam baseados em avaliação multidisciplinar das necessidades e pontos fortes de cada pessoa;

b) Apóiem a participação e a inclusão na comunidade e em todos os aspectos da vida social, sejam oferecidos voluntariamente e estejam disponíveis às pessoas com deficiência o mais próximo possível de suas comunidades, inclusive na zona rural.

2. Os Estados Partes promoverão o desenvolvimento da capacitação inicial e continuada de profissionais e de equipes que atuam nos serviços de habilitação e reabilitação.

3. Os Estados Partes promoverão a disponibilidade, o conhecimento e o uso de dispositivos e tecnologias assistivas, projetados para pessoas com deficiência e relacionados com a habilitação e a reabilitação.

Artigo 27 - Trabalho e emprego

1. Os Estados Partes reconhecem o direito das pessoas com deficiência ao trabalho, em igualdade de oportunidades com as demais pessoas. Esse direito abrange o direito à oportunidade de se manter com um trabalho de sua livre escolha ou aceitação no mercado laboral, em ambiente de trabalho que seja aberto, inclusivo e acessível a pessoas com deficiência. Os Estados Partes salvaguardarão e promoverão a realização do direito ao trabalho, inclusive daqueles que tiverem adquirido uma deficiência no emprego, adotando medidas apropriadas, incluídas na legislação, com o fim de, entre outros:

a) Proibir a discriminação baseada na deficiência com respeito a todas as questões relacionadas com as formas de emprego, inclusive condições de recrutamento, contratação e admissão, permanência no emprego, ascensão profissional e condições seguras e salubres de trabalho;

b) Proteger os direitos das pessoas com deficiência, em condições de igualdade com as demais pessoas, às condições justas e favoráveis de trabalho, incluindo iguais oportunidades e igual remuneração por trabalho de igual valor, condições seguras e salubres de trabalho, além de reparação de injustiças e proteção contra o assédio no trabalho;

c) Assegurar que as pessoas com deficiência possam exercer seus direitos trabalhistas e sindicais, em condições de igualdade com as demais pessoas;

d) Possibilitar às pessoas com deficiência o acesso efetivo a programas de orientação técnica e profissional e a serviços de colocação no trabalho e de treinamento profissional e continuado;

e) Promover oportunidades de emprego e ascensão profissional para pessoas com deficiência no mercado de trabalho, bem como assistência na procura, obtenção e manutenção do emprego e no retorno ao emprego;

f) Promover oportunidades de trabalho autônomo, empreendedorismo, desenvolvimento de cooperativas e estabelecimento de negócio próprio;

g) Empregar pessoas com deficiência no setor público;

h) Promover o emprego de pessoas com deficiência no setor privado, mediante políticas e medidas apropriadas, que poderão incluir programas de ação afirmativa, incentivos e outras medidas;

i) Assegurar que adaptações razoáveis sejam feitas para pessoas com deficiência no local de trabalho;

j) Promover a aquisição de experiência de trabalho por pessoas com deficiência no mercado aberto de trabalho;

k) Promover reabilitação profissional, manutenção do emprego e programas de retorno ao trabalho para pessoas com deficiência.

2. Os Estados Partes assegurarão que as pessoas com deficiência não serão mantidas em escravidão ou servidão e que serão protegidas, em igualdade de condições com as demais pessoas, contra o trabalho forçado ou compulsório.

Artigo 28 - Padrão de vida e proteção social adequados

1. Os Estados Partes reconhecem o direito das pessoas com deficiência a um padrão adequado de vida para si e para suas famílias, inclusive alimentação, vestuário e moradia adequados, bem como à melhoria contínua de suas condições de vida, e tomarão as providências necessárias para salvaguardar e promover a realização desse direito sem discriminação baseada na deficiência.

2. Os Estados Partes reconhecem o direito das pessoas com deficiência à proteção social e ao exercício desse direito sem discriminação baseada na deficiência, e tomarão as medidas apropriadas para salvaguardar e promover a realização desse direito, tais como:

a) Assegurar igual acesso de pessoas com deficiência a serviços de saneamento básico e assegurar o acesso aos serviços, dispositivos e outros atendimentos apropriados para as necessidades relacionadas com a deficiência;

b) Assegurar o acesso de pessoas com deficiência, particularmente mulheres, crianças e idosos com deficiência, a programas de proteção social e de redução da pobreza;

c) Assegurar o acesso de pessoas com deficiência e suas famílias em situação de pobreza à assistência do Estado em relação a seus gastos ocasionados pela deficiência, inclusive treinamento adequado, aconselhamento, ajuda financeira e cuidados de repouso;

d) Assegurar o acesso de pessoas com deficiência a programas habitacionais públicos;

e) Assegurar igual acesso de pessoas com deficiência a programas e benefícios de aposentadoria.

Artigo 29

Participação na vida política e pública

Os Estados Partes garantirão às pessoas com deficiência direitos políticos e oportunidade de exercê-los em condições de igualdade com as demais pessoas, e deverão:

a) Assegurar que as pessoas com deficiência possam participar efetiva e plenamente na vida política e pública, em igualdade de oportunidades com as demais pessoas, diretamente ou por meio de representantes livremente escolhidos, incluindo o direito e a oportunidade de votarem e serem votadas, mediante, entre outros:

I) Garantia de que os procedimentos, instalações e materiais e equipamentos para votação serão apropriados, acessíveis e de fácil compreensão e uso;

II) Proteção do direito das pessoas com deficiência ao voto secreto em eleições e plebiscitos, sem intimidação, e a candidatar-se nas eleições, efetivamente ocupar cargos eletivos e desempenhar quaisquer funções públicas em todos os níveis de governo, usando novas tecnologias assistivas, quando apropriado;

III) Garantia da livre expressão de vontade das pessoas com deficiência como eleitores e, para tanto, sempre que necessário e a seu pedido, permissão para que elas sejam auxiliadas na votação por uma pessoa de sua escolha;

b) Promover ativamente um ambiente em que as pessoas com deficiência possam participar efetiva e plenamente na condução das questões públicas, sem discriminação e em igualdade de oportunidades com as demais pessoas, e encorajar sua participação nas questões públicas, mediante:

I) Participação em organizações não-governamentais relacionadas com a vida pública e política do país, bem como em atividades e administração de partidos políticos;

II) Formação de organizações para representar pessoas com deficiência em níveis internacional, regional, nacional e local, bem como a filiação de pessoas com deficiência a tais organizações.

Artigo 30 - Participação na vida cultural e em recreação, lazer e esporte

1. Os Estados Partes reconhecem o direito das pessoas com deficiência de participar na vida cultural, em igualdade de oportunidades com as demais pessoas, e tomarão todas as medidas apropriadas para que as pessoas com deficiência possam:

a) Ter acesso a bens culturais em formatos acessíveis;
b) Ter acesso a programas de televisão, cinema, teatro e outras atividades culturais, em formatos acessíveis; e
c) Ter acesso a locais que ofereçam serviços ou eventos culturais, tais como teatros, museus, cinemas, bibliotecas e serviços turísticos, bem como, tanto quanto possível, ter acesso a monumentos e locais de importância cultural nacional.

2. Os Estados Partes tomarão medidas apropriadas para que as pessoas com deficiência tenham a oportunidade de desenvolver e utilizar seu potencial criativo, artístico e intelectual, não somente em benefício próprio, mas também para o enriquecimento da sociedade.

3. Os Estados Partes deverão tomar todas as providências, em conformidade com o direito internacional, para assegurar que a legislação de proteção dos direitos de propriedade intelectual não constitua barreira excessiva ou discriminatória ao acesso de pessoas com deficiência a bens culturais.

4. As pessoas com deficiência farão jus, em igualdade de oportunidades com as demais pessoas, a que sua identidade cultural e lingüística específica seja reconhecida e apoiada, incluindo as línguas de sinais e a cultura surda.

5. Para que as pessoas com deficiência participem, em igualdade de oportunidades com as demais pessoas, de atividades recreativas, esportivas e de lazer, os Estados Partes tomarão medidas apropriadas para:

a) Incentivar e promover a maior participação possível das pessoas com deficiência nas atividades esportivas comuns em todos os níveis;

b) Assegurar que as pessoas com deficiência tenham a oportunidade de organizar, desenvolver e participar em atividades esportivas e recreativas específicas às deficiências e, para tanto, incentivar a provisão de instrução, treinamento e recursos adequados, em igualdade de oportunidades com as demais pessoas;

c) Assegurar que as pessoas com deficiência tenham acesso a locais de eventos esportivos, recreativos e turísticos;

d) Assegurar que as crianças com deficiência possam, em igualdade de condições com as demais crianças, participar de jogos e atividades recreativas, esportivas e de lazer, inclusive no sistema escolar;

e) Assegurar que as pessoas com deficiência tenham acesso aos serviços prestados por pessoas ou entidades envolvidas na organização de atividades recreativas, turísticas, esportivas e de lazer.

Artigo 31 - Estatísticas e coleta de dados

1. Os Estados Partes coletarão dados apropriados, inclusive estatísticos e de pesquisas, para que possam formular e implementar políticas destinadas a por em prática a presente Convenção. O processo de coleta e manutenção de tais dados deverá:

a) Observar as salvaguardas estabelecidas por lei, inclusive pelas leis relativas à proteção de dados, a fim de assegurar a confidencialidade e o respeito pela privacidade das pessoas com deficiência;

b) Observar as normas internacionalmente aceitas para proteger os direitos humanos, as liberdades fundamentais e os princípios éticos na coleta de dados e utilização de estatísticas.

2. As informações coletadas de acordo com o disposto neste Artigo serão desagregadas, de maneira apropriada, e utilizadas para avaliar o cumprimento, por parte dos Estados Partes, de suas obrigações na presente Convenção e para identificar e enfrentar as barreiras com as quais as pessoas com deficiência se deparam no exercício de seus direitos.

3. Os Estados Partes assumirão responsabilidade pela disseminação das referidas estatísticas e assegurarão que elas sejam acessíveis às pessoas com deficiência e a outros.

Artigo 32 - Cooperação internacional

1. Os Estados Partes reconhecem a importância da cooperação internacional e de sua promoção, em apoio aos esforços nacionais para a consecução do propósito e dos objetivos da presente Convenção e, sob este aspecto, adotarão medidas apropriadas e efetivas entre os Estados e, de maneira adequada, em parceria com organizações internacionais e regionais relevantes e com a sociedade civil e, em particular, com organizações de pessoas com deficiência.

Estas medidas poderão incluir, entre outras:
a) Assegurar que a cooperação internacional, incluindo os programas internacionais de desenvolvimento, sejam inclusivos e acessíveis para pessoas com deficiência;
b) Facilitar e apoiar a capacitação, inclusive por meio do intercâmbio e compartilhamento de informações, experiências, programas de treinamento e melhores práticas;
c) Facilitar a cooperação em pesquisa e o acesso a conhecimentos científicos e técnicos;
d) Propiciar, de maneira apropriada, assistência técnica e financeira, inclusive mediante facilitação do acesso a tecnologias assistivas e acessíveis e seu compartilhamento, bem como por meio de transferência de tecnologias.

2. O disposto neste Artigo se aplica sem prejuízo das obrigações que cabem a cada Estado Parte em decorrência da presente Convenção.

Artigo 33 - Implementação e monitoramento nacionais

1. Os Estados Partes, de acordo com seu sistema organizacional, designarão um ou mais de um ponto focal no âmbito do Governo para assuntos relacionados com a implementação da presente Convenção e darão a devida consideração ao estabelecimento ou designação de um mecanismo de coordenação no âmbito do Governo, a fim de facilitar ações correlatas nos diferentes setores e níveis.

2. Os Estados Partes, em conformidade com seus sistemas jurídico e administrativo, manterão, fortalecerão, designarão ou estabelecerão estrutura, incluindo um ou mais de um mecanismo independente, de maneira apropriada, para promover, proteger e monitorar a implementação da presente Convenção. Ao designar ou estabelecer tal mecanismo, os Estados Partes levarão em conta os princípios relativos ao status e funcionamento das instituições nacionais de proteção e promoção dos direitos humanos.

3. A sociedade civil e, particularmente, as pessoas com deficiência e suas organizações representativas serão envolvidas e participarão plenamente no processo de monitoramento.

Artigo 34 - Comitê sobre os Direitos das Pessoas com Deficiência

1. Um Comitê sobre os Direitos das Pessoas com Deficiência (doravante denominado "Comitê") será estabelecido, para desempenhar as funções aqui definidas.

2. O Comitê será constituído, quando da entrada em vigor da presente Convenção, de 12 peritos. Quando a presente Convenção alcançar 60 ratificações ou adesões, o Comitê será acrescido em seis membros, perfazendo o total de 18 membros.

3. Os membros do Comitê atuarão a título pessoal e apresentarão elevada postura moral, competência e experiência reconhecidas no campo abrangido pela presente Convenção. Ao designar seus candidatos, os Estados Partes são instados a dar a devida consideração ao disposto no Artigo 4.3 da presente Convenção.

4. Os membros do Comitê serão eleitos pelos Estados Partes, observando-se uma distribuição geográfica eqüitativa, representação de diferentes formas de civilização e dos principais sistemas jurídicos, representação equilibrada de gênero e participação de peritos com deficiência.

5. Os membros do Comitê serão eleitos por votação secreta em sessões da Conferência dos Estados Partes, a partir de uma lista de pessoas designadas pelos Estados Partes entre seus nacionais. Nessas sessões, cujo quorum será de dois terços dos Estados Partes, os candidatos eleitos para o Comitê serão aqueles que obtiverem o maior número de votos e a maioria absoluta dos votos dos representantes dos Estados Partes presentes e votantes.

6. A primeira eleição será realizada, o mais tardar, até seis meses após a data de entrada em vigor da presente Convenção. Pelo menos quatro meses antes de cada eleição, o Secretário-Geral das Nações Unidas dirigirá carta aos Estados Partes, convidando-os a submeter os nomes de seus candidatos no prazo de dois meses. O Secretário-Geral, subseqüentemente, preparará lista em ordem alfabética de todos os candidatos apresentados, indicando que foram designados pelos Estados Partes, e submeterá essa lista aos Estados Partes da presente Convenção.

7. Os membros do Comitê serão eleitos para mandato de quatro anos, podendo ser candidatos à reeleição uma única vez. Contudo, o mandato de seis dos membros eleitos na primeira eleição expirará ao fim de dois anos; imediatamente após a primeira eleição, os nomes desses seis membros serão selecionados por sorteio pelo presidente da sessão a que se refere o parágrafo 5 deste Artigo.

8. A eleição dos seis membros adicionais do Comitê será realizada por ocasião das eleições regulares, de acordo com as disposições pertinentes deste Artigo.

9. Em caso de morte, demissão ou declaração de um membro de que, por algum motivo, não poderá continuar a exercer suas funções, o Estado Parte que o tiver indicado designará um outro perito que tenha as qualificações e satisfaça aos requisitos estabelecidos pelos dispositivos pertinentes deste Artigo, para concluir o mandato em questão.

10. O Comitê estabelecerá suas próprias normas de procedimento.

11. O Secretário-Geral das Nações Unidas proverá o pessoal e as instalações necessários para o efetivo desempenho das funções do Comitê segundo a presente Convenção e convocará sua primeira reunião.

12. Com a aprovação da Assembléia Geral, os membros do Comitê estabelecido sob a presente Convenção receberão emolumentos dos recursos das Nações Unidas, sob termos e condições que a Assembléia possa decidir, tendo em vista a importância das responsabilidades do Comitê.

13. Os membros do Comitê terão direito aos privilégios, facilidades e imunidades dos peritos em missões das Nações Unidas, em conformidade com as disposições pertinentes da Convenção sobre Privilégios e Imunidades das Nações Unidas.

Artigo 35 - Relatórios dos Estados Partes

1. Cada Estado Parte, por intermédio do Secretário-Geral das Nações Unidas, submeterá relatório abrangente sobre as medidas adotadas em cumprimento de suas obrigações estabelecidas pela presente Convenção e sobre o progresso alcançado nesse aspecto, dentro do período de dois anos após a entrada em vigor da presente Convenção para o Estado Parte concernente.

2. Depois disso, os Estados Partes submeterão relatórios subseqüentes, ao menos a cada quatro anos, ou quando o Comitê o solicitar.

3. O Comitê determinará as diretrizes aplicáveis ao teor dos relatórios.

4. Um Estado Parte que tiver submetido ao Comitê um relatório inicial abrangente não precisará, em relatórios subseqüentes, repetir informações já apresentadas. Ao elaborar os relatórios ao Comitê, os Estados Partes são instados a fazê-lo de maneira franca e transparente e a levar em consideração o disposto no Artigo 4.3 da presente Convenção.

5. Os relatórios poderão apontar os fatores e as dificuldades que tiverem afetado o cumprimento das obrigações decorrentes da presente Convenção.

Artigo 36 - Consideração dos relatórios

1. Os relatórios serão considerados pelo Comitê, que fará as sugestões e recomendações gerais que julgar pertinentes e as transmitirá aos respectivos Estados Partes. O Estado Parte poderá responder ao Comitê com as informações que julgar pertinentes. O Comitê poderá pedir informações adicionais ao Estados Partes, referentes à implementação da presente Convenção.

2. Se um Estado Parte atrasar consideravelmente a entrega de seu relatório, o Comitê poderá notificar esse Estado de que examinará a aplicação da presente Convenção com base em informações confiáveis de que disponha, a menos que o relatório devido seja apresentado pelo Estado dentro do período de três meses após a notificação. O Comitê convidará o Estado Parte interessado a participar desse exame. Se o Estado Parte responder entregando seu relatório, aplicar-se-á o disposto no parágrafo 1 do presente artigo.

3. O Secretário-Geral das Nações Unidas colocará os relatórios à disposição de todos os Estados Partes.

4. Os Estados Partes tornarão seus relatórios amplamente disponíveis ao público em seus países e facilitarão o acesso à possibilidade de sugestões e de recomendações gerais a respeito desses relatórios.

5. O Comitê transmitirá às agências, fundos e programas especializados das Nações Unidas e a outras organizações competentes, da maneira que julgar apropriada, os relatórios dos Estados Partes que contenham demandas ou indicações de necessidade de consultoria ou de assistência técnica, acompanhados de eventuais observações e sugestões do Comitê em relação às referidas demandas ou indicações, a fim de que possam ser consideradas.

Artigo 37 - Cooperação entre os Estados Partes e o Comitê

1. Cada Estado Parte cooperará com o Comitê e auxiliará seus membros no desempenho de seu mandato.

2. Em suas relações com os Estados Partes, o Comitê dará a devida consideração aos meios e modos de aprimorar a capacidade de cada Estado Parte para a implementação da presente Convenção, inclusive mediante cooperação internacional.

Artigo 38 - Relações do Comitê com outros órgãos

A fim de promover a efetiva implementação da presente Convenção e de incentivar a cooperação internacional na esfera abrangida pela presente Convenção:

a) As agências especializadas e outros órgãos das Nações Unidas terão o direito de se fazer representar quando da consideração da implementação de disposições da presente Convenção que disserem respeito aos seus respectivos mandatos. O Comitê poderá convidar as agências especializadas e outros órgãos competentes, segundo julgar apropriado, a oferecer consultoria de peritos sobre a implementação da Convenção em áreas pertinentes a seus respectivos mandatos. O Comitê poderá convidar agências especializadas e outros órgãos das Nações Unidas a apresentar relatórios sobre a implementação da Convenção em áreas pertinentes às suas respectivas atividades;

b) No desempenho de seu mandato, o Comitê consultará, de maneira apropriada, outros órgãos pertinentes instituídos ao amparo de tratados internacionais de direitos humanos, a fim de assegurar a consistência de suas respectivas diretrizes para a elaboração de relatórios, sugestões e recomendações gerais e de evitar duplicação e superposição no desempenho de suas funções.

Artigo 39 - Relatório do Comitê

A cada dois anos, o Comitê submeterá à Assembléia Geral e ao Conselho Econômico e Social um relatório de suas atividades e poderá fazer sugestões e recomendações gerais baseadas no exame dos relatórios e nas informações recebidas dos Estados Partes. Estas sugestões e recomendações gerais serão incluídas no relatório do Comitê, acompanhadas, se houver, de comentários dos Estados Partes.

Artigo 40 - Conferência dos Estados Partes

1. Os Estados Partes reunir-se-ão regularmente em Conferência dos Estados Partes a fim de considerar matérias relativas à implementação da presente Convenção.

2. O Secretário-Geral das Nações Unidas convocará, dentro do período de seis meses após a entrada em vigor da presente Convenção, a Conferência dos Estados Partes. As reuniões subseqüentes serão convocadas pelo Secretário-Geral das Nações Unidas a cada dois anos ou conforme a decisão da Conferência dos Estados Partes.

Artigo 41 - Depositário

O Secretário-Geral das Nações Unidas será o depositário da presente Convenção.

Artigo 42 - Assinatura

A presente Convenção será aberta à assinatura de todos os Estados e organizações de integração regional na sede das Nações Unidas em Nova York, a partir de 30 de março de 2007.

Artigo 43 - Consentimento em comprometer-se

A presente Convenção será submetida à ratificação pelos Estados signatários e à confirmação formal por organizações de integração regional signatárias. Ela estará aberta à adesão de qualquer Estado ou organização de integração regional que não a houver assinado.

Artigo 44 - Organizações de integração regional

1. "Organização de integração regional" será entendida como organização constituída por Estados soberanos de determinada região, à qual seus Estados membros tenham delegado competência sobre matéria abrangida pela presente Convenção. Essas organizações declararão, em seus documentos de confirmação formal ou adesão, o alcance de sua competência em relação à matéria abrangida pela presente Convenção. Subseqüentemente, as organizações informarão ao depositário qualquer alteração substancial no âmbito de sua competência.

2. As referências a "Estados Partes" na presente Convenção serão aplicáveis a essas organizações, nos limites da competência destas.

3. Para os fins do parágrafo 1 do Artigo 45 e dos parágrafos 2 e 3 do Artigo 47, nenhum instrumento depositado por organização de integração regional será computado.

4. As organizações de integração regional, em matérias de sua competência, poderão exercer o direito de voto na Conferência dos Estados Partes, tendo direito ao mesmo número de votos quanto for o número de seus Estados membros que forem Partes da presente Convenção. Essas organizações não exercerão seu direito de voto, se qualquer de seus Estados membros exercer seu direito de voto, e vice-versa.

Artigo 45 - Entrada em vigor

1. A presente Convenção entrará em vigor no trigésimo dia após o depósito do vigésimo instrumento de ratificação ou adesão.

2. Para cada Estado ou organização de integração regional que ratificar ou formalmente confirmar a presente Convenção ou a ela aderir após o depósito do referido vigésimo instrumento, a Convenção entrará em vigor no trigésimo dia a partir da data em que esse Estado ou organização tenha depositado seu instrumento de ratificação, confirmação formal ou adesão.

Artigo 46 - Reservas

1. Não serão permitidas reservas incompatíveis com o objeto e o propósito da presente Convenção.

2. As reservas poderão ser retiradas a qualquer momento.

Artigo 47 - Emendas

1. Qualquer Estado Parte poderá propor emendas à presente Convenção e submetê-las ao Secretário-Geral das Nações Unidas. O Secretário-Geral comunicará aos Estados Partes quaisquer emendas propostas, solicitando-lhes que o notifiquem se são favoráveis a uma Conferência dos Estados Partes para considerar as propostas e tomar decisão a respeito delas. Se, até quatro meses após a data da referida comunicação, pelo menos um terço dos Estados Partes se manifestar favorável a essa Conferência, o Secretário-Geral das Nações Unidas convocará a Conferência, sob os auspícios das Nações Unidas. Qualquer emenda adotada por maioria de dois terços dos Estados Partes presentes e votantes será submetida pelo Secretário-Geral à aprovação da Assembléia Geral das Nações Unidas e, posteriormente, à aceitação de todos os Estados Partes.

2. Qualquer emenda adotada e aprovada conforme o disposto no parágrafo 1 do presente artigo entrará em vigor no trigésimo dia após a data na qual o número de instrumentos de aceitação tenha atingido dois terços do número de Estados Partes na data de adoção da emenda. Posteriormente, a emenda entrará em vigor para todo Estado Parte no trigésimo dia após o depósito por esse Estado do seu instrumento de aceitação. A emenda será vinculante somente para os Estados Partes que a tiverem aceitado.

3. Se a Conferência dos Estados Partes assim o decidir por consenso, qualquer emenda adotada e aprovada em conformidade com o disposto no parágrafo 1 deste Artigo, relacionada exclusivamente com os artigos 34, 38, 39 e 40, entrará em vigor para todos os Estados Partes no trigésimo dia a partir da data em que o número de instrumentos de aceitação depositados tiver atingido dois terços do número de Estados Partes na data de adoção da emenda.

Artigo 48 - Denúncia

Qualquer Estado Parte poderá denunciar a presente Convenção mediante notificação por escrito ao Secretário-Geral das Nações Unidas. A denúncia tornar-se-á efetiva um ano após a data de recebimento da notificação pelo Secretário-Geral.

Artigo 49 - Formatos acessíveis

O texto da presente Convenção será colocado à disposição em formatos acessíveis.

Artigo 50 - Textos autênticos

Os textos em árabe, chinês, espanhol, francês, inglês e russo da presente Convenção serão igualmente autênticos.

EM FÉ DO QUE os plenipotenciários abaixo assinados, devidamente autorizados para tanto por seus respectivos Governos, firmaram a presente Convenção.

PROTOCOLO FACULTATIVO À CONVENÇÃO SOBRE OS DIREITOS DAS PESSOAS COM DEFICIÊNCIA

Os Estados Partes do presente Protocolo acordaram o seguinte:

Artigo 1

1. Qualquer Estado Parte do presente Protocolo ("Estado Parte") reconhece a competência do Comitê sobre os Direitos das Pessoas com Deficiência ("Comitê") para receber e considerar comunicações submetidas por pessoas ou grupos de pessoas, ou em nome deles, sujeitos à sua jurisdição, alegando serem vítimas de violação das disposições da Convenção pelo referido Estado Parte.

2. O Comitê não receberá comunicação referente a qualquer Estado Parte que não seja signatário do presente Protocolo.

Artigo 2

O Comitê considerará inadmissível a comunicação quando:
a) A comunicação for anônima;
b) A comunicação constituir abuso do direito de submeter tais comunicações ou for incompatível com as disposições da Convenção;
c) A mesma matéria já tenha sido examinada pelo Comitê ou tenha sido ou estiver sendo examinada sob outro procedimento de investigação ou resolução internacional;
d) Não tenham sido esgotados todos os recursos internos disponíveis, salvo no caso em que a tramitação desses recursos se prolongue injustificadamente, ou seja improvável que se obtenha com eles solução efetiva;
e) A comunicação estiver precariamente fundamentada ou não for suficientemente substanciada; ou
f) Os fatos que motivaram a comunicação tenham ocorrido antes da entrada em vigor do presente Protocolo para o Estado Parte em apreço, salvo se os fatos continuaram ocorrendo após aquela data.

Artigo 3

Sujeito ao disposto no Artigo 2 do presente Protocolo, o Comitê levará confidencialmente ao conhecimento do Estado Parte concernente qualquer comunicação submetida ao Comitê. Dentro do período de seis meses, o Estado concernente submeterá ao Comitê explicações ou declarações por escrito, esclarecendo a matéria e a eventual solução adotada pelo referido Estado.

Artigo 4

1. A qualquer momento após receber uma comunicação e antes de decidir o mérito dessa comunicação, o Comitê poderá transmitir ao Estado Parte concernente, para sua urgente consideração, um pedido para que o Estado Parte tome as medidas de natureza cautelar que forem necessárias para evitar possíveis danos irreparáveis à vítima ou às vítimas da violação alegada.

2. O exercício pelo Comitê de suas faculdades discricionárias em virtude do parágrafo 1 do presente Artigo não implicará prejuízo algum sobre a admissibilidade ou sobre o mérito da comunicação.

Artigo 5

O Comitê realizará sessões fechadas para examinar comunicações a ele submetidas em conformidade com o presente Protocolo. Depois de examinar uma comunicação, o Comitê enviará suas sugestões e recomendações, se houver, ao Estado Parte concernente e ao requerente.

Artigo 6

1. Se receber informação confiável indicando que um Estado Parte está cometendo violação grave ou sistemática de direitos estabelecidos na Convenção, o Comitê convidará o

referido Estado Parte a colaborar com a verificação da informação e, para tanto, a submeter suas observações a respeito da informação em pauta.

2. Levando em conta quaisquer observações que tenham sido submetidas pelo Estado Parte concernente, bem como quaisquer outras informações confiáveis em poder do Comitê, este poderá designar um ou mais de seus membros para realizar investigação e apresentar, em caráter de urgência, relatório ao Comitê. Caso se justifique e o Estado Parte o consinta, a investigação poderá incluir uma visita ao território desse Estado.

3. Após examinar os resultados da investigação, o Comitê os comunicará ao Estado Parte concernente, acompanhados de eventuais comentários e recomendações.

4. Dentro do período de seis meses após o recebimento dos resultados, comentários e recomendações transmitidos pelo Comitê, o Estado Parte concernente submeterá suas observações ao Comitê.

5. A referida investigação será realizada confidencialmente e a cooperação do Estado Parte será solicitada em todas as fases do processo.

Artigo 7

1. O Comitê poderá convidar o Estado Parte concernente a incluir em seu relatório, submetido em conformidade com o disposto no Artigo 35 da Convenção, pormenores a respeito das medidas tomadas em conseqüência da investigação realizada em conformidade com o Artigo 6 do presente Protocolo.

2. Caso necessário, o Comitê poderá, encerrado o período de seis meses a que se refere o parágrafo 4 do Artigo 6, convidar o Estado Parte concernente a informar o Comitê a respeito das medidas tomadas em conseqüência da referida investigação.

Artigo 8

Qualquer Estado Parte poderá, quando da assinatura ou ratificação do presente Protocolo ou de sua adesão a ele, declarar que não reconhece a competência do Comitê, a que se referem os Artigos 6 e 7.

Artigo 9

O Secretário-Geral das Nações Unidas será o depositário do presente Protocolo.

Artigo 10

O presente Protocolo será aberto à assinatura dos Estados e organizações de integração regional signatários da Convenção, na sede das Nações Unidas em Nova York, a partir de 30 de março de 2007.

Artigo 11

O presente Protocolo estará sujeito à ratificação pelos Estados signatários do presente Protocolo que tiverem ratificado a Convenção ou aderido a ela. Ele estará sujeito à confirmação formal por organizações de integração regional signatárias do presente Protocolo que tiverem formalmente confirmado a Convenção ou a ela aderido. O Protocolo ficará aberto à adesão de qualquer Estado ou organização de integração regional que tiver ratificado ou formalmente confirmado a Convenção ou a ela aderido e que não tiver assinado o Protocolo.

Artigo 12

1. "Organização de integração regional" será entendida como organização constituída por Estados soberanos de determinada região, à qual seus Estados membros tenham delegado competência sobre matéria abrangida pela Convenção e pelo presente Protocolo. Essas organizações declararão, em seus documentos de confirmação formal ou adesão, o alcance de sua competência em relação à matéria abrangida pela Convenção e pelo presente Protocolo. Subseqüentemente, as organizações informarão ao depositário qualquer alteração substancial no alcance de sua competência.

2. As referências a "Estados Partes" no presente Protocolo serão aplicáveis a essas organizações, nos limites da competência de tais organizações.

3. Para os fins do parágrafo 1 do Artigo 13 e do parágrafo 2 do Artigo 15, nenhum instrumento depositado por organização de integração regional será computado.

4. As organizações de integração regional, em matérias de sua competência, poderão exercer o direito de voto na Conferência dos Estados Partes, tendo direito ao mesmo número de votos que seus Estados membros que forem Partes do presente Protocolo. Essas organizações não exercerão seu direito de voto se qualquer de seus Estados membros exercer seu direito de voto, e vice-versa.

Artigo 13

1. Sujeito à entrada em vigor da Convenção, o presente Protocolo entrará em vigor no trigésimo dia após o depósito do décimo instrumento de ratificação ou adesão.

2. Para cada Estado ou organização de integração regional que ratificar ou formalmente confirmar o presente Protocolo ou a ele aderir depois do depósito do décimo instrumento dessa natureza, o Protocolo entrará em vigor no trigésimo dia a partir da data em que esse Estado ou organização tenha depositado seu instrumento de ratificação, confirmação formal ou adesão.

Artigo 14

1. Não serão permitidas reservas incompatíveis com o objeto e o propósito do presente Protocolo.

2. As reservas poderão ser retiradas a qualquer momento.

Artigo 15

1. Qualquer Estado Parte poderá propor emendas ao presente Protocolo e submetê-las ao Secretário-Geral das Nações Unidas. O Secretário-Geral comunicará aos Estados Partes quaisquer emendas propostas, solicitando-lhes que o notifiquem se são favoráveis a uma Conferência dos Estados Partes para considerar as propostas e tomar decisão a respeito delas. Se, até quatro meses após a data da referida comunicação, pelo menos um terço dos Estados Partes se manifestar favorável a essa Conferência, o Secretário-Geral das Nações Unidas convocará a Conferência, sob os auspícios das Nações Unidas. Qualquer emenda adotada por maioria de dois terços dos Estados Partes presentes e votantes será submetida pelo Secretário-Geral à aprovação da Assembléia Geral das Nações Unidas e, posteriormente, à aceitação de todos os Estados Partes.

2. Qualquer emenda adotada e aprovada conforme o disposto no parágrafo 1 do presente artigo entrará em vigor no trigésimo dia após a data na qual o número de instrumentos de aceitação tenha atingido dois terços do número de Estados Partes na data de adoção da emenda. Posteriormente, a emenda entrará em vigor para todo Estado Parte no trigésimo dia após o depósito por esse Estado do seu instrumento de aceitação. A emenda será vinculante somente para os Estados Partes que a tiverem aceitado.

Artigo 16

Qualquer Estado Parte poderá denunciar o presente Protocolo mediante notificação por escrito ao Secretário-Geral das Nações Unidas. A denúncia tornar-se-á efetiva um ano após a data de recebimento da notificação pelo Secretário-Geral.

Artigo 17

O texto do presente Protocolo será colocado à disposição em formatos acessíveis.

Artigo 18

Os textos em árabe, chinês, espanhol, francês, inglês e russo e do presente Protocolo serão igualmente autênticos.

EM FÉ DO QUE os plenipotenciários abaixo assinados, devidamente autorizados para tanto por seus respectivos governos, firmaram o presente Protocolo.

13. DECRETO Nº 6.949, DE 25 DE AGOSTO DE 2009.

Promulga a Convenção Internacional sobre os Direitos das Pessoas com Deficiência e seu Protocolo Facultativo, assinados em Nova York, em 30 de março de 2007.

O PRESIDENTE DA REPÚBLICA, no uso da atribuição que lhe confere o art. 84, inciso IV, da Constituição, e

Considerando que o Congresso Nacional aprovou, por meio do Decreto Legislativo no 186, de 9 de julho de 2008, conforme o procedimento do § 3º do art. 5º da Constituição, a Convenção sobre os Direitos das Pessoas com Deficiência e seu Protocolo Facultativo, assinados em Nova York, em 30 de março de 2007;

Considerando que o Governo brasileiro depositou o instrumento de ratificação dos referidos atos junto ao Secretário-Geral das Nações Unidas em 1º de agosto de 2008;

Considerando que os atos internacionais em apreço entraram em vigor para o Brasil, no plano jurídico externo, em 31 de agosto de 2008;

Art. 1º A Convenção sobre os Direitos das Pessoas com Deficiência e seu Protocolo Facultativo, apensos por cópia ao presente Decreto, serão executados e cumpridos tão inteiramente como neles se contém.

Art. 2º São sujeitos à aprovação do Congresso Nacional quaisquer atos que possam resultar em revisão dos referidos diplomas internacionais ou que acarretem encargos ou compromissos gravosos ao patrimônio nacional, nos termos do art. 49, inciso I, da Constituição.

Art. 3º Este Decreto entra em vigor na data de sua publicação.

PREPARAÇÃO • CONHECIMENTO • APROVAÇÃO

ADMINISTRAÇÃO FINANCEIRA E ORÇAMENTÁRIA

SUMÁRIO

1. LEI Nº 4.320, DE 17 DE MARÇO DE 1964 .. 940
2. LEI N. 4.320, DE 17 DE MARÇO DE 1964 ... 947
3. LEI COMPLEMENTAR Nº 101, DE 4 DE MAIO DE 2000 947

1. LEI Nº 4.320, DE 17 DE MARÇO DE 1964

Estatui Normas Gerais de Direito Financeiro para elaboração e contrôle dos orçamentos e balanços da União, dos Estados, dos Municípios e do Distrito Federal.

Faço saber que o Congresso Nacional decreta e eu sanciono a seguinte Lei;

DISPOSIÇÃO PRELIMINAR

Art. 1º Esta lei estatui normas gerais de direito financeiro para elaboração e contrôle dos orçamentos e balanços da União, dos Estados, dos Municípios e do Distrito Federal, de acôrdo com o disposto no art. 5º, inciso XV, letra b, da Constituição Federal.

TÍTULO I - Da Lei de Orçamento

CAPÍTULO I - Disposições Gerais

Art. 2º A Lei do Orçamento conterá a discriminação da receita e despesa de forma a evidenciar a política econômica financeira e o programa de trabalho do Govêrno, obedecidos os princípios de unidade universalidade e anualidade.

§ 1º Integrarão a Lei de Orçamento:

I - Sumário geral da receita por fontes e da despesa por funções do Govêrno;

II - Quadro demonstrativo da Receita e Despesa segundo as Categorias Econômicas, na forma do Anexo nº 1;

III - Quadro discriminativo da receita por fontes e respectiva legislação;

IV - Quadro das dotações por órgãos do Govêrno e da Administração.

§ 2º Acompanharão a Lei de Orçamento:

I - Quadros demonstrativos da receita e planos de aplicação dos fundos especiais;

II - Quadros demonstrativos da despesa, na forma dos Anexos nºs 6 a 9;

III - Quadro demonstrativo do programa anual de trabalho do Govêrno, em têrmos de realização de obras e de prestação de serviços.

Art. 3º A Lei de Orçamentos compreenderá tôdas as receitas, inclusive as de operações de crédito autorizadas em lei.

Parágrafo único. Não se consideram para os fins deste artigo as operações de credito por antecipação da receita, as emissões de papel-moeda e outras entradas compensatórias, no ativo e passivo financeiros . (Veto rejeitado no DOU, de 5.5.1964)

Art. 4º A Lei de Orçamento compreenderá tôdas as despesas próprias dos órgãos do Govêrno e da administração centralizada, ou que, por intermédio dêles se devam realizar, observado o disposto no artigo 2º.

Art. 5º A Lei de Orçamento não consignará dotações globais destinadas a atender indiferentemente a despesas de pessoal, material, serviços de terceiros, transferências ou quaisquer outras, ressalvado o disposto no artigo 20 e seu parágrafo único.

Art. 6º Tôdas as receitas e despesas constarão da Lei de Orçamento pelos seus totais, vedadas quaisquer deduções.

§ 1º As cotas de receitas que uma entidade pública deva transferir a outra incluir-se-ão, como despesa, no orçamento da entidade obrigada a transferência e, como receita, no orçamento da que as deva receber.

§ 2º Para cumprimento do disposto no parágrafo anterior, o calculo das cotas terá por base os dados apurados no balanço do exercício anterior aquele em que se elaborar a proposta orçamentária do governo obrigado a transferência. (Veto rejeitado no DOU, de 5.5.1964)

Art. 7º A Lei de Orçamento poderá conter autorização ao Executivo para:

I - Abrir créditos suplementares até determinada importância obedecidas as disposições do artigo 43; (Veto rejeitado no DOU, de 5.5.1964)

II - Realizar em qualquer mês do exercício financeiro, operações de crédito por antecipação da receita, para atender a insuficiências de caixa.

§ 1º Em casos de déficit, a Lei de Orçamento indicará as fontes de recursos que o Poder Executivo fica autorizado a utilizar para atender a sua cobertura.

§ 2º O produto estimado de operações de crédito e de alienação de bens imóveis sòmente se incluirá na receita quando umas e outras forem especificamente autorizadas pelo Poder Legislativo em forma que juridicamente possibilite ao Poder Executivo realizá-las no exercício.

§ 3º A autorização legislativa a que se refere o parágrafo anterior, no tocante a operações de crédito, poderá constar da própria Lei de Orçamento.

Art. 8º A discriminação da receita geral e da despesa de cada órgão do Govêrno ou unidade administrativa, a que se refere o artigo 2º, § 1º, incisos III e IV obedecerá à forma do Anexo nº 2.

§ 1º Os itens da discriminação da receita e da despesa, mencionados nos artigos 11, § 4º, e 13, serão identificados por números de códigos decimal, na forma dos Anexos nºs 3 e 4.

§ 2º Completarão os números do código decimal referido no parágrafo anterior os algarismos caracterizadores da classificação funcional da despesa, conforme estabelece o Anexo nº 5.

§ 3º O código geral estabelecido nesta lei não prejudicará a adoção de códigos locais.

CAPÍTULO II - Da Receita

Art. 9º Tributo é a receita derivada instituída pelas entidades de direito publico, compreendendo os impostos, as taxas e contribuições nos termos da constituição e das leis vigentes em matéria financeira, destinado-se o seu produto ao custeio de atividades gerais ou especificas exercidas por essas entidades (Veto rejeitado no DOU, de 5.5.1964)

Art. 10. (Vetado).

Art. 11 - A receita classificar-se-á nas seguintes categorias econômicas: Receitas Correntes e Receitas de Capital. (Redação dada pelo Decreto Lei nº 1.939, de 1982)

§ 1º - São Receitas Correntes as receitas tributária, de contribuições, patrimonial, agropecuária, industrial, de serviços e outras e, ainda, as provenientes de recursos financeiros recebidos de outras pessoas de direito público ou privado, quando destinadas a atender despesas classificáveis em Despesas Correntes. (Redação dada pelo Decreto Lei nº 1.939, de 1982)

§ 2º - São Receitas de Capital as provenientes da realização de recursos financeiros oriundos de constituição de dívidas; da conversão, em espécie, de bens e direitos; os recursos recebidos de outras pessoas de direito público ou privado, destinados a atender despesas classificáveis em Despesas de Capital e, ainda, o superávit do Orçamento Corrente. (Redação dada pelo Decreto Lei nº 1.939, de 1982)

§ 3º - O superávit do Orçamento Corrente resultante do balanceamento dos totais das receitas e despesas correntes, apurado na demonstração a que se refere o Anexo nº 1, não constituirá item de receita orçamentária. (Redação dada pelo Decreto Lei nº 1.939, de 1982)

§ 4º - A classificação da receita obedecerá ao seguinte esquema: (Redação dada pelo Decreto Lei nº 1.939, de 1982)

RECEITAS CORRENTES
RECEITA TRIBUTÁRIA
Impostos.
Taxas.
Contribuições de Melhoria.
RECEITA DE CONTRIBUIÇÕES
RECEITA PATRIMONIAL
RECEITA AGROPECUÁRIA
RECEITA INDUSTRIAL

RECEITA DE SERVIÇOS
TRANSFERÊNCIAS CORRENTES
OUTRAS RECEITAS CORRENTES
RECEITAS DE CAPITAL
OPERAÇÕES DE CRÉDITO
ALIENAÇÃO DE BENS
AMORTIZAÇÃO DE EMPRÉSTIMOS
TRANSFERÊNCIAS DE CAPITAL
OUTRAS RECEITAS DE CAPITAL

CAPÍTULO III - Da Despesa

Art. 12. A despesa será classificada nas seguintes categorias econômicas: (Veto rejeitado no DOU, de 5.5.1964)

DESPESAS CORRENTES
Despesas de Custeio
Transferências Correntes
DESPESAS DE CAPITAL
Investimentos
Inversões Financeiras
Transferências de Capital

§ 1º Classificam-se como Despesas de Custeio as dotações para manutenção de serviços anteriormente criados, inclusive as destinadas a atender a obras de conservação e adaptação de bens imóveis.

§ 2º Classificam-se como Transferências Correntes as dotações para despesas as quais não corresponda contraprestação direta em bens ou serviços, inclusive para contribuições e subvenções destinadas a atender à manutenção de outras entidades de direito público ou privado.

§ 3º Consideram-se subvenções, para os efeitos desta lei, as transferências destinadas a cobrir despesas de custeio das entidades beneficiadas, distinguindo-se como:

I - subvenções sociais, as que se destinem a instituições públicas ou privadas de caráter assistencial ou cultural, sem finalidade lucrativa;

II - subvenções econômicas, as que se destinem a emprêsas públicas ou privadas de caráter industrial, comercial, agrícola ou pastoril.

§ 4º Classificam-se como investimentos as dotações para o planejamento e a execução de obras, inclusive as destinadas à aquisição de imóveis considerados necessários à realização destas últimas, bem como para os programas especiais de trabalho, aquisição de instalações, equipamentos e material permanente e constituição ou aumento do capital de empresas que não sejam de caráter comercial ou financeiro.

§ 5º Classificam-se como Inversões Financeiras as dotações destinadas a:

I - aquisição de imóveis, ou de bens de capital já em utilização;

II - aquisição de títulos representativos do capital de emprêsas ou entidades de qualquer espécie, já constituídas, quando a operação não importe aumento do capital;

III - constituição ou aumento do capital de entidades ou empresas que visem a objetivos comerciais ou financeiros, inclusive operações bancárias ou de seguros.

§ 6º São Transferências de Capital as dotações para investimentos ou inversões financeiras que outras pessoas de direito público ou privado devam realizar, independentemente de contraprestação direta em bens ou serviços, constituindo essas transferências auxílios ou contribuições, segundo derivem diretamente da Lei de Orçamento ou de lei especialmente anterior, bem como as dotações para amortização da dívida pública.

Art. 13. Observadas as categorias econômicas do art. 12, a discriminação ou especificação da despesa por elementos, em cada unidade administrativa ou órgão de govêrno, obedecerá ao seguinte esquema:

DESPESAS CORRENTES
Despesas de Custeio
Pessoa Civil
Pessoal Militar
Material de Consumo
Serviços de Terceiros
Encargos Diversos
Transferências Correntes
Subvenções Sociais
Subvenções Econômicas
Inativos
Pensionistas
Salário Família e Abono Familiar
Juros da Dívida Pública
Contribuições de Previdência Social
Diversas Transferências Correntes.
DESPESAS DE CAPITAL
Investimentos
Obras Públicas
Serviços em Regime de Programação Especial
Equipamentos e Instalações
Material Permanente
Participação em Constituição ou Aumento de Capital de Emprêsas ou Entidades Industriais ou Agrícolas
Inversões Financeiras
Aquisição de Imóveis
Participação em Constituição ou Aumento de Capital de Emprêsas ou Entidades Comerciais ou Financeiras
Aquisição de Títulos Representativos de Capital de Emprêsa em Funcionamento
Constituição de Fundos Rotativos
Concessão de Empréstimos
Diversas Inversões Financeiras
Transferências de Capital
Amortização da Dívida Pública
Auxílios para Obras Públicas
Auxílios para Equipamentos e Instalações
Auxílios para Inversões Financeiras
Outras Contribuições.

Art. 14. Constitui unidade orçamentária o agrupamento de serviços subordinados ao mesmo órgão ou repartição a que serão consignadas dotações próprias. (Veto rejeitado no DOU, de 5.5.1964)

Parágrafo único. Em casos excepcionais, serão consignadas dotações a unidades administrativas subordinadas ao mesmo órgão.

Art. 15. Na Lei de Orçamento a discriminação da despesa far-se-á no mínimo por elementos. (Veto rejeitado no DOU, de 5.5.1964)

§ 1º Entende-se por elementos o desdobramento da despesa com pessoal, material, serviços, obras e outros meios de que se serve a administração publica para consecução dos seus fins. (Veto rejeitado no DOU, de 5.5.1964)

§ 2º Para efeito de classificação da despesa, considera-se material permanente o de duração superior a dois anos.

SEÇÃO I - Das Despesas Correntes

SUBSEÇÃO ÚNICA - Das Transferências Correntes

I) Das Subvenções Sociais

Art. 16. Fundamentalmente e nos limites das possibilidades financeiras a concessão de subvenções sociais visará a prestação de serviços essenciais de assistência social, médica e educacional, sempre que a suplementação de recursos de origem privada aplicados a êsses objetivos, revelar-se mais econômica.

Parágrafo único. O valor das subvenções, sempre que possível, será calculado com base em unidades de serviços efetivamente

LEI Nº 4.320, DE 17 DE MARÇO DE 1964

prestados ou postos à disposição dos interessados obedecidos os padrões mínimos de eficiência prèviamente fixados.

Art. 17. Somente à instituição cujas condições de funcionamento forem julgadas satisfatórias pelos órgãos oficiais de fiscalização serão concedidas subvenções.

II) Das Subvenções Econômicas

Art. 18. A cobertura dos déficits de manutenção das emprêsas públicas, de natureza autárquica ou não, far-se-á mediante subvenções econômicas expressamente incluídas nas despesas correntes do orçamento da União, do Estado, do Município ou do Distrito Federal.

Parágrafo único. Consideram-se, igualmente, como subvenções econômicas:

a) as dotações destinadas a cobrir a diferença entre os preços de mercado e os preços de revenda, pelo Govêrno, de gêneros alimentícios ou outros materiais;

b) as dotações destinadas ao pagamento de bonificações a produtores de determinados gêneros ou materiais.

Art. 19. A Lei de Orçamento não consignará ajuda financeira, a qualquer título, a emprêsa de fins lucrativos, salvo quando se tratar de subvenções cuja concessão tenha sido expressamente autorizada em lei especial.

SEÇÃO II - Das Despesas de Capital

SUBSEÇÃO PRIMEIRA - Dos Investimentos

Art. 20. Os investimentos serão discriminados na Lei de Orçamento segundo os projetos de obras e de outras aplicações.

Parágrafo único. Os programas especiais de trabalho que, por sua natureza, não possam cumprir-se subordinadamente às normas gerais de execução da despesa poderão ser custeadas por dotações globais, classificadas entre as Despesas de Capital.

SUBSEÇÃO SEGUNDA - Das Transferências de Capital

Art. 21. A Lei de Orçamento não consignará auxílio para investimentos que se devam incorporar ao patrimônio das emprêsas privadas de fins lucrativos.

Parágrafo único. O disposto neste artigo aplica-se às transferências de capital à conta de fundos especiais ou dotações sob regime excepcional de aplicação.

TÍTULO II - Da Proposta Orcamentária

CAPÍTULO I - Conteúdo e Forma da Proposta Orçamentária

Art. 22. A proposta orçamentária que o Poder Executivo encaminhará ao Poder Legislativo nos prazos estabelecidos nas Constituições e nas Leis Orgânicas dos Municípios, compor-se-á:

I - Mensagem, que conterá: exposição circunstanciada da situação econômico-financeira, documentada com demonstração da dívida fundada e flutuante, saldos de créditos especiais, restos a pagar e outros compromissos financeiros exigíveis; exposição e justificação da política econômica-financeira do Govêrno; justificação da receita e despesa, particularmente no tocante ao orçamento de capital;

II - Projeto de Lei de Orçamento;

III - Tabelas explicativas, das quais, além das estimativas de receita e despesa, constarão, em colunas distintas e para fins de comparação:

a) A receita arrecadada nos três últimos exercícios anteriores àquele em que se elaborou a proposta;

b) A receita prevista para o exercício em que se elabora a proposta;

c) A receita prevista para o exercício a que se refere a proposta;

d) A despesa realizada no exercício imediatamente anterior;

e) A despesa fixada para o exercício em que se elabora a proposta; e

f) A despesa prevista para o exercício a que se refere a proposta.

IV - Especificação dos programas especiais de trabalho custeados por dotações globais, em têrmos de metas visadas, decompostas em estimativa do custo das obras a realizar e dos serviços a prestar, acompanhadas de justificação econômica, financeira, social e administrativa.

Parágrafo único. Constará da proposta orçamentária, para cada unidade administrativa, descrição sucinta de suas principais finalidades, com indicação da respectiva legislação.

CAPÍTULO II - Da Elaboração da Proposta Orçamentária

SEÇÃO PRIMEIRA - Das Previsões Plurienais

Art. 23. As receitas e despesas de capital serão objeto de um Quadro de Recursos e de Aplicação de Capital, aprovado por decreto do Poder Executivo, abrangendo, no mínimo um triênio.

Parágrafo único. O Quadro de Recursos e de Aplicação de Capital será anualmente reajustado acrescentando-se-lhe as previsões de mais um ano, de modo a assegurar a projeção contínua dos períodos.

Art. 24. O Quadro de Recursos e de Aplicação de Capital abrangerá:

I - as despesas e, como couber, também as receitas previstas em planos especiais aprovados em lei e destinados a atender a regiões ou a setores da administração ou da economia;

II - as despesas à conta de fundos especiais e, como couber, as receitas que os constituam;

III - em anexos, as despesas de capital das entidades referidas no Título X desta lei, com indicação das respectivas receitas, para as quais forem previstas transferências de capital.

Art. 25. Os programas constantes do Quadro de Recursos e de Aplicação de Capital sempre que possível serão correlacionados a metas objetivas em têrmos de realização de obras e de prestação de serviços.

Parágrafo único. Consideram-se metas os resultados que se pretendem obter com a realização de cada programa.

Art. 26. A proposta orçamentária conterá o programa anual atualizado dos investimentos, inversões financeiras e transferências previstos no Quadro de Recursos e de Aplicação de Capital.

SEÇÃO SEGUNDA - Das Previsões Anuais

Art. 27. As propostas parciais de orçamento guardarão estrita conformidade com a política econômica-financeira, o programa anual de trabalho do Govêrno e, quando fixado, o limite global máximo para o orçamento de cada unidade administrativa.

Art. 28 As propostas parciais das unidades administrativas, organizadas em formulário próprio, serão acompanhadas de:

I - tabelas explicativas da despesa, sob a forma estabelecida no artigo 22, inciso III, letras d, e e f;

II - justificação pormenorizada de cada dotação solicitada, com a indicação dos atos de aprovação de projetos e orçamentos de obras públicas, para cujo início ou prosseguimento ela se destina.

Art. 29. Caberá aos órgãos de contabilidade ou de arrecadação organizar demonstrações mensais da receita arrecadada, segundo as rubricas, para servirem de base a estimativa da receita, na proposta orçamentária.

Parágrafo único. Quando houver órgão central de orçamento, essas demonstrações ser-lhe-ão remetidas mensalmente.

Art. 30. A estimativa da receita terá por base as demonstrações a que se refere o artigo anterior à arrecadação dos três

últimos exercícios, pelo menos bem como as circunstâncias de ordem conjuntural e outras, que possam afetar a produtividade de cada fonte de receita.

Art. 31. As propostas orçamentárias parciais serão revistas e coordenadas na proposta geral, considerando-se a receita estimada e as novas circunstâncias.

TÍTULO III - Da elaboração da Lei de Orçamento

Art. 32. Se não receber a proposta orçamentária no prazo fixado nas Constituições ou nas Leis Orgânicas dos Municípios, o Poder Legislativo considerará como proposta a Lei de Orçamento vigente.

Art. 33. Não se admitirão emendas ao projeto de Lei de Orçamento que visem a:
a) alterar a dotação solicitada para despesa de custeio, salvo quando provada, nesse ponto a inexatidão da proposta;
b) conceder dotação para o início de obra cujo projeto não esteja aprovado pelos órgãos competentes;
c) conceder dotação para instalação ou funcionamento de serviço que não esteja anteriormente criado;
d) conceder dotação superior aos quantitativos prèviamente fixados em resolução do Poder Legislativo para concessão de auxílios e subvenções.

TÍTULO IV - Do Exercício Financeiro

Art. 34. O exercício financeiro coincidirá com o ano civil.

Art. 35. Pertencem ao exercício financeiro:
I - as receitas nêle arrecadadas;
II - as despesas nêle legalmente empenhadas.

Art. 36. Consideram-se Restos a Pagar as despesas empenhadas mas não pagas até o dia 31 de dezembro distinguindo-se as processadas das não processadas.

Parágrafo único. Os empenhos que sorvem a conta de créditos com vigência plurienal, que não tenham sido liquidados, só serão computados como Restos a Pagar no último ano de vigência do crédito.

Art. 37. As despesas de exercícios encerrados, para as quais o orçamento respectivo consignava crédito próprio, com saldo suficiente para atendê-las, que não se tenham processado na época própria, bem como os Restos a Pagar com prescrição interrompida e os compromissos reconhecidos após o encerramento do exercício correspondente poderão ser pagos à conta de dotação específica consignada no orçamento, discriminada por elementos, obedecida, sempre que possível, a ordem cronológica. (Regulamento)

Art. 38. Reverte à dotação a importância de despesa anulada no exercício; quando a anulação ocorrer após o encerramento dêste considerar-se-á receita do ano em que se efetivar.

Art. 39. Os créditos da Fazenda Pública, de natureza tributária ou não tributária, serão escriturados como receita do exercício em que forem arrecadados, nas respectivas rubricas orçamentárias. (Redação dada pelo Decreto Lei nº 1.735, de 1979)

§ 1º - Os créditos de que trata este artigo, exigíveis pelo transcurso do prazo para pagamento, serão inscritos, na forma da legislação própria, como Dívida Ativa, em registro próprio, após apurada a sua liquidez e certeza, e a respectiva receita será escriturada a esse título. (Incluído pelo Decreto Lei nº 1.735, de 1979)

§ 2º - Dívida Ativa Tributária é o crédito da Fazenda Pública dessa natureza, proveniente de obrigação legal relativa a tributos e respectivos adicionais e multas, e Dívida Ativa não Tributária são os demais créditos da Fazenda Pública, tais como os provenientes de empréstimos compulsórios, contribuições estabelecidas em lei, multa de qualquer origem ou natureza, exceto as tributárias, foros, laudêmios, alugueis ou taxas de ocupação, custas processuais, preços de serviços prestados por estabelecimentos públicos, indenizações, reposições, restituições, alcances dos responsáveis definitivamente julgados,

bem assim os créditos decorrentes de obrigações em moeda estrangeira, de subrogação de hipoteca, fiança, aval ou outra garantia, de contratos em geral ou de outras obrigações legais. (Incluído pelo Decreto Lei nº 1.735, de 1979)

§ 3º - O valor do crédito da Fazenda Nacional em moeda estrangeira será convertido ao correspondente valor na moeda nacional à taxa cambial oficial, para compra, na data da notificação ou intimação do devedor, pela autoridade administrativa, ou, à sua falta, na data da inscrição da Dívida Ativa, incidindo, a partir da conversão, a atualização monetária e os juros de mora, de acordo com preceitos legais pertinentes aos débitos tributários. (Incluído pelo Decreto Lei nº 1.735, de 1979)

§ 4º - A receita da Dívida Ativa abrange os créditos mencionados nos parágrafos anteriores, bem como os valores correspondentes à respectiva atualização monetária, à multa e juros de mora e ao encargo de que tratam o art. 1º do Decreto-lei nº 1.025, de 21 de outubro de 1969, e o art. 3º do Decreto-lei nº 1.645, de 11 de dezembro de 1978. (Incluído pelo Decreto Lei nº 1.735, de 1979)

§ 5º - A Dívida Ativa da União será apurada e inscrita na Procuradoria da Fazenda Nacional. (Incluído pelo Decreto Lei nº 1.735, de 1979)

TÍTULO V - Dos Créditos Adicionais

Art. 40. São créditos adicionais, as autorizações de despesa não computadas ou insuficientemente dotadas na Lei de Orçamento.

Art. 41. Os créditos adicionais classificam-se em:
I - suplementares, os destinados a refôrço de dotação orçamentária;
II - especiais, os destinados a despesas para as quais não haja dotação orçamentária específica;
III - extraordinários, os destinados a despesas urgentes e imprevistas, em caso de guerra, comoção intestina ou calamidade pública.

Art. 42. Os créditos suplementares e especiais serão autorizados por lei e abertos por decreto executivo.

Art. 43. A abertura dos créditos suplementares e especiais depende da existência de recursos disponíveis para ocorrer a despesa e será precedida de exposição justificativa. (Veto rejeitado no DOU, de 5.5.1964)

§ 1º Consideram-se recursos para o fim deste artigo, desde que não comprometidos: (Veto rejeitado no DOU, de 5.5.1964)
I - o superávit financeiro apurado em balanço patrimonial do exercício anterior; (Veto rejeitado no DOU, de 5.5.1964)
II - os provenientes de excesso de arrecadação; (Veto rejeitado no DOU, de 5.5.1964)
III - os resultantes de anulação parcial ou total de dotações orçamentárias ou de créditos adicionais, autorizados em Lei; (Veto rejeitado no DOU, de 5.5.1964)
IV - o produto de operações de credito autorizadas, em forma que juridicamente possibilite ao poder executivo realiza-las. (Veto rejeitado no DOU, de 5.5.1964)

§ 2º Entende-se por superávit financeiro a diferença positiva entre o ativo financeiro e o passivo financeiro, conjugando-se, ainda, os saldos dos créditos adicionais transferidos e as operações de credito a eles vinculadas. (Veto rejeitado no DOU, de 5.5.1964)

§ 3º Entende-se por excesso de arrecadação, para os fins deste artigo, o saldo positivo das diferenças acumuladas mês a mês entre a arrecadação prevista e a realizada, considerando-se, ainda, a tendência do exercício. (Veto rejeitado no DOU, de 5.5.1964)

§ 4º Para o fim de apurar os recursos utilizáveis, provenientes de excesso de arrecadação, deduzir-se-a a importância dos créditos extraordinários abertos no exercício. (Veto rejeitado no DOU, de 5.5.1964)

Art. 44. Os créditos extraordinários serão abertos por decreto do Poder Executivo, que dêles dará imediato conhecimento ao Poder Legislativo.

LEI Nº 4.320, DE 17 DE MARÇO DE 1964

Art. 45. Os créditos adicionais terão vigência adstrita ao exercício financeiro em que forem abertos, salvo expressa disposição legal em contrário, quanto aos especiais e extraordinários.

Art. 46. O ato que abrir crédito adicional indicará a importância, a espécie do mesmo e a classificação da despesa, até onde fôr possível.

TÍTULO VI - Da Execução do Orçamento
CAPÍTULO I - Da Programação da Despesa

Art. 47. Imediatamente após a promulgação da Lei de Orçamento e com base nos limites nela fixados, o Poder Executivo aprovará um quadro de cotas trimestrais da despesa que cada unidade orçamentária fica autorizada a utilizar.

Art. 48 A fixação das cotas a que se refere o artigo anterior atenderá aos seguintes objetivos:
 a) assegurar às unidades orçamentárias, em tempo útil a soma de recursos necessários e suficientes a melhor execução do seu programa anual de trabalho;
 b) manter, durante o exercício, na medida do possível o equilíbrio entre a receita arrecadada e a despesa realizada, de modo a reduzir ao mínimo eventuais insuficiências de tesouraria.

Art. 49. A programação da despesa orçamentária, para efeito do disposto no artigo anterior, levará em conta os créditos adicionais e as operações extra-orçamentárias.

Art. 50. As cotas trimestrais poderão ser alteradas durante o exercício, observados o limite da dotação e o comportamento da execução orçamentária.

CAPÍTULO II - Da Receita

Art. 51. Nenhum tributo será exigido ou aumentado sem que a lei o estabeleça, nenhum será cobrado em cada exercício sem prévia autorização orçamentária, ressalvados a tarifa aduaneira e o impôsto lançado por motivo de guerra.

Art. 52. São objeto de lançamento os impostos diretos e quaisquer outras rendas com vencimento determinado em lei, regulamento ou contrato.

Art. 53. O lançamento da receita é ato da repartição competente, que verifica a procedência do crédito fiscal e a pessoa que lhe é devedora e inscreve o débito desta.

Art. 54. Não será admitida a compensação da obrigação de recolher rendas ou receitas com direito creditório contra a Fazenda Pública.

Art. 55. Os agentes da arrecadação devem fornecer recibos das importâncias que arrecadarem.

§ 1º Os recibos devem conter o nome da pessoa que paga a soma arrecadada, proveniência e classificação, bem como a data a assinatura do agente arrecadador. (Veto rejeitado no DOU, de 5.5.1964)

§ 2º Os recibos serão fornecidos em uma única via.

Art. 56. O recolhimento de tôdas as receitas far-se-á em estrita observância ao princípio de unidade de tesouraria, vedada qualquer fragmentação para criação de caixas especiais.

Art. 57. Ressalvado o disposto no parágrafo único do artigo 3. desta lei serão classificadas como receita orçamentária, sob as rubricas próprias, tôdas as receitas arrecadadas, inclusive as provenientes de operações de crédito, ainda que não previstas no Orçamento. (Veto rejeitado no DOU, de 5.5.1964)

CAPÍTULO III - Da Despesa

Art. 58. O empenho de despesa é o ato emanado de autoridade competente que cria para o Estado obrigação de pagamento pendente ou não de implemento de condição. (Veto rejeitado no DOU, de 5.5.1964)

Art. 59 - O empenho da despesa não poderá exceder o limite dos créditos concedidos. (Redação dada pela Lei nº 6.397, de 1976)

§ 1º Ressalvado o disposto no Art. 67 da Constituição Federal, é vedado aos Municípios empenhar, no último mês do mandato do Prefeito, mais do que o duodécimo da despesa prevista no orçamento vigente. (Incluído pela Lei nº 6.397, de 1976)

§ 2º Fica, também, vedado aos Municípios, no mesmo período, assumir, por qualquer forma, compromissos financeiros para execução depois do término do mandato do Prefeito. (Incluído pela Lei nº 6.397, de 1976)

§ 3º As disposições dos parágrafos anteriores não se aplicam nos casos comprovados de calamidade pública. (Incluído pela Lei nº 6.397, de 1976)

§ 4º Reputam-se nulos e de nenhum efeito os empenhos e atos praticados em desacordo com o disposto nos parágrafos 1º e 2º deste artigo, sem prejuízo da responsabilidade do Prefeito nos termos do Art. 1º, inciso V, do Decreto-lei n.º 201, de 27 de fevereiro de 1967. (Incluído pela Lei nº 6.397, de 1976)

Art. 60. É vedada a realização de despesa sem prévio empenho.

§ 1º Em casos especiais previstos na legislação específica será dispensada a emissão da nota de empenho.

§ 2º Será feito por estimativa o empenho da despesa cujo montante não se possa determinar.

§ 3º É permitido o empenho global de despesas contratuais e outras, sujeitas a parcelamento.

Art. 61. Para cada empenho será extraído um documento denominado "nota de empenho" que indicará o nome do credor, a representação e a importância da despesa bem como a dedução desta do saldo da dotação própria.

Art. 62. O pagamento da despesa só será efetuado quando ordenado após sua regular liquidação.

Art. 63. A liquidação da despesa consiste na verificação do direito adquirido pelo credor tendo por base os títulos e documentos comprobatórios do respectivo crédito.

§ 1º Essa verificação tem por fim apurar:
 I - a origem e o objeto do que se deve pagar;
 II - a importância exata a pagar;
 III - a quem se deve pagar a importância, para extinguir a obrigação.

§ 2º A liquidação da despesa por fornecimentos feitos ou serviços prestados terá por base:
 I - o contrato, ajuste ou acôrdo respectivo;
 II - a nota de empenho;
 III - os comprovantes da entrega de material ou da prestação efetiva do serviço.

Art. 64. A ordem de pagamento é o despacho exarado por autoridade competente, determinando que a despesa seja paga.

Parágrafo único. A ordem de pagamento só poderá ser exarada em documentos processados pelos serviços de contabilidade (Veto rejeitado no DOU, de 5.5.1964)

Art. 65. O pagamento da despesa será efetuado por tesouraria ou pagadoria regularmente instituídos por estabelecimentos bancários credenciados e, em casos excepcionais, por meio de adiantamento.

Art. 66. As dotações atribuídas às diversas unidades orçamentárias poderão quando expressamente determinado na Lei de Orçamento ser movimentadas por órgãos centrais de administração geral.

Parágrafo único. É permitida a redistribuição de parcelas das dotações de pessoal, de uma para outra unidade orçamentária, quando considerada indispensável à movimentação de pessoal dentro das tabelas ou quadros comuns às unidades interessadas, a que se realize em obediência à legislação específica.

Art. 67. Os pagamentos devidos pela Fazenda Pública, em virtude de sentença judiciária, far-se-ão na ordem de apresentação dos precatórios e à conta dos créditos respectivos, sendo proibida a designação de casos ou de pessoas nas dotações orçamentárias e nos créditos adicionais abertos para êsse fim.

Art. 68. O regime de adiantamento é aplicável aos casos de despesas expressamente definidos em lei e consiste na entrega de numerário a servidor, sempre precedida de empenho na do-

tação própria para o fim de realizar despesas, que não possam subordinar-se ao processo normal de aplicação.

Art. 69. Não se fará adiantamento a servidor em alcance nem a responsável por dois adiantamento. (Veto rejeitado no DOU, de 5.5.1964)

Art. 70. A aquisição de material, o fornecimento e a adjudicação de obras e serviços serão regulados em lei, respeitado o princípio da concorrência.

TÍTULO VII - Dos Fundos Especiais

Art. 71. Constitui fundo especial o produto de receitas especificadas que por lei se vinculam à realização de determinados objetivos ou serviços, facultada a adoção de normas peculiares de aplicação.

Art. 72. A aplicação das receitas orçamentárias vinculadas a fundos especiais far-se-á através de dotação consignada na Lei de Orçamento ou em créditos adicionais.

Art. 73. Salvo determinação em contrário da lei que o instituiu, o saldo positivo do fundo especial apurado em balanço será transferido para o exercício seguinte, a crédito do mesmo fundo.

Art. 74. A lei que instituir fundo especial poderá determinar normas peculiares de controle, prestação e tomada de contas, sem de qualquer modo, elidir a competência específica do Tribunal de Contas ou órgão equivalente.

TÍTULO VIII - Do Contrôle da Execução Orçamentária

CAPÍTULO I - Disposições Gerais

Art. 75. O contrôle da execução orçamentária compreenderá:

I - a legalidade dos atos de que resultem a arrecadação da receita ou a realização da despesa, o nascimento ou a extinção de direitos e obrigações;

II - a fidelidade funcional dos agentes da administração, responsáveis por bens e valores públicos;

III - o cumprimento do programa de trabalho expresso em têrmos monetários e em têrmos de realização de obras e prestação de serviços.

CAPÍTULO II - Do Contrôle Interno

Art. 76. O Poder Executivo exercerá os três tipos de contrôle a que se refere o artigo 75, sem prejuízo das atribuições do Tribunal de Contas ou órgão equivalente.

Art. 77. A verificação da legalidade dos atos de execução orçamentária será prévia, concomitante e subseqüente.

Art. 78. Além da prestação ou tomada de contas anual, quando instituída em lei, ou por fim de gestão, poderá haver, a qualquer tempo, levantamento, prestação ou tomada de contas de todos os responsáveis por bens ou valores públicos.

Art. 79. Ao órgão incumbido da elaboração da proposta orçamentária ou a outro indicado na legislação, caberá o contrôle estabelecido no inciso III do artigo 75.

Parágrafo único. Êsse controle far-se-á, quando fôr o caso, em têrmos de unidades de medida, prèviamente estabelecidos para cada atividade.

Art. 80. Compete aos serviços de contabilidade ou órgãos equivalentes verificar a exata observância dos limites das cotas trimestrais atribuídas a cada unidade orçamentária, dentro do sistema que fôr instituído para êsse fim.

CAPÍTULO III - Do Contrôle Externo

Art. 81. O controle da execução orçamentária, pelo Poder Legislativo, terá por objetivo verificar a probidade da administração, a guarda e legal emprêgo dos dinheiros públicos e o cumprimento da Lei de Orçamento.

Art. 82. O Poder Executivo, anualmente, prestará contas ao Poder Legislativo, no prazo estabelecido nas Constituições ou nas Leis Orgânicas dos Municípios.

§ 1º As contas do Poder Executivo serão submetidas ao Poder Legislativo, com Parecer prévio do Tribunal de Contas ou órgão equivalente.

§ 2º Quando, no Município não houver Tribunal de Contas ou órgão equivalente, a Câmara de Vereadores poderá designar peritos contadores para verificarem as contas do prefeito e sôbre elas emitirem parecer.

TÍTULO IX - Da Contabilidade

CAPÍTULO I - Disposições Gerais

Art. 83. A contabilidade evidenciará perante a Fazenda Pública a situação de todos quantos, de qualquer modo, arrecadem receitas, efetuem despesas, administrem ou guardem bens a ela pertencentes ou confiados.

Art. 84. Ressalvada a competência do Tribunal de Contas ou órgão equivalente, a tomada de contas dos agentes responsáveis por bens ou dinheiros públicos será realizada ou superintendida pelos serviços de contabilidade.

Art. 85. Os serviços de contabilidade serão organizados de forma a permitirem o acompanhamento da execução orçamentária, o conhecimento da composição patrimonial, a determinação dos custos dos serviços industriais, o levantamento dos balanços gerais, a análise e a interpretação dos resultados econômicos e financeiros.

Art. 86. A escrituração sintética das operações financeiras e patrimoniais efetuar-se-á pelo método das partidas dobradas.

Art. 87. Haverá controle contábil dos direitos e obrigações oriundos de ajustes ou contratos em que a administração pública fôr parte.

Art. 88. Os débitos e créditos serão escriturados com individuação do devedor ou do credor e especificação da natureza, importância e data do vencimento, quando fixada.

Art. 89. A contabilidade evidenciará os fatos ligados à administração orçamentária, financeira patrimonial e industrial.

CAPÍTULO II - Da Contabilidade Orçamentária e Financeira

Art. 90 A contabilidade deverá evidenciar, em seus registros, o montante dos créditos orçamentários vigentes, a despesa empenhada e a despesa realizada, à conta dos mesmos créditos, e as dotações disponíveis.

Art. 91. O registro contábil da receita e da despesa far-se-á de acôrdo com as especificações constantes da Lei de Orçamento e dos créditos adicionais.

Art. 92. A dívida flutuante compreende:

I - os restos a pagar, excluídos os serviços da dívida;

II - os serviços da dívida a pagar;

III - os depósitos;

IV - os débitos de tesouraria.

Parágrafo único. O registro dos restos a pagar far-se-á por exercício e por credor distinguindo-se as despesas processadas das não processadas.

Art. 93. Tôdas as operações de que resultem débitos e créditos de natureza financeira, não compreendidas na execução orçamentária, serão também objeto de registro, individuação e controle contábil.

CAPÍTULO III - Da Contabilidade Patrimonial e Industrial

Art. 94. Haverá registros analíticos de todos os bens de caráter permanente, com indicação dos elementos necessários para a perfeita caracterização de cada um dêles e dos agentes responsáveis pela sua guarda e administração.

Art. 95 A contabilidade manterá registros sintéticos dos bens móveis e imóveis.

Art. 96. O levantamento geral dos bens móveis e imóveis terá por base o inventário analítico de cada unidade administrativa e os elementos da escrituração sintética na contabilidade.

Art. 97. Para fins orçamentários e determinação dos devedores, ter-se-á o registro contábil das receitas patrimoniais, fiscalizando-se sua efetivação.

LEI Nº 4.320, DE 17 DE MARÇO DE 1964

Art. 98. A dívida fundada compreende os compromissos de exigibilidade superior a doze meses, contraídos para atender a desequilíbrio orçamentário ou a financeiro de obras e serviços públicos. (Veto rejeitado no DOU, de 5.5.1964)

Parágrafo único. A dívida fundada será escriturada com individuação e especificações que permitam verificar, a qualquer momento, a posição dos empréstimos, bem como os respectivos serviços de amortização e juros.

Art. 99. Os serviços públicos industriais, ainda que não organizados como emprêsa pública ou autárquica, manterão contabilidade especial para determinação dos custos, ingressos e resultados, sem prejuízo da escrituração patrimonial e financeira comum.

Art. 100 As alterações da situação líquida patrimonial, que abrangem os resultados da execução orçamentária, bem como as variações independentes dessa execução e as superveniências e insubsistência ativas e passivas, constituirão elementos da conta patrimonial.

CAPÍTULO IV - Dos Balanços

Art. 101. Os resultados gerais do exercício serão demonstrados no Balanço Orçamentário, no Balanço Financeiro, no Balanço Patrimonial, na Demonstração das Variações Patrimoniais, segundo os Anexos números 12, 13, 14 e 15 e os quadros demonstrativos constantes dos Anexos números 1, 6, 7, 8, 9, 10, 11, 16 e 17.

Art. 102. O Balanço Orçamentário demonstrará as receitas e despesas previstas em confronto com as realizadas.

Art. 103. O Balanço Financeiro demonstrará a receita e a despesa orçamentárias bem como os recebimentos e os pagamentos de natureza extra-orçamentária, conjugados com os saldos em espécie provenientes do exercício anterior, e os que se transferem para o exercício seguinte.

Parágrafo único. Os Restos a Pagar do exercício serão computados na receita extra-orçamentária para compensar sua inclusão na despesa orçamentária.

Art. 104. A Demonstração das Variações Patrimoniais evidenciará as alterações verificadas no patrimônio, resultantes ou independentes da execução orçamentária, e indicará o resultado patrimonial do exercício.

Art. 105. O Balanço Patrimonial demonstrará:

I - O Ativo Financeiro;
II - O Ativo Permanente;
III - O Passivo Financeiro;
IV - O Passivo Permanente;
V - O Saldo Patrimonial;
VI - As Contas de Compensação.

§ 1º O Ativo Financeiro compreenderá os créditos e valores realizáveis independentemente de autorização orçamentária e os valores numerários.

§ 2º O Ativo Permanente compreenderá os bens, créditos e valores, cuja mobilização ou alienação dependa de autorização legislativa.

§ 3º O Passivo Financeiro compreenderá as dívidas fundadas e outras pagamento independa de autorização orçamentária.

§ 4º O Passivo Permanente compreenderá as dívidas fundadas e outras que dependam de autorização legislativa para amortização ou resgate.

§ 5º Nas contas de compensação serão registrados os bens, valores, obrigações e situações não compreendidas nos parágrafos anteriores e que, mediata ou indiretamente, possam vir a afetar o patrimônio.

Art. 106. A avaliação dos elementos patrimoniais obedecerá as normas seguintes:

I - os débitos e créditos, bem como os títulos de renda, pelo seu valor nominal, feita a conversão, quando em moeda estrangeira, à taxa de câmbio vigente na data do balanço;

II - os bens móveis e imóveis, pelo valor de aquisição ou pelo custo de produção ou de construção;

III - os bens de almoxarifado, pelo preço médio ponderado das compras.

§ 1º Os valores em espécie, assim como os débitos e créditos, quando em moeda estrangeira, deverão figurar ao lado das correspondentes importâncias em moeda nacional.

§ 2º As variações resultantes da conversão dos débitos, créditos e valores em espécie serão levadas à conta patrimonial.

§ 3º Poderão ser feitas reavaliações dos bens móveis e imóveis.

TÍTULO X - Das Autarquias e Outras Entidades

Art. 107. As entidades autárquicas ou paraestatais, inclusive de previdência social ou investidas de delegação para arrecadação de contribuições parafiscais da União, dos Estados, dos Municípios e do Distrito Federal terão seus orçamentos aprovados por decreto do Poder Executivo, salvo se disposição legal expressa determinar que o sejam pelo Poder Legislativo. (Vide Decreto nº 60.745, de 1967)

Parágrafo único. Compreendem-se nesta disposição as emprêsas com autonomia financeira e administrativa cujo capital pertencer, integralmente, ao Poder Público.

Art. 108. Os orçamentos das entidades referidas no artigo anterior vincular-se-ão ao orçamento da União, dos Estados, dos Municípios e do Distrito Federal, pela inclusão:

I - como receita, salvo disposição legal em contrário, de saldo positivo previsto entre os totais das receitas e despesas;

II - como subvenção econômica, na receita do orçamento da beneficiária, salvo disposição legal em contrário, do saldo negativo previsto entre os totais das receitas e despesas.

§ 1º Os investimentos ou inversões financeiras da União, dos Estados, dos Municípios e do Distrito Federal, realizados por intermédio das entidades aludidas no artigo anterior, serão classificados como receita de capital destas e despesa de transferência de capital daqueles.

§ 2º As previsões para depreciação serão computadas para efeito de apuração do saldo líquido das mencionadas entidades.

Art. 109. Os orçamentos e balanços das entidades compreendidas no artigo 107 serão publicados como complemento dos orçamentos e balanços da União, dos Estados, dos Municípios e do Distrito Federal a que estejam vinculados.

Art. 110. Os orçamentos e balanços das entidades já referidas, obedecerão aos padrões e normas instituídas por esta lei, ajustados às respectivas peculiaridades.

Parágrafo único. Dentro do prazo que a legislação fixar, os balanços serão remetidos ao órgão central de contabilidade da União, dos Estados, dos Municípios e do Distrito Federal, para fins de incorporação dos resultados, salvo disposição legal em contrário.

TÍTULO XI - Disposições Finais

Art. 111. O Conselho Técnico de Economia e Finanças do Ministério da Fazenda, além de outras apurações, para fins estatísticos, de interêsse nacional, organizará e publicará o balanço consolidado das contas da União, Estados, Municípios e Distrito Federal, suas autarquias e outras entidades, bem como um quadro estruturalmente idêntico, baseado em dados orçamentários.

§ 1º Os quadros referidos neste artigo terão a estrutura do Anexo nº 1.

§ 2 O quadro baseado nos orçamentos será publicado até o último dia do primeiro semestre do próprio exercício e o baseado nos balanços, até o último dia do segundo semestre do exercício imediato àquele a que se referirem.

Art. 112. Para cumprimento do disposto no artigo precedente, a União, os Estados, os Municípios e o Distrito Federal remeterão ao mencionado órgão, até 30 de abril, os orçamentos do exercício, e até 30 de junho, os balanços do exercício anterior.

Parágrafo único. O pagamento, pela União, de auxílio ou contribuição a Estados, Municípios ou Distrito Federal, cuja concessão não decorra de imperativo constitucional, dependerá de prova do atendimento ao que se determina neste artigo.

Art. 113. Para fiel e uniforme aplicação das presentes normas, o Conselho Técnico de Economia e Finanças do Ministério da Fazenda atenderá a consultas, coligirá elementos, promoverá o intercâmbio de dados informativos, expedirá recomendações técnicas, quando solicitadas, e atualizará sempre que julgar conveniente, os anexos que integram a presente lei.

Parágrafo único. Para os fins previstos neste artigo, poderão ser promovidas, quando necessário, conferências ou reuniões técnicas, com a participação de representantes das entidades abrangidas por estas normas.

Art. 114. Os efeitos desta lei são contados a partir de 1º de janeiro de 1964 para o fim da elaboração dos orçamentos e a partir de 1º de janeiro de 1965, quanto às demais atividades estatuídas. (Redação dada pela Lei nº 4.489, de 1964)

Art. 115. Revogam-se as disposições em contrário.

2. LEI N. 4.320, DE 17 DE MARÇO DE 1964

Partes vetadas pelo Presidente da República e mantidas pelo Congresso Nacional, do Projeto que se transformou na Lei nº.4.320, de 17 de março de 1964 (que estatui normas gerais de direito financeiro para elaboração e controle dos orçamentos e balanços da União, dos Estados, dos Municípios e do Distrito Federal).

O Presidente da República Faço saber que o Congresso Nacional decreta e eu promulgo na forma do Parágrafo 3º do Artigo 70 da Constituição Federal os seguintes dispositivos da Lei nº 4.320, de 17 de março de 1964.

"Art. 3º ..
...

Parágrafo único Não se consideram para os fins deste artigo as operações de crédito por antecipação da receita, as emissões de papel-moeda e outras entradas compensatórias no ativo e passivo financeiros".

..
...

"Art. 6º ..
...

..

2º - Para cumprimento do disposto no parágrafo anterior, o cálculo das cotas terá por base os dados apurados no balanço do exercício anterior aquele em que se elaborar a proposta orçamentária do Governo obrigado à transferência".

...

"Art. 7º ..
...
I ...
..obedecidas as disposições do artigo 43". ...

"Art. 9º Tributo é a receita derivada instituída pelas entidades de direito público, compreendendo os impostos, as taxas e contribuições nos termos da Constituição e das leis vigentes em matérias financeira destinando-se o seu produto ao custeio de atividades gerais ou específicas exercidas por essas entidades."

"Art. 14 ..

subordinados ao mesmo órgão ou repartição........

"Art. 15 ..
..no mínimo
"Art. 15 ..

1º Entende-se por elementos o desdobramento da despesa com pessoal, material, serviços, obras e outros meios de que se refere a administração pública para consecução dos seus fins".

"Art. 43. A abertura dos créditos suplementares e especiais depende da existência de recursos disponíveis para ocorrer à despesa e será precedida de exposição justificativa.

§1º Consideram-se recursos para o fim deste artigo, deste que não comprometidos;

I - o superavit financeiro apurado em balanço patrimonial do exercício anterior;

II - os provenientes de excesso de arrecadação;

III - os resultantes de anulação parcial ou total de dotações orçamentárias ou de créditos adicionais, autorizados em lei;

IV - o produto de operações de crédito autorizadas, em forma que juridicamente possibilite o Poder Executivo realizá-las.

§2º Entende-se por superavit financeiro a diferença positiva entre o ativo financeiro e o passivo financeiro conjugando-se ainda, os saldos dos créditos adicionais transferidos e as operações de crédito a eles vinculadas.

§3º Entende-se por excesso de arrecadação, para os fins deste artigo, o saldo positivo das diferenças acumuladas mês a mês, entre a arrecadação prevista e a realizada, considerando-se ainda, a tendência do exercício.

§4º Para o fim de apurar os recursos utilizáveis, provenientes de excesso de arrecadação deduzir-se-á a importância dos créditos extraordinários abertos no exercício".

"Art. 55 ..

1º - Os recibos devem conter o nome da pessoa que paga a soma arrecadada, proveniência, e classificação, bem como a data e assinatura do agente arrecadador".

"Art. 57 Ressalvado o disposto no parágrafo único do artigo 3º desta lei

"Art. 58 ..
..ou não
.. ".
"Art. 64 ..
Parágrafo único. A ordem de pagamento só poderá ser exarada em documentos processados pelos serviços de contabilidade".

..

"Art. 69..
...........nem o responsável por dois adiantamentos".

"Art. 92. A dívida fundada será escriturada com individuação e especificações que permitem verificar, a qualquer momento, a posição dos empréstimos, bem como os respectivos serviços de amortização e juros".

3. LEI COMPLEMENTAR Nº 101, DE 4 DE MAIO DE 2000

Estabelece normas de finanças públicas voltadas para a responsabilidade na gestão fiscal e dá outras providências.

O PRESIDENTE DA REPÚBLICA Faço saber que o Congresso Nacional decreta e eu sanciono a seguinte Lei Complementar:

CAPÍTULO I - DISPOSIÇÕES PRELIMINARES

Art. 1º Esta Lei Complementar estabelece normas de finanças públicas voltadas para a responsabilidade na gestão fiscal, com amparo no Capítulo II do Título VI da Constituição.

§ 1º A responsabilidade na gestão fiscal pressupõe a ação planejada e transparente, em que se previnem riscos e corrigem desvios capazes de afetar o equilíbrio das contas públicas, mediante o cumprimento de metas de resultados entre receitas e despesas e a obediência a limites e condições no que tange a renúncia de receita, geração de despesas com pessoal, da seguridade social e outras, dívidas consolidada e mobiliária, operações de crédito, inclusive por antecipação de receita, concessão de garantia e inscrição em Restos a Pagar.

§ 2º As disposições desta Lei Complementar obrigam a União, os Estados, o Distrito Federal e os Municípios.

§ 3º Nas referências:

I - à União, aos Estados, ao Distrito Federal e aos Municípios, estão compreendidos:
a) o Poder Executivo, o Poder Legislativo, neste abrangidos os Tribunais de Contas, o Poder Judiciário e o Ministério Público;
b) as respectivas administrações diretas, fundos, autarquias, fundações e empresas estatais dependentes;

II - a Estados entende-se considerado o Distrito Federal;

III - a Tribunais de Contas estão incluídos: Tribunal de Contas da União, Tribunal de Contas do Estado e, quando houver, Tribunal de Contas dos Municípios e Tribunal de Contas do Município.

Art. 2º Para os efeitos desta Lei Complementar, entende-se como:

I - ente da Federação: a União, cada Estado, o Distrito Federal e cada Município;

II - empresa controlada: sociedade cuja maioria do capital social com direito a voto pertença, direta ou indiretamente, a ente da Federação;

III - empresa estatal dependente: empresa controlada que receba do ente controlador recursos financeiros para pagamento de despesas com pessoal ou de custeio em geral ou de capital, excluídos, no último caso, aqueles provenientes de aumento de participação acionária;

IV - receita corrente líquida: somatório das receitas tributárias, de contribuições, patrimoniais, industriais, agropecuárias, de serviços, transferências correntes e outras receitas também correntes, deduzidos:
a) na União, os valores transferidos aos Estados e Municípios por determinação constitucional ou legal, e as contribuições mencionadas na alínea a do inciso I e no inciso II do art. 195, e no art. 239 da Constituição;
b) nos Estados, as parcelas entregues aos Municípios por determinação constitucional;
c) na União, nos Estados e nos Municípios, a contribuição dos servidores para o custeio do seu sistema de previdência e assistência social e as receitas provenientes da compensação financeira citada no § 9º do art. 201 da Constituição.

§ 1º Serão computados no cálculo da receita corrente líquida os valores pagos e recebidos em decorrência da Lei Complementar no 87, de 13 de setembro de 1996, e do fundo previsto pelo art. 60 do Ato das Disposições Constitucionais Transitórias.

§ 2º Não serão considerados na receita corrente líquida do Distrito Federal e dos Estados do Amapá e de Roraima os recursos recebidos da União para atendimento das despesas de que trata o inciso V do § 1º do art. 19.

§ 3º A receita corrente líquida será apurada somando-se as receitas arrecadadas no mês em referência e nos onze anteriores, excluídas as duplicidades.

CAPÍTULO II - DO PLANEJAMENTO

Seção I - Do Plano Plurianual

Art. 3º (VETADO)

Seção II - Da Lei de Diretrizes Orçamentárias

Art. 4º A lei de diretrizes orçamentárias atenderá o disposto no § 2º do art. 165 da Constituição e:

I - disporá também sobre:
a) equilíbrio entre receitas e despesas;
b) critérios e forma de limitação de empenho, a ser efetivada nas hipóteses previstas na alínea b do inciso II deste artigo, no art. 9º e no inciso II do § 1º do art. 31;
c) (VETADO)
d) (VETADO)
e) normas relativas ao controle de custos e à avaliação dos resultados dos programas financiados com recursos dos orçamentos;
f) demais condições e exigências para transferências de recursos a entidades públicas e privadas;

II - (VETADO)

III - (VETADO)

§ 1º Integrará o projeto de lei de diretrizes orçamentárias Anexo de Metas Fiscais, em que serão estabelecidas metas anuais, em valores correntes e constantes, relativas a receitas, despesas, resultados nominal e primário e montante da dívida pública, para o exercício a que se referirem e para os dois seguintes.

§ 2º O Anexo conterá, ainda:

I - avaliação do cumprimento das metas relativas ao ano anterior;

II - demonstrativo das metas anuais, instruído com memória e metodologia de cálculo que justifiquem os resultados pretendidos, comparando-as com as fixadas nos três exercícios anteriores, e evidenciando a consistência delas com as premissas e os objetivos da política econômica nacional;

III - evolução do patrimônio líquido, também nos últimos três exercícios, destacando a origem e a aplicação dos recursos obtidos com a alienação de ativos;

IV - avaliação da situação financeira e atuarial:
a) dos regimes geral de previdência social e próprio dos servidores públicos e do Fundo de Amparo ao Trabalhador;
b) dos demais fundos públicos e programas estatais de natureza atuarial;

V - demonstrativo da estimativa e compensação da renúncia de receita e da margem de expansão das despesas obrigatórias de caráter continuado.

§ 3º A lei de diretrizes orçamentárias conterá Anexo de Riscos Fiscais, onde serão avaliados os passivos contingentes e outros riscos capazes de afetar as contas públicas, informando as providências a serem tomadas, caso se concretizem.

§ 4º A mensagem que encaminhar o projeto da União apresentará, em anexo específico, os objetivos das políticas monetária, creditícia e cambial, bem como os parâmetros e as projeções para seus principais agregados e variáveis, e ainda as metas de inflação, para o exercício subseqüente.

Seção III - Da Lei Orçamentária Anual

Art. 5º O projeto de lei orçamentária anual, elaborado de forma compatível com o plano plurianual, com a lei de diretrizes orçamentárias e com as normas desta Lei Complementar:

I - conterá, em anexo, demonstrativo da compatibilidade da programação dos orçamentos com os objetivos e metas constantes do documento de que trata o § 1º do art. 4º;

II - será acompanhado do documento a que se refere o § 6º do art. 165 da Constituição, bem como das medidas de compensação a renúncias de receita e ao aumento de despesas obrigatórias de caráter continuado;

III - conterá reserva de contingência, cuja forma de utilização e montante, definido com base na receita corrente líquida, serão estabelecidos na lei de diretrizes orçamentárias, destinada ao:
 a) (VETADO)
 b) atendimento de passivos contingentes e outros riscos e eventos fiscais imprevistos.

§ 1º Todas as despesas relativas à dívida pública, mobiliária ou contratual, e as receitas que as atenderão, constarão da lei orçamentária anual.

§ 2º O refinanciamento da dívida pública constará separadamente na lei orçamentária e nas de crédito adicional.

§ 3º A atualização monetária do principal da dívida mobiliária refinanciada não poderá superar a variação do índice de preços previsto na lei de diretrizes orçamentárias, ou em legislação específica.

§ 4º É vedado consignar na lei orçamentária crédito com finalidade imprecisa ou com dotação ilimitada.

§ 5º A lei orçamentária não consignará dotação para investimento com duração superior a um exercício financeiro que não esteja previsto no plano plurianual ou em lei que autorize a sua inclusão, conforme disposto no § 1º do art. 167 da Constituição.

§ 6º Integrarão as despesas da União, e serão incluídas na lei orçamentária, as do Banco Central do Brasil relativas a pessoal e encargos sociais, custeio administrativo, inclusive os destinados a benefícios e assistência aos servidores, e a investimentos.

§ 7º (VETADO)

Art. 6º (VETADO)

Art. 7º O resultado do Banco Central do Brasil, apurado após a constituição ou reversão de reservas, constitui receita do Tesouro Nacional, e será transferido até o décimo dia útil subseqüente à aprovação dos balanços semestrais.

§ 1º O resultado negativo constituirá obrigação do Tesouro para com o Banco Central do Brasil e será consignado em dotação específica no orçamento.

§ 2º O impacto e o custo fiscal das operações realizadas pelo Banco Central do Brasil serão demonstrados trimestralmente, nos termos em que dispuser a lei de diretrizes orçamentárias da União.

§ 3º Os balanços trimestrais do Banco Central do Brasil conterão notas explicativas sobre os custos da remuneração das disponibilidades do Tesouro Nacional e da manutenção das reservas cambiais e a rentabilidade de sua carteira de títulos, destacando os de emissão da União.

Seção IV - Da Execução Orçamentária e do Cumprimento das Metas

Art. 8º Até trinta dias após a publicação dos orçamentos, nos termos em que dispuser a lei de diretrizes orçamentárias e observado o disposto na alínea c do inciso I do art. 4º, o Poder Executivo estabelecerá a programação financeira e o cronograma de execução mensal de desembolso. (Vide Decreto nº 4.959, de 2004) (Vide Decreto nº 5.356, de 2005)

Parágrafo único. Os recursos legalmente vinculados a finalidade específica serão utilizados exclusivamente para atender ao objeto de sua vinculação, ainda que em exercício diverso daquele em que ocorrer o ingresso.

Art. 9º Se verificado, ao final de um bimestre, que a realização da receita poderá não comportar o cumprimento das metas de resultado primário ou nominal estabelecidas no Anexo de Metas Fiscais, os Poderes e o Ministério Público promoverão, por ato próprio e nos montantes necessários, nos trinta dias subseqüentes, limitação de empenho e movimentação financeira, segundo os critérios fixados pela lei de diretrizes orçamentárias.

§ 1º No caso de restabelecimento da receita prevista, ainda que parcial, a recomposição das dotações cujos empenhos foram limitados dar-se-á de forma proporcional às reduções efetivadas.

§ 2º Não serão objeto de limitação as despesas que constituam obrigações constitucionais e legais do ente, inclusive aquelas destinadas ao pagamento do serviço da dívida, e as ressalvadas pela lei de diretrizes orçamentárias.

§ 3º No caso de os Poderes Legislativo e Judiciário e o Ministério Público não promoverem a limitação no prazo estabelecido no caput, é o Poder Executivo autorizado a limitar os valores financeiros segundo os critérios fixados pela lei de diretrizes orçamentárias. (Vide ADIN 2.238-5)

§ 4º Até o final dos meses de maio, setembro e fevereiro, o Poder Executivo demonstrará e avaliará o cumprimento das metas fiscais de cada quadrimestre, em audiência pública na comissão referida no § 1º do art. 166 da Constituição ou equivalente nas Casas Legislativas estaduais e municipais.

§ 5º No prazo de noventa dias após o encerramento de cada semestre, o Banco Central do Brasil apresentará, em reunião conjunta das comissões temáticas pertinentes do Congresso Nacional, avaliação do cumprimento dos objetivos e metas das políticas monetária, creditícia e cambial, evidenciando o impacto e o custo fiscal de suas operações e os resultados demonstrados nos balanços.

Art. 10. A execução orçamentária e financeira identificará os beneficiários de pagamento de sentenças judiciais, por meio de sistema de contabilidade e administração financeira, para fins de observância da ordem cronológica determinada no art. 100 da Constituição.

CAPÍTULO III - DA RECEITA PÚBLICA

Seção I - Da Previsão e da Arrecadação

Art. 11. Constituem requisitos essenciais da responsabilidade na gestão fiscal a instituição, previsão e efetiva arrecadação de todos os tributos da competência constitucional do ente da Federação.

Parágrafo único. É vedada a realização de transferências voluntárias para o ente que não observe o disposto no caput, no que se refere aos impostos.

Art. 12. As previsões de receita observarão as normas técnicas e legais, considerarão os efeitos das alterações na legislação, da variação do índice de preços, do crescimento econômico ou de qualquer outro fator relevante e serão acompanhadas de demonstrativo de sua evolução nos últimos três anos, da projeção para os dois seguintes àquele a que se referirem, e da metodologia de cálculo e premissas utilizadas.

§ 1º Reestimativa de receita por parte do Poder Legislativo só será admitida se comprovado erro ou omissão de ordem técnica ou legal.

§ 2º O montante previsto para as receitas de operações de crédito não poderá ser superior ao das despesas de capital constantes do projeto de lei orçamentária. (Vide ADIN 2.238-5)

§ 3º O Poder Executivo de cada ente colocará à disposição dos demais Poderes e do Ministério Público, no mínimo trinta dias antes do prazo final para encaminhamento de suas propostas orçamentárias, os estudos e as estimativas das receitas para o exercício subseqüente, inclusive da corrente líquida, e as respectivas memórias de cálculo.

Art. 13. No prazo previsto no art. 8º, as receitas previstas serão desdobradas, pelo Poder Executivo, em metas bimestrais de arrecadação, com a especificação, em separado, quando cabível, das medidas de combate à evasão e à sonegação, da quantidade e valores de ações ajuizadas para cobrança da dívida ativa, bem como da evolução do montante dos créditos tributários passíveis de cobrança administrativa.

Seção II - Da Renúncia de Receita

Art. 14. A concessão ou ampliação de incentivo ou benefício de natureza tributária da qual decorra renúncia de receita deverá estar acompanhada de estimativa do impacto orçamentário-financeiro no exercício em que deva iniciar sua vigência e nos dois seguintes, atender ao disposto na lei de diretrizes orçamentárias e a pelo menos uma das seguintes condições:

(Vide Medida Provisória nº 2.159, de 2001) (Vide Lei nº 10.276, de 2001)

I - demonstração pelo proponente de que a renúncia foi considerada na estimativa de receita da lei orçamentária, na forma do art. 12, e de que não afetará as metas de resultados fiscais previstas no anexo próprio da lei de diretrizes orçamentárias;

II - estar acompanhada de medidas de compensação, no período mencionado no caput, por meio do aumento de receita, proveniente da elevação de alíquotas, ampliação da base de cálculo, majoração ou criação de tributo ou contribuição.

§ 1º A renúncia compreende anistia, remissão, subsídio, crédito presumido, concessão de isenção em caráter não geral, alteração de alíquota ou modificação de base de cálculo que implique redução discriminada de tributos ou contribuições, e outros benefícios que correspondam a tratamento diferenciado.

§ 2º Se o ato de concessão ou ampliação do incentivo ou benefício de que trata o caput deste artigo decorrer da condição contida no inciso II, o benefício só entrará em vigor quando implementadas as medidas referidas no mencionado inciso.

§ 3º O disposto neste artigo não se aplica:

I - às alterações das alíquotas dos impostos previstos nos incisos I, II, IV e V do art. 153 da Constituição, na forma do seu § 1º;

II - ao cancelamento de débito cujo montante seja inferior ao dos respectivos custos de cobrança.

CAPÍTULO IV - DA DESPESA PÚBLICA

Seção I - Da Geração da Despesa

Art. 15. Serão consideradas não autorizadas, irregulares e lesivas ao patrimônio público a geração de despesa ou assunção de obrigação que não atendam o disposto nos arts. 16 e 17.

Art. 16. A criação, expansão ou aperfeiçoamento de ação governamental que acarrete aumento da despesa será acompanhado de:

I - estimativa do impacto orçamentário-financeiro no exercício em que deva entrar em vigor e nos dois subseqüentes;

II - declaração do ordenador da despesa de que o aumento tem adequação orçamentária e financeira com a lei orçamentária anual e compatibilidade com o plano plurianual e com a lei de diretrizes orçamentárias.

§ 1º Para os fins desta Lei Complementar, considera-se:

I - adequada com a lei orçamentária anual, a despesa objeto de dotação específica e suficiente, ou que esteja abrangida por crédito genérico, de forma que somadas todas as despesas da mesma espécie, realizadas e a realizar, previstas no programa de trabalho, não sejam ultrapassados os limites estabelecidos para o exercício;

II - compatível com o plano plurianual e a lei de diretrizes orçamentárias, a despesa que se conforme com as diretrizes, objetivos, prioridades e metas previstos nesses instrumentos e não infrinja qualquer de suas disposições.

§ 2º A estimativa de que trata o inciso I do caput será acompanhada das premissas e metodologia de cálculo utilizadas.

§ 3º Ressalva-se do disposto neste artigo a despesa considerada irrelevante, nos termos em que dispuser a lei de diretrizes orçamentárias.

§ 4º As normas do caput constituem condição prévia para:

I - empenho e licitação de serviços, fornecimento de bens ou execução de obras;

II - desapropriação de imóveis urbanos a que se refere o § 3º do art. 182 da Constituição.

Subseção I
Da Despesa Obrigatória de Caráter Continuado

Art. 17. Considera-se obrigatória de caráter continuado a despesa corrente derivada de lei, medida provisória ou ato administrativo normativo que fixem para o ente a obrigação legal de sua execução por um período superior a dois exercícios.

§ 1º Os atos que criarem ou aumentarem despesa de que trata o caput deverão ser instruídos com a estimativa prevista no inciso I do art. 16 e demonstrar a origem dos recursos para seu custeio.

§ 2º Para efeito do atendimento do § 1º, o ato será acompanhado de comprovação de que a despesa criada ou aumentada não afetará as metas de resultados fiscais previstas no anexo referido no § 1º do art. 4º, devendo seus efeitos financeiros, nos períodos seguintes, ser compensados pelo aumento permanente de receita ou pela redução permanente de despesa.

§ 3º Para efeito do § 2º, considera-se aumento permanente de receita o proveniente da elevação de alíquotas, ampliação da base de cálculo, majoração ou criação de tributo ou contribuição.

§ 4º A comprovação referida no § 2º, apresentada pelo proponente, conterá as premissas e metodologia de cálculo utilizadas, sem prejuízo do exame de compatibilidade da despesa com as demais normas do plano plurianual e da lei de diretrizes orçamentárias.

§ 5º A despesa de que trata este artigo não será executada antes da implementação das medidas referidas no § 2º, as quais integrarão o instrumento que a criar ou aumentar.

§ 6º O disposto no § 1º não se aplica às despesas destinadas ao serviço da dívida nem ao reajustamento de remuneração de pessoal de que trata o inciso X do art. 37 da Constituição.

§ 7º Considera-se aumento de despesa a prorrogação daquela criada por prazo determinado.

Seção II - Das Despesas com Pessoal

Subseção I - Definições e Limites

Art. 18. Para os efeitos desta Lei Complementar, entende-se como despesa total com pessoal: o somatório dos gastos do ente da Federação com os ativos, os inativos e os pensionistas, relativos a mandatos eletivos, cargos, funções ou empregos, civis, militares e de membros de Poder, com quaisquer espécies remuneratórias, tais como vencimentos e vantagens, fixas e variáveis, subsídios, proventos da aposentadoria, reformas e pensões, inclusive adicionais, gratificações, horas extras e vantagens pessoais de qualquer natureza, bem como encargos sociais e contribuições recolhidas pelo ente às entidades de previdência.

§ 1º Os valores dos contratos de terceirização de mão-de-obra que se referem à substituição de servidores e empregados públicos serão contabilizados como "Outras Despesas de Pessoal".

§ 2º A despesa total com pessoal será apurada somando-se a realizada no mês em referência com as dos onze imediatamente anteriores, adotando-se o regime de competência.

Art. 19. Para os fins do disposto no caput do art. 169 da Constituição, a despesa total com pessoal, em cada período de apuração e em cada ente da Federação, não poderá exceder os percentuais da receita corrente líquida, a seguir discriminados:

I - União: 50% (cinqüenta por cento);
II - Estados: 60% (sessenta por cento);
III - Municípios: 60% (sessenta por cento).

§ 1º Na verificação do atendimento dos limites definidos neste artigo, não serão computadas as despesas:

I - de indenização por demissão de servidores ou empregados;

II - relativas a incentivos à demissão voluntária;

III - derivadas da aplicação do disposto no inciso II do § 6º do art. 57 da Constituição;

IV - decorrentes de decisão judicial e da competência de período anterior ao da apuração a que se refere o § 2º do art. 18;

V - com pessoal, do Distrito Federal e dos Estados do Amapá e Roraima, custeadas com recursos transferidos

pela União na forma dos incisos XIII e XIV do art. 21 da Constituição e do art. 31 da Emenda Constitucional no 19;

VI - com inativos, ainda que por intermédio de fundo específico, custeadas por recursos provenientes:

a) da arrecadação de contribuições dos segurados;

b) da compensação financeira de que trata o § 9º do art. 201 da Constituição;

c) das demais receitas diretamente arrecadadas por fundo vinculado a tal finalidade, inclusive o produto da alienação de bens, direitos e ativos, bem como seu superávit financeiro.

§ 2º Observado o disposto no inciso IV do § 1º, as despesas com pessoal decorrentes de sentenças judiciais serão incluídas no limite do respectivo Poder ou órgão referido no art. 20.

Art. 20. A repartição dos limites globais do art. 19 não poderá exceder os seguintes percentuais:

I - na esfera federal:

a) 2,5% (dois inteiros e cinco décimos por cento) para o Legislativo, incluído o Tribunal de Contas da União;

b) 6% (seis por cento) para o Judiciário;

c) 40,9% (quarenta inteiros e nove décimos por cento) para o Executivo, destacando-se 3% (três por cento) para as despesas com pessoal decorrentes do que dispõem os incisos XIII e XIV do art. 21 da Constituição e o art. 31 da Emenda Constitucional no 19, repartidos de forma proporcional à média das despesas relativas a cada um destes dispositivos, em percentual da receita corrente líquida, verificadas nos três exercícios financeiros imediatamente anteriores ao da publicação desta Lei Complementar; (Vide Decreto nº 3.917, de 2001)

d) 0,6% (seis décimos por cento) para o Ministério Público da União;

II - na esfera estadual:

a) 3% (três por cento) para o Legislativo, incluído o Tribunal de Contas do Estado;

b) 6% (seis por cento) para o Judiciário;

c) 49% (quarenta e nove por cento) para o Executivo;

d) 2% (dois por cento) para o Ministério Público dos Estados;

III - na esfera municipal:

a) 6% (seis por cento) para o Legislativo, incluído o Tribunal de Contas do Município, quando houver;

b) 54% (cinqüenta e quatro por cento) para o Executivo.

§ 1º Nos Poderes Legislativo e Judiciário de cada esfera, os limites serão repartidos entre seus órgãos de forma proporcional à média das despesas com pessoal, em percentual da receita corrente líquida, verificadas nos três exercícios financeiros imediatamente anteriores ao da publicação desta Lei Complementar.

§ 2º Para efeito deste artigo entende-se como órgão:

I - o Ministério Público;

II - no Poder Legislativo:

a) Federal, as respectivas Casas e o Tribunal de Contas da União;

b) Estadual, a Assembléia Legislativa e os Tribunais de Contas;

c) do Distrito Federal, a Câmara Legislativa e o Tribunal de Contas do Distrito Federal;

d) Municipal, a Câmara de Vereadores e o Tribunal de Contas do Município, quando houver;

III - no Poder Judiciário:

a) Federal, os tribunais referidos no art. 92 da Constituição;

b) Estadual, o Tribunal de Justiça e outros, quando houver.

§ 3º Os limites para as despesas com pessoal do Poder Judiciário, a cargo da União por força do inciso XIII do art. 21 da Constituição, serão estabelecidos mediante aplicação da regra do § 1º.

§ 4º Nos Estados em que houver Tribunal de Contas dos Municípios, os percentuais definidos nas alíneas a e c do inciso II do caput serão, respectivamente, acrescidos e reduzidos em 0,4% (quatro décimos por cento).

§ 5º Para os fins previstos no art. 168 da Constituição, a entrega dos recursos financeiros correspondentes à despesa total com pessoal por Poder e órgão será a resultante da aplicação dos percentuais definidos neste artigo, ou aqueles fixados na lei de diretrizes orçamentárias.

§ 6º (VETADO)

Subseção II - Do Controle da Despesa Total com Pessoal

Art. 21. É nulo de pleno direito o ato que provoque aumento da despesa com pessoal e não atenda:

I - as exigências dos arts. 16 e 17 desta Lei Complementar, e o disposto no inciso XIII do art. 37 e no § 1º do art. 169 da Constituição;

II - o limite legal de comprometimento aplicado às despesas com pessoal inativo.

Parágrafo único. Também é nulo de pleno direito o ato de que resulte aumento da despesa com pessoal expedido nos cento e oitenta dias anteriores ao final do mandato do titular do respectivo Poder ou órgão referido no art. 20.

Art. 22. A verificação do cumprimento dos limites estabelecidos nos arts. 19 e 20 será realizada ao final de cada quadrimestre.

Parágrafo único. Se a despesa total com pessoal exceder a 95% (noventa e cinco por cento) do limite, são vedados ao Poder ou órgão referido no art. 20 que houver incorrido no excesso:

I - concessão de vantagem, aumento, reajuste ou adequação de remuneração a qualquer título, salvo os derivados de sentença judicial ou de determinação legal ou contratual, ressalvada a revisão prevista no inciso X do art. 37 da Constituição;

II - criação de cargo, emprego ou função;

III - alteração de estrutura de carreira que implique aumento de despesa;

IV - provimento de cargo público, admissão ou contratação de pessoal a qualquer título, ressalvada a reposição decorrente de aposentadoria ou falecimento de servidores das áreas de educação, saúde e segurança;

V - contratação de hora extra, salvo no caso do disposto no inciso II do § 6º do art. 57 da Constituição e as situações previstas na lei de diretrizes orçamentárias.

Art. 23. Se a despesa total com pessoal, do Poder ou órgão referido no art. 20, ultrapassar os limites definidos no mesmo artigo, sem prejuízo das medidas previstas no art. 22, o percentual excedente terá de ser eliminado nos dois quadrimestres seguintes, sendo pelo menos um terço no primeiro, adotando-se, entre outras, as providências previstas nos §§ 3º e 4º do art. 169 da Constituição.

§ 1º No caso do inciso I do § 3º do art. 169 da Constituição, o objetivo poderá ser alcançado tanto pela extinção de cargos e funções quanto pela redução dos valores a eles atribuídos. (Vide ADIN 2.238-5)

§ 2º É facultada a redução temporária da jornada de trabalho com adequação dos vencimentos à nova carga horária. (Vide ADIN 2.238-5)

§ 3º Não alcançada a redução no prazo estabelecido, e enquanto perdurar o excesso, o ente não poderá:

I - receber transferências voluntárias;

II - obter garantia, direta ou indireta, de outro ente;

III - contratar operações de crédito, ressalvadas as destinadas ao refinanciamento da dívida mobiliária e as que visem à redução das despesas com pessoal.

§ 4º As restrições do § 3º aplicam-se imediatamente se a despesa total com pessoal exceder o limite no primeiro quadrimestre do último ano do mandato dos titulares de Poder ou órgão referidos no art. 20.

§ 5º As restrições previstas no § 3º deste artigo não se aplicam ao Município em caso de queda de receita real superior a 10% (dez por cento), em comparação ao correspondente quadrimestre do exercício financeiro anterior, devido a: (Incluído pela Lei Complementar nº 164, de 2018) Produção de efeitos

I - diminuição das transferências recebidas do Fundo de Participação dos Municípios decorrente de concessão de isenções tributárias pela União; e (Incluído pela Lei Complementar nº 164, de 2018) Produção de efeitos

II - diminuição das receitas recebidas de royalties e participações especiais. (Incluído pela Lei Complementar nº 164, de 2018) Produção de efeitos

§ 6º O disposto no § 5º deste artigo só se aplica caso a despesa total com pessoal do quadrimestre vigente não ultrapasse o limite percentual previsto no art. 19 desta Lei Complementar, considerada, para este cálculo, a receita corrente líquida do quadrimestre correspondente do ano anterior atualizada monetariamente. (Incluído pela Lei Complementar nº 164, de 2018) Produção de efeitos

Seção III - Das Despesas com a Seguridade Social

Art. 24. Nenhum benefício ou serviço relativo à seguridade social poderá ser criado, majorado ou estendido sem a indicação da fonte de custeio total, nos termos do § 5º do art. 195 da Constituição, atendidas ainda as exigências do art. 17.

§ 1º É dispensada da compensação referida no art. 17 o aumento de despesa decorrente de:

I - concessão de benefício a quem satisfaça as condições de habilitação prevista na legislação pertinente;

II - expansão quantitativa do atendimento e dos serviços prestados;

III - reajustamento de valor do benefício ou serviço, a fim de preservar o seu valor real.

§ 2º O disposto neste artigo aplica-se a benefício ou serviço de saúde, previdência e assistência social, inclusive os destinados aos servidores públicos e militares, ativos e inativos, e aos pensionistas.

CAPÍTULO V - DAS TRANSFERÊNCIAS VOLUNTÁRIAS

Art. 25. Para efeito desta Lei Complementar, entende-se por transferência voluntária a entrega de recursos correntes ou de capital a outro ente da Federação, a título de cooperação, auxílio ou assistência financeira, que não decorra de determinação constitucional, legal ou os destinados ao Sistema Único de Saúde.

§ 1º São exigências para a realização de transferência voluntária, além das estabelecidas na lei de diretrizes orçamentárias:

I - existência de dotação específica;

II - (VETADO)

III - observância do disposto no inciso X do art. 167 da Constituição;

IV - comprovação, por parte do beneficiário, de:

a) que se acha em dia quanto ao pagamento de tributos, empréstimos e financiamentos devidos ao ente transferidor, bem como quanto à prestação de contas de recursos anteriormente dele recebidos;

b) cumprimento dos limites constitucionais relativos à educação e à saúde;

c) observância dos limites das dívidas consolidada e mobiliária, de operações de crédito, inclusive por antecipação de receita, de inscrição em Restos a Pagar e de despesa total com pessoal;

d) previsão orçamentária de contrapartida.

§ 2º É vedada a utilização de recursos transferidos em finalidade diversa da pactuada.

§ 3º Para fins da aplicação das sanções de suspensão de transferências voluntárias constantes desta Lei Complementar, excetuam-se aquelas relativas a ações de educação, saúde e assistência social.

CAPÍTULO VI - DA DESTINAÇÃO DE RECURSOS PÚBLICOS PARA O SETOR PRIVADO

Art. 26. A destinação de recursos para, direta ou indiretamente, cobrir necessidades de pessoas físicas ou déficits de pessoas jurídicas deverá ser autorizada por lei específica, atender às condições estabelecidas na lei de diretrizes orçamentárias e estar prevista no orçamento ou em seus créditos adicionais.

§ 1º O disposto no caput aplica-se a toda a administração indireta, inclusive fundações públicas e empresas estatais, exceto, no exercício de suas atribuições precípuas, as instituições financeiras e o Banco Central do Brasil.

§ 2º Compreende-se incluída a concessão de empréstimos, financiamentos e refinanciamentos, inclusive as respectivas prorrogações e a composição de dívidas, a concessão de subvenções e a participação em constituição ou aumento de capital.

Art. 27. Na concessão de crédito por ente da Federação a pessoa física, ou jurídica que não esteja sob seu controle direto ou indireto, os encargos financeiros, comissões e despesas congêneres não serão inferiores aos definidos em lei ou ao custo de captação.

Parágrafo único. Dependem de autorização em lei específica as prorrogações e composições de dívidas decorrentes de operações de crédito, bem como a concessão de empréstimos ou financiamentos em desacordo com o caput, sendo o subsídio correspondente consignado na lei orçamentária.

Art. 28. Salvo mediante lei específica, não poderão ser utilizados recursos públicos, inclusive de operações de crédito, para socorrer instituições do Sistema Financeiro Nacional, ainda que mediante a concessão de empréstimos de recuperação ou financiamentos para mudança de controle acionário.

§ 1º A prevenção de insolvência e outros riscos ficará a cargo de fundos, e outros mecanismos, constituídos pelas instituições do Sistema Financeiro Nacional, na forma da lei.

§ 2º O disposto no caput não proíbe o Banco Central do Brasil de conceder às instituições financeiras operações de redesconto e de empréstimos de prazo inferior a trezentos e sessenta dias.

CAPÍTULO VII - DA DÍVIDA E DO ENDIVIDAMENTO

Seção I - Definições Básicas

Art. 29. Para os efeitos desta Lei Complementar, são adotadas as seguintes definições:

I - dívida pública consolidada ou fundada: montante total, apurado sem duplicidade, das obrigações financeiras do ente da Federação, assumidas em virtude de leis, contratos, convênios ou tratados e da realização de operações de crédito, para amortização em prazo superior a doze meses;

II - dívida pública mobiliária: dívida pública representada por títulos emitidos pela União, inclusive os do Banco Central do Brasil, Estados e Municípios;

III - operação de crédito: compromisso financeiro assumido em razão de mútuo, abertura de crédito, emissão e aceite de título, aquisição financiada de bens, recebimento antecipado de valores provenientes da venda a termo de bens e serviços, arrendamento mercantil e outras operações assemelhadas, inclusive com o uso de derivativos financeiros;

IV - concessão de garantia: compromisso de adimplência de obrigação financeira ou contratual assumida por ente da Federação ou entidade a ele vinculada;

V - refinanciamento da dívida mobiliária: emissão de títulos para pagamento do principal acrescido da atualização monetária.

§ 1º Equipara-se a operação de crédito a assunção, o reconhecimento ou a confissão de dívidas pelo ente da Federação, sem prejuízo do cumprimento das exigências dos arts. 15 e 16.

§ 2º Será incluída na dívida pública consolidada da União a relativa à emissão de títulos de responsabilidade do Banco Central do Brasil.

§ 3º Também integram a dívida pública consolidada as operações de crédito de prazo inferior a doze meses cujas receitas tenham constado do orçamento.

§ 4º O refinanciamento do principal da dívida mobiliária não excederá, ao término de cada exercício financeiro, o montante do final do exercício anterior, somado ao das operações de crédito autorizadas no orçamento para este efeito e efetivamente realizadas, acrescido de atualização monetária.

Seção II - Dos Limites da Dívida Pública e das Operações de Crédito

Art. 30. No prazo de noventa dias após a publicação desta Lei Complementar, o Presidente da República submeterá ao:

I - Senado Federal: proposta de limites globais para o montante da dívida consolidada da União, Estados e Municípios, cumprindo o que estabelece o inciso VI do art. 52 da Constituição, bem como de limites e condições relativos aos incisos VII, VIII e IX do mesmo artigo;

II - Congresso Nacional: projeto de lei que estabeleça limites para o montante da dívida mobiliária federal a que se refere o inciso XIV do art. 48 da Constituição, acompanhado da demonstração de sua adequação aos limites fixados para a dívida consolidada da União, atendido o disposto no inciso I do § 1º deste artigo.

§ 1º As propostas referidas nos incisos I e II do caput e suas alterações conterão:

I - demonstração de que os limites e condições guardam coerência com as normas estabelecidas nesta Lei Complementar e com os objetivos da política fiscal;

II - estimativas do impacto da aplicação dos limites a cada uma das três esferas de governo;

III - razões de eventual proposição de limites diferenciados por esfera de governo;

IV - metodologia de apuração dos resultados primário e nominal.

§ 2º As propostas mencionadas nos incisos I e II do caput também poderão ser apresentadas em termos de dívida líquida, evidenciando a forma e a metodologia de sua apuração.

§ 3º Os limites de que tratam os incisos I e II do caput serão fixados em percentual da receita corrente líquida para cada esfera de governo e aplicados igualmente a todos os entes da Federação que a integrem, constituindo, para cada um deles, limites máximos.

§ 4º Para fins de verificação do atendimento do limite, a apuração do montante da dívida consolidada será efetuada ao final de cada quadrimestre.

§ 5º No prazo previsto no art. 5º, o Presidente da República enviará ao Senado Federal ou ao Congresso Nacional, conforme o caso, proposta de manutenção ou alteração dos limites e condições previstos nos incisos I e II do caput.

§ 6º Sempre que alterados os fundamentos das propostas de que trata este artigo, em razão de instabilidade econômica ou alterações nas políticas monetária ou cambial, o Presidente da República poderá encaminhar ao Senado Federal ou ao Congresso Nacional solicitação de revisão dos limites.

§ 7º Os precatórios judiciais não pagos durante a execução do orçamento em que houverem sido incluídos integram a dívida consolidada, para fins de aplicação dos limites.

Seção III - Da Recondução da Dívida aos Limites

Art. 31. Se a dívida consolidada de um ente da Federação ultrapassar o respectivo limite ao final de um quadrimestre, deverá ser a ele reconduzida até o término dos três subseqüentes, reduzindo o excedente em pelo menos 25% (vinte e cinco por cento) no primeiro.

§ 1º Enquanto perdurar o excesso, o ente que nele houver incorrido:

I - estará proibido de realizar operação de crédito interna ou externa, inclusive por antecipação de receita, ressalvado o refinanciamento do principal atualizado da dívida mobiliária;

II - obterá resultado primário necessário à recondução da dívida ao limite, promovendo, entre outras medidas, limitação de empenho, na forma do art. 9º.

§ 2º Vencido o prazo para retorno da dívida ao limite, e enquanto perdurar o excesso, o ente ficará também impedido de receber transferências voluntárias da União ou do Estado.

§ 3º As restrições do § 1º aplicam-se imediatamente se o montante da dívida exceder o limite no primeiro quadrimestre do último ano do mandato do Chefe do Poder Executivo.

§ 4º O Ministério da Fazenda divulgará, mensalmente, a relação dos entes que tenham ultrapassado os limites das dívidas consolidada e mobiliária.

§ 5º As normas deste artigo serão observadas nos casos de descumprimento dos limites da dívida mobiliária e das operações de crédito internas e externas.

Seção IV - Das Operações de Crédito

Subseção I - Da Contratação

Art. 32. O Ministério da Fazenda verificará o cumprimento dos limites e condições relativos à realização de operações de crédito de cada ente da Federação, inclusive das empresas por eles controladas, direta ou indiretamente.

§ 1º O ente interessado formalizará seu pleito fundamentando-o em parecer de seus órgãos técnicos e jurídicos, demonstrando a relação custo-benefício, o interesse econômico e social da operação e o atendimento das seguintes condições:

I - existência de prévia e expressa autorização para a contratação, no texto da lei orçamentária, em créditos adicionais ou lei específica;

II - inclusão no orçamento ou em créditos adicionais dos recursos provenientes da operação, exceto no caso de operações por antecipação de receita;

III - observância dos limites e condições fixados pelo Senado Federal;

IV - autorização específica do Senado Federal, quando se tratar de operação de crédito externo;

V - atendimento do disposto no inciso III do art. 167 da Constituição;

VI - observância das demais restrições estabelecidas nesta Lei Complementar.

§ 2º As operações relativas à dívida mobiliária federal autorizadas, no texto da lei orçamentária ou de créditos adicionais, serão objeto de processo simplificado que atenda às suas especificidades.

§ 3º Para fins do disposto no inciso V do § 1º, considerar-se-á, em cada exercício financeiro, o total dos recursos de operações de crédito nele ingressados e o das despesas de capital executadas, observado o seguinte:

I - não serão computadas nas despesas de capital as realizadas sob a forma de empréstimo ou financiamento a contribuinte, com o intuito de promover incentivo fiscal, tendo por base tributo de competência do ente da Federação, se resultar a diminuição, direta ou indireta, do ônus deste;

II - se o empréstimo ou financiamento a que se refere o inciso I for concedido por instituição financeira controlada pelo ente da Federação, o valor da operação será deduzido das despesas de capital;

III - (VETADO)

§ 4º Sem prejuízo das atribuições próprias do Senado Federal e do Banco Central do Brasil, o Ministério da Fazenda efetuará o registro eletrônico centralizado e atualizado das dívidas públicas interna e externa, garantido o acesso público às informações, que incluirão:

I - encargos e condições de contratação;

II - saldos atualizados e limites relativos às dívidas consolidada e mobiliária, operações de crédito e concessão de garantias.

§ 5º Os contratos de operação de crédito externo não conterão cláusula que importe na compensação automática de débitos e créditos.

§ 6º O prazo de validade da verificação dos limites e das condições de que trata este artigo e da análise realizada para a concessão de garantia pela União será de, no mínimo, 90 (noventa) dias e, no máximo, 270 (duzentos e setenta) dias, a critério do Ministério da Fazenda. (Incluído pela Lei Complementar nº 159, de 2017)

Art. 33. A instituição financeira que contratar operação de crédito com ente da Federação, exceto quando relativa à dívida mobiliária ou à externa, deverá exigir comprovação de que a operação atende às condições e limites estabelecidos.

§ 1º A operação realizada com infração do disposto nesta Lei Complementar será considerada nula, procedendo-se ao seu cancelamento, mediante a devolução do principal, vedados o pagamento de juros e demais encargos financeiros.

§ 2º Se a devolução não for efetuada no exercício de ingresso dos recursos, será consignada reserva específica na lei orçamentária para o exercício seguinte.

§ 3º Enquanto não efetuado o cancelamento, a amortização, ou constituída a reserva, aplicam-se as sanções previstas nos incisos do § 3º do art. 23.

§ 4º Também se constituirá reserva, no montante equivalente ao excesso, se não atendido o disposto no inciso III do art. 167 da Constituição, consideradas as disposições do § 3º do art. 32.

Subseção II - Das Vedações

Art. 34. O Banco Central do Brasil não emitirá títulos da dívida pública a partir de dois anos após a publicação desta Lei Complementar.

Art. 35. É vedada a realização de operação de crédito entre um ente da Federação, diretamente ou por intermédio de fundo, autarquia, fundação ou empresa estatal dependente, e outro, inclusive suas entidades da administração indireta, ainda que sob a forma de novação, refinanciamento ou postergação de dívida contraída anteriormente.

§ 1º Excetuam-se da vedação a que se refere o caput as operações entre instituição financeira estatal e outro ente da Federação, inclusive suas entidades da administração indireta, que não se destinem a:

I - financiar, direta ou indiretamente, despesas correntes;
II - refinanciar dívidas não contraídas junto à própria instituição concedente.

§ 2º O disposto no caput não impede Estados e Municípios de comprar títulos da dívida da União como aplicação de suas disponibilidades.

Art. 36. É proibida a operação de crédito entre uma instituição financeira estatal e o ente da Federação que a controle, na qualidade de beneficiário do empréstimo.

Parágrafo único. O disposto no caput não proíbe instituição financeira controlada de adquirir, no mercado, títulos da dívida pública para atender investimento de seus clientes, ou títulos da dívida de emissão da União para aplicação de recursos próprios.

Art. 37. Equiparam-se a operações de crédito e estão vedados:

I - captação de recursos a título de antecipação de receita de tributo ou contribuição cujo fato gerador ainda não tenha ocorrido, sem prejuízo do disposto no § 7º do art. 150 da Constituição;
II - recebimento antecipado de valores de empresa em que o Poder Público detenha, direta ou indiretamente, a maioria do capital social com direito a voto, salvo lucros e dividendos, na forma da legislação;
III - assunção direta de compromisso, confissão de dívida ou operação assemelhada, com fornecedor de bens, mercadorias ou serviços, mediante emissão, aceite ou aval de título de crédito, não se aplicando esta vedação a empresas estatais dependentes;
IV - assunção de obrigação, sem autorização orçamentária, com fornecedores para pagamento a posteriori de bens e serviços.

Subseção III - Das Operações de Crédito por Antecipação de Receita Orçamentária

Art. 38. A operação de crédito por antecipação de receita destina-se a atender insuficiência de caixa durante o exercício financeiro e cumprirá as exigências mencionadas no art. 32 e mais as seguintes:

I - realizar-se-á somente a partir do décimo dia do início do exercício;
II - deverá ser liquidada, com juros e outros encargos incidentes, até o dia dez de dezembro de cada ano;
III - não será autorizada se forem cobrados outros encargos que não a taxa de juros da operação, obrigatoriamente prefixada ou indexada à taxa básica financeira, ou à que vier a esta substituir;
IV - estará proibida:
a) enquanto existir operação anterior da mesma natureza não integralmente resgatada;
b) no último ano de mandato do Presidente, Governador ou Prefeito Municipal.

§ 1º As operações de que trata este artigo não serão computadas para efeito do que dispõe o inciso III do art. 167 da Constituição, desde que liquidadas no prazo definido no inciso II do caput.

§ 2º As operações de crédito por antecipação de receita realizadas por Estados ou Municípios serão efetuadas mediante abertura de crédito junto à instituição financeira vencedora em processo competitivo eletrônico promovido pelo Banco Central do Brasil.

§ 3º O Banco Central do Brasil manterá sistema de acompanhamento e controle do saldo do crédito aberto e, no caso de inobservância dos limites, aplicará as sanções cabíveis à instituição credora.

Subseção IV - Das Operações com o Banco Central do Brasil

Art. 39. Nas suas relações com ente da Federação, o Banco Central do Brasil está sujeito às vedações constantes do art. 35 e mais às seguintes:

I - compra de título da dívida, na data de sua colocação no mercado, ressalvado o disposto no § 2º deste artigo;
II - permuta, ainda que temporária, por intermédio de instituição financeira ou não, de título da dívida de ente da Federação por título da dívida pública federal, bem como a operação de compra e venda, a termo, daquele título, cujo efeito final seja semelhante à permuta;
III - concessão de garantia.

§ 1º O disposto no inciso II, in fine, não se aplica ao estoque de Letras do Banco Central do Brasil, Série Especial, existente na carteira das instituições financeiras, que pode ser refinanciado mediante novas operações de venda a termo.

§ 2º O Banco Central do Brasil só poderá comprar diretamente títulos emitidos pela União para refinanciar a dívida mobiliária federal que estiver vencendo na sua carteira.

§ 3º A operação mencionada no § 2º deverá ser realizada à taxa média e condições alcançadas no dia, em leilão público.

§ 4º É vedado ao Tesouro Nacional adquirir títulos da dívida pública federal existentes na carteira do Banco Central do Brasil, ainda que com cláusula de reversão, salvo para reduzir a dívida mobiliária.

Seção V - Da Garantia e da Contragarantia

Art. 40. Os entes poderão conceder garantia em operações de crédito internas ou externas, observados o disposto neste

artigo, as normas do art. 32 e, no caso da União, também os limites e as condições estabelecidos pelo Senado Federal.

§ 1º A garantia estará condicionada ao oferecimento de contragarantia, em valor igual ou superior ao da garantia a ser concedida, e à adimplência da entidade que a pleitear relativamente a suas obrigações junto ao garantidor e às entidades por este controladas, observado o seguinte:

I - não será exigida contragarantia de órgãos e entidades do próprio ente;

II - a contragarantia exigida pela União a Estado ou Município, ou pelos Estados aos Municípios, poderá consistir na vinculação de receitas tributárias diretamente arrecadadas e provenientes de transferências constitucionais, com outorga de poderes ao garantidor para retê-las e empregar o respectivo valor na liquidação da dívida vencida.

§ 2º No caso de operação de crédito junto a organismo financeiro internacional, ou a instituição federal de crédito e fomento para o repasse de recursos externos, a União só prestará garantia a ente que atenda, além do disposto no § 1º, as exigências legais para o recebimento de transferências voluntárias.

§ 3º (VETADO)

§ 4º (VETADO)

§ 5º É nula a garantia concedida acima dos limites fixados pelo Senado Federal.

§ 6º É vedado às entidades da administração indireta, inclusive suas empresas controladas e subsidiárias, conceder garantia, ainda que com recursos de fundos.

§ 7º O disposto no § 6º não se aplica à concessão de garantia por:

I - empresa controlada a subsidiária ou controlada sua, nem à prestação de contragarantia nas mesmas condições;

II - instituição financeira a empresa nacional, nos termos da lei.

§ 8º Excetua-se do disposto neste artigo a garantia prestada:

I - por instituições financeiras estatais, que se submeterão às normas aplicáveis às instituições financeiras privadas, de acordo com a legislação pertinente;

II - pela União, na forma de lei federal, a empresas de natureza financeira por ela controladas, direta e indiretamente, quanto às operações de seguro de crédito à exportação.

§ 9º Quando honrarem dívida de outro ente, em razão de garantia prestada, a União e os Estados poderão condicionar as transferências constitucionais ao ressarcimento daquele pagamento.

§ 10. O ente da Federação cuja dívida tiver sido honrada pela União ou por Estado, em decorrência de garantia prestada em operação de crédito, terá suspenso o acesso a novos créditos ou financiamentos até a total liquidação da mencionada dívida.

Seção VI - Dos Restos a Pagar

Art. 41. (VETADO)

Art. 42. É vedado ao titular de Poder ou órgão referido no art. 20, nos últimos dois quadrimestres do seu mandato, contrair obrigação de despesa que não possa ser cumprida integralmente dentro dele, ou que tenha parcelas a serem pagas no exercício seguinte sem que haja suficiente disponibilidade de caixa para este efeito.

Parágrafo único. Na determinação da disponibilidade de caixa serão considerados os encargos e despesas compromissadas a pagar até o final do exercício.

CAPÍTULO VIII - DA GESTÃO PATRIMONIAL

Seção I - Das Disponibilidades de Caixa

Art. 43. As disponibilidades de caixa dos entes da Federação serão depositadas conforme estabelece o § 3º do art. 164 da Constituição.

§ 1º As disponibilidades de caixa dos regimes de previdência social, geral e próprio dos servidores públicos, ainda que vinculadas a fundos específicos a que se referem os arts. 249 e 250 da Constituição, ficarão depositadas em conta separada das demais disponibilidades de cada ente e aplicadas nas condições de mercado, com observância dos limites e condições de proteção e prudência financeira.

§ 2º É vedada a aplicação das disponibilidades de que trata o § 1º em:

I - títulos da dívida pública estadual e municipal, bem como em ações e outros papéis relativos às empresas controladas pelo respectivo ente da Federação;

II - empréstimos, de qualquer natureza, aos segurados e ao Poder Público, inclusive a suas empresas controladas.

Seção II - Da Preservação do Patrimônio Público

Art. 44. É vedada a aplicação da receita de capital derivada da alienação de bens e direitos que integram o patrimônio público para o financiamento de despesa corrente, salvo se destinada por lei aos regimes de previdência social, geral e próprio dos servidores públicos.

Art. 45. Observado o disposto no § 5º do art. 5º, a lei orçamentária e as de créditos adicionais só incluirão novos projetos após adequadamente atendidos os em andamento e contempladas as despesas de conservação do patrimônio público, nos termos em que dispuser a lei de diretrizes orçamentárias.

Parágrafo único. O Poder Executivo de cada ente encaminhará ao Legislativo, até a data do envio do projeto de lei de diretrizes orçamentárias, relatório com as informações necessárias ao cumprimento do disposto neste artigo, ao qual será dada ampla divulgação.

Art. 46. É nulo de pleno direito ato de desapropriação de imóvel urbano expedido sem o atendimento do disposto no § 3º do art. 182 da Constituição, ou prévio depósito judicial do valor da indenização.

Seção III - Das Empresas Controladas pelo Setor Público

Art. 47. A empresa controlada que firmar contrato de gestão em que se estabeleçam objetivos e metas de desempenho, na forma da lei, disporá de autonomia gerencial, orçamentária e financeira, sem prejuízo do disposto no inciso II do § 5º do art. 165 da Constituição.

Parágrafo único. A empresa controlada incluirá em seus balanços trimestrais nota explicativa em que informará:

I - fornecimento de bens e serviços ao controlador, com respectivos preços e condições, comparando-os com os praticados no mercado;

II - recursos recebidos do controlador, a qualquer título, especificando valor, fonte e destinação;

III - venda de bens, prestação de serviços ou concessão de empréstimos e financiamentos com preços, taxas, prazos ou condições diferentes dos vigentes no mercado.

CAPÍTULO IX - DA TRANSPARÊNCIA, CONTROLE E FISCALIZAÇÃO

Seção I - Da Transparência da Gestão Fiscal

Art. 48. São instrumentos de transparência da gestão fiscal, aos quais será dada ampla divulgação, inclusive em meios eletrônicos de acesso público: os planos, orçamentos e leis de diretrizes orçamentárias; as prestações de contas e o respectivo parecer prévio; o Relatório Resumido da Execução Orçamentária e o Relatório de Gestão Fiscal; e as versões simplificadas desses documentos.

Parágrafo único. A transparência será assegurada também mediante incentivo à participação popular e realização de audiências públicas, durante os processos de elaboração e de discussão dos planos, lei de diretrizes orçamentárias e orçamentos.

Parágrafo único. A transparência será assegurada também mediante: (Redação dada pela Lei Complementar nº 131, de 2009).

§ 1º A transparência será assegurada também mediante: (Redação dada pela Lei Complementar nº 156, de 2016)

I - incentivo à participação popular e realização de audiências públicas, durante os processos de elaboração e discussão dos planos, lei de diretrizes orçamentárias e orçamentos; (Incluído pela Lei Complementar nº 131, de 2009).

II - liberação ao pleno conhecimento e acompanhamento da sociedade, em tempo real, de informações pormenorizadas sobre a execução orçamentária e financeira, em meios eletrônicos de acesso público; (Incluído pela Lei Complementar nº 131, de 2009).

II - liberação ao pleno conhecimento e acompanhamento da sociedade, em tempo real, de informações pormenorizadas sobre a execução orçamentária e financeira, em meios eletrônicos de acesso público; e (Redação dada pela Lei Complementar nº 156, de 2016)

III - adoção de sistema integrado de administração financeira e controle, que atenda a padrão mínimo de qualidade estabelecido pelo Poder Executivo da União e ao disposto no art. 48-A. (Incluído pela Lei Complementar nº 131, de 2009) (Vide Decreto nº 7.185, de 2010)

§ 2º A União, os Estados, o Distrito Federal e os Municípios disponibilizarão suas informações e dados contábeis, orçamentários e fiscais conforme periodicidade, formato e sistema estabelecidos pelo órgão central de contabilidade da União, os quais deverão ser divulgados em meio eletrônico de amplo acesso público. (Incluído pela Lei Complementar nº 156, de 2016)

§ 3º Os Estados, o Distrito Federal e os Municípios encaminharão ao Ministério da Fazenda, nos termos e na periodicidade a serem definidos em instrução específica deste órgão, as informações necessárias para a constituição do registro eletrônico centralizado e atualizado das dívidas públicas interna e externa, de que trata o § 4º do art. 32. (Incluído pela Lei Complementar nº 156, de 2016)

§ 4º A inobservância do disposto nos §§ 2º e 3º ensejará as penalidades previstas no § 2º do art. 51. (Incluído pela Lei Complementar nº 156, de 2016)

§ 5º Nos casos de envio conforme disposto no § 2º, para todos os efeitos, a União, os Estados, o Distrito Federal e os Municípios cumprem o dever de ampla divulgação a que se refere o caput. (Incluído pela Lei Complementar nº 156, de 2016)

§ 6º Todos os Poderes e órgãos referidos no art. 20, incluídos autarquias, fundações públicas, empresas estatais dependentes e fundos, do ente da Federação devem utilizar sistemas únicos de execução orçamentária e financeira, mantidos e gerenciados pelo Poder Executivo, resguardada a autonomia. (Incluído pela Lei Complementar nº 156, de 2016)

Art. 48-A. Para os fins a que se refere o inciso II do parágrafo único do art. 48, os entes da Federação disponibilizarão a qualquer pessoa física ou jurídica o acesso a informações referentes a: (Incluído pela Lei Complementar nº 131, de 2009).

I - quanto à despesa: todos os atos praticados pelas unidades gestoras no decorrer da execução da despesa, no momento de sua realização, com a disponibilização mínima dos dados referentes ao número do correspondente processo, ao bem fornecido ou ao serviço prestado, à pessoa física ou jurídica beneficiária do pagamento e, quando for o caso, ao procedimento licitatório realizado; (Incluído pela Lei Complementar nº 131, de 2009).

II - quanto à receita: o lançamento e o recebimento de toda a receita das unidades gestoras, inclusive referente a recursos extraordinários. (Incluído pela Lei Complementar nº 131, de 2009).

Art. 49. As contas apresentadas pelo Chefe do Poder Executivo ficarão disponíveis, durante todo o exercício, no respectivo Poder Legislativo e no órgão técnico responsável pela sua elaboração, para consulta e apreciação pelos cidadãos e instituições da sociedade.

Parágrafo único. A prestação de contas da União conterá demonstrativos do Tesouro Nacional e das agências financeiras oficiais de fomento, incluído o Banco Nacional de Desenvolvimento Econômico e Social, especificando os empréstimos e financiamentos concedidos com recursos oriundos dos orçamentos fiscal e da seguridade social e, no caso das agências financeiras, avaliação circunstanciada do impacto fiscal de suas atividades no exercício.

Seção II - Da Escrituração e Consolidação das Contas

Art. 50. Além de obedecer às demais normas de contabilidade pública, a escrituração das contas públicas observará as seguintes:

I - a disponibilidade de caixa constará de registro próprio, de modo que os recursos vinculados a órgão, fundo ou despesa obrigatória fiquem identificados e escriturados de forma individualizada;

II - a despesa e a assunção de compromisso serão registradas segundo o regime de competência, apurando-se, em caráter complementar, o resultado dos fluxos financeiros pelo regime de caixa;

III - as demonstrações contábeis compreenderão, isolada e conjuntamente, as transações e operações de cada órgão, fundo ou entidade da administração direta, autárquica e fundacional, inclusive empresa estatal dependente;

IV - as receitas e despesas previdenciárias serão apresentadas em demonstrativos financeiros e orçamentários específicos;

V - as operações de crédito, as inscrições em Restos a Pagar e as demais formas de financiamento ou assunção de compromissos junto a terceiros, deverão ser escrituradas de modo a evidenciar o montante e a variação da dívida pública no período, detalhando, pelo menos, a natureza e o tipo de credor;

VI - a demonstração das variações patrimoniais dará destaque à origem e ao destino dos recursos provenientes da alienação de ativos.

§ 1º No caso das demonstrações conjuntas, excluir-se-ão as operações intragovernamentais.

§ 2º A edição de normas gerais para consolidação das contas públicas caberá ao órgão central de contabilidade da União, enquanto não implantado o conselho de que trata o art. 67.

§ 3º A Administração Pública manterá sistema de custos que permita a avaliação e o acompanhamento da gestão orçamentária, financeira e patrimonial.

Art. 51. O Poder Executivo da União promoverá, até o dia trinta de junho, a consolidação, nacional e por esfera de governo, das contas dos entes da Federação relativas ao exercício anterior, e a sua divulgação, inclusive por meio eletrônico de acesso público.

§ 1º Os Estados e os Municípios encaminharão suas contas ao Poder Executivo da União nos seguintes prazos:

I - Municípios, com cópia para o Poder Executivo do respectivo Estado, até trinta de abril;

II - Estados, até trinta e um de maio.

§ 2º O descumprimento dos prazos previstos neste artigo impedirá, até que a situação seja regularizada, que o ente da Federação receba transferências voluntárias e contrate operações de crédito, exceto as destinadas ao refinanciamento do principal atualizado da dívida mobiliária.

Seção III - Do Relatório Resumido da Execução Orçamentária

Art. 52. O relatório a que se refere o § 3º do art. 165 da Constituição abrangerá todos os Poderes e o Ministério Público,

será publicado até trinta dias após o encerramento de cada bimestre e composto de:

I - balanço orçamentário, que especificará, por categoria econômica, as:
 a) receitas por fonte, informando as realizadas e a realizar, bem como a previsão atualizada;
 b) despesas por grupo de natureza, discriminando a dotação para o exercício, a despesa liquidada e o saldo;
II - demonstrativos da execução das:
 a) receitas, por categoria econômica e fonte, especificando a previsão inicial, a previsão atualizada para o exercício, a receita realizada no bimestre, a realizada no exercício e a previsão a realizar;
 b) despesas, por categoria econômica e grupo de natureza da despesa, discriminando dotação inicial, dotação para o exercício, despesas empenhada e liquidada, no bimestre e no exercício;
 c) despesas, por função e subfunção.

§ 1º Os valores referentes ao refinanciamento da dívida mobiliária constarão destacadamente nas receitas de operações de crédito e nas despesas com amortização da dívida.

§ 2º O descumprimento do prazo previsto neste artigo sujeita o ente às sanções previstas no § 2º do art. 51.

Art. 53. Acompanharão o Relatório Resumido demonstrativos relativos a:

I - apuração da receita corrente líquida, na forma definida no inciso IV do art. 2º, sua evolução, assim como a previsão de seu desempenho até o final do exercício;
II - receitas e despesas previdenciárias a que se refere o inciso IV do art. 50;
III - resultados nominal e primário;
IV - despesas com juros, na forma do inciso II do art. 4º;
V - Restos a Pagar, detalhando, por Poder e órgão referido no art. 20, os valores inscritos, os pagamentos realizados e o montante a pagar.

§ 1º O relatório referente ao último bimestre do exercício será acompanhado também de demonstrativos:

I - do atendimento do disposto no inciso III do art. 167 da Constituição, conforme o § 3º do art. 32;
II - das projeções atuariais dos regimes de previdência social, geral e próprio dos servidores públicos;
III - da variação patrimonial, evidenciando a alienação de ativos e a aplicação dos recursos dela decorrentes.

§ 2º Quando for o caso, serão apresentadas justificativas:

I - da limitação de empenho;
II - da frustração de receitas, especificando as medidas de combate à sonegação e à evasão fiscal, adotadas e a adotar, e as ações de fiscalização e cobrança.

Seção IV - Do Relatório de Gestão Fiscal

Art. 54. Ao final de cada quadrimestre será emitido pelos titulares dos Poderes e órgãos referidos no art. 20 Relatório de Gestão Fiscal, assinado pelo:

I - Chefe do Poder Executivo;
II - Presidente e demais membros da Mesa Diretora ou órgão decisório equivalente, conforme regimentos internos dos órgãos do Poder Legislativo;
III - Presidente de Tribunal e demais membros de Conselho de Administração ou órgão decisório equivalente, conforme regimentos internos dos órgãos do Poder Judiciário;
IV - Chefe do Ministério Público, da União e dos Estados.

Parágrafo único. O relatório também será assinado pelas autoridades responsáveis pela administração financeira e pelo controle interno, bem como por outras definidas por ato próprio de cada Poder ou órgão referido no art. 20.

Art. 55. O relatório conterá:

I - comparativo com os limites de que trata esta Lei Complementar, dos seguintes montantes:
 a) despesa total com pessoal, distinguindo a com inativos e pensionistas;
 b) dívidas consolidada e mobiliária;
 c) concessão de garantias;
 d) operações de crédito, inclusive por antecipação de receita;
 e) despesas de que trata o inciso II do art. 4º;
II - indicação das medidas corretivas adotadas ou a adotar, se ultrapassado qualquer dos limites;
III - demonstrativos, no último quadrimestre:
 a) do montante das disponibilidades de caixa em trinta e um de dezembro;
 b) da inscrição em Restos a Pagar, das despesas:
 1) liquidadas;
 2) empenhadas e não liquidadas, inscritas por atenderem a uma das condições do inciso II do art. 41;
 3) empenhadas e não liquidadas, inscritas até o limite do saldo da disponibilidade de caixa;
 4) não inscritas por falta de disponibilidade de caixa e cujos empenhos foram cancelados;
 c) do cumprimento do disposto no inciso II e na alínea b do inciso IV do art. 38.

§ 1º O relatório dos titulares dos órgãos mencionados nos incisos II, III e IV do art. 54 conterá apenas as informações relativas à alínea a do inciso I, e os documentos referidos nos incisos II e III.

§ 2º O relatório será publicado até trinta dias após o encerramento do período a que corresponder, com amplo acesso ao público, inclusive por meio eletrônico.

§ 3º O descumprimento do prazo a que se refere o § 2º sujeita o ente à sanção prevista no § 2º do art. 51.

§ 4º Os relatórios referidos nos arts. 52 e 54 deverão ser elaborados de forma padronizada, segundo modelos que poderão ser atualizados pelo conselho de que trata o art. 67.

Seção V - Das Prestações de Contas

Art. 56. As contas prestadas pelos Chefes do Poder Executivo incluirão, além das suas próprias, as dos Presidentes dos órgãos dos Poderes Legislativo e Judiciário e do Chefe do Ministério Público, referidos no art. 20, as quais receberão parecer prévio, separadamente, do respectivo Tribunal de Contas. (Vide ADIN 2324)

§ 1º As contas do Poder Judiciário serão apresentadas no âmbito:

I - da União, pelos Presidentes do Supremo Tribunal Federal e dos Tribunais Superiores, consolidando as dos respectivos tribunais;
II - dos Estados, pelos Presidentes dos Tribunais de Justiça, consolidando as dos demais tribunais.

§ 2º O parecer sobre as contas dos Tribunais de Contas será proferido no prazo previsto no art. 57 pela comissão mista permanente referida no § 1º do art. 166 da Constituição ou equivalente das Casas Legislativas estaduais e municipais. (Vide ADIN 2324)

§ 3º Será dada ampla divulgação dos resultados da apreciação das contas, julgadas ou tomadas.

Art. 57. Os Tribunais de Contas emitirão parecer prévio conclusivo sobre as contas no prazo de sessenta dias do recebimento, se outro não estiver estabelecido nas constituições estaduais ou nas leis orgânicas municipais.

§ 1º No caso de Municípios que não sejam capitais e que tenham menos de duzentos mil habitantes o prazo será de cento e oitenta dias.

§ 2º Os Tribunais de Contas não entrarão em recesso enquanto existirem contas de Poder, ou órgão referido no art. 20, pendentes de parecer prévio.

Art. 58. A prestação de contas evidenciará o desempenho da arrecadação em relação à previsão, destacando as providências adotadas no âmbito da fiscalização das receitas e combate

à sonegação, as ações de recuperação de créditos nas instâncias administrativa e judicial, bem como as demais medidas para incremento das receitas tributárias e de contribuições.

Seção VI - Da Fiscalização da Gestão Fiscal

Art. 59. O Poder Legislativo, diretamente ou com o auxílio dos Tribunais de Contas, e o sistema de controle interno de cada Poder e do Ministério Público, fiscalizarão o cumprimento das normas desta Lei Complementar, com ênfase no que se refere a: (Vide ADIN 2324)

I - atingimento das metas estabelecidas na lei de diretrizes orçamentárias;

II - limites e condições para realização de operações de crédito e inscrição em Restos a Pagar;

III - medidas adotadas para o retorno da despesa total com pessoal ao respectivo limite, nos termos dos arts. 22 e 23;

IV - providências tomadas, conforme o disposto no art. 31, para recondução dos montantes das dívidas consolidada e mobiliária aos respectivos limites;

V - destinação de recursos obtidos com a alienação de ativos, tendo em vista as restrições constitucionais e as desta Lei Complementar;

VI - cumprimento do limite de gastos totais dos legislativos municipais, quando houver.

§ 1º Os Tribunais de Contas alertarão os Poderes ou órgãos referidos no art. 20 quando constatarem:

I - a possibilidade de ocorrência das situações previstas no inciso II do art. 4º e no art. 9º;

II - que o montante da despesa total com pessoal ultrapassou 90% (noventa por cento) do limite;

III - que os montantes das dívidas consolidada e mobiliária, das operações de crédito e da concessão de garantia se encontram acima de 90% (noventa por cento) dos respectivos limites;

IV - que os gastos com inativos e pensionistas se encontram acima do limite definido em lei;

V - fatos que comprometam os custos ou os resultados dos programas ou indícios de irregularidades na gestão orçamentária.

§ 2º Compete ainda aos Tribunais de Contas verificar os cálculos dos limites da despesa total com pessoal de cada Poder e órgão referido no art. 20.

§ 3º O Tribunal de Contas da União acompanhará o cumprimento do disposto nos §§ 2º, 3º e 4º do art. 39.

CAPÍTULO X - DISPOSIÇÕES FINAIS E TRANSITÓRIAS

Art. 60. Lei estadual ou municipal poderá fixar limites inferiores àqueles previstos nesta Lei Complementar para as dívidas consolidada e mobiliária, operações de crédito e concessão de garantias.

Art. 61. Os títulos da dívida pública, desde que devidamente escriturados em sistema centralizado de liquidação e custódia, poderão ser oferecidos em caução para garantia de empréstimos, ou em outras transações previstas em lei, pelo seu valor econômico, conforme definido pelo Ministério da Fazenda.

Art. 62. Os Municípios só contribuirão para o custeio de despesas de competência de outros entes da Federação se houver:

I - autorização na lei de diretrizes orçamentárias e na lei orçamentária anual;

II - convênio, acordo, ajuste ou congênere, conforme sua legislação.

Art. 63. É facultado aos Municípios com população inferior a cinqüenta mil habitantes optar por:

I - aplicar o disposto no art. 22 e no § 4º do art. 30 ao final do semestre;

II - divulgar semestralmente:

a) (VETADO)

b) o Relatório de Gestão Fiscal;

c) os demonstrativos de que trata o art. 53;

III - elaborar o Anexo de Política Fiscal do plano plurianual, o Anexo de Metas Fiscais e o Anexo de Riscos Fiscais da lei de diretrizes orçamentárias e o anexo de que trata o inciso I do art. 5º a partir do quinto exercício seguinte ao da publicação desta Lei Complementar.

§ 1º A divulgação dos relatórios e demonstrativos deverá ser realizada em até trinta dias após o encerramento do semestre.

§ 2º Se ultrapassados os limites relativos à despesa total com pessoal ou à dívida consolidada, enquanto perdurar esta situação, o Município ficará sujeito aos mesmos prazos de verificação e de retorno ao limite definidos para os demais entes.

Art. 64. A União prestará assistência técnica e cooperação financeira aos Municípios para a modernização das respectivas administrações tributária, financeira, patrimonial e previdenciária, com vistas ao cumprimento das normas desta Lei Complementar.

§ 1º A assistência técnica consistirá no treinamento e desenvolvimento de recursos humanos e na transferência de tecnologia, bem como no apoio à divulgação dos instrumentos de que trata o art. 48 em meio eletrônico de amplo acesso público.

§ 2º A cooperação financeira compreenderá a doação de bens e valores, o financiamento por intermédio das instituições financeiras federais e o repasse de recursos oriundos de operações externas.

Art. 65. Na ocorrência de calamidade pública reconhecida pelo Congresso Nacional, no caso da União, ou pelas Assembléias Legislativas, na hipótese dos Estados e Municípios, enquanto perdurar a situação:

I - serão suspensas a contagem dos prazos e as disposições estabelecidas nos arts. 23 , 31 e 70;

II - serão dispensados o atingimento dos resultados fiscais e a limitação de empenho prevista no art. 9º.

Parágrafo único. Aplica-se o disposto no caput no caso de estado de defesa ou de sítio, decretado na forma da Constituição.

Art. 66. Os prazos estabelecidos nos arts. 23, 31 e 70 serão duplicados no caso de crescimento real baixo ou negativo do Produto Interno Bruto (PIB) nacional, regional ou estadual por período igual ou superior a quatro trimestres.

§ 1º Entende-se por baixo crescimento a taxa de variação real acumulada do Produto Interno Bruto inferior a 1% (um por cento), no período correspondente aos quatro últimos trimestres.

§ 2º A taxa de variação será aquela apurada pela Fundação Instituto Brasileiro de Geografia e Estatística ou outro órgão que vier a substituí-la, adotada a mesma metodologia para apuração dos PIB nacional, estadual e regional.

§ 3º Na hipótese do caput, continuarão a ser adotadas as medidas previstas no art. 22.

§ 4º Na hipótese de se verificarem mudanças drásticas na condução das políticas monetária e cambial, reconhecidas pelo Senado Federal, o prazo referido no caput do art. 31 poderá ser ampliado em até quatro quadrimestres.

Art. 67. O acompanhamento e a avaliação, de forma permanente, da política e da operacionalidade da gestão fiscal serão realizados por conselho de gestão fiscal, constituído por representantes de todos os Poderes e esferas de Governo, do Ministério Público e de entidades técnicas representativas da sociedade, visando a:

I - harmonização e coordenação entre os entes da Federação;

II - disseminação de práticas que resultem em maior eficiência na alocação e execução do gasto público, na arrecadação de receitas, no controle do endividamento e na transparência da gestão fiscal;

III - adoção de normas de consolidação das contas públicas, padronização das prestações de contas e dos relatórios e demonstrativos de gestão fiscal de que trata esta Lei Complementar, normas e padrões mais simples para os pequenos Municípios, bem como outros, necessários ao controle social;

IV - divulgação de análises, estudos e diagnósticos.

§ 1º O conselho a que se refere o caput instituirá formas de premiação e reconhecimento público aos titulares de Poder que alcançarem resultados meritórios em suas políticas de desenvolvimento social, conjugados com a prática de uma gestão fiscal pautada pelas normas desta Lei Complementar.

§ 2º Lei disporá sobre a composição e a forma de funcionamento do conselho.

Art. 68. Na forma do art. 250 da Constituição, é criado o Fundo do Regime Geral de Previdência Social, vinculado ao Ministério da Previdência e Assistência Social, com a finalidade de prover recursos para o pagamento dos benefícios do regime geral da previdência social.

§ 1º O Fundo será constituído de:

I - bens móveis e imóveis, valores e rendas do Instituto Nacional do Seguro Social não utilizados na operacionalização deste;

II - bens e direitos que, a qualquer título, lhe sejam adjudicados ou que lhe vierem a ser vinculados por força de lei;

III - receita das contribuições sociais para a seguridade social, previstas na alínea a do inciso I e no inciso II do art. 195 da Constituição;

IV - produto da liquidação de bens e ativos de pessoa física ou jurídica em débito com a Previdência Social;

V - resultado da aplicação financeira de seus ativos;

VI - recursos provenientes do orçamento da União.

§ 2º O Fundo será gerido pelo Instituto Nacional do Seguro Social, na forma da lei.

Art. 69. O ente da Federação que mantiver ou vier a instituir regime próprio de previdência social para seus servidores conferir-lhe-á caráter contributivo e o organizará com base em normas de contabilidade e atuária que preservem seu equilíbrio financeiro e atuarial.

Art. 70. O Poder ou órgão referido no art. 20 cuja despesa total com pessoal no exercício anterior ao da publicação desta Lei Complementar estiver acima dos limites estabelecidos nos arts. 19 e 20 deverá enquadrar-se no respectivo limite em até dois exercícios, eliminando o excesso, gradualmente, à razão de, pelo menos, 50% a.a. (cinqüenta por cento ao ano), mediante a adoção, entre outras, das medidas previstas nos arts. 22 e 23.

Parágrafo único. A inobservância do disposto no caput, no prazo fixado, sujeita o ente às sanções previstas no § 3º do art. 23.

Art. 71. Ressalvada a hipótese do inciso X do art. 37 da Constituição, até o término do terceiro exercício financeiro seguinte à entrada em vigor desta Lei Complementar, a despesa total com pessoal dos Poderes e órgãos referidos no art. 20 não ultrapassará, em percentual da receita corrente líquida, a despesa verificada no exercício imediatamente anterior, acrescida de até 10% (dez por cento), se esta for inferior ao limite definido na forma do art. 20.

Art. 72. A despesa com serviços de terceiros dos Poderes e órgãos referidos no art. 20 não poderá exceder, em percentual da receita corrente líquida, a do exercício anterior à entrada em vigor desta Lei Complementar, até o término do terceiro exercício seguinte.

Art. 73. As infrações dos dispositivos desta Lei Complementar serão punidas segundo o Decreto-Lei no 2.848, de 7 de dezembro de 1940 (Código Penal); a Lei no 1.079, de 10 de abril de 1950; o Decreto-Lei no 201, de 27 de fevereiro de 1967; a Lei no 8.429, de 2 de junho de 1992; e demais normas da legislação pertinente.

Art. 73-A. Qualquer cidadão, partido político, associação ou sindicato é parte legítima para denunciar ao respectivo Tribunal de Contas e ao órgão competente do Ministério Público o descumprimento das prescrições estabelecidas nesta Lei Complementar. (Incluído pela Lei Complementar nº 131, de 2009).

Art. 73-B. Ficam estabelecidos os seguintes prazos para o cumprimento das determinações dispostas nos incisos II e III do parágrafo único do art. 48 e do art. 48-A: (Incluído pela Lei Complementar nº 131, de 2009).

I - 1 (um) ano para a União, os Estados, o Distrito Federal e os Municípios com mais de 100.000 (cem mil) habitantes; (Incluído pela Lei Complementar nº 131, de 2009).

II - 2 (dois) anos para os Municípios que tenham entre 50.000 (cinquenta mil) e 100.000 (cem mil) habitantes; (Incluído pela Lei Complementar nº 131, de 2009).

III - 4 (quatro) anos para os Municípios que tenham até 50.000 (cinquenta mil) habitantes. (Incluído pela Lei Complementar nº 131, de 2009).

Parágrafo único. Os prazos estabelecidos neste artigo serão contados a partir da data de publicação da lei complementar que introduziu os dispositivos referidos no caput deste artigo. (Incluído pela Lei Complementar nº 131, de 2009).

Art. 73-C. O não atendimento, até o encerramento dos prazos previstos no art. 73-B, das determinações contidas nos incisos II e III do parágrafo único do art. 48 e no art. 48-A sujeita o ente à sanção prevista no inciso I do § 3º do art. 23. (Incluído pela Lei Complementar nº 131, de 2009).

Art. 74. Esta Lei Complementar entra em vigor na data da sua publicação.

Art. 75. Revoga-se a Lei Complementar no 96, de 31 de maio de 1999.

Anotações

PREPARAÇÃO • CONHECIMENTO • APROVAÇÃO

ADMINISTRAÇÃO PÚBLICA

SUMÁRIO

1. LEI COMPLEMENTAR Nº 131, DE 27 DE MAIO DE 2009 964
2. LEI Nº 12.527, DE 18 DE NOVEMBRO DE 2011 964
- CAPÍTULO I - DISPOSIÇÕES GERAIS 964
- CAPÍTULO II - DO ACESSO A INFORMAÇÕES E DA SUA DIVULGAÇÃO 965
- CAPÍTULO III - DO PROCEDIMENTO DE ACESSO À INFORMAÇÃO 966
- CAPÍTULO IV - DAS RESTRIÇÕES DE ACESSO À INFORMAÇÃO 967
- CAPÍTULO V - DAS RESPONSABILIDADES 968
- CAPÍTULO VI - DISPOSIÇÕES FINAIS E TRANSITÓRIAS 969

3. DECRETO Nº 9.094, DE 17 DE JULHO DE 2017 970
- CAPÍTULO I - DA RACIONALIZAÇÃO DE EXIGÊNCIAS E DA TROCA DE INFORMAÇÕES 970
- CAPÍTULO II - DA CARTA DE SERVIÇOS AO USUÁRIO 971
- CAPÍTULO III - DA RACIONALIZAÇÃO DAS NORMAS 972
- CAPÍTULO IV - DA SOLICITAÇÃO DE SIMPLIFICAÇÃO 972
- CAPÍTULO V - DAS SANÇÕES PELO DESCUMPRIMENTO 972
- CAPÍTULO VI - DA DIVULGAÇÃO AOS USUÁRIOS DOS SERVIÇOS PÚBLICOS 972
- CAPÍTULO VII - DA AVALIAÇÃO E DA MELHORIA DOS SERVIÇOS PÚBLICOS 972
- CAPÍTULO VIII - DISPOSIÇÕES TRANSITÓRIAS 973

1. LEI COMPLEMENTAR Nº 131, DE 27 DE MAIO DE 2009

Acrescenta dispositivos à Lei Complementar no 101, de 4 de maio de 2000, que estabelece normas de finanças públicas voltadas para a responsabilidade na gestão fiscal e dá outras providências, a fim de determinar a disponibilização, em tempo real, de informações pormenorizadas sobre a execução orçamentária e financeira da União, dos Estados, do Distrito Federal e dos Municípios.

O PRESIDENTE DA REPÚBLICA Faço saber que o Congresso Nacional decreta e eu sanciono a seguinte Lei Complementar:

Art. 1º O art. 48 da Lei Complementar no 101, de 4 de maio de 2000, passa a vigorar com a seguinte redação:

"Art. 48. ...

Parágrafo único. A transparência será assegurada também mediante:

I - incentivo à participação popular e realização de audiências públicas, durante os processos de elaboração e discussão dos planos, lei de diretrizes orçamentárias e orçamentos;

II - liberação ao pleno conhecimento e acompanhamento da sociedade, em tempo real, de informações pormenorizadas sobre a execução orçamentária e financeira, em meios eletrônicos de acesso público;

III - adoção de sistema integrado de administração financeira e controle, que atenda a padrão mínimo de qualidade estabelecido pelo Poder Executivo da União e ao disposto no art. 48-A." (NR)

Art. 2º A Lei Complementar no 101, de 4 de maio de 2000, passa a vigorar acrescida dos seguintes arts. 48-A, 73-A, 73-B e 73-C:

"Art. 48-A. Para os fins a que se refere o inciso II do parágrafo único do art. 48, os entes da Federação disponibilizarão a qualquer pessoa física ou jurídica o acesso a informações referentes a:

I - quanto à despesa: todos os atos praticados pelas unidades gestoras no decorrer da execução da despesa, no momento de sua realização, com a disponibilização mínima dos dados referentes ao número do correspondente processo, ao bem fornecido ou ao serviço prestado, à pessoa física ou jurídica beneficiária do pagamento e, quando for o caso, ao procedimento licitatório realizado;

II - quanto à receita: o lançamento e o recebimento de toda a receita das unidades gestoras, inclusive referente a recursos extraordinários."

"Art. 73-A. Qualquer cidadão, partido político, associação ou sindicato é parte legítima para denunciar ao respectivo Tribunal de Contas e ao órgão competente do Ministério Público o descumprimento das prescrições estabelecidas nesta Lei Complementar."

"Art. 73-B. Ficam estabelecidos os seguintes prazos para o cumprimento das determinações dispostas nos incisos II e III do parágrafo único do art. 48 e do art. 48-A:

I - 1 (um) ano para a União, os Estados, o Distrito Federal e os Municípios com mais de 100.000 (cem mil) habitantes;

II - 2 (dois) anos para os Municípios que tenham entre 50.000 (cinquenta mil) e 100.000 (cem mil) habitantes;

III - 4 (quatro) anos para os Municípios que tenham até 50.000 (cinquenta mil) habitantes.

Parágrafo único. Os prazos estabelecidos neste artigo serão contados a partir da data de publicação da lei complementar que introduziu os dispositivos referidos no caput deste artigo."

"Art. 73-C. O não atendimento, até o encerramento dos prazos previstos no art. 73-B, das determinações contidas nos incisos II e III do parágrafo único do art. 48 e no art. 48-A sujeita o ente à sanção prevista no inciso I do § 3º do art. 23."

Art. 3º Esta Lei Complementar entra em vigor na data de sua publicação.

2. LEI Nº 12.527, DE 18 DE NOVEMBRO DE 2011

Regula o acesso a informações previsto no inciso XXXIII do art. 5º, no inciso II do § 3º do art. 37 e no § 2º do art. 216 da Constituição Federal; altera a Lei nº 8.112, de 11 de dezembro de 1990; revoga a Lei nº 11.111, de 5 de maio de 2005, e dispositivos da Lei nº 8.159, de 8 de janeiro de 1991; e dá outras providências.

A PRESIDENTA DA REPÚBLICA Faço saber que o Congresso Nacional decreta e eu sanciono a seguinte Lei:

CAPÍTULO I - DISPOSIÇÕES GERAIS

Art. 1º Esta Lei dispõe sobre os procedimentos a serem observados pela União, Estados, Distrito Federal e Municípios, com o fim de garantir o acesso a informações previsto no inciso XXXIII do art. 5º, no inciso II do § 3º do art. 37 e no § 2º do art. 216 da Constituição Federal.

Parágrafo único. Subordinam-se ao regime desta Lei:

I - os órgãos públicos integrantes da administração direta dos Poderes Executivo, Legislativo, incluindo as Cortes de Contas, e Judiciário e do Ministério Público;

II - as autarquias, as fundações públicas, as empresas públicas, as sociedades de economia mista e demais entidades controladas direta ou indiretamente pela União, Estados, Distrito Federal e Municípios.

Art. 2º Aplicam-se as disposições desta Lei, no que couber, às entidades privadas sem fins lucrativos que recebam, para realização de ações de interesse público, recursos públicos diretamente do orçamento ou mediante subvenções sociais, contrato de gestão, termo de parceria, convênios, acordo, ajustes ou outros instrumentos congêneres.

Parágrafo único. A publicidade a que estão submetidas as entidades citadas no caput refere-se à parcela dos recursos públicos recebidos e à sua destinação, sem prejuízo das prestações de contas a que estejam legalmente obrigadas.

Art. 3º Os procedimentos previstos nesta Lei destinam-se a assegurar o direito fundamental de acesso à informação e devem ser executados em conformidade com os princípios básicos da administração pública e com as seguintes diretrizes:

I - observância da publicidade como preceito geral e do sigilo como exceção;

II - divulgação de informações de interesse público, independentemente de solicitações;

III - utilização de meios de comunicação viabilizados pela tecnologia da informação;

IV - fomento ao desenvolvimento da cultura de transparência na administração pública;

V - desenvolvimento do controle social da administração pública.

Art. 4º Para os efeitos desta Lei, considera-se:

I - informação: dados, processados ou não, que podem ser utilizados para produção e transmissão de conhecimento, contidos em qualquer meio, suporte ou formato;

II - documento: unidade de registro de informações, qualquer que seja o suporte ou formato;

III - informação sigilosa: aquela submetida temporariamente à restrição de acesso público em razão de sua imprescindibilidade para a segurança da sociedade e do Estado;

IV - informação pessoal: aquela relacionada à pessoa natural identificada ou identificável;

V - tratamento da informação: conjunto de ações referentes à produção, recepção, classificação, utilização, acesso, reprodução, transporte, transmissão, distribuição, arqui-

vamento, armazenamento, eliminação, avaliação, destinação ou controle da informação;

VI - disponibilidade: qualidade da informação que pode ser conhecida e utilizada por indivíduos, equipamentos ou sistemas autorizados;

VII - autenticidade: qualidade da informação que tenha sido produzida, expedida, recebida ou modificada por determinado indivíduo, equipamento ou sistema;

VIII - integridade: qualidade da informação não modificada, inclusive quanto à origem, trânsito e destino;

IX - primariedade: qualidade da informação coletada na fonte, com o máximo de detalhamento possível, sem modificações.

Art. 5º É dever do Estado garantir o direito de acesso à informação, que será franqueada, mediante procedimentos objetivos e ágeis, de forma transparente, clara e em linguagem de fácil compreensão.

CAPÍTULO II - DO ACESSO A INFORMAÇÕES E DA SUA DIVULGAÇÃO

Art. 6º Cabe aos órgãos e entidades do poder público, observadas as normas e procedimentos específicos aplicáveis, assegurar a:

I - gestão transparente da informação, propiciando amplo acesso a ela e sua divulgação;

II - proteção da informação, garantindo-se sua disponibilidade, autenticidade e integridade; e

III - proteção da informação sigilosa e da informação pessoal, observada a sua disponibilidade, autenticidade, integridade e eventual restrição de acesso.

Art. 7º O acesso à informação de que trata esta Lei compreende, entre outros, os direitos de obter:

I - orientação sobre os procedimentos para a consecução de acesso, bem como sobre o local onde poderá ser encontrada ou obtida a informação almejada;

II - informação contida em registros ou documentos, produzidos ou acumulados por seus órgãos ou entidades, recolhidos ou não a arquivos públicos;

III - informação produzida ou custodiada por pessoa física ou entidade privada decorrente de qualquer vínculo com seus órgãos ou entidades, mesmo que esse vínculo já tenha cessado;

IV - informação primária, íntegra, autêntica e atualizada;

V - informação sobre atividades exercidas pelos órgãos e entidades, inclusive as relativas à sua política, organização e serviços;

VI - informação pertinente à administração do patrimônio público, utilização de recursos públicos, licitação, contratos administrativos; e

VII - informação relativa:

a) à implementação, acompanhamento e resultados dos programas, projetos e ações dos órgãos e entidades públicas, bem como metas e indicadores propostos;

b) ao resultado de inspeções, auditorias, prestações e tomadas de contas realizadas pelos órgãos de controle interno e externo, incluindo prestações de contas relativas a exercícios anteriores.

§ 1º O acesso à informação previsto no caput não compreende as informações referentes a projetos de pesquisa e desenvolvimento científicos ou tecnológicos cujo sigilo seja imprescindível à segurança da sociedade e do Estado.

§ 2º Quando não for autorizado acesso integral à informação por ser ela parcialmente sigilosa, é assegurado o acesso à parte não sigilosa por meio de certidão, extrato ou cópia com ocultação da parte sob sigilo.

§ 3º O direito de acesso aos documentos ou às informações neles contidas utilizados como fundamento da tomada de decisão e do ato administrativo será assegurado com a edição do ato decisório respectivo.

§ 4º A negativa de acesso às informações objeto de pedido formulado aos órgãos e entidades referidas no art. 1º, quando não fundamentada, sujeitará o responsável a medidas disciplinares, nos termos do art. 32 desta Lei.

§ 5º Informado do extravio da informação solicitada, poderá o interessado requerer à autoridade competente a imediata abertura de sindicância para apurar o desaparecimento da respectiva documentação.

§ 6º Verificada a hipótese prevista no § 5º deste artigo, o responsável pela guarda da informação extraviada deverá, no prazo de 10 (dez) dias, justificar o fato e indicar testemunhas que comprovem sua alegação.

Art. 8º É dever dos órgãos e entidades públicas promover, independentemente de requerimentos, a divulgação em local de fácil acesso, no âmbito de suas competências, de informações de interesse coletivo ou geral por eles produzidas ou custodiadas.

§ 1º Na divulgação das informações a que se refere o caput, deverão constar, no mínimo:

I - registro das competências e estrutura organizacional, endereços e telefones das respectivas unidades e horários de atendimento ao público;

II - registros de quaisquer repasses ou transferências de recursos financeiros;

III - registros das despesas;

IV - informações concernentes a procedimentos licitatórios, inclusive os respectivos editais e resultados, bem como a todos os contratos celebrados;

V - dados gerais para o acompanhamento de programas, ações, projetos e obras de órgãos e entidades; e

VI - respostas a perguntas mais frequentes da sociedade.

§ 2º Para cumprimento do disposto no caput, os órgãos e entidades públicas deverão utilizar todos os meios e instrumentos legítimos de que dispuserem, sendo obrigatória a divulgação em sítios oficiais da rede mundial de computadores (internet).

§ 3º Os sítios de que trata o § 2º deverão, na forma de regulamento, atender, entre outros, aos seguintes requisitos:

I - conter ferramenta de pesquisa de conteúdo que permita o acesso à informação de forma objetiva, transparente, clara e em linguagem de fácil compreensão;

II - possibilitar a gravação de relatórios em diversos formatos eletrônicos, inclusive abertos e não proprietários, tais como planilhas e texto, de modo a facilitar a análise das informações;

III - possibilitar o acesso automatizado por sistemas externos em formatos abertos, estruturados e legíveis por máquina;

IV - divulgar em detalhes os formatos utilizados para estruturação da informação;

V - garantir a autenticidade e a integridade das informações disponíveis para acesso;

VI - manter atualizadas as informações disponíveis para acesso;

VII - indicar local e instruções que permitam ao interessado comunicar-se, por via eletrônica ou telefônica, com o órgão ou entidade detentora do sítio; e

VIII - adotar as medidas necessárias para garantir a acessibilidade de conteúdo para pessoas com deficiência, nos termos do art. 17 da Lei nº 10.098, de 19 de dezembro de 2000, e do art. 9º da Convenção sobre os Direitos das Pessoas com Deficiência, aprovada pelo Decreto Legislativo nº 186, de 9 de julho de 2008.

§ 4º Os Municípios com população de até 10.000 (dez mil) habitantes ficam dispensados da divulgação obrigatória na internet a que se refere o § 2º, mantida a obrigatoriedade de divulgação, em tempo real, de informações relativas à execução orçamentária e financeira, nos critérios e prazos previstos no art. 73-B da Lei Complementar nº 101, de 4 de maio de 2000 (Lei de Responsabilidade Fiscal).

LEI Nº 12.527, DE 18 DE NOVEMBRO DE 2011

Art. 9º O acesso a informações públicas será assegurado mediante:

I - criação de serviço de informações ao cidadão, nos órgãos e entidades do poder público, em local com condições apropriadas para:

a) atender e orientar o público quanto ao acesso a informações;

b) informar sobre a tramitação de documentos nas suas respectivas unidades;

c) protocolizar documentos e requerimentos de acesso a informações; e

II - realização de audiências ou consultas públicas, incentivo à participação popular ou a outras formas de divulgação.

CAPÍTULO III - DO PROCEDIMENTO DE ACESSO À INFORMAÇÃO

Seção I - Do Pedido de Acesso

Art. 10. Qualquer interessado poderá apresentar pedido de acesso a informações aos órgãos e entidades referidos no art. 1º desta Lei, por qualquer meio legítimo, devendo o pedido conter a identificação do requerente e a especificação da informação requerida.

§ 1º Para o acesso a informações de interesse público, a identificação do requerente não pode conter exigências que inviabilizem a solicitação.

§ 2º Os órgãos e entidades do poder público devem viabilizar alternativa de encaminhamento de pedidos de acesso por meio de seus sítios oficiais na internet.

§ 3º São vedadas quaisquer exigências relativas aos motivos determinantes da solicitação de informações de interesse público.

Art. 11. O órgão ou entidade pública deverá autorizar ou conceder o acesso imediato à informação disponível.

§ 1º Não sendo possível conceder o acesso imediato, na forma disposta no caput, o órgão ou entidade que receber o pedido deverá, em prazo não superior a 20 (vinte) dias:

I - comunicar a data, local e modo para se realizar a consulta, efetuar a reprodução ou obter a certidão;

II - indicar as razões de fato ou de direito da recusa, total ou parcial, do acesso pretendido; ou

III - comunicar que não possui a informação, indicar, se for do seu conhecimento, o órgão ou a entidade que a detém, ou, ainda, remeter o requerimento a esse órgão ou entidade, cientificando o interessado da remessa de seu pedido de informação.

§ 2º O prazo referido no § 1º poderá ser prorrogado por mais 10 (dez) dias, mediante justificativa expressa, da qual será cientificado o requerente.

§ 3º Sem prejuízo da segurança e da proteção das informações e do cumprimento da legislação aplicável, o órgão ou entidade poderá oferecer meios para que o próprio requerente possa pesquisar a informação de que necessitar.

§ 4º Quando não for autorizado o acesso por se tratar de informação total ou parcialmente sigilosa, o requerente deverá ser informado sobre a possibilidade de recurso, prazos e condições para sua interposição, devendo, ainda, ser-lhe indicada a autoridade competente para sua apreciação.

§ 5º A informação armazenada em formato digital será fornecida nesse formato, caso haja anuência do requerente.

§ 6º Caso a informação solicitada esteja disponível ao público em formato impresso, eletrônico ou em qualquer outro meio de acesso universal, serão informados ao requerente, por escrito, o lugar e a forma pela qual se poderá consultar, obter ou reproduzir a referida informação, procedimento esse que desonerará o órgão ou entidade pública da obrigação de seu fornecimento direto, salvo se o requerente declarar não dispor de meios para realizar por si mesmo tais procedimentos.

Art. 12. O serviço de busca e fornecimento da informação é gratuito, salvo nas hipóteses de reprodução de documentos pelo órgão ou entidade pública consultada, situação em que poderá ser cobrado exclusivamente o valor necessário ao ressarcimento do custo dos serviços e dos materiais utilizados.

Parágrafo único. Estará isento de ressarcir os custos previstos no caput todo aquele cuja situação econômica não lhe permita fazê-lo sem prejuízo do sustento próprio ou da família, declarada nos termos da Lei nº 7.115, de 29 de agosto de 1983.

Art. 13. Quando se tratar de acesso à informação contida em documento cuja manipulação possa prejudicar sua integridade, deverá ser oferecida a consulta de cópia, com certificação de que esta confere com o original.

Parágrafo único. Na impossibilidade de obtenção de cópias, o interessado poderá solicitar que, a suas expensas e sob supervisão de servidor público, a reprodução seja feita por outro meio que não ponha em risco a conservação do documento original.

Art. 14. É direito do requerente obter o inteiro teor de decisão de negativa de acesso, por certidão ou cópia.

Seção II - Dos Recursos

Art. 15. No caso de indeferimento de acesso a informações ou às razões da negativa do acesso, poderá o interessado interpor recurso contra a decisão no prazo de 10 (dez) dias a contar da sua ciência.

Parágrafo único. O recurso será dirigido à autoridade hierarquicamente superior à que exarou a decisão impugnada, que deverá se manifestar no prazo de 5 (cinco) dias.

Art. 16. Negado o acesso a informação pelos órgãos ou entidades do Poder Executivo Federal, o requerente poderá recorrer à Controladoria-Geral da União, que deliberará no prazo de 5 (cinco) dias se:

I - o acesso à informação não classificada como sigilosa for negado;

II - a decisão de negativa de acesso à informação total ou parcialmente classificada como sigilosa não indicar a autoridade classificadora ou a hierarquicamente superior a quem possa ser dirigido pedido de acesso ou desclassificação;

III - os procedimentos de classificação de informação sigilosa estabelecidos nesta Lei não tiverem sido observados; e

IV - estiverem sendo descumpridos prazos ou outros procedimentos previstos nesta Lei.

§ 1º O recurso previsto neste artigo somente poderá ser dirigido à Controladoria-Geral da União depois de submetido à apreciação de pelo menos uma autoridade hierarquicamente superior àquela que exarou a decisão impugnada, que deliberará no prazo de 5 (cinco) dias.

§ 2º Verificada a procedência das razões do recurso, a Controladoria-Geral da União determinará ao órgão ou entidade que adote as providências necessárias para dar cumprimento ao disposto nesta Lei.

§ 3º Negado o acesso à informação pela Controladoria-Geral da União, poderá ser interposto recurso à Comissão Mista de Reavaliação de Informações, a que se refere o art. 35.

Art. 17. No caso de indeferimento de pedido de desclassificação de informação protocolado em órgão da administração pública federal, poderá o requerente recorrer ao Ministro de Estado da área, sem prejuízo das competências da Comissão Mista de Reavaliação de Informações, previstas no art. 35, e do disposto no art. 16.

§ 1º O recurso previsto neste artigo somente poderá ser dirigido às autoridades mencionadas depois de submetido à apreciação de pelo menos uma autoridade hierarquicamente superior à autoridade que exarou a decisão impugnada e, no caso das Forças Armadas, ao respectivo Comando.

§ 2º Indeferido o recurso previsto no caput que tenha como objeto a desclassificação de informação secreta ou ultrasse-

creta, caberá recurso à Comissão Mista de Reavaliação de Informações prevista no art. 35.

Art. 18. Os procedimentos de revisão de decisões denegatórias proferidas no recurso previsto no art. 15 e de revisão de classificação de documentos sigilosos serão objeto de regulamentação própria dos Poderes Legislativo e Judiciário e do Ministério Público, em seus respectivos âmbitos, assegurado ao solicitante, em qualquer caso, o direito de ser informado sobre o andamento de seu pedido.

Art. 19. (VETADO).

§ 1º (VETADO).

§ 2º Os órgãos do Poder Judiciário e do Ministério Público informarão ao Conselho Nacional de Justiça e ao Conselho Nacional do Ministério Público, respectivamente, as decisões que, em grau de recurso, negarem acesso a informações de interesse público.

Art. 20. Aplica-se subsidiariamente, no que couber, a Lei nº 9.784, de 29 de janeiro de 1999, ao procedimento de que trata este Capítulo.

CAPÍTULO IV - DAS RESTRIÇÕES DE ACESSO À INFORMAÇÃO

Seção I - Disposições Gerais

Art. 21. Não poderá ser negado acesso à informação necessária à tutela judicial ou administrativa de direitos fundamentais.

Parágrafo único. As informações ou documentos que versem sobre condutas que impliquem violação dos direitos humanos praticada por agentes públicos ou a mando de autoridades públicas não poderão ser objeto de restrição de acesso.

Art. 22. O disposto nesta Lei não exclui as demais hipóteses legais de sigilo e de segredo de justiça nem as hipóteses de segredo industrial decorrentes da exploração direta de atividade econômica pelo Estado ou por pessoa física ou entidade privada que tenha qualquer vínculo com o poder público.

Seção II - Da Classificação da Informação quanto ao Grau e Prazos de Sigilo

Art. 23. São consideradas imprescindíveis à segurança da sociedade ou do Estado e, portanto, passíveis de classificação as informações cuja divulgação ou acesso irrestrito possam:

I - pôr em risco a defesa e a soberania nacionais ou a integridade do território nacional;

II - prejudicar ou pôr em risco a condução de negociações ou as relações internacionais do País, ou as que tenham sido fornecidas em caráter sigiloso por outros Estados e organismos internacionais;

III - pôr em risco a vida, a segurança ou a saúde da população;

IV - oferecer elevado risco à estabilidade financeira, econômica ou monetária do País;

V - prejudicar ou causar risco a planos ou operações estratégicos das Forças Armadas;

VI - prejudicar ou causar risco a projetos de pesquisa e desenvolvimento científico ou tecnológico, assim como a sistemas, bens, instalações ou áreas de interesse estratégico nacional;

VII - pôr em risco a segurança de instituições ou de altas autoridades nacionais ou estrangeiras e seus familiares; ou

VIII - comprometer atividades de inteligência, bem como de investigação ou fiscalização em andamento, relacionadas com a prevenção ou repressão de infrações.

Art. 24. A informação em poder dos órgãos e entidades públicas, observado o seu teor e em razão de sua imprescindibilidade à segurança da sociedade ou do Estado, poderá ser classificada como ultrassecreta, secreta ou reservada.

§ 1º Os prazos máximos de restrição de acesso à informação, conforme a classificação prevista no caput, vigoram a partir da data de sua produção e são os seguintes:

I - ultrassecreta: 25 (vinte e cinco) anos;

II - secreta: 15 (quinze) anos; e

III - reservada: 5 (cinco) anos.

§ 2º As informações que puderem colocar em risco a segurança do Presidente e Vice-Presidente da República e respectivos cônjuges e filhos(as) serão classificadas como reservadas e ficarão sob sigilo até o término do mandato em exercício ou do último mandato, em caso de reeleição.

§ 3º Alternativamente aos prazos previstos no § 1º, poderá ser estabelecida como termo final de restrição de acesso a ocorrência de determinado evento, desde que este ocorra antes do transcurso do prazo máximo de classificação.

§ 4º Transcorrido o prazo de classificação ou consumado o evento que defina o seu termo final, a informação tornar-se-á, automaticamente, de acesso público.

§ 5º Para a classificação da informação em determinado grau de sigilo, deverá ser observado o interesse público da informação e utilizado o critério menos restritivo possível, considerados:

I - a gravidade do risco ou dano à segurança da sociedade e do Estado; e

II - o prazo máximo de restrição de acesso ou o evento que defina seu termo final.

Seção III - Da Proteção e do Controle de Informações Sigilosas

Art. 25. É dever do Estado controlar o acesso e a divulgação de informações sigilosas produzidas por seus órgãos e entidades, assegurando a sua proteção. (Regulamento)

§ 1º O acesso, a divulgação e o tratamento de informação classificada como sigilosa ficarão restritos a pessoas que tenham necessidade de conhecê-la e que sejam devidamente credenciadas na forma do regulamento, sem prejuízo das atribuições dos agentes públicos autorizados por lei.

§ 2º O acesso à informação classificada como sigilosa cria a obrigação para aquele que a obteve de resguardar o sigilo.

§ 3º Regulamento disporá sobre procedimentos e medidas a serem adotados para o tratamento de informação sigilosa, de modo a protegê-la contra perda, alteração indevida, acesso, transmissão e divulgação não autorizados.

Art. 26. As autoridades públicas adotarão as providências necessárias para que o pessoal a elas subordinado hierarquicamente conheça as normas e observe as medidas e procedimentos de segurança para tratamento de informações sigilosas.

Parágrafo único. A pessoa física ou entidade privada que, em razão de qualquer vínculo com o poder público, executar atividades de tratamento de informações sigilosas adotará as providências necessárias para que seus empregados, prepostos ou representantes observem as medidas e procedimentos de segurança das informações resultantes da aplicação desta Lei.

Seção IV - Dos Procedimentos de Classificação, Reclassificação e Desclassificação

Art. 27. A classificação do sigilo de informações no âmbito da administração pública federal é de competência: (Regulamento)

I - no grau de ultrassecreto, das seguintes autoridades:

a) Presidente da República;

b) Vice-Presidente da República;

c) Ministros de Estado e autoridades com as mesmas prerrogativas;

d) Comandantes da Marinha, do Exército e da Aeronáutica; e

e) Chefes de Missões Diplomáticas e Consulares permanentes no exterior;

II - no grau de secreto, das autoridades referidas no inciso I, dos titulares de autarquias, fundações ou empresas públicas e sociedades de economia mista; e

III - no grau de reservado, das autoridades referidas nos incisos I e II e das que exerçam funções de direção,

LEI Nº 12.527, DE 18 DE NOVEMBRO DE 2011

comando ou chefia, nível DAS 101.5, ou superior, do Grupo-Direção e Assessoramento Superiores, ou de hierarquia equivalente, de acordo com regulamentação específica de cada órgão ou entidade, observado o disposto nesta Lei.

§ 1º A competência prevista nos incisos I e II, no que se refere à classificação como ultrassecreta e secreta, poderá ser delegada pela autoridade responsável a agente público, inclusive em missão no exterior, vedada a subdelegação.

§ 2º A classificação de informação no grau de sigilo ultrassecreto pelas autoridades previstas nas alíneas "d" e "e" do inciso I deverá ser ratificada pelos respectivos Ministros de Estado, no prazo previsto em regulamento.

§ 3º A autoridade ou outro agente público que classificar informação como ultrassecreta deverá encaminhar a decisão de que trata o art. 28 à Comissão Mista de Reavaliação de Informações, a que se refere o art. 35, no prazo previsto em regulamento.

Art. 28. A classificação de informação em qualquer grau de sigilo deverá ser formalizada em decisão que conterá, no mínimo, os seguintes elementos:

I - assunto sobre o qual versa a informação;
II - fundamento da classificação, observados os critérios estabelecidos no art. 24;
III - indicação do prazo de sigilo, contado em anos, meses ou dias, ou do evento que defina o seu termo final, conforme limites previstos no art. 24; e
IV - identificação da autoridade que a classificou.

Parágrafo único. A decisão referida no caput será mantida no mesmo grau de sigilo da informação classificada.

Art. 29. A classificação das informações será reavaliada pela autoridade classificadora ou por autoridade hierarquicamente superior, mediante provocação ou de ofício, nos termos e prazos previstos em regulamento, com vistas à sua desclassificação ou à redução do prazo de sigilo, observado o disposto no art. 24. (Regulamento)

§ 1º O regulamento a que se refere o caput deverá considerar as peculiaridades das informações produzidas no exterior por autoridades ou agentes públicos.

§ 2º Na reavaliação a que se refere o caput, deverão ser examinadas a permanência dos motivos do sigilo e a possibilidade de danos decorrentes do acesso ou da divulgação da informação.

§ 3º Na hipótese de redução do prazo de sigilo da informação, o novo prazo de restrição manterá como termo inicial a data da sua produção.

Art. 30. A autoridade máxima de cada órgão ou entidade publicará, anualmente, em sítio à disposição na internet e destinado à veiculação de dados e informações administrativas, nos termos de regulamento:

I - rol das informações que tenham sido desclassificadas nos últimos 12 (doze) meses;
II - rol de documentos classificados em cada grau de sigilo, com identificação para referência futura;
III - relatório estatístico contendo a quantidade de pedidos de informação recebidos, atendidos e indeferidos, bem como informações genéricas sobre os solicitantes.

§ 1º Os órgãos e entidades deverão manter exemplar da publicação prevista no caput para consulta pública em suas sedes.

§ 2º Os órgãos e entidades manterão extrato com a lista de informações classificadas, acompanhadas da data, do grau de sigilo e dos fundamentos da classificação.

Seção V - Das Informações Pessoais

Art. 31. O tratamento das informações pessoais deve ser feito de forma transparente e com respeito à intimidade, vida privada, honra e imagem das pessoas, bem como às liberdades e garantias individuais.

§ 1º As informações pessoais, a que se refere este artigo, relativas à intimidade, vida privada, honra e imagem:

I - terão seu acesso restrito, independentemente de classificação de sigilo e pelo prazo máximo de 100 (cem) anos a contar da sua data de produção, a agentes públicos legalmente autorizados e à pessoa a que elas se referirem; e
II - poderão ter autorizada sua divulgação ou acesso por terceiros diante de previsão legal ou consentimento expresso da pessoa a que elas se referirem.

§ 2º Aquele que obtiver acesso às informações de que trata este artigo será responsabilizado por seu uso indevido.

§ 3º O consentimento referido no inciso II do § 1º não será exigido quando as informações forem necessárias:

I - à prevenção e diagnóstico médico, quando a pessoa estiver física ou legalmente incapaz, e para utilização única e exclusivamente para o tratamento médico;
II - à realização de estatísticas e pesquisas científicas de evidente interesse público ou geral, previstos em lei, sendo vedada a identificação da pessoa a que as informações se referirem;
III - ao cumprimento de ordem judicial;
IV - à defesa de direitos humanos; ou
V - à proteção do interesse público e geral preponderante.

§ 4º A restrição de acesso à informação relativa à vida privada, honra e imagem de pessoa não poderá ser invocada com o intuito de prejudicar processo de apuração de irregularidades em que o titular das informações estiver envolvido, bem como em ações voltadas para a recuperação de fatos históricos de maior relevância.

§ 5º Regulamento disporá sobre os procedimentos para tratamento de informação pessoal.

CAPÍTULO V - DAS RESPONSABILIDADES

Art. 32. Constituem condutas ilícitas que ensejam responsabilidade do agente público ou militar:

I - recusar-se a fornecer informação requerida nos termos desta Lei, retardar deliberadamente o seu fornecimento ou fornecê-la intencionalmente de forma incorreta, incompleta ou imprecisa;
II - utilizar indevidamente, bem como subtrair, destruir, inutilizar, desfigurar, alterar ou ocultar, total ou parcialmente, informação que se encontre sob sua guarda ou a que tenha acesso ou conhecimento em razão do exercício das atribuições de cargo, emprego ou função pública;
III - agir com dolo ou má-fé na análise das solicitações de acesso à informação;
IV - divulgar ou permitir a divulgação ou acessar ou permitir acesso indevido à informação sigilosa ou informação pessoal;
V - impor sigilo à informação para obter proveito pessoal ou de terceiro, ou para fins de ocultação de ato ilegal cometido por si ou por outrem;
VI - ocultar da revisão de autoridade superior competente informação sigilosa para beneficiar a si ou a outrem, ou em prejuízo de terceiros; e
VII - destruir ou subtrair, por qualquer meio, documentos concernentes a possíveis violações de direitos humanos por parte de agentes do Estado.

§ 1º Atendido o princípio do contraditório, da ampla defesa e do devido processo legal, as condutas descritas no caput serão consideradas:

I - para fins dos regulamentos disciplinares das Forças Armadas, transgressões militares médias ou graves, segundo os critérios neles estabelecidos, desde que não tipificadas em lei como crime ou contravenção penal; ou
II - para fins do disposto na Lei nº 8.112, de 11 de dezembro de 1990, e suas alterações, infrações administrativas, que deverão ser apenadas, no mínimo, com suspensão, segundo os critérios nela estabelecidos.

§ 2º Pelas condutas descritas no caput, poderá o militar ou agente público responder, também, por improbidade adminis-

trativa, conforme o disposto nas Leis nºs 1.079, de 10 de abril de 1950, e 8.429, de 2 de junho de 1992.

Art. 33. A pessoa física ou entidade privada que detiver informações em virtude de vínculo de qualquer natureza com o poder público e deixar de observar o disposto nesta Lei estará sujeita às seguintes sanções:

I - advertência;

II - multa;

III - rescisão do vínculo com o poder público;

IV - suspensão temporária de participar em licitação e impedimento de contratar com a administração pública por prazo não superior a 2 (dois) anos; e

V - declaração de inidoneidade para licitar ou contratar com a administração pública, até que seja promovida a reabilitação perante a própria autoridade que aplicou a penalidade.

§ 1º As sanções previstas nos incisos I, III e IV poderão ser aplicadas juntamente com a do inciso II, assegurado o direito de defesa do interessado, no respectivo processo, no prazo de 10 (dez) dias.

§ 2º A reabilitação referida no inciso V será autorizada somente quando o interessado efetivar o ressarcimento ao órgão ou entidade dos prejuízos resultantes e após decorrido o prazo da sanção aplicada com base no inciso IV.

§ 3º A aplicação da sanção prevista no inciso V é de competência exclusiva da autoridade máxima do órgão ou entidade pública, facultada a defesa do interessado, no respectivo processo, no prazo de 10 (dez) dias da abertura de vista.

Art. 34. Os órgãos e entidades públicas respondem diretamente pelos danos causados em decorrência da divulgação não autorizada ou utilização indevida de informações sigilosas ou informações pessoais, cabendo a apuração de responsabilidade funcional nos casos de dolo ou culpa, assegurado o respectivo direito de regresso.

Parágrafo único. O disposto neste artigo aplica-se à pessoa física ou entidade privada que, em virtude de vínculo de qualquer natureza com órgãos ou entidades, tenha acesso a informação sigilosa ou pessoal e a submeta a tratamento indevido.

CAPÍTULO VI - DISPOSIÇÕES FINAIS E TRANSITÓRIAS

Art. 35. (VETADO).

§ 1º É instituída a Comissão Mista de Reavaliação de Informações, que decidirá, no âmbito da administração pública federal, sobre o tratamento e a classificação de informações sigilosas e terá competência para:

I - requisitar da autoridade que classificar informação como ultrassecreta e secreta esclarecimento ou conteúdo, parcial ou integral da informação;

II - rever a classificação de informações ultrassecretas ou secretas, de ofício ou mediante provocação de pessoa interessada, observado o disposto no art. 7º e demais dispositivos desta Lei; e

III - prorrogar o prazo de sigilo de informação classificada como ultrassecreta, sempre por prazo determinado, enquanto o seu acesso ou divulgação puder ocasionar ameaça externa à soberania nacional ou à integridade do território nacional ou grave risco às relações internacionais do País, observado o prazo previsto no § 1º do art. 24.

§ 2º O prazo referido no inciso III é limitado a uma única renovação.

§ 3º A revisão de ofício a que se refere o inciso II do § 1º deverá ocorrer, no máximo, a cada 4 (quatro) anos, após a reavaliação prevista no art. 39, quando se tratar de documentos ultrassecretos ou secretos.

§ 4º A não deliberação sobre a revisão pela Comissão Mista de Reavaliação de Informações nos prazos previstos no § 3º implicará a desclassificação automática das informações.

§ 5º Regulamento disporá sobre a composição, organização e funcionamento da Comissão Mista de Reavaliação de Informações, observado o mandato de 2 (dois) anos para seus integrantes e demais disposições desta Lei. (Regulamento)

Art. 36. O tratamento de informação sigilosa resultante de tratados, acordos ou atos internacionais atenderá às normas e recomendações constantes desses instrumentos.

Art. 37. É instituído, no âmbito do Gabinete de Segurança Institucional da Presidência da República, o Núcleo de Segurança e Credenciamento (NSC), que tem por objetivos: (Regulamento)

I - promover e propor a regulamentação do credenciamento de segurança de pessoas físicas, empresas, órgãos e entidades para tratamento de informações sigilosas; e

II - garantir a segurança de informações sigilosas, inclusive aquelas provenientes de países ou organizações internacionais com os quais a República Federativa do Brasil tenha firmado tratado, acordo, contrato ou qualquer outro ato internacional, sem prejuízo das atribuições do Ministério das Relações Exteriores e dos demais órgãos competentes.

Parágrafo único. Regulamento disporá sobre a composição, organização e funcionamento do NSC.

Art. 38. Aplica-se, no que couber, a Lei nº 9.507, de 12 de novembro de 1997, em relação à informação de pessoa, física ou jurídica, constante de registro ou banco de dados de entidades governamentais ou de caráter público.

Art. 39. Os órgãos e entidades públicas deverão proceder à reavaliação das informações classificadas como ultrassecretas e secretas no prazo máximo de 2 (dois) anos, contado do termo inicial de vigência desta Lei.

§ 1º A restrição de acesso a informações, em razão da reavaliação prevista no caput, deverá observar os prazos e condições previstos nesta Lei.

§ 2º No âmbito da administração pública federal, a reavaliação prevista no caput poderá ser revista, a qualquer tempo, pela Comissão Mista de Reavaliação de Informações, observados os termos desta Lei.

§ 3º Enquanto não transcorrido o prazo de reavaliação previsto no caput, será mantida a classificação da informação nos termos da legislação precedente.

§ 4º As informações classificadas como secretas e ultrassecretas não reavaliadas no prazo previsto no caput serão consideradas, automaticamente, de acesso público.

Art. 40. No prazo de 60 (sessenta) dias, a contar da vigência desta Lei, o dirigente máximo de cada órgão ou entidade da administração pública federal direta e indireta designará autoridade que lhe seja diretamente subordinada para, no âmbito do respectivo órgão ou entidade, exercer as seguintes atribuições:

I - assegurar o cumprimento das normas relativas ao acesso a informação, de forma eficiente e adequada aos objetivos desta Lei;

II - monitorar a implementação do disposto nesta Lei e apresentar relatórios periódicos sobre o seu cumprimento;

III - recomendar as medidas indispensáveis à implementação e ao aperfeiçoamento das normas e procedimentos necessários ao correto cumprimento do disposto nesta Lei; e

IV - orientar as respectivas unidades no que se refere ao cumprimento do disposto nesta Lei e seus regulamentos.

Art. 41. O Poder Executivo Federal designará órgão da administração pública federal responsável:

I - pela promoção de campanha de abrangência nacional de fomento à cultura da transparência na administração pública e conscientização do direito fundamental de acesso à informação;

II - pelo treinamento de agentes públicos no que se refere ao desenvolvimento de práticas relacionadas à transparência na administração pública;

III - pelo monitoramento da aplicação da lei no âmbito da administração pública federal, concentrando e consolidando a publicação de informações estatísticas relacionadas no art. 30;

IV - pelo encaminhamento ao Congresso Nacional de relatório anual com informações atinentes à implementação desta Lei.

Art. 42. O Poder Executivo regulamentará o disposto nesta Lei no prazo de 180 (cento e oitenta) dias a contar da data de sua publicação.

Art. 43. O inciso VI do art. 116 da Lei no 8.112, de 11 de dezembro de 1990, passa a vigorar com a seguinte redação:
"Art. 116. ..
..

VI - levar as irregularidades de que tiver ciência em razão do cargo ao conhecimento da autoridade superior ou, quando houver suspeita de envolvimento desta, ao conhecimento de outra autoridade competente para apuração;

Art. 44. O Capítulo IV do Título IV da Lei nº 8.112, de 1990, passa a vigorar acrescido do seguinte art. 126-A:

"Art. 126-A. Nenhum servidor poderá ser responsabilizado civil, penal ou administrativamente por dar ciência à autoridade superior ou, quando houver suspeita de envolvimento desta, a outra autoridade competente para apuração de informação concernente à prática de crimes ou improbidade de que tenha conhecimento, ainda que em decorrência do exercício de cargo, emprego ou função pública."

Art. 45. Cabe aos Estados, ao Distrito Federal e aos Municípios, em legislação própria, obedecidas as normas gerais estabelecidas nesta Lei, definir regras específicas, especialmente quanto ao disposto no art. 9º e na Seção II do Capítulo III.

Art. 46. Revogam-se:

I - a Lei nº 11.111, de 5 de maio de 2005 ; e

II - os arts. 22 a 24 da Lei nº 8.159, de 8 de janeiro de 1991.

Art. 47. Esta Lei entra em vigor 180 (cento e oitenta) dias após a data de sua publicação.

3. DECRETO Nº 9.094, DE 17 DE JULHO DE 2017

Regulamenta dispositivos da Lei nº 13.460, de 26 de junho de 2017 , dispõe sobre a simplificação do atendimento prestado aos usuários dos serviços públicos, institui o Cadastro de Pessoas Físicas - CPF como instrumento suficiente e substitutivo para a apresentação de dados do cidadão no exercício de obrigações e direitos e na obtenção de benefícios, ratifica a dispensa do reconhecimento de firma e da autenticação em documentos produzidos no País e institui a Carta de Serviços ao Usuário. (Redação dada pelo Decreto nº 9.723, de 2019)

O PRESIDENTE DA REPÚBLICA , no uso da atribuição que lhe confere o art. 84, caput , inciso VI, alínea "a", da Constituição,

Art. 1º Os órgãos e as entidades do Poder Executivo federal observarão as seguintes diretrizes nas relações entre si e com os usuários dos serviços públicos:

I - presunção de boa-fé;

II - compartilhamento de informações, nos termos da lei;

III - atuação integrada e sistêmica na expedição de atestados, certidões e documentos comprobatórios de regularidade;

IV - racionalização de métodos e procedimentos de controle;

V - eliminação de formalidades e exigências cujo custo econômico ou social seja superior ao risco envolvido;

VI - aplicação de soluções tecnológicas que visem a simplificar processos e procedimentos de atendimento aos usuários dos serviços públicos e a propiciar melhores condições para o compartilhamento das informações;

VII - utilização de linguagem clara, que evite o uso de siglas, jargões e estrangeirismos; e

VIII - articulação com os Estados, o Distrito Federal, os Municípios e os outros Poderes para a integração, racionalização, disponibilização e simplificação de serviços públicos.

Parágrafo único. Usuários dos serviços públicos são as pessoas físicas e jurídicas, de direito público ou privado, diretamente atendidas por serviço público.

CAPÍTULO I - DA RACIONALIZAÇÃO DE EXIGÊNCIAS E DA TROCA DE INFORMAÇÕES

Art. 2º Exceto se houver disposição legal em contrário, os órgãos e as entidades do Poder Executivo federal que necessitarem de documentos comprobatórios de regularidade da situação de usuários dos serviços públicos, de atestados, de certidões ou de outros documentos comprobatórios que constem em base de dados oficial da administração pública federal deverão obtê-los diretamente do órgão ou da entidade responsável pela base de dados, nos termos do disposto no Decreto nº 10.046, de 9 de outubro de 2019, e não poderão exigi-los dos usuários dos serviços públicos. (Redação dada pelo Decreto nº 10.279, de 2020)

Art. 3º Na hipótese de os documentos a que se refere o art. 2º conterem informações de caráter sigiloso sobre os usuários dos serviços públicos, o fornecimento pelo órgão ou pela entidade responsável pela base de dados oficial deverá ser realizado com observância dos requisitos de segurança da informação e das restrições legais. (Redação dada pelo Decreto nº 10.279, de 2020)

Parágrafo único. Quando não for possível a obtenção dos documentos a que a que se refere o art. 2º diretamente do órgão ou da entidade responsável pela base de dados oficial, a comprovação necessária poderá ser feita por meio de declaração escrita e assinada pelo usuário dos serviços públicos, que, na hipótese de declaração falsa, ficará sujeito às sanções administrativas, civis e penais aplicáveis.

Art. 4º Os órgãos e as entidades responsáveis por bases de dados oficiais da administração pública federal prestarão orientações aos órgãos e às entidades públicos interessados para o acesso às informações constantes das bases de dados, observadas as disposições legais aplicáveis.

Art. 5º No atendimento aos usuários dos serviços públicos, os órgãos e as entidades do Poder Executivo federal observarão as seguintes práticas:

I - gratuidade dos atos necessários ao exercício da cidadania, nos termos da Lei nº 9.265, de 12 de fevereiro de 1996 ;

II - padronização de procedimentos referentes à utilização de formulários, guias e outros documentos congêneres; e

III - vedação de recusa de recebimento de requerimentos pelos serviços de protocolo, exceto quando o órgão ou a entidade for manifestamente incompetente.

§ 1º Na hipótese referida no inciso III do caput , os serviços de protocolo deverão prover as informações e as orientações necessárias para que o interessado possa dar andamento ao requerimento.

§ 2º Após a protocolização de requerimento, caso o agente público verifique que o órgão ou a entidade do Poder Executivo federal é incompetente para o exame ou a decisão da matéria, deverá providenciar a remessa imediata do requerimento ao órgão ou à entidade do Poder Executivo federal competente.

§ 3º Quando a remessa referida no § 2º não for possível, o interessado deverá ser comunicado imediatamente do fato para adoção das providências necessárias.

Art. 5º-A Para fins de acesso a informações e serviços, de exercício de obrigações e direitos e de obtenção de benefícios perante os órgãos e as entidades do Poder Executivo federal, o número de inscrição no Cadastro de Pessoas Físicas - CPF é suficiente e substitutivo para a apresentação dos seguintes dados: (Incluído pelo Decreto nº 9.723, de 2019) (Vide Decreto nº 9.723, de 2019)

I - Número de Identificação do Trabalhador - NIT, de que trata o inciso I do caput do art. 3º do Decreto nº 97.936, de 10 de julho de 1989 ; (Incluído pelo Decreto nº 9.723, de 2019)

II - número do cadastro perante o Programa de Integração Social - PIS ou o Programa de Formação do Patrimônio do Servidor Público - Pasep; (Incluído pelo Decreto nº 9.723, de 2019)

III - número e série da Carteira de Trabalho e Previdência Social - CTPS, de que trata o art. 16 da Consolidação das Leis do Trabalho, aprovado pelo Decreto-Lei nº 5.452, de 1º de maio de 1943 ; (Incluído pelo Decreto nº 9.723, de 2019)

IV - número da Permissão para Dirigir ou da Carteira Nacional de Habilitação, de que trata o inciso VII do caput do art. 19 da Lei nº 9.503, de 23 de setembro de 1997 - Código de Trânsito Brasileiro ; (Incluído pelo Decreto nº 9.723, de 2019)

V - número de matrícula em instituições públicas federais de ensino superior; (Incluído pelo Decreto nº 9.723, de 2019)

VI - números dos Certificados de Alistamento Militar, de Reservista, de Dispensa de Incorporação e de Isenção de que trata a Lei nº 4.375, de 17 de agosto de 1964 ; (Incluído pelo Decreto nº 9.723, de 2019)

VII - número de inscrição em conselho de fiscalização de profissão regulamentada; (Incluído pelo Decreto nº 9.723, de 2019)

VIII - número de inscrição no Cadastro Único para Programas Sociais do Governo Federal - CadÚnico, de que trata o Decreto nº 6.135, de 26 de junho de 2007 ; e (Incluído pelo Decreto nº 9.723, de 2019)

IX - demais números de inscrição existentes em bases de dados públicas federais. (Incluído pelo Decreto nº 9.723, de 2019)

§ 1º O disposto no inciso IV do caput não se aplica aos processos administrativos em trâmite nos órgãos federais do Sistema Nacional de Trânsito para os quais seja necessário apresentar o número da Permissão para Dirigir ou da Carteira Nacional de Habilitação para obter acesso à informação. (Incluído pelo Decreto nº 9.723, de 2019)

§ 2º O disposto no inciso VI do caput não se aplica aos processos administrativos em trâmite nos órgãos federais vinculados ao Ministério da Defesa para os quais seja necessário apresentar o número dos Certificados de Alistamento Militar, de Reservista, de Dispensa de Incorporação ou de Isenção para obter acesso à informação. (Incluído pelo Decreto nº 9.723, de 2019)

§ 3º Os cadastros, formulários, sistemas e outros instrumentos exigidos dos usuários para a prestação de serviço público conterão campo de preenchimento obrigatório para registro do número de inscrição no CPF. (Incluído pelo Decreto nº 9.723, de 2019)

§ 4º Ato do Secretário Especial de Desburocratização, Gestão e Governo Digital do Ministério da Economia poderá dispor sobre outras hipóteses, além das previstas no caput . (Incluído pelo Decreto nº 9.723, de 2019)

§ 5º A substituição dos dados constantes nos incisos I a VIII do caput pelo número de inscrição no CPF é ato preparatório à implementação do Documento Nacional de Identidade a que se refere o art. 8º da Lei nº 13.444, de 11 de maio de 2017 . (Incluído pelo Decreto nº 9.723, de 2019)

Art. 6º As exigências necessárias para o requerimento serão feitas desde logo e de uma só vez ao interessado, justificando-se exigência posterior apenas em caso de dúvida superveniente.

Art. 7º Não será exigida prova de fato já comprovado pela apresentação de documento ou informação válida.

Art. 8º Para complementar informações ou solicitar esclarecimentos, a comunicação entre o órgão ou a entidade do Poder Executivo federal e o interessado poderá ser feita por qualquer meio, preferencialmente eletrônico.

Art. 9º Exceto se existir dúvida fundada quanto à autenticidade ou previsão legal, fica dispensado o reconhecimento de firma e a autenticação de cópia dos documentos expedidos no País e destinados a fazer prova junto a órgãos e entidades do Poder Executivo federal.

Art. 10. A apresentaç de documentos por usuários dos serviços públicos poderá ser feita por meio de cópia autenticada, dispensada nova conferência com o documento original.

§ 1º A autenticação de cópia de documentos poderá ser feita, por meio de cotejo da cópia com o documento original, pelo servidor público a quem o documento deva ser apresentado.

§ 2º Constatada, a qualquer tempo, a falsificação de firma ou de cópia de documento público ou particular, o órgão ou a entidade do Poder Executivo federal considerará não satisfeita a exigência documental respectiva e, no prazo de até cinco dias, dará conhecimento do fato à autoridade competente para adoção das providências administrativas, civis e penais cabíveis.

CAPÍTULO II - DA CARTA DE SERVIÇOS AO USUÁRIO

Art. 11. Os órgãos e as entidades do Poder Executivo federal que prestam atendimento aos usuários dos serviços públicos, direta ou indiretamente, deverão elaborar e divulgar Carta de Serviços ao Usuário, no âmbito de sua esfera de competência.

§ 1º A Carta de Serviços ao Usuário tem por objetivo informar aos usuários: (Redação dada pelo Decreto nº 9.723, de 2019)

I - os serviços prestados pelo órgão ou pela entidade do Poder Executivo federal; (Incluído pelo Decreto nº 9.723, de 2019)

II - as formas de acesso aos serviços a que se refere o inciso I; (Incluído pelo Decreto nº 9.723, de 2019)

III - os compromissos e padrões de qualidade do atendimento ao público; e (Incluído pelo Decreto nº 9.723, de 2019)

IV - os serviços publicados no portal único gov.br, nos termos do disposto no Decreto nº 8.936, de 19 de dezembro de 2016. (Redação dada pelo Decreto nº 10332, de 2020)

§ 2º Da Carta de Serviços ao Usuário, deverão constar informações claras e precisas sobre cada um dos serviços prestados, especialmente as relativas:

I - ao serviço oferecido;

II - aos requisitos e aos documentos necessários para acessar o serviço;

III - às etapas para processamento do serviço;

IV - ao prazo para a prestação do serviço;

V - à forma de prestação do serviço;

VI - à forma de comunicação com o solicitante do serviço; e

VII - aos locais e às formas de acessar o serviço.

§ 3º Além das informações referidas no § 2º, a Carta de Serviços ao Usuário deverá, para detalhar o padrão de qualidade do atendimento, estabelecer:

I - os usuários que farão jus à prioridade no atendimento;

II - o tempo de espera para o atendimento;

III - o prazo para a realização dos serviços;

IV - os mecanismos de comunicação com os usuários;

V - os procedimentos para receber, atender, gerir e responder às sugestões e reclamações;

VI - as etapas, presentes e futuras, esperadas para a realização dos serviços, incluídas a estimativas de prazos;

VII - os mecanismos para a consulta pelos usuários acerca das etapas, cumpridas e pendentes, para a realização do serviço solicitado;

VIII - o tratamento a ser dispensado aos usuários quando do atendimento;

IX - os elementos básicos para o sistema de sinalização visual das unidades de atendimento;

X - as condições mínimas a serem observadas pelas unidades de atendimento, em especial no que se refere à acessibilidade, à limpeza e ao conforto;

XI - os procedimentos para atendimento quando o sistema informatizado se encontrar indisponível; e

XII - outras informações julgadas de interesse dos usuários.

CAPÍTULO III - DA RACIONALIZAÇÃO DAS NORMAS

Art. 12. A edição e a alteração das normas relativas ao atendimento dos usuários dos serviços públicos observarão os princípios da eficiência e da economicidade e considerarão os efeitos práticos tanto para a administração pública federal quanto para os usuários.

CAPÍTULO IV - DA SOLICITAÇÃO DE SIMPLIFICAÇÃO

Art. 13. Os usuários dos serviços públicos poderão apresentar Solicitação de Simplificação aos órgãos e às entidades do Poder Executivo federal, por meio de formulário próprio denominado Simplifique!, sempre que vislumbrarem oportunidade de simplificação ou melhoria do serviço público. (Redação dada pelo Decreto nº 10.279, de 2020)

§ 1º A Solicitação de Simplificação deverá ser apresentada, preferencialmente, por meio eletrônico, em canal único oferecido pela Ouvidoria-Geral da União da Controladoria-Geral da União. (Redação dada pelo Decreto nº 9.723, de 2019)

§ 2º Sempre que recebida por meio físico, os órgãos e as entidades deverão digitalizar a Solicitação de Simplificação e promover a sua inserção no canal a que se refere o § 1º.

Art. 14. Do formulário Simplifique! deverá constar:

I - a identificação do solicitante;

II - a especificação do serviço objeto da simplificação;

III - o nome do órgão ou da entidade perante o qual o serviço foi solicitado;

V - a proposta de melhoria do serviço. (Redação dada pelo Decreto nº 10.279, de 2020)

Art. 15. Ato conjunto dos Ministros de Estado da Controladoria-Geral da União e da Economia disciplinará o procedimento aplicável à Solicitação de Simplificação. (Redação dada pelo Decreto nº 9.723, de 2019)

CAPÍTULO V - DAS SANÇÕES PELO DESCUMPRIMENTO

Art. 16. O servidor público ou o militar que descumprir o disposto neste Decreto estará sujeito às penalidades previstas, respectivamente, na Lei nº 8.112, de 11 de dezembro de 1990, e na Lei nº 6.880, de 9 de dezembro de 1980.

Parágrafo único. Os usuários dos serviços públicos que tiverem os direitos garantidos neste Decreto desrespeitados poderão representar à Controladoria-Geral da União. (Redação dada pelo Decreto nº 9.723, de 2019)

Art. 17. Cabe à Controladoria-Geral da União e aos órgãos integrantes do sistema de controle interno do Poder Executivo federal zelar pelo cumprimento do disposto neste Decreto e adotar as providências para a responsabilização dos servidores públicos e dos militares, e de seus superiores hierárquicos, que praticarem atos em desacordo com suas disposições. (Redação dada pelo Decreto nº 9.723, de 2019)

CAPÍTULO VI - DA DIVULGAÇÃO AOS USUÁRIOS DOS SERVIÇOS PÚBLICOS

Art. 18. A Carta de Serviços ao Usuário, a forma de acesso, as orientações de uso e as informações do formulário Simplifique! deverão ser objeto de permanente divulgação aos usuários dos serviços públicos, e mantidos visíveis e acessíveis ao público:

I - no portal único gov.br; e (Redação dada pelo Decreto nº 10332, de 2020)

II - nos portais institucionais e de prestação de serviços na internet, a partir de link de acesso ao Portal de Serviços do Governo Federal. (Redação dada pelo Decreto nº 9.723, de 2019)

II - nos locais de atendimento, por meio de extração das informações do portal único gov.br, em formato impresso. (Redação dada pelo Decreto nº 10332, de 2020)

Art. 18-A. Fica vedado aos órgãos e às entidades da administração pública federal solicitar ao usuário do serviço público requisitos, documentos, informações e procedimentos cuja exigibilidade não esteja informada no portal único gov.br. (Redação dada pelo Decreto nº 10332, de 2020)

§ 2º A criação ou a alteração do rol de requisitos, documentos, informações e procedimentos do serviço público será precedida de publicação no portal único gov.br. (Redação dada pelo Decreto nº 10332, de 2020)

§ 3º A Secretaria de Governo Digital da Secretaria Especial de Desburocratização, Gestão e Governo Digital do Ministério da Economia disponibilizará os meios para publicação dos serviços públicos no portal único gov.br e definirá as regras de acesso e credenciamento e os procedimentos de publicação.

Art. 19. As informações do formulário Simplifique!, de que trata o art. 14, serão divulgadas no painel de monitoramento do desempenho dos serviços públicos prestados a que se refere o inciso V do caput do art. 3º do Decreto nº 8.936, de 19 de dezembro de 2016.

CAPÍTULO VII - DA AVALIAÇÃO E DA MELHORIA DOS SERVIÇOS PÚBLICOS

Art. 20. Os órgãos e as entidades do Poder Executivo federal utilizarão ferramenta de pesquisa de satisfação dos usuários dos seus serviços, disponível no endereço eletrônico www.gov.br/governodigital e os dados obtidos subsidiarão a reorientação e o ajuste da prestação dos serviços. (Redação dada pelo Decreto nº 10332, de 2020)

§ 1º Os canais de ouvidoria e as pesquisas de satisfação objetivam assegurar a efetiva participação dos usuários dos serviços públicos na avaliação e identificar lacunas e deficiências na prestação dos serviços.

§ 2º Os órgãos e as entidades do Poder Executivo federal deverão dar ampla divulgação aos resultados das pesquisas de satisfação.

Art. 20-A. As avaliações da efetividade e dos níveis de satisfação dos usuários, de que trata o art. 24 da Lei nº 13.460, de 2017, serão feitas na forma definida em ato do Secretário de Governo Digital da Secretaria Especial de Desburocratização, Gestão e Governo Digital do Ministério da Economia. (Incluído pelo Decreto nº 9.723, de 2019)

Art. 20-B. A Secretaria de Governo Digital da Secretaria Especial de Desburocratização, Gestão e Governo Digital do Ministério da Economia publicará no portal único gov.br o ranking das entidades com melhor avaliação de serviços por parte dos usuários, de que trata o § 2º do art. 23 da Lei nº 13.460, de 26 de junho de 2017. (Redação dada pelo Decreto nº 10332, de 2020)

CAPÍTULO VIII - DISPOSIÇÕES TRANSITÓRIAS

Art. 21. A Controladoria-Geral da União terá prazo de cento e oitenta dias, contado da data de publicação deste Decreto, para disponibilizar os meios de acesso à Solicitação de Simplificação e ao Simplifique!. (Redação dada pelo Decreto nº 9.723, de 2019)

Art. 22. A Controladoria-Geral da União, por meio da Ouvidoria-Geral da União, e o Ministério da Economia, por meio da Secretaria de Governo Digital da Secretaria Especial de Desburocratização, Gestão e Governo Digital, poderão expedir normas complementares ao disposto neste Decreto. (Redação dada pelo Decreto nº 9.723, de 2019)

Art. 23. O Decreto nº 8.936, de 2016 , passa vigorar com as seguintes alterações:

"Art. 3º ...

..

V - ..

..

b) tempo médio de atendimento;
c) grau de satisfação dos usuários; e
d) número de Solicitações de Simplificação relativas ao serviço." (NR)

Art. 24. Este Decreto entra em vigor na data de sua publicação.

Art. 25. Ficam revogados:

I - o Decreto nº 6.932, de 11 de agosto de 2009 ; e
II - o Decreto nº 5.378, de 23 de fevereiro de 2005 .

PREPARAÇÃO • CONHECIMENTO • APROVAÇÃO

SUSTENTABILIDADE

SUMÁRIO

1. LEI Nº 12.305, DE 2 DE AGOSTO DE 2010 ...978
 TÍTULO I - DISPOSIÇÕES GERAIS .. 978
 CAPÍTULO I - DO OBJETO E DO CAMPO DE APLICAÇÃO 978
 CAPÍTULO II - DEFINIÇÕES ... 978
 TÍTULO II - DA POLÍTICA NACIONAL DE RESÍDUOS SÓLIDOS 979
 CAPÍTULO I - DISPOSIÇÕES GERAIS .. 979
 CAPÍTULO II - DOS PRINCÍPIOS E OBJETIVOS .. 979
 CAPÍTULO III - DOS INSTRUMENTOS ... 979
 TÍTULO III - DAS DIRETRIZES APLICÁVEIS AOS RESÍDUOS SÓLIDOS980
 CAPÍTULO I - DISPOSIÇÕES PRELIMINARES .. 980
 CAPÍTULO II - DOS PLANOS DE RESÍDUOS SÓLIDOS 980
 CAPÍTULO III - DAS RESPONSABILIDADES DOS GERADORES E DO PODER PÚBLICO 983
 CAPÍTULO IV - DOS RESÍDUOS PERIGOSOS .. 985
 CAPÍTULO V - DOS INSTRUMENTOS ECONÔMICOS 985
 CAPÍTULO VI - DAS PROIBIÇÕES ... 986
 TÍTULO IV - DISPOSIÇÕES TRANSITÓRIAS E FINAIS ..986

2. DECRETO Nº 7.746, DE 5 DE JUNHO DE 2012 ... 986

1. LEI Nº 12.305, DE 2 DE AGOSTO DE 2010

Institui a Política Nacional de Resíduos Sólidos; altera a Lei no 9.605, de 12 de fevereiro de 1998; e dá outras providências.

O PRESIDENTE DA REPÚBLICA Faço saber que o Congresso Nacional decreta e eu sanciono a seguinte Lei:

TÍTULO I - DISPOSIÇÕES GERAIS
CAPÍTULO I - DO OBJETO E DO CAMPO DE APLICAÇÃO

Art. 1º Esta Lei institui a Política Nacional de Resíduos Sólidos, dispondo sobre seus princípios, objetivos e instrumentos, bem como sobre as diretrizes relativas à gestão integrada e ao gerenciamento de resíduos sólidos, incluídos os perigosos, às responsabilidades dos geradores e do poder público e aos instrumentos econômicos aplicáveis.

§ 1º Estão sujeitas à observância desta Lei as pessoas físicas ou jurídicas, de direito público ou privado, responsáveis, direta ou indiretamente, pela geração de resíduos sólidos e as que desenvolvam ações relacionadas à gestão integrada ou ao gerenciamento de resíduos sólidos.

§ 2º Esta Lei não se aplica aos rejeitos radioativos, que são regulados por legislação específica.

Art. 2º Aplicam-se aos resíduos sólidos, além do disposto nesta Lei, nas Leis nos 11.445, de 5 de janeiro de 2007, 9.974, de 6 de junho de 2000, e 9.966, de 28 de abril de 2000, as normas estabelecidas pelos órgãos do Sistema Nacional do Meio Ambiente (Sisnama), do Sistema Nacional de Vigilância Sanitária (SNVS), do Sistema Unificado de Atenção à Sanidade Agropecuária (Suasa) e do Sistema Nacional de Metrologia, Normalização e Qualidade Industrial (Sinmetro).

CAPÍTULO II - DEFINIÇÕES

Art. 3º Para os efeitos desta Lei, entende-se por:

I - acordo setorial: ato de natureza contratual firmado entre o poder público e fabricantes, importadores, distribuidores ou comerciantes, tendo em vista a implantação da responsabilidade compartilhada pelo ciclo de vida do produto;

II - área contaminada: local onde há contaminação causada pela disposição, regular ou irregular, de quaisquer substâncias ou resíduos;

III - área órfã contaminada: área contaminada cujos responsáveis pela disposição não sejam identificáveis ou individualizáveis;

IV - ciclo de vida do produto: série de etapas que envolvem o desenvolvimento do produto, a obtenção de matérias-primas e insumos, o processo produtivo, o consumo e a disposição final;

V - coleta seletiva: coleta de resíduos sólidos previamente segregados conforme sua constituição ou composição;

VI - controle social: conjunto de mecanismos e procedimentos que garantam à sociedade informações e participação nos processos de formulação, implementação e avaliação das políticas públicas relacionadas aos resíduos sólidos;

VII - destinação final ambientalmente adequada: destinação de resíduos que inclui a reutilização, a reciclagem, a compostagem, a recuperação e o aproveitamento energético ou outras destinações admitidas pelos órgãos competentes do Sisnama, do SNVS e do Suasa, entre elas a disposição final, observando normas operacionais específicas de modo a evitar danos ou riscos à saúde pública e à segurança e a minimizar os impactos ambientais adversos;

VIII - disposição final ambientalmente adequada: distribuição ordenada de rejeitos em aterros, observando normas operacionais específicas de modo a evitar danos ou riscos à saúde pública e à segurança e a minimizar os impactos ambientais adversos;

IX - geradores de resíduos sólidos: pessoas físicas ou jurídicas, de direito público ou privado, que geram resíduos sólidos por meio de suas atividades, nelas incluído o consumo;

X - gerenciamento de resíduos sólidos: conjunto de ações exercidas, direta ou indiretamente, nas etapas de coleta, transporte, transbordo, tratamento e destinação final ambientalmente adequada dos resíduos sólidos e disposição final ambientalmente adequada dos rejeitos, de acordo com plano municipal de gestão integrada de resíduos sólidos ou com plano de gerenciamento de resíduos sólidos, exigidos na forma desta Lei;

XI - gestão integrada de resíduos sólidos: conjunto de ações voltadas para a busca de soluções para os resíduos sólidos, de forma a considerar as dimensões política, econômica, ambiental, cultural e social, com controle social e sob a premissa do desenvolvimento sustentável;

XII - logística reversa: instrumento de desenvolvimento econômico e social caracterizado por um conjunto de ações, procedimentos e meios destinados a viabilizar a coleta e a restituição dos resíduos sólidos ao setor empresarial, para reaproveitamento, em seu ciclo ou em outros ciclos produtivos, ou outra destinação final ambientalmente adequada;

XIII - padrões sustentáveis de produção e consumo: produção e consumo de bens e serviços de forma a atender as necessidades das atuais gerações e permitir melhores condições de vida, sem comprometer a qualidade ambiental e o atendimento das necessidades das gerações futuras;

XIV - reciclagem: processo de transformação dos resíduos sólidos que envolve a alteração de suas propriedades físicas, físico-químicas ou biológicas, com vistas à transformação em insumos ou novos produtos, observadas as condições e os padrões estabelecidos pelos órgãos competentes do Sisnama e, se couber, do SNVS e do Suasa;

XV - rejeitos: resíduos sólidos que, depois de esgotadas todas as possibilidades de tratamento e recuperação por processos tecnológicos disponíveis e economicamente viáveis, não apresentem outra possibilidade que não a disposição final ambientalmente adequada;

XVI - resíduos sólidos: material, substância, objeto ou bem descartado resultante de atividades humanas em sociedade, a cuja destinação final se procede, se propõe proceder ou se está obrigado a proceder, nos estados sólido ou semissólido, bem como gases contidos em recipientes e líquidos cujas particularidades tornem inviável o seu lançamento na rede pública de esgotos ou em corpos d'água, ou exijam para isso soluções técnica ou economicamente inviáveis em face da melhor tecnologia disponível;

XVII - responsabilidade compartilhada pelo ciclo de vida dos produtos: conjunto de atribuições individualizadas e encadeadas dos fabricantes, importadores, distribuidores e comerciantes, dos consumidores e dos titulares dos serviços públicos de limpeza urbana e de manejo dos resíduos sólidos, para minimizar o volume de resíduos sólidos e rejeitos gerados, bem como para reduzir os impactos causados à saúde humana e à qualidade ambiental decorrentes do ciclo de vida dos produtos, nos termos desta Lei;

XVIII - reutilização: processo de aproveitamento dos resíduos sólidos sem sua transformação biológica, física ou físico-química, observadas as condições e os padrões estabelecidos pelos órgãos competentes do Sisnama e, se couber, do SNVS e do Suasa;

XIX - serviço público de limpeza urbana e de manejo de resíduos sólidos: conjunto de atividades previstas no art. 7º da Lei nº 11.445, de 2007.

TÍTULO II - DA POLÍTICA NACIONAL DE RESÍDUOS SÓLIDOS

CAPÍTULO I - DISPOSIÇÕES GERAIS

Art. 4º A Política Nacional de Resíduos Sólidos reúne o conjunto de princípios, objetivos, instrumentos, diretrizes, metas e ações adotados pelo Governo Federal, isoladamente ou em regime de cooperação com Estados, Distrito Federal, Municípios ou particulares, com vistas à gestão integrada e ao gerenciamento ambientalmente adequado dos resíduos sólidos.

Art. 5º A Política Nacional de Resíduos Sólidos integra a Política Nacional do Meio Ambiente e articula-se com a Política Nacional de Educação Ambiental, regulada pela Lei no 9.795, de 27 de abril de 1999, com a Política Federal de Saneamento Básico, regulada pela Lei nº 11.445, de 2007, e com a Lei no 11.107, de 6 de abril de 2005.

CAPÍTULO II - DOS PRINCÍPIOS E OBJETIVOS

Art. 6º São princípios da Política Nacional de Resíduos Sólidos:

I - a prevenção e a precaução;

II - o poluidor-pagador e o protetor-recebedor;

III - a visão sistêmica, na gestão dos resíduos sólidos, que considere as variáveis ambiental, social, cultural, econômica, tecnológica e de saúde pública;

IV - o desenvolvimento sustentável;

V - a ecoeficiência, mediante a compatibilização entre o fornecimento, a preços competitivos, de bens e serviços qualificados que satisfaçam as necessidades humanas e tragam qualidade de vida e a redução do impacto ambiental e do consumo de recursos naturais a um nível, no mínimo, equivalente à capacidade de sustentação estimada do planeta;

VI - a cooperação entre as diferentes esferas do poder público, o setor empresarial e demais segmentos da sociedade;

VII - a responsabilidade compartilhada pelo ciclo de vida dos produtos;

VIII - o reconhecimento do resíduo sólido reutilizável e reciclável como um bem econômico e de valor social, gerador de trabalho e renda e promotor de cidadania;

IX - o respeito às diversidades locais e regionais;

X - o direito da sociedade à informação e ao controle social;

XI - a razoabilidade e a proporcionalidade.

Art. 7º São objetivos da Política Nacional de Resíduos Sólidos:

I - proteção da saúde pública e da qualidade ambiental;

II - não geração, redução, reutilização, reciclagem e tratamento dos resíduos sólidos, bem como disposição final ambientalmente adequada dos rejeitos;

III - estímulo à adoção de padrões sustentáveis de produção e consumo de bens e serviços;

IV - adoção, desenvolvimento e aprimoramento de tecnologias limpas como forma de minimizar impactos ambientais;

V - redução do volume e da periculosidade dos resíduos perigosos;

VI - incentivo à indústria da reciclagem, tendo em vista fomentar o uso de matérias-primas e insumos derivados de materiais recicláveis e reciclados;

VII - gestão integrada de resíduos sólidos;

VIII - articulação entre as diferentes esferas do poder público, e destas com o setor empresarial, com vistas à cooperação técnica e financeira para a gestão integrada de resíduos sólidos;

IX - capacitação técnica continuada na área de resíduos sólidos;

X - regularidade, continuidade, funcionalidade e universalização da prestação dos serviços públicos de limpeza urbana e de manejo de resíduos sólidos, com adoção de mecanismos gerenciais e econômicos que assegurem a recuperação dos custos dos serviços prestados, como forma de garantir sua sustentabilidade operacional e financeira, observada a Lei nº 11.445, de 2007;

XI - prioridade, nas aquisições e contratações governamentais, para:

a) produtos reciclados e recicláveis;

b) bens, serviços e obras que considerem critérios compatíveis com padrões de consumo social e ambientalmente sustentáveis;

XII - integração dos catadores de materiais reutilizáveis e recicláveis nas ações que envolvam a responsabilidade compartilhada pelo ciclo de vida dos produtos;

XIII - estímulo à implementação da avaliação do ciclo de vida do produto;

XIV - incentivo ao desenvolvimento de sistemas de gestão ambiental e empresarial voltados para a melhoria dos processos produtivos e ao reaproveitamento dos resíduos sólidos, incluídos a recuperação e o aproveitamento energético;

XV - estímulo à rotulagem ambiental e ao consumo sustentável.

CAPÍTULO III - DOS INSTRUMENTOS

Art. 8º São instrumentos da Política Nacional de Resíduos Sólidos, entre outros:

I - os planos de resíduos sólidos;

II - os inventários e o sistema declaratório anual de resíduos sólidos;

III - a coleta seletiva, os sistemas de logística reversa e outras ferramentas relacionadas à implementação da responsabilidade compartilhada pelo ciclo de vida dos produtos;

IV - o incentivo à criação e ao desenvolvimento de cooperativas ou de outras formas de associação de catadores de materiais reutilizáveis e recicláveis;

V - o monitoramento e a fiscalização ambiental, sanitária e agropecuária;

VI - a cooperação técnica e financeira entre os setores público e privado para o desenvolvimento de pesquisas de novos produtos, métodos, processos e tecnologias de gestão, reciclagem, reutilização, tratamento de resíduos e disposição final ambientalmente adequada de rejeitos;

VII - a pesquisa científica e tecnológica;

VIII - a educação ambiental;

IX - os incentivos fiscais, financeiros e creditícios;

X - o Fundo Nacional do Meio Ambiente e o Fundo Nacional de Desenvolvimento Científico e Tecnológico;

XI - o Sistema Nacional de Informações sobre a Gestão dos Resíduos Sólidos (Sinir);

XII - o Sistema Nacional de Informações em Saneamento Básico (Sinisa);

XIII - os conselhos de meio ambiente e, no que couber, os de saúde;

XIV - os órgãos colegiados municipais destinados ao controle social dos serviços de resíduos sólidos urbanos;

XV - o Cadastro Nacional de Operadores de Resíduos Perigosos;

XVI - os acordos setoriais;

XVII - no que couber, os instrumentos da Política Nacional de Meio Ambiente, entre eles: a) os padrões de qualidade ambiental;

b) o Cadastro Técnico Federal de Atividades Potencialmente Poluidoras ou Utilizadoras de Recursos Ambientais;

c) o Cadastro Técnico Federal de Atividades e Instrumentos de Defesa Ambiental;

d) a avaliação de impactos ambientais;

e) o Sistema Nacional de Informação sobre Meio Ambiente (Sinima);

f) o licenciamento e a revisão de atividades efetiva ou potencialmente poluidoras;

LEI Nº 12.305, DE 2 DE AGOSTO DE 2010

XVIII - os termos de compromisso e os termos de ajustamento de conduta; XIX - o incentivo à adoção de consórcios ou de outras formas de cooperação entre os entes federados, com vistas à elevação das escalas de aproveitamento e à redução dos custos envolvidos.

TÍTULO III - DAS DIRETRIZES APLICÁVEIS AOS RESÍDUOS SÓLIDOS

CAPÍTULO I - DISPOSIÇÕES PRELIMINARES

Art. 9º Na gestão e gerenciamento de resíduos sólidos, deve ser observada a seguinte ordem de prioridade: não geração, redução, reutilização, reciclagem, tratamento dos resíduos sólidos e disposição final ambientalmente adequada dos rejeitos.

§ 1º Poderão ser utilizadas tecnologias visando à recuperação energética dos resíduos sólidos urbanos, desde que tenha sido comprovada sua viabilidade técnica e ambiental e com a implantação de programa de monitoramento de emissão de gases tóxicos aprovado pelo órgão ambiental.

§ 2º A Política Nacional de Resíduos Sólidos e as Políticas de Resíduos Sólidos dos Estados, do Distrito Federal e dos Municípios serão compatíveis com o disposto no caput e no § 1º deste artigo e com as demais diretrizes estabelecidas nesta Lei.

Art. 10. Incumbe ao Distrito Federal e aos Municípios a gestão integrada dos resíduos sólidos gerados nos respectivos territórios, sem prejuízo das competências de controle e fiscalização dos órgãos federais e estaduais do Sisnama, do SNVS e do Suasa, bem como da responsabilidade do gerador pelo gerenciamento de resíduos, consoante o estabelecido nesta Lei.

Art. 11. Observadas as diretrizes e demais determinações estabelecidas nesta Lei e em seu regulamento, incumbe aos Estados:

I - promover a integração da organização, do planejamento e da execução das funções públicas de interesse comum relacionadas à gestão dos resíduos sólidos nas regiões metropolitanas, aglomerações urbanas e microrregiões, nos termos da lei complementar estadual prevista no § 3º do art. 25 da Constituição Federal;

II - controlar e fiscalizar as atividades dos geradores sujeitas a licenciamento ambiental pelo órgão estadual do Sisnama.

Parágrafo único. A atuação do Estado na forma do caput deve apoiar e priorizar as iniciativas do Município de soluções consorciadas ou compartilhadas entre 2 (dois) ou mais Municípios.

Art. 12. A União, os Estados, o Distrito Federal e os Municípios organizarão e manterão, de forma conjunta, o Sistema Nacional de Informações sobre a Gestão dos Resíduos Sólidos (Sinir), articulado com o Sinisa e o Sinima.

Parágrafo único. Incumbe aos Estados, ao Distrito Federal e aos Municípios fornecer ao órgão federal responsável pela coordenação do Sinir todas as informações necessárias sobre os resíduos sob sua esfera de competência, na forma e na periodicidade estabelecidas em regulamento.

Art. 13. Para os efeitos desta Lei, os resíduos sólidos têm a seguinte classificação:

I - quanto à origem:
a) resíduos domiciliares: os originários de atividades domésticas em residências urbanas;
b) resíduos de limpeza urbana: os originários da varrição, limpeza de logradouros e vias públicas e outros serviços de limpeza urbana;
c) resíduos sólidos urbanos: os englobados nas alíneas "a" e "b";
d) resíduos de estabelecimentos comerciais e prestadores de serviços: os gerados nessas atividades, excetuados os referidos nas alíneas "b", "e", "g", "h" e "j";
e) resíduos dos serviços públicos de saneamento básico: os gerados nessas atividades, excetuados os referidos na alínea "c";
f) resíduos industriais: os gerados nos processos produtivos e instalações industriais;
g) resíduos de serviços de saúde: os gerados nos serviços de saúde, conforme definido em regulamento ou em normas estabelecidas pelos órgãos do Sisnama e do SNVS;
h) resíduos da construção civil: os gerados nas construções, reformas, reparos e demolições de obras de construção civil, incluídos os resultantes da preparação e escavação de terrenos para obras civis;
i) resíduos agrossilvopastoris: os gerados nas atividades agropecuárias e silviculturais, incluídos os relacionados a insumos utilizados nessas atividades;
j) resíduos de serviços de transportes: os originários de portos, aeroportos, terminais alfandegários, rodoviários e ferroviários e passagens de fronteira;
k) resíduos de mineração: os gerados na atividade de pesquisa, extração ou beneficiamento de minérios;

II - quanto à periculosidade:
a) resíduos perigosos: aqueles que, em razão de suas características de inflamabilidade, corrosividade, reatividade, toxicidade, patogenicidade, carcinogenicidade, teratogenicidade e mutagenicidade, apresentam significativo risco à saúde pública ou à qualidade ambiental, de acordo com lei, regulamento ou norma técnica;
b) resíduos não perigosos: aqueles não enquadrados na alínea "a".

Parágrafo único. Respeitado o disposto no art. 20, os resíduos referidos na alínea "d" do inciso I do caput, se caracterizados como não perigosos, podem, em razão de sua natureza, composição ou volume, ser equiparados aos resíduos domiciliares pelo poder público municipal.

CAPÍTULO II - DOS PLANOS DE RESÍDUOS SÓLIDOS

Seção I - Disposições Gerais

Art. 14. São planos de resíduos sólidos:
I - o Plano Nacional de Resíduos Sólidos;
II - os planos estaduais de resíduos sólidos;
III - os planos microrregionais de resíduos sólidos e os planos de resíduos sólidos de regiões metropolitanas ou aglomerações urbanas;
IV - os planos intermunicipais de resíduos sólidos;
V - os planos municipais de gestão integrada de resíduos sólidos;
VI - os planos de gerenciamento de resíduos sólidos.

Parágrafo único. É assegurada ampla publicidade ao conteúdo dos planos de resíduos sólidos, bem como controle social em sua formulação, implementação e operacionalização, observado o disposto na Lei no 10.650, de 16 de abril de 2003, e no art. 47 da Lei nº 11.445, de 2007.

Seção II - Do Plano Nacional de Resíduos Sólidos

Art. 15. A União elaborará, sob a coordenação do Ministério do Meio Ambiente, o Plano Nacional de Resíduos Sólidos, com vigência por prazo indeterminado e horizonte de 20 (vinte) anos, a ser atualizado a cada 4 (quatro) anos, tendo como conteúdo mínimo:

I - diagnóstico da situação atual dos resíduos sólidos;
II - proposição de cenários, incluindo tendências internacionais e macroeconômicas;
III - metas de redução, reutilização, reciclagem, entre outras, com vistas a reduzir a quantidade de resíduos e rejeitos encaminhados para disposição final ambientalmente adequada;
IV - metas para o aproveitamento energético dos gases gerados nas unidades de disposição final de resíduos sólidos;
V - metas para a eliminação e recuperação de lixões, associadas à inclusão social e à emancipação econômica de catadores de materiais reutilizáveis e recicláveis;

VI - programas, projetos e ações para o atendimento das metas previstas;

VII - normas e condicionantes técnicas para o acesso a recursos da União, para a obtenção de seu aval ou para o acesso a recursos administrados, direta ou indiretamente, por entidade federal, quando destinados a ações e programas de interesse dos resíduos sólidos;

VIII - medidas para incentivar e viabilizar a gestão regionalizada dos resíduos sólidos;

IX - diretrizes para o planejamento e demais atividades de gestão de resíduos sólidos das regiões integradas de desenvolvimento instituídas por lei complementar, bem como para as áreas de especial interesse turístico;

X - normas e diretrizes para a disposição final de rejeitos e, quando couber, de resíduos;

XI - meios a serem utilizados para o controle e a fiscalização, no âmbito nacional, de sua implementação e operacionalização, assegurado o controle social.

Parágrafo único. O Plano Nacional de Resíduos Sólidos será elaborado mediante processo de mobilização e participação social, incluindo a realização de audiências e consultas públicas.

Seção III - Dos Planos Estaduais de Resíduos Sólidos

Art. 16. A elaboração de plano estadual de resíduos sólidos, nos termos previstos por esta Lei, é condição para os Estados terem acesso a recursos da União, ou por ela controlados, destinados a empreendimentos e serviços relacionados à gestão de resíduos sólidos, ou para serem beneficiados por incentivos ou financiamentos de entidades federais de crédito ou fomento para tal finalidade.

§ 1º Serão priorizados no acesso aos recursos da União referidos no caput os Estados que instituírem microrregiões, consoante o § 3º do art. 25 da Constituição Federal, para integrar a organização, o planejamento e a execução das ações a cargo de Municípios limítrofes na gestão dos resíduos sólidos.

§ 2º Serão estabelecidas em regulamento normas complementares sobre o acesso aos recursos da União na forma deste artigo.

§ 3º Respeitada a responsabilidade dos geradores nos termos desta Lei, as microrregiões instituídas conforme previsto no § 1º abrangem atividades de coleta seletiva, recuperação e reciclagem, tratamento e destinação final dos resíduos sólidos urbanos, a gestão de resíduos de construção civil, de serviços de transporte, de serviços de saúde, agrossilvopastoris ou outros resíduos, de acordo com as peculiaridades microrregionais.

Art. 17. O plano estadual de resíduos sólidos será elaborado para vigência por prazo indeterminado, abrangendo todo o território do Estado, com horizonte de atuação de 20 (vinte) anos e revisões a cada 4 (quatro) anos, e tendo como conteúdo mínimo:

I - diagnóstico, incluída a identificação dos principais fluxos de resíduos no Estado e seus impactos socioeconômicos e ambientais;

II - proposição de cenários;

III - metas de redução, reutilização, reciclagem, entre outras, com vistas a reduzir a quantidade de resíduos e rejeitos encaminhados para disposição final ambientalmente adequada;

IV - metas para o aproveitamento energético dos gases gerados nas unidades de disposição final de resíduos sólidos;

V - metas para a eliminação e recuperação de lixões, associadas à inclusão social e à emancipação econômica de catadores de materiais reutilizáveis e recicláveis;

VI - programas, projetos e ações para o atendimento das metas previstas;

VII - normas e condicionantes técnicas para o acesso a recursos do Estado, para a obtenção de seu aval ou para o acesso de recursos administrados, direta ou indiretamente, por entidade estadual, quando destinados às ações e programas de interesse dos resíduos sólidos;

VIII - medidas para incentivar e viabilizar a gestão consorciada ou compartilhada dos resíduos sólidos;

IX - diretrizes para o planejamento e demais atividades de gestão de resíduos sólidos de regiões metropolitanas, aglomerações urbanas e microrregiões;

X - normas e diretrizes para a disposição final de rejeitos e, quando couber, de resíduos, respeitadas as disposições estabelecidas em âmbito nacional;

XI - previsão, em conformidade com os demais instrumentos de planejamento territorial, especialmente o zoneamento ecológico-econômico e o zoneamento costeiro, de:

a) zonas favoráveis para a localização de unidades de tratamento de resíduos sólidos ou de disposição final de rejeitos;

b) áreas degradadas em razão de disposição inadequada de resíduos sólidos ou rejeitos a serem objeto de recuperação ambiental;

XII - meios a serem utilizados para o controle e a fiscalização, no âmbito estadual, de sua implementação e operacionalização, assegurado o controle social.

§ 1º Além do plano estadual de resíduos sólidos, os Estados poderão elaborar planos microrregionais de resíduos sólidos, bem como planos específicos direcionados às regiões metropolitanas ou às aglomerações urbanas.

§ 2º A elaboração e a implementação pelos Estados de planos microrregionais de resíduos sólidos, ou de planos de regiões metropolitanas ou aglomerações urbanas, em consonância com o previsto no § 1º, dar-se-ão obrigatoriamente com a participação dos Municípios envolvidos e não excluem nem substituem qualquer das prerrogativas a cargo dos Municípios previstas por esta Lei.

§ 3º Respeitada a responsabilidade dos geradores nos termos desta Lei, o plano microrregional de resíduos sólidos deve atender ao previsto para o plano estadual e estabelecer soluções integradas para a coleta seletiva, a recuperação e a reciclagem, o tratamento e a destinação final dos resíduos sólidos urbanos e, consideradas as peculiaridades microrregionais, outros tipos de resíduos.

Seção IV - Dos Planos Municipais de Gestão Integrada de Resíduos Sólidos

Art. 18. A elaboração de plano municipal de gestão integrada de resíduos sólidos, nos termos previstos por esta Lei, é condição para o Distrito Federal e os Municípios terem acesso a recursos da União, ou por ela controlados, destinados a empreendimentos e serviços relacionados à limpeza urbana e ao manejo de resíduos sólidos, ou para serem beneficiados por incentivos ou financiamentos de entidades federais de crédito ou fomento para tal finalidade.

§ 1º Serão priorizados no acesso aos recursos da União referidos no caput os Municípios que:

I - optarem por soluções consorciadas intermunicipais para a gestão dos resíduos sólidos, incluída a elaboração e implementação de plano intermunicipal, ou que se inserirem de forma voluntária nos planos microrregionais de resíduos sólidos referidos no § 1º do art. 16;

II - implantarem a coleta seletiva com a participação de cooperativas ou outras formas de associação de catadores de materiais reutilizáveis e recicláveis formadas por pessoas físicas de baixa renda.

§ 2º Serão estabelecidas em regulamento normas complementares sobre o acesso aos recursos da União na forma deste artigo.

Art. 19. O plano municipal de gestão integrada de resíduos sólidos tem o seguinte conteúdo mínimo:

I - diagnóstico da situação dos resíduos sólidos gerados no respectivo território, contendo a origem, o volume, a

LEI Nº 12.305, DE 2 DE AGOSTO DE 2010

caracterização dos resíduos e as formas de destinação e disposição final adotadas;

II - identificação de áreas favoráveis para disposição final ambientalmente adequada de rejeitos, observado o plano diretor de que trata o § 1º do art. 182 da Constituição Federal e o zoneamento ambiental, se houver;

III - identificação das possibilidades de implantação de soluções consorciadas ou compartilhadas com outros Municípios, considerando, nos critérios de economia de escala, a proximidade dos locais estabelecidos e as formas de prevenção dos riscos ambientais;

IV - identificação dos resíduos sólidos e dos geradores sujeitos a plano de gerenciamento específico nos termos do art. 20 ou a sistema de logística reversa na forma do art. 33, observadas as disposições desta Lei e de seu regulamento, bem como as normas estabelecidas pelos órgãos do Sisnama e do SNVS;

V - procedimentos operacionais e especificações mínimas a serem adotados nos serviços públicos de limpeza urbana e de manejo de resíduos sólidos, incluída a disposição final ambientalmente adequada dos rejeitos e observada a Lei nº 11.445, de 2007;

VI - indicadores de desempenho operacional e ambiental dos serviços públicos de limpeza urbana e de manejo de resíduos sólidos;

VII - regras para o transporte e outras etapas do gerenciamento de resíduos sólidos de que trata o art. 20, observadas as normas estabelecidas pelos órgãos do Sisnama e do SNVS e demais disposições pertinentes da legislação federal e estadual;

VIII - definição das responsabilidades quanto à sua implementação e operacionalização, incluídas as etapas do plano de gerenciamento de resíduos sólidos a que se refere o art. 20 a cargo do poder público;

IX - programas e ações de capacitação técnica voltados para sua implementação e operacionalização;

X - programas e ações de educação ambiental que promovam a não geração, a redução, a reutilização e a reciclagem de resíduos sólidos;

XI - programas e ações para a participação dos grupos interessados, em especial das cooperativas ou outras formas de associação de catadores de materiais reutilizáveis e recicláveis formadas por pessoas físicas de baixa renda, se houver;

XII - mecanismos para a criação de fontes de negócios, emprego e renda, mediante a valorização dos resíduos sólidos;

XIII - sistema de cálculo dos custos da prestação dos serviços públicos de limpeza urbana e de manejo de resíduos sólidos, bem como a forma de cobrança desses serviços, observada a Lei nº 11.445, de 2007;

XIV - metas de redução, reutilização, coleta seletiva e reciclagem, entre outras, com vistas a reduzir a quantidade de rejeitos encaminhados para disposição final ambientalmente adequada;

XV - descrição das formas e dos limites da participação do poder público local na coleta seletiva e na logística reversa, respeitado o disposto no art. 33, e de outras ações relativas à responsabilidade compartilhada pelo ciclo de vida dos produtos;

XVI - meios a serem utilizados para o controle e a fiscalização, no âmbito local, da implementação e operacionalização dos planos de gerenciamento de resíduos sólidos de que trata o art. 20 e dos sistemas de logística reversa previstos no art. 33;

XVII - ações preventivas e corretivas a serem praticadas, incluindo programa de monitoramento;

XVIII - identificação dos passivos ambientais relacionados aos resíduos sólidos, incluindo áreas contaminadas, e respectivas medidas saneadoras;

XIX - periodicidade de sua revisão, observado prioritariamente o período de vigência do plano plurianual municipal.

§ 1º O plano municipal de gestão integrada de resíduos sólidos pode estar inserido no plano de saneamento básico previsto no art. 19 da Lei nº 11.445, de 2007, respeitado o conteúdo mínimo previsto nos incisos do caput e observado o disposto no § 2º, todos deste artigo.

§ 2º Para Municípios com menos de 20.000 (vinte mil) habitantes, o plano municipal de gestão integrada de resíduos sólidos terá conteúdo simplificado, na forma do regulamento.

§ 3º O disposto no § 2º não se aplica a Municípios:

I - integrantes de áreas de especial interesse turístico;

II - inseridos na área de influência de empreendimentos ou atividades com significativo impacto ambiental de âmbito regional ou nacional;

III - cujo território abranja, total ou parcialmente, Unidades de Conservação.

§ 4º A existência de plano municipal de gestão integrada de resíduos sólidos não exime o Município ou o Distrito Federal do licenciamento ambiental de aterros sanitários e de outras infraestruturas e instalações operacionais integrantes do serviço público de limpeza urbana e de manejo de resíduos sólidos pelo órgão competente do Sisnama.

§ 5º Na definição de responsabilidades na forma do inciso VIII do caput deste artigo, é vedado atribuir ao serviço público de limpeza urbana e de manejo de resíduos sólidos a realização de etapas do gerenciamento dos resíduos a que se refere o art. 20 em desacordo com a respectiva licença ambiental ou com normas estabelecidas pelos órgãos do Sisnama e, se couber, do SNVS.

§ 6º Além do disposto nos incisos I a XIX do caput deste artigo, o plano municipal de gestão integrada de resíduos sólidos contemplará ações específicas a serem desenvolvidas no âmbito dos órgãos da administração pública, com vistas à utilização racional dos recursos ambientais, ao combate a todas as formas de desperdício e à minimização da geração de resíduos sólidos.

§ 7º O conteúdo do plano municipal de gestão integrada de resíduos sólidos será disponibilizado para o Sinir, na forma do regulamento.

§ 8º A inexistência do plano municipal de gestão integrada de resíduos sólidos não pode ser utilizada para impedir a instalação ou a operação de empreendimentos ou atividades devidamente licenciados pelos órgãos competentes.

§ 9º Nos termos do regulamento, o Município que optar por soluções consorciadas intermunicipais para a gestão dos resíduos sólidos, assegurado que o plano intermunicipal preencha os requisitos estabelecidos nos incisos I a XIX do caput deste artigo, pode ser dispensado da elaboração de plano municipal de gestão integrada de resíduos sólidos.

Seção V - Do Plano de Gerenciamento de Resíduos Sólidos

Art. 20. Estão sujeitos à elaboração de plano de gerenciamento de resíduos sólidos:

I - os geradores de resíduos sólidos previstos nas alíneas "e", "f", "g" e "k" do inciso I do art. 13;

II - os estabelecimentos comerciais e de prestação de serviços que:

a) gerem resíduos perigosos;

b) gerem resíduos que, mesmo caracterizados como não perigosos, por sua natureza, composição ou volume, não sejam equiparados aos resíduos domiciliares pelo poder público municipal;

III - as empresas de construção civil, nos termos do regulamento ou de normas estabelecidas pelos órgãos do Sisnama;

IV - os responsáveis pelos terminais e outras instalações referidas na alínea "j" do inciso I do art. 13 e, nos termos do

regulamento ou de normas estabelecidas pelos órgãos do Sisnama e, se couber, do SNVS, as empresas de transporte;

V - os responsáveis por atividades agrossilvopastoris, se exigido pelo órgão competente do Sisnama, do SNVS ou do Suasa.

Parágrafo único. Observado o disposto no Capítulo IV deste Título, serão estabelecidas por regulamento exigências específicas relativas ao plano de gerenciamento de resíduos perigosos.

Art. 21. O plano de gerenciamento de resíduos sólidos tem o seguinte conteúdo mínimo:

I - descrição do empreendimento ou atividade;

II - diagnóstico dos resíduos sólidos gerados ou administrados, contendo a origem, o volume e a caracterização dos resíduos, incluindo os passivos ambientais a eles relacionados;

III - observadas as normas estabelecidas pelos órgãos do Sisnama, do SNVS e do Suasa e, se houver, o plano municipal de gestão integrada de resíduos sólidos:

a) explicitação dos responsáveis por cada etapa do gerenciamento de resíduos sólidos;

b) definição dos procedimentos operacionais relativos às etapas do gerenciamento de resíduos sólidos sob responsabilidade do gerador;

IV - identificação das soluções consorciadas ou compartilhadas com outros geradores;

V - ações preventivas e corretivas a serem executadas em situações de gerenciamento incorreto ou acidentes;

VI - metas e procedimentos relacionados à minimização da geração de resíduos sólidos e, observadas as normas estabelecidas pelos órgãos do Sisnama, do SNVS e do Suasa, à reutilização e reciclagem;

VII - se couber, ações relativas à responsabilidade compartilhada pelo ciclo de vida dos produtos, na forma do art. 31;

VIII - medidas saneadoras dos passivos ambientais relacionados aos resíduos sólidos;

IX - periodicidade de sua revisão, observado, se couber, o prazo de vigência da respectiva licença de operação a cargo dos órgãos do Sisnama.

§ 1º O plano de gerenciamento de resíduos sólidos atenderá ao disposto no plano municipal de gestão integrada de resíduos sólidos do respectivo Município, sem prejuízo das normas estabelecidas pelos órgãos do Sisnama, do SNVS e do Suasa.

§ 2º A inexistência do plano municipal de gestão integrada de resíduos sólidos não obsta a elaboração, a implementação ou a operacionalização do plano de gerenciamento de resíduos sólidos.

§ 3º Serão estabelecidos em regulamento:

I - normas sobre a exigibilidade e o conteúdo do plano de gerenciamento de resíduos sólidos relativo à atuação de cooperativas ou de outras formas de associação de catadores de materiais reutilizáveis e recicláveis;

II - critérios e procedimentos simplificados para apresentação dos planos de gerenciamento de resíduos sólidos para microempresas e empresas de pequeno porte, assim consideradas as definidas nos incisos I e II do art. 3º da Lei Complementar no 123, de 14 de dezembro de 2006, desde que as atividades por elas desenvolvidas não gerem resíduos perigosos.

Art. 22. Para a elaboração, implementação, operacionalização e monitoramento de todas as etapas do plano de gerenciamento de resíduos sólidos, nelas incluído o controle da disposição final ambientalmente adequada dos rejeitos, será designado responsável técnico devidamente habilitado.

Art. 23. Os responsáveis por plano de gerenciamento de resíduos sólidos manterão atualizadas e disponíveis ao órgão municipal competente, ao órgão licenciador do Sisnama e a outras autoridades, informações completas sobre a implementação e a operacionalização do plano sob sua responsabilidade.

§ 1º Para a consecução do disposto no caput, sem prejuízo de outras exigências cabíveis por parte das autoridades, será implementado sistema declaratório com periodicidade, no mínimo, anual, na forma do regulamento.

§ 2º As informações referidas no caput serão repassadas pelos órgãos públicos ao Sinir, na forma do regulamento.

Art. 24. O plano de gerenciamento de resíduos sólidos é parte integrante do processo de licenciamento ambiental do empreendimento ou atividade pelo órgão competente do Sisnama.

§ 1º Nos empreendimentos e atividades não sujeitos a licenciamento ambiental, a aprovação do plano de gerenciamento de resíduos sólidos cabe à autoridade municipal competente.

§ 2º No processo de licenciamento ambiental referido no § 1º a cargo de órgão federal ou estadual do Sisnama, será assegurada oitiva do órgão municipal competente, em especial quanto à disposição final ambientalmente adequada de rejeitos.

CAPÍTULO III - DAS RESPONSABILIDADES DOS GERADORES E DO PODER PÚBLICO

Seção I - Disposições Gerais

Art. 25. O poder público, o setor empresarial e a coletividade são responsáveis pela efetividade das ações voltadas para assegurar a observância da Política Nacional de Resíduos Sólidos e das diretrizes e demais determinações estabelecidas nesta Lei e em seu regulamento.

Art. 26. O titular dos serviços públicos de limpeza urbana e de manejo de resíduos sólidos é responsável pela organização e prestação direta ou indireta desses serviços, observados o respectivo plano municipal de gestão integrada de resíduos sólidos, a Lei nº 11.445, de 2007, e as disposições desta Lei e seu regulamento.

Art. 27. As pessoas físicas ou jurídicas referidas no art. 20 são responsáveis pela implementação e operacionalização integral do plano de gerenciamento de resíduos sólidos aprovado pelo órgão competente na forma do art. 24.

§ 1º A contratação de serviços de coleta, armazenamento, transporte, transbordo, tratamento ou destinação final de resíduos sólidos, ou de disposição final de rejeitos, não isenta as pessoas físicas ou jurídicas referidas no art. 20 da responsabilidade por danos que vierem a ser provocados pelo gerenciamento inadequado dos respectivos resíduos ou rejeitos.

§ 2º Nos casos abrangidos pelo art. 20, as etapas sob responsabilidade do gerador que forem realizadas pelo poder público serão devidamente remuneradas pelas pessoas físicas ou jurídicas responsáveis, observado o disposto no § 5º do art. 19.

Art. 28. O gerador de resíduos sólidos domiciliares tem cessada sua responsabilidade pelos resíduos com a disponibilização adequada para a coleta ou, nos casos abrangidos pelo art. 33, com a devolução.

Art. 29. Cabe ao poder público atuar, subsidiariamente, com vistas a minimizar ou cessar o dano, logo que tome conhecimento de evento lesivo ao meio ambiente ou à saúde pública relacionado ao gerenciamento de resíduos sólidos.

Parágrafo único. Os responsáveis pelo dano ressarcirão integralmente o poder público pelos gastos decorrentes das ações empreendidas na forma do caput.

Seção II - Da Responsabilidade Compartilhada

Art. 30. É instituída a responsabilidade compartilhada pelo ciclo de vida dos produtos, a ser implementada de forma individualizada e encadeada, abrangendo os fabricantes, importadores, distribuidores e comerciantes, os consumidores e os titulares dos serviços públicos de limpeza urbana e de manejo de resíduos sólidos, consoante as atribuições e procedimentos previstos nesta Seção.

Parágrafo único. A responsabilidade compartilhada pelo ciclo de vida dos produtos tem por objetivo:

I - compatibilizar interesses entre os agentes econômicos e sociais e os processos de gestão empresarial e mercadológica com os de gestão ambiental, desenvolvendo estratégias sustentáveis;

II - promover o aproveitamento de resíduos sólidos, direcionando-os para a sua cadeia produtiva ou para outras cadeias produtivas;
III - reduzir a geração de resíduos sólidos, o desperdício de materiais, a poluição e os danos ambientais;
IV - incentivar a utilização de insumos de menor agressividade ao meio ambiente e de maior sustentabilidade;
V - estimular o desenvolvimento de mercado, a produção e o consumo de produtos derivados de materiais reciclados e recicláveis;
VI - propiciar que as atividades produtivas alcancem eficiência e sustentabilidade;
VII - incentivar as boas práticas de responsabilidade socioambiental.

Art. 31. Sem prejuízo das obrigações estabelecidas no plano de gerenciamento de resíduos sólidos e com vistas a fortalecer a responsabilidade compartilhada e seus objetivos, os fabricantes, importadores, distribuidores e comerciantes têm responsabilidade que abrange:
I - investimento no desenvolvimento, na fabricação e na colocação no mercado de produtos:
a) que sejam aptos, após o uso pelo consumidor, à reutilização, à reciclagem ou a outra forma de destinação ambientalmente adequada;
b) cuja fabricação e uso gerem a menor quantidade de resíduos sólidos possível;
II - divulgação de informações relativas às formas de evitar, reciclar e eliminar os resíduos sólidos associados a seus respectivos produtos;
III - recolhimento dos produtos e dos resíduos remanescentes após o uso, assim como sua subsequente destinação final ambientalmente adequada, no caso de produtos objeto de sistema de logística reversa na forma do art. 33;
IV - compromisso de, quando firmados acordos ou termos de compromisso com o Município, participar das ações previstas no plano municipal de gestão integrada de resíduos sólidos, no caso de produtos ainda não inclusos no sistema de logística reversa.

Art. 32. As embalagens devem ser fabricadas com materiais que propiciem a reutilização ou a reciclagem.
§ 1º Cabe aos respectivos responsáveis assegurar que as embalagens sejam:
I - restritas em volume e peso às dimensões requeridas à proteção do conteúdo e à comercialização do produto;
II - projetadas de forma a serem reutilizadas de maneira tecnicamente viável e compatível com as exigências aplicáveis ao produto que contêm;
III - recicladas, se a reutilização não for possível.
§ 2º O regulamento disporá sobre os casos em que, por razões de ordem técnica ou econômica, não seja viável a aplicação do disposto no caput.
§ 3º É responsável pelo atendimento do disposto neste artigo todo aquele que:
I - manufatura embalagens ou fornece materiais para a fabricação de embalagens;
II - coloca em circulação embalagens, materiais para a fabricação de embalagens ou produtos embalados, em qualquer fase da cadeia de comércio.

Art. 33. São obrigados a estruturar e implementar sistemas de logística reversa, mediante retorno dos produtos após o uso pelo consumidor, de forma independente do serviço público de limpeza urbana e de manejo dos resíduos sólidos, os fabricantes, importadores, distribuidores e comerciantes de: (Regulamento)
I - agrotóxicos, seus resíduos e embalagens, assim como outros produtos cuja embalagem, após o uso, constitua resíduo perigoso, observadas as regras de gerenciamento de resíduos perigosos previstas em lei ou regulamento, em normas estabelecidas pelos órgãos do Sisnama, do SNVS e do Suasa, ou em normas técnicas;
II - pilhas e baterias;
III - pneus;
IV - óleos lubrificantes, seus resíduos e embalagens;
V - lâmpadas fluorescentes, de vapor de sódio e mercúrio e de luz mista;
VI - produtos eletroeletrônicos e seus componentes. (Regulamento)

§ 1º Na forma do disposto em regulamento ou em acordos setoriais e termos de compromisso firmados entre o poder público e o setor empresarial, os sistemas previstos no caput serão estendidos a produtos comercializados em embalagens plásticas, metálicas ou de vidro, e aos demais produtos e embalagens, considerando, prioritariamente, o grau e a extensão do impacto à saúde pública e ao meio ambiente dos resíduos gerados.
§ 2º A definição dos produtos e embalagens a que se refere o § 1º considerará a viabilidade técnica e econômica da logística reversa, bem como o grau e a extensão do impacto à saúde pública e ao meio ambiente dos resíduos gerados.
§ 3º Sem prejuízo de exigências específicas fixadas em lei ou regulamento, em normas estabelecidas pelos órgãos do Sisnama e do SNVS, ou em acordos setoriais e termos de compromisso firmados entre o poder público e o setor empresarial, cabe aos fabricantes, importadores, distribuidores e comerciantes dos produtos a que se referem os incisos II, III, V e VI ou dos produtos e embalagens a que se referem os incisos I e IV do caput e o § 1º tomar todas as medidas necessárias para assegurar a implementação e operacionalização do sistema de logística reversa sob seu encargo, consoante o estabelecido neste artigo, podendo, entre outras medidas:
I - implantar procedimentos de compra de produtos ou embalagens usados;
II - disponibilizar postos de entrega de resíduos reutilizáveis e recicláveis;
III - atuar em parceria com cooperativas ou outras formas de associação de catadores de materiais reutilizáveis e recicláveis, nos casos de que trata o § 1º.
§ 4º Os consumidores deverão efetuar a devolução após o uso, aos comerciantes ou distribuidores, dos produtos e das embalagens a que se referem os incisos I a VI do caput, e de outros produtos ou embalagens objeto de logística reversa, na forma do § 1º.
§ 5º Os comerciantes e distribuidores deverão efetuar a devolução aos fabricantes ou aos importadores dos produtos e embalagens reunidos ou devolvidos na forma dos §§ 3º e 4º.
§ 6º Os fabricantes e os importadores darão destinação ambientalmente adequada aos produtos e às embalagens reunidos ou devolvidos, sendo o rejeito encaminhado para a disposição final ambientalmente adequada, na forma estabelecida pelo órgão competente do Sisnama e, se houver, pelo plano municipal de gestão integrada de resíduos sólidos.
§ 7º Se o titular do serviço público de limpeza urbana e de manejo de resíduos sólidos, por acordo setorial ou termo de compromisso firmado com o setor empresarial, encarregar-se de atividades de responsabilidade dos fabricantes, importadores, distribuidores e comerciantes nos sistemas de logística reversa dos produtos e embalagens a que se refere este artigo, as ações do poder público serão devidamente remuneradas, na forma previamente acordada entre as partes.
§ 8º Com exceção dos consumidores, todos os participantes dos sistemas de logística reversa manterão atualizadas e disponíveis ao órgão municipal competente e a outras autoridades informações completas sobre a realização das ações sob sua responsabilidade.

Art. 34. Os acordos setoriais ou termos de compromisso referidos no inciso IV do caput do art. 31 e no § 1º do art. 33 podem ter abrangência nacional, regional, estadual ou municipal.
§ 1º Os acordos setoriais e termos de compromisso firmados em âmbito nacional têm prevalência sobre os firmados em

âmbito regional ou estadual, e estes sobre os firmados em âmbito municipal. (Vide Decreto nº 9.177, de 2017)

§ 2º Na aplicação de regras concorrentes consoante o § 1º, os acordos firmados com menor abrangência geográfica podem ampliar, mas não abrandar, as medidas de proteção ambiental constantes nos acordos setoriais e termos de compromisso firmados com maior abrangência geográfica. (Vide Decreto nº 9.177, de 2017)

Art. 35. Sempre que estabelecido sistema de coleta seletiva pelo plano municipal de gestão integrada de resíduos sólidos e na aplicação do art. 33, os consumidores são obrigados a:

I - acondicionar adequadamente e de forma diferenciada os resíduos sólidos gerados;

II - disponibilizar adequadamente os resíduos sólidos reutilizáveis e recicláveis para coleta ou devolução.

Parágrafo único. O poder público municipal pode instituir incentivos econômicos aos consumidores que participam do sistema de coleta seletiva referido no caput, na forma de lei municipal.

Art. 36. No âmbito da responsabilidade compartilhada pelo ciclo de vida dos produtos, cabe ao titular dos serviços públicos de limpeza urbana e de manejo de resíduos sólidos, observado, se houver, o plano municipal de gestão integrada de resíduos sólidos:

I - adotar procedimentos para reaproveitar os resíduos sólidos reutilizáveis e recicláveis oriundos dos serviços públicos de limpeza urbana e de manejo de resíduos sólidos;

II - estabelecer sistema de coleta seletiva;

III - articular com os agentes econômicos e sociais medidas para viabilizar o retorno ao ciclo produtivo dos resíduos sólidos reutilizáveis e recicláveis oriundos dos serviços de limpeza urbana e de manejo de resíduos sólidos;

IV - realizar as atividades definidas por acordo setorial ou termo de compromisso na forma do § 7º do art. 33, mediante a devida remuneração pelo setor empresarial;

V - implantar sistema de compostagem para resíduos sólidos orgânicos e articular com os agentes econômicos e sociais formas de utilização do composto produzido;

VI - dar disposição final ambientalmente adequada aos resíduos e rejeitos oriundos dos serviços públicos de limpeza urbana e de manejo de resíduos sólidos.

§ 1º Para o cumprimento do disposto nos incisos I a IV do caput, o titular dos serviços públicos de limpeza urbana e de manejo de resíduos sólidos priorizará a organização e o funcionamento de cooperativas ou de outras formas de associação de catadores de materiais reutilizáveis e recicláveis formadas por pessoas físicas de baixa renda, bem como sua contratação.

§ 2º A contratação prevista no § 1º é dispensável de licitação, nos termos do inciso XXVII do art. 24 da Lei no 8.666, de 21 de junho de 1993.

CAPÍTULO IV - DOS RESÍDUOS PERIGOSOS

Art. 37. A instalação e o funcionamento de empreendimento ou atividade que gere ou opere com resíduos perigosos somente podem ser autorizados ou licenciados pelas autoridades competentes se o responsável comprovar, no mínimo, capacidade técnica e econômica, além de condições para prover os cuidados necessários ao gerenciamento desses resíduos.

Art. 38. As pessoas jurídicas que operam com resíduos perigosos, em qualquer fase do seu gerenciamento, são obrigadas a se cadastrar no Cadastro Nacional de Operadores de Resíduos Perigosos.

§ 1º O cadastro previsto no caput será coordenado pelo órgão federal competente do Sisnama e implantado de forma conjunta pelas autoridades federais, estaduais e municipais.

§ 2º Para o cadastramento, as pessoas jurídicas referidas no caput necessitam contar com responsável técnico pelo gerenciamento dos resíduos perigosos, de seu próprio quadro de funcionários ou contratado, devidamente habilitado, cujos dados serão mantidos atualizados no cadastro.

§ 3º O cadastro a que se refere o caput é parte integrante do Cadastro Técnico Federal de Atividades Potencialmente Poluidoras ou Utilizadoras de Recursos Ambientais e do Sistema de Informações previsto no art. 12.

Art. 39. As pessoas jurídicas referidas no art. 38 são obrigadas a elaborar plano de gerenciamento de resíduos perigosos e submetê-lo ao órgão competente do Sisnama e, se couber, do SNVS, observado o conteúdo mínimo estabelecido no art. 21 e demais exigências previstas em regulamento ou em normas técnicas.

§ 1º O plano de gerenciamento de resíduos perigosos a que se refere o caput poderá estar inserido no plano de gerenciamento de resíduos a que se refere o art. 20.

§ 2º Cabe às pessoas jurídicas referidas no art. 38:

I - manter registro atualizado e facilmente acessível de todos os procedimentos relacionados à implementação e à operacionalização do plano previsto no caput;

II - informar anualmente ao órgão competente do Sisnama e, se couber, do SNVS, sobre a quantidade, a natureza e a destinação temporária ou final dos resíduos sob sua responsabilidade;

III - adotar medidas destinadas a reduzir o volume e a periculosidade dos resíduos sob sua responsabilidade, bem como a aperfeiçoar seu gerenciamento;

IV - informar imediatamente aos órgãos competentes sobre a ocorrência de acidentes ou outros sinistros relacionados aos resíduos perigosos.

§ 3º Sempre que solicitado pelos órgãos competentes do Sisnama e do SNVS, será assegurado acesso para inspeção das instalações e dos procedimentos relacionados à implementação e à operacionalização do plano de gerenciamento de resíduos perigosos.

§ 4º No caso de controle a cargo de órgão federal ou estadual do Sisnama e do SNVS, as informações sobre o conteúdo, a implementação e a operacionalização do plano previsto no caput serão repassadas ao poder público municipal, na forma do regulamento.

Art. 40. No licenciamento ambiental de empreendimentos ou atividades que operem com resíduos perigosos, o órgão licenciador do Sisnama pode exigir a contratação de seguro de responsabilidade civil por danos causados ao meio ambiente ou à saúde pública, observadas as regras sobre cobertura e os limites máximos de contratação fixados em regulamento.

Parágrafo único. O disposto no caput considerará o porte da empresa, conforme regulamento.

Art. 41. Sem prejuízo das iniciativas de outras esferas governamentais, o Governo Federal deve estruturar e manter instrumentos e atividades voltados para promover a descontaminação de áreas órfãs.

Parágrafo único. Se, após descontaminação de sítio órfão realizada com recursos do Governo Federal ou de outro ente da Federação, forem identificados os responsáveis pela contaminação, estes ressarcirão integralmente o valor empregado ao poder público.

CAPÍTULO V - DOS INSTRUMENTOS ECONÔMICOS

Art. 42. O poder público poderá instituir medidas indutoras e linhas de financiamento para atender, prioritariamente, às iniciativas de:

I - prevenção e redução da geração de resíduos sólidos no processo produtivo;

II - desenvolvimento de produtos com menores impactos à saúde humana e à qualidade ambiental em seu ciclo de vida;

III - implantação de infraestrutura física e aquisição de equipamentos para cooperativas ou outras formas de

LEI Nº 12.305, DE 2 DE AGOSTO DE 2010

associação de catadores de materiais reutilizáveis e recicláveis formadas por pessoas físicas de baixa renda;

IV - desenvolvimento de projetos de gestão dos resíduos sólidos de caráter intermunicipal ou, nos termos do inciso I do caput do art. 11, regional;

V - estruturação de sistemas de coleta seletiva e de logística reversa;

VI - descontaminação de áreas contaminadas, incluindo as áreas órfãs;

VII - desenvolvimento de pesquisas voltadas para tecnologias limpas aplicáveis aos resíduos sólidos;

VIII - desenvolvimento de sistemas de gestão ambiental e empresarial voltados para a melhoria dos processos produtivos e ao reaproveitamento dos resíduos.

Art. 43. No fomento ou na concessão de incentivos creditícios destinados a atender diretrizes desta Lei, as instituições oficiais de crédito podem estabelecer critérios diferenciados de acesso dos beneficiários aos créditos do Sistema Financeiro Nacional para investimentos produtivos.

Art. 44. A União, os Estados, o Distrito Federal e os Municípios, no âmbito de suas competências, poderão instituir normas com o objetivo de conceder incentivos fiscais, financeiros ou creditícios, respeitadas as limitações da Lei Complementar no 101, de 4 de maio de 2000 (Lei de Responsabilidade Fiscal), a:

I - indústrias e entidades dedicadas à reutilização, ao tratamento e à reciclagem de resíduos sólidos produzidos no território nacional;

II - projetos relacionados à responsabilidade pelo ciclo de vida dos produtos, prioritariamente em parceria com cooperativas ou outras formas de associação de catadores de materiais reutilizáveis e recicláveis formadas por pessoas físicas de baixa renda;

III - empresas dedicadas à limpeza urbana e a atividades a ela relacionadas.

Art. 45. Os consórcios públicos constituídos, nos termos da Lei no 11.107, de 2005, com o objetivo de viabilizar a descentralização e a prestação de serviços públicos que envolvam resíduos sólidos, têm prioridade na obtenção dos incentivos instituídos pelo Governo Federal.

Art. 46. O atendimento ao disposto neste Capítulo será efetivado em consonância com a Lei Complementar nº 101, de 2000 (Lei de Responsabilidade Fiscal), bem como com as diretrizes e objetivos do respectivo plano plurianual, as metas e as prioridades fixadas pelas leis de diretrizes orçamentárias e no limite das disponibilidades propiciadas pelas leis orçamentárias anuais.

CAPÍTULO VI - DAS PROIBIÇÕES

Art. 47. São proibidas as seguintes formas de destinação ou disposição final de resíduos sólidos ou rejeitos:

I - lançamento em praias, no mar ou em quaisquer corpos hídricos;

II - lançamento in natura a céu aberto, excetuados os resíduos de mineração;

III - queima a céu aberto ou em recipientes, instalações e equipamentos não licenciados para essa finalidade;

IV - outras formas vedadas pelo poder público.

§ 1º Quando decretada emergência sanitária, a queima de resíduos a céu aberto pode ser realizada, desde que autorizada e acompanhada pelos órgãos competentes do Sisnama, do SNVS e, quando couber, do Suasa.

§ 2º Assegurada a devida impermeabilização, as bacias de decantação de resíduos ou rejeitos industriais ou de mineração, devidamente licenciadas pelo órgão competente do Sisnama, não são consideradas corpos hídricos para efeitos do disposto no inciso I do caput.

Art. 48. São proibidas, nas áreas de disposição final de resíduos ou rejeitos, as seguintes atividades:

I - utilização dos rejeitos dispostos como alimentação;

II - catação, observado o disposto no inciso V do art. 17;

III - criação de animais domésticos;

IV - fixação de habitações temporárias ou permanentes;

V - outras atividades vedadas pelo poder público.

Art. 49. É proibida a importação de resíduos sólidos perigosos e rejeitos, bem como de resíduos sólidos cujas características causem dano ao meio ambiente, à saúde pública e animal e à sanidade vegetal, ainda que para tratamento, reforma, reúso, reutilização ou recuperação.

TÍTULO IV - DISPOSIÇÕES TRANSITÓRIAS E FINAIS

Art. 50. A inexistência do regulamento previsto no § 3º do art. 21 não obsta a atuação, nos termos desta Lei, das cooperativas ou outras formas de associação de catadores de materiais reutilizáveis e recicláveis.

Art. 51. Sem prejuízo da obrigação de, independentemente da existência de culpa, reparar os danos causados, a ação ou omissão das pessoas físicas ou jurídicas que importe inobservância aos preceitos desta Lei ou de seu regulamento sujeita os infratores às sanções previstas em lei, em especial às fixadas na Lei no 9.605, de 12 de fevereiro de 1998, que "dispõe sobre as sanções penais e administrativas derivadas de condutas e atividades lesivas ao meio ambiente, e dá outras providências", e em seu regulamento.

Art. 52. A observância do disposto no caput do art. 23 e no § 2º do art. 39 desta Lei é considerada obrigação de relevante interesse ambiental para efeitos do art. 68 da Lei nº 9.605, de 1998, sem prejuízo da aplicação de outras sanções cabíveis nas esferas penal e administrativa.

Art. 53. O § 1º do art. 56 da Lei nº 9.605, de 12 de fevereiro de 1998, passa a vigorar com a seguinte redação:

"Art. 56. ..

§ 1º Nas mesmas penas incorre quem:

I - abandona os produtos ou substâncias referidos no caput ou os utiliza em desacordo com as normas ambientais ou de segurança;

II - manipula, acondiciona, armazena, coleta, transporta, reutiliza, recicla ou dá destinação final a resíduos perigosos de forma diversa da estabelecida em lei ou regulamento.

.." (NR)

Art. 54. A disposição final ambientalmente adequada dos rejeitos, observado o disposto no § 1º do art. 9º, deverá ser implantada em até 4 (quatro) anos após a data de publicação desta Lei.

Art. 55. O disposto nos arts. 16 e 18 entra em vigor 2 (dois) anos após a data de publicação desta Lei.

Art. 56. A logística reversa relativa aos produtos de que tratam os incisos V e VI do caput do art. 33 será implementada progressivamente segundo cronograma estabelecido em regulamento. (Regulamento)

Art. 57. Esta Lei entra em vigor na data de sua publicação.

2. DECRETO Nº 7.746, DE 5 DE JUNHO DE 2012

Regulamenta o art. 3º da Lei nº 8.666, de 21 de junho de 1993, para estabelecer critérios e práticas para a promoção do desenvolvimento nacional sustentável nas contratações realizadas pela administração pública federal direta, autárquica e fundacional e pelas empresas estatais dependentes, e institui a Comissão Interministerial de Sustentabilidade na Administração Pública - CISAP. (Redação dada pelo Decreto nº 9.178, de 2017)

A PRESIDENTA DA REPÚBLICA , no uso das atribuições que lhe confere o art. 84, caput, incisos IV e VI, alínea "a", da Constituição, e tendo em vista o disposto no art. 3º da Lei nº 8.666, de 21 de junho de 1993,

Art. 1º Este Decreto regulamenta o art. 3º da Lei nº 8.666, de 21 de junho de 1993, para estabelecer critérios e práticas para a promoção do desenvolvimento nacional sustentável por meio das contratações realizadas pela administração pública federal direta, autárquica e fundacional e pelas empresas estatais dependentes, e institui a Comissão Interministerial de Sustentabilidade na Administração Pública - CISAP. (Redação dada pelo Decreto nº 9.178, de 2017)

Art. 2º Na aquisição de bens e na contratação de serviços e obras, a administração pública federal direta, autárquica e fundacional e as empresas estatais dependentes adotarão critérios e práticas sustentáveis nos instrumentos convocatórios, observado o disposto neste Decreto. (Redação dada pelo Decreto nº 9.178, de 2017) Vigência

Parágrafo único. A adequação da especificação do objeto da contratação e das obrigações da contratada aos critérios e às práticas de sustentabilidade será justificada nos autos, resguardado o caráter competitivo do certame.) (Redação dada pelo Decreto nº 9.178, de 2017) Vigência

Art. 3º Os critérios e as práticas de sustentabilidade de que trata o art. 2º serão publicados como especificação técnica do objeto, obrigação da contratada ou requisito previsto em lei especial, de acordo com o disposto no inciso IV do caput do art. 30 da Lei nº 8.666, de 1993. (Redação dada pelo Decreto nº 9.178, de 2017)

Art. 4º Para os fins do disposto no art. 2º, são considerados critérios e práticas sustentáveis, entre outras: (Redação dada pelo Decreto nº 9.178, de 2017)

I - baixo impacto sobre recursos naturais como flora, fauna, ar, solo e água; (Redação dada pelo Decreto nº 9.178, de 2017)

II - preferência para materiais, tecnologias e matérias-primas de origem local;

III - maior eficiência na utilização de recursos naturais como água e energia;

IV - maior geração de empregos, preferencialmente com mão de obra local;

V - maior vida útil e menor custo de manutenção do bem e da obra;

VI - uso de inovações que reduzam a pressão sobre recursos naturais; (Redação dada pelo Decreto nº 9.178, de 2017)

VII - origem sustentável dos recursos naturais utilizados nos bens, nos serviços e nas obras; e (Redação dada pelo Decreto nº 9.178, de 2017)

VIII - utilização de produtos florestais madeireiros e não madeireiros originários de manejo florestal sustentável ou de reflorestamento. (Incluído pelo Decreto nº 9.178, de 2017)

Art. 5º A administração pública federal direta, autárquica e fundacional e as empresas estatais dependentes poderão exigir no instrumento convocatório para a aquisição de bens que estes sejam constituídos por material renovável, reciclado, atóxico ou biodegradável, entre outros critérios de sustentabilidade. (Redação dada pelo Decreto nº 9.178, de 2017)

Art. 6º As especificações e demais exigências do projeto básico ou executivo para contratação de obras e serviços de engenharia devem ser elaboradas, nos termos do art. 12 da Lei nº 8.666, de 1993, de modo a proporcionar a economia da manutenção e operacionalização da edificação e a redução do consumo de energia e água, por meio de tecnologias, práticas e materiais que reduzam o impacto ambiental.

Art. 7º (Revogado pelo Decreto nº 9.178, de 2017)

Art. 8º A comprovação das exigências apresentadas no instrumento convocatório poderá ser feita por meio de certificação emitida ou reconhecida por instituição pública oficial ou instituição credenciada ou por outro meio definido no instrumento convocatório. (Redação dada pelo Decreto nº 9.178, de 2017)

§ 1º Em caso de inexistência da certificação referida no caput, o instrumento convocatório estabelecerá que, após a seleção da proposta e antes da adjudicação do objeto, o contratante poderá realizar diligências para verificar a adequação do bem ou serviço às exigências do instrumento convocatório.

§ 2º Caso o bem ou serviço seja considerado inadequado em relação às exigências do instrumento convocatório, o contratante deverá apresentar razões técnicas, assegurado o direito de manifestação do licitante vencedor.

Art. 9º (Revogado pelo Decreto nº 10.179, de 2019)
Art. 10 E 11 (Revogado pelo Decreto nº 10.179, de 2019)
Art. 12. (Revogado pelo Decreto nº 10.179, de 2019)
Art. 13. (Revogado pelo Decreto nº 10.179, de 2019)
Art. 14. (Revogado pelo Decreto nº 10.179, de 2019)

Art. 15. Compete à Secretaria de Gestão do Ministério do Planejamento, Desenvolvimento e Gestão, como órgão central do Sistema de Serviços Gerais - SISG, expedir normas complementares sobre critérios, práticas e ações de logística sustentável. (Redação dada pelo Decreto nº 9.178, de 2017)

§ 1º As proposições da CISAP serão avaliadas com base nas diretrizes gerais de logística e compras da administração pública federal.

§ 2º A Secretaria de Gestão do Ministério do Planejamento, Desenvolvimento e Gestão exercerá a função de Secretaria-Executiva da CISAP. (Redação dada pelo Decreto nº 9.178, de 2017)

Art. 16. A administração pública federal direta, autárquica e fundacional e as empresas estatais dependentes deverão elaborar e implementar Planos de Gestão de Logística Sustentável, conforme ato editado pela Secretaria de Gestão do Ministério do Planejamento, Desenvolvimento e Gestão, que preverá, no mínimo: (Redação dada pelo Decreto nº 9.178, de 2017)

I - atualização do inventário de bens e materiais do órgão e identificação de similares de menor impacto ambiental para substituição;

II - práticas de sustentabilidade e de racionalização do uso de materiais e serviços;

III - responsabilidades, metodologia de implementação e avaliação do plano; e

IV - ações de divulgação, conscientização e capacitação.

Art. 17. Este Decreto entra em vigor na data de sua publicação.

Sustentabilidade

Anotações

PREPARAÇÃO • CONHECIMENTO • APROVAÇÃO

DIREITO PREVIDENCIÁRIO

SUMÁRIO

1. LEI Nº 8.212, DE 24 DE JULHO DE 1991 ... 992
2. DECRETO Nº 3.048, DE 6 DE MAIO DE 1999 1011
3. REGULAMENTO DA PREVIDÊNCIA SOCIAL 1011
4. LEI COMPLEMENTAR Nº 108, DE 29 DE MAIO DE 2001 1106
5. LEI COMPLEMENTAR Nº 109, DE 29 DE MAIO DE 2001 1108
6. LEI Nº 8.213, DE 24 DE JULHO DE 1991 ... 1115

1. LEI Nº 8.212, DE 24 DE JULHO DE 1991

Dispõe sobre a organização da Seguridade Social, institui Plano de Custeio, e dá outras providências.

O PRESIDENTE DA REPÚBLICA Faço saber que o Congresso Nacional decreta e eu sanciono a seguinte Lei:

LEI ORGÂNICA DA SEGURIDADE SOCIAL

TÍTULO I - CONCEITUAÇÃO E PRINCÍPIOS CONSTITUCIONAIS

Art. 1º A Seguridade Social compreende um conjunto integrado de ações de iniciativa dos poderes públicos e da sociedade, destinado a assegurar o direito relativo à saúde, à previdência e à assistência social.

Parágrafo único. A Seguridade Social obedecerá aos seguintes princípios e diretrizes:

a) universalidade da cobertura e do atendimento;
b) uniformidade e equivalência dos benefícios e serviços às populações urbanas e rurais;
c) seletividade e distributividade na prestação dos benefícios e serviços;
d) irredutibilidade do valor dos benefícios;
e) eqüidade na forma de participação no custeio;
f) diversidade da base de financiamento;
g) caráter democrático e descentralizado da gestão administrativa com a participação da comunidade, em especial de trabalhadores, empresários e aposentados.

TÍTULO II - DA SAÚDE

Art. 2º A Saúde é direito de todos e dever do Estado, garantido mediante políticas sociais e econômicas que visem à redução do risco de doença e de outros agravos e ao acesso universal e igualitário às ações e serviços para sua promoção, proteção e recuperação.

Parágrafo único. As atividades de saúde são de relevância pública e sua organização obedecerá aos seguintes princípios e diretrizes:

a) acesso universal e igualitário;
b) provimento das ações e serviços através de rede regionalizada e hierarquizada, integrados em sistema único;
c) descentralização, com direção única em cada esfera de governo;
d) atendimento integral, com prioridade para as atividades preventivas;
e) participação da comunidade na gestão, fiscalização e acompanhamento das ações e serviços de saúde;
f) participação da iniciativa privada na assistência à saúde, obedecidos os preceitos constitucionais.

TÍTULO III - DA PREVIDÊNCIA SOCIAL

Art. 3º A Previdência Social tem por fim assegurar aos seus beneficiários meios indispensáveis de manutenção, por motivo de incapacidade, idade avançada, tempo de serviço, desemprego involuntário, encargos de família e reclusão ou morte daqueles de quem dependiam economicamente.

Parágrafo único. A organização da Previdência Social obedecerá aos seguintes princípios e diretrizes:

a) universalidade de participação nos planos previdenciários, mediante contribuição;
b) valor da renda mensal dos benefícios, substitutos do salário-de-contribuição ou do rendimento do trabalho do segurado, não inferior ao do salário mínimo;
c) cálculo dos benefícios considerando-se os salários-de-contribuição, corrigidos monetariamente;
d) preservação do valor real dos benefícios;
e) previdência complementar facultativa, custeada por contribuição adicional.

TÍTULO IV - DA ASSISTÊNCIA SOCIAL

Art. 4º A Assistência Social é a política social que provê o atendimento das necessidades básicas, traduzidas em proteção à família, à maternidade, à infância, à adolescência, à velhice e à pessoa portadora de deficiência, independentemente de contribuição à Seguridade Social.

Parágrafo único. A organização da Assistência Social obedecerá às seguintes diretrizes:

a) descentralização político-administrativa;
b) participação da população na formulação e controle das ações em todos os níveis.

TÍTULO V - DA ORGANIZAÇÃO DA SEGURIDADE SOCIAL

Art. 5º As ações nas áreas de Saúde, Previdência Social e Assistência Social, conforme o disposto no Capítulo II do Título VIII da Constituição Federal, serão organizadas em Sistema Nacional de Seguridade Social, na forma desta Lei.

Art. 6º (Revogado pela Medida Provisória nº 2.216-37, de 2001).

Art. 7º (Revogado pela Medida Provisória nº 2.216-37, de 2001).

Art. 8º As propostas orçamentárias anuais ou plurianuais da Seguridade Social serão elaboradas por Comissão integrada por 3 (três) representantes, sendo 1 (um) da área da saúde, 1 (um) da área da previdência social e 1 (um) da área de assistência social.

Art. 9º As áreas de Saúde, Previdência Social e Assistência Social são objeto de leis específicas, que regulamentarão sua organização e funcionamento.

TÍTULO VI - DO FINANCIAMENTO DA SEGURIDADE SOCIAL

INTRODUÇÃO

Art. 10. A Seguridade Social será financiada por toda sociedade, de forma direta e indireta, nos termos do art. 195 da Constituição Federal e desta Lei, mediante recursos provenientes da União, dos Estados, do Distrito Federal, dos Municípios e de contribuições sociais.

Art. 11. No âmbito federal, o orçamento da Seguridade Social é composto das seguintes receitas:

I - receitas da União;
II - receitas das contribuições sociais;
III - receitas de outras fontes.

Parágrafo único. Constituem contribuições sociais:

a) as das empresas, incidentes sobre a remuneração paga ou creditada aos segurados a seu serviço; (Vide art. 104 da lei nº 11.196, de 2005)
b) as dos empregadores domésticos;
c) as dos trabalhadores, incidentes sobre o seu salário-de-contribuição; (Vide art. 104 da lei nº 11.196, de 2005)
d) as das empresas, incidentes sobre faturamento e lucro;
e) as incidentes sobre a receita de concursos de prognósticos.

CAPÍTULO I - DOS CONTRIBUINTES

Seção I - Dos Segurados

Art. 12. São segurados obrigatórios da Previdência Social as seguintes pessoas físicas:

I - como empregado:

a) aquele que presta serviço de natureza urbana ou rural à empresa, em caráter não eventual, sob sua subordinação e mediante remuneração, inclusive como diretor empregado;
b) aquele que, contratado por empresa de trabalho temporário, definida em legislação específica, presta serviço para atender a necessidade transitória de substituição de pessoal regular e permanente ou a acréscimo

extraordinário de serviços de outras empresas;

c) o brasileiro ou estrangeiro domiciliado e contratado no Brasil para trabalhar como empregado em sucursal ou agência de empresa nacional no exterior;

d) aquele que presta serviço no Brasil a missão diplomática ou a repartição consular de carreira estrangeira e a órgãos a ela subordinados, ou a membros dessas missões e repartições, excluídos o não-brasileiro sem residência permanente no Brasil e o brasileiro amparado pela legislação previdenciária do país da respectiva missão diplomática ou repartição consular;

e) o brasileiro civil que trabalha para a União, no exterior, em organismos oficiais brasileiros ou internacionais dos quais o Brasil seja membro efetivo, ainda que lá domiciliado e contratado, salvo se segurado na forma da legislação vigente do país do domicílio;

f) o brasileiro ou estrangeiro domiciliado e contratado no Brasil para trabalhar como empregado em empresa domiciliada no exterior, cuja maioria do capital votante pertença a empresa brasileira de capital nacional;

g) o servidor público ocupante de cargo em comissão, sem vínculo efetivo com a União, Autarquias, inclusive em regime especial, e Fundações Públicas Federais; (Alínea acrescentada pela Lei nº 8.647, de 13.4.93)

h) (Execução suspensa pela Resolução do Senado Federal nº 26, de 2005)

i) o empregado de organismo oficial internacional ou estrangeiro em funcionamento no Brasil, salvo quando coberto por regime próprio de previdência social; (Incluído pela Lei nº 9.876, de 1999).

j) o exercente de mandato eletivo federal, estadual ou municipal, desde que não vinculado a regime próprio de previdência social; (Incluído pela Lei nº 10.887, de 2004).

II - como empregado doméstico: aquele que presta serviço de natureza contínua a pessoa ou família, no âmbito residencial desta, em atividades sem fins lucrativos;

III - (Revogado pela Lei nº 9.876, de 1999).

IV - (Revogado pela Lei nº 9.876, de 1999).

V - como contribuinte individual: (Redação dada pela Lei nº 9.876, de 1999).

a) a pessoa física, proprietária ou não, que explora atividade agropecuária, a qualquer título, em caráter permanente ou temporário, em área superior a 4 (quatro) módulos fiscais; ou, quando em área igual ou inferior a 4 (quatro) módulos fiscais ou atividade pesqueira, com auxílio de empregados ou por intermédio de prepostos; ou ainda nas hipóteses dos §§ 10 e 11 deste artigo; (Redação dada pela Lei nº 11.718, de 2008).

b) a pessoa física, proprietária ou não, que explora atividade de extração mineral - garimpo, em caráter permanente ou temporário, diretamente ou por intermédio de prepostos, com ou sem o auxílio de empregados, utilizados a qualquer título, ainda que de forma não contínua; (Redação dada pela Lei nº 9.876, de 1999).

c) o ministro de confissão religiosa e o membro de instituto de vida consagrada, de congregação ou de ordem religiosa; (Redação dada pela Lei nº 10.403, de 2002).

d) revogada; (Redação dada pela Lei nº 9.876, de 1999).

e) o brasileiro civil que trabalha no exterior para organismo oficial internacional do qual o Brasil é membro efetivo, ainda que lá domiciliado e contratado, salvo quando coberto por regime próprio de previdência social; (Redação dada pela Lei nº 9.876, de 1999).

f) o titular de firma individual urbana ou rural, o diretor não empregado e o membro de conselho de administração de sociedade anônima, o sócio solidário, o sócio de indústria, o sócio gerente e o sócio cotista que recebam remuneração decorrente de seu trabalho em empresa urbana ou rural, e o associado eleito para cargo de direção em cooperativa, associação ou entidade de qualquer natureza ou finalidade, bem como o síndico ou administrador eleito para exercer atividade de direção condominial, desde que recebam remuneração; (Incluído pela Lei nº 9.876, de 1999).

g) quem presta serviço de natureza urbana ou rural, em caráter eventual, a uma ou mais empresas, sem relação de emprego; (Incluído pela Lei nº 9.876, de 1999).

h) a pessoa física que exerce, por conta própria, atividade econômica de natureza urbana, com fins lucrativos ou não; (Incluído pela Lei nº 9.876, de 1999).

VI - como trabalhador avulso: quem presta, a diversas empresas, sem vínculo empregatício, serviços de natureza urbana ou rural definidos no regulamento;

VII - como segurado especial: a pessoa física residente no imóvel rural ou em aglomerado urbano ou rural próximo a ele que, individualmente ou em regime de economia familiar, ainda que com o auxílio eventual de terceiros a título de mútua colaboração, na condição de: (Redação dada pela Lei nº 11.718, de 2008).

a) produtor, seja proprietário, usufrutuário, possuidor, assentado, parceiro ou meeiro outorgados, comodatário ou arrendatário rurais, que explore atividade: (Incluído pela Lei nº 11.718, de 2008).

1. agropecuária em área de até 4 (quatro) módulos fiscais; ou (Incluído pela Lei nº 11.718, de 2008).

2. de seringueiro ou extrativista vegetal que exerça suas atividades nos termos do inciso XII do caput do art. 2º da Lei nº 9.985, de 18 de julho de 2000, e faça dessas atividades o principal meio de vida; (Incluído pela Lei nº 11.718, de 2008).

b) pescador artesanal ou a este assemelhado, que faça da pesca profissão habitual ou principal meio de vida; e (Incluído pela Lei nº 11.718, de 2008).

c) cônjuge ou companheiro, bem como filho maior de 16 (dezesseis) anos de idade ou a este equiparado, do segurado de que tratam as alíneas a e b deste inciso, que, comprovadamente, trabalhem com o grupo familiar respectivo. (Incluído pela Lei nº 11.718, de 2008).

§ 1º Entende-se como regime de economia familiar a atividade em que o trabalho dos membros da família é indispensável à própria subsistência e ao desenvolvimento socioeconômico do núcleo familiar e é exercido em condições de mútua dependência e colaboração, sem a utilização de empregados permanentes. (Redação dada pela Lei nº 11.718, de 2008).

§ 2º Todo aquele que exercer, concomitantemente, mais de uma atividade remunerada sujeita ao Regime Geral de Previdência Social é obrigatoriamente filiado em relação a cada uma delas.

§ 3º (Revogado): (Redação dada pela Lei nº 11.718, de 2008).

I - (revogado); (Redação dada pela Lei nº 11.718, de 2008).

II - (revogado). (Redação dada pela Lei nº 11.718, de 2008).

§ 4º O aposentado pelo Regime Geral de Previdência Social-RGPS que estiver exercendo ou que voltar a exercer atividade abrangida por este Regime é segurado obrigatório em relação a essa atividade, ficando sujeito às contribuições de que trata esta Lei, para fins de custeio da Seguridade Social. (Parágrafo acrescentado pela Lei nº 9.032, de 28.4.95).

§ 5º O dirigente sindical mantém, durante o exercício do mandato eletivo, o mesmo enquadramento no Regime Geral de Previdência Social-RGPS de antes da investidura. (Parágrafo acrescentado pela Lei nº 9.528, de 10.12.97)

§ 6º Aplica-se o disposto na alínea g do inciso I do caput ao ocupante de cargo de Ministro de Estado, de Secretário Estadual, Distrital ou Municipal, sem vínculo efetivo com a União, Estados, Distrito Federal e Municípios, suas autarquias, ainda que em regime especial, e fundações. (Incluído pela Lei nº 9.876, de 1999).

§ 7º Para serem considerados segurados especiais, o cônjuge ou companheiro e os filhos maiores de 16 (dezesseis) anos ou os a estes equiparados deverão ter participação ativa nas atividades rurais do grupo familiar. (Incluído pela Lei nº 11.718, de 2008).

LEI Nº 8.212, DE 24 DE JULHO DE 1991

§ 8º O grupo familiar poderá utilizar-se de empregados contratados por prazo determinado ou trabalhador de que trata a alínea g do inciso V do caput deste artigo, à razão de no máximo 120 (cento e vinte) pessoas por dia no ano civil, em períodos corridos ou intercalados ou, ainda, por tempo equivalente em horas de trabalho, não sendo computado nesse prazo o período de afastamento em decorrência da percepção de auxílio-doença. (Redação dada pela Lei nº 12.873, de 2013)

§ 9º Não descaracteriza a condição de segurado especial: (Incluído pela Lei nº 11.718, de 2008).

I - a outorga, por meio de contrato escrito de parceria, meação ou comodato, de até 50% (cinquenta por cento) de imóvel rural cuja área total não seja superior a 4 (quatro) módulos fiscais, desde que outorgante e outorgado continuem a exercer a respectiva atividade, individualmente ou em regime de economia familiar; (Incluído pela Lei nº 11.718, de 2008).

II - a exploração da atividade turística da propriedade rural, inclusive com hospedagem, por não mais de 120 (cento e vinte) dias ao ano; (Incluído pela Lei nº 11.718, de 2008).

III - a participação em plano de previdência complementar instituído por entidade classista a que seja associado, em razão da condição de trabalhador rural ou de produtor rural em regime de economia familiar; (Incluído pela Lei nº 11.718, de 2008).

IV - ser beneficiário ou fazer parte de grupo familiar que tem algum componente que seja beneficiário de programa assistencial oficial de governo; (Incluído pela Lei nº 11.718, de 2008).

V - a utilização pelo próprio grupo familiar, na exploração da atividade, de processo de beneficiamento ou industrialização artesanal, na forma do § 11 do art. 25 desta Lei; e (Incluído pela Lei nº 11.718, de 2008).

VI - a associação em cooperativa agropecuária ou de crédito rural; e (Redação dada pela Lei nº 13.183, de 2015)

VII - a incidência do Imposto Sobre Produtos Industrializados - IPI sobre o produto das atividades desenvolvidas nos termos do § 14 deste artigo. (Incluído pela Lei nº 12.873, de 2013) (Produção de efeito)

§ 10. Não é segurado especial o membro de grupo familiar que possuir outra fonte de rendimento, exceto se decorrente de: (Incluído pela Lei nº 11.718, de 2008).

I - benefício de pensão por morte, auxílio-acidente ou auxílio-reclusão, cujo valor não supere o do menor benefício de prestação continuada da Previdência Social; (Incluído pela Lei nº 11.718, de 2008).

II - benefício previdenciário pela participação em plano de previdência complementar instituído nos termos do inciso IV do § 9º deste artigo; (Incluído pela Lei nº 11.718, de 2008).

III - exercício de atividade remunerada em período não superior a 120 (cento e vinte) dias, corridos ou intercalados, no ano civil, observado o disposto no § 13 deste artigo; (Redação dada pela Lei nº 12.873, de 2013)

IV - exercício de mandato eletivo de dirigente sindical de organização da categoria de trabalhadores rurais; (Incluído pela Lei nº 11.718, de 2008).

V - exercício de mandato de vereador do município onde desenvolve a atividade rural, ou de dirigente de cooperativa rural constituída exclusivamente por segurados especiais, observado o disposto no § 13 deste artigo; (Incluído pela Lei nº 11.718, de 2008).

VI - parceria ou meação outorgada na forma e condições estabelecidas no inciso I do § 9º deste artigo; (Incluído pela Lei nº 11.718, de 2008).

VII - atividade artesanal desenvolvida com matéria-prima produzida pelo respectivo grupo familiar, podendo ser utilizada matéria-prima de outra origem, desde que a renda mensal obtida na atividade não exceda ao menor benefício de prestação continuada da Previdência Social; e (Incluído pela Lei nº 11.718, de 2008).

VIII - atividade artística, desde que em valor mensal inferior ao menor benefício de prestação continuada da Previdência Social. (Incluído pela Lei nº 11.718, de 2008).

§ 11. O segurado especial fica excluído dessa categoria: (Incluído pela Lei nº 11.718, de 2008).

I - a contar do primeiro dia do mês em que: (Incluído pela Lei nº 11.718, de 2008).

a) deixar de satisfazer as condições estabelecidas no inciso VII do caput deste artigo, sem prejuízo do disposto no art. 15 da Lei no 8.213, de 24 de julho de 1991, ou exceder qualquer dos limites estabelecidos no inciso I do § 9º deste artigo; (Incluído pela Lei nº 11.718, de 2008).

b) enquadrar-se em qualquer outra categoria de segurado obrigatório do Regime Geral de Previdência Social, ressalvado o disposto nos incisos III, V, VII e VIII do § 10 e no § 14 deste artigo, sem prejuízo do disposto no art. 15 da Lei no 8.213, de 24 de julho de 1991; (Redação dada pela Lei nº 12.873, de 2013)

c) tornar-se segurado obrigatório de outro regime previdenciário; e (Redação dada pela Lei nº 12.873, de 2013)

d) participar de sociedade empresária, de sociedade simples, como empresário individual ou como titular de empresa individual de responsabilidade limitada em desacordo com as limitações impostas pelo § 14 deste artigo; (Incluído pela Lei nº 12.873, de 2013) (Produção de efeito)

II - a contar do primeiro dia do mês subseqüente ao da ocorrência, quando o grupo familiar a que pertence exceder o limite de: (Incluído pela Lei nº 11.718, de 2008).

a) utilização de trabalhadores nos termos do § 8º deste artigo; (Incluído pela Lei nº 11.718, de 2008).

b) dias em atividade remunerada estabelecidos no inciso III do § 10 deste artigo; e (Incluído pela Lei nº 11.718, de 2008).

c) dias de hospedagem a que se refere o inciso II do § 9º deste artigo. (Incluído pela Lei nº 11.718, de 2008).

§ 12. Aplica-se o disposto na alínea a do inciso V do caput deste artigo ao cônjuge ou companheiro do produtor que participe da atividade rural por este explorada. (Incluído pela Lei nº 11.718, de 2008).

§ 13. O disposto nos incisos III e V do § 10 e no § 14 deste artigo não dispensa o recolhimento da contribuição devida em relação ao exercício das atividades de que tratam os referidos dispositivos. (Redação dada pela Lei nº 12.873, de 2013)

§ 14. A participação do segurado especial em sociedade empresária, em sociedade simples, como empresário individual ou como titular de empresa individual de responsabilidade limitada de objeto ou âmbito agrícola, agroindustrial ou agroturístico, considerada microempresa nos termos da Lei Complementar no 123, de 14 de dezembro de 2006, não o exclui de tal categoria previdenciária, desde que, mantido o exercício da sua atividade rural na forma do inciso VII do caput e do § 1º, a pessoa jurídica componha-se apenas de segurados de igual natureza e sedie-se no mesmo Município ou em Município limítrofe àquele em que eles desenvolvam suas atividades. (Incluído pela Lei nº 12.873, de 2013) (Produção de efeito)

§ 15. (VETADO). (Incluído pela Lei nº 12.873, de 2013) (Produção de efeito)

Art. 13. O servidor civil ocupante de cargo efetivo ou o militar da União, dos Estados, do Distrito Federal ou dos Municípios, bem como o das respectivas autarquias e fundações, são excluídos do Regime Geral de Previdência Social consubstanciado nesta Lei, desde que amparados por regime próprio de previdência social. (Redação dada pela Lei nº 9.876, de 1999).

§ 1º Caso o servidor ou o militar venham a exercer, concomitantemente, uma ou mais atividades abrangidas pelo Regime Geral de Previdência Social, tornar-se-ão segurados obrigatórios em relação a essas atividades. (Incluído pela Lei nº 9.876, de 1999).

§ 2º Caso o servidor ou o militar, amparados por regime próprio de previdência social, sejam requisitados para outro órgão ou entidade cujo regime previdenciário não permita a filiação nessa condição, permanecerão vinculados ao regime de origem, obedecidas as regras que cada ente estabeleça acerca de sua contribuição. (Incluído pela Lei nº 9.876, de 1999).

Art. 14. É segurado facultativo o maior de 14 (quatorze) anos de idade que se filiar ao Regime Geral de Previdência Social, mediante contribuição, na forma do art. 21, desde que não incluído nas disposições do art. 12.

Seção II - Da Empresa e do Empregador Doméstico

Art. 15. Considera-se:

I - empresa - a firma individual ou sociedade que assume o risco de atividade econômica urbana ou rural, com fins lucrativos ou não, bem como os órgãos e entidades da administração pública direta, indireta e fundacional;

II - empregador doméstico - a pessoa ou família que admite a seu serviço, sem finalidade lucrativa, empregado doméstico.

Parágrafo único. Equiparam-se a empresa, para os efeitos desta Lei, o contribuinte individual e a pessoa física na condição de proprietário ou dono de obra de construção civil, em relação a segurado que lhe presta serviço, bem como a cooperativa, a associação ou a entidade de qualquer natureza ou finalidade, a missão diplomática e a repartição consular de carreira estrangeiras. (Redação dada pela Lei nº 13.202, de 2015)

CAPÍTULO II - DA CONTRIBUIÇÃO DA UNIÃO

Art. 16. A contribuição da União é constituída de recursos adicionais do Orçamento Fiscal, fixados obrigatoriamente na lei orçamentária anual.

Parágrafo único. A União é responsável pela cobertura de eventuais insuficiências financeiras da Seguridade Social, quando decorrentes do pagamento de benefícios de prestação continuada da Previdência Social, na forma da Lei Orçamentária Anual.

Art. 17. Para pagamento dos encargos previdenciários da União, poderão contribuir os recursos da Seguridade Social referidos na alínea "d" do parágrafo único do art. 11 desta Lei, na forma da Lei Orçamentária anual, assegurada a destinação de recursos para as ações desta Lei de Saúde e Assistência Social. (Redação dada pela Lei nº 9.711, de 1998).

Art. 18. Os recursos da Seguridade Social referidos nas alíneas "a", "b", "c" e "d" do parágrafo único do art. 11 desta Lei poderão contribuir, a partir do exercício de 1992, para o financiamento das despesas com pessoal e administração geral apenas do Instituto Nacional do Seguro Social-INSS, do Instituto Nacional de Assistência Médica da Previdência Social-INAMPS, da Fundação Legião Brasileira de Assistência-LBA e da Fundação Centro Brasileira para Infância e Adolescência.

Art. 19. O Tesouro Nacional repassará mensalmente recursos referentes às contribuições mencionadas nas alíneas "d" e "e" do parágrafo único do art. 11 desta Lei, destinados à execução do Orçamento da Seguridade Social. (Redação dada pela Lei nº 9.711, de 1998).

§ 1º Decorridos os prazos referidos no caput deste artigo, as dotações a serem repassadas sujeitar-se-ão a atualização monetária segundo os mesmos índices utilizados para efeito de correção dos tributos da União.

§ 2º Os recursos oriundos da majoração das contribuições previstas nesta Lei ou da criação de novas contribuições destinadas à Seguridade Social somente poderão ser utilizados para atender as ações nas áreas de saúde, previdência e assistência social.

CAPÍTULO III - DA CONTRIBUIÇÃO DO SEGURADO

Seção I - Da Contribuição dos Segurados Empregado, Empregado Doméstico e Trabalhador Avulso

Art. 20. A contribuição do empregado, inclusive o doméstico, e a do trabalhador avulso é calculada mediante a aplicação da correspondente alíquota sobre o seu salário-de-contribuição mensal, de forma não cumulativa, observado o disposto no art. 28, de acordo com a seguinte tabela: (Redação dada pela Lei nº 9.032, de 28.4.95) (Vide Lei Complementar nº 150, de 2015)

Salário-de-contribuição	Alíquota em %
até 249,80	8,00
de 249,81 até 416,33	9,00
de 416,34 até 832,66	11,00

(Valores e alíquotas dados pela Lei nº 9.129, de 20.11.95) 4

§ 1º Os valores do salário-de-contribuição serão reajustados, a partir da data de entrada em vigor desta Lei, na mesma época e com os mesmos índices que os do reajustamento dos benefícios de prestação continuada da Previdência Social.(Redação dada pela Lei nº 8.620, de 5.1.93)

§ 2º O disposto neste artigo aplica-se também aos segurados empregados e trabalhadores avulsos que prestem serviços a microempresas. (Parágrafo acrescentado pela Lei nº 8.620, de 5.1.93)

Seção II - Da Contribuição dos Segurados Contribuinte Individual e Facultativo.

(Redação dada pela Lei nº 9.876, de 1999).

Art. 21. A alíquota de contribuição dos segurados contribuinte individual e facultativo será de vinte por cento sobre o respectivo salário-de-contribuição. (Redação dada pela Lei nº 9.876, de 1999).

I - revogado; (Redação dada pela Lei nº 9.876, de 1999).

II - revogado. (Redação dada pela Lei nº 9.876, de 1999).

§ 1º Os valores do salário-de-contribuição serão reajustados, a partir da data de entrada em vigor desta Lei, na mesma época e com os mesmos índices que os do reajustamento dos benefícios de prestação continuada da Previdência Social. (Redação dada pela Lei nº 9.711, de 1998). (Renumerado pela Lei Complementar nº 123, de 2006).

§ 2º No caso de opção pela exclusão do direito ao benefício de aposentadoria por tempo de contribuição, a alíquota de contribuição incidente sobre o limite mínimo mensal do salário de contribuição será de: (Redação dada pela Lei nº 12.470, de 2011)

I - 11% (onze por cento), no caso do segurado contribuinte individual, ressalvado o disposto no inciso II, que trabalhe por conta própria, sem relação de trabalho com empresa ou equiparado e do segurado facultativo, observado o disposto na alínea b do inciso II deste parágrafo; (Incluído pela Lei nº 12.470, de 2011)

II - 5% (cinco por cento): (Incluído pela Lei nº 12.470, de 2011)

a) no caso do microempreendedor individual, de que trata o art. 18-A da Lei Complementar no 123, de 14 de dezembro de 2006; e (Incluído pela Lei nº 12.470, de 2011) (Produção de efeito)

b) do segurado facultativo sem renda própria que se dedique exclusivamente ao trabalho doméstico no âmbito de sua residência, desde que pertencente a família de baixa renda. (Incluído pela Lei nº 12.470, de 2011)

§ 3º O segurado que tenha contribuído na forma do § 2º deste artigo e pretenda contar o tempo de contribuição correspondente para fins de obtenção da aposentadoria por tempo de contribuição ou da contagem recíproca do tempo de contri-

LEI Nº 8.212, DE 24 DE JULHO DE 1991

buição a que se refere o art. 94 da Lei no 8.213, de 24 de julho de 1991, deverá complementar a contribuição mensal mediante recolhimento, sobre o valor correspondente ao limite mínimo mensal do salário-de-contribuição em vigor na competência a ser complementada, da diferença entre o percentual pago e o de 20% (vinte por cento), acrescido dos juros moratórios de que trata o § 3º do art. 5º da Lei no 9.430, de 27 de dezembro de 1996. (Redação dada pela Lei nº 12.470, de 2011) (Produção de efeito)

§ 4º Considera-se de baixa renda, para os fins do disposto na alínea b do inciso II do § 2º deste artigo, a família inscrita no Cadastro Único para Programas Sociais do Governo Federal - CadÚnico cuja renda mensal seja de até 2 (dois) salários mínimos. (Redação dada pela Lei nº 12.470, de 2011)

§ 5º A contribuição complementar a que se refere o § 3º deste artigo será exigida a qualquer tempo, sob pena de indeferimento do benefício. (Incluído pela Lei nº 12.507, de 2011)

CAPÍTULO IV - DA CONTRIBUIÇÃO DA EMPRESA

Art. 22. A contribuição a cargo da empresa, destinada à Seguridade Social, além do disposto no art. 23, é de: 6

I - vinte por cento sobre o total das remunerações pagas, devidas ou creditadas a qualquer título, durante o mês, aos segurados empregados e trabalhadores avulsos que lhe prestem serviços, destinadas a retribuir o trabalho, qualquer que seja a sua forma, inclusive as gorjetas, os ganhos habituais sob a forma de utilidades e os adiantamentos decorrentes de reajuste salarial, quer pelos serviços efetivamente prestados, quer pelo tempo à disposição do empregador ou tomador de serviços, nos termos da lei ou do contrato ou, ainda, de convenção ou acordo coletivo de trabalho ou sentença normativa. (Redação dada pela Lei nº 9.876, de 1999).

II - para o financiamento do benefício previsto nos arts. 57 e 58 da Lei nº 8.213, de 24 de julho de 1991, e daqueles concedidos em razão do grau de incidência de incapacidade laborativa decorrente dos riscos ambientais do trabalho, sobre o total das remunerações pagas ou creditadas, no decorrer do mês, aos segurados empregados e trabalhadores avulsos: (Redação dada pela Lei nº 9.732, de 1998).

a) 1% (um por cento) para as empresas em cuja atividade preponderante o risco de acidentes do trabalho seja considerado leve;
b) 2% (dois por cento) para as empresas em cuja atividade preponderante esse risco seja considerado médio;
c) 3% (três por cento) para as empresas em cuja atividade preponderante esse risco seja considerado grave.

III - vinte por cento sobre o total das remunerações pagas ou creditadas a qualquer título, no decorrer do mês, aos segurados contribuintes individuais que lhe prestem serviços; (Incluído pela Lei nº 9.876, de 1999).

IV (Execução suspensa pela Resolução do Senado Federal nº 10, de 2016)

§ 1º No caso de bancos comerciais, bancos de investimentos, bancos de desenvolvimento, caixas econômicas, sociedades de crédito, financiamento e investimento, sociedades de crédito imobiliário, sociedades corretoras, distribuidoras de títulos e valores mobiliários, empresas de arrendamento mercantil, cooperativas de crédito, empresas de seguros privados e de capitalização, agentes autônomos de seguros privados e de crédito e entidades de previdência privada abertas e fechadas, além das contribuições referidas neste artigo e no art. 23, é devida a contribuição adicional de dois vírgula cinco por cento sobre a base de cálculo definida nos incisos I e III deste artigo. (Redação dada pela Lei nº 9.876, de 1999). (Vide Medida Provisória nº 2.158-35, de 2001).

§ 2º Não integram a remuneração as parcelas de que trata o § 9º do art. 28.

§ 3º O Ministério do Trabalho e da Previdência Social poderá alterar, com base nas estatísticas de acidentes do trabalho, apuradas em inspeção, o enquadramento de empresas para efeito da contribuição a que se refere o inciso II deste artigo, a fim de estimular investimentos em prevenção de acidentes.

§ 4º O Poder Executivo estabelecerá, na forma da lei, ouvido o Conselho Nacional da Seguridade Social, mecanismos de estímulo às empresas que se utilizem de empregados portadores de deficiências física, sensorial e/ou mental com desvio do padrão médio.

§ 5º (Revogado pela Lei nº 10.256, de 2001).

§ 6º A contribuição empresarial da associação desportiva que mantém equipe de futebol profissional destinada à Seguridade Social, em substituição à prevista nos incisos I e II deste artigo, corresponde a cinco por cento da receita bruta, decorrente dos espetáculos desportivos de que participem em todo território nacional em qualquer modalidade desportiva, inclusive jogos internacionais, e de qualquer forma de patrocínio, licenciamento de uso de marcas e símbolos, publicidade, propaganda e de transmissão de espetáculos desportivos. (Parágrafo acrescentado pela Lei nº 9.528, de 10.12.97).

§ 7º Caberá à entidade promotora do espetáculo a responsabilidade de efetuar o desconto de cinco por cento da receita bruta decorrente dos espetáculos desportivos e o respectivo recolhimento ao Instituto Nacional do Seguro Social, no prazo de até dois dias úteis após a realização do evento. (Parágrafo acrescentado pela Lei nº 9.528, de 10.12.97).

§ 8º Caberá à associação desportiva que mantém equipe de futebol profissional informar à entidade promotora do espetáculo desportivo todas as receitas auferidas no evento, discriminando-as detalhadamente. (Parágrafo acrescentado pela Lei nº 9.528, de 10.12.97).

§ 9º No caso de a associação desportiva que mantém equipe de futebol profissional receber recursos de empresa ou entidade, a título de patrocínio, licenciamento de uso de marcas e símbolos, publicidade, propaganda e transmissão de espetáculos, esta última ficará com a responsabilidade de reter e recolher o percentual de cinco por cento da receita bruta decorrente do evento, inadmitida qualquer dedução, no prazo estabelecido na alínea "b", inciso I, do art. 30 desta Lei. (Parágrafo acrescentado pela Lei nº 9.528, de 10.12.97).

§ 10. Não se aplica o disposto nos §§ 6º ao 9º às demais associações desportivas, que devem contribuir na forma dos incisos I e II deste artigo e do art. 23 desta Lei. (Parágrafo acrescentado pela Lei nº 9.528, de 10.12.97).

§ 11. O disposto nos §§ 6º ao 9º deste artigo aplica-se à associação desportiva que mantenha equipe de futebol profissional e atividade econômica organizada para a produção e circulação de bens e serviços e que se organize regularmente, segundo um dos tipos regulados nos arts. 1.039 a 1.092 da Lei nº 10.406, de 10 de janeiro de 2002 - Código Civil. (Redação dada pela Lei nº 11.345, de 2006).

§ 11-A. O disposto no § 11 deste artigo aplica-se apenas às atividades diretamente relacionadas com a manutenção e administração de equipe profissional de futebol, não se estendendo às outras atividades econômicas exercidas pelas referidas sociedades empresariais beneficiárias. (Incluído pela Lei nº 11.505, de 2007).

§ 12. (VETADO) (Incluído pela Lei nº 10.170, de 2000).

§ 13. Não se considera como remuneração direta ou indireta, para os efeitos desta Lei, os valores despendidos pelas entidades religiosas e instituições de ensino vocacional com ministro de confissão religiosa, membros de instituto de vida consagrada, de congregação ou de ordem religiosa em face do seu mister religioso ou para sua subsistência desde que fornecidos em condições que independam da natureza e da quantidade do trabalho executado. (Incluído pela Lei nº 10.170, de 2000).

§ 14. Para efeito de interpretação do § 13 deste artigo: (Incluído pela Lei nº 13.137, de 2015)

I - os critérios informadores dos valores despendidos pelas entidades religiosas e instituições de ensino vocacional aos ministros de confissão religiosa, membros de

vida consagrada, de congregação ou de ordem religiosa não são taxativos e sim exemplificativos; (Incluído pela Lei nº 13.137, de 2015)

II - os valores despendidos, ainda que pagos de forma e montante diferenciados, em pecúnia ou a título de ajuda de custo de moradia, transporte, formação educacional, vinculados exclusivamente à atividade religiosa não configuram remuneração direta ou indireta. (Incluído pela Lei nº 13.137, de 2015)

§ 15. Na contratação de serviços de transporte rodoviário de carga ou de passageiro, de serviços prestados com a utilização de trator, máquina de terraplenagem, colheitadeira e assemelhados, a base de cálculo da contribuição da empresa corresponde a 20% (vinte por cento) do valor da nota fiscal, fatura ou recibo, quando esses serviços forem prestados por condutor autônomo de veículo rodoviário, auxiliar de condutor autônomo de veículo rodoviário, bem como por operador de máquinas. (Incluído pela Lei nº 13.202, de 2015)

Art. 22A. A contribuição devida pela agroindústria, definida, para os efeitos desta Lei, como sendo o produtor rural pessoa jurídica cuja atividade econômica seja a industrialização de produção própria ou de produção própria e adquirida de terceiros, incidente sobre o valor da receita bruta proveniente da comercialização da produção, em substituição às previstas nos incisos I e II do art. 22 desta Lei, é de: (Incluído pela Lei nº 10.256, de 2001).

I - dois vírgula cinco por cento destinados à Seguridade Social; (Incluído pela Lei nº 10.256, de 2001).

II - zero vírgula um por cento para o financiamento do benefício previsto nos arts. 57 e 58 da Lei no 8.213, de 24 de julho de 1991, e daqueles concedidos em razão do grau de incidência de incapacidade para o trabalho decorrente dos riscos ambientais da atividade. (Incluído pela Lei nº 10.256, de 2001).

§ 1º (VETADO) (Incluído pela Lei nº 10.256, de 2001).

§ 2º O disposto neste artigo não se aplica às operações relativas à prestação de serviços a terceiros, cujas contribuições previdenciárias continuam sendo devidas na forma do art. 22 desta Lei. (Incluído pela Lei nº 10.256, de 2001).

§ 3º Na hipótese do § 2º, a receita bruta correspondente aos serviços prestados a terceiros será excluída da base de cálculo da contribuição de que trata o caput. (Incluído pela Lei nº 10.256, de 2001).

§ 4º O disposto neste artigo não se aplica às sociedades cooperativas e às agroindústrias de piscicultura, carcinicultura, suinocultura e avicultura. (Incluído pela Lei nº 10.256, de 2001).

§ 5º O disposto no inciso I do art. 3º da Lei no 8.315, de 23 de dezembro de 1991, não se aplica ao empregador de que trata este artigo, que contribuirá com o adicional de zero vírgula vinte e cinco por cento da receita bruta proveniente da comercialização da produção, destinado ao Serviço Nacional de Aprendizagem Rural (SENAR). (Incluído pela Lei nº 10.256, de 2001).

§ 6º Não se aplica o regime substitutivo de que trata este artigo à pessoa jurídica que, relativamente à atividade rural, se dedique apenas ao florestamento e reflorestamento como fonte de matéria-prima para industrialização própria mediante a utilização de processo industrial que modifique a natureza química da madeira ou a transforme em pasta celulósica. (Incluído pela Lei nº 10.684, de 2003).

§ 7º Aplica-se o disposto no § 6º ainda que a pessoa jurídica comercialize resíduos vegetais ou sobras ou partes da produção, desde que a receita bruta decorrente dessa comercialização represente menos de um por cento de sua receita bruta proveniente da comercialização da produção. (Incluído pela Lei nº 10.684, de 2003).

Art. 22B. As contribuições de que tratam os incisos I e II do art. 22 desta Lei são substituídas, em relação à remuneração paga, devida ou creditada ao trabalhador rural contratado pelo consórcio simplificado de produtores rurais de que trata o art. 25A, pela contribuição dos respectivos produtores rurais, calculada na forma do art. 25 desta Lei. (Incluído pela Lei nº 10.256, de 2001).

Art. 23. As contribuições a cargo da empresa provenientes do faturamento e do lucro, destinadas à Seguridade Social, além do disposto no art. 22, são calculadas mediante a aplicação das seguintes alíquotas:

I - 2% (dois por cento) sobre sua receita bruta, estabelecida segundo o disposto no § 1º do art. 1º do Decreto-lei nº 1.940, de 25 de maio de 1982, com a redação dada pelo art. 22, do Decreto-lei nº 2.397, de 21 de dezembro de 1987, e alterações posteriores; 9

II - 10% (dez por cento) sobre o lucro líquido do período-base, antes da provisão para o Imposto de Renda, ajustado na forma do art. 2º da Lei nº 8.034, de 12 de abril de 1990. 10

§ 1º No caso das instituições citadas no § 1º do art. 22 desta Lei, a alíquota da contribuição prevista no inciso II é de 15% (quinze por cento). 11

§ 2º O disposto neste artigo não se aplica às pessoas de que trata o art. 25.

CAPÍTULO V - DA CONTRIBUIÇÃO DO EMPREGADOR DOMÉSTICO

Art. 24. A contribuição do empregador doméstico incidente sobre o salário de contribuição do empregado doméstico a seu serviço é de: (Redação dada pela Lei nº 13.202, de 2015)

I - 8% (oito por cento); e (Incluído pela Lei nº 13.202, de 2015)

II - 0,8% (oito décimos por cento) para o financiamento do seguro contra acidentes de trabalho. (Incluído pela Lei nº 13.202, de 2015)

Parágrafo único. Presentes os elementos da relação de emprego doméstico, o empregador doméstico não poderá contratar microempreendedor individual de que trata o art. 18-A da Lei Complementar nº 123, de 14 de dezembro de 2006, sob pena de ficar sujeito a todas as obrigações dela decorrentes, inclusive trabalhistas, tributárias e previdenciárias. (Incluído pela Lei nº 12.470, de 2011)

CAPÍTULO VI - DA CONTRIBUIÇÃO DO PRODUTOR RURAL E DO PESCADOR

(Alterado pela Lei nº 8.398, de 7.1.92)

Art. 25. A contribuição do empregador rural pessoa física, em substituição à contribuição de que tratam os incisos I e II do art. 22, e a do segurado especial, referidos, respectivamente, na alínea a do inciso V e no inciso VII do art. 12 desta Lei, destinada à Seguridade Social, é de: (Redação dada pela Lei nº 10.256, de 2001).

I - 1,2% (um inteiro e dois décimos por cento) da receita bruta proveniente da comercialização da sua produção; (Redação dada pela Lei nº 13.606, de 2018) (Produção de efeito)

II - 0,1% da receita bruta proveniente da comercialização da sua produção para financiamento das prestações por acidente do trabalho. (Redação dada pela Lei nº 9.528, de 10.12.97). (Vide decisão-STF Petição nº 8.140 - DF)

§ 1º O segurado especial de que trata este artigo, além da contribuição obrigatória referida no caput, poderá contribuir, facultativamente, na forma do art. 21 desta Lei. (Redação dada pela Lei nº 8.540, de 22.12.92)

§ 2º A pessoa física de que trata a alínea "a" do inciso V do art. 12 contribui, também, obrigatoriamente, na forma do art. 21 desta Lei. (Redação dada pela Lei nº 8.540, de 22.12.92)

§ 3º Integram a produção, para os efeitos deste artigo, os produtos de origem animal ou vegetal, em estado natural ou submetidos a processos de beneficiamento ou industrialização rudimentar, assim compreendidos, entre outros, os processos de lavagem, limpeza, descaroçamento, pilagem, descasca-

mento, lenhamento, pasteurização, resfriamento, secagem, fermentação, embalagem, cristalização, fundição, carvoejamento, cozimento, destilação, moagem, torrefação, bem como os subprodutos e os resíduos obtidos através desses processos. (Incluído pela Lei n º 8.540, de 22.12.92)

§ 4º (Revogado). (Redação dada pela Lei nº 11.718, de 2008).

§ 5º (VETADO) (Incluído pela Lei n º 8.540, de 22.12.92)

§ 6º (Revogado pela Lei nº 10.256, de 2001).

§ 7º (Revogado pela Lei nº 10.256, de 2001).

§ 8º (Revogado pela Lei nº 10.256, de 2001).

§ 9º (VETADO) (Incluído pela Lei nº 10.256, de 2001).

§ 10. Integra a receita bruta de que trata este artigo, além dos valores decorrentes da comercialização da produção relativa aos produtos a que se refere o § 3º deste artigo, a receita proveniente: (Incluído pela Lei nº 11.718, de 2008).

I - da comercialização da produção obtida em razão de contrato de parceria ou meação de parte do imóvel rural; (Incluído pela Lei nº 11.718, de 2008).

II - da comercialização de artigos de artesanato de que trata o inciso VII do § 10 do art. 12 desta Lei; (Incluído pela Lei nº 11.718, de 2008).

III - de serviços prestados, de equipamentos utilizados e de produtos comercializados no imóvel rural, desde que em atividades turística e de entretenimento desenvolvidas no próprio imóvel, inclusive hospedagem, alimentação, recepção, recreação e atividades pedagógicas, bem como taxa de visitação e serviços especiais; (Incluído pela Lei nº 11.718, de 2008).

IV - do valor de mercado da produção rural dada em pagamento ou que tiver sido trocada por outra, qualquer que seja o motivo ou finalidade; e (Incluído pela Lei nº 11.718, de 2008).

V - de atividade artística de que trata o inciso VIII do § 10 do art. 12 desta Lei. (Incluído pela Lei nº 11.718, de 2008).

§ 11. Considera-se processo de beneficiamento ou industrialização artesanal aquele realizado diretamente pelo próprio produtor rural pessoa física, desde que não esteja sujeito à incidência do Imposto Sobre Produtos Industrializados – IPI. (Incluído pela Lei nº 11.718, de 2008).

§ 12. Não integra a base de cálculo da contribuição de que trata o caput deste artigo a produção rural destinada ao plantio ou reflorestamento, nem o produto animal destinado à reprodução ou criação pecuária ou granjeira e à utilização como cobaia para fins de pesquisas científicas, quando vendido pelo próprio produtor e por quem a utilize diretamente com essas finalidades e, no caso de produto vegetal, por pessoa ou entidade registrada no Ministério da Agricultura, Pecuária e Abastecimento que se dedique ao comércio de sementes e mudas no País. (Incluído pela Lei nº 13.606, de 2018) (Produção de efeito)

§ 13. O produtor rural pessoa física poderá optar por contribuir na forma prevista no caput deste artigo ou na forma dos incisos I e II do caput do art. 22 desta Lei, manifestando sua opção mediante o pagamento da contribuição incidente sobre a folha de salários relativa a janeiro de cada ano, ou à primeira competência subsequente ao início da atividade rural, e será irretratável para todo o ano-calendário. (Incluído pela Lei nº 13.606, de 2018) (Produção de efeito)

Art. 25A. Equipara-se ao empregador rural pessoa física o consórcio simplificado de produtores rurais, formado pela união de produtores rurais pessoas físicas, que outorgar a um deles poderes para contratar, gerir e demitir trabalhadores para prestação de serviços, exclusivamente, aos seus integrantes, mediante documento registrado em cartório de títulos e documentos. (Incluído pela Lei nº 10.256, de 2001).

§ 1º O documento de que trata o caput deverá conter a identificação de cada produtor, seu endereço pessoal e o de sua propriedade rural, bem como o respectivo registro no Instituto Nacional de Colonização e Reforma Agrária - INCRA ou informações relativas a parceria, arrendamento ou equivalente e a matrícula no Instituto Nacional do Seguro Social – INSS de cada um dos produtores rurais. (Incluído pela Lei nº 10.256, de 2001).

§ 2º O consórcio deverá ser matriculado no INSS em nome do empregador a quem hajam sido outorgados os poderes, na forma do regulamento. (Incluído pela Lei nº 10.256, de 2001).

§ 3º Os produtores rurais integrantes do consórcio de que trata o caput serão responsáveis solidários em relação às obrigações previdenciárias. (Incluído pela Lei nº 10.256, de 2001).

§ 4º (VETADO) (Incluído pela Lei nº 10.256, de 2001).

CAPÍTULO VII - DA CONTRIBUIÇÃO SOBRE A RECEITA DE CONCURSOS DE PROGNÓSTICOS

Art. 26. Constitui receita da Seguridade Social a contribuição social sobre a receita de concursos de prognósticos a que se refere o inciso III do caput do art. 195 da Constituição Federal. (Redação dada pela Lei nº 13.756, de 2018)

§ 1º (Revogado). (Redação dada pela Lei nº 13.756, de 2018)

§ 2º (Revogado). (Redação dada pela Lei nº 13.756, de 2018)

§ 3º (Revogado). (Redação dada pela Lei nº 13.756, de 2018)

§ 4º O produto da arrecadação da contribuição será destinado ao financiamento da Seguridade Social. (Incluído pela Lei nº 13.756, de 2018)

§ 5º A base de cálculo da contribuição equivale à receita auferida nos concursos de prognósticos, sorteios e loterias. (Incluído dada pela Lei nº 13.756, de 2018)

§ 6º A alíquota da contribuição corresponde ao percentual vinculado à Seguridade Social em cada modalidade lotérica, conforme previsto em lei. (Incluído pela Lei nº 13.756, de 2018)

CAPÍTULO VIII - DAS OUTRAS RECEITAS

Art. 27. Constituem outras receitas da Seguridade Social:

I - as multas, a atualização monetária e os juros moratórios;

II - a remuneração recebida por serviços de arrecadação, fiscalização e cobrança prestados a terceiros;

III - as receitas provenientes de prestação de outros serviços e de fornecimento ou arrendamento de bens;

IV - as demais receitas patrimoniais, industriais e financeiras;

V - as doações, legados, subvenções e outras receitas eventuais;

VI - 50% (cinqüenta por cento) dos valores obtidos e aplicados na forma do parágrafo único do art. 243 da Constituição Federal;

VII - 40% (quarenta por cento) do resultado dos leilões dos bens apreendidos pelo Departamento da Receita Federal;

VIII - outras receitas previstas em legislação específica.

Parágrafo único. As companhias seguradoras que mantêm o seguro obrigatório de danos pessoais causados por veículos automotores de vias terrestres, de que trata a Lei nº 6.194, de dezembro de 1974, deverão repassar à Seguridade Social 50% (cinqüenta por cento) do valor total do prêmio recolhido e destinado ao Sistema Único de Saúde-SUS, para custeio da assistência médico-hospitalar dos segurados vitimados em acidentes de trânsito.

CAPÍTULO IX - DO SALÁRIO-DE-CONTRIBUIÇÃO

Art. 28. Entende-se por salário-de-contribuição:

I - para o empregado e trabalhador avulso: a remuneração auferida em uma ou mais empresas, assim entendida a totalidade dos rendimentos pagos, devidos ou creditados a qualquer título, durante o mês, destinados a retribuir o trabalho, qualquer que seja a sua forma, inclusive as gorjetas, os ganhos habituais sob a forma de utilidades e os adiantamentos decorrentes de reajuste salarial, quer pelos serviços efetivamente prestados, quer pelo tempo à disposição do empregador ou tomador de serviços nos termos da lei ou do contrato ou, ainda, de convenção ou acordo coletivo de trabalho ou sentença normativa; (Redação dada pela Lei nº 9.528, de 10.12.97)

II - para o empregado doméstico: a remuneração registrada na Carteira de Trabalho e Previdência Social, observadas as normas a serem estabelecidas em regulamento para comprovação do vínculo empregatício e do valor da remuneração;

III - para o contribuinte individual: a remuneração auferida em uma ou mais empresas ou pelo exercício de sua atividade por conta própria, durante o mês, observado o limite máximo a que se refere o § 5º; (Redação dada pela Lei nº 9.876, de 1999)

IV - para o segurado facultativo: o valor por ele declarado, observado o limite máximo a que se refere o § 5º. (Incluído pela Lei nº 9.876, de 1999).

§ 1º Quando a admissão, a dispensa, o afastamento ou a falta do empregado ocorrer no curso do mês, o salário-de-contribuição será proporcional ao número de dias de trabalho efetivo, na forma estabelecida em regulamento.

§ 2º O salário-maternidade é considerado salário-de-contribuição.

§ 3º O limite mínimo do salário-de-contribuição corresponde ao piso salarial, legal ou normativo, da categoria ou, inexistindo este, ao salário mínimo, tomado no seu valor mensal, diário ou horário, conforme o ajustado e o tempo de trabalho efetivo durante o mês. (Redação dada pela Lei nº 9.528, de 10.12.97)

§ 4º O limite mínimo do salário-de-contribuição do menor aprendiz corresponde à sua remuneração mínima definida em lei.

§ 5º O limite máximo do salário-de-contribuição é de Cr$ 170.000,00 (cento e setenta mil cruzeiros), reajustado a partir da data da entrada em vigor desta Lei, na mesma época e com os mesmos índices que os do reajustamento dos benefícios de prestação continuada da Previdência Social. 12

§ 6º No prazo de 180 (cento e oitenta) dias, a contar da data de publicação desta Lei, o Poder Executivo encaminhará ao Congresso Nacional projeto de lei estabelecendo a previdência complementar, pública e privada, em especial para os que possam contribuir acima do limite máximo estipulado no parágrafo anterior deste artigo.

§ 7º O décimo-terceiro salário (gratificação natalina) integra o salário-de-contribuição, exceto para o cálculo de benefício, na forma estabelecida em regulamento. (Redação dada pela Lei nº 8.870, de 15.4.94)

§ 8º (Revogado). (Redação dada pela Lei nº 13.467, de 2017)
 a) (revogada); (Redação dada pela Lei nº 13.467, de 2017)
 b) (VETADO) (Incluída pela Lei nº 9.528, de 10.12.97)
 c) (Revogado pela Lei nº 9.711, de 1998).

§ 9º Não integram o salário-de-contribuição para os fins desta Lei, exclusivamente: (Redação dada pela Lei nº 9.528, de 10.12.97)

 a) os benefícios da previdência social, nos termos e limites legais, salvo o salário-maternidade; (Redação dada pela Lei nº 9.528, de 10.12.97).

 b) as ajudas de custo e o adicional mensal recebidos pelo aeronauta nos termos da Lei nº 5.929, de 30 de outubro de 1973;

 c) a parcela "in natura" recebida de acordo com os programas de alimentação aprovados pelo Ministério do Trabalho e da Previdência Social, nos termos da Lei nº 6.321, de 14 de abril de 1976;

 d) as importâncias recebidas a título de férias indenizadas e respectivo adicional constitucional, inclusive o valor correspondente à dobra da remuneração de férias de que trata o art. 137 da Consolidação das Leis do Trabalho-CLT; (Redação dada pela Lei nº 9.528, de 10.12.97).

 e) as importâncias: (Redação dada pela Lei nº 9.528, de 1997)

1. previstas no inciso I do art. 10 do Ato das Disposições Constitucionais Transitórias; (Incluído pela Lei nº 9.528, de 1997)

2. relativas à indenização por tempo de serviço, anterior a 5 de outubro de 1988, do empregado não optante pelo Fundo de Garantia do Tempo de Serviço-FGTS; (Incluído pela Lei nº 9.528, de 1997)

3. recebidas a título da indenização de que trata o art. 479 da CLT; (Incluído pela Lei nº 9.528, de 1997)

4. recebidas a título da indenização de que trata o art. 14 da Lei nº 5.889, de 8 de junho de 1973; (Incluído pela Lei nº 9.528, de 1997)

5. recebidas a título de incentivo à demissão; (Incluído pela Lei nº 9.528, de 1997)

6. recebidas a título de abono de férias na forma dos arts. 143 e 144 da CLT; (Redação dada pela Lei nº 9.711, de 1998).

7. recebidas a título de ganhos eventuais e os abonos expressamente desvinculados do salário; (Redação dada pela Lei nº 9.711, de 1998).

8. recebidas a título de licença-prêmio indenizada; (Redação dada pela Lei nº 9.711, de 1998).

9. recebidas a título da indenização de que trata o art. 9º da Lei nº 7.238, de 29 de outubro de 1984; (Redação dada pela Lei nº 9.711, de 1998).

 f) a parcela recebida a título de vale-transporte, na forma da legislação própria;

 g) a ajuda de custo, em parcela única, recebida exclusivamente em decorrência de mudança de local de trabalho do empregado, na forma do art. 470 da CLT; (Redação dada pela Lei nº 9.528, de 10.12.97).

 h) as diárias para viagens; (Redação dada pela Lei nº 13.467, de 2017)

 i) a importância recebida a título de bolsa de complementação educacional de estagiário, quando paga nos termos da Lei nº 6.494, de 7 de dezembro de 1977;

 j) a participação nos lucros ou resultados da empresa, quando paga ou creditada de acordo com lei específica;

 l) o abono do Programa de Integração Social-PIS e do Programa de Assistência ao Servidor Público-PASEP; (Incluída pela Lei nº 9.528, de 10.12.97)

 m) os valores correspondentes a transporte, alimentação e habitação fornecidos pela empresa ao empregado contratado para trabalhar em localidade distante da de sua residência, em canteiro de obras ou local que, por força da atividade, exija deslocamento e estada, observadas as normas de proteção estabelecidas pelo Ministério do Trabalho; (Incluída pela Lei nº 9.528, de 10.12.97)

 n) a importância paga ao empregado a título de complementação ao valor do auxílio-doença, desde que este direito seja extensivo à totalidade dos empregados da empresa; (Incluída pela Lei nº 9.528, de 10.12.97)

 o) as parcelas destinadas à assistência ao trabalhador da agroindústria canavieira, de que trata o art. 36 da Lei nº 4.870, de 1º de dezembro de 1965; (Incluída pela Lei nº 9.528, de 10.12.97)

 p) o valor das contribuições efetivamente pago pela pessoa jurídica relativo a programa de previdência complementar, aberto ou fechado, desde que disponível à totalidade de seus empregados e dirigentes, observados, no que couber, os arts. 9º e 468 da CLT; (Incluída pela Lei nº 9.528, de 10.12.97)

 q) o valor relativo à assistência prestada por serviço médico ou odontológico, próprio da empresa ou por ela conveniado, inclusive o reembolso de despesas com medicamentos, óculos, aparelhos ortopédicos, próteses, órteses, despesas médico-hospitalares e outras similares; (Redação dada pela Lei nº 13.467, de 2017)

 r) o valor correspondente a vestuários, equipamentos e outros acessórios fornecidos ao empregado e utilizados no local do trabalho para prestação dos respectivos serviços; (Incluída pela Lei nº 9.528, de 10.12.97)

 s) o ressarcimento de despesas pelo uso de veículo do empregado e o reembolso creche pago em conformidade com a legislação trabalhista, observado o limite

LEI Nº 8.212, DE 24 DE JULHO DE 1991

máximo de seis anos de idade, quando devidamente comprovadas as despesas realizadas; (Incluída pela Lei nº 9.528, de 10.12.97)

t) o valor relativo a plano educacional, ou bolsa de estudo, que vise à educação básica de empregados e seus dependentes e, desde que vinculada às atividades desenvolvidas pela empresa, à educação profissional e tecnológica de empregados, nos termos da Lei nº 9.394, de 20 de dezembro de 1996, e: (Redação dada pela Lei nº 12.513, de 2011)

1. não seja utilizado em substituição de parcela salarial; e (Incluído pela Lei nº 12.513, de 2011)

2. o valor mensal do plano educacional ou bolsa de estudo, considerado individualmente, não ultrapasse 5% (cinco por cento) da remuneração do segurado a que se destina ou o valor correspondente a uma vez e meia o valor do limite mínimo mensal do salário-de-contribuição, o que for maior; (Incluído pela Lei nº 12.513, de 2011)

u) a importância recebida a título de bolsa de aprendizagem garantida ao adolescente até quatorze anos de idade, de acordo com o disposto no art. 64 da Lei nº 8.069, de 13 de julho de 1990; (Incluída pela Lei nº 9.528, de 10.12.97)

v) os valores recebidos em decorrência da cessão de direitos autorais; (Incluída pela Lei nº 9.528, de 10.12.97)

x) o valor da multa prevista no § 8º do art. 477 da CLT. (Incluída pela Lei nº 9.528, de 10.12.97)

y) o valor correspondente ao vale-cultura. (Incluído pela Lei nº 12.761, de 2012)

z) os prêmios e os abonos. (Incluído pela Lei nº 13.467, de 2017)

aa) os valores recebidos a título de bolsa-atleta, em conformidade com a Lei no 10.891, de 9 de julho de 2004. (Incluído pela Lei nº 13.756, de 2018)

§ 10. Considera-se salário-de-contribuição, para o segurado empregado e trabalhador avulso, na condição prevista no § 5º do art. 12, a remuneração efetivamente auferida na entidade sindical ou empresa de origem. (Parágrafo acrescentado pela Lei nº 9.528, de 10.12.97)

§ 11. Considera-se remuneração do contribuinte individual que trabalha como condutor autônomo de veículo rodoviário, como auxiliar de condutor autônomo de veículo rodoviário, em automóvel cedido em regime de colaboração, nos termos da Lei nº 6.094, de 30 de agosto de 1974, como operador de trator, máquina de terraplenagem, colheitadeira e assemelhados, o montante correspondente a 20% (vinte por cento) do valor bruto do frete, carreto, transporte de passageiros ou do serviço prestado, observado o limite máximo a que se refere o § 5º. (Incluído pela Lei nº 13.202, de 2015)

Art. 29. (Revogado pela Lei nº 9.876, de 1999).

CAPÍTULO X - DA ARRECADAÇÃO E RECOLHIMENTO DAS CONTRIBUIÇÕES

Art. 30. A arrecadação e o recolhimento das contribuições ou de outras importâncias devidas à Seguridade Social obedecem às seguintes normas: (Redação dada pela Lei nº 8.620, de 5.1.93)

I - a empresa é obrigada a:

a) arrecadar as contribuições dos segurados empregados e trabalhadores avulsos a seu serviço, descontando-as da respectiva remuneração;

b) recolher os valores arrecadados na forma da alínea a deste inciso, a contribuição a que se refere o inciso IV do art. 22 desta Lei, assim como as contribuições a seu cargo incidentes sobre as remunerações pagas, devidas ou creditadas, a qualquer título, aos segurados empregados, trabalhadores avulsos e contribuintes individuais a seu serviço até o dia 20 (vinte) do mês subsequente ao da competência; (Redação dada pela Lei nº 11.933, de 2009). (Produção de efeitos).

c) recolher as contribuições de que tratam os incisos I e II do art. 23, na forma e prazos definidos pela legislação tributária federal vigente;

II - os segurados contribuinte individual e facultativo estão obrigados a recolher sua contribuição por iniciativa própria, até o dia quinze do mês seguinte ao da competência; (Redação dada pela Lei nº 9.876, de 1999)

III - a empresa adquirente, consumidora ou consignatária ou a cooperativa são obrigadas a recolher a contribuição de que trata o art. 25 até o dia 20 (vinte) do mês subsequente ao da operação de venda ou consignação da produção, independentemente de essas operações terem sido realizadas diretamente com o produtor ou com intermediário pessoa física, na forma estabelecida em regulamento; (Redação dada pela Lei nº 11.933, de 2009). (Produção de efeitos).

IV - a empresa adquirente, consumidora ou consignatária ou a cooperativa ficam sub-rogadas nas obrigações da pessoa física de que trata a alínea "a" do inciso V do art. 12 e do segurado especial pelo cumprimento das obrigações do art. 25 desta Lei, independentemente de as operações de venda ou consignação terem sido realizadas diretamente com o produtor ou com intermediário pessoa física, exceto no caso do inciso X deste artigo, na forma estabelecida em regulamento; (Redação dada pela Lei 9.528, de 10.12.97) (Vide decisão-STF Petição nº 8.140 - DF)

V - o empregador doméstico é obrigado a arrecadar e a recolher a contribuição do segurado empregado a seu serviço, assim como a parcela a seu cargo, até o dia 7 do mês seguinte ao da competência; (Redação dada pela Lei Complementar nº 150, de 2015)

VI - o proprietário, o incorporador definido na Lei nº 4.591, de 16 de dezembro de 1964, o dono da obra ou condômino da unidade imobiliária, qualquer que seja a forma de contratação da construção, reforma ou acréscimo, são solidários com o construtor, e estes com a subempreiteira, pelo cumprimento das obrigações para com a Seguridade Social, ressalvado o seu direito regressivo contra o executor ou contratante da obra e admitida a retenção de importância a este devida para garantia do cumprimento dessas obrigações, não se aplicando, em qualquer hipótese, o benefício de ordem; (Redação dada pela Lei 9.528, de 10.12.97)

VII - exclui-se da responsabilidade solidária perante a Seguridade Social o adquirente de prédio ou unidade imobiliária que realizar a operação com empresa de comercialização ou incorporador de imóveis, ficando estes solidariamente responsáveis com o construtor;

VIII - nenhuma contribuição à Seguridade Social é devida se a construção residencial unifamiliar, destinada ao uso próprio, de tipo econômico, for executada sem mão-de-obra assalariada, observadas as exigências do regulamento;

IX - as empresas que integram grupo econômico de qualquer natureza respondem entre si, solidariamente, pelas obrigações decorrentes desta Lei;

X - a pessoa física de que trata a alínea "a" do inciso V do art. 12 e o segurado especial são obrigados a recolher a contribuição de que trata o art. 25 desta Lei no prazo estabelecido no inciso III deste artigo, caso comercializem a sua produção: (Redação dada pela Lei 9.528, de 10.12.97)

a) no exterior; (Incluído pela Lei 9.528, de 10.12.97)

b) diretamente, no varejo, ao consumidor pessoa física; (Incluído pela Lei 9.528, de 10.12.97)

c) à pessoa física de que trata a alínea "a" do inciso V do art. 12; (Incluído pela Lei 9.528, de 10.12.97)

d) ao segurado especial; (Incluído pela Lei 9.528, de 10.12.97)

XI - aplica-se o disposto nos incisos III e IV deste artigo à pessoa física não produtor rural que adquire produção para venda no varejo a consumidor pessoa física. (Incluído pela Lei 9.528, de 10.12.97)

XII – sem prejuízo do disposto no inciso X do caput deste artigo, o produtor rural pessoa física e o segurado especial são obrigados a recolher, diretamente, a contribuição incidente sobre a receita bruta proveniente: (Incluído pela Lei nº 11.718, de 2008).

a) da comercialização de artigos de artesanato elaborados com matéria-prima produzida pelo respectivo grupo familiar; (Incluído pela Lei nº 11.718, de 2008).

b) de comercialização de artesanato ou do exercício de atividade artística, observado o disposto nos incisos VII e VIII do § 10 do art. 12 desta Lei; e (Incluído pela Lei nº 11.718, de 2008).

c) de serviços prestados, de equipamentos utilizados e de produtos comercializados no imóvel rural, desde que em atividades turística e de entretenimento desenvolvidas no próprio imóvel, inclusive hospedagem, alimentação, recepção, recreação e atividades pedagógicas, bem como taxa de visitação e serviços especiais; (Incluído pela Lei nº 11.718, de 2008).

XIII – o segurado especial é obrigado a arrecadar a contribuição de trabalhadores a seu serviço e a recolhê-la no prazo referido na alínea b do inciso I do caput deste artigo. (Incluído pela Lei nº 11.718, de 2008).

§ 1º Revogado pela Lei nº 9.032, de 28.4.95.

§ 2º Se não houver expediente bancário nas datas indicadas: (Redação dada pela Lei nº 11.933, de 2009). (Produção de efeitos).

I - no inciso II do caput, o recolhimento deverá ser efetuado até o dia útil imediatamente posterior; e (Redação dada pela Lei nº 13.202, de 2015)

II - na alínea b do inciso I e nos incisos III, V, X e XIII do caput, até o dia útil imediatamente anterior. (Redação dada pela Lei nº 13.202, de 2015)

§ 3º Aplica-se à entidade sindical e à empresa de origem o disposto nas alíneas "a" e "b" do inciso I, relativamente à remuneração do segurado referido no § 5º do art. 12. (Parágrafo acrescentado pela Lei nº 9.528, de 10.12.97).

§ 4º Na hipótese de o contribuinte individual prestar serviço a uma ou mais empresas, poderá deduzir, da sua contribuição mensal, quarenta e cinco por cento da contribuição da empresa, efetivamente recolhida ou declarada, incidente sobre a remuneração que esta lhe tenha pago ou creditado, limitada a dedução a nove por cento do respectivo salário-de-contribuição. (Incluído pela Lei nº 9.876, de 1999).

§ 5º Aplica-se o disposto no § 4º ao cooperado que prestar serviço a empresa por intermédio de cooperativa de trabalho. (Incluído pela Lei nº 9.876, de 1999).

§ 6º (Revogado). (Redação dada pela Lei nº 13.202, de 2015)

§ 7º A empresa ou cooperativa adquirente, consumidora ou consignatária da produção fica obrigada a fornecer ao segurado especial cópia do documento fiscal de entrada da mercadoria, para fins de comprovação da operação e da respectiva contribuição previdenciária. (Incluído pela Lei nº 11.718, de 2008).

§ 8º Quando o grupo familiar a que o segurado especial estiver vinculado não tiver obtido, no ano, por qualquer motivo, receita proveniente de comercialização de produção deverá comunicar a ocorrência à Previdência Social, na forma do regulamento. (Incluído pela Lei nº 11.718, de 2008).

§ 9º Quando o segurado especial tiver comercializado sua produção do ano anterior exclusivamente com empresa adquirente, consignatária ou cooperativa, tal fato deverá ser comunicado à Previdência Social pelo respectivo grupo familiar. (Incluído pela Lei nº 11.718, de 2008).

Art. 31. A empresa contratante de serviços executados mediante cessão de mão de obra, inclusive em regime de trabalho temporário, deverá reter 11% (onze por cento) do valor bruto da nota fiscal ou fatura de prestação de serviços e recolher, em nome da empresa cedente da mão de obra, a importância retida até o dia 20 (vinte) do mês subsequente ao da emissão da respectiva nota fiscal ou fatura, ou até o dia útil imediatamente anterior se não houver expediente bancário naquele dia, observado o disposto no § 5º do art. 33 desta Lei. (Redação dada pela Lei nº 11.933, de 2009). (Produção de efeitos).

§ 1º O valor retido de que trata o caput deste artigo, que deverá ser destacado na nota fiscal ou fatura de prestação de serviços, poderá ser compensado por qualquer estabelecimento da empresa cedente da mão de obra, por ocasião do recolhimento das contribuições destinadas à Seguridade Social devidas sobre a folha de pagamento dos seus segurados. (Redação dada pela Lei nº 11.941, de 2009)

§ 2º Na impossibilidade de haver compensação integral na forma do parágrafo anterior, o saldo remanescente será objeto de restituição. (Redação dada pela Lei nº 9.711, de 1998).

§ 3º Para os fins desta Lei, entende-se como cessão de mão-de-obra a colocação à disposição do contratante, em suas dependências ou nas de terceiros, de segurados que realizem serviços contínuos, relacionados ou não com a atividade-fim da empresa, quaisquer que sejam a natureza e a forma de contratação. (Redação dada pela Lei nº 9.711, de 1998).

§ 4º Enquadram-se na situação prevista no parágrafo anterior, além de outros estabelecidos em regulamento, os seguintes serviços: (Redação dada pela Lei nº 9.711, de 1998).

I - limpeza, conservação e zeladoria; (Incluído pela Lei nº 9.711, de 1998).

II - vigilância e segurança; (Incluído pela Lei nº 9.711, de 1998).

III - empreitada de mão-de-obra; (Incluído pela Lei nº 9.711, de 1998).

IV - contratação de trabalho temporário na forma da Lei no 6.019, de 3 de janeiro de 1974. (Incluído pela Lei nº 9.711, de 1998).

§ 5º O cedente da mão-de-obra deverá elaborar folhas de pagamento distintas para cada contratante. (Incluído pela Lei nº 9.711, de 1998).

§ 6º Em se tratando de retenção e recolhimento realizados na forma do caput deste artigo, em nome de consórcio, de que tratam os arts. 278 e 279 da Lei no 6.404, de 15 de dezembro de 1976, aplica-se o disposto em todo este artigo, observada a participação de cada uma das empresas consorciadas, na forma do respectivo ato constitutivo. (Incluído pela Lei nº 11.941, de 2009)

Art. 32. A empresa é também obrigada a:

I - preparar folhas-de-pagamento das remunerações pagas ou creditadas a todos os segurados a seu serviço, de acordo com os padrões e normas estabelecidos pelo órgão competente da Seguridade Social;

II - lançar mensalmente em títulos próprios de sua contabilidade, de forma discriminada, os fatos geradores de todas as contribuições, o montante das quantias descontadas, as contribuições da empresa e os totais recolhidos;

III - prestar à Secretaria da Receita Federal do Brasil todas as informações cadastrais, financeiras e contábeis de seu interesse, na forma por ela estabelecida, bem como os esclarecimentos necessários à fiscalização; (Redação dada pela Lei nº 11.941, de 2009)

IV - declarar à Secretaria da Receita Federal do Brasil e ao Conselho Curador do Fundo de Garantia do Tempo de Serviço – FGTS, na forma, prazo e condições estabelecidos por esses órgãos, dados relacionados a fatos geradores, base de cálculo e valores devidos da contribuição previdenciária e outras informações de interesse do INSS ou do Conselho Curador do FGTS; (Redação dada pela Lei nº 11.941, de 2009)

V - (VETADO) (Incluído pela Lei nº 10.403, de 2002).

VI - comunicar, mensalmente, aos empregados, por intermédio de documento a ser definido em regulamento, os valores recolhidos sobre o total de sua remuneração ao INSS. (Incluído pela Lei nº 12.692, de 2012)

§ 1º (Revogado). (Redação dada pela Lei nº 11.941, de 2009)

LEI Nº 8.212, DE 24 DE JULHO DE 1991

§ 2º A declaração de que trata o inciso IV do caput deste artigo constitui instrumento hábil e suficiente para a exigência do crédito tributário, e suas informações comporão a base de dados para fins de cálculo e concessão dos benefícios previdenciários. (Redação dada pela Lei nº 11.941, de 2009)

§ 3º (Revogado). (Redação dada pela Lei nº 11.941, de 2009)

§ 4º (Revogado). (Redação dada pela Lei nº 11.941, de 2009)

§ 5º (Revogado). (Redação dada pela Lei nº 11.941, de 2009)

§ 6º (Revogado). (Redação dada pela Lei nº 11.941, de 2009)

§ 7º (Revogado). (Redação dada pela Lei nº 11.941, de 2009)

§ 8º (Revogado). (Redação dada pela Lei nº 11.941, de 2009)

§ 9º A empresa deverá apresentar o documento a que se refere o inciso IV do caput deste artigo ainda que não ocorram fatos geradores de contribuição previdenciária, aplicando-se, quando couber, a penalidade prevista no art. 32-A desta Lei.

§ 10. O descumprimento do disposto no inciso IV do caput deste artigo impede a expedição da certidão de prova de regularidade fiscal perante a Fazenda Nacional. (Redação dada pela Lei nº 11.941, de 2009)

§ 11. Em relação aos créditos tributários, os documentos comprobatórios do cumprimento das obrigações de que trata este artigo devem ficar arquivados na empresa até que ocorra a prescrição relativa aos créditos decorrentes das operações a que se refiram. (Redação dada pela Lei nº 11.941, de 2009)

§ 12. (VETADO). (Incluído pela Lei nº 12.692, de 2012)

Art. 32-A. O contribuinte que deixar de apresentar a declaração de que trata o inciso IV do caput do art. 32 desta Lei no prazo fixado ou que a apresentar com incorreções ou omissões será intimado a apresentá-la ou a prestar esclarecimentos e sujeitar-se-á às seguintes multas: (Incluído pela Lei nº 11.941, de 2009)

I - de R$ 20,00 (vinte reais) para cada grupo de 10 (dez) informações incorretas ou omitidas; e (Incluído pela Lei nº 11.941, de 2009).

II - de 2% (dois por cento) ao mês-calendário ou fração, incidentes sobre o montante das contribuições informadas, ainda que integralmente pagas, no caso de falta de entrega da declaração ou entrega após o prazo, limitada a 20% (vinte por cento), observado o disposto no § 3º deste artigo. (Incluído pela Lei nº 11.941, de 2009).

§ 1º Para efeito de aplicação da multa prevista no inciso II do caput deste artigo, será considerado como termo inicial o dia seguinte ao término do prazo fixado para entrega da declaração e como termo final a data da efetiva entrega ou, no caso de não-apresentação, a data da lavratura do auto de infração ou da notificação de lançamento. (Incluído pela Lei nº 11.941, de 2009).

§ 2º Observado o disposto no § 3º deste artigo, as multas serão reduzidas: (Incluído pela Lei nº 11.941, de 2009).

I - à metade, quando a declaração for apresentada após o prazo, mas antes de qualquer procedimento de ofício; ou (Incluído pela Lei nº 11.941, de 2009).

II - a 75% (setenta e cinco por cento), se houver apresentação da declaração no prazo fixado em intimação. (Incluído pela Lei nº 11.941, de 2009).

§ 3º A multa mínima a ser aplicada será de: (Incluído pela Lei nº 11.941, de 2009).

I - R$ 200,00 (duzentos reais), tratando-se de omissão de declaração sem ocorrência de fatos geradores de contribuição previdenciária; e (Incluído pela Lei nº 11.941, de 2009).

II - R$ 500,00 (quinhentos reais), nos demais casos. (Incluído pela Lei nº 11.941, de 2009).

Art. 32-B. Os órgãos da administração direta, as autarquias, as fundações e as empresas públicas da União, dos Estados, do Distrito Federal e dos Municípios, cujas Normas Gerais de Direito Financeiro para elaboração e controle dos orçamentos estão definidas pela Lei no 4.320, de 17 de março de 1964, e pela Lei Complementar no 101, de 4 de maio de 2000, ficam obrigados, na forma estabelecida pela Secretaria da Receita Federal do Brasil do Ministério da Fazenda, a apresentar: (Incluído pela Lei nº 12.810, de 2013)

I - a contabilidade entregue ao Tribunal de Controle Externo; e (Incluído pela Lei nº 12.810, de 2013)

II - a folha de pagamento. (Incluído pela Lei nº 12.810, de 2013)

Parágrafo único. As informações de que trata o caput deverão ser apresentadas até o dia 30 de abril do ano seguinte ao encerramento do exercício. (Incluído pela Lei nº 12.810, de 2013)

Art. 32-C. O segurado especial responsável pelo grupo familiar que contratar na forma do § 8º do art. 12 apresentará as informações relacionadas ao registro de trabalhadores, aos fatos geradores, à base de cálculo e aos valores das contribuições devidas à Previdência Social e ao Fundo de Garantia do Tempo de Serviço - FGTS e outras informações de interesse da Secretaria da Receita Federal do Brasil, do Ministério da Previdência Social, do Ministério do Trabalho e Emprego e do Conselho Curador do FGTS, por meio de sistema eletrônico com entrada única de dados, e efetuará os recolhimentos por meio de documento único de arrecadação. (Incluído pela Lei nº 12.873, de 2013)

§ 1º Os Ministros de Estado da Fazenda, da Previdência Social e do Trabalho e Emprego disporão, em ato conjunto, sobre a prestação das informações, a apuração, o recolhimento e a distribuição dos recursos recolhidos e sobre as informações geradas por meio do sistema eletrônico e da guia de recolhimento de que trata o caput. (Incluído pela Lei nº 12.873, de 2013)

§ 2º As informações prestadas no sistema eletrônico de que trata o caput têm caráter declaratório, constituem instrumento hábil e suficiente para a exigência dos tributos e encargos apurados e substituirão, na forma regulamentada pelo ato conjunto que prevê o § 1º, a obrigatoriedade de entrega de todas as informações, formulários e declarações a que está sujeito o grupo familiar, inclusive as relativas ao recolhimento do FGTS. (Incluído pela Lei nº 12.873, de 2013)

§ 3º O segurado especial de que trata o caput está obrigado a arrecadar as contribuições previstas nos incisos X, XII e XIII do caput do art. 30, os valores referentes ao FGTS e os encargos trabalhistas sob sua responsabilidade, até o dia 7 (sete) do mês seguinte ao da competência. (Incluído pela Lei nº 12.873, de 2013)

§ 4º Os recolhimentos devidos, nos termos do § 3º, deverão ser pagos por meio de documento único de arrecadação. (Incluído pela Lei nº 12.873, de 2013)

§ 5º Se não houver expediente bancário na data indicada no § 3º, o recolhimento deverá ser antecipado para o dia útil imediatamente anterior. (Incluído pela Lei nº 12.873, de 2013)

§ 6º Os valores não pagos até a data do vencimento sujeitar-se-ão à incidência de acréscimos e encargos legais na forma prevista na legislação do Imposto sobre a Renda e Proventos de Qualquer Natureza para as contribuições de caráter tributário, e conforme o art. 22 da Lei no 8.036, de 11 de maio de 1990, para os depósitos do FGTS, inclusive no que se refere às multas por atraso. (Incluído pela Lei nº 12.873, de 2013)

§ 7º O recolhimento do valor do FGTS na forma deste artigo será creditado diretamente em conta vinculada do trabalhador, assegurada a transferência dos elementos identificadores do recolhimento ao agente operador do fundo. (Incluído pela Lei nº 12.873, de 2013)

§ 8º O ato de que trata o § 1º regulará a compensação e a restituição dos valores dos tributos e dos encargos trabalhistas recolhidos, no documento único de arrecadação, indevidamente ou em montante superior ao devido. (Incluído pela Lei nº 12.873, de 2013)

§ 9º A devolução de valores do FGTS, depositados na conta vinculada do trabalhador, será objeto de norma regulamentar do Conselho Curador e do Agente Operador do Fundo de Garantia do Tempo de Serviço. (Incluído pela Lei nº 12.873, de 2013)

§ 10. O produto da arrecadação de que trata o § 3º será centralizado na Caixa Econômica Federal. (Incluído pela Lei nº 12.873, de 2013)

§ 11. A Caixa Econômica Federal, com base nos elementos identificadores do recolhimento, disponíveis no sistema de que trata o caput deste artigo, transferirá para a Conta Única do Tesouro Nacional os valores arrecadados dos tributos e das contribuições previstas nos incisos X, XII e XIII do caput do art. 30. (Incluído pela Lei nº 12.873, de 2013)

§ 12. A impossibilidade de utilização do sistema eletrônico referido no caput será objeto de regulamento, a ser editado pelo Ministério da Fazenda e pelo Agente Operador do FGTS. (Incluído pela Lei nº 12.873, de 2013)

§ 13. A sistemática de entrega das informações e recolhimentos de que trata o caput poderá ser estendida pelas autoridades previstas no § 1º para o produtor rural pessoa física de que trata a alínea a do inciso V do caput do art. 12. (Incluído pela Lei nº 12.873, de 2013)

§ 14. Aplica-se às informações entregues na forma deste artigo o disposto no §2º do art. 32 e no art. 32-A. (Incluído pela Lei nº 12.873, de 2013)

Art. 33. À Secretaria da Receita Federal do Brasil compete planejar, executar, acompanhar e avaliar as atividades relativas à tributação, à fiscalização, à arrecadação, à cobrança e ao recolhimento das contribuições sociais previstas no parágrafo único do art. 11 desta Lei, das contribuições incidentes a título de substituição e das devidas a outras entidades e fundos. (Redação dada pela Lei nº 11.941, de 2009).

§ 1º É prerrogativa da Secretaria da Receita Federal do Brasil, por intermédio dos Auditores-Fiscais da Receita Federal do Brasil, o exame da contabilidade das empresas, ficando obrigados a prestar todos os esclarecimentos e informações solicitados o segurado e os terceiros responsáveis pelo recolhimento das contribuições previdenciárias e das contribuições devidas a outras entidades e fundos. (Redação dada pela Lei nº 11.941, de 2009).

§ 2º A empresa, o segurado da Previdência Social, o serventuário da Justiça, o síndico ou seu representante, o comissário e o liquidante de empresa em liquidação judicial ou extrajudicial são obrigados a exibir todos os documentos e livros relacionados com as contribuições previstas nesta Lei. (Redação dada pela Lei nº 11.941, de 2009).

§ 3º Ocorrendo recusa ou sonegação de qualquer documento ou informação, ou sua apresentação deficiente, a Secretaria da Receita Federal do Brasil pode, sem prejuízo da penalidade cabível, lançar de ofício a importância devida. (Redação dada pela Lei nº 11.941, de 2009).

§ 4º Na falta de prova regular e formalizada pelo sujeito passivo, o montante dos salários pagos pela execução de obra de construção civil pode ser obtido mediante cálculo da mão de obra empregada, proporcional à área construída, de acordo com critérios estabelecidos pela Secretaria da Receita Federal do Brasil, cabendo ao proprietário, dono da obra, condômino da unidade imobiliária ou empresa corresponsável o ônus da prova em contrário. (Redação dada pela Lei nº 11.941, de 2009).

§ 5º O desconto de contribuição e de consignação legalmente autorizadas sempre se presume feito oportuna e regularmente pela empresa a isso obrigada, não lhe sendo lícito alegar omissão para se eximir do recolhimento, ficando diretamente responsável pela importância que deixou de receber ou arrecadou em desacordo com o disposto nesta Lei.

§ 6º Se, no exame da escrituração contábil e de qualquer outro documento da empresa, a fiscalização constatar que a contabilidade não registra o movimento real de remuneração dos segurados a seu serviço, do faturamento e do lucro, serão apuradas, por aferição indireta, as contribuições efetivamente devidas, cabendo à empresa o ônus da prova em contrário.

§ 7º O crédito da seguridade social é constituído por meio de notificação de lançamento, de auto de infração e de confissão de valores devidos e não recolhidos pelo contribuinte. (Redação dada pela Lei nº 11.941, de 2009).

§ 8º Aplicam-se às contribuições sociais mencionadas neste artigo as presunções legais de omissão de receita previstas nos §§ 2º e 3º do art. 12 do Decreto-Lei no 1.598, de 26 de dezembro de 1977, e nos arts. 40, 41 e 42 da Lei no 9.430, de 27 de dezembro de 1996. (Incluído pela Lei nº 11.941, de 2009).

Art. 34. (Revogado pela Lei nº 11.941, de 2009)

Art. 35. Os débitos com a União decorrentes das contribuições sociais previstas nas alíneas a, b e c do parágrafo único do art. 11 desta Lei, das contribuições instituídas a título de substituição e das contribuições devidas a terceiros, assim entendidas outras entidades e fundos, não pagos nos prazos previstos em legislação, serão acrescidos de multa de mora e juros de mora, nos termos do art. 61 da Lei no 9.430, de 27 de dezembro de 1996. (Redação dada pela Lei nº 11.941, de 2009).

I - (revogado): (Redação dada pela Lei nº 11.941, de 2009).
 a) (revogada); (Redação dada pela Lei nº 11.941, de 2009).
 b) (revogada); (Redação dada pela Lei nº 11.941, de 2009).
 c) (revogada); (Redação dada pela Lei nº 11.941, de 2009).
II - (revogado): (Redação dada pela Lei nº 11.941, de 2009).
 a) (revogada); (Redação dada pela Lei nº 11.941, de 2009).
 b) (revogada); (Redação dada pela Lei nº 11.941, de 2009).
 c) (revogada); (Redação dada pela Lei nº 11.941, de 2009).
 d) (revogada); (Redação dada pela Lei nº 11.941, de 2009).
III - (revogado): (Redação dada pela Lei nº 11.941, de 2009).
 a) (revogada); (Redação dada pela Lei nº 11.941, de 2009).
 b) (revogada); (Redação dada pela Lei nº 11.941, de 2009).
 c) (revogada); (Redação dada pela Lei nº 11.941, de 2009).
 d) (revogada); (Redação dada pela Lei nº 11.941, de 2009).

§ 1º (Revogado). (Redação dada pela Lei nº 11.941, de 2009).
§ 2º (Revogado). (Redação dada pela Lei nº 11.941, de 2009).
§ 3º (Revogado). (Redação dada pela Lei nº 11.941, de 2009).
§ 4º (Revogado). (Redação dada pela Lei nº 11.941, de 2009).

Art. 35-A. Nos casos de lançamento de ofício relativos às contribuições referidas no art. 35 desta Lei, aplica-se o disposto no art. 44 da Lei no 9.430, de 27 de dezembro de 1996. (Incluído pela Lei nº 11.941, de 2009).

Art. 36. (Revogado pela Lei nº 8.218, de 29.8.91).

Art. 37. Constatado o não-recolhimento total ou parcial das contribuições tratadas nesta Lei, não declaradas na forma do art. 32 desta Lei, a falta de pagamento de benefício reembolsado ou o descumprimento de obrigação acessória, será lavrado auto de infração ou notificação de lançamento. (Redação dada pela Lei nº 11.941, de 2009).

§ 1º (Revogado). (Redação dada pela Lei nº 11.941, de 2009).
§ 2º (Revogado) (Redação dada pela Lei nº 11.941, de 2009).

Art. 38. (Revogado pela Lei nº 11.941, de 2009)

Art. 39. O débito original e seus acréscimos legais, bem como outras multas previstas em lei, constituem dívida ativa da União, promovendo-se a inscrição em livro próprio daquela resultante das contribuições de que tratam as alíneas a, b e c do parágrafo único do art. 11 desta Lei. (Redação dada pela Lei nº 11.457, de 2007).

§ 1º (Revogado pela Lei nº 11.501, de 2007).

§ 2º É facultado aos órgãos competentes, antes de ajuizar a cobrança da dívida ativa de que trata o caput deste artigo, promover o protesto de título dado em garantia, que será recebido pro solvendo. (Redação dada pela Lei nº 11.457, de 2007).

§ 3º Serão inscritas como dívida ativa da União as contribuições que não tenham sido recolhidas ou parceladas resultantes das informações prestadas no documento a que se refere o inciso IV do art. 32 desta Lei. (Redação dada pela Lei nº 11.457, de 2007).

Art. 40. (VETADO).

Art. 41. (Revogado pela Lei nº 11.941, de 2009)

Art. 42. Os administradores de autarquias e fundações públicas, criadas e mantidas pelo Poder Público, de empresas pú-

blicas e de sociedades de economia mista sujeitas ao controle da União, dos Estados, do Distrito Federal ou dos Municípios, que se encontrarem em mora, por mais de 30 (trinta) dias, no recolhimento das contribuições previstas nesta Lei, tornam-se solidariamente responsáveis pelo respectivo pagamento, ficando ainda sujeitos às proibições do art. 1º e às sanções dos arts. 4º e 7º do Decreto-lei nº 368, de 19 de dezembro de 1968.

Art. 43. Nas ações trabalhistas de que resultar o pagamento de direitos sujeitos à incidência de contribuição previdenciária, o juiz, sob pena de responsabilidade, determinará o imediato recolhimento das importâncias devidas à Seguridade Social. (Redação dada pela Lei nº 8.620, de 5.1.93)

§ 1º Nas sentenças judiciais ou nos acordos homologados em que não figurarem, discriminadamente, as parcelas legais relativas às contribuições sociais, estas incidirão sobre o valor total apurado em liquidação de sentença ou sobre o valor do acordo homologado. (Incluído pela Lei nº 11.941, de 2009).

§ 2º Considera-se ocorrido o fato gerador das contribuições sociais na data da prestação do serviço. (Incluído pela Lei nº 11.941, de 2009).

§ 3º As contribuições sociais serão apuradas mês a mês, com referência ao período da prestação de serviços, mediante a aplicação de alíquotas, limites máximos do salário-de-contribuição e acréscimos legais moratórios vigentes relativamente a cada uma das competências abrangidas, devendo o recolhimento ser efetuado no mesmo prazo em que devam ser pagos os créditos encontrados em liquidação de sentença ou em acordo homologado, sendo que nesse último caso o recolhimento será feito em tantas parcelas quantas as previstas no acordo, nas mesmas datas em que sejam exigíveis e proporcionalmente a cada uma delas. (Incluído pela Lei nº 11.941, de 2009).

§ 4º No caso de reconhecimento judicial da prestação de serviços em condições que permitam a aposentadoria especial após 15 (quinze), 20 (vinte) ou 25 (vinte e cinco) anos de contribuição, serão devidos os acréscimos de contribuição de que trata o § 6º do art. 57 da Lei no 8.213, de 24 de julho de 1991. (Incluído pela Lei nº 11.941, de 2009).

§ 5º Na hipótese de acordo celebrado após ter sido proferida decisão de mérito, a contribuição será calculada com base no valor do acordo. (Incluído pela Lei nº 11.941, de 2009).

§ 6º Aplica-se o disposto neste artigo aos valores devidos ou pagos nas Comissões de Conciliação Prévia de que trata a Lei no 9.958, de 12 de janeiro de 2000. (Incluído pela Lei nº 11.941, de 2009).

Art. 44. (Revogado pela Lei nº 11.501, de 2007).

Art. 45. (Revogado pela Lei Complementar nº 128, de 2008)

Art. 45-A. O contribuinte individual que pretenda contar como tempo de contribuição, para fins de obtenção de benefício no Regime Geral de Previdência Social ou de contagem recíproca do tempo de contribuição, período de atividade remunerada alcançada pela decadência deverá indenizar o INSS. (Incluído pela Lei Complementar nº 128, de 2008)

§ 1º O valor da indenização a que se refere o caput deste artigo e o § 1º do art. 55 da Lei no 8.213, de 24 de julho de 1991, corresponderá a 20% (vinte por cento): (Incluído pela Lei Complementar nº 128, de 2008)

I - da média aritmética simples dos maiores salários-de-contribuição, reajustados, correspondentes a 80% (oitenta por cento) de todo o período contributivo decorrido desde a competência julho de 1994; ou (Incluído pela Lei Complementar nº 128, de 2008)

II - da remuneração sobre a qual incidem as contribuições para o regime próprio de previdência social a que estiver filiado o interessado, no caso de indenização para fins da contagem recíproca de que tratam os arts. 94 a 99 da Lei no 8.213, de 24 de julho de 1991, observados o limite máximo previsto no art. 28 e o disposto em regulamento. (Incluído pela Lei Complementar nº 128, de 2008)

§ 2º Sobre os valores apurados na forma do § 1º deste artigo incidirão juros moratórios de 0,5% (cinco décimos por cento) ao mês, capitalizados anualmente, limitados ao percentual máximo de 50% (cinquenta por cento), e multa de 10% (dez por cento). (Incluído pela Lei Complementar nº 128, de 2008)

§ 3º O disposto no § 1º deste artigo não se aplica aos casos de contribuições em atraso não alcançadas pela decadência do direito de a Previdência constituir o respectivo crédito, obedecendo-se, em relação a elas, as disposições aplicadas às empresas em geral. (Incluído pela Lei Complementar nº 128, de 2008)

Art. 46. (Revogado pela Lei Complementar nº 128, de 2008)

CAPÍTULO XI - DA PROVA DE INEXISTÊNCIA DE DÉBITO

Art. 47. É exigida Certidão Negativa de Débito-CND, fornecida pelo órgão competente, nos seguintes casos: (Redação dada pela Lei nº 9.032, de 28.4.95).

I - da empresa:
a) na contratação com o Poder Público e no recebimento de benefícios ou incentivo fiscal ou creditício concedido por ele; (Vide Medida Provisória nº 958, de 2020)
b) na alienação ou oneração, a qualquer título, de bem imóvel ou direito a ele relativo;
c) na alienação ou oneração, a qualquer título, de bem móvel de valor superior a Cr$ 2.500.000,00 (dois milhões e quinhentos mil cruzeiros) incorporado ao ativo permanente da empresa; 19
d) no registro ou arquivamento, no órgão próprio, de ato relativo a baixa ou redução de capital de firma individual, redução de capital social, cisão total ou parcial, transformação ou extinção de entidade ou sociedade comercial ou civil e transferência de controle de cotas de sociedades de responsabilidade limitada; (Redação dada pela Lei nº 9.528, de 10.12.97).

II - do proprietário, pessoa física ou jurídica, de obra de construção civil, quando de sua averbação no registro de imóveis, salvo no caso do inciso VIII do art. 30.

§ 1º A prova de inexistência de débito deve ser exigida da empresa em relação a todas as suas dependências, estabelecimentos e obras de construção civil, independentemente do local onde se encontrem, ressalvado aos órgãos competentes o direito de cobrança de qualquer débito apurado posteriormente.

§ 2º A prova de inexistência de débito, quando exigível ao incorporador, independe da apresentada no registro de imóveis por ocasião da inscrição do memorial de incorporação.

§ 3º Fica dispensada a transcrição, em instrumento público ou particular, do inteiro teor do documento comprobatório de inexistência de débito, bastando a referência ao seu número de série e data da emissão, bem como a guarda do documento comprobatório à disposição dos órgãos competentes.

§ 4º O documento comprobatório de inexistência de débito poderá ser apresentado por cópia autenticada, dispensada a indicação de sua finalidade, exceto no caso do inciso II deste artigo.

§ 5º O prazo de validade da certidão expedida conjuntamente pela Secretaria Especial da Receita Federal do Brasil e pela Procuradoria-Geral da Fazenda Nacional do Ministério da Economia, referente aos tributos federais e à dívida ativa da União por elas administrados, será de até cento e oitenta dias, contado data de emissão da certidão, prorrogável, excepcionalmente, em caso de calamidade pública, pelo prazo determinado em ato conjunto dos referidos órgãos. (Redação dada pela Medida Provisória nº 927, de 2020)

§ 6º Independe de prova de inexistência de débito:
a) a lavratura ou assinatura de instrumento, ato ou contrato que constitua retificação, ratificação ou efetivação de outro anterior para o qual já foi feita a prova;
b) a constituição de garantia para concessão de crédito rural, em qualquer de suas modalidades, por instituição de crédito pública ou privada, desde que o contribuinte

referido no art. 25, não seja responsável direto pelo recolhimento de contribuições sobre a sua produção para a Seguridade Social;

c) a averbação prevista no inciso II deste artigo, relativa a imóvel cuja construção tenha sido concluída antes de 22 de novembro de 1966.

d) o recebimento pelos Municípios de transferência de recursos destinados a ações de assistência social, educação, saúde e em caso de calamidade pública. (Incluído pela Lei nº 11.960, de 2009)

e) a verbação da construção civil localizada em área objeto de regularização fundiária de interesse social, na forma da Lei no 11.977, de 7 de julho de 2009. (Incluído pela Lei nº 12.424, de 2011)

§ 7º O condômino adquirente de unidades imobiliárias de obra de construção civil não incorporada na forma da Lei nº 4.591, de 16 de dezembro de 1964, poderá obter documento comprobatório de inexistência de débito, desde que comprove o pagamento das contribuições relativas à sua unidade, conforme dispuser o regulamento.

§ 8º (Revogado pela Lei nº 11.941, de 2009)

Art. 48. A prática de ato com inobservância do disposto no artigo anterior, ou o seu registro, acarretará a responsabilidade solidária dos contratantes e do oficial que lavrar ou registrar o instrumento, sendo o ato nulo para todos os efeitos.

§ 1º Os órgãos competentes podem intervir em instrumento que depender de prova de inexistência de débito, a fim de autorizar sua lavratura, desde que o débito seja pago no ato ou o seu pagamento fique assegurado mediante confissão de dívida fiscal com o oferecimento de garantias reais suficientes, na forma estabelecida em regulamento.

§ 2º Em se tratando de alienação de bens do ativo de empresa em regime de liquidação extrajudicial, visando à obtenção de recursos necessários ao pagamento dos credores, independentemente do pagamento ou da confissão de dívida fiscal, o Instituto Nacional do Seguro Social-INSS poderá autorizar a lavratura do respectivo instrumento, desde que o valor do crédito previdenciário conste, regularmente, do quadro geral de credores, observada a ordem de preferência legal. (Parágrafo acrescentado pela Lei nº 9.639, de 25.5.98).

§ 3º O servidor, o serventuário da Justiça, o titular de serventia extrajudicial e a autoridade ou órgão que infringirem o disposto no artigo anterior incorrerão em multa aplicada na forma estabelecida no art. 92, sem prejuízo da responsabilidade administrativa e penal cabível. (Parágrafo renumerado e alterado pela Lei nº 9.639, de 25.5.98).

TÍTULO VII - DAS DISPOSIÇÕES GERAIS

Art. 49. A matrícula da empresa será efetuada nos termos e condições estabelecidos pela Secretaria da Receita Federal do Brasil. (Redação dada pela Lei nº 11.941, de 2009).

I - (revogado); (Redação dada pela Lei nº 11.941, de 2009).

II - (revogado). (Redação dada pela Lei nº 11.941, de 2009).

§ 1º No caso de obra de construção civil, a matrícula deverá ser efetuada mediante comunicação obrigatória do responsável por sua execução, no prazo de 30 (trinta) dias, contado do início de suas atividades, quando obterá número cadastral básico, de caráter permanente. (Redação dada pela Lei nº 11.941, de 2009).

a) (revogada); (Redação dada pela Lei nº 11.941, de 2009).
b) (revogada). (Redação dada pela Lei nº 11.941, de 2009).

§ 2º (Revogado). (Redação dada pela Lei nº 11.941, de 2009).

§ 3º O não cumprimento do disposto no § 1º deste artigo sujeita o responsável a multa na forma estabelecida no art. 92 desta Lei. (Redação dada pela Lei nº 11.941, de 2009).

§ 4º O Departamento Nacional de Registro do Comércio (DNRC), por intermédio das Juntas Comerciais, e os Cartórios de Registro Civil de Pessoas Jurídicas prestarão, obrigatoriamente, ao Ministério da Economia, ao INSS e à Secretaria da Receita Federal do Brasil todas as informações referentes aos atos constitutivos e alterações posteriores relativos a empresas e entidades neles registradas. (Redação dada pela Lei nº 13.846, de 2019)

§ 5º A matrícula atribuída pela Secretaria da Receita Federal do Brasil ao produtor rural pessoa física ou segurado especial é o documento de inscrição do contribuinte, em substituição à inscrição no Cadastro Nacional de Pessoa Jurídica – CNPJ, a ser apresentado em suas relações com o Poder Público, inclusive para licenciamento sanitário de produtos de origem animal ou vegetal submetidos a processos de beneficiamento ou industrialização artesanal, com as instituições financeiras, para fins de contratação de operações de crédito, e com os adquirentes de sua produção ou fornecedores de sementes, insumos, ferramentas e demais implementos agrícolas. (Incluído pela Lei nº 11.718, de 2008).

§ 6º O disposto no § 5º deste artigo não se aplica ao licenciamento sanitário de produtos sujeitos à incidência de Imposto sobre Produtos Industrializados ou ao contribuinte cuja inscrição no Cadastro Nacional de Pessoa Jurídica – CNPJ seja obrigatória. (Incluído pela Lei nº 11.718, de 2008).

Art. 50. Para fins de fiscalização do INSS, o Município, por intermédio do órgão competente, fornecerá relação de alvarás para construção civil e documentos de "habite-se" concedidos. (Redação dada pela Lei nº 9.476, de 1997)

Art. 51. O crédito relativo a contribuições, cotas e respectivos adicionais ou acréscimos de qualquer natureza arrecadados pelos órgãos competentes, bem como a atualização monetária e os juros de mora, estão sujeitos, nos processos de falência, concordata ou concurso de credores, às disposições atinentes aos créditos da União, aos quais são equiparados.

Parágrafo único. O Instituto Nacional do Seguro Social-INSS reivindicará os valores descontados pela empresa de seus empregados e ainda não recolhidos.

Art. 52. Às empresas, enquanto estiverem em débito não garantido com a União, aplica-se o disposto no art. 32 da Lei no 4.357, de 16 de julho de 1964. (Redação dada pela Lei nº 11.941, de 2009).

I - (revogado); (Redação dada pela Lei nº 11.941, de 2009).
II - (revogado). (Redação dada pela Lei nº 11.941, de 2009).
Parágrafo único. (Revogado). (Redação dada pela Lei nº 11.941, de 2009).

Art. 53. Na execução judicial da dívida ativa da União, suas autarquias e fundações públicas, será facultado ao exeqüente indicar bens à penhora, a qual será efetivada concomitantemente com a citação inicial do devedor.

§ 1º Os bens penhorados nos termos deste artigo ficam desde logo indisponíveis.

§ 2º Efetuado o pagamento integral da dívida executada, com seus acréscimos legais, no prazo de 2 (dois) dias úteis contados da citação, independentemente da juntada aos autos do respectivo mandado, poderá ser liberada a penhora, desde que não haja outra execução pendente.

§ 3º O disposto neste artigo aplica-se também às execuções já processadas.

§ 4º Não sendo opostos embargos, no caso legal, ou sendo eles julgados improcedentes, os autos serão conclusos ao juiz do feito, para determinar o prosseguimento da execução.

Art. 54. Os órgãos competentes estabelecerão critério para a dispensa de constituição ou exigência de crédito de valor inferior ao custo dessa medida.

Art. 55. (Revogado pela Lei nº 12.101, de 2009)

Art. 56. A inexistência de débitos em relação às contribuições devidas ao Instituto Nacional do Seguro Social-INSS, a partir da publicação desta Lei, é condição necessária para que os

Estados, o Distrito Federal e os Municípios possam receber as transferências dos recursos do Fundo de Participação dos Estados e do Distrito Federal-FPE e do Fundo de Participação dos Municípios-FPM, celebrar acordos, contratos, convênios ou ajustes, bem como receber empréstimos, financiamentos, avais e subvenções em geral de órgãos ou entidades da administração direta e indireta da União.

§ 1º (Revogado pela Medida Provisória no 2187-13, de 2001). (Renumerado do parágrafo único e Incluído pela Lei nº 12.810, de 2013)

§ 2º Os recursos do FPE e do FPM não transferidos em decorrência da aplicação do caput deste artigo poderão ser utilizados para quitação, total ou parcial, dos débitos relativos às contribuições de que tratam as alíneas a e c do parágrafo único do art. 11 desta Lei, a pedido do representante legal do Estado, Distrito Federal ou Município. (Incluído pela Lei nº 12.810, de 2013)

Art. 57. Os Estados, o Distrito Federal e os Municípios serão, igualmente, obrigados a apresentar, a partir de 1º de junho de 1992, para os fins do disposto no artigo anterior, comprovação de pagamento da parcela mensal referente aos débitos com o Instituto Nacional do Seguro Social-INSS, existentes até 1º de setembro de 1991, renegociados nos termos desta Lei.

Art. 58. Os débitos dos Estados, do Distrito Federal e dos Municípios para com o Instituto Nacional do Seguro Social-INSS, existentes até 1º de setembro de 1991, poderão ser liquidados em até 240 (duzentos e quarenta) parcelas mensais.

§ 1º Para apuração dos débitos será considerado o valor original atualizado pelo índice oficial utilizado pela Seguridade Social para correção de seus créditos. (Renumerado pela Lei nº 8.444, de 20.7.92)

§ 2º As contribuições descontadas até 30 de junho de 1992 dos segurados que tenham prestado serviços aos Estados, ao Distrito Federal e aos Municípios poderão ser objeto de acordo para parcelamento em até doze meses, não se lhes aplicando o disposto no § 1º do artigo 38 desta Lei. (Parágrafo acrescentado pela Lei nº 8.444, de 20.7.92)

Art. 59. O Instituto Nacional do Seguro Social-INSS implantará, no prazo de 90 (noventa) dias a contar da data da publicação desta Lei, sistema próprio e informatizado de cadastro dos pagamentos e débitos dos Governos Estaduais, do Distrito Federal e das Prefeituras Municipais, que viabilize o permanente acompanhamento e fiscalização do disposto nos arts. 56, 57 e 58 e permita a divulgação periódica dos devedores da Previdência Social.

Art. 60. O pagamento dos benefícios da Seguridade Social será realizado por intermédio da rede bancária ou por outras formas definidas pelo Ministério da Previdência Social. (Redação dada pela Lei nº 11.941, de 2009).

Parágrafo único. (Revogado pela Medida Provisória nº 2.170-36, de 2001).

Art. 61. As receitas provenientes da cobrança de débitos dos Estados e Municípios e da alienação, arrendamento ou locação de bens móveis ou imóveis pertencentes ao patrimônio do Instituto Nacional do Seguro Social-INSS, deverão constituir reserva técnica, de longo prazo, que garantirá o seguro social estabelecido no Plano de Benefícios da Previdência Social.

Parágrafo único. É vedada a utilização dos recursos de que trata este artigo, para cobrir despesas de custeio em geral, inclusive as decorrentes de criação, majoração ou extensão dos benefícios ou serviços da Previdência Social, admitindo-se sua utilização, excepcionalmente, em despesas de capital, na forma da lei de orçamento.

Art. 62. A contribuição estabelecida na Lei nº 5.161, de 21 de outubro de 1966, em favor da Fundação Jorge Duprat Figueiredo de Segurança e Medicina do Trabalho-FUNDACENTRO, será de 2% (dois por cento) da receita proveniente da contribuição a cargo da empresa, a título de financiamento da complementação das prestações por acidente do trabalho, estabelecida no inciso II do art. 22.

Parágrafo único. Os recursos referidos neste artigo poderão contribuir para o financiamento das despesas com pessoal e administração geral da Fundação Jorge Duprat Figueiredo de Segurança e Medicina do Trabalho-Fundacentro. (Parágrafo acrescentado pela Lei nº 9.639, de 25.5.98)

TÍTULO VIII - DAS DISPOSIÇÕES FINAIS E TRANSITÓRIAS

CAPÍTULO I - DA MODERNIZAÇÃO DA PREVIDÊNCIA SOCIAL

Art. 63. (Revogado pela Medida Provisória nº 2.216-37, de 2001).
Art. 64. (Revogado pela Medida Provisória nº 2.216-37, de 2001).
Art. 65. (Revogado pela Medida Provisória nº 2.216-37, de 2001).
Art. 66. (Revogado pela Medida Provisória nº 2.216-37, de 2001).

Art. 67. Até que seja implantado o Cadastro Nacional do Trabalhador-CNT, as instituições e órgãos federais, estaduais, do Distrito Federal e municipais, detentores de cadastros de empresas e de contribuintes em geral, deverão colocar à disposição do Instituto Nacional do Seguro Social-INSS, mediante a realização de convênios, todos os dados necessários à permanente atualização dos cadastros da Previdência Social.

Art. 68. O Titular do Cartório de Registro Civil de Pessoas Naturais remeterá ao INSS, em até 1 (um) dia útil, pelo Sistema Nacional de Informações de Registro Civil (Sirc) ou por outro meio que venha a substituí-lo, a relação dos nascimentos, dos natimortos, dos casamentos, dos óbitos, das averbações, das anotações e das retificações registradas na serventia. (Redação dada pela Lei nº 13.846, de 2019)

§ 1º Para os Municípios que não dispõem de provedor de conexão à internet ou de qualquer meio de acesso à internet, fica autorizada a remessa da relação em até 5 (cinco) dias úteis. (Redação dada pela Lei nº 13.846, de 2019)

§ 2º Para os registros de nascimento e de natimorto, constarão das informações, obrigatoriamente, a inscrição no Cadastro de Pessoas Físicas (CPF), o sexo, a data e o local de nascimento do registrado, bem como o nome completo, o sexo, a data e o local de nascimento e a inscrição no CPF da filiação. (Redação dada pela Lei nº 13.846, de 2019)

§ 3º Para os registros de casamento e de óbito, constarão das informações, obrigatoriamente, a inscrição no CPF, o sexo, a data e o local de nascimento do registrado, bem como, acaso disponíveis, os seguintes dados: (Redação dada pela Lei nº 13.846, de 2019)

I - número do cadastro perante o Programa de Integração Social (PIS) ou o Programa de Formação do Patrimônio do Servidor Público (Pasep); (Incluído pela Lei nº 13.846, de 2019)

II - Número de Identificação do Trabalhador (NIT); (Incluído pela Lei nº 13.846, de 2019)

III - número de benefício previdenciário ou assistencial, se a pessoa falecida for titular de qualquer benefício pago pelo INSS; (Incluído pela Lei nº 13.846, de 2019)

IV - número de registro da Carteira de Identidade e respectivo órgão emissor; (Incluído pela Lei nº 13.846, de 2019)

V - número do título de eleitor; (Incluído pela Lei nº 13.846, de 2019)

VI - número e série da Carteira de Trabalho e Previdência Social (CTPS). (Incluído pela Lei nº 13.846, de 2019)

§ 4º No caso de não haver sido registrado nenhum nascimento, natimorto, casamento, óbito ou averbações, anotações e retificações no mês, deverá o Titular do Cartório de Registro Civil de Pessoas Naturais comunicar este fato ao INSS até o 5º (quinto) dia útil do mês subsequente. (Redação dada pela Lei nº 13.846, de 2019)

§ 5º O descumprimento de qualquer obrigação imposta neste artigo e o fornecimento de informação inexata sujeitarão o Titular do Cartório de Registro Civil de Pessoas Naturais, além de outras penalidades previstas, à penalidade prevista no art. 92 desta Lei e à ação regressiva proposta pelo INSS, em razão dos danos sofridos. (Incluído pela Lei nº 13.846, de 2019)

Art. 69. O INSS manterá programa permanente de revisão da concessão e da manutenção dos benefícios por ele administrados, a fim de apurar irregularidades ou erros materiais. (Redação dada pela Lei nº 13.846, de 2019)

§ 1º Na hipótese de haver indícios de irregularidade ou erros materiais na concessão, na manutenção ou na revisão do benefício, o INSS notificará o beneficiário, o seu representante legal ou o seu procurador para apresentar defesa, provas ou documentos dos quais dispuser, no prazo de: (Redação dada pela Lei nº 13.846, de 2019)

I - 30 (trinta) dias, no caso de trabalhador urbano; (Incluído pela Lei nº 13.846, de 2019)

II - 60 (sessenta) dias, no caso de trabalhador rural individual e avulso, agricultor familiar ou segurado especial. (Incluído pela Lei nº 13.846, de 2019)

§ 2º A notificação a que se refere o § 1º deste artigo será feita: (Redação dada pela Lei nº 13.846, de 2019)

I - preferencialmente por rede bancária ou por meio eletrônico, conforme previsto em regulamento; (Incluído pela Lei nº 13.846, de 2019)

II - por via postal, por carta simples, considerado o endereço constante do cadastro do benefício, hipótese em que o aviso de recebimento será considerado prova suficiente da notificação; (Incluído pela Lei nº 13.846, de 2019)

III - pessoalmente, quando entregue ao interessado em mãos; ou (Incluído pela Lei nº 13.846, de 2019)

IV - por edital, nos casos de retorno com a não localização do segurado, referente à comunicação indicada no inciso II deste parágrafo. (Incluído pela Lei nº 13.846, de 2019)

§ 3º A defesa poderá ser apresentada pelo canal de atendimento eletrônico do INSS ou na Agência da Previdência Social do domicílio do beneficiário, na forma do regulamento. (Redação dada pela Lei nº 13.846, de 2019)

§ 4º O benefício será suspenso nas seguintes hipóteses: (Redação dada pela Lei nº 13.846, de 2019)

I - não apresentação da defesa no prazo estabelecido no § 1º deste artigo; (Incluído pela Lei nº 13.846, de 2019)

II - defesa considerada insuficiente ou improcedente pelo INSS. (Incluído pela Lei nº 13.846, de 2019)

§ 5º O INSS deverá notificar o beneficiário quanto à suspensão do benefício de que trata o § 4º deste artigo e conceder-lhe prazo de 30 (trinta) dias para interposição de recurso. (Incluído pela Lei nº 13.846, de 2019)

§ 6º Decorrido o prazo de 30 (trinta) dias após a suspensão a que se refere o § 4º deste artigo, sem que o beneficiário, o seu representante legal ou o seu procurador apresente recurso administrativo aos canais de atendimento do INSS ou a outros canais autorizados, o benefício será cessado. (Incluído pela Lei nº 13.846, de 2019)

§ 7º Para fins do disposto no caput deste artigo, o INSS poderá realizar recenseamento para atualização do cadastro dos beneficiários, abrangidos os benefícios administrados pelo INSS, observado o disposto nos incisos III, IV e V do § 8º deste artigo. (Incluído pela Lei nº 13.846, de 2019)

§ 8º Aqueles que receberem benefícios realizarão anualmente a comprovação de vida nas instituições financeiras, por meio de atendimento eletrônico com uso de biometria ou por qualquer meio definido pelo INSS que assegure a identificação do beneficiário, observadas as seguintes disposições: (Incluído pela Lei nº 13.846, de 2019)

I - a prova de vida e a renovação de senha serão efetuadas por aquele que receber o benefício, mediante identificação por funcionário da instituição, quando realizada nas instituições financeiras; (Incluído pela Lei nº 13.846, de 2019)

II - o representante legal ou o procurador do beneficiário, legalmente cadastrado no INSS, poderá realizar a prova de vida no INSS ou na instituição financeira responsável pelo pagamento; (Incluído pela Lei nº 13.846, de 2019)

III - a prova de vida de segurados com idade igual ou superior a 60 (sessenta) anos será disciplinada em ato do Presidente do INSS; (Incluído pela Lei nº 13.846, de 2019)

IV - o INSS disporá de meios, incluída a realização de pesquisa externa, que garantam a identificação e o processo de prova de vida para pessoas com dificuldades de locomoção e idosos acima de 80 (oitenta) anos que recebam benefícios; e (Incluído pela Lei nº 13.846, de 2019)

V - o INSS poderá bloquear o pagamento do benefício encaminhado às instituições financeiras até que o beneficiário atenda à convocação, permitida a liberação do pagamento automaticamente pela instituição financeira. (Incluído pela Lei nº 13.846, de 2019)

§ 9º O recurso de que trata o § 5º deste artigo não terá efeito suspensivo. (Incluído pela Lei nº 13.846, de 2019)

§ 10. Apurada irregularidade recorrente ou fragilidade nos procedimentos, reconhecida na forma prevista no caput deste artigo ou pelos órgãos de controle, os procedimentos de análise e concessão de benefícios serão revistos, de modo a reduzir o risco de fraude e concessão irregular. (Incluído pela Lei nº 13.846, de 2019)

§ 11. Para fins do disposto no § 8º deste artigo, preservados a integridade dos dados e o sigilo eventualmente existente, o INSS: (Incluído pela Lei nº 13.846, de 2019)

I - terá acesso a todos os dados biométricos mantidos e administrados pelos órgãos públicos federais; e (Incluído pela Lei nº 13.846, de 2019)

II - poderá ter, por meio de convênio, acesso aos dados biométricos: (Incluído pela Lei nº 13.846, de 2019)

a) da Justiça Eleitoral; e (Incluído pela Lei nº 13.846, de 2019)

b) de outros entes federativos. (Incluído pela Lei nº 13.846, de 2019)

Art. 70. Os beneficiários da Previdência Social, aposentados por invalidez, ficam obrigados, sob pena de sustação do pagamento do benefício, a submeterem-se a exames médico-periciais, estabelecidos na forma do regulamento, que definirá sua periodicidade e os mecanismos de fiscalização e auditoria.

Art. 71. O Instituto Nacional do Seguro Social-INSS deverá rever os benefícios, inclusive os concedidos por acidente do trabalho, ainda que concedidos judicialmente, para avaliar a persistência, atenuação ou agravamento da incapacidade para o trabalho alegada como causa para a sua concessão.

Parágrafo único. Será cabível a concessão de liminar nas ações rescisórias e revisional, para suspender a execução do julgado rescindindo ou revisando, em caso de fraude ou erro material comprovado. (Parágrafo acrescentado pela Lei nº 9.032, de 28 4.95).

Art. 72. O Instituto Nacional do Seguro Social-INSS promoverá, no prazo de 180 (cento e oitenta) dias a contar da publicação desta Lei, a revisão das indenizações associadas a benefícios por acidentes do trabalho, cujos valores excedam a Cr$ 1.700.000,00 (um milhão e setecentos mil cruzeiros).

Art. 73. O setor encarregado pela área de benefícios no âmbito do Instituto Nacional do Seguro Social-INSS deverá estabelecer indicadores qualitativos e quantitativos para acompanhamento e avaliação das concessões de benefícios realizadas pelos órgãos locais de atendimento.

Art. 74. Os postos de benefícios deverão adotar como prática o cruzamento das informações declaradas pelos segurados com os dados de cadastros de empresas e de contribuintes em geral quando da concessão de benefícios.

Art. 75. (Revogado pela Lei nº 9.711, de 1998).

Art. 76. O Instituto Nacional do Seguro Social-INSS deverá proceder ao recadastramento de todos aqueles que, por intermédio de procuração, recebem benefícios da Previdência Social.

Parágrafo único. O documento de procuração deverá, a cada semestre, ser revalidado pelos órgãos de atendimento locais.

Art. 77. (Revogado pela Medida Provisória nº 2.216-37, de 2001).

Art. 78. O Instituto Nacional do Seguro Social-INSS, na forma da legislação específica, fica autorizado a contratar auditorias externas, periodicamente, para analisar e emitir parecer sobre demonstrativos econômico-financeiros e contábeis, arrecadação, cobrança e fiscalização das contribuições, bem como pagamento dos benefícios, submetendo os resultados obtidos à apreciação do Conselho Nacional da Seguridade Social.

Art. 79. (Revogado pela Lei nº 9.711, de 1998).

Art. 80. Fica o Instituto Nacional do Seguro Social-INSS obrigado a:

I - enviar às empresas e aos seus segurados, quando solicitado, extrato relativo ao recolhimento das suas contribuições; (Redação pela Lei nº 12.692, de 2012)

II - (Revogado pela Lei nº 11.941, de 2009)

III - emitir e enviar aos beneficiários o Aviso de Concessão de Benefício, além da memória de cálculo do valor dos benefícios concedidos;

IV - reeditar versão atualizada, nos termos do Plano de Benefícios, da Carta dos Direitos dos Segurados;

V - divulgar, com a devida antecedência, através dos meios de comunicação, alterações porventura realizadas na forma de contribuição das empresas e segurados em geral;

VI - descentralizar, progressivamente, o processamento eletrônico das informações, mediante extensão dos programas de informatização de postos de atendimento e de Regiões Fiscais.

VII - disponibilizará ao público, inclusive por meio de rede pública de transmissão de dados, informações atualizadas sobre as receitas e despesas do regime geral de previdência social, bem como os critérios e parâmetros adotados para garantir o equilíbrio financeiro e atuarial do regime. (Incluído pela Lei nº 10.887, de 2004).

Art. 81. (Revogado pela Lei nº 11.941, de 2009)

Art. 82. A Auditoria e a Procuradoria do Instituto Nacional do Seguro Social-INSS deverão, a cada trimestre, elaborar relação das auditorias realizadas e dos trabalhos executados, bem como dos resultados obtidos, enviando-a a apreciação do Conselho Nacional da Seguridade Social.

Art. 83. O Instituto Nacional do Seguro Social-INSS deverá implantar um programa de qualificação e treinamento sistemático de pessoal, bem como promover a reciclagem e redistribuição de funcionários conforme as demandas dos órgãos regionais e locais, visando a melhoria da qualidade do atendimento e o controle e a eficiência dos sistemas de arrecadação e fiscalização de contribuições, bem como de pagamento de benefícios.

Art. 84. (Revogado pela Medida Provisória nº 2.216-37, de 2001).

CAPÍTULO II - DAS DEMAIS DISPOSIÇÕES

Art. 85. O Conselho Nacional da Seguridade Social será instalado no prazo de 30 (trinta) dias após a promulgação desta Lei.

Art. 85-A. Os tratados, convenções e outros acordos internacionais de que Estado estrangeiro ou organismo internacional e o Brasil sejam partes, e que versem sobre matéria previdenciária, serão interpretados como lei especial. (Incluído pela Lei nº 9.876, de 1999).

Art. 86. (Revogado pela Medida Provisória nº 2.216-37, de 2001).

Art. 87. Os orçamentos das pessoas jurídicas de direito público e das entidades da administração pública indireta devem consignar as dotações necessárias ao pagamento das contribuições da Seguridade Social, de modo a assegurar a sua regular liquidação dentro do exercício.

Art. 88. Os prazos de prescrição de que goza a União aplicam-se à Seguridade Social, ressalvado o disposto no art. 46.

Art. 89. As contribuições sociais previstas nas alíneas a, b e c do parágrafo único do art. 11 desta Lei, as contribuições instituídas a título de substituição e as contribuições devidas a terceiros somente poderão ser restituídas ou compensadas nas hipóteses de pagamento ou recolhimento indevido ou maior que o devido, nos termos e condições estabelecidos pela Secretaria da Receita Federal do Brasil. (Redação dada pela Lei nº 11.941, de 2009).

§ 1º (Revogado). (Redação dada pela Lei nº 11.941, de 2009).

§ 2º (Revogado). (Redação dada pela Lei nº 11.941, de 2009).

§ 3º (Revogado). (Redação dada pela Lei nº 11.941, de 2009).

§ 4º O valor a ser restituído ou compensado será acrescido de juros obtidos pela aplicação da taxa referencial do Sistema Especial de Liquidação e de Custódia – SELIC para títulos federais, acumulada mensalmente, a partir do mês subsequente ao do pagamento indevido ou a maior que o devido até o mês anterior ao da compensação ou restituição e de 1% (um por cento) relativamente ao mês em que estiver sendo efetuada. (Redação dada pela Lei nº 11.941, de 2009).

§ 5º (Revogado). (Redação dada pela Lei nº 11.941, de 2009).

§ 6º (Revogado). (Redação dada pela Lei nº 11.941, de 2009).

§ 7º (Revogado). (Redação dada pela Lei nº 11.941, de 2009).

§ 8º Verificada a existência de débito em nome do sujeito passivo, o valor da restituição será utilizado para extingui-lo, total ou parcialmente, mediante compensação. (Incluído pela Lei nº 11.196, de 2005).

§ 9º Os valores compensados indevidamente serão exigidos com os acréscimos moratórios de que trata o art. 35 desta Lei. (Incluído pela Lei nº 11.941, de 2009).

§ 10. Na hipótese de compensação indevida, quando se comprove falsidade da declaração apresentada pelo sujeito passivo, o contribuinte estará sujeito à multa isolada aplicada no percentual previsto no inciso I do caput do art. 44 da Lei no 9.430, de 27 de dezembro de 1996, aplicado em dobro, e terá como base de cálculo o valor total do débito indevidamente compensado. (Incluído pela Lei nº 11.941, de 2009).

§ 11. Aplica-se aos processos de restituição das contribuições de que trata este artigo e de reembolso de salário-família e salário-maternidade o rito previsto no Decreto no 70.235, de 6 de março de 1972. (Incluído pela Lei nº 11.941, de 2009).

§ 12. O disposto no § 10 deste artigo não se aplica à compensação efetuada nos termos do art. 74 da Lei nº 9.430, de 27 de dezembro de 1996. (Incluído pela Lei nº 13.670, de 2018)

Art. 90. O Conselho Nacional da Seguridade Social, dentro de 180 (cento e oitenta) dias da sua instalação, adotará as providências necessárias ao levantamento das dívidas da União para com a Seguridade Social.

Art. 91. Mediante requisição da Seguridade Social, a empresa é obrigada a descontar, da remuneração paga aos segurados a

seu serviço, a importância proveniente de dívida ou responsabilidade por eles contraída junto à Seguridade Social, relativa a benefícios pagos indevidamente.

Art. 92. A infração de qualquer dispositivo desta Lei para a qual não haja penalidade expressamente cominada sujeita o responsável, conforme a gravidade da infração, a multa variável de Cr$ 100.000,00 (cem mil cruzeiros) a Cr$ 10.000.000,00 (dez milhões de cruzeiros), conforme dispuser o regulamento. 24

Art. 93. (Revogado o caput pela Lei nº 9.639, de 25.5.98.) Parágrafo único. (Revogado pela Lei nº 11.941, de 2009)

Art. 94. (Revogado pela Lei nº 11.501, de 2007).

Art. 95. Caput. Revogado. (Redação dada pela Lei nº 9.983, de 2000).

a) revogada; (Redação dada pela Lei nº 9.983, de 2000).
b) revogada; (Redação dada pela Lei nº 9.983, de 2000).
c) revogada; (Redação dada pela Lei nº 9.983, de 2000).
d) revogada; (Redação dada pela Lei nº 9.983, de 2000).
e) revogada; (Redação dada pela Lei nº 9.983, de 2000).
f) revogada; (Redação dada pela Lei nº 9.983, de 2000).
g) revogada; (Redação dada pela Lei nº 9.983, de 2000).
h) revogada; (Redação dada pela Lei nº 9.983, de 2000).
i) revogada; (Redação dada pela Lei nº 9.983, de 2000).
j) revogada. (Redação dada pela Lei nº 9.983, de 2000).

§ 1º Revogado. (Redação dada pela Lei nº 9.983, de 2000).

§ 2º A empresa que transgredir as normas desta Lei, além das outras sanções previstas, sujeitar-se-á, nas condições em que dispuser o regulamento:

a) à suspensão de empréstimos e financiamentos, por instituições financeiras oficiais;
b) à revisão de incentivos fiscais de tratamento tributário especial;
c) à inabilitação para licitar e contratar com qualquer órgão ou entidade da administração pública direta ou indireta federal, estadual, do Distrito Federal ou municipal;
d) à interdição para o exercício do comércio, se for sociedade mercantil ou comerciante individual;
e) à desqualificação para impetrar concordata;
f) à cassação de autorização para funcionar no país, quando for o caso.

§ 3º Revogado. (Redação dada pela Lei nº 9.983, de 2000).

§ 4º Revogado. (Redação dada pela Lei nº 9.983, de 2000).

§ 5º Revogado. (Redação dada pela Lei nº 9.983, de 2000).

Art. 96. O Poder Executivo enviará ao Congresso Nacional, anualmente, acompanhando a Proposta Orçamentária da Seguridade Social, projeções atuariais relativas à Seguridade Social, abrangendo um horizonte temporal de, no mínimo, 20 (vinte) anos, considerando hipóteses alternativas quanto às variáveis demográficas, econômicas e institucionais relevantes.

Art. 97. Fica o Instituto Nacional do Seguro Social-INSS autorizado a proceder a alienação ou permuta, por ato da autoridade competente, de bens imóveis de sua propriedade considerados desnecessários ou não vinculados às suas atividades operacionais. (Redação dada pela Lei nº 9.528, de 10.12.97).

§ 1º Na alienação a que se refere este artigo será observado o disposto no art. 18 e nos incisos I, II e III do art. 19, da Lei nº 8.666, de 21 de junho de 1993, alterada pelas Leis nºs 8.883, de 8 de junho de 1994, e 9.032, de 28 de abril de 1995. (Parágrafo acrescentado pela Lei nº 9.528, de 10.12.97).

§ 2º (VETADO na Lei nº 9.528, de 10.12.97).

Art. 98. Nas execuções fiscais da dívida ativa do INSS, o leilão judicial dos bens penhorados realizar-se-á por leiloeiro oficial, indicado pelo credor, que procederá à hasta pública:(Redação dada pela Lei nº 9.528, de 10.12.1997).

I - no primeiro leilão, pelo valor do maior lance, que não poderá ser inferior ao da avaliação; (Incluído pela Lei nº 9.528, de 10.12.1997).

II - no segundo leilão, por qualquer valor, excetuado o vil. (Incluído pela Lei nº 9.528, de 10.12.1997).

§ 1º Poderá o juiz, a requerimento do credor, autorizar seja parcelado o pagamento do valor da arrematação, na forma prevista para os parcelamentos administrativos de débitos previdenciários. (Incluído pela Lei nº 9.528, de 10.12.1997).

§ 2º Todas as condições do parcelamento deverão constar do edital de leilão. (Incluído pela Lei nº 9.528, de 10.12.1997).

§ 3º O débito do executado será quitado na proporção do valor de arrematação. (Incluído pela Lei nº 9.528, de 10.12.1997).

§ 4º O arrematante deverá depositar, no ato, o valor da primeira parcela. (Incluído pela Lei nº 9.528, de 10.12.1997).

§ 5º Realizado o depósito, será expedida carta de arrematação, contendo as seguintes disposições: (Incluído pela Lei nº 9.528, de 10.12.1997).

a) valor da arrematação, valor e número de parcelas mensais em que será pago; (Incluído pela Lei nº 9.528, de 10.12.1997).
b) constituição de hipoteca do bem adquirido, ou de penhor, em favor do credor, servindo a carta de título hábil para registro da garantia; (Incluído pela Lei nº 9.528, de 10.12.1997).
c) indicação do arrematante como fiel depositário do bem móvel, quando constituído penhor; (Incluído pela Lei nº 9.528, de 10.12.1997).
d) especificação dos critérios de reajustamento do saldo e das parcelas, que será sempre o mesmo vigente para os parcelamentos de débitos previdenciários. (Incluído pela Lei nº 9.528, de 10.12.1997).

§ 6º Se o arrematante não pagar, no vencimento, qualquer das parcelas mensais, o saldo devedor remanescente vencerá antecipadamente, que será acrescido em cinqüenta por cento de seu valor a título de multa, e, imediatamente inscrito em dívida ativa e executado. (Incluído pela Lei nº 9.528, de 10.12.1997).

§ 7º Se no primeiro ou no segundo leilões a que se refere o caput não houver licitante, o INSS poderá adjudicar o bem por cinqüenta por cento do valor da avaliação. (Incluído pela Lei nº 9.528, de 10.12.1997).

§ 8º Se o bem adjudicado não puder ser utilizado pelo INSS, e for de difícil venda, poderá ser negociado ou doado a outro órgão ou entidade pública que demonstre interesse na sua utilização. (Incluído pela Lei nº 9.528, de 10.12.1997).

§ 9º Não havendo interesse na adjudicação, poderá o juiz do feito, de ofício ou a requerimento do credor, determinar sucessivas repetições da hasta pública. (Incluído pela Lei nº 9.528, de 10.12.1997).

§ 10. O leiloeiro oficial, a pedido do credor, poderá ficar como fiel depositário dos bens penhorados e realizar a respectiva remoção. (Incluído pela Lei nº 9.528, de 10.12.1997).

§ 11. O disposto neste artigo aplica-se às execuções fiscais da Dívida Ativa da União. (Incluído pela Lei nº 10.522, de 2002).

Art. 99. O Instituto Nacional do Seguro Social-INSS poderá contratar leiloeiros oficiais para promover a venda administrativa dos bens, adjudicados judicialmente ou que receber em dação de pagamento. (Redação dada pela Lei nº 9.528, de 10.12.97).

Parágrafo único. O INSS, no prazo de sessenta dias, providenciará alienação do bem por intermédio do leiloeiro oficial. (Incluído pela Lei nº 9.528, de 10.12.1997).

Art. 100. (Revogado pela Lei nº 9.528, de 10.12.97)

Art. 101. (Revogado pela Medida Provisória nº 2.187-13, de 2001).

Art. 102. Os valores expressos em moeda corrente nesta Lei serão reajustados nas mesmas épocas e com os mesmos índices utilizados para o reajustamento dos benefícios de prestação continuada da Previdência Social. (Redação dada pela Medida Provisória nº 2.187-13, de 2001).

§ 1º O disposto neste artigo não se aplica às penalidades previstas no art. 32-A desta Lei. (Incluído pela Lei nº 11.941, de 2009).

§ 2º O reajuste dos valores dos salários-de-contribuição em decorrência da alteração do salário-mínimo será descontado por ocasião da aplicação dos índices a que se refere o caput deste artigo. (Incluído pela Lei nº 11.941, de 2009).

Art. 103. O Poder Executivo regulamentará esta Lei no prazo de 60 (sessenta) dias a partir da data de sua publicação.

Art. 104. Esta Lei entrará em vigor na data de sua publicação.

Art. 105. Revogam-se as disposições em contrário.

Brasília, em 24 de julho de 1991; 170º da Independência e 103º da República.

FERNANDO COLLOR
Antonio Magri

Este texto não substitui o publicado no DOU de 25.7.1991

1 Alínea alterada pela Medida Provisória nº 1.663-12, de 27.7.98, em curso, como segue:

d) 3(três) representantes membros dos conselhos setoriais, sendo um de cada área da seguridade social, conforme disposto no Regimento do Conselho Nacional de Seguridade social .

2 Artigo alterado pela Medida Provisória nº 1.663-12, de 27.7.98, em curso, como segue:

Art. 17. Para pagamento dos encargos previdenciários da União, poderão contribuir os recursos da Seguridade Social, referidos na alínea "d" do parágrafo único do art. 11 desta lei, na forma da Lei Orçamentária Anual, assegurada a destinação de recursos para as ações de Saúde e Assistência Social.

3 Artigo alterado pela Medida Provisória nº 1.663-12, de 27.7.98, em curso, como segue:

Art. 19. O Tesouro Nacional repassará mensalmente recursos referentes às contribuições mencionadas nas alíneas "d" e "e" do parágrafo único do art. 11 desta Lei, destinados à execução do Orçamento da Seguridade Social

4 Valores atualizados a partir de 1º de junho de 1998 pela Portaria MPAS nº 4.479, de 4.6.98, como segue:

Salário-de-contribuição	Alíquota em %
até R$ 324,45	8,00
de R$ 324,46 até R$ 540,75	9,00
de R$ 540,76 até R$ 1.081,50	11,00

5 Artigo e parágrafo alterados pela Medida Provisória nº 1.663-12, de 27.7.98, em curso, como segue:

Art. 21. A alíquota de contribuição dos segurados empresários, facultativo, trabalhador autônomo e equiparados é de vinte por cento, incidente sobre o respectivo salário-de-contribuição mensal, observado o disposto no inciso III do art. 28.

Parágrafo único. Os valores do salário-de-contribuição serão reajustados a partir da data de entrada em vigor desta Lei, na mesma época e com os mesmos índices que os do reajustamento dos benefícios de prestação continuada da Previdência Social.

6 A Lei nº 9.317, de 5.12.96, dispôs sobre o tratamento diferenciado às microempresas e empresas de pequeno porte- -SIMPLES

7 A contribuição de empresa em relação às remunerações e retribuições pagas ou creditadas pelos serviços de segurados empresários, trabalhadores autônomos, avulsos e demais pessoas físicas, sem vínculo empregatício, está disciplinada pela Lei Complementar nº 84, de 18.1.96.

8 Parágrafo acrescentado pela Medida Provisória nº 1.663-12, de 27.7.98, em curso como segue:

§ 11. O disposto nos §§ 6º a 9º aplica-se à associação desportiva que mantém equipe de futebol profissional e que se organize na forma da Lei nº 9.615, de 24 de março de 1998.

9 Esta alíquota, a partir de 01 de abril de 1992, por força da lei Complementar nº 70, de 30 de dezembro de 1991, passou a incidir sobre o faturamento mensal.

10 A Lei nº 9.249, de 26 de dezembro de 1995, alterou a contribuição sobre o lucro líquido, passando a alíquota a ser de 8%.

11 Alíquota elevada em mais 8% pela Lei Complementar nº 70, de 30 de dezembro de 1991 e posteriormente reduzida para 18% por força da Lei nº 9.249, de 26 de dezembro de 1995.

12 Valor atualizado a partir de 1º de junho de 1998 para R$ 1.081,50 (um mil, oitenta e um reais e cinqüenta centavos

13 Alínea revogada pela Medida Provisória nº 1.663-12, de 27.7.1998

14 Itens de 6 a 9 acrescentados pela Medida Provisória nº 1.663- 12, de 27.7.1998, em curso, como se segue:

6. recebidas a título de abono de férias na forma dos arts. 143 e 144 da CLT;

7. recebidas a título de ganhos eventuais e os abonos expressamente desvinculados do salário;

8. recebidas a título de licença prêmio indenizada;

9. recebidas a título de indenização de que trata o art. 9º da Lei nº 7.238, de 29 de outubro de 1984.

15 Alínea alterada pela Medida Provisória nº 1.663-12, de 27.7.1998, em curso, como segue:

t) o valor relativo a plano educacional que vise à educação básica, nos termos do art. 21 da Lei nº 9.394, de 20 de dezembro de 1996, e a cursos de capacitação e qualificação profissionais vinculados às atividades desenvolvidas pela empresa, desde que não seja utilizado em substituição de parcela salarial e que todos os empregados e dirigentes tenham acesso ao mesmo;

16 Valores atualizados a partir de 1º de junho de 1998, pela Portaria MPAS nº 4.479, de 4.6.98, como segue:

ESCALA DE SALÁRIOS BASE		
CLASSE	SALÁRIO - BASE	NÚMERO MÍNIMO DE MESES DE PERMANÊNCIA EM CADA CLASSE (INTERSTÍCIOS)
1	R$ 130,00	12
2	R$ 216,30	12
3	R$ 324,45	24
4	R$ 432,59	24
5	R$ 540,75	36
6	R$ 648,90	48
7	R$ 757,04	48
8	R$ 865,21	60
9	R$ 973,35	60
10	R$ 1.081,50	-

17 Por força do disposto na Lei nº 9.063, de 14.6.95, esta disposição aplica-se somente ao contido no inciso II do art. 30.

18 Parágrafo único renumerado para 1º e § 2º acrescentado pela Medida Provisória nº 1.663-12, de 27.7.98, como segue:

§ 1º Recebida a notificação do débito a empresa ou segurado terá o prazo de 15 (quinze) dias para apresentar defesa, observado o disposto em regulamento.

§ 2º Por ocasião da notificação de débito ou, quando for o caso, da inscrição na Dívida Ativa do Instituto Nacional do Seguro Social INSS, a fiscalização poderá proceder ao arrolamento de bens e direitos do sujeito passivo, conforme dispuser aquela autarquia previdenciária, observado, no que couber, o disposto nos §§ 1º a 6º, 8º e 9º do art. 64 da Lei nº 9.532, de 10 de dezembro de 1997.

19 Valores atualizados a partir de 1º de junho de 1998, para R$ 15.904,18 (quinze mil, novecentos e quatro reais e dezoito centavos)

20 Inciso alterado pela Medida Provisória nº 1.663-12, de 27.7.1998, em curso, como segue:
I - simultaneamente com a inscrição no Cadastro Nacional da Pessoa Jurídica - CNPJ
21 Inciso alterado pela Medida Provisória nº 1.663-12, de 27.7.1998, em curso, como segue:
II - perante o Instituto Nacional do Seguro Social INSS no prazo de 30 (trinta) dias contados do início de suas atividades, quando não sujeita a inscrição no Cadastro Nacional da Pessoa Jurídica CNPJ.
22 Artigo revogado pela Medida Provisória nº 1.663-12, de 27.7.1998
23 Artigo revogado pela Medida Provisória nº 1.663-12, de 27.7.1998
24 Valores atualizados pela Portaria MPAS nº 4.479, de 4.6.98, a partir de 1º de junho de 1998, para, respectivamente, R$ 636,17 (seiscentos e trinta e seis reais e dezessete centavos) e R$ 63.617,35 (sessenta e três mil, seiscentos e dezessete reais e trinta e cinco centavos)
25 Sem efeito para o auxílio-natalidade a partir de 1.1.96, por força do disposto na Lei nº 8.742, de 7.12.93.

2. DECRETO NO 3.048, DE 6 DE MAIO DE 1999

Aprova o Regulamento da Previdência Social, e dá outras providências.

O PRESIDENTE DA REPÚBLICA, no uso da atribuição que lhe confere o art. 84, inciso IV, da Constituição Federal, e de acordo com a Emenda Constitucional no 20, de 1998, as Leis Complementares nos 70, de 30 de dezembro de 1991, e 84, de 18 de janeiro de 1996, e as Leis nos 8.138, de 28 de dezembro de 1990, 8.212, de 24 de julho de 1991, 8.213, de 24 de julho de 1991, 8.218, de 29 de agosto de 1991, 8.383, de 30 de dezembro de 1991, 8.398, de 7 de janeiro de 1992, 8.436, de 25 de junho de 1992, 8.444, de 20 de julho de 1992, 8.540, de 22 de dezembro de 1992, 8.542, de 23 de dezembro de 1992, 8.619, de 5 de janeiro de 1993, 8.620, de 5 de janeiro de 1993, 8.630 de 25 de fevereiro de 1993, 8.647, de 13 de abril de 1993, 8.742, de 7 de dezembro de 1993, 8.745, de 9 de dezembro de 1993, 8.861, de 25 de março de 1994, 8.864, de 28 de março de 1994, 8.870, de 15 de abril de 1994, 8.880, de 27 de maio de 1994, 8.935, de 18 de novembro de 1994, 8.981, de 20 de janeiro de 1995, 9.032, de 28 de abril de 1995, 9.063, de 14 de junho de 1995, 9.065, de 20 de junho de 1995, 9.069, de 29 de junho de 1995, 9.129, de 20 de novembro de 1995, 9.249, de 26 de dezembro de 1995, 9.250, de 26 de dezembro de 1995, 9.317, de 5 de dezembro de 1996, 9.429, de 26 de dezembro de 1996, 9.476, de 23 de julho de 1997, 9.506, de 30 de outubro de 1997, 9.528, de 10 de dezembro de 1997, 9.601, de 21 de janeiro de 1998, 9.615, de 24 de março de 1998, 9.639, de 25 de maio de 1998, 9.649, de 27 de maio de 1998, 9.676, de 30 de junho de 1998, 9.703, de 17 de novembro de 1998, 9.711, de 21 de novembro de 1998, 9.717, de 27 de novembro de 1998, 9.718, de 27 de novembro de 1998, 9.719, de 27 de novembro de 1998, 9.720, de 30 de novembro de 1998, e 9.732, de 11 de dezembro de 1998.

Art. 1º O Regulamento da Previdência Social passa a vigorar na forma do texto apenso ao presente Decreto, com seus anexos.
Art. 2º Este Decreto entra em vigor na data de sua publicação.
Art. 3º Ficam revogados os Decretos nos 33.335, de 20 de julho de 1953, 36.911, de 15 de fevereiro de 1955, 65.106, de 5 de setembro de 1969, 69.382, de 19 de outubro de 1971, 72.771, de 6 de setembro de 1973, 73.617, de 12 de fevereiro de 1974, 73.833, de 13 de março de 1974, 74.661, de 7 de outubro de 1974, 75.478, de 14 de março de 1975, 75.706, de 8 de maio de 1975, 75.884, de 19 de junho de 1975, 76.326, de 23 de setembro de 1975, 77.210, de 20 de fevereiro de 1976, 79.037, de 24 de dezembro de 1976, 79.575, de 26 de abril de 1977, 79.789, de 7 de junho de 1977, 83.080, de 24 de janeiro de 1979, 83.081, de 24 de janeiro de 1979, 85.745, de 23 de fevereiro de 1981, 85.850, de 30 de março 1981, 86.512, de 29 de outubro de 1981, 87.374, de 8 de julho de 1982, 87.430, de 28 de julho de 1982, 88.353, de 6 de junho de 1983, 88.367, de 7 de junho de 1983, 88.443, de 29 de junho de 1983, 89.167, de 9 de dezembro de 1983, 89.312, de 23 de janeiro de 1984, 90.038, de 9 de agosto de 1984, 90.195, de 12 de setembro de 1984, 90.817, de 17 de janeiro de 1985, 91.406, de 5 de julho de 1985, 92.588, de 25 de abril de 1986, 92.700, de 21 de maio de 1986, 92.702, de 21 de maio de 1986, 92.769, de 10 de junho de 1986, 92.770, de 10 de junho de 1986, 92.976, de 22 de julho de 1986, 94.512, de 24 de junho de 1987, 96.543, de 22 de agosto de 1988, 96.595, de 25 de agosto de 1988, 98.376, de 7 de novembro de 1989, 99.301, de 15 de junho de 1990, 99.351, de 27 de junho 1990, 1.197, de 14 de julho de 1994, 1.514, de 5 de junho de 1995, 1.826, de 29 de fevereiro de 1996, 1.843, de 25 de março de 1996, 2.172, de 5 de março de 1997, 2.173, de 5 de março de 1997, 2.342, de 9 de outubro de 1997, 2.664, de 10 de julho de 1998, 2.782, de 14 de setembro de 1998, 2.803, de 20 de outubro de 1998, 2.924, de 5 de janeiro de 1999, e 3.039, de 28 de abril de 1999.

3. REGULAMENTO DA PREVIDÊNCIA SOCIAL

LIVRO I - DA FINALIDADE E DOS PRINCÍPIOS BÁSICOS

TÍTULO I - DA SEGURIDADE SOCIAL

Art. 1º A seguridade social compreende um conjunto integrado de ações de iniciativa dos poderes públicos e da sociedade, destinado a assegurar o direito relativo à saúde, à previdência e à assistência social.

Parágrafo único. A seguridade social obedecerá aos seguintes princípios e diretrizes:
I - universalidade da cobertura e do atendimento;
II - uniformidade e equivalência dos benefícios e serviços às populações urbanas e rurais;
III - seletividade e distributividade na prestação dos benefícios e serviços;
IV - irredutibilidade do valor dos benefícios, de forma a preservar-lhe o poder aquisitivo;
V - eqüidade na forma de participação no custeio;
VI - diversidade da base de financiamento; e
VII - caráter democrático e descentralizado da administração, mediante gestão quadripartite, com participação dos trabalhadores, dos empregadores, dos aposentados e do governo nos órgãos colegiados.

TÍTULO II - DA SAÚDE

Art. 2º A saúde é direito de todos e dever do Estado, garantido mediante políticas sociais e econômicas que visem à redução do risco de doença e de outros agravos e ao acesso universal e igualitário às ações e serviços para sua promoção, proteção e recuperação.

Parágrafo único. As atividades de saúde são de relevância pública, e sua organização obedecerá aos seguintes princípios e diretrizes:
I - acesso universal e igualitário;
II - provimento das ações e serviços mediante rede regionalizada e hierarquizada, integrados em sistema único;
III - descentralização, com direção única em cada esfera de governo;
IV - atendimento integral, com prioridade para as atividades preventivas;

V - participação da comunidade na gestão, fiscalização e acompanhamento das ações e serviços de saúde; e

VI - participação da iniciativa privada na assistência à saúde, em obediência aos preceitos constitucionais.

TÍTULO III - DA ASSISTÊNCIA SOCIAL

Art. 3º A assistência social é a política social que provê o atendimento das necessidades básicas, traduzidas em proteção à família, à maternidade, à infância, à adolescência, à velhice e à pessoa portadora de deficiência, independentemente de contribuição à seguridade social.

Parágrafo único. A organização da assistência social obedecerá às seguintes diretrizes:

I - descentralização político-administrativa; e

II - participação da população na formulação e controle das ações em todos os níveis.

TÍTULO IV - DA PREVIDÊNCIA SOCIAL

Art. 4º A previdência social rege-se pelos seguintes princípios e objetivos:

I - universalidade de participação nos planos previdenciários;

II - uniformidade e equivalência dos benefícios e serviços às populações urbanas e rurais;

III - seletividade e distributividade na prestação dos benefícios;

IV - cálculo dos benefícios considerando-se os salários-de-contribuição corrigidos monetariamente;

V - irredutibilidade do valor dos benefícios, de forma a preservar-lhe o poder aquisitivo;

VI - valor da renda mensal dos benefícios substitutos do salário-de-contribuição ou do rendimento do trabalho do segurado não inferior ao do salário mínimo; e

VII - caráter democrático e descentralizado da administração, mediante gestão quadripartite, com participação dos trabalhadores, dos empregadores, dos aposentados e do governo nos órgãos colegiados.

Art. 5º A previdência social será organizada sob a forma de regime geral, de caráter contributivo e de filiação obrigatória, observados critérios que preservem o equilíbrio financeiro e atuarial, e atenderá a:

I - cobertura de eventos de doença, invalidez, morte e idade avançada;

II - proteção à maternidade, especialmente à gestante;

III - proteção ao trabalhador em situação de desemprego involuntário;

IV - salário-família e auxílio-reclusão para os dependentes dos segurados de baixa renda; e

V - pensão por morte do segurado, homem ou mulher, ao cônjuge ou companheiro e dependentes.

LIVRO II - DOS BENEFÍCIOS DA PREVIDÊNCIA SOCIAL

TÍTULO I - DOS REGIMES DA PREVIDÊNCIA SOCIAL

Art. 6º A previdência social compreende:

I - o Regime Geral de Previdência Social; e

II - os regimes próprios de previdência social dos servidores públicos e dos militares.

Parágrafo único. O Regime Geral de Previdência Social garante a cobertura de todas as situações expressas no art. 5º, exceto a de desemprego involuntário, observado o disposto no art. 199-A quanto ao direito à aposentadoria por tempo de contribuição. (Redação dada pelo Decreto nº 6.042, de 2007).

Art. 7º A administração do Regime Geral de Previdência Social é atribuída ao Ministério da Previdência e Assistência Social, sendo exercida pelos órgãos e entidades a ele vinculados.

TÍTULO II - DO REGIME GERAL DE PREVIDÊNCIA SOCIAL

CAPÍTULO I - DOS BENEFICIÁRIOS

Art. 8º São beneficiários do Regime Geral de Previdência Social as pessoas físicas classificadas como segurados e dependentes, nos termos das Seções I e II deste Capítulo.

Seção I - Dos Segurados

Art. 9º São segurados obrigatórios da previdência social as seguintes pessoas físicas:

I - como empregado:

a) aquele que presta serviço de natureza urbana ou rural a empresa, em caráter não eventual, sob sua subordinação e mediante remuneração, inclusive como diretor empregado;

b) aquele que, contratado por empresa de trabalho temporário, por prazo não superior a três meses, prorrogável, presta serviço para atender a necessidade transitória de substituição de pessoal regular e permanente ou a acréscimo extraordinário de serviço de outras empresas, na forma da legislação própria;

c) o brasileiro ou o estrangeiro domiciliado e contratado no Brasil para trabalhar como empregado no exterior, em sucursal ou agência de empresa constituída sob as leis brasileiras e que tenha sede e administração no País;

d) o brasileiro ou o estrangeiro domiciliado e contratado no Brasil para trabalhar como empregado em empresa domiciliada no exterior com maioria do capital votante pertencente a empresa constituída sob as leis brasileiras, que tenha sede e administração no País e cujo controle efetivo esteja em caráter permanente sob a titularidade direta ou indireta de pessoas físicas domiciliadas e residentes no País ou de entidade de direito público interno;

e) aquele que presta serviço no Brasil a missão diplomática ou a repartição consular de carreira estrangeira e a órgãos a elas subordinados, ou a membros dessas missões e repartições, excluídos o não-brasileiro sem residência permanente no Brasil e o brasileiro amparado pela legislação previdenciária do país da respectiva missão diplomática ou repartição consular;

f) o brasileiro civil que trabalha para a União no exterior, em organismos oficiais internacionais dos quais o Brasil seja membro efetivo, ainda que lá domiciliado e contratado, salvo se amparado por regime próprio de previdência social;

g) o brasileiro civil que presta serviços à União no exterior, em repartições governamentais brasileiras, lá domiciliado e contratado, inclusive o auxiliar local de que tratam os arts. 56 e 57 da Lei no 11.440, de 29 de dezembro de 2006, este desde que, em razão de proibição legal, não possa filiar-se ao sistema previdenciário local; (Redação dada pelo Decreto nº 6.722, de 2008).

h) o bolsista e o estagiário que prestam serviços a empresa, em desacordo com a Lei no 11.788, de 25 de setembro de 2008; (Redação dada pelo Decreto nº 6.722, de 2008).

i) o servidor da União, Estado, Distrito Federal ou Município, incluídas suas autarquias e fundações, ocupante, exclusivamente, de cargo em comissão declarado em lei de livre nomeação e exoneração;

j) o servidor do Estado, Distrito Federal ou Município, bem como o das respectivas autarquias e fundações, ocupante de cargo efetivo, desde que, nessa qualidade, não esteja amparado por regime próprio de previdência social;

l) o servidor contratado pela União, Estado, Distrito Federal ou Município, bem como pelas respectivas autarquias e fundações, por tempo determinado, para atender a necessidade temporária de excepcional interesse público, nos termos do inciso IX do art. 37 da Constituição Federal;

m) o servidor da União, Estado, Distrito Federal ou Município, incluídas suas autarquias e fundações, ocupante de emprego público;
n) (Revogada pelo Decreto nº 3.265, de 1999)
o) o escrevente e o auxiliar contratados por titular de serviços notariais e de registro a partir de 21 de novembro de 1994, bem como aquele que optou pelo Regime Geral de Previdência Social, em conformidade com a Lei nº 8.935, de 18 de novembro de 1994; e
p) o exercente de mandato eletivo federal, estadual ou municipal, desde que não vinculado a regime próprio de previdência social; (Redação dada pelo Decreto nº 5.545, de 2005)
q) o empregado de organismo oficial internacional ou estrangeiro em funcionamento no Brasil, salvo quando coberto por regime próprio de previdência social; (Incluída pelo Decreto nº 3.265, de 1999)
r) o trabalhador rural contratado por produtor rural pessoa física, na forma do art. 14-A da Lei no 5.889, de 8 de junho de 1973, para o exercício de atividades de natureza temporária por prazo não superior a dois meses dentro do período de um ano; (Incluído pelo Decreto nº 6.722, de 2008).

II - como empregado doméstico - aquele que presta serviço de natureza contínua, mediante remuneração, a pessoa ou família, no âmbito residencial desta, em atividade sem fins lucrativos;

III e IV - (Revogados pelo Decreto nº 3.265, de 1999)

V - como contribuinte individual: (Redação dada pelo Decreto nº 3.265, de 1999))
a) a pessoa física, proprietária ou não, que explora atividade agropecuária, a qualquer título, em caráter permanente ou temporário, em área, contínua ou descontínua, superior a quatro módulos fiscais; ou, quando em área igual ou inferior a quatro módulos fiscais ou atividade pesqueira ou extrativista, com auxílio de empregados ou por intermédio de prepostos; ou ainda nas hipóteses dos §§ 8º e 23 deste artigo; (Redação dada pelo Decreto nº 6.722, de 2008).
b) a pessoa física, proprietária ou não, que explora atividade de extração mineral - garimpo -, em caráter permanente ou temporário, diretamente ou por intermédio de prepostos, com ou sem o auxílio de empregados, utilizados a qualquer título, ainda que de forma não contínua; (Redação dada pelo Decreto nº 3.265, de 1999)
c) o ministro de confissão religiosa e o membro de instituto de vida consagrada, de congregação ou de ordem religiosa; (Redação dada pelo Decreto nº 4.079, de 2002)
d) o brasileiro civil que trabalha no exterior para organismo oficial internacional do qual o Brasil é membro efetivo, ainda que lá domiciliado e contratado, salvo quando coberto por regime próprio de previdência social; (Redação dada pelo Decreto nº 3.265, de 1999)
e) o titular de firma individual urbana ou rural; (Redação dada pelo Decreto nº 3.265, de 1999)
f) o diretor não empregado e o membro de conselho de administração na sociedade anônima; (Redação dada pelo Decreto nº 3.265, de 1999)
g) todos os sócios, nas sociedades em nome coletivo e de capital e indústria; (Incluída pelo Decreto nº 3.265, de 1999)
h) o sócio gerente e o sócio cotista que recebam remuneração decorrente de seu trabalho e o administrador não empregado na sociedade por cotas de responsabilidade limitada, urbana ou rural; (Redação dada pelo Decreto nº 4.729, de 2003)
i) o associado eleito para cargo de direção em cooperativa, associação ou entidade de qualquer natureza ou finalidade, bem como o síndico ou administrador eleito para exercer atividade de direção condominial, desde que recebam remuneração; (Incluída pelo Decreto nº 3.265, de 1999)
j) quem presta serviço de natureza urbana ou rural, em caráter eventual, a uma ou mais empresas, sem relação de emprego; (Incluída pelo Decreto nº 3.265, de 1999)
l) a pessoa física que exerce, por conta própria, atividade econômica de natureza urbana, com fins lucrativos ou não; (Incluída pelo Decreto nº 3.265, de 1999)
m) o aposentado de qualquer regime previdenciário nomeado magistrado classista temporário da Justiça do Trabalho, na forma dos incisos II do § 1º do art. 111 ou III do art. 115 ou do parágrafo único do art. 116 da Constituição Federal, ou nomeado magistrado da Justiça Eleitoral, na forma dos incisos II do art. 119 ou III do § 1º do art. 120 da Constituição Federal; (Incluída pelo Decreto nº 3.265, de 1999)
n) o cooperado de cooperativa de produção que, nesta condição, presta serviço à sociedade cooperativa mediante remuneração ajustada ao trabalho executado; e (Incluída pelo Decreto nº 4.032, de 2001)
o) (Revogado pelo Decreto nº 7.054, de 2009)
p) o Micro Empreendedor Individual - MEI de que tratam os arts. 18-A e 18-C da Lei Complementar no 123, de 14 de dezembro de 2006, que opte pelo recolhimento dos impostos e contribuições abrangidos pelo Simples Nacional em valores fixos mensais; (Incluído pelo Decreto nº 6.722, de 2008).

VI - como trabalhador avulso - aquele que, sindicalizado ou não, presta serviço de natureza urbana ou rural, a diversas empresas, sem vínculo empregatício, com a intermediação obrigatória do órgão gestor de mão-de-obra, nos termos da Lei nº 8.630, de 25 de fevereiro de 1993, ou do sindicato da categoria, assim considerados:
a) o trabalhador que exerce atividade portuária de capatazia, estiva, conferência e conserto de carga, vigilância de embarcação e bloco;
b) o trabalhador de estiva de mercadorias de qualquer natureza, inclusive carvão e minério;
c) o trabalhador em alvarenga (embarcação para carga e descarga de navios);
d) o amarrador de embarcação;
e) o ensacador de café, cacau, sal e similares;
f) o trabalhador na indústria de extração de sal;
g) o carregador de bagagem em porto;
h) o prático de barra em porto;
i) o guindasteiro; e
j) o classificador, o movimentador e o empacotador de mercadorias em portos; e

VII - como segurado especial: a pessoa física residente no imóvel rural ou em aglomerado urbano ou rural próximo que, individualmente ou em regime de economia familiar, ainda que com o auxílio eventual de terceiros, na condição de: (Redação dada pelo Decreto nº 6.722, de 2008).
a) produtor, seja ele proprietário, usufrutuário, possuidor, assentado, parceiro ou meeiro outorgados, comodatário ou arrendatário rurais, que explore atividade: (Incluído pelo Decreto nº 6.722, de 2008).
1. agropecuária em área contínua ou não de até quatro módulos fiscais; ou (Incluído pelo Decreto nº 6.722, de 2008).
2. de seringueiro ou extrativista vegetal na coleta e extração, de modo sustentável, de recursos naturais renováveis, e faça dessas atividades o principal meio de vida; (Incluído pelo Decreto nº 6.722, de 2008).
b) pescador artesanal ou a este assemelhado, que faça da pesca profissão habitual ou principal meio de vida; e (Incluído pelo Decreto nº 6.722, de 2008).

c) cônjuge ou companheiro, bem como filho maior de dezesseis anos de idade ou a este equiparado, do segurado de que tratam as alíneas "a" e "b" deste inciso, que, comprovadamente, tenham participação ativa nas atividades rurais ou pesqueiras artesanais, respectivamente, do grupo familiar. (Redação dada pelo Decreto nº 8.499, de 2015)

§ 1º O aposentado pelo Regime Geral de Previdência Social que voltar a exercer atividade abrangida por este regime é segurado obrigatório em relação a essa atividade, ficando sujeito às contribuições de que trata este Regulamento.

§ 2º Considera-se diretor empregado aquele que, participando ou não do risco econômico do empreendimento, seja contratado ou promovido para cargo de direção das sociedades anônimas, mantendo as características inerentes à relação de emprego.

§ 3º Considera-se diretor não empregado aquele que, participando ou não do risco econômico do empreendimento, seja eleito, por assembléia geral dos acionistas, para cargo de direção das sociedades anônimas, não mantendo as características inerentes à relação de emprego.

§ 4º Entende-se por serviço prestado em caráter não eventual aquele relacionado direta ou indiretamente com as atividades normais da empresa.

§ 5º Entende-se como regime de economia familiar a atividade em que o trabalho dos membros da família é indispensável à própria subsistência e ao desenvolvimento socioeconômico do núcleo familiar e é exercido em condições de mútua dependência e colaboração, sem a utilização de empregados permanentes. (Redação dada pelo Decreto nº 6.722, de 2008).

§ 6º Entende-se como auxílio eventual de terceiros o que é exercido ocasionalmente, em condições de mútua colaboração, não existindo subordinação nem remuneração.

§ 7º Para efeito do disposto na alínea "a" do inciso VI do caput, entende-se por:

I - capatazia - a atividade de movimentação de mercadorias nas instalações de uso público, compreendendo o recebimento, conferência, transporte interno, abertura de volumes para conferência aduaneira, manipulação, arrumação e entrega, bem como o carregamento e descarga de embarcações, quando efetuados por aparelhamento portuário;

II - estiva - a atividade de movimentação de mercadorias nos conveses ou nos porões das embarcações principais ou auxiliares, incluindo transbordo, arrumação, peação e despeação, bem como o carregamento e a descarga das mesmas, quando realizados com equipamentos de bordo;

III - conferência de carga - a contagem de volumes, anotação de suas características, procedência ou destino, verificação do estado das mercadorias, assistência à pesagem, conferência do manifesto e demais serviços correlatos, nas operações de carregamento e descarga de embarcações;

IV - conserto de carga - o reparo e a restauração das embalagens de mercadoria, nas operações de carregamento e descarga de embarcações, reembalagem, marcação, remarcação, carimbagem, etiquetagem, abertura de volumes para vistoria e posterior recomposição;

V - vigilância de embarcações - a atividade de fiscalização da entrada e saída de pessoas a bordo das embarcações atracadas ou fundeadas ao largo, bem como da movimentação de mercadorias nos portalós, rampas, porões, conveses, plataformas e em outros locais da embarcação; e

VI - bloco - a atividade de limpeza e conservação de embarcações mercantes e de seus tanques, incluindo batimento de ferrugem, pintura, reparo de pequena monta e serviços correlatos.

§ 8º Não é segurado especial o membro de grupo familiar que possuir outra fonte de rendimento, exceto se decorrente de: (Redação dada pelo Decreto nº 6.722, de 2008).

I - benefício de pensão por morte, auxílio-acidente ou auxílio-reclusão, cujo valor não supere o do menor benefício de prestação continuada da previdência social; (Redação dada pelo Decreto nº 6.722, de 2008).

II - benefício previdenciário pela participação em plano de previdência complementar instituído nos termos do inciso III do § 18 deste artigo; (Redação dada pelo Decreto nº 6.722, de 2008).

III - exercício de atividade remunerada em período de entressafra ou do defeso, não superior a cento e vinte dias, corridos ou intercalados, no ano civil, observado o disposto no § 22 deste artigo; (Incluído pelo Decreto nº 6.722, de 2008).

IV - exercício de mandato eletivo de dirigente sindical de organização da categoria de trabalhadores rurais; (Incluído pelo Decreto nº 6.722, de 2008).

V - exercício de mandato de vereador do município onde desenvolve a atividade rural, ou de dirigente de cooperativa rural constituída exclusivamente por segurados especiais, observado o disposto no § 22 deste artigo; (Incluído pelo Decreto nº 6.722, de 2008).

VI - parceria ou meação outorgada na forma e condições estabelecidas no inciso I do § 18 deste artigo; (Incluído pelo Decreto nº 6.722, de 2008).

VII - atividade artesanal desenvolvida com matéria-prima produzida pelo respectivo grupo familiar, podendo ser utilizada matéria-prima de outra origem, desde que, nesse caso, a renda mensal obtida na atividade não exceda ao menor benefício de prestação continuada da previdência social; e (Incluído pelo Decreto nº 6.722, de 2008).

VIII - atividade artística, desde que em valor mensal inferior ao menor benefício de prestação continuada da previdência social. (Incluído pelo Decreto nº 6.722, de 2008).

§ 9º Para os fins previstos nas alíneas "a" e "b" do inciso V do caput, entende-se que a pessoa física, proprietária ou não, explora atividade através de prepostos quando, na condição de parceiro outorgante, desenvolve atividade agropecuária, pesqueira ou de extração de minerais por intermédio de parceiros ou meeiros.

§ 10. O dirigente sindical mantém, durante o exercício do mandato, o mesmo enquadramento no Regime Geral de Previdência Social de antes da investidura no cargo.

§ 11. O magistrado da Justiça Eleitoral, nomeado na forma do inciso II do art. 119 ou III do § 1º do art. 120 da Constituição Federal, mantém o mesmo enquadramento no Regime Geral de Previdência Social de antes da investidura no cargo. (Redação dada pelo Decreto nº 4.729, de 2003)

§ 12. O exercício de atividade remunerada sujeita a filiação obrigatória ao Regime Geral de Previdência Social.

§ 13. Aquele que exerce, concomitantemente, mais de uma atividade remunerada sujeita ao Regime Geral de Previdência Social - RGPS é obrigatoriamente filiado em relação a cada uma dessas atividades, observada, para os segurados inscritos até 29 de novembro de 1999 e sujeitos a salário-base, a tabela de transitoriedade de que trata o § 2º do art. 278-A e, para os segurados inscritos a partir daquela data, o disposto no inciso III do caput do art. 214. (Redação dada pelo Decreto nº 3.452, de 2000)

§ 14. Considera-se pescador artesanal aquele que, individualmente ou em regime de economia familiar, faz da pesca sua profissão habitual ou meio principal de vida, desde que: (Redação dada pelo Decreto nº 3.668, de 2000)

I - não utilize embarcação; ou (Redação dada pelo Decreto nº 8.424, de 2015)

II - utilize embarcação de pequeno porte, nos termos da Lei nº 11.959, de 29 de junho de 2009. (Redação dada pelo Decreto nº 8.424, de 2015)

III - (Revogado pelo Decreto nº 8.424, de 2015)

§ 14-A. Considera-se assemelhado ao pescador artesanal aquele que realiza atividade de apoio à pesca artesanal, exercendo trabalhos de confecção e de reparos de artes e petrechos de pesca e de reparos em embarcações de pequeno porte ou atuando no processamento do produto da pesca artesanal. (Incluído dada pelo Decreto nº 8.499, de 2015)

§ 15. Enquadram-se nas situações previstas nas alíneas "j" e "l" do inciso V do caput, entre outros: (Redação dada pelo Decreto nº 3.265, de 1999)

I - o condutor autônomo de veículo rodoviário, assim considerado aquele que exerce atividade profissional sem vínculo empregatício, quando proprietário, co-proprietário ou promitente comprador de um só veículo;

II - aquele que exerce atividade de auxiliar de condutor autônomo de veículo rodoviário, em automóvel cedido em regime de colaboração, nos termos da Lei nº 6.094, de 30 de agosto de 1974;

III - aquele que, pessoalmente, por conta própria e a seu risco, exerce pequena atividade comercial em via pública ou de porta em porta, como comerciante ambulante, nos termos da Lei nº 6.586, de 6 de novembro de 1978;

IV - o trabalhador associado a cooperativa que, nessa qualidade, presta serviços a terceiros;

V - o membro de conselho fiscal de sociedade por ações;

VI - aquele que presta serviço de natureza não contínua, por conta própria, a pessoa ou família, no âmbito residencial desta, sem fins lucrativos;

VII - o notário ou tabelião e o oficial de registros ou registrador, titular de cartório, que detêm a delegação do exercício da atividade notarial e de registro, não remunerados pelos cofres públicos, admitidos a partir de 21 de novembro de 1994;

VIII - aquele que, na condição de pequeno feirante, compra para revenda produtos hortifrutigranjeiros ou assemelhados;

IX - a pessoa física que edifica obra de construção civil;

X - o médico residente de que trata a Lei nº 6.932, de 7 de julho de 1981. (Redação dada pelo Decreto nº 4.729, de 2003)

XI - o pescador que trabalha em regime de parceria, meação ou arrendamento, em embarcação de médio ou grande porte, nos termos da Lei nº 11.959, de 2009; (Redação dada pelo Decreto nº 8.424, de 2015)

XII - o incorporador de que trata o art. 29 da Lei nº 4.591, de 16 de dezembro de 1964.

XIII - o bolsista da Fundação Habitacional do Exército contratado em conformidade com a Lei nº 6.855, de 18 de novembro de 1980; e (Incluído pelo Decreto nº 3.265, de 1999)

XIV - o árbitro e seus auxiliares que atuam em conformidade com a Lei nº 9.615, de 24 de março de 1998.(Incluído pelo Decreto nº 3.265, de 1999)

XV - o membro de conselho tutelar de que trata o art. 132 da Lei nº 8.069, de 13 de julho de 1990, quando remunerado; (Incluído pelo Decreto nº 4.032, de 2001)

XVI - o interventor, o liquidante, o administrador especial e o diretor fiscal de instituição financeira de que trata o § 6º do art. 201. (Incluído pelo Decreto nº 4.032, de 2001)

§ 16. Aplica-se o disposto na alínea "i" do inciso I do caput ao ocupante de cargo de Ministro de Estado, de Secretário Estadual, Distrital ou Municipal, sem vínculo efetivo com a União, Estados, Distrito Federal e Municípios, suas autarquias, ainda que em regime especial, e fundações. (Incluído pela Decreto nº 3.265, de 1999)

§ 17. (Revogado pelo Decreto nº 8.424, de 2015)

§ 18. Não descaracteriza a condição de segurado especial: (Redação dada pelo Decreto nº 6.722, de 2008).

I - a outorga, por meio de contrato escrito de parceria, meação ou comodato, de até cinqüenta por cento de imóvel rural cuja área total, contínua ou descontínua, não seja superior a quatro módulos fiscais, desde que outorgante e outorgado continuem a exercer a respectiva atividade, individualmente ou em regime de economia familiar; (Incluído pelo Decreto nº 6.722, de 2008).

II - a exploração da atividade turística da propriedade rural, inclusive com hospedagem, por não mais de cento e vinte dias ao ano; (Incluído pelo Decreto nº 6.722, de 2008).

III - a participação em plano de previdência complementar instituído por entidade classista a que seja associado, em razão da condição de trabalhador rural ou de produtor rural em regime de economia familiar; (Incluído pelo Decreto nº 6.722, de 2008).

IV - a participação como beneficiário ou integrante de grupo familiar que tem algum componente que seja beneficiário de programa assistencial oficial de governo; (Incluído pelo Decreto nº 6.722, de 2008).

V - a utilização pelo próprio grupo familiar de processo de beneficiamento ou industrialização artesanal, na exploração da atividade, de acordo com o disposto no § 25; e (Incluído pelo Decreto nº 6.722, de 2008).

VI - a associação a cooperativa agropecuária. (Incluído pelo Decreto nº 6.722, de 2008).

§ 19. Os segurados de que trata o art. 199-A terão identificação específica nos registros da Previdência Social. (Incluído pelo Decreto nº 6.042, de 2007).

§ 20. Para os fins deste artigo, considera-se que o segurado especial reside em aglomerado urbano ou rural próximo ao imóvel rural onde desenvolve a atividade quando resida no mesmo município de situação do imóvel onde desenvolve a atividade rural, ou em município contíguo ao em que desenvolve a atividade rural. (Incluído pelo Decreto nº 6.722, de 2008).

§ 21. O grupo familiar poderá utilizar-se de empregado, inclusive daquele referido na alínea "r" do inciso I do caput deste artigo, ou de trabalhador de que trata a alínea "j" do inciso V, em épocas de safra, à razão de no máximo cento e vinte pessoas/dia dentro do ano civil, em períodos corridos ou intercalados ou, ainda, por tempo equivalente em horas de trabalho, à razão de oito horas/dia e quarenta e quatro horas/semana. (Incluído pelo Decreto nº 6.722, de 2008).

§ 22. O disposto nos incisos III e V do § 8º deste artigo não dispensa o recolhimento da contribuição devida em relação ao exercício das atividades de que tratam os referidos incisos. (Incluído pelo Decreto nº 6.722, de 2008).

§ 23. O segurado especial fica excluído dessa categoria: (Incluído pelo Decreto nº 6.722, de 2008).

I - a contar do primeiro dia do mês em que: (Incluído pelo Decreto nº 6.722, de 2008).

a) deixar de satisfazer as condições estabelecidas no inciso VII do caput deste artigo, sem prejuízo do disposto no art. 13, ou exceder qualquer dos limites estabelecidos no inciso I do § 18 deste artigo; (Incluído pelo Decreto nº 6.722, de 2008).

b) se enquadrar em qualquer outra categoria de segurado obrigatório do Regime Geral de Previdência Social, ressalvado o disposto nos incisos III, V, VII e VIII do § 8º deste artigo, sem prejuízo do disposto no art. 13; e (Incluído pelo Decreto nº 6.722, de 2008).

c) se tornar segurado obrigatório de outro regime previdenciário; (Incluído pelo Decreto nº 6.722, de 2008).

II - a contar do primeiro dia do mês subseqüente ao da ocorrência, quando o grupo familiar a que pertence exceder o limite de: (Incluído pelo Decreto nº 6.722, de 2008).

a) utilização de trabalhadores nos termos do § 21 deste artigo; (Incluído pelo Decreto nº 6.722, de 2008).
b) dias em atividade remunerada estabelecidos no inciso III do § 8º deste artigo; e (Incluído pelo Decreto nº 6.722, de 2008).
c) dias de hospedagem a que se refere o inciso II do § 18 deste artigo. (Incluído pelo Decreto nº 6.722, de 2008).

§ 24. Aplica-se o disposto na alínea "a" do inciso V do caput deste artigo ao cônjuge ou companheiro do produtor que participe da atividade rural por este explorada. (Incluído pelo Decreto nº 6.722, de 2008).

§ 25. Considera-se processo de beneficiamento ou industrialização artesanal aquele realizado diretamente pelo próprio produtor rural pessoa física, observado o disposto no § 5º do art. 200, desde que não esteja sujeito à incidência do Imposto Sobre Produtos Industrializados - IPI.§ 26. É considerado MEI o empresário individual a que se refere o art. 966 da Lei no 10.406, de 10 de janeiro de 2002 - Código Civil, que tenha auferido receita bruta, no ano-calendário anterior, de até R$ 36.000,00 (trinta e seis mil reais), optante pelo Simples Nacional e que não esteja impedido de optar pela sistemática de recolhimento mencionada na alínea "p" do inciso V do caput. (Incluído pelo Decreto nº 6.722, de 2008).

Art. 10. O servidor civil ocupante de cargo efetivo ou o militar da União, Estado, Distrito Federal ou Município, bem como o das respectivas autarquias e fundações, são excluídos do Regime Geral de Previdência Social consubstanciado neste Regulamento, desde que amparados por regime próprio de previdência social. (Redação dada pelo Decreto nº 3.265, de 1999)

§ 1º Caso o servidor ou o militar, amparados por regime próprio de previdência social, sejam requisitados para outro órgão ou entidade cujo regime previdenciário não permita a filiação nessa condição, permanecerão vinculados ao regime de origem, obedecidas às regras que cada ente estabeleça acerca de sua contribuição. (Redação dada pelo Decreto nº 3.265, de 1999)

§ 2º Caso o servidor ou o militar venham a exercer, concomitantemente, uma ou mais atividades abrangidas pelo Regime Geral de Previdência Social, tornar-se-ão segurados obrigatórios em relação a essas atividades. (Redação dada pelo Decreto nº 3.265, de 1999)

§ 3º Entende-se por regime próprio de previdência social o que assegura pelo menos as aposentadorias e pensão por morte previstas no art. 40 da Constituição Federal. (Redação dada pelo Decreto nº 3.452, de 2000))

Art. 11. É segurado facultativo o maior de dezesseis anos de idade que se filiar ao Regime Geral de Previdência Social, mediante contribuição, na forma do art. 199, desde que não esteja exercendo atividade remunerada que o enquadre como segurado obrigatório da previdência social.

§ 1º Podem filiar-se facultativamente, entre outros:
I - a dona-de-casa;
II - o síndico de condomínio, quando não remunerado;
III - o estudante;
IV - o brasileiro que acompanha cônjuge que presta serviço no exterior;
V - aquele que deixou de ser segurado obrigatório da previdência social;
VI - o membro de conselho tutelar de que trata o art. 132 da Lei nº 8.069, de 13 de julho de 1990, quando não esteja vinculado a qualquer regime de previdência social;
VII - o bolsista e o estagiário que prestam serviços a empresa de acordo com a Lei nº 6.494, de 1977;
VIII - o bolsista que se dedique em tempo integral a pesquisa, curso de especialização, pós-graduação, mestrado ou doutorado, no Brasil ou no exterior, desde que não esteja vinculado a qualquer regime de previdência social;
IX - o presidiário que não exerce atividade remunerada nem esteja vinculado a qualquer regime de previdência social; (Redação dada pelo Decreto nº 7.054, de 2009)
X - o brasileiro residente ou domiciliado no exterior, salvo se filiado a regime previdenciário de país com o qual o Brasil mantenha acordo internacional; e (Redação dada pelo Decreto nº 7.054, de 2009)
XI - o segurado recolhido à prisão sob regime fechado ou semi-aberto, que, nesta condição, preste serviço, dentro ou fora da unidade penal, a uma ou mais empresas, com ou sem intermediação da organização carcerária ou entidade afim, ou que exerce atividade artesanal por conta própria. (Incluído pelo Decreto nº 7.054, de 2009)

§ 2º É vedada a filiação ao Regime Geral de Previdência Social, na qualidade de segurado facultativo, de pessoa participante de regime próprio de previdência social, salvo na hipótese de afastamento sem vencimento e desde que não permitida, nesta condição, contribuição ao respectivo regime próprio.

§ 3º A filiação na qualidade de segurado facultativo representa ato volitivo, gerando efeito somente a partir da inscrição e do primeiro recolhimento, não podendo retroagir e não permitindo o pagamento de contribuições relativas a competências anteriores à data da inscrição, ressalvado o § 3º do art. 28.

§ 4º Após a inscrição, o segurado facultativo somente poderá recolher contribuições em atraso quando não tiver ocorrido perda da qualidade de segurado, conforme o disposto no inciso VI do art. 13.

Art. 12. Consideram-se:
I - empresa - a firma individual ou a sociedade que assume o risco de atividade econômica urbana ou rural, com fins lucrativos ou não, bem como os órgãos e as entidades da administração pública direta, indireta e fundacional; e
II - empregador doméstico - aquele que admite a seu serviço, mediante remuneração, sem finalidade lucrativa, empregado doméstico.

Parágrafo único. Equiparam-se a empresa, para os efeitos deste Regulamento: (Redação dada pelo Decreto nº 3.265, de 1999)
I - o contribuinte individual, em relação a segurado que lhe presta serviço; (Redação dada pelo Decreto nº 3.265, de 1999)
II - a cooperativa, a associação ou a entidade de qualquer natureza ou finalidade, inclusive a missão diplomática e a repartição consular de carreiras estrangeiras;
III - o operador portuário e o órgão gestor de mão-de-obra de que trata a Lei nº 8.630, de 1993; e
IV - o proprietário ou dono de obra de construção civil, quando pessoa física, em relação a segurado que lhe presta serviço.

Subseção Única - Da Manutenção e da Perda da Qualidade de Segurado

Art. 13. Mantém a qualidade de segurado, independentemente de contribuições:
I - sem limite de prazo, quem está em gozo de benefício;
II - até doze meses após a cessação de benefício por incapacidade ou após a cessação das contribuições, o segurado que deixar de exercer atividade remunerada abrangida pela previdência social ou estiver suspenso ou licenciado sem remuneração;
III - até doze meses após cessar a segregação, o segurado acometido de doença de segregação compulsória;
IV - até doze meses após o livramento, o segurado detido ou recluso;
V - até três meses após o licenciamento, o segurado incorporado às Forças Armadas para prestar serviço militar; e
VI - até seis meses após a cessação das contribuições, o segurado facultativo.

§ 1º O prazo do inciso II será prorrogado para até vinte e quatro meses, se o segurado já tiver pago mais de cento e vinte

contribuições mensais sem interrupção que acarrete a perda da qualidade de segurado.

§ 2º O prazo do inciso II ou do § 1º será acrescido de doze meses para o segurado desempregado, desde que comprovada essa situação por registro no órgão próprio do Ministério do Trabalho e Emprego.

§ 3º Durante os prazos deste artigo, o segurado conserva todos os seus direitos perante a previdência social.

§ 4º Aplica-se o disposto no inciso II do caput e no § 1º ao segurado que se desvincular de regime próprio de previdência social. (Incluído pelo Decreto nº 3.265, de 1999)

§ 5º A perda da qualidade de segurado não será considerada para a concessão das aposentadorias por tempo de contribuição e especial. (Incluído pelo Decreto nº 4.729, de 2003)

§ 6º Aplica-se o disposto no § 5º à aposentadoria por idade, desde que o segurado conte com, no mínimo, o número de contribuições mensais exigido para efeito de carência na data do requerimento do benefício. (Incluído pelo Decreto nº 4.729, de 2003)

Art. 14. O reconhecimento da perda da qualidade de segurado no termo final dos prazos fixados no art. 13 ocorrerá no dia seguinte ao do vencimento da contribuição do contribuinte individual relativa ao mês imediatamente posterior ao término daqueles prazos. (Redação dada pelo Decreto nº 4.032, de 2001)

Art. 15. (Revogado pelo Decreto nº 4.032, de 2001)

Seção II - Dos Dependentes

Art. 16. São beneficiários do Regime Geral de Previdência Social, na condição de dependentes do segurado:

I - o cônjuge, a companheira, o companheiro e o filho não emancipado de qualquer condição, menor de vinte e um anos ou inválido;

II - os pais; ou

III - o irmão não emancipado, de qualquer condição, menor de vinte e um anos ou inválido.

§ 1º Os dependentes de uma mesma classe concorrem em igualdade de condições.

§ 2º A existência de dependente de qualquer das classes deste artigo exclui do direito às prestações os das classes seguintes.

§ 3º Equiparam-se aos filhos, nas condições do inciso I, mediante declaração escrita do segurado, comprovada a dependência econômica na forma estabelecida no § 3º do art. 22, o enteado e o menor que esteja sob sua tutela e desde que não possua bens suficientes para o próprio sustento e educação. (Redação dada pelo Decreto nº 4.032, de 2001)

§ 4º O menor sob tutela somente poderá ser equiparado aos filhos do segurado mediante apresentação de termo de tutela.

§ 5º Considera-se companheira ou companheiro a pessoa que mantenha união estável com o segurado ou segurada.

§ 6º Considera-se união estável aquela configurada na convivência pública, contínua e duradoura entre o homem e a mulher, estabelecida com intenção de constituição de família, observado o § 1º do art. 1.723 do Código Civil, instituído pela Lei no 10.406, de 10 de janeiro de 2002. (Redação dada pelo Decreto nº 6.384, de 2008).

§ 7º A dependência econômica das pessoas de que trata o inciso I é presumida e a das demais deve ser comprovada.

Art. 17. A perda da qualidade de dependente ocorre:

I - para o cônjuge, pela separação judicial ou divórcio, enquanto não lhe for assegurada a prestação de alimentos, pela anulação do casamento, pelo óbito ou por sentença judicial transitada em julgado;

II - para a companheira ou companheiro, pela cessação da união estável com o segurado ou segurada, enquanto não lhe for garantida a prestação de alimentos;

III - para o filho e o irmão, de qualquer condição, ao completarem vinte e um anos de idade, salvo se inválidos, desde que a invalidez tenha ocorrido antes: (Redação dada pelo Decreto nº 6.939, de 2009)

a) de completarem vinte e um anos de idade; (Incluído pelo Decreto nº 6.939, de 2009)

b) do casamento; (Incluído pelo Decreto nº 6.939, de 2009)

c) do início do exercício de emprego público efetivo; (Incluído pelo Decreto nº 6.939, de 2009)

d) da constituição de estabelecimento civil ou comercial ou da existência de relação de emprego, desde que, em função deles, o menor com dezesseis anos completos tenha economia própria; ou (Incluído pelo Decreto nº 6.939, de 2009)

e) da concessão de emancipação, pelos pais, ou de um deles na falta do outro, mediante instrumento público, independentemente de homologação judicial, ou por sentença do juiz, ouvido o tutor, se o menor tiver dezesseis anos completos; e (Incluído pelo Decreto nº 6.939, de 2009)

IV - para os dependentes em geral:

a) pela cessação da invalidez; ou

b) pelo falecimento.

Seção III - Das Inscrições

Subseção I - Do Segurado

Art. 18. Considera-se inscrição de segurado para os efeitos da previdência social o ato pelo qual o segurado é cadastrado no Regime Geral de Previdência Social, mediante comprovação dos dados pessoais e de outros elementos necessários e úteis a sua caracterização, observado o disposto no art. 330 e seu parágrafo único, na seguinte forma: (Redação dada pelo Decreto nº 3.265, de 1999)

I - o empregado e trabalhador avulso - pelo preenchimento dos documentos que os habilitem ao exercício da atividade, formalizado pelo contrato de trabalho, no caso de empregado, observado o disposto no § 2º do art. 20, e pelo cadastramento e registro no sindicato ou órgão gestor de mão-de-obra, no caso de trabalhador avulso; (Redação dada pelo Decreto nº 6.722, de 2008).

II - empregado doméstico - pela apresentação de documento que comprove a existência de contrato de trabalho;

III - contribuinte individual - pela apresentação de documento que caracterize a sua condição ou o exercício de atividade profissional, liberal ou não;(Redação dada pelo Decreto nº 3.265, de 1999)

IV - segurado especial - pela apresentação de documento que comprove o exercício de atividade rural; e (Redação dada pelo Decreto nº 3.265, de 1999)

V - facultativo - pela apresentação de documento de identidade e declaração expressa de que não exerce atividade que o enquadre na categoria de segurado obrigatório. (Redação dada pelo Decreto nº 3.265, de 1999)

§ 1º A inscrição do segurado de que trata o inciso I será efetuada diretamente na empresa, sindicato ou órgão gestor de mão-de-obra e a dos demais no Instituto Nacional do Seguro Social. (Redação dada pelo Decreto nº 3.265, de 1999)

§ 2º A inscrição do segurado em qualquer categoria mencionada neste artigo exige a idade mínima de dezesseis anos.

§ 3º Todo aquele que exercer, concomitantemente, mais de uma atividade remunerada sujeita ao Regime Geral de Previdência Social será obrigatoriamente inscrito em relação a cada uma delas.

§ 4º (Revogado pelo Decreto nº 6.722, de 2008).

§ 5º Presentes os pressupostos da filiação, admite-se a inscrição post mortem do segurado especial.(Incluído pelo Decreto nº 3.265, de 1999)

§ 6º A comprovação dos dados pessoais e de outros elementos necessários e úteis à caracterização do segurado poderá ser exigida quando da concessão do benefício. (Incluído pelo Decreto nº 3.265, de 1999)

§ 7º A inscrição do segurado especial será feita de forma a vinculá-lo ao seu respectivo grupo familiar e conterá, além das informações pessoais, a identificação da forma do exercício da atividade, se individual ou em regime de economia familiar; da condição no grupo familiar, se titular ou componente; do tipo de ocupação do titular de acordo com tabela do Código Brasileiro de Ocupações; da forma de ocupação do titular vinculando-o à propriedade ou embarcação em que trabalha, da propriedade em que desenvolve a atividade, se nela reside ou o município onde reside e, quando for o caso, a identificação e inscrição da pessoa responsável pelo grupo familiar. (Incluído pelo Decreto nº 6.722, de 2008).

§ 8º O segurado especial integrante de grupo familiar que não seja proprietário do imóvel rural ou da embarcação em que desenvolve sua atividade deve informar, no ato da inscrição, conforme o caso, o nome e o CPF do parceiro ou meeiro outorgante, arrendador, comodante ou assemelhado. (Incluído pelo Decreto nº 6.722, de 2008).

Art. 19. Os dados constantes do Cadastro Nacional de Informações Sociais - CNIS relativos a vínculos, remunerações e contribuições valem como prova de filiação à previdência social, tempo de contribuição e salários-de-contribuição. (Redação dada pelo Decreto nº 6.722, de 2008).

§ 1º O segurado poderá solicitar, a qualquer momento, a inclusão, exclusão ou retificação das informações constantes do CNIS, com a apresentação de documentos comprobatórios dos dados divergentes, conforme critérios definidos pelo INSS, independentemente de requerimento de benefício, exceto na hipótese do art. 142. (Redação dada pelo Decreto nº 6.722, de 2008).

§ 2º Informações inseridas extemporaneamente no CNIS, independentemente de serem inéditas ou retificadoras de dados anteriormente informados, somente serão aceitas se corroboradas por documentos que comprovem a sua regularidade. (Redação dada pelo Decreto nº 6.722, de 2008).

§ 3º Respeitadas as definições vigentes sobre a procedência e origem das informações, considera-se extemporânea a inserção de dados: (Redação dada pelo Decreto nº 6.722, de 2008).

I - relativos à data de início de vínculo, sempre que decorrentes de documento apresentado após o transcurso de até cento e vinte dias do prazo estabelecido pela legislação, cabendo ao INSS dispor sobre a redução desse prazo; (Redação dada pelo Decreto nº 7.223, de 2010)

II - relativos a remunerações, sempre que decorrentes de documento apresentado: (Incluído pelo Decreto nº 6.722, de 2008).

a) após o último dia do quinto mês subseqüente ao mês da data de prestação de serviço pelo segurado, quando se tratar de dados informados por meio da Guia de Recolhimento do Fundo de Garantia do Tempo de Serviço e Informações à Previdência Social - GFIP; e (Incluído pelo Decreto nº 6.722, de 2008).

b) após o último dia do exercício seguinte ao a que se referem as informações, quando se tratar de dados informados por meio da Relação Anual de Informações Sociais - RAIS; (Incluído pelo Decreto nº 6.722, de 2008).

III - relativos a contribuições, sempre que o recolhimento tiver sido feito sem observância do estabelecido em lei. (Incluído pelo Decreto nº 6.722, de 2008).

§ 4º A extemporaneidade de que trata o inciso I do § 3º será relevada após um ano da data do documento que tiver gerado a informação, desde que, cumulativamente: (Incluído pelo Decreto nº 6.722, de 2008).

I - o atraso na apresentação do documento não tenha excedido o prazo de que trata a alínea "a" do inciso II do § 3º; (Incluído pelo Decreto nº 6.722, de 2008).

II - (Revogado pelo Decreto nº 7.223, de 2010)

III - o segurado não tenha se valido da alteração para obter benefício cuja carência mínima seja de até doze contribuições mensais. (Incluído pelo Decreto nº 6.722, de 2008).

§ 5º Não constando do CNIS informações sobre contribuições ou remunerações, ou havendo dúvida sobre a regularidade do vínculo, motivada por divergências ou insuficiências de dados relativos ao empregador, ao segurado, à natureza do vínculo, ou a procedência da informação, esse período respectivo somente será confirmado mediante a apresentação pelo segurado da documentação comprobatória solicitada pelo INSS. (Incluído pelo Decreto nº 6.722, de 2008).

§ 6º O INSS poderá definir critérios para apuração das informações constantes da GFIP que ainda não tiver sido processada, bem como para aceitação de informações relativas a situações cuja regularidade depende de atendimento de critério estabelecido em lei. (Incluído pelo Decreto nº 6.722, de 2008).

§ 7º Para os fins de que trata os §§ 2º a 6º, o INSS e a DATAPREV adotarão as providências necessárias para que as informações constantes do CNIS sujeitas à comprovação sejam identificadas e destacadas dos demais registros. (Incluído pelo Decreto nº 6.722, de 2008).

§ 8º Constarão no CNIS as informações do segurado relativas aos períodos com deficiência leve, moderada e grave, fixadas em decorrência da avaliação médica e funcional. (Incluído pelo Decreto nº 8.145, de 2013).

Art. 19-A. Para fins de benefícios de que trata este Regulamento, os períodos de vínculos que corresponderem a serviços prestados na condição de servidor estatutário somente serão considerados mediante apresentação de Certidão de Tempo de Contribuição fornecida pelo órgão público competente, salvo se o órgão de vinculação do servidor não tiver instituído regime próprio de previdência social. (Incluído pelo Decreto nº 6.722, de 2008).

Art. 19-B. A comprovação de vínculos e remunerações de que trata o art. 62 poderá ser utilizada para suprir omissão do empregador, para corroborar informação inserida ou retificada extemporaneamente ou para subsidiar a avaliação dos dados do CNIS. (Incluído pelo Decreto nº 6.722, de 2008).

Art. 20. Filiação é o vínculo que se estabelece entre pessoas que contribuem para a previdência social e esta, do qual decorrem direitos e obrigações.

§ 1º A filiação à previdência social decorre automaticamente do exercício de atividade remunerada para os segurados obrigatórios, observado o disposto no § 2º, e da inscrição formalizada com o pagamento da primeira contribuição para o segurado facultativo. (Incluído pelo Decreto nº 6.722, de 2008).

§ 2º A filiação do trabalhador rural contratado por produtor rural pessoa física por prazo de até dois meses dentro do período de um ano, para o exercício de atividades de natureza temporária, decorre automaticamente de sua inclusão na GFIP, mediante identificação específica. (Incluído pelo Decreto nº 6.722, de 2008).

Art. 21. Para fins do disposto nesta Seção, a anotação de dado pessoal deve ser feita na Carteira Profissional e/ou na Carteira de Trabalho e Previdência Social à vista do documento comprobatório do fato.

Subseção II - Do Dependente

Art. 22. A inscrição do dependente do segurado será promovida quando do requerimento do benefício a que tiver direito, mediante a apresentação dos seguintes documentos: (Redação dada pelo Decreto nº 4.079, de 2002)

I - para os dependentes preferenciais:

a) cônjuge e filhos - certidões de casamento e de nascimento;

b) companheira ou companheiro - documento de identidade e certidão de casamento com averbação da separação judicial ou divórcio, quando um dos companheiros ou ambos já tiverem sido casados, ou de óbito, se for o caso; e

c) equiparado a filho - certidão judicial de tutela e, em se tratando de enteado, certidão de casamento do segurado e de nascimento do dependente, observado o disposto no § 3º do art. 16;

II - pais - certidão de nascimento do segurado e documentos de identidade dos mesmos; e

III - irmão - certidão de nascimento.

§ 1º (Revogado pelo Decreto nº 4.079, de 2002)

§ 2º (Revogado pelo Decreto nº 4.079, de 2002)

§ 3º Para comprovação do vínculo e da dependência econômica, conforme o caso, devem ser apresentados no mínimo três dos seguintes documentos: (Redação dada pelo Decreto nº 3.668, de 2000)

I - certidão de nascimento de filho havido em comum;

II - certidão de casamento religioso;

III - declaração do imposto de renda do segurado, em que conste o interessado como seu dependente;

IV - disposições testamentárias;

V - (Revogado pelo Decreto nº 5.699, de 2006)

VI - declaração especial feita perante tabelião;

VII - prova de mesmo domicílio;

VIII - prova de encargos domésticos evidentes e existência de sociedade ou comunhão nos atos da vida civil;

IX - procuração ou fiança reciprocamente outorgada;

X - conta bancária conjunta;

XI - registro em associação de qualquer natureza, onde conste o interessado como dependente do segurado;

XII - anotação constante de ficha ou livro de registro de empregados;

XIII - apólice de seguro da qual conste o segurado como instituidor do seguro e a pessoa interessada como sua beneficiária;

XIV - ficha de tratamento em instituição de assistência médica, da qual conste o segurado como responsável;

XV - escritura de compra e venda de imóvel pelo segurado em nome de dependente;

XVI - declaração de não emancipação do dependente menor de vinte e um anos; ou

XVII - quaisquer outros que possam levar à convicção do fato a comprovar.

§ 4º O fato superveniente que importe em exclusão ou inclusão de dependente deve ser comunicado ao Instituto Nacional do Seguro Social, com as provas cabíveis.

§ 5º (Revogado pelo Decreto nº 4.079, de 2002)

§ 6º Somente será exigida a certidão judicial de adoção quando esta for anterior a 14 de outubro de 1990, data da vigência da Lei nº 8.069, de 1990.

§§ 7º e 8º (Revogados pelo Decreto nº 3.668, de 2000)

§ 9º No caso de dependente inválido, para fins de inscrição e concessão de benefício, a invalidez será comprovada mediante exame médico-pericial a cargo do Instituto Nacional do Seguro Social.

§ 10. No ato de inscrição, o dependente menor de vinte e um anos deverá apresentar declaração de não emancipação. (Redação dada pelo Decreto nº 4.079, de 2002)

§ 11. (Revogado pelo Decreto nº 4.079, de 2002)

§ 12. Os dependentes excluídos de tal condição em razão de lei têm suas inscrições tornadas nulas de pleno direito.

§ 13. No caso de equiparado a filho, a inscrição será feita mediante a comprovação da equiparação por documento escrito do segurado falecido manifestando essa intenção, da dependência econômica e da declaração de que não tenha sido emancipado. (Incluído pelo Decreto nº 4.079, de 2002)

Art. 23. (Revogado pelo Decreto nº 4.079, de 2002)

Art. 24. Os pais ou irmãos deverão, para fins de concessão de benefícios, comprovar a inexistência de dependentes preferenciais, mediante declaração firmada perante o Instituto Nacional do Seguro Social.

CAPÍTULO II - DAS PRESTAÇÕES EM GERAL

Seção I - Das Espécies de Prestação

Art. 25. O Regime Geral de Previdência Social compreende as seguintes prestações, expressas em benefícios e serviços:

I - quanto ao segurado:
 a) aposentadoria por invalidez;
 b) aposentadoria por idade;
 c) aposentadoria por tempo de contribuição;
 d) aposentadoria especial;
 e) auxílio-doença;
 f) salário-família;
 g) salário-maternidade; e
 h) auxílio-acidente;

II - quanto ao dependente:
 a) pensão por morte; e
 b) auxílio-reclusão; e

III - quanto ao segurado e dependente: reabilitação profissional.

Seção II - Da Carência

Art. 26. Período de carência é o tempo correspondente ao número mínimo de contribuições mensais indispensáveis para que o beneficiário faça jus ao benefício, consideradas a partir do transcurso do primeiro dia dos meses de suas competências.

§ 1º Para o segurado especial, considera-se período de carência o tempo mínimo de efetivo exercício de atividade rural, ainda que de forma descontínua, igual ao número de meses necessário à concessão do benefício requerido.

§ 2º Será considerado, para efeito de carência, o tempo de contribuição para o Plano de Seguridade Social do Servidor Público anterior à Lei nº 8.647, de 13 de abril de 1993, efetuado pelo servidor público ocupante de cargo em comissão sem vínculo efetivo com a União, autarquias, ainda que em regime especial, e fundações públicas federais.

§ 3º Não é computado para efeito de carência o tempo de atividade do trabalhador rural anterior à competência novembro de 1991.

§ 4º Para efeito de carência, considera-se presumido o recolhimento das contribuições do segurado empregado, do trabalhador avulso e, relativamente ao contribuinte individual, a partir da competência abril de 2003, as contribuições dele descontadas pela empresa na forma do art. 216. (Redação dada pelo Decreto nº 4.729, de 2003)

§ 5º Observado o disposto no § 4º do art. 13, as contribuições vertidas para regime próprio de previdência social serão consideradas para todos os efeitos, inclusive para os de carência. (Incluído pelo Decreto nº 3.265, de 1999)

Art. 27. (Revogado pelo Decreto nº 5.399, de 2005)

Art. 27-A. Havendo perda da qualidade de segurado, as contribuições anteriores a essa perda somente serão computadas para efeito de carência depois que o segurado contar, a partir da nova filiação ao Regime Geral de Previdência Social, com, no mínimo, um terço do número de contribuições exigidas para o cumprimento da carência definida no art. 29. (Incluído pelo Decreto nº 5.545, de 2005)

Parágrafo único. Aplica-se o disposto no caput ao segurado oriundo de regime próprio de previdência social que se filiar ao Regime Geral de Previdência Social após os prazos a que se refere o inciso II do caput e o § 1º do art. 13. (Incluído pelo Decreto nº 5.545, de 2005)

Art. 28. O período de carência é contado:

I - para o segurado empregado e trabalhador avulso, da data de filiação ao Regime Geral de Previdência Social; e

II - para o segurado empregado doméstico, contribuinte individual, observado o disposto no § 4º do art. 26, e facultativo, inclusive o segurado especial que contribui na forma do § 2º do art. 200, da data do efetivo recolhimento da primeira contribuição sem atraso, não sendo considera-

das para esse fim as contribuições recolhidas com atraso referentes a competências anteriores, observado, quanto ao segurado facultativo, o disposto nos §§ 3º e 4º do art. 11. (Redação dada pelo Decreto nº 6.042, de 2007).

§ 1º Para o segurado especial que não contribui na forma do § 2º do art. 200, o período de carência de que trata o § 1º do art. 26 é contado a partir do efetivo exercício da atividade rural, mediante comprovação, na forma do disposto no art. 62. (Redação dada pelo Decreto nº 6.042, de 2007).

§ 2º O período a que se refere o inciso XVIII do art. 60 será computado para fins de carência.

§ 3º Para os segurados a que se refere o inciso II, optantes pelo recolhimento trimestral na forma prevista nos §§ 15 e 16 do art. 216, o período de carência é contado a partir do mês de inscrição do segurado, desde que efetuado o recolhimento da primeira contribuição no prazo estipulado no referido § 15.

Art. 29. A concessão das prestações pecuniárias do Regime Geral de Previdência Social, ressalvado o disposto no art. 30, depende dos seguintes períodos de carência:

I - doze contribuições mensais, nos casos de auxílio-doença e aposentadoria por invalidez; e

II - cento e oitenta contribuições mensais, nos casos de aposentadoria por idade, tempo de contribuição e especial.

III - dez contribuições mensais, no caso de salário-maternidade, para as seguradas contribuinte individual, especial e facultativa, respeitado o disposto no § 2º do art. 93 e no inciso II do art. 101. (Redação dada pelo Decreto nº 3.452, de 2000)

Parágrafo único. Em caso de parto antecipado, o período de carência a que se refere o inciso III será reduzido em número de contribuições equivalente ao número de meses em que o parto foi antecipado. (Incluído pelo Decreto nº 3.265, de 1999)

Art. 30. Independe de carência a concessão das seguintes prestações:

I - pensão por morte, auxílio-reclusão, salário-família e auxílio-acidente de qualquer natureza;

II - salário-maternidade, para as seguradas empregada, empregada doméstica e trabalhadora avulsa; (Redação dada pelo Decreto nº 3.265, de 1999)

III - auxílio-doença e aposentadoria por invalidez nos casos de acidente de qualquer natureza ou causa, bem como nos casos de segurado que, após filiar-se ao Regime Geral de Previdência Social, for acometido de alguma das doenças ou afecções especificadas em lista elaborada pelos Ministérios da Saúde e da Previdência e Assistência Social a cada três anos, de acordo com os critérios de estigma, deformação, mutilação, deficiência ou outro fator que lhe confira especificidade e gravidade que mereçam tratamento particularizado;

IV - aposentadoria por idade ou por invalidez, auxílio-doença, auxílio-reclusão ou pensão por morte aos segurados especiais, desde que comprovem o exercício de atividade rural no período imediatamente anterior ao requerimento do benefício, ainda que de forma descontínua, igual ao número de meses correspondente à carência do benefício requerido; e

V - reabilitação profissional.

Parágrafo único. Entende-se como acidente de qualquer natureza ou causa aquele de origem traumática e por exposição a agentes exógenos (físicos, químicos e biológicos), que acarrete lesão corporal ou perturbação funcional que cause a morte, a perda, ou a redução permanente ou temporária da capacidade laborativa.

Seção III - Do Salário-de-benefício

Art. 31. Salário-de-benefício é o valor básico utilizado para cálculo da renda mensal dos benefícios de prestação continuada, inclusive os regidos por normas especiais, exceto o salário-família, a pensão por morte, o salário-maternidade e os demais benefícios de legislação especial.

Parágrafo único. O INSS terá até cento e oitenta dias, contados da data do pedido, para fornecer ao segurado as informações constantes do CNIS sobre contribuições e remunerações utilizadas no cálculo do salário-de-benefício.(Incluído pelo Decreto nº 4.079, de 2002)

Art. 32. O salário-de-benefício consiste: (Redação dada pelo Decreto nº 3.265, de 1999)

I - para as aposentadorias por idade e por tempo de contribuição, na média aritmética simples dos maiores salários-de-contribuição correspondentes a oitenta por cento de todo o período contributivo, multiplicada pelo fator previdenciário; (Incluído pelo Decreto nº 3.265, de 1999)

II - para as aposentadorias por invalidez e especial, auxílio-doença e auxílio-acidente na média aritmética simples dos maiores salários-de-contribuição correspondentes a oitenta por cento de todo o período contributivo; (Redação dada pelo Decreto nº 5.545, de 2005)

III - (Revogado pelo Decreto nº 5.545, de 2005)

§ 1º (Revogado pelo Decreto nº 3.265, de 1999)

§ 2º (Revogado pelo Decreto nº 5.399, de 2005)

§ 3º O valor do salário-de-benefício não será inferior ao de um salário mínimo, nem superior ao limite máximo do salário-de-contribuição na data de início do benefício.

§ 4º Serão considerados para cálculo do salário-de-benefício os ganhos habituais do segurado empregado, a qualquer título, sob forma de moeda corrente ou de utilidades, sobre os quais tenha incidido contribuição previdenciária.

§ 5º Não será considerado, no cálculo do salário-de-benefício, o aumento dos salários-de-contribuição que exceder o limite legal, inclusive o voluntariamente concedido nos trinta e seis meses imediatamente anteriores ao início do benefício, salvo se homologado pela Justiça do Trabalho, resultante de promoção regulada por normas gerais da empresa, admitida pela legislação do trabalho, de sentença normativa ou de reajustamento salarial obtido pela categoria respectiva.

§ 6º Se, no período básico de cálculo, o segurado tiver recebido benefício por incapacidade, considerar-se-á como salário-de-contribuição, no período, o salário-de-benefício que serviu de base para o cálculo da renda mensal, reajustado nas mesmas épocas e nas mesmas bases dos benefícios em geral, não podendo ser inferior ao salário mínimo nem superior ao limite máximo do salário-de-contribuição.

§ 7º Exceto para o salário-família e o auxílio-acidente, será pago o valor mínimo de benefício para as prestações referidas no art. 30, quando não houver salário-de-contribuição no período básico de cálculo.

§ 8º Para fins de apuração do salário-de-benefício de qualquer aposentadoria precedida de auxílio-acidente, o valor mensal deste será somado ao salário-de-contribuição antes da aplicação da correção a que se refere o art. 33, não podendo o total apurado ser superior ao limite máximo do salário-de-contribuição.

§ 9º No caso dos §§ 3º e 4º do art. 56, o valor inicial do benefício será calculado considerando-se como período básico de cálculo os meses de contribuição imediatamente anteriores ao mês em que o segurado completou o tempo de contribuição, trinta anos para a mulher e trinta e cinco anos para o homem, observado o disposto no § 2º do art. 35 e a legislação de regência. (Redação dada pelo Decreto nº 3.265, de 1999)

§ 10. Para os segurados contribuinte individual e facultativo optantes pelo recolhimento trimestral na forma prevista no § 15 do art. 216, que tenham solicitado qualquer benefício previdenciário, o salário-de-benefício consistirá na média aritmética simples de todos os salários-de-contribuição integrantes da contribuição trimestral, desde que efetivamente recolhidos. (Redação dada pelo Decreto nº 3.265, de 1999)

§ 11. O fator previdenciário será calculado considerando-se a idade, a expectativa de sobrevida e o tempo de contribuição do segurado ao se aposentar, mediante a fórmula: (Incluído pelo Decreto nº 3.265, de 1999)

onde:

f = fator previdenciário;
Es = expectativa de sobrevida no momento da aposentadoria;
Tc = tempo de contribuição até o momento da aposentadoria;
Id = idade no momento da aposentadoria; e
a = alíquota de contribuição correspondente a 0,31.

§ 12. Para efeito do disposto no parágrafo anterior, a expectativa de sobrevida do segurado na idade da aposentadoria será obtida a partir da tábua completa de mortalidade construída pela Fundação Instituto Brasileiro de Geografia e Estatística, para toda a população brasileira, considerando-se a média nacional única para ambos os sexos.(Incluído pelo Decreto nº 3.265, de 1999)

§ 13. Publicada a tábua de mortalidade, os benefícios previdenciários requeridos a partir dessa data considerarão a nova expectativa de sobrevida. (Incluído pelo Decreto nº 3.265, de 1999)

§ 14. Para efeito da aplicação do fator previdenciário ao tempo de contribuição do segurado serão adicionados: (Incluído pelo Decreto nº 3.265, de 1999)

I - cinco anos, quando se tratar de mulher; ou (Incluído pelo Decreto nº 3.265, de 1999)

II - cinco ou dez anos, quando se tratar, respectivamente, de professor ou professora, que comprovem exclusivamente tempo de efetivo exercício das funções de magistério na educação infantil e no ensino fundamental e médio. (Incluído pelo Decreto nº 3.265, de 1999)

§ 15. No cálculo do salário-de-benefício serão considerados os salário-de-contribuição vertidos para regime próprio de previdência social de segurado oriundo desse regime, após a sua filiação ao Regime Geral de Previdência Social, de acordo com o disposto no art. 214. (Incluído pelo Decreto nº 3.265, de 1999)

§ 16. Na hipótese do § 23 do art. 216, enquanto as contribuições não forem complementadas, o salário-de-contribuição será computado, para efeito de benefício, proporcionalmente à contribuição efetivamente recolhida. (Incluído pelo Decreto nº 3.265, de 1999)

§ 17. No caso do parágrafo anterior, não serão considerados como tempo de contribuição, para o fim de concessão de benefício previdenciário, enquanto as contribuições não forem complementadas, o período correspondente às competências em que se verificar recolhimento de contribuição sobre salário-de-contribuição menor que um salário mínimo. (Incluído pelo Decreto nº 3.265, de 1999)

§ 18. O salário-de-benefício, para fins de cálculo da prestação teórica dos benefícios por totalização, no âmbito dos acordos internacionais, do segurado com contribuição para a previdência social brasileira, será apurado: (Incluído pelo Decreto nº 4.729, de 2003)

I - quando houver contribuído, no Brasil, em número igual ou superior a sessenta por cento do número de meses decorridos desde a competência julho de 1994, mediante a aplicação do disposto no art. 188-A e seus §§ 1º e 2º; (Incluído pelo Decreto nº 4.729, de 2003)

II - quando houver contribuído, no Brasil, em número inferior ao indicado no inciso I, com base no valor da média aritmética simples de todos os salários-de-contribuição correspondentes a todo o período contributivo contado desde julho de 1994, multiplicado pelo fator previdenciário, observados o § 2º do art. 188-A, o § 19 e, quando for o caso, o § 14, ambos deste artigo; e (Incluído pelo Decreto nº 4.729, de 2003)

III - sem contribuição, no Brasil, a partir da competência julho de 1994, com base na média aritmética simples de todo o período contributivo, multiplicado pelo fator previdenciário, observados o disposto no § 2º do art. 188-A e, quando for o caso, no § 14 deste artigo. (Incluído pelo Decreto nº 4.729, de 2003)

§ 19. Para a hipótese de que trata o § 18, o tempo de contribuição a ser considerado na aplicação da fórmula do fator previdenciário é o somatório do tempo de contribuição para a previdência social brasileira e o tempo de contribuição para a previdência social do país acordante. (Incluído pelo Decreto nº 4.729, de 2003)

§ 20. (Revogado pelo Decreto nº 6.939, de 2009)

§ 21. O salário-de-benefício do segurado especial consiste no valor equivalente ao salário-mínimo, ressalvado o disposto no inciso II do § 2º do art. 39 deste Regulamento. (Incluído pelo Decreto nº 6.722, de 2008).

§ 22. Considera-se período contributivo: (Incluído pelo Decreto nº 6.939, de 2009)

I - para o empregado, empregado doméstico e trabalhador avulso: o conjunto de meses em que houve ou deveria ter havido contribuição em razão do exercício de atividade remunerada sujeita a filiação obrigatória ao regime de que trata este Regulamento; ou (Incluído pelo Decreto nº 6.939, de 2009)

II - para os demais segurados, inclusive o facultativo: o conjunto de meses de efetiva contribuição ao regime de que trata este Regulamento. (Incluído pelo Decreto nº 6.939, de 2009)

§ 23. É garantida a aplicação do fator previdenciário no cálculo das aposentadorias por tempo de contribuição e por idade devidas ao segurado com deficiência, se resultar em renda mensal de valor mais elevado, devendo o INSS, quando da concessão do benefício, proceder ao cálculo da renda mensal inicial com e sem a aplicação do fator previdenciário. (Incluído pelo Decreto nº 8.145, de 2013)

§ 24. Para efeitos do disposto no § 23, na aplicação do fator previdenciário, será considerado o tempo de contribuição computado para fins de cálculo do salário-de-benefício. (Incluído pelo Decreto nº 8.145, de 2013)

Art. 33. Todos os salários-de-contribuição utilizados no cálculo do salário-de-benefício serão corrigidos, mês a mês, de acordo com a variação integral do Índice Nacional de Preço ao Consumidor - INPC, referente ao período decorrido a partir da primeira competência do salário-de-contribuição que compõe o período básico de cálculo até o mês anterior ao do início do benefício, de modo a preservar o seu valor real. (Redação dada pelo Decreto nº 5.545, de 2005)

Art. 34. O salário-de-benefício do segurado que contribui em razão de atividades concomitantes será calculado com base na soma dos salários-de-contribuição das atividades exercidas até a data do requerimento ou do óbito ou no período básico de cálculo, observado o disposto no art. 32 e nas normas seguintes:

I - quando o segurado satisfizer, em relação a cada atividade, as condições para obtenção do benefício requerido, o salário-de-benefício será calculado com base na soma dos respectivos salários-de-contribuição;

II - quando não se verificar a hipótese do inciso anterior, o salário-de-benefício corresponderá à soma das seguintes parcelas:

a) o salário-de-benefício calculado com base nos salários-de-contribuição das atividades em relação às quais são atendidas as condições do benefício requerido; e

b) um percentual da média do salário-de-contribuição de cada uma das demais atividades, equivalente à relação entre o número de meses completos de contribuição e os do período da carência do benefício requerido; e

III - quando se tratar de benefício por tempo de contribuição, o percentual de que trata a alínea "b" do inciso anterior será o resultante da relação entre os anos completos de atividade e o número de anos de contribuição considerado para a concessão do benefício.

§ 1º O disposto neste artigo não se aplica ao segurado que, em obediência ao limite máximo do salário-de-contribuição, contribuiu apenas por uma das atividades concomitantes.

§ 2º Quando o exercício de uma das atividades concomitantes se desdobrar por atividades sucessivas, o tempo a ser consi-

derado para os efeitos deste artigo será a soma dos períodos de contribuição correspondentes.

§ 3º Se o segurado se afastar de uma das atividades antes da data do requerimento ou do óbito, porém em data abrangida pelo período básico de cálculo do salário-de-benefício, o respectivo salário-de-contribuição será computado, observadas, conforme o caso, as normas deste artigo.

§ 4º O percentual a que se referem a alínea "b" do inciso II e o inciso III do caput não pode ser superior a cem por cento do limite máximo do salário-de-contribuição.

§ 5º No caso do § 3º do art. 73, o salário-de-benefício da aposentadoria por invalidez deve corresponder à soma das parcelas seguintes:

I - o valor do salário-de-benefício do auxílio-doença a ser transformado em aposentadoria por invalidez, reajustado na forma do § 6º do art. 32; e

II - o valor correspondente ao percentual da média dos salários-de-contribuição de cada uma das demais atividades não consideradas no cálculo do auxílio-doença a ser transformado, percentual este equivalente à relação entre os meses completos de contribuição, até o máximo de doze, e os estipulados como período de carência para a aposentadoria por invalidez.

§ 6º Não se aplica o disposto neste artigo ao segurado que tenha sofrido redução dos salários-de-contribuição das atividades concomitantes em respeito ao limite desse salário.

Seção IV - Da Renda Mensal do Benefício

Art. 35. A renda mensal do benefício de prestação continuada que substituir o salário-de-contribuição ou o rendimento do trabalho do segurado não terá valor inferior ao do salário mínimo nem superior ao limite máximo do salário-de-contribuição, exceto no caso previsto no art. 45.

§ 1º A renda mensal dos benefícios por totalização, concedidos com base em acordos internacionais de previdência social, pode ter valor inferior ao do salário mínimo.

§ 2º A renda mensal inicial, apurada na forma do § 9º do art. 32, será reajustada pelos índices de reajustamento aplicados aos benefícios, até a data da entrada do requerimento, não sendo devido qualquer pagamento relativamente a período anterior a esta data.

§ 3º Na hipótese de a média apurada na forma do art. 32 resultar superior ao limite máximo do salário-de-contribuição vigente no mês de início do benefício, a diferença percentual entre esta média e o referido limite será incorporada ao valor do benefício juntamente com o primeiro reajuste do mesmo após a concessão, observado que nenhum benefício assim reajustado poderá superar o limite máximo do salário-de-contribuição vigente na competência em que ocorrer o reajuste.

Art. 36. No cálculo do valor da renda mensal do benefício serão computados:

I - para o segurado empregado e o trabalhador avulso, os salários-de-contribuição referentes aos meses de contribuições devidas, ainda que não recolhidas pela empresa, sem prejuízo da respectiva cobrança e da aplicação das penalidades cabíveis; e

II - para o segurado empregado, o trabalhador avulso e o segurado especial, o valor do auxílio-acidente, considerado como salário-de-contribuição para fins de concessão de qualquer aposentadoria, nos termos do § 8º do art. 32.

§ 1º Para os demais segurados somente serão computados os salários-de-contribuição referentes aos meses de contribuição efetivamente recolhida.

§ 2º No caso de segurado empregado ou de trabalhador avulso que tenham cumprido todas as condições para a concessão do benefício pleiteado, mas não possam comprovar o valor dos seus salários-de-contribuição no período básico de cálculo, considerar-se-á para o cálculo do benefício, no período sem comprovação do valor do salário-de-contribuição, o valor do salário mínimo, devendo esta renda ser recalculada quando da apresentação de prova dos salários-de-contribuição. (Redação dada pelo Decreto nº 3.265, de 1999)

§ 3º Para o segurado empregado doméstico que, mesmo tendo satisfeito as condições exigidas para a concessão do benefício requerido, não possa comprovar o efetivo recolhimento das contribuições devidas, será concedido o benefício de valor mínimo, devendo sua renda ser recalculada quando da apresentação da prova do recolhimento das contribuições.

§ 4º Nos casos dos §§ 2º e 3º, após a concessão do benefício, o órgão concessor deverá notificar o setor de arrecadação do Instituto Nacional do Seguro Social, para adoção das providências previstas nos arts. 238 a 246.

§ 5º Sem prejuízo do disposto nos §§ 2º e 3º, cabe à previdência social manter cadastro dos segurados com todos os informes necessários para o cálculo da renda mensal.

§ 6º Para o segurado especial que não contribui facultativamente, o disposto no inciso II será aplicado somando-se ao valor da aposentadoria a renda mensal do auxílio-acidente vigente na data de início da referida aposentadoria, não sendo, neste caso, aplicada a limitação contida no inciso I do § 2º do art. 39 e do art. 183.

§ 7º A renda mensal inicial da aposentadoria por invalidez concedida por transformação de auxílio-doença será de cem por cento do salário-de-benefício que serviu de base para o cálculo da renda mensal inicial do auxílio doença, reajustado pelos mesmos índices de correção dos benefícios em geral.

Art. 37. A renda mensal inicial, recalculada de acordo com o disposto nos §§ 2º e 3º do art. 36, deve ser reajustada como a dos benefícios correspondentes com igual data de início e substituirá, a partir da data do requerimento de revisão do valor do benefício, a renda mensal que prevalecia até então.

Parágrafo único. Para fins da substituição de que trata o caput, o requerimento de revisão deve ser aceito pelo Instituto Nacional do Seguro Social a partir da concessão do benefício em valor provisório e processado quando da apresentação de prova dos salários-de-contribuição ou de recolhimento das contribuições.

Art. 38. Para o cálculo da renda mensal do benefício referido no inciso III do caput do art. 39, deverá ser considerado o tempo de contribuição de que trata o art. 60.

Art. 39. A renda mensal do benefício de prestação continuada será calculada aplicando-se sobre o salário-de-benefício os seguintes percentuais:

I - auxílio-doença - noventa e um por cento do salário-de-benefício;

II - aposentadoria por invalidez - cem por cento do salário-de-benefício;

III - aposentadoria por idade - setenta por cento do salário-de-benefício, mais um por cento deste por grupo de doze contribuições mensais, até o máximo de trinta por cento;

IV - aposentadoria por tempo de contribuição:

a) para a mulher - cem por cento do salário-de-benefício aos trinta anos de contribuição;

b) para o homem - cem por cento do salário-de-benefício aos trinta e cinco anos de contribuição; e

c) cem por cento do salário-de-benefício, para o professor aos trinta anos, e para a professora aos vinte e cinco anos de contribuição e de efetivo exercício em função de magistério na educação infantil, no ensino fundamental ou no ensino médio;

d) cem por cento do salário-de-benefício, para o segurado que comprovar, na condição de pessoa com deficiência, o tempo de contribuição disposto no art. 70-B; (Incluído pelo Decreto nº 8.145, de 2013)

V - aposentadoria especial - cem por cento do salário-de-benefício; e

VI - auxílio-acidente - cinqüenta por cento do salário-de-benefício.

§ 1º Para efeito do percentual de acréscimo de que trata o inciso III do caput, assim considerado o relativo a cada grupo

de doze contribuições mensais, presumir-se-á efetivado o recolhimento correspondente, quando se tratar de segurado empregado ou trabalhador avulso.

§ 2º Para os segurados especiais, inclusive os com deficiência, é garantida a concessão, alternativamente: (Redação dada pelo Decreto nº 8.145, de 2013)

I - de aposentadoria por idade ou por invalidez, de auxílio-doença, de auxílio-reclusão ou de pensão por morte, no valor de um salário mínimo, observado o disposto no inciso III do art. 30; ou

II - dos benefícios especificados neste Regulamento, observados os critérios e a forma de cálculo estabelecidos, desde que contribuam, facultativamente, de acordo com o disposto no § 2º do art. 200.

§ 3º O valor mensal da pensão por morte ou do auxílio-reclusão será de cem por cento do valor da aposentadoria que o segurado recebia ou daquela a que teria direito se estivesse aposentado por invalidez na data de seu falecimento, observado o disposto no § 8º do art. 32.

§ 4º Se na data do óbito o segurado estiver recebendo aposentadoria e auxílio-acidente, o valor mensal da pensão por morte será calculado conforme o disposto no parágrafo anterior, não incorporando o valor do auxílio-acidente.

§ 5º Após a cessação do auxílio-doença decorrente de acidente de qualquer natureza ou causa, tendo o segurado retornado ou não ao trabalho, se houver agravamento ou sequela que resulte na reabertura do benefício, a renda mensal será igual a noventa e um por cento do salário-de-benefício do auxílio-doença cessado, corrigido até o mês anterior ao da reabertura do benefício, pelos mesmos índices de correção dos benefícios em geral.

Seção V - Do Reajustamento do Valor do Benefício

Art. 40. É assegurado o reajustamento dos benefícios para preservar-lhes, em caráter permanente, o valor real da data de sua concessão.

§ 1º Os valores dos benefícios em manutenção serão reajustados, anualmente, na mesma data do reajuste do salário mínimo, pro rata, de acordo com suas respectivas datas de início ou do último reajustamento, com base no Índice Nacional de Preços ao Consumidor - INPC, apurado pela Fundação Instituto Brasileiro de Geografia e Estatística - IBGE. (Redação dada pelo Decreto nº 6.042, de 2007).

§ 2º Os benefícios com renda mensal superior a um salário mínimo serão pagos do primeiro ao quinto dia útil do mês subsequente ao de sua competência, observada a distribuição proporcional do número de beneficiários por dia de pagamento. (Redação dada pelo Decreto nº 6.722, de 2008).

§ 3º (Revogado pelo Decreto nº 6.042, de 2007).

§ 4º Os benefícios com renda mensal no valor de até um salário mínimo serão pagos no período compreendido entre o quinto dia útil que anteceder o final do mês de sua competência e o quinto dia útil do mês subsequente, observada a distribuição proporcional dos beneficiários por dia de pagamento. (Redação dada pelo Decreto nº 6.722, de 2008).

§ 5º Para os efeitos dos §§ 2º e 4º, considera-se dia útil aquele de expediente bancário com horário normal de atendimento. (Incluído pelo Decreto nº 6.722, de 2008).

§ 6º Para os benefícios que tenham sido majorados devido à elevação do salário mínimo, o referido aumento deverá ser compensado no momento da aplicação do disposto no § 1º, de acordo com normas a serem baixadas pelo Ministério da Previdência Social. (Incluído pelo Decreto nº 6.722, de 2008).

Art. 41. O valor mensal do abono de permanência em serviço, do auxílio-suplementar e do auxílio-acidente será reajustado na forma do disposto no art. 40 e não varia de acordo com o salário-de-contribuição do segurado.

Art. 42. Nenhum benefício reajustado poderá exceder o limite máximo do salário-de-benefício na data do reajustamento, respeitados os direitos adquiridos, nem inferior ao valor de um salário mínimo. (Redação dada pelo Decreto nº 6.722, de 2008).

Parágrafo único. O auxílio-acidente, o abono de permanência em serviço, o auxílio-suplementar, o salário-família e a parcela a cargo do Regime Geral de Previdência Social dos benefícios por totalização, concedidos com base em acordos internacionais de previdência social, poderão ter valor inferior ao do salário mínimo.

Seção VI - Dos Benefícios

Subseção I - Da Aposentadoria por Invalidez

Art. 43. A aposentadoria por invalidez, uma vez cumprida a carência exigida, quando for o caso, será devida ao segurado que, estando ou não em gozo de auxílio-doença, for considerado incapaz para o trabalho e insusceptível de reabilitação para o exercício de atividade que lhe garanta a subsistência, e ser-lhe-á paga enquanto permanecer nessa condição.

§ 1º A concessão de aposentadoria por invalidez dependerá da verificação da condição de incapacidade, mediante exame médico-pericial a cargo da previdência social, podendo o segurado, às suas expensas, fazer-se acompanhar de médico de sua confiança.

§ 2º A doença ou lesão de que o segurado já era portador ao filiar-se ao Regime Geral de Previdência Social não lhe conferirá direito à aposentadoria por invalidez, salvo quando a incapacidade sobrevier por motivo de progressão ou agravamento dessa doença ou lesão.

Art. 44. A aposentadoria por invalidez consiste numa renda mensal calculada na forma do inciso II do caput do art. 39 e será devida a contar do dia imediato ao da cessação do auxílio-doença, ressalvado o disposto no § 1º.

§ 1º Concluindo a perícia médica inicial pela existência de incapacidade total e definitiva para o trabalho, a aposentadoria por invalidez será devida:

I - ao segurado empregado a contar do décimo sexto dia do afastamento da atividade ou a partir da data da entrada do requerimento, se entre o afastamento e a entrada do requerimento decorrerem mais de trinta dias; e (Redação dada pelo Decreto nº 3.265, de 1999)

II - ao segurado empregado doméstico, contribuinte individual, trabalhador avulso, especial ou facultativo, a contar da data do início da incapacidade ou da data da entrada do requerimento, se entre essas datas decorrerem mais de trinta dias. (Redação dada pelo Decreto nº 3.265, de 1999)

§ 2º Durante os primeiros quinze dias de afastamento consecutivos da atividade por motivo de invalidez, caberá à empresa pagar ao segurado empregado o salário. (Redação dada pelo Decreto nº 3.265, de 1999)

§ 3º A concessão de aposentadoria por invalidez, inclusive mediante transformação de auxílio-doença concedido na forma do art. 73, está condicionada ao afastamento de todas as atividades.

Art. 45. O valor da aposentadoria por invalidez do segurado que necessitar da assistência permanente de outra pessoa será acrescido de vinte e cinco por cento, observada a relação constante do Anexo I, e:

I - devido ainda que o valor da aposentadoria atinja o limite máximo legal; e

II - recalculado quando o benefício que lhe deu origem for reajustado.

Parágrafo único. O acréscimo de que trata o caput cessará com a morte do aposentado, não sendo incorporado ao valor da pensão por morte.

Art. 46. O segurado aposentado por invalidez está obrigado, a qualquer tempo, sem prejuízo do disposto no parágrafo único e independentemente de sua idade e sob pena de suspensão do benefício, a submeter-se a exame médico a cargo da previdência social, processo de reabilitação profissional por ela prescrito

e custeado e tratamento dispensado gratuitamente, exceto o cirúrgico e a transfusão de sangue, que são facultativos.

Parágrafo único. Observado o disposto no caput, o aposentado por invalidez fica obrigado, sob pena de sustação do pagamento do benefício, a submeter-se a exames médico-periciais, a realizarem-se bienalmente.

Art. 47. O aposentado por invalidez que se julgar apto a retornar à atividade deverá solicitar a realização de nova avaliação médico-pericial.

Parágrafo único. Se a perícia médica do Instituto Nacional do Seguro Social concluir pela recuperação da capacidade laborativa, a aposentadoria será cancelada, observado o disposto no art. 49.

Art. 48. O aposentado por invalidez que retornar voluntariamente à atividade terá sua aposentadoria automaticamente cessada, a partir da data do retorno.

Art. 49. Verificada a recuperação da capacidade de trabalho do aposentado por invalidez, excetuando-se a situação prevista no art. 48, serão observadas as normas seguintes:

I - quando a recuperação for total e ocorrer dentro de cinco anos contados da data do início da aposentadoria por invalidez ou do auxílio-doença que a antecedeu sem interrupção, o benefício cessará:

a) de imediato, para o segurado empregado que tiver direito a retornar à função que desempenhava na empresa ao se aposentar, na forma da legislação trabalhista, valendo como documento, para tal fim, o certificado de capacidade fornecido pela previdência social; ou

b) após tantos meses quantos forem os anos de duração do auxílio-doença e da aposentadoria por invalidez, para os demais segurados; e

II - quando a recuperação for parcial ou ocorrer após o período previsto no inciso I, ou ainda quando o segurado for declarado apto para o exercício de trabalho diverso do qual habitualmente exerça, a aposentadoria será mantida, sem prejuízo da volta à atividade:

a) pelo seu valor integral, durante seis meses contados da data em que for verificada a recuperação da capacidade;

b) com redução de cinquenta por cento, no período seguinte de seis meses; e

c) com redução de setenta e cinco por cento, também por igual período de seis meses, ao término do qual cessará definitivamente.

Art. 50. O segurado que retornar à atividade poderá requerer, a qualquer tempo, novo benefício, tendo este processamento normal.

Parágrafo único. Se o segurado requerer qualquer benefício durante o período citado no artigo anterior, a aposentadoria por invalidez somente será cessada, para a concessão do novo benefício, após o cumprimento do período de que tratam as alíneas "b" do inciso I e "a" do inciso II do art. 49.

Subseção II - Da Aposentadoria por Idade

Art. 51. A aposentadoria por idade, uma vez cumprida a carência exigida, será devida ao segurado que completar sessenta e cinco anos de idade, se homem, ou sessenta, se mulher, reduzidos esses limites para sessenta e cinquenta e cinco anos de idade para os trabalhadores rurais, respectivamente homens e mulheres, referidos na alínea "a" do inciso I, na alínea "j" do inciso V e nos incisos VI e VII do caput do art. 9º, bem como para os segurados garimpeiros que trabalhem, comprovadamente, em regime de economia familiar, conforme definido no § 5º do art. 9º. (Redação dada pelo Decreto nº 3.265, de 1999)

§ 1º Para os efeitos do disposto no caput, o trabalhador rural deve comprovar o efetivo exercício de atividade rural, ainda que de forma descontínua, no período imediatamente anterior ao requerimento do benefício ou, conforme o caso, ao mês em que cumpriu o requisito etário, por tempo igual ao número de meses de contribuição correspondente à carência do benefício pretendido, computado o período a que se referem os incisos III a VIII do § 8º do art. 9º. (Incluído pelo Decreto nº 6.722, de 2008).

§ 2º Os trabalhadores rurais de que trata o caput que não atendam ao disposto no § 1º, mas que satisfaçam essa condição, se forem considerados períodos de contribuição sob outras categorias do segurado, farão jus ao benefício ao completarem sessenta e cinco anos de idade, se homem, e sessenta anos, se mulher. (Incluído pelo Decreto nº 6.722, de 2008).

§ 3º Para efeito do § 2º, o cálculo da renda mensal do benefício será apurado na forma do disposto no inciso II do caput do art. 32, considerando-se como salário-de-contribuição mensal do período como segurado especial o limite mínimo do salário-de-contribuição da previdência social. (Incluído pelo Decreto nº 6.722, de 2008).

§ 4º Aplica-se o disposto nos §§ 2º e 3º ainda que na oportunidade do requerimento da aposentadoria o segurado não se enquadre como trabalhador rural. (Incluído pelo Decreto nº 6.722, de 2008).

Art. 52. A aposentadoria por idade será devida:

I - ao segurado empregado, inclusive o doméstico:

a) a partir da data do desligamento do emprego, quando requerida até noventa dias depois dela; ou

b) a partir da data do requerimento, quando não houver desligamento do emprego ou quando for requerida após o prazo da alínea "a"; e

II - para os demais segurados, a partir da data da entrada do requerimento.

Art. 53. A aposentadoria por idade consiste numa renda mensal calculada na forma do inciso III do caput do art. 39.

Art. 54. A aposentadoria por idade pode ser requerida pela empresa, desde que o segurado tenha cumprido a carência, quando este completar setenta anos de idade, se do sexo masculino, ou sessenta e cinco, se do sexo feminino, sendo compulsória, caso em que será garantida ao empregado a indenização prevista na legislação trabalhista, considerada como data da rescisão do contrato de trabalho a imediatamente anterior à do início da aposentadoria.

Art. 55. (Revogado pelo Decreto nº 6.722, de 2008).

Subseção III - Da Aposentadoria por Tempo de Contribuição

Art. 56. A aposentadoria por tempo de contribuição será devida ao segurado após trinta e cinco anos de contribuição, se homem, ou trinta anos, se mulher, observado o disposto no art. 199-A. (Redação dada pelo Decreto nº 6.042, de 2007).

§ 1º A aposentadoria por tempo de contribuição do professor que comprove, exclusivamente, tempo de efetivo exercício em função de magistério na educação infantil, no ensino fundamental ou no ensino médio, será devida ao professor aos trinta anos de contribuição e à professora aos vinte e cinco anos de contribuição. (Redação dada pelo Decreto nº 6.722, de 2008).

§ 2º Para os fins do disposto no § 1º, considera-se função de magistério a exercida por professor, quando exercida em estabelecimento de educação básica em seus diversos níveis e modalidades, incluídas, além do exercício da docência, as funções de direção de unidade escolar e as de coordenação e assessoramento pedagógico. (Redação dada pelo Decreto nº 6.722, de 2008).

§ 3º Se mais vantajoso, fica assegurado o direito à aposentadoria, nas condições legalmente previstas na data do cumprimento de todos os requisitos previstos no caput, ao segurado que optou por permanecer em atividade.

§ 4º Para efeito do disposto no parágrafo anterior, o valor inicial da aposentadoria, apurado conforme o § 9º do art. 32, será comparado com o valor da aposentadoria calculada na forma da regra geral deste Regulamento, mantendo-se o mais vantajoso, considerando-se como data de início do benefício a data da entrada do requerimento.

§ 5º O segurado oriundo de regime próprio de previdência social que se filiar ao Regime Geral de Previdência Social a

partir de 16 de dezembro de 1998 fará jus à aposentadoria por tempo de contribuição nos termos desta Subseção, não se lhe aplicando o disposto no art. 188.(Incluído pelo Decreto nº 3.265, de 1999)

Art. 57. A aposentadoria por tempo de contribuição consiste numa renda mensal calculada na forma do inciso IV do caput do art. 39.

Art. 58. A data do início da aposentadoria por tempo de contribuição será fixada conforme o disposto nos incisos I e II do art. 52.

Art. 59. Considera-se tempo de contribuição o tempo, contado de data a data, desde o início até a data do requerimento ou do desligamento de atividade abrangida pela previdência social, descontados os períodos legalmente estabelecidos como de suspensão de contrato de trabalho, de interrupção de exercício e de desligamento da atividade.

§ 1º Cabe ao contribuinte individual comprovar a interrupção ou o encerramento da atividade pela qual vinha contribuindo, sob pena de ser considerado em débito no período sem contribuição. (Incluído pelo Decreto nº 4.729, de 2003)

§ 2º A comprovação da interrupção ou encerramento da atividade do contribuinte individual será feita, no caso dos segurados enquadrados nas alíneas "j" e "l" do inciso V do art. 9º, mediante declaração, ainda que extemporânea, e, para os demais, com base em distrato social, alteração contratual ou documento equivalente emitido por junta comercial, secretaria federal, estadual, distrital ou municipal ou por outros órgãos oficiais, ou outra forma admitida pelo INSS.(Incluído pelo Decreto nº 4.729, de 2003)

Art. 60. Até que lei específica discipline a matéria, são contados como tempo de contribuição, entre outros:

I - o período de exercício de atividade remunerada abrangida pela previdência social urbana e rural, ainda que anterior à sua instituição, respeitado o disposto no inciso XVII;

II - o período de contribuição efetuada por segurado depois de ter deixado de exercer atividade remunerada que o enquadrava como segurado obrigatório da previdência social;

III - o período em que o segurado esteve recebendo auxílio-doença ou aposentadoria por invalidez, entre períodos de atividade;

IV - o tempo de serviço militar, salvo se já contado para inatividade remunerada nas Forças Armadas ou auxiliares, ou para aposentadoria no serviço público federal, estadual, do Distrito Federal ou municipal, ainda que anterior à filiação ao Regime Geral de Previdência Social, nas seguintes condições:

a) obrigatório ou voluntário; e

b) alternativo, assim considerado o atribuído pelas Forças Armadas àqueles que, após alistamento, alegarem imperativo de consciência, entendendo-se como tal o decorrente de crença religiosa e de convicção filosófica ou política, para se eximirem de atividades de caráter militar;

V - o período em que a segurada esteve recebendo salário-maternidade;

VI - o período de contribuição efetuada como segurado facultativo;

VII - o período de afastamento da atividade do segurado anistiado que, em virtude de motivação exclusivamente política, foi atingido por atos de exceção, institucional ou complementar, ou abrangido pelo Decreto Legislativo nº 18, de 15 de dezembro de 1961, pelo Decreto-Lei nº 864, de 12 de setembro de 1969, ou que, em virtude de pressões ostensivas ou expedientes oficiais sigilosos, tenha sido demitido ou compelido ao afastamento de atividade remunerada no período de 18 de setembro de 1946 a 5 de outubro de 1988;

VIII - o tempo de serviço público federal, estadual, do Distrito Federal ou municipal, inclusive o prestado a autarquia ou a sociedade de economia mista ou fundação instituída pelo Poder Público, regularmente certificado na forma da Lei nº 3.841, de 15 de dezembro de 1960, desde que a respectiva certidão tenha sido requerida na entidade para a qual o serviço foi prestado até 30 de setembro de 1975, véspera do início da vigência da Lei nº 6.226, de 14 de junho de 1975;

IX - o período em que o segurado esteve recebendo benefício por incapacidade por acidente do trabalho, intercalado ou não;

X - o tempo de serviço do segurado trabalhador rural anterior à competência novembro de 1991;

XI - o tempo de exercício de mandato classista junto a órgão de deliberação coletiva em que, nessa qualidade, tenha havido contribuição para a previdência social;

XII - o tempo de serviço público prestado à administração federal direta e autarquias federais, bem como às estaduais, do Distrito Federal e municipais, quando aplicada a legislação que autorizou a contagem recíproca de tempo de contribuição;

XIII - o período de licença remunerada, desde que tenha havido desconto de contribuições;

XIV - o período em que o segurado tenha sido colocado pela empresa em disponibilidade remunerada, desde que tenha havido desconto de contribuições;

XV - o tempo de serviço prestado à Justiça dos Estados, às serventias extrajudiciais e às escrivanias judiciais, desde que não tenha havido remuneração pelos cofres públicos e que a atividade não estivesse à época vinculada a regime próprio de previdência social;

XVI - o tempo de atividade patronal ou autônoma, exercida anteriormente à vigência da Lei nº 3.807, de 26 de agosto de 1960, desde que indenizado conforme o disposto no art. 122;

XVII - o período de atividade na condição de empregador rural, desde que comprovado o recolhimento de contribuições na forma da Lei nº 6.260, de 6 de novembro de 1975, com indenização do período anterior, conforme o disposto no art. 122;

XVIII - o período de atividade dos auxiliares locais de nacionalidade brasileira no exterior, amparados pela Lei nº 8.745, de 1993, anteriormente a 1º de janeiro de 1994, desde que sua situação previdenciária esteja regularizada junto ao Instituto Nacional do Seguro Social;

XIX - o tempo de exercício de mandato eletivo federal, estadual, distrital ou municipal, desde que tenha havido contribuição em época própria e não tenha sido contado para efeito de aposentadoria por outro regime de previdência social;

XX - o tempo de trabalho em que o segurado esteve exposto a agentes nocivos químicos, físicos, biológicos ou associação de agentes prejudiciais à saúde ou à integridade física, observado o disposto nos arts. 64 a 70; e

XXI - o tempo de contribuição efetuado pelo servidor público de que tratam as alíneas "i", "j" e "l" do inciso I do caput do art. 9º e o § 2º do art. 26, com base nos arts. 8º e 9º da Lei nº 8.162, de 8 de janeiro de 1991, e no art. 2º da Lei nº 8.688, de 21 de julho de 1993.

XXII - o tempo exercido na condição de aluno-aprendiz referente ao período de aprendizado profissional realizado em escola técnica, desde que comprovada a remuneração, mesmo que indireta, à conta do orçamento público e o vínculo empregatício. (Incluído pelo Decreto nº 6.722, de 2008).

§ 1º Não será computado como tempo de contribuição o já considerado para concessão de qualquer aposentadoria prevista neste Regulamento ou por outro regime de previdência social.

§ 2º (Revogado pelo Decreto nº 3.265, de 1999)

§ 3º O tempo de contribuição de que trata este artigo será considerado para cálculo do valor da renda mensal de qualquer benefício.

§ 4º O segurado especial que contribui na forma do § 2º do art. 200 somente fará jus à aposentadoria por idade, tempo de contribuição e especial após o cumprimento da carência exigida para estes benefícios, não sendo considerado como período de carência o tempo de atividade rural não contributivo.

§ 5º Não se aplica o disposto no inciso VII ao segurado demitido ou exonerado em razão de processos administrativos ou de aplicação de política de pessoal do governo, da empresa ou da entidade a que estavam vinculados, assim como ao segurado ex-dirigente ou ex-representante sindical que não comprove prévia existência do vínculo empregatício mantido com a empresa ou sindicato e o conseqüente afastamento da atividade remunerada em razão dos atos mencionados no referido inciso.

§ 6º Caberá a cada interessado alcançado pelas disposições do inciso VII comprovar a condição de segurado obrigatório da previdência social, mediante apresentação dos documentos contemporâneos dos fatos ensejadores da demissão ou afastamento da atividade remunerada, assim como apresentar o ato declaratório da anistia, expedido pela autoridade competente, e a conseqüente comprovação da sua publicação oficial.

§ 7º Para o cômputo do período a que se refere o inciso VII, o Instituto Nacional do Seguro Social deverá observar se no ato declaratório da anistia consta o fundamento legal no qual se fundou e o nome do órgão, da empresa ou da entidade a que estava vinculado o segurado à época dos atos que ensejaram a demissão ou o afastamento da atividade remunerada.

§ 8º É indispensável para o cômputo do período a que se refere o inciso VII a prova da relação de causa entre a demissão ou afastamento da atividade remunerada e a motivação referida no citado inciso.

Art. 61. Observado o disposto no art. 19, são contados como tempo de contribuição, para efeito do disposto nos §§ 1º e 2º do art. 56: (Redação dada pelo Decreto nº 4.079, de 2002)

I - o de serviço público federal, estadual, do Distrito Federal ou municipal;

II - o de recebimento de benefício por incapacidade, entre períodos de atividade; e

III - o de benefício por incapacidade decorrente de acidente do trabalho, intercalado ou não.

§ 1º A comprovação da condição de professor far-se-á mediante a apresentação:

I - do respectivo diploma registrado nos órgãos competentes federais e estaduais, ou de qualquer outro documento que comprove a habilitação para o exercício do magistério, na forma de lei específica; e

II - dos registros em Carteira Profissional e/ou Carteira de Trabalho e Previdência Social complementados, quando for o caso, por declaração do estabelecimento de ensino onde foi exercida a atividade, sempre que necessária essa informação, para efeito e caracterização do efetivo exercício da função de magistério, nos termos do § 2º do art. 56.

§ 2º É vedada a conversão de tempo de serviço de magistério, exercido em qualquer época, em tempo de serviço comum.

Art. 62. A prova de tempo de serviço, considerado tempo de contribuição na forma do art. 60, observado o disposto no art. 19 e, no que couber, as peculiaridades do segurado de que tratam as alíneas "j" e "l" do inciso V do caput do art. 9º e do art. 11, é feita mediante documentos que comprovem o exercício de atividade nos períodos a serem contados, devendo esses documentos ser contemporâneos dos fatos a comprovar e mencionar as datas de início e término e, quando se tratar de trabalhador avulso, a duração do trabalho e a condição em que foi prestado.(Redação dada pelo Decreto nº 4.079, de 2002)

§ 1º As anotações em Carteira Profissional e/ou Carteira de Trabalho e Previdência Social relativas a férias, alterações de salários e outras que demonstrem a seqüência do exercício da atividade podem suprir possível falha de registro de admissão ou dispensa. (Redação dada pelo Decreto nº 4.729, de 2003)

§ 2º Subsidiariamente ao disposto no art. 19, servem para a prova do tempo de contribuição que trata o caput: (Redação dada pelo Decreto nº 6.722, de 2008)

I - para os trabalhadores em geral, os documentos seguintes: (Redação dada pelo Decreto nº 6.722, de 2008)

a) o contrato individual de trabalho, a Carteira Profissional, a Carteira de Trabalho e Previdência Social, a carteira de férias, a carteira sanitária, a caderneta de matrícula e a caderneta de contribuições dos extintos institutos de aposentadoria e pensões, a caderneta de inscrição pessoal visada pela Capitania dos Portos, pela Superintendência do Desenvolvimento da Pesca, pelo Departamento Nacional de Obras Contra as Secas e declarações da Secretaria da Receita Federal do Brasil; (Incluído pelo Decreto nº 6.722, de 2008).

b) certidão de inscrição em órgão de fiscalização profissional, acompanhada do documento que prove o exercício da atividade; (Incluído pelo Decreto nº 6.722, de 2008).

c) contrato social e respectivo distrato, quando for o caso, ata de assembléia geral e registro de empresário; ou (Incluído pelo Decreto nº 6.722, de 2008).

d) certificado de sindicato ou órgão gestor de mão-de-obra que agrupa trabalhadores avulsos; (Incluído pelo Decreto nº 6.722, de 2008).

II - de exercício de atividade rural, alternativamente: (Redação dada pelo Decreto nº 6.722, de 2008).

a) contrato individual de trabalho ou Carteira de Trabalho e Previdência Social; (Incluído pelo Decreto nº 6.722, de 2008).

b) contrato de arrendamento, parceria ou comodato rural; (Incluído pelo Decreto nº 6.722, de 2008).

c) declaração fundamentada de sindicato que represente o trabalhador rural ou, quando for o caso, de sindicato ou colônia de pescadores, desde que homologada pelo INSS; (Incluído pelo Decreto nº 6.722, de 2008).

d) comprovante de cadastro do Instituto Nacional de Colonização e Reforma Agrária - INCRA; (Incluído pelo Decreto nº 6.722, de 2008).

e) bloco de notas do produtor rural; (Incluído pelo Decreto nº 6.722, de 2008).

f) notas fiscais de entrada de mercadorias, de que trata o § 24 do art. 225, emitidas pela empresa adquirente da produção, com indicação do nome do segurado como vendedor; (Incluído pelo Decreto nº 6.722, de 2008).

g) documentos fiscais relativos a entrega de produção rural à cooperativa agrícola, entreposto de pescado ou outros, com indicação do segurado como vendedor ou consignante; (Incluído pelo Decreto nº 6.722, de 2008).

h) comprovantes de recolhimento de contribuição à Previdência Social decorrentes da comercialização da produção; (Incluído pelo Decreto nº 6.722, de 2008).

i) cópia da declaração de imposto de renda, com indicação de renda proveniente da comercialização de produção rural; (Incluído pelo Decreto nº 6.722, de 2008).

j) licença de ocupação ou permissão outorgada pelo INCRA; ou (Incluído pelo Decreto nº 6.722, de 2008).

l) certidão fornecida pela Fundação Nacional do Índio - FUNAI, certificando a condição do índio como trabalhador rural, desde que homologada pelo INSS. (Incluído pelo Decreto nº 6.722, de 2008).

III - (Revogado pelo Decreto nº 6.722, de 2008).
IV - (Revogado pelo Decreto nº 6.722, de 2008).
V - (Revogado pelo Decreto nº 6.722, de 2008).
VI - (Revogado pelo Decreto nº 6.722, de 2008).
VII - (Revogado pelo Decreto nº 6.722, de 2008).
VIII - (Revogado pelo Decreto nº 6.722, de 2008).

§ 3º Na falta de documento contemporâneo podem ser aceitos declaração do empregador ou seu preposto, atestado de

empresa ainda existente, certificado ou certidão de entidade oficial dos quais constem os dados previstos no caput deste artigo, desde que extraídos de registros efetivamente existentes e acessíveis à fiscalização do Instituto Nacional do Seguro Social. (Redação dada pelo Decreto nº 4.729, de 2003)

§ 4º Se o documento apresentado pelo segurado não atender ao estabelecido neste artigo, a prova exigida pode ser complementada por outros documentos que levem à convicção do fato a comprovar, inclusive mediante justificação administrativa, na forma do Capítulo VI deste Título. (Redação dada pelo Decreto nº 4.729, de 2003)

§ 5º A comprovação realizada mediante justificação administrativa ou judicial só produz efeito perante a previdência social quando baseada em início de prova material. (Redação dada pelo Decreto nº 4.729, de 2003)

§ 6º A prova material somente terá validade para a pessoa referida no documento, não sendo permitida sua utilização por outras pessoas. (Redação dada pelo Decreto nº 4.729, de 2003)

§ 7º A empresa colocará à disposição de servidor designado por dirigente do Instituto Nacional do Seguro Social as informações ou registros de que dispuser, relativamente a segurado a seu serviço e previamente identificado, para fins de instrução ou revisão de processo de reconhecimento de direitos e outorga de benefícios do Regime Geral de Previdência Social. (Incluído pelo Decreto nº 6496, de 2008)

§ 8º A declaração mencionada na alínea "c" do inciso II do § 2º, além da identificação da entidade e do emitente da declaração, com indicação do respectivo mandato: (Incluído pelo Decreto nº 6.722, de 2008).

I - deverá ser fornecida em duas vias, em papel timbrado da entidade, com numeração seqüencial controlada e ininterrupta; (Incluído pelo Decreto nº 6.722, de 2008).

II - deverá conter a identificação, a qualificação pessoal do beneficiário e a categoria de produtor a que pertença; (Incluído pelo Decreto nº 6.722, de 2008).

III - deverá consignar os documentos e informações que serviram de base para a sua emissão, bem como, se for o caso, a origem dos dados extraídos de registros existentes na própria entidade declarante ou em outro órgão, entidade ou empresa, desde que idôneos e acessíveis à previdência social; (Incluído pelo Decreto nº 6.722, de 2008).

IV - não poderá conter informação referente a período anterior ao início da atividade da entidade declarante, salvo se baseada em documento que constitua prova material do exercício da atividade; e (Incluído pelo Decreto nº 6.722, de 2008).

V - deverá consignar dados relativos ao período e forma de exercício da atividade rural na forma estabelecida pelo INSS. (Incluído pelo Decreto nº 6.722, de 2008).

§ 9º Sempre que a categoria de produtor informada na declaração de que trata a alínea "c" do inciso II do § 2º for de parceiro, meeiro, arrendatário, comodatário, ou outra modalidade de outorgado, o documento deverá identificar e qualificar o outorgante. (Incluído pelo Decreto nº 6.722, de 2008).

§ 10. A segunda via da declaração prevista na alínea "c" do inciso II do § 2º deverá ser mantida na própria entidade, com numeração seqüencial em ordem crescente, à disposição do INSS e demais órgãos de fiscalização e controle. (Incluído pelo Decreto nº 6.722, de 2008).

§ 11. Na hipótese de inexistência de sindicato que represente o trabalhador rural, a declaração mencionada na alínea "c" do inciso II do § 2º poderá ser suprida pela apresentação de duas declarações firmadas por autoridades administrativas ou judiciárias locais, desde que exerçam cargos ou funções de juízes federais ou estaduais ou do Distrito Federal, promotores de justiça, delegados de polícia, comandantes de unidades militares do Exército, Marinha, Aeronáutica ou de forças auxiliares, titulares de representação local do Ministério do Trabalho e Emprego e de diretores titulares de estabelecimentos públicos de ensino fundamental e médio. (Incluído pelo Decreto nº 6.722, de 2008).

§ 12. As autoridades mencionadas no § 11 somente poderão fornecer declaração relativa a período anterior à data do início das suas funções na localidade se puderem fundamentá-la com documentos contemporâneos do fato declarado, que evidenciem plena convicção de sua veracidade. (Incluído pelo Decreto nº 6.722, de 2008).

§ 13. A declaração de que trata o § 11, sujeita à homologação pelo INSS, e a certidão a que se refere a alínea "l" do inciso II do § 2º deverão obedecer, no que couber, ao disposto no § 8º. (Incluído pelo Decreto nº 6.722, de 2008).

Art. 63. Não será admitida prova exclusivamente testemunhal para efeito de comprovação de tempo de serviço ou de contribuição, salvo na ocorrência de motivo de força maior ou caso fortuito, observado o disposto no § 2º do art. 143.

§ 14. A homologação a que se refere a alínea "l" do inciso II do § 2º se restringe às informações relativas à atividade rural, em especial o atendimento dos incisos II, III e V do § 8º. (Incluído pelo Decreto nº 6.939, de 2009)

Subseção IV - Da Aposentadoria Especial

Art. 64. A aposentadoria especial, uma vez cumprida a carência exigida, será devida ao segurado empregado, trabalhador avulso e contribuinte individual, este somente quando cooperado filiado a cooperativa de trabalho ou de produção, que tenha trabalhado durante quinze, vinte ou vinte e cinco anos, conforme o caso, sujeito a condições especiais que prejudiquem a saúde ou a integridade física. (Redação dada pelo Decreto nº 4.729, de 2003)

§ 1º A concessão da aposentadoria especial prevista neste artigo dependerá da comprovação, durante o período mínimo fixado no caput: (Redação dada pelo Decreto nº 8.123, de 2013)

I - do tempo de trabalho permanente, não ocasional nem intermitente; e (Incluído pelo Decreto nº 8.123, de 2013)

II - da exposição do segurado aos agentes nocivos químicos, físicos, biológicos ou a associação de agentes prejudiciais à saúde ou à integridade física. (Incluído pelo Decreto nº 8.123, de 2013)

§ 2º Consideram-se condições especiais que prejudiquem a saúde e a integridade física aquelas nas quais a exposição ao agente nocivo ou associação de agentes presentes no ambiente de trabalho esteja acima dos limites de tolerância estabelecidos segundo critérios quantitativos ou esteja caracterizada segundo os critérios da avaliação qualitativa dispostos no § 2º do art. 68. (Redação dada pelo Decreto nº 8.123, de 2013)

Art. 65. Considera-se tempo de trabalho permanente aquele que é exercido de forma não ocasional nem intermitente, no qual a exposição do empregado, do trabalhador avulso ou do cooperado ao agente nocivo seja indissociável da produção do bem ou da prestação do serviço. (Redação dada pelo Decreto nº 8.123, de 2013)

Parágrafo único. Aplica-se o disposto no caput aos períodos de descanso determinados pela legislação trabalhista, inclusive férias, aos de afastamento decorrentes de gozo de benefícios de auxílio-doença ou aposentadoria por invalidez acidentários, bem como aos de percepção de salário-maternidade, desde que, à data do afastamento, o segurado estivesse exposto aos fatores de risco de que trata o art. 68. (Redação dada pelo Decreto nº 8.123, de 2013)

Art. 66. Para o segurado que houver exercido duas ou mais atividades sujeitas a condições especiais prejudiciais à saúde ou à integridade física, sem completar em qualquer delas o prazo mínimo exigido para a aposentadoria especial, os respectivos períodos de exercício serão somados após conversão, devendo ser considerada a atividade preponderante para efeito de enquadramento. (Redação dada pelo Decreto nº 8.123, de 2013)

§ 1º Para fins do disposto no caput, não serão considerados os períodos em que a atividade exercida não estava sujeita a condições especiais, observado, nesse caso, o disposto no art. 70. (Redação dada pelo Decreto nº 8.123, de 2013)

§ 2º A conversão de que trata o caput será feita segundo a tabela abaixo: (Redação dada pelo Decreto nº 8.123, de 2013)

Tempo a Converter	Multiplicadores		
	Para 15	Para 20	Para 25
De 15 anos	-	1,33	1,67
De 20 anos	0,75	-	1,25
De 25 anos	0,60	0,80	

Art. 67. A aposentadoria especial consiste numa renda mensal calculada na forma do inciso V do caput do art. 39.

Art. 68. A relação dos agentes nocivos químicos, físicos, biológicos ou associação de agentes prejudiciais à saúde ou à integridade física, considerados para fins de concessão de aposentadoria especial, consta do Anexo IV.

§ 1º As dúvidas sobre o enquadramento dos agentes de que trata o caput, para efeito do disposto nesta Subseção, serão resolvidas pelo Ministério do Trabalho e Emprego e pelo Ministério da Previdência e Assistência Social.

§ 2º A avaliação qualitativa de riscos e agentes nocivos será comprovada mediante descrição: (Redação dada pelo Decreto nº 8.123, de 2013)

I - das circunstâncias de exposição ocupacional a determinado agente nocivo ou associação de agentes nocivos presentes no ambiente de trabalho durante toda a jornada; (Incluído pelo Decreto nº 8.123, de 2013)

II - de todas as fontes e possibilidades de liberação dos agentes mencionados no inciso I; e (Incluído pelo Decreto nº 8.123, de 2013)

III - dos meios de contato ou exposição dos trabalhadores, as vias de absorção, a intensidade da exposição, a frequência e a duração do contato. (Incluído pelo Decreto nº 8.123, de 2013)

§ 3º A comprovação da efetiva exposição do segurado aos agentes nocivos será feita mediante formulário emitido pela empresa ou seu preposto, com base em laudo técnico de condições ambientais do trabalho expedido por médico do trabalho ou engenheiro de segurança do trabalho. (Redação dada pelo Decreto nº 8.123, de 2013)

§ 4º A presença no ambiente de trabalho, com possibilidade de exposição a ser apurada na forma dos §§ 2º e 3º, de agentes nocivos reconhecidamente cancerígenos em humanos, listados pelo Ministério do Trabalho e Emprego, será suficiente para a comprovação de efetiva exposição do trabalhador. (Redação dada pelo Decreto nº 8.123, de 2013)

§ 5º No laudo técnico referido no § 3º, deverão constar informações sobre a existência de tecnologia de proteção coletiva ou individual, e de sua eficácia, e deverá ser elaborado com observância das normas editadas pelo Ministério do Trabalho e Emprego e dos procedimentos estabelecidos pelo INSS. (Redação dada pelo Decreto nº 8.123, de 2013)

§ 6º A empresa que não mantiver laudo técnico atualizado com referência aos agentes nocivos existentes no ambiente de trabalho de seus trabalhadores ou que emitir documento de comprovação de efetiva exposição em desacordo com o respectivo laudo estará sujeita às penalidades previstas na legislação. (Redação dada pelo Decreto nº 8.123, de 2013)

§ 7º O INSS estabelecerá os procedimentos para fins de concessão de aposentadoria especial, podendo, se necessário, confirmar as informações contidas nos documentos mencionados no § 2º e 3º.

§ 8º A empresa deverá elaborar e manter atualizado o perfil profissiográfico do trabalhador, contemplando as atividades desenvolvidas durante o período laboral, documento que a ele deverá ser fornecido, por cópia autêntica, no prazo de trinta dias da rescisão do seu contrato de trabalho, sob pena de sujeição às sanções previstas na legislação aplicável. (Redação dada pelo Decreto nº 8.123, de 2013)

§ 9º Considera-se perfil profissiográfico, para os efeitos do § 8º, o documento com o histórico laboral do trabalhador, segundo modelo instituído pelo INSS, que, entre outras informações, deve conter o resultado das avaliações ambientais, o nome dos responsáveis pela monitoração biológica e das avaliações ambientais, os resultados de monitoração biológica e os dados administrativos correspondentes. (Redação dada pelo Decreto nº 8.123, de 2013)

§ 10. O trabalhador ou seu preposto terá acesso às informações prestadas pela empresa sobre o seu perfil profissiográfico, podendo inclusive solicitar a retificação de informações quando em desacordo com a realidade do ambiente de trabalho, conforme orientação estabelecida em ato do Ministro de Estado da Previdência Social. (Redação dada pelo Decreto nº 8.123, de 2013)

§ 11. A cooperativa de trabalho e a empresa contratada para prestar serviços mediante cessão ou empreitada de mão de obra atenderão ao disposto nos §§ 3º, 4º e 5º com base nos laudos técnicos de condições ambientais de trabalho emitidos pela empresa contratante, quando o serviço for prestado em estabelecimento da contratante. (Redação dada pelo Decreto nº 8.123, de 2013)

§ 12. Nas avaliações ambientais deverão ser considerados, além do disposto no Anexo IV, a metodologia e os procedimentos de avaliação estabelecidos pela Fundação Jorge Duprat Figueiredo de Segurança e Medicina do Trabalho - FUNDACENTRO. (Incluído pelo Decreto nº 8.123, de 2013)

§ 13. Na hipótese de não terem sido estabelecidos pela FUNDACENTRO a metodologia e procedimentos de avaliação, cabe ao Ministério do Trabalho e Emprego definir outras instituições que os estabeleçam. (Incluído pelo Decreto nº 8.123, de 2013)

Art. 69. A data de início da aposentadoria especial será fixada: (Redação dada pelo Decreto nº 8.123, de 2013)

I - para o segurado empregado: (Incluído pelo Decreto nº 8.123, de 2013)

a) a partir da data do desligamento do emprego, quando requerida a aposentadoria especial, até noventa dias após essa data; ou (Incluída pelo Decreto nº 8.123, de 2013)

b) a partir da data do requerimento, quando não houver desligamento do emprego ou quando a aposentadoria for requerida após o prazo estabelecido na alínea "a"; e (Incluída pelo Decreto nº 8.123, de 2013)

II - para os demais segurados, a partir da data da entrada do requerimento. (Incluído pelo Decreto nº 8.123, de 2013)

Parágrafo único. O segurado que retornar ao exercício de atividade ou operação que o sujeite aos riscos e agentes nocivos constantes do Anexo IV, ou nele permanecer, na mesma ou em outra empresa, qualquer que seja a forma de prestação do serviço ou categoria de segurado, será imediatamente notificado da cessação do pagamento de sua aposentadoria especial, no prazo de sessenta dias contado da data de emissão da notificação, salvo comprovação, nesse prazo, de que o exercício dessa atividade ou operação foi encerrado.

Art. 70. A conversão de tempo de atividade sob condições especiais em tempo de atividade comum dar-se-á de acordo com a seguinte tabela: (Redação dada pelo Decreto nº 4.827, de 2003)

TEMPO A CONVERTER	MULTIPLICADORES	
	MULHER (PARA 30)	HOMEM (PARA 35)
DE 15 ANOS	2,00	2,33
DE 20 ANOS	1,50	1,75
DE 25 ANOS	1,20	1,40

§ 1º A caracterização e a comprovação do tempo de atividade sob condições especiais obedecerá ao disposto na legislação em vigor na época da prestação do serviço. (Incluído pelo Decreto nº 4.827, de 2003)

§ 2º As regras de conversão de tempo de atividade sob condições especiais em tempo de atividade comum constantes deste artigo aplicam-se ao trabalho prestado em qualquer período. (Incluído pelo Decreto nº 4.827, de 2003)

Subseção IV-A - (Incluído pelo Decreto nº 8.145, de 2013) - Das Aposentadorias por Tempo de Contribuição e por Idade do Segurado com Deficiência

Art. 70-A. A concessão da aposentadoria por tempo de contribuição ou por idade ao segurado que tenha reconhecido, em avaliação médica e funcional realizada por perícia própria do INSS, grau de deficiência leve, moderada ou grave, está condicionada à comprovação da condição de pessoa com deficiência na data da entrada do requerimento ou na data da implementação dos requisitos para o benefício. (Incluído pelo Decreto nº 8.145, de 2013)

Art. 70-B. A aposentadoria por tempo de contribuição do segurado com deficiência, cumprida a carência, é devida ao segurado empregado, inclusive o doméstico, trabalhador avulso, contribuinte individual e facultativo, observado o disposto no art. 199-A e os seguintes requisitos: (Incluído pelo Decreto nº 8.145, de 2013)

I - aos vinte e cinco anos de tempo de contribuição na condição de pessoa com deficiência, se homem, e vinte anos, se mulher, no caso de segurado com deficiência grave; (Incluído pelo Decreto nº 8.145, de 2013)

II - aos vinte e nove anos de tempo de contribuição na condição de pessoa com deficiência, se homem, e vinte e quatro anos, se mulher, no caso de segurado com deficiência moderada; e (Incluído pelo Decreto nº 8.145, de 2013)

III - aos trinta e três anos de tempo de contribuição na condição de pessoa com deficiência, se homem, e vinte e oito anos, se mulher, no caso de segurado com deficiência leve. (Incluído pelo Decreto nº 8.145, de 2013)

Parágrafo único. A aposentadoria de que trata o caput é devida aos segurados especiais que contribuam facultativamente, de acordo com o disposto no art. 199 e no § 2º do art. 200. (Incluído pelo Decreto nº 8.145, de 2013)

Art. 70-C. A aposentadoria por idade da pessoa com deficiência, cumprida a carência, é devida ao segurado aos sessenta anos de idade, se homem, e cinquenta e cinco anos de idade, se mulher. (Incluído pelo Decreto nº 8.145, de 2013)

§ 1º Para efeitos de concessão da aposentadoria de que trata o caput, o segurado deve contar com no mínimo quinze anos de tempo de contribuição, cumpridos na condição de pessoa com deficiência, independentemente do grau, observado o disposto no art. 70-D. (Incluído pelo Decreto nº 8.145, de 2013)

§ 2º Aplica-se ao segurado especial com deficiência o disposto nos §§ 1º a 4º do art. 51, e na hipótese do § 2º será considerada a idade prevista no caput deste artigo, desde que o tempo exigido para a carência da aposentadoria por idade seja cumprido na condição de pessoa com deficiência. (Incluído pelo Decreto nº 8.145, de 2013)

Art. 70-D. Para efeito de concessão da aposentadoria da pessoa com deficiência, compete à perícia própria do INSS, nos termos de ato conjunto do Ministro de Estado Chefe da Secretaria de Direitos Humanos da Presidência da República, dos Ministros de Estado da Previdência Social, da Fazenda, do Planejamento, Orçamento e Gestão e do Advogado-Geral da União: (Incluído pelo Decreto nº 8.145, de 2013)

I - avaliar o segurado e fixar a data provável do início da deficiência e o seu grau; e (Incluído pelo Decreto nº 8.145, de 2013)

II - identificar a ocorrência de variação no grau de deficiência e indicar os respectivos períodos em cada grau. (Incluído pelo Decreto nº 8.145, de 2013)

§ 1º A comprovação da deficiência anterior à data da vigência da Lei Complementar no 142, de 8 de maio de 2013, será instruída por documentos que subsidiem a avaliação médica e funcional, vedada a prova exclusivamente testemunhal. (Incluído pelo Decreto nº 8.145, de 2013)

§ 2º A avaliação da pessoa com deficiência será realizada para fazer prova dessa condição exclusivamente para fins previdenciários. (Incluído pelo Decreto nº 8.145, de 2013)

§ 3º Considera-se pessoa com deficiência aquela que tem impedimentos de longo prazo de natureza física, mental, intelectual ou sensorial, os quais, em interação com diversas barreiras, podem obstruir sua participação plena e efetiva na sociedade em igualdade de condições com as demais pessoas. (Incluído pelo Decreto nº 8.145, de 2013)

§ 4º Ato conjunto do Ministro de Estado Chefe da Secretaria de Direitos Humanos da Presidência da República, dos Ministros de Estado da Previdência Social, da Fazenda, do Planejamento, Orçamento e Gestão e do Advogado-Geral da União definirá impedimento de longo prazo para os efeitos deste Decreto. (Incluído pelo Decreto nº 8.145, de 2013)

Art. 70-E. Para o segurado que, após a filiação ao RGPS, tornar-se pessoa com deficiência, ou tiver seu grau alterado, os parâmetros mencionados nos incisos I, II e III do caput do art. 70-B serão proporcionalmente ajustados e os respectivos períodos serão somados após conversão, conforme as tabelas abaixo, considerando o grau de deficiência preponderante, observado o disposto no art. 70-A: (Incluído pelo Decreto nº 8.145, de 2013)

MULHER				
TEMPO A CONVERTER	MULTIPLICADORES			
	Para 20	Para 24	Para 28	Para 30
De 20 anos	1,00	1,20	1,40	1,50
De 24 anos	0,83	1,00	1,17	1,25
De 28 anos	0,71	0,86	1,00	1,07
De 30 anos	0,67	0,80	0,93	1,00

HOMEM				
TEMPO A CONVERTER	MULTIPLICADORES			
	Para 25	Para 29	Para 33	Para 35
De 25 anos	1,00	1,16	1,32	1,40
De 29 anos	0,86	1,00	1,14	1,21
De 33 anos	0,76	0,88	1,00	1,06
De 35 anos	0,71	0,83	0,94	1,00

Direito Previdenciário

§ 1º O grau de deficiência preponderante será aquele em que o segurado cumpriu maior tempo de contribuição, antes da conversão, e servirá como parâmetro para definir o tempo mínimo necessário para a aposentadoria por tempo de contribuição da pessoa com deficiência e para a conversão. (Incluído pelo Decreto nº 8.145, de 2013)

§ 2º Quando o segurado contribuiu alternadamente na condição de pessoa sem deficiência e com deficiência, os respectivos períodos poderão ser somados, após aplicação da conversão de que trata o caput. (Incluído pelo Decreto nº 8.145, de 2013)

Art. 70-F. A redução do tempo de contribuição da pessoa com deficiência não poderá ser acumulada, no mesmo período contributivo, com a redução aplicada aos períodos de contribuição relativos a atividades exercidas sob condições especiais que prejudiquem a saúde ou a integridade física. (Incluído pelo Decreto nº 8.145, de 2013)

§ 1º É garantida a conversão do tempo de contribuição cumprido em condições especiais que prejudiquem a saúde ou a integridade física do segurado, inclusive da pessoa com deficiência, para fins da aposentadoria de que trata o art. 70-B, se resultar mais favorável ao segurado, conforme tabela abaixo: (Incluído pelo Decreto nº 8.145, de 2013)

MULHER					
TEMPO A CONVERTER	MULTIPLICADORES				
	Para 15	Para 20	Para 24	Para 25	Para 28
De 15 anos	1,00	1,33	1,60	1,67	1,87
De 20 anos	0,75	1,00	1,20	1,25	1,40
De 24 anos	0,63	0,83	1,00	1,04	1,17
De 25 anos	0,60	0,80	0,96	1,00	1,12
De 28 anos	0,54	0,71	0,86	0,89	1,00

HOMEM					
TEMPO A CONVERTER	MULTIPLICADORES				
	Para 15	Para 20	Para 25	Para 29	Para 33
De 15 anos	1,00	1,33	1,67	1,93	2,20
De 20 anos	0,75	1,00	1,25	1,45	1,65
De 25 anos	0,60	0,80	1,00	1,16	1,32
De 29 anos	0,52	0,69	0,86	1,00	1,14
De 33 anos	0,45	0,61	0,76	0,88	1,00

§ 2º É vedada a conversão do tempo de contribuição da pessoa com deficiência para fins de concessão da aposentadoria especial de que trata a Subseção IV da Seção VI do Capítulo II. (Incluído pelo Decreto nº 8.145, de 2013)

§ 3º Para fins da aposentadoria por idade da pessoa com deficiência é assegurada a conversão do período de exercício de atividade sujeita a condições especiais que prejudiquem a saúde ou a integridade física, cumprido na condição de pessoa com deficiência, exclusivamente para efeito de cálculo do valor da renda mensal, vedado o cômputo do tempo convertido para fins de carência. (Incluído pelo Decreto nº 8.145, de 2013)

Art. 70-G. É facultado ao segurado com deficiência optar pela percepção de qualquer outra espécie de aposentadoria do RGPS que lhe seja mais vantajosa. (Incluído pelo Decreto nº 8.145, de 2013)

Art. 70-H. A critério do INSS, o segurado com deficiência deverá, a qualquer tempo, submeter-se a perícia própria para avaliação ou reavaliação do grau de deficiência. (Incluído pelo Decreto nº 8.145, de 2013)

Parágrafo único. Após a concessão das aposentadorias na forma dos arts. 70-B e 70-C, será observado o disposto nos arts. 347 e 347-A. (Incluído pelo Decreto nº 8.145, de 2013)

Art. 70-I. Aplicam-se à pessoa com deficiência as demais normas relativas aos benefícios do RGPS. (Incluído pelo Decreto nº 8.145, de 2013)

Subseção V - Do Auxílio-doença

Art. 71. O auxílio-doença será devido ao segurado que, após cumprida, quando for o caso, a carência exigida, ficar incapacitado para o seu trabalho ou para a sua atividade habitual por mais de quinze dias consecutivos.

§ 1º Não será devido auxílio-doença ao segurado que se filiar ao Regime Geral de Previdência Social já portador de doença ou lesão invocada como causa para a concessão do benefício, salvo quando a incapacidade sobrevier por motivo de progressão ou agravamento dessa doença ou lesão.

§ 2º Será devido auxílio-doença, independentemente de carência, aos segurados obrigatório e facultativo, quando sofrerem acidente de qualquer natureza.

Art. 72. O auxílio-doença consiste numa renda mensal calculada na forma do inciso I do caput do art. 39 e será devido:

I - a contar do décimo sexto dia do afastamento da atividade para o segurado empregado, exceto o doméstico; (Redação dada pelo Decreto nº 3.265, de 1999)

II - a contar da data do início da incapacidade, para os demais segurados; ou

III - a contar da data de entrada do requerimento, quando requerido após o trigésimo dia do afastamento da atividade, para todos os segurados.

§ 1º Quando o acidentado não se afastar do trabalho no dia do acidente, os quinze dias de responsabilidade da empresa pela sua remuneração integral são contados a partir da data do afastamento.

§ 2º (Revogado pelo Decreto nº 3.668, de 2000)

§ 3º O auxílio-doença será devido durante o curso de reclamação trabalhista relacionada com a rescisão do contrato de trabalho, ou após a decisão final, desde que implementadas as condições mínimas para a concessão do benefício, observado o disposto nos §§ 2º e 3º do art. 36.

Art. 73. O auxílio-doença do segurado que exercer mais de uma atividade abrangida pela previdência social será devido mesmo no caso de incapacidade apenas para o exercício de uma delas, devendo a perícia médica ser conhecedora de todas as atividades que o mesmo estiver exercendo.

§ 1º Na hipótese deste artigo, o auxílio-doença será concedido em relação à atividade para a qual o segurado estiver incapacitado, considerando-se para efeito de carência somente as contribuições relativas a essa atividade.

§ 2º Se nas várias atividades o segurado exercer a mesma profissão, será exigido de imediato o afastamento de todas.

§ 3º Constatada, durante o recebimento do auxílio-doença concedido nos termos deste artigo, a incapacidade do segurado para cada uma das demais atividades, o valor do benefício deverá ser revisto com base nos respectivos salários-de-contribuição, observado o disposto nos incisos I a III do art. 72.

§ 4º Ocorrendo a hipótese do § 1º, o valor do auxílio-doença poderá ser inferior ao salário mínimo desde que somado às demais remunerações recebidas resultar valor superior a este. (Incluído pelo Decreto nº 4.729, de 2003)

Art. 74. Quando o segurado que exercer mais de uma atividade se incapacitar definitivamente para uma delas, deverá o auxílio-doença ser mantido indefinidamente, não cabendo sua transformação em aposentadoria por invalidez, enquanto essa incapacidade não se estender às demais atividades.

Parágrafo único. Na situação prevista no caput, o segurado somente poderá transferir-se das demais atividades que exerce após o conhecimento da reavaliação médico-pericial.

Art. 75. Durante os primeiros quinze dias consecutivos de afastamento da atividade por motivo de doença, incumbe à empresa pagar ao segurado empregado o seu salário. (Redação dada pelo Decreto nº 3.265, de 1999)

§ 1º Cabe à empresa que dispuser de serviço médico próprio ou em convênio o exame médico e o abono das faltas correspondentes aos primeiros quinze dias de afastamento.

§ 2º Quando a incapacidade ultrapassar quinze dias consecutivos, o segurado será encaminhado à perícia médica do INSS, que o submeterá à avaliação pericial por profissional médico integrante de seus quadros ou, na hipótese do art. 75-B, de órgãos e entidades públicos que integrem o Sistema Único de Saúde - SUS, ressalvados os casos em que for admitido o reconhecimento da incapacidade pela recepção da documentação médica do segurado, conforme previsto no art. 75-A. (Redação dada pelo Decreto nº 8.691, de 2016)

§ 3º Se concedido novo benefício decorrente da mesma doença dentro de sessenta dias contados da cessação do benefício anterior, a empresa fica desobrigada do pagamento relativo aos quinze primeiros dias de afastamento, prorrogando-se o benefício anterior e descontando-se os dias trabalhados, se for o caso.

§ 4º Se o segurado empregado, por motivo de doença, afastar-se do trabalho durante quinze dias, retornando à atividade no décimo sexto dia, e se dela voltar a se afastar dentro de sessenta dias desse retorno, em decorrência da mesma doença, fará jus ao auxílio doença a partir da data do novo afastamento. (Redação dada pelo Decreto nº 5.545, de 2005)

§ 5º Na hipótese do § 4º, se o retorno à atividade tiver ocorrido antes de quinze dias do afastamento, o segurado fará jus ao auxílio-doença a partir do dia seguinte ao que completar aquele período. (Incluído pelo Decreto nº 4.729, de 2003)

§ 6º A impossibilidade de atendimento pela Previdência Social ao segurado antes do término do período de recuperação indicado pelo médico assistente na documentação autoriza o retorno do empregado ao trabalho no dia seguinte à data indicada pelo médico assistente. (Incluído pelo Decreto nº 8.691, de 2016)

Art. 75-A. O reconhecimento da incapacidade para concessão ou prorrogação do auxílio-doença decorre da realização de avaliação pericial ou da recepção da documentação médica do segurado, hipótese em que o benefício será concedido com base no período de recuperação indicado pelo médico assistente. (Incluído pelo Decreto nº 8.691, de 2016)

§ 1º O reconhecimento da incapacidade pela recepção da documentação médica do segurado poderá ser admitido, conforme disposto em ato do INSS: (Incluído pelo Decreto nº 8.691, de 2016)

I - nos pedidos de prorrogação do benefício do segurado empregado; ou (Incluído pelo Decreto nº 8.691, de 2016)

II - nas hipóteses de concessão inicial do benefício quando o segurado, independentemente de ser obrigatório ou facultativo, estiver internado em unidade de saúde. (Incluído pelo Decreto nº 8.691, de 2016)

§ 2º Observado o disposto no § 1º, o INSS definirá: (Incluído pelo Decreto nº 8.691, de 2016)

I - o procedimento pelo qual irá receber, registrar e reconhecer a documentação médica do segurado, por meio físico ou eletrônico, para fins de reconhecimento da incapacidade laboral; e (Incluído pelo Decreto nº 8.691, de 2016)

II - as condições para o reconhecimento do período de recuperação indicado pelo médico assistente, com base em critérios estabelecidos pela área técnica do INSS. (Incluído pelo Decreto nº 8.691, de 2016)

§ 3º Para monitoramento e controle do registro e do processamento da documentação médica recebida do segurado, o INSS deverá aplicar critérios internos de segurança operacional sobre os parâmetros utilizados na concessão inicial e na prorrogação dos benefícios. (Incluído pelo Decreto nº 8.691, de 2016)

§ 4º O disposto neste artigo não afasta a possibilidade de o INSS convocar o segurado, em qualquer hipótese e a qualquer tempo, para avaliação pericial. (Incluído pelo Decreto nº 8.691, de 2016)

Art. 75-B. Nas hipóteses de que trata o § 5º do art. 60 da Lei nº 8.213, de 24 de julho de 1991, o INSS poderá celebrar, mediante sua coordenação e supervisão, convênios, termos de execução descentralizada, termos de fomento ou de colaboração, contratos não onerosos ou acordos de cooperação técnica para a colaboração no processo de avaliação pericial por profissional médico de órgãos e entidades públicos que integrem o Sistema Único de Saúde - SUS. (Incluído pelo Decreto nº 8.691, de 2016)

Parágrafo único. A execução do disposto neste artigo fica condicionada à edição de: (Incluído pelo Decreto nº 8.691, de 2016)

I - ato do INSS para normatizar as hipóteses de que trata o § 5º do art. 60 da Lei nº 8.213, de 1991; e (Incluído pelo Decreto nº 8.691, de 2016)

II - ato conjunto dos Ministérios do Trabalho e Previdência Social e da Saúde para dispor sobre a cooperação entre o INSS e os órgãos e as entidades que integram o SUS, observado o disposto no art. 14-A da Lei nº 8.080, de 19 de setembro de 1990. (Incluído pelo Decreto nº 8.691, de 2016)

Art. 76. A previdência social deve processar de ofício o benefício, quando tiver ciência da incapacidade do segurado sem que este tenha requerido auxílio-doença.

Art. 76-A. É facultado à empresa protocolar requerimento de auxílio-doença ou documento dele originário de seu empregado ou de contribuinte individual a ela vinculado ou a seu serviço, na forma estabelecida pelo INSS. (Incluído pelo Decreto nº 5.699, de 2006)

Parágrafo único. A empresa que adotar o procedimento previsto no caput terá acesso às decisões administrativas a ele relativas. (Incluído pelo Decreto nº 5.699, de 2006)

Art. 77. O segurado em gozo de auxílio-doença está obrigado, independentemente de sua idade e sob pena de suspensão do benefício, a submeter-se a exame médico a cargo da previdência social, processo de reabilitação profissional por ela prescrito e custeado e tratamento dispensado gratuitamente, exceto o cirúrgico e a transfusão de sangue, que são facultativos.

Art. 78. O auxílio-doença cessa pela recuperação da capacidade para o trabalho, pela transformação em aposentadoria por invalidez ou auxílio-acidente de qualquer natureza, neste caso se resultar seqüela que implique redução da capacidade para o trabalho que habitualmente exerce.

§ 1º O INSS poderá estabelecer, mediante avaliação pericial ou com base na documentação médica do segurado, nos termos

REGULAMENTO DA PREVIDÊNCIA SOCIAL

do art. 75-A, o prazo que entender suficiente para a recuperação da capacidade para o trabalho do segurado. (Redação dada pelo Decreto nº 8.691, de 2016)

§ 2º Caso o prazo concedido para a recuperação se revele insuficiente, o segurado poderá solicitar a sua prorrogação, na forma estabelecida pelo INSS. (Redação dada pelo Decreto nº 8.691, de 2016)

§ 3º A comunicação da concessão do auxílio-doença conterá as informações necessárias para o requerimento de sua prorrogação. (Redação dada pelo Decreto nº 8.691, de 2016)

§ 4º A recepção de novo atestado fornecido por médico assistente com declaração de alta médica do segurado, antes do prazo estipulado na concessão ou na prorrogação do auxílio-doença, culminará na cessação do benefício na nova data indicada. (Incluído pelo Decreto nº 8.691, de 2016)

Art. 79. O segurado em gozo de auxílio-doença, insuscetível de recuperação para sua atividade habitual, deverá submeter-se a processo de reabilitação profissional para exercício de outra atividade, não cessando o benefício até que seja dado como habilitado para o desempenho de nova atividade que lhe garanta a subsistência ou, quando considerado não recuperável, seja aposentado por invalidez.

Art. 80. O segurado empregado em gozo de auxílio-doença é considerado pela empresa como licenciado.

Parágrafo único. A empresa que garantir ao segurado licença remunerada ficará obrigada a pagar-lhe durante o período de auxílio-doença a eventual diferença entre o valor deste e a importância garantida pela licença.

Subseção VI - Do Salário-família

Art. 81. O salário-família será devido, mensalmente, ao segurado empregado, exceto o doméstico, e ao trabalhador avulso que tenham salário-de-contribuição inferior ou igual a R$ 360,00 (trezentos e sessenta reais), na proporção do respectivo número de filhos ou equiparados, nos termos do art. 16, observado o disposto no art. 83. (Vide Lei nº 8.213, de 1991)

Art. 82. O salário-família será pago mensalmente:

I - ao empregado, pela empresa, com o respectivo salário, e ao trabalhador avulso, pelo sindicato ou órgão gestor de mão-de-obra, mediante convênio;

II - ao empregado e trabalhador avulso aposentados por invalidez ou em gozo de auxílio-doença, pelo Instituto Nacional do Seguro Social, juntamente com o benefício;

III - ao trabalhador rural aposentado por idade aos sessenta anos, se do sexo masculino, ou cinquenta e cinco anos, se do sexo feminino, pelo Instituto Nacional do Seguro Social, juntamente com a aposentadoria; e

IV - aos demais empregados e trabalhadores avulsos aposentados aos sessenta e cinco anos de idade, se do sexo masculino, ou sessenta anos, se do sexo feminino, pelo Instituto Nacional do Seguro Social, juntamente com a aposentadoria.

§ 1º No caso do inciso I, quando o salário do empregado não for mensal, o salário-família será pago juntamente com o último pagamento relativo ao mês.

§ 2º O salário-família do trabalhador avulso independe do número de dias trabalhados no mês, devendo o seu pagamento corresponder ao valor integral da cota.

§ 3º Quando o pai e a mãe são segurados empregados ou trabalhadores avulsos, ambos têm direito ao salário-família.

§ 4º As cotas do salário-família, pagas pela empresa, deverão ser deduzidas quando do recolhimento das contribuições sobre a folha de salário.

Art. 83. A partir de 1º de maio de 2004, o valor da cota do salário-família por filho ou equiparado de qualquer condição, até quatorze anos de idade ou inválido, é de: (Redação dada pelo Decreto nº 5.545, de 2005)

I - R$ 20,00 (vinte reais), para o segurado com remuneração mensal não superior a R$ 390,00 (trezentos e noventa reais); e (Incluído pelo Decreto nº 5.545, de 2005)

II - R$ 14,09 (quatorze reais e nove centavos), para o segurado com remuneração mensal superior a R$ 390,00 (trezentos e noventa reais) e igual ou inferior a R$ 586,19 (quinhentos e oitenta e seis reais e dezenove centavos). (Incluído pelo Decreto nº 5.545, de 2005)

Art. 84. O pagamento do salário-família será devido a partir da data da apresentação da certidão de nascimento do filho ou da documentação relativa ao equiparado, estando condicionado à apresentação anual de atestado de vacinação obrigatória, até seis anos de idade, e de comprovação semestral de freqüência à escola do filho ou equiparado, a partir dos sete anos de idade. (Redação dada pelo Decreto nº 3.265, de 1999)

§ 1º A empresa deverá conservar, durante dez anos, os comprovantes dos pagamentos e as cópias das certidões correspondentes, para exame pela fiscalização do Instituto Nacional do Seguro Social, conforme o disposto no § 7º do art. 225. (Incluído pelo Decreto nº 3.265, de 1999)

§ 2º Se o segurado não apresentar o atestado de vacinação obrigatória e a comprovação de freqüência escolar do filho ou equiparado, nas datas definidas pelo Instituto Nacional do Seguro Social, o benefício do salário-família será suspenso, até que a documentação seja apresentada.(Incluído pelo Decreto nº 3.265, de 1999)

§ 3º Não é devido salário-família no período entre a suspensão do benefício motivada pela falta de comprovação da freqüência escolar e o seu reativamento, salvo se provada a freqüência escolar regular no período.(Incluído pelo Decreto nº 3.265, de 1999)

§ 4º A comprovação de freqüência escolar será feita mediante apresentação de documento emitido pela escola, na forma de legislação própria, em nome do aluno, onde conste o registro de freqüência regular ou de atestado do estabelecimento de ensino, comprovando a regularidade da matrícula e freqüência escolar do aluno.(Incluído pelo Decreto nº 3.265, de 1999)

Art. 85. A invalidez do filho ou equiparado maior de quatorze anos de idade deve ser verificada em exame médico-pericial a cargo da previdência social.

Art. 86. O salário-família correspondente ao mês de afastamento do trabalho será pago integralmente pela empresa, pelo sindicato ou órgão gestor de mão-de-obra, conforme o caso, e o do mês da cessação de benefício pelo Instituto Nacional do Seguro Social.

Art. 87. Tendo havido divórcio, separação judicial ou de fato dos pais, ou em caso de abandono legalmente caracterizado ou perda do pátrio-poder, o salário-família passará a ser pago diretamente àquele a cujo cargo ficar o sustento do menor, ou a outra pessoa, se houver determinação judicial nesse sentido.

Art. 88. O direito ao salário-família cessa automaticamente:

I - por morte do filho ou equiparado, a contar do mês seguinte ao do óbito;

II - quando o filho ou equiparado completar quatorze anos de idade, salvo se inválido, a contar do mês seguinte ao da data do aniversário;

III - pela recuperação da capacidade do filho ou equiparado inválido, a contar do mês seguinte ao da cessação da incapacidade; ou

IV - pelo desemprego do segurado.

Art. 89. Para efeito de concessão e manutenção do salário-família, o segurado deve firmar termo de responsabilidade, no qual se comprometa a comunicar à empresa ou ao Instituto Nacional do Seguro Social qualquer fato ou circunstância que determine a perda do direito ao benefício, ficando sujeito, em caso do não cumprimento, às sanções penais e trabalhistas.

Art. 90. A falta de comunicação oportuna de fato que implique cessação do salário-família, bem como a prática, pelo empregado, de fraude de qualquer natureza para o seu recebimento, autoriza a empresa, o Instituto Nacional do Seguro Social, o sindicato ou órgão gestor de mão-de-obra, conforme o caso, a descontar dos pagamentos de cotas devidas com relação a outros filhos ou, na falta delas, do próprio salário do empre-

gado ou da renda mensal do seu benefício, o valor das cotas indevidamente recebidas, sem prejuízo das sanções penais cabíveis, observado o disposto no § 2º do art. 154.

Art. 91. O empregado deve dar quitação à empresa, sindicato ou órgão gestor de mão-de-obra de cada recebimento mensal do salário-família, na própria folha de pagamento ou por outra forma admitida, de modo que a quitação fique plena e claramente caracterizada.

Art. 92. As cotas do salário-família não serão incorporadas, para qualquer efeito, ao salário ou ao benefício.

Subseção VII - Do Salário-maternidade

Art. 93. O salário-maternidade é devido à segurada da previdência social, durante cento e vinte dias, com início vinte e oito dias antes e término noventa e um dias depois do parto, podendo ser prorrogado na forma prevista no § 3º. (Redação dada pelo Decreto nº 4.862, de 2003)

§ 1º Para a segurada empregada, inclusive a doméstica, observar-se-á, no que couber, as situações e condições previstas na legislação trabalhista relativas à proteção à maternidade.

§ 2º Será devido o salário-maternidade à segurada especial, desde que comprove o exercício de atividade rural nos últimos dez meses imediatamente anteriores à data do parto ou do requerimento do benefício, quando requerido antes do parto, mesmo que de forma descontínua, aplicando-se, quando for o caso, o disposto no parágrafo único do art. 29. (Redação dada pelo Decreto nº 5.545, de 2005)

§ 3º Em casos excepcionais, os períodos de repouso anterior e posterior ao parto podem ser aumentados de mais duas semanas, mediante atestado médico específico. (Redação dada pelo Decreto nº 3.668, de 2000)

§ 4º Em caso de parto antecipado ou não, a segurada tem direito aos cento e vinte dias previstos neste artigo.

§ 5º Em caso de aborto não criminoso, comprovado mediante atestado médico, a segurada terá direito ao salário-maternidade correspondente a duas semanas. (Redação dada pelo Decreto nº 3.668, de 2000)

§ 6º (Revogado pelo Decreto nº 4.032, de 2001)

Art. 93-A. O salário-maternidade é devido à segurada da Previdência Social que adotar ou obtiver guarda judicial para fins de adoção de criança com idade: (Incluído pelo Decreto nº 4.729, de 2003)

I - até um ano completo, por cento e vinte dias; (Incluído pelo Decreto nº 4.729, de 2003)

II - a partir de um ano até quatro anos completos, por sessenta dias; ou (Incluído pelo Decreto nº 4.729, de 2003)

III - a partir de quatro anos até completar oito anos, por trinta dias. (Incluído pelo Decreto nº 4.729, de 2003)

§ 1º O salário-maternidade é devido à segurada independentemente de a mãe biológica ter recebido o mesmo benefício quando do nascimento da criança. (Incluído pelo Decreto nº 4.729, de 2003)

§ 2º O salário-maternidade não é devido quando o termo de guarda não contiver a observação de que é para fins de adoção ou só contiver o nome do cônjuge ou companheiro. (Incluído pelo Decreto nº 4.729, de 2003)

§ 3º Para a concessão do salário-maternidade é indispensável que conste da nova certidão de nascimento da criança, ou do termo de guarda, o nome da segurada adotante ou guardiã, bem como, deste último, tratar-se de guarda para fins de adoção. (Incluído pelo Decreto nº 4.729, de 2003)

§ 4º Quando houver adoção ou guarda judicial para adoção de mais de uma criança, é devido um único salário-maternidade relativo à criança de menor idade, observado o disposto no art. 98. (Incluído pelo Decreto nº 4.729, de 2003)

§ 5º A renda mensal do salário-maternidade é calculada na forma do disposto nos arts. 94, 100 ou 101, de acordo com a forma de contribuição da segurada à Previdência Social. (Incluído pelo Decreto nº 4.729, de 2003)

§ 6º O salário-maternidade de que trata este artigo é pago diretamente pela previdência social. (Incluído pelo Decreto nº 4.862, de 2003)

Art. 94. O salário-maternidade para a segurada empregada consiste numa renda mensal igual à sua remuneração integral e será pago pela empresa, efetivando-se a compensação, observado o disposto no art. 248 da Constituição, quando do recolhimento das contribuições incidentes sobre a folha de salários e demais rendimentos pagos ou creditados, a qualquer título, à pessoa física que lhe preste serviço, devendo aplicar-se à renda mensal do benefício o disposto no art. 198. (Redação dada pelo Decreto nº 4.862, de 2003)

§§ 1º e 2º. (Revogados pelo Decreto nº 3.265, de 1999)

§ 3º A empregada deve dar quitação à empresa dos recolhimentos mensais do salário-maternidade na própria folha de pagamento ou por outra forma admitida, de modo que a quitação fique plena e claramente caracterizada. (Incluído pelo Decreto nº 4.862, de 2003)

§ 4º A empresa deve conservar, durante dez anos, os comprovantes dos pagamentos e os atestados ou certidões correspondentes para exame pela fiscalização do INSS, conforme o disposto no § 7º do art. 225. (Incluído pelo Decreto nº 4.862, de 2003)

Art. 95. Compete à interessada instruir o requerimento do salário-maternidade com os atestados médicos necessários. (Redação dada pelo Decreto nº 3.668, de 2000)

Parágrafo único. Quando o benefício for requerido após o parto, o documento comprobatório é a Certidão de Nascimento, podendo, no caso de dúvida, a segurada ser submetida à avaliação pericial junto ao Instituto Nacional do Seguro Social. (Redação dada pelo Decreto nº 3.668, de 2000)

Art. 96. O início do afastamento do trabalho da segurada empregada será determinado com base em atestado médico ou certidão de nascimento do filho. (Redação dada pelo Decreto nº 4.862, de 2003)

§§ 1º e 2º. (Revogado pelo Decreto nº 4.729, de 2003)

Art. 97. O salário-maternidade da segurada empregada será devido pela previdência social enquanto existir relação de emprego, observadas as regras quanto ao pagamento desse benefício pela empresa. (Redação dada pelo Decreto nº 6.122, de 2007)

Parágrafo único. Durante o período de graça a que se refere o art. 13, a segurada desempregada fará jus ao recebimento do salário-maternidade nos casos de demissão antes da gravidez, ou, durante a gestação, nas hipóteses de dispensa por justa causa ou a pedido, situações em que o benefício será pago diretamente pela previdência social. (Incluído pelo Decreto nº 6.122, de 2007)

Art. 98. No caso de empregos concomitantes, a segurada fará jus ao salário-maternidade relativo a cada emprego.

Art. 99. Nos meses de início e término do salário-maternidade da segurada empregada, o salário-maternidade será proporcional aos dias de afastamento do trabalho.

Art. 100. O salário-maternidade da segurada trabalhadora avulsa, pago diretamente pela previdência social, consiste numa renda mensal igual à sua remuneração integral equivalente a um mês de trabalho, devendo aplicar-se à renda mensal do benefício o disposto no art. 198. (Redação dada pelo Decreto nº 4.862, de 2003)

Art. 101. O salário-maternidade, observado o disposto nos arts. 35, 198, 199 ou 199-A, pago diretamente pela previdência social, consistirá: (Redação dada pelo Decreto nº 6.722, de 2008).

I - em valor correspondente ao do seu último salário-de-contribuição, para a segurada empregada doméstica; (Incluído pelo Decreto nº 3.265, de 1999)

II - em um salário mínimo, para a segurada especial; (Incluído pelo Decreto nº 3.265, de 1999)

III - em um doze avos da soma dos doze últimos salários-de-contribuição, apurados em período não superior a

REGULAMENTO DA PREVIDÊNCIA SOCIAL

quinze meses, para as seguradas contribuinte individual, facultativa e para as que mantenham a qualidade de segurada na forma do art. 13. (Redação dada pelo Decreto nº 6.122, de 2007)

§§ 1º e 2º. (Revogados pelo Decreto nº 3.265, de 1999)

§ 3º O documento comprobatório para requerimento do salário-maternidade da segurada que mantenha esta qualidade é a certidão de nascimento do filho, exceto nos casos de aborto espontâneo, quando deverá ser apresentado atestado médico, e no de adoção ou guarda para fins de adoção, casos em que serão observadas as regras do art. 93-A, devendo o evento gerador do benefício ocorrer, em qualquer hipótese, dentro do período previsto no art. 13. (Incluído pelo Decreto nº 6.122, de 2007)

Art. 102. O salário-maternidade não pode ser acumulado com benefício por incapacidade.

Parágrafo único. Quando ocorrer incapacidade em concomitância com o período de pagamento do salário-maternidade, o benefício por incapacidade, conforme o caso, deverá ser suspenso enquanto perdurar o referido pagamento, ou terá sua data de início adiada para o primeiro dia seguinte ao término do período de cento e vinte dias.

Art. 103. A segurada aposentada que retornar à atividade fará jus ao pagamento do salário-maternidade, de acordo com o disposto no art. 93.

Subseção VIII - Do Auxílio-acidente

Art. 104. O auxílio-acidente será concedido, como indenização, ao segurado empregado, exceto o doméstico, ao trabalhador avulso e ao segurado especial quando, após a consolidação das lesões decorrentes de acidente de qualquer natureza, resultar seqüela definitiva, conforme as situações discriminadas no anexo III, que implique: (Redação dada pelo Decreto nº 4.729, de 2003)

I - redução da capacidade para o trabalho que habitualmente exerciam; (Redação dada pelo Decreto nº 4.729, de 2003)

II - redução da capacidade para o trabalho que habitualmente exerciam e exija maior esforço para o desempenho da mesma atividade que exercem à época do acidente; ou

III - impossibilidade de desempenho da atividade que exerciam à época do acidente, porém permita o desempenho de outra, após processo de reabilitação profissional, nos casos indicados pela perícia médica do Instituto Nacional do Seguro Social.

§ 1º O auxílio-acidente mensal corresponderá a cinqüenta por cento do salário-de-benefício que deu origem ao auxílio-doença do segurado, corrigido até o mês anterior ao do início do auxílio-acidente e será devido até a véspera de início de qualquer aposentadoria ou até a data do óbito do segurado.

§ 2º O auxílio-acidente será devido a contar do dia seguinte ao da cessação do auxílio-doença, independentemente de qualquer remuneração ou rendimento auferido pelo acidentado, vedada sua acumulação com qualquer aposentadoria.

§ 3º O recebimento de salário ou concessão de outro benefício, exceto de aposentadoria, não prejudicará a continuidade do recebimento do auxílio-acidente.

§ 4º Não dará ensejo ao benefício a que se refere este artigo o caso:

I - que apresente danos funcionais ou redução da capacidade funcional sem repercussão na capacidade laborativa; e

II - de mudança de função, mediante readaptação profissional promovida pela empresa, como medida preventiva, em decorrência de inadequação do local de trabalho.

§ 5º A perda da audição, em qualquer grau, somente proporcionará a concessão do auxílio-acidente quando, além do reconhecimento do nexo entre o trabalho e o agravo, resultar, comprovadamente, na redução ou perda da capacidade para o trabalho que o segurado habitualmente exerce. (Redação dada pelo Decreto nº 6.939, de 2009)

§ 6º No caso de reabertura de auxílio-doença por acidente de qualquer natureza que tenha dado origem a auxílio-acidente, este será suspenso até a cessação do auxílio-doença reaberto, quando será reativado.

§ 7º Cabe a concessão de auxílio-acidente oriundo de acidente de qualquer natureza ocorrido durante o período de manutenção da qualidade de segurado, desde que atendidas às condições inerentes à espécie. (Redação dada pelo Decreto nº 6.722, de 2008).

§ 8º Para fins do disposto no caput considerar-se-á a atividade exercida na data do acidente.(Incluído pelo Decreto nº 4.729, de 2003)

Subseção IX - Da Pensão por Morte

Art. 105. A pensão por morte será devida ao conjunto dos dependentes do segurado que falecer, aposentado ou não, a contar da data:

I - do óbito, quando requerido até trinta dias depois deste; (Redação dada pelo Decreto nº 5.545, de 2005)

II - do requerimento, quando requerida após o prazo previsto no inciso I; ou

III - da decisão judicial, no caso de morte presumida.

Parágrafo único. No caso do disposto no inciso II, a data de início do benefício será a data do óbito, aplicados os devidos reajustamentos até a data de início do pagamento, não sendo devida qualquer importância relativa a período anterior à data de entrada do requerimento.

§ 1º No caso do disposto no inciso II, a data de início do benefício será a data do óbito, aplicados os devidos reajustamentos até a data de início do pagamento, não sendo devida qualquer importância relativa ao período anterior à data de entrada do requerimento. (Redação dada pelo Decreto nº 5.545, de 2005)

§ 2º (Revogado pelo Decreto nº 5.545, de 2005)

Art. 106. A pensão por morte consiste numa renda mensal calculada na forma do § 3º do art. 39.

Parágrafo único. O valor da pensão por morte devida aos dependentes do segurado recluso que, nessa condição, exerça atividade remunerada será obtido mediante a realização de cálculo com base no novo tempo de contribuição e salários-de-contribuição correspondentes, neles incluídas as contribuições recolhidas enquanto recluso, facultada a opção pela pensão com valor correspondente ao do auxílio-reclusão, na forma do disposto no § 3º do art. 39. (Incluído pelo Decreto nº 4.729, de 2003)

Art. 107. A concessão da pensão por morte não será protelada pela falta de habilitação de outro possível dependente, e qualquer habilitação posterior que importe em exclusão ou inclusão de dependente somente produzirá efeito a contar da data da habilitação.

Art. 108. A pensão por morte somente será devida ao filho e ao irmão cuja invalidez tenha ocorrido antes da emancipação ou de completar a idade de vinte e um anos, desde que reconhecida ou comprovada, pela perícia médica do INSS, a continuidade da invalidez até a data do óbito do segurado. (Redação dada pelo Decreto nº 6.939, de 2009)

Parágrafo único. (Revogado pelo Decreto nº 6.722, de 2008).

Art. 109. O pensionista inválido está obrigado, independentemente de sua idade e sob pena de suspensão do benefício, a submeter-se a exame médico a cargo da previdência social, processo de reabilitação profissional por ela prescrito e custeado e tratamento dispensado gratuitamente, exceto o cirúrgico e a transfusão de sangue, que são facultativos.

Art. 110. O cônjuge ausente somente fará jus ao benefício a partir da data de sua habilitação e mediante prova de dependência econômica, não excluindo do direito a companheira ou o companheiro.

Art. 111. O cônjuge divorciado ou separado judicialmente ou de fato, que recebia pensão de alimentos, receberá a pensão em

igualdade de condições com os demais dependentes referidos no inciso I do art. 16.

Art. 112. A pensão poderá ser concedida, em caráter provisório, por morte presumida:

I - mediante sentença declaratória de ausência, expedida por autoridade judiciária, a contar da data de sua emissão; ou

II - em caso de desaparecimento do segurado por motivo de catástrofe, acidente ou desastre, a contar da data da ocorrência, mediante prova hábil.

Parágrafo único. Verificado o reaparecimento do segurado, o pagamento da pensão cessa imediatamente, ficando os dependentes desobrigados da reposição dos valores recebidos, salvo má-fé.

Art. 113. A pensão por morte, havendo mais de um pensionista, será rateada entre todos, em partes iguais.

Parágrafo único. Reverterá em favor dos demais dependentes a parte daquele cujo direito à pensão cessar.

Art. 114. O pagamento da cota individual da pensão por morte cessa:

I - pela morte do pensionista;

II - para o pensionista menor de idade, ao completar vinte e um anos, salvo se for inválido, ou pela emancipação, ainda que inválido, exceto, neste caso, se a emancipação for decorrente de colação de grau científico em curso de ensino superior; ou (Redação dada pelo Decreto nº 3.265, de 1999)

III - para o pensionista inválido, pela cessação da invalidez, verificada em exame médico-pericial a cargo da previdência social.

IV - pela adoção, para o filho adotado que receba pensão por morte dos pais biológicos. (Incluído pelo Decreto nº 5.545, de 2005)

§ 1º Com a extinção da cota do último pensionista, a pensão por morte será encerrada. (Incluído pelo Decreto nº 5.545, de 2005)

§ 2º Não se aplica o disposto no inciso IV do caput quando o cônjuge ou companheiro adota o filho do outro. (Incluído pelo Decreto nº 5.545, de 2005)

Art. 115. O dependente menor de idade que se invalidar antes de completar vinte e um anos deverá ser submetido a exame médico-pericial, não se extinguindo a respectiva cota se confirmada a invalidez.

Subseção X - Do Auxílio-reclusão

Art. 116. O auxílio-reclusão será devido, nas mesmas condições da pensão por morte, aos dependentes do segurado recolhido à prisão que não receber remuneração da empresa nem estiver em gozo de auxílio-doença, aposentadoria ou abono de permanência em serviço, desde que o seu último salário-de-contribuição seja inferior ou igual a R$ 360,00 (trezentos e sessenta reais).

§ 1º É devido auxílio-reclusão aos dependentes do segurado quando não houver salário-de-contribuição na data do seu efetivo recolhimento à prisão, desde que mantida a qualidade de segurado.

§ 2º O pedido de auxílio-reclusão deve ser instruído com certidão do efetivo recolhimento do segurado à prisão, firmada pela autoridade competente.

§ 3º Aplicam-se ao auxílio-reclusão as normas referentes à pensão por morte, sendo necessária, no caso de qualificação de dependentes após a reclusão ou detenção do segurado, a preexistência da dependência econômica.

§ 4º A data de início do benefício será fixada na data do efetivo recolhimento do segurado à prisão, se requerido até trinta dias depois desta, ou na data do requerimento, se posterior, observado, no que couber, o disposto no inciso I do art. 105. (Redação dada pelo Decreto nº 4.729, de 2003)

§ 5º O auxílio-reclusão é devido, apenas, durante o período em que o segurado estiver recolhido à prisão sob regime fechado ou semi-aberto. (Incluído pelo Decreto nº 4.729, de 2003)

§ 6º O exercício de atividade remunerada pelo segurado recluso em cumprimento de pena em regime fechado ou semi-aberto que contribuir na condição de segurado de que trata a alínea "o" do inciso V do art. 9º ou do inciso IX do § 1º do art. 11 não acarreta perda do direito ao recebimento do auxílio-reclusão pelos seus dependentes. (Incluído pelo Decreto nº 4.729, de 2003)

Art. 117. O auxílio-reclusão será mantido enquanto o segurado permanecer detento ou recluso.

§ 1º O beneficiário deverá apresentar trimestralmente atestado de que o segurado continua detido ou recluso, firmado pela autoridade competente.

§ 2º No caso de fuga, o benefício será suspenso e, se houver recaptura do segurado, será restabelecido a contar da data em que esta ocorrer, desde que esteja ainda mantida a qualidade de segurado.

§ 3º Se houver exercício de atividade dentro do período de fuga, o mesmo será considerado para a verificação da perda ou não da qualidade de segurado.

Art. 118. Falecendo o segurado detido ou recluso, o auxílio-reclusão que estiver sendo pago será automaticamente convertido em pensão por morte.

Parágrafo único. Não havendo concessão de auxílio-reclusão, em razão de salário-de-contribuição superior a R$ 360,00 (trezentos e sessenta reais), será devida pensão por morte aos dependentes se o óbito do segurado tiver ocorrido dentro do prazo previsto no inciso IV do art. 13.

Art. 119. É vedada a concessão do auxílio-reclusão após a soltura do segurado.

Subseção XI
Do Abono Anual

Art. 120. Será devido abono anual ao segurado e ao dependente que, durante o ano, recebeu auxílio-doença, auxílio-acidente, aposentadoria, salário-maternidade, pensão por morte ou auxílio-reclusão.(Redação dada pelo Decreto nº 4.032, de 2001)

§ 1º O abono anual será calculado, no que couber, da mesma forma que a gratificação natalina dos trabalhadores, tendo por base o valor da renda mensal do benefício do mês de dezembro de cada ano. (Incluído pelo Decreto nº 4.032, de 2001)

§ 2º O valor do abono anual correspondente ao período de duração do salário-maternidade será pago, em cada exercício, juntamente com a última parcela do benefício nele devida. (Incluído pelo Decreto nº 4.032, de 2001)

CAPÍTULO III - DO RECONHECIMENTO DA FILIAÇÃO

Seção Única - Do Reconhecimento do Tempo de Filiação

Art. 121. Reconhecimento de filiação é o direito do segurado de ter reconhecido, em qualquer época, o tempo de exercício de atividade anteriormene abrangida pela previdência social.

Subseção I - Da Indenização

Art. 122. O reconhecimento de filiação no período em que o exercício de atividade remunerada não exigia filiação obrigatória à previdência social somente será feito mediante indenização das contribuições relativas ao respectivo período, conforme o disposto nos §§ 7º a 14 do art. 216 e § 8º do art. 239.

§ 1º O valor a ser indenizado poderá ser objeto de parcelamento mediante solicitação do segurado, de acordo com o disposto no art. 244, observado o § 1º do art. 128.

§ 2º Para fins de concessão de benefício constante das alíneas "a" a "e" e "h" do inciso I do art. 25, não se admite o parcelamento de débito.

Art. 123. Para fins de concessão dos benefícios deste Regulamento, o tempo de serviço prestado pelo trabalhador rural anteriormente à competência novembro de 1991 será reconhecido, desde que devidamente comprovado.

Parágrafo único. Para fins de contagem recíproca, o tempo de serviço a que se refere o caput somente será reconhecido mediante a indenização de que trata o § 13 do art. 216, observado o disposto no § 8º do 239.

Subseção II - Da Retroação da Data do Início das Contribuições

Art. 124. Caso o segurado contribuinte individual manifeste interesse em recolher contribuições relativas a período anterior à sua inscrição, a retroação da data do início das contribuições será autorizada, desde que comprovado o exercício de atividade remunerada no respectivo período, observado o disposto nos §§ 7º a 14 do art. 216 e no § 8º do art. 239. (Redação dada pelo Decreto nº 3.265, de 1999)

Parágrafo único. O valor do débito poderá ser objeto de parcelamento mediante solicitação do segurado junto ao setor de arrecadação e fiscalização do Instituto Nacional do Seguro Social, observado o disposto no § 2º do art. 122, no § 1º do art. 128 e no art. 244.

CAPÍTULO IV - DA CONTAGEM RECÍPROCA DE TEMPO DE CONTRIBUIÇÃO

Art. 125. Para efeito de contagem recíproca, hipótese em que os diferentes sistemas de previdência social compensar-se-ão financeiramente, é assegurado:

I - o cômputo do tempo de contribuição na administração pública, para fins de concessão de benefícios previstos no Regime Geral de Previdência Social, inclusive de aposentadoria em decorrência de tratado, convenção ou acordo internacional; e (Redação dada pelo Decreto nº 6.042, de 2007).

II - para fins de emissão de certidão de tempo de contribuição, pelo INSS, para utilização no serviço público, o cômputo do tempo de contribuição na atividade privada, rural e urbana, observado o disposto no § 4º deste artigo e no parágrafo único do art. 123, § 13 do art. 216 e § 8º do art. 239. (Redação dada pelo Decreto nº 6.042, de 2007).

§ 1º Para os fins deste artigo, é vedada: (Redação dada pelo Decreto nº 8.145, de 2013)

I - conversão do tempo de contribuição exercido em atividade sujeita à condições especiais, nos termos dos arts. 66 e 70; (Redação dada pelo Decreto nº 8.145, de 2013)

II - conversão do tempo cumprido pelo segurado com deficiência, reconhecida na forma do art. 70-D, em tempo de contribuição comum; e (Redação dada pelo Decreto nº 8.145, de 2013)

III - a contagem de qualquer tempo de serviço fictício. (Redação dada pelo Decreto nº 8.145, de 2013)

§ 2º Admite-se a aplicação da contagem recíproca de tempo de contribuição no âmbito dos tratados, convenções ou acordos internacionais de previdência social. (Redação dada pelo Decreto nº 6.042, de 2007).

§ 3º É permitida a emissão de certidão de tempo de contribuição para períodos de contribuição posteriores à data da aposentadoria no Regime Geral de Previdência Social. (Incluído pelo Decreto nº 4.729, de 2003)

§ 4º Para efeito de contagem recíproca, o período em que o segurado contribuinte individual e o facultativo tiverem contribuído na forma do art. 199-A só será computado se forem complementadas as contribuições na forma do § 1º do citado artigo. (Incluído pelo Decreto nº 6.042, de 2007).

§ 5º A certidão referente ao tempo de contribuição com deficiência deverá identificar os períodos com deficiência e seus graus. (Incluído pelo Decreto nº 8.145, de 2013)

Art. 126. O segurado terá direito de computar, para fins de concessão dos benefícios do Regime Geral de Previdência Social, o tempo de contribuição na administração pública federal direta, autárquica e fundacional". (Redação dada pelo Decreto nº 3.112, de 6.7.99)

Parágrafo único. Poderá ser contado o tempo de contribuição na administração pública direta, autárquica e fundacional dos Estados, do Distrito Federal e dos Municípios, desde que estes assegurem aos seus servidores, mediante legislação própria, a contagem de tempo de contribuição em atividade vinculada ao Regime Geral de Previdência Social.

Art. 127. O tempo de contribuição de que trata este Capítulo será contado de acordo com a legislação pertinente, observadas as seguintes normas:

I - não será admitida a contagem em dobro ou em outras condições especiais;

II - é vedada a contagem de tempo de contribuição no serviço público com o de contribuição na atividade privada, quando concomitantes;

III - não será contado por um regime o tempo de contribuição utilizado para concessão de aposentadoria por outro regime;

IV - o tempo de contribuição anterior ou posterior à obrigatoriedade de filiação à previdência social somente será contado mediante observância, quanto ao período respectivo, do disposto nos arts. 122 e 124; e

V - o tempo de contribuição do segurado trabalhador rural anterior à competência novembro de 1991 será computado, desde que observado o disposto no parágrafo único do art. 123, no § 13 do art. 216 e no § 8º do art. 239.

Art. 128. A certidão de tempo de contribuição anterior ou posterior à filiação obrigatória à previdência social somente será expedida mediante a observância do disposto nos arts. 122 e 124.

§ 1º A certidão de tempo de contribuição, para fins de averbação do tempo em outros regimes de previdência, somente será expedida pelo Instituto Nacional do Seguro Social após a comprovação da quitação de todos os valores devidos, inclusive de eventuais parcelamentos de débito.

§ 2º (Revogado pelo Decreto nº 3.265, de 1999)

§ 3º Observado o disposto no § 6º do art. 62, a certidão de tempo de contribuição referente a período de atividade rural anterior à competência novembro de 1991 somente será emitida mediante comprovação do recolhimento das contribuições correspondentes ou indenização nos termos dos §§ 13 e 14 do art. 216, observado o disposto no § 8º do art. 239.

Art. 129. O segurado em gozo de auxílio-acidente, auxílio-suplementar ou abono de permanência em serviço terá o benefício encerrado na data da emissão da certidão de tempo de contribuição. (Redação dada pelo Decreto nº 4.729, de 2003)

Art. 130. O tempo de contribuição para regime próprio de previdência social ou para Regime Geral de Previdência Social deve ser provado com certidão fornecida: (Redação dada pelo Decreto nº 6.722, de 2008).

I - pela unidade gestora do regime próprio de previdência social ou pelo setor competente da administração federal, estadual, do Distrito Federal e municipal, suas autarquias e fundações, desde que devidamente homologada pela unidade gestora do regime próprio, relativamente ao tempo de contribuição para o respectivo regime próprio de previdência social; ou (Redação dada pelo Decreto nº 6.722, de 2008).

II - pelo setor competente do Instituto Nacional do Seguro Social, relativamente ao tempo de contribuição para o Regime Geral de Previdência Social. (Redação dada pelo Decreto nº 3.668, de 2000)

§ 1º O setor competente do Instituto Nacional do Seguro Social deverá promover o levantamento do tempo de filiação ao Regime Geral de Previdência Social à vista dos assentamentos internos ou das anotações na Carteira do Trabalho ou na Carteira de Trabalho e Previdência Social, ou de outros meios

de prova admitidos em direito. (Redação dada pelo Decreto nº 3.668, de 2000)

§ 2º O setor competente do órgão federal, estadual, do Distrito Federal ou municipal deverá promover o levantamento do tempo de contribuição para o respectivo regime próprio de previdência social à vista dos assentamentos funcionais.

§ 3º Após as providências de que tratam os §§ 1º e 2º, e observado, quando for o caso, o disposto no § 9º, os setores competentes deverão emitir certidão de tempo de contribuição, sem rasuras, constando, obrigatoriamente: (Redação dada pelo Decreto nº 3.668, de 2000)

I - órgão expedidor;

II - nome do servidor, seu número de matrícula, RG, CPF, sexo, data de nascimento, filiação, número do PIS ou PASEP, e, quando for o caso, cargo efetivo, lotação, data de admissão e data de exoneração ou demissão; (Redação dada pelo Decreto nº 6.722, de 2008).

III - período de contribuição, de data a data, compreendido na certidão;

IV - fonte de informação;

V - discriminação da freqüência durante o período abrangido pela certidão, indicadas as várias alterações, tais como faltas, licenças, suspensões e outras ocorrências;

VI - soma do tempo líquido;

VII - declaração expressa do servidor responsável pela certidão, indicando o tempo líquido de efetiva contribuição em dias, ou anos, meses e dias;

VIII - assinatura do responsável pela certidão e do dirigente do órgão expedidor e, no caso de ser emitida por outro órgão da administração do ente federativo, homologação da unidade gestora do regime próprio de previdência social; (Redação dada pelo Decreto nº 6.722, de 2008).

IX - indicação da lei que assegure, aos servidores do Estado, do Distrito Federal ou do Município, aposentadorias por invalidez, idade, tempo de contribuição e compulsória, e pensão por morte, com aproveitamento de tempo de contribuição prestado em atividade vinculada ao Regime Geral de Previdência Social.

§ 4º A certidão de tempo de contribuição deverá ser expedida em duas vias, das quais a primeira será fornecida ao interessado, mediante recibo passado na segunda via, implicando sua concordância quanto ao tempo certificado.

§ 5º (Revogado pelo Decreto nº 6.722, de 2008).

§ 6º (Revogado pelo Decreto nº 6.722, de 2008).

§ 7º Quando solicitado pelo segurado que exerce cargos constitucionalmente acumuláveis, é permitida a emissão de certidão única com destinação do tempo de contribuição para, no máximo, dois órgãos distintos.

§ 8º Na situação do parágrafo anterior, a certidão de tempo de contribuição deverá ser expedida em três vias, das quais a primeira e a segunda serão fornecidas ao interessado, mediante recibo passado na terceira via, implicando sua concordância quanto ao tempo certificado.

§ 9º A certidão só poderá ser fornecida para os períodos de efetiva contribuição para o Regime Geral de Previdência Social, devendo ser excluídos aqueles para os quais não tenha havido contribuição, salvo se recolhida na forma dos §§ 7º a 14 do art. 216. (Incluído pelo Decreto nº 3.668, de 2000)

§ 10. Poderá ser emitida, por solicitação do segurado, certidão de tempo de contribuição para período fracionado. (Incluído pelo Decreto nº 3.668, de 2000)

§ 11. Na hipótese do parágrafo anterior, a certidão conterá informação de todo o tempo de contribuição ao Regime Geral de Previdência Social e a indicação dos períodos a serem aproveitados no regime próprio de previdência social.(Incluído pelo Decreto nº 3.668, de 2000)

§ 12. É vedada a contagem de tempo de contribuição de atividade privada com a do serviço público ou de mais de uma atividade no serviço público, quando concomitantes, ressalvados os casos de acumulação de cargos ou empregos públicos admitidos pela Constituição. (Redação dada pelo Decreto nº 6.722, de 2008).

§ 13. Em hipótese alguma será expedida certidão de tempo de contribuição para período que já tiver sido utilizado para a concessão de aposentadoria, em qualquer regime de previdência social. (Incluído pelo Decreto nº 3.668, de 2000)

§ 14. A certidão de que trata o § 3º deverá vir acompanhada de relação dos valores das remunerações, por competência, que serão utilizados para fins de cálculo dos proventos da aposentadoria. (Incluído pelo Decreto nº 6.722, de 2008).

§ 15. O tempo de serviço considerado para efeito de aposentadoria e cumprido até 15 de dezembro de 1998 será contado como tempo de contribuição. (Incluído pelo Decreto nº 6.722, de 2008).

§ 16. Caberá revisão da certidão de tempo de contribuição, inclusive de ofício, quando constatado erro material, vedada à destinação da certidão a órgão diverso daquele a que se destinava originariamente. (Incluído pelo Decreto nº 6.722, de 2008).

Art. 131. Concedido o benefício, caberá:

I - ao Instituto Nacional do Seguro Social comunicar o fato ao órgão público emitente da certidão, para as anotações nos registros funcionais e/ou na segunda via da certidão de tempo de contribuição; e

II - ao órgão público comunicar o fato ao Instituto Nacional do Seguro Social, para efetuar os registros cabíveis.

Art. 132. O tempo de contribuição na administração pública federal, estadual, do Distrito Federal ou municipal de que trata este Capítulo será considerado para efeito do percentual de acréscimo previsto no inciso III do art. 39.

Art. 133. O tempo de contribuição certificado na forma deste Capítulo produz, no Instituto Nacional do Seguro Social e nos órgãos ou autarquias federais, estaduais, do Distrito Federal ou municipais, todos os efeitos previstos na respectiva legislação pertinente.

Art. 134. As aposentadorias e demais benefícios resultantes da contagem de tempo de contribuição na forma deste Capítulo serão concedidos e pagos pelo regime a que o interessado pertencer ao requerê-los e o seu valor será calculado na forma da legislação pertinente.

Art. 135. (Revogado pelo Decreto nº 5.545, de 2005)

CAPÍTULO V - DA HABILITAÇÃO E DA REABILITAÇÃO PROFISSIONAL

Art. 136. A assistência (re)educativa e de (re)adaptação profissional, instituída sob a denominação genérica de habilitação e reabilitação profissional, visa proporcionar aos beneficiários, incapacitados parcial ou totalmente para o trabalho, em caráter obrigatório, independentemente de carência, e às pessoas portadoras de deficiência, os meios indicados para proporcionar o reingresso no mercado de trabalho e no contexto em que vivem.

§ 1º Cabe ao Instituto Nacional do Seguro Social promover a prestação de que trata este artigo aos segurados, inclusive aposentados, e, de acordo com as possibilidades administrativas, técnicas, financeiras e as condições locais do órgão, aos seus dependentes, preferencialmente mediante a contratação de serviços especializados.

§ 2º As pessoas portadoras de deficiência serão atendidas mediante celebração de convênio de cooperação técnico-financeira.

Art. 137. O processo de habilitação e de reabilitação profissional do beneficiário será desenvolvido por meio das funções básicas de:

I - avaliação do potencial laborativo; (Redação dada pelo Decreto nº 3.668, de 2000)

REGULAMENTO DA PREVIDÊNCIA SOCIAL 1037

II - orientação e acompanhamento da programação profissional;

III - articulação com a comunidade, inclusive mediante a celebração de convênio para reabilitação física restrita a segurados que cumpriram os pressupostos de elegibilidade ao programa de reabilitação profissional, com vistas ao reingresso no mercado de trabalho; e (Redação dada pelo Decreto nº 4.729, de 2003)

IV - acompanhamento e pesquisa da fixação no mercado de trabalho.

§ 1º A execução das funções de que trata o caput dar-se-á, preferencialmente, mediante o trabalho de equipe multiprofissional especializada em medicina, serviço social, psicologia, sociologia, fisioterapia, terapia ocupacional e outras afins ao processo, sempre que possível na localidade do domicílio do beneficiário, ressalvadas as situações excepcionais em que este terá direito à reabilitação profissional fora dela.

§ 2º Quando indispensáveis ao desenvolvimento do processo de reabilitação profissional, o Instituto Nacional do Seguro Social fornecerá aos segurados, inclusive aposentados, em caráter obrigatório, prótese e órtese, seu reparo ou substituição, instrumentos de auxílio para locomoção, bem como equipamentos necessários à habilitação e à reabilitação profissional, transporte urbano e alimentação e, na medida das possibilidades do Instituto, aos seus dependentes.

§ 3º No caso das pessoas portadoras de deficiência, a concessão dos recursos materiais referidos no parágrafo anterior ficará condicionada à celebração de convênio de cooperação técnico-financeira.

§ 4º O Instituto Nacional do Seguro Social não reembolsará as despesas realizadas com a aquisição de órtese ou prótese e outros recursos materiais não prescritos ou não autorizados por suas unidades de reabilitação profissional.

Art. 138. Cabe à unidade de reabilitação profissional comunicar à perícia médica a ocorrência de que trata o § 2º do art. 337.

Art. 139. A programação profissional será desenvolvida mediante cursos e/ou treinamentos, na comunidade, por meio de contratos, acordos e convênios com instituições e empresas públicas ou privadas, na forma do art. 317.

§ 1º O treinamento do reabilitando, quando realizado em empresa, não estabelece qualquer vínculo empregatício ou funcional entre o reabilitando e a empresa, bem como entre estes e o Instituto Nacional do Seguro Social.

§ 2º Compete ao reabilitando, além de acatar e cumprir as normas estabelecidas nos contratos, acordos ou convênios, pautar-se no regulamento daquelas organizações.

Art. 140. Concluído o processo de reabilitação profissional, o Instituto Nacional do Seguro Social emitirá certificado individual indicando a função para a qual o reabilitando foi capacitado profissionalmente, sem prejuízo do exercício de outra para a qual se julgue capacitado.

§ 1º Não constitui obrigação da previdência social a manutenção do segurado no mesmo emprego ou a sua colocação em outro para o qual foi reabilitado, cessando o processo de reabilitação profissional com a emissão do certificado a que se refere o caput.

§ 2º Cabe à previdência social a articulação com a comunidade, com vistas ao levantamento da oferta do mercado de trabalho, ao direcionamento da programação profissional e à possibilidade de reingresso do reabilitando no mercado formal.

§ 3º O acompanhamento e a pesquisa de que trata o inciso IV do art. 137 é obrigatório e tem como finalidade a comprovação da efetividade do processo de reabilitação profissional.

Art. 141. A empresa com cem ou mais empregados está obrigada a preencher de dois por cento a cinco por cento de seus cargos com beneficiários reabilitados ou pessoas portadoras de deficiência, habilitadas, na seguinte proporção:

I - até duzentos empregados, dois por cento;

II - de duzentos e um a quinhentos empregados, três por cento;

III - de quinhentos e um a mil empregados, quatro por cento; ou

IV - mais de mil empregados, cinco por cento.

§ 1º A dispensa de empregado na condição estabelecida neste artigo, quando se tratar de contrato por tempo superior a noventa dias e a imotivada, no contrato por prazo indeterminado, somente poderá ocorrer após a contratação de substituto em condições semelhantes.

§ 2º (Revogado pelo Decreto nº 3.298, de 1999)

CAPÍTULO VI - DA JUSTIFICAÇÃO ADMINISTRATIVA

Art. 142. A justificação administrativa constitui recurso utilizado para suprir a falta ou insuficiência de documento ou produzir prova de fato ou circunstância de interesse dos beneficiários, perante a previdência social.

§ 1º Não será admitida a justificação administrativa quando o fato a comprovar exigir registro público de casamento, de idade ou de óbito, ou de qualquer ato jurídico para o qual a lei prescreva forma especial.

§ 2º O processo de justificação administrativa é parte de processo antecedente, vedada sua tramitação na condição de processo autônomo.

Art. 143. A justificação administrativa ou judicial, no caso de prova exigida pelo art. 62, dependência econômica, identidade e de relação de parentesco, somente produzirá efeito quando baseada em início de prova material, não sendo admitida prova exclusivamente testemunhal.

§ 1º No caso de prova exigida pelo art. 62 é dispensado o início de prova material quando houver ocorrência de motivo de força maior ou caso fortuito.

§ 2º Caracteriza motivo de força maior ou caso fortuito a verificação de ocorrência notória, tais como incêndio, inundação ou desmoronamento, que tenha atingido a empresa na qual o segurado alegue ter trabalhado, devendo ser comprovada mediante registro da ocorrência policial feito em época própria ou apresentação de documentos contemporâneos dos fatos, e verificada a correlação entre a atividade da empresa e a profissão do segurado.

§ 3º Se a empresa não estiver mais em atividade, deverá o interessado juntar prova oficial de sua existência no período que pretende comprovar.

§ 4º No caso dos segurados empregado doméstico e contribuinte individual, após a homologação do processo, este deverá ser encaminhado ao setor competente de arrecadação para levantamento e cobrança do crédito. (Redação dada pelo Decreto nº 3.265, de 1999)

Art. 144. A homologação da justificação judicial processada com base em prova exclusivamente testemunhal dispensa a justificação administrativa, se complementada com início razoável de prova material.

Art. 145. Para o processamento de justificação administrativa, o interessado deverá apresentar requerimento expondo, clara e minuciosamente, os pontos que pretende justificar, indicando testemunhas idôneas, em número não inferior a três nem superior a seis, cujos depoimentos possam levar à convicção da veracidade do que se pretende comprovar.

Parágrafo único. As testemunhas, no dia e hora marcados, serão inquiridas a respeito dos pontos que forem objeto da justificação, indo o processo concluso, a seguir, à autoridade que houver designado o processante, a quem competirá homologar ou não a justificação realizada.

Art. 146. Não podem ser testemunhas:

I - os loucos de todo o gênero;

II - os cegos e surdos, quando a ciência do fato, que se quer provar, dependa dos sentidos, que lhes faltam;

III - os menores de dezesseis anos; e

IV - o ascendente, descendente ou colateral, até o terceiro grau, por consangüinidade ou afinidade.

Art. 147. Não caberá recurso da decisão da autoridade competente do Instituto Nacional do Seguro Social que considerar eficaz ou ineficaz a justificação administrativa.

Art. 148. A justificação administrativa será avaliada globalmente quanto à forma e ao mérito, valendo perante o Instituto Nacional do Seguro Social para os fins especificamente visados, caso considerada eficaz.

Art. 149. A justificação administrativa será processada sem ônus para o interessado e nos termos das instruções do Instituto Nacional do Seguro Social.

Art. 150. Aos autores de declarações falsas, prestadas em justificações processadas perante a previdência social, serão aplicadas as penas previstas no art. 299 do Código Penal.

Art. 151. Somente será admitido o processamento de justificação administrativa na hipótese de ficar evidenciada a inexistência de outro meio capaz de configurar a verdade do fato alegado, e o início de prova material apresentado levar à convicção do que se pretende comprovar.

CAPÍTULO VII - DAS DISPOSIÇÕES DIVERSAS RELATIVAS ÀS PRESTAÇÕES DO REGIME GERAL DE PREVIDÊNCIA SOCIAL

Art. 152. Nenhum benefício ou serviço da previdência social poderá ser criado, majorado ou estendido, sem a correspondente fonte de custeio total.

Art. 153. O benefício concedido a segurado ou dependente não pode ser objeto de penhora, arresto ou seqüestro, sendo nula de pleno direito a sua venda ou cessão, ou a constituição de qualquer ônus sobre ele, bem como a outorga de poderes irrevogáveis ou em causa própria para seu recebimento, ressalvado o disposto no art. 154.

Art. 154. O Instituto Nacional do Seguro Social pode descontar da renda mensal do benefício:

I - contribuições devidas pelo segurado à previdência social;

II - pagamentos de benefícios além do devido, observado o disposto nos §§ 2º ao 5º;

III - imposto de renda na fonte;

IV - alimentos decorrentes de sentença judicial; e

V - mensalidades de associações e demais entidades de aposentados legalmente reconhecidas, desde que autorizadas por seus filiados, observado o disposto no § 1º.

VI - pagamento de empréstimos, financiamentos e operações de arrendamento mercantil concedidos por instituições financeiras e sociedades de arrendamento mercantil, públicas ou privadas, quando expressamente autorizado pelo beneficiário, até o limite de trinta por cento do valor do benefício. (Incluído pelo Decreto nº 4.862, de 2003)

§ 1º O desconto a que se refere o inciso V do caput ficará na dependência da conveniência administrativa do setor de benefícios do Instituto Nacional do Seguro Social.

§ 2º A restituição de importância recebida indevidamente por beneficiário da previdência social, nos casos comprovados de dolo, fraude ou má-fé, deverá ser atualizada nos moldes do art. 175, e feita de uma só vez ou mediante acordo de parcelamento na forma do art. 244, independentemente de outras penalidades legais. (Redação dada pelo Decreto nº 5.699, de 2006)

§ 3º Caso o débito seja originário de erro da previdência social, o segurado, usufruindo de benefício regularmente concedido, poderá devolver o valor de forma parcelada, atualizado nos moldes do art. 175, devendo cada parcela corresponder, no máximo, a trinta por cento do valor do benefício em manutenção, e ser descontado em número de meses necessários à liquidação do débito.

§ 4º Se o débito for originário de erro da previdência social e o segurado não usufruir de benefício, o valor deverá ser devolvido, com a correção de que trata o parágrafo anterior, da seguinte forma:

I - no caso de empregado, com a observância do disposto no art. 365; e

II - no caso dos demais beneficiários, será observado:

a) se superior a cinco vezes o valor do benefício suspenso ou cessado, no prazo de sessenta dias, contados da notificação para fazê-lo, sob pena de inscrição em Dívida Ativa; e

b) se inferior a cinco vezes o valor do benefício suspenso ou cessado, no prazo de trinta dias, contados da notificação para fazê-lo, sob pena de inscrição em Dívida Ativa.

§ 5º No caso de revisão de benefícios em que resultar valor superior ao que vinha sendo pago, em razão de erro da previdência social, o valor resultante da diferença verificada entre o pago e o devido será objeto de atualização nos mesmos moldes do art. 175.

§ 6º O INSS disciplinará, em ato próprio, o desconto de valores de benefícios com fundamento no inciso VI do caput, observadas as seguintes condições: (Incluído pelo Decreto nº 4.862, de 2003)

I - a habilitação das instituições consignatárias deverá ser definida de maneira objetiva e transparente; (Incluído pelo Decreto nº 4.862, de 2003)

II - o desconto somente poderá incidir sobre os benefícios de aposentadoria, qualquer que seja sua espécie, ou de pensão por morte, recebidos pelos seus respectivos titulares; (Incluído pelo Decreto nº 4.862, de 2003)

III - a prestação de informações aos titulares de benefícios em manutenção e às instituições consignatárias necessária à realização do desconto deve constar de rotinas próprias; (Incluído pelo Decreto nº 4.862, de 2003)

IV - os prazos para o início dos descontos autorizados e para o repasse das prestações às instituições consignatárias devem ser definidos de forma justa e eficiente; (Incluído pelo Decreto nº 4.862, de 2003)

V - o valor dos encargos a serem cobrados pelo INSS deverá corresponder, apenas, ao ressarcimento dos custos operacionais, que serão absorvidos integralmente pelas instituições consignatárias; (Incluído pelo Decreto nº 4.862, de 2003)

VI - o próprio titular do benefício deverá firmar autorização expressa para o desconto; (Incluído pelo Decreto nº 4.862, de 2003)

VII - o valor do desconto não poderá exceder a trinta por cento do valor disponível do benefício, assim entendido o valor do benefício após a dedução das consignações de que tratam os incisos I a V do caput, correspondente a última competência paga, excluída a que contenha o décimo terceiro salário, estabelecido no momento da contratação;(Incluído pelo Decreto nº 4.862, de 2003)

VIII - o empréstimo poderá ser concedido por qualquer instituição consignatária, independentemente de ser ou não responsável pelo pagamento de benefício; (Redação dada pelo Decreto nº 5.180, de 2004)

IX - os beneficiários somente poderão realizar as operações previstas no inciso VI do caput se receberem o benefício no Brasil; (Redação dada pelo Decreto nº 5.180, de 2004)

X - a retenção recairá somente sobre as parcelas mensais fixas integrais, vedada a administração de eventual saldo devedor; (Incluído pelo Decreto nº 4.862, de 2003)

XI - o titular de benefício poderá autorizar mais de um desconto em favor da mesma instituição consignatária, respeitados o limite consignável e a prevalência de retenção em favor dos contratos mais antigos; (Incluído pelo Decreto nº 4.862, de 2003)

XII - a eventual modificação no valor do benefício ou das consignações de que tratam os incisos I a V do caput que resulte margem consignável inferior ao valor da parcela pactuada, poderá ensejar a reprogramação da retenção, alterando-se o valor e o prazo do desconto, desde que

solicitado pela instituição consignatária e sem acréscimo de custos operacionais; e (Incluído pelo Decreto nº 4.862, de 2003)

XIII - outras que se fizerem necessárias.(Incluído pelo Decreto nº 4.862, de 2003)

§ 7º Na hipótese de coexistência de descontos relacionados nos incisos II e VI do caput, prevalecerá o desconto do inciso II. (Incluído pelo Decreto nº 4.862, de 2003)

§ 8º É facultado ao titular do benefício solicitar a substituição da instituição financeira pagadora do benefício por outra, para pagamento de benefício mediante crédito em conta corrente, exceto se já tiver realizado operação com a instituição pagadora na forma do § 9º e enquanto houver saldo devedor em amortização. (Redação dada pelo Decreto nº 5.699, de 2006)

§ 9º O titular de benefício de aposentadoria, qualquer que seja a sua espécie, ou de pensão por morte do regime deste Regulamento, poderá autorizar, de forma irrevogável e irretratável, que a instituição financeira na qual receba seu benefício retenha valores referentes ao pagamento mensal de empréstimos, financiamentos e operações de arrendamento mercantil por ela concedidos, para fins de amortização. (Redação dada pelo Decreto nº 5.699, de 2006)

§ 10. O INSS não responde, em nenhuma hipótese, pelos débitos contratados pelos segurados, restringindo-se sua responsabilidade: (Incluído pelo Decreto nº 5.699, de 2006)

I - à retenção dos valores autorizados pelo beneficiário e seu repasse à instituição consignatária, em relação às operações contratadas na forma do inciso VI do caput; e (Incluído pelo Decreto nº 5.699, de 2006)

II - à manutenção dos pagamentos na mesma instituição financeira enquanto houver saldo devedor, desde que seja por ela comunicado, na forma estabelecida pelo INSS, e enquanto não houver retenção superior ao limite de trinta por cento do valor do benefício, em relação às operações contratadas na forma do § 9º. (Incluído pelo Decreto nº 5.699, de 2006)

Art. 154-A. O INSS poderá arredondar, para a unidade de real imediatamente superior, os valores em centavos dos benefícios de prestação continuada pagos mensalmente a seus beneficiários. (Incluído pelo Decreto nº 4.032, de 2001)

Parágrafo único. Os valores recebidos a maior pelo beneficiário serão descontados no pagamento do abono anual ou do último valor do pagamento do benefício, na hipótese de sua cessação. (Incluído pelo Decreto nº 4.032, de 2001)

Art. 155. Será fornecido ao beneficiário demonstrativo minucioso das importâncias pagas, discriminando-se o valor da mensalidade, as diferenças eventualmente pagas, com o período a que se referem, e os descontos efetuados.

Art. 156. O benefício será pago diretamente ao beneficiário, salvo em caso de ausência, moléstia contagiosa ou impossibilidade de locomoção, quando será pago a procurador, cujo mandato não terá prazo superior a doze meses, podendo ser renovado ou revalidado pelos setores de benefícios do Instituto Nacional do Seguro Social.

Parágrafo único. O procurador do beneficiário deverá firmar, perante o Instituto Nacional do Seguro Social, termo de responsabilidade mediante o qual se comprometa a comunicar ao Instituto qualquer evento que possa anular a procuração, principalmente o óbito do outorgante, sob pena de incorrer nas sanções criminais cabíveis.

Art. 157. O Instituto Nacional do Seguro Social apenas poderá negar-se a aceitar procuração quando se manifestar indício de inidoneidade do documento ou do mandatário, sem prejuízo, no entanto, das providências que se fizerem necessárias.

Art. 158. Na constituição de procuradores, observar-se-á subsidiariamente o disposto no Código Civil.

Art. 159. Somente será aceita a constituição de procurador com mais de uma procuração, ou procurações coletivas, nos casos de representantes credenciados de leprosários, sanatórios, asilos e outros estabelecimentos congêneres, nos casos de parentes de primeiro grau, ou, em outros casos, a critério do Instituto Nacional do Seguro Social.

Art. 160. Não poderão ser procuradores:

I - os servidores públicos civis ativos e os militares ativos, salvo se parentes até o segundo grau; e

II - os incapazes para os atos da vida civil, ressalvado o disposto no art. 666 do Código Civil. (Redação dada pelo Decreto nº 4.729, de 2003)

Parágrafo único. Podem outorgar procuração as pessoas maiores ou emancipadas, no gozo dos direitos civis.

Art. 161. O serviço social constitui atividade auxiliar do seguro social e visa prestar ao beneficiário orientação e apoio no que concerne à solução dos problemas pessoais e familiares e à melhoria da sua inter-relação com a previdência social, para a solução de questões referentes a benefícios, bem como, quando necessário, à obtenção de outros recursos sociais da comunidade.

§ 1º Será dada prioridade de atendimento a segurados em benefício por incapacidade temporária e atenção especial a aposentados e pensionistas. (Incluído pelo Decreto nº 6.722, de 2008).

§ 2º Para assegurar o efetivo atendimento aos beneficiários, poderão ser utilizados mecanismos de intervenção técnica, ajuda material, recursos sociais, intercâmbio com empresas, inclusive mediante celebração de convênios, acordos ou contratos, ou pesquisa social. (Incluído pelo Decreto nº 6.722, de 2008).

§ 3º O serviço social terá como diretriz a participação do beneficiário na implementação e fortalecimento da política previdenciária, em articulação com associações e entidades de classes. (Incluído pelo Decreto nº 6.722, de 2008).

§ 4º O serviço social prestará assessoramento técnico aos estados, Distrito Federal e municípios na elaboração de suas respectivas propostas de trabalho relacionadas com a previdência social. (Incluído pelo Decreto nº 6.722, de 2008).

§ 5º O Ministro de Estado da Previdência Social editará atos complementares para a aplicação do disposto neste artigo. (Incluído pelo Decreto nº 6.722, de 2008).

Art. 162. O benefício devido ao segurado ou dependente civilmente incapaz será pago ao cônjuge, pai, mãe, tutor ou curador, admitindo-se, na sua falta e por período não superior a seis meses, o pagamento a herdeiro necessário, mediante termo de compromisso firmado no ato do recebimento.

§ 1º (Revogado pelo Decreto nº 5.699, de 2006)v

§ 2º (Revogado pelo Decreto nº 5.699, de 2006)

Parágrafo único. O período a que se refere o caput poderá ser prorrogado por iguais períodos, desde que comprovado o andamento regular do processo legal de tutela ou curatela. (Incluído pelo Decreto nº 6.214, de 2007)

Art. 163. O segurado e o dependente, após dezesseis anos de idade, poderão firmar recibo de benefício, independentemente da presença dos pais ou do tutor.(Redação dada pelo Decreto nº 4.079, de 2002)

Art. 164. A impressão digital do beneficiário incapaz de assinar, aposta na presença de servidor da previdência social ou representante desta, vale como assinatura para quitação de pagamento de benefício.

Art. 165. O valor não recebido em vida pelo segurado somente será pago aos seus dependentes habilitados à pensão por morte ou, na falta deles, aos seus sucessores na forma da lei civil, independentemente de inventário ou arrolamento.

Art. 166. Os benefícios poderão ser pagos mediante depósito em conta corrente bancária em nome do beneficiário. (Redação dada pelo Decreto nº 4.729, de 2003)

§ 1º (Revogado pelo Decreto nº 3.265, de 1999)

§ 2º (Revogado pelo Decreto nº 4.729, de 2003)

§ 3º Na hipótese da falta de movimentação relativo a saque em conta corrente cujos depósitos sejam decorrentes exclusivamente de pagamento de benefícios, por prazo superior a

sessenta dias, os valores dos benefícios remanescentes serão estornados e creditados à Conta Única do Tesouro Nacional, com a identificação de sua origem. (Incluído pelo Decreto nº 4.729, de 2003)

Art. 167. Salvo no caso de direito adquirido, não é permitido o recebimento conjunto dos seguintes benefícios da previdência social, inclusive quando decorrentes de acidente do trabalho:

I - aposentadoria com auxílio-doença;
II - mais de uma aposentadoria;
III - aposentadoria com abono de permanência em serviço;
IV - salário-maternidade com auxílio-doença;
V - mais de um auxílio-acidente;
VI - mais de uma pensão deixada por cônjuge;
VII - mais de uma pensão deixada por companheiro ou companheira;
VIII - mais de uma pensão deixada por cônjuge e companheiro ou companheira; e
IX - auxílio-acidente com qualquer aposentadoria.

§ 1º No caso dos incisos VI, VII e VIII é facultado ao dependente optar pela pensão mais vantajosa.

§ 2º É vedado o recebimento conjunto do seguro-desemprego com qualquer benefício de prestação continuada da previdência social, exceto pensão por morte, auxílio-reclusão, auxílio-acidente, auxílio-suplementar ou abono de permanência em serviço.

§ 3º É permitida a acumulação dos benefícios previstos neste Regulamento com o benefício de que trata a Lei nº 7.070, de 20 de dezembro de 1982, que não poderá ser reduzido em razão de eventual aquisição de capacidade laborativa ou de redução de incapacidade para o trabalho ocorrida após a sua concessão.

§ 4º O segurado recluso, ainda que contribua na forma do § 6º do art. 116, não faz jus aos benefícios de auxílio-doença e de aposentadoria durante a percepção, pelos dependentes, do auxílio-reclusão, permitida a opção, desde que manifestada, também, pelos dependentes, pelo benefício mais vantajoso. (Incluído pelo Decreto nº 4.729, de 2003)

Art. 168. Salvo nos casos de aposentadoria por invalidez ou especial, observado quanto a esta o disposto no parágrafo único do art. 69, o retorno do aposentado à atividade não prejudica o recebimento de sua aposentadoria, que será mantida no seu valor integral. (Redação dada pelo Decreto nº 4.729, de 2003)

Art. 169. Os pagamentos dos benefícios de prestação continuada não poderão ser antecipados.

§ 1º Excepcionalmente, nas hipóteses de estado de calamidade pública, reconhecidas por ato do Poder Executivo federal, o INSS poderá, nos termos estabelecidos em ato do Secretário Especial de Previdência e Trabalho do Ministério da Economia, antecipar aos beneficiários domiciliados nos respectivos Municípios: (Redação da pelo Decreto nº 9.700, de 2019)

I - o cronograma de pagamento dos benefícios de prestação continuada previdenciária e assistencial, enquanto perdurar o estado de calamidade; e (Incluído pelo Decreto nº 7.223, de 2010)

II - o valor correspondente a uma renda mensal do benefício devido, excetuados os temporários, mediante opção dos beneficiários. (Incluído pelo Decreto nº 7.223, de 2010)

§ 2º O valor antecipado de que trata o inciso II do § 1º será ressarcido de forma parcelada, mediante desconto da renda do benefício, para esse fim equiparado ao crédito de que trata o inciso II do caput do art. 154, nos termos do ato a que se refere o § 1º. (Incluído pelo Decreto nº 7.223, de 2010)

Art. 170. Compete privativamente aos servidores de que trata o art. 2º da Lei no 10.876, de 2 de junho de 2004, a realização de exames médico-periciais para concessão e manutenção de benefícios e outras atividades médico-periciais inerentes ao regime de que trata este Regulamento, sem prejuízo do disposto no mencionado artigo. (Redação dada pelo Decreto nº 6.939, de 2009)

Parágrafo único. Os servidores de que trata o caput poderão solicitar ao médico assistente do beneficiário que forneça informações sobre antecedentes médicos a este relativas, na forma a ser disciplinada pelo INSS, para fins do disposto nos § 2º do art. 43 e § 1º do art. 71 ou para subsidiar emissão de laudo médico pericial conclusivo. (Incluído pelo Decreto nº 6.939, de 2009)

Art. 171. Quando o segurado ou dependente deslocar-se por determinação do Instituto Nacional do Seguro Social para submeter-se a exame médico-pericial ou a processo de reabilitação profissional em localidade diversa da de sua residência, deverá a instituição custear o seu transporte e pagar-lhe diária no valor de R$ 24,57 (vinte e quatro reais e cinqüenta e sete centavos), ou promover sua hospedagem mediante contratação de serviços de hotéis, pensões ou similares.

§ 1º Caso o beneficiário, a critério do Instituto Nacional do Seguro Social, necessite de acompanhante, a viagem deste poderá ser autorizada, aplicando-se o disposto neste artigo.

§ 2º Quando o beneficiário ficar hospedado em hotéis, pensões ou similares contratados ou conveniados pelo Instituto Nacional do Seguro Social, não caberá pagamento de diária.

Art. 172. Fica o Instituto Nacional do Seguro Social obrigado a emitir e a enviar aos beneficiários aviso de concessão de benefício, além da memória de cálculo do valor dos benefícios concedidos.

Art. 173. O segurado em gozo de aposentadoria por tempo de contribuição, especial ou por idade, que voltar a exercer atividade abrangida pelo Regime Geral de Previdência Social, somente terá direito ao salário-família e à reabilitação profissional, quando empregado ou trabalhador avulso, observado o disposto no art. 168 e, nos casos de aposentadoria especial, a proibição de que trata o parágrafo único do art. 69.

Art. 174. O primeiro pagamento do benefício será efetuado até quarenta e cinco dias após a data da apresentação, pelo segurado, da documentação necessária à sua concessão. (Redação dada pelo Decreto nº 6.722, de 2008).

Parágrafo único. O prazo fixado no caput fica prejudicado nos casos de justificação administrativa ou outras providências a cargo do segurado, que demandem a sua dilatação, iniciando-se essa contagem a partir da data da conclusão das mesmas.

Art. 175. O pagamento de parcelas relativas a benefícios efetuado com atraso, independentemente de ocorrência de mora e de quem lhe deu causa, deve ser corrigido monetariamente desde o momento em que restou devido, pelo mesmo índice utilizado para os reajustamentos dos benefícios do RGPS, apurado no período compreendido entre o mês que deveria ter sido pago e o mês do efetivo pagamento. (Redação dada pelo Decreto nº 6.722, de 2008).

Art. 176. A apresentação de documentação incompleta não constitui motivo para recusa do requerimento de benefício. (Redação dada pelo Decreto nº 3.668, de 2000)

Art. 177. (Revogado pelo Decreto nº 3.668, de 2000)

Art. 178. O pagamento mensal de benefícios de valor superior a vinte vezes o limite máximo de salário-de-contribuição deverá ser autorizado expressamente pelo Gerente-Executivo do Instituto Nacional do Seguro Social, observada a análise da Divisão ou Serviço de Benefícios. (Redação dada pelo Decreto nº 5.545, de 2005)

Parágrafo único. Os benefícios de valor inferior ao limite estipulado no caput, quando do reconhecimento do direito da concessão, revisão e manutenção de benefícios, serão supervisionados pelas Agências da Previdência Social e Divisões ou Serviços de Benefícios, sob critérios pré-estabelecidos pela Direção Central. (Redação dada pelo Decreto nº 5.545, de 2005)

Art. 179. O Ministério da Previdência e Assistência Social e o Instituto Nacional do Seguro Social manterão programa permanente de revisão da concessão e da manutenção dos

benefícios da previdência social, a fim de apurar irregularidades e falhas existentes.

§ 1º Havendo indício de irregularidade na concessão ou na manutenção do benefício ou, ainda, ocorrendo a hipótese prevista no § 4º, a previdência social notificará o beneficiário para apresentar defesa, provas ou documentos de que dispuser, no prazo de dez dias. (Redação dada pelo Decreto nº 5.699, de 2006)

§ 2º A notificação a que se refere o § 1º far-se-á por via postal com aviso de recebimento e, não comparecendo o beneficiário nem apresentando defesa, será suspenso o benefício, com notificação ao beneficiário. (Redação dada pelo Decreto nº 4.729, de 2003)

§ 3º Decorrido o prazo concedido pela notificação postal, sem que tenha havido resposta, ou caso seja considerada pela previdência social como insuficiente ou improcedente a defesa apresentada, o benefício será cancelado, dando-se conhecimento da decisão ao beneficiário. (Redação dada pelo Decreto nº 4.729, de 2003)

§ 4º O recenseamento previdenciário relativo ao pagamento dos benefícios do Regime Geral de Previdência Social de que tratam o § 4º do art. 69 e o caput do art. 60 da Lei no 8.212, de 1991, deverá ser realizado pelo menos uma vez a cada quatro anos. (Incluído pelo Decreto nº 5.545, de 2005)

§ 5º A coleta e transmissão de dados cadastrais de titulares de benefícios, com o objetivo de cumprir o disposto no § 4º, serão realizados por meio da rede bancária contratada para os fins do art. 60 da Lei no 8.212, de 1991. (Incluído pelo Decreto nº 5.545, de 2005)

§ 6º Na impossibilidade de notificação do beneficiário ou na falta de atendimento à convocação por edital, o pagamento será suspenso até o comparecimento do beneficiário e regularização dos dados cadastrais ou será adotado procedimento previsto no § 1º. (Incluído pelo Decreto nº 5.699, de 2006)

Art. 180. Ressalvado o disposto nos §§ 5º e 6º do art. 13, a perda da qualidade de segurado importa em caducidade dos direitos inerentes a essa qualidade. (Redação dada pelo Decreto nº 4.729, de 2003)

§ 1º A perda da qualidade de segurado não prejudica o direito à aposentadoria para cuja concessão tenham sido preenchidos todos os requisitos, segundo a legislação em vigor à época em que estes requisitos foram atendidos.

§ 2º Não será concedida pensão por morte aos dependentes do segurado que falecer após a perda desta qualidade, nos termos dos arts. 13 a 15, salvo se preenchidos os requisitos para obtenção de aposentadoria na forma do parágrafo anterior, observado o disposto no art. 105.

§ 3º No cálculo da aposentadoria de que trata o § 1º, será observado o disposto no § 9º do art. 32 e no art. 52.

Art. 181. Todo e qualquer benefício concedido pelo Instituto Nacional do Seguro Social, ainda que à conta do Tesouro Nacional, submete-se ao limite a que se refere o § 5º do art. 214.

Parágrafo único. Aos beneficiários de que trata o art. 150 da Lei nº 8.213, de 1991, aplicam-se as disposições previstas neste Regulamento, vedada a adoção de critérios diferenciados para a concessão de benefícios.

Art. 181-A. Fica garantido ao segurado com direito à aposentadoria por idade a opção pela não aplicação do fator previdenciário, devendo o Instituto Nacional do Seguro Social, quando da concessão do benefício, proceder ao cálculo da renda mensal inicial com e sem o fator previdenciário. (Incluído pelo Decreto nº 3.265, de 1999)

Art. 181-B. As aposentadorias por idade, tempo de contribuição e especial concedidas pela previdência social, na forma deste Regulamento, são irreversíveis e irrenunciáveis.(Incluído pelo Decreto nº 3.265, de 1999)

Parágrafo único. O segurado pode desistir do seu pedido de aposentadoria desde que manifeste esta intenção e requeira o arquivamento definitivo do pedido antes da ocorrência do primeiro de um dos seguintes atos: (Redação dada pelo Decreto nº 6.208, de 2007)

I - recebimento do primeiro pagamento do benefício; ou (Incluído pelo Decreto nº 6.208, de 2007)

II - saque do respectivo Fundo de Garantia do Tempo de Serviço ou do Programa de Integração Social. (Incluído pelo Decreto nº 6.208, de 2007)

Art. 181-C. Na hipótese de o inventariante não tomar a iniciativa do pagamento das contribuições devidas pelo segurado falecido o Instituto Nacional do Seguro Social deverá requerer, no inventário ou arrolamento de bens por ele deixado, o pagamento da dívida. (Incluído pelo Decreto nº 4.729, de 2003)

Parágrafo único. Na hipótese de ter sido feita a partilha da herança sem a liquidação das contribuições devidas pelo segurado falecido, respondem os herdeiros, cada qual em proporção da parte que na herança lhe coube, aplicando-se, em relação aos herdeiros dependentes, o disposto no art. 154, inciso I, combinado com o § 3º do mesmo artigo. (Incluído pelo Decreto nº 4.729, de 2003)

CAPÍTULO VIII - DAS DISPOSIÇÕES TRANSITÓRIAS RELATIVAS ÀS PRESTAÇÕES DO REGIME GERAL DE PREVIDÊNCIA SOCIAL

Art. 182. A carência das aposentadorias por idade, tempo de contribuição e especial para os segurados inscritos na previdência social urbana até 24 de julho de 1991, bem como para os trabalhadores e empregadores rurais amparados pela previdência social rural, obedecerá à seguinte tabela, levando-se em conta o ano em que o segurado implementou todas as condições necessárias à obtenção do benefício:

ANO DE IMPLEMENTAÇÃO DAS CONDIÇÕES	MESES DE CONTRIBUIÇÃO EXIGIDOS
1998	102 meses
1999	108 meses
2000	114 meses
2001	120 meses
2002	126 meses
2003	132 meses
2004	138 meses
2005	144 meses
2006	150 meses
2007	156 meses
2008	162 meses
2009	168 meses
2010	174 meses
2011	180 meses

Parágrafo único. Não se aplica a tabela de que trata o caput para os benefícios de aposentadoria por tempo de contribuição e por idade garantida aos segurados com deficiência, de que tratam os arts. 70-B e 70-C. (Incluído pelo Decreto nº 8.145, de 2013)

Art. 183. O trabalhador rural enquadrado como segurado obrigatório do RGPS, na forma da alínea "a" do inciso I ou da alínea "j" do inciso V do caput do art. 9º, pode requerer a aposentadoria por idade, no valor de um salário mínimo, até 31 de dezembro de 2010, desde que comprove o exercício de atividade rural, ainda que de forma descontínua, no período imediatamente anterior ao requerimento do benefício ou, conforme o caso, ao mês em que cumpriu o requisito etário, em número de meses idêntico à carência do referido benefício. (Redação dada pelo Decreto nº 6.722, de 2008).

Art. 183-A. Na concessão de aposentadoria por idade do empregado rural, em valor equivalente ao salário mínimo, serão contados para efeito de carência: (Incluído pelo Decreto nº 6.722, de 2008).

I - até 31 de dezembro de 2010, o período de atividade comprovado na forma do inciso II, letra "a", do § 2º do art. 62, observado o disposto no art. 183; (Incluído pelo Decreto nº 6.722, de 2008).

II - de janeiro de 2011 a dezembro de 2015, cada mês comprovado de emprego, multiplicado por três, limitado a doze meses dentro do respectivo ano civil; e (Incluído pelo Decreto nº 6.722, de 2008).

III - de janeiro de 2016 a dezembro de 2020, cada mês comprovado de emprego, multiplicado por dois, limitado a doze meses dentro do respectivo ano civil. (Incluído pelo Decreto nº 6.722, de 2008).

Parágrafo único. Aplica-se o disposto no caput e respectivo inciso I ao trabalhador rural enquadrado na categoria de segurado contribuinte individual que comprovar a prestação de serviço de natureza rural, em caráter eventual, a uma ou mais empresas, sem relação de emprego. (Incluído pelo Decreto nº 6.722, de 2008).

Art. 184. O segurado que recebe aposentadoria por idade, tempo de contribuição ou especial do Regime Geral de Previdência Social que permaneceu ou retornou à atividade e que vinha contribuindo até 14 de abril de 1994, véspera da vigência da Lei nº 8.870, de 15 de abril de 1994, receberá o pecúlio, em pagamento único, quando do desligamento da atividade que vinha exercendo.

§ 1º O pecúlio de que trata este artigo consistirá em pagamento único de valor correspondente à soma das importâncias relativas às contribuições do segurado, remuneradas de acordo com o índice de remuneração básica dos depósitos de poupança com data de aniversário no dia primeiro.

§ 2º O disposto no parágrafo anterior aplica-se a contar de 25 de julho de 1991, data da vigência da Lei nº 8.213, de 1991, observada, com relação às contribuições anteriores, a legislação vigente à época do seu recolhimento.

Art. 185. Serão mantidos, de acordo com a respectiva legislação específica, as prestações e o seu financiamento, referentes aos benefícios de ferroviário servidor público ou autárquico federal ou em regime especial que não optou pelo regime da Consolidação das Leis do Trabalho, na forma da Lei nº 6.184, de 11 de dezembro de 1974, bem como de seus dependentes.

Art. 186. (Revogado pelo Decreto nº 4.079, de 2002)

Art. 187. É assegurada a concessão de aposentadoria, a qualquer tempo, nas condições previstas na legislação anterior à Emenda Constitucional nº 20, de 1998, ao segurado do Regime Geral de Previdência Social que, até 16 de dezembro de 1998, tenha cumprido os requisitos para obtê-la.

Parágrafo único. Quando da concessão de aposentadoria nos termos do caput, o tempo de serviço será considerado até 16 de dezembro de 1998, e a renda mensal inicial será calculada com base nos trinta e seis últimos salários-de-contribuição anteriores àquela data, reajustada pelos mesmos índices aplicados aos benefícios, até a data da entrada do requerimento, não sendo devido qualquer pagamento relativamente a período anterior a esta data, observado, quando couber, o disposto no § 9º do art. 32 e nos §§ 3º e 4º do art. 56.

Art. 188. O segurado filiado ao Regime Geral de Previdência Social até 16 de dezembro de 1998, cumprida a carência exigida, terá direito a aposentadoria, com valores proporcionais ao tempo de contribuição, quando, cumulativamente: (Redação dada pelo Decreto nº 4.729, de 2003)

I - contar cinquenta e três anos ou mais de idade, se homem, e quarenta e oito anos ou mais de idade, se mulher; e

II - contar tempo de contribuição igual, no mínimo, à soma de:
a) trinta anos, se homem, e vinte e cinco anos, se mulher; e (Redação dada pelo Decreto nº 4.729, de 2003)

b) um período adicional de contribuição equivalente a, no mínimo, quarenta por cento do tempo que, em 16 de dezembro de 1998, faltava para atingir o limite de tempo constante da alínea «a». (Redação dada pelo Decreto nº 4.729, de 2003)

§ 1º (Revogado pelo Decreto nº 4.729, de 2003)

§ 2º O valor da renda mensal da aposentadoria proporcional será equivalente a setenta por cento do valor da aposentadoria a que se referem as alíneas «a» e «b» do inciso IV do art. 39, acrescido de cinco por cento por ano de contribuição que supere a soma a que se refere o inciso II até o limite de cem por cento. (Redação dada pelo Decreto nº 4.729, de 2003)

§ 3º O segurado que, até 16 de dezembro de 1998, tenha cumprido os requisitos para obter a aposentadoria proporcional somente fará jus ao acréscimo de cinco por cento a que se refere o § 2º se cumprir o requisito previsto no inciso I, observado o disposto no art. 187 ou a opção por aposentar-se na forma dos arts. 56 a 63. (Redação dada pelo Decreto nº 4.729, de 2003)

§ 4º O professor que, até 16 de dezembro de 1998, tenha exercido atividade de magistério, em qualquer nível, e que opte por se aposentar na forma do disposto nas alíneas «a» e «b» do inciso IV do art. 39, terá o tempo de serviço exercido até aquela data contado com o acréscimo de dezessete por cento, se homem, e de vinte por cento, se mulher, desde que se aposente, exclusivamente, com tempo de efetivo exercício de atividade de magistério, sem prejuízo do direito à aposentadoria na forma do § 1º do art. 56. (Redação dada pelo Decreto nº 5.545, de 2005)

Art. 188-A. Para o segurado filiado à previdência social até 28 de novembro de 1999, inclusive o oriundo de regime próprio de previdência social, que vier a cumprir as condições exigidas para a concessão dos benefícios do Regime Geral de Previdência Social, no cálculo do salário-de-benefício será considerada a média aritmética simples dos maiores salários-de-contribuição, correspondentes a, no mínimo, oitenta por cento de todo o período contributivo decorrido desde a competência julho de 1994, observado o disposto nos incisos I e II do caput e § 14 do art. 32. (Incluído pelo Decreto nº 3.265, de 1999)

§ 1º No caso das aposentadorias por idade, tempo de contribuição e especial, o divisor considerado no cálculo da média a que se refere o caput não poderá ser inferior a sessenta por cento do período decorrido da competência julho de 1994 até a data de início do benefício, limitado a cem por cento de todo o período contributivo.(Incluído pelo Decreto nº 3.265, de 1999)

§ 2º Para a obtenção do salário-de-benefício, o fator previdenciário de que trata o art. 32 será aplicado de forma progressiva, incidindo sobre um sessenta avos da média aritmética de que trata o caput, por competência que se seguir a 28 de novembro de 1999, cumulativa e sucessivamente, até completar sessenta sessenta avos da referida média, na competência novembro de 2004. (Incluído pelo Decreto nº 3.265, de 1999)

§ 3º (Revogado pelo Decreto nº 5.399, de 2005)

§ 4º Nos casos de auxílio-doença e de aposentadoria por invalidez, o salário-de-benefício consiste na média aritmética simples dos maiores salários-de-contribuição correspondentes a oitenta por cento do período contributivo decorrido desde a competência julho de 1994 até a data do início do benefício. (Redação dada pelo Decreto nº 6.939, de 2009)

Art. 188-B. Fica garantido ao segurado que, até o dia 28 de novembro de 1999, tenha cumprido os requisitos para a concessão de benefício, o cálculo do valor inicial segundo as regras até então vigentes, considerando-se como período básico de cálculo os trinta e seis meses imediatamente anteriores àquela data, observado o § 2º do art. 35, e assegurada a opção pelo cálculo na forma do art. 188-A, se mais vantajoso.(Incluído pelo Decreto nº 3.265, de 1999)

Arts. 188-C e 188-D. (Revogado pelo Decreto nº 4.729, de 2003)

Art. 188-E. O cálculo das aposentadorias concedidas mediante a utilização do critério estabelecido nos §§ 5º e 6º do art. 13 obedecerá ao disposto no art. 188-A e, quando inexistirem

salários-de-contribuição a partir de julho de 1994, serão concedidas no valor mínimo do salário-de-benefício. (Incluído pelo Decreto nº 4.729, de 2003)

Art. 188-F. Aplica-se o disposto no § 2º do art. 56 aos pedidos de benefícios requeridos a partir de 11 de maio de 2006, levando-se em consideração todo o período de exercício nas atividades citadas. (Incluído pelo Decreto nº 6.722, de 2008).

Art. 189. Os benefícios de legislação especial pagos pela previdência social à conta do Tesouro Nacional e de ex-combatentes, iniciados até 16 de dezembro de 1998, serão reajustados com base nos mesmos índices aplicáveis aos benefícios de prestação continuada da previdência social.

Art. 190. A partir de 14 de outubro de 1996, não serão mais devidos os benefícios de legislação específica do jornalista profissional, do jogador profissional de futebol e do telefonista.

Parágrafo único. A aposentadoria especial do aeronauta nos moldes do Decreto-lei nº 158, de 10 de fevereiro de 1967, está extinta a partir de 16 de dezembro de 1998, passando a ser devida ao aeronauta os benefícios deste Regulamento.

Art. 191. É vedada a inclusão em regime próprio de previdência social do servidor de que tratam as alíneas «i», «l» e «m» do inciso I do caput do art. 9º, sendo automática sua filiação ao Regime Geral de Previdência Social a partir de 16 de dezembro de 1998.

Art. 192. Aos menores de dezesseis anos filiados ao Regime Geral de Previdência Social até 16 de dezembro de 1998 são assegurados todos os direitos previdenciários.

Art. 193. O Instituto Nacional do Seguro Social deverá rever:

I - as aposentadorias concedidas no período de 29 de abril de 1995 até a data da publicação deste Regulamento, com conversão de tempo de atividade sob condições especiais em tempo de atividade comum, considerando-se a legislação vigente quando do cumprimento dos requisitos necessários à concessão das referidas aposentadorias; e

II - as aposentadorias por tempo de serviço e especial e as certidões de tempo de serviço com cômputo de tempo de serviço rural concedidas ou emitidas a partir de 24 de julho de 1991 até a data da publicação deste Regulamento.

LIVRO III - DO CUSTEIO DA SEGURIDADE SOCIAL

TÍTULO I - DO FINANCIAMENTO DA SEGURIDADE SOCIAL

CAPÍTULO I - INTRODUÇÃO

Art. 194. A seguridade social é financiada por toda a sociedade, de forma direta e indireta, mediante recursos provenientes dos orçamentos da União, dos Estados, do Distrito Federal, dos Municípios e de contribuições sociais.

Art. 195. No âmbito federal, o orçamento da seguridade social é composto de receitas provenientes:

I - da União;
II - das contribuições sociais; e
III - de outras fontes.

Parágrafo único. Constituem contribuições sociais:

I - as das empresas, incidentes sobre a remuneração paga, devida ou creditada aos segurados e demais pessoas físicas a seu serviço, mesmo sem vínculo empregatício;

II - as dos empregadores domésticos, incidentes sobre o salário-de-contribuição dos empregados domésticos a seu serviço;

III - as dos trabalhadores, incidentes sobre seu salário-de-contribuição;

IV - as das associações desportivas que mantêm equipe de futebol profissional, incidentes sobre a receita bruta decorrente dos espetáculos desportivos de que participem em todo território nacional em qualquer modalidade desportiva, inclusive jogos internacionais, e de qualquer forma de patrocínio, licenciamento de uso de marcas e símbolos, publicidade, propaganda e transmissão de espetáculos desportivos;

V - as incidentes sobre a receita bruta proveniente da comercialização da produção rural;

VI - as das empresas, incidentes sobre a receita ou o faturamento e o lucro; e

VII - as incidentes sobre a receita de concursos de prognósticos.

CAPÍTULO II - DA CONTRIBUIÇÃO DA UNIÃO

Art. 196. A contribuição da União é constituída de recursos adicionais do Orçamento Fiscal, fixados obrigatoriamente na Lei Orçamentária anual.

Parágrafo único. A União é responsável pela cobertura de eventuais insuficiências financeiras da seguridade social, quando decorrentes do pagamento de benefícios de prestação continuada da previdência social, na forma da Lei Orçamentária anual.

Art. 197. Para pagamento dos encargos previdenciários da União poderão contribuir os recursos da seguridade social referidos no inciso VI do parágrafo único do art. 195, na forma da Lei Orçamentária anual, assegurada a destinação de recursos para as ações de saúde e assistência social.

CAPÍTULO III - DA CONTRIBUIÇÃO DO SEGURADO

Seção I - Da Contribuição do Segurado Empregado, Empregado Doméstico e Trabalhador Avulso

Art. 198. A contribuição do segurado empregado, inclusive o doméstico, e do trabalhador avulso é calculada mediante a aplicação da correspondente alíquota, de forma não cumulativa, sobre o seu salário-de-contribuição mensal, observado o disposto no art. 214, de acordo com a seguinte tabela:

SALÁRIOS-DE-CONTRIBUIÇÃO	ALÍQUOTAS
até R$ 360,00	8,0 %
de R$ 360,01 até R$ 600,00	9,0 %
de R$ 600,01 até R$ 1.200,00	11,0 %

Parágrafo único. A contribuição do segurado trabalhador rural a que se refere à alínea "r" do inciso I do art. 9º é de oito por cento sobre o respectivo salário-de-contribuição definido no inciso I do art. 214. (Incluído pelo Decreto nº 6.722, de 2008).

Seção II - Da Contribuição dos Segurados Contribuinte Individual e Facultativo - (Redação dada pelo Decreto nº 3.265, de 1999)

Art. 199. A alíquota de contribuição dos segurados contribuinte individual e facultativo é de vinte por cento aplicada sobre o respectivo salário-de-contribuição, observado os limites a que se referem os §§ 3º e 5º do art. 214.(Redação dada pelo Decreto nº 3.265, de 1999)

Art. 199-A. A partir da competência em que o segurado fizer a opção pela exclusão do direito ao benefício de aposentadoria por tempo de contribuição, é de onze por cento, sobre o valor correspondente ao limite mínimo mensal do salário-de-contribuição, a alíquota de contribuição: (Incluído pelo Decreto nº 6.042, de 2007).

I - do segurado contribuinte individual, que trabalhe por conta própria, sem relação de trabalho com empresa ou equiparado; (Incluído pelo Decreto nº 6.042, de 2007).

II - do segurado facultativo; e (Incluído pelo Decreto nº 6.042, de 2007).

III - do MEI de que trata a alínea "p" do inciso V do art. 9º, cuja contribuição deverá ser recolhida na forma regulamentada pelo Comitê Gestor do Simples Nacional. (Redação dada pelo Decreto nº 6.722, de 2008).

§ 1º O segurado, inclusive aquele com deficiência, que tenha contribuído na forma do caput e pretenda contar o tempo

de contribuição correspondente, para fins de obtenção da aposentadoria por tempo de contribuição ou de contagem recíproca do tempo de contribuição, deverá complementar a contribuição mensal. (Redação dada pelo Decreto nº 8.145, de 2013)

§ 2º A complementação de que trata o § 1º dar-se-á mediante o recolhimento sobre o valor correspondente ao limite mínimo mensal do salário-de-contribuição em vigor na competência a ser complementada da diferença entre o percentual pago e o de vinte por cento, acrescido dos juros moratórios de que trata o § 3º do art. 5º da Lei no 9.430, de 27 de dezembro de 1996. (Redação dada pelo Decreto nº 8.145, de 2013)

§ 3º A contribuição complementar a que se refere os §§ 1º e 2º será exigida a qualquer tempo, sob pena do indeferimento ou cancelamento do benefício. (Incluído pelo Decreto nº 8.145, de 2013)

Seção III - Da Contribuição do Produtor Rural Pessoa Física e do Segurado Especial

Art. 200. A contribuição do empregador rural pessoa física, em substituição à contribuição de que tratam o inciso I do art. 201 e o art.202, e a do segurado especial, incidente sobre a receita bruta da comercialização da produção rural, é de: (Redação dada pelo Decreto nº 4.032, de 2001)

I - dois por cento para a seguridade social; e

II - zero vírgula um por cento para o financiamento dos benefícios concedidos em razão do grau de incidência de incapacidade laborativa decorrente dos riscos ambientais do trabalho.

§ 1º (Revogado pelo Decreto nº 4.032, de 2001)

§ 2º O segurado especial referido neste artigo, além da contribuição obrigatória de que tratam os incisos I e II do caput, poderá contribuir, facultativamente, na forma do art. 199. (Redação dada pelo Decreto nº 6.042, de 2007).

§ 3º O produtor rural pessoa física de que trata a alínea «a» do inciso V do caput do art. 9º contribui, também, obrigatoriamente, na forma do art. 199, observando ainda o disposto nas alíneas «a» e «b» do inciso I do art. 216.

§ 4º Integra a receita bruta de que trata este artigo, além dos valores decorrentes da comercialização da produção relativa aos produtos a que se refere o § 5º, a receita proveniente: (Redação dada pelo Decreto nº 6.722, de 2008).

I - da comercialização da produção obtida em razão de contrato de parceria ou meação de parte do imóvel rural; (Incluído pelo Decreto nº 6.722, de 2008).

II - da comercialização de artigos de artesanato de que trata o inciso VII do § 8º do art. 9º; (Incluído pelo Decreto nº 6.722, de 2008).

III - de serviços prestados, de equipamentos utilizados e de produtos comercializados no imóvel rural, desde que em atividades turística e de entretenimento desenvolvidas no próprio imóvel, inclusive hospedagem, alimentação, recepção, recreação e atividades pedagógicas, bem como taxa de visitação e serviços especiais; (Incluído pelo Decreto nº 6.722, de 2008).

IV - do valor de mercado da produção rural dada em pagamento ou que tiver sido trocada por outra, qualquer que seja o motivo ou finalidade; e (Incluído pelo Decreto nº 6.722, de 2008).

V - de atividade artística de que trata o inciso VIII do § 8º do art. 9º. (Incluído pelo Decreto nº 6.722, de 2008).

§ 5º Integram a produção, para os efeitos dos incisos I e II do caput, observado o disposto no § 25 do art. 9º, os produtos de origem animal ou vegetal, em estado natural ou submetidos a processos de beneficiamento ou industrialização rudimentar, assim compreendidos, entre outros, os processos de lavagem, limpeza, descaroçamento, pilagem, descascamento, lenhamento, pasteurização, resfriamento, secagem, socagem, fermentação, embalagem, cristalização, fundição, carvoejamento, cozimento, destilação, moagem e torrefação, bem como os subprodutos e os resíduos obtidos por meio desses processos. (Redação dada pelo Decreto nº 6.722, de 2008).

§ 6º (Revogado pelo Decreto nº 6.722, de 2008).

§ 7º A contribuição de que trata este artigo será recolhida:

I - pela empresa adquirente, consumidora ou consignatária ou a cooperativa, que ficam sub-rogadas no cumprimento das obrigações do produtor rural pessoa física de que trata a alínea «a» do inciso V do caput do art. 9º e do segurado especial, independentemente de as operações de venda ou consignação terem sido realizadas diretamente com estes ou com intermediário pessoa física, exceto nos casos do inciso III;

II - pela pessoa física não produtor rural, que fica sub-rogada no cumprimento das obrigações do produtor rural pessoa física de que trata a alínea «a» do inciso V do caput do art. 9º e do segurado especial, quando adquire produção para venda, no varejo, a consumidor pessoa física; ou

III - pela pessoa física de que trata alínea «a» do inciso V do caput do art. 9º e pelo segurado especial, caso comercializem sua produção com adquirente domiciliado no exterior, diretamente, no varejo, a consumidor pessoa física, a outro produtor rural pessoa física ou a outro segurado especial.

§ 8º O produtor rural pessoa física continua obrigado a arrecadar e recolher ao Instituto Nacional do Seguro Social a contribuição do segurado empregado e do trabalhador avulso a seu serviço, descontando-a da respectiva remuneração, nos mesmos prazos e segundo as mesmas normas aplicadas às empresas em geral.

§ 9º Sem prejuízo do disposto no inciso III do § 7º, o produtor rural pessoa física e o segurado especial são obrigados a recolher, diretamente, a contribuição incidente sobre a receita bruta proveniente: (Incluído pelo Decreto nº 6.722, de 2008).

I - da comercialização de artigos de artesanato elaborados com matéria-prima produzida pelo respectivo grupo familiar; (Incluído pelo Decreto nº 6.722, de 2008).

II - de comercialização de artesanato ou do exercício de atividade artística, observado o disposto nos incisos VII e VIII do § 8º do art. 9º; e (Incluído pelo Decreto nº 6.722, de 2008).

III - de serviços prestados, de equipamentos utilizados e de produtos comercializados no imóvel rural, desde que em atividades turística e de entretenimento desenvolvidas no próprio imóvel, inclusive hospedagem, alimentação, recepção, recreação e atividades pedagógicas, bem como taxa de visitação e serviços especiais. (Incluído pelo Decreto nº 6.722, de 2008).

§ 10. O segurado especial é obrigado a arrecadar a contribuição de trabalhadores a seu serviço e a recolhê-la no prazo referido na alínea "b" do inciso I do art. 216. (Incluído pelo Decreto nº 6.722, de 2008).

Art. 200-A. Equipara-se ao empregador rural pessoa física o consórcio simplificado de produtores rurais, formado pela união de produtores rurais pessoas físicas, que outorgar a um deles poderes para contratar, gerir e demitir trabalhadores rurais, na condição de empregados, para prestação de serviços, exclusivamente, aos seus integrantes, mediante documento registrado em cartório de títulos e documentos. (Incluído pelo Decreto nº 4.032, de 2001)

§ 1º O documento de que trata o caput deverá conter a identificação de cada produtor, seu endereço pessoal e o de sua propriedade rural, bem como o respectivo registro no Instituto Nacional de Colonização e Reforma Agrária ou informações relativas à parceria, arrendamento ou equivalente e à matrícula no INSS de cada um dos produtores rurais. (Incluído pelo Decreto nº 4.032, de 2001)

§ 2º O consórcio deverá ser matriculado no INSS, na forma por este estabelecida, em nome do empregador a quem hajam sido outorgados os mencionados poderes.(Incluído pelo Decreto nº 4.032, de 2001)

Art. 200-B. As contribuições de que tratam o inciso I do art. 201 e o art. 202, bem como a devida ao Serviço Nacional Rural, são substituídas, em relação à remuneração paga, devida ou creditada ao trabalhador rural contratado pelo consórcio simplificado de produtores rurais de que trata o art. 200-A, pela contribuição dos respectivos produtores rurais.(Incluído pelo Decreto nº 4.032, de 2001)

CAPÍTULO IV - DAS CONTRIBUIÇÕES DA EMPRESA E DO EMPREGADOR DOMÉSTICO

Seção I - Das Contribuições da Empresa

Art. 201. A contribuição a cargo da empresa, destinada à seguridade social, é de:

I - vinte por cento sobre o total das remunerações pagas, devidas ou creditadas, a qualquer título, no decorrer do mês, aos segurados empregado e trabalhador avulso, além das contribuições previstas nos arts. 202 e 204; (Redação dada pelo Decreto nº 3.265, de 1999)

II - vinte por cento sobre o total das remunerações ou retribuições pagas ou creditadas no decorrer do mês ao segurado contribuinte individual; (Redação dada pelo Decreto nº 3.265, de 1999)

III - quinze por cento sobre o valor bruto da nota fiscal ou fatura de prestação de serviços, relativamente a serviços que lhes são prestados por cooperados por intermédio de cooperativas de trabalho, observado, no que couber, as disposições dos §§ 7º e 8º do art. 219; (Redação dada pelo Decreto nº 3.265, de 1999)

IV - dois vírgula cinco por cento sobre o total da receita bruta proveniente da comercialização da produção rural, em substituição às contribuições previstas no inciso I do caput e no art. 202, quando se tratar de pessoa jurídica que tenha como fim apenas a atividade de produção rural. (Redação dada pelo Decreto nº 4.032, de 2001)

§ 1º São consideradas remuneração as importâncias auferidas em uma ou mais empresas, assim entendida a totalidade dos rendimentos pagos, devidos ou creditados a qualquer título, durante o mês, destinados a retribuir o trabalho, qualquer que seja a sua forma, inclusive os ganhos habituais sob a forma de utilidades, ressalvado o disposto no § 9º do art. 214 e excetuado o lucro distribuído ao segurado empresário, observados os termos do inciso II do § 5º.

§ 2º Integra a remuneração para os fins do disposto nos incisos II e III do caput, a bolsa de estudos paga ou creditada ao médico-residente participante do programa de residência médica de que trata o art. 4º da Lei nº 6.932, de 7 de julho de 1981, na redação dada pela Lei nº 10.405, de 9 de janeiro de 2002. (Redação dada pelo Decreto nº 4.729, de 2003)

§ 3º Não havendo comprovação dos valores pagos ou creditados aos segurados de que tratam as alíneas «e» a «i» do inciso V do art. 9º, em face de recusa ou sonegação de qualquer documento ou informação, ou sua apresentação deficiente, a contribuição da empresa referente a esses segurados será de vinte por cento sobre: (Redação dada pelo Decreto nº 3.452, de 2000)

I - o salário-de-contribuição do segurado nessa condição; (Incluído pelo Decreto nº 3.452, de 2000)

II - a maior remuneração paga a empregados da empresa; ou (Incluído pelo Decreto nº 3.452, de 2000)

III - o salário mínimo, caso não ocorra nenhuma das hipóteses anteriores. (Incluído pelo Decreto nº 3.452, de 2000)

§ 4º A remuneração paga ou creditada a condutor autônomo de veículo rodoviário, ou ao auxiliar de condutor autônomo de veículo rodoviário, em automóvel cedido em regime de colaboração, nos termos da Lei nº 6.094, de 30 de agosto de 1974, pelo frete, carreto ou transporte de passageiros, realizado por conta própria, corresponde a vinte por cento do rendimento bruto.(Redação dada pelo Decreto nº 4.032, de 2001)

§ 5º No caso de sociedade civil de prestação de serviços profissionais relativos ao exercício de profissões legalmente regulamentadas, a contribuição da empresa referente aos segurados a que se referem as alíneas «g» a «i» do inciso V do art. 9º, observado o disposto no art. 225 e legislação específica, será de vinte por cento sobre: (Redação dada pelo Decreto nº 3.265, de 1999)

I - a remuneração paga ou creditada aos sócios em decorrência de seu trabalho, de acordo com a escrituração contábil da empresa; ou

II - os valores totais pagos ou creditados aos sócios, ainda que a título de antecipação de lucro da pessoa jurídica, quando não houver discriminação entre a remuneração decorrente do trabalho e a proveniente do capital social ou tratar-se de adiantamento de resultado ainda não apurado por meio de demonstração de resultado do exercício. (Redação dada pelo Decreto nº 4.729, de 2003)

§ 6º No caso de banco comercial, banco de investimento, banco de desenvolvimento, caixa econômica, sociedade de crédito, financiamento e investimento, sociedade de crédito imobiliário, inclusive associação de poupança e empréstimo, sociedade corretora, distribuidora de títulos e valores mobiliários, inclusive bolsa de mercadorias e de valores, empresa de arrendamento mercantil, cooperativa de crédito, empresa de seguros privados e de capitalização, agente autônomo de seguros privados e de crédito e entidade de previdência privada, aberta e fechada, além das contribuições referidas nos incisos I e II do caput e nos arts. 202 e 204, é devida a contribuição adicional de dois vírgula cinco por cento sobre a base de cálculo definida nos incisos I e II do caput. (Redação dada pelo Decreto nº 3.265, de 1999)

§ 7º A pessoa jurídica enquadrada na condição de microempresa ou de empresa de pequeno porte, na forma do art. 2º da Lei nº 9.317, de 5 de dezembro de 1996, que optar pela inscrição no Sistema Integrado de Pagamento de Impostos e Contribuições das Microempresas e Empresas de Pequeno Porte, contribuirá na forma estabelecida no art. 23 da referida Lei, em substituição às contribuições de que tratam os incisos I a IV do caput e os arts. 201-A, 202 e 204. (Redação dada pelo Decreto nº 4.032, de 2001)

§ 8º A contribuição será sempre calculada na forma do inciso II do caput quando a remuneração ou retribuição for paga ou creditada a pessoa física, quando ausentes os requisitos que caracterizem o segurado como empregado, mesmo que não esteja inscrita no Regime Geral de Previdência Social. (Redação dada pelo Decreto nº 3.265, de 1999)

§§ 9º a 14. (Revogados pelo Decreto nº 3.265, de 1999)

§ 15. Para os efeitos do inciso IV do caput e do § 8º do art. 202, considera-se receita bruta o valor recebido ou creditado pela comercialização da produção, assim entendida a operação de venda ou consignação, observadas as disposições do § 5º do art. 200.

§ 16. A partir de 14 de outubro de 1996, as contribuições de que tratam o inciso IV do caput e o § 8º do art. 202 são de responsabilidade do produtor rural pessoa jurídica, não sendo admitida a sub-rogação ao adquirente, consignatário ou cooperativa.

§ 17. O produtor rural pessoa jurídica continua obrigado a arrecadar e recolher ao Instituto Nacional do Seguro Social a contribuição do segurado empregado e do trabalhador avulso a seu serviço, descontando-a da respectiva remuneração, nos mesmos prazos e segundo as mesmas normas aplicadas às empresas em geral.

§ 18. (Revogado pelo Decreto nº 4.032, de 2001)

§ 19. A cooperativa de trabalho não está sujeita à contribuição de que trata o inciso II do caput, em relação às importâncias por ela pagas, distribuídas ou creditadas aos respectivos cooperados, a título de remuneração ou retribuição pelos serviços que, por seu intermédio, tenham prestado a empresas. (Redação dada pelo Decreto nº 3.452, de 2000))

§ 20. A contribuição da empresa, relativamente aos serviços que lhe são prestados por cooperados por intermédio de co-

operativas de trabalho na atividade de transporte rodoviário de carga ou passageiro, é de quinze por cento sobre a parcela correspondente ao valor dos serviços prestados pelos cooperados, que não será inferior a vinte por cento do valor da nota fiscal ou fatura.(Incluído pelo Decreto nº 4.032, de 2001)

§ 21. O disposto no inciso IV do caput não se aplica às operações relativas à prestação de serviços a terceiros, cujas contribuições previdenciárias continuam sendo devidas na forma deste artigo e do art. 202.(Incluído pelo Decreto nº 4.032, de 2001)

§ 22. A pessoa jurídica, exceto a agroindústria, que, além da atividade rural, explorar também outra atividade econômica autônoma, quer seja comercial, industrial ou de serviços, no mesmo ou em estabelecimento distinto, independentemente de qual seja a atividade preponderante, contribuirá de acordo com os incisos I, II e III do art. 201 e art. 202.(Incluído pelo Decreto nº 4.032, de 2001)

Art. 201-A. A contribuição devida pela agroindústria, definida como sendo o produtor rural pessoa jurídica cuja atividade econômica seja a industrialização de produção própria ou de produção própria e adquirida de terceiros, incidente sobre o valor da receita bruta proveniente da comercialização da produção, em substituição às previstas no inciso I do art. 201 e art. 202, é de: (Incluído pelo Decreto nº 4.032, de 2001)

I - dois vírgula cinco por cento destinados à Seguridade Social; e (Incluído pelo Decreto nº 4.032, de 2001)

II - zero vírgula um por cento para o financiamento do benefício previsto nos arts. 64 a 70, e daqueles concedidos em razão do grau de incidência de incapacidade para o trabalho decorrente dos riscos ambientais da atividade. (Incluído pelo Decreto nº 4.032, de 2001)

§ 1º Para os fins deste artigo, entende-se por receita bruta o valor total da receita proveniente da comercialização da produção própria e da adquirida de terceiros, industrializada ou não. (Incluído pelo Decreto nº 4.032, de 2001)

§ 2º O disposto neste artigo não se aplica às operações relativas à prestação de serviços a terceiros, cujas contribuições previdenciárias continuam sendo devidas na forma do art. 201 e 202, obrigando-se a empresa a elaborar folha de salários e registros contábeis distintos. (Incluído pelo Decreto nº 4.032, de 2001)

§ 3º Na hipótese do § 2º, a receita bruta correspondente aos serviços prestados a terceiros não integram a base de cálculo da contribuição de que trata o caput. (Incluído pelo Decreto nº 4.032, de 2001)

§ 4º O disposto neste artigo não se aplica: (Redação dada pelo Decreto nº 4.862, de 2003)

I - às sociedades cooperativas e às agroindústrias de piscicultura, carcinicultura, suinocultura e avicultura; e(Incluído pelo Decreto nº 4.862, de 2003)

II - à pessoa jurídica que, relativamente à atividade rural, se dedique apenas ao florestamento e reflorestamento como fonte de matéria-prima para industrialização própria mediante a utilização de processo industrial que modifique a natureza química da madeira ou a transforme em pasta celulósica. (Incluído pelo Decreto nº 4.862, de 2003)

§ 5º Aplica-se o disposto no inciso II do § 4º ainda que a pessoa jurídica comercialize resíduos vegetais ou sobras ou partes da produção, desde que a receita bruta decorrente dessa comercialização represente menos de um por cento de sua receita bruta proveniente da comercialização da produção. (Incluído pelo Decreto nº 4.862, de 2003)

Art. 201-B. Aplica-se o disposto no artigo anterior, ainda que a agroindústria explore, também, outra atividade econômica autônoma, no mesmo ou em estabelecimento distinto, hipótese em que a contribuição incidirá sobre o valor da receita bruta dela decorrente. (Incluído pelo Decreto nº 4.032, de 2001)

Art. 201-C. Quando a cooperativa de produção rural contratar empregados para realizarem, exclusivamente, a colheita da produção de seus cooperados, as contribuições de que tratam o art. 201, I, e o art. 202, relativas à folha de salário destes segurados, serão substituídas pela contribuição devida pelos cooperados, cujas colheitas sejam por eles realizadas, incidentes sobre a receita bruta da comercialização da produção rural, na forma prevista no art. 200, se pessoa física, no inciso IV do caput do art. 201 e no § 8º do art. 202, se pessoa jurídica. (Incluído pelo Decreto nº 4.032, de 2001)

§ 1º A cooperativa deverá elaborar folha de salários distinta e apurar os encargos decorrentes da contratação de que trata o caput separadamente dos relativos aos seus empregados regulares, discriminadamente por cooperado, na forma definida pelo INSS.(Incluído pelo Decreto nº 4.032, de 2001)

§ 2º A cooperativa é diretamente responsável pela arrecadação e recolhimento da contribuição previdenciária dos segurados contratados na forma deste artigo.(Incluído pelo Decreto nº 4.032, de 2001)

§ 3º O disposto neste artigo aplica-se à contribuição devida ao Serviço Nacional Rural.(Incluído pelo Decreto nº 4.032, de 2001)

Art. 201-D. As alíquotas de que tratam os incisos I e II do art. 201, em relação às empresas que prestam serviços de tecnologia da informação - TI e de tecnologia da informação e comunicação - TIC, ficam reduzidas de acordo com a aplicação sucessiva das seguintes operações: (Incluído pelo Decreto nº 6.945, de 2009) (Produção de efeito)

I - subtrair do valor da receita bruta total de venda de bens e serviços relativa aos doze meses imediatamente anteriores ao trimestre-calendário o valor correspondente aos impostos e às contribuições incidentes sobre venda; (Incluído pelo Decreto nº 6.945, de 2009) (Produção de efeito)

II - identificar, no valor da receita bruta total resultante da operação prevista no inciso I, a parte relativa aos serviços mencionados nos §§ 3º e 4º que foram exportados; (Incluído pelo Decreto nº 6.945, de 2009) (Produção de efeito)

III - dividir a receita bruta de exportação resultante do inciso II pela receita bruta total resultante do inciso I; (Incluído pelo Decreto nº 6.945, de 2009) (Produção de efeito)

IV - multiplicar a razão decorrente do inciso III por um décimo; (Incluído pelo Decreto nº 6.945, de 2009) (Produção de efeito)

V - multiplicar o valor encontrado de acordo com a operação do inciso IV por cem, para que se chegue ao percentual de redução; (Incluído pelo Decreto nº 6.945, de 2009) (Produção de efeito)

VI - subtrair de vinte por cento o percentual resultante do inciso V, de forma que se obtenha a nova alíquota percentual a ser aplicada sobre a base de cálculo da contribuição previdenciária. (Incluído pelo Decreto nº 6.945, de 2009) (Produção de efeito)

§ 1º A alíquota apurada na forma do inciso VI do caput será aplicada uniformemente nos meses que compõem o trimestre-calendário. (Incluído pelo Decreto nº 6.945, de 2009) (Produção de efeito)

§ 2º No caso de empresa em início de atividades ou sem receita de exportação até a data de publicação da Lei no 11.774, de 17 de setembro de 2008, a apuração de que trata o caput poderá ser realizada com base em período inferior a doze meses, observado o mínimo de três meses anteriores. (Incluído pelo Decreto nº 6.945, de 2009) (Produção de efeito)

§ 3º Para efeito do caput, consideram-se serviços de TI e TIC: (Incluído pelo Decreto nº 6.945, de 2009) (Produção de efeito)

I - análise e desenvolvimento de sistemas; (Incluído pelo Decreto nº 6.945, de 2009) (Produção de efeito)

II - programação; (Incluído pelo Decreto nº 6.945, de 2009) (Produção de efeito)

III - processamento de dados e congêneres; (Incluído pelo Decreto nº 6.945, de 2009) (Produção de efeito)

IV - elaboração de programas de computadores, inclusive de jogos eletrônicos; (Incluído pelo Decreto nº 6.945, de 2009) (Produção de efeito)

V - licenciamento ou cessão de direito de uso de programas de computação; (Incluído pelo Decreto nº 6.945, de 2009) (Produção de efeito)

VI - assessoria e consultoria em informática; (Incluído pelo Decreto nº 6.945, de 2009) (Produção de efeito)

VII - suporte técnico em informática, inclusive instalação, configuração e manutenção de programas de computação e bancos de dados; e (Incluído pelo Decreto nº 6.945, de 2009) (Produção de efeito)

VIII - planejamento, confecção, manutenção e atualização de páginas eletrônicas. (Incluído pelo Decreto nº 6.945, de 2009) (Produção de efeito)

§ 4º O disposto neste artigo aplica-se também a empresas que prestam serviços de call center. (Incluído pelo Decreto nº 6.945, de 2009) (Produção de efeito)

§ 5º No caso das empresas que prestam serviços referidos nos §§ 3º e 4º, os valores das contribuições devidas a terceiros, denominados outras entidades ou fundos, com exceção do Fundo Nacional de Desenvolvimento da Educação - FNDE, ficam reduzidos no percentual resultante das operações referidas no caput e de acordo com a aplicação sucessiva das seguintes operações: (Incluído pelo Decreto nº 6.945, de 2009) (Produção de efeito)

I - calcular a contribuição devida no mês a cada entidade ou fundo, levando em consideração as regras aplicadas às empresas em geral; (Incluído pelo Decreto nº 6.945, de 2009) (Produção de efeito)

II - aplicar o percentual de redução, resultante do inciso V do caput, sobre o valor resultante do inciso I; (Incluído pelo Decreto nº 6.945, de 2009) (Produção de efeito)

III - subtrair, do valor apurado na forma do inciso I, o valor obtido no inciso II, o que resultará no valor a ser recolhido a cada entidade ou fundo no mês. (Incluído pelo Decreto nº 6.945, de 2009) (Produção de efeito)

§ 6º As reduções de que tratam o caput e o § 5º pressupõem o atendimento ao seguinte: (Incluído pelo Decreto nº 6.945, de 2009) (Produção de efeito)

I - até 31 de dezembro de 2009, a empresa deverá implementar o Programa de Prevenção de Riscos Ambientais e de Doenças Ocupacionais previsto em lei, caracterizado pela plena execução do Programa de Prevenção de Riscos Ambientais - PPRA e do Programa de Controle Médico de Saúde Ocupacional - PCMSO, conforme disciplinado nas normas regulamentadoras do Ministério do Trabalho e Emprego, devendo ainda estabelecer metas de melhoria das condições e do ambiente de trabalho que reduzam a ocorrência de benefícios por incapacidade decorrentes de acidentes do trabalho ou doenças ocupacionais em pelo menos cinco por cento em relação ao ano anterior; (Redação dada pelo Decreto nº 7.331, de 2010)

II - até 31 de dezembro de 2010, a empresa que comprovar estar executando o programa de prevenção de riscos ambientais e de doenças ocupacionais implantado nos prazo e forma estabelecidos no inciso I, terá presumido o atendimento à exigência fixada no inciso I do § 9º do art. 14 da Lei no 11.774, de 2008; (Incluído pelo Decreto nº 6.945, de 2009) (Produção de efeito) (Vide Decreto nº 6.945, de 2009)

III - a partir de 1º de janeiro de 2011, a empresa deverá comprovar a eficácia do respectivo programa de prevenção de riscos ambientais e de doenças ocupacionais, por meio de relatórios que atestem o atendimento da meta de redução de sinistralidade nele estabelecida; (Incluído pelo Decreto nº 6.945, de 2009) (Produção de efeito) (Vide Decreto nº 6.945, de 2009)

IV - (Revogado pelo Decreto nº 7.331, de 2010)

§ 7º Sem prejuízo do disposto no § 6º, as empresas dos setores de TI e de TIC só farão jus às reduções de que tratam o caput e o § 5º se aplicarem montante igual ou superior a dez por cento do benefício auferido, alternativa ou cumulativamente em despesas: (Incluído pelo Decreto nº 6.945, de 2009) (Produção de efeito)

I - para capacitação de pessoal, relacionada a aspectos técnicos associados aos serviços de TI e TIC, referidos no § 3º, bem como a serviços de call centers, aí incluída a capacitação em temas diretamente relacionados com qualidade de produtos, processos ou sistemas, bem como a proficiência em línguas estrangeiras; (Incluído pelo Decreto nº 6.945, de 2009) (Produção de efeito)

II - relacionadas ao desenvolvimento de atividades de avaliação de conformidade, incluindo certificação de produtos, serviços e sistemas, realizadas com entidades ou especialistas do País ou do exterior; (Incluído pelo Decreto nº 6.945, de 2009) (Produção de efeito)

III - realizadas com desenvolvimento tecnológico de produtos, processos e serviços, sendo consideradas atividades de pesquisa e desenvolvimento em TI aquelas dispostas nos arts. 24 e 25 do Decreto no 5.906, de 26 de setembro de 2006; ou (Incluído pelo Decreto nº 6.945, de 2009) (Produção de efeito)

IV - realizadas no apoio a projetos de desenvolvimento científico ou tecnológico, por instituições de pesquisa e desenvolvimento, conforme definidos nos arts. 27 e 28 do Decreto no 5.906, de 2006, devidamente credenciadas pelo Comitê da Área de Tecnologia da Informação - CATI ou pelo Comitê das Atividades de Pesquisa e Desenvolvimento da Amazônia - CAPDA. (Incluído pelo Decreto nº 6.945, de 2009) (Produção de efeito)

§ 8º O valor do benefício e a especificação das contrapartidas referidos no § 7º deverão ser declarados formalmente pelas empresas beneficiárias, a cada exercício, ao Ministério da Ciência e Tecnologia, na forma a ser definida em ato daquele Ministério. (Incluído pelo Decreto nº 6.945, de 2009) (Produção de efeito)

§ 9º Para fins do § 8º, as empresas beneficiadas pela Lei no 8.248, de 23 de outubro de 1991, poderão deduzir do montante previsto no § 7º as despesas efetivamente realizadas, no atendimento às exigências da referida Lei, observado o disposto no § 10. (Incluído pelo Decreto nº 6.945, de 2009) (Produção de efeito)

§ 10. O disposto no § 9º aplica-se exclusivamente às despesas de mesma natureza das previstas no § 7º. (Incluído pelo Decreto nº 6.945, de 2009) (Produção de efeito)

§ 11. A União compensará, mensalmente, o Fundo do Regime Geral de Previdência Social, de que trata o art. 68 da Lei Complementar no 101, de 4 de maio de 2000, no valor correspondente à renúncia previdenciária decorrente da desoneração de que trata este artigo, de forma a não afetar a apuração do resultado financeiro do Regime Geral de Previdência Social. (Incluído pelo Decreto nº 6.945, de 2009) (Produção de efeito)

§ 12. A renúncia de que trata o § 11 consistirá na diferença entre o valor da contribuição que seria devido, como se não houvesse incentivo, e o valor da contribuição efetivamente recolhido. (Incluído pelo Decreto nº 6.945, de 2009) (Produção de efeito)

§ 13. O valor estimado da renúncia será incluído na Lei Orçamentária Anual, sem prejuízo do repasse enquanto não constar na mencionada Lei. (Incluído pelo Decreto nº 6.945, de 2009) (Produção de efeito)

§ 14. O não-cumprimento das exigências de que tratam os §§ 6º e 7º implica a perda do direito das reduções de que tratam o caput e o § 5º, ensejando o recolhimento da diferença de contribuições com os acréscimos legais cabíveis. (Incluído pelo Decreto nº 6.945, de 2009) (Produção de efeito)

Art. 202. A contribuição da empresa, destinada ao financiamento da aposentadoria especial, nos termos dos arts. 64 a 70, e dos benefícios concedidos em razão do grau de incidência de incapacidade laborativa decorrente dos riscos ambientais do trabalho corresponde à aplicação dos seguintes percentu-

ais, incidentes sobre o total da remuneração paga, devida ou creditada a qualquer título, no decorrer do mês, ao segurado empregado e trabalhador avulso:

I - um por cento para a empresa em cuja atividade preponderante o risco de acidente do trabalho seja considerado leve;

II - dois por cento para a empresa em cuja atividade preponderante o risco de acidente do trabalho seja considerado médio; ou

III - três por cento para a empresa em cuja atividade preponderante o risco de acidente do trabalho seja considerado grave.

§ 1º As alíquotas constantes do caput serão acrescidas de doze, nove ou seis pontos percentuais, respectivamente, se a atividade exercida pelo segurado a serviço da empresa ensejar a concessão de aposentadoria especial após quinze, vinte ou vinte e cinco anos de contribuição.

§ 2º O acréscimo de que trata o parágrafo anterior incide exclusivamente sobre a remuneração do segurado sujeito às condições especiais que prejudiquem a saúde ou a integridade física.

§ 3º Considera-se preponderante a atividade que ocupa, na empresa, o maior número de segurados empregados e trabalhadores avulsos.

§ 4º A atividade econômica preponderante da empresa e os respectivos riscos de acidentes do trabalho compõem a Relação de Atividades Preponderantes e correspondentes Graus de Risco, prevista no Anexo V.

§ 5º É de responsabilidade da empresa realizar o enquadramento na atividade preponderante, cabendo à Secretaria da Receita Previdenciária do Ministério da Previdência Social revê-lo a qualquer tempo. (Redação dada pelo Decreto nº 6.042, de 2007).

§ 6º Verificado erro no auto-enquadramento, a Secretaria da Receita Previdenciária adotará as medidas necessárias à sua correção, orientará o responsável pela empresa em caso de recolhimento indevido e procederá à notificação dos valores devidos. (Redação dada pelo Decreto nº 6.042, de 2007).

§ 7º O disposto neste artigo não se aplica à pessoa física de que trata a alínea «a» do inciso V do caput do art. 9º.

§ 8º Quando se tratar de produtor rural pessoa jurídica que se dedique à produção rural e contribua nos moldes do inciso IV do caput do art. 201, a contribuição referida neste artigo corresponde a zero vírgula um por cento incidente sobre a receita bruta proveniente da comercialização de sua produção.

§ 9º (Revogado pelo Decreto nº 3.265, de 1999)

§ 10. Será devida contribuição adicional de doze, nove ou seis pontos percentuais, a cargo da cooperativa de produção, incidente sobre a remuneração paga, devida ou creditada ao cooperado filiado, na hipótese de exercício de atividade que autorize a concessão de aposentadoria especial após quinze, vinte ou vinte e cinco anos de contribuição, respectivamente. (Incluído pelo Decreto nº 4.729, de 2003)

§ 11. Será devida contribuição adicional de nove, sete ou cinco pontos percentuais, a cargo da empresa tomadora de serviços de cooperado filiado a cooperativa de trabalho, incidente sobre o valor bruto da nota fiscal ou fatura de prestação de serviços, conforme a atividade exercida pelo cooperado permita a concessão de aposentadoria especial após quinze, vinte ou vinte e cinco anos de contribuição, respectivamente. (Incluído pelo Decreto nº 4.729, de 2003)

§ 12. Para os fins do § 11, será emitida nota fiscal ou fatura de prestação de serviços específica para a atividade exercida pelo cooperado que permita a concessão de aposentadoria especial. (Incluído pelo Decreto nº 4.729, de 2003)

§ 13. A empresa informará mensalmente, por meio da Guia de Recolhimento do Fundo de Garantia do Tempo de Serviço e Informações à Previdência Social - GFIP, a alíquota correspondente ao seu grau de risco, a respectiva atividade preponderante e a atividade do estabelecimento, apuradas de acordo com o disposto nos §§ 3º e 5º. (Incluído pelo Decreto nº 6.042, de 2007).

Art. 202-A. As alíquotas constantes nos incisos I a III do art. 202 serão reduzidas em até cinqüenta por cento ou aumentadas em até cem por cento, em razão do desempenho da empresa em relação à sua respectiva atividade, aferido pelo Fator Acidentário de Prevenção - FAP. (Incluído pelo Decreto nº 6.042, de 2007).

§ 1º O FAP consiste num multiplicador variável num intervalo contínuo de cinco décimos (0,5000) a dois inteiros (2,0000), aplicado com quatro casas decimais, considerado o critério de arredondamento na quarta casa decimal, a ser aplicado à respectiva alíquota. (Redação dada pelo Decreto nº 6.957, de 2009)

§ 2º Para fins da redução ou majoração a que se refere o caput, proceder-se-á à discriminação do desempenho da empresa, dentro da respectiva atividade econômica, a partir da criação de um índice composto pelos índices de gravidade, de frequência e de custo que pondera os respectivos percentis com pesos de cinquenta por cento, de trinta cinco por cento e de quinze por cento, respectivamente. (Redação dada pelo Decreto nº 6.957, de 2009)

§ 3º (Revogado pelo Decreto nº 6.957, de 2009)

§ 4º Os índices de freqüência, gravidade e custo serão calculados segundo metodologia aprovada pelo Conselho Nacional de Previdência Social, levando-se em conta: (Incluído pelo Decreto nº 6.042, de 2007).

I - para o índice de freqüência, os registros de acidentes e doenças do trabalho informados ao INSS por meio de Comunicação de Acidente do Trabalho - CAT e de benefícios acidentários estabelecidos por nexos técnicos pela perícia médica do INSS, ainda que sem CAT a eles vinculados; (Redação dada pelo Decreto nº 6.957, de 2009)

II - para o índice de gravidade, todos os casos de auxílio-doença, auxílio-acidente, aposentadoria por invalidez e pensão por morte, todos de natureza acidentária, aos quais são atribuídos pesos diferentes em razão da gravidade da ocorrência, como segue: (Redação dada pelo Decreto nº 6.957, de 2009)

a) pensão por morte: peso de cinquenta por cento; (Incluído pelo Decreto nº 6.957, de 2009)

b) aposentadoria por invalidez: peso de trinta por cento; e (Incluído pelo Decreto nº 6.957, de 2009)

c) auxílio-doença e auxílio-acidente: peso de dez por cento para cada um; e (Incluído pelo Decreto nº 6.957, de 2009)

III - para o índice de custo, os valores dos benefícios de natureza acidentária pagos ou devidos pela Previdência Social, apurados da seguinte forma: (Redação dada pelo Decreto nº 6.957, de 2009)

a) nos casos de auxílio-doença, com base no tempo de afastamento do trabalhador, em meses e fração de mês; e (Incluído pelo Decreto nº 6.957, de 2009)

b) nos casos de morte ou de invalidez, parcial ou total, mediante projeção da expectativa de sobrevida do segurado, na data de início do benefício, a partir da tábua de mortalidade construída pela Fundação Instituto Brasileiro de Geografia e Estatística - IBGE para toda a população brasileira, considerando-se a média nacional única para ambos os sexos. (Incluído pelo Decreto nº 6.957, de 2009)

§ 5º O Ministério da Previdência Social publicará anualmente, sempre no mesmo mês, no Diário Oficial da União, os róis dos percentis de frequência, gravidade e custo por Subclasse da Classificação Nacional de Atividades Econômicas - CNAE e divulgará na rede mundial de computadores o FAP de cada empresa, com as respectivas ordens de frequência, gravidade, custo e demais elementos que possibilitem a esta verificar o respectivo desempenho dentro da sua CNAE-Subclasse. (Redação dada pelo Decreto nº 6.957, de 2009)

§ 6º O FAP produzirá efeitos tributários a partir do primeiro dia do quarto mês subseqüente ao de sua divulgação. (Incluído pelo Decreto nº 6.042, de 2007).

§ 7º Para o cálculo anual do FAP, serão utilizados os dados de janeiro a dezembro de cada ano, até completar o período de dois anos, a partir do qual os dados do ano inicial serão substituídos pelos novos dados anuais incorporados. (Redação dada pelo Decreto nº 6.957, de 2009)

§ 8º Para a empresa constituída após janeiro de 2007, o FAP será calculado a partir de 1º de janeiro do ano ano seguinte ao que completar dois anos de constituição. (Redação dada pelo Decreto nº 6.957, de 2009)

§ 9º Excepcionalmente, no primeiro processamento do FAP serão utilizados os dados de abril de 2007 a dezembro de 2008. (Redação dada pelo Decreto nº 6.957, de 2009)

§ 10. A metodologia aprovada pelo Conselho Nacional de Previdência Social indicará a sistemática de cálculo e a forma de aplicação de índices e critérios acessórios à composição do índice composto do FAP. (Incluído pelo Decreto nº 6.957, de 2009)

Art. 202-B. O FAP atribuído às empresas pelo Ministério da Previdência Social poderá ser contestado perante o Departamento de Políticas de Saúde e Segurança Ocupacional da Secretaria Políticas de Previdência Social do Ministério da Previdência Social, no prazo de trinta dias da sua divulgação oficial. (Incluído pelo Decreto nº 7.126, de 2010)

§ 1º A contestação de que trata o caput deverá versar, exclusivamente, sobre razões relativas a divergências quanto aos elementos previdenciários que compõem o cálculo do FAP. (Incluído pelo Decreto nº 7.126, de 2010)

§ 2º Da decisão proferida pelo Departamento de Políticas de Saúde e Segurança Ocupacional, caberá recurso, no prazo de trinta dias da intimação da decisão, para a Secretaria de Políticas de Previdência Social, que examinará a matéria em caráter terminativo. (Incluído pelo Decreto nº 7.126, de 2010)

§ 3º O processo administrativo de que trata este artigo tem efeito suspensivo. (Incluído pelo Decreto nº 7.126, de 2010)

Art. 203. A fim de estimular investimentos destinados a diminuir os riscos ambientais no trabalho, o Ministério da Previdência e Assistência Social poderá alterar o enquadramento de empresa que demonstre a melhoria das condições do trabalho, com redução dos agravos à saúde do trabalhador, obtida através de investimentos em prevenção e em sistemas gerenciais de risco.

§ 1º A alteração do enquadramento estará condicionada à inexistência de débitos em relação às contribuições devidas ao Instituto Nacional do Seguro Social e aos demais requisitos estabelecidos pelo Ministério da Previdência e Assistência Social.

§ 2º O Instituto Nacional do Seguro Social, com base principalmente na comunicação prevista no art. 336, implementará sistema de controle e acompanhamento de acidentes do trabalho.

§ 3º Verificado o descumprimento por parte da empresa dos requisitos fixados pelo Ministério da Previdência e Assistência Social, para fins de enquadramento de que trata o artigo anterior, o Instituto Nacional do Seguro Social procederá à notificação dos valores devidos.

Art. 204. As contribuições a cargo da empresa, provenientes do faturamento e do lucro, destinadas à seguridade social, são arrecadadas, normatizadas, fiscalizadas e cobradas pela Secretaria da Receita Federal. (Redação dada pelo Decreto nº 4.729, de 2003)

I - até 31 de março de 1992, dois por cento sobre sua receita bruta, estabelecida segundo o disposto no § 1º do art. 1º do Decreto-lei nº 1.940, de 25 de maio de 1982, com a redação dada pelo art. 22 do Decreto-lei nº 2.397, de 21 de dezembro de 1987, e alterações posteriores; a partir de 1º de abril de 1992 até 31 de janeiro de 1999, dois por cento sobre o faturamento mensal, assim considerado a receita bruta das vendas de mercadorias, de mercadorias e serviços e de serviços de qualquer natureza, nos termos da Lei Complementar nº 70, de 30 de dezembro de 1991; a partir de 1º de fevereiro de 1999, três por cento sobre o faturamento, nos termos da Lei nº 9.718, de 27 de novembro de 1998; e

II - até 31 de dezembro de 1995, dez por cento sobre o lucro líquido do período-base, antes da provisão para o Imposto de Renda, ajustado na forma do art. 2º da Lei nº 8.034, de 12 de abril de 1990; a partir de 1º de janeiro de 1996, oito por cento sobre o lucro líquido, nos termos da Lei nº 9.249, de 26 de dezembro de 1995.

§§ 1º a 3º. (Revogado pelo Decreto nº 4.729, de 2003)

Art. 205. A contribuição empresarial da associação desportiva que mantém equipe de futebol profissional, destinada à seguridade social, em substituição às previstas no inciso I do caput do art. 201 e no art. 202, corresponde a cinco por cento da receita bruta decorrente dos espetáculos desportivos de que participe em todo território nacional, em qualquer modalidade desportiva, inclusive jogos internacionais, e de qualquer forma de patrocínio, licenciamento de uso de marcas e símbolos, publicidade, propaganda e transmissão de espetáculos desportivos.

§ 1º Cabe à entidade promotora do espetáculo a responsabilidade de efetuar o desconto de cinco por cento da receita bruta decorrente dos espetáculos desportivos e o respectivo recolhimento ao Instituto Nacional do Seguro Social, no prazo de até dois dias úteis após a realização do evento.

§ 2º Cabe à associação desportiva que mantém equipe de futebol profissional informar à entidade promotora do espetáculo desportivo todas as receitas auferidas no evento, discriminando-as detalhadamente.

§ 3º Cabe à empresa ou entidade que repassar recursos a associação desportiva que mantém equipe de futebol profissional, a título de patrocínio, licenciamento de uso de marcas e símbolos, publicidade, propaganda e transmissão de espetáculos, a responsabilidade de reter e recolher, no prazo estabelecido na alínea «b» do inciso I do art. 216, o percentual de cinco por cento da receita bruta, inadmitida qualquer dedução.

§ 4º O Conselho Deliberativo do Instituto Nacional de Desenvolvimento do Desporto informará ao Instituto Nacional do Seguro Social, com a antecedência necessária, a realização de todo espetáculo esportivo de que a associação desportiva referida no caput participe no território nacional.

§ 5º O não-recolhimento das contribuições a que se referem os §§ 1º e 3º nos prazos estabelecidos no § 1º deste artigo e na alínea «b» do inciso I do art. 216, respectivamente, sujeitará os responsáveis ao pagamento de atualização monetária, quando couber, juros moratórios e multas, na forma do art. 239.

§ 6º O não-desconto ou a não-retenção das contribuições a que se referem os §§ 1º e 3º sujeitará a entidade promotora do espetáculo, a empresa ou a entidade às penalidades previstas no art. 283.

§ 7º O disposto neste artigo não se aplica às demais entidades desportivas, que continuam a contribuir na forma dos arts. 201, 202 e 204, a partir da competência novembro de 1991.

§ 8º O disposto no caput e §§ 1º a 6º aplica-se à associação desportiva que mantém equipe de futebol profissional e que se organize na forma da Lei nº 9.615, de 24 de março de 1998.

Seção II - Da Isenção de Contribuições

Art. 206. (Revogado pelo Decreto nº 7.237, de 2010).

Art. 207. (Revogado pelo Decreto nº 7.237, de 2010).

Art. 208. (Revogado pelo Decreto nº 7.237, de 2010).

Art. 209. (Revogado pelo Decreto nº 7.237, de 2010).

Art. 210. (Revogado pelo Decreto nº 7.237, de 2010).

Seção III - Da Contribuição do Empregador Doméstico

Art. 211. A contribuição do empregador doméstico é de doze por cento do salário-de-contribuição do empregado doméstico a seu serviço.

CAPÍTULO V - DA CONTRIBUIÇÃO SOBRE A RECEITA DE CONCURSOS DE PROGNÓSTICOS

Art. 212. Constitui receita da seguridade social a renda líquida dos concursos de prognósticos, excetuando-se os valores destinados ao Programa de Crédito Educativo.

§ 1º Consideram-se concurso de prognósticos todo e qualquer concurso de sorteio de números ou quaisquer outros símbolos, loterias e apostas de qualquer natureza no âmbito federal, estadual, do Distrito Federal ou municipal, promovidos por órgãos do Poder Público ou por sociedades comerciais ou civis.

§ 2º A contribuição de que trata este artigo constitui-se de:

I - renda líquida dos concursos de prognósticos realizados pelos órgãos do Poder Público destinada à seguridade social de sua esfera de governo;

II - cinco por cento sobre o movimento global de apostas em prado de corridas; e

III - cinco por cento sobre o movimento global de sorteio de números ou de quaisquer modalidades de símbolos.

§ 3º Para o efeito do disposto no parágrafo anterior, entende-se como:

I - renda líquida - o total da arrecadação, deduzidos os valores destinados ao pagamento de prêmios, de impostos e de despesas com administração;

II - movimento global das apostas - total das importâncias relativas às várias modalidades de jogos, inclusive o de acumulada, apregoadas para o público no prado de corrida, subsede ou outra dependência da entidade; e

III - movimento global de sorteio de números - o total da receita bruta, apurada com a venda de cartelas, cartões ou quaisquer outras modalidades, para sorteio realizado em qualquer condição.

CAPÍTULO VI - DAS OUTRAS RECEITAS DA SEGURIDADE SOCIAL

Art. 213. Constituem outras receitas da seguridade social:

I - as multas, a atualização monetária e os juros moratórios;

II - a remuneração recebida pela prestação de serviços de arrecadação, fiscalização e cobrança prestados a terceiros;

III - as receitas provenientes de prestação de outros serviços e de fornecimento ou arrendamento de bens;

IV - as demais receitas patrimoniais, industriais e financeiras;

V - as doações, legados, subvenções e outras receitas eventuais;

VI - cinqüenta por cento da receita obtida na forma do parágrafo único do art. 243 da Constituição Federal, repassados pelo Instituto Nacional do Seguro Social aos órgãos responsáveis pelas ações de proteção à saúde e a ser aplicada no tratamento e recuperação de viciados em entorpecentes e drogas afins;

VII - quarenta por cento do resultado dos leilões dos bens apreendidos pela Secretaria da Receita Federal; e

VIII - outras receitas previstas em legislação específica.

Parágrafo único. As companhias seguradoras que mantém seguro obrigatório de danos pessoais causados por veículos automotores de vias terrestres, de que trata a Lei nº 6.194, de 19 de dezembro de 1974, deverão repassar à seguridade social cinqüenta por cento do valor total do prêmio recolhido, destinados ao Sistema Único de Saúde, para custeio da assistência médico-hospitalar dos segurados vitimados em acidentes de trânsito.(Redação dada pelo Decreto nº 3.265, de 1999)

CAPÍTULO VII - DO SALÁRIO-DE-CONTRIBUIÇÃO

Art. 214. Entende-se por salário-de-contribuição:

I - para o empregado e o trabalhador avulso: a remuneração auferida em uma ou mais empresas, assim entendida a totalidade dos rendimentos pagos, devidos ou creditados a qualquer título, durante o mês, destinados a retribuir o trabalho, qualquer que seja a sua forma, inclusive as gorjetas, os ganhos habituais sob a forma de utilidades e os adiantamentos decorrentes de reajuste salarial, quer pelos serviços efetivamente prestados, quer pelo tempo à disposição do empregador ou tomador de serviços, nos termos da lei ou do contrato ou, ainda, de convenção ou acordo coletivo de trabalho ou sentença normativa;

II - para o empregado doméstico: a remuneração registrada na Carteira Profissional e/ou na Carteira de Trabalho e Previdência Social, observados os limites mínimo e máximo previstos nos §§ 3º e 5º;

III - para o contribuinte individual: a remuneração auferida em uma ou mais empresas ou pelo exercício de sua atividade por conta própria, durante o mês, observados os limites a que se referem os §§ 3º e 5º; (Redação dada pelo Decreto nº 3.265, de 1999)

IV - para o dirigente sindical na qualidade de empregado: a remuneração paga, devida ou creditada pela entidade sindical, pela empresa ou por ambas; e

V - para o dirigente sindical na qualidade de trabalhador avulso: a remuneração paga, devida ou creditada pela entidade sindical.

VI - para o segurado facultativo: o valor por ele declarado, observados os limites a que se referem os §§ 3º e 5º; (Incluído pelo Decreto nº 3.265, de 1999)

§ 1º Quando a admissão, a dispensa, o afastamento ou a falta do empregado, inclusive o doméstico, ocorrer no curso do mês, o salário-de-contribuição será proporcional ao número de dias efetivamente trabalhados, observadas as normas estabelecidas pelo Instituto Nacional do Seguro Social.

§ 2º O salário-maternidade é considerado salário-de-contribuição.

§ 3º O limite mínimo do salário-de-contribuição corresponde:(Redação dada pelo Decreto nº 3.265, de 1999)

I - para os segurados contribuinte individual e facultativo, ao salário mínimo; e (Incluído pelo Decreto nº 3.265, de 1999)

II - para os segurados empregado, inclusive o doméstico, e trabalhador avulso, ao piso salarial legal ou normativo da categoria ou, inexistindo este, ao salário mínimo, tomado no seu valor mensal, diário ou horário, conforme o ajustado e o tempo de trabalho efetivo durante o mês. (Incluído pelo Decreto nº 3.265, de 1999)

§ 4º A remuneração adicional de férias de que trata o inciso XVII do art. 7º da Constituição Federal integra o salário-de-contribuição.

§ 5º O valor do limite máximo do salário-de-contribuição será publicado mediante portaria do Ministério da Previdência e Assistência Social, sempre que ocorrer alteração do valor dos benefícios.

§ 6º A gratificação natalina - décimo terceiro salário - integra o salário-de-contribuição, exceto para o cálculo do salário-de-benefício, sendo devida a contribuição quando do pagamento ou crédito da última parcela ou na rescisão do contrato de trabalho.

§ 7º A contribuição de que trata o § 6º incidirá sobre o valor bruto da gratificação, sem compensação dos adiantamentos pagos, mediante aplicação, em separado, da tabela de que trata o art. 198 e observadas as normas estabelecidas pelo Instituto Nacional do Seguro Social.

§ 8º O valor das diárias para viagens, quando excedente a cinqüenta por cento da remuneração mensal do empregado, integra o salário-de-contribuição pelo seu valor total.

§ 9º Não integram o salário-de-contribuição, exclusivamente:
I - os benefícios da previdência social, nos termos e limites legais, ressalvado o disposto no § 2º;
II - a ajuda de custo e o adicional mensal recebidos pelo aeronauta, nos termos da Lei nº 5.929, de 30 de outubro de 1973;
III - a parcela in natura recebida de acordo com programa de alimentação aprovado pelo Ministério do Trabalho e Emprego, nos termos da Lei nº 6.321, de 14 de abril de 1976;
IV - as importâncias recebidas a título de férias indenizadas e respectivo adicional constitucional, inclusive o valor correspondente à dobra da remuneração de férias de que trata o art. 137 da Consolidação das Leis do Trabalho;
V - as importâncias recebidas a título de:
a) indenização compensatória de quarenta por cento do montante depositado no Fundo de Garantia do Tempo de Serviço, como proteção à relação de emprego contra despedida arbitrária ou sem justa causa, conforme disposto no inciso I do art. 10 do Ato das Disposições Constitucionais Transitórias;
b) indenização por tempo de serviço, anterior a 5 de outubro de 1988, do empregado não optante pelo Fundo de Garantia do Tempo de Serviço;
c) indenização por despedida sem justa causa do empregado nos contratos por prazo determinado, conforme estabelecido no art. 479 da Consolidação das Leis do Trabalho;
d) indenização do tempo de serviço do safrista, quando da expiração normal do contrato, conforme disposto no art. 14 da Lei nº 5.889, de 8 de junho de 1973;
e) incentivo à demissão;
f) (Revogado pelo Decreto nº 6.727, de 2009)
g) indenização por dispensa sem justa causa no período de trinta dias que antecede a correção salarial a que se refere o art. 9º da Lei nº 7.238, de 29 de outubro de 1984;
h) indenizações previstas nos arts. 496 e 497 da Consolidação das Leis do Trabalho;
i) abono de férias na forma dos arts. 143 e 144 da Consolidação das Leis do Trabalho;
j) ganhos eventuais e abonos expressamente desvinculados do salário por força de lei; (Redação dada pelo Decreto nº 3.265, de 1999)
l) licença-prêmio indenizada; e
m) outras indenizações, desde que expressamente previstas em lei;
VI - a parcela recebida a título de vale-transporte, na forma da legislação própria;
VII - a ajuda de custo, em parcela única, recebida exclusivamente em decorrência de mudança de local de trabalho do empregado, na forma do art. 470 da Consolidação das Leis do Trabalho;
VIII - as diárias para viagens, desde que não excedam a cinqüenta por cento da remuneração mensal do empregado;
IX - a importância recebida a título de bolsa de complementação educacional de estagiário, quando paga nos termos da Lei nº 6.494, de 1977;
X - a participação do empregado nos lucros ou resultados da empresa, quando paga ou creditada de acordo com lei específica;
XI - o abono do Programa de Integração Social/Programa de Assistência ao Servidor Público;
XII - os valores correspondentes a transporte, alimentação e habitação fornecidos pela empresa ao empregado contratado para trabalhar em localidade distante da de sua residência, em canteiro de obras ou local que, por força da atividade, exija deslocamento e estada, observadas as normas de proteção estabelecidas pelo Ministério do Trabalho e Emprego;
XIII - a importância paga ao empregado a título de complementação ao valor do auxílio-doença desde que este direito seja extensivo à totalidade dos empregados da empresa;
XIV - as parcelas destinadas à assistência ao trabalhador da agroindústria canavieira de que trata o art. 36 da Lei nº 4.870, de 1º de dezembro de 1965;
XV - o valor das contribuições efetivamente pago pela pessoa jurídica relativo a programa de previdência complementar privada, aberta ou fechada, desde que disponível à totalidade de seus empregados e dirigentes, observados, no que couber, os arts. 9º e 468 da Consolidação das Leis do Trabalho;
XVI - o valor relativo à assistência prestada por serviço médico ou odontológico, próprio da empresa ou com ela conveniado, inclusive o reembolso de despesas com medicamentos, óculos, aparelhos ortopédicos, despesas médico-hospitalares e outras similares, desde que a cobertura abranja a totalidade dos empregados e dirigentes da empresa;
XVII - o valor correspondente a vestuários, equipamentos e outros acessórios fornecidos ao empregado e utilizados no local do trabalho para prestação dos respectivos serviços;
XVIII - o ressarcimento de despesas pelo uso de veículo do empregado, quando devidamente comprovadas; (Redação dada pelo Decreto nº 3.265, de 1999)
XIX - o valor relativo a plano educacional que vise à educação básica, nos termos do art. 21 da Lei nº 9.394, de 1996, e a cursos de capacitação e qualificação profissionais vinculados às atividades desenvolvidas pela empresa, desde que não seja utilizado em substituição de parcela salarial e que todos os empregados e dirigentes tenham acesso ao mesmo;
XX - (Revogado pelo Decreto nº 3.265, de 1999)
XXI - os valores recebidos em decorrência da cessão de direitos autorais; e
XXII - o valor da multa paga ao empregado em decorrência da mora no pagamento das parcelas constantes do instrumento de rescisão do contrato de trabalho, conforme previsto no § 8º do art. 477 da Consolidação das Leis do Trabalho.
XXIII - o reembolso creche pago em conformidade com a legislação trabalhista, observado o limite máximo de seis anos de idade da criança, quando devidamente comprovadas as despesas; (Incluído pelo Decreto nº 3.265, de 1999)
XXIV - o reembolso babá, limitado ao menor salário-de-contribuição mensal e condicionado à comprovação do registro na Carteira de Trabalho e Previdência Social da empregada, do pagamento da remuneração e do recolhimento da contribuição previdenciária, pago em conformidade com a legislação trabalhista, observado o limite máximo de seis anos de idade da criança; e (Incluído pelo Decreto nº 3.265, de 1999)
XXV - o valor das contribuições efetivamente pago pela pessoa jurídica relativo a prêmio de seguro de vida em grupo, desde que previsto em acordo ou convenção coletiva de trabalho e disponível à totalidade de seus empregados e dirigentes, observados, no que couber, os arts. 9º e 468 da Consolidação das Leis do Trabalho. (Incluído pelo Decreto nº 3.265, de 1999)
§ 10. As parcelas referidas no parágrafo anterior, quando pagas ou creditadas em desacordo com a legislação pertinente, integram o salário-de-contribuição para todos os fins e efeitos, sem prejuízo da aplicação das cominações legais cabíveis.
§ 11. Para a identificação dos ganhos habituais recebidos sob a forma de utilidades, deverão ser observados:
I - os valores reais das utilidades recebidas; ou
II - os valores resultantes da aplicação dos percentuais estabelecidos em lei em função do salário mínimo, aplicados sobre a remuneração paga caso não haja determinação dos valores de que trata o inciso I.

§ 12. O valor pago à empregada gestante, inclusive à doméstica, em função do disposto na alínea «b» do inciso II do art. 10 do Ato das Disposições Constitucionais Transitórias da Constituição Federal, integra o salário-de-contribuição, excluídos os casos de conversão em indenização previstos nos arts. 496 e 497 da Consolidação das Leis do Trabalho.

§ 13. Para efeito de verificação do limite de que tratam o § 8º e o inciso VIII do § 9º, não será computado, no cálculo da remuneração, o valor das diárias.

§ 14. A incidência da contribuição sobre a remuneração das férias ocorrerá no mês a que elas se referirem, mesmo quando pagas antecipadamente na forma da legislação trabalhista.

§ 15. O valor mensal do auxílio-acidente integra o salário-de-contribuição, para fins de cálculo do salário-de-benefício de qualquer aposentadoria, observado, no que couber, o disposto no art. 32.

§ 16. Não se considera remuneração direta ou indireta os valores despendidos pelas entidades religiosas e instituições de ensino vocacional com ministro de confissão religiosa, membros de instituto de vida consagrada, de congregação ou de ordem religiosa em face do seu mister religioso ou para sua subsistência, desde que fornecidos em condições que independam da natureza e da quantidade do trabalho executado. (Incluído pelo Decreto nº 4.032, de 2001)

Art. 215. (Revogado pelo Decreto nº 3.265, de 1999)

CAPÍTULO VIII - DA ARRECADAÇÃO E RECOLHIMENTO DAS CONTRIBUIÇÕES

Seção I - Das Normas Gerais de Arrecadação

Art. 216. A arrecadação e o recolhimento das contribuições e de outras importâncias devidas à seguridade social, observado o que a respeito dispuserem o Instituto Nacional do Seguro Social e a Secretaria da Receita Federal, obedecem às seguintes normas gerais:

I - a empresa é obrigada a:

a) arrecadar a contribuição do segurado empregado, do trabalhador avulso e do contribuinte individual a seu serviço, descontando-a da respectiva remuneração; (Redação dada pelo Decreto nº 4.729, de 2003)

b) recolher o produto arrecadado na forma da alínea "a" e as contribuições a seu cargo incidentes sobre as remunerações pagas, devidas ou creditadas, a qualquer título, inclusive adiantamentos decorrentes de reajuste salarial, acordo ou convenção coletiva, aos segurados empregado, contribuinte individual e trabalhador avulso a seu serviço, e sobre o valor bruto da nota fiscal ou fatura de serviço, relativo a serviços que lhe tenham sido prestados por cooperados, por intermédio de cooperativas de trabalho, até o dia vinte do mês seguinte àquele a que se referirem as remunerações, bem como as importâncias retidas na forma do art. 219, até o dia vinte do mês seguinte àquele da emissão da nota fiscal ou fatura, antecipando-se o vencimento para o dia útil imediatamente anterior quando não houver expediente bancário no dia vinte; (Redação dada pelo Decreto nº 6.722, de 2008).

c) recolher as contribuições de que trata o art. 204, na forma e prazos definidos pela legislação tributária federal; (Redação dada pelo Decreto nº 4.729, de 2003)

II - os segurados contribuinte individual, quando exercer atividade econômica por conta própria ou prestar serviço a pessoa física ou a outro contribuinte individual, produtor rural pessoa física, missão diplomática ou repartição consular de carreira estrangeiras, ou quando tratar-se de brasileiro civil que trabalha no exterior para organismo oficial internacional do qual o Brasil seja membro efetivo, ou ainda, na hipótese do § 28, e o facultativo estão obrigados a recolher sua contribuição, por iniciativa própria, até o dia quinze do mês seguinte àquele a que as contribuições se referirem, prorrogando-se o vencimento para o dia útil subseqüente quando não houver expediente bancário no dia quinze, facultada a opção prevista no § 15; (Redação dada pelo Decreto nº 4.729, de 2003)

III - a empresa adquirente, consumidora ou consignatária ou a cooperativa são obrigadas a recolher a contribuição de que trata o art. 200 no prazo referido na alínea «b» do inciso I, no mês subseqüente ao da operação de venda ou consignação da produção rural, independentemente de estas operações terem sido realizadas diretamente com o produtor ou com o intermediário pessoa física;

IV - o produtor rural pessoa física e o segurado especial são obrigados a recolher a contribuição de que trata o art. 200 no prazo referido na alínea «b» do inciso I, no mês subseqüente ao da operação de venda, caso comercializem a sua produção com adquirente domiciliado no exterior, diretamente, no varejo, a consumidor pessoa física, a outro produtor rural pessoa física ou a outro segurado especial;

V - (Revogado pelo Decreto nº 3.452, de 2000)

VI - a pessoa física não produtor rural que adquire produção para venda, no varejo, a consumidor pessoa física é obrigada a recolher a contribuição de que trata o art. 200 no prazo referido na alínea «b» do inciso I, no mês subseqüente ao da operação de venda;

VII - o produtor rural pessoa jurídica é obrigado a recolher a contribuição de que trata o inciso IV do caput do art. 201 e o § 8º do art. 202 no prazo referido na alínea «b» do inciso I, no mês subseqüente ao da operação de venda; (Redação dada pelo Decreto nº 3.452, de 2000)

VIII - o empregador doméstico é obrigado a arrecadar a contribuição do segurado empregado doméstico a seu serviço e recolhê-la, assim como a parcela a seu cargo, no prazo referido no inciso II, cabendo-lhe durante o período da licença-maternidade da empregada doméstica apenas o recolhimento da contribuição a seu cargo, facultada a opção prevista no § 16;

IX - a empresa que remunera empregado licenciado para exercer mandato de dirigente sindical é obrigada a recolher a contribuição deste, bem como as parcelas a seu cargo, na forma deste artigo;

X - a entidade sindical que remunera dirigente que mantém a qualidade de segurado empregado, licenciado da empresa, ou trabalhador avulso é obrigada a recolher a contribuição destes, bem como as parcelas a seu cargo, na forma deste artigo; e

XI - a entidade sindical que remunera dirigente que mantém a qualidade de segurado contribuinte individual é obrigada a recolher a contribuição prevista no inciso II do caput do art. 201 na forma deste artigo, observado o disposto no § 26; (Redação dada pelo Decreto nº 4.729, de 2003)

XII - a empresa que remunera contribuinte individual é obrigada a fornecer a este comprovante do pagamento do serviço prestado consignando, além dos valores da remuneração e do desconto feito, o número da inscrição do segurado no Instituto Nacional do Seguro Social; (Redação dada pelo Decreto nº 4.729, de 2003)

XIII - cabe ao empregador, durante o período de licença-maternidade da empregada, recolher apenas a parcela da contribuição a seu cargo. (Incluído pelo Decreto nº 3.452, de 2000)

§ 1º O desconto da contribuição do segurado incidente sobre o valor bruto da gratificação natalina - décimo terceiro salário - é devido quando do pagamento ou do crédito da última parcela e deverá ser calculado em separado, observado o § 7º do art. 214, e recolhida, juntamente com a contribuição a cargo da empresa, até o dia vinte do mês de dezembro, antecipando-se o vencimento para o dia útil imediatamente anterior se não houver expediente bancário no dia vinte. (Redação dada pelo Decreto nº 4.729, de 2003)

§ 1º-A. O empregador doméstico pode recolher a contribuição do segurado empregado a seu serviço e a parcela a seu cargo

relativas à competência novembro até o dia 20 de dezembro, juntamente com a contribuição referente à gratificação natalina - décimo terceiro salário - utilizando-se de um único documento de arrecadação. (Incluído pelo Decreto nº 6.722, de 2008).

§ 2º Se for o caso, a contribuição de que trata o § 1º será atualizada monetariamente a partir da data prevista para o seu recolhimento, utilizando-se o mesmo indexador definido para as demais contribuições arrecadadas pelo Instituto Nacional do Seguro Social.

§ 3º No caso de rescisão de contrato de trabalho, as contribuições devidas serão recolhidas no mesmo prazo referido na alínea «b» do inciso I, do mês subseqüente à rescisão, computando-se em separado a parcela referente à gratificação natalina - décimo terceiro salário.

§ 4º A pessoa jurídica de direito privado beneficiada pela isenção de que tratam os arts. 206 ou 207 é obrigada a arrecadar a contribuição do segurado empregado e do trabalhador avulso a seu serviço, descontando-a da respectiva remuneração, e recolhê-la no prazo referido na alínea «b» do inciso I.

§ 5º O desconto da contribuição e da consignação legalmente determinada sempre se presumirá feito, oportuna e regularmente, pela empresa, pelo empregador doméstico, pelo adquirente, consignatário e cooperativa a isso obrigados, não lhes sendo lícito alegarem qualquer omissão para se eximirem do recolhimento, ficando os mesmos diretamente responsáveis pelas importâncias que deixarem de descontar ou tiverem descontado em desacordo com este Regulamento.

§ 6º Sobre os valores das contribuições arrecadadas pelo Instituto Nacional do Seguro Social e não recolhidas até a data de seu vencimento serão aplicadas na data do pagamento as disposições dos arts. 238 e 239.

§ 7º Para apuração e constituição dos créditos a que se refere o § 1º do art. 348, a seguridade social utilizará como base de incidência o valor da média aritmética simples dos maiores salários-de-contribuição correspondentes a oitenta por cento de todo o período contributivo decorrido desde a competência julho de 1994, ainda que não recolhidas as contribuições correspondentes, corrigidos mês a mês pelos mesmos índices utilizados para a obtenção do salário-de-benefício na forma deste Regulamento, observado o limite máximo a que se refere o § 5º do art. 214. (Redação dada pelo Decreto nº 6.042, de 2007).

§ 8º (Revogado pelo Decreto nº 6.722, de 2008).

§ 9º No caso de o segurado manifestar interesse em indenizar contribuições relativas a período em que o exercício de atividade remunerada não exigia filiação obrigatória à previdência social, aplica-se, desde que a atividade tenha se tornado de filiação obrigatória, o disposto no § 7º. (Redação dada pelo Decreto nº 6.722, de 2008).

§ 10. O disposto no § 7º não se aplica aos casos de contribuições em atraso de segurado contribuinte individual não alcançadas pela decadência do direito de a previdência social constituir o respectivo crédito, obedecendo-se, em relação a elas, às disposições do caput e §§ 2º a 6º do art. 239. (Redação dada pelo Decreto nº 6.722, de 2008).

§ 11. Para o segurado recolher contribuições relativas a período anterior à sua inscrição, aplica-se o disposto nos §§ 7º a 10.

§ 12. Somente será feito o reconhecimento da filiação nas situações referidas nos §§ 7º, 9º e 11 após o efetivo recolhimento das contribuições relativas ao período em que for comprovado o exercício da atividade remunerada. (Redação dada pelo Decreto nº 3.265, de 1999)

§ 13. No caso de indenização relativa ao exercício de atividade remunerada para fins de contagem recíproca correspondente a período de filiação obrigatória ou não, na forma do inciso IV do art. 127, a base de incidência será a remuneração da data do requerimento sobre a qual incidem as contribuições para o regime próprio de previdência social a que estiver filiado o interessado, observados os limites a que se referem os §§ 3º e 5º do art. 214. (Redação dada pelo Decreto nº 3.265, de 1999)

§ 14. Sobre os salários-de-contribuição apurados na forma dos §§ 7º a 11 e 13 será aplicada a alíquota de vinte por cento, e o resultado multiplicado pelo número de meses do período a ser indenizado, observado o disposto no § 8º do art. 239.

§ 15. É facultado aos segurados contribuinte individual e facultativo, cujos salários-de-contribuição sejam iguais ao valor de um salário mínimo, optarem pelo recolhimento trimestral das contribuições previdenciárias, com vencimento no dia quinze do mês seguinte ao de cada trimestre civil, prorrogando-se o vencimento para o dia útil subseqüente quando não houver expediente bancário no dia quinze. (Redação dada pelo Decreto nº 3.265, de 1999)

§ 16. Aplica-se o disposto no parágrafo anterior ao empregador doméstico relativamente aos empregados a seu serviço, cujos salários-de-contribuição sejam iguais ao valor de um salário mínimo, ou inferiores nos casos de admissão, dispensa ou fração do salário em razão de gozo de benefício. (Redação dada pelo Decreto nº 3.265, de 1999)

§ 17. A inscrição do segurado no segundo ou terceiro mês do trimestre civil não altera a data de vencimento prevista no § 15, no caso de opção pelo recolhimento trimestral.

§ 18. Não é permitida a opção prevista no § 16 relativamente à contribuição correspondente à gratificação natalina - décimo terceiro salário - do empregado doméstico, observado o disposto no § 1º e as demais disposições que regem a matéria.

§ 19. Fica autorizada, nos termos deste Regulamento, a compensação de contribuições devidas ao Instituto Nacional do Seguro Social, pelos hospitais contratados ou conveniados com o Sistema Único de Saúde com parcela dos créditos correspondentes a faturas emitidas para recebimento de internações hospitalares, cujo valor correspondente será retido pelo órgão pagador do Sistema Único de Saúde para amortização de parcela do débito, nos termos da Lei nº 8.870, de 1994.

§ 20. Na hipótese de o contribuinte individual prestar serviço a outro contribuinte individual equiparado a empresa ou a produtor rural pessoa física ou a missão diplomática e repartição consular de carreira estrangeiras, poderá deduzir, da sua contribuição mensal, quarenta e cinco por cento da contribuição patronal do contratante, efetivamente recolhida ou declarada, incidente sobre a remuneração que este lhe tenha pago ou creditado, no respectivo mês, limitada a nove por cento do respectivo salário-de-contribuição. (Redação dada pelo Decreto nº 4.729, de 2003)

§ 21. Para efeito de dedução, considera-se contribuição declarada a informação prestada na Guia de Recolhimento do Fundo de Garantia do Tempo de Serviço e Informações à Previdência Social ou declaração fornecida pela empresa ao segurado, onde conste, além de sua identificação completa, inclusive com o número no Cadastro Nacional de Pessoas Jurídicas, o nome e o número da inscrição do contribuinte individual, o valor da retribuição paga e o compromisso de que esse valor será incluído na citada Guia de Recolhimento do Fundo de Garantia do Tempo de Serviço e Informações à Previdência Social e efetuado o recolhimento da correspondente contribuição. (Incluído pelo Decreto nº 3.265, de 1999)

§ 22. (Revogado pelo Decreto nº 4.729, de 2003)

§ 23. O contribuinte individual que não comprovar a regularidade da dedução de que tratam os §§ 20 e 21 terá glosado o valor indevidamente deduzido, devendo complementar as contribuições com os acréscimos legais devidos. (Redação dada pelo Decreto nº 4.729, de 2003)

§ 24. (Revogado pelo Decreto nº 6.722, de 2008).

§ 25. Relativamente aos que recebem salário variável, o recolhimento da contribuição decorrente de eventual diferença da gratificação natalina (13º salário) deverá ser efetuado juntamente com a competência dezembro do mesmo ano.(Incluído pelo Decreto nº 3.265, de 1999)

§ 26. A alíquota de contribuição a ser descontada pela empresa da remuneração paga, devida ou creditada ao contribuinte individual a seu serviço, observado o limite máximo do salário-

-de-contribuição, é de onze por cento no caso das empresas em geral e de vinte por cento quando se tratar de entidade beneficente de assistência social isenta das contribuições sociais patronais. (Incluído pelo Decreto nº 4.729, de 2003)

§ 27. O contribuinte individual contratado por pessoa jurídica obrigada a proceder à arrecadação e ao recolhimento da contribuição por ele devida, cuja remuneração recebida ou creditada no mês, por serviços prestados a ela, for inferior ao limite mínimo do salário-de-contribuição, é obrigado a complementar sua contribuição mensal, diretamente, mediante a aplicação da alíquota estabelecida no art. 199 sobre o valor resultante da subtração do valor das remunerações recebidas das pessoas jurídicas do valor mínimo do salário-de-contribuição mensal. (Incluído pelo Decreto nº 4.729, de 2003)

§ 28. Cabe ao próprio contribuinte individual que prestar serviços, no mesmo mês, a mais de uma empresa, cuja soma das remunerações superar o limite mensal do salário-de-contribuição, comprovar às que sucederem à primeira o valor ou valores sobre os quais já tenha incidido o desconto da contribuição, de forma a se observar o limite máximo do salário-de-contribuição. (Incluído pelo Decreto nº 4.729, de 2003)

§ 29. Na hipótese do § 28, o Instituto Nacional do Seguro Social poderá facultar ao contribuinte individual que prestar, regularmente, serviços a uma ou mais empresas, cuja soma das remunerações seja igual ou superior ao limite mensal do salário-de-contribuição, indicar qual ou quais empresas e sobre qual valor deverá proceder o desconto da contribuição, de forma a respeitar o limite máximo, e dispensar as demais dessa providência, bem como atribuir ao próprio contribuinte individual a responsabilidade de complementar a respectiva contribuição até o limite máximo, na hipótese de, por qualquer razão, deixar de receber remuneração ou receber remuneração inferior às indicadas para o desconto. (Incluído pelo Decreto nº 4.729, de 2003)

§ 30. Aplica-se o disposto neste artigo, no que couber e observado o § 31, à cooperativa de trabalho em relação à contribuição devida pelo seu cooperado. (Incluído pelo Decreto nº 4.729, de 2003)

§ 31. A cooperativa de trabalho é obrigada a descontar onze por cento do valor da quota distribuída ao cooperado por serviços por ele prestados, por seu intermédio, a empresas e vinte por cento em relação aos serviços prestados a pessoas físicas e recolher o produto dessa arrecadação no dia vinte do mês seguinte ao da competência a que se referir, antecipando-se o vencimento para o dia útil imediatamente anterior quando não houver expediente bancário no dia vinte. (Redação dada pelo Decreto nº 6.722, de 2008).

§ 32. São excluídos da obrigação de arrecadar a contribuição do contribuinte individual que lhe preste serviço o produtor rural pessoa física, a missão diplomática, a repartição consular e o contribuinte individual. (Incluído pelo Decreto nº 4.729, de 2003)

§ 33. Na hipótese prevista no § 32, cabe ao contribuinte individual recolher a própria contribuição, sendo a alíquota, neste caso, de vinte por cento, observado o disposto nos §§ 20, 21 e 23. (Redação dada pelo Decreto nº 6.722, de 2008).

§ 34. O recolhimento da contribuição do produtor rural pessoa física ou produtor rural pessoa jurídica, quando houver, será efetuado pela Companhia Nacional de Abastecimento - CONAB, à conta do Programa de Aquisição de Alimentos, instituído pelo art. 19 da Lei no 10.696, de 2 de julho de 2003, na aquisição de produtos agropecuários no âmbito do referido Programa. (Incluído pelo Decreto nº 6.722, de 2008).

Art. 216-A. Os órgãos da administração pública direta, indireta e fundações públicas da União, bem como as demais entidades integrantes do Sistema Integrado de Administração Financeira do Governo Federal ao contratarem pessoa física para prestação de serviços eventuais, sem vínculo empregatício, inclusive como integrante de grupo-tarefa, deverão obter dela a respectiva inscrição no Instituto Nacional do Seguro Social, como contribuinte individual, ou providenciá-la em nome dela, caso não seja inscrita, e proceder ao desconto e recolhimento da respectiva contribuição, na forma do art. 216. (Redação dada pelo Decreto nº 4.729, de 2003)

§ 1º Aplica-se o disposto neste artigo mesmo que o contratado exerça concomitantemente uma ou mais atividades abrangidas pelo Regime Geral de Previdência Social ou por qualquer outro regime de previdência social ou seja aposentado por qualquer regime previdenciário.(Incluído pelo Decreto nº 4.032, de 2001)

§ 2º O contratado que já estiver contribuindo para o Regime Geral de Previdência Social na condição de empregado ou trabalhador avulso sobre o limite máximo do salário-de-contribuição deverá comprovar esse fato e, se a sua contribuição nessa condição for inferior ao limite máximo, a contribuição como contribuinte individual deverá ser complementar, respeitando, no conjunto, aquele limite, procedendo-se, no caso, de conformidade com o disposto no § 28 do art. 216. (Redação dada pelo Decreto nº 4.729, de 2003)

§ 3º (Revogado pelo Decreto nº 4.729, de 2003)

§ 4º Aplica-se o disposto neste artigo às contratações feitas por organismos internacionais, em programas de cooperação e operações de mútua conveniência entre estes e o governo brasileiro.(Incluído pelo Decreto nº 4.032, de 2001)

Art. 217. Na requisição de mão-de-obra de trabalhador avulso efetuada em conformidade com as Leis nºs 8.630, de 1993, e 9.719, de 27 de novembro de 1998, o responsável pelas obrigações previstas neste Regulamento, em relação aos segurados que lhe prestem serviços, é o operador portuário, o tomador de mão-de-obra, inclusive o titular de instalação portuária de uso privativo, observadas as normas fixadas pelo Instituto Nacional do Seguro Social.

§ 1º O operador portuário ou titular de instalação de uso privativo repassará ao órgão gestor de mão-de-obra, até vinte e quatro horas após a realização dos serviços:(Redação dada pelo Decreto nº 4.032, de 2001)

I - o valor da remuneração devida aos trabalhadores portuários avulsos, inclusive a referente às férias e à gratificação natalina; e (Incluído pelo Decreto nº 4.032, de 2001)

II - o valor da contribuição patronal previdenciária correspondente e o valor daquela devida a terceiros conforme o art. 274.(Incluído pelo Decreto nº 4.032, de 2001)

§ 2º O órgão gestor de mão-de-obra é responsável:(Redação dada pelo Decreto nº 4.032, de 2001)

I - pelo pagamento da remuneração ao trabalhador portuário avulso;(Incluído pelo Decreto nº 4.032, de 2001)

II - pela elaboração da folha de pagamento;(Incluído pelo Decreto nº 4.032, de 2001)

III - pelo preenchimento e entrega da Guia de Recolhimento do Fundo de Garantia do Tempo de Serviço e Informações à Previdência Social; e (Incluído pelo Decreto nº 4.032, de 2001)

IV - pelo recolhimento das contribuições de que tratam o art. 198, o inciso I do caput do art. 201 e os arts. 202 e 274, incidentes sobre a remuneração paga, devida ou creditada aos trabalhadores portuários avulsos, inclusive sobre férias e gratificação natalina, no prazo previsto na alínea «b» do inciso I do art. 216.(Incluído pelo Decreto nº 4.032, de 2001)

§ 3º (Revogado pelo Decreto nº 4.032, de 2001)

§ 4º O prazo previsto no § 1º pode ser alterado mediante convenção coletiva firmada entre entidades sindicais representativas dos trabalhadores e operadores portuários, observado o prazo legal para recolhimento dos encargos previdenciários. (Redação dada pelo Decreto nº 4.032, de 2001)

§ 5º A contribuição do trabalhador avulso, relativamente à gratificação natalina, será calculada com base na alíquota correspondente ao seu salário-de-contribuição mensal.(Redação dada pelo Decreto nº 4.032, de 2001)

§ 6º O salário-família devido ao trabalhador portuário avulso será pago pelo órgão gestor de mão-de-obra, mediante convênio, que se incumbirá de demonstrá-lo na folha de pagamento correspondente.

REGULAMENTO DA PREVIDÊNCIA SOCIAL

Art. 218. A empresa tomadora ou requisitante dos serviços de trabalhador avulso, cuja contratação de pessoal não for abrangida pelas Leis nºs 8.630, de 1993, e 9.719, de 1998, é responsável pelo cumprimento de todas as obrigações previstas neste Regulamento, bem como pelo preenchimento e entrega da Guia de Recolhimento do Fundo de Garantia do Tempo de Serviço e Informações à Previdência Social em relação aos segurados que lhe prestem serviços, observadas as normas fixadas pelo Instituto Nacional do Seguro Social.

§ 1º O salário-família devido ao trabalhador avulso mencionado no caput será pago pelo sindicato de classe respectivo, mediante convênio, que se incumbirá de elaborar as folhas correspondentes.

§ 2º O tomador de serviços é responsável pelo recolhimento das contribuições de que tratam o art. 198, o inciso I do caput do art. 201 e os arts. 202 e 274, incidentes sobre a remuneração paga, devida ou creditada ao trabalhador avulso, inclusive sobre férias e gratificação natalina, no prazo previsto na alínea «b» do inciso I do art. 216.(Redação dada pelo Decreto nº 4.032, de 2001)

Seção II - Da Retenção e da Responsabilidade Solidária

Art. 219. A empresa contratante de serviços executados mediante cessão ou empreitada de mão-de-obra, inclusive em regime de trabalho temporário, deverá reter onze por cento do valor bruto da nota fiscal, fatura ou recibo de prestação de serviços e recolher a importância retida em nome da empresa contratada, observado o disposto no § 5º do art. 216. (Redação dada pelo Decreto nº 4.729, de 2003)

§ 1º Exclusivamente para os fins deste Regulamento, entende-se como cessão de mão-de-obra a colocação à disposição do contratante, em suas dependências ou nas de terceiros, de segurados que realizem serviços contínuos, relacionados ou não com a atividade fim da empresa, independentemente da natureza e da forma de contratação, inclusive por meio de trabalho temporário na forma da Lei nº 6.019, de 3 de janeiro de 1974, entre outros.

§ 2º Enquadram-se na situação prevista no caput os seguintes serviços realizados mediante cessão de mão-de-obra:

I - limpeza, conservação e zeladoria;
II - vigilância e segurança;
III - construção civil;
IV - serviços rurais;
V - digitação e preparação de dados para processamento;
VI - acabamento, embalagem e acondicionamento de produtos;
VII - cobrança;
VIII - coleta e reciclagem de lixo e resíduos;
IX - copa e hotelaria;
X - corte e ligação de serviços públicos;
XI - distribuição;
XII - treinamento e ensino;
XIII - entrega de contas e documentos;
XIV - ligação e leitura de medidores;
XV - manutenção de instalações, de máquinas e de equipamentos;
XVI - montagem;
XVII - operação de máquinas, equipamentos e veículos;
XVIII - operação de pedágio e de terminais de transporte;
XIX - operação de transporte de passageiros, inclusive nos casos de concessão ou sub-concessão; (Redação dada pelo Decreto nº 4.729, de 2003)
XX - portaria, recepção e ascensorista;
XXI - recepção, triagem e movimentação de materiais;
XXII - promoção de vendas e eventos;
XXIII - secretaria e expediente;
XXIV - saúde; e
XXV - telefonia, inclusive telemarketing.

§ 3º Os serviços relacionados nos incisos I a V também estão sujeitos à retenção de que trata o caput quando contratados mediante empreitada de mão-de-obra.

§ 4º O valor retido de que trata este artigo deverá ser destacado na nota fiscal, fatura ou recibo de prestação de serviços, sendo compensado pelo respectivo estabelecimento da empresa contratada quando do recolhimento das contribuições destinadas à seguridade social devidas sobre a folha de pagamento dos segurados.

§ 5º O contratado deverá elaborar folha de pagamento e Guia de Recolhimento do Fundo de Garantia do Tempo de Serviço e Informações à Previdência Social distintas para cada estabelecimento ou obra de construção civil da empresa contratante do serviço.

§ 6º A empresa contratante do serviço deverá manter em boa guarda, em ordem cronológica e por contratada, as correspondentes notas fiscais, faturas ou recibos de prestação de serviços, Guias da Previdência Social e Guias de Recolhimento do Fundo de Garantia do Tempo de Serviço e Informações à Previdência Social com comprovante de entrega.

§ 7º Na contratação de serviços em que a contratada se obriga a fornecer material ou dispor de equipamentos, fica facultada ao contratado a discriminação, na nota fiscal, fatura ou recibo, do valor correspondente ao material ou equipamentos, que será excluído da retenção, desde que contratualmente previsto e devidamente comprovado.

§ 8º Cabe ao Instituto Nacional do Seguro Social normatizar a forma de apuração e o limite mínimo do valor do serviço contido no total da nota fiscal, fatura ou recibo, quando, na hipótese do parágrafo anterior, não houver previsão contratual dos valores correspondentes a material ou a equipamentos.

§ 9º Na impossibilidade de haver compensação integral na própria competência, o saldo remanescente poderá ser compensado nas competências subseqüentes, inclusive na relativa à gratificação natalina, ou ser objeto de restituição, não sujeitas ao disposto no § 3º do art. 247. (Redação dada pelo Decreto nº 4.729, de 2003)

§ 10. Para fins de recolhimento e de compensação da importância retida, será considerada como competência aquela a que corresponder à data da emissão da nota fiscal, fatura ou recibo.

§ 11. As importâncias retidas não podem ser compensadas com contribuições arrecadadas pelo Instituto Nacional do Seguro Social para outras entidades.

§ 12º O percentual previsto no caput será acrescido de quatro, três ou dois pontos percentuais, relativamente aos serviços prestados pelos segurados empregado, cuja atividade permita a concessão de aposentadoria especial, após quinze, vinte ou vinte e cinco anos de contribuição, respectivamente. (Incluído pelo Decreto nº 4.729, de 2003)

Art. 220. O proprietário, o incorporador definido na Lei nº 4.591, de 1964, o dono da obra ou condômino da unidade imobiliária cuja contratação da construção, reforma ou acréscimo não envolva cessão de mão-de-obra, são solidários com o construtor, e este e aqueles com a subempreiteira, pelo cumprimento das obrigações para com a seguridade social, ressalvado o seu direito regressivo contra o executor ou contratante da obra e admitida a retenção de importância a este devida para garantia do cumprimento dessas obrigações, não se aplicando, em qualquer hipótese, o benefício de ordem.

§ 1º Não se considera cessão de mão-de-obra, para os fins deste artigo, a contratação de construção civil em que a empresa construtora assuma a responsabilidade direta e total pela obra ou repasse o contrato integralmente.

§ 2º O executor da obra deverá elaborar, distintamente para cada estabelecimento ou obra de construção civil da empresa contratante, folha de pagamento, Guia de Recolhimento do Fundo de Garantia do Tempo de Serviço e Informações à Previdência Social e Guia da Previdência Social, cujas cópias deverão ser exigidas pela empresa contratante quando da qui-

tação da nota fiscal ou fatura, juntamente com o comprovante de entrega daquela Guia.

§ 3º A responsabilidade solidária de que trata o caput será elidida:

I - pela comprovação, na forma do parágrafo anterior, do recolhimento das contribuições incidentes sobre a remuneração dos segurados, incluída em nota fiscal ou fatura correspondente aos serviços executados, quando corroborada por escrituração contábil; e

II - pela comprovação do recolhimento das contribuições incidentes sobre a remuneração dos segurados, aferidas indiretamente nos termos, forma e percentuais previstos pelo Instituto Nacional do Seguro Social.

III - pela comprovação do recolhimento da retenção permitida no caput deste artigo, efetivada nos termos do art. 219.(Incluído pelo Decreto nº 4.032, de 2001)

§ 4º Considera-se construtor, para os efeitos deste Regulamento, a pessoa física ou jurídica que executa obra sob sua responsabilidade, no todo ou em parte.

Art. 221. Exclui-se da responsabilidade solidária perante a seguridade social o adquirente de prédio ou unidade imobiliária que realize a operação com empresa de comercialização ou com incorporador de imóveis definido na Lei nº 4.591, de 1964, ficando estes solidariamente responsáveis com o construtor, na forma prevista no art. 220.

Art. 222. As empresas que integram grupo econômico de qualquer natureza, bem como os produtores rurais integrantes do consórcio simplificado de que trata o art. 200-A, respondem entre si, solidariamente, pelas obrigações decorrentes do disposto neste Regulamento.(Redação dada pelo Decreto nº 4.032, de 2001)

Art. 223. O operador portuário e o órgão gestor de mão-de--obra são solidariamente responsáveis pelo pagamento das contribuições previdenciárias e demais obrigações, inclusive acessórias, devidas à seguridade social, arrecadadas pelo Instituto Nacional do Seguro Social, relativamente à requisição de mão-de-obra de trabalhador avulso, vedada a invocação do benefício de ordem.

Art. 224. Os administradores de autarquias e fundações públicas, criadas ou mantidas pelo Poder Público, de empresas públicas e de sociedades de economia mista sujeitas ao controle da União, dos Estados, do Distrito Federal ou dos Municípios, que se encontrarem em mora por mais de trinta dias, no recolhimento das contribuições previstas neste Regulamento, tornam-se solidariamente responsáveis pelo respectivo pagamento, ficando ainda sujeitos às proibições do art. 1º e às sanções dos arts. 4º e 7º do Decreto-lei nº 368, de 19 de dezembro de 1968.

Art. 224-A. O disposto nesta Seção não se aplica à contratação de serviços por intermédio de cooperativa de trabalho. (Incluído pelo Decreto nº 3.265, de 1999)

Seção III - Das Obrigações Acessórias

Art. 225. A empresa é também obrigada a:

I - preparar folha de pagamento da remuneração paga, devida ou creditada a todos os segurados a seu serviço, devendo manter, em cada estabelecimento, uma via da respectiva folha e recibos de pagamentos;

II - lançar mensalmente em títulos próprios de sua contabilidade, de forma discriminada, os fatos geradores de todas as contribuições, o montante das quantias descontadas, as contribuições da empresa e os totais recolhidos;

III - prestar ao Instituto Nacional do Seguro Social e à Secretaria da Receita Federal todas as informações cadastrais, financeiras e contábeis de interesse dos mesmos, na forma por eles estabelecida, bem como os esclarecimentos necessários à fiscalização;

IV - informar mensalmente ao Instituto Nacional do Seguro Social, por intermédio da Guia de Recolhimento do Fundo de Garantia do Tempo de Serviço e Informações à Previdência Social, na forma por ele estabelecida, dados cadastrais, todos os fatos geradores de contribuição previdenciária e outras informações de interesse daquele Instituto;

V - encaminhar ao sindicato representativo da categoria profissional mais numerosa entre seus empregados, até o dia dez de cada mês, cópia da Guia da Previdência Social relativamente à competência anterior; e

VI - afixar cópia da Guia da Previdência Social, relativamente à competência anterior, durante o período de um mês, no quadro de horário de que trata o art. 74 da Consolidação das Leis do Trabalho.

VII - informar, anualmente, à Secretaria da Receita Federal do Brasil, na forma por ela estabelecida, o nome, o número de inscrição na previdência social e o endereço completo dos segurados de que trata o inciso III do § 15 do art. 9º, por ela utilizados no período, a qualquer título, para distribuição ou comercialização de seus produtos, sejam eles de fabricação própria ou de terceiros, sempre que se tratar de empresa que realize vendas diretas. (Incluído pelo Decreto nº 6.722, de 2008).

§ 1º As informações prestadas na Guia de Recolhimento do Fundo de Garantia do Tempo de Serviço e Informações à Previdência Social servirão como base de cálculo das contribuições arrecadadas pelo Instituto Nacional do Seguro Social, comporão a base de dados para fins de cálculo e concessão dos benefícios previdenciários, bem como constituir-se-ão em termo de confissão de dívida, na hipótese do não-recolhimento.

§ 2º A entrega da Guia de Recolhimento do Fundo de Garantia do Tempo de Serviço e Informações à Previdência Social deverá ser efetuada na rede bancária, conforme estabelecido pelo Ministério da Previdência e Assistência Social, até o dia sete do mês seguinte àquele a que se referirem as informações. (Redação dada pelo Decreto nº 3.265, de 1999)

§ 3º A Guia de Recolhimento do Fundo de Garantia do Tempo de Serviço e Informações à Previdência Social é exigida relativamente a fatos geradores ocorridos a partir de janeiro de 1999.

§ 4º O preenchimento, as informações prestadas e a entrega da Guia de Recolhimento do Fundo de Garantia do Tempo de Serviço e Informações à Previdência Social são de inteira responsabilidade da empresa.

§ 5º A empresa deverá manter à disposição da fiscalização, durante dez anos, os documentos comprobatórios do cumprimento das obrigações referidas neste artigo, observados o disposto no § 22 e as normas estabelecidas pelos órgãos competentes. (Redação dada pelo Decreto nº 4.729, de 2003)

§ 6º O Instituto Nacional do Seguro Social e a Caixa Econômica Federal estabelecerão normas para disciplinar a entrega da Guia de Recolhimento do Fundo de Garantia do Tempo de Serviço e Informações à Previdência Social, nos casos de rescisão contratual.

§ 7º A comprovação dos pagamentos de benefícios reembolsados à empresa também deve ser mantida à disposição da fiscalização durante dez anos.

§ 8º O disposto neste artigo aplica-se, no que couber, aos demais contribuintes e ao adquirente, consignatário ou cooperativa, sub-rogados na forma deste Regulamento.

§ 9º A folha de pagamento de que trata o inciso I do caput, elaborada mensalmente, de forma coletiva por estabelecimento da empresa, por obra de construção civil e por tomador de serviços, com a correspondente totalização, deverá:

I - discriminar o nome dos segurados, indicando cargo, função ou serviço prestado;

II - agrupar os segurados por categoria, assim entendido: segurado empregado, trabalhador avulso, contribuinte individual; (Redação dada pelo Decreto nº 3.265, de 1999)

III - destacar o nome das seguradas em gozo de salário--maternidade;

IV - destacar as parcelas integrantes e não integrantes da remuneração e os descontos legais; e

REGULAMENTO DA PREVIDÊNCIA SOCIAL

V - indicar o número de quotas de salário-família atribuídas a cada segurado empregado ou trabalhador avulso.

§ 10. No que se refere ao trabalhador portuário avulso, o órgão gestor de mão-de-obra elaborará a folha de pagamento por navio, mantendo-a disponível para uso da fiscalização do Instituto Nacional do Seguro Social, indicando o operador portuário e os trabalhadores que participaram da operação, detalhando, com relação aos últimos:

I - os correspondentes números de registro ou cadastro no órgão gestor de mão-de-obra;
II - o cargo, função ou serviço prestado;
III - os turnos em que trabalharam; e
IV - as remunerações pagas, devidas ou creditadas a cada um dos trabalhadores e a correspondente totalização.

§ 11. No que se refere ao parágrafo anterior, o órgão gestor de mão-de-obra consolidará as folhas de pagamento relativas às operações concluídas no mês anterior por operador portuário e por trabalhador portuário avulso, indicando, com relação a estes, os respectivos números de registro ou cadastro, as datas dos turnos trabalhados, as importâncias pagas e os valores das contribuições previdenciárias retidas.

§ 12. Para efeito de observância do limite máximo da contribuição do segurado trabalhador avulso, de que trata o art. 198, o órgão gestor de mão-de-obra manterá resumo mensal e acumulado, por trabalhador portuário avulso, dos valores totais das férias, do décimo terceiro salário e das contribuições previdenciárias retidas.

§ 13. Os lançamentos de que trata o inciso II do caput, devidamente escriturados nos livros Diário e Razão, serão exigidos pela fiscalização após noventa dias contados da ocorrência dos fatos geradores das contribuições, devendo, obrigatoriamente:

I - atender ao princípio contábil do regime de competência; e
II - registrar, em contas individualizadas, todos os fatos geradores de contribuições previdenciárias de forma a identificar, clara e precisamente, as rubricas integrantes e não integrantes do salário-de-contribuição, bem como as contribuições descontadas do segurado, as da empresa e os totais recolhidos, por estabelecimento da empresa, por obra de construção civil e por tomador de serviços.

§ 14. A empresa deverá manter à disposição da fiscalização os códigos ou abreviaturas que identifiquem as respectivas rubricas utilizadas na elaboração da folha de pagamento, bem como os utilizados na escrituração contábil.

§ 15. A exigência prevista no inciso II do caput não desobriga a empresa do cumprimento das demais normas legais e regulamentares referentes à escrituração contábil.

§ 16. São desobrigadas de apresentação de escrituração contábil: (Redação dada pelo Decreto nº 3.265, de 1999)

I - o pequeno comerciante, nas condições estabelecidas pelo Decreto-lei nº 486, de 3 de março de 1969, e seu Regulamento;
II - a pessoa jurídica tributada com base no lucro presumido, de acordo com a legislação tributária federal, desde que mantenha a escrituração do Livro Caixa e Livro de Registro de Inventário; e
III - a pessoa jurídica que optar pela inscrição no Sistema Integrado de Pagamento de Impostos e Contribuições das Microempresas e Empresas de Pequeno Porte, desde que mantenha escrituração do Livro Caixa e Livro de Registro de Inventário.

§ 17. A empresa, agência ou sucursal estabelecida no exterior deverá apresentar os documentos comprobatórios do cumprimento das obrigações referidas neste artigo à sua congênere no Brasil, observada a solidariedade de que trata o art. 222.

§ 18. Para o cumprimento do disposto no inciso V do caput serão observadas as seguintes situações:

I - caso a empresa possua mais de um estabelecimento localizado em base geográfica diversa, a cópia da Guia da Previdência Social será encaminhada ao sindicato representativo da categoria profissional mais numerosa entre os empregados de cada estabelecimento;
II - a empresa que recolher suas contribuições em mais de uma Guia da Previdência Social encaminhará cópia de todas as guias;
III - a remessa poderá ser efetuada por qualquer meio que garanta a reprodução integral do documento, cabendo à empresa manter, em seus arquivos, prova do recebimento pelo sindicato; e
IV - cabe à empresa a comprovação, perante a fiscalização do Instituto Nacional do Seguro Social, do cumprimento de sua obrigação frente ao sindicato.

§ 19. O órgão gestor de mão-de-obra deverá, quando exigido pela fiscalização do Instituto Nacional do Seguro Social, exibir as listas de escalação diária dos trabalhadores portuários avulsos, por operador portuário e por navio.

§ 20. Caberá exclusivamente ao órgão gestor de mão-de-obra a responsabilidade pela exatidão dos dados lançados nas listas diárias referidas no parágrafo anterior.

§ 21. Fica dispensado do cumprimento do disposto nos incisos V e VI do caput o contribuinte individual, em relação a segurado que lhe presta serviço. (Redação dada pelo Decreto nº 3.265, de 1999)

§ 22 A empresa que utiliza sistema de processamento eletrônico de dados para o registro de negócios e atividades econômicas, escrituração de livros ou produção de documentos de natureza contábil, fiscal, trabalhista e previdenciária é obrigada a arquivar e conservar, devidamente certificados, os respectivos sistemas e arquivos, em meio digital ou assemelhado, durante dez anos, à disposição da fiscalização. (Incluído pelo Decreto nº 4.729, de 2003)

§ 23. A cooperativa de trabalho e a pessoa jurídica são obrigadas a efetuar a inscrição no Instituto Nacional do Seguro Social dos seus cooperados e contratados, respectivamente, como contribuintes individuais, se ainda não inscritos. (Incluído pelo Decreto nº 4.729, de 2003)

§ 24. A empresa ou cooperativa adquirente, consumidora ou consignatária da produção fica obrigada a fornecer ao segurado especial cópia do documento fiscal de entrada da mercadoria, onde conste, além do registro da operação realizada, o valor da respectiva contribuição previdenciária. (Incluído pelo Decreto nº 6.722, de 2008).

Art. 226. O Município, por intermédio do órgão competente, fornecerá ao Instituto Nacional do Seguro Social, para fins de fiscalização, mensalmente, relação de todos os alvarás para construção civil e documentos de «habite-se» concedidos, de acordo com critérios estabelecidos pelo referido Instituto.

§ 1º A relação a que se refere o caput será encaminhada ao INSS até o dia dez do mês seguinte àquele a que se referirem os documentos.(Redação dada pelo Decreto nº 4.032, de 2001)

§ 2º O encaminhamento da relação fora do prazo ou a sua falta e a apresentação com incorreções ou omissões sujeitará o dirigente do órgão municipal à penalidade prevista na alínea «f» do inciso I do art. 283.

Art. 227. (Revogado pelo Decreto nº 8.302, de 2014)

Art. 228. O titular de cartório de registro civil e de pessoas naturais fica obrigado a comunicar, até o dia dez de cada mês, na forma estabelecida pelo Instituto Nacional do Seguro Social, o registro dos óbitos ocorridos no mês imediatamente anterior, devendo da comunicação constar o nome, a filiação, a data e o local de nascimento da pessoa falecida.

Parágrafo único. No caso de não haver sido registrado nenhum óbito, deverá o titular do cartório comunicar esse fato ao Instituto Nacional do Seguro Social, no prazo estipulado no caput.

Seção IV- Da Competência para Arrecadar, Fiscalizar e Cobrar

Art. 229. O Instituto Nacional do Seguro Social é o órgão competente para:

I - arrecadar e fiscalizar o recolhimento das contribuições sociais previstas nos incisos I, II, III, IV e V do parágrafo único do art. 195, bem como as contribuições incidentes a título de substituição;(Redação dada pelo Decreto nº 4.032, de 2001)

II - constituir seus créditos por meio dos correspondentes lançamentos e promover a respectiva cobrança;

III - aplicar sanções; e

IV - normatizar procedimentos relativos à arrecadação, fiscalização e cobrança das contribuições referidas no inciso I.

§ 1º Os Auditores Fiscais da Previdência Social terão livre acesso a todas as dependências ou estabelecimentos da empresa, com vistas à verificação física dos segurados em serviço, para confronto com os registros e documentos da empresa, podendo requisitar e apreender livros, notas técnicas e demais documentos necessários ao perfeito desempenho de suas funções, caracterizando-se como embaraço à fiscalização qualquer dificuldade oposta à consecução do objetivo. (Redação dada pelo Decreto nº 3.265, de 1999)

§ 2º Se o Auditor Fiscal da Previdência Social constatar que o segurado contratado como contribuinte individual, trabalhador avulso, ou sob qualquer outra denominação, preenche as condições referidas no inciso I do caput do art. 9º, deverá desconsiderar o vínculo pactuado e efetuar o enquadramento como segurado empregado. (Redação dada pelo Decreto nº 3.265, de 1999)

§ 3º A fiscalização das entidades fechadas de previdência privada, estabelecida na Lei nº 6.435, de 15 de julho de 1977, será exercida pelos Fiscais de Contribuições Previdenciárias do Instituto Nacional do Seguro Social, devidamente credenciados pelo órgão próprio, sem prejuízo das atribuições e vantagens a que fazem jus, conforme disposto no Decreto nº 1.317, de 29 de novembro de 1994.

§ 4º A fiscalização dos regimes próprios de previdência social dos servidores públicos e dos militares da União, dos Estados, do Distrito Federal e dos Municípios, nos termos da Lei nº 9.717, de 27 de novembro de 1998, será exercida pelos Fiscais de Contribuições Previdenciárias do Instituto Nacional do Seguro Social, devidamente credenciados pelo órgão próprio, sem prejuízo das atribuições e vantagens a que fazem jus, conforme orientação expedida pelo Ministério da Previdência e Assistência Social.

§ 5º Aplica-se à fiscalização de que tratam os §§ 3º e 4º o disposto na Lei nº 8.212, de 1991, neste Regulamento e demais dispositivos da legislação previdenciária, no que couber e não colidir com os preceitos das Leis nºs 6.435, de 1977, e 9.717, de 1998.

Art. 230. A Secretaria da Receita Federal é o órgão competente para:

I - arrecadar e fiscalizar o recolhimento das contribuições sociais previstas nos incisos VI e VII do parágrafo único do art. 195;

II - constituir seus créditos por meio dos correspondentes lançamentos e promover a respectiva cobrança;

III - aplicar sanções; e

IV - normatizar procedimentos relativos à arrecadação, fiscalização e cobrança das contribuições de que trata o inciso I.

Seção V - Do Exame da Contabilidade

Art. 231. É prerrogativa do Ministério da Previdência e Assistência Social, do Instituto Nacional do Seguro Social e da Secretaria da Receita Federal o exame da contabilidade da empresa, não prevalecendo para esse efeito o disposto nos arts. 17 e 18 do Código Comercial, ficando obrigados a empresa e o segurado a prestarem todos os esclarecimentos e informações solicitados.

Art. 232. A empresa, o servidor de órgão público da administração direta e indireta, o segurado da previdência social, o serventuário da Justiça, o síndico ou seu representante legal, o comissário e o liquidante de empresa em liquidação judicial ou extrajudicial são obrigados a exibir todos os documentos e livros relacionados com as contribuições previstas neste Regulamento.

Art. 233. Ocorrendo recusa ou sonegação de qualquer documento ou informação, ou sua apresentação deficiente, o Instituto Nacional do Seguro Social e a Secretaria da Receita Federal podem, sem prejuízo da penalidade cabível nas esferas de sua competência, lançar de ofício importância que reputarem devida, cabendo à empresa, ao empregador doméstico ou ao segurado o ônus da prova em contrário.

Parágrafo único. Considera-se deficiente o documento ou informação apresentada que não preencha as formalidades legais, bem como aquele que contenha informação diversa da realidade, ou, ainda, que omita informação verdadeira.

Art. 234. Na falta de prova regular e formalizada, o montante dos salários pagos pela execução de obra de construção civil pode ser obtido mediante cálculo da mão-de-obra empregada, proporcional à área construída e ao padrão de execução da obra, de acordo com critérios estabelecidos pelo Instituto Nacional do Seguro Social, cabendo ao proprietário, dono da obra, incorporador, condômino da unidade imobiliária ou empresa co-responsável o ônus da prova em contrário.

Art. 235. Se, no exame da escrituração contábil e de qualquer outro documento da empresa, a fiscalização constatar que a contabilidade não registra o movimento real da remuneração dos segurados a seu serviço, da receita ou do faturamento e do lucro, esta será desconsiderada, sendo apuradas e lançadas de ofício as contribuições devidas, cabendo à empresa o ônus da prova em contrário.

Art. 236. Deverá ser dado tratamento especial ao exame da documentação que envolva operações ou assuntos de caráter sigiloso, ficando o fiscal responsável obrigado à guarda da informação e à sua utilização exclusivamente nos documentos elaborados em decorrência do exercício de suas atividades.

Art. 237. A autoridade policial prestará à fiscalização, mediante solicitação, o auxílio necessário ao regular desempenho dessa atividade.

Seção VI - Das Contribuições e Outras Importâncias não Recolhidas até o Vencimento

Art. 238. Os créditos de qualquer natureza da seguridade social, constituídos ou não, vencidos até 31 de dezembro de 1991 e não pagos até 2 de janeiro de 1992, serão atualizados monetariamente com base na legislação aplicável e convertidos, nessa data, em quantidade de Unidade Fiscal de Referência diária.

§ 1º Os juros de mora calculados até 2 de janeiro de 1992 serão, também, convertidos em Unidade Fiscal de Referência, na mesma data.

§ 2º Sobre a parcela correspondente à contribuição, convertida em quantidade de Unidade Fiscal de Referência, incidirão juros moratórios à razão de um por cento, ao mês-calendário ou fração, a partir de fevereiro de 1992, inclusive, além da multa variável pertinente.

§ 3º Os créditos calculados e expressos em quantidade de Unidade Fiscal de Referência conforme o disposto neste artigo serão reconvertidos para moeda corrente, com base no valor da Unidade Fiscal de Referência na data do pagamento.

Art. 239. As contribuições sociais e outras importâncias arrecadadas pelo Instituto Nacional do Seguro Social, incluídas ou não em notificação fiscal de lançamento, pagas com atraso, objeto ou não de parcelamento, ficam sujeitas a:

I - atualização monetária, quando exigida pela legislação de regência;

II - juros de mora, de caráter irrelevável, incidentes sobre o valor atualizado, equivalentes a:

a) um por cento no mês do vencimento;

b) taxa referencial do Sistema Especial de Liquidação e de Custódia nos meses intermediários; e

c) um por cento no mês do pagamento; e

III - multa variável, de caráter irrelevável, nos seguintes percentuais, para fatos geradores ocorridos a partir de 28 de novembro de 1999: (Redação dada pelo Decreto nº 3.265, de 1999)

a) para pagamento após o vencimento de obrigação não incluída em notificação fiscal de lançamento:

1. oito por cento, dentro do mês de vencimento da obrigação; (Redação dada pelo Decreto nº 3.265, de 1999)

2. quatorze por cento, no mês seguinte; ou (Redação dada pelo Decreto nº 3.265, de 1999)

3. vinte por cento, a partir do segundo mês seguinte ao do vencimento da obrigação; (Redação dada pelo Decreto nº 3.265, de 1999)

b) para pagamento de obrigação incluída em notificação fiscal de lançamento:

1. vinte e quatro por cento, até quinze dias do recebimento da notificação; (Redação dada pelo Decreto nº 3.265, de 1999)

2. trinta por cento, após o décimo quinto dia do recebimento da notificação;(Redação dada pelo Decreto nº 3.265, de 1999)

3. quarenta por cento, após apresentação de recurso desde que antecedido de defesa, sendo ambos tempestivos, até quinze dias da ciência da decisão do Conselho de Recursos da Previdência Social; ou (Redação dada pelo Decreto nº 3.265, de 1999)

4. cinquenta por cento, após o décimo quinto dia da ciência da decisão do Conselho de Recursos da Previdência Social, enquanto não inscrita em Dívida Ativa; e (Redação dada pelo Decreto nº 3.265, de 1999)

c) para pagamento do crédito inscrito em Dívida Ativa:

1. sessenta por cento, quando não tenha sido objeto de parcelamento; (Redação dada pelo Decreto nº 3.265, de 1999)

2. setenta por cento, se houve parcelamento; (Redação dada pelo Decreto nº 3.265, de 1999)

3. oitenta por cento, após o ajuizamento da execução fiscal, mesmo que o devedor ainda não tenha sido citado, se o crédito não foi objeto de parcelamento; ou (Redação dada pelo Decreto nº 3.265, de 1999)

4. cem por cento, após o ajuizamento da execução fiscal, mesmo que o devedor ainda não tenha sido citado, se o crédito foi objeto de parcelamento. (Redação dada pelo Decreto nº 3.265, de 1999)

§ 1º (Revogado pelo Decreto nº 6.224, de 2007).

§ 2º Nas hipóteses de parcelamento ou de reparcelamento, incidirá um acréscimo de vinte por cento sobre a multa de mora a que se refere o inciso III.

§ 3º Se houver pagamento antecipado à vista, no todo ou em parte, do saldo devedor, o acréscimo previsto no parágrafo anterior não incidirá sobre a multa correspondente à parte do pagamento que se efetuar.

§ 4º O valor do pagamento parcial, antecipado, do saldo devedor de parcelamento ou do reparcelamento somente poderá ser utilizado para quitação de parcelas na ordem inversa do vencimento, sem prejuízo da que for devida no mês de competência em curso e sobre a qual incidirá sempre o acréscimo a que se refere o § 2º.

§ 5º É facultada a realização de depósito à disposição da seguridade social, sujeito ao mesmo percentual do item 1 da alínea «b» do inciso III, desde que dentro do prazo legal para apresentação de defesa.

§ 6º À correção monetária e aos acréscimos legais de que trata este artigo aplicar-se-á a legislação vigente em cada competência a que se referirem.

§ 7º Às contribuições de que trata o art. 204, devidas e não recolhidas até as datas dos respectivos vencimentos, aplicam-se multas e juros moratórios na forma da legislação pertinente.

§ 8º Sobre as contribuições devidas e apuradas com base no § 1º do art. 348 incidirão juros moratórios de cinco décimos por cento ao mês, capitalizados anualmente, limitados ao percentual máximo de cinquenta por cento, e multa de dez por cento. (Redação dada pelo Decreto nº 6.042, de 2007).

§ 9º Não se aplicam as multas impostas e calculadas como percentual do crédito por motivo de recolhimento fora do prazo das contribuições, nem quaisquer outras penas pecuniárias, às massas falidas de que trata o art. 192 da Lei no 11.101, de 9 de fevereiro de 2005, e às missões diplomáticas estrangeiras no Brasil e aos membros dessas missões quando assegurada a isenção em tratado, convenção ou outro acordo internacional de que o Estado estrangeiro ou organismo internacional e o Brasil sejam partes. (Redação dada pelo Decreto nº 6.042, de 2007).

§ 10. O disposto no § 8º não se aplica aos casos de contribuições em atraso a partir da competência abril de 1995, obedecendo-se, a partir de então, às disposições aplicadas às empresas em geral. (Incluído pelo Decreto nº 3.265, de 1999)

§ 11. Na hipótese de as contribuições terem sido declaradas no documento a que se refere o inciso IV do art. 225, ou quando se tratar de empregador doméstico ou de empresa ou segurado dispensados de apresentar o citado documento, a multa de mora a que se refere o caput e seus incisos será reduzida em cinquenta por cento. (Incluído pelo Decreto nº 3.265, de 1999)

Art. 240. Os créditos de qualquer natureza da seguridade social, constituídos ou não, que forem objeto de parcelamento serão consolidados na data da concessão e expressos em moeda corrente.

§ 1º Os valores referentes a competências anteriores a 1º de janeiro de 1995 e expressos em Unidade Fiscal de Referência serão reconvertidos para moeda corrente, com base no valor da Unidade Fiscal de Referência na data do pagamento.

§ 2º O valor do crédito consolidado será dividido pela quantidade de parcelas mensais concedidas na forma da legislação pertinente.

§ 3º O valor de cada parcela mensal, por ocasião do pagamento, será acrescido de juros na forma da legislação pertinente.

§ 4º A parcela mensal com valores relativos a competências anteriores a janeiro de 1995 será determinada de acordo com as disposições do § 1º, acrescida de juros conforme a legislação pertinente.

Art. 241. No caso de parcelamento concedido administrativamente até o dia 31 de dezembro de 1991, cujo saldo devedor foi expresso em quantidade de Unidade Fiscal de Referência diária a partir de 1º de janeiro de 1992, mediante a divisão do débito, atualizado monetariamente, pelo valor da Unidade Fiscal de Referência diária no dia 1º de janeiro de 1992, terá o valor do débito ou da parcela expresso em Unidade Fiscal de Referência reconvertido para moeda corrente, multiplicando-se a quantidade de Unidade Fiscal de Referência pelo valor desta na data do pagamento.

Art. 242. Os valores das contribuições incluídos em notificação fiscal de lançamento e os acréscimos legais, observada a legislação de regência, serão expressos em moeda corrente.

§ 1º Os valores das contribuições incluídos na Guia de Recolhimento do Fundo de Garantia do Tempo de Serviço e Informações à Previdência Social, não recolhidos ou não parcelados, serão inscritos na Dívida Ativa do Instituto Nacional do Seguro Social, dispensando-se o processo administrativo de natureza contenciosa.

§ 2º Os juros e a multa serão calculados com base no valor da contribuição.

Art. 243. Constatada a falta de recolhimento de qualquer contribuição ou outra importância devida nos termos deste Regulamento, a fiscalização lavrará, de imediato, notificação fiscal de lançamento com discriminação clara e precisa dos fatos geradores, das contribuições devidas e dos períodos a que se referem, de acordo com as normas estabelecidas pelos órgãos competentes.

§ 1º Aplica-se o disposto neste artigo em caso de falta de pagamento de benefício reembolsado ou em caso de pagamento

desse benefício sem observância das normas pertinentes estabelecidas pelo Instituto Nacional do Seguro Social.

§ 2º Recebida a notificação, o empregador doméstico, a empresa ou o segurado terão o prazo de trinta dias para efetuar o pagamento ou apresentar impugnação. (Redação dada pelo Decreto nº 6.103, de 2007)

§ 3º (Revogado pelo Decreto nº 6.722, de 2008).

§ 4º Após o prazo referido no parágrafo anterior, o crédito será inscrito em Dívida Ativa.

§ 5º Apresentada a defesa, o processo formado a partir da notificação fiscal de lançamento será submetido à autoridade competente, que decidirá sobre a procedência ou não do lançamento, cabendo recurso na forma da Subseção II da Seção II do Capítulo Único do Título I do Livro V.

§ 6º Ao lançamento considerado procedente aplicar-se-á o disposto no § 1º do art. 245, salvo se houver recurso tempestivo na forma da Subseção II da Seção II do Capítulo Único do Título I do Livro V.

§ 7º A liquidação de crédito incluído em notificação deve ser feita em moeda corrente, mediante documento próprio emitido exclusivamente pelo Instituto Nacional do Seguro Social.

Art. 244. As contribuições e demais importâncias devidas à seguridade social e não recolhidas até seu vencimento, incluídas ou não em notificação fiscal de lançamento, após verificadas e confessadas, poderão ser objeto de acordo, para pagamento parcelado em moeda corrente, em até sessenta meses sucessivos, observado o número de até quatro parcelas mensais para cada competência a serem incluídas no parcelamento.

§ 1º Não poderão ser objeto de parcelamento as contribuições descontadas dos segurados empregado, inclusive o doméstico, trabalhador avulso e contribuinte individual, as decorrentes da sub-rogação de que tratam os incisos I e II do § 7º do art. 200 e as importâncias retidas na forma do art. 219. (Redação dada pelo Decreto nº 4.729, de 2003)

§ 2º A empresa ou segurado que tenha sido condenado criminalmente por sentença transitada em julgado, por obter vantagem ilícita em prejuízo da seguridade social ou de suas entidades, não poderá obter parcelamento de seus débitos, nos cinco anos seguintes ao trânsito em julgado da sentença.

§ 3º As contribuições de que tratam os incisos I e II do caput do art. 204 poderão ser objeto de parcelamento, de acordo com a legislação específica vigente.

§ 4º O disposto neste artigo aplica-se às contribuições arrecadadas pelo Instituto Nacional do Seguro Social para outras entidades e fundos, na forma prevista no art. 274, bem como às relativas às cotas de previdência devidas na forma da legislação anterior à Lei nº 8.212, de 1991.

§ 5º Sobre o valor de cada prestação mensal decorrente de parcelamento serão acrescidos, por ocasião do pagamento, juros equivalentes à taxa referencial do Sistema Especial de Liquidação e Custódia, a que se refere o art. 13 da Lei nº 9.065, de 20 de junho de 1995, para títulos federais, acumulada mensalmente, calculados a partir do primeiro dia do mês da concessão do parcelamento até o mês anterior ao do pagamento e de um por cento relativamente ao mês do pagamento.

§ 6º O deferimento do parcelamento pelo Instituto Nacional do Seguro Social fica condicionado ao pagamento da primeira parcela.

§ 7º Na hipótese do parágrafo anterior, não sendo paga a primeira parcela, proceder-se-á à inscrição da dívida confessada, salvo se já tiver sido inscrita, na Dívida Ativa do Instituto Nacional do Seguro Social e à sua cobrança judicial.

§ 8º O acordo de parcelamento será imediatamente rescindido, aplicando-se o disposto no § 1º do art. 245, salvo se a dívida já tiver sido inscrita, procedendo-se a sua cobrança judicial, caso ocorra uma das seguintes situações:

I - falta de pagamento de qualquer parcela nos termos acordados;

II - perecimento, deterioração ou depreciação da garantia oferecida para obtenção da Certidão Negativa de Débito, se o devedor, avisado, não a substituir ou reforçar, conforme o caso, no prazo de trinta dias contados do recebimento do aviso; ou

III - descumprimento de qualquer outra cláusula do acordo de parcelamento.

§ 9º Será admitido o reparcelamento por uma única vez.

§ 10. As dívidas inscritas, ajuizadas ou não, poderão ser objeto de parcelamento, no qual se incluirão, no caso das ajuizadas, honorários advocatícios, desde que previamente quitadas as custas judiciais.

§ 11. A amortização da dívida parcelada deve ser contínua e uniforme em relação ao número total das parcelas.

§ 12. O acordo celebrado com o Estado, o Distrito Federal ou o Município conterá cláusula em que estes autorizem a retenção do Fundo de Participação dos Estados ou do Fundo de Participação dos Municípios e o repasse ao Instituto Nacional do Seguro Social do valor correspondente a cada prestação mensal, por ocasião do vencimento desta.

§ 13. O acordo celebrado com o Estado, o Distrito Federal ou o Município conterá, ainda, cláusula em que estes autorizem, quando houver o atraso superior a sessenta dias no cumprimento das obrigações previdenciárias correntes, a retenção do Fundo de Participação dos Estados ou do Fundo de Participação dos Municípios e o repasse ao Instituto Nacional do Seguro Social do valor correspondente à mora, por ocasião da primeira transferência que ocorrer após a comunicação da autarquia previdenciária ao Ministério da Fazenda.

§ 14. Não é permitido o parcelamento de dívidas de empresa com falência decretada.

Art. 245. O crédito da seguridade social é constituído por meio de notificação fiscal de lançamento, auto-de-infração, confissão ou documento declaratório de valores devidos apresentado pelo contribuinte ou outro instrumento previsto em legislação própria.

§ 1º As contribuições, a atualização monetária, os juros de mora, as multas, bem como outras importâncias devidas e não recolhidas até o seu vencimento devem ser lançados em livro próprio destinado à inscrição em Dívida Ativa do Instituto Nacional do Seguro Social e da Fazenda Nacional, após a constituição do respectivo crédito.

§ 2º A certidão textual do livro de que trata este artigo serve de título para que o órgão competente, por intermédio de seu procurador ou representante legal, promova em juízo a cobrança da Dívida Ativa, segundo o mesmo processo e com as mesmas prerrogativas e privilégios da Fazenda Nacional, nos termos da Lei nº 6.830, de 22 de setembro de 1980.

§ 3º Os órgãos competentes podem, antes de ajuizar a cobrança da Dívida Ativa, promover o protesto de título dado em garantia de sua liquidação, ficando, entretanto, ressalvado que o título será sempre recebido pró solvendo.

§ 4º Considera-se Dívida Ativa o crédito proveniente de fato jurídico gerador das obrigações legais ou contratuais, desde que inscrito no livro próprio, de conformidade com os dispositivos da Lei nº 6.830, de 1980.

§ 5º As contribuições arrecadadas pelo Instituto Nacional do Seguro Social poderão, sem prejuízo da respectiva liquidez e certeza, ser inscritas em Dívida Ativa.

Art. 246. O crédito relativo a contribuições, atualização monetária, juros de mora, multas, bem como a outras importâncias, está sujeito, nos processos de falência, concordata ou concurso de credores, às disposições atinentes aos créditos da União, aos quais é equiparado.

Parágrafo único. O Instituto Nacional do Seguro Social reivindicará os valores descontados pela empresa do segurado empregado e trabalhador avulso, as decorrentes da sub-rogação de que tratam os incisos I e II do § 7º do art. 200 e as importâncias retidas na forma do art. 219 e não recolhidos, sendo que esses valores não estão sujeitos ao concurso de credores.

Seção VII - Da Restituição e da Compensação de Contribuições e Outras Importâncias

Art. 247. Somente poderá ser restituída ou compensada contribuição para a seguridade social, arrecadada pelo Instituto Nacional do Seguro Social, na hipótese de pagamento ou recolhimento indevido.

§ 1º Na hipótese de pagamento ou recolhimento indevido, a contribuição será atualizada monetariamente, nos períodos em que a legislação assim determinar, a contar da data do pagamento ou recolhimento até a da efetiva restituição ou compensação, utilizando-se os mesmos critérios aplicáveis à cobrança da própria contribuição em atraso, na forma da legislação de regência.

§ 2º A partir de 1º de janeiro de 1996, a compensação ou restituição é acrescida de juros equivalentes à taxa referencial do Sistema Especial de Liquidação e de Custódia, acumulada mensalmente, calculados a partir da data do pagamento indevido ou a maior até o mês anterior ao da compensação ou restituição e de um por cento relativamente ao mês em que estiver sendo efetuada.

§ 3º Somente será admitida a restituição ou a compensação de contribuição a cargo da empresa, recolhida ao Instituto Nacional do Seguro Social, que, por sua natureza, não tenha sido transferida ao preço de bem ou serviço oferecido à sociedade.

Art. 248. A restituição de contribuição ou de outra importância recolhida indevidamente, que comporte, por sua natureza, a transferência de encargo financeiro, somente será feita àquele que provar ter assumido esse encargo ou, no caso de tê-lo transferido a terceiro, estar por este expressamente autorizado a recebê-la.

Art. 249. Somente poderá ser restituído ou compensado, nas contribuições arrecadadas pelo Instituto Nacional do Seguro Social, valor decorrente das parcelas referidas nos incisos I, II, III, IV e V do parágrafo único do art. 195.

Parágrafo único. A restituição de contribuição indevidamente descontada do segurado somente poderá ser feita ao próprio segurado, ou ao seu procurador, salvo se comprovado que o responsável pelo recolhimento já lhe fez a devolução.

Art. 250. O pedido de restituição ou de compensação de contribuição ou de outra importância recolhida à seguridade social e recebida pelo Instituto Nacional do Seguro Social será encaminhado ao próprio Instituto.

§ 1º No caso de restituição de contribuições para terceiros, vinculada à restituição de contribuições previdenciárias, será o pedido recebido e decidido pelo Instituto Nacional do Seguro Social, que providenciará a restituição, descontando-a obrigatoriamente do valor do repasse financeiro seguinte ao da restituição, comunicando o fato à respectiva entidade.

§ 2º O pedido de restituição de contribuições que envolver somente importâncias relativas a terceiros será formulado diretamente à entidade respectiva e por esta decidido, cabendo ao Instituto Nacional do Seguro Social prestar as informações e realizar as diligências solicitadas.

Art. 251. A partir de 1º de janeiro de 1992, nos casos de pagamento indevido ou a maior de contribuições, mesmo quando resultante de reforma, anulação, revogação ou rescisão de decisão condenatória, o contribuinte pode efetuar a compensação desse valor no recolhimento de importâncias correspondentes a períodos subseqüentes.

§ 1º A compensação, independentemente da data do recolhimento, não pode ser superior a trinta por cento do valor a ser recolhido em cada competência, devendo o saldo remanescente em favor do contribuinte ser compensado nas competências subseqüentes, aplicando-se as normas previstas nos §§ 1º e 2º do art. 247.

§ 2º A compensação somente poderá ser efetuada com parcelas de contribuição da mesma espécie.

§ 3º É facultado ao contribuinte optar pelo pedido de restituição.

§ 4º Em caso de compensação de valores nas situações a que se referem os arts. 248 e 249, os documentos comprobatórios da responsabilidade assumida pelo encargo financeiro, a autorização expressa de terceiro para recebimento em seu nome, a procuração ou o recibo de devolução de contribuição descontada indevidamente de segurado, conforme o caso, devem ser mantidos à disposição da fiscalização, sob pena de glosa dos valores compensados.

§ 5º Os órgãos competentes expedirão as instruções necessárias ao cumprimento do disposto neste artigo.

Art. 252. No caso de recolhimento a maior, originário de evidente erro de cálculo, a restituição será feita por rito sumário estabelecido pelo Instituto Nacional do Seguro Social, reservando-se a este o direito de fiscalizar posteriormente a regularidade das importâncias restituídas.

Art. 253. O direito de pleitear restituição ou de realizar compensação de contribuições ou de outras importâncias extingue-se em cinco anos, contados da data:

I - do pagamento ou recolhimento indevido; ou

II - em que se tornar definitiva a decisão administrativa ou passar em julgado a sentença judicial que tenha reformado, anulado ou revogado a decisão condenatória.

Art. 254. Da decisão sobre pedido de restituição de contribuições ou de outras importâncias, cabe recurso na forma da Subseção II da Seção II do Capítulo Único do Título I do Livro V.

Seção VIII - Do Reembolso de Pagamento

Art. 255. A empresa será reembolsada pelo pagamento do valor bruto do salário-maternidade, observado o disposto no art. 248 da Constituição, incluída a gratificação natalina proporcional ao período da correspondente licença e das cotas do salário-família pago aos segurados a seu serviço, de acordo com este Regulamento, mediante dedução do respectivo valor, no ato do recolhimento das contribuições devidas, na forma estabelecida pelo INSS. (Redação dada pelo Decreto nº 4.862, de 2003)

§ 1º Se da dedução prevista no caput resultar saldo favorável, a empresa receberá, no ato da quitação, a importância correspondente.

§ 2º (Revogado pelo Decreto nº 3.265, de 1999)

§ 3º O reembolso de pagamento obedecerá aos mesmos critérios aplicáveis à restituição prevista no art. 247.

CAPÍTULO IX - DA MATRÍCULA DA EMPRESA, DO PRODUTOR RURAL PESSOA FÍSICA E DO SEGURADO ESPECIAL

(Redação dada pelo Decreto nº 6.722, de 2008).

Art. 256. A matrícula da empresa será feita:

I - simultaneamente com a inscrição no Cadastro Nacional da Pessoa Jurídica; ou

II - perante o Instituto Nacional do Seguro Social, no prazo de trinta dias contados do início de suas atividades, quando não sujeita a inscrição no Cadastro Nacional da Pessoa Jurídica.

§ 1º Independentemente do disposto neste artigo, o Instituto Nacional do Seguro Social procederá à matrícula:

I - de ofício, quando ocorrer omissão; e

II - de obra de construção civil, mediante comunicação obrigatória do responsável por sua execução, no prazo do inciso II do caput.

§ 2º A unidade matriculada na forma do inciso II do caput e do § 1º receberá certificado de matrícula com número cadastral básico, de caráter permanente.

§ 3º O não cumprimento do disposto no inciso II do caput e no inciso II do § 1º sujeita o responsável à multa prevista no art. 283.

§ 4º O Departamento Nacional de Registro do Comércio, por intermédio das juntas comerciais, bem como os cartórios de registro civil de pessoas jurídicas, prestarão obrigatoriamente

ao Instituto Nacional do Seguro Social todas as informações referentes aos atos constitutivos e alterações posteriores relativos a empresas neles registradas, sem ônus para o Instituto.

§ 5º São válidos perante o Instituto Nacional do Seguro Social os atos de constituição, alteração e extinção de empresa registrados nas juntas comerciais.

§ 6º O Ministério da Previdência e Assistência Social estabelecerá as condições em que o Departamento Nacional de Registro do Comércio, por intermédio das juntas comerciais, e os cartórios de registro civil de pessoas jurídicas cumprirão o disposto no § 4º.

Art. 256-A. A matrícula atribuída pela Secretaria da Receita Federal do Brasil ao produtor rural pessoa física ou segurado especial é o documento de inscrição do contribuinte, em substituição à inscrição no Cadastro Nacional de Pessoa Jurídica - CNPJ, a ser apresentado em suas relações: (Incluído pelo Decreto nº 6.722, de 2008).

I - com o Poder Público, inclusive para licenciamento sanitário de produtos de origem animal ou vegetal submetidos a processos de beneficiamento ou industrialização artesanal; (Incluído pelo Decreto nº 6.722, de 2008).

II - com as instituições financeiras, para fins de contratação de operações de crédito; e (Incluído pelo Decreto nº 6.722, de 2008).

III - com os adquirentes de sua produção ou fornecedores de sementes, insumos, ferramentas e demais implementos agrícolas. (Incluído pelo Decreto nº 6.722, de 2008).

§ 1º Para fins de recolhimento das contribuições previdenciárias, a matrícula de que trata o caput será atribuída ao grupo familiar no ato de sua inscrição. (Incluído pelo Decreto nº 6.722, de 2008).

§ 2º O disposto no caput não se aplica ao licenciamento sanitário de produtos sujeitos à incidência do IPI ou ao contribuinte cuja inscrição no CNPJ seja obrigatória. (Incluído pelo Decreto nº 6.722, de 2008).

CAPÍTULO X - DA PROVA DE INEXISTÊNCIA DE DÉBITO

Art. 257. (Revogado pelo Decreto nº 8.302, de 2014)

Art. 258. (Revogado pelo Decreto nº 8.302, de 2014)

Art. 259. (Revogado pelo Decreto nº 8.302, de 2014)

Art. 260. Serão aceitas as seguintes modalidades de garantia:

I - depósito integral e atualizado do débito em moeda corrente;

II - hipoteca de bens imóveis com ou sem seus acessórios;

III - fiança bancária;

IV - vinculação de parcelas do preço de bens ou serviços a serem negociados a prazo pela empresa;

V - alienação fiduciária de bens móveis; ou

VI - penhora.

Parágrafo único. A garantia deve ter valor mínimo de cento e vinte por cento do total da dívida, observado, em qualquer caso, o valor de mercado dos bens indicados, em conformidade com os critérios estabelecidos pelo Instituto Nacional do Seguro Social.

Art. 261. A autorização do órgão competente para outorga de instrumento em que se estipule o pagamento do débito da empresa no ato, ou apenas parte no ato e o restante em parcelas ou prestações do saldo do preço do bem a ser negociado pela empresa, com vinculação ao cumprimento das obrigações assumidas na confissão de dívida fiscal desta perante a seguridade social, na forma do inciso IV do art. 260, será dada mediante interveniência no instrumento.

Parágrafo único. A autorização para lavratura de instrumento de interesse da empresa em que a garantia oferecida pelo devedor não tem relação com o bem transacionado será dada mediante alvará.

Art. 262. (Revogado pelo Decreto nº 8.302, de 2014)

Art. 263. (Revogado pelo Decreto nº 8.302, de 2014)

Art. 264. A inexistência de débito em relação às contribuições devidas ao Instituto Nacional do Seguro Social é condição necessária para que os Estados, o Distrito Federal e os Municípios possam receber as transferências dos recursos do Fundo de Participação dos Estados e do Distrito Federal e do Fundo de Participação dos Municípios, celebrar acordo, contrato, convênio ou ajuste, bem como receber empréstimo, financiamento, aval ou subvenção em geral de órgão ou entidade da administração direta e indireta da União.

Parágrafo único. Para recebimento do Fundo de Participação dos Estados e do Distrito Federal e do Fundo de Participação dos Municípios e para a consecução dos demais instrumentos citados no caput, os Estados, o Distrito Federal e os Municípios deverão apresentar aos órgãos ou entidades responsáveis pela liberação dos fundos, celebração de acordos, contratos, convênios ou ajustes, concessão de empréstimos, financiamentos, avais ou subvenções em geral os comprovantes de recolhimento das suas contribuições ao Instituto Nacional do Seguro Social referentes aos três meses imediatamente anteriores ao mês previsto para a efetivação daqueles procedimentos.

Art. 265. Os Estados, o Distrito Federal e os Municípios serão, igualmente, obrigados a apresentar, para os fins do disposto no art. 264, comprovação de pagamento da parcela mensal referente aos débitos com o Instituto Nacional do Seguro Social objeto do parcelamento.

TÍTULO II - DAS DISPOSIÇÕES DIVERSAS RELATIVAS AO CUSTEIO DA SEGURIDADE SOCIAL

Art. 266. Os sindicatos poderão apresentar denúncia contra a empresa, junto ao Instituto Nacional do Seguro Social, nas seguintes hipóteses:

I - falta de envio da Guia da Previdência Social para o sindicato, na forma do inciso V do caput do art. 225;

II - não afixação da Guia da Previdência Social no quadro de horário, na forma do inciso VI do caput do art. 225;

III - divergência entre os valores informados pela empresa e pelo Instituto Nacional do Seguro Social sobre as contribuições recolhidas na mesma competência; ou

IV - existência de evidentes indícios de recolhimento a menor das contribuições devidas, constatados pela comparação com dados disponíveis sobre quantidade de empregados e de rescisões de contrato de trabalho homologadas pelo sindicato.

§ 1º As denúncias formuladas pelos sindicatos deverão identificar com precisão a empresa infratora e serão encaminhadas por seu representante legal, especificando nome, número no Cadastro Nacional da Pessoa Jurídica e endereço da empresa denunciada, o item infringido e outros elementos indispensáveis à análise dos fatos.

§ 2º A constatação da improcedência da denúncia apresentada pelo sindicato implicará a cessação do seu direito ao acesso às informações fornecidas pelas empresas e pelo Instituto Nacional do Seguro Social, pelo prazo de:

I - um ano, quando fundamentada nos incisos I, II e III do caput; e

II - quatro meses, quando fundamentada no inciso IV do caput.

§ 3º Os prazos mencionados no parágrafo anterior serão duplicados a cada reincidência, considerando-se esta a ocorrência de nova denúncia improcedente, dentro do período de cinco anos contados da data da denúncia não confirmada.

Art. 267. (Revogado pelo Decreto nº 4.032, de 2001)

Art. 268. O titular da firma individual e os sócios das empresas por cotas de responsabilidade limitada respondem solidariamente, com seus bens pessoais, pelos débitos junto à seguridade social.

Parágrafo único. Os acionistas controladores, os administradores, os gerentes e os diretores respondem solidariamente e subsidiariamente, com seus bens pessoais, quanto ao ina-

dimplemento das obrigações para com a seguridade social, por dolo ou culpa.

Art. 269. Os orçamentos das entidades da administração pública direta e indireta devem consignar as dotações ao pagamento das contribuições devidas à seguridade social, de modo a assegurar a sua regular liquidação dentro do exercício.

Parágrafo único. O pagamento das contribuições devidas ao Instituto Nacional do Seguro Social terá prioridade absoluta nos cronogramas financeiros de desembolso dos órgãos da administração pública direta, das entidades de administração indireta e suas subsidiárias e das demais entidades sob controle acionário direto ou indireto da União, dos Estados, do Distrito Federal e dos Municípios, bem como de suas autarquias, e fundações instituídas ou mantidas pelo Poder Público.

Art. 270. A existência de débitos junto ao Instituto Nacional do Seguro Social, não renegociados ou renegociados e não saldados, nas condições estabelecidas em lei, importará na indisponibilidade dos recursos existentes, ou que venham a ingressar nas contas dos órgãos ou entidades devedoras de que trata o artigo anterior, abertas em quaisquer instituições financeiras, até o valor equivalente ao débito apurado na data de expedição de solicitação do Instituto Nacional do Seguro Social ao Banco Central do Brasil, incluindo o principal, corrigido monetariamente nos períodos em que a legislação assim dispuser, as multas e os juros.

Parágrafo único. Os Ministros da Fazenda e da Previdência e Assistência Social expedirão as instruções para aplicação do disposto neste artigo.

Art. 271. As contribuições referentes ao período de que trata o § 2º do art. 26, vertidas desde o início do vínculo do servidor com a administração pública ao Plano de Seguridade Social do Servidor Público, nos termos dos arts. 8º e 9º da Lei nº 8.162, de 1991, serão atualizadas monetariamente e repassadas de imediato ao Instituto Nacional do Seguro Social.

Art. 272. As alíquotas a que se referem o inciso II do art. 200 e os incisos I, II, III e § 8º do art. 202 são reduzidas em cinquenta por cento de seu valor, a partir de 22 de janeiro de 1998, por sessenta meses, nos contratos de trabalho por prazo determinado, nos termos da Lei nº 9.601, de 21 de janeiro de 1998. (Redação dada pelo Decreto nº 4.032, de 2001)

Art. 273. A empresa é obrigada a preparar folha de pagamento dos trabalhadores contratados com base na Lei nº 9.601, de 1998, na forma do art. 225, agrupando-os separadamente.

Art. 274. O Instituto Nacional do Seguro Social poderá arrecadar e fiscalizar, mediante remuneração de três vírgula cinco por cento sobre o montante arrecadado, contribuição por lei devida a terceiros, desde que provenha de empresa, segurado, aposentado ou pensionista a ele vinculado, aplicando-se a essa contribuição, no que couber, o disposto neste Regulamento.

§ 1º O disposto neste artigo aplica-se às contribuições que tenham a mesma base utilizada para o cálculo das contribuições incidentes sobre a remuneração paga, devida ou creditada a segurados, bem como sobre as contribuições incidentes sobre outras bases a título de substituição.(Redação dada pelo Decreto nº 4.032, de 2001)

§ 2º As contribuições previstas neste artigo ficam sujeitas aos mesmos prazos, condições, sanções e privilégios das contribuições da seguridade social, inclusive no que se refere à cobrança judicial.

Art. 275. O Instituto Nacional do Seguro Social divulgará, trimestralmente, lista atualizada dos devedores com débitos inscritos na Dívida Ativa relativos às contribuições previstas nos incisos I, II, III, IV e V do parágrafo único do art. 195, acompanhada de relatório circunstanciado das medidas administrativas e judiciais adotadas para a cobrança e execução da dívida.

§ 1º O relatório a que se refere o caput será encaminhado aos órgãos da administração federal direta e indireta, às entidades controladas direta ou indiretamente pela União, aos registros públicos, cartórios de registro de títulos e documentos, cartórios de registro de imóveis e ao sistema financeiro oficial,

para os fins do § 3º do art. 195 da Constituição Federal e da Lei nº 7.711, de 22 de dezembro de 1988.

§ 2º O Ministério da Previdência e Assistência Social fica autorizado a firmar convênio com os governos estaduais, do Distrito Federal e municipais para extensão, àquelas esferas de governo, das hipóteses previstas no art. 1º da Lei nº 7.711, de 1988.

Art. 276. Nas ações trabalhistas de que resultar o pagamento de direitos sujeitos à incidência de contribuição previdenciária, o recolhimento das importâncias devidas à seguridade social será feito no dia dois do mês seguinte ao da liquidação da sentença.

§ 1º No caso do pagamento parcelado, as contribuições devidas à seguridade social serão recolhidas na mesma data e proporcionalmente ao valor de cada parcela.

§ 2º Nos acordos homologados em que não figurarem, discriminadamente, as parcelas legais de incidência da contribuição previdenciária, esta incidirá sobre o valor total do acordo homologado.

§ 3º Não se considera como discriminação de parcelas legais de incidência de contribuição previdenciária a fixação de percentual de verbas remuneratórias e indenizatórias constantes dos acordos homologados, aplicando-se, nesta hipótese, o disposto no parágrafo anterior.

§ 4º A contribuição do empregado no caso de ações trabalhistas será calculada, mês a mês, aplicando-se as alíquotas previstas no art. 198, observado o limite máximo do salário-de-contribuição.

§ 5º Na sentença ou acordo homologado, cujo valor da contribuição previdenciária devida for inferior ao limite mínimo permitido para recolhimento na Guia da Previdência Social, é autorizado o recolhimento dos valores devidos cumulativamente com as contribuições normais de mesma competência. (Incluído pelo Decreto nº 4.032, de 2001)

§ 6º O recolhimento das contribuições do empregado reclamante deverá ser feito na mesma inscrição em que são recolhidas as contribuições devidas pela empresa.(Incluído pelo Decreto nº 4.032, de 2001)

§ 7º Se da decisão resultar reconhecimento de vínculo empregatício, deverão ser exigidas as contribuições, tanto do empregador como do reclamante, para todo o período reconhecido, ainda que o pagamento das remunerações a ele correspondentes não tenham sido reclamadas na ação, tomando-se por base de incidência, na ordem, o valor da remuneração paga, quando conhecida, da remuneração paga a outro empregado de categoria ou função equivalente ou semelhante, do salário normativo da categoria ou do salário mínimo mensal, permitida a compensação das contribuições patronais eventualmente recolhidas.(Incluído pelo Decreto nº 4.032, de 2001)

§ 8º Havendo reconhecimento de vínculo empregatício para empregado doméstico, tanto as contribuições do segurado empregado como as do empregador deverão ser recolhidas na inscrição do trabalhador.(Incluído pelo Decreto nº 4.032, de 2001)

§ 9º É exigido o recolhimento da contribuição previdenciária de que trata o inciso II do art. 201, incidente sobre o valor resultante da decisão que reconhecer a ocorrência de prestação de serviço à empresa, mas não o vínculo empregatício, sobre o valor total da condenação ou do acordo homologado, independentemente da natureza da parcela e forma de pagamento. (Incluído pelo Decreto nº 4.032, de 2001)

Art. 277. A autoridade judiciária deverá velar pelo fiel cumprimento do disposto no artigo anterior, executando, de ofício, quando for o caso, as contribuições devidas, fazendo expedir notificação ao Instituto Nacional do Seguro Social, para dar-lhe ciência dos termos da sentença, do acordo celebrado ou da execução.

Parágrafo único. O Instituto Nacional do Seguro Social fornecerá, quando solicitados, as orientações e dados necessários ao cumprimento do que dispõe este artigo.

Art. 278. Nenhuma contribuição é devida à seguridade social se a construção residencial for unifamiliar, com área total não superior a setenta metros quadrados, destinada a uso próprio, do tipo econômico e tiver sido executada sem a utilização de mão-de-obra assalariada.

Parágrafo único. Comprovado o descumprimento de qualquer das disposições do caput, tornam-se devidas as contribuições previstas neste Regulamento, sem prejuízo das cominações legais cabíveis.

TÍTULO III - DAS DISPOSIÇÕES TRANSITÓRIAS RELATIVAS AO CUSTEIO DA SEGURIDADE SOCIAL

(Incluído pelo Decreto nº 3.265, de 1999)

Art. 278-A. (Revogado pelo Decreto nº 4.729, de 2003)

LIVRO IV - DAS PENALIDADES EM GERAL

TÍTULO I - DAS RESTRIÇÕES

Art. 279. A empresa que transgredir as normas deste Regulamento, além de outras sanções previstas, sujeitar-se-á às seguintes restrições:

I - suspensão de empréstimos e financiamentos, por instituições financeiras oficiais;
II - revisão de incentivo fiscal de tratamento tributário especial;
III - inabilitação para licitar e contratar com qualquer órgão ou entidade da administração pública direta ou indireta federal, estadual, do Distrito Federal ou municipal;
IV - interdição para o exercício do comércio, se for sociedade mercantil ou comerciante individual;
V - desqualificação para impetrar concordata; e
VI - cassação de autorização para funcionar no País, quando for o caso.

Art. 280. A empresa em débito para com a seguridade social não pode:

I - distribuir bonificação ou dividendo a acionista; e
II - dar ou atribuir cota ou participação nos lucros a sócio cotista, diretor ou outro membro de órgão dirigente, fiscal ou consultivo, ainda que a título de adiantamento.

TÍTULO II - DAS INFRAÇÕES E DAS PENALIDADES

CAPÍTULO I - DOS CRIMES

Art. 281. (Revogado pelo Decreto nº 4.032, de 2001)

CAPÍTULO II - DA APREENSÃO DE DOCUMENTOS

Art. 282. A seguridade social, por meio de seus órgãos competentes, promoverá a apreensão de comprovantes de arrecadação e de pagamento de benefícios, bem como de quaisquer documentos pertinentes, inclusive contábeis, mediante lavratura do competente termo, com a finalidade de apurar administrativamente a ocorrência dos crimes previstos em lei.

Parágrafo único. O Instituto Nacional do Seguro Social e a Secretaria da Receita Federal estabelecerão normas específicas para:

I - apreensão de comprovantes e demais documentos;
II - apuração administrativa da ocorrência de crimes;
III - devolução de comprovantes e demais documentos;
IV - instrução do processo administrativo de apuração;
V - encaminhamento do resultado da apuração referida no inciso IV à autoridade competente; e
VI - acompanhamento de processo judicial.

CAPÍTULO III - DAS INFRAÇÕES

Art. 283. Por infração a qualquer dispositivo das Leis nos 8.212 e 8.213, ambas de 1991, e 10.666, de 8 de maio de 2003, para a qual não haja penalidade expressamente cominada neste Regulamento, fica o responsável sujeito a multa variável de R$ 636,17 (seiscentos e trinta e seis reais e dezessete centavos) a R$ 63.617,35 (sessenta e três mil, seiscentos e dezessete reais e trinta e cinco centavos), conforme a gravidade da infração, aplicando-se-lhe o disposto nos arts. 290 a 292, e de acordo com os seguintes valores: (Redação dada pelo Decreto nº 4.862, de 2003)

I - a partir de R$ 636,17 (seiscentos e trinta e seis reais e dezessete centavos) nas seguintes infrações:

a) deixar a empresa de preparar folha de pagamento das remunerações pagas, devidas ou creditadas a todos os segurados a seu serviço, de acordo com este Regulamento e com os demais padrões e normas estabelecidos pelo Instituto Nacional do Seguro Social;
b) deixar a empresa de se matricular no Instituto Nacional do Seguro Social, dentro de trinta dias contados da data do início de suas atividades, quando não sujeita a inscrição no Cadastro Nacional da Pessoa Jurídica;
c) deixar a empresa de descontar da remuneração paga aos segurados a seu serviço importância proveniente de dívida ou responsabilidade por eles contraída junto à seguridade social, relativa a benefícios pagos indevidamente;
d) deixar a empresa de matricular no Instituto Nacional do Seguro Social obra de construção civil de sua propriedade ou executada sob sua responsabilidade no prazo de trinta dias do início das respectivas atividades;
e) deixar o Titular de Cartório de Registro Civil de Pessoas Naturais de comunicar ao Instituto Nacional do Seguro Social, até o dia dez de cada mês, a ocorrência ou a não-ocorrência de óbitos, no mês imediatamente anterior, bem como enviar informações inexatas, conforme o disposto no art. 228;
f) deixar o dirigente dos órgãos municipais competentes de prestar ao Instituto Nacional do Seguro Social as informações concernentes aos alvarás, «habite-se» ou documento equivalente, relativos a construção civil, na forma do art. 226; e
g) deixar a empresa de efetuar os descontos das contribuições devidas pelos segurados a seu serviço; (Redação dada pelo Decreto nº 4.862, de 2003)
h) deixar a empresa de elaborar e manter atualizado perfil profissiográfico abrangendo as atividades desenvolvidas pelo trabalhador e de fornecer a este, quando da rescisão do contrato de trabalho, cópia autêntica deste documento; e (Incluída pelo Decreto nº 4.862, de 2003)

II - a partir de R$ 6.361,73 (seis mil trezentos e sessenta e um reais e setenta e três centavos) nas seguintes infrações:

a) deixar a empresa de lançar mensalmente, em títulos próprios de sua contabilidade, de forma discriminada, os fatos geradores de todas as contribuições, o montante das quantias descontadas, as contribuições da empresa e os totais recolhidos;
b) deixar a empresa de apresentar ao Instituto Nacional do Seguro Social e à Secretaria da Receita Federal os documentos que contenham as informações cadastrais, financeiras e contábeis de interesse dos mesmos, na forma por eles estabelecida, ou os esclarecimentos necessários à fiscalização;
c) deixar o servidor, o serventuário da Justiça ou o titular de serventia extrajudicial de exigir documento comprobatório de inexistência de débito, quando da contratação com o poder público ou no recebimento de benefício ou de incentivo fiscal ou creditício;
d) deixar o servidor, o serventuário da Justiça ou o titular de serventia extrajudicial de exigir o documento comprobatório de inexistência de débito, quando da alienação ou oneração, a qualquer título, de bem imóvel ou direito a ele relativo;
e) deixar o servidor, o serventuário da Justiça ou o titu-

lar de serventia extrajudicial de exigir a apresentação do documento comprobatório de inexistência de débito na alienação ou oneração, a qualquer título, de bem móvel incorporado ao ativo permanente da empresa, de valor superior a R$ 15.904,18 (quinze mil novecentos e quatro reais e dezoito centavos);

f) deixar o servidor, o serventuário da Justiça ou o titular de serventia extrajudicial de exigir documento comprobatório de inexistência de débito no registro ou arquivamento, no órgão próprio, de ato relativo a baixa ou redução de capital de firma individual, redução de capital social, cisão total ou parcial, transformação ou extinção de entidade ou sociedade comercial ou civil e transferência de controle de cotas de sociedades de responsabilidade limitada;

g) deixar o servidor, o serventuário da Justiça ou o titular de serventia extrajudicial de exigir documento comprobatório de inexistência de débito do proprietário, pessoa física ou jurídica, de obra de construção civil, quando da averbação de obra no Registro de Imóveis;

h) deixar o servidor, o serventuário da Justiça ou o titular de serventia extrajudicial de exigir documento comprobatório de inexistência de débito do incorporador, quando da averbação de obra no Registro de Imóveis, independentemente do documento apresentado por ocasião da inscrição do memorial de incorporação;

i) deixar o dirigente da entidade da administração pública direta ou indireta de consignar as dotações necessárias ao pagamento das contribuições devidas à seguridade social, de modo a assegurar a sua regular liquidação dentro do exercício;

j) deixar a empresa, o servidor de órgão público da administração direta e indireta, o segurado da previdência social, o serventuário da Justiça ou o titular de serventia extrajudicial, o síndico ou seu representante, o comissário ou o liquidante de empresa em liquidação judicial ou extrajudicial, de exibir os documentos e livros relacionados com as contribuições previstas neste Regulamento ou apresentá-los sem atender às formalidades legais exigidas ou contendo informação diversa da realidade ou, ainda, com omissão de informação verdadeira;

l) deixar a entidade promotora do espetáculo desportivo de efetuar o desconto da contribuição prevista no § 1º do art. 205;

m) deixar a empresa ou entidade de reter e recolher a contribuição prevista no § 3º do art. 205;

n) deixar a empresa de manter laudo técnico atualizado com referência aos agentes nocivos existentes no ambiente de trabalho de seus trabalhadores ou emitir documento de comprovação de efetiva exposição em desacordo com o respectivo laudo; e (Redação dada pelo Decreto nº 6.722, de 2008).

o) (Revogada pelo Decreto nº 4.882, de 2003)

§ 1º Considera-se dirigente, para os fins do disposto neste Capítulo, aquele que tem a competência funcional para decidir a prática ou não do ato que constitua infração à legislação da seguridade social.

§ 2º A falta de inscrição do segurado sujeita o responsável à multa de R$ 1.254,89 (mil, duzentos e cinqüenta e quatro reais e oitenta e nove centavos), por segurado não inscrito. (Redação dada pelo Decreto nº 6.722, de 2008).

§ 3º As demais infrações a dispositivos da legislação, para as quais não haja penalidade expressamente cominada, sujeitam o infrator à multa de R$ 636,17 (seiscentos e trinta e seis reais e dezessete centavos).

Art. 284. A infração ao disposto no inciso IV do caput do art. 225 sujeitará o responsável às seguintes penalidades administrativas:

I - valor equivalente a um multiplicador sobre o valor mínimo previsto no caput do art. 283, em função do número de segurados, pela não apresentação da Guia de Recolhimento do Fundo de Garantia do Tempo de Serviço e Informações à Previdência Social, independentemente do recolhimento da contribuição, conforme quadro abaixo:

0 a 5 segurados	½ valor mínimo
6 a 15 segurados	1 x o valor mínimo
16 a 50 segurados	2 x o valor mínimo
51 a 100 segurados	5 x o valor mínimo
101 a 500 segurados	10 x o valor mínimo
501 a 1000 segurados	20 x o valor mínimo
1001 a 5000 segurados	35 x o valor mínimo
acima de 5000 segurados	50 x o valor mínimo

II - cem por cento do valor devido relativo à contribuição não declarada, limitada aos valores previstos no inciso I, pela apresentação da Guia de Recolhimento do Fundo de Garantia do Tempo de Serviço e Informações à Previdência Social com dados não correspondentes aos fatos geradores, seja em relação às bases de cálculo, seja em relação às informações que alterem o valor das contribuições, ou do valor que seria devido se não houvesse isenção ou substituição, quando se tratar de infração cometida por pessoa jurídica de direito privado beneficente de assistência social em gozo de isenção das contribuições previdenciárias ou por empresa cujas contribuições incidentes sobre os respectivos fatos geradores tenham sido substituídas por outras; e (Redação dada pelo Decreto nº 4.729, de 2003)

III - cinco por cento do valor mínimo previsto no caput do art. 283, por campo com informações inexatas, incompletas ou omissas, limitada aos valores previstos no inciso I, pela apresentação da Guia de Recolhimento do Fundo de Garantia do Tempo de Serviço e Informações à Previdência Social com erro de preenchimento nos dados não relacionados aos fatos geradores.

§ 1º A multa de que trata o inciso I, a partir do mês seguinte àquele em que o documento deveria ter sido entregue, sofrerá acréscimo de cinco por cento por mês calendário ou fração.

§ 2º O valor mínimo a que se refere o inciso I será o vigente na data da lavratura do auto-de-infração.

Art. 285. A infração ao disposto no art. 280 sujeita o responsável à multa de cinqüenta por cento das quantias que tiverem sido pagas ou creditadas, a partir da data do evento.

Art. 286. A infração ao disposto no art. 336 sujeita o responsável à multa variável entre os limites mínimo e máximo do salário-de-contribuição, por acidente que tenha deixado de comunicar nesse prazo.

§ 1º Em caso de morte, a comunicação a que se refere este artigo deverá ser efetuada de imediato à autoridade competente.

§ 2º A multa será elevada em duas vezes o seu valor a cada reincidência.

§ 3º A multa será aplicada no seu grau mínimo na ocorrência da primeira comunicação feita fora do prazo estabelecido neste artigo, ou não comunicada, observado o disposto nos arts. 290 a 292.

Art. 287. Pelo descumprimento das obrigações contidas nos incisos V e VI do caput do art. 225, e verificado o disposto no inciso III do caput do art. 266, será aplicada multa de R$ 99,74 (noventa e nove reais e setenta e quatro centavos) a R$ 9.974,34 (nove mil, novecentos e setenta e quatro reais e trinta e quatro centavos), para cada competência em que tenha havido a irregularidade. (Redação dada pelo Decreto nº 4.032, de 2001)

Parágrafo único. O descumprimento das disposições constantes do art. 227 e dos incisos V e VI do caput do art. 257, sujeitará a instituição financeira à multa de:

I - R$ 22.165,20 (vinte e dois mil, cento e sessenta e cinco reais e vinte centavos), no caso do art. 227; e (Redação dada pelo Decreto nº 4.032, de 2001)

II - R$ 110.826,01 (cento e dez mil, oitocentos e vinte e seis reais e um centavo), no caso dos incisos V e VI do caput do art. 257.(Redação dada pelo Decreto nº 4.032, de 2001)

Art. 288. O descumprimento do disposto nos §§ 19 e 20 do art. 225 sujeitará o infrator à multa de:

I - R$ 173,00 (cento e setenta e três reais) a R$ 1.730,00 (um mil setecentos e trinta reais), no caso do § 19; e

II - R$ 345,00 (trezentos e quarenta e cinco reais) a R$ 3.450,00 (três mil quatrocentos e cinquenta reais), no caso do § 20.

Art. 289. O dirigente de órgão ou entidade da administração federal, estadual, do Distrito Federal ou municipal responde pessoalmente pela multa aplicada por infração a dispositivos deste Regulamento, sendo obrigatório o respectivo desconto em folha de pagamento, mediante requisição dos órgãos competentes e a partir do primeiro pagamento que se seguir à requisição.

Parágrafo único. Ao disposto neste artigo não se aplica a multa de que trata o inciso III do art. 239.

CAPÍTULO IV - DAS CIRCUNSTÂNCIAS AGRAVANTES DA PENALIDADE

Art. 290. Constituem circunstâncias agravantes da infração, das quais dependerá a gradação da multa, ter o infrator:

I - tentado subornar servidor dos órgãos competentes;

II - agido com dolo, fraude ou má-fé;

III - desacatado, no ato da ação fiscal, o agente da fiscalização;

IV - obstado a ação da fiscalização; ou

V - incorrido em reincidência.

Parágrafo único. Caracteriza reincidência a prática de nova infração a dispositivo da legislação por uma mesma pessoa ou por seu sucessor, dentro de cinco anos da data em que se tornar irrecorrível administrativamente a decisão condenatória, da data do pagamento ou da data em que se configurou a revelia, referentes à autuação anterior. (Redação dada pelo Decreto nº 6.032, de 2007)

CAPÍTULO V - DAS CIRCUNSTÂNCIAS ATENUANTES DA PENALIDADE

Art. 291. (Revogado pelo Decreto nº 6.727, de 2009)

CAPÍTULO VI - DA GRADAÇÃO DAS MULTAS

Art. 292. As multas serão aplicadas da seguinte forma:

I - na ausência de agravantes, serão aplicadas nos valores mínimos estabelecidos nos incisos I e II e no § 3º do art. 283 e nos arts. 286 e 288, conforme o caso;

II - as agravantes dos incisos I e II do art. 290 elevam a multa em três vezes;

III - as agravantes dos incisos III e IV do art. 290 elevam a multa em duas vezes;

IV - a agravante do inciso V do art. 290 eleva a multa em três vezes a cada reincidência no mesmo tipo de infração, e em duas vezes em caso de reincidência em infrações diferentes, observados os valores máximos estabelecidos no caput dos arts. 283 e 286, conforme o caso; e

V - (Revogado pelo Decreto nº 6.727, de 2009)

Parágrafo único. Na aplicação da multa a que se refere o art. 288, aplicar-se-á apenas as agravantes referidas nos incisos III a V do art. 290, as quais elevam a multa em duas vezes.

Art. 293. Constatada a ocorrência de infração a dispositivo deste Regulamento, será lavrado auto-de-infração com discriminação clara e precisa da infração e das circunstâncias em que foi praticada, contendo o dispositivo legal infringido, a penalidade aplicada e os critérios de gradação, e indicando local, dia e hora de sua lavratura, observadas as normas fixadas pelos órgãos competentes. (Redação dada pelo Decreto nº 6.103, de 2007)

§ 1º Recebido o auto-de-infração, o autuado terá o prazo de trinta dias, a contar da ciência, para efetuar o pagamento da multa de ofício com redução de cinquenta por cento ou impugnar a autuação. (Redação dada pelo Decreto nº 6.103, de 2007)

§ 2º Impugnada a autuação, o autuado, após a ciência da decisão de primeira instância, poderá efetuar o pagamento da multa de ofício com redução de vinte e cinco por cento, até a data limite para interposição de recurso. (Redação dada pelo Decreto nº 6.103, de 2007)

§ 3º O recolhimento do valor da multa, com redução, implica renúncia ao direito de impugnar ou de recorrer.(Redação dada pelo Decreto nº 4.032, de 2001)

§ 4º Apresentada impugnação, o processo será submetido à autoridade competente, que decidirá sobre a autuação, cabendo recurso na forma da Subseção II da Seção II do Capítulo Único do Título I do Livro V deste Regulamento. (Redação dada pelo Decreto nº 6.032, de 2007)

§ 5º (Revogado pelo Decreto nº 6.032, de 2007)

§ 6º (Revogado pelo Decreto nº 6.032, de 2007)

LIVRO V - DA ORGANIZAÇÃO DA SEGURIDADE SOCIAL

TÍTULO I - DO SISTEMA NACIONAL DE SEGURIDADE SOCIAL

Art. 294. As ações nas áreas de saúde, previdência social e assistência social, conforme o disposto no Capítulo II do Título VIII da Constituição Federal, serão organizadas em Sistema Nacional de Seguridade Social.

Parágrafo único. As áreas de que trata este artigo organizar-se-ão em conselhos setoriais, com representantes da União, dos Estados, do Distrito Federal, dos Municípios e da sociedade civil.

CAPÍTULO ÚNICO - DOS ÓRGÃOS COLEGIADOS

Seção I - Do Conselho Nacional de Previdência Social

Art. 295. O Conselho Nacional de Previdência Social, órgão superior de deliberação colegiada, terá como membros:

I - seis representantes do Governo Federal; e

II - nove representantes da sociedade civil, sendo:

a) três representantes dos aposentados e pensionistas;

b) três representantes dos trabalhadores em atividade; e

c) três representantes dos empregadores.

§ 1º Os membros do Conselho Nacional de Previdência Social e seus respectivos suplentes serão nomeados pelo Presidente da República, tendo os representantes titulares da sociedade civil mandato de dois anos, podendo ser reconduzidos, de imediato, uma única vez.

§ 2º Os representantes dos trabalhadores em atividade, dos aposentados, dos empregadores e seus respectivos suplentes serão indicados pelas centrais sindicais e confederações nacionais.

§ 3º O Conselho Nacional de Previdência Social reunir-se-á, ordinariamente, uma vez por mês, por convocação de seu Presidente, não podendo ser adiada a reunião por mais de quinze dias se houver requerimento nesse sentido da maioria dos conselheiros.

§ 4º Poderá ser convocada reunião extraordinária por seu Presidente ou a requerimento de um terço de seus membros, conforme dispuser o regimento interno do Conselho Nacional de Previdência Social.

Art. 296. Compete ao Conselho Nacional de Previdência Social:

I - estabelecer diretrizes gerais e apreciar as decisões de políticas aplicáveis à previdência social;

II - participar, acompanhar e avaliar, sistematicamente, a gestão previdenciária;

III - apreciar e aprovar os planos e programas da previdência social;

IV - apreciar e aprovar as propostas orçamentárias da previdência social, antes de sua consolidação na proposta orçamentária da seguridade social;

V - acompanhar e apreciar, mediante relatórios gerenciais por ele definidos, a execução dos planos, programas e orçamentos no âmbito da previdência social;

VI - acompanhar a aplicação da legislação pertinente à previdência social;

VII - apreciar a prestação de contas anual a ser remetida ao Tribunal de Contas da União, podendo, se for necessário, contratar auditoria externa;

VIII - estabelecer os valores mínimos em litígio, acima dos quais será exigida a anuência prévia do Procurador-Geral ou do Presidente do Instituto Nacional do Seguro Social para formalização de desistência ou transigência judiciais, conforme o disposto no art. 353;

IX - elaborar e aprovar seu regimento interno;

X - aprovar os critérios de arrecadação e de pagamento dos benefícios por intermédio da rede bancária ou por outras formas; e

XI - acompanhar e avaliar os trabalhos de implantação e manutenção do Cadastro Nacional de Informações Sociais.

Art. 296-A. Ficam instituídos, como unidades descentralizadas do Conselho Nacional de Previdência Social - CNPS, Conselhos de Previdência Social - CPS, que funcionarão junto às Gerências-Executivas do INSS. (Redação dada pelo Decreto nº 5.699, de 2006)

§ 1º Os CPS serão compostos por dez conselheiros e respectivos suplentes, designados pelo titular da Gerência Executiva na qual for instalado, assim distribuídos: (Redação dada pelo Decreto nº 5.699, de 2006)

I - quatro representantes do Governo Federal; e (Incluído pelo Decreto nº 4.874, de 2003)

II - seis representantes da sociedade, sendo: (Incluído pelo Decreto nº 4.874, de 2003)

a) dois dos empregadores; (Incluída pelo Decreto nº 4.874, de 2003)

b) dois dos empregados; e (Incluída pelo Decreto nº 4.874, de 2003)

c) dois dos aposentados e pensionistas. (Incluído pelo Decreto nº 4.874, de 2003)

§ 2º O Governo Federal será representado:(Incluído pelo Decreto nº 4.874, de 2003)

I - nas cidades onde houver mais de uma Gerência-Executiva: (Redação dada pelo Decreto nº 5.699, de 2006)

a) pelo Gerente-Executivo da Gerência-Executiva a que se refere o § 1º; e (Redação dada pelo Decreto nº 6.722, de 2008).

b) outros Gerentes-Executivos; ou (Redação dada pelo Decreto nº 6.722, de 2008).

c) servidores da Divisão ou do Serviço Benefícios ou de Atendimento ou da Procuradoria Federal Especializada junto ao INSS de Gerência-Executiva sediadas na cidade, ou de representante da Secretaria da Receita Federal do Brasil, ou de representante da DATAPREV; (Redação dada pelo Decreto nº 6.722, de 2008).

d) (Revogado pelo Decreto nº 6.722, de 2008).

II - nas cidades onde houver apenas uma Gerência-Executiva: (Redação dada pelo Decreto nº 5.699, de 2006)

a) pelo Gerente-Executivo; (Redação dada pelo Decreto nº 5.699, de 2006)

b) servidores da Divisão ou do Serviço de Benefícios ou de Atendimento ou da Procuradoria Federal Especializada junto ao INSS da Gerência-Executiva, ou de representante da Secretaria da Receita Federal do Brasil, ou de representante da DATAPREV. (Redação dada pelo Decreto nº 6.722, de 2008).

c) (Revogado pelo Decreto nº 6.722, de 2008).

d) (Revogado pelo Decreto nº 6.722, de 2008).

III - (Revogado pelo Decreto nº 5.699, de 2006)

a) (Revogado pelo Decreto nº 5.699, de 2006)

b) (Revogado pelo Decreto nº 5.699, de 2006)

§ 3º As reuniões serão mensais ou bimensais, a critério do respectivo CPS, e abertas ao público, cabendo a sua organização e funcionamento ao titular da Gerência-Executiva na qual for instalado o colegiado. (Redação dada pelo Decreto nº 5.699, de 2006)

§ 4º Os representantes dos trabalhadores, dos aposentados e dos empregadores serão indicados pelas respectivas entidades sindicais ou associações representativas. (Redação dada pelo Decreto nº 6.722, de 2008).

§ 5º Os CPS terão caráter consultivo e de assessoramento, competindo ao CNPS disciplinar os procedimentos para o seu funcionamento, suas competências, os critérios de seleção dos representantes da sociedade e o prazo de duração dos respectivos mandatos, além de estipular por resolução o regimento dos CPS. (Incluído pelo Decreto nº 4.874, de 2003)

§ 6º As funções dos conselheiros dos CPS não serão remuneradas e seu exercício será considerado serviço público relevante. (Incluído pelo Decreto nº 4.874, de 2003)

§ 7º A Previdência Social não se responsabilizará por eventuais despesas com deslocamento ou estada dos conselheiros representantes da sociedade. (Incluído pelo Decreto nº 4.874, de 2003)

§ 8º Nas cidades onde houver mais de uma Gerência-Executiva, o Conselho será instalado naquela indicada pelo Gerente Regional do INSS cujas atribuições abranjam a referida cidade. (Redação dada pelo Decreto nº 6.722, de 2008).

§ 9º Cabe ao Gerente-Executivo a designação dos conselheiros. (Incluído pelo Decreto nº 6.722, de 2008).

§ 10. É facultado ao Gerente Regional do INSS participar das reuniões do CPS localizados em região de suas atribuições e presidi-las. (Incluído pelo Decreto nº 6.722, de 2008).

Art. 297. Compete aos órgãos governamentais:

I - prestar toda e qualquer informação necessária ao adequado cumprimento das competências do Conselho Nacional de Previdência Social, fornecendo inclusive estudos técnicos; e

II - encaminhar ao Conselho Nacional de Previdência Social, com antecedência mínima de dois meses do seu envio ao Congresso Nacional, a proposta orçamentária da previdência social, devidamente detalhada.

Art. 298. As resoluções tomadas pelo Conselho Nacional de Previdência Social deverão ser publicadas no Diário Oficial da União.

Art. 299. As reuniões do Conselho Nacional de Previdência Social serão iniciadas com a presença da maioria absoluta de seus membros, sendo exigida para deliberação a maioria simples de votos.

Art. 300. As ausências ao trabalho dos representantes dos trabalhadores em atividade, decorrentes das atividades do Conselho Nacional de Previdência Social, serão abonadas, computando-se como jornada efetivamente trabalhada para todos os fins e efeitos legais.

Art. 301. Aos membros do Conselho Nacional de Previdência Social, enquanto representantes dos trabalhadores em atividade, titulares e suplentes, é assegurada a estabilidade no emprego, da nomeação até um ano após o término do mandato de representação, somente podendo ser demitidos por motivo de falta grave, regularmente comprovada mediante processo judicial.

Art. 302. Compete ao Ministério da Previdência e Assistência Social proporcionar ao Conselho Nacional de Previdência Social os meios necessários ao exercício de suas competências, para o que contará com uma Secretaria Executiva do Conselho Nacional de Previdência Social.

Seção II - Do Conselho de Recursos da Previdência Social

Subseção I - Da Composição

Art. 303. O Conselho de Recursos da Previdência Social - CRPS, colegiado integrante da estrutura do Ministério da Previdência Social, é órgão de controle jurisdicional das decisões do INSS, nos processos referentes a benefícios a cargo desta Autarquia. (Redação dada pelo Decreto nº 6.722, de 2008).

§ 1º O Conselho de Recursos da Previdência Social compreende os seguintes órgãos:

I - vinte e nove Juntas de Recursos, com a competência para julgar, em primeira instância, os recursos interpostos contra as decisões prolatadas pelos órgãos regionais do INSS, em matéria de interesse de seus beneficiários; (Redação dada pelo Decreto nº 7.126, de 2010)

II - quatro Câmaras de Julgamento, com sede em Brasília, com a competência para julgar, em segunda instância, os recursos interpostos contra as decisões proferidas pelas Juntas de Recursos que infringirem lei, regulamento, enunciado ou ato normativo ministerial; (Redação dada pelo Decreto nº 6.722, de 2008).

III - (Revogado pelo Decreto nº 3.668, de 2000)

IV - Conselho Pleno, com a competência para uniformizar a jurisprudência previdenciária mediante enunciados, podendo ter outras competências definidas no Regimento Interno do Conselho de Recursos da Previdência Social. (Redação dada pelo Decreto nº 6.857, de 2009).

§ 2º O CRPS é presidido por representante do Governo, com notório conhecimento da legislação previdenciária, nomeado pelo Ministro de Estado da Previdência Social, cabendo-lhe dirigir os serviços administrativos do órgão. (Redação dada pelo Decreto nº 6.722, de 2008).

§ 3º (Revogado pelo Decreto nº 3.668, de 2000)

§ 4º As Juntas e as Câmaras, presididas por representante do Governo, são compostas por quatro membros, denominados conselheiros, nomeados pelo Ministro de Estado da Previdência e Assistência Social, sendo dois representantes do Governo, um das empresas e um dos trabalhadores.

§ 5º O mandato dos membros do Conselho de Recursos da Previdência Social é de dois anos, permitida a recondução, atendidas às seguintes condições: (Redação dada pelo Decreto nº 5.699, de 2006)

I - os representantes do Governo são escolhidos entre servidores federais, preferencialmente do Ministério da Previdência Social ou do INSS, com curso superior em nível de graduação concluído e notório conhecimento da legislação previdenciária, que prestarão serviços exclusivos ao Conselho de Recursos da Previdência Social, sem prejuízo dos direitos e vantagens do respectivo cargo de origem; (Redação dada pelo Decreto nº 5.699, de 2006)

II - os representantes classistas, que deverão ter escolaridade de nível superior, exceto representantes dos trabalhadores rurais, que deverão ter nível médio, são escolhidos dentre os indicados, em lista tríplice, pelas entidades de classe ou sindicais das respectivas jurisdições, e manterão a condição de segurados do Regime Geral de Previdência Social; e (Redação dada pelo Decreto nº 4.729, de 2003)

III - o afastamento do representante dos trabalhadores da empresa empregadora não constitui motivo para alteração ou rescisão contratual.

§ 6º A gratificação dos membros de Câmara de Julgamento e Junta de Recursos será definida pelo Ministro de Estado da Previdência e Assistência Social. (Redação dada pelo Decreto nº 3.668, de 2000)

I - o Presidente do Conselho definirá o número de sessões mensais, que não poderá ser inferior a dez, de acordo com o volume de processos em andamento;

II - a gratificação de relatoria por processo relatado com voto corresponderá a um cinquenta avos do valor da retribuição integral do cargo em comissão do grupo Direção e Assessoramento Superior prevista para o presidente da câmara ou junta a que pertencer o conselheiro; e

III - o valor total da gratificação de relatoria do conselheiro não poderá ultrapassar o dobro da retribuição integral do cargo em comissão previsto para o presidente da câmara ou junta que pertencer.

§ 7º Os servidores do Instituto Nacional do Seguro Social, mediante ato do Ministro de Estado da Previdência Social, poderão ser cedidos para terem exercício no Conselho de Recursos da Previdência Social, sem prejuízo dos direitos e das vantagens do respectivo cargo de origem, inclusive os previstos no art. 61 da Lei no 8.112, de 11 de dezembro de 1990. (Redação dada pelo Decreto nº 4.729, de 2003)

§ 8º (Revogado pelo Decreto nº 3.452, de 2000)

§ 9º O conselheiro afastado por qualquer das razões elencadas no Regimento Interno do Conselho de Recursos da Previdência Social, exceto quando decorrente de renúncia voluntária, não poderá ser novamente designado para o exercício desta função antes do transcurso de cinco anos, contados do efetivo afastamento. (Redação dada pelo Decreto nº 5.699, de 2006)

§ 10. O limite máximo de composições por Câmara de Julgamento ou Junta de Recursos, do Conselho de Recursos da Previdência Social, será definido em ato do Ministro de Estado da Previdência Social, por proposta fundamentada do presidente do referido Conselho, em função da quantidade de processos em tramitação em cada órgão julgador. (Redação dada pelo Decreto nº 6496, de 2008)

§ 11. (Revogado pelo Decreto nº 6.857, de 2009).

Art. 304. Compete ao Ministro de Estado da Previdência Social aprovar o Regimento Interno do CRPS. (Redação dada pelo Decreto nº 6.722, de 2008).

Subseção II - Dos Recursos

Art. 305. Das decisões do INSS nos processos de interesse dos beneficiários caberá recurso para o CRPS, conforme o disposto neste Regulamento e no regimento interno do CRPS. (Redação dada pelo Decreto nº 7.126, de 2010)

1º É de trinta dias o prazo para interposição de recursos e para o oferecimento de contra-razões, contados da ciência da decisão e da interposição do recurso, respectivamente. (Redação dada pelo Decreto nº 4.729, de 2003)

§ 2º (Revogado pelo Decreto nº 3.265, de 1999)

§ 3º O Instituto Nacional do Seguro Social e a Secretaria da Receita Previdenciária podem reformar suas decisões, deixando, no caso de reforma favorável ao interessado, de encaminhar o recurso à instância competente. (Redação dada pelo Decreto nº 6.032, de 2007)

§ 4º Se o reconhecimento do direito do interessado ocorrer na fase de instrução do recurso por ele interposto contra decisão de Junta de Recursos, ainda que de alçada, ou de Câmara de Julgamento, o processo, acompanhado das razões do novo entendimento, será encaminhado:

I - à Junta de Recursos, no caso de decisão dela emanada, para fins de reexame da questão; ou

II - à Câmara de Julgamento, se por ela proferida a decisão, para revisão do acórdão, na forma que dispuser o seu Regimento Interno.

§ 5º (Revogado pelo Decreto nº 6.722, de 2008).

Art. 306. (Revogado pelo Decreto nº 6.722, de 2008).

Art. 307. A propositura pelo beneficiário de ação judicial que tenha por objeto idêntico pedido sobre o qual versa o processo administrativo importa renúncia ao direito de recorrer na esfera administrativa e desistência do recurso interposto. (Redação dada pelo Decreto nº 6.722, de 2008).

Art. 308. Os recursos tempestivos contra decisões das Juntas de Recursos do Conselho de Recursos da Previdência Social

têm efeito suspensivo e devolutivo. (Redação dada pelo Decreto nº 5.699, de 2006)

§ 1º Para fins do disposto neste artigo, não se considera recurso o pedido de revisão de acórdão endereçado às Juntas de Recursos e Câmaras de Julgamento. (Incluído pelo Decreto nº 5.699, de 2006)

§ 2º É vedado ao INSS escusar-se de cumprir as diligências solicitadas pelo CRPS, bem como deixar de dar cumprimento às decisões definitivas daquele colegiado, reduzir ou ampliar o seu alcance ou executá-las de modo que contrarie ou prejudique seu evidente sentido. (Redação dada pelo Decreto nº 6.722, de 2008).

Art. 309. Havendo controvérsia na aplicação de lei ou de ato normativo, entre órgãos do Ministério da Previdência e Assistência Social ou entidades vinculadas, ou ocorrência de questão previdenciária ou de assistência social de relevante interesse público ou social, poderá o órgão interessado, por intermédio de seu dirigente, solicitar ao Ministro de Estado da Previdência e Assistência Social solução para a controvérsia ou questão. (Redação dada pelo Decreto nº 3.452, de 2000)

§ 1º A controvérsia na aplicação de lei ou ato normativo será relatada in abstracto e encaminhada com manifestações fundamentadas dos órgãos interessados, podendo ser instruída com cópias dos documentos que demonstrem sua ocorrência. (Incluído pelo Decreto nº 4.729, de 2003)

§ 2º A Procuradoria Geral Federal Especializada/INSS deverá pronunciar-se em todos os casos previstos neste artigo. (Incluído pelo Decreto nº 4.729, de 2003)

Art. 310. (Revogado pelo Decreto nº 6.722, de 2008).

TÍTULO II - DOS CONVÊNIOS, CONTRATOS, CREDENCIAMENTOS E ACORDOS

Art. 311. A empresa, o sindicato ou entidade de aposentados devidamente legalizada poderá, mediante convênio, encarregar-se, relativamente a seu empregado ou associado e respectivos dependentes, de processar requerimento de benefício, preparando-o e instruindo-o de maneira a ser despachado pela previdência social. (Redação dada pelo Decreto nº 6.722, de 2008).

Parágrafo único. Somente poderá optar pelo encargo de pagamento, as convenentes que fazem a complementação de benefícios, observada a conveniência administrativa do INSS. (Redação dada pelo Decreto nº 6.939, de 2009)

Art. 312. A concessão e manutenção de prestação devida a beneficiário residente no exterior devem ser efetuadas nos termos do acordo entre o Brasil e o país de residência do beneficiário ou, na sua falta, nos termos de instruções expedidas pelo Ministério da Previdência e Assistência Social.

Art. 313. Os convênios, credenciamentos e acordos da linha do seguro social deverão ser feitos pelos setores de acordos e convênios do Instituto Nacional do Seguro Social.

Parágrafo único. O Instituto Nacional do Seguro Social poderá ainda colaborar para a complementação das instalações e equipamentos de entidades de habilitação e reabilitação profissional, com as quais mantenha convênio, ou fornecer outros recursos materiais para a melhoria do padrão de atendimento aos beneficiários.

Art. 314. A prestação de serviços da entidade que mantém convênio, contrato, credenciamento ou acordo com o Instituto Nacional do Seguro Social não cria qualquer vínculo empregatício entre este e o prestador de serviço.

Art. 315. Os órgãos da administração pública direta, autárquica e fundacional dos Estados, do Distrito Federal e dos Municípios poderão, mediante convênio com a previdência social, encarregar-se, relativamente aos seus funcionários, de formalizar processo de pedido de certidão de tempo de contribuição para fins de contagem recíproca, preparando-o e instruindo-o de forma a ser despachado pelo Instituto Nacional do Seguro Social.

Art. 316. O Instituto Nacional do Seguro Social, de acordo com as possibilidades administrativas e técnicas das unidades executivas de reabilitação profissional, poderá estabelecer convênios e/ou acordos de cooperação técnico-financeira, para viabilizar o atendimento às pessoas portadoras de deficiência.

Art. 317. Nos casos de impossibilidade de instalação de órgão ou setor próprio competente do Instituto Nacional do Seguro Social, assim como de efetiva incapacidade física ou técnica de implementação das atividades e atendimento adequado à clientela da previdência social, as unidades executivas de reabilitação profissional poderão solicitar a celebração de convênios, contratos ou acordos com entidades públicas ou privadas de comprovada idoneidade financeira e técnica, ou seu credenciamento, para prestação de serviço, por delegação ou simples cooperação técnica, sob coordenação e supervisão dos órgãos competentes do Instituto Nacional do Seguro Social.

TÍTULO III - DA DIVULGAÇÃO DOS ATOS E DECISÕES DA PREVIDÊNCIA SOCIAL

Art. 318. A divulgação dos atos e decisões dos órgãos e autoridades da previdência social, sobre benefícios, tem como objetivo:

I - dar inequívoco conhecimento deles aos interessados, inclusive para efeito de recurso;

II - possibilitar seu conhecimento público; e

III - produzir efeitos legais quanto aos direitos e obrigações deles derivados.

Art. 319. O conhecimento da decisão do Instituto Nacional do Seguro Social deve ser dado ao beneficiário por intermédio do órgão local, mediante assinatura do mesmo no próprio processo.

Parágrafo único. Quando a parte se recusar a assinar ou quando a ciência pessoal é impraticável, a decisão, com informações precisas sobre o seu fundamento, deve ser comunicada por correspondência sob registro, com Aviso de Recebimento.

Art. 320. O conhecimento das decisões e demais atos dos órgãos do Ministério da Previdência e Assistência Social deve ser dado mediante publicação no Diário Oficial da União, boletim de serviço ou outro órgão de divulgação oficialmente reconhecido, ou na forma do art. 319.

Art. 321. Devem ser publicados em boletim de serviço, em síntese, o contrato, o convênio, o credenciamento e o acordo celebrados, e a sentença judicial que implique pagamento de benefícios.

Art. 322. O órgão do Instituto Nacional do Seguro Social, especialmente o pagador, só pode cumprir ato ou decisão de publicação obrigatória em boletim de serviço depois de atendida essa formalidade.

Parágrafo único. O administrador que determina e o servidor que realiza pagamento sem observar o disposto neste artigo são civilmente responsáveis por ele, ficando sujeitos também às penalidades administrativas cabíveis.

Art. 323. Os atos de que trata este Título serão publicados também no Diário Oficial da União, quando houver obrigação legal nesse sentido.

Art. 324. Os atos normativos ministeriais obrigam a todos os órgãos e entidades integrantes do Ministério da Previdência e Assistência Social, inclusive da administração indireta a ele vinculados.

Art. 325. Os atos e decisões normativas sobre benefícios dos órgãos e entidades da previdência social devem ser publicados na íntegra em boletim de serviço da entidade interessada, só tendo validade depois dessa publicação.

Parágrafo único. Os pareceres somente serão publicados quando aprovados pelas autoridades competentes e por determinação destas.

TÍTULO IV - DAS DISPOSIÇÕES DIVERSAS RELATIVAS À ORGANIZAÇÃO DA SEGURIDADE SOCIAL

Art. 326. O Instituto Nacional do Seguro Social, na forma da legislação específica, fica autorizado a contratar auditoria externa, periodicamente, para analisar e emitir parecer sobre demonstrativos econômico-financeiros e contábeis, arrecadação, cobrança e fiscalização de contribuições, bem como pagamento de benefícios, submetendo os resultados obtidos à apreciação do Conselho Nacional de Previdência Social.

Art. 327. A Auditoria e a Procuradoria do Instituto Nacional do Seguro Social deverão, a cada trimestre, elaborar relação das auditorias realizadas e dos trabalhos executados, bem como dos resultados obtidos, enviando-a à apreciação do Conselho Nacional de Previdência Social.

Art. 328. O Instituto Nacional do Seguro Social deverá implantar programa de qualificação e treinamento sistemático de pessoal, bem como promover reciclagem e redistribuição de funcionários conforme demandas dos órgãos regionais e locais, visando à melhoria da qualidade do atendimento, ao controle e à eficiência dos sistemas de arrecadação e fiscalização de contribuições, bem como de pagamento de benefícios.

Art. 329. O Cadastro Nacional de Informações Sociais é destinado a registrar informações de interesse da Administração Pública Federal e dos beneficiários da previdência social.

Parágrafo único. As contribuições aportadas pelos segurados e empresas terão o registro contábil individualizado, conforme dispuser o Ministério da Previdência e Assistência Social.

Art. 329-A. O Ministério da Previdência Social desenvolverá e manterá programa de cadastramento dos segurados especiais, observado o disposto nos §§ 7º e 8º do art. 18, podendo para tanto firmar convênio com órgãos federais, estaduais ou do Distrito Federal e dos municípios, bem como com entidades de classe, em especial as respectivas confederações ou federações. (Incluído pelo Decreto nº 6.722, de 2008).

§ 1º O Ministério da Previdência Social disciplinará a forma de manutenção e de atualização do cadastro, observada a periodicidade anual a contar do ano seguinte ao do efetivo cadastramento dos segurados especiais. (Incluído pelo Decreto nº 6.722, de 2008).

§ 2º As informações contidas no cadastro de que trata o caput não dispensam a apresentação dos documentos previstos no inciso II, letra "a", do § 2º do art. 62, exceto as que forem obtidas e acolhidas pela previdência social diretamente de banco de dados disponibilizados por órgãos do poder público. (Incluído pelo Decreto nº 6.722, de 2008).

§ 3º Da aplicação do disposto neste artigo não poderá resultar nenhum ônus para os segurados, sejam eles filiados ou não às entidades conveniadas. (Incluído pelo Decreto nº 6.722, de 2008).

Art. 329-B. As informações obtidas e acolhidas pelo INSS diretamente de bancos de dados disponibilizados por órgãos do poder público serão utilizadas para validar ou invalidar informação para o cadastramento do segurado especial, bem como, quando for o caso, para deixar de reconhecer no segurado essa condição. (Incluído pelo Decreto nº 6.722, de 2008).

Art. 330. Com a implantação do Cadastro Nacional de Informações Sociais, todos os segurados serão identificados pelo Número de Identificação do Trabalhador, que será único, pessoal e intransferível, independentemente de alterações de categoria profissional e formalizado pelo Documento de Cadastramento do Trabalhador.

Parágrafo único. Ao segurado já cadastrado no Programa de Integração Social/Programa de Assistência ao Servidor Público não caberá novo cadastramento.

Art. 331. O Instituto Nacional do Seguro Social fica autorizado a efetuar permuta de informações, em caráter geral ou específico, com qualquer órgão ou entidade da administração direta ou indireta da União, Estados, Distrito Federal ou Municípios, com a prestação, quando for o caso, de assistência mútua na fiscalização dos respectivos tributos.

§ 1º A permuta de informações sobre a situação econômica ou financeira dos sujeitos passivos ou de terceiros e sobre a natureza e o estado dos seus negócios ou atividades somente poderá ser efetivada com a Secretaria da Receita Federal ou com a Fazenda Pública dos Estados, do Distrito Federal ou dos Municípios.

§ 2º Até que seja totalmente implantado o Cadastro Nacional de Informações Sociais, as instituições e órgãos federais, estaduais, do Distrito Federal e municipais, detentores de cadastros de empresas e de contribuintes em geral, deverão colocar à disposição do Instituto Nacional do Seguro Social, mediante convênio, todos os dados necessários à permanente atualização dos seus cadastros.

§ 3º O convênio de que trata o parágrafo anterior estabelecerá, entre outras condições, a forma e a periodicidade de acesso ao cadastro e às alterações posteriores.

Art. 332. O setor de benefícios do Instituto Nacional do Seguro Social deverá estabelecer indicadores qualitativos e quantitativos para acompanhamento e avaliação das concessões de benefícios realizadas pelos órgãos locais de atendimento.

Art. 333. Os postos de benefícios deverão adotar como prática o cruzamento das informações declaradas pelos segurados com os dados das empresas e de contribuintes em geral quando da concessão de benefícios.

Art. 334. Haverá, no âmbito da previdência social, uma Ouvidoria-Geral, cujas atribuições serão definidas em regulamento específico.

Art. 335. Deverão ser enviadas ao Congresso Nacional, anualmente, acompanhando a proposta orçamentária da seguridade social, projeções atuariais relativas à seguridade social, abrangendo um horizonte temporal de, no mínimo, vinte anos, considerando hipóteses alternativas quanto às variações demográficas, econômicas e institucionais relevantes.

LIVRO VI - DAS DISPOSIÇÕES GERAIS

Art. 336. Para fins estatísticos e epidemiológicos, a empresa deverá comunicar à previdência social o acidente de que tratam os arts. 19, 20, 21 e 23 da Lei nº 8.213, de 1991, ocorrido com o segurado empregado, exceto o doméstico, e o trabalhador avulso, até o primeiro dia útil seguinte ao da ocorrência e, em caso de morte, de imediato, à autoridade competente, sob pena da multa aplicada e cobrada na forma do art. 286. (Redação dada pelo Decreto nº 4.032, de 2001)

§ 1º Da comunicação a que se refere este artigo receberão cópia fiel o acidentado ou seus dependentes, bem como o sindicato a que corresponda a sua categoria.

§ 2º Na falta do cumprimento do disposto no caput, caberá ao setor de benefícios do Instituto Nacional do Seguro Social comunicar a ocorrência ao setor de fiscalização, para a aplicação e cobrança da multa devida.

§ 3º Na falta de comunicação por parte da empresa, ou quando se tratar de segurado especial, podem formalizá-la o próprio acidentado, seus dependentes, a entidade sindical competente, o médico que o assistiu ou qualquer autoridade pública, não prevalecendo nestes casos o prazo previsto neste artigo. (Redação dada pelo Decreto nº 4.032, de 2001)

§ 4º A comunicação a que se refere o § 3º não exime a empresa de responsabilidade pela falta do cumprimento do disposto neste artigo.

§ 5º (Revogado pelo Decreto nº 3.265, de 1999)

§ 6º Os sindicatos e entidades representativas de classe poderão acompanhar a cobrança, pela previdência social, das multas previstas neste artigo.

Art. 337. O acidente do trabalho será caracterizado tecnicamente pela perícia médica do INSS, mediante a identificação do nexo entre o trabalho e o agravo. (Redação dada pelo Decreto nº 6.042, de 2007).

I - o acidente e a lesão;

II - a doença e o trabalho; e

III - a causa mortis e o acidente.

§ 1º O setor de benefícios do Instituto Nacional do Seguro Social reconhecerá o direito do segurado à habilitação do benefício acidentário.

§ 2º Será considerado agravamento do acidente aquele sofrido pelo acidentado quanto estiver sob a responsabilidade da reabilitação profissional.

§ 3º Considera-se estabelecido o nexo entre o trabalho e o agravo quando se verificar nexo técnico epidemiológico entre a atividade da empresa e a entidade mórbida motivadora da incapacidade, elencada na Classificação Internacional de Doenças - CID em conformidade com o disposto na Lista C do Anexo II deste Regulamento. (Redação dada pelo Decreto nº 6.957, de 2009)

§ 4º Para os fins deste artigo, considera-se agravo a lesão, doença, transtorno de saúde, distúrbio, disfunção ou síndrome de evolução aguda, subaguda ou crônica, de natureza clínica ou subclínica, inclusive morte, independentemente do tempo de latência. (Incluído pelo Decreto nº 6.042, de 2007).

§ 5º Reconhecidos pela perícia médica do INSS a incapacidade para o trabalho e o nexo entre o trabalho e o agravo, na forma do § 3º, serão devidas as prestações acidentárias a que o beneficiário tenha direito. (Incluído pelo Decreto nº 6.042, de 2007).

§ 6º A perícia médica do INSS deixará de aplicar o disposto no § 3º quando demonstrada a inexistência de nexo entre o trabalho e o agravo, sem prejuízo do disposto nos §§ 7º e 12. (Redação dada pelo Decreto nº 6.939, de 2009)

§ 7º A empresa poderá requerer ao INSS a não aplicação do nexo técnico epidemiológico ao caso concreto mediante a demonstração de inexistência de correspondente nexo entre o trabalho e o agravo. (Redação dada pelo Decreto nº 6.939, de 2009)

§ 8º O requerimento de que trata o § 7º poderá ser apresentado no prazo de quinze dias da data para a entrega, na forma do inciso IV do art. 225, da GFIP que registre a movimentação do trabalhador, sob pena de não conhecimento da alegação em instância administrativa. (Incluído pelo Decreto nº 6.042, de 2007).

§ 9º Caracterizada a impossibilidade de atendimento ao disposto no § 8º, motivada pelo não conhecimento tempestivo do diagnóstico do agravo, o requerimento de que trata o § 7º poderá ser apresentado no prazo de quinze dias da data em que a empresa tomar ciência da decisão da perícia médica do INSS referida no § 5º. (Incluído pelo Decreto nº 6.042, de 2007).

§ 10. Juntamente com o requerimento de que tratam os §§ 8º e 9º, a empresa formulará as alegações que entender necessárias e apresentará as provas que possuir demonstrando a inexistência de nexo entre o trabalho e o agravo. (Redação dada pelo Decreto nº 6.939, de 2009)

§ 11. A documentação probatória poderá trazer, entre outros meios de prova, evidências técnicas circunstanciadas e tempestivas à exposição do segurado, podendo ser produzidas no âmbito de programas de gestão de risco, a cargo da empresa, que possuam responsável técnico legalmente habilitado. (Incluído pelo Decreto nº 6.042, de 2007).

§ 12. O INSS informará ao segurado sobre a contestação da empresa para que este, querendo, possa impugná-la, obedecendo, quanto à produção de provas, ao disposto no § 10, sempre que a instrução do pedido evidenciar a possibilidade de reconhecimento de inexistência do nexo entre o trabalho e o agravo. (Redação dada pelo Decreto nº 6.939, de 2009)

§ 13. Da decisão do requerimento de que trata o § 7º cabe recurso, com efeito suspensivo, por parte da empresa ou, conforme o caso, do segurado ao Conselho de Recursos da Previdência Social, nos termos dos arts. 305 a 310. (Incluído pelo Decreto nº 6.042, de 2007).

Art. 338. A empresa é responsável pela adoção e uso de medidas coletivas e individuais de proteção à segurança e saúde do trabalhador sujeito aos riscos ocupacionais por ela gerados. (Redação dada pelo Decreto nº 4.032, de 2001)

§ 1º É dever da empresa prestar informações pormenorizadas sobre os riscos da operação a executar e do produto a manipular. (Incluído pelo Decreto nº 4.032, de 2001)

§ 2º Os médicos peritos da previdência social terão acesso aos ambientes de trabalho e a outros locais onde se encontrem os documentos referentes ao controle médico de saúde ocupacional, e aqueles que digam respeito ao programa de prevenção de riscos ocupacionais, para verificar a eficácia das medidas adotadas pela empresa para a prevenção e controle das doenças ocupacionais. (Incluído pelo Decreto nº 4.032, de 2001)

§ 3º O INSS auditará a regularidade e a conformidade das demonstrações ambientais, incluindo-se as de monitoramento biológico, e dos controles internos da empresa relativos ao gerenciamento dos riscos ocupacionais, de modo a assegurar a veracidade das informações prestadas pela empresa e constantes do CNIS, bem como o cumprimento das obrigações relativas ao acidente de trabalho. (Redação dada pelo Decreto nº 4.882, de 2003)

§ 4º Os médicos peritos da previdência social deverão, sempre que constatarem o descumprimento do disposto neste artigo, comunicar formalmente aos demais órgãos interessados na providência, inclusive para aplicação e cobrança da multa devida. (Incluído pelo Decreto nº 5.545, de 2005)

Art. 339. O Ministério do Trabalho e Emprego fiscalizará e os sindicatos e entidades representativas de classe acompanharão o fiel cumprimento do disposto nos arts. 338 e 343.

Art. 340. Por intermédio dos estabelecimentos de ensino, sindicatos, associações de classe, Fundação Jorge Duprat Figueiredo de Segurança e Medicina do Trabalho, órgãos públicos e outros meios, serão promovidas regularmente instrução e formação com vistas a incrementar costumes e atitudes prevencionistas em matéria de acidentes, especialmente daquele referido no art. 336.

Art. 341. Nos casos de negligência quanto às normas de segurança e saúde do trabalho indicadas para a proteção individual e coletiva, a previdência social proporá ação regressiva contra os responsáveis.

Parágrafo único. O Ministério do Trabalho e Emprego, com base em informações fornecidas trimestralmente, a partir de 1º de março de 2011, pelo Ministério da Previdência Social relativas aos dados de acidentes e doenças do trabalho constantes das comunicações de acidente de trabalho registradas no período, encaminhará à Previdência Social os respectivos relatórios de análise de acidentes do trabalho com indícios de negligência quanto às normas de segurança e saúde do trabalho que possam contribuir para a proposição de ações judiciais regressivas. (Incluído pelo Decreto nº 7.331, de 2010)

Art. 342. O pagamento pela previdência social das prestações decorrentes do acidente a que se refere o art. 336 não exclui a responsabilidade civil da empresa ou de terceiros.

Art. 343. Constitui contravenção penal, punível com multa, deixar a empresa de cumprir as normas de segurança e saúde do trabalho.

Art. 344. Os litígios e medidas cautelares relativos aos acidentes de que trata o art. 336 serão apreciados:

I - na esfera administrativa, pelos órgãos da previdência social, segundo as regras e prazos aplicáveis às demais prestações, com prioridade para conclusão; e

II - na via judicial, pela Justiça dos Estados e do Distrito Federal, segundo o rito sumaríssimo, inclusive durante as férias forenses, mediante petição instruída pela prova de efetiva notificação do evento à previdência social, através da Comunicação de Acidente do Trabalho.

Parágrafo único. O procedimento judicial de que trata o inciso II é isento do pagamento de quaisquer custas e de verbas relativas à sucumbência.

Art. 345. As ações referentes às prestações decorrentes do acidente de que trata o art. 336 prescrevem em cinco anos, observado o disposto no art. 347, contados da data:

I - do acidente, quando dele resultar a morte ou a incapacidade temporária, verificada esta em perícia médica a cargo da previdência social; ou

II - em que for reconhecida pela previdência social a incapacidade permanente ou o agravamento das seqüelas do acidente.

Art. 346. O segurado que sofreu o acidente a que se refere o art. 336 tem garantida, pelo prazo mínimo de doze meses, a manutenção do seu contrato de trabalho na empresa, após a cessação do auxílio-doença acidentário, independentemente da percepção de auxílio-acidente.

Art. 347. É de dez anos o prazo de decadência de todo e qualquer direito ou ação do segurado ou beneficiário para a revisão do ato de concessão de benefício, a contar do dia primeiro do mês seguinte ao do recebimento da primeira prestação ou, quando for o caso, do dia em que tomar conhecimento da decisão indeferitória definitiva no âmbito administrativo. (Redação dada pelo Decreto nº 5.545, de 2005)

§ 1º Prescreve em cinco anos, a contar da data em que deveriam ter sido pagas, toda e qualquer ação para haver prestações vencidas ou quaisquer restituições ou diferenças devidas pela previdência social, salvo o direito dos menores, incapazes e ausentes, na forma do Código Civil. (Incluído pelo Decreto nº 4.729, de 2003)

§ 2º Não é considerado pedido de revisão de decisão indeferitória definitiva, mas de novo pedido de benefício, o que vier acompanhado de outros documentos além dos já existentes no processo. (Incluído pelo Decreto nº 4.729, de 2003)

§ 3º Não terá seqüência eventual pedido de revisão de decisão indeferitória definitiva de benefício confirmada pela última instância do Conselho de Recursos da Previdência Social, aplicando-se, no caso de apresentação de outros documentos, além dos já existentes no processo, o disposto no § 2º. (Incluído pelo Decreto nº 4.729, de 2003)

§ 4º No caso de revisão de benefício em manutenção com apresentação de novos elementos extemporaneamente ao ato concessório, os efeitos financeiros devem ser fixados na data do pedido de revisão. (Incluído pelo Decreto nº 6.722, de 2008).

Art. 347-A. O direito da Previdência Social de anular os atos administrativos de que decorram efeitos favoráveis para os seus beneficiários decai em dez anos, contados da data em que foram praticados, salvo comprovada má-fé. (Incluído pelo Decreto nº 5.545, de 2005)

§ 1º No caso de efeitos patrimoniais contínuos, o prazo decadencial contar-se-á da percepção do primeiro pagamento. (Incluído pelo Decreto nº 5.545, de 2005)

§ 2º Considera-se exercício do direito de anular qualquer medida de autoridade administrativa que importe impugnação à validade do ato. (Incluído pelo Decreto nº 5.545, de 2005)

Art. 348. O direito da seguridade social de apurar e constituir seus créditos extingue-se após dez anos, contados:

I - do primeiro dia do exercício seguinte àquele em que o crédito poderia ter sido constituído; ou

II - da data em que se tornar definitiva a decisão que houver anulado, por vício formal, a constituição de crédito anteriormente efetuado.

§ 1º Para comprovar o exercício de atividade remunerada, com vistas à concessão de benefícios, será exigido do contribuinte individual, a qualquer tempo, o recolhimento das correspondentes contribuições, observado o disposto nos §§ 7º a 14 do art. 216.(Redação dada pelo Decreto nº 3.265, de 1999)

§ 2º Na hipótese de ocorrência de dolo, fraude ou simulação, a seguridade social pode, a qualquer tempo, apurar e constituir seus créditos.

§ 3º O direito de pleitear judicialmente a desconstituição de exigência fiscal fixada pelo Instituto Nacional do Seguro Social no julgamento de litígio em processo administrativo fiscal extingue-se com o decurso do prazo de cento e oitenta dias, contado da intimação da referida decisão.

Art. 349. O direito da seguridade social de cobrar seus créditos, constituídos na forma do artigo anterior, prescreve em dez anos.

Art. 350. Será de responsabilidade da Procuradoria-Geral do Instituto Nacional do Seguro Social manter entendimentos com o Ministério Público, objetivando a agilização das causas judiciais necessárias à concessão e manutenção de benefícios.

Art. 351. O pagamento de benefícios decorrente de sentença judicial far-se-á com a observância da prioridade garantida aos créditos alimentícios.

Art. 352. O Ministro da Previdência e Assistência Social poderá autorizar o Instituto Nacional do Seguro Social a formalizar a desistência ou abster-se de propor ações e recursos em processos judiciais sempre que a ação versar matéria sobre a qual haja declaração de inconstitucionalidade proferida pelo Supremo Tribunal Federal, súmula ou jurisprudência consolidada do Supremo Tribunal Federal ou dos tribunais superiores.

Parágrafo único. O Ministro da Previdência e Assistência Social disciplinará os procedimentos a serem adotados nas hipóteses em que a previdência social, relativamente aos créditos apurados com base em dispositivo declarado inconstitucional por decisão definitiva do Supremo Tribunal Federal, possa:

I - abster-se de constituí-los;

II - retificar o seu valor ou declará-los extintos, de ofício, quando houverem sido constituídos anteriormente, ainda que inscritos em Dívida Ativa; e

III - formular desistência de ações de execução fiscal já ajuizadas, bem como deixar de interpor recursos de decisões judiciais.

Art. 353. A formalização de desistência ou transigência judiciais, por parte de procurador da previdência social, será sempre precedida da anuência, por escrito, do Procurador-Geral do Instituto Nacional do Seguro Social ou do Presidente deste órgão, quando os valores em litígio ultrapassarem os limites definidos pelo Conselho Nacional de Previdência Social.

Parágrafo único. Os valores, a partir dos quais se exigirá a anuência do Procurador-Geral ou do Presidente do Instituto Nacional do Seguro Social, serão definidos periodicamente pelo Conselho Nacional de Previdência Social, mediante resolução própria.

Art. 354. O Instituto Nacional do Seguro Social, nas causas em que seja interessado na condição de autor, réu, assistente ou oponente, gozará das mesmas prerrogativas e privilégios assegurados à Fazenda Pública, inclusive quanto à inalienabilidade e impenhorabilidade de seus bens.

§ 1º O Instituto Nacional do Seguro Social é isento do pagamento de custas, traslados, preparos, certidões, registros, averbações e quaisquer outros emolumentos, nas causas em que seja interessado na condição de autor, réu, assistente ou oponente, inclusive nas ações de natureza trabalhista, acidentária e de benefício.

§ 2º O Instituto Nacional do Seguro Social antecipará os honorários periciais nas ações de acidentes do trabalho.

Art. 355. O Instituto Nacional do Seguro Social poderá requisitar a qualquer órgão ou entidade da administração direta ou indireta da União, dos Estados, do Distrito Federal e dos Municípios, bem como das demais entidades sob seu controle, elementos de fato e de direito relativos às alegações e ao pedido do autor de ação proposta contra a previdência social, bem assim promover diligências para localização de devedores e apuração de bens penhoráveis, que serão atendidas prioritariamente e sob regime de urgência.

Art. 356. Nos casos de indenização na forma do art. 122 e da retroação da data do início das contribuições, conforme o disposto no art. 124, após a homologação do processo pelo setor de benefícios do Instituto Nacional do Seguro Social, este

deverá ser encaminhado ao setor de arrecadação e fiscalização, para levantamento e cobrança do débito.

Art. 357. Fica o Instituto Nacional do Seguro Social autorizado a designar servidores para a realização de pesquisas externas necessárias à concessão, manutenção e revisão de benefícios, bem como ao desempenho das atividades de serviço social, perícias médicas, habilitação e reabilitação profissional e arrecadação, junto a beneficiários, empresas, órgãos públicos, entidades representativas de classe, cartórios e demais entidades e profissionais credenciados.

Parágrafo único. Para efeito do disposto no caput, os servidores designados receberão, a título de indenização, o valor correspondente a um onze avos do valor mínimo do salário-de-contribuição do contribuinte individual, por deslocamento com pesquisa concluída. (Redação dada pelo Decreto nº 3.265, de 1999)

Art. 358. Na execução judicial da Dívida Ativa da União, suas autarquias e fundações públicas, será facultado ao exeqüente indicar bens à penhora, a qual será efetivada concomitantemente com a citação inicial do devedor.

§ 1º Os bens penhorados nos termos deste artigo ficam desde logo indisponíveis.

§ 2º Efetuado o pagamento integral da dívida executada, com seus acréscimos legais, no prazo de dois dias úteis contados da citação, independentemente da juntada aos autos do respectivo mandado, poderá ser liberada a penhora, desde que não haja outra execução pendente.

§ 3º O disposto neste artigo aplica-se também às execuções já processadas.

§ 4º Não sendo opostos embargos, no prazo legal, ou sendo eles julgados improcedentes, os autos serão conclusos ao juiz do feito, para determinar o prosseguimento da execução.

Art. 359. O Instituto Nacional do Seguro Social poderá contratar leiloeiros oficiais para promover a venda administrativa dos bens, adjudicados judicialmente ou que receber em dação de pagamento.

Parágrafo único. O Instituto Nacional do Seguro Social, no prazo de sessenta dias, providenciará alienação do bem por intermédio do leiloeiro oficial.

Art. 360. Nas execuções fiscais da Dívida Ativa do Instituto Nacional do Seguro Social, o leilão judicial dos bens penhorados realizar-se-á por leiloeiro oficial, indicado pelo credor, que procederá à hasta pública:

I - no primeiro leilão, pelo valor do maior lance, que não poderá ser inferior ao da avaliação; ou

II - no segundo leilão, por qualquer valor, excetuado o vil.

§ 1º Poderá o juiz, a requerimento do credor, autorizar seja parcelado o pagamento do valor da arrematação, na forma prevista para os parcelamentos administrativos de débitos previdenciários.

§ 2º Todas as condições do parcelamento deverão constar do edital de leilão.

§ 3º O débito do executado será quitado na proporção do valor de arrematação.

§ 4º O arrematante deverá depositar, no ato, o valor da primeira parcela.

§ 5º Realizado o depósito, será expedida carta de arrematação, contendo as seguintes disposições:

I - valor da arrematação, valor e número de parcelas mensais em que será pago;

II - constituição de hipoteca do bem adquirido, ou de penhor, em favor do credor, servindo a carta de título hábil para registro da garantia;

III - indicação do arrematante como fiel depositário do bem móvel, quando constituído penhor; e

IV - especificação dos critérios de reajustamento do saldo e das parcelas, que será sempre o mesmo vigente para os parcelamentos de créditos previdenciários.

§ 6º Se o arrematante não pagar no vencimento qualquer das parcelas mensais, o saldo devedor remanescente vencerá antecipadamente e será acrescido em cinqüenta por cento de seu valor a título de multa, devendo, de imediato, ser inscrito em Dívida Ativa e executado.

§ 7º Se no primeiro ou no segundo leilões a que se refere o caput não houver licitante, o Instituto Nacional do Seguro Social poderá adjudicar o bem por cinqüenta por cento do valor da avaliação.

§ 8º Se o bem adjudicado não puder ser utilizado pelo Instituto Nacional do Seguro Social e for de difícil venda, poderá ser negociado ou doado a outro órgão ou entidade pública que demonstre interesse na sua utilização.

§ 9º Não havendo interesse na adjudicação, poderá o juiz do feito, de ofício ou a requerimento do credor, determinar sucessivas repetições da hasta pública.

§ 10. O leiloeiro oficial, a pedido do credor, poderá ficar como fiel depositário dos bens penhorados e realizar a respectiva remoção.

Art. 361. O Instituto Nacional do Seguro Social poderá concordar com valores divergentes, para pagamento da dívida objeto de execução fiscal, quando a diferença entre os cálculos de atualização da dívida por ele elaborados ou levados a efeito pela contadoria do Juízo e os cálculos apresentados pelo executado for igual ou inferior a cinco por cento.

§ 1º O disposto neste artigo aplica-se somente a dívidas cuja petição inicial da execução tenha sido protocolada em Juízo até 31 de março de 1997.

§ 2º A extinção de processos de execução, em decorrência da aplicação do disposto neste artigo, não implicará condenação em honorários, custas e quaisquer outros ônus de sucumbência contra o exeqüente, oferecidos ou não embargos à execução, e acarretará a desistência de eventual recurso que tenha por razão a divergência de valores de atualização nos limites do percentual referido.

Art. 362. O Instituto Nacional do Seguro Social e a Secretaria da Receita Federal estabelecerão critérios para a dispensa de constituição ou exigência de crédito de valor inferior ao custo dessas medidas.

Art. 363. A arrecadação das receitas prevista nos incisos I, II, III, IV e V do parágrafo único do art. 195, bem como as contribuições incidentes a título de substituição, e o pagamento dos benefícios da seguridade social serão realizados pela rede bancária ou por outras formas, nos termos e condições aprovados pelo Conselho Nacional de Previdência Social. (Redação dada pelo Decreto nº 4.032, de 2001)

Art. 364. As receitas provenientes da cobrança de débitos dos Estados, do Distrito Federal e dos Municípios e da alienação, arrendamento ou locação de bens móveis ou imóveis pertencentes ao patrimônio do Instituto Nacional do Seguro Social deverão constituir reserva técnica, de longo prazo, que garantirá o seguro social instituído no Plano de Benefícios da Previdência Social.

Parágrafo único. É vedada a utilização dos recursos de que trata este artigo para cobrir despesas de custeio em geral, inclusive as decorrentes de criação, majoração ou extensão dos benefícios ou serviços da previdência social, admitindo-se sua utilização, excepcionalmente, em despesas de capital, conforme definido na lei orçamentária.

Art. 365. Mediante requisição do Instituto Nacional do Seguro Social, a empresa é obrigada a descontar, da remuneração paga aos segurados a seu serviço, a importância proveniente de dívida ou responsabilidade por eles contraída junto à seguridade social, relativa a benefícios pagos indevidamente, observado o disposto no art. 154.

Art. 366. O Presidente de Turma de Julgamento da Delegacia da Receita Federal do Brasil recorrerá de ofício sempre que a decisão: (Redação dada pelo Decreto nº 6.224, de 2007).

I - declarar indevida contribuição ou outra importância apurada pela fiscalização; e (Redação dada pelo Decreto nº 6.224, de 2007).

II - relevar ou atenuar multa aplicada por infração a dispositivos deste Regulamento. (Redação dada pelo Decreto nº 6.224, de 2007).

§ 1º (Revogado pelo Decreto nº 6.224, de 2007).

§ 2º O recurso de que trata o caput será interposto ao Segundo Conselho de Contribuintes do Ministério da Fazenda. (Redação dada pelo Decreto nº 6.224, de 2007).

§ 3º O Ministro de Estado da Fazenda poderá estabelecer limite abaixo do qual será dispensada a interposição do recurso de ofício previsto neste artigo. (Incluído pelo Decreto nº 6.224, de 2007).

Art. 367. O Instituto Nacional do Seguro Social e a Empresa de Processamento de Dados da Previdência Social confrontarão a relação dos óbitos com os cadastros da previdência social, determinando o cancelamento dos pagamentos, a partir da data do falecimento dos beneficiários identificados na comunicação a que se refere o art. 228.

Art. 368. Fica o Instituto Nacional do Seguro Social obrigado a:

I - enviar às empresas e aos contribuintes individuais, quando por eles solicitado, extrato de recolhimento das suas contribuições;

II - emitir automaticamente e enviar às empresas avisos de cobrança de débitos;

III - emitir e enviar aos beneficiários carta de concessão de benefícios, além da memória de cálculo do valor dos benefícios concedidos;

IV - reeditar versão atualizada da Carta dos Direitos dos Segurados;

V - divulgar, com a devida antecedência, pelos meios de comunicação, alterações das contribuições das empresas e dos segurados em geral;

VI - descentralizar, progressivamente, o processamento eletrônico das informações, mediante extensão dos programas de informatização aos Postos de Atendimento e às Gerências Regionais de Arrecadação e Fiscalização; e

VII - garantir a integração dos sistemas de processamento eletrônico de informações e sua compatibilidade com o Cadastro Nacional de Informações Sociais.

VIII - tornar disponível ao público, inclusive por meio de rede pública de transmissão de dados, informações atualizadas sobre as despesas do Regime Geral de Previdência Social, bem como os critérios e parâmetros adotados para garantir o seu equilíbrio financeiro e atuarial. (Incluído pelo Decreto nº 5.545, de 2005)

Art. 369. Os depósitos judiciais e extrajudiciais referentes a contribuições sociais e outras importâncias arrecadadas pelo Instituto Nacional do Seguro Social serão efetuados na Caixa Econômica Federal mediante guia de recolhimento específica para essa finalidade, conforme modelo a ser aprovado pelo Instituto Nacional do Seguro Social e confeccionado e distribuído pela Caixa Econômica Federal.

§ 1º Quando houver mais de um interessado na ação, o depósito será efetuado, à ordem e disposição do Juízo, em nome de cada contribuinte, individualizadamente.

§ 2º A guia de recolhimento conterá, além de outros elementos fixados em ato normativo da autoridade competente, os dados necessários à identificação do órgão judicial em que tramita a ação.

§ 3º No caso de recebimento de depósito judicial, a Caixa Econômica Federal remeterá uma via da guia de recolhimento ao órgão judicial em que tramita a ação.

§ 4º A Caixa Econômica Federal tornará disponível para o Instituto Nacional do Seguro Social, por meio magnético, os dados referentes aos depósitos.

Art. 370. O valor dos depósitos recebidos será creditado pela Caixa Econômica Federal à Subconta da Previdência Social da Conta Única do Tesouro Nacional junto ao Banco Central do Brasil, no mesmo prazo fixado para recolhimento das contribuições arrecadadas pelo Instituto Nacional do Seguro Social.

Art. 371. Mediante ordem da autoridade judicial ou, no caso de depósito extrajudicial, da autoridade administrativa competente, o valor do depósito, após o encerramento da lide ou do processo litigioso, será:

I - devolvido ao depositante pela Caixa Econômica Federal, no prazo máximo de vinte e quatro horas, quando a sentença ou decisão lhe for favorável ou na proporção em que o for, acrescido de juros equivalentes à taxa referencial do Sistema Especial de Liquidação e de Custódia, para títulos federais, acumulada mensalmente, calculados a partir do mês subseqüente ao da efetivação do depósito até o mês anterior ao de seu levantamento, e de juros de um por cento relativamente ao mês em que estiver sendo efetivada a devolução; ou

II - transformado em pagamento definitivo, proporcionalmente à exigência do correspondente crédito, quando se tratar de sentença ou decisão favorável ao Instituto Nacional do Seguro Social.

§ 1º O documento contendo os dados relativos aos depósitos devolvidos ou transformados em pagamento definitivo, a ser confeccionado e preenchido pela Caixa Econômica Federal, deverá ser aprovado pelo Instituto Nacional do Seguro Social.

§ 2º O valor dos depósitos devolvidos pela Caixa Econômica Federal será debitado à Subconta da Previdência Social da Conta Única do Tesouro Nacional junto ao Banco Central do Brasil, a título de restituição, no mesmo dia em que ocorrer a devolução.

§ 3º O Banco Central do Brasil creditará, na conta de reserva bancária da Caixa Econômica Federal, no mesmo dia, os valores devolvidos.

§ 4º Os valores das devoluções, inclusive dos juros acrescidos, serão contabilizados como estorno da respectiva espécie de receita em que tiver sido contabilizado o depósito.

§ 5º No caso de transformação do depósito em pagamento definitivo, a Caixa Econômica Federal efetuará a baixa em seus controles e comunicará a ocorrência ao Instituto Nacional do Seguro Social.

§ 6º A Caixa Econômica Federal manterá controle dos valores depositados, devolvidos e transformados em pagamento definitivo, por contribuinte e por processo, devendo, relativamente aos valores depositados e respectivos acréscimos de juros, tornar disponível o acesso aos registros, emitir extratos mensais e remetê-los ao Instituto Nacional do Seguro Social.

§ 7º Os extratos referidos neste artigo conterão dados que permitam identificar o depositante, o processo administrativo ou judicial, a movimentação dos depósitos durante o mês, além de outros elementos considerados indispensáveis.

Art. 372. Pelo recebimento dos depósitos e pela prestação dos demais serviços previstos nos arts. 369 a 371, a Caixa Econômica Federal será remunerada pela tarifa fixada pelo Ministro de Estado da Fazenda, na forma do disposto no Decreto nº 2.850, de 27 de novembro de 1998.

Art. 373. Os valores expressos em moeda corrente referidos neste Regulamento, exceto aqueles referidos no art. 288, são reajustados nas mesmas épocas e com os mesmos índices utilizados para o reajustamento dos benefícios de prestação continuada da previdência social.

Art. 374. Serão aceitos os números de inscrição no Cadastro Geral de Contribuintes, até que seja concluída, pela Secretaria da Receita Federal, a implantação do Cadastro Nacional da Pessoa Jurídica.

Art. 375. Ficam anistiados, por força do art. 3º da Lei nº 9.476, de 23 de julho de 1997, os agentes políticos e os dirigentes de órgãos públicos estaduais, do Distrito Federal ou municipais, a quem foram impostas penalidades pecuniárias pessoais até 24 de julho de 1997, em decorrência do disposto no art. 289.

Art. 376. A multa de que trata a alínea "e" do inciso I do art. 283 retroagirá a 16 de abril de 1994, na que for mais favorável.

Art. 377. Os recursos a que se refere o Decreto nº 2.536, de 6 de abril de 1998, não têm efeito suspensivo.

Art. 378. (Revogado pelo Decreto nº 4.729, de 2003)

Art. 379. A pessoa jurídica de direito privado já beneficiária da isenção ou que já a tenha requerido e que atenda ao disposto nos arts. 206 ou 207 está dispensada do requerimento previsto no art. 208, devendo, até 30 de maio de 1999:

I - comunicar ao Instituto Nacional do Seguro Social que está enquadrada nos arts. 206 ou 207; e

II - apresentar ao Instituto Nacional do Seguro Social o plano de ação de atividades a serem desenvolvidas durante o ano em curso.

Parágrafo único. O Conselho Nacional de Assistência Social, mediante resolução que observe a natureza dos serviços assistenciais, poderá, por proposição da Secretaria de Estado de Assistência Social, considerar atendido o requisito de gratuidade, à vista de doações ou contribuições voluntárias feitas por terceiros, pelos responsáveis ou pelos próprios beneficiários dos serviços, desde que garantido o livre acesso a esses serviços, independentemente dessas doações e contribuições, não se lhes aplicando o disposto nos §§ 2º e 3º do art. 206.

Art. 380. Fica cancelada, a partir de 1º de abril de 1999, toda e qualquer isenção de contribuição para a seguridade social concedida, em caráter geral ou especial, em desacordo com os arts. 206 ou 207.

Art. 381. As normas deste Regulamento de natureza procedimental aplicam-se imediatamente a todos os processos pendentes no Ministério da Previdência e Assistência Social e no Instituto Nacional do Seguro Social.

Art. 382. Os tratados, convenções e outros acordos internacionais de que Estado estrangeiro ou organismo internacional e o Brasil sejam partes, e que versem sobre matéria previdenciária, serão interpretados como lei especial.(Incluído pelo Decreto nº 3.265, de 1999)

REGULAMENTO DA PREVIDÊNCIA SOCIAL

ANEXO I

RELAÇÃO DAS SITUAÇÕES EM QUE O APOSENTADo POR INVALIDEZ TERÁ DIREITO À MAJORAÇÃO DE VINTE E CINCO POR CENTO PREVISTA NO ART. 45 DESTE REGULAMENTO.

1 - Cegueira total.
2 - Perda de nove dedos das mãos ou superior a esta.
3 - Paralisia dos dois membros superiores ou inferiores.
4 - Perda dos membros inferiores, acima dos pés, quando a prótese for impossível.
5 - Perda de uma das mãos e de dois pés, ainda que a prótese seja possível.
6 - Perda de um membro superior e outro inferior, quando a prótese for impossível.
7 - Alteração das faculdades mentais com grave perturbação da vida orgânica e social.
8 - Doença que exija permanência contínua no leito.
9 - Incapacidade permanente para as atividades da vida diária.

REGULAMENTO DA PREVIDÊNCIA SOCIAL

ANEXO II

AGENTES PATOGÊNICOS CAUSADORES DE DOENÇAS PROFISSIONAIS OU DO TRABALHO, CONFORME PREVISTO NO ART. 20 DA LEI Nº 8.213, DE 1991

AGENTES PATOGÊNICOS	TRABALHOS QUE CONTÊM O RISCO
QUÍMICOS	
I - ARSÊNIO E SEUS COMPOSTOS ARSENICAIS	metalurgia de minérios arsenicais e indústria eletrônica; extração do arsênio e preparação de seus compostos; fabricação, preparação e emprego de tintas, lacas (gás arsina), inseticidas, parasiticidas e raticidas; processos industriais em que haja desprendimento de hidrogênio arseniado; preparação e conservação de peles e plumas (empalhamento de animais) e conservação da madeira; agentes na produção de vidro, ligas de chumbo, medicamentos e semi-condutores.
II - ASBESTO OU AMIANTO	extração de rochas amiantíferas, furação, corte, desmonte, trituração, peneiramento e manipulação; despejos do material proveniente da extração, trituração; mistura, cardagem, fiação e tecelagem de amianto; fabricação de guarnições para freios, materiais isolantes e produtos de fibrocimento; qualquer colocação ou demolição de produtos de amianto que produza partículas atmosféricas de amianto.
III - BENZENO OU SEUS HOMÓLOGOS TÓXICOS	Fabricação e emprego do benzeno, seus homólogos ou seus derivados aminados e nitrosos: instalações petroquímicas onde se produzir benzeno; indústria química ou de laboratório; produção de cola sintética; usuários de cola sintética na fabricação de calçados, artigos de couro ou borracha e móveis; produção de tintas; impressores (especialmente na fotogravura); pintura a pistola; soldagem.
IV - BERÍLIO E SEUS COMPOSTOS TÓXICOS	extração, trituração e tratamento de berílio; fabricação e fundição de ligas e compostos; utilização na indústria aeroespacial e manufatura de instrumentos de precisão e ordenadores; ferramentas cortantes que não produzam faíscas para a indústria petrolífera; fabricação de tubos fluorescentes, de ampolas de raios X, de eletrodos de aspiradores, catodos de queimadores e moderadores de reatores nucleares; fabricação de cadinhos, vidros especiais e de porcelana para isolantes térmicos.

V - BROMO	Fabricação e emprego do bromo e do ácido brômico.
VI - CÁDMIO OU SEUS COMPOSTOS	extração, tratamento, preparação e fundição de ligas metálicas; fabricação de compostos de cádmio para soldagem; soldagem; utilização em revestimentos metálicos (galvanização), como pigmentos e estabilizadores em plásticos, nos acumuladores de níquel-cádmio e soldagem de prata.
VII - CARBONETOS METÁLICOS DE TUNGSTÊNIO SINTERIZADOS	Produção de carbonetos sinterizados (mistura, pulverização, modelado, aquecimento em forno, ajuste, pulverização de precisão), na fabricação de ferramentas e de componentes para máquinas e no afiamento das ferramentas. Trabalhadores situados nas proximidades e dentro da mesma oficina.
VIII - CHUMBO OU SEUS COMPOSTOS TÓXICOS	extração de minérios, metalurgia e refinação do chumbo; fabricação de acumuladores e baterias (placas); fabricação e emprego de chumbo-tetraetila e chumbo-tetrametila; fabricação e aplicação de tintas, esmaltes e vernizes à base de compostos de chumbo; fundição e laminação de chumbo, de bronze, etc; fabricação ou manipulação de ligas e compostos de chumbo; fabricação de objetos e artefatos de chumbo, inclusive munições; vulcanização da borracha pelo litargírio ou outros compostos de chumbo; soldagem; indústria de impressão; fabricação de vidro, cristal e esmalte vitrificado; sucata, ferro-velho; fabricação de pérolas artificiais; olaria; fabricação de fósforos.
IX - CLORO	Fabricação e emprego de cloro e ácido clorídrico.
X - CROMO OU SEUS COMPOSTOS TÓXICOS	fabricação de ácido crômico, de cromatos e bicromatos e ligas de ferrocromo; cromagem eletrolítica de metais (galvanoplastia); curtição e outros trabalhos com o couro; pintura a pistola com pigmentos de compostos de cromo, polimento de móveis; manipulação de ácido crômico, de cromatos e bicromatos; soldagem de aço inoxidável; fabricação de cimento e trabalhos da construção civil; impressão e técnica fotográfica.
XI - FLÚOR OU SEUS COMPOSTOS TÓXICOS	fabricação e emprego de flúor e de ácido fluorídrico; siderurgia (como fundentes); fabricação de ladrilhos, telhas, cerâmica, cimento, vidro, esmalte, fibra de vidro, fertilizantes fosfatados; produção de gasolina (como catalisador alquilante); soldagem elétrica; galvanoplastia; calefação de superfícies; sistema de combustível para foguetes.
XII - FÓSFORO OU SEUS COMPOSTOS TÓXICOS	extração e preparação do fósforo branco e de seus compostos; fabricação e aplicação de produtos fosforados e organofosforados (sínteses orgânicas, fertilizantes, praguicidas); fabricação de projéteis incendiários, explosivos e gases asfixiantes à base de fósforo branco; fabricação de ligas de bronze; borrifadores, trabalhadores agrícolas e responsáveis pelo armazenamento, transporte e distribuição dos praguicidas organofosforados.

XIII - HIDROCARBONETOS ALIFÁTICOS OU AROMÁTICOS (seus derivados halogenados tóxicos) - Cloreto de metila - Cloreto de metileno - Clorofórmio - Tetracloreto de carbono - Cloreto de etila 1.1 - Dicloroetano 1.1.1 - Tricloroetano 1.1.2 - Tricloroetano - Tetracloroetano - Tricloroetileno - Tetracloroetileno - Cloreto de vinila - Brometo de metila - Brometo de etila 1.2 - Dibromoetano - Clorobenzeno - Diclorobenzeno	Síntese química (metilação), refrigerante, agente especial para extrações. Solvente (azeites, graxas, ceras, acetato de celulose), desengordurante, removedor de pinturas. Solvente (lacas), agente de extração. Síntese química, extintores de incêndio. Síntese química, anestésico local (refrigeração). Síntese química, solvente (resinas, borracha, asfalto, pinturas), desengraxante. Agente desengraxante para limpeza de metais e limpeza a seco. Solvente. Solvente. Desengraxante, agente de limpeza a seco e de extração, sínteses químicas. Desengraxante, agente de limpeza a seco e de extração, sínteses químicas. Intermediário na fabricação de cloreto de polivinila. Inseticida em fumigação (cereais), sínteses químicas. Sínteses químicas, agente especial de extração. Inseticida em fumigação (solos), extintor de incêndios, solvente (celulóide, graxas, azeite, ceras). Sínteses químicas, solvente. Sínteses químicas, solvente.
XIV - IODO	Fabricação e emprego do iodo.
XV - MANGANÊS E SEUS COMPOSTOS TÓXICOS	extração, tratamento e trituração de pirolusita (dióxido de manganês); fabricação de ligas e compostos do manganês; siderurgia; fabricação de pilhas secas e acumuladores; preparação de permanganato de potássio e fabricação de corantes; fabricação de vidros especiais e cerâmica; soldagem com eletrodos contendo manganês; fabricação de tintas e fertilizantes; curtimento de couro.
XVI - MERCÚRIO E SEUS COMPOSTOS TÓXICOS	extração e fabricação do mineral de mercúrio e de seus compostos; fabricação de espoletas com fulminato de mercúrio; fabricação de tintas; fabricação de solda; fabricação de aparelhos: barômetros, manômetros, termômetros, interruptores, lâmpadas, válvulas eletrônicas, ampolas de raio X, retificadores; amalgamação de zinco para fabricação de eletrodos, pilhas e acumuladores; douração e estanhagem de espelhos; empalhamento de animais com sais de mercúrio; recuperação de mercúrio por destilação de resíduos industriais; tratamento a quente de amálgamas de ouro e prata para recuperação desses metais; secretagem de pêlos, crinas e plumas, e feltragem à base de compostos de mercúrio; fungicida no tratamento de sementes e brilhos vegetais e na proteção da madeira.
XVII - SUBSTÂNCIAS ASFIXIANTES 1. Monóxido de carbono	Produção e distribuição de gás obtido de combustíveis sólidos (gaseificação do carvão); mecânica de motores, principalmente movidos a gasolina, em recintos semifechados; soldagem acetilênica e a arco; caldeiras, indústria química; siderurgia, fundição, mineração de subsolo; uso de explosivos; controle de incêndios; controle de tráfego; construção de túneis; cervejarias.
2. Cianeto de hidrogênio ou seus derivados tóxicos	Operações de fumigação de inseticidas, síntese de produtos químicos orgânicos; eletrogalvanoplastia; extração de ouro e prata; produção de aço e de plásticos (especialmente o acrilonitrilo-estireno); siderurgia (fornos de coque).
3. Sulfeto de hidrogênio (Ácido sulfídrico)	Estações de tratamento de águas residuais; mineração; metalurgia; trabalhos em silos; processamento de açúcar da beterraba; curtumes e matadouros; produção de viscose e celofane; indústria química (produção de ácido sulfúrico, sais de bário); construção de túneis; perfuração de poços petrolíferos e gás; carbonização do carvão a baixa temperatura; litografia e fotogravura.

XVIII - SÍLICA LIVRE (Óxido de silício - Si O2)	extração de minérios (trabalhos no subsolo e a céu aberto); decapagem, limpeza de metais, foscamento de vidros com jatos de areia, e outras atividades em que se usa areia como abrasivo; fabricação de material refratário para fornos, chaminés e cadinhos, recuperação de resíduos; fabricação de mós, rebolos, saponáceos, pós e pastas para polimento de metais; moagem e manipulação de sílica na indústria de vidros e porcelanas; trabalho em pedreiras; trabalho em construção de túneis; desbastes e polimento de pedras.
XIX - SULFETO DE CARBONO OU DISSULFETO DE CARBONO	fabricação de sulfeto de carbono; indústria da viscose, raiom (seda artificial); fabricação e emprego de solventes, inseticidas, parasiticidas e herbicidas; fabricação de vernizes, resinas, sais de amoníaco, tetracloreto de carbono, têxteis, tubos eletrônicos a vácuo, gorduras; limpeza a seco; galvanização; fumigação de grãos; processamento de azeite, enxofre, bromo, cera, graxas e iodo.
XX - ALCATRÃO, BREU, BETUME, HULHA MINERAL, PARAFINA E PRODUTOS OU RESÍDUOS DESSAS SUBSTÂNCIAS, CAUSADORES DE EPITELIOMAS PRIMITIVOS DA PELE	Processos e operações industriais ou não, em que sejam utilizados alcatrão, breu, betume, hulha mineral, parafina e produtos ou resíduos dessas substâncias.
FÍSICOS	
XXI - RUÍDO E AFECÇÃO AUDITIVA	Mineração, construção de túneis, exploração de pedreiras (detonação, perfuração); engenharia pesada (fundição de ferro, prensa de forja); trabalho com máquinas que funcionam com potentes motores a combustão; utilização de máquinas têxteis; testes de reatores de aviões.
XXII - VIBRAÇÕES (Afecções dos músculos, tendões, ossos, articulações, vasos sangüíneos periféricos ou dos nervos periféricos)	Indústria metalúrgica, construção naval e automobilística; mineração; agricultura (motosserras); instrumentos pneumáticos; ferramentas vibratórias, elétricas e manuais; condução de caminhões e ônibus.
XXIII - AR COMPRIMIDO	trabalhos em caixões ou câmaras pneumáticas e em tubulões pneumáticos; operações com uso de escafandro; operações de mergulho; trabalho com ar comprimido em túneis pressurizados.
XXIV – RADIAÇÕES IONIZANTES	extração de minerais radioativos (tratamento, purificação, isolamento e preparo para distribuição), como o urânio; operação com reatores nucleares ou com fontes de nêutrons ou de outras radiações corpusculares; trabalhos executados com exposições a raios X, rádio e substâncias radioativas para fins industriais, terapêuticos e diagnósticos; fabricação e manipulação de produtos químicos e farmacêuticos radioativos (urânio, radônio, mesotório, tório X, césio 137 e outros); fabricação e aplicação de produtos luminescentes radíferos; pesquisas e estudos dos raios X e substâncias radioativas em laboratórios.
BIOLÓGICOS	
XXV - MICROORGANISMOS E PARASITAS INFECCIOSOS VIVOS E SEUS PRODUTOS TÓXICOS Mycobacterium; vírus hospedados por artrópodes; cocciclióides; fungos; histoplasma; leptospira; ricketsia; bacilo (carbúnculo, tétano);ancilóstomo; tripanossoma; pasteurella. Ancilóstomo; histoplasma; cocciclióides; leptospira; bacilo; sepse. Mycobacterium; brucellas; estreptococo (erisipela); fungo; ricketsia; pasteurella. Fungos; bactérias; mixovírus (doença de Newcastle). Bacilo (carbúnculo) e pasteurella. Bactérias; mycobacteria; brucella; fungos; leptospira; vírus; mixovírus; ricketsia; pasteurella. Mycobacteria, vírus; outros organismos responsáveis por doenças transmissíveis. Fungos (micose cutânea).	Agricultura; pecuária; silvicultura; caça (inclusive a caça com armadilhas); veterinária; curtume. Construção; escavação de terra; esgoto; canal de irrigação; mineração. Manipulação e embalagem de carne e pescado. Manipulação de aves confinadas e pássaros. Trabalho com pêlo, pele ou lã. Veterinária. Hospital; laboratórios e outros ambientes envolvidos no tratamento de doenças transmissíveis. Trabalhos em condições de temperatura elevada e umidade (cozinhas; ginásios; piscinas; etc.).
POEIRAS ORGÂNICAS	

XXVI - ALGODÃO, LINHO, CÂNHAMO, SISAL	Trabalhadores nas diversas operações com poeiras provenientes desses produtos.
XXVII - AGENTES FÍSICOS, QUÍMICOS OU BIOLÓGICOS, QUE AFETAM A PELE, NÃO CONSIDERADOS EM OUTRAS RUBRICAS.	Trabalhadores mais expostos: agrícolas; da construção civil em geral; da indústria química; de eletrogalvanoplastia; de tinturaria; da indústria de plásticos reforçados com fibra de vidro; da pintura; dos serviços de engenharia (óleo de corte ou lubrificante); dos serviços de saúde (medicamentos, anestésicos locais, desinfetantes); do tratamento de gado; dos açougues.

LISTA A
AGENTES OU FATORES DE RISCO DE NATUREZA OCUPACIONAL RELACIONADOS COM A ETIOLOGIA DE DOENÇAS PROFISSIONAIS E DE OUTRAS DOENÇAS RELACIONADAS COM O TRABALHO

AGENTES ETIOLÓGICOS OU FATORES DE RISCO DE NATUREZA OCUPACIONAL	DOENÇAS CAUSALMENTE RELACIONADAS COM OS RESPECTIVOS AGENTES OU FATORES DE RISCO (DENOMINADAS E CODIFICADAS SEGUNDO A CID-10)
I - Arsênio e seus compostos arsenicais	Angiossarcoma do fígado (C22.3) Neoplasia maligna dos brônquios e do pulmão (C34.-) Outras neoplasias malignas da pele (C44.-) Polineuropatia devida a outras agentes tóxicos (G52.2) Encefalopatia Tóxica Aguda (G92.1) Blefarite (H01.0) Conjuntivite (H10) Queratite e Queratoconjuntivite (H16) Arritmias cardíacas (I49.-) Rinite Crônica (J31.0) Ulceração ou Necrose do Septo Nasal (J34.0) Bronquiolite Obliterante Crônica, Enfisema Crônico Difuso ou Fibrose Pulmonar Crônica (J68.4) Estomatite Ulcerativa Crônica (K12.1) Gastroenterite e Colites tóxicas (K52.-) Hipertensão Portal (K76.6) Dermatite de Contato por Irritantes (L24.-) Outras formas de hiperpigmentação pela melanina: "Melanodermia" (L81.4) Leucodermia, não classificada em outra parte (Inclui "Vitiligo Ocupacional") (L81.5) Ceratose Palmar e Plantar Adquirida (L85.1) Efeitos Tóxicos Agudos (T57.0)
II - Asbesto ou Amianto	Neoplasia maligna do estômago (C16.-) Neoplasia maligna da laringe (C32.-) Neoplasia maligna dos brônquios e do pulmão (C34.-) Mesotelioma da pleura (C45.0) Mesotelioma do peritônio (C45.1) Mesotelioma do pericárdio (C45.2) Placas epicárdicas ou pericárdicas (I34.8) Asbestose (J60.-) Derrame Pleural (J90.-) Placas Pleurais (J92.-)
III - Benzeno e seus homólogos tóxicos	Leucemias (C91-C95.-) Síndromes Mielodisplásicas (D46.-) Anemia Aplástica devida a outros agentes externos (D61.2) Hipoplasia Medular (D61.9) Púrpura e outras manifestações hemorrágicas (D69.-) Agranulocitose (Neutropenia tóxica) (D70) Outros transtornos especificados dos glóbulos brancos: Leucocitose, Reação Leucemóide (D72.8) Outros transtornos mentais decorrentes de lesão e disfunção cerebrais e de doença física (F06.-) (Tolueno e outros solventes aromáticos neurotóxicos) Transtornos de personalidade e de comportamento decorrentes de doença, lesão e de disfunção de personalidade (F07.-) (Tolueno e outros solventes aromáticos neurotóxicos) Transtorno Mental Orgânico ou Sintomático não especificado (F09.-) (Tolueno e outros solventes aromáticos neurotóxicos) Episódios depressivos (F32.-) (Tolueno e outros solventes aromáticos neurotóxicos) Neurastenia (Inclui "Síndrome de Fadiga") (F48.0) (Tolueno e outros solventes aromáticos neurotóxicos) Encefalopatia Tóxica Crônica (G92.2) Hipoacusia Ototóxica (H91.0) (Tolueno e Xileno) Dermatite de Contato por Irritantes (L24.-) Efeitos Tóxicos Agudos (T52.1 e T52.2)

IV - Berílio e seus compostos tóxicos	Neoplasia maligna dos brônquios e do pulmão (C34.-) Conjuntivite (H10) Beriliose (J63.2) Bronquite e Pneumonite devida a produtos químicos, gases, fumaças e vapores ("Bronquite Química Aguda") (J68.0) Edema Pulmonar Agudo devido a produtos químicos, gases, fumaças e vapores ("Edema Pulmonar Químico") (J68.1) Bronquiolite Obliterante Crônica, Enfisema Crônico Difuso ou Fibrose Pulmonar Crônica (J68.4) Dermatite de Contato por Irritantes (L24.-) Efeitos Tóxicos Agudos (T56.7)
V - Bromo	Faringite Aguda ("Angina Aguda", "Dor de Garganta") (J02.9) Laringotraqueíte Aguda (J04.2) Faringite Crônica (J31.2) Sinusite Crônica (J32.-) Laringotraqueíte Crônica (J37.1) Bronquite e Pneumonite devida a produtos químicos, gases, fumaças e vapores ("Bronquite Química Aguda") (J68.0) Edema Pulmonar Agudo devido a produtos químicos, gases, fumaças e vapores ("Edema Pulmonar Químico") (J68.1) Síndrome de Disfunção Reativa das Vias Aéreas (SDVA/RADS) (J68.3) Bronquiolite Obliterante Crônica, Enfisema Crônico Difuso ou Fibrose Pulmonar Crônica (J68.4) Estomatite Ulcerativa Crônica (K12.1) Dermatite de Contato por Irritantes (L24.-) Efeitos Tóxicos Agudos (T57.8.)
VI - Cádmio ou seus compostos	Neoplasia maligna dos brônquios e do pulmão (C34.-) Transtornos do nervo olfatório (Inclui "Anosmia") (G52.0) Bronquite e Pneumonite devida a produtos químicos, gases, fumaças e vapores ("Bronquite Química Aguda") (J68.0) Edema Pulmonar Agudo devido a produtos químicos, gases, fumaças e vapores ("Edema Pulmonar Químico") (J68.1) Síndrome de Disfunção Reativa das Vias Aéreas (SDVA/RADS) (J68.3) Bronquiolite Obliterante Crônica, Enfisema Crônico Difuso ou Fibrose Pulmonar Crônica (J68.4) Enfisema intersticial (J98.2) Alterações pós-eruptivas da cor dos tecidos duros dos dentes (K03.7) Gastroenterite e Colites tóxicas (K52.-) Osteomalácia do Adulto Induzida por Drogas (M83.5) Nefropatia Túbulo-Intersticial induzida por metais pesados (N14.3) Efeitos Tóxicos Agudos (T56.3)
VII - Carbonetos metálicos de Tungstênio sinterizados	Outras Rinites Alérgicas (J30.3) Asma (J45.-) Pneumoconiose devida a outras poeiras inorgânicas especificadas (J63.8)
VIII - Chumbo ou seus compostos tóxicos	Outras anemias devidas a transtornos enzimáticos (D55.8) Anemia Sideroblástica secundária a toxinas (D64.2) Hipotireoidismo devido a substâncias exógenas (E03.-) Outros transtornos mentais decorrentes de lesão e disfunção cerebrais e de doença física (F06.-) Polineuropatia devida a outras agentes tóxicos (G52.2) Encefalopatia Tóxica Aguda (G92.1) Encefalopatia Tóxica Crônica (G92.2) Hipertensão Arterial (I10.-) Arritmias Cardíacas (I49.-) "Cólica da Chumbo" (K59.8) Gota Induzida pelo Chumbo (M10.1) Nefropatia Túbulo-Intersticial induzida por metais pesados (N14.3) Insuficiência Renal Crônica (N17) Infertilidade Masculina (N46) Efeitos Tóxicos Agudos (T56.0)
IX - Cloro	Rinite Crônica (J31.0) Outras Doenças Pulmonares Obstrutivas Crônicas (Inclui "Asma Obstrutiva", "Bronquite Crônica", "Bronquite Obstrutiva Crônica") (J44.-) Bronquite e Pneumonite devida a produtos químicos, gases, fumaças e vapores ("Bronquite Química Aguda") (J68.0) Edema Pulmonar Agudo devido a produtos químicos, gases, fumaças e vapores ("Edema Pulmonar Químico") (J68.1) Síndrome de Disfunção Reativa das Vias Aéreas (SDVA/RADS) (J68.3) Bronquiolite Obliterante Crônica, Enfisema Crônico Difuso ou Fibrose Pulmonar Crônica (J68.4) Efeitos Tóxicos Agudos (T59.4)

X - Cromo ou seus compostos tóxicos	Neoplasia maligna dos brônquios e do pulmão (C34.-) Outras Rinites Alérgicas (J30.3) Rinite Crônica (J31.0) Ulceração ou Necrose do Septo Nasal (J34.0) Asma (J45.-) "Dermatoses Pápulo-Pustulosas e suas complicações infecciosas" (L08.9) Dermatite Alérgica de Contato (L23.-) Dermatite de Contato por Irritantes (L24.-) Úlcera Crônica da Pele, não classificada em outra parte (L98.4) Efeitos Tóxicos Agudos (T56.2)
XI - Flúor ou seus compostos tóxicos	Conjuntivite (H10) Rinite Crônica (J31.0) Bronquite e Pneumonite devida a produtos químicos, gases, fumaças e vapores ("Bronquite Química Aguda") (J68.0) Edema Pulmonar Agudo devido a produtos químicos, gases, fumaças e vapores ("Edema Pulmonar Químico") (J68.1) Bronquiolite Obliterante Crônica, Enfisema Crônico Difuso ou Fibrose Pulmonar Crônica (J68.4) Erosão Dentária (K03.2) Dermatite de Contato por Irritantes (L24.-) Fluorose do Esqueleto (M85.1) Intoxicação Aguda (T59.5)
XII - Fósforo ou seus compostos tóxicos	Polineuropatia devida a outras agentes tóxicos (G52.2) Arritmias cardíacas (I49.-) (Agrotóxicos organofosforados e carbamatos) Dermatite Alérgica de Contato (L23.-) Dermatite de Contato por Irritantes (L24.-) Osteomalácia do Adulto Induzida por Drogas (M83.5) Osteonecrose (M87.-): Osteonecrose Devida a Drogas (M87.1); Outras Osteonecroses Secundárias (M87.3) Intoxicação Aguda (T57.1) (Intoxicação Aguda por Agrotóxicos Organofosforados: T60.0)
XIII - Hidrocarbonetos alifáticos ou aromáticos (seus derivados halogenados tóxicos)	Angiossarcoma do fígado (C22.3) Neoplasia maligna do pâncreas (C25.-) Neoplasia maligna dos brônquios e do pulmão (C34.-) Púrpura e outras manifestações hemorrágicas (D69.-) Hipotireoidismo devido a substâncias exógenas (E03.-) Outras porfirias (E80.2) Delirium, não sobreposto à demência, como descrita (F05.0) (Brometo de Metila) Outros transtornos mentais decorrentes de lesão e disfunção cerebrais e de doença física (F06.-) Transtornos de personalidade e de comportamento decorrentes de doença, lesão e de disfunção de personalidade (F07.-) Transtorno Mental Orgânico ou Sintomático não especificado (F09.-) Episódios Depressivos (F32.-) Neurastenia (Inclui "Síndrome de Fadiga") (F48.0) Outras formas especificadas de tremor (G25.2) Transtorno extrapiramidal do movimento não especificado (G25.9) Transtornos do nervo trigêmio (G50.-) Polineuropatia devida a outros agentes tóxicos (G52.2) (n-Hexano) Encefalopatia Tóxica Aguda (G92.1) Encefalopatia Tóxica Crônica (G92.2) Conjuntivite (H10) Neurite Óptica (H46) Distúrbios visuais subjetivos (H53.-) Outras vertigens periféricas (H81.3) Labirintite (H83.0) Hipoacusia ototóxica (H91.0) Parada Cardíaca (I46.-) Arritmias cardíacas (I49.-) Síndrome de Raynaud (I73.0) (Cloreto de Vinila) Acrocianose e Acroparestesia (I73.8) (Cloreto de Vinila) Bronquite e Pneumonite devida a produtos químicos, gases, fumaças e vapores ("Bronquite Química Aguda") (J68.0) Edema Pulmonar Agudo devido a produtos químicos, gases, fumaças e vapores ("Edema Pulmonar Químico") (J68.1) Síndrome de Disfunção Reativa das Vias Aéreas (SDVA/RADS) (J68.3) Bronquiolite Obliterante Crônica, Enfisema Crônico Difuso ou Fibrose Pulmonar Crônica (J68.4) Doença Tóxica do Fígado (K71.-): Doença Tóxica do Fígado, com Necrose Hepática (K71.1); Doença Tóxica do Fígado, com Hepatite Aguda (K71.2); Doença Tóxica do Fígado com Hepatite Crônica Persistente (K71.3); Doença Tóxica do Fígado com Outros Transtornos Hepáticos (K71.8) Hipertensão Portal (K76.6) (Cloreto de Vinila) "Dermatoses Pápulo-Pustulosas e suas complicações infecciosas" (L08.9) Dermatite de Contato por Irritantes (L24.-) "Cloracne" (L70.8) Outras formas de hiperpigmentação pela melanina: "Melanodermia" (L81.4) Outros transtornos especificados de pigmentação: "Profiria Cutânea Tardia" (L81.8) Geladura (Frostbite) Superficial: Eritema Pérnio (T33) (Anestésicos clorados locais) Geladura (Frostbite) com Necrose de Tecidos (T34) (Anestésicos clorados locais) Osteólise (M89.5) (de falanges distais de quirodáctilos) (Cloreto de Vinila) Síndrome Nefrítica Aguda (N00.-) Insuficiência Renal Aguda (N17) Efeitos Tóxicos Agudos (T53.-)

XIV - Iodo	Conjuntivite (H10) Faringite Aguda ("Angina Aguda", "Dor de Garganta") (J02.9) Laringotraqueíte Aguda (J04.2) Sinusite Crônica (J32.-) Bronquite e Pneumonite devida a produtos químicos, gases, fumaças e vapores ("Bronquite Química Aguda") Edema Pulmonar Agudo devido a produtos químicos, gases, fumaças e vapores ("Edema Pulmonar Químico") (J68.1) Síndrome de Disfunção Reativa das Vias Aéreas (SDVA/RADS) (J68.3) Bronquiolite Obliterante Crônica, Enfisema Crônico Difuso ou Fibrose Pulmonar Crônica (J68.4) Dermatite Alérgica de Contato (L23.-) Efeitos Tóxicos Agudos (T57.8)
XV - Manganês e seus compostos tóxicos	Demência em outras doenças específicas classificadas em outros locais (F02.8) Outros transtornos mentais decorrentes de lesão e disfunção cerebrais e de doença física (F06.-) Transtornos de personalidade e de comportamento decorrentes de doença, lesão e de disfunção de personalidade (F07.-) Transtorno Mental Orgânico ou Sintomático não especificado (F09.-) Episódios Depressivos (F32.-) Neurastenia (Inclui "Síndrome de Fadiga") (F48.0) Parkisonismo Secundário (G21.2) Inflamação Coriorretiniana (H30) Bronquite e Pneumonite devida a produtos químicos, gases, fumaças e vapores ("Bronquite Química Aguda") (J68.0) Bronquiolite Obliterante Crônica, Enfisema Crônico Difuso ou Fibrose Pulmonar Crônica (J68.4) Efeitos Tóxicos Agudos (T57.2)
XVI - Mercúrio e seus compostos tóxicos	Outros transtornos mentais decorrentes de lesão e disfunção cerebrais e de doença física (F06.-) Transtornos de personalidade e de comportamento decorrentes de doença, lesão e de disfunção de personalidade (F07.-) Transtorno Mental Orgânico ou Sintomático não especificado (F09.-) Episódios Depressivos (F32.-) Neurastenia (Inclui "Síndrome de Fadiga") (F48.0) Ataxia Cerebelosa (G11.1) Outras formas especificadas de tremor (G25.2) Transtorno extrapiramidal do movimento não especificado (G25.9) Encefalopatia Tóxica Aguda (G92.1) Encefalopatia Tóxica Crônica (G92.2) Arritmias cardíacas) (I49.-) Gengivite Crônica (K05.1) Estomatite Ulcerativa Crônica (K12.1) Dermatite Alérgica de Contato (L23.-) Doença Glomerular Crônica (N03.-) Nefropatia Túbulo-Intersticial induzida por metais pesados (N14.3) Efeitos Tóxicos Agudos (T57.1)
XVII - Substâncias asfixiantes: Monóxido de Carbono, Cianeto de Hidrogênio ou seus derivados tóxicos, Sulfeto de Hidrogênio (Ácido Sulfídrico)	Demência em outras doenças específicas classificadas em outros locais (F02.8) Transtornos do nervo olfatório (Inclui "Anosmia") (G52.0) (H2S) Encefalopatia Tóxica Crônica (G92.2) (Seqüela) Conjuntivite (H10) (H2S) Queratite e Queratoconjuntivite (H16) Angina Pectoris (I20.-) (CO) Infarto Agudo do Miocárdio (I21.-) (CO) Parada Cardíaca (I46.-) (CO) Arritmias cardíacas (I49.-) (CO) Bronquite e Pneumonite devida a produtos químicos, gases, fumaças e vapores ("Bronquite Química Aguda") (HCN) Edema Pulmonar Agudo devido a produtos químicos, gases, fumaças e vapores ("Edema Pulmonar Químico") (J68.1) (HCN) Síndrome de Disfunção Reativa das Vias Aéreas (SDVA/RADS) (J68.3) (HCN) Bronquiolite Obliterante Crônica, Enfisema Crônico Difuso ou Fibrose Pulmonar Crônica (J68.4) (HCN; H2S) Efeitos Tóxicos Agudos (T57.3; T58; T59.6)
XVIII - Sílica Livre	Neoplasia maligna dos brônquios e do pulmão (C34.-) Cor Pulmonale (I27.9) Outras Doenças Pulmonares Obstrutivas Crônicas (Inclui "Asma Obstrutiva", "Bronquite Crônica", "Bronquite Obstrutiva Crônica") (J44.-) Silicose (J62.8) Pneumoconiose associada com Tuberculose ("Sílico-Tuberculose") (J63.8) Síndrome de Caplan (J99.1; M05.3)

REGULAMENTO DA PREVIDÊNCIA SOCIAL

XIX - Sulfeto de Carbono ou Dissulfeto de Carbono	Demência em outras doenças específicas classificadas em outros locais (F02.8)
	Outros transtornos mentais decorrentes de lesão e disfunção cerebrais e de doença física (F06.-)
	Transtornos de personalidade e de comportamento decorrentes de doença, lesão e de disfunção de personalidade (F07.-)
	Transtorno Mental Orgânico ou Sintomático não especificado (F09.-)
	Episódios Depressivos (F32.-)
	Neurastenia (Inclui "Síndrome de Fadiga") (F48.0)
	Polineuropatia devida a outros agentes tóxicos (G52.2)
	Encefalopatia Tóxica Crônica (G92.2)
	Neurite Óptica (H46)
	Angina Pectoris (I20.-)
	Infarto Agudo do Miocárdio (I21.-)
	Ateroesclerose (I70.-) e Doença Ateroesclerótica do Coração (I25.1)
	Efeitos Tóxicos Agudos (T52.8)
XX - Alcatrão, Breu, Betume, Hulha Mineral, Parafina e produtos ou resíduos dessas substâncias, causadores de epiteliomas primitivos da pele	Neoplasia maligna dos brônquios e do pulmão (C34.-)
	Outras neoplasias malignas da pele (C44.-)
	Neoplasia maligna da bexiga (C67.-)
	Dermatite Alérgica de Contato (L23.-)
	Outras formas de hiperpigmentação pela melanina: "Melanodermia" (L81.4)
XXI - Ruído e afecção auditiva	Perda da Audição Provocada pelo Ruído (H83.3)
	Outras percepções auditivas anormais: Alteração Temporária do Limiar Auditivo, Comprometimento da Discriminação Auditiva e Hiperacusia (H93.2)
	Hipertensão Arterial (I10.-)
	Ruptura Traumática do Tímpano (pelo ruído) (S09.2)
XXII - Vibrações (afecções dos músculos, tendões, ossos, articulações, vasos sangüíneos periféricos ou dos nervos periféricos)	Síndrome de Raynaud (I73.0)
	Acrocianose e Acroparestesia (I73.8)
	Outros transtornos articulares não classificados em outra parte: Dor Articular (M25.5)
	Síndrome Cervicobraquial (M53.1)
	Fibromatose da Fascia Palmar: "Contratura ou Moléstia de Dupuytren" (M72.0)
	Lesões do Ombro (M75.-): Capsulite Adesiva do Ombro (Ombro Congelado, Periartrite do Ombro) (M75.0); Síndrome do Manguito Rotatório ou Síndrome do Supraespinhoso (M75.1); Tendinite Bicipital (M75.2); Tendinite Calcificante do Ombro (M75.3); Bursite do Ombro (M75.5); Outras Lesões do Ombro (M75.8); Lesões do Ombro, não especificadas (M75.9)
	Outras entesopatias (M77.-): Epicondilite Medial (M77.0); Epicondilite lateral ("Cotovelo de Tenista"); Mialgia (M79.1)
	Outros transtornos especificados dos tecidos moles (M79.8)
	Osteonecrose (M87.-): Osteonecrose Devida a Drogas (M87.1); Outras Osteonecroses Secundárias (M87.3)
	Doença de Kienböck do Adulto (Osteo-condrose do Adulto do Semilunar do Carpo) (M93.1) e outras Osteocondro-patias especificadas (M93.8)
XXIII - Ar Comprimido	Otite Média não supurativa (H65.9)
	Perfuração da Membrama do Tímpano (H72 ou S09.2)
	Labirintite (H83.0)
	Otalgia e Secreção Auditiva (H92.-)
	Outros transtornos especificados do ouvido (H93.8)
	Osteonecrose no "Mal dos Caixões" (M90.3)
	Otite Barotraumática (T70.0)
	Sinusite Barotraumática (T70.1)
	"Mal dos Caixões" (Doença da Descompressão) (T70.4)
	Síndrome devida ao deslocamento de ar de uma explosão (T70.8)

XXIV - Radiações Ionizantes	Neoplasia maligna da cavidade nasal e dos seios paranasais (C30-C31.-)
	Neoplasia maligna dos brônquios e do pulmão (C34.-)
	Neoplasia maligna dos ossos e cartilagens articulares dos membros (Inclui "Sarcoma Ósseo")
	Outras neoplasias malignas da pele (C44.-)
	Leucemias (C91-C95.-)
	Síndromes Mielodisplásicas (D46.-)
	Anemia Aplástica devida a outros agentes externos (D61.2)
	Hipoplasia Medular (D61.9)
	Púrpura e outras manifestações hemorrágicas (D69.-)
	Agranulocitose (Neutropenia tóxica) (D70)
	Outros transtornos especificados dos glóbulos brancos: Leucocitose, Reação Leucemóide (D72.8)
	Polineuropatia induzida pela radiação (G62.8)
	Blefarite (H01.0)
	Conjuntivite (H10)
	Queratite e Queratoconjuntivite (H16)
	Catarata (H28)
	Pneumonite por radiação (J70.0 e J70.1)
	Gastroenterite e Colites tóxicas (K52.-)
	Radiodermatite (L58.-): Radiodermatite Aguda (L58.0); Radiodermatite Crônica (L58.1); Radiodermatite, não especificada (L58.9); Afecções da pele e do tecido conjuntivo relacionadas com a radiação, não especificadas (L59.9)
	Osteonecrose (M87.-): Osteonecrose Devida a Drogas (M87.1); Outras Osteonecroses Secundárias (M87.3)
	Infertilidade Masculina (N46)
	Efeitos Agudos (não especificados) da Radiação (T66)
XXV - Microorganismos e parasitas infecciosos vivos e seus produtos tóxicos (Exposição ocupacional ao agente e/ou transmissor da doença, em profissões e/ou condições de trabalho especificadas)	Tuberculose (A15-A19.-)
	Carbúnculo (A22.-)
	Brucelose (A23.-)
	Leptospirose (A27.-)
	Tétano (A35.-)
	Psitacose, Ornitose, Doença dos Tratadores de Aves (A70.-)
	Dengue (A90.-)
	Febre Amarela (A95.-)
	Hepatites Virais (B15-B19.-)
	Doença pelo Vírus da Imunodeficiência Humana (HIV) (B20-B24.-)
	Dermatofitose (B35.-) e Outras Micoses Superficiais (B36.-)
	Paracoccidiomicose (Blastomicose Sul Americana, Blastomicose Brasileira, Doença de Lutz) (B41.-)
	Malária (B50-B54.-)
	Leishmaniose Cutânea (B55.1) ou Leishmaniose Cutâneo-Mucosa (B55.2)
	Pneumonite por Hipersensibilidade a Poeira Orgânica (J67.-): Pulmão do Granjeiro (ou Pulmão do Fazendeiro) (J67.0); Bagaçose (J67.1); Pulmão dos Criadores de Pássaros (J67.2); Suberose (J67.3); Pulmão dos Trabalhadores de Malte (J67.4); Pulmão dos que Trabalham com Cogumelos (J67.5); Doença Pulmonar Devida a Sistemas de Ar Condicionado e de Umidificação do Ar (J67.7); Pneumonites de Hipersensibilidade Devidas a Outras Poeiras Orgânicas (J67.8); Pneumonite de Hipersensibilidade Devida a Poeira Orgânica não especificada (Alveolite Alérgica Extrínseca SOE; Pneumonite de Hipersensibilidade SOE (J67.0)
	"Dermatoses Pápulo-Pustulosas e suas complicações infecciosas" (L08.9)
XXVI - Algodão, Linho, Cânhamo, Sisal	Outras Rinites Alérgicas (J30.3)
	Outras Doenças Pulmonares Obstrutivas Crônicas (Inclui "Asma Obstrutiva", "Bronquite Crônica", "Bronquite Obstrutiva Crônica") (J44.-)
	Asma (J45.-)
	Bissinose (J66.0)

XXVII - Agentes físicos, químicos ou biológicos, que afetam a pele, não considerados em outras rubricas	"Dermatoses Pápulo-Pustulosas e suas complicações infecciosas" (L08.9) Dermatite Alérgica de Contato (L23.-) Dermatite de Contato por Irritantes (L24.-) Urticária Alérgica (L50.0) "Urticária Física" (devida ao calor e ao frio) (L50.2) Urticária de Contato (L50.6) Queimadura Solar (L55) Outras Alterações Agudas da Pele devidas a Radiação Ultravioleta (L56.-): Dermatite por Fotocontato (Dermatite de Berloque) (L56.2); Urticária Solar (L56.3); Outras Alterações Agudas Especificadas da Pele devidas a Radiação Ultravioleta (L56.8); Outras Alterações Agudas da Pele devidas a Radiação Ultravioleta, sem outra especificação (L56.9) Alterações da Pele devidas a Exposição Crônica a Radiação Não Ionizante (L57.-): Ceratose Actínica (L57.0); Outras Alterações: Dermatite Solar, "Pele de Fazendeiro", "Pele de Marinheiro" (L57.8) "Cloracne" (L70.8) "Elaioconiose" ou "Dermatite Folicular" (L72.8) Outras formas de hiperpigmentação pela melanina: "Melanodermia" (L81.4) Leucodermia, não classificada em outra parte (Inclui "Vitiligo Ocupacional") (L81.5) Úlcera Crônica da Pele, não classificada em outra parte (L98.4) Geladura (Frostbite) Superficial: Eritema Pérnio (T33) (Frio) Geladura (Frostbite) com Necrose de Tecidos (T34) (Frio)

LISTA B
(Redação dada pelo Decreto nº 6.957, de 2009)
Nota:
1. As doenças e respectivos agentes etiológicos ou fatores de risco de natureza ocupacional listados são exemplificativos e complementares.
DOENÇAS INFECCIOSAS E PARASITÁRIAS RELACIONADAS COM O TRABALHO
(Grupo I da CID-10)

DOENÇAS	AGENTES ETIOLÓGICOS OU FATORES DE RISCO DE NATUREZA OCUPACIONAL
I - Tuberculose (A15-A19.-)	Exposição ocupacional ao Mycobacterium tuberculosis (Bacilo de Koch) ou Mycobacterium bovis, em atividades em laboratórios de biologia, e atividades realizadas por pessoal de saúde, que propiciam contato direto com produtos contaminados ou com doentes cujos exames bacteriológicos são positivos (Z57.8) (Quadro XXV) Hipersuscetibilidade do trabalhador exposto a poeiras de sílica (Sílico-tuberculose) (J65.-)
II - Carbúnculo (A22.-)	Zoonose causada pela exposição ocupacional ao Bacillus anthracis, em atividades suscetíveis de colocar os trabalhadores em contato direto com animais infectados ou com cadáveres desses animais; trabalhos artesanais ou industriais com pêlos, pele, couro ou lã. (Z57.8) (Quadro XXV)
III - Brucelose (A23.-)	Zoonose causada pela exposição ocupacional a Brucella melitensis, B. abortus, B. suis, B. canis, etc., em atividades em abatedouros, frigoríficos, manipulação de produtos de carne; ordenha e fabricação de laticínios e atividades assemelhadas. (Z57.8) (Quadro XXV)
IV - Leptospirose (A27.-)	Exposição ocupacional a Leptospira icterohaemorrhagiae (e outras espécies), em trabalhos expondo ao contato direto com águas sujas, ou efetuado em locais suscetíveis de serem sujos por dejetos de animais portadores de germes; trabalhos efetuados dentro de minas, túneis, galerias, esgotos em locais subterrâneos; trabalhos em cursos d'água; trabalhos de drenagem; contato com roedores; trabalhos com animais domésticos, e com gado; preparação de alimentos de origem animal, de peixes, de laticínios, etc.. (Z57.8) (Quadro XXV)
V - Tétano (A35.-)	Exposição ao Clostridium tetani, em circunstâncias de acidentes do trabalho na agricultura, na construção civil, na indústria, ou em acidentes de trajeto (Z57.8) (Quadro XXV)
VI - Psitacose, Ornitose, Doença dos Tratadores de Aves (A70.-)	Zoonoses causadas pela exposição ocupacional a Chlamydia psittaci ou Chlamydia pneumoniae, em trabalhos em criadouros de aves ou pássaros, atividades de Veterinária, em zoológicos, e em laboratórios biológicos, etc.(Z57.8) (Quadro XXV)
VII - Dengue [Dengue Clássico] (A90.-)	Exposição ocupacional ao mosquito (Aedes aegypti), transmissor do arbovírus da Dengue, principalmente em atividades em zonas endêmicas, em trabalhos de saúde pública, e em trabalhos de laboratórios de pesquisa, entre outros. (Z57.8) (Quadro XXV)
VIII - Febre Amarela (A95.-)	Exposição ocupacional ao mosquito (Aedes aegypti), transmissor do arbovírus da Febre Amarela, principalmente em atividades em zonas endêmicas, em trabalhos de saúde pública, e em trabalhos de laboratórios de pesquisa, entre outros. (Z57.8) (Quadro XXV)
IX - Hepatites Virais (B15-B19.-)	Exposição ocupacional ao Vírus da Hepatite A (HAV); Vírus da Hepatite B (HBV); Vírus da Hepatite C (HCV); Vírus da Hepatite D (HDV); Vírus da Hepatite E (HEV), em trabalhos envolvendo manipulação, acondicionamento ou emprego de sangue humano ou de seus derivados; trabalho com "águas usadas" e esgotos; trabalhos em contato com materiais provenientes de doentes ou objetos contaminados por eles. (Z57.8) (Quadro XXV)
X - Doença pelo Vírus da Imunodeficiência Humana (HIV) (B20-B24.-)	Exposição ocupacional ao Vírus da Imuno-deficiência Humana (HIV), principalmente em trabalhadores da saúde, em decorrência de acidentes pérfuro-cortantes com agulhas ou material cirúrgico contaminado, e na manipulação, acondicionamento ou emprego de sangue ou de seus derivados, e contato com materiais provenientes de pacientes infectados. (Z57.8) (Quadro XXV)

XI - Dermatofitose (B35.-) e Outras Micoses Superficiais (B36.-)	Exposição ocupacional a fungos do gênero Epidermophyton, Microsporum e Trichophyton, em trabalhos em condições de temperatura elevada e umidade (cozinhas, ginásios, piscinas) e outras situações específicas de exposição ocupacional. (Z57.8) (Quadro XXV)
XII - Candidíase (B37.-)	Exposição ocupacional a Candida albicans, Candida glabrata, etc., em trabalhos que requerem longas imersões das mãos em água e irritação mecânica das mãos, tais como trabalhadores de limpeza, lavadeiras, cozinheiras, entre outros. (Z57.8) (Quadro XXV)
XIII - Paracoccidioidomicose (Blastomicose Sul Americana, Blastomicose Brasileira, Doença de Lutz) (B41.-)	Exposição ocupacional ao Paracoccidioides brasiliensis, principalmente em trabalhos agrícolas ou florestais e em zonas endêmicas. (Z57.8) (Quadro XXV)
XIV - Malária (B50 - B54.-)	Exposição ocupacional ao Plasmodium malariae; Plasmodium vivax; Plasmodium falciparum ou outros protozoários, principalmente em atividades de mineração, construção de barragens ou rodovias, em extração de petróleo e outras atividades que obrigam a entrada dos trabalhadores em zonas endêmicas (Z57.8) (Quadro XXV)
XV - Leishmaniose Cutânea (B55.1) ou Leishmaniose Cutâneo-Mucosa (B55.2)	Exposição ocupacional à Leishmania braziliensis, principalmente em trabalhos agrícolas ou florestais e em zonas endêmicas, e outras situações específicas de exposição ocupacional. (Z57.8) (Quadro XXV)

NEOPLASIAS (TUMORES) RELACIONADOS COM O TRABALHO
(GRUPO II da CID-10)

DOENÇAS	AGENTES ETIOLÓGICOS OU FATORES DE RISCO DE NATUREZA OCUPACIONAL
I - Neoplasia maligna do estômago (C16.-)	Asbesto ou Amianto (X49.-; Z57.2)(Quadro II)
II - Angiossarcoma do fígado (C22.3)	1. Arsênio e seus compostos arsenicais (X48.-; X49.-; Z57.5) (Quadro I) 2. Cloreto de Vinila (X46.-; Z57.5) (Quadro XIII)
III - Neoplasia maligna do pâncreas (C25.-)	1. Cloreto de Vinila (X46.-; Z57.5) (Quadro XIII) 2. Epicloridrina (X49.-; Z57.5) 3. Hidrocarbonetos alifáfitos e aromáticos na Indústria do Petróleo (X46.-; Z57.5)
IV - Neoplasia maligna da cavidade nasal e dos seios paranasais (C30-C31.-)	1. Radiações ionizantes (W88.-; Z57.1)(Quadro XXIV) 2. Níquel e seus compostos (X49.-; Z57.5) 3. Poeiras de madeira e outras poeiras orgânicas da indústria do mobiliário (X49.-; Z57.2) 4. Poeiras da indústria do couro (X49.-; Z57.2) 5. Poeiras orgânicas (na indústria têxtil e em padarias) (X49.-; Z57.2) 6. Indústria do petróleo (X46.-; Z57.5)
V - Neoplasia maligna da laringe (C32.-)	Asbesto ou Amianto (Z57.2) (Quadro II)
VI - Neoplasia maligna dos brônquios e do pulmão (C34.-)	1. Arsênio e seus compostos arsenicais (X48.-; X49.-; Z57.4 e Z57.5) (Quadro I) 2. Asbesto ou Amianto (X49.-; Z57.2) (Quadro II) 3. Berílio (X49.-; Z57.5) (Quadro IV) 4. Cádmio ou seus compostos (X49.-; Z57.5) (Quadro VI) 5. Cromo e seus compostos tóxicos (X49.-; Z57.5) (Quadro X) 6. Cloreto de Vinila (X46.-; Z57.5) (Quadro XIII) 7. Clorometil éteres (X49.-; Z57.5) (Quadro XIII) 8. Sílica-livre (Z57.2) (Quadro XVIII) 9. Alcatrão, breu, betume, hulha mineral, parafina e produtos de resíduos dessas substâncias (X49.-; Z57.5) (Quadro XX) 10. Radiações ionizantes (W88.-; Z57.1) (Quadro XXIV) 11. Emissões de fornos de coque (X49.-; Z57.5) 12. Níquel e seus compostos (X49.-; Z57.5) 13. Acrilonitrila (X49.-; Z57.5) 14. Indústria do alumínio (fundições) (X49.-; Z57.5) 15. Neblinas de óleos minerais (óleo de corte) (X49.-; Z57.5) 16. Fundições de metais (X49.-; Z57.5)
VII - Neoplasia maligna dos ossos e cartilagens articulares dos membros (Inclui "Sarcoma Ósseo") (C40.-)	Radiações ionizantes (W88.-; Z57.1) (Quadro XXIV)
VIII - Outras neoplasias malignas da pele (C44.-)	1. Arsênio e seus compostos arsenicais (X49.-; Z57.4 e Z57.5) (Quadro I) 2. Alcatrão, breu, betume, hulha mineral, parafina e produtos de resíduos dessas substâncias causadores de epiteliomas da pele (X49.-; Z57.5) (Quadro XX) 3. Radiações ionizantes (W88.-; Z57.1) (Quadro XXIV) 4. Radiações ultravioletas (W89; Z57.1)

IX - Mesotelioma (C45.-):Mesotelioma da pleura (C45.0), Mesotelioma do peritônio (C45.1) e Mesotelioma do pericárdio (C45.2)	Asbesto ou Amianto (X49.-; Z57.2) (Quadro II)
X - Neoplasia maligna da bexiga (C67.-)	1. Alcatrão, breu, betume, hulha mineral, parafina e produtos de resíduos dessas substâncias (X49.-; Z57.5 (Quadro XX) 2. Aminas aromáticas e seus derivados (Beta-naftilamina, 2-cloroanilina, benzidina, o-toluidina, 4-cloro-or-to-toluidina (X49.-; Z57.5) 3. Emissões de fornos de coque (X49.-; Z57.5)
XI - Leucemias (C91-C95.-)	1. Benzeno (X46.-; Z57.5) (Quadro III) 2. Radiações ionizantes (W88.-; Z57.1) (Quadro XXIV) 3. Óxido de etileno (X49.-; Z57.5) 4. Agentes antineoplásicos (X49.-; Z57.5) 5. Campos eletromagnéticos (W90.-; Z57.5) 6. Agrotóxicos clorados (Clordane e Heptaclor) (X48.-; Z57.4)

DOENÇAS DO SANGUE E DOS ÓRGÃOS HEMATOPOÉTICOS RELACIONADAS COM O TRABALHO (Grupo III da CID-10)

DOENÇAS	AGENTES ETIOLÓGICOS OU FATORES DE RISCO DE NATUREZA OCUPACIONAL
I - Síndromes Mielodisplásicas (D46.-)	1. Benzeno (X46.-; Z57.5) (Quadro III) 2. Radiações ionizantes (W88.-; Z57.1) (Quadro XXIV)
II - Outras anemias devidas a transtornos enzimáticos (D55.8)	Chumbo ou seus compostos tóxicos (X49.-; Z57.5) (Quadro VIII)
III - Anemia Hemolítica adquirida (D59.2)	Derivados nitrados e aminados do Benzeno (X46.-; Z57.5)
IV - Aplástica devida a outros agentes externos (D61.2)	1. Benzeno (X46.-; Z57.5) (Quadro III) 2. Radiações ionizantes (W88.-) (Quadro XXIV)
V - Anemia Aplástica não especificada, Anemia hipoplástica SOE, Hipoplasia medular (D61.9)	1. Benzeno (X46.-; Z57.5) (Quadro III) 2. Radiações ionizantes (W88.-; Z57.1) (Quadro XXIV)
VI - Anemia Sideroblástica secundária a toxinas (Inclui "Anemia Hipocrômica, Microcítica, com Reticulocitose") (D64.2)	Chumbo ou seus compostos tóxicos (X46.-; Z57.5) (Quadro VIII)
VII - Púrpura e outras manifestações hemorrágicas (D69.-)	1. Benzeno (X46.-; Z57.5) (Quadro III) 2. Cloreto de Vinila (X46.-) (Quadro XIII) 3. Radiações ionizantes (W88.-; Z57.1) (Quadro XXIV)
VIII - Agranulocitose (Neutropenia tóxica) (D70)	1. Benzeno (X46.-; Z57.5) (Quadro III) 2. Radiações ionizantes (W88.-; Z57.1) (Quadro XXIV) 3. Derivados do Fenol, Pentaclorofenol, Hidroxibenzonitrilo (X49.-; XZ57.5)
IX - Outros transtornos especificados dos glóbulos brancos: leucocitose, reação leucemóide (D72.8)	1. Benzeno (X46.-; Z57.5) (Quadro III) 2. Radiações ionizantes (W88.-; Z57.1) (Quadro XXIV)
X - Metahemoglobinemia (D74.-)	Aminas aromáticas e seus derivados (X49.-; Z57.5)

DOENÇAS ENDÓCRINAS, NUTRICIONAIS E METABÓLICAS RELACIONADAS COM O TRABALHO (Grupo IV da CID-10)

DOENÇAS	AGENTES ETIOLÓGICOS OU FATORES DE RISCO DE NATUREZA OCUPACIONAL
I - Hipotireoidismo devido a substâncias exógenas (E03.-)	1. Chumbo ou seus compostos tóxicos (X49.-; Z57.5) (Quadro VIII) 2. Hidrocarbonetos halogenados (Clorobenzeno e seus derivados) (X46.-; Z57.5) (Quadro XIII) 3. Tiuracil (X49.-; Z57.5) 4. Tiocinatos (X49.-; Z57.5) 5. Tiuréia (X49.-; Z57.5)
II - Outras Porfirias (E.80.2)	Clorobenzeno e seus derivados (X46.-; Z57.4 e Z57.5) (Quadro XIII)

TRANSTORNOS MENTAIS E DO COMPORTAMENTO RELACIONADOS COM O TRABALHO (Grupo V da CID-10)

DOENÇAS	AGENTES ETIOLÓGICOS OU FATORES DE RISCO DE NATUREZA OCUPACIONAL
I - Demência em outras doenças específicas classificadas em outros locais (F02.8)	1. Manganês X49.-; Z57.5) (Quadro XV) 2. Substâncias asfixiantes: CO, H2S, etc. (seqüela) (X47.-; Z57.5) (Quadro XVII) 3. Sulfeto de Carbono (X49.-; Z57.5) (Quadro XIX)
II - Delirium, não sobreposto a demência, como descrita (F05.0)	1. Brometo de Metila (X46.-; Z57.4 e Z57.5) (Quadro XIII) 2. Sulfeto de Carbono (X49.-; Z57.5) (Quadro XIX)
III - Outros transtornos mentais decorrentes de lesão e disfunção cerebrais e de doença física (F06.-): Transtorno Cognitivo Leve (F06.7)	1. Tolueno e outros solventes aromáticos neurotóxicos (X46.-; Z57.5) (Quadro III) 2. Chumbo ou seus compostos tóxicos (X49.-; Z57.5) (Quadro VIII) 3. Tricloroetileno, Tetracloroetileno, Tricloroetano e outros solventes orgânicos halogenados neurotóxicos (X46.-; Z57.5) (Quadro XIII) 4. Brometo de Metila (X46.-; Z57.4 e Z57.5) (Quadro XIII) 5. Manganês e seus compostos tóxicos (X49.-; Z57.5) (Quadro XV) 6. Mercúrio e seus compostos tóxicos (X49.-; Z57.4 e Z57.5) (Quadro XVI) 7. Sulfeto de Carbono (X49.-; Z57.5) (Quadro XIX) 8. Outros solventes orgânicos neurotóxicos (X46.-; X49.-; Z57.5)
IV - Transtornos de personalidade e de comportamento decorrentes de doença, lesão e de disfunção de personalidade (F07.-): Transtorno Orgânico de Personalidade (F07.0); Outros transtornos de personalidade e de comportamento decorrentes de doença, lesão ou disfunção cerebral (F07.8)	1. Tolueno e outros solventes aromáticos neurotóxicos (X46.-; Z57.5) (Quadro III) 2. Tricloroetileno, Tetracloroetileno, Tricloroetano e outros solventes orgânicos halogenados neurotóxicos (X46.-; Z57.5) (Quadro XIII) 3. Brometo de Metila (X46.-; Z57.4 e Z57.5) (Quadro XIII) 4. Manganês e seus compostos tóxicos (X49.-; Z57.5) (Quadro XV) 5. Mercúrio e seus compostos tóxicos (X49.-; Z57.4 e Z57.5) (Quadro XVI) 6. Sulfeto de Carbono (X49.-; Z57.5) (Quadro XIX) 7. Outros solventes orgânicos neurotóxicos (X46.-; X49.-; Z57.5)
V - Transtorno Mental Orgânico ou Sintomático não especificado (F09.-)	1. Tolueno e outros solventes aromáticos neurotóxicos (X46.-; Z57.5) (Quadro III) 2. Tricloroetileno, Tetracloroetileno, Tricloroetano e outros solventes orgânicos halogenados neurotóxicos (X46.-; Z57.5) (Quadro XIII) 3. Brometo de Metila (X46.-; Z57.5) (Quadro XIII) 4. Manganês e seus compostos tóxicos (X49.-; Z57.5) (Quadro XV) 5. Mercúrio e seus compostos tóxicos (X49.-; Z57.4 e Z57.5) (Quadro XVI) 6. Sulfeto de Carbono (X49.-; Z57.5) (Quadro XIX) 7. Outros solventes orgânicos neurotóxicos (X46.-; X49.-; Z57.5)
VI - Transtornos mentais e comportamentais devidos ao uso do álcool: Alcoolismo Crônico (Relacionado com o Trabalho) (F10.2)	1. Problemas relacionados com o emprego e com o desemprego: Condições difíceis de trabalho (Z56.5) 2. Circunstância relativa às condições de trabalho (Y96)
VII - Episódios Depressivos (F32.-)	1. Tolueno e outros solventes aromáticos neurotóxicos (X46.-; Z57.5) (Quadro III) 2. Tricloroetileno, Tetracloroetileno, Tricloroetano e outros solventes orgânicos halogenados neurotóxicos (X46.-; Z57.5) (Quadro XIII) 3. Brometo de Metila (X46.-; Z57.4 e Z57.5) (Quadro XIII) 4. Manganês e seus compostos tóxicos (X49.-; Z57.5) (Quadro XV) 5. Mercúrio e seus compostos tóxicos (X49.-; Z57.4 e Z57.5) (Quadro XVI) 6. Sulfeto de Carbono (X49.-; Z57.5)(Quadro XIX) 7. Outros solventes orgânicos neurotóxicos (X46.-; X49.-; Z57.5)
VIII - Reações ao "Stress" Grave e Transtornos de Adaptação (F43.-): Estado de "Stress" Pós-Traumático (F43.1)	1. Outras dificuldades físicas e mentais relacionadas com o trabalho : reação após acidente do trabalho grave ou catastrófico, ou após assalto no trabalho (Z56.6) 2. Circunstância relativa às condições de trabalho (Y96)
IX - Neurastenia (Inclui "Síndrome de Fadiga") (F48.0)	1. Tolueno e outros solventes aromáticos neurotóxicos (X46.-; Z57.5) (Quadro III) 2. Tricloroetileno, Tetracloroetileno, Tricloroetano e outros solventes orgânicos halogenados (X46.-; Z57.5) (Quadro XIII) 3. Brometo de Metila (X46.-; Z57.4 e Z57.5) (Quadro XIII) 4. Manganês e seus compostos tóxicos (X49.-; Z57.5) (Quadro XV) 5. Mercúrio e seus compostos tóxicos (X49.-; Z57.4 e Z57.5) (Quadro XVI) 6. Sulfeto de Carbono (X49.-; Z57.5) (Quadro XIX) 7. Outros solventes orgânicos neurotóxicos (X46.-; X49.-; Z57.5)
X - Outros transtornos neuróticos especificados (Inclui "Neurose Profissional") (F48.8)	Problemas relacionados com o emprego e com o desemprego (Z56.-): Desemprego (Z56.0); Mudança de emprego (Z56.1); Ameaça de perda de emprego (Z56.2); Ritmo de trabalho penoso (Z56.3); Desacordo com patrão e colegas de trabalho (Condições difíceis de trabalho) (Z56.5); Outras dificuldades físicas e mentais relacionadas com o trabalho (Z56.6)

XI - Transtorno do Ciclo Vigília-Sono Devido a Fatores Não-Orgânicos (F51.2)	1. Problemas relacionados com o emprego e com o desemprego: Má adaptação à organização do horário de trabalho (Trabalho em Turnos ou Trabalho Noturno) (Z56.6) 2. Circunstância relativa às condições de trabalho (Y96)
XII - Sensação de Estar Acabado ("Síndrome de Burn-Out", "Síndrome do Esgotamento Profissional") (Z73.0)	1. Ritmo de trabalho penoso (Z56.3) 2. Outras dificuldades físicas e mentais relacionadas com o trabalho (Z56.6)

DOENÇAS DO SISTEMA NERVOSO RELACIONADAS COM O TRABALHO (Grupo VI da CID-10)

DOENÇAS	AGENTES ETIOLÓGICOS OU FATORES DE RISCO DE NATUREZA OCUPACIONAL
I - Ataxia Cerebelosa (G11.1)	Mercúrio e seus compostos tóxicos (X49.-; Z57.4 e Z57.5) (Quadro XVI)
II - Parkisonismo Secundário devido a outros agentes externos (G21.2)	Manganês e seus compostos tóxicos (X49.-; Z57.5) (Quadro XV)
III - Outras formas especificadas de tremor (G25.2)	1. Brometo de metila (X46.-; Z57.4 e Z57.5) (Quadro XIII) 2. Tetracloroetano (X46.-; Z57.5) (Quadro XIII) 3. Mercúrio e seus compostos tóxicos (X49.-; Z57.4 e Z57.5) (Quadro XVI) 4. Outros solventes orgânicos neurotóxicos (X46.-; X49.-; Z57.5)
IV - Transtorno extrapiramidal do movimento não especificado (G25.9)	1. Mercúrio e seus compostos tóxicos (X49.-; Z57.4 e Z57.5) (Quadro XVI) 2. Cloreto de metileno (Diclorometano) e outros solventes halogenados neurotóxicos (X46.-; Z57.5) (Quadro XIII)
V - Distúrbios do Ciclo Vigília-Sono (G47.2)	Problemas relacionados com o emprego e com o desemprego: Má adaptação à organização do horário de trabalho (Trabalho em Turnos ou Trabalho Noturno) (Z56.6)
VI - Transtornos do nervo trigêmio (G50.-)	Tricloroetileno e outros solventes halogenados neurotóxicos (X46.-; Z57.5) (Quadro XIII)
VII - Transtornos do nervo olfatório (G52.0) (Inclui "Anosmia")	1. Cádmio ou seus compostos (X49.-; Z57.5) (Quadro VI) 2. Sulfeto de hidrogênio (X49.-; Z57.5) (Quadro XVII)
VIII - Transtornos do plexo braquial (Síndrome da Saída do Tórax, Síndrome do Desfiladeiro Torácico) (G54.0)	Posições forçadas e gestos repetitivos (Z57.8)
IX - Mononeuropatias dos Membros Superiores (G56.-): Síndrome do Túnel do Carpo (G56.0); Outras Lesões do Nervo Mediano: Síndrome do Pronador Redondo (G56.1); Síndrome do Canal de Guyon (G56.2); Lesão do Nervo Cubital (ulnar): Síndrome do Túnel Cubital(G56.2); Lesão do Nervo Radial (G56.3); Outras Mononeuropatias dos Membros Superiores: Compressão do Nervo Supra-escapular (G56.8)	Posições forçadas e gestos repetitivos (Z57.8)
X - Mononeuropatias do membro inferior (G57.-): Lesão do Nervo Poplíteo Lateral (G57.3)	Posições forçadas e gestos repetitivos (Z57.8)
XI - Polineuropatia devida a outros agentes tóxicos (G62.2)	1. Arsênio e seus compostos arsenicais (X49.-; Z57.4 e Z57.5) (Quadro I) 2. Chumbo e seus compostos tóxicos (X49.-; Z57.5) (Quadro VIII) 3. Fósforo (X48.-; X49.-; Z57.4 e Z57.5) (Quadro XII) 4. Sulfeto de Carbono (X49.-; Z57.5)(Quadro XIX) 5. n-Hexano (X46.-; Z57.5) (Quadro XIII) 6. Metil-n-Butil Cetona (MBK) (X46.-; Z57.5)
XII - Polineuropatia induzida pela radiação (G62.8)	Radiações ionizantes (X88.-; Z57.1) (Quadro XXIV)
XIII - Encefalopatia Tóxica Aguda (G92.1)	1. Arsênio e seus compostos arsenicais (X49.-; Z57.4 e Z57.5) (Quadro I) 2. Chumbo e seus compostos tóxicos (X49.-; Z57.5) (Quadro VIII) 3. Hidrocarbonetos alifáticos ou aromáticos (seus derivados halogenados neurotóxicos) (X46.-; Z57.5) (Quadro XIII) 4. Mercúrio e seus derivados tóxicos (X49.-; Z57.4 e Z57.5) (Quadro XVI)
XIV - Encefalopatia Tóxica Crônica (G92.2)	1. Tolueno e Xileno (X46.-; Z57.5) (Quadro III) 2. Chumbo e seus compostos tóxicos (X49.-; Z57.5) (Quadro VIII) 3. Solventes orgânicos halogenados neurotóxicos (X46.-; Z57.5) (Quadro XIII) 4. Mercúrio e seus compostos tóxicos (X49.-; Z57.5) (Quadro XVI) 5. Substâncias asfixiantes: CO, H2S, etc. (seqüela) (X47.-; Z57.5) (Quadro XVII) 6. Sulfeto de Carbono (X49.-; Z57.5) (Quadro XIX)

DOENÇAS DO OLHO E ANEXOS RELACIONADAS COM O TRABALHO (Grupo VII da CID-10)

DOENÇAS	AGENTES ETIOLÓGICOS OU FATORES DE RISCO DE NATUREZA OCUPACIONAL
I - Blefarite (H01.0)	1. Arsênio e seus compostos arsenicais (X49.-; Z57.4 e Z57.5) (Quadro I) 2. Radiações Ionizantes (W88.-; Z57.1) (Quadro XXIV) 3. Cimento (X49.-; Z57.2)
II - Conjuntivite (H10)	1. Arsênio e seus compostos arsenicais (X49.-; Z57.4 e Z57.5) (Quadro I) 2. Berílio e seus compostos tóxicos (X49.-; Z57.5) (Quadro IV) 3. Flúor e seus compostos tóxicos (X49.-) (Quadro XI) 4. Iodo (X49.-; Z57.5) (Quadro XIV) 5. Cloreto de etila (X46.-; Z57.5) (Quadro XIII) 6. Tetracloreto de carbono (X46.-; Z57.5) (Quadro XIII) 7. Outros solventes halogenados tóxicos (X46.-; Z57.4 e Z57.5) (Quadro XIII) 8. Ácido sulfídrico (Sulfeto de hidrogênio) (X49.-; Z57.5) (Quadro XVII) 9. Radiações ionizantes (W88.-; Z57.1) (Quadro XXIV) 10. Radiações Ultravioletas (W89; Z57.1 11. Acrilatos (X49.-; Z57.5) 12. Cimento (X49.-; Z57.2) 13. Enzimas de origem animal, vegetal ou bacteriana (X44.-; Z57.2) 14. Furfural e Álcool Furfurílico (X45.-; Z57.5) 15. Isocianatos orgânicos (X49.-; Z57.5) 16. Selênio e seus compostos (X49.-; Z57.5)
III - Queratite e Queratoconjuntivite (H16)	1. Arsênio e seus compostos arsenicais (X49.-; Z57.4 e Z57.5) (Quadro I) 2. Ácido sulfídrico (Sulfeto de hidrogênio) (X49.-; Z57.5) (Quadro XVII) 3. Radiações ionizantes (W88.-; Z57.1) (Quadro XXIV) 4. Radiações Infravermelhas (W90.-; Z57.1) 5. Radiações Ultravioletas (W89.-; Z57.1)
IV - Catarata (H28)	1. Radiações ionizantes (W88.-; Z57.1) (Quadro XXIV) 2. Radiações Infravermelhas (W90.-; Z57.1)
V - Inflamação Coriorretiniana (H30)	Manganês e seus compostos tóxicos (X49.-; Z57.5) (Quadro XV)
VI - Neurite Óptica (H46)	1. Brometo de metila (X46.-; Z57.4 e Z57.5) (Quadro XIII) 2. Cloreto de metileno (Diclorometano) e outros solventes clorados neurotóxicos (X46.-; Z57.5) (Quadro XIII) 3. Tetracloreto de carbono (X46.-; Z57.5) (Quadro XIII) 4. Sulfeto de Carbono (X49.-; Z57.5) (Quadro XIX) 5. Metanol (X45.-; Z57.5)
VII - Distúrbios visuais subjetivos (H53.-)	1. Brometo de metila (X46.-; Z57.4 e Z57.5) (Quadro XIII) 2. Cloreto de metileno e outros solventes clorados neurotóxicos (X46.-; Z57.5) (Quadro XIII)

DOENÇAS DO OUVIDO RELACIONADAS COM O TRABALHO (Grupo VIII da CID-10)

DOENÇAS	AGENTES ETIOLÓGICOS OU FATORES DE RISCO DE NATUREZA OCUPACIONAL
I - Otite Média não-supurativa (H65.9)	1. "Ar Comprimido" (W94.-; Z57.8) (Quadro XXIII) 2. Pressão atmosférica inferior à pressão padrão (W94.-; Z57.8)
II - Perfuração da Membrana do Tímpano (H72 ou S09.2)	1. "Ar Comprimido" (W94.-; Z57.8) (Quadro XXIII) 2. Pressão atmosférica inferior à pressão padrão (W94.-; Z57.8)
III - Outras vertigens periféricas (H81.3)	Cloreto de metileno e outros solventes halogenados tóxicos (X46.-; Z57.5) (Quadro XIII)
IV - Labirintite (H83.0)	1. Brometo de metila (X46.-; Z57.4 e Z57.5) (Quadro XIII) 2. "Ar Comprimido" (W94.-; Z57.8) (Quadro XXIII)
V - Efeitos do ruído sobre o ouvido interno/ Perda da Audição Provocada pelo Ruído e Trauma Acústico (H83.3)	Exposição ocupacional ao Ruído (Z57.0; W42.-) (Quadro XXI)
VI - Hipoacusia Ototóxica (H91.0)	1. Homólogos do Benzeno otoneurotóxicos (Tolueno e Xileno) (X46.-; Z57.5) (Quadro III) 2. Solventes orgânicos otoneurotóxicos (X46.-; Z57.8) (Quadro XIII)
VII - Otalgia e Secreção Auditiva (H92.-): Otalgia (H92.0), Otorréia (H92.1) ou Otorragia (H92.2)	"Ar Comprimido" (W94.-; Z57.8) (Quadro XXIII)
VIII - Outras percepções auditivas anormais: Alteração Temporária do Limiar Auditivo, Comprometimento da Discriminação Auditiva e Hiperacusia (H93.2)	Exposição ocupacional ao Ruído (Z57.0; X42.-) (Quadro XXI)

IX - Outros transtornos especificados do ouvido (H93.8)	1. Brometo de metila (X46.-; Z57.4 e Z57.5) (Quadro XIII) 2. "Ar Comprimido" (W94.-; Z57.8) (Quadro XXIII)
X - Otite Barotraumática (T70.0)	1. "Ar Comprimido" (W94.-; Z57.8) (Quadro XXIII) 2. Alterações na pressão atmosférica ou na pressão da água no ambiente (W94.-; Z57.8)
XI - Sinusite Barotraumática (T70.1)	1. "Ar Comprimido" (W94.-; Z57.8) (Quadro XXIII) 2. Alterações na pressão atmosférica ou na pressão da água no ambiente (W94.-)
XII - "Mal dos Caixões" (Doença de Descompressão) (T70.4)	1. "Ar Comprimido" (W94.-; Z57.8)(Quadro XXIII) 2. Alterações na pressão atmosférica ou na pressão da água no ambiente (W94.-; Z57.8)
XIII - Síndrome devida ao deslocamento de ar de uma explosão (T70.8)	1. "Ar Comprimido" (W94.-; Z57.8) (Quadro XXIII) 2. Alterações na pressão atmosférica ou na pressão da água no ambiente (W94.-; Z57.8)

DOENÇAS DO SISTEMA CIRCULATÓRIO RELACIONADAS COM O TRABALHO (Grupo IX da CID-10)

DOENÇAS	AGENTES ETIOLÓGICOS OU FATORES DE RISCO DE NATUREZA OCUPACIONAL
I - Hipertensão Arterial (I10.-)	1. Chumbo ou seus compostos tóxicos (X49.-; Z57.5) (Quadro VIII) 2. Exposição ocupacional ao Ruído (Z57.0; X42.-) (Quadro XXI) 3. Problemas relacionados com o emprego e com o desemprego (Z56.-)
II - Angina Pectoris (I20.-)	1. Monóxido de Carbono (X47.-; Z57.5) (Quadro XVII) 2. Sulfeto de Carbono (X49.-; Z57.5) (Quadro XIX) 3. Nitroglicerina e outros ésteres do ácido nítrico (X49.-; Z57.5) 4. Problemas relacionados com o emprego e com o desemprego (Z56.-)
III - Infarto Agudo do Miocárdio (I21.-)	1. Monóxido de Carbono (X47.-; Z57.5) (Quadro XVII) 2. Sulfeto de Carbono (X49.-; Z57.5) (Quadro XIX) 3. Nitroglicerina e outros ésteres do ácido nítrico (X49.-; Z57.5) 4. Problemas relacionados com o emprego e com o desemprego (Z56.-)
IV - Cor Pulmonale SOE ou Doença Cardio-Pulmonar Crônica (I27.9)	Complicação evolutiva das pneumoconioses graves, principalmente Silicose (Z57.2) (Quadro XVIII)
V - Placas epicárdicas ou pericárdicas (I34.8)	Asbesto ou Amianto (W83.-; Z57.2) (Quadro II)
VI - Parada Cardíaca (I46.-)	1. Derivados halogenados dos hidrocarbonetos alifáticos (X46.-) (Quadro XIII) 2. Monóxido de Carbono (X47.-; Z57.5) (Quadro XVII) 3. Outros agentes potencialmente causadores de arritmia cardíaca (Z57.5)
VII - Arritmias cardíacas (I49.-)	1. Arsênio e seus compostos arsenicais (X49.-; Z57.5) (Quadro I) 2. Chumbo ou seus compostos tóxicos (X49.-; Z57.5) (Quadro VIII) 3. Derivados halogenados dos hidrocarbonetos alifáticos (X46.-; Z57.5) (Quadro XIII) 4. Mercúrio e seus compostos tóxicos (X49.-; Z57.5) (Quadro XVI) 5. Monóxido de Carbono (X47.-; Z57.5) (Quadro XVII) 6. Agrotóxicos organofosforados e carbamatos (X48; Z57.4) (Quadros XII e XXVII) 7. Exposição ocupacional a Cobalto (X49.-; Z57.5) 8. Nitroglicerina e outros ésteres do ácido nítrico (X49.-; Z57.5) 9. Problemas relacionados com o emprego e com o desemprego (Z56.-)
VIII - Ateroesclerose (I70.-) e Doença Ateroesclerótica do Coração (I25.1)	Sulfeto de carbono (X49.-; Z57.5) (Quadro XIX)
IX - Síndrome de Raynaud (I73.0)	1. Cloreto de vinila (X46.-; Z57.5) (Quadro XIII) 2. Vibrações localizadas (W43.-; Z57.7) (Quadro XXII) 3. Trabalho em baixas temperaturas (frio) (W93.-; Z57.6)
X - Acrocianose e Acroparestesia (I73.8)	1. Cloreto de vinila (X46.-; Z57.5) (Quadro XIII) 2. Vibrações localizadas (W43.-; Z57.7) (Quadro XXII) 3. Trabalho em baixas temperaturas (frio) (W93.-; Z57.6)

DOENÇAS DO SISTEMA RESPIRATÓRIO RELACIONADAS COM O TRABALHO (Grupo X da CID-10)

DOENÇAS	AGENTES ETIOLÓGICOS OU FATORES DE RISCO DE NATUREZA OCUPACIONAL
I - Faringite Aguda, não especificada ("Angina Aguda", "Dor de Garganta") (J02.9)	1. Bromo (X49.-; Z57.5) (Quadro V) 2. Iodo (X49.-; Z57.5) (Quadro XIV)
II - Laringotraqueíte Aguda (J04.2)	1. Bromo (X49.-; Z57.5) (Quadro V) 2. Iodo (X49.-; Z57.5) (Quadro XIV)
III - Outras Rinites Alérgicas (J30.3)	1. Carbonetos metálicos de tungstênio sinterizados (X49.-; Z57.2 e Z57.5) (Quadro VII) 2. Cromo e seus compostos tóxicos (X49.-; Z57.5) (Quadro X) 3. Poeiras de algodão, linho, cânhamo ou sisal (Z57.2) (Quadro XXVI) 4. Acrilatos (X49.-; Z57.5) 5. Aldeído fórmico e seus polímeros (X49.-; Z57.5) 6. Aminas aromáticas e seus derivados (X49.-; Z57.5) 7. Anidrido ftálico (X49.-; Z57.5) 8. Azodicarbonamida (X49.-; Z57.5) 9. Carbetos de metais duros: cobalto e titânio (Z57.2) 10. Enzimas de origem animal, vegetal ou bacteriano (X44.-; Z57.3) 11. Furfural e Álcool Furfurílico (X45.-; Z57.5) 12. Isocianatos orgânicos (X49.-; Z57.5) 13. Níquel e seus compostos (X49.-; Z57.5) 14. Pentóxido de vanádio (X49.-; Z57.5) 15. Produtos da pirólise de plásticos, cloreto de vinila, teflon (X49.-; Z57.5) 16. Sulfitos, bissulfitos e persulfatos (X49.-; Z57.5) 17. Medicamentos: macrólidos; ranetidina ; penicilina e seus sais; cefalosporinas (X44.-; Z57.3) 18. Proteínas animais em aerossóis (Z57.3) 19. Outras substâncias de origem vegetal (cereais, farinhas, serragem, etc.) (Z57.2) 20. Outras susbtâncias químicas sensibilizantes da pele e das vias respiratórias (X49.-; Z57.2) (Quadro XXVII)
IV - Rinite Crônica (J31.0)	1. Arsênico e seus compostos arsenicais (X49.-; Z57.4 e Z57.5) (Quadro I) 2. Cloro gasoso (X47.-; Z57.5) (Quadro IX) 3. Cromo e seus compostos tóxicos (X49.-) (Quadro X) 4. Gás de flúor e Fluoreto de Hidrogênio (X47.-; Z57.5) (Quadro XI) 5. Amônia (X47.-; Z57.5) 6. Anidrido sulfuroso (X49.-; Z57.5) 7. Cimento (Z57.2) 8. Fenol e homólogos (X46.-; Z57.5) 9. Névoas de ácidos minerais (X47.-; Z57.5) 10. Níquel e seus compostos (X49.-; Z57.5) 11. Selênio e seus compostos (X49.-; Z57.5)
V - Faringite Crônica (J31.2)	Bromo (X49.-; Z57.5) (Quadro V)
VI - Sinusite Crônica (J32.-)	1. Bromo (X49.-; Z57.5) (Quadro V) 2. Iodo (X49.-; Z57.5) (Quadro XIV)
VII - Ulceração ou Necrose do Septo Nasal (J34.0)	1. Arsênio e seus compostos arsenicais (X49.-; Z57.4 e Z57.5) (Quadro I) 2. Cádmio ou seus compostos (X49.-; Z57.5) (Quadro VI) 3. Cromo e seus compostos tóxicos (X49.-; Z57.5) (Quadro X) 4. Soluções e aeoressóis de Ácido Cianídrico e seus derivados (X47.-; Z57.5) (Quadro XVII)
VIII - Perfuração do Septo Nasal (J34.8)	1. Arsênio e seus compostos arsenicais (X49.-; Z57.4 e Z57.5) (Quadro I) 2. Cromo e seus compostos tóxicos (X49.-; Z57.5) (Quadro X)
IX - Laringotraqueíte Crônica (J37.1)	Bromo (X49.-; Z57.5) (Quadro V)
X - Outras Doenças Pulmonares Obstrutivas Crônicas (Inclui: "Asma Obstrutiva", "Bronquite Crônica", "Bronquite Asmática", "Bronquite Obstrutiva Crônica") (J44.-)	1. Cloro gasoso (X47.-; Z57.5) (Quadro IX) 2. Exposição ocupacional à poeira de sílica livre (Z57.2-) (Quadro XVIII) 3. Exposição ocupacional a poeiras de algodão, linho, cânhamo ou sisal (Z57.2) (Quadro XXVI) 4. Amônia (X49.-; Z57.5) 5. Anidrido sulfuroso (X49.-; Z57.5) 6. Névoas e aerossóis de ácidos minerais (X47.-; Z57.5) 7. Exposição ocupacional a poeiras de carvão mineral (Z57.2)

ANOTAÇÕES

XI - Asma (J45.-)	Mesma lista das substâncias sensibilizantes produtoras de Rinite Alérgica (X49.-; Z57.2, Z57.4 e Z57.5)
XII - Pneumoconiose dos Trabalhadores do Carvão (J60.-)	1. Exposição ocupacional a poeiras de carvão mineral (Z57.2) 2. Exposição ocupacional a poeiras de sílica-livre (Z57.2) (Quadro XVIII)
XIII - Pneumoconiose devida ao Asbesto (Asbestose) e a outras fibras minerais (J61.-)	Exposição ocupacional a poeiras de asbesto ou amianto (Z57.2) (Quadro II)
XIV - Pneumoconiose devida à poeira de Sílica (Silicose) (J62.8)	Exposição ocupacional a poeiras de sílica-livre (Z57.2) (Quadro XVIII)
XV - Beriliose (J63.2)	Exposição ocupacional a poeiras de berílio e seus compostos tóxicos (Z57.2) (Quadro IV)
XVI - Siderose (J63.4)	Exposição ocupacional a poeiras de ferro (Z57.2)
XVII - Estanhose (J63.5)	Exposição ocupacional a poeiras de estanho (Z57.2)
XVIII - Pneumoconiose devida a outras poeiras inorgânicas especificadas (J63.8)	1. Exposição ocupacional a poeiras de carboneto de tungstênio (Z57.2) (Quadro VII) 2. Exposição ocupacional a poeiras de carbetos de metais duros (Cobalto, Titânio, etc.) (Z57.2) 3. Exposição ocupacional a rocha fosfática (Z57.2) 4. Exposição ocupacional a poeiras de alumina (Al2O3) ("Doença de Shaver") (Z57.2)
XIX - Pneumoconiose associada com Tuberculose ("Sílico--Tuberculose") (J65.-)	Exposição ocupacional a poeiras de sílica-livre (Z57.2) (Quadro XVIII)
XX - Doenças das vias aéreas devidas a poeiras orgânicas (J66.-): Bissinose (J66.0), devidas a outras poeiras orgânicas especificadas (J66.8)	Exposição ocupacional a poeiras de algodão, linho, cânhamo, sisal (Z57.2) (Quadro XXVI)
XXI - Pneumonite por Hipersensibilidade a Poeira Orgânica (J67.-): Pulmão do Granjeiro (ou Pulmão do Fazendeiro) (J67.0); Bagaçose (J67.1); Pulmão dos Criadores de Pássaros (J67.2);Suberose (J67.3);Pulmão dos Trabalhadores de Malte (J67.4); Pulmão dos que Trabalham com Cogumelos (J67.5); Doença Pulmonar Devida a Sistemas de Ar Condicionado e de Umidificação do Ar (J67.7); Pneumonites de Hipersensibilidade Devidas a Outras Poeiras Orgânicas (J67.8); Pneumonite de Hipersensibilidade Devida a Poeira Orgânica não especificada (Alveolite Alérgica Extrínseca SOE; Pneumonite de Hipersensibilidade SOE (J67.0)	1. Exposição ocupacional a poeiras contendo microorganismos e parasitas infecciosos vivos e seus produtos tóxicos (Z57.2) (Quadro XXV) 2. Exposição ocupacional a outras poeiras orgânicas (Z57.2)
XXII - Bronquite e Pneumonite devida a produtos químicos, gases, fumaças e vapores ("Bronquite Química Aguda") (J68.0)	1. Berílio e seus compostos tóxicos (X49.-; Z57.5) (Quadro IV) 2. Bromo (X49.-; Z57.5) (Quadro V) 3. Cádmio ou seus compostos (X49.-; Z57.5) (Quadro VI) 4. Gás Cloro (X47.-; Z57.5) (Quadro IX) 5. Flúor ou seus compostos tóxicos (X47.-; Z57.5) (Quadro XI) 6. Solventes halogenados irritantes respiratórios (X46.-; Z57.5) (Quadro XIII) 7. Iodo (X49.-; Z57.5) (Quadro XIV) 8. Manganês e seus compostos tóxicos (X49.-; Z57.5) (Quadro XV) 9. Cianeto de hidrogênio (X47.-; Z57.5) (Quadro XVII)
XXIII - Edema Pulmonar Agudo devido a produtos químicos, gases, fumaças e vapores (Edema Pulmonar Químico) (J68.1)	1. Berílio e seus compostos tóxicos (X49.-; Z57.5) (Quadro IV) 2. Bromo (X49.-; Z57.5) (Quadro V) 3. Cádmio ou seus compostos (X49.-; Z57.5) (Quadro VI) 4. Gás Cloro (X47.-; Z57.5) (Quadro IX) 5. Flúor e seus compostos (X47.-; Z57.5) (Quadro XI) 6. Solventes halogenados irritantes respiratórios (X46.-; Z57.5) (Quadro XIII) 7. Iodo (X49.-; Z57.5) (Quadro XIV) 8. Cianeto de hidrogênio (X47.-; Z57.5) (Quadro XVII)
XXIV - Síndrome de Disfunção Reativa das Vias Aéreas (SDVA/RADS) (J68.3)	1. Bromo (X49.-; Z57.5) (Quadro V) 2. Cádmio ou seus compostos (X49.-; Z57.5) (Quadro VI) 3. Gás Cloro (X47.-; Z57.5) (Quadro IX) 4. Solventes halogenados irritantes respiratórios (X46.-; Z57.5) (Quadro XIII) 5. Iodo (X49.-; Z57.5) (Quadro XIV) 6. Cianeto de hidrogênio (X47.-; Z57.5) (Quadro XVII) 7. Amônia (X49.-; Z57.5)

XXV - Afecções respiratórias crônicas devidas à inalação de gases, fumos, vapores e substâncias químicas: Bronquiolite Obliterante Crônica, Enfisema Crônico Difuso, Fibrose Pulmonar Crônica (J68.4)	1. Arsênico e seus compostos arsenicais (X49.-; Z57.4 e Z57.5) (Quadro I) 2. Berílio e seus compostos (X49.-; Z57.5) (Quadro IV) 3. Bromo (X49.-; Z57.5) (Quadro V) 4. Cádmio ou seus compostos (X49.-; Z57.5) (Quadro VI) 5. Gás Cloro (X47.-; Z57.5) (Quadro IX) 6. Flúor e seus compostos (X47.-; Z57.5) (Quadro XI) 7. Solventes halogenados irritantes respiratórios (X46.-; Z57.5) (Quadro XIII) 8. Iodo (X49.-; Z57.5) (Quadro XIV) 9. Manganês e seus compostos tóxicos (X49.-; Z57.5) (Quadro XV) 10. Cianeto de hidrogênio (X47.-; Z57.5) (Quadro XVII) 11. Ácido Sulfídrico (Sulfeto de hidrogênio) (X47.-; Z57.5) (Quadro XVII) 12. Carbetos de metais duros (X49.-; Z57.5) 13. Amônia (X49.-; Z57.5) 14. Anidrido sulfuroso (X49.-; Z57.5) 15. Névoas e aerosóis de ácidos minerais (X47.-; Z57.5) 16. Acrilatos (X49.-; Z57.5) 17. Selênio e seus compostos (X49.-; Z57.5)
XXVI - Pneumonite por Radiação (manifestação aguda) (J70.0) e Fibrose Pulmonar Conseqüente a Radiação (manifestação crônica) (J70.1)	Radiações ionizantes (W88.-; Z57.1) (Quadro XXIV)
XXVII - Derrame pleural (J90.-)	Exposição ocupacional a poeiras de Asbesto ou Amianto (Z57.2) (Quadro II)
XXVIII - Placas pleurais (J92.-)	Exposição ocupacional a poeiras de Asbesto ou Amianto (Z57.2) (Quadro II)
XXIX - Enfisema intersticial (J98.2)	Cádmio ou seus compostos (X49.-; Z57.5) (Quadro VI)
XXX - Transtornos respiratórios em outras doenças sistêmicas do tecido conjuntivo classificadas em outra parte (M05.3): "Síndrome de Caplan" (J99.1)	1. Exposição ocupacional a poeiras de Carvão Mineral (Z57.2) 2. Exposição ocupacional a poeiras de Sílica livre (Z57.2) (Quadro XVIII)

DOENÇAS DO SISTEMA DIGESTIVO RELACIONADAS COM O TRABALHO (Grupo XI da CID-10)

DOENÇAS	AGENTES ETIOLÓGICOS OU FATORES DE RISCO DE NATUREZA OCUPACIONAL
I - Erosão Dentária (K03.2)	1. Névoas de fluoretos ou seus compostos tóxicos (X47.-; Z57.5) (Quadro XI) 2. Exposição ocupacional a outras névoas ácidas (X47.-; Z57.5)
II - Alterações pós-eruptivas da cor dos tecidos duros dos dentes (K03.7)	1. Névoas de Cádmio ou seus compostos (X47.-; Z57.5) (Quadro VI) 2. Exposição ocupacional a metais: Cobre, Níquel, Prata (X47.-; Z57.5)
III - Gengivite Crônica (K05.1)	Mercúrio e seus compostos tóxicos (X49.-; Z57.5) (Quadro XVI)
IV - Estomatite Ulcerativa Crônica (K12.1)	1. Arsênio e seus compostos arsenicais (X49.-; Z57.5) (Quadro I) 2. Bromo (X49.-; Z57.5) (Quadro XII) 3. Mercúrio e seus compostos tóxicos (X49.-; Z57.5) (Quadro XVI)
V - Gastroenterite e Colite tóxicas (K52.-)	1. Arsênio e seus compostos arsenicais (X49.-; Z57.5) (Quadro I) 2. Cádmio ou seus compostos (X49.-; Z57.5) (Quadro VI) 3. Radiações ionizantes (W88.-; Z57.1) (Quadro XXIV)
VI - Outros transtornos funcionais do intestino ("Síndrome dolorosa abdominal paroxística apirética, com estado suboclusivo ("cólica do chumbo") (K59.8)	Chumbo ou seus compostos tóxicos (X49.-; Z57.5) (Quadro VIII)
VII - Doença Tóxica do Fígado (K71.-): Doença Tóxica do Fígado, com Necrose Hepática (K71.1); Doença Tóxica do Fígado, com Hepatite Aguda (K71.2); Doença Tóxica do Fígado com Hepatite Crônica Persistente (K71.3); Doença Tóxica do Fígado com Outros Transtornos Hepáticos (K71.8)	1. Cloreto de Vinila, Clorobenzeno, Tetracloreto de Carbono, Clorofórmio, e outros solventes halogenados hepatotóxicos (X46.- e X48.-; Z57.4 e Z57.5) (Quadro XIII) 2. Hexaclorobenzeno (HCB) (X48.-; Z57.4 e Z57.5) 3. Bifenilas policloradas (PCBs) (X49.-; Z57.4 e Z57.5) 4. Tetraclorodibenzodioxina (TCDD) (X49.-)
VIII - Hipertensão Portal (K76.6)	1. Arsênio e seus compostos arsenicais (X49.-; Z57.4 e Z57.5) (Quadro I) 2. Cloreto de Vinila (X46.-; Z57.5) (Quadro XIII) 3. Tório (X49.-; Z57.5)

Direito Previdenciário

DOENÇAS DA PELE E DO TECIDO SUBCUTÂNEO RELACIONADAS COM O TRABALHO (Grupo XII da CID-10)

DOENÇAS	AGENTES ETIOLÓGICOS OU FATORES DE RISCO DE NATUREZA OCUPACIONAL
I - Outras Infecções Locais da Pele e do Tecido Subcutâneo: "Dermatoses Pápulo-Pustulosas e suas complicações infecciosas" (L08.9)	1. Cromo e seus compostos tóxicos (Z57.5) (Quadro X) 2. Hidrocarbonetos alifáticos ou aromáticos (seus derivados tóxicos) (Z57.5) (Quadro XIII) 3. Microorganismos e parasitas infecciosos vivos e seus produtos tóxicos (Z57.5) (Quadro XXV) 4. Outros agentes químicos ou biológicos que afetem a pele, não considerados em outras rubricas (Z57.5) (Quadro XXVII)
II - Dermatite Alérgica de Contato devida a Metais (L23.0)	1. Cromo e seus compostos tóxicos (Z57.5) (Quadro X) 2. Mercúrio e seus compostos tóxicos (Z57.5) (Quadro XVI)
III - Dermatite Alérgica de Contato devida a Adesivos (L23.1)	Adesivos, em exposição ocupacional (Z57.5) (Quadro XXVII)
IV - Dermatite Alérgica de Contato devida a Cosméticos (fabricação/manipulação) (L23.2)	Fabricação/manipulação de Cosméticos (Z57.5) (Quadro XXVII)
V - Dermatite Alérgica de Contato devida a Drogas em contato com a pele (L23.3)	Drogas, em exposição ocupacional (Z57.5) (Quadro XXVII)
VI - Dermatite Alérgica de Contato devida a Corantes (L23.4)	Corantes, em exposição ocupacional (Z57.5) (Quadro XXVII)
VII - Dermatite Alérgica de Contato devida a outros produtos químicos (L23.5)	1. Cromo e seus compostos tóxicos (Z57.5) (Quadro X) 2. Fósforo ou seus produtos tóxicos (Z57.5) (Quadro XII) 3. Iodo (Z57.5) (Quadro XIV) 4. Alcatrão, Breu, Betume, Hulha Mineral, Parafina ou resíduos dessas substâncias (Z57.8) (Quadro XX) 5. Borracha (Z57.8) (Quadro XXVII) 6. Inseticidas (Z57.5) (Quadro XXVII) 7. Plásticos (Z57.8) (Quadro XXVII)
VIII - Dermatite Alérgica de Contato devida a Alimentos em contato com a pele (fabricação/ manipulação) (L23.6)	Fabricação/manipulação de Alimentos (Z57.5) (Quadro XXVII)
IX - Dermatite Alérgica de Contato devida a Plantas (Não inclui plantas usadas como alimentos) (L23.7)	Manipulação de Plantas, em exposição ocupacional (Z57.8) (Quadro XXVII)
X - Dermatite Alérgica de Contato devida a outros agentes (Causa Externa especificada) (L23.8)	Agentes químicos, não especificados anteriormente, em exposição ocupacional (Z57.5) (Quadro XXVII)
XI - Dermatite de Contato por Irritantes devida a Detergentes (L24.0)	Detergentes, em exposição ocupacional (Z57.5) (Quadro XXVII)
XII - Dermatite de Contato por Irritantes devida a Óleos e Gorduras (L24.1)	Óleos e Gorduras, em exposição ocupacional (Z57.5) (Quadro XXVII)
XIII - Dermatite de Contato por Irritantes devida a Solventes: Cetonas, Ciclohexano, Compostos do Cloro, Ésteres, Glicol, Hidrocarbonetos (L24.2)	1. Benzeno (X46.-; Z57.5) (Quadro III) 2. Hidrocarbonetos aromáticos ou alifáticos ou seus derivados halogenados tóxicos (Z57.5) (Quadro XIII)
XIV - Dermatite de Contato por Irritantes devida a Cosméticos (L24.3)	Cosméticos, em exposição ocupacional (Z57.5) (Quadro XXVII)
XV - Dermatite de Contato por Irritantes devida a Drogas em contato com a pele (L24.4)	Drogas, em exposição ocupacional (Z57.5) (Quadro XXVII)
XVI - Dermatite de Contato por Irritantes devida a outros produtos químicos: Arsênio, Berílio, Bromo, Cromo, Cimento, Flúor, Fósforo, Inseticidas (L24.5)	1. Arsênio e seus compostos arsenicais (Z57.5) (Quadro I) 2. Berílio e seus compostos tóxicos (Z57.5) (Quadro IV) 3. Bromo (Z57.5) (Quadro V) 4. Cromo e seus compostos tóxicos (Z57.5) (Quadro X) 5. Flúor ou seus compostos tóxicos (Z57.5) (Quadro XI) 6. Fósforo (Z57.5) (Quadro XII)
XVII - Dermatite de Contato por Irritantes devida a Alimentos em contato com a pele (L24.6)	Alimentos, em exposição ocupacional (Z57.8) (Quadro XXVII)
XVIII - Dermatite de Contato por Irritantes devida a Plantas, exceto alimentos (L24.7)	Plantas, em exposição ocupacional (Z57.8) (Quadro XXVII)
XIX - Dermatite de Contato por Irritantes devida a outros agentes: Corantes (L24.8)	Agentes químicos, não especificados anteriormente, em exposição ocupacional (Z57.5) (Quadro XXVII)
XX - Urticária Alérgica (L50.0)	Agrotóxicos e outros produtos químicos (X48.-; Z57.4 e Z57.5) (Quadro XXVII)
XXI - Urticária devida ao Calor e ao Frio (L50.2)	Exposição ocupacional a calor e frio (W92,-; W93.-; Z57.6) (Quadro XXVII)

XXII - Urticária de Contato (L50.6)	Exposição ocupacional a agentes químicos, físicos e biológicos que afetam a pele (X49.-; Z57.4 e Z57.5) (Quadro XXVII)
XXIII - Queimadura Solar (L55)	Exposição ocupacional a radiações actínicas (X32.-; Z57.1) (Quadro XXVII)
XXIV - Outras Alterações Agudas da Pele devidas a Radiação Ultravioleta (L56.-): Dermatite por Fotocontato (Dermatite de Berloque) (L56.2); Urticária Solar (L56.3); Outras Alterações Agudas Especificadas da Pele devidas a Radiação Ultravioleta (L56.8); Outras Alterações Agudas da Pele devidas a Radiação Ultravioleta, sem outra especificação (L56.9);	Radiação Ultravioleta (W89.-; Z57.1) (Quadro XXVII)
XXV - Alterações da Pele devidas a Exposição Crônica a Radiação Não Ionizante (L57.-): Ceratose Actínica (L57.0); Outras Alterações: Dermatite Solar, "Pele de Fazendeiro", "Pele de Marinheiro" (L57.8)	Radiações não-ionizantes (W89.-; X32.-; Z57.1) (Quadro XXVII)
XXVI - Radiodermatite (L58.-): Radiodermatite Aguda (L58.0); Radiodermatite Crônica (L58.1); Radiodermatite, não especificada (L58.9); Afecções da pele e do tecido conjuntivo relacionadas com a radiação, não especificadas (L59.9)	Radiações ionizantes (W88.-; Z57.1) (Quadro XXIV)
XXVII - Outras formas de Acne: "Cloracne" (L70.8)	1. Derivados halogenados dos hidrocarbonetos aromáticos, Monoclorobenzeno, Monobromobenzeno, Hexaclorobenzeno (X46.; Z57.5) (Quadro XIII) 2. Derivados do fenol, pentaclorofenol e do hidrobenzonitrilo (X49.-; Z57.4 e Z57.5) (Quadro XXVII) 3. Policloretos de Bifenila (PCBs) (X49.-; Z57.4 e Z57.5) (Quadro XXVII)
XXVIII - Outras formas de Cistos Foliculares da Pele e do Tecido Subcutâneo: "Elaioconiose" ou "Dermatite Folicular" (L72.8)	Óleos e gorduras de origem mineral ou sintéticos (X49.-; Z57.5) (Quadro XXVII)
XXIX - Outras formas de hiperpigmentação pela melanina: "Melanodermia" (L81.4)	1. Arsênio e seus compostos arsenicais (X49.-; Z57.4 e Z57.5) (Quadro I) 2. Clorobenzeno e Diclorobenzeno (X46.-; Z57.4 e Z57.5) (Quadro XIII) 3. Alcatrão, Breu, Betume, Hulha Mineral, Parafina, Creosoto, Piche, Coaltar ou resíduos dessas substâncias (Z57.8) (Quadro XX) 4. Antraceno e Dibenzoantraceno (Z57.5) (Quadro XX) 5. Bismuto (X44.-; Z57.5) (Quadro XXVII) 6. Citostáticos (X44.-; Z57.5) (Quadro XXVII) 7. Compostos nitrogenados: Ácido nítrico, Dinitrofenol (X49.-; Z57.5) (Quadro XXVII) 8. Naftóis adicionados a corantes (X49,-; Z57.5) (Quadro XXVII) 9. Óleos de corte (Z57.5) (Quadro XXVII) 10. Parafenilenodiamina e seus derivados (X49.-; Z57.5) (Quadro XXVII) 11. Poeira de determinadas madeiras (Z57.3) (Quadro XXVII) 12. Quinino e seus derivados (Z57.5) (Quadro XXVII) 13. Sais de ouro (X44.-; Z57.5) (Quadro XXVII) 14. Sais de prata (Seqüelas de Dermatite Crônica de Contato) (X44.-; Z57.5) (Quadro XXVII)
XXX - Leucodermia, não classificada em outra parte (Inclui "Vitiligo Ocupacional") (L81.5)	1. Arsênio e seus compostos (X49.-; Z57.4 e Z57.5) (Quadro I) 2. Hidroquinona e ésteres derivados (X49.-; Z57.5) (Quadro XXVII) 3. Monometil éter de hidroquinona (MBEH) (X49.-; Z57.5) (Quadro XXVII) 4. para-Aminofenol (X49.-; Z57.5) (Quadro XXVII) 5. para-Butilfenol (X49.-; Z57.5) (Quadro XXVII) 6. para-Cresol (X49.-; Z57.5) (Quadro XXVII) 7. Catecol e Pirocatecol (X49.-; Z57.5) (Quadro XXVII) 8. Clorofenol (X46.-; Z57.4 e Z57.5)(Quadro XXVII)
XXXI - Outros transtornos especificados da pigmentação: "Porfiria Cutânea Tardia" (L81.8)	Derivados halogenados dos hidrocarbonetos aromáticos: minocloro-benzeno, monobromo-benzeno, hexaclorobenzeno (X46.-; Z57.4 e Z57.5) (Quadro XIII)
XXXII - Ceratose Palmar e Plantar Adquirida (L85.1)	Arsênio e seus compostos arsenicais (X49.-; Z57.4 e Z57.5) (Quadro I)
XXXIII - Úlcera Crônica da Pele, não classificada em outra parte (L98.4)	1. Cromo e seus compostos tóxicos (Z57.5) (Quadro X) 2. Enzimas de origem animal, vegetal ou bacteriana (Z57.8) (Quadro XXVII)
XXXIV - Geladura (Frostbite) Superficial (T33): Eritema Pérnio	1. Cloreto de etila (anestésico local) (W93.-; Z57.6) (Quadro XIII) 2. Frio (X31.-; W93.-; Z57.6) (Quadro XXVII)
XXXV - Geladura (Frostbite) com Necrose de Tecidos (T34)	1. Cloreto de etila (anestésico local) (W93.-; Z57.6) (Quadro XIII) 2. Frio (X31.-; W93.-; Z57.6) (Quadro XXVII)

DOENÇAS DO SISTEMA OSTEOMUSCULAR E DO TECIDO CONJUNTIVO, RELACIONADAS COM O TRABALHO (Grupo XIII da CID-10)

DOENÇAS	AGENTES ETIOLÓGICOS OU FATORES DE RISCO DE NATUREZA OCUPACIONAL
I - Artrite Reumatóide associada a Pneumoconiose dos Trabalhadores do Carvão (J60.-): "Síndrome de Caplan" (M05.3)	1. Exposição ocupacional a poeiras de carvão mineral (Z57.2) 2. Exposição ocupacional a poeiras de sílica livre (Z57.2) (Quadro XVIII)
II - Gota induzida pelo chumbo (M10.1)	Chumbo ou seus compostos tóxicos (X49.-; Z57.5) (Quadro VIII)
III - Outras Artroses (M19.-)	Posições forçadas e gestos repetitivos (Z57.8)
IV - Outros transtornos articulares não classificados em outra parte: Dor Articular (M25.5)	1. Posições forçadas e gestos repetitivos (Z57.8) 2. Vibrações localizadas (W43.-; Z57.7) (Quadro XXII)
V - Síndrome Cervicobraquial (M53.1)	1. Posições forçadas e gestos repetitivos (Z57.8) 2. Vibrações localizadas (W43.-; Z57.7) (Quadro XXII)
VI - Dorsalgia (M54.-): Cervicalgia (M54.2); Ciática (M54.3); Lumbago com Ciática (M54.4)	1. Posições forçadas e gestos repetitivos (Z57.8) 2. Ritmo de trabalho penoso (Z56.3) 3. Condições difíceis de trabalho (Z56.5)
VII - Sinovites e Tenossinovites (M65.-): Dedo em Gatilho (M65.3); Tenossinovite do Estilóide Radial (De Quervain) (M65.4); Outras Sinovites e Tenossinovites (M65.8); Sinovites e Tenossinovites, não especificadas (M65.9)	1. Posições forçadas e gestos repetitivos (Z57.8) 2. Ritmo de trabalho penoso (Z56.3) 3. Condições difíceis de trabalho (Z56.5)
VIII - Transtornos dos tecidos moles relacionados com o uso, o uso excessivo e a pressão, de origem ocupacional (M70.-): Sinovite Crepitante Crônica da mão e do punho (M70.0); Bursite da Mão (M70.1); Bursite do Olécrano (M70.2); Outras Bursites do Cotovelo (M70.3); Outras Bursites Pré-rotulianas (M70.4); Outras Bursites do Joelho (M70.5); Outros transtornos dos tecidos moles relacionados com o uso, o uso excessivo e a pressão (M70.8); Transtorno não especificado dos tecidos moles, relacionados com o uso, o uso excessivo e a pressão (M70.9).	1. Posições forçadas e gestos repetitivos (Z57.8) 2. Ritmo de trabalho penoso (Z56.3) 3. Condições difíceis de trabalho (Z56.5)
IX - Fibromatose da Fascia Palmar: "Contratura ou Moléstia de Dupuytren" (M72.0)	1. Posições forçadas e gestos repetitivos (Z57.8) 2. Vibrações localizadas (W43.-; Z57.7) (Quadro XXII)
X - Lesões do Ombro (M75.-): Capsulite Adesiva do Ombro (Ombro Congelado, Periartrite do Ombro) (M75.0); Síndrome do Manguito Rotatório ou Síndrome do Supraespinhoso (M75.1); Tendinite Bicipital (M75.2); Tendinite Calcificante do Ombro (M75.3); Bursite do Ombro (M75.5); Outras Lesões do Ombro (M75.8); Lesões do Ombro, não especificadas (M75.9)	1. Posições forçadas e gestos repetitivos (Z57.8) 2. Ritmo de trabalho penoso (Z56) 3. Vibrações localizadas (W43.-; Z57.7) (Quadro XXII)
XI - Outras entesopatias (M77.-): Epicondilite Medial (M77.0); Epicondilite lateral ("Cotovelo de Tenista"); Mialgia (M79.1)	1. Posições forçadas e gestos repetitivos (Z57.8) 2. Vibrações localizadas (W43.-; Z57.7) (Quadro XXII)
XII - Outros transtornos especificados dos tecidos moles (M79.8)	1. Posições forçadas e gestos repetitivos (Z57.8) 2. Vibrações localizadas (W43.-; Z57.7) (Quadro XXII)
XIII - Osteomalácia do Adulto induzida por drogas (M83.5)	1. Cádmio ou seus compostos (X49.-) (Quadro VI) 2. Fósforo e seus compostos (Sesquissulfeto de Fósforo) (X49.-; Z57.5) (Quadro XII)
XIV - Fluorose do Esqueleto (M85.1)	Flúor e seus compostos tóxicos (X49.-; Z57.5) (Quadro XI)
XV - Osteonecrose (M87.-): Osteonecrose devida a drogas (M87.1); Outras Osteonecroses secundárias (M87.3)	1. Fósforo e seus compostos (Sesquissulfeto de Fósforo) (X49.-; Z57.5) (Quadro XII) 2. Vibrações localizadas (W43.-; Z57.7) (Quadro XXII) 3. Radiações ionizantes (Z57.1) (Quadro XXIV)
XVI - Osteólise (M89.5) (de falanges distais de quirodáctilos)	Cloreto de Vinila (X49.-; Z57.5) (Quadro XIII)
XVII - Osteonecrose no "Mal dos Caixões" (M90.3)	"Ar Comprimido" (W94.-; Z57.8) (Quadro XXIII)
XVIII - Doença de Kienböck do Adulto (Osteo-condrose do Adulto do Semilunar do Carpo) (M93.1) e outras Osteocondro-patias especificadas (M93.8)	Vibrações localizadas (W43.-; Z57.7) (Quadro XXII)

DOENÇAS DO SISTEMA GÊNITO-URINÁRIO RELACIONADAS COM O TRABALHO (Grupo XIV da CID-10)

DOENÇAS	AGENTES ETIOLÓGICOS OU FATORES DE RISCO DE NATUREZA OCUPACIONAL
I - Síndrome Nefrítica Aguda (N00.-)	Hidrocarbonetos alifáticos halogenados nefrotóxicos (X46.-; Z57.5) (Quadro XIII)
II - Doença Glomerular Crônica (N03.-)	Mercúrio e seus compostos tóxicos (X49.-; Z57.5) (Quadro XVI)
III - Nefropatia túbulo-intersticial induzida por metais pesados (N14.3)	1. Cádmio ou seus compostos (X49.-; Z57.5) (Quadro VI) 2. Chumbo ou seus compostos tóxicos (X49.-; Z57.5) (Quadro VIII) 3. Mercúrio e seus compostos tóxicos (X49.-; Z57.4 e Z57.5) (Quadro XVI)
IV - Insuficiência Renal Aguda (N17)	Hidrocarbonetos alifáticos halogenados nefrotóxicos (X46.-; Z57.5) (Quadro XIII)
V - Insuficiência Renal Crônica (N18)	Chumbo ou seus compostos (X49.-; Z57.5) (Quadro VIII)
VI - Cistite Aguda (N30.0)	Aminas aromáticas e seus derivados (X49.-; Z57.5)
VII - Infertilidade Masculina (N46)	1. Chumbo ou seus compostos tóxicos (X49.-; Z57.5) (Quadro VIII) 2. Radiações ionizantes (W88.-: Z57.1) (Quadro XXIV) 3. Chlordecone (X48.-; Z57.4) 4. Dibromocloropropano (DBCP) (X48.-; Z57.4 e Z57.5) 5. Calor (trabalho em temperaturas elevadas) (Z57.6)

TRAUMATISMOS, ENVENENAMENTOS E ALGUMAS OUTRAS CONSEQÜÊNCIAS DE CAUSAS EXTERNAS, RELACIONADOS COM O TRABALHO (Grupo XIX da CID-10)

DOENÇAS	AGENTES ETIOLÓGICOS OU FATORES DE RISCO DE NATUREZA OCUPACIONAL
I - Efeitos tóxicos de Solventes Orgânicos (T52.-): Álcoois (T51.8) e Cetonas (T52.4); Benzeno, Tolueno e Xileno (T52.1 e T52.2); Derivados halogenados dos Hidrocarbonetos Alifáticos e Aromáticos (T53): Tetracloreto de Carbono (T53.0); Clorofórmio (T53.1); Tricloroetileno (T53.2); Tetracloroetileno (T53.3); Dicloroetano (T53.4); Clorofluor-carbonos (T53.5); Outros derivados halogenados de hidrocarbonetos alifáticos (T53.6); Outros derivados halogenados de hidrocarbonetos aromáticos (T53.7); Derivados halogenados de hidrocarbonetos alifáticos e aromáticos, não especificados (T53.9); Sulfeto de Carbono (T65.4)	Exposição ocupacional a agentes tóxicos em outras indústrias (Z57.5)
II - Efeito tóxico de Substâncias Corrosivas (T54): Fenol e homólogos do fenol (T54.0); Flúor e seus compostos (T65.8); Selênio e seus compostos (T56.8); Outros compostos orgânicos corrosivos (T54.1); Ácidos corrosivos e substâncias ácidas similares (T54.2); Álcalis cáusticos e substâncias alcalinas similares (T54.3); Efeito tóxico de substância corrosiva, não especificada (T54.9).	Exposição ocupacional a agentes tóxicos em outras indústrias (Z57.5)
III - Efeito tóxico de Metais (T56): Arsênico e seus compostos (T57.0); Cádmio e seus compostos (T56.3); Chumbo e seus compostos (T56.0); Cromo e seus compostos (T56.2); Manganês e seus compostos (T57.2); Mercúrio e seus compostos (T56.1); Outros metais (T56.8); Metal, não especificado (T56.9).	Exposição ocupacional a agentes tóxicos em outras indústrias (Z57.5)
IV - Asfixiantes Químicos (T57-59): Monóxido de Carbono (T58); Ácido cianídrico e cianetos (T57.3); Sulfeto de hidrogênio (T59.6); Aminas aromáticas e seus derivados (T65.3)	Exposição ocupacional a agentes tóxicos em outras indústrias (Z57.5)
V - Praguicidas (Pesticidas, "Agrotóxicos") (T60): Organofosforados e Carbamatos (T60.0); Halogenados (T60.1); Outros praguicidas (T60.2)	Exposição ocupacional a agentes tóxicos na Agricultura (Z57.4)
VI - Efeitos da Pressão do Ar e da Pressão da Água (T70): Barotrauma Otítico (T70.0); Barotrauma Sinusal (T70.1); Doença Descompressiva ("Mal dos Caixões") (T70.3); Outros efeitos da pressão do ar e da água (T70.8).	Exposição ocupacional a pressões atmosféricas anormais (W94.-; Z57.8)

REGULAMENTO DA PREVIDÊNCIA SOCIAL
ANEXO III
RELAÇÃO DAS SITUAÇÕES QUE DÃO DIREITO AO AUXÍLIO-ACIDENTE

QUADRO Nº 1
Aparelho visual
Situações:
a) acuidade visual, após correção, igual ou inferior a 0,2 no olho acidentado;
b) acuidade visual, após correção, igual ou inferior a 0,5 em ambos os olhos, quando ambos tiverem sido acidentados;
c) acuidade visual, após correção, igual ou inferior a 0,5 no olho acidentado, quando a do outro olho for igual a 0,5 ou menos, após correção;
d) lesão da musculatura extrínseca do olho, acarretando paresia ou paralisia;
e) lesão bilateral das vias lacrimais, com ou sem fístulas, ou unilateral com fístula.
NOTA 1 - A acuidade visual restante é avaliada pela escala de Wecker, em décimos, e após a
correção por lentes.
NOTA 2 - A nubécula e o leucoma são analisados em função da redução da acuidade ou do
prejuízo estético que acarretam, de acordo com os quadros respectivos.

QUADRO Nº 2
Aparelho auditivo
TRAUMA ACÚSTICO
a) perda da audição no ouvido acidentado;
b) redução da audição em grau médio ou superior em ambos os ouvidos, quando os dois tiverem sido acidentados;
c) redução da audição, em grau médio ou superior, no ouvido acidentado, quando a audição do outro estiver também reduzida em grau médio ou superior.
NOTA 1 - A capacidade auditiva em cada ouvido é avaliada mediante audiometria apenas aérea,
nas freqüências de 500, 1.000, 2.000 e 3.000 Hertz.
NOTA 2 - A redução da audição, em cada ouvido, é avaliada pela média aritmética dos valores, em
decibéis, encontrados nas freqüências de 500, 1.000, 2.000 e 3.000 Hertz, segundo
adaptação da classsificação de Davis & Silvermann, 1970.
Audição normal - até vinte e cinco decibéis.
Redução em grau mínimo - vinte e seis a quarenta decibéis;
Redução em grau médio - quarenta e um a setenta decibéis;
Redução em grau máximo - setenta e um a noventa decibéis;
Perda de audição - mais de noventa decibéis.

QUADRO Nº 3
Aparelho da fonação
Situação:
Perturbação da palavra em grau médio ou máximo, desde que comprovada por métodos clínicos objetivos.

QUADRO Nº 4
Prejuízo estético
Situações:
Prejuízo estético, em grau médio ou máximo, quando atingidos crânios, e/ou face, e/ou pescoço ou perda de dentes quando há também deformação da arcada dentária que impede o uso de prótese.
NOTA 1 - Só é considerada como prejuízo estético a lesão que determina apreciável modificação
estética do segmento corpóreo atingido, acarretando aspecto desagradável, tendo-se
em conta sexo, idade e profissão do acidentado.
NOTA 2 - A perda anatômica de membro, a redução de movimentos articulares ou a alteração
da capacidade funcional de membro não são considerados como prejuízo estético,
podendo, porém, ser enquadradas, se for o caso, nos quadros respectivos.

QUADRO Nº 5
Perdas de segmentos de membros
Situações:
a) perda de segmento ao nível ou acima do carpo;
b) perda de segmento do primeiro quirodáctilo, desde que atingida a falange proximal; (Redação dada pelo Decreto nº 4.032, de 2001)
c) perda de segmentos de dois quirodáctilos, desde que atingida a falange proximal em pelo menos um deles; (Redação dada pelo Decreto nº 4.032, de 2001)
d) perda de segmento do segundo quirodáctilo, desde que atingida a falange proximal; (Redação dada pelo Decreto nº 4.032, de 2001)
e) perda de segmento de três ou mais falanges, de três ou mais quirodáctilos;
f) perda de segmento ao nível ou acima do tarso;
g) perda de segmento do primeiro pododáctilo, desde que atingida a falange proximal; (Redação dada pelo Decreto nº 4.032, de 2001)
h) perda de segmento de dois pododáctilos, desde que atingida a falange proximal em ambos; (Redação dada pelo Decreto nº 4.032, de 2001)
i) perda de segmento de três ou mais falanges, de três ou mais pododáctilos.
NOTA: Para efeito de enquadramento, a perda parcial de parte óssea de um segmento equivale
à perda do segmento. A perda parcial de partes moles sem perda de parte óssea do
segmento não é considerada para efeito de enquadramento.

QUADRO Nº 6
Alterações articulares
Situações:
a) redução em grau médio ou superior dos movimentos da mandíbula;
b) redução em grau máximo dos movimentos do segmento cervical da coluna vertebral;
c) redução em grau máximo dos movimentos do segmento lombo-sacro da coluna vertebral;
d) redução em grau médio ou superior dos movimentos das articulações do ombro ou do cotovelo;
e) redução em grau médio ou superior dos movimentos de pronação e/ou de supinação do antebraço;
f) redução em grau máximo dos movimentos do primeiro e/ou do segundo quirodáctilo, desde que atingidas as articulações metacarpo-falangeana e falange-falangeana;
g) redução em grau médio ou superior dos movimentos das articulações coxo-femural e/ou joelho, e/ou tíbio-társica.
NOTA 1 - Os graus de redução de movimentos articulares referidos neste quadro são avaliados
de acordo com os seguintes critérios:
Grau máximo: redução acima de dois terços da amplitude normal do movimento da
articulação;
Grau médio: redução de mais de um terço e até dois terços da amplitude normal do
movimento da articulação;
Grau mínimo: redução de até um terço da amplitude normal do movimento
da articulação.
NOTA 2 - A redução de movimentos do cotovelo, de pronação e supinação do antebraço, punho,
joelho e tíbio-társica, secundária a uma fratura de osso longo do membro, consolidada
em posição viciosa e com desvio de eixo, também é enquadrada dentro dos limites
estabelecidos.

QUADRO Nº 7
Encurtamento de membro inferior
Situação:
Encurtamento de mais de 4 cm (quatro centímetros).
NOTA: A preexistência de lesão de bacia deve ser considerada quando da
avaliação do encurtamento.

QUADRO Nº 8
Redução da força e/ou da capacidade funcional dos membros
Situações:
a) redução da força e/ou da capacidade funcional da mão, do punho, do antebraço ou de todo o membro superior em grau sofrível ou inferior da classificação de desempenho muscular;
b) redução da força e/ou da capacidade funcional do primeiro quirodáctilo em grau sofrível ou inferior;
c) redução da força e/ou da capacidade funcional do pé, da perna ou de todo o membro inferior em grau sofrível ou inferior.
NOTA 1 - Esta classificação se aplica a situações decorrentes de comprometimento muscular
ou neurológico. Não se aplica a alterações decorrentes de lesões articulares ou de
perdas anatômicas constantes dos quadros próprios.
NOTA 2 - Na avaliação de redução da força ou da capacidade funcional é utilizada a classificação
da carta de desempenho muscular da The National Foundation for Infantile Paralysis,
adotada pelas Sociedades Internacionais de Ortopedia e Traumatologia, e a seguir
transcrita:
Desempenho muscular
Grau 5 - Normal - cem por cento - Amplitude completa de movimento contra a gravidade e contra grande resistência.
Grau 4 - Bom - setenta e cinco por cento - Amplitude completa de movimento contra a gravidade e contra alguma resistência.
Grau 3 - Sofrível - cinqüenta por cento - Amplitude completa de movimento contra a gravidade sem opor resistência.
Grau 2 - Pobre - vinte e cinco por cento - Amplitude completa de movimento quando eliminada a gravidade.
Grau 1 - Traços - dez por cento - Evidência de leve contração. Nenhum movimento articular.
Grau 0 (zero) - zero por cento - Nenhuma evidência de contração.
Grau E ou EG - zero por cento - Espasmo ou espasmo grave.
Grau C ou CG - Contratura ou contratura grave.
NOTA - O enquadramento dos casos de grau sofrível ou inferior abrange, na prática, os casos
de redução em que há impossibilidade de movimento contra alguma força de resistência
além da força de gravidade.

QUADRO Nº 9
Outros aparelhos e sistemas
Situações:
a) segmentectomia pulmonar que acarrete redução em grau médio ou superior da capacidade funcional respiratória; devidamente correlacionada à sua atividade laborativa.
b) perda do segmento do aparelho digestivo cuja localização ou extensão traz repercussões sobre a nutrição e o estado geral.

DOENÇAS PROFISSIONAIS E AS DO TRABALHO
As doenças profissionais e as do trabalho, que após consolidações das lesões resultem seqüelas permanentes com redução da capacidade de trabalho, deverão ser enquadradas conforme o art. 104 deste Regulamento.
REGULAMENTO DA PREVIDÊNCIA SOCIAL
ANEXO IV
CLASSIFICAÇÃO DOS AGENTES NOCIVOS

CÓDIGO	AGENTE NOCIVO	TEMPO DE EXPOSIÇÃO
1.0.0	AGENTES QUÍMICOS O que determina o direito ao benefício é a exposição do trabalhador ao agente nocivo presente no ambiente de trabalho e no processo produtivo, em nível de concentração superior aos limites de tolerância estabelecidos. (Redação dada pelo Decreto, nº 3.265, de 1999) O rol de agentes nocivos é exaustivo, enquanto que as atividades listadas, nas quais pode haver a exposição, é exemplificativa. (Redação dada pelo Decreto, nº 3.265, de 1999)	
1.0.1	ARSÊNIO E SEUS COMPOSTOS a) extração de arsênio e seus compostos tóxicos; b) metalurgia de minérios arsenicais; c) utilização de hidrogênio arseniado (arsina) em sínteses orgânicas e no processamento de componentes eletrônicos; d) fabricação e preparação de tintas e lacas; e) fabricação, preparação e aplicação de inseticidas, herbicidas, parasiticidas e raticidas com a utilização de compostos de arsênio; f) produção de vidros, ligas de chumbo e medicamentos com a utilização de compostos de arsênio; g) conservação e curtume de peles, tratamento e preservação da madeira com a utilização de compostos de arsênio.	25 ANOS

1.0.2	ASBESTOS a) extração, processamento e manipulação de rochas amiantíferas; b) fabricação de guarnições para freios, embreagens e materiais isolantes contendo asbestos; c) fabricação de produtos de fibrocimento; d) mistura, cardagem, fiação e tecelagem de fibras de asbestos.	20 ANOS
1.0.3	BENZENO E SEUS COMPOSTOS TÓXICOS a) produção e processamento de benzeno; b) utilização de benzeno como matéria-prima em sínteses orgânicas e na produção de derivados; c) utilização de benzeno como insumo na extração de óleos vegetais e álcoois; d) utilização de produtos que contenham benzeno, como colas, tintas, vernizes, produtos gráficos e solventes; e) produção e utilização de clorobenzenos e derivados; f) fabricação e vulcanização de artefatos de borracha; g) fabricação e recauchutagem de pneumáticos.	25 ANOS
1.0.4	BERÍLIO E SEUS COMPOSTOS TÓXICOS a) extração, trituração e tratamento de berílio; b) fabricação de compostos e ligas de berílio; c) fabricação de tubos fluorescentes e de ampolas de raio X; d) fabricação de queim f) utilização do berílio na indústria aeroespacial.	25 ANOS
1.0.5	BROMO E SEUS COMPOSTOS TÓXICOS a) fabricação e emprego do bromo e do ácido brômico.	25 ANOS
1.0.6	CÁDMIO E SEUS COMPOSTOS TÓXICOS a) extração, tratamento e preparação de ligas de cádmio; b) fabricação de compostos de cádmio; c) utilização de eletrodos de cádmio em soldas; d) utilização de cádmio no revestimento eletrolítico de metais; e) utilização de cádmio como pigmento e estabilizador na indústria do plástico; f) fabricação de eletrodos de baterias alcalinas de níquel-cádmio.	25 ANOS
1.0.7	CARVÃO MINERAL E SEUS DERIVADOS a) extração, fabricação, beneficiamento e utilização de carvão mineral, piche, alcatrão, betume e breu; b) extração, produção e utilização de óleos minerais e parafinas; c) extração e utilização de antraceno e negro de fumo; d) produção de coque.	25 ANOS
1.0.8	CHUMBO E SEUS COMPOSTOS TÓXICOS a) extração e processamento de minério de chumbo; b) metalurgia e fabricação de ligas e compostos de chumbo; c) fabricação e reformas de acumuladores elétricos; d) fabricação e emprego de chumbo-tetraetila e chumbo-tetrametila; e) fabricação de tintas, esmaltes e vernizes à base de compostos de chumbo; f) pintura com pistola empregando tintas com pigmentos de chumbo; g) fabricação de objetos e artefatos de chumbo e suas ligas; h) vulcanização da borracha pelo litargírio ou outros compostos de chumbo; i) utilização de chumbo em processos de soldagem; j) fabricação de vidro, cristal e esmalte vitrificado; l) fabricação de pérolas artificiais; m) fabricação e utilização de aditivos à base de chumbo para a indústria de plásticos.	25 ANOS
1.0.9	CLORO E SEUS COMPOSTOS TÓXICOS a) fabricação e emprego de defensivos organoclorados; b) fabricação e emprego de cloroetilaminas (mostardas nitrogenadas); c) fabricação e manuseio de bifenis policlorados (PCB); d) fabricação e emprego de cloreto de vinil como monômero na fabricação de policloreto de vinil (PVC) e outras resinas e como intermediário em produções químicas ou como solvente orgânico; e) fabricação de policloropreno; f) fabricação e emprego de clorofórmio (triclorometano) e de tetracloreto de carbono.	25 ANOS

1.0.10	**CROMO E SEUS COMPOSTOS TÓXICOS** a) fabricação, emprego industrial, manipulação de cromo, ácido crômico, cromatos e bicromatos; b) fabricação de ligas de ferro-cromo; c) revestimento eletrolítico de metais e polimento de superfícies cromadas; d) pintura com pistola utilizando tintas com pigmentos de cromo; e) soldagem de aço inoxidável.	25 ANOS
1.0.11	**DISSULFETO DE CARBONO** a) fabricação e utilização de dissulfeto de carbono; b) fabricação de viscose e seda artificial (raiom); c) fabricação e emprego de solventes, inseticidas e herbicidas contendo dissulfeto de carbono; d) fabricação de vernizes, resinas, sais de amoníaco, de tetracloreto de carbono, de vidros óticos e produtos têxteis com uso de dissulfeto de carbono.	25 ANOS
1.0.12	**FÓSFORO E SEUS COMPOSTOS TÓXICOS** a) extração e preparação de fósforo branco e seus compostos; b) fabricação e aplicação de produtos fosforados e organofosforados (sínteses orgânicas, fertilizantes e praguicidas); c) fabricação de munições e armamentos explosivos.	25 ANOS
1.0.13	**IODO** a) fabricação e emprego industrial do iodo.	25 ANOS
1.0.14	**MANGANÊS E SEUS COMPOSTOS** a) extração e beneficiamento de minérios de manganês; b) fabricação de ligas e compostos de manganês; c) fabricação de pilhas secas e acumuladores; d) preparação de permanganato de potássio e de corantes; e) fabricação de vidros especiais e cerâmicas; f) utilização de eletrodos contendo manganês; g) fabricação de tintas e fertilizantes.	25 ANOS
1.0.15	**MERCÚRIO E SEUS COMPOSTOS** a) extração e utilização de mercúrio e fabricação de seus compostos; b) fabricação de espoletas com fulminato de mercúrio; c) fabricação de tintas com pigmento contendo mercúrio; d) fabricação e manutenção de aparelhos de medição e de laboratório; e) fabricação de lâmpadas, válvulas eletrônicas e ampolas de raio X; f) fabricação de minuterias, acumuladores e retificadores de corrente; g) utilização como agente catalítico e de eletrólise; h) douração, prateamento, bronzeamento e estanhagem de espelhos e metais; i) curtimento e feltragem do couro e conservação da madeira; j) recuperação do mercúrio; l) amalgamação do zinco. m) tratamento a quente de amálgamas de metais; n) fabricação e aplicação de fungicidas.	25 ANOS
1.0.16	**NÍQUEL E SEUS COMPOSTOS TÓXICOS** a) extração e beneficiamento do níquel; b) niquelagem de metais; c) fabricação de acumuladores de níquel-cádmio.	25 ANOS
1.0.17	**PETRÓLEO, XISTO BETUMINOSO, GÁS NATURAL E SEUS DERIVADOS** a) extração, processamento, beneficiamento e atividades de manutenção realizadas em unidades de extração, plantas petrolíferas e petroquímicas; b) beneficiamento e aplicação de misturas asfálticas contendo hidrocarbonetos policíclicos.	25 ANOS
1.0.18	**SÍLICA LIVRE** a) extração de minérios a céu aberto; b) beneficiamento e tratamento de produtos minerais geradores de poeiras contendo sílica livre cristalizada; c) tratamento, decapagem e limpeza de metais e fosqueamento de vidros com jatos de areia; d) fabricação, processamento, aplicação e recuperação de materiais refratários; e) fabricação de mós, rebolos e de pós e pastas para polimento; f) fabricação de vidros e cerâmicas; g) construção de túneis; h) desbaste e corte a seco de materiais contendo sílica.	25 ANOS

1.0.19	OUTRAS SUBSTÂNCIAS QUÍMICAS GRUPO I - ESTIRENO; BUTADIENO-ESTIRENO; ACRILONITRILA; 1-3 BUTADIENO; CLOROPRENO; MERCAP-TANOS, n-HEXANO, DIISOCIANATO DE TOLUENO (TDI); AMINAS AROMÁTICAS a) fabricação e vulcanização de artefatos de borracha; b) fabricação e recauchutagem de pneus. GRUPO II - AMINAS AROMÁTICAS, AMINOBIFENILA, AURAMINA, AZATIOPRINA, BIS (CLORO METIL) ÉTER, 1-4 BUTANODIOL, DIMETANOSULFONATO (MILERAN), CICLOFOSFAMIDA, CLOROAMBUCIL, DIETILESTIL-BESTROL, ACRONITRILA, NITRONAFTILAMINA 4-DIMETIL-AMINOAZOBENZENO, BENZOPIRENO, BETA-PROPIO-LACTONA, BISCLOROETILETER, BISCLOROMETIL, CLOROMETILETER, DIANIZIDINA, DICLOROBENZIDINA, DIETILSULFATO, DIMETILSULFATO, ETILENOAMINA, ETILENOTIUREIA, FENACETINA, IODETO DE METILA, ETILNITROSURÉIAS, METILENO-ORTOCLOROANILINA (MOCA), NITROSAMINA, ORTOTOLUIDINA, OXIME-TALONA, PROCARBAZINA, PROPANOSULTONA, 1-3-BUTADIENO, ÓXIDO DE ETILENO, ESTILBENZENO, DIISOCIANATO DE TOLUENO (TDI), CREOSOTO, 4-AMINODIFENIL, BENZIDINA, BETANAFTILAMINA, ESTIRENO, 1-CLORO-2, 4 - NITRODIFENIL, 3-POXIPRO-PANO a) manufatura de magenta (anilina e ortotoluidina); b) fabricação de fibras sintéticas; c) sínteses químicas; d) fabricação da borracha e espumas; e) fabricação de plásticos; f) produção de medicamentos; g) operações de preservação da madeira com creosoto; h) esterilização de materiais cirúrgicos.	25 ANOS
2.0.0	AGENTES FÍSICOS Exposição acima dos limites de tolerância especificados ou às atividades descritas.	
2.0.1	RUÍDO a) exposição a Níveis de Exposição Normalizados (NEN) superiores a 85 dB(A). (Redação dada pelo Decreto nº 4.882, de 2003)	25 ANOS
2.0.2	VIBRAÇÕES a) trabalhos com perfuratrizes e marteletes pneumáticos.	25 ANOS
2.0.3	RADIAÇÕES IONIZANTES a) extração e beneficiamento de minerais radioativos; b) atividades em minerações com exposição ao radônio; c) realização de manutenção e supervisão em unidades de extração, tratamento e beneficiamento de minerais radioativos com exposição às radiações ionizantes; d) operações com reatores nucleares ou com fontes radioativas; e) trabalhos realizados com exposição aos raios Alfa, Beta, Gama e X, aos nêutrons e às substâncias radioativas para fins industriais, terapêuticos e diagnósticos; f) fabricação e manipulação de produtos radioativos; g) pesquisas e estudos com radiações ionizantes em laboratórios.	25 ANOS
2.0.4	TEMPERATURAS ANORMAIS a) trabalhos com exposição ao calor acima dos limites de tolerância estabelecidos na NR-15, da Portaria no 3.214/78.	25 ANOS
2.0.5	PRESSÃO ATMOSFÉRICA ANORMAL a) trabalhos em caixões ou câmaras hiperbáricas; b) trabalhos em tubulões ou túneis sob ar comprimido; c) operações de mergulho com o uso de escafandros ou outros equipamentos.	25 ANOS
3.0.0	BIOLÓGICOS Exposição aos agentes citados unicamente nas atividades relacionadas.	
3.0.1	MICROORGANISMOS E PARASITAS INFECTO-CONTAGIOSOS VIVOS E SUAS TOXINAS (Redação dada pelo Decreto nº 4.882, de 2003) a) trabalhos em estabelecimentos de saúde em contato com pacientes portadores de doenças infecto-contagiosas ou com manuseio de materiais contaminados; b) trabalhos com animais infectados para tratamento ou para o preparo de soro, vacinas e outros produtos; c) trabalhos em laboratórios de autópsia, de anatomia e anátomo-histologia; d) trabalho de exumação de corpos e manipulação de resíduos de animais deteriorados; e) trabalhos em galerias, fossas e tanques de esgoto; f) esvaziamento de biodigestores; g) coleta e industrialização do lixo.	25 ANOS
4.0.0	ASSOCIAÇÃO DE AGENTES (Redação dada pelo Decreto nº 4.882, de 2003) Nas associações de agentes que estejam acima do nível de tolerância, será considerado o enquadramento relativo ao que exigir menor tempo de exposição.(Redação dada pelo Decreto nº 4.882, de 2003)	

4.0.1	FÍSICOS, QUÍMICOS E BIOLÓGICOS a) mineração subterrânea cujas atividades sejam exercidas afastadas das frentes de produção.	20 ANOS
4.0.2	FÍSICOS, QUÍMICOS E BIOLÓGICOS a) trabalhos em atividades permanentes no subsolo de minerações subterrâneas em frente de produção.	15 ANOS

4. LEI COMPLEMENTAR Nº 108, DE 29 DE MAIO DE 2001

Dispõe sobre a relação entre a União, os Estados, o Distrito Federal e os Municípios, suas autarquias, fundações, sociedades de economia mista e outras entidades públicas e suas respectivas entidades fechadas de previdência complementar, e dá outras providências.

O PRESIDENTE DA REPÚBLICA Faço saber que o Congresso Nacional decreta e eu sanciono a seguinte Lei Complementar:

CAPÍTULO I - INTRODUÇÃO

Art. 1º A relação entre a União, os Estados, o Distrito Federal e os Municípios, inclusive suas autarquias, fundações, sociedades de economia mista e empresas controladas direta ou indiretamente, enquanto patrocinadores de entidades fechadas de previdência complementar, e suas respectivas entidades fechadas, a que se referem os §§ 3º, 4º, 5º e 6º do art. 202 da Constituição Federal, será disciplinada pelo disposto nesta Lei Complementar.

Art. 2º As regras e os princípios gerais estabelecidos na Lei Complementar que regula o caput do art. 202 da Constituição Federal aplicam-se às entidades reguladas por esta Lei Complementar, ressalvadas as disposições específicas.

CAPÍTULO II - DOS PLANOS DE BENEFÍCIOS

Seção I - Disposições Especiais

Art. 3º Observado o disposto no artigo anterior, os planos de benefícios das entidades de que trata esta Lei Complementar atenderão às seguintes regras:

I - carência mínima de sessenta contribuições mensais a plano de benefícios e cessação do vínculo com o patrocinador, para se tornar elegível a um benefício de prestação que seja programada e continuada; e

II - concessão de benefício pelo regime de previdência ao qual o participante esteja filiado por intermédio de seu patrocinador, quando se tratar de plano na modalidade benefício definido, instituído depois da publicação desta Lei Complementar.

Parágrafo único. Os reajustes dos benefícios em manutenção serão efetuados de acordo com critérios estabelecidos nos regulamentos dos planos de benefícios, vedado o repasse de ganhos de produtividade, abono e vantagens de qualquer natureza para tais benefícios.

Art. 4º Nas sociedades de economia mista e empresas controladas direta ou indiretamente pela União, pelos Estados, pelo Distrito Federal e pelos Municípios, a proposta de instituição de plano de benefícios ou adesão a plano de benefícios em execução será submetida ao órgão fiscalizador, acompanhada de manifestação favorável do órgão responsável pela supervisão, pela coordenação e pelo controle do patrocinador.

Parágrafo único. As alterações no plano de benefícios que implique elevação da contribuição de patrocinadores serão objeto de prévia manifestação do órgão responsável pela supervisão, pela coordenação e pelo controle referido no caput.

Art. 5º É vedado à União, aos Estados, ao Distrito Federal e aos Municípios, suas autarquias, fundações, empresas públicas, sociedades de economia mista e outras entidades públicas o aporte de recursos a entidades de previdência privada de caráter complementar, salvo na condição de patrocinador.

Seção II - Do Custeio

Art. 6º O custeio dos planos de benefícios será responsabilidade do patrocinador e dos participantes, inclusive assistidos.

§ 1º A contribuição normal do patrocinador para plano de benefícios, em hipótese alguma, excederá a do participante, observado o disposto no art. 5º da Emenda Constitucional no 20, de 15 de dezembro de 1998, e as regras específicas emanadas do órgão regulador e fiscalizador.

§ 2º Além das contribuições normais, os planos poderão prever o aporte de recursos pelos participantes, a título de contribuição facultativa, sem contrapartida do patrocinador.

§ 3º É vedado ao patrocinador assumir encargos adicionais para o financiamento dos planos de benefícios, além daqueles previstos nos respectivos planos de custeio.

Art. 7º A despesa administrativa da entidade de previdência complementar será custeada pelo patrocinador e pelos participantes e assistidos, atendendo a limites e critérios estabelecidos pelo órgão regulador e fiscalizador.

Parágrafo único. É facultada aos patrocinadores a cessão de pessoal às entidades de previdência complementar que patrocinam, desde que ressarcidos os custos correspondentes.

CAPÍTULO III - DAS ENTIDADES DE PREVIDÊNCIA COMPLEMENTAR PATROCINADAS PELO PODER PÚBLICO E SUAS EMPRESAS

Seção I - Da Estrutura Organizacional

Art. 8º A administração e execução dos planos de benefícios compete às entidades fechadas de previdência complementar mencionadas no art. 1º desta Lei Complementar.

Parágrafo único. As entidades de que trata o caput organizar-se-ão sob a forma de fundação ou sociedade civil, sem fins lucrativos.

Art. 9º A estrutura organizacional das entidades de previdência complementar a que se refere esta Lei Complementar é constituída de conselho deliberativo, conselho fiscal e diretoria-executiva.

Seção II - Do Conselho Deliberativo e do Conselho Fiscal

Art. 10. O conselho deliberativo, órgão máximo da estrutura organizacional, é responsável pela definição da política geral de administração da entidade e de seus planos de benefícios.

Art. 11. A composição do conselho deliberativo, integrado por no máximo seis membros, será paritária entre representantes dos participantes e assistidos e dos patrocinadores, cabendo a estes a indicação do conselheiro presidente, que terá, além do seu, o voto de qualidade.

§ 1º A escolha dos representantes dos participantes e assistidos dar-se-á por meio de eleição direta entre seus pares.

§ 2º Caso o estatuto da entidade fechada, respeitado o número máximo de conselheiros de que trata o caput e a participação paritária entre representantes dos participantes e assistidos e dos patrocinadores, preveja outra composição, que tenha sido aprovada na forma prevista no seu estatuto, esta poderá ser aplicada, mediante autorização do órgão regulador e fiscalizador.

Art. 12. O mandato dos membros do conselho deliberativo será de quatro anos, com garantia de estabilidade, permitida uma recondução.

§ 1º O membro do conselho deliberativo somente perderá o mandato em virtude de renúncia, de condenação judicial transitada em julgado ou processo administrativo disciplinar.

§ 2º A instauração de processo administrativo disciplinar, para apuração de irregularidades no âmbito de atuação do conselho deliberativo da entidade fechada, poderá determinar o afastamento do conselheiro até sua conclusão.

§ 3º O afastamento de que trata o parágrafo anterior não implica prorrogação ou permanência no cargo além da data inicialmente prevista para o término do mandato.

§ 4º O estatuto da entidade deverá regulamentar os procedimentos de que tratam os parágrafos anteriores deste artigo.

Art. 13. Ao conselho deliberativo compete a definição das seguintes matérias:

I - política geral de administração da entidade e de seus planos de benefícios;

II - alteração de estatuto e regulamentos dos planos de benefícios, bem como a implantação e a extinção deles e a retirada de patrocinador;

III - gestão de investimentos e plano de aplicação de recursos;

IV - autorizar investimentos que envolvam valores iguais ou superiores a cinco por cento dos recursos garantidores;

V - contratação de auditor independente atuário e avaliador de gestão, observadas as disposições regulamentares aplicáveis;

VI - nomeação e exoneração dos membros da diretoria-executiva; e

VII - exame, em grau de recurso, das decisões da diretoria-executiva.

Parágrafo único. A definição das matérias previstas no inciso II deverá ser aprovada pelo patrocinador.

Art. 14. O conselho fiscal é órgão de controle interno da entidade.

Art. 15. A composição do conselho fiscal, integrado por no máximo quatro membros, será paritária entre representantes de patrocinadores e de participantes e assistidos, cabendo a estes a indicação do conselheiro presidente, que terá, além do seu, o voto de qualidade.

Parágrafo único. Caso o estatuto da entidade fechada, respeitado o número máximo de conselheiros de que trata o caput e a participação paritária entre representantes dos participantes e assistidos e dos patrocinadores, preveja outra composição, que tenha sido aprovada na forma prevista no seu estatuto, esta poderá ser aplicada, mediante autorização do órgão regulador e fiscalizador.

Art. 16. O mandato dos membros do conselho fiscal será de quatro anos, vedada a recondução.

Art. 17. A renovação dos mandatos dos conselheiros deverá obedecer ao critério de proporcionalidade, de forma que se processe parcialmente a cada dois anos.

§ 1º Na primeira investidura dos conselhos, após a publicação desta Lei Complementar, os seus membros terão mandato com prazo diferenciado.

§ 2º O conselho deliberativo deverá renovar três de seus membros a cada dois anos e o conselho fiscal dois membros com a mesma periodicidade, observada a regra de transição estabelecida no parágrafo anterior.

Art. 18. Aplicam-se aos membros dos conselhos deliberativo e fiscal os mesmos requisitos previstos nos incisos I a III do art. 20 desta Lei Complementar.

Seção III - Da Diretoria-Executiva

Art. 19. A diretoria-executiva é o órgão responsável pela administração da entidade, em conformidade com a política de administração traçada pelo conselho deliberativo.

§ 1º A diretoria-executiva será composta, no máximo, por seis membros, definidos em função do patrimônio da entidade e do seu número de participantes, inclusive assistidos.

§ 2º O estatuto da entidade fechada, respeitado o número máximo de diretores de que trata o parágrafo anterior, deverá prever a forma de composição e o mandato da diretoria-executiva, aprovado na forma prevista no seu estatuto, observadas as demais disposições desta Lei Complementar.

Art. 20. Os membros da diretoria-executiva deverão atender aos seguintes requisitos mínimos:

I - comprovada experiência no exercício de atividade na área financeira, administrativa, contábil, jurídica, de fiscalização, atuarial ou de auditoria;

II - não ter sofrido condenação criminal transitada em julgado;

III - não ter sofrido penalidade administrativa por infração da legislação da seguridade social, inclusive da previdência complementar ou como servidor público; e

IV - ter formação de nível superior.

Art. 21. Aos membros da diretoria-executiva é vedado:

I - exercer simultaneamente atividade no patrocinador;

II - integrar concomitantemente o conselho deliberativo ou fiscal da entidade e, mesmo depois do término do seu mandato na diretoria-executiva, enquanto não tiver suas contas aprovadas; e

III - ao longo do exercício do mandato prestar serviços a instituições integrantes do sistema financeiro.

Art. 22. A entidade de previdência complementar informará ao órgão regulador e fiscalizador o responsável pelas aplicações dos recursos da entidade, escolhido entre os membros da diretoria-executiva.

Parágrafo único. Os demais membros da diretoria-executiva responderão solidariamente com o dirigente indicado na forma do caput pelos danos e prejuízos causados à entidade para os quais tenham concorrido.

Art. 23. Nos doze meses seguintes ao término do exercício do cargo, o ex-diretor estará impedido de prestar, direta ou indiretamente, independentemente da forma ou natureza do contrato, qualquer tipo de serviço às empresas do sistema financeiro que impliquem a utilização das informações a que teve acesso em decorrência do cargo exercido, sob pena de responsabilidade civil e penal.

§ 1º Durante o impedimento, ao ex-diretor que não tiver sido destituído ou que pedir afastamento será assegurada a possibilidade de prestar serviço à entidade, mediante remuneração equivalente à do cargo de direção que exerceu ou em qualquer outro órgão da Administração Pública.

§ 2º Incorre na prática de advocacia administrativa, sujeitando-se às penas da lei, o ex-diretor que violar o impedimento previsto neste artigo, exceto se retornar ao exercício de cargo ou emprego que ocupava junto ao patrocinador, anteriormente à indicação para a respectiva diretoria-executiva, ou se for nomeado para exercício em qualquer órgão da Administração Pública.

CAPÍTULO IV - DA FISCALIZAÇÃO

Art. 24. A fiscalização e controle dos planos de benefícios e das entidades fechadas de previdência complementar de que trata esta Lei Complementar competem ao órgão regulador e fiscalizador das entidades fechadas de previdência complementar.

Art. 25. As ações exercidas pelo órgão referido no artigo anterior não eximem os patrocinadores da responsabilidade pela supervisão e fiscalização sistemática das atividades das suas respectivas entidades de previdência complementar.

Parágrafo único. Os resultados da fiscalização e do controle exercidos pelos patrocinadores serão encaminhados ao órgão mencionado no artigo anterior.

CAPÍTULO V - DISPOSIÇÕES GERAIS

Art. 26. As entidades fechadas de previdência complementar patrocinadas por empresas privadas permissionárias ou concessionárias de prestação de serviços públicos subordinam-se, no que couber, às disposições desta Lei Complementar, na forma estabelecida pelo órgão regulador e fiscalizador.

Art. 27. As entidades de previdência complementar patrocinadas por entidades públicas, inclusive empresas públicas e sociedades de economia mista, deverão rever, no prazo de dois anos, a contar de 16 de dezembro de 1998, seus planos de benefícios e serviços, de modo a ajustá-los atuarialmente a seus ativos, sob pena de intervenção, sendo seus dirigentes e seus respectivos patrocinadores responsáveis civil e criminalmente pelo descumprimento do disposto neste artigo.

Art. 28. A infração de qualquer disposição desta Lei Complementar ou de seu regulamento, para a qual não haja penalidade expressamente cominada, sujeita a pessoa física ou jurídica responsável, conforme o caso e a gravidade da infração, às penalidades administrativas previstas na Lei Complementar que disciplina o caput do art. 202 da Constituição Federal.

Art. 29. As entidades de previdência privada patrocinadas por empresas controladas, direta ou indiretamente, pela União, Estados, Distrito Federal e Municípios, que possuam planos de benefícios definidos com responsabilidade da patrocinadora, não poderão exercer o controle ou participar de acordo de acionistas que tenha por objeto formação de grupo de controle de sociedade anônima, sem prévia e expressa autorização da patrocinadora e do seu respectivo ente controlador.

Parágrafo único. O disposto no caput não se aplica às participações acionárias detidas na data de publicação desta Lei Complementar.

Art. 30. As entidades de previdência complementar terão o prazo de um ano para adaptar sua organização estatutária ao disposto nesta Lei Complementar, contados a partir da data de sua publicação.

Art. 31. Esta Lei Complementar entra em vigor na data de sua publicação.

Art. 32. Revoga-se a Lei no 8.020, de 12 de abril de 1990.

5. LEI COMPLEMENTAR Nº 109, DE 29 DE MAIO DE 2001

Dispõe sobre o Regime de Previdência Complementar e dá outras providências.

O PRESIDENTE DA REPÚBLICA Faço saber que o Congresso Nacional decreta e eu sanciono a seguinte Lei Complementar:

CAPÍTULO I - INTRODUÇÃO

Art. 1º O regime de previdência privada, de caráter complementar e organizado de forma autônoma em relação ao regime geral de previdência social, é facultativo, baseado na constituição de reservas que garantam o benefício, nos termos do caput do art. 202 da Constituição Federal, observado o disposto nesta Lei Complementar.

Art. 2º O regime de previdência complementar é operado por entidades de previdência complementar que têm por objetivo principal instituir e executar planos de benefícios de caráter previdenciário, na forma desta Lei Complementar.

Art. 3º A ação do Estado será exercida com o objetivo de:

I - formular a política de previdência complementar;

II - disciplinar, coordenar e supervisionar as atividades reguladas por esta Lei Complementar, compatibilizando-as com as políticas previdenciária e de desenvolvimento social e econômico-financeiro;

III - determinar padrões mínimos de segurança econômico-financeira e atuarial, com fins específicos de preservar a liquidez, a solvência e o equilíbrio dos planos de benefícios, isoladamente, e de cada entidade de previdência complementar, no conjunto de suas atividades;

IV - assegurar aos participantes e assistidos o pleno acesso às informações relativas à gestão de seus respectivos planos de benefícios;

V - fiscalizar as entidades de previdência complementar, suas operações e aplicar penalidades; e

VI - proteger os interesses dos participantes e assistidos dos planos de benefícios.

Art. 4º As entidades de previdência complementar são classificadas em fechadas e abertas, conforme definido nesta Lei Complementar.

Art. 5º A normatização, coordenação, supervisão, fiscalização e controle das atividades das entidades de previdência complementar serão realizados por órgão ou órgãos regulador e fiscalizador, conforme disposto em lei, observado o disposto no inciso VI do art. 84 da Constituição Federal.

CAPÍTULO II - DOS PLANOS DE BENEFÍCIOS

Seção I - Disposições Comuns

Art. 6º As entidades de previdência complementar somente poderão instituir e operar planos de benefícios para os quais tenham autorização específica, segundo as normas aprovadas pelo órgão regulador e fiscalizador, conforme disposto nesta Lei Complementar.

Art. 7º Os planos de benefícios atenderão a padrões mínimos fixados pelo órgão regulador e fiscalizador, com o objetivo de assegurar transparência, solvência, liquidez e equilíbrio econômico-financeiro e atuarial.

Parágrafo único. O órgão regulador e fiscalizador normatizará planos de benefícios nas modalidades de benefício definido, contribuição definida e contribuição variável, bem como outras formas de planos de benefícios que reflitam a evolução técnica e possibilitem flexibilidade ao regime de previdência complementar.

Art. 8º Para efeito desta Lei Complementar, considera-se:

I - participante, a pessoa física que aderir aos planos de benefícios; e

II - assistido, o participante ou seu beneficiário em gozo de benefício de prestação continuada.

Art. 9º As entidades de previdência complementar constituirão reservas técnicas, provisões e fundos, de conformidade com os critérios e normas fixados pelo órgão regulador e fiscalizador.

§ 1º A aplicação dos recursos correspondentes às reservas, às provisões e aos fundos de que trata o caput será feita conforme diretrizes estabelecidas pelo Conselho Monetário Nacional.

§ 2º É vedado o estabelecimento de aplicações compulsórias ou limites mínimos de aplicação.

Art. 10. Deverão constar dos regulamentos dos planos de benefícios, das propostas de inscrição e dos certificados de participantes condições mínimas a serem fixadas pelo órgão regulador e fiscalizador.

§ 1º A todo pretendente será disponibilizado e a todo participante entregue, quando de sua inscrição no plano de benefícios:

I - certificado onde estarão indicados os requisitos que regulam a admissão e a manutenção da qualidade de participante, bem como os requisitos de elegibilidade e forma de cálculo dos benefícios;

II - cópia do regulamento atualizado do plano de benefícios e material explicativo que descreva, em linguagem simples e precisa, as características do plano;

III - cópia do contrato, no caso de plano coletivo de que trata o inciso II do art. 26 desta Lei Complementar; e

IV - outros documentos que vierem a ser especificados pelo órgão regulador e fiscalizador.

§ 2º Na divulgação dos planos de benefícios, não poderão ser incluídas informações diferentes das que figurem nos documentos referidos neste artigo.

Art. 11. Para assegurar compromissos assumidos junto aos participantes e assistidos de planos de benefícios, as entidades de previdência complementar poderão contratar operações de resseguro, por iniciativa própria ou por determinação do órgão regulador e fiscalizador, observados o regulamento do respectivo plano e demais disposições legais e regulamentares.

Parágrafo único. Fica facultada às entidades fechadas a garantia referida no caput por meio de fundo de solvência, a ser instituído na forma da lei.

Seção II - Dos Planos de Benefícios de Entidades Fechadas

Art. 12. Os planos de benefícios de entidades fechadas poderão ser instituídos por patrocinadores e instituidores, observado o disposto no art. 31 desta Lei Complementar.

Art. 13. A formalização da condição de patrocinador ou instituidor de um plano de benefício dar-se-á mediante convênio de adesão a ser celebrado entre o patrocinador ou instituidor e a entidade fechada, em relação a cada plano de benefícios por esta administrado e executado, mediante prévia autorização do órgão regulador e fiscalizador, conforme regulamentação do Poder Executivo.

§ 1º Admitir-se-á solidariedade entre patrocinadores ou entre instituidores, com relação aos respectivos planos, desde que expressamente prevista no convênio de adesão.

§ 2º O órgão regulador e fiscalizador, dentre outros requisitos, estabelecerá o número mínimo de participantes admitido para cada modalidade de plano de benefício.

Art. 14. Os planos de benefícios deverão prever os seguintes institutos, observadas as normas estabelecidas pelo órgão regulador e fiscalizador:

I - benefício proporcional diferido, em razão da cessação do vínculo empregatício com o patrocinador ou associativo com o instituidor antes da aquisição do direito ao benefício pleno, a ser concedido quando cumpridos os requisitos de elegibilidade;

II - portabilidade do direito acumulado pelo participante para outro plano;

III - resgate da totalidade das contribuições vertidas ao plano pelo participante, descontadas as parcelas do custeio administrativo, na forma regulamentada; e

IV - faculdade de o participante manter o valor de sua contribuição e a do patrocinador, no caso de perda parcial ou total da remuneração recebida, para assegurar a percepção dos benefícios nos níveis correspondentes àquela remuneração ou em outros definidos em normas regulamentares.

§ 1º Não será admitida a portabilidade na inexistência de cessação do vínculo empregatício do participante com o patrocinador.

§ 2º O órgão regulador e fiscalizador estabelecerá período de carência para o instituto de que trata o inciso II deste artigo.

§ 3º Na regulamentação do instituto previsto no inciso II do caput deste artigo, o órgão regulador e fiscalizador observará, entre outros requisitos específicos, os seguintes:

I - se o plano de benefícios foi instituído antes ou depois da publicação desta Lei Complementar;

II - a modalidade do plano de benefícios.

§ 4º O instituto de que trata o inciso II deste artigo, quando efetuado para entidade aberta, somente será admitido quando a integralidade dos recursos financeiros correspondentes ao direito acumulado do participante for utilizada para a contratação de renda mensal vitalícia ou por prazo determinado, cujo prazo mínimo não poderá ser inferior ao período em que a respectiva reserva foi constituída, limitado ao mínimo de quinze anos, observadas as normas estabelecidas pelo órgão regulador e fiscalizador.

Art. 15. Para efeito do disposto no inciso II do caput do artigo anterior, fica estabelecido que:

I - a portabilidade não caracteriza resgate; e

II - é vedado que os recursos financeiros correspondentes transitem pelos participantes dos planos de benefícios, sob qualquer forma.

Parágrafo único. O direito acumulado corresponde às reservas constituídas pelo participante ou à reserva matemática, o que lhe for mais favorável.

Art. 16. Os planos de benefícios devem ser, obrigatoriamente, oferecidos a todos os empregados dos patrocinadores ou associados dos instituidores.

§ 1º Para os efeitos desta Lei Complementar, são equiparáveis aos empregados e associados a que se refere o caput os gerentes, diretores, conselheiros ocupantes de cargo eletivo e outros dirigentes de patrocinadores e instituidores.

§ 2º É facultativa a adesão aos planos a que se refere o caput deste artigo.

§ 3º O disposto no caput deste artigo não se aplica aos planos em extinção, assim considerados aqueles aos quais o acesso de novos participantes esteja vedado.

Art. 17. As alterações processadas nos regulamentos dos planos aplicam-se a todos os participantes das entidades fechadas, a partir de sua aprovação pelo órgão regulador e fiscalizador, observado o direito acumulado de cada participante.

Parágrafo único. Ao participante que tenha cumprido os requisitos para obtenção dos benefícios previstos no plano é assegurada a aplicação das disposições regulamentares vigentes na data em que se tornou elegível a um benefício de aposentadoria.

Art. 18. O plano de custeio, com periodicidade mínima anual, estabelecerá o nível de contribuição necessário à constituição das reservas garantidoras de benefícios, fundos, provisões e à cobertura das demais despesas, em conformidade com os critérios fixados pelo órgão regulador e fiscalizador.

§ 1º O regime financeiro de capitalização é obrigatório para os benefícios de pagamento em prestações que sejam programadas e continuadas.

§ 2º Observados critérios que preservem o equilíbrio financeiro e atuarial, o cálculo das reservas técnicas atenderá às peculiaridades de cada plano de benefícios e deverá estar expresso em nota técnica atuarial, de apresentação obrigatória, incluindo as hipóteses utilizadas, que deverão guardar relação com as características da massa e da atividade desenvolvida pelo patrocinador ou instituidor.

§ 3º As reservas técnicas, provisões e fundos de cada plano de benefícios e os exigíveis a qualquer título deverão atender permanentemente à cobertura integral dos compromissos assumidos pelo plano de benefícios, ressalvadas excepcionalidades definidas pelo órgão regulador e fiscalizador.

Art. 19. As contribuições destinadas à constituição de reservas terão como finalidade prover o pagamento de benefícios de caráter previdenciário, observadas as especificidades previstas nesta Lei Complementar.

Parágrafo único. As contribuições referidas no caput classificam-se em:

I - normais, aquelas destinadas ao custeio dos benefícios previstos no respectivo plano; e

II - extraordinárias, aquelas destinadas ao custeio de déficits, serviço passado e outras finalidades não incluídas na contribuição normal.

Art. 20. O resultado superavitário dos planos de benefícios das entidades fechadas, ao final do exercício, satisfeitas as exigências regulamentares relativas aos mencionados planos, será destinado à constituição de reserva de contingência, para garantia de benefícios, até o limite de vinte e cinco por cento do valor das reservas matemáticas.

§ 1º Constituída a reserva de contingência, com os valores excedentes será constituída reserva especial para revisão do plano de benefícios.

§ 2º A não utilização da reserva especial por três exercícios consecutivos determinará a revisão obrigatória do plano de benefícios da entidade.

§ 3º Se a revisão do plano de benefícios implicar redução de contribuições, deverá ser levada em consideração a proporção existente entre as contribuições dos patrocinadores e dos participantes, inclusive dos assistidos.

Art. 21. O resultado deficitário nos planos ou nas entidades fechadas será equacionado por patrocinadores, participantes e assistidos, na proporção existente entre as suas contribuições, sem prejuízo de ação regressiva contra dirigentes ou terceiros que deram causa a dano ou prejuízo à entidade de previdência complementar.

§ 1º O equacionamento referido no caput poderá ser feito, dentre outras formas, por meio do aumento do valor das contribuições, instituição de contribuição adicional ou redução do valor dos benefícios a conceder, observadas as normas estabelecidas pelo órgão regulador e fiscalizador.

§ 2º A redução dos valores dos benefícios não se aplica aos assistidos, sendo cabível, nesse caso, a instituição de contribuição adicional para cobertura do acréscimo ocorrido em razão da revisão do plano.

§ 3º Na hipótese de retorno à entidade dos recursos equivalentes ao déficit previsto no caput deste artigo, em conseqüência de apuração de responsabilidade mediante ação judicial ou administrativa, os respectivos valores deverão ser aplicados necessariamente na redução proporcional das contribuições devidas ao plano ou em melhoria dos benefícios.

Art. 22. Ao final de cada exercício, coincidente com o ano civil, as entidades fechadas deverão levantar as demonstrações contábeis e as avaliações atuariais de cada plano de benefícios, por pessoa jurídica ou profissional legalmente habilitado, devendo os resultados ser encaminhados ao órgão regulador e fiscalizador e divulgados aos participantes e aos assistidos.

Art. 23. As entidades fechadas deverão manter atualizada sua contabilidade, de acordo com as instruções do órgão regulador e fiscalizador, consolidando a posição dos planos de benefícios que administram e executam, bem como submetendo suas contas a auditores independentes.

Parágrafo único. Ao final de cada exercício serão elaboradas as demonstrações contábeis e atuariais consolidadas, sem prejuízo dos controles por plano de benefícios.

Art. 24. A divulgação aos participantes, inclusive aos assistidos, das informações pertinentes aos planos de benefícios dar-se-á ao menos uma vez ao ano, na forma, nos prazos e pelos meios estabelecidos pelo órgão regulador e fiscalizador.

Parágrafo único. As informações requeridas formalmente pelo participante ou assistido, para defesa de direitos e esclarecimento de situações de interesse pessoal específico deverão ser atendidas pela entidade no prazo estabelecido pelo órgão regulador e fiscalizador.

Art. 25. O órgão regulador e fiscalizador poderá autorizar a extinção de plano de benefícios ou a retirada de patrocínio, ficando os patrocinadores e instituidores obrigados ao cumprimento da totalidade dos compromissos assumidos com a entidade relativamente aos direitos dos participantes, assistidos e obrigações legais, até a data da retirada ou extinção do plano.

Parágrafo único. Para atendimento do disposto no caput deste artigo, a situação de solvência econômico-financeira e atuarial da entidade deverá ser atestada por profissional devidamente habilitado, cujos relatórios serão encaminhados ao órgão regulador e fiscalizador.

Seção III - Dos Planos de Benefícios de Entidades Abertas

Art. 26. Os planos de benefícios instituídos por entidades abertas poderão ser:

I - individuais, quando acessíveis a quaisquer pessoas físicas; ou

II - coletivos, quando tenham por objetivo garantir benefícios previdenciários a pessoas físicas vinculadas, direta ou indiretamente, a uma pessoa jurídica contratante.

§ 1º O plano coletivo poderá ser contratado por uma ou várias pessoas jurídicas.

§ 2º O vínculo indireto de que trata o inciso II deste artigo refere-se aos casos em que uma entidade representativa de pessoas jurídicas contrate plano previdenciário coletivo para grupos de pessoas físicas vinculadas a suas filiadas.

§ 3º Os grupos de pessoas de que trata o parágrafo anterior poderão ser constituídos por uma ou mais categorias específicas de empregados de um mesmo empregador, podendo abranger empresas coligadas, controladas ou subsidiárias, e por membros de associações legalmente constituídas, de caráter profissional ou classista, e seus cônjuges ou companheiros e dependentes econômicos.

§ 4º Para efeito do disposto no parágrafo anterior, são equiparáveis aos empregados e associados os diretores, conselheiros ocupantes de cargos eletivos e outros dirigentes ou gerentes da pessoa jurídica contratante.

§ 5º A implantação de um plano coletivo será celebrada mediante contrato, na forma, nos critérios, nas condições e nos requisitos mínimos a serem estabelecidos pelo órgão regulador.

§ 6º É vedada à entidade aberta a contratação de plano coletivo com pessoa jurídica cujo objetivo principal seja estipular, em nome de terceiros, planos de benefícios coletivos.

Art. 27. Observados os conceitos, a forma, as condições e os critérios fixados pelo órgão regulador, é assegurado aos participantes o direito à portabilidade, inclusive para plano de benefício de entidade fechada, e ao resgate de recursos das reservas técnicas, provisões e fundos, total ou parcialmente.

§ 1º A portabilidade não caracteriza resgate.

§ 2º É vedado, no caso de portabilidade:

I - que os recursos financeiros transitem pelos participantes, sob qualquer forma; e

II - a transferência de recursos entre participantes.

Art. 28. Os ativos garantidores das reservas técnicas, das provisões e dos fundos serão vinculados à ordem do órgão fiscalizador, na forma a ser regulamentada, e poderão ter sua livre movimentação suspensa pelo referido órgão, a partir da qual não poderão ser alienados ou prometidos alienar sem sua prévia e expressa autorização, sendo nulas, de pleno direito, quaisquer operações realizadas com violação daquela suspensão.

§ 1º Sendo imóvel, o vínculo será averbado à margem do respectivo registro no Cartório de Registro Geral de Imóveis competente, mediante comunicação do órgão fiscalizador.

§ 2º Os ativos garantidores a que se refere o caput, bem como os direitos deles decorrentes, não poderão ser gravados, sob qualquer forma, sem prévia e expressa autorização do órgão fiscalizador, sendo nulos os gravames constituídos com infringência do disposto neste parágrafo.

Art. 29. Compete ao órgão regulador, entre outras atribuições que lhe forem conferidas por lei:

I - fixar padrões adequados de segurança atuarial e econômico-financeira, para preservação da liquidez e solvência dos planos de benefícios, isoladamente, e de cada entidade aberta, no conjunto de suas atividades;

II - estabelecer as condições em que o órgão fiscalizador pode determinar a suspensão da comercialização ou a transferência, entre entidades abertas, de planos de benefícios; e

III - fixar condições que assegurem transparência, acesso a informações e fornecimento de dados relativos aos planos de benefícios, inclusive quanto à gestão dos respectivos recursos.

Art. 30. É facultativa a utilização de corretores na venda dos planos de benefícios das entidades abertas.

Parágrafo único. Aos corretores de planos de benefícios aplicam-se a legislação e a regulamentação da profissão de corretor de seguros.

CAPÍTULO III - DAS ENTIDADES FECHADAS DE PREVIDÊNCIA COMPLEMENTAR

Art. 31. As entidades fechadas são aquelas acessíveis, na forma regulamentada pelo órgão regulador e fiscalizador, exclusivamente:

I - aos empregados de uma empresa ou grupo de empresas e aos servidores da União, dos Estados, do Distrito Federal e dos Municípios, entes denominados patrocinadores; e

II - aos associados ou membros de pessoas jurídicas de caráter profissional, classista ou setorial, denominadas instituidores.

§ 1º As entidades fechadas organizar-se-ão sob a forma de fundação ou sociedade civil, sem fins lucrativos.

§ 2º As entidades fechadas constituídas por instituidores referidos no inciso II do caput deste artigo deverão, cumulativamente:

I - terceirizar a gestão dos recursos garantidores das reservas técnicas e provisões mediante a contratação de instituição especializada autorizada a funcionar pelo Banco Central do Brasil ou outro órgão competente;

II - ofertar exclusivamente planos de benefícios na modalidade contribuição definida, na forma do parágrafo único do art. 7º desta Lei Complementar.

§ 3º Os responsáveis pela gestão dos recursos de que trata o inciso I do parágrafo anterior deverão manter segregados e totalmente isolados o seu patrimônio dos patrimônios do instituidor e da entidade fechada.

§ 4º Na regulamentação de que trata o caput, o órgão regulador e fiscalizador estabelecerá o tempo mínimo de existência do instituidor e o seu número mínimo de associados.

Art. 32. As entidades fechadas têm como objeto a administração e execução de planos de benefícios de natureza previdenciária.

Parágrafo único. É vedada às entidades fechadas a prestação de quaisquer serviços que não estejam no âmbito de seu objeto, observado o disposto no art. 76.

Art. 33. Dependerão de prévia e expressa autorização do órgão regulador e fiscalizador:

I - a constituição e o funcionamento da entidade fechada, bem como a aplicação dos respectivos estatutos, dos regulamentos dos planos de benefícios e suas alterações;

II - as operações de fusão, cisão, incorporação ou qualquer outra forma de reorganização societária, relativas às entidades fechadas;

III - as retiradas de patrocinadores; e

IV - as transferências de patrocínio, de grupo de participantes, de planos e de reservas entre entidades fechadas.

§ 1º Excetuado o disposto no inciso III deste artigo, é vedada a transferência para terceiros de participantes, de assistidos e de reservas constituídas para garantia de benefícios de risco atuarial programado, de acordo com normas estabelecidas pelo órgão regulador e fiscalizador.

§ 2º Para os assistidos de planos de benefícios na modalidade contribuição definida que mantiveram esta característica durante a fase de percepção de renda programada, o órgão regulador e fiscalizador poderá, em caráter excepcional, autorizar a transferência dos recursos garantidores dos benefícios para entidade de previdência complementar ou companhia seguradora autorizada a operar planos de previdência complementar, com o objetivo específico de contratar plano de renda vitalícia, observadas as normas aplicáveis.

Art. 34. As entidades fechadas podem ser qualificadas da seguinte forma, além de outras que possam ser definidas pelo órgão regulador e fiscalizador:

I - de acordo com os planos que administram:

a) de plano comum, quando administram plano ou conjunto de planos acessíveis ao universo de participantes; e

b) com multiplano, quando administram plano ou conjunto de planos de benefícios para diversos grupos de participantes, com independência patrimonial;

II - de acordo com seus patrocinadores ou instituidores:

a) singulares, quando estiverem vinculadas a apenas um patrocinador ou instituidor; e

b) multipatrocinadas, quando congregarem mais de um patrocinador ou instituidor.

Art. 35. As entidades fechadas deverão manter estrutura mínima composta por conselho deliberativo, conselho fiscal e diretoria-executiva. (Regulamento)

§ 1º O estatuto deverá prever representação dos participantes e assistidos nos conselhos deliberativo e fiscal, assegurado a eles no mínimo um terço das vagas.

§ 2º Na composição dos conselhos deliberativo e fiscal das entidades qualificadas como multipatrocinadas, deverá ser considerado o número de participantes vinculados a cada patrocinador ou instituidor, bem como o montante dos respectivos patrimônios.

§ 3º Os membros do conselho deliberativo ou do conselho fiscal deverão atender aos seguintes requisitos mínimos:

I - comprovada experiência no exercício de atividades nas áreas financeira, administrativa, contábil, jurídica, de fiscalização ou de auditoria;

II - não ter sofrido condenação criminal transitada em julgado; e

III - não ter sofrido penalidade administrativa por infração da legislação da seguridade social ou como servidor público.

§ 4º Os membros da diretoria-executiva deverão ter formação de nível superior e atender aos requisitos do parágrafo anterior.

§ 5º Será informado ao órgão regulador e fiscalizador o responsável pelas aplicações dos recursos da entidade, escolhido entre os membros da diretoria-executiva.

§ 6º Os demais membros da diretoria-executiva responderão solidariamente com o dirigente indicado na forma do parágrafo anterior pelos danos e prejuízos causados à entidade para os quais tenham concorrido.

§ 7º Sem prejuízo do disposto no § 1º do art. 31 desta Lei Complementar, os membros da diretoria-executiva e dos conselhos deliberativo e fiscal poderão ser remunerados pelas entidades fechadas, de acordo com a legislação aplicável.

§ 8º Em caráter excepcional, poderão ser ocupados até trinta por cento dos cargos da diretoria-executiva por membros sem formação de nível superior, sendo assegurada a possibilidade de participação neste órgão de pelo menos um membro, quando da aplicação do referido percentual resultar número inferior à unidade.

CAPÍTULO IV - DAS ENTIDADES ABERTAS DE PREVIDÊNCIA COMPLEMENTAR

Art. 36. As entidades abertas são constituídas unicamente sob a forma de sociedades anônimas e têm por objetivo instituir e operar planos de benefícios de caráter previdenciário concedidos em forma de renda continuada ou pagamento único, acessíveis a quaisquer pessoas físicas.

Parágrafo único. As sociedades seguradoras autorizadas a operar exclusivamente no ramo vida poderão ser autorizadas a operar os planos de benefícios a que se refere o caput, a elas se aplicando as disposições desta Lei Complementar.

Art. 37. Compete ao órgão regulador, entre outras atribuições que lhe forem conferidas por lei, estabelecer:

I - os critérios para a investidura e posse em cargos e funções de órgãos estatutários de entidades abertas, observado que o pretendente não poderá ter sofrido condenação criminal transitada em julgado, penalidade administrativa por infração da legislação da seguridade social ou como servidor público;

II - as normas gerais de contabilidade, auditoria, atuária e estatística a serem observadas pelas entidades abertas, inclusive quanto à padronização dos planos de contas, balanços gerais, balancetes e outras demonstrações financeiras, critérios sobre sua periodicidade, sobre a publicação desses documentos e sua remessa ao órgão fiscalizador;

III - os índices de solvência e liquidez, bem como as relações patrimoniais a serem atendidas pelas entidades abertas, observado que seu patrimônio líquido não poderá ser inferior ao respectivo passivo não operacional; e

IV - as condições que assegurem acesso a informações e fornecimento de dados relativos a quaisquer aspectos das atividades das entidades abertas.

Art. 38. Dependerão de prévia e expressa aprovação do órgão fiscalizador:

I - a constituição e o funcionamento das entidades abertas, bem como as disposições de seus estatutos e as respectivas alterações;

II - a comercialização dos planos de benefícios;

III - os atos relativos à eleição e conseqüente posse de administradores e membros de conselhos estatutários; e

IV - as operações relativas à transferência do controle acionário, fusão, cisão, incorporação ou qualquer outra forma de reorganização societária.

Parágrafo único. O órgão regulador disciplinará o tratamento administrativo a ser emprestado ao exame dos assuntos constantes deste artigo.

Art. 39. As entidades abertas deverão comunicar ao órgão fiscalizador, no prazo e na forma estabelecidos:

I - os atos relativos às alterações estatutárias e à eleição de administradores e membros de conselhos estatutários; e

II - o responsável pela aplicação dos recursos das reservas técnicas, provisões e fundos, escolhido dentre os membros da diretoria-executiva.

Parágrafo único. Os demais membros da diretoria-executiva responderão solidariamente com o dirigente indicado na forma do inciso II deste artigo pelos danos e prejuízos causados à entidade para os quais tenham concorrido.

Art. 40. As entidades abertas deverão levantar no último dia útil de cada mês e semestre, respectivamente, balancetes mensais e balanços gerais, com observância das regras e dos critérios estabelecidos pelo órgão regulador.

Parágrafo único. As sociedades seguradoras autorizadas a operar planos de benefícios deverão apresentar nas demonstrações financeiras, de forma discriminada, as atividades previdenciárias e as de seguros, de acordo com critérios fixados pelo órgão regulador.

CAPÍTULO V - DA FISCALIZAÇÃO

Art. 41. No desempenho das atividades de fiscalização das entidades de previdência complementar, os servidores do órgão regulador e fiscalizador terão livre acesso às respectivas entidades, delas podendo requisitar e apreender livros, notas técnicas e quaisquer documentos, caracterizando-se embaraço à fiscalização, sujeito às penalidades previstas em lei, qualquer dificuldade oposta à consecução desse objetivo.

§ 1º O órgão regulador e fiscalizador das entidades fechadas poderá solicitar dos patrocinadores e instituidores informações relativas aos aspectos específicos que digam respeito aos compromissos assumidos frente aos respectivos planos de benefícios.

§ 2º A fiscalização a cargo do Estado não exime os patrocinadores e os instituidores da responsabilidade pela supervisão sistemática das atividades das suas respectivas entidades fechadas.

§ 3º As pessoas físicas ou jurídicas submetidas ao regime desta Lei Complementar ficam obrigadas a prestar quaisquer informações ou esclarecimentos solicitados pelo órgão regulador e fiscalizador.

§ 4º O disposto neste artigo aplica-se, sem prejuízo da competência das autoridades fiscais, relativamente ao pleno exercício das atividades de fiscalização tributária.

Art. 42. O órgão regulador e fiscalizador poderá, em relação às entidades fechadas, nomear administrador especial, a expensas da entidade, com poderes próprios de intervenção e de liquidação extrajudicial, com o objetivo de sanear plano de benefícios específico, caso seja constatada na sua administração e execução alguma das hipóteses previstas nos arts. 44 e 48 desta Lei Complementar.

Parágrafo único. O ato de nomeação de que trata o caput estabelecerá as condições, os limites e as atribuições do administrador especial.

Art. 43. O órgão fiscalizador poderá, em relação às entidades abertas, desde que se verifique uma das condições previstas no art. 44 desta Lei Complementar, nomear, por prazo determinado, prorrogável a seu critério, e a expensas da respectiva entidade, um diretor-fiscal.

§ 1º O diretor-fiscal, sem poderes de gestão, terá suas atribuições estabelecidas pelo órgão regulador, cabendo ao órgão fiscalizador fixar sua remuneração.

§ 2º Se reconhecer a inviabilidade de recuperação da entidade aberta ou a ausência de qualquer condição para o seu funcionamento, o diretor-fiscal proporá ao órgão fiscalizador a decretação da intervenção ou da liquidação extrajudicial.

§ 3º O diretor-fiscal não está sujeito à indisponibilidade de bens, nem aos demais efeitos decorrentes da decretação da intervenção ou da liquidação extrajudicial da entidade aberta.

CAPÍTULO VI - DA INTERVENÇÃO E DA LIQUIDAÇÃO EXTRAJUDICIAL

Seção I - Da Intervenção

Art. 44. Para resguardar os direitos dos participantes e assistidos poderá ser decretada a intervenção na entidade de previdência complementar, desde que se verifique, isolada ou cumulativamente:

I - irregularidade ou insuficiência na constituição das reservas técnicas, provisões e fundos, ou na sua cobertura por ativos garantidores;

II - aplicação dos recursos das reservas técnicas, provisões e fundos de forma inadequada ou em desacordo com as normas expedidas pelos órgãos competentes;

III - descumprimento de disposições estatutárias ou de obrigações previstas nos regulamentos dos planos de benefícios, convênios de adesão ou contratos dos planos coletivos de que trata o inciso II do art. 26 desta Lei Complementar;

IV - situação econômico-financeira insuficiente à preservação da liquidez e solvência de cada um dos planos de benefícios e da entidade no conjunto de suas atividades;

V - situação atuarial desequilibrada;

VI - outras anormalidades definidas em regulamento.

Art. 45. A intervenção será decretada pelo prazo necessário ao exame da situação da entidade e encaminhamento de plano destinado à sua recuperação.

Parágrafo único. Dependerão de prévia e expressa autorização do órgão competente os atos do interventor que impliquem oneração ou disposição do patrimônio.

Art. 46. A intervenção cessará quando aprovado o plano de recuperação da entidade pelo órgão competente ou se decretada a sua liquidação extrajudicial.

Seção II - Da Liquidação Extrajudicial

Art. 47. As entidades fechadas não poderão solicitar concordata e não estão sujeitas a falência, mas somente a liquidação extrajudicial.

Art. 48. A liquidação extrajudicial será decretada quando reconhecida a inviabilidade de recuperação da entidade de previdência complementar ou pela ausência de condição para seu funcionamento.

Parágrafo único. Para os efeitos desta Lei Complementar, entende-se por ausência de condição para funcionamento de entidade de previdência complementar:

I - (VETADO)

II - (VETADO)

III - o não atendimento às condições mínimas estabelecidas pelo órgão regulador e fiscalizador.

Art. 49. A decretação da liquidação extrajudicial produzirá, de imediato, os seguintes efeitos:

I - suspensão das ações e execuções iniciadas sobre direitos e interesses relativos ao acervo da entidade liquidanda;

II - vencimento antecipado das obrigações da liquidanda;

III - não incidência de penalidades contratuais contra a entidade por obrigações vencidas em decorrência da decretação da liquidação extrajudicial;

IV - não fluência de juros contra a liquidanda enquanto não integralmente pago o passivo;

V - interrupção da prescrição em relação às obrigações da entidade em liquidação;

VI - suspensão de multa e juros em relação às dívidas da entidade;

VII - inexigibilidade de penas pecuniárias por infrações de natureza administrativa;

VIII - interrupção do pagamento à liquidanda das contribuições dos participantes e dos patrocinadores, relativas aos planos de benefícios.

§ 1º As faculdades previstas nos incisos deste artigo aplicam-se, no caso das entidades abertas de previdência complementar, exclusivamente, em relação às suas atividades de natureza previdenciária.

§ 2º O disposto neste artigo não se aplica às ações e aos débitos de natureza tributária.

Art. 50. O liquidante organizará o quadro geral de credores, realizará o ativo e liquidará o passivo.

§ 1º Os participantes, inclusive os assistidos, dos planos de benefícios ficam dispensados de se habilitarem a seus respectivos créditos, estejam estes sendo recebidos ou não.

§ 2º Os participantes, inclusive os assistidos, dos planos de benefícios terão privilégio especial sobre os ativos garantidores das reservas técnicas e, caso estes não sejam suficientes para a cobertura dos direitos respectivos, privilégio geral sobre as demais partes não vinculadas ao ativo.

§ 3º Os participantes que já estiverem recebendo benefícios, ou que já tiverem adquirido este direito antes de decretada a liquidação extrajudicial, terão preferência sobre os demais participantes.

§ 4º Os créditos referidos nos parágrafos anteriores deste artigo não têm preferência sobre os créditos de natureza trabalhista ou tributária.

Art. 51. Serão obrigatoriamente levantados, na data da decretação da liquidação extrajudicial de entidade de previdência complementar, o balanço geral de liquidação e as demonstrações contábeis e atuariais necessárias à determinação do valor das reservas individuais.

Art. 52. A liquidação extrajudicial poderá, a qualquer tempo, ser levantada, desde que constatados fatos supervenientes que viabilizem a recuperação da entidade de previdência complementar.

Art. 53. A liquidação extrajudicial das entidades fechadas encerrar-se-á com a aprovação, pelo órgão regulador e fiscalizador, das contas finais do liquidante e com a baixa nos devidos registros.

Parágrafo único. Comprovada pelo liquidante a inexistência de ativos para satisfazer a possíveis créditos reclamados contra a entidade, deverá tal situação ser comunicada ao juízo competente e efetivados os devidos registros, para o encerramento do processo de liquidação.

Seção III - Disposições Especiais

Art. 54. O interventor terá amplos poderes de administração e representação e o liquidante plenos poderes de administração, representação e liquidação.

Art. 55. Compete ao órgão fiscalizador decretar, aprovar e rever os atos de que tratam os arts. 45, 46 e 48 desta Lei Complementar, bem como nomear, por intermédio do seu dirigente máximo, o interventor ou o liquidante.

Art. 56. A intervenção e a liquidação extrajudicial determinam a perda do mandato dos administradores e membros dos conselhos estatutários das entidades, sejam titulares ou suplentes.

Art. 57. Os créditos das entidades de previdência complementar, em caso de liquidação ou falência de patrocinadores, terão privilégio especial sobre a massa, respeitado o privilégio dos créditos trabalhistas e tributários.

Parágrafo único. Os administradores dos respectivos patrocinadores serão responsabilizados pelos danos ou prejuízos causados às entidades de previdência complementar, especialmente pela falta de aporte das contribuições a que estavam obrigados, observado o disposto no parágrafo único do art. 63 desta Lei Complementar.

Art. 58. No caso de liquidação extrajudicial de entidade fechada motivada pela falta de aporte de contribuições de patrocinadores ou pelo não recolhimento de contribuições de participantes, os administradores daqueles também serão responsabilizados pelos danos ou prejuízos causados.

Art. 59. Os administradores, controladores e membros de conselhos estatutários das entidades de previdência complementar sob intervenção ou em liquidação extrajudicial ficarão com todos os seus bens indisponíveis, não podendo, por qualquer forma, direta ou indireta, aliená-los ou onerá-los, até a apuração e liquidação final de suas responsabilidades.

§ 1º A indisponibilidade prevista neste artigo decorre do ato que decretar a intervenção ou liquidação extrajudicial e atinge todos aqueles que tenham estado no exercício das funções nos doze meses anteriores.

§ 2º A indisponibilidade poderá ser estendida aos bens de pessoas que, nos últimos doze meses, os tenham adquirido, a qualquer título, das pessoas referidas no caput e no parágrafo anterior, desde que haja seguros elementos de convicção de que se trata de simulada transferência com o fim de evitar os efeitos desta Lei Complementar.

§ 3º Não se incluem nas disposições deste artigo os bens considerados inalienáveis ou impenhoráveis pela legislação em vigor.

§ 4º Não são também atingidos pela indisponibilidade os bens objeto de contrato de alienação, de promessas de compra e venda e de cessão de direitos, desde que os respectivos instrumentos tenham sido levados ao competente registro público até doze meses antes da data de decretação da intervenção ou liquidação extrajudicial.

§ 5º Não se aplica a indisponibilidade de bens das pessoas referidas no caput deste artigo no caso de liquidação extrajudicial de entidades fechadas que deixarem de ter condições para funcionar por motivos totalmente desvinculados do exercício das suas atribuições, situação esta que poderá ser revista a qualquer momento, pelo órgão regulador e fiscalizador, desde que constatada a existência de irregularidades ou indícios de crimes por elas praticados.

Art. 60. O interventor ou o liquidante comunicará a indisponibilidade de bens aos órgãos competentes para os devidos registros e publicará edital para conhecimento de terceiros.

Parágrafo único. A autoridade que receber a comunicação ficará, relativamente a esses bens, impedida de:

I - fazer transcrições, inscrições ou averbações de documentos públicos ou particulares;

II - arquivar atos ou contratos que importem em transferência de cotas sociais, ações ou partes beneficiárias;

III - realizar ou registrar operações e títulos de qualquer natureza; e

IV - processar a transferência de propriedade de veículos automotores, aeronaves e embarcações.

Art. 61. A apuração de responsabilidades específicas referida no caput do art. 59 desta Lei Complementar será feita mediante inquérito a ser instaurado pelo órgão regulador e fiscalizador, sem prejuízo do disposto nos arts. 63 a 65 desta Lei Complementar.

§ 1º Se o inquérito concluir pela inexistência de prejuízo, será arquivado no órgão fiscalizador.

§ 2º Concluindo o inquérito pela existência de prejuízo, será ele, com o respectivo relatório, remetido pelo órgão regulador e fiscalizador ao Ministério Público, observados os seguintes procedimentos:

I - o interventor ou o liquidante, de ofício ou a requerimento de qualquer interessado que não tenha sido indiciado no inquérito, após aprovação do respectivo relatório pelo órgão fiscalizador, determinará o levantamento da indisponibilidade de que trata o art. 59 desta Lei Complementar;

II - será mantida a indisponibilidade com relação às pessoas indiciadas no inquérito, após aprovação do respectivo relatório pelo órgão fiscalizador.

Art. 62. Aplicam-se à intervenção e à liquidação das entidades de previdência complementar, no que couber, os dispositivos da legislação sobre a intervenção e liquidação extrajudicial das instituições financeiras, cabendo ao órgão regulador e fiscalizador as funções atribuídas ao Banco Central do Brasil.

CAPÍTULO VII - DO REGIME DISCIPLINAR

Art. 63. Os administradores de entidade, os procuradores com poderes de gestão, os membros de conselhos estatutários, o interventor e o liquidante responderão civilmente pelos danos ou prejuízos que causarem, por ação ou omissão, às entidades de previdência complementar.

Parágrafo único. São também responsáveis, na forma do caput, os administradores dos patrocinadores ou instituidores, os atuários, os auditores independentes, os avaliadores de gestão e outros profissionais que prestem serviços técnicos à entidade, diretamente ou por intermédio de pessoa jurídica contratada.

Art. 64. O órgão fiscalizador competente, o Banco Central do Brasil, a Comissão de Valores Mobiliários ou a Secretaria da Receita Federal, constatando a existência de práticas irregulares ou indícios de crimes em entidades de previdência complementar, noticiará ao Ministério Público, enviando-lhe os documentos comprobatórios.

Parágrafo único. O sigilo de operações não poderá ser invocado como óbice à troca de informações entre os órgãos mencionados no caput, nem ao fornecimento de informações requisitadas pelo Ministério Público.

Art. 65. A infração de qualquer disposição desta Lei Complementar ou de seu regulamento, para a qual não haja penalidade expressamente cominada, sujeita a pessoa física ou jurídica responsável, conforme o caso e a gravidade da infração, às seguintes penalidades administrativas, observado o disposto em regulamento:

I - advertência;

II - suspensão do exercício de atividades em entidades de previdência complementar pelo prazo de até cento e oitenta dias;

III - inabilitação, pelo prazo de dois a dez anos, para o exercício de cargo ou função em entidades de previdência complementar, sociedades seguradoras, instituições financeiras e no serviço público; e

IV - multa de dois mil reais a um milhão de reais, devendo esses valores, a partir da publicação desta Lei Complementar, ser reajustados de forma a preservar, em caráter permanente, seus valores reais.

§ 1º A penalidade prevista no inciso IV será imputada ao agente responsável, respondendo solidariamente a entidade de previdência complementar, assegurado o direito de regresso, e poderá ser aplicada cumulativamente com as constantes dos incisos I, II ou III deste artigo.

§ 2º Das decisões do órgão fiscalizador caberá recurso, no prazo de quinze dias, com efeito suspensivo, ao órgão competente.

§ 3º O recurso a que se refere o parágrafo anterior, na hipótese do inciso IV deste artigo, somente será conhecido se for comprovado pelo requerente o pagamento antecipado, em favor do órgão fiscalizador, de trinta por cento do valor da multa aplicada. (Vide Súmula Vinculante nº 21)

§ 4º Em caso de reincidência, a multa será aplicada em dobro.

Art. 66. As infrações serão apuradas mediante processo administrativo, na forma do regulamento, aplicando-se, no que couber, o disposto na Lei no 9.784, de 29 de janeiro de 1999. (Regulamento)

Art. 67. O exercício de atividade de previdência complementar por qualquer pessoa, física ou jurídica, sem a autorização devida do órgão competente, inclusive a comercialização de planos de benefícios, bem como a captação ou a administração de recursos de terceiros com o objetivo de, direta ou indiretamente, adquirir ou conceder benefícios previdenciários sob qualquer forma, submete o responsável à penalidade de inabilitação pelo prazo de dois a dez anos para o exercício de cargo ou função em entidade de previdência complementar, sociedades seguradoras, instituições financeiras e no serviço público, além de multa aplicável de acordo com o disposto no inciso IV do art. 65 desta Lei Complementar, bem como noticiar ao Ministério Público.

CAPÍTULO VIII - DISPOSIÇÕES GERAIS

Art. 68. As contribuições do empregador, os benefícios e as condições contratuais previstos nos estatutos, regulamentos e planos de benefícios das entidades de previdência complementar não integram o contrato de trabalho dos participantes, assim como, à exceção dos benefícios concedidos, não integram a remuneração dos participantes.

§ 1º Os benefícios serão considerados direito adquirido do participante quando implementadas todas as condições estabelecidas para elegibilidade consignadas no regulamento do respectivo plano.

§ 2º A concessão de benefício pela previdência complementar não depende da concessão de benefício pelo regime geral de previdência social.

Art. 69. As contribuições vertidas para as entidades de previdência complementar, destinadas ao custeio dos planos de benefícios de natureza previdenciária, são dedutíveis para fins de incidência de imposto sobre a renda, nos limites e nas condições fixadas em lei.

§ 1º Sobre as contribuições de que trata o caput não incidem tributação e contribuições de qualquer natureza.

§ 2º Sobre a portabilidade de recursos de reservas técnicas, fundos e provisões entre planos de benefícios de entidades de previdência complementar, titulados pelo mesmo participante, não incidem tributação e contribuições de qualquer natureza.

Art. 70. (VETADO)

Art. 71. É vedado às entidades de previdência complementar realizar quaisquer operações comerciais e financeiras:

I - com seus administradores, membros dos conselhos estatutários e respectivos cônjuges ou companheiros, e com seus parentes até o segundo grau;

II - com empresa de que participem as pessoas a que se refere o inciso anterior, exceto no caso de participação de até cinco por cento como acionista de empresa de capital aberto; e

III - tendo como contraparte, mesmo que indiretamente, pessoas físicas e jurídicas a elas ligadas, na forma definida pelo órgão regulador.

Parágrafo único. A vedação deste artigo não se aplica ao patrocinador, aos participantes e aos assistidos, que, nessa condição, realizarem operações com a entidade de previdência complementar.

Art. 72. Compete privativamente ao órgão regulador e fiscalizador das entidades fechadas zelar pelas sociedades civis e fundações, como definido no art. 31 desta Lei Complementar, não se aplicando a estas o disposto nos arts. 26 e 30 do Código Civil e 1.200 a 1.204 do Código de Processo Civil e demais disposições em contrário.

Art. 73. As entidades abertas serão reguladas também, no que couber, pela legislação aplicável às sociedades seguradoras.

Art. 74. Até que seja publicada a lei de que trata o art. 5º desta Lei Complementar, as funções do órgão regulador e do órgão fiscalizador serão exercidas pelo Ministério da Previdência e Assistência Social, por intermédio, respectivamente, do Conselho de Gestão da Previdência Complementar (CGPC) e da Secretaria de Previdência Complementar (SPC), relativamente às entidades fechadas, e pelo Ministério da Fazenda, por intermédio do Conselho Nacional de Seguros Privados (CNSP) e da Superintendência de Seguros Privados (SUSEP), em relação, respectivamente, à regulação e fiscalização das entidades abertas.

Art. 75. Sem prejuízo do benefício, prescreve em cinco anos o direito às prestações não pagas nem reclamadas na época própria, resguardados os direitos dos menores dependentes, dos incapazes ou dos ausentes, na forma do Código Civil.

Art. 76. As entidades fechadas que, na data da publicação desta Lei Complementar, prestarem a seus participantes e assistidos serviços assistenciais à saúde poderão continuar a fazê-lo, desde que seja estabelecido um custeio específico para os planos assistenciais e que a sua contabilização e o seu patrimônio sejam mantidos em separado em relação ao plano previdenciário.

§ 1º Os programas assistenciais de natureza financeira deverão ser extintos a partir da data de publicação desta Lei Complementar, permanecendo em vigência, até o seu termo, apenas os compromissos já firmados.

§ 2º Consideram-se programas assistenciais de natureza financeira, para os efeitos desta Lei Complementar, aqueles em que o rendimento situa-se abaixo da taxa mínima atuarial do respectivo plano de benefícios.

Art. 77. As entidades abertas sem fins lucrativos e as sociedades seguradoras autorizadas a funcionar em conformidade com a Lei no 6.435, de 15 de julho de 1977, terão o prazo de dois anos para se adaptar ao disposto nesta Lei Complementar.

§ 1º No caso das entidades abertas sem fins lucrativos já autorizadas a funcionar, é permitida a manutenção de sua organização jurídica como sociedade civil, sendo-lhes vedado participar, direta ou indiretamente, de pessoas jurídicas, exceto quando tiverem participação acionária:

 I - minoritária, em sociedades anônimas de capital aberto, na forma regulamentada pelo Conselho Monetário Nacional, para aplicação de recursos de reservas técnicas, fundos e provisões;

 II - em sociedade seguradora e/ou de capitalização.

§ 2º É vedado à sociedade seguradora e/ou de capitalização referida no inciso II do parágrafo anterior participar majoritariamente de pessoas jurídicas, ressalvadas as empresas de suporte ao seu funcionamento e as sociedades anônimas de capital aberto, nas condições previstas no inciso I do parágrafo anterior.

§ 3º A entidade aberta sem fins lucrativos e a sociedade seguradora e/ou de capitalização por ela controlada devem adaptar-se às condições estabelecidas nos §§ 1º e 2º, no mesmo prazo previsto no caput deste artigo.

§ 4º As reservas técnicas de planos já operados por entidades abertas de previdência privada sem fins lucrativos, anteriormente à data de publicação da Lei no 6.435, de 15 de julho de 1977, poderão permanecer garantidas por ativos de propriedade da entidade, existentes à época, dentro de programa gradual de ajuste às normas estabelecidas pelo órgão regulador sobre a matéria, a ser submetido pela entidade ao órgão fiscalizador no prazo máximo de doze meses a contar da data de publicação desta Lei Complementar.

§ 5º O prazo máximo para o término para o programa gradual de ajuste a que se refere o parágrafo anterior não poderá superar cento e vinte meses, contados da data de aprovação do respectivo programa pelo órgão fiscalizador.

§ 6º As entidades abertas sem fins lucrativos que, na data de publicação desta Lei Complementar, já vinham mantendo programas de assistência filantrópica, prévia e expressamente autorizados, poderão, para efeito de cobrança, adicionar às contribuições de seus planos de benefícios valor destinado àqueles programas, observadas as normas estabelecidas pelo órgão regulador.

§ 7º A aplicabilidade do disposto no parágrafo anterior fica sujeita, sob pena de cancelamento da autorização previamente concedida, à prestação anual de contas dos programas filantrópicos e à aprovação pelo órgão competente.

§ 8º O descumprimento de qualquer das obrigações contidas neste artigo sujeita os administradores das entidades abertas sem fins lucrativos e das sociedades seguradora e/ou de capitalização por elas controladas ao Regime Disciplinar previsto nesta Lei Complementar, sem prejuízo da responsabilidade civil por danos ou prejuízos causados, por ação ou omissão, à entidade.

Art. 78. Esta Lei Complementar entra em vigor na data de sua publicação.

Art. 79. Revogam-se as Leis no 6.435, de 15 de julho de 1977, e no 6.462, de 9 de novembro de 1977.

6. LEI Nº 8.213, DE 24 DE JULHO DE 1991

Dispõe sobre os Planos de Benefícios da Previdência Social e dá outras providências.

O PRESIDENTE DA REPÚBLICA Faço saber que o Congresso Nacional decreta e eu sanciono a seguinte Lei:

TÍTULO I - DA FINALIDADE E DOS PRINCÍPIOS BÁSICOS DA PREVIDÊNCIA SOCIAL

Art. 1º A Previdência Social, mediante contribuição, tem por fim assegurar aos seus beneficiários meios indispensáveis de manutenção, por motivo de incapacidade, desemprego involuntário, idade avançada, tempo de serviço, encargos familiares e prisão ou morte daqueles de quem dependiam economicamente.

Art. 2º A Previdência Social rege-se pelos seguintes princípios e objetivos:

 I - universalidade de participação nos planos previdenciários;

 II - uniformidade e equivalência dos benefícios e serviços às populações urbanas e rurais;

 III - seletividade e distributividade na prestação dos benefícios;

 IV - cálculo dos benefícios considerando-se os salários-de-contribuição corrigidos monetariamente;

V - irredutibilidade do valor dos benefícios de forma a preservar-lhes o poder aquisitivo;

VI - valor da renda mensal dos benefícios substitutos do salário-de-contribuição ou do rendimento do trabalho do segurado não inferior ao do salário mínimo;

VII - previdência complementar facultativa, custeada por contribuição adicional;

VIII - caráter democrático e descentralizado da gestão administrativa, com a participação do governo e da comunidade, em especial de trabalhadores em atividade, empregadores e aposentados.

Parágrafo único. A participação referida no inciso VIII deste artigo será efetivada a nível federal, estadual e municipal.

Art. 3º Fica instituído o Conselho Nacional de Previdência Social–CNPS, órgão superior de deliberação colegiada, que terá como membros:

I - seis representantes do Governo Federal; (Redação dada pela Lei nº 8.619, de 1993)

II - nove representantes da sociedade civil, sendo: (Redação dada pela Lei nº 8.619, de 1993)

a) três representantes dos aposentados e pensionistas; (Redação dada pela Lei nº 8.619, de 1993)

b) três representantes dos trabalhadores em atividade; (Redação dada pela Lei nº 8.619, de 1993)

c) três representantes dos empregadores. (Redação dada pela Lei nº 8.619, de 1993)

§ 1º Os membros do CNPS e seus respectivos suplentes serão nomeados pelo Presidente da República, tendo os representantes titulares da sociedade civil mandato de 2 (dois) anos, podendo ser reconduzidos, de imediato, uma única vez.

§ 2º Os representantes dos trabalhadores em atividade, dos aposentados, dos empregadores e seus respectivos suplentes serão indicados pelas centrais sindicais e confederações nacionais.

§ 3º O CNPS reunir-se-á, ordinariamente, uma vez por mês, por convocação de seu Presidente, não podendo ser adiada a reunião por mais de 15 (quinze) dias se houver requerimento nesse sentido da maioria dos conselheiros.

§ 4º Poderá ser convocada reunião extraordinária por seu Presidente ou a requerimento de um terço de seus membros, conforme dispuser o regimento interno do CNPS.

§ 5º (Revogado pela Lei nº 9.528, de 1997)

§ 6º As ausências ao trabalho dos representantes dos trabalhadores em atividade, decorrentes das atividades do Conselho, serão abonadas, computando-se como jornada efetivamente trabalhada para todos os fins e efeitos legais.

§ 7º Aos membros do CNPS, enquanto representantes dos trabalhadores em atividade, titulares e suplentes, é assegurada a estabilidade no emprego, da nomeação até um ano após o término do mandato de representação, somente podendo ser demitidos por motivo de falta grave, regularmente comprovada através de processo judicial.

§ 8º Competirá ao Ministério do Trabalho e da Previdência Social proporcionar ao CNPS os meios necessários ao exercício de suas competências, para o que contará com uma Secretaria-Executiva do Conselho Nacional de Previdência Social.

§ 9º O CNPS deverá se instalar no prazo de 30 (trinta) dias a contar da publicação desta Lei.

Art. 4º Compete ao Conselho Nacional de Previdência Social–CNPS:

I - estabelecer diretrizes gerais e apreciar as decisões de políticas aplicáveis à Previdência Social;

II - participar, acompanhar e avaliar sistematicamente a gestão previdenciária;

III - apreciar e aprovar os planos e programas da Previdência Social;

IV - apreciar e aprovar as propostas orçamentárias da Previdência Social, antes de sua consolidação na proposta orçamentária da Seguridade Social;

V - acompanhar e apreciar, através de relatórios gerenciais por ele definidos, a execução dos planos, programas e orçamentos no âmbito da Previdência Social;

VI - acompanhar a aplicação da legislação pertinente à Previdência Social;

VII - apreciar a prestação de contas anual a ser remetida ao Tribunal de Contas da União, podendo, se for necessário, contratar auditoria externa;

VIII - estabelecer os valores mínimos em litígio, acima dos quais será exigida a anuência prévia do Procurador-Geral ou do Presidente do INSS para formalização de desistência ou transigência judiciais, conforme o disposto no art. 132;

IX - elaborar e aprovar seu regimento interno.

Parágrafo único. As decisões proferidas pelo CNPS deverão ser publicadas no Diário Oficial da União.

Art. 5º Compete aos órgãos governamentais:

I - prestar toda e qualquer informação necessária ao adequado cumprimento das competências do CNPS, fornecendo inclusive estudos técnicos;

II - encaminhar ao CNPS, com antecedência mínima de 2 (dois) meses do seu envio ao Congresso Nacional, a proposta orçamentária da Previdência Social, devidamente detalhada.

Art. 6º Haverá, no âmbito da Previdência Social, uma Ouvidoria-Geral, cujas atribuições serão definidas em regulamento. (Redação dada pela Lei nº 9.711, de 20.11.98)

Art. 7º (Revogado pela Medida Provisória nº 2.216-37, de 31.8.01)

Art. 8º (Revogado pela Medida Provisória nº 2.216-37, de 31.8.01)

TÍTULO II - DO PLANO DE BENEFÍCIOS DA PREVIDÊNCIA SOCIAL

Capítulo Único - DOS REGIMES DE PREVIDÊNCIA SOCIAL

Art. 9º A Previdência Social compreende:

I - o Regime Geral de Previdência Social;

II - o Regime Facultativo Complementar de Previdência Social.

§ 1º O Regime Geral de Previdência Social - RGPS garante a cobertura de todas as situações expressas no art. 1o desta Lei, exceto as de desemprego involuntário, objeto de lei específica, e de aposentadoria por tempo de contribuição para o trabalhador de que trata o § 2º do art. 21 da Lei no 8.212, de 24 de julho de 1991. (Redação dada pela Lei Complementar nº 123, de 2006)

§ 2º O Regime Facultativo Complementar de Previdência Social será objeto de lei específica.

TÍTULO III - DO REGIME GERAL DE PREVIDÊNCIA SOCIAL

Capítulo I - DOS BENEFICIÁRIOS

Art. 10. Os beneficiários do Regime Geral de Previdência Social classificam-se como segurados e dependentes, nos termos das Seções I e II deste capítulo.

Seção I - Dos Segurados

Art. 11. São segurados obrigatórios da Previdência Social as seguintes pessoas físicas: (Redação dada pela Lei nº 8.647, de 1993)

I - como empregado: (Redação dada pela Lei nº 8.647, de 1993)

a) aquele que presta serviço de natureza urbana ou rural à empresa, em caráter não eventual, sob sua subordinação e mediante remuneração, inclusive como diretor empregado;

b) aquele que, contratado por empresa de trabalho temporário, definida em legislação específica, presta

serviço para atender a necessidade transitória de substituição de pessoal regular e permanente ou a acréscimo extraordinário de serviços de outras empresas;
c) o brasileiro ou o estrangeiro domiciliado e contratado no Brasil para trabalhar como empregado em sucursal ou agência de empresa nacional no exterior;
d) aquele que presta serviço no Brasil a missão diplomática ou a repartição consular de carreira estrangeira e a órgãos a elas subordinados, ou a membros dessas missões e repartições, excluídos o não-brasileiro sem residência permanente no Brasil e o brasileiro amparado pela legislação previdenciária do país da respectiva missão diplomática ou repartição consular;
e) o brasileiro civil que trabalha para a União, no exterior, em organismos oficiais brasileiros ou internacionais dos quais o Brasil seja membro efetivo, ainda que lá domiciliado e contratado, salvo se segurado na forma da legislação vigente do país do domicílio;
f) o brasileiro ou estrangeiro domiciliado e contratado no Brasil para trabalhar como empregado em empresa domiciliada no exterior, cuja maioria do capital votante pertença a empresa brasileira de capital nacional;
g) o servidor público ocupante de cargo em comissão, sem vínculo efetivo com a União, Autarquias, inclusive em regime especial, e Fundações Públicas Federais. (Incluída pela Lei nº 8.647, de 1993)
h) o exercente de mandato eletivo federal, estadual ou municipal, desde que não vinculado a regime próprio de previdência social ; (Incluída pela Lei nº 9.506, de 1997)
i) o empregado de organismo oficial internacional ou estrangeiro em funcionamento no Brasil, salvo quando coberto por regime próprio de previdência social; (Incluída pela Lei nº 9.876, de 26.11.99)
j) o exercente de mandato eletivo federal, estadual ou municipal, desde que não vinculado a regime próprio de previdência social; (Incluído pela Lei nº 10.887, de 2004)
II - como empregado doméstico: aquele que presta serviço de natureza contínua a pessoa ou família, no âmbito residencial desta, em atividades sem fins lucrativos;
III - (Revogado pela Lei nº 9.876, de 26.11.1999)
IV - (Revogado pela Lei nº 9.876, de 26.11.1999)
a) ; (Revogado pela Lei nº 9.876, de 26.11.1999)
b) (Revogado pela Lei nº 9.876, de 26.11.1999)
V - como contribuinte individual: (Redação dada pela Lei nº 9.876, de 26.11.99)
a) a pessoa física, proprietária ou não, que explora atividade agropecuária, a qualquer título, em caráter permanente ou temporário, em área superior a 4 (quatro) módulos fiscais; ou, quando em área igual ou inferior a 4 (quatro) módulos fiscais ou atividade pesqueira, com auxílio de empregados ou por intermédio de prepostos; ou ainda nas hipóteses dos §§ 9o e 10 deste artigo; (Redação dada pela Lei nº 11.718, de 2008)
b) a pessoa física, proprietária ou não, que explora atividade de extração mineral - garimpo, em caráter permanente ou temporário, diretamente ou por intermédio de prepostos, com ou sem o auxílio de empregados, utilizados a qualquer título, ainda que de forma não contínua; (Redação dada pela Lei nº 9.876, de 26.11.99)
c) o ministro de confissão religiosa e o membro de instituto de vida consagrada, de congregação ou de ordem religiosa; (Redação dada pela Lei nº 10.403, de 8.1.2002)
d) (Revogado pela Lei nº 9.876, de 26.11.1999)
e) o brasileiro civil que trabalha no exterior para organismo oficial internacional do qual o Brasil é membro efetivo, ainda que lá domiciliado e contratado, salvo quando coberto por regime próprio de previdência social; (Redação dada pela Lei nº 9.876, de 26.11.99)
f) o titular de firma individual urbana ou rural, o diretor não empregado e o membro de conselho de administração de sociedade anônima, o sócio solidário, o sócio de indústria, o sócio gerente e o sócio cotista que rece-
bam remuneração decorrente de seu trabalho em empresa urbana ou rural, e o associado eleito para cargo de direção em cooperativa, associação ou entidade de qualquer natureza ou finalidade, bem como o síndico ou administrador eleito para exercer atividade de direção condominial, desde que recebam remuneração; (Incluído pela Lei nº 9.876, de 26.11.99)
g) quem presta serviço de natureza urbana ou rural, em caráter eventual, a uma ou mais empresas, sem relação de emprego; (Incluído pela Lei nº 9.876, de 26.11.99)
h) a pessoa física que exerce, por conta própria, atividade econômica de natureza urbana, com fins lucrativos ou não; (Incluído pela Lei nº 9.876, de 26.11.99)
VI - como trabalhador avulso: quem presta, a diversas empresas, sem vínculo empregatício, serviço de natureza urbana ou rural definidos no Regulamento;
VII – como segurado especial: a pessoa física residente no imóvel rural ou em aglomerado urbano ou rural próximo a ele que, individualmente ou em regime de economia familiar, ainda que com o auxílio eventual de terceiros, na condição de: (Redação dada pela Lei nº 11.718, de 2008)
a) produtor, seja proprietário, usufrutuário, possuidor, assentado, parceiro ou meeiro outorgados, comodatário ou arrendatário rurais, que explore atividade: (Incluído pela Lei nº 11.718, de 2008)
1. agropecuária em área de até 4 (quatro) módulos fiscais; (Incluído pela Lei nº 11.718, de 2008)
2. de seringueiro ou extrativista vegetal que exerça suas atividades nos termos do inciso XII do caput do art. 2o da Lei no 9.985, de 18 de julho de 2000, e faça dessas atividades o principal meio de vida; (Incluído pela Lei nº 11.718, de 2008)
b) pescador artesanal ou a este assemelhado que faça da pesca profissão habitual ou principal meio de vida; e (Incluído pela Lei nº 11.718, de 2008)
c) cônjuge ou companheiro, bem como filho maior de 16 (dezesseis) anos de idade ou a este equiparado, do segurado de que tratam as alíneas a e b deste inciso, que, comprovadamente, trabalhem com o grupo familiar respectivo. (Incluído pela Lei nº 11.718, de 2008)
§ 1º Entende-se como regime de economia familiar a atividade em que o trabalho dos membros da família é indispensável à própria subsistência e ao desenvolvimento socioeconômico do núcleo familiar e é exercido em condições de mútua dependência e colaboração, sem a utilização de empregados permanentes. (Redação dada pela Lei nº 11.718, de 2008)
§ 2º Todo aquele que exercer, concomitantemente, mais de uma atividade remunerada sujeita ao Regime Geral de Previdência Social é obrigatoriamente filiado em relação a cada uma delas.
§ 3º O aposentado pelo Regime Geral de Previdência Social–RGPS que estiver exercendo ou que voltar a exercer atividade abrangida por este Regime é segurado obrigatório em relação a essa atividade, ficando sujeito às contribuições de que trata a Lei nº 8.212, de 24 de julho de 1991, para fins de custeio da Seguridade Social. (Incluído pela Lei nº 9.032, de 1995)
§ 4º O dirigente sindical mantém, durante o exercício do mandato eletivo, o mesmo enquadramento no Regime Geral de Previdência Social-RGPS de antes da investidura. (Incluído pela Lei nº 9.528, de 1997)
§ 5º Aplica-se o disposto na alínea g do inciso I do caput ao ocupante de cargo de Ministro de Estado, de Secretário Estadual, Distrital ou Municipal, sem vínculo efetivo com a União, Estados, Distrito Federal e Municípios, suas autarquias, ainda que em regime especial, e fundações. (Incluído pela Lei nº 9.876, de 26.11.99)
§ 6º Para serem considerados segurados especiais, o cônjuge ou companheiro e os filhos maiores de 16 (dezesseis) anos ou os a estes equiparados deverão ter participação ativa nas atividades rurais do grupo familiar. (Incluído pela Lei nº 11.718, de 2008)

LEI Nº 8.213, DE 24 DE JULHO DE 1991

§ 7º O grupo familiar poderá utilizar-se de empregados contratados por prazo determinado ou de trabalhador de que trata a alínea g do inciso V do caput, à razão de no máximo 120 (cento e vinte) pessoas por dia no ano civil, em períodos corridos ou intercalados ou, ainda, por tempo equivalente em horas de trabalho, não sendo computado nesse prazo o período de afastamento em decorrência da percepção de auxílio-doença. (Redação dada pela Lei nº 12.873, de 2013)

§ 8º Não descaracteriza a condição de segurado especial: (Incluído pela Lei nº 11.718, de 2008)

I – a outorga, por meio de contrato escrito de parceria, meação ou comodato, de até 50% (cinqüenta por cento) de imóvel rural cuja área total não seja superior a 4 (quatro) módulos fiscais, desde que outorgante e outorgado continuem a exercer a respectiva atividade, individualmente ou em regime de economia familiar; (Incluído pela Lei nº 11.718, de 2008)

II – a exploração da atividade turística da propriedade rural, inclusive com hospedagem, por não mais de 120 (cento e vinte) dias ao ano; (Incluído pela Lei nº 11.718, de 2008)

III – a participação em plano de previdência complementar instituído por entidade classista a que seja associado em razão da condição de trabalhador rural ou de produtor rural em regime de economia familiar; e (Incluído pela Lei nº 11.718, de 2008)

IV – ser beneficiário ou fazer parte de grupo familiar que tem algum componente que seja beneficiário de programa assistencial oficial de governo; (Incluído pela Lei nº 11.718, de 2008)

V – a utilização pelo próprio grupo familiar, na exploração da atividade, de processo de beneficiamento ou industrialização artesanal, na forma do § 11 do art. 25 da Lei no 8.212, de 24 de julho de 1991; e (Incluído pela Lei nº 11.718, de 2008)

VI - a associação em cooperativa agropecuária ou de crédito rural; e (Redação dada pela Lei nº 13.183, de 2015)

VII - a incidência do Imposto Sobre Produtos Industrializados - IPI sobre o produto das atividades desenvolvidas nos termos do § 12. (Incluído pela Lei nº 12.873, de 2013) (Produção de efeito)

§ 9º Não é segurado especial o membro de grupo familiar que possuir outra fonte de rendimento, exceto se decorrente de: (Incluído pela Lei nº 11.718, de 2008)

I – benefício de pensão por morte, auxílio-acidente ou auxílio-reclusão, cujo valor não supere o do menor benefício de prestação continuada da Previdência Social; (Incluído pela Lei nº 11.718, de 2008)

II – benefício previdenciário pela participação em plano de previdência complementar instituído nos termos do inciso IV do § 8º deste artigo; (Incluído pela Lei nº 11.718, de 2008)

III - exercício de atividade remunerada em período não superior a 120 (cento e vinte) dias, corridos ou intercalados, no ano civil, observado o disposto no § 13 do art. 12 da Lei nº 8.212, de 24 de julho de 1991; (Redação dada pela Lei nº 12.873, de 2013)

IV – exercício de mandato eletivo de dirigente sindical de organização da categoria de trabalhadores rurais; (Incluído pela Lei nº 11.718, de 2008)

V – exercício de mandato de vereador do Município em que desenvolve a atividade rural ou de dirigente de cooperativa rural constituída, exclusivamente, por segurados especiais, observado o disposto no § 13 do art. 12 da Lei no 8.212, de 24 de julho de 1991; (Incluído pela Lei nº 11.718, de 2008)

VI – parceria ou meação outorgada na forma e condições estabelecidas no inciso I do § 8º deste artigo; (Incluído pela Lei nº 11.718, de 2008)

VII – atividade artesanal desenvolvida com matéria-prima produzida pelo respectivo grupo familiar, podendo ser utilizada matéria-prima de outra origem, desde que a renda mensal obtida na atividade não exceda ao menor benefício de prestação continuada da Previdência Social; e (Incluído pela Lei nº 11.718, de 2008)

VIII – atividade artística, desde que em valor mensal inferior ao menor benefício de prestação continuada da Previdência Social. (Incluído pela Lei nº 11.718, de 2008)

§ 10. O segurado especial fica excluído dessa categoria: (Incluído pela Lei nº 11.718, de 2008)

I – a contar do primeiro dia do mês em que: (Incluído pela Lei nº 11.718, de 2008)

a) deixar de satisfazer as condições estabelecidas no inciso VII do caput deste artigo, sem prejuízo do disposto no art. 15 desta Lei, ou exceder qualquer dos limites estabelecidos no inciso I do § 8º deste artigo; (Incluído pela Lei nº 11.718, de 2008)

b) enquadrar-se em qualquer outra categoria de segurado obrigatório do Regime Geral de Previdência Social, ressalvado o disposto nos incisos III, V, VII e VIII do § 9º e no § 12, sem prejuízo do disposto no art. 15; (Redação dada pela Lei nº 12.873, de 2013)

c) tornar-se segurado obrigatório de outro regime previdenciário; e (Redação dada pela Lei nº 12.873, de 2013)

d) participar de sociedade empresária, de sociedade simples, como empresário individual ou como titular de empresa individual de responsabilidade limitada em desacordo com as limitações impostas pelo § 12; (Incluído pela Lei nº 12.873, de 2013) (Produção de efeito)

II – a contar do primeiro dia do mês subseqüente ao da ocorrência, quando o grupo familiar a que pertence exceder o limite de: (Incluído pela Lei nº 11.718, de 2008)

a) utilização de terceiros na exploração da atividade a que se refere o § 7º deste artigo; (Incluído pela Lei nº 11.718, de 2008)

b) dias em atividade remunerada estabelecidos no inciso III do § 9º deste artigo; e (Incluído pela Lei nº 11.718, de 2008)

c) dias de hospedagem a que se refere o inciso II do § 8º deste artigo. (Incluído pela Lei nº 11.718, de 2008)

§ 11. Aplica-se o disposto na alínea a do inciso V do caput deste artigo ao cônjuge ou companheiro do produtor que participe da atividade rural por este explorada. (Incluído pela Lei nº 11.718, de 2008)

§ 12. A participação do segurado especial em sociedade empresária, em sociedade simples, como empresário individual ou como titular de empresa individual de responsabilidade limitada de objeto ou âmbito agrícola, agroindustrial ou agroturístico, considerada microempresa nos termos da Lei Complementar no 123, de 14 de dezembro de 2006, não o exclui de tal categoria previdenciária, desde que, mantido o exercício da sua atividade rural na forma do inciso VII do caput e do § 1º, a pessoa jurídica componha-se apenas de segurados de igual natureza e sedie-se no mesmo Município ou em Município limítrofe àquele em que eles desenvolvam suas atividades. (Incluído pela Lei nº 12.873, de 2013) (Produção de efeito)

§ 13. (VETADO). (Incluído pela Lei nº 12.873, de 2013) (Produção de efeito)

Art. 12. O servidor civil ocupante de cargo efetivo ou o militar da União, dos Estados, do Distrito Federal ou dos Municípios, bem como o das respectivas autarquias e fundações, são excluídos do Regime Geral de Previdência Social consubstanciado nesta Lei, desde que amparados por regime próprio de previdência social. (Redação dada pela Lei nº 9.876, de 26.11.99)

§ 1º Caso o servidor ou o militar venham a exercer, concomitantemente, uma ou mais atividades abrangidas pelo Regime Geral de Previdência Social, tornar-se-ão segurados obrigatórios em relação a essas atividades. (Incluído pela Lei nº 9.876, de 26.11.99)

§ 2º Caso o servidor ou o militar, amparados por regime próprio de previdência social, sejam requisitados para outro órgão ou entidade cujo regime previdenciário não permita a filiação, nessa condição, permanecerão vinculados ao regime de ori-

gem, obedecidas as regras que cada ente estabeleça acerca de sua contribuição. (Incluído pela Lei nº 9.876, de 26.11.99)

Art. 13. É segurado facultativo o maior de 14 (quatorze) anos que se filiar ao Regime Geral de Previdência Social, mediante contribuição, desde que não incluído nas disposições do art. 11.

Art. 14. Consideram-se:

I - empresa - a firma individual ou sociedade que assume o risco de atividade econômica urbana ou rural, com fins lucrativos ou não, bem como os órgãos e entidades da administração pública direta, indireta ou fundacional;

II - empregador doméstico - a pessoa ou família que admite a seu serviço, sem finalidade lucrativa, empregado doméstico.

Parágrafo único. Equiparam-se a empresa, para os efeitos desta Lei, o contribuinte individual e a pessoa física na condição de proprietário ou dono de obra de construção civil, em relação a segurado que lhe presta serviço, bem como a cooperativa, a associação ou entidade de qualquer natureza ou finalidade, a missão diplomática e a repartição consular de carreira estrangeiras. (Redação dada pela Lei nº 13.202, de 2015)

Art. 15. Mantém a qualidade de segurado, independentemente de contribuições:

I - sem limite de prazo, quem está em gozo de benefício, exceto do auxílio-acidente; (Redação dada pela Lei nº 13.846, de 2019)

II - até 12 (doze) meses após a cessação das contribuições, o segurado que deixar de exercer atividade remunerada abrangida pela Previdência Social ou estiver suspenso ou licenciado sem remuneração;

III - até 12 (doze) meses após cessar a segregação, o segurado acometido de doença de segregação compulsória;

IV - até 12 (doze) meses após o livramento, o segurado retido ou recluso;

V - até 3 (três) meses após o licenciamento, o segurado incorporado às Forças Armadas para prestar serviço militar;

VI - até 6 (seis) meses após a cessação das contribuições, o segurado facultativo.

§ 1º O prazo do inciso II será prorrogado para até 24 (vinte e quatro) meses se o segurado já tiver pago mais de 120 (cento e vinte) contribuições mensais sem interrupção que acarrete a perda da qualidade de segurado.

§ 2º Os prazos do inciso II ou do § 1º serão acrescidos de 12 (doze) meses para o segurado desempregado, desde que comprovada essa situação pelo registro no órgão próprio do Ministério do Trabalho e da Previdência Social.

§ 3º Durante os prazos deste artigo, o segurado conserva todos os seus direitos perante a Previdência Social.

§ 4º A perda da qualidade de segurado ocorrerá no dia seguinte ao do término do prazo fixado no Plano de Custeio da Seguridade Social para recolhimento da contribuição referente ao mês imediatamente posterior ao do final dos prazos fixados neste artigo e seus parágrafos.

Seção II - Dos Dependentes

Art. 16. São beneficiários do Regime Geral de Previdência Social, na condição de dependentes do segurado:

I - o cônjuge, a companheira, o companheiro e o filho não emancipado, de qualquer condição, menor de 21 (vinte e um) anos ou inválido ou que tenha deficiência intelectual ou mental ou deficiência grave; (Redação dada pela Lei nº 13.146, de 2015) (Vigência)

II - os pais;

III - o irmão não emancipado, de qualquer condição, menor de 21 (vinte e um) anos ou inválido ou que tenha deficiência intelectual ou mental ou deficiência grave; (Redação dada pela Lei nº 13.146, de 2015) (Vigência)

IV - (Revogada pela Lei nº 9.032, de 1995)

§ 1º A existência de dependente de qualquer das classes deste artigo exclui do direito às prestações os das classes seguintes.

§ 2º .O enteado e o menor tutelado equiparam-se a filho mediante declaração do segurado e desde que comprovada a dependência econômica na forma estabelecida no Regulamento. (Redação dada pela Lei nº 9.528, de 1997)

§ 3º Considera-se companheira ou companheiro a pessoa que, sem ser casada, mantém união estável com o segurado ou com a segurada, de acordo com o § 3º do art. 226 da Constituição Federal.

§ 4º A dependência econômica das pessoas indicadas no inciso I é presumida e a das demais deve ser comprovada.

§ 5º As provas de união estável e de dependência econômica exigem início de prova material contemporânea dos fatos, produzido em período não superior a 24 (vinte e quatro) meses anterior à data do óbito ou do recolhimento à prisão do segurado, não admitida a prova exclusivamente testemunhal, exceto na ocorrência de motivo de força maior ou caso fortuito, conforme disposto no regulamento. (Incluído pela Lei nº 13.846, de 2019)

§ 6º Na hipótese da alínea c do inciso V do § 2º do art. 77 desta Lei, a par da exigência do § 5º deste artigo, deverá ser apresentado, ainda, início de prova material que comprove união estável por pelo menos 2 (dois) anos antes do óbito do segurado. (Incluído pela Lei nº 13.846, de 2019)

§ 7º Será excluído definitivamente da condição de dependente quem tiver sido condenado criminalmente por sentença com trânsito em julgado, como autor, coautor ou partícipe de homicídio doloso, ou de tentativa desse crime, cometido contra a pessoa do segurado, ressalvados os absolutamente incapazes e os inimputáveis. (Incluído pela Lei nº 13.846, de 2019)

Seção III - Das Inscrições

Art. 17. O Regulamento disciplinará a forma de inscrição do segurado e dos dependentes.

§ 1º Incumbe ao dependente promover a sua inscrição quando do requerimento do benefício a que estiver habilitado. (Redação dada pela Lei nº 10.403, de 8.1.2002)

§ 2º (Revogado pela Medida Provisória nº 664, de 2014) (Revogado pela Lei nº 13.135, de 2015)

§ 3º (Revogado pela Lei nº 11.718, de 2008)

§ 4º A inscrição do segurado especial será feita de forma a vinculá-lo ao respectivo grupo familiar e conterá, além das informações pessoais, a identificação da propriedade em que desenvolve a atividade e a que título, se nela reside ou o Município onde reside e, quando for o caso, a identificação e inscrição da pessoa responsável pelo grupo familiar. (Redação dada pela Lei nº 12.873, de 2013)

§ 5º O segurado especial integrante de grupo familiar que não seja proprietário ou dono do imóvel rural em que desenvolve sua atividade deverá informar, no ato da inscrição, conforme o caso, o nome do parceiro ou meeiro outorgante, arrendador, comodante ou assemelhado. (Incluído Lei nº 11.718, de 2008)

§ 6º (Revogado pela Lei nº 12.873, de 2013) (Produção de efeito)

§ 7º Não será admitida a inscrição post mortem de segurado contribuinte individual e de segurado facultativo. (Incluído pela Lei nº 13.846, de 2019))

Capítulo II - DAS PRESTAÇÕES EM GERAL

Seção I - Das Espécies de Prestações

Art. 18. O Regime Geral de Previdência Social compreende as seguintes prestações, devidas inclusive em razão de eventos decorrentes de acidente do trabalho, expressas em benefícios e serviços:

I - quanto ao segurado:
 a) aposentadoria por invalidez;
 b) aposentadoria por idade;

LEI Nº 8.213, DE 24 DE JULHO DE 1991

c) aposentadoria por tempo de contribuição; (Redação dada pela Lei Complementar nº 123, de 2006)
d) aposentadoria especial;
e) auxílio-doença;
f) salário-família;
g) salário-maternidade;
h) auxílio-acidente;
i) (Revogada pela Lei nº 8.870, de 1994)
II - quanto ao dependente:
a) pensão por morte;
b) auxílio-reclusão;
III - quanto ao segurado e dependente:
a) (Revogada pela Lei nº 9.032, de 1995)
b) serviço social;
c) reabilitação profissional.

§ 1º Somente poderão beneficiar-se do auxílio-acidente os segurados incluídos nos incisos I, II, VI e VII do art. 11 desta Lei. (Redação dada pela Lei Complementar nº 150, de 2015)

§ 2º O aposentado pelo Regime Geral de Previdência Social-RGPS que permanecer em atividade sujeita a este Regime, ou a ele retornar, não fará jus a prestação alguma da Previdência Social em decorrência do exercício dessa atividade, exceto ao salário-família e à reabilitação profissional, quando empregado. (Redação dada pela Lei nº 9.528, de 1997)

§ 3º O segurado contribuinte individual, que trabalhe por conta própria, sem relação de trabalho com empresa ou equiparado, e o segurado facultativo que contribuam na forma do § 2º do art. 21 da Lei no 8.212, de 24 de julho de 1991, não farão jus à aposentadoria por tempo de contribuição. (Incluído pela Lei Complementar nº 123, de 2006)

§ 4º Os benefícios referidos no caput deste artigo poderão ser solicitados, pelos interessados, aos Oficiais de Registro Civil das Pessoas Naturais, que encaminharão, eletronicamente, requerimento e respectiva documentação comprobatória de seu direito para deliberação e análise do Instituto Nacional do Seguro Social (INSS), nos termos do regulamento. (Incluído pela Lei nº 13.846, de 2019)

Art. 19. Acidente do trabalho é o que ocorre pelo exercício do trabalho a serviço de empresa ou de empregador doméstico ou pelo exercício do trabalho dos segurados referidos no inciso VII do art. 11 desta Lei, provocando lesão corporal ou perturbação funcional que cause a morte ou a perda ou redução, permanente ou temporária, da capacidade para o trabalho. (Redação dada pela Lei Complementar nº 150, de 2015)

§ 1º A empresa é responsável pela adoção e uso das medidas coletivas e individuais de proteção e segurança da saúde do trabalhador.

§ 2º Constitui contravenção penal, punível com multa, deixar a empresa de cumprir as normas de segurança e higiene do trabalho.

§ 3º É dever da empresa prestar informações pormenorizadas sobre os riscos da operação a executar e do produto a manipular.

§ 4º O Ministério do Trabalho e da Previdência Social fiscalizará e os sindicatos e entidades representativas de classe acompanharão o fiel cumprimento do disposto nos parágrafos anteriores, conforme dispuser o Regulamento.

Art. 20. Consideram-se acidente do trabalho, nos termos do artigo anterior, as seguintes entidades mórbidas:

I - doença profissional, assim entendida a produzida ou desencadeada pelo exercício do trabalho peculiar a determinada atividade e constante da respectiva relação elaborada pelo Ministério do Trabalho e da Previdência Social;

II - doença do trabalho, assim entendida a adquirida ou desencadeada em função de condições especiais em que o trabalho é realizado e com ele se relacione diretamente, constante da relação mencionada no inciso I.

§ 1º Não são consideradas como doença do trabalho:
a) a doença degenerativa;
b) a inerente a grupo etário;
c) a que não produza incapacidade laborativa;
d) a doença endêmica adquirida por segurado habitante de região em que ela se desenvolva, salvo comprovação de que é resultante de exposição ou contato direto determinado pela natureza do trabalho.

§ 2º Em caso excepcional, constatando-se que a doença não incluída na relação prevista nos incisos I e II deste artigo resultou das condições especiais em que o trabalho é executado e com ele se relaciona diretamente, a Previdência Social deve considerá-la acidente do trabalho.

Art. 21. Equiparam-se também ao acidente do trabalho, para efeitos desta Lei:

I - o acidente ligado ao trabalho que, embora não tenha sido a causa única, haja contribuído diretamente para a morte do segurado, para redução ou perda da sua capacidade para o trabalho, ou produzido lesão que exija atenção médica para a sua recuperação;

II - o acidente sofrido pelo segurado no local e no horário do trabalho, em conseqüência de:
a) ato de agressão, sabotagem ou terrorismo praticado por terceiro ou companheiro de trabalho;
b) ofensa física intencional, inclusive de terceiro, por motivo de disputa relacionada ao trabalho;
c) ato de imprudência, de negligência ou de imperícia de terceiro ou de companheiro de trabalho;
d) ato de pessoa privada do uso da razão;
e) desabamento, inundação, incêndio e outros casos fortuitos ou decorrentes de força maior;

III - a doença proveniente de contaminação acidental do empregado no exercício de sua atividade;

IV - o acidente sofrido pelo segurado ainda que fora do local e horário de trabalho:
a) na execução de ordem ou na realização de serviço sob a autoridade da empresa;
b) na prestação espontânea de qualquer serviço à empresa para lhe evitar prejuízo ou proporcionar proveito;
c) em viagem a serviço da empresa, inclusive para estudo quando financiada por esta dentro de seus planos para melhor capacitação da mão-de-obra, independentemente do meio de locomoção utilizado, inclusive veículo de propriedade do segurado;
d) no percurso da residência para o local de trabalho ou deste para aquela, qualquer que seja o meio de locomoção, inclusive veículo de propriedade do segurado.

§ 1º Nos períodos destinados a refeição ou descanso, ou por ocasião da satisfação de outras necessidades fisiológicas, no local do trabalho ou durante este, o empregado é considerado no exercício do trabalho.

§ 2º Não é considerada agravação ou complicação de acidente do trabalho a lesão que, resultante de acidente de outra origem, se associe ou se superponha às conseqüências do anterior.

Art. 21-A. A perícia médica do Instituto Nacional do Seguro Social (INSS) considerará caracterizada a natureza acidentária da incapacidade quando constatar ocorrência de nexo técnico epidemiológico entre o trabalho e o agravo, decorrente da relação entre a atividade da empresa ou do empregado doméstico e a entidade mórbida motivadora da incapacidade elencada na Classificação Internacional de Doenças (CID), em conformidade com o que dispuser o regulamento. (Redação dada pela Lei Complementar nº 150, de 2015)

§ 1º A perícia médica do INSS deixará de aplicar o disposto neste artigo quando demonstrada a inexistência do nexo de que trata o caput deste artigo. (Incluído pela Lei nº 11.430, de 2006)

§ 2º A empresa ou o empregador doméstico poderão requerer a não aplicação do nexo técnico epidemiológico, de cuja decisão caberá recurso, com efeito suspensivo, da empresa, do empregador doméstico ou do segurado ao Conselho de Recursos da Previdência Social. (Redação dada pela Lei Complementar nº 150, de 2015)

Art. 22. A empresa ou o empregador doméstico deverão comunicar o acidente do trabalho à Previdência Social até o primeiro dia útil seguinte ao da ocorrência e, em caso de morte, de imediato, à autoridade competente, sob pena de multa variável entre o limite mínimo e o limite máximo do salário de contribuição, sucessivamente aumentada nas reincidências, aplicada e cobrada pela Previdência Social. (Redação dada pela Lei Complementar nº 150, de 2015)

§ 1º Da comunicação a que se refere este artigo receberão cópia fiel o acidentado ou seus dependentes, bem como o sindicato a que corresponda a sua categoria.

§ 2º Na falta de comunicação por parte da empresa, podem formalizá-la o próprio acidentado, seus dependentes, a entidade sindical competente, o médico que o assistiu ou qualquer autoridade pública, não prevalecendo nestes casos o prazo previsto neste artigo.

§ 3º A comunicação a que se refere o § 2º não exime a empresa de responsabilidade pela falta do cumprimento do disposto neste artigo.

§ 4º Os sindicatos e entidades representativas de classe poderão acompanhar a cobrança, pela Previdência Social, das multas previstas neste artigo.

§ 5º A multa de que trata este artigo não se aplica na hipótese do caput do art. 21-A. (Incluído pela Lei nº 11.430, de 2006)

Art. 23. Considera-se como dia do acidente, no caso de doença profissional ou do trabalho, a data do início da incapacidade laborativa para o exercício da atividade habitual, ou o dia da segregação compulsória, ou o dia em que for realizado o diagnóstico, valendo para este efeito o que ocorrer primeiro.

Seção II - Dos Períodos de Carência

Art. 24. Período de carência é o número mínimo de contribuições mensais indispensáveis para que o beneficiário faça jus ao benefício, consideradas a partir do transcurso do primeiro dia dos meses de suas competências.

Parágrafo único. (Revogado pela lei nº 13.457, de 2017)

Art. 25. A concessão das prestações pecuniárias do Regime Geral de Previdência Social depende dos seguintes períodos de carência, ressalvado o disposto no art. 26:

I - auxílio-doença e aposentadoria por invalidez: 12 (doze) contribuições mensais;

II - aposentadoria por idade, aposentadoria por tempo de serviço e aposentadoria especial: 180 contribuições mensais. (Redação dada pela Lei nº 8.870, de 1994)

III - salário-maternidade para as seguradas de que tratam os incisos V e VII do caput do art. 11 e o art. 13 desta Lei: 10 (dez) contribuições mensais, respeitado o disposto no parágrafo único do art. 39 desta Lei; e (Redação dada pela Lei nº 13.846, de 2019)

IV - auxílio-reclusão: 24 (vinte e quatro) contribuições mensais. (Incluído pela Lei nº 13.846, de 2019)

Parágrafo único. Em caso de parto antecipado, o período de carência a que se refere o inciso III será reduzido em número de contribuições equivalente ao número de meses em que o parto foi antecipado. (Incluído pela Lei nº 9.876, de 26.11.99)

Art. 26. Independe de carência a concessão das seguintes prestações:

I - pensão por morte, salário-família e auxílio-acidente; (Redação dada pela Lei nº 13.846, de 2019)

II - auxílio-doença e aposentadoria por invalidez nos casos de acidente de qualquer natureza ou causa e de doença profissional ou do trabalho, bem como nos casos de segurado que, após filiar-se ao RGPS, for acometido de alguma das doenças e afecções especificadas em lista elaborada pelos Ministérios da Saúde e da Previdência Social, atualizada a cada 3 (três) anos, de acordo com os critérios de estigma, deformação, mutilação, deficiência ou outro fator que lhe confira especificidade e gravidade que mereçam tratamento particularizado; (Redação dada pela Lei nº 13.135, de 2015)

III - os benefícios concedidos na forma do inciso I do art. 39, aos segurados especiais referidos no inciso VII do art. 11 desta Lei;

IV - serviço social;

V - reabilitação profissional.

VI – salário-maternidade para as seguradas empregada, trabalhadora avulsa e empregada doméstica. (Incluído pela Lei nº 9.876, de 26.11.99)

Art. 27. Para cômputo do período de carência, serão consideradas as contribuições: (Redação dada pela Lei Complementar nº 150, de 2015)

I - referentes ao período a partir da data de filiação ao Regime Geral de Previdência Social (RGPS), no caso dos segurados empregados, inclusive os domésticos, e dos trabalhadores avulsos; (Redação dada pela Lei Complementar nº 150, de 2015)

II - realizadas a contar da data de efetivo pagamento da primeira contribuição sem atraso, não sendo consideradas para este fim as contribuições recolhidas com atraso referentes a competências anteriores, no caso dos segurados contribuinte individual, especial e facultativo, referidos, respectivamente, nos incisos V e VII do art. 11 e no art. 13. (Redação dada pela Lei Complementar nº 150, de 2015)

Art. 27-A Na hipótese de perda da qualidade de segurado, para fins da concessão dos benefícios de auxílio-doença, de aposentadoria por invalidez, de salário-maternidade e de auxílio-reclusão, o segurado deverá contar, a partir da data da nova filiação à Previdência Social, com metade dos períodos previstos nos incisos I, III e IV do caput do art. 25 desta Lei. (Redação dada pela Lei nº 13.846, de 2019)

Seção III - Do Cálculo do Valor dos Benefícios

Subseção I - Do Salário-de-Benefício

Art. 28. O valor do benefício de prestação continuada, inclusive o regido por norma especial e o decorrente de acidente do trabalho, exceto o salário-família e o salário-maternidade, será calculado com base no salário-de-benefício. (Redação dada pela Lei nº 9.032, de 1995)

§ 1º (Revogado pela Lei nº 9.032, de 1995)

§ 2º (Revogado pela Lei nº 9.032, de 1995)

§ 3º (Revogado pela Lei nº 9.032, de 1995)

§ 4º (Revogado pela Lei nº 9.032, de 1995)

Art. 29. O salário-de-benefício consiste: (Redação dada pela Lei nº 9.876, de 26.11.99)

I - para os benefícios de que tratam as alíneas b e c do inciso I do art. 18, na média aritmética simples dos maiores salários-de-contribuição correspondentes a oitenta por cento de todo o período contributivo, multiplicada pelo fator previdenciário; (Incluído pela Lei nº 9.876, de 26.11.99)

II - para os benefícios de que tratam as alíneas a, d, e e h do inciso I do art. 18, na média aritmética simples dos maiores salários-de-contribuição correspondentes a oitenta por cento de todo o período contributivo. (Incluído pela Lei nº 9.876, de 26.11.99)

§ 1º (Revogado pela Lei nº 9.876, de 26.11.1999)

§ 2º O valor do salário-de-benefício não será inferior ao de um salário mínimo, nem superior ao do limite máximo do salário-de-contribuição na data de início do benefício.

§ 3º Serão considerados para cálculo do salário-de-benefício os ganhos habituais do segurado empregado, a qualquer título, sob forma de moeda corrente ou de utilidades, sobre os quais tenha incidido contribuições previdenciárias, exceto o décimo-terceiro salário (gratificação natalina). (Redação dada pela Lei nº 8.870, de 1994)

§ 4º Não será considerado, para o cálculo do salário-de-benefício, o aumento dos salários-de-contribuição que exceder o limite legal, inclusive o voluntariamente concedido nos 36 (trinta e seis) meses imediatamente anteriores ao início do

LEI Nº 8.213, DE 24 DE JULHO DE 1991

benefício, salvo se homologado pela Justiça do Trabalho, resultante de promoção regulada por normas gerais da empresa, admitida pela legislação do trabalho, de sentença normativa ou de reajustamento salarial obtido pela categoria respectiva.

§ 5º Se, no período básico de cálculo, o segurado tiver recebido benefícios por incapacidade, sua duração será contada, considerando-se como salário-de-contribuição, no período, o salário-de-benefício que serviu de base para o cálculo da renda mensal, reajustado nas mesmas épocas e bases dos benefícios em geral, não podendo ser inferior ao valor de 1 (um) salário mínimo.

§ 6º O salário-de-benefício do segurado especial consiste no valor equivalente ao salário-mínimo, ressalvado o disposto no inciso II do art. 39 e nos §§ 3º e 4º do art. 48 desta Lei. (Redação dada pela Lei nº 11.718, de 2008)

I - (Revogado pela Lei nº 11.718, de 2008)
II - (Revogado pela Lei nº 11.718, de 2008)

§ 7º O fator previdenciário será calculado considerando-se a idade, a expectativa de sobrevida e o tempo de contribuição do segurado ao se aposentar, segundo a fórmula constante do Anexo desta Lei. (Incluído pela Lei nº 9.876, de 26.11.99) (Vide Decreto nº 3.266, de 1.999)

§ 8º Para efeito do disposto no § 7º, a expectativa de sobrevida do segurado na idade da aposentadoria será obtida a partir da tábua completa de mortalidade construída pela Fundação Instituto Brasileiro de Geografia e Estatística - IBGE, considerando-se a média nacional única para ambos os sexos. (Incluído pela Lei nº 9.876, de 26.11.99)

§ 9º Para efeito da aplicação do fator previdenciário, ao tempo de contribuição do segurado serão adicionados: (Incluído pela Lei nº 9.876, de 26.11.99)

I - cinco anos, quando se tratar de mulher; (Incluído pela Lei nº 9.876, de 26.11.99)

II - cinco anos, quando se tratar de professor que comprove exclusivamente tempo de efetivo exercício das funções de magistério na educação infantil e no ensino fundamental e médio; (Incluído pela Lei nº 9.876, de 26.11.99)

III - dez anos, quando se tratar de professora que comprove exclusivamente tempo de efetivo exercício das funções de magistério na educação infantil e no ensino fundamental e médio. (Incluído pela Lei nº 9.876, de 26.11.99)

§ 10. O auxílio-doença não poderá exceder a média aritmética simples dos últimos 12 (doze) salários-de-contribuição, inclusive em caso de remuneração variável, ou, se não alcançado o número de 12 (doze), a média aritmética simples dos salários-de-contribuição existentes. (Incluído pela Lei nº 13.135, de 2015)

§ 11. (VETADO). (Incluído pela Lei nº 13.135, de 2015)
§ 12. (VETADO). (Incluído pela Lei nº 13.135, de 2015)
§ 13. (VETADO). (Incluído pela Lei nº 13.135, de 2015)

Art. 29-A. O INSS utilizará as informações constantes no Cadastro Nacional de Informações Sociais – CNIS sobre os vínculos e as remunerações dos segurados, para fins de cálculo do salário-de-benefício, comprovação de filiação ao Regime Geral de Previdência Social, tempo de contribuição e relação de emprego. (Redação dada pela Lei Complementar nº 128, de 2008)

§ 1º O INSS terá até 180 (cento e oitenta) dias, contados a partir da solicitação do pedido, para fornecer ao segurado as informações previstas no caput deste artigo. (Incluído pela Lei nº 10.403, de 8.1.2002)

§ 2º O segurado poderá solicitar, a qualquer momento, a inclusão, exclusão ou retificação de informações constantes do CNIS, com a apresentação de documentos comprobatórios dos dados divergentes, conforme critérios definidos pelo INSS. (Redação dada pela Lei Complementar nº 128, de 2008)

§ 3º A aceitação de informações relativas a vínculos e remunerações inseridas extemporaneamente no CNIS, inclusive retificações de informações anteriormente inseridas, fica condicionada à comprovação dos dados ou das divergências apontadas, conforme critérios definidos em regulamento. (Incluído pela Lei Complementar nº 128, de 2008)

§ 4º Considera-se extemporânea a inserção de dados decorrentes de documento inicial ou de retificação de dados anteriormente informados, quando o documento ou a retificação, ou a informação retificadora, forem apresentados após os prazos estabelecidos em regulamento. (Incluído pela Lei Complementar nº 128, de 2008)

§ 5º Havendo dúvida sobre a regularidade do vínculo incluído no CNIS e inexistência de informações sobre remunerações e contribuições, o INSS exigirá a apresentação dos documentos que serviram de base à anotação, sob pena de exclusão do período. (Incluído pela Lei Complementar nº 128, de 2008)

Art. 29-B. Os salários-de-contribuição considerados no cálculo do valor do benefício serão corrigidos mês a mês de acordo com a variação integral do Índice Nacional de Preços ao Consumidor - INPC, calculado pela Fundação Instituto Brasileiro de Geografia e Estatística - IBGE. (Incluído pela Lei nº 10.877, de 2004)

Art. 29-C. O segurado que preencher o requisito para a aposentadoria por tempo de contribuição poderá optar pela não incidência do fator previdenciário no cálculo de sua aposentadoria, quando o total resultante da soma de sua idade e de seu tempo de contribuição, incluídas as frações, na data de requerimento da aposentadoria, for: (Incluído pela Lei nº 13.183, de 2015)

I - igual ou superior a noventa e cinco pontos, se homem, observando o tempo mínimo de contribuição de trinta e cinco anos; ou (Incluído pela Lei nº 13.183, de 2015)

II - igual ou superior a oitenta e cinco pontos, se mulher, observado o tempo mínimo de contribuição de trinta anos. (Incluído pela Lei nº 13.183, de 2015)

§ 1º Para os fins do disposto no caput, serão somadas as frações em meses completos de tempo de contribuição e idade. (Incluído pela Lei nº 13.183, de 2015)

§ 2º As somas de idade e de tempo de contribuição previstas no caput serão majoradas em um ponto em: (Incluído pela Lei nº 13.183, de 2015)

I - 31 de dezembro de 2018; (Incluído pela Lei nº 13.183, de 2015)
II - 31 de dezembro de 2020; (Incluído pela Lei nº 13.183, de 2015)
III - 31 de dezembro de 2022; (Incluído pela Lei nº 13.183, de 2015)
IV - 31 de dezembro de 2024; e (Incluído pela Lei nº 13.183, de 2015)
V - 31 de dezembro de 2026. (Incluído pela Lei nº 13.183, de 2015)

§ 3º Para efeito de aplicação do disposto no caput e no § 2º, o tempo mínimo de contribuição do professor e da professora que comprovarem exclusivamente tempo de efetivo exercício de magistério na educação infantil e no ensino fundamental e médio será de, respectivamente, trinta e vinte e cinco anos, e serão acrescidos cinco pontos à soma da idade com o tempo de contribuição. (Incluído pela Lei nº 13.183, de 2015)

§ 4º Ao segurado que alcançar o requisito necessário ao exercício da opção de que trata o caput e deixar de requerer aposentadoria será assegurado o direito à opção com a aplicação da pontuação exigida na data do cumprimento do requisito nos termos deste artigo. (Incluído pela Lei nº 13.183, de 2015)

§ 5º (VETADO). (Incluído pela Lei nº 13.183, de 2015) (Vigência)

Art. 30. (Revogado pela Lei nº 9.032, de 1995)

Art. 31. O valor mensal do auxílio-acidente integra o salário-de-contribuição, para fins de cálculo do salário-de-benefício de qualquer aposentadoria, observado, no que couber, o disposto no art. 29 e no art. 86, § 5º. (Restabelecido com nova redação pela Lei nº 9.528, de 1997)

Art. 32. O salário de benefício do segurado que contribuir em razão de atividades concomitantes será calculado com base na soma dos salários de contribuição das atividades exercidas na data do requerimento ou do óbito, ou no período básico

de cálculo, observado o disposto no art. 29 desta Lei. (Redação dada pela Lei nº 13.846, de 2019)

I - (revogado); (Redação dada pela Lei nº 13.846, de 2019)
II - (revogado); (Redação dada pela Lei nº 13.846, de 2019)
a) (revogada); (Redação dada pela Lei nº 13.846, de 2019)
b) (revogada); (Redação dada pela Lei nº 13.846, de 2019)
III - (revogado). (Redação dada pela Lei nº 13.846, de 2019)

§ 1º O disposto neste artigo não se aplica ao segurado que, em obediência ao limite máximo do salário de contribuição, contribuiu apenas por uma das atividades concomitantes. (Redação dada pela Lei nº 13.846, de 2019)

§ 2º Não se aplica o disposto neste artigo ao segurado que tenha sofrido redução do salário de contribuição das atividades concomitantes em respeito ao limite máximo desse salário. (Redação dada pela Lei nº 13.846, de 2019)

Subseção II - Da Renda Mensal do Benefício

Art. 33. A renda mensal do benefício de prestação continuada que substituir o salário-de-contribuição ou o rendimento do trabalho do segurado não terá valor inferior ao do salário-mínimo, nem superior ao do limite máximo do salário-de-contribuição, ressalvado o disposto no art. 45 desta Lei.

Art. 34. No cálculo do valor da renda mensal do benefício, inclusive o decorrente de acidente do trabalho, serão computados: (Redação dada pela Lei Complementar nº 150, de 2015)

I - para o segurado empregado, inclusive o doméstico, e o trabalhador avulso, os salários de contribuição referentes aos meses de contribuições devidas, ainda que não recolhidas pela empresa ou pelo empregador doméstico, sem prejuízo da respectiva cobrança e da aplicação das penalidades cabíveis, observado o disposto no § 5º do art. 29-A; (Redação dada pela Lei Complementar nº 150, de 2015)

II - para o segurado empregado, inclusive o doméstico, o trabalhador avulso e o segurado especial, o valor mensal do auxílio-acidente, considerado como salário de contribuição para fins de concessão de qualquer aposentadoria, nos termos do art. 31; (Redação dada pela Lei Complementar nº 150, de 2015)

III - para os demais segurados, os salários-de-contribuição referentes aos meses de contribuições efetivamente recolhidas. (Incluído pela Lei nº 9.528, de 1997)

Art. 35. Ao segurado empregado, inclusive o doméstico, e ao trabalhador avulso que tenham cumprido todas as condições para a concessão do benefício pleiteado, mas não possam comprovar o valor de seus salários de contribuição no período básico de cálculo, será concedido o benefício de valor mínimo, devendo esta renda ser recalculada quando da apresentação de prova dos salários de contribuição. (Redação dada pela Lei Complementar nº 150, de 2015)

Art. 36. Para o segurado empregado doméstico que, tendo satisfeito as condições exigidas para a concessão do benefício requerido, não comprovar o efetivo recolhimento das contribuições devidas, será concedido o benefício de valor mínimo, devendo sua renda ser recalculada quando da apresentação da prova do recolhimento das contribuições.

Art. 37. A renda mensal inicial, recalculada de acordo com o disposto no art. 35, deve ser reajustada como a dos benefícios correspondentes com igual data de início e substituirá, a partir da data do requerimento de revisão do valor do benefício, a renda mensal que prevalecia até então. (Redação dada pela Lei Complementar nº 150, de 2015)

Art. 38. Sem prejuízo do disposto no art. 35, cabe à Previdência Social manter cadastro dos segurados com todos os informes necessários para o cálculo da renda mensal dos benefícios. (Redação dada pela Lei Complementar nº 150, de 2015)

Art. 38-A O Ministério da Economia manterá sistema de cadastro dos segurados especiais no Cadastro Nacional de Informações Sociais (CNIS), observado o disposto nos §§ 4º e 5º do art. 17 desta Lei, e poderá firmar acordo de cooperação com o Ministério da Agricultura, Pecuária e Abastecimento e com outros órgãos da administração pública federal, estadual, distrital e municipal para a manutenção e a gestão do sistema de cadastro. (Redação dada pela Lei nº 13.846, de 2019)

§ 1º O sistema de que trata o caput deste artigo preverá a manutenção e a atualização anual do cadastro e conterá as informações necessárias à caracterização da condição de segurado especial, nos termos do disposto no regulamento. (Redação dada pela Lei nº 13.846, de 2019)

§ 2º Da aplicação do disposto neste artigo não poderá resultar nenhum ônus para os segurados, sem prejuízo do disposto no § 4º deste artigo. (Redação dada pela Lei nº 13.846, de 2019)

§ 3º O INSS, no ato de habilitação ou de concessão de benefício, deverá verificar a condição de segurado especial e, se for o caso, o pagamento da contribuição previdenciária, nos termos da Lei no 8.212, de 24 de julho de 1991, considerando, dentre outros, o que consta do Cadastro Nacional de Informações Sociais (CNIS) de que trata o art. 29-A desta Lei. (Incluído pela Lei nº 13.134, de 2015)

§ 4º A atualização anual de que trata o § 1º deste artigo será feita até 30 de junho do ano subsequente. (Incluído pela Lei nº 13.846, de 2019)

§ 5º É vedada a atualização de que trata o § 1º deste artigo após o prazo de 5 (cinco) anos, contado da data estabelecida no § 4º deste artigo. (Incluído pela Lei nº 13.846, de 2019)

§ 6º Decorrido o prazo de 5 (cinco) anos de que trata o § 5º deste artigo, o segurado especial só poderá computar o período de trabalho rural se efetuados em época própria a comercialização da produção e o recolhimento da contribuição prevista no art. 25 da Lei nº 8.212, de 24 de julho de 1991. (Incluído pela Lei nº 13.846, de 2019)

Art. 38-B. O INSS utilizará as informações constantes do cadastro de que trata o art. 38-A para fins de comprovação do exercício da atividade e da condição do segurado especial e do respectivo grupo familiar. (Incluído pela Lei nº 13.134, de 2015)

§ 1º A partir de 1º de janeiro de 2023, a comprovação da condição e do exercício da atividade rural do segurado especial ocorrerá, exclusivamente, pelas informações constantes do cadastro a que se refere o art. 38-A desta Lei. (Incluído pela Lei nº 13.846, de 2019)

§ 2º Para o período anterior a 1º de janeiro de 2023, o segurado especial comprovará o tempo de exercício da atividade rural por meio de autodeclaração ratificada por entidades públicas credenciadas, nos termos do art. 13 da Lei nº 12.188, de 11 de janeiro de 2010, e por outros órgãos públicos, na forma prevista no regulamento. (Incluído pela Lei nº 13.846, de 2019)

§ 3º Até 1º de janeiro de 2025, o cadastro de que trata o art. 38-A poderá ser realizado, atualizado e corrigido, sem prejuízo do prazo de que trata o § 1º deste artigo e da regra permanente prevista nos §§ 4º e 5º do art. 38-A desta Lei. (Incluído pela Lei nº 13.846, de 2019)

§ 4º Na hipótese de divergência de informações entre o cadastro e outras bases de dados, para fins de reconhecimento do direito ao benefício, o INSS poderá exigir a apresentação dos documentos referidos no art. 106 desta Lei. (Incluído pela Lei nº 13.846, de 2019)

§ 5º O cadastro e os prazos de que tratam este artigo e o art. 38-A desta Lei deverão ser amplamente divulgados por todos os meios de comunicação cabíveis para que todos os cidadãos tenham acesso à informação sobre a existência do referido cadastro e a obrigatoriedade de registro. (Incluído pela Lei nº 13.846, de 2019)

Art. 39. Para os segurados especiais, referidos no inciso VII do caput do art. 11 desta Lei, fica garantida a concessão: (Redação dada pela Lei nº 13.846, de 2019)

I - de aposentadoria por idade ou por invalidez, de auxílio-doença, de auxílio-reclusão ou de pensão, no valor de 1 (um) salário mínimo, e de auxílio-acidente, conforme disposto no art. 86 desta Lei, desde que comprovem o exercício de atividade rural, ainda que de forma

descontínua, no período imediatamente anterior ao requerimento do benefício, igual ao número de meses correspondentes à carência do benefício requerido, observado o disposto nos arts. 38-A e 38-B desta Lei; ou (Redação dada pela Lei nº 13.846, de 2019)

II - dos benefícios especificados nesta Lei, observados os critérios e a forma de cálculo estabelecidos, desde que contribuam facultativamente para a Previdência Social, na forma estipulada no Plano de Custeio da Seguridade Social.

Parágrafo único. Para a segurada especial fica garantida a concessão do salário-maternidade no valor de 1 (um) salário mínimo, desde que comprove o exercício de atividade rural, ainda que de forma descontínua, nos 12 (doze) meses imediatamente anteriores ao do início do benefício. (Incluído pela Lei nº 8.861, de 1994)

Art. 40. É devido abono anual ao segurado e ao dependente da Previdência Social que, durante o ano, recebeu auxílio-doença, auxílio-acidente ou aposentadoria, pensão por morte ou auxílio-reclusão. (Vide Decreto nº 6.525, de 2008) (Vide Decreto nº 6.927, de 2009) (Vide Decreto nº 7.782, de 2012) (Vide Decreto nº 8.064, de 2013) (Vide Decreto nº 9.447, de 2018)

Parágrafo único. O abono anual será calculado, no que couber, da mesma forma que a Gratificação de Natal dos trabalhadores, tendo por base o valor da renda mensal do benefício do mês de dezembro de cada ano.

Seção IV - Do Reajustamento do Valor dos Benefícios

Art. 41. (Revogado pela lei nº 11.430, de 2006)

Art. 41-A. O valor dos benefícios em manutenção será reajustado, anualmente, na mesma data do reajuste do salário mínimo, pro rata, de acordo com suas respectivas datas de início ou do último reajustamento, com base no Índice Nacional de Preços ao Consumidor - INPC, apurado pela Fundação Instituto Brasileiro de Geografia e Estatística - IBGE. (Incluído pela Lei nº 11.430, de 2006)

§ 1º Nenhum benefício reajustado poderá exceder o limite máximo do salário-de-benefício na data do reajustamento, respeitados os direitos adquiridos. (Incluído pela Lei nº 11.430, de 2006)

§ 2º Os benefícios com renda mensal superior a um salário mínimo serão pagos do primeiro ao quinto dia útil do mês subseqüente ao de sua competência, observada a distribuição proporcional do número de beneficiários por dia de pagamento. (Redação dada pelo Lei nº 11.665, de 2008).

§ 3º Os benefícios com renda mensal no valor de até um salário mínimo serão pagos no período compreendido entre o quinto dia útil que anteceder o final do mês de sua competência e o quinto dia útil do mês subseqüente, observada a distribuição proporcional dos beneficiários por dia de pagamento. (Redação dada pelo Lei nº 11.665, de 2008).

§ 4º Para os efeitos dos §§ 2º e 3º deste artigo, considera-se dia útil aquele de expediente bancário com horário normal de atendimento. (Redação dada pelo Lei nº 11.665, de 2008).

§ 5º O primeiro pagamento do benefício será efetuado até quarenta e cinco dias após a data da apresentação, pelo segurado, da documentação necessária a sua concessão. (Incluído pelo Lei nº 11.665, de 2008).

§ 6º Para os benefícios que tenham sido majorados devido à elevação do salário mínimo, o referido aumento deverá ser compensado no momento da aplicação do disposto no caput deste artigo, de acordo com normas a serem baixadas pelo Ministério da Previdência Social. (Incluído pelo Lei nº 11.665, de 2008).

Seção V - Dos Benefícios

Subseção I - Da Aposentadoria por Invalidez

Art. 42. A aposentadoria por invalidez, uma vez cumprida, quando for o caso, a carência exigida, será devida ao segurado que, estando ou não em gozo de auxílio-doença, for considerado incapaz e insusceptível de reabilitação para o exercício de atividade que lhe garanta a subsistência, e ser-lhe-á paga enquanto permanecer nesta condição.

§ 1º A concessão de aposentadoria por invalidez dependerá da verificação da condição de incapacidade mediante exame médico-pericial a cargo da Previdência Social, podendo o segurado, às suas expensas, fazer-se acompanhar de médico de sua confiança.

§ 2º A doença ou lesão de que o segurado já era portador ao filiar-se ao Regime Geral de Previdência Social não lhe conferirá direito à aposentadoria por invalidez, salvo quando a incapacidade sobrevier por motivo de progressão ou agravamento dessa doença ou lesão.

Art. 43. A aposentadoria por invalidez será devida a partir do dia imediato ao da cessação do auxílio-doença, ressalvado o disposto nos §§ 1º, 2º e 3º deste artigo.

§ 1º Concluindo a perícia médica inicial pela existência de incapacidade total e definitiva para o trabalho, a aposentadoria por invalidez será devida: (Redação dada pela Lei nº 9.032, de 1995)

a) ao segurado empregado, a contar do décimo sexto dia do afastamento da atividade ou a partir da entrada do requerimento, se entre o afastamento e a entrada do requerimento decorrerem mais de trinta dias; (Redação Dada pela Lei nº 9.876, de 26.11.99)

b) ao segurado empregado doméstico, trabalhador avulso, contribuinte individual, especial e facultativo, a contar da data do início da incapacidade ou da data da entrada do requerimento, se entre essas datas decorrerem mais de trinta dias. (Redação Dada pela Lei nº 9.876, de 26.11.99)

§ 2º Durante os primeiros quinze dias de afastamento da atividade por motivo de invalidez, caberá à empresa pagar ao segurado empregado o salário. (Redação Dada pela Lei nº 9.876, de 26.11.99)

§ 3º (Revogado pela Lei nº 9.032, de 1995)

§ 4º § 4º O segurado aposentado por invalidez poderá ser convocado a qualquer momento para avaliação das condições que ensejaram o afastamento ou a aposentadoria, concedida judicial ou administrativamente, observado o disposto no art. 101 desta Lei. (Incluído pela Lei nº 13.457, de 2017)

§ 5º A pessoa com HIV/aids é dispensada da avaliação referida no § 4º deste artigo. (Redação dada pela Lei nº 13.847, de 2019)

Art. 44. A aposentadoria por invalidez, inclusive a decorrente de acidente do trabalho, consistirá numa renda mensal correspondente a 100% (cem por cento) do salário-de-benefício, observado o disposto na Seção III, especialmente no art. 33 desta Lei. (Redação dada pela Lei nº 9.032, de 1995)

§ 1º (Revogado pela Lei nº 9.528, de 1997)

§ 2º Quando o acidentado do trabalho estiver em gozo de auxílio-doença, o valor da aposentadoria por invalidez será igual ao do auxílio-doença se este, por força de reajustamento, for superior ao previsto neste artigo.

Art. 45. O valor da aposentadoria por invalidez do segurado que necessitar da assistência permanente de outra pessoa será acrescido de 25% (vinte e cinco por cento).

Parágrafo único. O acréscimo de que trata este artigo:

a) será devido ainda que o valor da aposentadoria atinja o limite máximo legal;

b) será recalculado quando o benefício que lhe deu origem for reajustado;

c) cessará com a morte do aposentado, não sendo incorporável ao valor da pensão.

Art. 46. O aposentado por invalidez que retornar voluntariamente à atividade terá sua aposentadoria automaticamente cancelada, a partir da data do retorno.

Art. 47. Verificada a recuperação da capacidade de trabalho do aposentado por invalidez, será observado o seguinte procedimento:

I - quando a recuperação ocorrer dentro de 5 (cinco) anos, contados da data do início da aposentadoria por invalidez ou do auxílio-doença que a antecedeu sem interrupção, o benefício cessará:

a) de imediato, para o segurado empregado que tiver direito a retornar à função que desempenhava na empresa quando se aposentou, na forma da legislação trabalhista, valendo como documento, para tal fim, o certificado de capacidade fornecido pela Previdência Social; ou

b) após tantos meses quantos forem os anos de duração do auxílio-doença ou da aposentadoria por invalidez, para os demais segurados;

II - quando a recuperação for parcial, ou ocorrer após o período do inciso I, ou ainda quando o segurado for declarado apto para o exercício de trabalho diverso do qual habitualmente exercia, a aposentadoria será mantida, sem prejuízo da volta à atividade:

a) no seu valor integral, durante 6 (seis) meses contados da data em que for verificada a recuperação da capacidade;

b) com redução de 50% (cinquenta por cento), no período seguinte de 6 (seis) meses;

c) com redução de 75% (setenta e cinco por cento), também por igual período de 6 (seis) meses, ao término do qual cessará definitivamente.

Subseção II - Da Aposentadoria por Idade

Art. 48. A aposentadoria por idade será devida ao segurado que, cumprida a carência exigida nesta Lei, completar 65 (sessenta e cinco) anos de idade, se homem, e 60 (sessenta), se mulher. (Redação dada pela Lei nº 9.032, de 1995)

§ 1º Os limites fixados no caput são reduzidos para sessenta e cinquenta e cinco anos no caso de trabalhadores rurais, respectivamente homens e mulheres, referidos na alínea a do inciso I, na alínea g do inciso V e nos incisos VI e VII do art. 11. (Redação Dada pela Lei nº 9.876, de 26.11.99)

§ 2º Para os efeitos do disposto no § 1º deste artigo, o trabalhador rural deve comprovar o efetivo exercício de atividade rural, ainda que de forma descontínua, no período imediatamente anterior ao requerimento do benefício, por tempo igual ao número de meses de contribuição correspondente à carência do benefício pretendido, computado o período a que se referem os incisos III a VIII do § 9º do art. 11 desta Lei. (Redação dada pela Lei nº 11.718, de 2008)

§ 3º Os trabalhadores rurais de que trata o § 1º deste artigo que não atendam ao disposto no § 2º deste artigo, mas que satisfaçam essa condição, se forem considerados períodos de contribuição sob outras categorias do segurado, farão jus ao benefício ao completarem 65 (sessenta e cinco) anos de idade, se homem, e 60 (sessenta) anos, se mulher. (Incluído pela Lei nº 11.718, de 2008)

§ 4º Para efeito do § 3º deste artigo, o cálculo da renda mensal do benefício será apurado de acordo com o disposto no inciso II do caput do art. 29 desta Lei, considerando-se como salário-de-contribuição mensal do período como segurado especial o limite mínimo de salário-de-contribuição da Previdência Social. (Incluído pela Lei nº 11.718, de 2008)

Art. 49. A aposentadoria por idade será devida:

I - ao segurado empregado, inclusive o doméstico, a partir:
a) da data do desligamento do emprego, quando requerida até essa data ou até 90 (noventa) dias depois dela; ou
b) da data do requerimento, quando não houver desligamento do emprego ou quando for requerida após o prazo previsto na alínea "a";

II - para os demais segurados, da data da entrada do requerimento.

Art. 50. A aposentadoria por idade, observado o disposto na Seção III deste Capítulo, especialmente no art. 33, consistirá numa renda mensal de 70% (setenta por cento) do salário-de-benefício, mais 1% (um por cento) deste, por grupo de 12 (doze) contribuições, não podendo ultrapassar 100% (cem por cento) do salário-de-benefício.

Art. 51. A aposentadoria por idade pode ser requerida pela empresa, desde que o segurado empregado tenha cumprido o período de carência e completado 70 (setenta) anos de idade, se do sexo masculino, ou 65 (sessenta e cinco) anos, se do sexo feminino, sendo compulsória, caso em que será garantida ao empregado a indenização prevista na legislação trabalhista, considerada como data da rescisão do contrato de trabalho a imediatamente anterior à do início da aposentadoria.

Subseção III - Da Aposentadoria por Tempo de Serviço

Art. 52. A aposentadoria por tempo de serviço será devida, cumprida a carência exigida nesta Lei, ao segurado que completar 25 (vinte e cinco) anos de serviço, se do sexo feminino, ou 30 (trinta) anos, se do sexo masculino.

Art. 53. A aposentadoria por tempo de serviço, observado o disposto na Seção III deste Capítulo, especialmente no art. 33, consistirá numa renda mensal de:

I - para a mulher: 70% (setenta por cento) do salário-de-benefício aos 25 (vinte e cinco) anos de serviço, mais 6% (seis por cento) deste, para cada novo ano completo de atividade, até o máximo de 100% (cem por cento) do salário-de-benefício aos 30 (trinta) anos de serviço;

II - para o homem: 70% (setenta por cento) do salário-de-benefício aos 30 (trinta) anos de serviço, mais 6% (seis por cento) deste, para cada novo ano completo de atividade, até o máximo de 100% (cem por cento) do salário-de-benefício aos 35 (trinta e cinco) anos de serviço.

Art. 54. A data do início da aposentadoria por tempo de serviço será fixada da mesma forma que a da aposentadoria por idade, conforme o disposto no art. 49.

Art. 55. O tempo de serviço será comprovado na forma estabelecida no Regulamento, compreendendo, além do correspondente às atividades de qualquer das categorias de segurados de que trata o art. 11 desta Lei, mesmo que anterior à perda da qualidade de segurado:

I - o tempo de serviço militar, inclusive o voluntário, e o previsto no § 1º do art. 143 da Constituição Federal, ainda que anterior à filiação ao Regime Geral de Previdência Social, desde que não tenha sido contado para inatividade remunerada nas Forças Armadas ou aposentadoria no serviço público;

II - o tempo intercalado em que esteve em gozo de auxílio-doença ou aposentadoria por invalidez;

III - o tempo de contribuição efetuada como segurado facultativo; (Redação dada pela Lei nº 9.032, de 1995)

IV - o tempo de serviço referente ao exercício de mandato eletivo federal, estadual ou municipal, desde que não tenha sido contado para efeito de aposentadoria por outro regime de previdência social; (Redação dada pela Lei nº 9.506, de 1997)

V - o tempo de contribuição efetuado por segurado depois de ter deixado de exercer atividade remunerada que o enquadrava no art. 11 desta Lei;

VI - o tempo de contribuição efetuado com base nos artigos 8º e 9º da Lei nº 8.162, de 8 de janeiro de 1991, pelo segurado definido no artigo 11, inciso I, alínea "g", desta Lei, sendo tais contribuições computadas para efeito de carência. (Incluído pela Lei nº 8.647, de 1993)

§ 1º A averbação de tempo de serviço durante o qual o exercício da atividade não determinava filiação obrigatória ao anterior Regime de Previdência Social Urbana só será admitida mediante o recolhimento das contribuições correspondentes, conforme dispuser o Regulamento, observado o disposto no § 2º. (Vide Lei nº 8.212, de 1991)

§ 2º O tempo de serviço do segurado trabalhador rural, anterior à data de início de vigência desta Lei, será computado

LEI Nº 8.213, DE 24 DE JULHO DE 1991

independentemente do recolhimento das contribuições a ele correspondentes, exceto para efeito de carência, conforme dispuser o Regulamento.

§ 3º A comprovação do tempo de serviço para os fins desta Lei, inclusive mediante justificativa administrativa ou judicial, observado o disposto no art. 108 desta Lei, só produzirá efeito quando for baseada em início de prova material contemporânea dos fatos, não admitida a prova exclusivamente testemunhal, exceto na ocorrência de motivo de força maior ou caso fortuito, na forma prevista no regulamento. (Redação dada pela Lei nº 13.846, de 2019)

§ 4º Não será computado como tempo de contribuição, para efeito de concessão do benefício de que trata esta subseção, o período em que o segurado contribuinte individual ou facultativo tiver contribuído na forma do § 2º do art. 21 da Lei nº 8.212, de 24 de julho de 1991, salvo se tiver complementado as contribuições na forma do § 3º do mesmo artigo. (Incluído pela Lei Complementar nº 123, de 2006)

Art. 56. O professor, após 30 (trinta) anos, e a professora, após 25 (vinte e cinco) anos de efetivo exercício em funções de magistério poderão aposentar-se por tempo de serviço, com renda mensal correspondente a 100% (cem por cento) do salário-de-benefício, observado o disposto na Seção III deste Capítulo.

Subseção IV - Da Aposentadoria Especial

Art. 57. A aposentadoria especial será devida, uma vez cumprida a carência exigida nesta Lei, ao segurado que tiver trabalhado sujeito a condições especiais que prejudiquem a saúde ou a integridade física, durante 15 (quinze), 20 (vinte) ou 25 (vinte e cinco) anos, conforme dispuser a lei. (Redação dada pela Lei nº 9.032, de 1995)

§ 1º A aposentadoria especial, observado o disposto no art. 33 desta Lei, consistirá numa renda mensal equivalente a 100% (cem por cento) do salário-de-benefício. (Redação dada pela Lei nº 9.032, de 1995)

§ 2º A data de início do benefício será fixada da mesma forma que a da aposentadoria por idade, conforme o disposto no art. 49.

§ 3º A concessão da aposentadoria especial dependerá de comprovação pelo segurado, perante o Instituto Nacional do Seguro Social–INSS, do tempo de trabalho permanente, não ocasional nem intermitente, em condições especiais que prejudiquem a saúde ou a integridade física, durante o período mínimo fixado. (Redação dada pela Lei nº 9.032, de 1995)

§ 4º O segurado deverá comprovar, além do tempo de trabalho, exposição aos agentes nocivos químicos, físicos, biológicos ou associação de agentes prejudiciais à saúde ou à integridade física, pelo período equivalente ao exigido para a concessão do benefício. (Redação dada pela Lei nº 9.032, de 1995)

§ 5º O tempo de trabalho exercido sob condições especiais que sejam ou venham a ser consideradas prejudiciais à saúde ou à integridade física será somado, após a respectiva conversão ao tempo de trabalho exercido em atividade comum, segundo critérios estabelecidos pelo Ministério da Previdência e Assistência Social, para efeito de concessão de qualquer benefício. (Incluído pela Lei nº 9.032, de 1995)

§ 6º O benefício previsto neste artigo será financiado com os recursos provenientes da contribuição de que trata o inciso II do art. 22 da Lei nº 8.212, de 24 de julho de 1991, cujas alíquotas serão acrescidas de doze, nove ou seis pontos percentuais, conforme a atividade exercida pelo segurado a serviço da empresa permita a concessão de aposentadoria especial após quinze, vinte ou vinte e cinco anos de contribuição, respectivamente. (Redação dada pela Lei nº 9.732, de 11.12.98) (Vide Lei nº 9.732, de 11.12.98)

§ 7º O acréscimo de que trata o parágrafo anterior incide exclusivamente sobre a remuneração do segurado sujeito às condições especiais referidas no caput. (Incluído pela Lei nº 9.732, de 11.12.98)

§ 8º Aplica-se o disposto no art. 46 ao segurado aposentado nos termos deste artigo que continuar no exercício de atividade ou operação que o sujeite aos agentes nocivos constantes da relação referida no art. 58 desta Lei. (Incluído pela Lei nº 9.732, de 11.12.98)

Art. 58. A relação dos agentes nocivos químicos, físicos e biológicos ou associação de agentes prejudiciais à saúde ou à integridade física considerados para fins de concessão da aposentadoria especial de que trata o artigo anterior será definida pelo Poder Executivo. (Redação dada pela Lei nº 9.528, de 1997)

§ 1º A comprovação da efetiva exposição do segurado aos agentes nocivos será feita mediante formulário, na forma estabelecida pelo Instituto Nacional do Seguro Social - INSS, emitido pela empresa ou seu preposto, com base em laudo técnico de condições ambientais do trabalho expedido por médico do trabalho ou engenheiro de segurança do trabalho nos termos da legislação trabalhista. (Redação dada pela Lei nº 9.732, de 11.12.98)

§ 2º Do laudo técnico referido no parágrafo anterior deverão constar informação sobre a existência de tecnologia de proteção coletiva ou individual que diminua a intensidade do agente agressivo a limites de tolerância e recomendação sobre a sua adoção pelo estabelecimento respectivo. (Redação dada pela Lei nº 9.732, de 11.12.98)

§ 3º A empresa que não mantiver laudo técnico atualizado com referência aos agentes nocivos existentes no ambiente de trabalho de seus trabalhadores ou que emitir documento de comprovação de efetiva exposição em desacordo com o respectivo laudo estará sujeita à penalidade prevista no art. 133 desta Lei. (Incluído pela Lei nº 9.528, de 1997)

§ 4º A empresa deverá elaborar e manter atualizado perfil profissiográfico abrangendo as atividades desenvolvidas pelo trabalhador e fornecer a este, quando da rescisão do contrato de trabalho, cópia autêntica desse documento. (Incluído pela Lei nº 9.528, de 1997)

Subseção V - Do Auxílio-Doença

Art. 59. O auxílio-doença será devido ao segurado que, havendo cumprido, quando for o caso, o período de carência exigido nesta Lei, ficar incapacitado para o seu trabalho ou para a sua atividade habitual por mais de 15 (quinze) dias consecutivos.

§ 1º Não será devido o auxílio-doença ao segurado que se filiar ao Regime Geral de Previdência Social já portador da doença ou da lesão invocada como causa para o benefício, exceto quando a incapacidade sobrevier por motivo de progressão ou agravamento da doença ou da lesão. (Redação dada pela Lei nº 13.846, de 2019)

§ 2º Não será devido o auxílio-doença para o segurado recluso em regime fechado. (Incluído pela Lei nº 13.846, de 2019)

§ 3º O segurado em gozo de auxílio-doença na data do recolhimento à prisão terá o benefício suspenso. (Incluída pela Lei nº 13.846, de 2019)

§ 4º A suspensão prevista no § 3º deste artigo será de até 60 (sessenta) dias, contados da data do recolhimento à prisão, cessado o benefício após o referido prazo. (Incluída pela Lei nº 13.846, de 2019)

§ 5º Na hipótese de o segurado ser colocado em liberdade antes do prazo previsto no § 4º deste artigo, o benefício será restabelecido a partir da data da soltura. (Incluído pela Lei nº 13.846, de 2019)

§ 6º Em caso de prisão declarada ilegal, o segurado terá direito à percepção do benefício por todo o período devido. (Incluído pela Lei nº 13.846, de 2019)

§ 7º O disposto nos §§ 2º, 3º, 4º, 5º e 6º deste artigo aplica-se somente aos benefícios dos segurados que forem recolhidos à prisão a partir da data de publicação desta Lei. (Incluído pela Lei nº 13.846, de 2019)

§ 8º O segurado recluso em cumprimento de pena em regime aberto ou semiaberto terá direito ao auxílio-doença. (Incluído pela Lei nº 13.846, de 2019)

Art. 60. O auxílio-doença será devido ao segurado empregado a contar do décimo sexto dia do afastamento da atividade, e, no caso dos demais segurados, a contar da data do início da incapacidade e enquanto ele permanecer incapaz. (Redação dada pela Lei nº 9.876, de 26.11.99)

§ 1º Quando requerido por segurado afastado da atividade por mais de 30 (trinta) dias, o auxílio-doença será devido a contar da data da entrada do requerimento.

§ 2º (Revogado pela Lei nº 9.032, de 1995)

§ 3º Durante os primeiros quinze dias consecutivos ao do afastamento da atividade por motivo de doença, incumbirá à empresa pagar ao segurado empregado o seu salário integral. (Redação Dada pela Lei nº 9.876, de 26.11.99)

§ 4º A empresa que dispuser de serviço médico, próprio ou em convênio, terá a seu cargo o exame médico e o abono das faltas correspondentes ao período referido no § 3º, somente devendo encaminhar o segurado à perícia médica da Previdência Social quando a incapacidade ultrapassar 15 (quinze) dias.

§ 5º (Revogado pela Lei nº 13.846, de 2019)

§ 6º O segurado que durante o gozo do auxílio-doença vier a exercer atividade que lhe garanta subsistência poderá ter o benefício cancelado a partir do retorno à atividade. (Incluído pela Lei nº 13.135, de 2015)

§ 7º Na hipótese do § 6º, caso o segurado, durante o gozo do auxílio-doença, venha a exercer atividade diversa daquela que gerou o benefício, deverá ser verificada a incapacidade para cada uma das atividades exercidas. (Incluído pela Lei nº 13.135, de 2015)

§ 8º Sempre que possível, o ato de concessão ou de reativação de auxílio-doença, judicial ou administrativo, deverá fixar o prazo estimado para a duração do benefício. (Incluído pela Lei nº 13.457, de 2017)

§ 9º Na ausência de fixação do prazo de que trata o § 8º deste artigo, o benefício cessará após o prazo de cento e vinte dias, contado da data de concessão ou de reativação do auxílio-doença, exceto se o segurado requerer a sua prorrogação perante o INSS, na forma do regulamento, observado o disposto no art. 62 desta Lei. (Incluído pela Lei nº 13.457, de 2017)

§ 10. O segurado em gozo de auxílio-doença, concedido judicial ou administrativamente, poderá ser convocado a qualquer momento para avaliação das condições que ensejaram sua concessão ou manutenção, observado o disposto no art. 101 desta Lei. (Incluído pela Lei nº 13.457, de 2017)

§ 11. Sempre que possível, o ato de concessão ou de reativação de auxílio-doença, judicial ou administrativo, deverá fixar o prazo estimado para a duração do benefício. (Incluído pela Medida Provisória nº 767, de 2017)

Art. 61. O auxílio-doença, inclusive o decorrente de acidente do trabalho, consistirá numa renda mensal correspondente a 91% (noventa e um por cento) do salário-de-benefício, observado o disposto na Seção III, especialmente no art. 33 desta Lei. (Redação dada pela Lei nº 9.032, de 1995)

Art. 62. O segurado em gozo de auxílio-doença, insuscetível de recuperação para sua atividade habitual, deverá submeter-se a processo de reabilitação profissional para o exercício de outra atividade. (Redação dada pela Lei nº 13.457, de 2017)

§ 1º. O benefício a que se refere o caput deste artigo será mantido até que o segurado seja considerado reabilitado para o desempenho de atividade que lhe garanta a subsistência ou, quando considerado não recuperável, seja aposentado por invalidez. (Redação dada pela Lei nº 13.846, de 2019)

§ 2º A alteração das atribuições e responsabilidades do segurado compatíveis com a limitação que tenha sofrido em sua capacidade física ou mental não configura desvio de cargo ou função do segurado reabilitado ou que estiver em processo de reabilitação profissional a cargo do INSS. (Incluído pela Lei nº 13.846, de 2019)

Art. 63. O segurado empregado, inclusive o doméstico, em gozo de auxílio-doença será considerado pela empresa e pelo empregador doméstico como licenciado. (Redação dada pela Lei Complementar nº 150, de 2015)

Parágrafo único. A empresa que garantir ao segurado licença remunerada ficará obrigada a pagar-lhe durante o período de auxílio-doença a eventual diferença entre o valor deste e a importância garantida pela licença.

Art. 64. (Revogado pela Lei nº 9.032, de 1995)

Subseção VI - Do Salário-Família

Art. 65. O salário-família será devido, mensalmente, ao segurado empregado, inclusive o doméstico, e ao segurado trabalhador avulso, na proporção do respectivo número de filhos ou equiparados nos termos do § 2º do art. 16 desta Lei, observado o disposto no art. 66. (Redação dada pela Lei Complementar nº 150, de 2015)

Parágrafo único. O aposentado por invalidez ou por idade e os demais aposentados com 65 (sessenta e cinco) anos ou mais de idade, se do sexo masculino, ou 60 (sessenta) anos ou mais, se do feminino, terão direito ao salário-família, pago juntamente com a aposentadoria.

Art. 66. O valor da cota do salário-família por filho ou equiparado de qualquer condição, até 14 (quatorze) anos de idade ou inválido de qualquer idade é de:

I - Cr$ 1.360,00 (um mil trezentos e sessenta cruzeiros), para o segurado com remuneração mensal não superior a Cr$ 51.000,00 (cinqüenta e um mil cruzeiros); Atualizações decorrentes de normas de hierarquia inferior

II - Cr$ 170,00 (cento e setenta cruzeiros), para o segurado com remuneração mensal superior a Cr$ 51.000,00 (cinqüenta e um mil cruzeiros). Atualizações decorrentes de normas de hierarquia inferior

Art. 67. O pagamento do salário-família é condicionado à apresentação da certidão de nascimento do filho ou da documentação relativa ao equiparado ou ao inválido, e à apresentação anual de atestado de vacinação obrigatória e de comprovação de freqüência à escola do filho ou equiparado, nos termos do regulamento. (Redação Dada pela Lei nº 9.876, de 26.11.99)

Parágrafo único. O empregado doméstico deve apresentar apenas a certidão de nascimento referida no caput. (Incluído pela Lei Complementar nº 150, de 2015)

Art. 68. As cotas do salário-família serão pagas pela empresa ou pelo empregador doméstico, mensalmente, junto com o salário, efetivando-se a compensação quando do recolhimento das contribuições, conforme dispuser o Regulamento. (Redação dada pela Lei Complementar nº 150, de 2015)

§ 1º A empresa ou o empregador doméstico conservarão durante 10 (dez) anos os comprovantes de pagamento e as cópias das certidões correspondentes, para fiscalização da Previdência Social. (Redação dada pela Lei Complementar nº 150, de 2015)

§ 2º Quando o pagamento do salário não for mensal, o salário-família será pago juntamente com o último pagamento relativo ao mês.

Art. 69. O salário-família devido ao trabalhador avulso poderá ser recebido pelo sindicato de classe respectivo, que se incumbirá de elaborar as folhas correspondentes e de distribuí-lo.

Art. 70. A cota do salário-família não será incorporada, para qualquer efeito, ao salário ou ao benefício.

Subseção VII - Do Salário-Maternidade

Art. 71. O salário-maternidade é devido à segurada da Previdência Social, durante 120 (cento e vinte) dias, com início no período entre 28 (vinte e oito) dias antes do parto e a data de ocorrência deste, observadas as situações e condições previstas na legislação no que concerne à proteção à mater-

nidade. (Redação dada pala Lei nº 10.710, de 2003) (Vide Lei nº 13.985, de 2020)

Parágrafo único. (Revogado pela Lei nº 9.528, de 1997)

Art. 71-A. Ao segurado ou segurada da Previdência Social que adotar ou obtiver guarda judicial para fins de adoção de criança é devido salário-maternidade pelo período de 120 (cento e vinte) dias. (Redação dada pela Lei nº 12.873, de 2013)

§ 1º O salário-maternidade de que trata este artigo será pago diretamente pela Previdência Social. (Redação dada pela Lei nº 12.873, de 2013)

§ 2º Ressalvado o pagamento do salário-maternidade à mãe biológica e o disposto no art. 71-B, não poderá ser concedido o benefício a mais de um segurado, decorrente do mesmo processo de adoção ou guarda, ainda que os cônjuges ou companheiros estejam submetidos a Regime Próprio de Previdência Social. (Incluído pela Lei nº 12.873, de 2013)

Art. 71-B. No caso de falecimento da segurada ou segurado que fizer jus ao recebimento do salário-maternidade, o benefício será pago, por todo o período ou pelo tempo restante a que teria direito, ao cônjuge ou companheiro sobrevivente que tenha a qualidade de segurado, exceto no caso do falecimento do filho ou de seu abandono, observadas as normas aplicáveis ao salário-maternidade. (Incluído pela Lei nº 12.873, de 2013) (Vigência)

§ 1º O pagamento do benefício de que trata o caput deverá ser requerido até o último dia do prazo previsto para o término do salário-maternidade originário. (Incluído pela Lei nº 12.873, de 2013) (Vigência)

§ 2º O benefício de que trata o caput será pago diretamente pela Previdência Social durante o período entre a data do óbito e o último dia do término do salário-maternidade originário e será calculado sobre: (Incluído pela Lei nº 12.873, de 2013) (Vigência)

I - a remuneração integral, para o empregado e trabalhador avulso; (Incluído pela Lei nº 12.873, de 2013) (Vigência)

II - o último salário-de-contribuição, para o empregado doméstico; (Incluído pela Lei nº 12.873, de 2013) (Vigência)

III - 1/12 (um doze avos) da soma dos 12 (doze) últimos salários de contribuição, apurados em um período não superior a 15 (quinze) meses, para o contribuinte individual, facultativo e desempregado; e (Incluído pela Lei nº 12.873, de 2013) (Vigência)

IV - o valor do salário mínimo, para o segurado especial. (Incluído pela Lei nº 12.873, de 2013) (Vigência)

§ 3º Aplica-se o disposto neste artigo ao segurado que adotar ou obtiver guarda judicial para fins de adoção. (Incluído pela Lei nº 12.873, de 2013) (Vigência)

Art. 71-C. A percepção do salário-maternidade, inclusive o previsto no art. 71-B, está condicionada ao afastamento do segurado do trabalho ou da atividade desempenhada, sob pena de suspensão do benefício (Incluído pela Lei nº 12.873, de 2013) (Vigência)

Art. 72. O salário-maternidade para a segurada empregada ou trabalhadora avulsa consistirá numa renda mensal igual a sua remuneração integral. (Redação Dada pela Lei nº 9.876, de 26.11.99)

§ 1º Cabe à empresa pagar o salário-maternidade devido à respectiva empregada gestante, efetivando-se a compensação, observado o disposto no art. 248 da Constituição Federal, quando do recolhimento das contribuições incidentes sobre a folha de salários e demais rendimentos pagos ou creditados, a qualquer título, à pessoa física que lhe preste serviço. (Incluído pela Lei nº 10.710, de.2003)

§ 2º A empresa deverá conservar durante 10 (dez) anos os comprovantes dos pagamentos e os atestados correspondentes para exame pela fiscalização da Previdência Social. (Incluído pela Lei nº 10.710, de 2003)

§ 3º O salário-maternidade devido à trabalhadora avulsa e à empregada do microempreendedor individual de que trata o art. 18-A da Lei Complementar nº 123, de 14 de dezembro de 2006, será pago diretamente pela Previdência Social. (Redação dada pela Lei nº 12.470, de 2011)

Art. 73. Assegurado o valor de um salário-mínimo, o salário-maternidade para as demais seguradas, pago diretamente pela Previdência Social, consistirá: (Redação dada pela Lei nº 10.710, de 2003)

I - em um valor correspondente ao do seu último salário-de-contribuição, para a segurada empregada doméstica; (Incluído pela lei nº 9.876, de 26.11.99)

II - em um doze avos do valor sobre o qual incidiu sua última contribuição anual, para a segurada especial; (Incluído pela lei nº 9.876, de 26.11.99)

III - em um doze avos da soma dos doze últimos salários-de-contribuição, apurados em um período não superior a quinze meses, para as demais seguradas. (Incluído pela lei nº 9.876, de 26.11.99)

Parágrafo único. Aplica-se à segurada desempregada, desde que mantida a qualidade de segurada, na forma prevista no art. 15 desta Lei, o disposto no inciso III do caput deste artigo. (Incluído pela Lei nº 13.846, de 2019))

Subseção VIII - Da Pensão por Morte

Art. 74. A pensão por morte será devida ao conjunto dos dependentes do segurado que falecer, aposentado ou não, a contar da data: (Redação dada pela Lei nº 9.528, de 1997)

I - do óbito, quando requerida em até 180 (cento e oitenta) dias após o óbito, para os filhos menores de 16 (dezesseis) anos, ou em até 90 (noventa) dias após o óbito, para os demais dependentes; (Redação dada pela Lei nº 13.846, de 2019)

II - do requerimento, quando requerida após o prazo previsto no inciso anterior; (Incluído pela Lei nº 9.528, de 1997)

III - da decisão judicial, no caso de morte presumida. (Incluído pela Lei nº 9.528, de 1997)

§ 1º Perde o direito à pensão por morte o condenado criminalmente por sentença com trânsito em julgado, como autor, coautor ou partícipe de homicídio doloso, ou de tentativa desse crime, cometido contra a pessoa do segurado, ressalvados os absolutamente incapazes e os inimputáveis. (Redação dada pela Lei nº 13.846, de 2019)

§ 2º Perde o direito à pensão por morte o cônjuge, o companheiro ou a companheira se comprovada, a qualquer tempo, simulação ou fraude no casamento ou na união estável, ou a formalização desses com o fim exclusivo de constituir benefício previdenciário, apuradas em processo judicial no qual será assegurado o direito ao contraditório e à ampla defesa. (Incluído pela Lei nº 13.135, de 2015)

§ 3º Ajuizada a ação judicial para reconhecimento da condição de dependente, este poderá requerer a sua habilitação provisória ao benefício de pensão por morte, exclusivamente para fins de rateio dos valores com outros dependentes, vedado o pagamento da respectiva cota até o trânsito em julgado da respectiva ação, ressalvada a existência de decisão judicial em contrário. (Redação dada pela Lei nº 13.846, de 2019)

§ 4º Nas ações em que o INSS for parte, este poderá proceder de ofício à habilitação excepcional da referida pensão, apenas para efeitos de rateio, descontando-se os valores referentes a esta habilitação das demais cotas, vedado o pagamento da respectiva cota até o trânsito em julgado da respectiva ação, ressalvada a existência de decisão judicial em contrário. (Incluído pela Lei nº 13.846, de 2019)

§ 5º Julgada improcedente a ação prevista no § 3º ou § 4º deste artigo, o valor retido será corrigido pelos índices legais de reajustamento e será pago de forma proporcional aos demais dependentes, de acordo com as suas cotas e o tempo de duração de seus benefícios. (Incluído pela Lei nº 13.846, de 2019)

§ 6º Em qualquer caso, fica assegurada ao INSS a cobrança dos valores indevidamente pagos em função de nova habilitação. (Incluído pela Lei nº 13.846, de 2019)

Art. 75. O valor mensal da pensão por morte será de cem por cento do valor da aposentadoria que o segurado recebia ou daquela a que teria direito se estivesse aposentado por invalidez na data de seu falecimento, observado o disposto no art. 33 desta lei. (Redação dada pela Lei nº 9.528, de 1997)

Art. 76. A concessão da pensão por morte não será protelada pela falta de habilitação de outro possível dependente, e qualquer inscrição ou habilitação posterior que importe em exclusão ou inclusão de dependente só produzirá efeito a contar da data da inscrição ou habilitação.

§ 1º O cônjuge ausente não exclui do direito à pensão por morte o companheiro ou a companheira, que somente fará jus ao benefício a partir da data de sua habilitação e mediante prova de dependência econômica.

§ 2º O cônjuge divorciado ou separado judicialmente ou de fato que recebia pensão de alimentos concorrerá em igualdade de condições com os dependentes referidos no inciso I do art. 16 desta Lei.

§ 3º Na hipótese de o segurado falecido estar, na data de seu falecimento, obrigado por determinação judicial a pagar alimentos temporários a ex-cônjuge, ex-companheiro ou ex-companheira, a pensão por morte será devida pelo prazo remanescente na data do óbito, caso não incida outra hipótese de cancelamento anterior do benefício. (Incluído pela Lei nº 13.846, de 2019)

Art. 77. A pensão por morte, havendo mais de um pensionista, será rateada entre todos em parte iguais. (Redação dada pela Lei nº 9.032, de 1995)

§ 1º Reverterá em favor dos demais a parte daquele cujo direito à pensão cessar. (Redação dada pela Lei nº 9.032, de 1995)

§ 2º O direito à percepção da cota individual cessará: (Redação dada pela Lei nº 13.846, de 2019)

I - pela morte do pensionista; (Incluído pela Lei nº 9.032, de 1995)

II - para o filho, a pessoa a ele equiparada ou o irmão, de ambos os sexos, ao completar vinte e um anos de idade, salvo se for inválido ou tiver deficiência intelectual ou mental ou deficiência grave; (Redação dada pela Lei nº 13.183, de 2015) (Vigência)

III - para filho ou irmão inválido, pela cessação da invalidez; (Redação dada pela Lei nº 13.135, de 2015)

IV - pelo decurso do prazo de recebimento de pensão pelo cônjuge, companheiro ou companheira, nos termos do § 5º. (Incluído pela Medida Provisória nº 664, de 2014) (Vigência) (Vide Lei nº 13.135, de 2015)

V - para cônjuge ou companheiro: (Incluído pela Lei nº 13.135, de 2015)

a) se inválido ou com deficiência, pela cessação da invalidez ou pelo afastamento da deficiência, respeitados os períodos mínimos decorrentes da aplicação das alíneas "b" e "c"; (Incluído pela Lei nº 13.135, de 2015)

b) em 4 (quatro) meses, se o óbito ocorrer sem que o segurado tenha vertido 18 (dezoito) contribuições mensais ou se o casamento ou a união estável tiverem sido iniciados em menos de 2 (dois) anos antes do óbito do segurado; (Incluído pela Lei nº 13.135, de 2015)

c) transcorridos os seguintes períodos, estabelecidos de acordo com a idade do beneficiário na data de óbito do segurado, se o óbito ocorrer depois de vertidas 18 (dezoito) contribuições mensais e pelo menos 2 (dois) anos após o início do casamento ou da união estável: (Incluído pela Lei nº 13.135, de 2015)

1) 3 (três) anos, com menos de 21 (vinte e um) anos de idade; (Incluído pela Lei nº 13.135, de 2015)

2) 6 (seis) anos, entre 21 (vinte e um) e 26 (vinte e seis) anos de idade; (Incluído pela Lei nº 13.135, de 2015)

3) 10 (dez) anos, entre 27 (vinte e sete) e 29 (vinte e nove) anos de idade; (Incluído pela Lei nº 13.135, de 2015)

4) 15 (quinze) anos, entre 30 (trinta) e 40 (quarenta) anos de idade; (Incluído pela Lei nº 13.135, de 2015)

5) 20 (vinte) anos, entre 41 (quarenta e um) e 43 (quarenta e três) anos de idade; (Incluído pela Lei nº 13.135, de 2015)

6) vitalícia, com 44 (quarenta e quatro) ou mais anos de idade. (Incluído pela Lei nº 13.135, de 2015)

VI - pela perda do direito, na forma do § 1º do art. 74 desta Lei. (Incluído pela Lei nº 13.846, de 2019)

§ 2º-A. Serão aplicados, conforme o caso, a regra contida na alínea "a" ou os prazos previstos na alínea "c", ambas do inciso V do § 2º, se o óbito do segurado decorrer de acidente de qualquer natureza ou de doença profissional ou do trabalho, independentemente do recolhimento de 18 (dezoito) contribuições mensais ou da comprovação de 2 (dois) anos de casamento ou de união estável. (Incluído pela Lei nº 13.135, de 2015)

§ 2º-B. Após o transcurso de pelo menos 3 (três) anos e desde que nesse período se verifique o incremento mínimo de um ano inteiro na média nacional única, para ambos os sexos, correspondente à expectativa de sobrevida da população brasileira ao nascer, poderão ser fixadas, em números inteiros, novas idades para os fins previstos na alínea "c" do inciso V do § 2º, em ato do Ministro de Estado da Previdência Social, limitado o acréscimo na comparação com as idades anteriores ao referido incremento. (Incluído pela Lei nº 13.135, de 2015)

§ 3º Com a extinção da parte do último pensionista a pensão extinguir-se-á. (Incluído pela Lei nº 9.032, de 1995)

§ 4º (Revogado). (Redação dada pela Lei nº 13.135, de 2015)

§ 5º O tempo de contribuição a Regime Próprio de Previdência Social (RPPS) será considerado na contagem das 18 (dezoito) contribuições mensais de que tratam as alíneas "b" e "c" do inciso V do § 2º. (Incluído pela Lei nº 13.135, de 2015)

§ 6º O exercício de atividade remunerada, inclusive na condição de microempreendedor individual, não impede a concessão ou manutenção da parte individual da pensão do dependente com deficiência intelectual ou mental ou com deficiência grave. (Incluído pela Lei nº 13.183, de 2015)

§ 7º Se houver fundados indícios de autoria, coautoria ou participação de dependente, ressalvados os absolutamente incapazes e os inimputáveis, em homicídio, ou em tentativa desse crime, cometido contra a pessoa do segurado, será possível a suspensão provisória de sua parte no benefício de pensão por morte, mediante processo administrativo próprio, respeitados a ampla defesa e o contraditório, e serão devidas, em caso de absolvição, todas as parcelas corrigidas desde a data da suspensão, bem como a reativação imediata do benefício. (Incluído pela Lei nº 13.846, de 2019)

Art. 78. Por morte presumida do segurado, declarada pela autoridade judicial competente, depois de 6 (seis) meses de ausência, será concedida pensão provisória, na forma desta Subseção.

§ 1º Mediante prova do desaparecimento do segurado em consequência de acidente, desastre ou catástrofe, seus dependentes farão jus à pensão provisória independentemente da declaração e do prazo deste artigo.

§ 2º Verificado o reaparecimento do segurado, o pagamento da pensão cessará imediatamente, desobrigados os dependentes da reposição dos valores recebidos, salvo má-fé.

Art. 79. (Revogado pela Lei nº 13.846, de 2019)

Subseção IX - Do Auxílio-Reclusão

Art. 80. O auxílio-reclusão, cumprida a carência prevista no inciso IV do caput do art. 25 desta Lei, será devido, nas condições da pensão por morte, aos dependentes do segurado de baixa renda recolhido à prisão em regime fechado que não receber remuneração da empresa nem estiver em gozo de auxílio-doença, de pensão por morte, de salário-maternidade, de aposentadoria ou de abono de permanência em serviço. (Redação dada pela Lei nº 13.846, de 2019)

§ 1º O requerimento do auxílio-reclusão será instruído com certidão judicial que ateste o recolhimento efetivo à prisão, e será obrigatória a apresentação de prova de permanência

LEI Nº 8.213, DE 24 DE JULHO DE 1991

na condição de presidiário para a manutenção do benefício. (Incluído pela Lei nº 13.846, de 2019)

§ 2º O INSS celebrará convênios com os órgãos públicos responsáveis pelo cadastro dos presos para obter informações sobre o recolhimento à prisão. (Incluído pela Lei nº 13.846, de 2019)

§ 3º Para fins do disposto nesta Lei, considera-se segurado de baixa renda aquele que, no mês de competência de recolhimento à prisão, tenha renda, apurada nos termos do disposto no § 4º deste artigo, de valor igual ou inferior àquela prevista no art. 13 da Emenda Constitucional nº 20, de 15 de dezembro de 1998, corrigido pelos índices de reajuste aplicados aos benefícios do RGPS. (Incluído pela Lei nº 13.846, de 2019)

§ 4º A aferição da renda mensal bruta para enquadramento do segurado como de baixa renda ocorrerá pela média dos salários de contribuição apurados no período de 12 (doze) meses anteriores ao mês do recolhimento à prisão. (Incluído pela Lei nº 13.846, de 2019)

§ 5º A certidão judicial e a prova de permanência na condição de presidiário poderão ser substituídas pelo acesso à base de dados, por meio eletrônico, a ser disponibilizada pelo Conselho Nacional de Justiça, com dados cadastrais que assegurem a identificação plena do segurado e da sua condição de presidiário. (Incluído pela Lei nº 13.846, de 2019)

§ 6º Se o segurado tiver recebido benefícios por incapacidade no período previsto no § 4º deste artigo, sua duração será contada considerando-se como salário de contribuição no período o salário de benefício que serviu de base para o cálculo da renda mensal, reajustado na mesma época e com a mesma base dos benefícios em geral, não podendo ser inferior ao valor de 1 (um) salário mínimo. (Incluído pela Lei nº 13.846, de 2019)

§ 7º O exercício de atividade remunerada do segurado recluso, em cumprimento de pena em regime fechado, não acarreta a perda do direito ao recebimento do auxílio-reclusão para seus dependentes. (Incluído pela Lei nº 13.846, de 2019)

§ 8º Em caso de morte de segurado recluso que tenha contribuído para a previdência social durante o período de reclusão, o valor da pensão por morte será calculado levando-se em consideração o tempo de contribuição adicional e os correspondentes salários de contribuição, facultada a opção pelo valor do auxílio-reclusão. (Incluído pela Lei nº 13.846, de 2019)

Subseção X - Dos Pecúlios

Art. 81. (Revogado dada pela Lei nº 9.129, de 1995)
 I - (Revogado dada pela Lei nº 9.129, de 1995)
 II - (Revogado pela Lei nº 8.870, de 1994)
 III - (Revogado dada pela Lei nº 9.129, de 1995)
Art. 82 (Revogado pela Lei nº 9.032, de 1995)
Art. 83. (Revogado pela Lei nº 9.032, de 1995)
Art. 84. (Revogado pela Lei nº 8.870, de 1994)
Art. 85. (Revogado pela Lei nº 9.032, de 1995)

Subseção XI - Do Auxílio-Acidente

Art. 86. O auxílio-acidente será concedido, como indenização, ao segurado quando, após consolidação das lesões decorrentes de acidente de qualquer natureza, resultarem seqüelas que impliquem redução da capacidade para o trabalho que habitualmente exerce. (Redação dada pela Lei nº 9.528, de 1997)

§ 1º O auxílio-acidente mensal corresponderá a cinqüenta por cento do salário-de-benefício e será devido, observado o disposto no § 5º, até a véspera do início de qualquer aposentadoria ou até a data do óbito do segurado. (Redação dada pela Lei nº 9.528, de 1997)

§ 2º O auxílio-acidente será devido a partir do dia seguinte ao da cessação do auxílio-doença, independentemente de qualquer remuneração ou rendimento auferido pelo acidentado, vedada sua acumulação com qualquer aposentadoria. (Redação dada pela Lei nº 9.528, de 1997)

§ 3º O recebimento de salário ou concessão de outro benefício, exceto de aposentadoria, observado o disposto no § 5º, não prejudicará a continuidade do recebimento do auxílio-acidente. (Redação dada pela Lei nº 9.528, de 1997)

§ 4º A perda da audição, em qualquer grau, somente proporcionará a concessão do auxílio-acidente, quando, além do reconhecimento de causalidade entre o trabalho e a doença, resultar, comprovadamente, na redução ou perda da capacidade para o trabalho que habitualmente exerce. (Restabelecido com nova redação pela Lei nº 9.528, de 1997)

§ 5º . (Revogado pela Lei nº 9.032, de 1995)

Subseção XII - Do Abono de Permanência em Serviço

Art. 87. (Revogado pela Lei nº 8.870, de 1994)
Parágrafo único. (Revogado pela Lei nº 8.870, de 1994)

Seção VI - Dos Serviços

Subseção I - Do Serviço Social

Art. 88. Compete ao Serviço Social esclarecer junto aos beneficiários seus direitos sociais e os meios de exercê-los e estabelecer conjuntamente com eles o processo de solução dos problemas que emergirem da sua relação com a Previdência Social, tanto no âmbito interno da instituição como na dinâmica da sociedade.

§ 1º Será dada prioridade aos segurados em benefício por incapacidade temporária e atenção especial aos aposentados e pensionistas.

§ 2º Para assegurar o efetivo atendimento dos usuários serão utilizadas intervenção técnica, assistência de natureza jurídica, ajuda material, recursos sociais, intercâmbio com empresas e pesquisa social, inclusive mediante celebração de convênios, acordos ou contratos.

§ 3º O Serviço Social terá como diretriz a participação do beneficiário na implementação e no fortalecimento da política previdenciária, em articulação com as associações e entidades de classe.

§ 4º O Serviço Social, considerando a universalização da Previdência Social, prestará assessoramento técnico aos Estados e Municípios na elaboração e implantação de suas propostas de trabalho.

Subseção II - Da Habilitação e da Reabilitação Profissional

Art. 89. A habilitação e a reabilitação profissional e social deverão proporcionar ao beneficiário incapacitado parcial ou totalmente para o trabalho, e às pessoas portadoras de deficiência, os meios para a (re)educação e de (re)adaptação profissional e social indicados para participar do mercado de trabalho e do contexto em que vive.

Parágrafo único. A reabilitação profissional compreende:
 a) o fornecimento de aparelho de prótese, órtese e instrumentos de auxílio para locomoção quando a perda ou redução da capacidade funcional puder ser atenuada por seu uso e dos equipamentos necessários à habilitação e reabilitação social e profissional;
 b) a reparação ou a substituição dos aparelhos mencionados no inciso anterior, desgastados pelo uso normal ou por ocorrência estranha à vontade do beneficiário;
 c) o transporte do acidentado do trabalho, quando necessário.

Art. 90. A prestação de que trata o artigo anterior é devida em caráter obrigatório aos segurados, inclusive aposentados e, na medida das possibilidades do órgão da Previdência Social, aos seus dependentes.

Art. 91. Será concedido, no caso de habilitação e reabilitação profissional, auxílio para tratamento ou exame fora do domicílio do beneficiário, conforme dispuser o Regulamento.

Art. 92. Concluído o processo de habilitação ou reabilitação social e profissional, a Previdência Social emitirá certificado individual, indicando as atividades que poderão ser exercidas

pelo beneficiário, nada impedindo que este exerça outra atividade para a qual se capacitar.

Art. 93. A empresa com 100 (cem) ou mais empregados está obrigada a preencher de 2% (dois por cento) a 5% (cinco por cento) dos seus cargos com beneficiários reabilitados ou pessoas portadoras de deficiência, habilitadas, na seguinte proporção:

 I - até 200 empregados........................2%;
 II - de 201 a 500................................3%;
 III - de 501 a 1.000..............................4%;
 IV - de 1.001 em diante.%.
 V - (VETADO). (Incluído pela Lei nº 13.146, de 2015)

§ 1º A dispensa de pessoa com deficiência ou de beneficiário reabilitado da Previdência Social ao final de contrato por prazo determinado de mais de 90 (noventa) dias e a dispensa imotivada em contrato por prazo indeterminado somente poderão ocorrer após a contratação de outro trabalhador com deficiência ou beneficiário reabilitado da Previdência Social. (Redação dada pela Lei nº 13.146, de 2015)

§ 2º Ao Ministério do Trabalho e Emprego incumbe estabelecer a sistemática de fiscalização, bem como gerar dados e estatísticas sobre o total de empregados e as vagas preenchidas por pessoas com deficiência e por beneficiários reabilitados da Previdência Social, fornecendo-os, quando solicitados, aos sindicatos, às entidades representativas dos empregados ou aos cidadãos interessados. (Redação dada pela Lei nº 13.146, de 2015)

§ 3º Para a reserva de cargos será considerada somente a contratação direta de pessoa com deficiência, excluído o aprendiz com deficiência de que trata a Consolidação das Leis do Trabalho (CLT), aprovada pelo Decreto-Lei no 5.452, de 1º de maio de 1943. (Incluído pela Lei nº 13.146, de 2015)

§ 4º (VETADO). (Incluído pela Lei nº 13.146, de 2015) (Vigência)

Seção VII - Da Contagem Recíproca de Tempo de Serviço

Art. 94. Para efeito dos benefícios previstos no Regime Geral de Previdência Social ou no serviço público é assegurada a contagem recíproca do tempo de contribuição na atividade privada, rural e urbana, e do tempo de contribuição ou de serviço na administração pública, hipótese em que os diferentes sistemas de previdência social se compensarão financeiramente. (Redação dada pela Lei nº 9.711, de 20.11.98)

§ 1º A compensação financeira será feita ao sistema a que o interessado estiver vinculado ao requerer o benefício pelos demais sistemas, em relação aos respectivos tempos de contribuição ou de serviço, conforme dispuser o Regulamento. (Renumerado pela Lei Complementar nº 123, de 2006)

§ 2º Não será computado como tempo de contribuição, para efeito dos benefícios previstos em regimes próprios de previdência social, o período em que o segurado contribuinte individual ou facultativo tiver contribuído na forma do § 2º do art. 21 da Lei no 8.212, de 24 de julho de 1991, salvo se complementadas as contribuições na forma do § 3º do mesmo artigo. (Incluído pela Lei Complementar nº 123, de 2006)

Art. 95. (Revogado pela Medida Provisória nº 2.187-13, de 2001)

Art. 96. O tempo de contribuição ou de serviço de que trata esta Seção será contado de acordo com a legislação pertinente, observadas as normas seguintes:

 I - não será admitida a contagem em dobro ou em outras condições especiais;
 II - é vedada a contagem de tempo de serviço público com o de atividade privada, quando concomitantes;
 III - não será contado por um sistema o tempo de serviço utilizado para concessão de aposentadoria pelo outro;
 IV - o tempo de serviço anterior ou posterior à obrigatoriedade de filiação à Previdência Social só será contado mediante indenização da contribuição correspondente ao período respectivo, com acréscimo de juros moratórios de zero vírgula cinco por cento ao mês, capitalizados anualmente, e multa de dez por cento. (Redação dada pela Medida Provisória nº 2.187-13, de 2001) (Vide Medida Provisória nº 316, de 2006)

 V - é vedada a emissão de Certidão de Tempo de Contribuição (CTC) com o registro exclusivo de tempo de serviço, sem a comprovação de contribuição efetiva, exceto para o segurado empregado, empregado doméstico, trabalhador avulso e, a partir de 1º de abril de 2003, para o contribuinte individual que presta serviço a empresa obrigada a arrecadar a contribuição a seu cargo, observado o disposto no § 5º do art. 4º da Lei nº 10.666, de 8 de maio de 2003; (Incluído pela Lei nº 13.846, de 2019)

 VI - a CTC somente poderá ser emitida por regime próprio de previdência social para ex-servidor; (Incluído pela Lei nº 13.846, de 2019)

 VII - é vedada a contagem recíproca de tempo de contribuição do RGPS por regime próprio de previdência social sem a emissão da CTC correspondente, ainda que o tempo de contribuição referente ao RGPS tenha sido prestado pelo servidor público ao próprio ente instituidor; (Incluído pela Lei nº 13.846, de 2019)

 VIII - é vedada a desaverbação de tempo em regime próprio de previdência social quando o tempo averbado tiver gerado a concessão de vantagens remuneratórias ao servidor público em atividade; e (Incluído pela Lei nº 13.846, de 2019)

 IX - para fins de elegibilidade às aposentadorias especiais referidas no § 4º do art. 40 e no § 1º do art. 201 da Constituição Federal, os períodos reconhecidos pelo regime previdenciário de origem como de tempo especial, sem conversão em tempo comum, deverão estar incluídos nos períodos de contribuição compreendidos na CTC e discriminados de data a data. (Incluído pela Lei nº 13.846, de 2019)

Parágrafo único. O disposto no inciso V do caput deste artigo não se aplica ao tempo de serviço anterior à edição da Emenda Constitucional nº 20, de 15 de dezembro de 1998, que tenha sido equiparado por lei a tempo de contribuição. (Incluído pela Lei nº 13.846, de 2019)

Art. 97. A aposentadoria por tempo de serviço, com contagem de tempo na forma desta Seção, será concedida ao segurado do sexo feminino a partir de 25 (vinte e cinco) anos completos de serviço, e, ao segurado do sexo masculino, a partir de 30 (trinta) anos completos de serviço, ressalvadas as hipóteses de redução previstas em lei.

Art. 98. Quando a soma dos tempos de serviço ultrapassar 30 (trinta) anos, se do sexo feminino, e 35 (trinta e cinco) anos, se do sexo masculino, o excesso não será considerado para qualquer efeito.

Art. 99. O benefício resultante de contagem de tempo de serviço na forma desta Seção será concedido e pago pelo sistema a que o interessado estiver vinculado ao requerê-lo, e calculado na forma da respectiva legislação.

Seção VIII - Das Disposições Diversas Relativas às Prestações

Art. 100. (VETADO)

Art. 101. O segurado em gozo de auxílio-doença, aposentadoria por invalidez e o pensionista inválido estão obrigados, sob pena de suspensão do benefício, a submeter-se a exame médico a cargo da Previdência Social, processo de reabilitação profissional por ela prescrito e custeado, e tratamento dispensado gratuitamente, exceto o cirúrgico e a transfusão de sangue, que são facultativos. (Redação dada pela Lei nº 9.032, de 1995)

§ 1º O aposentado por invalidez e o pensionista inválido que não tenham retornado à atividade estarão isentos do exame de que trata o caput deste artigo: (Redação dada pela lei nº 13.457, de 2017)

LEI Nº 8.213, DE 24 DE JULHO DE 1991

I - após completarem cinquenta e cinco anos ou mais de idade e quando decorridos quinze anos da data da concessão da aposentadoria por invalidez ou do auxílio-doença que a precedeu; ou (Incluído pela lei nº 13.457, de 2017) (Vide Medida Provisória nº 871, de 2019)

II - após completarem sessenta anos de idade. (Incluído pela lei nº 13.457, de 2017)

§ 2º A isenção de que trata o § 1º não se aplica quando o exame tem as seguintes finalidades: (Incluído pela Lei nº 13.063, de 2014)

I - verificar a necessidade de assistência permanente de outra pessoa para a concessão do acréscimo de 25% (vinte e cinco por cento) sobre o valor do benefício, conforme dispõe o art. 45; (Incluído pela Lei nº 13.063, de 2014)

II - verificar a recuperação da capacidade de trabalho, mediante solicitação do aposentado ou pensionista que se julgar apto; (Incluído pela Lei nº 13.063, de 2014)

III - subsidiar autoridade judiciária na concessão de curatela, conforme dispõe o art. 110. (Incluído pela Lei nº 13.063, de 2014)

§ 3º (VETADO). (Incluído pela lei nº 13.457, de 2017)

§ 4º A perícia de que trata este artigo terá acesso aos prontuários médicos do periciado no Sistema Único de Saúde (SUS), desde que haja a prévia anuência do periciado e seja garantido o sigilo sobre os dados dele. (Incluído pela lei nº 13.457, de 2017)

§ 5º É assegurado o atendimento domiciliar e hospitalar pela perícia médica e social do INSS ao segurado com dificuldades de locomoção, quando seu deslocamento, em razão de sua limitação funcional e de condições de acessibilidade, imponha-lhe ônus desproporcional e indevido, nos termos do regulamento. (Incluído pela lei nº 13.457, de 2017)

Art. 102. A perda da qualidade de segurado importa em caducidade dos direitos inerentes a essa qualidade. (Redação dada pela Lei nº 9.528, de 1997)

§ 1º A perda da qualidade de segurado não prejudica o direito à aposentadoria para cuja concessão tenham sido preenchidos todos os requisitos, segundo a legislação em vigor à época em que estes requisitos foram atendidos. (Incluído pela Lei nº 9.528, de 1997)

§ 2º Não será concedida pensão por morte aos dependentes do segurado que falecer após a perda desta qualidade, nos termos do art. 15 desta Lei, salvo se preenchidos os requisitos para obtenção da aposentadoria na forma do parágrafo anterior. (Incluído pela Lei nº 9.528, de 1997)

Art. 103. O prazo de decadência do direito ou da ação do segurado ou beneficiário para a revisão do ato de concessão, indeferimento, cancelamento ou cessação de benefício e do ato de deferimento, indeferimento ou não concessão de revisão de benefício é de 10 (dez) anos, contado: (Redação dada pela Lei nº 13.846, de 2019)

I - do dia primeiro do mês subsequente ao do recebimento da primeira prestação ou da data em que a prestação deveria ter sido paga com o valor revisto; ou (Incluído pela Lei nº 13.846, de 2019)

II - do dia em que o segurado tomar conhecimento da decisão de indeferimento, cancelamento ou cessação do seu pedido de benefício ou da decisão de deferimento ou indeferimento de revisão de benefício, no âmbito administrativo. (Incluído pela Lei nº 13.846, de 2019)

Parágrafo único. Prescreve em cinco anos, a contar da data em que deveriam ter sido pagas, toda e qualquer ação para haver prestações vencidas ou quaisquer restituições ou diferenças devidas pela Previdência Social, salvo o direito dos menores, incapazes e ausentes, na forma do Código Civil. (Incluído pela Lei nº 9.528, de 1997)

Art. 103-A. O direito da Previdência Social de anular os atos administrativos de que decorram efeitos favoráveis para os seus beneficiários decai em dez anos, contados da data em que foram praticados, salvo comprovada má-fé. (Incluído pela Lei nº 10.839, de 2004)

§ 1º No caso de efeitos patrimoniais contínuos, o prazo decadencial contar-se-á da percepção do primeiro pagamento. (Incluído pela Lei nº 10.839, de 2004)

§ 2º Considera-se exercício do direito de anular qualquer medida de autoridade administrativa que importe impugnação à validade do ato. (Incluído pela Lei nº 10.839, de 2004)

Art. 104. As ações referentes à prestação por acidente do trabalho prescrevem em 5 (cinco) anos, observado o disposto no art. 103 desta Lei, contados da data:

I - do acidente, quando dele resultar a morte ou a incapacidade temporária, verificada esta em perícia médica a cargo da Previdência Social; ou

II - em que for reconhecida pela Previdência Social, a incapacidade permanente ou o agravamento das seqüelas do acidente.

Art. 105. A apresentação de documentação incompleta não constitui motivo para recusa do requerimento de benefício.

Art. 106. A comprovação do exercício de atividade rural será feita, complementarmente à autodeclaração de que trata o § 2º e ao cadastro de que trata o § 1º, ambos do art. 38-B desta Lei, por meio de, entre outros: (Redação dada pela Lei nº 13.846, de 2019)

I – contrato individual de trabalho ou Carteira de Trabalho e Previdência Social; (Redação dada pela Lei nº 11.718, de 2008)

II – contrato de arrendamento, parceria ou comodato rural; (Redação dada pela Lei nº 11.718, de 2008)

III - (revogado); (Redação dada pela Lei nº 13.846, de 2019)

IV – Declaração de Aptidão ao Programa Nacional de Fortalecimento da Agricultura Familiar, de que trata o inciso II do caput do art. 2º da Lei nº 12.188, de 11 de janeiro de 2010, ou por documento que a substitua; (Redação dada pela Lei nº 13.846, de 2019)

V – bloco de notas do produtor rural; (Redação dada pela Lei nº 11.718, de 2008)

VI – notas fiscais de entrada de mercadorias, de que trata o § 7º do art. 30 da Lei nº 8.212, de 24 de julho de 1991, emitidas pela empresa adquirente da produção, com indicação do nome do segurado como vendedor; (Incluído pela Lei nº 11.718, de 2008)

VII – documentos fiscais relativos a entrega de produção rural à cooperativa agrícola, entreposto de pescado ou outros, com indicação do segurado como vendedor ou consignante; (Incluído pela Lei nº 11.718, de 2008)

VIII – comprovantes de recolhimento de contribuição à Previdência Social decorrentes da comercialização da produção; (Incluído pela Lei nº 11.718, de 2008)

IX – cópia da declaração de imposto de renda, com indicação de renda proveniente da comercialização de produção rural; ou (Incluído pela Lei nº 11.718, de 2008)

X – licença de ocupação ou permissão outorgada pelo Incra. (Incluído pela Lei nº 11.718, de 2008)

Art. 107. O tempo de serviço de que trata o art. 55 desta Lei será considerado para cálculo do valor da renda mensal de qualquer benefício.

Art. 108. Mediante justificação processada perante a Previdência Social, observado o disposto no § 3º do art. 55 e na forma estabelecida no Regulamento, poderá ser suprida a falta de documento ou provado ato do interesse de beneficiário ou empresa, salvo no que se refere a registro público.

Art. 109. O benefício será pago diretamente ao beneficiário, salvo em caso de ausência, moléstia contagiosa ou impossibilidade de locomoção, quando será pago a procurador, cujo mandato não terá prazo superior a doze meses, podendo ser renovado. (Redação dada pela Lei nº 8.870, de 1994)

Parágrafo único. A impressão digital do beneficiário incapaz de assinar, aposta na presença de servidor da Previdência

Social, vale como assinatura para quitação de pagamento de benefício.

Art. 110. O benefício devido ao segurado ou dependente civilmente incapaz será feito ao cônjuge, pai, mãe, tutor ou curador, admitindo-se, na sua falta e por período não superior a 6 (seis) meses, o pagamento a herdeiro necessário, mediante termo de compromisso firmado no ato do recebimento.

§ 1º. Para efeito de curatela, no caso de interdição do beneficiário, a autoridade judiciária pode louvar-se no laudo médico-pericial da Previdência Social. (Redação dada pela Lei nº 13.846, de 2019)

§ 2º O dependente excluído, na forma do § 7º do art. 16 desta Lei, ou que tenha a parte provisoriamente suspensa, na forma do § 7º do art. 77 desta Lei, não poderá representar outro dependente para fins de recebimento e percepção do benefício. (Incluído pela Lei nº 13.846, de 2019)

§ 3º O dependente que perde o direito à pensão por morte, na forma do § 1º do art. 74 desta Lei, não poderá representar outro dependente para fins de recebimento e percepção do benefício. (Incluído pela Lei nº 13.846, de 2019)

Art. 110-A. No ato de requerimento de benefícios operacionalizados pelo INSS, não será exigida apresentação de termo de curatela de titular ou de beneficiário com deficiência, observados os procedimentos a serem estabelecidos em regulamento. (Incluído pela Lei nº 13.146, de 2015) (Vigência)

Art. 111. O segurado menor poderá, conforme dispuser o Regulamento, firmar recibo de benefício, independentemente da presença dos pais ou do tutor.

Art. 112. O valor não recebido em vida pelo segurado só será pago aos seus dependentes habilitados à pensão por morte ou, na falta deles, aos seus sucessores na forma da lei civil, independentemente de inventário ou arrolamento.

Art. 113. O benefício poderá ser pago mediante depósito em conta corrente ou por autorização de pagamento, conforme se dispuser em regulamento.

Parágrafo único. (Revogado pela Lei nº 9.876, de 26.11.1999)

Art. 114. Salvo quanto a valor devido à Previdência Social e a desconto autorizado por esta Lei, ou derivado da obrigação de prestar alimentos reconhecida em sentença judicial, o benefício não pode ser objeto de penhora, arresto ou sequestro, sendo nula de pleno direito a sua venda ou cessão, ou a constituição de qualquer ônus sobre ele, bem como a outorga de poderes irrevogáveis ou em causa própria para o seu recebimento.

Art. 115. Podem ser descontados dos benefícios:

I - contribuições devidas pelo segurado à Previdência Social;

II - pagamento administrativo ou judicial de benefício previdenciário ou assistencial indevido, ou além do devido, inclusive na hipótese de cessação do benefício pela revogação de decisão judicial, em valor que não exceda 30% (trinta por cento) da sua importância, nos termos do regulamento; (Redação dada pela Lei nº 13.846, de 2019)

III - Imposto de Renda retido na fonte;

IV - pensão de alimentos decretada em sentença judicial;

V - mensalidades de associações e demais entidades de aposentados legalmente reconhecidas, desde que autorizadas por seus filiados.

VI - pagamento de empréstimos, financiamentos, cartões de crédito e operações de arrendamento mercantil concedidos por instituições financeiras e sociedades de arrendamento mercantil, ou por entidades fechadas ou abertas de previdência complementar, públicas e privadas, quando expressamente autorizado pelo beneficiário, até o limite de 35% (trinta e cinco por cento) do valor do benefício, sendo 5% (cinco por cento) destinados exclusivamente para: (Redação dada pela Lei nº 13.183, de 2015)

a) amortização de despesas contraídas por meio de cartão de crédito; ou (Redação dada pela Lei nº 13.183, de 2015)

b) utilização com a finalidade de saque por meio do cartão de crédito. (Redação dada pela Lei nº 13.183, de 2015)

§ 1º Na hipótese do inciso II, o desconto será feito em parcelas, conforme dispuser o regulamento, salvo má-fé. (Incluído pela Lei nº 10.820, de 17.12.2003)

§ 2º Na hipótese dos incisos II e VI, haverá prevalência do desconto do inciso II. (Incluído pela Lei nº 10.820, de 17.12.2003)

§ 3º Serão inscritos em dívida ativa pela Procuradoria-Geral Federal os créditos constituídos pelo INSS em decorrência de benefício previdenciário ou assistencial pago indevidamente ou além do devido, inclusive na hipótese de cessação do benefício pela revogação de decisão judicial, nos termos da Lei nº 6.830, de 22 de setembro de 1980, para a execução judicial. (Redação dada pela Lei nº 13.846, de 2019)

§ 4º Será objeto de inscrição em dívida ativa, para os fins do disposto no § 3º deste artigo, em conjunto ou separadamente, o terceiro beneficiado que sabia ou deveria saber da origem do benefício pago indevidamente em razão de fraude, de dolo ou de coação, desde que devidamente identificado em procedimento administrativo de responsabilização. (Redação dada pela Lei nº 13.846, de 2019)

§ 5º O procedimento de que trata o § 4º deste artigo será disciplinado em regulamento, nos termos da Lei nº 9.784, de 29 de janeiro de 1999, e no art. 27 do Decreto-Lei nº 4.657, de 4 de setembro de 1942. (Redação dada pela Lei nº 13.846, de 2019)

§ 6º Na hipótese prevista no inciso V do caput deste artigo, a autorização do desconto deverá ser revalidada a cada 3 (três) anos, a partir de 31 de dezembro de 2021, nos termos do regulamento. (Redação dada pela Lei nº 13.846, de 2019)

Art. 116. Será fornecido ao beneficiário demonstrativo minucioso das importâncias pagas, discriminando-se o valor da mensalidade, as diferenças eventualmente pagas com o período a que se referem e os descontos efetuados.

Art. 117. A empresa, o sindicato ou a entidade de aposentados devidamente legalizada poderá, mediante convênio com a Previdência Social, encarregar-se, relativamente a seu empregado ou associado e respectivos dependentes, de:

I - processar requerimento de benefício, preparando-o e instruindo-o de maneira a ser despachado pela Previdência Social;

II - submeter o requerente a exame médico, inclusive complementar, encaminhando à Previdência Social o respectivo laudo, para efeito de homologação e posterior concessão de benefício que depender de avaliação de incapacidade;

III - pagar benefício.

Parágrafo único. O convênio poderá dispor sobre o reembolso das despesas da empresa, do sindicato ou da entidade de aposentados devidamente legalizada, correspondente aos serviços previstos nos incisos II e III, ajustado por valor global conforme o número de empregados ou de associados, mediante dedução do valor das contribuições previdenciárias a serem recolhidas pela empresa.

Art. 118. O segurado que sofreu acidente do trabalho tem garantida, pelo prazo mínimo de doze meses, a manutenção do seu contrato de trabalho na empresa, após a cessação do auxílio-doença acidentário, independentemente de percepção de auxílio-acidente.

Parágrafo único. (Revogado pela Lei nº 9.032, de 1995)

Art. 119. Por intermédio dos estabelecimentos de ensino, sindicatos, associações de classe, Fundação Jorge Duprat Figueiredo de Segurança e Medicina do Trabalho-FUNDACENTRO, órgãos públicos e outros meios, serão promovidas regularmente instrução e formação com vistas a incrementar costumes e atitudes prevencionistas em matéria de acidente, especialmente do trabalho.

Art. 120. A Previdência Social ajuizará ação regressiva contra os responsáveis nos casos de: (Redação dada pela Lei nº 13.846, de 2019)

I - negligência quanto às normas padrão de segurança e higiene do trabalho indicadas para a proteção individual e coletiva; (Incluído pela Lei nº 13.846, de 2019)

II - violência doméstica e familiar contra a mulher, nos termos da Lei nº 11.340, de 7 de agosto de 2006. (Incluído pela Lei nº 13.846, de 2019)

Art. 121. O pagamento de prestações pela Previdência Social em decorrência dos casos previstos nos incisos I e II do caput do art. 120 desta Lei não exclui a responsabilidade civil da empresa, no caso do inciso I, ou do responsável pela violência doméstica e familiar, no caso do inciso II. (Redação dada pela Lei nº 13.846, de 2019)

Art. 122. (Revogado pela Lei nº 9.032, de 1995)

Parágrafo único. (Revogado pela Lei nº 9.032, de 1995)

Art. 122. Se mais vantajoso, fica assegurado o direito à aposentadoria, nas condições legalmente previstas na data do cumprimento de todos os requisitos necessários à obtenção do benefício, ao segurado que, tendo completado 35 anos de serviço, se homem, ou trinta anos, se mulher, optou por permanecer em atividade. (Restabelecido com nova redação pela Lei nº 9.528, de 1997)

Art. 123. (Revogado pela Lei nº 9.032, de 1995)

Art. 124. Salvo no caso de direito adquirido, não é permitido o recebimento conjunto dos seguintes benefícios da Previdência Social:

I - aposentadoria e auxílio-doença;

II - mais de uma aposentadoria; (Redação dada pela Lei nº 9.032, de 1995)

III - aposentadoria e abono de permanência em serviço;

IV - salário-maternidade e auxílio-doença; (Incluído dada pela Lei nº 9.032, de 1995)

V - mais de um auxílio-acidente; (Incluído dada pela Lei nº 9.032, de 1995)

VI - mais de uma pensão deixada por cônjuge ou companheiro, ressalvado o direito de opção pela mais vantajosa. (Incluído dada pela Lei nº 9.032, de 1995)

Parágrafo único. É vedado o recebimento conjunto do seguro-desemprego com qualquer benefício de prestação continuada da Previdência Social, exceto pensão por morte ou auxílio-acidente. (Incluído dada pela Lei nº 9.032, de 1995)

Art. 124-A O INSS implementará e manterá processo administrativo eletrônico para requerimento de benefícios e serviços e disponibilizará canais eletrônicos de atendimento. (Incluído pela Lei nº 13.846, de 2019)

§ 1º O INSS facilitará o atendimento, o requerimento, a concessão, a manutenção e a revisão de benefícios por meio eletrônico e implementará procedimentos automatizados, de atendimento e prestação de serviços por meio de atendimento telefônico ou de canais remotos. (Incluído pela Lei nº 13.846, de 2019)

§ 2º Poderão ser celebrados acordos de cooperação, na modalidade de adesão, com órgãos e entidades da União, dos Estados, do Distrito Federal e dos Municípios, para a recepção de documentos e o apoio administrativo às atividades do INSS que demandem serviços presenciais. (Incluído pela Lei nº 13.846, de 2019)

§ 3º A implementação de serviços eletrônicos preverá mecanismos de controle preventivos de fraude e de identificação segura do cidadão. (Incluído pela Lei nº 13.846, de 2019)

Art. 124-B O INSS, para o exercício de suas competências, observado o disposto nos incisos XI e XII do art. 5º da Constituição Federal e na Lei nº 13.709, de 14 de agosto de 2018, terá acesso aos dados necessários para a análise, a concessão, a revisão e a manutenção de benefícios por ele administrados, em especial aos dados: (Incluído pela Lei nº 13.846, de 2019)

I – (VETADO); (Incluído pela Lei nº 13.846, de 2019)

II - dos registros e dos prontuários eletrônicos do Sistema Único de Saúde (SUS), administrados pelo Ministério da Saúde; (Incluído pela Lei nº 13.846, de 2019)

III - dos documentos médicos mantidos por entidades públicas e privadas, sendo necessária, no caso destas últimas, a celebração de convênio para garantir o acesso; e (Incluído pela Lei nº 13.846, de 2019)

IV - de movimentação das contas do Fundo de Garantia por Tempo de Serviço (FGTS), instituído pela Lei nº 5.107, de 13 de setembro de 1966, mantidas pela Caixa Econômica Federal. (Incluído pela Lei nº 13.846, de 2019)

§ 1º Para fins do cumprimento do disposto no caput deste artigo, serão preservados a integridade e o sigilo dos dados acessados pelo INSS, eventualmente existentes, e o acesso aos dados dos prontuários eletrônicos do Sistema Único de Saúde (SUS) e dos documentos médicos mantidos por entidades públicas e privadas será exclusivamente franqueado aos peritos médicos federais designados pelo INSS. (Incluído pela Lei nº 13.846, de 2019)

§ 2º O Ministério da Economia terá acesso às bases de dados geridas ou administradas pelo INSS, incluída a folha de pagamento de benefícios com o detalhamento dos pagamentos. (Incluído pela Lei nº 13.846, de 2019)

§ 3º As bases de dados e as informações de que tratam o caput e o § 1º deste artigo poderão ser compartilhadas com os regimes próprios de previdência social, para estrita utilização em suas atribuições relacionadas à recepção, à análise, à concessão, à revisão e à manutenção de benefícios por eles administrados, preservados a integridade dos dados e o sigilo eventualmente existente, na forma disciplinada conjuntamente pela Secretaria Especial de Previdência e Trabalho do Ministério da Economia e pelo gestor dos dados. (Incluído pela Lei nº 13.846, de 2019)

§ 4º Fica dispensada a celebração de convênio, de acordo de cooperação técnica ou de instrumentos congêneres para a efetivação do acesso aos dados de que trata o caput deste artigo, quando se tratar de dados hospedados por órgãos da administração pública federal, e caberá ao INSS a responsabilidade de arcar com os custos envolvidos, quando houver, no acesso ou na extração dos dados, exceto quando estabelecido de forma diversa entre os órgãos envolvidos. (Incluído pela Lei nº 13.846, de 2019)

§ 5º As solicitações de acesso a dados hospedados por entidades privadas possuem característica de requisição, dispensados a celebração de convênio, acordo de cooperação técnica ou instrumentos congêneres para a efetivação do acesso aos dados de que trata o caput deste artigo e o ressarcimento de eventuais custos, vedado o compartilhamento dos dados com demais entidades de direito privado. (Incluído pela Lei nº 13.846, de 2019)

Art. 124-C O servidor responsável pela análise dos pedidos dos benefícios previstos nesta Lei motivará suas decisões ou opiniões técnicas e responderá pessoalmente apenas na hipótese de dolo ou erro grosseiro. (Incluído pela Lei nº 13.846, de 2019)

Art. 124-D A administração pública federal desenvolverá ações de segurança da informação e comunicações, incluídas as de segurança cibernética, de segurança das infraestruturas, de qualidade dos dados e de segurança de interoperabilidade de bases governamentais, e efetuará a sua integração, inclusive com as bases de dados e informações dos Estados, dos Municípios e do Distrito Federal, com o objetivo de atenuar riscos e inconformidades em pagamentos de benefícios sociais. (Incluído pela Lei nº 13.846, de 2019)

Art. 124-E (VETADO). (Incluído pela Lei nº 13.846, de 2019)

Art. 124-F (VETADO). (Incluído pela Lei nº 13.846, de 2019)

TÍTULO IV - DAS DISPOSIÇÕES FINAIS E TRANSITÓRIAS

Art. 125. Nenhum benefício ou serviço da Previdência Social poderá ser criado, majorado ou estendido, sem a correspondente fonte de custeio total.

Art. 125-A. Compete ao Instituto Nacional do Seguro Social – INSS realizar, por meio dos seus próprios agentes, quando

designados, todos os atos e procedimentos necessários à verificação do atendimento das obrigações não tributárias impostas pela legislação previdenciária e à imposição da multa por seu eventual descumprimento. (Incluído pela Lei nº 11.941, de 2009)

§ 1º A empresa disponibilizará a servidor designado por dirigente do INSS os documentos necessários à comprovação de vínculo empregatício, de prestação de serviços e de remuneração relativos a trabalhador previamente identificado. (Incluído pela Lei nº 11.941, de 2009)

§ 2º Aplica-se ao disposto neste artigo, no que couber, o art. 126 desta Lei. (Incluído pela Lei nº 11.941, de 2009)

§ 3º O disposto neste artigo não abrange as competências atribuídas em caráter privativo aos ocupantes do cargo de Auditor-Fiscal da Receita Federal do Brasil previstas no inciso I do caput do art. 6º da Lei nº 10.593, de 6 de dezembro de 2002. (Incluído pela Lei nº 11.941, de 2009)

Art. 126. Compete ao Conselho de Recursos da Previdência Social julgar, entre outras demandas, na forma do regulamento: (Redação dada pela Lei nº 13.876, de 2019)

I - recursos das decisões do INSS nos processos de interesse dos beneficiários; (Incluído pela Lei nº 13.846, de 2019)

II - contestações e recursos relativos à atribuição, pelo Ministério da Economia, do Fator Acidentário de Prevenção aos estabelecimentos das empresas; (Incluída pela Lei nº 13.846, de 2019)

III - recursos das decisões do INSS relacionados à comprovação de atividade rural de segurado especial de que tratam os arts. 38-A e 38-B, ou demais informações relacionadas ao CNIS de que trata o art. 29-A desta Lei. (Incluído pela Lei nº 13.846, de 2019)

IV - recursos de processos relacionados à compensação financeira de que trata a Lei nº 9.796, de 5 de maio de 1999, e à supervisão e à fiscalização dos regimes próprios de previdência social de que trata a Lei nº 9.717, de 27 de novembro de 1998. (Incluído pela Lei nº 13.876, de 2019)

§ 1º (Revogado pela Lei nº 11.727, de 2008)

§ 2º (Revogado pela Lei nº 11.727, de 2008)

§ 3º A propositura de ação que tenha por objeto idêntico pedido sobre o qual versa o processo administrativo importa renúncia ao direito de recorrer na esfera administrativa e desistência do recurso interposto. (Redação dada pela Lei nº 13.846, de 2019)

Art. 127. (Revogado pela Lei nº 9.711, de 20.11.98)

Art. 128. As demandas judiciais que tiverem por objeto o reajuste ou a concessão de benefícios regulados nesta Lei cujos valores de execução não forem superiores a R$ 5.180,25 (cinco mil, cento e oitenta reais e vinte e cinco centavos) por autor poderão, por opção de cada um dos exeqüentes, ser quitadas no prazo de até sessenta dias após a intimação do trânsito em julgado da decisão, sem necessidade da expedição de precatório. (Redação dada pela Lei nº 10.099, de 2000)

§ 1º É vedado o fracionamento, repartição ou quebra do valor da execução, de modo que o pagamento se faça, em parte, na forma estabelecida no caput e, em parte, mediante expedição do precatório. (Incluído pela Lei nº 10.099, de 2000)

§ 2º É vedada a expedição de precatório complementar ou suplementar do valor pago na forma do caput. (Incluído pela Lei nº 10.099, de 2000)

§ 3º Se o valor da execução ultrapassar o estabelecido no caput, o pagamento far-se-á sempre por meio de precatório. (Incluído pela Lei nº 10.099, de 2000)

§ 4º É facultada à parte exeqüente a renúncia ao crédito, no que exceder ao valor estabelecido no caput, para que possa optar pelo pagamento do saldo sem o precatório, na forma ali prevista. (Incluído pela Lei nº 10.099, de 2000)

§ 5º A opção exercida pela parte para receber os seus créditos na forma prevista no caput implica a renúncia do restante dos créditos porventura existentes e que sejam oriundos do mesmo processo. (Incluído pela Lei nº 10.099, de 2000)

§ 6º O pagamento sem precatório, na forma prevista neste artigo, implica quitação total do pedido constante da petição inicial e determina a extinção do processo. (Incluído pela Lei nº 10.099, de 2000)

§ 7º O disposto neste artigo não obsta a interposição de embargos à execução por parte do INSS. (Incluído pela Lei nº 10.099, de 2000)

Art. 129. Os litígios e medidas cautelares relativos a acidentes do trabalho serão apreciados:

I - na esfera administrativa, pelos órgãos da Previdência Social, segundo as regras e prazos aplicáveis às demais prestações, com prioridade para conclusão; e

II - na via judicial, pela Justiça dos Estados e do Distrito Federal, segundo o rito sumaríssimo, inclusive durante as férias forenses, mediante petição instruída pela prova de efetiva notificação do evento à Previdência Social, através de Comunicação de Acidente do Trabalho–CAT.

Parágrafo único. O procedimento judicial de que trata o inciso II deste artigo é isento do pagamento de quaisquer custas e de verbas relativas à sucumbência.

Art. 130. Na execução contra o Instituto Nacional do Seguro Social-INSS, o prazo a que se refere o art. 730 do Código de Processo Civil é de trinta dias. (Redação dada pela Lei nº 9.528, de 1997)

Art. 131. O Ministro da Previdência e Assistência Social poderá autorizar o INSS a formalizar a desistência ou abster-se de propor ações e recursos em processos judiciais sempre que a ação versar matéria sobre a qual haja declaração de inconstitucionalidade proferida pelo Supremo Tribunal Federal - STF, súmula ou jurisprudência consolidada do STF ou dos tribunais superiores. (Redação dada pela Lei nº 9.528, de 10.12.97)

Parágrafo único. O Ministro da Previdência e Assistência Social disciplinará as hipóteses em que a administração previdenciária federal, relativamente aos créditos previdenciários baseados em dispositivo declarado inconstitucional por decisão definitiva do Supremo Tribunal Federal, possa: (Incluído pela Lei nº 9.528, de 1997)

a) abster-se de constituí-los; (Incluído pela Lei nº 9.528, de 1997)

b) retificar o seu valor ou declará-los extintos, de ofício, quando houverem sido constituídos anteriormente, ainda que inscritos em dívida ativa; (Incluído pela Lei nº 9.528, de 1997)

c) formular desistência de ações de execução fiscal já ajuizadas, bem como deixar de interpor recursos de decisões judiciais. (Incluído pela Lei nº 9.528, de 1997)

Art. 132. A formalização de desistência ou transigência judiciais, por parte de procurador da Previdência Social, será sempre precedida da anuência, por escrito, do Procurador-Geral do Instituto Nacional do Seguro Social INSS, ou do presidente desse órgão, quando os valores em litígio ultrapassarem os limites definidos pelo Conselho Nacional de Previdência Social – CNPS.

§ 1º Os valores, a partir dos quais se exigirá a anuência do Procurador-Geral ou do presidente do INSS, serão definidos periodicamente pelo CNPS, através de resolução própria.

§ 2º Até que o CNPS defina os valores mencionados neste artigo, deverão ser submetidos à anuência prévia do Procurador-Geral ou do presidente do INSS a formalização de desistência ou transigência judiciais, quando os valores, referentes a cada segurado considerado separadamente, superarem, respectivamente, 10 (dez) ou 30 (trinta) vezes o teto do salário-de-benefício.

Art. 133. A infração a qualquer dispositivo desta Lei, para a qual não haja penalidade expressamente cominada, sujeita o responsável, conforme a gravidade da infração, à multa variável de Cr$ 100.000,00 (cem mil cruzeiros) a Cr$ 10.000.000,00

(dez milhões de cruzeiros). Atualizações decorrentes de normas de hierarquia inferior

Parágrafo único. (Revogado pela Lei nº 11.941, de 2009)

Art. 134. Os valores expressos em moeda corrente nesta Lei serão reajustados nas mesmas épocas e com os mesmos índices utilizados para o reajustamento dos valores dos benefícios. (Redação dada pela Medida Provisória nº 2.187-13, de 2001) (Vide Medida Provisória nº 316, de 2006)

Art. 135. Os salários-de-contribuição utilizados no cálculo do valor de benefício serão considerados respeitando-se os limites mínimo e máximo vigentes nos meses a que se referirem.

Art. 136. Ficam eliminados o menor e o maior valor-teto para cálculo do salário-de-benefício.

Art. 137. Fica extinto o Programa de Previdência Social aos Estudantes, instituído pela Lei nº 7.004, de 24 de junho de 1982, mantendo-se o pagamento dos benefícios de prestação continuada com data de início até a entrada em vigor desta Lei.

Art. 138. Ficam extintos os regimes de Previdência Social instituídos pela Lei Complementar nº 11, de 25 de maio de 1971, e pela Lei nº 6.260, de 6 de novembro de 1975, sendo mantidos, com valor não inferior ao do salário mínimo, os benefícios concedidos até a vigência desta Lei.

Parágrafo único. Para os que vinham contribuindo regularmente para os regimes a que se refere este artigo, será contado o tempo de contribuição para fins do Regime Geral de Previdência Social, conforme disposto no Regulamento.

Art. 139. (Revogado pela Lei nº 9.528, de 1997)

1º. (Revogado pela Lei nº 9.528, de 1997)

 I - (Revogado pela Lei nº 9.528, de 1997)

 II - (Revogado pela Lei nº 9.528, de 1997)

 III - (Revogado pela Lei nº 9.528, de 1997)

2º (Revogado pela Lei nº 9.528, de 1997)

3º (Revogado pela Lei nº 9.528, de 1997)

4º (Revogado pela Lei nº 9.528, de 1997)

Art. 140. (Revogado pela Lei nº 9.528, de 1997)

1º (Revogado pela Lei nº 9.528, de 1997)

2º (Revogado pela Lei nº 9.528, de 1997)

3º (Revogado pela Lei nº 9.528, de 1997)

4º (Revogado pela Lei nº 9.528, de 1997)

5º (Revogado pela Lei nº 9.528, de 1997)

6º (Revogado pela Lei nº 9.528, de 1997)

Art. 141. (Revogado pela Lei nº 9.528, de 1997)

1º (Revogado pela Lei nº 9.528, de 1997)

2º (Revogado pela Lei nº 9.528, de 1997)

Art. 142. Para o segurado inscrito na Previdência Social Urbana até 24 de julho de 1991, bem como para o trabalhador e o empregador rural cobertos pela Previdência Social Rural, a carência das aposentadorias por idade, por tempo de serviço e especial obedecerá à seguinte tabela, levando-se em conta o ano em que o segurado implementou todas as condições necessárias à obtenção do benefício: (Redação dada pela Lei nº 9.032, de 1995)

Ano de implementação das condições	Meses de contribuição exigidos
1991	60 meses
1992	60 meses
1993	66 meses
1994	72 meses
1995	78 meses
1996	90 meses
1997	96 meses
1998	102 meses
1999	108 meses
2000	114 meses
2001	120 meses
2002	126 meses
2003	132 meses
2004	138 meses
2005	144 meses
2006	150 meses
2007	156 meses
2008	162 meses
2009	168 meses
2010	174 meses
2011	180 meses

Art. 143. O trabalhador rural ora enquadrado como segurado obrigatório no Regime Geral de Previdência Social, na forma da alínea "a" do inciso I, ou do inciso IV ou VII do art. 11 desta Lei, pode requerer aposentadoria por idade, no valor de um salário mínimo, durante quinze anos, contados a partir da data de vigência desta Lei, desde que comprove o exercício de atividade rural, ainda que descontínua, no período imediatamente anterior ao requerimento do benefício, em número de meses idêntico à carência do referido benefício. (Redação dada pela Lei nº. 9.063, de 1995) (Vide Lei nº 11.368, de 2006) (Vide Medida Provisória nº 410, de 2007). (Vide Lei nº 11.718, de 2008)

Art. 144. a **Art. 147.** (Revogado pela Medida Provisória nº 2.187-13, de 2001)

Art. 148. (Revogado pela Lei nº 9.528, de 1997)

Art. 149. As prestações, e o seu financiamento, referentes aos benefícios de ex-combatente e de ferroviário servidor público ou autárquico federal ou em regime especial que não optou pelo regime da Consolidação das Leis do Trabalho, na forma da Lei nº 6.184, de 11 de dezembro de 1974, bem como seus dependentes, serão objeto de legislação específica.

Art. 150. (Revogado pela Lei nº 10.559, de 13.11.2002)

Parágrafo único. (Revogado pela Lei nº 10.559, de 13.11.2002)

Art. 151. Até que seja elaborada a lista de doenças mencionada no inciso II do art. 26, independe de carência a concessão de auxílio-doença e de aposentadoria por invalidez ao segurado que, após filiar-se ao RGPS, for acometido das seguintes doenças: tuberculose ativa, hanseníase, alienação mental, esclerose múltipla, hepatopatia grave, neoplasia maligna, cegueira, paralisia irreversível e incapacitante, cardiopatia grave, doença de Parkinson, espondiloartrose anquilosante, nefropatia grave, estado avançado da doença de Paget (osteíte deformante), síndrome da deficiência imunológica adquirida (aids) ou contaminação por radiação, com base em conclusão da medicina especializada. (Redação dada pela Lei nº 13.135, de 2015)

Art. 152 (Revogado pela Lei nº 9.528, de 1997)

Art. 153. O Regime Facultativo Complementar de Previdência Social será objeto de lei especial, a ser submetida à apreciação do Congresso Nacional dentro do prazo de 180 (cento e oitenta) dias.

Art. 154. O Poder Executivo regulamentará esta Lei no prazo de 60 (sessenta) dias a partir da data da sua publicação.

Art. 155. Esta Lei entra em vigor na data de sua publicação.

Art. 156. Revogam-se as disposições em contrário.

SUMÁRIO

1. LEI Nº 4.737, DE 15 DE JULHO DE 1965..1140
2. LEI Nº 6.091, DE 15 DE AGOSTO DE 1974.. 1172
3. LEI Nº 6.996, DE 7 DE JUNHO DE 1982... 1173
4. LEI Nº 6.996, DE 7 DE JUNHO DE 1982... 1174
5. LEI Nº 9.096, DE 19 DE SETEMBRO DE 1995... 1176
6. LEI Nº 9.504, DE 30 DE SETEMBRO DE 1997.. 1184
7. LEI COMPLEMENTAR Nº 64, DE 18 DE MAIO DE 1990........................... 1207
8. RESOLUÇÃO Nº 21.538, DE 14 DE OUTUBRO DE 2003 – BRASÍLIA/DF . 1212
9. SÚMULAS DO TSE ... 1224

1. LEI Nº 4.737, DE 15 DE JULHO DE 1965

Institui o Código Eleitoral.

O PRESIDENTE DA REPÚBLICA, faço saber que sanciono a seguinte Lei, aprovada pelo Congresso Nacional, nos termos do art. 4º, caput, do Ato Institucional, de 9 de abril de 1964.

PARTE PRIMEIRA - INTRODUÇÃO

Art. 1º Este Código contém normas destinadas a assegurar a organização e o exercício de direitos políticos precipuamente os de votar e ser votado.

Parágrafo único. O Tribunal Superior Eleitoral expedirá Instruções para sua fiel execução.

Art. 2º Todo poder emana do povo e será exercido em seu nome, por mandatários escolhidos, direta e secretamente, dentre candidatos indicados por partidos políticos nacionais, ressalvada a eleição indireta nos casos previstos na Constituição e leis específicas.

Art. 3º Qualquer cidadão pode pretender investidura em cargo eletivo, respeitadas as condições constitucionais e legais de elegibilidade e incompatibilidade.

Art. 4º São eleitores os brasileiros maiores de 18 anos que se alistarem na forma da lei .(Vide art 14 da Constituição Federal)

Art. 5º Não podem alistar-se eleitores:

I - os analfabetos; (Vide art. 14, § 1º, II, "a", da Constituição/88)

II - os que não saibam exprimir-se na língua nacional;

III - os que estejam privados, temporária ou definitivamente dos direitos políticos.

Parágrafo único - Os militares são alistáveis, desde que oficiais, aspirantes a oficiais, guardas-marinha, subtenentes ou suboficiais, sargentos ou alunos das escolas militares de ensino superior para formação de oficiais.

Art. 6º O alistamento e o voto são obrigatórios para os brasileiros de um e outro sexo, salvo:

I - quanto ao alistamento:

a) os inválidos;

b) os maiores de setenta anos;

c) os que se encontrem fora do país.

II - quanto ao voto:

a) os enfermos;

b) os que se encontrem fora do seu domicílio;

c) os funcionários civis e os militares, em serviço que os impossibilite de votar.

Art. 7º O eleitor que deixar de votar e não se justificar perante o juiz eleitoral até 30 (trinta) dias após a realização da eleição, incorrerá na multa de 3 (três) a 10 (dez) por cento sobre o salário-mínimo da região, imposta pelo juiz eleitoral e cobrada na forma prevista no art. 367. (Redação dada pela Lei nº 4.961, de 1966)

§ 1º Sem a prova de que votou na última eleição, pagou a respectiva multa ou de que se justificou devidamente, não poderá o eleitor:

I - inscrever-se em concurso ou prova para cargo ou função pública, investir-se ou empossar-se neles;

II - receber vencimentos, remuneração, salário ou proventos de função ou emprego público, autárquico ou paraestatal, bem como fundações governamentais, empresas, institutos e sociedades de qualquer natureza, mantidas ou subvencionadas pelo governo ou que exerçam serviço público delegado, correspondentes ao segundo mês subsequente ao da eleição;

III - participar de concorrência pública ou administrativa da União, dos Estados, dos Territórios, do Distrito Federal ou dos Municípios, ou das respectivas autarquias;

IV - obter empréstimos nas autarquias, sociedades de economia mista, caixas econômicas federais ou estaduais, nos institutos e caixas de previdência social, bem como em qualquer estabelecimento de crédito mantido pelo governo, ou de cuja administração este participe, e com essas entidades celebrar contratos; (Vide Medida Provisória nº 958, de 2020)

V - obter passaporte ou carteira de identidade;

VI - renovar matrícula em estabelecimento de ensino oficial ou fiscalizado pelo governo;

VII - praticar qualquer ato para o qual se exija quitação do serviço militar ou imposto de renda.

§ 2º Os brasileiros natos ou naturalizados, maiores de 18 anos, salvo os excetuados nos arts. 5º e 6º, nº 1, sem prova de estarem alistados não poderão praticar os atos relacionados no parágrafo anterior.

§ 3º Realizado o alistamento eleitoral pelo processo eletrônico de dados, será cancelada a inscrição do eleitor que não votar em 3 (três) eleições consecutivas, não pagar a multa ou não se justificar no prazo de 6 (seis) meses, a contar da data da última eleição a que deveria ter comparecido. (Incluído pela Lei nº 7.663, de 1988)

§ 4º O disposto no inciso V do § 1º não se aplica ao eleitor no exterior que requeira novo passaporte para identificação e retorno ao Brasil. (Incluído pela Lei nº 13.165, de 2015)

Art. 8º O brasileiro nato que não se alistar até os 19 anos ou o naturalizado que não se alistar até um ano depois de adquirida a nacionalidade brasileira, incorrerá na multa de 3 (três) a 10 (dez) por cento sobre o valor do salário-mínimo da região, imposta pelo juiz e cobrada no ato da inscrição eleitoral através de selo federal inutilizado no próprio requerimento. (Redação dada pela Lei nº 4.961, de 1966) (Vide Lei nº 5.337,1967) (Vide Lei nº 5.780, de 1972) (Vide Lei nº 6.018, de 1974) (Vide Lei nº 6.319, de 1976) (Vide Lei nº 7.373, de 1985)

Parágrafo único. Não se aplicará a pena ao não alistado que requerer sua inscrição eleitoral até o centésimo primeiro dia anterior à eleição subseqüente à data em que completar dezenove anos. (Incluído pela Lei nº 9.041, de 1995)

Art. 9º Os responsáveis pela inobservância do disposto nos arts. 7º e 8º incorrerão na multa de 1 (um) a 3 (três) salários-mínimos vigentes na zona eleitoral ou de suspensão disciplinar até 30 (trinta) dias.

Art. 10. O juiz eleitoral fornecerá aos que não votarem por motivo justificado e aos não alistados nos termos dos artigos 5º e 6º, nº 1, documento que os isente das sanções legais.

Art. 11. O eleitor que não votar e não pagar a multa, se se encontrar fora de sua zona e necessitar documento de quitação com a Justiça Eleitoral, poderá efetuar o pagamento perante o Juízo da zona em que estiver.

§ 1º A multa será cobrada no máximo previsto, salvo se o eleitor quiser aguardar que o juiz da zona em que se encontrar solicite informações sobre o arbitramento ao Juízo da inscrição.

§. 2º Em qualquer das hipóteses, efetuado o pagamento através de selos federais inutilizados no próprio requerimento, o juiz que recolheu a multa comunicará o fato ao da zona de inscrição e fornecerá ao requerente comprovante do pagamento.

PARTE SEGUNDA - DOS ÓRGÃOS DA JUSTIÇA ELEITORAL

Art. 12. São órgãos da Justiça Eleitoral:

I - O Tribunal Superior Eleitoral, com sede na Capital da República e jurisdição em todo o País;

II - um Tribunal Regional, na Capital de cada Estado, no Distrito Federal e, mediante proposta do Tribunal Superior, na Capital de Território;

III - juntas eleitorais;

IV - juízes eleitorais.

Art. 13. O número de juízes dos Tribunais Regionais não será reduzido, mas poderá ser elevado até nove, mediante proposta do Tribunal Superior, e na forma por ele sugerida.

Art. 14. Os juízes dos Tribunais Eleitorais, salvo motivo justificado, servirão obrigatoriamente por dois anos, e nunca por mais de dois biênios consecutivos.

§ 1º Os biênios serão contados, ininterruptamente, sem o desconto de qualquer afastamento nem mesmo o decorrente de licença, férias, ou licença especial, salvo no caso do § 3º. (Incluído pela Lei nº 4.961, de 1966)

§ 2º Os juízes afastados por motivo de licença férias e licença especial, de suas funções na Justiça comum, ficarão automaticamente afastados da Justiça Eleitoral pelo tempo correspondente exceto quando com períodos de férias coletivas, coincidir a realização de eleição, apuração ou encerramento de alistamento. (Incluído pela Lei nº 4.961, de 1966)

§ 3º Da homologação da respectiva convenção partidária até a diplomação e nos feitos decorrentes do processo eleitoral, não poderão servir como juízes nos Tribunais Eleitorais, ou como juiz eleitoral, o cônjuge ou o parente consanguíneo ou afim, até o segundo grau, de candidato a cargo eletivo registrado na circunscrição. (Redação dada pela Lei nº 13.165, de 2015)

§ 4º No caso de recondução para o segundo biênio observar-se-ão as mesmas formalidades indispensáveis à primeira investidura. (Incluído pela Lei nº 4.961, de 1966)

Art. 15. Os substitutos dos membros efetivos dos Tribunais Eleitorais serão escolhidos, na mesma ocasião e pelo mesmo processo, em número igual para cada categoria.

TÍTULO I - DO TRIBUNAL SUPERIOR

Art. 16. Compõe-se o Tribunal Superior Eleitoral: (Redação dada pela Lei nº 7.191, de 1984)

I - mediante eleição, pelo voto secreto: (Redação dada pela Lei nº 7.191, de 1984)

a) de três juízes, dentre os Ministros do Supremo Tribunal Federal; e (Redação dada pela Lei nº 7.191, de 1984)

b) de dois juízes, dentre os membros do Tribunal Federal de Recursos; (Redação dada pela Lei nº 7.191, de 1984)

II - por nomeação do Presidente da República, de dois entre seis advogados de notável saber jurídico e idoneidade moral, indicados pelo Supremo Tribunal Federal. (Redação dada pela Lei nº 7.191, de 1984)

§ 1º - Não podem fazer parte do Tribunal Superior Eleitoral cidadãos que tenham entre si parentesco, ainda que por afinidade, até o quarto grau, seja o vínculo legítimo ou ilegítimo, excluindo-se neste caso o que tiver sido escolhido por último. (Redação dada pela Lei nº 7.191, de 1984)

§ 2º - A nomeação de que trata o inciso II deste artigo não poderá recair em cidadão que ocupe cargo público de que seja demissível ad nutum; que seja diretor, proprietário ou sócio de empresa beneficiada com subvenção, privilégio, isenção ou favor em virtude de contrato com a administração pública; ou que exerça mandato de caráter político, federal, estadual ou municipal. (Redação dada pela Lei nº 7.191, de 1984)

Art. 17. O Tribunal Superior Eleitoral elegerá para seu presidente um dos ministros do Supremo Tribunal Federal, cabendo ao outro a vice-presidência, e para Corregedor Geral da Justiça Eleitoral um dos seus membros.

§ 1º As atribuições do Corregedor Geral serão fixadas pelo Tribunal Superior Eleitoral.

§ 2º No desempenho de suas atribuições o Corregedor Geral se locomoverá para os Estados e Territórios nos seguintes casos:

I - por determinação do Tribunal Superior Eleitoral;

II - a pedido dos Tribunais Regionais Eleitorais;

III - a requerimento de Partido deferido pelo Tribunal Superior Eleitoral;

IV - sempre que entender necessário.

§ 3º Os provimentos emanados da Corregedoria Geral vinculam os Corregedores Regionais, que lhes devem dar imediato e preciso cumprimento.

Art. 18. Exercerá as funções de Procurador Geral, junto ao Tribunal Superior Eleitoral, o Procurador Geral da República, funcionando, em suas faltas e impedimentos, seu substituto legal.

Parágrafo único. O Procurador Geral poderá designar outros membros do Ministério Público da União, com exercício no Distrito Federal, e sem prejuízo das respectivas funções, para auxiliá-lo junto ao Tribunal Superior Eleitoral, onde não poderão ter assento.

Art. 19. O Tribunal Superior delibera por maioria de votos, em sessão pública, com a presença da maioria de seus membros.

Parágrafo único. As decisões do Tribunal Superior, assim na interpretação do Código Eleitoral em face da Constituição e cassação de registro de partidos políticos, como sobre quaisquer recursos que importem anulação geral de eleições ou perda de diplomas, só poderão ser tomadas com a presença de todos os seus membros. Se ocorrer impedimento de algum juiz, será convocado o substituto ou o respectivo suplente.

Art. 20. Perante o Tribunal Superior, qualquer interessado poderá argüir a suspeição ou impedimento dos seus membros, do Procurador Geral ou de funcionários de sua Secretaria, nos casos previstos na lei processual civil ou penal e por motivo de parcialidade partidária, mediante o processo previsto em regimento.

Parágrafo único. Será ilegítima a suspeição quando o excipiente a provocar ou, depois de manifestada a causa, praticar ato que importe aceitação do argüido.

Art. 21 Os Tribunais e juízes inferiores devem dar imediato cumprimento às decisões, mandados, instruções e outros atos emanados do Tribunal Superior Eleitoral.

Art. 22. Compete ao Tribunal Superior:

I - Processar e julgar originariamente:

a) o registro e a cassação de registro de partidos políticos, dos seus diretórios nacionais e de candidatos à Presidência e vice-presidência da República;

b) os conflitos de jurisdição entre Tribunais Regionais e juízes eleitorais de Estados diferentes;

c) a suspeição ou impedimento aos seus membros, ao Procurador Geral e aos funcionários da sua Secretaria;

d) os crimes eleitorais e os comuns que lhes forem conexos cometidos pelos seus próprios juízes e pelos juízes dos Tribunais Regionais;

e) o habeas corpus ou mandado de segurança, em matéria eleitoral, relativos a atos do Presidente da República, dos Ministros de Estado e dos Tribunais Regionais; ou, ainda, o habeas corpus, quando houver perigo de se consumar a violência antes que o juiz competente possa prover sobre a impetração; (Vide suspensão de execução pela RSF nº 132, de 1984)

f) as reclamações relativas a obrigações impostas por lei aos partidos políticos, quanto à sua contabilidade e à apuração da origem dos seus recursos;

g) as impugnações á apuração do resultado geral, proclamação dos eleitos e expedição de diploma na eleição de Presidente e Vice-Presidente da República;

h) os pedidos de desaforamento dos feitos não decididos nos Tribunais Regionais dentro de trinta dias da conclusão ao relator, formulados por partido, candidato, Ministério Público ou parte legitimamente interessada. (Redação dada pela Lei nº 4.961, de 1966)

i) as reclamações contra os seus próprios juízes que, no prazo de trinta dias a contar da conclusão, não houverem julgado os feitos a eles distribuídos. (Incluído pela Lei nº 4.961, de 1966)

j) a ação rescisória, nos casos de inelegibilidade, desde que intentada dentro de cento e vinte dias de decisão irrecorrível, possibilitando-se o exercício do mandato eletivo até o seu trânsito em julgado. (Incluído pela LCP nº 86, de 1996) (Produção de efeito)

LEI Nº 4.737, DE 15 DE JULHO DE 1965

II - julgar os recursos interpostos das decisões dos Tribunais Regionais nos termos do Art. 276 inclusive os que versarem matéria administrativa.

Parágrafo único. As decisões do Tribunal Superior são irrecorrível, salvo nos casos do Art. 281.

Art. 23 - Compete, ainda, privativamente, ao Tribunal Superior,

I - elaborar o seu regimento interno;

II - organizar a sua Secretaria e a Corregedoria Geral, propondo ao Congresso Nacional a criação ou extinção dos cargos administrativos e a fixação dos respectivos vencimentos, provendo-os na forma da lei;

III - conceder aos seus membros licença e férias assim como afastamento do exercício dos cargos efetivos;

IV - aprovar o afastamento do exercício dos cargos efetivos dos juizes dos Tribunais Regionais Eleitorais;

V - propor a criação de Tribunal Regional na sede de qualquer dos Territórios;

VI - propor ao Poder Legislativo o aumento do número dos juizes de qualquer Tribunal Eleitoral, indicando a forma desse aumento;

VII - fixar as datas para as eleições de Presidente e Vice-Presidente da República, senadores e deputados federais, quando não o tiverem sido por lei:

VIII - aprovar a divisão dos Estados em zonas eleitorais ou a criação de novas zonas;

IX - expedir as instruções que julgar convenientes à execução deste Código;

X - fixar a diária do Corregedor Geral, dos Corregedores Regionais e auxiliares em diligência fora da sede;

XI - enviar ao Presidente da República a lista tríplice organizada pelos Tribunais de Justiça nos termos do ar. 25;

XII - responder, sobre matéria eleitoral, às consultas que lhe forem feitas em tese por autoridade com jurisdição, federal ou órgão nacional de partido político;

XIII - autorizar a contagem dos votos pelas mesas receptoras nos Estados em que essa providência for solicitada pelo Tribunal Regional respectivo;

XIV - requisitar a força federal necessária ao cumprimento da lei, de suas próprias decisões ou das decisões dos Tribunais Regionais que o solicitarem, e para garantir a votação e a apuração; (Redação dada pela Lei nº 4.961, de 1966)

XV - organizar e divulgar a Súmula de sua jurisprudência;

XVI - requisitar funcionários da União e do Distrito Federal quando o exigir o acúmulo ocasional do serviço de sua Secretaria;

XVII - publicar um boletim eleitoral;

XVIII - tomar quaisquer outras providências que julgar convenientes à execução da legislação eleitoral.

Art. 24. Compete ao Procurador Geral, como Chefe do Ministério Público Eleitoral;

I - assistir às sessões do Tribunal Superior e tomar parte nas discussões;

II - exercer a ação pública e promovê-la até final, em todos os feitos de competência originária do Tribunal;

III - oficiar em todos os recursos encaminhados ao Tribunal;

IV - manifestar-se, por escrito ou oralmente, em todos os assuntos submetidos à deliberação do Tribunal, quando solicitada sua audiência por qualquer dos juizes, ou por iniciativa sua, se entender necessário;

V - defender a jurisdição do Tribunal;

VI - representar ao Tribunal sobre a fiel observância das leis eleitorais, especialmente quanto à sua aplicação uniforme em todo o País;

VII - requisitar diligências, certidões e esclarecimentos necessários ao desempenho de suas atribuições;

VIII - expedir instruções aos órgãos do Ministério Público junto aos Tribunais Regionais;

IX - acompanhar, quando solicitado, o Corregedor Geral, pessoalmente ou por intermédio de Procurador que designe, nas diligências a serem realizadas.

TÍTULO II - DOS TRIBUNAIS REGIONAIS

Art. 25. Os Tribunais Regionais Eleitorais compor-se-ão: (Redação dada pela Lei nº 7.191, de 1984)

I - mediante eleição, pelo voto secreto: (Redação dada pela Lei nº 7.191, de 1984)

a) de dois juizes, dentre os desembargadores do Tribunal de Justiça; (Redação dada pela Lei nº 7.191, de 1984)

b) de dois juizes de direito, escolhidos pelo Tribunal de Justiça; (Redação dada pela Lei nº 7.191, de 1984)

II - do juiz federal e, havendo mais de um, do que for escolhido pelo Tribunal Federal de Recursos; e (Redação dada pela Lei nº 7.191, de 1984)

III - por nomeação do Presidente da República de dois dentre seis cidadãos de notável saber jurídico e idoneidade moral, indicados pelo Tribunal de Justiça. (Incluído pela Lei nº 7.191, de 1984)

Art. 26. O Presidente e o Vice-Presidente do Tribunal Regional serão eleitos por este dentre os três desembargadores do Tribunal de Justiça; o terceiro desembargador será o Corregedor Regional da Justiça Eleitoral.

§ 1º As atribuições do Corregedor Regional serão fixadas pelo Tribunal Superior Eleitoral e, em caráter supletivo ou complementar, pelo Tribunal Regional Eleitoral perante o qual servir.

§ 2º No desempenho de suas atribuições o Corregedor Regional se locomoverá para as zonas eleitorais nos seguintes casos:

I - por determinação do Tribunal Superior Eleitoral ou do Tribunal Regional Eleitoral;

II - a pedido dos juizes eleitorais;

III - a requerimento de Partido, deferido pelo Tribunal Regional;

IV - sempre que entender necessário.

Art. 27. Servirá como Procurador Regional junto a cada Tribunal Regional Eleitoral o Procurador da República no respectivo Estado e, onde houver mais de um, aquele que for designado pelo Procurador Geral da República.

§ 1º No Distrito Federal, serão as funções de Procurador Regional Eleitoral exercidas pelo Procurador Geral da Justiça do Distrito Federal.

§ 2º Substituirá o Procurador Regional, em suas faltas ou impedimentos, o seu substituto legal.

§ 3º Compete aos Procuradores Regionais exercer, perante os Tribunais junto aos quais servirem, as atribuições do Procurador Geral.

§ 4º Mediante prévia autorização do Procurador Geral, podendo os Procuradores Regionais requisitar, para auxiliá-los nas suas funções, membros do Ministério Público local, não tendo estes, porém, assento nas sessões do Tribunal.

Art. 28. Os Tribunais Regionais deliberam por maioria de votos, em sessão pública, com a presença da maioria de seus membros.

§ 1º No caso de impedimento e não existindo quorum, será o membro do Tribunal substituído por outro da mesma categoria, designado na forma prevista na Constituição.

§ 2º Perante o Tribunal Regional, e com recurso voluntário para o Tribunal Superior qualquer interessado poderá argüir a suspeição dos seus membros, do Procurador Regional, ou de funcionários da sua Secretaria, assim como dos juizes e escrivães eleitorais, nos casos previstos na lei processual civil e por motivo de parcialidade partidária, mediante o processo previsto em regimento.

§ 3º No caso previsto no parágrafo anterior será observado o disposto no parágrafo único do art. 20. (Incluído pela Lei nº 4.961, de 1966)

§ 4º As decisões dos Tribunais Regionais sobre quaisquer ações que importem cassação de registro, anulação geral de

eleições ou perda de diplomas somente poderão ser tomadas com a presença de todos os seus membros. (Incluído pela Lei nº 13.165, de 2015)

§ 5º No caso do § 4º, se ocorrer impedimento de algum juiz, será convocado o suplente da mesma classe. (Incluído pela Lei nº 13.165, de 2015)

Art. 29. Compete aos Tribunais Regionais:

I - processar e julgar originariamente:

a) o registro e o cancelamento do registro dos diretórios estaduais e municipais de partidos políticos, bem como de candidatos a Governador, Vice-Governadores, e membro do Congresso Nacional e das Assembléias Legislativas;

b) os conflitos de jurisdição entre juizes eleitorais do respectivo Estado;

c) a suspeição ou impedimentos aos seus membros ao Procurador Regional e aos funcionários da sua Secretaria assim como aos juizes e escrivães eleitorais;

d) os crimes eleitorais cometidos pelos juizes eleitorais;

e) o habeas corpus ou mandado de segurança, em matéria eleitoral, contra ato de autoridades que respondam perante os Tribunais de Justiça por crime de responsabilidade, e em grau de recurso, os denegados ou concedidos pelos juizes eleitorais; ou, ainda, o habeas corpus quando houver perigo de se consumar a violência antes que o juiz competente possa prover sobre a impetração;

f) as reclamações relativas a obrigações impostas por lei aos partidos políticos, quanto a sua contabilidade e à apuração da origem dos seus recursos;

g) os pedidos de desaforamento dos feitos não decididos pelos juizes eleitorais em trinta dias da sua conclusão para julgamento, formulados por partido candidato Ministério Público ou parte legitimamente interessada sem prejuízo das sanções decorrentes do excesso de prazo. (Redação dada pela Lei nº 4.961, de 1966)

II - julgar os recursos interpostos:

a) dos atos e das decisões proferidas pelos juizes e juntas eleitorais.

b) das decisões dos juizes eleitorais que concederem ou denegarem habeas corpus ou mandado de segurança.

Parágrafo único. As decisões dos Tribunais Regionais são irrecorríveis, salvo nos casos do Art. 276.

Art. 30. Compete, ainda, privativamente, aos Tribunais Regionais:

I - elaborar o seu regimento interno;

II - organizar a sua Secretaria e a Corregedoria Regional provendo-lhes os cargos na forma da lei, e propor ao Congresso Nacional, por intermédio do Tribunal Superior a criação ou supressão de cargos e a fixação dos respectivos vencimentos;

III - conceder aos seus membros e aos juizes eleitorais licença e férias, assim como afastamento do exercício dos cargos efetivos submetendo, quanto aqueles, a decisão à aprovação do Tribunal Superior Eleitoral;

IV - fixar a data das eleições de Governador e Vice-Governador, deputados estaduais, prefeitos, vice-prefeitos , vereadores e juizes de paz, quando não determinada por disposição constitucional ou legal;

V - constituir as juntas eleitorais e designar a respectiva sede e jurisdição;

VI - indicar ao tribunal Superior as zonas eleitorais ou seções em que a contagem dos votos deva ser feita pela mesa receptora;

VII - apurar com os resultados parciais enviados pelas juntas eleitorais, os resultados finais das eleições de Governador e Vice-Governador de membros do Congresso Nacional e expedir os respectivos diplomas, remetendo dentro do prazo de 10 (dez) dias após a diplomação, ao Tribunal Superior, cópia das atas de seus trabalhos;

VIII - responder, sobre matéria eleitoral, às consultas que lhe forem feitas, em tese, por autoridade pública ou partido político;

IX - dividir a respectiva circunscrição em zonas eleitorais, submetendo essa divisão, assim como a criação de novas zonas, à aprovação do Tribunal Superior;

X - aprovar a designação do Ofício de Justiça que deva responder pela escrivania eleitoral durante o biênio;

XI - (Revogado pela Lei nº 8.868, de 1994)

XII - requisitar a força necessária ao cumprimento de suas decisões solicitar ao Tribunal Superior a requisição de força federal;

XIII - autorizar, no Distrito Federal e nas capitais dos Estados, ao seu presidente e, no interior, aos juizes eleitorais, a requisição de funcionários federais, estaduais ou municipais para auxiliarem os escrivães eleitorais, quando o exigir o acúmulo ocasional do serviço;

XIV - requisitar funcionários da União e, ainda, no Distrito Federal e em cada Estado ou Território, funcionários dos respectivos quadros administrativos, no caso de acúmulo ocasional de serviço de suas Secretarias;

XV - aplicar as penas disciplinares de advertência e de suspensão até 30 (trinta) dias aos juizes eleitorais;

XVI - cumprir e fazer cumprir as decisões e instruções do Tribunal Superior;

XVII - determinar, em caso de urgência, providências para a execução da lei na respectiva circunscrição;

XVIII - organizar o fichário dos eleitores do Estado.

XIX - suprimir os mapas parciais de apuração mandando utilizar apenas os boletins e os mapas totalizadores, desde que o menor número de candidatos às eleições proporcionais justifique a supressão, observadas as seguintes normas: (Incluído pela Lei nº 4.961, de 1966)

a) qualquer candidato ou partido poderá requerer ao Tribunal Regional que suprima a exigência dos mapas parciais de apuração; (Incluído pela Lei nº 4.961, de 1966)

b) da decisão do Tribunal Regional qualquer candidato ou partido poderá, no prazo de três dias, recorrer para o Tribunal Superior, que decidirá em cinco dias; (Incluído pela Lei nº 4.961, de 1966)

c) a supressão dos mapas parciais de apuração só será admitida até seis meses antes da data da eleição; (Incluído pela Lei nº 4.961, de 1966)

d) os boletins e mapas de apuração serão impressos pelos Tribunais Regionais, depois de aprovados pelo Tribunal Superior; (Incluído pela Lei nº 4.961, de 1966)

e) o Tribunal Regional ouvira os partidos na elaboração dos modelos dos boletins e mapas de apuração a fim de que estes atendam às peculiaridade locais, encaminhando os modelos que aprovar, acompanhados das sugestões ou impugnações formuladas pelos partidos, à decisão do Tribunal Superior. (Incluído pela Lei nº 4.961, de 1966)

Art. 31. Faltando num Território o Tribunal Regional, ficará a respectiva circunscrição eleitoral sob a jurisdição do Tribunal Regional que o Tribunal Superior designar.

TÍTULO III - DOS JUIZES ELEITORAIS

Art. 32. Cabe a jurisdição de cada uma das zonas eleitorais a um juiz de direito em efetivo exercício e, na falta deste, ao seu substituto legal que goze das prerrogativas do Art. 95 da Constituição.

Parágrafo único. Onde houver mais de uma vara o Tribunal Regional designara aquela ou aquelas, a que incumbe o serviço eleitoral.

Art. 33. Nas zonas eleitorais onde houver mais de uma serventia de justiça, o juiz indicará ao Tribunal Regional a que deve ter o anexo da escrivania eleitoral pelo prazo de dois anos.

§ 1º Não poderá servir como escrivão eleitoral, sob pena de demissão, o membro de diretório de partido político, nem o

candidato a cargo eletivo, seu cônjuge e parente consangüíneo ou afim até o segundo grau.

§ 2º O escrivão eleitoral, em suas faltas e impedimentos, será substituído na forma prevista pela lei de organização judiciária local.

Art. 34. Os juizes despacharão todos os dias na sede da sua zona eleitoral.

Art. 35. Compete aos juizes:

I - cumprir e fazer cumprir as decisões e determinações do Tribunal Superior e do Regional;

II - processar e julgar os crimes eleitorais e os comuns que lhe forem conexos, ressalvada a competência originária do Tribunal Superior e dos Tribunais Regionais;

III - decidir habeas corpus e mandado de segurança, em matéria eleitoral, desde que essa competência não esteja atribuída privativamente a instância superior.

IV - fazer as diligências que julgar necessárias a ordem e presteza do serviço eleitoral;

V - tomar conhecimento das reclamações que lhe forem feitas verbalmente ou por escrito, reduzindo-as a termo, e determinando as providências que cada caso exigir;

VI - indicar, para aprovação do Tribunal Regional, a serventia de justiça que deve ter o anexo da escrivania eleitoral;

VII - (Revogado pela Lei nº 8.868, de 1994)

VIII - dirigir os processos eleitorais e determinar a inscrição e a exclusão de eleitores;

IX - expedir títulos eleitorais e conceder transferência de eleitor;

X - dividir a zona em seções eleitorais;

XI mandar organizar, em ordem alfabética, relação dos eleitores de cada seção, para remessa a mesa receptora, juntamente com a pasta das folhas individuais de votação;

XII - ordenar o registro e cassação do registro dos candidatos aos cargos eletivos municiais e comunicá-los ao Tribunal Regional;

XIII - designar, até 60 (sessenta) dias antes das eleições os locais das seções;

XIV - nomear, 60 (sessenta) dias antes da eleição, em audiência pública anunciada com pelo menos 5 (cinco) dias de antecedência, os membros das mesas receptoras;

XV - instruir os membros das mesas receptoras sobre as suas funções;

XVI - providenciar para a solução das ocorrências que se verificarem nas mesas receptoras;

XVII - tomar todas as providências ao seu alcance para evitar os atos viciosos das eleições;

XVIII - fornecer aos que não votaram por motivo justificado e aos não alistados, por dispensados do alistamento, um certificado que os isente das sanções legais;

XIX - comunicar, até às 12 horas do dia seguinte a realização da eleição, ao Tribunal Regional e aos delegados de partidos credenciados, o número de eleitores que votarem em cada uma das seções da zona sob sua jurisdição, bem como o total de votantes da zona.

TÍTULO IV - DAS JUNTAS ELEITORAIS

Art. 36. Compor-se-ão as juntas eleitorais de um juiz de direito, que será o presidente, e de 2 (dois) ou 4 (quatro) cidadãos de notória idoneidade.

§ 1º Os membros das juntas eleitorais serão nomeados 60 (sessenta) dia antes da eleição, depois de aprovação do Tribunal Regional, pelo presidente deste, a quem cumpre também designar-lhes a sede.

§ 2º Até 10 (dez) dias antes da nomeação os nomes das pessoas indicadas para compor as juntas serão publicados no órgão oficial do Estado, podendo qualquer partido, no prazo de 3 (três) dias, em petição fundamentada, impugnar as indicações.

§ 3º Não podem ser nomeados membros das Juntas, escrutinadores ou auxiliares:

I - os candidatos e seus parentes, ainda que por afinidade, até o segundo grau, inclusive, e bem assim o cônjuge;

II - os membros de diretorias de partidos políticos devidamente registrados e cujos nomes tenham sido oficialmente publicados;

III - as autoridades e agentes policiais, bem como os funcionários no desempenho de cargos de confiança do Executivo;

IV - os que pertencerem ao serviço eleitoral.

Art. 37. Poderão ser organizadas tantas Juntas quantas permitir o número de juizes de direito que gozem das garantias do Art. 95 da Constituição, mesmo que não sejam juizes eleitorais.

Parágrafo único. Nas zonas em que houver de ser organizada mais de uma Junta, ou quando estiver vago o cargo de juiz eleitoral ou estiver este impedido, o presidente do Tribunal Regional, com a aprovação deste, designará juizes de direito da mesma ou de outras comarcas, para presidirem as juntas eleitorais.

Art. 38. Ao presidente da Junta é facultado nomear, dentre cidadãos de notória idoneidade, escrutinadores e auxiliares em número capaz de atender a boa marcha dos trabalhos.

§ 1º É obrigatória essa nomeação sempre que houver mais de dez urnas a apurar.

§ 2º Na hipótese do desdobramento da Junta em Turmas, o respectivo presidente nomeará um escrutinador para servir como secretário em cada turma.

§ 3º Além dos secretários a que se refere o parágrafo anterior, será designado pelo presidente da Junta um escrutinador para secretário-geral competindo-lhe;

I - lavrar as atas;

II - tomar por termo ou protocolar os recursos, neles funcionando como escrivão;

III - totalizar os votos apurados.

Art. 39. Até 30 (trinta) dias antes da eleição o presidente da Junta comunicará ao Presidente do Tribunal Regional as nomeações que houver feito e divulgará a composição do órgão por edital publicado ou afixado, podendo qualquer partido oferecer impugnação motivada no prazo de 3 (três) dias.

Art. 40. Compete à Junta Eleitoral;

I - apurar, no prazo de 10 (dez) dias, as eleições realizadas nas zonas eleitorais sob a sua jurisdição.

II - resolver as impugnações e demais incidentes verificados durante os trabalhos da contagem e da apuração;

III - expedir os boletins de apuração mencionados no Art. 178;

IV - expedir diploma aos eleitos para cargos municipais.

Parágrafo único. Nos municípios onde houver mais de uma junta eleitoral a expedição dos diplomas será feita pelo que for presidida pelo juiz eleitoral mais antigo, à qual as demais enviarão os documentos da eleição.

Art. 41. Nas zonas eleitorais em que for autorizada a contagem prévia dos votos pelas mesas receptoras, compete à Junta Eleitoral tomar as providências mencionadas no Art. 195.

PARTE TERCEIRA - DO ALISTAMENTO

TÍTULO I - DA QUALIFICAÇÃO E INSCRIÇÃO

Art. 42. O alistamento se faz mediante a qualificação e inscrição do eleitor.

Parágrafo único. Para o efeito da inscrição, é domicílio eleitoral o lugar de residência ou moradia do requerente, e, verificado ter o alistando mais de uma, considerar-se-á domicílio qualquer delas.

Art. 43. O alistando apresentará em cartório ou local previamente designado, requerimento em fórmula que obedecerá ao modelo aprovado pelo Tribunal Superior.

Art. 44. O requerimento, acompanhado de 3 (três) retratos, será instruído com um dos seguintes documentos, que não poderão ser supridos mediante justificação:

I - carteira de identidade expedida pelo órgão competente do Distrito Federal ou dos Estados;

II - certificado de quitação do serviço militar;

III - certidão de idade extraída do Registro Civil;

IV - instrumento público do qual se infirá, por direito ter o requerente idade superior a dezoito anos e do qual conste, também, os demais elementos necessários à sua qualificação;

V - documento do qual se infira a nacionalidade brasileira, originária ou adquirida, do requerente.

Parágrafo único. Será devolvido o requerimento que não contenha os dados constantes do modelo oficial, na mesma ordem, e em caracteres inequívocos.

Art. 45. O escrivão, o funcionário ou o preparador recebendo a fórmula e documentos determinará que o alistando date e assine a petição e em ato contínuo atestará terem sido a data e a assinatura lançadas na sua presença; em seguida, tomará a assinatura do requerente na folha individual de votação" e nas duas vias do título eleitoral, dando recibo da petição e do documento.

§ 1º O requerimento será submetido ao despacho do juiz nas 48 (quarenta e oito), horas seguintes.

§ 2º Poderá o juiz se tiver dúvida quanto a identidade do requerente ou sobre qualquer outro requisito para o alistamento, converter o julgamento em diligência para que o alistando esclareça ou complete a prova ou, se for necessário, compareça pessoalmente à sua presença.

§ 3º Se se tratar de qualquer omissão ou irregularidade que possa ser sanada, fixará o juiz para isso prazo razoável.

§ 4º Deferido o pedido, no prazo de cinco dias, o título e o documento que instruiu o pedido serão entregues pelo juiz, escrivão, funcionário ou preparador. A entrega far-se-á ao próprio eleitor, mediante recibo, ou a quem o eleitor autorizar por escrito o recebimento, cancelando-se o título cuja assinatura não for idêntica à do requerimento de inscrição e à do recibo. (Redação dada pela Lei nº 4.961, de 1966)

O recibo será obrigatoriamente anexado ao processo eleitoral, incorrendo o juiz que não o fizer na multa de um a cinco salários-mínimos regionais na qual incorrerão ainda o escrivão, funcionário ou preparador, se responsáveis bem como qualquer deles, se entregarem ao eleitor o título cuja assinatura não for idêntica à do requerimento de inscrição e do recibo ou o fizerem a pessoa não autorizada por escrito. (Redação dada pela Lei nº 4.961, de 1966)

§ 5º A restituição de qualquer documento não poderá ser feita antes de despachado o pedido de alistamento pelo juiz eleitoral.

§ 6º Quinzenalmente o juiz eleitoral fará publicar pela imprensa, onde houver ou por editais, a lista dos pedidos de inscrição, mencionando os deferidos, os indeferidos e os convertidos em diligência, contando-se dessa publicação o prazo para os recursos a que se refere o parágrafo seguinte.

§ 7º Do despacho que indeferir o requerimento de inscrição caberá recurso interposto pelo alistando, e do que o deferir poderá recorrer qualquer delegado de partido.

§ 8º Os recursos referidos no parágrafo anterior serão julgados pelo Tribunal Regional Eleitoral dentro de 5 (cinco) dias.

§ 9º Findo esse prazo, sem que o alistando se manifeste, ou logo que seja desprovido o recurso em instância superior, o juiz inutilizará a folha individual de votação assinada pelo requerente, a qual ficará fazendo parte integrante do processo e não poderá, em qualquer tempo, se substituída, nem dele retirada, sob pena de incorrer o responsável nas sanções previstas no Art. 293.

§ 10. No caso de indeferimento do pedido, o Cartório devolverá ao requerente, mediante recibo, as fotografias e o documento com que houver instruído o seu requerimento.

§ 11. O título eleitoral e a fôlha individual de votação sòmente serão assinados pelo juiz eleitoral depois de preenchidos pelo cartório e de deferido o pedido, sob as penas do artigo 293. (Redação dada pela Lei nº 4.961, de 1966)

§ 12. É obrigatória a remessa ao Tribunal Regional da ficha do eleitor, após a expedição do seu título. (Incluído pela Lei nº 4.961, de 1966)

Art. 46. As folhas individuais de votação e os títulos serão confeccionados de acordo com o modelo aprovado pelo Tribunal, Superior Eleitoral.

§ 1º Da folha individual de votação e do título eleitoral constará a indicação da seção em que o eleitor tiver sido inscrito a qual será localizada dentro do distrito judiciário ou administrativo de sua residência e o mais próximo dela, considerados a distância e os meios de transporte.

§ 2º As folhas individuais de votação serão conservadas em pastas, uma para cada seção eleitoral; às mesas receptoras serão por estas encaminhadas com a urna e os demais documentos da eleição às juntas eleitorais, que as devolverão, findos os trabalhos da apuração, ao respectivo cartório, onde ficarão guardadas.

§ 3º O eleitor ficará vinculado permanentemente à seção eleitoral indicada no seu título, salvo:

I - se se transferir de zona ou Município hipótese em que deverá requerer transferência.

II - se, até 100 (cem) dias antes da eleição, provar, perante o Juiz Eleitoral, que mudou de residência dentro do mesmo Município, de um distrito para outro ou para lugar muito distante da seção em que se acha inscrito, caso em que serão feitas na folha de votação e no título eleitoral, para esse fim exibido as alterações correspondentes, devidamente autenticadas pela autoridade judiciária.

§ 4º O eleitor poderá, a qualquer tempo requerer ao juiz eleitoral a retificação de seu título eleitoral ou de sua folha individual de votação, quando neles constar erro evidente, ou indicação de seção diferente daquela a que devesse corresponder a residência indicada no pedido de inscrição ou transferência. (Incluído pela Lei nº 4.961, de 1966)

§ 5º O título eleitoral servirá de prova de que o eleitor está inscrito na seção em que deve votar. E, uma vez datado e assinado pelo presidente da mesa receptora, servirá também de prova de haver o eleitor votado. (Renumerado do § 4º pela Lei nº 4.961, de 1966)

Art. 47. As certidões de nascimento ou casamento, quando destinadas ao alistamento eleitoral, serão fornecidas gratuitamente, segundo a ordem dos pedidos apresentados em cartório pelos alistandos ou delegados de partido.

§ 1º Os cartórios de Registro Civil farão, ainda, gratuitamente, o registro de nascimento visando ao fornecimento de certidão aos alistandos, desde que provem carência de recursos, ou aos Delegados de Partido, para fins eleitorais. (Incluído pela Lei nº 6.018, de 1974)

§ 2º Em cada Cartório de Registro Civil haverá um livro especial aberto e rubricado pelo Juiz Eleitoral, onde o cidadão ou o delegado de partido deixará expresso o pedido de certidão para fins eleitorais, datando-o. (Incluído como § 1º pela Lei nº 4.961, de 1966 e renumerado do § 1º pela Lei nº 6.018, de 1974)

§ 3º O escrivão, dentro de quinze dias da data do pedido, concederá a certidão, ou justificará, perante o Juiz Eleitoral por que deixa de fazê-lo. (Incluído como § 2º pela Lei nº 4.961, de 1966 e renumerado do § 2º pela Lei nº 6.018, de 1974)

§ 4º A infração ao disposto neste artigo sujeitará o escrivão às penas do Art. 293. (Incluído como § 3º pela Lei nº 4.961, de 1966 e renumerado do § 3º pela Lei nº 6.018, de 1974)

Art. 48. O empregado mediante comunicação com 48 (quarenta e oito) horas de antecedência, poderá deixar de comparecer ao serviço, sem prejuízo do salário e por tempo não excedente a 2 (dois) dias, para o fim de se alistar eleitor ou requerer transferência.

Art. 49. Os cegos alfabetizados pelo sistema "Braille", que reunirem as demais condições de alistamento, podem quali-

ficar-se mediante o preenchimento da fórmula impressa e a aposição do nome com as letras do referido alfabeto.

§ 1º De forma idêntica serão assinadas a folha individual de votação e as vias do título.

§ 2º Esses atos serão feitos na presença também de funcionários de estabelecimento especializado de amparo e proteção de cegos, conhecedor do sistema "Braille", que subscreverá, com o Escrivão ou funcionário designado, o seguinte declaração a ser lançada no modelo de requerimento; "Atestamos que a presente fórmula bem como a folha individual de votação e vias do título foram subscritas pelo próprio, em nossa presença".

Art. 50. O juiz eleitoral providenciará para que se proceda ao alistamento nas próprias sedes dos estabelecimentos de proteção aos cegos, marcando previamente, dia e hora para tal fim, podendo se inscrever na zona eleitoral correspondente todos os cegos do município.

§ 1º Os eleitores inscritos em tais condições deverão ser localizados em uma mesma seção da respectiva zona.

§ 2º Se no alistamento realizado pela forma prevista nos artigos anteriores, o número de eleitores não alcançar o mínimo exigido, este se completará com a inclusão de outros ainda que não sejam cegos.

Art. 51. (Revogado pela Lei nº 7.914, de 1989)

CAPÍTULO I - DA SEGUNDA VIA

Art. 52. No caso de perda ou extravio de seu título, requererá o eleitor ao juiz do seu domicílio eleitoral, até 10 (dez) dias antes da eleição, que lhe expeça segunda via.

§ 1º O pedido de segunda via será apresentado em cartório, pessoalmente, pelo eleitor, instruído o requerimento, no caso de inutilização ou dilaceração, com a primeira via do título.

§ 2º No caso de perda ou extravio do título, o juiz, após receber o requerimento de segunda via, fará publicar, pelo prazo de 5 (cinco) dias, pela imprensa, onde houver, ou por editais, a notícia do extravio ou perda e do requerimento de segunda via, deferindo o pedido, findo este prazo, se não houver impugnação.

Art. 53. Se o eleitor estiver fora do seu domicílio eleitoral poderá requerer a segunda via ao juiz da zona em que se encontrar, esclarecendo se vai recebê-la na sua zona ou na em que requereu.

§ 1º O requerimento, acompanhado de um novo título assinado pelo eleitor na presença do escrivão ou de funcionário designado e de uma fotografia, será encaminhado ao juiz da zona do eleitor.

§ 2º Antes de processar o pedido, na forma prevista no artigo anterior, o juiz determinará que se confira a assinatura constante do novo título com a da folha individual de votação ou do requerimento de inscrição.

§ 3º Deferido o pedido, o título será enviado ao juiz da Zona que remeteu o requerimento, caso o eleitor haja solicitado essa providência, ou ficará em cartório aguardando que o interessado o procure.

§ 4º O pedido de segunda-via formulado nos termos deste artigo só poderá ser recebido até 60 (sessenta) dias antes do pleito.

Art. 54. O requerimento de segunda-via, em qualquer das hipóteses, deverá ser assinado sobre selos federais, correspondentes a 2% (dois por cento) do salário-mínimo da zona eleitoral de inscrição.

Parágrafo único. Somente será expedida segunda-via a eleitor que estiver quite com a Justiça Eleitoral, exigindo-se, para o que foi multado e ainda não liquidou a dívida, o prévio pagamento, através de sêlo federal inutilizado nos autos.

CAPÍTULO II - DA TRANSFERÊNCIA

Art. 55. Em caso de mudança de domicílio, cabe ao eleitor requerer ao juiz do novo domicílio sua transferência, juntando o título anterior.

§ 1º A transferência só será admitida satisfeitas as seguintes exigências:

I - entrada do requerimento no cartório eleitoral do novo domicílio até 100 (cem) dias antes da data da eleição.

II - transcorrência de pelo menos 1 (um) ano da inscrição primitiva;

III - residência mínima de 3 (três) meses no novo domicílio, atestada pela autoridade policial ou provada por outros meios convincentes.

§ 2º O disposto nos nºs II e III, do parágrafo anterior, não se aplica quando se tratar de transferência de título eleitoral de servidor público civil, militar, autárquico, ou de membro de sua família, por motivo de remoção ou transferência. (Redação dada pela Lei nº 4.961, de 1966)

Art. 56. No caso de perda ou extravio do título anterior declarado esse fato na petição de transferência, o juiz do novo domicílio, como ato preliminar, requisitará, por telegrama, a confirmação do alegado à Zona Eleitoral onde o requerente se achava inscrito.

§ 1º O Juiz do antigo domicílio, no prazo de 5 (cinco) dias, responderá por ofício ou telegrama, esclarecendo se o interessado é realmente eleitor, se a inscrição está em vigor, e, ainda, qual o número e a data da inscrição respectiva.

§ 2º A informação mencionada no parágrafo anterior, suprirá a falta do título extraviado, ou perdido, para o efeito da transferência, devendo fazer parte integrante do processo.

Art. 57. O requerimento de transferência de domicílio eleitoral será imediatamente publicado na imprensa oficial na Capital, e em cartório nas demais localidades, podendo os interessados impugná-lo no prazo de dez dias. (Redação dada pela Lei nº 4.961, de 1966)

§ 1º Certificado o cumprimento do disposto neste artigo o pedido deverá ser desde logo decidido, devendo o despacho do juiz ser publicado pela mesma forma. (Redação dada pela Lei nº 4.961, de 1966)

§ 2º Poderá recorrer para o Tribunal Regional Eleitoral, no prazo de 3 (três) dias, o eleitor que pediu a transferência, sendo-lhe a mesma negada, ou qualquer delegado de partido, quando o pedido for deferido.

§ 3º Dentro de 5 (cinco) dias, o Tribunal Regional Eleitoral decidirá do recurso interposto nos têrmos do parágrafo anterior.

§ 4º Só será expedido o nôvo título decorridos os prazos previstos neste artigo e respectivos parágrafos.

Art. 58. Expedido o nôvo título o juiz comunicará a transferência ao Tribunal Regional competente, no prazo de 10 (dez) dias, enviando-lhe o título eleitoral, se houver, ou documento a que se refere o § 1º do artigo 56.

§ 1º Na mesma data comunicará ao juiz da zona de origem a concessão da transferência e requisitará a "fôlha individual de votação".

§ 2º Na nova folha individual de votação ficará consignado, na coluna destinada a "anotações", que a inscrição foi obtida por transferência, e, de acôrdo com os elementos constantes do título primitivo, qual o ultimo pleito em que o eleitor transferido votou. Essa anotação constará também, de seu título.

§ 3º O processo de transferência só será arquivado após o recebimento da fôlha individual de votação da Zona de origem, que dêle ficará constando, devidamente inutilizada, mediante aposição de carimbo a tinta vermelha.

§ 4º No caso de transferência de município ou distrito dentro da mesma zona, deferido o pedido, o juiz determinará a transposição da fôlha individual de votação para a pasta correspondente ao novo domicílio, a anotação de mudança no título eleitoral e comunicará ao Tribunal Regional para a necessária averbação na ficha do eleitor.

Art. 59. Na Zona de origem, recebida do juiz do nôvo domicílio a comunicação de transferência, o juiz tomará as seguintes providencias:

I - determinará o cancelamento da inscrição do transferido e a remessa dentro de três dias, da fôlha individual de votação ao juiz requisitante;

II - ordenará a retirada do fichário da segunda parte do título;

III - comunicará o cancelamento ao Tribunal Regional a que estiver subordinado, que fará a devida anotação na ficha de seus arquivos;

IV - se o eleitor havia assinado ficha de registro de partido, comunicará ao juiz do novo domicílio e, ainda, ao Tribunal Regional, se a transferência foi concedida para outro Estado.

Art. 60. O eleitor transferido não poderá votar no nôvo domicílio eleitoral em eleição suplementar à que tiver sido realizada antes de sua transferência.

Art. 61. Somente será concedida transferência ao eleitor que estiver quite com a Justiça Eleitoral.

§ 1º Se o requerente não instruir o pedido de transferência com o título anterior, o juiz do nôvo domicílio, ao solicitar informação ao da zona de origem, indagará se o eleitor está quite com a Justiça Eleitoral, ou não o estando, qual a importância da multa imposta e não paga.

§ 2º Instruído o pedido com o título, e verificado que o eleitor não votou em eleição anterior, o juiz do nôvo domicílio solicitará informações sôbre o valor da multa arbitrada na zona de origem, salvo se o eleitor não quiser aguardar a resposta, hipótese em que pagará o máximo previsto.

§ 3º O pagamento da multa, em qualquer das hipóteses dos parágrafos anteriores, será comunicado ao juízo de origem para as necessárias anotações.

CAPÍTULO III - DOS PREPARADORES

Art. 62. (Revogado pela Lei nº 8.868, de 1994)
Art. 63. (Revogado pela Lei nº 8.868, de 1994)
Art. 64. (Revogado pela Lei nº 8.868, de 1994)
Art. 65. (Revogado pela Lei nº 8.868, de 1994)

CAPÍTULO IV - DOS DELEGADOS DE PARTIDO PERANTE O ALISTAMENTO

Art. 66. É lícito aos partidos políticos, por seus delegados:

I - acompanhar os processos de inscrição;

II - promover a exclusão de qualquer eleitor inscrito ilegalmente e assumir a defesa do eleitor cuja exclusão esteja sendo promovida;

III - examinar, sem perturbação do serviço e em presença dos servidores designados, os documentos relativos ao alistamento eleitoral, podendo dêles tirar cópias ou fotocópias.

§ 1º Perante o juízo eleitoral, cada partido poderá nomear 3 (três) delegados.

§ 2º Perante os preparadores, cada partido poderá nomear até 2 (dois) delegados, que assistam e fiscalizem os seus atos.

§ 3º Os delegados a que se refere êste artigo serão registrados perante os juízes eleitorais, a requerimento do presidente do Diretório Municipal.

§ 4º O delegado credenciado junto ao Tribunal Regional Eleitoral poderá representar o partido junto a qualquer juízo ou preparador do Estado, assim como o delegado credenciado perante o Tribunal Superior Eleitoral poderá representar o partido perante qualquer Tribunal Regional, juízo ou preparador.

CAPÍTULO V - DO ENCERRAMENTO DO ALISTAMENTO

Art. 67. Nenhum requerimento de inscrição eleitoral ou de transferência será recebido dentro dos 100 (cem) dias anteriores à data da eleição.

Art. 68. Em audiência pública, que se realizará às 14 (quatorze) horas do 69 (sexagésimo nono) dia anterior à eleição, o juiz eleitoral declarará encerrada a inscrição de eleitores na respectiva zona e proclamará o número dos inscritos até as 18 (dezoito) horas do dia anterior, o que comunicará incontinente ao Tribunal Regional Eleitoral, por telegrama, e fará público em edital, imediatamente afixado no lugar próprio do juízo e divulgado pela imprensa, onde houver, declarando nele o nome do último eleitor inscrito e o número do respectivo título, fornecendo aos diretórios municipais dos partidos cópia autêntica desse edital.

§ 1º Na mesma data será encerrada a transferência de eleitores, devendo constar do telegrama do juiz eleitoral ao Tribunal Regional Eleitoral, do edital e da cópia dêste fornecida aos diretórios municipais dos partidos e da publicação da imprensa, os nomes dos 10 (dez) últimos eleitores, cujos processos de transferência estejam definitivamente ultimados e o número dos respectivos títulos eleitorais.

§ 2º O despacho de pedido de inscrição, transferência, ou segunda via, proferido após esgotado o prazo legal, sujeita o juiz eleitoral às penas do Art. 291.

Art. 69. Os títulos eleitorais resultantes dos pedidos de inscrição ou de transferência serão entregues até 30 (trinta) dias antes da eleição.

Parágrafo único. A segunda via poderá ser entregue ao eleitor até a véspera do pleito.

Art. 70. O alistamento reabrir-se-á em cada zona, logo que estejam concluídos os trabalhos da sua junta eleitoral.

TÍTULO II - DO CANCELAMENTO E DA EXCLUSÃO

Art. 71. São causas de cancelamento:

I - a infração dos artigos. 5º e 42;

II - a suspensão ou perda dos direitos políticos;

III - a pluralidade de inscrição;

IV - o falecimento do eleitor;

V - deixar de votar em 3 (três) eleições consecutivas. (Redação dada pela Lei nº 7.663, de 27.5.1988)

§ 1º A ocorrência de qualquer das causas enumeradas neste artigo acarretará a exclusão do eleitor, que poderá ser promovida ex officio, a requerimento de delegado de partido ou de qualquer eleitor.

§ 2º No caso de ser algum cidadão maior de 18 (dezoito) anos privado temporária ou definitivamente dos direitos políticos, a autoridade que impuser essa pena providenciará para que o fato seja comunicado ao juiz eleitoral ou ao Tribunal Regional da circunscrição em que residir o réu.

§ 3º Os oficiais de Registro Civil, sob as penas do Art. 293, enviarão, até o dia 15 (quinze) de cada mês, ao juiz eleitoral da zona em que oficiarem, comunicação dos óbitos de cidadãos alistáveis, ocorridos no mês anterior, para cancelamento das inscrições.

§ 4º Quando houver denúncia fundamentada de fraude no alistamento de uma zona ou município, o Tribunal Regional poderá determinar a realização de correição e, provada a fraude em proporção comprometedora, ordenará a revisão do eleitorado obedecidas as Instruções do Tribunal Superior e as recomendações que, subsidiariamente, baixar, com o cancelamento de ofício das inscrições correspondentes aos títulos que não forem apresentados à revisão. (Incluído pela Lei nº 4.961, de 4.5.1966)

Art. 72. Durante o processo e até a exclusão pode o eleitor votar validamente.

Parágrafo único. Tratando-se de inscrições contra as quais hajam sido interpostos recursos das decisões que as deferiram, desde que tais recursos venham a ser providos pelo Tribunal Regional ou Tribunal Superior, serão nulos os votos se o seu número fôr suficiente para alterar qualquer representação partidária ou classificação de candidato eleito pelo princípio majoritário.

Art. 73. No caso de exclusão, a defesa pode ser feita pelo interessado, por outro eleitor ou por delegado de partido.

LEI Nº 4.737, DE 15 DE JULHO DE 1965

Art. 74. A exclusão será mandada processar "ex officio" pelo juiz eleitoral, sempre que tiver conhecimento de alguma das causas do cancelamento.

Art. 75. O Tribunal Regional, tomando conhecimento através de seu fichário, da inscrição do mesmo eleitor em mais de uma zona sob sua jurisdição, comunicará o fato ao juiz competente para o cancelamento, que de preferência deverá recair:

I - na inscrição que não corresponda ao domicílio eleitoral;

II - naquela cujo título não haja sido entregue ao eleitor;

III - naquela cujo título não haja sido utilizado para o exercício do voto na última eleição;

IV - na mais antiga.

Art. 76. Qualquer irregularidade determinante de exclusão será comunicada por escrito e por iniciativa de qualquer interessado ao juiz eleitoral, que observará o processo estabelecido no artigo seguinte.

Art. 77. O juiz eleitoral processará a exclusão pela forma seguinte:

I - mandará autuar a petição ou representação com os documentos que a instruírem:

II - fará publicar edital com prazo de 10 (dez) dias para ciência dos interessados, que poderão contestar dentro de 5 (cinco) dias;

III - concederá dilação probatória de 5 (cinco) a 10 (dez) dias, se requerida;

IV - decidirá no prazo de 5 (cinco) dias.

Art. 78. Determinado, por sentença, o cancelamento, o cartório tomará as seguintes providências:

I - retirará, da respectiva pasta, a fôlha de votação, registrará a ocorrência no local próprio para "Anotações"e juntá-la-á ao processo de cancelamento;

II - registrará a ocorrência na coluna de "observações" do livro de inscrição;

III - excluirá dos fichários as respectivas fichas, colecionando-as à parte;

IV - anotará, de forma sistemática, os claros abertos na pasta de votação para o oportuno preenchimento dos mesmos;

V - comunicará o cancelamento ao Tribunal Regional para anotação no seu fichário.

Art. 79. No caso de exclusão por falecimento, tratando-se de caso notório, serão dispensadas as formalidades previstas nos nºs. II e III do artigo 77.

Art. 80. Da decisão do juiz eleitoral caberá recurso no prazo de 3 (três) dias, para o Tribunal Regional, interposto pelo excluendo ou por delegado de partido.

Art. 81. Cessada a causa do cancelamento, poderá o interessado requerer novamente a sua qualificação e inscrição.

PARTE QUARTA - DAS ELEIÇÕES

TÍTULO I - DO SISTEMA ELEITORAL

Art. 82. O sufrágio e universal e direto; o voto, obrigatório e secreto.

Art. 83. Na eleição direta para o Senado Federal, para Prefeito e Vice-Prefeito, adotar-se-á o princípio majoritário. (Redação dada pela Lei nº 6.534, de 26.5.1978)

Art. 84. A eleição para a Câmara dos Deputados, Assembléias Legislativas e Câmaras Municipais, obedecerá ao princípio da representação proporcional na forma desta lei.

Art. 85. A eleição para deputados federais, senadores e suplentes, presidente e vice-presidente da República, governadores, vice-governadores e deputados estaduais far-se-á, simultâneamente, em todo o País.

Art. 86. Nas eleições presidenciais, a circunscrição serão País; nas eleições federais e estaduais, o Estado; e nas municipais, o respectivo município.

CAPÍTULO I - DO REGISTRO DOS CANDIDATOS

Art. 87. Somente podem concorrer às eleições candidatos registrados por partidos.

Parágrafo único. Nenhum registro será admitido fora do período de 6 (seis) meses antes da eleição.

Art. 88. Não é permitido registro de candidato embora para cargos diferentes, por mais de uma circunscrição ou para mais de um cargo na mesma circunscrição.

Parágrafo único. Nas eleições realizadas pelo sistema proporcional o candidato deverá ser filiado ao partido, na circunscrição em que concorrer, pelo tempo que fôr fixado nos respectivos estatutos.

Art. 89. Serão registrados:

I - no Tribunal Superior Eleitoral os candidatos a presidente e vice-presidente da República;

II - nos Tribunais Regionais Eleitorais os candidatos a senador, deputado federal, governador e vice-governador e deputado estadual;

III - nos Juízos Eleitorais os candidatos a vereador, prefeito e vice-prefeito e juiz de paz.

Art. 90. Somente poderão inscrever candidatos os partidos que possuam diretório devidamente registrado na circunscrição em que se realizar a eleição.

Art. 91. O registro de candidatos a presidente e vice-presidente, governador e vice-governador, ou prefeito e vice-prefeito, far-se-á sempre em chapa única e indivisível, ainda que resulte a indicação de aliança de partidos.

§ 1º O registro de candidatos a senador far-se-á com o do suplente partidário.

§ 2º Nos Territórios far-se-á o registro do candidato a deputado com o do suplente.

Art. 92. (Revogado pela Lei nº 9.504, de 30.9.1997)

Art. 93. O prazo de entrada em cartório ou na Secretaria do Tribunal, conforme o caso, de requerimento de registro de candidato a cargo eletivo terminará, improrrogavelmente, às dezenove horas do dia 15 de agosto do ano em que se realizarem as eleições. (Redação dada pela Lei nº 13.165, de 2015)

§ 1º Até vinte dias antes da data das eleições, todos os requerimentos, inclusive os que tiverem sido impugnados, devem estar julgados pelas instâncias ordinárias, e publicadas as decisões a eles relativas. (Redação dada pela Lei nº 13.165, de 2015)

§ 2º As convenções partidárias para a escolha dos candidatos serão realizadas, no máximo, até 5 de agosto do ano em que se realizarem as eleições. (Redação dada pela Lei nº 13.165, de 2015)

§ 3º Nesse caso, se se tratar de eleição municipal, o juiz eleitoral deverá apresentar a sentença no prazo de 2 (dois) dias, podendo o recorrente, nos 2 (dois) dias seguintes, aditar as razões do recurso; no caso de registro feito perante o Tribunal, se o relator não apresentar o acórdão no prazo de 2 (dois) dias, será designado outro relator, na ordem da votação, o qual deverá lavrar o acórdão do prazo de 3 (três) dias, podendo o recorrente, nesse mesmo prazo, aditar as suas razões.

Art. 94. O registro pode ser promovido por delegado de partido, autorizado em documento autêntico, inclusive telegrama de quem responda pela direção partidária e sempre com assinatura reconhecida por tabelião.

§ 1º O requerimento de registro deverá ser instruído:

I - com a cópia autêntica da ata da convenção que houver feito a escolha do candidato, a qual deverá ser conferida com o original na Secretaria do Tribunal ou no cartório eleitoral;

II - com autorização do candidato, em documento com a assinatura reconhecida por tabelião;

III - com certidão fornecida pelo cartório eleitoral da zona de inscrição, em que conste que o registrando é eleitor;

IV - com prova de filiação partidária, salvo para os candidatos a presidente e vice-presidente, senador e respec-

tivo suplente, governador e vice-governador, prefeito e vice-prefeito;

V - com fôlha-corrida fornecida pelos cartórios competentes, para que se verifique se o candidato está no gozo dos direitos políticos (Art. 132, III, e 135 da Constituição Federal); (Redação dada pela Lei nº 4.961, de 4.5.1966)

VI - com declaração de bens, de que constem a origem e as mutações patrimoniais.

§ 2º A autorização do candidato pode ser dirigida diretamente ao órgão ou juiz competente para o registro.

Art. 95. O candidato poderá ser registrado sem o prenome, ou com o nome abreviado, desde que a supressão não estabeleça dúvida quanto à sua identidade.

Art. 96. Será negado o registro a candidato que, pública ou ostensivamente faça parte, ou seja adepto de partido político cujo registro tenha sido cassado com fundamento no artigo 141, § 13, da Constituição Federal.

Art. 97. Protocolado o requerimento de registro, o presidente do Tribunal ou o juiz eleitoral, no caso de eleição municipal ou distrital, fará publicar imediatamente edital para ciência dos interessados.

§ 1º O edital será publicado na Imprensa Oficial, nas capitais, e afixado em cartório, no local de costume, nas demais zonas.

§ 2º Do pedido de registro caberá, no prazo de 2 (dois) dias, a contar da publicação ou afixação do edital, impugnação articulada por parte de candidato ou de partido político.

§ 3º Poderá, também, qualquer eleitor, com fundamento em inelegibilidade ou incompatibilidade do candidato ou na incidência dêste no artigo 96 impugnar o pedido de registro, dentro do mesmo prazo, oferecendo prova do alegado.

§ 4º Havendo impugnação, o partido requerente do registro terá vista dos autos, por 2 (dois) dias, para falar sôbre a mesma, feita a respectiva intimação na forma do § 1º.

Art. 98. Os militares alistáveis são elegíveis, atendidas as seguintes condições:

I - o militar que tiver menos de 5 (cinco) anos de serviço, será, ao se candidatar a cargo eletivo, excluído do serviço ativo;

II - o militar em atividade com 5 (cinco) ou mais anos de serviço ao se candidatar a cargo eletivo, será afastado, temporariamente, do serviço ativo, como agregado, para tratar de interesse particular; (Vide Constituição art. 14, § 8º, I)

III - o militar não excluído e que vier a ser eleito será, no ato da diplomação, transferido para a reserva ou reformado. (Vide Lei nº 6.880, de 9.12.80)

Parágrafo único. O Juízo ou Tribunal que deferir o registro de militar candidato a cargo eletivo comunicará imediatamente a decisão à autoridade a que o mesmo estiver subordinado, cabendo igual obrigação ao partido, quando lançar a candidatura.

Art. 99. Nas eleições majoritárias poderá qualquer partido registrar na mesma circunscrição candidato já por outro registrado, desde que o outro partido e o candidato o consintam por escrito até 10 (dez) dias antes da eleição, observadas as formalidades do Art. 94.

Parágrafo único. A falta de consentimento expresso acarretará a anulação do registro promovido, podendo o partido prejudicado requerê-la ou recorrer da resolução que ordenar o registro.

Art. 100. Nas eleições realizadas pelo sistema proporcional, o Tribunal Superior Eleitoral, até 6 (seis) meses antes do pleito, reservará para cada Partido, por sorteio, em sessão realizada com a presença dos Delegados de Partido, uma série de números a partir de 100 (cem). (Redação dada pela Lei nº 7.015, de 16.7.1982)

§ 1º A sessão a que se refere o caput deste artigo será anunciada aos Partidos com antecedência mínima de 5 (cinco) dias. (Redação dada pela Lei nº 7.015, de 16.7.1982)

§ 2º As convenções partidárias para escolha dos candidatos sortearão, por sua vez, em cada Estado e município, os números que devam corresponder a cada candidato. (Redação dada pela Lei nº 7.015, de 16.7.1982)

§ 3º Nas eleições para Deputado Federal, se o número de Partidos não for superior a 9 (nove), a cada um corresponderá obrigatoriamente uma centena, devendo a numeração dos candidatos ser sorteada a partir da unidade, para que ao primeiro candidato do primeiro Partido corresponda o número 101 (cento e um), ao do segundo Partido 201 (duzentos e um), e assim sucessivamente. (Redação dada pela Lei nº 7.015, de 16.7.1982)

§ 4º Concorrendo 10 (dez) ou mais Partidos, a cada um corresponderá uma centena a partir de 1.101 (um mil cento e um), de maneira que a todos os candidatos sejam atribuídos sempre 4 (quatro) algarismos, suprimindo-se a numeração correspondente à série 2.001 (dois mil e um) a 2.100 (dois mil e cem), para reiniciá-la em 2.101 (dois mil cento e um), a partir do décimo Partido. (Redação dada pela Lei nº 7.015, de 16.7.1982)

§ 5º Na mesma sessão, o Tribunal Superior Eleitoral sorteará as séries correspondentes aos Deputados Estaduais e Vereadores, observando, no que couber, as normas constantes dos parágrafos anteriores, e de maneira que a todos os candidatos sejam atribuídos sempre número de 4 (quatro) algarismos. (Redação dada pela Lei nº 7.015, de 16.7.1982)

Art. 101. Pode qualquer candidato requerer, em petição com firma reconhecida, o cancelamento do registro do seu nome. (Redação dada pela Lei nº 6.553, de 19.8.1978)

§ 1º Desse fato, o presidente do Tribunal ou o juiz, conforme o caso, dará ciência imediata ao partido que tenha feito a inscrição, ao qual ficará ressalvado o direito de substituir por outro o nome cancelado, observadas tôdas as formalidades exigidas para o registro e desde que o nôvo pedido seja apresentado até 60 (sessenta) dias antes do pleito.

§ 2º Nas eleições majoritárias, se o candidato vier a falecer ou renunciar dentro do período de 60 (sessenta) dias mencionados no parágrafo anterior, o partido poderá substitui-lo; se o registro do nôvo candidato estiver deferido até 30 (trinta) dias antes do pleito serão utilizadas as já impressas, computando-se para o nôvo candidato os votos dados ao anteriormente registrado.

§ 3º Considerar-se-á nulo o voto dado ao candidato que haja pedido o cancelamento de sua inscrição salvo na hipótese prevista no parágrafo anterior, in fine.

§ 4º Nas eleições proporcionais, ocorrendo a hipótese prevista neste artigo, ao substituto será atribuído o número anteriormente dado ao candidato cujo registro foi cancelado.

§ 5º Em caso de morte, renúncia, inelegibilidade e preenchimento de vagas existentes nas respectivas chapas, tanto em eleições proporcionais quanto majoritárias, as substituições e indicações se processarão pelas Comissões Executivas. (Incluído pela Lei nº 6.553, de 19.8.1978)

Art. 102. Os registros efetuados pelo Tribunal Superior serão imediatamente comunicados aos Tribunais Regionais e por estes aos juízes eleitorais.

CAPÍTULO II - DO VOTO SECRETO

Art. 103. O sigilo do voto é assegurado mediante as seguintes providências:

I - uso de cédulas oficiais em todas as eleições, de acôrdo com modêlo aprovado pelo Tribunal Superior;

II - isolamento do eleitor em cabine indevassável para o só efeito de assinalar na cédula o candidato de sua escolha e, em seguida, fechá-la;

III - verificação da autenticidade da cédula oficial à vista das rubricas;

IV - emprego de urna que assegure a inviolabilidade do sufrágio e seja suficientemente ampla para que não se acumulem as cédulas na ordem que forem introduzidas.

LEI Nº 4.737, DE 15 DE JULHO DE 1965

CAPÍTULO III - DA CÉDULA OFICIAL

Art. 104. As cédulas oficiais serão confeccionadas e distribuídas exclusivamente pela Justiça Eleitoral, devendo ser impressas em papel branco, opaco e pouco absorvente. A impressão será em tinta preta, com tipos uniformes de letra.

§ 1º Os nomes dos candidatos para as eleições majoritárias devem figurar na ordem determinada por sorteio.

§ 2º O sorteio será realizado após o deferimento do último pedido de registro, em audiência presidida pelo juiz ou presidente do Tribunal, na presença dos candidatos e delegados de partido.

§ 3º A realização da audiência será anunciada com 3 (três) dias de antecedência, no mesmo dia em que fôr deferido o último pedido de registro, devendo os delegados de partido ser intimados por ofício sob protocolo.

§ 4º Havendo substituição de candidatos após o sorteio, o nome do novo candidato deverá figurar na cédula na seguinte ordem:

I - se forem apenas 2 (dois), em último lugar;
II - se forem 3 (três), em segundo lugar;
III - se forem mais de 3 (três), em penúltimo lugar;
IV - se permanecer apenas 1 (um) candidato e forem substituídos 2 (dois) ou mais, aquele ficará em primeiro lugar, sendo realizado nôvo sorteio em relação aos demais.

§ 5º Para as eleições realizadas pelo sistema proporcional a cédula conterá espaço para que o eleitor escreva o nome ou o número do candidato de sua preferência e indique a sigla do partido. (Vide Ato Complementar nº 20, de 1966)

§ 6º As cédulas oficiais serão confeccionadas de maneira tal que, dobradas, resguardem o sigilo do voto, sem que seja necessário o emprego de cola para fechá-las.

CAPÍTULO IV - DA REPRESENTAÇÃO PROPORCIONAL

Art. 105 - Fica facultado a 2 (dois) ou mais Partidos coligarem-se para o registro de candidatos comuns a deputado federal, deputado estadual e vereador. (Redação dada pela Lei nº 7.454, de 30.12.1985)

§ 1º - A deliberação sobre coligação caberá à Convenção Regional de cada Partido, quando se tratar de eleição para a Câmara dos Deputados e Assembléias Legislativas, e à Convenção Municipal, quando se tratar de eleição para a Câmara de Vereadores, e será aprovada mediante a votação favorável da maioria, presentes 2/3 (dois terços) dos convencionais, estabelecendo-se, na mesma oportunidade, o número de candidatos que caberá a cada Partido. (Incluído pela Lei nº 7.454, de 30.12.1985)

§ 2º - Cada Partido indicará em Convenção os seus candidatos e o registro será promovido em conjunto pela Coligação. (Incluído pela Lei nº 7.454, de 30.12.1985)

Art. 106. Determina-se o quociente eleitoral dividindo-se o número de votos válidos apurados pelo de lugares a preencher em cada circunscrição eleitoral, desprezada a fração se igual ou inferior a meio, equivalente a um, se superior.

Parágrafo único. (Revogado pela Lei nº 9.504, de 30.9.1997)

Art. 107 - Determina-se para cada Partido ou coligação o quociente partidário, dividindo-se pelo quociente eleitoral o número de votos válidos dados sob a mesma legenda ou coligação de legendas, desprezada a fração. (Redação dada pela Lei nº 7.454, de 30.12.1985)

Art. 108. Estarão eleitos, entre os candidatos registrados por um partido ou coligação que tenham obtido votos em número igual ou superior a 10% (dez por cento) do quociente eleitoral, tantos quantos o respectivo quociente partidário indicar, na ordem da votação nominal que cada um tenha recebido. (Redação dada pela Lei nº 13.165, de 2015)

Parágrafo único. Os lugares não preenchidos em razão da exigência de votação nominal mínima a que se refere o caput serão distribuídos de acordo com as regras do art. 109. (Incluído pela Lei nº 13.165, de 2015)

Art. 109. Os lugares não preenchidos com a aplicação dos quocientes partidários e em razão da exigência de votação nominal mínima a que se refere o art. 108 serão distribuídos de acordo com as seguintes regras: (Redação dada pela Lei nº 13.165, de 2015)

I - dividir-se-á o número de votos válidos atribuídos a cada partido ou coligação pelo número de lugares definido para o partido pelo cálculo do quociente partidário do art. 107, mais um, cabendo ao partido ou coligação que apresentar a maior média um dos lugares a preencher, desde que tenha candidato que atenda à exigência de votação nominal mínima; (Redação dada pela Lei nº 13.165, de 2015) (Vide ADIN 5420)

II - repetir-se-á a operação para cada um dos lugares a preencher; (Redação dada pela Lei nº 13.165, de 2015)

III - quando não houver mais partidos ou coligações com candidatos que atendam às duas exigências do inciso I, as cadeiras serão distribuídas aos partidos que apresentem as maiores médias. (Redação dada pela Lei nº 13.165, de 2015)

§ 1º O preenchimento dos lugares com que cada partido ou coligação for contemplado far-se-á segundo a ordem de votação recebida por seus candidatos. (Redação dada pela Lei nº 13.165, de 2015)

§ 2º Poderão concorrer à distribuição dos lugares todos os partidos e coligações que participaram do pleito. (Redação dada pela Lei nº 13.488, de 2017)

Art. 110. Em caso de empate, haver-se-á por eleito o candidato mais idoso.

Art. 111 - Se nenhum Partido ou coligação alcançar o quociente eleitoral, considerar-se-ão eleitos, até serem preenchidos todos os lugares, os candidatos mais votados. (Redação dada pela Lei nº 7.454, de 30.12.1985)

Art.112. Considerar-se-ão suplentes da representação partidária:

I - os mais votados sob a mesma legenda e não eleitos efetivos das listas dos respectivos partidos;
II - em caso de empate na votação, na ordem decrescente da idade.

Parágrafo único. Na definição dos suplentes da representação partidária, não há exigência de votação nominal mínima prevista pelo art. 108. (Incluído pela Lei nº 13.165, de 2015)

Art. 113. Na ocorrência de vaga, não havendo suplente para preenchê-la, far-se-á eleição, salvo se faltarem menos de nove meses para findar o período de mandato.

TÍTULO II - DOS ATOS PREPARATÓRIOS DA VOTAÇÃO

Art. 114. Até 70 (setenta) dias antes da data marcada para a eleição, todos os que requererem inscrição como eleitor, ou transferência, já devem estar devidamente qualificados e os respectivos títulos prontos para a entrega, se deferidos pelo juiz eleitoral.

Parágrafo único. Será punido nos têrmos do art. 293 o juiz eleitoral, o escrivão eleitoral, o preparador ou o funcionário responsável pela transgressão do preceituado neste artigo ou pela não entrega do título pronto ao eleitor que o procurar.

Art. 115. O s juizes eleitorais, sob pena de responsabilidade comunicarão ao Tribunal Regional, até 30 (trinta) dias antes de cada eleição, o número de eleitores alistados.

Art. 116. A Justiça Eleitoral fará ampla divulgação através dos comunicados transmitidos em obediência ao disposto no Art. 250 § 5º pelo rádio e televisão, bem assim por meio de cartazes afixados em lugares públicos, dos nomes dos candidatos registrados, com indicação do partido a que pertençam, bem como do número sob que foram inscritos, no caso dos candidatos a deputado e a vereador.

CAPÍTULO I - DAS SEÇÕES ELEITORAIS

Art. 117. As seções eleitorais, organizadas à medida em que forem sendo deferidos os pedidos de inscrição, não terão mais de 400 (quatrocentos) eleitores nas capitais e de 300 (trezentos) nas demais localidades, nem menos de 50 (cinqüenta) eleitores.

§ 1º Em casos excepcionais, devidamente justificados, o Tribunal Regional poderá autorizar que sejam ultrapassados os índices previstos neste artigo desde que essa providência venha facilitar o exercício do voto, aproximando o eleitor do local designado para a votação.

§ 2º Se em seção destinada aos cegos, o número de eleitores não alcançar o mínimo exigido êste se completará com outros, ainda que não sejam cegos.

Art. 118. Os juizes eleitorais organizarão relação de eleitores de cada seção a qual será remetida aos presidentes das mesas receptoras para facilitação do processo de votação.

CAPÍTULO II - DAS MESAS RECEPTORAS

Art. 119. A cada seção eleitoral corresponde uma mesa receptora de votos.

Art. 120. Constituem a mesa receptora um presidente, um primeiro e um segundo mesários, dois secretários e um suplente, nomeados pelo juiz eleitoral sessenta dias antes da eleição, em audiência pública, anunciado pelo menos com cinco dias de antecedência. (Redação dada pela Lei nº 4.961, de 4.5.1966)

§ 1º Não podem ser nomeados presidentes e mesários:

I - os candidatos e seus parentes ainda que por afinidade, até o segundo grau, inclusive, e bem assim o cônjuge;

II - os membros de diretórios de partidos desde que exerça função executiva;

III - as autoridades e agentes policiais, bem como os funcionários no desempenho de cargos de confiança do Executivo;

IV - os que pertencerem ao serviço eleitoral.

§ 2º Os mesários serão nomeados, de preferência entre os eleitores da própria seção, e, dentre estes, os diplomados em escola superior, os professores e os serventuários da Justiça.

§ 3º O juiz eleitoral mandará publicar no jornal oficial, onde houver, e, não havendo, em cartório, as nomeações que tiver feito, e intimará os mesários através dessa publicação, para constituírem as mesas no dia e lugares designados, às 7 horas.

§ 4º Os motivos justos que tiverem os nomeados para recusar a nomeação, e que ficarão a livre apreciação do juiz eleitoral, somente poderão ser alegados até 5 (cinco) dias a contar da nomeação, salvo se sobrevindos depois desse prazo.

§ 5º Os nomeados que não declararem a existência de qualquer dos impedimentos referidos no § 1º incorrem na pena estabelecida pelo Art. 310.

Art. 121. Da nomeação da mesa receptora qualquer partido poderá reclamar ao juiz eleitoral, no prazo de 2 (dois) dias, a contar da audiência, devendo a decisão ser proferida em igual prazo.

§ 1º Da decisão do juiz eleitoral caberá recurso para o Tribunal Regional, interposto dentro de 3 (três) dias, devendo, dentro de igual prazo, ser resolvido.

§ 2º Se o vício da constituição da mesa resultar da incompatibilidade prevista no nº I, do § 1º, do Art. 120, e o registro do candidato fôr posterior à nomeação do mesário, o prazo para reclamação será contado da publicação dos nomes dos candidatos registrados. Se resultar de qualquer das proibições dos nºs II, III e IV, e em virtude de fato superveniente, o prazo se contará do ato da nomeação ou eleição.

§ 3º O partido que não houver reclamado contra a composição da mesa não poderá argüir sob esse fundamento, a nulidade da seção respectiva.

Art. 122. Os juizes deverão instruir os mesários sôbre o processo da eleição, em reuniões para esse fim convocadas com a necessária antecedência.

Art. 123. Os mesários substituirão o presidente, de modo que haja sempre quem responda pessoalmente pela ordem e regularidade do processo eleitoral, e assinarão a ata da eleição.

§ 1º O presidente deve estar presente ao ato de abertura e de encerramento da eleição, salvo força maior, comunicando o impedimento aos mesários e secretários pelo menos 24 (vinte e quatro) horas antes da abertura dos trabalhos, ou imediatamente, se o impedimento se der dentro desse prazo ou no curso da eleição.

§ 2º Não comparecendo o presidente até as sete horas e trinta minutos, assumirá a presidência o primeiro mesário e, na sua falta ou impedimento, o segundo mesário, um dos secretários ou o suplente.

§ 3º Poderá o presidente, ou membro da mesa que assumir a presidência, nomear ad hoc, dentre os eleitores presentes e obedecidas as prescrições do § 1º, do Art. 120, os que forem necessários para completar a mesa.

Art. 124. O membro da mesa receptora que não comparecer no local, em dia e hora determinados para a realização de eleição, sem justa causa apresentada ao juiz eleitoral até 30 (trinta) dias após, incorrerá na multa de 50% (cinqüenta por cento) a 1 (um) salário-mínimo vigente na zona eleitoral cobrada mediante sêlo federal inutilizado no requerimento em que fôr solicitado o arbitramento ou através de executivo fiscal.

§ 1º Se o arbitramento e pagamento da multa não fôr requerido pelo mesário faltoso, a multa será arbitrada e cobrada na forma prevista no artigo 367.

§ 2º Se o faltoso fôr servidor público ou autárquico, a pena será de suspensão até 15 (quinze) dias.

§ 3º As penas previstas neste artigo serão aplicadas em dôbro se a mesa receptora deixar de funcionar por culpa dos faltosos.

§ 4º Será também aplicada em dôbro observado o disposto nos §§ 1º e 2º, a pena ao membro da mesa que abandonar os trabalhos no decurso da votação sem justa causa apresentada ao juiz até 3 (três) dias após a ocorrência.

Art. 125. Não se reunindo, por qualquer motivo, a mesa receptora, poderão os eleitores pertencentes à respectiva seção votar na seção mais próxima, sob a jurisdição do mesmo juiz, recolhendo-se os seus votos à urna da seção em que deveriam votar, a qual será transportada para aquela em que tiverem de votar.

§ 1º As assinaturas dos eleitores serão recolhidas nas fôlhas de votação da seção a que pertencerem, as quais, juntamente com as cédulas oficiais e o material restante, acompanharão a urna.

§ 2º O transporte da urna e dos documentos da seção será providenciado pelo presidente da mesa, mesário ou secretário que comparecer, ou pelo próprio juiz, ou pessoa que êle designar para esse fim, acompanhando-a os fiscais que o desejarem.

Art. 126. Se no dia designado para o pleito deixarem de se reunir tôdas as mesas de um município, o presidente do Tribunal Regional determinará que se realizar o mesmo, instaurando-se inquérito para a apuração das causas da irregularidade e punição dos responsáveis.

Parágrafo único. Essa eleição deverá ser marcada dentro de 15 (quinze) dias, pelo menos, para se realizar no prazo máximo de 30 (trinta) dias.

Art. 127. Compete ao presidente da mesa receptora, e, em sua falta, a quem o substituir:

I - receber os votos dos eleitores;

II - decidir imediatamente tôdas as dificuldades ou dúvidas que ocorrerem;

III - manter a ordem, para o que disporá de força pública necessária;

IV - comunicar ao juiz eleitoral, que providenciará imediatamente as ocorrências cuja solução deste dependerem;

V - remeter à Junta Eleitoral todos os papéis que tiverem sido utilizados durante a recepção dos votos;

LEI Nº 4.737, DE 15 DE JULHO DE 1965

VI - autenticar, com a sua rubrica, as cédulas oficiais e numerá-las nos têrmos das Instruções do Tribunal Superior Eleitoral;

VII - assinar as fórmulas de observações dos fiscais ou delegados de partido, sôbre as votações;

VIII - fiscalizar a distribuição das senhas e, verificando que não estão sendo distribuídas segundo a sua ordem numérica, recolher as de numeração intercalada, acaso retidas, as quais não se poderão mais distribuir.

IX - anotar o não comparecimento do eleitor no verso da fôlha individual de votação. (Incluído pela Lei nº 4.961, de 4.5.1966)

Art. 128. Compete aos secretários:

I - distribuir aos eleitores as senhas de entrada previamente rubricadas ou carimbadas segundo a respectiva ordem numérica;

II - lavrar a ata da eleição;

III - cumprir as demais obrigações que lhes forem atribuídas em instruções.

Parágrafo único. As atribuições mencionadas no n.º 1 serão exercidas por um dos secretários e os constantes dos nºs. II e III pelo outro.

Art. 129. Nas eleições proporcionais os presidentes das mesas receptoras deverão zelar pela preservação das listas de candidatos afixadas dentro das cabinas indevassáveis tomando imediatas providências para a colocação de nova lista no caso de inutilização total ou parcial.

Parágrafo único. O eleitor que inutilizar ou arrebatar as listas afixadas nas cabinas indevassáveis ou nos edifícios onde funcionarem mesas receptoras, incorrerá nas penas do artigo 297.

Art. 130. Nos estabelecimentos de internação coletiva de hansenianos os membros das mesas receptoras serão escolhidos de preferência entre os médicos e funcionários sadios do próprio estabelecimento.

CAPÍTULO III - DA FISCALIZAÇÃO PERANTE AS MESAS RECEPTORAS

Art. 131. Cada partido poderá nomear 2 (dois) delegados em cada município e 2 (dois) fiscais junto a cada mesa receptora, funcionando um de cada vez.

§ 1º Quando o município abranger mais de uma zona eleitoral cada partido poderá nomear 2 (dois) delegados junto a cada uma delas.

§ 2º A escolha de fiscal e delegado de partido não poderá recair em quem, por nomeação do juiz eleitoral, já faça parte da mesa receptora.

§ 3º As credenciais expedidas pelos partidos, para os fiscais, deverão ser visadas pelo juiz eleitoral.

§ 4º Para esse fim, o delegado do partido encaminhará as credenciais ao Cartório, juntamente com os títulos eleitorais dos fiscais credenciados, para que, verificado pelo escrivão que as inscrições correspondentes as títulos estão em vigor e se referem aos nomeados, carimbe as credenciais e as apresente ao juiz para o visto.

§ 5º As credenciais que não forem encaminhadas ao Cartório pelos delegados de partido, para os fins do parágrafo anterior, poderão ser apresentadas pelos próprios fiscais para a obtenção do visto do juiz eleitoral.

§ 6º Se a credencial apresentada ao presidente da mesa receptora não estiver autenticada na forma do § 4º, o fiscal poderá funcionar perante a mesa, mas o seu voto não será admitido, a não ser na seção em que o seu nome estiver incluído.

§ 7º O fiscal de cada partido poderá ser substituído por outro no curso dos trabalhos eleitorais.

Art. 132. Pelas mesas receptoras serão admitidos a fiscalizar a votação, formular protestos e fazer impugnações, inclusive sôbre a identidade do eleitor, os candidatos registrados, os delegados e os fiscais dos partidos.

TÍTULO III - DO MATERIAL PARA A VOTAÇÃO

Art. 133. Os juizes eleitorais enviarão ao presidente de cada mesa receptora, pelo menos 72 (setenta e duas) horas antes da eleição, o seguinte material.

I - relação dos eleitores da seção que poderá ser dispensada, no todo ou em parte, pelo respectivo Tribunal Regional Eleitoral em decisão fundamentada e aprovada pelo Tribunal Superior Eleitoral. (Redação dada pela Lei nº 6.055, de 17.6.1974)

II - relações dos partidos e dos candidatos registrados, as quais deverão ser afixadas no recinto das seções eleitorais em lugar visível, e dentro das cabinas indevassáveis as relações de candidatos a eleições proporcionais;

III - as fôlhas individuais de votação dos eleitores da seção, devidamente acondicionadas;

IV - uma fôlha de votação para os eleitores de outras seções, devidamente rubricada;

V - uma urna vazia, vedada pelo juiz eleitoral, com tiras de papel ou pano forte;

VI - (Revogado pela Lei nº 4.961, de 4.5.1966)

VI - sobrecartas maiores para os votos impugnados ou sôbre os quais haja dúvida; (Renumerado do Inciso VII pela Lei nº 4.961, de 4.5.1966)

VII - cédulas oficiais; (Renumerado do Inciso VIII pela Lei nº 4.961, de 4.5.1966)

VIII - sobrecartas especiais para remessa à Junta Eleitoral dos documentos relativos à eleição; (Renumerado do Inciso IX pela Lei nº 4.961, de 4.5.1966)

IX - senhas para serem distribuídas aos eleitores; (Renumerado do Inciso X pela Lei nº 4.961, de 4.5.1966)

X - tinta, canetas, penas, lápis e papel, necessários aos trabalhos; (Renumerado do Inciso XI pela Lei nº 4.961, de 4.5.1966)

XI - fôlhas apropriadas para impugnação e fôlhas para observação de fiscais de partidos; (Renumerado do Inciso XII pela Lei nº 4.961, de 4.5.1966)

XII - modêlo da ata a ser lavrada pela mesa receptora; (Renumerado do Inciso XIII pela Lei nº 4.961, de 4.5.1966)

XIII - material necessário para vedar, após a votação, a fenda da urna; (Renumerado do Inciso XIV pela Lei nº 4.961, de 4.5.1966)

XIV - um exemplar das Instruções do Tribunal Superior Eleitoral; (Renumerado do Inciso XV pela Lei nº 4.961, de 4.5.1966)

XV - material necessário à contagem dos votos quando autorizada; (Renumerado do Inciso XVI pela Lei nº 4.961, de 4.5.1966)

XVI - outro qualquer material que o Tribunal Regional julgue necessário ao regular funcionamento da mesa. (Renumerado do Inciso XVII pela Lei nº 4.961, de 4.5.1966)

§ 1º O material de que trata êste artigo deverá ser remetido por protocolo ou pelo correio acompanhado de uma relação ao pé da qual o destinatário declarará o que recebeu e como o recebeu, e aporá sua assinatura.

§ 2º Os presidentes da mesa que não tiverem recebido até 48 (quarenta e oito) horas antes do pleito o referido material deverão diligenciar para o seu recebimento.

§ 3º O juiz eleitoral, em dia e hora previamente designados em presença dos fiscais e delegados dos partidos, verificará, antes de fechar e lacrar as urnas, se estas estão completamente vazias; fechadas, enviará uma das chaves, se houver, ao presidente da Junta Eleitoral e a da fenda, também se houver, ao presidente da mesa receptora, juntamente com a urna.

Art. 134. Nos estabelecimentos de internação coletiva para hansenianos serão sempre utilizadas urnas de lona.

TÍTULO IV - DA VOTAÇÃO
CAPÍTULO I - DOS LUGARES DA VOTAÇÃO

Art. 135. Funcionarão as mesas receptoras nos lugares designados pelos juízes eleitorais 60 (sessenta) dias antes da eleição, publicando-se a designação.

§ 1º A publicação deverá conter a seção com a numeração ordinal e local em que deverá funcionar com a indicação da rua, número e qualquer outro elemento que facilite a localização pelo eleitor.

§ 2º Dar-se-á preferência aos edifícios públicos, recorrendo-se aos particulares se faltarem aqueles em número e condições adequadas.

§ 3º A propriedade particular será obrigatória e gratuitamente cedida para esse fim.

§ 4º É expressamente vedado uso de propriedade pertencente a candidato, membro do diretório de partido, delegado de partido ou autoridade policial, bem como dos respectivos cônjuges e parentes, consangüíneos ou afins, até o 2º grau, inclusive.

§ 5º Não poderão ser localizadas seções eleitorais em fazenda sítio ou qualquer propriedade rural privada, mesmo existindo no local prédio público, incorrendo o juiz nas penas do Art. 312, em caso de infringência. (Redação dada pela Lei nº 4.961, de 4.5.1966)

§ 6º Os Tribunais Regionais, nas capitais, e os juízes eleitorais, nas demais zonas, farão ampla divulgação da localização das seções.

§ 6º-A. Os Tribunais Regionais Eleitorais deverão, a cada eleição, expedir instruções aos Juízes Eleitorais para orientá-los na escolha dos locais de votação, de maneira a garantir acessibilidade para o eleitor com deficiência ou com mobilidade reduzida, inclusive em seu entorno e nos sistemas de transporte que lhe dão acesso. (Redação dada pela Lei nº 13.146, de 2015)

§ 6ºB (VETADO) (Incluído pela Lei nº 10.226, de 15 de maio de 2001)

§ 7º Da designação dos lugares de votação poderá qualquer partido reclamar ao juiz eleitoral, dentro de três dias a contar da publicação, devendo a decisão ser proferida dentro de quarenta e oito horas. (Incluído pela Lei nº 4.961, de 4.5.1966)

§ 8º Da decisão do juiz eleitoral caberá recurso para o Tribunal Regional, interposto dentro de três dias, devendo no mesmo prazo, ser resolvido. (Incluído pela Lei nº 4.961, de 4.5.1966)

§ 9º Esgotados os prazos referidos nos §§ 7º e 8º deste artigo, não mais poderá ser alegada, no processo eleitoral, a proibição contida em seu § 5º. (Incluído pela Lei nº 6.336, de 1º.6.1976)

Art. 136. Deverão ser instaladas seções nas vilas e povoados, assim como nos estabelecimentos de internação coletiva, inclusive para cegos e nos leprosários onde haja, pelo menos, 50 (cinqüenta) eleitores.

Parágrafo único. A mesa receptora designada para qualquer dos estabelecimentos de internação coletiva deverá funcionar em local indicado pelo respectivo diretório mesmo critério será adotado para os estabelecimentos especializados para proteção dos cegos.

Art.137. Até 10 (dez) dias antes da eleição, pelo menos, comunicarão os juízes eleitorais aos chefes das repartições públicas e aos proprietários, arrendatários ou administradores das propriedades particulares a resolução de que serão os respectivos edifícios, ou parte dêles, utilizados para pronunciamento das mesas receptoras.

Art. 138. No local destinado a votação, a mesa ficará em recinto separado do público; ao lado haverá uma cabina indevassável onde os eleitores, à medida que comparecerem, possam assinalar a sua preferência na cédula.

Parágrafo único. O juiz eleitoral providenciará para que nós edifícios escolhidos sejam feitas as necessárias adaptações.

CAPÍTULO II - DA POLÍCIA DOS TRABALHOS ELEITORAIS

Art. 139. Ao presidente da mesa receptora e ao juiz eleitoral cabe a polícia dos trabalhos eleitorais.

Art. 140. Somente podem permanecer no recinto da mesa receptora os seus membros, os candidatos, um fiscal, um delegado de cada partido e, durante o tempo necessário à votação, o eleitor.

§ 1º O presidente da mesa, que é, durante os trabalhos, a autoridade superior, fará retirar do recinto ou do edifício quem não guardar a ordem e compostura devidas e estiver praticando qualquer ato atentatório da liberdade eleitoral.

§ 2º Nenhuma autoridade estranha a mesa poderá intervir, sob pretexto algum, em seu funcionamento, salvo o juiz eleitoral.

Art. 141. A força armada conservar-se-á a cem metros da seção eleitoral e não poderá aproximar-se do lugar da votação, ou dêle penetrar, sem ordem do presidente da mesa.

CAPÍTULO III - DO INÍCIO DA VOTAÇÃO

Art. 142. No dia marcado para a eleição, às 7 (sete) horas, o presidente da mesa receptora os mesários e os secretários verificarão se no lugar designado estão em orem o material remetido pelo juiz e a urna destinada a recolher os votos, bem como se estão presentes os fiscais de partido.

Art. 143. As 8 (oito) horas, supridas as deficiências declarará o presidente iniciados os trabalhos, procedendo-se em seguida à votação, que começará pelos candidatos e eleitores presentes.

§ 1º Os membros da mesa e os fiscais de partido deverão votar no correr da votação, depois que tiverem votado os eleitores que já se encontravam presentes no momento da abertura dos trabalhos, ou no encerramento da votação. (Renumerado do parágrafo único pela Lei nº 4.961, de 4.5.1966)

§ 2º Observada a prioridade assegurada aos candidatos, têm preferência para votar o juiz eleitoral da zona, seus auxiliares de serviço, os eleitores de idade avançada os enfermos e as mulheres grávidas. (Incluído pela Lei nº 4.961, de 4.5.1966)

Art. 144. O recebimento dos votos começará às 8 (oito)e terminará, salvo o disposto no Art. 153, às 17 (dezessete) horas.

Art. 145. O presidente, mesários, secretários, suplentes e os delegados e fiscais de partido votarão, perante as mesas em que servirem, sendo que os delegados e fiscais, desde que a credencial esteja visada na forma do artigo 131, § 3º; quando eleitores de outras seções, seus votos serão tomados em separado. (Redação dada pela Lei nº 4.961, de 4.5.1966) (Vide Lei nº 7.332, de 1º.7.1985)

§ 1º (Revogado pela Lei nº 4.961, de 4.5.1966) (Vide Lei nº 7.332, de 1º.7.1985)

§ 2º (Renumerado para parágrafo único (abaixo) pela Lei nº 4.961, de 4.5.1966)

§ 3º (Revogado pela Lei nº 4.961, de 4.5.1966) (Vide Lei nº 7.332, de 1º.7.1985)

Parágrafo único. Com as cautelas constantes do ar. 147, § 2º, poderão ainda votar fora da respectiva seção: (Renumerado do parágrafo 2º pela Lei nº 4.961, de 4.5.1966 (Vide Lei nº 7.332, de 1º.7.1985)

I - o juiz eleitoral, em qualquer seção da zona sob sua jurisdição, salvo em eleições municipais, nas quais poderá votar em qualquer seção do município em que fôr eleitor; (Renumerado do parágrafo 2º pela Lei nº 4.961, de 4.5.1966

II - o Presidente da República, o qual poderá votar em qualquer seção, eleitoral do país, nas eleições presidenciais; em qualquer seção do Estado em que fôr eleitor nas eleições para governador, vice-governador, senador, deputado federal e estadual; em qualquer seção do município em que estiver inscrito, nas eleições para prefeito, vice-prefeito e vereador; (Renumerado do parágrafo 2º pela Lei nº 4.961, de 4.5.1966

III - os candidatos à Presidência da República, em qualquer seção eleitoral do país, nas eleições presidenciais, e, em

LEI Nº 4.737, DE 15 DE JULHO DE 1965

qualquer seção do Estado em que forem eleitores, nas eleições de âmbito estadual; (Renumerado do parágrafo 2º pela Lei nº 4.961, de 4.5.1966

IV - os governadores, vice-governadores, senadores, deputados federais e estaduais, em qualquer seção do Estado, nas eleições de âmbito nacional e estadual; em qualquer seção do município de que sejam eleitores, nas eleições municipais; (Renumerado do parágrafo 2º pela Lei nº 4.961, de 4.5.1966

V - os candidatos a governador, vice-governador, senador, deputado federal e estadual, em qualquer seção do Estado de que sejam eleitores, nas eleições de âmbito nacional e estadual; (Renumerado do parágrafo 2º pela Lei nº 4.961, de 4.5.1966

VI - os prefeitos, vice-prefeitos e vereadores, em qualquer seção de município que representarem, desde que eleitores do Estado, sendo que, no caso de eleições municipais, nelas somente poderão votar se inscritos no município; (Renumerado do parágrafo 2º pela Lei nº 4.961, de 4.5.1966

VII - os candidatos a prefeito, vice-prefeito e vereador, em qualquer seção de município, desde que dêle sejam eleitores; (Renumerado do parágrafo 2º pela Lei nº 4.961, de 4.5.1966

VIII - os militares, removidos ou transferidos dentro do período de 6 (seis) meses antes do pleito, poderão votar nas eleições para presidente e vice-presidente da República na localidade em que estiverem servindo. (Renumerado do parágrafo 2º pela Lei nº 4.961, de 4.5.1966

IX - os policiais militares em serviço. (Incluído pela Lei nº 9.504, de 9.5.1995)

CAPÍTULO IV - DO ATO DE VOTAR

Art. 146. Observar-se-á na votação o seguinte:

I - o eleitor receberá, ao apresentar-se na seção, e antes de penetrar no recinto da mesa, uma senha numerada, que o secretário rubricará, no momento, depois de verificar pela relação dos eleitores da seção, que o seu nome constada respectiva pasta;

II - no verso da senha o secretário anotará o número de ordem da fôlha individual da pasta, número esse que constará da relação enviada pelo cartório à mesa receptora;

III - admitido a penetrar no recinto da mesa, segundo a ordem numérica das senhas, o eleitor apresentará ao presidente seu título, o qual poderá ser examinado por fiscal ou delegado de partido, entregando, no mesmo ato, a senha;

IV - pelo número anotado no verso da senha, o presidente, ou mesário, localizará a fôlha individual de votação, que será confrontada com o título e poderá também ser examinada por fiscal ou delegado de partido;

V - achando-se em ordem o título e a fôlha individual e não havendo dúvida sôbre a identidade do eleitor, o presidente da mesa o convidará a lançar sua assinatura no verso da fôlha individual de votação; em seguida entregar-lhe-á a cédula única rubricada no ato pelo presidente e mesários e numerada de acôrdo com as Instruções do Tribunal Superior instruindo-o sôbre a forma de dobrá-la, fazendo-o passar a cabina indevassável, cuja porta ou cortina será encerrada em seguida;

VI - o eleitor será admitido a votar, ainda que deixe de exibir no ato da votação o seu título, desde que seja inscrito na seção e conste da respectiva pasta a sua fôlha individual de votação; nesse caso, a prova de ter votado será feita mediante certidão que obterá posteriormente, no juízo competente;

VII - no caso da omissão da fôlha individual na respectiva pasta verificada no ato da votação, será o eleitor, ainda, admitido a votar, desde que exiba o seu título eleitoral e dêle conste que o portador é inscrito na seção, sendo o seu voto, nesta hipótese, tomando em separado e colhida sua assinatura na fôlha de votação modêlo 2 (dois). Como ato preliminar da apuração do voto, averiguar-se-á se se trata de eleitor em condições de votar, inclusive se realmente pertence à seção;

VIII - verificada a ocorrência de que trata o número anterior, a Junta Eleitoral, antes de encerrar os seus trabalhos, apurará a causa da omissão. Se tiver havido culpa ou dolo, será aplicada ao responsável, na primeira hipótese, a multa de até 2 (dois) salários-mínimos, e, na segunda, a de suspensão até 30 (trinta) dias;

IX - na cabina indevassável, onde não poderá permanecer mais de um minuto, o eleitor indicará os candidatos de sua preferência e dobrará a cédula oficial, observadas as seguintes normas:

a) assinalando com uma cruz, ou de modo que torne expressa a sua intenção, o quadrilátero correspondente ao candidato majoritário de sua preferência;

b) escrevendo o nome, o prenome, ou o número do candidato de sua preferência nas eleições proporcionais. (Redação dada pela Lei nº 7.434, de 19.12.1985)

c) escrevendo apenas a sigla do partido de sua preferência, se pretender votar só na legenda; (Revogado pela Lei nº 6.989, de 5.5.1982) (Vide restabelecimento Lei nº 7.332, de 1º.7.1985)

X - ao sair da cabina o eleitor depositará na urna a cédula;

XI - ao depositar a cédula na urna o eleitor deverá fazê-lo de maneira a mostrar a parte rubricada à mesa e aos fiscais de partido, para que verifiquem sem nela tocar, se não foi substituída;

XII - se a cédula oficial não fôr a mesmo, será o eleitor convidado a voltar à cabina indevassável e a trazer seu voto na cédula que recebeu; senão quiser tornar à cabina ser-lhe-á recusado a ocorrência na ata e ficando o eleitor retido pela mesa, e à sua disposição, até o término da votação ou a devolução da cédula oficial já rubricada e numerada;

XIII - se o eleitor, ao receber a cédula ou ao recolher-se à cabia de votação, verificar que a cédula se acha estragada ou, de qualquer modo, viciada ou assinalada ou se êle próprio, por imprudência, imprevidência ou ignorância, a inutilizar, estragar ou assinalar erradamente, poderá pedir uma outra ao presidente da seção eleitoral, restituindo, porém, a primeira, a qual será imediatamente inutilizada à vista dos presentes e sem quebra do sigilo do que o eleitor haja nela assinalado;

XIV - introduzida a sobrecarta na urna, o presidente da mesa devolverá o título ao eleitor, depois de datá-lo e assiná-lo; em seguida rubricará, no local próprio, a fôlha individual de votação.

Art. 147. O presidente da mesa dispensará especial atenção à identidade de cada eleitor admitido a votar Existindo dúvida a respeito, deverá exigir-lhe a exibição da respectiva carteira, e, na falta desta, interrogá-lo sôbre os dados constantes do título, ou da fôlha individual de votação, confrontando a assinatura do mesmo com a feita na sua presença pelo eleitor, e mencionando na ata a dúvida suscitada.

§ 1º A impugnação à identidade do eleitor, formulada pelos membros da mesa, fiscais, delegados, candidatos ou qualquer eleitor, será apresentada verbalmente ou por escrito, antes de ser o mesmo admitido a votar.

§ 2º Se persistir a dúvida ou fôr mantida a impugnação, tomará o presidente da mesa as seguintes providências:

I - escreverá numa sobrecarta branca o seguinte: "Impugnado por "F";

II - entregará ao eleitor a sobrecarta branca, para que êle, na presença da mesa e dos fiscais, nela coloque a cédula oficial que assinalou, assim como o seu título, a fôlha de impugnação e qualquer outro documento oferecido pelo impugnante;

III - determinará ao eleitor que feche a sobrecarta branca e a deposite na urna;

IV - anotará a impugnação na ata.

§3º O voto em separado, por qualquer motivo, será sempre tomado na forma prevista no parágrafo anterior.

Art. 148. O eleitor somente poderá votar na seção eleitoral em que estiver incluído o seu nome.

§ 1º Essa exigência somente poderá ser dispensada nos casos previstos no Art. 145 e seus parágrafos.

§ 2º Aos eleitores mencionados no Art. 145 não será permitido votar sem a exibição do título, e nas fôlhas de votação modêlo 2 (dois), nas quais lançarão suas assinaturas, serão sempre anotadas na coluna própria as seções mecionadas nos título retidos.

§ 3º Quando se tratar de candidato, o presidente da mesa receptora verificará, previamente, se o nome figura na relação enviada à seção, e quando se tratar de fiscal de partido, se a credencial está devidamente visada pelo juiz eleitoral.

§ 4º (Revogado pela Lei nº 4.961, de 4.5.1966)

§ 5º (Revogado pela Lei nº 4.961, de 4.5.1966)

Art. 149. Não será admitido recurso contra a votação, se não tiver havido impugnação perante a mesa receptora, no ato da votação, contra as nulidades argüidas.

Art. 150. O eleitor cego poderá:

I - assinar a fôlha individual de votação em letras do alfabeto comum ou do sistema Braille;

II - assinalar a cédula oficial, utilizando também qualquer sistema;

III - usar qualquer elemento mecânico que trouxer consigo, ou lhe fôr fornecido pela mesa, e que lhe possibilite exercer o direito de voto

Art. 151. (Revogado pela Lei nº 7.914, de 7.12.1989)

Art. 152. Poderão ser utilizadas máquinas de votar, a critério e mediante regulamentação do Tribunal Superior Eleitoral.

CAPÍTULO V - DO ENCERRAMENTO DA VOTAÇÃO

Art. 153. Às 17 (dezessete) horas, o presidente fará entregar as senhas a todos os eleitores presentes e, em seguida, os convidará, em voz alta, a entregar à mesa seus títulos, para que sejam admitidos a votar.

Parágrafo único. A votação continuará na ordem numérica das senhas e o título será devolvido ao eleitor, logo que tenha votado.

Art. 154. Terminada a votação e declarado o seu encerramento elo presidente, tomará estes as seguintes providências:

I - vedará a fenda de introdução da cédula na urna, de modo a cobri-la inteiramente com tiras de papel ou pano forte, rubricadas pelo presidente e mesários e, facultativamente, pelos fiscais presentes, separará todas as folhas de votação correspondentes aos eleitores faltosos e fará constar, no verso de cada uma delas na parte destinada à assinatura do eleitor, a falta verificada, por meio de breve registro, que autenticará com a sua assinatura. (Redação dada pela Lei nº 4.961, de 4.5.1966)

II - encerrará, com a sua assinatura, a fôlha de votação modêlo 2 (dois), que poderá ser também assinada pelos fiscais;

III - mandará lavra, por um dos secretários, a ata da eleição, preenchendo o modêlo fornecido pela Justiça Eleitoral, para que conste:

a) os nomes dos membros da mesa que hajam comparecido, inclusive o suplente;

b) as substituições e nomeações feitas;

c) os nomes dos fiscais que hajam comparecido e dos que se retiraram durante a votação;

d) a causa, se houver, do retardamento para o começo da votação;

e) o número, por extenso, dos eleitores da seção que compareceram e votaram e o número dos que deixaram de comparecer;

f) o número, por extenso, de eleitores de outras seções que hajam votado e cujos votos hajam sido recolhidos ao invólucro especial;

g) o motivo de não haverem votado alguns dos eleitores que compareceram;

h) os protestos e as impugnações apresentados pelos fiscais, assim como as decisões sôbre eles proferidas, tudo em seu inteiro teor;

i) a razão de interrupção da votação, se tiver havido, e o tempo de interrupção;

j) a ressalva das rasuras, emendas e entrelinhas porventura existentes nas folhas de votação e na ata, ou a declaração de não existirem;

IV - mandará, em caso de insuficiência de espaço no modêlo destinado ao preenchimento, prosseguir a ata em outra fôlha devidamente rubricada por êle, mesários e fiscais que o desejarem, mencionado esse fato na própria ata;

V - assinará a ata com os demais membros da mesa, secretários e fiscais que quiserem;

VI - entregará a urna e os documentos do ato eleitoral ao presidente da Junta ou à agência do Correio mais próxima, ou a outra vizinha que ofereça melhores condições de segurança e expedição, sob recibo em triplicata com a indicação de hora, devendo aqueles documentos ser encerrados em sobrecartas rubricadas por êle e pelos fiscais que o quiserem;

VII - comunicará em ofício, ou impresso próprio, ao juiz eleitoral da zona a realização da eleição, o número de eleitores que votaram e a remessa da urna e dos documentos à Junta Eleitoral;

VIII - enviará em sobrecarta fechada uma das vias do recibo do Correio à Junta Eleitoral e a outra ao Tribunal Regional.

§ 1º Os Tribunais Regionais poderão prescrever outros meios de vedação das urnas.

§ 2º No Distrito Federal e nas capitais dos Estados poderão os Tribunais Regionais determinar normas diversas para a entrega de urnas e papéis eleitorais, com as cautelas destinadas a evitar violação ou extravio.

Art. 155. O presidente da Junta Eleitoral e as agências do Correio tomarão as providências necessárias para o recebimento da urna e dos documentos referidos no artigo anterior.

§1º Os fiscais e delegados de partidos têm direito de vigiar e acompanhar a urna desde o momento da eleição, durante a permanência nas agências do Correio e até a entrega à Junta Eleitoral.

§ 2º A urna ficará permanentemente à vista dos interessados e sob a guarda de pessoa designada pelo presidente da Junta Eleitoral.

Art. 156. Até as 12 (doze) horas do dia seguinte à realização da eleição, o juiz eleitoral é obrigado, sob pena de responsabilidade e multa de 1 (um) a 2 (dois) salários-mínimos, a comunicar ao Tribunal Regional, e aos delegados de partido perante êle credenciados, o número de eleitores que votaram em cada uma das seções da zona sob sua jurisdição, bem como o total de votantes da zona.

§ 1º Se houver retardamento nas medidas referidas no Art. 154, o juiz eleitoral, assim que receba o ofício constante desse dispositivo, nº VII, fará a comunicação constante dêste artigo.

§ 2º Essa comunicação será feita por via postal, em ofícios registrados de que o juiz eleitoral guardará cópia no arquivo da zona, acompanhada do recibo do Correio.

§ 3º Qualquer candidato, delegado ou fiscal de partido poderá obter, por certidão, o teor da comunicação a que se refere êste artigo, sendo defeso ao juiz eleitoral recusá-la ou procrastinar a sua entrega ao requerente.

Art. 157. (Revogado pela Lei nº 7.914, de 7.12.1989)

LEI Nº 4.737, DE 15 DE JULHO DE 1965

TÍTULO V - DA APURAÇÃO

CAPÍTULO I - DOS ÓRGÃOS APURADORES

Art. 158. A apuração compete:

I - às Juntas Eleitorais quanto às eleições realizadas na zona sob sua jurisdição;

II - aos Tribunais Regionais a referente às eleições para governador, vice-governador, senador, deputado federal e estadual, de acôrdo com os resultados parciais enviados pelas Junta Eleitorais;

III - ao Tribunal Superior Eleitoral nas eleições para presidente e vice-presidente da República, pelos resultados parciais remetidos pelos Tribunais Regionais.

CAPÍTULO II - DA APURAÇÃO NAS JUNTAS

SEÇÃO I - DISPOSIÇÕES PRELIMINARES

Art. 159. A apuração começará no dia seguinte ao das eleições e, salvo motivo justificado, deverá terminar dentro de 10 (dez) dias.

§ 1º Iniciada a apuração, os trabalhos não serão interrompidos aos sábados, domingos e dias feriados, devendo a Junta funcionar das 8 (oito) às 18 (dezoito) horas, pelo menos.

§ 2º Em caso de impossibilidade de observância do prazo previsto neste artigo, o fato deverá ser imediatamente justificado perante o Tribunal Regional, mencionando-se as horas ou dias necessários para o adiamento que não poderá exceder a cinco dias. (Redação dada pela Lei nº 4.961, de 4.5.1966)

§ 3º Esgotado o prazo e a prorrogação estipulada neste artigo ou não tendo havido em tempo hábil o pedido de prorrogação, a respectiva Junta Eleitoral perde a competência para prosseguir na apuração devendo o seu presidente remeter, imediatamente ao Tribunal Regional, todo o material relativo à votação. (Incluído pela Lei nº 4.961, de 4.5.1966)

§ 4º Ocorrendo a hipótese prevista no parágrafo anterior, competirá ao Tribunal Regional fazer a apuração. (Incluído pela Lei nº 4.961, de 4.5.1966)

§ 5º Os membros da Junta Eleitoral responsáveis pela inobservância injustificada dos prazos fixados neste artigo estarão sujeitos à multa de dois a dez salários-mínimos, aplicada pelo Tribunal Regional. (Incluído pela Lei nº 4.961, de 4.5.1966)

Art. 160. Havendo conveniência, em razão do número de urnas a apurar, a Junta poderá subdividir-se em turmas, até o limite de 5 (cinco), todas presididas por algum dos seus componentes.

Parágrafo único. As dúvidas que forem levantadas em cada turma serão decididas por maioria de votos dos membros da Junta.

Art. 161. Cada partido poderá credenciar perante as Juntas até 3 (três) fiscais, que se revezem na fiscalização dos trabalhos.

§ 1º Em caso de divisão da Junta em turmas, cada partido poderá credenciar até 3 (três) fiscais para cada turma.

§ 2º Não será permitida, na Junta ou turma, a atuação de mais de 1 (um) fiscal de cada partido.

Art. 162. Cada partido poderá credenciar mais de 1 (um) delegado perante a Junta, mas no decorrer da apuração só funcionará 1 (um) de cada vez.

Art. 163. Iniciada a apuração da urna, não será a mesma interrompida, devendo ser concluída.

Parágrafo único. Em caso de interrupção por motivo de força maior, as cédulas e as folhas de apuração serão recolhidas à urna e esta fechada e lacrada, o que constará da ata.

Art. 164. É vedado às Juntas Eleitorais a divulgação, por qualquer meio, de expressões, frases ou desenhos estranhos ao pleito, apostos ou contidos nas cédulas.

§ 1º Aos membros, escrutinadores e auxiliares das Juntas que infringirem o disposto neste artigo será aplicada a multa de 1 (um) a 2 (dois) salários-mínimos vigentes na Zona Eleitoral, cobrados através de executivo fiscal ou da inutilização de sêlos federais no processo em que fôr arbitrada a multa.

§ 2º Será considerada dívida líquida e certa, para efeito de cobrança, a que fôr arbitrada pelo Tribunal Regional e inscrita em livro próprio na Secretaria desse órgão.

SEÇÃO II - DA ABERTURA DA URNA

Art. 165. Antes de abrir cada urna a Junta verificará:

I - se há indício de violação da urna;

II - se a mesa receptora se constituiu legalmente;

III - se as folhas individuais de votação e as folhas modêlo 2 (dois) são autênticas;

IV - se a eleição se realizou no dia, hora e local designados e se a votação não foi encerrada antes das 17 (dezessete) horas;

V - se foram infringidas as condições que resguardam o sigilo do voto;

VI - se a seção eleitoral foi localizada com infração ao disposto nos §§ 4º e 5º do Art. 135;

VII - se foi recusada, sem fundamento legal, a fiscalização de partidos aos atos eleitorais;

VIII - se votou eleitor excluído do alistamento, sem ser o seu voto tomado em separado;

IX - se votou eleitor de outra seção, a não ser nos casos expressamente admitidos;

X - se houve demora na entrega da urna e dos documentos conforme determina o nº VI, do Art. 154.

XI - se consta nas folhas individuais de votação dos eleitores faltosos o devido registro de sua falta. (Incluído pela Lei nº 4.961, de 4.5.1966)

§ 1º Se houver indício de violação da urna, proceder-se-á da seguinte forma:

I - antes da apuração, o presidente da Junta indicará pessoa idônea para servir como perito e examinar a urna com assistência do representante do Ministério Público;

II - se o perito concluir pela existência de violação e o seu parecer fôr aceito pela Junta, o presidente desta comunicará a ocorrência ao Tribunal Regional, para as providências de lei;

III - se o perito e o representante do Ministério Público concluírem pela inexistência de violação, far-se-á a apuração;

IV - se apenas o representante do Ministério Público entender que a urna foi violada, a Junta decidirá, podendo aquêle, se a decisão não fôr unânime, recorrer imediatamente para o Tribunal Regional;

V - não poderão servir de peritos os referidos no Art. 36, § 3º, nºs. I a IV.

§ 2º s impugnações fundadas em violação da urna somente poderão ser apresentadas até a abertura desta.

§ 3º Verificado qualquer dos casos dos nºs. II, III, IV e V do artigo, a Junta anulará a votação, fará a apuração dos votos em separado e recorrerá de ofício para o Tribunal Regional.

§ 4º Nos casos dos números VI, VII, VIII, IX e X, a Junta decidirá se a votação é válida, procedendo à apuração definitiva em caso afirmativo, ou na forma do parágrafo anterior, se resolver pela nulidade da votação.

§ 5º A junta deixará de apurar os votos de urna que não estiver acompanhada dos documentos legais e lavrará têrmo relativo ao fato, remetendo-a, com cópia da sua decisão, ao Tribunal Regional.

Art. 166. Aberta a urna, a Junta verificará se o número de cédulas oficiais corresponde ao de votantes. (Redação dada pela Lei nº 4.961, de 4.5.1966)

§ 1º A incoincidência entre o número de votantes e o de cédulas oficiais encontradas na urna não constituirá motivo de nulidade da votação, desde que não resulte de fraude comprovada. (Redação dada pela Lei nº 4.961, de 4.5.1966)

§ 2º Se a Junta entender que a incoincidência resulta de fraude, anulará a votação, fará a apuração em separado e recorrerá de ofício para o Tribunal Regional.

Art. 167. Resolvida a apuração da urna, deverá a Junta inicialmente:

I - examinar as sobrecartas brancas contidas na urna, anulando os votos referentes aos eleitores que não podiam votar; (Redação dada pela Lei nº 4.961, de 4.5.1966)

II - misturar as cédulas oficiais dos que podiam votar com as demais existentes na urna. (Redação dada pela Lei nº 4.961, de 4.5.1966)

III - (Revogado pela Lei nº 4.961, de 4.5.1966)

IV (Revogado pela Lei nº 4.961, de 4.5.1966)

Art. 168. As questões relativas à existência de rasuras, emendas e entrelinhas nas folhas de votação e na ata da eleição, somente poderão ser suscitadas na fase correspondente à abertura das urnas.

SEÇÃO III - DAS IMPUGNAÇÕES E DOS RECURSOS

Art. 169. À medida que os votos forem sendo apurados, poderão os fiscais e delegados de partido, assim como os candidatos, apresentar impugnações que serão decididas de plano pela Junta.

§ 1º As Juntas decidirão por maioria de votos as impugnações.

§ 2º De suas decisões cabe recurso imediato, interposto verbalmente ou por escrito, que deverá ser fundamentado no prazo de 48 (quarenta e oito) horas para que tenha seguimento.

§ 3º O recurso, quando ocorrerem eleições simultâneas, indicará expressamente eleição a que se refere.

§ 4º Os recursos serão instruídos de ofício, com certidão da decisão recorrida; se interpostos verbalmente, constará também da certidão o trecho correspondente do boletim. (Redação dada pela Lei nº 4.961, de 4.5.1966)

Art. 170. As impugnações quanto à identidade do eleitor, apresentadas no ato da votação, serão resolvidas pelo confronto da assinatura tomada no verso da folha individual de votação com a existente no anverso; se o eleitor votou em separado, no caso de omissão da folha individual na respectiva pasta, confrontando-se a assinatura da folha modêlo 2 (dois) com a do título eleitoral.

Art. 171 Não será admitido recurso contra a apuração, se não tiver havido impugnação perante a Junta, no ato apuração, contra as nulidades argüidas.

Art. 172. Sempre que houver recurso fundado em contagem errônea de votos, vícios de cédulas ou de sobrecartas para votos em separado, deverão as cédulas ser conservadas em invólucro lacrado, que acompanhará o recurso e deverá ser rubricado pelo juiz eleitoral, pelo recorrente e pelos delegados de partido que o desejarem. (Redação dada pela Lei nº 4.961, de 4.5.1966)

SEÇÃO IV - DA CONTAGEM DOS VOTOS

Art. 173. Resolvidas as impugnações a Junta passará a apurar os votos.

Parágrafo único. Na apuração, poderá ser utilizado sistema eletrônico, a critério do Tribunal Superior Eleitoral e na forma por ele estabelecida. (Incluído pela Lei nº 6.978, de 19.1.1982)

Art. 174. As cédulas oficiais, à medida em que forem sendo abertas, serão examinadas e lidas em voz alta por um dos componentes da Junta.

§ 1º Após fazer a declaração dos votos em branco e antes de ser anunciado o seguinte, será aposto na cédula, no lugar correspondente à indicação do voto, um carimbo com a expressão "em branco", além da rubrica do presidente da turma. (Redação dada pela Lei nº 6.055, de 17.6.1974)

§ 2º O mesmo processo será adaptado para o voto nulo. (Incluído pela Lei nº 6.055, de 17.6.1974)

§ 3º Não poderá ser iniciada a apuração dos votos da urna subsequente sob as penas do Art. 345, sem que os votos em branco da anterior estejam todos registrados pela forma referida no § 1º. (Incluído pela Lei nº 4.961, de 4.5.1966 e renumerado do § 2º pela Lei nº 6.055, de 17.6.1974)

§ 4º As questões relativas às cédulas somente poderão ser suscitadas nessa oportunidade. (Renumerado do parágrafo único para § 3º pela Lei nº 4.961, de 4.5.1966) e renumerado do § 3º pela Lei nº 6.055, de 17.6.1974)

Art. 175. Serão nulas as cédulas: I - que não corresponderem ao modelo oficial; (Vide Lei nº 7.332, de 1º.7.1985)

II - que não estiverem devidamente autenticadas;

III - que contiverem expressões, frases ou sinais que possam identificar o voto.

§ 1º Serão nulos os votos, em cada eleição majoritária:

I - quando forem assinalados os nomes de dois ou mais candidatos para o mesmo cargo;

II - quando a assinalação estiver colocada fora do quadrilátero próprio, desde que torne duvidosa a manifestação da vontade do eleitor.

§ 2º Serão nulos os votos, em cada eleição pelo sistema proporcional: (Renumerado do § 3º pela Lei nº 4.961, de 4 5.66)

I - quando o candidato não fôr indicado, através do nome ou do número, com clareza suficiente para distinguí-lo de outro candidato ao mesmo cargo, mas de outro partido, e o eleitor não indicar a legenda; (Renumerado do § 3º pela Lei nº 4.961, de 4 5.66)

II - se o eleitor escrever o nome de mais de um candidato ao mesmo cargo, pertencentes a partidos diversos, ou, indicando apenas os números, o fizer também de candidatos de partidos diferentes; (Renumerado do § 3º pela Lei nº 4.961, de 4 5.66)

III - se o eleitor, não manifestando preferência por candidato, ou o fazendo de modo que não se possa identificar o de sua preferência, escrever duas ou mais legendas diferentes no espaço relativo à mesma eleição. (Renumerado do § 3º pela Lei nº 4.961, de 4 5.66)

IV- (Incluído pela Lei nº 6.989, de 5.5.1982 e restabelecido pela Lei nº 7.332, de 1º.7.1985)

§ 3º Serão nulos, para todos os efeitos, os votos dados a candidatos inelegíveis ou não registrados. : (Renumerado do § 4º pela Lei nº 4.961, de 4 5.66)

§ 4º O disposto no parágrafo anterior não se aplica quando a decisão de inelegibilidade ou de cancelamento de registro for proferida após a realização da eleição a que concorreu o candidato alcançado pela sentença, caso em que os votos serão contados para o partido pelo qual tiver sido feito o seu registro. (Incluído pela Lei nº 7.179, de 19.12.1983)

Art. 176. Contar-se-á o voto apenas para a legenda, nas eleições pelo sistema proporcional: (Redação dada pela Lei nº 8.037, de 1990)

I - se o eleitor escrever apenas a sigla partidária, não indicando o candidato de sua preferência; (Redação dada pela Lei nº 8.037, de 1990)

II - se o eleitor escrever o nome de mais de um candidato do mesmo Partido; (Redação dada pela Lei nº 8.037, de 1990)

III - se o eleitor, escrevendo apenas os números, indicar mais de um candidato do mesmo Partido; (Redação dada pela Lei nº 8.037, de 1990)

IV - se o eleitor não indicar o candidato através do nome ou do número com clareza suficiente para distingui-lo de outro candidato do mesmo Partido. (Redação dada pela Lei nº 8.037, de 1990)

Art. 177. Na contagem dos votos para as eleições realizadas pelo sistema proporcional observar-se-ão, ainda, as seguintes normas: (Redação dada pela Lei nº 8.037, de 1990)

I - a inversão, omissão ou erro de grafia do nome ou prenome não invalidará o voto, desde que seja possível a identificação do candidato; (Redação dada pela Lei nº 8.037, de 1990)

II - se o eleitor escrever o nome de um candidato e o número correspondente a outro da mesma legenda ou não, contar-se-á o voto para o candidato cujo nome foi escrito,

LEI Nº 4.737, DE 15 DE JULHO DE 1965

bem como para a legenda a que pertence; (Redação dada pela Lei nº 8.037, de 1990)

III - se o eleitor escrever o nome ou o número de um candidato e a legenda de outro Partido, contar-se-á o voto para o candidato cujo nome ou número foi escrito; (Redação dada pela Lei nº 8.037, de 1990)

IV - se o eleitor escrever o nome ou o número de um candidato a Deputado Federal na parte da cédula referente a Deputado Estadual ou vice-versa, o voto será contado para o candidato cujo nome ou número foi escrito; (Redação dada pela Lei nº 8.037, de 1990)

V - se o eleitor escrever o nome ou o número de candidatos em espaço da cédula que não seja o correspondente ao cargo para o qual o candidato foi registrado, será o voto computado para o candidato e respectiva legenda, conforme o registro. (Incluído pela Lei nº 8.037, de 1990)

Art. 178. O voto dado ao candidato a Presidente da República entender-se-á dado também ao candidato a vice-presidente, assim como o dado aos candidatos a governador, senador, deputado federal nos territórios, prefeito e juiz de paz entender-se-á dado ao respectivo vice ou suplente.

Art. 179. Concluída a contagem dos votos a Junta ou turma deverá:

I - transcrever nos mapas referentes à urna a votação apurada;

II - expedir boletim contendo o resultado da respectiva seção, no qual serão consignados o número de votantes, a votação individual de cada candidato, os votos de cada legenda partidária, os votos nulos e os em branco, bem como recursos, se houver.

§ 1º Os mapas, em todas as suas folhas, e os boletins de apuração, serão assinados pelo presidente e membros da Junta e pelos fiscais de partido que o desejarem.

§ 2º O boletim a que se refere e êste artigo obedecerá a modêlo aprovado pelo Tribunal Superior Eleitoral, podendo porém, na sua falta, ser substituído por qualquer outro expedido por Tribunal Regional ou pela própria Junta Eleitoral.

§ 3º Um dos exemplares do boletim de apuração será imediatamente afixado na sede da Junta, em local que possa ser copiado por qualquer pessoa.

§ 4º Cópia autenticada do boletim de apuração será entregue a cada partido, por intermédio do delegado ou fiscal presente, mediante recibo.

§ 5º O boletim de apuração ou sua cópia autenticada com a assinatura do juiz e pelo menos de um dos membros da Junta, podendo ser apresentado ao Tribunal Regional, nas eleições federais e estaduais, sempre que o número de votos constantes dos mapas recebidos pela Comissão Apuradora não coincidir com os nele consignados.

§ 6º O partido ou candidato poderá apresentar o boletim na oportunidade concedida pelo Art. 200, quando terá vista do relatório da Comissão Apuradora, ou antes, se durante os trabalhos da Comissão tiver conhecimento da incoincidência de qualquer resultado.

§ 7º Apresentado o boletim, será aberta vista aos demais partidos, pelo prazo de 2 (dois) dias, os quais somente poderão contestar o erro indicado com a apresentação de boletim da mesma urna, revestido das mesmas formalidades.

§ 8º Se o boletim apresentado na contestação consignar outro resultado, coincidente ou não com o que figurar no mapa enviado pela Junta, a urna será requisitada e recontada pelo próprio Tribunal Regional, em sessão.

§ 9º A não expedição do boletim imediatamente após a apuração de cada urna e antes de se passa à subseqüente, sob qualquer pretexto, constitui o crime previsto no Art. 313.

Art. 180. O disposto no artigo anterior e em todos os seus parágrafos aplica-se às eleições municipais, observadas somente as seguintes alterações:

I - o boletim de apuração poderá ser apresentado à Junta até 3 (três) dia depois de totalizados os resultados, devendo os partidos ser cientificados, através de seus delegados, da data em que começará a correr êsse prazo;

II - apresentado o boletim será observado o disposto nos §§ 7º e 8º do artigo anterior, devendo a recontagem ser procedida pela própria Junta.

Art. 181. Salvo nos casos mencionados nos artigos anteriores, a recontagem de votos só poderá ser deferida pelos Tribunais Regionais, em recurso interposto imediatamente após a apuração de cada urna.

Parágrafo único. Em nenhuma outra hipótese poderá a Junta determinar a reabertura de urnas já apuradas para recontagem de votos.

Art. 182. Os títulos dos eleitores estranhos à seção serão separados, para remessa, depois de terminados os trabalhos da Junta, ao juiz eleitoral da zona nêles mencionadas, a fim de que seja anotado na fôlha individual de votação o voto dado em outra seção.

Parágrafo único. Se, ao ser feita a anotação, no confronto do título com a fôlha individual, se verificar incoincidência ou outro indício de fraude, serão autuados tais documentos e o juiz determinará as providências necessárias para apuração do fato e conseqüentes medidas legais.

Art. 183. Concluída a apuração, e antes de se passar à subsequente, as cédulas serão recolhidas à urna, sendo esta fechada e lacrada, não podendo ser reaberta senão depois de transitada em julgado a diplomação, salvo nos casos de recontagem de votos.

Parágrafo único. O descumprimento do disposto no presente artigo, sob qualquer pretexto, constitui o crime eleitoral previsto no Art. 314.

Art. 184. Terminada a apuração, a Junta remeterá ao Tribunal Regional no prazo de vinte e quatro horas, todos os papéis eleitorais referentes às eleições estaduais ou federais, acompanhados dos documentos referentes à apuração, juntamente com a ata geral dos seus trabalhos, na qual serão consignadas as votações apuradas para cada legenda e candidato e os votos não apurados com a declaração dos motivos porque o não foram. (Redação dada pela Lei nº 4.961, de 4.5.1966)

§ 1º Essa remessa será feita em invólucros fechado, lacrado e rubricado pelos membros da Junta, delegados e fiscais de Partido, por via postal ou sob protocolo, conforme fôr mais rápida e segura a chegada ao destino. (Renumerado do parágrafo único pela Lei nº 4.961, de 4.5.1966)

§ 2º Se a remessa dos papéis eleitorais de que trata êste artigo não se verificar no prazo nele estabelecido os membros da Junta estarão sujeitos à multa correspondente à metade do salário-mínimo regional por dia de retardamento. (Incluído pela Lei nº 4.961, de 4.5.1966)

§ 3º Decorridos quinze dias sem que o Tribunal Regional tenha recebido os papéis referidos neste artigo ou comunicação de sua expedição, determinará ao Corregedor Regional ou Juiz Eleitoral mais próximo que os faça apreender e enviar imediatamente, transferindo-se para o Tribunal Regional a competência para decidir sôbre os mesmos. (Incluído pela Lei nº 4.961, de 4.5.1966)

Art. 185. Sessenta dias após o trânsito em julgado da diplomação de todos os candidatos, eleitos nos pleitos eleitorais realizados simultaneamente e prévia publicação de edital de convocação, as cédulas serão retiradas das urnas e imediatamente incineradas, na presença do Juiz Eleitoral e em ato público, vedado a qualquer pessoa inclusive ao Juiz, o seu exame na ocasião da incineração. (Redação dada pela Lei nº 6.055, de 17.6.1974)

Parágrafo único. Poderá ainda a Justiça Eleitoral, tomadas as medidas necessárias à garantia do sigilo, autorizar a reciclagem industrial das cédulas, em proveito do ensino público de primeiro grau ou de instituições beneficentes. (Incluído pela Lei nº 7.977, de 27.12.1989)

Art. 186. Com relação às eleições municipais e distritais, uma vez terminada a apuração de todas as urnas, a Junta resolverá

as dúvidas não decididas, verificará o total dos votos apurados, inclusive os votos em branco, determinará o quociente eleitoral e os quocientes partidários e proclamará os candidatos eleitos.

§ 1º O presidente da Junta fará lavrar, por um dos secretários, a ata geral concernente às eleições referidas neste artigo, da qual constará o seguinte:

I - as seções apuradas e o número de votos apurados em cada urna;

II - as seções anuladas, os motivos por que foram e o número de votos não apurados;

III - as seções onde não houve eleição e os motivos;

IV - as impugnações feitas, a solução que lhes foi dada e os recursos interpostos;

V - a votação de cada legenda na eleição para vereador;

VI - o quociente eleitoral e os quocientes partidários;

VII - a votação dos candidatos a vereador, incluídos em cada lista registrada, na ordem da votação recebida;

VIII - a votação dos candidatos a prefeito, vice-prefeito e a juiz de paz, na ordem da votação recebida.

§ 2º Cópia da ata geral da eleição municipal, devidamente autenticada pelo juiz, será enviada ao Tribunal Regional e ao Tribunal Superior Eleitoral.

Art. 187. Verificando a Junta Apuradora que os votos das seções anuladas e daquelas cujos eleitores foram impedidos de votar, poderão alterar a representação de qualquer partido ou classificação de candidato eleito pelo princípio majoritário, nas eleições municipais, fará imediata comunicação do fato ao Tribunal Regional, que marcará, se fôr o caso, dia para a renovação da votação naquelas seções.

§ 1º Nas eleições suplementares municipais observar-se-á, no que couber, o disposto no Art. 201.

§ 2º Essas eleições serão realizadas perante novas mesas receptoras, nomeadas pelo juiz eleitoral, e apuradas pela própria Junta que, considerando os anteriores e os novos resultados, confirmará ou invalidará os diplomas que houver expedido.

§ 3º Havendo renovação de eleições para os cargos de prefeito e vice-prefeito, os diplomas somente serão expedidos depois de apuradas as eleições suplementares.

§ 4º Nas eleições suplementares, quando ser referirem a mandatos de representação proporcional, a votação e a apuração far-se-ão exclusivamente para as legendas registradas.

SEÇÃO V - DA CONTAGEM DOS VOTOS PELA MESA RECEPTORA

Art. 188. O Tribunal Superior Eleitoral poderá autorizar a contagem de votos pelas mesas receptoras, nos Estados em que o Tribunal Regional indicar as zonas ou seções em que esse sistema deva ser adotado.

Art. 189. Os mesários das seções em que fôr efetuada a contagem dos votos serão nomeados escrutinadores da junta.

Art. 190. Não será efetuada a contagem dos votos pela mesa se esta não se julgar suficientemente garantida, ou se qualquer eleitor houver votado sob impugnação, devendo a mesa, em um ou outro caso, proceder na forma determinada para as demais, das zonas em que a contagem não foi autorizada.

Art. 191. Terminada a votação, o presidente da mesa tomará as providências mencionadas nas alíneas II, III, IV e V do Art. 154.

Art. 192. Lavrada e assinada ata, o presidente da mesa, na presença dos demais membros, fiscais e delegados do partido, abrirá a urna e o invólucro e verificará se o número de cédulas oficiais coincide com o de votantes.

§ 1º Se não houver coincidência entre o número de votantes e o de cédulas oficiais encontradas na urna e no invólucro a mesa receptora não fará a contagem dos votos.

§ 2º Ocorrendo a hipótese prevista no parágrafo anterior, o presidente da mesa determinará que as cédulas e as sobrecartas sejam novamente recolhidas na urna e ao invólucro, os quais serão fechados e lacrados, procedendo, em seguida, na forma recomendada pelas alíneas VI, VII e VIII e do Art. 54.

Art. 193. Havendo coincidência entre o número de cédulas e o de votantes deverá a mesa, inicialmente, misturar as cédulas contidas nas sobrecartas brancas, da urna e do invólucro, com as demais.

§ 1º Em seguida proceder-se-á à abertura das cédulas e contagem dos votos, observando-se o disposto nos artigos. 169 e seguintes, no que couber.

§ 2º Terminada a contagem dos votos será lavrada ata resumida, de acôrdo com modelo aprovado pelo Tribunal Superior e da qual constarão apenas as impugnações acaso apresentadas, figurando os resultados no boletim que se incorporará à ata, e do qual se dará cópia aos fiscais dos partidos.

Art. 194. Após a lavratura da ata, que deverá ser assinada pelos membros da mesa e fiscais e delegados de partido, as cédulas e as sobrecartas serão recolhidas à urna, sendo esta fechada, lacrada e entregue ao juiz eleitoral pelo presidente da mesa ou por um dos mesários, mediante recibo.

§ 1º O juiz eleitoral poderá, havendo possibilidade, designar funcionários para recolher as urnas e demais documentos nos próprios locais da votação ou instalar postos e locais diversos para o seu recebimento.

§ 2º Os fiscais e delegados de partido podem vigiar e acompanhar a urna desde o momento da eleição, durante a permanência nos postos arrecadadores e até a entrega à Junta.

Art. 195. Recebida a urna e documentos, a Junta deverá:

I - examinar a sua regularidade, inclusive quanto ao funcionamento normal da seção;

II - rever o boletim de contagem de votos da mesa receptora, a fim de verificar se está aritmeticamente certo, fazendo dêle constar que, conferido, nenhum erro foi encontrado;

III - abrir a urna e conferir os votos sempre que a contagem da mesa receptora não permitir o fechamento dos resultados;

IV - proceder à apuração se da ata da eleição constar impugnação de fiscal, delegado, candidato ou membro da própria mesa em relação ao resultado de contagem dos votos;

V - resolver todas as impugnações constantes da ata da eleição;

VI - praticar todos os atos previstos na competência das Juntas Eleitorais.

Art. 196. De acôrdo com as instruções recebidas a Junta Apuradora poderá reunir os membros das mesas receptoras e demais componentes da Junta em local amplo e adequado no dia seguinte ao da eleição, em horário previamente fixado, e a proceder à apuração na forma estabelecida nos artigos. 159 e seguintes, de uma só vez ou em duas ou mais etapas.

Parágrafo único. Nesse caso cada partido poderá credenciar um fiscal para acompanhar a apuração de cada urna, realizando-se esta sob a supervisão do juiz e dos demais membros da Junta, aos quais caberá decidir, em cada caso, as impugnações e demais incidentes verificados durante os trabalhos.

CAPÍTULO III - DA APURAÇÃO NOS TRIBUNAIS REGIONAIS

Art. 197. Na apuração, compete ao Tribunal Regional.

I - resolver as dúvidas não decididas e os recursos interpostos sôbre as eleições federais e estaduais e apurar as votações que haja validado em grau de recurso;

II - verificar o total dos votos apurados entre os quais se incluem os em branco;

III - Determinar os quocientes, eleitoral e partidário, bem como a distribuição das sobras;

IV - proclamar os eleitos e expedir os respectivos diplomas;

V - fazer a apuração parcial das eleições para Presidente e Vice-presidente da República.

Art. 198. A apuração pelo Tribunal Regional começará no dia seguinte ao em que receber os primeiros resultados parciais

LEI Nº 4.737, DE 15 DE JULHO DE 1965

das Juntas e prosseguirá sem interrupção, inclusive nos sábados, domingos e feriados, de acôrdo com o horário previamente publicado, devendo terminar 30 (trinta) dias depois da eleição.

§ 1º Ocorrendo motivos relevantes, expostos com a necessária antecedência, o Tribunal Superior poderá conceder prorrogação desse prazo, uma só vez e por quinze dias. (Renumerado do parágrafo único e alterado pela Lei nº 4.961, de 4.5.1966)

§ 2º Se o Tribunal Regional não terminar a apuração no prazo legal, seus membros estarão sujeitos à multa correspondente à metade do salário-mínimo regional por dia de retardamento. (Incluído pela Lei nº 4.961, de 4.5.1966)

Art. 199. Antes de iniciar a apuração o Tribunal Regional constituirá com 3 (três) de seus membros, presidida por um destes, uma Comissão Apuradora.

§ 1º O Presidente da Comissão designará um funcionário do Tribunal para servir de secretário e para auxiliarem os seus trabalhos, tantos outros quantos julgar necessários.

§ 2º De cada sessão da Comissão Apuradora será lavrada ata resumida.

§ 3º A Comissão Apuradora fará publicar no órgão oficial, diariamente, um boletim com a indicação dos trabalhos realizados e do número de votos atribuídos a cada candidato.

§ 4º Os trabalhos da Comissão Apuradora poderão ser acompanhados por delegados dos partidos interessados, sem que, entretanto, neles intervenha com protestos, impugnações ou recursos.

§ 5º Ao final dos trabalhos, a Comissão Apuradora apresentará ao Tribunal Regional os mapas gerais da apuração e um relatório, que mencione:

I - o número de votos válidos e anulados em cada Junta Eleitoral, relativos a cada eleição;

II - as seções apuradas e os votos nulos e anulados de cada uma;

III - as seções anuladas, os motivos por que o foram e o número de votos anulados ou não apurados;

IV - as seções onde não houve eleição e os motivos;

V - as impugnações apresentadas às Juntas e como foram resolvidas por elas, assim como os recursos que tenham sido interposto:

VI - a votação de cada partido;

VII - a votação de cada candidato;

VIII - o quociente eleitoral;

IX - os quocientes partidários;

X- a distribuição das sobras.

Art. 200. O relatório a que se refere o artigo anterior ficará na Secretaria do Tribunal, pelo prazo de 3 (três) dias, para exame dos partidos e candidatos interessados, que poderão examinar também os documentos em que êle se baseou.

§ 1º Terminado o prazo supra, os partidos poderão apresentar as suas reclamações, dentro de 2 (dois) dias, sendo estas submetidas a parecer da Comissão Apuradora que, no prazo de 3 (três) dias, apresentará aditamento ao relatório com a proposta das modificações que julgar procedentes, ou com a justificação da improcedência das argüições. (Renumerado do parágrafo único pela Lei nº 4.961, de 4.5.1966)

§ 2º O Tribunal Regional, antes de aprovar o relatório da Comissão Apuradora e, em três dias improrrogáveis, julgará as impugnações e as reclamações não providas pela Comissão Apuradora, e, se as deferir, voltará o relatório à Comissão para que sejam feitas as alterações resultantes da decisão. (Incluído pela Lei nº 4.961, de 4.5.1966)

Art. 201. De posse do relatório referido no artigo anterior, reunir-se-á o Tribunal, no dia seguinte, para o conhecimento do total dos votos apurados, e, em seguida, se verificar que os votos das seções anuladas e daquelas cujos eleitores foram impedidos de votar, poderão alterar a representação de candidato eleito pelo princípio majoritário, ordenará a realização de novas eleições.

Parágrafo único. As novas eleições obedecerão às seguintes normas:

I - o Presidente do Tribunal fixará, imediatamente, a data, para que se realizem dentro de 15 (quinze) dias, no mínimo, e de 30 (trinta) dias no máximo, a contar do despacho que a fixar, desde que não tenha havido recurso contra a anulação das seções;

II - somente serão admitidos a votar os eleitores da seção, que hajam comparecido a eleição anulada, e os de outras seções que ali houverem votado;

III - nos casos de coação que haja impedido o comparecimento dos eleitores às urnas, no de encerramento da votação antes da hora legal, e quando a votação tiver sido realizada em dia, hora e lugar diferentes dos designados, poderão votar todos os eleitores da seção e somente estes;

IV - nas zonas onde apenas uma seção fôr anulada, o juiz eleitoral respectivo presidirá a mesa receptora; se houver mais de uma seção anulada, o presidente do Tribunal Regional designará os juizes presidentes das respectivas mesas receptoras.

V - as eleições realizar-se-ão nos mesmos locais anteriormente designados, servindo os mesários e secretários que pelo juiz forem nomeados, com a antecedência de, pelo menos, cinco dias, salvo se a anulação fôr decretada por infração dos §§ 4º e 5º do Art. 135;

VI - as eleições assim realizadas serãoapuradas pelo Tribunal Regional.

Art. 202. Da reunião do Tribunal Regional será lavrada ata geral, assinada pelos seus membros e da qual constarão:

I - as seções apuradas e o número de votos apurados em cada uma;

II - as seções anuladas, as razões por que o foram e o número de votos não apurados;

III - as seções onde não tenha havido eleição e os motivos;

IV - as impugnações apresentadas às juntas eleitorais e como foram resolvidas;

V - as seções em que se vai realizar ou renovar a eleição;

VI - a votação obtida pelos partidos;

VII - o quociente eleitoral e o partidário;

VIII - os nomes dos votados na ordem decrescente dos votos;

IX - os nomes dos eleitos;

X - os nomes dos suplentes, na ordem em que devem substituir ou suceder.

§ 1º Na mesma sessão o Tribunal Regional proclamará os eleitos e os respectivos suplentes e marcará a data para a expedição solene dos diplomas em sessão pública, salvo quanto a governador e vice-governador, se ocorrer a hipótese prevista na Emenda Constitucional nº 13.

§ 2º O vice-governador e o suplente de senador, considerar-se-ão eleitos em virtude da eleição do governador e do senador com os quais se candidatarem.

§ 3º Os candidatos a governador e vice-governador somente serão diplomados depois de realizadas as eleições suplementares referentes a esses cargos.

§ 4º Um traslado da ata da sessão, autenticado com a assinatura de todos os membros do Tribunal que assinaram a ata original, será remetida ao Presidente do Tribunal Superior.

§ 5º O Tribunal Regional comunicará o resultado da eleição ao Senado Federal, Câmara dos Deputados e Assembléia Legislativa.

Art. 203. Sempre que forem realizadas eleições de âmbito estadual juntamente com eleições para presidente e vice-presidente da República, o Tribunal Regional desdobrará os seus trabalhos de apuração, fazendo tanto para aquelas como para esta, uma ata geral.

§ 1º A Comissão Apuradora deverá, também, apresentar relatórios distintos, um dos quais referente apenas às eleições presidenciais.

§ 2º Concluídos os trabalhos da apuração o Tribunal Regional remeterá ao Tribunal Superior os resultados parciais das eleições para presidente e vice-presidente da República, acompanhados de todos os papéis que lhe digam respeito.

Art. 204. O Tribunal Regional julgando conveniente, poderá determinar que a totalização dos resultados de cada urna seja realizada pela própria Comissão Apuradora.

Parágrafo único. Ocorrendo essa hipótese serão observadas as seguintes regras:

I - a decisão do Tribunal será comunicada, até 30 (trinta) dias antes da eleição aos juízes eleitorais, aos diretórios dos partidos e ao Tribunal Superior;

II - iniciada a apuração os juízes eleitorais remeterão ao Tribunal Regional, diariamente, sob registro postal ou por portador, os mapas de todas as urnas apuradas no dia;

III - os mapas serão acompanhados de ofício sucinto, que esclareça apenas a que seções correspondem e quantas ainda faltam para completar a apuração da zona;

IV - havendo sido interposto recurso em relação a urna correspondente aos mapas enviados, o juiz fará constar do ofício, em seguida à indicação da seção, entre parênteses, apenas esse esclarecimento - "houve recurso";

V - a ata final da junta não mencionará, no seu texto, a votação obtida pelos partidos e candidatos, a qual ficará constando dos boletins de apuração do Juízo, que dela ficarão fazendo parte integrante;

VI - cópia autenticada da ata, assinada por todos os que assinaram o original, será enviada ao Tribunal Regional na forma prevista no art. 184;

VII - a Comissão Apuradora, à medida em que fôr recebendo os mapas, passará a totalizar os votos, aguardando, porém, a chegada da cópia autêntica da ata para encerrar a totalização referente a cada zona;

VIII - no caso de extravio de mapa o juiz eleitoral providenciará a remessa de 2a.via, preenchida à vista dos delegados de partido especialmente convocados para esse fim e pelos resultados constantes do boletim de apuração que deverá ficar arquivado no Juízo.

CAPÍTULO IV - DA APURAÇÃO NO TRIBUNAL SUPERIOR

Art. 205. O Tribunal Superior fará a apuração geral das eleições para presidente e vice-presidente da República pelos resultados verificados pelos Tribunais Regionais em cada Estado.

Art. 206. Antes da realização da eleição o Presidente do Tribunal sorteará, dentre os juízes, o relator de cada grupo de Estados, ao qual serão distribuídos todos os recursos e documentos da eleição referentes ao respectivo grupo.

Art. 207. Recebidos os resultados de cada Estado, e julgados os recursos interpostos das decisões dos Tribunais Regionais, o relator terá o prazo de 5 (cinco) dias para apresentar seu relatório, com as conclusões seguintes:

I - os totais dos votos válidos e nulos do Estado;

II - os votos apurados pelo Tribunal Regional que devem ser anulados;

III - os votos anulados pelo Tribunal Regional que devem ser computados como válidos;

IV - a votação de cada candidato;

V - o resumo das decisões do Tribunal Regional sobre as dúvidas e impugnações, bem como dos recursos que hajam sido interpostos para o Tribunal Superior, com as respectivas decisões e indicação das implicações sôbre os resultados.

Art. 208. O relatório referente a cada Estado ficará na Secretaria do Tribunal, pelo prazo de dois dias, para exame dos partidos e candidatos interessados, que poderão examinar também os documentos em que êle se baseou e apresentar alegações ou documentos sôbre o relatório, no prazo de 2 (dois) dias.

Parágrafo único. Findo esse prazo serão os autos conclusos ao relator, que, dentro em 2 (dois) dias, os apresentará a julgamento, que será previamente anunciado.

Art. 209. Na sessão designada será o feito chamado a julgamento de preferência a qualquer outro processo.

§ 1º Se o relatório tiver sido impugnado, os partidos interessados poderão, no prazo de 15 (quinze) minutos, sustentar oralmente as suas conclusões.

§ 2º Se do julgamento resultarem alterações na apuração efetuada pelo Tribunal Regional, o acórdão determinará que a Secretaria, dentro em 5 (cinco) dias, levante as fôlhas de apuração parcial das seções cujos resultados tiverem sido alterados, bem como o mapa geral da respectiva circunscrição, de acôrdo com as alterações decorrentes do julgado, devendo o mapa, após o visto do relator, ser publicado na Secretaria.

§ 3º A esse mapa admitir-se-á, dentro em 48 (quarenta e oito) horas de sua publicação, impugnação fundada em erro de conta ou de cálculo, decorrente da própria sentença.

Art. 210. Os mapas gerais de todas as circunscrições com as impugnações, se houver, e a folha de apuração final levantada pela secretaria, serão autuados e distribuídos a um relator geral, designado pelo Presidente.

Parágrafo único. Recebidos os autos, após a audiência do Procurador Geral, o relator, dentro de 48 (quarenta e oito) horas, resolverá as impugnações relativas aos erros de conta ou de cálculo, mandando fazer as correções, se fôr o caso, e apresentará, a seguir, o relatório final com os nomes dos candidatos que deverão ser proclamados eleitos e os dos demais candidatos, na ordem decrescente das votações.

Art. 211. Aprovada em sessão especial a apuração geral, o Presidente anunciará a votação dos candidatos, proclamando a seguir eleito presidente da República o candidato, mais votado que tiver obtido maioria absoluta de votos, excluídos, para a apuração desta, os em branco e os nulos.

Art. 212. Verificando que os votos das seções anuladas e daquelas cujos eleitores foram impedidos de votar, em todo o país, poderão alterar a classificação de candidato, ordenará o Tribunal Superior a realização de novas eleições.

§ 1º Essas eleições serão marcadas desde logo pelo Presidente do Tribunal Superior e terão lugar no primeiro domingo ou feriado que ocorrer após o 15º (décimo quinto) dia a contar da data do despacho, devendo ser observado o disposto nos números II a VI do parágrafo único do Art. 201.

§ 2º Os candidatos a presidente e vice-presidente da República somente serão diplomados depois de realizadas as eleições suplementares referentes a esses cargos.

Art. 213. Não se verificando a maioria absoluta, o Congresso Nacional, dentro de quinze dias após haver recebido a respectiva comunicação do Presidente do Tribunal Superior Eleitoral, reunir-se-á em sessão pública para se manifestar sôbre o candidato mais votado, que será considerado eleito se, em escrutínio secreto, obtiver metade mais um dos votos dos seus membros.

§ 1º Se não ocorrer a maioria absoluta referida no caput dêste artigo, renovar-se-á, até 30 (trinta) dias depois, a eleição em todo país, à qual concorrerão os dois candidatos mais votados, cujos registros estarão automaticamente revalidados.

§ 2º No caso de renúncia ou morte, concorrerá à eleição prevista no parágrafo anterior o substituto registrado pelo mesmo partido político ou coligação partidária.

Art. 214. O presidente e o vice-presidente da República tomarão posse a 15 (quinze) de março, em sessão do Congresso Nacional.

Parágrafo único. No caso do § 1º do artigo anterior, a posse realizar-se-á dentro de 15 (quinze) dias a contar da proclamação do resultado da segunda eleição, expirando, porém, o mandato a 15 (quinze) de março do quarto ano.

LEI Nº 4.737, DE 15 DE JULHO DE 1965

CAPÍTULO V - DOS DIPLOMAS

Art. 215. Os candidatos eleitos, assim como os suplentes, receberão diploma assinado pelo Presidente do Tribunal Regional ou da Junta Eleitoral, conforme o caso.

Parágrafo único. Do diploma deverá constar o nome do candidato, a indicação da legenda sob a qual concorreu, o cargo para o qual foi eleito ou a sua classificação como suplente, e, facultativamente, outros dados a critério do juiz ou do Tribunal.

Art. 216. Enquanto o Tribunal Superior não decidir o recurso interposto contra a expedição do diploma, poderá o diplomado exercer o mandato em toda a sua plenitude.

Art. 217. Apuradas as eleições suplementares o juiz ou o Tribunal reverá a apuração anterior, confirmando ou invalidando os diplomas que houver expedido.

Parágrafo único. No caso de provimento, após a diplomação, de recurso contra o registro de candidato ou de recurso parcial, será também revista a apuração anterior, para confirmação ou invalidação de diplomas, observado o disposto no § 3º do Art. 261.

Art. 218. O presidente de Junta ou de Tribunal que diplomar militar candidato a cargo eletivo, comunicará imediatamente a diplomação à autoridade a que o mesmo estiver subordinado, para os fins do Art. 98.

CAPÍTULO VI - DAS NULIDADES DA VOTAÇÃO

Art. 219. Na aplicação da lei eleitoral o juiz atenderá sempre aos fins e resultados a que ela se dirige, abstendo-se de pronunciar nulidades sem demonstração de prejuízo.

Parágrafo único. A declaração de nulidade não poderá ser requerida pela parte que lhe deu causa nem a ela aproveitar.

Art. 220. É nula a votação:

I - quando feita perante mesa não nomeada pelo juiz eleitoral, ou constituída com ofensa à letra da lei;

II - quando efetuada em folhas de votação falsas;

III - quando realizada em dia, hora, ou local diferentes do designado ou encerrada antes das 17 horas;

IV - quando preterida formalidade essencial do sigilo dos sufrágios.

V - quando a seção eleitoral tiver sido localizada com infração do disposto nos §§ 4º e 5º do art. 135. (Incluído pela Lei nº 4.961, de 4.5.1966)

Parágrafo único. A nulidade será pronunciada quando o órgão apurador conhecer do ato ou dos seus efeitos e o encontrar provada, não lhe sendo lícito supri-la, ainda que haja consenso das partes.

Art. 221. É anulável a votação:

I - quando houver extravio de documento reputado essencial; (Renumerado do inciso II pela Lei nº 4.961, de 4.5.1966)

II - quando fôr negado ou sofrer restrição o direito de fiscalizar, e o fato constar da ata ou de protesto interposto, por escrito, no momento: (Renumerado do inciso III pela Lei nº 4.961, de 4.5.1966)

III - quando votar, sem as cautelas do Art. 147, § 2º. (Renumerado do inciso IV pela Lei nº 4.961, de 4.5.1966)

a) eleitor excluído por sentença não cumprida por ocasião da remessa das folhas individuais de votação à mesa, desde que haja oportuna reclamação de partido;

b) eleitor de outra seção, salvo a hipótese do Art. 145;

c) alguém com falsa identidade em lugar do eleitor chamado.

Art. 222. É também anulável a votação, quando viciada de falsidade, fraude, coação, uso de meios de que trata o Art. 237, ou emprego de processo de propaganda ou captação de sufrágios vedado por lei.

§ 1º (Revogado pela Lei nº 4.961, de 4.5.1966)

I - (Revogado pela Lei nº 4.961, de 4.5.1966)

II - (Revogado pela Lei nº 4.961, de 4.5.1966)

III - (Revogado pela Lei nº 4.961, de 4.5.1966)

IV - (Revogado pela Lei nº 4.961, de 4.5.1966)

§ 2º (Revogado pela Lei nº 4.961, de 4.5.1966)

Art. 223. A nulidade de qualquer ato, não decretada de ofício pela Junta, só poderá ser argüida quando de sua prática, não mais podendo ser alegada, salvo se a argüição se basear em motivo superveniente ou de ordem constitucional.

§ 1º Se a nulidade ocorrer em fase na qual não possa ser alegada no ato, poderá ser argüida na primeira oportunidade que para tanto se apresente.

§ 2º Se se basear em motivo superveniente deverá ser alegada imediatamente, assim que se tornar conhecida, podendo as razões do recurso ser aditadas no prazo de 2 (dois) dias.

§ 3º A nulidade de qualquer ato, baseada em motivo de ordem constitucional, não poderá ser conhecida em recurso interposto fora do prazo. Perdido o prazo numa fase própria, só em outra que se apresentar poderá ser argüida. (Redação dada pela Lei nº 4.961, de 4.5.1966)

Art. 224. Se a nulidade atingir a mais de metade dos votos do país nas eleições presidenciais, do Estado nas eleições federais e estaduais ou do município nas eleições municipais, julgar-se-ão prejudicadas as demais votações e o Tribunal marcará dia para nova eleição dentro do prazo de 20 (vinte) a 40 (quarenta) dias.

§ 1º Se o Tribunal Regional na área de sua competência, deixar de cumprir o disposto neste artigo, o Procurador Regional levará o fato ao conhecimento do Procurador Geral, que providenciará junto ao Tribunal Superior para que seja marcada imediatamente nova eleição.

§ 2º Ocorrendo qualquer dos casos previstos neste capítulo o Ministério Público promoverá, imediatamente a punição dos culpados.

§ 3º A decisão da Justiça Eleitoral que importe o indeferimento do registro, a cassação do diploma ou a perda do mandato de candidato eleito em pleito majoritário acarreta, após o trânsito em julgado, a realização de novas eleições, independentemente do número de votos anulados. (Incluído pela Lei nº 13.165, de 2015) (Vide ADIN Nº 5.525)

§ 4º A eleição a que se refere o § 3º correrá a expensas da Justiça Eleitoral e será: (Incluído pela Lei nº 13.165, de 2015) (Vide ADIN Nº 5.525)

I - indireta, se a vacância do cargo ocorrer a menos de seis meses do final do mandato; (Incluído pela Lei nº 13.165, de 2015) (Vide ADIN Nº 5.525)

II - direta, nos demais casos. (Incluído pela Lei nº 13.165, de 2015) (Vide ADIN Nº 5.525)

CAPÍTULO VII - DO VOTO NO EXTERIOR

Art. 225. Nas eleições para presidente e vice-presidente da República poderá votar o eleitor que se encontrar no exterior.

§ 1º Para esse fim serão organizadas seções eleitorais, nas sedes das Embaixadas e Consulados Gerais.

§ 2º Sendo necessário instalar duas ou mais seções poderá ser utilizado local em que funcione serviço do governo brasileiro.

Art. 226. Para que se organize uma seção eleitoral no exterior é necessário que na circunscrição sob a jurisdição da Missão Diplomática ou do Consulado Geral haja um mínimo de 30 (trinta) eleitores inscritos.

Parágrafo único. Quando o número de eleitores não atingir o mínimo previsto no parágrafo anterior, os eleitores poderão votar na mesa receptora mais próxima, desde que localizada no mesmo país, de acôrdo com a comunicação que lhes fôr feita.

Art. 227. As mesas receptoras serão organizadas pelo Tribunal Regional do Distrito Federal mediante proposta dos chefes de Missão e cônsules gerais, que ficarão investidos, no que fôr aplicável, da funções administrativas de juiz eleitoral.

Parágrafo único. Será aplicável às mesas receptoras o processo de composição e fiscalização partidária vigente para as que funcionam no território nacional.

Art. 228. Até 30 (trinta) dias antes da realização da eleição todos os brasileiros eleitores, residentes no estrangeiro, comunicarão à sede da Missão diplomática ou ao consulado geral, em carta, telegrama ou qualquer outra via, a sua condição de eleitor e sua residência.

§ 1º Com a relação dessas comunicações e com os dados do registro consular, serão organizadas as folhas de votação, e notificados os eleitores da hora e local da votação.

§ 2º No dia da eleição só serão admitidos a votar os que constem da folha de votação e os passageiros e tripulantes de navios e aviões de guerra e mercantes que, no dia, estejam na sede das sessões eleitorais.

Art. 229. Encerrada a votação, as urnas serão enviadas pelos cônsules gerais às sedes das Missões Diplomáticas. Estas as remeterão, pela mala diplomática, ao Ministério das Relações Exteriores, que delas fará entrega ao Tribunal Regional Eleitoral do Distrito Federal, a quem competirá a apuração dos votos e julgamento das dúvidas e recursos que hajam sido interpostos.

Parágrafo único. Todo o serviço de transporte do material eleitoral será feito por via aérea.

Art. 230. Todos os eleitores que votarem no exterior terão os seus títulos apreendidos pela mesa receptora.

Parágrafo único. A todo eleitor que votar no exterior será concedido comprovante para a comunicação legal ao juiz eleitoral de sua zona.

Art. 231. Todo aquele que, estando obrigado a votar, não o fizer, fica sujeito, além das penalidades previstas para o eleitor que não vota no território nacional, à proibição de requerer qualquer documento perante a repartição diplomática a que estiver subordinado, enquanto não se justificar.

Art. 232. Todo o processo eleitoral realizado no estrangeiro fica diretamente subordinado ao Tribunal Regional do Distrito Federal.

Art. 233. O Tribunal Superior Eleitoral e o Ministério das Relações Exteriores baixarão as instruções necessárias e adotarão as medidas adequadas para o voto no exterior.

Art. 233-A. Aos eleitores em trânsito no território nacional é assegurado o direito de votar para Presidente da República, Governador, Senador, Deputado Federal, Deputado Estadual e Deputado Distrital em urnas especialmente instaladas nas capitais e nos Municípios com mais de cem mil eleitores. (Redação dada pela Lei nº 13.165, de 2015)

§ 1º O exercício do direito previsto neste artigo sujeita-se à observância das regras seguintes: (Incluído pela Lei nº 13.165, de 2015)

I - para votar em trânsito, o eleitor deverá habilitar-se perante a Justiça Eleitoral no período de até quarenta e cinco dias da data marcada para a eleição, indicando o local em que pretende votar; (Incluído pela Lei nº 13.165, de 2015)

II - aos eleitores que se encontrarem fora da unidade da Federação de seu domicílio eleitoral somente é assegurado o direito à habilitação para votar em trânsito nas eleições para Presidente da República; (Incluído pela Lei nº 13.165, de 2015)

III - os eleitores que se encontrarem em trânsito dentro da unidade da Federação de seu domicílio eleitoral poderão votar nas eleições para Presidente da República, Governador, Senador, Deputado Federal, Deputado Estadual e Deputado Distrital. (Incluído pela Lei nº 13.165, de 2015)

§ 2º Os membros das Forças Armadas, os integrantes dos órgãos de segurança pública a que se refere o art. 144 da Constituição Federal, bem como os integrantes das guardas municipais mencionados no § 8º do mesmo art. 144, poderão votar em trânsito se estiverem em serviço por ocasião das eleições. (Incluído pela Lei nº 13.165, de 2015)

§ 3º As chefias ou comandos dos órgãos a que estiverem subordinados os eleitores mencionados no § 2º enviarão obrigatoriamente à Justiça Eleitoral, em até quarenta e cinco dias da data das eleições, a listagem dos que estarão em serviço no dia da eleição com indicação das seções eleitorais de origem e destino. (Incluído pela Lei nº 13.165, de 2015)

§ 4º Os eleitores mencionados no § 2º, uma vez habilitados na forma do § 3º, serão cadastrados e votarão nas seções eleitorais indicadas nas listagens mencionadas no § 3º independentemente do número de eleitores do Município. (Incluído pela Lei nº 13.165, de 2015)

PARTE QUINTA - DISPOSIÇÕES VÁRIAS

TÍTULO I - DAS GARANTIAS ELEITORAIS

Art. 234. Ninguém poderá impedir ou embaraçar o exercício do sufrágio.

Art. 235. O juiz eleitoral, ou o presidente da mesa receptora, pode expedir salvo-conduto com a cominação de prisão por desobediência até 5 (cinco) dias, em favor do eleitor que sofrer violência, moral ou física, na sua liberdade de votar, ou pelo fato de haver votado.

Parágrafo único. A medida será válida para o período compreendido entre 72 (setenta e duas) horas antes até 48 (quarenta e oito) horas depois do pleito.

Art. 236. Nenhuma autoridade poderá, desde 5 (cinco) dias antes e até 48 (quarenta e oito) horas depois do encerramento da eleição, prender ou deter qualquer eleitor, salvo em flagrante delito ou em virtude de sentença criminal condenatória por crime inafiançável, ou, ainda, por desrespeito a salvo-conduto.

§ 1º Os membros das mesas receptoras e os fiscais de partido, durante o exercício de suas funções, não poderão ser detidos ou presos, salvo o caso de flagrante delito; da mesma garantia gozarão os candidatos desde 15 (quinze) dias antes da eleição.

§ 2º Ocorrendo qualquer prisão o preso será imediatamente conduzido à presença do juiz competente que, se verificar a ilegalidade da detenção, a relaxará e promoverá a responsabilidade do coator.

Art. 237. A interferência do poder econômico e o desvio ou abuso do poder de autoridade, em desfavor da liberdade do voto, serão coibidos e punidos.

§ 1º O eleitor é parte legítima para denunciar os culpados e promover-lhes a responsabilidade, e a nenhum servidor público. Inclusive de autarquia, de entidade paraestatal e de sociedade de economia mista, será lícito negar ou retardar ato de ofício tendente a esse fim.

§ 2º Qualquer eleitor ou partido político poderá se dirigir ao Corregedor Geral ou Regional, relatando fatos e indicando provas, e pedir abertura de investigação para apurar uso indevido do poder econômico, desvio ou abuso do poder de autoridade, em benefício de candidato ou de partido político.

§ 3º O Corregedor, verificada a seriedade da denúncia procederá ou mandará proceder a investigações, regendo-se estas, no que lhes fôr aplicável, pela Lei nº 1.579 de 18 de março de 1952.

Art. 238. É proibida, durante o ato eleitoral, a presença de força pública no edifício em que funcionar mesa receptora, ou nas imediações, observado o disposto no Art. 141.

Art. 239. Aos partidos políticos é assegurada a prioridade postal durante os 60 (sessenta) dias anteriores à realização das eleições, para remessa de material de propaganda de seus candidatos registrados.

TÍTULO II - DA PROPAGANDA PARTIDÁRIA

Art. 240. A propaganda de candidatos a cargos eletivos somente é permitida após o dia 15 de agosto do ano da eleição. (Redação dada pela Lei nº 13.165, de 2015)

Parágrafo único. É vedada, desde quarenta e oito horas antes até vinte e quatro horas depois da eleição, qualquer propaganda política mediante radiodifusão, televisão, comícios ou reuniões públicas.

Art. 241. Toda propaganda eleitoral será realizada sob a responsabilidade dos partidos e por eles paga, imputando-lhes

LEI Nº 4.737, DE 15 DE JULHO DE 1965

solidariedade nos excessos praticados pelos seus candidatos e adeptos.

Parágrafo único. A solidariedade prevista neste artigo é restrita aos candidatos e aos respectivos partidos, não alcançando outros partidos, mesmo quando integrantes de uma mesma coligação. (Incluído pela Lei nº 12.891, de 2013)

Art. 242. A propaganda, qualquer que seja a sua forma ou modalidade, mencionará sempre a legenda partidária e só poderá ser feita em língua nacional, não devendo empregar meios publicitários destinados a criar, artificialmente, na opinião pública, estados mentais, emocionais ou passionais. (Redação dada pela Lei nº 7.476, de 15.5.1986)

Parágrafo único. Sem prejuízo do processo e das penas cominadas, a Justiça Eleitoral adotará medidas para fazer impedir ou cessar imediatamente a propaganda realizada com infração do disposto neste artigo.

Art. 243. Não será tolerada propaganda:

I - de guerra, de processos violentos para subverter o regime, a ordem política e social ou de preconceitos de raça ou de classes;

II - que provoque animosidade entre as forças armadas ou contra elas, ou delas contra as classes e instituições civis;

III - de incitamento de atentado contra pessoa ou bens;

IV - de instigação à desobediência coletiva ao cumprimento da lei de ordem pública;

V - que implique em oferecimento, promessa ou solicitação de dinheiro, dádiva, rifa, sorteio ou vantagem de qualquer natureza;

VI - que perturbe o sossego público, com algazarra ou abusos de instrumentos sonoros ou sinais acústicos;

VII - por meio de impressos ou de objeto que pessoa inexperiente ou rústica possa confundir com moeda;

VIII - que prejudique a higiene e a estética urbana ou contravenha a posturas municipais ou a outra qualquer restrição de direito;

IX - que caluniar, difamar ou injuriar quaisquer pessoas, bem como órgãos ou entidades que exerçam autoridade pública.

§ 1º O ofendido por calúnia, difamação ou injúria, sem prejuízo e independentemente da ação penal competente, poderá demandar, no Juízo Civil a reparação do dano moral respondendo por êste o ofensor e, solidariamente, o partido político dêste, quando responsável por ação ou omissão a quem que favorecido pelo crime, haja de qualquer modo contribuído para êle. (Incluído pela Lei nº 4.961, de 4.5.1966)

§ 2º No que couber aplicar-se-ão na reparação do dano moral, referido no parágrafo anterior, os artigos. 81 a 88 da Lei nº 4.117, de 27 de agôsto de 1962. (Incluído pela Lei nº 4.961, de 4.5.1966)

§ 3º É assegurado o direito de resposta a quem fôr, injuriado difamado ou caluniado através da imprensa rádio, televisão, ou alto-falante, aplicando-se, no que couber, os artigos. 90 e 96 da Lei nº 4.117, de 27 de agôsto de 1962. (Incluído pela Lei nº 4.961, de 4.5.1966)

Art. 244. É assegurado aos partidos políticos registrados o direito de, independentemente de licença da autoridade pública e do pagamento de qualquer contribuição:

I - fazer inscrever, na fachada de suas sedes e dependências, o nome que os designe, pela forma que melhor lhes parecer;

II - instalar e fazer funcionar, normalmente, das quatorze às vinte e duas horas, nos três meses que antecederem as eleições, alto-falantes, ou amplificadores de voz, nos locais referidos, assim como em veículos seus, ou à sua disposição, em território nacional, com observância da legislação comum.

Parágrafo único. Os meios de propaganda a que se refere o nº II dêste artigo não serão permitidos, a menos de 500 metros:

I - das sedes do Executivo Federal, dos Estados, Territórios e respectivas Prefeituras Municipais;

II - das Câmaras Legislativas Federais, Estaduais e Municipais;

III - dos Tribunais Judiciais;

IV - dos hospitais e casas de saúde;

V - das escolas, bibliotecas públicas, igrejas e teatros, quando em funcionamento;

VI - dos quartéis e outros estabelecimentos militares.

Art. 245. A realização de qualquer ato de propaganda partidária ou eleitoral, em recinto aberto, não depende de licença da polícia.

§ 1º Quando o ato de propaganda tiver de realizar-se em lugar designado para a celebração de comício, na forma do disposto no art. 3º da Lei nº 1.207, de 25 de outubro de 1950, deverá ser feita comunicação à autoridade policial, pelo menos 24 (vinte e quatro) horas antes de sua realização.

§ 2º Não havendo local anteriormente fixado para a celebração de comício, ou sendo impossível ou difícil nele realizar-se o ato de propaganda eleitoral, ou havendo pedido para designação de outro local, a comunicação a que se refere o parágrafo anterior será feita, no mínimo, com antecedência, de 72 (setenta e duas) horas, devendo a autoridade policial, em qualquer desses casos, nas 24 (vinte e quatro) horas seguintes, designar local amplo e de fácil acesso, de modo que não impossibilite ou frustre a reunião.

§ 3º Aos órgãos da Justiça Eleitoral compete julgar das reclamações sôbre a localização dos comícios e providências sôbre a distribuição eqüitativa dos locais aos partidos.

Art. 246. (Revogado pela Lei nº 9.504, de 30.9.1997)

Art. 247. (Revogado pela Lei nº 9.504, de 30.9.1997)

Art. 248. Ninguém poderá impedir a propaganda eleitoral, nem inutilizar, alterar ou perturbar os meios lícitos nela empregados.

Art. 249. O direito de propaganda não importa restrição ao poder de polícia quando êste deva ser exercído em benefício da ordem pública.

Art. 250. (Revogado pela Lei nº 9.504, de 30.9.1997)

Art. 251. No período destinado à propaganda eleitoral gratuita não prevalecerão quaisquer contratos ou ajustes firmados pelas empresas que possam burlar ou tornar inexeqüível qualquer dispositivo dêste Código ou das instruções baixadas pelo Tribunal Superior Eleitoral.

Art. 252. (Revogado pelo Decreto-Lei nº 1.538, de 14.4.1977)

Art. 253. (Revogado pelo Decreto-Lei nº 1.538, de 14.4.1977)

Art. 254. (Revogado pelo Decreto-Lei nº 1.538, de 14.4.1977)

Art. 255. Nos 15 (quinze) dias anteriores ao pleito é proibida a divulgação, por qualquer forma, de resultados de prévias ou testes pré-eleitorais.

Art. 256. As autoridades administrativas federais, estaduais e municipais proporcionarão aos partidos, em igualdade de condições, as facilidades permitidas para a respectiva propaganda.

§ 1º No período da campanha eleitoral, independentemente do critério de prioridade, os serviços telefônicos, oficiais ou concedidos, farão instalar, na sede dos diretórios devidamente registrados, telefones necessários, mediante requerimento do respectivo presidente e pagamento das taxas devidas. (Incluído pela Lei nº 4.961, de 4.5.1966)

§ 2º O Tribunal Superior Eleitoral baixará as instruções necessárias ao cumprimento do disposto no parágrafo anterior fixado as condições a serem observadas. (Incluído pela Lei nº 4.961, de 4.5.1966)

TÍTULO III - DOS RECURSOS

CAPÍTULO I - DISPOSIÇÕES PRELIMINARES

Art. 257. Os recursos eleitorais não terão efeito suspensivo.

§ 1º A execução de qualquer acórdão será feita imediatamente, através de comunicação por ofício, telegrama, ou, em casos

especiais, a critério do presidente do Tribunal, através de cópia do acórdão. (Redação dada pela Lei nº 13.165, de 2015)

§ 2º O recurso ordinário interposto contra decisão proferida por juiz eleitoral ou por Tribunal Regional Eleitoral que resulte em cassação de registro, afastamento do titular ou perda de mandato eletivo será recebido pelo Tribunal competente com efeito suspensivo. (Incluído pela Lei nº 13.165, de 2015)

§ 3º O Tribunal dará preferência ao recurso sobre quaisquer outros processos, ressalvados os de habeas corpus e de mandado de segurança. (Incluído pela Lei nº 13.165, de 2015)

Art. 258. Sempre que a lei não fixar prazo especial, o recurso deverá ser interposto em três dias da publicação do ato, resolução ou despacho.

Art. 259. São preclusivos os prazos para interposição de recurso, salvo quando neste se discutir matéria constitucional.

Parágrafo único. O recurso em que se discutir matéria constitucional não poderá ser interposto fora do prazo. Perdido o prazo numa fase própria, só em outra que se apresentar poderá ser interposto.

Art. 260. A distribuição do primeiro recurso que chegar ao Tribunal Regional ou Tribunal Superior, prevenirá a competência do relator para todos os demais casos do mesmo município ou Estado.

Art. 261. Os recursos parciais, entre os quais não se incluem os que versarem matéria referente ao registro de candidatos, interpostos para os Tribunais Regionais no caso de eleições municipais, e para o Tribunal Superior no caso de eleições estaduais ou federais, serão julgados à medida que derem entrada nas respectivas Secretarias.

§ 1º Havendo dois ou mais recursos parciais de um mesmo município ou Estado, ou se todos, inclusive os de diplomação já estiverem no Tribunal Regional ou no Tribunal Superior, serão eles julgados seguidamente, em uma ou mais sessões.

§ 2º As decisões com os esclarecimentos necessários ao cumprimento, serão comunicadas de uma só vez ao juiz eleitoral ou ao presidente do Tribunal Regional.

§ 3º Se os recursos de um mesmo município ou Estado deram entrada em datas diversas, sendo julgados separadamente, o juiz eleitoral ou o presidente do Tribunal Regional, aguardará a comunicação de todas as decisões para cumpri-las, salvo se o julgamento dos demais importar em alteração do resultado do pleito que não tenha relação com o recurso já julgado.

§ 4º Em todos os recursos, no despacho que determinar a remessa dos autos à instância superior, o juízo "a quo" esclarecerá quais os ainda em fase de processamento e, no último, quais os anteriormente remetidos.

§ 5º Ao se realizar a diplomação, se ainda houver recurso pendente de decisão em outra instância, será consignado que os resultados poderão sofrer alterações decorrentes desse julgamento.

§ 6º Realizada a diplomação, e decorrido o prazo para recurso, o juiz ou presidente do Tribunal Regional comunicará à instância superior se foi ou não interposto recurso.

Art. 262. O recurso contra expedição de diploma caberá somente nos casos de inelegibilidade superveniente ou de natureza constitucional e de falta de condição de elegibilidade. (Redação dada pela Lei nº 12.891, de 2013)

§ 1º A inelegibilidade superveniente que atrai restrição à candidatura, se formulada no âmbito do processo de registro, não poderá ser deduzida no recurso contra expedição de diploma. (Incluído pela Lei nº 13.877, de 2019)

§ 2º A inelegibilidade superveniente apta a viabilizar o recurso contra a expedição de diploma, decorrente de alterações fáticas ou jurídicas, deverá ocorrer até a data fixada para que os partidos políticos e as coligações apresentem os seus requerimentos de registros de candidatos. (Incluído pela Lei nº 13.877, de 2019)

§ 3º O recurso de que trata este artigo deverá ser interposto no prazo de 3 (três) dias após o último dia limite fixado para a diplomação e será suspenso no período compreendido entre os dias 20 de dezembro e 20 de janeiro, a partir do qual retomará seu cômputo. (Incluído pela Lei nº 13.877, de 2019)

Art. 263. No julgamento de um mesmo pleito eleitoral, as decisões anteriores sôbre questões de direito constituem prejulgados para os demais casos, salvo se contra a tese votarem dois terços dos membros do Tribunal.

Art. 264. Para os Tribunais Regionais e para o Tribunal Superior caberá, dentro de 3 (três) dias, recurso dos atos, resoluções ou despachos dos respectivos presidentes.

CAPÍTULO II - DOS RECURSOS PERANTE AS JUNTAS E JUÍZOS ELEITORAIS

Art. 265. Dos atos, resoluções ou despachos dos juizes ou juntas eleitorais caberá recurso para o Tribunal Regional.

Parágrafo único. Os recursos das decisões das Juntas serão processados na forma estabelecida pelos artigos. 169 e seguintes.

Art. 266. O recurso independerá de têrmo e será interposto por petição devidamente fundamentada, dirigida ao juiz eleitoral e acompanhada, se o entender o recorrente, de novos documentos.

Parágrafo único. Se o recorrente se reportar a coação, fraude, uso de meios de que trata o art. 237 ou emprego de processo de propaganda ou captação de sufrágios vedado por lei, dependentes de prova a ser determinada pelo Tribunal, bastar-lhe-á indicar os meios a elas conducentes. (Incluído pela Lei nº 4.961, de 4.5.1966)

Art. 267. Recebida a petição, mandará o juiz intimar o recorrido para ciência do recurso, abrindo-se-lhe vista dos autos a fim de, em prazo igual ao estabelecido para a sua interposição, oferecer razões, acompanhadas ou não de novos documentos.

§ 1º A intimação se fará pela publicação da notícia da vista no jornal que publicar o expediente da Justiça Eleitoral, onde houver, e nos demais lugares, pessoalmente pelo escrivão, independente de iniciativa do recorrente.

§ 2º Onde houver jornal oficial, se a publicação não ocorrer no prazo de 3 (três) dias, a intimação se fará pessoalmente ou na forma prevista no parágrafo seguinte.

§ 3º Nas zonas em que se fizer intimação pessoal, se não fôr encontrado o recorrido dentro de 48 (quarenta e oito) horas, a intimação se fará por edital afixado no fórum, no local de costume.

§ 4º Todas as citações e intimações serão feitas na forma estabelecida neste artigo.

§ 5º Se o recorrido juntar novos documentos, terá o recorrente vista dos autos por 48 (quarenta e oito) horas para falar sôbre os mesmos, contado o prazo na forma dêste artigo.

§ 6º Findos os prazos a que se referem os parágrafos anteriores, o juiz eleitoral fará, dentro de 48 (quarenta e oito) horas, subir os autos ao Tribunal Regional com a sua resposta e os documentos em que se fundar, sujeito à multa de dez por cento do salário-mínimo regional por dia de retardamento, salvo se entender de reformar a sua decisão. (Redação dada pela Lei nº 4.961, de 4.5.1966)

§ 7º Se o juiz reformar a decisão recorrida, poderá o recorrido, dentro de 3 (três) dias, requerer suba o recurso como se por êle interposto.

CAPÍTULO III - DOS RECURSOS NOS TRIBUNAIS REGIONAIS

Art. 268. No Tribunal Regional nenhuma alegação escrita ou nenhum documento poderá ser oferecido por qualquer das partes, salvo o disposto no art. 270. (Redação dada pela Lei nº 4.961, de 4.5.1966)

Art. 269. Os recursos serão distribuídos a um relator em 24 (vinte e quatro) horas e na ordem rigorosa da antigüidade dos respectivos membros, esta última exigência sob pena de nulidade de qualquer ato ou decisão do relator ou do Tribunal.

§ 1º Feita a distribuição, a Secretaria do Tribunal abrirá vista dos autos à Procuradoria Regional, que deverá emitir parecer no prazo de 5 (cinco) dias.

§ 2º Se a Procuradoria não emitir parecer no prazo fixado, poderá a parte interessada requerer a inclusão do processo na pauta, devendo o Procurador, nesse caso, proferir parecer oral na assentada do julgamento.

Art. 270. Se o recurso versar sôbre coação, fraude, uso de meios de que trata o Art. 237, ou emprego de processo de propaganda ou captação de sufrágios vedado por lei dependente de prova indicada pelas partes ao interpô-lo ou ao impugná-lo, o relator no Tribunal Regional deferi-la-á em vinte e quatro horas da conclusão, realizado-se ela no prazo improrrogável de cinco dias. (Redação dada pela Lei nº 4.961, de 4.5.1966)

§ 1º Admitir-se-ão como meios de prova para apreciação pelo Tribunal as justificações e as perícias processadas perante o juiz eleitoral da zona, com citação dos partidos que concorreram ao pleito e do representante do Ministério Público. (Incluído pela Lei nº 4.961, de 4.5.1966)

§ 2º Indeferindo o relator a prova, serão os autos, a requerimento do interessado, nas vinte e quatro horas seguintes, presentes à primeira sessão do Tribunal, que deliberará a respeito. (Incluído pela Lei nº 4.961, de 4.5.1966)

§ 3º Protocoladas as diligências probatórias, ou com a juntada das justificações ou diligências, a Secretaria do Tribunal abrirá, sem demora, vista dos autos, por vinte e quatro horas, seguidamente, ao recorrente e ao recorrido para dizerem a respeito. (Incluído pela Lei nº 4.961, de 4.5.1966)

§ 4º Findo o prazo acima, serão os autos conclusos ao relator. (Incluído pela Lei nº 4.961, de 4.5.1966)

Art. 271. O relator devolverá os autos à Secretaria no prazo improrrogável de 8 (oito) dias para, nas 24 (vinte e quatro) horas seguintes, ser o caso incluído na pauta de julgamento do Tribunal.

§ 1º Tratando-se de recurso contra a expedição de diploma, os autos, uma vez devolvidos pelo relator, serão conclusos ao juiz imediato em antigüidade como revisor, o qual deverá devolvê-los em 4 (quatro) dias.

§ 2º As pautas serão organizadas com um número de processos que possam ser realmente julgados, obedecendo-se rigorosamente a ordem da devolução dos mesmos à Secretaria pelo Relator, ou Revisor, nos recursos contra a expedição de diploma, ressalvadas as preferências determinadas pelo regimento do Tribunal.

Art. 272. Na sessão do julgamento, uma vez feito o relatório pelo relator, cada uma das partes poderá, no prazo improrrogável de dez minutos, sustentar oralmente as suas conclusões.

Parágrafo único. Quando se tratar de julgamento de recursos contra a expedição de diploma, cada parte terá vinte minutos para sustentação oral.

Art. 273. Realizado o julgamento, o relator, se vitorioso, ou o relator designado para redigir o acórdão, apresentará a redação dêste, o mais tardar, dentro em 5 (cinco) dias.

§ 1º O acórdão conterá uma síntese das questões debatidas e decididas.

§ 2º Sem prejuízo do disposto no parágrafo anterior, se o Tribunal dispuser de serviço taquigráfico, serão juntas ao processo as notas respectivas.

Art. 274. O acórdão, devidamente assinado, será publicado, valendo como tal a inserção da sua conclusão no órgão oficial.

§1º Se o órgão oficial não publicar o acórdão no prazo de 3 (três) dias, as partes serão intimadas pessoalmente e, se não forem encontradas no prazo de 48 (quarenta e oito) horas, a intimação se fará por edital afixado no Tribunal, no local de costume.

§ 2º O disposto no parágrafo anterior aplicar-se-á a todos os casos de citação ou intimação.

Art. 275. São admissíveis embargos de declaração nas hipóteses previstas no Código de Processo Civil. (Redação dada pela Lei nº 13.105, de 2015)

§ 1º Os embargos de declaração serão opostos no prazo de 3 (três) dias, contado da data de publicação da decisão embargada, em petição dirigida ao juiz ou relator, com a indicação do ponto que lhes deu causa. (Redação dada pela Lei nº 13.105, de 2015)

§ 2º Os embargos de declaração não estão sujeitos a preparo. (Redação dada pela Lei nº 13.105, de 2015)

§ 3º O juiz julgará os embargos em 5 (cinco) dias. (Redação dada pela Lei nº 13.105, de 2015)

§ 4º Nos tribunais: (Redação dada pela Lei nº 13.105, de 2015)

I - o relator apresentará os embargos em mesa na sessão subsequente, proferindo voto; (Incluído pela Lei nº 13.105, de 2015)

II - não havendo julgamento na sessão referida no inciso I, será o recurso incluído em pauta; (Incluído pela Lei nº 13.105, de 2015)

III - vencido o relator, outro será designado para lavrar o acórdão. (Incluído pela Lei nº 13.105, de 2015)

§ 5º Os embargos de declaração interrompem o prazo para a interposição de recurso. (Incluído pela Lei nº 13.105, de 2015)

§ 6º Quando manifestamente protelatórios os embargos de declaração, o juiz ou o tribunal, em decisão fundamentada, condenará o embargante a pagar ao embargado multa não excedente a 2 (dois) salários-mínimos. (Incluído pela Lei nº 13.105, de 2015)

§ 7º Na reiteração de embargos de declaração manifestamente protelatórios, a multa será elevada a até 10 (dez) salários-mínimos. (Incluído pela Lei nº 13.105, de 2015)

Art. 276. As decisões dos Tribunais Regionais são terminativas, salvo os casos seguintes em que cabe recurso para o Tribunal Superior:

I - especial:
a) quando forem proferidas contra expressa disposição de lei;
b) quando ocorrer divergência na interpretação de lei entre dois ou mais tribunais eleitorais.

II - ordinário:
a) quando versarem sôbre expedição de diplomas nas eleições federais e estaduais;
b) quando denegarem habeas corpus ou mandado de segurança.

§ 1º É de 3 (três) dias o prazo para a interposição do recurso, contado da publicação da decisão nos casos dos nº I, letras a e b e II, letra b e da sessão da diplomação no caso do nº II, letra a.

§ 2º Sempre que o Tribunal Regional determinar a realização de novas eleições, o prazo para a interposição dos recursos, no caso do nº II, a, contar-se-á da sessão em que, feita a apuração das sessões renovadas, fôr proclamado o resultado das eleições suplementares.

Art. 277. Interposto recurso ordinário contra decisão do Tribunal Regional, o presidente poderá, na própria petição, mandar abrir vista ao recorrido para que, no mesmo prazo, ofereça as suas razões.

Parágrafo único. Juntadas as razões do recorrido, serão os autos remetidos ao Tribunal Superior.

Art. 278. Interposto recurso especial contra decisão do Tribunal Regional, a petição será juntada nas 48 (quarenta e oito) horas seguintes e os autos conclusos ao presidente dentro de 24 (vinte e quatro) horas.

§ 1º O presidente, dentro em 48 (quarenta e oito) horas do recebimento dos autos conclusos, proferirá despacho fundamentado, admitindo ou não o recurso.

§ 2º Admitido o recurso, será aberta vista dos autos ao recorrido para que, no mesmo prazo, apresente as suas razões.

§ 3º Em seguida serão os autos conclusos ao presidente, que mandará remetê-los ao Tribunal Superior.

Art. 279. Denegado o recurso especial, o recorrente poderá interpor, dentro em 3 (três) dias, agravo de instrumento.

§ 1º O agravo de instrumento será interposto por petição que conterá:

I - a exposição do fato e do direito;

II - as razões do pedido de reforma da decisão;

III - a indicação das peças do processo que devem ser trasladadas.

§ 2º Serão obrigatoriamente trasladadas a decisão recorrida e a certidão da intimação.

§ 3º Deferida a formação do agravo, será intimado o recorrido para, no prazo de 3 (três) dias, apresentar as suas razões e indicar as peças dos autos que serão também trasladadas.

§ 4º Concluída a formação do instrumento o presidente do Tribunal determinará a remessa dos autos ao Tribunal Superior, podendo, ainda, ordenar a extração e a juntada de peças não indicadas pelas partes.

§ 5º O presidente do Tribunal não poderá negar seguimento ao agravo, ainda que interposto fora do prazo legal.

§ 6º Se o agravo de instrumento não fôr conhecido, porque interposto fora do prazo legal, o Tribunal Superior imporá ao recorrente multa correspondente a valor do maior salário-mínimo vigente no país, multa essa que será inscrita e cobrada na forma prevista no art. 367.

§ 7º Se o Tribunal Regional dispuser de aparelhamento próprio, o instrumento deverá ser formado com fotocópias ou processos semelhantes, pagas as despesas, pelo preço do custo, pelas partes, em relação às peças que indicarem.

CAPÍTULO IV - DOS RECURSOS NO TRIBUNAL SUPERIOR

Art. 280. Aplicam-se ao Tribunal Superior as disposições dos artigos. 268, 269, 270, 271 (caput), 272, 273, 274 e 275.

Art. 281. São irrecorríveis as decisões do Tribunal Superior, salvo as que declararem a invalidade de lei ou ato contrário à Constituição Federal e as denegatórias de "habeas corpus" ou mandado de segurança, das quais caberá recurso ordinário para o Supremo Tribunal Federal, interposto no prazo de 3 (três) dias.

§ 1º Juntada a petição nas 48 (quarenta e oito) horas seguintes, os autos serão conclusos ao presidente do Tribunal, que, no mesmo prazo, proferirá despacho fundamentado, admitindo ou não o recurso.

§ 2º Admitido o recurso será aberta vista dos autos ao recorrido para que, dentro de 3 (três) dias, apresente as suas razões.

§ 3º Findo esse prazo os autos serão remetidos ao Supremo Tribunal Federal.

Art. 282. Denegado recurso, o recorrente poderá interpor, dentro de 3 (três) dias, agravo de instrumento, observado o disposto no Art. 279 e seus parágrafos, aplicada a multa a que se refere o § 6º pelo Supremo Tribunal Federal.

TÍTULO IV - DISPOSIÇÕES PENAIS

CAPÍTULO I - DISPOSIÇÕES PRELIMINARES

Art. 283. Para os efeitos penais são considerados membros e funcionários da Justiça Eleitoral:

I - os magistrados que, mesmo não exercendo funções eleitorais, estejam presidindo Juntas Apuradoras ou se encontrem no exercício de outra função por designação de Tribunal Eleitoral;

II - Os cidadãos que temporariamente integram órgãos da Justiça Eleitoral;

III - Os cidadãos que hajam sido nomeados para as mesas receptoras ou Juntas Apuradoras;

IV - Os funcionários requisitados pela Justiça Eleitoral.

§ 1º Considera-se funcionário público, para os efeitos penais, além dos indicados no presente artigo, quem, embora transitoriamente ou sem remuneração, exerce cargo, emprego ou função pública.

§ 2º Equipara-se a funcionário público quem exerce cargo, emprego ou função em entidade paraestatal ou em sociedade de economia mista.

Art. 284. Sempre que êste Código não indicar o grau mínimo, entende-se que será ele de quinze dias para a pena de detenção e de um ano para a de reclusão.

Art. 285. Quando a lei determina a agravação ou atenuação da pena sem mencionar o "quantum", deve o juiz fixá-lo entre um quinto e um terço, guardados os limites da pena cominada ao crime.

Art. 286. A pena de multa consiste no pagamento ao Tesouro Nacional, de uma soma de dinheiro, que é fixada em dias-multa. Seu montante é, no mínimo, 1 (um) dia-multa e, no máximo, 300 (trezentos) dias-multa.

§ 1º O montante do dia-multa é fixado segundo o prudente arbítrio do juiz, devendo êste ter em conta as condições pessoais e econômicas do condenado, mas não pode ser inferior ao salário-mínimo diário da região, nem superior ao valor de um salário-mínimo mensal.

§ 2º A multa pode ser aumentada até o triplo, embora não possa exceder o máximo genérico caput, se o juiz considerar que, em virtude da situação econômica do condenado, é ineficaz a cominada, ainda que no máximo, ao crime de que se trate.

Art. 287. Aplicam-se aos fatos incriminados nesta lei as regras gerais do Código Penal.

Art. 288. Nos crimes eleitorais cometidos por meio da imprensa, do rádio ou da televisão, aplicam-se exclusivamente as normas dêste Código e as remissões a outra lei nele contempladas.

CAPÍTULO II - DOS CRIMES ELEITORAIS

Art. 289. Inscrever-se fraudulentamente eleitor:

Pena: Reclusão até cinco anos e pagamento de cinco a 15 dias-multa.

Art. 290 Induzir alguém a se inscrever eleitor com infração de qualquer dispositivo dêste Código.

Pena: Reclusão até 2 anos e pagamento de 15 a 30 dias-multa.

Art. 291. Efetuar o juiz, fraudulentamente, a inscrição de alistando.

Pena: Reclusão até 5 anos e pagamento de cinco a quinze dias-multa.

Art. 292. Negar ou retardar a autoridade judiciária, sem fundamento legal, a inscrição requerida:

Pena: Pagamento de 30 a 60 dias-multa.

Art. 293. Perturbar ou impedir de qualquer forma o alistamento:

Pena: Detenção de 15 dias a seis meses ou pagamento de 30 a 60 dias-multa.

Art. 294. (Revogado pela Lei nº 8.868, de 14.4.1994)

Art. 295. Reter título eleitoral contra a vontade do eleitor:

Pena: Detenção até dois meses ou pagamento de 30 a 60 dias-multa.

Art. 296. Promover desordem que prejudique os trabalhos eleitorais;

Pena: Detenção até dois meses e pagamento de 60 a 90 dias-multa.

Art. 297. Impedir ou embaraçar o exercício do sufrágio:

Pena: Detenção até seis meses e pagamento de 60 a 100 dias-multa.

Art. 298. Prender ou deter eleitor, membro de mesa receptora, fiscal, delegado de partido ou candidato, com violação do disposto no Art. 236:

Pena: Reclusão até quatro anos.

Art. 299. Dar, oferecer, prometer, solicitar ou receber, para si ou para outrem, dinheiro, dádiva, ou qualquer outra van-

LEI Nº 4.737, DE 15 DE JULHO DE 1965

tagem, para obter ou dar voto e para conseguir ou prometer abstenção, ainda que a oferta não seja aceita:

Pena: reclusão até quatro anos e pagamento de cinco a quinze dias-multa.

Art. 300. Valer-se o servidor público da sua autoridade para coagir alguém a votar ou não votar em determinado candidato ou partido:

Pena: detenção até seis meses e pagamento de 60 a 100 dias-multa.

Parágrafo único. Se o agente é membro ou funcionário da Justiça Eleitoral e comete o crime prevalecendo-se do cargo a pena é agravada.

Art. 301. Usar de violência ou grave ameaça para coagir alguém a votar, ou não votar, em determinado candidato ou partido, ainda que os fins visados não sejam conseguidos:

Pena: reclusão até quatro anos e pagamento de cinco a quinze dias-multa.

Art. 302. Promover, no dia da eleição, com o fim de impedir, embaraçar ou fraudar o exercício do voto a concentração de eleitores, sob qualquer forma, inclusive o fornecimento gratuito de alimento e transporte coletivo: (Redação dada pelo Decreto-Lei nº 1.064, de 24.10.1969)

Pena: reclusão de quatro (4) a seis (6) anos e pagamento de 200 a 300 dias-multa. ((Redação dada pelo Decreto-Lei nº 1.064, de 24.10.1969)

Art. 303. Majorar os preços de utilidades e serviços necessários à realização de eleições, tais como transporte e alimentação de eleitores, impressão, publicidade e divulgação de matéria eleitoral.

Pena: pagamento de 250 a 300 dias-multa.

Art. 304. Ocultar, sonegar açambarcar ou recusar no dia da eleição o fornecimento, normalmente a todos, de utilidades, alimentação e meios de transporte, ou conceder exclusividade dos mesmos a determinado partido ou candidato:

Pena: pagamento de 250 a 300 dias-multa.

Art. 305. Intervir autoridade estranha à mesa receptora, salvo o juiz eleitoral, no seu funcionamento sob qualquer pretexto:

Pena: detenção até seis meses e pagamento de 60 a 90 dias-multa.

Art. 306. Não observar a ordem em que os eleitores devem ser chamados a votar:

Pena: pagamento de 15 a 30 dias-multa.

Art. 307. Fornecer ao eleitor cédula oficial já assinalada ou por qualquer forma marcada:

Pena: reclusão até cinco anos e pagamento de 5 a 15 dias-multa.

Art. 308. Rubricar e fornecer a cédula oficial em outra oportunidade que não a de entrega da mesma ao eleitor.

Pena: reclusão até cinco anos e pagamento de 60 a 90 dias-multa.

Art. 309. Votar ou tentar votar mais de uma vez, ou em lugar de outrem:

Pena: reclusão até três anos.

Art. 310. Praticar, ou permitir membro da mesa receptora que seja praticada, qualquer irregularidade que determine a anulação de votação, salvo no caso do Art. 311:

Pena: detenção até seis meses ou pagamento de 90 a 120 dias-multa.

Art. 311. Votar em seção eleitoral em que não está inscrito, salvo nos casos expressamente previstos, e permitir, o presidente da mesa receptora, que o voto seja admitido:

Pena: detenção até um mês ou pagamento de 5 a 15 dias-multa para o eleitor e de 20 a 30 dias-multa para o presidente da mesa.

Art. 312. Violar ou tentar violar o sigilo do voto:

Pena: detenção até dois anos.

Art. 313. Deixar o juiz e os membros da Junta de expedir o boletim de apuração imediatamente após a apuração de cada urna e antes de passar à subseqüente, sob qualquer pretexto e ainda que dispensada a expedição pelos fiscais, delegados ou candidatos presentes:

Pena: pagamento de 90 a 120 dias-multa.

Parágrafo único. Nas seções eleitorais em que a contagem fôr procedida pela mesa receptora incorrerão na mesma pena o presidente e os mesários que não expedirem imediatamente o respectivo boletim.

Art. 314. Deixar o juiz e os membros da Junta de recolher as cédulas apuradas na respectiva urna, fechá-la e lacrá-la, assim que terminar a apuração de cada seção e antes de passar à subseqüente, sob qualquer pretexto e ainda que dispensada a providencia pelos fiscais, delegados ou candidatos presentes:

Pena: detenção até dois meses ou pagamento de 90 a 120 dias-multa.

Parágrafo único. Nas seções eleitorais em que a contagem dos votos fôr procedida pela mesa receptora incorrerão na mesma pena o presidente e os mesários que não fecharem e lacrarem a urna após a contagem.

Art. 315. Alterar nos mapas ou nos boletins de apuração a votação obtida por qualquer candidato ou lançar nesses documentos votação que não corresponda às cédulas apuradas:

Pena: reclusão até cinco anos e pagamento de 5 a 15 dias-multa.

Art. 316. Não receber ou não mencionar nas atas da eleição ou da apuração os protestos devidamente formulados ou deixar de remetê-los à instância superior:

Pena: reclusão até cinco anos e pagamento de 5 a 15 dias-multa.

Art. 317. Violar ou tentar violar o sigilo da urna ou dos invólucros.

Pena: reclusão de três a cinco anos.

Art. 318. Efetuar a mesa receptora a contagem dos votos da urna quando qualquer eleitor houver votado sob impugnação (art. 190):

Pena: detenção até um mês ou pagamento de 30 a 60 dias-multa.

Art. 319. Subscrever o eleitor mais de uma ficha de registro de um ou mais partidos:

Pena: detenção até 1 mês ou pagamento de 10 a 30 dias-multa.

Art. 320. Inscrever-se o eleitor, simultaneamente, em dois ou mais partidos:

Pena: pagamento de 10 a 20 dias-multa.

Art. 321. Colher a assinatura do eleitor em mais de uma ficha de registro de partido:

Pena: detenção até dois meses ou pagamento de 20 a 40 dias-multa.

Art. 322. (Revogado pela Lei nº 9.504, de 30.9.1997)

Art. 323. Divulgar, na propaganda, fatos que sabe inverídicos, em relação a partidos ou candidatos e capazes de exercerem influência perante o eleitorado:

Pena: detenção de dois meses a um ano, ou pagamento de 120 a 150 dias-multa.

Parágrafo único. A pena é agravada se o crime é cometido pela imprensa, rádio ou televisão.

Art. 324. Caluniar alguém, na propaganda eleitoral, ou visando fins de propaganda, imputando-lhe falsamente fato definido como crime:

Pena: detenção de seis meses a dois anos, e pagamento de 10 a 40 dias-multa.

§ 1º Nas mesmas penas incorre quem, sabendo falsa a imputação, a propala ou divulga.

§ 2º A prova da verdade do fato imputado exclui o crime, mas não é admitida:

I - se, constituindo o fato imputado crime de ação privada, o ofendido, não foi condenado por sentença irrecorrível;
II - se o fato é imputado ao Presidente da República ou chefe de governo estrangeiro;
III - se do crime imputado, embora de ação pública, o ofendido foi absolvido por sentença irrecorrível.

Art. 325. Difamar alguém, na propaganda eleitoral, ou visando a fins de propaganda, imputando-lhe fato ofensivo à sua reputação:

Pena: detenção de três meses a um ano, e pagamento de 5 a 30 dias-multa.

Parágrafo único. A exceção da verdade somente se admite se ofendido é funcionário público e a ofensa é relativa ao exercício de suas funções.

Art. 326. Injuriar alguém, na propaganda eleitoral, ou visando a fins de propaganda, ofendendo-lhe a dignidade ou o decôro:

Pena: detenção até seis meses, ou pagamento de 30 a 60 dias-multa.

§ 1º O juiz pode deixar de aplicar a pena:
I - se o ofendido, de forma reprovável, provocou diretamente a injúria;
II - no caso de retorsão imediata, que consista em outra injúria.

§ 2º Se a injúria consiste em violência ou vias de fato, que, por sua natureza ou meio empregado, se considerem aviltantes:

Pena: detenção de três meses a um ano e pagamento de 5 a 20 dias-multa, além das penas correspondentes à violência prevista no Código Penal.

Art. 326-A. Dar causa à instauração de investigação policial, de processo judicial, de investigação administrativa, de inquérito civil ou ação de improbidade administrativa, atribuindo a alguém a prática de crime ou ato infracional de que o sabe inocente, com finalidade eleitoral: (Incluído pela Lei nº13.834, de 2019)

Pena: reclusão, de 2 (dois) a 8 (oito) anos, e multa. (Incluído pela Lei nº13.834, de 2019)

§ 1º A pena é aumentada de sexta parte, se o agente se serve do anonimato ou de nome suposto. (Incluído pela Lei nº13.834, de 2019)

§ 2º A pena é diminuída de metade, se a imputação é de prática de contravenção. (Incluído pela Lei nº13.834, de 2019)

§ 3º (VETADO) (Incluído pela Lei nº13.834, de 2019)

Art. 327. As penas cominadas nos artigos. 324, 325 e 326, aumentam-se de um terço, se qualquer dos crimes é cometido:
I - contra o Presidente da República ou chefe de governo estrangeiro;
II - contra funcionário público, em razão de suas funções;
III - na presença de várias pessoas, ou por meio que facilite a divulgação da ofensa.

Art. 328. (Revogado pela Lei nº 9.504, de 30.9.1997)
Art. 329. (Revogado pela Lei nº 9.504, de 30.9.1997)
Art. 330. Nos casos dos artigos. 328 e 329 se o agente repara o dano antes da sentença final, o juiz pode reduzir a pena.
Art. 331. Inutilizar, alterar ou perturbar meio de propaganda devidamente empregado:

Pena: detenção até seis meses ou pagamento de 90 a 120 dias-multa.

Art. 332. Impedir o exercício de propaganda:

Pena: detenção até seis meses e pagamento de 30 a 60 dias-multa.

Art. 333. (Revogado pela Lei nº 9.504, de 30.9.1997)
Art. 334. Utilizar organização comercial de vendas, distribuição de mercadorias, prêmios e sorteios para propaganda ou aliciamento de eleitores:

Pena: detenção de seis meses a um ano e cassação do registro se o responsável fôr candidato.

Art. 335. Fazer propaganda, qualquer que seja a sua forma, em língua estrangeira:

Pena: detenção de três a seis meses e pagamento de 30 a 60 dias-multa.

Parágrafo único. Além da pena cominada, a infração ao presente artigo importa na apreensão e perda do material utilizado na propaganda.

Art. 336. Na sentença que julgar ação penal pela infração de qualquer dos artigos. 322, 323, 324, 325, 326,328, 329, 331, 332, 333, 334 e 335, deve o juiz verificar, de acôrdo com o seu livre convencimento, se diretório local do partido, por qualquer dos seus membros, concorreu para a prática de delito, ou dela se beneficiou conscientemente.

Parágrafo único. Nesse caso, imporá o juiz ao diretório responsável pena de suspensão de sua atividade eleitoral por prazo de 6 a 12 meses, agravada até o dôbro nas reincidências.

Ar. 337. Participar, o estrangeiro ou brasileiro que não estiver no gôzo dos seus direitos políticos, de atividades partidárias inclusive comícios e atos de propaganda em recintos fechados ou abertos:

Pena: detenção até seis meses e pagamento de 90 a 120 dias-multa.

Parágrafo único. Na mesma pena incorrerá o responsável pelas emissoras de rádio ou televisão que autorizar transmissões de que participem os mencionados neste artigo, bem como o diretor de jornal que lhes divulgar os pronunciamentos.

Art. 338. Não assegurar o funcionário postal a prioridade prevista no Art. 239:

Pena: Pagamento de 30 a 60 dias-multa.

Art. 339 - Destruir, suprimir ou ocultar urna contendo votos, ou documentos relativos à eleição:

Pena: reclusão de dois a seis anos e pagamento de 5 a 15 dias-multa.

Parágrafo único. Se o agente é membro ou funcionário da Justiça Eleitoral e comete o crime prevalecendo-se do cargo, a pena é agravada.

Art. 340. Fabricar, mandar fabricar, adquirir, fornecer, ainda que gratuitamente, subtrair ou guardar urnas, objetos, mapas, cédulas ou papéis de uso exclusivo da Justiça Eleitoral:

Pena: reclusão até três anos e pagamento de 3 a 15 dias-multa.

Parágrafo único. Se o agente é membro ou funcionário da Justiça Eleitoral e comete o crime prevalecendo-se do cargo, a pena é agravada.

Art. 341. Retardar a publicação ou não publicar, o diretor ou qualquer outro funcionário de órgão oficial federal, estadual, ou municipal, as decisões, citações ou intimações da Justiça Eleitoral:

Pena: detenção até um mês ou pagamento de 30 a 60 dias-multa.

Art. 342. Não apresentar o órgão do Ministério Público, no prazo legal, denúncia ou deixar de promover a execução de sentença condenatória:

Pena: detenção até dois meses ou pagamento de 60 a 90 dias-multa.

Art. 343. Não cumprir o juiz o disposto no § 3º do Art. 357:

Pena: detenção até dois meses ou pagamento de 60 a 90 dias-multa.

Art. 344. Recusar ou abandonar o serviço eleitoral sem justa causa:

Pena: detenção até dois meses ou pagamento de 90 a 120 dias-multa.

Art. 345. Não cumprir a autoridade judiciária, ou qualquer funcionário dos órgãos da Justiça Eleitoral, nos prazos legais, os deveres impostos por êste Código, se a infração não estiver sujeita a outra penalidade: (Redação dada pela Lei nº 4.961, de 4.5.1966)

LEI Nº 4.737, DE 15 DE JULHO DE 1965

Pena: pagamento de trinta a noventa dias-multa. (Redação dada pela Lei nº 4.961, de 4.5.1966)

Art. 346. Violar o disposto no Art. 377:

Pena: detenção até seis meses e pagamento de 30 a 60 dias-multa.

Parágrafo único. Incorrerão na pena, além da autoridade responsável, os servidores que prestarem serviços e os candidatos, membros ou diretores de partido que derem causa à infração.

Art. 347. Recusar alguém cumprimento ou obediência a diligências, ordens ou instruções da Justiça Eleitoral ou opor embaraços à sua execução:

Pena: detenção de três meses a um ano e pagamento de 10 a 20 dias-multa.

Art. 348. Falsificar, no todo ou em parte, documento público, ou alterar documento público verdadeiro, para fins eleitorais:

Pena: reclusão de dois a seis anos e pagamento de 15 a 30 dias-multa.

§ 1º Se o agente é funcionário público e comete o crime prevalecendo-se do cargo, a pena é agravada.

§ 2º Para os efeitos penais, equipara-se a documento público o emanado de entidade paraestatal inclusive Fundação do Estado.

Ar. 349. Falsificar, no todo ou em parte, documento particular ou alterar documento particular verdadeiro, para fins eleitorais:

Pena: reclusão até cinco anos e pagamento de 3 a 10 dias-multa.

Art. 350. Omitir, em documento público ou particular, declaração que dêle devia constar, ou nele inserir ou fazer inserir declaração falsa ou diversa da que devia ser escrita, para fins eleitorais:

Pena: reclusão até cinco anos e pagamento de 5 a 15 dias-multa, se o documento é público, e reclusão até três anos e pagamento de 3 a 10 dias-multa se o documento é particular.

Parágrafo único. Se o agente da falsidade documental é funcionário público e comete o crime prevalecendo-se do cargo ou se a falsificação ou alteração é de assentamentos de registro civil, a pena é agravada.

Art. 351. Equipara-se a documento (348,349 e 350) para os efeitos penais, a fotografia, o filme cinematográfico, o disco fonográfico ou fita de ditafone a que se incorpore declaração ou imagem destinada à prova de fato juridicamente relevante.

Art. 352. Reconhecer, como verdadeira, no exercício da função pública, firma ou letra que o não seja, para fins eleitorais:

Pena: reclusão até cinco anos e pagamento de 5 a 15 dias-multa se o documento é público, e reclusão até três anos e pagamento de 3 a 10 dias-multa se o documento é particular.

Art. 353. Fazer uso de qualquer dos documentos falsificados ou alterados, a que se referem os artigos. 348 a 352:

Pena: a cominada à falsificação ou à alteração.

Art. 354. Obter, para uso próprio ou de outrem, documento público ou particular, material ou ideologicamente falso para fins eleitorais:

Pena: a cominada à falsificação ou à alteração.

Art. 354-A. Apropriar-se o candidato, o administrador financeiro da campanha, ou quem de fato exerça essa função, de bens, recursos ou valores destinados ao financiamento eleitoral, em proveito próprio ou alheio: (Incluído pela Lei nº 13.488, de 2017)

Pena: reclusão, de dois a seis anos, e multa. (Incluído pela Lei nº 13.488, de 2017)

CAPÍTULO III - DO PROCESSO DAS INFRAÇÕES

Art. 355. As infrações penais definidas neste Código são de ação pública.

Art. 356. Todo cidadão que tiver conhecimento de infração penal dêste Código deverá comunicá-la ao juiz eleitoral da zona onde a mesma se verificou.

§ 1º Quando a comunicação fôr verbal, mandará a autoridade judicial reduzi-la a têrmo, assinado pelo apresentante e por duas testemunhas, e a remeterá ao órgão do Ministério Público local, que procederá na forma dêste Código.

§ 2º Se o Ministério Público julgar necessários maiores esclarecimentos e documentos complementares ou outros elementos de convicção, deverá requisitá-los diretamente de quaisquer autoridades ou funcionários que possam fornecê-los.

Art. 357. Verificada a infração penal, o Ministério Público oferecerá a denúncia dentro do prazo de 10 (dez) dias.

§ 1º Se o órgão do Ministério Público, ao invés de apresentar a denúncia, requerer o arquivamento da comunicação, o juiz, no caso de considerar improcedentes as razões invocadas, fará remessa da comunicação ao Procurador Regional, e êste oferecerá a denúncia, designará outro Promotor para oferecê-la, ou insistirá no pedido de arquivamento, ao qual só então estará o juiz obrigado a atender.

§ 2º A denúncia conterá a exposição do fato criminoso com todas as suas circunstâncias, a qualificação do acusado ou esclarecimentos pelos quais se possa identificá-lo, a classificação do crime e, quando necessário, o rol das testemunhas.

§ 3º Se o órgão do Ministério Público não oferecer a denúncia no prazo legal representará contra êle a autoridade judiciária, sem prejuízo da apuração da responsabilidade penal.

§ 4º Ocorrendo a hipótese prevista no parágrafo anterior o juiz solicitará ao Procurador Regional a designação de outro promotor que, no mesmo prazo, oferecerá a denúncia.

§ 5º Qualquer eleitor poderá provocar a representação contra o órgão do Ministério Público se o juiz, no prazo de 10 (dez) dias, não agir de ofício.

Art. 358. A denúncia, será rejeitada quando:

I - o fato narrado evidentemente não constituir crime;

II - já estiver extinta a punibilidade, pela prescrição ou outra causa;

III - fôr manifesta a ilegitimidade da parte ou faltar condição exigida pela lei para o exercício da ação penal.

Parágrafo único. Nos casos do número III, a rejeição da denúncia não obstará ao exercício da ação penal, desde que promovida por parte legítima ou satisfeita a condição.

Art. 359. Recebida a denúncia, o juiz designará dia e hora para o depoimento pessoal do acusado, ordenando a citação deste e a notificação do Ministério Público. (Redação dada pela Lei nº 10.732, de 5.9.2003)

Parágrafo único. O réu ou seu defensor terá o prazo de 10 (dez) dias para oferecer alegações escritas e arrolar testemunhas. (Incluído pela Lei nº 10.732, de 5.9.2003)

Art. 360. Ouvidas as testemunhas da acusação e da defesa e praticadas as diligências requeridas pelo Ministério Público e deferidas ou ordenadas pelo juiz, abrir-se-á o prazo de 5 (cinco) dias a cada uma das partes - acusação e defesa - para alegações finais.

Art. 361. Decorrido esse prazo, e conclusos os autos ao juiz dentro de quarenta e oito horas, terá o mesmo 10 (dez) dias para proferir a sentença.

Art. 362. Das decisões finais de condenação ou absolvição cabe recurso para o Tribunal Regional, a ser interposto no prazo de 10 (dez) dias.

Art. 363. Se a decisão do Tribunal Regional fôr condenatória, baixarão imediatamente os autos à instância inferior para a execução da sentença, que será feita no prazo de 5 (cinco) dias, contados da data da vista ao Ministério Público.

Parágrafo único. Se o órgão do Ministério Público deixar de promover a execução da sentença serão aplicadas as normas constantes dos parágrafos 3º, 4º e 5º do Art. 357.

Art. 364. No processo e julgamento dos crimes eleitorais e dos comuns que lhes forem conexos, assim como nos recursos e

na execução, que lhes digam respeito, aplicar-se-á, como lei subsidiária ou supletiva, o Código de Processo Penal.

TÍTULO V - DISPOSIÇÕES GERAIS E TRANSITÓRIAS

Art. 365. O serviço eleitoral prefere a qualquer outro, é obrigatório e não interrompe o interstício de promoção dos funcionários para êle requisitados.

Art. 366. Os funcionários de qualquer órgão da Justiça Eleitoral não poderão pertencer a diretório de partido político ou exercer qualquer atividade partidária, sob pena de demissão.

Art. 367. A imposição e a cobrança de qualquer multa, salvo no caso das condenações criminais, obedecerão às seguintes normas:

I - No arbitramento será levada em conta a condição econômica do eleitor;

II - Arbitrada a multa, de ofício ou a requerimento do eleitor, o pagamento será feito através de selo federal inutilizado no próprio requerimento ou no respectivo processo;

III - Se o eleitor não satisfizer o pagamento no prazo de 30 (trinta) dias, será considerada dívida líquida e certa, para efeito de cobrança mediante executivo fiscal, a que fôr inscrita em livro próprio no Cartório Eleitoral;

IV - A cobrança judicial da dívida será feita por ação executiva na forma prevista para a cobrança da dívida ativa da Fazenda Pública, correndo a ação perante os juízos eleitorais;

V - Nas Capitais e nas comarcas onde houver mais de um Promotor de Justiça, a cobrança da dívida far-se-á por intermédio do que for designado pelo Procurador Regional Eleitoral;

VI - Os recursos cabíveis, nos processos para cobrança da dívida decorrente de multa, serão interpostos para a instância superior da Justiça Eleitoral;

VII - Em nenhum caso haverá recurso de ofício;

VIII - As custas, nos Estados, Distrito Federal e Territórios serão cobradas nos termos dos respectivos Regimentos de Custas;

IX - Os juízes eleitorais comunicarão aos Tribunais Regionais, trimestralmente, a importância total das multas impostas, nesse período e quanto foi arrecadado através de pagamentos feitos na forma dos números II e III;

X - Idêntica comunicação será feita pelos Tribunais Regionais ao Tribunal Superior.

§ 1º As multas aplicadas pelos Tribunais Eleitorais serão consideradas líquidas e certas, para efeito de cobrança mediante executivo fiscal desde que inscritas em livro próprio na Secretaria do Tribunal competente. (Incluído pela Lei nº 4.961, de 4.5.1966)

§ 2º A multa pode ser aumentada até dez vezes, se o juiz, ou Tribunal considerar que, em virtude da situação econômica do infrator, é ineficaz, embora aplicada no máximo. (Incluído pela Lei nº 4.961, de 4.5.1966)

§ 3º O alistando, ou o eleitor, que comprovar devidamente o seu estado de pobreza, ficará isento do pagamento de multa. (Incluído pela Lei nº 4.961, de 4.5.1966)

§ 4º Fica autorizado o Tesouro Nacional a emitir sêlos, sob a designação "Selo Eleitoral", destinados ao pagamento de emolumentos, custas, despesas e multas, tanto as administrativas como as penais, devidas à Justiça Eleitoral. (Incluído pela Lei nº 4.961, de 4.5.1966)

§ 5º Os pagamentos de multas poderão ser feitos através de guias de recolhimento, se a Justiça Eleitoral não dispuser de sêlo eleitoral em quantidade suficiente para atender aos interessados. (Incluído pela Lei nº 4.961, de 4.5.1966)

Art. 368. Os atos requeridos ou propostos em tempo oportuno, mesmo que não sejam apreciados no prazo legal, não prejudicarão aos interessados.

Art. 368-A. A prova testemunhal singular, quando exclusiva, não será aceita nos processos que possam levar à perda do mandato. (Incluído pela Lei nº 13.165, de 2015)

Art. 369. O Governo da União fornecerá, para ser distribuído por intermédio dos Tribunais Regionais, todo o material destinado ao alistamento eleitoral e às eleições.

Art. 370. As transmissões de natureza eleitoral, feitas por autoridades e repartições competentes, gozam de franquia postal, telegráfica, telefônica, radiotelegráfica ou radiotelefônica, em linhas oficiais ou nas que sejam obrigadas a serviço oficial.

Art. 371. As repartições públicas são obrigadas, no prazo máximo de 10 (dez) dias, a fornecer às autoridades, aos representantes de partidos ou a qualquer alistando as informações e certidões que solicitarem relativas à matéria eleitoral, desde que os interessados manifestem especificamente as razões e os fins do pedido.

Art. 372. Os tabeliães não poderão deixar de reconhecer nos documentos necessários à instrução dos requerimentos e recursos eleitorais, as firmas de pessoas de seu conhecimento, ou das que se apresentarem com 2 (dois) abonadores conhecidos.

Ar. 373. São isentos de sêlo os requerimentos e todos os papéis destinados a fins eleitorais e é gratuito o reconhecimento de firma pelos tabeliães, para os mesmos fins.

Parágrafo único. Nos processos -crimes e nos executivos fiscais referente a cobrança de multas serão pagas custas nos têrmos do Regimento de Custas de cada Estado, sendo as devidas à União pagas através de sêlos federais inutilizados nos autos.

Art. 374. Os membros dos tribunais eleitorais, os juízes eleitorais e os servidores públicos requisitados para os órgãos da Justiça Eleitoral, que, em virtude de suas funções nos mencionados órgãos não tiverem as férias que lhes couberem, poderão gozá-las no ano seguinte, acumuladas ou não. (Redação dada pela Lei nº 4.961, de 4.5.1966)

Parágrafo único. (Revogado pela Lei nº 4.961, de 4.5.1966)

Art. 375. Nas áreas contestadas, enquanto não forem fixados definitivamente os limites interestaduais, far-se-ão as eleições sob a jurisdição do Tribunal Regional da circunscrição eleitoral em que, do ponto de vista da administração judiciária estadual, estejam elas incluídas.

Art. 376. A proposta orçametária da Justiça Eleitoral será anualmente elaborada pelo Tribunal Superior, de acôrdo com as propostas parciais que lhe forem remetidas pelos Tribunais Regionais, e dentro das normas legais vigentes.

Parágrafo único. Os pedidos de créditos adicionais que se fizerem necessários ao bom andamento dos serviços eleitorais, durante o exercício serão encaminhados em relação trimestral à Câmara dos Deputados, por intermédio do Tribunal Superior.

Art. 377. O serviço de qualquer repartição, federal, estadual, municipal, autarquia, fundação do Estado, sociedade de economia mista, entidade mantida ou subvencionada pelo poder público, ou que realiza contrato com êste, inclusive o respectivo prédio e suas dependências não poderá ser utilizado para beneficiar partido ou organização de caráter político.

Parágrafo único. O disposto neste artigo será tornado efetivo, a qualquer tempo, pelo órgão competente da Justiça Eleitoral, conforme o âmbito nacional, regional ou municipal do órgão infrator mediante representação fundamentada partidário, ou de qualquer eleitor.

Art. 378. O Tribunal Superior organizará, mediante proposta do Corregedor Geral, os serviços da Corregedoria, designando para desempenhá-los funcionários efetivos do seu quadro e transformando o cargo de um dêles, diplomado em direito e de conduta moral irrepreensível, no de Escrivão da Corregedoria símbolo PJ - 1, a cuja nomeação serão inerentes, assim na Secretaria como nas diligências, as atribuições de titular de ofício de Justiça.

Art. 379. Serão considerados de relevância os serviços prestados pelos mesários e componentes das Juntas Apuradoras.

§ 1º Tratando-se de servidor público, em caso de promoção a prova de haver prestado tais serviços será levada em consideração para efeito de desempate, depois de observados os critérios já previstos em leis ou regulamentos.

§ 2º Persistindo o empate de que trata o parágrafo anterior, terá preferência, para a promoção, o funcionário que tenha servido maior número de vezes.

§ 3º O disposto neste artigo não se aplica aos membros ou servidores de Justiça Eleitoral.

Art. 380. Será feriado nacional o dia em que se realizarem eleições de data fixada pela Constituição Federal; nos demais casos, serão as eleições marcadas para um domingo ou dia já considerado feriado por lei anterior.

Art. 381. Esta lei não altera a situação das candidaturas a Presidente ou Vice-Presidente da República e a Governador ou Vice-Governador de Estado, desde que resultantes de convenções partidárias regulares e já registradas ou em processo de registro, salvo a ocorrência de outros motivos de ordem legal ou constitucional que as prejudiquem.

Parágrafo único. Se o registro requerido se referir isoladamente a Presidente ou a Vice-Presidente da República e a Governador ou Vice-Governador de Estado, a validade respectiva dependerá de complementação da chapa conjunta na firma e nos prazos previstos neste Código (Constituição, art. 81, com a redação dada pela Emenda Constitucional nº 9).

Art. 382. Êste Código entrará em vigor 30 dias após a sua publicação.

Art. 383. Revogam-se as disposições em contrário.

2. LEI Nº 6.091, DE 15 DE AGOSTO DE 1974

Dispõe sobre o fornecimento gratuito de transporte, em dias de eleição, a eleitores residentes nas zonas rurais, e dá outras providências.

O PRESIDENTE DA REPÚBLICA Faço saber que o CONGRESSO NACIONAL decreta e eu sanciono a seguinte Lei:

Art. 1º Os veículos e embarcações, devidamente abastecidos e tripulados, pertencentes à União, Estados, Territórios e Municípios e suas respectivas autarquias e sociedades de economia mista, excluídos os de uso militar, ficarão à disposição da Justiça Eleitoral para o transporte gratuito de eleitores em zonas rurais, em dias de eleição.

§ 1º Excetuam-se do disposto neste artigo os veículos e embarcações em número justificadamente indispensável ao funcionamento de serviço público insuscetível de interrupção.

§ 2º Até quinze dias antes das eleições, a Justiça Eleitoral requisitará dos órgãos da administração direta ou indireta da União, dos Estados, Territórios, Distrito Federal e Municípios os funcionários e as instalações de que necessitar para possibilitar a execução dos serviços de transporte e alimentação de eleitores previstos nesta Lei.

Art. 2º Se a utilização de veículos pertencentes às entidades previstas no art. 1º não for suficiente para atender ao disposto nesta Lei, a Justiça Eleitoral requisitará veículos e embarcações a particulares, de preferência os de aluguel.

Parágrafo único. Os serviços requisitados serão pagos, até trinta dias depois do pleito, a preços que correspondam aos critérios da localidade. A despesa correrá por conta do Fundo Partidário.

Art. 3º Até cinqüenta dias antes da data do pleito, os responsáveis por todas as repartições, órgãos e unidades do serviço público federal, estadual e municipal oficiarão à Justiça Eleitoral, informando o número, a espécie e lotação dos veículos e embarcações de sua propriedade, e justificando, se for o caso, a ocorrência da exceção prevista no parágrafo 1º do art. 1º desta Lei.

§ 1º Os veículos e embarcações à disposição da Justiça Eleitoral deverão, mediante comunicação expressa de seus proprietários, estar em condições de ser utilizados, pelo menos, vinte e quatro horas antes das eleições e circularão exibindo de modo bem visível, dístico em letras garrafais, com a frase: "A serviço da Justiça Eleitoral."

§ 2º A Justiça Eleitoral, à vista das informações recebidas, planejará a execução do serviço de transporte de eleitores e requisitará aos responsáveis pelas repartições, órgãos ou unidades, até trinta dias antes do pleito, os veículos e embarcações necessários.

Art. 4º Quinze dias antes do pleito, a Justiça Eleitoral divulgará, pelo órgão competente, o quadro geral de percursos e horários programados para o transporte de eleitores, dele fornecendo cópias aos partidos políticos.

§ 1º O transporte de eleitores somente será feito dentro dos limites territoriais do respectivo município e quando das zonas rurais para as mesas receptoras distar pelo menos dois quilômetros.

§ 2º Os partidos políticos, os candidatos, ou eleitores em número de vinte, pelo menos, poderão oferecer reclamações em três dias contados da divulgação do quadro.

§ 3º As reclamações serão apreciadas nos três dias subsequentes, delas cabendo recurso sem efeito suspensivo.

§ 4º Decididas as reclamações, a Justiça Eleitoral divulgará, pelos meios disponíveis, o quadro definitivo.

Art. 5º Nenhum veículo ou embarcação poderá fazer transporte de eleitores desde o dia anterior até o posterior à eleição, salvo:

I - a serviço da Justiça Eleitoral;

II - coletivos de linhas regulares e não fretados;

III - de uso individual do proprietário, para o exercício do próprio voto e dos membros da sua família;

IV - o serviço normal, sem finalidade eleitoral, de veículos de aluguel não atingidos pela requisição de que trata o art. 2º.

Art. 6º A indisponibilidade ou as deficiências do transporte de que trata esta Lei não eximem o eleitor do dever de votar.

Parágrafo único. Verificada a inexistência ou deficiência de embarcações e veículos, poderão os órgãos partidários ou os candidatos indicar à Justiça Eleitoral onde há disponibilidade para que seja feita a competente requisição.

Art. 7º O eleitor que deixar de votar e não se justificar perante o Juiz Eleitoral até sessenta dias após a realização da eleição incorrerá na multa de três a dez por cento sobre o salário mínimo da região, imposta pelo Juiz Eleitoral e cobrada na forma prevista no art. 367, da Lei 4.737, de 15 de julho de 1965.

Art. 8º Somente a Justiça Eleitoral poderá, quando imprescindível, em face da absoluta carência de recursos de eleitores da zona rural, fornecer-lhes refeições, correndo, nesta hipótese, as despesas por conta do Fundo Partidário.

Art. 9º É facultado aos Partidos exercer fiscalização nos locais onde houver transporte e fornecimento de refeições a eleitores.

Art. 10. É vedado aos candidatos ou órgãos partidários, ou a qualquer pessoa, o fornecimento de transporte ou refeições aos eleitores da zona urbana.

Art. 11. Constitui crime eleitoral:

I - descumprir, o responsável por órgão, repartição ou unidade do serviço público, o dever imposto no art. 3º, ou prestar, informação inexata que vise a elidir, total ou parcialmente, a contribuição de que ele trata:

Pena: detenção de quinze dias a seis meses e pagamento de 60 a 100 dias - multa;

II - desatender à requisição de que trata o art. 2º:

Pena: pagamento de 200 a 300 dias-multa, além da apreensão do veículo para o fim previsto;

III - descumprir a proibição dos artigos 5º, 8º e 10º;

Pena: reclusão de quatro a seis anos e pagamento de 200 a 300 dias-multa (art. 302 do Código Eleitoral);

IV - obstar, por qualquer forma, a prestação dos serviços previstos nos arts. 4º e 8º desta Lei, atribuídos à Justiça Eleitoral:

Pena: reclusão de 2 (dois) a 4 (quatro) anos;

V - utilizar em campanha eleitoral, no decurso dos 90 (noventa) dias que antecedem o pleito, veículos e embarcações pertencentes à União, Estados, Territórios, Municípios e respectivas autarquias e sociedades de economia mista:

Pena: cancelamento do registro do candidato ou de seu diploma, se já houver sido proclamado eleito.

Parágrafo único. O responsável, pela guarda do veículo ou da embarcação, será punido com a pena de detenção, de 15 (quinze) dias a 6 (seis) meses, e pagamento de 60 (sessenta) a 100 (cem) dias-multa.

Art. 12. A propaganda eleitoral, no rádio e na televisão, circunscrever-se-á, única e exclusivamente, ao horário gratuito disciplinado pela Justiça Eleitoral, com a expressa proibição de qualquer propaganda paga.

Parágrafo único. Será permitida apenas a divulgação paga, pela imprensa escrita, do curriculum-vitae do candidato e do número do seu registro na Justiça Eleitoral, bem como do partido a que pertence.

Art. 13. São vedados e considerados nulos de pleno direito, não gerando obrigação de espécie alguma para a pessoa jurídica interessada, nem qualquer direito para o beneficiário, os atos que, no período compreendido entre os noventa dias anteriores à data das eleições parlamentares e o término, respectivamente, do mandato do Governador do Estado importem em nomear, contratar, designar, readaptar ou proceder a quaisquer outras formas de provimento de funcionário ou servidor na administração direta e nas autarquias, empresas públicas e sociedades de economia mista dos Estados e Municípios, salvo os cargos em comissão, e da magistratura, do Ministério Público e, com aprovação do respectivo Órgão Legislativo, dos Tribunais de Contas e os aprovados em concursos públicos homologados até a data da publicação desta lei.

§ 1º Excetuam-se do disposto no artigo:

I - nomeação ou contratação necessárias à instalação inadiável de serviços públicos essenciais, com prévia e expressa autorização do governador ou Prefeito;

II - nomeação ou contratação de técnico indispensável ao funcionamento do serviço público essencial.

§ 2º O ato com a devida fundamentação será publicado no respectivo órgão oficial.

Art. 14. A Justiça Eleitoral instalará, trinta dias antes do pleito, na sede de cada Município, Comissão Especial de Transporte e Alimentação, composta de pessoas indicadas pelos Diretórios Regionais dos Partidos Políticos Nacionais, com a finalidade de colaborar na execução desta lei.

§ 1º Para compor a Comissão, cada Partido indicará três pessoas, que não disputem cargo eletivo.

§ 2º É facultado a candidato, em Município de sua notória influência política, indicar ao Diretório do seu Partido, pessoa de sua confiança para integrar a Comissão.

Art. 15. Os Diretórios Regionais, até quarenta dias antes do pleito, farão as indicações de que trata o artigo 14 desta lei.

Art. 16. O eleitor que deixar de votar por se encontrar ausente de seu domicílio eleitoral deverá justificar a falta, no prazo de 60 (sessenta) dias, por meio de requerimento dirigido ao Juiz Eleitoral de sua zona de inscrição, que mandará anotar o fato, na respectiva folha individual de votação.

§ 1º O requerimento, em duas vias, será levado, em sobrecarta aberta, a agência postal, que, depois de dar andamento à 1ª via, aplicará carimbo de recepção na 2ª, devolvendo-a ao interessado, valendo esta como prova para todos os efeitos legais.

§ 2º Estando no exterior, no dia em que se realizarem eleições, o eleitor terá o prazo de 30 (trinta) dias, a contar de sua volta ao País, para a justificação.

Art. 17. ao 25 (Revogado pela Lei nº 7.493, de 1986).

Art. 26. O Poder Executivo é autorizado a abrir o crédito especial de Cr$20.000.000,00 (vinte milhões de cruzeiros) destinado ao Fundo Partidário, para atender às despesas decorrentes da aplicação desta Lei na eleição de 15 de novembro de 1974.

Parágrafo único. A abertura do crédito autorizado neste artigo será compensada mediante a anulação de dotações constantes no Orçamento para o corrente exercício, de que trata a Lei nº 5.964, de 10 de novembro de 1973.

Art. 27. Sem prejuízo do disposto no inciso XVII do artigo 30 do Código Eleitoral (Lei nº 4.737, de 15 de julho de 1965), o Tribunal Superior Eleitoral expedirá, dentro de 15 dias da data da publicação desta Lei, as instruções necessárias a sua execução.

Art. 28. Esta Lei entra em vigor na data de sua publicação, revogadas as disposições em contrário.

3. LEI Nº 6.996, DE 7 DE JUNHO DE 1982

Dispõe sobre a utilização de processamento eletrônico de dados nos serviços eleitorais e dá outras providências.

O PRESIDENTE DA REPÚBLICA, faço saber que o Congresso Nacional decreta e eu sanciono a seguinte Lei:

Art. 1º - Os Tribunais Regionais Eleitorais, nos Estados em que for autorizado pelo Tribunal Superior Eleitoral, poderão utilizar processamento eletrônico de dados nos serviços eleitorais, na forma prevista nesta Lei.

§ 1º - A autorização do Tribunal Superior Eleitoral será solicitada pelo Tribunal Regional Eleitoral interessado, que, previamente, ouvirá os Partidos Políticos.

§ 2º - O pedido de autorização poderá referir-se ao alistamento eleitoral, à votação e à apuração, ou a apenas uma dessas fases, em todo o Estado, em determinadas Zonas Eleitorais ou em parte destas.

Art. 2º - Concedida a autorização, o Tribunal Regional Eleitoral, em conformidade com as condições e peculiaridades locais, executará os serviços de processamento eletrônico de dados diretamente ou mediante convênio ou contrato.

§ 1º - Os serviços de que trata este artigo deverão ser executados de acordo com definições e especificações fixadas pelo Tribunal Superior Eleitoral.

§ 2º -. (Revogado pela Lei nº 7.444, de 1985)

Art. 3º - Ao setor da Secretaria do Tribunal Regional Eleitoral responsável pelos serviços de processamento eletrônico de dados compete:

I - preencher as fórmulas dos títulos e documentos eleitorais;

II - confeccionar relações de eleitores destinadas aos Cartórios Eleitorais e aos Partidos Políticos;

III - manter atualizado o cadastro geral de eleitores do Estado;

IV - manter atualizado o cadastro de filiação partidária, expedindo relações destinadas aos Partidos Políticos e à Justiça Eleitoral;

V - expedir comunicações padronizadas e previamente programadas nos processos de alistamento, transferência ou cancelamento de inscrições;

VI - contar votos, ou totalizar resultados já apurados, expedindo relações ou boletins destinados à Justiça Eleitoral e aos Partidos Políticos;

VII - calcular quociente eleitoral, quociente partidário e distribuição de sobras, indicando os eleitos;

VIII - preencher diplomas e expedir relações com os resultados finais de cada pleito, destinados à justiça Eleitoral e aos Partidos Políticos;

IX - executar outras tarefas que lhe forem atribuídas por instruções do Tribunal Superior Eleitoral.

Art. 4º - O alistamento se faz mediante a inscrição do eleitor.
Parágrafo único - Para efeito de inscrição, domicílio eleitoral é o lugar de residência ou moradia do requerente, e, verificado ter o alistando mais de uma, considerar-se-á domicílio qualquer delas.
Art. 5º - O alistando apresentará em cartório, ou em local previamente designado, requerimento em formulário que obedecerá a modelo aprovado pelo Tribunal Superior Eleitoral.
Parágrafo único - O escrivão, o funcionário ou o preparador, recebendo o formulário e documentos, determinará que o alistando date e assine o requerimento, e, ato contínuo, atestará terem sido a data e a assinatura lançadas na sua presença.
Art. 6º - O pedido de inscrição do eleitor será instruído com um dos seguintes documentos:

I - carteira de identidade;
II - certificado de quitação de serviço militar;
III - carteira emitida pelos órgãos criados por lei federal, controladores do exercício profissional;
IV - certidão de idade extraída do Registro Civil;
V - instrumento público do qual se infira, por direito, ter o requerente idade superior a 18 (dezoito) anos e do qual conste, também, os demais elementos necessários à sua qualificação;
VI - documento do qual se infira a nacionalidade brasileira, originária ou adquirida, do requerente.

§ 1º - A restituição de qualquer documento não poderá ser feita antes de despachado o requerimento pelo Juiz Eleitoral.
§ 2º - Sempre que, com o documento, for apresentada cópia, o original será devolvido no ato, feita a autenticação pelo próprio funcionário do Cartório Eleitoral, mediante aposição de sua assinatura no verso da cópia.
§ 3º - O documento poderá ser apresentado em cópia autenticada por tabelião, dispensando-se, nessa hipótese, nova conferência com o documento original.
Art. 7º - Despachado o requerimento de inscrição pelo Juiz Eleitoral, o setor da Secretaria do Tribunal Regional Eleitoral responsável pelos serviços de processamento eletrônico de dados enviará ao Cartório Eleitoral, que as fornecerá aos Partidos Políticos, relações dos eleitores inscritos originariamente ou por transferência, com os respectivos endereços, assim como dos pedidos indeferidos ou convertidos em diligência.
§ 1º - Do despacho que indeferir o requerimento de inscrição, caberá recurso interposto pelo alistando no prazo de 5 (cinco) dias e, do que o deferir, poderá recorrer qualquer delegado de Partido Político no prazo de 10 (dez) dias.
§ 2º - As relações a que se refere o "caput" deste artigo serão fornecidas aos Partidos Políticos nos dias 1º (primeiro) e 15 (quinze) de cada mês, ou no 1º (primeiro) dia útil seguinte, datas em que começarão a correr os prazos mencionados no parágrafo anterior, ainda que tenham sido exibidas ao alistando antes dessas datas e mesmo que os Partidos não as retirem.
Art. 8º - A transferência do eleitor só será admitida se satisfeitas as seguintes exigências:

I - entrada do requerimento no Cartório Eleitoral do novo domicílio até 100 (cem) dias antes da data da eleição;
II - transcurso de, pelo menos, 1 (um) ano da inscrição anterior;
III - residência mínima de 3 (três) meses no novo domicílio, declarada, sob as penas da lei, pelo próprio eleitor.

Parágrafo único - O disposto nos incisos II e III deste artigo não se aplica à transferência de título eleitoral de servidor público civil, militar, autárquico, ou de membro de sua família, por motivo de remoção ou transferência.
Art. 9º - (Revogado pela Lei nº 7.663, de 1988)
Art. 10 - Na votação poderá ser utilizada cédula de acordo com modelo aprovado pelo Tribunal Superior Eleitoral.
Art. 11 - O Tribunal Superior Eleitoral estabelecerá o número de eleitores das seções eleitorais em função do número de cabinas nelas existentes.

Parágrafo único - Cada seção eleitoral terá, no mínimo, duas cabinas.
Art. 12 - Nas seções das Zonas Eleitorais em que o alistamento se fizer pelo processamento eletrônico de dados, as folhas individuais de votação serão substituídas por listas de eleitores, emitidas por computador, das quais constarão, além do nome do eleitor, os dados de qualificação indicados pelo Tribunal Superior Eleitoral.
§ 1º - Somente poderão votar fora da respectiva seção os mesários, os candidatos e os fiscais ou delegados de Partidos Políticos, desde que eleitores do Município e de posse do título eleitoral.
§ 2º - Ainda que não esteja de posse do seu título, o eleitor será admitido a votar desde que seja inscrito na seção, conste da lista dos eleitores e exiba documento que comprove sua identidade.
§ 3º - Os votos dos eleitores mencionados nos parágrafos anteriores não serão tomados em separado.
§ 4º - O voto em separado será recolhido em invólucro especial e somente será admitido quando houver dúvida quanto à identidade ou inscrição do eleitor, ou quando da lista não constar nome de eleitor que apresentar título correspondente à seção.
§ 5º - A validade dos votos tomados em separado, das seções de um mesmo Município, será examinada em conjunto pela Junta Apuradora, independentemente da apuração dos votos contidos nas urnas.
Art. 13 - O Tribunal Superior Eleitoral poderá autorizar a criação de Juntas Apuradoras Regionais, nos termos das instruções que baixar.
Art. 14 - A apuração poderá ser iniciada a partir do recebimento da primeira urna, prolongando-se pelo tempo necessário, observado o prazo máximo de 10 (dez) dias.
Parágrafo único - Ultrapassada a fase de abertura da urna, as cédulas programadas para a apuração através da computação serão eletronicamente processadas, caso em que os Partidos poderão manter fiscais nos locais destinados a esse fim.
Art. 15 - Incorrerá nas penas do art. 315 do Código Eleitoral quem, no processamento eletrônico das cédulas, alterar resultados, qualquer que seja o método utilizado.
Art. 16 - Revogado pela Lei nº 9.096, de 1995
§ 1º - Deferida a filiação, a Comissão Executiva, no prazo de 3 (três) dias, enviará o formulário à Justiça Eleitoral.
§ 2º - Estando em vigor a inscrição eleitoral, será emitido, por processo eletrônico, cartão de filiado para o eleitor, e incluído o seu nome nas relações destinadas ao Partido Político e ao Cartório Eleitoral.
Art. 17 - Os arts. 6º e 8º e o parágrafo único do art. 9º desta Lei também serão aplicados nas Zonas Eleitorais em que o alistamento continuar a ser efetuado na forma prevista no Código Eleitoral.
Art. 18 - O Tribunal Superior Eleitoral expedirá as instruções que se fizerem necessárias para o cumprimento desta Lei, inclusive divulgando entre os Partidos Políticos, os Juízes e os Cartórios Eleitorais manuais de procedimentos detalhando a nova sistemática.
Art. 19 - Esta Lei entra em vigor na data de sua publicação.
Art. 20 - Revogam-se as disposições em contrário.

4. LEI Nº 6.996, DE 7 DE JUNHO DE 1982

Dispõe sobre a utilização de processamento eletrônico de dados nos serviços eleitorais e dá outras providências.
O PRESIDENTE DA REPÚBLICA, faço saber que o Congresso Nacional decreta e eu sanciono a seguinte Lei:
Art. 1º - Os Tribunais Regionais Eleitorais, nos Estados em que for autorizado pelo Tribunal Superior Eleitoral, poderão utilizar

processamento eletrônico de dados nos serviços eleitorais, na forma prevista nesta Lei.

§ 1º - A autorização do Tribunal Superior Eleitoral será solicitada pelo Tribunal Regional Eleitoral interessado, que, previamente, ouvirá os Partidos Políticos.

§ 2º - O pedido de autorização poderá referir-se ao alistamento eleitoral, à votação e à apuração, ou a apenas uma dessas fases, em todo o Estado, em determinadas Zonas Eleitorais ou em parte destas.

Art. 2º - Concedida a autorização, o Tribunal Regional Eleitoral, em conformidade com as condições e peculiaridades locais, executará os serviços de processamento eletrônico de dados diretamente ou mediante convênio ou contrato.

§ 1º - Os serviços de que trata este artigo deverão ser executados de acordo com definições e especificações fixadas pelo Tribunal Superior Eleitoral.

§ 2º -. (Revogado pela Lei nº 7.444, de 1985)

Art. 3º - Ao setor da Secretaria do Tribunal Regional Eleitoral responsável pelos serviços de processamento eletrônico de dados compete:

I - preencher as fórmulas dos títulos e documentos eleitorais;

II - confeccionar relações de eleitores destinadas aos Cartórios Eleitorais e aos Partidos Políticos;

III - manter atualizado o cadastro geral de eleitores do Estado;

IV - manter atualizado o cadastro de filiação partidária, expedindo relações destinadas aos Partidos Políticos e à Justiça Eleitoral;

V - expedir comunicações padronizadas e previamente programadas nos processos de alistamento, transferência ou cancelamento de inscrições;

VI - contar votos, ou totalizar resultados já apurados, expedindo relações ou boletins destinados à Justiça Eleitoral e aos Partidos Políticos;

VII - calcular quociente eleitoral, quociente partidário e distribuição de sobras, indicando os eleitos;

VIII - preencher diplomas e expedir relações com os resultados finais de cada pleito, destinados à Justiça Eleitoral e aos Partidos Políticos;

IX - executar outras tarefas que lhe forem atribuídas por instruções do Tribunal Superior Eleitoral.

Art. 4º - O alistamento se faz mediante a inscrição do eleitor.

Parágrafo único - Para efeito de inscrição, domicílio eleitoral é o lugar de residência ou moradia do requerente, e, verificado ter o alistando mais de uma, considerar-se-á domicílio qualquer delas.

Art. 5º - O alistando apresentará em cartório, ou em local previamente designado, requerimento em formulário que obedecerá a modelo aprovado pelo Tribunal Superior Eleitoral.

Parágrafo único - O escrivão, o funcionário ou o preparador, recebendo o formulário e documentos, determinará que o alistando date e assine o requerimento, e, ato contínuo, atestará terem sido a data e a assinatura lançadas na sua presença.

Art. 6º - O pedido de inscrição do eleitor será instruído com um dos seguintes documentos:

I - carteira de identidade;

II - certificado de quitação de serviço militar;

III - carteira emitida pelos órgãos criados por lei federal, controladores do exercício profissional;

IV - certidão de idade extraída do Registro Civil;

V - instrumento público do qual se infira, por direito, ter o requerente idade superior a 18 (dezoito) anos e do qual conste, também, os demais elementos necessários à sua qualificação;

VI - documento do qual se infira a nacionalidade brasileira, originária ou adquirida, do requerente.

§ 1º - A restituição de qualquer documento não poderá ser feita antes de despachado o requerimento pelo Juiz Eleitoral.

§ 2º - Sempre que, com o documento, for apresentada cópia, o original será devolvido no ato, feita a autenticação pelo próprio funcionário do Cartório Eleitoral, mediante aposição de sua assinatura no verso da cópia.

§ 3º - O documento poderá ser apresentado em cópia autenticada por tabelião, dispensando-se, nessa hipótese, nova conferência com o documento original.

Art. 7º - Despachado o requerimento de inscrição pelo Juiz Eleitoral, o setor da Secretaria do Tribunal Regional Eleitoral responsável pelos serviços de processamento eletrônico de dados enviará ao Cartório Eleitoral, que as fornecerá aos Partidos Políticos, relações dos eleitores inscritos originariamente ou por transferência, com os respectivos endereços, assim como dos pedidos indeferidos ou convertidos em diligência.

§ 1º - Do despacho que indeferir o requerimento de inscrição, caberá recurso interposto pelo alistando no prazo de 5 (cinco) dias e, do que o deferir, poderá recorrer qualquer delegado de Partido Político no prazo de 10 (dez) dias.

§ 2º - As relações a que se refere o "caput" deste artigo serão fornecidas aos Partidos Políticos nos dias 1º (primeiro) e 15 (quinze) de cada mês, ou no 1º (primeiro) dia útil seguinte, datas em que começarão a correr os prazos mencionados no parágrafo anterior, ainda que tenham sido exibidas ao alistando antes dessas datas e mesmo que os Partidos não as retirem.

Art. 8º - A transferência do eleitor só será admitida se satisfeitas as seguintes exigências:

I - entrada do requerimento no Cartório Eleitoral do novo domicílio até 100 (cem) dias antes da data da eleição;

II - transcurso de, pelo menos, 1 (um) ano da inscrição anterior;

III - residência mínima de 3 (três) meses no novo domicílio, declarada, sob as penas da lei, pelo próprio eleitor.

Parágrafo único - O disposto nos incisos II e III deste artigo não se aplica à transferência de título eleitoral de servidor público civil, militar, autárquico, ou de membro de sua família, por motivo de remoção ou transferência.

Art. 9º -(Revogado pela Lei nº 7.663, de 1988)

Art. 10 - Na votação poderá ser utilizada cédula de acordo com modelo aprovado pelo Tribunal Superior Eleitoral.

Art. 11 - O Tribunal Superior Eleitoral estabelecerá o número de eleitores das seções eleitorais em função do número de cabinas nelas existentes.

Parágrafo único - Cada seção eleitoral terá, no mínimo, duas cabinas.

Art. 12 - Nas seções das Zonas Eleitorais em que o alistamento se fizer pelo processamento eletrônico de dados, as folhas individuais de votação serão substituídas por listas de eleitores, emitidas por computador, das quais constarão, além do nome do eleitor, os dados de qualificação indicados pelo Tribunal Superior Eleitoral.

§ 1º - Somente poderão votar fora da respectiva seção os mesários, os candidatos e os fiscais ou delegados de Partidos Políticos, desde que eleitores do Município e de posse do título eleitoral.

§ 2º - Ainda que não esteja de posse do seu título, o eleitor será admitido a votar desde que seja inscrito na seção, conste da lista dos eleitores e exiba documento que comprove sua identidade.

§ 3º - Os votos dos eleitores mencionados nos parágrafos anteriores não serão tomados em separado.

§ 4º - O voto em separado será recolhido em invólucro especial e somente será admitido quando houver dúvida quanto à identidade ou inscrição do eleitor, ou quando da lista não constar nome de eleitor que apresentar título correspondente à seção.

§ 5º - A validade dos votos tomados em separado, das seções de um mesmo Município, será examinada em conjunto pela Junta Apuradora, independentemente da apuração dos votos contidos nas urnas.

LEI Nº 6.996, DE 7 DE JUNHO DE 1982

Art. 13 - O Tribunal Superior Eleitoral poderá autorizar a criação de Juntas Apuradoras Regionais, nos termos das instruções que baixar.

Art. 14 - A apuração poderá ser iniciada a partir do recebimento da primeira urna, prolongando-se pelo tempo necessário, observado o prazo máximo de 10 (dez) dias.

Parágrafo único - Ultrapassada a fase de abertura da urna, as cédulas programadas para a apuração através da computação serão eletronicamente processadas, caso em que os Partidos poderão manter fiscais nos locais destinados a esse fim.

Art. 15 - Incorrerá nas penas do art. 315 do Código Eleitoral quem, no processamento eletrônico das cédulas, alterar resultados, qualquer que seja o método utilizado.

Art. 16 - Revogado pela Lei nº 9.096, de 1995

§ 1º - Deferida a filiação, a Comissão Executiva, no prazo de 3 (três) dias, enviará o formulário à Justiça Eleitoral.

§ 2º - Estando em vigor a inscrição eleitoral, será emitido, por processo eletrônico, cartão de filiado para o eleitor, e incluído o seu nome nas relações destinadas ao Partido Político e ao Cartório Eleitoral.

Art. 17 - Os arts. 6º e 8º e o parágrafo único do art. 9º desta Lei também serão aplicados nas Zonas Eleitorais em que o alistamento continuar a ser efetuado na forma prevista no Código Eleitoral.

Art. 18 - O Tribunal Superior Eleitoral expedirá as instruções que se fizerem necessárias para o cumprimento desta Lei, inclusive divulgando entre os Partidos Políticos, os Juízes e os Cartórios Eleitorais manuais de procedimentos detalhando a nova sistemática.

Art. 19 - Esta Lei entra em vigor na data de sua publicação.

Art. 20 - Revogam-se as disposições em contrário.

5. LEI Nº 9.096, DE 19 DE SETEMBRO DE 1995

Dispõe sobre partidos políticos, regulamenta os arts. 17 e 14, § 3º, inciso V, da Constituição Federal.

O VICE-PRESIDENTE DA REPÚBLICA no exercício do cargo de PRESIDENTE DA REPÚBLICA Faço saber que o Congresso Nacional decreta e eu sanciono a seguinte Lei:

TÍTULO I - Disposições Preliminares

Art. 1º O partido político, pessoa jurídica de direito privado, destina-se a assegurar, no interesse do regime democrático, a autenticidade do sistema representativo e a defender os direitos fundamentais definidos na Constituição Federal.

Parágrafo único. O partido político não se equipara às entidades paraestatais. (Incluído pela Lei nº 13.488, de 2017)

Art. 2º É livre a criação, fusão, incorporação e extinção de partidos políticos cujos programas respeitem a soberania nacional, o regime democrático, o pluripartidarismo e os direitos fundamentais da pessoa humana.

Art. 3º É assegurada, ao partido político, autonomia para definir sua estrutura interna, organização e funcionamento.

§ 1º. É assegurada aos candidatos, partidos políticos e coligações autonomia para definir o cronograma das atividades eleitorais de campanha e executá-lo em qualquer dia e horário, observados os limites estabelecidos em lei. (Renumerado do parágrafo único pela Lei nº 13.831, de 2019)

§ 2º É assegurada aos partidos políticos autonomia para definir o prazo de duração dos mandatos dos membros dos seus órgãos partidários permanentes ou provisórios. (Incluído pela Lei nº 13.831, de 2019)

§ 3º O prazo de vigência dos órgãos provisórios dos partidos políticos poderá ser de até 8 (oito) anos. (Incluído pela Lei nº 13.831, de 2019)

§ 4º Exaurido o prazo de vigência de um órgão partidário, ficam vedados a extinção automática do órgão e o cancelamento de sua inscrição no Cadastro Nacional da Pessoa Jurídica (CNPJ). (Incluído pela Lei nº 13.831, de 2019)

Art. 4º Os filiados de um partido político têm iguais direitos e deveres.

Art. 5º A ação do partido tem caráter nacional e é exercida de acordo com seu estatuto e programa, sem subordinação a entidades ou governos estrangeiros.

Art. 6º É vedado ao partido político ministrar instrução militar ou paramilitar, utilizar-se de organização da mesma natureza e adotar uniforme para seus membros.

Art. 7º O partido político, após adquirir personalidade jurídica na forma da lei civil, registra seu estatuto no Tribunal Superior Eleitoral.

§ 1º Só é admitido o registro do estatuto de partido político que tenha caráter nacional, considerando-se como tal aquele que comprove, no período de dois anos, o apoiamento de eleitores não filiados a partido político, correspondente a, pelo menos, 0,5% (cinco décimos por cento) dos votos dados na última eleição geral para a Câmara dos Deputados, não computados os votos em branco e os nulos, distribuídos por um terço, ou mais, dos Estados, com um mínimo de 0,1% (um décimo por cento) do eleitorado que haja votado em cada um deles. (Redação dada pela Lei nº 13.165, de 2015)

§ 2º Só o partido que tenha registrado seu estatuto no Tribunal Superior Eleitoral pode participar do processo eleitoral, receber recursos do Fundo Partidário e ter acesso gratuito ao rádio e à televisão, nos termos fixados nesta Lei.

§ 3º Somente o registro do estatuto do partido no Tribunal Superior Eleitoral assegura a exclusividade da sua denominação, sigla e símbolos, vedada a utilização, por outros partidos, de variações que venham a induzir a erro ou confusão.

TÍTULO II - Da Organização e Funcionamento dos Partidos Políticos

CAPÍTULO I - Da Criação e do Registro dos Partidos Políticos

Art. 8º O requerimento do registro de partido político, dirigido ao cartório competente do Registro Civil das Pessoas Jurídicas do local de sua sede, deve ser subscrito pelos seus fundadores, em número nunca inferior a 101 (cento e um), com domicílio eleitoral em, no mínimo, 1/3 (um terço) dos Estados, e será acompanhado de: (Redação dada pela Lei nº 13.877, de 2019)

I - cópia autêntica da ata da reunião de fundação do partido;
II - exemplares do Diário Oficial que publicou, no seu inteiro teor, o programa e o estatuto;
III - relação de todos os fundadores com o nome completo, naturalidade, número do título eleitoral com a Zona, Seção, Município e Estado, profissão e endereço da residência.

§ 1º O requerimento indicará o nome e a função dos dirigentes provisórios e o endereço da sede do partido no território nacional. (Redação dada pela Lei nº 13.877, de 2019)

§ 2º Satisfeitas as exigências deste artigo, o Oficial do Registro Civil efetua o registro no livro correspondente, expedindo certidão de inteiro teor.

§ 3º Adquirida a personalidade jurídica na forma deste artigo, o partido promove a obtenção do apoiamento mínimo de eleitores a que se refere o § 1º do art. 7º e realiza os atos necessários para a constituição definitiva de seus órgãos e designação dos dirigentes, na forma do seu estatuto.

Art. 9º Feita a constituição e designação, referidas no § 3º do artigo anterior, os dirigentes nacionais promoverão o registro do estatuto do partido junto ao Tribunal Superior Eleitoral, através de requerimento acompanhado de:

I - exemplar autenticado do inteiro teor do programa e do estatuto partidários, inscritos no Registro Civil;

II - certidão do registro civil da pessoa jurídica, a que se refere o § 2º do artigo anterior;

III - certidões dos cartórios eleitorais que comprovem ter o partido obtido o apoiamento mínimo de eleitores a que se refere o § 1º do art. 7º.

§ 1º A prova do apoiamento mínimo de eleitores é feita por meio de suas assinaturas, com menção ao número do respectivo título eleitoral, em listas organizadas para cada Zona, sendo a veracidade das respectivas assinaturas e o número dos títulos atestados pelo Escrivão Eleitoral.

§ 2º O Escrivão Eleitoral dá imediato recibo de cada lista que lhe for apresentada e, no prazo de quinze dias, lavra o seu atestado, devolvendo-a ao interessado.

§ 3º Protocolado o pedido de registro no Tribunal Superior Eleitoral, o processo respectivo, no prazo de quarenta e oito horas, é distribuído a um Relator, que, ouvida a Procuradoria-Geral, em dez dias, determina, em igual prazo, diligências para sanar eventuais falhas do processo.

§ 4º Se não houver diligências a determinar, ou após o seu atendimento, o Tribunal Superior Eleitoral registra o estatuto do partido, no prazo de trinta dias.

Art. 10. As alterações programáticas ou estatutárias, após registradas no Ofício Civil competente, devem ser encaminhadas, para o mesmo fim, ao Tribunal Superior Eleitoral.

§ 1º. O Partido comunica à Justiça Eleitoral a constituição de seus órgãos de direção e os nomes dos respectivos integrantes, bem como as alterações que forem promovidas, para anotação: (Incluído pela Lei nº 9.259, de 1996) (Renumerado pela Lei nº 13.877, de 2019)

I - no Tribunal Superior Eleitoral, dos integrantes dos órgãos de âmbito nacional; (Incluído pela Lei nº 9.259, de 1996) (Renumerado pela Lei nº 13.877, de 2019)

II - nos Tribunais Regionais Eleitorais, dos integrantes dos órgãos de âmbito estadual, municipal ou zonal. (Incluído pela Lei nº 9.259, de 1996) (Renumerado pela Lei nº 13.877, de 2019)

§ 2º Os registros de atas e demais documentos de órgãos de direção nacional, estadual, distrital e municipal devem ser realizados no cartório do Registro Civil de Pessoas Jurídicas da circunscrição do respectivo diretório partidário. (Incluído pela Lei nº 13.877, de 2019)

Art. 11. O partido com registro no Tribunal Superior Eleitoral pode credenciar, respectivamente:

I - delegados perante o Juiz Eleitoral;

II - delegados perante o Tribunal Regional Eleitoral;

III - delegados perante o Tribunal Superior Eleitoral.

Parágrafo único. Os delegados credenciados pelo órgão de direção nacional representam o partido perante quaisquer Tribunais ou Juízes Eleitorais; os credenciados pelos órgãos estaduais, somente perante o Tribunal Regional Eleitoral e os Juízes Eleitorais do respectivo Estado, do Distrito Federal ou Território Federal; e os credenciados pelo órgão municipal, perante o Juiz Eleitoral da respectiva jurisdição.

CAPÍTULO II - Do Funcionamento Parlamentar

Art. 12. O partido político funciona, nas Casas Legislativas, por intermédio de uma bancada, que deve constituir suas lideranças de acordo com o estatuto do partido, as disposições regimentais das respectivas Casas e as normas desta Lei.

Art. 13. Tem direito a funcionamento parlamentar, em todas as Casas Legislativas para as quais tenha elegido representante, o partido que, em cada eleição para a Câmara dos Deputados obtenha o apoio de, no mínimo, cinco por cento dos votos apurados, não computados os brancos e os nulos, distribuídos em, pelo menos, um terço dos Estados, com um mínimo de dois por cento do total de cada um deles. (Vide Adins nºs 1.351-3 e 1.354-8)

CAPÍTULO III - Do Programa e do Estatuto

Art. 14. Observadas as disposições constitucionais e as desta Lei, o partido é livre para fixar, em seu programa, seus objetivos políticos e para estabelecer, em seu estatuto, a sua estrutura interna, organização e funcionamento.

Art. 15. O Estatuto do partido deve conter, entre outras, normas sobre:

I - nome, denominação abreviada e o estabelecimento da sede no território nacional; (Redação dada pela Lei nº 13.877, de 2019)

II - filiação e desligamento de seus membros;

III - direitos e deveres dos filiados;

IV - modo como se organiza e administra, com a definição de sua estrutura geral e identificação, composição e competências dos órgãos partidários nos níveis municipal, estadual e nacional, duração dos mandatos e processo de eleição dos seus membros;

V - fidelidade e disciplina partidárias, processo para apuração das infrações e aplicação das penalidades, assegurado amplo direito de defesa;

VI - condições e forma de escolha de seus candidatos a cargos e funções eletivas;

VII - finanças e contabilidade, estabelecendo, inclusive, normas que os habilitem a apurar as quantias que os seus candidatos possam despender com a própria eleição, que fixem os limites das contribuições dos filiados e definam as diversas fontes de receita do partido, além daquelas previstas nesta Lei;

VIII - critérios de distribuição dos recursos do Fundo Partidário entre os órgãos de nível municipal, estadual e nacional que compõem o partido;

IX - procedimento de reforma do programa e do estatuto.

Art. 15-A. A responsabilidade, inclusive civil e trabalhista, cabe exclusivamente ao órgão partidário municipal, estadual ou nacional que tiver dado causa ao não cumprimento da obrigação, à violação de direito, a dano a outrem ou a qualquer ato ilícito, excluída a solidariedade de outros órgãos de direção partidária. (Redação dada pela Lei nº 12.034, de 2009)

Parágrafo único. O órgão nacional do partido político, quando responsável, somente poderá ser demandado judicialmente na circunscrição especial judiciária da sua sede, inclusive nas ações de natureza cível ou trabalhista. (Incluído pela Lei nº 12.891, de 2013)

CAPÍTULO IV - Da Filiação Partidária

Art. 16. Só pode filiar-se a partido o eleitor que estiver no pleno gozo de seus direitos políticos.

Art. 17. Considera-se deferida, para todos os efeitos, a filiação partidária, com o atendimento das regras estatutárias do partido.

Parágrafo único. Deferida a filiação do eleitor, será entregue comprovante ao interessado, no modelo adotado pelo partido.

Art. 18. (Revogado pela Lei nº 13.165, de 2015)

Art. 19. Deferido internamente o pedido de filiação, o partido político, por seus órgãos de direção municipais, regionais ou nacional, deverá inserir os dados do filiado no sistema eletrônico da Justiça Eleitoral, que automaticamente enviará aos juízes eleitorais, para arquivamento, publicação e cumprimento dos prazos de filiação partidária para efeito de candidatura a cargos eletivos, a relação dos nomes de todos os seus filiados, da qual constará a data de filiação, o número dos títulos eleitorais e das seções em que estão inscritos. (Redação dada pela Lei nº 13.877, de 2019)

LEI Nº 9.096, DE 19 DE SETEMBRO DE 1995

§ 1º Nos casos de mudança de partido de filiado eleito, a Justiça Eleitoral deverá intimar pessoalmente a agremiação partidária e dar-lhe ciência da saída do seu filiado, a partir do que passarão a ser contados os prazos para ajuizamento das ações cabíveis. (Redação dada pela Lei nº 13.877, de 2019)

§ 2º Os prejudicados por desídia ou má-fé poderão requerer, diretamente à Justiça Eleitoral, a observância do que prescreve o caput deste artigo.

§ 3º Os órgãos de direção nacional dos partidos políticos terão pleno acesso às informações de seus filiados constantes do cadastro eleitoral. (Incluído pela Lei nº 12.034, de 2009)

§ 4º A Justiça Eleitoral disponibilizará eletronicamente aos órgãos nacional e estaduais dos partidos políticos, conforme sua circunscrição eleitoral, acesso a todas as informações de seus filiados constantes do cadastro eleitoral, incluídas as relacionadas a seu nome completo, sexo, número do título de eleitor e de inscrição no Cadastro de Pessoa Física (CPF), endereço, telefones, entre outras. (Incluído pela Lei nº 13.877, de 2019)

Art. 20. É facultado ao partido político estabelecer, em seu estatuto, prazos de filiação partidária superiores aos previstos nesta Lei, com vistas a candidatura a cargos eletivos.

Parágrafo único. Os prazos de filiação partidária, fixados no estatuto do partido, com vistas a candidatura a cargos eletivos, não podem ser alterados no ano da eleição.

Art. 21. Para desligar-se do partido, o filiado faz comunicação escrita ao órgão de direção municipal e ao Juiz Eleitoral da Zona em que for inscrito.

Parágrafo único. Decorridos dois dias da data da entrega da comunicação, o vínculo torna-se extinto, para todos os efeitos.

Art. 22. O cancelamento imediato da filiação partidária verifica-se nos casos de:

I - morte;
II - perda dos direitos políticos;
III - expulsão;
IV - outras formas previstas no estatuto, com comunicação obrigatória ao atingido no prazo de quarenta e oito horas da decisão.
V - filiação a outro partido, desde que a pessoa comunique o fato ao juiz da respectiva Zona Eleitoral. (Incluído pela Lei nº 12.891, de 2013)

Parágrafo único. Havendo coexistência de filiações partidárias, prevalecerá a mais recente, devendo a Justiça Eleitoral determinar o cancelamento das demais. (Redação dada pela Lei nº 12.891, de 2013)

Art. 22-A. Perderá o mandato o detentor de cargo eletivo que se desfiliar, sem justa causa, do partido pelo qual foi eleito. (Incluído pela Lei nº 13.165, de 2015)

Parágrafo único. Consideram-se justa causa para a desfiliação partidária somente as seguintes hipóteses: (Incluído pela Lei nº 13.165, de 2015)

I - mudança substancial ou desvio reiterado do programa partidário; (Incluído pela Lei nº 13.165, de 2015)
II - grave discriminação política pessoal; e (Incluído pela Lei nº 13.165, de 2015)
III - mudança de partido efetuada durante o período de trinta dias que antecede o prazo de filiação exigido em lei para concorrer à eleição, majoritária ou proporcional, ao término do mandato vigente. (Incluído pela Lei nº 13.165, de 2015)

CAPÍTULO V - Da Fidelidade e da Disciplina Partidárias

Art. 23. A responsabilidade por violação dos deveres partidários deve ser apurada e punida pelo competente órgão, na conformidade do que disponha o estatuto de cada partido.

§ 1º Filiado algum pode sofrer medida disciplinar ou punição por conduta que não esteja tipificada no estatuto do partido político.

§ 2º Ao acusado é assegurado amplo direito de defesa.

Art. 24. Na Casa Legislativa, o integrante da bancada de partido deve subordinar sua ação parlamentar aos princípios doutrinários e programáticos e às diretrizes estabelecidas pelos órgãos de direção partidários, na forma do estatuto.

Art. 25. O estatuto do partido poderá estabelecer, além das medidas disciplinares básicas de caráter partidário, normas sobre penalidades, inclusive com desligamento temporário da bancada, suspensão do direito de voto nas reuniões internas ou perda de todas as prerrogativas, cargos e funções que exerça em decorrência da representação e da proporção partidária, na respectiva Casa Legislativa, ao parlamentar que se opuser, pela atitude ou pelo voto, às diretrizes legitimamente estabelecidas pelos órgãos partidários.

Art. 26. Perde automaticamente a função ou cargo que exerça, na respectiva Casa Legislativa, em virtude da proporção partidária, o parlamentar que deixar o partido sob cuja legenda tenha sido eleito.

CAPÍTULO VI - Da Fusão, Incorporação e Extinção dos Partidos Políticos

Art. 27. Fica cancelado, junto ao Ofício Civil e ao Tribunal Superior Eleitoral, o registro do partido que, na forma de seu estatuto, se dissolva, se incorpore ou venha a se fundir a outro.

Art. 28. O Tribunal Superior Eleitoral, após trânsito em julgado de decisão, determina o cancelamento do registro civil e do estatuto do partido contra o qual fique provado:

I - ter recebido ou estar recebendo recursos financeiros de procedência estrangeira;
II - estar subordinado a entidade ou governo estrangeiros;
III - não ter prestado, nos termos desta Lei, as devidas contas à Justiça Eleitoral;
IV - que mantém organização paramilitar.

§ 1º A decisão judicial a que se refere este artigo deve ser precedida de processo regular, que assegure ampla defesa.

§ 2º O processo de cancelamento é iniciado pelo Tribunal à vista de denúncia de qualquer eleitor, de representante de partido, ou de representação do Procurador-Geral Eleitoral.

§ 3º O partido político, em nível nacional, não sofrerá a suspensão das cotas do Fundo Partidário, nem qualquer outra punição como conseqüência de atos praticados por órgãos regionais ou municipais. (Incluído pela Lei nº 9.693, de 1998)

§ 4º Despesas realizadas por órgãos partidários municipais ou estaduais ou por candidatos majoritários nas respectivas circunscrições devem ser assumidas e pagas exclusivamente pela esfera partidária correspondente, salvo acordo expresso com órgão de outra esfera partidária. (Incluído pela Lei nº 12.034, de 2009)

§ 5º Em caso de não pagamento, as despesas não poderão ser cobradas judicialmente dos órgãos superiores dos partidos políticos, recaindo eventual penhora exclusivamente sobre o órgão partidário que contraiu a dívida executada. (Incluído pela Lei nº 12.034, de 2009)

§ 6º O disposto no inciso III do caput refere-se apenas aos órgãos nacionais dos partidos políticos que deixarem de prestar contas ao Tribunal Superior Eleitoral, não ocorrendo o cancelamento do registro civil e do estatuto do partido quando a omissão for dos órgãos partidários regionais ou municipais. (Incluído pela Lei nº 12.034, de 2009)

Art. 29. Por decisão de seus órgãos nacionais de deliberação, dois ou mais partidos poderão fundir-se num só ou incorporar-se um ao outro.

§ 1º No primeiro caso, observar-se-ão as seguintes normas:
I - os órgãos de direção dos partidos elaborarão projetos comuns de estatuto e programa;

II - os órgãos nacionais de deliberação dos partidos em processo de fusão votarão em reunião conjunta, por maioria absoluta, os projetos, e elegerão o órgão de direção nacional que promoverá o registro do novo partido.

§ 2º No caso de incorporação, observada a lei civil, caberá ao partido incorporando deliberar por maioria absoluta de votos, em seu órgão nacional de deliberação, sobre a adoção do estatuto e do programa de outra agremiação.

§ 3º Adotados o estatuto e o programa do partido incorporador, realizar-se-á, em reunião conjunta dos órgãos nacionais de deliberação, a eleição do novo órgão de direção nacional.

§ 4º Na hipótese de fusão, a existência legal do novo partido tem início com o registro, no Ofício Civil competente da sede do novo partido, do estatuto e do programa, cujo requerimento deve ser acompanhado das atas das decisões dos órgãos competentes. (Redação dada pela Lei nº 13.877, de 2019)

§ 5º No caso de incorporação, o instrumento respectivo deve ser levado ao Ofício Civil competente, que deve, então, cancelar o registro do partido incorporado a outro.

§ 6º No caso de incorporação, o instrumento respectivo deve ser levado ao Ofício Civil competente, que deve, então, cancelar o registro do partido incorporado a outro. (Redação dada pela Lei nº 13.107, de 2015)

§ 7º Havendo fusão ou incorporação, devem ser somados exclusivamente os votos dos partidos fundidos ou incorporados obtidos na última eleição geral para a Câmara dos Deputados, para efeito da distribuição dos recursos do Fundo Partidário e do acesso gratuito ao rádio e à televisão. (Redação dada pela Lei nº 13.107, de 2015)

§ 8º O novo estatuto ou instrumento de incorporação deve ser levado a registro e averbado, respectivamente, no Ofício Civil e no Tribunal Superior Eleitoral. (Incluído pela Lei nº 13.107, de 2015)

§ 9º Somente será admitida a fusão ou incorporação de partidos políticos que hajam obtido o registro definitivo do Tribunal Superior Eleitoral há, pelo menos, 5 (cinco) anos. (Incluído pela Lei nº 13.107, de 2015)

TÍTULO III - Das Finanças e Contabilidade dos Partidos

CAPÍTULO I - Da Prestação de Contas

Art. 30. O partido político, através de seus órgãos nacionais, regionais e municipais, deve manter escrituração contábil, de forma a permitir o conhecimento da origem de suas receitas e a destinação de suas despesas.

Art. 31. É vedado ao partido receber, direta ou indiretamente, sob qualquer forma ou pretexto, contribuição ou auxílio pecuniário ou estimável em dinheiro, inclusive através de publicidade de qualquer espécie, procedente de:

I - entidade ou governo estrangeiros;

II - entes públicos e pessoas jurídicas de qualquer natureza, ressalvadas as dotações referidas no art. 38 desta Lei e as proveniente do Fundo Especial de Financiamento de Campanha; (Redação dada pela Lei nº 13.488, de 2017)

III - (revogado); (Redação dada pela Lei nº 13.488, de 2017)

IV - entidade de classe ou sindical.

V - pessoas físicas que exerçam função ou cargo público de livre nomeação e exoneração, ou cargo ou emprego público temporário, ressalvados os filiados a partido político. (Incluído pela Lei nº 13.488, de 2017)

Art. 32. O partido está obrigado a enviar, anualmente, à Justiça Eleitoral, o balanço contábil do exercício findo, até o dia 30 de junho do ano seguinte. (Redação dada pela Lei nº 13.877, de 2019)

§ 1º O balanço contábil do órgão nacional será enviado ao Tribunal Superior Eleitoral, o dos órgãos estaduais aos Tribunais Regionais Eleitorais e o dos órgãos municipais aos Juízes Eleitorais.

§ 2º A Justiça Eleitoral determina, imediatamente, a publicação dos balanços na imprensa oficial, e, onde ela não exista, procede à afixação dos mesmos no Cartório Eleitoral.

§ 3º (Revogado). (Redação dada pela Lei nº 13.165, de 2015)

§ 4º Os órgãos partidários municipais que não hajam movimentado recursos financeiros ou arrecadado bens estimáveis em dinheiro ficam desobrigados de prestar contas à Justiça Eleitoral e de enviar declarações de isenção, declarações de débitos e créditos tributários federais ou demonstrativos contábeis à Receita Federal do Brasil, bem como ficam dispensados da certificação digital, exigindo-se do responsável partidário, no prazo estipulado no caput deste artigo, a apresentação de declaração da ausência de movimentação de recursos nesse período. (Redação dada pela Lei nº 13.831, de 2019)

§ 5º A desaprovação da prestação de contas do partido não ensejará sanção alguma que o impeça de participar do pleito eleitoral. (Incluído pela Lei nº 13.165, de 2015)

§ 6º A Secretaria Especial da Receita Federal do Brasil reativará a inscrição dos órgãos partidários municipais referidos no § 4º deste artigo que estejam com a inscrição baixada ou inativada, mediante requerimento dos representantes legais da agremiação partidária à unidade descentralizada da Receita Federal do Brasil da respectiva circunscrição territorial, instruído com declaração simplificada de que não houve movimentação financeira nem arrecadação de bens estimáveis em dinheiro. (Incluído pela Lei nº 13.831, de 2019)

§ 7º O requerimento a que se refere o § 6º deste artigo indicará se a agremiação partidária pretende a efetivação imediata da reativação da inscrição pela Secretaria Especial da Receita Federal do Brasil ou a partir de 1º de janeiro de 2020, hipótese em que a efetivação será realizada sem a cobrança de quaisquer taxas, multas ou outros encargos administrativos relativos à ausência de prestação de contas. (Incluído pela Lei nº 13.831, de 2019)

§ 8º As decisões da Justiça Eleitoral nos processos de prestação de contas não ensejam, ainda que desaprovadas as contas, a inscrição dos dirigentes partidários no Cadastro Informativo dos Créditos não Quitados do Setor Público Federal (Cadin). (Incluído pela Lei nº 13.831, de 2019)

Art. 33. Os balanços devem conter, entre outros, os seguintes itens:

I - discriminação dos valores e destinação dos recursos oriundos do fundo partidário;

II - origem e valor das contribuições e doações;

III - despesas de caráter eleitoral, com a especificação e comprovação dos gastos com programas no rádio e televisão, comitês, propaganda, publicações, comícios, e demais atividades de campanha;

IV - discriminação detalhada das receitas e despesas.

Art. 34. A Justiça Eleitoral exerce a fiscalização sobre a prestação de contas do partido e das despesas de campanha eleitoral, devendo atestar se elas refletem adequadamente a real movimentação financeira, os dispêndios e os recursos aplicados nas campanhas eleitorais, exigindo a observação das seguintes normas: (Redação dada pela Lei nº 13.165, de 2015)

I - obrigatoriedade de designação de dirigentes partidários específicos para movimentar recursos financeiros nas campanhas eleitorais; (Redação dada pela Lei nº 13.165, de 2015)

II - (revogado); (Redação dada pela Lei nº 13.165, de 2015)

III - relatório financeiro, com documentação que comprove a entrada e saída de dinheiro ou de bens recebidos e aplicados; (Redação dada pela Lei nº 13.165, de 2015)

IV - obrigatoriedade de ser conservada pelo partido, por prazo não inferior a cinco anos, a documentação compro-

LEI Nº 9.096, DE 19 DE SETEMBRO DE 1995

batória de suas prestações de contas; (Redação dada pela Lei nº 13.165, de 2015)

V - obrigatoriedade de prestação de contas pelo partido político e por seus candidatos no encerramento da campanha eleitoral, com o recolhimento imediato à tesouraria do partido dos saldos financeiros eventualmente apurados. (Redação dada pela Lei nº 13.165, de 2015)

§ 1º A fiscalização de que trata o caput tem por escopo identificar a origem das receitas e a destinação das despesas com as atividades partidárias e eleitorais, mediante o exame formal dos documentos fiscais apresentados pelos partidos políticos e candidatos, sendo vedada a análise das atividades político-partidárias ou qualquer interferência em sua autonomia. (Redação dada pela Lei nº 13.165, de 2015)

§ 2º Para efetuar os exames necessários ao atendimento do disposto no caput, a Justiça Eleitoral pode requisitar técnicos do Tribunal de Contas da União ou dos Estados, pelo tempo que for necessário. (Incluído pela Lei nº 12.891, de 2013)

§ 3º (VETADO). (Incluído pela Lei nº 13.877, de 2019)

§ 4º Para o exame das prestações de contas dos partidos políticos, o sistema de contabilidade deve gerar e disponibilizar os relatórios para conhecimento da origem das receitas e das despesas. (Incluído pela Lei nº 13.877, de 2019)

§ 5º Os relatórios emitidos pelas áreas técnicas dos tribunais eleitorais devem ser fundamentados estritamente com base na legislação eleitoral e nas normas de contabilidade, vedado opinar sobre sanções aplicadas aos partidos políticos, cabendo aos magistrados emitir juízo de valor. (Incluído pela Lei nº 13.877, de 2019)

§ 6º A Justiça Eleitoral não pode exigir dos partidos políticos apresentação de certidão ou documentos expedidos por outro órgão da administração pública ou por entidade bancária e do sistema financeiro que mantém convênio ou integração de sistemas eletrônicos que realizam o envio direto de documentos para a própria Justiça Eleitoral. (Incluído pela Lei nº 13.877, de 2019)

Art. 35. O Tribunal Superior Eleitoral e os Tribunais Regionais Eleitorais, à vista de denúncia fundamentada de filiado ou delegado de partido, de representação do Procurador-Geral ou Regional ou de iniciativa do Corregedor, determinarão o exame da escrituração do partido e a apuração de qualquer ato que viole as prescrições legais ou estatutárias a que, em matéria financeira, aquele ou seus filiados estejam sujeitos, podendo, inclusive, determinar a quebra de sigilo bancário das contas dos partidos para o esclarecimento ou apuração de fatos vinculados à denúncia.

Parágrafo único. O partido pode examinar, na Justiça Eleitoral, as prestações de contas mensais ou anuais dos demais partidos, quinze dias após a publicação dos balanços financeiros, aberto o prazo de cinco dias para impugná-las, podendo, ainda, relatar fatos, indicar provas e pedir abertura de investigação para apurar qualquer ato que viole as prescrições legais ou estatutárias a que, em matéria financeira, os partidos e seus filiados estejam sujeitos.

Art. 36. Constatada a violação de normas legais ou estatutárias, ficará o partido sujeito às seguintes sanções:

I - no caso de recursos de origem não mencionada ou esclarecida, fica suspenso o recebimento das quotas do fundo partidário até que o esclarecimento seja aceito pela Justiça Eleitoral;

II - no caso de recebimento de recursos mencionados no art. 31, fica suspensa a participação no fundo partidário por um ano;

III - no caso de recebimento de doações cujo valor ultrapasse os limites previstos no art. 39, § 4º, fica suspensa por dois anos a participação no fundo partidário e será aplicada ao partido multa correspondente ao valor que exceder aos limites fixados.

Art. 37. A desaprovação das contas do partido implicará exclusivamente a sanção de devolução da importância apontada como irregular, acrescida de multa de até 20% (vinte por cento). (Redação dada pela Lei nº 13.165, de 2015)

§ 1º. A Justiça Eleitoral pode determinar diligências necessárias à complementação de informações ou ao saneamento de irregularidades encontradas nas contas dos órgãos de direção partidária ou de candidatos. (Parágrafo renumerado pela Lei nº 9.693, de 1998)

§ 2º A sanção a que se refere o caput será aplicada exclusivamente à esfera partidária responsável pela irregularidade, não suspendendo o registro ou a anotação de seus órgãos de direção partidária nem tornando devedores ou inadimplentes os respectivos responsáveis partidários. (Redação dada pela Lei nº 13.165, de 2015)

§ 3º A sanção a que se refere o caput deste artigo deverá ser aplicada de forma proporcional e razoável, pelo período de 1 (um) a 12 (doze) meses, e o pagamento deverá ser feito por meio de desconto nos futuros repasses de cotas do fundo partidário a, no máximo, 50% (cinquenta por cento) do valor mensal, desde que a prestação de contas seja julgada, pelo juízo ou tribunal competente, em até 5 (cinco) anos de sua apresentação, vedada a acumulação de sanções. (Redação dada pela Lei nº 13.877, de 2019)

§ 3º-A. O cumprimento da sanção aplicada a órgão estadual, distrital ou municipal somente será efetivado a partir da data de juntada aos autos do processo de prestação de contas do aviso de recebimento da citação ou intimação, encaminhada, por via postal, pelo Tribunal Regional Eleitoral ou Juízo Eleitoral ao órgão partidário hierarquicamente superior. (Incluído pela Lei nº 13.877, de 2019)

§ 4º Da decisão que desaprovar total ou parcialmente a prestação de contas dos órgãos partidários caberá recurso para os Tribunais Regionais Eleitorais ou para o Tribunal Superior Eleitoral, conforme o caso, o qual deverá ser recebido com efeito suspensivo. (Incluído pela Lei nº 12.034, de 2009)

§ 5º As prestações de contas desaprovadas pelos Tribunais Regionais e pelo Tribunal Superior poderão ser revistas para fins de aplicação proporcional da sanção aplicada, mediante requerimento ofertado nos autos da prestação de contas. (Incluído pela Lei nº 12.034, de 2009)

§ 6º O exame da prestação de contas dos órgãos partidários tem caráter jurisdicional. (Incluído pela Lei nº 12.034, de 2009)

§ 7º (VETADO). (Incluído pela Lei nº 12.891, de 2013)

§ 8º (VETADO). (Incluído pela Lei nº 12.891, de 2013)

§ 9º O desconto no repasse de cotas resultante da aplicação da sanção a que se refere o caput será suspenso durante o segundo semestre do ano em que se realizarem as eleições. (Incluído pela Lei nº 13.165, de 2015)

§ 10. Os gastos com passagens aéreas serão comprovados mediante apresentação de fatura ou duplicata emitida por agência de viagem, quando for o caso, e os beneficiários deverão atender ao interesse da respectiva agremiação e, nos casos de congressos, reuniões, convenções, palestras, poderão ser emitidas independentemente de filiação partidária segundo critérios interna corporis, vedada a exigência de apresentação de qualquer outro documento para esse fim. (Redação dada pela Lei nº 13.877, de 2019)

§ 11. Os órgãos partidários poderão apresentar documentos hábeis para esclarecer questionamentos da Justiça Eleitoral ou para sanear irregularidades a qualquer tempo, enquanto não transitada em julgado a decisão que julgar a prestação de contas. (Incluído pela Lei nº 13.165, de 2015)

§ 12. Erros formais ou materiais que no conjunto da prestação de contas não comprometam o conhecimento da origem das receitas e a destinação das despesas não acarretarão a desaprovação das contas. (Incluído pela Lei nº 13.165, de 2015)

§ 13. A responsabilização pessoal civil e criminal dos dirigentes partidários decorrente da desaprovação das contas partidárias e de atos ilícitos atribuídos ao partido político somente ocorrerá se verificada irregularidade grave e insanável resultante de conduta dolosa que importe enriquecimento ilícito e lesão ao patrimônio do partido. (Incluído pela Lei nº 13.165, de 2015)

§ 14. O instituto ou fundação de pesquisa e de doutrinação e educação política não será atingido pela sanção aplicada ao partido político em caso de desaprovação de suas contas, exceto se tiver diretamente dado causa à reprovação. (Incluído pela Lei nº 13.165, de 2015)

§ 15. As responsabilidades civil e criminal são subjetivas e, assim como eventuais dívidas já apuradas, recaem somente sobre o dirigente partidário responsável pelo órgão partidário à época do fato e não impedem que o órgão partidário receba recurso do fundo partidário. (Incluído pela Lei nº 13.831, de 2019)

Art. 37-A. A falta de prestação de contas implicará a suspensão de novas cotas do Fundo Partidário enquanto perdurar a inadimplência e sujeitará os responsáveis às penas da lei. (Incluído pela Lei nº 13.165, de 2015)

CAPÍTULO II - Do Fundo Partidário

Art. 38. O Fundo Especial de Assistência Financeira aos Partidos Políticos (Fundo Partidário) é constituído por:

I - multas e penalidades pecuniárias aplicadas nos termos do Código Eleitoral e leis conexas;

II - recursos financeiros que lhe forem destinados por lei, em caráter permanente ou eventual;

III - doações de pessoa física ou jurídica, efetuadas por intermédio de depósitos bancários diretamente na conta do Fundo Partidário;

IV - dotações orçamentárias da União em valor nunca inferior, cada ano, ao número de eleitores inscritos em 31 de dezembro do ano anterior ao da proposta orçamentária, multiplicados por trinta e cinco centavos de real, em valores de agosto de 1995.

§ 1º (VETADO)

§ 2º (VETADO)

Art. 39. Ressalvado o disposto no art. 31, o partido político pode receber doações de pessoas físicas e jurídicas para constituição de seus fundos.

§ 1º As doações de que trata este artigo podem ser feitas diretamente aos órgãos de direção nacional, estadual e municipal, que remeterão, à Justiça Eleitoral e aos órgãos hierarquicamente superiores do partido, o demonstrativo de seu recebimento e respectiva destinação, juntamente com o balanço contábil.

§ 2º Outras doações, quaisquer que sejam, devem ser lançadas na contabilidade do partido, definidos seus valores em moeda corrente.

§ 3º As doações de recursos financeiros somente poderão ser efetuadas na conta do partido político por meio de: (Redação dada pela Lei nº 13.165, de 2015)

I - cheques cruzados e nominais ou transferência eletrônica de depósitos; (Incluído pela Lei nº 13.165, de 2015)

II - depósitos em espécie devidamente identificados; (Incluído pela Lei nº 13.165, de 2015)

III - mecanismo disponível em sítio do partido na internet que permita o uso de cartão de crédito, cartão de débito, emissão on-line de boleto bancário ou, ainda, convênios de débitos em conta, no formato único e no formato recorrente, e outras modalidades, e que atenda aos seguintes requisitos: (Redação dada pela Lei nº 13.877, de 2019)

a) identificação do doador; (Incluído pela Lei nº 13.165, de 2015)

b) emissão obrigatória de recibo eleitoral para cada doação realizada. (Incluído pela Lei nº 13.165, de 2015)

§ 4º (Revogado pela Lei nº 9.504, de 1997)

§ 5º Em ano eleitoral, os partidos políticos poderão aplicar ou distribuir pelas diversas eleições os recursos financeiros recebidos de pessoas físicas e jurídicas, observando-se o disposto no § 1º do art. 23, no art. 24 e no § 1º do art. 81 da Lei no 9.504, de 30 de setembro de 1997, e os critérios definidos pelos respectivos órgãos de direção e pelas normas estatutárias. (Incluído pela Lei nº 12.034, de 2009)

§ 6º Os bancos e empresas de meios de pagamentos, incluídos os denominados digitais, ficam obrigados a disponibilizar a abertura de contas bancárias e os seus serviços de meios de pagamentos e compensação, inclusive on-line, para que os partidos políticos possam desenvolver e operacionalizar os mecanismos previstos no inciso III do § 3º deste artigo. (Incluído pela Lei nº 13.877, de 2019)

§ 7º Os serviços para os partidos políticos não se caracterizam e não acarretam restrições relativas às pessoas politicamente expostas, e seus serviços serão disponibilizados pelo preço oferecido pela instituição financeira a outras pessoas jurídicas. (Incluído pela Lei nº 13.877, de 2019)

§ 8º As instituições financeiras devem oferecer aos partidos políticos pacote de serviços bancários que agreguem o conjunto dos serviços financeiros, e a mensalidade desse pacote não poderá ser superior à soma das tarifas avulsas praticadas no mercado. (Incluído pela Lei nº 13.877, de 2019)

Art. 40. A previsão orçamentária de recursos para o Fundo Partidário deve ser consignada, no Anexo do Poder Judiciário, ao Tribunal Superior Eleitoral.

§ 1º O Tesouro Nacional depositará, mensalmente, os duodécimos no Banco do Brasil, em conta especial à disposição do Tribunal Superior Eleitoral.

§ 2º Na mesma conta especial serão depositadas as quantias arrecadadas pela aplicação de multas e outras penalidades pecuniárias, previstas na Legislação Eleitoral.

Art. 41. O Tribunal Superior Eleitoral, dentro de cinco dias, a contar da data do depósito a que se refere o § 1º do artigo anterior, fará a respectiva distribuição aos órgãos nacionais dos partidos, obedecendo aos seguintes critérios: (Vide Adins nºs 1.351-3 e 1.354-8)

I - um por cento do total do Fundo Partidário será destacado para entrega, em partes iguais, a todos os partidos que tenham seus estatutos registrados no Tribunal Superior Eleitoral; (Vide Adins nºs 1.351-3 e 1.354-8)

II - noventa e nove por cento do total do Fundo Partidário serão distribuídos aos partidos que tenham preenchido as condições do art. 13, na proporção dos votos obtidos na última eleição geral para a Câmara dos Deputados. (Vide Adins nºs 1.351-3 e 1.354-8)

Art. 41-A. Do total do Fundo Partidário: (Redação dada pela Lei nº 12.875, de 2013) (Vide ADI-5105)

I - 5% (cinco por cento) serão destacados para entrega, em partes iguais, a todos os partidos que atendam aos requisitos constitucionais de acesso aos recursos do Fundo Partidário; e (Redação dada pela Lei nº 13.165, de 2015)

II - 95% (noventa e cinco por cento) serão distribuídos aos partidos na proporção dos votos obtidos na última eleição geral para a Câmara dos Deputados. (Incluído pela Lei nº 12.875, de 2013) (Vide ADI-5105)

Parágrafo único. Para efeito do disposto no inciso II, serão desconsideradas as mudanças de filiação partidária em quaisquer hipóteses. (Redação dada pela Lei nº 13.107, de 2015)

Art. 42. Em caso de cancelamento ou caducidade do órgão de direção nacional do partido, reverterá ao Fundo Partidário a quota que a este caberia.

LEI Nº 9.096, DE 19 DE SETEMBRO DE 1995

§ 1º O órgão de direção nacional do partido está obrigado a abrir conta bancária exclusivamente para movimentação do fundo partidário e para a aplicação dos recursos prevista no inciso V do caput do art. 44 desta Lei, observado que, para os demais órgãos do partido e para outros tipos de receita, a obrigação prevista neste parágrafo somente se aplica quando existir movimentação financeira. (Incluído pela Lei nº 13.831, de 2019)

§ 2º A certidão do órgão superior, ou do próprio órgão regional e municipal, de inexistência de movimentação financeira tem fé pública como prova documental para aplicação do art. 32 desta Lei, sem prejuízo de apuração de ilegalidade de acordo com o disposto no art. 35 desta Lei. (Incluído pela Lei nº 13.831, de 2019)

Art. 43. Os depósitos e movimentações dos recursos oriundos do Fundo Partidário serão feitos em estabelecimentos bancários controlados pelo Poder Público Federal, pelo Poder Público Estadual ou, inexistindo estes, no banco escolhido pelo órgão diretivo do partido.

Art. 44. Os recursos oriundos do Fundo Partidário serão aplicados:

I - na manutenção das sedes e serviços do partido, permitido o pagamento de pessoal, a qualquer título, observado, do total recebido, os seguintes limites: (Redação dada pela Lei nº 13.165, de 2015)

a) 50% (cinquenta por cento) para o órgão nacional; (Incluído pela Lei nº 13.165, de 2015)

b) 60% (sessenta por cento) para cada órgão estadual e municipal; (Incluído pela Lei nº 13.165, de 2015)

II - na propaganda doutrinária e política;

III - no alistamento e campanhas eleitorais;

IV - na criação e manutenção de instituto ou fundação de pesquisa e de doutrinação e educação política, sendo esta aplicação de, no mínimo, vinte por cento do total recebido.

V - na criação e manutenção de programas de promoção e difusão da participação política das mulheres, criados e executados pela Secretaria da Mulher ou, a critério da agremiação, por instituto com personalidade jurídica própria presidido pela Secretária da Mulher, em nível nacional, conforme percentual que será fixado pelo órgão nacional de direção partidária, observado o mínimo de 5% (cinco por cento) do total; (Redação dada pela Lei nº 13.877, de 2019)

VI - no pagamento de mensalidades, anuidades e congêneres devidos a organismos partidários internacionais que se destinem ao apoio à pesquisa, ao estudo e à doutrinação política, aos quais seja o partido político regularmente filiado; (Incluído pela Lei nº 13.165, de 2015)

VII - no pagamento de despesas com alimentação, incluindo restaurantes e lanchonetes. (Incluído pela Lei nº 13.165, de 2015)

VIII - na contratação de serviços de consultoria contábil e advocatícia e de serviços para atuação jurisdicional em ações de controle de constitucionalidade e em demais processos judiciais e administrativos de interesse partidário, bem como nos litígios que envolvam candidatos do partido, eleitos ou não, relacionados exclusivamente ao processo eleitoral; (Incluído pela Lei nº 13.877, de 2019)

IX - (VETADO); (Incluído pela Lei nº 13.877, de 2019)

X - na compra ou locação de bens móveis e imóveis, bem como na edificação ou construção de sedes e afins, e na realização de reformas e outras adaptações nesses bens; (Incluído pela Lei nº 13.877, de 2019)

XI - no custeio de impulsionamento, para conteúdos contratados diretamente com provedor de aplicação de internet com sede e foro no País, incluída a priorização paga de conteúdos resultantes de aplicações de busca na internet, mediante o pagamento por meio de boleto bancário, de depósito identificado ou de transferência eletrônica diretamente para conta do provedor, o qual deve manter conta bancária específica para receber recursos dessa natureza, proibido nos 180 (cento e oitenta) dias anteriores à eleição. (Incluído pela Lei nº 13.877, de 2019)

§ 1º Na prestação de contas dos órgãos de direção partidária de qualquer nível devem ser discriminadas as despesas realizadas com recursos do Fundo Partidário, de modo a permitir o controle da Justiça Eleitoral sobre o cumprimento do disposto nos incisos I e IV deste artigo.

§ 2º A Justiça Eleitoral pode, a qualquer tempo, investigar sobre a aplicação de recursos oriundos do Fundo Partidário.

§ 3º Os recursos de que trata este artigo não estão sujeitos ao regime da Lei no 8.666, de 21 de junho de 1993, tendo os partidos políticos autonomia para contratar e realizar despesas. (Redação dada pela Lei nº 12.891, de 2013)

§ 4º Não se incluem no cômputo do percentual previsto no inciso I deste artigo encargos e tributos de qualquer natureza. (Incluído pela Lei nº 12.034, de 2009)

§ 5º O partido político que não cumprir o disposto no inciso V do caput deverá transferir o saldo para conta específica, sendo vedada sua aplicação para finalidade diversa, de modo que o saldo remanescente deverá ser aplicado dentro do exercício financeiro subsequente, sob pena de acréscimo de 12,5% (doze inteiros e cinco décimos por cento) do valor previsto no inciso V do caput, a ser aplicado na mesma finalidade. (Redação dada pela Lei nº 13.165, de 2015)

§ 5º-A. A critério das agremiações partidárias, os recursos a que se refere o inciso V poderão ser acumulados em diferentes exercícios financeiros, mantidos em contas bancárias específicas, para utilização futura em campanhas eleitorais de candidatas do partido. (Incluído pela Lei nº 13.165, de 2015) (Vide ADIN Nº 5.617)

§ 6º No exercício financeiro em que a fundação ou instituto de pesquisa não despender a totalidade dos recursos que lhe forem assinalados, a eventual sobra poderá ser revertida para outras atividades partidárias, conforme previstas no caput deste artigo. (Incluído pela Lei nº 12.891, de 2013)

§ 7º A critério da secretaria da mulher ou, inexistindo a secretaria, a critério da fundação de pesquisa e de doutrinação e educação política, os recursos a que se refere o inciso V do caput poderão ser acumulados em diferentes exercícios financeiros, mantidos em contas bancárias específicas, para utilização futura em campanhas eleitorais de candidatas do partido, não se aplicando, neste caso, o disposto no § 5º. (Incluído pela Lei nº 13.165, de 2015) (Vide ADIN Nº 5.617)

Art. 44-A. As atividades de direção exercidas nos órgãos partidários e em suas fundações e institutos, bem como as de assessoramento e as de apoio político-partidário, assim definidas em normas internas de organização, não geram vínculo de emprego, não sendo aplicável o regime jurídico previsto na Consolidação das Leis do Trabalho, aprovada pelo Decreto-Lei nº 5.452, de 1º de maio de 1943, quando remuneradas com valor mensal igual ou superior a 2 (duas) vezes o limite máximo do benefício do Regime Geral de Previdência Social. (Incluído pela Lei nº 13.877, de 2019)

Parágrafo único. O partido político poderá ressarcir despesas comprovadamente realizadas no desempenho de atividades partidárias e deverá manter registro contábil de todos os dispêndios efetuados, sem computar esses valores para os fins do inciso I do caput do art. 44 desta Lei. (Incluído pela Lei nº 13.877, de 2019)

TÍTULO IV - Do Acesso Gratuito ao Rádio e à Televisão

Art. 45. (Revogado pela Lei nº 13.487, de 2017)

Art. 45-A. (VETADO). (Incluído pela Lei nº 13.877, de 2019)

Art. 46. (Revogado pela Lei nº 13.487, de 2017)

Art. 46-A. (VETADO). (Incluído pela Lei nº 13.877, de 2019)

Art. 47.(Revogado pela Lei nº 13.487, de 2017)

Art. 47-A. (VETADO). (Incluído pela Lei nº 13.877, de 2019)

Art. 48. (Revogado pela Lei nº 13.487, de 2017)

Art. 48-A. (VETADO). (Incluído pela Lei nº 13.877, de 2019)

Art. 49. (Revogado pela Lei nº 13.487, de 2017)

Art. 49-A. (VETADO). (Incluído pela Lei nº 13.877, de 2019)

TÍTULO V - Disposições Gerais

Art. 50. (VETADO)

Art. 51. É assegurado ao partido político com estatuto registrado no Tribunal Superior Eleitoral o direito à utilização gratuita de escolas públicas ou Casas Legislativas para a realização de suas reuniões ou convenções, responsabilizando-se pelos danos porventura causados com a realização do evento.

Art. 52. (VETADO)

Parágrafo único. (Revogado pela Lei nº 13.487, de 2017)

Art. 53. A fundação ou instituto de direito privado, criado por partido político, destinado ao estudo e pesquisa, à doutrinação e à educação política, rege-se pelas normas da lei civil e tem autonomia para contratar com instituições públicas e privadas, prestar serviços e manter estabelecimentos de acordo com suas finalidades, podendo, ainda, manter intercâmbio com instituições não nacionais.

§ 1º O instituto poderá ser criado sob qualquer das formas admitidas pela lei civil. (Incluído pela Lei nº 13.487, de 2017)

§ 2º O patrimônio da fundação ou do instituto de direito privado a que se referem o inciso IV do art. 44 desta Lei e o caput deste artigo será vertido ao ente que vier a sucedê-lo nos casos de: (Incluído pela Lei nº 13.487, de 2017)

I - extinção da fundação ou do instituto, quando extinto, fundido ou incorporado o partido político, assim como nas demais hipóteses previstas na legislação; (Incluído pela Lei nº 13.487, de 2017)

II - conversão ou transformação da fundação em instituto, assim como deste em fundação. (Incluído pela Lei nº 13.487, de 2017)

§ 3º Para fins do disposto no § 2º deste artigo, a versão do patrimônio implica a sucessão de todos os direitos, os deveres e as obrigações da fundação ou do instituto extinto, transformado ou convertido. (Incluído pela Lei nº 13.487, de 2017)

§ 4º A conversão, a transformação ou, quando for o caso, a extinção da fundação ou do instituto ocorrerá por decisão do órgão de direção nacional do partido político. (Incluído pela Lei nº 13.487, de 2017)

Art. 54. Para fins de aplicação das normas estabelecidas nesta Lei, consideram-se como equivalentes a Estados e Municípios o Distrito Federal e os Territórios e respectivas divisões político-administrativas.

TÍTULO VI - Disposições Finais e Transitórias

Art. 55. O partido político que, nos termos da legislação anterior, tenha registro definitivo, fica dispensado da condição estabelecida no § 1º do art. 7º, e deve providenciar a adaptação de seu estatuto às disposições desta Lei, no prazo de seis meses da data de sua publicação.

§ 1º A alteração estatutária com a finalidade prevista neste artigo pode ser realizada pelo partido político em reunião do órgão nacional máximo, especialmente convocado na forma dos estatutos, com antecedência mínima de trinta dias e ampla divulgação, entre seus órgãos e filiados, do projeto do estatuto.

§ 2º Aplicam-se as disposições deste artigo ao partido que, na data da publicação desta Lei:

I - tenha completado seu processo de organização nos termos da legislação anterior e requerido o registro definitivo;

II - tenha seu pedido de registro sub judice, desde que sobrevenha decisão favorável do órgão judiciário competente;

III - tenha requerido registro de seus estatutos junto ao Tribunal Superior Eleitoral, após o devido registro como entidade civil.

Art. 55-A. Os partidos que não tenham observado a aplicação de recursos prevista no inciso V do caput do art. 44 desta Lei nos exercícios anteriores a 2019, e que tenham utilizado esses recursos no financiamento das candidaturas femininas até as eleições de 2018, não poderão ter suas contas rejeitadas ou sofrer qualquer outra penalidade. (Incluído pela Lei nº 13.831, de 2019)

Art. 55-B. Os partidos que, nos termos da legislação anterior, ainda possuam saldo em conta bancária específica conforme o disposto no § 5º-A do art. 44 desta Lei poderão utilizá-lo na criação e na manutenção de programas de promoção e difusão da participação política das mulheres até o exercício de 2020, como forma de compensação. (Incluído pela Lei nº 13.831, de 2019)

Art. 55-C. A não observância do disposto no inciso V do caput do art. 44 desta Lei até o exercício de 2018 não ensejará a desaprovação das contas. (Incluído pela Lei nº 13.831, de 2019)

Art. 55-D. Ficam anistiadas as devoluções, as cobranças ou as transferências ao Tesouro Nacional que tenham como causa as doações ou contribuições feitas em anos anteriores por servidores públicos que exerçam função ou cargo público de livre nomeação e exoneração, desde que filiados a partido político. (Incluído pela Lei nº 13.831, de 2019)

Art. 55-E. O disposto no art. 30 desta Lei deverá ser implantado no prazo máximo de 180 (cento e oitenta) dias, contado da data de entrada em vigor deste artigo. (Incluído pela Lei nº 13.877, de 2019)

Art. 56. (Revogado pela Lei nº 13.165, de 2015)

Art. 57. (Revogado pela Lei nº 13.165, de 2015)

Art. 58. A requerimento de partido, o Juiz Eleitoral devolverá as fichas de filiação partidária existentes no cartório da respectiva Zona, devendo ser organizada a primeira relação de filiados, nos termos do art. 19, obedecidas as normas estatutárias.

Parágrafo único. Para efeito de candidatura a cargo eletivo será considerada como primeira filiação a constante das listas de que trata este artigo.

Art. 59. O art. 16 da Lei nº 3.071, de 1º de janeiro de 1916 (Código Civil), passa a vigorar com a seguinte redação:

"Art.16. ...

..

III - os partidos políticos.

..

§ 3º Os partidos políticos reger-se-ão pelo disposto, no que lhes for aplicável, nos arts. 17 a 22 deste Código e em lei específica."

Art. 60. Os artigos a seguir enumerados da Lei nº 6.015, de 31 de dezembro de 1973, passam a vigorar a seguinte redação:

"Art. 114. ..

..

III - os atos constitutivos e os estatutos dos partidos políticos.

..

Art. 120. O registro das sociedades, fundações e partidos políticos consistirá na declaração, feita em livro, pelo oficial, do número de ordem, da data da apresentação e da espécie do ato constitutivo, com as seguintes indicações:

...

Parágrafo único. Para o registro dos partidos políticos, serão obedecidos, além dos requisitos deste artigo, os estabelecidos em lei específica."

Art. 61. O Tribunal Superior Eleitoral expedirá instruções para a fiel execução desta Lei.

Art. 62. Esta Lei entra em vigor na data de sua publicação.

Art. 63. Ficam revogadas a Lei nº 5.682, de 21 de julho de 1971, e respectivas alterações; a Lei nº 6.341, de 5 de julho de 1976; a Lei nº 6.817, de 5 de setembro de 1980; a Lei nº 6.957, de 23 de novembro de 1981; o art. 16 da Lei nº 6.996, de 7 de junho de 1982; a Lei nº 7.307, de 9 de abril de 1985, e a Lei nº 7.514, de 9 de julho de 1986.

6. LEI Nº 9.504, DE 30 DE SETEMBRO DE 1997

Estabelece normas para as eleições.

O VICE PRESIDENTE DA REPÚBLICA no exercício do cargo de PRESIDENTE DA REPÚBLICA Faço saber que o Congresso Nacional decreta e eu sanciono a seguinte Lei:

Disposições Gerais

Art. 1º As eleições para Presidente e Vice-Presidente da República, Governador e Vice-Governador de Estado e do Distrito Federal, Prefeito e Vice-Prefeito, Senador, Deputado Federal, Deputado Estadual, Deputado Distrital e Vereador dar-se-ão, em todo o País, no primeiro domingo de outubro do ano respectivo.

Parágrafo único. Serão realizadas simultaneamente as eleições:

I - para Presidente e Vice-Presidente da República, Governador e Vice-Governador de Estado e do Distrito Federal, Senador, Deputado Federal, Deputado Estadual e Deputado Distrital;

II - para Prefeito, Vice-Prefeito e Vereador.

Art. 2º Será considerado eleito o candidato a Presidente ou a Governador que obtiver a maioria absoluta de votos, não computados os em branco e os nulos.

§ 1º Se nenhum candidato alcançar maioria absoluta na primeira votação, far-se-á nova eleição no último domingo de outubro, concorrendo os dois candidatos mais votados, e considerando-se eleito o que obtiver a maioria dos votos válidos.

§ 2º Se, antes de realizado o segundo turno, ocorrer morte, desistência ou impedimento legal de candidato, convocar-se-á, dentre os remanescentes, o de maior votação.

§ 3º Se, na hipótese dos parágrafos anteriores, remanescer em segundo lugar mais de um candidato com a mesma votação, qualificar-se-á o mais idoso.

§ 4º A eleição do Presidente importará a do candidato a Vice-Presidente com ele registrado, o mesmo se aplicando à eleição de Governador.

Art. 3º Será considerado eleito Prefeito o candidato que obtiver a maioria dos votos, não computados os em branco e os nulos.

§ 1º A eleição do Prefeito importará a do candidato a Vice-Prefeito com ele registrado.

§ 2º Nos Municípios com mais de duzentos mil eleitores, aplicar-se-ão as regras estabelecidas nos §§ 1º a 3º do artigo anterior.

Art. 4º Poderá participar das eleições o partido que, até seis meses antes do pleito, tenha registrado seu estatuto no Tribunal Superior Eleitoral, conforme o disposto em lei, e tenha, até a data da convenção, órgão de direção constituído na circunscrição, de acordo com o respectivo estatuto (Redação dada pela Lei nº 13.488, de 2017)

Art. 5º Nas eleições proporcionais, contam-se como válidos apenas os votos dados a candidatos regularmente inscritos e às legendas partidárias.

Das Coligações

Art. 6º É facultado aos partidos políticos, dentro da mesma circunscrição, celebrar coligações para eleição majoritária, proporcional, ou para ambas, podendo, neste último caso, formar-se mais de uma coligação para a eleição proporcional dentre os partidos que integram a coligação para o pleito majoritário.

§ 1º A coligação terá denominação própria, que poderá ser a junção de todas as siglas dos partidos que a integram, sendo a ela atribuídas as prerrogativas e obrigações de partido político no que se refere ao processo eleitoral, e devendo funcionar como um só partido no relacionamento com a Justiça Eleitoral e no trato dos interesses interpartidários.

§ 1º-A. A denominação da coligação não poderá coincidir, incluir ou fazer referência a nome ou número de candidato, nem conter pedido de voto para partido político. (Incluído pela Lei nº 12.034, de 2009)

§ 2º Na propaganda para eleição majoritária, a coligação usará, obrigatoriamente, sob sua denominação, as legendas de todos os partidos que a integram; na propaganda para eleição proporcional, cada partido usará apenas sua legenda sob o nome da coligação.

§ 3º Na formação de coligações, devem ser observadas, ainda, as seguintes normas:

I - na chapa da coligação, podem inscrever-se candidatos filiados a qualquer partido político dela integrante;

II - o pedido de registro dos candidatos deve ser subscrito pelos presidentes dos partidos coligados, por seus delegados, pela maioria dos membros dos respectivos órgãos executivos de direção ou por representante da coligação, na forma do inciso III;

III - os partidos integrantes da coligação devem designar um representante, que terá atribuições equivalentes às de presidente de partido político, no trato dos interesses e na representação da coligação, no que se refere ao processo eleitoral;

IV - a coligação será representada perante a Justiça Eleitoral pela pessoa designada na forma do inciso III ou por delegados indicados pelos partidos que a compõem, podendo nomear até:

a) três delegados perante o Juízo Eleitoral;

b) quatro delegados perante o Tribunal Regional Eleitoral;

c) cinco delegados perante o Tribunal Superior Eleitoral.

§ 4º O partido político coligado somente possui legitimidade para atuar de forma isolada no processo eleitoral quando questionar a validade da própria coligação, durante o período compreendido entre a data da convenção e o termo final do prazo para a impugnação do registro de candidatos. (Incluído pela Lei nº 12.034, de 2009)

§ 5º A responsabilidade pelo pagamento de multas decorrentes de propaganda eleitoral é solidária entre os candidatos e os respectivos partidos, não alcançando outros partidos mesmo quando integrantes de uma mesma coligação. (Incluído pela Lei nº 12.891, de 2013)

Das Convenções para a Escolha de Candidatos

Art. 7º As normas para a escolha e substituição dos candidatos e para a formação de coligações serão estabelecidas no estatuto do partido, observadas as disposições desta Lei.

§ 1º Em caso de omissão do estatuto, caberá ao órgão de direção nacional do partido estabelecer as normas a que se refere este artigo, publicando-as no Diário Oficial da União até cento e oitenta dias antes das eleições.

§ 2º Se a convenção partidária de nível inferior se opuser, na deliberação sobre coligações, às diretrizes legitimamente estabelecidas pelo órgão de direção nacional, nos termos do

respectivo estatuto, poderá esse órgão anular a deliberação e os atos dela decorrentes. (Redação dada pela Lei nº 12.034, de 2009)

§ 3º As anulações de deliberações dos atos decorrentes de convenção partidária, na condição acima estabelecida, deverão ser comunicadas à Justiça Eleitoral no prazo de 30 (trinta) dias após a data limite para o registro de candidatos. (Redação dada pela Lei nº 12.034, de 2009)

§ 4º Se, da anulação, decorrer a necessidade de escolha de novos candidatos, o pedido de registro deverá ser apresentado à Justiça Eleitoral nos 10 (dez) dias seguintes à deliberação, observado o disposto no art. 13. (Incluído pela Lei nº 12.034, de 2009)

Art. 8º A escolha dos candidatos pelos partidos e a deliberação sobre coligações deverão ser feitas no período de 20 de julho a 5 de agosto do ano em que se realizarem as eleições, lavrando-se a respectiva ata em livro aberto, rubricado pela Justiça Eleitoral, publicada em vinte e quatro horas em qualquer meio de comunicação. (Redação dada pela Lei nº 13.165, de 2015)

§ 1º Aos detentores de mandato de Deputado Federal, Estadual ou Distrital, ou de Vereador, e aos que tenham exercido esses cargos em qualquer período da legislatura que estiver em curso, é assegurado o registro de candidatura para o mesmo cargo pelo partido a que estejam filiados. (Vide ADIN - 2.530-9)

§ 2º Para a realização das convenções de escolha de candidatos, os partidos políticos poderão usar gratuitamente prédios públicos, responsabilizando-se por danos causados com a realização do evento.

Art. 9º Para concorrer às eleições, o candidato deverá possuir domicílio eleitoral na respectiva circunscrição pelo prazo de seis meses e estar com a filiação deferida pelo partido no mesmo prazo. (Redação dada pela Lei nº 13.488, de 2017)

Parágrafo único. Havendo fusão ou incorporação de partidos após o prazo estipulado no caput, será considerada, para efeito de filiação partidária, a data de filiação do candidato ao partido de origem.

Do Registro de Candidatos

Art. 10. Cada partido ou coligação poderá registrar candidatos para a Câmara dos Deputados, a Câmara Legislativa, as Assembleias Legislativas e as Câmaras Municipais no total de até 150% (cento e cinquenta por cento) do número de lugares a preencher, salvo: (Redação dada pela Lei nº 13.165, de 2015)

I - nas unidades da Federação em que o número de lugares a preencher para a Câmara dos Deputados não exceder a doze, nas quais cada partido ou coligação poderá registrar candidatos a Deputado Federal e a Deputado Estadual ou Distrital no total de até 200% (duzentos por cento) das respectivas vagas; (Incluído pela Lei nº 13.165, de 2015)

II - nos Municípios de até cem mil eleitores, nos quais cada coligação poderá registrar candidatos no total de até 200% (duzentos por cento) do número de lugares a preencher. (Incluído pela Lei nº 13.165, de 2015)

§ 1º (Revogado). (Redação dada pela Lei nº 13.165, de 2015)

§ 2º (Revogado). (Redação dada pela Lei nº 13.165, de 2015)

§ 3º Do número de vagas resultante das regras previstas neste artigo, cada partido ou coligação preencherá o mínimo de 30% (trinta por cento) e o máximo de 70% (setenta por cento) para candidaturas de cada sexo. (Redação dada pela Lei nº 12.034, de 2009)

§ 4º Em todos os cálculos, será sempre desprezada a fração, se inferior a meio, e igualada a um, se igual ou superior.

§ 5º No caso de as convenções para a escolha de candidatos não indicarem o número máximo de candidatos previsto no caput, os órgãos de direção dos partidos respectivos poderão preencher as vagas remanescentes até trinta dias antes do pleito. (Redação dada pela Lei nº 13.165, de 2015)

Art. 11. Os partidos e coligações solicitarão à Justiça Eleitoral o registro de seus candidatos até as dezenove horas do dia 15 de agosto do ano em que se realizarem as eleições. (Redação dada pela Lei nº 13.165, de 2015)

§ 1º O pedido de registro deve ser instruído com os seguintes documentos:

I - cópia da ata a que se refere o art. 8º;
II - autorização do candidato, por escrito;
III - prova de filiação partidária;
IV - declaração de bens, assinada pelo candidato;
V - cópia do título eleitoral ou certidão, fornecida pelo cartório eleitoral, de que o candidato é eleitor na circunscrição ou requereu sua inscrição ou transferência de domicílio no prazo previsto no art. 9º;
VI - certidão de quitação eleitoral;
VII - certidões criminais fornecidas pelos órgãos de distribuição da Justiça Eleitoral, Federal e Estadual;
VIII - fotografia do candidato, nas dimensões estabelecidas em instrução da Justiça Eleitoral, para efeito do disposto no § 1º do art. 59.
IX - propostas defendidas pelo candidato a Prefeito, a Governador de Estado e a Presidente da República. (Incluído pela Lei nº 12.034, de 2009)

§ 2º A idade mínima constitucionalmente estabelecida como condição de elegibilidade é verificada tendo por referência a data da posse, salvo quando fixada em dezoito anos, hipótese em que será aferida na data-limite para o pedido de registro. (Redação dada pela Lei nº 13.165, de 2015)

§ 3º Caso entenda necessário, o Juiz abrirá prazo de setenta e duas horas para diligências.

§ 4º Na hipótese de o partido ou coligação não requerer o registro de seus candidatos, estes poderão fazê-lo perante a Justiça Eleitoral, observado o prazo máximo de quarenta e oito horas seguintes à publicação da lista dos candidatos pela Justiça Eleitoral. (Redação dada pela Lei nº 12.034, de 2009)

§ 5º Até a data a que se refere este artigo, os Tribunais e Conselhos de Contas deverão tornar disponíveis à Justiça Eleitoral relação dos que tiveram suas contas relativas ao exercício de cargos ou funções públicas rejeitadas por irregularidade insanável e por decisão irrecorrível do órgão competente, ressalvados os casos em que a questão estiver sendo submetida à apreciação do Poder Judiciário, ou que haja sentença judicial favorável ao interessado.

§ 6º A Justiça Eleitoral possibilitará aos interessados acesso aos documentos apresentados para os fins do disposto no § 1º. (Incluído pela Lei nº 12.034, de 2009)

§ 7º A certidão de quitação eleitoral abrangerá exclusivamente a plenitude do gozo dos direitos políticos, o regular exercício do voto, o atendimento a convocações da Justiça Eleitoral para auxiliar nos trabalhos relativos ao pleito, a inexistência de multas aplicadas, em caráter definitivo, pela Justiça Eleitoral e não remitidas, e a apresentação de contas de campanha eleitoral. (Incluído pela Lei nº 12.034, de 2009)

§ 8º Para fins de expedição da certidão de que trata o § 7º, considerar-se-ão quites aqueles que: (Incluído pela Lei nº 12.034, de 2009)

I - condenados ao pagamento de multa, tenham, até a data da formalização do seu pedido de registro de candidatura, comprovado o pagamento ou o parcelamento da dívida regularmente cumprido; (Incluído pela Lei nº 12.034, de 2009)

II - pagarem a multa que lhes couber individualmente, excluindo-se qualquer modalidade de responsabilidade solidária, mesmo quando imposta concomitantemente com outros candidatos e em razão do mesmo fato. (Incluído pela Lei nº 12.034, de 2009)

III - o parcelamento das multas eleitorais é direito dos cidadãos e das pessoas jurídicas e pode ser feito em até sessenta meses, salvo quando o valor da parcela ultrapassar 5% (cinco por cento) da renda mensal, no caso de cidadão, ou 2% (dois por cento) do faturamento, no caso de pessoa jurídica, hipótese em que poderá estender-se

LEI Nº 9.504, DE 30 DE SETEMBRO DE 1997

por prazo superior, de modo que as parcelas não ultrapassem os referidos limites; (Redação dada pela Lei nº 13.488, de 2017)

IV - o parcelamento de multas eleitorais e de outras multas e débitos de natureza não eleitoral imputados pelo poder público é garantido também aos partidos políticos em até sessenta meses, salvo se o valor da parcela ultrapassar o limite de 2% (dois por cento) do repasse mensal do Fundo Partidário, hipótese em que poderá estender-se por prazo superior, de modo que as parcelas não ultrapassem o referido limite. (Incluído pela Lei nº 13.488, de 2017)

§ 9º A Justiça Eleitoral enviará aos partidos políticos, na respectiva circunscrição, até o dia 5 de junho do ano da eleição, a relação de todos os devedores de multa eleitoral, a qual embasará a expedição das certidões de quitação eleitoral. (Incluído pela Lei nº 12.034, de 2009)

§ 10. As condições de elegibilidade e as causas de inelegibilidade devem ser aferidas no momento da formalização do pedido de registro da candidatura, ressalvadas as alterações, fáticas ou jurídicas, supervenientes ao registro que afastem a inelegibilidade. (Incluído pela Lei nº 12.034, de 2009)

§ 11. A Justiça Eleitoral observará, no parcelamento a que se refere o § 8º deste artigo, as regras de parcelamento previstas na legislação tributária federal. (Incluído pela Lei nº 12.034, de 2009)

§ 12. (VETADO) (Incluído pela Lei nº 12.034, de 2009)

§ 13. Fica dispensada a apresentação pelo partido, coligação ou candidato de documentos produzidos a partir de informações detidas pela Justiça Eleitoral, entre eles os indicados nos incisos III, V e VI do § 1º deste artigo. (Incluído pela Lei nº 12.891, de 2013)

§ 14. É vedado o registro de candidatura avulsa, ainda que o requerente tenha filiação partidária. (Incluído pela Lei nº 13.488, de 2017)

§ 15. (VETADO). (Incluído pela Lei nº 13.877, de 2019)

Art. 12. O candidato às eleições proporcionais indicará, no pedido de registro, além de seu nome completo, as variações nominais com que deseja ser registrado, até o máximo de três opções, que poderão ser o prenome, sobrenome, cognome, nome abreviado, apelido ou nome pelo qual é mais conhecido, desde que não se estabeleça dúvida quanto à sua identidade, não atente contra o pudor e não seja ridículo ou irreverente, mencionando em que ordem de preferência deseja registrar-se.

§ 1º Verificada a ocorrência de homonímia, a Justiça Eleitoral procederá atendendo ao seguinte:

I - havendo dúvida, poderá exigir do candidato prova de que é conhecido por dada opção de nome, indicada no pedido de registro;

II - ao candidato que, na data máxima prevista para o registro, esteja exercendo mandato eletivo ou o tenha exercido nos últimos quatro anos, ou que nesse mesmo prazo se tenha candidatado com um dos nomes que indicou, será deferido o seu uso no registro, ficando outros candidatos impedidos de fazer propaganda com esse mesmo nome;

III - ao candidato que, pela sua vida política, social ou profissional, seja identificado por um dado nome que tenha indicado, será deferido o registro com esse nome, observado o disposto na parte final do inciso anterior;

IV - tratando-se de candidatos cuja homonímia não se resolva pelas regras dos dois incisos anteriores, a Justiça Eleitoral deverá notificá-los para que, em dois dias, cheguem a acordo sobre os respectivos nomes a serem usados;

V - não havendo acordo no caso do inciso anterior, a Justiça Eleitoral registrará cada candidato com o nome e sobrenome constantes do pedido de registro, observada a ordem de preferência ali definida.

§ 2º A Justiça Eleitoral poderá exigir do candidato prova de que é conhecido por determinada opção de nome por ele indicado, quando seu uso puder confundir o eleitor.

§ 3º A Justiça Eleitoral indeferirá todo pedido de variação de nome coincidente com nome de candidato a eleição majoritária, salvo para candidato que esteja exercendo mandato eletivo ou o tenha exercido nos últimos quatro anos, ou que, nesse mesmo prazo, tenha concorrido em eleição com o nome coincidente.

§ 4º Ao decidir sobre os pedidos de registro, a Justiça Eleitoral publicará as variações de nome deferidas aos candidatos.

§ 5º A Justiça Eleitoral organizará e publicará, até trinta dias antes da eleição, as seguintes relações, para uso na votação e apuração:

I - a primeira, ordenada por partidos, com a lista dos respectivos candidatos em ordem numérica, com as três variações de nome correspondentes a cada um, na ordem escolhida pelo candidato;

II - a segunda, com o índice onomástico e organizada em ordem alfabética, nela constando o nome completo de cada candidato e cada variação de nome, também em ordem alfabética, seguidos da respectiva legenda e número.

Art. 13. É facultado ao partido ou coligação substituir candidato que for considerado inelegível, renunciar ou falecer após o termo final do prazo do registro ou, ainda, tiver seu registro indeferido ou cancelado.

§ 1º A escolha do substituto far-se-á na forma estabelecida no estatuto do partido a que pertencer o substituído, e o registro deverá ser requerido até 10 (dez) dias contados do fato ou da notificação do partido da decisão judicial que deu origem à substituição. (Redação dada pela Lei nº 12.034, de 2009)

§ 2º Nas eleições majoritárias, se o candidato for de coligação, a substituição deverá fazer-se por decisão da maioria absoluta dos órgãos executivos de direção dos partidos coligados, podendo o substituto ser filiado a qualquer partido dela integrante, desde que o partido ao qual pertença o substituído renuncie ao direito de preferência.

§ 3º Tanto nas eleições majoritárias como nas proporcionais, a substituição só se efetivará se o novo pedido for apresentado até 20 (vinte) dias antes do pleito, exceto em caso de falecimento de candidato, quando a substituição poderá ser efetivada após esse prazo. (Redação dada pela Lei nº 12.891, de 2013)

Art. 14. Estão sujeitos ao cancelamento do registro os candidatos que, até a data da eleição, forem expulsos do partido, em processo no qual seja assegurada ampla defesa e sejam observadas as normas estatutárias.

Parágrafo único. O cancelamento do registro do candidato será decretado pela Justiça Eleitoral, após solicitação do partido.

Art. 15. A identificação numérica dos candidatos se dará mediante a observação dos seguintes critérios:

I - os candidatos aos cargos majoritários concorrerão com o número identificador do partido ao qual estiverem filiados;

II - os candidatos à Câmara dos Deputados concorrerão com o número do partido ao qual estiverem filiados, acrescido de dois algarismos à direita;

III - os candidatos às Assembléias Legislativas e à Câmara Distrital concorrerão com o número do partido ao qual estiverem filiados acrescido de três algarismos à direita;

IV - o Tribunal Superior Eleitoral baixará resolução sobre a numeração dos candidatos concorrentes às eleições municipais.

§ 1º Aos partidos fica assegurado o direito de manter os números atribuídos à sua legenda na eleição anterior, e aos candidatos, nesta hipótese, o direito de manter os números que lhes foram atribuídos na eleição anterior para o mesmo cargo.

§ 2º Aos candidatos a que se refere o § 1º do art. 8º, é permitido requerer novo número ao órgão de direção de seu partido,

independentemente do sorteio a que se refere o § 2º do art. 100 da Lei nº 4.737, de 15 de julho de 1965 - Código Eleitoral.

§ 3º Os candidatos de coligações, nas eleições majoritárias, serão registrados com o número de legenda do respectivo partido e, nas eleições proporcionais, com o número de legenda do respectivo partido acrescido do número que lhes couber, observado o disposto no parágrafo anterior.

Art. 16. Até vinte dias antes da data das eleições, os Tribunais Regionais Eleitorais enviarão ao Tribunal Superior Eleitoral, para fins de centralização e divulgação de dados, a relação dos candidatos às eleições majoritárias e proporcionais, da qual constará obrigatoriamente a referência ao sexo e ao cargo a que concorrem. (Redação dada pela Lei nº 13.165, de 2015)

§ 1º Até a data prevista no caput, todos os pedidos de registro de candidatos, inclusive os impugnados e os respectivos recursos, devem estar julgados pelas instâncias ordinárias, e publicadas as decisões a eles relativas. (Redação dada pela Lei nº 13.165, de 2015)

§ 2º Os processos de registro de candidaturas terão prioridade sobre quaisquer outros, devendo a Justiça Eleitoral adotar as providências necessárias para o cumprimento do prazo previsto no § 1º, inclusive com a realização de sessões extraordinárias e a convocação dos juízes suplentes pelos Tribunais, sem prejuízo da eventual aplicação do disposto no art. 97 e de representação ao Conselho Nacional de Justiça. (Incluído pela Lei nº 12.034, de 2009)

Art. 16-A. O candidato cujo registro esteja sub judice poderá efetuar todos os atos relativos à campanha eleitoral, inclusive utilizar o horário eleitoral gratuito no rádio e na televisão e ter seu nome mantido na urna eletrônica enquanto estiver sob essa condição, ficando a validade dos votos a ele atribuídos condicionada ao deferimento de seu registro por instância superior. (Incluído pela Lei nº 12.034, de 2009)

Parágrafo único. O cômputo, para o respectivo partido ou coligação, dos votos atribuídos ao candidato cujo registro esteja sub judice no dia da eleição fica condicionado ao deferimento do registro do candidato. (Incluído pela Lei nº 12.034, de 2009)

Art. 16-B. O disposto no art. 16-A quanto ao direito de participar da campanha eleitoral, inclusive utilizar o horário eleitoral gratuito, aplica-se igualmente ao candidato cujo pedido de registro tenha sido protocolado no prazo legal e ainda não tenha sido apreciado pela Justiça Eleitoral. (Incluído pela Lei nº 12.891, de 2013)

Do Fundo Especial de Financiamento de Campanha (FEFC) (Incluído pela Lei nº 13.487, de 2017)

Art. 16-C. O Fundo Especial de Financiamento de Campanha (FEFC) é constituído por dotações orçamentárias da União em ano eleitoral, em valor ao menos equivalente: (Incluído pela Lei nº 13.487, de 2017)

I - ao definido pelo Tribunal Superior Eleitoral, a cada eleição, com base nos parâmetros definidos em lei; (Incluído pela Lei nº 13.487, de 2017)

II - ao percentual do montante total dos recursos da reserva específica a programações decorrentes de emendas de bancada estadual impositiva, que será encaminhado no projeto de lei orçamentária anual. (Redação dada pela Lei nº 13.877, de 2019)

§ 1º (VETADO). (Incluído pela Lei nº 13.487, de 2017)

§ 2º O Tesouro Nacional depositará os recursos no Banco do Brasil, em conta especial à disposição do Tribunal Superior Eleitoral, até o primeiro dia útil do mês de junho do ano do pleito. (Incluído pela Lei nº 13.487, de 2017)

§ 3º Nos quinze dias subsequentes ao depósito, o Tribunal Superior Eleitoral: (Incluído pela Lei nº 13.487, de 2017)

I - divulgará o montante de recursos disponíveis no Fundo Eleitoral; e (Incluído pela Lei nº 13.487, de 2017)

II - (VETADO). (Incluído pela Lei nº 13.487, de 2017)

§ 4º (VETADO). (Incluído pela Lei nº 13.487, de 2017)

§ 5º (VETADO). (Incluído pela Lei nº 13.487, de 2017)

§ 6º (VETADO). (Incluído pela Lei nº 13.487, de 2017)

§ 7º Os recursos de que trata este artigo ficarão à disposição do partido político somente após a definição de critérios para a sua distribuição, os quais, aprovados pela maioria absoluta dos membros do órgão de direção executiva nacional do partido, serão divulgados publicamente. (Incluído pela Lei nº 13.487, de 2017)

§ 8º (VETADO). (Incluído pela Lei nº 13.487, de 2017)

§ 9º (VETADO). (Incluído pela Lei nº 13.487, de 2017)

§ 10. (VETADO). (Incluído pela Lei nº 13.487, de 2017)

§ 11. Os recursos provenientes do Fundo Especial de Financiamento de Campanha que não forem utilizados nas campanhas eleitorais deverão ser devolvidos ao Tesouro Nacional, integralmente, no momento da apresentação da respectiva prestação de contas. (Incluído pela Lei nº 13.487, de 2017)

§ 12. (VETADO). (Incluído pela Lei nº 13.487, de 2017)

§ 13. (VETADO). (Incluído pela Lei nº 13.487, de 2017)

§ 14. (VETADO). (Incluído pela Lei nº 13.487, de 2017)

§ 15. O percentual dos recursos a que se refere o inciso II do caput deste artigo poderá ser reduzido mediante compensação decorrente do remanejamento, se existirem, de dotações em excesso destinadas ao Poder Legislativo. (Incluído pela Lei nº 13.487, de 2017)

§ 16. Os partidos podem comunicar ao Tribunal Superior Eleitoral até o 1º (primeiro) dia útil do mês de junho a renúncia ao FEFC, vedada a redistribuição desses recursos aos demais partidos. (Incluído pela Lei nº 13.877, de 2019)

Art. 16-D. Os recursos do Fundo Especial de Financiamento de Campanha (FEFC), para o primeiro turno das eleições, serão distribuídos entre os partidos políticos, obedecidos os seguintes critérios: (Incluído pela Lei nº 13.488, de 2017)

I - 2% (dois por cento), divididos igualitariamente entre todos os partidos com estatutos registrados no Tribunal Superior Eleitoral; (Incluído pela Lei nº 13.488, de 2017)

II - 35% (trinta e cinco por cento), divididos entre os partidos que tenham pelo menos um representante na Câmara dos Deputados, na proporção do percentual de votos por eles obtidos na última eleição geral para a Câmara dos Deputados; (Incluído pela Lei nº 13.488, de 2017)

III - 48% (quarenta e oito por cento), divididos entre os partidos, na proporção do número de representantes na Câmara dos Deputados, consideradas as legendas dos titulares; (Incluído pela Lei nº 13.488, de 2017)

IV - 15% (quinze por cento), divididos entre os partidos, na proporção do número de representantes no Senado Federal, consideradas as legendas dos titulares. (Incluído pela Lei nº 13.488, de 2017)

§ 1º (VETADO). (Incluído pela Lei nº 13.488, de 2017)

§ 2º Para que o candidato tenha acesso aos recursos do Fundo a que se refere este artigo, deverá fazer requerimento por escrito ao órgão partidário respectivo. (Incluído pela Lei nº 13.488, de 2017)

§ 3º Para fins do disposto no inciso III do caput deste artigo, a distribuição dos recursos entre os partidos terá por base o número de representantes eleitos para a Câmara dos Deputados na última eleição geral, ressalvados os casos dos detentores de mandato que migraram em razão de o partido pelo qual foram eleitos não ter cumprido os requisitos previstos no § 3º do art. 17 da Constituição Federal. (Incluído pela Lei nº 13.877, de 2019)

§ 4º Para fins do disposto no inciso IV do caput deste artigo, a distribuição dos recursos entre os partidos terá por base o número de representantes eleitos para o Senado Federal na última eleição geral, bem como os Senadores filiados ao partido que, na data da última eleição geral, encontravam-se no 1º (primeiro) quadriênio de seus mandatos. (Incluído pela Lei nº 13.877, de 2019)

Da Arrecadação e da Aplicação de Recursos nas Campanhas Eleitorais

Art. 17. As despesas da campanha eleitoral serão realizadas sob a responsabilidade dos partidos, ou de seus candidatos, e financiadas na forma desta Lei.

Art. 18. Os limites de gastos de campanha serão definidos em lei e divulgados pelo Tribunal Superior Eleitoral. (Redação dada pela Lei nº 13.488, de 2017)

§ 1º (Revogado). (Redação dada pela Lei nº 13.165, de 2015)

§ 2º (Revogado). (Redação dada pela Lei nº 13.165, de 2015)

Art. 18-A. Serão contabilizadas nos limites de gastos de cada campanha as despesas efetuadas pelos candidatos e as efetuadas pelos partidos que puderem ser individualizadas. (Incluído pela Lei nº 13.165, de 2015)

Parágrafo único. Para fins do disposto no caput deste artigo, os gastos advocatícios e de contabilidade referentes a consultoria, assessoria e honorários, relacionados à prestação de serviços em campanhas eleitorais e em favor destas, bem como em processo judicial decorrente de defesa de interesses de candidato ou partido político, não estão sujeitos a limites de gastos ou a limites que possam impor dificuldade ao exercício da ampla defesa. (Incluído pela Lei nº 13.877, de 2019)

Art. 18-B. O descumprimento dos limites de gastos fixados para cada campanha acarretará o pagamento de multa em valor equivalente a 100% (cem por cento) da quantia que ultrapassar o limite estabelecido, sem prejuízo da apuração da ocorrência de abuso do poder econômico. (Incluído pela Lei nº 13.165, de 2015)

Art. 18-C. O limite de gastos nas campanhas dos candidatos às eleições para prefeito e vereador, na respectiva circunscrição, será equivalente ao limite para os respectivos cargos nas eleições de 2016, atualizado pelo Índice Nacional de Preços ao Consumidor Amplo (IPCA), aferido pela Fundação Instituto Brasileiro de Geografia e Estatística (IBGE), ou por índice que o substituir. (Incluído pela Lei nº 13.878, de 2019)

Parágrafo único. Nas campanhas para segundo turno das eleições para prefeito, onde houver, o limite de gastos de cada candidato será de 40% (quarenta por cento) do limite previsto no caput deste artigo. (Incluído pela Lei nº 13.878, de 2019)

Art. 19. (Revogado pela Lei nº 13.165, de 2015)

Art. 20. O candidato a cargo eletivo fará, diretamente ou por intermédio de pessoa por ele designada, a administração financeira de sua campanha usando recursos repassados pelo partido, inclusive os relativos à cota do Fundo Partidário, recursos próprios ou doações de pessoas físicas, na forma estabelecida nesta Lei. (Redação dada pela Lei nº 13.165, de 2015)

Art. 21. O candidato é solidariamente responsável com a pessoa indicada na forma do art. 20 desta Lei pela veracidade das informações financeiras e contábeis de sua campanha, devendo ambos assinar a respectiva prestação de contas. (Redação dada pela Lei nº 11.300, de 2006)

Art. 22. É obrigatório para o partido e para os candidatos abrir conta bancária específica para registrar todo o movimento financeiro da campanha.

§ 1º Os bancos são obrigados a: (Redação dada pela Lei nº 12.891, de 2013)

I - acatar, em até três dias, o pedido de abertura de conta de qualquer candidato escolhido em convenção, sendo-lhes vedado condicioná-la a depósito mínimo e à cobrança de taxas ou de outras despesas de manutenção; (Redação dada pela Lei nº 13.165, de 2015)

II - identificar, nos extratos bancários das contas correntes a que se refere o caput, o CPF ou o CNPJ do doador. (Incluído pela Lei nº 12.891, de 2013)

III - encerrar a conta bancária no final do ano da eleição, transferindo a totalidade do saldo existente para a conta bancária do órgão de direção indicado pelo partido, na forma prevista no art. 31, e informar o fato à Justiça Eleitoral. (Incluído pela Lei nº 13.165, de 2015)

§ 2º O disposto neste artigo não se aplica aos casos de candidatura para Prefeito e Vereador em Municípios onde não haja agência bancária ou posto de atendimento bancário. (Redação dada pela Lei nº 13.165, de 2015)

§ 3º O uso de recursos financeiros para pagamentos de gastos eleitorais que não provenham da conta específica de que trata o caput deste artigo implicará a desaprovação da prestação de contas do partido ou candidato; comprovado abuso de poder econômico, será cancelado o registro da candidatura ou cassado o diploma, se já houver sido outorgado. (Incluído pela Lei nº 11.300, de 2006)

§ 4º Rejeitadas as contas, a Justiça Eleitoral remeterá cópia de todo o processo ao Ministério Público Eleitoral para os fins previstos no art. 22 da Lei Complementar no 64, de 18 de maio de 1990. (Incluído pela Lei nº 11.300, de 2006)

Art. 22-A. Os candidatos estão obrigados à inscrição no Cadastro Nacional da Pessoa Jurídica - CNPJ. (Redação dada pela Lei nº 13.165, de 2015)

§ 1º Após o recebimento do pedido de registro da candidatura, a Justiça Eleitoral deverá fornecer em até 3 (três) dias úteis, o número de registro de CNPJ. (Incluído pela Lei nº 12.034, de 2009)

§ 2º Cumprido o disposto no § 1º deste artigo e no § 1º do art. 22, ficam os candidatos autorizados a promover a arrecadação de recursos financeiros e a realizar as despesas necessárias à campanha eleitoral. (Redação dada pela Lei nº 13.165, de 2015)

§ 3º Desde o dia 15 de maio do ano eleitoral, é facultada aos pré-candidatos a arrecadação prévia de recursos na modalidade prevista no inciso IV do § 4º do art. 23 desta Lei, mas a liberação de recursos por parte das entidades arrecadadoras fica condicionada ao registro da candidatura, e a realização de despesas de campanha deverá observar o calendário eleitoral. (Incluído pela Lei nº 13.488, de 2017)

§ 4º Na hipótese prevista no § 3º deste artigo, se não for efetivado o registro da candidatura, as entidades arrecadadoras deverão devolver os valores arrecadados aos doadores. (Incluído pela Lei nº 13.488, de 2017)

Art. 23. Pessoas físicas poderão fazer doações em dinheiro ou estimáveis em dinheiro para campanhas eleitorais, obedecido o disposto nesta Lei. (Redação dada pela Lei nº 12.034, de 2009)

§ 1º As doações e contribuições de que trata este artigo ficam limitadas a 10% (dez por cento) dos rendimentos brutos auferidos pelo doador no ano anterior à eleição. (Redação dada pela Lei nº 13.165, de 2015)

I - (revogado); (Redação dada pela Lei nº 13.165, de 2015)

II - (revogado). (Redação dada pela Lei nº 13.165, de 2015)

§ 1º-A (Revogado pela lei nº 13.488, de 2017)

§ 1º-B - (VETADO) (Incluído pela Lei nº 13.165, de 2015)

§ 2º As doações estimáveis em dinheiro a candidato específico, comitê ou partido deverão ser feitas mediante recibo, assinado pelo doador, exceto na hipótese prevista no § 6º do art. 28. (Redação dada pela Lei nº 12.891, de 2013)

§ 2º-A. O candidato poderá usar recursos próprios em sua campanha até o total de 10% (dez por cento) dos limites previstos para gastos de campanha no cargo em que concorrer. (Incluído pela Lei nº 13.878, de 2019)

§ 3º A doação de quantia acima dos limites fixados neste artigo sujeita o infrator ao pagamento de multa no valor de até 100% (cem por cento) da quantia em excesso. (Redação dada pela Lei nº 13.488, de 2017)

§ 4º As doações de recursos financeiros somente poderão ser efetuadas na conta mencionada no art. 22 desta Lei por meio de: (Redação dada pela Lei nº 11.300, de 2006)

I - cheques cruzados e nominais ou transferência eletrônica de depósitos; (Incluído pela Lei nº 11.300, de 2006)

II - depósitos em espécie devidamente identificados até o limite fixado no inciso I do § 1º deste artigo. (Incluído pela Lei nº 11.300, de 2006)

III - mecanismo disponível em sítio do candidato, partido ou coligação na internet, permitindo inclusive o uso de cartão de crédito, e que deverá atender aos seguintes requisitos: (Incluído pela Lei nº 12.034, de 2009)

a) identificação do doador; (Incluído pela Lei nº 12.034, de 2009)

b) emissão obrigatória de recibo eleitoral para cada doação realizada. (Incluído pela Lei nº 12.034, de 2009)

IV - instituições que promovam técnicas e serviços de financiamento coletivo por meio de sítios na internet, aplicativos eletrônicos e outros recursos similares, que deverão atender aos seguintes requisitos: (Incluído pela Lei nº 13.488, de 2017)

a) cadastro prévio na Justiça Eleitoral, que estabelecerá regulamentação para prestação de contas, fiscalização instantânea das doações, contas intermediárias, se houver, e repasses aos candidatos; (Incluído pela Lei nº 13.488, de 2017)

b) identificação obrigatória, com o nome completo e o número de inscrição no Cadastro de Pessoas Físicas (CPF) de cada um dos doadores e das quantias doadas; (Incluído pela Lei nº 13.488, de 2017)

c) disponibilização em sítio eletrônico de lista com identificação dos doadores e das respectivas quantias doadas, a ser atualizada instantaneamente a cada nova doação; (Incluído pela Lei nº 13.488, de 2017)

d) emissão obrigatória de recibo para o doador, relativo a cada doação realizada, sob a responsabilidade da entidade arrecadadora, com envio imediato para a Justiça Eleitoral e para o candidato de todas as informações relativas à doação; (Incluído pela Lei nº 13.488, de 2017)

e) ampla ciência a candidatos e eleitores acerca das taxas administrativas a serem cobradas pela realização do serviço; (Incluído pela Lei nº 13.488, de 2017)

f) não incidência em quaisquer das hipóteses listadas no art. 24 desta Lei; (Incluído pela Lei nº 13.488, de 2017)

g) observância do calendário eleitoral, especialmente no que diz respeito ao início do período de arrecadação financeira, nos termos dispostos no § 2º do art. 22-A desta Lei; (Incluído pela Lei nº 13.488, de 2017)

h) observância dos dispositivos desta Lei relacionados à propaganda na internet; (Incluído pela Lei nº 13.488, de 2017)

V - comercialização de bens e/ou serviços, ou promoção de eventos de arrecadação realizados diretamente pelo candidato ou pelo partido político. (Incluído pela Lei nº 13.488, de 2017)

§ 4º-A Na prestação de contas das doações mencionadas no § 4º deste artigo, é dispensada a apresentação de recibo eleitoral, e sua comprovação deverá ser realizada por meio de documento bancário que identifique o CPF dos doadores. (Incluído pela Lei nº 13.488, de 2017)

§ 4º-B As doações realizadas por meio das modalidades previstas nos incisos III e IV do § 4º deste artigo devem ser informadas à Justiça Eleitoral pelos candidatos e partidos no prazo previsto no inciso I do § 4º do art. 28 desta Lei, contado a partir do momento em que os recursos arrecadados forem depositados nas contas bancárias dos candidatos, partidos ou coligações. (Incluído pela Lei nº 13.488, de 2017)

§ 5º Ficam vedadas quaisquer doações em dinheiro, bem como de troféus, prêmios, ajudas de qualquer espécie feitas por candidato, entre o registro e a eleição, a pessoas físicas ou jurídicas. (Incluído pela Lei nº 11.300, de 2006)

§ 6º Na hipótese de doações realizadas por meio das modalidades previstas nos incisos III e IV do § 4º deste artigo, fraudes ou erros cometidos pelo doador sem conhecimento dos candidatos, partidos ou coligações não ensejarão a responsabilidade destes nem a rejeição de suas contas eleitorais. (Redação dada pela Lei nº 13.488, de 2017)

§ 7º O limite previsto no § 1º deste artigo não se aplica a doações estimáveis em dinheiro relativas à utilização de bens móveis ou imóveis de propriedade do doador ou à prestação de serviços próprios, desde que o valor estimado não ultrapasse R$ 40.000,00 (quarenta mil reais) por doador. (Redação dada pela Lei nº 13.488, de 2017)

§ 8º Ficam autorizadas a participar das transações relativas às modalidades de doações previstas nos incisos III e IV do § 4º deste artigo todas as instituições que atendam, nos termos da lei e da regulamentação expedida pelo Banco Central, aos critérios para operar arranjos de pagamento. (Incluído pela Lei nº 13.488, de 2017)

§ 9º As instituições financeiras e de pagamento não poderão recusar a utilização de cartões de débito e de crédito como meio de doações eleitorais de pessoas físicas. (Incluído pela Lei nº 13.488, de 2017)

§ 10. O pagamento efetuado por pessoas físicas, candidatos ou partidos em decorrência de honorários de serviços advocatícios e de contabilidade, relacionados à prestação de serviços em campanhas eleitorais e em favor destas, bem como em processo judicial decorrente de defesa de interesses de candidato ou partido político, não será considerado para a aferição do limite previsto no § 1º deste artigo e não constitui doação de bens e serviços estimáveis em dinheiro. (Incluído pela Lei nº 13.877, de 2019)

Art. 24. É vedado, a partido e candidato, receber direta ou indiretamente doação em dinheiro ou estimável em dinheiro, inclusive por meio de publicidade de qualquer espécie, procedente de:

I - entidade ou governo estrangeiro;

II - órgão da administração pública direta e indireta ou fundação mantida com recursos provenientes do Poder Público;

III - concessionário ou permissionário de serviço público;

IV - entidade de direito privado que receba, na condição de beneficiária, contribuição compulsória em virtude de disposição legal;

V - entidade de utilidade pública;

VI - entidade de classe ou sindical;

VII - pessoa jurídica sem fins lucrativos que receba recursos do exterior.

VIII - entidades beneficentes e religiosas; (Incluído pela Lei nº 11.300, de 2006)

IX - entidades esportivas; (Redação dada pela Lei nº 12.034, de 2009)

X - organizações não-governamentais que recebam recursos públicos; (Incluído pela Lei nº 11.300, de 2006)

XI - organizações da sociedade civil de interesse público. (Incluído pela Lei nº 11.300, de 2006)

XII - (VETADO). (Incluído pela Lei nº 13.165, de 2015)

§ 1º Não se incluem nas vedações de que trata este artigo as cooperativas cujos cooperados não sejam concessionários ou permissionários de serviços públicos, desde que não estejam sendo beneficiadas com recursos públicos, observado o disposto no art. 81. (Redação dada pela Lei nº 13.165, de 2015)

§ 2º (VETADO). (Incluído pela Lei nº 13.165, de 2015)

§ 3º (VETADO). (Incluído pela Lei nº 13.165, de 2015)

§ 4º O partido ou candidato que receber recursos provenientes de fontes vedadas ou de origem não identificada deverá

proceder à devolução dos valores recebidos ou, não sendo possível a identificação da fonte, transferi-los para a conta única do Tesouro Nacional. (Incluído pela Lei nº 13.165, de 2015)

Art. 24-A. (VETADO). (Incluído pela Lei nº 13.165, de 2015)

Art. 24-B. (VETADO). (Incluído pela Lei nº 13.165, de 2015)

Art. 24-C. O limite de doação previsto no § 1º do art. 23 será apurado anualmente pelo Tribunal Superior Eleitoral e pela Secretaria da Receita Federal do Brasil. (Incluído pela Lei nº 13.165, de 2015)

§ 1º O Tribunal Superior Eleitoral deverá consolidar as informações sobre as doações registradas até 31 de dezembro do exercício financeiro a ser apurado, considerando: (Incluído pela Lei nº 13.165, de 2015)

I - as prestações de contas anuais dos partidos políticos, entregues à Justiça Eleitoral até 30 de abril do ano subsequente ao da apuração, nos termos do art. 32 da Lei no 9.096, de 19 de setembro de 1995; (Incluído pela Lei nº 13.165, de 2015)

II - as prestações de contas dos candidatos às eleições ordinárias ou suplementares que tenham ocorrido no exercício financeiro a ser apurado. (Incluído pela Lei nº 13.165, de 2015)

§ 2º O Tribunal Superior Eleitoral, após a consolidação das informações sobre os valores doados e apurados, encaminhá-las-á à Secretaria da Receita Federal do Brasil até 30 de maio do ano seguinte ao da apuração. (Incluído pela Lei nº 13.165, de 2015)

§ 3º A Secretaria da Receita Federal do Brasil fará o cruzamento dos valores doados com os rendimentos da pessoa física e, apurando indício de excesso, comunicará o fato, até 30 de julho do ano seguinte ao da apuração, ao Ministério Público Eleitoral, que poderá, até o final do exercício financeiro, apresentar representação com vistas à aplicação da penalidade prevista no art. 23 e de outras sanções que julgar cabíveis. (Incluído pela Lei nº 13.165, de 2015)

Art 25. O partido que descumprir as normas referentes à arrecadação e aplicação de recursos fixadas nesta Lei perderá o direito ao recebimento da quota do Fundo Partidário do ano seguinte, sem prejuízo de responderem os candidatos beneficiados por abuso do poder econômico.

Parágrafo único. A sanção de suspensão do repasse de novas quotas do Fundo Partidário, por desaprovação total ou parcial da prestação de contas do candidato, deverá ser aplicada de forma proporcional e razoável, pelo período de 1 (um) mês a 12 (doze) meses, ou por meio do desconto, do valor a ser repassado, na importância apontada como irregular, não podendo ser aplicada a sanção de suspensão, caso a prestação de contas não seja julgada, pelo juízo ou tribunal competente, após 5 (cinco) anos de sua apresentação. (Incluído pela Lei nº 12.034, de 2009)

Art. 26. São considerados gastos eleitorais, sujeitos a registro e aos limites fixados nesta Lei: (Redação dada pela Lei nº 11.300, de 2006)

I - confecção de material impresso de qualquer natureza e tamanho, observado o disposto no § 3º do art. 38 desta Lei; (Redação dada pela Lei nº 12.891, de 2013)

II - propaganda e publicidade direta ou indireta, por qualquer meio de divulgação, destinada a conquistar votos;

III - aluguel de locais para a promoção de atos de campanha eleitoral;

IV - despesas com transporte ou deslocamento de candidato e de pessoal a serviço das candidaturas, observadas as exceções previstas no § 3º deste artigo. (Redação dada pela Lei nº 13.488, de 2017)

V - correspondência e despesas postais;

VI - despesas de instalação, organização e funcionamento de Comitês e serviços necessários às eleições;

VII - remuneração ou gratificação de qualquer espécie a pessoal que preste serviços às candidaturas ou aos comitês eleitorais;

VIII - montagem e operação de carros de som, de propaganda e assemelhados;

IX - a realização de comícios ou eventos destinados à promoção de candidatura; (Redação dada pela Lei nº 11.300, de 2006)

X - produção de programas de rádio, televisão ou vídeo, inclusive os destinados à propaganda gratuita;

XI - (Revogado); (Redação dada pela Lei nº 11.300, de 2006)

XII - realização de pesquisas ou testes pré-eleitorais;

XIII - (Revogado); (Redação dada pela Lei nº 11.300, de 2006)

XIV - (revogado); (Redação dada pela Lei nº 12.891, de 2013)

XV - custos com a criação e inclusão de sítios na internet e com o impulsionamento de conteúdos contratados diretamente com provedor da aplicação de internet com sede e foro no País; (Redação dada pela Lei nº 13.488, de 2017)

§ 1º São estabelecidos os seguintes limites com relação ao total do gasto da campanha: (Redação dada pela Lei nº 13.488, de 2017)

I - alimentação do pessoal que presta serviços às candidaturas ou aos comitês eleitorais: 10% (dez por cento); (Incluído pela Lei nº 12.891, de 2013)

II - aluguel de veículos automotores: 20% (vinte por cento). (Incluído pela Lei nº 12.891, de 2013)

§ 2º Para os fins desta Lei, inclui-se entre as formas de impulsionamento de conteúdo a priorização paga de conteúdos resultantes de aplicações de busca na internet. (Incluído dada pela Lei nº 13.488, de 2017)

§ 3º Não são consideradas gastos eleitorais nem se sujeitam a prestação de contas as seguintes despesas de natureza pessoal do candidato: (Incluído dada pela Lei nº 13.488, de 2017)

a) combustível e manutenção de veículo automotor usado pelo candidato na campanha; (Incluído dada pela Lei nº 13.488, de 2017)

b) remuneração, alimentação e hospedagem do condutor do veículo a que se refere a alínea a deste parágrafo; (Incluído dada pela Lei nº 13.488, de 2017)

c) alimentação e hospedagem própria; (Incluído dada pela Lei nº 13.488, de 2017)

d) uso de linhas telefônicas registradas em seu nome como pessoa física, até o limite de três linhas (Incluído dada pela Lei nº 13.488, de 2017)

§ 4º As despesas com consultoria, assessoria e pagamento de honorários realizadas em decorrência da prestação de serviços advocatícios e de contabilidade no curso das campanhas eleitorais serão consideradas gastos eleitorais, mas serão excluídas do limite de gastos de campanha. (Incluído pela Lei nº 13.877, de 2019)

§ 5º Para fins de pagamento das despesas de que trata este artigo, inclusive as do § 4º deste artigo, poderão ser utilizados recursos da campanha, do candidato, do fundo partidário ou do FEFC. (Incluído pela Lei nº 13.877, de 2019)

§ 6º Os recursos originados do fundo de que trata o art. 16-C desta Lei utilizados para pagamento das despesas previstas no § 4º deste artigo serão informados em anexo à prestação de contas dos candidatos. (Incluído pela Lei nº 13.877, de 2019)

Art. 27. Qualquer eleitor poderá realizar gastos, em apoio a candidato de sua preferência, até a quantia equivalente a um mil UFIR, não sujeitos a contabilização, desde que não reembolsados.

§ 1º Fica excluído do limite previsto no caput deste artigo o pagamento de honorários decorrentes da prestação de serviços advocatícios e de contabilidade, relacionados às campanhas eleitorais e em favor destas. (Incluído pela Lei nº 13.877, de 2019)

§ 2º Para fins do previsto no § 1º deste artigo, o pagamento efetuado por terceiro não compreende doação eleitoral. (Incluído pela Lei nº 13.877, de 2019)

Da Prestação de Contas

Art. 28. A prestação de contas será feita:

I - no caso dos candidatos às eleições majoritárias, na forma disciplinada pela Justiça Eleitoral;

II - no caso dos candidatos às eleições proporcionais, de acordo com os modelos constantes do Anexo desta Lei.

§ 1º As prestações de contas dos candidatos às eleições majoritárias serão feitas pelo próprio candidato, devendo ser acompanhadas dos extratos das contas bancárias referentes à movimentação dos recursos financeiros usados na campanha e da relação dos cheques recebidos, com a indicação dos respectivos números, valores e emitentes. (Redação dada pela Lei nº 13.165, de 2015)

§ 2º As prestações de contas dos candidatos às eleições proporcionais serão feitas pelo próprio candidato. (Redação dada pela Lei nº 13.165, de 2015)

§ 3º As contribuições, doações e as receitas de que trata esta Lei serão convertidas em UFIR, pelo valor desta no mês em que ocorrerem.

§ 4º Os partidos políticos, as coligações e os candidatos são obrigados, durante as campanhas eleitorais, a divulgar em sítio criado pela Justiça Eleitoral para esse fim na rede mundial de computadores (internet): (Redação dada pela Lei nº 13.165, de 2015)

I - os recursos em dinheiro recebidos para financiamento de sua campanha eleitoral, em até 72 (setenta e duas) horas de seu recebimento; (Incluído pela Lei nº 13.165, de 2015)

II - no dia 15 de setembro, relatório discriminando as transferências do Fundo Partidário, os recursos em dinheiro e os estimáveis em dinheiro recebidos, bem como os gastos realizados. (Incluído pela Lei nº 13.165, de 2015)

§ 5º (VETADO). (Incluído pela Lei nº 12.891, de 2013)

§ 6º Ficam também dispensadas de comprovação na prestação de contas: (Incluído pela Lei nº 12.891, de 2013)

I - a cessão de bens móveis, limitada ao valor de R$ 4.000,00 (quatro mil reais) por pessoa cedente; (Incluído pela Lei nº 12.891, de 2013)

II - doações estimáveis em dinheiro entre candidatos ou partidos, decorrentes do uso comum tanto de sedes quanto de materiais de propaganda eleitoral, cujo gasto deverá ser registrado na prestação de contas do responsável pelo pagamento da despesa. (Redação dada pela Lei nº 13.165, de 2015)

III - a cessão de automóvel de propriedade do candidato, do cônjuge e de seus parentes até o terceiro grau para seu uso pessoal durante a campanha. (Incluído dada pela Lei nº 13.488, de 2017)

§ 7º As informações sobre os recursos recebidos a que se refere o § 4º deverão ser divulgadas com a indicação dos nomes, do CPF ou CNPJ dos doadores e dos respectivos valores doados. (Incluído pela Lei nº 13.165, de 2015)

§ 8º Os gastos com passagens aéreas efetuados nas campanhas eleitorais serão comprovados mediante a apresentação de fatura ou duplicata emitida por agência de viagem, quando for o caso, desde que informados os beneficiários, as datas e os itinerários, vedada a exigência de apresentação de qualquer outro documento para esse fim. (Incluído pela Lei nº 13.165, de 2015)

§ 9º A Justiça Eleitoral adotará sistema simplificado de prestação de contas para candidatos que apresentarem movimentação financeira correspondente a, no máximo, R$ 20.000,00 (vinte mil reais), atualizados monetariamente, a cada eleição, pelo Índice Nacional de Preços ao Consumidor - INPC da Fundação Instituto Brasileiro de Geografia e Estatística - IBGE ou por índice que o substituir. (Incluído pela Lei nº 13.165, de 2015)

§ 10. O sistema simplificado referido no § 9º deverá conter, pelo menos: (Incluído pela Lei nº 13.165, de 2015)

I - identificação das doações recebidas, com os nomes, o CPF ou CNPJ dos doadores e os respectivos valores recebidos; (Incluído pela Lei nº 13.165, de 2015)

II - identificação das despesas realizadas, com os nomes e o CPF ou CNPJ dos fornecedores de material e dos prestadores dos serviços realizados; (Incluído pela Lei nº 13.165, de 2015)

III - registro das eventuais sobras ou dívidas de campanha. (Incluído pela Lei nº 13.165, de 2015)

§ 11. Nas eleições para Prefeito e Vereador de Municípios com menos de cinquenta mil eleitores, a prestação de contas será feita sempre pelo sistema simplificado a que se referem os §§ 9º e 10. (Incluído pela Lei nº 13.165, de 2015)

§ 12. Os valores transferidos pelos partidos políticos oriundos de doações serão registrados na prestação de contas dos candidatos como transferência dos partidos e, na prestação de contas anual dos partidos, como transferência aos candidatos. (Redação dada pela Lei nº 13.877, de 2019)

Art. 29. Ao receber as prestações de contas e demais informações dos candidatos às eleições majoritárias e dos candidatos às eleições proporcionais que optarem por prestar contas por seu intermédio, os comitês deverão:

I - (revogado); (Redação dada pela Lei nº 13.165, de 2015)

II - resumir as informações contidas na prestação de contas, de forma a apresentar demonstrativo consolidado das campanhas; (Redação dada pela Lei nº 13.165, de 2015)

III - encaminhar à Justiça Eleitoral, até o trigésimo dia posterior à realização das eleições, o conjunto das prestações de contas dos candidatos e do próprio comitê, na forma do artigo anterior, ressalvada a hipótese do inciso seguinte;

IV - havendo segundo turno, encaminhar a prestação de contas, referente aos 2 (dois) turnos, até o vigésimo dia posterior à sua realização. (Redação dada pela Lei nº 13.165, de 2015)

§ 1º (Revogado). (Redação dada pela Lei nº 13.165, de 2015)

§ 2º A inobservância do prazo para encaminhamento das prestações de contas impede a diplomação dos eleitos, enquanto perdurar.

§ 3º Eventuais débitos de campanha não quitados até a data de apresentação da prestação de contas poderão ser assumidos pelo partido político, por decisão do seu órgão nacional de direção partidária. (Incluído pela Lei nº 12.034, de 2009)

§ 4º No caso do disposto no § 3º, o órgão partidário da respectiva circunscrição eleitoral passará a responder por todas as dívidas solidariamente com o candidato, hipótese em que a existência do débito não poderá ser considerada como causa para a rejeição das contas. (Incluído pela Lei nº 12.034, de 2009)

Art. 30. A Justiça Eleitoral verificará a regularidade das contas de campanha, decidindo: (Redação dada pela Lei nº 12.034, de 2009)

I - pela aprovação, quando estiverem regulares; (Incluído pela Lei nº 12.034, de 2009)

II - pela aprovação com ressalvas, quando verificadas falhas que não lhes comprometam a regularidade; (Incluído pela Lei nº 12.034, de 2009)

III - pela desaprovação, quando verificadas falhas que lhes comprometam a regularidade; (Incluído pela Lei nº 12.034, de 2009)

IV - pela não prestação, quando não apresentadas as contas após a notificação emitida pela Justiça Eleitoral, na qual constará a obrigação expressa de prestar as suas contas, no prazo de setenta e duas horas. (Incluída pela Lei nº 12.034, de 2009)

§ 1º A decisão que julgar as contas dos candidatos eleitos será publicada em sessão até três dias antes da diplomação. (Redação dada pela Lei nº 13.165, de 2015)

§ 2º Erros formais e materiais corrigidos não autorizam a rejeição das contas e a cominação de sanção a candidato ou partido.

§ 2º-A. Erros formais ou materiais irrelevantes no conjunto da prestação de contas, que não comprometam o seu resultado, não acarretarão a rejeição das contas. (Incluído pela Lei nº 12.034, de 2009)

§ 3º Para efetuar os exames de que trata este artigo, a Justiça Eleitoral poderá requisitar técnicos do Tribunal de Contas da União, dos Estados, do Distrito Federal ou dos Municípios, pelo tempo que for necessário.

§ 4º Havendo indício de irregularidade na prestação de contas, a Justiça Eleitoral poderá requisitar do candidato as informações adicionais necessárias, bem como determinar diligências para a complementação dos dados ou o saneamento das falhas. (Redação dada pela Lei nº 13.165, de 2015)

§ 5º Da decisão que julgar as contas prestadas pelos candidatos caberá recurso ao órgão superior da Justiça Eleitoral, no prazo de 3 (três) dias, a contar da publicação no Diário Oficial. (Redação dada pela Lei nº 13.165, de 2015)

§ 6º No mesmo prazo previsto no § 5º, caberá recurso especial para o Tribunal Superior Eleitoral, nas hipóteses previstas nos incisos I e II do § 4º do art. 121 da Constituição Federal. (Incluído pela Lei nº 12.034, de 2009)

§ 7º O disposto neste artigo aplica-se aos processos judiciais pendentes. (Incluído pela Lei nº 12.034, de 2009)

Art. 30-A. Qualquer partido político ou coligação poderá representar à Justiça Eleitoral, no prazo de 15 (quinze) dias da diplomação, relatando fatos e indicando provas, e pedir a abertura de investigação judicial para apurar condutas em desacordo com as normas desta Lei, relativas à arrecadação e gastos de recursos. (Redação dada pela Lei nº 12.034, de 2009)

§ 1º Na apuração de que trata este artigo, aplicar-se-á o procedimento previsto no art. 22 da Lei Complementar no 64, de 18 de maio de 1990, no que couber. (Incluído pela Lei nº 11.300, de 2006)

§ 2º Comprovados captação ou gastos ilícitos de recursos, para fins eleitorais, será negado diploma ao candidato, ou cassado, se já houver sido outorgado. (Incluído pela Lei nº 11.300, de 2006)

§ 3º O prazo de recurso contra decisões proferidas em representações propostas com base neste artigo será de 3 (três) dias, a contar da data da publicação do julgamento no Diário Oficial. (Incluído pela Lei nº 12.034, de 2009)

Art. 31. Se, ao final da campanha, ocorrer sobra de recursos financeiros, esta deve ser declarada na prestação de contas e, após julgados todos os recursos, transferida ao partido, obedecendo aos seguintes critérios: (Redação dada pela Lei nº 12.891, de 2013)

I - no caso de candidato a Prefeito, Vice-Prefeito e Vereador, esses recursos deverão ser transferidos para o órgão diretivo municipal do partido na cidade onde ocorreu a eleição, o qual será responsável exclusivo pela identificação desses recursos, sua utilização, contabilização e respectiva prestação de contas perante o juízo eleitoral correspondente; (Incluído pela Lei nº 12.891, de 2013)

II - no caso de candidato a Governador, Vice-Governador, Senador, Deputado Federal e Deputado Estadual ou Distrital, esses recursos deverão ser transferidos para o órgão diretivo regional do partido no Estado onde ocorreu a eleição ou no Distrito Federal, se for o caso, o qual será responsável exclusivo pela identificação desses recursos, sua utilização, contabilização e respectiva prestação de contas perante o Tribunal Regional Eleitoral correspondente; (Incluído pela Lei nº 12.891, de 2013)

III - no caso de candidato a Presidente e Vice-Presidente da República, esses recursos deverão ser transferidos para o órgão diretivo nacional do partido, o qual será responsável exclusivo pela identificação desses recursos, sua utilização, contabilização e respectiva prestação de contas perante o Tribunal Superior Eleitoral; (Incluído pela Lei nº 12.891, de 2013)

IV - o órgão diretivo nacional do partido não poderá ser responsabilizado nem penalizado pelo descumprimento do disposto neste artigo por parte dos órgãos diretivos municipais e regionais. (Incluído pela Lei nº 12.891, de 2013)

Parágrafo único. As sobras de recursos financeiros de campanha serão utilizadas pelos partidos políticos, devendo tais valores ser declarados em suas prestações de contas perante a Justiça Eleitoral, com a identificação dos candidatos. (Redação dada pela Lei nº 12.034, de 2009)

Art. 32. Até cento e oitenta dias após a diplomação, os candidatos ou partidos conservarão a documentação concernente a suas contas.

Parágrafo único. Estando pendente de julgamento qualquer processo judicial relativo às contas, a documentação a elas concernente deverá ser conservada até a decisão final.

Das Pesquisas e Testes Pré-Eleitorais

Art. 33. As entidades e empresas que realizarem pesquisas de opinião pública relativas às eleições ou aos candidatos, para conhecimento público, são obrigadas, para cada pesquisa, a registrar, junto à Justiça Eleitoral, até cinco dias antes da divulgação, as seguintes informações:

I - quem contratou a pesquisa;

II - valor e origem dos recursos despendidos no trabalho;

III - metodologia e período de realização da pesquisa;

IV - plano amostral e ponderação quanto a sexo, idade, grau de instrução, nível econômico e área física de realização do trabalho a ser executado, intervalo de confiança e margem de erro; (Redação dada pela Lei nº 12.891, de 2013)

V - sistema interno de controle e verificação, conferência e fiscalização da coleta de dados e do trabalho de campo;

VI - questionário completo aplicado ou a ser aplicado;

VII - nome de quem pagou pela realização do trabalho e cópia da respectiva nota fiscal. (Redação dada pela Lei nº 12.891, de 2013)

§ 1º As informações relativas às pesquisas serão registradas nos órgãos da Justiça Eleitoral aos quais compete fazer o registro dos candidatos.

§ 2º A Justiça Eleitoral afixará no prazo de vinte e quatro horas, no local de costume, bem como divulgará em seu sítio na internet, aviso comunicando o registro das informações a que se refere este artigo, colocando-as à disposição dos partidos ou coligações com candidatos ao pleito, os quais a elas terão livre acesso pelo prazo de 30 (trinta) dias. (Redação dada pela Lei nº 12.034, de 2009)

§ 3º A divulgação de pesquisa sem o prévio registro das informações de que trata este artigo sujeita os responsáveis a multa no valor de cinqüenta mil a cem mil UFIR.

§ 4º A divulgação de pesquisa fraudulenta constitui crime, punível com detenção de seis meses a um ano e multa no valor de cinqüenta mil a cem mil UFIR.

§ 5º É vedada, no período de campanha eleitoral, a realização de enquetes relacionadas ao processo eleitoral. (Incluído pela Lei nº 12.891, de 2013)

Art. 34. (VETADO)

§ 1º Mediante requerimento à Justiça Eleitoral, os partidos poderão ter acesso ao sistema interno de controle, verificação e fiscalização da coleta de dados das entidades que divulgaram pesquisas de opinião relativas às eleições, incluídos os referentes à identificação dos entrevistadores e, por meio de escolha livre e aleatória de planilhas individuais, mapas ou equivalentes, confrontar e conferir os dados publicados, preservada a identidade dos respondentes.

§ 2º O não-cumprimento do disposto neste artigo ou qualquer ato que vise a retardar, impedir ou dificultar a ação fiscalizadora dos partidos constitui crime, punível com detenção, de seis meses a um ano, com a alternativa de prestação de serviços à

comunidade pelo mesmo prazo, e multa no valor de dez mil a vinte mil UFIR.

§ 3º A comprovação de irregularidade nos dados publicados sujeita os responsáveis às penas mencionadas no parágrafo anterior, sem prejuízo da obrigatoriedade da veiculação dos dados corretos no mesmo espaço, local, horário, página, caracteres e outros elementos de destaque, de acordo com o veículo usado.

Art. 35. Pelos crimes definidos nos arts. 33, § 4º e 34, §§ 2º e 3º, podem ser responsabilizados penalmente os representantes legais da empresa ou entidade de pesquisa e do órgão veiculador.

Art. 35-A. (Vide ADIN 3.741-2)

Da Propaganda Eleitoral em Geral

Art. 36. A propaganda eleitoral somente é permitida após o dia 15 de agosto do ano da eleição. (Redação dada pela Lei nº 13.165, de 2015)

§ 1º Ao postulante a candidatura a cargo eletivo é permitida a realização, na quinzena anterior à escolha pelo partido, de propaganda intrapartidária com vista à indicação de seu nome, vedado o uso de rádio, televisão e outdoor.

§ 2º Não será permitido qualquer tipo de propaganda política paga no rádio e na televisão. (Redação dada pela Lei nº 13.487, de 2017)

§ 3º A violação do disposto neste artigo sujeitará o responsável pela divulgação da propaganda e, quando comprovado o seu prévio conhecimento, o beneficiário à multa no valor de R$ 5.000,00 (cinco mil reais) a R$ 25.000,00 (vinte e cinco mil reais), ou ao equivalente ao custo da propaganda, se este for maior. (Redação dada pela Lei nº 12.034, de 2009)

§ 4º Na propaganda dos candidatos a cargo majoritário deverão constar, também, os nomes dos candidatos a vice ou a suplentes de senador, de modo claro e legível, em tamanho não inferior a 30% (trinta por cento) do nome do titular. (Redação dada pela Lei nº 13.165, de 2015)

§ 5º A comprovação do cumprimento das determinações da Justiça Eleitoral relacionadas a propaganda realizada em desconformidade com o disposto nesta Lei poderá ser apresentada no Tribunal Superior Eleitoral, no caso de candidatos a Presidente e Vice-Presidente da República, nas sedes dos respectivos Tribunais Regionais Eleitorais, no caso de candidatos a Governador, Vice-Governador, Deputado Federal, Senador da República, Deputados Estadual e Distrital, e, no Juízo Eleitoral, na hipótese de candidato a Prefeito, Vice-Prefeito e Vereador. (Incluído pela Lei nº 12.034, de 2009)

Art. 36-A. Não configuram propaganda eleitoral antecipada, desde que não envolvam pedido explícito de voto, a menção à pretensa candidatura, a exaltação das qualidades pessoais dos pré-candidatos e os seguintes atos, que poderão ter cobertura dos meios de comunicação social, inclusive via internet: (Redação dada pela Lei nº 13.165, de 2015)

I - a participação de filiados a partidos políticos ou de pré-candidatos em entrevistas, programas, encontros ou debates no rádio, na televisão e na internet, inclusive com a exposição de plataformas e projetos políticos, observado pelas emissoras de rádio e de televisão o dever de conferir tratamento isonômico; (Redação dada pela Lei nº 12.891, de 2013)

II - a realização de encontros, seminários ou congressos, em ambiente fechado e a expensas dos partidos políticos, para tratar da organização dos processos eleitorais, discussão de políticas públicas, planos de governo ou alianças partidárias visando às eleições, podendo tais atividades ser divulgadas pelos instrumentos de comunicação intrapartidária; (Redação dada pela Lei nº 12.891, de 2013)

III - a realização de prévias partidárias e a respectiva distribuição de material informativo, a divulgação dos nomes dos filiados que participarão da disputa e a realização de debates entre os pré-candidatos; (Redação dada pela Lei nº 13.165, de 2015)

IV - a divulgação de atos de parlamentares e debates legislativos, desde que não se faça pedido de votos; (Redação dada pela Lei nº 12.891, de 2013)

V - a divulgação de posicionamento pessoal sobre questões políticas, inclusive nas redes sociais; (Redação dada pela Lei nº 13.165, de 2015)

VI - a realização, a expensas de partido político, de reuniões de iniciativa da sociedade civil, de veículo ou meio de comunicação ou do próprio partido, em qualquer localidade, para divulgar ideias, objetivos e propostas partidárias. (Incluído pela Lei nº 13.165, de 2015

VII - campanha de arrecadação prévia de recursos na modalidade prevista no inciso IV do § 4º do art. 23 desta Lei. (Incluído dada pela Lei nº 13.488, de 2017)

§ 1º É vedada a transmissão ao vivo por emissoras de rádio e de televisão das prévias partidárias, sem prejuízo da cobertura dos meios de comunicação social. (Incluído pela Lei nº 13.165, de 2015)

§ 2º Nas hipóteses dos incisos I a VI do caput, são permitidos o pedido de apoio político e a divulgação da pré-candidatura, das ações políticas desenvolvidas e das que se pretende desenvolver. (Incluído pela Lei nº 13.165, de 2015)

§ 3º O disposto no § 2º não se aplica aos profissionais de comunicação social no exercício da profissão. (Incluído pela Lei nº 13.165, de 2015)

Art. 36-B. Será considerada propaganda eleitoral antecipada a convocação, por parte do Presidente da República, dos Presidentes da Câmara dos Deputados, do Senado Federal e do Supremo Tribunal Federal, de redes de radiodifusão para divulgação de atos que denotem propaganda política ou ataques a partidos políticos e seus filiados ou instituições. (Incluído pela Lei nº 12.891, de 2013)

Parágrafo único. Nos casos permitidos de convocação das redes de radiodifusão, é vedada a utilização de símbolos ou imagens, exceto aqueles previstos no § 1º do art. 13 da Constituição Federal. (Incluído pela Lei nº 12.891, de 2013)

Art. 37. Nos bens cujo uso dependa de cessão ou permissão do poder público, ou que a ele pertençam, e nos bens de uso comum, inclusive postes de iluminação pública, sinalização de tráfego, viadutos, passarelas, pontes, paradas de ônibus e outros equipamentos urbanos, é vedada a veiculação de propaganda de qualquer natureza, inclusive pichação, inscrição a tinta e exposição de placas, estandartes, faixas, cavaletes, bonecos e assemelhados. (Redação dada pela Lei nº 13.165, de 2015)

§ 1º A veiculação de propaganda em desacordo com o disposto no caput deste artigo sujeita o responsável, após a notificação e comprovação, à restauração do bem e, caso não cumprida no prazo, a multa no valor de R$ 2.000,00 (dois mil reais) a R$ 8.000,00 (oito mil reais). (Redação dada pela Lei nº 11.300, de 2006)

§ 2º Não é permitida a veiculação de material de propaganda eleitoral em bens públicos ou particulares, exceto de: (Redação dada pela Lei nº 13.488, de 2017)

I - bandeiras ao longo de vias públicas, desde que móveis e que não dificultem o bom andamento do trânsito de pessoas e veículos; (Incluído dada pela Lei nº 13.488, de 2017)

II - adesivo plástico em automóveis, caminhões, bicicletas, motocicletas e janelas residenciais, desde que não exceda a 0,5 m² (meio metro quadrado). (Incluído dada pela Lei nº 13.488, de 2017)

§ 3º Nas dependências do Poder Legislativo, a veiculação de propaganda eleitoral fica a critério da Mesa Diretora.

§ 4º Bens de uso comum, para fins eleitorais, são os assim definidos pela Lei no 10.406, de 10 de janeiro de 2002 - Código Civil e também aqueles a que a população em geral tem acesso, tais como cinemas, clubes, lojas, centros comerciais, templos, ginásios, estádios, ainda que de propriedade privada. (Incluído pela Lei nº 12.034, de 2009)

§ 5º Nas árvores e nos jardins localizados em áreas públicas, bem como em muros, cercas e tapumes divisórios, não é permitida a colocação de propaganda eleitoral de qualquer natureza, mesmo que não lhes cause dano. (Incluído pela Lei nº 12.034, de 2009)

§ 6º É permitida a colocação de mesas para distribuição de material de campanha e a utilização de bandeiras ao longo das vias públicas, desde que móveis e que não dificultem o bom andamento do trânsito de pessoas e veículos. (Redação dada pela Lei nº 12.891, de 2013)

§ 7º A mobilidade referida no § 6º estará caracterizada com a colocação e a retirada dos meios de propaganda entre as seis horas e as vinte e duas horas. (Incluído pela Lei nº 12.034, de 2009)

§ 8º A veiculação de propaganda eleitoral em bens particulares deve ser espontânea e gratuita, sendo vedado qualquer tipo de pagamento em troca de espaço para esta finalidade. (Incluído pela Lei nº 12.034, de 2009)

Art. 38. Independe da obtenção de licença municipal e de autorização da Justiça Eleitoral a veiculação de propaganda eleitoral pela distribuição de folhetos, adesivos, volantes e outros impressos, os quais devem ser editados sob a responsabilidade do partido, coligação ou candidato. (Redação dada pela Lei nº 12.891, de 2013)

§ 1º Todo material impresso de campanha eleitoral deverá conter o número de inscrição no Cadastro Nacional da Pessoa Jurídica - CNPJ ou o número de inscrição no Cadastro de Pessoas Físicas - CPF do responsável pela confecção, bem como de quem a contratou, e a respectiva tiragem. (Incluído pela Lei nº 12.034, de 2009)

§ 2º Quando o material impresso veicular propaganda conjunta de diversos candidatos, os gastos relativos a cada um deles deverão constar na respectiva prestação de contas, ou apenas naquela relativa ao que houver arcado com os custos. (Incluído pela Lei nº 12.034, de 2009)

§ 3º Os adesivos de que trata o caput deste artigo poderão ter a dimensão máxima de 50 (cinquenta) centímetros por 40 (quarenta) centímetros. (Incluído pela Lei nº 12.891, de 2013)

§ 4º É proibido colar propaganda eleitoral em veículos, exceto adesivos microperfurados até a extensão total do para-brisa traseiro e, em outras posições, adesivos até a dimensão máxima fixada no § 3º. (Incluído pela Lei nº 12.891, de 2013)

Art. 39. A realização de qualquer ato de propaganda partidária ou eleitoral, em recinto aberto ou fechado, não depende de licença da polícia.

§ 1º O candidato, partido ou coligação promotora do ato fará a devida comunicação à autoridade policial em, no mínimo, vinte e quatro horas antes de sua realização, a fim de que esta lhe garanta, segundo a prioridade do aviso, o direito contra quem tencione usar o local no mesmo dia e horário.

§ 2º A autoridade policial tomará as providências necessárias à garantia da realização do ato e ao funcionamento do tráfego e dos serviços públicos que o evento possa afetar.

§ 3º O funcionamento de alto-falantes ou amplificadores de som, ressalvada a hipótese contemplada no parágrafo seguinte, somente é permitido entre as oito e as vinte e duas horas, sendo vedados a instalação e o uso daqueles equipamentos em distância inferior a duzentos metros:

I - das sedes dos Poderes Executivo e Legislativo da União, dos Estados, do Distrito Federal e dos Municípios, das sedes dos Tribunais Judiciais, e dos quartéis e outros estabelecimentos militares;

II - dos hospitais e casas de saúde;

III - das escolas, bibliotecas públicas, igrejas e teatros, quando em funcionamento.

§ 4º A realização de comícios e a utilização de aparelhagens de sonorização fixas são permitidas no horário compreendido entre as 8 (oito) e as 24 (vinte e quatro) horas, com exceção do comício de encerramento da campanha, que poderá ser prorrogado por mais 2 (duas) horas. (Redação dada pela Lei nº 12.891, de 2013)

§ 5º Constituem crimes, no dia da eleição, puníveis com detenção, de seis meses a um ano, com a alternativa de prestação de serviços à comunidade pelo mesmo período, e multa no valor de cinco mil a quinze mil UFIR:

I - o uso de alto-falantes e amplificadores de som ou a promoção de comício ou carreata;

II - a arregimentação de eleitor ou a propaganda de boca de urna; (Redação dada pela Lei nº 11.300, de 2006)

III - a divulgação de qualquer espécie de propaganda de partidos políticos ou de seus candidatos. (Redação dada pela Lei nº 12.034, de 2009)

IV - a publicação de novos conteúdos ou o impulsionamento de conteúdos nas aplicações de internet de que trata o art. 57-B desta Lei, podendo ser mantidos em funcionamento as aplicações e os conteúdos publicados anteriormente. (Incluído dada pela Lei nº 13.488, de 2017)

§ 6º É vedada na campanha eleitoral a confecção, utilização, distribuição por comitê, candidato, ou com a sua autorização, de camisetas, chaveiros, bonés, canetas, brindes, cestas básicas ou quaisquer outros bens ou materiais que possam proporcionar vantagem ao eleitor. (Incluído pela Lei nº 11.300, de 2006)

§ 7º É proibida a realização de showmício e de evento assemelhado para promoção de candidatos, bem como a apresentação, remunerada ou não, de artistas com a finalidade de animar comício e reunião eleitoral. (Incluído pela Lei nº 11.300, de 2006)

§ 8º É vedada a propaganda eleitoral mediante outdoors, inclusive eletrônicos, sujeitando-se a empresa responsável, os partidos, as coligações e os candidatos à imediata retirada da propaganda irregular e ao pagamento de multa no valor de R$ 5.000,00 (cinco mil reais) a R$ 15.000,00 (quinze mil reais). (Redação dada pela Lei nº 12.891, de 2013)

§ 9º Até as vinte e duas horas do dia que antecede a eleição, serão permitidos distribuição de material gráfico, caminhada, carreata, passeata ou carro de som que transite pela cidade divulgando jingles ou mensagens de candidatos. (Incluído pela Lei nº 12.034, de 2009)

§ 9º-A. Considera-se carro de som, além do previsto no § 12, qualquer veículo, motorizado ou não, ou ainda tracionado por animais, que transite divulgando jingles ou mensagens de candidatos. (Incluído pela Lei nº 13.165, de 2015)

§ 10. Fica vedada a utilização de trios elétricos em campanhas eleitorais, exceto para a sonorização de comícios. (Incluída pela Lei nº 12.034, de 2009)

§ 11. É permitida a circulação de carros de som e minitrios como meio de propaganda eleitoral, desde que observado o limite de oitenta decibéis de nível de pressão sonora, medido a sete metros de distância do veículo, e respeitadas as vedações previstas no § 3º deste artigo, apenas em carreatas, caminhadas e passeatas ou durante reuniões e comícios. (Redação dada pela Lei nº 13.488, de 2017)

§ 12. Para efeitos desta Lei, considera-se: (Incluído pela Lei nº 12.891, de 2013)

I - carro de som: veículo automotor que usa equipamento de som com potência nominal de amplificação de, no máximo, 10.000 (dez mil) watts; (Incluído pela Lei nº 12.891, de 2013)

II - minitrio: veículo automotor que usa equipamento de som com potência nominal de amplificação maior que 10.000 (dez mil) watts e até 20.000 (vinte mil) watts; (Incluído pela Lei nº 12.891, de 2013)

III - trio elétrico: veículo automotor que usa equipamento de som com potência nominal de amplificação maior que 20.000 (vinte mil) watts. (Incluído pela Lei nº 12.891, de 2013)

Art. 39-A. É permitida, no dia das eleições, a manifestação individual e silenciosa da preferência do eleitor por partido

político, coligação ou candidato, revelada exclusivamente pelo uso de bandeiras, broches, dísticos e adesivos. (Incluído pela Lei nº 12.034, de 2009)

§ 1º É vedada, no dia do pleito, até o término do horário de votação, a aglomeração de pessoas portando vestuário padronizado, bem como os instrumentos de propaganda referidos no caput, de modo a caracterizar manifestação coletiva, com ou sem utilização de veículos. (Incluído pela Lei nº 12.034, de 2009)

§ 2º No recinto das seções eleitorais e juntas apuradoras, é proibido aos servidores da Justiça Eleitoral, aos mesários e aos escrutinadores o uso de vestuário ou objeto que contenha qualquer propaganda de partido político, de coligação ou de candidato. (Incluído pela Lei nº 12.034, de 2009)

§ 3º Aos fiscais partidários, nos trabalhos de votação, só é permitido que, em seus crachás, constem o nome e a sigla do partido político ou coligação a que sirvam, vedada a padronização do vestuário. (Incluído pela Lei nº 12.034, de 2009)

§ 4º No dia do pleito, serão afixadas cópias deste artigo em lugares visíveis nas partes interna e externa das seções eleitorais. (Incluído pela Lei nº 12.034, de 2009)

Art. 40. O uso, na propaganda eleitoral, de símbolos, frases ou imagens, associadas ou semelhantes às empregadas por órgão de governo, empresa pública ou sociedade de economia mista constitui crime, punível com detenção, de seis meses a um ano, com a alternativa de prestação de serviços à comunidade pelo mesmo período, e multa no valor de dez mil a vinte mil UFIR.

Art. 40-A. (VETADO) (Incluído pela Lei nº 11.300, de 2006)

Art. 40-B. A representação relativa à propaganda irregular deve ser instruída com prova da autoria ou do prévio conhecimento do beneficiário, caso este não seja por ela responsável. (Incluído pela Lei nº 12.034, de 2009)

Parágrafo único. A responsabilidade do candidato estará demonstrada se este, intimado da existência da propaganda irregular, não providenciar, no prazo de quarenta e oito horas, sua retirada ou regularização e, ainda, se as circunstâncias e as peculiaridades do caso específico revelarem a impossibilidade de o beneficiário não ter tido conhecimento da propaganda. (Incluído pela Lei nº 12.034, de 2009)

Art. 41. A propaganda exercida nos termos da legislação eleitoral não poderá ser objeto de multa nem cerceada sob alegação do exercício do poder de polícia ou de violação de postura municipal, casos em que se deve proceder na forma prevista no art. 40. (Redação dada pela Lei nº 12.034, de 2009)

§ 1º O poder de polícia sobre a propaganda eleitoral será exercido pelos juízes eleitorais e pelos juízes designados pelos Tribunais Regionais Eleitorais. (Incluído pela Lei nº 12.034, de 2009)

§ 2º O poder de polícia se restringe às providências necessárias para inibir práticas ilegais, vedada a censura prévia sobre o teor dos programas a serem exibidos na televisão, no rádio ou na internet. (Incluído pela Lei nº 12.034, de 2009)

Art. 41-A. Ressalvado o disposto no art. 26 e seus incisos, constitui captação de sufrágio, vedada por esta Lei, o candidato doar, oferecer, prometer, ou entregar, ao eleitor, com o fim de obter-lhe o voto, bem ou vantagem pessoal de qualquer natureza, inclusive emprego ou função pública, desde o registro da candidatura até o dia da eleição, inclusive, sob pena de multa de mil a cinqüenta mil Ufir, e cassação do registro ou do diploma, observado o procedimento previsto no art. 22 da Lei Complementar no 64, de 18 de maio de 1990. (Incluído pela Lei nº 9.840, de 1999)

§ 1º Para a caracterização da conduta ilícita, é desnecessário o pedido explícito de votos, bastando a evidência do dolo, consistente no especial fim de agir. (Incluído pela Lei nº 12.034, de 2009)

§ 2º As sanções previstas no caput aplicam-se contra quem praticar atos de violência ou grave ameaça a pessoa, com o fim de obter-lhe o voto. (Incluído pela Lei nº 12.034, de 2009)

§ 3º A representação contra as condutas vedadas no caput poderá ser ajuizada até a data da diplomação. (Incluído pela Lei nº 12.034, de 2009)

§ 4º O prazo de recurso contra decisões proferidas com base neste artigo será de 3 (três) dias, a contar da data da publicação do julgamento no Diário Oficial. (Incluído pela Lei nº 12.034, de 2009)

Da Propaganda Eleitoral mediante outdoors

Art. 42. (Revogado pela Lei nº 11.300, de 2006)

Da Propaganda Eleitoral na Imprensa

Art. 43. São permitidas, até a antevéspera das eleições, a divulgação paga, na imprensa escrita, e a reprodução na internet do jornal impresso, de até 10 (dez) anúncios de propaganda eleitoral, por veículo, em datas diversas, para cada candidato, no espaço máximo, por edição, de 1/8 (um oitavo) de página de jornal padrão e de 1/4 (um quarto) de página de revista ou tabloide. (Redação dada pela Lei nº 12.034, de 2009)

§ 1º Deverá constar do anúncio, de forma visível, o valor pago pela inserção. (Incluído pela Lei nº 12.034, de 2009)

§ 2º A inobservância do disposto neste artigo sujeita os responsáveis pelos veículos de divulgação e os partidos, coligações ou candidatos beneficiados a multa no valor de R$ 1.000,00 (mil reais) a R$ 10.000,00 (dez mil reais) ou equivalente ao da divulgação da propaganda paga, se este for maior. (Renumerado do parágrafo único pela Lei nº 12.034, de 2009)

Da Propaganda Eleitoral no Rádio e na Televisão

Art. 44. A propaganda eleitoral no rádio e na televisão restringe-se ao horário gratuito definido nesta Lei, vedada a veiculação de propaganda paga.

§ 1º A propaganda eleitoral gratuita na televisão deverá utilizar a Linguagem Brasileira de Sinais - LIBRAS ou o recurso de legenda, que deverão constar obrigatoriamente do material entregue às emissoras. (Incluído pela Lei nº 12.034, de 2009)

§ 2º No horário reservado para a propaganda eleitoral, não se permitirá utilização comercial ou propaganda realizada com a intenção, ainda que disfarçada ou subliminar, de promover marca ou produto. (Incluído pela Lei nº 12.034, de 2009)

§ 3º Será punida, nos termos do § 1º do art. 37, a emissora que, não autorizada a funcionar pelo poder competente, veicular propaganda eleitoral. (Incluído pela Lei nº 12.034, de 2009)

Art. 45. Encerrado o prazo para a realização das convenções no ano das eleições, é vedado às emissoras de rádio e televisão, em sua programação normal e em seu noticiário: (Redação dada pela Lei nº 13.165, de 2015)

I - transmitir, ainda que sob a forma de entrevista jornalística, imagens de realização de pesquisa ou qualquer outro tipo de consulta popular de natureza eleitoral em que seja possível identificar o entrevistado ou em que haja manipulação de dados;

II - usar trucagem, montagem ou outro recurso de áudio ou vídeo que, de qualquer forma, degradem ou ridicularizem candidato, partido ou coligação, ou produzir ou veicular programa com esse efeito; (Vide ADIN 4.451)

III - veicular propaganda política ou difundir opinião favorável ou contrária a candidato, partido, coligação, a seus órgãos ou representantes; (Vide ADIN 4.451)

IV - dar tratamento privilegiado a candidato, partido ou coligação;

V - veicular ou divulgar filmes, novelas, minisséries ou qualquer outro programa com alusão ou crítica a candidato ou partido político, mesmo que dissimuladamente, exceto programas jornalísticos ou debates políticos;

VI - divulgar nome de programa que se refira a candidato escolhido em convenção, ainda quando preexistente, inclusive se coincidente com o nome do candidato ou com a variação nominal por ele adotada. Sendo o nome do programa o mesmo que o do candidato, fica proibida a sua divulgação, sob pena de cancelamento do respectivo registro.

LEI Nº 9.504, DE 30 DE SETEMBRO DE 1997

§ 1º A partir de 30 de junho do ano da eleição, é vedado, ainda, às emissoras transmitir programa apresentado ou comentado por pré-candidato, sob pena, no caso de sua escolha na convenção partidária, de imposição da multa prevista no § 2º e de cancelamento do registro da candidatura do beneficiário. (Redação dada pela Lei nº 13.165, de 2015)

§ 2º Sem prejuízo do disposto no parágrafo único do art. 55, a inobservância do disposto neste artigo sujeita a emissora ao pagamento de multa no valor de vinte mil a cem mil UFIR, duplicada em caso de reincidência.

§ 3º . (Revogado pela Lei nº 12.034, de 2009)

§ 4º Entende-se por trucagem todo e qualquer efeito realizado em áudio ou vídeo que degradar ou ridicularizar candidato, partido político ou coligação, ou que desvirtuar a realidade e beneficiar ou prejudicar qualquer candidato, partido político ou coligação. (Incluído pela Lei nº 12.034, de 2009) (Vide ADIN 4.451)

§ 5º Entende-se por montagem toda e qualquer junção de registros de áudio ou vídeo que degradar ou ridicularizar candidato, partido político ou coligação, ou que desvirtuar a realidade e beneficiar ou prejudicar qualquer candidato, partido político ou coligação. (Incluído pela Lei nº 12.034, de 2009) (Vide ADIN 4.451)

§ 6º É permitido ao partido político utilizar na propaganda eleitoral de seus candidatos em âmbito regional, inclusive no horário eleitoral gratuito, a imagem e a voz de candidato ou militante de partido político que integre a sua coligação em âmbito nacional. (Incluído pela Lei nº 12.034, de 2009)

Art. 46. Independentemente da veiculação de propaganda eleitoral gratuita no horário definido nesta Lei, é facultada a transmissão por emissora de rádio ou televisão de debates sobre as eleições majoritária ou proporcional, assegurada a participação de candidatos dos partidos com representação no Congresso Nacional, de, no mínimo, cinco parlamentares, e facultada a dos demais, observado o seguinte: (Redação dada pela Lei nº 13.488, de 2017)

 I - nas eleições majoritárias, a apresentação dos debates poderá ser feita:
 a) em conjunto, estando presentes todos os candidatos a um mesmo cargo eletivo;
 b) em grupos, estando presentes, no mínimo, três candidatos;
 II - nas eleições proporcionais, os debates deverão ser organizados de modo que assegurem a presença de número equivalente de candidatos de todos os partidos e coligações a um mesmo cargo eletivo, podendo desdobrar-se em mais de um dia;
 III - os debates deverão ser parte de programação previamente estabelecida e divulgada pela emissora, fazendo-se mediante sorteio a escolha do dia e da ordem de fala de cada candidato, salvo se celebrado acordo em outro sentido entre os partidos e coligações interessados.

§ 1º Será admitida a realização de debate sem a presença de candidato de algum partido, desde que o veículo de comunicação responsável comprove havê-lo convidado com a antecedência mínima de setenta e duas horas da realização do debate.

§ 2º É vedada a presença de um mesmo candidato a eleição proporcional em mais de um debate da mesma emissora.

§ 3º O descumprimento do disposto neste artigo sujeita a empresa infratora às penalidades previstas no art. 56.

§ 4º O debate será realizado segundo as regras estabelecidas em acordo celebrado entre os partidos políticos e a pessoa jurídica interessada na realização do evento, dando-se ciência à Justiça Eleitoral. (Incluído pela Lei nº 12.034, de 2009)

§ 5º Para os debates que se realizarem no primeiro turno das eleições, serão consideradas aprovadas as regras, inclusive as que definam o número de participantes, que obtiverem a concordância de pelo menos 2/3 (dois terços) dos candidatos aptos, no caso de eleição majoritária, e de pelo menos 2/3 (dois terços) dos partidos ou coligações com candidatos aptos, no caso de eleição proporcional. (Redação dada pela Lei nº 13.165, de 2015)

Art. 47. As emissoras de rádio e de televisão e os canais de televisão por assinatura mencionados no art. 57 reservarão, nos trinta e cinco dias anteriores à antevéspera das eleições, horário destinado à divulgação, em rede, da propaganda eleitoral gratuita, na forma estabelecida neste artigo. (Redação dada pela Lei nº 13.165, de 2015)

§ 1º A propaganda será feita:

 I - na eleição para Presidente da República, às terças e quintas-feiras e aos sábados:
 a) das sete horas às sete horas e doze minutos e trinta segundos e das doze horas às doze horas e doze minutos e trinta segundos, no rádio; (Redação dada pela Lei nº 13.165, de 2015)
 b) das treze horas às treze horas e doze minutos e trinta segundos e das vinte horas e trinta minutos às vinte horas e quarenta e dois minutos e trinta segundos, na televisão; (Redação dada pela Lei nº 13.165, de 2015)

 II - nas eleições para Deputado Federal, às terças e quintas-feiras e aos sábados:
 a) das sete horas e doze minutos e trinta segundos às sete horas e vinte e cinco minutos e das doze horas e doze minutos e trinta segundos às doze horas e vinte e cinco minutos, no rádio; (Redação dada pela Lei nº 13.165, de 2015)
 b) das treze horas e doze minutos e trinta segundos às treze horas e vinte e cinco minutos e das vinte horas e quarenta e dois minutos e trinta segundos às vinte horas e cinquenta e cinco minutos, na televisão; (Redação dada pela Lei nº 13.165, de 2015)

 III - nas eleições para Senador, às segundas, quartas e sextas-feiras: (Redação dada pela Lei nº 13.165, de 2015)
 a) das sete horas às sete horas e cinco minutos e das doze horas às doze horas e cinco minutos, no rádio, nos anos em que a renovação do Senado Federal se der por um terço; (Redação dada pela Lei nº 13.165, de 2015)
 b) das treze horas às treze horas e cinco minutos e das vinte horas e trinta minutos às vinte horas e trinta e cinco minutos, na televisão, nos anos em que a renovação do Senado Federal se der por um terço; (Redação dada pela Lei nº 13.165, de 2015)
 c) das sete horas às sete horas e sete minutos e das doze horas às doze horas e sete minutos, no rádio, nos anos em que a renovação do Senado Federal se der por dois terços; (Redação dada pela Lei nº 13.165, de 2015)
 d) das treze horas às treze horas e sete minutos e das vinte horas e trinta minutos às vinte horas e trinta e sete minutos, na televisão, nos anos em que a renovação do Senado Federal se der por dois terços; (Redação dada pela Lei nº 13.165, de 2015)

 IV - nas eleições para Deputado Estadual e Deputado Distrital, às segundas, quartas e sextas-feiras:
 a) das sete horas e cinco minutos às sete horas e quinze minutos e das doze horas e cinco minutos às doze horas e quinze minutos, no rádio, nos anos em que a renovação do Senado Federal se der por um terço; (Redação dada pela Lei nº 13.165, de 2015)
 b) das treze horas e cinco minutos às treze horas e quinze minutos e das vinte horas e trinta e cinco minutos às vinte horas e quarenta e cinco minutos, na televisão, nos anos em que a renovação do Senado Federal se der por um terço; (Redação dada pela Lei nº 13.165, de 2015)
 c) das sete horas e sete minutos às sete horas e dezesseis minutos e das doze horas e sete minutos às doze horas e dezesseis minutos, no rádio, nos anos em que a renovação do Senado Federal se der por dois terços; (Redação dada pela Lei nº 13.165, de 2015)
 d) das treze horas e sete minutos às treze horas e dezesseis minutos e das vinte horas e trinta e sete minutos às

vinte horas e quarenta e seis minutos, na televisão, nos anos em que a renovação do Senado Federal se der por dois terços; (Redação dada pela Lei nº 13.165, de 2015)

V - na eleição para Governador de Estado e do Distrito Federal, às segundas, quartas e sextas-feiras: (Redação dada pela Lei nº 13.165, de 2015)

a) das sete horas e quinze minutos às sete horas e vinte e cinco minutos e das doze horas e quinze minutos às doze horas e vinte e cinco minutos, no rádio, nos anos em que a renovação do Senado Federal se der por um terço; (Redação dada pela Lei nº 13.165, de 2015)

b) das treze horas e quinze minutos às treze horas e vinte e cinco minutos e das vinte horas e quarenta e cinco minutos às vinte horas e cinquenta e cinco minutos, na televisão, nos anos em que a renovação do Senado Federal se der por um terço; (Redação dada pela Lei nº 13.165, de 2015)

c) das sete horas e dezesseis minutos às sete horas e vinte e cinco minutos e das doze horas e dezesseis minutos às doze horas e vinte e cinco minutos, no rádio, nos anos em que a renovação do Senado Federal se der por dois terços; (Redação dada pela Lei nº 13.165, de 2015)

d) das treze horas e dezesseis minutos às treze horas e vinte e cinco minutos e das vinte horas e quarenta e seis minutos às vinte horas e cinquenta e cinco minutos, na televisão, nos anos em que a renovação do Senado Federal se der por dois terços; (Redação dada pela Lei nº 13.165, de 2015)

VI - nas eleições para Prefeito, de segunda a sábado: (Redação dada pela Lei nº 13.165, de 2015)

a) das sete horas às sete horas e dez minutos e das doze horas às doze horas e dez minutos, no rádio; (Redação dada pela Lei nº 13.165, de 2015)

b) das treze horas às treze horas e dez minutos e das vinte horas e trinta minutos às vinte horas e quarenta minutos, na televisão; (Redação dada pela Lei nº 13.165, de 2015)

VII - ainda nas eleições para Prefeito, e também nas de Vereador, mediante inserções de trinta e sessenta segundos, no rádio e na televisão, totalizando setenta minutos diários, de segunda-feira a domingo, distribuídas ao longo da programação veiculada entre as cinco e as vinte e quatro horas, na proporção de 60% (sessenta por cento) para Prefeito e 40% (quarenta por cento) para Vereador. (Redação dada pela Lei nº 13.165, de 2015)

§ 1º-A Somente serão exibidas as inserções de televisão a que se refere o inciso VII do § 1º nos Municípios em que houver estação geradora de serviços de radiodifusão de sons e imagens. (Incluído pela Lei nº 13.165, de 2015)

§ 2º Os horários reservados à propaganda de cada eleição, nos termos do § 1º, serão distribuídos entre todos os partidos e coligações que tenham candidato, observados os seguintes critérios: (Redação dada pela Lei nº 12.875, de 2013) (Vide ADI-5105)

I - 90% (noventa por cento) distribuídos proporcionalmente ao número de representantes na Câmara dos Deputados, considerados, no caso de coligação para eleições majoritárias, o resultado da soma do número de representantes dos seis maiores partidos que a integrem e, nos casos de coligações para eleições proporcionais, o resultado da soma do número de representantes de todos os partidos que a integrem; (Redação dada pela Lei nº 13.165, de 2015)

II - 10% (dez por cento) distribuídos igualitariamente. (Redação dada pela Lei nº 13.165, de 2015)

§ 3º Para efeito do disposto neste artigo, a representação de cada partido na Câmara dos Deputados é a resultante da eleição. (Redação dada pela Lei nº 11.300, de 2006)

§ 4º O número de representantes de partido que tenha resultado de fusão ou a que se tenha incorporado outro corresponderá à soma dos representantes que os partidos de origem possuíam na data mencionada no parágrafo anterior.

§ 5º Se o candidato a Presidente ou a Governador deixar de concorrer, em qualquer etapa do pleito, e não havendo a substituição prevista no art. 13 desta Lei, far-se-á nova distribuição do tempo entre os candidatos remanescentes.

§ 6º Aos partidos e coligações que, após a aplicação dos critérios de distribuição referidos no caput, obtiverem direito a parcela do horário eleitoral inferior a trinta segundos, será assegurado o direito de acumulá-lo para uso em tempo equivalente.

§ 7º Para efeito do disposto no § 2º, serão desconsideradas as mudanças de filiação partidária em quaisquer hipóteses. (Redação dada pela Lei nº 13.107, de 2015)

§ 8º As mídias com as gravações da propaganda eleitoral no rádio e na televisão serão entregues às emissoras, inclusive nos sábados, domingos e feriados, com a antecedência mínima: (Incluído pela Lei nº 12.891, de 2013)

I - de 6 (seis) horas do horário previsto para o início da transmissão, no caso dos programas em rede; (Incluído pela Lei nº 12.891, de 2013)

II - de 12 (doze) horas do horário previsto para o início da transmissão, no caso das inserções. (Incluído pela Lei nº 12.891, de 2013)

§ 9º As emissoras de rádio sob responsabilidade do Senado Federal e da Câmara dos Deputados instaladas em localidades fora do Distrito Federal são dispensadas da veiculação da propaganda eleitoral gratuita dos pleitos referidos nos incisos II a VI do § 1º. (Incluído pela Lei nº 13.165, de 2015)

Art. 48. Nas eleições para Prefeitos e Vereadores, nos Municípios em que não haja emissora de rádio e televisão, a Justiça Eleitoral garantirá aos Partidos Políticos participantes do pleito a veiculação de propaganda eleitoral gratuita nas localidades aptas à realização de segundo turno de eleições e nas quais seja operacionalmente viável realizar a retransmissão. (Redação dada pela Lei nº 12.034, de 2009)

§ 1º (Revogado pela Lei nº 13.165, de 2015)

§ 2º (Revogado pela Lei nº 13.165, de 2015)

Art. 49. Se houver segundo turno, as emissoras de rádio e televisão reservarão, a partir da sexta-feira seguinte à realização do primeiro turno e até a antevéspera da eleição, horário destinado à divulgação da propaganda eleitoral gratuita, dividida em dois blocos diários de dez minutos para cada eleição, e os blocos terão início às sete e às doze horas, no rádio, e às treze e às vinte horas e trinta minutos, na televisão. (Redação dada pela Lei nº 13.488, de 2017)

§ 1º Em circunscrição onde houver segundo turno para Presidente e Governador, o horário reservado à propaganda deste iniciar-se-á imediatamente após o término do horário reservado ao primeiro.

§ 2º O tempo de cada período diário será dividido igualitariamente entre os candidatos.

Art. 50. A Justiça Eleitoral efetuará sorteio para a escolha da ordem de veiculação da propaganda de cada partido ou coligação no primeiro dia do horário eleitoral gratuito; a cada dia que se seguir, a propaganda veiculada por último, na véspera, será a primeira, apresentando-se as demais na ordem do sorteio.

Art. 51. Durante o período previsto no art. 47 desta Lei, as emissoras de rádio e televisão e os canais por assinatura mencionados no art. 57 desta Lei reservarão setenta minutos diários para a propaganda eleitoral gratuita, a serem usados em inserções de trinta e de sessenta segundos, a critério do respectivo partido ou coligação, assinadas obrigatoriamente pelo partido ou coligação, e distribuídas, ao longo da programação veiculada entre as cinco e as vinte quatro horas, nos termos do § 2º do art. 47 desta Lei, obedecido o seguinte: (Redação dada pela Lei nº 13.488, de 2017)

I - o tempo será dividido em partes iguais para a utilização nas campanhas dos candidatos às eleições majoritá-

rias e proporcionais, bem como de suas legendas partidárias ou das que componham a coligação, quando for o caso;

II - (revogado); (Redação dada pela Lei nº 13.165, de 2015)

III - a distribuição levará em conta os blocos de audiência entre as cinco e as onze horas, as onze e as dezoito horas, e as dezoito e as vinte e quatro horas; (Redação dada pela Lei nº 13.165, de 2015)

IV - na veiculação das inserções, é vedada a divulgação de mensagens que possam degradar ou ridicularizar candidato, partido ou coligação, aplicando-se-lhes, ainda, todas as demais regras aplicadas ao horário de propaganda eleitoral, previstas no art. 47. (Redação dada pela Lei nº 12.891, de 2013)

§ 1º É vedada a veiculação de inserções idênticas no mesmo intervalo de programação, exceto se o número de inserções de que dispuser o partido exceder os intervalos disponíveis, sendo vedada a transmissão em sequência para o mesmo partido político (Redação dada pela Lei nº 13.488, de 2017)

§ 2º Durante o período previsto no art. 49 desta Lei, onde houver segundo turno, as emissoras de rádio e televisão e os canais de televisão por assinatura mencionados no art. 57 desta Lei reservarão, por cada cargo em disputa, vinte e cinco minutos para serem usados em inserções de trinta e de sessenta segundos, observadas as disposições deste artigo. (Inclcuído pela Lei nº 13.488, de 2017)

Art. 52. A partir do dia 15 de agosto do ano da eleição, a Justiça Eleitoral convocará os partidos e a representação das emissoras de televisão para elaborarem plano de mídia, nos termos do art. 51, para o uso da parcela do horário eleitoral gratuito a que tenham direito, garantida a todos participação nos horários de maior e menor audiência. (Redação dada pela Lei nº 13.165, de 2015)

Art. 53. Não serão admitidos cortes instantâneos ou qualquer tipo de censura prévia nos programas eleitorais gratuitos.

§ 1º É vedada a veiculação de propaganda que possa degradar ou ridicularizar candidatos, sujeitando-se o partido ou coligação infratores à perda do direito à veiculação de propaganda no horário eleitoral gratuito do dia seguinte.

§ 2º Sem prejuízo do disposto no parágrafo anterior, a requerimento de partido, coligação ou candidato, a Justiça Eleitoral impedirá a reapresentação de propaganda ofensiva à honra de candidato, à moral e aos bons costumes.

Art. 53-A. É vedado aos partidos políticos e às coligações incluir no horário destinado aos candidatos às eleições proporcionais propaganda das candidaturas a eleições majoritárias ou vice-versa, ressalvada a utilização, durante a exibição do programa, de legendas com referência aos candidatos majoritários ou, ao fundo, de cartazes ou fotografias desses candidatos, ficando autorizada a menção ao nome e ao número de qualquer candidato do partido ou da coligação. (Redação dada pela Lei nº 12.891, de 2013)

§ 1º É facultada a inserção de depoimento de candidatos a eleições proporcionais no horário da propaganda das candidaturas majoritárias e vice-versa, registrados sob o mesmo partido ou coligação, desde que o depoimento consista exclusivamente em pedido de voto ao candidato que cedeu o tempo. (Incluído pela Lei nº 12.034, de 2009)

§ 2º Fica vedada a utilização da propaganda de candidaturas proporcionais como propaganda de candidaturas majoritárias e vice-versa. (Incluído pela Lei nº 12.034, de 2009)

§ 3º O partido político ou a coligação que não observar a regra contida neste artigo perderá, em seu horário de propaganda gratuita, tempo equivalente ao horário reservado à propaganda da eleição disputada pelo candidato beneficiado. (Incluído pela Lei nº 12.034, de 2009)

Art. 54. Nos programas e inserções de rádio e televisão destinados à propaganda eleitoral gratuita de cada partido ou coligação só poderão aparecer, em gravações internas e externas, observado o disposto no § 2º, candidatos, caracteres com propostas, fotos, jingles, clipes com música ou vinhetas, inclusive de passagem, com indicação do número do candidato ou do partido, bem como seus apoiadores, inclusive os candidatos de que trata o § 1º do art. 53-A, que poderão dispor de até 25% (vinte e cinco por cento) do tempo de cada programa ou inserção, sendo vedadas montagens, trucagens, computação gráfica, desenhos animados e efeitos especiais. (Redação dada pela Lei nº 13.165, de 2015)

§ 1º No segundo turno das eleições não será permitida, nos programas de que trata este artigo, a participação de filiados a partidos que tenham formalizado o apoio a outros candidatos. (Redação dada pela Lei nº 13.165, de 2015)

§ 2º Será permitida a veiculação de entrevistas com o candidato e de cenas externas nas quais ele, pessoalmente, exponha: (Incluído pela Lei nº 13.165, de 2015)

I - realizações de governo ou da administração pública; (Incluído pela Lei nº 13.165, de 2015)

II - falhas administrativas e deficiências verificadas em obras e serviços públicos em geral; (Incluído pela Lei nº 13.165, de 2015)

III - atos parlamentares e debates legislativos. (Incluído pela Lei nº 13.165, de 2015)

Art. 55. Na propaganda eleitoral no horário gratuito, são aplicáveis ao partido, coligação ou candidato as vedações indicadas nos incisos I e II do art. 45.

Parágrafo único. A inobservância do disposto neste artigo sujeita o partido ou coligação à perda de tempo equivalente ao dobro do usado na prática do ilícito, no período do horário gratuito subsequente, dobrada a cada reincidência, devendo o tempo correspondente ser veiculado após o programa dos demais candidatos com a informação de que a não veiculação do programa resulta de infração da lei eleitoral. (Redação dada pela Lei nº 12.891, de 2013)

Art. 56. A requerimento de partido, coligação ou candidato, a Justiça Eleitoral poderá determinar a suspensão, por vinte e quatro horas, da programação normal de emissora que deixar de cumprir as disposições desta Lei sobre propaganda.

§ 1º No período de suspensão a que se refere este artigo, a Justiça Eleitoral veiculará mensagem de orientação ao eleitor, intercalada, a cada 15 (quinze) minutos. (Redação dada pela Lei nº 12.891, de 2013)

§ 2º Em cada reiteração de conduta, o período de suspensão será duplicado.

Art. 57. As disposições desta Lei aplicam-se às emissoras de televisão que operam em VHF e UHF e os canais de televisão por assinatura sob a responsabilidade do Senado Federal, da Câmara dos Deputados, das Assembléias Legislativas, da Câmara Legislativa do Distrito Federal ou das Câmaras Municipais.

Propaganda na Internet
(Incluído pela Lei nº 13.488, de 2017)

Art. 57-A. É permitida a propaganda eleitoral na internet, nos termos desta Lei, após o dia 15 de agosto do ano da eleição. (Redação dada pela Lei nº 13.165, de 2015)

Art. 57-B. A propaganda eleitoral na internet poderá ser realizada nas seguintes formas: (Incluído pela Lei nº 12.034, de 2009) (Vide Lei nº 12.034, de 2009)

I - em sítio do candidato, com endereço eletrônico comunicado à Justiça Eleitoral e hospedado, direta ou indiretamente, em provedor de serviço de internet estabelecido no País; (Incluído pela Lei nº 12.034, de 2009)

II - em sítio do partido ou da coligação, com endereço eletrônico comunicado à Justiça Eleitoral e hospedado, direta ou indiretamente, em provedor de serviço de internet estabelecido no País; (Incluído pela Lei nº 12.034, de 2009)

III - por meio de mensagem eletrônica para endereços cadastrados gratuitamente pelo candidato, partido ou coligação; (Incluído pela Lei nº 12.034, de 2009)

IV - por meio de blogs, redes sociais, sítios de mensagens instantâneas e aplicações de internet assemelhadas cujo

conteúdo seja gerado ou editado por: (Redação dada pela Lei nº 13.488, de 2017)

a) candidatos, partidos ou coligações; ou (Incluído pela Lei nº 13.488, de 2017)

b) qualquer pessoa natural, desde que não contrate impulsionamento de conteúdos. (Incluído pela Lei nº 13.488, de 2017)

§ 1º Os endereços eletrônicos das aplicações de que trata este artigo, salvo aqueles de iniciativa de pessoa natural, deverão ser comunicados à Justiça Eleitoral, podendo ser mantidos durante todo o pleito eleitoral os mesmos endereços eletrônicos em uso antes do início da propaganda eleitoral. (Incluído pela Lei nº 13.488, de 2017)

§ 2º Não é admitida a veiculação de conteúdos de cunho eleitoral mediante cadastro de usuário de aplicação de internet com a intenção de falsear identidade. (Incluído pela Lei nº 13.488, de 2017)

§ 3º É vedada a utilização de impulsionamento de conteúdos e ferramentas digitais não disponibilizadas pelo provedor da aplicação de internet, ainda que gratuitas, para alterar o teor ou a repercussão de propaganda eleitoral, tanto próprios quanto de terceiros. (Incluído pela Lei nº 13.488, de 2017)

§ 4º O provedor de aplicação de internet que possibilite o impulsionamento pago de conteúdos deverá contar com canal de comunicação com seus usuários e somente poderá ser responsabilizado por danos decorrentes do conteúdo impulsionado se, após ordem judicial específica, não tomar as providências para, no âmbito e nos limites técnicos do seu serviço e dentro do prazo assinalado, tornar indisponível o conteúdo apontado como infringente pela Justiça Eleitoral. (Incluído pela Lei nº 13.488, de 2017)

§ 5º A violação do disposto neste artigo sujeita o usuário responsável pelo conteúdo e, quando comprovado seu prévio conhecimento, o beneficiário, à multa no valor de R$ 5.000,00 (cinco mil reais) a R$ 30.000,00 (trinta mil reais) ou em valor equivalente ao dobro da quantia despendida, se esse cálculo superar o limite máximo da multa. (Incluído pela Lei nº 13.488, de 2017)

Art. 57-C. Na internet, é vedada a veiculação de qualquer tipo de propaganda eleitoral paga. (Incluído pela Lei nº 12.034, de 2009)

Art. 57-C. É vedada a veiculação de qualquer tipo de propaganda eleitoral paga na internet, excetuado o impulsionamento de conteúdos, desde que identificado de forma inequívoca como tal e contratado exclusivamente por partidos, coligações e candidatos e seus representantes. (Redação dada pela Lei nº 13.488, de 2017)

§ 1º É vedada, ainda que gratuitamente, a veiculação de propaganda eleitoral na internet, em sítios: (Incluído pela Lei nº 12.034, de 2009)

I - de pessoas jurídicas, com ou sem fins lucrativos; (Incluído pela Lei nº 12.034, de 2009)

II - oficiais ou hospedados por órgãos ou entidades da administração pública direta ou indireta da União, dos Estados, do Distrito Federal e dos Municípios. (Incluído pela Lei nº 12.034, de 2009)

§ 2º A violação do disposto neste artigo sujeita o responsável pela divulgação da propaganda ou pelo impulsionamento de conteúdos e, quando comprovado seu prévio conhecimento, o beneficiário, à multa no valor de R$ 5.000,00 (cinco mil reais) a R$ 30.000,00 (trinta mil reais) ou em valor equivalente ao dobro da quantia despendida, se esse cálculo superar o limite máximo da multa. (Redação dada pela Lei nº 13.488, de 2017)

§ 3º O impulsionamento de que trata o caput deste artigo deverá ser contratado diretamente com provedor da aplicação de internet com sede e foro no País, ou de sua filial, sucursal, escritório, estabelecimento ou representante legalmente estabelecido no País e apenas com o fim de promover ou beneficiar candidatos ou suas agremiações. (Incluído pela Lei nº 13.488, de 2017)

Art. 57-D. É livre a manifestação do pensamento, vedado o anonimato durante a campanha eleitoral, por meio da rede mundial de computadores - internet, assegurado o direito de resposta, nos termos das alíneas a, b e c do inciso IV do § 3º do art. 58 e do 58-A, e por outros meios de comunicação interpessoal mediante mensagem eletrônica. (Incluído pela Lei nº 12.034, de 2009)

§ 1º (VETADO) (Incluído pela Lei nº 12.034, de 2009)

§ 2º A violação do disposto neste artigo sujeitará o responsável pela divulgação da propaganda e, quando comprovado seu prévio conhecimento, o beneficiário à multa no valor de R$ 5.000,00 (cinco mil reais) a R$ 30.000,00 (trinta mil reais). (Incluído pela Lei nº 12.034, de 2009)

§ 3º Sem prejuízo das sanções civis e criminais aplicáveis ao responsável, a Justiça Eleitoral poderá determinar, por solicitação do ofendido, a retirada de publicações que contenham agressões ou ataques a candidatos em sítios da internet, inclusive redes sociais. (Incluído pela Lei nº 12.891, de 2013)

Art. 57-E. São vedadas às pessoas relacionadas no art. 24 a utilização, doação ou cessão de cadastro eletrônico de seus clientes, em favor de candidatos, partidos ou coligações. (Incluído pela Lei nº 12.034, de 2009)

§ 1º É proibida a venda de cadastro de endereços eletrônicos. (Incluído pela Lei nº 12.034, de 2009)

§ 2º A violação do disposto neste artigo sujeita o responsável pela divulgação da propaganda e, quando comprovado seu prévio conhecimento, o beneficiário à multa no valor de R$ 5.000,00 (cinco mil reais) a R$ 30.000,00 (trinta mil reais). (Incluído pela Lei nº 12.034, de 2009)

Art. 57-F. Aplicam-se ao provedor de conteúdo e de serviços multimídia que hospeda a divulgação da propaganda eleitoral de candidato, de partido ou coligação as penalidades previstas nesta Lei, se, no prazo determinado pela Justiça Eleitoral, contado a partir da notificação de decisão sobre a existência de propaganda irregular, não tomar providências para a cessação dessa divulgação. (Incluído pela Lei nº 12.034, de 2009)

Parágrafo único. O provedor de conteúdo ou de serviços multimídia só será considerado responsável pela divulgação da propaganda se a publicação do material for comprovadamente de seu prévio conhecimento. (Incluído pela Lei nº 12.034, de 2009)

Art. 57-G. As mensagens eletrônicas enviadas por candidato, partido ou coligação, por qualquer meio, deverão dispor de mecanismo que permita seu descadastramento pelo destinatário, obrigado o remetente a providenciá-lo no prazo de quarenta e oito horas. (Incluído pela Lei nº 12.034, de 2009)

Parágrafo único. Mensagens eletrônicas enviadas após o término do prazo previsto no caput sujeitam os responsáveis ao pagamento de multa no valor de R$ 100,00 (cem reais), por mensagem. (Incluído pela Lei nº 12.034, de 2009)

Art. 57-H. Sem prejuízo das demais sanções legais cabíveis, será punido, com multa de R$ 5.000,00 (cinco mil reais) a R$ 30.000,00 (trinta mil reais), quem realizar propaganda eleitoral na internet, atribuindo indevidamente sua autoria a terceiro, inclusive a candidato, partido ou coligação. (Incluído pela Lei nº 12.034, de 2009)

§ 1º Constitui crime a contratação direta ou indireta de grupo de pessoas com a finalidade específica de emitir mensagens ou comentários na internet para ofender a honra ou denegrir a imagem de candidato, partido ou coligação, punível com detenção de 2 (dois) a 4 (quatro) anos e multa de R$ 15.000,00 (quinze mil reais) a R$ 50.000,00 (cinquenta mil reais). (Incluído pela Lei nº 12.891, de 2013)

§ 2º Igualmente incorrem em crime, punível com detenção de 6 (seis) meses a 1 (um) ano, com alternativa de prestação de serviços à comunidade pelo mesmo período, e multa de R$ 5.000,00 (cinco mil reais) a R$ 30.000,00 (trinta mil reais), as pessoas contratadas na forma do § 1º. (Incluído pela Lei nº 12.891, de 2013)

LEI Nº 9.504, DE 30 DE SETEMBRO DE 1997

Art. 57-I. A requerimento de candidato, partido ou coligação, observado o rito previsto no art. 96 desta Lei, a Justiça Eleitoral poderá determinar, no âmbito e nos limites técnicos de cada aplicação de internet, a suspensão do acesso a todo conteúdo veiculado que deixar de cumprir as disposições desta Lei, devendo o número de horas de suspensão ser definida proporcionalmente à gravidade da infração cometida em cada caso, observado o limite máximo de vinte e quatro horas. (Redação dada pela Lei nº 13.488, de 2017)

§ 1º A cada reiteração de conduta, será duplicado o período de suspensão. (Incluído pela Lei nº 12.034, de 2009)

§ 2º No período de suspensão a que se refere este artigo, a empresa informará, a todos os usuários que tentarem acessar seus serviços, que se encontra temporariamente inoperante por desobediência à legislação eleitoral. (Incluído pela Lei nº 12.034, de 2009)

Art. 57-J. O Tribunal Superior Eleitoral regulamentará o disposto nos arts. 57-A a 57-I desta Lei de acordo com o cenário e as ferramentas tecnológicas existentes em cada momento eleitoral e promoverá, para os veículos, partidos e demais entidades interessadas, a formulação e a ampla divulgação de regras de boas práticas relativas a campanhas eleitorais na internet. (Incluído pela Lei nº 13.488, de 2017)

Do Direito de Resposta

Art. 58. A partir da escolha de candidatos em convenção, é assegurado o direito de resposta a candidato, partido ou coligação atingidos, ainda que de forma indireta, por conceito, imagem ou afirmação caluniosa, difamatória, injuriosa ou sabidamente inverídica, difundidos por qualquer veículo de comunicação social.

§ 1º O ofendido, ou seu representante legal, poderá pedir o exercício do direito de resposta à Justiça Eleitoral nos seguintes prazos, contados a partir da veiculação da ofensa:

I - vinte e quatro horas, quando se tratar do horário eleitoral gratuito;

II - quarenta e oito horas, quando se tratar da programação normal das emissoras de rádio e televisão;

III - setenta e duas horas, quando se tratar de órgão da imprensa escrita.

IV - a qualquer tempo, quando se tratar de conteúdo que esteja sendo divulgado na internet, ou em 72 (setenta e duas) horas, após a sua retirada. (Incluído pela Lei nº 13.165, de 2015)

§ 2º Recebido o pedido, a Justiça Eleitoral notificará imediatamente o ofensor para que se defenda em vinte e quatro horas, devendo a decisão ser prolatada no prazo máximo de setenta e duas horas da data da formulação do pedido.

§ 3º Observar-se-ão, ainda, as seguintes regras no caso de pedido de resposta relativo a ofensa veiculada:

I - em órgão da imprensa escrita:

a) o pedido deverá ser instruído com um exemplar da publicação e o texto para resposta;

b) deferido o pedido, a divulgação da resposta dar-se-á no mesmo veículo, espaço, local, página, tamanho, caracteres e outros elementos de realce usados na ofensa, em até quarenta e oito horas após a decisão ou, tratando-se de veículo com periodicidade de circulação maior que quarenta e oito horas, na primeira vez em que circular;

c) por solicitação do ofendido, a divulgação da resposta será feita no mesmo dia da semana em que a ofensa foi divulgada, ainda que fora do prazo de quarenta e oito horas;

d) se a ofensa for produzida em dia e hora que inviabilizem sua reparação dentro dos prazos estabelecidos nas alíneas anteriores, a Justiça Eleitoral determinará a imediata divulgação da resposta;

e) o ofensor deverá comprovar nos autos o cumprimento da decisão, mediante dados sobre a regular distribuição dos exemplares, a quantidade impressa e o raio de abrangência na distribuição;

II - em programação normal das emissoras de rádio e de televisão:

a) a Justiça Eleitoral, à vista do pedido, deverá notificar imediatamente o responsável pela emissora que realizou o programa para que entregue em vinte e quatro horas, sob as penas do art. 347 da Lei nº 4.737, de 15 de julho de 1965 - Código Eleitoral, cópia da fita da transmissão, que será devolvida após a decisão;

b) o responsável pela emissora, ao ser notificado pela Justiça Eleitoral ou informado pelo reclamante ou representante, por cópia protocolada do pedido de resposta, preservará a gravação até a decisão final do processo;

c) deferido o pedido, a resposta será dada em até quarenta e oito horas após a decisão, em tempo igual ao da ofensa, porém nunca inferior a um minuto;

III - no horário eleitoral gratuito:

a) o ofendido usará, para a resposta, tempo igual ao da ofensa, nunca inferior, porém, a um minuto;

b) a resposta será veiculada no horário destinado ao partido ou coligação responsável pela ofensa, devendo necessariamente dirigir-se aos fatos nela veiculados;

c) se o tempo reservado ao partido ou coligação responsável pela ofensa for inferior a um minuto, a resposta será levada ao ar tantas vezes quantas sejam necessárias para a sua complementação;

d) deferido o pedido para resposta, a emissora geradora e o partido ou coligação atingidos deverão ser notificados imediatamente da decisão, na qual deverão estar indicados quais os períodos, diurno ou noturno, para a veiculação da resposta, que deverá ter lugar no início do programa do partido ou coligação;

e) o meio magnético com a resposta deverá ser entregue à emissora geradora, até trinta e seis horas após a ciência da decisão, para veiculação no programa subseqüente do partido ou coligação em cujo horário se praticou a ofensa;

f) se o ofendido for candidato, partido ou coligação que tenha usado o tempo concedido sem responder aos fatos veiculados na ofensa, terá subtraído tempo idêntico do respectivo programa eleitoral; tratando-se de terceiros, ficarão sujeitos à suspensão de igual tempo em eventuais novos pedidos de resposta e à multa no valor de duas mil a cinco mil UFIR.

IV - em propaganda eleitoral na internet: (Incluído pela Lei nº 12.034, de 2009)

a) deferido o pedido, o usuário ofensor deverá divulgar a resposta do ofendido em até quarenta e oito horas após sua entrega em mídia física, e deverá empregar nessa divulgação o mesmo impulsionamento de conteúdo eventualmente contratado nos termos referidos no art. 57-C desta Lei e o mesmo veículo, espaço, local, horário, página eletrônica, tamanho, caracteres e outros elementos de realce usados na ofensa; (Redação dada pela Lei nº 13.488, de 2017)

b) a resposta ficará disponível para acesso pelos usuários do serviço de internet por tempo não inferior ao dobro em que esteve disponível a mensagem considerada ofensiva; (Incluído pela Lei nº 12.034, de 2009)

c) os custos de veiculação da resposta correrão por conta do responsável pela propaganda original. (Incluído pela Lei nº 12.034, de 2009)

§ 4º Se a ofensa ocorrer em dia e hora que inviabilizem sua reparação dentro dos prazos estabelecidos nos parágrafos anteriores, a resposta será divulgada nos horários que a Justiça Eleitoral determinar, ainda que nas quarenta e oito horas anteriores ao pleito, em termos e forma previamente aprovados, de modo a não ensejar tréplica.

§ 5º Da decisão sobre o exercício do direito de resposta cabe recurso às instâncias superiores, em vinte e quatro horas da data de sua publicação em cartório ou sessão, assegurado ao recorrido oferecer contra-razões em igual prazo, a contar da sua notificação.

§ 6º A Justiça Eleitoral deve proferir suas decisões no prazo máximo de vinte e quatro horas, observando-se o disposto nas alíneas d e e do inciso III do § 3º para a restituição do tempo em caso de provimento de recurso.

§ 7º A inobservância do prazo previsto no parágrafo anterior sujeita a autoridade judiciária às penas previstas no art. 345 da Lei nº 4.737, de 15 de julho de 1965 - Código Eleitoral.

§ 8º O não-cumprimento integral ou em parte da decisão que conceder a resposta sujeitará o infrator ao pagamento de multa no valor de cinco mil a quinze mil UFIR, duplicada em caso de reiteração de conduta, sem prejuízo do disposto no art. 347 da Lei nº 4.737, de 15 de julho de 1965 - Código Eleitoral.

§ 9º Caso a decisão de que trata o § 2º não seja prolatada em 72 (setenta e duas) horas da data da formulação do pedido, a Justiça Eleitoral, de ofício, providenciará a alocação de Juiz auxiliar. (Incluído pela Lei nº 12.891, de 2013)

Art. 58-A. Os pedidos de direito de resposta e as representações por propaganda eleitoral irregular em rádio, televisão e internet tramitarão preferencialmente em relação aos demais processos em curso na Justiça Eleitoral. (Incluído pela Lei nº 12.034, de 2009)

Do Sistema Eletrônico de Votação e da Totalização dos Votos

Art. 59. A votação e a totalização dos votos serão feitas por sistema eletrônico, podendo o Tribunal Superior Eleitoral autorizar, em caráter excepcional, a aplicação das regras fixadas nos arts. 83 a 89.

§ 1º A votação eletrônica será feita no número do candidato ou da legenda partidária, devendo o nome e fotografia do candidato e o nome do partido ou a legenda partidária aparecer no painel da urna eletrônica, com a expressão designadora do cargo disputado no masculino ou feminino, conforme o caso.

§ 2º Na votação para as eleições proporcionais, serão computados para a legenda partidária os votos em que não seja possível a identificação do candidato, desde que o número identificador do partido seja digitado de forma correta.

§ 3º A urna eletrônica exibirá para o eleitor os painéis na seguinte ordem: (Redação dada pela Lei nº 12.976, de 2014)

I - para as eleições de que trata o inciso I do parágrafo único do art. 1º, Deputado Federal, Deputado Estadual ou Distrital, Senador, Governador e Vice-Governador de Estado ou do Distrito Federal, Presidente e Vice-Presidente da República; (Incluído pela Lei nº 12.976, de 2014)

II - para as eleições de que trata o inciso II do parágrafo único do art. 1º, Vereador, Prefeito e Vice-Prefeito. (Incluído pela Lei nº 12.976, de 2014)

§ 4º A urna eletrônica disporá de recursos que, mediante assinatura digital, permitam o registro digital de cada voto e a identificação da urna em que foi registrado, resguardado o anonimato do eleitor. (Redação dada pela Lei nº 10.740, de 2003)

§ 5º Caberá à Justiça Eleitoral definir a chave de segurança e a identificação da urna eletrônica de que trata o § 4º. (Redação dada pela Lei nº 10.740, de 2003)

§ 6º Ao final da eleição, a urna eletrônica procederá à assinatura digital do arquivo de votos, com aplicação do registro de horário e do arquivo do boletim de urna, de maneira a impedir a substituição de votos e a alteração dos registros dos termos de início e término da votação. (Redação dada pela Lei nº 10.740, de 2003)

§ 7º O Tribunal Superior Eleitoral colocará à disposição dos eleitores urnas eletrônicas destinadas a treinamento. (Redação dada pela Lei nº 10.740, de 2003)

§ 8º O Tribunal Superior Eleitoral colocará à disposição dos eleitores urnas eletrônicas destinadas a treinamento. (Incluído pela Lei nº 10.408, de 2002)

Art. 59-A. No processo de votação eletrônica, a urna imprimirá o registro de cada voto, que será depositado, de forma automática e sem contato manual do eleitor, em local previamente lacrado. (Incluído pela Lei nº 13.165, de 2015) (Promulgação de partes veto) (Vide ADIN Nº 5.889)

Parágrafo único. O processo de votação não será concluído até que o eleitor confirme a correspondência entre o teor de seu voto e o registro impresso e exibido pela urna eletrônica. (Incluído pela Lei nº 13.165, de 2015) (Promulgação de partes veto) (Vide ADIN Nº 5.889)

Art. 60. No sistema eletrônico de votação considerar-se-á voto de legenda quando o eleitor assinalar o número do partido no momento de votar para determinado cargo e somente para este será computado.

Art 61. A urna eletrônica contabilizará cada voto, assegurando-lhe o sigilo e inviolabilidade, garantida aos partidos políticos, coligações e candidatos ampla fiscalização.

Art. 61A. (Revogada pela Lei nº 10.740, de 2003)

Art. 62. Nas Seções em que for adotada a urna eletrônica, somente poderão votar eleitores cujos nomes estiverem nas respectivas folhas de votação, não se aplicando a ressalva a que se refere o art. 148, § 1º Lei nº 4.737, de 15 de julho de 1965 - Código Eleitoral.

Parágrafo único. O Tribunal Superior Eleitoral disciplinará a hipótese de falha na urna eletrônica que prejudique o regular processo de votação.

Das Mesas Receptoras

Art. 63. Qualquer partido pode reclamar ao Juiz Eleitoral, no prazo de cinco dias, da nomeação da Mesa Receptora, devendo a decisão ser proferida em 48 horas.

§ 1º Da decisão do Juiz Eleitoral caberá recurso para o Tribunal Regional, interposto dentro de três dias, devendo ser resolvido em igual prazo.

§ 2º Não podem ser nomeados presidentes e mesários os menores de dezoito anos.

Art. 64. É vedada a participação de parentes em qualquer grau ou de servidores da mesma repartição pública ou empresa privada na mesma Mesa, Turma ou Junta Eleitoral.

Da Fiscalização das Eleições

Art. 65. A escolha de fiscais e delegados, pelos partidos ou coligações, não poderá recair em menor de dezoito anos ou em quem, por nomeação do Juiz Eleitoral, já faça parte de Mesa Receptora.

§ 1º O fiscal poderá ser nomeado para fiscalizar mais de uma Seção Eleitoral, no mesmo local de votação.

§ 2º As credenciais de fiscais e delegados serão expedidas, exclusivamente, pelos partidos ou coligações.

§ 3º Para efeito do disposto no parágrafo anterior, o presidente do partido ou o representante da coligação deverá registrar na Justiça Eleitoral o nome das pessoas autorizadas a expedir as credenciais dos fiscais e delegados.

§ 4º Para o acompanhamento dos trabalhos de votação, só será permitido o credenciamento de, no máximo, 2 (dois) fiscais de cada partido ou coligação por seção eleitoral. (Incluído pela Lei nº 12.891, de 2013)

Art. 66. Os partidos e coligações poderão fiscalizar todas as fases do processo de votação e apuração das eleições e o processamento eletrônico da totalização dos resultados. (Redação dada pela Lei nº 10.408, de 2002)

§ 1º Todos os programas de computador de propriedade do Tribunal Superior Eleitoral, desenvolvidos por ele ou sob sua encomenda, utilizados nas urnas eletrônicas para os processos de votação, apuração e totalização, poderão ter suas fases de especificação e de desenvolvimento acompanhadas por técnicos indicados pelos partidos políticos, Ordem dos Advogados do Brasil e Ministério Público, até seis meses antes das eleições. (Redação dada pela Lei nº 10.740, de 2003)

§ 2º Uma vez concluídos os programas a que se refere o § 1º, serão eles apresentados, para análise, aos representantes credenciados dos partidos políticos e coligações, até vinte dias antes das eleições, nas dependências do Tribunal Superior Eleitoral, na forma de programas-fonte e de programas exe-

cutáveis, inclusive os sistemas aplicativo e de segurança e as bibliotecas especiais, sendo que as chaves eletrônicas privadas e senhas eletrônicas de acesso manter-se-ão no sigilo da Justiça Eleitoral. Após a apresentação e conferência, serão lacradas cópias dos programas-fonte e dos programas compilados. (Redação dada pela Lei nº 10.740, de 2003)

§ 3º No prazo de cinco dias a contar da data da apresentação referida no § 2º, o partido político e a coligação poderão apresentar impugnação fundamentada à Justiça Eleitoral. (Redação dada pela Lei nº 10.740, de 2003)

§ 4º Havendo a necessidade de qualquer alteração nos programas, após a apresentação de que trata o § 3º, dar-se-á conhecimento do fato aos representantes dos partidos políticos e das coligações, para que sejam novamente analisados e lacrados. (Redação dada pela Lei nº 10.740, de 2003)

§ 5º A carga ou preparação das urnas eletrônicas será feita em sessão pública, com prévia convocação dos fiscais dos partidos e coligações para a assistirem e procederem aos atos de fiscalização, inclusive para verificarem se os programas carregados nas urnas são idênticos aos que foram lacrados na sessão referida no § 2º deste artigo, após o que as urnas serão lacradas. (Incluído pela Lei nº 10.408, de 2002)

§ 6º No dia da eleição, será realizada, por amostragem, auditoria de verificação do funcionamento das urnas eletrônicas, através de votação paralela, na presença dos fiscais dos partidos e coligações, nos moldes fixados em resolução do Tribunal Superior Eleitoral. (Incluído pela Lei nº 10.408, de 2002)

§ 7º Os partidos concorrentes ao pleito poderão constituir sistema próprio de fiscalização, apuração e totalização dos resultados contratando, inclusive, empresas de auditoria de sistemas, que, credenciadas junto à Justiça Eleitoral, receberão, previamente, os programas de computador e os mesmos dados alimentadores do sistema oficial de apuração e totalização. (Incluído pela Lei nº 10.408, de 2002)

Art. 67. Os órgãos encarregados do processamento eletrônico de dados são obrigados a fornecer aos partidos ou coligações, no momento da entrega ao Juiz Encarregado, cópias dos dados do processamento parcial de cada dia, contidos em meio magnético.

Art. 68. O boletim de urna, segundo modelo aprovado pelo Tribunal Superior Eleitoral, conterá os nomes e os números dos candidatos nela votados.

§ 1º O Presidente da Mesa Receptora é obrigado a entregar cópia do boletim de urna aos partidos e coligações concorrentes ao pleito cujos representantes o requeiram até uma hora após a expedição.

§ 2º O descumprimento do disposto no parágrafo anterior constitui crime, punível com detenção, de um a três meses, com a alternativa de prestação de serviço à comunidade pelo mesmo período, e multa no valor de um mil a cinco mil UFIR.

Art. 69. A impugnação não recebida pela Junta Eleitoral pode ser apresentada diretamente ao Tribunal Regional Eleitoral, em quarenta e oito horas, acompanhada de declaração de duas testemunhas.

Parágrafo único. O Tribunal decidirá sobre o recebimento em quarenta e oito horas, publicando o acórdão na própria sessão de julgamento e transmitindo imediatamente à Junta, via telex, fax ou qualquer outro meio eletrônico, o inteiro teor da decisão e da impugnação.

Art. 70. O Presidente de Junta Eleitoral que deixar de receber ou de mencionar em ata os protestos recebidos, ou ainda, impedir o exercício de fiscalização, pelos partidos ou coligações, deverá ser imediatamente afastado, além de responder pelos crimes previstos na Lei nº 4.737, de 15 de julho de 1965 - Código Eleitoral.

Art. 71. Cumpre aos partidos e coligações, por seus fiscais e delegados devidamente credenciados, e aos candidatos, proceder à instrução dos recursos interpostos contra a apuração, juntando, para tanto, cópia do boletim relativo à urna impugnada.

Parágrafo único. Na hipótese de surgirem obstáculos à obtenção do boletim, caberá ao recorrente requerer, mediante a indicação dos dados necessários, que o órgão da Justiça Eleitoral perante o qual foi interposto o recurso o instrua, anexando o respectivo boletim de urna.

Art. 72. Constituem crimes, puníveis com reclusão, de cinco a dez anos:

I - obter acesso a sistema de tratamento automático de dados usado pelo serviço eleitoral, a fim de alterar a apuração ou a contagem de votos;

II - desenvolver ou introduzir comando, instrução, ou programa de computador capaz de destruir, apagar, eliminar, alterar, gravar ou transmitir dado, instrução ou programa ou provocar qualquer outro resultado diverso do esperado em sistema de tratamento automático de dados usados pelo serviço eleitoral;

III - causar, propositadamente, dano físico ao equipamento usado na votação ou na totalização de votos ou a suas partes.

Das Condutas Vedadas aos Agentes Públicos em Campanhas Eleitorais

Art. 73. São proibidas aos agentes públicos, servidores ou não, as seguintes condutas tendentes a afetar a igualdade de oportunidades entre candidatos nos pleitos eleitorais:

I - ceder ou usar, em benefício de candidato, partido político ou coligação, bens móveis ou imóveis pertencentes à administração direta ou indireta da União, dos Estados, do Distrito Federal, dos Territórios e dos Municípios, ressalvada a realização de convenção partidária;

II - usar materiais ou serviços, custeados pelos Governos ou Casas Legislativas, que excedam as prerrogativas consignadas nos regimentos e normas dos órgãos que integram;

III - ceder servidor público ou empregado da administração direta ou indireta federal, estadual ou municipal do Poder Executivo, ou usar de seus serviços, para comitês de campanha eleitoral de candidato, partido político ou coligação, durante o horário de expediente normal, salvo se o servidor ou empregado estiver licenciado;

IV - fazer ou permitir uso promocional em favor de candidato, partido político ou coligação, de distribuição gratuita de bens e serviços de caráter social custeados ou subvencionados pelo Poder Público;

V - nomear, contratar ou de qualquer forma admitir, demitir sem justa causa, suprimir ou readaptar vantagens ou por outros meios dificultar ou impedir o exercício funcional e, ainda, ex officio, remover, transferir ou exonerar servidor público, na circunscrição do pleito, nos três meses que o antecedem e até a posse dos eleitos, sob pena de nulidade de pleno direito, ressalvados:

a) a nomeação ou exoneração de cargos em comissão e designação ou dispensa de funções de confiança;

b) a nomeação para cargos do Poder Judiciário, do Ministério Público, dos Tribunais ou Conselhos de Contas e dos órgãos da Presidência da República;

c) a nomeação dos aprovados em concursos públicos homologados até o início daquele prazo;

d) a nomeação ou contratação necessária à instalação ou ao funcionamento inadiável de serviços públicos essenciais, com prévia e expressa autorização do Chefe do Poder Executivo;

e) a transferência ou remoção ex officio de militares, policiais civis e de agentes penitenciários;

VI - nos três meses que antecedem o pleito:

a) realizar transferência voluntária de recursos da União aos Estados e Municípios, e dos Estados aos Municípios, sob pena de nulidade de pleno direito, ressalvados os recursos destinados a cumprir obrigação formal preexistente para execução de obra ou serviço em andamento e com cronograma prefixado, e os destinados a atender situações de emergência e de calamidade pública;

b) com exceção da propaganda de produtos e serviços que tenham concorrência no mercado, autorizar publicidade institucional dos atos, programas, obras, serviços e campanhas dos órgãos públicos federais, estaduais ou municipais, ou das respectivas entidades da administração indireta, salvo em caso de grave e urgente necessidade pública, assim reconhecida pela Justiça Eleitoral;

c) fazer pronunciamento em cadeia de rádio e televisão, fora do horário eleitoral gratuito, salvo quando, a critério da Justiça Eleitoral, tratar-se de matéria urgente, relevante e característica das funções de governo;

VII - realizar, no primeiro semestre do ano de eleição, despesas com publicidade dos órgãos públicos federais, estaduais ou municipais, ou das respectivas entidades da administração indireta, que excedam a média dos gastos no primeiro semestre dos três últimos anos que antecedem o pleito; (Redação dada pela Lei nº 13.165, de 2015)

VIII - fazer, na circunscrição do pleito, revisão geral da remuneração dos servidores públicos que exceda a recomposição da perda de seu poder aquisitivo ao longo do ano da eleição, a partir do início do prazo estabelecido no art. 7º desta Lei e até a posse dos eleitos.

§ 1º Reputa-se agente público, para os efeitos deste artigo, quem exerce, ainda que transitoriamente ou sem remuneração, por eleição, nomeação, designação, contratação ou qualquer outra forma de investidura ou vínculo, mandato, cargo, emprego ou função nos órgãos ou entidades da administração pública direta, indireta, ou fundacional.

§ 2º A vedação do inciso I do caput não se aplica ao uso, em campanha, de transporte oficial pelo Presidente da República, obedecido o disposto no art. 76, nem ao uso, em campanha, pelos candidatos a reeleição de Presidente e Vice-Presidente da República, Governador e Vice-Governador de Estado e do Distrito Federal, Prefeito e Vice-Prefeito, de suas residências oficiais para realização de contatos, encontros e reuniões pertinentes à própria campanha, desde que não tenham caráter de ato público.

§ 3º As vedações do inciso VI do caput, alíneas b e c, aplicam-se apenas aos agentes públicos das esferas administrativas cujos cargos estejam em disputa na eleição.

§ 4º O descumprimento do disposto neste artigo acarretará a suspensão imediata da conduta vedada, quando for o caso, e sujeitará os responsáveis a multa no valor de cinco a cem mil UFIR.

§ 5º Nos casos de descumprimento do disposto nos incisos do caput e no § 10, sem prejuízo do disposto no § 4º, o candidato beneficiado, agente público ou não, ficará sujeito à cassação do registro ou do diploma. (Redação dada pela Lei nº 12.034, de 2009)

§ 6º As multas de que trata este artigo serão duplicadas a cada reincidência.

§ 7º As condutas enumeradas no caput caracterizam, ainda, atos de improbidade administrativa, a que se refere o art. 11, inciso I, da Lei nº 8.429, de 2 de junho de 1992, e sujeitam-se às disposições daquele diploma legal, em especial às cominações do art. 12, inciso III.

§ 8º Aplicam-se as sanções do § 4º aos agentes públicos responsáveis pelas condutas vedadas e aos partidos, coligações e candidatos que delas se beneficiarem.

§ 9º Na distribuição dos recursos do Fundo Partidário (Lei nº 9.096, de 19 de setembro de 1995) oriundos da aplicação do disposto no § 4º, deverão ser excluídos os partidos beneficiados pelos atos que originaram as multas.

§ 10. No ano em que se realizar eleição, fica proibida a distribuição gratuita de bens, valores ou benefícios por parte da Administração Pública, exceto nos casos de calamidade pública, de estado de emergência ou de programas sociais autorizados em lei e já em execução orçamentária no exercício anterior, casos em que o Ministério Público poderá promover o acompanhamento de sua execução financeira e administrativa. (Incluído pela Lei nº 11.300, de 2006)

§ 11. Nos anos eleitorais, os programas sociais de que trata o § 10 não poderão ser executados por entidade nominalmente vinculada a candidato ou por esse mantida. (Incluído pela Lei nº 12.034, de 2009)

§ 12. A representação contra a não observância do disposto neste artigo observará o rito do art. 22 da Lei Complementar no 64, de 18 de maio de 1990, e poderá ser ajuizada até a data da diplomação. (Incluído pela Lei nº 12.034, de 2009)

§ 13. O prazo de recurso contra decisões proferidas com base neste artigo será de 3 (três) dias, a contar da data da publicação do julgamento no Diário Oficial. (Incluído pela Lei nº 12.034, de 2009)

Art. 74. Configura abuso de autoridade, para os fins do disposto no art. 22 da Lei Complementar nº 64, de 18 de maio de 1990, a infringência do disposto no § 1º do art. 37 da Constituição Federal, ficando o responsável, se candidato, sujeito ao cancelamento do registro ou do diploma. (Redação dada pela Lei nº 12.034, de 2009)

Art. 75. Nos três meses que antecederem as eleições, na realização de inaugurações é vedada a contratação de shows artísticos pagos com recursos públicos.

Parágrafo único. Nos casos de descumprimento do disposto neste artigo, sem prejuízo da suspensão imediata da conduta, o candidato beneficiado, agente público ou não, ficará sujeito à cassação do registro ou do diploma. (Incluído pela Lei nº 12.034, de 2009)

Art. 76. O ressarcimento das despesas com o uso de transporte oficial pelo Presidente da República e sua comitiva em campanha eleitoral será de responsabilidade do partido político ou coligação a que esteja vinculado.

§ 1º O ressarcimento de que trata este artigo terá por base o tipo de transporte usado e a respectiva tarifa de mercado cobrada no trecho correspondente, ressalvado o uso do avião presidencial, cujo ressarcimento corresponderá ao aluguel de uma aeronave de propulsão a jato do tipo táxi aéreo.

§ 2º No prazo de dez dias úteis da realização do pleito, em primeiro turno, ou segundo, se houver, o órgão competente de controle interno procederá ex officio à cobrança dos valores devidos nos termos dos parágrafos anteriores.

§ 3º A falta do ressarcimento, no prazo estipulado, implicará a comunicação do fato ao Ministério Público Eleitoral, pelo órgão de controle interno.

§ 4º Recebida a denúncia do Ministério Público, a Justiça Eleitoral apreciará o feito no prazo de trinta dias, aplicando aos infratores pena de multa correspondente ao dobro das despesas, duplicada a cada reiteração de conduta.

Art. 77. É proibido a qualquer candidato comparecer, nos 3 (três) meses que precedem o pleito, a inaugurações de obras públicas. (Redação dada pela Lei nº 12.034, de 2009)

Parágrafo único. A inobservância do disposto neste artigo sujeita o infrator à cassação do registro ou do diploma. (Redação dada pela Lei nº 12.034, de 2009)

Art. 78. A aplicação das sanções cominadas no art. 73, §§ 4º e 5º, dar-se-á sem prejuízo de outras de caráter constitucional, administrativo ou disciplinar fixadas pelas demais leis vigentes.

Disposições Transitórias

Art. 79. O financiamento das campanhas eleitorais com recursos públicos será disciplinada em lei específica.

Art. 80. Nas eleições a serem realizadas no ano de 1998, cada partido ou coligação deverá reservar, para candidatos de cada sexo, no mínimo, vinte e cinco por cento e, no máximo, setenta e cinco por cento do número de candidaturas que puder registrar.

Art. 81. (Revogado pela Lei nº 13.165, de 2015)

Art. 82. Nas Seções Eleitorais em que não for usado o sistema eletrônico de votação e totalização de votos, serão aplicadas as

regras definidas nos arts. 83 a 89 desta Lei e as pertinentes da Lei 4.737, de 15 de julho de 1965 - Código Eleitoral.

Art. 83. As cédulas oficiais serão confeccionadas pela Justiça Eleitoral, que as imprimirá com exclusividade para distribuição às Mesas Receptoras, sendo sua impressão feita em papel opaco, com tinta preta e em tipos uniformes de letras e números, identificando o gênero na denominação dos cargos em disputa.

§ 1º Haverá duas cédulas distintas, uma para as eleições majoritárias e outra para as proporcionais, a serem confeccionadas segundo modelos determinados pela Justiça Eleitoral.

§ 2º Os candidatos à eleição majoritária serão identificados pelo nome indicado no pedido de registro e pela sigla adotada pelo partido a que pertencem e deverão figurar na ordem determinada por sorteio.

§ 3º Para as eleições realizadas pelo sistema proporcional, a cédula terá espaços para que o eleitor escreva o nome ou o número do candidato escolhido, ou a sigla ou o número do partido de sua preferência.

§ 4º No prazo de quinze dias após a realização do sorteio a que se refere o § 2º, os Tribunais Regionais Eleitorais divulgarão o modelo da cédula completa com os nomes dos candidatos majoritários na ordem já definida.

§ 5º Às eleições em segundo turno aplica-se o disposto no § 2º, devendo o sorteio verificar-se até quarenta e oito horas após a proclamação do resultado do primeiro turno e a divulgação do modelo da cédula nas vinte e quatro horas seguintes.

Art. 84. No momento da votação, o eleitor dirigir-se-á à cabina duas vezes, sendo a primeira para o preenchimento da cédula destinada às eleições proporcionais, de cor branca, e a segunda para o preenchimento da cédula destinada às eleições majoritárias, de cor amarela.

Parágrafo único. A Justiça Eleitoral fixará o tempo de votação e o número de eleitores por seção, para garantir o pleno exercício do direito de voto.

Art. 85. Em caso de dúvida na apuração de votos dados a homônimos, prevalecerá o número sobre o nome do candidato.

Art. 86. No sistema de votação convencional considerar-se-á voto de legenda quando o eleitor assinalar o número do partido no local exato reservado para o cargo respectivo e somente para este será computado.

Art. 87. Na apuração, será garantido aos fiscais e delegados dos partidos e coligações o direito de observar diretamente, a distância não superior a um metro da mesa, a abertura da urna, a abertura e a contagem das cédulas e o preenchimento do boletim.

§ 1º O não-atendimento ao disposto no caput enseja a impugnação do resultado da urna, desde que apresentada antes da divulgação do boletim.

§ 2º Ao final da transcrição dos resultados apurados no boletim, o Presidente da Junta Eleitoral é obrigado a entregar cópia deste aos partidos e coligações concorrentes ao pleito cujos representantes o requeiram até uma hora após sua expedição.

§ 3º Para os fins do disposto no parágrafo anterior, cada partido ou coligação poderá credenciar até três fiscais perante a Junta Eleitoral, funcionando um de cada vez.

§ 4º O descumprimento de qualquer das disposições deste artigo constitui crime, punível com detenção de um a três meses, com a alternativa de prestação de serviços à comunidade pelo mesmo período e multa, no valor de um mil a cinco mil UFIR.

§ 5º O rascunho ou qualquer outro tipo de anotação fora dos boletins de urna, usados no momento da apuração dos votos, não poderão servir de prova posterior perante a Junta apuradora ou totalizadora.

§ 6º O boletim mencionado no § 2º deverá conter o nome e o número dos candidatos nas primeiras colunas, que precederão aquelas onde serão designados os votos e o partido ou coligação.

Art. 88. O Juiz Presidente da Junta Eleitoral é obrigado a recontar a urna, quando:

I - o boletim apresentar resultado não-coincidente com o número de votantes ou discrepante dos dados obtidos no momento da apuração;

II - ficar evidenciada a atribuição de votos a candidatos inexistentes, o não-fechamento da contabilidade da urna ou a apresentação de totais de votos nulos, brancos ou válidos destoantes da média geral das demais Seções do mesmo Município, Zona Eleitoral.

Art. 89. Será permitido o uso de instrumentos que auxiliem o eleitor analfabeto a votar, não sendo a Justiça Eleitoral obrigada a fornecê-los.

Disposições Finais

Art. 90. Aos crimes definidos nesta Lei, aplica-se o disposto nos arts. 287 e 355 a 364 da Lei nº 4.737, de 15 de julho de 1965 - Código Eleitoral.

§ 1º Para os efeitos desta Lei, respondem penalmente pelos partidos e coligações os seus representantes legais.

§ 2º Nos casos de reincidência, as penas pecuniárias previstas nesta Lei aplicam-se em dobro.

Art. 90-A. (VETADO) (Incluído pela Lei nº 11.300, de 2006)

Art. 91. Nenhum requerimento de inscrição eleitoral ou de transferência será recebido dentro dos cento e cinqüenta dias anteriores à data da eleição.

Parágrafo único. A retenção de título eleitoral ou do comprovante de alistamento eleitoral constitui crime, punível com detenção, de um a três meses, com a alternativa de prestação de serviços à comunidade por igual período, e multa no valor de cinco mil a dez mil UFIR.

Art. 91-A. No momento da votação, além da exibição do respectivo título, o eleitor deverá apresentar documento de identificação com fotografia. (Incluído pela Lei nº 12.034, de 2009)

Parágrafo único. Fica vedado portar aparelho de telefonia celular, máquinas fotográficas e filmadoras, dentro da cabina de votação. (Incluído pela Lei nº 12.034, de 2009)

Art. 92. O Tribunal Superior Eleitoral, ao conduzir o processamento dos títulos eleitorais, determinará de ofício a revisão ou correição das Zonas Eleitorais sempre que:

I - o total de transferências de eleitores ocorridas no ano em curso seja dez por cento superior ao do ano anterior;

II - o eleitorado for superior ao dobro da população entre dez e quinze anos, somada à de idade superior a setenta anos do território daquele Município;

III - o eleitorado for superior a sessenta e cinco por cento da população projetada para aquele ano pelo Instituto Brasileiro de Geografia e Estatística - IBGE.

Art. 93. O Tribunal Superior Eleitoral poderá, nos anos eleitorais, requisitar das emissoras de rádio e televisão, no período de um mês antes do início da propaganda eleitoral a que se refere o art. 36 e nos três dias anteriores à data do pleito, até dez minutos diários, contínuos ou não, que poderão ser somados e usados em dias espaçados, para a divulgação de comunicados, boletins e instruções ao eleitorado. (Redação dada pela Lei nº 13.165, de 2015)

Art. 93-A. O Tribunal Superior Eleitoral, no período compreendido entre 1º de abril e 30 de julho dos anos eleitorais, promoverá, em até cinco minutos diários, contínuos ou não, requisitados às emissoras de rádio e televisão, propaganda institucional, em rádio e televisão, destinada a incentivar a participação feminina, dos jovens e da comunidade negra na política, bem como a esclarecer os cidadãos sobre as regras e o funcionamento do sistema eleitoral brasileiro. (Redação dada pela Lei nº 13.488, de 2017)

Art. 94. Os feitos eleitorais, no período entre o registro das candidaturas até cinco dias após a realização do segundo turno das eleições, terão prioridade para a participação do Ministério Público e dos Juízes de todas as Justiças e instâncias, ressalvados os processos de habeas corpus e mandado de segurança.

§ 1º É defeso às autoridades mencionadas neste artigo deixar de cumprir qualquer prazo desta Lei, em razão do exercício das funções regulares.

§ 2º O descumprimento do disposto neste artigo constitui crime de responsabilidade e será objeto de anotação funcional para efeito de promoção na carreira.

§ 3º Além das polícias judiciárias, os órgãos da receita federal, estadual e municipal, os tribunais e órgãos de contas auxiliarão a Justiça Eleitoral na apuração dos delitos eleitorais, com prioridade sobre suas atribuições regulares.

§ 4º Os advogados dos candidatos ou dos partidos e coligações serão notificados para os feitos de que trata esta Lei com antecedência mínima de vinte e quatro horas, ainda que por fax, telex ou telegrama.

§ 5º Nos Tribunais Eleitorais, os advogados dos candidatos ou dos partidos e coligações serão intimados para os feitos que não versem sobre a cassação do registro ou do diploma de que trata esta Lei por meio da publicação de edital eletrônico publicado na página do respectivo Tribunal na internet, iniciando-se a contagem do prazo no dia seguinte ao da divulgação. (Incluído pela Lei nº 13.165, de 2015)

Art. 94-A. Os órgãos e entidades da Administração Pública direta e indireta poderão, quando solicitados, em casos específicos e de forma motivada, pelos Tribunais Eleitorais: (Incluído pela Lei nº 11.300, de 2006)

I - fornecer informações na área de sua competência; (Incluído pela Lei nº 11.300, de 2006)

II - ceder funcionários no período de 3 (três) meses antes a 3 (três) meses depois de cada eleição. (Incluído pela Lei nº 11.300, de 2006)

Art. 94-B. (VETADO) (Incluído pela Lei nº 11.300, de 2006)

Art. 95. Ao Juiz Eleitoral que seja parte em ações judiciais que envolvam determinado candidato é defeso exercer suas funções em processo eleitoral no qual o mesmo candidato seja interessado.

Art. 96. Salvo disposições específicas em contrário desta Lei, as reclamações ou representações relativas ao seu descumprimento podem ser feitas por qualquer partido político, coligação ou candidato, e devem dirigir-se:

I - aos Juízes Eleitorais, nas eleições municipais;

II - aos Tribunais Regionais Eleitorais, nas eleições federais, estaduais e distritais;

III - ao Tribunal Superior Eleitoral, na eleição presidencial.

§ 1º As reclamações e representações devem relatar fatos, indicando provas, indícios e circunstâncias.

§ 2º Nas eleições municipais, quando a circunscrição abranger mais de uma Zona Eleitoral, o Tribunal Regional designará um Juiz para apreciar as reclamações ou representações.

§ 3º Os Tribunais Eleitorais designarão três juízes auxiliares para a apreciação das reclamações ou representações que lhes forem dirigidas.

§ 4º Os recursos contra as decisões dos juízes auxiliares serão julgados pelo Plenário do Tribunal.

§ 5º Recebida a reclamação ou representação, a Justiça Eleitoral notificará imediatamente o reclamado ou representado para, querendo, apresentar defesa em quarenta e oito horas.

§ 7º Transcorrido o prazo previsto no § 5º, apresentada ou não a defesa, o órgão competente da Justiça Eleitoral decidirá e fará publicar a decisão em vinte e quatro horas.

§ 8º Quando cabível recurso contra a decisão, este deverá ser apresentado no prazo de vinte e quatro horas da publicação da decisão em cartório ou sessão, assegurado ao recorrido o oferecimento de contra-razões, em igual prazo, a contar da sua notificação.

§ 9º Os Tribunais julgarão o recurso no prazo de quarenta e oito horas.

§ 10. Não sendo o feito julgado nos prazos fixados, o pedido pode ser dirigido ao órgão superior, devendo a decisão ocorrer de acordo com o rito definido neste artigo.

§ 11. As sanções aplicadas a candidato em razão do descumprimento de disposições desta Lei não se estendem ao respectivo partido, mesmo na hipótese de esse ter se beneficiado da conduta, salvo quando comprovada a sua participação. (Incluído pela Lei nº 13.165, de 2015)

Art. 96-A. Durante o período eleitoral, as intimações via fac-símile encaminhadas pela Justiça Eleitoral a candidato deverão ser exclusivamente realizadas na linha telefônica por ele previamente cadastrada, por ocasião do preenchimento do requerimento de registro de candidatura. (Incluído pela Lei nº 12.034, de 2009)

Parágrafo único. O prazo de cumprimento da determinação prevista no caput é de quarenta e oito horas, a contar do recebimento do fac-símile. (Incluído pela Lei nº 12.034, de 2009)

Art. 96-B. Serão reunidas para julgamento comum as ações eleitorais propostas por partes diversas sobre o mesmo fato, sendo competente para apreciá-las o juiz ou relator que tiver recebido a primeira. (Incluído pela Lei nº 13.165, de 2015)

§ 1º O ajuizamento de ação eleitoral por candidato ou partido político não impede ação do Ministério Público no mesmo sentido. (Incluído pela Lei nº 13.165, de 2015)

§ 2º Se proposta ação sobre o mesmo fato apreciado em outra cuja decisão ainda não transitou em julgado, será ela apensada ao processo anterior na instância em que ele se encontrar, figurando a parte como litisconsorte no feito principal. (Incluído pela Lei nº 13.165, de 2015)

§ 3º Se proposta ação sobre o mesmo fato apreciado em outra cuja decisão já tenha transitado em julgado, não será ela conhecida pelo juiz, ressalvada a apresentação de outras ou novas provas. (Incluído pela Lei nº 13.165, de 2015)

Art. 97. Poderá o candidato, partido ou coligação representar ao Tribunal Regional Eleitoral contra o Juiz Eleitoral que descumprir as disposições desta Lei ou der causa ao seu descumprimento, inclusive quanto aos prazos processuais; neste caso, ouvido o representado em vinte e quatro horas, o Tribunal ordenará a observância do procedimento que explicitar, sob pena de incorrer o Juiz em desobediência.

§ 1º É obrigatório, para os membros dos Tribunais Eleitorais e do Ministério Público, fiscalizar o cumprimento desta Lei pelos juízes e promotores eleitorais das instâncias inferiores, determinando, quando for o caso, a abertura de procedimento disciplinar para apuração de eventuais irregularidades que verificarem. (Incluído pela Lei nº 12.034, de 2009)

§ 2º No caso de descumprimento das disposições desta Lei por Tribunal Regional Eleitoral, a representação poderá ser feita ao Tribunal Superior Eleitoral, observado o disposto neste artigo. (Renumerado do parágrafo único pela Lei nº 12.034, de 2009)

Art. 97-A. Nos termos do inciso LXXVIII do art. 5º da Constituição Federal, considera-se duração razoável do processo que possa resultar em perda de mandato eletivo o período máximo de 1 (um) ano, contado da sua apresentação à Justiça Eleitoral. (Incluído pela Lei nº 12.034, de 2009)

§ 1º A duração do processo de que trata o caput abrange a tramitação em todas as instâncias da Justiça Eleitoral. (Incluído pela Lei nº 12.034, de 2009)

§ 2º Vencido o prazo de que trata o caput, será aplicável o disposto no art. 97, sem prejuízo de representação ao Conselho Nacional de Justiça. (Incluído pela Lei nº 12.034, de 2009)

Art. 98. Os eleitores nomeados para compor as Mesas Receptoras ou Juntas Eleitorais e os requisitados para auxiliar seus trabalhos serão dispensados do serviço, mediante declaração expedida pela Justiça Eleitoral, sem prejuízo do salário, vencimento ou qualquer outra vantagem, pelo dobro dos dias de convocação.

Art. 99. As emissoras de rádio e televisão terão direito a compensação fiscal pela cedência do horário gratuito previsto nesta Lei. Regulamento Regulamento Regulamento

§ 1º O direito à compensação fiscal das emissoras de rádio e televisão estende-se à veiculação de propaganda gratuita de plebiscitos e referendos de que dispõe o art. 8º da Lei no

9.709, de 18 de novembro de 1998, mantido também, a esse efeito, o entendimento de que: (Redação dada pela Lei nº 13.487, de 2017)

I - (VETADO); (Incluído pela Lei nº 12.034, de 2009)

II - a compensação fiscal consiste na apuração do valor correspondente a 0,8 (oito décimos) do resultado da multiplicação de 100% (cem por cento) ou de 25% (vinte e cinco por cento) do tempo, respectivamente, das inserções e das transmissões em bloco, pelo preço do espaço comercializável comprovadamente vigente, assim considerado aquele divulgado pelas emissoras de rádio e televisão por intermédio de tabela pública de preços de veiculação de publicidade, atendidas as disposições regulamentares e as condições de que trata o § 2º-A; (Redação dada pela Lei nº 12.350, de 2010)

III - o valor apurado na forma do inciso II poderá ser deduzido do lucro líquido para efeito de determinação do lucro real, na apuração do Imposto sobre a Renda da Pessoa Jurídica (IRPJ), inclusive da base de cálculo dos recolhimentos mensais previstos na legislação fiscal (art. 2º da Lei no 9.430, de 27 de dezembro de 1996), bem como da base de cálculo do lucro presumido. (Incluído pela Lei nº 12.350, de 2010)

§ 2º (VETADO) (Incluído pela Lei nº 12.034, de 2009)

§ 2º-A. A aplicação das tabelas públicas de preços de veiculação de publicidade, para fins de compensação fiscal, deverá atender ao seguinte: (Incluído pela Lei nº 12.350, de 2010)

I - deverá ser apurada mensalmente a variação percentual entre a soma dos preços efetivamente praticados, assim considerados os valores devidos às emissoras de rádio e televisão pelas veiculações comerciais locais, e o correspondente a 0,8 (oito décimos) da soma dos respectivos preços constantes da tabela pública de veiculação de publicidade; (Incluído pela Lei nº 12.350, de 2010)

II - a variação percentual apurada no inciso I deverá ser deduzida dos preços constantes da tabela pública a que se refere o inciso II do § 1º. (Incluído pela Lei nº 12.350, de 2010)

§ 3º No caso de microempresas e empresas de pequeno porte optantes pelo Regime Especial Unificado de Arrecadação de Tributos e Contribuições (Simples Nacional), o valor integral da compensação fiscal apurado na forma do inciso II do § 1º será deduzido da base de cálculo de imposto e contribuições federais devidos pela emissora, seguindo os critérios definidos pelo Comitê Gestor do Simples Nacional (CGSN). (Redação dada pela Lei nº 12.350, de 2010)

Art. 100. A contratação de pessoal para prestação de serviços nas campanhas eleitorais não gera vínculo empregatício com o candidato ou partido contratantes, aplicando-se à pessoa física contratada o disposto na alínea h do inciso V do art. 12 da Lei no 8.212, de 24 de julho de 1991. (Redação dada pela Lei nº 13.165, de 2015)

Parágrafo único. Não se aplica aos partidos políticos, para fins da contratação de que trata o caput, o disposto no parágrafo único do art. 15 da Lei no 8.212, de 24 de julho de 1991. (Incluído pela Lei nº 13.165, de 2015)

Art. 100-A. A contratação direta ou terceirizada de pessoal para prestação de serviços referentes a atividades de militância e mobilização de rua nas campanhas eleitorais observará os seguintes limites, impostos a cada candidato: (Incluído pela Lei nº 12.891, de 2013)

I - em Municípios com até 30.000 (trinta mil) eleitores, não excederá a 1% (um por cento) do eleitorado; (Incluído pela Lei nº 12.891, de 2013)

II - nos demais Municípios e no Distrito Federal, corresponderá ao número máximo apurado no inciso I, acrescido de 1 (uma) contratação para cada 1.000 (mil) eleitores que exceder o número de 30.000 (trinta mil). (Incluído pela Lei nº 12.891, de 2013)

§ 1º As contratações observarão ainda os seguintes limites nas candidaturas aos cargos a: (Incluído pela Lei nº 12.891, de 2013)

I - Presidente da República e Senador: em cada Estado, o número estabelecido para o Município com o maior número de eleitores; (Incluído pela Lei nº 12.891, de 2013)

II - Governador de Estado e do Distrito Federal: no Estado, o dobro do limite estabelecido para o Município com o maior número de eleitores, e, no Distrito Federal, o dobro do número alcançado no inciso II do caput; (Incluído pela Lei nº 12.891, de 2013)

III - Deputado Federal: na circunscrição, 70% (setenta por cento) do limite estabelecido para o Município com o maior número de eleitores, e, no Distrito Federal, esse mesmo percentual aplicado sobre o limite calculado na forma do inciso II do caput, considerado o eleitorado da maior região administrativa; (Incluído pela Lei nº 12.891, de 2013)

IV - Deputado Estadual ou Distrital: na circunscrição, 50% (cinquenta por cento) do limite estabelecido para Deputados Federais; (Incluído pela Lei nº 12.891, de 2013)

V - Prefeito: nos limites previstos nos incisos I e II do caput; (Incluído pela Lei nº 12.891, de 2013)

VI - Vereador: 50% (cinquenta por cento) dos limites previstos nos incisos I e II do caput, até o máximo de 80% (oitenta por cento) do limite estabelecido para Deputados Estaduais. (Incluído pela Lei nº 12.891, de 2013)

§ 2º Nos cálculos previstos nos incisos I e II do caput e no § 1º, a fração será desprezada, se inferior a 0,5 (meio), e igualada a 1 (um), se igual ou superior. (Incluído pela Lei nº 12.891, de 2013)

§ 3º A contratação de pessoal por candidatos a Vice-Presidente, Vice-Governador, Suplente de Senador e Vice-Prefeito é, para todos os efeitos, contabilizada como contratação pelo titular, e a contratação por partidos fica vinculada aos limites impostos aos seus candidatos. (Incluído pela Lei nº 12.891, de 2013)

§ 4º (Revogado pela Lei nº 13.165, de 2015)

§ 5º O descumprimento dos limites previstos nesta Lei sujeitará o candidato às penas previstas no art. 299 da Lei no 4.737, de 15 de julho de 1965. (Incluído pela Lei nº 12.891, de 2013)

§ 6º São excluídos dos limites fixados por esta Lei a militância não remunerada, pessoal contratado para apoio administrativo e operacional, fiscais e delegados credenciados para trabalhar nas eleições e os advogados dos candidatos ou dos partidos e coligações. (Incluído pela Lei nº 12.891, de 2013)

Art. 101. (VETADO)

Art. 102. O parágrafo único do art. 145 da Lei nº 4.737, de 15 de julho de 1965 - Código Eleitoral passa a vigorar acrescido do seguinte inciso IX:

"Art. 145..

Parágrafo único...

IX - os policiais militares em serviço."

Art. 103. O art. 19, caput, da Lei nº 9.096, de 19 de setembro de 1995 - Lei dos Partidos, passa a vigorar com a seguinte redação:

"Art. 19. Na segunda semana dos meses de abril e outubro de cada ano, o partido, por seus órgãos de direção municipais, regionais ou nacional, deverá remeter, aos juízes eleitorais, para arquivamento, publicação e cumprimento dos prazos de filiação partidária para efeito de candidatura a cargos eletivos, a relação dos nomes de todos os seus filiados, da qual constará a data de filiação, o número dos títulos eleitorais e das seções em que estão inscritos.

..."

Art. 104. O art. 44 da Lei nº 9.096, de 19 de setembro de 1995, passa a vigorar acrescido do seguinte § 3º:

"Art. 44..

...

§ 3º Os recursos de que trata este artigo não estão sujeitos ao regime da Lei nº 8.666, de 21 de junho de 1993."

Art. 105. Até o dia 5 de março do ano da eleição, o Tribunal Superior Eleitoral, atendendo ao caráter regulamentar e sem restringir direitos ou estabelecer sanções distintas das previstas nesta Lei, poderá expedir todas as instruções necessárias para sua fiel execução, ouvidos, previamente, em audiência pública, os delegados ou representantes dos partidos políticos. (Redação dada pela Lei nº 12.034, de 2009)

§ 1º O Tribunal Superior Eleitoral publicará o código orçamentário para o recolhimento das multas eleitorais ao Fundo Partidário, mediante documento de arrecadação correspondente.

§ 2º Havendo substituição da UFIR por outro índice oficial, o Tribunal Superior Eleitoral procederá à alteração dos valores estabelecidos nesta Lei pelo novo índice.

§ 3º Serão aplicáveis ao pleito eleitoral imediatamente seguinte apenas as resoluções publicadas até a data referida no caput. (Incluído pela Lei nº 12.034, de 2009)

Art. 105-A. Em matéria eleitoral, não são aplicáveis os procedimentos previstos na Lei no 7.347, de 24 de julho de 1985. (Incluído pela Lei nº 12.034, de 2009)

Art. 106. Esta Lei entra em vigor na data de sua publicação.

Art. 107. Revogam-se os arts. 92, 246, 247, 250, 322, 328, 329, 333 e o parágrafo único do art. 106 da Lei nº 4.737, de 15 de julho de 1965 - Código Eleitoral; o § 4º do art. 39 da Lei nº 9.096, de 19 de setembro de 1995; o § 2º do art. 50 e o § 1º do art. 64 da Lei nº 9.100, de 29 de setembro de 1995; e o § 2º do art. 7º do Decreto-Lei nº 201, de 27 de fevereiro de 1967.

7. LEI COMPLEMENTAR Nº 64, DE 18 DE MAIO DE 1990

Estabelece, de acordo com o art. 14, § 9º da Constituição Federal, casos de inelegibilidade, prazos de cessação, e determina outras providências.

O PRESIDENTE DA REPÚBLICA, faço saber que o Congresso Nacional decreta e eu sanciono a seguinte lei:

Art. 1º São inelegíveis:

I - para qualquer cargo:

a) os inalistáveis e os analfabetos;

b) os membros do Congresso Nacional, das Assembléias Legislativas, da Câmara Legislativa e das Câmaras Municipais, que hajam perdido os respectivos mandatos por infringência do disposto nos incisos I e II do art. 55 da Constituição Federal, dos dispositivos equivalentes sobre perda de mandato das Constituições Estaduais e Leis Orgânicas dos Municípios e do Distrito Federal, para as eleições que se realizarem durante o período remanescente do mandato para o qual foram eleitos e nos oito anos subseqüentes ao término da legislatura; (Redação dada pela LCP 81, de 13/04/94)

c) o Governador e o Vice-Governador de Estado e do Distrito Federal e o Prefeito e o Vice-Prefeito que perderem seus cargos eletivos por infringência a dispositivo da Constituição Estadual, da Lei Orgânica do Distrito Federal ou da Lei Orgânica do Município, para as eleições que se realizarem durante o período remanescente e nos 8 (oito) anos subsequentes ao término do mandato para o qual tenham sido eleitos; (Redação dada pela Lei Complementar nº 135, de 2010)

d) os que tenham contra sua pessoa representação julgada procedente pela Justiça Eleitoral, em decisão transitada em julgado ou proferida por órgão colegiado, em processo de apuração de abuso do poder econômico ou político, para a eleição na qual concorrem ou tenham sido diplomados, bem como para as que se realizarem nos 8 (oito) anos seguintes; (Redação dada pela Lei Complementar nº 135, de 2010)

e) os que forem condenados, em decisão transitada em julgado ou proferida por órgão judicial colegiado, desde a condenação até o transcurso do prazo de 8 (oito) anos após o cumprimento da pena, pelos crimes: (Redação dada pela Lei Complementar nº 135, de 2010)

1. contra a economia popular, a fé pública, a administração pública e o patrimônio público; (Incluído pela Lei Complementar nº 135, de 2010)

2. contra o patrimônio privado, o sistema financeiro, o mercado de capitais e os previstos na lei que regula a falência; (Incluído pela Lei Complementar nº 135, de 2010)

3. contra o meio ambiente e a saúde pública; (Incluído pela Lei Complementar nº 135, de 2010)

4. eleitorais, para os quais a lei comine pena privativa de liberdade; (Incluído pela Lei Complementar nº 135, de 2010)

5. de abuso de autoridade, nos casos em que houver condenação à perda do cargo ou à inabilitação para o exercício de função pública; (Incluído pela Lei Complementar nº 135, de 2010)

6. de lavagem ou ocultação de bens, direitos e valores; (Incluído pela Lei Complementar nº 135, de 2010)

7. de tráfico de entorpecentes e drogas afins, racismo, tortura, terrorismo e hediondos; (Incluído pela Lei Complementar nº 135, de 2010)

8. de redução à condição análoga à de escravo; (Incluído pela Lei Complementar nº 135, de 2010)

9. contra a vida e a dignidade sexual; e (Incluído pela Lei Complementar nº 135, de 2010)

10. praticados por organização criminosa, quadrilha ou bando; (Incluído pela Lei Complementar nº 135, de 2010)

f) os que forem declarados indignos do oficialato, ou com ele incompatíveis, pelo prazo de 8 (oito) anos; (Redação dada pela Lei Complementar nº 135, de 2010)

g) os que tiverem suas contas relativas ao exercício de cargos ou funções públicas rejeitadas por irregularidade insanável que configure ato doloso de improbidade administrativa, e por decisão irrecorrível do órgão competente, salvo se esta houver sido suspensa ou anulada pelo Poder Judiciário, para as eleições que se realizarem nos 8 (oito) anos seguintes, contados a partir da data da decisão, aplicando-se o disposto no inciso II do art. 71 da Constituição Federal, a todos os ordenadores de despesa, sem exclusão de mandatários que houverem agido nessa condição; (Redação dada pela Lei Complementar nº 135, de 2010)

h) os detentores de cargo na administração pública direta, indireta ou fundacional, que beneficiarem a si ou a terceiros, pelo abuso do poder econômico ou político, que forem condenados em decisão transitada em julgado ou proferida por órgão judicial colegiado, para a eleição na qual concorrem ou tenham sido diplomados, bem como para as que se realizarem nos 8 (oito) anos seguintes; (Redação dada pela Lei Complementar nº 135, de 2010)

i) os que, em estabelecimentos de crédito, financiamento ou seguro, que tenham sido ou estejam sendo objeto de processo de liquidação judicial ou extrajudicial, hajam exercido, nos 12 (doze) meses anteriores à respectiva decretação, cargo ou função de direção, administração ou representação, enquanto não forem exonerados de qualquer responsabilidade;

j) os que forem condenados, em decisão transitada em julgado ou proferida por órgão colegiado da Justiça Eleitoral, por corrupção eleitoral, por captação ilícita de sufrágio, por doação, captação ou gastos ilícitos de recursos de campanha ou por conduta vedada aos agentes públicos em campanhas eleitorais que impliquem cassação do registro ou do diploma, pelo prazo de 8 (oito) anos a contar da eleição; (Incluído pela Lei Complementar nº 135, de 2010)

k) o Presidente da República, o Governador de Estado e do Distrito Federal, o Prefeito, os membros do Congresso Nacional, das Assembleias Legislativas, da Câmara Legislativa, das Câmaras Municipais, que renunciarem a

seus mandatos desde o oferecimento de representação ou petição capaz de autorizar a abertura de processo por infringência a dispositivo da Constituição Federal, da Constituição Estadual, da Lei Orgânica do Distrito Federal ou da Lei Orgânica do Município, para as eleições que se realizarem durante o período remanescente do mandato para o qual foram eleitos e nos 8 (oito) anos subsequentes ao término da legislatura; (Incluído pela Lei Complementar nº 135, de 2010)

l) os que forem condenados à suspensão dos direitos políticos, em decisão transitada em julgado ou proferida por órgão judicial colegiado, por ato doloso de improbidade administrativa que importe lesão ao patrimônio público e enriquecimento ilícito, desde a condenação ou o trânsito em julgado até o transcurso do prazo de 8 (oito) anos após o cumprimento da pena; (Incluído pela Lei Complementar nº 135, de 2010)

m) os que forem excluídos do exercício da profissão, por decisão sancionatória do órgão profissional competente, em decorrência de infração ético-profissional, pelo prazo de 8 (oito) anos, salvo se o ato houver sido anulado ou suspenso pelo Poder Judiciário; (Incluído pela Lei Complementar nº 135, de 2010)

n) os que forem condenados, em decisão transitada em julgado ou proferida por órgão judicial colegiado, em razão de terem desfeito ou simulado desfazer vínculo conjugal ou de união estável para evitar caracterização de inelegibilidade, pelo prazo de 8 (oito) anos após a decisão que reconhecer a fraude; (Incluído pela Lei Complementar nº 135, de 2010)

o) os que forem demitidos do serviço público em decorrência de processo administrativo ou judicial, pelo prazo de 8 (oito) anos, contado da decisão, salvo se o ato houver sido suspenso ou anulado pelo Poder Judiciário; (Incluído pela Lei Complementar nº 135, de 2010)

p) a pessoa física e os dirigentes de pessoas jurídicas responsáveis por doações eleitorais tidas por ilegais por decisão transitada em julgado ou proferida por órgão colegiado da Justiça Eleitoral, pelo prazo de 8 (oito) anos após a decisão, observando-se o procedimento previsto no art. 22; (Incluído pela Lei Complementar nº 135, de 2010)

q) os magistrados e os membros do Ministério Público que forem aposentados compulsoriamente por decisão sancionatória, que tenham perdido o cargo por sentença ou que tenham pedido exoneração ou aposentadoria voluntária na pendência de processo administrativo disciplinar, pelo prazo de 8 (oito) anos; (Incluído pela Lei Complementar nº 135, de 2010)

II - para Presidente e Vice-Presidente da República:
a) até 6 (seis) meses depois de afastados definitivamente de seus cargos e funções:
1. os Ministros de Estado:
2. os chefes dos órgãos de assessoramento direto, civil e militar, da Presidência da República;
3. o chefe do órgão de assessoramento de informações da Presidência da República;
4. o chefe do Estado-Maior das Forças Armadas;
5. o Advogado-Geral da União e o Consultor-Geral da República;
6. os chefes do Estado-Maior da Marinha, do Exército e da Aeronáutica;
7. os Comandantes do Exército, Marinha e Aeronáutica;
8. os Magistrados;
9. os Presidentes, Diretores e Superintendentes de autarquias, empresas públicas, sociedades de economia mista e fundações públicas e as mantidas pelo poder público;
10. os Governadores de Estado, do Distrito Federal e de Territórios;
11. os Interventores Federais;
12. os Secretários de Estado;
13. os Prefeitos Municipais;
14. os membros do Tribunal de Contas da União, dos Estados e do Distrito Federal;
15. o Diretor-Geral do Departamento de Polícia Federal;
16. os Secretários-Gerais, os Secretários-Executivos, os Secretários Nacionais, os Secretários Federais dos Ministérios e as pessoas que ocupem cargos equivalentes;

b) os que tenham exercido, nos 6 (seis) meses anteriores à eleição, nos Estados, no Distrito Federal, Territórios e em qualquer dos poderes da União, cargo ou função, de nomeação pelo Presidente da República, sujeito à aprovação prévia do Senado Federal;

c) (Vetado);

d) os que, até 6 (seis) meses antes da eleição, tiverem competência ou interesse, direta, indireta ou eventual, no lançamento, arrecadação ou fiscalização de impostos, taxas e contribuições de caráter obrigatório, inclusive parafiscais, ou para aplicar multas relacionadas com essas atividades;

e) os que, até 6 (seis) meses antes da eleição, tenham exercido cargo ou função de direção, administração ou representação nas empresas de que tratam os arts. 3º e 5º da Lei nº 4.137, de 10 de setembro de 1962, quando, pelo âmbito e natureza de suas atividades, possam tais empresas influir na economia nacional;

f) os que, detendo o controle de empresas ou grupo de empresas que atuem no Brasil, nas condições monopolísticas previstas no parágrafo único do art. 5º da lei citada na alínea anterior, não apresentarem à Justiça Eleitoral, até 6 (seis) meses antes do pleito, a prova de que fizeram cessar o abuso apurado, do poder econômico, ou de que transferiram, por força regular, o controle de referidas empresas ou grupo de empresas;

g) os que tenham, dentro dos 4 (quatro) meses anteriores ao pleito, ocupado cargo ou função de direção, administração ou representação em entidades representativas de classe, mantidas, total ou parcialmente, por contribuições impostas pelo poder Público ou com recursos arrecadados e repassados pela Previdência Social;

h) os que, até 6 (seis) meses depois de afastados das funções, tenham exercido cargo de Presidente, Diretor ou Superintendente de sociedades com objetivos exclusivos de operações financeiras e façam publicamente apelo à poupança e ao crédito, inclusive através de cooperativas e da empresa ou estabelecimentos que gozem, sob qualquer forma, de vantagens asseguradas pelo poder público, salvo se decorrentes de contratos que obedeçam a cláusulas uniformes;

i) os que, dentro de 6 (seis) meses anteriores ao pleito, hajam exercido cargo ou função de direção, administração ou representação em pessoa jurídica ou em empresa que mantenha contrato de execução de obras, de prestação de serviços ou de fornecimento de bens com órgão do Poder Público ou sob seu controle, salvo no caso de contrato que obedeça a cláusulas uniformes;

j) os que, membros do Ministério Público, não se tenham afastado das suas funções até 6 (seis)) meses anteriores ao pleito;

l) os que, servidores públicos, estatutários ou não,»dos órgãos ou entidades da Administração direta ou indireta da União, dos Estados, do Distrito Federal, dos Municípios e dos Territórios, inclusive das fundações mantidas pelo Poder Público, não se afastarem até 3 (três) meses anteriores ao pleito, garantido o direito à percepção dos seus vencimentos integrais;

III - para Governador e Vice-Governador de Estado e do Distrito Federal;

a) os inelegíveis para os cargos de Presidente e Vice-Presidente da República especificados na alínea a do inciso II deste artigo e, no tocante às demais alíneas, quando se tratar de repartição pública, associação ou

empresas que operem no território do Estado ou do Distrito Federal, observados os mesmos prazos;
b) até 6 (seis) meses depois de afastados definitivamente de seus cargos ou funções:
1. os chefes dos Gabinetes Civil e Militar do Governador do Estado ou do Distrito Federal;
2. os comandantes do Distrito Naval, Região Militar e Zona Aérea;
3. os diretores de órgãos estaduais ou sociedades de assistência aos Municípios;
4. os secretários da administração municipal ou membros de órgãos congêneres;
IV - para Prefeito e Vice-Prefeito:
a) no que lhes for aplicável, por identidade de situações, os inelegíveis para os cargos de Presidente e Vice-Presidente da República, Governador e Vice-Governador de Estado e do Distrito Federal, observado o prazo de 4 (quatro) meses para a desincompatibilização;
b) os membros do Ministério Público e Defensoria Pública em exercício na Comarca, nos 4 (quatro) meses anteriores ao pleito, sem prejuízo dos vencimentos integrais;
c) as autoridades policiais, civis ou militares, com exercício no Município, nos 4 (quatro) meses anteriores ao pleito;
V - para o Senado Federal:
a) os inelegíveis para os cargos de Presidente e Vice-Presidente da República especificados na alínea a do inciso II deste artigo e, no tocante às demais alíneas, quando se tratar de repartição pública, associação ou empresa que opere no território do Estado, observados os mesmos prazos;
b) em cada Estado e no Distrito Federal, os inelegíveis para os cargos de Governador e Vice-Governador, nas mesmas condições estabelecidas, observados os mesmos prazos;
VI - para a Câmara dos Deputados, Assembléia Legislativa e Câmara Legislativa, no que lhes for aplicável, por identidade de situações, os inelegíveis para o Senado Federal, nas mesmas condições estabelecidas, observados os mesmos prazos;
VII - para a Câmara Municipal:
a) no que lhes for aplicável, por identidade de situações, os inelegíveis para o Senado Federal e para a Câmara dos Deputados, observado o prazo de 6 (seis) meses para a desincompatibilização;
b) em cada Município, os inelegíveis para os cargos de Prefeito e Vice-Prefeito, observado o prazo de 6 (seis) meses para a desincompatibilização .

§ 1º Para concorrência a outros cargos, o Presidente da República, os Governadores de Estado e do Distrito Federal e os Prefeitos devem renunciar aos respectivos mandatos até 6 (seis) meses antes do pleito.

§ 2º O Vice-Presidente, o Vice-Governador e o Vice-Prefeito poderão candidatar-se a outros cargos, preservando os seus mandatos respectivos, desde que, nos últimos 6 (seis) meses anteriores ao pleito, não tenham sucedido ou substituído o titular.

§ 3º São inelegíveis, no território de jurisdição do titular, o cônjuge e os parentes, consangüíneos ou afins, até o segundo grau ou por adoção, do Presidente da República, de Governador de Estado ou Território, do Distrito Federal, de Prefeito ou de quem os haja substituído dentro dos 6 (seis) meses anteriores ao pleito, salvo se já titular de mandato eletivo e candidato à reeleição.

§ 4º A inelegibilidade prevista na alínea e do inciso I deste artigo não se aplica aos crimes culposos e àqueles definidos em lei como de menor potencial ofensivo, nem aos crimes de ação penal privada. (Incluído pela Lei Complementar nº 135, de 2010)

§ 5º A renúncia para atender à desincompatibilização com vistas a candidatura a cargo eletivo ou para assunção de mandato não gerará a inelegibilidade prevista na alínea k, a menos que a Justiça Eleitoral reconheça fraude ao disposto nesta Lei Complementar. (Incluído pela Lei Complementar nº 135, de 2010)

Art. 2º Compete à Justiça Eleitoral conhecer e decidir as argüições de inelegibilidade.

Parágrafo único. A argüição de inelegibilidade será feita perante:
I - o Tribunal Superior Eleitoral, quando se tratar de candidato a Presidente ou Vice-Presidente da República;
II - os Tribunais Regionais Eleitorais, quando se tratar de candidato a Senador, Governador e Vice-Governador de Estado e do Distrito Federal, Deputado Federal, Deputado Estadual e Deputado Distrital;
III - os Juízes Eleitorais, quando se tratar de candidato a Prefeito, Vice-Prefeito e Vereador.

Art. 3º Caberá a qualquer candidato, a partido político, coligação ou ao Ministério Público, no prazo de 5 (cinco) dias, contados da publicação do pedido de registro do candidato, impugná-lo em petição fundamentada.

§ 1º A impugnação, por parte do candidato, partido político ou coligação, não impede a ação do Ministério Público no mesmo sentido.

§ 2º Não poderá impugnar o registro de candidato o representante do Ministério Público que, nos 4 (quatro) anos anteriores, tenha disputado cargo eletivo, integrado diretório de partido ou exercido atividade político-partidária.

§ 3º O impugnante especificará, desde logo, os meios de prova com que pretende demonstrar a veracidade do alegado, arrolando testemunhas, se for o caso, no máximo de 6 (seis).

Art. 4º A partir da data em que terminar o prazo para impugnação, passará a correr, após devida notificação, o prazo de 7 (sete) dias para que o candidato, partido político ou coligação possa contestá-la, juntar documentos, indicar rol de testemunhas e requerer a produção de outras provas, inclusive documentais, que se encontrarem em poder de terceiros, de repartições públicas ou em procedimentos judiciais, ou administrativos, salvo os processos em tramitação em segredo de justiça.

Art. 5º Decorrido o prazo para contestação, se não se tratar apenas de matéria de direito e a prova protestada for relevante, serão designados os 4 (quatro) dias seguintes para inquirição das testemunhas do impugnante e do impugnado, as quais comparecerão por iniciativa das partes que as tiverem arrolado, com notificação judicial.

§ 1º As testemunhas do impugnante e do impugnado serão ouvidas em uma só assentada.

§ 2º Nos 5 (cinco) dias subseqüentes, o Juiz, ou o Relator, procederá a todas as diligências que determinar, de ofício ou a requerimento das partes.

§ 3º No prazo do parágrafo anterior, o Juiz, ou o Relator, poderá ouvir terceiros, referidos pelas partes, ou testemunhas, como conhecedores dos fatos e circunstâncias que possam influir na decisão da causa.

§ 4º Quando qualquer documento necessário à formação da prova se achar em poder de terceiro, o Juiz, ou o Relator, poderá ainda, no mesmo prazo, ordenar o respectivo depósito.

§ 5º Se o terceiro, sem justa causa, não exibir o documento, ou não comparecer a juízo, poderá o Juiz contra ele expedir mandado de prisão e instaurar processo por crime de desobediência.

Art. 6º Encerrado o prazo da dilação probatória, nos termos do artigo anterior, as partes, inclusive o Ministério Público, poderão apresentar alegações no prazo comum de 5 (cinco) dias.

Art. 7º Encerrado o prazo para alegações, os autos serão conclusos ao Juiz, ou ao Relator, no dia imediato, para sentença ou julgamento pelo Tribunal.

Parágrafo único. O Juiz, ou Tribunal, formará sua convicção pela livre apreciação da prova, atendendo aos fatos e às circunstâncias constantes dos autos, ainda que não alegados

LEI COMPLEMENTAR Nº 64, DE 18 DE MAIO DE 1990

pelas partes, mencionando, na decisão, os que motivaram seu convencimento.

Art. 8º Nos pedidos de registro de candidatos a eleições municipais, o Juiz Eleitoral apresentará a sentença em cartório 3 (três) dias após a conclusão dos autos, passando a correr deste momento o prazo de 3 (três) dias para a interposição de recurso para o Tribunal Regional Eleitoral.

§ 1º A partir da data em que for protocolizada a petição de recurso, passará a correr o prazo de 3 (três) dias para a apresentação de contra-razões.

§ 2º Apresentadas as contra-razões, serão os autos imediatamente remetidos ao Tribunal Regional Eleitoral, inclusive por portador, se houver necessidade, decorrente da exigüidade de prazo, correndo as despesas do transporte por conta do recorrente, se tiver condições de pagá-las.

Art. 9º Se o Juiz Eleitoral não apresentar a sentença no prazo do artigo anterior, o prazo para recurso só começará a correr após a publicação da mesma por edital, em cartório.

Parágrafo único. Ocorrendo a hipótese prevista neste artigo, o Corregedor Regional, de ofício, apurará o motivo do retardamento e proporá ao Tribunal Regional Eleitoral, se for o caso, a aplicação da penalidade cabível.

Art. 10. Recebidos os autos na Secretaria do Tribunal Regional Eleitoral, estes serão autuados e apresentados no mesmo dia ao Presidente, que, também na mesma data, os distribuirá a um Relator e mandará abrir vistas ao Procurador Regional pelo prazo de 2 (dois) dias.

Parágrafo único. Findo o prazo, com ou sem parecer, os autos serão enviados ao Relator, que os apresentará em mesa para julgamento em 3 (três) dias, independentemente de publicação em pauta.

Art. 11. Na sessão do julgamento, que poderá se realizar em até 2 (duas) reuniões seguidas, feito o relatório, facultada a palavra às partes e ouvido o Procurador Regional, proferirá o Relator o seu voto e serão tomados os dos demais Juízes.

§ 1º Proclamado o resultado, o Tribunal se reunirá para lavratura do acórdão, no qual serão indicados o direito, os fatos e as circunstâncias com base nos fundamentos do Relator ou do voto vencedor.

§ 2º Terminada a sessão, far-se-á a leitura e a publicação do acórdão, passando a correr dessa data o prazo de 3 (três) dias, para a interposição de recurso para o Tribunal Superior Eleitoral, em petição fundamentada.

Art. 12. Havendo recurso para o Tribunal Superior Eleitoral, a partir da data em que for protocolizada a petição passará a correr o prazo de 3 (três) dias para a apresentação de contra-razões, notificado por telegrama o recorrido.

Parágrafo único. Apresentadas as contra-razões, serão os autos imediatamente remetidos ao Tribunal Superior Eleitoral.

Art. 13. Tratando-se de registro a ser julgado originariamente por Tribunal Regional Eleitoral, observado o disposto no art. 6º desta lei complementar, o pedido de registro, com ou sem impugnação, será julgado em 3 (três) dias, independentemente de publicação em pauta.

Parágrafo único. Proceder-se-á ao julgamento na forma estabelecida no art. 11 desta lei complementar e, havendo recurso para o Tribunal Superior Eleitoral, observar-se-á o disposto no artigo anterior.

Art. 14. No Tribunal Superior Eleitoral, os recursos sobre registro de candidatos serão processados e julgados na forma prevista nos arts. 10 e 11 desta lei complementar.

Art. 15. Transitada em julgado ou publicada a decisão proferida por órgão colegiado que declarar a inelegibilidade do candidato, ser-lhe-á negado registro, ou cancelado, se já tiver sido feito, ou declarado nulo o diploma, se já expedido. (Redação dada pela Lei Complementar nº 135, de 2010)

Parágrafo único. A decisão a que se refere o caput, independentemente da apresentação de recurso, deverá ser comunicada, de imediato, ao Ministério Público Eleitoral e ao órgão da Justiça Eleitoral competente para o registro de candidatura e expedição de diploma do réu. (Incluído pela Lei Complementar nº 135, de 2010)

Art. 16. Os prazos a que se referem o art. 3º e seguintes desta lei complementar são peremptórios e contínuos e correm em secretaria ou Cartório e, a partir da data do encerramento do prazo para registro de candidatos, não se suspendem aos sábados, domingos e feriados.

Art. 17. É facultado ao partido político ou coligação que requerer o registro de candidato considerando inelegível dar-lhe substituto, mesmo que a decisão passada em julgado tenha sido proferida após o termo final do prazo de registro, caso em que a respectiva Comissão Executiva do Partido fará a escolha do candidato.

Art. 18. A declaração de inelegibilidade do candidato à Presidência da República, Governador de Estado e do Distrito Federal e Prefeito Municipal não atingirá o candidato a Vice-Presidente, Vice-Governador ou Vice-Prefeito, assim como a destes não atingirá aqueles.

Art. 19. As transgressões pertinentes à origem de valores pecuniários, abuso do poder econômico ou político, em detrimento da liberdade de voto, serão apuradas mediante investigações jurisdicionais realizadas pelo Corregedor-Geral e Corregedores Regionais Eleitorais.

Parágrafo único. A apuração e a punição das transgressões mencionadas no caput deste artigo terão o objetivo de proteger a normalidade e legitimidade das eleições contra a influência do poder econômico ou do abuso do exercício de função, cargo ou emprego na administração direta, indireta e fundacional da União, dos Estados, do Distrito Federal e dos Municípios.

Art. 20. O candidato, partido político ou coligação são parte legítima para denunciar os culpados e promover-lhes a responsabilidade; a nenhum servidor público, inclusive de autarquias, de entidade paraestatal e de sociedade de economia mista será lícito negar ou retardar ato de ofício tendente a esse fim, sob pena de crime funcional.

Art. 21. As transgressões a que se refere o art. 19 desta lei complementar serão apuradas mediante procedimento sumaríssimo de investigação judicial, realizada pelo Corregedor-Geral e Corregedores Regionais Eleitorais, nos termos das Leis nºs 1.579, de 18 de março de 1952, 4.410, de 24 de setembro de 1964, com as modificações desta lei complementar.

Art. 22. Qualquer partido político, coligação, candidato ou Ministério Público Eleitoral poderá representar à Justiça Eleitoral, diretamente ao Corregedor-Geral ou Regional, relatando fatos e indicando provas, indícios e circunstâncias e pedir abertura de investigação judicial para apurar uso indevido, desvio ou abuso do poder econômico ou do poder de autoridade, ou utilização indevida de veículos ou meios de comunicação social, em benefício de candidato ou de partido político, obedecido o seguinte rito: (Vide Lei nº 9.504, de 1997)

I - o Corregedor, que terá as mesmas atribuições do Relator em processos judiciais, ao despachar a inicial, adotará as seguintes providências:

a) ordenará que se notifique o representado do conteúdo da petição, entregando-se-lhe a segunda via apresentada pelo representante com as cópias dos documentos, a fim de que, no prazo de 5 (cinco) dias, ofereça ampla defesa, juntada de documentos e rol de testemunhas, se cabível;

b) determinará que se suspenda o ato que deu motivo à representação, quando for relevante o fundamento e do ato impugnado puder resultar a ineficiência da medida, caso seja julgada procedente;

c) indeferirá desde logo a inicial, quando não for caso de representação ou lhe faltar algum requisito desta lei complementar;

II - no caso do Corregedor indeferir a reclamação ou representação, ou retardar-lhe a solução, poderá o interessado

renová-la perante o Tribunal, que resolverá dentro de 24 (vinte e quatro) horas;

III - o interessado, quando for atendido ou ocorrer demora, poderá levar o fato ao conhecimento do Tribunal Superior Eleitoral, a fim de que sejam tomadas as providências necessárias;

IV - feita a notificação, a Secretaria do Tribunal juntará aos autos cópia autêntica do ofício endereçado ao representado, bem como a prova da entrega ou da sua recusa em aceitá-la ou dar recibo;

V - findo o prazo da notificação, com ou sem defesa, abrir-se-á prazo de 5 (cinco) dias para inquirição, em uma só assentada, de testemunhas arroladas pelo representante e pelo representado, até o máximo de 6 (seis) para cada um, as quais comparecerão independentemente de intimação;

VI - nos 3 (três) dias subseqüentes, o Corregedor procederá a todas as diligências que determinar, ex officio ou a requerimento das partes;

VII - no prazo da alínea anterior, o Corregedor poderá ouvir terceiros, referidos pelas partes, ou testemunhas, como conhecedores dos fatos e circunstâncias que possam influir na decisão do feito;

VIII - quando qualquer documento necessário à formação da prova se achar em poder de terceiro, inclusive estabelecimento de crédito, oficial ou privado, o Corregedor poderá, ainda, no mesmo prazo, ordenar o respectivo depósito ou requisitar cópias;

IX - se o terceiro, sem justa causa, não exibir o documento, ou não comparecer a juízo, o Juiz poderá expedir contra ele mandado de prisão e instaurar processo s por crime de desobediência;

X - encerrado o prazo da dilação probatória, as partes, inclusive o Ministério Público, poderão apresentar alegações no prazo comum de 2 (dois) dias;

XI - terminado o prazo para alegações, os autos serão conclusos ao Corregedor, no dia imediato, para apresentação de relatório conclusivo sobre o que houver sido apurado;

XII - o relatório do Corregedor, que será assentado em 3 (três) dias, e os autos da representação serão encaminhados ao Tribunal competente, no dia imediato, com pedido de inclusão incontinenti do feito em pauta, para julgamento na primeira sessão subseqüente;

XIII - no Tribunal, o Procurador-Geral ou Regional Eleitoral terá vista dos autos por 48 (quarenta e oito) horas, para se pronunciar sobre as imputações e conclusões do Relatório;

XIV – julgada procedente a representação, ainda que após a proclamação dos eleitos, o Tribunal declarará a inelegibilidade do representado e de quantos hajam contribuído para a prática do ato, cominando-lhes sanção de inelegibilidade para as eleições a se realizarem nos 8 (oito) anos subsequentes à eleição em que se verificou, além da cassação do registro ou diploma do candidato diretamente beneficiado pela interferência do poder econômico ou pelo desvio ou abuso do poder de autoridade ou dos meios de comunicação, determinando a remessa dos autos ao Ministério Público Eleitoral, para instauração de processo disciplinar, se for o caso, e de ação penal, ordenando quaisquer outras providências que a espécie comportar; (Redação dada pela Lei Complementar nº 135, de 2010)

XV - (Revogado pela Lei Complementar nº 135, de 2010)

XVI – para a configuração do ato abusivo, não será considerada a potencialidade de o fato alterar o resultado da eleição, mas apenas a gravidade das circunstâncias que o caracterizam. (Incluído pela Lei Complementar nº 135, de 2010)

Parágrafo único. O recurso contra a diplomação, interposto pelo representante, não impede a atuação do Ministério Público no mesmo sentido.

Art. 23. O Tribunal formará sua convicção pela livre apreciação dos fatos públicos e notórios, dos indícios e presunções e prova produzida, atentando para circunstâncias ou fatos, ainda que não indicados ou alegados pelas partes, mas que preservem o interesse público de lisura eleitoral.

Art. 24. Nas eleições municipais, o Juiz Eleitoral será competente para conhecer e processar a representação prevista nesta lei complementar, exercendo todas as funções atribuídas ao Corregedor-Geral ou Regional, constantes dos incisos I a XV do art. 22 desta lei complementar, cabendo ao representante do Ministério Público Eleitoral em função da Zona Eleitoral as atribuições deferidas ao Procurador-Geral e Regional Eleitoral, observadas as normas do procedimento previstas nesta lei complementar.

Art. 25. Constitui crime eleitoral a argüição de inelegibilidade, ou a impugnação de registro de candidato feito por interferência do poder econômico, desvio ou abuso do poder de autoridade, deduzida de forma temerária ou de manifesta má-fé:

Pena: detenção de 6 (seis) meses a 2 (dois) anos, e multa de 20 (vinte) a 50 (cinqüenta) vezes o valor do Bônus do Tesouro Nacional (BTN) e, no caso de sua extinção, de título público que o substitua.

Art. 26. Os prazos de desincompatibilização previstos nesta lei complementar que já estiverem ultrapassados na data de sua vigência considerar-se-ão atendidos desde que a desincompatibilização ocorra até 2 (dois) dias após a publicação desta lei complementar.

Art. 26-A. Afastada pelo órgão competente a inelegibilidade prevista nesta Lei Complementar, aplicar-se-á, quanto ao registro de candidatura, o disposto na lei que estabelece normas para as eleições. (Incluído pela Lei Complementar nº 135, de 2010)

Art. 26-B. O Ministério Público e a Justiça Eleitoral darão prioridade, sobre quaisquer outros, aos processos de desvio ou abuso do poder econômico ou do poder de autoridade até que sejam julgados, ressalvados os de habeas corpus e mandado de segurança. (Incluído pela Lei Complementar nº 135, de 2010)

§ 1º É defeso às autoridades mencionadas neste artigo deixar de cumprir qualquer prazo previsto nesta Lei Complementar sob alegação de acúmulo de serviço no exercício das funções regulares. (Incluído pela Lei Complementar nº 135, de 2010)

§ 2º Além das polícias judiciárias, os órgãos da receita federal, estadual e municipal, os tribunais e órgãos de contas, o Banco Central do Brasil e o Conselho de Controle de Atividade Financeira auxiliarão a Justiça Eleitoral e o Ministério Público Eleitoral na apuração dos delitos eleitorais, com prioridade sobre as suas atribuições regulares. (Incluído pela Lei Complementar nº 135, de 2010)

§ 3º O Conselho Nacional de Justiça, o Conselho Nacional do Ministério Público e as Corregedorias Eleitorais manterão acompanhamento dos relatórios mensais de atividades fornecidos pelas unidades da Justiça Eleitoral a fim de verificar eventuais descumprimentos injustificados de prazos, promovendo, quando for o caso, a devida responsabilização. (Incluído pela Lei Complementar nº 135, de 2010)

Art. 26-C. O órgão colegiado do tribunal ao qual couber a apreciação do recurso contra as decisões colegiadas a que se referem as alíneas d, e, h, j, l e n do inciso I do art. 1º poderá, em caráter cautelar, suspender a inelegibilidade sempre que existir plausibilidade da pretensão recursal e desde que a providência tenha sido expressamente requerida, sob pena de preclusão, por ocasião da interposição do recurso. (Incluído pela Lei Complementar nº 135, de 2010)

§ 1º Conferido efeito suspensivo, o julgamento do recurso terá prioridade sobre todos os demais, à exceção dos de mandado de segurança e de habeas corpus. (Incluído pela Lei Complementar nº 135, de 2010)

§ 2º Mantida a condenação de que derivou a inelegibilidade ou revogada a suspensão liminar mencionada no caput, se-

rão desconstituídos o registro ou o diploma eventualmente concedidos ao recorrente. (Incluído pela Lei Complementar nº 135, de 2010)

§ 3º A prática de atos manifestamente protelatórios por parte da defesa, ao longo da tramitação do recurso, acarretará a revogação do efeito suspensivo. (Incluído pela Lei Complementar nº 135, de 2010)

Art. 27. Esta lei complementar entra em vigor na data de sua publicação.

Art. 28. Revogam-se a Lei Complementar nº 5, de 29 de abril de 1970 e as demais disposições em contrário.

8. RESOLUÇÃO Nº 21.538, DE 14 DE OUTUBRO DE 2003 – BRASÍLIA/DF

Dispõe sobre o alistamento e serviços eleitorais mediante processamento eletrônico de dados, a regularização de situação de eleitor, a administração e a manutenção do cadastro eleitoral, o sistema de alistamento eleitoral, a revisão do eleitorado e a fiscalização dos partidos políticos, entre outros.

Res.-TSE nº 23088/2009: "Autoriza a expansão do projeto de modernização dos serviços eleitorais voltados ao pré-atendimento do cidadão, via Internet, para requerimento de operações de alistamento, transferência e revisão"; Res.-TSE nº 23510/2017: extensível a brasileiros domiciliados no exterior.

Res.-TSE nº 20573/2000: procedimentos a serem adotados pelas missões diplomáticas e repartições consulares em situações de interesse da Justiça Eleitoral.

O TRIBUNAL SUPERIOR ELEITORAL, no uso de suas atribuições, tendo em conta o disposto na Lei nº 7.444, de 20 de dezembro de 1985,

Considerando que à Corregedoria-Geral da Justiça Eleitoral cabe velar pela fiel execução das leis e instruções e pela boa ordem e celeridade dos serviços eleitorais;

Considerando a necessidade de adaptar as normas em vigor à nova sistemática adotada para o cadastro eleitoral;

Considerando a necessidade de estabelecer rotina procedimental única, de forma a facilitar os trabalhos desenvolvidos, especialmente quanto às situações de duplicidade ou pluralidade de inscrições e revisão de eleitorado;

RESOLVE:

Art. 1º O alistamento eleitoral, mediante processamento eletrônico de dados, implantado nos termos da Lei nº 7.444/1985, será efetuado, em todo o território nacional, na conformidade do referido diploma legal e desta resolução.

Parágrafo único. Os tribunais regionais eleitorais adotarão o sistema de alistamento desenvolvido pelo Tribunal Superior Eleitoral.

DO REQUERIMENTO DE ALISTAMENTO ELEITORAL (RAE)

Prov.-CGE nº 9/2011: "Regulamenta o uso de funcionalidade do Sistema ELO destinada ao deferimento coletivo de Requerimentos de Alistamento Eleitoral (RAE)".

Art. 2º O Requerimento de Alistamento Eleitoral (RAE) (anexo I) servirá como documento de entrada de dados e será processado eletronicamente.

Res.-TSE nº 23562/2018, art. 3º: "O Requerimento de Alistamento Eleitoral contemplará campo para indicação do nome social e identidade de gênero".

§ 1º O sistema de alistamento de que trata o parágrafo único do art. 1º conterá os campos correspondentes ao formulário RAE, de modo a viabilizar a impressão do requerimento, com as informações pertinentes, para apreciação do juiz eleitoral.

Parágrafo único numerado como 1º pelo art. 1º da Res.-TSE nº 23531/2017.

§ 2º Os dados biográficos e biométricos dos eleitores que compõem o cadastro eleitoral poderão ser atualizados, mediante inclusão ou alteração, com informações oriundas de bancos de dados geridos por órgãos públicos, inclusive da Identificação Civil Nacional.

§ 3º As regras de atualização dos dados deverão ser aprovadas pela Presidência do TSE.

Parágrafos 2º e 3º acrescidos pelo art. 1º da Res.-TSE nº 23531/2017.

Art. 3º Para preenchimento do RAE, devem ser observados os procedimentos especificados nesta resolução e nas orientações pertinentes.

Art. 4º Deve ser consignada OPERAÇÃO 1 – ALISTAMENTO quando o alistando requerer inscrição e quando em seu nome não for identificada inscrição em nenhuma zona eleitoral do país ou exterior, ou a única inscrição localizada estiver cancelada por determinação de autoridade judiciária (FASE 450).

V. Prov.-CGE nº 6/2009: "Aprova as Instruções para utilização dos códigos de Atualização da Situação do Eleitor (ASE)".

Prov.-CGE nº 1/2004.

Art. 5º Deve ser consignada OPERAÇÃO 3 – TRANSFERÊNCIA sempre que o eleitor desejar alterar seu domicílio e for encontrado em seu nome número de inscrição em qualquer município ou zona, unidade da Federação ou país, em conjunto ou não com eventual retificação de dados.

§ 1º Na hipótese do caput, o eleitor permanecerá com o número originário da inscrição e deverá ser, obrigatoriamente, consignada no campo próprio a sigla da UF anterior.

§ 2º É vedada a transferência de número de inscrição envolvida em coincidência, suspensa, cancelada automaticamente pelo sistema quando envolver situação de perda e suspensão de direitos políticos, cancelada por perda de direitos políticos (FASE 329) e por decisão de autoridade judiciária (FASE 450).

V. Prov.-CGE nº 6/2009: "Aprova as Instruções para utilização dos códigos de Atualização da Situação do Eleitor (ASE)".

§ 3º Será admitida transferência com reutilização do número de inscrição cancelada pelos códigos FASE 019 – falecimento, 027 – duplicidade/pluralidade, 035 – deixou de votar em três eleições consecutivas e 469 – revisão de eleitorado, desde que comprovada a inexistência de outra inscrição liberada, não liberada, regular ou suspensa para o eleitor.

V. Prov.-CGE nº 6/2009: "Aprova as Instruções para utilização dos códigos de Atualização da Situação do Eleitor (ASE)".

Voto do relator na proposta de edição desta resolução: a reutilização de número de inscrição cancelada na operação de transferência e de revisão impedirá o inchamento do cadastro e preservará o histórico do eleitor; permanece, todavia, a vedação de reutilização no caso de inscrição cancelada, por decisão judicial (FASE 450), em decorrência da natureza irregular ou fraudulenta.

§ 4º Existindo mais de uma inscrição cancelada para o eleitor no cadastro, nas condições previstas no § 3º, deverá ser promovida, preferencialmente, a transferência daquela:

I - que tenha sido utilizada para o exercício do voto no último pleito;

II - que seja mais antiga.

Art. 6º Deve ser consignada OPERAÇÃO 5 – REVISÃO quando o eleitor necessitar alterar local de votação no mesmo município, ainda que haja mudança de zona eleitoral, retificar dados pessoais ou regularizar situação de inscrição cancelada nas mesmas condições previstas para a transferência a que se refere o § 3º do art. 5º.

Prov.-CGE nº 1/2004.

Art. 7º Deve ser consignada OPERAÇÃO 7 – SEGUNDA VIA quando o eleitor estiver inscrito e em situação regular na zona por ele procurada e desejar apenas a segunda via do seu título eleitoral, sem nenhuma alteração.

Art. 8º Nas hipóteses de REVISÃO ou de SEGUNDA VIA, o título eleitoral será expedido automaticamente e a data de domicílio do eleitor não será alterada.

DO ALISTAMENTO

V. Lei nº 9.504/1997, art. 91, caput: "Nenhum requerimento de inscrição eleitoral ou de transferência será recebido dentro dos cento e cinquenta dias anteriores à data da eleição".

Res.-TSE nº 23088/2009: "Autoriza a expansão do projeto de modernização dos serviços eleitorais voltados ao pré-atendimento do cidadão, via Internet, para requerimento de operações de alistamento, transferência e revisão", implementado em caráter experimental pela Res.-TSE nº 22754/2007.

Res.-TSE nº 21920/2004: dispõe sobre alistamento eleitoral e voto dos cidadãos com deficiência.

Súm.-STJ nº 368/2008: "Compete à Justiça Comum Estadual processar e julgar os pedidos de retificação de dados cadastrais da Justiça Eleitoral".

Ac.-TSE, de 18.2.2014, no REspe nº 37481 e, de 5.2.2013, no AgR-AI nº 7286: o conceito de domicílio eleitoral é mais elástico do que o do Direito Civil, satisfazendo-se com vínculos de natureza política, econômica, social e familiar.

Ac.-TSE, de 6.12.2011, no PA nº 180681: alistamento facultativo dos indígenas como eleitores, observadas as exigências de natureza constitucional e eleitoral pertinentes à matéria.

Art. 9º No cartório eleitoral ou no posto de alistamento, o atendente da Justiça Eleitoral preencherá o RAE ou digitará as informações no sistema de acordo com os dados constantes do documento apresentado pelo eleitor, complementados com suas informações pessoais, de conformidade com as exigências do processamento de dados, destas instruções e das orientações específicas.

Art. 9º com redação dada pelo art. 1º da Res.-TSE nº 23518/2017.

Lei nº 7.444/1985, art. 5º.

Res.-TSE nº 22987/2008: a informação da ocupação exercida pelo eleitor nas operações de alistamento, revisão e transferência visa auxiliar a escolha e nomeação de mesários, nos termos do art. 120, § 2º, do CE/1965, e prescinde de prova.

§ 1º O RAE deverá ser preenchido ou digitado e impresso na presença do requerente.

§ 2º No momento da formalização do pedido, o requerente manifestará sua preferência sobre local de votação, entre os estabelecidos para a zona eleitoral.

Res.-TSE nº 21407/2003: impossibilidade de o eleitor escolher local de votação pertencente a zona eleitoral diversa daquela em que tem domicílio.

§ 3º Para os fins o § 2º deste artigo, será colocada à disposição, no cartório ou posto de alistamento, a relação de todos os locais de votação da zona, com os respectivos endereços.

§ 4º A assinatura do requerimento ou a aposição da impressão digital do polegar será feita na presença do atendente da Justiça Eleitoral, que deverá atestar, de imediato, a satisfação dessa exigência.

Parágrafo 4º com redação dada pelo art. 1º da Res.-TSE nº 23518/2017.

Lei nº 7.444/1985, art. 5º, § 1º: no caso de analfabeto, será feita a impressão digital do polegar direito.

Art. 9º-A. A pessoa travesti ou transexual poderá, por ocasião do alistamento ou de atualização de seus dados no cadastro eleitoral, se registrar com seu nome social e respectiva identidade de gênero.

§ 1º Considera-se nome social a designação pela qual a pessoa travesti ou transexual se identifica e é socialmente reconhecida.

§ 2º Considera-se identidade de gênero a dimensão da identidade de uma pessoa que diz respeito à forma como se relaciona com as representações de masculinidade e feminilidade e como isso se traduz em sua prática social, sem guardar necessária relação com o sexo biológico atribuído no nascimento.

§ 3º O nome social não poderá ser ridículo ou atentar contra o pudor.

Art. 9º-A acrescido pelo art. 1º da Res.-TSE nº 23562/2018.

Art. 9º-B. O nome social constará do título de eleitor impresso ou digital.

Art. 9º-B acrescido pelo art. 1º da Res.-TSE nº 23562/2018.

Art. 9º-C. O nome social e a identidade de gênero constarão do cadastro eleitoral em campos próprios, preservados os dados do registro civil.

Art. 9º-C acrescido pelo art. 1º da Res.-TSE nº 23562/2018.

Art. 9º-D. A Justiça Eleitoral restringirá a divulgação de nome civil dissonante da identidade de gênero declarada no alistamento ou na atualização do cadastro eleitoral.

Art. 9º-D acrescido pelo art. 1º da Res.-TSE nº 23562/2018.

Art. 10. Antes de submeter o pedido a despacho do juiz eleitoral, o atendente providenciará o preenchimento ou a digitação no sistema dos espaços que lhe são reservados no RAE.

Parágrafo único. Para efeito de preenchimento do requerimento ou de digitação no sistema, será mantida em cada zona eleitoral relação de atendentes, identificados pelo número do título eleitoral, habilitados a praticar os atos reservados ao cartório.

Art. 10 com redação dada pelo art. 1º da Res.-TSE nº 23518/2017.

Art. 11. Atribuído número de inscrição, o atendente, após assinar o formulário, destacará o protocolo de solicitação, numerado de idêntica forma, e o entregará ao requerente, caso a emissão do título não seja imediata.

Art. 11 com redação dada pelo art. 1º da Res.-TSE nº 23518/2017.

V. parágrafo único do art. 91 da Lei nº 9.504/1997.

Res.-TSE nº 13511/1986, art. 1º: "Para os efeitos de quitação eleitoral, o comprovante de apresentação de pedido de alistamento eleitoral terá eficácia pelo prazo de noventa (90) dias".

Art. 12. Os tribunais regionais eleitorais farão distribuir, observada a sequência numérica fornecida pela Secretaria de Informática, às zonas eleitorais da respectiva circunscrição, séries de números de inscrição eleitoral, a serem utilizados na forma deste artigo.

Parágrafo único. O número de inscrição compor-se-á de até 12 algarismos, por unidade da Federação, assim discriminados:

a) os oito primeiros algarismos serão sequenciados, desprezando-se, na emissão, os zeros à esquerda;

b) os dois algarismos seguintes serão representativos da unidade da Federação de origem da inscrição, conforme códigos constantes da seguinte tabela:

01 – São Paulo
02 – Minas Gerais
03 – Rio de Janeiro
04 – Rio Grande do Sul
05 – Bahia
06 – Paraná
07 – Ceará
08 – Pernambuco
09 – Santa Catarina
10 – Goiás
11 – Maranhão
12 – Paraíba
13 – Pará
14 – Espírito Santo
15 – Piauí
16 – Rio Grande do Norte
17 – Alagoas
18 – Mato Grosso
19 – Mato Grosso do Sul
20 – Distrito Federal
21 – Sergipe
22 – Amazonas

23 – Rondônia
24 – Acre
25 – Amapá
26 – Roraima
27 – Tocantins
28 – Exterior (ZZ)

c) os dois últimos algarismos constituirão dígitos verificadores, determinados com base no módulo 11, sendo o primeiro calculado sobre o número sequencial e o último sobre o código da unidade da Federação seguido do primeiro dígito verificador.

Art. 13. Para o alistamento, o requerente apresentará um dos seguintes documentos do qual se infira a nacionalidade brasileira (Lei nº 7.444/1985, art. 5º, § 2º):

Res.-TSE nº 21.385/2003: a prova de opção pela nacionalidade brasileira para fins de alistamento eleitoral não está prevista na legislação pertinente.

a) carteira de identidade ou carteira emitida pelos órgãos criados por lei federal, controladores do exercício profissional;

b) certificado de quitação do serviço militar;

Inexigibilidade de comprovação de quitação com o serviço militar: Res.-TSE nº 21384/2003 (nas operações de transferência de domicílio, revisão de dados e segunda via); Res.-TSE nº 22097/2005 (para quem completou 18 anos e ainda esteja em curso o prazo de apresentação ao órgão de alistamento militar).

c) certidão de nascimento ou casamento, extraída do Registro Civil;

Ac.-TSE, de 6.12.2011, no PA nº 180681: faculta-se aos indígenas que não disponham do documento de registro civil de nascimento a apresentação do congênere administrativo expedido pela Funai.

d) instrumento público do qual se infira, por direito, ter o requerente a idade mínima de 16 anos e do qual constem, também, os demais elementos necessários à sua qualificação.

Parágrafo único. A apresentação do documento a que se refere a alínea b é obrigatória para maiores de 18 anos, do sexo masculino.

Art. 14. É facultado o alistamento, no ano em que se realizarem eleições, do menor que completar 16 anos até a data do pleito, inclusive.

CF/1988, art. 14, § 1º, II, c: alistamento e voto facultativos para os maiores de 16 e os menores de 18 anos.

§ 1º O alistamento de que trata o caput poderá ser solicitado até o encerramento do prazo fixado para requerimento de inscrição eleitoral ou transferência.

§ 2º O título emitido nas condições deste artigo somente surtirá efeitos com o implemento da idade de 16 anos (Res.-TSE nº 19.465, de 12.3.1996).

Art. 15. O brasileiro nato que não se alistar até os 19 anos ou o naturalizado que não se alistar até um ano depois de adquirida a nacionalidade brasileira incorrerá em multa imposta pelo juiz eleitoral e cobrada no ato da inscrição.

Res.-TSE nº 21975/2004: "Disciplina o recolhimento e a cobrança das multas previstas no Código Eleitoral e leis conexas e a distribuição do Fundo Especial de Assistência Financeira aos Partidos Políticos (Fundo Partidário)".

V. art. 85 desta resolução: base de cálculo para aplicação de multas previstas no Código Eleitoral e leis conexas.

Parágrafo único. Não se aplicará a pena ao não alistado que requerer sua inscrição eleitoral até o centésimo quinquagésimo primeiro dia anterior à eleição subsequente à data em que completar 19 anos (Código Eleitoral, art. 8º c.c. a Lei nº 9.504/1997, art. 91).

Art. 16. O alistamento eleitoral do analfabeto é facultativo (Constituição Federal, art. 14, § 1º, II, a).

Parágrafo único. Se o analfabeto deixar de sê-lo, deverá requerer sua inscrição eleitoral, não ficando sujeito à multa prevista no art. 15 (Código Eleitoral, art. 8º).

Ac.-TSE, de 6.12.2011, no PA nº 180681: isenção de multa para os índios que venham a se alfabetizar e se inscrever como eleitores.

Art. 17. Despachado o requerimento de inscrição pelo juiz eleitoral e processado pelo cartório, o setor da Secretaria do Tribunal Regional Eleitoral responsável pelos serviços de processamento eletrônico de dados enviará ao cartório eleitoral, que as colocará à disposição dos partidos políticos, relações de inscrições incluídas no cadastro, com os respectivos endereços.

§ 1º Do despacho que indeferir o requerimento de inscrição, caberá recurso interposto pelo alistando no prazo de cinco dias e, do que o deferir, poderá recorrer qualquer delegado de partido político no prazo de dez dias, contados da colocação da respectiva listagem à disposição dos partidos, o que deverá ocorrer nos dias 1º e 15 de cada mês, ou no primeiro dia útil seguinte, ainda que tenham sido exibidas ao alistando antes dessas datas e mesmo que os partidos não as consultem (Lei nº 6.996/1982, art. 7º).

§ 2º O cartório eleitoral providenciará, para o fim do disposto no § 1º, relações contendo os pedidos indeferidos.

DA TRANSFERÊNCIA

V. Lei nº 9.504/1997, art. 91, caput: "Nenhum requerimento de inscrição eleitoral ou de transferência será recebido dentro dos cento e cinquenta dias anteriores à data da eleição".

Res.-TSE nº 23088/2009: disponibiliza serviços via Internet para requerimento de operações de alistamento, transferência e revisão.

Art. 18. A transferência do eleitor só será admitida se satisfeitas as seguintes exigências:

Prov.-CGE nº 1/2004.

I – recebimento do pedido no cartório eleitoral do novo domicílio no prazo estabelecido pela legislação vigente;

II – transcurso de, pelo menos, um ano do alistamento ou da última transferência;

III – residência mínima de três meses no novo domicílio, declarada, sob as penas da lei, pelo próprio eleitor (Lei nº 6.996/1982, art. 8º);

V. Lei nº 7.115/1983, art. 1º, caput: presunção de veracidade da declaração feita pelo interessado.

Ac.-TSE, de 4.10.2018, no RO nº 060238825 e, de 8.4.2014, no REspe nº 8551: o conceito de domicílio eleitoral pode ser demonstrado não só pela residência com ânimo definitivo, mas também pela constituição de vínculos políticos, econômicos, sociais ou familiares.

Res.-TSE nº 11917/1984: as regras de direito probatório contidas na Lei nº 7.115/1983 são aplicáveis ao processo eleitoral, à exceção do processo penal eleitoral.

IV – prova de quitação com a Justiça Eleitoral.

V. Lei nº 9.504/1997, art. 11, §§ 7º ao 9º.

Res.-TSE nº 21667/2004: emissão de certidão de quitação eleitoral por meio da Internet.

§ 1º O disposto nos incisos II e III não se aplica à transferência de título eleitoral de servidor público civil, militar, autárquico, ou de membro de sua família, por motivo de remoção ou transferência (Lei nº 6.996/1982, art. 8º, parágrafo único).

§ 2º Ao requerer a transferência, o eleitor entregará ao atendente do cartório o título eleitoral e a prova de quitação com a Justiça Eleitoral.

Parágrafo 2º com redação dada pelo art. 1º da Res.-TSE nº 23518/2017.

§ 3º Não comprovada a condição de eleitor ou a quitação para com a Justiça Eleitoral, o juiz eleitoral arbitrará, desde logo, o valor da multa a ser paga.

Res.-TSE nº 21975/2004: "Disciplina o recolhimento e a cobrança das multas previstas no Código Eleitoral e leis conexas e a distribuição do Fundo Especial de Assistência Financeira aos Partidos Políticos (Fundo Partidário)".

V. art. 85 desta resolução: base de cálculo para aplicação de multas previstas no Código Eleitoral e leis conexas.

§ 4º Despachado o requerimento de transferência pelo juiz eleitoral e processado pelo cartório, o setor da Secretaria do Tribunal Regional Eleitoral responsável pelos serviços de processamento de dados enviará ao cartório eleitoral, que as colocará à disposição dos partidos políticos, relações de inscrições atualizadas no cadastro, com os respectivos endereços.

§ 5º Do despacho que indeferir o requerimento de transferência, caberá recurso interposto pelo eleitor no prazo de cinco dias e, do que o deferir, poderá recorrer qualquer delegado de partido político no prazo de dez dias, contados da colocação da respectiva listagem à disposição dos partidos, o que deverá ocorrer nos dias 1º e 15 de cada mês, ou no primeiro dia útil seguinte, ainda que tenham sido exibidas ao requerente antes dessas datas e mesmo que os partidos não as consultem (Lei nº 6.996/1982, art. 8º).

Lei nº 6.996/1982, art. 7º, § 2º: dispositivo legal correspondente, em vez do art. 8º.

§ 6º O cartório eleitoral providenciará, para o fim do disposto no § 5º, relações contendo os pedidos indeferidos.

DA SEGUNDA VIA

Art. 19. No caso de perda ou extravio do título, bem assim de sua inutilização ou dilaceração, o eleitor deverá requerer pessoalmente ao juiz de seu domicílio eleitoral que lhe expeça segunda via.

§ 1º Na hipótese de inutilização ou dilaceração, o requerimento será instruído com a primeira via do título.

§ 2º Em qualquer hipótese, no pedido de segunda via, o eleitor deverá apor a assinatura ou a impressão digital do polegar, se não souber assinar, na presença do atendente da Justiça Eleitoral, que deverá atestar a satisfação dessa exigência, após comprovada a identidade do eleitor.

Parágrafo 2º com redação dada pelo art. 1º da Res.-TSE nº 23518/2017.

DO RESTABELECIMENTO DE INSCRIÇÃO CANCELADA POR EQUÍVOCO

Art. 20. Será admitido o restabelecimento, mediante comando do código FASE 361, de inscrição cancelada em virtude de comando equivocado dos códigos FASE 019, 450 e 469.

DO FORMULÁRIO DE ATUALIZAÇÃO DA SITUAÇÃO DO ELEITOR (FASE)

V. Prov.-CGE nº 6/2009: "Aprova as Instruções para utilização dos códigos de Atualização da Situação do Eleitor (ASE)".

Art. 21. Para registro de informações no histórico de inscrição no cadastro, utilizar-se-á, como documento de entrada de dados, o formulário de atualização da situação do eleitor (FASE), cuja tabela de códigos será estabelecida pela Corregedoria-Geral.

Parágrafo único. A atualização de registros de que trata o caput poderá ser promovida, desde que viabilizado, diretamente no sistema de alistamento eleitoral, dispensando-se o preenchimento do formulário FASE.

DO TÍTULO ELEITORAL

Res.-TSE nº 23537/2017: Dispõe sobre a expedição da via digital do título de eleitor por meio do aplicativo móvel e-Título.

Art. 22. O título eleitoral será confeccionado com informações, características, formas e especificações constantes do modelo Anexo II.

Caput com redação dada pelo art. 1º da Res.-TSE nº 23538/2017.

O Anexo II refere-se ao modelo constante do anexo da Res.-TSE nº 23562/2018.

Res.-TSE nº 23562/2018, art. 4º, parágrafo único: o modelo de título eleitoral anterior às alterações promovidas por esta resolução e pela Res.-TSE 23538/2017 permanece válido e pode ser emitido enquanto houver disponibilidade de material nas unidades da Justiça Eleitoral.

Parágrafo único. (Revogado pelo art. 1º da Res.-TSE nº 23538/2017).

Art. 23. Nas hipóteses de alistamento, transferência, revisão e segunda via, a data da emissão do título será a de preenchimento do requerimento.

Caput com redação dada pelo art. 1º da Res.-TSE nº 23538/2017.

§ 1º (Revogado pelo art. 1º da Res.-TSE nº 23538/2017).

§ 2º (Revogado pelo art. 1º da Res.-TSE nº 23538/2017).

Art. 24. O título será emitido no momento do atendimento.

Caput com redação dada pelo art. 1º da Res.-TSE nº 23538/2017.

§ 1º O título será entregue, no cartório ou no posto de alistamento, pessoalmente ao eleitor, vedada a interferência de pessoas estranhas à Justiça Eleitoral.

V. Lei nº 9.504/1997, art. 91, parágrafo único: crime de retenção de título eleitoral ou do comprovante de alistamento eleitoral; CE/1965, art. 295: crime de retenção de título eleitoral contra a vontade do eleitor.

§ 2º Antes de efetuar a entrega do título, comprovadas a identidade do eleitor e a exatidão dos dados inseridos no documento, o atendente destacará o título eleitoral e colherá a assinatura ou a impressão digital do polegar do eleitor, se não souber assinar, no espaço próprio constante do canhoto.

Parágrafo 2º com redação dada pelo art. 1º da Res.-TSE nº 23518/2017.

Art. 25. No período de suspensão do alistamento, não serão recebidos requerimentos de alistamento ou transferência (Lei nº 9.504/1997, art. 91, caput).

Lei nº 9.504/1997, art. 91, caput: "Nenhum requerimento de inscrição eleitoral ou de transferência será recebido dentro dos cento e cinquenta dias anteriores à data da eleição".

Parágrafo único. O processamento reabrir-se-á em cada zona logo que estejam concluídos os trabalhos de apuração em âmbito nacional (Código Eleitoral, art. 70).

Art. 26. O título eleitoral prova a quitação do eleitor para com a Justiça Eleitoral até a data de sua emissão.

DA FISCALIZAÇÃO DOS PARTIDOS POLÍTICOS

Art. 27. Os partidos políticos, por seus delegados, poderão:

I - acompanhar os pedidos de alistamento, transferência, revisão, segunda via e quaisquer outros, até mesmo emissão e entrega de títulos eleitorais, previstos nesta resolução;

II - requerer a exclusão de qualquer eleitor inscrito ilegalmente e assumir a defesa do eleitor cuja exclusão esteja sendo promovida;

III - examinar, sem perturbação dos serviços e na presença dos servidores designados, os documentos relativos aos pedidos de alistamento, transferência, revisão, segunda via e revisão de eleitorado, deles podendo requerer, de forma fundamentada, cópia, sem ônus para a Justiça Eleitoral.

Parágrafo único. Qualquer irregularidade determinante de cancelamento de inscrição deverá ser comunicada por escrito

RESOLUÇÃO Nº 21.538, DE 14 DE OUTUBRO DE 2003 – BRASÍLIA/DF

ao juiz eleitoral, que observará o procedimento estabelecido nos arts. 77 a 80 do Código Eleitoral.

Art. 28. Para os fins do art. 27, os partidos políticos poderão manter até dois delegados perante o Tribunal Regional Eleitoral e até três delegados em cada zona eleitoral, que se revezarão, não sendo permitida a atuação simultânea de mais de um delegado de cada partido.

§ 1º Na zona eleitoral, os delegados serão credenciados pelo juiz eleitoral.

§ 2º Os delegados credenciados no Tribunal Regional Eleitoral poderão representar o partido, na circunscrição, perante qualquer juízo eleitoral.

DO ACESSO ÀS INFORMAÇÕES CONSTANTES DO CADASTRO

V. Lei nº 9.096/1995, art. 19, § 3º: garantia de acesso pleno dos órgãos de direção nacional dos partidos políticos às informações de seus filiados constantes do cadastro eleitoral. V., também, notas ao art. 29, caput, e ao art. 51, caput, desta resolução.

O art. 4º da Res.-TSE nº 23490/2016 prevê:

"Art. 4º A Diretoria-Geral do Tribunal Superior Eleitoral manterá banco de dados unificado com informações do cadastro eleitoral, observadas as restrições definidas nesta resolução quanto às de natureza pessoal, dos sistemas de filiação partidária, de registro de candidaturas, de diplomação dos eleitos e de prestação de contas eleitorais, com a finalidade de garantir transparência, amplo acesso, disponibilidade, autenticidade e integridade das informações disponíveis no Tribunal (Lei nº 12.527/2011, art. 6º, incisos I e II)."

Art. 29. As informações constantes do cadastro eleitoral serão acessíveis às instituições públicas e privadas e às pessoas físicas, nos termos desta resolução (Lei nº 7.444/1985, art. 9º, I).

Res.-TSE nº 21966/2004: "Partido político em processo de registro na Justiça Eleitoral tem direito de obter lista de eleitores, com os respectivos número do título e zona eleitoral".

Prov.-CGE nº 6/2006: "Disciplina o procedimento a ser observado para o acesso a dados do cadastro eleitoral".

Ac.-TSE, de 3.9.2014, no PA nº 50242 e de 10.11.2011, no PA nº 168116: aos defensores públicos da União é facultado solicitar informações do cadastro de eleitores, inclusive as de natureza pessoal, desde que o façam à autoridade judiciária competente.

§ 1º O tratamento das informações pessoais assegurará a preservação da intimidade, da vida privada, da honra e da imagem do cidadão, restringindo-se o acesso a seu conteúdo na forma deste artigo.

Parágrafo 1º com redação dada pelo art. 1º da Res.-TSE nº 23490/2016.

Res.-TSE nº 23061/2009, art. 7º: as informações referentes a documento de identidade e Cadastro de Pessoa Física, bem como a fotografia e as impressões digitais do eleitor, possuem caráter personalizado.

§ 2º Excluem-se da restrição de que cuida o § 1º os pedidos relativos a procedimento previsto na legislação eleitoral, a ele relacionado ou de cujo atendimento resultem subsídios a sua análise, e o acesso:

a) do eleitor a seus dados pessoais;

b) de autoridade judicial, de órgão do Ministério Público e, desde que haja expressa autorização legal para acesso aos dados mantidos pela Justiça Eleitoral, de órgãos e agentes públicos ou outras entidades, vinculada a utilização das informações obtidas às respectivas atividades funcionais, exclusivamente;

c) de órgãos públicos, desde que signatários de convênios com o Tribunal Superior Eleitoral – TSE, cujos objetos estejam alinhados às respectivas missões institucionais, e de Termo de Compromisso e Manutenção de Sigilo – TCMS, na forma prevista pelo art. 18, parágrafo único, do Decreto nº 7.845/2012;

Parágrafo 2º com redação dada pelo art. 1º da Res.-TSE nº 23490/2016.

> d) Os órgãos de direção nacional dos partidos políticos terão pleno acesso às informações de seus filiados constantes do cadastro eleitoral, inclusive àquelas que não sejam de informação obrigatória pelo eleitor (art. 19, § 3º, da Lei nº 9.096/1995). Alínea d acrescida pelo art. 39 da Res.-TSE nº 23596/2019.

§ 3º O acesso de outros órgãos ou agentes públicos não indicados nas alíneas b e c do § 2º não incluirá informações pessoais relativas à intimidade, à vida privada, à honra e à imagem, aí considerados ocupação, estado civil, escolaridade, telefone, impressões digitais, fotografia, assinatura digitalizada, endereço e nome civil dissonante da identidade de gênero declarada.

Parágrafo 3º com redação dada pelo art. 2º da Res.-TSE nº 23562/2018.

§ 4º A restrição de que cuida o § 3º incidirá sobre outras informações cuja obtenção possa comprometer, mesmo que indiretamente, as regras de proteção estabelecidas nesta resolução, sem prejuízo da confirmação da autenticidade e da unicidade do registro de titular de inscrição eleitoral, desde que provido por ferramenta eletrônica ou serviço automatizado, na forma regulamentada por ato normativo próprio.

Parágrafo 4º acrescido pelo art. 1º da Res.-TSE nº 23490/2016.

§ 5º Aos profissionais contratados referidos no art. 12 da Resolução-TSE nº 23.440/2015 será concedido, para acesso ao Sistema ELO, o perfil apoio administrativo, cujas funcionalidades serão definidas por provimento da Corregedoria-Geral da Justiça Eleitoral.

Parágrafo 5º acrescido pelo art. 1º da Res.-TSE nº 23518/2017.

Art. 29-A. Para fins de cumprimento do disposto na alínea d do § 2º do art. 29 desta resolução, o requerimento do órgão nacional partidário deverá ser apresentado diretamente ao Tribunal Superior Eleitoral.

§ 1º Verificadas eventuais falhas de sistema na emissão do relatório para fins de atendimento ao disposto neste artigo, caberá ao requerente pleitear nova emissão.

§ 2º Aos partidos políticos em formação não se aplica o disposto neste artigo, subsistindo a estes o direito de obter a lista de eleitores com informações sobre o nome, o número do título e a eventual filiação a partido político, vedada a divulgação de outros dados (Resolução-TSE nº 23.571/2018, art. 19).

Art. 29-A e §§ 1º e 2º acrescidos pelo art. 39 da Res.-TSE nº 23596/2019.

Art. 30. Os tribunais e juízes eleitorais poderão, no âmbito de suas jurisdições, autorizar o fornecimento a interessados, desde que sem ônus para a Justiça Eleitoral e disponíveis em meio eletrônico, de dados de natureza estatística levantados com base no cadastro eleitoral, relativos ao eleitorado ou ao resultado de pleito, salvo quando incompatíveis com a sistemática estabelecida no art. 29.

Art. 30 com redação dada pelo art. 1º da Res.-TSE nº 23490/2016.

Art. 31. Caberá à Presidência do Tribunal Superior Eleitoral dirimir eventuais controvérsias sobre esta resolução, ouvida a Corregedoria-Geral da Justiça Eleitoral.

Art. 31 com redação dada pelo art. 1º da Res.-TSE nº 23490/2016.

Art. 32. O uso dos dados de natureza estatística do eleitorado ou de pleito eleitoral obriga a quem os tenha adquirido a citar a fonte e a assumir responsabilidade pela manipulação inadequada ou extrapolada das informações obtidas.

DOS BATIMENTOS

Res.-TSE nº 22166/2006: providências a serem adotadas em relação a inscrições identificadas como de pessoas falecidas.

Art. 33. O batimento ou cruzamento das informações constantes do cadastro eleitoral terá como objetivos expurgar possíveis duplicidades ou pluralidades de inscrições eleitorais e identificar situações que exijam averiguação e será realizado pelo Tribunal Superior Eleitoral, em âmbito nacional.

§ 1º As operações de alistamento, transferência e revisão somente serão incluídas no cadastro ou efetivadas após submetidas a batimento.

§ 2º Inscrição agrupada em duplicidade ou pluralidade ficará sujeita a apreciação e decisão de autoridade judiciária.

§ 3º Em um mesmo grupo, serão sempre consideradas não liberadas as inscrições mais recentes, excetuadas as inscrições atribuídas a gêmeos, que serão identificadas em situação liberada.

§ 4º Em caso de agrupamento de inscrição de gêmeo com inscrição para a qual não foi indicada aquela condição, essa última será considerada não liberada.

DOS DOCUMENTOS EMITIDOS PELO SISTEMA NO BATIMENTO

Art. 34. Será colocada à disposição de todas as zonas eleitorais, após a realização de batimento:

I - RELAÇÃO DE ELEITORES AGRUPADOS (envolvidos em duplicidade ou pluralidade) emitida por ordem de número de grupo, contendo todos os eleitores agrupados inscritos na zona, com dados necessários a sua individualização, juntamente com índice em ordem alfabética;

II - COMUNICAÇÃO dirigida à autoridade judiciária incumbida da apreciação do caso, noticiando o agrupamento de inscrição em duplicidade ou pluralidade, para as providências estabelecidas nesta resolução.

Parágrafo único. Será expedida NOTIFICAÇÃO dirigida ao eleitor cuja inscrição foi considerada não liberada pelo batimento.

DAS DUPLICIDADES E PLURALIDADES (COINCIDÊNCIAS)

Art. 35. Colocada à disposição a relação de eleitores agrupados, o juiz eleitoral fará publicar edital, pelo prazo de três dias, para conhecimento dos interessados.

Art. 36. Todo eleitor que tiver sua inscrição não liberada em decorrência do cruzamento de informações deverá ser notificado para, se o desejar, requerer regularização de sua situação eleitoral, no prazo de 20 dias, contados da data de realização do batimento.

Art. 37. Recebida a comunicação da coincidência, a autoridade judiciária deverá, de ofício e imediatamente:

I - determinar sua autuação;

II - determinar a regularização da situação da inscrição do eleitor que não possuir outra inscrição liberada, independentemente de requerimento, desde que constatado que o grupo é formado por pessoas distintas;

III - determinar as diligências cabíveis quando não for possível identificar de pronto se a inscrição pertence ou não a um mesmo eleitor;

IV - aguardar, sendo o caso, o comparecimento do eleitor ao cartório durante os 20 dias que lhe são facultados para requerer regularização de situação eleitoral;

V - comparecendo o eleitor ao cartório, orientá-lo, conforme o caso, a preencher o Requerimento para Regularização de Inscrição (RRI), ou a requerer, oportunamente, transferência, revisão ou segunda via;

VI - determinar o cancelamento da(s) inscrição(ões) que comprovadamente pertença(m) a um mesmo eleitor, assegurando a cada eleitor apenas uma inscrição;

VII - dar publicidade à decisão;

VIII - promover a digitação da decisão;

IX - adotar demais medidas cabíveis.

Art. 38. Não poderá ser objeto de transferência, revisão ou segunda via, inscrição agrupada em duplicidade ou pluralidade.

Art. 39. Encerrado o prazo para exame e decisão dos casos de duplicidade ou pluralidade, não existindo decisão de autoridade judiciária, a inscrição liberada passará a figurar como regular e a não liberada como cancelada, caso exista no cadastro.

Art. 40. Identificada situação em que um mesmo eleitor possua duas ou mais inscrições liberadas ou regulares, agrupadas ou não pelo batimento, o cancelamento de uma ou mais delas deverá, preferencialmente, recair:

I - na inscrição mais recente, efetuada contrariamente às instruções em vigor;

II - na inscrição que não corresponda ao domicílio eleitoral do eleitor;

III - naquela cujo título não haja sido entregue ao eleitor;

IV - naquela cujo título não haja sido utilizado para o exercício do voto na última eleição;

V - na mais antiga.

§ 1º Comprovado que as inscrições identificadas pertencem a gêmeos ou homônimos, deverá ser comandado o respectivo código FASE.

V. Prov.-CGE nº 6/2009: "Aprova as Instruções para utilização dos códigos de Atualização da Situação do Eleitor (ASE)".

§ 2º Constatada a inexatidão de qualquer dado constante do cadastro eleitoral, deverá ser providenciada a necessária alteração, mediante preenchimento ou digitação de RAE (Operação 5 - Revisão), observadas as formalidades para seu deferimento.

DA COMPETÊNCIA PARA REGULARIZAÇÃO DE SITUAÇÃO ELEITORAL E PARA O PROCESSAMENTO DAS DECISÕES

Art. 41. A decisão das duplicidades e pluralidades de inscrições, agrupadas ou não pelo batimento, inclusive quanto às inscrições de pessoas que estão com seus direitos políticos suspensos, na esfera administrativa, caberá:

I - No tocante às duplicidades, ao juiz da zona eleitoral onde foi efetuada a inscrição mais recente (Tipo 1D), ressalvadas as hipóteses previstas nos §§ 1º a 3º deste artigo;

II - No tocante às pluralidades:

a) ao juiz da zona eleitoral, quando envolver inscrições efetuadas em uma mesma zona eleitoral (Tipo 1P);

b) ao corregedor regional eleitoral, quando envolver inscrições efetuadas entre zonas eleitorais de uma mesma circunscrição (Tipo 2P);

c) ao corregedor-geral, quando envolver inscrições efetuadas em zonas eleitorais de circunscrições diversas (Tipo 3P).

§ 1º As decisões de situação relativa a pessoa que perdeu seus direitos políticos (Tipo 3D) e de pluralidades decorrentes do agrupamento de uma ou mais inscrições, requeridas em circunscrições distintas, com um ou mais registros de suspensão da Base de Perda e Suspensão de Direitos Políticos (Tipo 3P) serão da competência do corregedor-geral.

Prov.-CGE nº 18/2011: "Regulamenta a utilização da Base de Perda e Suspensão de Direitos Políticos".

§ 2º As decisões das duplicidades envolvendo inscrição e registro de suspensão da Base de Perda e Suspensão de Direitos Políticos (Tipo 2D) e das pluralidades decorrentes do agrupamento de uma ou mais inscrições, requeridas na mesma circunscrição, com um ou mais registros de suspensão da referida base (Tipo 2P) serão da competência do corregedor regional eleitoral.

§ 3º Na hipótese de duplicidade envolvendo inscrições atribuídas a gêmeos ou homônimos comprovados, existindo inscrição não liberada no grupo, a competência para decisão será do juiz da zona eleitoral a ela correspondente.

§ 4º Em grau de recurso, no prazo de três dias, caberá:

a) ao corregedor regional a apreciação de situações que motivaram decisão de juiz eleitoral de sua circunscrição;

b) ao corregedor-geral a apreciação de situações que ensejaram decisão de corregedor regional.

§ 5º Havendo decisões conflitantes em processo de regularização de situação de eleitor, proferidas por autoridades judiciárias distintas, envolvendo inscrições atribuídas a uma mesma pessoa, o conflito será decidido:

a) pelo corregedor regional eleitoral, quando se tratar de decisões proferidas por juízes de zonas eleitorais de uma mesma circunscrição;

b) pelo corregedor-geral, quando se tratar de decisões proferidas por juízes eleitorais de circunscrições diversas ou pelos corregedores regionais.

Art. 42. O juiz eleitoral só poderá determinar a regularização, o cancelamento ou a suspensão de inscrição que pertença à sua jurisdição.

Ac.-TSE, de 31.10.2006, no Ag nº 7179: "Não afasta a competência do juiz eleitoral para processar e julgar requerimento de cancelamento de inscrição eleitoral o fato de, no curso da ação, ser requerida a transferência da inscrição para outra circunscrição".

Parágrafo único. A autoridade judiciária que tomar conhecimento de fato ensejador do cancelamento de inscrição liberada ou regular, ou da necessidade de regularização de inscrição não liberada, cancelada ou suspensa, efetuada em zona eleitoral diferente daquela em que tem jurisdição, deverá comunicá-lo à autoridade judiciária competente, para medidas cabíveis, por intermédio da correspondente Corregedoria Regional.

Art. 43. Nas duplicidades e pluralidades de sua competência, o corregedor-geral ou o corregedor regional poderão se pronunciar quanto a qualquer inscrição agrupada.

Art. 44. A competência para decidir a respeito das duplicidades e pluralidades, na esfera penal, será sempre do juiz eleitoral da zona onde foi efetuada a inscrição mais recente.

Art. 45. Examinada e decidida a duplicidade ou a pluralidade, a decisão tomada pela autoridade judiciária será processada, conforme o caso:

I - pela própria zona eleitoral e, na impossibilidade, encaminhada à respectiva secretaria regional de informática, por intermédio das corregedorias regionais;

II - pelas corregedorias regionais, com o apoio das secretarias regionais de informática, no que não lhes for possível proceder;

III - pela própria Corregedoria-Geral.

Art. 46. As informações necessárias ao exame e decisão das duplicidades e pluralidades deverão ser prestadas no prazo de dez dias, contados do recebimento da requisição, por intermédio do ofício INFORMAÇÕES PRESTADAS PELA AUTORIDADE JUDICIÁRIA.

Parágrafo único. Ainda que o eleitor não tenha sido encontrado, o ofício de que trata o caput deverá ser preenchido, assinado, instruído e enviado, no prazo estipulado, à autoridade judiciária competente para decisão.

Art. 47. A autoridade judiciária competente deverá se pronunciar quanto às situações de duplicidade e pluralidade detectadas pelo batimento em até 40 dias contados da data de realização do respectivo batimento.

§ 1º Processada a decisão de que trata o caput, a situação da inscrição será automaticamente atualizada no cadastro.

§ 2º Inscrição agrupada em duplicidade ou pluralidade, com situação não liberada, que não for objeto de decisão da autoridade judiciária no prazo especificado no caput, decorridos dez dias, será automaticamente cancelada pelo sistema.

§ 3º Independentemente da causa de cancelamento, as inscrições permanecerão no cadastro eleitoral por prazo indeterminado.

Parágrafo 3º com redação dada pelo art. 1º da Res.-TSE nº 23490/2016.

DA HIPÓTESE DE ILÍCITO PENAL

Art. 48. Decidida a duplicidade ou pluralidade e tomadas as providências de praxe, se duas ou mais inscrições em cada grupo forem atribuídas a um mesmo eleitor, excetuados os casos de evidente falha dos serviços eleitorais, os autos deverão ser remetidos ao Ministério Público Eleitoral.

§ 1º Manifestando-se o Ministério Público pela existência de indício de ilícito penal eleitoral a ser apurado, o processo deverá ser remetido, pela autoridade judiciária competente, à Polícia Federal para instauração de inquérito policial.

§ 2º Inexistindo unidade regional do Departamento de Polícia Federal na localidade onde tiver jurisdição o juiz eleitoral a quem couber decisão a respeito, a remessa das peças informativas poderá ser feita por intermédio das respectivas corregedorias regionais eleitorais.

§ 3º Concluído o apuratório ou no caso de pedido de dilação de prazo, o inquérito policial a que faz alusão o § 1º deverá ser encaminhado, pela autoridade policial que o presidir, ao juiz eleitoral a quem couber decisão a respeito na esfera penal.

§ 4º Arquivado o inquérito ou julgada a ação penal, o juiz eleitoral comunicará, sendo o caso, a decisão tomada à autoridade judiciária que determinou sua instauração, com a finalidade de tornar possível a adoção de medidas cabíveis na esfera administrativa.

§ 5º A espécie, no que lhe for aplicável, será regida pelas disposições do Código Eleitoral e, subsidiariamente, pelas normas do Código de Processo Penal.

§ 6º Não sendo cogitada a ocorrência de ilícito penal eleitoral a ser apurado, os autos deverão ser arquivados na zona eleitoral onde o eleitor possuir inscrição regular.

Art. 49. Os procedimentos a que se refere esta resolução serão adotados sem prejuízo da apuração de responsabilidade de qualquer ordem, seja de eleitor, de servidor da Justiça Eleitoral ou de terceiros, por inscrição fraudulenta ou irregular.

Parágrafo único. Qualquer eleitor, partido político ou Ministério Público poderá se dirigir formalmente ao juiz eleitoral, corregedor regional ou geral, no âmbito de suas respectivas competências, relatando fatos e indicando provas para pedir abertura de investigação com o fim de apurar irregularidade no alistamento eleitoral.

DOS CASOS NÃO APRECIADOS

Art. 50. Os requerimentos para regularização de inscrição (RRI) recebidos após o prazo previsto no caput do art. 36 serão indeferidos pela autoridade judiciária competente, por intempestivos, e o eleitor deverá ser orientado a procurar o cartório da zona eleitoral para regularizar sua situação.

DA RESTRIÇÃO DE DIREITOS POLÍTICOS

Art. 51. Tomando conhecimento de fato ensejador de inelegibilidade ou de suspensão de inscrição por motivo de suspensão de direitos políticos ou de impedimento ao exercício do voto, a autoridade judiciária eleitoral determinará a imediata atualização do cadastro.

Caput com redação dada pelo art. 1º da Res.-TSE nº 23490/2016.

Res.-TSE nº 22193/2006 e Ac.-TSE nº 13293/1996: imposição de medida de segurança e condenação por prática de contravenção penal também ensejam a suspensão dos direitos políticos prevista no art. 15, III, da Constituição Federal.

§ 1º Não se tratando de eleitor de sua zona eleitoral, o juiz comunicará o fato diretamente àquela na qual for inscrito o titular.

Parágrafo 1º com redação dada pelo art. 1º da Res.-TSE nº 23490/2016.

§ 2º Quando se tratar de pessoa não inscrita perante a Justiça Eleitoral ou com inscrição cancelada no cadastro, o registro será feito diretamente na base de perda e suspensão de direi-

tos políticos pela Corregedoria Regional Eleitoral que primeiro tomar conhecimento do fato.

§ 3º Comunicada a perda de direitos políticos pelo Ministério da Justiça, a Corregedoria-Geral providenciará a imediata atualização da situação das inscrições no cadastro e na base de perda e suspensão de direitos políticos.

§ 4º A outorga a brasileiros do gozo dos direitos políticos em Portugal, devidamente comunicada ao Tribunal Superior Eleitoral, importará suspensão desses mesmos direitos no Brasil (Decreto nº 70.391, de 12.4.72).

Dec. nº 3.927/2001, art. 17, item 3: "O gozo de direitos políticos no Estado de residência importa na suspensão do exercício dos mesmos direitos no Estado da nacionalidade".

O Dec. nº 70.391/1972, que promulga a Convenção sobre Igualdade de Direitos e Deveres entre Brasileiros e Portugueses, foi revogado pelo art. 78 do Dec. nº 3.927/2001, que promulgou o Tratado de Amizade, Cooperação e Consulta entre a República Federativa do Brasil e a República Portuguesa.

Art. 52. A regularização de situação eleitoral de pessoa com restrição de direitos políticos somente será possível mediante comprovação de haver cessado o impedimento.

§ 1º Para regularização de inscrição envolvida em coincidência com outra de pessoa que perdeu ou está com seus direitos políticos suspensos, será necessária a comprovação de tratar-se de eleitor diverso.

§ 2º Na hipótese do artigo, o interessado deverá preencher requerimento e instruir o pedido com declaração de situação de direitos políticos e documentação comprobatória de sua alegação.

§ 3º Comprovada a cessação do impedimento, será comandado o código FASE próprio e/ou inativado(s), quando for o caso, o(s) registro(s) correspondente(s) na base de perda e suspensão de direitos políticos.

V. Prov.-CGE nº 6/2009: "Aprova as Instruções para utilização dos códigos de Atualização da Situação do Eleitor (ASE)".

Art. 53. São considerados documentos comprobatórios de reaquisição ou restabelecimento de direitos políticos:

CF/1988, art. 15: casos de perda ou de suspensão de direitos políticos.

I - nos casos de perda:
a) decreto ou portaria;
b) comunicação do Ministério da Justiça;

II - nos casos de suspensão:
a) para interditos ou condenados: sentença judicial, certidão do juízo competente ou outro documento;
b) para conscritos ou pessoas que se recusaram à prestação do serviço militar obrigatório: Certificado de Reservista, Certificado de Isenção, Certificado de Dispensa de Incorporação, Certificado do Cumprimento de Prestação Alternativa ao Serviço Militar Obrigatório, Certificado de Conclusão do Curso de Formação de Sargentos, Certificado de Conclusão de Curso em Órgão de Formação da Reserva ou similares;

Res.-TSE nº 15850/1989: a palavra "conscrito" alcança também aqueles matriculados nos órgãos de formação de reserva e os médicos, dentistas, farmacêuticos e veterinários que prestam serviço militar inicial obrigatório.

c) para beneficiários do Estatuto da Igualdade: comunicação do Ministério da Justiça ou de repartição consular ou missão diplomática competente, a respeito da cessação do gozo de direitos políticos em Portugal, na forma da lei;

V. nota ao art. 51, § 4º, desta resolução sobre os Dec. nºs 70.391/1972 e 3.927/2001.

III - nos casos de inelegibilidade: certidão ou outro documento.

DA FOLHA DE VOTAÇÃO E DO COMPROVANTE DE COMPARECIMENTO À ELEIÇÃO

Art. 54. A folha de votação, da qual constarão apenas os eleitores regulares ou liberados, e o comprovante de comparecimento serão emitidos por computador.

§ 1º A folha de votação, obrigatoriamente, deverá:
a) identificar as eleições, a data de sua realização e o turno;
b) conter dados individualizadores de cada eleitor, como garantia de sua identificação no ato de votar;
c) ser emitida em ordem alfabética de nome de eleitor, encadernada e embalada por seção eleitoral.

§ 2º O comprovante de comparecimento (canhoto) conterá o nome completo do eleitor, o número de sua inscrição eleitoral e referência à data da eleição.

DA CONSERVAÇÃO DE DOCUMENTOS

Art. 55. Os formulários utilizados pelos cartórios e tribunais eleitorais, em pleitos anteriores à data desta resolução e nos que lhe seguirem, deverão ser conservados em cartório, observado o seguinte:

I - os protocolos de entrega do título eleitoral (Pete) assinados pelo eleitor e os formulários (Formulário de Alistamento Eleitoral – FAE ou Requerimento de Alistamento Eleitoral – RAE) relativos a alistamento, transferência, revisão ou segunda via, por, no mínimo, cinco anos;

II - as folhas de votação, por oito anos, descartando-se a mais antiga somente após retornar das seções eleitorais a mais recente;

III - os formulários de atualização da situação do eleitor (FASE) e os comprovantes de comparecimento à eleição (canhotos) que permanecerem junto à folha de votação poderão ser descartados depois de processados e armazenados em meio magnético;

V. Prov.-CGE nº 6/2009: "Aprova as Instruções para utilização dos códigos de Atualização da Situação do Eleitor (ASE)".

IV - os cadernos de revisão utilizados durante os serviços pertinentes, por quatro anos, contados do encerramento do período revisional;

V - os boletins de urna, por quatro anos, contados da data de realização do pleito correspondente;

VI - as relações de eleitores agrupados, até o encerramento do prazo para atualização das decisões nas duplicidades e pluralidades;

VII - os títulos eleitorais não procurados pelo eleitor, os respectivos protocolos de entrega e as justificativas eleitorais, até o pleito subsequente ou, relativamente a estas, durante o período estabelecido nas instruções específicas para o respectivo pleito;

VIII - as relações de filiados encaminhadas pelos partidos políticos, por dois anos.

DAS INSPEÇÕES E CORREIÇÕES

Res.-TSE nº 21372/2003: "Estabelece rotina para realização de correições nas zonas eleitorais do país".

Art. 56. O corregedor-geral ou regional, no âmbito de sua jurisdição, sempre que entender necessário ou que tomar conhecimento da ocorrência de indícios de irregularidades na prestação dos serviços eleitorais, pessoalmente ou por intermédio de comissão de servidores especialmente por ele designada, como providência preliminar à correição, inspecionará os serviços eleitorais da circunscrição, visando identificar eventuais irregularidades.

Parágrafo único. A comissão apresentará relatório circunstanciado da inspeção ao corregedor, que determinará providências pertinentes, objetivando a regularização dos procedimentos ou a abertura de correição.

Art. 57. O corregedor regional realizará correição ordinária anual na circunscrição e extraordinária, sempre que entender

RESOLUÇÃO Nº 21.538, DE 14 DE OUTUBRO DE 2003 – BRASÍLIA/DF

necessário ou ante a existência de indícios de irregularidades que a justifique, observadas as instruções específicas do Tribunal Superior Eleitoral e as que subsidiariamente baixar a Corregedoria Regional Eleitoral.

DA REVISÃO DE ELEITORADO

Art. 58. Quando houver denúncia fundamentada de fraude no alistamento de uma zona ou município, o Tribunal Regional Eleitoral poderá determinar a realização de correição e, provada a fraude em proporção comprometedora, ordenará, comunicando a decisão ao Tribunal Superior Eleitoral, a revisão do eleitorado, obedecidas as instruções contidas nesta resolução e as recomendações que subsidiariamente baixar, com o cancelamento de ofício das inscrições correspondentes aos títulos que não forem apresentados à revisão (Código Eleitoral, art. 71, § 4º).

§ 1º O Tribunal Superior Eleitoral determinará, de ofício, a revisão ou correição das zonas eleitorais sempre que:

Res.-TSE nºs 22586/2007 e 21490/2003: preenchimento cumulativo dos três requisitos do art. 92 da Lei nº 9.504/1997.

I - o total de transferências de eleitores ocorridas no ano em curso seja dez por cento superior ao do ano anterior;

II - o eleitorado for superior ao dobro da população entre dez e quinze anos, somada à de idade superior a setenta anos do território daquele município;

III - o eleitorado for superior a sessenta e cinco por cento da população projetada para aquele ano pelo Instituto Brasileiro de Geografia e Estatística (IBGE) (Lei nº 9.504/1997, art. 92).

Res.-TSE nº 21490/2003: correição ordinária anual nos municípios em que a relação eleitorado/população for superior a 65% e menor ou igual a 80%, na forma da Res.-TSE nº 21372/2003.

§ 2º Não será realizada revisão de eleitorado em ano eleitoral, salvo em situações excepcionais, quando autorizada pelo Tribunal Superior Eleitoral.

§ 3º Caberá à Secretaria de Informática apresentar, anualmente, até o mês de outubro, à presidência do Tribunal Superior Eleitoral, estudo comparativo que permita a adoção das medidas concernentes ao cumprimento da providência prevista no § 1º.

Art. 59. O Tribunal Regional Eleitoral, por intermédio da Corregedoria Regional, inspecionará os serviços de revisão (Res.-TSE nº 7.651/1965, art. 8º).

Art. 60. O juiz eleitoral poderá determinar a criação de postos de revisão, que funcionarão em datas fixadas no edital a que se refere o art. 63 e em período não inferior a seis horas, sem intervalo, inclusive aos sábados e, se necessário, aos domingos e feriados.

§ 1º Nas datas em que os trabalhos revisionais estiverem sendo realizados nos postos de revisão, o cartório sede da zona poderá, se houver viabilidade, permanecer com os serviços eleitorais de rotina.

§ 2º Após o encerramento diário do expediente nos postos de revisão, a listagem geral e o caderno de revisão deverão ser devidamente guardados em local seguro e previamente determinado pelo juiz eleitoral.

§ 3º Os serviços de revisão encerrar-se-ão até as 18 horas da data especificada no edital de que trata o art. 63 desta resolução.

§ 4º Existindo, na ocasião do encerramento dos trabalhos, eleitores aguardando atendimento, serão distribuídas senhas aos presentes, que serão convidados a entregar ao juiz eleitoral seus títulos eleitorais para que sejam admitidos à revisão, que continuará se processando em ordem numérica das senhas até que todos sejam atendidos, sem interrupção dos trabalhos.

Art. 61. Aprovada a revisão de eleitorado, a Secretaria de Informática, ou órgão regional por ela indicado, emitirá ou colocará à disposição, em meio magnético, listagem geral do cadastro, contendo relação completa dos eleitores regulares inscritos e/ou transferidos no período abrangido pela revisão no(s) município(s) ou zona(s) a ela sujeito(s), bem como o correspondente caderno de revisão, do qual constará comprovante destacável de comparecimento (canhoto).

Parágrafo único. A listagem geral e o caderno de revisão serão emitidos em única via, englobarão todas as seções eleitorais referentes à zona ou município objeto da revisão e serão encaminhados, por intermédio da respectiva Corregedoria Regional, ao juiz eleitoral da zona onde estiver sendo realizada a revisão.

Art. 62. A revisão do eleitorado deverá ser sempre presidida pelo juiz eleitoral da zona submetida à revisão.

§ 1º O juiz eleitoral dará início aos procedimentos revisionais no prazo máximo de 30 dias, contados da aprovação da revisão pelo Tribunal competente.

§ 2º A revisão deverá ser precedida de ampla divulgação, destinada a orientar o eleitor quanto aos locais e horários em que deverá se apresentar, e processada em período estipulado pelo Tribunal Regional Eleitoral, não inferior a 30 dias (Lei nº 7.444/1985, art. 3º, § 1º).

§ 3º A prorrogação do prazo estabelecido no edital para a realização da revisão, se necessária, deverá ser requerida pelo juiz eleitoral, em ofício fundamentado, dirigido à presidência do Tribunal Regional Eleitoral, com antecedência mínima de cinco dias da data do encerramento do período estipulado no edital.

Art. 63. De posse da listagem e do caderno de revisão, o juiz eleitoral deverá fazer publicar, com antecedência mínima de cinco dias do início do processo revisional, edital para dar conhecimento da revisão aos eleitores cadastrados no(s) município(s) ou zona(s), convocando-os a se apresentarem, pessoalmente, no cartório ou nos postos criados, em datas previamente especificadas, atendendo ao disposto no art. 62, a fim de procederem às revisões de suas inscrições.

Parágrafo único. O edital de que trata o caput deverá:

I - dar ciência aos eleitores de que:

a) estarão obrigados a comparecer à revisão a fim de confirmarem seu domicílio, sob pena de cancelamento da inscrição, sem prejuízo das sanções cabíveis, se constatada irregularidade;

b) deverão se apresentar munidos de documento de identidade, comprovante de domicílio e título eleitoral ou documento comprobatório da condição de eleitor ou de terem requerido inscrição ou transferência para o município ou zona (Código Eleitoral, art. 45);

II - estabelecer a data do início e do término da revisão, o período e a área abrangidos, e dias e locais onde serão instalados os postos de revisão;

III - ser disponibilizado no fórum da comarca, nos cartórios eleitorais, repartições públicas e locais de acesso ao público em geral, dele se fazendo ampla divulgação, por um mínimo de três dias consecutivos, por meio da imprensa escrita, falada e televisada, se houver, e por quaisquer outros meios que possibilitem seu pleno conhecimento por todos os interessados, o que deverá ser feito sem ônus para a Justiça Eleitoral.

Art. 64. A prova de identidade só será admitida se feita pelo próprio eleitor mediante apresentação de um ou mais dos documentos especificados no art. 13 desta resolução.

Art. 65. A comprovação de domicílio poderá ser feita mediante um ou mais documentos dos quais se infira ser o eleitor residente ou ter vínculo profissional, patrimonial ou comunitário no município a abonar a residência exigida.

§ 1º Na hipótese de ser a prova de domicílio feita mediante apresentação de contas de luz, água ou telefone, nota fiscal ou envelopes de correspondência, estes deverão ter sido, respectivamente, emitidos ou expedidos nos 3 (três) meses anteriores ao preenchimento do RAE, ressalvada a possibili-

dade de exigir-se documentação relativa a período anterior, na forma do § 3º deste artigo.

Parágrafo com redação dada pelo art. 1º da Res.-TSE nº 23392/2013.

§ 2º Na hipótese de ser a prova de domicílio feita mediante apresentação de cheque bancário, este só poderá ser aceito se dele constar o endereço do correntista.

§ 3º O juiz eleitoral poderá, se julgar necessário, exigir o reforço, por outros meios de convencimento, da prova de domicílio quando produzida pelos documentos elencados nos §§ 1º e 2º.

§ 4º Subsistindo dúvida quanto à idoneidade do comprovante de domicílio apresentado ou ocorrendo a impossibilidade de apresentação de documento que indique o domicílio do eleitor, declarando este, sob as penas da lei, que tem domicílio no município, o juiz eleitoral decidirá de plano ou determinará as providências necessárias à obtenção da prova, inclusive por meio de verificação in loco.

Art. 66. A revisão de eleitorado ficará submetida ao direto controle do juiz eleitoral e à fiscalização do representante do Ministério Público que oficiar perante o juízo.

Art. 67. O juiz eleitoral deverá dar conhecimento aos partidos políticos da realização da revisão, facultando-lhes, na forma prevista nos arts. 27 e 28 desta resolução, acompanhamento e fiscalização de todo o trabalho.

Art. 68. O juiz eleitoral poderá requisitar diretamente às repartições públicas locais, observados os impedimentos legais, tantos auxiliares quantos bastem para o desempenho dos trabalhos, bem como a utilização de instalações de prédios públicos.

Art. 69. O juiz eleitoral determinará o registro, no caderno de revisão, da regularidade ou não da inscrição do eleitor, observados os seguintes procedimentos:

a) o servidor designado pelo juiz eleitoral procederá à conferência dos dados contidos no caderno de revisão com os documentos apresentados pelo eleitor;

b) comprovados a identidade e o domicílio eleitoral, o servidor exigirá do eleitor que aponha sua assinatura ou a impressão digital de seu polegar no caderno de revisão, e entregar-lhe-á o comprovante de comparecimento à revisão (canhoto);

c) o eleitor que não apresentar o título eleitoral deverá ser considerado como revisado, desde que atendidas as exigências dos arts. 64 e 65 desta resolução e que seu nome conste do caderno de revisão;

d) constatada incorreção de dado identificador do eleitor constante do cadastro eleitoral, se atendidas as exigências dos arts. 64 e 65 desta resolução, o eleitor deverá ser considerado revisado e orientado a procurar o cartório eleitoral para a necessária retificação;

e) o eleitor que não comprovar sua identidade ou domicílio não assinará o caderno de revisão nem receberá o comprovante revisional;

f) o eleitor que não constar do caderno de revisão, cuja inscrição pertença ao período abrangido pela revisão, deverá ser orientado a procurar o cartório eleitoral para regularizar sua situação eleitoral, na forma estabelecida nesta resolução.

Art. 70. Na revisão mediante sistema informatizado, observar-se-ão, no que couber, os procedimentos previstos no art. 69.

Parágrafo único. Nas situações descritas nas alíneas d e f do art. 69, o eleitor poderá requerer, desde que viável, regularização de sua situação eleitoral no próprio posto de revisão.

Art. 71. Se o eleitor possuir mais de uma inscrição liberada ou regular no caderno de revisão, apenas uma delas poderá ser considerada revisada.

Parágrafo único. Na hipótese do caput, deverá(ão) ser formalmente recolhido(s) e inutilizado(s) o(s) título(s) encontrado(s) em poder do eleitor referente(s) à(s) inscrição(ões) que exigir(em) cancelamento.

Art. 72. Compete ao Tribunal Regional Eleitoral autorizar, excetuadas as hipóteses previstas no § 1º do art. 58 desta resolução, a alteração do período e/ou da área abrangidos pela revisão, comunicando a decisão ao Tribunal Superior Eleitoral.

Art. 73. Concluídos os trabalhos de revisão, ouvido o Ministério Público, o juiz eleitoral deverá determinar o cancelamento das inscrições irregulares e daquelas cujos eleitores não tenham comparecido, adotando as medidas legais cabíveis, em especial quanto às inscrições consideradas irregulares, situações de duplicidade ou pluralidade e indícios de ilícito penal a exigir apuração.

Parágrafo único. O cancelamento das inscrições de que trata o caput somente deverá ser efetivado no sistema após a homologação da revisão pelo Tribunal Regional Eleitoral.

Art. 74. A sentença de cancelamento deverá ser específica para cada município abrangido pela revisão e prolatada no prazo máximo de dez dias contados da data do retorno dos autos do Ministério Público, podendo o Tribunal Regional Eleitoral fixar prazo inferior.

§ 1º A sentença de que trata o caput deverá:

I - relacionar todas as inscrições que serão canceladas no município;

II - ser publicada a fim de que os interessados e, em especial, os eleitores cancelados, exercendo a ampla defesa, possam recorrer da decisão.

§ 2º Contra a sentença a que se refere este artigo, caberá, no prazo de três dias, contados da publicidade, o recurso previsto no art. 80 do Código Eleitoral e serão aplicáveis as disposições do art. 257 do mesmo diploma legal.

O art. 257 do Código Eleitoral teve os §§ 2º e 3º acrescidos pelo art. 4º da Lei nº 13.165/2015.

§ 3º No recurso contra a sentença a que se refere este artigo, os interessados deverão especificar a inscrição questionada, relatando fatos e fornecendo provas, indícios e circunstâncias ensejadoras da alteração pretendida.

Art. 75. Transcorrido o prazo recursal, o juiz eleitoral fará minucioso relatório dos trabalhos desenvolvidos, que encaminhará, com os autos do processo de revisão, à Corregedoria Regional Eleitoral.

Parágrafo único. Os recursos interpostos deverão ser remetidos, em autos apartados, à presidência do Tribunal Regional Eleitoral.

Art. 76. Apreciado o relatório e ouvido o Ministério Público, o corregedor regional eleitoral:

I - indicará providências a serem tomadas, se verificar a ocorrência de vícios comprometedores à validade ou à eficácia dos trabalhos;

II - submetê-lo-á ao Tribunal Regional, para homologação, se entender pela regularidade dos trabalhos revisionais.

DA ADMINISTRAÇÃO DO CADASTRO ELEITORAL

Art. 77. A execução dos serviços de processamento eletrônico de dados, na Justiça Eleitoral, será realizada por administração direta do Tribunal Regional Eleitoral, em cada circunscrição, sob a orientação e supervisão do Tribunal Superior Eleitoral e na conformidade de suas instruções.

Art. 78. Para a execução dos serviços de que trata esta resolução, os tribunais regionais eleitorais, sob supervisão e coordenação do Tribunal Superior Eleitoral, poderão celebrar convênios ou contratos com entidades da administração direta ou indireta da União, estados, Distrito Federal, territórios ou municípios, ou com empresas cujo capital seja exclusivamente nacional (Lei nº 7.444/1985, art. 7º, parágrafo único).

Art. 79. O cadastro eleitoral e as informações resultantes de sua manutenção serão administrados e utilizados, exclusivamente, pela Justiça Eleitoral, na forma desta resolução.

Lei nº 9.096/1995, art. 19, § 3º: garantia de acesso pleno, pelos órgãos de direção nacional, às informações dos filia-

dos aos partidos constantes do cadastro eleitoral – v. também nota ao art. 29, caput, desta resolução.

Res.-TSE nº 21823/2004: registro, no cadastro eleitoral, da imposição e quitação de multas de natureza administrativa, vinculado ao histórico da inscrição do infrator.

§ 1º Às empresas contratadas para a execução de serviços eleitorais, por processamento eletrônico, é vedada a utilização de quaisquer dados ou informações resultantes do cadastro eleitoral, para fins diversos do serviço eleitoral, sob pena de imediata rescisão do contrato e sem prejuízo de outras sanções administrativas, civis e criminais.

§ 2º O Tribunal Superior Eleitoral, em todo o território nacional, e os tribunais regionais eleitorais, no âmbito das respectivas jurisdições, fiscalizarão o cumprimento do disposto neste artigo.

§ 3º Caso recebam pedidos de informações sobre dados constantes do cadastro eleitoral, as empresas citadas no § 1º deverão encaminhá-los à presidência do Tribunal Eleitoral competente, para apreciação.

DA JUSTIFICAÇÃO DO NÃO COMPARECIMENTO À ELEIÇÃO

Art. 80. O eleitor que deixar de votar e não se justificar perante o juiz eleitoral até 60 dias após a realização da eleição incorrerá em multa imposta pelo juiz eleitoral e cobrada na forma prevista nos arts. 7º e 367 do Código Eleitoral, no que couber, e 85 desta resolução.

Res.-TSE nº 21975/2004: "Disciplina o recolhimento e a cobrança das multas previstas no Código Eleitoral e leis conexas e a distribuição do Fundo Especial de Assistência Financeira aos Partidos Políticos (Fundo Partidário)".

§ 1º Para eleitor que se encontrar no exterior na data do pleito, o prazo de que trata o caput será de 30 dias, contados do seu retorno ao país.

§ 2º O pedido de justificação será sempre dirigido ao juiz eleitoral da zona de inscrição, podendo ser formulado na zona eleitoral em que se encontrar o eleitor, a qual providenciará sua remessa ao juízo competente.

§ 3º Indeferido o requerimento de justificação ou decorridos os prazos de que cuidam o caput e os §§ 1º e 2º, deverá ser aplicada multa ao eleitor, podendo, após o pagamento, ser-lhe fornecida certidão de quitação.

Lei nº 9.504/1997, art. 11, §§ 7º a 9º, acrescidos pelo art. 3º da Lei nº 12.034/2009.

§ 4º A fixação do valor da multa pelo não exercício do voto observará o que dispõe o art. 85 desta resolução e a variação entre o mínimo de 3% e o máximo de 10% do valor utilizado como base de cálculo.

§ 5º A justificação da falta ou o pagamento da multa serão anotados no cadastro.

§ 6º Será cancelada a inscrição do eleitor que se abstiver de votar em três eleições consecutivas, salvo se houver apresentado justificativa para a falta ou efetuado o pagamento de multa, ficando excluídos do cancelamento os eleitores que, por prerrogativa constitucional, não estejam obrigados ao exercício do voto (suprimido).

Res.-TSE nº 23594/2018: "Estabelece prazos para execução dos procedimentos relativos ao cancelamento de inscrições e regularização da situação dos eleitores que deixaram de votar nas três últimas eleições".

Suprimida a expressão "e cuja idade não ultrapasse 80 anos" pelo Ac.-TSE nº 649/2005.

V. Res.-TSE nº 21920/2004: isenta de sanções pessoas com deficiência que torne impossível ou demasiadamente oneroso o cumprimento das obrigações eleitorais, relativas ao alistamento e ao exercício de voto; v. Res.-TSE nº 22545/2007: possibilidade de emissão de certidão de quitação eleitoral por prazo indeterminado.

V. Prov.-CGE nº 1/2017: "Define orientações para a execução dos procedimentos para cancelamento de inscrições e regularização de situação de eleitores que deixaram de votar nas três últimas eleições".

§ 7º Para o cancelamento a que se refere o § 6º, a Secretaria de Informática colocará à disposição do juiz eleitoral do respectivo domicílio, em meio magnético ou outro acessível aos cartórios eleitorais, relação dos eleitores cujas inscrições são passíveis de cancelamento, devendo ser afixado edital no cartório eleitoral.

§ 8º Decorridos 60 dias da data do batimento que identificar as inscrições sujeitas a cancelamento, mencionadas no § 7º, inexistindo comando de quaisquer dos códigos FASE "078 – Quitação mediante multa", "108 – Votou em separado", "159 – Votou fora da seção" ou "167 – Justificou ausência às urnas", ou processamento das operações de transferência, revisão ou segunda via, a inscrição será automaticamente cancelada pelo sistema, mediante código FASE "035 – Deixou de votar em três eleições consecutivas", observada a exceção contida no § 6º.

V. Prov.-CGE nº 6/2009: "Aprova as Instruções para utilização dos códigos de Atualização da Situação do Eleitor (ASE)".

Lei nº 9.504/1997, art. 62, caput: impossibilidade do voto fora da seção na votação eletrônica.

Res.-TSE nº 23419/2014, art. 1º, § 2º: não estarão sujeitas a cancelamento as inscrições atribuídas a pessoas portadoras de deficiência que tornem impossível ou extremamente oneroso o cumprimento das obrigações eleitorais, para as quais houver comando do código FASE 396 (motivo/forma 4), até o final do período de que trata este parágrafo.

Art. 81. O documento de justificação formalizado perante a Justiça Eleitoral, no dia da eleição, prova a ausência do eleitor do seu domicílio eleitoral.

§ 1º A justificação será formalizada em impresso próprio fornecido pela Justiça Eleitoral ou, na falta do impresso, digitado ou manuscrito.

§ 2º O encarregado do atendimento entregará ao eleitor o comprovante, que valerá como prova da justificação, para todos os efeitos legais (Lei nº 6.091/1974, art. 16 e parágrafos).

§ 3º Os documentos de justificação entregues em missão diplomática ou repartição consular brasileira serão encaminhados ao Ministério das Relações Exteriores, que deles fará entrega ao Tribunal Regional Eleitoral do Distrito Federal para processamento.

§ 4º Os documentos de justificação preenchidos com dados insuficientes ou inexatos, que impossibilitem a identificação do eleitor no cadastro eleitoral, terão seu processamento rejeitado pelo sistema, o que importará débito para com a Justiça Eleitoral.

§ 5º Os procedimentos estipulados neste artigo serão observados sem prejuízo de orientações específicas que o Tribunal Superior Eleitoral aprovar para o respectivo pleito.

Art. 82. O eleitor que não votar e não pagar a multa, caso se encontre fora de sua zona e necessite prova de quitação com a Justiça Eleitoral, poderá efetuar o pagamento perante o juízo da zona em que estiver (Código Eleitoral, art. 11).

Res.-TSE nº 21823/2004: possibilidade de pagamento de sanções pecuniárias, com base no Código Eleitoral e na Lei nº 9.504/1997, perante qualquer juízo eleitoral.

§ 1º A multa será cobrada no máximo previsto, salvo se o eleitor quiser aguardar que o juiz da zona em que se encontrar solicite informações sobre o arbitramento ao juízo da inscrição.

§ 2º Efetuado o pagamento, o juiz que recolheu a multa fornecerá certidão de quitação e determinará o registro da informação no cadastro.

V. Res.-TSE nº 21975/2004: "Disciplina o recolhimento e a cobrança das multas previstas no Código Eleitoral e leis conexas e a distribuição do Fundo Especial de Assistência Financeira aos Partidos Políticos (Fundo Partidário)".

§ 3º O alistando ou o eleitor que comprovar, na forma da lei, seu estado de pobreza, perante qualquer juízo eleitoral, ficará isento do pagamento da multa (Código Eleitoral, art. 367, § 3º).

§ 4º O eleitor que estiver quite com suas obrigações eleitorais poderá requerer a expedição de certidão de quitação em zona eleitoral diversa daquela em que é inscrito (Res.-TSE nº 20.497, de 21.10.1999).

V. art. 11, §§ 7º a 9º, da Lei nº 9.504/1997.

Res.-TSE nº 22783/2008: A Justiça Eleitoral não emite certidão positiva com efeitos negativos para fins de comprovação de quitação eleitoral; Ac.-TSE, de 1º.10.2008, no REspe nº 30554: desnecessidade de prévio deferimento administrativo ou mesmo de baixa no sistema para o preenchimento do requisito da quitação eleitoral.

V. Res.-TSE nº 21667/2004: "Dispõe sobre a utilização do serviço de emissão de certidão de quitação eleitoral por meio da Internet e dá outras providências".

DA NOMENCLATURA UTILIZADA

Art. 83. Para efeito desta resolução, consideram-se:

I - Coincidência – o agrupamento pelo batimento de duas ou mais inscrições ou registros que apresentem dados iguais ou semelhantes, segundo critérios previamente definidos pelo Tribunal Superior Eleitoral;

II - Gêmeos comprovados – aqueles que tenham comprovado mesma filiação, data e local de nascimento, em cujas inscrições haja registro de código FASE 256;

V. Prov.-CGE nº 6/2009: "Aprova as Instruções para utilização dos códigos de Atualização da Situação do Eleitor (ASE)".

III - Homônimos – aqueles, excetuados os gêmeos, que possuam dados iguais ou semelhantes, segundo critérios previamente definidos pelo Tribunal Superior Eleitoral, e que figurem em uma mesma duplicidade ou pluralidade (coincidência);

IV - Homônimos comprovados – aqueles em cujas inscrições haja registro de código FASE 248;

V. nota ao inciso I deste artigo sobre o Prov.-CGE nº 6/2009.

V - Situação – condição atribuída à inscrição que define sua disponibilidade para o exercício do voto e condiciona a possibilidade de sua movimentação no cadastro:

a) regular – a inscrição não envolvida em duplicidade ou pluralidade, que está disponível para o exercício do voto e habilitada a transferência, revisão e segunda via;

b) suspensa – a inscrição que está indisponível, temporariamente (até que cesse o impedimento), em virtude de restrição de direitos políticos, para o exercício do voto e não poderá ser objeto de transferência, revisão e segunda via;

c) cancelada – a inscrição atribuída a eleitor que incidiu em uma das causas de cancelamento previstas na legislação eleitoral, que não poderá ser utilizada para o exercício do voto e somente poderá ser objeto de transferência ou revisão nos casos previstos nesta resolução;

d) coincidente – a inscrição agrupada pelo batimento, nos termos do inciso I, sujeita a exame e decisão de autoridade judiciária e que não poderá ser objeto de transferência, revisão e segunda via:

– não liberada – inscrição coincidente que não está disponível para o exercício do voto;

– liberada – inscrição coincidente que está disponível para o exercício do voto;

VI - Inexistente – a inscrição cuja inserção no cadastro foi inviabilizada em decorrência de decisão de autoridade judiciária ou de atualização automática pelo sistema após o batimento;

VII - Eleição – cada um dos turnos de um pleito, para todos os efeitos, exceto para os fins de aplicação do disposto no parágrafo único do art. 15 desta resolução (Código Eleitoral, art. 8º, c.c. a Lei nº 9.504/1997, art. 91).

DAS DISPOSIÇÕES FINAIS

Art. 84. O juiz eleitoral poderá determinar a incineração do título eleitoral, bem como do respectivo protocolo de entrega, não procurado pelo eleitor até a data da eleição posterior à emissão do documento.

Art. 85. A base de cálculo para aplicação das multas previstas pelo Código Eleitoral e leis conexas, bem como das de que trata esta resolução, será o último valor fixado para a Ufir, multiplicado pelo fator 33,02, até que seja aprovado novo índice, em conformidade com as regras de atualização dos débitos para com a União.

Art. 86. Os registros de banco de erros permanecerão disponíveis para tratamento pelas zonas eleitorais durante o prazo de seis meses, contados da data de inclusão da inscrição no banco, após o qual serão automaticamente excluídos, deixando de ser efetivadas as operações correspondentes.

Art. 87. A Corregedoria-Geral, com o apoio da Secretaria de Informática, providenciará manuais e rotinas necessários à execução dos procedimentos de que trata esta resolução.

Art. 88. A Corregedoria-Geral e as corregedorias regionais eleitorais exercerão supervisão, orientação e fiscalização direta do exato cumprimento das instruções contidas nesta resolução.

Art. 89. Os fichários manuais existentes nas zonas e nos tribunais regionais eleitorais, relativos aos registros dos eleitores, anteriores ao recadastramento de que cuidam a Lei nº 7.444/1985 e a Res.-TSE nº 12.547, de 28.2.1986, poderão, a critério do Tribunal Regional respectivo, ser inutilizados, preservando-se os arquivos relativos à filiação partidária e os documentos que, também a critério do Tribunal Regional, tenham valor histórico.

Art. 90. Considerado o estágio de automação dos serviços eleitorais, a Corregedoria-Geral expedirá provimentos destinados a regulamentar a presente resolução, aprovando os formulários e tabelas cujos modelos por ela não tenham sido regulamentados, necessários a sua fiel execução.

Prov.-CGE nº 6/2003: "Aprova formulários e manuais utilizados pelos cartórios eleitorais e tabela de códigos FASE".

Prov.-CGE nº 6/2009: "Aprova as Instruções para utilização dos códigos de Atualização da Situação do Eleitor (ASE)".

Art. 91. A Secretaria de Informática providenciará a transformação dos atuais códigos FASE de cancelamento de inscrições em decorrência de revisão de eleitorado em códigos FASE 469 e, até a data em que entrar em vigor esta resolução, a adequação do sistema necessária à implementação desta norma.

V. nota ao art. 90 desta resolução referente ao Prov.-CGE nº 6/2009.

Art. 92. Esta resolução entra em vigor no dia 1º de janeiro de 2004, revogadas a Res.-TSE nº 20.132, de 19.3.1998, e as demais disposições em contrário e ressalvadas as regras relativas à disciplina da revisão de eleitorado e à fixação de competência para exame de duplicidades e pluralidades, que terão aplicação imediata.

Sala de Sessões do Tribunal Superior Eleitoral.

Brasília, 14 de outubro de 2003.

Ministro CARLOS VELLOSO, presidente em exercício – Ministro BARROS MONTEIRO, relator – Ministro MARCO AURÉLIO – Ministro FRANCISCO PEÇANHA MARTINS – Ministro FERNANDO NEVES – Ministro LUIZ CARLOS MADEIRA

Publicada no DJ de 3.11.2003.

Anexo I

(Resolução nº 21.538, art. 2º)*

*As instruções para preenchimento deste formulário constam do Anexo 9 ao Prov.-CGE nº 6/2003, com as alterações introduzidas pelo Prov.-CGE nº 8/2004, disponíveis na Corregedoria-Geral Eleitoral ou na intranet no endereço http://intranet.tse.gov.br/menu_institucional/unidades/corregedoria_cge/arquivo_download.html.

Anexo II (Modelo constante do anexo da Res.-TSE nº 23562/2018.)

(Resolução nº 21.538, art. 22, caput)

Nome social:

70 caracteres,

Alfabético (não permitir caracteres especiais e/ou numéricos).

9. SÚMULAS DO TSE

Súmula-TSE nº 1 (Cancelada)

Proposta a ação para desconstituir a decisão que rejeitou as contas, anteriormente à impugnação, fica suspensa a inelegibilidade (Lei Complementar nº 64/90, art. 1º, I, g).

Súmula-TSE nº 2

Assinada e recebida a ficha de filiação partidária até o termo final do prazo fixado em lei, considera-se satisfeita a correspondente condição de elegibilidade, ainda que não tenha fluído, até a mesma data, o tríduo legal de impugnação.

Súmula-TSE nº 3

No processo de registro de candidatos, não tendo o juiz aberto prazo para o suprimento de defeito da instrução do pedido, pode o documento, cuja falta houver motivado o indeferimento, ser juntado com o recurso ordinário.

Súmula-TSE nº 4

Não havendo preferência entre candidatos que pretendam o registro da mesma variação nominal, defere-se o do que primeiro o tenha requerido.

Súmula-TSE nº 5

Serventuário de cartório, celetista, não se inclui na exigência do art. 1º, II, I, da LC nº 64/90.

Súmula-TSE nº 6

São inelegíveis para o cargo de Chefe do Executivo o cônjuge e os parentes, indicados no § 7º do art. 14 da Constituição Federal, do titular do mandato, salvo se este, reelegível, tenha falecido, renunciado ou se afastado definitivamente do cargo até seis meses antes do pleito.

Súmula-TSE nº 7 (Cancelada)

É inelegível para o cargo de prefeito a irmã da concubina do atual titular do mandato.

Súmula-TSE nº 8 (Cancelada)

O vice-prefeito é inelegível para o mesmo cargo.

Súmula-TSE nº 9

A suspensão de direitos políticos decorrente de condenação criminal transitada em julgado cessa com o cumprimento ou a extinção da pena, independendo de reabilitação ou de prova de reparação dos danos.

Súmula-TSE nº 10

No processo de registro de candidatos, quando a sentença for entregue em cartório antes de três dias contados da conclusão ao juiz, o prazo para o recurso ordinário, salvo intimação pessoal anterior, só se conta do termo final daquele tríduo.

Súmula-TSE nº 11

No processo de registro de candidatos, o partido que não o impugnou não tem legitimidade para recorrer da sentença que o deferiu, salvo se se cuidar de matéria constitucional.

Súmula-TSE nº 12

São inelegíveis, no município desmembrado, e ainda não instalado, o cônjuge e os parentes consangüíneos ou afins, até o segundo grau ou por adoção, do prefeito do município-mãe, ou de quem o tenha substituído, dentro dos seis meses anteriores ao pleito, salvo se já titular de mandato eletivo.

Súmula-TSE nº 13

Não é auto-aplicável o § 9º do art. 14 da Constituição, com a redação da Emenda Constitucional de Revisão nº 4/94.

Súmula-TSE nº 14 (Cancelada)

A duplicidade de que cuida o parágrafo único do artigo 22 da Lei nº 9.096/95 somente fica caracterizada caso a nova filiação houver ocorrido após a remessa das listas previstas no parágrafo único do artigo 58 da referida lei.

Súmula-TSE nº 15

O exercício de mandato eletivo não é circunstância capaz, por si só, de comprovar a condição de alfabetizado do candidato.

Súmula-TSE nº 16 (Cancelada)

A falta de abertura de conta bancária específica não é fundamento suficiente para a rejeição de contas de campanha eleitoral, desde que, por outros meios, se possa demonstrar sua regularidade.

Súmula-TSE nº 17 (Cancelada)

Não é admissível a presunção de que o candidato, por ser beneficiário de propaganda eleitoral irregular, tenha prévio conhecimento de sua veiculação.

Súmula-TSE nº 18

Conquanto investido de poder de polícia, não tem legitimidade o juiz eleitoral para, de ofício, instaurar procedimento com a finalidade de impor multa pela veiculação de propaganda eleitoral em desacordo com a Lei nº 9.504/97.

Súmula-TSE nº 19

O prazo de inelegibilidade decorrente da condenação por abuso do poder econômico ou político tem início no dia da eleição em que este se verificou e finda no dia de igual número no oitavo ano seguinte (art. 22, XIV, da LC nº 64/90).

Súmula-TSE nº 20

A prova de filiação partidária daquele cujo nome não constou da lista de filiados de que trata o art. 19 da Lei nº 9.096/95, pode ser realizada por outros elementos de convicção, salvo quando se tratar de documentos produzidos unilateralmente, destituídos de fé pública.

Súmula-TSE nº 21 (Cancelada)

O prazo para ajuizamento da representação contra doação de campanha acima do limite legal é de 180 dias, contados da data da diplomação.

Súmula-TSE nº 22

Não cabe mandado de segurança contra decisão judicial recorrível, salvo situações de teratologia ou manifestamente ilegais.

Súmula-TSE nº 23

Não cabe mandado de segurança contra decisão judicial transitada em julgado.

Súmula-TSE nº 24

Não cabe recurso especial eleitoral para simples reexame do conjunto fático-probatório.

Súmula-TSE nº 25

É indispensável o esgotamento das instâncias ordinárias para a interposição de recurso especial eleitoral.

Súmula-TSE nº 26
É inadmissível o recurso que deixa de impugnar especificamente fundamento da decisão recorrida que é, por si só, suficiente para a manutenção desta.

Súmula-TSE nº 27
É inadmissível recurso cuja deficiência de fundamentação impossibilite a compreensão da controvérsia.

Súmula-TSE nº 28
A divergência jurisprudencial que fundamenta o recurso especial interposto com base na alínea b do inciso I do art. 276 do Código Eleitoral somente estará demonstrada mediante a realização de cotejo analítico e a existência de similitude fática entre os acórdãos paradigma e o aresto recorrido.

Súmula-TSE nº 29
A divergência entre julgados do mesmo Tribunal não se presta a configurar dissídio jurisprudencial apto a fundamentar recurso especial eleitoral.

Súmula-TSE nº 30
Não se conhece de recurso especial eleitoral por dissídio jurisprudencial, quando a decisão recorrida estiver em conformidade com a jurisprudência do Tribunal Superior Eleitoral.

Súmula-TSE nº 31
Não cabe recurso especial eleitoral contra acórdão que decide sobre pedido de medida liminar.

Súmula-TSE nº 32
É inadmissível recurso especial eleitoral por violação à legislação municipal ou estadual, ao Regimento Interno dos Tribunais Eleitorais ou às normas partidárias.

Súmula-TSE nº 33
Somente é cabível ação rescisória de decisões do Tribunal Superior Eleitoral que versem sobre a incidência de causa de inelegibilidade.

Súmula-TSE nº 34
Não compete ao Tribunal Superior Eleitoral processar e julgar mandado de segurança contra ato de membro de Tribunal Regional Eleitoral.

Súmula-TSE nº 35
Não é cabível reclamação para arguir o descumprimento de resposta a consulta ou de ato normativo do Tribunal Superior Eleitoral.

Súmula-TSE nº 36
Cabe recurso ordinário de acórdão de Tribunal Regional Eleitoral que decida sobre inelegibilidade, expedição ou anulação de diploma ou perda de mandato eletivo nas eleições federais ou estaduais (art. 121, § 4º, incisos III e IV, da Constituição Federal).

Súmula-TSE nº 37
Compete originariamente ao Tribunal Superior Eleitoral processar e julgar recurso contra expedição de diploma envolvendo eleições federais ou estaduais.

Súmula-TSE nº 38
Nas ações que visem à cassação de registro, diploma ou mandato, há litisconsórcio passivo necessário entre o titular e o respectivo vice da chapa majoritária.

Súmula-TSE nº 39
Não há formação de litisconsórcio necessário em processos de registro de candidatura.

Súmula-TSE nº 40
O partido político não é litisconsorte passivo necessário em ações que visem à cassação de diploma.

Súmula-TSE nº 41
Não cabe à Justiça Eleitoral decidir sobre o acerto ou desacerto das decisões proferidas por outros Órgãos do Judiciário ou dos Tribunais de Contas que configurem causa de inelegibilidade.

Súmula-TSE nº 42
A decisão que julga não prestadas as contas de campanha impede o candidato de obter a certidão de quitação eleitoral durante o curso do mandato ao qual concorreu, persistindo esses efeitos, após esse período, até a efetiva apresentação das contas.

Súmula-TSE nº 43
As alterações fáticas ou jurídicas supervenientes ao registro que beneficiem o candidato, nos termos da parte final do art. 11, § 10, da Lei nº 9.504/97, também devem ser admitidas para as condições de elegibilidade.

Súmula-TSE nº 44
O disposto no art. 26-C da LC nº 64/90 não afasta o poder geral de cautela conferido ao magistrado pelo Código de Processo Civil.

Súmula-TSE nº 45
Nos processos de registro de candidatura, o Juiz Eleitoral pode conhecer de ofício da existência de causas de inelegibilidade ou da ausência de condição de elegibilidade, desde que resguardados o contraditório e a ampla defesa.

Súmula-TSE nº 46
É ilícita a prova colhida por meio da quebra do sigilo fiscal sem prévia e fundamentada autorização judicial, podendo o Ministério Público Eleitoral acessar diretamente apenas a relação dos doadores que excederam os limites legais, para os fins da representação cabível, em que poderá requerer, judicialmente e de forma individualizada, o acesso aos dados relativos aos rendimentos do doador.

Súmula-TSE nº 47
A inelegibilidade superveniente que autoriza a interposição de recurso contra expedição de diploma, fundado no art. 262 do Código Eleitoral, é aquela de índole constitucional ou, se infraconstitucional, superveniente ao registro de candidatura, e que surge até a data do pleito.

Súmula-TSE nº 48
A retirada da propaganda irregular, quando realizada em bem particular, não é capaz de elidir a multa prevista no art. 37, § 1º, da Lei nº 9.504/97.

Súmula-TSE nº 49
O prazo de cinco dias, previsto no art. 3º da LC nº 64/90, para o Ministério Público impugnar o registro inicia-se com a publicação do edital, caso em que é excepcionada a regra que determina a sua intimação pessoal.

Súmula-TSE nº 50
O pagamento da multa eleitoral pelo candidato ou a comprovação do cumprimento regular de seu parcelamento após o pedido de registro, mas antes do julgamento respectivo, afasta a ausência de quitação eleitoral.

Súmula-TSE nº 51
O processo de registro de candidatura não é o meio adequado para se afastarem os eventuais vícios apurados no processo de prestação de contas de campanha ou partidárias.

Súmula-TSE nº 52
Em registro de candidatura, não cabe examinar o acerto ou desacerto da decisão que examinou, em processo específico, a filiação partidária do eleitor.

Súmula-TSE nº 53

O filiado a partido político, ainda que não seja candidato, possui legitimidade e interesse para impugnar pedido de registro de coligação partidária da qual é integrante, em razão de eventuais irregularidades havidas em convenção.

Súmula-TSE nº 54

A desincompatibilização de servidor público que possui cargo em comissão é de três meses antes do pleito e pressupõe a exoneração do cargo comissionado, e não apenas seu afastamento de fato.

Súmula-TSE nº 55

A Carteira Nacional de Habilitação gera a presunção da escolaridade necessária ao deferimento do registro de candidatura.

Súmula-TSE nº 56

A multa eleitoral constitui dívida ativa de natureza não tributária, submetendo-se ao prazo prescricional de 10 (dez) anos, nos moldes do art. 205 do Código Civil.

Súmula-TSE nº 57

A apresentação das contas de campanha é suficiente para a obtenção da quitação eleitoral, nos termos da nova redação conferida ao art. 11, § 7º, da Lei nº 9.504/97, pela Lei nº 12.034/2009.

Súmula-TSE nº 58

Não compete à Justiça Eleitoral, em processo de registro de candidatura, verificar a prescrição da pretensão punitiva ou executória do candidato e declarar a extinção da pena imposta pela Justiça Comum.

Súmula-TSE nº 59

O reconhecimento da prescrição da pretensão executória pela Justiça Comum não afasta a inelegibilidade prevista no art. 1º, I, e, da LC nº 64/90, porquanto não extingue os efeitos secundários da condenação.

Súmula-TSE nº 60

O prazo da causa de inelegibilidade prevista no art. 1º, I, e, da LC nº 64/90 deve ser contado a partir da data em que ocorrida a prescrição da pretensão executória e não do momento da sua declaração judicial.

Súmula-TSE nº 61

O prazo concernente à hipótese de inelegibilidade prevista no art. 1º, I, e, da LC nº 64/90 projeta-se por oito anos após o cumprimento da pena, seja ela privativa de liberdade, restritiva de direito ou multa.

Súmula-TSE nº 62

Os limites do pedido são demarcados pelos fatos imputados na inicial, dos quais a parte se defende, e não pela capitulação legal atribuída pelo autor.

Súmula-TSE nº 63

A execução fiscal de multa eleitoral só pode atingir os sócios se preenchidos os requisitos para a desconsideração da personalidade jurídica previstos no art. 50 do Código Civil, tendo em vista a natureza não tributária da dívida, observados, ainda, o contraditório e a ampla defesa.

Súmula-TSE nº 64

Contra acórdão que discute, simultaneamente, condições de elegibilidade e de inelegibilidade, é cabível o recurso ordinário.

Súmula-TSE nº 65

Considera-se tempestivo o recurso interposto antes da publicação da decisão recorrida.

Súmula-TSE nº 66

A incidência do § 2º do art. 26-C da LC nº 64/90 não acarreta o imediato indeferimento do registro ou o cancelamento do diploma, sendo necessário o exame da presença de todos os requisitos essenciais à configuração da inelegibilidade, observados os princípios do contraditório e da ampla defesa.

Súmula-TSE nº 67

A perda do mandato em razão da desfiliação partidária não se aplica aos candidatos eleitos pelo sistema majoritário.

Súmula-TSE nº 68

A União é parte legítima para requerer a execução de astreintes, fixada por descumprimento de ordem judicial no âmbito da Justiça Eleitoral.

Súmula-TSE nº 69

Os prazos de inelegibilidade previstos nas alíneas j e h do inciso I do art. 1º da LC nº 64/90 têm termo inicial no dia do primeiro turno da eleição e termo final no dia de igual número no oitavo ano seguinte.

Súmula-TSE nº 70

O encerramento do prazo de inelegibilidade antes do dia da eleição constitui fato superveniente que afasta a inelegibilidade, nos termos do art. 11, § 10, da Lei nº 9.504/97.

Súmula-TSE nº 71

Na hipótese de negativa de seguimento ao recurso especial e da consequente interposição de agravo, a parte deverá apresentar contrarrazões tanto ao agravo quanto ao recurso especial, dentro do mesmo tríduo legal.

Súmula-TSE nº 72

É inadmissível o recurso especial eleitoral quando a questão suscitada não foi debatida na decisão recorrida e não foi objeto de embargos de declaração.

PREPARAÇÃO • CONHECIMENTO • APROVAÇÃO

LEIS COMPLEMENTARES

SUMÁRIO

1. LEI Nº 8.009, DE 29 DE MARÇO DE 1990 ... 1230
2. LEI Nº 8.069, DE 13 DE JULHO DE 1990 ... 1230
3. LEI Nº 9.099, DE 26 DE SETEMBRO DE 1995 ... 1261
4. LEI Nº 10.259, DE 12 DE JULHO DE 2001 ... 1267
5. LEI Nº 10.741, DE 1º DE OUTUBRO DE 2003 .. 1268
6. LEI Nº 11.416, DE 15 DE DEZEMBRO DE 2006 ... 1277
7. LEI Nº 11.419, DE 19 DE DEZEMBRO DE 2006 ... 1279
8. LEI Nº 12.153, DE 22 DE DEZEMBRO DE 2009 ... 1282

1. LEI Nº 8.009, DE 29 DE MARÇO DE 1990

Dispõe sobre a impenhorabilidade do bem de família.

Faço saber que o PRESIDENTE DA REPÚBLICA adotou a Medida Provisória nº 143, de 1990, que o Congresso Nacional aprovou, e eu, NELSON CARNEIRO, Presidente do Senado Federal, para os efeitos do disposto no parágrafo único do art. 62 da Constituição Federal, promulgo a seguinte lei:

Art. 1º O imóvel residencial próprio do casal, ou da entidade familiar, é impenhorável e não responderá por qualquer tipo de dívida civil, comercial, fiscal, previdenciária ou de outra natureza, contraída pelos cônjuges ou pelos pais ou filhos que sejam seus proprietários e nele residam, salvo nas hipóteses previstas nesta lei.

Parágrafo único. A impenhorabilidade compreende o imóvel sobre o qual se assentam a construção, as plantações, as benfeitorias de qualquer natureza e todos os equipamentos, inclusive os de uso profissional, ou móveis que guarnecem a casa, desde que quitados.

Art. 2º Excluem-se da impenhorabilidade os veículos de transporte, obras de arte e adornos suntuosos.

Parágrafo único. No caso de imóvel locado, a impenhorabilidade aplica-se aos bens móveis quitados que guarneçam a residência e que sejam de propriedade do locatário, observado o disposto neste artigo.

Art. 3º A impenhorabilidade é oponível em qualquer processo de execução civil, fiscal, previdenciária, trabalhista ou de outra natureza, salvo se movido:

I - (Revogado pela Lei Complementar nº 150, de 2015)

II - pelo titular do crédito decorrente do financiamento destinado à construção ou à aquisição do imóvel, no limite dos créditos e acréscimos constituídos em função do respectivo contrato;

III - pelo credor da pensão alimentícia, resguardados os direitos, sobre o bem, do seu coproprietário que, com o devedor, integre união estável ou conjugal, observadas as hipóteses em que ambos responderão pela dívida; (Redação dada pela Lei nº 13.144 de 2015)

IV - para cobrança de impostos, predial ou territorial, taxas e contribuições devidas em função do imóvel familiar;

V - para execução de hipoteca sobre o imóvel oferecido como garantia real pelo casal ou pela entidade familiar;

VI - por ter sido adquirido com produto de crime ou para execução de sentença penal condenatória a ressarcimento, indenização ou perdimento de bens.

Art. 4º Não se beneficiará do disposto nesta lei aquele que, sabendo-se insolvente, adquire de má-fé imóvel mais valioso para transferir a residência familiar, desfazendo-se ou não da moradia antiga.

§ 1º Neste caso, poderá o juiz, na respectiva ação do credor, transferir a impenhorabilidade para a moradia familiar anterior, ou anular-lhe a venda, liberando a mais valiosa para execução ou concurso, conforme a hipótese.

§ 2º Quando a residência familiar constituir-se em imóvel rural, a impenhorabilidade restringir-se-á à sede de moradia, com os respectivos bens móveis, e, nos casos do art. 5º, inciso XXVI, da Constituição, à área limitada como pequena propriedade rural.

Art. 5º Para os efeitos de impenhorabilidade, de que trata esta lei, considera-se residência um único imóvel utilizado pelo casal ou pela entidade familiar para moradia permanente.

Parágrafo único. Na hipótese de o casal, ou entidade familiar, ser possuidor de vários imóveis utilizados como residência, a impenhorabilidade recairá sobre o de menor valor, salvo se outro tiver sido registrado, para esse fim, no Registro de Imóveis e na forma do art. 70 do Código Civil.

Art. 6º São canceladas as execuções suspensas pela Medida Provisória nº 143, de 8 de março de 1990, que deu origem a esta lei.

Art. 7º Esta lei entra em vigor na data de sua publicação.

Art. 8º Revogam-se as disposições em contrário.

2. LEI Nº 8.069, DE 13 DE JULHO DE 1990

Dispõe sobre o Estatuto da Criança e do Adolescente e dá outras providências.

O PRESIDENTE DA REPÚBLICA: Faço saber que o Congresso Nacional decreta e eu sanciono a seguinte Lei:

Título I - Das Disposições Preliminares

Art. 1º Esta Lei dispõe sobre a proteção integral à criança e ao adolescente.

Art. 2º Considera-se criança, para os efeitos desta Lei, a pessoa até doze anos de idade incompletos, e adolescente aquela entre doze e dezoito anos de idade.

Parágrafo único. Nos casos expressos em lei, aplica-se excepcionalmente este Estatuto às pessoas entre dezoito e vinte e um anos de idade.

Art. 3º A criança e o adolescente gozam de todos os direitos fundamentais inerentes à pessoa humana, sem prejuízo da proteção integral de que trata esta Lei, assegurando-se-lhes, por lei ou por outros meios, todas as oportunidades e facilidades, a fim de lhes facultar o desenvolvimento físico, mental, moral, espiritual e social, em condições de liberdade e de dignidade.

Parágrafo único. Os direitos enunciados nesta Lei aplicam-se a todas as crianças e adolescentes, sem discriminação de nascimento, situação familiar, idade, sexo, raça, etnia ou cor, religião ou crença, deficiência, condição pessoal de desenvolvimento e aprendizagem, condição econômica, ambiente social, região e local de moradia ou outra condição que diferencie as pessoas, as famílias ou a comunidade em que vivem. (incluído pela Lei nº 13.257, de 2016)

Art. 4º É dever da família, da comunidade, da sociedade em geral e do poder público assegurar, com absoluta prioridade, a efetivação dos direitos referentes à vida, à saúde, à alimentação, à educação, ao esporte, ao lazer, à profissionalização, à cultura, à dignidade, ao respeito, à liberdade e à convivência familiar e comunitária.

Parágrafo único. A garantia de prioridade compreende:

a) primazia de receber proteção e socorro em quaisquer circunstâncias;

b) precedência de atendimento nos serviços públicos ou de relevância pública;

c) preferência na formulação e na execução das políticas sociais públicas;

d) destinação privilegiada de recursos públicos nas áreas relacionadas com a proteção à infância e à juventude.

Art. 5º Nenhuma criança ou adolescente será objeto de qualquer forma de negligência, discriminação, exploração, violência, crueldade e opressão, punido na forma da lei qualquer atentado, por ação ou omissão, aos seus direitos fundamentais.

Art. 6º Na interpretação desta Lei levar-se-ão em conta os fins sociais a que ela se dirige, as exigências do bem comum, os direitos e deveres individuais e coletivos, e a condição peculiar da criança e do adolescente como pessoas em desenvolvimento.

Título II - Dos Direitos Fundamentais

Capítulo I - Do Direito à Vida e à Saúde

Art. 7º A criança e o adolescente têm direito a proteção à vida e à saúde, mediante a efetivação de políticas sociais públicas que permitam o nascimento e o desenvolvimento sadio e harmonioso, em condições dignas de existência.

Art. 8º É assegurado a todas as mulheres o acesso aos programas e às políticas de saúde da mulher e de planejamento reprodutivo e, às gestantes, nutrição adequada, atenção humanizada à gravidez, ao parto e ao puerpério e atendimento pré-natal, perinatal e pós-natal integral no âmbito do Sistema Único de Saúde. (Redação dada pela Lei nº 13.257, de 2016)

§ 1º O atendimento pré-natal será realizado por profissionais da atenção primária. (Redação dada pela Lei nº 13.257, de 2016)

§ 2º Os profissionais de saúde de referência da gestante garantirão sua vinculação, no último trimestre da gestação, ao estabelecimento em que será realizado o parto, garantido o direito de opção da mulher. (Redação dada pela Lei nº 13.257, de 2016)

§ 3º Os serviços de saúde onde o parto for realizado assegurarão às mulheres e aos seus filhos recém-nascidos alta hospitalar responsável e contrarreferência na atenção primária, bem como o acesso a outros serviços e a grupos de apoio à amamentação. (Redação dada pela Lei nº 13.257, de 2016)

§ 4º Incumbe ao poder público proporcionar assistência psicológica à gestante e à mãe, no período pré e pós-natal, inclusive como forma de prevenir ou minorar as consequências do estado puerperal. (Incluído pela Lei nº 12.010, de 2009)

§ 5º A assistência referida no § 4 o deste artigo deverá ser prestada também a gestantes e mães que manifestem interesse em entregar seus filhos para adoção, bem como a gestantes e mães que se encontrem em situação de privação de liberdade. (Redação dada pela Lei nº 13.257, de 2016)

§ 6º A gestante e a parturiente têm direito a 1 (um) acompanhante de sua preferência durante o período do pré-natal, do trabalho de parto e do pós-parto imediato. (Incluído pela Lei nº 13.257, de 2016)

§ 7º A gestante deverá receber orientação sobre aleitamento materno, alimentação complementar saudável e crescimento e desenvolvimento infantil, bem como sobre formas de favorecer a criação de vínculos afetivos e de estimular o desenvolvimento integral da criança. (Incluído pela Lei nº 13.257, de 2016)

§ 8º A gestante tem direito a acompanhamento saudável durante toda a gestação e a parto natural cuidadoso, estabelecendo-se a aplicação de cesariana e outras intervenções cirúrgicas por motivos médicos. (Incluído pela Lei nº 13.257, de 2016)

§ 9º A atenção primária à saúde fará a busca ativa da gestante que não iniciar ou que abandonar as consultas de pré-natal, bem como da puérpera que não comparecer às consultas pós-parto. (Incluído pela Lei nº 13.257, de 2016)

§ 10. Incumbe ao poder público garantir, à gestante e à mulher com filho na primeira infância que se encontrem sob custódia em unidade de privação de liberdade, ambiência que atenda às normas sanitárias e assistenciais do Sistema Único de Saúde para o acolhimento do filho, em articulação com o sistema de ensino competente, visando ao desenvolvimento integral da criança. (Incluído pela Lei nº 13.257, de 2016)

Art. 8º-A. Fica instituída a Semana Nacional de Prevenção da Gravidez na Adolescência, a ser realizada anualmente na semana que incluir o dia 1º de fevereiro, com o objetivo de disseminar informações sobre medidas preventivas e educativas que contribuam para a redução da incidência da gravidez na adolescência. (Incluído pela Lei nº 13.798, de 2019)

Parágrafo único. As ações destinadas a efetivar o disposto no caput deste artigo ficarão a cargo do poder público, em conjunto com organizações da sociedade civil, e serão dirigidas prioritariamente ao público adolescente. (Incluído pela Lei nº 13.798, de 2019)

Art. 9º O poder público, as instituições e os empregadores propiciarão condições adequadas ao aleitamento materno, inclusive aos filhos de mães submetidas a medida privativa de liberdade.

§ 1º Os profissionais das unidades primárias de saúde desenvolverão ações sistemáticas, individuais ou coletivas, visando ao planejamento, à implementação e à avaliação de ações de promoção, proteção e apoio ao aleitamento materno e à alimentação complementar saudável, de forma contínua. (Incluído pela Lei nº 13.257, de 2016)

§ 2º Os serviços de unidades de terapia intensiva neonatal deverão dispor de banco de leite humano ou unidade de coleta de leite humano. (Incluído pela Lei nº 13.257, de 2016)

Art. 10. Os hospitais e demais estabelecimentos de atenção à saúde de gestantes, públicos e particulares, são obrigados a:

I - manter registro das atividades desenvolvidas, através de prontuários individuais, pelo prazo de dezoito anos;

II - identificar o recém-nascido mediante o registro de sua impressão plantar e digital e da impressão digital da mãe, sem prejuízo de outras formas normatizadas pela autoridade administrativa competente;

III - proceder a exames visando ao diagnóstico e terapêutica de anormalidades no metabolismo do recém-nascido, bem como prestar orientação aos pais;

IV - fornecer declaração de nascimento onde constem necessariamente as intercorrências do parto e do desenvolvimento do neonato;

V - manter alojamento conjunto, possibilitando ao neonato a permanência junto à mãe.

VI - acompanhar a prática do processo de amamentação, prestando orientações quanto à técnica adequada, enquanto a mãe permanecer na unidade hospitalar, utilizando o corpo técnico já existente. (Incluído pela Lei nº 13.436, de 2017)

Art. 11. É assegurado acesso integral às linhas de cuidado voltadas à saúde da criança e do adolescente, por intermédio do Sistema Único de Saúde, observado o princípio da equidade no acesso a ações e serviços para promoção, proteção e recuperação da saúde. (Redação dada pela Lei nº 13.257, de 2016)

§ 1º A criança e o adolescente com deficiência serão atendidos, sem discriminação ou segregação, em suas necessidades gerais de saúde e específicas de habilitação e reabilitação. (Redação dada pela Lei nº 13.257, de 2016)

§ 2º Incumbe ao poder público fornecer gratuitamente, àqueles que necessitarem, medicamentos, órteses, próteses e outras tecnologias assistivas relativas ao tratamento, habilitação ou reabilitação para crianças e adolescentes, de acordo com as linhas de cuidado voltadas às suas necessidades específicas. (Redação dada pela Lei nº 13.257, de 2016)

§ 3º Os profissionais que atuam no cuidado diário ou frequente de crianças na primeira infância receberão formação específica e permanente para a detecção de sinais de risco para o desenvolvimento psíquico, bem como para o acompanhamento que se fizer necessário. (Incluído pela Lei nº 13.257, de 2016)

Art. 12. Os estabelecimentos de atendimento à saúde, inclusive as unidades neonatais, de terapia intensiva e de cuidados intermediários, deverão proporcionar condições para a permanência em tempo integral de um dos pais ou responsável, nos casos de internação de criança ou adolescente. (Redação dada pela Lei nº 13.257, de 2016)

Art. 13. Os casos de suspeita ou confirmação de castigo físico, de tratamento cruel ou degradante e de maus-tratos contra criança ou adolescente serão obrigatoriamente comunicados ao Conselho Tutelar da respectiva localidade, sem prejuízo de outras providências legais. (Redação dada pela Lei nº 13.010, de 2014)

§ 1º As gestantes ou mães que manifestem interesse em entregar seus filhos para adoção serão obrigatoriamente encaminhadas, sem constrangimento, à Justiça da Infância e da Juventude. (Incluído pela Lei nº 13.257, de 2016)

§ 2º Os serviços de saúde em suas diferentes portas de entrada, os serviços de assistência social em seu componente especializado, o Centro de Referência Especializado de Assistência Social (Creas) e os demais órgãos do Sistema de Garantia de Direitos da Criança e do Adolescente deverão conferir máxima

prioridade ao atendimento das crianças na faixa etária da primeira infância com suspeita ou confirmação de violência de qualquer natureza, formulando projeto terapêutico singular que inclua intervenção em rede e, se necessário, acompanhamento domiciliar. (Incluído pela Lei nº 13.257, de 2016)

Art. 14. O Sistema Único de Saúde promoverá programas de assistência médica e odontológica para a prevenção das enfermidades que ordinariamente afetam a população infantil, e campanhas de educação sanitária para pais, educadores e alunos.

§ 1º É obrigatória a vacinação das crianças nos casos recomendados pelas autoridades sanitárias. (Renumerado do parágrafo único pela Lei nº 13.257, de 2016)

§ 2º O Sistema Único de Saúde promoverá a atenção à saúde bucal das crianças e das gestantes, de forma transversal, integral e intersetorial com as demais linhas de cuidado direcionadas à mulher e à criança. (Incluído pela Lei nº 13.257, de 2016)

§ 3º A atenção odontológica à criança terá função educativa protetiva e será prestada, inicialmente, antes de o bebê nascer, por meio de aconselhamento pré-natal, e, posteriormente, no sexto e no décimo segundo anos de vida, com orientações sobre saúde bucal. (Incluído pela Lei nº 13.257, de 2016)

§ 4º A criança com necessidade de cuidados odontológicos especiais será atendida pelo Sistema Único de Saúde. (Incluído pela Lei nº 13.257, de 2016)

§ 5º É obrigatória a aplicação a todas as crianças, nos seus primeiros dezoito meses de vida, de protocolo ou outro instrumento construído com a finalidade de facilitar a detecção, em consulta pediátrica de acompanhamento da criança, de risco para o seu desenvolvimento psíquico. (Incluído pela Lei nº 13.438, de 2017)

Capítulo II - Do Direito à Liberdade, ao Respeito e à Dignidade

Art. 15. A criança e o adolescente têm direito à liberdade, ao respeito e à dignidade como pessoas humanas em processo de desenvolvimento e como sujeitos de direitos civis, humanos e sociais garantidos na Constituição e nas leis.

Art. 16. O direito à liberdade compreende os seguintes aspectos:

I - ir, vir e estar nos logradouros públicos e espaços comunitários, ressalvadas as restrições legais;

II - opinião e expressão;

III - crença e culto religioso;

IV - brincar, praticar esportes e divertir-se;

V - participar da vida familiar e comunitária, sem discriminação;

VI - participar da vida política, na forma da lei;

VII - buscar refúgio, auxílio e orientação.

Art. 17. O direito ao respeito consiste na inviolabilidade da integridade física, psíquica e moral da criança e do adolescente, abrangendo a preservação da imagem, da identidade, da autonomia, dos valores, idéias e crenças, dos espaços e objetos pessoais.

Art. 18. É dever de todos velar pela dignidade da criança e do adolescente, pondo-os a salvo de qualquer tratamento desumano, violento, aterrorizante, vexatório ou constrangedor.

Art. 18-A. A criança e o adolescente têm o direito de ser educados e cuidados sem o uso de castigo físico ou de tratamento cruel ou degradante, como formas de correção, disciplina, educação ou qualquer outro pretexto, pelos pais, pelos integrantes da família ampliada, pelos responsáveis, pelos agentes públicos executores de medidas socioeducativas ou por qualquer pessoa encarregada de cuidar deles, tratá-los, educá-los ou protegê-los. (Incluído pela Lei nº 13.010, de 2014)

Parágrafo único. Para os fins desta Lei, considera-se: (Incluído pela Lei nº 13.010, de 2014)

I - castigo físico: ação de natureza disciplinar ou punitiva aplicada com o uso da força física sobre a criança ou o adolescente que resulte em: (Incluído pela Lei nº 13.010, de 2014)

a) sofrimento físico; ou (Incluído pela Lei nº 13.010, de 2014)

b) lesão; (Incluído pela Lei nº 13.010, de 2014)

II - tratamento cruel ou degradante: conduta ou forma cruel de tratamento em relação à criança ou ao adolescente que: (Incluído pela Lei nº 13.010, de 2014)

a) humilhe; ou (Incluído pela Lei nº 13.010, de 2014)

b) ameace gravemente; ou (Incluído pela Lei nº 13.010, de 2014)

c) ridicularize. (Incluído pela Lei nº 13.010, de 2014)

Art. 18-B. Os pais, os integrantes da família ampliada, os responsáveis, os agentes públicos executores de medidas socioeducativas ou qualquer pessoa encarregada de cuidar de crianças e de adolescentes, tratá-los, educá-los ou protegê-los que utilizarem castigo físico ou tratamento cruel ou degradante como formas de correção, disciplina, educação ou qualquer outro pretexto estarão sujeitos, sem prejuízo de outras sanções cabíveis, às seguintes medidas, que serão aplicadas de acordo com a gravidade do caso: (Incluído pela Lei nº 13.010, de 2014)

I - encaminhamento a programa oficial ou comunitário de proteção à família; (Incluído pela Lei nº 13.010, de 2014)

II - encaminhamento a tratamento psicológico ou psiquiátrico; (Incluído pela Lei nº 13.010, de 2014)

III - encaminhamento a cursos ou programas de orientação; (Incluído pela Lei nº 13.010, de 2014)

IV - obrigação de encaminhar a criança a tratamento especializado; (Incluído pela Lei nº 13.010, de 2014)

V - advertência. (Incluído pela Lei nº 13.010, de 2014)

Parágrafo único. As medidas previstas neste artigo serão aplicadas pelo Conselho Tutelar, sem prejuízo de outras providências legais. (Incluído pela Lei nº 13.010, de 2014)

Capítulo III - Do Direito à Convivência Familiar e Comunitária

Seção I - Disposições Gerais

Art. 19. É direito da criança e do adolescente ser criado e educado no seio de sua família e, excepcionalmente, em família substituta, assegurada a convivência familiar e comunitária, em ambiente que garanta seu desenvolvimento integral. (Redação dada pela Lei nº 13.257, de 2016)

§ 1º Toda criança ou adolescente que estiver inserido em programa de acolhimento familiar ou institucional terá sua situação reavaliada, no máximo, a cada 3 (três) meses, devendo a autoridade judiciária competente, com base em relatório elaborado por equipe interprofissional ou multidisciplinar, decidir de forma fundamentada pela possibilidade de reintegração familiar ou pela colocação em família substituta, em quaisquer das modalidades previstas no art. 28 desta Lei. (Redação dada pela Lei nº 13.509, de 2017)

§ 2º A permanência da criança e do adolescente em programa de acolhimento institucional não se prolongará por mais de 18 (dezoito meses), salvo comprovada necessidade que atenda ao seu superior interesse, devidamente fundamentada pela autoridade judiciária. (Redação dada pela Lei nº 13.509, de 2017)

§ 3º A manutenção ou a reintegração de criança ou adolescente à sua família terá preferência em relação a qualquer outra providência, caso em que será esta incluída em serviços e programas de proteção, apoio e promoção, nos termos do § 1o do art. 23, dos incisos I e IV do caput do art. 101 e dos incisos I a IV do caput do art. 129 desta Lei. (Redação dada pela Lei nº 13.257, de 2016)

§ 4º Será garantida a convivência da criança e do adolescente com a mãe ou o pai privado de liberdade, por meio de visitas periódicas promovidas pelo responsável ou, nas hipóteses de acolhimento institucional, pela entidade responsável, independentemente de autorização judicial. (Incluído pela Lei nº 12.962, de 2014)

§ 5º Será garantida a convivência integral da criança com a mãe adolescente que estiver em acolhimento institucional. (Incluído pela Lei nº 13.509, de 2017)

§ 6º A mãe adolescente será assistida por equipe especializada multidisciplinar. (Incluído pela Lei nº 13.509, de 2017)

Art. 19-A. A gestante ou mãe que manifeste interesse em entregar seu filho para adoção, antes ou logo após o nascimento, será encaminhada à Justiça da Infância e da Juventude. (Incluído pela Lei nº 13.509, de 2017)

§ 1º A gestante ou mãe será ouvida pela equipe interprofissional da Justiça da Infância e da Juventude, que apresentará relatório à autoridade judiciária, considerando inclusive os eventuais efeitos do estado gestacional e puerperal. (Incluído pela Lei nº 13.509, de 2017)

§ 2º De posse do relatório, a autoridade judiciária poderá determinar o encaminhamento da gestante ou mãe, mediante sua expressa concordância, à rede pública de saúde e assistência social para atendimento especializado. (Incluído pela Lei nº 13.509, de 2017)

§ 3º A busca à família extensa, conforme definida nos termos do parágrafo único do art. 25 desta Lei, respeitará o prazo máximo de 90 (noventa) dias, prorrogável por igual período. (Incluído pela Lei nº 13.509, de 2017)

§ 4º Na hipótese de não haver a indicação do genitor e de não existir outro representante da família extensa apto a receber a guarda, a autoridade judiciária competente deverá decretar a extinção do poder familiar e determinar a colocação da criança sob a guarda provisória de quem estiver habilitado a adotá--la ou de entidade que desenvolva programa de acolhimento familiar ou institucional. (Incluído pela Lei nº 13.509, de 2017)

§ 5º Após o nascimento da criança, a vontade da mãe ou de ambos os genitores, se houver pai registral ou pai indicado, deve ser manifestada na audiência a que se refere o § 1 o do art. 166 desta Lei, garantido o sigilo sobre a entrega. (Incluído pela Lei nº 13.509, de 2017)

§ 6º Na hipótese de não comparecerem à audiência nem o genitor nem representante da família extensa para confirmar a intenção de exercer o poder familiar ou a guarda, a autoridade judiciária suspenderá o poder familiar da mãe, e a criança será colocada sob a guarda provisória de quem esteja habilitado a adotá-la. (Incluído pela Lei nº 13.509, de 2017)

§ 7º Os detentores da guarda possuem o prazo de 15 (quinze) dias para propor a ação de adoção, contado do dia seguinte à data do término do estágio de convivência. (Incluído pela Lei nº 13.509, de 2017)

§ 8º Na hipótese de desistência pelos genitores - manifestada em audiência ou perante a equipe interprofissional - da entrega da criança após o nascimento, a criança será mantida com os genitores, e será determinado pela Justiça da Infância e da Juventude o acompanhamento familiar pelo prazo de 180 (cento e oitenta) dias. (Incluído pela Lei nº 13.509, de 2017)

§ 9º É garantido à mãe o direito ao sigilo sobre o nascimento, respeitado o disposto no art. 48 desta Lei. (Incluído pela Lei nº 13.509, de 2017)

§ 10. Serão cadastrados para adoção recém-nascidos e crianças acolhidas não procuradas por suas famílias no prazo de 30 (trinta) dias, contado a partir do dia do acolhimento. (Incluído pela Lei nº 13.509, de 2017)

Art. 19-B. A criança e o adolescente em programa de acolhimento institucional ou familiar poderão participar de programa de apadrinhamento. (Incluído pela Lei nº 13.509, de 2017)

§ 1º O apadrinhamento consiste em estabelecer e proporcionar à criança e ao adolescente vínculos externos à instituição para fins de convivência familiar e comunitária e colaboração com o seu desenvolvimento nos aspectos social, moral, físico, cognitivo, educacional e financeiro. (Incluído pela Lei nº 13.509, de 2017)

§ 2º Podem ser padrinhos ou madrinhas pessoas maiores de 18 (dezoito) anos não inscritas nos cadastros de adoção, desde que cumpram os requisitos exigidos pelo programa de apadrinhamento de que fazem parte. (Incluído pela Lei nº 13.509, de 2017)

§ 3º Pessoas jurídicas podem apadrinhar criança ou adolescente a fim de colaborar para o seu desenvolvimento. (Incluído pela Lei nº 13.509, de 2017)

§ 4º O perfil da criança ou do adolescente a ser apadrinhado será definido no âmbito de cada programa de apadrinhamento, com prioridade para crianças ou adolescentes com remota possibilidade de reinserção familiar ou colocação em família adotiva. (Incluído pela Lei nº 13.509, de 2017)

§ 5º Os programas ou serviços de apadrinhamento apoiados pela Justiça da Infância e da Juventude poderão ser executados por órgãos públicos ou por organizações da sociedade civil. (Incluído pela Lei nº 13.509, de 2017)

§ 6º Se ocorrer violação das regras de apadrinhamento, os responsáveis pelo programa e pelos serviços de acolhimento deverão imediatamente notificar a autoridade judiciária competente. (Incluído pela Lei nº 13.509, de 2017)

Art. 20. Os filhos, havidos ou não da relação do casamento, ou por adoção, terão os mesmos direitos e qualificações, proibidas quaisquer designações discriminatórias relativas à filiação.

Art. 21. O pátrio poder poder familiar será exercido, em igualdade de condições, pelo pai e pela mãe, na forma do que dispuser a legislação civil, assegurado a qualquer deles o direito de, em caso de discordância, recorrer à autoridade judiciária competente para a solução da divergência. (Expressão substituída pela Lei nº 12.010, de 2009)

Art. 22. Aos pais incumbe o dever de sustento, guarda e educação dos filhos menores, cabendo-lhes ainda, no interesse destes, a obrigação de cumprir e fazer cumprir as determinações judiciais.

Parágrafo único. A mãe e o pai, ou os responsáveis, têm direitos iguais e deveres e responsabilidades compartilhados no cuidado e na educação da criança, devendo ser resguardado o direito de transmissão familiar de suas crenças e culturas, assegurados os direitos da criança estabelecidos nesta Lei. (Incluído pela Lei nº 13.257, de 2016)

Art. 23. A falta ou a carência de recursos materiais não constitui motivo suficiente para a perda ou a suspensão do pátrio poder poder familiar . (Expressão substituída pela Lei nº 12.010, de 2009)

§ 1º Não existindo outro motivo que por si só autorize a decretação da medida, a criança ou o adolescente será mantido em sua família de origem, a qual deverá obrigatoriamente ser incluída em serviços e programas oficiais de proteção, apoio e promoção. (Redação dada pela Lei nº 13.257, de 2016)

§ 2º A condenação criminal do pai ou da mãe não implicará a destituição do poder familiar, exceto na hipótese de condenação por crime doloso sujeito à pena de reclusão contra outrem igualmente titular do mesmo poder familiar ou contra filho, filha ou outro descendente. (Redação dada pela Lei nº 13.715, de 2018)

Art. 24. A perda e a suspensão do pátrio poder poder familiar serão decretadas judicialmente, em procedimento contraditório, nos casos previstos na legislação civil, bem como na hipótese de descumprimento injustificado dos deveres e obrigações a que alude o art. 22. (Expressão substituída pela Lei nº 12.010, de 2009)

Seção II - Da Família Natural

Art. 25. Entende-se por família natural a comunidade formada pelos pais ou qualquer deles e seus descendentes.

Parágrafo único. Entende-se por família extensa ou ampliada aquela que se estende para além da unidade pais e filhos ou da unidade do casal, formada por parentes próximos com os quais a criança ou adolescente convive e mantém vínculos de afinidade e afetividade. (Incluído pela Lei nº 12.010, de 2009)

Art. 26. Os filhos havidos fora do casamento poderão ser reconhecidos pelos pais, conjunta ou separadamente, no próprio termo de nascimento, por testamento, mediante

escritura ou outro documento público, qualquer que seja a origem da filiação.

Parágrafo único. O reconhecimento pode preceder o nascimento do filho ou suceder-lhe ao falecimento, se deixar descendentes.

Art. 27. O reconhecimento do estado de filiação é direito personalíssimo, indisponível e imprescritível, podendo ser exercitado contra os pais ou seus herdeiros, sem qualquer restrição, observado o segredo de Justiça.

Seção III - Da Família Substituta

Subseção I - Disposições Gerais

Art. 28. A colocação em família substituta far-se-á mediante guarda, tutela ou adoção, independentemente da situação jurídica da criança ou adolescente, nos termos desta Lei.

§ 1º Sempre que possível, a criança ou o adolescente será previamente ouvido por equipe interprofissional, respeitado seu estágio de desenvolvimento e grau de compreensão sobre as implicações da medida, e terá sua opinião devidamente considerada. (Redação dada pela Lei nº 12.010, de 2009)

§ 2º Tratando-se de maior de 12 (doze) anos de idade, será necessário seu consentimento, colhido em audiência. (Redação dada pela Lei nº 12.010, de 2009)

§ 3º Na apreciação do pedido levar-se-á em conta o grau de parentesco e a relação de afinidade ou de afetividade, a fim de evitar ou minorar as consequências decorrentes da medida. (Incluído pela Lei nº 12.010, de 2009)

§ 4º Os grupos de irmãos serão colocados sob adoção, tutela ou guarda da mesma família substituta, ressalvada a comprovada existência de risco de abuso ou outra situação que justifique plenamente a excepcionalidade de solução diversa, procurando-se, em qualquer caso, evitar o rompimento definitivo dos vínculos fraternais. (Incluído pela Lei nº 12.010, de 2009)

§ 5º A colocação da criança ou adolescente em família substituta será precedida de sua preparação gradativa e acompanhamento posterior, realizados pela equipe interprofissional a serviço da Justiça da Infância e da Juventude, preferencialmente com o apoio dos técnicos responsáveis pela execução da política municipal de garantia do direito à convivência familiar. (Incluído pela Lei nº 12.010, de 2009)

§ 6º Em se tratando de criança ou adolescente indígena ou proveniente de comunidade remanescente de quilombo, é ainda obrigatório: (Incluído pela Lei nº 12.010, de 2009)

I - que sejam consideradas e respeitadas sua identidade social e cultural, os seus costumes e tradições, bem como suas instituições, desde que não sejam incompatíveis com os direitos fundamentais reconhecidos por esta Lei e pela Constituição Federal; (Incluído pela Lei nº 12.010, de 2009)

II - que a colocação familiar ocorra prioritariamente no seio de sua comunidade ou junto a membros da mesma etnia; (Incluído pela Lei nº 12.010, de 2009)

III - a intervenção e oitiva de representantes do órgão federal responsável pela política indigenista, no caso de crianças e adolescentes indígenas, e de antropólogos, perante a equipe interprofissional ou multidisciplinar que irá acompanhar o caso. (Incluído pela Lei nº 12.010, de 2009)

Art. 29. Não se deferirá colocação em família substituta a pessoa que revele, por qualquer modo, incompatibilidade com a natureza da medida ou não ofereça ambiente familiar adequado.

Art. 30. A colocação em família substituta não admitirá transferência da criança ou adolescente a terceiros ou a entidades governamentais ou não-governamentais, sem autorização judicial.

Art. 31. A colocação em família substituta estrangeira constitui medida excepcional, somente admissível na modalidade de adoção.

Art. 32. Ao assumir a guarda ou a tutela, o responsável prestará compromisso de bem e fielmente desempenhar o encargo, mediante termo nos autos.

Subseção II - Da Guarda

Art. 33. A guarda obriga a prestação de assistência material, moral e educacional à criança ou adolescente, conferindo a seu detentor o direito de opor-se a terceiros, inclusive aos pais. (Vide Lei nº 12.010, de 2009)

§ 1º A guarda destina-se a regularizar a posse de fato, podendo ser deferida, liminar ou incidentalmente, nos procedimentos de tutela e adoção, exceto no de adoção por estrangeiros.

§ 2º Excepcionalmente, deferir-se-á a guarda, fora dos casos de tutela e adoção, para atender a situações peculiares ou suprir a falta eventual dos pais ou responsável, podendo ser deferido o direito de representação para a prática de atos determinados.

§ 3º A guarda confere à criança ou adolescente a condição de dependente, para todos os fins e efeitos de direito, inclusive previdenciários.

§ 4º Salvo expressa e fundamentada determinação em contrário, da autoridade judiciária competente, ou quando a medida for aplicada em preparação para adoção, o deferimento da guarda de criança ou adolescente a terceiros não impede o exercício do direito de visitas pelos pais, assim como o dever de prestar alimentos, que serão objeto de regulamentação específica, a pedido do interessado ou do Ministério Público. (Incluído pela Lei nº 12.010, de 2009)

Art. 34. O poder público estimulará, por meio de assistência jurídica, incentivos fiscais e subsídios, o acolhimento, sob a forma de guarda, de criança ou adolescente afastado do convívio familiar. (Redação dada pela Lei nº 12.010, de 2009)

§ 1º A inclusão da criança ou adolescente em programas de acolhimento familiar terá preferência a seu acolhimento institucional, observado, em qualquer caso, o caráter temporário e excepcional da medida, nos termos desta Lei. (Incluído pela Lei nº 12.010, de 2009)

§ 2º Na hipótese do § 1 o deste artigo a pessoa ou casal cadastrado no programa de acolhimento familiar poderá receber a criança ou adolescente mediante guarda, observado o disposto nos arts. 28 a 33 desta Lei. (Incluído pela Lei nº 12.010, de 2009)

§ 3º A União apoiará a implementação de serviços de acolhimento em família acolhedora como política pública, os quais deverão dispor de equipe que organize o acolhimento temporário de crianças e de adolescentes em residências de famílias selecionadas, capacitadas e acompanhadas que não estejam no cadastro de adoção. (Incluído pela Lei nº 13.257, de 2016)

§ 4º Poderão ser utilizados recursos federais, estaduais, distritais e municipais para a manutenção dos serviços de acolhimento em família acolhedora, facultando-se o repasse de recursos para a própria família acolhedora. (Incluído pela Lei nº 13.257, de 2016)

Art. 35. A guarda poderá ser revogada a qualquer tempo, mediante ato judicial fundamentado, ouvido o Ministério Público.

Subseção III - Da Tutela

Art. 36. A tutela será deferida, nos termos da lei civil, a pessoa de até 18 (dezoito) anos incompletos. (Redação dada pela Lei nº 12.010, de 2009)

Parágrafo único. O deferimento da tutela pressupõe a prévia decretação da perda ou suspensão do pátrio poder poder familiar e implica necessariamente o dever de guarda. (Expressão substituída pela Lei nº 12.010, de 2009)

Art. 37. O tutor nomeado por testamento ou qualquer documento autêntico, conforme previsto no parágrafo único do art. 1.729 da Lei n o 10.406, de 10 de janeiro de 2002 - Código Civil , deverá, no prazo de 30 (trinta) dias após a abertura da sucessão, ingressar com pedido destinado ao controle judicial

do ato, observando o procedimento previsto nos arts. 165 a 170 desta Lei. (Redação dada pela Lei nº 12.010, de 2009).

Parágrafo único. Na apreciação do pedido, serão observados os requisitos previstos nos arts. 28 e 29 desta Lei, somente sendo deferida a tutela à pessoa indicada na disposição de última vontade, se restar comprovado que a medida é vantajosa ao tutelando e que não existe outra pessoa em melhores condições de assumi-la. (Redação dada pela Lei nº 12.010, de 2009)

Art. 38. Aplica-se à destituição da tutela o disposto no art. 24.

Subseção IV - Da Adoção

Art. 39. A adoção de criança e de adolescente reger-se-á segundo o disposto nesta Lei.

§ 1º A adoção é medida excepcional e irrevogável, à qual se deve recorrer apenas quando esgotados os recursos de manutenção da criança ou adolescente na família natural ou extensa, na forma do parágrafo único do art. 25 desta Lei. (Incluído pela Lei nº 12.010, de 2009)

§ 2º É vedada a adoção por procuração. (Incluído pela Lei nº 12.010, de 2009)

§ 3º Em caso de conflito entre direitos e interesses do adotando e de outras pessoas, inclusive seus pais biológicos, devem prevalecer os direitos e os interesses do adotando. (Incluído pela Lei nº 13.509, de 2017)

Art. 40. O adotando deve contar com, no máximo, dezoito anos à data do pedido, salvo se já estiver sob a guarda ou tutela dos adotantes.

Art. 41. A adoção atribui a condição de filho ao adotado, com os mesmos direitos e deveres, inclusive sucessórios, desligando-o de qualquer vínculo com pais e parentes, salvo os impedimentos matrimoniais.

§ 1º Se um dos cônjuges ou concubinos adota o filho do outro, mantêm-se os vínculos de filiação entre o adotado e o cônjuge ou concubino do adotante e os respectivos parentes.

§ 2º É recíproco o direito sucessório entre o adotado, seus descendentes, o adotante, seus ascendentes, descendentes e colaterais até o 4º grau, observada a ordem de vocação hereditária.

Art. 42. Podem adotar os maiores de 18 (dezoito) anos, independentemente do estado civil. (Redação dada pela Lei nº 12.010, de 2009)

§ 1º Não podem adotar os ascendentes e os irmãos do adotando.

§ 2º Para adoção conjunta, é indispensável que os adotantes sejam casados civilmente ou mantenham união estável, comprovada a estabilidade da família. (Redação dada pela Lei nº 12.010, de 2009)

§ 3º O adotante há de ser, pelo menos, dezesseis anos mais velho do que o adotando.

§ 4º Os divorciados, os judicialmente separados e os ex-companheiros podem adotar conjuntamente, contanto que acordem sobre a guarda e o regime de visitas e desde que o estágio de convivência tenha sido iniciado na constância do período de convivência e que seja comprovada a existência de vínculos de afinidade e afetividade com aquele não detentor da guarda, que justifiquem a excepcionalidade da concessão. (Redação dada pela Lei nº 12.010, de 2009)

§ 5º Nos casos do § 4 o deste artigo, desde que demonstrado efetivo benefício ao adotando, será assegurada a guarda compartilhada, conforme previsto no art. 1.584 da Lei n o 10.406, de 10 de janeiro de 2002 - Código Civil . (Redação dada pela Lei nº 12.010, de 2009)

§ 6º A adoção poderá ser deferida ao adotante que, após inequívoca manifestação de vontade, vier a falecer no curso do procedimento, antes de prolatada a sentença. (Incluído pela Lei nº 12.010, de 2009)

Art. 43. A adoção será deferida quando apresentar reais vantagens para o adotando e fundar-se em motivos legítimos.

Art. 44. Enquanto não der conta de sua administração e saldar o seu alcance, não pode o tutor ou o curador adotar o pupilo ou o curatelado.

Art. 45. A adoção depende do consentimento dos pais ou do representante legal do adotando.

§ 1º. O consentimento será dispensado em relação à criança ou adolescente cujos pais sejam desconhecidos ou tenham sido destituídos do pátrio poder familiar . (Expressão substituída pela Lei nº 12.010, de 2009)

§ 2º. Em se tratando de adotando maior de doze anos de idade, será também necessário o seu consentimento.

Art. 46. A adoção será precedida de estágio de convivência com a criança ou adolescente, pelo prazo máximo de 90 (noventa) dias, observadas a idade da criança ou adolescente e as peculiaridades do caso. (Redação dada pela Lei nº 13.509, de 2017)

§ 1º O estágio de convivência poderá ser dispensado se o adotando já estiver sob a tutela ou guarda legal do adotante durante tempo suficiente para que seja possível avaliar a conveniência da constituição do vínculo. (Redação dada pela Lei nº 12.010, de 2009)

§ 2º A simples guarda de fato não autoriza, por si só, a dispensa da realização do estágio de convivência. (Redação dada pela Lei nº 12.010, de 2009)

§ 2º -A. O prazo máximo estabelecido no caput deste artigo pode ser prorrogado por até igual período, mediante decisão fundamentada da autoridade judiciária. (Incluído pela Lei nº 13.509, de 2017)

§ 3º Em caso de adoção por pessoa ou casal residente ou domiciliado fora do País, o estágio de convivência será de, no mínimo, 30 (trinta) dias e, no máximo, 45 (quarenta e cinco) dias, prorrogável por até igual período, uma única vez, mediante decisão fundamentada da autoridade judiciária. (Redação dada pela Lei nº 13.509, de 2017)

§ 3º -A. Ao final do prazo previsto no § 3 o deste artigo, deverá ser apresentado laudo fundamentado pela equipe mencionada no § 4 o deste artigo, que recomendará ou não o deferimento da adoção à autoridade judiciária. (Incluído pela Lei nº 13.509, de 2017)

§ 4º O estágio de convivência será acompanhado pela equipe interprofissional a serviço da Justiça da Infância e da Juventude, preferencialmente com apoio dos técnicos responsáveis pela execução da política de garantia do direito à convivência familiar, que apresentarão relatório minucioso acerca da conveniência do deferimento da medida. (Incluído pela Lei nº 12.010, de 2009)

§ 5º O estágio de convivência será cumprido no território nacional, preferencialmente na comarca de residência da criança ou adolescente, ou, a critério do juiz, em cidade limítrofe, respeitada, em qualquer hipótese, a competência do juízo da comarca de residência da criança. (Incluído pela Lei nº 13.509, de 2017)

Art. 47. O vínculo da adoção constitui-se por sentença judicial, que será inscrita no registro civil mediante mandado do qual não se fornecerá certidão.

§ 1º A inscrição consignará o nome dos adotantes como pais, bem como o nome de seus ascendentes.

§ 2º O mandado judicial, que será arquivado, cancelará o registro original do adotado.

§ 3º A pedido do adotante, o novo registro poderá ser lavrado no Cartório do Registro Civil do Município de sua residência. (Redação dada pela Lei nº 12.010, de 2009)

§ 4º Nenhuma observação sobre a origem do ato poderá constar nas certidões do registro. (Redação dada pela Lei nº 12.010, de 2009)

§ 5º A sentença conferirá ao adotado o nome do adotante e, a pedido de qualquer deles, poderá determinar a modificação do prenome. (Redação dada pela Lei nº 12.010, de 2009)

§ 6º Caso a modificação de prenome seja requerida pelo adotante, é obrigatória a oitiva do adotando, observado o disposto nos §§ 1 o e 2 o do art. 28 desta Lei. (Redação dada pela Lei nº 12.010, de 2009)

§ 7º A adoção produz seus efeitos a partir do trânsito em julgado da sentença constitutiva, exceto na hipótese prevista no § 6 o do art. 42 desta Lei, caso em que terá força retroativa à data do óbito. (Incluído pela Lei nº 12.010, de 2009)

§ 8º O processo relativo à adoção assim como outros a ele relacionados serão mantidos em arquivo, admitindo-se seu armazenamento em microfilme ou por outros meios, garantida a sua conservação para consulta a qualquer tempo. (Incluído pela Lei nº 12.010, de 2009)

§ 9º Terão prioridade de tramitação os processos de adoção em que o adotando for criança ou adolescente com deficiência ou com doença crônica. (Incluído pela Lei nº 12.955, de 2014)

§ 10. O prazo máximo para conclusão da ação de adoção será de 120 (cento e vinte) dias, prorrogável uma única vez por igual período, mediante decisão fundamentada da autoridade judiciária. (Incluído pela Lei nº 13.509, de 2017)

Art. 48. O adotado tem direito de conhecer sua origem biológica, bem como de obter acesso irrestrito ao processo no qual a medida foi aplicada e seus eventuais incidentes, após completar 18 (dezoito) anos. (Redação dada pela Lei nº 12.010, de 2009)

Parágrafo único. O acesso ao processo de adoção poderá ser também deferido ao adotado menor de 18 (dezoito) anos, a seu pedido, assegurada orientação e assistência jurídica e psicológica. (Incluído pela Lei nº 12.010, de 2009)

Art. 49. A morte dos adotantes não restabelece o pátrio poder poder familiar dos pais naturais. (Expressão substituída pela Lei nº 12.010, de 2009)

Art. 50. A autoridade judiciária manterá, em cada comarca ou foro regional, um registro de crianças e adolescentes em condições de serem adotados e outro de pessoas interessadas na adoção. (Vide Lei nº 12.010, de 2009)

§ 1º O deferimento da inscrição dar-se-á após prévia consulta aos órgãos técnicos do juizado, ouvido o Ministério Público.

§ 2º Não será deferida a inscrição se o interessado não satisfizer os requisitos legais, ou verificada qualquer das hipóteses previstas no art. 29.

§ 3º A inscrição de postulantes à adoção será precedida de um período de preparação psicossocial e jurídica, orientado pela equipe técnica da Justiça da Infância e da Juventude, preferencialmente com apoio dos técnicos responsáveis pela execução da política municipal de garantia do direito à convivência familiar. (Incluído pela Lei nº 12.010, de 2009)

§ 4º Sempre que possível e recomendável, a preparação referida no § 3 o deste artigo incluirá o contato com crianças e adolescentes em acolhimento familiar ou institucional em condições de serem adotados, a ser realizado sob a orientação, supervisão e avaliação da equipe técnica da Justiça da Infância e da Juventude, com apoio dos técnicos responsáveis pelo programa de acolhimento e pela execução da política municipal de garantia do direito à convivência familiar. (Incluído pela Lei nº 12.010, de 2009)

§ 5º Serão criados e implementados cadastros estaduais e nacional de crianças e adolescentes em condições de serem adotados e de pessoas ou casais habilitados à adoção. (Incluído pela Lei nº 12.010, de 2009)

§ 6º Haverá cadastros distintos para pessoas ou casais residentes fora do País, que somente serão consultados na inexistência de postulantes nacionais habilitados nos cadastros mencionados no § 5 o deste artigo. (Incluído pela Lei nº 12.010, de 2009)

§ 7º As autoridades estaduais e federais em matéria de adoção terão acesso integral aos cadastros, incumbindo-lhes a troca de informações e a cooperação mútua, para melhoria do sistema. (Incluído pela Lei nº 12.010, de 2009)

§ 8º A autoridade judiciária providenciará, no prazo de 48 (quarenta e oito) horas, a inscrição das crianças e adolescentes em condições de serem adotados que não tiveram colocação familiar na comarca de origem, e das pessoas ou casais que tiveram deferida sua habilitação à adoção nos cadastros estadual e nacional referidos no § 5 o deste artigo, sob pena de responsabilidade. (Incluído pela Lei nº 12.010, de 2009)

§ 9º Compete à Autoridade Central Estadual zelar pela manutenção e correta alimentação dos cadastros, com posterior comunicação à Autoridade Central Federal Brasileira. (Incluído pela Lei nº 12.010, de 2009)

§ 10. Consultados os cadastros e verificada a ausência de pretendentes habilitados residentes no País com perfil compatível e interesse manifesto pela adoção de criança ou adolescente inscrito nos cadastros existentes, será realizado o encaminhamento da criança ou adolescente à adoção internacional. (Redação dada pela Lei nº 13.509, de 2017)

§ 11. Enquanto não localizada pessoa ou casal interessado em sua adoção, a criança ou o adolescente, sempre que possível e recomendável, será colocado sob guarda de família cadastrada em programa de acolhimento familiar. (Incluído pela Lei nº 12.010, de 2009)

§ 12. A alimentação do cadastro e a convocação criteriosa dos postulantes à adoção serão fiscalizadas pelo Ministério Público. (Incluído pela Lei nº 12.010, de 2009)

§ 13. Somente poderá ser deferida adoção em favor de candidato domiciliado no Brasil não cadastrado previamente nos termos desta Lei quando: (Incluído pela Lei nº 12.010, de 2009)

I - se tratar de pedido de adoção unilateral; (Incluído pela Lei nº 12.010, de 2009)

II - for formulada por parente com o qual a criança ou adolescente mantenha vínculos de afinidade e afetividade; (Incluído pela Lei nº 12.010, de 2009)

III - oriundo o pedido de quem detém a tutela ou guarda legal de criança maior de 3 (três) anos ou adolescente, desde que o lapso de tempo de convivência comprove a fixação de laços de afinidade e afetividade, e não seja constatada a ocorrência de má-fé ou qualquer das situações previstas nos arts. 237 ou 238 desta Lei. (Incluído pela Lei nº 12.010, de 2009)

§ 14. Nas hipóteses previstas no § 13 deste artigo, o candidato deverá comprovar, no curso do procedimento, que preenche os requisitos necessários à adoção, conforme previsto nesta Lei. (Incluído pela Lei nº 12.010, de 2009)

§ 15. Será assegurada prioridade no cadastro a pessoas interessadas em adotar criança ou adolescente com deficiência, com doença crônica ou com necessidades específicas de saúde, além de grupo de irmãos. (Incluído pela Lei nº 13.509, de 2017)

Art. 51. Considera-se adoção internacional aquela na qual o pretendente possui residência habitual em país-parte da Convenção de Haia, de 29 de maio de 1993, Relativa à Proteção das Crianças e à Cooperação em Matéria de Adoção Internacional, promulgada pelo Decreto n o 3.087, de 21 junho de 1999 , e deseja adotar criança em outro país-parte da Convenção. (Redação dada pela Lei nº 13.509, de 2017)

§ 1º A adoção internacional de criança ou adolescente brasileiro ou domiciliado no Brasil somente terá lugar quando restar comprovado: (Redação dada pela Lei nº 12.010, de 2009)

I - que a colocação em família adotiva é a solução adequada ao caso concreto; (Redação dada pela Lei nº 13.509, de 2017)

II - que foram esgotadas todas as possibilidades de colocação da criança ou adolescente em família adotiva brasileira, com a comprovação, certificada nos autos, da inexistência de adotantes habilitados residentes no Brasil com perfil compatível com a criança ou adolescente, após consulta aos cadastros mencionados nesta Lei; (Redação dada pela Lei nº 13.509, de 2017)

III - que, em se tratando de adoção de adolescente, este foi consultado, por meios adequados ao seu estágio de desenvolvimento, e que se encontra preparado para a medida,

mediante parecer elaborado por equipe interprofissional, observado o disposto nos §§ 1 o e 2 o do art. 28 desta Lei. (Incluída pela Lei nº 12.010, de 2009)

§ 2º Os brasileiros residentes no exterior terão preferência aos estrangeiros, nos casos de adoção internacional de criança ou adolescente brasileiro. (Redação dada pela Lei nº 12.010, de 2009)

§ 3º A adoção internacional pressupõe a intervenção das Autoridades Centrais Estaduais e Federal em matéria de adoção internacional. (Redação dada pela Lei nº 12.010, de 2009)

§ 4º (Revogado pela Lei nº 12.010, de 2009)

Art. 52. A adoção internacional observará o procedimento previsto nos arts. 165 a 170 desta Lei, com as seguintes adaptações: (Redação dada pela Lei nº 12.010, de 2009)

I - a pessoa ou casal estrangeiro, interessado em adotar criança ou adolescente brasileiro, deverá formular pedido de habilitação à adoção perante a Autoridade Central em matéria de adoção internacional no país de acolhida, assim entendido aquele onde está situada sua residência habitual; (Incluída pela Lei nº 12.010, de 2009)

II - se a Autoridade Central do país de acolhida considerar que os solicitantes estão habilitados e aptos para adotar, emitirá um relatório que contenha informações sobre a identidade, a capacidade jurídica e adequação dos solicitantes para adotar, sua situação pessoal, familiar e médica, seu meio social, os motivos que os animam e sua aptidão para assumir uma adoção internacional; (Incluída pela Lei nº 12.010, de 2009)

III - a Autoridade Central do país de acolhida enviará o relatório à Autoridade Central Estadual, com cópia para a Autoridade Central Federal Brasileira; (Incluída pela Lei nº 12.010, de 2009)

IV - o relatório será instruído com toda a documentação necessária, incluindo estudo psicossocial elaborado por equipe interprofissional habilitada e cópia autenticada da legislação pertinente, acompanhada da respectiva prova de vigência; (Incluída pela Lei nº 12.010, de 2009)

V - os documentos em língua estrangeira serão devidamente autenticados pela autoridade consular, observados os tratados e convenções internacionais, e acompanhados da respectiva tradução, por tradutor público juramentado; (Incluída pela Lei nº 12.010, de 2009)

VI - a Autoridade Central Estadual poderá fazer exigências e solicitar complementação sobre o estudo psicossocial do postulante estrangeiro à adoção, já realizado no país de acolhida; (Incluída pela Lei nº 12.010, de 2009)

VII - verificada, após estudo realizado pela Autoridade Central Estadual, a compatibilidade da legislação estrangeira com a nacional, além do preenchimento por parte dos postulantes à medida dos requisitos objetivos e subjetivos necessários ao seu deferimento, tanto à luz do que dispõe esta Lei como da legislação do país de acolhida, será expedido laudo de habilitação à adoção internacional, que terá validade por, no máximo, 1 (um) ano; (Incluída pela Lei nº 12.010, de 2009)

VIII - de posse do laudo de habilitação, o interessado será autorizado a formalizar pedido de adoção perante o Juízo da Infância e da Juventude do local em que se encontra a criança ou adolescente, conforme indicação efetuada pela Autoridade Central Estadual. (Incluída pela Lei nº 12.010, de 2009)

§ 1º Se a legislação do país de acolhida assim o autorizar, admite-se que os pedidos de habilitação à adoção internacional sejam intermediados por organismos credenciados. (Incluída pela Lei nº 12.010, de 2009)

§ 2º Incumbe à Autoridade Central Federal Brasileira o credenciamento de organismos nacionais e estrangeiros encarregados de intermediar pedidos de habilitação à adoção internacional, com posterior comunicação às Autoridades Centrais Estaduais e publicação nos órgãos oficiais de imprensa e em sítio próprio da internet. (Incluído pela Lei nº 12.010, de 2009)

§ 3º Somente será admissível o credenciamento de organismos que: (Incluída pela Lei nº 12.010, de 2009)

I - sejam oriundos de países que ratificaram a Convenção de Haia e estejam devidamente credenciados pela Autoridade Central do país onde estiverem sediados e no país de acolhida do adotando para atuar em adoção internacional no Brasil; (Incluída pela Lei nº 12.010, de 2009)

II - satisfizerem as condições de integridade moral, competência profissional, experiência e responsabilidade exigidas pelos países respectivos e pela Autoridade Central Federal Brasileira; (Incluída pela Lei nº 12.010, de 2009)

III - forem qualificados por seus padrões éticos e sua formação e experiência para atuar na área de adoção internacional; (Incluída pela Lei nº 12.010, de 2009)

IV - cumprirem os requisitos exigidos pelo ordenamento jurídico brasileiro e pelas normas estabelecidas pela Autoridade Central Federal Brasileira. (Incluída pela Lei nº 12.010, de 2009)

§ 4º Os organismos credenciados deverão ainda: (Incluído pela Lei nº 12.010, de 2009)

I - perseguir unicamente fins não lucrativos, nas condições e dentro dos limites fixados pelas autoridades competentes do país onde estiverem sediados, do país de acolhida e pela Autoridade Central Federal Brasileira; (Incluída pela Lei nº 12.010, de 2009)

II - ser dirigidos e administrados por pessoas qualificadas e de reconhecida idoneidade moral, com comprovada formação ou experiência para atuar na área de adoção internacional, cadastradas pelo Departamento de Polícia Federal e aprovadas pela Autoridade Central Federal Brasileira, mediante publicação de portaria do órgão federal competente; (Incluída pela Lei nº 12.010, de 2009)

III - estar submetidos à supervisão das autoridades competentes do país onde estiverem sediados e no país de acolhida, inclusive quanto à sua composição, funcionamento e situação financeira; (Incluída pela Lei nº 12.010, de 2009)

IV - apresentar à Autoridade Central Federal Brasileira, a cada ano, relatório geral das atividades desenvolvidas, bem como relatório de acompanhamento das adoções internacionais efetuadas no período, cuja cópia será encaminhada ao Departamento de Polícia Federal; (Incluída pela Lei nº 12.010, de 2009)

V - enviar relatório pós-adotivo semestral para a Autoridade Central Estadual, com cópia para a Autoridade Central Federal Brasileira, pelo período mínimo de 2 (dois) anos. O envio do relatório será mantido até a juntada de cópia autenticada do registro civil, estabelecendo a cidadania do país de acolhida para o adotado; (Incluída pela Lei nº 12.010, de 2009)

VI - tomar as medidas necessárias para garantir que os adotantes encaminhem à Autoridade Central Federal Brasileira cópia da certidão de registro de nascimento estrangeira e do certificado de nacionalidade tão logo lhes sejam concedidos. (Incluída pela Lei nº 12.010, de 2009)

§ 5º A não apresentação dos relatórios referidos no § 4 o deste artigo pelo organismo credenciado poderá acarretar a suspensão de seu credenciamento. (Incluído pela Lei nº 12.010, de 2009)

§ 6º O credenciamento de organismo nacional ou estrangeiro encarregado de intermediar pedidos de adoção internacional terá validade de 2 (dois) anos. (Incluído pela Lei nº 12.010, de 2009)

§ 7º A renovação do credenciamento poderá ser concedida mediante requerimento protocolado na Autoridade Central Federal Brasileira nos 60 (sessenta) dias anteriores ao término do respectivo prazo de validade. (Incluído pela Lei nº 12.010, de 2009)

§ 8º Antes de transitada em julgado a decisão que concedeu a adoção internacional, não será permitida a saída do adotando do território nacional. (Incluído pela Lei nº 12.010, de 2009)

§ 9º Transitada em julgado a decisão, a autoridade judiciária determinará a expedição de alvará com autorização de viagem, bem como para obtenção de passaporte, constando, obrigatoriamente, as características da criança ou adolescente adotado, como idade, cor, sexo, eventuais sinais ou traços peculiares, assim como foto recente e a aposição da impressão digital do seu polegar direito, instruindo o documento com cópia autenticada da decisão e certidão de trânsito em julgado. (Incluído pela Lei nº 12.010, de 2009)

§ 10. A Autoridade Central Federal Brasileira poderá, a qualquer momento, solicitar informações sobre a situação das crianças e adolescentes adotados (Incluído pela Lei nº 12.010, de 2009)

§ 11. A cobrança de valores por parte dos organismos credenciados, que sejam considerados abusivos pela Autoridade Central Federal Brasileira e que não estejam devidamente comprovados, é causa de seu descredenciamento. (Incluído pela Lei nº 12.010, de 2009)

§ 12. Uma mesma pessoa ou seu cônjuge não podem ser representados por mais de uma entidade credenciada para atuar na cooperação em adoção internacional. (Incluído pela Lei nº 12.010, de 2009)

§ 13. A habilitação de postulante estrangeiro ou domiciliado fora do Brasil terá validade máxima de 1 (um) ano, podendo ser renovada. (Incluído pela Lei nº 12.010, de 2009)

§ 14. É vedado o contato direto de representantes de organismos de adoção, nacionais ou estrangeiros, com dirigentes de programas de acolhimento institucional ou familiar, assim como com crianças e adolescentes em condições de serem adotados, sem a devida autorização judicial. (Incluído pela Lei nº 12.010, de 2009)

§ 15. A Autoridade Central Federal Brasileira poderá limitar ou suspender a concessão de novos credenciamentos sempre que julgar necessário, mediante ato administrativo fundamentado. (Incluído pela Lei nº 12.010, de 2009)

Art. 52-A. É vedado, sob pena de responsabilidade e descredenciamento, o repasse de recursos provenientes de organismos estrangeiros encarregados de intermediar pedidos de adoção internacional a organismos nacionais ou a pessoas físicas. (Incluído pela Lei nº 12.010, de 2009)

Parágrafo único. Eventuais repasses somente poderão ser efetuados via Fundo dos Direitos da Criança e do Adolescente e estarão sujeitos às deliberações do respectivo Conselho de Direitos da Criança e do Adolescente (Incluído pela Lei nº 12.010, de 2009)

Art. 52-B. A adoção por brasileiro residente no exterior em país ratificante da Convenção de Haia, cujo processo de adoção tenha sido processado em conformidade com a legislação vigente no país de residência e atendido o disposto na Alínea "c" do Artigo 17 da referida Convenção, será automaticamente recepcionada com o reingresso no Brasil. (Incluído pela Lei nº 12.010, de 2009)

§ 1º Caso não tenha sido atendido o disposto na Alínea "c" do Artigo 17 da Convenção de Haia, deverá a sentença ser homologada pelo Superior Tribunal de Justiça. (Incluído pela Lei nº 12.010, de 2009)

§ 2º O pretendente brasileiro residente no exterior em país não ratificante da Convenção de Haia, uma vez reingressado no Brasil, deverá requerer a homologação da sentença estrangeira pelo Superior Tribunal de Justiça. (Incluído pela Lei nº 12.010, de 2009)

Art. 52-C. Nas adoções internacionais, quando o Brasil for o país de acolhida, a decisão da autoridade competente do país de origem da criança ou do adolescente será conhecida pela Autoridade Central Estadual que tiver processado o pedido de habilitação dos pais adotivos, que comunicará o fato à Autoridade Central Federal e determinará as providências necessárias à expedição do Certificado de Naturalização Provisório. (Incluído pela Lei nº 12.010, de 2009)

§ 1º A Autoridade Central Estadual, ouvido o Ministério Público, somente deixará de reconhecer os efeitos daquela decisão se restar demonstrado que a adoção é manifestamente contrária à ordem pública ou não atende ao interesse superior da criança ou do adolescente. (Incluído pela Lei nº 12.010, de 2009)

§ 2º Na hipótese de não reconhecimento da adoção, prevista no § 1 o deste artigo, o Ministério Público deverá imediatamente requerer o que for de direito para resguardar os interesses da criança ou do adolescente, comunicando-se as providências à Autoridade Central Estadual, que fará a comunicação à Autoridade Central Federal Brasileira e à Autoridade Central do país de origem. (Incluído pela Lei nº 12.010, de 2009)

Art. 52-D. Nas adoções internacionais, quando o Brasil for o país de acolhida e a adoção não tenha sido deferida no país de origem porque a sua legislação a delega ao país de acolhida, ou, ainda, na hipótese de, mesmo com decisão, a criança ou o adolescente ser oriundo de país que não tenha aderido à Convenção referida, o processo de adoção seguirá as regras da adoção nacional. (Incluído pela Lei nº 12.010, de 2009)

Capítulo IV - Do Direito à Educação, à Cultura, ao Esporte e ao Lazer

Art. 53. A criança e o adolescente têm direito à educação, visando ao pleno desenvolvimento de sua pessoa, preparo para o exercício da cidadania e qualificação para o trabalho, assegurando-se-lhes:

I - igualdade de condições para o acesso e permanência na escola;

II - direito de ser respeitado por seus educadores;

III - direito de contestar critérios avaliativos, podendo recorrer às instâncias escolares superiores;

IV - direito de organização e participação em entidades estudantis;

V - acesso à escola pública e gratuita, próxima de sua residência, garantindo-se vagas no mesmo estabelecimento a irmãos que frequentem a mesma etapa ou ciclo de ensino da educação básica. (Redação dada pela Lei nº 13.845, de 2019)

Parágrafo único. É direito dos pais ou responsáveis ter ciência do processo pedagógico, bem como participar da definição das propostas educacionais.

Art. 53-A. É dever da instituição de ensino, clubes e agremiações recreativas e de estabelecimentos congêneres assegurar medidas de conscientização, prevenção e enfrentamento ao uso ou dependência de drogas ilícitas. (Incluído pela Lei nº 13.840, de 2019)

Art. 54. É dever do Estado assegurar à criança e ao adolescente:

I - ensino fundamental, obrigatório e gratuito, inclusive para os que a ele não tiveram acesso na idade própria;

II - progressiva extensão da obrigatoriedade e gratuidade ao ensino médio;

III - atendimento educacional especializado aos portadores de deficiência, preferencialmente na rede regular de ensino;

IV - atendimento em creche e pré-escola às crianças de zero a cinco anos de idade; (Redação dada pela Lei nº 13.306, de 2016)

V - acesso aos níveis mais elevados do ensino, da pesquisa e da criação artística, segundo a capacidade de cada um;

VI - oferta de ensino noturno regular, adequado às condições do adolescente trabalhador;

VII - atendimento no ensino fundamental, através de programas suplementares de material didático-escolar, transporte, alimentação e assistência à saúde.

§ 1º O acesso ao ensino obrigatório e gratuito é direito público subjetivo.

§ 2º O não oferecimento do ensino obrigatório pelo poder público ou sua oferta irregular importa responsabilidade da autoridade competente.

§ 3º Compete ao poder público recensear os educandos no ensino fundamental, fazer-lhes a chamada e zelar, junto aos pais ou responsável, pela freqüência à escola.

Art. 55. Os pais ou responsável têm a obrigação de matricular seus filhos ou pupilos na rede regular de ensino.

Art. 56. Os dirigentes de estabelecimentos de ensino fundamental comunicarão ao Conselho Tutelar os casos de:

I - maus-tratos envolvendo seus alunos;

II - reiteração de faltas injustificadas e de evasão escolar, esgotados os recursos escolares;

III - elevados níveis de repetência.

Art. 57. O poder público estimulará pesquisas, experiências e novas propostas relativas a calendário, seriação, currículo, metodologia, didática e avaliação, com vistas à inserção de crianças e adolescentes excluídos do ensino fundamental obrigatório.

Art. 58. No processo educacional respeitar-se-ão os valores culturais, artísticos e históricos próprios do contexto social da criança e do adolescente, garantindo-se a estes a liberdade da criação e o acesso às fontes de cultura.

Art. 59. Os municípios, com apoio dos estados e da União, estimularão e facilitarão a destinação de recursos e espaços para programações culturais, esportivas e de lazer voltadas para a infância e a juventude.

Capítulo V
Do Direito à Profissionalização e à Proteção no Trabalho

Art. 60. É proibido qualquer trabalho a menores de quatorze anos de idade, salvo na condição de aprendiz. (Vide Constituição Federal)

Art. 61. A proteção ao trabalho dos adolescentes é regulada por legislação especial, sem prejuízo do disposto nesta Lei.

Art. 62. Considera-se aprendizagem a formação técnico-profissional ministrada segundo as diretrizes e bases da legislação de educação em vigor.

Art. 63. A formação técnico-profissional obedecerá aos seguintes princípios:

I - garantia de acesso e freqüência obrigatória ao ensino regular;

II - atividade compatível com o desenvolvimento do adolescente;

III - horário especial para o exercício das atividades.

Art. 64. Ao adolescente até quatorze anos de idade é assegurada bolsa de aprendizagem.

Art. 65. Ao adolescente aprendiz, maior de quatorze anos, são assegurados os direitos trabalhistas e previdenciários.

Art. 66. Ao adolescente portador de deficiência é assegurado trabalho protegido.

Art. 67. Ao adolescente empregado, aprendiz, em regime familiar de trabalho, aluno de escola técnica, assistido em entidade governamental ou não-governamental, é vedado trabalho:

I - noturno, realizado entre as vinte e duas horas de um dia e as cinco horas do dia seguinte;

II - perigoso, insalubre ou penoso;

III - realizado em locais prejudiciais à sua formação e ao seu desenvolvimento físico, psíquico, moral e social;

IV - realizado em horários e locais que não permitam a freqüência à escola.

Art. 68. O programa social que tenha por base o trabalho educativo, sob responsabilidade de entidade governamental ou não-governamental sem fins lucrativos, deverá assegurar ao adolescente que dele participe condições de capacitação para o exercício de atividade regular remunerada.

§ 1º Entende-se por trabalho educativo a atividade laboral em que as exigências pedagógicas relativas ao desenvolvimento pessoal e social do educando prevalecem sobre o aspecto produtivo.

§ 2º A remuneração que o adolescente recebe pelo trabalho efetuado ou a participação na venda dos produtos de seu trabalho não desfigura o caráter educativo.

Art. 69. O adolescente tem direito à profissionalização e à proteção no trabalho, observados os seguintes aspectos, entre outros:

I - respeito à condição peculiar de pessoa em desenvolvimento;

II - capacitação profissional adequada ao mercado de trabalho.

Título III - Da Prevenção

Capítulo I - Disposições Gerais

Art. 70. É dever de todos prevenir a ocorrência de ameaça ou violação dos direitos da criança e do adolescente.

Art. 70-A. A União, os Estados, o Distrito Federal e os Municípios deverão atuar de forma articulada na elaboração de políticas públicas e na execução de ações destinadas a coibir o uso de castigo físico ou de tratamento cruel ou degradante e difundir formas não violentas de educação de crianças e de adolescentes, tendo como principais ações: (Incluído pela Lei nº 13.010, de 2014)

I - a promoção de campanhas educativas permanentes para a divulgação do direito da criança e do adolescente de serem educados e cuidados sem o uso de castigo físico ou de tratamento cruel ou degradante e dos instrumentos de proteção aos direitos humanos; (Incluído pela Lei nº 13.010, de 2014)

II - a integração com os órgãos do Poder Judiciário, do Ministério Público e da Defensoria Pública, com o Conselho Tutelar, com os Conselhos de Direitos da Criança e do Adolescente e com as entidades não governamentais que atuam na promoção, proteção e defesa dos direitos da criança e do adolescente; (Incluído pela Lei nº 13.010, de 2014)

III - a formação continuada e a capacitação dos profissionais de saúde, educação e assistência social e dos demais agentes que atuam na promoção, proteção e defesa dos direitos da criança e do adolescente para o desenvolvimento das competências necessárias à prevenção, à identificação de evidências, ao diagnóstico e ao enfrentamento de todas as formas de violência contra a criança e o adolescente; (Incluído pela Lei nº 13.010, de 2014)

IV - o apoio e o incentivo às práticas de resolução pacífica de conflitos que envolvam violência contra a criança e o adolescente; (Incluído pela Lei nº 13.010, de 2014)

V - a inclusão, nas políticas públicas, de ações que visem a garantir os direitos da criança e do adolescente, desde a atenção pré-natal, e de atividades junto aos pais e responsáveis com o objetivo de promover a informação, a reflexão, o debate e a orientação sobre alternativas ao uso de castigo físico ou de tratamento cruel ou degradante no processo educativo; (Incluído pela Lei nº 13.010, de 2014)

VI - a promoção de espaços intersetoriais locais para a articulação de ações e a elaboração de planos de atuação conjunta focados nas famílias em situação de violência, com participação de profissionais de saúde, de assistência social e de educação e de órgãos de promoção, proteção e defesa dos direitos da criança e do adolescente. (Incluído pela Lei nº 13.010, de 2014)

Parágrafo único. As famílias com crianças e adolescentes com deficiência terão prioridade de atendimento nas ações e políticas públicas de prevenção e proteção. (Incluído pela Lei nº 13.010, de 2014)

Art. 70-B. As entidades, públicas e privadas, que atuem nas áreas a que se refere o art. 71, dentre outras, devem contar, em seus quadros, com pessoas capacitadas a reconhecer e comunicar ao Conselho Tutelar suspeitas ou casos de maus-tratos praticados contra crianças e adolescentes. (Incluído pela Lei nº 13.046, de 2014)

Parágrafo único. São igualmente responsáveis pela comunicação de que trata este artigo, as pessoas encarregadas, por razão de cargo, função, ofício, ministério, profissão ou ocupação, do cuidado, assistência ou guarda de crianças e adolescentes, punível, na forma deste Estatuto, o injustificado retardamento ou omissão, culposos ou dolosos. (Incluído pela Lei nº 13.046, de 2014)

Art. 71. A criança e o adolescente têm direito a informação, cultura, lazer, esportes, diversões, espetáculos e produtos e serviços que respeitem sua condição peculiar de pessoa em desenvolvimento.

Art. 72. As obrigações previstas nesta Lei não excluem da prevenção especial outras decorrentes dos princípios por ela adotados.

Art. 73. A inobservância das normas de prevenção importará em responsabilidade da pessoa física ou jurídica, nos termos desta Lei.

Capítulo II - Da Prevenção Especial

Seção I - Da Informação, Cultura, Lazer, Esportes, Diversões e Espetáculos

Art. 74. O poder público, através do órgão competente, regulará as diversões e espetáculos públicos, informando sobre a natureza deles, as faixas etárias a que não se recomendem, locais e horários em que sua apresentação se mostre inadequada.

Parágrafo único. Os responsáveis pelas diversões e espetáculos públicos deverão afixar, em lugar visível e de fácil acesso, à entrada do local de exibição, informação destacada sobre a natureza do espetáculo e a faixa etária especificada no certificado de classificação.

Art. 75. Toda criança ou adolescente terá acesso às diversões e espetáculos públicos classificados como adequados à sua faixa etária.

Parágrafo único. As crianças menores de dez anos somente poderão ingressar e permanecer nos locais de apresentação ou exibição quando acompanhadas dos pais ou responsável.

Art. 76. As emissoras de rádio e televisão somente exibirão, no horário recomendado para o público infanto juvenil, programas com finalidades educativas, artísticas, culturais e informativas.

Parágrafo único. Nenhum espetáculo será apresentado ou anunciado sem aviso de sua classificação, antes de sua transmissão, apresentação ou exibição.

Art. 77. Os proprietários, diretores, gerentes e funcionários de empresas que explorem a venda ou aluguel de fitas de programação em vídeo cuidarão para que não haja venda ou locação em desacordo com a classificação atribuída pelo órgão competente.

Parágrafo único. As fitas a que alude este artigo deverão exibir, no invólucro, informação sobre a natureza da obra e a faixa etária a que se destinam.

Art. 78. As revistas e publicações contendo material impróprio ou inadequado a crianças e adolescentes deverão ser comercializadas em embalagem lacrada, com a advertência de seu conteúdo.

Parágrafo único. As editoras cuidarão para que as capas que contenham mensagens pornográficas ou obscenas sejam protegidas com embalagem opaca.

Art. 79. As revistas e publicações destinadas ao público infanto-juvenil não poderão conter ilustrações, fotografias, legendas, crônicas ou anúncios de bebidas alcoólicas, tabaco, armas e munições, e deverão respeitar os valores éticos e sociais da pessoa e da família.

Art. 80. Os responsáveis por estabelecimentos que explorem comercialmente bilhar, sinuca ou congênere ou por casas de jogos, assim entendidas as que realizem apostas, ainda que eventualmente, cuidarão para que não seja permitida a entrada e a permanência de crianças e adolescentes no local, afixando aviso para orientação do público.

Seção II - Dos Produtos e Serviços

Art. 81. É proibida a venda à criança ou ao adolescente de:

I - armas, munições e explosivos;

II - bebidas alcoólicas;

III - produtos cujos componentes possam causar dependência física ou psíquica ainda que por utilização indevida;

IV - fogos de estampido e de artifício, exceto aqueles que pelo seu reduzido potencial sejam incapazes de provocar qualquer dano físico em caso de utilização indevida;

V - revistas e publicações a que alude o art. 78;

VI - bilhetes lotéricos e equivalentes.

Art. 82. É proibida a hospedagem de criança ou adolescente em hotel, motel, pensão ou estabelecimento congênere, salvo se autorizado ou acompanhado pelos pais ou responsável.

Seção III - Da Autorização para Viajar

Art. 83. Nenhuma criança ou adolescente menor de 16 (dezesseis) anos poderá viajar para fora da comarca onde reside desacompanhado dos pais ou dos responsáveis sem expressa autorização judicial. (Redação dada pela Lei nº 13.812, de 2019)

§ 1º A autorização não será exigida quando:

a) tratar-se de comarca contígua à da residência da criança ou do adolescente menor de 16 (dezesseis) anos, se na mesma unidade da Federação, ou incluída na mesma região metropolitana; (Redação dada pela Lei nº 13.812, de 2019)

b) a criança ou o adolescente menor de 16 (dezesseis) anos estiver acompanhado: (Redação dada pela Lei nº 13.812, de 2019)

1) de ascendente ou colateral maior, até o terceiro grau, comprovado documentalmente o parentesco;

2) de pessoa maior, expressamente autorizada pelo pai, mãe ou responsável.

§ 2º A autoridade judiciária poderá, a pedido dos pais ou responsável, conceder autorização válida por dois anos.

Art. 84. Quando se tratar de viagem ao exterior, a autorização é dispensável, se a criança ou adolescente:

I - estiver acompanhado de ambos os pais ou responsável;

II - viajar na companhia de um dos pais, autorizado expressamente pelo outro através de documento com firma reconhecida.

Art. 85. Sem prévia e expressa autorização judicial, nenhuma criança ou adolescente nascido em território nacional poderá sair do País em companhia de estrangeiro residente ou domiciliado no exterior.

Parte Especial

Título I - Da Política de Atendimento

Capítulo I - Disposições Gerais

Art. 86. A política de atendimento dos direitos da criança e do adolescente far-se-á através de um conjunto articulado de ações governamentais e não-governamentais, da União, dos estados, do Distrito Federal e dos municípios.

Art. 87. São linhas de ação da política de atendimento:

I - políticas sociais básicas;

II - serviços, programas, projetos e benefícios de assistência social de garantia de proteção social e de prevenção e redução de violações de direitos, seus agravamentos ou reincidências; (Redação dada pela Lei nº 13.257, de 2016)

III - serviços especiais de prevenção e atendimento médico e psicossocial às vítimas de negligência, maus-tratos, exploração, abuso, crueldade e opressão;

IV - serviço de identificação e localização de pais, responsável, crianças e adolescentes desaparecidos;

V - proteção jurídico-social por entidades de defesa dos direitos da criança e do adolescente.
VI - políticas e programas destinados a prevenir ou abreviar o período de afastamento do convívio familiar e a garantir o efetivo exercício do direito à convivência familiar de crianças e adolescentes; (Incluído pela Lei nº 12.010, de 2009)
VII - campanhas de estímulo ao acolhimento sob forma de guarda de crianças e adolescentes afastados do convívio familiar e à adoção, especificamente inter-racial, de crianças maiores ou de adolescentes, com necessidades específicas de saúde ou com deficiências e de grupos de irmãos. (Incluído pela Lei nº 12.010, de 2009)

Art. 88. São diretrizes da política de atendimento:
I - municipalização do atendimento;
II - criação de conselhos municipais, estaduais e nacional dos direitos da criança e do adolescente, órgãos deliberativos e controladores das ações em todos os níveis, assegurada a participação popular paritária por meio de organizações representativas, segundo leis federal, estaduais e municipais;
III - criação e manutenção de programas específicos, observada a descentralização político-administrativa;
IV - manutenção de fundos nacional, estaduais e municipais vinculados aos respectivos conselhos dos direitos da criança e do adolescente;
V - integração operacional de órgãos do Judiciário, Ministério Público, Defensoria, Segurança Pública e Assistência Social, preferencialmente em um mesmo local, para efeito de agilização do atendimento inicial a adolescente a quem se atribua autoria de ato infracional;
VI - integração operacional de órgãos do Judiciário, Ministério Público, Defensoria, Conselho Tutelar e encarregados da execução das políticas sociais básicas e de assistência social, para efeito de agilização do atendimento de crianças e de adolescentes inseridos em programas de acolhimento familiar ou institucional, com vista na sua rápida reintegração à família de origem ou, se tal solução se mostrar comprovadamente inviável, sua colocação em família substituta, em quaisquer das modalidades previstas no art. 28 desta Lei; (Redação dada pela Lei nº 12.010, de 2009)
VII - mobilização da opinião pública para a indispensável participação dos diversos segmentos da sociedade. (Incluído pela Lei nº 12.010, de 2009)
VIII - especialização e formação continuada dos profissionais que trabalham nas diferentes áreas da atenção à primeira infância, incluindo os conhecimentos sobre direitos da criança e sobre desenvolvimento infantil; (Incluído pela Lei nº 13.257, de 2016)
IX - formação profissional com abrangência dos diversos direitos da criança e do adolescente que favoreça a intersetorialidade no atendimento da criança e do adolescente e seu desenvolvimento integral; (Incluído pela Lei nº 13.257, de 2016)
X - realização e divulgação de pesquisas sobre desenvolvimento infantil e sobre prevenção da violência. (Incluído pela Lei nº 13.257, de 2016)

Art. 89. A função de membro do conselho nacional e dos conselhos estaduais e municipais dos direitos da criança e do adolescente é considerada de interesse público relevante e não será remunerada.

Capítulo II - Das Entidades de Atendimento

Seção I - Disposições Gerais

Art. 90. As entidades de atendimento são responsáveis pela manutenção das próprias unidades, assim como pelo planejamento e execução de programas de proteção e sócio-educativos destinados a crianças e adolescentes, em regime de: (Vide)
I - orientação e apoio sócio-familiar;
II - apoio sócio-educativo em meio aberto;
III - colocação familiar;
IV - acolhimento institucional; (Redação dada pela Lei nº 12.010, de 2009)
V - prestação de serviços à comunidade; (Redação dada pela Lei nº 12.594, de 2012) (Vide)
VI - liberdade assistida; (Redação dada pela Lei nº 12.594, de 2012) (Vide)
VII - semiliberdade; e (Redação dada pela Lei nº 12.594, de 2012) (Vide)
VIII - internação. (Incluído pela Lei nº 12.594, de 2012) (Vide)

§ 1º As entidades governamentais e não governamentais deverão proceder à inscrição de seus programas, especificando os regimes de atendimento, na forma definida neste artigo, no Conselho Municipal dos Direitos da Criança e do Adolescente, o qual manterá registro das inscrições e de suas alterações, do que fará comunicação ao Conselho Tutelar e à autoridade judiciária. (Incluído pela Lei nº 12.010, de 2009)

§ 2º Os recursos destinados à implementação e manutenção dos programas relacionados neste artigo serão previstos nas dotações orçamentárias dos órgãos públicos encarregados das áreas de Educação, Saúde e Assistência Social, dentre outros, observando-se o princípio da prioridade absoluta à criança e ao adolescente preconizado pelo caput do art. 227 da Constituição Federal e pelo caput e parágrafo único do art. 4 o desta Lei. (Incluído pela Lei nº 12.010, de 2009)

§ 3º Os programas em execução serão reavaliados pelo Conselho Municipal dos Direitos da Criança e do Adolescente, no máximo, a cada 2 (dois) anos, constituindo-se critérios para renovação da autorização de funcionamento: (Incluído pela Lei nº 12.010, de 2009)
I - o efetivo respeito às regras e princípios desta Lei, bem como às resoluções relativas à modalidade de atendimento prestado expedidas pelos Conselhos de Direitos da Criança e do Adolescente, em todos os níveis; (Incluído pela Lei nº 12.010, de 2009)
II - a qualidade e eficiência do trabalho desenvolvido, atestadas pelo Conselho Tutelar, pelo Ministério Público e pela Justiça da Infância e da Juventude; (Incluído pela Lei nº 12.010, de 2009)
III - em se tratando de programas de acolhimento institucional ou familiar, serão considerados os índices de sucesso na reintegração familiar ou de adaptação à família substituta, conforme o caso. (Incluído pela Lei nº 12.010, de 2009)

Art. 91. As entidades não-governamentais somente poderão funcionar depois de registradas no Conselho Municipal dos Direitos da Criança e do Adolescente, o qual comunicará o registro ao Conselho Tutelar e à autoridade judiciária da respectiva localidade.

§ 1º Será negado o registro à entidade que: (Incluído pela Lei nº 12.010, de 2009)
a) não ofereça instalações físicas em condições adequadas de habitabilidade, higiene, salubridade e segurança;
b) não apresente plano de trabalho compatível com os princípios desta Lei;
c) esteja irregularmente constituída;
d) tenha em seus quadros pessoas inidôneas.
e) não se adequar ou deixar de cumprir as resoluções e deliberações relativas à modalidade de atendimento prestado expedidas pelos Conselhos de Direitos da Criança e do Adolescente, em todos os níveis. (Incluída pela Lei nº 12.010, de 2009)

§ 2º O registro terá validade máxima de 4 (quatro) anos, cabendo ao Conselho Municipal dos Direitos da Criança e do Adolescente, periodicamente, reavaliar o cabimento de sua renovação, observado o disposto no § 1 o deste artigo. (Incluído pela Lei nº 12.010, de 2009)

Art. 92. As entidades que desenvolvam programas de acolhimento familiar ou institucional deverão adotar os seguintes princípios: (Redação dada pela Lei nº 12.010, de 2009)

I - preservação dos vínculos familiares e promoção da reintegração familiar; (Redação dada pela Lei nº 12.010, de 2009)

II - integração em família substituta, quando esgotados os recursos de manutenção na família natural ou extensa; (Redação dada pela Lei nº 12.010, de 2009)

III - atendimento personalizado e em pequenos grupos;

IV - desenvolvimento de atividades em regime de co-educação;

V - não desmembramento de grupos de irmãos;

VI - evitar, sempre que possível, a transferência para outras entidades de crianças e adolescentes abrigados;

VII - participação na vida da comunidade local;

VIII - preparação gradativa para o desligamento;

IX - participação de pessoas da comunidade no processo educativo.

§ 1º O dirigente de entidade que desenvolve programa de acolhimento institucional é equiparado ao guardião, para todos os efeitos de direito. (Incluído pela Lei nº 12.010, de 2009)

§ 2º Os dirigentes de entidades que desenvolvem programas de acolhimento familiar ou institucional remeterão à autoridade judiciária, no máximo a cada 6 (seis) meses, relatório circunstanciado acerca da situação de cada criança ou adolescente acolhido e sua família, para fins da reavaliação prevista no § 1 o do art. 19 desta Lei. (Incluído pela Lei nº 12.010, de 2009)

§ 3º Os entes federados, por intermédio dos Poderes Executivo e Judiciário, promoverão conjuntamente a permanente qualificação dos profissionais que atuam direta ou indiretamente em programas de acolhimento institucional e destinados à colocação familiar de crianças e adolescentes, incluindo membros do Poder Judiciário, Ministério Público e Conselho Tutelar. (Incluído pela Lei nº 12.010, de 2009)

§ 4º Salvo determinação em contrário da autoridade judiciária competente, as entidades que desenvolvem programas de acolhimento familiar ou institucional, se necessário com o auxílio do Conselho Tutelar e dos órgãos de assistência social, estimularão o contato da criança ou adolescente com seus pais e parentes, em cumprimento ao disposto nos incisos I e VIII do caput deste artigo. (Incluído pela Lei nº 12.010, de 2009)

§ 5º As entidades que desenvolvem programas de acolhimento familiar ou institucional somente poderão receber recursos públicos se comprovado o atendimento dos princípios, exigências e finalidades desta Lei. (Incluído pela Lei nº 12.010, de 2009)

§ 6º O descumprimento das disposições desta Lei pelo dirigente de entidade que desenvolva programas de acolhimento familiar ou institucional é causa de sua destituição, sem prejuízo da apuração de sua responsabilidade administrativa, civil e criminal. (Incluído pela Lei nº 12.010, de 2009)

§ 7º Quando se tratar de criança de 0 (zero) a 3 (três) anos em acolhimento institucional, dar-se-á especial atenção à atuação de educadores de referência estáveis e qualitativamente significativos, às rotinas específicas e ao atendimento das necessidades básicas, incluindo as de afeto como prioritárias. (Incluído pela Lei nº 13.257, de 2016)

Art. 93. As entidades que mantenham programa de acolhimento institucional poderão, em caráter excepcional e de urgência, acolher crianças e adolescentes sem prévia determinação da autoridade competente, fazendo comunicação do fato em até 24 (vinte e quatro) horas ao Juiz da Infância e da Juventude, sob pena de responsabilidade. (Redação dada pela Lei nº 12.010, de 2009)

Parágrafo único. Recebida a comunicação, a autoridade judiciária, ouvido o Ministério Público e se necessário com o apoio do Conselho Tutelar local, tomará as medidas necessárias para promover a imediata reintegração familiar da criança ou do adolescente ou, se por qualquer razão não for isso possível ou recomendável, para seu encaminhamento a programa de acolhimento familiar, institucional ou a família substituta, observado o disposto no § 2 o do art. 101 desta Lei. (Incluído pela Lei nº 12.010, de 2009)

Art. 94. As entidades que desenvolvem programas de internação têm as seguintes obrigações, entre outras:

I - observar os direitos e garantias de que são titulares os adolescentes;

II - não restringir nenhum direito que não tenha sido objeto de restrição na decisão de internação;

III - oferecer atendimento personalizado, em pequenas unidades e grupos reduzidos;

IV - preservar a identidade e oferecer ambiente de respeito e dignidade ao adolescente;

V - diligenciar no sentido do restabelecimento e da preservação dos vínculos familiares;

VI - comunicar à autoridade judiciária, periodicamente, os casos em que se mostre inviável ou impossível o reatamento dos vínculos familiares;

VII - oferecer instalações físicas em condições adequadas de habitabilidade, higiene, salubridade e segurança e os objetos necessários à higiene pessoal;

VIII - oferecer vestuário e alimentação suficientes e adequados à faixa etária dos adolescentes atendidos;

IX - oferecer cuidados médicos, psicológicos, odontológicos e farmacêuticos;

X - propiciar escolarização e profissionalização;

XI - propiciar atividades culturais, esportivas e de lazer;

XII - propiciar assistência religiosa àqueles que desejarem, de acordo com suas crenças;

XIII - proceder a estudo social e pessoal de cada caso;

XIV - reavaliar periodicamente cada caso, com intervalo máximo de seis meses, dando ciência dos resultados à autoridade competente;

XV - informar, periodicamente, o adolescente internado sobre sua situação processual;

XVI - comunicar às autoridades competentes todos os casos de adolescentes portadores de moléstias infecto-contagiosas;

XVII - fornecer comprovante de depósito dos pertences dos adolescentes;

XVIII - manter programas destinados ao apoio e acompanhamento de egressos;

XIX - providenciar os documentos necessários ao exercício da cidadania àqueles que não os tiverem;

XX - manter arquivo de anotações onde constem data e circunstâncias do atendimento, nome do adolescente, seus pais ou responsável, parentes, endereços, sexo, idade, acompanhamento da sua formação, relação de seus pertences e demais dados que possibilitem sua identificação e a individualização do atendimento.

§ 1º Aplicam-se, no que couber, as obrigações constantes deste artigo às entidades que mantêm programas de acolhimento institucional e familiar. (Redação dada pela Lei nº 12.010, de 2009)

§ 2º No cumprimento das obrigações a que alude este artigo as entidades utilizarão preferencialmente os recursos da comunidade.

Art. 94-A. As entidades, públicas ou privadas, que abriguem ou recepcionem crianças e adolescentes, ainda que em caráter temporário, devem ter, em seus quadros, profissionais capacitados a reconhecer e reportar ao Conselho Tutelar suspeitas ou ocorrências de maus-tratos. (Incluído pela Lei nº 13.046, de 2014)

Seção II - Da Fiscalização das Entidades

Art. 95. As entidades governamentais e não-governamentais referidas no art. 90 serão fiscalizadas pelo Judiciário, pelo Ministério Público e pelos Conselhos Tutelares.

Art. 96. Os planos de aplicação e as prestações de contas serão apresentados ao estado ou ao município, conforme a origem das dotações orçamentárias.

Art. 97. São medidas aplicáveis às entidades de atendimento que descumprirem obrigação constante do art. 94, sem

prejuízo da responsabilidade civil e criminal de seus dirigentes ou prepostos:

I - às entidades governamentais:
a) advertência;
b) afastamento provisório de seus dirigentes;
c) afastamento definitivo de seus dirigentes;
d) fechamento de unidade ou interdição de programa.

II - às entidades não-governamentais:
a) advertência;
b) suspensão total ou parcial do repasse de verbas públicas;
c) interdição de unidades ou suspensão de programa;
d) cassação do registro.

§ 1º Em caso de reiteradas infrações cometidas por entidades de atendimento, que coloquem em risco os direitos assegurados nesta Lei, deverá ser o fato comunicado ao Ministério Público ou representado perante autoridade judiciária competente para as providências cabíveis, inclusive suspensão das atividades ou dissolução da entidade. (Redação dada pela Lei nº 12.010, de 2009)

§ 2º As pessoas jurídicas de direito público e as organizações não governamentais responderão pelos danos que seus agentes causarem às crianças e aos adolescentes, caracterizado o descumprimento dos princípios norteadores das atividades de proteção específica. (Redação dada pela Lei nº 12.010, de 2009)

Título II - Das Medidas de Proteção

Capítulo I - Disposições Gerais

Art. 98. As medidas de proteção à criança e ao adolescente são aplicáveis sempre que os direitos reconhecidos nesta Lei forem ameaçados ou violados:

I - por ação ou omissão da sociedade ou do Estado;
II - por falta, omissão ou abuso dos pais ou responsável;
III - em razão de sua conduta.

Capítulo II - Das Medidas Específicas de Proteção

Art. 99. As medidas previstas neste Capítulo poderão ser aplicadas isolada ou cumulativamente, bem como substituídas a qualquer tempo.

Art. 100. Na aplicação das medidas levar-se-ão em conta as necessidades pedagógicas, preferindo-se aquelas que visem ao fortalecimento dos vínculos familiares e comunitários.

Parágrafo único. São também princípios que regem a aplicação das medidas: (Incluído pela Lei nº 12.010, de 2009)

I - condição da criança e do adolescente como sujeitos de direitos: crianças e adolescentes são os titulares dos direitos previstos nesta e em outras Leis, bem como na Constituição Federal; (Incluído pela Lei nº 12.010, de 2009)

II - proteção integral e prioritária: a interpretação e aplicação de toda e qualquer norma contida nesta Lei deve ser voltada à proteção integral e prioritária dos direitos de que crianças e adolescentes são titulares; (Incluído pela Lei nº 12.010, de 2009)

III - responsabilidade primária e solidária do poder público: a plena efetivação dos direitos assegurados a crianças e a adolescentes por esta Lei e pela Constituição Federal, salvo nos casos por esta expressamente ressalvados, é de responsabilidade primária e solidária das 3 (três) esferas de governo, sem prejuízo da municipalização do atendimento e da possibilidade da execução de programas por entidades não governamentais; (Incluído pela Lei nº 12.010, de 2009)

IV - interesse superior da criança e do adolescente: a intervenção deve atender prioritariamente aos interesses e direitos da criança e do adolescente, sem prejuízo da consideração que for devida a outros interesses legítimos no âmbito da pluralidade dos interesses presentes no caso concreto; (Incluído pela Lei nº 12.010, de 2009)

V - privacidade: a promoção dos direitos e proteção da criança e do adolescente deve ser efetuada no respeito pela intimidade, direito à imagem e reserva da sua vida privada; (Incluído pela Lei nº 12.010, de 2009)

VI - intervenção precoce: a intervenção das autoridades competentes deve ser efetuada logo que a situação de perigo seja conhecida; (Incluído pela Lei nº 12.010, de 2009)

VII - intervenção mínima: a intervenção deve ser exercida exclusivamente pelas autoridades e instituições cuja ação seja indispensável à efetiva promoção dos direitos e à proteção da criança e do adolescente; (Incluído pela Lei nº 12.010, de 2009)

VIII - proporcionalidade e atualidade: a intervenção deve ser a necessária e adequada à situação de perigo em que a criança ou o adolescente se encontram no momento em que a decisão é tomada; (Incluído pela Lei nº 12.010, de 2009)

IX - responsabilidade parental: a intervenção deve ser efetuada de modo que os pais assumam os seus deveres para com a criança e o adolescente; (Incluído pela Lei nº 12.010, de 2009)

X - prevalência da família: na promoção de direitos e na proteção da criança e do adolescente deve ser dada prevalência às medidas que os mantenham ou reintegrem na sua família natural ou extensa ou, se isso não for possível, que promovam a sua integração em família adotiva; (Redação dada pela Lei nº 13.509, de 2017)

XI - obrigatoriedade da informação: a criança e o adolescente, respeitado seu estágio de desenvolvimento e capacidade de compreensão, seus pais ou responsável devem ser informados dos seus direitos, dos motivos que determinaram a intervenção e da forma como esta se processa; (Incluído pela Lei nº 12.010, de 2009)

XII - oitiva obrigatória e participação: a criança e o adolescente, em separado ou na companhia dos pais, de responsável ou de pessoa por si indicada, bem como os seus pais ou responsável, têm direito a ser ouvidos e a participar nos atos e na definição da medida de promoção dos direitos e de proteção, sendo sua opinião devidamente considerada pela autoridade judiciária competente, observado o disposto nos §§ 1 o e 2 o do art. 28 desta Lei. (Incluído pela Lei nº 12.010, de 2009)

Art. 101. Verificada qualquer das hipóteses previstas no art. 98, a autoridade competente poderá determinar, dentre outras, as seguintes medidas:

I - encaminhamento aos pais ou responsável, mediante termo de responsabilidade;
II - orientação, apoio e acompanhamento temporários;
III - matrícula e freqüência obrigatórias em estabelecimento oficial de ensino fundamental;
IV - inclusão em serviços e programas oficiais ou comunitários de proteção, apoio e promoção da família, da criança e do adolescente; (Redação dada pela Lei nº 13.257, de 2016)
V - requisição de tratamento médico, psicológico ou psiquiátrico, em regime hospitalar ou ambulatorial;
VI - inclusão em programa oficial ou comunitário de auxílio, orientação e tratamento a alcoólatras e toxicômanos;
VII - acolhimento institucional; (Redação dada pela Lei nº 12.010, de 2009)
VIII - inclusão em programa de acolhimento familiar; (Redação dada pela Lei nº 12.010, de 2009)
IX - colocação em família substituta. (Incluído pela Lei nº 12.010, de 2009)

§ 1º O acolhimento institucional e o acolhimento familiar são medidas provisórias e excepcionais, utilizáveis como forma de transição para reintegração familiar ou, não sendo esta possível, para colocação em família substituta, não implicando privação de liberdade. (Incluído pela Lei nº 12.010, de 2009)

§ 2º Sem prejuízo da tomada de medidas emergenciais para proteção de vítimas de violência ou abuso sexual e das providências a que alude o art. 130 desta Lei, o afastamento da

criança ou adolescente do convívio familiar é de competência exclusiva da autoridade judiciária e importará na deflagração, a pedido do Ministério Público ou de quem tenha legítimo interesse, de procedimento judicial contencioso, no qual se garanta aos pais ou ao responsável legal o exercício do contraditório e da ampla defesa. (Incluído pela Lei nº 12.010, de 2009)

§ 3º Crianças e adolescentes somente poderão ser encaminhados às instituições que executam programas de acolhimento institucional, governamentais ou não, por meio de uma Guia de Acolhimento, expedida pela autoridade judiciária, na qual obrigatoriamente constará, dentre outros: (Incluído pela Lei nº 12.010, de 2009)

I - sua identificação e a qualificação completa de seus pais ou de seu responsável, se conhecidos; (Incluído pela Lei nº 12.010, de 2009)

II - o endereço de residência dos pais ou do responsável, com pontos de referência; (Incluído pela Lei nº 12.010, de 2009)

III - os nomes de parentes ou de terceiros interessados em tê-los sob sua guarda; (Incluído pela Lei nº 12.010, de 2009)

IV - os motivos da retirada ou da não reintegração ao convívio familiar. (Incluído pela Lei nº 12.010, de 2009)

§ 4º Imediatamente após o acolhimento da criança ou do adolescente, a entidade responsável pelo programa de acolhimento institucional ou familiar elaborará um plano individual de atendimento, visando à reintegração familiar, ressalvada a existência de ordem escrita e fundamentada em contrário de autoridade judiciária competente, caso em que também deverá contemplar sua colocação em família substituta, observadas as regras e princípios desta Lei. (Incluído pela Lei nº 12.010, de 2009)

§ 5º O plano individual será elaborado sob a responsabilidade da equipe técnica do respectivo programa de atendimento e levará em consideração a opinião da criança ou do adolescente e a oitiva dos pais ou do responsável. (Incluído pela Lei nº 12.010, de 2009)

§ 6º Constarão do plano individual, dentre outros: (Incluído pela Lei nº 12.010, de 2009)

I - os resultados da avaliação interdisciplinar; (Incluído pela Lei nº 12.010, de 2009)

II - os compromissos assumidos pelos pais ou responsável; e (Incluído pela Lei nº 12.010, de 2009)

III - a previsão das atividades a serem desenvolvidas com a criança ou com o adolescente acolhido e seus pais ou responsável, com vista na reintegração familiar ou, caso seja esta vedada por expressa e fundamentada determinação judicial, as providências a serem tomadas para sua colocação em família substituta, sob direta supervisão da autoridade judiciária. (Incluído pela Lei nº 12.010, de 2009)

§ 7º O acolhimento familiar ou institucional ocorrerá no local mais próximo à residência dos pais ou do responsável e, como parte do processo de reintegração familiar, sempre que identificada a necessidade, a família de origem será incluída em programas oficiais de orientação, de apoio e de promoção social, sendo facilitado e estimulado o contato com a criança ou com o adolescente acolhido. (Incluído pela Lei nº 12.010, de 2009)

§ 8º Verificada a possibilidade de reintegração familiar, o responsável pelo programa de acolhimento familiar ou institucional fará imediata comunicação à autoridade judiciária, que dará vista ao Ministério Público, pelo prazo de 5 (cinco) dias, decidindo em igual prazo. (Incluído pela Lei nº 12.010, de 2009)

§ 9º Em sendo constatada a impossibilidade de reintegração da criança ou do adolescente à família de origem, após seu encaminhamento a programas oficiais ou comunitários de orientação, apoio e promoção social, será enviado relatório fundamentado ao Ministério Público, no qual conste a descrição pormenorizada das providências tomadas e a expressa recomendação, subscrita pelos técnicos da entidade ou responsáveis pela execução da política municipal de garantia do direito à convivência familiar, para a destituição do poder familiar, ou destituição de tutela ou guarda. (Incluído pela Lei nº 12.010, de 2009)

§ 10. Recebido o relatório, o Ministério Público terá o prazo de 15 (quinze) dias para o ingresso com a ação de destituição do poder familiar, salvo se entender necessária a realização de estudos complementares ou de outras providências indispensáveis ao ajuizamento da demanda. (Redação dada pela Lei nº 13.509, de 2017)

§ 11. A autoridade judiciária manterá, em cada comarca ou foro regional, um cadastro contendo informações atualizadas sobre as crianças e adolescentes em regime de acolhimento familiar e institucional sob sua responsabilidade, com informações pormenorizadas sobre a situação jurídica de cada um, bem como as providências tomadas para sua reintegração familiar ou colocação em família substituta, em qualquer das modalidades previstas no art. 28 desta Lei. (Incluído pela Lei nº 12.010, de 2009)

§ 12. Terão acesso ao cadastro o Ministério Público, o Conselho Tutelar, o órgão gestor da Assistência Social e os Conselhos Municipais dos Direitos da Criança e do Adolescente e da Assistência Social, aos quais incumbe deliberar sobre a implementação de políticas públicas que permitam reduzir o número de crianças e adolescentes afastados do convívio familiar e abreviar o período de permanência em programa de acolhimento. (Incluído pela Lei nº 12.010, de 2009)

Art. 102. As medidas de proteção de que trata este Capítulo serão acompanhadas da regularização do registro civil. (Vide Lei nº 12.010, de 2009)

§ 1º Verificada a inexistência de registro anterior, o assento de nascimento da criança ou adolescente será feito à vista dos elementos disponíveis, mediante requisição da autoridade judiciária.

§ 2º Os registros e certidões necessários à regularização de que trata este artigo são isentos de multas, custas e emolumentos, gozando de absoluta prioridade.

§ 3º Caso ainda não definida a paternidade, será deflagrado procedimento específico destinado à sua averiguação, conforme previsto pela Lei n o 8.560, de 29 de dezembro de 1992. (Incluído pela Lei nº 12.010, de 2009)

§ 4º Nas hipóteses previstas no § 3 o deste artigo, é dispensável o ajuizamento de ação de investigação de paternidade pelo Ministério Público se, após o não comparecimento ou a recusa do suposto pai em assumir a paternidade a ele atribuída, a criança for encaminhada para adoção. (Incluído pela Lei nº 12.010, de 2009)

§ 5º Os registros e certidões necessários à inclusão, a qualquer tempo, do nome do pai no assento de nascimento são isentos de multas, custas e emolumentos, gozando de absoluta prioridade. (Incluído dada pela Lei nº 13.257, de 2016)

§ 6º São gratuitas, a qualquer tempo, a averbação requerida do reconhecimento de paternidade no assento de nascimento e a certidão correspondente. (Incluído dada pela Lei nº 13.257, de 2016)

Título III - Da Prática de Ato Infracional

Capítulo I - Disposições Gerais

Art. 103. Considera-se ato infracional a conduta descrita como crime ou contravenção penal.

Art. 104. São penalmente inimputáveis os menores de dezoito anos, sujeitos às medidas previstas nesta Lei.

Parágrafo único. Para os efeitos desta Lei, deve ser considerada a idade do adolescente à data do fato.

Art. 105. Ao ato infracional praticado por criança corresponderão as medidas previstas no art. 101.

Capítulo II - Dos Direitos Individuais

Art. 106. Nenhum adolescente será privado de sua liberdade senão em flagrante de ato infracional ou por ordem escrita e fundamentada da autoridade judiciária competente.

Parágrafo único. O adolescente tem direito à identificação dos responsáveis pela sua apreensão, devendo ser informado acerca de seus direitos.

Art. 107. A apreensão de qualquer adolescente e o local onde se encontra recolhido serão incontinenti comunicados à autoridade judiciária competente e à família do apreendido ou à pessoa por ele indicada.

Parágrafo único. Examinar-se-á, desde logo e sob pena de responsabilidade, a possibilidade de liberação imediata.

Art. 108. A internação, antes da sentença, pode ser determinada pelo prazo máximo de quarenta e cinco dias.

Parágrafo único. A decisão deverá ser fundamentada e basear-se em indícios suficientes de autoria e materialidade, demonstrada a necessidade imperiosa da medida.

Art. 109. O adolescente civilmente identificado não será submetido a identificação compulsória pelos órgãos policiais, de proteção e judiciais, salvo para efeito de confrontação, havendo dúvida fundada.

Capítulo III - Das Garantias Processuais

Art. 110. Nenhum adolescente será privado de sua liberdade sem o devido processo legal.

Art. 111. São asseguradas ao adolescente, entre outras, as seguintes garantias:

I - pleno e formal conhecimento da atribuição de ato infracional, mediante citação ou meio equivalente;

II - igualdade na relação processual, podendo confrontar-se com vítimas e testemunhas e produzir todas as provas necessárias à sua defesa;

III - defesa técnica por advogado;

IV - assistência judiciária gratuita e integral aos necessitados, na forma da lei;

V - direito de ser ouvido pessoalmente pela autoridade competente;

VI - direito de solicitar a presença de seus pais ou responsável em qualquer fase do procedimento.

Capítulo IV - Das Medidas Sócio-Educativas

Seção I - Disposições Gerais

Art. 112. Verificada a prática de ato infracional, a autoridade competente poderá aplicar ao adolescente as seguintes medidas:

I - advertência;

II - obrigação de reparar o dano;

III - prestação de serviços à comunidade;

IV - liberdade assistida;

V - inserção em regime de semi-liberdade;

VI - internação em estabelecimento educacional;

VII - qualquer uma das previstas no art. 101, I a VI.

§ 1º A medida aplicada ao adolescente levará em conta a sua capacidade de cumpri-la, as circunstâncias e a gravidade da infração.

§ 2º Em hipótese alguma e sob pretexto algum, será admitida a prestação de trabalho forçado.

§ 3º Os adolescentes portadores de doença ou deficiência mental receberão tratamento individual e especializado, em local adequado às suas condições.

Art. 113. Aplica-se a este Capítulo o disposto nos arts. 99 e 100.

Art. 114. A imposição das medidas previstas nos incisos II a VI do art. 112 pressupõe a existência de provas suficientes da autoria e da materialidade da infração, ressalvada a hipótese de remissão, nos termos do art. 127.

Parágrafo único. A advertência poderá ser aplicada sempre que houver prova da materialidade e indícios suficientes da autoria.

Seção II - Da Advertência

Art. 115. A advertência consistirá em admoestação verbal, que será reduzida a termo e assinada.

Seção III - Da Obrigação de Reparar o Dano

Art. 116. Em se tratando de ato infracional com reflexos patrimoniais, a autoridade poderá determinar, se for o caso, que o adolescente restitua a coisa, promova o ressarcimento do dano, ou, por outra forma, compense o prejuízo da vítima.

Parágrafo único. Havendo manifesta impossibilidade, a medida poderá ser substituída por outra adequada.

Seção IV - Da Prestação de Serviços à Comunidade

Art. 117. A prestação de serviços comunitários consiste na realização de tarefas gratuitas de interesse geral, por período não excedente a seis meses, junto a entidades assistenciais, hospitais, escolas e outros estabelecimentos congêneres, bem como em programas comunitários ou governamentais.

Parágrafo único. As tarefas serão atribuídas conforme as aptidões do adolescente, devendo ser cumpridas durante jornada máxima de oito horas semanais, aos sábados, domingos e feriados ou em dias úteis, de modo a não prejudicar a freqüência à escola ou à jornada normal de trabalho.

Seção V - Da Liberdade Assistida

Art. 118. A liberdade assistida será adotada sempre que se afigurar a medida mais adequada para o fim de acompanhar, auxiliar e orientar o adolescente.

§ 1º A autoridade designará pessoa capacitada para acompanhar o caso, a qual poderá ser recomendada por entidade ou programa de atendimento.

§ 2º A liberdade assistida será fixada pelo prazo mínimo de seis meses, podendo a qualquer tempo ser prorrogada, revogada ou substituída por outra medida, ouvido o orientador, o Ministério Público e o defensor.

Art. 119. Incumbe ao orientador, com o apoio e a supervisão da autoridade competente, a realização dos seguintes encargos, entre outros:

I - promover socialmente o adolescente e sua família, fornecendo-lhes orientação e inserindo-os, se necessário, em programa oficial ou comunitário de auxílio e assistência social;

II - supervisionar a freqüência e o aproveitamento escolar do adolescente, promovendo, inclusive, sua matrícula;

III - diligenciar no sentido da profissionalização do adolescente e de sua inserção no mercado de trabalho;

IV - apresentar relatório do caso.

Seção VI - Do Regime de Semi-liberdade

Art. 120. O regime de semi-liberdade pode ser determinado desde o início, ou como forma de transição para o meio aberto, possibilitada a realização de atividades externas, independentemente de autorização judicial.

§ 1º São obrigatórias a escolarização e a profissionalização, devendo, sempre que possível, ser utilizados os recursos existentes na comunidade.

§ 2º A medida não comporta prazo determinado aplicando-se, no que couber, as disposições relativas à internação.

Seção VII - Da Internação

Art. 121. A internação constitui medida privativa da liberdade, sujeita aos princípios de brevidade, excepcionalidade e respeito à condição peculiar de pessoa em desenvolvimento.

§ 1º Será permitida a realização de atividades externas, a critério da equipe técnica da entidade, salvo expressa determinação judicial em contrário.

§ 2º A medida não comporta prazo determinado, devendo sua manutenção ser reavaliada, mediante decisão fundamentada, no máximo a cada seis meses.

§ 3º Em nenhuma hipótese o período máximo de internação excederá a três anos.

§ 4º Atingido o limite estabelecido no parágrafo anterior, o adolescente deverá ser liberado, colocado em regime de semi-liberdade ou de liberdade assistida.

LEI Nº 8.069, DE 13 DE JULHO DE 1990

§ 5º A liberação será compulsória aos vinte e um anos de idade.

§ 6º Em qualquer hipótese a desinternação será precedida de autorização judicial, ouvido o Ministério Público.

§ 7º A determinação judicial mencionada no § 1 o poderá ser revista a qualquer tempo pela autoridade judiciária. (Incluído pela Lei nº 12.594, de 2012) (Vide)

Art. 122. A medida de internação só poderá ser aplicada quando:

I - tratar-se de ato infracional cometido mediante grave ameaça ou violência a pessoa;

II - por reiteração no cometimento de outras infrações graves;

III - por descumprimento reiterado e injustificável da medida anteriormente imposta.

§ 1º O prazo de internação na hipótese do inciso III deste artigo não poderá ser superior a 3 (três) meses, devendo ser decretada judicialmente após o devido processo legal. (Redação dada pela Lei nº 12.594, de 2012) (Vide)

§ 2º. Em nenhuma hipótese será aplicada a internação, havendo outra medida adequada.

Art. 123. A internação deverá ser cumprida em entidade exclusiva para adolescentes, em local distinto daquele destinado ao abrigo, obedecida rigorosa separação por critérios de idade, compleição física e gravidade da infração.

Parágrafo único. Durante o período de internação, inclusive provisória, serão obrigatórias atividades pedagógicas.

Art. 124. São direitos do adolescente privado de liberdade, entre outros, os seguintes:

I - entrevistar-se pessoalmente com o representante do Ministério Público;

II - peticionar diretamente a qualquer autoridade;

III - avistar-se reservadamente com seu defensor;

IV - ser informado de sua situação processual, sempre que solicitada;

V - ser tratado com respeito e dignidade;

VI - permanecer internado na mesma localidade ou naquela mais próxima ao domicílio de seus pais ou responsável;

VII - receber visitas, ao menos, semanalmente;

VIII - corresponder-se com seus familiares e amigos;

IX - ter acesso aos objetos necessários à higiene e asseio pessoal;

X - habitar alojamento em condições adequadas de higiene e salubridade;

XI - receber escolarização e profissionalização;

XII - realizar atividades culturais, esportivas e de lazer:

XIII - ter acesso aos meios de comunicação social;

XIV - receber assistência religiosa, segundo a sua crença, e desde que assim o deseje;

XV - manter a posse de seus objetos pessoais e dispor de local seguro para guardá-los, recebendo comprovante daqueles porventura depositados em poder da entidade;

XVI - receber, quando de sua desinternação, os documentos pessoais indispensáveis à vida em sociedade.

§ 1º Em nenhum caso haverá incomunicabilidade.

§ 2º A autoridade judiciária poderá suspender temporariamente a visita, inclusive de pais ou responsável, se existirem motivos sérios e fundados de sua prejudicialidade aos interesses do adolescente.

Art. 125. É dever do Estado zelar pela integridade física e mental dos internos, cabendo-lhe adotar as medidas adequadas de contenção e segurança.

Capítulo V - Da Remissão

Art. 126. Antes de iniciado o procedimento judicial para apuração de ato infracional, o representante do Ministério Público poderá conceder a remissão, como forma de exclusão do processo, atendendo às circunstâncias e conseqüências do fato, ao contexto social, bem como à personalidade do adolescente e sua maior ou menor participação no ato infracional.

Parágrafo único. Iniciado o procedimento, a concessão da remissão pela autoridade judiciária importará na suspensão ou extinção do processo.

Art. 127. A remissão não implica necessariamente o reconhecimento ou comprovação da responsabilidade, nem prevalece para efeito de antecedentes, podendo incluir eventualmente a aplicação de qualquer das medidas previstas em lei, exceto a colocação em regime de semi-liberdade e a internação.

Art. 128. A medida aplicada por força da remissão poderá ser revista judicialmente, a qualquer tempo, mediante pedido expresso do adolescente ou de seu representante legal, ou do Ministério Público.

Título IV - Das Medidas Pertinentes aos Pais ou Responsável

Art. 129. São medidas aplicáveis aos pais ou responsável:

I - encaminhamento a serviços e programas oficiais ou comunitários de proteção, apoio e promoção da família; (Redação dada dada pela Lei nº 13.257, de 2016)

II - inclusão em programa oficial ou comunitário de auxílio, orientação e tratamento a alcoólatras e toxicômanos;

III - encaminhamento a tratamento psicológico ou psiquiátrico;

IV - encaminhamento a cursos ou programas de orientação;

V - obrigação de matricular o filho ou pupilo e acompanhar sua freqüência e aproveitamento escolar;

VI - obrigação de encaminhar a criança ou adolescente a tratamento especializado;

VII - advertência;

VIII - perda da guarda;

IX - destituição da tutela;

X - suspensão ou destituição do pátrio poder poder familiar . (Expressão substituída pela Lei nº 12.010, de 2009)

Parágrafo único. Na aplicação das medidas previstas nos incisos IX e X deste artigo, observar-se-á o disposto nos arts. 23 e 24.

Art. 130. Verificada a hipótese de maus-tratos, opressão ou abuso sexual impostos pelos pais ou responsável, a autoridade judiciária poderá determinar, como medida cautelar, o afastamento do agressor da moradia comum.

Parágrafo único. Da medida cautelar constará, ainda, a fixação provisória dos alimentos de que necessitem a criança ou o adolescente dependentes do agressor. (Incluído pela Lei nº 12.415, de 2011)

Título V - Do Conselho Tutelar

Capítulo I - Disposições Gerais

Art. 131. O Conselho Tutelar é órgão permanente e autônomo, não jurisdicional, encarregado pela sociedade de zelar pelo cumprimento dos direitos da criança e do adolescente, definidos nesta Lei.

Art. 132. Em cada Município e em cada Região Administrativa do Distrito Federal haverá, no mínimo, 1 (um) Conselho Tutelar como órgão integrante da administração pública local, composto de 5 (cinco) membros, escolhidos pela população local para mandato de 4 (quatro) anos, permitida recondução por novos processos de escolha. (Redação dada pela Lei nº 13.824, de 2019)

Art. 133. Para a candidatura a membro do Conselho Tutelar, serão exigidos os seguintes requisitos:

I - reconhecida idoneidade moral;

II - idade superior a vinte e um anos;

III - residir no município.

Art. 134. Lei municipal ou distrital disporá sobre o local, dia e horário de funcionamento do Conselho Tutelar, inclusive quanto à remuneração dos respectivos membros, aos quais

é assegurado o direito a: (Redação dada pela Lei nº 12.696, de 2012)

I - cobertura previdenciária; (Incluído pela Lei nº 12.696, de 2012)

II - gozo de férias anuais remuneradas, acrescidas de 1/3 (um terço) do valor da remuneração mensal; (Incluído pela Lei nº 12.696, de 2012)

III - licença-maternidade; (Incluído pela Lei nº 12.696, de 2012)

IV - licença-paternidade; (Incluído pela Lei nº 12.696, de 2012)

V - gratificação natalina. (Incluído pela Lei nº 12.696, de 2012)

Parágrafo único. Constará da lei orçamentária municipal e da do Distrito Federal previsão dos recursos necessários ao funcionamento do Conselho Tutelar e à remuneração e formação continuada dos conselheiros tutelares. (Redação dada pela Lei nº 12.696, de 2012)

Art. 135. O exercício efetivo da função de conselheiro constituirá serviço público relevante e estabelecerá presunção de idoneidade moral. (Redação dada pela Lei nº 12.696, de 2012)

Capítulo II - Das Atribuições do Conselho

Art. 136. São atribuições do Conselho Tutelar:

I - atender as crianças e adolescentes nas hipóteses previstas nos arts. 98 e 105, aplicando as medidas previstas no art. 101, I a VII;

II - atender e aconselhar os pais ou responsável, aplicando as medidas previstas no art. 129, I a VII;

III - promover a execução de suas decisões, podendo para tanto:

a) requisitar serviços públicos nas áreas de saúde, educação, serviço social, previdência, trabalho e segurança;

b) representar junto à autoridade judiciária nos casos de descumprimento injustificado de suas deliberações.

IV - encaminhar ao Ministério Público notícia de fato que constitua infração administrativa ou penal contra os direitos da criança ou adolescente;

V - encaminhar à autoridade judiciária os casos de sua competência;

VI - providenciar a medida estabelecida pela autoridade judiciária, dentre as previstas no art. 101, de I a VI, para o adolescente autor de ato infracional;

VII - expedir notificações;

VIII - requisitar certidões de nascimento e de óbito de criança ou adolescente quando necessário;

IX - assessorar o Poder Executivo local na elaboração da proposta orçamentária para planos e programas de atendimento dos direitos da criança e do adolescente;

X - representar, em nome da pessoa e da família, contra a violação dos direitos previstos no art. 220, § 3º, inciso II, da Constituição Federal ;

XI - representar ao Ministério Público para efeito das ações de perda ou suspensão do poder familiar, após esgotadas as possibilidades de manutenção da criança ou do adolescente junto à família natural. (Redação dada pela Lei nº 12.010, de 2009)

XII - promover e incentivar, na comunidade e nos grupos profissionais, ações de divulgação e treinamento para o reconhecimento de sintomas de maus-tratos em crianças e adolescentes. (Incluído pela Lei nº 13.046, de 2014)

Parágrafo único. Se, no exercício de suas atribuições, o Conselho Tutelar entender necessário o afastamento do convívio familiar, comunicará incontinenti o fato ao Ministério Público, prestando-lhe informações sobre os motivos de tal entendimento e as providências tomadas para a orientação, o apoio e a promoção social da família. (Incluído pela Lei nº 12.010, de 2009)

Art. 137. As decisões do Conselho Tutelar somente poderão ser revistas pela autoridade judiciária a pedido de quem tenha legítimo interesse.

Capítulo III - Da Competência

Art. 138. Aplica-se ao Conselho Tutelar a regra de competência constante do art. 147.

Capítulo IV - Da Escolha dos Conselheiros

Art. 139. O processo para a escolha dos membros do Conselho Tutelar será estabelecido em lei municipal e realizado sob a responsabilidade do Conselho Municipal dos Direitos da Criança e do Adolescente, e a fiscalização do Ministério Público. (Redação dada pela Lei nº 8.242, de 12.10.1991)

§ 1º O processo de escolha dos membros do Conselho Tutelar ocorrerá em data unificada em todo o território nacional a cada 4 (quatro) anos, no primeiro domingo do mês de outubro do ano subsequente ao da eleição presidencial. (Incluído pela Lei nº 12.696, de 2012)

§ 2º A posse dos conselheiros tutelares ocorrerá no dia 10 de janeiro do ano subsequente ao processo de escolha. (Incluído pela Lei nº 12.696, de 2012)

§ 3º No processo de escolha dos membros do Conselho Tutelar, é vedado ao candidato doar, oferecer, prometer ou entregar ao eleitor bem ou vantagem pessoal de qualquer natureza, inclusive brindes de pequeno valor. (Incluído pela Lei nº 12.696, de 2012)

Capítulo V - Dos Impedimentos

Art. 140. São impedidos de servir no mesmo Conselho marido e mulher, ascendentes e descendentes, sogro e genro ou nora, irmãos, cunhados, durante o cunhadio, tio e sobrinho, padrasto ou madrasta e enteado.

Parágrafo único. Estende-se o impedimento do conselheiro, na forma deste artigo, em relação à autoridade judiciária e ao representante do Ministério Público com atuação na Justiça da Infância e da Juventude, em exercício na comarca, foro regional ou distrital.

Título VI - Do Acesso à Justiça

Capítulo I - Disposições Gerais

Art. 141. É garantido o acesso de toda criança ou adolescente à Defensoria Pública, ao Ministério Público e ao Poder Judiciário, por qualquer de seus órgãos.

§ 1º. A assistência judiciária gratuita será prestada aos que dela necessitarem, através de defensor público ou advogado nomeado.

§ 2º As ações judiciais da competência da Justiça da Infância e da Juventude são isentas de custas e emolumentos, ressalvada a hipótese de litigância de má-fé.

Art. 142. Os menores de dezesseis anos serão representados e os maiores de dezesseis e menores de vinte e um anos assistidos por seus pais, tutores ou curadores, na forma da legislação civil ou processual.

Parágrafo único. A autoridade judiciária dará curador especial à criança ou adolescente, sempre que os interesses destes colidirem com os de seus pais ou responsável, ou quando carecer de representação ou assistência legal ainda que eventual.

Art. 143. E vedada a divulgação de atos judiciais, policiais e administrativos que digam respeito a crianças e adolescentes a que se atribua autoria de ato infracional.

Parágrafo único. Qualquer notícia a respeito do fato não poderá identificar a criança ou adolescente, vedando-se fotografia, referência a nome, apelido, filiação, parentesco, residência e, inclusive, iniciais do nome e sobrenome. (Redação dada pela Lei nº 10.764, de 12.11.2003)

Art. 144. A expedição de cópia ou certidão de atos a que se refere o artigo anterior somente será deferida pela autoridade judiciária competente, se demonstrado o interesse e justificada a finalidade.

LEI Nº 8.069, DE 13 DE JULHO DE 1990

Capítulo II - Da Justiça da Infância e da Juventude

Seção I - Disposições Gerais

Art. 145. Os estados e o Distrito Federal poderão criar varas especializadas e exclusivas da infância e da juventude, cabendo ao Poder Judiciário estabelecer sua proporcionalidade por número de habitantes, dotá-las de infra-estrutura e dispor sobre o atendimento, inclusive em plantões.

Seção II - Do Juiz

Art. 146. A autoridade a que se refere esta Lei é o Juiz da Infância e da Juventude, ou o juiz que exerce essa função, na forma da lei de organização judiciária local.

Art. 147. A competência será determinada:

I - pelo domicílio dos pais ou responsável;

II - pelo lugar onde se encontre a criança ou adolescente, à falta dos pais ou responsável.

§ 1º. Nos casos de ato infracional, será competente a autoridade do lugar da ação ou omissão, observadas as regras de conexão, continência e prevenção.

§ 2º A execução das medidas poderá ser delegada à autoridade competente da residência dos pais ou responsável, ou do local onde sediar-se a entidade que abrigar a criança ou adolescente.

§ 3º Em caso de infração cometida através de transmissão simultânea de rádio ou televisão, que atinja mais de uma comarca, será competente, para aplicação da penalidade, a autoridade judiciária do local da sede estadual da emissora ou rede, tendo a sentença eficácia para todas as transmissoras ou retransmissoras do respectivo estado.

Art. 148. A Justiça da Infância e da Juventude é competente para:

I - conhecer de representações promovidas pelo Ministério Público, para apuração de ato infracional atribuído a adolescente, aplicando as medidas cabíveis;

II - conceder a remissão, como forma de suspensão ou extinção do processo;

III - conhecer de pedidos de adoção e seus incidentes;

IV - conhecer de ações civis fundadas em interesses individuais, difusos ou coletivos afetos à criança e ao adolescente, observado o disposto no art. 209;

V - conhecer de ações decorrentes de irregularidades em entidades de atendimento, aplicando as medidas cabíveis;

VI - aplicar penalidades administrativas nos casos de infrações contra norma de proteção à criança ou adolescente;

VII - conhecer de casos encaminhados pelo Conselho Tutelar, aplicando as medidas cabíveis.

Parágrafo único. Quando se tratar de criança ou adolescente nas hipóteses do art. 98, é também competente a Justiça da Infância e da Juventude para o fim de:

a) conhecer de pedidos de guarda e tutela;

b) conhecer de ações de destituição do pátrio poder poder familiar, perda ou modificação da tutela ou guarda; (Expressão substituída pela Lei nº 12.010, de 2009)

c) suprir a capacidade ou o consentimento para o casamento;

d) conhecer de pedidos baseados em discordância paterna ou materna, em relação ao exercício do pátrio poder poder familiar; (Expressão substituída pela Lei nº 12.010, de 2009)

e) conceder a emancipação, nos termos da lei civil, quando faltarem os pais;

f) designar curador especial em casos de apresentação de queixa ou representação, ou de outros procedimentos judiciais ou extrajudiciais em que haja interesses de criança ou adolescente;

g) conhecer de ações de alimentos;

h) determinar o cancelamento, a retificação e o suprimento dos registros de nascimento e óbito.

Art. 149. Compete à autoridade judiciária disciplinar, através de portaria, ou autorizar, mediante alvará:

I - a entrada e permanência de criança ou adolescente, desacompanhado dos pais ou responsável, em:

a) estádio, ginásio e campo desportivo;

b) bailes ou promoções dançantes;

c) boate ou congêneres;

d) casa que explore comercialmente diversões eletrônicas;

e) estúdios cinematográficos, de teatro, rádio e televisão.

II - a participação de criança e adolescente em:

a) espetáculos públicos e seus ensaios;

b) certames de beleza.

§ 1º Para os fins do disposto neste artigo, a autoridade judiciária levará em conta, dentre outros fatores:

a) os princípios desta Lei;

b) as peculiaridades locais;

c) a existência de instalações adequadas;

d) o tipo de freqüência habitual ao local;

e) a adequação do ambiente a eventual participação ou freqüência de crianças e adolescentes;

f) a natureza do espetáculo.

§ 2º As medidas adotadas na conformidade deste artigo deverão ser fundamentadas, caso a caso, vedadas as determinações de caráter geral.

Seção III - Dos Serviços Auxiliares

Art. 150. Cabe ao Poder Judiciário, na elaboração de sua proposta orçamentária, prever recursos para manutenção de equipe interprofissional, destinada a assessorar a Justiça da Infância e da Juventude.

Art. 151. Compete à equipe interprofissional dentre outras atribuições que lhe forem reservadas pela legislação local, fornecer subsídios por escrito, mediante laudos, ou verbalmente, na audiência, e bem assim desenvolver trabalhos de aconselhamento, orientação, encaminhamento, prevenção e outros, tudo sob a imediata subordinação à autoridade judiciária, assegurada a livre manifestação do ponto de vista técnico.

Parágrafo único. Na ausência ou insuficiência de servidores públicos integrantes do Poder Judiciário responsáveis pela realização dos estudos psicossociais ou de quaisquer outras espécies de avaliações técnicas exigidas por esta Lei ou por determinação judicial, a autoridade judiciária poderá proceder à nomeação de perito, nos termos do art. 156 da Lei no 13.105, de 16 de março de 2015 (Código de Processo Civil). (Incluído pela Lei nº 13.509, de 2017)

Capítulo III - Dos Procedimentos

Seção I - Disposições Gerais

Art. 152. Aos procedimentos regulados nesta Lei aplicam-se subsidiariamente as normas gerais previstas na legislação processual pertinente.

§ 1º É assegurada, sob pena de responsabilidade, prioridade absoluta na tramitação dos processos e procedimentos previstos nesta Lei, assim como na execução dos atos e diligências judiciais a eles referentes. (Incluído pela Lei nº 12.010, de 2009)

§ 2º Os prazos estabelecidos nesta Lei e aplicáveis aos seus procedimentos são contados em dias corridos, excluído o dia do começo e incluído o dia do vencimento, vedado o prazo em dobro para a Fazenda Pública e o Ministério Público. (Incluído pela Lei nº 13.509, de 2017)

Art. 153. Se a medida judicial a ser adotada não corresponder a procedimento previsto nesta ou em outra lei, a autoridade judiciária poderá investigar os fatos e ordenar de ofício as providências necessárias, ouvido o Ministério Público.

Parágrafo único. O disposto neste artigo não se aplica para o fim de afastamento da criança ou do adolescente de sua família de origem e em outros procedimentos necessariamente contenciosos. (Incluído pela Lei nº 12.010, de 2009)

Art. 154. Aplica-se às multas o disposto no art. 214.

Seção II - Da Perda e da Suspensão do Pátrio Poder Poder Familiar

(Expressão substituída pela Lei nº 12.010, de 2009)

Art. 155. O procedimento para a perda ou a suspensão do pátrio poder poder familiar terá início por provocação do Ministério Público ou de quem tenha legítimo interesse. (Expressão substituída pela Lei nº 12.010, de 2009)

Art. 156. A petição inicial indicará:

I - a autoridade judiciária a que for dirigida;

II - o nome, o estado civil, a profissão e a residência do requerente e do requerido, dispensada a qualificação em se tratando de pedido formulado por representante do Ministério Público;

III - a exposição sumária do fato e o pedido;

IV - as provas que serão produzidas, oferecendo, desde logo, o rol de testemunhas e documentos.

Art. 157. Havendo motivo grave, poderá a autoridade judiciária, ouvido o Ministério Público, decretar a suspensão do pátrio poder poder familiar, liminar ou incidentalmente, até o julgamento definitivo da causa, ficando a criança ou adolescente confiado a pessoa idônea, mediante termo de responsabilidade. (Expressão substituída pela Lei nº 12.010, de 2009)

§ 1º Recebida a petição inicial, a autoridade judiciária determinará, concomitantemente ao despacho de citação e independentemente de requerimento do interessado, a realização de estudo social ou perícia por equipe interprofissional ou multidisciplinar para comprovar a presença de uma das causas de suspensão ou destituição do poder familiar, ressalvado o disposto no § 10 do art. 101 desta Lei, e observada a Lei n o 13.431, de 4 de abril de 2017 . (Incluído pela Lei nº 13.509, de 2017)

§ 2º Em sendo os pais oriundos de comunidades indígenas, é ainda obrigatória a intervenção, junto à equipe interprofissional ou multidisciplinar referida no § 1 o deste artigo, de representantes do órgão federal responsável pela política indigenista, observado o disposto no § 6 o do art. 28 desta Lei. (Incluído pela Lei nº 13.509, de 2017)

Art. 158. O requerido será citado para, no prazo de dez dias, oferecer resposta escrita, indicando as provas a serem produzidas e oferecendo desde logo o rol de testemunhas e documentos.

§ 1º A citação será pessoal, salvo se esgotados todos os meios para sua realização. (Incluído pela Lei nº 12.962, de 2014)

§ 2º O requerido privado de liberdade deverá ser citado pessoalmente. (Incluído pela Lei nº 12.962, de 2014)

§ 3º Quando, por 2 (duas) vezes, o oficial de justiça houver procurado o citando em seu domicílio ou residência sem o encontrar, deverá, havendo suspeita de ocultação, informar qualquer pessoa da família ou, em sua falta, qualquer vizinho do dia útil em que voltará a fim de efetuar a citação, na hora que designar, nos termos do art. 252 e seguintes da Lei n o 13.105, de 16 de março de 2015 (Código de Processo Civil) . (Incluído pela Lei nº 13.509, de 2017)

§ 4º Na hipótese de os genitores encontrarem-se em local incerto ou não sabido, serão citados por edital no prazo de 10 (dez) dias, em publicação única, dispensado o envio de ofícios para a localização. (Incluído pela Lei nº 13.509, de 2017)

Art. 159. Se o requerido não tiver possibilidade de constituir advogado, sem prejuízo do próprio sustento e de sua família, poderá requerer, em cartório, que lhe seja nomeado dativo, ao qual incumbirá a apresentação de resposta, contando-se o prazo a partir da intimação do despacho de nomeação.

Parágrafo único. Na hipótese de requerido privado de liberdade, o oficial de justiça deverá perguntar, no momento da citação pessoal, se deseja que lhe seja nomeado defensor. (Incluído pela Lei nº 12.962, de 2014)

Art. 160. Sendo necessário, a autoridade judiciária requisitará de qualquer repartição ou órgão público a apresentação de documento que interesse à causa, de ofício ou a requerimento das partes ou do Ministério Público.

Art. 161. Se não for contestado o pedido e tiver sido concluído o estudo social ou a perícia realizada por equipe interprofissional ou multidisciplinar, a autoridade judiciária dará vista dos autos ao Ministério Público, por 5 (cinco) dias, salvo quando este for o requerente, e decidirá em igual prazo. (Redação dada pela Lei nº 13.509, de 2017)

§ 1º A autoridade judiciária, de ofício ou a requerimento das partes ou do Ministério Público, determinará a oitiva de testemunhas que comprovem a presença de uma das causas de suspensão ou destituição do poder familiar previstas nos arts. 1.637 e 1.638 da Lei n o 10.406, de 10 de janeiro de 2002 (Código Civil) , ou no art. 24 desta Lei. (Redação dada pela Lei nº 13.509, de 2017)

§ 2º (Revogado) . (Redação dada pela Lei nº 13.509, de 2017)

§ 3º Se o pedido importar em modificação de guarda, será obrigatória, desde que possível e razoável, a oitiva da criança ou adolescente, respeitado seu estágio de desenvolvimento e grau de compreensão sobre as implicações da medida. (Incluído pela Lei nº 12.010, de 2009)

§ 4º É obrigatória a oitiva dos pais sempre que eles forem identificados e estiverem em local conhecido, ressalvados os casos de não comparecimento perante a Justiça quando devidamente citados. (Redação dada pela Lei nº 13.509, de 2017)

§ 5º Se o pai ou a mãe estiverem privados de liberdade, a autoridade judicial requisitará sua apresentação para a oitiva. (Incluído pela Lei nº 12.962, de 2014)

Art. 162. Apresentada a resposta, a autoridade judiciária dará vista dos autos ao Ministério Público, por cinco dias, salvo quando este for o requerente, designando, desde logo, audiência de instrução e julgamento.

§ 1º (Revogado) . (Redação dada pela Lei nº 13.509, de 2017)

§ 2º Na audiência, presentes as partes e o Ministério Público, serão ouvidas as testemunhas, colhendo-se oralmente o parecer técnico, salvo quando apresentado por escrito, manifestando-se sucessivamente o requerente, o requerido e o Ministério Público, pelo tempo de 20 (vinte) minutos cada um, prorrogável por mais 10 (dez) minutos. (Redação dada pela Lei nº 13.509, de 2017)

§ 3º A decisão será proferida na audiência, podendo a autoridade judiciária, excepcionalmente, designar data para sua leitura no prazo máximo de 5 (cinco) dias. (Incluído pela Lei nº 13.509, de 2017)

§ 4º Quando o procedimento de destituição de poder familiar for iniciado pelo Ministério Público, não haverá necessidade de nomeação de curador especial em favor da criança ou adolescente. (Incluído pela Lei nº 13.509, de 2017)

Art. 163. O prazo máximo para conclusão do procedimento será de 120 (cento e vinte) dias, e caberá ao juiz, no caso de notória inviabilidade de manutenção do poder familiar, dirigir esforços para preparar a criança ou o adolescente com vistas à colocação em família substituta. (Redação dada pela Lei nº 13.509, de 2017)

Parágrafo único. A sentença que decretar a perda ou a suspensão do poder familiar será averbada à margem do registro de nascimento da criança ou do adolescente. (Incluído pela Lei nº 12.010, de 2009)

Seção III - Da Destituição da Tutela

Art. 164. Na destituição da tutela, observar-se-á o procedimento para a remoção de tutor previsto na lei processual civil e, no que couber, o disposto na seção anterior.

Seção IV - Da Colocação em Família Substituta

Art. 165. São requisitos para a concessão de pedidos de colocação em família substituta:

I - qualificação completa do requerente e de seu eventual cônjuge, ou companheiro, com expressa anuência deste;

LEI Nº 8.069, DE 13 DE JULHO DE 1990 — 1249

II - indicação de eventual parentesco do requerente e de seu cônjuge, ou companheiro, com a criança ou adolescente, especificando se tem ou não parente vivo;

III - qualificação completa da criança ou adolescente e de seus pais, se conhecidos;

IV - indicação do cartório onde foi inscrito nascimento, anexando, se possível, uma cópia da respectiva certidão;

V - declaração sobre a existência de bens, direitos ou rendimentos relativos à criança ou ao adolescente.

Parágrafo único. Em se tratando de adoção, observar-se-ão também os requisitos específicos.

Art. 166. Se os pais forem falecidos, tiverem sido destituídos ou suspensos do poder familiar, ou houverem aderido expressamente ao pedido de colocação em família substituta, este poderá ser formulado diretamente em cartório, em petição assinada pelos próprios requerentes, dispensada a assistência de advogado. (Redação dada pela Lei nº 12.010, de 2009)

§ 1º Na hipótese de concordância dos pais, o juiz: (Redação dada pela Lei nº 13.509, de 2017)

I - na presença do Ministério Público, ouvirá as partes, devidamente assistidas por advogado ou por defensor público, para verificar sua concordância com a adoção, no prazo máximo de 10 (dez) dias, contado da data do protocolo da petição ou da entrega da criança em juízo, tomando por termo as declarações; e (Incluído pela Lei nº 13.509, de 2017)

II - declarará a extinção do poder familiar. (Incluído pela Lei nº 13.509, de 2017)

§ 2º O consentimento dos titulares do poder familiar será precedido de orientações e esclarecimentos prestados pela equipe interprofissional da Justiça da Infância e da Juventude, em especial, no caso de adoção, sobre a irrevogabilidade da medida. (Incluído pela Lei nº 12.010, de 2009)

§ 3º São garantidos a livre manifestação de vontade dos detentores do poder familiar e o direito ao sigilo das informações. (Redação dada pela Lei nº 13.509, de 2017)

§ 4º O consentimento prestado por escrito não terá validade se não for ratificado na audiência a que se refere o § 1 o deste artigo. (Redação dada pela Lei nº 13.509, de 2017)

§ 5º O consentimento é retratável até a data da realização da audiência especificada no § 1 o deste artigo, e os pais podem exercer o arrependimento no prazo de 10 (dez) dias, contado da data de prolação da sentença de extinção do poder familiar. (Redação dada pela Lei nº 13.509, de 2017)

§ 6º O consentimento somente terá valor se for dado após o nascimento da criança. (Incluído pela Lei nº 12.010, de 2009)

§ 7º A família natural e a família substituta receberão a devida orientação por intermédio de equipe técnica interprofissional a serviço da Justiça da Infância e da Juventude, preferencialmente com apoio dos técnicos responsáveis pela execução da política municipal de garantia do direito à convivência familiar. (Redação dada pela Lei nº 13.509, de 2017)

Art. 167. A autoridade judiciária, de ofício ou a requerimento das partes ou do Ministério Público, determinará a realização de estudo social ou, se possível, perícia por equipe interprofissional, decidindo sobre a concessão de guarda provisória, bem como, no caso de adoção, sobre o estágio de convivência.

Parágrafo único. Deferida a concessão da guarda provisória ou do estágio de convivência, a criança ou o adolescente será entregue ao interessado, mediante termo de responsabilidade. (Incluído pela Lei nº 12.010, de 2009)

Art. 168. Apresentado o relatório social ou o laudo pericial, e ouvida, sempre que possível, a criança ou o adolescente, dar-se-á vista dos autos ao Ministério Público, pelo prazo de cinco dias, decidindo a autoridade judiciária em igual prazo.

Art. 169. Nas hipóteses em que a destituição da tutela, a perda ou a suspensão do pátrio poder poder familiar constituir pressuposto lógico da medida principal de colocação em família substituta, será observado o procedimento contraditório previsto nas Seções II e III deste Capítulo. (Expressão substituída pela Lei nº 12.010, de 2009)

Parágrafo único. A perda ou a modificação da guarda poderá ser decretada nos mesmos autos do procedimento, observado o disposto no art. 35.

Art. 170. Concedida a guarda ou a tutela, observar-se-á o disposto no art. 32, e, quanto à adoção, o contido no art. 47.

Parágrafo único. A colocação de criança ou adolescente sob a guarda de pessoa inscrita em programa de acolhimento familiar será comunicada pela autoridade judiciária à entidade por este responsável no prazo máximo de 5 (cinco) dias. (Incluído pela Lei nº 12.010, de 2009)

Seção V - Da Apuração de Ato Infracional Atribuído a Adolescente

Art. 171. O adolescente apreendido por força de ordem judicial será, desde logo, encaminhado à autoridade judiciária.

Art. 172. O adolescente apreendido em flagrante de ato infracional será, desde logo, encaminhado à autoridade policial competente.

Parágrafo único. Havendo repartição policial especializada para atendimento de adolescente e em se tratando de ato infracional praticado em co-autoria com maior, prevalecerá a atribuição da repartição especializada, que, após as providências necessárias e conforme o caso, encaminhará o adulto à repartição policial própria.

Art. 173. Em caso de flagrante de ato infracional cometido mediante violência ou grave ameaça a pessoa, a autoridade policial, sem prejuízo do disposto nos arts. 106, parágrafo único, e 107, deverá:

I - lavrar auto de apreensão, ouvidos as testemunhas e o adolescente;

II - apreender o produto e os instrumentos da infração;

III - requisitar os exames ou perícias necessários à comprovação da materialidade e autoria da infração.

Parágrafo único. Nas demais hipóteses de flagrante, a lavratura do auto poderá ser substituída por boletim de ocorrência circunstanciada.

Art. 174. Comparecendo qualquer dos pais ou responsável, o adolescente será prontamente liberado pela autoridade policial, sob termo de compromisso e responsabilidade de sua apresentação ao representante do Ministério Público, no mesmo dia ou, sendo impossível, no primeiro dia útil imediato, exceto quando, pela gravidade do ato infracional e sua repercussão social, deva o adolescente permanecer sob internação para garantia de sua segurança pessoal ou manutenção da ordem pública.

Art. 175. Em caso de não liberação, a autoridade policial encaminhará, desde logo, o adolescente ao representante do Ministério Público, juntamente com cópia do auto de apreensão ou boletim de ocorrência.

§ 1º Sendo impossível a apresentação imediata, a autoridade policial encaminhará o adolescente à entidade de atendimento, que fará a apresentação ao representante do Ministério Público no prazo de vinte e quatro horas.

§ 2º Nas localidades onde não houver entidade de atendimento, a apresentação far-se-á pela autoridade policial. À falta de repartição policial especializada, o adolescente aguardará a apresentação em dependência separada da destinada a maiores, não podendo, em qualquer hipótese, exceder o prazo referido no parágrafo anterior.

Art. 176. Sendo o adolescente liberado, a autoridade policial encaminhará imediatamente ao representante do Ministério Público cópia do auto de apreensão ou boletim de ocorrência.

Art. 177. Se, afastada a hipótese de flagrante, houver indícios de participação de adolescente na prática de ato infracional, a autoridade policial encaminhará ao representante do Ministério Público relatório das investigações e demais documentos.

Art. 178. O adolescente a quem se atribua autoria de ato infracional não poderá ser conduzido ou transportado em compartimento fechado de veículo policial, em condições

atentatórias à sua dignidade, ou que impliquem risco à sua integridade física ou mental, sob pena de responsabilidade.

Art. 179. Apresentado o adolescente, o representante do Ministério Público, no mesmo dia e à vista do auto de apreensão, boletim de ocorrência ou relatório policial, devidamente autuados pelo cartório judicial e com informação sobre os antecedentes do adolescente, procederá imediata e informalmente à sua oitiva e, em sendo possível, de seus pais ou responsável, vítima e testemunhas.

Parágrafo único. Em caso de não apresentação, o representante do Ministério Público notificará os pais ou responsável para apresentação do adolescente, podendo requisitar o concurso das polícias civil e militar.

Art. 180. Adotadas as providências a que alude o artigo anterior, o representante do Ministério Público poderá:

I - promover o arquivamento dos autos;

II - conceder a remissão;

III - representar à autoridade judiciária para aplicação de medida sócio-educativa.

Art. 181. Promovido o arquivamento dos autos ou concedida a remissão pelo representante do Ministério Público, mediante termo fundamentado, que conterá o resumo dos fatos, os autos serão conclusos à autoridade judiciária para homologação.

§ 1º Homologado o arquivamento ou a remissão, a autoridade judiciária determinará, conforme o caso, o cumprimento da medida.

§ 2º Discordando, a autoridade judiciária fará remessa dos autos ao Procurador-Geral de Justiça, mediante despacho fundamentado, e este oferecerá representação, designará outro membro do Ministério Público para apresentá-la, ou ratificará o arquivamento ou a remissão, que só então estará a autoridade judiciária obrigada a homologar.

Art. 182. Se, por qualquer razão, o representante do Ministério Público não promover o arquivamento ou conceder a remissão, oferecerá representação à autoridade judiciária, propondo a instauração de procedimento para aplicação da medida sócio-educativa que se afigurar a mais adequada.

§ 1º A representação será oferecida por petição, que conterá o breve resumo dos fatos e a classificação do ato infracional e, quando necessário, o rol de testemunhas, podendo ser deduzida oralmente, em sessão diária instalada pela autoridade judiciária.

§ 2º A representação independe de prova pré-constituída da autoria e materialidade.

Art. 183. O prazo máximo e improrrogável para a conclusão do procedimento, estando o adolescente internado provisoriamente, será de quarenta e cinco dias.

Art. 184. Oferecida a representação, a autoridade judiciária designará audiência de apresentação do adolescente, decidindo, desde logo, sobre a decretação ou manutenção da internação, observado o disposto no art. 108 e parágrafo.

§ 1º O adolescente e seus pais ou responsável serão cientificados do teor da representação, e notificados a comparecer à audiência, acompanhados de advogado.

§ 2º Se os pais ou responsável não forem localizados, a autoridade judiciária dará curador especial ao adolescente.

§ 3º Não sendo localizado o adolescente, a autoridade judiciária expedirá mandado de busca e apreensão, determinando o sobrestamento do feito, até a efetiva apresentação.

§ 4º Estando o adolescente internado, será requisitada a sua apresentação, sem prejuízo da notificação dos pais ou responsável.

Art. 185. A internação, decretada ou mantida pela autoridade judiciária, não poderá ser cumprida em estabelecimento prisional.

§ 1º Inexistindo na comarca entidade com as características definidas no art. 123, o adolescente deverá ser imediatamente transferido para a localidade mais próxima.

§ 2º Sendo impossível a pronta transferência, o adolescente aguardará sua remoção em repartição policial, desde que em seção isolada dos adultos e com instalações apropriadas, não podendo ultrapassar o prazo máximo de cinco dias, sob pena de responsabilidade.

Art. 186. Comparecendo o adolescente, seus pais ou responsável, a autoridade judiciária procederá à oitiva dos mesmos, podendo solicitar opinião de profissional qualificado.

§ 1º Se a autoridade judiciária entender adequada a remissão, ouvirá o representante do Ministério Público, proferindo decisão.

§ 2º Sendo o fato grave, passível de aplicação de medida de internação ou colocação em regime de semi-liberdade, a autoridade judiciária, verificando que o adolescente não possui advogado constituído, nomeará defensor, designando, desde logo, audiência em continuação, podendo determinar a realização de diligências e estudo do caso.

§ 3º O advogado constituído ou o defensor nomeado, no prazo de três dias contado da audiência de apresentação, oferecerá defesa prévia e rol de testemunhas.

§ 4º Na audiência em continuação, ouvidas as testemunhas arroladas na representação e na defesa prévia, cumpridas as diligências e juntado o relatório da equipe interprofissional, será dada a palavra ao representante do Ministério Público e ao defensor, sucessivamente, pelo tempo de vinte minutos para cada um, prorrogável por mais dez, a critério da autoridade judiciária, que em seguida proferirá decisão.

Art. 187. Se o adolescente, devidamente notificado, não comparecer, injustificadamente à audiência de apresentação, a autoridade judiciária designará nova data, determinando sua condução coercitiva.

Art. 188. A remissão, como forma de extinção ou suspensão do processo, poderá ser aplicada em qualquer fase do procedimento, antes da sentença.

Art. 189. A autoridade judiciária não aplicará qualquer medida, desde que reconheça na sentença:

I - estar provada a inexistência do fato;

II - não haver prova da existência do fato;

III - não constituir o fato ato infracional;

IV - não existir prova de ter o adolescente concorrido para o ato infracional.

Parágrafo único. Na hipótese deste artigo, estando o adolescente internado, será imediatamente colocado em liberdade.

Art. 190. A intimação da sentença que aplicar medida de internação ou regime de semi-liberdade será feita:

I - ao adolescente e ao seu defensor;

II - quando não for encontrado o adolescente, a seus pais ou responsável, sem prejuízo do defensor.

§ 1º Sendo outra a medida aplicada, a intimação far-se-á unicamente na pessoa do defensor.

§ 2º Recaindo a intimação na pessoa do adolescente, deverá este manifestar se deseja ou não recorrer da sentença.

Seção V-A

(Incluído pela Lei nº 13.441, de 2017)

Da Infiltração de Agentes de Polícia para a Investigação de Crimes contra a Dignidade Sexual de Criança e de Adolescente"

Art. 190-A. A infiltração de agentes de polícia na internet com o fim de investigar os crimes previstos nos arts. 240, 241, 241-A, 241-B, 241-C e 241-D desta Lei e nos arts. 154-A, 217-A, 218, 218-A e 218-B do Decreto-Lei nº 2.848, de 7 de dezembro de 1940 (Código Penal), obedecerá às seguintes regras: (Incluído pela Lei nº 13.441, de 2017)

I - será precedida de autorização judicial devidamente circunstanciada e fundamentada, que estabelecerá os limites da infiltração para obtenção de prova, ouvido o Ministério Público; (Incluído pela Lei nº 13.441, de 2017)

II - dar-se-á mediante requerimento do Ministério Público ou representação de delegado de polícia e conterá a demonstração de sua necessidade, o alcance das tarefas dos policiais, os nomes ou apelidos das pessoas investigadas e, quando possível, os dados de conexão ou cadastrais que permitam a identificação dessas pessoas; (Incluído pela Lei nº 13.441, de 2017)

III - não poderá exceder o prazo de 90 (noventa) dias, sem prejuízo de eventuais renovações, desde que o total não exceda a 720 (setecentos e vinte) dias e seja demonstrada sua efetiva necessidade, a critério da autoridade judicial. (Incluído pela Lei nº 13.441, de 2017)

§ 1º A autoridade judicial e o Ministério Público poderão requisitar relatórios parciais da operação de infiltração antes do término do prazo de que trata o inciso II do § 1º deste artigo. (Incluído pela Lei nº 13.441, de 2017)

§ 2º Para efeitos do disposto no inciso I do § 1º deste artigo, consideram-se: (Incluído pela Lei nº 13.441, de 2017)

I - dados de conexão: informações referentes a hora, data, início, término, duração, endereço de Protocolo de Internet (IP) utilizado e terminal de origem da conexão; (Incluído pela Lei nº 13.441, de 2017)

II - dados cadastrais: informações referentes a nome e endereço de assinante ou de usuário registrado ou autenticado para a conexão a quem endereço de IP, identificação de usuário ou código de acesso tenha sido atribuído no momento da conexão.

§ 3º A infiltração de agentes de polícia na internet não será admitida se a prova puder ser obtida por outros meios. (Incluído pela Lei nº 13.441, de 2017)

Art. 190-B. As informações da operação de infiltração serão encaminhadas diretamente ao juiz responsável pela autorização da medida, que zelará por seu sigilo. (Incluído pela Lei nº 13.441, de 2017)

Parágrafo único. Antes da conclusão da operação, o acesso aos autos será reservado ao juiz, ao Ministério Público e ao delegado de polícia responsável pela operação, com o objetivo de garantir o sigilo das investigações. (Incluído pela Lei nº 13.441, de 2017)

Art. 190-C. Não comete crime o policial que oculta a sua identidade para, por meio da internet, colher indícios de autoria e materialidade dos crimes previstos nos arts. 240, 241, 241-A, 241-B, 241-C e 241-D desta Lei e nos arts. 154-A, 217-A, 218, 218-A e 218-B do Decreto-Lei nº 2.848, de 7 de dezembro de 1940 (Código Penal). (Incluído pela Lei nº 13.441, de 2017)

Parágrafo único. O agente policial infiltrado que deixar de observar a estrita finalidade da investigação responderá pelos excessos praticados. (Incluído pela Lei nº 13.441, de 2017)

Art. 190-D. Os órgãos de registro e cadastro público poderão incluir nos bancos de dados próprios, mediante procedimento sigiloso e requisição da autoridade judicial, as informações necessárias à efetividade da identidade fictícia criada. (Incluído pela Lei nº 13.441, de 2017)

Parágrafo único. O procedimento sigiloso de que trata esta Seção será numerado e tombado em livro específico. (Incluído pela Lei nº 13.441, de 2017)

Art. 190-E. Concluída a investigação, todos os atos eletrônicos praticados durante a operação deverão ser registrados, gravados, armazenados e encaminhados ao juiz e ao Ministério Público, juntamente com relatório circunstanciado. (Incluído pela Lei nº 13.441, de 2017)

Parágrafo único. Os atos eletrônicos registrados citados no caput deste artigo serão reunidos em autos apartados e apensados ao processo criminal juntamente com o inquérito policial, assegurando-se a preservação da identidade do agente policial infiltrado e a intimidade das crianças e dos adolescentes envolvidos. (Incluído pela Lei nº 13.441, de 2017)

Seção VI - Da Apuração de Irregularidades em Entidade de Atendimento

Art. 191. O procedimento de apuração de irregularidades em entidade governamental e não-governamental terá início mediante portaria da autoridade judiciária ou representação do Ministério Público ou do Conselho Tutelar, onde conste, necessariamente, resumo dos fatos.

Parágrafo único. Havendo motivo grave, poderá a autoridade judiciária, ouvido o Ministério Público, decretar liminarmente o afastamento provisório do dirigente da entidade, mediante decisão fundamentada.

Art. 192. O dirigente da entidade será citado para, no prazo de dez dias, oferecer resposta escrita, podendo juntar documentos e indicar as provas a produzir.

Art. 193. Apresentada ou não a resposta, e sendo necessário, a autoridade judiciária designará audiência de instrução e julgamento, intimando as partes.

§ 1º Salvo manifestação em audiência, as partes e o Ministério Público terão cinco dias para oferecer alegações finais, decidindo a autoridade judiciária em igual prazo.

§ 2º Em se tratando de afastamento provisório ou definitivo de dirigente de entidade governamental, a autoridade judiciária oficiará à autoridade administrativa imediatamente superior ao afastado, marcando prazo para a substituição.

§ 3º Antes de aplicar qualquer das medidas, a autoridade judiciária poderá fixar prazo para a remoção das irregularidades verificadas. Satisfeitas as exigências, o processo será extinto, sem julgamento de mérito.

§ 4º A multa e a advertência serão impostas ao dirigente da entidade ou programa de atendimento.

Seção VII - Da Apuração de Infração Administrativa às Normas de Proteção à Criança e ao Adolescente

Art. 194. O procedimento para imposição de penalidade administrativa por infração às normas de proteção à criança e ao adolescente terá início por representação do Ministério Público, ou do Conselho Tutelar, ou auto de infração elaborado por servidor efetivo ou voluntário credenciado, e assinado por duas testemunhas, se possível.

§ 1º No procedimento iniciado com o auto de infração, poderão ser usadas fórmulas impressas, especificando-se a natureza e as circunstâncias da infração.

§ 2º Sempre que possível, à verificação da infração seguir-se-á a lavratura do auto, certificando-se, em caso contrário, dos motivos do retardamento.

Art. 195. O requerido terá prazo de dez dias para apresentação de defesa, contado da data da intimação, que será feita:

I - pelo autuante, no próprio auto, quando este for lavrado na presença do requerido;

II - por oficial de justiça ou funcionário legalmente habilitado, que entregará cópia do auto ou da representação ao requerido, ou a seu representante legal, lavrando certidão;

III - por via postal, com aviso de recebimento, se não for encontrado o requerido ou seu representante legal;

IV - por edital, com prazo de trinta dias, se incerto ou não sabido o paradeiro do requerido ou de seu representante legal.

Art. 196. Não sendo apresentada a defesa no prazo legal, a autoridade judiciária dará vista dos autos do Ministério Público, por cinco dias, decidindo em igual prazo.

Art. 197. Apresentada a defesa, a autoridade judiciária procederá na conformidade do artigo anterior, ou, sendo necessário, designará audiência de instrução e julgamento. (Incluído pela Lei nº 12.010, de 2009)

Parágrafo único. Colhida a prova oral, manifestar-se-ão sucessivamente o Ministério Público e o procurador do requerido, pelo tempo de vinte minutos para cada um, prorrogável por mais dez, a critério da autoridade judiciária, que em seguida proferirá sentença.

Seção VIII
(Incluída pela Lei nº 12.010, de 2009)
Da Habilitação de Pretendentes à Adoção

Art. 197-A. Os postulantes à adoção, domiciliados no Brasil, apresentarão petição inicial na qual conste: (Incluído pela Lei nº 12.010, de 2009)

I - qualificação completa; (Incluído pela Lei nº 12.010, de 2009)

II - dados familiares; (Incluído pela Lei nº 12.010, de 2009)

III - cópias autenticadas de certidão de nascimento ou casamento, ou declaração relativa ao período de união estável; (Incluído pela Lei nº 12.010, de 2009)

IV - cópias da cédula de identidade e inscrição no Cadastro de Pessoas Físicas; (Incluído pela Lei nº 12.010, de 2009)

V - comprovante de renda e domicílio; (Incluído pela Lei nº 12.010, de 2009)

VI - atestados de sanidade física e mental (Incluído pela Lei nº 12.010, de 2009)

VII - certidão de antecedentes criminais; (Incluído pela Lei nº 12.010, de 2009)

VIII - certidão negativa de distribuição cível. (Incluído pela Lei nº 12.010, de 2009)

Art. 197-B. A autoridade judiciária, no prazo de 48 (quarenta e oito) horas, dará vista dos autos ao Ministério Público, que no prazo de 5 (cinco) dias poderá: (Incluído pela Lei nº 12.010, de 2009)

I - apresentar quesitos a serem respondidos pela equipe interprofissional encarregada de elaborar o estudo técnico a que se refere o art. 197-C desta Lei; (Incluído pela Lei nº 12.010, de 2009)

II - requerer a designação de audiência para oitiva dos postulantes em juízo e testemunhas; (Incluído pela Lei nº 12.010, de 2009)

III - requerer a juntada de documentos complementares e a realização de outras diligências que entender necessárias. (Incluído pela Lei nº 12.010, de 2009)

Art. 197-C. Intervirá no feito, obrigatoriamente, equipe interprofissional a serviço da Justiça da Infância e da Juventude, que deverá elaborar estudo psicossocial, que conterá subsídios que permitam aferir a capacidade e o preparo dos postulantes para o exercício de uma paternidade ou maternidade responsável, à luz dos requisitos e princípios desta Lei. (Incluído pela Lei nº 12.010, de 2009)

§ 1º É obrigatória a participação dos postulantes em programa oferecido pela Justiça da Infância e da Juventude, preferencialmente com apoio dos técnicos responsáveis pela execução da política municipal de garantia do direito à convivência familiar e dos grupos de apoio à adoção devidamente habilitados perante a Justiça da Infância e da Juventude, que inclua preparação psicológica, orientação e estímulo à adoção inter-racial, de crianças ou de adolescentes com deficiência, com doenças crônicas ou com necessidades específicas de saúde, e de grupos de irmãos. (Redação dada pela Lei nº 13.509, de 2017)

§ 2º Sempre que possível e recomendável, a etapa obrigatória da preparação referida no § 1 o deste artigo incluirá o contato com crianças e adolescentes em regime de acolhimento familiar ou institucional, a ser realizado sob orientação, supervisão e avaliação da equipe técnica da Justiça da Infância e da Juventude e dos grupos de apoio à adoção, com apoio dos técnicos responsáveis pelo programa de acolhimento familiar e institucional e pela execução da política municipal de garantia do direito à convivência familiar. (Redação dada pela Lei nº 13.509, de 2017)

§ 3º É recomendável que as crianças e os adolescentes acolhidos institucionalmente ou por família acolhedora sejam preparados por equipe interprofissional antes da inclusão em família adotiva. (Incluído pela Lei nº 13.509, de 2017)

Art. 197-D. Certificada nos autos a conclusão da participação no programa referido no art. 197-C desta Lei, a autoridade judiciária, no prazo de 48 (quarenta e oito) horas, decidirá acerca das diligências requeridas pelo Ministério Público e determinará a juntada do estudo psicossocial, designando, conforme o caso, audiência de instrução e julgamento. (Incluído pela Lei nº 12.010, de 2009)

Parágrafo único. Caso não sejam requeridas diligências, ou sendo essas indeferidas, a autoridade judiciária determinará a juntada do estudo psicossocial, abrindo a seguir vista dos autos ao Ministério Público, por 5 (cinco) dias, decidindo em igual prazo. (Incluído pela Lei nº 12.010, de 2009)

Art. 197-E. Deferida a habilitação, o postulante será inscrito nos cadastros referidos no art. 50 desta Lei, sendo a sua convocação para a adoção feita de acordo com ordem cronológica de habilitação e conforme a disponibilidade de crianças ou adolescentes adotáveis. (Incluído pela Lei nº 12.010, de 2009)

§ 1º A ordem cronológica das habilitações somente poderá deixar de ser observada pela autoridade judiciária nas hipóteses previstas no § 13 do art. 50 desta Lei, quando comprovado ser essa a melhor solução no interesse do adotando. (Incluído pela Lei nº 12.010, de 2009)

§ 2º A habilitação à adoção deverá ser renovada no mínimo trienalmente mediante avaliação por equipe interprofissional. (Redação dada pela Lei nº 13.509, de 2017)

§ 3º Quando o adotante candidatar-se a uma nova adoção, será dispensável a renovação da habilitação, bastando a avaliação por equipe interprofissional. (Incluído pela Lei nº 13.509, de 2017)

§ 4º Após 3 (três) recusas injustificadas, pelo habilitado, à adoção de crianças ou adolescentes indicados dentro do perfil escolhido, haverá reavaliação da habilitação concedida. (Incluído pela Lei nº 13.509, de 2017)

§ 5º A desistência do pretendente em relação à guarda para fins de adoção ou a devolução da criança ou do adolescente depois do trânsito em julgado da sentença de adoção importará na sua exclusão dos cadastros de adoção e na vedação de renovação da habilitação, salvo decisão judicial fundamentada, sem prejuízo das demais sanções previstas na legislação vigente. (Incluído pela Lei nº 13.509, de 2017)

Art. 197-F. O prazo máximo para conclusão da habilitação à adoção será de 120 (cento e vinte) dias, prorrogável por igual período, mediante decisão fundamentada da autoridade judiciária. (Incluído pela Lei nº 13.509, de 2017)

Capítulo IV - Dos Recursos

Art. 198. Nos procedimentos afetos à Justiça da Infância e da Juventude, inclusive os relativos à execução das medidas socioeducativas, adotar-se-á o sistema recursal da Lei n o 5.869, de 11 de janeiro de 1973 (Código de Processo Civil) , com as seguintes adaptações: (Redação dada pela Lei nº 12.594, de 2012) (Vide)

I - os recursos serão interpostos independentemente de preparo;

II - em todos os recursos, salvo nos embargos de declaração, o prazo para o Ministério Público e para a defesa será sempre de 10 (dez) dias; (Redação dada pela Lei nº 12.594, de 2012) (Vide)

III - os recursos terão preferência de julgamento e dispensarão revisor;

IV - (Revogado pela Lei nº 12.010, de 2009)

V - (Revogado pela Lei nº 12.010, de 2009)

VI - (Revogado pela Lei nº 12.010, de 2009)

VII - antes de determinar a remessa dos autos à superior instância, no caso de apelação, ou do instrumento, no caso de agravo, a autoridade judiciária proferirá despacho fundamentado, mantendo ou reformando a decisão, no prazo de cinco dias;

VIII - mantida a decisão apelada ou agravada, o escrivão remeterá os autos ou o instrumento à superior instância dentro de vinte e quatro horas, independentemente de novo pedido do recorrente; se a reformar, a remessa dos

autos dependerá de pedido expresso da parte interessada ou do Ministério Público, no prazo de cinco dias, contados da intimação.

Art. 199. Contra as decisões proferidas com base no art. 149 caberá recurso de apelação.

Art. 199-A. A sentença que deferir a adoção produz efeito desde logo, embora sujeita a apelação, que será recebida exclusivamente no efeito devolutivo, salvo se se tratar de adoção internacional ou se houver perigo de dano irreparável ou de difícil reparação ao adotando. (Incluído pela Lei nº 12.010, de 2009)

Art. 199-B. A sentença que destituir ambos ou qualquer dos genitores do poder familiar fica sujeita a apelação, que deverá ser recebida apenas no efeito devolutivo. (Incluído pela Lei nº 12.010, de 2009)

Art. 199-C. Os recursos nos procedimentos de adoção e de destituição de poder familiar, em face da relevância das questões, serão processados com prioridade absoluta, devendo ser imediatamente distribuídos, ficando vedado que aguardem, em qualquer situação, oportuna distribuição, e serão colocados em mesa para julgamento sem revisão e com parecer urgente do Ministério Público. (Incluído pela Lei nº 12.010, de 2009)

Art. 199-D. O relator deverá colocar o processo em mesa para julgamento no prazo máximo de 60 (sessenta) dias, contado da sua conclusão. (Incluído pela Lei nº 12.010, de 2009)

Parágrafo único. O Ministério Público será intimado da data do julgamento e poderá na sessão, se entender necessário, apresentar oralmente seu parecer. (Incluído pela Lei nº 12.010, de 2009)

Art. 199-E. O Ministério Público poderá requerer a instauração de procedimento para apuração de responsabilidades se constatar o descumprimento das providências e do prazo previstos nos artigos anteriores. (Incluído pela Lei nº 12.010, de 2009)

Capítulo V - Do Ministério Público

Art. 200. As funções do Ministério Público previstas nesta Lei serão exercidas nos termos da respectiva lei orgânica.

Art. 201. Compete ao Ministério Público:

I - conceder a remissão como forma de exclusão do processo;

II - promover e acompanhar os procedimentos relativos às infrações atribuídas a adolescentes;

III - promover e acompanhar as ações de alimentos e os procedimentos de suspensão e destituição do pátrio poder poder familiar, nomeação e remoção de tutores, curadores e guardiães, bem como oficiar em todos os demais procedimentos da competência da Justiça da Infância e da Juventude; (Expressão substituída pela Lei nº 12.010, de 2009)

IV - promover, de ofício ou por solicitação dos interessados, a especialização e a inscrição de hipoteca legal e a prestação de contas dos tutores, curadores e quaisquer administradores de bens de crianças e adolescentes nas hipóteses do art. 98;

V - promover o inquérito civil e a ação civil pública para a proteção dos interesses individuais, difusos ou coletivos relativos à infância e à adolescência, inclusive os definidos no art. 220, § 3º inciso II, da Constituição Federal ;

VI - instaurar procedimentos administrativos e, para instruí-los:

a) expedir notificações para colher depoimentos ou esclarecimentos e, em caso de não comparecimento injustificado, requisitar condução coercitiva, inclusive pela polícia civil ou militar;

b) requisitar informações, exames, perícias e documentos de autoridades municipais, estaduais e federais, da administração direta ou indireta, bem como promover inspeções e diligências investigatórias;

c) requisitar informações e documentos a particulares e instituições privadas;

VII - instaurar sindicâncias, requisitar diligências investigatórias e determinar a instauração de inquérito policial, para apuração de ilícitos ou infrações às normas de proteção à infância e à juventude;

VIII - zelar pelo efetivo respeito aos direitos e garantias legais assegurados às crianças e adolescentes, promovendo as medidas judiciais e extrajudiciais cabíveis;

IX - impetrar mandado de segurança, de injunção e habeas corpus, em qualquer juízo, instância ou tribunal, na defesa dos interesses sociais e individuais indisponíveis afetos à criança e ao adolescente;

X - representar ao juízo visando à aplicação de penalidade por infrações cometidas contra as normas de proteção à infância e à juventude, sem prejuízo da promoção da responsabilidade civil e penal do infrator, quando cabível;

XI - inspecionar as entidades públicas e particulares de atendimento e os programas de que trata esta Lei, adotando de pronto as medidas administrativas ou judiciais necessárias à remoção de irregularidades porventura verificadas;

XII - requisitar força policial, bem como a colaboração dos serviços médicos, hospitalares, educacionais e de assistência social, públicos ou privados, para o desempenho de suas atribuições.

§ 1º A legitimação do Ministério Público para as ações cíveis previstas neste artigo não impede a de terceiros, nas mesmas hipóteses, segundo dispuserem a Constituição e esta Lei.

§ 2º As atribuições constantes deste artigo não excluem outras, desde que compatíveis com a finalidade do Ministério Público.

§ 3º O representante do Ministério Público, no exercício de suas funções, terá livre acesso a todo local onde se encontre criança ou adolescente.

§ 4º O representante do Ministério Público será responsável pelo uso indevido das informações e documentos que requisitar, nas hipóteses legais de sigilo.

§ 5º Para o exercício da atribuição de que trata o inciso VIII deste artigo, poderá o representante do Ministério Público:

a) reduzir a termo as declarações do reclamante, instaurando o competente procedimento, sob sua presidência;

b) entender-se diretamente com a pessoa ou autoridade reclamada, em dia, local e horário previamente notificados ou acertados;

c) efetuar recomendações visando à melhoria dos serviços públicos e de relevância pública afetos à criança e ao adolescente, fixando prazo razoável para sua perfeita adequação.

Art. 202. Nos processos e procedimentos em que não for parte, atuará obrigatoriamente o Ministério Público na defesa dos direitos e interesses de que cuida esta Lei, hipótese em que terá vista dos autos depois das partes, podendo juntar documentos e requerer diligências, usando os recursos cabíveis.

Art. 203. A intimação do Ministério Público, em qualquer caso, será feita pessoalmente.

Art. 204. A falta de intervenção do Ministério Público acarreta a nulidade do feito, que será declarada de ofício pelo juiz ou a requerimento de qualquer interessado.

Art. 205. As manifestações processuais do representante do Ministério Público deverão ser fundamentadas.

Capítulo VI - Do Advogado

Art. 206. A criança ou o adolescente, seus pais ou responsável, e qualquer pessoa que tenha legítimo interesse na solução da lide poderão intervir nos procedimentos de que trata esta Lei, através de advogado, o qual será intimado para todos os atos, pessoalmente ou por publicação oficial, respeitado o segredo de justiça.

Parágrafo único. Será prestada assistência judiciária integral e gratuita àqueles que dela necessitarem.

Art. 207. Nenhum adolescente a quem se atribua a prática de ato infracional, ainda que ausente ou foragido, será processado sem defensor.

§ 1º Se o adolescente não tiver defensor, ser-lhe-á nomeado pelo juiz, ressalvado o direito de, a todo tempo, constituir outro de sua preferência.

§ 2º A ausência do defensor não determinará o adiamento de nenhum ato do processo, devendo o juiz nomear substituto, ainda que provisoriamente, ou para o só efeito do ato.

§ 3º Será dispensada a outorga de mandato, quando se tratar de defensor nomeado ou, sido constituído, tiver sido indicado por ocasião de ato formal com a presença da autoridade judiciária.

Capítulo VII - Da Proteção Judicial dos Interesses Individuais, Difusos e Coletivos

Art. 208. Regem-se pelas disposições desta Lei as ações de responsabilidade por ofensa aos direitos assegurados à criança e ao adolescente, referentes ao não oferecimento ou oferta irregular:

I - do ensino obrigatório;

II - de atendimento educacional especializado aos portadores de deficiência;

III - de atendimento em creche e pré-escola às crianças de zero a cinco anos de idade; (Redação dada pela Lei nº 13.306, de 2016)

IV - de ensino noturno regular, adequado às condições do educando;

V - de programas suplementares de oferta de material didático-escolar, transporte e assistência à saúde do educando do ensino fundamental;

VI - de serviço de assistência social visando à proteção à família, à maternidade, à infância e à adolescência, bem como ao amparo às crianças e adolescentes que dele necessitem;

VII - de acesso às ações e serviços de saúde;

VIII - de escolarização e profissionalização dos adolescentes privados de liberdade.

IX - de ações, serviços e programas de orientação, apoio e promoção social de famílias e destinados ao pleno exercício do direito à convivência familiar por crianças e adolescentes. (Incluído pela Lei nº 12.010, de 2009)

X - de programas de atendimento para a execução das medidas socioeducativas e aplicação de medidas de proteção. (Incluído pela Lei nº 12.594, de 2012) (Vide)

XI - de políticas e programas integrados de atendimento à criança e ao adolescente vítima ou testemunha de violência. (Incluído pela Lei nº 13.431, de 2017)

§ 1º As hipóteses previstas neste artigo não excluem da proteção judicial outros interesses individuais, difusos ou coletivos, próprios da infância e da adolescência, protegidos pela Constituição e pela Lei. (Renumerado do Parágrafo único pela Lei nº 11.259, de 2005)

§ 2º A investigação do desaparecimento de crianças ou adolescentes será realizada imediatamente após notificação aos órgãos competentes, que deverão comunicar o fato aos portos, aeroportos, Polícia Rodoviária e companhias de transporte interestaduais e internacionais, fornecendo-lhes todos os dados necessários à identificação do desaparecido. (Incluído pela Lei nº 11.259, de 2005)

Art. 209. As ações previstas neste Capítulo serão propostas no foro do local onde ocorreu ou deva ocorrer a ação ou omissão, cujo juízo terá competência absoluta para processar a causa, ressalvadas a competência da Justiça Federal e a competência originária dos tribunais superiores.

Art. 210. Para as ações cíveis fundadas em interesses coletivos ou difusos, consideram-se legitimados concorrentemente:

I - o Ministério Público;

II - a União, os estados, os municípios, o Distrito Federal e os territórios;

III - as associações legalmente constituídas há pelo menos um ano e que incluam entre seus fins institucionais a defesa dos interesses e direitos protegidos por esta Lei, dispensada a autorização da assembléia, se houver prévia autorização estatutária.

§ 1º Admitir-se-á litisconsórcio facultativo entre os Ministérios Públicos da União e dos estados na defesa dos interesses e direitos de que cuida esta Lei.

§ 2º Em caso de desistência ou abandono da ação por associação legitimada, o Ministério Público ou outro legitimado poderá assumir a titularidade ativa.

Art. 211. Os órgãos públicos legitimados poderão tomar dos interessados compromisso de ajustamento de sua conduta às exigências legais, o qual terá eficácia de título executivo extrajudicial.

Art. 212. Para defesa dos direitos e interesses protegidos por esta Lei, são admissíveis todas as espécies de ações pertinentes.

§ 1º Aplicam-se às ações previstas neste Capítulo as normas do Código de Processo Civil.

§ 2º Contra atos ilegais ou abusivos de autoridade pública ou agente de pessoa jurídica no exercício de atribuições do poder público, que lesem direito líquido e certo previsto nesta Lei, caberá ação mandamental, que se regerá pelas normas da lei do mandado de segurança.

Art. 213. Na ação que tenha por objeto o cumprimento de obrigação de fazer ou não fazer, o juiz concederá a tutela específica da obrigação ou determinará providências que assegurem o resultado prático equivalente ao do adimplemento.

§ 1º Sendo relevante o fundamento da demanda e havendo justificado receio de ineficácia do provimento final, é lícito ao juiz conceder a tutela liminarmente ou após justificação prévia, citando o réu.

§ 2º O juiz poderá, na hipótese do parágrafo anterior ou na sentença, impor multa diária ao réu, independentemente de pedido do autor, se for suficiente ou compatível com a obrigação, fixando prazo razoável para o cumprimento do preceito.

§ 3º A multa só será exigível do réu após o trânsito em julgado da sentença favorável ao autor, mas será devida desde o dia em que se houver configurado o descumprimento.

Art. 214. Os valores das multas reverterão ao fundo gerido pelo Conselho dos Direitos da Criança e do Adolescente do respectivo município.

§ 1º As multas não recolhidas até trinta dias após o trânsito em julgado da decisão serão exigidas através de execução promovida pelo Ministério Público, nos mesmos autos, facultada igual iniciativa aos demais legitimados.

§ 2º Enquanto o fundo não for regulamentado, o dinheiro ficará depositado em estabelecimento oficial de crédito, em conta com correção monetária.

Art. 215. O juiz poderá conferir efeito suspensivo aos recursos, para evitar dano irreparável à parte.

Art. 216. Transitada em julgado a sentença que impuser condenação ao poder público, o juiz determinará a remessa de peças à autoridade competente, para apuração da responsabilidade civil e administrativa do agente a que se atribua a ação ou omissão.

Art. 217. Decorridos sessenta dias do trânsito em julgado da sentença condenatória sem que a associação autora lhe promova a execução, deverá fazê-lo o Ministério Público, facultada igual iniciativa aos demais legitimados.

Art. 218. O juiz condenará a associação autora a pagar ao réu os honorários advocatícios arbitrados na conformidade do § 4º do art. 20 da Lei n.º 5.869, de 11 de janeiro de 1973 (Código de Processo Civil), quando reconhecer que a pretensão é manifestamente infundada.

Parágrafo único. Em caso de litigância de má-fé, a associação autora e os diretores responsáveis pela propositura da ação serão solidariamente condenados ao décuplo das custas, sem prejuízo de responsabilidade por perdas e danos.

Art. 219. Nas ações de que trata este Capítulo, não haverá adiantamento de custas, emolumentos, honorários periciais e quaisquer outras despesas.

Art. 220. Qualquer pessoa poderá e o servidor público deverá provocar a iniciativa do Ministério Público, prestando-lhe informações sobre fatos que constituam objeto de ação civil, e indicando-lhe os elementos de convicção.

Art. 221. Se, no exercício de suas funções, os juízes e tribunais tiverem conhecimento de fatos que possam ensejar a propositura de ação civil, remeterão peças ao Ministério Público para as providências cabíveis.

Art. 222. Para instruir a petição inicial, o interessado poderá requerer às autoridades competentes as certidões e informações que julgar necessárias, que serão fornecidas no prazo de quinze dias.

Art. 223. O Ministério Público poderá instaurar, sob sua presidência, inquérito civil, ou requisitar, de qualquer pessoa, organismo público ou particular, certidões, informações, exames ou perícias, no prazo que assinalar, o qual não poderá ser inferior a dez dias úteis.

§ 1º Se o órgão do Ministério Público, esgotadas todas as diligências, se convencer da inexistência de fundamento para a propositura da ação cível, promoverá o arquivamento dos autos do inquérito civil ou das peças informativas, fazendo-o fundamentadamente.

§ 2º Os autos do inquérito civil ou as peças de informação arquivados serão remetidos, sob pena de se incorrer em falta grave, no prazo de três dias, ao Conselho Superior do Ministério Público.

§ 3º Até que seja homologada ou rejeitada a promoção de arquivamento, em sessão do Conselho Superior do Ministério público, poderão as associações legitimadas apresentar razões escritas ou documentos, que serão juntados aos autos do inquérito ou anexados às peças de informação.

§ 4º A promoção de arquivamento será submetida a exame e deliberação do Conselho Superior do Ministério Público, conforme dispuser o seu regimento.

§ 5º Deixando o Conselho Superior de homologar a promoção de arquivamento, designará, desde logo, outro órgão do Ministério Público para o ajuizamento da ação.

Art. 224. Aplicam-se subsidiariamente, no que couber, as disposições da Lei n.º 7.347, de 24 de julho de 1985.

Título VII - Dos Crimes e Das Infrações Administrativas

Capítulo I - Dos Crimes

Seção I - Disposições Gerais

Art. 225. Este Capítulo dispõe sobre crimes praticados contra a criança e o adolescente, por ação ou omissão, sem prejuízo do disposto na legislação penal.

Art. 226. Aplicam-se aos crimes definidos nesta Lei as normas da Parte Geral do Código Penal e, quanto ao processo, as pertinentes ao Código de Processo Penal.

Art. 227. Os crimes definidos nesta Lei são de ação pública incondicionada.

> **Art. 227-A** Os efeitos da condenação prevista no inciso I do caput do art. 92 do Decreto-Lei nº 2.848, de 7 de dezembro de 1940 (Código Penal), para os crimes previstos nesta Lei, praticados por servidores públicos com abuso de autoridade, são condicionados à ocorrência de reincidência. (Incluído pela Lei nº 13.869. de 2019)
>
> **Parágrafo único.** A perda do cargo, do mandato ou da função, nesse caso, independerá da pena aplicada na reincidência. (Incluído pela Lei nº 13.869. de 2019)

Seção II - Dos Crimes em Espécie

Art. 228. Deixar o encarregado de serviço ou o dirigente de estabelecimento de atenção à saúde de gestante de manter registro das atividades desenvolvidas, na forma e prazo referidos no art. 10 desta Lei, bem como de fornecer à parturiente ou a seu responsável, por ocasião da alta médica, declaração de nascimento, onde constem as intercorrências do parto e do desenvolvimento do neonato:

Pena: detenção de seis meses a dois anos.

Parágrafo único. Se o crime é culposo:

Pena: detenção de dois a seis meses, ou multa.

Art. 229. Deixar o médico, enfermeiro ou dirigente de estabelecimento de atenção à saúde de gestante de identificar corretamente o neonato e a parturiente, por ocasião do parto, bem como deixar de proceder aos exames referidos no art. 10 desta Lei:

Pena: detenção de seis meses a dois anos.

Parágrafo único. Se o crime é culposo:

Pena: detenção de dois a seis meses, ou multa.

Art. 230. Privar a criança ou o adolescente de sua liberdade, procedendo à sua apreensão sem estar em flagrante de ato infracional ou inexistindo ordem escrita da autoridade judiciária competente:

Pena: detenção de seis meses a dois anos.

Parágrafo único. Incide na mesma pena aquele que procede à apreensão sem observância das formalidades legais.

Art. 231. Deixar a autoridade policial responsável pela apreensão de criança ou adolescente de fazer imediata comunicação à autoridade judiciária competente e à família do apreendido ou à pessoa por ele indicada:

Pena: detenção de seis meses a dois anos.

Art. 232. Submeter criança ou adolescente sob sua autoridade, guarda ou vigilância a vexame ou a constrangimento:

Pena: detenção de seis meses a dois anos.

Art. 233. (Revogado pela Lei nº 9.455, de 7.4.1997 :

Art. 234. Deixar a autoridade competente, sem justa causa, de ordenar a imediata liberação de criança ou adolescente, tão logo tenha conhecimento da ilegalidade da apreensão:

Pena: detenção de seis meses a dois anos.

Art. 235. Descumprir, injustificadamente, prazo fixado nesta Lei em benefício de adolescente privado de liberdade:

Pena: detenção de seis meses a dois anos.

Art. 236. Impedir ou embaraçar a ação de autoridade judiciária, membro do Conselho Tutelar ou representante do Ministério Público no exercício de função prevista nesta Lei:

Pena: detenção de seis meses a dois anos.

Art. 237. Subtrair criança ou adolescente ao poder de quem o tem sob sua guarda em virtude de lei ou ordem judicial, com o fim de colocação em lar substituto:

Pena: reclusão de dois a seis anos, e multa.

Art. 238. Prometer ou efetivar a entrega de filho ou pupilo a terceiro, mediante paga ou recompensa:

Pena: reclusão de um a quatro anos, e multa.

Parágrafo único. Incide nas mesmas penas quem oferece ou efetiva a paga ou recompensa.

Art. 239. Promover ou auxiliar a efetivação de ato destinado ao envio de criança ou adolescente para o exterior com inobservância das formalidades legais ou com o fito de obter lucro:

Pena: reclusão de quatro a seis anos, e multa.

Parágrafo único. Se há emprego de violência, grave ameaça ou fraude: (Incluído pela Lei nº 10.764, de 12.11.2003)

Pena: reclusão, de 6 (seis) a 8 (oito) anos, além da pena correspondente à violência.

Art. 240. Produzir, reproduzir, dirigir, fotografar, filmar ou registrar, por qualquer meio, cena de sexo explícito ou

pornográfica, envolvendo criança ou adolescente: (Redação dada pela Lei nº 11.829, de 2008)

Pena: reclusão, de 4 (quatro) a 8 (oito) anos, e multa. (Redação dada pela Lei nº 11.829, de 2008)

§ 1º Incorre nas mesmas penas quem agencia, facilita, recruta, coage, ou de qualquer modo intermedeia a participação de criança ou adolescente nas cenas referidas no caput deste artigo, ou ainda quem com esses contracena. (Redação dada pela Lei nº 11.829, de 2008)

§ 2º Aumenta-se a pena de 1/3 (um terço) se o agente comete o crime: (Redação dada pela Lei nº 11.829, de 2008)

I - no exercício de cargo ou função pública ou a pretexto de exercê-la; (Redação dada pela Lei nº 11.829, de 2008)

II - prevalecendo-se de relações domésticas, de coabitação ou de hospitalidade; ou (Redação dada pela Lei nº 11.829, de 2008)

III - prevalecendo-se de relações de parentesco consangüíneo ou afim até o terceiro grau, ou por adoção, de tutor, curador, preceptor, empregador da vítima ou de quem, a qualquer outro título, tenha autoridade sobre ela, ou com seu consentimento. (Incluído pela Lei nº 11.829, de 2008)

Art. 241. Vender ou expor à venda fotografia, vídeo ou outro registro que contenha cena de sexo explícito ou pornográfica envolvendo criança ou adolescente: (Redação dada pela Lei nº 11.829, de 2008)

Pena: reclusão, de 4 (quatro) a 8 (oito) anos, e multa. (Redação dada pela Lei nº 11.829, de 2008)

Art. 241-A. Oferecer, trocar, disponibilizar, transmitir, distribuir, publicar ou divulgar por qualquer meio, inclusive por meio de sistema de informática ou telemático, fotografia, vídeo ou outro registro que contenha cena de sexo explícito ou pornográfica envolvendo criança ou adolescente: (Incluído pela Lei nº 11.829, de 2008)

Pena: reclusão, de 3 (três) a 6 (seis) anos, e multa. (Incluído pela Lei nº 11.829, de 2008)

§ 1º Nas mesmas penas incorre quem: (Incluído pela Lei nº 11.829, de 2008)

I - assegura os meios ou serviços para o armazenamento das fotografias, cenas ou imagens de que trata o caput deste artigo; (Incluído pela Lei nº 11.829, de 2008)

II - assegura, por qualquer meio, o acesso por rede de computadores às fotografias, cenas ou imagens de que trata o caput deste artigo. (Incluído pela Lei nº 11.829, de 2008)

§ 2º As condutas tipificadas nos incisos I e II do § 1 o deste artigo são puníveis quando o responsável legal pela prestação do serviço, oficialmente notificado, deixa de desabilitar o acesso ao conteúdo ilícito de que trata o caput deste artigo. (Incluído pela Lei nº 11.829, de 2008)

Art. 241-B. Adquirir, possuir ou armazenar, por qualquer meio, fotografia, vídeo ou outra forma de registro que contenha cena de sexo explícito ou pornográfica envolvendo criança ou adolescente: (Incluído pela Lei nº 11.829, de 2008)

Pena: reclusão, de 1 (um) a 4 (quatro) anos, e multa. (Incluído pela Lei nº 11.829, de 2008)

§ 1º A pena é diminuída de 1 (um) a 2/3 (dois terços) se de pequena quantidade o material a que se refere o caput deste artigo. (Incluído pela Lei nº 11.829, de 2008)

§ 2º Não há crime se a posse ou o armazenamento tem a finalidade de comunicar às autoridades competentes a ocorrência das condutas descritas nos arts. 240, 241, 241-A e 241-C desta Lei, quando a comunicação for feita por: (Incluído pela Lei nº 11.829, de 2008)

I - agente público no exercício de suas funções; (Incluído pela Lei nº 11.829, de 2008)

II - membro de entidade, legalmente constituída, que inclua, entre suas finalidades institucionais, o recebimento, o processamento e o encaminhamento de notícia dos crimes referidos neste parágrafo; (Incluído pela Lei nº 11.829, de 2008)

III - representante legal e funcionários responsáveis de provedor de acesso ou serviço prestado por meio de rede de computadores, até o recebimento do material relativo à notícia feita à autoridade policial, ao Ministério Público ou ao Poder Judiciário. (Incluído pela Lei nº 11.829, de 2008)

§ 3º As pessoas referidas no § 2 o deste artigo deverão manter sob sigilo o material ilícito referido. (Incluído pela Lei nº 11.829, de 2008)

Art. 241-C. Simular a participação de criança ou adolescente em cena de sexo explícito ou pornográfica por meio de adulteração, montagem ou modificação de fotografia, vídeo ou qualquer outra forma de representação visual: (Incluído pela Lei nº 11.829, de 2008)

Pena: reclusão, de 1 (um) a 3 (três) anos, e multa. (Incluído pela Lei nº 11.829, de 2008)

Parágrafo único. Incorre nas mesmas penas quem vende, expõe à venda, disponibiliza, distribui, publica ou divulga por qualquer meio, adquire, possui ou armazena o material produzido na forma do caput deste artigo. (Incluído pela Lei nº 11.829, de 2008)

Art. 241-D. Aliciar, assediar, instigar ou constranger, por qualquer meio de comunicação, criança, com o fim de com ela praticar ato libidinoso: (Incluído pela Lei nº 11.829, de 2008)

Pena: reclusão, de 1 (um) a 3 (três) anos, e multa. (Incluído pela Lei nº 11.829, de 2008)

Parágrafo único. Nas mesmas penas incorre quem: (Incluído pela Lei nº 11.829, de 2008)

I - facilita ou induz o acesso à criança de material contendo cena de sexo explícito ou pornográfica com o fim de com ela praticar ato libidinoso; (Incluído pela Lei nº 11.829, de 2008)

II - pratica as condutas descritas no caput deste artigo com o fim de induzir criança a se exibir de forma pornográfica ou sexualmente explícita. (Incluído pela Lei nº 11.829, de 2008)

Art. 241-E. Para efeito dos crimes previstos nesta Lei, a expressão "cena de sexo explícito ou pornográfica" compreende qualquer situação que envolva criança ou adolescente em atividades sexuais explícitas, reais ou simuladas, ou exibição dos órgãos genitais de uma criança ou adolescente para fins primordialmente sexuais. (Incluído pela Lei nº 11.829, de 2008)

Art. 242. Vender, fornecer ainda que gratuitamente ou entregar, de qualquer forma, a criança ou adolescente arma, munição ou explosivo:

Pena: reclusão, de 3 (três) a 6 (seis) anos. (Redação dada pela Lei nº 10.764, de 12.11.2003)

Art. 243. Vender, fornecer, servir, ministrar ou entregar, ainda que gratuitamente, de qualquer forma, a criança ou a adolescente, bebida alcoólica ou, sem justa causa, outros produtos cujos componentes possam causar dependência física ou psíquica: (Redação dada pela Lei nº 13.106, de 2015)

Pena: detenção de 2 (dois) a 4 (quatro) anos, e multa, se o fato não constitui crime mais grave. (Redação dada pela Lei nº 13.106, de 2015)

Art. 244. Vender, fornecer ainda que gratuitamente ou entregar, de qualquer forma, a criança ou adolescente fogos de estampido ou de artifício, exceto aqueles que, pelo seu reduzido potencial, sejam incapazes de provocar qualquer dano físico em caso de utilização indevida:

Pena: detenção de seis meses a dois anos, e multa.

Art. 244-A. Submeter criança ou adolescente, como tais definidos no caput do art. 2 o desta Lei, à prostituição ou à exploração sexual: (Incluído pela Lei nº 9.975, de 23.6.2000)

Pena: reclusão de quatro a dez anos e multa, além da perda de bens e valores utilizados na prática criminosa em favor do Fundo dos Direitos da Criança e do Adolescente da unidade da Federação (Estado ou Distrito Federal) em que foi cometido o crime, ressalvado o direito de terceiro de boa-fé. (Redação dada pela Lei nº 13.440, de 2017)

§ 1º Incorrem nas mesmas penas o proprietário, o gerente ou o responsável pelo local em que se verifique a submissão de

criança ou adolescente às práticas referidas no caput deste artigo. (Incluído pela Lei nº 9.975, de 23.6.2000)

§ 2º Constitui efeito obrigatório da condenação a cassação da licença de localização e de funcionamento do estabelecimento. (Incluído pela Lei nº 9.975, de 23.6.2000)

Art. 244-B. Corromper ou facilitar a corrupção de menor de 18 (dezoito) anos, com ele praticando infração penal ou induzindo-o a praticá-la: (Incluído pela Lei nº 12.015, de 2009)

Pena: reclusão, de 1 (um) a 4 (quatro) anos. (Incluído pela Lei nº 12.015, de 2009)

§ 1º Incorre nas penas previstas no caput deste artigo quem pratica as condutas ali tipificadas utilizando-se de quaisquer meios eletrônicos, inclusive salas de bate-papo da internet. (Incluído pela Lei nº 12.015, de 2009)

§ 2º As penas previstas no caput deste artigo são aumentadas de um terço no caso de a infração cometida ou induzida estar incluída no rol do art. 1 o da Lei n o 8.072, de 25 de julho de 1990 . (Incluído pela Lei nº 12.015, de 2009)

Capítulo II - Das Infrações Administrativas

Art. 245. Deixar o médico, professor ou responsável por estabelecimento de atenção à saúde e de ensino fundamental, pré-escola ou creche, de comunicar à autoridade competente os casos de que tenha conhecimento, envolvendo suspeita ou confirmação de maus-tratos contra criança ou adolescente:

Pena: multa de três a vinte salários de referência, aplicando-se o dobro em caso de reincidência.

Art. 246. Impedir o responsável ou funcionário de entidade de atendimento o exercício dos direitos constantes nos incisos II, III, VII, VIII e XI do art. 124 desta Lei:

Pena: multa de três a vinte salários de referência, aplicando-se o dobro em caso de reincidência.

Art. 247. Divulgar, total ou parcialmente, sem autorização devida, por qualquer meio de comunicação, nome, ato ou documento de procedimento policial, administrativo ou judicial relativo a criança ou adolescente a que se atribua ato infracional:

Pena: multa de três a vinte salários de referência, aplicando-se o dobro em caso de reincidência.

§ 1º Incorre na mesma pena quem exibe, total ou parcialmente, fotografia de criança ou adolescente envolvido em ato infracional, ou qualquer ilustração que lhe diga respeito ou se refira a atos que lhe sejam atribuídos, de forma a permitir sua identificação, direta ou indiretamente.

§ 2º Se o fato for praticado por órgão de imprensa ou emissora de rádio ou televisão, além da pena prevista neste artigo, a autoridade judiciária poderá determinar a apreensão da publicação ou a suspensão da programação da emissora até por dois dias, bem como da publicação do periódico até por dois números. (Expressão declarada inconstitucional pela ADIN 869).

Art. 248. (Revogado pela Lei nº 13.431, de 2017)

Art. 249. Descumprir, dolosa ou culposamente, os deveres inerentes ao pátrio poder poder familiar ou decorrente de tutela ou guarda, bem assim determinação da autoridade judiciária ou Conselho Tutelar: (Expressão substituída pela Lei nº 12.010, de 2009)

Pena: multa de três a vinte salários de referência, aplicando-se o dobro em caso de reincidência.

Art. 250. Hospedar criança ou adolescente desacompanhado dos pais ou responsável, ou sem autorização escrita desses ou da autoridade judiciária, em hotel, pensão, motel ou congênere: (Redação dada pela Lei nº 12.038, de 2009).

Pena: multa. (Redação dada pela Lei nº 12.038, de 2009).

§ 1º Em caso de reincidência, sem prejuízo da pena de multa, a autoridade judiciária poderá determinar o fechamento do estabelecimento por até 15 (quinze) dias. (Incluído pela Lei nº 12.038, de 2009).

§ 2 º Se comprovada a reincidência em período inferior a 30 (trinta) dias, o estabelecimento será definitivamente fechado e terá sua licença cassada. (Incluído pela Lei nº 12.038, de 2009).

Art. 251. Transportar criança ou adolescente, por qualquer meio, com inobservância do disposto nos arts. 83, 84 e 85 desta Lei:

Pena: multa de três a vinte salários de referência, aplicando-se o dobro em caso de reincidência.

Art. 252. Deixar o responsável por diversão ou espetáculo público de afixar, em lugar visível e de fácil acesso, à entrada do local de exibição, informação destacada sobre a natureza da diversão ou espetáculo e a faixa etária especificada no certificado de classificação:

Pena: multa de três a vinte salários de referência, aplicando-se o dobro em caso de reincidência.

Art. 253. Anunciar peças teatrais, filmes ou quaisquer representações ou espetáculos, sem indicar os limites de idade a que não se recomendem:

Pena: multa de três a vinte salários de referência, duplicada em caso de reincidência, aplicável, separadamente, à casa de espetáculo e aos órgãos de divulgação ou publicidade.

Art. 254. Transmitir, através de rádio ou televisão, espetáculo em horário diverso do autorizado ou sem aviso de sua classificação: (Expressão declarada inconstitucional pela ADI 2.404).

Pena: multa de vinte a cem salários de referência; duplicada em caso de reincidência a autoridade judiciária poderá determinar a suspensão da programação da emissora por até dois dias.

Art. 255. Exibir filme, trailer, peça, amostra ou congênere classificado pelo órgão competente como inadequado às crianças ou adolescentes admitidos ao espetáculo:

Pena: multa de vinte a cem salários de referência; na reincidência, a autoridade poderá determinar a suspensão do espetáculo ou o fechamento do estabelecimento por até quinze dias.

Art. 256. Vender ou locar a criança ou adolescente fita de programação em vídeo, em desacordo com a classificação atribuída pelo órgão competente:

Pena: multa de três a vinte salários de referência; em caso de reincidência, a autoridade judiciária poderá determinar o fechamento do estabelecimento por até quinze dias.

Art. 257. Descumprir obrigação constante dos arts. 78 e 79 desta Lei:

Pena: multa de três a vinte salários de referência, duplicando-se a pena em caso de reincidência, sem prejuízo de apreensão da revista ou publicação.

Art. 258. Deixar o responsável pelo estabelecimento ou o empresário de observar o que dispõe esta Lei sobre o acesso de criança ou adolescente aos locais de diversão, ou sobre sua participação no espetáculo:

Pena: multa de três a vinte salários de referência; em caso de reincidência, a autoridade judiciária poderá determinar o fechamento do estabelecimento por até quinze dias.

Art. 258-A. Deixar a autoridade competente de providenciar a instalação e operacionalização dos cadastros previstos no art. 50 e no § 11 do art. 101 desta Lei: (Incluído pela Lei nº 12.010, de 2009)

Pena: multa de R$ 1.000,00 (mil reais) a R$ 3.000,00 (três mil reais). (Incluído pela Lei nº 12.010, de 2009)

Parágrafo único. Incorre nas mesmas penas a autoridade que deixa de efetuar o cadastramento de crianças e de adolescentes em condições de serem adotadas, de pessoas ou casais habilitados à adoção e de crianças e adolescentes em regime de acolhimento institucional ou familiar. (Incluído pela Lei nº 12.010, de 2009)

Art. 258-B. Deixar o médico, enfermeiro ou dirigente de estabelecimento de atenção à saúde de gestante de efetuar imediato encaminhamento à autoridade judiciária de caso de que tenha conhecimento de mãe ou gestante interessada em

entregar seu filho para adoção: (Incluído pela Lei nº 12.010, de 2009)

Pena: multa de R$ 1.000,00 (mil reais) a R$ 3.000,00 (três mil reais). (Incluído pela Lei nº 12.010, de 2009)

Parágrafo único. Incorre na mesma pena o funcionário de programa oficial ou comunitário destinado à garantia do direito à convivência familiar que deixa de efetuar a comunicação referida no caput deste artigo. (Incluído pela Lei nº 12.010, de 2009)

Art. 258-C. Descumprir a proibição estabelecida no inciso II do art. 81: (Redação dada pela Lei nº 13.106, de 2015)

Pena: multa de R$ 3.000,00 (três mil reais) a R$ 10.000,00 (dez mil reais); (Redação dada pela Lei nº 13.106, de 2015)

Medida Administrativa - interdição do estabelecimento comercial até o recolhimento da multa aplicada. (Redação dada pela Lei nº 13.106, de 2015)

Disposições Finais e Transitórias

Art. 259. A União, no prazo de noventa dias contados da publicação deste Estatuto, elaborará projeto de lei dispondo sobre a criação ou adaptação de seus órgãos às diretrizes da política de atendimento fixadas no art. 88 e ao que estabelece o Título V do Livro II.

Parágrafo único. Compete aos estados e municípios promoverem a adaptação de seus órgãos e programas às diretrizes e princípios estabelecidos nesta Lei.

Art. 260. Os contribuintes poderão efetuar doações aos Fundos dos Direitos da Criança e do Adolescente nacional, distrital, estaduais ou municipais, devidamente comprovadas, sendo essas integralmente deduzidas do imposto de renda, obedecidos os seguintes limites: (Redação dada pela Lei nº 12.594, de 2012) (Vide)

I - 1% (um por cento) do imposto sobre a renda devido apurado pelas pessoas jurídicas tributadas com base no lucro real; e (Redação dada pela Lei nº 12.594, de 2012) (Vide)

II - 6% (seis por cento) do imposto sobre a renda apurado pelas pessoas físicas na Declaração de Ajuste Anual, observado o disposto no art. 22 da Lei n o 9.532, de 10 de dezembro de 1997 . (Redação dada pela Lei nº 12.594, de 2012) (Vide)

§ 1º - (Revogado pela Lei nº 9.532, de 1997) (Produção de efeito)

§ 1º -A. Na definição das prioridades a serem atendidas com os recursos captados pelos fundos nacional, estaduais e municipais dos direitos da criança e do adolescente, serão consideradas as disposições do Plano Nacional de Promoção, Proteção e Defesa do Direito de Crianças e Adolescentes à Convivência Familiar e Comunitária e as do Plano Nacional pela Primeira Infância. (Redação dada dada pela Lei nº 13.257, de 2016)

§ 2º Os conselhos nacional, estaduais e municipais dos direitos da criança e do adolescente fixarão critérios de utilização, por meio de planos de aplicação, das dotações subsidiadas e demais receitas, aplicando necessariamente percentual para incentivo ao acolhimento, sob a forma de guarda, de crianças e adolescentes e para programas de atenção integral à primeira infância em áreas de maior carência socioeconômica e em situações de calamidade. (Redação dada dada pela Lei nº 13.257, de 2016)

§ 3º O Departamento da Receita Federal, do Ministério da Economia, Fazenda e Planejamento, regulamentará a comprovação das doações feitas aos fundos, nos termos deste artigo. (Incluído pela Lei nº 8.242, de 12.10.1991)

§ 4º O Ministério Público determinará em cada comarca a forma de fiscalização da aplicação, pelo Fundo Municipal dos Direitos da Criança e do Adolescente, dos incentivos fiscais referidos neste artigo. (Incluído pela Lei nº 8.242, de 12.10.1991)

§ 5º Observado o disposto no § 4 o do art. 3 o da Lei n o 9.249, de 26 de dezembro de 1995 , a dedução de que trata o inciso I do caput : (Redação dada pela Lei nº 12.594, de 2012) (Vide)

I - será considerada isoladamente, não se submetendo a limite em conjunto com outras deduções do imposto; e (Incluído pela Lei nº 12.594, de 2012) (Vide)

II - não poderá ser computada como despesa operacional na apuração do lucro real. (Incluído pela Lei nº 12.594, de 2012) (Vide)

Art. 260-A. A partir do exercício de 2010, ano-calendário de 2009, a pessoa física poderá optar pela doação de que trata o inciso II do caput do art. 260 diretamente em sua Declaração de Ajuste Anual. (Incluído pela Lei nº 12.594, de 2012) (Vide)

§ 1º A doação de que trata o caput poderá ser deduzida até os seguintes percentuais aplicados sobre o imposto apurado na declaração: (Incluído pela Lei nº 12.594, de 2012) (Vide)

I - (VETADO); (Incluído pela Lei nº 12.594, de 2012) (Vide)

II - (VETADO); (Incluído pela Lei nº 12.594, de 2012) (Vide)

III - 3% (três por cento) a partir do exercício de 2012. (Incluído pela Lei nº 12.594, de 2012) (Vide)

§ 2º A dedução de que trata o caput : (Incluído pela Lei nº 12.594, de 2012) (Vide)

I - está sujeita ao limite de 6% (seis por cento) do imposto sobre a renda apurado na declaração de que trata o inciso II do caput do art. 260; (Incluído pela Lei nº 12.594, de 2012) (Vide)

II - não se aplica à pessoa física que: (Incluído pela Lei nº 12.594, de 2012) (Vide)

a) utilizar o desconto simplificado; (Incluído pela Lei nº 12.594, de 2012) (Vide)

b) apresentar declaração em formulário; ou (Incluído pela Lei nº 12.594, de 2012) (Vide)

c) entregar a declaração fora do prazo; (Incluído pela Lei nº 12.594, de 2012) (Vide)

III - só se aplica às doações em espécie; e (Incluído pela Lei nº 12.594, de 2012) (Vide)

IV - não exclui ou reduz outros benefícios ou deduções em vigor. (Incluído pela Lei nº 12.594, de 2012) (Vide)

§ 3º O pagamento da doação deve ser efetuado até a data de vencimento da primeira quota ou quota única do imposto, observadas instruções específicas da Secretaria da Receita Federal do Brasil. (Incluído pela Lei nº 12.594, de 2012) (Vide)

§ 4º O não pagamento da doação no prazo estabelecido no § 3 o implica a glosa definitiva desta parcela de dedução, ficando a pessoa física obrigada ao recolhimento da diferença de imposto devido apurado na Declaração de Ajuste Anual com os acréscimos legais previstos na legislação. (Incluído pela Lei nº 12.594, de 2012) (Vide)

§ 5º A pessoa física poderá deduzir do imposto apurado na Declaração de Ajuste Anual as doações feitas, no respectivo ano-calendário, aos fundos controlados pelos Conselhos dos Direitos da Criança e do Adolescente municipais, distrital, estaduais e nacional concomitantemente com a opção de que trata o caput , respeitado o limite previsto no inciso II do art. 260. (Incluído pela Lei nº 12.594, de 2012) (Vide)

Art. 260-B. A doação de que trata o inciso I do art. 260 poderá ser deduzida: (Incluído pela Lei nº 12.594, de 2012) (Vide)

I - do imposto devido no trimestre, para as pessoas jurídicas que apuram o imposto trimestralmente; e (Incluído pela Lei nº 12.594, de 2012) (Vide)

II - do imposto devido mensalmente e no ajuste anual, para as pessoas jurídicas que apuram o imposto anualmente. (Incluído pela Lei nº 12.594, de 2012) (Vide)

Parágrafo único. A doação deverá ser efetuada dentro do período a que se refere a apuração do imposto. (Incluído pela Lei nº 12.594, de 2012) (Vide)

Art. 260-C. As doações de que trata o art. 260 desta Lei podem ser efetuadas em espécie ou em bens. (Incluído pela Lei nº 12.594, de 2012) (Vide)

Parágrafo único. As doações efetuadas em espécie devem ser depositadas em conta específica, em instituição financeira pública, vinculadas aos respectivos fundos de que trata o art. 260. (Incluído pela Lei nº 12.594, de 2012) (Vide)

Art. 260-D. Os órgãos responsáveis pela administração das contas dos Fundos dos Direitos da Criança e do Adolescente nacional, estaduais, distrital e municipais devem emitir recibo em favor do doador, assinado por pessoa competente e pelo presidente do Conselho correspondente, especificando: (Incluído pela Lei nº 12.594, de 2012) (Vide)

I - número de ordem; (Incluído pela Lei nº 12.594, de 2012) (Vide)

II - nome, Cadastro Nacional da Pessoa Jurídica (CNPJ) e endereço do emitente; (Incluído pela Lei nº 12.594, de 2012) (Vide)

III - nome, CNPJ ou Cadastro de Pessoas Físicas (CPF) do doador; (Incluído pela Lei nº 12.594, de 2012) (Vide)

IV - data da doação e valor efetivamente recebido; e (Incluído pela Lei nº 12.594, de 2012) (Vide)

V - ano-calendário a que se refere a doação. (Incluído pela Lei nº 12.594, de 2012) (Vide)

§ 1º O comprovante de que trata o caput deste artigo pode ser emitido anualmente, desde que discrimine os valores doados mês a mês. (Incluído pela Lei nº 12.594, de 2012) (Vide)

§ 2º No caso de doação em bens, o comprovante deve conter a identificação dos bens, mediante descrição em campo próprio ou em relação anexa ao comprovante, informando também se houve avaliação, o nome, CPF ou CNPJ e endereço dos avaliadores. (Incluído pela Lei nº 12.594, de 2012) (Vide)

Art. 260-E. Na hipótese da doação em bens, o doador deverá: (Incluído pela Lei nº 12.594, de 2012) (Vide)

I - comprovar a propriedade dos bens, mediante documentação hábil; (Incluído pela Lei nº 12.594, de 2012) (Vide)

II - baixar os bens doados na declaração de bens e direitos, quando se tratar de pessoa física, e na escrituração, no caso de pessoa jurídica; e (Incluído pela Lei nº 12.594, de 2012) (Vide)

III - considerar como valor dos bens doados: (Incluído pela Lei nº 12.594, de 2012) (Vide)

a) para as pessoas físicas, o valor constante da última declaração do imposto de renda, desde que não exceda o valor de mercado; (Incluído pela Lei nº 12.594, de 2012) (Vide)

b) para as pessoas jurídicas, o valor contábil dos bens. (Incluído pela Lei nº 12.594, de 2012) (Vide)

Parágrafo único. O preço obtido em caso de leilão não será considerado na determinação do valor dos bens doados, exceto se o leilão for determinado por autoridade judiciária. (Incluído pela Lei nº 12.594, de 2012) (Vide)

Art. 260-F. Os documentos a que se referem os arts. 260-D e 260-E devem ser mantidos pelo contribuinte por um prazo de 5 (cinco) anos para fins de comprovação da dedução perante a Receita Federal do Brasil. (Incluído pela Lei nº 12.594, de 2012) (Vide)

Art. 260-G. Os órgãos responsáveis pela administração das contas dos Fundos dos Direitos da Criança e do Adolescente nacional, estaduais, distrital e municipais devem: (Incluído pela Lei nº 12.594, de 2012) (Vide)

I - manter conta bancária específica destinada exclusivamente a gerir os recursos do Fundo; (Incluído pela Lei nº 12.594, de 2012) (Vide)

II - manter controle das doações recebidas; e (Incluído pela Lei nº 12.594, de 2012) (Vide)

III - informar anualmente à Secretaria da Receita Federal do Brasil as doações recebidas mês a mês, identificando os seguintes dados por doador: (Incluído pela Lei nº 12.594, de 2012) (Vide)

a) nome, CNPJ ou CPF; (Incluído pela Lei nº 12.594, de 2012) (Vide)

b) valor doado, especificando se a doação foi em espécie ou em bens. (Incluído pela Lei nº 12.594, de 2012) (Vide)

Art. 260-H. Em caso de descumprimento das obrigações previstas no art. 260-G, a Secretaria da Receita Federal do Brasil dará conhecimento do fato ao Ministério Público. (Incluído pela Lei nº 12.594, de 2012) (Vide)

Art. 260-I. Os Conselhos dos Direitos da Criança e do Adolescente nacional, estaduais, distrital e municipais divulgarão amplamente à comunidade: (Incluído pela Lei nº 12.594, de 2012) (Vide)

I - o calendário de suas reuniões; (Incluído pela Lei nº 12.594, de 2012) (Vide)

II - as ações prioritárias para aplicação das políticas de atendimento à criança e ao adolescente; (Incluído pela Lei nº 12.594, de 2012) (Vide)

III - os requisitos para a apresentação de projetos a serem beneficiados com recursos dos Fundos dos Direitos da Criança e do Adolescente nacional, estaduais, distrital ou municipais; (Incluído pela Lei nº 12.594, de 2012) (Vide)

IV - a relação dos projetos aprovados em cada ano-calendário e o valor dos recursos previstos para implementação das ações, por projeto; (Incluído pela Lei nº 12.594, de 2012) (Vide)

V - o total dos recursos recebidos e a respectiva destinação, por projeto atendido, inclusive com cadastramento na base de dados do Sistema de Informações sobre a Infância e a Adolescência; e (Incluído pela Lei nº 12.594, de 2012) (Vide)

VI - a avaliação dos resultados dos projetos beneficiados com recursos dos Fundos dos Direitos da Criança e do Adolescente nacional, estaduais, distrital e municipais. (Incluído pela Lei nº 12.594, de 2012) (Vide)

Art. 260-J. O Ministério Público determinará, em cada Comarca, a forma de fiscalização da aplicação dos incentivos fiscais referidos no art. 260 desta Lei. (Incluído pela Lei nº 12.594, de 2012) (Vide)

Parágrafo único. O descumprimento do disposto nos arts. 260-G e 260-I sujeitará os infratores a responder por ação judicial proposta pelo Ministério Público, que poderá atuar de ofício, a requerimento ou representação de qualquer cidadão. (Incluído pela Lei nº 12.594, de 2012) (Vide)

Art. 260-K. A Secretaria de Direitos Humanos da Presidência da República (SDH/PR) encaminhará à Secretaria da Receita Federal do Brasil, até 31 de outubro de cada ano, arquivo eletrônico contendo a relação atualizada dos Fundos dos Direitos da Criança e do Adolescente nacional, distrital, estaduais e municipais, com a indicação dos respectivos números de inscrição no CNPJ e das contas bancárias específicas mantidas em instituições financeiras públicas, destinadas exclusivamente a gerir os recursos dos Fundos. (Incluído pela Lei nº 12.594, de 2012) (Vide)

Art. 260-L. A Secretaria da Receita Federal do Brasil expedirá as instruções necessárias à aplicação do disposto nos arts. 260 a 260-K. (Incluído pela Lei nº 12.594, de 2012) (Vide)

Art. 261. A falta dos conselhos municipais dos direitos da criança e do adolescente, os registros, inscrições e alterações a que se referem os arts. 90, parágrafo único, e 91 desta Lei serão efetuados perante a autoridade judiciária da comarca a que pertencer a entidade.

Parágrafo único. A União fica autorizada a repassar aos estados e municípios, e os estados aos municípios, os recursos referentes aos programas e atividades previstos nesta Lei, tão logo estejam criados os conselhos dos direitos da criança e do adolescente nos seus respectivos níveis.

Art. 262. Enquanto não instalados os Conselhos Tutelares, as atribuições a eles conferidas serão exercidas pela autoridade judiciária.

Art. 263. O Decreto-Lei n.º 2.848, de 7 de dezembro de 1940 (Código Penal), passa a vigorar com as seguintes alterações:

1) Art. 121 ..

§ 4º No homicídio culposo, a pena é aumentada de um terço, se o crime resulta de inobservância de regra técnica de profissão, arte ou ofício, ou se o agente deixa de prestar imediato socorro à vítima, não procura diminuir as conseqüências do seu ato, ou foge para evitar prisão em flagrante. Sendo doloso

o homicídio, a pena é aumentada de um terço, se o crime é praticado contra pessoa menor de catorze anos.

2) Art. 129 ..

§ 7º Aumenta-se a pena de um terço, se ocorrer qualquer das hipóteses do art. 121, § 4º.

§ 8º Aplica-se à lesão culposa o disposto no § 5º do art. 121.

3) Art. 136..

§ 3º Aumenta-se a pena de um terço, se o crime é praticado contra pessoa menor de catorze anos.

4) Art. 213 ..

Parágrafo único. Se a ofendida é menor de catorze anos:
Pena: reclusão de quatro a dez anos.

5) Art. 214..

Parágrafo único. Se o ofendido é menor de catorze anos:
Pena: reclusão de três a nove anos.»

Art. 264. O art. 102 da Lei n.º 6.015, de 31 de dezembro de 1973, fica acrescido do seguinte item:

"Art. 102 ..

6º) a perda e a suspensão do pátrio poder. "

Art. 265. A Imprensa Nacional e demais gráficas da União, da administração direta ou indireta, inclusive fundações instituídas e mantidas pelo poder público federal promoverão edição popular do texto integral deste Estatuto, que será posto à disposição das escolas e das entidades de atendimento e de defesa dos direitos da criança e do adolescente.

Art. 265-A. O poder público fará periodicamente ampla divulgação dos direitos da criança e do adolescente nos meios de comunicação social. (Incluído pela Lei nº 13.257, de 2016)

Parágrafo único. A divulgação a que se refere o caput será veiculada em linguagem clara, compreensível e adequada a crianças e adolescentes, especialmente às crianças com idade inferior a 6 (seis) anos. (Incluído pela Lei nº 13.257, de 2016)

Art. 266. Esta Lei entra em vigor noventa dias após sua publicação.

Parágrafo único. Durante o período de vacância deverão ser promovidas atividades e campanhas de divulgação e esclarecimentos acerca do disposto nesta Lei.

Art. 267. Revogam-se as Leis n.º 4.513, de 1964, e 6.697, de 10 de outubro de 1979 (Código de Menores), e as demais disposições em contrário.

3. LEI Nº 9.099, DE 26 DE SETEMBRO DE 1995

Dispõe sobre os Juizados Especiais Cíveis e Criminais e dá outras providências.

O PRESIDENTE DA REPÚBLICA Faço saber que o Congresso Nacional decreta e eu sanciono a seguinte Lei:

CAPÍTULO I - Disposições Gerais

Art. 1º Os Juizados Especiais Cíveis e Criminais, órgãos da Justiça Ordinária, serão criados pela União, no Distrito Federal e nos Territórios, e pelos Estados, para conciliação, processo, julgamento e execução, nas causas de sua competência.

Art. 2º O processo orientar-se-á pelos critérios da oralidade, simplicidade, informalidade, economia processual e celeridade, buscando, sempre que possível, a conciliação ou a transação.

Capítulo II - Dos Juizados Especiais Cíveis

Seção I - Da Competência

Art. 3º O Juizado Especial Cível tem competência para conciliação, processo e julgamento das causas cíveis de menor complexidade, assim consideradas:

I - as causas cujo valor não exceda a quarenta vezes o salário mínimo;

II - as enumeradas no art. 275, inciso II, do Código de Processo Civil;

III - a ação de despejo para uso próprio;

IV - as ações possessórias sobre bens imóveis de valor não excedente ao fixado no inciso I deste artigo.

§ 1º Compete ao Juizado Especial promover a execução:

I - dos seus julgados;

II - dos títulos executivos extrajudiciais, no valor de até quarenta vezes o salário mínimo, observado o disposto no § 1º do art. 8º desta Lei.

§ 2º Ficam excluídas da competência do Juizado Especial as causas de natureza alimentar, falimentar, fiscal e de interesse da Fazenda Pública, e também as relativas a acidentes de trabalho, a resíduos e ao estado e capacidade das pessoas, ainda que de cunho patrimonial.

§ 3º A opção pelo procedimento previsto nesta Lei importará em renúncia ao crédito excedente ao limite estabelecido neste artigo, excetuada a hipótese de conciliação.

Art. 4º É competente, para as causas previstas nesta Lei, o Juizado do foro:

I - do domicílio do réu ou, a critério do autor, do local onde aquele exerça atividades profissionais ou econômicas ou mantenha estabelecimento, filial, agência, sucursal ou escritório;

II - do lugar onde a obrigação deva ser satisfeita;

III - do domicílio do autor ou do local do ato ou fato, nas ações para reparação de dano de qualquer natureza.

Parágrafo único. Em qualquer hipótese, poderá a ação ser proposta no foro previsto no inciso I deste artigo.

Seção II - Do Juiz, dos Conciliadores e dos Juízes Leigos

Art. 5º O Juiz dirigirá o processo com liberdade para determinar as provas a serem produzidas, para apreciá-las e para dar especial valor às regras de experiência comum ou técnica.

Art. 6º O Juiz adotará em cada caso a decisão que reputar mais justa e equânime, atendendo aos fins sociais da lei e às exigências do bem comum.

Art. 7º Os conciliadores e Juízes leigos são auxiliares da Justiça, recrutados, os primeiros, preferencialmente, entre os bacharéis em Direito, e os segundos, entre advogados com mais de cinco anos de experiência.

Parágrafo único. Os Juízes leigos ficarão impedidos de exercer a advocacia perante os Juizados Especiais, enquanto no desempenho de suas funções.

Seção III - Das Partes

Art. 8º Não poderão ser partes, no processo instituído por esta Lei, o incapaz, o preso, as pessoas jurídicas de direito público, as empresas públicas da União, a massa falida e o insolvente civil.

§ 1º Somente serão admitidas a propor ação perante o Juizado Especial: (Redação dada pela Lei nº 12.126, de 2009)

I - as pessoas físicas capazes, excluídos os cessionários de direito de pessoas jurídicas; (Incluído pela Lei nº 12.126, de 2009)

II - as pessoas enquadradas como microempreendedores individuais, microempresas e empresas de pequeno porte na forma da Lei Complementar no 123, de 14 de dezembro de 2006; (Redação dada pela Lei Complementar nº 147, de 2014)

III - as pessoas jurídicas qualificadas como Organização da Sociedade Civil de Interesse Público, nos termos da Lei no 9.790, de 23 de março de 1999; (Incluído pela Lei nº 12.126, de 2009)

IV - as sociedades de crédito ao microempreendedor, nos termos do art. 1º da Lei no 10.194, de 14 de fevereiro de 2001. (Incluído pela Lei nº 12.126, de 2009)

§ 2º O maior de dezoito anos poderá ser autor, independentemente de assistência, inclusive para fins de conciliação.

Art. 9º Nas causas de valor até vinte salários mínimos, as partes comparecerão pessoalmente, podendo ser assistidas por advogado; nas de valor superior, a assistência é obrigatória.

§ 1º Sendo facultativa a assistência, se uma das partes comparecer assistida por advogado, ou se o réu for pessoa jurídica ou firma individual, terá a outra parte, se quiser, assistência judiciária prestada por órgão instituído junto ao Juizado Especial, na forma da lei local.

§ 2º O Juiz alertará as partes da conveniência do patrocínio por advogado, quando a causa o recomendar.

§ 3º O mandato ao advogado poderá ser verbal, salvo quanto aos poderes especiais.

§ 4º O réu, sendo pessoa jurídica ou titular de firma individual, poderá ser representado por preposto credenciado, munido de carta de preposição com poderes para transigir, sem haver necessidade de vínculo empregatício. (Redação dada pela Lei nº 12.137, de 2009)

Art. 10. Não se admitirá, no processo, qualquer forma de intervenção de terceiro nem de assistência. Admitir-se-á o litisconsórcio.

Art. 11. O Ministério Público intervirá nos casos previstos em lei.

Seção IV - Dos atos processuais

Art. 12. Os atos processuais serão públicos e poderão realizar-se em horário noturno, conforme dispuserem as normas de organização judiciária.

Art. 12-A. Na contagem de prazo em dias, estabelecido por lei ou pelo juiz, para a prática de qualquer ato processual, inclusive para a interposição de recursos, computar-se-ão somente os dias úteis. (Incluído pela Lei nº 13.728, de 2018)

Art. 13. Os atos processuais serão válidos sempre que preencherem as finalidades para as quais forem realizados, atendidos os critérios indicados no art. 2º desta Lei.

§ 1º Não se pronunciará qualquer nulidade sem que tenha havido prejuízo.

§ 2º A prática de atos processuais em outras comarcas poderá ser solicitada por qualquer meio idôneo de comunicação.

§ 3º Apenas os atos considerados essenciais serão registrados resumidamente, em notas manuscritas, datilografadas, taquigrafadas ou estenotipadas. Os demais atos poderão ser gravados em fita magnética ou equivalente, que será inutilizada após o trânsito em julgado da decisão.

§ 4º As normas locais disporão sobre a conservação das peças do processo e demais documentos que o instruem.

Seção V - Do pedido

Art. 14. O processo instaurar-se-á com a apresentação do pedido, escrito ou oral, à Secretaria do Juizado.

§ 1º Do pedido constarão, de forma simples e em linguagem acessível:

I - o nome, a qualificação e o endereço das partes;
II - os fatos e os fundamentos, de forma sucinta;
III - o objeto e seu valor.

§ 2º É lícito formular pedido genérico quando não for possível determinar, desde logo, a extensão da obrigação.

§ 3º O pedido oral será reduzido a escrito pela Secretaria do Juizado, podendo ser utilizado o sistema de fichas ou formulários impressos.

Art. 15. Os pedidos mencionados no art. 3º desta Lei poderão ser alternativos ou cumulados; nesta última hipótese, desde que conexos e a soma não ultrapasse o limite fixado naquele dispositivo.

Art. 16. Registrado o pedido, independentemente de distribuição e autuação, a Secretaria do Juizado designará a sessão de conciliação, a realizar-se no prazo de quinze dias.

Art. 17. Comparecendo inicialmente ambas as partes, instaurar-se-á, desde logo, a sessão de conciliação, dispensados o registro prévio de pedido e a citação.

Parágrafo único. Havendo pedidos contrapostos, poderá ser dispensada a contestação formal e ambos serão apreciados na mesma sentença.

Seção VI - Das Citações e Intimações

Art. 18. A citação far-se-á:

I - por correspondência, com aviso de recebimento em mão própria;
II - tratando-se de pessoa jurídica ou firma individual, mediante entrega ao encarregado da recepção, que será obrigatoriamente identificado;
III - sendo necessário, por oficial de justiça, independentemente de mandado ou carta precatória.

§ 1º A citação conterá cópia do pedido inicial, dia e hora para comparecimento do citando e advertência de que, não comparecendo este, considerar-se-ão verdadeiras as alegações iniciais, e será proferido julgamento, de plano.

§ 2º Não se fará citação por edital.

§ 3º O comparecimento espontâneo suprirá a falta ou nulidade da citação.

Art. 19. As intimações serão feitas na forma prevista para citação, ou por qualquer outro meio idôneo de comunicação.

§ 1º Dos atos praticados na audiência, considerar-se-ão desde logo cientes as partes.

§ 2º As partes comunicarão ao juízo as mudanças de endereço ocorridas no curso do processo, reputando-se eficazes as intimações enviadas ao local anteriormente indicado, na ausência da comunicação.

Seção VII - Da Revelia

Art. 20. Não comparecendo o demandado à sessão de conciliação ou à audiência de instrução e julgamento, reputar-se-ão verdadeiros os fatos alegados no pedido inicial, salvo se o contrário resultar da convicção do Juiz.

Seção VIII - Da Conciliação e do Juízo Arbitral

Art. 21. Aberta a sessão, o Juiz togado ou leigo esclarecerá as partes presentes sobre as vantagens da conciliação, mostrando-lhes os riscos e as consequências do litígio, especialmente quanto ao disposto no § 3º do art. 3º desta Lei.

Art. 22. A conciliação será conduzida pelo Juiz togado ou leigo ou por conciliador sob sua orientação.

§ 1º Obtida a conciliação, esta será reduzida a escrito e homologada pelo Juiz togado mediante sentença com eficácia de título executivo. (Incluído pela Lei nº 13.994, de 2020).

§ 2º É cabível a conciliação não presencial conduzida pelo Juizado mediante o emprego dos recursos tecnológicos disponíveis de transmissão de sons e imagens em tempo real, devendo o resultado da tentativa de conciliação ser reduzido a escrito com os anexos pertinentes. (Incluído pela Lei nº 13.994, de 2020).

Art. 23. Se o demandado não comparecer ou recusar-se a participar da tentativa de conciliação não presencial, o Juiz togado proferirá sentença. (Redação dada pela Lei nº 13.994, de 2020)

Art. 24. Não obtida a conciliação, as partes poderão optar, de comum acordo, pelo juízo arbitral, na forma prevista nesta Lei.

§ 1º O juízo arbitral considerar-se-á instaurado, independentemente de termo de compromisso, com a escolha do árbitro pelas partes. Se este não estiver presente, o Juiz convocá-lo-á e designará, de imediato, a data para a audiência de instrução.

§ 2º O árbitro será escolhido dentre os juízes leigos.

Art. 25. O árbitro conduzirá o processo com os mesmos critérios do Juiz, na forma dos arts. 5º e 6º desta Lei, podendo decidir por eqüidade.

Art. 26. Ao término da instrução, ou nos cinco dias subseqüentes, o árbitro apresentará o laudo ao Juiz togado para homologação por sentença irrecorrível.

Seção IX - Da Instrução e Julgamento

Art. 27. Não instituído o juízo arbitral, proceder-se-á imediatamente à audiência de instrução e julgamento, desde que não resulte prejuízo para a defesa.

Parágrafo único. Não sendo possível a sua realização imediata, será a audiência designada para um dos quinze dias subseqüentes, cientes, desde logo, as partes e testemunhas eventualmente presentes.

Art. 28. Na audiência de instrução e julgamento serão ouvidas as partes, colhida a prova e, em seguida, proferida a sentença.

Art. 29. Serão decididos de plano todos os incidentes que possam interferir no regular prosseguimento da audiência. As demais questões serão decididas na sentença.

Parágrafo único. Sobre os documentos apresentados por uma das partes, manifestar-se-á imediatamente a parte contrária, sem interrupção da audiência.

Seção X - Da Resposta do Réu

Art. 30. A contestação, que será oral ou escrita, conterá toda matéria de defesa, exceto argüição de suspeição ou impedimento do Juiz, que se processará na forma da legislação em vigor.

Art. 31. Não se admitirá a reconvenção. É lícito ao réu, na contestação, formular pedido em seu favor, nos limites do art. 3º desta Lei, desde que fundado nos mesmos fatos que constituem objeto da controvérsia.

Parágrafo único. O autor poderá responder ao pedido do réu na própria audiência ou requerer a designação da nova data, que será desde logo fixada, cientes todos os presentes.

Seção XI - Das Provas

Art. 32. Todos os meios de prova moralmente legítimos, ainda que não especificados em lei, são hábeis para provar a veracidade dos fatos alegados pelas partes.

Art. 33. Todas as provas serão produzidas na audiência de instrução e julgamento, ainda que não requeridas previamente, podendo o Juiz limitar ou excluir as que considerar excessivas, impertinentes ou protelatórias.

Art. 34. As testemunhas, até o máximo de três para cada parte, comparecerão à audiência de instrução e julgamento levadas pela parte que as tenha arrolado, independentemente de intimação, ou mediante esta, se assim for requerido.

§ 1º O requerimento para intimação das testemunhas será apresentado à Secretaria no mínimo cinco dias antes da audiência de instrução e julgamento.

§ 2º Não comparecendo a testemunha intimada, o Juiz poderá determinar sua imediata condução, valendo-se, se necessário, do concurso da força pública.

Art. 35. Quando a prova do fato exigir, o Juiz poderá inquirir técnicos de sua confiança, permitida às partes a apresentação de parecer técnico.

Parágrafo único. No curso da audiência, poderá o Juiz, de ofício ou a requerimento das partes, realizar inspeção em pessoas ou coisas, ou determinar que o faça pessoa de sua confiança, que lhe relatará informalmente o verificado.

Art. 36. A prova oral não será reduzida a escrito, devendo a sentença referir, no essencial, os informes trazidos nos depoimentos.

Art. 37. A instrução poderá ser dirigida por Juiz leigo, sob a supervisão de Juiz togado.

Seção XII - Da Sentença

Art. 38. A sentença mencionará os elementos de convicção do Juiz, com breve resumo dos fatos relevantes ocorridos em audiência, dispensado o relatório.

Parágrafo único. Não se admitirá sentença condenatória por quantia ilíquida, ainda que genérico o pedido.

Art. 39. É ineficaz a sentença condenatória na parte que exceder a alçada estabelecida nesta Lei.

Art. 40. O Juiz leigo que tiver dirigido a instrução proferirá sua decisão e imediatamente a submeterá ao Juiz togado, que poderá homologá-la, proferir outra em substituição ou, antes de se manifestar, determinar a realização de atos probatórios indispensáveis.

Art. 41. Da sentença, excetuada a homologatória de conciliação ou laudo arbitral, caberá recurso para o próprio Juizado.

§ 1º O recurso será julgado por uma turma composta por três Juízes togados, em exercício no primeiro grau de jurisdição, reunidos na sede do Juizado.

§ 2º No recurso, as partes serão obrigatoriamente representadas por advogado.

Art. 42. O recurso será interposto no prazo de dez dias, contados da ciência da sentença, por petição escrita, da qual constarão as razões e o pedido do recorrente.

§ 1º O preparo será feito, independentemente de intimação, nas quarenta e oito horas seguintes à interposição, sob pena de deserção.

§ 2º Após o preparo, a Secretaria intimará o recorrido para oferecer resposta escrita no prazo de dez dias.

Art. 43. O recurso terá somente efeito devolutivo, podendo o Juiz dar-lhe efeito suspensivo, para evitar dano irreparável para a parte.

Art. 44. As partes poderão requerer a transcrição da gravação da fita magnética a que alude o § 3º do art. 13 desta Lei, correndo por conta do requerente as despesas respectivas.

Art. 45. As partes serão intimadas da data da sessão de julgamento.

Art. 46. O julgamento em segunda instância constará apenas da ata, com a indicação suficiente do processo, fundamentação sucinta e parte dispositiva. Se a sentença for confirmada pelos próprios fundamentos, a súmula do julgamento servirá de acórdão.

Art. 47. (VETADO)

Seção XIII - Dos Embargos de Declaração

Art. 48. Caberão embargos de declaração contra sentença ou acórdão nos casos previstos no Código de Processo Civil. (Redação dada pela Lei nº 13.105, de 2015)

Parágrafo único. Os erros materiais podem ser corrigidos de ofício.

Art. 49. Os embargos de declaração serão interpostos por escrito ou oralmente, no prazo de cinco dias, contados da ciência da decisão.

Art. 50. Os embargos de declaração interrompem o prazo para a interposição de recurso. (Redação dada pela Lei nº 13.105, de 2015)

Seção XIV - Da Extinção do Processo Sem Julgamento do Mérito

Art. 51. Extingue-se o processo, além dos casos previstos em lei:

I - quando o autor deixar de comparecer a qualquer das audiências do processo;

II - quando inadmissível o procedimento instituído por esta Lei ou seu prosseguimento, após a conciliação;

III - quando for reconhecida a incompetência territorial;

IV - quando sobrevier qualquer dos impedimentos previstos no art. 8º desta Lei;

V - quando, falecido o autor, a habilitação depender de sentença ou não se der no prazo de trinta dias;

VI - quando, falecido o réu, o autor não promover a citação dos sucessores no prazo de trinta dias da ciência do fato.

§ 1º A extinção do processo independerá, em qualquer hipótese, de prévia intimação pessoal das partes.

LEI Nº 9.099, DE 26 DE SETEMBRO DE 1995

§ 2º No caso do inciso I deste artigo, quando comprovar que a ausência decorre de força maior, a parte poderá ser isentada, pelo Juiz, do pagamento das custas.

Seção XV - Da Execução

Art. 52. A execução da sentença processar-se-á no próprio Juizado, aplicando-se, no que couber, o disposto no Código de Processo Civil, com as seguintes alterações:

I - as sentenças serão necessariamente líquidas, contendo a conversão em Bônus do Tesouro Nacional - BTN ou índice equivalente;

II - os cálculos de conversão de índices, de honorários, de juros e de outras parcelas serão efetuados por servidor judicial;

III - a intimação da sentença será feita, sempre que possível, na própria audiência em que for proferida. Nessa intimação, o vencido será instado a cumprir a sentença tão logo ocorra seu trânsito em julgado, e advertido dos efeitos do seu descumprimento (inciso V);

IV - não cumprida voluntariamente a sentença transitada em julgado, e tendo havido solicitação do interessado, que poderá ser verbal, proceder-se-á desde logo à execução, dispensada nova citação;

V - nos casos de obrigação de entregar, de fazer, ou de não fazer, o Juiz, na sentença ou na fase de execução, cominará multa diária, arbitrada de acordo com as condições econômicas do devedor, para a hipótese de inadimplemento. Não cumprida a obrigação, o credor poderá requerer a elevação da multa ou a transformação da condenação em perdas e danos, que o Juiz de imediato arbitrará, seguindo-se a execução por quantia certa, incluída a multa vencida de obrigação de dar, quando evidenciada a malícia do devedor na execução do julgado;

VI - na obrigação de fazer, o Juiz pode determinar o cumprimento por outrem, fixado o valor que o devedor deve depositar para as despesas, sob pena de multa diária;

VII - na alienação forçada dos bens, o Juiz poderá autorizar o devedor, o credor ou terceira pessoa idônea a tratar da alienação do bem penhorado, a qual se aperfeiçoará em juízo até a data fixada para a praça ou leilão. Sendo o preço inferior ao da avaliação, as partes serão ouvidas. Se o pagamento não for à vista, será oferecida caução idônea, nos casos de alienação de bem móvel, ou hipotecado o imóvel;

VIII - é dispensada a publicação de editais em jornais, quando se tratar de alienação de bens de pequeno valor;

IX - o devedor poderá oferecer embargos, nos autos da execução, versando sobre:

a) falta ou nulidade da citação no processo, se ele correu à revelia;
b) manifesto excesso de execução;
c) erro de cálculo;
d) causa impeditiva, modificativa ou extintiva da obrigação, superveniente à sentença.

Art. 53. A execução de título executivo extrajudicial, no valor de até quarenta salários mínimos, obedecerá ao disposto no Código de Processo Civil, com as modificações introduzidas por esta Lei.

§ 1º Efetuada a penhora, o devedor será intimado a comparecer à audiência de conciliação, quando poderá oferecer embargos (art. 52, IX), por escrito ou verbalmente.

§ 2º Na audiência, será buscado o meio mais rápido e eficaz para a solução do litígio, se possível com dispensa da alienação judicial, devendo o conciliador propor, entre outras medidas cabíveis, o pagamento do débito a prazo ou a prestação, a dação em pagamento ou a imediata adjudicação do bem penhorado.

§ 3º Não apresentados os embargos em audiência, ou julgados improcedentes, qualquer das partes poderá requerer ao Juiz a adoção de uma das alternativas do parágrafo anterior.

§ 4º Não encontrado o devedor ou inexistindo bens penhoráveis, o processo será imediatamente extinto, devolvendo-se os documentos ao autor.

Seção XVI - Das Despesas

Art. 54. O acesso ao Juizado Especial independerá, em primeiro grau de jurisdição, do pagamento de custas, taxas ou despesas.

Parágrafo único. O preparo do recurso, na forma do § 1º do art. 42 desta Lei, compreenderá todas as despesas processuais, inclusive aquelas dispensadas em primeiro grau de jurisdição, ressalvada a hipótese de assistência judiciária gratuita.

Art. 55. A sentença de primeiro grau não condenará o vencido em custas e honorários de advogado, ressalvados os casos de litigância de má-fé. Em segundo grau, o recorrente, vencido, pagará as custas e honorários de advogado, que serão fixados entre dez por cento e vinte por cento do valor de condenação ou, não havendo condenação, do valor corrigido da causa.

Parágrafo único. Na execução não serão contadas custas, salvo quando:

I - reconhecida a litigância de má-fé;
II - improcedentes os embargos do devedor;
III - tratar-se de execução de sentença que tenha sido objeto de recurso improvido do devedor.

Seção XVII - Disposições Finais

Art. 56. Instituído o Juizado Especial, serão implantadas as curadorias necessárias e o serviço de assistência judiciária.

Art. 57. O acordo extrajudicial, de qualquer natureza ou valor, poderá ser homologado, no juízo competente, independentemente de termo, valendo a sentença como título executivo judicial.

Parágrafo único. Valerá como título extrajudicial o acordo celebrado pelas partes, por instrumento escrito, referendado pelo órgão competente do Ministério Público.

Art. 58. As normas de organização judiciária local poderão estender a conciliação prevista nos arts. 22 e 23 a causas não abrangidas por esta Lei.

Art. 59. Não se admitirá ação rescisória nas causas sujeitas ao procedimento instituído por esta Lei.

Capítulo III - Dos Juizados Especiais Criminais

Disposições Gerais

Art. 60. O Juizado Especial Criminal, provido por juízes togados ou togados e leigos, tem competência para a conciliação, o julgamento e a execução das infrações penais de menor potencial ofensivo, respeitadas as regras de conexão e continência. (Redação dada pela Lei nº 11.313, de 2006)

Parágrafo único. Na reunião de processos, perante o juízo comum ou o tribunal do júri, decorrentes da aplicação das regras de conexão e continência, observar-se-ão os institutos da transação penal e da composição dos danos civis. (Incluído pela Lei nº 11.313, de 2006)

Art. 61. Consideram-se infrações penais de menor potencial ofensivo, para os efeitos desta Lei, as contravenções penais e os crimes a que a lei comine pena máxima não superior a 2 (dois) anos, cumulada ou não com multa. (Redação dada pela Lei nº 11.313, de 2006)

Art. 62. O processo perante o Juizado Especial orientar-se-á pelos critérios da oralidade, simplicidade, informalidade, economia processual e celeridade, objetivando, sempre que possível, a reparação dos danos sofridos pela vítima e a aplicação de pena não privativa de liberdade. (Redação dada pela Lei nº 13.603, de 2018)

Seção I - Da Competência e dos Atos Processuais

Art. 63. A competência do Juizado será determinada pelo lugar em que foi praticada a infração penal.

Art. 64. Os atos processuais serão públicos e poderão realizar-se em horário noturno e em qualquer dia da semana, conforme dispuserem as normas de organização judiciária.

Art. 65. Os atos processuais serão válidos sempre que preencherem as finalidades para as quais foram realizados, atendidos os critérios indicados no art. 62 desta Lei.

§ 1º Não se pronunciará qualquer nulidade sem que tenha havido prejuízo.

§ 2º A prática de atos processuais em outras comarcas poderá ser solicitada por qualquer meio hábil de comunicação.

§ 3º Serão objeto de registro escrito exclusivamente os atos havidos por essenciais. Os atos realizados em audiência de instrução e julgamento poderão ser gravados em fita magnética ou equivalente.

Art. 66. A citação será pessoal e far-se-á no próprio Juizado, sempre que possível, ou por mandado.

Parágrafo único. Não encontrado o acusado para ser citado, o Juiz encaminhará as peças existentes ao Juízo comum para adoção do procedimento previsto em lei.

Art. 67. A intimação far-se-á por correspondência, com aviso de recebimento pessoal ou, tratando-se de pessoa jurídica ou firma individual, mediante entrega ao encarregado da recepção, que será obrigatoriamente identificado, ou, sendo necessário, por oficial de justiça, independentemente de mandado ou carta precatória, ou ainda por qualquer meio idôneo de comunicação.

Parágrafo único. Dos atos praticados em audiência considerar-se-ão desde logo cientes as partes, os interessados e defensores.

Art. 68. Do ato de intimação do autor do fato e do mandado de citação do acusado, constará a necessidade de seu comparecimento acompanhado de advogado, com a advertência de que, na sua falta, ser-lhe-á designado defensor público.

Seção II - Da Fase Preliminar

Art. 69. A autoridade policial que tomar conhecimento da ocorrência lavrará termo circunstanciado e o encaminhará imediatamente ao Juizado, com o autor do fato e a vítima, providenciando-se as requisições dos exames periciais necessários.

Parágrafo único. Ao autor do fato que, após a lavratura do termo, for imediatamente encaminhado ao juizado ou assumir o compromisso de a ele comparecer, não se imporá prisão em flagrante, nem se exigirá fiança. Em caso de violência doméstica, o juiz poderá determinar, como medida de cautela, seu afastamento do lar, domicílio ou local de convivência com a vítima. (Redação dada pela Lei nº 10.455, de 13.5.2002))

Art. 70. Comparecendo o autor do fato e a vítima, e não sendo possível a realização imediata da audiência preliminar, será designada data próxima, da qual ambos sairão cientes.

Art. 71. Na falta do comparecimento de qualquer dos envolvidos, a Secretaria providenciará sua intimação e, se for o caso, a do responsável civil, na forma dos arts. 67 e 68 desta Lei.

Art. 72. Na audiência preliminar, presente o representante do Ministério Público, o autor do fato e a vítima e, se possível, o responsável civil, acompanhados por seus advogados, o Juiz esclarecerá sobre a possibilidade da composição dos danos e da aceitação da proposta de aplicação imediata de pena não privativa de liberdade.

Art. 73. A conciliação será conduzida pelo Juiz ou por conciliador sob sua orientação.

Parágrafo único. Os conciliadores são auxiliares da Justiça, recrutados, na forma da lei local, preferentemente entre bacharéis em Direito, excluídos os que exercem funções na administração da Justiça Criminal.

Art. 74. A composição dos danos civis será reduzida a escrito e, homologada pelo Juiz mediante sentença irrecorrível, terá eficácia de título a ser executado no juízo civil competente.

Parágrafo único. Tratando-se de ação penal de iniciativa privada ou de ação penal pública condicionada à representação, o acordo homologado acarreta a renúncia ao direito de queixa ou representação.

Art. 75. Não obtida a composição dos danos civis, será dada imediatamente ao ofendido a oportunidade de exercer o direito de representação verbal, que será reduzida a termo.

Parágrafo único. O não oferecimento da representação na audiência preliminar não implica decadência do direito, que poderá ser exercido no prazo previsto em lei.

Art. 76. Havendo representação ou tratando-se de crime de ação penal pública incondicionada, não sendo caso de arquivamento, o Ministério Público poderá propor a aplicação imediata de pena restritiva de direitos ou multas, a ser especificada na proposta.

§ 1º Nas hipóteses de ser a pena de multa a única aplicável, o Juiz poderá reduzi-la até a metade.

§ 2º Não se admitirá a proposta se ficar comprovado:

I - ter sido o autor da infração condenado, pela prática de crime, à pena privativa de liberdade, por sentença definitiva;

II - ter sido o agente beneficiado anteriormente, no prazo de cinco anos, pela aplicação de pena restritiva ou multa, nos termos deste artigo;

III - não indicarem os antecedentes, a conduta social e a personalidade do agente, bem como os motivos e as circunstâncias, ser necessária e suficiente a adoção da medida.

§ 3º Aceita a proposta pelo autor da infração e seu defensor, será submetida à apreciação do Juiz.

§ 4º Acolhendo a proposta do Ministério Público aceita pelo autor da infração, o Juiz aplicará a pena restritiva de direitos ou multa, que não importará em reincidência, sendo registrada apenas para impedir novamente o mesmo benefício no prazo de cinco anos.

§ 5º Da sentença prevista no parágrafo anterior caberá a apelação referida no art. 82 desta Lei.

§ 6º A imposição da sanção de que trata o § 4º deste artigo não constará de certidão de antecedentes criminais, salvo para os fins previstos no mesmo dispositivo, e não terá efeitos civis, cabendo aos interessados propor ação cabível no juízo cível.

Seção III - Do Procedimento Sumariíssimo

Art. 77. Na ação penal de iniciativa pública, quando não houver aplicação de pena, pela ausência do autor do fato, ou pela não ocorrência da hipótese prevista no art. 76 desta Lei, o Ministério Público oferecerá ao Juiz, de imediato, denúncia oral, se não houver necessidade de diligências imprescindíveis.

§ 1º Para o oferecimento da denúncia, que será elaborada com base no termo de ocorrência referido no art. 69 desta Lei, com dispensa do inquérito policial, prescindir-se-á do exame do corpo de delito quando a materialidade do crime estiver aferida por boletim médico ou prova equivalente.

§ 2º Se a complexidade ou circunstâncias do caso não permitirem a formulação da denúncia, o Ministério Público poderá requerer ao Juiz o encaminhamento das peças existentes, na forma do parágrafo único do art. 66 desta Lei.

§ 3º Na ação penal de iniciativa do ofendido poderá ser oferecida queixa oral, cabendo ao Juiz verificar se a complexidade e as circunstâncias do caso determinam a adoção das providências previstas no parágrafo único do art. 66 desta Lei.

Art. 78. Oferecida a denúncia ou queixa, será reduzida a termo, entregando-se cópia ao acusado, que com ela ficará citado e imediatamente cientificado da designação de dia e hora para a audiência de instrução e julgamento, da qual também tomarão ciência o Ministério Público, o ofendido, o responsável civil e seus advogados.

§ 1º Se o acusado não estiver presente, será citado na forma dos arts. 66 e 68 desta Lei e cientificado da data da audiência de instrução e julgamento, devendo a ela trazer suas testemunhas ou apresentar requerimento para intimação, no mínimo cinco dias antes de sua realização.

LEI Nº 9.099, DE 26 DE SETEMBRO DE 1995

§ 2º Não estando presentes o ofendido e o responsável civil, serão intimados nos termos do art. 67 desta Lei para comparecerem à audiência de instrução e julgamento.

§ 3º As testemunhas arroladas serão intimadas na forma prevista no art. 67 desta Lei.

Art. 79. No dia e hora designados para a audiência de instrução e julgamento, se na fase preliminar não tiver havido possibilidade de tentativa de conciliação e de oferecimento de proposta pelo Ministério Público, proceder-se-á nos termos dos arts. 72, 73, 74 e 75 desta Lei.

Art. 80. Nenhum ato será adiado, determinando o Juiz, quando imprescindível, a condução coercitiva de quem deva comparecer.

Art. 81. Aberta a audiência, será dada a palavra ao defensor para responder à acusação, após o que o Juiz receberá, ou não, a denúncia ou queixa; havendo recebimento, serão ouvidas a vítima e as testemunhas de acusação e defesa, interrogando-se a seguir o acusado, se presente, passando-se imediatamente aos debates orais e à prolação da sentença.

§ 1º Todas as provas serão produzidas na audiência de instrução e julgamento, podendo o Juiz limitar ou excluir as que considerar excessivas, impertinentes ou protelatórias.

§ 2º De todo o ocorrido na audiência será lavrado termo, assinado pelo Juiz e pelas partes, contendo breve resumo dos fatos relevantes ocorridos em audiência e a sentença.

§ 3º A sentença, dispensado o relatório, mencionará os elementos de convicção do Juiz.

Art. 82. Da decisão de rejeição da denúncia ou queixa e da sentença caberá apelação, que poderá ser julgada por turma composta de três Juízes em exercício no primeiro grau de jurisdição, reunidos na sede do Juizado.

§ 1º A apelação será interposta no prazo de dez dias, contados da ciência da sentença pelo Ministério Público, pelo réu e seu defensor, por petição escrita, da qual constarão as razões e o pedido do recorrente.

§ 2º O recorrido será intimado para oferecer resposta escrita no prazo de dez dias.

§ 3º As partes poderão requerer a transcrição da gravação da fita magnética a que alude o § 3º do art. 65 desta Lei.

§ 4º As partes serão intimadas da data da sessão de julgamento pela imprensa.

§ 5º Se a sentença for confirmada pelos próprios fundamentos, a súmula do julgamento servirá de acórdão.

Art. 83. Cabem embargos de declaração quando, em sentença ou acórdão, houver obscuridade, contradição ou omissão. (Redação dada pela Lei nº 13.105, de 2015)

§ 1º Os embargos de declaração serão opostos por escrito ou oralmente, no prazo de cinco dias, contados da ciência da decisão.

§ 2º Os embargos de declaração interrompem o prazo para a interposição de recurso. (Redação dada pela Lei nº 13.105, de 2015)

§ 3º Os erros materiais podem ser corrigidos de ofício.

Seção IV - Da Execução

Art. 84. Aplicada exclusivamente pena de multa, seu cumprimento far-se-á mediante pagamento na Secretaria do Juizado.

Parágrafo único. Efetuado o pagamento, o Juiz declarará extinta a punibilidade, determinando que a condenação não fique constando dos registros criminais, exceto para fins de requisição judicial.

Art. 85. Não efetuado o pagamento de multa, será feita a conversão em pena privativa da liberdade, ou restritiva de direitos, nos termos previstos em lei.

Art. 86. A execução das penas privativas de liberdade e restritivas de direitos, ou de multa cumulada com estas, será processada perante o órgão competente, nos termos da lei.

Seção V - Das Despesas Processuais

Art. 87. Nos casos de homologação do acordo civil e aplicação de pena restritiva de direitos ou multa (arts. 74 e 76, § 4º), as despesas processuais serão reduzidas, conforme dispuser lei estadual.

Seção VI - Disposições Finais

Art. 88. Além das hipóteses do Código Penal e da legislação especial, dependerá de representação a ação penal relativa aos crimes de lesões corporais leves e lesões culposas.

Art. 89. Nos crimes em que a pena mínima cominada for igual ou inferior a um ano, abrangidas ou não por esta Lei, o Ministério Público, ao oferecer a denúncia, poderá propor a suspensão do processo, por dois a quatro anos, desde que o acusado não esteja sendo processado ou não tenha sido condenado por outro crime, presentes os demais requisitos que autorizariam a suspensão condicional da pena (art. 77 do Código Penal).

§ 1º Aceita a proposta pelo acusado e seu defensor, na presença do Juiz, este, recebendo a denúncia, poderá suspender o processo, submetendo o acusado a período de prova, sob as seguintes condições:

I - reparação do dano, salvo impossibilidade de fazê-lo;

II - proibição de freqüentar determinados lugares;

III - proibição de ausentar-se da comarca onde reside, sem autorização do Juiz;

IV - comparecimento pessoal e obrigatório a juízo, mensalmente, para informar e justificar suas atividades.

§ 2º O Juiz poderá especificar outras condições a que fica subordinada a suspensão, desde que adequadas ao fato e à situação pessoal do acusado.

§ 3º A suspensão será revogada se, no curso do prazo, o beneficiário vier a ser processado por outro crime ou não efetuar, sem motivo justificado, a reparação do dano.

§ 4º A suspensão poderá ser revogada se o acusado vier a ser processado, no curso do prazo, por contravenção, ou descumprir qualquer outra condição imposta.

§ 5º Expirado o prazo sem revogação, o Juiz declarará extinta a punibilidade.

§ 6º Não correrá a prescrição durante o prazo de suspensão do processo.

§ 7º Se o acusado não aceitar a proposta prevista neste artigo, o processo prosseguirá em seus ulteriores termos.

Art. 90. As disposições desta Lei não se aplicam aos processos penais cuja instrução já estiver iniciada. (Vide ADIN nº 1.719-9)

Art. 90-A. As disposições desta Lei não se aplicam no âmbito da Justiça Militar. (Artigo incluído pela Lei nº 9.839, de 27.9.1999)

Art. 91. Nos casos em que esta Lei passa a exigir representação para a propositura da ação penal pública, o ofendido ou seu representante legal será intimado para oferecê-la no prazo de trinta dias, sob pena de decadência.

Art. 92. Aplicam-se subsidiariamente as disposições dos Códigos Penal e de Processo Penal, no que não forem incompatíveis com esta Lei.

Capítulo IV - Disposições Finais Comuns

Art. 93. Lei Estadual disporá sobre o Sistema de Juizados Especiais Cíveis e Criminais, sua organização, composição e competência.

Art. 94. Os serviços de cartório poderão ser prestados, e as audiências realizadas fora da sede da Comarca, em bairros ou cidades a ela pertencentes, ocupando instalações de prédios públicos, de acordo com audiências previamente anunciadas.

Art. 95. Os Estados, Distrito Federal e Territórios criarão e instalarão os Juizados Especiais no prazo de seis meses, a contar da vigência desta Lei.

Parágrafo único. No prazo de 6 (seis) meses, contado da publicação desta Lei, serão criados e instalados os Juizados Especiais Itinerantes, que deverão dirimir, prioritariamente,

os conflitos existentes nas áreas rurais ou nos locais de menor concentração populacional. (Redação dada pela Lei nº 12.726, de 2012)

Art. 96. Esta Lei entra em vigor no prazo de sessenta dias após a sua publicação.

Art. 97. Ficam revogadas a Lei nº 4.611, de 2 de abril de 1965 e a Lei nº 7.244, de 7 de novembro de 1984.

4. LEI Nº 10.259, DE 12 DE JULHO DE 2001

Dispõe sobre a instituição dos Juizados Especiais Cíveis e Criminais no âmbito da Justiça Federal.

O PRESIDENTE DA REPÚBLICA Faço saber que o Congresso Nacional decreta e eu sanciono a seguinte Lei:

Art. 1º São instituídos os Juizados Especiais Cíveis e Criminais da Justiça Federal, aos quais se aplica, no que não conflitar com esta Lei, o disposto na Lei no 9.099, de 26 de setembro de 1995.

Art. 2º Compete ao Juizado Especial Federal Criminal processar e julgar os feitos de competência da Justiça Federal relativos às infrações de menor potencial ofensivo, respeitadas as regras de conexão e continência. (Redação dada pela Lei nº 11.313, de 2006)

Parágrafo único. Na reunião de processos, perante o juízo comum ou o tribunal do júri, decorrente da aplicação das regras de conexão e continência, observar-se-ão os institutos da transação penal e da composição dos danos civis. (Redação dada pela Lei nº 11.313, de 2006)

Art. 3º Compete ao Juizado Especial Federal Cível processar, conciliar e julgar causas de competência da Justiça Federal até o valor de sessenta salários mínimos, bem como executar as suas sentenças.

§ 1º Não se incluem na competência do Juizado Especial Cível as causas:

I - referidas no art. 109, incisos II, III e XI, da Constituição Federal, as ações de mandado de segurança, de desapropriação, de divisão e demarcação, populares, execuções fiscais e por improbidade administrativa e as demandas sobre direitos ou interesses difusos, coletivos ou individuais homogêneos;

II - sobre bens imóveis da União, autarquias e fundações públicas federais;

III - para a anulação ou cancelamento de ato administrativo federal, salvo o de natureza previdenciária e o de lançamento fiscal;

IV - que tenham como objeto a impugnação da pena de demissão imposta a servidores públicos civis ou de sanções disciplinares aplicadas a militares.

§ 2º Quando a pretensão versar sobre obrigações vincendas, para fins de competência do Juizado Especial, a soma de doze parcelas não poderá exceder o valor referido no art. 3º, caput.

§ 3º No foro onde estiver instalada Vara do Juizado Especial, a sua competência é absoluta.

Art. 4º O Juiz poderá, de ofício ou a requerimento das partes, deferir medidas cautelares no curso do processo, para evitar dano de difícil reparação.

Art. 5º Exceto nos casos do art. 4º, somente será admitido recurso de sentença definitiva.

Art. 6º Podem ser partes no Juizado Especial Federal Cível:

I - como autores, as pessoas físicas e as microempresas e empresas de pequeno porte, assim definidas na Lei no 9.317, de 5 de dezembro de 1996;

II - como rés, a União, autarquias, fundações e empresas públicas federais.

Art. 7º As citações e intimações da União serão feitas na forma prevista nos arts. 35 a 38 da Lei Complementar no 73, de 10 de fevereiro de 1993.

Parágrafo único. A citação das autarquias, fundações e empresas públicas será feita na pessoa do representante máximo da entidade, no local onde proposta a causa, quando ali instalado seu escritório ou representação; se não, na sede da entidade.

Art. 8º As partes serão intimadas da sentença, quando não proferida esta na audiência em que estiver presente seu representante, por ARMP (aviso de recebimento em mão própria).

§ 1º As demais intimações das partes serão feitas na pessoa dos advogados ou dos Procuradores que oficiem nos respectivos autos, pessoalmente ou por via postal.

§ 2º Os tribunais poderão organizar serviço de intimação das partes e de recepção de petições por meio eletrônico.

Art. 9º Não haverá prazo diferenciado para a prática de qualquer ato processual pelas pessoas jurídicas de direito público, inclusive a interposição de recursos, devendo a citação para audiência de conciliação ser efetuada com antecedência mínima de trinta dias.

Art. 10. As partes poderão designar, por escrito, representantes para a causa, advogado ou não.

Parágrafo único. Os representantes judiciais da União, autarquias, fundações e empresas públicas federais, bem como os indicados na forma do caput, ficam autorizados a conciliar, transigir ou desistir, nos processos da competência dos Juizados Especiais Federais.

Art. 11. A entidade pública ré deverá fornecer ao Juizado a documentação de que disponha para o esclarecimento da causa, apresentando-a até a instalação da audiência de conciliação.

Parágrafo único. Para a audiência de composição dos danos resultantes de ilícito criminal (arts. 71, 72 e 74 da Lei no 9.099, de 26 de setembro de 1995), o representante da entidade que comparecer terá poderes para acordar, desistir ou transigir, na forma do art. 10.

Art. 12. Para efetuar o exame técnico necessário à conciliação ou ao julgamento da causa, o Juiz nomeará pessoa habilitada, que apresentará o laudo até cinco dias antes da audiência, independentemente de intimação das partes.

§ 1º Os honorários do técnico serão antecipados à conta de verba orçamentária do respectivo Tribunal e, quando vencida na causa a entidade pública, seu valor será incluído na ordem de pagamento a ser feita em favor do Tribunal.

§ 2º Nas ações previdenciárias e relativas à assistência social, havendo designação de exame, serão as partes intimadas para, em dez dias, apresentar quesitos e indicar assistentes.

Art. 13. Nas causas de que trata esta Lei, não haverá reexame necessário.

Art. 14. Caberá pedido de uniformização de interpretação de lei federal quando houver divergência entre decisões sobre questões de direito material proferidas por Turmas Recursais na interpretação da lei.

§ 1º O pedido fundado em divergência entre Turmas da mesma Região será julgado em reunião conjunta das Turmas em conflito, sob a presidência do Juiz Coordenador.

§ 2º O pedido fundado em divergência entre decisões de turmas de diferentes regiões ou da proferida em contrariedade a súmula ou jurisprudência dominante do STJ será julgado por Turma de Uniformização, integrada por juízes de Turmas Recursais, sob a presidência do Coordenador da Justiça Federal.

§ 3º A reunião de juízes domiciliados em cidades diversas será feita pela via eletrônica.

§ 4º Quando a orientação acolhida pela Turma de Uniformização, em questões de direito material, contrariar súmula ou jurisprudência dominante no Superior Tribunal de Justiça -STJ, a parte interessada poderá provocar a manifestação deste, que dirimirá a divergência.

§ 5º No caso do § 4º, presente a plausibilidade do direito invocado e havendo fundado receio de dano de difícil reparação, poderá o relator conceder, de ofício ou a requerimento do

interessado, medida liminar determinando a suspensão dos processos nos quais a controvérsia esteja estabelecida.

§ 6º Eventuais pedidos de uniformização idênticos, recebidos subseqüentemente em quaisquer Turmas Recursais, ficarão retidos nos autos, aguardando-se pronunciamento do Superior Tribunal de Justiça.

§ 7º Se necessário, o relator pedirá informações ao Presidente da Turma Recursal ou Coordenador da Turma de Uniformização e ouvirá o Ministério Público, no prazo de cinco dias. Eventuais interessados, ainda que não sejam partes no processo, poderão se manifestar, no prazo de trinta dias.

§ 8º Decorridos os prazos referidos no § 7º, o relator incluirá o pedido em pauta na Seção, com preferência sobre todos os demais feitos, ressalvados os processos com réus presos, os habeas corpus e os mandados de segurança.

§ 9º Publicado o acórdão respectivo, os pedidos retidos referidos no § 6º serão apreciados pelas Turmas Recursais, que poderão exercer juízo de retratação ou declará-los prejudicados, se veicularem tese não acolhida pelo Superior Tribunal de Justiça.

§ 10. Os Tribunais Regionais, o Superior Tribunal de Justiça e o Supremo Tribunal Federal, no âmbito de suas competências, expedirão normas regulamentando a composição dos órgãos e os procedimentos a serem adotados para o processamento e o julgamento do pedido de uniformização e do recurso extraordinário.

Art. 15. O recurso extraordinário, para os efeitos desta Lei, será processado e julgado segundo o estabelecido nos §§ 4º a 9º do art. 14, além da observância das normas do Regimento.

Art. 16. O cumprimento do acordo ou da sentença, com trânsito em julgado, que imponham obrigação de fazer, não fazer ou entrega de coisa certa, será efetuado mediante ofício do Juiz à autoridade citada para a causa, com cópia da sentença ou do acordo.

Art. 17. Tratando-se de obrigação de pagar quantia certa, após o trânsito em julgado da decisão, o pagamento será efetuado no prazo de sessenta dias, contados da entrega da requisição, por ordem do Juiz, à autoridade citada para a causa, na agência mais próxima da Caixa Econômica Federal ou do Banco do Brasil, independentemente de precatório.

§ 1º Para os efeitos do § 3º do art. 100 da Constituição Federal, as obrigações ali definidas como de pequeno valor, a serem pagas independentemente de precatório, terão como limite o mesmo valor estabelecido nesta Lei para a competência do Juizado Especial Federal Cível (art. 3º, caput).

§ 2º Desatendida a requisição judicial, o Juiz determinará o seqüestro do numerário suficiente ao cumprimento da decisão.

§ 3º São vedados o fracionamento, repartição ou quebra do valor da execução, de modo que o pagamento se faça, em parte, na forma estabelecida no § 1º deste artigo, e, em parte, mediante expedição do precatório, e a expedição de precatório complementar ou suplementar do valor pago.

§ 4º Se o valor da execução ultrapassar o estabelecido no § 1º, o pagamento far-se-á, sempre, por meio do precatório, sendo facultado à parte exeqüente a renúncia ao crédito do valor excedente, para que possa optar pelo pagamento do saldo sem o precatório, da forma lá prevista.

Art. 18. Os Juizados Especiais serão instalados por decisão do Tribunal Regional Federal. O Juiz presidente do Juizado designará os conciliadores pelo período de dois anos, admitida a recondução. O exercício dessas funções será gratuito, assegurados os direitos e prerrogativas do jurado (art. 437 do Código de Processo Penal).

Parágrafo único. Serão instalados Juizados Especiais Adjuntos nas localidades cujo movimento forense não justifique a existência de Juizado Especial, cabendo ao Tribunal designar a Vara onde funcionará.

Art. 19. No prazo de seis meses, a contar da publicação desta Lei, deverão ser instalados os Juizados Especiais nas capitais dos Estados e no Distrito Federal.

Parágrafo único. Na capital dos Estados, no Distrito Federal e em outras cidades onde for necessário, neste último caso, por decisão do Tribunal Regional Federal, serão instalados Juizados com competência exclusiva para ações previdenciárias.

Art. 20. Onde não houver Vara Federal, a causa poderá ser proposta no Juizado Especial Federal mais próximo do foro definido no art. 4º da Lei no 9.099, de 26 de setembro de 1995, vedada a aplicação desta Lei no juízo estadual.

Art. 21. As Turmas Recursais serão instituídas por decisão do Tribunal Regional Federal, que definirá sua composição e área de competência, podendo abranger mais de uma seção.

Art. 22. Os Juizados Especiais serão coordenados por Juiz do respectivo Tribunal Regional, escolhido por seus pares, com mandato de dois anos.

Parágrafo único. O Juiz Federal, quando o exigirem as circunstâncias, poderá determinar o funcionamento do Juizado Especial em caráter itinerante, mediante autorização prévia do Tribunal Regional Federal, com antecedência de dez dias.

Art. 23. O Conselho da Justiça Federal poderá limitar, por até três anos, contados a partir da publicação desta Lei, a competência dos Juizados Especiais Cíveis, atendendo à necessidade da organização dos serviços judiciários ou administrativos.

Art. 24. O Centro de Estudos Judiciários do Conselho da Justiça Federal e as Escolas de Magistratura dos Tribunais Regionais Federais criarão programas de informática necessários para subsidiar a instrução das causas submetidas aos Juizados e promoverão cursos de aperfeiçoamento destinados aos seus magistrados e servidores.

Art. 25. Não serão remetidas aos Juizados Especiais as demandas ajuizadas até a data de sua instalação.

Art. 26. Competirá aos Tribunais Regionais Federais prestar o suporte administrativo necessário ao funcionamento dos Juizados Especiais.

Art. 27. Esta Lei entra em vigor seis meses após a data de sua publicação.

5. LEI Nº 10.741, DE 1º DE OUTUBRO DE 2003

Dispõe sobre o Estatuto do Idoso e dá outras providências.

O PRESIDENTE DA REPÚBLICA Faço saber que o Congresso Nacional decreta e eu sanciono a seguinte Lei:

TÍTULO I - Disposições Preliminares

Art. 1º É instituído o Estatuto do Idoso, destinado a regular os direitos assegurados às pessoas com idade igual ou superior a 60 (sessenta) anos.

Art. 2º O idoso goza de todos os direitos fundamentais inerentes à pessoa humana, sem prejuízo da proteção integral de que trata esta Lei, assegurando-se-lhe, por lei ou por outros meios, todas as oportunidades e facilidades, para preservação de sua saúde física e mental e seu aperfeiçoamento moral, intelectual, espiritual e social, em condições de liberdade e dignidade.

Art. 3º É obrigação da família, da comunidade, da sociedade e do Poder Público assegurar ao idoso, com absoluta prioridade, a efetivação do direito à vida, à saúde, à alimentação, à educação, à cultura, ao esporte, ao lazer, ao trabalho, à cidadania, à liberdade, à dignidade, ao respeito e à convivência familiar e comunitária.

§ 1º A garantia de prioridade compreende: (Redação dada pela Lei nº 13.466, de 2017)

I - atendimento preferencial imediato e individualizado junto aos órgãos públicos e privados prestadores de serviços à população;

II - preferência na formulação e na execução de políticas sociais públicas específicas;

III - destinação privilegiada de recursos públicos nas áreas relacionadas com a proteção ao idoso;

IV - viabilização de formas alternativas de participação, ocupação e convívio do idoso com as demais gerações;
V - priorização do atendimento do idoso por sua própria família, em detrimento do atendimento asilar, exceto dos que não a possuam ou careçam de condições de manutenção da própria sobrevivência;
VI - capacitação e reciclagem dos recursos humanos nas áreas de geriatria e gerontologia e na prestação de serviços aos idosos;
VII - estabelecimento de mecanismos que favoreçam a divulgação de informações de caráter educativo sobre os aspectos biopsicossociais de envelhecimento;
VIII - garantia de acesso à rede de serviços de saúde e de assistência social locais.
IX - prioridade no recebimento da restituição do Imposto de Renda. (Incluído pela Lei nº 11.765, de 2008).
§ 2º Dentre os idosos, é assegurada prioridade especial aos maiores de oitenta anos, atendendo-se suas necessidades sempre preferencialmente em relação aos demais idosos. (Incluído pela Lei nº 13.466, de 2017).
Art. 4º Nenhum idoso será objeto de qualquer tipo de negligência, discriminação, violência, crueldade ou opressão, e todo atentado aos seus direitos, por ação ou omissão, será punido na forma da lei.
§ 1º É dever de todos prevenir a ameaça ou violação aos direitos do idoso.
§ 2º As obrigações previstas nesta Lei não excluem da prevenção outras decorrentes dos princípios por ela adotados.
Art. 5º A inobservância das normas de prevenção importará em responsabilidade à pessoa física ou jurídica nos termos da lei.
Art. 6º Todo cidadão tem o dever de comunicar à autoridade competente qualquer forma de violação a esta Lei que tenha testemunhado ou de que tenha conhecimento.
Art. 7º Os Conselhos Nacional, Estaduais, do Distrito Federal e Municipais do Idoso, previstos na Lei no 8.842, de 4 de janeiro de 1994, zelarão pelo cumprimento dos direitos do idoso, definidos nesta Lei.

TÍTULO II - Dos Direitos Fundamentais
CAPÍTULO I - Do Direito à Vida
Art. 8º O envelhecimento é um direito personalíssimo e a sua proteção um direito social, nos termos desta Lei e da legislação vigente.
Art. 9º É obrigação do Estado, garantir à pessoa idosa a proteção à vida e à saúde, mediante efetivação de políticas sociais públicas que permitam um envelhecimento saudável e em condições de dignidade.

CAPÍTULO II - Do Direito à Liberdade, ao Respeito e à Dignidade
Art. 10. É obrigação do Estado e da sociedade, assegurar à pessoa idosa a liberdade, o respeito e a dignidade, como pessoa humana e sujeito de direitos civis, políticos, individuais e sociais, garantidos na Constituição e nas leis.
§ 1º O direito à liberdade compreende, entre outros, os seguintes aspectos:
I - faculdade de ir, vir e estar nos logradouros públicos e espaços comunitários, ressalvadas as restrições legais;
II - opinião e expressão;
III - crença e culto religioso;
IV - prática de esportes e de diversões;
V - participação na vida familiar e comunitária;
VI - participação na vida política, na forma da lei;
VII - faculdade de buscar refúgio, auxílio e orientação.
§ 2º O direito ao respeito consiste na inviolabilidade da integridade física, psíquica e moral, abrangendo a preservação da imagem, da identidade, da autonomia, de valores, idéias e crenças, dos espaços e dos objetos pessoais.

§ 3º É dever de todos zelar pela dignidade do idoso, colocando-o a salvo de qualquer tratamento desumano, violento, aterrorizante, vexatório ou constrangedor.

CAPÍTULO III - Dos Alimentos
Art. 11. Os alimentos serão prestados ao idoso na forma da lei civil.
Art. 12. A obrigação alimentar é solidária, podendo o idoso optar entre os prestadores.
Art. 13. As transações relativas a alimentos poderão ser celebradas perante o Promotor de Justiça ou Defensor Público, que as referendará, e passarão a ter efeito de título executivo extrajudicial nos termos da lei processual civil. (Redação dada pela Lei nº 11.737, de 2008)
Art. 14. Se o idoso ou seus familiares não possuírem condições econômicas de prover o seu sustento, impõe-se ao Poder Público esse provimento, no âmbito da assistência social.

CAPÍTULO IV - Do Direito à Saúde
Art. 15. É assegurada a atenção integral à saúde do idoso, por intermédio do Sistema Único de Saúde – SUS, garantindo-lhe o acesso universal e igualitário, em conjunto articulado e contínuo das ações e serviços, para a prevenção, promoção, proteção e recuperação da saúde, incluindo a atenção especial às doenças que afetam preferencialmente os idosos.
§ 1º A prevenção e a manutenção da saúde do idoso serão efetivadas por meio de:
I - cadastramento da população idosa em base territorial;
II - atendimento geriátrico e gerontológico em ambulatórios;
III - unidades geriátricas de referência, com pessoal especializado nas áreas de geriatria e gerontologia social;
IV - atendimento domiciliar, incluindo a internação, para a população que dele necessitar e esteja impossibilitada de se locomover, inclusive para idosos abrigados e acolhidos por instituições públicas, filantrópicas ou sem fins lucrativos e eventualmente conveniadas com o Poder Público, nos meios urbano e rural;
V - reabilitação orientada pela geriatria e gerontologia, para redução das seqüelas decorrentes do agravo da saúde.
§ 2º Incumbe ao Poder Público fornecer aos idosos, gratuitamente, medicamentos, especialmente os de uso continuado, assim como próteses, órteses e outros recursos relativos ao tratamento, habilitação ou reabilitação.
§ 3º É vedada a discriminação do idoso nos planos de saúde pela cobrança de valores diferenciados em razão da idade.
§ 4º Os idosos portadores de deficiência ou com limitação incapacitante terão atendimento especializado, nos termos da lei.
§ 5º É vedado exigir o comparecimento do idoso enfermo perante os órgãos públicos, hipótese na qual será admitido o seguinte procedimento: (Incluído pela Lei nº 12.896, de 2013)
I - quando de interesse do poder público, o agente promoverá o contato necessário com o idoso em sua residência; ou (Incluído pela Lei nº 12.896, de 2013)
II - quando de interesse do próprio idoso, este se fará representar por procurador legalmente constituído. (Incluído pela Lei nº 12.896, de 2013)
§ 6º É assegurado ao idoso enfermo o atendimento domiciliar pela perícia médica do Instituto Nacional do Seguro Social - INSS, pelo serviço público de saúde ou pelo serviço privado de saúde, contratado ou conveniado, que integre o Sistema Único de Saúde - SUS, para expedição do laudo de saúde necessário ao exercício de seus direitos sociais e de isenção tributária. (Incluído pela Lei nº 12.896, de 2013)
§ 7º Em todo atendimento de saúde, os maiores de oitenta anos terão preferência especial sobre os demais idosos, exceto em caso de emergência. (Incluído pela Lei nº 13.466, de 2017).
Art. 16. Ao idoso internado ou em observação é assegurado o direito a acompanhante, devendo o órgão de saúde

LEI Nº 10.741, DE 1º DE OUTUBRO DE 2003

proporcionar as condições adequadas para a sua permanência em tempo integral, segundo o critério médico.

Parágrafo único. Caberá ao profissional de saúde responsável pelo tratamento conceder autorização para o acompanhamento do idoso ou, no caso de impossibilidade, justificá-la por escrito.

Art. 17. Ao idoso que esteja no domínio de suas faculdades mentais é assegurado o direito de optar pelo tratamento de saúde que lhe for reputado mais favorável.

Parágrafo único. Não estando o idoso em condições de proceder à opção, esta será feita:

I - pelo curador, quando o idoso for interditado;
II - pelos familiares, quando o idoso não tiver curador ou este não puder ser contactado em tempo hábil;
III - pelo médico, quando ocorrer iminente risco de vida e não houver tempo hábil para consulta a curador ou familiar;
IV - pelo próprio médico, quando não houver curador ou familiar conhecido, caso em que deverá comunicar o fato ao Ministério Público.

Art. 18. As instituições de saúde devem atender aos critérios mínimos para o atendimento às necessidades do idoso, promovendo o treinamento e a capacitação dos profissionais, assim como orientação a cuidadores familiares e grupos de auto-ajuda.

Art. 19. Os casos de suspeita ou confirmação de violência praticada contra idosos serão objeto de notificação compulsória pelos serviços de saúde públicos e privados à autoridade sanitária, bem como serão obrigatoriamente comunicados por eles a quaisquer dos seguintes órgãos: (Redação dada pela Lei nº 12.461, de 2011)

I - autoridade policial;
II - Ministério Público;
III - Conselho Municipal do Idoso;
IV - Conselho Estadual do Idoso;
V - Conselho Nacional do Idoso.

§ 1º Para os efeitos desta Lei, considera-se violência contra o idoso qualquer ação ou omissão praticada em local público ou privado que lhe cause morte, dano ou sofrimento físico ou psicológico. (Incluído pela Lei nº 12.461, de 2011)

§ 2º Aplica-se, no que couber, à notificação compulsória prevista no caput deste artigo, o disposto na Lei no 6.259, de 30 de outubro de 1975. (Incluído pela Lei nº 12.461, de 2011)

CAPÍTULO V - Da Educação, Cultura, Esporte e Lazer

Art. 20. O idoso tem direito a educação, cultura, esporte, lazer, diversões, espetáculos, produtos e serviços que respeitem sua peculiar condição de idade.

Art. 21. O Poder Público criará oportunidades de acesso do idoso à educação, adequando currículos, metodologias e material didático aos programas educacionais a ele destinados.

§ 1º Os cursos especiais para idosos incluirão conteúdo relativo às técnicas de comunicação, computação e demais avanços tecnológicos, para sua integração à vida moderna.

§ 2º Os idosos participarão das comemorações de caráter cívico ou cultural, para transmissão de conhecimentos e vivências às demais gerações, no sentido da preservação da memória e da identidade culturais.

Art. 22. Nos currículos mínimos dos diversos níveis de ensino formal serão inseridos conteúdos voltados ao processo de envelhecimento, ao respeito e à valorização do idoso, de forma a eliminar o preconceito e a produzir conhecimentos sobre a matéria.

Art. 23. A participação dos idosos em atividades culturais e de lazer será proporcionada mediante descontos de pelo menos 50% (cinquenta por cento) nos ingressos para eventos artísticos, culturais, esportivos e de lazer, bem como o acesso preferencial aos respectivos locais.

Art. 24. Os meios de comunicação manterão espaços ou horários especiais voltados aos idosos, com finalidade informativa, educativa, artística e cultural, e ao público sobre o processo de envelhecimento.

Art. 25. As instituições de educação superior ofertarão às pessoas idosas, na perspectiva da educação ao longo da vida, cursos e programas de extensão, presenciais ou a distância, constituídos por atividades formais e não formais. (Redação dada pela lei nº 13.535, de 2017)

Parágrafo único. O poder público apoiará a criação de universidade aberta para as pessoas idosas e incentivará a publicação de livros e periódicos, de conteúdo e padrão editorial adequados ao idoso, que facilitem a leitura, considerada a natural redução da capacidade visual. (Incluído pela lei nº 13.535, de 2017)

CAPÍTULO VI - Da Profissionalização e do Trabalho

Art. 26. O idoso tem direito ao exercício de atividade profissional, respeitadas suas condições físicas, intelectuais e psíquicas.

Art. 27. Na admissão do idoso em qualquer trabalho ou emprego, é vedada a discriminação e a fixação de limite máximo de idade, inclusive para concursos, ressalvados os casos em que a natureza do cargo o exigir.

Parágrafo único. O primeiro critério de desempate em concurso público será a idade, dando-se preferência ao de idade mais elevada.

Art. 28. O Poder Público criará e estimulará programas de:

I - profissionalização especializada para os idosos, aproveitando seus potenciais e habilidades para atividades regulares e remuneradas;
II - preparação dos trabalhadores para a aposentadoria, com antecedência mínima de 1 (um) ano, por meio de estímulo a novos projetos sociais, conforme seus interesses, e de esclarecimento sobre os direitos sociais e de cidadania;
III - estímulo às empresas privadas para admissão de idosos ao trabalho.

CAPÍTULO VII - Da Previdência Social

Art. 29. Os benefícios de aposentadoria e pensão do Regime Geral da Previdência Social observarão, na sua concessão, critérios de cálculo que preservem o valor real dos salários sobre os quais incidiram contribuição, nos termos da legislação vigente.

Parágrafo único. Os valores dos benefícios em manutenção serão reajustados na mesma data de reajuste do salário-mínimo, pro rata, de acordo com suas respectivas datas de início ou do seu último reajustamento, com base em percentual definido em regulamento, observados os critérios estabelecidos pela Lei no 8.213, de 24 de julho de 1991.

Art. 30. A perda da condição de segurado não será considerada para a concessão da aposentadoria por idade, desde que a pessoa conte com, no mínimo, o tempo de contribuição correspondente ao exigido para efeito de carência na data de requerimento do benefício.

Parágrafo único. O cálculo do valor do benefício previsto no caput observará o disposto no caput e § 2º do art. 3º da Lei no 9.876, de 26 de novembro de 1999, ou, não havendo salários-de-contribuição recolhidos a partir da competência de julho de 1994, o disposto no art. 35 da Lei no 8.213, de 1991.

Art. 31. O pagamento de parcelas relativas a benefícios, efetuado com atraso por responsabilidade da Previdência Social, será atualizado pelo mesmo índice utilizado para os reajustamentos dos benefícios do Regime Geral de Previdência Social, verificado no período compreendido entre o mês que deveria ter sido pago e o mês do efetivo pagamento.

Art. 32. O Dia Mundial do Trabalho, 1º de Maio, é a data-base dos aposentados e pensionistas.

CAPÍTULO VIII - Da Assistência Social

Art. 33. A assistência social aos idosos será prestada, de forma articulada, conforme os princípios e diretrizes previstos na Lei Orgânica da Assistência Social, na Política Nacional do Idoso, no Sistema Único de Saúde e demais normas pertinentes.

Art. 34. Aos idosos, a partir de 65 (sessenta e cinco) anos, que não possuam meios para prover sua subsistência, nem de tê-la provida por sua família, é assegurado o benefício mensal de 1 (um) salário-mínimo, nos termos da Lei Orgânica da Assistência Social – Loas. (Vide Decreto nº 6.214, de 2007)

Parágrafo único. O benefício já concedido a qualquer membro da família nos termos do caput não será computado para os fins do cálculo da renda familiar per capita a que se refere a Loas.

Art. 35. Todas as entidades de longa permanência, ou casa-lar, são obrigadas a firmar contrato de prestação de serviços com a pessoa idosa abrigada.

§ 1º No caso de entidades filantrópicas, ou casa-lar, é facultada a cobrança de participação do idoso no custeio da entidade.

§ 2º O Conselho Municipal do Idoso ou o Conselho Municipal da Assistência Social estabelecerá a forma de participação prevista no § 1º, que não poderá exceder a 70% (setenta por cento) de qualquer benefício previdenciário ou de assistência social percebido pelo idoso.

§ 3º Se a pessoa idosa for incapaz, caberá a seu representante legal firmar o contrato a que se refere o caput deste artigo.

Art. 36. O acolhimento de idosos em situação de risco social, por adulto ou núcleo familiar, caracteriza a dependência econômica, para os efeitos legais.

CAPÍTULO IX - Da Habitação

Art. 37. O idoso tem direito a moradia digna, no seio da família natural ou substituta, ou desacompanhado de seus familiares, quando assim o desejar, ou, ainda, em instituição pública ou privada.

§ 1º A assistência integral na modalidade de entidade de longa permanência será prestada quando verificada inexistência de grupo familiar, casa-lar, abandono ou carência de recursos financeiros próprios ou da família.

§ 2º Toda instituição dedicada ao atendimento ao idoso fica obrigada a manter identificação externa visível, sob pena de interdição, além de atender toda a legislação pertinente.

§ 3º As instituições que abrigarem idosos são obrigadas a manter padrões de habitação compatíveis com as necessidades deles, bem como provê-los com alimentação regular e higiene indispensáveis às normas sanitárias e com estas condizentes, sob as penas da lei.

Art. 38. Nos programas habitacionais, públicos ou subsidiados com recursos públicos, o idoso goza de prioridade na aquisição de imóvel para moradia própria, observado o seguinte:

I - reserva de pelo menos 3% (três por cento) das unidades habitacionais residenciais para atendimento aos idosos; (Redação dada pela Lei nº 12.418, de 2011)

II - implantação de equipamentos urbanos comunitários voltados ao idoso;

III - eliminação de barreiras arquitetônicas e urbanísticas, para garantia de acessibilidade ao idoso;

IV - critérios de financiamento compatíveis com os rendimentos de aposentadoria e pensão.

Parágrafo único. As unidades residenciais reservadas para atendimento a idosos devem situar-se, preferencialmente, no pavimento térreo. (Incluído pela Lei nº 12.419, de 2011)

CAPÍTULO X - Do Transporte

Art. 39. Aos maiores de 65 (sessenta e cinco) anos fica assegurada a gratuidade dos transportes coletivos públicos urbanos e semi-urbanos, exceto nos serviços seletivos e especiais, quando prestados paralelamente aos serviços regulares.

§ 1º Para ter acesso à gratuidade, basta que o idoso apresente qualquer documento pessoal que faça prova de sua idade.

§ 2º Nos veículos de transporte coletivo de que trata este artigo, serão reservados 10% (dez por cento) dos assentos para os idosos, devidamente identificados com a placa de reservado preferencialmente para idosos.

§ 3º No caso das pessoas compreendidas na faixa etária entre 60 (sessenta) e 65 (sessenta e cinco) anos, ficará a critério da legislação local dispor sobre as condições para exercício da gratuidade nos meios de transporte previstos no caput deste artigo.

Art. 40. No sistema de transporte coletivo interestadual observar-se-á, nos termos da legislação específica: (Regulamento) (Vide Decreto nº 5.934, de 2006)

I - a reserva de 2 (duas) vagas gratuitas por veículo para idosos com renda igual ou inferior a 2 (dois) salários-mínimos;

II - desconto de 50% (cinquenta por cento), no mínimo, no valor das passagens, para os idosos que excederem as vagas gratuitas, com renda igual ou inferior a 2 (dois) salários-mínimos.

Parágrafo único. Caberá aos órgãos competentes definir os mecanismos e os critérios para o exercício dos direitos previstos nos incisos I e II.

Art. 41. É assegurada a reserva, para os idosos, nos termos da lei local, de 5% (cinco por cento) das vagas nos estacionamentos públicos e privados, as quais deverão ser posicionadas de forma a garantir a melhor comodidade ao idoso.

Art. 42. São asseguradas a prioridade e a segurança do idoso nos procedimentos de embarque e desembarque nos veículos do sistema de transporte coletivo. (Redação dada pela Lei nº 12.899, de 2013)

TÍTULO III - Das Medidas de Proteção

CAPÍTULO I - Das Disposições Gerais

Art. 43. As medidas de proteção ao idoso são aplicáveis sempre que os direitos reconhecidos nesta Lei forem ameaçados ou violados:

I - por ação ou omissão da sociedade ou do Estado;

II - por falta, omissão ou abuso da família, curador ou entidade de atendimento;

III - em razão de sua condição pessoal.

CAPÍTULO II - Das Medidas Específicas de Proteção

Art. 44. As medidas de proteção ao idoso previstas nesta Lei poderão ser aplicadas, isolada ou cumulativamente, e levarão em conta os fins sociais a que se destinam e o fortalecimento dos vínculos familiares e comunitários.

Art. 45. Verificada qualquer das hipóteses previstas no art. 43, o Ministério Público ou o Poder Judiciário, a requerimento daquele, poderá determinar, dentre outras, as seguintes medidas:

I - encaminhamento à família ou curador, mediante termo de responsabilidade;

II - orientação, apoio e acompanhamento temporários;

III - requisição para tratamento de sua saúde, em regime ambulatorial, hospitalar ou domiciliar;

IV - inclusão em programa oficial ou comunitário de auxílio, orientação e tratamento a usuários dependentes de drogas lícitas ou ilícitas, ao próprio idoso ou à pessoa de sua convivência que lhe cause perturbação;

V - abrigo em entidade;

VI - abrigo temporário.

TÍTULO IV - Da Política de Atendimento ao Idoso

CAPÍTULO I - Disposições Gerais

Art. 46. A política de atendimento ao idoso far-se-á por meio do conjunto articulado de ações governamentais e

não-governamentais da União, dos Estados, do Distrito Federal e dos Municípios.

Art. 47. São linhas de ação da política de atendimento:

I - políticas sociais básicas, previstas na Lei no 8.842, de 4 de janeiro de 1994;

II - políticas e programas de assistência social, em caráter supletivo, para aqueles que necessitarem;

III - serviços especiais de prevenção e atendimento às vítimas de negligência, maus-tratos, exploração, abuso, crueldade e opressão;

IV - serviço de identificação e localização de parentes ou responsáveis por idosos abandonados em hospitais e instituições de longa permanência;

V - proteção jurídico-social por entidades de defesa dos direitos dos idosos;

VI - mobilização da opinião pública no sentido da participação dos diversos segmentos da sociedade no atendimento do idoso.

CAPÍTULO II - Das Entidades de Atendimento ao Idoso

Art. 48. As entidades de atendimento são responsáveis pela manutenção das próprias unidades, observadas as normas de planejamento e execução emanadas do órgão competente da Política Nacional do Idoso, conforme a Lei no 8.842, de 1994.

Parágrafo único. As entidades governamentais e não-governamentais de assistência ao idoso ficam sujeitas à inscrição de seus programas, junto ao órgão competente da Vigilância Sanitária e Conselho Municipal da Pessoa Idosa, e em sua falta, junto ao Conselho Estadual ou Nacional da Pessoa Idosa, especificando os regimes de atendimento, observados os seguintes requisitos:

I - oferecer instalações físicas em condições adequadas de habitabilidade, higiene, salubridade e segurança;

II - apresentar objetivos estatutários e plano de trabalho compatíveis com os princípios desta Lei;

III - estar regularmente constituída;

IV - demonstrar a idoneidade de seus dirigentes.

Art. 49. As entidades que desenvolvam programas de institucionalização de longa permanência adotarão os seguintes princípios:

I - preservação dos vínculos familiares;

II - atendimento personalizado e em pequenos grupos;

III - manutenção do idoso na mesma instituição, salvo em caso de força maior;

IV - participação do idoso nas atividades comunitárias, de caráter interno e externo;

V - observância dos direitos e garantias dos idosos;

VI - preservação da identidade do idoso e oferecimento de ambiente de respeito e dignidade.

Parágrafo único. O dirigente de instituição prestadora de atendimento ao idoso responderá civil e criminalmente pelos atos que praticar em detrimento do idoso, sem prejuízo das sanções administrativas.

Art. 50. Constituem obrigações das entidades de atendimento:

I - celebrar contrato escrito de prestação de serviço com o idoso, especificando o tipo de atendimento, as obrigações da entidade e prestações decorrentes do contrato, com os respectivos preços, se for o caso;

II - observar os direitos e as garantias de que são titulares os idosos;

III - fornecer vestuário adequado, se for pública, e alimentação suficiente;

IV - oferecer instalações físicas em condições adequadas de habitabilidade;

V - oferecer atendimento personalizado;

VI - diligenciar no sentido da preservação dos vínculos familiares;

VII - oferecer acomodações apropriadas para recebimento de visitas;

VIII - proporcionar cuidados à saúde, conforme a necessidade do idoso;

IX - promover atividades educacionais, esportivas, culturais e de lazer;

X - propiciar assistência religiosa àqueles que desejarem, de acordo com suas crenças;

XI - proceder a estudo social e pessoal de cada caso;

XII – comunicar à autoridade competente de saúde toda ocorrência de idoso portador de doenças infecto-contagiosas;

XIII – providenciar ou solicitar que o Ministério Público requisite os documentos necessários ao exercício da cidadania àqueles que não os tiverem, na forma da lei;

XIV - fornecer comprovante de depósito dos bens móveis que receberem dos idosos;

XV – manter arquivo de anotações onde constem data e circunstâncias do atendimento, nome do idoso, responsável, parentes, endereços, cidade, relação de seus pertences, bem como o valor de contribuições, e suas alterações, se houver, e demais dados que possibilitem sua identificação e a individualização do atendimento;

XVI – comunicar ao Ministério Público, para as providências cabíveis, a situação de abandono moral ou material por parte dos familiares;

XVII - manter no quadro de pessoal profissionais com formação específica.

Art. 51. As instituições filantrópicas ou sem fins lucrativos prestadoras de serviço ao idoso terão direito à assistência judiciária gratuita.

CAPÍTULO III - Da Fiscalização das Entidades de Atendimento

Art. 52. As entidades governamentais e não-governamentais de atendimento ao idoso serão fiscalizadas pelos Conselhos do Idoso, Ministério Público, Vigilância Sanitária e outros previstos em lei.

Art. 53. O art. 7º da Lei no 8.842, de 1994, passa a vigorar com a seguinte redação:

«Art. 7º Compete aos Conselhos de que trata o art. 6º desta Lei a supervisão, o acompanhamento, a fiscalização e a avaliação da política nacional do idoso, no âmbito das respectivas instâncias político-administrativas.» (NR)

Art. 54. Será dada publicidade das prestações de contas dos recursos públicos e privados recebidos pelas entidades de atendimento.

Art. 55. As entidades de atendimento que descumprirem as determinações desta Lei ficarão sujeitas, sem prejuízo da responsabilidade civil e criminal de seus dirigentes ou prepostos, às seguintes penalidades, observado o devido processo legal:

I - as entidades governamentais:

a) advertência;

b) afastamento provisório de seus dirigentes;

c) afastamento definitivo de seus dirigentes;

d) fechamento de unidade ou interdição de programa;

II - as entidades não-governamentais:

a) advertência;

b) multa;

c) suspensão parcial ou total do repasse de verbas públicas;

d) interdição de unidade ou suspensão de programa;

e) proibição de atendimento a idosos a bem do interesse público.

§ 1º Havendo danos aos idosos abrigados ou qualquer tipo de fraude em relação ao programa, caberá o afastamento provisório dos dirigentes ou a interdição da unidade e a suspensão do programa.

§ 2º A suspensão parcial ou total do repasse de verbas públicas ocorrerá quando verificada a má aplicação ou desvio de finalidade dos recursos.

§ 3º Na ocorrência de infração por entidade de atendimento, que coloque em risco os direitos assegurados nesta Lei, será o fato comunicado ao Ministério Público, para as providências cabíveis, inclusive para promover a suspensão das atividades ou dissolução da entidade, com a proibição de atendimento a idosos a bem do interesse público, sem prejuízo das providências a serem tomadas pela Vigilância Sanitária.

§ 4º Na aplicação das penalidades, serão consideradas a natureza e a gravidade da infração cometida, os danos que dela provierem para o idoso, as circunstâncias agravantes ou atenuantes e os antecedentes da entidade.

CAPÍTULO IV - Das Infrações Administrativas

Art. 56. Deixar a entidade de atendimento de cumprir as determinações do art. 50 desta Lei:

Pena: multa de R$ 500,00 (quinhentos reais) a R$ 3.000,00 (três mil reais), se o fato não for caracterizado como crime, podendo haver a interdição do estabelecimento até que sejam cumpridas as exigências legais.

Parágrafo único. No caso de interdição do estabelecimento de longa permanência, os idosos abrigados serão transferidos para outra instituição, a expensas do estabelecimento interditado, enquanto durar a interdição.

Art. 57. Deixar o profissional de saúde ou o responsável por estabelecimento de saúde ou instituição de longa permanência de comunicar à autoridade competente os casos de crimes contra idoso de que tiver conhecimento:

Pena: multa de R$ 500,00 (quinhentos reais) a R$ 3.000,00 (três mil reais), aplicada em dobro no caso de reincidência.

Art. 58. Deixar de cumprir as determinações desta Lei sobre a prioridade no atendimento ao idoso:

Pena: multa de R$ 500,00 (quinhentos reais) a R$ 1.000,00 (um mil reais) e multa civil a ser estipulada pelo juiz, conforme o dano sofrido pelo idoso.

CAPÍTULO V - Da Apuração Administrativa de Infração às

Normas de Proteção ao Idoso

Art. 59. Os valores monetários expressos no Capítulo IV serão atualizados anualmente, na forma da lei.

Art. 60. O procedimento para a imposição de penalidade administrativa por infração às normas de proteção ao idoso terá início com requisição do Ministério Público ou auto de infração elaborado por servidor efetivo e assinado, se possível, por duas testemunhas.

§ 1º No procedimento iniciado com o auto de infração poderão ser usadas fórmulas impressas, especificando-se a natureza e as circunstâncias da infração.

§ 2º Sempre que possível, à verificação da infração seguir-se-á a lavratura do auto, ou este será lavrado dentro de 24 (vinte e quatro) horas, por motivo justificado.

Art. 61. O autuado terá prazo de 10 (dez) dias para a apresentação da defesa, contado da data da intimação, que será feita:

I - pelo autuante, no instrumento de autuação, quando for lavrado na presença do infrator;

II - por via postal, com aviso de recebimento.

Art. 62. Havendo risco para a vida ou à saúde do idoso, a autoridade competente aplicará à entidade de atendimento as sanções regulamentares, sem prejuízo da iniciativa e das providências que vierem a ser adotadas pelo Ministério Público ou pelas demais instituições legitimadas para a fiscalização.

Art. 63. Nos casos em que não houver risco para a vida ou a saúde da pessoa idosa abrigada, a autoridade competente aplicará à entidade de atendimento as sanções regulamentares, sem prejuízo da iniciativa e das providências que vierem a ser adotadas pelo Ministério Público ou pelas demais instituições legitimadas para a fiscalização.

CAPÍTULO VI - Da Apuração Judicial de Irregularidades em Entidade de Atendimento

Art. 64. Aplicam-se, subsidiariamente, ao procedimento administrativo de que trata este Capítulo as disposições das Leis nos 6.437, de 20 de agosto de 1977, e 9.784, de 29 de janeiro de 1999.

Art. 65. O procedimento de apuração de irregularidade em entidade governamental e não-governamental de atendimento ao idoso terá início mediante petição fundamentada de pessoa interessada ou iniciativa do Ministério Público.

Art. 66. Havendo motivo grave, poderá a autoridade judiciária, ouvido o Ministério Público, decretar liminarmente o afastamento provisório do dirigente da entidade ou outras medidas que julgar adequadas, para evitar lesão aos direitos do idoso, mediante decisão fundamentada.

Art. 67. O dirigente da entidade será citado para, no prazo de 10 (dez) dias, oferecer resposta escrita, podendo juntar documentos e indicar as provas a produzir.

Art. 68. Apresentada a defesa, o juiz procederá na conformidade do art. 69 ou, se necessário, designará audiência de instrução e julgamento, deliberando sobre a necessidade de produção de outras provas.

§ 1º Salvo manifestação em audiência, as partes e o Ministério Público terão 5 (cinco) dias para oferecer alegações finais, decidindo a autoridade judiciária em igual prazo.

§ 2º Em se tratando de afastamento provisório ou definitivo de dirigente de entidade governamental, a autoridade judiciária oficiará a autoridade administrativa imediatamente superior ao afastado, fixando-lhe prazo de 24 (vinte e quatro) horas para proceder à substituição.

§ 3º Antes de aplicar qualquer das medidas, a autoridade judiciária poderá fixar prazo para a remoção das irregularidades verificadas. Satisfeitas as exigências, o processo será extinto, sem julgamento do mérito.

§ 4º A multa e a advertência serão impostas ao dirigente da entidade ou ao responsável pelo programa de atendimento.

TÍTULO V - Do Acesso à Justiça

CAPÍTULO I - Disposições Gerais

Art. 69. Aplica-se, subsidiariamente, às disposições deste Capítulo, o procedimento sumário previsto no Código de Processo Civil, naquilo que não contrarie os prazos previstos nesta Lei.

Art. 70. O Poder Público poderá criar varas especializadas e exclusivas do idoso.

Art. 71. É assegurada prioridade na tramitação dos processos e procedimentos e na execução dos atos e diligências judiciais em que figure como parte ou interveniente pessoa com idade igual ou superior a 60 (sessenta) anos, em qualquer instância.

§ 1º O interessado na obtenção da prioridade a que alude este artigo, fazendo prova de sua idade, requererá o benefício à autoridade judiciária competente para decidir o feito, que determinará as providências a serem cumpridas, anotando-se essa circunstância em local visível nos autos do processo.

§ 2º A prioridade não cessará com a morte do beneficiado, estendendo-se em favor do cônjuge supérstite, companheiro ou companheira, com união estável, maior de 60 (sessenta) anos.

§ 3º A prioridade se estende aos processos e procedimentos na Administração Pública, empresas prestadoras de serviços públicos e instituições financeiras, ao atendimento preferencial junto à Defensoria Publica da União, dos Estados e do Distrito Federal em relação aos Serviços de Assistência Judiciária.

§ 4º Para o atendimento prioritário será garantido ao idoso o fácil acesso aos assentos e caixas, identificados com a destinação a idosos em local visível e caracteres legíveis.

§ 5º Dentre os processos de idosos, dar-se-á prioridade especial aos maiores de oitenta anos. (Incluído pela Lei nº 13.466, de 2017).

CAPÍTULO II - Do Ministério Público

Art. 72. (VETADO)

Art. 73. As funções do Ministério Público, previstas nesta Lei, serão exercidas nos termos da respectiva Lei Orgânica.

Art. 74. Compete ao Ministério Público:

I - instaurar o inquérito civil e a ação civil pública para a proteção dos direitos e interesses difusos ou coletivos, individuais indisponíveis e individuais homogêneos do idoso;

II - promover e acompanhar as ações de alimentos, de interdição total ou parcial, de designação de curador especial, em circunstâncias que justifiquem a medida e oficiar em todos os feitos em que se discutam os direitos de idosos em condições de risco;

III - atuar como substituto processual do idoso em situação de risco, conforme o disposto no art. 43 desta Lei;

IV - promover a revogação de instrumento procuratório do idoso, nas hipóteses previstas no art. 43 desta Lei, quando necessário ou o interesse público justificar;

V - instaurar procedimento administrativo e, para instruí-lo:
a) expedir notificações, colher depoimentos ou esclarecimentos e, em caso de não comparecimento injustificado da pessoa notificada, requisitar condução coercitiva, inclusive pela Polícia Civil ou Militar;
b) requisitar informações, exames, perícias e documentos de autoridades municipais, estaduais e federais, da administração direta e indireta, bem como promover inspeções e diligências investigatórias;
c) requisitar informações e documentos particulares de instituições privadas;

VI - instaurar sindicâncias, requisitar diligências investigatórias e a instauração de inquérito policial, para a apuração de ilícitos ou infrações às normas de proteção ao idoso;

VII - zelar pelo efetivo respeito aos direitos e garantias legais assegurados ao idoso, promovendo as medidas judiciais e extrajudiciais cabíveis;

VIII - inspecionar as entidades públicas e particulares de atendimento e os programas de que trata esta Lei, adotando de pronto as medidas administrativas ou judiciais necessárias à remoção de irregularidades porventura verificadas;

IX - requisitar força policial, bem como a colaboração dos serviços de saúde, educacionais e de assistência social, públicos, para o desempenho de suas atribuições;

X - referendar transações envolvendo interesses e direitos dos idosos previstos nesta Lei.

§ 1º A legitimação do Ministério Público para as ações cíveis previstas neste artigo não impede a de terceiros, nas mesmas hipóteses, segundo dispuser a lei.

§ 2º As atribuições constantes deste artigo não excluem outras, desde que compatíveis com a finalidade e atribuições do Ministério Público.

§ 3º O representante do Ministério Público, no exercício de suas funções, terá livre acesso a toda entidade de atendimento ao idoso.

Art. 75. Nos processos e procedimentos em que não for parte, atuará obrigatoriamente o Ministério Público na defesa dos direitos e interesses de que cuida esta Lei, hipóteses em que terá vista dos autos depois das partes, podendo juntar documentos, requerer diligências e produção de outras provas, usando os recursos cabíveis.

Art. 76. A intimação do Ministério Público, em qualquer caso, será feita pessoalmente.

Art. 77. A falta de intervenção do Ministério Público acarreta a nulidade do feito, que será declarada de ofício pelo juiz ou a requerimento de qualquer interessado.

CAPÍTULO III - Da Proteção Judicial dos Interesses Difusos, Coletivos e Individuais Indisponíveis ou Homogêneos

Art. 78. As manifestações processuais do representante do Ministério Público deverão ser fundamentadas.

Art. 79. Regem-se pelas disposições desta Lei as ações de responsabilidade por ofensa aos direitos assegurados ao idoso, referentes à omissão ou ao oferecimento insatisfatório de:

I - acesso às ações e serviços de saúde;

II - atendimento especializado ao idoso portador de deficiência ou com limitação incapacitante;

III - atendimento especializado ao idoso portador de doença infecto-contagiosa;

IV - serviço de assistência social visando ao amparo do idoso.

Parágrafo único. As hipóteses previstas neste artigo não excluem da proteção judicial outros interesses difusos, coletivos, individuais indisponíveis ou homogêneos, próprios do idoso, protegidos em lei.

Art. 80. As ações previstas neste Capítulo serão propostas no foro do domicílio do idoso, cujo juízo terá competência absoluta para processar a causa, ressalvadas as competências da Justiça Federal e a competência originária dos Tribunais Superiores.

Art. 81. Para as ações cíveis fundadas em interesses difusos, coletivos, individuais indisponíveis ou homogêneos, consideram-se legitimados, concorrentemente:

I - o Ministério Público;

II - a União, os Estados, o Distrito Federal e os Municípios;

III - a Ordem dos Advogados do Brasil;

IV - as associações legalmente constituídas há pelo menos 1 (um) ano e que incluam entre os fins institucionais a defesa dos interesses e direitos da pessoa idosa, dispensada a autorização da assembléia, se houver prévia autorização estatutária.

§ 1º Admitir-se-á litisconsórcio facultativo entre os Ministérios Públicos da União e dos Estados na defesa dos interesses e direitos de que cuida esta Lei.

§ 2º Em caso de desistência ou abandono da ação por associação legitimada, o Ministério Público ou outro legitimado deverá assumir a titularidade ativa.

Art. 82. Para defesa dos interesses e direitos protegidos por esta Lei, são admissíveis todas as espécies de ação pertinentes.

Parágrafo único. Contra atos ilegais ou abusivos de autoridade pública ou agente de pessoa jurídica no exercício de atribuições de Poder Público, que lesem direito líquido e certo previsto nesta Lei, caberá ação mandamental, que se regerá pelas normas da lei do mandado de segurança.

Art. 83. Na ação que tenha por objeto o cumprimento de obrigação de fazer ou não-fazer, o juiz concederá a tutela específica da obrigação ou determinará providências que assegurem o resultado prático equivalente ao adimplemento.

§ 1º Sendo relevante o fundamento da demanda e havendo justificado receio de ineficácia do provimento final, é lícito ao juiz conceder a tutela liminarmente ou após justificação prévia, na forma do art. 273 do Código de Processo Civil.

§ 2º O juiz poderá, na hipótese do § 1º ou na sentença, impor multa diária ao réu, independentemente do pedido do autor, se for suficiente ou compatível com a obrigação, fixando prazo razoável para o cumprimento do preceito.

§ 3º A multa só será exigível do réu após o trânsito em julgado da sentença favorável ao autor, mas será devida desde o dia em que se houver configurado.

Art. 84. Os valores das multas previstas nesta Lei reverterão ao Fundo do Idoso, onde houver, ou na falta deste, ao Fundo Municipal de Assistência Social, ficando vinculados ao atendimento ao idoso.

Parágrafo único. As multas não recolhidas até 30 (trinta) dias após o trânsito em julgado da decisão serão exigidas por meio de execução promovida pelo Ministério Público, nos mesmos autos, facultada igual iniciativa aos demais legitimados em caso de inércia daquele.

Art. 85. O juiz poderá conferir efeito suspensivo aos recursos, para evitar dano irreparável à parte.

Art. 86. Transitada em julgado a sentença que impuser condenação ao Poder Público, o juiz determinará a remessa de peças à autoridade competente, para apuração da responsabilidade civil e administrativa do agente a que se atribua a ação ou omissão.

Art. 87. Decorridos 60 (sessenta) dias do trânsito em julgado da sentença condenatória favorável ao idoso sem que o autor lhe promova a execução, deverá fazê-lo o Ministério Público, facultada, igual iniciativa aos demais legitimados, como assistentes ou assumindo o pólo ativo, em caso de inércia desse órgão.

Art. 88. Nas ações de que trata este Capítulo, não haverá adiantamento de custas, emolumentos, honorários periciais e quaisquer outras despesas.

Parágrafo único. Não se imporá sucumbência ao Ministério Público.

Art. 89. Qualquer pessoa poderá, e o servidor deverá, provocar a iniciativa do Ministério Público, prestando-lhe informações sobre os fatos que constituam objeto de ação civil e indicando-lhe os elementos de convicção.

Art. 90. Os agentes públicos em geral, os juízes e tribunais, no exercício de suas funções, quando tiverem conhecimento de fatos que possam configurar crime de ação pública contra idoso ou ensejar a propositura de ação para sua defesa, devem encaminhar as peças pertinentes ao Ministério Público, para as providências cabíveis.

Art. 91. Para instruir a petição inicial, o interessado poderá requerer às autoridades competentes as certidões e informações que julgar necessárias, que serão fornecidas no prazo de 10 (dez) dias.

Art. 92. O Ministério Público poderá instaurar sob sua presidência, inquérito civil, ou requisitar, de qualquer pessoa, organismo público ou particular, certidões, informações, exames ou perícias, no prazo que assinalar, o qual não poderá ser inferior a 10 (dez) dias.

§ 1º Se o órgão do Ministério Público, esgotadas todas as diligências, se convencer da inexistência de fundamento para a propositura da ação civil ou de peças informativas, determinará o seu arquivamento, fazendo-o fundamentadamente.

§ 2º Os autos do inquérito civil ou as peças de informação arquivados serão remetidos, sob pena de se incorrer em falta grave, no prazo de 3 (três) dias, ao Conselho Superior do Ministério Público ou à Câmara de Coordenação e Revisão do Ministério Público.

§ 3º Até que seja homologado ou rejeitado o arquivamento, pelo Conselho Superior do Ministério Público ou por Câmara de Coordenação e Revisão do Ministério Público, as associações legitimadas poderão apresentar razões escritas ou documentos, que serão juntados ou anexados às peças de informação.

§ 4º Deixando o Conselho Superior ou a Câmara de Coordenação e Revisão do Ministério Público de homologar a promoção de arquivamento, será designado outro membro do Ministério Público para o ajuizamento da ação.

TÍTULO VI - Dos Crimes
CAPÍTULO I - Disposições Gerais

Art. 93. Aplicam-se subsidiariamente, no que couber, as disposições da Lei no 7.347, de 24 de julho de 1985.

Art. 94. Aos crimes previstos nesta Lei, cuja pena máxima privativa de liberdade não ultrapasse 4 (quatro) anos, aplica-se o procedimento previsto na Lei no 9.099, de 26 de setembro de 1995, e, subsidiariamente, no que couber, as disposições do Código Penal e do Código de Processo Penal. (Vide ADI 3.096-5 - STF)

CAPÍTULO II - Dos Crimes em Espécie

Art. 95. Os crimes definidos nesta Lei são de ação penal pública incondicionada, não se lhes aplicando os arts. 181 e 182 do Código Penal.

Art. 96. Discriminar pessoa idosa, impedindo ou dificultando seu acesso a operações bancárias, aos meios de transporte, ao direito de contratar ou por qualquer outro meio ou instrumento necessário ao exercício da cidadania, por motivo de idade:

Pena: reclusão de 6 (seis) meses a 1 (um) ano e multa.

§ 1º Na mesma pena incorre quem desdenhar, humilhar, menosprezar ou discriminar pessoa idosa, por qualquer motivo.

§ 2º A pena será aumentada de 1/3 (um terço) se a vítima se encontrar sob os cuidados ou responsabilidade do agente.

Art. 97. Deixar de prestar assistência ao idoso, quando possível fazê-lo sem risco pessoal, em situação de iminente perigo, ou recusar, retardar ou dificultar sua assistência à saúde, sem justa causa, ou não pedir, nesses casos, o socorro de autoridade pública:

Pena: detenção de 6 (seis) meses a 1 (um) ano e multa.

Parágrafo único. A pena é aumentada de metade, se da omissão resulta lesão corporal de natureza grave, e triplicada, se resulta a morte.

Art. 98. Abandonar o idoso em hospitais, casas de saúde, entidades de longa permanência, ou congêneres, ou não prover suas necessidades básicas, quando obrigado por lei ou mandado:

Pena: detenção de 6 (seis) meses a 3 (três) anos e multa.

Art. 99. Expor a perigo a integridade e a saúde, física ou psíquica, do idoso, submetendo-o a condições desumanas ou degradantes ou privando-o de alimentos e cuidados indispensáveis, quando obrigado a fazê-lo, ou sujeitando-o a trabalho excessivo ou inadequado:

Pena: detenção de 2 (dois) meses a 1 (um) ano e multa.

§ 1º Se do fato resulta lesão corporal de natureza grave:

Pena: reclusão de 1 (um) a 4 (quatro) anos.

§ 2º Se resulta a morte:

Pena: reclusão de 4 (quatro) a 12 (doze) anos.

Art. 100. Constitui crime punível com reclusão de 6 (seis) meses a 1 (um) ano e multa:

I - obstar o acesso de alguém a qualquer cargo público por motivo de idade;

II - negar a alguém, por motivo de idade, emprego ou trabalho;

III - recusar, retardar ou dificultar atendimento ou deixar de prestar assistência à saúde, sem justa causa, a pessoa idosa;

IV - deixar de cumprir, retardar ou frustrar, sem justo motivo, a execução de ordem judicial expedida na ação civil a que alude esta Lei;

V - recusar, retardar ou omitir dados técnicos indispensáveis à propositura da ação civil objeto desta Lei, quando requisitados pelo Ministério Público.

Art. 101. Deixar de cumprir, retardar ou frustrar, sem justo motivo, a execução de ordem judicial expedida nas ações em que for parte ou interveniente o idoso:

Pena: detenção de 6 (seis) meses a 1 (um) ano e multa.

Art. 102. Apropriar-se de ou desviar bens, proventos, pensão ou qualquer outro rendimento do idoso, dando-lhes aplicação diversa da de sua finalidade:

Pena: reclusão de 1 (um) a 4 (quatro) anos e multa.

Art. 103. Negar o acolhimento ou a permanência do idoso, como abrigado, por recusa deste em outorgar procuração à entidade de atendimento:

Pena: detenção de 6 (seis) meses a 1 (um) ano e multa.

Art. 104. Reter o cartão magnético de conta bancária relativa a benefícios, proventos ou pensão do idoso, bem como qualquer

outro documento com objetivo de assegurar recebimento ou ressarcimento de dívida:

Pena: detenção de 6 (seis) meses a 2 (dois) anos e multa.

Art. 105. Exibir ou veicular, por qualquer meio de comunicação, informações ou imagens depreciativas ou injuriosas à pessoa do idoso:

Pena: detenção de 1 (um) a 3 (três) anos e multa.

Art. 106. Induzir pessoa idosa sem discernimento de seus atos a outorgar procuração para fins de administração de bens ou deles dispor livremente:

Pena: reclusão de 2 (dois) a 4 (quatro) anos.

Art. 107. Coagir, de qualquer modo, o idoso a doar, contratar, testar ou outorgar procuração:

Pena: reclusão de 2 (dois) a 5 (cinco) anos.

Art. 108. Lavrar ato notarial que envolva pessoa idosa sem discernimento de seus atos, sem a devida representação legal:

Pena: reclusão de 2 (dois) a 4 (quatro) anos.

TÍTULO VII - Disposições Finais e Transitórias

Art. 109. Impedir ou embaraçar ato do representante do Ministério Público ou de qualquer outro agente fiscalizador:

Pena: reclusão de 6 (seis) meses a 1 (um) ano e multa.

Art. 110. O Decreto-Lei no 2.848, de 7 de dezembro de 1940, Código Penal, passa a vigorar com as seguintes alterações:

«Art. 61. ..

..

II - ..

..

h) contra criança, maior de 60 (sessenta) anos, enfermo ou mulher grávida;

..» (NR)

«Art. 121. ..

..

§ 4º No homicídio culposo, a pena é aumentada de 1/3 (um terço), se o crime resulta de inobservância de regra técnica de profissão, arte ou ofício, ou se o agente deixa de prestar imediato socorro à vítima, não procura diminuir as conseqüências do seu ato, ou foge para evitar prisão em flagrante. Sendo doloso o homicídio, a pena é aumentada de 1/3 (um terço) se o crime é praticado contra pessoa menor de 14 (quatorze) ou maior de 60 (sessenta) anos.

..» (NR)

«Art. 133. ..

..

§ 3º ..

..

III - se a vítima é maior de 60 (sessenta) anos.» (NR)

«Art. 140. ..

..

§ 3º Se a injúria consiste na utilização de elementos referentes a raça, cor, etnia, religião, origem ou a condição de pessoa idosa ou portadora de deficiência:

.. (NR)

«Art. 141. ..

..

IV - contra pessoa maior de 60 (sessenta) anos ou portadora de deficiência, exceto no caso de injúria.

..» (NR)

«Art. 148. ..

..

§ 1º ..

I - se a vítima é ascendente, descendente, cônjuge do agente ou maior de 60 (sessenta) anos.

..» (NR)

«Art. 159 ..

..

§ 1º Se o seqüestro dura mais de 24 (vinte e quatro) horas, se o seqüestrado é menor de 18 (dezoito) ou maior de 60 (sessenta) anos, ou se o crime é cometido por bando ou quadrilha.

..» (NR)

«Art. 183. ..

..

III - se o crime é praticado contra pessoa com idade igual ou superior a 60 (sessenta) anos.» (NR)

«Art. 244. Deixar, sem justa causa, de prover a subsistência do cônjuge, ou de filho menor de 18 (dezoito) anos ou inapto para o trabalho, ou de ascendente inválido ou maior de 60 (sessenta) anos, não lhes proporcionando os recursos necessários ou faltando ao pagamento de pensão alimentícia judicialmente acordada, fixada ou majorada; deixar, sem justa causa, de socorrer descendente ou ascendente, gravemente enfermo:

..» (NR)

Art. 111. O O art. 21 do Decreto-Lei no 3.688, de 3 de outubro de 1941, Lei das Contravenções Penais, passa a vigorar acrescido do seguinte parágrafo único:

«Art. 21. ..

..

Parágrafo único. Aumenta-se a pena de 1/3 (um terço) até a metade se a vítima é maior de 60 (sessenta) anos.» (NR)

Art. 112. O inciso II do § 4º do art. 1º da Lei no 9.455, de 7 de abril de 1997, passa a vigorar com a seguinte redação:

«Art. 1º ..

..

§ 4º ..

II - se o crime é cometido contra criança, gestante, portador de deficiência, adolescente ou maior de 60 (sessenta) anos;

..» (NR)

Art. 113. O inciso III do art. 18 da Lei no 6.368, de 21 de outubro de 1976, passa a vigorar com a seguinte redação:

«Art. 18. ..

..

III - se qualquer deles decorrer de associação ou visar a menores de 21 (vinte e um) anos ou a pessoa com idade igual ou superior a 60 (sessenta) anos ou a quem tenha, por qualquer causa, diminuída ou suprimida a capacidade de discernimento ou de autodeterminação:

..» (NR)

Art. 114. O art 1º da Lei no 10.048, de 8 de novembro de 2000, passa a vigorar com a seguinte redação:

«Art. 1º As pessoas portadoras de deficiência, os idosos com idade igual ou superior a 60 (sessenta) anos, as gestantes, as lactantes e as pessoas acompanhadas por crianças de colo terão atendimento prioritário, nos termos desta Lei.» (NR)

Art. 115. O Orçamento da Seguridade Social destinará ao Fundo Nacional de Assistência Social, até que o Fundo Nacional do Idoso seja criado, os recursos necessários, em cada exercício financeiro, para aplicação em programas e ações relativos ao idoso.

Art. 116. Serão incluídos nos censos demográficos dados relativos à população idosa do País.

Art. 117. O Poder Executivo encaminhará ao Congresso Nacional projeto de lei revendo os critérios de concessão do Benefício de Prestação Continuada previsto na Lei Orgânica da Assistência Social, de forma a garantir que o acesso ao direito seja condizente com o estágio de desenvolvimento sócio-econômico alcançado pelo País.

Art. 118. Esta Lei entra em vigor decorridos 90 (noventa) dias da sua publicação, ressalvado o disposto no caput do art. 36, que vigorará a partir de 1º de janeiro de 2004.

6. LEI Nº 11.416, DE 15 DE DEZEMBRO DE 2006

Dispõe sobre as Carreiras dos Servidores do Poder Judiciário da União; revoga as Leis nºs 9.421, de 24 de dezembro de 1996, 10.475, de 27 de junho de 2002, 10.417, de 5 de abril de 2002, e 10.944, de 16 de setembro de 2004; e dá outras providências.

O PRESIDENTE DA REPÚBLICA Faço saber que o Congresso Nacional decreta e eu sanciono a seguinte Lei:

Art. 1º As Carreiras dos Servidores dos Quadros de Pessoal do Poder Judiciário da União passam a ser regidas por esta Lei.

Art. 2º Os Quadros de Pessoal efetivo do Poder Judiciário são compostos pelas seguintes Carreiras, constituídas pelos respectivos cargos de provimento efetivo:

I - Analista Judiciário;
II - Técnico Judiciário;
III - Auxiliar Judiciário.

Art. 3º Os cargos efetivos das Carreiras referidas no art. 2º desta Lei são estruturados em Classes e Padrões, na forma do Anexo I desta Lei, de acordo com as seguintes áreas de atividade:

I - área judiciária, compreendendo os serviços realizados privativamente por bacharéis em Direito, abrangendo processamento de feitos, execução de mandados, análise e pesquisa de legislação, doutrina e jurisprudência nos vários ramos do Direito, bem como elaboração de pareceres jurídicos;

II - área de apoio especializado, compreendendo os serviços para a execução dos quais se exige dos titulares o devido registro no órgão fiscalizador do exercício da profissão ou o domínio de habilidades específicas, a critério da administração;

III - área administrativa, compreendendo os serviços relacionados com recursos humanos, material e patrimônio, licitações e contratos, orçamento e finanças, controle interno e auditoria, segurança e transporte e outras atividades complementares de apoio administrativo.

Parágrafo único. As áreas de que trata o caput deste artigo poderão ser classificadas em especialidades, quando forem necessárias formação especializada, por exigência legal, ou habilidades específicas para o exercício das atribuições do cargo.

Art. 4º As atribuições dos cargos serão descritas em regulamento, observado o seguinte:

I - Carreira de Analista Judiciário: atividades de planejamento; organização; coordenação; supervisão técnica; assessoramento; estudo; pesquisa; elaboração de laudos, pareceres ou informações e execução de tarefas de elevado grau de complexidade;

II - Carreira de Técnico Judiciário: execução de tarefas de suporte técnico e administrativo;

III - Carreira de Auxiliar Judiciário: atividades básicas de apoio operacional.

§ 1º Os ocupantes do cargo de Analista Judiciário - área judiciária cujas atribuições estejam relacionadas com a execução de mandados e atos processuais de natureza externa, na forma estabelecida pela legislação processual civil, penal, trabalhista e demais leis especiais, serão enquadrados na especialidade de Oficial de Justiça Avaliador Federal. (Redação dada pela Lei nº 12.774, de 2012)

§ 2º Aos ocupantes do cargo da Carreira de Analista Judiciário – área administrativa e da Carreira de Técnico Judiciário – área administrativa cujas atribuições estejam relacionadas às funções de segurança são conferidas as denominações de Inspetor e Agente de Segurança Judiciária, respectivamente, para fins de identificação funcional.

Art. 5º Integram os Quadros de Pessoal dos órgãos do Poder Judiciário da União as Funções Comissionadas, escalonadas de FC-1 a FC-6, e os Cargos em Comissão, escalonados de CJ-1 a CJ-4, para o exercício de atribuições de direção, chefia e assessoramento.

§ 1º Cada órgão destinará, no mínimo, 80% (oitenta por cento) do total das funções comissionadas para serem exercidas por servidores integrantes das Carreiras dos Quadros de Pessoal do Poder Judiciário da União, podendo designar-se para as restantes servidores ocupantes de cargos de provimento efetivo que não integrem essas carreiras ou que sejam titulares de empregos públicos, observados os requisitos de qualificação e de experiência previstos em regulamento.

§ 2º As funções comissionadas de natureza gerencial serão exercidas preferencialmente por servidores com formação superior.

§ 3º Consideram-se funções comissionadas de natureza gerencial aquelas em que haja vínculo de subordinação e poder de decisão, especificados em regulamento, exigindo-se do titular participação em curso de desenvolvimento gerencial oferecido pelo órgão.

§ 4º Os servidores designados para o exercício de função comissionada de natureza gerencial que não tiverem participado de curso de desenvolvimento gerencial oferecido pelo órgão deverão fazê-lo no prazo de até um ano da publicação do ato, a fim de obterem a certificação.

§ 5º A participação dos titulares de funções comissionadas de que trata o § 4º deste artigo em cursos de desenvolvimento gerencial é obrigatória, a cada 2 (dois) anos, sob a responsabilidade dos respectivos órgãos do Poder Judiciário da União.

§ 6º Os critérios para o exercício de funções comissionadas de natureza não gerencial serão estabelecidos em regulamento.

§ 7º Pelo menos 50% (cinquenta por cento) dos cargos em comissão, a que se refere o caput deste artigo, no âmbito de cada órgão do Poder Judiciário, serão destinados a servidores efetivos integrantes de seu quadro de pessoal, na forma prevista em regulamento.

§ 8º Para a investidura em cargos em comissão, ressalvadas as situações constituídas, será exigida formação superior, aplicando-se o disposto nos §§ 3º , 4º e 5º deste artigo quanto aos titulares de cargos em comissão de natureza gerencial.

Art. 6º No âmbito da jurisdição de cada tribunal ou juízo é vedada a nomeação ou designação, para os cargos em comissão e funções comissionadas, de cônjuge, companheiro, parente ou afim, em linha reta ou colateral, até o terceiro grau, inclusive, dos respectivos membros e juízes vinculados, salvo a de ocupante de cargo de provimento efetivo das Carreiras dos Quadros de Pessoal do Poder Judiciário, caso em que a vedação é restrita à nomeação ou designação para servir perante o magistrado determinante da incompatibilidade.

Do Ingresso na Carreira

Art. 7º O ingresso em qualquer dos cargos de provimento efetivo das Carreiras dos Quadros de Pessoal do Poder Judiciário dar-se-á no primeiro padrão da classe "A" respectiva, após aprovação em concurso público, de provas ou de provas e títulos.

Parágrafo único. Os órgãos do Poder Judiciário da União poderão incluir, como etapa do concurso público, programa de formação, de caráter eliminatório, classificatório ou eliminatório e classificatório.

Art. 8º São requisitos de escolaridade para ingresso:

I - para o cargo de Analista Judiciário, curso de ensino superior, inclusive licenciatura plena, correlacionado com a especialidade, se for o caso;

II - para o cargo de Técnico Judiciário, curso de ensino médio, ou curso técnico equivalente, correlacionado com a especialidade, se for o caso;

III - para o cargo de Auxiliar Judiciário, curso de ensino fundamental.

Parágrafo único. Além dos requisitos previstos neste artigo, poderão ser exigidos formação especializada, experiência

e registro profissional a serem definidos em regulamento e especificados em edital de concurso.

Do Desenvolvimento na Carreira

Art. 9º O desenvolvimento dos servidores nos cargos de provimento efetivo das Carreiras dos Quadros de Pessoal do Poder Judiciário dar-se-á mediante progressão funcional e promoção.

§ 1º A progressão funcional é a movimentação do servidor de um padrão para o seguinte dentro de uma mesma classe, observado o interstício de um ano, sob os critérios fixados em regulamento e de acordo com o resultado de avaliação formal de desempenho.

§ 2º A promoção é a movimentação do servidor do último padrão de uma classe para o primeiro padrão da classe seguinte, observado o interstício de um ano em relação à progressão funcional imediatamente anterior, dependendo, cumulativamente, do resultado de avaliação formal de desempenho e da participação em curso de aperfeiçoamento oferecido, preferencialmente, pelo órgão, na forma prevista em regulamento.

Art. 10. Caberá ao Supremo Tribunal Federal, ao Conselho Nacional de Justiça, aos Tribunais Superiores, ao Conselho da Justiça Federal, ao Conselho Superior da Justiça do Trabalho e ao Tribunal de Justiça do Distrito Federal e Territórios, no âmbito de suas competências, instituir Programa Permanente de Capacitação destinado à formação e aperfeiçoamento profissional, bem como ao desenvolvimento gerencial, visando à preparação dos servidores para desempenharem atribuições de maior complexidade e responsabilidade.

Da Remuneração

Art. 11. A remuneração dos cargos de provimento efetivo das Carreiras dos Quadros de Pessoal do Poder Judiciário é composta pelo Vencimento Básico do cargo e pela Gratificação Judiciária (GAJ), acrescida das vantagens pecuniárias permanentes estabelecidas em lei. (Redação dada pela Lei nº 12.774, de 2012)

Art. 12. Os vencimentos básicos das Carreiras dos Quadros de Pessoal do Poder Judiciário são os constantes do Anexo II desta Lei.

Art. 13. A Gratificação Judiciária - GAJ será calculada mediante aplicação do percentual de 140% (cento e quarenta por cento) sobre o vencimento básico estabelecido no Anexo II desta Lei. (Redação dada pela Lei nº 13.317, de 2016)

§ 1º O percentual previsto no caput será implementado gradativamente sobre os valores fixados no Anexo II desta Lei e corresponderá a: (Redação dada pela Lei nº 13.317, de 2016)

I - 97% (noventa e sete por cento), a partir de 1º de junho de 2016; (Redação dada pela Lei nº 13.317, de 2016)

II - 104% (cento e quatro por cento), a partir de 1º de julho de 2016; (Redação dada pela Lei nº 13.317, de 2016)

III - 108% (cento e oito por cento), a partir de 1º de novembro de 2016; (Redação dada pela Lei nº 13.317, de 2016)

IV - 113% (cento e treze por cento), a partir de 1º de junho de 2017; (Redação dada pela Lei nº 13.317, de 2016)

V - 122% (cento e vinte e dois por cento), a partir de 1º de novembro de 2017; (Redação dada pela Lei nº 13.317, de 2016)

VI - 125% (cento e vinte e cinco por cento), a partir de 1º de junho de 2018; (Redação dada pela Lei nº 13.317, de 2016)

VII - 130% (cento e trinta por cento), a partir de 1º de novembro de 2018; (Incluído pela Lei nº 13.317, de 2016)

VIII - integralmente, a partir de 1º de janeiro de 2019. (Incluído pela Lei nº 13.317, de 2016)

§ 2º Os servidores retribuídos pela remuneração do Cargo em Comissão e da Função Comissionada constantes dos Anexos III e IV desta Lei, respectivamente, bem como os sem vínculo efetivo com a Administração Pública, não perceberão a gratificação de que trata este artigo.

§ 3º O servidor das Carreiras dos Quadros de Pessoal do Poder Judiciário cedido não perceberá, durante o afastamento, a gratificação de que trata este artigo, salvo na hipótese de cessão para órgãos da União ou para a Fundação de Previdência Complementar do Servidor Público Federal do Poder Judiciário - FUNPRESP-JUD, na condição de optante pela remuneração do cargo efetivo. (Redação dada pela Lei nº 13.317, de 2016)

Art. 14. É instituído o Adicional de Qualificação – AQ destinado aos servidores das Carreiras dos Quadros de Pessoal do Poder Judiciário, em razão dos conhecimentos adicionais adquiridos em ações de treinamento, títulos, diplomas ou certificados de cursos de pós-graduação, em sentido amplo ou estrito, em áreas de interesse dos órgãos do Poder Judiciário a serem estabelecidas em regulamento.

§ 1º O adicional de que trata este artigo não será concedido quando o curso constituir requisito para ingresso no cargo.

§ 2º (VETADO)

§ 3º Para efeito do disposto neste artigo, serão considerados somente os cursos e as instituições de ensino reconhecidos pelo Ministério da Educação, na forma da legislação.

§ 4º Serão admitidos cursos de pós-graduação lato sensu somente com duração mínima de 360 (trezentas e sessenta) horas.

§ 5º O adicional será considerado no cálculo dos proventos e das pensões, somente se o título ou o diploma forem anteriores à data da inativação, excetuado do cômputo o disposto no inciso V do art. 15 desta Lei.

§ 6º O adicional também é devido ao Técnico Judiciário portador de diploma de curso superior. (Incluído pela Lei nº 13.317, de 2016)

Art. 15. O Adicional de Qualificação – AQ incidirá sobre o vencimento básico do servidor, da seguinte forma:

I - 12,5% (doze vírgula cinco por cento), em se tratando de título de Doutor;

II - 10% (dez por cento), em se tratando de título de Mestre;

III - 7,5% (sete vírgula cinco por cento), em se tratando de certificado de Especialização;

IV - (VETADO)

V - 1% (um por cento) ao servidor que possuir conjunto de ações de treinamento que totalize pelo menos 120 (cento e vinte) horas, observado o limite de 3% (três por cento).

VI - 5% (cinco por cento) para os Técnicos Judiciários portadores de diploma de curso superior. (Incluído pela Lei nº 13.317, de 2016)

§ 1º Em nenhuma hipótese, o servidor perceberá cumulativamente mais de um percentual dentre os previstos nos incisos I, II, III e VI do caput deste artigo. (Redação dada pela Lei nº 13.317, de 2016)

§ 2º Os coeficientes relativos às ações de treinamento previstas no inciso V deste artigo serão aplicados pelo prazo de 4 (quatro) anos, a contar da data de conclusão da última ação que totalizou o mínimo de 120 (cento e vinte) horas.

§ 3º O adicional de qualificação será devido a partir do dia da apresentação do título, diploma ou certificado.

§ 4º O servidor das Carreiras dos Quadros de Pessoal do Poder Judiciário cedido não perceberá, durante o afastamento, o adicional de que trata este artigo, salvo na hipótese de cessão para órgãos da União ou para a Fundação de Previdência Complementar do Servidor Público Federal do Poder Judiciário - FUNPRESP-JUD, na condição de optante pela remuneração do cargo efetivo. (Redação dada pela Lei nº 13.317, de 2016)

Art. 16. Fica instituída a Gratificação de Atividade Externa – GAE, devida exclusivamente aos ocupantes do cargo de Analista Judiciário referidos no § 1º do art. 4º desta Lei.

§ 1º A gratificação de que trata este artigo corresponde a 35% (trinta e cinco por cento) do vencimento básico do servidor.

§ 2º É vedada a percepção da gratificação prevista neste artigo pelo servidor designado para o exercício de função comissionada ou nomeado para cargo em comissão.

Art. 17. Fica instituída a Gratificação de Atividade de Segurança – GAS, devida exclusivamente aos ocupantes dos cargos

de Analista Judiciário e de Técnico Judiciário referidos no § 2º do art. 4º desta Lei.

§ 1º A gratificação de que trata este artigo corresponde a 35% (trinta e cinco por cento) do vencimento básico do servidor.

§ 2º É vedada a percepção da gratificação prevista neste artigo pelo servidor designado para o exercício de função comissionada ou nomeado para cargo em comissão.

§ 3º É obrigatória a participação em programa de reciclagem anual, conforme disciplinado em regulamento, para o recebimento da gratificação prevista no caput deste artigo.

Art. 18. A retribuição pelo exercício de Cargo em Comissão e Função Comissionada é a constante dos Anexos III e IV desta Lei, respectivamente.

§ 1º O valor fixado no Anexo III desta Lei entrará em vigor a partir de 1º de dezembro de 2008, adotando-se, até essa data, as retribuições constantes do Anexo VI desta Le i.

§ 2º Ao servidor integrante das Carreiras de que trata esta Lei e ao cedido ao Poder Judiciário, investidos em Cargo em Comissão, é facultado optar pela remuneração de seu cargo efetivo ou emprego permanente, acrescida de 65% (sessenta e cinco por cento) dos valores fixados no Anexo III desta Lei. (Redação dada pela Lei nº 12.774, de 2012)

I - (revogado); (Redação dada pela Lei nº 12.774, de 2012)
II - (revogado). (Redação dada pela Lei nº 12.774, de 2012)

§ 3º O servidor integrante das Carreiras de que trata esta Lei e o cedido ao Poder Judiciário, investidos em Função Comissionada, perceberão a remuneração de seu cargo efetivo ou emprego permanente, acrescida dos valores constantes do Anexo VIII desta Lei. (Incluído pela Lei nº 12.774, de 2012)

Disposições Finais e Transitórias

Art. 19. Os cargos de provimento efetivo das Carreiras dos Quadros de Pessoal do Poder Judiciário, a que se refere o art. 3º da Lei nº 10.475, de 27 de junho de 2002, são estruturados na forma do Anexo V desta Lei.

Art. 20. Para efeito da aplicação do art. 36 da Lei nº 8.112, de 11 de dezembro de 1990, conceitua-se como Quadro a estrutura de cada Justiça Especializada, podendo haver remoção, nos termos da lei, no âmbito da Justiça Federal, da Justiça do Trabalho, da Justiça Eleitoral e da Justiça Militar.

Art. 21. Os concursos públicos realizados ou em andamento, na data da publicação desta Lei, para os Quadros de Pessoal dos Órgãos do Poder Judiciário da União são válidos para ingresso nas Carreiras dos Quadros de Pessoal do Poder Judiciário, observados a correlação entre as atribuições, as especialidades e o grau de escolaridade.

Art. 22. O enquadramento previsto no art. 4º e no Anexo III da Lei nº 9.421, de 24 de dezembro de 1996, estende-se aos servidores que prestaram concurso antes de 26 de dezembro de 1996 e foram nomeados após essa data, produzindo todos os efeitos legais e financeiros desde o ingresso no Quadro de Pessoal.

Art. 23. (VETADO)

Art. 24. Os órgãos do Poder Judiciário da União fixarão em ato próprio a lotação dos cargos efetivos, das funções comissionadas e dos cargos em comissão nas unidades componentes de sua estrutura.

Parágrafo único. Os órgãos de que trata este artigo ficam autorizados a transformar, sem aumento de despesa, no âmbito de suas competências, as funções comissionadas e os cargos em comissão de seu quadro de pessoal, vedada a transformação de função em cargo ou vice-versa.

Art. 25. Serão aplicadas aos servidores do Poder Judiciário da União as revisões gerais dos servidores públicos federais, observado o que a respeito resolver o Supremo Tribunal Federal.

Art. 26. Caberá ao Supremo Tribunal Federal, ao Conselho Nacional de Justiça, aos Tribunais Superiores, ao Conselho da Justiça Federal, ao Conselho Superior da Justiça do Trabalho e ao Tribunal de Justiça do Distrito Federal e Territórios, no âmbito de suas competências, baixar os atos regulamentares necessários à aplicação desta Lei, observada a uniformidade de critérios e procedimentos, no prazo de 180 (cento e oitenta) dias, a contar de sua publicação.

Art. 27. A elaboração dos regulamentos de que trata esta Lei pode contar com a participação das entidades sindicais.

Art. 28. O disposto nesta Lei aplica-se, no que couber, aos aposentados e pensionistas, nos termos da Constituição Federal. (Redação dada pela Lei nº 12.774, de 2012)

Art. 29. As despesas resultantes da execução desta Lei correm à conta das dotações consignadas aos Órgãos do Poder Judiciário no Orçamento Geral da União.

Art. 30. A diferença entre o vencimento fixado por esta Lei e o decorrente da Lei nº 10.475, de 27 de junho de 2002, será implementada em parcelas sucessivas, não cumulativas, observada a seguinte razão:

I - 15% (quinze por cento), a partir de 1º de junho de 2006;
II - 30% (trinta por cento), a partir de 1º de dezembro de 2006;
III - 45% (quarenta e cinco por cento), a partir de 1º de julho de 2007;
IV - 60% (sessenta por cento), a partir de 1º de dezembro de 2007;
V - 80% (oitenta por cento), a partir de 1º de julho de 2008;
VI - integralmente, a partir de 1º de dezembro de 2008.

§ 1º Os percentuais das gratificações previstas nos arts. 13, 14, 16 e 17 desta Lei incidirão sobre os valores constantes do Anexo IX desta Lei mencionados no caput deste artigo.

§ 2º O percentual das gratificações de que tratam os arts. 16 e 17 desta Lei será implementado em parcelas sucessivas, não cumulativas, incidindo sobre os valores constantes do Anexo IX desta Lei, observada a seguinte razão:

I - 5% (cinco por cento), a partir de 1º de junho de 2006;
II - 11% (onze por cento), a partir de 1º de dezembro de 2006;
III - 16% (dezesseis por cento), a partir de 1º de julho de 2007;
IV - 21% (vinte e um por cento), a partir de 1º de dezembro de 2007;
V - 28% (vinte e oito por cento), a partir de 1º de julho de 2008;
VI - integralmente, a partir de 1º de dezembro de 2008.

§ 3º Até que seja integralizado o vencimento básico previsto no Anexo IX desta Lei , será facultado, excepcionalmente, aos servidores referidos no § 1º do art. 4º desta Lei optar pela percepção da Gratificação de Atividade Externa - GAE ou da Função Comissionada que exerçam, observado o disposto no art. 18 desta Lei.

Art. 31. A eficácia do disposto nesta Lei fica condicionada ao atendimento do § 1º do art. 169 da Constituição Federal e das normas pertinentes da Lei Complementar nº 101, de 4 de maio de 2000.

Art. 32. Esta Lei entra em vigor na data de sua publicação.

Art. 33. Ficam revogadas a Lei nº 9.421, de 24 de dezembro de 1996, a Lei nº 10.475, de 27 de junho de 2002, a Lei nº 10.417, de 5 de abril de 2002, e a Lei nº 10.944, de 16 de setembro de 2004.

7. LEI Nº 11.419, DE 19 DE DEZEMBRO DE 2006

Dispõe sobre a informatização do processo judicial; altera a Lei nº 5.869, de 11 de janeiro de 1973 – Código de Processo Civil; e dá outras providências.

O PRESIDENTE DA REPÚBLICA Faço saber que o Congresso Nacional decreta e eu sanciono a seguinte Lei:

CAPÍTULO I - DA INFORMATIZAÇÃO DO PROCESSO JUDICIAL

Art. 1º O uso de meio eletrônico na tramitação de processos judiciais, comunicação de atos e transmissão de peças processuais será admitido nos termos desta Lei.

§ 1º Aplica-se o disposto nesta Lei, indistintamente, aos processos civil, penal e trabalhista, bem como aos juizados especiais, em qualquer grau de jurisdição.

§ 2º Para o disposto nesta Lei, considera-se:

I - meio eletrônico qualquer forma de armazenamento ou tráfego de documentos e arquivos digitais;

II - transmissão eletrônica toda forma de comunicação a distância com a utilização de redes de comunicação, preferencialmente a rede mundial de computadores;

III - assinatura eletrônica as seguintes formas de identificação inequívoca do signatário:

a) assinatura digital baseada em certificado digital emitido por Autoridade Certificadora credenciada, na forma de lei específica;

b) mediante cadastro de usuário no Poder Judiciário, conforme disciplinado pelos órgãos respectivos.

Art. 2º O envio de petições, de recursos e a prática de atos processuais em geral por meio eletrônico serão admitidos mediante uso de assinatura eletrônica, na forma do art. 1º desta Lei, sendo obrigatório o credenciamento prévio no Poder Judiciário, conforme disciplinado pelos órgãos respectivos.

§ 1º O credenciamento no Poder Judiciário será realizado mediante procedimento no qual esteja assegurada a adequada identificação presencial do interessado.

§ 2º Ao credenciado será atribuído registro e meio de acesso ao sistema, de modo a preservar o sigilo, a identificação e a autenticidade de suas comunicações.

§ 3º Os órgãos do Poder Judiciário poderão criar um cadastro único para o credenciamento previsto neste artigo.

Art. 3º Consideram-se realizados os atos processuais por meio eletrônico no dia e hora do seu envio ao sistema do Poder Judiciário, do que deverá ser fornecido protocolo eletrônico.

Parágrafo único. Quando a petição eletrônica for enviada para atender prazo processual, serão consideradas tempestivas as transmitidas até as 24 (vinte e quatro) horas do seu último dia.

CAPÍTULO II - DA COMUNICAÇÃO ELETRÔNICA DOS ATOS PROCESSUAIS

Art. 4º Os tribunais poderão criar Diário da Justiça eletrônico, disponibilizado em sítio da rede mundial de computadores, para publicação de atos judiciais e administrativos próprios e dos órgãos a eles subordinados, bem como comunicações em geral.

§ 1º O sítio e o conteúdo das publicações de que trata este artigo deverão ser assinados digitalmente com base em certificado emitido por Autoridade Certificadora credenciada na forma da lei específica.

§ 2º A publicação eletrônica na forma deste artigo substitui qualquer outro meio e publicação oficial, para quaisquer efeitos legais, à exceção dos casos que, por lei, exigem intimação ou vista pessoal.

§ 3º Considera-se como data da publicação o primeiro dia útil seguinte ao da disponibilização da informação no Diário da Justiça eletrônico.

§ 4º Os prazos processuais terão início no primeiro dia útil que seguir ao considerado como data da publicação.

§ 5º A criação do Diário da Justiça eletrônico deverá ser acompanhada de ampla divulgação, e o ato administrativo correspondente será publicado durante 30 (trinta) dias no diário oficial em uso.

Art. 5º As intimações serão feitas por meio eletrônico em portal próprio aos que se cadastrarem na forma do art. 2º desta Lei, dispensando-se a publicação no órgão oficial, inclusive eletrônico.

§ 1º Considerar-se-á realizada a intimação no dia em que o intimando efetivar a consulta eletrônica ao teor da intimação, certificando-se nos autos a sua realização.

§ 2º Na hipótese do § 1º deste artigo, nos casos em que a consulta se dê em dia não útil, a intimação será considerada como realizada no primeiro dia útil seguinte.

§ 3º A consulta referida nos §§ 1º e 2º deste artigo deverá ser feita em até 10 (dez) dias corridos contados da data do envio da intimação, sob pena de considerar-se a intimação automaticamente realizada na data do término desse prazo.

§ 4º Em caráter informativo, poderá ser efetivada remessa de correspondência eletrônica, comunicando o envio da intimação e a abertura automática do prazo processual nos termos do § 3º deste artigo, aos que manifestarem interesse por esse serviço.

§ 5º Nos casos urgentes em que a intimação feita na forma deste artigo possa causar prejuízo a quaisquer das partes ou nos casos em que for evidenciada qualquer tentativa de burla ao sistema, o ato processual deverá ser realizado por outro meio que atinja a sua finalidade, conforme determinado pelo juiz.

§ 6º As intimações feitas na forma deste artigo, inclusive da Fazenda Pública, serão consideradas pessoais para todos os efeitos legais.

Art. 6º Observadas as formas e as cautelas do art. 5º desta Lei, as citações, inclusive da Fazenda Pública, excetuadas as dos Direitos Processuais Criminal e Infracional, poderão ser feitas por meio eletrônico, desde que a íntegra dos autos seja acessível ao citando.

Art. 7º As cartas precatórias, rogatórias, de ordem e, de um modo geral, todas as comunicações oficiais que transitem entre órgãos do Poder Judiciário, bem como entre os deste e os dos demais Poderes, serão feitas preferencialmente por meio eletrônico.

CAPÍTULO III - DO PROCESSO ELETRÔNICO

Art. 8º Os órgãos do Poder Judiciário poderão desenvolver sistemas eletrônicos de processamento de ações judiciais por meio de autos total ou parcialmente digitais, utilizando, preferencialmente, a rede mundial de computadores e acesso por meio de redes internas e externas.

Parágrafo único. Todos os atos processuais do processo eletrônico serão assinados eletronicamente na forma estabelecida nesta Lei.

Art. 9º No processo eletrônico, todas as citações, intimações e notificações, inclusive da Fazenda Pública, serão feitas por meio eletrônico, na forma desta Lei.

§ 1º As citações, intimações, notificações e remessas que viabilizem o acesso à íntegra do processo correspondente serão consideradas vista pessoal do interessado para todos os efeitos legais.

§ 2º Quando, por motivo técnico, for inviável o uso do meio eletrônico para a realização de citação, intimação ou notificação, esses atos processuais poderão ser praticados segundo as regras ordinárias, digitalizando-se o documento físico, que deverá ser posteriormente destruído.

Art. 10. A distribuição da petição inicial e a juntada da contestação, dos recursos e das petições em geral, todos em formato digital, nos autos de processo eletrônico, podem ser feitas diretamente pelos advogados públicos e privados, sem necessidade da intervenção do cartório ou secretaria judicial, situação em que a autuação deverá se dar de forma automática, fornecendo-se recibo eletrônico de protocolo.

§ 1º Quando o ato processual tiver que ser praticado em determinado prazo, por meio de petição eletrônica, serão considerados tempestivos os efetivados até as 24 (vinte e quatro) horas do último dia.

§ 2º No caso do § 1º deste artigo, se o Sistema do Poder Judiciário se tornar indisponível por motivo técnico, o prazo fica automaticamente prorrogado para o primeiro dia útil seguinte à resolução do problema.

§ 3º Os órgãos do Poder Judiciário deverão manter equipamentos de digitalização e de acesso à rede mundial de computadores à disposição dos interessados para distribuição de peças processuais.

Art. 11. Os documentos produzidos eletronicamente e juntados aos processos eletrônicos com garantia da origem e de seu signatário, na forma estabelecida nesta Lei, serão considerados originais para todos os efeitos legais.

§ 1º Os extratos digitais e os documentos digitalizados e juntados aos autos pelos órgãos da Justiça e seus auxiliares, pelo Ministério Público e seus auxiliares, pelas procuradorias, pelas autoridades policiais, pelas repartições públicas em geral e por advogados públicos e privados têm a mesma força probante dos originais, ressalvada a alegação motivada e fundamentada de adulteração antes ou durante o processo de digitalização.

§ 2º A argüição de falsidade do documento original será processada eletronicamente na forma da lei processual em vigor.

§ 3º Os originais dos documentos digitalizados, mencionados no § 2º deste artigo, deverão ser preservados pelo seu detentor até o trânsito em julgado da sentença ou, quando admitida, até o final do prazo para interposição de ação rescisória.

§ 4º (VETADO)

§ 5º Os documentos cuja digitalização seja tecnicamente inviável devido ao grande volume ou por motivo de ilegibilidade deverão ser apresentados ao cartório ou secretaria no prazo de 10 (dez) dias contados do envio de petição eletrônica comunicando o fato, os quais serão devolvidos à parte após o trânsito em julgado.

§ 6º Os documentos digitalizados juntados em processo eletrônico somente estarão disponíveis para acesso por meio da rede externa para suas respectivas partes processuais e para o Ministério Público, respeitado o disposto em lei para as situações de sigilo e de segredo de justiça.

§ 6º Os documentos digitalizados juntados em processo eletrônico estarão disponíveis para acesso por meio da rede externa pelas respectivas partes processuais, pelos advogados, independentemente de procuração nos autos, pelos membros do Ministério Público e pelos magistrados, sem prejuízo da possibilidade de visualização nas secretarias dos órgãos julgadores, à exceção daqueles que tramitarem em segredo de justiça. (Incluído pela Lei nº 13.793, de 2019)

§ 7º Os sistemas de informações pertinentes a processos eletrônicos devem possibilitar que advogados, procuradores e membros do Ministério Público cadastrados, mas não vinculados a processo previamente identificado, acessem automaticamente todos os atos e documentos processuais armazenados em meio eletrônico, desde que demonstrado interesse para fins apenas de registro, salvo nos casos de processos em segredo de justiça. (Incluído pela Lei nº 13.793, de 2019)

Art. 12. A conservação dos autos do processo poderá ser efetuada total ou parcialmente por meio eletrônico.

§ 1º Os autos dos processos eletrônicos deverão ser protegidos por meio de sistemas de segurança de acesso e armazenados em meio que garanta a preservação e integridade dos dados, sendo dispensada a formação de autos suplementares.

§ 2º Os autos de processos eletrônicos que tiverem de ser remetidos a outro juízo ou instância superior que não disponham de sistema compatível deverão ser impressos em papel, autuados na forma dos arts. 166 a 168 da Lei nº 5.869, de 11 de janeiro de 1973 - Código de Processo Civil, ainda que de natureza criminal ou trabalhista, ou pertinentes a juizado especial.

§ 3º No caso do § 2º deste artigo, o escrivão ou o chefe de secretaria certificará os autores ou a origem dos documentos produzidos nos autos, acrescentando, ressalvada a hipótese de existir segredo de justiça, a forma pela qual o banco de dados poderá ser acessado para aferir a autenticidade das peças e das respectivas assinaturas digitais.

§ 4º Feita a autuação na forma estabelecida no § 2º deste artigo, o processo seguirá a tramitação legalmente estabelecida para os processos físicos.

§ 5º A digitalização de autos em mídia não digital, em tramitação ou já arquivados, será precedida de publicação de editais de intimações ou da intimação pessoal das partes e de seus procuradores, para que, no prazo preclusivo de 30 (trinta) dias, se manifestem sobre o desejo de manterem pessoalmente a guarda de algum dos documentos originais.

Art. 13. O magistrado poderá determinar que sejam realizados por meio eletrônico a exibição e o envio de dados e de documentos necessários à instrução do processo.

§ 1º Consideram-se cadastros públicos, para os efeitos deste artigo, dentre outros existentes ou que venham a ser criados, ainda que mantidos por concessionárias de serviço público ou empresas privadas, os que contenham informações indispensáveis ao exercício da função judicante.

§ 2º O acesso de que trata este artigo dar-se-á por qualquer meio tecnológico disponível, preferencialmente o de menor custo, considerada sua eficiência.

§ 3º (VETADO)

CAPÍTULO IV - DISPOSIÇÕES GERAIS E FINAIS

Art. 14. Os sistemas a serem desenvolvidos pelos órgãos do Poder Judiciário deverão usar, preferencialmente, programas com código aberto, acessíveis ininterruptamente por meio da rede mundial de computadores, priorizando-se a sua padronização.

Parágrafo único. Os sistemas devem buscar identificar os casos de ocorrência de prevenção, litispendência e coisa julgada.

Art. 15. Salvo impossibilidade que comprometa o acesso à justiça, a parte deverá informar, ao distribuir a petição inicial de qualquer ação judicial, o número no cadastro de pessoas físicas ou jurídicas, conforme o caso, perante a Secretaria da Receita Federal.

Parágrafo único. Da mesma forma, as peças de acusação criminais deverão ser instruídas pelos membros do Ministério Público ou pelas autoridades policiais com os números de registros dos acusados no Instituto Nacional de Identificação do Ministério da Justiça, se houver.

Art. 16. Os livros cartorários e demais repositórios dos órgãos do Poder Judiciário poderão ser gerados e armazenados em meio totalmente eletrônico.

Art. 17. (VETADO)

Art. 18. Os órgãos do Poder Judiciário regulamentarão esta Lei, no que couber, no âmbito de suas respectivas competências.

Art. 19. Ficam convalidados os atos processuais praticados por meio eletrônico até a data de publicação desta Lei, desde que tenham atingido sua finalidade e não tenha havido prejuízo para as partes.

Art. 20. A Lei nº 5.869, de 11 de janeiro de 1973 - Código de Processo Civil, passa a vigorar com as seguintes alterações:

"Art. 38. ...

Parágrafo único. A procuração pode ser assinada digitalmente com base em certificado emitido por Autoridade Certificadora credenciada, na forma da lei específica." (NR)

"Art. 154. ..

Parágrafo único. (Vetado). (VETADO)

§ 2º Todos os atos e termos do processo podem ser produzidos, transmitidos, armazenados e assinados por meio eletrônico, na forma da lei." (NR)

"Art. 164. ..

Parágrafo único. A assinatura dos juízes, em todos os graus de jurisdição, pode ser feita eletronicamente, na forma da lei." (NR)

"Art. 169. ..

§ 1º É vedado usar abreviaturas.

§ 2º Quando se tratar de processo total ou parcialmente eletrônico, os atos processuais praticados na presença do juiz poderão ser produzidos e armazenados de modo integralmente digital em arquivo eletrônico inviolável, na forma da lei, mediante registro em termo que será assinado digitalmente

pelo juiz e pelo escrivão ou chefe de secretaria, bem como pelos advogados das partes.

§ 3º No caso do § 2º deste artigo, eventuais contradições na transcrição deverão ser suscitadas oralmente no momento da realização do ato, sob pena de preclusão, devendo o juiz decidir de plano, registrando-se a alegação e a decisão no termo." (NR)

"Art. 202. ..

...

§ 3º A carta de ordem, carta precatória ou carta rogatória pode ser expedida por meio eletrônico, situação em que a assinatura do juiz deverá ser eletrônica, na forma da lei." (NR)

"Art. 221. ..

...

IV - por meio eletrônico, conforme regulado em lei própria." (NR)

"Art. 237. ..

Parágrafo único. As intimações podem ser feitas de forma eletrônica, conforme regulado em lei própria." (NR)

"Art. 365. ..

...

V - os extratos digitais de bancos de dados, públicos e privados, desde que atestado pelo seu emitente, sob as penas da lei, que as informações conferem com o que consta na origem;

VI - as reproduções digitalizadas de qualquer documento, público ou particular, quando juntados aos autos pelos órgãos da Justiça e seus auxiliares, pelo Ministério Público e seus auxiliares, pelas procuradorias, pelas repartições públicas em geral e por advogados públicos ou privados, ressalvada a alegação motivada e fundamentada de adulteração antes ou durante o processo de digitalização.

§ 1º Os originais dos documentos digitalizados, mencionados no inciso VI do caput deste artigo, deverão ser preservados pelo seu detentor até o final do prazo para interposição de ação rescisória.

§ 2º Tratando-se de cópia digital de título executivo extrajudicial ou outro documento relevante à instrução do processo, o juiz poderá determinar o seu depósito em cartório ou secretaria." (NR)

"Art. 399. ..

§ 1º Recebidos os autos, o juiz mandará extrair, no prazo máximo e improrrogável de 30 (trinta) dias, certidões ou reproduções fotográficas das peças indicadas pelas partes ou de ofício; findo o prazo, devolverá os autos à repartição de origem.

§ 2º As repartições públicas poderão fornecer todos os documentos em meio eletrônico conforme disposto em lei, certificando, pelo mesmo meio, que se trata de extrato fiel do que consta em seu banco de dados ou do documento digitalizado." (NR)

"Art. 417. ..

§ 1º O depoimento será passado para a versão datilográfica quando houver recurso da sentença ou noutros casos, quando o juiz o determinar, de ofício ou a requerimento da parte.

§ 2º Tratando-se de processo eletrônico, observar-se-á o disposto nos §§ 2º e 3º do art. 169 desta Lei." (NR)

"Art. 457. ..

...

§ 4º Tratando-se de processo eletrônico, observar-se-á o disposto nos §§ 2º e 3º do art. 169 desta Lei." (NR)

"Art. 556. ..

Parágrafo único. Os votos, acórdãos e demais atos processuais podem ser registrados em arquivo eletrônico inviolável e assinados eletronicamente, na forma da lei, devendo ser impressos para juntada aos autos do processo quando este não for eletrônico." (NR)

Art. 21. (VETADO)

Art. 22. Esta Lei entra em vigor 90 (noventa) dias depois de sua publicação.

8. LEI Nº 12.153, DE 22 DE DEZEMBRO DE 2009.

Dispõe sobre os Juizados Especiais da Fazenda Pública no âmbito dos Estados, do Distrito Federal, dos Territórios e dos Municípios.

O PRESIDENTE DA REPÚBLICA Faço saber que o Congresso Nacional decreta e eu sanciono a seguinte Lei:

Art. 1º Os Juizados Especiais da Fazenda Pública, órgãos da justiça comum e integrantes do Sistema dos Juizados Especiais, serão criados pela União, no Distrito Federal e nos Territórios, e pelos Estados, para conciliação, processo, julgamento e execução, nas causas de sua competência.

Parágrafo único. O sistema dos Juizados Especiais dos Estados e do Distrito Federal é formado pelos Juizados Especiais Cíveis, Juizados Especiais Criminais e Juizados Especiais da Fazenda Pública.

Art. 2º É de competência dos Juizados Especiais da Fazenda Pública processar, conciliar e julgar causas cíveis de interesse dos Estados, do Distrito Federal, dos Territórios e dos Municípios, até o valor de 60 (sessenta) salários mínimos.

§ 1º Não se incluem na competência do Juizado Especial da Fazenda Pública:

I - as ações de mandado de segurança, de desapropriação, de divisão e demarcação, populares, por improbidade administrativa, execuções fiscais e as demandas sobre direitos ou interesses difusos e coletivos;

II - as causas sobre bens imóveis dos Estados, Distrito Federal, Territórios e Municípios, autarquias e fundações públicas a eles vinculadas;

III - as causas que tenham como objeto a impugnação da pena de demissão imposta a servidores públicos civis ou sanções disciplinares aplicadas a militares.

§ 2º Quando a pretensão versar sobre obrigações vincendas, para fins de competência do Juizado Especial, a soma de 12 (doze) parcelas vincendas e de eventuais parcelas vencidas não poderá exceder o valor referido no caput deste artigo.

§ 3º (VETADO)

§ 4º No foro onde estiver instalado Juizado Especial da Fazenda Pública, a sua competência é absoluta.

Art. 3º O juiz poderá, de ofício ou a requerimento das partes, deferir quaisquer providências cautelares e antecipatórias no curso do processo, para evitar dano de difícil ou de incerta reparação.

Art. 4º Exceto nos casos do art. 3º, somente será admitido recurso contra a sentença.

Art. 5º Podem ser partes no Juizado Especial da Fazenda Pública:

I - como autores, as pessoas físicas e as microempresas e empresas de pequeno porte, assim definidas na Lei Complementar no 123, de 14 de dezembro de 2006;

II - como réus, os Estados, o Distrito Federal, os Territórios e os Municípios, bem como autarquias, fundações e empresas públicas a eles vinculadas.

Art. 6º Quanto às citações e intimações, aplicam-se as disposições contidas na Lei no 5.869, de 11 de janeiro de 1973 – Código de Processo Civil.

Art. 7º Não haverá prazo diferenciado para a prática de qualquer ato processual pelas pessoas jurídicas de direito público, inclusive a interposição de recursos, devendo a citação para a audiência de conciliação ser efetuada com antecedência mínima de 30 (trinta) dias.

Art. 8º Os representantes judiciais dos réus presentes à audiência poderão conciliar, transigir ou desistir nos processos

da competência dos Juizados Especiais, nos termos e nas hipóteses previstas na lei do respectivo ente da Federação.

Art. 9º A entidade ré deverá fornecer ao Juizado a documentação de que disponha para o esclarecimento da causa, apresentando-a até a instalação da audiência de conciliação.

Art. 10. Para efetuar o exame técnico necessário à conciliação ou ao julgamento da causa, o juiz nomeará pessoa habilitada, que apresentará o laudo até 5 (cinco) dias antes da audiência.

Art. 11. Nas causas de que trata esta Lei, não haverá reexame necessário.

Art. 12. O cumprimento do acordo ou da sentença, com trânsito em julgado, que imponham obrigação de fazer, não fazer ou entrega de coisa certa, será efetuado mediante ofício do juiz à autoridade citada para a causa, com cópia da sentença ou do acordo.

Art. 13. Tratando-se de obrigação de pagar quantia certa, após o trânsito em julgado da decisão, o pagamento será efetuado:

I - no prazo máximo de 60 (sessenta) dias, contado da entrega da requisição do juiz à autoridade citada para a causa, independentemente de precatório, na hipótese do § 3º do art. 100 da Constituição Federal; ou

II - mediante precatório, caso o montante da condenação exceda o valor definido como obrigação de pequeno valor.

§ 1º Desatendida a requisição judicial, o juiz, imediatamente, determinará o sequestro do numerário suficiente ao cumprimento da decisão, dispensada a audiência da Fazenda Pública.

§ 2º As obrigações definidas como de pequeno valor a serem pagas independentemente de precatório terão como limite o que for estabelecido na lei do respectivo ente da Federação.

§ 3º Até que se dê a publicação das leis de que trata o § 2º, os valores serão:

I - 40 (quarenta) salários mínimos, quanto aos Estados e ao Distrito Federal;

II - 30 (trinta) salários mínimos, quanto aos Municípios.

§ 4º São vedados o fracionamento, a repartição ou a quebra do valor da execução, de modo que o pagamento se faça, em parte, na forma estabelecida no inciso I do caput e, em parte, mediante expedição de precatório, bem como a expedição de precatório complementar ou suplementar do valor pago.

§ 5º Se o valor da execução ultrapassar o estabelecido para pagamento independentemente do precatório, o pagamento far-se-á, sempre, por meio do precatório, sendo facultada à parte exequente a renúncia ao crédito do valor excedente, para que possa optar pelo pagamento do saldo sem o precatório.

§ 6º O saque do valor depositado poderá ser feito pela parte autora, pessoalmente, em qualquer agência do banco depositário, independentemente de alvará.

§ 7º O saque por meio de procurador somente poderá ser feito na agência destinatária do depósito, mediante procuração específica, com firma reconhecida, da qual constem o valor originalmente depositado e sua procedência.

Art. 14. Os Juizados Especiais da Fazenda Pública serão instalados pelos Tribunais de Justiça dos Estados e do Distrito Federal.

Parágrafo único. Poderão ser instalados Juizados Especiais Adjuntos, cabendo ao Tribunal designar a Vara onde funcionará.

Art. 15. Serão designados, na forma da legislação dos Estados e do Distrito Federal, conciliadores e juízes leigos dos Juizados Especiais da Fazenda Pública, observadas as atribuições previstas nos arts. 22, 37 e 40 da Lei no 9.099, de 26 de setembro de 1995.

§ 1º Os conciliadores e juízes leigos são auxiliares da Justiça, recrutados, os primeiros, preferentemente, entre os bacharéis em Direito, e os segundos, entre advogados com mais de 2 (dois) anos de experiência.

§ 2º Os juízes leigos ficarão impedidos de exercer a advocacia perante todos os Juizados Especiais da Fazenda Pública

instalados em território nacional, enquanto no desempenho de suas funções.

Art. 16. Cabe ao conciliador, sob a supervisão do juiz, conduzir a audiência de conciliação.

§ 1º Poderá o conciliador, para fins de encaminhamento da composição amigável, ouvir as partes e testemunhas sobre os contornos fáticos da controvérsia.

§ 2º Não obtida a conciliação, caberá ao juiz presidir a instrução do processo, podendo dispensar novos depoimentos, se entender suficientes para o julgamento da causa os esclarecimentos já constantes dos autos, e não houver impugnação das partes.

Art. 17. As Turmas Recursais do Sistema dos Juizados Especiais são compostas por juízes em exercício no primeiro grau de jurisdição, na forma da legislação dos Estados e do Distrito Federal, com mandato de 2 (dois) anos, e integradas, preferencialmente, por juízes do Sistema dos Juizados Especiais.

§ 1º A designação dos juízes das Turmas Recursais obedecerá aos critérios de antiguidade e merecimento.

§ 2º Não será permitida a recondução, salvo quando não houver outro juiz na sede da Turma Recursal.

Art. 18. Caberá pedido de uniformização de interpretação de lei quando houver divergência entre decisões proferidas por Turmas Recursais sobre questões de direito material.

§ 1º O pedido fundado em divergência entre Turmas do mesmo Estado será julgado em reunião conjunta das Turmas em conflito, sob a presidência de desembargador indicado pelo Tribunal de Justiça.

§ 2º No caso do § 1º, a reunião de juízes domiciliados em cidades diversas poderá ser feita por meio eletrônico.

§ 3º Quando as Turmas de diferentes Estados derem a lei federal interpretações divergentes, ou quando a decisão proferida estiver em contrariedade com súmula do Superior Tribunal de Justiça, o pedido será por este julgado.

Art. 19. Quando a orientação acolhida pelas Turmas de Uniformização de que trata o § 1º do art. 18 contrariar súmula do Superior Tribunal de Justiça, a parte interessada poderá provocar a manifestação deste, que dirimirá a divergência.

§ 1º Eventuais pedidos de uniformização fundados em questões idênticas e recebidos subsequentemente em quaisquer das Turmas Recursais ficarão retidos nos autos, aguardando pronunciamento do Superior Tribunal de Justiça.

§ 2º Nos casos do caput deste artigo e do § 3º do art. 18, presente a plausibilidade do direito invocado e havendo fundado receio de dano de difícil reparação, poderá o relator conceder, de ofício ou a requerimento do interessado, medida liminar determinando a suspensão dos processos nos quais a controvérsia esteja estabelecida.

§ 3º Se necessário, o relator pedirá informações ao Presidente da Turma Recursal ou Presidente da Turma de Uniformização e, nos casos previstos em lei, ouvirá o Ministério Público, no prazo de 5 (cinco) dias.

§ 4º (VETADO)

§ 5º Decorridos os prazos referidos nos §§ 3º e 4º, o relator incluirá o pedido em pauta na sessão, com preferência sobre todos os demais feitos, ressalvados os processos com réus presos, os habeas corpus e os mandados de segurança.

§ 6º Publicado o acórdão respectivo, os pedidos retidos referidos no § 1º serão apreciados pelas Turmas Recursais, que poderão exercer juízo de retratação ou os declararão prejudicados, se veicularem tese não acolhida pelo Superior Tribunal de Justiça.

Art. 20. Os Tribunais de Justiça, o Superior Tribunal de Justiça e o Supremo Tribunal Federal, no âmbito de suas competências, expedirão normas regulamentando os procedimentos a serem adotados para o processamento e o julgamento do pedido de uniformização e do recurso extraordinário.

Art. 21. O recurso extraordinário, para os efeitos desta Lei, será processado e julgado segundo o estabelecido no art. 19, além da observância das normas do Regimento.

Art. 22. Os Juizados Especiais da Fazenda Pública serão instalados no prazo de até 2 (dois) anos da vigência desta Lei, podendo haver o aproveitamento total ou parcial das estruturas das atuais Varas da Fazenda Pública.

Art. 23. Os Tribunais de Justiça poderão limitar, por até 5 (cinco) anos, a partir da entrada em vigor desta Lei, a competência dos Juizados Especiais da Fazenda Pública, atendendo à necessidade da organização dos serviços judiciários e administrativos.

Art. 24. Não serão remetidas aos Juizados Especiais da Fazenda Pública as demandas ajuizadas até a data de sua instalação, assim como as ajuizadas fora do Juizado Especial por força do disposto no art. 23.

Art. 25. Competirá aos Tribunais de Justiça prestar o suporte administrativo necessário ao funcionamento dos Juizados Especiais.

Art. 26. O disposto no art. 16 aplica-se aos Juizados Especiais Federais instituídos pela Lei no 10.259, de 12 de julho de 2001.

Art. 27. Aplica-se subsidiariamente o disposto nas Leis nos 5.869, de 11 de janeiro de 1973 – Código de Processo Civil, 9.099, de 26 de setembro de 1995, e 10.259, de 12 de julho de 2001.

Art. 28. Esta Lei entra em vigor após decorridos 6 (seis) meses de sua publicação oficial.

Leis Complementares

Notícias, novidades, simulados e muito mais acesse:
www.alfaconcursos.com.br

Acesso a um simulado direcionado ao concurso!

Comodidade e flexibilidade no seu ritmo

O aluno que escolhe o AlfaCon tem flexibilidade na composição do seu cronograma de videoaulas e conta com uma variedade de cursos e professores para a mesma matéria. Além disso, são oferecidos cursos de matérias isoladas, e também há pacotes com disciplinas específicas e básicas.

Plano de estudos

O plano de estudos é uma estratégia idealizada pela equipe AlfaCon para fazer com que você consiga direcionar sua preparação. É uma ferramenta essencial para você maximizar seu desempenho em provas de concursos.

Cursos regulares, exercícios, eventos e muito mais...

O curso regular direciona você para a parte teórica das disciplinas dos editais. Com as turmas de exercícios, você aprende a técnica correta para resolver as questões de provas. Com os eventos, você relembra os tópicos mais importantes.

Videoaulas + PDF

Videoaulas sincronizadas com o material em PDF. O AlfaCon utiliza uma metodologia de ensino inovadora que proporciona ao aluno o aprendizado por diversas mídias.